Dietrich/Fahrner/Gazeas/von Heintschel-Heinegg
Handbuch Sicherheits- und Staatsschutzrecht

Handbuch Sicherheits- und Staatsschutzrecht

Herausgegeben von

Professor Dr. Jan-Hendrik Dietrich
Hochschule des Bundes für öffentliche Verwaltung

Dr. Matthias Fahrner
Ministerialrat a. D., Richter am Amtsgericht Stuttgart, Habilitand an der Universität des Saarlandes, Lehrbeauftragter an verschiedenen Universitäten und Hochschulen

Dr. Nikolaos Gazeas, LL.M.
Rechtsanwalt, Köln, Lehrbeauftragter an der Universität zu Köln

Professor Dr. Bernd von Heintschel-Heinegg
Rechtsanwalt, Honorarprofessor an der Universität Regensburg, Vorsitzender Richter am Bayerischen Obersten Landesgericht a. D., Vorsitzender Richter am Oberlandesgericht München a. D.

Bearbeitet von

Dr. Werner Ader, Berlin; Prof. Dr. Anna Helena Albrecht, Potsdam; Dr. David Albrecht, Berlin; Prof. Dr. Matthias Bäcker, LL.M., Mainz; Prof. Dr. Tristan Barczak, LL.M., Passau; Wolfgang Barrot, Karlsruhe; Thomas Beck, Karlsruhe; Ottmar Breidling, Düsseldorf; Prof. Dr. Ralf Brinktrine, Würzburg; Prof. Dr. Roland Broemel, Frankfurt a. M.; Dr. Thomas Darnstädt, Hamburg; Prof. Dr. Jan-Hendrik Dietrich, Berlin; Dr. Johannes Dimroth, Berlin; PD Dr. Marc Engelhart, Frankfurt a. M.; Dr. Tobias Engelstätter, Karlsruhe; Dr. Matthias Fahrner, Stuttgart; Prof. Dr. Klaus Ferdinand Gärditz, Bonn; Dr. Nikolaos Gazeas, LL.M., Köln; Prof. Dr. Sebastian Golla, Bochum; Dr. Michael Greßmann, Berlin; Prof. Dr. Bernd Heinrich, Tübingen; Prof. Dr. Bernd von Heintschel-Heinegg, Straubing; Dr. Tilman Hoppe, LL.M., Berlin; Jan van Lessen, Düsseldorf; Prof. Dr. Markus Löffelmann, Berlin; Prof. Dr. Carlo Masala, München; Prof. Dr. Heiko Meiertöns, Berlin; Dr. Gerwin Moldenhauer, Karlsruhe; Prof. Dr. Thomas Petri, München; Prof. Dr. Arne Pilniok, Hamburg/Berlin; Prof. Dr. Jens Puschke, LL.M., Marburg; Dr. Frank Raue, Berlin; Prof. Dr. Horst Risse, Berlin; Dr. Felix Ruppert, Bayreuth; Alessandro Scheffler Corvaja, München; Dr. Björn Schiffbauer, Köln; Prof. Dr. Stefanie Schmahl, LL.M., Würzburg; Oskar Schumacher, Bielefeld; Prof. Dr. Patrick Ernst Sensburg, Köln; Prof. Dr. Dr. Markus Thiel, Münster; Prof. Dr. Sebastian Unger, Bochum; Prof. Dr. Gunter Warg, Mag. rer. publ., Brühl; Dr. Dieter Weingärtner, Berlin; Michaela Welnhofer-Zeitler, München; Prof. Dr. Thomas Wischmeyer, Bielefeld; Prof. Dr. Till Zimmermann, Trier; Dr. Herbert O. Zinell, Schramberg.

2022

C.H.BECK

Zitiervorschlag:
Bearbeiter in Dietrich/Fahrner/Gazeas/von Heintschel-Heinegg HdB SicherheitsR § Rn.

www.beck.de

ISBN 978 3 406 78593 1

© 2022 Verlag C.H. Beck oHG
Wilhelmstraße 9, 80801 München
Satz, Druck und Umschlaggestaltung:
Druckerei C.H. Beck (Adresse wie Verlag)

chbeck.de/nachhaltig

Gedruckt auf säurefreiem, alterungsbeständigem Papier
(hergestellt aus chlorfrei gebleichtem Zellstoff)

Vorwort

„Sicherheit" hat sich zu einem zentralen gesellschaftlichen Wertebegriff entwickelt, der Erwartungen von Bürgerinnen und Bürgern auf eine Formel bringt. Der demokratische Rechtsstaat nimmt in diesem Zusammenhang seine Gewährleistungspflicht für den Schutz der ihm anvertrauten Rechtgüter mit Hilfe einer modernen „vernetzten" Sicherheitsarchitektur wahr. Staatliche Akteure (z. B. Polizeibehörden, Nachrichtendienste oder Streitkräfte) werden hierbei ebenso einbezogen wie private Akteure (z. B. Telekommunikationsdienstleister oder gewerbliche Wach- und Sicherheitsdienste). Den vielfältigen Sicherheitsbedrohungen wird zunehmend grenzüberschreitend im internationalen Wirkungsverbund begegnet. Denn die mit der technologischen Entwicklung einhergehende Globalisierung hat die sicherheitstechnischen Grenzen von „innen" und „außen" eingerissen.

Es liegt vor diesem Hintergrund auf der Hand, dass zwischen den einschlägigen gesetzlichen Regelungen auf nationaler, supra- und internationaler Ebene ein erhöhter Abstimmungsbedarf besteht. Bei Licht besehen haben sich die Rechtsgrundlagen vieler Akteure inzwischen stetig angenähert bzw. überlagern einander. Die Verschränkung vormals segmentierten Sonderrechts von Sicherheitsbehörden zeigt sich eindrucksvoll an der Entwicklung von Aufgaben und Befugnissen. So ist beispielsweise das nachrichtendienstliche Monopol der Gefahrenvorsorge längst gefallen. Die Arbeit der Polizeibehörden erstreckt sich immer weiter in das Vorfeld von Gefahrenabwehr und Strafverfolgung. Zur Annäherung der Aufgaben und Befugnisse haben nicht zuletzt die Vorgaben verfassungsgerichtlicher Judikatur beigetragen. Der verfassungsrechtlich gebotene Ausgleich zwischen individuellen Freiheitsrechten und der Wahrnehmung der staatlichen Sicherheitsgewährleistungspflicht wird zunehmend über identische Konfliktschlichtungsformeln in den Fachgesetzen gesucht.

In der Rechtswissenschaft sind diese Entwicklungen über lange Zeit nicht in ihrer Gesamtheit in den Blick genommen worden. Die fachlichen Diskurse blieben zumeist nach Teilrechtsgebieten künstlich segmentiert. Erst seit wenigen Jahren wird die umfassende Perspektive des Sicherheitsrechts aufgemacht. Ihr folgt dieses Handbuch. Der Band schlägt den Bogen von Voreinstellungen wehrhafter Demokratie, über Rahmenbedingungen internationaler Behördenkooperationen bis hin zu Regelungsregimen deutscher Sicherheitsgesetzgebung. Polizeirechtliche, nachrichtendienstrechtliche, strafverfahrensrechtliche und andere Rechtsmaterien werden miteinander verklammert und in Bezug gesetzt. Dabei gilt ein besonderes Augenmerk dem Staatsschutzstrafrecht.

Die Erstellung des Bandes hat viel Zeit und Mühe gekostet. Manuskripte mussten beständig aktualisiert und gelegentlich weitere Autorinnen und Autoren gewonnen werden. Die Herausgeber sind daher allen Beteiligten für große Geduld und Bereitschaft zur Überarbeitung von bereits eingereichten Beiträgen verbunden. Besonderen Dank schulden die Herausgeber Verleger *Dr. Hans Dieter Beck* und Lektoratsleiterin *Bärbel Smakman*, die das Projekt verlagsseitig von Anfang an mit Nachdruck unterstützt haben. Ein ganz besonderer Dank geht auch an unsere Lektorin Frau *Dr. Anna Bloch*, die das Handbuch seit der ersten Projektidee engagiert begleitet hat. Ohne ihre stets außerordentlich umsichtige und kenntnisreiche Betreuung der vielen Manuskripte hätte unser Vorhaben nicht gelingen können.

Berlin, Stuttgart, Köln und Straubing im August 2022

Jan-Hendrik Dietrich
Matthias Fahrner
Nikolaos Gazeas
Bernd von Heintschel-Heinegg

Autorenverzeichnis

Dr. Werner Ader
Bundesnachrichtendienst, Berlin

Prof. Dr. Anna Helena Albrecht
Universitätsprofessorin für Strafrecht, Strafprozessrecht und Medienstrafrecht
an der Universität Potsdam

Dr. David Albrecht
Rechtsanwalt, Berlin

Prof. Dr. Matthias Bäcker, LL.M.
Inhaber des Lehrstuhls für Öffentliches Recht und Informationsrecht,
insbesondere Datenschutzrecht an der Johannes Gutenberg-Universität Mainz

Prof. Dr. Tristan Barczak, LL.M.
Professor an der Universität Passau

Wolfgang Barrot
Staatsanwalt beim Bundesgerichtshof, Karlsruhe

Thomas Beck
Bundesanwalt beim Bundesgerichtshof als Abteilungsleiter a. D., Karlsruhe

Ottmar Breidling
Vorsitzender Richter am Oberlandesgericht a. D., Düsseldorf

Prof. Dr. Ralf Brinktrine
Inhaber des Lehrstuhls für Öffentliches Recht,
Deutsches und Europäisches Umweltrecht und Rechtsvergleichung an der
Julius-Maximilians-Universität Würzburg

Prof. Dr. Roland Broemel
Inhaber der Professur für Öffentliches Recht, Wirtschafts- und Währungsrecht,
Finanzmarktregulierung und Rechtstheorie an der Goethe-Universität Frankfurt a. M.

Dr. Thomas Darnstädt
Journalist und Jurist

Prof. Dr. Jan-Hendrik Dietrich
Professor an der Hochschule des Bundes in Berlin und Direktor des Center für Intelligence
and Security Studies an der Universität der Bundeswehr München

Dr. Johannes Dimroth
Stellvertretender Chef des Presse- und Informationsamtes der Bundesregierung, Berlin

PD Dr. Marc Engelhart
Entlastungsprofessor für Strafrecht and der Goethe-Universität Frankfurt a. M.

Autorenverzeichnis

Dr. Tobias Engelstätter
Oberstaatsanwalt beim Bundesgerichtshof, Karlsruhe, Lehrbeauftragter an der
Hochschule des Bundes, Berlin und an der Universität der Bundeswehr, München

Dr. Matthias Fahrner
Ministerialrat a. D., Richter am Amtsgericht Stuttgart, Habilitand an der Universität des
Saarlandes, Lehrbeauftragter an verschiedenen Universitäten und Hochschulen

Prof. Dr. Klaus Ferdinand Gärditz
Inhaber des Lehrstuhls für Öffentliches Recht an der
Rheinischen Friedrich-Wilhelms-Universität Bonn

Dr. Nikolaos Gazeas, LL.M.
Rechtsanwalt, Lehrbeauftragter an der Universität zu Köln

Prof. Dr. Sebastian Golla
Juniorprofessor an der Ruhr-Universität Bochum

Dr. Michael Greßmann
Ministerialrat, Leiter des Referats Staatsschutzstrafrecht (Einzelsachen), Völkerstrafrecht,
Bundesministerium der Justiz, Berlin

Prof. Dr. Bernd Heinrich
Professor an der Eberhard Karls Universität Tübingen

Prof. Dr. Bernd von Heintschel-Heinegg
Rechtsanwalt, Honorarprofessor an der Universität Regensburg,
Vorsitzender Richter am Bayerischen Obersten Landesgericht a. D.,
Vorsitzender Richter am Oberlandesgericht München a. D.

Dr. Tilman Hoppe, LL.M.
Ministerialrat, Wissenschaftliche Dienste des Deutschen Bundestags, Berlin

Jan van Lessen
Vorsitzender Richter am Oberlandesgericht, Düsseldorf

Prof. Dr. Markus Löffelmann
Professor für nationales und internationales Sicherheitsrecht an der Hochschule des Bundes
für öffentliche Verwaltung, Berlin

Prof. Dr. Carlo Masala
Professor für Internationale Politik an der Universität der Bundeswehr München

Prof. Dr. Heiko Meiertöns
Professor an der Hochschule des Bundes für öffentliche Verwaltung, Berlin

Dr. Gerwin Moldenhauer
Oberstaatsanwalt beim Bundesgerichtshof, Karlsruhe,
Lehrbeauftragter an der Freien Universität Berlin

Prof. Dr. Thomas Petri
Bayerischer Landesbeauftragter für den Datenschutz, Honorarprofessor an der Hochschule
für angewandte Wissenschaften, München

Autorenverzeichnis

Prof. Dr. Arne Pilniok
Juniorprofessor an der Universität Hamburg und Vertreter des Lehrstuhls für Öffentliches Recht, insbesondere Verfassungsrecht, und Rechtsphilosophie an der Humboldt-Universität zu Berlin

Prof. Dr. Jens Puschke, LL.M.
Professor für Strafrecht, Strafprozessrecht, Kriminologie und Medizinstrafrecht an der Philipps-Universität Marburg

Dr. Frank Raue
Ministerialrat, Bundestagsverwaltung, Berlin

Prof. Dr. Horst Risse
Staatssekretär a. D., vorm. Direktor beim Deutschen Bundestag, Honorarprofessor an der Humboldt-Universität zu Berlin

Dr. Felix Ruppert
Rechtsanwalt, Akad. Mitarbeiter an der Universität Bayreuth

Alessandro Scheffler Corvaja
Doktorand an der Universität der Bundeswehr München

Dr. Björn Schiffbauer
Privatdozent an der Universität zu Köln, im Sommersemester 2022 Lehrstuhlvertreter an der FernUniversität in Hagen

Prof. Dr. Stefanie Schmahl, LL.M. (E)
Inhaberin des Lehrstuhls für deutsches und ausländisches öffentliches Recht, Völkerrecht und Europarecht an der Julius-Maximilians-Universität Würzburg, stellvertretendes Mitglied des Bayerischen Verfassungsgerichtshofs

Oskar Schumacher
Rechtsanwalt, Doktorand am Lehrstuhl für Öffentliches Recht und Recht der Digitalisierung an der Universität Bielefeld

Prof. Dr. Patrick Ernst Sensburg
Professor für Öffentliches Recht und Europarecht an der Hochschule für Polizei und öffentliche Verwaltung Nordrhein-Westfalen und Gastprofessor an der Universität Wien

Prof. Dr. Dr. Markus Thiel
Universitätsprofessor für Öffentliches Recht mit Schwerpunkt Polizeirecht an der Deutschen Hochschule der Polizei, Münster

Prof. Dr. Sebastian Unger
Inhaber des Lehrstuhls für Öffentliches Recht, Wirtschaftsrecht und Steuerrecht an der Ruhr-Universität Bochum

Prof. Dr. Gunter Warg, Mag. rer. publ.
Professor an der Hochschule des Bundes für öffentliche Verwaltung, Brühl

Dr. Dieter Weingärtner
Ministerialdirektor a. D., Senior Fellow am Deutschen Institut für Menschenrechte, Bundeskonventionsbeauftragter des Deutschen Roten Kreuzes

Autorenverzeichnis

Michaela Welnhofer-Zeitler
Richterin am Oberlandesgericht, München

Prof. Dr. Thomas Wischmeyer
Inhaber des Lehrstuhls für Öffentliches Recht und Recht der Digitalisierung an der Universität Bielefeld

Prof. Dr. Till Zimmermann
Professor für Strafrecht und Strafprozessrecht einschl. europäischer und internationaler Bezüge an der Universität Trier

Dr. Herbert O. Zinell
Ministerialdirektor a. D. und Oberbürgermeister a. D.,
Lehrbeauftragter an der Hochschule für öffentliche Verwaltung Kehl

Inhaltsverzeichnis

Vorwort	V
Autorenverzeichnis	VII
Abkürzungsverzeichnis	XXXIII
Verzeichnis der abgekürzt zitierten Literatur	LXIII

1. Teil: Grundlagen staatlicher Sicherheitsgewährleistung

§ 1 Sicherheitsbedrohungen	1
A. Einführung	4
B. Sicherheit als „ambivalentes Symbol"	4
I. Klassischer Sicherheitsbegriff	5
II. Erweiterter Sicherheitsbegriff	5
III. Kritische Perspektiven und „Versicherheitlichung"	6
IV. Zwischenfazit: Sicherheit und Bedrohungen –	7
C. Künftige globale Entwicklungen	8
I. Bedrohungen folgen internationalen Trends	8
II. Die Global Trends – Berichte: Ausblick auf das kommende globale Umfeld	9
III. Andere Studien zum globalen Umfeld	13
IV. Zwischenfazit	14
D. Sicherheitsfelder	15
I. Äußere Sicherheit: Bedrohungen durch andere Staaten	15
II. Innere Sicherheit	18
III. Proliferation und Exportkontrolle	21
IV. Cyber	22
E. Fazit	24
§ 2 Sicherheitsgewährleistung als verfassungsrechtlicher Auftrag	24
A. Einführung	25
B. Verfassungsrechtliche Leitlinien für die Sicherheitsgewährleistung	28
I. Grundlagen	28
II. Grundgesetzliche Regelungen	29
III. Europarechtliche Regelungen	33
C. Verfassungsrechtlicher Auftrag zur Sicherheitsgewährleistung	33
I. Grundlagen	33
II. Begründungsansätze für einen verfassungsrechtlichen Auftrag	34
III. Inhalt und Reichweite	40
D. Perspektiven	41
§ 3 Staatsorganisation in Sicherheitskrisen	42
A. Vorbemerkung	44
I. Überblick	44
II. Begriff des „Staatsnotstands"	45
III. Notstand als Ausnahme	46
B. Gefahren von besonderer Bedeutung	46
I. Praktische Anwendungsfälle	46
II. Voraussetzungen	46
III. Folgen	48
IV. Konkurrenzen	48

Inhaltsverzeichnis

C. Regionale Katastrophen	48
I. Praktische Anwendungsfälle	48
II. Voraussetzungen	48
III. Folgen	49
IV. Konkurrenzen	50
D. Überregionale Katastrophen	50
I. Praktische Anwendungsfälle	50
II. Voraussetzungen	50
III. Folgen	51
IV. Intervention des Bundesrates	51
V. Konkurrenzen	52
E. Innerer Notstand	52
I. Praktische Anwendungsfälle	52
II. Voraussetzungen	53
III. Folgen	57
IV. Wegfall der Gefahr; Intervention von Bundestag und Bundesrat	61
V. Konkurrenzen	61
F. Spannungsfall	62
I. Praktische Anwendungsfälle	62
II. Voraussetzungen	62
III. Konkurrenzen	62
G. Verteidigungsfall (äußerer Notstand)	63
I. Praktische Anwendungsfälle	63
II. Voraussetzungen und Feststellung	63
III. Folgen	67
IV. Konkurrenzen	72
H. Einschränkung von Grundrechten	72
I. Ungeschriebene Notstandsbefugnisse?	73
J. Staatsnotstand in den Landesverfassungen	73
K. Staatsnotstand und Europäische Union	75
L. Rechtsschutz	76
I. Bundesverfassungsgericht	76
II. Landesverfassungsgerichte	77
III. Fachgerichte	78
IV. Bundeszwang (Art. 37 GG)	78
V. Widerstandsrecht (Art. 20 Abs. 4 GG)	79
VI. Europäischer Gerichtshof	80
VII. Europäischer Gerichtshof für Menschenrechte	80
M. Reformbedarf: Notparlament	81
§ 4 Sicherheitsgewährleistung und Rechtsstaat	83
A. Einführung	86
B. Grundlagen	86
I. Grundlagen der Rechtsstaatlichkeit und Sicherheit	86
II. Verfassungsrechtliche Ausgestaltung des Rechtsstaats im Grundgesetz	91
C. Allgemeine rechtsstaatliche Anforderungen an das Recht der Sicherheitsgewährleistung	93
I. Rechtsbindung und Ermächtigungsgrundlagen	93
II. Vorhersehbarkeit, Bestimmtheit und Nachhaltigkeit im Sicherheitsrecht	94
III. Menschenwürdig-freiheitlicher Rechtsstaat und Sicherheitsgewährleistung	96

IV. Wirksamer Rechtsbehelfe und Sicherheitsgewährleistung	98
V. Insbesondere Herausforderungen in internationaler Kooperation . . .	102
D. Sicherheitsgewährleistung, Gewaltenteilung und -kontrolle	103
I. Überblick	103
II. Legislative	103
III. Justiz	106
E. Anwaltsverhältnis und Sicherheits- und Staatsschutz	109
I. Die Stellung des Anwalts und die Sicherheitsgewährleistung	109
II. Anwaltschaft und Verschlusssachen	112
III. Mandatskommunikation in Strafsachen und Sicherheitsgewährleistung	113
F. Sicherheitserfordernisse und rechtsstaatliche gerichtliche Verfahren	116
I. Legalitätsgrundsatz	116
II. Recht auf den gesetzlichen Richter	117
III. Öffentlichkeitsgrundsatz und Transparenz versus Geheimschutz	119
IV. Prozessstoff, rechtliches Gehör, fair trial und Waffengleichheit	122
G. Rechtsschutz und Kontrolle gegen Rechtsstaatübergriffe	130
H. Perspektiven: Aktuelle Herausforderungen de lege ferenda	130
§ 5 Der Schutz des Staates und die Medien	131
A. Das Verhältnis der Medien zum Staat in der Demokratie des GG	133
I. Die Rolle der Medien nach Art. 5 Abs. 1 S. 2 GG	133
II. Die Neuen Medien und ihr Schutz durch Art. 5 Abs. 1 S. 2 GG . . .	140
B. Der Schutz des Staates vor den Medien	147
I. Öffentlichkeit als Delikt: Verrat	147
II. Öffentlichkeit als Schadensquelle	158
C. Der Schutz der Medien vor dem Staat	162
I. Der Wettstreit um Informationen	162
II. Die spezifische Schutzbedürftigkeit der Medien	163
III. Die gesetzlichen Vorkehrungen zum Vertrauensschutz	165
§ 6 Sicherheitsbegriff und Sicherheitsrecht	169
A. Einführung	170
B. Sicherheit als Rechtsbegriff	171
I. Sprachliche Wurzeln und Bedeutungsentwicklung	171
II. Kontextabhängiger Bedeutungsgehalt im Rechtsinne	172
C. Koordinaten sicherheitsrechtlicher Begriffsbildung	173
I. System	173
II. Funktion	178
D. Sicherheitsbegriffe des Sicherheitsrechts	180
I. Sicherheit und Verfassungsrecht	180
II. Sicherheit im europarechtlichen Regelungskontext	183
III. Sicherheitsbegriffe des Strafrechts	187
IV. Verwaltungsrechtliche Sicherheitsbegriffe	189
E. Perspektiven	194
§ 7 Organisation der Sicherheitsgewährleistung	195
A. Einführung	196
B. Akteure der Sicherheitsgewährleistung	197
I. Grundlagen	197
II. Sicherheitsbehörden und -akteure des Bundes	199
III. Sicherheitsbehörden und -akteure auf Landesebene	207
IV. Private Sicherheitsakteure	209

Inhaltsverzeichnis

C. Gremien, Strukturen und Prozesse der Sicherheitskooperation	210
I. Bedeutung der Kooperation für die Sicherheitsgewährleistung	210
II. Kooperationsaspekte und -formen	211
D. Perspektiven	222

§ 8 Sicherheitsgewährleistung im Wege internationaler Kooperationen ... 222

- A. Erforderlichkeit internationaler Kooperation zur Sicherheitsgewährleistung ... 224
  - I. Sicherheitsbegriff und Gewaltmonopol ... 224
  - II. Sicherheitsgewährleistung im Spiegel aktueller Herausforderungen ... 224
  - III. Effektivitätssteigerung der Gefahrenabwehr durch staatenübergreifende Maßnahmen ... 228
- B. Internationale Konfliktprävention und multilaterales Krisenmanagement ... 229
  - I. Friedliche Streitbeilegung nach Kapitel VI der UN-Charta ... 230
  - II. Rüstungskontrolle und Abrüstung im System gegenseitiger Abschreckung ... 232
- C. Internationales Sanktionsregime und Selbstverteidigung ... 233
  - I. Sanktionsregime der Vereinten Nationen gemäß Kapitel VII UN-Charta ... 234
  - II. Individuelle und kollektive Selbstverteidigung gemäß Art. 51 UN-Charta ... 242
- D. Konflikteindämmung durch UN-Friedensmissionen ... 252
  - I. Entwicklung des UN-Peacekeeping als alternative Form der Friedenssicherung ... 252
  - II. Multidimensionaler Charakter von UN-Friedensmissionen ... 252
  - III. Verankerung der UN-Friedensmissionen im kollektiven Sicherheitssystem der Vereinten Nationen ... 253
  - IV. Haftungsfragen bei ... 255
- E. Sicherheitsgewährleistung mittels regionaler Abmachungen ... 256
  - I. Öffnung des UN-Sicherheitssystems für regionale Abmachungen und Einrichtungen gemäß Kapitel VIII UN-Charta ... 256
  - II. Beitrag ausgewählter regionaler Einrichtungen zur Sicherheitsgewährleistung ... 259
- F. Weitere rechtliche Konsequenzen einer Verletzung des Gewaltverbots ... 263
- G. Schlussbetrachtung und Perspektiven ... 263

§ 9 Sicherheitsgewährleistung im Verfassungs- und Verwaltungsverbund der Europäischen Union ... 266

- A. Einführung ... 271
- B. Sicherheit als Gegenstand des Unionsrechts ... 272
  - I. Sicherheitsunion als rechtliche und politische Zielsetzung ... 272
- C. Unionsverfassungsrechtliche Rahmenbedingungen der Sicherheitsgewährleistung der EU ... 276
  - I. Kompetenzen der EU zur Sicherheitsgewährleistung ... 276
  - II. Unionsverfassungsrechtliche Regulierung der Kompetenzausübung im Verbund ... 283
  - III. Rechtsstaatliche Anforderungen des Primärrechts an mitgliedstaatliche Sicherheitsbehörden ... 287
- D. Sicherheitsarchitektur in der Europäischen Union ... 288
  - I. Unionsorgane ... 289
  - II. Unionagenturen im Raum der Freiheit, der Sicherheit und des Rechts ... 294
  - III. Andere Unionseinrichtungen zur Sicherheitsgewährleistung ... 305

Inhaltsverzeichnis

E. Handlungsmodi in der Sicherheitsunion	307
I. Integration durch Institutionalisierung, Kooperation und wechselseitiges Lernen	307
II. Integration durch die Harmonisierung des Sicherheitsrechts	311
III. Integration durch Informationssysteme	315
IV. Integration durch die Finanzierung von Sicherheitsgewährleistung	320
F. Perspektiven: Entwicklungsdynamiken der Sicherheitsunion	324

2. Teil: Sicherheitsgewährleistung durch Sicherung, Abschirmung und Geheimschutz

§ 10 Schutz von Verfassungsorganen und Sicherheitsbehörden	327
A. Überblick	328
B. Nachrichtendienstliche Gefahrenaufklärung	329
C. Polizeilicher Schutz	330
I. Der Schutz staatlicher Einrichtungen und Veranstaltungen als polizeiliche Aufgabe	330
II. Zuständigkeiten	332
D. Strafrechtlicher Schutz	354
I. Einleitung	354
II. Verfassungsorgane	354
III. Sicherheitsbehörden	359
§ 11 Schutz von Staatsgeheimnissen	364
A. Einführung	365
B. Was sind Staatsgeheimnisse?	365
C. Grundlagenfrage: Staat der Öffentlichkeit?	367
I. Entwicklung und Grundsystem	367
II. Informationsfreiheitsgesetze Bund/Länder	368
D. Schutzmechanismen	370
I. Verschlusssachen	370
II. Strafrechtlicher Schutz	372
III. Prozessualer Schutz	375
E. Fazit	380
§ 12 Personeller Geheimschutz	381
A. Einführung	383
B. Ziel und Grenzen des personellen Geheimschutzes	383
C. Abgrenzung zum personellen Sabotageschutz	385
D. Abgrenzung zu Sicherheits- und Zuverlässigkeitsüberprüfungen	386
E. Entwicklung und Ziele des Sicherheitsüberprüfungsverfahrens	386
I. Rechtsgrundlagen	386
II. Rechtliche Folgen einer erfolgreichen Überprüfung	387
F. Verfahrensgrundsätze der Sicherheitsüberprüfung	388
I. Freiwilligkeit und notwendige Einwilligung	388
II. Konsequenzen bei Verweigerung und Widerruf der Einwilligung	390
III. In dubio pro securitate	392
IV. Zweckbindungs- und Abschottungsgebot	392
V. Weiterverwendung der Daten aus der Sicherheitsüberprüfung	393
G. Grund der Überprüfung: Umgang mit Verschlusssachen	398
I. Allgemeines zur Verschlusssache	398
II. Kriterien für die Einstufung als Verschlusssache und der jeweilige Einstufungsgrad	398
III. Beispiele für Einstufung	399

Inhaltsverzeichnis

H. Betroffene Personen im personellen Geheimschutz	400
I. Betroffene Personen	400
II. Ehegatten und Lebenspartner	400
III. Ausnahmen für Mitglieder der Verfassungsorgane und Richter	401
IV. Überprüfungen für die private Wirtschaft	401
J. Datenerhebungsmaßnahmen bei den verschiedenen Typen der Sicherheitsüberprüfung	403
I. Die Überprüfungsarten	403
II. Regelungsinhalt des § 12 SÜG	403
III. Einfache Sicherheitsüberprüfung (Ü1)	404
IV. Erweiterte Sicherheitsüberprüfung (Ü2)	408
V. Erweiterte Sicherheitsüberprüfung mit Sicherheitsermittlungen (Ü3)	408
K. Prüfungsgegenstände im personellen Geheimschutz	409
I. Das Sicherheitsrisiko als Maßstab des personellen Geheimschutzes	409
II. Kriterien für die Bewertung eines Sicherheitsrisikos	409
III. Notwendiger Verdichtungsgrad des Sicherheitsrisikos	410
IV. Spezifität des Sicherheitsrisikos in Bezug auf die konkrete Tätigkeit	411
V. Zweifel an der Zuverlässigkeit als Sicherheitsrisiko	412
VI. Besorgnis der Anbahnungs- und Werbungsversuche ausländischer Nachrichtendienste sowie krimineller oder extremistischer Organisationen	416
VII. Zweifel am Bekenntnis zur freiheitlichen demokratischen Grundordnung (§ 5 Abs. 1 S. 1 Nr. 3 SÜG)	417
L. Die Akteure im personellen Geheimschutzverfahren	420
I. Die „zuständige Stelle" als Bedarfsträger	420
II. Die „mitwirkende Behörde" als zentraler Akteur	420
M. Verfahrensrechte der betroffenen Person und Rechtsschutz	421
I. Anhörung vor Ablehnung der sicherheitsempfindlichen Tätigkeit	421
II. Verwaltungsrechtsweg	422
III. Beurteilungsspielraum bei Würdigung von Sicherheitsrisiken	422
N. Ausblick	424
§ 13 Schutz vor Industrie- und Wirtschaftsspionage	424
A. Einführung	426
B. Entwicklung des Schutzes vor Industrie- und Wirtschaftsspionage	427
I. Strafrechtliche Ursprünge	427
II. Zivilrechtlicher Schutzumfang	428
III. Europäisierung des Schutzsystems	429
IV. Gesetz zum Schutz von Geschäftsgeheimnissen	429
C. Struktur des Schutzes vor Industrie- und Wirtschaftsspionage	430
I. Kernelement: GeschGehG	430
II. Besonderer Strafrechtsschutz	430
III. Immaterialgüterrecht	432
IV. Lauterkeitsrecht	433
V. Allgemeines Deliktsrecht	433
VI. Polizei- und Nachrichtendienste	433
D. Schutz nach dem GeschGehG	434
I. Grundbegriffe, Definitionen	434
II. Erlaubte und verbotene Handlungen	438
III. Whistleblowing	441
IV. Zivilrechtliche Folgen	446
V. Strafrechtliche Folgen	448
E. Fazit	451

Inhaltsverzeichnis

§ 14 Schutz kritischer Infrastrukturen	452
A. Einführung	453
B. Entwicklung und Strukturen des KRITIS-Diskurses	454
I. „Infrastrukturen" im Recht	454
II. Begriff der „kritischen Infrastruktur"	455
III. KRITIS im System des Sicherheitsrechts	459
C. Gesetzliche Regelungen zum Schutz kritischer Infrastrukturen	463
I. Horizontale Regelungen	463
II. Ergänzende sektorale Regelungen	467
D. Grundstrukturen der Regulierung kritischer Infrastrukturen	476
I. Ziele der Regulierung	477
II. Verfassungsrechtliche Rahmenbedingungen	478
III. Instrumente	480
IV. Organisation und Verfahren	483
E. Perspektiven	486
§ 15 Abwehr von Cyberbedrohungen	487
A. Einführung	488
B. Informationsmanagement als zentraler Baustein in der Abwehr von Cyberbedrohungen	491
C. Ursachen und Arten von Cyberbedrohungen	493
I. Ausdifferenzierung der Angriffsfläche	493
II. Ausdifferenzierung der Typen von Cyberbedrohungen	495
III. Maschinelles Lernen als Faktor der Abwehr von Cyberbedrohungen	500
D. Rechtliche Rahmenbedingungen der Abwehr von Cyberbedrohungen	502
I. Auswertung und Übermittlung von Daten durch das BSI, § 5 BSIG	502
II. Abwehrmaßnahmen in akuter Bedrohungslage	506
III. Aktive Ermittlung von Sicherheitsrisiken und Angriffsmethoden durch das BSI	509
IV. Nachrichtendienstliche Überwachung	510
V. Streitkräfte	515
E. Perspektiven	520

3. Teil: Sicherheitsgewährleistung durch Aufklärung

§ 16 Wissensabhängigkeit und Wissensgenerierung im Sicherheitsverwaltungsrecht	521
A. Einführung	522
B. Wissen in der Sicherheitsgesellschaft	525
I. Standortbestimmungen: Wissensgesellschaft und Wissensstaat	525
II. Begriffsklärungen: Wissen und Wissensgenerierung	531
C. Strategien der Wissensgenerierung in der Sicherheitsverwaltung	542
I. Polizeiliche Wissensgenerierung	542
II. Nachrichtendienstliche Wissensgenerierung	547
III. Wissensgenerierung in übergreifenden Strukturen	551
D. Rechtsschutz und Kontrolle	554
E. Perspektiven	555
§ 17 Aufklärung durch Strafverfahren	556
A. Strafverfolgende Aufklärung in der komplementären Sicherheitsarchitektur	558
I. Funktionsunterschiede sicherheitsrechtlicher Aufklärung	558
II. Ordnungselemente sicherheitsrechtlicher Aufklärung	560
III. Aufklärung von Straftaten	564

B. Praktische Probleme der Aufklärung in Staatsschutzverfahren 568
    I. Rahmenbedingungen der Aufklärung 568
    II. Besondere Mittel der Aufklärung 572
C. Einschränkung von Aufklärung durch Geheimnisschutz 576
    I. Gründe für die Geheimhaltung von Beweismitteln 576
    II. Mittel der Wahrung von Geheimschutzbedürfnissen 577
    III. Praktische Durchsetzung der Aufklärungspflicht 581
    IV. Problematik von Datenübermittlungen 583
D. Perspektiven 584

§ 18 Struktur und Prozesse der Inlandsaufklärung 586
A. Einführung 587
    I. Inlandsnachrichtendienstliche Tätigkeit 588
    II. Inlandsaufklärung unter dem Grundgesetz 590
    III. Abgrenzung von artverwandten Tätigkeiten 591
B. Organisatorische verfassungsrechtliche Vorgaben 594
    I. Verfassungsrechtliche Grundlagen 594
    II. Gebot nachrichtendienstlichen Verfassungsschutzes 595
C. Organisationsstruktur 596
    I. Föderale Struktur der Inlandsaufklärung 596
    II. Aufgabenzuweisungen 597
    III. Interne Organisationsstrukturen 599
    IV. Nachrichtendienstliche Kooperationsformen 602
D. Prozess der Inlandsaufklärung 602
    I. Steuerung der Inlandsaufklärung – Auftragsfestlegung 602
    II. Informationssammlung – Beschaffung 605
    III. Informationsanalyse und -aufbereitung – Auswertung 606
    IV. Verteilung an die Abnehmer – Berichterstattung 607
E. Reformvorschläge 608
    I. Umbenennung und Umstrukturierung des BfV 608
    II. Auflösung des BAMAD 609
    III. Änderung der Aufgabenverteilung zwischen Bund und Ländern 610
F. Fazit und Entwicklungsperspektiven 611

§ 19 Struktur und Prozesse der Auslandsaufklärung 612
A. Einführung 614
    I. Zum Begriff „Auslandsaufklärung" 614
    II. Der BND als Auslandsnachrichtendienst der Bundesrepublik
        Deutschland 615
    III. Spezifische Herausforderungen und Risiken der Arbeit des
        Auslandsnachrichtendienstes 615
B. Die Aufgaben des BND 617
    I. Die Aufgabenzuweisung des § 1 Abs. 2 S. 1 BNDG 617
    II. Zuständigkeits- und Abgrenzungsfragen gegenüber
        Verfassungsschutz, BAMAD und militärischem Nachrichtenwesen .. 618
    III. Der BND als Informationsdienstleister 621
    IV. Einbindung des BND in den außen- und sicherheitspolitischen
        Informationsverbund der Bundesrepublik 622
    V. Außen- sicherheitspolitische Bedeutsamkeit 623
    VI. Organisatorische Festlegungen für die deutsche Auslandsaufklärung . 623
    VII. Auslandsbegriff des § 1 BNDG 625
C. Die Befugnisse des BND 626
    I. Allgemeine Fragen 626
    II. Die Befugnisse des BND im Einzelnen 636

D. Zusammenarbeit mit inländischen und ausländischen
  Nachrichtendiensten 647
  I. Allgemeines 647
  II. Zusammenarbeit mit inländischen Stellen 647
  III. Zusammenarbeit mit ausländischen Stellen 649
E. BND-interne Prozesse als Ausfluss des gesetzlichen Aufgaben- und
  Befugnisrahmens 653
F. Externe Kontrollmechanismen 654
  I. Multiplexe externe Kontrollstruktur 654
  II. Externe behördliche Kontrollinstanzen 655
  III. Parlamentarische Kontrolle 658
  IV. Gerichtliche Kontrolle 662
  V. Medien 662
G. Perspektiven 663

§ 20 Grundrechtlicher Datenschutz und sicherheitsbehördliche Überwachung .. 667
 A. Einleitung: Terminologie des Sicherheits- und des Datenschutzrechts .. 669
  I. Vorbemerkung 669
  II. Nachrichtendienstliche Informationssammlung 670
  III. Datenverarbeitung der Polizei, insbesondere polizeilicher
   Staatsschutz 671
  IV. Bundeswehr 674
  V. Gerichtsbarkeit 674
 B. Sicherheitsbehördliche Überwachung und informationeller
  Grundrechtsschutz 675
  I. Schutzdimensionen des Persönlichkeitsrechts nach dem Grundgesetz
   und EU-Datenschutzrecht 676
  II. Datenschutzgrundsätze als Grundrechtskonkretisierung 679
  III. Datenschutzrechtlich relevante Gewährleistungen der EMRK 689
  IV. Reichweite der Grundrechtsbindung; Geltung der Charta der
   Grundrechte der EU? 690
 C. Verarbeitung personenbezogener Daten als Grundrechtseingriff 692
 D. Mindestanforderungen an Eingriffe in das Persönlichkeitsrecht bzw. das
  Recht auf Privatleben 696
  I. Eingriffsrechtfertigung nach dem Grundgesetz 696
  II. Anforderungen der EMRK an Eingriffsbefugnisse 711

§ 21 Informationsbeschaffung von Unternehmen und nicht-staatlichen Dritten . 716
 A. Einleitung 716
 B. Entwicklungslinien der Informationsbeschaffung durch Private 717
  I. Informationsbeschaffung über Genehmigungspflichten 717
  II. Informationsbeschaffung über Dritte 718
 C. Bestandsdaten aus Telekommunikationsdiensten 722
  I. Grundstruktur und Entwicklung der Regelungen, §§ 172 ff. TKG . 723
  II. Erhebung und Speicherung der Bestandsdaten, § 172 TKG 724
  III. Übermittlung der Daten 726
 D. Vorratsspeicherung von Telekommunikationsverkehrsdaten 738
  I. Grundlinien 738
  II. Verfassungs- und unionsrechtliche Anforderungen 740
  III. Vorratsdatenspeicherung nach §§ 175 ff. TKG 742
 E. Informationsbeschaffung durch Anbieter von Telemedien 744
  I. Auskunftsverfahren nach den §§ 21 ff. TTDSG 744
  II. Besondere Auskunftsverlangen der Nachrichtendienste 746
 F. Perspektiven 748

Inhaltsverzeichnis

§ 22 Vorratsdatenspeicherung 749
   A. Vorbemerkungen 750
   B. Rechtspolitische Grundlagen 752
   C. EU-rechtliche Bewertung der Vorratsdatenspeicherung 753
      I. Anwendbarkeit des EU-Rechts 754
      II. Speicher- und Übermittlungspflichten als Grundrechtseingriffe 755
      III. Exkurs: Vorratsdatenspeicherung und Verarbeitung von Flugpassagierdaten (PNR-Daten) 764
   D. Völkerrechtliche Einordnung 767
   E. Vorratsdatenspeicherung von Verkehrs- und Standortdaten nach deutschem Recht 767
   F. Entwicklung der Vorratsdatenspeicherung in der EU und in Deutschland 770
      I. Entwicklung bis Juni 2021 770
      II. Unklare Perspektiven für die weitere Entwicklung der Vorratsdatenspeicherung 773

§ 23 Erhebung von Daten aus Informationssystemen, insbes. Online-Durchsuchung 773
   A. Daten als Ermittlungsgrundlage 776
   B. Rechtlicher Rahmen der Datenerhebung aus Informationssystemen ... 778
      I. Verfassungsrechtlicher Rahmen 778
      II. Einfachrechtlicher Rahmen 782
   C. Rechtsschutz und Kontrolle 805
      I. Offene Datenerhebung 805
      II. Heimliche Datenerhebung 806
      III. Weiterreichende Schutzpflicht 807
   D. Import im Ausland (massenhaft) erhobener Daten 808
      I. Verwendung im Ausland erlangter Daten 810
      II. Verwertung im Ausland erlangter Daten 813
   E. Perspektiven 813
      I. Weichen und Reformen 813
      II. Reflexionen 814

§ 24 Überwachung von Kommunikation 814
   A. Einführung 816
   B. Kommunikation als Zugriffsobjekt der Sicherheitsbehörden 818
      I. Begriff der „Kommunikation" 818
      II. Bedeutung der Kommunikationsüberwachung für die Sicherheitsgewährleistung 821
      III. Grundrechtliche Aspekte 821
   C. Überwachung der laufenden Kommunikation 828
      I. Grundlagen 828
      II. Telekommunikationsüberwachung 828
      III. Quellen-Telekommunikationsüberwachung 831
      IV. Postbeschlagnahme und Auskunftsverlangen 835
      V. Akustische Wohnraumüberwachung 839
      VI. Sonstige Eingriffe 841
   D. Rechtsschutz 846
   E. Perspektiven 846

§ 25 Überwachung von Wohnraum 848
   A. Akustische und optische Wohnraumüberwachung 851
      I. Funktionsweise und Relevanz 851

II. Verfassungsrechtliche Einordnung	852
III. Einfachrechtlicher Regelungsrahmen	854
B. Datenerhebung aus dem „Smart Home"	864
I. Funktionsweise und Relevanz	864
II. Verfassungsrechtliche Einordnung	866
III. Einfachrechtlicher Regelungsrahmen	870
C. Andere Eingriffe in Wohnungen	879
I. Einsatz von Bodycams	879
II. Elektronische Aufenthaltsüberwachung	882
III. Betretungsrechte für verdeckt ermittelnde Personen	884
IV. Eingriffe durch Luftbildaufnahmen	887
D. Perspektiven	888
§ 26 Sonstige technische Überwachung (IMSI-Catcher, stille SMS usw.)	889
A. Technische Überwachung in Zeiten der Datafizierung	891
B. Maßnahmen technischer Überwachung	893
I. Maßnahmen zur Aufenthaltsbestimmung	893
II. Maßnahmen zur Identifikation und Observation	914
C. Perspektiven und Reflexionen	924
§ 27 Inkognito eingesetzte Behördenmitarbeiter (insbesondere Verdeckte Ermittler)	925
A. Einführung	931
I. Phänomenbeschreibung	931
II. Terminologisches	932
III. Historie und rechtspolitische Entwicklung	935
B. Allgemeine Rechtsgrundlagen und -probleme	938
I. Übersicht zu den Rechtsproblemen	938
II. Verfassungs- und menschenrechtliche Grundfragen	939
C. Die Befugnisse der Sicherheitsbehörden de lege lata	945
I. Allgemeines; Begrifflichkeiten	946
II. Einsatzvoraussetzungen	952
III. Anordnungskompetenzen	959
IV. VM/VE-Befugnisse	961
V. Besonderheiten grenzüberschreitender Einsätze	975
VI. Transparenz, nachträgliche Kontrolle und Rechtsschutz	977
VII. Strafprozessuale Folgen	981
D. Ausblick/Perspektiven	986
§ 28 Inkognito agierende Privatpersonen (insbesondere V-Leute)	987
A. Einführung	988
I. Phänomenbeschreibung	988
II. Begriffliches	989
III. Rechtshistorische und -politische Entwicklung	994
B. Allgemeine Rechtsgrundlagen und -probleme	996
I. Verfassungs- und menschenrechtliche Grundfragen	996
C. Befugnisse der Sicherheitsbehörden de lege lata	999
I. Allgemeines; Grundlagen VP-Einsätze	999
II. Einsatzvoraussetzungen	1005
III. Anordnungskompetenzen	1007
IV. Befugnisse	1008
V. Grenzüberschreitende Einsätze	1013
VI. Transparenz und Kontrolle	1014
VII. Strafprozessuale Folgen	1014

Inhaltsverzeichnis

§ 29 Datenüberführungen durch Staatsschutzbehörden	1017
A. Einführung	1018
B. Grundlagen	1019
I. Die zweigliedrige Struktur von Datenüberführungen	1019
II. Quellen höherrangigen Rechts und ihr Verhältnis zueinander	1021
III. Unions- und verfassungsrechtliche Anforderungen an Datenüberführungen	1023
C. Datenüberführungsermächtigungen im geltenden Staatsschutzrecht	1029
I. Ermächtigungen zu Datenüberführungen innerhalb einer behördlichen Aufgabe	1029
II. Ermächtigungen zu zweckändernden Datenüberführungen durch den polizeilichen Staatsschutz	1033
III. Ermächtigungen zu Datenübermittlungen zwischen Staatsschutzbehörden	1037
IV. Ermächtigungen zu Datenübermittlungen an ausländische Behörden und internationale Organisationen	1054
D. Fazit	1057
§ 30 Kooperative Informationsressourcen	1058
A. Einführung	1059
B. Entwicklung und Bedeutung der informationellen Zusammenarbeit	1060
C. Rechtsrahmen	1062
I. Verfassungsrecht	1062
II. Einfachgesetzliche Vorgaben	1065
D. Kooperative Datei- und Informationssysteme	1066
I. Nachrichtendienstliches Informationssystem (NADIS)	1066
II. Informationsverbund der Polizei	1069
III. Gemeinsame Dateien von Polizei und Nachrichtendiensten	1071
E. Perspektiven von Datenspeicherung und Datenauswertung	1081
I. Datenspeicherung	1081
II. Datenauswertung	1082
F. Rechtsschutz und Kontrolle	1083
G. Fazit	1084
§ 31 Besondere Einrichtungen und Zentren, GTAZ u. a.	1085
A. Einführung	1086
B. Gemeinsame Zentren	1087
I. GTAZ	1087
II. Weitere gemeinsame Zentren	1096

4. Teil: Sicherheitsgewährleistung durch Sanktionierung und Abwehr

§ 32 Verfassungsunmittelbare Instrumente des Staatsschutzes	1101
A. Einführung	1101
B. Parteiverbot	1104
I. Funktion	1105
II. Verfahren	1105
III. Materielle Verbotsanforderungen	1106
IV. Verhältnis zum Dienstrecht	1109
C. Präsidentenanklage	1110
I. Hintergrund	1111
II. Verfahren	1112
III. Vorsätzliche Rechtsverletzung	1112
IV. Rechtsfolge	1114

D. Richteranklage 1114
    I. Hintergrund 1116
    II. Verhältnis zum Richterdisziplinarrecht 1117
    III. Fehlverhalten 1118
    IV. Verfahren und Rechtsfolge 1119
E. Grundrechtsverwirkung 1119
    I. Tatbestand 1120
    II. Verfahren 1122
    III. Rechtsfolgen 1122
F. Anklage gegen Mitglieder von Landesregierungen und Landtagen 1123
G. Perspektiven 1124

§ 33 Der strafrechtliche Schutz des Staates und seiner Kernfunktionen 1126
A. Einleitung: Der Staat und seine Kernfunktionen als Strafrechtsaufgabe . 1128
    I. Theoretische und historische Grundlagen 1128
    II. Frieden, Freiheit, Rechtsstaat, Demokratie 1129
    III. Freiheitlich demokratische Grundordnung, streitbare und wehrhafte Demokratie 1130
B. Strafrechtsdogmatik und Staatsschutz 1132
    I. Gegenmodelle zur liberal-rechtsstaatlichen Rechtsgutslehre 1132
    II. Personale Rechtsguts-, Tabu- und Gefühlschutztheorie 1134
    III. Grundlage einer kritischen freiheitlich-demokratischen Rechtsgutstheorie des Staatsschutzstrafrechts 1136
C. Strafrechtlicher Schutz des Staates nach außen 1139
    I. Schutz des Volkes? 1139
    II. Grundlagen der Staatlichkeit und Bestand als staatlich-einheitliche Selbstorganisation des Volks 1141
    III. Strafrechtlicher Schutz von Sicherheit und „informationeller Souveränität" 1142
    IV. Schutz der Friedlichkeit nach außen 1146
D. Binnenschutz des freiheitlich demokratischen Gemeinwesens 1148
    I. Grundlagen 1148
    II. Formaler Schutz der Verfassungsordnung 1148
    III. Schutz der rechtsstaatlich-demokratischen Entscheidungsfindung ... 1150
    IV. Schutz der Öffentlichkeit 1154
E. Schutz der Europäischen Integration? 1155
F. Perspektiven 1157

§ 34 Angriffe auf Verkehr und Infrastruktur 1158
A. Einführung 1160
B. Die Straftatbestände im Einzelnen 1160
    I. Delikte gegen Anlagen und Betriebe 1160
    II. Delikte gegen die digitale Infrastruktur 1170
    III. Verkehrsdelikte 1181

§ 35 Waffen, Sprengstoffe und andere gefährliche terroristische Tatmittel 1189
A. Einführung 1191
B. Tatmittel 1193
    I. Gegenstandsbezogen gefährliche Tatmittel 1194
    II. Verwendungsbezogen gefährliche Tatmittel 1198
C. Strafrechtliche Erfassung – Überblick und deliktsstrukturspezifische Besonderheiten 1200
    I. Erfassung terroristischer Tatmittel bei Begehung der Tat 1201
    II. Erfassung terroristischer Tatmittel bei der Vorbereitung einer Tat .. 1202

Inhaltsverzeichnis

  D. Umgang mit terroristischen Tatmitteln – tatbestandliche Erfassung im Einzelnen 1205
   I. Terroristische Tatmittel bei der Tatbegehung 1205
   II. (Gefährliche) terroristische Tatmittel bei der Tatvorbereitung 1210
  E. Rechtsfolgen und strafprozessuale Ermittlungsmaßnahmen 1227
   I. Rechtsfolgen 1227
   II. Strafprozessuale Ermittlungsmaßnahmen 1229
  F. Perspektiven 1230
§ 36 Terrorismusstrafrecht 1231
  A. Begriff des Terrorismus 1232
  B. Terrorismusbekämpfung als Teil des Staatsschutzstrafrechts einschließlich verfassungsrechtlicher und gerichtsverfassungsrechtlicher Grundlagen 1236
  C. Bekämpfung des Terrorismus im deutschen Strafrecht 1238
   I. Grundlagen 1238
   II. Terrorismus – Vorbereitung und Unterstützung 1241
   III. Terroristische Vereinigungen, §§ 129a, 129b StGB 1247
  D. Entschädigung von Opfern nach terroristischen Anschlägen 1251
  E. Zur Anwendbarkeit deutschen Strafrechts im Rahmen der Terrorismusbekämpfung 1252
   I. Zur Systematik deutschen Strafanwendungsrechts 1252
   II. Zur Anwendung deutschen Strafrechts bei im Ausland begangenen Terrorismusstraftaten 1254
   III. Nebenfolgen und Einziehung 1256
  F. Ermächtigungserfordernis 1257
  G. Terrorismusbekämpfung mittels Vorfeldkriminalisierung – verfassungsrechtliche Grenzen 1258
  H. Besonderheiten des Terrorismusstrafrechts im Strafverfahrensrecht 1261
   I. Zuständigkeiten 1261
   II. Absehen von der Verfolgung von Auslandstaten, § 153c StPO, bei Staatsschutzdelikten wegen überwiegender öffentlicher Interessen, § 153d StPO, und bei Staatsschutzdelikten bei tätiger Reue, § 153e StPO 1262
   III. Notwendige Verteidigung – Pflichtverteidigung 1264
   IV. Strafverteidigung in Terrorismusverfahren 1265
  J. Europäische Union 1266
   I. Richtlinie zur Terrorismusbekämpfung (EU) 2017/541 1266
   II. Geplante EU-Verordnung gegen Online-Propaganda 1266
  K. Europarat 1267
  L. Ausblick 1268
§ 37 Kommunikations- und Propagandadelikte 1269
  A. Einführung 1272
  B. Erläuterungen 1273
   I. Allgemeine Fragen und übergreifende Merkmale 1273
   II. Die Tatbestände im Einzelnen 1283
  C. Perspektiven 1324
§ 38 Terrorismusfinanzierung 1326
  A. Terrorismus und Ökonomie 1328
  B. Völkerrechtliche Vorgaben 1329
   I. Internationales Übereinkommen zur Bekämpfung der Finanzierung des Terrorismus (FTC) 1330

Inhaltsverzeichnis

II. Aktivitäten des UN-Sicherheitsrats	1331
III. Financial Action Task Force (FATF)	1332
IV. Maßnahmen des Europarats	1333
C. Unionsrechtliche Einflüsse	1334
I. Embargoverordnungen anhand sog. „Terrorlisten"	1335
II. EU-Geldwäschegesetzgebung	1338
III. EU-Terrorismusrichtlinie (EU) 2017/541	1340
D. Nationales Recht	1341
I. Präventive Instrumente	1341
II. Kriminalstrafrecht	1346
E. Zuständigkeiten und Verfahren	1354
I. Strategische Bedeutung der Financial Intelligence Unit (FIU)	1355
II. Unterbrechung verdächtiger Transaktionen	1356
F. Ausblick	1358
§ 39 Verschränkung von Staatsschutz- und Völkerstrafrecht	**1360**
A. Einführung	1362
B. Zuständigkeiten	1363
C. Strafbarkeit nach dem Völkerstrafgesetzbuch	1365
D. Die relevanten Straftatbestände im Einzelnen	1365
I. Völkermord	1366
II. Verbrechen gegen die Menschlichkeit	1367
III. Kriegsverbrechen	1368
E. Konkurrenzen	1375
F. Perspektiven	1376
§ 40 Strafrechtliches Präventionsrecht im Allgemeinen: Berufsverbote, Verlust politischer Rechte	**1376**
A. Einführung	1377
B. Verlust und Wiedererlangung politischer Rechte, §§ 45 ff. StGB	1378
I. Allgemein	1378
II. Normzweck	1379
III. Rechtsnatur	1379
IV. Arten der Statusfolgen	1379
V. Berechnung des Verlustzeitraums, § 45a StGB	1385
VI. Wiederverleihung von Rechten und Fähigkeiten, § 45b StGB	1387
VII. Mitteilung des Verlustes und der Wiedererteilung der politischen Rechte	1389
VIII. Eintragung im Bundeszentralregister	1389
IX. Gnadenrecht	1390
C. Berufsverbot	1390
I. Allgemeines	1390
II. Normzweck	1390
III. Rechtsnatur	1391
IV. Voraussetzungen der Anordnung	1391
V. Dauer des Berufsverbotes	1392
VI. Anwendbarkeit auf Jugendliche und Heranwachsende	1393
VII. Prozessuale Fragen	1393
VIII. Aussetzung zur Bewährung, § 70a StGB	1394
IX. Widerruf der Aussetzung, § 70b StGB	1395
X. Vorläufiges Berufsverbot, § 132a StPO	1396
XI. Strafbarer Verstoß gegen ein Berufsverbot, § 145c StGB	1398
XII. Mitteilung der Verhängung eines vorläufigen oder endgültigen Berufsverbotes	1398

Inhaltsverzeichnis

XIII. Eintragung im Bundeszentralregister	1398
XIV. Gnadenrecht	1398
XV. Entschädigungsanspruch	1398
D. Resümee und Ausblick	1399

§ 41 Besondere Aufsichtsmittel insbesondere elektronische Aufenthaltsüberwachung ... 1399
- A. Übersicht ... 1400
- B. Elektronische Aufenthaltsüberwachung („Fußfessel") ... 1401
  - I. Rechtliche Grundlagen ... 1401
  - II. Funktionsweise ... 1402
  - III. BVerfG: Die elektronische Aufenthaltsüberwachung bei Straftätern verstößt nicht gegen die Grundrechte ... 1403
  - IV. Materiellrechtliche Einzelheiten ... 1406
- C. Längerfristige Observationen und Dauerüberwachung gefährlicher Personen ... 1411
- D. Polizeilicher Unterbindungsgewahrsam (Sicherheitsgewahrsam) ... 1412
  - I. Gesetzgebungskompetenz und materielle Verfassungsmäßigkeit ... 1412
  - II. Voraussetzungen des Unterbindungsgewahrsams (Sicherheitsgewahrsam) ... 1413
- E. Automatisiertes Erfassen von Kfz-Kennzeichen zum Datenabgleich KESY ... 1414
- F. Aufenthaltsvorgabe, Kontaktverbot ... 1415
- G. Videoüberwachung öffentlicher Plätze mit Aufzeichnung ... 1415
- H. Abschiebeanordnung und Abschiebehaft (Sicherungshaft) ... 1415
- J. Weitere Aufsichtsmaßnahmen im Überblick ... 1416
  - I. Meldeanordnung ... 1417
  - II. Untersagen der Ausreise („Ausreiseverbot") ... 1417
  - III. Anordnung erkennungsdienstlicher Maßnahmen ... 1417
  - IV. Fluggastkontrollen ... 1418

§ 42 Ermittlungen durch den Generalbundesanwalt beim Bundesgerichtshof – Rechtsrahmen und Rechtspraxis ... 1418
- A. Einführung ... 1421
  - I. Entwicklung gerichtlicher Zuständigkeiten in Staatsschutzsachen ... 1422
  - II. Staatsanwaltschaftliche Ermittlungseinheiten auf Bundesebene ... 1423
  - III. Die Bundesanwaltschaft heute ... 1424
- B. Rechtsrahmen ... 1425
  - I. Gerichtsverfassungsrechtliche Aufgabenverteilung ... 1426
  - II. Verhältnis zwischen GBA und Staatsanwaltschaften der Länder ... 1433
  - III. Prozessuale Besonderheiten für Verfahren in der Zuständigkeit der Bundesjustiz ... 1436
  - IV. Weitere Aufgaben des GBA innerhalb der deutschen Sicherheitsarchitektur ... 1441
  - V. Die Opferstaatsanwälte beim Generalbundesanwalt ... 1449
- C. Rechtspraxis ... 1450
  - I. Ermittlungsverfahren im Bereich der Inneren Sicherheit ... 1450
  - II. Ermittlungsverfahren im Bereich der äußeren Sicherheit ... 1474
  - III. Bekämpfung von Völkerstraftaten nach dem VStGB ... 1479
- D. Perspektiven ... 1484

§ 43 Besonderheiten im gerichtlichen Verfahren ... 1486
- A. Einführung ... 1487

B. Besonderheiten 1488
    I. Verteilung der erstinstanzlichen gerichtlichen Zuständigkeit 1488
    II. Abhängigkeit der Strafverfolgung von exekutiver
        Verfolgungsermächtigung 1493
    III. Besonderheiten im Eröffnungsverfahren 1495
    IV. Besonderheiten bei der Verhandlungsvorbereitung 1501
    V. Besonderheiten bei der Durchführung der Hauptverhandlung 1509
C. Perspektiven 1521

§ 44 Besonderheiten der internationalen Rechtshilfe in Strafsachen mit Staatsschutzbezug 1523
   A. Einführung 1524
    I. Überblick 1524
    II. Begriff und Rechtsquellen des Rechtshilferechts 1525
    III. Abgrenzung der Rechtshilfe von der internationalen
        Zusammenarbeit anderer Sicherheitsbehörden 1526
   B. Besonderheiten der Rechtshilfe in Strafverfahren mit
      Staatsschutzbezug 1527
    I. Politische Straftat 1527
    II. Politische Verfolgung 1533
    III. Sonstige Rechtshilfe bei politischer Straftat und politischer
        Verfolgung 1543
    IV. Besonderheiten bei Terrorismusstraftaten – keine politische Tat 1544
    V. Militärische Straftat 1548
    VI. Verweigerung von Rechtshilfe wegen Staatsschutz- und
        Sicherheitsinteressen 1551
    VII. Der deutsche -Vorbehalt 1553
    VIII. Besonderheiten bei Interpol im Bereich politischer Taten 1553
   C. Rechtsschutz 1553
   D. Perspektiven 1554

§ 45 Sicherheitsgewerberecht – Sicherheitsrecht der Wirtschaft 1554
   A. Einführung 1556
    I. Sicherheit als originäre Staatsaufgabe 1556
    II. Erweiterung des Sicherheitsbegriffes 1556
    III. Übertragung von Staatsaufgaben an Private 1557
    IV. Erweiterter Sicherheitsbegriff und privates Sicherheitsgewerbe 1559
    V. Begriff des privaten Sicherheitsgewerbes 1559
   B. Rechtsgrundlagen der Sicherheitswirtschaft 1561
    I. Gemeinschaftsrechtliche Grundlagen 1561
    II. Verfassungsrechtliche Grundlagen 1563
    III. Gewerberechtliche Grundlagen des Sicherheitsgewerbes 1565
    IV. Spezielle Rechtsgrundlagen der Betätigung privater
        Sicherheitsunternehmen 1576
    V. Resümee 1580
   C. Entwicklungen im Sicherheitsdienstleistungsrecht 1580
    I. Auswirkungen der Corona-Pandemie auf das Sicherheitsgewerbe ... 1581
    II. Das Sicherheitsdienstleistungsgesetz (SDLG) 1582
    III. Kurzer Ausblick 1583

§ 46 Staatsschutz und Dienstrecht (Beamten-, Soldaten- und Richterrecht) 1583
   A. Einführung 1587
    I. Verfassungsfeindliches Handeln von Staatsbediensteten als
        rechtstatsächliches Problem 1588

Inhaltsverzeichnis

II. Vielfalt und Komplexität der Rechtsfragen	1590
III. Beschränkung der Betrachtung auf staatsschutzrelevante Pflichten von Beamten, Richtern und Soldaten	1590
IV. Gang der Darstellung	1591
B. Staatsschutzbezogene Pflichten im Beamten-, Richter- und Soldatenrecht	1591
I. Spezifisch staatsschutzbezogene Pflichten im Beamtenverhältnis	1591
II. Staatsschutzbezogene Pflichten im Soldaten- bzw. Wehrdienstverhältnis	1602
III. Pflichten im Richterverhältnis	1607
C. Dienstrechtliches Instrumentarium zur Durchsetzung staatsschutzbezogener Pflichten	1609
I. Durchsetzung bei Beamten	1609
II. Pflichtendurchsetzung bei Soldaten	1616
III. Durchsetzung bei Richtern	1618
D. Disziplinarrechtliche Folgen von Verstößen gegen staatsschutzbezogene Pflichten	1620
I. Überblick	1620
II. Disziplinarrechtliche Konsequenzen bei Beamten	1620
III. Disziplinarrechtliche Konsequenzen bei Soldaten	1624
§ 47 Vereinsrecht	**1626**
A. Einführung: Zweck des Vereinsrechts	1628
B. Rechtsgrundlagen des Vereinsrechts	1628
C. Anwendungsbereich des Vereinsrechts	1629
I. Beschränkung des Anwendungsbereichs auf „Vereine"	1629
II. Grenzen des vereinsgesetzlichen Vereinsbegriffs	1630
III. Insbesondere: Religions- und Weltanschauungsgemeinschaften	1631
D. Verwirklichung der Vereinsfreiheit	1632
I. Grundsatz der Genehmigungs- und Anzeigefreiheit	1632
II. Anmeldung von Ausländer- und ausländischen Vereinen	1632
E. Gefahrenabwehr durch Vereinsverbot	1632
I. Allgemeines	1632
II. Materielle Voraussetzungen	1633
III. Formelle Voraussetzungen	1644
IV. Verbotsinhalt	1646
V. Verbotsreichweite	1648
VI. Verbotsvollzug	1650
VII. Verbotssicherung	1652
VIII. Rechtsschutz	1656
F. Weitere vereinsrechtliche Befugnisse	1659
G. Perspektiven für das Vereinsrecht	1659
§ 48 Versammlungsrecht	**1660**
A. Einführung: Zweck des Versammlungsrechts	1661
B. Rechtsgrundlagen des Versammlungsrechts	1662
I. Nebeneinander von Bundes- und Landesrecht	1662
II. Konvergenz des föderalisierten Versammlungsrechts	1663
C. Anwendungsbereich des Versammlungsrechts	1664
I. Beschränkung auf öffentliche Versammlungen als Grundsatz	1664
II. Insbesondere: „Polizeifestigkeit" des Versammlungsrechts	1665
D. Verwirklichung der Versammlungsfreiheit	1667
I. Versammlungsfreiheit als Ausgangspunkt	1667

Inhaltsverzeichnis

II. Insbesondere: Versammlungsanmeldung	1667
III. Insbesondere: Versammlungsdurchführung	1668
E. Versammlungsrechtliche Befugnisse zur Gefahrenabwehr	1670
I. Allgemeines	1670
II. Versammlungsbeschränkung und -verbot	1670
III. Versammlungsauflösung	1676
IV. Anwesenheit von Polizeibeamten	1677
V. Bild- und Tonaufnahmen	1678
VI. Sonstige Befugnisse	1679
F. Straf- und Bußgeldvorschriften	1679
G. Perspektiven für das Versammlungsrecht	1679
§ 49 Waffen- und Sprengstoffrecht	**1680**
A. Einführung	1681
I. Vorüberlegungen und Historie	1681
II. Praxisrelevanz	1683
B. Überblick über das Waffenrecht	1684
I. Einführung	1684
II. Funktion	1685
III. Inhalt und Aufbau des Gesetzes	1685
IV. Einzelne Problemfelder	1690
V. Kritik	1706
C. Überblick über das Sprengstoffrecht	1707
I. Einführung	1707
II. Inhalt und Aufbau des Gesetzes	1709
III. Einzelne Problemfelder	1711
D. Exkurs: Kriegswaffenkontrollrecht	1712
I. Einführung, Inhalt und Aufbau des Gesetzes	1712
II. Einzelne Problemfelder	1714
E. Rechtsschutz und Kontrolle	1715
F. Perspektiven	1715
I. Rechtspolitische Erwägungen	1715
II. Reformbestrebungen und Kritik	1716
§ 50 Luftsicherheitsrecht	**1717**
A. Einführung	1718
I. Das Spektrum von Luftsicherheit und Luftsicherheitsrecht	1718
II. Luftsicherheitsrecht als Rechtsbegriff	1719
III. Luftsicherheitsrecht als internationalisiertes Rechtsgebiet	1721
B. Der allgemeine Rahmen des Luftsicherheitsrechts	1722
I. Die tatsächliche und allgemein-rechtliche Ausgangslage	1722
II. Bedeutungen wesentlicher Begriffe	1723
III. Rechtsquellen	1726
C. Die luftsicherheitsrechtliche Infrastruktur	1733
I. Grenzüberschreitende Rahmenbedingungen	1733
II. Luftsicherheitsrechtliche Verwaltungsorganisation und Infrastruktur in Deutschland	1733
III. Amtshilfe und Streitkräfte	1736
D. Die luftsicherheitsrechtlichen Befugnisse	1738
I. Zum Schutz des Luftraums	1738
II. Zur Abwehr von Gefahren aus dem Luftraum	1740
III. Zur Wahrung der Bordsicherheit	1743
E. Rechtsschutz und Kontrolle	1749
I. Primärrechtsschutz	1749

II. Sekundärrechtsschutz	1750
III. Kontrolle	1750
F. Perspektiven	1751

§ 51 Präventionsrecht gegenüber Gefährdern ... 1751
    A. Einführung ... 1752
        I. Präventionsrecht als „Gefahrenvorsorge" ... 1752
        II. Reaktion des Gesetzgebers auf den internationalen Terrorismus ... 1754
        III. Gefährder als statistische Größe ... 1755
    B. Genealogie des Begriffs „Gefährder" ... 1756
        I. Exekutivische Gefährderkonzeption ... 1756
        II. Der ausländische Gefährder im Aufenthaltsrecht ... 1759
    C. Die Lehre von der „drohenden Gefahr" ... 1761
        I. Vorbemerkung ... 1761
        II. Die Rechtsprechung des BVerfG ... 1762
    D. Übersicht über Präemptive Regelungen im „Gefährderrecht" in den Polizeigesetzen des Bundes und der Länder ... 1764
        I. Vorbemerkung ... 1764
        II. Das BKAG 2018 ... 1764
        III. Die „drohende Gefahr" in den Polizeigesetzen der Länder ... 1765
    E. Perspektiven ... 1772

5. Teil: Äußere Sicherheitsgewährleistung

§ 52 Landes- und Bündnisverteidigung ... 1773
    A. Die Bundeswehr als Garant der äußeren Sicherheit ... 1774
    B. Rechtsgrundlagen der Verteidigung ... 1776
        I. Überblick über die Wehrverfassung ... 1777
        II. Die Entwicklung der Wehrverfassung ... 1779
        III. Die verfassungsgerichtliche Rechtsprechung ... 1782
    C. Der Verfassungsauftrag zur Verteidigung ... 1785
        I. Der Verteidigungsbegriff ... 1785
        II. Der Auftrag zur Aufstellung der Bundeswehr ... 1793
        III. Der Einsatz der Bundeswehr zur Verteidigung ... 1794
    D. Die Einhegung militärischer Macht ... 1797
        I. Zivile Führung ... 1797
        II. Parlamentarische Kontrolle ... 1798
    E. Instrumente zur Sicherstellung der Funktionsfähigkeit der Streitkräfte ... 1801
        I. Die Wehrpflicht ... 1802
        II. Bundeswehrverwaltung und Wehrgerichtsbarkeit ... 1802
        III. Der Soldatenstatus ... 1804
        IV. Die Abwehr von Störungen ... 1805
        V. Gesetzliche Sonderregelungen ... 1806
    F. Fazit und Perspektiven ... 1806

§ 53 Internationale Konfliktverhütung und Krisenbewältigung ... 1808
    A. Konfliktverhütung und Krisenbewältigung als Aufgabe der Bundeswehr ... 1810
    B. Die Entwicklung des Rechtsrahmens von Auslandseinsätzen der Bundeswehr ... 1812
        I. Die Debatte vor 1994 ... 1812
        II. Die Leitentscheidung des Bundesverfassungsgerichts ... 1814
        III. Urteilskritik und nachfolgende Entwicklung ... 1815
    C. Das Recht zum Einsatz der Bundeswehr im Ausland ... 1816
        I. Völkerrechtliche Legitimation ... 1817

II. Verfassungsmäßigkeit des Einsatzes	1822
III. Der wehrverfassungsrechtliche Parlamentsvorbehalt	1828
IV. Verfassungsgerichtliche Überprüfung	1833
D. Das Recht im Auslandseinsatz	1835
I. Rechtsquellen	1835
II. Die Umsetzung des Rechtsrahmens	1841
E. Fazit und Perspektiven	1843
Sachverzeichnis	1847

Abkürzungsverzeichnis

aA	anderer Ansicht, Auffassung
AA	Auswärtiges Amt
abgedr.	abgedruckt
AbgG	Gesetz über die Rechtsverhältnisse der Mitglieder des Deutschen Bundestages (Abgeordnetengesetz)
Abk.	Abkommen
ABl.	Amtsblatt
abl.	ablehnend
Abs.	Absatz
Abschn.	Abschnitt
abw.	abweichend
abwM	abweichende Meinung
aE	am Ende
AEG	Allgemeines Eisenbahngesetz
AEUV	Vertrag über die Arbeitsweise der Europäischen Union
aF	alte Fassung
AfB	Archiv für Begriffsgeschichte (Zeitschrift)
AfD	Alternative für Deutschland (Partei)
AVIS	Automatisiertes Fingerabdruck-Identifizierungssystem
AfP	Zeitschrift für das gesamte Medienrecht
AfricanJIL	African Journal of International Law
AG	Amtsgericht, Aktiengesellschaft, Arbeitsgruppen
AGGVG	Gerichtsverfassungsausführungsgesetz
AG RIMA	Arbeitsgruppe Risikomanagement
AJIL	American Journal of International Law
aK	außer Kraft
AKKH	Kurdische Frauenbewegung in Europa
AktG	Aktiengesetz
allg.	allgemein
allgA	allgemeine Ansicht
allgBegr	allgemeine Begründung
allgM	allgemeine Meinung
AllgVerwR	Allgemeines Verwaltungsrecht
Alt.	Alternative
aM	andere Meinung
AMG	Gesetz über den Verkehr mit Arzneimitteln (Arzneimittelgesetz)
amtl.	amtlich
AmtlBegr	Amtliche Begründung
AmtlSlg	Amtliche Sammlung
Änd.	Änderung
ÄndG	Änderungsgesetz
ÄndVO	Änderungsverordnung
Anh.	Anhang
Anl.	Anlage
Anm.	Anmerkung
AnnDR	Annalen des Deutschen Reichs (Zeitschrift)
AnwBl	Anwaltsblatt (Zeitschrift)

Abkürzungsverzeichnis

AO-StB	AO-Steuer-Berater (Zeitschrift)
AöR	Archiv des öffentlichen Rechts (Zeitschrift)
APB	Auftragsprofil der Bundesregierung
APSR	American Political Science Review (Zeitschrift)
APuZ	Aus Politik und Geschichte (Zeitschrift)
AQUAPOL	Netzwerk der Wasserpolizeien
ArbZG	Arbeitszeitgesetz
Arch	Archiv
ArbNErfG	Gesetz über Arbeitnehmererfindungen
ARCH+	Arch+: Zeitscsrift für Architektur und Urbanismus
ARD	Arbeitsgemeinschaft der öffentlich-rechtlichen Rundfunkgemeinschaften
arg.	argumentum
Art.	Artikel
ASF	Automated Search Facility
ASSIK	Arbeitsstab Schutzaufgaben in Krisengebieten
ASOG	Allgemeines Gesetz zum Schutz der öffentlichen Sicherheit und Ordnung
ASOG Bln	Allgemeines Gesetz zum Schutz der öffentlichen Sicherheit und Ordnung in Berlin
ASR	Articles on State Responsibility
AsylG	Asylgesetz
AT	Allgemeiner Teil
ATD	Antiterrordatei
ATDG	Gesetz zur Errichtung einer standardisierten zentralen Antiterrordatei von Polizeibehörden und Nachrichtendiensten von Bund und Ländern (Antiterrordateigesetz)
ATDTeilnV	Verordnung über die Benennung weiterer zur Teilnahme an der Antiterrordatei berechtigter Polizeivollzugsbehörden vom 11. März 2015
AtG	Gesetz über die friedliche Verwendung der Kernenergie und den Schutz gegen ihre Gefahren (Atomgesetz)
ATLAS	Europäisches Netzwerk der Polizeilichen Spezialeinheiten
AtZüV	Verordnung für die Überprüfung der Zuverlässigkeit zum Schutz gegen Entwendung oder Freisetzung radioaktiver Stoffe nach dem Atomgesetz (Atomrechtliche Zuverlässigkeitsüberprüfungs-Verordnung)
AU	Afrikanische Union
AufenthG	Gesetz über den Aufenthalt, die Erwerbstätigkeit und die Integration von Ausländern im Bundesgebiet (Aufenthaltsgesetz)
Auff..	Auffassung
aufgeh.	aufgehoben
Aufl.	Auflage
ausdr.	ausdrücklich
ausf.	ausführlich
AusfVO	Ausführungsverordnung
ausl.	ausländisch
AuslG	Gesetz über die Einreise und den Aufenthalt von Ausländern im Bundesgebiet (Ausländergesetz)
AVR	Archiv des Völkerrechts (Zeitschrift)
AVV Meldev.	Allgemeine Verwaltungsvorschrift über das Meldeverfahren gemäß § 4 Abs. 6 BSIG

Abkürzungsverzeichnis

AWACS	Airborne Warningand Control System
AWaffV	Allgemeine Waffengesetz-Verordnung
AWG	Außenwirtschaftsgesetz
AWV	Außenwirtschaftsverordnung
AWZ	Ausschließliche Wirtschaftszone
Az.	Aktenzeichen
AZRG	Gesetz über das Ausländerzentralregister (AZR-Gesetz)
B-	Bundes-
B3S	Branchenspezifische Sicherheitsstandards
Bad	Baden, badisch
BAFA	Bundesamt für Wirtschaft und Ausfuhrkontrolle
BaFin	Bundesanstalt für Finanzdienstleistungsaufsicht
BAG	Bundesarbeitsgericht
BAGE	Amtliche Sammlung der Entscheidungen des Bundesarbeitsgerichts
BAIT	Bankaufsichtliche Anforderungen an die IT
BAMAD	Bundesamt für den Militärischen Abschirmdienst
BAMF	Bundesamt für Migration und Flüchtlinge
BAnz	Bundesanzeiger
BauGB	Baugesetzbuch
Bay	Bayern, bayerisch
BayAGGVG	Gesetz zur Ausführung des Gerichtsverfassungsgesetzes und von Verfahrensgesetzen des Bundes (Gerichtsverfassungsausführungsgesetz)
BayAGVwGO	Bayerisches Gesetz zur Ausführung der Verwaltungsgerichtsordnung
BayBG	Bayerisches Beamtengesetz
BayKG	Bayerisches Kostengesetz
BayLTGeschO	Geschäftsordnung für den Bayerischen Landtag
BayObLG	Bayerisches Oberstes Landesgericht
BayPAG	Bayerisches Polizeiaufgabengesetz
BayPOG	Gesetz über die Organisation der Bayerischen Polizei (Polizeiorganisationsgesetz)
BayPolKV	Bayerische Polizeikostenverordnung
BayPrG	Bayerisches Pressegesetz
BayRiStAG	Bayerisches Richter- und Staatsanwaltsgesetz
BayRS	Bayerische Rechtsammlung
BayVBl.	Bayerische Verwaltungsblätter (Zeitschrift)
BayVerfGH	Bayerischer Verfassungsgerichtshof
BayVfGHG	Gesetz über den Bayerischen Verfassungsgerichtshof
BayVSG	Bayerisches Verfassungsschutzgesetz
BayZustVVerk	Verordnung über Zuständigkeiten im Verkehrswesen
BBahnG	Bundesbahngesetz
BBesG	Bundesbesoldungsgesetz
BBG	Bundesbeamtengesetz
Bbg	Brandenburg, brandenburgisch
BbgDSG	(Gesetz zum Schutz personenbezogener Daten im Land Brandenburg (Brandenburgisches Datenschutzgesetz)
BbgPolG	Gesetz über die Aufgaben, Befugnisse, Organisation und Zuständigkeit der Polizei im Land Brandenburg (Brandenburgisches Polizeigesetz)
BbgPG	Pressegesetz des Landes Brandenburg (Brandenburgisches Landespressegesetz)
BbgVerf	Verfassung des Landes Brandenburg

Abkürzungsverzeichnis

BbgVerfSchG	Gesetz über den Verfassungsschutz im Land Brandenburg (Brandenburgisches Verfassungsschutzgesetz)
BBK	Bundesamt für Bevölkerungsschutz und Katastrophenhilfe
BBKG	Gesetz über die Errichtung des Bundesamtes für Bevölkerungsschutz und Katastrophenhilfe (Katastrophenhilfegesetz)
Bd.	Band
BDG	Bundesdisziplinargesetz
BDGVR	Berichte der Deutschen Gesellschaft für Völkerrecht
BDSG	Bundesdatenschutzgesetz
BDSW	Bundesverband der Sicherheitswirtschaft
BDZV	Bundesverband Deutscher Zeitungsverleger
BeamtStG	Gesetz zur Regelung des Statusrechts der Beamtinnen und Beamten in den Ländern (Beamtenstatusgesetz)
bearb.	bearbeitet
Bearb.	Bearbeitung
BeckOK	Beck'scher Online-Kommentar
BeckRS	Beck-Rechtsprechung
BefBezG	Gesetz über befriedete Bezirke für Verfassungsorgane des Bundes (Befriedungs-Bezirksgesetz)
BEG	Bundesgesetz zur Entschädigung für Opfer der nationalsozialistischen Verfolgung (Bundesentschädigungsgesetz)
Begr.	Begründung
BerDGIR	Berichte der Deutschen Gesellschaft für Internationales Recht
BerDGVR	Berichte der Deutschen Gesellschaft für Völkerrecht
BerkeleyJIL	Berkeley Journal of International Law
BerlIFG	Berliner Informationsfreiheitsgesetz
bes.	besonders
BeschG	Gesetz über die Prüfung und Zulassung von Feuerwaffen, Böllern, Geräten, bei denen zum Antrieb Munition verwendet wird, sowie von Munition und sonstigen Waffen (Beschussgesetz)
Beschl.	Beschluss
Beschw.	Beschwerde
BeschwGer	Beschwerdegericht
bestr.	bestritten
Bet.	Beteiligte(r)
betr.	betreffend
BetrM	Betreibermodell Absicherung
BewachRV	Verordnung über das Bewacherregister (Bewacherregisterverordnung)
BewachV	Verordnung über das Bewachungsgewerbe (Bewachungsverordnung)
Bf.	Beschwerdeführer(in)
BfDI	Bundesbeauftragter für Datenschutz und die Informationsfreiheit
BfGS	Bundesamt zur Gefahrenerkennung und Spionageabwehr
BfV	Bundesamt für Verfassungsschutz
BFH	Bundesfinanzhof
BFHE	Amtliche Sammlung der Entscheidungen des BFH
BGB	Bürgerliches Gesetzbuch
BGBl.	Bundesgesetzblatt
BGH	Bundesgerichtshof
BGHSt	Amtliche Sammlung der Entscheidungen des Bundesgerichtshofs in Strafsachen
BGHZ	Amtliche Sammlung der Entscheidungen des Bundesgerichtshofs in Zivilsachen

Abkürzungsverzeichnis

BGS	Bundesgrenzschutz
BGSG	Gesetz über den Bundesgrenzschutz (Bundesgrenzschutzgesetz)
BGSNeuRegG	Gesetz zur Neuregelung der Vorschriften über den Bundesgrenzschutz (Bundesgrenzschutzneuregelungsgesetz)
BGSUmbenennG	Gesetz zur Umbenennung des BGS in Bundespolizei
BHO	Bundeshaushaltsordnung
BinSchG	Gesetz betreffend die privatrechtlichen Verhältnisse der Binnenschifffahrt (Binnenschifffahrtsgesetz)
BinSchStrO	Binnenschifffahrtsstraßen-Ordnung
BITKOM	Bundesverband Informationswirtschaft, Telekommunikation und neue Medien e. V.
BJ	Betrifft Justiz (Zeitschrift)
BKA	Bundeskriminalamt
BKADV	Verordnung über die Art der Daten, die nach den §§ 8 und 9 des Bundeskriminalamtgesetzes gespeichert werden dürfen (BKA-Daten-Verordnung)
BKAG	Gesetz über das Bundeskriminalamt und die Zusammenarbeit des Bundes und der Länder in kriminalpolizeilichen Angelegenheiten (Bundeskriminalamtgesetz)
BKartA	Bundeskartellamt
BLE	Bundesanstalt für Landwirtschaft und Ernährung
BLEG	Gesetz über die Errichtung einer Bundesanstalt für Landwirtschaft und Ernährung
Bln	Berlin
BlnDSG	Gesetz zum Schutz personenbezogener Daten in der Berliner Verwaltung
BLNVerf	Verfassung von Berlin
BlnVersFG	Versammlungsfreiheitsgesetz Berlin
BlnVwVfG	Gesetz über das Verfahren der Berliner Verwaltung
BMF	Bundesminister der Finanzen
BMI	Bundesminister des Innern
BMJ	Bundesminister der Justiz
BMU	Bundesministerium für Umwelt, Naturschutz und nukleare Sicherheit
BMV	Bundesminister der Verteidigung
BMVBS	Bundesministerium für Verkehr, Bau und Stadtentwicklung
BMVBW	Bundesministerium für Verkehr, Bau- und Wohnungswesen
BMVEL	Bundesministerium für Verbraucherschutz, Ernährung und Landwirtschaft
BMVg	Bundesministerium der Verteidigung
BMWi	Bundesministerium für Wirtschaft und Energie
BMZ	Bundesministerium für wirtschaftliche Zusammenarbeit und Entwicklung
BNatSchG	Gesetz über Naturschutz und Landschaftspflege (Bundesnaturschutzgesetz)
BND	Bundesnachrichtendienst
BNDG	Gesetz über den Bundesnachrichtendienst (BND-Gesetz)
BNetzA	Bundesnetzagentur
BörsG	Börsengesetz
BPolBG	Bundespolizeibeamtengesetz
BPolG	Gesetz über die Bundespolizei (Bundespolizeigesetz)

Abkürzungsverzeichnis

BPolKatHiVwV	Allgemeine Verwaltungsvorschrift des Bundesministeriums des Innern über die Verwendung der Bundespolizei bei einer Naturkatastrophe oder bei einem besonders schweren Unglücksfall sowie zur Hilfe im Notfall
BPOLP	Bundespolizeipräsidium
BPolZollV	Verordnung über die Übertragung von Bundespolizeiaufgaben auf die Zollverwaltung
BR	Bundesrat
BR-Drs.	Bundesratsdrucksache
BReg.	Bundesregierung
Brem	Bremen, bremisch
BremBG	Bremisches Beamtengesetz
BremPolG	Bremisches Polizeigesetz
BremVerf	Landesverfassung des Freien Hansestadt Bremen
BremVerfSchG	Gesetz über den Verfassungsschutz im Lande Bremen
BRH	Bundesrechnungshof
BRJ	Bonner Rechtsjournal
BR-PlPr	Bundesrats-Plenarprotokoll
BR-Prot.	Sten. Berichte des Bundesrates
BSeuchG	Gesetz zur Verhütung und Bekämpfung übertragbarer Krankheiten beim Menschen (Bundes-Seuchengesetz, aK seit 31.12.2000)
BSI	Bundesamt für Sicherheit in der Informationstechnik
BSIG	Gesetz über das Bundesamt für Sicherheit in der Informationstechnik (BSI-Gesetz)
BSIG-E	Gesetz über die Errichtung des Bundesamtes für Sicherheit in der Informationstechnik (BSI-Errichtungsgesetz 1990)
BSI-KritisV	Verordnung zur Bestimmung Kritischer Infrastrukturen nach dem BSI-Gesetz (BSI-Kritisverordnung)
BSIZertV	Verordnung über das Verfahren der Erteilung eines Sicherheitszertifikats durch das Bundesamt für Sicherheit in der Informationstechnik (BSI-Zertifizierungs- und -Anerkennungsverordnung)
Bsp.	Beispiel
bspw.	beispielsweise
BSRBCC	Baltic Sea Region Border Control Cooperation
BStU	Bundesbeauftragter für die Unterlagen des Staatssicherheitsdienstes der ehemaligen DDR
BT	Besonderer Teil, Bundestag
BT-Drs.	Bundestagsdrucksache
BtMG	Gesetz über den Verkehr mit Betäubungsmitteln (Betäubungsmittelgesetz)
BT-Prot.	Bundestags-Protokoll
BTPlProt.	Bundestagsplenarprotokoll
Buchholz	Sammel- und Nachschlagewerk der Rspr. des BVerwG, hrsg. v. Buchholz
BV	Verfassung des Freistaates Bayern
BVA	Bundesverwaltungsamt
BVerfG	Bundesverfassungsgericht
BVerfGE	Amtliche Sammlung der Entscheidungen des BVerfG
BVerfGK	Sammlung der Kammerbeschlüsse des BVerfG
BVerfGG	Gesetz über das Bundesverfassungsgericht (Bundesverfassungsgerichtsgesetz)

BVerfSchG	Gesetz über die Zusammenarbeit des Bundes und der Länder in Angelegenheiten des Verfassungsschutzes und über das Bundesamt für Verfassungsschutz (Bundesverfassungsschutzgesetz)
BVerwG	Bundesverwaltungsgericht
BVerwGE	Amtliche Sammlung der Entscheidungen des Bundesverwaltungsgerichts
BW	Baden-Württemberg, baden-württembergisch
BWahlG	Bundeswahlgesetz
BwDLZ	Bundeswehrdienstleistungszentrum
BWGBl.	Gesetzblatt Baden-Württemberg
BWHasiG	Hafenanlagensicherheitsgesetz Baden-Württemberg
BWLV	Verfassung des Landes Baden-Württemberg
BWLVSG	Gesetz über den Verfassungsschutz in Baden-Württemberg (Landesverfassungsschutzgesetz)
BWLVwVfG	Verwaltungsverfahrensgesetz für Baden-Württemberg (Landesverwaltungsverfahrensgesetz)
BWO	Bundeswahlordnung
BWPolG	Polizeigesetz (Baden-Württemberg)
BWV	Bundeswehrverwaltung (Zeitschrift)
BWVerf	Verfassung des Landes Baden-Württemberg
BWVerfGHG	Gesetz über den Verfassungsgerichtshof (Verfassungsgerichtshofsgesetz)
BZR	Bundeszentralregister
BZRG	Gesetz über das Zentralregister und das Erziehungsregister (Bundeszentralregistergesetz)
bzgl.	bezüglich
bzw.	beziehungsweise
CA	Chicagoer Abkommen
CATS	Comité de l'Article Trente-Six
CB	Compliance Berater (Zeitschrift)
CC	Common Criteria
CCZ	Corporate Compliance Zeitschrift
CEPOL	European Police College
CER-RL	Richtlinie über die Widerstandsfähigkeit kritischer Einrichtungen
CERT	Computer Emergency Response Team
ChemG	Gesetz zum Schutz vor gefährlichen Stoffen (Chemikaliengesetz)
CMLRev.	Common Market Law Review (Zeitschrift)
CNE	Computer Network Exploitation (Hacker)
CNO	Computer Network Operations
CoESS	Confederation of European Security Services (Dachverband der europäischen Sicherheitsdienstleister)
COREPER	Comité des représentants permanents
CornILJ	Cornell International Law Journal
CornLRev	Cornell Law Review
CoronaImpfV	Verordnung zum Anspruch auf Schutzimpfung gegen das Coronavirus SARS-CoV-2 (Coronavirus-Impfverordnung)
COSI	Comité permanent de coopération opérationelle en matière de sécurité intérieure
COVMG	Gesetz über Maßnahmen im Gesellschafts-, Genossenschafts-, Vereins-, Stiftungs- und Wohnungseigentumsrecht zur Bekämpfung der Auswirkungen der COVID-19-Pandemie

Abkürzungsverzeichnis

COVuR	COVuR COVID-19 und alle Rechtsfragen zur Corona-Krise (Zeitschrift)
CR	Computer und Recht (Zeitschrift)
CSIRT	Computer Security Incident Response Team
DAD	DANN-Analyse-Datei
DAG	Deutsches Auslieferungsgesetz
DAR	Deutsches Autorecht
DDoS	Distributed Denial of Service
DDR	Deutsche Demokratische Republik
DDR-PolG	DDR-Gesetz über die Aufgaben und Befugnisse der Polizei von 1990
DFS	Deutsche Flugsicherung GmbH
dh	das heißt
DHKP-C	Devrimci Halk Kurtulus Partisi-Cephesi
DHPol	Deutsche Hochschule der Polizei
DHPolG	Gesetz über die Deutsche Hochschule der Polizei (Polizeihochschulgesetz)
DJT	Deutscher Juristentag
DJV	Deutscher Journalistenverband
DKP	Deutsche Kommunistische Partei
DLR	Dienstleistungsrichtlinie
DoS	Denial-of-Service
DöD	Der öffentliche Dienst (Zeitschrift)
DÖV	Die öffentliche Verwaltung (Zeitschrift)
DPoBl	Deutsches Polizeiblatt (Zeitschrift)
DRiG	Deutsches Richtergesetz
DRiZ	Deutsche Richterzeitschrift
Drs.	Drucksache
DS	Der Sachverständige (Zeitschrift)
DSF	Deutsche Flugsicherung GmbH
DSG NRW	Datenschutzgesetz Nordrhein-Westfalen
DS-GVO	Verordnung (EU) 2016/679 des Europäischen Parlaments und des Rates vom 27. April 2016 zum Schutz natürlicher Personen bei der Verarbeitung personenbezogener Daten, zum freien Datenverkehr und zur Aufhebung der Richtlinie 95/46/EG (Datenschutz-Grundverordnung)
DStrZ	Deutsche Strafrechts-Zeitung (Zeitschrift)
DSUG LSA	Gesetz zur Umsetzung der Richtlinie (EU) 2016/680 (Datenschutzrichtlinienumsetzungsgesetz Sachsen-Anhalt)
DsÜK 1981	Übereinkommen des Europarats vom 28.1.1981 über den Schutz natürlicher Personen bei der automatisierten Verarbeitung personenbezogener Daten
DtStrR	Deutsches Strafrecht (Zeitschrift)
DuD	Datenschutz und Datensicherheit (Zeitschrift)
DV	Deutsche Verwaltung (Zeitschrift)
DV	Dienstvorschrift
DVBl	Deutsches Verwaltungsblatt (Zeitschrift)
DVO	Durchführungsverordnung
DVO-PolG	Verordnung des Innenministeriums zur Durchführung des Polizeigesetzes (Polizeigesetz Durchführungsverordnung)
DVP	Deutsche Verwaltungspraxis (Zeitschrift)
DVU	Deutsche Volksunion (Partei)

E	Entwurf
EAD	Europäischer Auswertiger Dienst
EASA	European Aviation Safety Authority (Europäischen Agentur für Flugsicherheit)
EASO	European Asylum Support Office
EAÜ	Elektronische Aufenthaltsüberwachung
EBO	Eisenbahn-Bau- und Betriebsordnung
EBRG	Gesetz über Europäische Betriebsräte (Europäische Betriebsräte-Gesetz)
EC3	European Cybercrime Center
ECLI	European Case Law Identifier
ECOWAS	Economic Community Of West African States
ECRIS-TCN	European Criminal Records Information System
ECTC	European Counter Terrorism Center
EDV	Elektronische Datenverarbeitung
EG	Europäische Gemeinschaft
EGBGB	Einführungsgesetz zum Bürgerlichen Gesetzbuche
EGMR	Europäischer Gerichtshof für Menschenrechte
EGStGB 1974	Einführungsgesetz zum Strafgesetzbuch v. 2.3.1974
EGStPO	Einführungsgesetz zur Strafprozeßordnung
EGV	Vertrag zur Gründung der Europäischen Gemeinschaft
Einf.	Einführung
Einl.	Einleitung
einschl.	einschließlich
EIS	Europol Information System
EJIL	European Journal of International Law
EJIS	Journal of European Security
EKI-RL	Richtlinie 2008/114/EG des Rates vom 8. Dezember 2008 über die Ermittlung und Ausweisung europäischer kritischer Infrastrukturen und die Bewertung der Notwendigkeit, ihren Schutz zu verbessern
EKMR	Europäische Kommission für Menschenrechte
EL	Ergänzungslieferung
EMCDDA	Europäische Beobachtungsstelle für Drogen und Drogensucht (European Monitoring Centre for Drugs and Drug Addiction
EmILRev.	Emory International Law Review
EMPACT	European Multidisciplinary Platform Against Criminal Threats
EMRK	Europäische Menschenrechtskonvention
EMSC	European Migrant Smuggling Centre
endg.	endgültig
ENISA	Europäische Agentur für Netz- und Informationssicherheit
EnSG	Gesetz zur Sicherung der Energieversorgung (Energiesicherungsgesetz 1975)
entspr.	entsprechend
EnWG	Gesetz über die Elektrizitäts- und Gasversorgung (Energiewirtschaftsgesetz)
EnWZ	Die Zeitschrift für das gesamte Recht der Energiewirtschaft
EPA	Agentur der Europäischen Union für die Aus- und Fortbildung auf dem Gebiet der Strafverfolgung
EPCTF	European Police Chiefs Task Force
EPICC	Euregionalen Polizeilichen Informations- und Cooperations-Centrum
EpiGG	Epidemiegerichtsgesetz
ErdölBevG	Gesetz über die Bevorratung mit Erdöl und Erdölerzeugnissen (Erdölbevorratungsgesetz)

Abkürzungsverzeichnis

Erg.	Ergebnis
Erg.-Bd.	Ergänzungsband
Erl.	Erläuterung
ESIL	European Society of International Law
ESFS	Europäische Finanzaufsichtssystem
ESRB	European Systemic Risk Board
ESVG	Gesetz über die Sicherstellung der Grundversorgung mit Lebensmitteln in einer Versorgungskrise und Maßnahmen zur Vorsorge für eine Versorgungskrise (Ernährungssicherstellungs- und -vorsorgegesetz)
ESVP	Europäische Sicherheits- und Verteidigungspolitik
ETA	Euskadi ta Askatasuna (Freiheit für die baskische Heimat)
etc	et cetera
ETS	European Treaty Series
EuAlÜbk	Gesetz zu dem Europäischen Auslieferungsübereinkommen vom 13. Dezember 1957 und zu dem Europäischen Übereinkommen vom 20. April 1959 über die Rechtshilfe in Strafsachen
EUCARIS	European Car and Driving Licence Information System
EUCO	European Council
EUFinSchStG	Gesetz zur Stärkung des Schutzes der finanziellen Interessen der Europäischen Union (EU-Finanzschutzstärkungsgesetz)
EuG	Europäisches Gericht erster Instanz
EuGH	Gerichtshof der Europäischen Gemeinschaften
EuGRZ	Europäische Grundrechte-Zeitschrift
EU INTCEN	EU Intelligence and Situation Centre
EULEX	European Union Rule of Law Mission
eu-LISA	Europäische Agentur für das Betriebsmanagement von IT-Großsystemen im Raum der Freiheit, der Sicherheit und des Rechts
EUNAVFOR MED	European Union Naval Force Mediterranean
EUPOL	European Union Police Mission in Afghanistan
EuR	Europarecht (Zeitschrift)
EUR	Euro
Eurodac	European Dactyloscopy
europ.	Europäisch
EuropolG	Gesetz zur Anwendung der Verordnung (EU) 2016/794 des Europäischen Parlaments und des Rates vom 11. Mai 2016 über die Agentur der Europäischen Union für die Zusammenarbeit auf dem Gebiet der Strafverfolgung (Europol) und zur Ersetzung und Aufhebung der Beschlüsse 2009/371/JI, 2009/934/JI, 2009/935/JI, 2009/936/JI und 2009/968/JI des Rates (Europol-Gesetz)
EuropolVO	Verordnung (EU) 2016/794 des Europäischen Parlaments und des Rates vom 11. Mai 2016 über die Agentur der Europäischen Union für die Zusammenarbeit auf dem Gebiet der Strafverfolgung (Europol) und zur Ersetzung und Aufhebung der Beschlüsse 2009/371/JI, 2009/934/JI, 2009/935/JI, 2009/936/JI und 2009/968/JI des Rates
EuropStrafR	Europäisches Strafrecht
EuStA	Europäische Staatsanwaltschaft
EuTerrÜbk	Europäisches Übereinkommen vom 27.1.1977 zur Bekämpfung des Terrorismus
EUV	Vertrag über die Europäische Union idF des Vertrags von Lissabon

Abkürzungsverzeichnis

EWG	Europäische Wirtschaftsgemeinschaft
FamFG	Gesetz über das Verfahren in Familiensachen und in den Angelegenheiten der freiwilligen Gerichtsbarkeit
FATF	Financial Action Task Force
fdGO	Freiheitliche demokratische Grundordnung
FDLR	Forces Democratiques de Liberation du Ruanda
FIU	Financial Intelligence Unit
ff.	fortfolgende
FG	Festgabe
FlorJIntL	Florida International Law Journal
FlugDaG	Gesetz über die Verarbeitung von Fluggastdaten zur Umsetzung der Richtlinie (EU) 2016/681 (Fluggastdatengesetz)
FmA	
Fn.	Fußnote
Foreign Affairs	Foreign Affairs (Journal)
Front Inform Technol Electron Eng	Frontiers of Information Technology & Electronic Engineering (Zeitschrift)
FRA	Agentur der Europäischen Union für Grundrechte (European Union Agency for Fundamental Rights)
franz.	französisch
FreizügG	Gesetz über die allgemeine Freizügigkeit von Unionsbürgern (Freizügigkeitsgesetz/EU)
FS	Festschrift
FS	Forum Strafvollzug, Zeitschrift für Strafvollzug und Straffälligenhilfe
FStrG	Bundesfernstraßengesetz
FTC	Internationales Übereinkommen zur Bekämpfung der Finanzierung des Terrorismus (Federal Trade Commission)
FTK-Imager	Datenvorschau- und Imaging-Tool, mit dem elektronische Beweise schnell bewertet werden können
FüS II	Stabsabteilung II des Führungsstabes der Streitkräfte
FVG	Gesetz über die Finanzverwaltung (Finanzverwaltungsgesetz)
FW	Die Friedens-Warte. Journal of International Peace and Organization
G	Gesetz
G 10	Gesetz zur Beschränkung des Brief-, Post- und Fernmeldegeheimnisses (Artikel-10 Gesetz)
GA	Goltdammers Archiv für Strafrecht, Generalanwalt beim EuGH
GAR	Gemeinsames Abwehrzentrum gegen Rechtsextremismus
GASIM	Gemeinsames Analyse- und Strategiezentrum illegale Migration
GASP	Gemeinsame Außen- und Sicherheitspolitik
GB	Gerichtsbescheid
GBA	Generalbundesanwalt
GBl.	Gesetzblatt
GBO	Grundbuchordnung
GCHQ	Government Communications Headquarters
GD	Generaldirektion
GDolmG	Gesetz über die allgemeine Beeidigung von gerichtlichen Dolmetschern (Gerichtsdolmetschergesetz)
geänd.	geändert

Abkürzungsverzeichnis

GebrMG	Gebrauchsmustergesetz
gem.	gemäß
GenfKonv.	Genfer Flüchtlingskonvention
GenStA	Generalstaatsanwalt
GeoDG	Geodatengesetz
GEOINT	Geospatial Intelligence (raumbezogene Aufklärung)
ges.	gesamt
GES	Gesichtserkennungssystem
GeschGehG	Gesetz zum Schutz von Geschäftsgeheimnissen
GeschO	Geschäftsordnung
GewArch	Gewerbearchiv (Zeitschrift)
GewO	Gewerbeordnung
GETZ	Gemeinsames Extremismus- und Terrorismusabwehrzentrum
GFK	Genfer Flüchtlingskonvention vom 27.7.1951
GG	Grundgesetz für die Bundesrepublik Deutschland
GGBefG	Gesetz über die Beförderung gefährlicher Güter (Gefahrgutbeförderungsgesetz)
GGO	Gemeinsame Geschäftsordnung der Bundesministerien
ggf.	gegebenenfalls
ggü.	gegenüber
GHB	Geheimschutzhandbuch
GIZ	Gemeinsames Internetzentrum
GKG	Gerichtskostengesetz
GLZ-See	Gemeinsames Lagezentrum See
GmbH	Gesellschaft mit beschränkter Haftung
GMLZ	Gemeinsames Melde-. und Lagezentrum von Bund und Ländern
GO	Gemeindeordnung (der Länder)
GO-BR	Geschäftsordnung des Bundesrates
GO-BT	Geschäftsordnung des Bundestages
GoettJIL	Goettingen Journal of International Law
GO-GemA	Geschäftsordnung des Gemeinsamen Ausschusses
GPS	Global Positioning System (deutsch Globales Positionsbestimmungssystem)
GräbVersammlG	Gesetz über Versammlungen und Aufzüge an und auf Gräberstätten (Gräberstätten-Versammlungsgesetz)
GRCh	Charta der Grundrechte der Europäischen Union
grdl.	grundlegend
grds.	grundsätzlich
griech	griechisch
GS	Gedächtnisschrift, Großer Senat
GSG	Gerätesicherheitsgesetz
GStA	Generalstaatsanwalt, Generalstaatsanwaltschaft
GSSt(Z)	Großer Senat in Strafsachen (Zivilsachen)
GSVP	Gemeinsame Sicherheits- und Verteidigungspolitik
GSZ	Zeitschrift für das Gesamte Sicherheitsrecht
GTAZ	Gemeinsames Terrorismusabwehrzentrum
GÜG	Gesetz zur Überwachung des Verkehrs mit Grundstoffen, die für die unerlaubte Herstellung von Betäubungsmitteln missbraucht werden können (Grundstoffüberwachungsgesetz)
GVBl.	Gesetz- und Verordnungsblatt
GVG	Gerichtsverfassungsgesetz
GVNRW	Gesetz- und Verordnungsblatt des Landes Nordrhein-Westfalen

Abkürzungsverzeichnis

GVVG	Gesetz zur Änderung der Verfolgung der Vorbereitung von schweren staatsgefährdenden Gewalttaten
GwG	Gesetz über das Aufspüren von Gewinnen aus schweren Straftaten (Geldwäschegesetz)
GYIL	German Yearbook of International Law (Jahrbuch für Internationales Recht)
hA	herrschende Auffassung
HaSiG	Gesetz über die Sicherheit in Hafenanlagen im Land Nordrhein-Westfalen (Hafenanlagensicherheitsgesetz)
Halbbd.	Halbband
HaSiG	Hafensicherheitsgesetz
HChE	Herrenchiemseer Entwurf
HBO	Hessische Bauordnung
HdB	Handbuch
HDSIG	Hessisches Datenschutz- und Informationsfreiheitsgesetz
HELCOM	Helsinki Commission (Baltic Marine Environment Protection Commission)
HEPOLIS	Hessisches Polizeiinformationssystem
hervorh.	hervorhebend
Hess.	Hessen, hessisch
HessVerfSchG	Gesetz über das Landesamt für Verfassungsschutz (Hessen)
HessVRZustVO	Verordnung zur Bestimmung verkehrsrechtlicher Zuständigkeiten
HGB	Handelsgesetzbuch
HG NRW	Gesetz über die Hochschulen des Landes Nordrhein-Westfalen (Hochschulgesetz)
HinSchG	Hinweisgeberschutzgesetz
hL	herrschende Lehre
HLKO	Abkommen, betreffend die Gesetze und Gebräuche des Landkriegs
Hmb	Hamburg, hamburgisch
HmbSOG	Sicherheits- und Ordnungsgesetz Hamburg
HmbTG	Hamburgisches Transparenzgesetz
HmbVerf	Verfassung der Freien und Hansestadt Hamburg
HmbVerfSchG	Hamburgisches Verfassungsschutzgesetz
HmbVwVfG	Hamburgisches Verwaltungsverfahrensgesetz
hM	herrschende Meinung
HPG	Hêzên Parastina Gel (Volksverteidigungskräfte)
HRN	Die Hamburger Rechtsnotizen (Zeitschrift)
Hrsg., hrsg.	Herausgeber, herausgegeben
HRQ	Human Rights Quarterly (Zeitschrift)
HRRS	Höchstrichterliche Rechtsprechung im Strafrecht (Zeitschrift)
Hs.	Halbsatz
HSOG	Hessisches Gesetz über die öffentliche Sicherheit und Ordnung
HUMINT	human source intelligence (die Beschaffung von Informationen mittels menschlicher Quellen)
HuV-I	Humanitäres Völkerrecht – Informationsschriften
HV	Verfassung des Landes Hessen
HVK	Vereinbarung über die Errichtung des Havariekommandos
HwO	Gesetz zur Ordnung des Handwerks (Handwerksordnung)
IATA	International Air Transport Association
ICAO	International Civil Aviation Organization

Abkürzungsverzeichnis

ICCPR	International Covenant on Civil and Political Rights
ICLQ	International & Comparative Law Quarterly
ICTY	International Criminal Tribunal for the former Yugoslavia (Internationaler Strafgerichtshof für das ehemalige Jugoslawien)
idF	in der Fassung
idR	in der Regel
idS	in diesem Sinne
iE	im Einzelnen
iErg	im Ergebnis
ieS	im engeren Sinne
IFG	Gesetz zur Regelung des Zugangs zu Informationen des Bundes (Informationsfreiheitsgesetz)
IfSG	Gesetz zur Verhütung und Bekämpfung von Infektionskrankheiten beim Menschen
IFSH	Institut für Friedensforschung und Sicherheitspolitik
IGH	Internationaler Gerichtshof
IGHSt	Internationaler Strafgerichtshof
IGO	Intergovernmental Organization
IHK	Industrie- und Handelskammer
iHv	in Höhe von
iK	in Kraft
IKPK	Internationale Kriminalpolizeiliche Kommission
IKPO	Internationale Kriminalpolizeiliche Organisation
ILJ	
IMEI	International Mobile Equipment Identity
IMINT	Imagery Intelligence (abbildende Aufklärung)
IMK	Innenministerkonferenz
IMO	International Maritime Organization
IMSI	International Mobile Subscriber Identity
INA-Protokoll	Innenausschuss Werbprotokoll der 94. Sitzung BT-Protokoll Nr. 16(94
inkl.	inklusive
INPOL	Informationssystem der Polizei
insbes.	insbesondere
int.	international
INTCEN	Intelligence Analysis Center
INTERPOL	Internationale Kriminalpolizeiliche Organisation
IntLawSt	International Law Studies
IntOrg	International Organization (Journal)
INTT	Internationaler Terrorismus
IP-Adresse	Internet Protokoll Adresse
IPbpR	Internationaler Pakt über bürgerliche und politische Rechte
IPRB	Der IP-Rechts-Berater (Zeitschrift)
iRd	im Rahmen des/der
IRG	Gestz über die internationale Rechtshilfe in Strafsachen (Internationales Rechtshilfegesetz)
iRv	im Rahmen von
ISAF	International Security Assistance Force
iSd	im Sinne der/des
ISPS	International Ship and Port Facility Security Code
IsrYHR	Israel Yearbook on Human Rights
IStGH	Internationaler Strafgerichtshof
IStGHE	Entscheidungen des Internationalen Strafgerichtshofs

iSv	....	im Sinne von
ISV	....	Institut zum Schutz der Verfassung
ITSEC	....	Information Technologie Security Evaluation Criteria
IT-SiG 2.0	....	Entwurf eines Zweiten Gesetzes zur Erhöhung der Sicherheit informationstechnischer Systeme (IT-Sicherheitsgesetz 2.0)
iÜ	....	im Übrigen
iVm	....	in Verbindung mit
IWF	....	Internationaler Währungsfond (englisch International Monetary Fund)
iwS	....	im weiteren Sinne
iZm	....	im Zusammenhang mit
JA	....	Juristische Arbeitsblätter (Zeitschrift)
JAG	....	Gesetz über die juristische Ausbildung (Juristenausbildungsgesetz)
Jb.	....	Jahrbuch
JBÖS	....	Jahrbuch Öffentliche Sicherheit
JCMS	....	Journal of Common Market Studies (Zeitschrift)
Jh.	....	Jahrhundert
JEurDrH	....	Journal européen des droits de l'homme
JGG	....	Jugendgerichtsgesetz
JI	....	Justiz und Inneres
JI-RL	....	Richtlinie (EU) 2016/680 des Europäischen Parlaments und des Rates zum Schutz natürlicher Personen bei der Verarbeitung personenbezogener Daten durch die zuständigen Behörden zum Zwecke der Verhütung, Ermittlung, Aufdeckung oder Verfolgung von Straftaten oder der Strafvollstreckung sowie zum freien Datenverkehr und zur Aufhebung des Rahmenbeschlusses 2008/977/JI des Rates vom 27.4.2016
JIT	....	Joint Investigation Team
jisd	....	Joint Intelligence and Security Division
JöR	....	Jahrbuch für öffentliches Recht (Zeitschrift)
JR	....	Juristische Rundschau (Zeitschrift)
JStG	....	Jahressteuergesetz
JUFIL	....	Journal on the Use of Force and International Law
JuS	....	Juristische Schulung (Zeitschrift)
JuWissBlog	....	Junge Wissenschaft im Öffentlichen Recht Blog
JVA	....	Justizvollzugsanstalt
JVEG	....	Gesetz über die Vergütung von Sachverständigen, Dolmetscherinnen, Dolmetschern, Übersetzerinnen und Übersetzern sowie die Entschädigung von ehrenamtlichen Richterinnen, ehrenamtlichen Richtern, Zeuginnen, Zeugen und Dritten (Justizvergütungs- und -entschädigungsgesetz)
JZ	....	Juristenzeitung (Zeitschrift)
K&R	....	Kommunikation und Recht (Zeitschrift)
KAGB	....	Kapitalanlagegesetzbuch
Kap.	....	Kapitel
KatSG	....	Gesetz über die Erweiterung des Katastrophenschutzes (Katastrophenschutzgesetz)
KCDK-E	....	Kurdisch-Demokratischer Gesellschaftskongress Europa
KCK	....	Koma Civakên Kurdistan (Vereinigte Gemeinschaften Kurdistans)
KdoCIR	....	Kommando Cyber- und Informationsraum
KESY	....	Kennzeichen-Erfassungssystem
KG	....	Kammergericht, Kommanditgesellschaft

Abkürzungsverzeichnis

KGaA	Kommanditgesellschaft auf Aktien
KG IntTE	Koordinierungsgruppe Internationaler Terrorismus
KH	Das Krankenhaus (Zeitschrift)
KHG	Gesetz zur wirtschaftlichen Sicherung der Krankenhäuser und zur Regelung der Krankenhauspflegesätze (Krankenhausfinanzierungsgesetz)
KHZG	Gesetz für ein Zukunftsprogramm Krankenhäuser (Krankenhauszukunftsgesetz)
KI	Künstliche Intelligenz
KJ	Kritische Justiz (Zeitschrift)
Kl.	Kläger(in)
KOM	Europäische Kommission
Komm.	Kommentar
KommJur	Kommunaljurist (Zeitschrift)
KommP BY	Kommunale Praxis Bayern (Zeitschrift)
KPD	Kommunistische Partei Deutschlands
KPMD-PMK	Kriminalpolizeilicher Meldedienst Politisch motivierter Kriminalität
KPMD-S	Kriminalpolizeilicher Meldedienst in Staatsschutzsachen
KreisO	Kreisordnung (der Länder)
KrimJ	Kriminologisches Journal (Zeitschrift)
KriPoZ	Kriminalpolitische Zeitschrift
krit.	kritisch
KRITIS	Schutz kritischer Infrastrukturen
KritJ	Kritische Justiz (Zeitschrift)
KritV	Kritische Vierteljahresschrift für Gesetzgebung und Rechtsprechung
KrWaffG	Ausführungsgesetz zu Artikel 26 Abs. 2 des Grundgesetzes (Gesetz über die Kontrolle von Kriegswaffen) (Kriegswaffenkontrollgesetz)
KStG	Körperschaftsteuergesetz
KSZE	Konferenz für Sicherheit und Zusammenarbeit in Europa
KWG	Gesetz über das Kreditwesen
KWKG	Kriegswaffenkontrollgesetz
KrWaffKontrG	Ausführungsgesetz zu Artikel 26 Abs. 2 des Grundgesetzes (Gesetz über die Kontrolle von Kriegswaffen, Kriegswaffenkontrollgesetz)
KrWG	Gesetz zur Förderung der Kreislaufwirtschaft und Sicherung der umweltverträglichen Bewirtschaftung von Abfällen (Kreislaufwirtschaftsgesetz)
KWL	Kriegswaffenliste
KWMV	Verordnung über Meldepflichten für bestimmte Kriegswaffen (Kriegswaffenmeldeverordnung)
LAfV	Landesamt für Verfassungsschutz
LAG	Landesarbeitsgericht, Gesetz über den Lastenausgleich (Lastenausgleichsgesetz)
LBauO NRW	Bauordnung für das Land Nordrhein-Westfalen
LBG	Landesbeamtengesetz
LeidenJIL	Leiden Journal of International Law
LfD	Landesbeauftragter für Datenschutz
Lfg.	Lieferung
LFGB	Lebensmittel-, Bedarfsgegenstände- und Futtermittelgesetzbuch (Lebensmittel- und Futtermittelgesetzbuch)
LfV	Landesamt für Verfassungsschutz
LG	Landgericht
LIBE	Committee on Civil Liberties, Justice and Home Affairs

Abkürzungsverzeichnis

lit.	....	littera
Lit.	....	Literatur
LKA	....	Landeskriminalamt
LKO	....	Landeskreisordnung (der Länder)
LKRZ	....	Zeitschrift für Landes- und Kommunalrecht Hessen, Rheinland-Pfalz, Saarland
LKV	....	Landes- und Kommunalverwaltung (Zeitschrift)
LPG NRW	....	Landespressegesetz Nordrhein-Westphalen
LPresseG	....	Gesetz über die Presse (Pressegesetz)
LReg.	....	Landesregierung
Ls.	....	Leitsatz
LSA	....	Sachsen-Anhalt, sachsen-anhaltinisch
LSAVerf	....	Verfassung des Landes Sachsen-Anhalt
LSAVerfSchG	....	Gesetz über den Verfassungsschutz im Land Sachsen-Anhalt
LSAVersammlG	....	Gesetz des Landes Sachsen-Anhalt über Versammlungen und Aufzüge (Landesversammlungsgesetz)
LT	....	Landtag
LT-Drs.	....	Landtagsdrucksache
LTTE	....	Liberation Tigers of Tamil Eelam
LuftBO	....	Betriebsordnung für Luftfahrtgerät
LuftKostV	....	Kostenverordnung der Luftfahrtverwaltung
LuftSiG	....	Luftsicherheitsgesetz
LuftSiGebV	....	Luftsicherheitsgebührenverordnung
LuftSiSchulV	....	Luftsicherheits-Schulungsverordnung
LuftSiZÜV	....	Luftsicherheits-Zuverlässigkeitsüberprüfungsverordnung
LuftVG	....	Luftverkehrsgesetz
LuftVO	....	Luftverkehrs-Ordnung
LVerfG	....	Landesverfassungsgericht
LVerfSchG	....	Landesverfassungsschutzgesetz
LVwGPO-RÄndG	....	Gesetz zur Änderung polizei- und ordnungsrechtlicher Vorschriften im Landesverwaltungsgesetz
LWG	....	Landeswassergesetz
MABl.	....	Ministerial- und Amtsblatt
mAnm	....	mit Anmerkung
mablAnm	....	mit ablehnender Anmerkung
MAD	....	Militärischer Abschirmdienst
MADG	....	Gesetz über den Militärischen Abschirmdienst
MaGo	....	Mindestanforderungen an die Geschäftsorganisation von Versicherungsunternehmen
MaRisk	....	Mindestanforderungen an das Risikomanagement
maW	....	mit anderen Worten
MBl.	....	Ministerialblatt
MDR	....	Monatsschrift für Deutsches Recht (Zeitschrift)
mE	....	meines Erachtens
ME	....	Musterentwurf
ME VersG	....	Musterentwurf eines Versammlungsgesetzes
MedienR	....	Medienrecht
MedienStV	....	Medienstaatsvertrag (auch MStV)
MfS	....	Ministerium für Staatssicherheit
mg	....	„militante gruppe"

Abkürzungsverzeichnis

MichJIL	Michigan Journal of International Law
MilNW	Militärisches Nachrichtenwesen der Bundeswehr
MINURSO	Mission der Vereinten Nationen für das Referendum in Westsahara
Mio.	Million(en)
MISS	Master in Intelligence and Security Studies
MiStra	Anordnung über Mitteilungen in Strafsachen
MJIL	Melbourne Journal of International Law
mkritAnm	mit kritischer Anmerkung
MLZ	Maritimes Lagenzentrum
MMR	MultiMedia und Recht, Zeitschrift für IT-Recht und Recht der Digitalisierung
MMS	Multimedia Messaging Service
mN	mit Nachweisen
MoU	Memorandum of Understanding
MONUSCO	Mission der Vereinten Nationen für die Stabilisierung in der Demokratischen Republik Kongo
MoWaS	Modulares Warnsystem
MPEPIL	Max Planck Encyclopedia of Public International Law
MPYUNL	Max Planck Yearbook of United Nations Law
Mrd.	Milliarde(n)
MSZ	Maritimes Sicherheitszentrum
MschKrim	Monatsschrift für Kriminologie und Strafrechtsreform (Zeitschrift)
MTSKVO	Verordnung zur Markttransparenz für Kraftstoffe (MTS-Kraftstoff-Verordnung)
MüKoBGB	Münchener Kommentar zum BGB
MüKoStGB	Münchener Kommentar zum StGB
MüKoZPO	Münchener Kommentar zur ZPO
MV	Mecklenburg-Vorpommern
MVVerf	Verfassung des Landes Mecklenburg-Vorpommern
MV VerfSchG	Gesetz über das Landesamt für Verfassungsschutz (Mecklenburg-Vorpommern)
mwB	mit weiteren Beispielen
mwH	mit weiteren Hinweisen
mwN	mit weiteren Nachweisen
mWv	mit Wirkung vom
mzustAnm	mit zustimmender Anmerkung
NABEG	Netzausbaubeschleunigungsgesetz Übertragungsnetz
Nachw.	Nachweis(e, en)
NACZ	Nationales Cyber-Abwehrzentrum
NADIS	Nachrichtendienstliches Informationssystem
NADIS WN	Nachrichtendienstliches Informationswissensnetz
NATO	North Atlantic Treaty Organization (Nordatlantische Vertragsorganisation)
NAV-DEM	Konföderation der kurdischen Vereine in Europa
NCAZ	Nationales Cyber-Abwehrzentrum
ND-Lage	Nachrichtendienstliche Lage
Nds	Niedersachsen, niedersächsisch
NdsVerf	Niedersächsische Verfassung
Neapel II	Übereinkommen aufgrund von Artikel K.3 des Vertrags über die Europäische Union über gegenseitige Amtshilfe und Zusammenarbeit der Zollverwaltungen

Abkürzungsverzeichnis

NELRev.	Netherlands European Law Review
NethYIL	Netherlands Yearbook of International Law
NetzDG	Gesetz zur Verbesserung der Rechtsdurchsetzung in sozialen Netzwerken (Netzwerkdurchsetzungsgesetz)
nF	neue Fassung, neue Folge
NGO	Nichtregierungsorganisation
NIAS	Nachrichtendienstliche Informations- und Analysestelle
NIFC	Intelligence Fusion Centre
NILR	Netherlands International Law Review (Journal)
NIS-RL	RL (EU) 2016/1148 des Europäischen Parlaments und des Rates vom 6. Juli.2016 über Maßnahmen zur Gewährleistung eines hohen gemeinsamen Sicherheitsniveaus von Netz- und Informationssystemen in der Union
NJ	Neue Justiz (Zeitschrift)
NJOZ	Neue Juristische Online-Zeitschrift
NJW	Neue Juristische Wochenschrift (Zeitschrift)
NK	Neue Kriminalpolitik, Forum für Kriminalwissenschaften, Recht und Praxis (Zeitschrift)
NK-StGB	Nomos-Kommentar zum Strafgesetzbuch
NoeP	nicht offen ermittelnder Polizeibeamter
NordJIL	Nordic Journal of International Law
NordÖR	Zeitschrift für öffentliches Recht in Norddeutschland
NPD	Nationaldemokratische Partei Deutschlands (Partei)
NPOG	Niedersächsisches Polizei- und Ordnungsbehördengesetz
Nr.	Nummer
NRW	Nordrhein-Westfalen, nordrhein-westfälisch
NRWLuftfahrt-ZustVO	Verordnung zur Bestimmung der zuständigen Behörden auf dem Gebiet der Luftfahrt (Zuständigkeitsverordnung Luftfahrt)
NRW Verf	Verfassung für das Land Nordrhein-Westfalen
NRWVSG	Gesetz über den Verfassungsschutz in Nordrhein-Westfalen (Verfassungsschutzgesetz Nordrhein-Westfalen)
NSA	National Security Agency
NSDAP	Nationalsozialistische Arbeiterpartei
NStZ	Neue Zeitschrift für Strafrecht
NSU	Nationalsozialistischer Untergrund
NTSG	Nato-Truppen-Schutzgesetz
NVerfSchG	Niedersächsisches Verfassungsschutzgesetz
NVwZ	Neue Zeitschrift für Verwaltungsrecht
NVwZ-RR	Neue Zeitschrift für Verwaltungsrecht-Rechtsprechungsreport
NWR	Nationales Waffenregister
NWRG	Gesetz zur Errichtung eines nationalen Waffenregisters (Nationales-Waffenregister-Gesetz)
NWVBl.	Nordrhein-Westfälische Verwaltungsblätter (Zeitschrift)
NZB	Nationales Zentralbüro
NZG	Neue Zeitschrift für Gesellschaftsrecht
NZKart	Neue Zeitschrift für Kartellrecht
NZWehrr	Neue Zeitschrift für Wehrrecht
NZWiSt	Neue Zeitschrift für Wirtschafts-, Steuer- und Unternehmensstrafrecht
o.	oben
OAS	Organisation Amerikanischer Staaten

Abkürzungsverzeichnis

oÄ	oder Ähnliche/s
OBG	Gesetz über Aufbau und Befugnisse der Ordnungsbehörden (Ordnungsbehördengesetz)
OEG	Gesetz über die Entschädigung für Opfer von Gewalttaten (Opferentschädigungsgesetz)
OGHBrZ	Oberster Gerichtshof für die britische Besatzungszone
OGHSt	Amtliche Sammlung der Entscheidungen des OGHBrZ in Strafsachen
OGHZ	Amtliche Sammlung der Entscheidungen des OGHBrZ in Zivilsachen
OHG	offene Handelsgesellschaft
OK	Organisierte Kriminalität
OLG	Oberlandesgericht
OrdenG	Gesetz über Titel, Orden und Ehrenzeichen
Ordo	Jahrbuch für die Ordnung von Wirtschaft und Gesellschaft (Zeitschrift)
OrgKG	Gesetz zur Bekämpfung des illegalen Rauschgifthandels und anderer Erscheinungsformen der organisierten Kriminalität
OSINT	open source intelligence (die Beschaffung von Informationen aus öffentlichen Quellen)
OSZE	Organisation für Sicherheit und Zusammenarbeit in Europa
ÖVD	Öffentliche Verwaltung und Datenverarbeitung
OVG	Oberverwaltungsgericht
OVGE	Amtliche Sammlung der Entscheidungen der Oberverwaltungsgerichte Lüneburg und Münster
OWi	Ordnungswidrigkeit
OWiG	Gesetz über Ordnungswidrigkeiten
OZG	Gesetz zur Verbesserung des Onlinezugangs zu Verwaltungsleistungen (Onlinezugangsgesetz)
PAD	Personenauskunftsdatei
PAG	Bayerisches Polizeiaufgabengesetz Gesetz über die Aufgaben und Befugnisse der Bayerischen Staatlichen Polizei (Polizeiaufgabengesetz)
PAG DDR	Polizeiaufgabengesetz der (ehemaligen) DDR
PAG-Kommission	Kommission zur Begleitung des neuen bayerischen Polizeiaufgabengesetzes-Abschlussbericht v. 30.8.2019
ParlBG	Gesetz über die parlamentarische Beteiligung bei der Entscheidung über den Einsatz bewaffneter Streitkräfte im Ausland (Parlamentsbeteiligungsgesetz)
PartG	Gesetz über die politischen Parteien
PassG	Passgesetz
PatG	Patentgesetz
PAuswG	Gesetz über Personalausweise und den elektronischen Identitätsnachweis (Personalausweisgesetz)
PBefG	Personenbeförderungsgesetz
PCCIP	President's Commission on Critical Infrastructure Protection
PED	Polizeiliche Erkenntnisdatei
PEP	Politisch exponierte Personen
PERES	Personenerkennungssystem
PersV	Die Personalvertretung (Zeitschrift)
PESCO	Permanent Structured Cooperation (deutsch: Ständige Strukturierte Zusammenarbeit)

Abkürzungsverzeichnis

PflVG	Gesetz über die Pflichtversicherung für Kraftfahrzeughalter (Pflichtversicherungsgesetz)
PIAS	Polizeiliche Informations- und Analysestelle
PIAV	Polizeilicher Informations- und Analyseverbund
PinG	Privacy in Germany (Zeitschrift)
PKGr	Parlamentarisches Kontrollgremium
PKK	Arbeiterpartei Kurdistans (kurdisch Partiya Karkerên Kurdistanê)
PKKG	Gesetz über die parlamentarische Kontrolle nachrichtendienstlicher Tätigkeit des Bundes von 1978
PKGrG	Gesetz über die parlamentarische Kontrolle nachrichtendienstlicher Tätigkeit des Bundes (Kontrollgremiumgesetz)
PKS	Polizeiliche Kriminalstatistik
PlenProt	Plenarprotokoll (des Bundesrats oder des Deutschen Bundestags)
PLO	Palestine Liberation Organization (Organisation zur Befreiung Palästinas)
PMK	Politisch motivierte Kriminalität
PNR	Passenger Name Record (deutsch Fluggastdatensatz)
PolDVG	Gesetz über die Datenverarbeitung der Polizei (Polizeidatenverarbeitungsgesetz)
POG	Gesetz über die Organisation (der Länder) (Polizeiorganisationsgesetz)
PolEDVG	Gesetz über die Datenverarbeitung der Polizei (Polizeidatenverarbeitungsgesetz)
PolG	Polizeigesetz (der Länder)
PolG NRW	Polizeigesetz des Landes Nordrhein-Westfalen
PolSichR Bayern	
PolZustG	Gesetz über die Zuständigkeit der Polizeibehörden (der Länder)
PrALR	Das Allgemeine Landrecht für die Preußischen Staaten
PresseG	Pressegesetz (der Länder)
PreußPVG	Preußisches Polizeiverwaltungsgesetz
Prot.	Protokoll
PrStG	Pressefreiheit im Straf- und Strafprozessrecht
PrStGB	Preußisches Strafgesetzbuch von 1851
PrüfBV	Verordnung über die Prüfung der Jahresabschlüsse der Kreditinstitute und Finanzdienstleistungsinstitute sowie über die darüber zu erstellenden Berichte (Prüfungsberichtsverordnung)
P-Runde	Präsidentenrunde
PSP	Polizei – Studium – Praxis (Zeitschrift)
PTSG	Gesetz zur Sicherstellung von Postdienstleistungen und Telekommunikationsdiensten in besonderen Fällen (Post- und Telekommunikationssicherstellungsgesetz)
PUAG	Gesetz zur Regelung des Rechts der Untersuchungsausschüsse des Deutschen Bundestages (Untersuchungsausschussgesetz)
PVDG	Polizeivollzugsdienstgesetz
PYD	Syrisch-kurdische Partei der demokratischen Union (Partiya Yekîtiya Demokrat)
RADAR-iTE	Regelbasierte Analyse potentiell destruktiver Täter zur Einschätzung des akuten Risikos – islamistischer Terrorismus
RAF	Rote Armee Fraktion
RAILPOL	internationales Netzwerk europäischer Bahn- und Transportpolizeien

LIII

Abkürzungsverzeichnis

RbDatA	Rahmenbeschluss über die Vereinfachung des Austausches von Informationen und Erkenntnissen zwischen Strafverfolgungsbehörden der Mitgliedstaaten der EU
RCS	Rich Communication Service
REuHb	EU-Rahmenbeschluss zum Europäischen Haftbefehl vom 13.6.2002
RdC	R7evue de droit canonique
RdErl.	Runderlass
RDI	Revue de droit international
RdTW	Zeitschrift für das Recht der Transportwirtschaft
RDV	Recht der Datenverarbeitung (Zeitschrift)
RED	Rechtsextremismus-Datei
REDG	Gesetz zur Errichtung einer standardisierten zentralen Datei von Polizeibehörden und Nachrichtendiensten von Bund und Ländern zur Bekämpfung des gewaltbezogenen Rechtsextremismus (Rechtsextremismus-Datei-Gesetz)
REDTeilnV	Verordnung über die Benennung weiterer zur Teilnahme an der Rechtsextremismus-Datei berechtigter Polizeivollzugsbehörden v. 11.3.2015
RefE	Referentenentwurf
Reg.	Regierung
RegE	Regierungsentwurf
RFID	Radio-Frequency IDentification
RFS	Remote Forensic Software
RG	Reichsgericht
RGBl.	Reichsgesetzblatt
RGDIP	Revue Generale de Droit International Public (Zeitschrift)
RGewO	Reichsgewerbeordnung
RGZ	Amtliche Sammlung der Entscheidungen des Reichsgerichts in Zivilsachen
RhPf	Rheinland-Pfalz, rheinland-pfälzisch
RhPfPOG	Polizeiorganisationsgesetz Rheinland-Pfalz
RhPfLVerfSchG	Landesverfassungsschutzgesetz (Rheinland-Pfalz)
RhPfVerf	Verfassung für Rheinland-Pfalz
RHÜ 1959	Europäisches Übereinkommen über die Rechtshilfe in Strafsachen
RIAA	Reports of International Arbitral Awards
Rima	Risikomanagement
RiS	Recht auf informationelle Selbstbestimmung
RiStBV	Richtlinien für das Strafverfahren und das Bußgeldverfahren
RiVASt	Richtlinien für den Verkehr mit dem Ausland in strafrechtlichen Angelegenheiten
RIW	Recht der internationalen Wirtschaft (Zeitschrift)
RL	Richtlinie
Rn.	Randnummer
RNotZ	Rheinische Notar-Zeitschrift
RoE	Rules of Engagement
ROG	Raumordnungsgesetz
ROW	Recht in Ost und West: ROW; Zeitschrift für Ostrecht und Rechtsvergleichung
Rs.	Rechtssache
Rspr.	Rechtsprechung
RuP	Recht und Politik (Zeitschrift)
RW	Rechtswissenschaft (Zeitschrift für rechtswissenschaftliche Forschung)

Abkürzungsverzeichnis

RWaffG	Reichswaffengesetz
RZ	Revolutionäre Zellen
R2P	Responsibility to Protect
s.	siehe
S.	Seite, Satz (bei Rechtsnormen)
Saarl	Saarland, saarländisch
SächsPolG	Polizeigesetz des Freistaates Sachsen
SächsPVDG	Gesetz über die Aufgaben, Befugnisse und Organisation des Polizeivollzugsdienstes im Freistaat Sachsen (Sächsisches Polizeivollzugsdienstgesetz)
SächsVSG	Gesetz über den Verfassungsschutz im Freistaat Sachsen (Sächsisches Verfassungsschutzgesetz)
SächsVerf	Verfassung des Freistaates Sachsen
SchlH	Schleswig-Holstein
SchlHLVerfSchG	Gesetz über den Verfassungsschutz im Lande Schleswig-Holstein (Landesverfassungsschutzgesetz)
SchlHVersFG	Versammlungsfreiheitsgesetz für das Land Schleswig-Holstein
SchlHLVwG	Allgemeines Verwaltungsgesetz für das Land Schleswig-Holstein
SD	Sicherheitsdienst des Reichsführers SS
SDF	Syrische Demokratische Kräfte (Syrian Democratic Forces)
SDLG	Sicherheitsdienstleistungsgesetz
SDÜ	Übereinkommen zur Durchführung des Übereinkommens von Schengen vom 14. Juni 1985 zwischen den Regierungen der Staaten der Benelux-Wirtschaftsunion, der Bundesrepublik Deutschland und der Französischen Republik betreffend den schrittweisen Abbau der Kontrollen an den gemeinsamen Grenzen (Schengener Durchführungsübereinkommen)
SEAG	Gesetz zur Ausführung der Verordnung (EG) Nr. 2157/2001 des Rates vom 8. Oktober 2001 über das Statut der Europäischen Gesellschaft (SE)
SeeAufgG	Gesetz über die Aufgaben des Bundes auf dem Gebiet der Seeschiffahrt (Seeaufgabengesetz)
Sen.-Drs.	Senatsdrucksache
SeeFischG	Gesetz zur Regelung der Seefischerei und zur Durchführung des Fischereirechts der Europäischen Union (Seefischereigesetz)
SeeAufgÜbV	Verordnung zur Übertragung von Aufgaben auf dem Gebiet der Seeschiffahrt zur Ausübung auf die Bundespolizei und die Zollverwaltung (Seeschiffahrtsaufgaben-Übertragungsverordnung)
SeeSchStrO	Seeschiffahrtsstraßen-Ordnung
SG	Gesetz über die Rechtsstellung der Soldaten (Soldatengesetz), Sozialgericht
SGG	Sozialgerichtsgesetz
SGK	Schengener Grenzkodex
SHDSG	Schleswig-Holsteinisches Gesetz zum Schutz personenbezogener Daten
SHVerf	Verfassung des Landes Schleswig-Holstein
SIENA	Secure Information Exchange Network Application
SIGINT	signal intelligence (Auswertung von elektronischen Signalen zur Gewinnung von Geheimdienstinformationen, auf Deutsch: Fernmelde- und elektronische Aufklärung)
SIRENE	Supplementary Information Request at National Entry
SIS	Schengener Informationssystem

Abkürzungsverzeichnis

SIS-II Gesetz	Gesetz zum Schengener Informationssystem der zweiten Generation
SitCen	EU-Lagezentrum
Slg.	Sammlung von Entscheidungen, Gesetzen etc.
SLVerf	Verfassung des Saarlandes
SmbS	Staaten mit besonderen Sicherheitsrisiken
SMS	Short Message Service
SOCMINT	Social Media Intelligence
SOFA	Status of Forces Agreement
SOG	Gesetz über die Sicherheit und Ordnung (Hamburg)
SOG LSA	Gesetz über die öffentliche Sicherheit und Ordnung des Landes Sachsen-Anhalt
SOG M-V	Gesetz über die öffentliche Sicherheit und Ordnung in Mecklenburg-Vorpommern (Sicherheits- und Ordnungsgesetz)
sog.	sogenannte(r)
SOLAS	International Convention for the Safety of Life at Sea
SOMA	Status of Mission Agreement
SozW	Soziale Welt (Zeitschrift für sozialwissenschaftliche Forschung)
SPOC	Single Points of Contact
SPolDVG	Saarländisches Gesetz über die Verarbeitung personenbezogener Daten durch die Polizei (Polizei-Datenverarbeitungsgesetz Saarland)
SPolG	Saarländisches Polizeigesetz
SPolDVG	Saarländisches Gesetz über die Verarbeitung personenbezogener Daten durch die Polizei
SprengG	Gesetz über explosionsgefährliche Stoffe (Sprengstoffgesetz)
SprengKostV	Kostenverordnung zum Sprengstoffgesetz
SprengV	Verordnung zum Sprengstoffgesetz
SprengVwV	Allgemeine Verwaltungsvorschrift zum Sprengstoffgesetz
SPUDOK	Spurendokumentationssystem
SRP	Sozialistische Reichspartei
SRÜ	Seerechtsübereinkommen der Vereinten Nationen
SSCD	SIGINT Support to Cyber Defence
SSD	Solid-State-Drives
SSÜG	Saarländisches Sicherheitsüberprüfungsgesetz
st.	ständig
ST	Polizeilicher Staatsschutz
StA	Staatsanwalt, Staatsanwaltschaft
StAG	Staatsangehörigkeitsgesetz
StaatsR	Staatsrecht
StanfJIL	Stanford Journal of International Law
StenBer	Stenographische Berichte
StFG	Straffreiheitsgesetz (aK seit 14.12.2010)
StGB	Strafgesetzbuch
StGBÄndG	Sechzigstes Gesetz zur Änderung des Strafgesetzbuches – Modernisierung des Schriftenbegriffs und anderer Begriffe sowie Erweiterung der Strafbarkeit nach den §§ 86, 86a, 111 und 130 des Strafgesetzbuches bei Handlungen im Ausland (60. StGBÄndG)
StGH	Staatsgerichtshof
StHG	Gesetz zur Regelung der Staatshaftung in der Deutschen Demokratischen Republik (Staatshaftungsgesetz)
StIG	Ständiger Internationaler Gerichtshof
StörfallVO	Zwölfte Verordnung zur Durchführung des Bundes-Immissionsschutzgesetzes (Störfall-Verordnung)

Abkürzungsverzeichnis

StPO	Strafprozeßordnung
str.	streitig
StRÄG	Strafrechtsänderungsgesetz
StrEG	Gesetz über die Entschädigung für Strafverfolgungsmaßnahmen (Strafverfolgungsentschädigungsgesetz)
StrK	Strafkammer
StrlSchV	Verordnung über den Schutz vor Schäden durch ionisierende Strahlen (Strahlenschutzverordnung)
StRR	StrafRechtsReport (Zeitschrift)
StrRÄndG	Strafrechtsänderungsgesetz
StraFo	Strafverteidiger Forum (Zeitschrift)
stRspr	ständige Rechtsprechung
StV	Strafverteidiger (Zeitschrift)
StVollStrO	Strafvollstreckungsordnung
StVollzG	Gesetz über den Vollzug der Freiheitsstrafe und der freiheitsentziehenden Maßregeln der Besserung und Sicherung (Strafvollzugsgesetz)
SÜFV	Verordnung zur Feststellung der Behörden des Bundes mit Aufgaben von vergleichbarer Sicherheitsempfindlichkeit wie die der Nachrichtendienste des Bundes und zur Feststellung der öffentlichen Stellen des Bundes und der nichtöffentlichen Stellen mit lebens- oder verteidigungswichtigen Einrichtungen (Sicherheitsüberprüfungsfeststellungsverordnung)
SÜG	Gesetz über die Voraussetzungen und das Verfahren von Sicherheitsüberprüfungen des Bundes und den Schutz von Verschlusssachen (Sicherheitsüberprüfungsgesetz)
SVEP	Sonstige Verdeckt Ermittelnde Person
SVerfSchG	Saarländisches Verfassungsschutzgesetz
TA	Abkommen über strafbare und bestimmte andere an Bord von Luftfahrzeugen begangene Handlungen (Tokioter Abkommen)
TATP	Triacetontriperoxid
TBG	Gesetz zur Bekämpfung des internationalen Terrorismus (Terrorismusbekämpfungsgesetz)
TDDSG	Gesetz über den Datenschutz bei Telediensten (Teledienstedatenschutzgesetz)
TE	Islamistisch motivierter Terrorismus/Extremismus
teilw.	teilweise
TerrAbwG	Gesetz zur Abwehr von Gefahren des internationalen Terrorismus durch das Bundeskriminalamt (Terrorismusabwehr-Gesetz)
TerrBekErgänzG	Gesetz zur Ergänzung des Terrorismusbekämpfungsgesetzes (Terrorismusbekämpfungsergänzungsgesetz)
TerrorBekG	Gesetz zur Bekämpfung des internationalen Terrorismus (Terrorismusbekämpfungsgesetz)
TESCH	Dokumentationssystem für terroristische und extremistische Schriften
TexasILJ	Texas International Law Journal
TFTP	Terrorist-Finance-Tracking-Programm
Thür	Thüringen, thüringisch
ThürOBG	Thüringer Gesetz über die Aufgaben und Befugnisse der Ordnungsbehörden (Ordnungsbehördengesetz)
ThürPAG	Thüringer Gesetz über die Aufgaben und Befugnisse der Polizei (Polizeiaufgabengesetz)
ThürSÜG	Thüringer Sicherheitsüberprüfungsgesetz

Abkürzungsverzeichnis

ThürVerf	Verfassung des Freistaats Thüringen
ThürVerfSchG	Thüringer Gesetz zum Schutz der freiheitlichen demokratischen Grundordnung und zur Vorbeugung vor Gefahren für die freiheitliche demokratische Grundordnung (Thüringer Verfassungsschutzgesetz)
TierSchG	Tierschutzgesetz
TierSchNutztV	Verordnung zum Schutz landwirtschaftlicher Nutztiere und anderer zur Erzeugung tierischer Produkte gehaltener Tiere bei ihrer Haltung (Tierschutz-Nutztierhaltungsverordnung)
TISPOL	European Traffic Police Network (Europäisches Netzwerk der Straßenpolizeien)
TK	Telekommunikation
TFTP	Terrorist-Finance-Tracking-Program
TKG	Telekommunikationsgesetz
TKÜ	Telekommunikationsüberwachung
TMG	Telemediengesetz
TrinkWV	Verordnung über die Qualität von Wasser für den menschlichen Gebrauch (Trinkwasserverordnung)
TTDSG	Gesetz über den Datenschutz und den Schutz der Privatsphäre in der Telekommunikation und bei Telemedien (Telekommunikation-Telemedien-Datenschutz-Gesetz))
TTP	Tehrik e Taliban Pakistan
TVöD Bund	Tarifvertrag für den Öffentlichen Dienst, Bereich Bund
u.	unten
ua	unter anderem
uÄ	und Ähnliche(s)
UAbs.	Unterabsatz
UAbschn.	Unterabschnitt
UAG	Gesetz zur Ausführung der Verordnung (EG) Nr. 1221/2009 des Europäischen Parlaments und des Rates vom 25. November 2009 über die freiwillige Teilnahme von Organisationen an einem Gemeinschaftssystem für Umweltmanagement und Umweltbetriebsprüfung und zur Aufhebung der Verordnung (EG) Nr. 761/2001, sowie der Beschlüsse der Kommission 2001/681/EG und 2006/193/EG (Umweltauditgesetz)
Übers.	Übersetzung
UBWV	Unterrichtsblätter für die Bundeswehrverwaltung (Zeitschrift)
UCA	Under Cover Agent
UFED-Reader	Ermöglicht den Austausch von Informationen mit autorisiertem Personal
UmwG	Umwandlungsgesetz
UNCAC	Übereinkommen der Vereinten Nationen gegen Korruption
UNCLOS	United Nations Convention on the Law of the Sea
UNDOF	United Nations Disengagement Observer Force
UNHCR	United Nations Institute for Disarmament Research
UNMIK	United Nations Interim Administration Mission in Kosovo
UNO	Charta der Vereinten Nationen
UNOMIG	United Nations Observer Mission in Georgia (deutsch: Beobachtermission der Vereinten Nationen in Georgien)
UNPROFOR	United Nations Protection Force (Schutztruppe der Vereinten Nationen)
UNTS	United Nations Treaty Series

Abkürzungsverzeichnis

unstr.	unstreitig
unveröff.	unveröffentlicht
uö	und öfter
UrhG	Gesetz über Urheberrecht und verwandte Schutzrechte (Urheberrechtsgesetz)
Urt.	Urteil
USBV	Unkonventionelle Spreng- oder Brandvorrichtung
usw	und so weiter
uU	unter Umständen
UVPG	Gesetz über die Umweltverträglichkeitsprüfung
UZwGBw	Gesetz über die Anwendung unmittelbaren Zwanges und die Ausübung besonderer Befugnisse durch Soldaten der Bundeswehr und verbündeter Streitkräfte sowie zivile Wachpersonen
V&M	Verwaltung und Management (Zeitschrift)
v.	vom, von
va	vor allem
VA(e)	Verwaltungsakt(e)
VaB	Verdeckt auftretender Beamter
VAG	Gesetz über die Beaufsichtigung der Versicherungsunternehmen (Versicherungsaufsichtsgesetz)
VBlBW	Verwaltungsblätter für Baden-Württemberg (Zeitschrift)
VDZ	Verband Deutscher Zeitschriftenverleger
VE	Verdeckter Ermittler
VE/ME	Vorentwurf zur Änderung des Musterentwurfs eines einheitlichen Polizeigesetzes
VereinsG	Gesetz zur Regelung des öffentlichen Vereinsrechts (Vereinsgesetz)
VereinsG-DVO	Verordnung zur Durchführung des Gesetzes zur Regelung des öffentlichen Vereinsrechts (Vereinsgesetz)
Ver.di	Vereinte Dienstleistungsgewerkschaft
Verf.	Verfasser, Verfassung
VerfLSA	Verfassung des Landes Sachsen-Anhalt
VerfGH	Verfassungsgerichtshof
VerfR	Verfassungsrecht
VerfSchG	Gesetz über das Landesamt für Verfassungsschutz (der Länder) (Verfassungsschutzgesetz)
VerfSchKontG	Gesetz zur parlamentarischen Kontrolle des Verfassungsschutzes in Hessen (Verfassungsschutzkontrollgesetz)
Verh.	Verhandlungen
VerkLG	Gesetz zur Sicherung von Verkehrsleistungen (Verkehrsleistungsgesetz)
Veröff.	Veröffentlichungen
VersammlG	Gesetz über Versammlungen und Aufzüge (Versammlungsgesetz)
Verw	Die Verwaltung (Zeitschrift)
VerwArch	Verwaltungsarchiv (Zeitschrift)
VerwProzR	Verwaltungsprozessrecht
VerwR	Verwaltungsrecht
VerwRdsch	Verwaltungsrundschau (Zeitschrift)
VfGHG	Gesetz über den Bayerischen Verfassungsgerichtshof (Verfassungsgerichtshofgesetz)
VG	Verwaltungsgericht
VGH	Verwaltungsgerichtshof

Abkürzungsverzeichnis

VGHE	Entscheidungen des Verwaltungsgerichtshofs
vgl.	vergleiche
VGr	Vertrauensgremium
vH	von (vom) Hundert
VirgJIL	Virginia Journal of International Law
VIS	Visa-Informationssystem
VISZG	Gesetz über den Zugang von Polizei- und Strafverfolgungsbehörden sowie Nachrichtendiensten zum Visa-Informationssystem (VIS-Zugangsgesetz)
VM	Verdeckter Mitarbeiter
VN	Vereinte Nationen (Zeitschrift)
VNoeP	Virtueller nicht offen ermittelnder Polizeibeamter
VO	Verordnung
VollzGLmR	Gesetz über den Vollzug des Lebensmittelrechts
VOR	Zeitschrift für Verkehrs- und Ordnungswidrigkeitenrecht
Vorb.	Vorbemerkung
vorl.	vorliegend
VP	Vertrauensperson
VPN	Virtual Private Network
VPr	Verwaltungspraxis
VPRT	Verband Rundfunk und Telekommunikation
VR	Verwaltungsrundschau (Zeitschrift)
VS	Verschlusssache
VSA	Verschlusssachenanweisung
VSG Bln	Gesetz über den Verfassungsschutz in Berlin (Verfassungsschutzgesetz Berlin)
VSG NRW	Gesetz über den Verfassungsschutz in Nordrhein-Westfalen (Verfassungsschutzgesetz Nordrhein-Westfalen)
VStGB	Völkerstrafgesetzbuch
VVE	Virtueller Verdeckter Ermittler
VVDStRL	Veröffentlichungen der Vereinigung der Deutschen Staatsrechtslehrer
VVP	Virtuelle Vertrauensperson
VwGO	Verwaltungsgerichtsordnung
VwVfG	Verwaltungsverfahrensgesetz (des Bundes bzw. der Länder)
VwVfGBbg	Verwaltungsverfahrensgesetz für das Land Brandenburg
VwVfG. NRW.	Verwaltungsverfahrensgesetz für das Land Nordrhein-Westfalen
VwVG	Verwaltungs-Vollstreckungsgesetz
VwZG	Verwaltungszustellungsgesetz
VZE	Vollzeiteinheit
w.	weitere
WaffG	Waffengesetz
WaffRNeuRegG	Gesetz zur Neuregelung des Waffenrechts
3. WaffRÄndG	Drittes Gesetz zur Änderung des Waffengesetzes und weiterer Vorschriften (Drittes Waffenrechtsänderungsgesetz)
WaffRG	Gesetz über das Nationale Waffenregister (Waffenregistergesetz)
WaffRNeuRegG	Gesetz zur Neuregelung des Waffenrechts (Waffenrecht-Neuregelungsgesetz)
WaffVwV	Allgemeine Verwaltungsvorschrift zum Waffengesetz
WasSiG	Gesetz über die Sicherstellung von Leistungen auf dem Gebiet der Wasserwirtschaft für Zwecke der Verteidigung (Wassersicherstellungsgesetz)

WaStrG	Bundeswasserstraßengesetz
WBeauftrG	Gesetz über den Wehrbeauftragten des Deutschen Bundestages (Gesetz zu Artikel 45b des Grundgesetzes)
WBO	Wehrbeschwerdeordnung
WDO	Wehrdisziplinarordnung
WeltTrends	außenpolitisches Journal
WEU	Westeuropäische Union
W&F	Wissenschaft und Frieden (Zeitschrift)
WHG	Gesetz zur Ordnung des Wasserhaushalts (Wasserhaushaltsgesetz)
WiFi	Wireless Fidelity
WiJ	Journal der Wirtschaftsstrafrechtlichen Vereinigung
WiKG	Gesetz zur Bekämpfung der Wirtschaftskriminalität
wiss.	wissenschaftlich
wistra	Zeitschrift für Wirtschafts- und Steuerstrafrecht
WLAN	Wireless Local Area Network
wN	weitere Nachweise
WPflG	Wehrpflichtgesetz
WpHG	Gesetz über den Wertpapierhandel (Wertpapierhandelsgesetz)
WRV	Weimarer Reichsverfassung
WStG	Wehrstrafgesetz
WSP	Wasserschutzpolizei
WSV	Wasser- und Schifffahrtsverwaltung des Bundes
WuW	Wirtschaft und Wettbewerb (Zeitschrift)
XRY-Viewer	Analysetool
Yale ILJ	Yale Journal of International Law
YIHL	Yearbook of International Humanitarian Law
YPG	Volksverteidigungseinheiten (kurdisch: Yekîneyên Parastina Gel
YXK	Verband der Studierenden aus Kurdistan (Yekîtiya Xwendekarên Kurdistan)
ZAG	Gesetz über die Beaufsichtigung von Zahlungsdiensten (Zahlungsdiensteaufsichtsgesetz)
ZA-NTS	Zusatzabkommen zum NATO-Truppenstatut
ZaöRV	Zeitschrift für ausländisches öffentliches Recht und Völkerrecht
ZAR	Zeitschrift für Ausländerrecht und Ausländerpolitik
zB	zum Beispiel
ZBR	Zeitschrift für Beamtenrecht
ZD	Zeitschrift für Datenschutz
ZDF	Zweites Deutsches Fernsehen
ZDG	Gesetz über den Zivildienst der Kriegsdienstverweigerer (Zivildienstgesetz)
ZDv	Zentrale Dienstvorschrift
ZeFKo	Zeitschrift für Friedens- und Konfliktforschung
ZEuS	Zeitschrift für europarechtliche Studien
ZEVIS	Zentrales Verkehrsinformationssystem
ZfAS	Zeitschrift für Außen- und Sicherheitspolitik
ZFdG	Gesetz über das Zollkriminalamt und die Zollfahndungsämter (Zollfahndungsdienstgesetz)
ZG	Zeitschrift für Gesetzgebung
Ziff.	Ziffer

Abkürzungsverzeichnis

ZIS	Zeitschrift für Internationale Strafrechtsdogmatik
zit.	Zitiert
ZITIS	Zentrale Stelle für Informationstechnik im Sicherheitsbereich
ZJS	Zeitschrift für das Juristische Studium
ZKA	Zollkriminalamt
ZLW	Zeitschrift für Luft- und Weltraumrecht
ZNAF	Zentrum für Nachrichtendienstliche Aus- und Fortbildung
ZollVG	Zollverwaltungsgesetz
ZParl	Zeitschrift für Parlamentsfragen
ZP-EU-TerrÜbk	Zusatzprotokoll Europäisches Übereinkommen vom 27.1.1977 zur Bekämpfung des Terrorismus
ZP II-RHÜ 1959	Zweites Zusatzprotokoll zum Europäischen Übereinkommen über die Rechtshilfe in Strafsachen
ZPO	Zivilprozeßordnung
ZRP	Zeitschrift für Rechtspolitik
ZSHG	Gesetz zur Harmonisierung des Schutzes gefährdeter Zeugen (Zeugenschutz-Harmonisierungsgesetz)
ZSKG	Gesetz über den Zivilschutz und die Katastrophenhilfe des Bundes (Zivilschutz- und Katastrophenhilfegesetz)
ZStaatsW	Zeitschrift für Staatswissenschaften
ZStV	Zentrales staatsanwaltliches Verfahrensregister
ZStW	Zeitschrift für die gesamte Strafrechtswissenschaft
ZSEG	Gesetz über die Entschädigung von Zeugen und Sachverständigen (Zeugen-Sachverständigenentschädigungsgesetz)
zT	zum Teil
ZUM	Zeitschrift für Urheber- und Medienrecht
zul.	zuletzt
zusf.	zusammenfassend
zust.	zustimmend
ZustVB-See	Verordnung zur Bezeichnung der zuständigen Vollzugsbeamten des Bundes für bestimmte Aufgaben nach der Strafprozessordnung auf dem Gebiet der Seeschiffahrt
ZustVO	Zuständigkeitsverordnung
zutr.	zutreffend
ZVG	Gesetz über die Zwangsversteigerung und Zwangsverwaltung (Zwangsversteigerungsgesetz)
ZWehrR	Zeitschrift für Wehrrecht
ZWH	Zeitschrift für Wirtschaftsstrafrecht und Haftung im Unternehmen

Verzeichnis der abgekürzt zitierten Literatur

Abbühl, A., Der Aufgabenwandel des Bundeskriminalamtes, 2010 (zit.: *Abbühl* Aufgabenwandel)
Ahlbrecht, H./Böhm, K. M./Esser, R./Eckelmans, F., Internationales Strafrecht, 2. Aufl. 2017 (zit.: ABEE Int. StrafR)
Adolph, O./Brunner, N./Bannach, G. (vormals *Hinze*), Waffenrecht, Kommentar und Textsammlung zum WaffG, KWKG und SprengG, Loseblattsammlung, Stand 91. Lieferung Januar 2022 (zit.: *Bearbeiter* in Adolph/Brunner/Bannach WaffG)
Ahlf, E.-H., Das Bundeskriminalamt als Zentralstelle, 1985 (zit.: *Ahlf* Bundeskriminalamt)
Ahlf, E.-H./Daub, I./Lersch, R./Störzer, H.-U., Bundeskriminalamtgesetz, Kommentar, 2000 (zit.: *Bearbeiter* in ADLS BKAG)
Albers, M., Die Determination polizeilicher Tätigkeit in den Bereichen der Straftatenverhütung und der Verfolgungsvorsorge, 2001 (zit.: *Albers* Determination)
Alberts, H.-W./Merten, K., Gesetz über die Datenverarbeitung der Polizei, 3. Aufl. 2002 (zit.: *Alberts/Merten*)
Albrecht, F. C./Roggenkamp, J. D., Vereinsgesetz: VereinsG, Kommentar, 2014 (zit.: *Bearbeiter* in Albrecht/Roggenkamp)
Ambos, K./König, S./Rackow, P., Nomos Kommentar, Rechtshilferecht in Strafsachen, 2. Aufl. 2020 (zit.: *Bearbeiter* in NK-RechtshilfeR)
Andrzejewski, N., Die Strafbewehrung der Terrorismusembargos der EU im deutschen Außenwirtschaftsrecht, 2017 (zit.: *Andrzejewski* Die Strafbewehrung)
App, M./Wettlaufer, A., Praxishandbuch Verwaltungsvollstreckungsrecht, 6. Aufl. 2018 (zit.: *Bearbeiter* in App/Wettlaufer VerwVollstrR-HdB)
Arzt, G./Weber, U./Heinrich, B./Hilgendorf, E., Strafrecht Besonderer Teil, 4. Aufl. 2021 (zit.: *Bearbeiter* in AWHH StrafR BT)
Auernhammer, H./Eßer, M./Kramer, P./von Lewinski, K., DSGVO/BDSG – Datenschutz-Grundverordnung/Bundesdatenschutzgesetz und Nebengesetze, 7. Aufl. 2020 (zit.: *Bearbeiter* in Auernhammer)
Bäcker, M., Terrorismusabwehr durch das Bundeskriminalamt, 2009 (zit.: *Bäcker* Terrorismusabwehr)
Bader, J./Funke-Kaiser, M./Stuhlfauth, T./v. Albedyll, J., Verwaltungsgerichtsordnung, Kommentar, 8. Aufl. 2021 (zit.: *Bearbeiter* in BFSA)
Bader, J./Ronellenfitsch, M., Beck´scher Online-Kommentar Verwaltungsverfahrensgesetz (zit.: *Bearbeiter* in BeckOK VwVfG)
Badura, P., Staatsrecht, 7. Aufl. 2018 (zit.: *Badura* StaatsR)
Baldus, M., Transnationales Polizeirecht, 2001 (zit.: *Baldus* PolR)
Baller, O./Eiffler, S.-E./Tschisch, A., Allgemeines Sicherheits- und Ordnungsgesetz Berlin – ASOG Berlin, 2004 (zit.: *Bearbeiter* in Baller/Eiffler/Tschisch)
Bär, W., TK-Überwachung, §§ 100a–101 StPO mit Nebengesetzen, Kommentar, 2009 (zit.: *Bär*)
Bashlinskaya, A., Die Europäische Sicherheits- und Verteidigungspolitik der EU, 2009 (zit.: *Bashlinskaya* Sicherheits- und Verteidigungspolitik)
Bast, J., Grundbegriffe der Handlungsformen der EU, entwickelt am Beschluss als praxisgenerierter Handlungsform des Unions- und Gemeinschaftsrechts, 2006 (zit.: *Bast* Handlungsformen EU)
Battis, U., Bundesbeamtengesetz: BBG, 6. Aufl. 2022 (zit.: *Bearbeiter* in Battis BBG)
Beaucamp, G./Ettemeyer, U./Rogosch, J. K./Stammer, J., Hamburger Sicherheits- und Ordnungsrecht – SOG/PolDVG, 2. Aufl. 2009 (zit.: *Bearbeiter* in BERS)

Verzeichnis der abgekürzt zitierten Literatur

Beckert, E./Breuer, G., Öffentliches Seerecht, 1991 (zit.: *Beckert/Breuer*)

Benda, E./Maihofer, W./Vogel, H.-J., Handbuch des Verfassungsrechts der Bundesrepublik Deutschland, 2. Aufl. 1994 (zit.: *Bearbeiter* in Benda/Maihofer/Vogel VerfassungsR-HdB)

Berner, G./Köhler, G. M./Käß, R., Polizeiaufgabengesetz, 20. Aufl. 2010 (zit.: *Bearbeiter* in Berner/Köhler/Käß BayPAG)

Beulke, W./Swoboda, S., Strafprozessrecht, 15. Aufl. 2020 (zit.: *Beulke/Swoboda* StrafProzR)

Bignami, F., EU Law in Populist Times: Crises and Prospects, 2020 (zit.: *Bearbeiter* in Bignami)

Boehm, F., Information Sharing and Data Protection in the Area of Freedom, Security and Justice. Towards Harmonised Data Protection Principles for Information Exchange at EU-level, 2014 (zit.: *Boehm* Information Sharing)

Borgs-Maciejewski, H./Ebert, F., Das Recht der Geheimdienste, 1986 (zit.: *Bearbeiter* in Borgs-Maciejewski/Ebert Geheimdienste)

Böse, M., Europäisches Strafrecht: mit polizeilicher Zusammenarbeit, Enzyklopädie Europarecht Bd. 9, 2013 (zit.: *Bearbeiter* in Böse EuropStrafR)

Böse, M., Der Grundsatz der Verfügbarkeit von Informationen in der strafrechtlichen Zusammenarbeit der Europäischen Union, 2007 (zit.: *Böse* Verfügbarkeit von Informationen)

Brakemeier, S./Westphal, V., Rechtsgrundlagen für Auslandseinsätze der Bundespolizei, 2013 (zit.: *Brakemeier/Westphal* Auslandseinsätze)

Brinktrine, R./Schollendorf, K., Beck'scher Online Kommentar Beamtenrecht Bund (zit.: *Bearbeiter* in BeckOK BeamtenR Bund)

Brinktrine, R./Voitl, A., Beamtenrecht Bayern, 2020 (zit.: *Bearbeiter* in Brinktrine/Voitl)

Bundesministerium des Innern/Bundesministerium der Justiz, Bericht der Regierungskommission zur Überprüfung der Sicherheitsgesetzgebung in Deutschland vom 28.8.2013 (zit.: *Bearbeiter* in BMI/BMJ Bericht der Regierungskommission zur Überprüfung der Sicherheitsgesetzgebung in Deutschland)

Burkiczak, C./Dollinger, F.-W./Schorkopf, F., Bundesverfassungsgerichtsgesetz, 2. Aufl. 2021 (zit.: *Bearbeiter* in Bukiczak/Dollinger/Schorkopf BVerfGG)

Busche, A., Die Zentralisierung polizeilicher Aufgaben auf dem Gebiet der Strafverfolgung beim Bundeskriminalamt, 2013 (zit.: *Busche* Zentralisierung)

Calliess, C./Ruffert, M., EUV/AEUV, Das Verfassungsrecht der Europäischen Union mit Europäischer Grundrechtecharta, Kommentar, 6. Aufl. 2022 (zit.: *Bearbeiter* in Calliess/Ruffert)

Cirener, G./Radtke, H./Rissing-van Saan, R., Leipziger Kommentar Strafgesetzbuch, 13. Aufl. 2019 (zit.: *Bearbeiter* in LK-StGB)

Däubler, W./Klebe, T./Wedde, P./Weichert, T., Bundesdatenschutzgesetz, Kommentar, 5. Aufl. 2016 (zit.: *Bearbeiter* in DKWW)

Däubler, W., Sicherheitsüberprüfungsgesetz: SÜG, Kommentar, 2019 (zit.: *Däubler* SÜG)

Dauses, M. A./Ludwigs, M., Handbuch des EU-Wirtschaftsrechts, 54. Aufl. Oktober 2021 (zit.: *Bearbeiter* in Dauses/Ludwigs EU-WirtschaftsR-HdB)

Debus, A. G., Verweisungen in deutschen Rechtsnormen, 2008 (zit.: *Debus* Verweisungen)

Denneborg, E. A./Friedrich, T./Schlatmann, A., Sicherheitsüberprüfungsrecht, Kommentar, Loseblatt (zit.: *Denneborg*)

Denninger, E., Polizei in der freiheitlichen Demokratie, 1968 (zit.: *Denninger* Polizei)

Denninger, E./Lüderssen, K., Polizei und Strafprozess im demokratischen Rechtsstaat, 1978 (zit.: *Denninger/Lüderssen* Polizei und Strafprozess)

Dienstbühl, D., Extremismus und Radikalisierung, Kriminologisches Handbuch zur aktuellen Sicherheitslage, 2019 (zit.: *Dienstbühl* Kriminologisches-HdB)

Dietel, A./Gintzel, K./Kniesel, M., Versammlungsgesetze, 18. Aufl. 2019 (zit.: *Bearbeiter* in Dietel/Gintzel/Kniesel)

Verzeichnis der abgekürzt zitierten Literatur

Dietrich, J.-H./Eiffler, S., Handbuch des Rechts der Nachrichtendienste, 2017 (zit.: *Bearbeiter* in Dietrich/Eiffler NachrichtendiensteR-HdB)

Dietrich, J.-H./Gärditz, K. F./Graulich, K./Gusy, C./Warg, G., Nachrichtendienste im demokratischen Rechtsstaat, 2018 (zit.: *Bearbeiter* in DGGGW Nachrichtendienste im Rechtsstaat)

Dietrich, J.-H./Gärditz, K. F./Graulich, K./Gusy, C./Warg, G., Nachrichtendienste in vernetzter Sicherheitsarchitektur, 2020 (zit.: *Bearbeiter* in DGGGW Nachrichtendienste in vernetzter Sicherheitsarchitektur)

Dietrich, J.-H./Gärditz, K. F./Graulich, K./Gusy, C./Warg, G., Reform der Nachrichtendienste zwischen Vergesetzlichung und Internationalisierung, 2020 (zit.: *Bearbeiter* in DGGGW Nachrichtendienstereform)

Dietrich, J.-H./Sule, S., Intelligence Law and Policies in Europe, 2019 (zit.: *Bearbeiter* in Dietrich/Sule Intelligence Law)

Doehring, K., Allgemeine Staatslehre, 3. Aufl. 2004 (zit.: *Doehring* Staatslehre)

Dörr, O./Grote, R./Marauhn, T., EMRK/GG, Konkordanzkommentar, 2. Aufl. 2013 (zit.: *Bearbeiter* in Dörr/Grote/Marauhn)

Dreier, H., Grundgesetz, Kommentar, Bd. 1, 3. Aufl. 2013 ff. (zit.: *Bearbeiter* in Dreier)

Drescher, J., Industrie- und Wirtschaftsspionage in Deutschland, 2019 (zit.: *Drescher* Industrie- und Wirtschaftsspionage)

Drewes, M./Malmberg, K. M./Wagner, M./Walter, B., Bundespolizeigesetz, Kommentar, 6. Aufl. 2018 (zit.: *Bearbeiter* in DMWW BPolG)

Drews, B./Wacke, G./Vogel, K./Martens, W., Gefahrenabwehr, 9. Aufl. 1986 (zit.: *Bearbeiter* in DWVM)

Droste, B., Handbuch des Verfassungsschutzrechts, 2007 (zit.: *Droste* VerfassungsschutzR-HdB)

Dürig, G./Herzog, R./Scholz, R., Grundgesetz, Kommentar, 95. Aufl. 2021 (zit.: *Bearbeiter* in Dürig/Herzog/Scholz)

Dürig-Friedl, C./Enders, C., Versammlungsrecht, 2016 (zit.: *Bearbeiter* in Dürig-Friedl/Enders)

Eichen, K./Metzger, P.-S./Sohm, S., Soldatengesetz, 4. Aufl. 2020 (zit.: *Bearbeiter* in Eichen/Metzger/Sohm)

Eisenberg, U., Beweisrecht der StPO – Spezialkommentar, 10. Aufl. 2017 (zit.: *Eisenberg* BeweisR StPO)

Ehlers, D./Fehling, M./Pünder, H., Besonderes Verwaltungsrecht, 4. Aufl. 2019 (zit.: *Bearbeiter* in *Ehlers/Fehling/Pünder* BesVerwR)

Elzermann, H./Schwier, H., Polizeigesetz des Freistaates Sachsen, 5. Aufl. 2013 (zit.: *Elzermann/Schwier*)

Engelhardt, H./App, M/Schlatmann, A., Verwaltungsvollstreckungsgesetz – Verwaltungszustellungsgesetz, Kommentar, 12. Aufl. 2021 (zit.: *Bearbeiter* in Engelhardt/App/Schlatmann)

Ennuschat, J./Wank, R./Winkler, D., Gewerbeordnung: GewO, Kommentar, 9. Aufl. 2020 (zit.: *Bearbeiter* in Ennuschat/Wank/Winkler)

Epping, V., Grundrechte, 9. Aufl. 2021 (zit.: *Epping* Grundrechte)

Epping, V./Hillgruber, C., Beck'scher Online-Kommentar Grundgesetz, 50. Ed. 15.2.2022 (zit.: *Bearbeiter* in BeckOK GG)

Erbguth, W./Mann, T./Schubert, M., Besonderes Verwaltungsrecht, 13. Aufl. 2019 (zit.: *Erbguth/Mann/Schubert* BesVerwR)

Erbs, G./Kohlhaas, M., Strafrechtliche Nebengesetze, Kommentar, Loseblattsammlung, Stand 138. Lieferung September 2021 (zit.: *Bearbeiter* in Erbs/Kohlhaas)

Esser, R., Europäisches und Internationales Strafrecht, 2. Aufl. 2018 (zit.: *Esser* EurStrafR)

Evers, H.-U., Privatsphäre und Ämter für Verfassungsschutz, 1900 (zit.: *Evers* Privatsphäre)

Verzeichnis der abgekürzt zitierten Literatur

Eyermann, E., Verwaltungsgerichtsordnung, Kommentar, 15. Aufl. 2019 (zit.: *Bearbeiter* in Eyermann)

Fahrner, M., Handbuch Internationale Ermittlungen, 1. Aufl. 2020 (zit.: *Fahrner* IntErmittlungen-HdB)

Fahrner, M., Staatsschutzstrafrecht, 1. Aufl. 2019 (zit.: *Fahrner* StaatsschutzStrafR)

Fehling, M./Kastner, B./Störmer, R., Verwaltungsrecht, Nomos Kommentar, 5. Aufl. 2021 (zit.: *Bearbeiter* in HK-VerwR)

Fetzer, T./Scherer, J./Graulich, K., Telekommunikationsgesetz, Kommentar, 3. Aufl. 2020 (zit.: *Bearbeiter* in Fetzer/Scherer/Graulich)

Fleiner, F., Institutionen des Deutschen Verwaltungsrechts, 8. Aufl. 1928 (zit.: *Fleiner* VerwR)

Fischer, T., Strafgesetzbuch und Nebengesetze, 69. Aufl. 2022 (zit.: *Fischer*)

Fischer, T./Hilgendorf, E., Gefahr, 2020 (zit.: *Bearbeiter* in Fischer/Hilgendorf Gefahr)

Forster, F./Vugrin, S./Wessendorff, L., Das Zeitalter der Einsatzarmee, 2014 (zit.: *Bearbeiter* in Forster/Vugrin/Wessendorff Einsatzarmee)

Foschepoth, J., Überwachtes Deutschland. Post- und Telefonüberwachung in der alten Bundesrepublik, 2017 (zit.: *Foschepoth* Überwachtes Deutschland)

Frenz, W., Die Staatshaftung in den Beleihungstatbeständen, 1992 (zit.: *Frenz* Staatshaftung)

Friauf, K.-H./Höfling, W., Berliner Kommentar zum Grundgesetz, Kommentar, Loseblatt, Stand 2021 (zit.: *Bearbeiter* in BerlKommGG)

Friese, F.J., Die Haftung des Luftfahrt-Bundesamtes aus der Anerkennung und Überwachung luftfahrttechnischer Betriebe, 1990 (zit.: *Friese* Haftung Luftfahrt-Bundesamt)

Gade, G. D./Kieler, M., Polizei und Föderalismus, 2008 (*Gade/Kieler* Polizei)

Gade, G. D./Stoppa, E., Waffenrecht im Wandel, 2015 (zit.: *Bearbeiter* in Gade/Stoppa)

Gade, G. D., Waffengesetz, Kommentar, 2. Aufl. 2018 (zit.: *Gade* WaffR)

Gärditz, K. F., Verwaltungsgerichtsordnung, 2. Aufl. 2018 (zit.: *Gärditz* VwGO)

Gazeas, N., Die Übermittlung nachrichtendienstlicher Erkenntnisse an Strafverfolgungsbehörden, 2014 (zit.: *Gazeas* Nachrichtendienstliche Erkenntnisse)

Gehra, B./Gittfried, N./Lienke, G., Prävention von Geldwäsche und Terrorismusfinanzierung, 2020 (zit.: *Bearbeiter* in Gehra/Gittfried/Lienke)

Geiger, R./Khan, D.-E./Kotzur, M., EUV/AEUV, Kommentar, 6. Aufl. 2017 (zit.: *Bearbeiter* in Geiger/Khan/Kotzur)

Geppert, M./Schütz, R., Beck'scher TKG-Kommentar, 4. Aufl. 2013 (zit.: *Bearbeiter* in Beck TKG)

Gercke, B./Julius, K.-P./Temming, D./Zöller, M. A., Strafprozessordnung, Kommentar, 6. Aufl. 2019 (zit.: *Bearbeiter* in GJTZ)

Gersdorf, H./Paal, B., BeckOK Informations- und Medienrecht, 35. Ed. 1.2.2022 (zit.: *Bearbeiter* in BeckOK InfoMedienR)

Giemulla, E. M./Rothe, B. R., Recht der Luftsicherheit, 2008 (zit.: *Giemulla/Rothe* LuftsicherheitsR)

Giemulla, E. M./van Schyndel, H., Luftsicherheitsgesetz, Kommentar, 1. Aufl. 2006 (zit.: *Giemulla/v. Schyndel*)

Goette, W./Habersack, M./Kalss, S., Münchener Kommentar zum Aktiengesetz, 5. Aufl. 2019 (zit.: *Bearbeiter* in MüKoAktG)

Goertz, S., Terrorismusabwehr – Zur aktuellen Bedrohung durch den islamistischen Terrorismus in Deutschland und Europa, 3. Aufl. 2020 (zit.: *Goertz* Terrorismusabwehr)

Gola, P./Heckmann, D., Bundesdatenschutzgesetz, 13. Aufl. 2019 (zit.: *Bearbeiter* in Gola/Heckmann)

Gornig, G./Jahn, R., Fälle zum Polizei- und Ordnungsrecht, 4. Aufl. 2014 (zit.: *Gornig/Jahn* PolizeiR)

Götz, V./Geis, M.-E., Allgemeines Polizei- und Ordnungsrecht, 16. Aufl. 2017 (zit.: *Götz/Geis* PolR)

Verzeichnis der abgekürzt zitierten Literatur

Grützner, H./Pötz, P.-G./Kreß, C./Gazeas, N., Internationaler Rechtshilfeverkehr in Strafsachen, 52. Aufl. 2021 (zit.: *Bearbeiter* in GPKG Int. Rechtshilfeverkehr)
Grabenwarter, C./Pabel, K., Europäische Menschenrechtskonvention, 7. Aufl. 2021 (zit.: *Grabenwarter/Pabel* EMRK)
Grabherr, E./Reidt, O./Wysk, P., Luftverkehrsgesetz, Kommentar, Loseblatt, Stand 2021 (zit.: *Bearbeiter* in Grabherr/Reidt/Wysk)
Grabitz, E./Hilf, M./Nettesheim, M., Das Recht der Europäischen Union: EUV/AEUV, Kommentar, Loseblatt, Stand 2021 (zit.: *Bearbeiter* in Grabitz/Hilf/Nettesheim)
Graf, J.-P., Beck'scher Online-Kommentar Strafprozessordnung (zit.: *Bearbeiter* in BeckOK StPO)
Graf von Kielmansegg, S./Krieger, H./Sohm, S., Multinationalität und Integration im militärischen Bereich, 2018 (zit.: *Bearbeiter* in Graf von Kielmansegg/Krieger/Sohm Multinationalität)
Gräfe, S., Rechtsterrorismus in der Bundesrepublik Deutschland, 2017 (zit.: *Gräfe* Rechtsterrorismus)
Graulich, K./Simon, D., Terrorismus und Rechtsstaatlichkeit, 2007 (zit.: *Graulich/Simon* Terrorismus)
Groh, K., Vereinsgesetz Kommentar, in Das Deutsche Bundesrecht, 1368. EL, Oktober 2021 (zit.: Nomos-BR/*Groh* VereinsG)
Gröpl, C., Die Nachrichtendienste im Regelwerk der deutschen Sicherheitsverwaltung, 1994 (zit.: *Gröpl* Nachrichtendienste)
Grundmann, C., Das fast vergessene öffentliche Vereinsrecht, 1999 (zit.: *Grundmann* VereinsR)
Grützner, H./Pötz, P.-G./Kreß, C./Gazeas, N., Internationaler Rechtshilfeverkehr in Strafsachen, 3. Aufl., 52. EL (Oktober 2021) (zit.: *Bearbeiter* in GPKG Int. Rechtshilfeverkehr)
Gusy, C., Polizei- und Ordnungsrecht, 10. Aufl. 2017 (zit.: *Gusy* PolR)
Gusy, C./Kugelmann, D./Würtenberger, T., Rechtshandbuch Zivile Sicherheit, 2017 (zit.: *Bearbeiter* in Gusy/Kugelmann/Würtenberger Zivile Sicherh-HdB)
Haedge, K. L., Das neue Nachrichtendienstrecht für die Bundesrepublik Deutschland, 1998 (zit.: *Haedge* NachrichtendienstR)
Hannich, R., Karlsruher Kommentar zur Strafprozeßordnung, 8. Aufl. 2019 (zit.: *Bearbeiter* in KK-StPO)
Harte-Bavendamm, H./Ohly, A./Kalbfus, B., Gesetz zum Schutz von Geschäftsgeheimnissen, 2020 (zit.: *Bearbeiter* in Harte-Bavendamm/Ohly/Kalbfus)
Hassemer, W., Theorie und Soziologie des Verbrechens, 1973 (zit.: *Hassemer* Theorie)
Heesen, D./Hönle, J./Peilert, A./Martens, H., Bundespolizeigesetz, Kommentar, 5. Aufl. 2012 (zit.: *Bearbeiter* in HHPM BPolG)
Heinen, J./Bajumi, A., Rechtsgrundlagen Feldjägerdienst, Mit Erläuterungen des UzwGB, Einsatzgrundlagen im In- und Ausland, 11. Aufl. 2018 (zit.: *Heinen/Bajumi* Feldjägerdienst)
Heinrich, B., Strafrecht Allgemeiner Teil, 6. Aufl. 2019 (zit.: *Heinrich* StrafR AT)
Heinrich, J., Vereinigungsfreiheit und Vereinigungsverbot – Dogmatik und Praxis des Art. 9 Abs. 2 GG, 2005 (zit.: *Heinrich* Vereinigungsfreiheit)
Henssler, H., beck-online.GROSSKOMMENTAR AktG (zit.: *Bearbeiter* in BeckOKG AktG)
Henssler, M./Prütting, H., Bundesrechtsanwaltsordnung: BRAO, 5. Aufl. 2019 (zit.: *Henssler/Prütting*)
Herdegen, M., Völkerrecht, 20. Aufl. 2021 (zit.: *Herdegen* VölkerR)
Herdegen, M./Masing, J./Poscher, R./Gärditz, F., Handbuch des Verfassungsrechts, 2021 (zit.: *Bearbeiter* in Herdegen/Masing/Poscher/Gärditz VerfassungsR-HdB)
Herzog, F./Achtelik, C., GWG – Geldwäschegesetz, 4. Aufl. 2020 (zit.: *Bearbeiter* in Herzog/Achtelik GWG)

Verzeichnis der abgekürzt zitierten Literatur

Hesse, K., Grundzüge des Verfassungsrechts der Bundesrepublik Deutschland, 20. Aufl. 1995, Neudruck 1999 (zit.: *Hesse* Grundzüge VerfR)

Hilgendorf, E./Valerius, B., Computer- und Internetstrafrecht, 2. Aufl. 2012 (zit.: *Hilgendorf/Valerius* Computer- und Internetstrafrecht)

Hilgendorf, E./Kudlich, H./Valerius, B., Handbuch des Strafrechts, Bd. I-IX, 2019 (zit.: *Bearbeiter* in Hilgendorf/Kudlich/Valerius StrafR-HdB I–IX)

Hillgruber, C./Goos, C., Verfassungsprozessrecht, 5. Aufl. 2020 (zit.: *Hillgruber/Goos* VerfProzR)

Hobe, S./v. Ruckteschell, N., Kölner Kompendium des Luftrechts, Band I – Grundlagen, 2008 (zit.: *Bearbeiter* in Hobe/v. Ruckteschell Kölner Kompendium LuftR I)

Hobe, S./v. Ruckteschell, N., Kölner Kompendium des Luftrechts, Band II – Grundlagen, 2009 (zit.: *Bearbeiter* in Hobe/v. Ruckteschell Kölner Kompendium LuftR II)

Hoffmann, B., Terrorismus. Der unerklärte Krieg, erweiterte und revidierte Fassung, 2019 (zit.: *Hoffmann* Terrorismus)

Hoffmann-Riem, W./Schmidt-Aßmann, E./Voßkuhle, A., Grundlagen des Verwaltungsrechts, Bd. I–II: Informationsordnung, Verwaltungsverfahren, Handlungsformen, 2. Aufl. 2012 (zit.: *Hoffmann-Riem/Aßmann/Voßkuhle* VerwR)

Hörnle, T., Grob anstößiges Verhalten – strafrechtlicher Schutz von Moral, Gefühlen und Tabus, 2005 (zit.: *Hörnle* Grob anstößiges Verhalten)

Hömig, D./Wolff, H. A., Grundgesetz für die Bundesrepublik Deutschland, Kommentar, 13. Aufl. 2022 (zit.: *Bearbeiter* in HK-GG)

Honnacker, H./Beinhofer, P./Hauser, M., Polizeiaufgabengesetz – PAG, 20. Aufl. 2014 (zit.: *Bearbeiter* in Honnacker/Beinhofer/Hauser BayPAG)

Hornmann, G., Hessisches Gesetz über die öffentliche Sicherheit und Ordnung (HSOG), 2. Aufl. 2008 (zit.: *Bearbeiter* in Hornmann HSOG)

Hornung, G., Gesetz über die parlamentarische Kontrolle nachrichtendienstlicher Tätigkeit des Bundes (Kontrollgremiumsgesetz – PKGG), 2012 (zit.: Nomos-BR/*Hornung* PKGrG)

Hornung, G./Schallbruch, M., Handbuch IT-Sicherheitsrecht, 2021 (zit.: *Bearbeiter* in Hornung/Schallbruch IT-SicherheitsR)

Hufen, F./Jutzi, S./Hofmann, E., Landesrecht Rheinland-Pfalz, 9. Aufl. 2021 (zit.: *Hufen/Jutzi/Hofmann* LandesR RhPf)

Huster, S./Rudolph, K., Vom Rechtsstaat zum Präventionsstaat, 2008 (zit.: *Huster/Rudolph* Rechtsstaat)

Ipsen, J., Allgemeines Verwaltungsrecht, 11. Aufl. 2019 (zit.: *Ipsen* AllgVerwR)

Ipsen, K., Völkerrecht, 7. Aufl. 2018 (zit.: *Bearbeiter* in Ipsen VölkerR)

Isensee, J./Kirchhof, P. (Hrsg.), Handbuch des Staatsrechts der Bundesrepublik Deutschland, Bd. I–XIII, 3. Aufl. 2003 f. (zit.: *Bearbeiter* in Isensee/Kirchhof StaatsR-HdB)

Jäger, T./Daun, A., Geheimdienste in Europa, Transformation, Kooperation und Kontrolle, 2009 (zit.: *Jäger/Daun* Geheimdienste)

Jarass, H., Charta der Grundrechte der Europäischen Union, 4. Aufl. 2021 (zit.: *Bearbeiter* in Jarass GRCh)

Jarass, H./Pieroth, B., Grundgesetz für die Bundesrepublik Deutschland, Kommentar, 16. Aufl. 2020 (zit.: *Bearbeiter* in Jarass/Pieroth)

Jescheck, H.-H./Weigend, T., Lehrbuch des Strafrechts, 5. Aufl. 1996 (zit.: *Jescheck/Weigend* StrafR)

Joecks, W./Miebach, K., Münchener Kommentar zum Strafgesetzbuch, 4. Aufl. 2020 (zit.: *Bearbeiter* in MüKoStGB)

Kahl, W./Mager, U., Verwaltungsrechtswissenschaft und Verwaltungsrechtspraxis, 2019 (*Bearbeiter* in Kahl/Mager

Kahl, W./Waldhoff, C./Walter, C., Bonner Kommentar zum Grundgesetz, Kommentar, Loseblatt (zit.: *Bearbeiter* in BK-GG)

Kaminski, L./Persak, K./Gieseke, J., Handbuch der kommunistischen Geheimdienste in Europa, 2009 (zit.: *Kaminski/Persak/Gieseke* Geheimdienste-HdB)

Verzeichnis der abgekürzt zitierten Literatur

Karpenstein, U./Mayer, F. C., EMRK, Konvention zum Schutz der Menschenrechte und Grundfreiheiten, Kommentar, 3. Aufl. 2022 (zit.: *Bearbeiter* in Karpenstein/Mayer EMRK)
Keller, C., Verdeckte personale Ermittlungen, 2017 (zit.: *Keller* Ermittlungen)
Kersten, J./Rixen, S., Parteiengesetz (PartG) und europäisches Parteienrecht, Kommentar, 2009 (zit.: *Bearbeiter* in Kersten/Rixen)
Kindhäuser, U./Neumann, U./Paeffgen, H.-U., Nomos-Kommentar zum Strafgesetzbuch, 5. Aufl. 2017 (*Bearbeiter* in NK-StGB)
Kindhäuser, U./Zimmermann, T., Strafrecht Allgemeiner Teil, 10. Aufl. 2021 (zit.: *Kindhäuser/Zimmermann* StrafR AT)
Kingreen, T./Poscher, R., Polizei- und Ordnungsrecht, 11. Aufl. 2020 (zit.: *Kingreen/Poscher* POR)
Kingreen, T./Poscher, R., Grundrechte, Staatsrecht II, 37. Aufl. 2021 (zit.: *Kingreen/Poscher* StaatsR II)
Kipker, D.-K., Cybersecurity, 2020 (zit.: *Bearbeiter* in Kipker Cybersecurity)
Kissel, R./Mayer, H., Gerichtsverfassungsgesetz GVG, Kommentar, 10. Aufl. 2021 (zit.: *Kissel/Mayer* GVG)
Klein, F., Abgabenordnung, Kommentar, 15. Aufl. 2020 (zit.: *Bearbeiter* in Klein)
Kleine-Cosack, M., Bundesrechtsanwaltsordnung: BRAO, 8. Aufl. 2020 (zit.: *Kleine-Cosack*)
Kloepfer, M., Handbuch des Katastrophenrechts, 2015 (zit.: *Kloepfer* KatastrophenR-HdB)
Kloepfer, M., Schutz kritischer Infrastrukturen, 2010 (zit.: *Bearbeiter* in Kloepfer Schutz kritischer Infrastrukturen)
Knape, M./Schönrock, S., Allgemeines Polizei- und Ordnungsrecht für Berlin, 11. Aufl. 2016 (zit.: *Knape/Schönrock* POR Berlin)
Knauer, C./Müller, E./Schlothauer, R., Münchener Anwaltshandbuch Strafverteidigung, 3. Aufl. 2022 (zit.: *Bearbeiter* in MAG Strafverteidigung)
Knemeyer, F.-L., Polizei- und Ordnungsrecht, 11. Aufl. 2007 (zit.: *Knemeyer* PolR SuP)
Kniesel, M./Vahle, J., Polizeiliche Informationsverarbeitung und Datenschutz im künftigen Polizeirecht, 1990 (zit.: *Kniesel/Vahle* Informationsverarbeitung)
Koenig, U., Abgabenordnung, Kommentar, 4. Aufl. 2021 (zit.: *Bearbeiter* in Koenig)
Köhler, H./Bornkamm, J./Feddersen, J., Gesetz gegen den unlauteren Wettbewerb: UWG (mit GeschGehG, PangV, UklaG, DL-InfoV, P2B-VO), 40. Aufl. 2022 (zit.: *Bearbeiter* in Köhler/Bornkamm/Feddersen)
König, M., Trennung und Zusammenarbeit von Polizei und Nachrichtendiensten, 2005 (zit.: *König* Polizei und Nachrichtendienste)
Kopp, F. O./Ramsauer, U., Verwaltungsverfahrensgesetz, Kommentar, 22. Aufl. 2021 (zit.: *Bearbeiter* in Kopp/Ramsauer)
Kopp, F. O./Schenke, W.-R., Verwaltungsgerichtsordnung, 27. Aufl. 2021 (zit.: *Bearbeiter* in Kopp/Schenke)
Kornblum, T., Rechtsschutz gegen geheimdienstliche Aktivitäten, 2011 (zit.: *Kornblum* Rechtsschutz)
Krajewski, M., Völkerrecht, 2. Aufl. 2020 (zit.: *Krajewski* VölkerR)
Krekeler, W./Löffelmann, M./Sommer, U., Anwaltkommentar StPO, 2. Aufl. 2010 (zit.: *Bearbeiter* in AnwK-StPO)
Krey, V., Rechtsprobleme des strafprozessualen Einsatzes Verdeckter Ermittler einschließlich des „Lauschangriffs" zu seiner Sicherung und als Instrument der Verbrechensaufklärung, 1993 (zit.: *Krey* Rechtsprobleme)
Krüger, W./Rauscher, T., Münchener Kommentar zur Zivilprozessordnung, 6. Aufl. 2022 (zit.: *Bearbeiter* in MüKoZPO)
Kugelmann, D., Polizei- und Ordnungsrecht, 2. Aufl. 2011 (zit.: *Kugelmann* PolR)
Kugelmann, D., BKA-Gesetz, Kommentar, 2014 (zit.: Nomos-BR/*Kugelmann* BKAG)
Kühling, J./Buchner, B., DS-GVO BDSG, 3. Aufl. 2020 (zit.: *Bearbeiter* in Kühling/Buchner)

Verzeichnis der abgekürzt zitierten Literatur

Kühne, H.-H., Strafprozessrecht – Eine systematische Darstellung des deutschen und europäischen Strafverfahrensrechts, 9. Aufl. 2015 (zit.: *Kühne* StrafProzR)

Kulick, A./Goldhammer, M., Der Terrorist als Feind? Personalisierung im Polizei- und Völkerrecht, 2020 (zit.: *Bearbeiter* in Kulick/Goldhammer Der Terrorist als Feind?)

Lackner, K./Kühl, K., Strafgesetzbuch, Kommentar, 29. Aufl., 2018 (zit.: *Bearbeiter* in Lackner/Kühl)

Ladiges, M., Die Bekämpfung nicht-staatlicher Angreifer, 2. Aufl. 2013 (zit.: *Ladiges* Bekämpfung)

Lahl, K./Varwick, J., Sicherheitspolitik verstehen: Handlungsfelder, Kontroversen und Lösungsansätze, 2. Aufl. 2021 (zit.: *Lahl/Varwick* Sicherheitspolitik verstehen)

Landmann, R./Rohmer, E., Gewerbeordnung und ergänzende Vorschriften: GewO, Kommentar: Bd. I: Gewerbeordnung, Bd. II: Ergänzende Vorschriften, Loseblatt, 86. Aufl. 2021 (zit.: *Bearbeiter* in Landmann/Rohmer GeWO)

Last, U. M., Die Staatsverunglimpfungsdelikte, 2000 (zit.: *Last* Staatsverunglimpfungsdelikte)

Lechner, H./Zuck, R., Bundesverfassungsgerichtsgesetz, BverfGG, 8. Aufl. 2019 (zit.: *Lechner/Zuck* BverfGG)

Leipold, K./Tsambikakis, M./Zöller, A., AnwaltKommentar StGB, 3. Aufl. 2020 (zit.: *Bearbeiter* in Leipold/Tsambikakis/Zöller)

Lemke, H.-D., Verwaltungsvollstreckungsrecht des Bundes und der Länder, 1997 (zit.: *Lemke* VerwaltungsvollstreckungsR)

Lisken, H./Denninger, E., Handbuch des Polizeirechts, 7. Aufl. 2021 (zit.: *Bearbeiter* in Lisken/Denninger PolR-HdB)

Looschelders, D./Roth, W., Juristische Methodik im Prozeß der Rechtsanwendung, 1996 (zit.: *Looschelders/Roth* Juristische Methodik)

Löffelmann, M./Zöller, M. A., Nachrichtendienstrecht, 2022 (zit.: *Löffelmann/Zöller* NachrichtendienstR)

Löwe, E./Rosenberg, W., Die Strafprozessordnung und das Gerichtsverfassungsgesetz, Kommentar, 26. Aufl. 2006–2014 (zit.: *Bearbeiter* in Löwe/Rosenberg)

Lüttig, F./Lehmann, J., Rechtsextremismus und Rechtsterrorismus, 2020 (zit.: *Bearbeiter* in Lüttig/Lehmann Rechtsextremismus und Rechtsterrorismus)

Marx, M., Die Definition des Begriffs „Rechtsgut", 1972 (zit.: *Marx* Rechtsgut)

Matt, H./Renzikowski, J., Strafgesetzbuch, Kommentar, 2. Aufl. 2020 (zit.: *Bearbeiter* in Matt/Renzikowski)

Maunz, T./Dürig, G., Grundgesetz, Kommentar, Loseblatt (zit.: *Bearbeiter* in Maunz/Dürig)

Maunz, T./Schmidt-Bleibtreu, B./Klein, F./Bethge, H., Bundesverfassungsgerichtsgesetz, Kommentar, Loseblatt (zit.: *Bearbeiter* in MSKB)

Maurach, R./Schroeder, F.-Chr./Maiwald, M., Strafrecht Besonderer Teil. Teilband 1, 11. Aufl. 2019 (zit.: *Bearbeiter* in Maurach/Schroeder/Maiwald/Hoyer/Momsen StrafR BT 2)

Maurer, H., Staatsrecht I, 6. Aufl. 2010 (zit.: *Maurer* StaatsR I)

Maurer, H./Waldhoff, C., Allgemeines Verwaltungsrecht, 20. Aufl. 2020 (zit.: *Maurer/Waldhoff* AllgVerwR)

Mayer, O., Deutsches Verwaltungsrecht, 3. Aufl. 1924, Band 1 und 2 (zit.: *O. Mayer* VerwR I oder II)

Metzler-Müller, K./Rieger, R./Seeck, E./Zentgraf, R., Beamtenstatusgesetz, Loseblatt, 28. Aktualisierung 2021 (zit.: *Bearbeiter* in MRSZ BeamtStG)

Meyer, J./Hölscheidt, S., Charta der Grundrechte der Europäischen Union, 5. Aufl. 2019 (zit.: *Bearbeiter* in NK-EuGRCh)

Meyer, H./Stolleis, M., Staats- und Verwaltungsrecht für Hessen, 5. Aufl. 2000 (zit.: *Bearbeiter* in Meyer/Stolleis StaatsR Hessen)

Meyer-Goßner, L./Schmitt, B., Strafprozessordnung, Kommentar, 65. Aufl. 2022 (zit.: *Bearbeiter* in Meyer-Goßner/Schmitt)

Verzeichnis der abgekürzt zitierten Literatur

Möller, M./Warg, G., Allgemeines Polizei- und Ordnungsrecht, 6. Aufl. 2011 (zit.: *Möller/Warg* PolR)

Möller, M./Wilhelm, J., Allgemeines Polizei- und Ordnungsrecht, 5. Aufl. 2003 (zit.: *Möller/Wilhelm* POR)

Möllers, M. H. W., Wörterbuch der Polizei, 3. Aufl. 2018 (zit.: *Bearbeiter* in Möllers Polizei-WB)

Möllers, M. H. W./van Ooyen, R. C., Jahrbuch Öffentliche Sicherheit, 2018/2019 und 2020/2021 (zit.: *Bearbeiter* in Möllers/van Ooyen JBÖS)

Morlok, M./Schliesky, U./Wiefelspütz, D., Parlamentsrecht, Handbuch, 2016 (zit.: *Bearbeiter* in Morlok/Schliesky/Wiefelspütz ParlamentsR-HdB)

Möstl, M., Die staatliche Garantie für die öffentliche Sicherheit und Ordnung, 2002 (zit.: *Möstl* Sicherheitsgewährleistung)

Möstl, M./Schwabenbauer, Th., BeckOK Polizei- und Sicherheitsrecht Bayern, 17. Ed. 2021 (zit.: *Bearbeiter* in BeckOK PolR Bayern)

Neubert, C.-W., Der Einsatz tödlicher Gewalt durch die deutsche auswärtige Gewalt, 2016 (zit.: *Neubert* Einsatz tödlicher Gewalt)

Niedobitek, M., Europarecht: Grundlagen und Politiken der Union, 2. Aufl. 2020 (zit.: *Bearbeiter* in Niedobitek EuropaR)

Oschmann, F./Stober, R., Luftsicherheit, 2007 (zit.: *Oschmann/Stober* Luftsicherheit)

Ossenbühl, F./Cornils, M., Staatshaftungsrecht, 6. Aufl. 2013 (zit.: *Ossenbühl/Cornils* StaatsHaftR)

Paal, B. P./Pauly, D. A., DS-GVO BDSG, 3. Aufl. 2021 (zit.: *Bearbeiter* in Paal/Pauly)

Pabel, K./Schmahl, S., Internationaler Kommentar zur Europäischen Menschenrechtskonvention (EMRK), Loseblattsammlung (zit.: *Bearbeiter* in IntKommEMRK)

Patzak, J./Volkmer, M./Fabricius, M., Betäubungsmittelgesetz: BtMG, Kommentar, 10. Aufl. 2022 (zit.: *Bearbeiter* in Patzak/Volkmer/Fabricius)

Pechstein, M./Nowak, C./Häde, U., Frankfurter Kommentar zu EUV, GRC und AEUV, 2017 (*Bearbeiter* in FK-EUV/GRC/AEUV)

Peers, S./Guild, E./Tomkin, J., EU Immigration and Asylum Law (Text and Commentary), Volume 1: Visas and Border Controls, 2. Aufl. 2012 (zit.: *Peers/Guild/Tomkin* EU Immigration)

Pewestorf, A./Söllner, S./Tölle, O., Polizei- und Ordnungsrecht, Berliner Kommentar, 2. Aufl. 2017 (zit.: *Bearbeiter* in BerlKomPolR)

Piazena, M., Das Verabreden, Auffordern und Anleiten zur Begehung von Straftaten unter Nutzung der Kommunikationsmöglichkeiten des Internets, 2014 (zit.: *Piazena* Verabreden, Auffordern und Anleiten)

Pille, J.-U., Meinungsmacht sozialer Netzwerke, 2016 (zit.: *Pille* Meinungsmacht)

Pieroth, B./Schlink, B./Kniesel, M., Polizei- und Ordnungsrecht, 9. Aufl. 2016 (zit.: *Pieroth/Schlink/Kniesel* POR)

Pilniok, A., Governance im europäischen Forschungsförderverbund: eine rechtswissenschaftliche Analyse der Forschungspolitik und Forschungsförderung im Mehrebenensystem, 2011 (zit.: *Pilniok* Governance im europäischen Forschungsförderverbund)

Pilniok, A., Parlamentarisches Regieren: Theorie, Dogmatik und Praxis der Organisationsverfassung demokratischer Herrschaft unter dem Grundgesetz, im Erscheinen (zit.: *Pilniok* Parlamentarisches Regieren)

Posser, H./Wolff, H. A., Beck´scher Online-Kommentar Verwaltungsgerichtsordnung (zit.: *Bearbeiter* in BeckOK VwGO)

Puschke, J., Legitimation, Grenzen und Dogmatik von Vorbereitungstatbeständen, 2017 (zit.: *Puschke* Legitimation)

Rahe, D., Die Sozialadäquanzklausel des § 86 Abs. 3 StGB und ihre Bedeutung für das politische Kommunikationsstrafrecht: eine strafrechtsdogmatische Untersuchung unter Berücksichtigung verfassungsrechtlicher Aspekte, 2002 (zit.: *Rahe* Sozialadäquanzklausel)

Verzeichnis der abgekürzt zitierten Literatur

Redeker, M./von Oertzen, H.-J., Verwaltungsgerichtsordnung, Kommentar, 17. Aufl. 2021 (zit.: *Bearbeiter* in Redeker/v. Oertzen)

Reich, A., Beamtenstatusgesetz, 3. Aufl. 2018 (zit.: *Reich* BeamtStG)

Reichert, B./Schimke, M./Dauernheim, J., Handbuch Vereins- und Verbandsrecht, 14. Aufl. 2018 (zit.: *Bearbeiter* in Reichert/Schimke/Dauernheim Vereins- und VerbandsR-HdB)

Rengier, R., Strafrecht Allgemeiner Teil, 13. Aufl. 2021 (zit.: *Rengier* StrafR AT)

Reuter; D., Verbotene Symbole: eine strafrechtsdogmatische Untersuchung zum Verbot von Kennzeichen verfassungswidriger Organisationen in § 86a StGB, 2005 (zit.: *Reuter* Symbole)

Richter, S., Luftsicherheit, 3. Aufl. 2013 (zit.: *Richter* Luftsicherheit)

Ridder, H./Breitbach, M./Deiseroth, D., Versammlungsrecht, 2. Aufl. 2020 (zit.: *Bearbeiter* in Ridder/Breitbach/Deiseroth)

Riegel, R., Bundesgrenzschutzneuregelungsgesetz, 1996 (zit.: *Riegel* BGSNeuRegG)

Riegel, R., Bundespolizeirecht, 1985 (zit.: *Riegel* BpolR)

Roewer, H., Nachrichtendienstrecht der Bundesrepublik Deutschland, 1987 (zit.: *Roewer* NachrichtendienstR)

Roggan, F., Kommentierung des Artikel 10-Gesetzes, in: Das Deutsche Bundesrecht, 2018 (zit.: Nomos-BR/*Roggan* G-10-G)

Roggan, F./Kutscha, M., Handbuch zum Recht der inneren Sicherheit, 2. Aufl. 2006 (zit.: *Bearbeiter* in Roggan/Kutscha Recht der Inneren Sicherheit-HdB)

Roos, J./Lenz, T., Polizei- und Ordnungsbehördengesetz Rheinland-Pfalz – POG, 5. Aufl. 2018 angekündigt (zit.: *Roos/Lenz* POG RhPf)

Rose-Stahl, M., Recht der Nachrichtendienste, 2. Aufl. 2006 (zit.: *Rose-Stahl* NachrichtendiensteR)

Roxin, C./Greco, L., Strafrecht Allgemeiner Teil Band I, 5. Aufl. 2020 (zit.: *Roxin/Greco* StrafR AT)

Ruder, K.-H./Pöltl, R., Polizeirecht Baden-Württemberg, 9. Aufl. 2021 (zit.: *Ruder/Pöltl* PolR BW)

Rüthers, B./Fischer, C./Birk, A., Rechtstheorie, 11. Aufl. 2020 (zit.: *Rüthers/Fischer/Birk* Rechtstheorie)

Ruthig, J./Storr, S., Öffentliches Wirtschaftsrecht, 5. Aufl. 2020 (zit.: *Ruthig/Storr* ÖffWirtschaftsR)

Säcker, F. J./Rixecker, R./Oetker, H./Limperg, B., Münchener Kommentar zum Bürgerlichen Gesetzbuch, Bd. 8 (Sachenrecht), 8. Aufl. 2020 (zit.: *Bearbeiter* in MüKoBGB)

Sachs, M., Grundgesetz, Kommentar, 9. Aufl. 2021 (zit.: *Bearbeiter* in Sachs)

Sadler, G./Tillmanns, R., Verwaltungs-Vollstreckungsgesetz/ Verwaltungszustellungsgesetz, 10. Aufl. 2020 (zit.: *Sadler/Tillmanns*)

Satzger, H., Internationales und Europäisches Strafrecht, 9. Aufl. 2020 (zit.: *Satzger* IntStrafR)

Satzger, H./Schluckebier, W./Widmaier, G., StGB – Strafgesetzbuch, Kommentar zum StGB, 5. Aufl. 2020 (zit.: *Bearbeiter* in Satzger/Schluckebier/Widmaier StGB)

Satzger, H./Schluckebier, W./Widmaier, G., StPO – Strafprozessordnung mit GVG und EMRK, Kommentar, 4. Aufl. 2020 (zit.: *Bearbeiter* in Satzger/Schluckebier/Widmaier StPO)

Schaar, P., Folgerungen aus dem Urteil des Bundesverfassungsgerichts zur akustischen Wohnraumüberwachung: Staatliche Eingriffsbefugnisse auf dem Prüfstand?, 2005 (zit.: *Bearbeiter* in Schaar Staatliche Eingriffsbefugnisse)

Schenke, W.-R., Polizei- und Ordnungsrecht, 11. Aufl. 2021 (zit.: *Schenke* PolR)

Schenke, W.-R., Verwaltungsprozessrecht, 17. Aufl. 2021 (zit.: *Schenke* VerwProzR)

Schenke, W.-R./Graulich, K./Ruthig, J., Sicherheitsrecht des Bundes, 2. Aufl. 2019 (zit.: *Bearbeiter* in Schenke/Graulich/Ruthig)

Scherrer, P., Das Parlament und sein Heer, 2010 (zit.: *Scherrer* Parlament)

Verzeichnis der abgekürzt zitierten Literatur

Schiffbauer, B., Formale Verfassungslehre – Grundlegung einer allgemeinen Theorie über Recht und Verfassung, 2021 (zit.: *Schiffbauer* Verfassungslehre)

Schiffbauer, B., Vorbeugende Selbstverteidigung im Völkerrecht, Schriften zum Völkerrecht (SVR), Band 197, 2012 (zit.: *Schiffbauer* Vorbeugende Selbstverteidigung)

Schladebach, M., Luftrecht, 2. Aufl. 2018 (zit.: *Schladebach* LuftR)

Schladebach, M., Lufthoheit – Kontinuität und Wandel, 2014 (zit.: *Schladebach* Lufthoheit)

Schlaich, K./Korioth, S., Das Bundesverfassungsgericht, 12. Aufl. 2021 (zit.: *Schlaich/Korioth* BVerfG)

Schmidbauer, W./Steiner, U., Bayerisches Polizeiaufgabengesetz und Polizeiorganisationsgesetz, 5. Aufl. 2020 (zit.: *Bearbeiter* in Schmidbauer/Steiner)

Schmidt, R., Besonderes Verwaltungsrecht Bd. II, 13. Aufl. 2010 (zit.: *Schmidt* VerwR BT)

Schmidt, T. I., Beamtenrecht, 2017 (zit.: *Schmidt* BeamtenR)

Schmidt-Räntsch, J., Deutsches Richtergesetz: DRiG, 6. Aufl. 2019 (zit.: *Schmidt-Räntsch*)

Schmidt-Bleibtreu, B./Hofmann, H./Hennecke, H.-G., Kommentar zum Grundgesetz, 15. Aufl. 2021 (zit.: *Bearbeiter* in Schmidt-Bleibtreu/Hofmann/Hennecke)

Schnorr, G., Öffentliches Vereinsrecht – Kommentar zum Vereinsgesetz, 1965 (zit.: *Schnorr* ÖffVereinsR)

Schoch, F., Besonderes Verwaltungsrecht, 2018 (zit.: *Schoch* VerwR BT)

Schoch, F., Informationsfreiheitsgesetz, Kommentar, 2. Aufl. 2016 (zit.: *Bearbeiter* in Schoch)

Schoch, F./Schneider, J.-P., Verwaltungsrecht – Verwaltungsverfahrensgesetz: VwVfG, Loseblatt, Stand: August 2021 (zit.: *Bearbeiter* in Schoch/Schneider)

Schoch, F./Schneider, J.-P., Verwaltungsgerichtsordnung, Kommentar, Loseblatt, 41. Aufl. 2021 (zit.: *Bearbeiter* in Schoch/Schneider)

Scholler, H./Schloer, B., Grundzüge des Polizei- und Ordnungsrechts in der Bundesrepublik Deutschland, 4. Aufl. 1993 (*Scholler/Schloer* Grundzüge POR)

Schomburg, W./Lagodny, O., Internationale Rechtshilfe in Strafsachen, 6. Aufl. 2020 (zit.: *Bearbeiter* in Schomburg/Lagodny)

Schönke, A./Schröder, H., Strafgesetzbuch, 30. Aufl. 2019 (zit.: *Bearbeiter* in Schönke/Schröder)

Schröder, A.-K., Die Rechte und Pflichten des verantwortlichen Luftfahrzeugführers nach dem Luftsicherheitsgesetz, 2008 (zit.: *Schröder* LuftsicherheitsG)

Schwabenbauer, T., Heimliche Grundrechtseingriffe, 2013 (zit.: *Schwabenbauer* Grundrechtseingriffe)

Schwagerl, H. J., Verfassungsschutz in der Bundesrepublik Deutschland, 1991 (zit.: *Schwagerl* Verfassungsschutz)

Schwagerl, H. J./Walther, R., Der Schutz der Verfassung, 1968 (zit.: *Schwagerl/Walther* Verfassung)

Schwarze, J./Becker, U./Hatje, A./Schoo, J., EU-Kommentar, 4. Aufl. 2019 (zit.: *Bearbeiter* in SBHS)

Sensburg, P. E., Sicherheit in einer digitalen Welt, 2017 (zit.: *Sensburg* Sicherheit in einer digitalen Welt)

Seyffarth, M., Kommentar zum Parlamentsbeteiligungsgesetz ParlBG, 2018 (zit.: *Seyffarth* ParlBG)

Sieber, U./Vogel, B., Terrorismusfinanzierung, Prävention im Spannungsfeld von internationalen Vorgaben und nationalem Tatstrafrecht, 2015 (zit.: *Sieber/Vogel* Terrorismusfinanzierung)

Sievers, C., Telekommunikationsüberwachung in den Landespolizeigesetzen und der Strafprozessordnung, 2008 (zit.: *Sievers* Telekommunikationsüberwachung)

Sigloch, D., Auslandseinsätze der Bundeswehr – Verfassungsrechtliche Möglichkeiten und Grenzen, 2006 (zit.: *Sigloch* Auslandseinsätze der Bundeswehr)

Simitis, S., Bundesdatenschutzgesetz, Kommentar, 8. Aufl. 2014 (zit.: *Bearbeiter* in NK-BDSG)

Verzeichnis der abgekürzt zitierten Literatur

Simma, B./Khan, D.-E./Nolte, G./Paulus, A., The Charter of the United Nations, 3. Aufl. 2012 (zit.: *Bearbeiter* in Simma/Khan/Nolte/Paulus UN Charter)

Sodan, H., Grundgesetz, Kommentar, 4. Aufl. 2018 (zit.: *Bearbeiter* in Sodan)

Sodan, H./Ziekow, J., Verwaltungsgerichtsordnung, Kommentar, 5. Aufl. 2018 (zit.: *Bearbeiter* in NK-VwGO)

Sommerfeld, A., Verwaltungsnetzwerke am Beispiel des Gemeinsamen Terrorismusabwehrzentrums des Bundes und der Länder (GTAZ), 2015 (zit.: *Sommerfeld* GTAZ)

Spitzer, P., Die Nachrichtendienste Deutschlands und die Geheimdienste Russlands, 2011 (zit.: *Spitzer* Nachrichtendienste)

Stegbauer, A., Rechtsextremistische Propaganda im Lichte des Strafrechts, 2002 (zit.: *Stegbauer* Propaganda)

Stein, E./Denninger, E./Hoffmann-Riem, W., Alternativkommentar zum Grundgesetz für die Bundesrepublik Deutschland, Loseblatt, 2001 (zit.: *Bearbeiter* in AK-GG)

Stein, T./v. Buttlar, C./Kotzur, M., Völkerrecht, 14. Aufl. 2017 (zit.: *Stein/v. Buttlar/Kotzur* VölkerR)

Steinat, B., Die Speicherung personenbezogener Daten gewalttätiger Fußballfans – zur Datei „Gewalttäter Sport", 2012 (zit.: *Steinat* Speicherung personenbezogener Daten)

Steiner, U./Brinktrine, R., Besonderes Verwaltungsrecht, 9. Aufl. 2018 (zit.: *Steiner/Brinktrine* BesVerwR)

Steindorf, J., Waffenrecht, Kommentar, 11. Aufl. 2022 (zit.: *Bearbeiter* in Steindorf WaffR)

Stelkens, P./Bonk, H. J./Sachs, M., Verwaltungsverfahrensgesetz, Kommentar, 9. Aufl. 2018 (zit.: *Bearbeiter* in Stelkens/Bonk/Sachs)

Stern, K., Das Staatsrecht der Bundesrepublik Deutschland, Bd. 1, 2. Aufl. 1984 (zit.: *Bearbeiter* in Stern StaatsR I)

Stern, K., Das Staatsrecht der Bundesrepublik Deutschland, Bd. 2, 1980 (zit.: *Bearbeiter* in Stern StaatsR II)

Stern, K./Becker, F., Grundrechte-Kommentar, 3. Aufl. 2018 (zit.: *Bearbeiter* in Stern/Becker)

Stern, K./Sachs, M., Europäische Grundrechtecharta, 2016 (zit.: *Bearbeiter* in Stern/Sachs)

Streiß, C., Das Trennungsgebot zwischen Polizei und Nachrichtendiensten, 2011 (zit.: *Streiß* Trennungsgebot)

Stubenrauch, J., Gemeinsame Verbunddateien von Polizei und Nachrichtendiensten, 2009 (zit.: *Stubenrauch* Verbunddateien)

Tegtmeyer, H./Vahle, J., Polizeigesetz Nordrhein-Westfalen – PolG NRW, 12. Aufl. 2018 (zit.: *Tegtmeyer/Vahle* PolG NRW)

Terhechte, J. P., Verwaltungsrecht der Europäischen Union, 2. Aufl. 2022 (zit.: *Bearbeiter* in Terhechte)

Trute, H.-H./Spoerr, W./Bosch, W., Telekommunikationsgesetz mit FTEG, 1. Aufl. 2011 (zit.: *Bearbeiter* in Trute/Spoerr/Bosch)

Umbach, T./Clemens, D. C., Grundgesetz, Mitarbeiterkommentar Bd. I, 2002 (zit.: *Bearbeiter* in Umbach/Clemens)

Umbach, T./Clemens, D. C./Dollinger, F. W., Bundesverfassungsgerichtsgesetz, 2. Aufl. 2005 (zit.: *Bearbeiter* in Umbach/Clemens/Dollinger BVerfGG)

Urban, R./Wittkowski, B., Bundesdisziplinargesetz: BDG, 2. Aufl. 2017 (zit.: *Bearbeiter* in Urban/Wittkowski)

Graf Vitzthum, W./Proelß, A., Völkerrecht, 8. Aufl. 2019 (zit.: *Bearbeiter* in Graf Vitzthum/Proelß VölkerR)

v. Arnauld, A., Völkerrecht, 4. Aufl. 2019 (zit.: *v. Arnauld* VölkerR)

v. d. Groeben; H./Schwarze, J., Kommentar zum Vertrag über die Europäische Union und zur Gründung der Europäischen Gemeinschaft, 7. Aufl. 2015 (zit.: *Bearbeiter* in von der Groeben/Schwarze/Hatje)

v. Heintschel-Heinegg, B., BeckOK StGB, 52. Ed. 1.2.2022 (zit.: *Bearbeiter* in BeckOK StGB)

Verzeichnis der abgekürzt zitierten Literatur

v. Heintschel-Heinegg, B./Bockemühl, J., KMR – StPO, Kommentar zur Strafprozessordnung, Loseblatt, Stand: Januar 2022 (zit.: *Bearbeiter* in KMR-StPO)

v. Münch, I./Kunig, P., Grundgesetz, Kommentar, Bd. 1, 2, 7. Aufl. 2021 (zit.: *Bearbeiter* in v. Münch/Kunig)

v. Mangoldt, H./Klein, F./Starck, C., Grundgesetz, Kommentar, 7. Aufl. 2018 (zit.: *Bearbeiter* in v. Mangoldt/Klein/Starck)

v. Roetteken, T./Rothländer, C., Beamtenstatusgesetz, Loseblatt, 32. Aktualisierung Oktober 2021 (zit.: *Bearbeiter* in v. Roetteken/Rothländer BeamtStG)

Walz, D./Eichen, K./Sohm, S., Soldatengesetz, 4. Aufl. 2020 (zit.: *Bearbeiter* in Eichen/Metzger/Sohm)

Wandtke, A.-A., Medienrecht – Praxishandbuch, 3. Aufl. 2014 (zit.: *Bearbeiter* in Wandtke MedienR-HdB)

Wehr, M., Bundespolizeigesetz, 2. Aufl. 2015 (zit.: Nomos-BR/*Wehr* BPolG)

Weingärtner, D., Die Bundeswehr als Armee im Einsatz, 2010 (zit.: *Bearbeiter* in Weingärtner 2010)

Weingärtner, D., Einsatz der Bundeswehr im Ausland, 2007 (zit.: *Bearbeiter* in Weingärtner 2007)

Weyland, D., Bundesrechtsanwaltsordnung: BRAO, 10. Aufl. 2020 (zit.: *Bearbeiter* in Weyland)

Wolf, H./Stephan, U./Deger, J., Polizeigesetz für Baden-Württemberg, 7. Aufl. 2014 (zit.: *Bearbeiter* in Wolf/Stephan/Deger)

Wichmann, M./Langer, K.-U., Öffentliches Dienstrecht, 8. Aufl. 2017 (zit.: *Bearbeiter* in Wichmann/Langer ÖffDienstR)

Wiefelspütz, D., Das Parlamentsheer, 2005 (zit.: *Wiefelspütz* Parlamentsheer)

Wolff, H. A./Brink, S., BeckOK Datenschutzrecht (zit.: *Bearbeiter* in BeckOK DatenschutzR)

Wolff, H. J./Bachof, O./Stober, R./Kluth, W., Verwaltungsrecht Bd. 1, 13. Aufl. 2017 (zit.: *Bearbeiter* in WBSK VerwR I)

Wolff, H. J./Bachof, O./Stober, R./Kluth, W., Verwaltungsrecht Bd. 2, 7. Aufl. 2010 (zit.: *Bearbeiter* in WBSK VerwR II)

Wolffgang, H.-M./Simonsen, O./Rogmann, A./Pietsch, G., AWR-Kommentar, Kommentar für das gesamte Außenwirtschaftsrecht, Loseblatt (zit.: *Bearbeiter* in Wolffgang/Simonsen/Rogmann/Pietsch AWR)

Wolter, J., Systematischer Kommentar zum Strafgesetzbuch, 9. Aufl. 2017 (zit.: *Bearbeiter* in SK-StGB)

Wolter, J., Systematischer Kommentar zur Strafprozessordnung und zum Gerichtsverfassungsgesetz, 5. Aufl. 2016 (zit.: *Bearbeiter* in SK-StPO)

Wolter, J./Schenke, W.-R., Zeugnisverweigerungsrechte bei (verdeckten) Ermittlungsmaßnahmen, 2002 (zit.: *Wolter/Schenke* Zeugnisverweigerungsrechte)

Wolter, J./Schenke, W.-R./Hilger, H./Ruthig, J./Zöller, M. A., „Alternativentwurf Europol und europäischer Datenschutz", 2008 (zit.: *Bearbeiter* in WSHRZ Europol)

Würtenberger, T./Heckmann, D./Tanneberger, S., Polizeirecht in Baden-Württemberg, 7. Aufl. 2017 (zit.: *Würtenberger/Heckmann/Tanneberger* BWPolR)

Wysk, P., Verwaltungsgerichtsordnung, Kommentar, 3. Aufl. 2020 (zit.: *Bearbeiter* in Wysk)

Zentes, U./Glaab, S., Geldwäschegesetz, GeldtransferVO, relevante Vorgaben aus AO, KWG, StGB, VAG, ZAG, 2. Aufl. 2020 (zit.: *Bearbeiter* in Zentes/Glaab GwG)

Zimmermann, G., Staatliches Abhören, 2001 (zit.: *Zimmermann* Staatliches Abhören)

Zippelius, R./Würtenberger, T., Deutsches Staatsrecht, 33. Aufl. 2018 (zit.: *Zippelius/Würtenberger* StaatsR)

Zöller, M. A., Informationssysteme und Vorfeldmaßnahmen von Polizei, Staatsanwaltschaft und Nachrichtendiensten, 2002 (zit.: *Zöller* Informationssysteme)

Zöller, M. A., Terrorismusstrafrecht, 2009 (zit.: *Zöller* TerrorismusstrafR)

1. Teil: Grundlagen staatlicher Sicherheitsgewährleistung

§ 1 Sicherheitsbedrohungen

Carlo Masala/Alessandro Scheffler Corvaja

Übersicht

	Rn.
A. Einführung	1
B. Sicherheit als „ambivalentes Symbol"	2
I. Klassischer Sicherheitsbegriff	4
II. Erweiterter Sicherheitsbegriff	6
III. Kritische Perspektiven und „Versicherheitlichung"	7
IV. Zwischenfazit: Sicherheit und Bedrohungen – panta rhei	10
C. Künftige globale Entwicklungen	14
I. Bedrohungen folgen internationalen Trends	15
II. Die Global Trends – Berichte: Ausblick auf das kommende globale Umfeld	17
1. Megatrends: Demographie, Umwelt, Wirtschaft und Technologie	18
2. Aufkommende Dynamiken: Gesellschaftlich, Staatlich, International	24
III. Andere Studien zum globalen Umfeld	29
IV. Zwischenfazit	33
D. Sicherheitsfelder	35
I. Äußere Sicherheit: Bedrohungen durch andere Staaten	36
II. Innere Sicherheit	46
1. Extremismus und Terrorismus	46
2. Spionage	50
III. Proliferation und Exportkontrolle	54
IV. Cyber	57
E. Fazit	62

Wichtige Literatur:

Acton, J. M., Cyber Warfare & Inadvertent Escalation, Daedalus 149:2, 2020, 133; *Allington, D./Duffy, B./Wessely, S./Dhavan, N./Rubin, J.,* Health-protective behaviour, social media usage and consipracy belief during the Covid-19 public health emergency, Psychological Medicine 51:10, 2021, 1763; *Baldauf, J./Ebner, J./Guhl, J.,* Hassrede und Radikalisierung im Netz – Der OCCI-Forschungsbericht, Institute for Strategic Dialogue, 2018, https://bit.ly/3CUXaTl; *Balzacq, T.,* Securitization Theory: How security problems emerge and dissolve, 2011; *Balzacq, T./Léonard, S./Ruzicka, J.,* 'Securitization' Revisited: Theory and Cases, International Relations 30:4, 2016, 494; *Bertelsmann Stiftung,* Megatrend-Report #01: The Bigger Picture – Wie Globalisierung, Digitalisierung und demografischer Wandel uns herausfordern, 2019, https://bit.ly/3HNWT8q; *Bitkom e.V.,* Angriffsziel deutsche Wirtschaft: mehr als 220 Milliarden Euro Schaden pro Jahr, 5.8.2021, https://bit.ly/3rbEbSl; *Bonacker, T.,* The militarization of security. A systems theory perspective, Critical Military Studies 5:3, 2019, 276; *Borchert, H.,* Vernetzte Sicherheitspolitik und die Transformation des Sicherheitssektors: Weshalb neue Sicherheitsrisiken ein verändertes Sicherheitsmanagement erfordern, in Borchert, Vernetzte Sicherheit – Leitidee der Sicherheitspolitik im 21. Jahrhundert, 2004; *Brzoska, M.,* Friedensforschung und Internationale Beziehungen – Lob der Verschiedenheit, Zeitschrift für Internationale Beziehungen 19:1, 2012, 127; *Bundesamt für Sicherheit in der Informationstechnik (BSI) und Polizeiliche Kriminalprävention der Länder und des Bundes (ProPK),* Digitalbarometer 2021, 2021; *Bundesamt für Sicherheit in der Informationstechnik,* Die Lage der IT-Sicherheit in Deutschland 2020, 2020; *Bundesministerium des Innern, für Bau und für Heimat,* Verfassungsschutzbericht 2020, 2021; *Bundesregierung,* Weißbuch 2016 zur Sicherheitspolitik und zur Zukunft der Bundeswehr, 2016; *Burgess, A./Wardma, J./Mythen, G.,* Considering risk: placing the work of Ulrich Beck in context, Journal of Risk Research 21:1, 2018, 1; *Buzan, B.,* People, States and Fear – The national security problem in international relations, 1983; *Buzan, B./Hansen, L.,* The Evolution of International Security Studies, 2009; *Calder, K. E.,* Global Political Cities: Actors and Arenas of Influence in International Affairs, 2021; *Center for Countering Digital Hate (CCDH),* Malgorythm – How Instagram's Algorythm Publishes Misinformation and Hate to Millions During a Pandemic, 2021, https://bit.ly/2Zrqa7H; *Conze, E.,* Die Suche nach Sicherheit. Eine Geschichte der Bundesrepublik Deutschland von 1949 bis in die Gegenwart, 2009; *Cormac, R./Aldrich, R. J.,* Grey is the new black: covert action and implausible deniability, International Affairs 94:3, 2018, 477; *Counter Extremism Project (CEP),* Gewaltorientierter Rechtsextremismus. Transnationale Konnektivität, Definitionen, Vorfälle, Strukturen und Gegenmaßnahmen, 2020, https://bit.ly/3HVvLUZ; *Cronin, A. K.*, Power to the People: How Open Technological Innovation is Arming Tomorrow's Terrorists, 2019; *Daase, C.*, Der erweiterte Sicherheitsbegriff, Working Paper 1, Projekt Sicherheitskultur im Wandel, 2010; *Daase, C./Rühlig, T. N.*, Wandel der Sicherheitskultur nach 9/11, in Fischer, S. und Masala, C., Innere Sicherheit nach 9/11, 2016, 13; *Davies, G./Wu, E./Frank, R.*, A Witch's Brew of Grievances: The Potential Effects of COVID-19 on Radicalization to Violent Extremism, Studies in Conflict & Terrorism, 2021, DOI: 10.1080/1057610X.2021.1923188; *Deibert, R.*, Trajectories for Future Cybersecurity Research, in Gheciu, A. und Wohlforth, W. C., The Oxford Handbook of International Security, 2018, 531; *Deloitte*, Beyond the Noise – The Megatrends of Tomorrow's World, 2017, https://bit.ly/32BL7Ov; Fragile State Index, 2021, https://bit.ly/3rayu7h; *Dornblüth, G./Engelbrecht, S.*, Ein Verbrechen im Namen des Kreml? Der Tiergartenmord, Deutsche Welle, 6.10.2020, https://bit.ly/3rcLXLW; *Dreyer, I./Luengo-Cabrera, J.*, On target? EU sanctions as security policy tools, Issue Report N° 25, European Union Institute for Security Studies, September 2015, https://bit.ly/32CU7Tu; *Enskat, S./Masala, C.*, Internationale Sicherheit: Eine Einführung, 2018; *Europäische Union*, The European Union's Global Strategy: Three Years on, Looking Forward, 2019; European Strategy and Policy Analysis System, Global Trends to 2030 – Challenges and Choices for a Europe, 2019, https://bit.ly/3r8IduD; *Euvsdisinfo.eu*, Deutschland verteufeln, Deutschland umwerben, 9.3.2021, https://bit.ly/3o1FUI9; *Farrell, H./Newman, A. L.*, Weaponized Interdependence: How Global Economic Networks Shape State Coercion, International Security 44:1, 2019, 42; *Femia, F./Werell, C.*, A Security Threat Assessment of Global Climate Change, Product of the National Security, Military, and Intelligence Panel on Climate Change, The Centre for Climate and Security, an Institute of the Council on Strategic Risks, 2020; *Fettweis, C. J.*, Evaluating IR's Crystal Balls: How Predictions of the Future Have Withstood Fourteen Years of Unipolarity, International Studies Review 6:1, 2004, 79; *Fiedler, M.*, Berlin ist Hauptstadt der Spione, Der Tagesspiegel Online, 29.6.2020; *Fischer, S./Masala, C.*, Die Politik der inneren Sicherheit nach 9/11, in Fischer, S./Masala, C., Innere Sicherheit nach 9/11, 2016, 1; *Fukuyama, F.*, The End of History and the Last Man, 1992; *Galeotti, M.*, Russian Political War: Moving Beyond the Hybrid, 2019; *Gärditz, K. F.*, Sicherheitsrecht als Perspektive, GSZ 2017, 1; *Gareis, S.-B.*, Militärische Auslandseinsätze und die Transformation der Bundeswehr, in Jäger, T./Höse, A./Oppermann, K., Deutsche Außenpolitik, 2. Aufl. 2011, 148; *Gartzke, E.*, The Myth of Cyberwar: Bringing War in Cyberspace Back Down to Earth, International Security 38:2, 2013, 41; *Gerbando, P.*, Tweets and the Streets, 2012; *Giannopoulos, G./Smith, H./Theocharidou, M.*, The Landscape of Hybrid Threats – A Conceptual Model, 2020; *Goldstone, J. A./Kaufmann, E. P./Duffy Toft, M.*, Political Demography: How Population Changes Are Reshaping International Security and National Politics, 2012; *Güllner, L.*, Im digitalen Fadenkreuz, Internationale Politik 4, Juli/August 2021, 78; *Hannas, W. C./Tatlow, D. K.*, China's Quest for Foreign Technology: Beyond Espionage, 2020; *Hoffmann-Riem, W.*, Der Staat als Garant von Freiheit und Sicherheit, in Papier, H.-J./Münch, U./Kellermann, E., Freiheit und Sicherheit, 2016, 19; *Horowitz, M. C.*, Do emerging military technologies matter for international politics, Annual Review of Political Science 23, 2020, 385; *Horowitz, M. C./Allen, G. C./Kania, E. B./Scharre, P.*, Strategic Competition in an Era of Artificial Intelligence, Report, Center for a New American Security, 2018, https://bit.ly/3HW2Xfd; *Howard, P. N.*, Lie Machines How to Save Democracy from Troll Armies, Deceitful Robots, Junk News Operations, and Political Operatives, 2020; *Hugo, G.*, Future demographic change and its interactions with migration and climate change, Global Environmental Change 21:1, 2011, 21; *Huntington, S. P.*, Democracy's Third Wave, Journal of Democracy 2:2, 1991, 12; *Isensee, J.*, Das Grundrecht auf Sicherheit, 1983; *Jackson, R./Howe, N.*, The Graying of the Great powers: Demography and Geopolitics in the 21st Century, Center for Strategic and International Studies, 2008; *Jäger, T.*, Handbuch Sicherheitsgefahren, 2015; *Jaschke, H.-G.*, Politischer Extremismus: Eine Einführung, 2., vollst. überarb. und erw. Aufl., 2020; *Jensen, B. M./Whyte, C./Cuomo, S.*, Algorithms at War: The Promise, Peril, and Limits of Artificial Intelligence, International Studies Review 22:3, 2020, 526; *Kagan, R.*, The Return of History and the End of Dreams, 2008; *Kaldor, M./Sassen, S.*, Cities at War: Global Insecurity and Urban Resistance, 2020; *Kelly, M. J./Moreno-Ocampo, L.*, Prosecuting corporations for genocide, 2016; *Keohane, R. O./Nye, J. S.*, Power and Interdependence – World Politics in Transition, 1977; *Kolodziej, E. A.*, Renaissance in Security Studies? Caveat Lector!, International Studies Quarterly 36:4, 1992, 421; *Koschut, S.*, Bedrohungswahrnehmung und Sicherheitskonzepte in der Bundesrepublik Deutschland. Sicherheit und Frieden (S+F) 34:3, 2016, 198; *Krause, K./Williams, M. C.*, Broadening the Agenda of Security Studies: Politics and Methods, Mershon International Studies Review 40:2, 1996, 229; *Krauthammer, C.*, The unipolar moment, The Washington Post, 20.7.1990, https://wapo.st/3xsubFt; *Kümmel, G.*, Streitkräfte unter Anpassungsdruck – Sicherheits- und militärpolitische Herausforderungen Deutschlands in Gegenwart und Zukunft, 2009; *Lanoszka, A.*, Disinformation in international politics, European Journal of International Security 4:2, 2019, 227; *Lippert, B./Perthes, V.*, Strategische Rivalität zwischen USA und China – Worum es geht, was es für Europa (und andere) bedeutet, SWP-Studie 2020/S 01, Stiftung Wissenschaft und Politik, 5.2.2020; *Lührmann, A./Lindberg, S. I.*, A third wave of autocratization is here: what is new about it?, Democratization 26:7, 2019, 1095; *Mandelbaum, M.*, Is Major War Obsolete? Survival 40:4, 1998, 20; *Margalit, Y.*, Economic insecurity and the causes of populism, reconsidered, Journal of Economic Perspectives 33:4, 2019, 152; *Masala, C.*, Kenneth N. Waltz. Einführung in seine Theorie und Auseinandersetzung mit seinen Kritikern, 2. vollständig überarbeitete und erweiterte Aufl., 2014; *Masing, J.* JZ 2011, 753; *Mihelj, S./Jiménez-Martínez, C.*, Digital nationalism: Understanding the role of digital media in the rise of 'new' nationalism, Nations and Nationalism 27:2, 2021, 331; *Morland, P.*, The human tide: how population shaped the modern world, 2019; *Mueller, J.*, Retreat from Doomsday: The Obsolescence of Major War, 1989; *National Intelligence Council*, Global Threats 2040 – A more contested world, 2021, https://bit.ly/

3nR4njc; *NATO,* NATO 2030: United for a New Era, Analysis and Recommendations of the Reflection Group Appointed by the NATO Secretary General, 2020; *Nolte, P.,* Neue Sicherheit in der riskanten Moderne, Internationale Politik 11, November 2005, 64; *Norris, P./Inglehart, R.,* Cultural backlash: Trump, Brexit, and authoritarian populism, 2019; *Office of the Director of National Intelligence,* Annual Threat Assessment of the Intelligence Community 2021, 2021; *O'Hanlon, M.,* Forecasting Change in Military Technology, 2020–2040, Report, The Brookings Institution, 2018, https://brook.gs/3p42mQ4; *Pfahl-Traughber, A.,* Der Einzeltäter im Terrorismus – Definition, Fehldeutungen, Typologie, Zusammenhang, Bundeszentrale für politische Bildung, 2020, https://bit.ly/312VHNr.; *Pfahl-Traughber, A.,* Extremismus und Terrorismus in Deutschland, 2020; *Ricke, K.-P.,* Der Aufstieg Pakistans zur Atommacht und der Beitrag deutscher Unternehmen, HSFK-Report Nr. 4/2012, Hessische Stiftung Friedens- und Konfliktforschung, 2012, https://bit.ly/3laRzSK; *Rid, T.,* Cyber War Will Not Take Place, Journal of Strategic Studies 35:1, 2012, 5; *Rieger, D./Frischlich, L./Rac, S./Bente, G.,* Digitaler Wandel, Radikalisierungsprozesse und Extremismusprävention im Internet, in Slama, B./Kemmesies, U., Handbuch Extremismusprävention – Gesamtgesellschaftlich. Phänomenübergreifend, 2020, 351; *Roe, P.,* Is securitization a 'negative' concept? Revisiting the normative debate over normal versus extraordinary politics, Security Dialogue 43:3, 2012, 249; *Roland B.,* Trend Compendium 2050, https://bit.ly/3xrf5jx; *Sagemann, M.,* Leaderless Jihad: Terror Networks in the Twenty-First Century, 2008; *Scharre, P.,* Army of None: Autonomous Weapons and the Future of War, 2019; *Scharre, P./Riikonen, A.,* Defense Technology Strategy, Report, Center for a New American Security, 2020, https://bit.ly/3pkEzeX; *Schaurer, F./Ruff-Stahl, H.-J.,* Hybride-Bedrohungen – Sicherheitspolitik in der Grauzone, Aus Politik und Zeitgeschichte 43–46/2016; *Scheffler, A.,* Germany's U-Turn on Defense, in Schmitt, G., A Hard Look at Hard Power – Assessing the Defense Capabilities of Key US Allies and Security Partners, 2. Aufl. 2020, 85; *Schenkkan, N./Linzer, I.,* Out of Sight, Not out of Reach – Understanding Transnational Repression, Freedom House, Februar 2021, https://bit.ly/3xrjTpd; *Schnabel-Schüle, H.,* Das Majestätsverbrechen als Herrschaftsschutz und Herrschaftskritik, Aufklärung 7:2, 1994, 29; *Schulze, M./Voelsen, D.,* Einflusssphären der Digitalisierung, in Lippert, B./Perthes, V., Strategische Rivalität zwischen USA und China. Worum es geht, es für Europa (und andere) bedeutet, SWP-Studie 1/2020, Stiftung Wissenschaft und Politik, 2020; *Schulze, M./Voelsen, D.,* Nationale Sicherheit vs. IT-Sicherheit: Ein Kulturkonflikt um die Sicherheit im Digitalen?, Indes 8:4, 2019, 105; *Srinivasan, T. N.,* Human Development: A New Paradigm or Reinvention of the Wheel? The American Economic Review 84:2, 1994, 238; *Strand, H./Rustad, S. A./Urdal, H./Mokleiv Nygård, H.,* Trends in Armed Conflict, 1946–2018, Conflict Trends 3, PRIO, 2019; *Stritzel, H.,* Towards a Theory of Securitization: Copenhagen and Beyond, European Journal of International Relations 13:3, 2007, 357; *Swistek, G.,* Die Quadratur des Kreises im Indo-Pazifik – Sicherheitspolitische Umsetzung der Indo-Pazifik-Leitlinien, SWP Aktuell Nr. 29, Stiftung Wissenschaft und Politik, März 2021; *Treverton, G. F./Thvedt, A./Chen, A. R./McCue, K. L. M.,* Adressing Hybrid Threats, Swedish Defence University, 2018; *Tsetsos, K.,* Neue hybride Bedrohungen, Studie Nr. 26, Juli 2021, Metis – Institut für Strategie und Vorausschau, https://bit.ly/3p24MP3; *Tuchman M., J.,* Redefining Security, Foreign Affairs 68:2, 1989, 162; *Uexküll von, N./Buhaug, H.,* Security implications of climate change: A decade of scientific progress, Journal of Peace Research 58:1, 2021; *Ullman, R. H.,* Redefining Security, International Security 8:1, 1983, 129; *UN Habitat,* World Cities Report 2020, 2021, https://bit.ly/3CTSRaQ; *U. S. Department of State,* Pillars of Russia's Disinformation and Propaganda Ecosystem, GEC Special Report, August 2020; *U. S. Department of Justice,* Report On The Investigation Into Russian Interference In The 2016 Presidential Election, März 2019; *Väyrynen, R.,* The Waning of Major War: Theories and Debates, 2006; *Vereinigte Staaten von Amerika,* National Interim Strategic Guidance, The White House, 3.3.2021; *Vereinte Nationen,* Report of the UN Economist Network for the UN 75th Anniversary Shaping the Trends of Our Time, September 2020, https://bit.ly/3FVXAel; *Vodafone Stiftung,* Desinformation in Deutschland – Gefahren und mögliche Gegenmaßnahmen aus Sicht von Fachleuten, 2021, https://bit.ly/3nVEBKo; *Walt, S. M.,* The Renaissance of Security Studies, International Studies Quarterly 35:2, 1991, 211; *Waltz, K. N.,* Structural Realism after the Cold War, International Security 25:1, 2000, 5; *Weinberg, L./Padahzur, A./Hirsch-Hoefler, S.,* The Challenges of Conceptualizing Terrorism, Terrorism and Policial Violence 16:4, 2004, 777; *Weissmann, M./Nilsson, N./Thunholm, P./Palmertz, B.,* Hybrid Warfare – Security and Asymmetric Conflict in International Relations, 2021; *Werkner, I.-J.,* Die Verflechtung innerer und äußerer Sicherheit. Aktuelle Tendenzen in Deutschland im Lichte europäischer Entwicklungen, Zeitschrift für Außen- und Sicherheitspolitik 4, 2011, 65; *White, G.,* Climate Change and Migration – Security and Borders in a Warming World, 2011; *Wigell, M.,* Hybrid interference as a wedge strategy: a theory of external interference in liberal democracy", International Affairs 95:2, 2019, 255; *Williams, M. C.,* Hobbes and International Relations: A Reconsideration, International Organization 50:2, 1996, 213; *Williams, M. J.,* (In)Security Studies, Reflexive Modernization and the Risk Society, Cooperation and Conflict 43:1, 2008, 57; *Winter, H./Gerster, L./Helmer, J./Baaken, T.,* Überdosis Desinformation: Die Vertrauenskrise – Impfskepsis und Impfgegnerschaft in der COVID-19-Pandemie, 2021, Institute for Strategic Dialogue, https://bit.ly/3HSzRNL; *Wolfers, A.,* ‚National Security' as an Ambiguous Symbol, Political Science Quarterly 67:4, 1952, 483; *Wolforth, W. C.,* Realism and great power subversion, International Relations 34:4, 2020, 459; *Wolforth, W. C.,* The Stability of a Unipolar World, International Security 24:1, 1999, 5; *Zhuravskaya, E./Petrova, M./Enikolopov, R.,* Political Effects of the Internet and Social Media, Annual Review of Economics 12:1, 2020, 415.

Hinweis:
Alle Internetfundstellen wurden zuletzt am 31.5.2022 abgerufen.

A. Einführung

1 Ziel des vorliegenden Beitrages ist es, einen phänomenologischen Überblick über Sicherheitsbedrohungen zu bieten. Als politikwissenschaftliche Perspektive beschränkt er sich nicht auf einen Katalog möglicher Schrecken,[1] sondern widmet sich im ersten Abschnitt zunächst der Frage, wie Phänomene eigentlich zu Sicherheitsbedrohungen werden und welche Rückschlüsse sich daraus für die staatliche Sicherheitsgewährleistung ergeben. Der zweite Abschnitt analysiert auf Basis globaler Megatrends anschließend, welche Entwicklungen das Sicherheitsumfeld der Bundesrepublik in den nächsten zehn bis zwanzig Jahren wahrscheinlich maßgeblich prägen werden. Der dritte und letzte Abschnitt schließlich widmet sich den zentralen in diesem Buch behandelten Politik- und „Bedrohungs"-Feldern und wagt auf Grundlage der Veränderungen des weltweiten Umfelds einen Blick auf die voraussichtliche Entwicklung der wichtigsten Sicherheitsbedrohungen. Für die juristische Fachdiskussion in den folgenden Kapiteln soll der Beitrag damit vor allem ein Verständnis zu liefern, wie fluid das Politikfeld „Sicherheit" notwendigerweise bleiben muss und welche neuen Herausforderungen in seinen klassischen Phänomenbereichen kurz- bis mittelfristig zu erwarten sind.

B. Sicherheit als „ambivalentes Symbol"

2 Auf welche Phänomenbereiche, Schutzgüter und Akteure beziehen sich Sicherheitsbedrohungen, Sicherheitsgewährleistung und Sicherheitsrecht aber nun eigentlich? Was versteht man unter dem vielbeschworenen Begriff Sicherheit, der von den einen zum Super-Grundrecht geadelt und von den anderen zum konzeptionellen Antagonisten von Freiheit und Rechtsstaat stilisiert wird?[2] Gibt es einen spezifischen Kanon von Bedrohungen, die a priori Sicherheitsbedrohungen oder gar Bedrohungen des Staates sind? Eine Analyse muss zunächst mit einer Begriffsklärung beginnen. Der Sicherheitsbedrohung und Bedrohung des Staates steht als natürliches Antonym die Sicherheit des Staates – oft auch bezeichnet als „nationale Sicherheit" – gegenüber. Sicherheitsbedrohungen und Bedrohungen des Staates sind folglich solche, die geeignet sind, die nationale Sicherheit zu gefährden. Diese nationale Sicherheit ist aber, wie Arnold Wolfers bereits 1952 anmerkte, ein „vieldeutiges Symbol", das ohne genauere Bestimmung für deutlich mehr Verwirrung als Klarheit sorgen kann.[3]

3 In der politikwissenschaftlichen Teildisziplin der Internationalen Beziehungen hat der Tanz um den Begriff der Sicherheit eine ganz eigene disziplinäre Unterkategorie, die Sicherheitsstudien (Security Studies), hervorgebracht, von denen sich teils noch die Kritischen Sicherheitsstudien (Critical Security Studies) und die Strategischen Studien (Strategic Studies) als weitere Unter- oder Paralleldisziplinen abspalten.[4] Uneins sind sich die verschiedenen Disziplinen und Denkschulen hierbei insbesondere darüber, ob es – wie von der klassischen Perspektive vertreten – ontologische Kategorien von Sicherheit und entsprechend auch einen Kanon von Bedrohungen der nationalen Sicherheit gibt oder ob –

---

1 Einen guten Ausblick über eine Vielzahl von Herausforderungen bietet bspw. *Jäger*, Handbuch Sicherheitsgefahren, 2015.
2 Vgl. *Isensee*, Das Grundrecht auf Sicherheit, 1983, 21; *Masing* JZ 2011, 753; *Hoffmann-Riem* in Papier/Münch/Kellermann, Freiheit und Sicherheit, 2016, 19 (22). Für einen kritischen Blick auf eine angeblich speziell deutsche Obsession mit Sicherheit, s. zB *Nolte*, Neue Sicherheit in der riskanten Moderne, Internationale Politik 11, 2005, 64 und tiefgehender *Conze*, Die Suche nach Sicherheit. Eine Geschichte der Bundesrepublik Deutschland von 1949 bis in die Gegenwart, 2009.
3 Im Original argumentiert *Wolfers*, „It would be an exaggeration to claim that the symbol of national security is nothing but a stimulus to semantic confusion, though close analysis will show that if used without specifications it leaves room for more confusion than sound political counsel or scientific usage can afford." *Wolfers*, Political Science Quarterly 67:4, 1952, 483 (483).
4 Für eine Ideengeschichte, vgl. *Buzan/Hansen*, The Evolution of International Security Studies, 2009. Wichtige Zeitschriften sind bspw. International Security, Security Studies, Security Dialogue, Journal of Strategic Studies und Critical Studies on Security.

B. Sicherheit als „ambivalentes Symbol" § 1

wie die kritische, „Versicherheitlichungs"-Perspektive argumentiert – Sicherheit letztlich keinen inhaltlichen Kern hat und grundsätzlich jedes Thema zu einer Sicherheitsbedrohung oder gar Bedrohung des Staates konstruiert werden kann.

I. Klassischer Sicherheitsbegriff

Die traditionelle, eher positivistische Perspektive sieht den Staat als natürliches Referenz- 4
objekt von Sicherheit – und verknüpft eine Sicherheitsbedrohung daher automatisch mit der nationalen Sicherheit. Sicherheitsbedrohungen entstammen einem relativ klar zugeordneten und engen Phänomenkreis und sind mit einem feststehenden Satz von Politikfeldern und -akteuren verbunden. So kreist der Begriff Sicherheit für einen der wichtigsten Kirchenväter der Internationalen Beziehungen, den Amerikaner Kenneth Waltz, stets um das Phänomen von Krieg. Waltz nimmt an, dass das prägende Merkmal des internationalen Staatensystems die Anarchie ist, dh das Fehlen einer übergeordneten, ordnenden Gewalt. Staaten müssen daher stets um ihr Überleben fürchten und streben daher vor allem nach Sicherheit, von ihm nach Walter Lippmann definiert als das Überleben des Staates ohne Aufgabe seiner Kerninteressen. Diese Sicherheit wiederum erreichen sie vor allem über den Aufbau materieller und insbesondere militärischer Macht. Die relative Machtposition eines Staates im internationalen System bestimmt daher auch sein Verhalten, das vom steten Kampf um seine Existenz geprägt ist.[5] Nach Stephen Walt ist das entsprechende Fachgebiet der Security Studies entsprechend auch als „the study of the threat, use, and control of military force" zu definieren.[6] Die Vorstellungen von Waltz entsprechen im Wesentlichen denen von Thomas Hobbes, der in seinem Leviathan davon ausgeht, dass das Leben außerhalb des Sozialvertrags nasty, brutish and short sei und die Gewährleistung von Sicherheit nach innen wie außen die eigentliche Staatsaufgabe ist.[7]

Während die Schriften von Waltz wie auch Walt sich auf das internationale Staatensystem 5
und die Internationalen Beziehungen beschränken, ist es doch naheliegend, ihre Gedanken auch auf das Feld der inneren Sicherheit zu übertragen: Bedrohungen des Staates beziehen sich demnach vor allem auf gewaltsames Vorgehen gegen den Staat sowie auf Vorgehen, das die materielle und vor allem militärische Machtbasis eines Staates untergräbt. Es sind Bedrohungen, die direkt die Unversehrtheit und Verfasstheit des Staates und somit ein über das individuelle Interesse seiner Bürger geordnetes Interesse bedrohen.

II. Erweiterter Sicherheitsbegriff

Eine pragmatische Mittelposition zwischen den Denkschulen nehmen Befürworter eines 6
Erweiterten Sicherheitsbegriffs ein. In den ersten Jahrzehnten des Kalten Krieges hielten Kritiker eines zu starken Fokus aufs Militärische den Begriff der Sicherheit an sich für kontaminiert. Sie mieden daher jeglichen Bezug zu ihm und sammelten sich lieber um den Begriff von „Frieden".[8] Insbesondere die Ölkrisen der 1970er Jahre weckten aber auch bei den Vertretern einer klassischen, engen Perspektive das Bewusstsein für nicht-militärische Bedrohungen. Es wurden zunehmend Stimmen laut, die für eine Reinterpretation des

---

[5] Für Waltz stellt militärische Macht zwar nicht die einzige Quelle nationaler Sicherheit dar und er sieht im Militär anderer Staaten auch nicht ihre einzige mögliche Bedrohung nationaler Sicherheit – in jedem Fall aber als dringendste und somit handlungsleitende Gefahr. Zur Gedankenwelt von Waltz, s. *Masala*, Kenneth N. Waltz. Einführung in seine Theorie und Auseinandersetzung mit seinen Kritikern, 2. Aufl. 2014.
[6] *Walt*, International Studies Quarterly 35:2, 1991, 212 (211). Für eine direkte Kritik aus der Perspektive des Erweiterten Sicherheitsbegriffs, s. *Kolodziej*, International Studies Quarterly 36:4, 1992, 421.
[7] Für eine kritische Würdigung der Arbeiten von Hobbes aus der Perspektive anderer Theorien der Internationalen Beziehungen, s. zB *Williams*, International Organization 50:2, 1996, 213.
[8] Entsprechend sammelten sie sich auch wissenschaftlich nicht im Bereich der Sicherheitsstudien oder der Internationalen Beziehungen, sondern der Friedens- und Konfliktforschung. Siehe hierzu *Brzoska*, Zeitschrift für Internationale Beziehungen 19:1, 2012, 127.

Konzepts von Sicherheit wie auch von Macht eintraten.[9] Der alte Fokus auf militärische Bedrohungen habe sich schlicht überlebt und andere Dimensionen von Sicherheit müssten nicht nur als normativen, sondern aus ganz pragmatischen Gründen als relevant anerkannt werden. Bedrohungen müssten auch nicht unbedingt immer existentiell sein, sondern könnten auch schlicht den Handlungsspielraum des Staates in inakzeptabler Weise einschränken.[10] Dies bereitete den Weg für eine „Verbreiterung" (Broadening, deutsch besser: Erweiterung) des Sicherheitsbegriffs, bei der die Referenzdimension von Sicherheit auf neue Politikfelder (zB Wirtschaft, Gesellschaft, Umwelt) ausgeweitet wurde. Hinzu kam auch die sog. „Vertiefung" (Deepening) des Begriffs, dh die Erweiterung des Referenzsubjekts (also des Schutzgutes) vom Staat zur Gesellschaft oder gar zum Individuum.[11] Während den Befürwortern eines Erweiterten Sicherheitsbegriffs also die unter 2. beschriebene klassische, militär- und staatsfixierte Interpretation von Sicherheit deutlich zu eng ist, schreiben sie dem Begriff Sicherheit immer noch einen gewissen inhaltlichen Kern zu und wehren sich lediglich gegen die Verkürzung auf Militär und Staat als veraltete Interpretation von Sicherheit.

III. Kritische Perspektiven und „Versicherheitlichung"

7 Bereits in der Diskussion um die Erweiterung des Sicherheitsbegriffs hatten Verfechter einer engen Auslegung argumentiert, dass eine Ausweitung des Begriffs letztlich seine logische Kohärenz aufs Spiel setzen würde. Mit zunehmender Ausdehnung werde der Begriff letztlich seine eigentliche Bedeutung verlieren.[12] In der Tat entwickelte sich bereits gleichzeitig mit der Erweiterung des Sicherheitsbegriffs rasch eine maßgeblich von der Linguistischen Wende geprägte Denkschule, die den Wesensgehalt des Begriffs an sich infrage stellte.[13] Während die „Erweiterer" von Sicherheit zumindest noch eine teilweise Begrenzung des Begriffs vorsahen und ihm somit gewissen ontologischen Kategorien zuschrieben, lehnten die radikaleren Sprachkritiker dies ab – für sie kann unter den richtigen Rahmenbedingungen letztlich jedes Thema zum Sicherheitsthema erhoben werden.[14]

8 Zentral ist hierbei das Konzept der Versicherheitlichung. Aufbauend auf der Forschung zu Sprechakten gehen Vertreter dieser Theorie davon aus, dass dem Begriff Sicherheit ein sog. „performativer" Charakter zukommt. Er beschreibt die Welt nicht lediglich, sondern verändert die soziale Realität. In den Worten von Thierry Balzacq wird bei der Versicherheitlichung eine existentielle Bedrohung für ein Referenzobjekt identifiziert und nach außerordentlichen Maßnahmen zu seinem Schutz aufgerufen.[15] Versicherheitlichung bezeichnet hierbei den Prozess, mit dem sog. Sprechakteure (Speech Actors) ein Thema zur Sicherheitsbedrohung adeln, indem sie es in einem „Sprechakt" als Sicherheits-Thema ansprechen. Durch die Einordnung als Sicherheitsbedrohung wird das Thema aus Bereich der „Normalpolitik" erhoben und rechtfertigt als existentielle Herausforderung künftig eine priorisierte Behandlung und einen außerordentlichen Ressourceneinsatz. Die reine Ansprache reicht hierbei jedoch nicht, vielmehr muss der Begriff auch vom Publikum (audience)

---

[9] Bahnbrechend hier *Keohane/Nye*, Power and Interdependence – World Politics in Transition, 1977.
[10] Vgl. bspw. *Ullman*, International Security 8:1, 1983, 129 oder *Tuchman Mathews*, Foreign Affairs 68:2, 1989, 162.
[11] Für einen Überblick s. bspw. *Krause/Williams*, Mershon International Studies Review 40:2, 1996, 229. Das bahnbrechende Werk in dieser Hinsicht war *Buzan*, People, States and Fear – The national security problem in international relations, 1983.
[12] Walt, International Studies Quarterly 35:2, 1991, 211 (212).
[13] Als Linguistische (auch: sprachkritische) Wende bezeichnet man die in den Sozialwissenschaften vor allem in den 1980er unter dem Eindruck der Werke von Michel Foucault entstandene Abwendung vom Positivismus, inklusive eines starken Fokus auf Diskurs.
[14] Vgl. *Stritzel*, European Journal of International Relations 13:3, 2007, 357.
[15] *Balzacq/Ruzicka*. International Relations 30:4, 2016, 494 (495). Für eine tiefere Behandlung, s. *Balzacq*, Securitization Theory: How security problems emerge and dissolve, 2011.

B. Sicherheit als „ambivalentes Symbol" § 1

als Sicherheitsthema akzeptiert werden. Es muss innerhalb des Publikums daher bereits eine gewisse Bereitschaft bestehen, das Thema als „sicherheitlich" – und somit: prioritär – zu akzeptieren. Während sich um die genaue Ausgestaltung dieses Sprechakts zahlreiche Debatten drehen – beispielsweise ob tatsächlich allein der Begriff Sicherheit wirkt oder zB eher seine Nutzung durch bestimmte Akteure in spezifischen Kontexten – besteht zumindest darüber Einigkeit, dass es sich hierbei um einen intersubjektiven Prozess zwischen „Versicherheitlicher" und Publikum handelt. Darüber hinaus können sog. facilitating conditions die Versicherheitlichung eines Themas erleichtern oder erschweren.[16]

In den Worten von *Christopher Daase* bezeichnet Versicherheitlichung also „einen voluntaristischen Akt interessierter Akteure, um für außerordentliche Maßnahmen Unterstützung zu gewinnen."[17] Diese politikwissenschaftliche Perspektive unterscheidet sich von anderen Interpretationen der Versicherheitlichung, die als Begriff auch in anderen Disziplinen populär geworden ist. Beispielsweise sieht *Matthias Fahrner* im vorliegenden Buch als „eine der größten Herausforderungen des Rechtsstaats", die für ein Streben nach einem Super-Grundrecht nach Sicherheit und „Sicherheit durch den Staat" steht und zu einer immer weiteren, möglichst gar präventiv-prohibitive Verschiebung ins Vorfeld potenzieller Verschiebungen führt. Versicherheitlichung aus Sicht der Politikwissenschaft hingegen ist im Gegenteil natürlicher Bestandteil der politischen Debatte über staatliche und gesellschaftliche Prioritäten und „Sicherheits"-Themen sind diejenigen Themen, für die außerordentliche Maßnahmen als legitim erachtet werden. Auch in der Politikwissenschaft wird jedoch die Sorge geteilt, eine übermäßige Versicherheitlichung von Themen könne dem politischen Prozess schaden, indem die „Normalpolitik" ausgehöhlt werde. Sie drängen daher darauf, Themen möglichst zu „desekuritisieren" und somit aus dem Bereich der „panic politics" zu entfernen.[18]

9

IV. Zwischenfazit: Sicherheit und Bedrohungen – *panta rhei*

Relativ einig sind sich alle oben beschriebenen Denkschulen mittlerweile darin, dass es sich bei Sicherheit um ein „essentially contested concept", dh einen evaluativen und fundamental wertbeladenen Begriff, handelt.[19] *Daase* sieht Sicherheit als zentralen Wertebegriff postmoderner Gesellschaften und „Goldstandard der Politischen." Wer Deutungshoheit über den Begriff der Sicherheit erlangt, kann bestimmen, „welche Gefahren wahrgenommen, welche Themen Priorität erhalten und welche Strategien als angemessen angesehen werden".[20] Ein vollständiger Konsens über Sicherheit bleibt daher unerreichbar und sie ist zwangsweise Schauplatz des Kampfes um gesellschaftliche Werte und politische Auseinandersetzungen. Jede mögliche Definition von Sicherheit schließt eben auch Dinge aus – und weist ihnen somit einen sekundären Status zu.

10

Wo berührt diese Diskussion in einem Teilbereich der Internationalen Beziehungen nun die rechtswissenschaftliche Fachdebatte um Staatsschutz und Sicherheitsgewährleistung? Schließlich ist hier mit dem Begriff Sicherheit noch am ehesten ein konkretes Politikfeld mit klar definierten Sicherheits-Behörden gemeint, das wie von *Klaus Gärditz* ausgedrückt „hoheitliche Reaktionen auf normativ relevante Störungen" umfasst.[21] Auch das vorliegende Buch folgt dieser Konzeption, indem es die Sicherheitsgewährleistung in eine Sicherung des Staates nach innen wie nach außen teilt, die letztlich durch die Aufgaben der Sicherung, Aufklärung und der Abwehr übernommen wird. Eine schlichte Anlehnung an die unter I. (→ Rn. 4) beschriebene eher positivistische und materialistische

11

---

[16] S. zur Versicherheitlichung auch *Enskat/Masala*, Internationale Sicherheit: Eine Einführung, 2018.
[17] *Daase/Rühlig* in Fischer/Masala, Innere Sicherheit nach 9/11, 2016, 13 (14).
[18] S. bspw. *Roe*, Security Dialogue 43:3, 2012, 249.
[19] Der Begriff wurde erstmals in *Buzans* oben erwähntem Werk People, States and Fear – The national security problem in international relations, 1983, aufgebracht.
[20] *Daase*, Der erweiterte Sicherheitsbegriff, Working Paper 1, Projekt Sicherheitskultur im Wandel, 2010.
[21] *Gärditz* GSZ 2017, 1.

12 Perspektive auf Sicherheit und ihre ontologische Kategorisierbarkeit scheint demnach naheliegend.

12 Die politikwissenschaftliche Debatte erinnert aber daran, dass die evaluative Natur des Begriffs einen vollständigen Konsens über Sicherheitsbedrohungen und Bedrohungen des Staates – und damit eben auch darüber, welche Störungen als „normativ relevant" angesehen werden – unmöglich macht. Schließlich werden interessierte Akteure stets versuchen, „ihre" Themen zu versicherheitlichen und damit den für Sicherheits-Themen typischen außergewöhnlichen Ressourceneinsatz – sei es im Sinne von Programmatik, Zuständigkeit, Personal, Finanzen oder Befugnissen – zu erreichen. Die Versicherheitlichung hat hierbei einen Push- und einen Pull-Effekt: So bietet sich nicht nur Akteuren aus neuen Politikfeldern die Gelegenheit, zu Sicherheitsakteuren zu werden, sofern ein gesellschaftliches und politisches Einvernehmen über die Priorisierung ihres Themas besteht.[22] Auch traditionelle „Sicherheits"-Politikfeldakteure wie Strafverfolgungsbehörden, Streitkräfte und Nachrichtendienste haben ein rein bürokratisches Interesse daran, neue Themen zu versicherheitlichen – weil sie einerseits glauben, dass dies den Erwartungen an sie als Sicherheitsakteure entspricht und es ihnen andererseits über neue Zuständigkeiten weitere Machterweiterung und Privilegierung ermöglicht.[23]

13 Die zu Anfang des Abschnitts gestellte Frage, ob es Bedrohungen des Staates gibt und welche diese sind, hat daher zwei mögliche alternative Antworten: Die eine Auslegung folgt einer sehr engen positivistischen und nahezu materialistischen Auslegung, die den Begriff Sicherheit eng interpretiert und vor allem auf das Überleben des Staates und seiner Institutionen abstellt. Die andere Auslegung hingegen akzeptiert eine weitere Fassung von Sicherheit, die dann jedoch mit ihrer logischen Kohärenz zu kämpfen haben wird und dauerhafter Schauplatz gesellschaftlicher Debatten und Kämpfe ist. In diesem Sinne mag es in zehn Jahren ganz natürlich erscheinen, dass ein Buch zum Sicherheitsrecht ganz andere Bereiche erfasst, die in den kommenden Jahren erfolgreich versicherheitlicht wurden.

C. Künftige globale Entwicklungen

14 Der erste Teil des Beitrags hat zunächst im Sinne einer Begriffsklärung einen konzeptionellen Blick auf Sicherheitsbedrohungen geworfen. Im folgenden Abschnitt wagt der Beitrag nun einen Blick auf die zukünftige Entwicklung des globalen Umfelds, um herauszufinden, welche weltweiten Trends die Ausformung von Sicherheitsbedrohungen prägen werden. Hierzu widmet er sich zunächst dem Global Trends – Bericht des amerikanischen National Intelligence Council und gleicht diesen anschließend mit weiteren Studien und für Deutschland relevanten Strategiedokumenten ab. So werden die zentralen Veränderungen identifiziert, die in Abschnitt D auf die klassischen Phänomene des Sicherheitsrechts angewandt werden.

I. Bedrohungen folgen internationalen Trends

15 Rechtswissenschaftliche Perspektiven legen zur Betrachtung von Gefahren der inneren und öffentlichen Sicherheit eine binnenrechtliche, nationale Perspektive nahe. Für eine Analyse möglicher Bedrohungen des Staates lohnt es sich jedoch, zunächst auf die internationale Ebene zu blicken. Die großen Bedrohungen in der Geschichte der Bundesrepublik entstammten selten einem rein nationalen Kontext und waren in der Regel Folge globaler oder zumindest regionaler Entwicklungen. Die gilt insbesondere für die lange Zeit existentiellste Gefahr, einen auf deutschem Boden ausgetragenen und nuklear geführten militärischen Konflikt zwischen der NATO und dem Warschauer Pakt. Aber auch Herausforderungen der inneren Sicherheit wie die Aktivitäten kommunistischer Gruppen, der Terror

---

[22] Mögliche aktuelle Beispiele hierfür sind bspw. die Bereiche Klima und Umwelt wie auch das Politikfeld Soziale Medien.
[23] S. ua *Bonacker*, Critical Military Studies 5:3, 2019, 276.

der Roten Armee Fraktion (RAF), die Spionageaktivitäten der Sowjetunion und der Deutschen Demokratischen Republik (DDR), die Aktivitäten der italienischen, russischen oder albanischen Mafia, die Proliferationsbemühungen Pakistans, des Irans oder Nordkoreas, der dschihadistische Islamismus aber auch die PKK oder die Grauen Wölfe waren selten deutsche Ausnahmen und ganz ähnlich auch in anderen europäischen und westlichen Staaten zu beobachten.[24]

Neue oder veränderte Bedrohungsformen nahmen in der Regel nicht im Inland, sondern im Ausland ihren Ursprung und folgten internationalen Trends. Auch ihr Abklingen kündigte sich in der Regel eher auf internationaler als auf nationaler Ebene an und stellte selten allein einen Erfolg deutscher Politik dar. Eine Ausnahme von dieser Regel stellte lange Zeit sicherlich der mit Blick auf die nationalsozialistische Vergangenheit einzigartige Rechtsextremismus dar. Mittlerweile ist aber auch hier eine hohe Anschlussfähigkeit an internationale rechtsextreme Strömungen erkennbar und die deutsche rechtsextreme Landschaft ist deutlich weniger einzigartig als vor 50 Jahren. Auch deutsche Rechtsextremisten orientieren sich immer weniger an lokalen Strukturen als an internationalen Vorbildern.[25]

II. Die Global Trends – Berichte: Ausblick auf das kommende globale Umfeld

Ein Blick auf die weitere internationale Entwicklung ermöglicht daher auch Rückschlüsse auf zukünftige Bedrohungen für die Bundesrepublik und ihre Bürger bzw. die weitere Entwicklung bereits bestehender Bedrohungen. Bleibt die Zukunft einerseits unvorhersehbar, lassen sich aus bereits heute in vollem Gang befindlichen Megatrends zumindest Rückschlüsse auf die Entwicklung der nächsten 15–20 Jahre ziehen. Ein besonders bekanntes und mit außerordentlichem Aufwand erstelltes Produkt sind hierbei die alle vier Jahre erscheinenden *Global Trends*-Berichte, die der US-amerikanische *National Intelligence Council*[26] seit 1997 herausgibt. Dessen siebte Ausgabe mit einem Ausblick bis 2040 wurde im März 2021 veröffentlicht. In ihrem *A More Contested World* getauften Bericht sehen die Autoren die nächsten 15–20 Jahre von drei zentralen Faktoren geprägt:

- Steigende gesellschaftliche Fragmentierung und Spannungen innerhalb von Staaten;
- Wachsende geopolitischer Mächtekonkurrenz und Spannungen auf internationaler Ebene;
- Zunehmende Bedeutung globaler und transnationaler Herausforderungen.[27]

1. Megatrends: Demographie, Umwelt, Wirtschaft und Technologie

Als entscheidende strukturelle Faktoren der nächsten 20 Jahre definiert der Bericht Megatrends im Bereich von Demographie und Menschliche Entwicklung[28], Umwelt, Wirtschaft sowie Technologie.

So wird die demographische Entwicklung im Großteil der entwickelten Welt in den nächsten zwei Dekaden von sinkendem Bevölkerungswachstum und steigendem Durch-

---

[24] Für eine Geschichte der Bundesrepublik mit dedizierter Ausrichtung auf den Topos Sicherheit, s. *Conze*, Die Suche nach Sicherheit. Eine Geschichte der Bundesrepublik Deutschland von 1949 bis in die Gegenwart, 2009.
[25] Wegweisend in dieser Hinsicht die vom Auswärtigen Amt geförderte Studie *Counter Extremism Project*, Gewaltorientierter Rechtsextremismus. Transnationale Konnektivität, Definitionen, Vorfälle, Strukturen und Gegenmaßnahmen, 2020.
[26] Der National Intelligence Council untersteht dem Director of National Intelligence. Neben den Global Trends erstellt der NIC vor allem die sog. National Intelligence Estimates, dh abgestimmte, gemeinsame Einschätzungen der aus 17 Mitgliedern (ua zivile und militärische Nachrichtendienste) bestehenden Intelligence Community.
[27] *National Intelligence Council,* Global Threats 2040 – A more contested world.
[28] Der Begriff „Menschliche Entwicklung" lehnt sich an ein Ranking der Vereinten Nationen an, der neben der Wirtschaftsleistung zB auch die Bildung und Gesundheit umfasst. Vgl. *Srinivasan,* The American Economic Review 84:2, 1994, 238.

schnittsalter gekennzeichnet sein. Dies setzt dem weiteren volkswirtschaftlichen Wachstum in der Regel deutliche Grenzen.[29] Der Großteil des andauernden globalen Bevölkerungswachstums, das bis 2040 zu fast 10 Milliarden Menschen führen wird, wird auf unterentwickelte und arme Gesellschaften entfallen. Als Beispiel führt der Bericht das subsaharische Afrika auf, dessen Bevölkerung sich bis 2050 wahrscheinlich verdoppeln wird. Diese Volkswirtschaften wachsen zwar zwangsweise, werden es angesichts des enormen Wachstums gerade der jüngeren Bevölkerung aber schwer haben, auch im Bereich der sog. Menschlichen Entwicklung mitzuhalten und beispielsweise angemessene Bildung, Gesundheitsversorgung oder Infrastruktur zur Verfügung zu stellen. Verstärkt wird der Trend einer wachsenden Bevölkerung hierbei von der gleichzeitig fortschreitenden Urbanisierung, die eigene Herausforderungen zB im Bereich von Ernährungssicherheit aber auch politischer Stabilität mit sich bringt.[30] Migrationsbewegungen werden infolge wachsender Push- und Pull-Faktoren weiter zunehmen und durch Klimawandel und Konflikte verstärkt. Das Ringen um die richtige Abwägung von volkswirtschaftlich notwendiger Migration auf der einen Seite und der Bewahrung nationaler und kultureller Identität auf der anderen Seite wird gerade alternde Gesellschaften weiter auf Trab halten und ihre inneren Spannungen anheizen.[31]

20 Der zweite große Megatrend sind Entwicklungen im Bereich der Umwelt. Dem Bericht zufolge werden alle Staaten in den nächsten zwanzig Jahren die physischen Folgen des Klimawandels in Form von höheren Temperaturen, steigendem Meeresspiegel und zunehmenden Wetterextremen spüren. Besonders hart werden Entwicklungsländer getroffen, wo fortschreitende Umweltzerstörung bestehende Risiken in den Bereichen Ernährung, Wasser, Gesundheit und Energiesicherheit verstärkt. Die Frage, wie und zu welchem Preis der Klimawandel am besten zu begrenzen ist, wird auch politisch innerhalb und zwischen Staaten und Gesellschaften zusätzliche Spannung produzieren.[32]

21 Im Bereich der Wirtschaft sind in den nächsten 15 Jahren wachsende Schulden sowie ein komplexeres und fragmentiertes Handelsregime auf der einen Seite und ein wachsender globaler Dienstleistungsmarkt, eine von Disruptionen geprägte Arbeitswelt und ein weiterer Aufstieg großer (insbesondere Plattform-)Unternehmen auf der anderen Seite zu erwarten. Das bereits heute hohe Schuldenniveau großer Volkswirtschaften steigt demographisch bedingt stetig weiter. Ausgaben für Gesundheit, Altersversorgung und Soziales reduzieren den Spielraum für staatliche Investitionen beispielsweise zur Bekämpfung des Klimawandels deutlich. In der Arbeitswelt wird der entscheidende Trend die Automatisierung sein, der in Zukunft nun auch höher qualifizierte Tätigkeiten zum Opfer fallen werden. Während die Automatisierung und Einschätzung des Berichts insgesamt eher zu mehr als zu weniger Jobs

---

[29] Zum Zusammenspiel zwischen demographischem Wandel und Sicherheit, s. ua *Goldstone/Kaufmann/Duffy Toft*, Political Demography: How Population Changes Are Reshaping International Security and National Politics und *Jackson/Howe*, The Graying of the Great powers: Demography and Geopolitics in the 21st Century, Center for Strategic and International Studies, 2008. Für einen interessanten Rückblick auf die Verwebung von Demographie und politischen Entwicklungen in der Vergangenheit, s. *Morland*, The human tide: how population shaped the modern world, 2019.

[30] Zur Urbanisierung und den mit ihr verbundenen Herausforderungen, s. ua *UN Habitat*, World Cities Report 2020. Zu den politischen Auswirkungen der Urbanisierung und des Aufkommens von Megastädten, s. *Calder*, Global Political Cities: Actors and Arenas of Influence in International Affairs, 2021. Zu Städten als Austragungsort von Konflikten, s. ua *Kaldor/Sassen*, Cities at War: Global Insecurity and Urban Resistance, 2020.

[31] *National Intelligence Council* Global Threats 2040 16–29. Zum Zusammenspiel von Klimawandel, Migration und Demographie vgl. auch *Hugo*, Future demographic change and its interactions with migration and climate change, Global Environmental Change 21:1, 2011, 21 oder *White*, Climate Change and Migration – Security and Borders in a Warming World, 2011.

[32] Zu den sicherheitspolitischen Auswirkungen des Klimawandels, s. auch *Femia/Werell*, A Security Threat Assessment of Global Climate Change, Product of the National Security, Military, and Intelligence Panel on Climate Change, The Centre for Climate and Security, an Institute of the Council on Strategic Risks, 2020. Für eine systematische Übersicht des Forschungsstands, s. *von Uexküll/Buhaug*, Journal of Peace Research 58:1, 2021, 3.

C. Künftige globale Entwicklungen § 1

führen wird, sind Spannungen zwischen Gewinnern und Verlierern dieses Prozesses unvermeidlich.[33]

Im technologischen Bereich wird der Wettbewerb um Technologieführerschaft und -dominanz sich mit aufkommenden geopolitischen Spannungen und allgemeineren politischen, wirtschaftlichen und gesellschaftlichen Rivalitäten verbinden. Erfolg in diesem Wettlauf erfordert jahrzehntelange langfristig orientierte Investitionen – 2040 wird hier erfolgreich sein, wer heute investiert. Darüber, wo sich moderne Technologien besser entwickeln, wird ein neuer Systemwettbewerb ausbrechen: Auf der einen Seite staatsgelenkte Volkswirtschaften, die bessere Steuerbarkeit und Zugriffe – beispielsweise auf Daten – ermöglichen, auf der anderen Seite die offenen, kreativen und wettbewerbsgetriebenen Unternehmen in Marktwirtschaften. Besondere Veränderungen bringen Künstliche Intelligenz, Biotechnologie und Smarte Materialien und Intelligente Fertigung mit sich. Die sog. vierte industrielle Revolution wird einerseits die Lebensstandards weiter verbessern, andererseits aber für ein hohes Level an Disruption in traditionellen Industrien sorgen. Die weitere Verbreitung von KI bringt im Bereich der Kriegsführung neue Risiken mit sich.[34]

Die „Hypervernetzung" der Welt durch neue Technologien birgt in den Augen der Autoren auch die Gefahr dramatischen sozialen Wandels, der aus der stetig wachsenden totalen Überwachungsmöglichkeiten und den gleichzeitig immer durchlässiger werdenden politischen und gesellschaftlichen Grenzen folgt. Insgesamt werden die erwarteten Technologiefortschritte die Problemlösungsfähigkeit und -geschwindigkeit enorm steigern; die Impfstoffentwicklung für Covid-19 zeigt dies bereits heute. Der Wettbewerb um Technologieführerschaft wird auch auf der internationalen Ebene die Konfliktlinien zwischen Gewinnern und Verlierern verstärken.

2. Aufkommende Dynamiken: Gesellschaftlich, Staatlich, International

Die Gesellschaften der Zukunft beschreibt der Bericht als informiert, aber gespalten und desillusioniert. Stagnierendes wirtschaftliches Wachstum und fehlende Fortschritte im Bereich der Menschlichen Entwicklung in Verbindung mit schnellem gesellschaftlichem Wandel sorgen bei großen Teilen der Weltbevölkerung für ein Gefühl der Unsicherheit und unklare Zukunftsaussichten. Das Misstrauen gegenüber als korrupt oder ineffektiv empfundenen Institutionen und Regierungen nimmt zu. Gemeinschaft und Sicherheit werden immer mehr in vertrauten und ähnlich gesinnten Gruppen gesucht, die sich um ethnische, religiöse und kulturelle Identitäten sowie um bestimmte Interessen oder Anliegen versammeln. Das Ergebnis sind Gesellschaften, die von einer „Kakophonie" unterschiedlicher und gegenseitig häufig miteinander im Konflikt befindlicher Visionen, Ziele und Überzeugungen geprägt sind.[35]

Das exponentielle Wachstum eines hypervernetzten Informationsraums befeuert diese Entwicklung weiter: Über Soziale Medien vernetzen sich bisher isolierte Gleichgesinnte auf der ganzen Welt. Hierbei entstehen zunehmend Echokammern, in denen nur noch dem eigenen Weltbild entsprechende Informationen geteilt werden und das Verstehen alternativer Perspektiven immer schwerer wird. Die Kompromissfähigkeit von Gesellschaften sinkt durch die Polarisierung in der Wahrnehmung von Politik, öffentlichen Institutionen, Ereignissen, Moralfragen und gesellschaftlichen Trends. Sog. *Gatekeeper* – beispielsweise Nachrichtensender und Soziale-Medien-Plattformen – erhalten eine immer größere Rolle bei der Unterscheidung zwischen Wahrheit und Fiktion. Die Bekämpfung von Desinformation und das Management umstrittener Inhalte wird in einer ideologisch zugespitzten Gesell-

---

[33] Für eine Übersicht der Auswirkungen technologischen Wandels auf das Militär, s. *O'Hanlon*, Forecasting Change in Military Technology, 2020–2040.
[34] S. hierzu *Jensen/Whyte/Cuomo*, International Studies Review 22:3, 2020, 526 sowie *Scharre*, Army of None: Autonomous Weapons and the Future of War, und Cronin, Power to the People, 2019: How Open Technological Innovation is Arming Tomorrow's Terrorists. Für einen Überblick vgl. *Horowitz*, Annual Review of Political Science 23, 2020, 385.
[35] *National Intelligence Council* Global Threats 2040 70–74.

schaft, in der Überzeugungen vor allem auf identitärer Zugehörigkeit beruhen, zunehmend aussichtslos. Diese Kombination von primär auf Identitäten beruhenden Überzeugungen und einer silohaften Informationsumgebung verstärkt die Bruchlinien innerhalb von Staaten und sorgt für zusätzliche politische Instabilität.[36]

26 Paradoxerweise steigern weltweite Wohlstandszuwächse dem Bericht zufolge weltweit die Anspruchshaltung der globalen Bevölkerung gegenüber ihren Staaten: Je besser die Bürger gestellt sind, desto effektiver können sie sich auch für sozialen und politischen Wandel einsetzen und von ihren Regierungen Ressourcen, Dienstleistungen und Anerkennung verlangen.[37] Die fortschreitende Urbanisierung erhöht das städtische Protestpotenzial und damit die Druckmittel der Bürger gegenüber dem Staat. Auch die zunehmende digitale Vernetzung wird diese Entwicklung weiter befeuern und es werden mehr Kämpfe von Gruppen mit konfliktierenden Zielen zu beobachten sein.[38]

27 Das internationale System der Zukunft wird durch die wachsende geopolitische Konfrontation zwischen USA und China geprägt sein. Staaten werden immer öfter zur Entscheidung für einen der beiden Machtpole gezwungen.[39] Technologie-, Netzwerk- und Informations-/Digitalmacht gewinnen auf internationaler Ebene gegenüber den traditionellen Machtkategorien Militär und Wirtschaft an Bedeutung.[40] Das Ringen um globale Normen, Regeln und Institutionen nimmt zu und Regionalmächte und nichtstaatliche Akteure gewinnen in ihren jeweiligen Weltregionen größeren Einfluss. Vor dem Hintergrund des Wettbewerbs über internationale Regeln und Normen stockt der globale Multilateralismus. Der Graben zwischen transnationalen Herausforderungen und den zu ihrer Lösung geschaffenen institutionellen Arrangements vergrößert das Konfliktrisiko zwischen und innerhalb von Staaten.[41]

28 Auf Basis dieser Analyse entwerfen die Autoren der Global Trends für 2040 fünf alternative Welten: Im optimistischsten Szenario, „Renaissance der Demokratien", können sich moderne Technologien letztendlich nur innerhalb der freien Rahmenbedingungen von liberalen Staaten und Gesellschaften ihr gesamtes Potenzial entwickeln. Der hieraus resultierende wirtschaftliche Erfolg inspiriert anschließend eine vierte Welle der Demokratisierung.[42] Eine weitere zumindest aus europäischer Perspektive eher optimistische Vision ist „Tragedy and Mobilization": Auf Druck ihrer Bevölkerung ringen sich Europa und China angesichts dringender globaler Herausforderungen schließlich zum gemeinsamen Handeln durch. Im Szenario „A World Adrift" hingegen bildet sich eine relative chaotische Welt heraus, in der keine Macht mehr wirklich dominiert und es an globaler Führung zur Lösung globaler Fragen fehlt. Im neben „A World Adrift" wahrscheinlichen Trendszenario „Competitive Coexistence" droht ein Kalter Krieg zwischen China und den Vereinigten Staaten, mit umfassendem geopolitischen Wettbewerb bei gleichzeitiger tiefgreifender ökonomischer Verflechtung. Lösungen für globale Herausforderungen fallen auch hier schwer. In „Separate Silos" schließlich kehrt sich die Globalisierung um und die Welt zerfällt in mehrere, relativ voneinander abgeschottete Blöcke unter der Führung von Regionalmächten. Auch hier bleiben Lösungen für globale Probleme aus.[43]

---

[36] Zu sozialen Spannungen und zunehmendem Populismus, s. *Norris/Inglehart,* Cultural backlash: Trump, Brexit, and authoritarian populism, sowie *Margalit,* Journal of Economic Perspectives 33:4, 2019, 152.
[37] *National Intelligence Council* Global Threats 2040 68.
[38] *National Intelligence Council* Global Threats 2040 77. Zum jüngsten Stand der Forschung zu Auswirkungen von Politik und Social Media auf den politischen Prozess, s. *Zhuravskaya/Petrova/Enikolopov,* Annual Review of Economics 12:1, 2020, 415. Zum Protestpotenzial, s. auch *Gerbando,* Tweets and the Streets, 2012.
[39] Vgl. auch *Lippert/Perthes,* Strategische Rivalität zwischen USA und China – Worum es geht, was es für Europa (und andere) bedeutet, SWP-Studie 2020/S 01, Stiftung Wissenschaft und Politik, 5.2.2020.
[40] Zur Nutzung sog. chokepoints vgl. *Farrell/Newman,* International Security 44:1, 2019, 42.
[41] *National Intelligence Council* Global Threats 2040 67.
[42] Dies würde eine Umkehr der sog. Dritten Welle der Autokratisierung darstellen, die angeblich die dritte Welle der Demokratisierung nach 1975 abgelöst hat. Vgl. *Lührmann/Lindberg,* Democratization 26:7, 2019, 1095. Zum Konzept der Wellen der Demokratisierung, vgl. *Huntington,* Journal of Democracy 2:2, 1991, 12.
[43] *National Intelligence Council* Global Threats 2040 108–119.

III. Andere Studien zum globalen Umfeld

Das von den Global Trends gezeichnete Bild findet sich ganz ähnlich auch in zahlreichen anderen Studien zur Entwicklung des politischen Umfelds in den nächsten 20–30 Jahren wieder. Meist identifizieren diese die gleichen Megatrends und entwerfen daher auch nur leicht anders akzentuierte Zukunftsszenarien.[44] So spricht beispielsweise auch das *European Strategy and Policy Analysis System* der Europäischen Union in einem Bericht von 2019 von der Wiederkehr der Geopolitik nach dem Ende des unipolaren Systems und macht als zunehmende Megatrends Globalisierung und Konnektivität, Demographie, Urbanisierung und Klimawandel aus. Migration, Technologie und Populistische Parteien sind dem Bericht zufolge Katalysten weiteren Wandels. Auch hier sind die Bewältigung von Klimakrise und technologischem Wandel, eine Sicherung demokratischer politischer Systeme und die Positionierung Europas in einer geopolitischeren Welt die wichtigsten Herausforderungen des kommenden Jahrzehnts.[45] Auch Studien beispielsweise von Wirtschaftsunternehmen und -beratungen zu zukünftigen Entwicklungen folgen oft ähnlichen Mustern.[46]

Es verwundert nicht, dass die von den Global Trends beschriebenen Entwicklungen und Bedrohungen sich bereits heute ganz ähnlich in den für Deutschland maßgeblichen Strategiedokumenten wiederfinden. Zwar verfügt Deutschland über keine staatlich sanktionierte Bedrohungsanalyse in Form einer Nationalen Sicherheitsstrategie.[47] Die Bundesregierung gibt aber immerhin ein ressortübergreifend abgestimmtes Weißbuch für die Bundeswehr heraus. Das letzte Weißbuch von 2016 führt als Bedrohungen Terrorismus, Cyberangriffe, Zwischenstaatliche Bedrohungen, Fragile Staatlichkeit und Bad Governance, Proliferation von Massenvernichtungswaffen und die Sicherheit der Handels- und Kommunikationswege an. Nachdem sich das Weißbuch von 2006 noch nahezu ausschließlich dem internationalen Terrorismus und Krisenmanagement gewidmet hatte, legt das Weißbuch von 2016 den Schwerpunkt somit auf den Dualismus von den aus der Schwäche von Staaten resultierenden Bedrohungen auf der einen Seite und einer zunehmenden Großmächtekonkurrenz auf der anderen Seite.[48]

Auch die EU teilt in ihrem letzten Implementierungsbericht der EU Global Strategy von 2019 diese Einschätzung.[49] Die Welt ist heute deutlich umkämpfter als noch vor wenigen Jahren und Konflikte werden auf strategischen, wirtschaftlichen und politischen Sphären ausgetragen. Während auf strategischer Ebene Non-Proliferation und Rüstungskontrolle bedroht sind, kommt es im wirtschaftlichen Bereich seit der Finanzkrise 2008–2009 zu immer mehr Handelsspannungen und einer technologischen Polarisierung. Politisch entstehen weltweit unterschiedliche Narrative, von denen einige offen den Werten liberaler Demokratien widersprechen. Dies alles mache sich auf globaler wie auch auf regionaler Ebene bemerkbar – vor allem aber dort, wo bereits Fragilität, Konflikte und Rivalitäten bestehen wie im Süden und Osten der EU. Schließlich kommen globale Risiken hinzu wie der Klimawandel, illegale Massenmigration, die Proliferation von Massenvernichtungswaffen, Ressourcenkonkurrenz, illegaler Waffen- und Rauschgifthandel, transnationale organi-

---

[44] Ein Grund hierfür mag unter anderem der rege Austausch zwischen den verschiedenen mit entsprechenden Studien beauftragten Institutionen sein.
[45] *European Strategy and Policy Analysis System*, Global Trends to 2030 – Challenges and Choices for a Europe.
[46] Interessante Produkte sind bspw. das „Trend Compendium 2050" von *Roland Berger* und der „Beyond the Noise – The Megatrends of Tomorrow's World"-Bericht von *Deloitte* von 2017 sowie „Megatrend-Report #01: The Bigger Picture – Wie Globalisierung, Digitalisierung und demografischer Wandel uns herausfordern" von der *Bertelsmann Stiftung*. Für eine globale Perspektive interessant zudem *Vereinte Nationen*, Report of the UN Economist Network for the UN 75th Anniversary Shaping the Trends of Our Time, September 2020.
[47] Für ein Beispiel einer solchen Bedrohungsanalyse, s. bspw. *Vereinigte Staaten von Amerika*, National Interim Strategic Guidance, oder *Office of the Director of National Intelligence*, Annual Threat Assessment of the Intelligence Community 2021.
[48] *Bundesregierung*, Weißbuch 2016 zur Sicherheitspolitik und zur Zukunft der Bundeswehr, 2016.
[49] *Europäische Union*, The European Union's Global Strategy: Three Years on, Looking Forward, 2019.

sierte Kriminalität und Piraterie. Neue, disruptive Technologien tragen zudem zu einem weiteren Wandel des Sicherheitsumfelds bei, sowohl in der Systemkonkurrenz als auch in den grenzübergreifenden Bedrohungen.

32 All dies deckt sich auch mit dem Bericht der sog. *Reflection Group* der NATO von 2020, der den ersten Schritt eines neuen strategischen Konzepts darstellt. In ihm identifiziert das von der Allianz beauftragte Expertengremium die Rückkehr des geopolitischen Wettbewerbs als zentrales Charakteristikum des gegenwärtigen Sicherheitsumfelds – erkennt aber auch die andauernde Bedeutung transnationaler Bedrohungen und Risiken wie Terrorismus, Klimawandel, Pandemien oder Migrationsbewegungen an. Neben die zurückgekehrte klassische militärische Bedrohung beispielsweise durch Russland treten für die Reflection Group zunehmend sog. Hybride Bedrohungen, die die traditionellen Grenzen zwischen Krieg und Frieden verwischen, zu einer Verquickung innerer und äußerer Sicherheit führen und die Staaten der Allianz von innen schwächen solle.[50] Attribuierung, Abschreckung und die Bekämpfung von Desinformation stellen hierbei eine zunehmende Herausforderung dar. Schließlich werden Fragilität und Unsicherheit am südlichen Rand des Allianzgebiets wahrscheinlich bestehen bleiben. Hinzu kommt auch aus Sicht der Allianz die wachsende Bedeutung aufkommender Technologien – insbesondere mit Blick auf die Kriegsführung.[51]

IV. Zwischenfazit

33 Der Global Trends-Bericht zählt fünf Themen auf, die sich wie eine rote Linie durch alle Entwicklungen der nächsten beiden Dekaden ziehen und auch in den anderen Studien eine wichtige Rolle spielen: Erstens nimmt die Bedeutung globaler Herausforderungen wie Klimawandel, Krankheiten, Finanzkrisen und technologischen Disruptionen zu und wird in nahezu jeder Region der Welt spürbar. Zweitens nimmt die innerstaatliche und innergesellschaftliche Fragmentierung trotz und auch wegen einer noch nie da gewesenen Vernetzung von Individuen zu und führt häufig zu politischer Polarisierung. Drittens kommt es auch zu einem wachsenden Ungleichgewicht (Disequilibrium) zwischen den wachsenden Ansprüchen der Bürger auf der einen und der stagnierenden Problemlösungskompetenz von Regierungen auf der anderen Seite. Die alten Strukturen sind den neuen und immer komplexeren Herausforderungen nicht gewachsen und lassen die Unzufriedenheit weltweit wachsen. Als vierten Punkt fasst der Bericht zunehmende Spannungen sowohl zwischen als auch innerhalb von Staaten und Gesellschaften unter dem Begriff größere Umkämpftheit (Contestation) zusammen. Sie ist Folge des wachsenden geopolitischen Wettbewerbs auf der internationalen und einer verstärkten Hinwendung zu Partikuläridentitäten auf der individuellen und gesellschaftlichen Ebene. Schließlich sieht der Bericht fünftens Anpassung – beispielsweise an Demographie, Klimawandel, oder Künstliche Intelligenz – als Imperativ und zentralen Wettbewerbsvorteil der Zukunft. Der Erfolg wird denjenigen Staaten gehören, die sozialen Konsens und Vertrauen für gemeinsames Handeln aufbauen und hierbei auch auf das Potenzial nicht-staatlicher Akteure zurückgreifen können.[52]

34 Sieht man von der Wiederkehr des geopolitischen Wettbewerbs ab, spiegeln diese Prognosen eigentlich die Gedankenwelt des Soziologen *Ulrich Beck* und seiner Risikogesellschaft wieder. Beck geht davon aus, dass die festen, quantifizierbaren Bedrohungen der Vergangenheit von unterschiedlichen, amorphen und qualitativen Sicherheitsrisiken abgelöst wurden.[53]

---

[50] Zu Hybrider Kriegsführung, s. *Weissmann/Nilsson/Thunholm/Palmertz,* Hybrid Warfare – Security and Asymmetric Conflict in International Relations, und *Galeotti,* Russian Political War: Moving Beyond the Hybrid, 2019.
[51] *NATO,* NATO 2030: United for a New Era, Analysis and Recommendations of the Reflection Group Appointed by the NATO Secretary General, 2020, 16–27.
[52] *National Intelligence Council* Global Threats 2040 3.
[53] Zum Aufgreifen des Konzepts der Risikogesellschaft innerhalb der Sicherheitsstudien, s. *Williams,* Cooperation and Conflict 43:1, 2008, 57.

Nach *Burgess et al.* ist für Becks Denken entscheidend, dass die größten Bedrohungen nicht mehr von außen kommen – wie beispielsweise Naturkatastrophen – sondern in der Regel ungewollte Konsequenzen der Modernisierung selbst sind – wie zB der vom Menschen erzeugte Klimawandel. Qualitativ verstärkt werden diese Risiken durch ihre globale Natur, der die primär nationalen Institutionen nicht gewachsen sind. Hieraus leitet Beck ein zunehmendes Misstrauen in Experten ab, welche die staatliche Fähigkeit zur Reaktion auf aufziehende Bedrohungen weiter abschwächt.[54] Die Covid-19-Impfdebatte kann als aktuelles Beispiel für diese Problematik dienen. Eine Betrachtung möglicher Bedrohungen des Staates muss beim Blick auf die zukünftigen Herausforderungen daher von einer Welt ausgehen, in der der zwischenstaatliche Wettbewerb weiter zunimmt, gleichzeitig aber die internationale Zusammenarbeit zur Bewältigung internationaler Herausforderungen immer unausweichlicher wird und das Verhältnis zwischen Bürgern und Staat angespannt bleibt.

D. Sicherheitsfelder

Im ersten Abschnitt wurde erörtert, was eine Bedrohung des Staates ausmacht, und im zweiten Abschnitt anschließend ein Blick auf die künftige Entwicklung des globalen Umfelds geworfen. Der folgende Abschnitt blickt nun auf dieser Basis auf einzelne Themenfelder, die traditionell mit Sicherheitsbedrohungen und insbesondere Bedrohungen des Staates verbunden sind. Hierbei orientiert sich der Beitrag an den Themenfeldern dieses Buches und greift daher besonders relevante Bereiche auf: Zunächst die Äußere Sicherheit und dann anschließend im Bereich der Inneren Sicherheit die Unterfelder Extremismus/Terrorismus, Spionage und Proliferation/Exportkontrolle. Der Abschnitt endet mit einem Blick auf Cyber. Aus einer genaueren Betrachtung des Gegenstands und den in B.II. (→ Rn. 17 ff.) aufgeführten Trends werden anschließend konkrete Prognosen zu ihrer wahrscheinlichen Entwicklung in den kommenden zwei Jahrzehnten abgeleitet. Ziel ist es, vor der fachlichen Auseinandersetzung mit diesen Themen aus juristischer Perspektive in den folgenden Kapiteln einen Blick darauf zu wagen, welche Herausforderungen sie für Exekutive, Legislative und Justiz bereithalten.

35

I. Äußere Sicherheit: Bedrohungen durch andere Staaten

Aus Perspektive der Internationalen Beziehungen geht der erste Blick traditionell immer auf die globale Ebene und auf Veränderungen des weltweiten Umfeldes. Die im *Global Trends*-Bericht beschriebene zunehmende geopolitische Konkurrenz lässt sich hier heute in immer mehr Themenfeldern spüren – egal ob es um die Besitzrechte an Felsen im Südchinesischen Meer, um neue russisch-deutsche Gaspipelines oder um den Erwerb chinesischer Mobil- und Netzwerktechnik geht.

36

Nach dem Ende des Ost-West-Konflikts 1990 war das internationale System zunächst maßgeblich durch den „unipolaren Moment" der Vereinigten Staaten von Amerika geprägt, die durch den Zusammenbruch der Sowjetunion plötzlich zur einzigen globalen Supermacht geworden waren. Einige Beobachter spekulierten angesichts der überragenden Überlegenheit der USA in fast allen Feldern sogar darüber, ob es sich möglicherweise um eine Epochenwende mit transformativem Charakter handeln könne, die die Funktionsweise des internationalen Systems dauerhaft verändert.[55] So schrieb beispielsweise *Francis Fukuyama* über ein mögliches „Ende der Geschichte", das eine globale Verbreitung des in einem sog. Washington Consensus verkörperten Modells von pluraler Demokratie und Marktwirt-

37

---

[54] *Burgess/Wardman/Mythen,* Journal of Risk Research 21:1, 2018, 1.
[55] Zum „Unipolaren Moment", s. *Krauthammer,* The unipolar moment, The Washington Post, 20.7.1990. Für eine differenziertere Behandlung von Unipolarität und ihren möglichen Folgen, s. *Wohlforth,* International Security 24:1, 1999, 5.

schaft auch auf globaler Ebene versprach.[56] Selbst der Krieg als Praxis staatlichen Handels, so schätzten manche Betrachter, könnte schlicht aus der Mode kommen, so wie einst das Duell.[57] Für andere Beobachter gerade aus der neorealistischen Schule war hingegen klar, dass Unipolarität und amerikanische Dominanz nicht von Dauer sein würden und es sich nur um eine Zwischenphase auf dem Weg von der Bipolarität zu einer neuen Multipolarität handeln könne. Schließlich würden sich die USA als neuer Hegemon nahezu zwangsweise übernehmen und andere Staaten sich gegen ihre Dominanz wehren.[58]

38 Die oft auch als Pax Americana bezeichnete prophezeite friedenstiftende Wirkung der Unipolarität blieb in der Tat aus. Bald zeigte sich, dass das Ausbleiben „großer" zwischenstaatlicher Kriege nicht unbedingt eine friedlichere Welt bedeutete. Das unmittelbare Ende des Kalten Krieges mit der Auflösung des Sowjetunion, ihrer Satellitenstaaten und Verbündeten führte ganz im Gegenteil in den 1990er Jahren zu einer Vielzahl internationaler Krisen, vor allem durch ethnische Konflikte wie im ehemaligen Jugoslawien und durch Staatenverfall wie in Somalia. Nach den Anschlägen vom 11. September 2001 wurden anschließend der internationale (islamistisch-dschihadistische) Terrorismus, nukleare Proliferation und beides befördernde sog. Schurkenstaaten zu neuen Prioritäten.[59]

39 Analytisch prägte in den 1990er und 2000er Jahren folglich der Eindruck des Verschwimmens von innerer und äußerer Bedrohungen die sicherheitspolitische Debatte.[60] Entwicklungen im Ausland bedeuteten – insbesondere im Vergleich zur militärischen Bedrohung zu Zeiten des Kalten Krieges – nur noch selten eine direkte Bedrohung der Bundesrepublik. Oft bargen sie, verstärkt durch die wachsende Globalisierung, aber das Risiko von Folgewirkungen für die innere Sicherheit wie importiertem politischen Extremismus und Terrorismus, illegale Migration oder Drogen- und Waffenhandel. Teilweise bedrohten sie auch wirtschaftliche Interessen wie die Freiheit der Seewege (zB Piraterie am Horn von Afrika) oder stellten zentrale Normen der Internationalen Ordnung infrage (Genozidverbot, Non-Proliferation). Während diesen aus dem Ausland kommenden Bedrohungen, die aufgrund ihrer nur indirekten Folgen auch oft besser nur als Risiken eingestuft werden, folglich nur mit Mitteln der Außen-, Sicherheits- und Verteidigungspolitik beizukommen war, erforderten gleichzeitig beispielsweise internationale Stabilisierungseinsätze eine deutlich gesamtstaatlichere Herangehensweise und ein komplexeres Instrumentarium, das oft auch als „Vernetzte Sicherheit" bezeichnet wird.[61] Für die deutsche Sicherheits- und Verteidigungspolitik blieb dies nicht ohne Folgen. Seit den 1990er Jahren richtete die ursprünglich auf Landes- und Bündnisverteidigung ausgerichtete Bundeswehr sich konzeptionell und strukturell auf das internationale Krisenmanagement aus, absolvierte zahlreiche Auslandseinsätze und wandelte sich wenn auch zaghaft zur Einsatzarmee. Fokus wurden die in der Regel im Rahmen von NATO und EU durchgeführten Stabilisierungsoperationen zB in Afghanistan und Mali.[62]

---

[56] *Fukuyama*, The End of History and the Last Man, 1992. *Fukuyamas* Titel greift bezeichnenderweise der konservative Denker *Robert Kagan* 2008 in seinem Buch The Return of History and the End of Dreams auf, das sich um den wiederentflammten Konflikt zwischen den USA seinen Herausforderern Russland und China dreht.
[57] Vgl. ua *Mandelbaum*, Survival 40:4, 1998, 20 und *Mueller*, Retreat from Doomsday: The Obsolescence of Major War, 1989. Für einen guten Überblick über die theoretische Debatte, s. *Väyrynen*, The Waning of Major War: Theories and Debates, 2006.
[58] Vgl. insbesondere *Waltz*, International Security 25:1, 2000, 5. Für einen Rückblick auf die zum Ende des Kalten Krieges getroffenen Prognosen zur weiteren Entwicklung des Internationalen Systems, s. *Fettweis*, International Studies Review 6:1, 2004, 79.
[59] Besonders anschaulich wird diese Entwicklung bei einer vergleichenden Lektüre der Strategischen Konzepte der ca. alle zehn Jahre veröffentlichten Strategischen Konzepten der NATO (1991, 1999, 2011), die stets mehr über die ihnen vorausgehenden Jahre erzählen als über die Zukunft. Zur Rezeption dieser Bedrohungen in Deutschland, s. *Koschut*, Sicherheit und Frieden 34:3, 2016, 198.
[60] Für einen Überblick der Debatte, s. zB *Werkner*, Zeitschrift für Außen- und Sicherheitspolitik 4, 2011, 65.
[61] Vgl. *Borchert*, Vernetzte Sicherheit, 2004, 53.
[62] Vgl. *Gareis* in Jäger/Höse/Oppermann, Deutsche Außenpolitik, 2. Aufl. 2010, 148. Siehe auch *Kümmel*, Streitkräfte unter Anpassungsdruck, 2009.

D. Sicherheitsfelder

In vielen Teilen der Welt stellen auch dreißig Jahre nach Ende des Kalten Krieges ethnische Konflikte, Terrorismus und Staatenverfall weiter die primäre Bedrohungslage dar.[63] Die fortschreitende Multipolarisierung, die vom Ende der bestimmenden Rolle der Vereinigten Staaten, vom Aufstieg Chinas und der Rückkehr Russlands zu einer wichtigen Einflussmacht zumindest im eigenen geographischen Raum geprägt ist, hat jedoch zu einem Wiederaufleben der Mächtekonkurrenz und kalter Großmachtkonflikte geführt, die sich wie im Kalten Krieg teils schon in heißen Stellvertreterkriegen wie in der Ukraine oder in Syrien manifestieren. Sog. internationalisierte innerstaatliche Konflikte machen mittlerweile den Großteil der laufenden Kriege aus und zeichnen sich durch besondere Intensität aus.[64]

40

Insbesondere das spätestens seit 2007 deutlich härtere Auftreten Russlands und die Konflikte in Georgien 2008 und insbesondere 2014 in der Ukraine sind von einschneidender Bedeutung für Deutschland. Nach Jahrzehnten – wenn auch schwieriger – strategischer Partnerschaft stellt Russland seither wieder als konkrete militärische Bedrohung dar. Hatte man Landes- und Bündnisverteidigung innerhalb der NATO lange vor allem zur Liebe der mittel- und osteuropäischen Verbündeten zumindest halbherzig weiter betrieben, während die Augen eigentlich auf das internationale Krisenmanagement gerichtet waren, haben die Ereignisse von 2014 diese Entwicklung bis zu einem gewissen Punkt umgekehrt. Ein Vergleich der Weißbücher von 2006 und 2016 zeigt wie sehr die Bundeswehr sich auf veränderte Realität eingestellt hat. So werden zwar sowohl die Landes- und Bündnisverteidigung als auch das internationale Krisenmanagement als prioritäre Aufgaben betrachtet. Nur die lange vernachlässigte Erstere ist aber strukturbestimmend für die Bundeswehr.[65] Nicht zuletzt die Veröffentlichung der Leitlinien zum Indopazifik des Auswärtigen Amtes und die Entsendung der Fregatte Bayern in den Indo-Pazifik zeigen, dass sich die deutsche Politik hier nicht allein auf Russland ausrichtet, sondern sich auch der breiteren aufkommenden Multipolarität stellt.[66]

41

Blickt man auf die in den Global Trends und ähnlichen Berichte, lässt sich diese Entwicklung bis 2040 fortzeichnen. Die westliche Niederlage in Afghanistan spricht für ein rückläufiges Engagement im internationalen Krisenmanagement. Angesichts der geopolitischen Aufladung möglicher Krisen wird ein solches Krisenmanagement auch deutlich risikoreicher. Die Entwicklungen in Libyen und Mali, wo eine Vielzahl von Staaten offen wie auch heimlich aktiv sind und unterschiedliche Gruppierungen unterstützen, wird sich wahrscheinlich verstetigen. Gleichzeitig werden die Folgewirkungen dieser Konflikte wie Flucht und Migration, aber möglicherweise auch politischer und religiöser Extremismus in Deutschland spürbar bleiben. Die resultierende relative außen- und sicherheitspolitische Ohnmacht wird weitere Unzufriedenheit in der Bevölkerung mit eigenen Folgewirkungen schüren.

42

Die Landes- und Bündnisverteidigung wird angesichts der anhaltenden direkten militärischen Bedrohung aus Russland weiter eine primäre Aufgabe darstellen. Rapider Wandel in verfügbaren militärischen Technologien, die Auswirkungen negativer demographischer Entwicklungen sowohl in Europa als auch Russland, der Umstieg auf erneuerbare Energien und dessen wirtschaftliche Folgen für den Energieexporteur Moskau sowie dessen zukünftiges Verhältnis zu China werden die Machtbalance hierbei dynamisch halten. Während aus europäischer Perspektive Russland aufgrund seines militärischen Potenzials, seiner revisionistischen Haltung und seiner geographischen Position die erste Sorge bleibt, wird die Zuspitzung der globalen Mächtekonkurrenz zwischen den USA und China auch für Deutschland immer spürbarer werden. Das Austarieren dieses zukünftig auch immer stärker militärisch geprägten Wettbewerbs mit der auf der auf deren anderen Seite bestehenden tiefen wirtschaftlichen Verflechtung wird für Deutschland als Verbündeten der USA und gleichzeitigen

43

---

[63] Der *Fragile States – Index* zB stufte 2021 29 Länder in die Kategorie „Alarm" ein.
[64] *Strand/Rustad/Urdal/Mokleiv Nygård*, Trends in Armed Conflict, 1946–2018.
[65] S. zB *Scheffler* in Schmitt, A Hard Look at Hard Power – Assessing the Defense Capabilities of Key US Allies and Security Partners, 2. Aufl. 2020, 85.
[66] Vgl. *Swistek*, Die Quadratur des Kreises im Indo-Pazifik – Sicherheitspolitische Umsetzung der Indo-Pazifik-Leitlinien, SWP Aktuell Nr. 29, Stiftung Wissenschaft und Politik, März 2021.

wichtigen wirtschaftlichen Partner beider Großmächte eine besondere Herausforderung darstellen. Die denkbar schlechteste Zukunft für Deutschland als Exportnation wäre hierbei eine Deglobalisierung, wie sie beispielsweise das Szenario „Separate Silos" darstellen würde.

44 Weiter besondere politische Aufmerksamkeit erfordern wird vor dem Hintergrund der wachsenden Großmächtekonkurrenz und gleichzeitig wachsenden gesellschaftlichen Spannungen vor allem das Phänomen der Hybriden Bedrohungen.[67] Hiermit wird die Kombination verschiedener Machtmittel, zB klassischem Militär, Cyber-Fähigkeiten, wirtschaftlichem Druck oder Desinformation bezeichnet, die staatliches Handeln gezielt verschleiern und absichtlich in einem Graubereich unterhalb der Konfliktgrenze halten soll. Oft wird hiermit versucht, gezielt innergesellschaftliche Konflikte anzuheizen und somit die Kohäsion und Stabilität zu untergraben. Während man hiermit bisher vor allem Russland verbindet (zB „Bundestags-Hack", Desinformation, Unterstützung für Parteien), wird auch China auf diesem Feld immer aktiver.[68]

45 Auch hier verschwimmen somit die Grenzen zwischen innerer und äußerer Sicherheit, da sich internationale Akteure hierbei auch gezielt der innergesellschaftlichen Spannungen ihrer Gegner bedienen und diese weiter anheizen.[69] Auch zu Zeiten des Kalten Krieges wurde der Konflikt zwar multidimensional ausgetragen und gezielt auf innergesellschaftliche Spannungen gesetzt – sei es durch die nachrichtendienstliche Unterwanderung und Steuerung politischer und zivilgesellschaftlicher Institutionen, durch aus dem Ausland unterstützten oder sich zumindest auf das Ausland beziehenden (Links-)Extremismus und Terrorismus; Spionage wie auch Sabotage. Die Vernetzung moderner Gesellschaften bietet hier heute aber ganz andere Einflussmöglichkeiten.

II. Innere Sicherheit

1. Extremismus und Terrorismus

46 Das Pendant zur direkten militärischen Bedrohung als klassischste Herausforderung im Bereich der Äußeren Sicherheit ist im Bereich der Inneren Sicherheit der politische Extremismus und Terrorismus. Wie der militärische Feind gefährdet der Extremist das Überleben des Staates und seiner Institutionen, nur dass an die Stelle des Erlangens von Herrschaft und Kontrolle zusätzlich der Austausch der politischen Ordnung tritt.[70] Es bedarf hier daher keines Rückgriffs auf die theologische Untermauerung des Crimen laesae maiestatis bei Benedikt Carpzov, um festzustellen, dass jeder Staat – und zumal die wehrhafte Demokratie – den Umsturz und die Beseitigung der bestehenden politischen Ordnung als „besonders abscheuliches" Verbrechen versteht.[71] Der Terrorist – wie auch der Extremist ein evaluativer Begriff und nur schwer definitorisch greifbar – bedroht mit seiner politisch motivierten Gewalt neben dem Staat zudem den Bürger selbst.[72]

47 Seit den 1990er Jahren und dem Ende des ideologisch aufgeladenen Systemkonflikts stellte in der Bundesrepublik weniger genuiner Inlandsextremismus als der sog. Ausländerextremismus die größte Herausforderung dar. Inländische Bestrebungen und ideologische Konfliktlinien schienen nur eine geringe Rolle zu spielen – auch wenn man sich aus

---

[67] Vgl. *Tsetsos*, Neue hybride Bedrohungen, Studie Nr. 26, Juli 2021; *Schaurer/Ruff-Stahl*, Aus Politik und Zeitgeschichte, 43–46, 016, 9. Für eine umfassende Behandlung s. *Giannopoulos/Smith/Theocharidou*, The Landscape of Hybrid Threats – A Conceptual Model, 2020; *Treverton/Thvedt/McCue, Treverton,* Adressing Hybrid Threats, Swedish Defence University, 2018.
[68] Zu Desinformation s. *Güllner*, Im digitalen Fadenkreuz, Internationale Politik 4, 2021, 78. Für einen kritischen Blick auf die Erfolgswahrscheinlichkeiten von Desinformation, s. *Lanoszka*, European Journal of International Security 4:2, 2019, 227.
[69] Vgl. *Wigell*, International Affairs 95:2, 2019, 255.
[70] Zu politischem Extremismus s. ua *Jaschke*, Politischer Extremismus: Eine Einführung, 2020 sowie *Pfahl-Traughber*, Extremismus und Terrorismus in Deutschland, 2020.
[71] *Schnabel-Schüle*, Aufklärung 7:2, 1994, 29.
[72] Zur Diskussion um eine Definition von Terrorismus, s. ua *Weinberg/Padahzur/Hirsch-Hoefler,* Terrorism and Political Violence 16:4, 2004, 777.

heutiger Sicht angesichts der Nichterkennung des Nationalsozialistischen Untergrunds (NSU) in falscher Sicherheit wägte. Wie bereits oben im Kontext des Verschwimmens von innerer und äußerer Sicherheit dargestellt, rückte dagegen aus dem Ausland importierte Extremismus in den Fokus. Blickte man in den 1990er Jahren auf von außen importierte Konflikte, beispielsweise die PKK, PLO oder die Grauen Wölfe, rückte spätestens gegen Ende der 1990er Jahre und insbesondere ab dem 11. September 2001 der islamistische Extremismus und Terrorismus in den Vordergrund.[73] Die Wende hin zum Islamismus zog hierbei freilich einen erheblichen Qualitätsunterschied nach sich: War Deutschland in den 1990er Jahren vor allem Rückzugsgebiet, wurde es nun zum Ziel.

Ab 2015 wendete sich dieses Blatt zunehmend. Während auf der einen Seite die militärische Niederlage des Islamischen Staates in Syrien und dem Irak auch zu einem gewissen Abschwung im islamistischen Terrorismus führte, leitete die Flüchtlingskrise im Herbst 2015 eine beispiellose Mobilisierung und Radikalisierung der rechtsextremistischen Szene in Deutschland ein – auch wenn über deren Gefährlichkeit spätestens seit der Selbstenttarnung des NSU im Jahre 2011 bereits wenige Zweifel bestanden. Spätestens seit dem Jahr 2020 und dem Ausbruch der Covid-19-Pandemie steigen – auch mit Blick auf entsprechende Entwicklungen in den USA – zudem Sorgen über den Einfluss von Verschwörungserzählungen und entsprechenden Radikalisierungen.[74]

48

Die in den Global Trends aufgezeigten Entwicklungen versprechen für die nächsten 20 Jahre eine weitere Zunahme des politischen Extremismus. Die zunehmende gesellschaftliche Polarisierung und Hinwendung zu Gleichgesinnten, die Verknüpfung vorher isolierter Gruppen und das Entstehen von Echokammern in Verbindung mit einer allgemeinen Unzufriedenheit mit der Politik begünstigen die politische Radikalisierung von Gruppen wie auch von Einzelpersonen.[75] Auch im Terrorismus besonders brisant und für Sicherheitsbehörden besonders gefährlich ist es, dass das Internet als Radikalisierungsort die Bedeutung der konspirativen Gruppe – von Marc Sageman auch schlicht als „Gruppe von Freunden" (bunch of friends) bezeichnet – deutlich reduziert hat. Terroristische Ansätze können sich nun auch am Rand oder gänzlich außerhalb der Szene entwickeln.[76] Diese Tendenz wird sich im hypervernetzten Informationsraum weiter verstärken.[77] Der zunehmende geopolitische Wettbewerb wird Staaten dazu treiben, entsprechende Fragmentierungsprozesse in anderen Ländern aktiv zu unterstützen oder sogar anzustoßen.[78]

49

---

[73] Die Entwicklung lässt sich in den jährlichen Verfassungsschutzberichten des Bundes nachvollziehen, verfügbar unter https://verfassungsschutzberichte.de/berichte (22.9.2021). S. auch *Fischer/Masala* in Fischer/Masala, Innere Sicherheit nach 9/11, 2016, 1 (1 ff.).

[74] Vgl. BMI, Verfassungsschutzbericht 2020. Für den negative Einfluss von Verschwörungstheorien auf die Pandemiebekämpfung, s. *Allington/Duffy/Wessely/Dhavan/Rubin*, Psychological Medicine 51:10, 2021, 1763.

[75] Vgl. *Rieger/Frischlich/Rac/Bente* in Ben Slama/Kemmesies, Handbuch Extremismusprävention – Gesamtgesellschaftlich. Phänomenübergreifend, 2020, 35; *Baldauf/Ebner/Guhl*, Hassrede und Radikalisierung im Netz – Der OCCI-Forschungsbericht, Institute for Strategic Dialogue, 2018, https://bit.ly/3CUXaTl; *Cardenal/Aguilar-Paredes/Pérez-Montoro*, The International Journal of Press/Politics 24, 2019, 465; *Mihelj/Jiménez-Martínez*, Nations and Nationalism 27:2, 2021, 331; *Davies/Wu/Frank*, Studies in Conflict & Terrorism, 2021.

[76] Vgl. *Pfahl-Traughber*, Der Einzeltäter im Terrorismus – Definition, Fehldeutungen, Typologie, Zusammenhang, Bundeszentrale für politische Bildung, 2020; *Sageman*, Understanding Terror Networks, 2011; *Sageman*, Leaderless Jihad: Terror Networks in the Twenty-First Century, 2008.

[77] Einer Studie des *Center for Countering Digital Hate (CCDH)* zufolge bietet bspw. der Algorithmus der Plattform Instagram seinen Mitgliedern immer radikalere Inhalte an, sobald sie sich für bestimmte Themen interessieren (*Center for Countering Digital Hate (CCDH)*, Malgorythm – How Instagram's Algorithm Publishes Misinformation and Hate to Millions During a Pandemic). Hierbei verknüpft es auch verschiedene Inhalte, bietet bspw. Impfskeptikern bald auch Posts mit antisemitischem Inhalt an. Eine weitere Studie der *Vodafone Stiftung* bspw. sieht vor allem Ältere als einfache Opfer von Desinformationskampagnen (*Vodafone Stiftung*, Desinformation in Deutschland – Gefahren und mögliche Gegenmaßnahmen aus Sicht von Fachleuten, 2021); s. auch *Winter/Gerster/Helmer/Baaken*, Überdosis Desinformation: Die Vertrauenskrise – Impfskepsis und Impfgegnerschaft in der COVID-19-Pandemie, 2021.

[78] Vgl. *Euvsdisinfo.eu*, Deutschland verteufeln; Deutschland umwerben", 2021; *U. S. Department of State*, Pillars of Russia's Disinformation and Propaganda Ecosystem, 2020.

2. Spionage

50 Das Wiedererwachen der Großmächtekonkurrenz wird auch in Deutschland ein Wiederaufleben nachrichtendienstlicher Aktivitäten bedingen und tut es bereits heute – auch wenn diese Aktivitäten nach Ende des Kalten Krieges nie wirklich zum Erliegen gekommen waren. Als politisches und wirtschaftliches Schwergewicht in EU und NATO, Stationierungsort ausländischer Streitkräfte sowie auch als Hochtechnologiestandort ist die Bundesrepublik in besonderer Art und Weise von Spionage und Aktivitäten fremder Nachrichtendienste betroffen. Bei der öffentlichen Anhörung der Präsidenten der Nachrichtendienste am 29.6.2020 äußerte der Präsident des Bundesamts für Verfassungsschutz, Thomas Haldenwang, dass bereits heute „das Niveau von Spionageaktivitäten gegen deutsche Interessen (…) auf einem Stand wie zu Zeiten des Kalten Krieges oder sogar darüber" erreicht habe.[79] Den Erkenntnissen seines Amtes zufolge haben nahezu alle Großmächte ihre Spionageaktivitäten in Deutschland deutlich ausgebaut. Am aktivsten seien hierbei Russland, China, die Türkei und der Iran.[80]

51 Die Ziele ausländischer Spionage- und Beeinflussungsaktivitäten werden auch weiter von der jeweils spezifischen Interessenlage abhängen. Für internationale Großmächte wird insbesondere die Aufklärung deutscher Politik und seine Entscheidungsfindung in internationalen Organisationen sowie mit Blick auf ihre jeweiligen politischen Prioritäten relevant sein. Für autoritäre Staaten ist aber nicht nur der deutsche Politikbetrieb relevant, sondern sie interessieren sich auch ganz besonders für eigene Dissidenten oder Oppositionelle, die in Deutschland Zuschlupf gefunden haben. Für kleinere Länder steht bereits heute nicht die Aufklärung deutscher Politik, sondern der eigenen Landesleute im Vordergrund. Hierzu gehören unter anderem der Iran und Ägypten, aber auch die Türkei, die Deutschland traditionell mit seiner relativ großen kurdischen Community als Rückzugsgebiet der Kurdischen Arbeiterpartei (PKK) im Auge hat, immer mehr aber auch auf Regierungskritiker in Deutschland schielt.[81] Die anhaltende globale Vernetzung und die Entwicklung eines hypervernetzten Informationsumfelds wird den Trend, auch im Ausland gegen Oppositionelle vorgehen zu wollen, eher noch verstärken.

52 Im Gegensatz zu den Nachrichtendiensten beispielsweise der Bundesrepublik, deren Aufgabe ausschließlich die Beschaffung und Auswertung von Informationen ist, beschränken sich die Geheimdienste anderer Staaten oft auch nicht aufs Zuschauen. Neben der Aufklärung betreiben sie in der Regel auch sog. „covert action", die von der Beeinflussung der öffentlichen Meinung über Entführungen und gezielte Tötungen bis hin zu Militäroperationen reichen kann und bei der in der Regel die Urheberschaft des eigenen Landes verschleiert werden soll.[82] Besonders besorgniserregend sind in dieser Hinsicht die bereits heute zunehmenden Fälle von in der Regel durch Geheimdienste betriebenen Staatsterrorismus, die mittlerweile auch im Verfassungsschutzbericht des Bundes von 2020 als besonders ernstzunehmende Gefahr beschrieben werden. Prominente Beispiele hierfür sind neben dem sog. Berliner Tiergartenmord 2019, bei dem ein islamistischer Georgier tschetschenischer Herkunft von einem mutmaßlichen Agenten des russischen Militärgeheimdienstes auf offener Straße erschossen wurde wie auch die Entführung eines oppositionellen Vietnamesen aus Berlin.[83] Eine Verschärfung innerstaatlicher Bruchlinien und Konflikte bei gleichzeitig weiter fortschreitender Vernetzung und Globalisierung wird hier eher zu einer Verstetigung dieses Trends führen.

---

[79] *Fiedler*, Berlin ist Hauptstadt der Spione, Der Tagesspiegel Online, 29.6.2020.
[80] *Cormac/Aldrich*, Grey is the new black: covert action and implausible deniability, International Affairs 94:3, 2018, 477; *Wohlforth*, International Relations 34:4, 2020, 459.
[81] BMI, Verfassungsschutzbericht 2020, 331–335.
[82] In der US-Gesetzgebung bspw. ist „covert action" definiert als „an activity or activities of the United States Government to influence political, economic, or military conditions abroad, where it is intended that the role of the United States Government will not be apparent or acknowledged publicly (…)", 50 U.S. Code § 413b.
[83] Zum Phänomen, s. *Schenkkan/Linzer*, Not out of Reach – Understanding Transnational Repression, Freedom House, Februar 2021, https://bit.ly/3xrjTpd. Zum Tiergartenmord, s. ua *Dornblüth/Engelbrecht*, Ein Verbrechen im Namen des Kreml? Der Tiergartenmord, Deutsche Welle, 6.10.2020.

Als Hochindustriestandort mit besonderen Fähigkeiten gerade im chemischen und metallurgischen Bereich wie auch in der Luft- und Raumfahrtindustrie steht Deutschland immer wieder auch im Fokus der Proliferationsbemühungen zahlreicher Staaten – wie auch der ganz klassischen Wirtschaftsspionage. Hierbei bedienen diese Staaten sich in der Regel auch ihrer jeweiligen Nachrichtendienste – sei es zum Erwerb von Know-how, der Anwerbung von Personal oder um klandestine Geschäftsbeziehungen zu Unternehmen aufzubauen und staatliche Beschaffungsaktivitäten zu verschleiern. Die Bedeutung wird umso mehr wachsen als heute Innovation in Schlüsseltechnologien immer weniger innerhalb staatlicher Forschungseinrichtungen (wie dem bekanntesten Beispiel, der US-amerikanischen Defense Advanced Research Projects Agency, DARPA) geschieht und sich auch militärische Innovationen oft erst aus zivilen, privatwirtschaftlich organisierten Unternehmen ergeben. Im Kampf um die zukünftige Technologieführerschaft werden auch fremde Nachrichtendienste ihre Aktivitäten wahrscheinlich verstärken.[84]

III. Proliferation und Exportkontrolle

Deutschland als Hochtechnologiestandort mit überdurchschnittlich exportorientierten Unternehmen kommt eine besondere Verantwortung zu, die Weiterverbreitung (Proliferation) von Massenvernichtungswaffen und die unkontrollierte Weitergabe von Rüstungsgütern zu verhindern. Neben klassischen militärischen Gütern zählen hierzu auch zahlreiche zivile und dual use-Hochtechnologieprodukte. Hinzu kommen solche Technologien, die autoritäre Regime für Repressionen gegen ihre eigene Bevölkerung einsetzen könnten, beispielsweise Überwachungstechnik. Neben seinem ureigenen, strategisch motivierten Interesse birgt die Beteiligung deutscher Unternehmen an Proliferationsbemühungen hierbei auch hohe internationale Reputationsrisiken für die Bundesrepublik, wie die später bekannt gewordenen Beiträge deutscher Unternehmen zur Entwicklung des pakistanischen Atomwaffenprogramms oder zum Aufbau der irakischen Chemiewaffenproduktion gezeigt haben.[85]

Aufgrund seiner industriellen Fähigkeiten und früher auch sehr laxen Regularien sind Proliferationsakteure in Deutschland bereits seit langem aktiv. Seit den 1990er Jahren gesellen sich zu den staatlichen Akteuren hierbei auch immer mehr substaatliche Gruppierungen und Individuen. Die in den *Global Trends* beschriebene zunehmende Großmächtekonkurrenz und der Kampf um Technologieführerschaft macht es wahrscheinlich, dass sich die relevanten Aktivitäten internationaler Akteure weiter verstärken werden. Die zunehmende auch militärische Bedeutung von Künstlicher Intelligenz – aber auch beispielsweise von exportbeschränkter Überwachungstechnologie – verstärkt die internationale Konkurrenz um Schlüsseltechnologien und die Bemühungen um deren klandestinen Erwerb.[86] Schließlich haben sich auch die Rahmenbedingungen geändert: Früher existiere eine relativ geringe Anzahl von Rüstungsunternehmen und spezialisierten Unternehmen aus der Nuklear- und Luftfahrtindustrie, die staatlichen Vorgaben folgen mussten, hierfür aber mit staatlichen Privilegien in Form von staatlicher Rüstungsbeschaffung oder Exportgenehmigungen belohnt wurde. Heute blickt man hingegen auf eine Vielzahl teils internationaler Unternehmen, die weit weniger als früher mit dem staatlichen Sicherheitssektor verflochten und weniger für sicherheitliche Belange sensibilisiert sind.[87]

---

[84] Vgl. *Hannas/Tatlow*, China's Quest for Foreign Technology: Beyond Espionage, 2020. Angaben des FBI zufolge wird in den USA alle zehn Minuten eine Untersuchung eines chinesischen Spionagefalls eingeleitet. Vgl. *Wray*, The Threat Posed by the Chinese Government and the Chinese Communist Party to the Economic and National Security of the United States, 2020.

[85] Zu Pakistan, s. *Ricke*, HSFK-Report Nr. 4/2012. Zum Irak, s. *Kelly/Moreno-Ocampo*, Prosecuting corporations for genocide, 2016, 129 ff.

[86] S. hierzu auch *Horowitz/Allen/Kania/Scharre*, Strategic Competition in an Era of Artificial Intelligence, 2018, https://bit.ly/3HW2Xfd.

[87] Zur Veränderung der Technologielandschaft und dem deutlich gesunkenen staatlichen Einfluss s. *Scharre* in *Scharre/Riikonen*, Defense Technology Strategy, Report, Center for a New American Security, 2020, https://bit.ly/3pkEzeX.

56 Eine weitere, zunehmend wichtiger werdende Aufgabe ist die Sanktionsüberwachung auch nicht proliferationsrelevanter Güter. Das Sanktionsinstrument ist in den letzten Jahren zu einem immer wichtigeren Mittel der deutschen, europäischen und transatlantischen Außen- und Sicherheitspolitik geworden. Im Gegensatz zu früher beschränkt sie sich nicht mehr nur auf die Verbreitung von Massenvernichtungswaffen und/oder den internationalen Terrorismus, sondern nimmt zahlreiche weitere Güter in den Blick. Beispiele hierfür sind die Sanktionen gegen Russland wegen der Annexion der Krim. Zur Sicherung der Effektivität des Sanktionsinstruments müssen hier eine Kontrolle von Import und Export einer immer größeren Anzahl von Gütern sichergestellt werden.[88]

IV. Cyber

57 Angesichts der wachsenden Abhängigkeit von Staat, Gesellschaft und Wirtschaft von der Informationstechnik ist es kaum verwunderlich, dass nur wenige Themen im letzten Jahrzehnt eine ähnliche politische Aufmerksamkeit erfahren haben wie die Cybersicherheit. Absehbare Entwicklungen wie 5G, Künstliche Intelligenz, das Smart Home oder das vernetzte, autonome Fahren werden das Schadenspotenzial in diesem Feld in den nächsten Jahrzehnten stetig ausweiten.[89] Bereits heute ist dem Digitalbarometer des BSI zufolge bereits jeder Vierte – und im Bereich des 19- bis 20-Jährigen sogar jeder Dritte – bereits Opfer von Cyberkriminalität oder Kriminalität im Internet geworden.[90] Auch der vom Global Trends-Berichten prophezeite zukünftige hypervernetzte Informationsraum wird sich schließlich nahezu vollständig im digitalen Raum befinden.

58 Gleichzeitig stellt die Politik in diesem Bereich eine besondere Herausforderung dar, da die Einbeziehung zahlreicher verschiedener Stakeholder und insbesondere von Wirtschaft und Zivilgesellschaft notwendig ist.[91] Die staatliche Sicherheitsgewährleistung im Cyber- und Informationsraum wird zudem durch weitere Besonderheiten erschwert. Hierzu gehören insbesondere die schwierige Attribuierbarkeit von Cyberangriffen, die eine „plausible deniability" durch aktive Verschleierung und die Nutzung von Proxys und Dritten ermöglicht. Eine weitere Herausforderung stellt die fließende Grenze zwischen Cyberspionage und -kriegsführung sowie die oft kaum mögliche Abgrenzung zwischen kriminellen und staatlichen Akteuren.[92] Weiter verkompliziert wird der Aufbau einer Cybersicherheitsinfrastruktur zudem durch eine wachsende geopolitische Dimension. Das Ringen um Technologieführerschaft zwischen den USA und China zieht hier immer weitere Kreise, bestens veranschaulicht durch den Streit um die Verwendung von Produkten des chinesischen Unternehmens HUAWEI, das von den Vereinigten Staaten global auf allen Ebenen bekämpft wird.[93]

59 Die größte Bedrohung für die Cybersicherheit geht hierbei von sog. Advanced Persistent Threats (APTs) aus. Das Bundesamt für Sicherheit in der Informationstechnik geht hierbei augenblicklich von einer dreistelligen Anzahl aktiver APT-Gruppen weltweit aus, von denen in Deutschland im letzten Jahr knapp über ein Dutzend beobachtet wurden. Ihre Aktivitäten reichen hierbei „von einfachen Angriffsversuchen und Phishing-E-Mails bis zu

---

[88] Für eine Analyse der zunehmenden Bedeutung und Effektivität von Sanktionen, s. zB Dreyer/Luengo-Cabrera, On target? EU sanctions as security policy tools, Issue Report N° 25, European Union Institute for Security Studies, 2015, https://bit.ly/32CU7Tu.
[89] Einer Umfrage des Verbands BITKOM zufolge betrugen die aus Cyberangriffen entstandenen Schäden in Deutschland im letzten Jahr ca. 223 Mrd. EUR. Vgl. Bitkom e.V, 5.8.2020, https://bit.ly/3rbEbSl.
[90] *Bundesamt für Sicherheit in der Informationstechnik (BSI) und Polizeiliche Kriminalprävention der Länder und des Bundes (ProPK),* 2021.
[91] *Deibert* in Gheciu/Wohlforth, The Oxford Handbook of International Security, 2018, 531 (532). Zur oft schwierigen Zusammenarbeit dieser Bereiche, vgl. *Schulze/Voelsen,* Indes 8:4, 2019, 105.
[92] *Deibert* in Gheciu/Wohlforth, The Oxford Handbook of International Security, 2018, 531 (541).
[93] *Schulze/Voelsen* in Lippert/Perthes, Strategische Rivalität zwischen USA und China – Worum es geht, was es für Europa (und andere) bedeutet, SWP-Studie 2020/S 01, Stiftung Wissenschaft und Politik, 5.2.2020, 32.

erfolgreichen Kompromittierungen [...]." Ziel der Angriffe waren hierbei sowohl deutsche Regierungsnetze vor allem mit der „Außenpolitik befasster Stellen als auch Botschaften von Staaten, die im besonderen Fokus bestimmter APT-Gruppen stehen. Ebenfalls betroffen waren internationale Nichtregierungsorganisationen und Unternehmen im Chemie-, Automobil- und Maschinenbausektor." Dies verdeutlicht dem BSI zufolge, „dass APT-Gruppen gezielt eingesetzt werden und einer strategischen Ausrichtung folgen, die oftmals mit einer Fokussierung auf bestimmte Weltregionen oder Branchen einhergeht."[94] Besonders viel Aktivität stellte das BSI 2020 in Südostasien, Zentralasien und im Mittleren Osten fest. Eine immer vernetztere Welt wird sich hier auch mit einer wachsenden Aktivität von APT-Gruppen konfrontiert werden, deren Werkzeuge mit der Zeit auch immer breiter verfügbar werden.

Besondere politische Aufmerksamkeit wird dem Cyber- und Informationsraum immer wieder auch mit Blick auf Hybride Bedrohungen und die Beeinflussung politischer Prozesse von außen zukommen – beispielsweise im Kontext von Wahlen und Abstimmungen. Insbesondere autoritären Staaten, die regelmäßig kriminelle Gruppen zur Verfolgung ihrer Ziele nutzen und vergleichsweise wenig Kontrolle unterliegen, fällt es leicht, die Verbreitung von Propaganda über Soziale Medien mit gezielten Cyberattacken zu kombinieren.[95] Ein Beispiel hierfür sind sog. Hack-and-Leak-Operationen wie im US-Präsidentschaftswahlkampf 2016, als wahrscheinlich die russische Regierung Netzwerke der Demokratischen Partei infiltrierte und anschließend Interna veröffentlichte.[96] Im hypervernetzten Informationsraum werden zunehmend auch Bots genutzt werden können, um die öffentliche Meinung zu manipulieren und Desinformation zu streuen.[97]

Schließlich wird der Informationsraum in Zukunft auch immer mehr einen militärischen Operationsraum darstellen – in den meisten Streitkräften wird er bereits heute als eigene Domäne geführt. Der geopolitische Wettbewerb wird sich hierbei auch in vermehrten Scharmützeln in diesem Graubereich der Kriegsführung bemerkbar machen und einen konstanten Rüstungswettlauf zur Folge haben. Aus Perspektive der Internationalen Beziehungen besonders interessant ist hierbei die Idee, dass der Cyberraum durch einen möglichen „offensiven Vorteil" geprägt sein könnte, da Computernetzwerke deutlich einfacher anzugreifen als zu verteidigen sind. Analog zur während des Kalten Kriegs geführten Debatte über verschiedene Waffensysteme würde dies bedeuten, dass Staaten einen hohen Anreiz zu Präventivschlägen haben und Systemstabilität nur schwer erreichbar ist. Auch für die nukleare Abschreckung könnte dies direkte Folgen haben.[98] Die zunehmende Anzahl möglicher Ziele und das intensive staatliche Bemühen um den Erwerb der entsprechenden Fähigkeiten machen es demnach nur zu einer Frage der Zeit, wann Cyberangriffe zu einem ersten realen Konflikt führen werden. Dem setzen andere jedoch entgegen, dass Sorgen über einen Cyberkrieg übertrieben sind. Wie *Thomas Rid* beschreibt, habe es schließlich noch keinen Verlust an Leben durch einen Cyberangriff gegeben. Auch nach *Erik Gartzke* haben Cyberangriffe wie das Abschalten von Stromnetzen, das Schließen von Flughäfen oder der Abbruch von Kommunikationskanälen in der Regel zwar deutliche ökonomische Folgen, diese können jedoch meist schnell und mit überschaubarem Aufwand beseitigt werden.[99]

---

[94] *Bundesamt für Sicherheit in der Informationstechnik,* 2020, 28.
[95] *Deibert* in Gheciu/Wohlforth, The Oxford Handbook of International Security, 2018, 531 (541).
[96] S. ua *U. S. Department of Justice,* 2019.
[97] *Deibert* in Gheciu/Wohlforth, The Oxford Handbook of International Security, 2018, 531 (541). Zur Arbeit von Howard, auf den Deibert verweist, s. *Howard,* Lie Machines, How to Save Democracy from Troll Armies, Deceitful Robots, Junk News Operations, and Political Operatives, 2020.
[98] Vgl. *James,* Acton, Daedalus 149:2, 2020, 133.
[99] *Deibert* in Gheciu/Wohlforth, The Oxford Handbook of International Security, 2018, 531 (539). Zur Argumentation von *Rid* und *Gartzke,* s. *Rid,* Journal of Strategic Studies 35:1, 2012, 5 und *Gartzke,* International Security 38:2, 2013, 41.

E. Fazit

62 Der vorliegende Beitrag hat zunächst einen konzeptionellen Blick auf Sicherheit und Gefahren des Staates geworfen. Hierbei wurde festgestellt, dass es sich bei Sicherheit und Bedrohungen des Staates um ein „essentially contested concept", also einen fundamental wertbeladenen Begriff handelt, über den ein vollständiger gesellschaftlicher und politischer Konsens unmöglich ist. Denn kein Phänomen ist von Natur aus ein „Sicherheits"-Problem, sondern wird erst dazu, wenn es von einem Akteur mit dem Label „Sicherheit" belegt und diese Belegung vom relevanten Publikum auch akzeptiert wird. Auch wenn daher in der Praxis heute ein mehr oder minder feststehendes Politikfeld „Sicherheit" mit einigermaßen klarem Akteurs- und Phänomenkreis erkennbar ist, bleibt dieser trotzdem konstantem Wandel unterworfen.

63 Im nächsten Abschnitt wurde – unter der Prämisse, dass Bedrohungen der nationalen Sicherheit in der Regel durch internationale und nicht durch nationale Entwicklungen bedingt wurden – mithilfe des US-amerikanischen Global Trends 2040 Berichts – ein Blick auf die wahrscheinliche Entwicklung der nächsten 20 Jahre geworfen und diese mit den für Deutschland maßgeblichen sicherheitspolitischen Strategien und Grundlagendokumenten abgeglichen. Hieraus wurden drei maßgebliche Trends abgeleitet: Die Rückkehr geopolitischer Konkurrenz auf die Weltbühne, die zunehmenden Spannungen innerhalb von Staaten und die wachsende Bedeutung globaler Herausforderungen.

64 Auf Basis dieser drei Trends wurden anschließend die in diesem Buch primär ins Auge gefassten Bedrohungen kurz beleuchtet und zentrale Trends für die nächsten Jahre festgestellt. Hierbei konnte festgestellt werden, dass vor allem die hybride Einflussnahme als Brücke zwischen der wachsenden Geopolitisierung auf der einen Seite und der zunehmenden innerstaatlichen und -gesellschaftlichen Fragmentierung auf der anderen Seite häufiger werden wird und gleichzeitig auch das Bewusstsein für globale Herausforderungen wie Klimawandel und Globale Gesundheit steigt und somit Handlungsdruck erzeugt.

§ 2 Sicherheitsgewährleistung als verfassungsrechtlicher Auftrag

Markus Thiel

Übersicht

	Rn.
A. Einführung	1
B. Verfassungsrechtliche Leitlinien für die Sicherheitsgewährleistung	11
I. Grundlagen	11
II. Grundgesetzliche Regelungen	12
1. Kompetenzordnung	13
2. Grundrechte	14
3. „Wehrhafte Demokratie"	15
4. Einsatz der Streitkräfte	21
5. Spannungs- und Verteidigungsfall	22
III. Europarechtliche Regelungen	23
C. Verfassungsrechtlicher Auftrag zur Sicherheitsgewährleistung	25
I. Grundlagen	25
II. Begründungsansätze für einen verfassungsrechtlichen Auftrag	26
1. Staatsziel Sicherheit?	26
2. Grundrecht auf Sicherheit?	34
3. Subjektives Recht auf Sicherheit?	41
4. Sicherheitsverpflichtung aus den grundrechtlichen Schutzpflichten?	43
III. Inhalt und Reichweite	46
D. Perspektiven	52

A. Einführung   § 2

Wichtige Literatur:
Anter, A., Die politische Idee der Sicherheit. Theoriegeschichte und Staatspraxis eines modernen Konzepts. In: Möllers/van Ooyen (Hrsg.), Jahrbuch Öffentliche Sicherheit 2008/2009, 2009, 15; *Barczak, T.,* Der nervöse Staat. Ausnahmezustand und Resilienz des Rechts in der Sicherheitsgesellschaft, 2020; *Bielefeldt, H.,* Freiheit und Sicherheit im demokratischen Rechtsstaat, 2004; *Brugger, W.,* Gewährleistung von Freiheit und Sicherheit im Lichte unterschiedlicher Staats- und Verfassungsverständnisse, VVDStRL Bd. 63 (2004), 101; *Bull, H. P.,* Staatsaufgabe Sicherheit – Erfüllungsmöglichkeiten und Defizite, 1994; *Calliess, C.,* Sicherheit im freiheitlichen Rechtsstaat. Eine verfassungsrechtliche Gratwanderung mit staatstheoretischem Kompass, ZRP 2002, 1; *ders.,* Gewährleistung von Freiheit und Sicherheit im Lichte unterschiedlicher Staats- und Verfassungsverständnisse, DVBl 2003, 1096; *Glaeßner, G.-J.,* Sicherheit in Freiheit. Die Schutzfunktion des demokratischen Staates und die Freiheit der Bürger, 2003; *Gusy, C.,* Rechtsgüterschutz als Staatsaufgabe – Verfassungsfragen der „Staatsaufgabe Sicherheit", DÖV 1996, 573; *ders.,* Gewährleistung von Freiheit und Sicherheit im Lichte unterschiedlicher Staats- und Verfassungsverständnisse, VVDStRL Bd. 63 (2004), 151; *Hofmann, H./Lukosek, S./Schulte-Rudzio, F.,* Das Gewicht der Sicherheit als Herausforderung des liberalen Verfassungsstaates. Sicherheit als Staatsaufgabe, Staatsziel, grundrechtliche Gewährleistung?, GSZ 2020, 233; *Isensee, J.,* Das Grundrecht auf Sicherheit. Zu den Schutzpflichten des freiheitlichen Verfassungsstaates, 1983; *Kötter, M.,* Pfade des Sicherheitsrechts. Begriffe von Sicherheit und Autonomie im Spiegel der sicherheitsrechtlichen Debatte der Bundesrepublik Deutschland, 2008; *Kutscha, M.,* Innere Sicherheit als Staatsaufgabe, in: Roggan/Kutscha (Hrsg.), Handbuch zum Recht der inneren Sicherheit, 2. Aufl. 2006, 24; *Möstl, M.,* Die staatliche Garantie für die öffentliche Sicherheit und Ordnung. Sicherheitsgewährleistung im Verfassungsstaat, im Bundesstaat und in der Europäischen Union, 2002; *Nitz, G.,* Private und öffentliche Sicherheit, 2000; *Nowrousian, B.,* Das Gebot der effektiven Strafverfolgung. Geschichte – Bedeutung – Begründung, Kriminalistik 2020, 624; *Preuß, Ulrich K.,* Risikovorsorge als Staatsaufgabe. In: Grimm (Hrsg.), Staatsaufgaben, 1994; *Robbers, G.,* Sicherheit als Menschenrecht. Aspekte der Geschichte, Begründung und Wirkung einer Grundrechtsfunktion, 1987; *Schewe, C. S.,* Das Sicherheitsgefühl und die Polizei. Darf die Polizei das Sicherheitsgefühl schützen?, 2009; *Schladebach, M.,* Staatszielbestimmungen im Verfassungsrecht, JuS 2018, 118; *Sommermann, K.-P.,* Staatsziele und Staatszielbestimmungen, 1995; *Stoll, P.-T.,* Sicherheit als Aufgabe von Staat und Gesellschaft. Verfassungsordnung, Umwelt- und Technikrecht im Umgang mit Unsicherheit und Risiko, 2003; *Tanneberger, S.,* Die Sicherheitsverfassung. Eine systematische Darstellung der Rechtsprechung des Bundesverfassungsgerichts. Zugleich ein Beitrag zu einer induktiven Methodenlehre, 2014; *Thiel, M. (Hrsg.),* Wehrhafte Demokratie. Beiträge über die Regelungen zum Schutze der freiheitlichen demokratischen Grundordnung, 2003; *ders.,* Die „Entgrenzung" der Gefahrenabwehr. Grundfragen von Freiheit und Sicherheit im Zeitalter der Globalisierung, 2011.

A. Einführung

„Sicherheit" ist ungeachtet ihrer relativen begrifflichen Unbestimmtheit (eingehend *Diet-* **1** *rich* → § 6 Rn. 3 ff.) ein grundsätzlich positiv bewertetes Gut – sie ist existenzielle Funktionsbedingung für das menschliche Zusammenleben, Grundbedürfnis[1] in der *conditio humana,* wesentliche Ausübungsvoraussetzung für die Freiheit(srechte)[2] und Ausrichtungspunkt vielfältigster Bemühungen der Träger hoheitlicher Gewalt.[3] Die Gewährleistung von Sicherheit gilt als eine der **zentralen Aufgaben des Staates,**[4] zugleich als einer der wesentlichen Rechtfertigungstopoi für Staatlichkeit, staatliche Ordnung und Staatsgewalt.[5] Die Konturierung der *verfassungsrechtlichen* Bedeutung der Sicherheit (und ihres Verhältnisses zur Freiheit[6]) ist dabei schwierig und komplex, insbesondere weil im Grundgesetz und in den Landesverfassungen nur rudimentäre unmittelbar sicherheitsbezogene Regelungen zu finden sind und daher eine interpretatorische „Gesamtschau" vorzunehmen ist, die

---

[1] *Anter* in Möllers/van Ooyen JBÖS 2008/2009, 2009, 15 (18); vgl. *Zelinka* in Lippert/Waechtler/Prüfert, Sicherheit in der unsicheren Gesellschaft, 1997, 43 ff.; *Denninger* in Lisken/Denninger PolR-HdB B Rn. 9: „eine der erstrebenswerten Grundbefindlichkeiten des heutigen Menschen"; *Calliess,* Prozedurales Recht, 1999, 49 ff.
[2] Vgl. schon *Humboldt,* Ideen zu einem Versuch die Grenzen der Wirksamkeit des Staates zu bestimmen, 1792, IX.
[3] Zur Bedeutung des Begriffs eingehend *Anter* in Möllers/van Ooyen JBÖS 2008/2009, 2009, 15 ff.
[4] *Anter* in Möllers/van Ooyen JBÖS 2008/2009, 2009, 15 (29); *Nitz,* Private und öffentliche Sicherheit, 2000, 518 ff.; *Sommermann,* Staatsziele und Staatszielbestimmungen, 1997, 203 ff.; zu einer Fülle an Einzelaspekten etwa *Stoll,* Sicherheit als Aufgabe von Staat und Gesellschaft. Verfassungsordnung, Umwelt- und Technikrecht im Umgang mit Unsicherheit und Risiko, 2002.
[5] *Müller/Schwabenbauer* in Lisken/Denninger PolR-HdB G Rn. 1: Selbstverständlichkeiten der Staatlichkeit.
[6] S. statt vieler *Hoffmann-Riem* KJ 2009, Beiheft 1, 54 ff.

allerdings nur eine recht grobe Zuordnung der Sicherheitsgewährleistung zum verfassungsrechtlich vorgezeichneten staatlichen Aufgabenbestand ermöglicht. Vor diesem Hintergrund ist die Charakterisierung als **„verfassungsrechtlicher Auftrag"** naheliegend, dessen Inhalt und Reichweite freilich weiter zu konkretisieren sind.

2 Schwierigkeiten bei der verfassungsrechtlichen Konturierung von Sicherheit und Sicherheitsgewährleistung verursacht schon die **terminologische Unklarheit** dieser Begriffe.[7] Festzustellen ist, dass es eine allgemein gültige Definition der „Sicherheit" nicht gibt. Man könne unter Sicherheit alles Mögliche verstehen, hat schon *Wilhelm von Humboldt* ausgeführt – der Begriff sei „zu weit, und vielumfassend, um nicht einer genauen Auseinandersetzung zu bedürfen".[8] Allgemein ließe sie sich als „Abwesenheit von Risiken"[9] definieren, subjektiv gewendet als die Erwartung der modernen Gesellschaft nach einer „angstfreien Daseinsgewissheit".[10] Andere Definitionsansätze stellen (insoweit auf der Linie der Schutzpflichtendogmatik des Bundesverfassungsgerichts) auf die Unversehrtheit der bedeutsamen Schutzgüter ab.[11] Bei derartigen Versuchen einer Begriffsbestimmung fällt auf, dass es sich überwiegend um Negativabgrenzungen im Sinne einer „Belastungsfreiheit" handelt.

3 Für den Begriff der Sicherheit[12] fehlt es an einer materielle Anhaltspunkte bietenden Anknüpfungsmöglichkeit im **Verfassungstext des Grundgesetzes**.[13] Eine erste Annäherung bietet eine Beschreibung von Sicherheit als Freiheit von Bedrohungen und Gefährdungen, die gegen verfassungsrechtlich geschützte individuelle Rechtsgüter wie Leben, Gesundheit, körperliche Unversehrtheit, persönliche Freiheit, sexuelle Selbstbestimmung, Eigentum usw gerichtet sind. Diese auch durch grundrechtliche Gewährleistungen „abgesicherten" Rechtsgüter sind als Werte mit Verfassungsrang vom Hoheitsträger namentlich gegenüber konkreten Gefahren, also hinreichenden Schadenswahrscheinlichkeiten zu schützen, sodass im (einfachgesetzlichen) Sicherheitsrecht konsequenterweise die Individualrechtsgüter zu den Schutzkomponenten der „öffentlichen Sicherheit" zu zählen sind.[14]

4 Der Begriff der Sicherheit schließt allerdings – etwa im allgemeinen Sprachgebrauch – **weitere Bedeutungsdimensionen** ein. Zu nennen sind beispielsweise die wirtschaftliche oder soziale Sicherheit,[15] die bei der Diskussion namentlich um die innere (und äußere) Sicherheit als „ökonomische Sphäre" weitestgehend ausgeklammert werden,[16] die Zukunftssicherheit in der Bedeutung einer Zukunftsfähigkeit der Sicherheitsarchitektur, einer Gewährleistung von Nachhaltigkeit[17] auch in der Bedeutung einer Sicherheit der künftigen Generationen (vgl. Art. 20a GG) usw, die „nationale Sicherheit" als Topos einer kollektiven Sicherheitskonzeption[18] bzw. einer Sicherstellung von Bestand und Funktionsfähigkeit

---

[7] *Thiel*, Die „Entgrenzung" der Gefahrenabwehr. Grundfragen von Freiheit und Sicherheit im Zeitalter der Globalisierung, 2011, 141; eingehend *Gramm*, Privatisierung und notwendige Staatsaufgaben, 2000, 395 ff.; *Kötter*, Pfade des Sicherheitsrechts. Begriffe von Sicherheit und Autonomie im Spiegel der sicherheitsrechtlichen Debatte der Bundesrepublik Deutschland, 2008; zur geschichtlichen Entwicklung etwa *Calliess* DVBl 2003, 1096 ff.

[8] *Humboldt*, Ideen zu einem Versuch die Grenzen der Wirksamkeit des Staates zu bestimmen, 1792, IX.

[9] *Gusy*, Gewährleistung von Freiheit und Sicherheit im Lichte unterschiedlicher Staats- und Verfassungsverständnisse, VVDStRL Bd. 63 (2004), 151 (155).

[10] *Seelmann* KritV 1992, 452 (455); s. auch *Kutscha* in Roggan/Kutscha Recht der Inneren Sicherheit-HdB 24.

[11] Vgl. *Knemeyer* PolR SuP Rn. 100.

[12] Zum Begriff *Schwetzel*, Freiheit, Sicherheit, Terror, 2007, 5 ff.

[13] *Thiel*, Die „Entgrenzung" der Gefahrenabwehr, 2011, 141.

[14] Vgl. etwa *Bäcker* in Lisken/Denninger PolR-HdB D Rn. 53 ff. mwN.

[15] *Thiel*, Die „Entgrenzung" der Gefahrenabwehr, 2011, 142 f.; umstritten ist die Frage nach einer Verpflichtung des Staates zur Gewährleistung einer „sozialen Sicherheit"; vgl. BVerfGE 1, 97 (105) = NJW 1952, 297, etwa zur „Herstellung erträglicher Lebensbedingungen für alle"; *Bull*, Die Staatsaufgaben nach dem Grundgesetz, 2. Aufl. 1977, 84 f.; zu sozialer Sicherheit und Kriminalitätsfurcht *Hirtenlehner/Hummelsheim* MschrKrim 2011, 178 ff.

[16] *Kutscha* in Roggan/Kutscha Recht der Inneren Sicherheit-HdB 25.

[17] Eine zentrale Rolle wird hierbei auch die Problematik der Klimaneutralität und der Wahrung der natürlichen Lebensgrundlagen spielen.

[18] Die freilich eng mit der individuellen Sicherheit verknüpft ist, vgl. *Thiel*, Die „Entgrenzung" der Gefahrenabwehr, 2011, 143.

A. Einführung

des Staates und anderer Träger hoheitlicher Gewalt, oder das eher subjektiv eingefärbte Bedeutungsspektrum der „Sekurität" im Sinne von Geborgenheit, Behütetsein, Sorglosigkeit.

Ist damit der Begriff der Sicherheit jedenfalls in seinen Grundzügen beschrieben, stellt sich die Frage nach Inhalt und Reichweite einer **„Gewährleistung"**. Als anerkannt gelten kann, dass Sicherheit – gemeinsam etwa mit der Daseinsvorsorge – ein wesentliches Gemeinwohlgut darstellt,[19] und dass seitens des Staates ein gewisses Sicherheitsniveau hergestellt und aufrechterhalten werden muss. Dem steht freilich die Erkenntnis gegenüber, dass sich Sicherheit kaum in einem umfassenden Sinne „messen" lässt; möglich sind regelmäßig nur quantitative bzw. qualitative Bewertungen eines Sicherheitsniveaus in Bezug auf bestimmte Bedrohungs- bzw. Kriminalitätsphänomene. Zu berücksichtigen ist in diesem Kontext auch die gängige Unterscheidung zwischen **objektiver und subjektiver Sicherheit**, also einem (möglicherweise) objektiv feststellbaren Maß oder Grad an Sicherheit und dem Sicherheitsgefühl[20] in der Bevölkerung bzw. des Individuums.[21] Maßstab für eine staatliche Pflicht zur Sicherheitsgewährleistung muss dabei vorrangig das objektive Sicherheitsniveau sein, wobei die Frage, ob sich die Trägerinnen und Träger der Grundrechte hinreichend sicher fühlen, um diese auch wahrnehmen zu können, unter dem Gesichtspunkt des Grundrechtsvoraussetzungsschutzes durchaus eine beachtliche Rolle spielen kann.

Instruktiv, für die verfassungsrechtliche Bewertung der Sicherheitsaufgabe im gegenwärtigen Verfassungsstaat indes allenfalls als „ideengeschichtliches Hintergrundrauschen" von Relevanz sind einerseits die **staatsphilosophischen Ansätze** zum Themenkreis Sicherheit und zu ihrer Verzahnung mit Staatlichkeit, andererseits die verfassungshistorischen Entwicklungslinien. Konkrete unmittelbare Auswirkungen auf eine verfassungsrechtliche Herleitung staatlicher Sicherheitsaufgaben unter Geltung des Grundgesetzes und der Landesverfassungen haben diese Aspekte nicht.

Vor allem die Einordnung der staatlichen Möglichkeit und Fähigkeit des Staates zur Sicherheitsgewährleistung als wesentlicher **Legitimationsgrund der Staatlichkeit** weist eine beachtliche historische Tradition auf. Eine zentrale Rolle spielt die Sicherstellung des (Über-)Lebens als Rechtfertigung für die politische Vergemeinschaftung namentlich in den politischen Systemen und Theorien der Kontraktualisten der Aufklärung. Nach *Thomas Hobbes* (1588–1679), dem „Sicherheitsdenker *par excellence*"[22], ist das Verlangen der Menschen nach Sicherheit der (einzige) Grund, weshalb sie sich in Gemeinwesen zusammenschließen und dem Staat und seinen Ordnungsaufgaben unterwerfen.[23] Bei *John Locke* (1632–1704) steht neben vergleichbaren Überlegungen, die um den Gedanken des Schutzes der sog. „Naturrechte" vor einem gewissermaßen gegenseitigen Übergriff erweitert wurden, die Idee eines Verzichts auf die eigene (gewaltsame) Durchsetzung der Sicherheitsinteressen zugunsten eines staatlichen Gewaltmonopols im Vordergrund.[24] Auch bei *Jean-*

---

[19] Vgl. etwa *von Arnim*, Gemeinwohl und Gruppeninteressen. Die Durchsetzungsschwäche allgemeiner Interessen in der pluralistischen Demokratie. Ein Beitrag zu verfassungsrechtlichen Grundfragen der Wirtschaftsordnung, 1977, 28 f.

[20] Eingehend *Schewe*, Das Sicherheitsgefühl und die Polizei. Darf die Polizei das Sicherheitsgefühl schützen?, 2009; *Müller* Kriminalistik 2018, 162 ff.; s. auch *Gusy* KritV 2010, 111 (112 ff.); zu einer Studie bei Großveranstaltungen *Arnd* Kriminalistik 2020, 211 ff.; zu Unterschieden in Ost- und Westdeutschland *Liebl* Kriminalistik 2019, 216 ff.; zu weiteren Studien *Hummelsheim-Doss* Parl Beilage 2017, Nr. 32–33, 34 ff.; zur Wechselwirkung von Sicherheitsgefühl und Sicherheitsprogrammen *Kunz* MschKrim 2014, 294 ff.; s. ferner *Reuband* NK 2012, 133 ff., zum Sonderfall der Kriminalitätsfurcht.

[21] Wobei wiederum objektiv besonders vulnerable Gruppen und subjektiv besonders empfindsame Personen einzuordnen sind.

[22] *Anter* in Möllers/van Ooyen JBÖS 2008/2009, 2009, 15 (20).

[23] *Hobbes*, Elementa philosophica de cive, 1647 (dt. Vom Bürger), in Hobbes, Vom Menschen/Vom Bürger, 1959, 125 (133); vgl. eingehend *Thiel*, Die „Entgrenzung" der Gefahrenabwehr, 2011, 144 f.

[24] *Locke*, Two Treatises of Government (dt. Zwei Abhandlungen über die Regierung), 1690, 2. Abhandlung, § 131.

Jacques Rousseau (1712–1778)[25] und *Immanuel Kant* (1724–1804)[26] kommt der Sicherheitsgewährleistung eine wesentliche Rolle bei der staatlichen Legitimation zu.

8 Auch die **frühen Verfassungstexte** weisen Bezüge zur Sicherheit auf. In der Verfassung des französischen Volkes vom 24. Juni 1793 etwa wird neben Gleichheit, Freiheit und Eigentum ausdrücklich auch die Sicherheit als unveräußerliches Recht bezeichnet (Art. 2 iVm Art. 1), gem. Art. 8 beruht die Sicherheit „in dem Schutz, den die Gesellschaft jedem ihrer Glieder für die Erhaltung seiner Person, seiner Rechte und seines Eigentums zusichert".

9 Die eminente Bedeutung, die der Sicherheit in den frühen Verfassungstexten zugewiesen wurde, kommt ihr in Konstitutionen seit dem späten 19. Jahrhundert nicht mehr zu.[27] Art. 2 Abs. 2 des **Entwurfs des Grundgesetzes** nach der ersten Lesung des Hauptausschusses des Parlamentarischen Rates hatte folgenden Wortlaut: „Jeder hat das Recht auf Leben, auf Freiheit und auf Sicherheit der Person". In der Stellungnahme des Allgemeinen Redaktionsausschusses ist unter anderem das Recht auf Sicherheit fortgefallen; zur Begründung heißt es dort: „Das Recht auf Sicherheit der Person ist ein Ausfluß der persönlichen Freiheit, die in Artikel 3 behandelt wird". Der Hauptausschuss ist in seiner vierten und letzten Lesung dem Vorschlag der Streichung gefolgt; über die Gründe lässt sich nur spekulieren.[28] Teilweise wird angenommen, der Begriff der Sicherheit sei den Beteiligten letztlich als zu diffus erschienen,[29] teilweise geht man davon aus, der Verzicht auf die ausdrückliche Aufnahme beruhe auf der Erkenntnis, ihr Gehalt sei in den Gewährleistungen anderer Verfassungsnormen mit enthalten.[30]

10 Im Folgenden wird zunächst ein Überblick über den Bestand der verfassungsrechtlichen Bestimmungen des Grundgesetzes zum Themenkomplex Sicherheit gegeben (B., → Rn. 11 ff.). Es schließt sich auf dieser Grundlage eine Erörterung der Frage an, wie der „Verfassungsauftrag Sicherheitsgewährleistung" dogmatisch herzuleiten und zu begründen ist, und welche rechtlichen Konsequenzen daraus folgen (C., → Rn. 25 ff.). Kurze Erwägungen zu den Perspektiven (D., → Rn. 52 f.) runden den Beitrag ab.

B. Verfassungsrechtliche Leitlinien für die Sicherheitsgewährleistung

I. Grundlagen

11 Sicherheit als Gemeinwohlgut (→ Rn. 5) wird verfassungsrechtlich nur handhabbar, wenn sich dieses Gemeinwohlgut normativ an **verfassungsrechtliche Bestimmungen und Werte** anknüpfen lässt – ansonsten bleibt er politischer und sozialer Argumentationstopos ohne normative Kraft. Häufig wird die Gewährleistung der (inneren) Sicherheit als „fundamentale und originäre Aufgabe des modernen Staates"[31] charakterisiert und damit in die Staatsaufgabendogmatik eingebunden. Die begriffliche Konturierung der staatlichen „Pflichtenstellung" erfolgt dabei im Detail heterogen: Die Rede ist von „Staatsaufgabe"[32], von „Garantie"[33], von „Gewährleistung" oder von „Staatsziel"[34]. Diese Einordnungen

---

[25] Vgl. etwa *Rousseau*, Du Contrat Social, 1762, 1. Buch, Kap. 4, 32.
[26] Vgl. *Kant*, Über den Gemeinspruch: Das mag in der Theorie richtig sein, taugt aber nicht für die Praxis, 1793, Akademieausgabe Bd. VIII, 1968, 273 ff.; vgl. *Kant*, Metaphysik der Sitten, 1797, Akademieausgabe Bd. VI, 1968, 203 ff.
[27] Eingehend *Anter* in Möllers/van Ooyen JBÖS 2008/2009, 2009, 15 (23).
[28] Zu den Motiven vgl. *Anter* in Möllers/van Ooyen JBÖS 2008/2009, 2009, 15 (23).
[29] *Isensee*, Das Grundrecht auf Sicherheit. Zu den Schutzpflichten des freiheitlichen Verfassungsstaates, 1983, 22.
[30] Vgl. *Robbers*, Sicherheit als Menschenrecht. Aspekte der Geschichte, Begründung und Wirkung einer Grundrechtsfunktion, 1987, 15 f.
[31] S. etwa *Glaeßner*, Sicherheit in Freiheit. Die Schutzfunktion des demokratischen Staates und die Freiheit der Bürger, 2003, 45; *Gusy* DÖV 1996, 573 ff.; *Möstl* Sicherheitsgewährleistung 44 ff.; *Nitz*, Private und öffentliche Sicherheit, 2000, 518 ff.; *Rixen* DVBl 2007, 221 (229), *Thiel*, Die „Entgrenzung" der Gefahrenabwehr, 2011, 149 Fn. 59 mwN.
[32] Vgl. *Bull*, Staatsaufgabe Sicherheit. Erfüllungsmöglichkeiten und Defizite, 1994.
[33] *Möstl* Sicherheitsgewährleistung.
[34] Zur Einordnung unten C. II. → Rn. 26 ff.

finden allerdings keine unmittelbare, explizite Bestätigung im Text des Grundgesetzes, sodass sie nur im Wege der Auslegung im Rahmen einer „Gesamtschau" gestützt werden können. Dazu sind zunächst die verfassungsrechtlichen Bestimmungen mit Bezügen zum Themenfeld „Sicherheit" in den Blick zu nehmen.

II. Grundgesetzliche Regelungen

Das Grundgesetz enthält eine Reihe von ausdrücklichen oder im Wege der Verfassungsinterpretation hergeleiteten Bestimmungen zum Themenkomplex „Sicherheit". Beispielhaft zu nennen sind der in Art. 87a GG normierte Verteidigungsauftrag der Bundeswehr als Bestandteil vor allem einer „äußeren Sicherheit" sowie die detaillierten Vorschriften zum Verteidigungsfall in Art. 115a ff. GG (→ Rn. 21). In Art. 24 Abs. 2 Hs. 1 GG („System gegenseitiger kollektiver Sicherheit") wird „Sicherheit" explizit verwendet.

1. Kompetenzordnung

Deutliche Sicherheitsbezüge weist die verfassungsrechtliche **Kompetenzordnung** des Grundgesetzes auf, wenngleich namentlich die innere Sicherheit weitestgehend in den Zuständigkeitsbereich der Länder fällt (Art. 70 Abs. 1 GG). Dem Bund kommt etwa die ausschließliche Gesetzgebung für die auswärtigen Angelegenheiten sowie die Verteidigung einschließlich des Schutzes der Zivilbevölkerung zu (Art. 73 Abs. 1 Nr. 1 GG). Gemäß Art. 73 Abs. 1 Nr. 9a GG besitzt er die Legislativkompetenz für die Abwehr von Gefahren des internationalen Terrorismus durch das Bundeskriminalpolizeiamt in Fällen, in denen eine länderübergreifende Gefahr vorliegt, die Zuständigkeit einer Landespolizeibehörde nicht erkennbar ist oder die oberste Landesbehörde um eine Übernahme ersucht. Ferner besteht eine ausschließliche Gesetzgebungskompetenz bezüglich der Zusammenarbeit des Bundes und der Länder in der Kriminalpolizei, zum Schutze der freiheitlichen demokratischen Grundordnung, des Bestandes und der Sicherheit des Bundes oder eines Landes (Verfassungsschutz) und zum Schutze gegen Bestrebungen im Bundesgebiet, die durch Anwendung von Gewalt oder darauf gerichtete Vorbereitungshandlungen auswärtige Belange der Bundesrepublik Deutschland gefährden, sowie für die Einrichtung eines Bundeskriminalpolizeiamtes und die internationale Verbrechensbekämpfung (Art. 73 Abs. 1 Nr. 10 GG). Weitere Kompetenztitel weisen zumindest einen straf- bzw. ordnungsrechtlichen Bezug auf, zB derjenige für das Strafrecht (Art. 74 Abs. 1 Nr. 1 GG), für das Vereinsrecht (Art. 74 Abs. 1 Nr. 3 GG) oder für den Straßenverkehr (Art. 74 Abs. 1 Nr. 22 GG).

2. Grundrechte

Ein explizites Grundrecht auf Sicherheit kennt das Grundgesetz nicht (→ Rn. 34 ff.). Entsprechende Überlegungen bei der Schaffung der Verfassung haben sich nicht durchgesetzt. Gleichwohl wirken die in Art. 1 ff. GG normierten **Grundrechte** nicht allein in ihrer Dimension als Freiheitsrechte; aufgrund der ihnen innewohnenden weiteren Funktion, die auch vom Bundesverfassungsgericht unter dem Begriff der „grundrechtlichen Schutzpflichten" anerkannt ist, weisen sie auch einen deutlichen Sicherheitsbezug auf (eingehend → Rn. 41 ff.). Vereinzelt ergeben sich auch unmittelbarere Sicherheitsbezüge: So hat etwa jede Mutter nach Art. 6 Abs. 4 GG Anspruch auf den Schutz und die Fürsorge der Gemeinschaft. In Art. 13 Abs. 4 S. 1 GG und Abs. 7 S. 1 GG („Abwehr dringender Gefahren für die öffentliche Sicherheit", „Gefahren für die öffentliche Sicherheit und Ordnung") ist die „öffentliche Sicherheit" unmittelbar angesprochen.

3. „Wehrhafte Demokratie"

Vor allem im Sinne einer „Eigensicherung" des Staates und seiner wesentlichen verfassungsrechtlichen Funktionen wirkt der Grundsatz der **„wehrhaften Demokratie"**, der in der Rechtsprechung des Bundesverfassungsgerichts und ihm folgend auch in großen Teilen des Schrifttums als Wert mit Verfassungsrang anerkannt ist. Die ihm zugrunde liegende Idee besagt, dass die Gegner der freiheitlichen demokratischen Grundordnung nicht mit allen, sogar den von der Verfassung selbst zur Verfügung gestellten Mitteln auf eine Beseitigung dieser Ordnung hinwirken dürfen. Vielmehr sehen sie sich bei Überschreiten bestimmter Grenzen staatlichen Schutzmechanismen und Abwehrmaßnahmen ausgesetzt.[35] Schon bei der Schaffung des Grundgesetzes wurden die Gefährdungspotenziale erkannt und ein differenziertes Instrumentarium in die Verfassung aufgenommen, namentlich die Möglichkeit des Verbots verfassungswidriger Parteien und Vereinigungen (Art. 21 Abs. 2 GG), die Verwirkung von Grundrechten im Falle des Kampfes gegen die freiheitliche demokratische Grundordnung (Art. 18 GG), die sog. „Ewigkeitsgarantie" (Art. 79 Abs. 3 GG), die im Zuge der europäischen Integration die Funktion eines Maßstabs für die Kontrolle der Wahrung der Identität der Bundesrepublik Deutschland gegenüber der Normsetzung der europäischen Union übernommen hat, und das Widerstandsrecht (Art. 20 Abs. 4 GG).

16 Im Sinne einer Abgrenzung zur weitestgehend wertneutralen Weimarer Republik[36] wird die vom Grundgesetz errichtete Verfassungsordnung als „wehrhafte", „streitbare", „abwehrbereite", „wertegebundene", „wachsame" oder gar „militante" Demokratie bezeichnet.[37] Ein solches „Streitbarkeitsprinzip" ist im Verfassungstext selbst nicht niedergelegt, wird aber vom **Bundesverfassungsgericht** in langjähriger Interpretationspraxis[38] und ihm folgend von weiten Teilen des Schrifttums im Wege einer verfassungsinterpretatorischen „Zusammenschau" der verschiedenen Einzelausprägungen und -instrumente hergeleitet. 1956 hat das Gericht den vor allem von *Karl Loewenstein*[39] und *Karl Mannheim*[40] geprägten Begriff der „streitbaren Demokratie" im Urteil zum Verbot der *Kommunistischen Partei Deutschlands* („KPD-Urteil") ausdrücklich übernommen,[41] zunächst allerdings noch in vorwiegend deskriptiver Gestalt. Nach und nach avancierte der Terminus allerdings in der Rechtsprechung des Bundesverfassungsgerichts zu einer „universell (...) einsetzbaren Grundentscheidung des Grundgesetzes".[42] Die von ihm angenommene Festlegung des Grundgesetzes auf eine streitbare Demokratie hat es in beachtlicher, geradezu kompromisslos zu nennender Deutlichkeit als Argument herangezogen – etwa zur Begründung eines Ausschlusses von staatlichen Leistungen[43] oder disziplinarischer Maßnahmen.[44] Dabei wird dem Prinzip ein eigenständiger rechtlicher Gehalt beigemessen; in den verschiedenen grundrechtlichen Bestimmungen sieht das Bundesverfassungsgericht den normativen Ausdruck eines dem Grundgesetz und der von ihm errichteten Grundordnung wesensimmanenten, gleichsam „vorrechtlichen" Grundsatzes.[45]

17 Wenngleich das Schrifttum dieser Deutung überwiegend gefolgt ist und sich eingehend mit dem Grundsatz der „wehrhaften Demokratie" beschäftigt hat,[46] sind auch **kritische**

---

[35] *Thiel* in Thiel, Wehrhafte Demokratie. Beiträge über die Regelungen zum Schutze der freiheitlichen demokratischen Grundordnung, 2003, 1.
[36] Dazu *Gusy*, Weimar – die wehrlose Republik? Verfassungsschutzrecht und Verfassungsschutz in der Weimarer Republik, 1991, 367 ff.
[37] Zu den Bezeichnungen vgl. die Nachweise bei *Thiel* in Thiel, Wehrhafte Demokratie, 2003, 1 (5).
[38] Dazu *Lameyer*, Streitbare Demokratie. Eine verfassungshermeneutische Untersuchung, 1978, 13 f.
[39] *Loewenstein* American Political Science Review 31 (1937), 417 ff., 638 ff.; s. schon *Loewenstein* American Political Science Review 29 (1935), 571 ff., 755 ff.
[40] *Mannheim*, Diagnosis of Our Time: Wartime Essay of a Sociologist, 1943, 8.
[41] BVerfGE 5, 85 (insbesondere 139) = NJW 1956, 1393.
[42] So kritisch *Denninger* VVDStRL Bd. 37 (1979), 17.
[43] BVerfGE 13, 46 (49 f.) = BeckRS 1961, 385.
[44] BVerfGE 28, 36 (48 f.) = NJW 1970, 1268.
[45] *Thiel* in Thiel, Wehrhafte Demokratie, 2003, 1 (8).
[46] Vgl. die ausführlichen Untersuchungen von *Jesse*, Streitbare Demokratie. Theorie, Praxis und Herausforderungen in der Bundesrepublik Deutschland, 2. Aufl. 1981; *Lameyer*, Streitbare Demokratie, 1978; *Sattler*, Die rechtliche Bedeutung der Entscheidung für die streitbare Demokratie. Untersucht unter besonderer Berücksichtigung der Rechtsprechung des Bundesverfassungsgerichts, 1982; *Papier/Durner* AöR Bd. 128 (2003), 340 ff.; s. auch die Beiträge in *Thiel*, Wehrhafte Demokratie, 2003.

B. Verfassungsrechtliche Leitlinien für die Sicherheitsgewährleistung § 2

Stimmen zu vernehmen.[47] Vorgeworfen wurde dem Bundesverfassungsgericht beispielsweise ein „Zusammenzwingen" einzelner Grundrechtsbestimmungen mit Ausnahmecharakter[48] in einer „synkretistischen Additionsreihe",[49] die Ebnung des Weges für ein autoritäres Staatsverständnis,[50] die Aushebelung des Rechtsstaatsprinzips[51] durch die Aufgabe der Notwendigkeit einer Einzelfallabwägung mit dem konkret gebotenen Maß an Verfassungsschutz,[52] die Ideologieanfälligkeit des Konstruktes[53] und die Herleitung aus politikwissenschaftlichen Theorien der 1930er Jahre.[54] Die Kritik ist nicht gänzlich von der Hand zu weisen; gleichwohl hat das Prinzip der wehrhaften Demokratie seine Berechtigung auch als eigenständiger Wert mit Verfassungsrang. Dass Verfassungen Vorkehrungen zum Schutz ihrer eigenen Grundlagen enthalten, ist ein verbreitetes Regelungsmodell in Demokratien, die nicht einem vorrangig „prozeduralen" Demokratieverständnis folgen, das (nahezu) jegliche Entscheidung zulässt, die im Wege des demokratischen Meinungs- und Willensbildungsprozesses getroffen wird, sondern insoweit „substanziell" sind, als sie unveränderliche Grundvoraussetzungen festschreiben. Da aber ein Verfassungsgeber nicht jeglicher denkbaren Bedrohung mit detaillierten rechtlichen Bestimmungen begegnen kann, bedarf es des Rückgriffs auf ein verfassungsrechtlich fundiertes „Streitbarkeitsprinzip", insbesondere als Auslegungshilfe und Abwägungsbelang.

Schutzgut des Verfassungsgrundsatzes der wehrhaften Demokratie ist die **freiheitliche** **18** **demokratische Grundordnung,** wie sich zB aus dem Normtext des Art. 18 bzw. des Art. 21 Abs. 2 GG ergibt. Das Bundesverfassungsgericht hat den Begriff der freiheitlichen demokratischen Grundordnung durch eine nach und nach ergänzte katalogartige Aufzählung einzelner Rechtsinstitute zu erfassen versucht. Dazu gehören insbesondere die Achtung vor den im Grundgesetz konkretisierten Menschenrechten, vor allem vor dem Recht der Persönlichkeit auf Leben und freie Entfaltung, die Volkssouveränität, die Gewaltenteilung, die Verantwortlichkeit der Regierung, die Gesetzmäßigkeit der Verwaltung, die Unabhängigkeit der Gerichte, das Mehrparteienprinzip und die Chancengleichheit für alle politischen Parteien mit dem Recht auf verfassungsmäßige Ausübung einer Opposition. Namentlich wurden in weiteren Judikaten nach und nach einige der Grundrechte in den Katalog aufgenommen, so etwa das Grundrecht auf freie Meinungsäußerung,[55] die Rundfunk-, Presse- und Informationsfreiheit[56] und die Religionsfreiheit.[57]

In seiner Entscheidung vom 17.1.2017 (NPD-Verbotsverfahren II) hat das Bundesverfassungsgericht den Begriff für den Kontext des **Parteiverbotsverfahrens** weiter konkretisiert und ausgeführt: **19**

„Der Begriff der freiheitlichen demokratischen Grundordnung im Sinne von Art. 21 Abs. 2 GG umfasst nur jene zentralen Grundprinzipien, die für den freiheitlichen Verfassungsstaat schlechthin unentbehrlich sind."[58]

---

[47] Etwa *Jasper* DVBl 1978, 725 ff.; *Ridder* Neue Politische Literatur 1957, 352 (358).
[48] *Bulla* AöR Bd. 98 (1973), 340 (355).
[49] *Ridder* Neue Politische Literatur 1957, 352 (358).
[50] *Bulla* AöR Bd. 98 (1973), 340 (360); *Lameyer* JöR nF Bd. 30 (1981), 178, spricht von der Gefahr einer „Überbetonung der Sphäre des Staates".
[51] Vgl. die Erwägungen zu einer „Supra-Legalität" des Schutzgutes der wehrhaften Demokratie, der freiheitlichen demokratischen Grundordnung, bei *Preuß,* Legalität und Pluralismus. Beiträge zum Verfassungsrecht der Bundesrepublik Deutschland, 1973, 17 ff.
[52] Vgl. *Schneider,* Die parlamentarische Opposition im Verfassungsrecht der Bundesrepublik Deutschland, 1974, 306 f.
[53] *Dreier* GS F. Klein, 1977, 86 (100 f.), der sich für eine restriktive Interpretation des Prinzips ausspricht.
[54] Vgl. den Hinweis auf einen „Alterungs- bzw. Erosionsprozeß" des Streitbarkeitsprinzips bei *Fromme* in Bundesministerium des Innern, Verfassungsschutz und Rechtsstaat. Beiträge aus Wissenschaft und Praxis, 1981, 185 (215 f.).
[55] Vgl. BVerfGE 7, 198 (208) = BeckRS 1958, 869.
[56] Vgl. BVerfGE 77, 65 (74) = NJW 1988, 329.
[57] BVerfGE 137, 273 (303 Rn. 83) = BeckRS 2014, 58356.
[58] BVerfGE 144, 20 ff., Ls. 3 und Rn. 535 ff. = NJW 2017, 611.

20 Das Gericht betont, dass die Grundordnung ihren Ausgangspunkt in der Würde des Menschen finde, deren Garantie „insbesondere die Wahrung personaler Individualität, Identität und Integrität sowie die elementare Rechtsgleichheit" umfasse. Als weitere wesentliche Bestandteile der freiheitlichen demokratischen Grundordnung hat es das Demokratieprinzip, die Möglichkeit gleichberechtigter Teilnahme aller Bürgerinnen und Bürger am Prozess der politischen Willensbildung, den Grundsatz der Volkssouveränität, das Modell der parlamentarisch-repräsentativen Demokratie und den Grundsatz der Rechtsstaatlichkeit aufgeführt.[59] Diese Ausführungen sind teilweise so gedeutet worden, als habe das Gericht den bisherigen „Katalog" der von der freiheitlichen demokratischen Grundordnung erfassten Einzelaspekte gezielt verengt. Die Betonung, dass lediglich „zentrale Grundprinzipien" eingeschlossen seien, die „schlechterdings unentbehrlich" sind, und die materiellrechtlichen Ausführungen stellen ein Gegenmodell zu einer bloßen Enumeration verschiedenster Aspekte dar, sodass die neuere Rechtsprechung eine klarere begriffliche Fassung bietet. Ob sich die Erwägungen auf den Sonderfall des Parteiverbotsverfahrens nach Art. 21 Abs. 2 GG beschränken oder die „freiheitliche demokratische Grundordnung" – was näher liegt – insgesamt neu vermessen sollen, kann dahinstehen. Denn namentlich im hervorgehobenen Rückgriff auf die Menschenwürdegarantie wird deutlich, dass die „freiheitliche demokratische Grundordnung" als Schutzgut nicht in erster Linie den Staat, seine Organe, Einrichtungen und Veranstaltungen schützen soll, sondern auf den Grundrechtsschutz ausgerichtet ist. Die „wehrhafte Demokratie" ist damit kein Instrument allein einer Bestands- und Einrichtungsgarantie zugunsten des Staates, sondern ein Wert mit Verfassungsrang, der mit der „freiheitlichen demokratischen Grundordnung" zugleich auch auf den Schutz der Grundrechtsausübungsvoraussetzungen ausgerichtet ist. Darüber hinaus hat das Bundesverfassungsrecht im Zusammenhang mit dem Rechtsstaatsprinzip ausgeführt:

„Zugleich erfordert der Schutz der Freiheit des Einzelnen, dass die Anwendung physischer Gewalt den gebundenen und gerichtlicher Kontrolle unterliegenden staatlichen Organen vorbehalten ist. Das Gewaltmonopol des Staates (…) ist deshalb ebenfalls als Teil der freiheitlichen demokratischen Grundordnung im Sinne des Art. 21 Abs. 2 Satz 1 GG anzusehen".[60]

4. Einsatz der Streitkräfte

21 Soweit die **Streitkräfte** zur **Verteidigung** eingesetzt werden (vgl. Art. 87a Abs. 1, 2 GG), erfüllen sie Aufgaben der äußeren Sicherheit. Darüber hinaus regelt das Grundgesetz vereinzelt Fallkonstellationen, in denen die Streitkräfte auch **im „Innern"** verwendet werden dürfen. So kann etwa nach Art. 87a Abs. 4 GG zur Abwehr einer drohenden Gefahr für den Bestand oder die freiheitliche demokratische Grundordnung des Bundes oder eines Landes die Bundesregierung bei Vorliegen der Voraussetzungen des Art. 91 Abs. 2 GG und soweit die Polizeikräfte sowie der Bundesgrenzschutz (also: die Bundespolizei) nicht ausreichen, Streitkräfte zur Unterstützung der Polizei und des Bundesgrenzschutzes (also: der Bundespolizei) beim Schutze von zivilen Objekten und bei der Bekämpfung organisierter und militärisch bewaffneter Aufständischer einsetzen. Weitere Einsatzmöglichkeiten normiert Art. 35 GG. Nach Abs. 2 S. 2 kann ein Land zur Hilfe bei einer Naturkatastrophe oder bei einem besonders schweren Unglücksfall unter anderem Kräfte und Einrichtungen der Streitkräfte anfordern. Gefährdet die Naturkatastrophe oder der Unglücksfall das Gebiet mehr als eines Landes, so kann die Bundesregierung, soweit es zur wirksamen Bekämpfung erforderlich ist, unter anderem Einheiten der Streitkräfte zur Unterstützung der Polizeikräfte einsetzen.

---

[59] BVerfGE 144, 20 ff. Rn. 535 ff. = NJW 2017, 611.
[60] BVerfGE 144, 20 ff. Rn. 547 = NJW 2017, 611.

5. Spannungs- und Verteidigungsfall

Sicherheitsbezüge weisen schließlich auch die Bestimmungen des Grundgesetzes zum **22** Spannungs- und zum **Verteidigungsfall** auf. Der Verteidigungsfall, für den das Grundgesetz in den Art. 115a ff. GG eine Reihe von Sondervorschriften vorsieht, liegt dann vor, wenn das Bundesgebiet mit Waffengewalt angegriffen wird oder wenn ein solcher Angriff unmittelbar droht; nach Art. 115a Abs. 1 GG ist der Verteidigungsfall durch den Bundestag mit Zustimmung des Bundesrates mit qualifizierten Mehrheiten festzustellen (*Hoppe/Risse* → § 3 Rn. 72 ff.). Auch die Feststellung des Spannungsfalles als „Vorstufe" des Verteidigungsfalles erfolgt durch den Bundestag (vgl. Art. 80a GG).

III. Europarechtliche Regelungen

Fehlt eine ausdrückliche Regelung eines Grundrechts auf Sicherheit im Grundgesetz, so **23** kann sich eine entsprechende Gewährleistung auch in Deutschland aus der **Charta der Grundrechte der Europäischen Union** ergeben. Art. 6 GRCh formuliert: „Jeder Mensch hat das Recht auf Freiheit und Sicherheit".[61] Gemäß Art. 51 Abs. 1 S. 1 GRCh gilt die Charta für die Organe, Einrichtungen und sonstigen Stellen der Union unter Wahrung des Subsidiaritätsprinzips und für die Mitgliedstaaten ausschließlich bei der Durchführung des Rechts der Union. Zur Frage des Verhältnisses der Grundrechte der Charta und des Grundgesetzes sowie zum verfassungsgerichtlichen Prüfungsmaßstab hat das Bundesverfassungsgericht eine differenzierte Dogmatik entwickelt.[62] Eine unmittelbare Geltung des Grundrechts auf Sicherheit aus der Charta kann sich vor diesem Hintergrund nur ergeben, wenn Unionsrecht umgesetzt bzw „durchgeführt" wird.[63]

Art. 5 Abs. 1 S. 1 der Konvention zum Schutze der Menschenrechte und Grundfreihei- **24** ten (**Europäische Menschenrechtskonvention** – EMRK) gewährt ebenfalls ein „Recht auf Freiheit und Sicherheit". In Deutschland gilt diese als völkerrechtlicher Vertrag im Range einfachen Bundesrechts, wird aber nach entsprechender Anerkennung in der höchstrichterlichen Rechtsprechung darüber hinaus als Auslegungsmaßstab etwa für die deutschen Grundrechtsgewährleistungen herangezogen.[64]

C. Verfassungsrechtlicher Auftrag zur Sicherheitsgewährleistung

I. Grundlagen

Angesichts des überschaubaren Bestands an verfassungsrechtlichen Bestimmungen zur **25** Sicherheit ist die Frage aufgeworfen, ob und aus welchen Erwägungen sich ein **verfassungsrechtlicher Auftrag zur Sicherheitsgewährleistung** ergibt. Die dogmatischen Versuche zur Bestimmung der konkreten staatlichen Position sind vielfältig; sie lassen sich kaum trennscharf darstellen, zumal konzeptionelle Überschneidungen und begriffliche Unklarheiten vorzufinden sind. Die Ansätze zu einer „verfassungsrechtlichen Rekonstruktion des Sicherheitszwecks"[65] lassen sich jedoch grob typisieren.[66] Diskutiert werden vor allem das Bestehen eines Staatsziels Sicherheit, eines Grundrechts auf Sicherheit, eines anderweitig zu konstruierenden subjektiven Rechts und einer verfassungsrechtlichen Verpflichtung auf der Grundlage der staatlichen Schutzpflichten.

---

[61] Dazu *Hofmann/Lukosek/Schulte-Rudzio* GSZ 2020, 233 (236).
[62] BVerfGE 152, 152 ff. = NJW 2020, 300 – Recht auf Vergessen I; BVerfGE 152, 216 ff. = NJW 2020, 314 – Recht auf Vergessen II.
[63] Eingehend insbesondere zur Rechtsprechung des EuGH *Leuschner* EuR 2016, 431 ff.
[64] Vgl. *Cammareri* JuS 2016, 791 ff.; *Zehetgruber* ZJS 2016, 52 ff.
[65] *Tanneberger,* Die Sicherheitsverfassung, 2014, 374.
[66] S. auch *Hofmann/Lukosek/Schulte-Rudzio* GSZ 2020, 233 ff.

II. Begründungsansätze für einen verfassungsrechtlichen Auftrag

1. Staatsziel Sicherheit?

26 Im Schrifttum findet sich vereinzelt die Annahme eines „**Staatsziels Sicherheit**",[67] das vor allem dadurch charakterisiert ist, dass es im Gegensatz zu einer eher subjektivrechtlich ausgerichteten Konstruktion eines Grundrechts auf Sicherheit vorwiegend bzw. ausschließlich objektive Wirkungen entfalten soll.

27 Das Grundgesetz enthält einige explizit normierte **Staatsziele** bzw. **Staatszielbestimmungen**,[68] die in Ergänzung durch die sog. „Ewigkeitsgarantie" in Art. 79 Abs. 3 GG veränderungsfest gewährleisteten Staatsstrukturprinzipien, wie sie sich namentlich aus Art. 20 Abs. 1–3 GG ergeben (Demokratie, Republik, Bundesstaat, Sozialstaat, Rechtsstaat), konkrete Vorgaben für die finale Ausrichtung staatlichen Agierens normieren. So schützt nach Art. 20a GG[69] der Staat „auch in Verantwortung für die künftigen Generationen die natürlichen Lebensgrundlagen und die Tiere im Rahmen der verfassungsmäßigen Ordnung durch die Gesetzgebung und nach Maßgabe von Gesetz und Recht durch die vollziehende Gewalt und die Rechtsprechung". Das Bundesverfassungsgericht hat aus dieser Vorschrift in jüngster Zeit eine Verpflichtung des Staates zum Klimaschutz, sogar in internationaler Dimension, hergeleitet,[70] ergänzt um die Annahme, dass auch die sich aus dem Grundrecht auf Leben und körperliche Unversehrtheit ergebende Schutzpflicht des Staates die Verpflichtung umfasse, Leben und Gesundheit vor schädlichen Umweltbelastungen, namentlich vor den Gefahren des Klimawandels zu schützen. Art. 23 Abs. 1 GG nennt als Staatsziel die „Verwirklichung eines vereinten Europas", Art. 23 Abs. 2 GG die „Wahrung des Friedens"[71] und eine „friedliche und dauerhafte Ordnung in Europa und zwischen den Völkern der Welt". Auch in den Landesverfassungen finden sich Staatszielbestimmungen (zB zum Minderheitenschutz, vgl. Art. 25 BbgVerf). Die Einführung weiterer Staatszielbestimmungen in das Grundgesetz bzw. ihre Etablierung durch entsprechende Verfassungsinterpretation wird seit längerem diskutiert und gefordert – das Spektrum in der Debatte reicht weit von „Sport"[72] bzw. „Kulturförderung"[73] über „Nachhaltigkeit" und „Generationengerechtigkeit"[74] bis hin zum „Sparen"[75]. Es lag daher durchaus nahe, den verfassungsrechtlichen Bestimmungen auch ein „Staatsziel Sicherheit" zu entnehmen.

28 Mit Blick auf die anderen Staatszielbestimmungen spricht gegen eine solche Konstruktion, dass der Begriff der „Sicherheit" **im Grundgesetz nur punktuell** verwendet wird (→ Rn. 12 ff.). So findet er sich in Art. 13 Abs. 4 S. 1 und Abs. 7 S. 1 GG („Abwehr dringender Gefahren für die öffentliche Sicherheit", „Gefahren für die öffentliche Sicherheit und Ordnung"), in Art. 24 Abs. 2 Hs. 1 GG („System gegenseitiger kollektiver Sicherheit"), in Art. 35 Abs. 2 S. 1 GG („Aufrechterhaltung oder Wiederherstellung der öffentlichen Sicherheit oder Ordnung") und in Art. 73 Abs. 1 Nr. 10 GG („Zusammen-

---

[67] Vgl. *Kutscha* in Roggan/Kutscha Recht der Inneren Sicherheit-HdB 24 (32); zur theoretischen Herleitung s. auch *Maihofer* in Benda/Maihofer/Vogel VerfassungsR-HdB I § 12 Rn. 52 f.; *Schwetzel*, Freiheit, Sicherheit, Terror, 2007, 57 ff.
[68] Eingehend *Sommermann*, Staatsziele und Staatszielbestimmungen, 1997.
[69] Dazu *Caspar/Geissen* NVwZ 2002, 913 ff.; *Kluge* ZRP 2004, 10 ff.; kritische Würdigung bei *Bruhn* Ad Legendum 2020, 190 ff.
[70] BVerfG NJW 2021, 1723 ff.; dazu etwa *Frenz* EnWZ 2021, 201 ff.; *Schlacke* NVwZ 2021, 912 ff.; *Ruttloff/Freihoff* NVwZ 2021, 917 ff.; *Janda* ZRP 2021, 241 ff.; *Möllers* RuP 2021, 284 ff.; *Gawron* RuP 2021, 291 f.; *Gärditz* RuP 2021, 308 ff.; s. auch schon BVerfGE 118, 79 (110 f.) = BeckRS 2007, 23751; BVerfGE 137, 350 (368 f.) = BeckRS 2014, 57877; BVerfGE 155, 238 (278) = BeckRS 2020, 19850. – Zur Deutung des Art. 20a GG als weitreichende gesamtstaatliche „Klima-Staatszielbestimmung" *Härtel* NuR 2020, 577 ff.; für ein eigenes Staatsziel „Klimaschutz" *Maslaton* NJ 2019, 427 ff.
[71] Zum Staatsziel „Frieden" und weiteren grundgesetzlichen Vorschriften *Denninger* KJ 2015, 134 ff.
[72] *Hebeler* SpuRT 2003, 221 ff.; *Steiner* SpuRT 2012, 238 f.
[73] Vgl. *Weiss* Recht und Politik 2005, 142 ff., zu einem Staatsziel „Kultur"; *Hönes* Recht und Politik 2019, 241 ff.
[74] *Kahl* DÖV 2009, 2 ff.
[75] Dazu *Vahle* DVP 2005, 238 ff.

arbeit des Bundes und der Länder (…) zum Schutze (…) des Bestandes und der Sicherheit des Bundes oder eines Landes"). Dieser dürftige Bestand des Verfassungstextes zeigt, dass das Grundgesetz jedenfalls nicht ausdrücklich ein „Staatsziel Sicherheit" statuiert.[76]

Es ist jedoch zutreffend darauf hingewiesen worden, dass sich das Grundgesetz im Hinblick auf die Sicherheit „nur in *begrifflicher* Hinsicht abstinent" verhalte.[77] So ließe sich ein solches Staatsziel aus einer **„Zusammenschau" verfassungsrechtlicher Bestimmungen** herleiten. *Jutta Limbach* hat dazu ausgeführt: 29

„Trotz des Schweigens des Grundgesetzes ergibt sich eine Pflicht des Staates, für die Sicherheit seiner Bürgerinnen und Bürger zu sorgen, aus dem Gesamtsinn der Verfassung, vornan aus dem Rechtsstaatsprinzip und dem Recht auf Leben und körperliche Unversehrtheit".[78]

Dass aus mehreren Grundgesetznormen Verfassungsgrundsätze im Wege der Verfassungsinterpretation „herausgearbeitet" werden, ist kein ungewöhnlicher Vorgang, obwohl etwa die Anerkennung der „wehrhaften Demokratie" als Wert mit Verfassungsrang zunächst durch das Bundesverfassungsgericht und ihm folgend durch die herrschende Staatsrechtslehre unter dem Stichwort der „Zusammengeneralisierung" deutlicher Kritik ausgesetzt (gewesen) ist (→ Rn. 15 ff.). Diese Skepsis beruht allerdings vor allem darauf, dass dieses Verfassungsprinzip als Argumentationstopos und Abwägungsbelang in der Judikatur namentlich gegenüber grundrechtlichen Gewährleistungen einschränkend in Stellung gebracht worden ist. Ein „Mehr" an Gewährleistung, wie es beispielsweise durch das ebenfalls im Wege einer „zusammenführenden Verfassungsinterpretation" entwickelte allgemeine Persönlichkeitsrecht (Art. 2 Abs. 1 iVm Art. 1 Abs. 1 GG) einschließlich des „Bündels" seiner Einzelausprägungen (etwa: Recht auf informationelle Selbstbestimmung, Recht auf Gewährleistung der Vertraulichkeit und Integrität informationstechnischer Systeme) geschaffen wurde,[79] ruft weit weniger kritische Stimmen auf den Plan. 30

Vor diesem Hintergrund ist es auch nicht zu beanstanden, dass das Bundesverfassungsgericht die (individuelle und kollektive) Sicherheit als **Wert mit Verfassungsrang** qualifiziert hat: 31

„Die Sicherheit des Staates als verfaßter Friedens- und Ordnungsmacht und die von ihm zu gewährleistende Sicherheit seiner Bevölkerung sind Verfassungswerte, die mit anderen im gleichen Rang stehen und unverzichtbar sind, weil die Institution Staat von ihnen die eigentliche und letzte Rechtfertigung herleitet".[80]

In seiner neueren Rechtsprechung zu Sicherheitsfragen ist dieser Gedanke jedoch zugunsten einer Perspektive von den grundrechtlichen Schutzpflichten her in den Hintergrund getreten.[81] Damit ist jedoch keine Abkehr von der Einordnung als Wert mit Verfassungsrang verbunden, vielmehr wurde gewissermaßen lediglich die Begründung „ausgetauscht". 32

Ob man Sicherheit vor diesem Hintergrund als Staatsziel qualifiziert oder nicht, erscheint angesichts der Anerkennung der Sicherheit als Wert mit Verfassungsrang auf breitester Front als von untergeordneter Bedeutung. Dennoch können die verfassungsrechtlichen Konsequenzen unterschiedlich sein: Ein Wert mit Verfassungsrang kann als Abwägungs- und Auslegungskriterium und als Argumentationstopos herangezogen werden, dies ist aber nicht zwangsläufig mit entsprechenden Pflichten des Staates verbunden. Staatszielbestimmungen hingegen begründen zwar jedenfalls bei isolierter Betrachtung regelmäßig keine subjektiven 33

---

[76] S. aber umfassend zur verfassungsrechtlichen Analyse *Tanneberger,* Die Sicherheitsverfassung, 2014.
[77] *Anter* in Möllers/van Ooyen JBÖS 2008/2009, 2009, 15 (25).
[78] *Limbach* AnwBl 2002, 454; zur Einordnung als Staatszielbestimmung auch *Möstl* Sicherheitsgewährleistung 73 ff.
[79] Vgl. auch den Hinweis bei *Hofmann/Lukosek/Schulte-Rudzio* GSZ 2020, 233 (235).
[80] BVerfGE 49, 24 (56 f.) = NJW 1978, 2235; wörtlich ebenso schon BVerwGE 49, 202 (209) = NJW 1976, 490; dazu *Brugger* VVDStRL Bd. 63 (2004), 101 (132); ferner BVerfGE 120, 274 (319) = NJW 2008, 822.
[81] Dazu *Tanneberger,* Die Sicherheitsverfassung, 2014, 375; *Möstl* Sicherheitsgewährleistung 48 ff.

Rechte, normieren aber Ziele, die der Staat zu erreichen anstrebt, und können daher im Sinne einer staatlichen „Selbstverpflichtung" qualifiziert werden.[82]

2. Grundrecht auf Sicherheit?

34 Die Idee eines **Grundrechts auf Sicherheit** nahm im staatsrechtlichen Schrifttum ihren Ausgangspunkt namentlich von der Grundrechtsfunktionenlehre des Bundesverfassungsgerichts.[83] Eine ausdrückliche Regelung eines solchen Grundrechts findet sich im Grundgesetz nicht; das in Art. 2 Abs. 1 der Entwurfsfassung des Ausschusses für Grundsatzfragen zunächst noch normierte „Recht auf (…) Sicherheit" wurde vom Hauptausschuss des Parlamentarischen Rates in seiner vierten und letzten Sitzung gestrichen (→ Rn. 9).[84] Es wäre jedoch vorschnell, aus dieser Streichung eine dezidierte Entscheidung gegen eine grundrechtliche Dimension der Sicherheitsgewährleistung abzuleiten. Ob der Hauptausschuss der Stellungnahme des Allgemeinen Redaktionsausschusses gefolgt ist, der ausgeführt hat: „Das Recht auf Sicherheit der Person ist ein Ausfluß der persönlichen Freiheit, die in Artikel 3 behandelt wird", lässt sich nicht mehr feststellen. Es spricht jedoch vieles dafür, dass eine ausdrückliche Normierung angesichts der anderweitigen grundrechtlichen Regelungen für verzichtbar bzw. dogmatisch inkonsequent gehalten wurde. Denn der Redaktionsausschuss hat nicht die Existenz eines Rechts auf Sicherheit bestritten, sondern lediglich seine Verwurzelung im Freiheitsgrundrecht betont.

35 *Josef Isensee* ist in einem Vortrag und einer darauf beruhenden Veröffentlichung aus dem Jahre 1983 davon ausgegangen, dass ein „Grundrecht auf Sicherheit" bestehe, das den Staat nicht allein zu einer wirksamen Gefahrenabwehr verpflichte, sondern auch zu einer effektiven Strafverfolgung.[85] Dieses Grundrecht hat er als **Gegenmodell zu einer „Staatsabwehrdoktrin"** und zu einer einseitig abwehrrechtlichen Grundrechtsfunktionenlehre entwickelt und damit die Diskussion um die verfassungsrechtliche Bedeutung der Sicherheit wiederbelebt.[86] Er betont auf der Grundlage einer ideengeschichtlichen Fundierung die grundrechtliche Schutzpflichtendimension und leitet aus dieser ein Grundrecht auf Sicherheit her, dessen „Vergrundrechtlichung" er fordert,[87] das aber in seinen subjektiven Wirkungen eingeschränkt ist.[88] Ein „Voll-Grundrecht" im eigentlichen Sinne liegt damit auch den Überlegungen *Isensees* nicht zugrunde. *Gerhard Robbers* geht ebenfalls von der Existenz eines Grundrechts auf Sicherheit aus, das er sogar im Rang eines Menschenrechts diskutiert.[89] Ausgangspunkt ist auch bei ihm – unter Rückgriff auf die historischen politischen Theorien als verfassungsrechtliche „Fixpunkte des Interpretationshorizonts" – die Vorstellung eines in der vorrechtlichen Existenz des Individuums begründet liegenden Vorrangs des subjektiven Rechts vor der objektiven Ordnung.[90]

36 Das argumentative Fundament derartiger Erwägungen bilden vor allem die dargestellten **ideengeschichtlichen Konzeptionen** (→ Rn. 7) und ihre theoretisierende Fortschreibung in die Gegenwart: Ausgangspunkt ist die Besorgnis, private und gesellschaftliche Gewalttätigkeiten, Rechtsgutverletzungen und Normverstöße könnten in Quantität und Qualität zunehmen. Die Rechtsordnung habe auf diese Gefährdungen mit einer intensi-

---

[82] Zu den Funktionen von Staatszielbestimmungen vgl. *Schladebach* JuS 2018, 118 ff.
[83] S. *Nowrousian* Kriminalistik 2020, 624 (626 f.).
[84] *Anter* in Möllers/van Ooyen JBÖS 2008/2009, 2009, 15 (23).
[85] *Isensee*, Das Grundrecht auf Sicherheit. Zu den Schutzpflichten des freiheitlichen Verfassungsstaates, 1983, 1 ff.
[86] *Anter* in Möllers/van Ooyen JBÖS 2008/2009, 2009, 15 (23 f.).
[87] *Isensee*, Das Grundrecht auf Sicherheit, 1983, 33 f., 121; vgl. zur Kritik *Holoubek*, Grundrechtliche Gewährleistungspflichten. Ein Beitrag zu einer allgemeinen Grundrechtsdogmatik, 1997, 274 f.; zur Debatte im Kontext der Covid-19-Pandemie *Hofmann/Lukosek/Schulte-Rudzio* GSZ 2020, 233 ff.
[88] Etwa kein Anspruch auf eine bestimmte Schutzmaßnahme bestehen soll; vgl. *Isensee*, Das Grundrecht auf Sicherheit, 1983, 50.
[89] *Robbers*, Sicherheit als Menschenrecht. Aspekte der Geschichte, Begründung und Wirkung einer Grundrechtsfunktion, 1987.
[90] *Robbers*, Sicherheit als Menschenrecht, 1987, 28.

C. Verfassungsrechtlicher Auftrag zur Sicherheitsgewährleistung § 2

vierten staatlichen Schutzpflicht, gegebenenfalls auch mit der Gewährung subjektiver Rechte der potenziell Gewaltbetroffenen auf Schutz zu reagieren. Denn diese verzichteten weitestgehend auf die eigenständige Verteidigung ihrer Rechtsgüter und Durchsetzung ihrer Interessen zugunsten und im Vertrauen auf das staatliche Gewaltmonopol, das private Selbstverteidigungsrechte gewissermaßen überwiegend „expropriiert" habe. Die Idee eines Grundrechts auf Sicherheit führt die gedankliche Entwicklungslinie konsequent fort. Die „Subjektivierung von Sicherheitsbelangen" steht „an dritter Stelle einer Argumentationskette, die vom Rechtsstaat zu den grundrechtlichen Schutzpflichten fortschreitet und schließlich zur Subjektivierung in einem Grundrecht auf Sicherheit führt."[91] Dementsprechend stehen bei der dogmatischen Begründung eines solchen Grundrechts die grundrechtlichen Schutzpflichten im Vordergrund,[92] sodass sich bei näherer Betrachtung die verschiedenen Ansätze zur Begründung der staatlichen Verantwortung für die Sicherheitsgewährleistung im Ergebnis weitestgehend auf den Schutzpflichtengedanken zurückführen lassen (→ Rn. 43 ff.).

37 Die Konstruktion eines eigenständigen Grundrechts auf Sicherheit hat im Schrifttum zwar eine **eingehende Kontroverse** verursacht und auch vereinzelt Gefolgschaft gefunden,[93] wurde indes nicht auf breiter Front in die Verfassungsrechtslehre rezipiert. Seitens der Gegner wird unter anderem vorgebracht, die Annahme eines solchen Grundrechts einschließlich korrespondierender subjektiver Berechtigungen verkehre die Stufung von privater Freiheit und staatlicher Reglementierung und räume der Sicherheit in nicht vertretbarer Weise den Vorrang gegenüber der Freiheit ein.[94] Rechtssystematisch wird in Zweifel gezogen, dass sich die von den Vertretern eines Grundrechts auf Sicherheit betonten Sicherheitsbedürfnisse in einer grundrechtlichen Norm zusammenfassen ließen.[95]

38 Der Blick in die Entstehungsgeschichte des Grundgesetzes hat gezeigt, dass das „Recht auf Sicherheit" **nicht als eigenständiges Grundrecht,** sondern als der persönlichen Freiheit zu entnehmender „Ausfluss" zu verstehen ist (→ Rn. 9). Schon hier ist die in der Judikatur des Bundesverfassungsgerichts vorherrschende Deutung von den grundrechtlichen Schutzpflichten her angelegt, die gegen eine Verselbständigung als genuines Grundrecht ins Feld geführt werden kann. Die Versuche einer „Verdichtung" subjektiv-rechtlicher Elemente staatlicher Sicherheitsgewährleistung in Gestalt grundrechtlicher Schutzpflichten zu einem eigenständigen Grundrecht auf Sicherheit vermögen nicht zu überzeugen.[96] Schon die Annahme einer vollständigen staatlichen „Expropriierung" privater Selbstverteidigungsrechte zugunsten eines Gewaltmonopols des Staates trifft nicht die Realität des normativen Bestands, vor allem der einfachgesetzlichen Regelung von Selbst- und Fremdhilferechten, die zwar als Ausnahmebestimmungen zu gelten haben, gleichwohl aber deutlich machen, dass ein restlos exklusives staatliches Gewaltmonopol nicht errichtet ist.

„Weder ist der Staat aus dem Rechtsstaatsprinzip verpflichtet, jedes von ihm geschaffene oder anerkannte Rechtsgut stets selbst und aus eigenen Mitteln zu schützen, noch darf er allein zu diesem Zweck Gewalt anwenden. Den rechtsstaatlichen Anforderungen ist vielmehr Genüge getan, wenn der

---

[91] *Brugger* VVDStRL Bd. 63 (2004), 101 (130).
[92] *Isensee,* Das Grundrecht auf Sicherheit, 1983, 33 f.; *Sommermann,* Staatsziele und Staatszielbestimmungen, 1997, 204; vgl. *Möstl* Sicherheitsgewährleistung 84 ff.; eingehend *Poscher,* Grundrechte als Abwehrrechte. Reflexive Regelung rechtlich geordneter Freiheit, 2003, 180 ff., 192 ff.
[93] Vgl. etwa *Calliess* ZRP 2002, 1 (2, 4) sowie die Nachweise bei *Thiel,* Die „Entgrenzung" der Gefahrenabwehr, 2011, 155 Fn. 105.
[94] Kritisch etwa *Denninger,* Der gebändigte Leviathan, 1990, 33, 47, 377; *Hassemer,* Zum Spannungsverhältnis von Freiheit und Sicherheit. Drei Thesen, Vorgänge 2002, 10 f.; *Kniesel* ZRP 1996, 482 (486).
[95] Vgl. *Gusy* VVDStRL Bd. 63 (2004), 151 (168 f.); *Kugelmann,* Polizei- und Ordnungsrecht, 2006, 4. Kap. Rn. 15, weist zutreffend darauf hin, dass aus den Grundrechten Schutzpflichten mit heterogener Reichweite resultierten, die sich nicht zu einem einheitlichen Grundrecht zusammenfassen und damit „einebnen" ließen.
[96] *Thiel,* Die „Entgrenzung" der Gefahrenabwehr, 2011, 157 f.

Staat berechtigt ist, über Legitimität bzw. Illegitimität von Gewalt zu entscheiden, wenn er in diesem Rahmen den Umfang legitimer Gewalt bestimmen und illegitime Gewalt mit eigenen Mitteln – notfalls mit Gewalt – verhindern kann".[97]

39 Bedenken gegen die Anerkennung eines Grundrechts auf Sicherheit bestehen auch mit Blick auf die rechtlichen Konsequenzen. Die Konstruktion rückt in die Nähe einer **Einrichtungsgarantie;** dies wiederum ist deshalb problematisch, weil es sich bei Sicherheit um einen nur in groben Zügen bestimmbaren Begriff handelt und sie zudem noch „relativ" ist – absolute Sicherheit ist nicht herzustellen und kann damit auch grundrechtlich nicht „untermauert" werden.[98] Eine allgemeine „Nichtstörungspflicht" in Bezug auf die zu schützenden Rechtsgüter kann der Staat nicht durchsetzen und damit auch nicht bindend vorschreiben; eine unmittelbare Grundrechtsbindung Privater bei der Betätigung ihrer grundrechtlichen Freiheiten besteht nicht.[99] Dass auch *Josef Isensee* diese Problematik gesehen hat, zeigt sich daran, dass er eine unmittelbare Drittwirkung „seines" Grundrechts auf Sicherheit abgelehnt hat.[100]

40 Das **Bundesverfassungsgericht** hat die Idee eines Grundrechts auf Sicherheit bislang nicht bestätigend aufgenommen.[101] Insgesamt bleibt der Ertrag einer Analyse seiner Rechtsprechung zur Sicherheitsgewährleistung eher mager. Das Gericht betont vor allem den Gedanken der staatlichen Schutzpflichten und folgt damit vornehmlich einer verfassungsrechtlichen, nicht einer staatstheoretischen[102] Argumentationslinie.[103] Die Sicherheit der Bevölkerung vor Gefahren für Leib, Leben und Freiheit sieht es als „Verfassungswerte", den Grund der „Schutzpflicht" in Art. 2 Abs. 2 S. 1 GG und Art. 1 Abs. 1 S. 2 GG.[104]

3. Subjektives Recht auf Sicherheit?

41 Ein **subjektives Recht auf Sicherheit** bzw. Schutz ohne Grundrechtscharakter wird im Schrifttum auch aus anderen verfassungsrechtlichen Normen und Instrumenten hergeleitet. So dienen die grundrechtlichen Schrankenvorbehalte[105] ebenso wie das Rechtsstaatsprinzip,[106] wie es namentlich in Art. 20 Abs. 3 GG Niederschlag gefunden hat, als Begründungselemente. Auch das Demokratie-[107] und das Sozialstaatsprinzip[108] werden bemüht. Dies verdeutlicht im Grunde vor allem, dass die Sicherheitsgewährleistung – sei es als „objektive" Staatsaufgabe oder als „subjektive" Verpflichtung – enge Bezüge zu vielfältigen verfassungsrechtlichen Bestimmungen aufweist und damit gewissermaßen dem modernen deutschen Verfassungsstaat des Grundgesetzes „eingeschrieben" ist.

42 Ansätze zu einer auch subjektiv-rechtlichen Konstruktion staatlicher Sicherheitsgewährleistung haben ferner auf eine **„Versubjektivierung"** des objektiven Schutzauftrags in Art. 1 Abs. 1 S. 2 GG zurückgegriffen. Die Einzelgrundrechte seien dieser Vorschrift gemäß als „Ausfluss" der Menschenwürde zu betrachten, sodass sich das – im Kern unbestrittene – subjektive Recht auf Schutz der Menschenwürde auch auf die nachfolgenden Grundrechte erstrecke.[109] Das Bundesverfassungsgericht hat schon früh betont, dass Art. 1

---

[97] *Gusy* VVDStRL Bd. 63 (2004), 151 (170); *Gusy* DÖV 1996, 573 (575 ff.).
[98] Vgl. *Thiel*, Die „Entgrenzung" der Gefahrenabwehr, 2011, 157.
[99] Vgl. *Denninger* KritJ 1988, 1 (13); *Thiel*, Die „Entgrenzung" der Gefahrenabwehr, 2011, 157.
[100] *Isensee*, Das Grundrecht auf Sicherheit, 1983, 35 f.
[101] Vgl. *Hofmann/Lukosek/Schulte-Rudzio* GSZ 2020, 233 (236).
[102] Dazu etwa *Brugger*, Freiheit und Sicherheit. Eine staatstheoretische Skizze mit praktischen Beispielen, 2004.
[103] *Tanneberger*, Die Sicherheitsverfassung, 2014, 375.
[104] Vgl. BVerfGE 115, 118 (152) = NJW 2006, 751; BVerfGE 120, 274 (319) = BeckRS 2008, 139534; s. auch schon BVerfGE 49, 24 (56 f.) = NJW 1978, 2235.
[105] *Brugger* VVDStRL Bd. 63 (2004), 101 (131).
[106] *Brugger* VVDStRL Bd. 63 (2004), 101 (130 ff.); s. auch *Lepsius* Diskussionsbeitrag, VVDStRL Bd. 63 (2004), 339.
[107] *Brugger* VVDStRL Bd. 63 (2004), 101 (131).
[108] *Brugger* VVDStRL Bd. 63 (2004), 101 (131).
[109] *Bleckmann* DVBl 1988, 938 (942).

C. Verfassungsrechtlicher Auftrag zur Sicherheitsgewährleistung § 2

Abs. 1 S. 2 GG den Staat „zwar zu dem positiven Tun des ‚Schützens'" verpflichte, dass dabei aber „nicht Schutz vor materieller Not, sondern Schutz gegen Angriffe auf die Menschenwürde durch andere, wie Erniedrigung, Brandmarkung, Verfolgung, Ächtung usw gemeint" sei.[110] Die Schutzpflicht des Art. 1 Abs. 1 S. 2 GG („zu achten und zu schützen") bezieht sich indes nach zutreffender Auffassung allein auf die Menschenwürdegarantie;[111] ihre dogmatische Erweiterung auf die Grundrechte der Art. 2 ff. GG auch unter Rückgriff auf Art. 1 Abs. 3 GG überzeugt daher nicht.

4. Sicherheitsverpflichtung aus den grundrechtlichen Schutzpflichten?

Plausibler erscheint im Ergebnis eine Anerkennung einer „Staatsaufgabe Sicherheit" unter **43** Rückgriff auf den Gedanken der **grundrechtlichen Schutzpflichten**.[112] Ob (auch) das Rechtsstaatsprinzip gemäß Art. 20 Abs. 3 GG[113] in Verbindung mit dem Kompetenztitel aus Art. 73 Abs. 1 Nr. 10 GG[114] oder darüber hinaus auch das Sozialstaatsprinzip[115] zur dogmatischen Begründung bzw. Fundierung herangezogen werden können, wird dabei unterschiedlich bewertet, wobei auch die Abgrenzung zu einem subjektiven Recht auf Sicherheit (→ Rn. 41 f.) nicht immer präzise vorgenommen wird; da aber auch die Konstruktion über die grundrechtlichen Schutzpflichten zu einer subjektiv „aufgeladenen" Pflichtenstellung des Staates führt, ist eine solche im Ergebnis auch nicht erforderlich.

Das Bundesverfassungsgericht ist zunächst von einer **menschenwürdebezogenen Ver- 44 pflichtung** (Art. 1 Abs. 1 S. 2 GG) ausgegangen und hat den daraus hergeleiteten Schutzgedanken in seiner Judikatur nach und nach auf andere Grundrechte übertragen (s. aber → Rn. 42), freilich mit jeweils „grundrechtspezifischer" Ausgestaltung: Es hat Schutz- und Förderaufträge in den Gewährleistungsbereichen von Wissenschafts- und Kunstfreiheit angenommen und im „Lebach"-Urteil vom 5.6.1973 ausdrücklich ein „Schutzgebot" hinsichtlich des allgemeinen Persönlichkeitsrechts aus Art. 2 Abs. 1 iVm Art. 1 Abs. 1 GG hergeleitet.[116] Hinsichtlich des Rechts auf Leben wurde dieser „Schutzpflicht"-Ansatz im Urteil über die „Fristenlösung" vom 25.2.1974 näher konturiert[117] und sodann in der Entscheidung zum „Kontaktsperregesetz" wie folgt dargelegt:

„Das menschliche Leben stellt innerhalb der grundgesetzlichen Ordnung einen Höchstwert dar. Demgemäß folgt aus Art. 2 Abs. 2 Satz 1 in Verbindung mit Art. 1 Abs. 1 Satz 2 GG die umfassende, im Hinblick auf den Wert des Lebens besonders ernst zu nehmende Pflicht des Staates, jedes menschliche Leben zu schützen, es vor allem vor rechtswidrigen Eingriffen von seiten anderer zu bewahren".[118]

Schutzgebot bzw. Schutzpflicht sind damit als Wirkdimension zahlreicher Grundrechte **45** zu bewerten. Vor diesem Hintergrund ist einer **„Staatsaufgabe Sicherheit"**, die ebenfalls aus einer Zusammenschau der verfassungsrechtlichen Gewährleistungen hergeleitet werden kann, eine **subjektive Komponente** und damit ein dezidierter Verpflichtungscharakter zuzuordnen,[119] „ohne dass die diese Verpflichtung begründenden subjektiv-rechtlichen Positionen gleichsam in ‚freihändiger' Grundrechtsschöpfung zu einem Grundrecht im dogmatischen Sinne ‚zusammengeneralisiert' werden müssten."[120] Damit besteht eine staat-

---

[110] BVerfGE 1, 97 (104) = NJW 1952, 297; dazu *Hong*, Der Menschenwürdegehalt der Grundrechte. Grundfragen, Entstehung und Rechtsprechung, 2019, 580 ff.
[111] *Dietlein*, Die Lehre von den grundrechtlichen Schutzpflichten, 2. Aufl. 2005, 146 ff.
[112] Vgl. *Möstl* Sicherheitsgewährleistung 14 f.; s. *Dietlein*, Die Lehre von den grundrechtlichen Schutzpflichten, 2. Aufl. 2005, 62; *Gusy* DÖV 1996, 573 ff., betont den Schutzpflichtenaspekt; nach *Anter* in Möllers/van Ooyen JBÖS 2008/2009, 2009, 15 (23), ergibt sich die Pflicht des Staates zur Gewährleistung von Sicherheit „klar aus dem Gesamtsinn des Grundgesetzes".
[113] Vgl. etwa *Calliess* ZRP 2002, 1 ff.
[114] Vgl. *Götz* in Isensee/Kirchhof StaatsR-HdB § 85 Rn. 22 f.
[115] *Scholz/Pitschas*, Informationelle Selbstbestimmung und staatliche Informationsverantwortung, 1984, 104 ff.
[116] BVerfGE 35, 202 (221) = NJW 1973, 1226.
[117] BVerfGE 39, 1 ff. = NJW 1975, 573.
[118] BVerfGE 49, 24 (53) = NJW 1978, 2235.
[119] Vgl. *Thiel*, Die „Entgrenzung" der Gefahrenabwehr, 2011, 154.
[120] *Thiel*, Die „Entgrenzung" der Gefahrenabwehr, 2011, 158.

liche Verpflichtung zur Sicherheitsgewährleistung, die sich insbesondere aus den grundrechtlichen Schutzpflichten begründen, aber auch auf weitere verfassungsrechtliche Bestimmungen stützen lässt.

III. Inhalt und Reichweite

46 Die Anerkennung der Sicherheitsgewährleistung als staatliche Aufgabe wirft eine Fülle weiterer Fragen auf. Die dogmatische Einordnung als Staatsaufgabe, Staatsziel, staatliche Schutzpflicht oder verfassungsrechtlicher Auftrag ist dabei von untergeordneter Bedeutung – es ist in Rechtsprechung und Schrifttum wohl nahezu einhellig anerkannt, dass sich sowohl eine objektive Sicherheitsgewährleistungsaufgabe aus Fundamentalaspekten der Staatlichkeit als auch eine Verpflichtung zum Schutz – mit im Detail umstrittenen subjektiv-rechtlichen Wirkungen – aus dem Gedanken der grundrechtlichen Schutzpflichten ergibt. Das „Ob" eines Verfassungsauftrags zur Sicherheitsgewährleistung steht damit nicht im Zweifel, vielmehr sind **Inhalt und Reichweite** näher zu konkretisieren.

47 Als „übergreifende Figur des Verfassungsrechts"[121] entfaltet die Staatsaufgabe Sicherheit rechtliche Wirkung in unterschiedliche Richtungen.[122] „Sicherheit" als objektiv wirkender **Wert mit Verfassungsrang** kann zunächst in Abwägungsvorgängen, etwa im Kontext von Grundrechtseingriffen, als rechtfertigender Aspekt herangezogen werden. Zugleich kann sie bei schrankenlos gewährleisteten Grundrechten als verfassungsimmanente Schranke wirken.[123] Dabei ist allerdings wiederum zu berücksichtigen, dass es eine absolute Sicherheit nicht geben kann; die Bewertung des konkret zu gewährleistenden „Sicherheitsniveaus" hat mithin im Einzelfall unter Berücksichtigung insbesondere der grundrechtlichen „Gemengelage" zu erfolgen.

48 Da es sich bei der Sicherheit aber nicht allein um einen materiellen Wert mit Verfassungsrang, sondern bei der Sicherheitsgewährleistung zudem um eine Staatsaufgabe handelt, gebietet sie in diesen Funktionen ein **modernes, gefährdungsadäquates Sicherheitsrecht**[124] sowie eine **funktionale Sicherheitsarchitektur**[125] einschließlich ihrer dauerhaften Revision und Optimierung.[126] In diesen Zusammenhang gestellt ist auch das kontrovers diskutierte Gebot einer **effektiven Strafverfolgung**,[127] das allerdings vor allem rechtsstaatliche Bezüge aufweist: Der Rechtsstaat kann nur dann verwirklicht werden, wenn sichergestellt ist, dass Straftäter im Rahmen der geltenden Gesetze abgeurteilt und einer gerechten Bestrafung zugeführt werden.

49 Der verfassungsrechtliche Auftrag zur Sicherheitsgewährleistung schließt eine Verpflichtung des Staates zu einer sachgerechten und angemessenen **Risikovorsorge** ein.[128] Eine Risikominimierung – etwa durch repressive Beschränkungen der technischen Entwicklungen – ist dabei nicht zu fordern; einer Pflicht zu staatlicher Risikosteuerung im Sinne eines Ausschlusses jeglicher Schädigungsmöglichkeit ist eine Absage zu erteilen. Doch ergibt sich aus den grundrechtlichen Schutzpflichten zugleich eine staatliche „Vorsorgeverpflichtung", die allerdings nur die Fälle wissenschaftlich begründeter Besorgnis erfassen kann, nicht aber das verbleibende „sozialadäquate (Rest-)Risiko".[129]

---

[121] *Hofmann/Lukosek/Schulte-Rudzio* GSZ 2020, 233 (237).
[122] *Möstl* Sicherheitsgewährleistung 27, 42 f.
[123] *Hofmann/Lukosek/Schulte-Rudzio* GSZ 2020, 233 (237).
[124] Dazu etwa *Thiel* GSZ 2021, 97 ff.; *Thiel* in Möllers/van Ooyen JBÖS 2020/2021, 2021, 634 ff.; *Thiel* V&M 2019, 224 ff.
[125] Vgl. dazu *Kugelmann* Die Verwaltung 2014, 25 ff.
[126] *Hofmann/Lukosek/Schulte-Rudzio* GSZ 2020, 233 (237); zum „Grundrechtsschutz durch Organisation" in der deutschen Sicherheitsarchitektur vgl. Dombert/Räuker DÖV 2014, 414 ff.
[127] Dazu eingehend *Nowrousian* Kriminalistik 2020, 624 ff. – für eine Einordnung als Wert mit Verfassungsrang.
[128] *Preuß*, in Grimm, Staatsaufgaben 1994, 523 ff.
[129] *Thiel*, Die „Entgrenzung" der Gefahrenabwehr, 2011, 89.

Diese Anforderungen erstrecken sich sowohl auf die innere als auch auf die **äußere** **50** **Sicherheit,** zumal beide unter den Gefährdungslagen der Gegenwart kaum mehr völlig trennscharf voneinander zu scheiden sind,[130] was sich nicht allein an den Debatten um eine Erweiterung der grundgesetzlich vorgesehenen Fallkonstellationen für einen Einsatz der Bundeswehr im Inneren zeigt (vgl. etwa Art. 87a Abs. 2, 3 und 4 GG, Art. 35 Abs. 2 und 3 GG). Äußere Sicherheit bezeichnet zwar im Wesentlichen die Sicherheit eines Staates oder eines Zusammenschlusses von Staaten vor Gefährdungen vor allem militärischer Natur, und obwohl der im Verfassungsstaat des Grundgesetzes geltende Trennungsgrundsatz zwischen Streitkräften und Sicherheitsbehörden nach wie vor weitestgehend unangetastet geblieben ist, stellt eine Sicherheitsgewährleistung für den Bestand und die Funktionsfähigkeit des Staates und anderer Träger hoheitlicher Gewalt „nach außen" zugleich einen wesentlichen Pfeiler der Sicherheitsarchitektur dar und trägt somit auch zur Erfüllung grundrechtlicher Schutzpflichten bei.

Die Einordnung als Staatsaufgabe und als Wert mit Verfassungsrang, der auch eine **51** **subjektiv-rechtliche Wirkdimension** entfaltet, führt dazu, dass die Grundrechtsträgerinnen und -träger vor dem Hintergrund der grundrechtlichen Schutzpflichten vom Staat erwarten können, dass ihre Sicherheit gewährleistet wird. Auch diesbezüglich kann freilich keine absolute Sicherheit erwartet werden; insbesondere sind Sicherheitsbedürfnisse im jeweiligen verfassungsrechtlichen Kontext zu bewerten und insbesondere mit den Freiheitsrechten abzuwägen. Nur unter dem Blickwinkel eines zumindest objektivierbaren Sicherheitsniveaus hat der Staat dabei das Sicherheitsgefühl zu berücksichtigen;[131] Aspekte wie etwa eine gesteigerte Kriminalitätsfurcht sind zB anhand entsprechender Statistiken bzw. Studien zu belegen.

D. Perspektiven

Der aus verschiedenen verfassungsrechtlichen Bestimmungen, namentlich aus dem Gedanken der grundrechtlichen Schutzpflichten zu begründende staatliche Auftrag zur Sicherheitsgewährleistung einschließlich seiner subjektiv-rechtlichen Wirkdimension ist sich stetig **wandelnden Herausforderungen** ausgesetzt. Sicherheitsrelevante „Megatrends" wie der internationale Terrorismus, Geflüchtetenströme oder die Pandemiebekämpfung, Veränderungen bei den Kriminalitätsphänomenen, der technische Fortschritt (zB die zunehmend verbesserten Möglichkeiten des Einsatzes von „Deepfake"-Technologie[132]), eine intensivierte internationale und europäische Zusammenarbeit unter weitestgehender Aufrechterhaltung der Verantwortung zB der Mitgliedstaaten der Europäischen Union für die innere Sicherheit sind mit Blick auf die verfassungsrechtlichen Vorgaben durch Anpassungen von Sicherheitsarchitektur und Sicherheitsrecht zu bewältigen und umzusetzen. Der verfassungsrechtliche Auftrag gebietet dabei eine permanente Revision des Status Quo hinsichtlich des gewährleisteten Sicherheitsniveaus, der Organisation und Ausstattung der Sicherheitsbehörden (*Thiel* → § 7) und der ihnen eingeräumten Befugnisse. Die Sicherheitsgewährleistung ist damit eine der **dynamischsten Staatsaufgaben** mit äußerst engen Bezügen zu den zentralen Verfassungswerten. Dass die Vorgaben des Grundgesetzes angesichts dieses Befundes als „entwicklungsoffen" hinsichtlich Inhalt und Reichweite des Verfassungsauftrags Sicherheitsgewährleistung interpretiert werden müssen, ist eine seiner wesentlichen Funktionsbedingungen. Allgemeine Aussagen dazu, „wie sicher" sich das Grundgesetz das Gemeinwesen vorstellt und welche Maßnahmen zur Herstellung und Aufrechterhaltung eines solchen Sicherheitsniveaus zu ergreifen sind, verbieten sich daher.

---

[130] Zur Internationalisierung und Europäisierung der Gefahrenabwehr vgl. *Thiel*, Die „Entgrenzung" der Gefahrenabwehr, 2011, 399 ff.; vgl. auch *Calliess* DVBl 2003, 1096 (1097); *Kutscha* in Roggan/Kutscha Recht der Inneren Sicherheit-HdB 85 f.
[131] Vgl. *Schewe*, Das Sicherheitsgefühl und die Polizei, 2009.
[132] Dazu *Lossau*, Deep Fake: Gefahren, Herausforderungen und Lösungswege, Analysen & Argumente Nr. 382 (2/2020); *Lantwin* MMR 2019, 574 ff.; *Hartmann* K&R 2020, 350 ff.

53 Bei der solchermaßen geforderten stetigen Neujustierung der Aufgabenerfüllung ist vor allem das **Verhältnis zur Freiheit** von besonderer Bedeutung.[133] Die dogmatische Herleitung des Verfassungsauftrags zur Sicherheitsgewährleistung aus den grundrechtlichen Schutzpflichten verdeutlicht, dass Freiheit und Sicherheit keine Gegensätze sind, sondern sich wechselseitig bedingen und beeinflussen. Gleichwohl wird in der Öffentlichkeit etwa jede Erweiterung staatlicher Eingriffsbefugnisse zur Sicherheitsgewährleistung kritisch bewertet, mitunter als erhebliche Bedrohung der Freiheitsrechte wahrgenommen. Die hierzu öffentlich geführten, demokratischen und parlamentarischen Diskurse sind – sofern sie „ideologiefrei" auf der Grundlage rationaler Erwägungen stattfinden – wichtige Korrektive gegenüber einem Staat, der in Erfüllung seines Verfassungsauftrags zur Sicherheitsgewährleistung zu einer übermäßigen Erweiterung des rechtlichen Handlungsinstrumentariums neigen mag.[134]

§ 3 Staatsorganisation in Sicherheitskrisen

Tilman Hoppe/Horst Risse[1]

Übersicht

	Rn.
A. Vorbemerkung	1
I. Überblick	1
II. Begriff des „Staatsnotstands"	3
III. Notstand als Ausnahme	6
B. Gefahren von besonderer Bedeutung	8
I. Praktische Anwendungsfälle	8
II. Voraussetzungen	9
III. Folgen	13
IV. Konkurrenzen	15
C. Regionale Katastrophen	16
I. Praktische Anwendungsfälle	16
II. Voraussetzungen	17
III. Folgen	21
IV. Konkurrenzen	24
D. Überregionale Katastrophen	25
I. Praktische Anwendungsfälle	25
II. Voraussetzungen	26
III. Folgen	27
IV. Intervention des Bundesrates	29
V. Konkurrenzen	30
E. Innerer Notstand	31
I. Praktische Anwendungsfälle	31
1. Handlungsfähiges und -bereites Land	32
2. Handlungsunfähiges oder -unwilliges Land	34
3. Einsatz der Streitkräfte	36
4. Überregionaler innerer Notstand	37
II. Voraussetzungen	38
1. Handlungsfähiges und -bereites Land	38
2. Handlungsunfähiges oder -unwilliges Land	44

---

[133] *Denninger* in Lisken/Denninger PolR-HdB B Rn. 12 f.
[134] Vgl. allgemein *Barczak*, Der nervöse Staat, 2020.
[1] Staatssekretär a. D. Prof. Dr. *Horst Risse* war Direktor beim Deutschen Bundestag und ist Honorarprofessor der Humboldt-Universität zu Berlin, Dr. *Tilman Hoppe* ist Fachbereichsleiter bei den Wissenschaftlichen Diensten des Deutschen Bundestages. Der Beitrag gibt allein die persönliche Meinung der Autoren wieder. Die Autoren danken *Michael V. Gründer*, *Robert Hennicke*, *Marcel Kalif* und *Jasper Kamradt* für ihre Recherchen und wertvollen Hinweise zu diesem Beitrag.

	Rn.
3. Einsatz der Streitkräfte	49
4. Überregionaler innerer Notstand	50
III. Folgen	51
1. Handlungsfähiges und -bereites Land	51
2. Handlungsunfähiges oder -unwilliges Land	53
3. Einsatz der Streitkräfte	58
4. Überregionaler innerer Notstand	61
IV. Wegfall der Gefahr; Intervention von Bundestag und Bundesrat	63
V. Konkurrenzen	66
F. Spannungsfall	69
I. Praktische Anwendungsfälle	69
II. Voraussetzungen	70
III. Konkurrenzen	71
G. Verteidigungsfall (äußerer Notstand)	72
I. Praktische Anwendungsfälle	72
II. Voraussetzungen und Feststellung	73
1. Voraussetzungen des Verteidigungsfalles	73
a) Angriff auf das Bundesgebiet mit Waffengewalt	73
aa) Bundesgebiet	73
bb) Angriff mit Waffengewalt	74
cc) Angreifer	76
b) Unmittelbar drohender Angriff	77
2. Feststellung des Verteidigungsfalles	78
a) Initiativrecht der Bundesregierung	79
b) Feststellung durch Bundestag und Bundesrat	80
c) Feststellung durch den Gemeinsamen Ausschuss	81
d) Verkündung der Feststellung	82
e) Fiktion der Feststellung	83
III. Folgen	84
1. Überblick	84
2. Befehls- und Kommandogewalt (Art. 115b GG)	85
3. Gesetzgebungskompetenzen (Art. 115c GG)	86
4. Gesetzgebungsverfahren (Art. 115d GG)	89
5. Gemeinsamer Ausschuss (Art. 115e, 53a GG)	90
6. Rechte der Bundesregierung (Art. 115f GG)	95
7. Bestandsschutz Bundesverfassungsgericht (Art. 115g GG)	100
8. Wahlperioden und Amtszeiten von Verfassungsorganen (Art. 115h GG)	101
9. Rechte der Länder (Art. 115i GG)	102
10. Einsatz der Bundeswehr im Innern (Art. 87a Abs. 3 GG)	105
IV. Konkurrenzen	108
H. Einschränkung von Grundrechten	112
I. Ungeschriebene Notstandsbefugnisse?	115
J. Staatsnotstand in den Landesverfassungen	116
K. Staatsnotstand und Europäische Union	117
L. Rechtsschutz	122
I. Bundesverfassungsgericht	122
1. Katastrophenfall und innerer Notstand	122
2. Verteidigungsfall	127
II. Landesverfassungsgerichte	131
III. Fachgerichte	132
IV. Bundeszwang (Art. 37 GG)	133
V. Widerstandsrecht (Art. 20 Abs. 4 GG)	136
VI. Europäischer Gerichtshof	141
VII. Europäischer Gerichtshof für Menschenrechte	146
M. Reformbedarf: Notparlament	147

Wichtige Literatur:

Badura, P., Vorkehrungen der Verfassung für Not- und Krisenlagen, ThürVBl 1994, 169; *Benda, E.,* Die Notstandsverfassung, 8.–10. Aufl. 1968; *Böckenförde, E.-W.,* Ausnahmerecht und demokratischer Rechtsstaat, FS Hirsch, 1981, 259; *Diebel, M.,* Die Stunde der Exekutive, Das Bundesinnenministerium und die Notstandsgesetze 1949–1968, 2019; *Erkens, H.,* Die Krisenmechanismen des Grundgesetzes im Wandel der Bedrohungslagen – Was ist und wozu taugt die Notstandsverfassung?, ZfAS 2017, 485; *Fiebig, J.-P.,* Der Einsatz der Bundeswehr im Innern, 2004; *Hesse, K.,* Grundfragen einer verfassungsmäßigen Normierung des Ausnahmezustandes, JZ 1960, 105; *Hoppe, T./Risse, H.,* Das wahre Parlament erkennt man in der Not, DVBl 2020, 1386; *Kaiser, A.-B.,* Ausnahmeverfassungsrecht, 2020; *Schmidt-Radefeldt, R.,* Rechtsdurchsetzung mit militärischen Mitteln – Inlandseinsätze der Armee und Militarisierung der Polizei, in Kischel/Kielmansegg, Rechtsdurchsetzung mit militärischen Mitteln, 2018, 1.

Rechtsprechungsauswahl:

BVerfGE 115, 118 = NJW 2006, 751 (Luftsicherheitsgesetz I); BVerfGE 121, 135 = NJW 2008, 2018 (AWACS); BVerfGE 126, 55 = BeckRS 2010, 50088 (Heiligendamm); BVerfGE 132, 1 = BeckRS 2012, 55111 (Luftsicherheitsgesetz II); BVerfGE 133, 241 = BeckRS 2013, 49762 (Luftsicherheitsgesetz III).

Nützliche Internetadressen:

Bundesamt für Bevölkerungsschutz und Katastrophenhilfe: www.bbk.bund.de/DE/Home/home_node.html; www.bbk.bund.de/DE/AufgabenundAusstattung/Krisenmanagement/GMLZ/GMLZ_node.html, Gemeinsames Melde- und Lagezentrum von Bund und Ländern (GMLZ); Bundesministerium des Innern, für Bau und Heimat: www.bmi.bund.de/DE/themen/bevoelkerungsschutz/zivil-und-katastrophenschutz/zivil-und-katastrophenschutz-node.html, Zivil- und Katastrophenschutz;

Bundesministerium des Innern, für Bau und Heimat: https://www.bmi.bund.de/SharedDocs/faqs/DE/themen/sicherheit/GETEX/getex-liste.html, Gemeinsame Terrorismusabwehr-Exercise [sic!]; Europäische Kommission: https://ec.europa.eu/info/topics/humanitarian-aid-and-civil-protection_de, über den Europäischen Katastrophenschutz und humanitäre Hilfsmaßnahmen.

Hinweis:

Alle Internetfundstellen wurden zuletzt am 15.3.2022 abgerufen.

A. Vorbemerkung

I. Überblick

1 „Eine Verfassung, die in Notzeiten nicht gehalten werden kann, verfehlt ihren Sinn."[2] Aus diesem Grund hat der Gesetzgeber 1968 die sog. Notstandsverfassung dem Grundgesetz eingefügt.[3] Ziel und Inhalt dieser Verfassungsreform waren damals hochumstritten.[4] Es ging dem Gesetzgeber darum, „ein Notstandsrecht zu schaffen, das die Verfassung in der Krise nicht außer Kraft setzen, sondern sie mit besonderen Mitteln aufrechterhalten und ihr zum **Überleben** verhelfen sollte."[5]

2 Die Verfassung regelt folgende sechs Notstandsfälle:[6]

- **Gefahren** von besonderer Bedeutung, Art. 35 Abs. 2 S. 1 GG: In diesem Fall kann ein Land „Kräfte und Einrichtungen des Bundesgrenzschutzes [Bundespolizei] zur Unterstützung seiner Polizei anfordern". Die Vorschrift findet zB bei Großdemonstrationen Anwendung.

- **Regionale Katastrophe,** Art. 35 Abs. 2 S. 2 GG: „Bei einer Naturkatastrophe oder bei einem besonders schweren Unglücksfall kann ein Land Polizeikräfte anderer Länder, Kräfte und Einrichtungen anderer Verwaltungen sowie des Bundesgrenzschutzes und der

---

[2] *Hesse* JZ 1960, 105 (108); *Epping* in Maunz/Dürig GG Art. 115a Rn. 14.
[3] 17. Gesetz zur Ergänzung des GG v. 24.6.1968 (BGBl. 1968 I 709); zum geschichtlichen Hintergrund siehe: *Diebel,* Die Stunde der Exekutive, Das Bundesinnenministerium und die Notstandsgesetze 1949–1968, 2019.
[4] *Benda,* Die Notstandsverfassung, 1968, 64 ff.; *Klein* in Isensee/Kirchhof StaatsR-HdB VII § 169 Rn. 8–12; *Kielmansegg* in BK-GG, 190. Aktl. April 2018, GG Vorb. Art. 115a–115l Rn. 57 ff. (mit Rechtsvergleich in Rn. 1 ff.); *Kielmansegg* GSZ 2019, 45; *Krieger* in E. Klein, Gewaltenteilung und Menschenrechte, 2. Aufl. 2010, 203.
[5] *Hopfauf* in Schmidt-Bleibtreu/Hofmann/Henneke, 14. Aufl. 2017, GG Vorb. Art. 115a Rn. 10 (Hervorhebung durch Autoren); *Grote* in v. Mangoldt/Klein/Starck GG Art. 115a Rn. 1.
[6] Weiterer Überblick bei: *Kastner* in Möllers Polizei-WB, Stichwort „Staatsnotstand"; *Klein* in Isensee/Kirchhof StaatsR-HdB XII § 280.

A. Vorbemerkung

Streitkräfte anfordern." Die Vorschrift kann bei einem Hochwasser, Flugzeugunglück oder terroristischem Anschlag anwendbar sein.
- **Überregionale Katastrophe,** Art. 35 Abs. 3 GG: Die Bundesregierung kann erforderlichenfalls „den Landesregierungen die Weisung erteilen, Polizeikräfte anderen Ländern zur Verfügung zu stellen, sowie Einheiten des Bundesgrenzschutzes und der Streitkräfte zur Unterstützung der Polizeikräfte einsetzen." Die Vorschrift ist anwendbar in allen vorgenannten Fällen, die sich auf mehr als ein Land auswirken.
- **Innerer Notstand,** Art. 91 Abs. 1 GG: Der „Bestand oder die freiheitliche demokratische Grundordnung des Bundes oder eines Landes" sind in Gefahr. Polizeikräfte anderer Länder und des Bundes können zum Einsatz kommen; ferner kann die Bundesregierung Weisungen erteilen. Anwendungsfälle sind beispielsweise ein gewaltsamer Umsturz in einem Land oder die Abkehr eines Landes von rechtsstaatlichen Grundprinzipien. Bei einem Aufstand militärisch bewaffneter, organisierter Gruppen oder zum Schutz ziviler Objekte kann die Bundesregierung zur Unterstützung der Polizei Streitkräfte einsetzen (Art. 87a Abs. 4 GG).
- **Spannungsfall,** Art. 80a GG: Es kommt aufgrund erheblicher internationaler Spannungen aller Voraussicht nach zu einem bewaffneten Angriff. Ist der Spannungsfall festgestellt, können zB Verteidigungsgesetze zur Anwendung kommen.
- **Verteidigungsfall,** Art. 115a ff. GG: Ein Angriff auf das Bundesgebiet „mit Waffengewalt" droht unmittelbar oder ist eingetreten. Es ergeben sich weitreichende Konsequenzen, insbesondere: Die Gesetzgebungskompetenz des Bundes und die Rechte der Bundesregierung sind erweitert. Der Gemeinsame Ausschuss kann die Rechte des Bundestages und des Bundesrates wahrnehmen.

II. Begriff des „Staatsnotstands"

Staatsbedrohende Aktivitäten gehören zum Alltag der mit **Staatsschutz**[7] befassten Sicherheitsbehörden. Diese überwachen und verfolgen Extremisten, Terroristen und andere politisch motivierte (potentielle) Täter, die sich gegen „die Verfassung, den Bestand oder die Sicherheit des Staates" richten.[8] Aber auch wenn es tatsächlich zu Straftaten kommt – eine konkrete Gefahr für den Bestand des Staates besteht bei diesen Aktivitäten nicht.

Der **staatsrechtliche Notstand** unterscheidet sich daher vor allem in einem Punkt von Bedrohungen, die Gegenstand des normalen, „alltäglichen" Staatsschutzes sind: Der Bestand oder die Handlungsfähigkeit des Rechtsstaats sind **konkret** gefährdet. Hinzu tritt ein weiterer Unterschied: Die Bedrohung kann beim Staatsnotstand nicht nur von **Straftätern,** und nicht einmal nur von Menschen ausgehen. Auch **Naturkatastrophen** oder Seuchen können den Staat an den Rand seiner Handlungsfähigkeit oder Existenz bringen.

Dementsprechend **definiert** die Literatur den Staatsnotstand (mitunter auch: „Ausnahmezustand") als „innere oder äußere Krisen bzw. Notsituationen, die den Staat in seinem Bestand gefährden und mit den üblichen politisch-administrativen Mitteln nicht zu bewältigen sind";[9] als Situation „gefährdeter existenzieller Staatsfunktionen (deren Schutz auch eine menschenrechtliche Dimension hat)";[10] als „existentielle Bedrohungslage für den Staat";[11] oder als „schwere innere und äußere Krisenlage".[12]

---

[7] Zum Begriff s. *Kastner* in Möllers Polizei-WB, Stichwort „Staatsschutz".
[8] *Kastner* in Möllers Polizei-WB, Stichwort „Staatsschutz".
[9] *Kastner* in Möllers Polizei-WB, Stichwort „Staatsnotstand; ähnlich *Stern* StaatsR II 1295, mit Zust. *Klein* in Isensee/Kirchhof StaatsR-HdB XII § 280 Rn. 1 (Staatsnotstand als Teil des „Ausnahmezustandes").
[10] *Herdegen* in Maunz/Dürig GG Art. 25 Rn. 80.
[11] *Depenheuer* in Maunz/Dürig GG Art. 80a Rn. 1.
[12] *Depenheuer* in Maunz/Dürig GG Art. 80a Rn. 2. Die existenzielle Bedrohung grenzt den Staatsnotstand von anderen Krisensituationen ab, wie zB ökonomischen Krisen; *Schwerdtfeger*, Krisengesetzgebung, 2018, 11 f.

III. Notstand als Ausnahme

6　Seit Inkrafttreten des Grundgesetzes ist **kein Fall** des Staatsnotstands eingetreten.[13] Vergangene Katastrophen hatten allenfalls regionale Auswirkungen. Die Handlungsfähigkeit der drei Staatsgewalten war immer gegeben und nicht bedroht. Dies gilt auch für das wohl bekannteste Beispiel, die Hamburger Sturmflut im Jahr 1962.[14] Auch seither kamen Streitkräfte der Bundeswehr lediglich im Wege der Amtshilfe zum Einsatz bei mehreren Hochwassersituationen, Lawinenunglücken oder der Corona-Pandemie.[15]

7　Daher widmet dieses **Handbuch** auch zu Recht 55 seiner 57 Kapitel den „alltäglichen" staatsbedrohenden Aktivitäten und nur 2 Kapitel dem Notstands- bzw. Verteidigungsfall. Auch das Grundgesetz ist ganz überwiegend für das normale Alltagsleben geschrieben.[16] Von den 22.913 Wörtern des Grundgesetzes[17] betreffen 21.151 (92,3%) das Funktionieren des Staates im Regelfall und nur 1.762 die Notstandsverfassung (7,7%).[18] Den Verteidigungsfall ausgenommen regeln nur 266 Wörter (1,2%) den Notstand.[19]

B. Gefahren von besonderer Bedeutung

I. Praktische Anwendungsfälle

8　Die Amtshilfe des Art. 35 Abs. 2 S. 1 GG findet Anwendung bei Gefahrenlagen, die „den polizeilichen Normalfall erheblich übersteig[en]".[20] Dies ist zB der Fall bei besonders großen **Demonstrationen,** Bränden, Veranstaltungen oder **Razzien.**[21] Besondere Gefahrenlagen, die aus einem Arbeitskampf herrühren (zB Streiks, Aussperrungen), sind nach Art. 9 Abs. 3 S. 3 GG von Art. 35 Abs. 2 S. 1 GG ausgenommen: „Maßnahmen nach den Artikeln […] 35 Abs. 2 und 3 […] dürfen sich **nicht** gegen **Arbeitskämpfe** richten, die zur Wahrung und Förderung der Arbeits- und Wirtschaftsbedingungen […] geführt werden."[22] Besondere Gefahrenlagen aus „wilden" oder „politischen" Streiks erfasst Art. 35 Abs. 2 S. 1 GG hingegen.

II. Voraussetzungen

9　Art. 35 Abs. 2 S. 1 legt auf der Tatbestandsseite die allgemeine polizeiliche Generalklausel zugrunde („Gefahr für die öffentliche Sicherheit und Ordnung"). Für die Auslegung lässt sich daher das allgemeine Polizeirecht heranziehen.[23] Die amtliche Begründung zu § 14 PreußPVG versteht unter **„öffentlicher Sicherheit":** die Unversehrtheit von Leben, Gesundheit, Freiheit, Ehre und Vermögen des Einzelnen sowie der Bestand und das Funktionieren des Staates und seiner Einrichtungen; **„öffentliche Ordnung"** wiederum ist der Inbegriff der Regeln, „deren Befolgung nach den jeweils herrschenden sozialen und

---

[13] Zur Weimarer Reichsverfassung und der Reichstagsbrandverordnung siehe nur *Bickenbach* JuS 2008, 199; *Benda,* Die Notstandsverfassung, 1968, 14 ff.
[14] *Müllmann,* Der Inneneinsatz der Bundeswehr – vom politischen Wollen und dem verfassungsrechtlichen Können, 2009, https://bit.ly/2YtzD99.
[15] Bundeswehr, Nationale Krisenvorsorge der Bundeswehr und der Schutz der Heimat, https://bit.ly/2RhjBOF.
[16] *Erkens* ZfAS 2017, 485 (488).
[17] *Thielen,* 23.000 Wörter, 197 Artikel, 1 Verfassung, FAZ v. 23.5.2019, https://bit.ly/3iDiWmS.
[18] Art. 35 Abs. 2 und 3, Art. 53a, Art. 80a, Art. 91, Art. 115a–115l GG. Als „Ausnahmeverfassungsrecht" sieht *Kaiser,* Ausnahmeverfassungsrecht, 2020, S. 77 f., darüber hinaus namentlich das Normenregime der Wehrhaften Demokratie, die finanzverfassungsrechtlichen Notfallregeln (Art. 109 Abs. 3, 115 Abs. 2 GG) und den Gesetzgebungsnotstand (Art. 81 GG).
[19] Art. 35 Abs. 2 und 3, Art. 91 GG.
[20] *Bauer* in Dreier GG Art. 35 Rn. 27.
[21] *Dederer* in Maunz/Dürig GG Art. 35 Rn. 121.
[22] Hervorhebung durch Autoren.
[23] *Gubelt/Goldhammer* in v. Münch/Kunig GG Art. 35 Rn. 50 mwN.

B. Gefahren von besonderer Bedeutung § 3

ethischen Anschauungen als unentbehrliche Voraussetzung für ein gedeihliches Miteinander der innerhalb eines Polizeibezirks wohnenden Menschen angesehen wird".[24]

"Fälle von **besonderer Bedeutung**": Hierbei ist die "öffentliche Sicherheit und Ordnung" in einem Maß gefährdet, das den Normalfall überschreitet. Das betreffende Land ist aus eigenen Kräften zur Aufrechterhaltung oder Wiederherstellung der öffentlichen Sicherheit oder Ordnung ohne Bundeshilfe "nicht oder nur unter erheblichen Schwierigkeiten in der Lage" (Art. 35 Abs. 2 S. 1 GG). Die Aufgabe **überfordert** die Polizei des betreffenden Landes.[25] Daher muss es auf Kräfte und Einrichtungen des "Bundesgrenzschutzes" (nunmehr "Bundespolizei", § 1 Abs. 2 BPolG) zurückgreifen.[26] 10

Nur anhand einer wertenden Prognose lässt sich entscheiden, ob eine "Gefahr" vorliegt und ob diese eine "besondere Bedeutung" hat. Maßgeblich ist dabei die Perspektive der Landesregierung.[27] Ihr kommt dabei ein **Beurteilungsspielraum** zu,[28] der Bundespolizei hingegen nicht. Wenn ein Land anfordert, hat die Bundespolizei damit die Pflicht, Hilfe zu leisten (→ Rn. 13). Sieht sie die Tatbestandsvoraussetzungen als nicht gegeben an, ist dies gegebenenfalls gerichtlich zu klären (→ Abschnitt L). 11

Die **Anforderung** von Hilfe erfolgt durch die betroffene **Sicherheitsbehörde** des Landes. Empfänger der Anforderung ist die Bundespolizei. Dies folgt aus Art. 35 Abs. 1 GG, der von Amtshilfe zwischen "Behörden des Bundes und der Länder" spricht. Die "Allgemeine Verwaltungsvorschrift des Bundesministeriums des Innern über die Verwendung der Bundespolizei bei einer Naturkatastrophe oder bei einem besonders schweren Unglücksfall sowie zur Hilfe im Notfall" (BPolKatHiVwV)[29] trifft in Nr. 6 Abs. 2 und 3 eine leicht abweichende Regelung: "Die Bundespolizei unterstützt die Polizei des Landes im Rahmen der polizeilichen Katastrophenhilfe, wenn a) die für die polizeiliche Gefahrenabwehr zuständige Landesbehörde hierzu Kräfte der Bundespolizei anfordert (Artikel 35 Abs. 2 S. 2 Grundgesetz), b) die Bundesregierung unter den Voraussetzungen des Artikels 35 Abs. 3 Grundgesetz Einheiten der Bundespolizei zur Unterstützung der Polizeikräfte der Länder einsetzt. Anforderungsberechtigt nach Absatz 2 Buchstabe a ist das jeweils zuständige Landesressort." Der Begriff "Landesressort" dürfte hier einem **Ministerium** entsprechen.[30] Damit besteht auf Landesseite die Notwendigkeit, zumindest auf Ministeriumsebene zu handeln (nicht aber notwendigerweise auf Ministerebene); auf Bundesseite hingegen nicht. Weitere Einzelheiten ergeben sich aus Landesrecht.[31] 12

---

[24] Statt vieler: *Bauer* in Dreier GG Art. 35 Rn. 27; *Schenke* PolR, 7. Aufl. 2011, Rn. 63; *Denninger* in Lisken/Denninger PolR-HdB D Rn. 35 ff., mN zum Streitstand.
[25] *Dederer* in Maunz/Dürig GG Art. 35 Rn. 122 unter Verweis auf *Hase* in Stein/Denninger/Hoffmann-Riem GG Art. 35 Abs. 2, 3 Rn. 2.
[26] *Epping* in BeckOK GG, 51. Ed. 15.5.2022, GG Art. 35 Rn. 20.
[27] *Bauer* in Dreier GG Art. 35 Rn. 27.
[28] *Bauer* in Dreier GG Art. 35 Rn. 27; *Grzeszick* in BerlKom GG Art. 35 Rn. 44; *Gubel/Goldhammer* in v. Münch/Kunig GG Art. 35 Rn. 53.
[29] v. 4.9.2012 (GMBl 2012, 899).
[30] *Schröder* in v. Mangoldt/Klein/Starck GG Art. 65 Rn. 30.
[31] *Graulich* in Schenke/Graulich/Ruthig BPolG § 11 Rn. 11: "Wer für das Land anforderungsberechtigt ist, bestimmt sich ebenso wie nach der bis 1994 geltenden Rechtslage nach Landesrecht. In der Regel sind in den Bundesländern die Innenminister/-senatoren zuständig für die Anforderung der Bundespolizei zur Unterstützung der Polizei. In Katastrophen- und schweren Unglücksfällen sind in der Regel die Behörden zuständig, denen nach Landesrecht die Abwehr der Gefahr obliegt (BR-Drs. 418/94, 45)"; zu dem Beispiel einer Landesregelung siehe den RdErl des Nds. Ministerium für Inneres und Sport [MI] "Katastrophenschutz; Hinweise und Regelungen zur Nachbarschaftshilfe, bei überörtlicher, länder- und staatenübergreifender Hilfe", v. 17.7.2017 – 36.33–14601/105, Nds. MBl. 2017 Nr. 37, 1204: "4.4 Für die Abwicklung von Hilfeersuchen bedienen sich die um Hilfe ersuchenden Länder und die Hilfeleistungskräfte entsendenden Länder ihrer landesspezifischen Strukturen des Katastrophenschutzes, einschließlich der Strukturen der im Katastrophenschutz mitwirkenden Organisationen und bei Bedarf des gemeinsamen Melde- und Lagezentrums des Bundes und der Länder (GMLZ). 4.5 Das MI prüft das Hilfeersuchen in Abstimmung mit den PD [Polizeidirektionen]. Das Ministerium unterbreitet ein entsprechendes Hilfsangebot mit Angabe der möglichen Eintreffzeit der Einheiten sowie der Erreichbarkeitsdaten der Ansprechpartnerinnen und Ansprechpartner für die weitere Abwicklung der Hilfeleistung."

III. Folgen

13 Die **Bundespolizei** ist **verpflichtet,** der Anforderung des Landes zu entsprechen und Kräfte (Bedienstete) und Einrichtungen (sachliche Mittel) zur Verfügung zu stellen. Art. 35 Abs. 2 S. 1 GG spricht von „Unterstützung" der Polizei des Landes. Die Bundespolizei nimmt daher landespolizeiliche Aufgaben wahr. Sie unterliegt den **fachlichen Weisungen** des Landes. Ihre Befugnisse richten sich nach dem Recht des Landes.[32] § 11 BPolG („Verwendung zur Unterstützung eines Landes") regelt diesen Einsatz.[33]

14 Die Bundespolizei kann Hilfe nur aus verfassungsrechtlich gewichtigen Gründen **verweigern,** zB wenn die Erfüllung unmöglich ist (die überwiegende Zahl der Bediensteten ist aufgrund einer Grippewelle erkrankt) oder ein anderes Land dringender auf Hilfe angewiesen ist.[34] Das anfordernde Land trägt die **Kosten** der Hilfeleistung, da es um die Erfüllung seiner Aufgaben geht:[35] „Die durch eine Unterstützung eines Landes […] entstehenden Mehrkosten trägt das Land, sofern nicht im Einzelfall aus besonderen Gründen in einer Verwaltungsvereinbarung etwas anderes bestimmt wird" (§ 11 Abs. 4 S. 3 BPolG).

IV. Konkurrenzen

15 Einfache Rechts- und **Amtshilfe** nach Art. 35 Abs. 1 ist neben Art. 35 Abs. 2 S. 1 GG anwendbar.[36] „Naturkatastrophen" und besonders „**schwere Unglücksfälle**" fallen unter Art. 35 Abs. 2 S. 2 GG, der zu Art. 35 Abs. 2 S. 1 GG *lex specialis* ist.[37] Gleiches gilt für überregionale Notfälle (Art. 35 Abs. 3). Nur in diesen besonders definierten Fällen ist ein Inlandseinsatz der Bundeswehr mögliche Rechtsfolge.[38] Mit ähnlicher Begründung findet Art. 91 GG **(innerer Notstand)** neben Art. 35 Abs. 2 GG Anwendung, wenn die Naturkatastrophe zB massenhafte Plünderungen oder einen Aufruhr nach sich zieht.

C. Regionale Katastrophen

I. Praktische Anwendungsfälle

16 Zu den „Naturkatastrophen" und „besonders schweren Unglücksfallen" gehören: Hochwasser, Erdrutsche und -beben, Schneekatastrophen, Orkane, Bahn- und Flugzeugunglücke oder terroristische Anschläge – insoweit sie ein großes Ausmaß annehmen (nicht jeder Zugunfall ist ein „besonders schwerer Unglücksfall"). Im Fall des Art. 35 Abs. 2 S. 2 GG beschränken sich die Auswirkungen auf ein Land.

II. Voraussetzungen

17 **Naturkatastrophen** sind durch Naturgewalten ausgelöste Schadensereignisse. Einen besonders schweren **Unglücksfall** definiert das BVerfG als „ein Schadensereignis von großem Ausmaß, das – wie ein schweres Flugzeug- oder Eisenbahnunglück, ein Stromausfall mit Auswirkungen auf lebenswichtige Bereiche der Daseinsvorsorge oder der Unfall in einem

---

[32] *Bauer* in Dreier GG Art. 35 Rn. 28.
[33] Siehe hierzu *Graulich* in Schenke/Graulich/Ruthig BPolG § 11.
[34] *Wolff* in HK-GG GG Art. 35 Rn. 6; s. auch § 11 Abs. 4 S. 1 BPolG: „Einer Anforderung der Bundespolizei ist nicht zu entsprechen, soweit eine Verwendung der Bundespolizei für Bundesaufgaben dringender ist als die Unterstützung des Landes."
[35] *v. Danwitz* in v. Mangoldt/Klein/Starck GG Art. 35 Rn. 67.
[36] *Epping* in BeckOK GG, 51. Ed. 15.5.2022, GG Art. 35 Rn. 18; *Grzeszick* in BerlKom GG GG Art. 35 Rn. 34 f.; BR-PlPr 383/1972, 597.
[37] *Münkler* in Schmidt-Bleibtreu/Hofmann/Henneke GG Art. 35 Rn. 34; s. auch BVerfGE 132, 1 Rn. 43 = NVwZ 2012, 1239 (1243): „Besonders schwere Unglücksfälle sind vielmehr ungewöhnliche Ausnahmesituationen. Eine Betrauung der Streitkräfte mit Aufgaben der Gefahrenabwehr, die über die Bewältigung solcher Sondersituationen hinausgehen, kann daher nicht auf Art. 35 Abs. 2 S. 2 und Abs. 3 S. 1 gestützt werden".
[38] *Dederer* in Maunz/Dürig GG Art. 35 Rn. 121 mwN.

Kernkraftwerk – wegen seiner Bedeutung in besonderer Weise die Öffentlichkeit berührt und auf menschliches Fehlverhalten oder technische Unzulänglichkeiten zurückgeht".[39] Hierzu gehören auch Schadensereignisse, die Dritte **absichtlich herbeigeführt** haben:[40] terroristische Anschläge, durch ausländische Saboteure herbeigeführte Stromausfälle, ein in Selbstmordabsicht in eine Siedlung gesteuertes Flugzeug oder ein durch Erpresser herbeigeführtes Eisenbahnunglück.

Das Schadensereignis muss nicht bereits eingetreten sein.[41] Dies gebieten schon Sinn und Zweck der Norm, einen wirksamen Schutz der bedrohten Rechtsgüter zu ermöglichen.[42] Der **Unglücksverlauf** muss aber bereits **begonnen** haben und der Eintritt katastrophaler Schäden unmittelbar drohen.[43] Der Schaden muss nach den Vorgaben des BVerfG ohne verhindernde Maßnahmen „mit an Sicherheit grenzender Wahrscheinlichkeit in Kürze eintreten".[44] Innerhalb dieser kurzen Zeit reagieren zu müssen, stellt die Sicherheitsbehörden vor eine logistische Herausforderung: Können Straßensperren noch errichtet und Gebiete evakuiert werden, wenn „mit an Sicherheit grenzender Wahrscheinlichkeit" Radioaktivität aus einem Kernkraftwerk entweichen wird?[45] Notwendige Vorabstimmungen und vorbereitende Handlungen der (künftig) angeforderten Behörden sind daher zulässig. 18

Obwohl in Art. 35 Abs. 2 S. 2 GG nicht ausdrücklich erwähnt, ist es ferner notwendig, dass das betroffene Land zur Beseitigung des Katastrophennotstands mit eigenen Kräften nicht oder nur unter erheblichen Schwierigkeiten in der Lage ist.[46] Dieses Erfordernis ergibt sich aus dem Hilfeleistungsgedanken, welcher Art. 35 GG zugrunde liegt.[47] Wie auch bei Gefahren von besonderer Bedeutung (Art. 35 Abs. 2 S. 1 GG) hat das anfordernde Land einen **Beurteilungsspielraum** hinsichtlich drohender Gefahren und der drohenden Überforderung eigener Kräfte (→ Rn. 9–11). 19

Die **Anforderung** von Hilfe erfolgt durch die betroffene **Sicherheitsbehörde** des Landes (→ Rn. 12). Empfänger der Anforderung ist die angeforderte Behörde (→ Rn. 12). 20

III. Folgen

Art. 35 Abs. 2 S. 2 GG verpflichtet über die Bundespolizei[48] hinaus die **Streitkräfte**, die Bundesverwaltung sowie die Polizeien und Verwaltungen anderer **Länder**. Erfasst ist auch die **Ausrüstung** der angeforderten Einheiten.[49] Das Land hat ein **Auswahlermessen**, an wen es seine Anforderung richtet.[50] 21

---

[39] BVerfGE 115, 118 Rn. 98 = NJW 2006, 751 (754).
[40] BVerfGE 115, 118 Rn. 100 = NJW 2006, 751 (755); BVerfGE 132, 1 Rn. 46 = NVwZ 2012, 1239 (1244); BVerfGE 133, 241 Rn. 64 = NVwZ 2013, 713 (716); *Gubelt/Goldhammer* in v. Münch/Kunig GG Art. 35 Rn. 57 mwN.
[41] BVerfGE 115, 118 Rn. 101 ff. = NJW 2006, 751 (755); BVerfGE 132, 1 Rn. 47 = NVwZ 2012, 1239 (1244); BVerfGE 133, 241 Rn. 66 ff. = NVwZ 2013, 713 (716); *Gramm* NZWehrR 2002, 89 (93); *Grzeszick* in BerlKom GG GG Art. 35 Rn. 46; *Gubelt/Goldhammer* in v. Münch/Kunig GG Art. 35 Rn. 59 mwN; *Hochhuth* NZWehrR 2002, 154 (156 ff.); *Wiefelspütz* NZWehrR 2003, 45 (63); aA zB *Dreist* NZWehrR 2002, 133 (138); *Fiebig*, Einsatz der Bundeswehr im Innern, 2004, 325 f. mwN; *Hirsch* ZRP 2003, 378; *Krings/Burkiczak* DÖV 2002, 501 (512); *Wilkesmann* NVwZ 2002, 1316 (1321).
[42] Vgl. *Hillgruber* JZ 2007, 209 (214): „Die Bundeswehr könnte folglich nicht eingesetzt werden, um einen terroristischen Anschlag zu verhindern, sondern nur, um dessen desaströser Auswirkungen Herr zu werden: ein widersinniges, den auf Gefahrenabwehr zielenden Sinn der Vorschrift verfehlendes und wehrhafter Verfassungsinterpretation geradezu spottendes Ergebnis".
[43] BVerfGE 132, 1 Rn. 47 = NVwZ 2012, 1239 (1244); dem folgend BVerfGE 133, 241 Rn. 67 = NVwZ 2013, 713 (716).
[44] BVerfGE 132, 1 Rn. 47 = NVwZ 2012, 1239 (1244); und BVerfGE 133, 241 Rn. 67 = NVwZ 2013, 713 (716), jeweils unter Verweis auf BVerfGE 115, 118 Rn. 101 ff. = NJW 2006, 751 (755); kritisch hiergegen *Epping* in BeckOK GG, 51. Ed. 15.5.2022, GG Art. 35 Rn. 24.3 mwN.
[45] *Epping* in BeckOK GG, 51. Ed. 15.5.2022, GG Art. 35 Rn.24.3.
[46] *Bauer* in Dreier GG Art. 35 Rn. 27.
[47] *Gubelt/Goldhammer* in v. Münch/Kunig GG Art. 35 Rn. 62.
[48] *Graulich* in Schenke/Graulich/Ruthig BPolG § 11 Rn. 12 ff.
[49] *Hase* in AK-GG GG Art. 35 Rn. 20; *Grzeszick* in BerlKom GG GG Art. 35 Rn. 36.
[50] *Bauer* in Dreier GG Art. 35 Rn. 30.

22 Art. 35 Abs. 2 S. 2 GG stützt auch den Einsatz spezifisch **militärischer Waffen,** soweit sichergestellt ist, „dass nicht die strikten Begrenzungen unterlaufen werden, die nach Art. 87a Abs. 4 GG einem Einsatz der Streitkräfte zum Kampf in inneren Auseinandersetzungen gesetzt sind".[51] Daher ist der Einsatz militärischer Waffen nicht möglich bei der Abwehr **innerer Unruhen,** die nichtstaatliche Angreifer ausgelöst haben.[52] Hingegen ist der Einsatz militärischer Mittel erforderlichenfalls möglich, zB um eine durch einen Erdrutsch versperrte Taldurchfahrt freizusprengen. Hingegen ermächtigt Art. 35 Abs. 2 GG nicht zum Abschuss von **Luftfahrzeugen** durch die Bundeswehr (→ § 50 Rn. 78 f.).

23 Hinsichtlich der **Weisungsbefugnis** des Landes, der **Verweigerung** von Unterstützung und der **Kostentragung** gelten die Ausführungen zu Art. 35 Abs. 2 S. 1 GG entsprechend (→ Rn. 13 f.).[53]

IV. Konkurrenzen

24 Einfache Rechts- und **Amtshilfe** nach Art. 35 Abs. 1 GG ist neben Art. 35 Abs. 2 S. 2 GG anwendbar.[54] Art. 35 Abs. 2 S. 2 (**regionale Katastrophen**) und Abs. 3 GG (**überregionale Katastrophen**) sind *leges speciales* zu Art. 35 Abs. 2 S. 1 GG.[55] Art. 91 GG (**innerer Notstand**) findet neben Art. 35 Abs. 2 GG Anwendung, wenn die Naturkatastrophe zB massenhafte Plünderungen oder einen Aufruhr nach sich zieht.

D. Überregionale Katastrophen

I. Praktische Anwendungsfälle

25 Es geht um die **gleichen** „Naturkatastrophen" und „besonders schweren Unglücksfälle" wie bei der regionalen Katastrophe (Art. 35 Abs. 2 S. 2 GG): Hochwasser, Erdrutsche und -beben, Schneekatastrophen, Orkane, Bahn- und Flugzeugunglücke oder terroristische Anschläge. Im Fall des Art. 35 Abs. 3 GG wirken sie sich auf das Gebiet von mehr als einem Land aus, d. h. der (drohende) Schaden tritt in mehreren Ländern auf (zB verseucht eine schmutzige Bombe Teile mehrerer Länder). Bislang hat keine Regierung Art. 35 Abs. 3 GG angewendet.

II. Voraussetzungen

26 Die Voraussetzungen entsprechen denen der regionalen Katastrophe (Art. 35 Abs. 2 S. 1 GG) mit den folgenden vier Besonderheiten: 1. Die Bundesintervention ist **„erforderlich",** wenn die betroffenen Länder zur wirksamen Bekämpfung nicht fähig oder nicht willens sind.[56] 2. Der **Beurteilungsspielraum** steht nicht wie bei der Anforderung nach Abs. 2 den Ländern zu, sondern der Bundesregierung bezüglich der Erforderlichkeit der Intervention und der zu ergreifenden Maßnahmen.[57] 3. Ferner ist eine **Entscheidung** der

---

[51] BVerfGE 132, 1 Rn. 24 = NVwZ 2012, 1239 (1241); BVerfGE 133, 241 Rn. 62 = NVwZ 2013, 713 (716); aA abweichende Meinung *Gaier* BVerfGE 132, 1 Rn. 60 ff.; dem zustimmend *Ladiges* NVwZ 2012, 1225 f.

[52] BVerfGE 132, 1 Rn. 45 = NVwZ 2012, 1239 (1249) mwN.

[53] Vgl. *Epping* in BeckOK GG, 51. Ed. 15.5.2022, GG Art. 35 Rn. 25, 30.

[54] *Epping* in BeckOK GG, 51. Ed. 15.5.2022, GG Art. 35 Rn. 18; *Grzeszick* in BerlKom GG GG Art. 35 Rn. 34 f.

[55] *Münkler* in Schmidt-Bleibtreu/Hofmann/Henneke GG Art. 35 Rn. 34 („eigenständiger Anforderungstatbestand"); s. auch BVerfGE 132, 1 Rn. 43 = NVwZ 2012, 1239 (1243): „Besonders schwere Unglücksfälle sind vielmehr ungewöhnliche Ausnahmesituationen. Eine Betrauung der Streitkräfte mit Aufgaben der Gefahrenabwehr, die über die Bewältigung solcher Sondersituationen hinausgehen, kann daher nicht auf Art. 35 Abs. 2 S. 2 und Abs. 3 S. 1 gestützt werden".

[56] BVerfGE 132, 1 Rn. 48 = NVwZ 2012, 1239 (1244); *Bauer* in Dreier GG Art. 35 Rn. 34; *v. Danwitz* in v. Mangoldt/Klein/Starck GG Art. 35 Rn. 79; *Gubelt/Goldhammer* in v. Münch/Kunig GG Art. 35 Rn. 70.

[57] *v. Danwitz* in v. Mangoldt/Klein/Starck GG Art. 35 Rn. 80.

D. Überregionale Katastrophen § 3

Bundesregierung erforderlich, während für die Anforderung der Länder nach Abs. 2 eine Entscheidung der anfordernden Behörde oder eines Ministers genügt.[58] Hiervon ist auch in **Eilfällen** keine Abweichung möglich: Der Wortlaut des Art. 35 Abs. 3 GG ist auch nach Auffassung des BVerfG insoweit eindeutig:[59] „Für die Auslegung der betreffenden Vorschriften, die in einer politisch hoch umstrittenen Materie als Ergebnis ausführlicher, kontroverser Diskussionen zustande gekommen sind, gilt das Gebot strikter Texttreue […]. [A]uch auf ungeschriebene Sonderkompetenzen für Eil- und Notfälle [kann] jedenfalls bei Art. 35 Abs. 3 S. 1 nicht zurückgegriffen werden".[60] 4. Im Übrigen folgt aus der Pflicht zum bundestreuen Verhalten, dass vor der Bundesintervention den betroffenen Ländern Gelegenheit zur **Stellungnahme** zu geben und **Einvernehmen** über die Beseitigung des Katastrophennotstands anzustreben ist.[61] Bei Eilbedürftigkeit entfällt diese Pflicht.[62]

III. Folgen

Die Bundesregierung kann die Landesregierungen anweisen, anderen Ländern **Polizei-** 27 **kräfte** zur **Verfügung** zu stellen. Dies begründet keine Weisungsbefugnis der Bundesregierung gegenüber den Polizeikräften selbst (anders beim inneren Notstand, → Rn. 51 ff.). Der Unterschied zur Rechtslage bei regionalen Katastrophen (Art. 35 Abs. 2 S. 1 GG) ist daher minimal: Die angeforderten Polizeikräfte anderer Länder üben Hoheitsgewalt des anfordernden Landes aus und unterliegen daher dessen Gesetzen und Weisungen.[63]

Alternativ oder zusätzlich kann die Bundesregierung Einheiten der Bundespolizei und 28 der Streitkräfte zur Unterstützung der Landespolizei(en) einsetzen. Dies ist auch **gegen** den **Willen** der betroffenen Länder möglich.[64] Die Bundeseinheiten stehen unter der **Weisung** des **Bundes** und nicht der zuständigen Stellen des Einsatzlandes.[65] Die eingesetzten Bundeseinheiten nehmen eine Aufgabe des Bundes wahr und unterstehen daher Bundesrecht.[66] § 11 BPolG („Verwendung zur Unterstützung eines Landes") regelt diesen Fall.[67] Die Entscheidung über das „Ob" des Einsatzes erfordert einen Kabinettsbeschluss, das „Wie", dh die **Umsetzung** der vom Kabinett beschlossenen Maßnahmen, ist delegierbar: Art. 35 Abs. 3 GG trifft „keine verbindliche Aussage darüber, wer die Anordnung konkreter Maßnahmen im Rahmen des von der Bundesregierung gebilligten Einsatzes auszusprechen befugt ist".[68]

IV. Intervention des Bundesrates

Die Maßnahmen des Bundes sind auf Verlangen des **Bundesrates** jederzeit unverzüglich 29 **einzustellen.** Nach Art. 52 Abs. 3 S. 1 GG genügt hierfür ein Beschluss der Mehrheit der

---

[58] Zum Streitstand → Rn. 12.
[59] BVerfGE 132, 1 Rn. 56 = NVwZ 2012, 1239 (1245).
[60] BVerfGE 132, 1 Rn. 59 = NVwZ 2012, 1239 (1245).
[61] *v. Danwitz* in v. Mangoldt/Klein/Starck GG Art. 35 Rn. 80; *Grzeszick* in BerlKom GG GG Art. 35 Rn. 54; vgl. auch BVerfGE 81, 310 Rn. 102 = NVwZ 1990, 955 (958) zu Art. 85 GG.
[62] *Epping* in BeckOK GG, 51. Ed. 15.5.2022, GG Art. 35 Rn. 35; *Münkler* in Schmidt-Bleibtreu/Hofmann/Henneke GG Art. 35 Rn. 51.
[63] *Epping* in BeckOK GG, 51. Ed. 15.5.2022, GG Art. 35 Rn. 32; *Klein* in Isensee/Kirchhof StaatsR-HdB XII § 280 Rn. 37; *Gubelt/Goldhammer* in v. Münch/Kunig GG Art. 35 Rn. 74.
[64] *Grzeszick* in BerlKom GG GG Art. 35 Rn. 49.
[65] *Klein* in StaatsR-HdB XII § 280 Rn. 28; *Magen* in Umbach/Clemens GG Art. 35 Rn. 39; *Robbers* DÖV 1989, 926 (927 ff.).
[66] *Epping* in BeckOK GG, 51. Ed. 15.5.2022, GG Art. 35 Rn. 34; *Erbguth/Schubert* in Sachs GG Art. 35 Rn. 41; *Grzeszick* in BerlKom GG GG Art. 35 Rn. 51 ff.; aA *Gubelt/Goldhammer* in v. Münch/Kunig GG Art. 35 Rn. 76 f.; *v. Danwitz* in v. Mangoldt/Klein/Starck GG Art. 35 Rn. 84 mwN zu diesem Streitstand.
[67] *Graulich* in Schenke/Graulich/Ruthig BPolG § 11 Rn. 1 ff.
[68] BVerfGE 133, 241 Rn. 77 = NVwZ 2013, 713 (717 f.).

Mitglieder. Die Bundesregierung ist an das Votum des Bundesrates gebunden, also unabhängig davon, ob die Gefahr beseitigt ist.[69] Verschärft sich die Gefahr seit dem Beschluss des Bundesrates, kann die Bundesregierung erneut eine Intervention vornehmen.[70] Der Bundesregierung kommt hierbei ein **Beurteilungsspielraum** zu.[71] Gegen die erneute Intervention kann der Bundesrat wieder intervenieren. Die Verpflichtung in Art. 35 Abs. 3 S. 2 GG, „Maßnahmen unverzüglich aufzuheben", wenn die Gefahr beseitigt ist, ist eine unnötige Doppelung zu Art. 35 Abs. 3 S. 1 GG: Die Bekämpfung der Gefahr ist in diesem Fall nicht mehr „**erforderlich**".

V. Konkurrenzen

30   Einfache Rechts- und **Amtshilfe** nach Art. 35 Abs. 1 GG ist neben Art. 35 Abs. 3 GG möglich.[72] Auch können betroffene Länder weiterhin selbst Unterstützung nach Art. 35 Abs. 2 S. 2 GG **(regionale Katastrophe)** anfordern.[73] Art. 91 GG **(innerer Notstand)** findet neben Art. 35 Abs. 3 GG Anwendung, wenn die Naturkatastrophe zB massenhafte Plünderungen oder einen Aufruhr nach sich zieht. Dem **Bundeszwang** (Art. 37 GG) geht Art. 35 Abs. 3 S. 1 GG vor, insbesondere aufgrund der besonderen Kontrollrechte des Bundesrates nach Art. 35 Abs. 3 S. 2 GG.

E. Innerer Notstand

I. Praktische Anwendungsfälle

31   Bislang ist Art. 91 GG nicht zur Anwendung gekommen. Insoweit sich die Literatur sich überhaupt mit Anwendungsfällen befasst, behilft sie sich mit einer Reihe fiktiver Beispiele.[74] Das Grundgesetz kennt drei Unterfälle des inneren Notstands:

1. Handlungsfähiges und -bereites Land

32   Anwendungsfälle einer Gefahr für den Bestand des Bundes oder eines Landes sind im Wesentlichen: massenhafter **Aufruhr, Bürgerkrieg, Staatsstreich**.[75] **Naturkatastrophen,** wie schwere Erdbeben, Klimakatastrophen oder Seuchen, fallen nicht unter Art. 91 GG, sondern unter Art. 35 GG, auch wenn sie den Bestand eines Landes oder des Bundes bedrohen (→ Rn. 15, 24, 30). Art. 91 GG findet daneben nur Anwendung, wenn die Naturkatastrophe massenhafte Plünderungen oder einen Aufruhr nach sich zieht. Gleiches gilt für **Desinformationskampagnen,** zB einer ausländischen Macht.[76] **Cyberattacken,** zB auf das Strom- oder Informationsnetz, können uU den Bestand des Staates gefährden. Gleichwohl fallen auch sie nur dann unter Art. 91 GG, wenn sie einen massenhaften Aufruhr nach sich ziehen. Ein **bewaffneter Angriff** von außen gefährdet zwar denklogisch zumeist auch den Bestand des Staates, fällt aber unter die Spezialregelungen des äußeren Notstands (Art. 115a ff. GG → Rn. 72 ff.). Übernimmt hingegen ein Bundesland **gewalt-**

---

[69] *v. Danwitz* in v. Mangoldt/Klein/Starck/GG Art. 35 Rn. 85; *Grzeszick* in BerlKom GG GG Art. 35 Rn. 55.
[70] *Wolff* in HK-GG Art. 35 Rn. 13; *Erbguth/Schubert* in Sachs GG Art. 35 Rn. 44.
[71] *v. Danwitz* in v. Mangoldt/Klein/Starck/GG Art. 35 Rn. 86; *Grzeszick* in BerlKom GG GG Art. 35 Rn. 55; aA *Erbguth/Schubert* in Sachs GG Art. 35 Rn. 44.
[72] *Epping* in BeckOK GG, 51. Ed. 15.5.2022, GG Art. 35 Rn. 18; *Grzeszick* in BerlKom GG GG Art. 35 Rn. 34 f.
[73] *Epping* in BeckOK GG, 51. Ed. 15.5.2022, GG Art. 35 Rn. 31; *Münkler* in Schmidt-Bleibtreu/Hofmann/Henneke GG Art. 35 Rn. 51.
[74] Umfangreich hierzu: *Schmidt-Radefeld* in Kischel/Kielmansegg, Rechtsdurchsetzung mit militärischen Mitteln, 2018, 11.
[75] *Erkens* ZfAS 2017, 485 (496); *Schmidt-Radefeld* in Kischel/Kielmansegg, Rechtsdurchsetzung mit militärischen Mitteln, 2018, 11.
[76] *Erkens* ZfAS 2017, 485 (504).

E. Innerer Notstand § 3

sam die Kontrolle eines anderen Bundeslandes, ist der Anwendungsbereich von Art. 91 GG eröffnet.

Ein **Staatsstreich** gegen Organe des **Bundes** würde sich wohl hauptsächlich im Bundesland **Berlin** ereignen. Auch **Baden-Württemberg** könnte betroffen sein, weil dort das BVerfG und der für Staatsschutz zuständige BGH sowie der bei diesem angesiedelte GBA ihren Sitz haben. In Betracht kommt ferner **Nordrhein-Westfalen,** insoweit ein Staatsstreich gegen den Bund auch den Dienstsitz der sechs (teilweise) in Bonn verbliebenen Ministerien betrifft (Bildung, Entwicklung, Gesundheit, Landwirtschaft, Umwelt, Verteidigung). 33

2. Handlungsunfähiges oder -unwilliges Land

Handlungsunfähig ist ein Land, wenn es mit der Bewältigung einer der unter vorgenanntem Punkt aufgelisteten Gefahren überfordert ist. Unterstützen zB Polizeikräfte der Länder einen Staatsstreich, sind die betroffenen Länder jedenfalls mit der Bekämpfung der Gefahr wohl überfordert bzw. nicht dazu in der Lage. 34

Bei der **Handlungsunwilligkeit** gibt es auch zwei Unterfälle: 35
- Eine Landesregierung bewegt sich auf dem Boden des Grundgesetzes, ist aber pflichtwidrig zögerlich bei der Gefahrbekämpfung oder stellt sich „unfähig" an.
- Eine Landesregierung wendet sich von der **freiheitlichen demokratischen Grundordnung** ab (zB aufgrund einer politischen oder religiösen Radikalisierung der Bevölkerung und/oder politischen Elite); ein Land strebt die **Sezession** vom Bund an.

3. Einsatz der Streitkräfte

Anwendungsfälle sind alle unter Punkt 2 (→ Rn. 34, 35) genannten Szenarien, bei denen der **Schutz ziviler Objekte** erforderlich ist; ferner Aufstände von „organisierten und militärisch bewaffneten" nichtstaatlichen Angreifern (vgl. Art. 87a Abs. 4 GG). 36

4. Überregionaler innerer Notstand

Anwendungsfälle sind alle vorgenannten Szenarien, bei denen sich der Gefahrenherd räumlich auf das Gebiet von zumindest **zwei Ländern** erstreckt. Dies ist zB bei einem Staatsstreich der Fall, der auf die obersten Bundesorgane in Berlin, Nordrhein-Westfalen und Baden-Württemberg abzielt (→ Rn. 33). 37

II. Voraussetzungen

1. Handlungsfähiges und -bereites Land

„**Gefahr**" ist eine Sachlage, die bei ungehindertem Ablauf des weiteren Geschehens zu einer Verletzung des Bestandes oder der freiheitlichen demokratischen Grundordnung des Bundes oder eines Landes führen kann.[77] Hierbei handelt es sich um eine **politische Prognose.** Sie muss sich aber auf objektive Anhaltspunkte stützen, die die Gefahr konkretisieren.[78] Bloße Vermutungen sind nicht ausreichend. Die Prognose ist nur in Bezug auf das Vorliegen ausreichender Anhaltspunkte **gerichtlich** überprüfbar.[79] In der Kommentierung findet sich der Hinweis, dass unerheblich sei, welche Ursache die Gefahr habe und welche **Motive** der Störer verfolge.[80] Dies ist nicht ganz präzise: Ist eine **ausländische** 38

---

[77] *Epping* in BeckOK GG, 51. Ed. 15.5.2022, GG Art. 91 Rn. 2; *Hernekamp/Zeccola* in v. Münch/Kunig GG Art. 91 Rn. 10; *Volkmann* in v. Mangoldt/Klein/Starck GG Art. 91 Rn. 19; *Windthorst* in Sachs GG Art. 91 Rn. 9.
[78] *Epping* in BeckOK GG, 51. Ed. 15.5.2022, GG Art. 91 Rn. 2.
[79] *Epping* in BeckOK GG, 51. Ed. 15.5.2022, GG Art. 91 Rn. 2.
[80] *Epping* in BeckOK GG, 51. Ed. 15.5.2022, GG Art. 91 Rn. 2; *Volkmann* in v. Mangoldt/Klein/Starck GG Art. 91 Rn. 19; *Windthorst* in Sachs GG Art. 91 Rn. 9; *Hernekamp/Zeccola* in v. Münch/Kunig GG Art. 91 Rn. 10 f.

§ 3 § 3 Staatsorganisation in Sicherheitskrisen

Macht Störer und greift sie mit Waffengewalt an, finden die Art. 115a ff. GG Anwendung. Zutreffend ist aber, dass auch der Staatsstreich von einer Gruppe „gutwilliger Demokraten" zum inneren Notstand führt.

39 „**Drohend**" ist die Gefahr, wenn ein Schadenseintritt mit „hinreichender Wahrscheinlichkeit" zu erwarten ist.[81] Die Schwere der Beeinträchtigung ist für das Kriterium „drohend" schon semantisch irrelevant.[82]

40 Der **Bestand** des Bundes oder eines Landes umfasst nach der „Drei-Elemente-Lehre"[83] die existentiellen Grundlagen: **Territorium** (Staatsgebiet), eine darauf als **Kernbevölkerung** (Staatsvolk) ansässige Gruppe von Menschen sowie eine auf diesem Gebiet herrschende **Staatsgewalt**. Droht eines der Elemente wegzufallen, ist der Bestand gefährdet. Die **Sezession** eines Landes gefährdet bereits die territoriale Integrität.[84] Selbstredend ausgenommen sind Neugliederungen nach Art. 29 GG oder aufgrund einer Grundgesetzänderung.[85] Staatsgewalt erschöpft sich nicht in der Handlungsfähigkeit des Staates. Nach dem demokratisch-rechtsstaatlichen Verständnis des Grundgesetzes unterteilt sich Staatsgewalt in **drei Gewalten**. Fällt eine dieser Gewalten weg, ist der Bestand der Staatsgewalt gefährdet. Daher ist unerheblich, ob ein Umsturz die Handlungsfähigkeit der Regierung unterbindet, das Parlament lahmlegt, Wahlen behindert oder den Zugang zu Gerichten blockiert.[86] Die Kontrolle der Staatsgewalt durch **Opposition** und **Medien** („vierte Gewalt") ist essentieller Teil der Demokratie.[87] Daher gefährdet auch ein „Umsturz" den Bestand des Staates, der „lediglich" die parlamentarische Opposition oder die Medien lahmlegt.[88] Ohnehin gehört die Kontrolle der Staatsgewalt zur ebenfalls geschützten freiheitlichen demokratischen Grundordnung.

41 Die **freiheitliche demokratische Grundordnung** umfasst nach der Rechtsprechung des BVerfG eine Ordnung, die unter Ausschluss jeglicher Gewalt- und Willkürherrschaft eine rechtsstaatliche Herrschaftsordnung auf der Grundlage der Selbstbestimmung des Volkes nach dem Willen der jeweiligen Mehrheit und der Freiheit und der Gleichheit darstellt (→ § 2 Rn. 18). Hierzu gehören: die Achtung der Menschenrechte, die Volkssouveränität, die Gewaltenteilung, die Verantwortlichkeit der Regierung, die Gesetzmäßigkeit der Verwaltung, die Unabhängigkeit der Gerichte, das Mehrparteiensystem, die Chancengleichheit der Parteien, das Recht auf Bildung und Ausübung von Opposition sowie die Sozialstaatlichkeit.[89] Der Gesetzgeber hat diese Rechtsprechung in § 92 Abs. 2 StGB und § 4 Abs. 2 BVerfSchG im Wesentlichen übernommen. **Praxisrelevant** dürften hiervon nur Fälle sein, die auch unter den Begriff der **demokratischen Staatsgewalt** fallen (→ Rn. 40). Es ist kaum denkbar, dass sich ein „gefährlicher" Aufruhr allein gegen das Recht auf Bildung, die Menschenrechte oder die Sozialstaatlichkeit richtet, ohne nicht vor allem die Staatsgewalt selbst anzugreifen. Lediglich bei einer die **Menschenrechte** oder die **Sozialstaatlichkeit** missachtenden Landesregierung käme die freiheitliche demokratische Grundordnung als eigenständiges Tatbestandsmerkmal zur Geltung. Würde eine Landesregierung zB Frauen den Führerschein entziehen, Nicht-EU-Ausländer enteignen und

---

[81] *Grzeszick* in BerlKom GG GG Art. 91 Rn. 10; *Hernekamp/Zeccola* in v. Münch/Kunig GG Art. 91 Rn. 10; *Windthorst* in Sachs GG Art. 91 Rn. 10.
[82] So im Ergebnis aber *Volkmann* in v. Mangoldt/Klein/Starck GG Art. 91 Rn. 20.
[83] *Jellinek*, Allgemeine Staatslehre, 2. Aufl. 1905, 381 ff.
[84] *Grzeszick* in BerlKom GG GG Art. 91 Rn. 5; *Stern* StaatsR II 1470; *Volkmann* in v. Mangoldt/Klein/Starck GG Art. 91 Rn. 14; vgl. auch EMGR Urt. v. 30.1.1998 Appl. 133/1996/752/951 Rn. 56.
[85] *Wolff* in HK-GG GG Art. 91 Rn. 1; *Windthorst* in Sachs GG Art. 91 Rn. 12; s. auch EGMR Urt. v. 25.5.1998 – Appl. 21237/93 Rn. 47 „It is of the essence of democracy to allow diverse political programmes to be proposed and debated, even those that call into question the way a State is currently organised, provided that they do not harm democracy itself".
[86] *Heun* in Dreier GG Art. 91 Rn. 10.
[87] *Schröder* JA 2017, 809 (816).
[88] Vgl. BVerfGE 2, 1 (Ls. 2) = NJW 1952, 1407 (1408); BVerfGE 5, 85 Rn. 249 = NJW 1956, 1393 (1397): „Recht auf verfassungsmäßige Bildung und Ausübung einer Opposition".
[89] BVerfGE 2, 1 (Ls. 2).

ausweisen oder alle Sozialleistungen einstellen, würde dies den Bestand des Landes nicht gefährden, wohl aber die freiheitliche demokratische Grundordnung.

Ein ungeschriebenes Tatbestandsmerkmal der **Erforderlichkeit**[90] ergibt bei Art. 91 Abs. 1 GG (wie bei Art. 35 Abs. 3 GG) nur Sinn, wenn es um den Bestand des Bundes geht. Der Bestand eines Landes ist denklogisch nur dann gefährdet, wenn das Land zur Beseitigung der Gefahr mit eigenen Kräften außerstande ist.[91] Die Erforderlichkeit ist daher in der Gefahr bereits enthalten. Wie auch bei Gefahren von besonderer Bedeutung (Art. 35 Abs. 2 S. 1 GG) hat das anfordernde Land einen **Beurteilungsspielraum** hinsichtlich drohender Gefahren und der drohenden Überforderung eigener Kräfte (→ Rn. 9–11).

42

Die **Anforderung** von Hilfe erfolgt durch die betroffene **Sicherheitsbehörde** des Landes. Empfänger der Anforderung ist die betreffende Landesbehörde oder Bundespolizei.[92] Dies folgt aus Art. 35 Abs. 1 GG, der von Amtshilfe zwischen „Behörden des Bundes und der Länder" spricht. Dies wirkt sich auf Art. 91 Abs. 1 GG aus, der zu Art. 35 Abs. 1 GG lediglich ein Spezialfall ist (→ Rn. 15). Ferner spricht Art. 91 Abs. 1 GG im Unterschied zu Art. 91 Abs. 2 S. 3 GG von „Land" und nicht von „Landesregierung". Damit entfällt aus Sicht des GG die Notwendigkeit, die Regierungen des Landes und des Bundes (oder eins ihrer Mitglieder) bei der Anforderung zu beteiligen.[93] Diese Notwendigkeit kann sich aber aus „Landes(verfassungs)recht"[94] einschließlich internen Anweisungen ergeben (→ Rn. 12). **Anforderungsadressaten** sind die in Art. 91 Abs. 1 GG benannten Behörden. Wie bei Art. 91 Abs. 2 GG hat das anfordernde Land ein **Auswahlermessen**, an welche Behörde(n) es sich richtet.[95] Zwar sind die Länder vorrangig für die Gefahrenabwehr zuständig. Gleichwohl ist die **Bundespolizei** kein nachrangiger Anforderungsadressat, weil Art. 91 GG die Subsidiarität der Gefahrenabwehr durch den Bund durchbricht.[96]

43

2. Handlungsunfähiges oder -unwilliges Land

Ein Land ist **handlungsunwillig** (Art. 91 Abs. 2 S. 1 GG: „nicht bereit"), wenn es die zur Bekämpfung der Gefahr notwendigen Maßnahmen nicht ergreift, obwohl es dazu in der Lage wäre. Die bloße Bereitschaft zur Maßnahmenergreifung allein schließt den Tatbestand entgegen dem ungenauen Wortlaut nicht aus.[97]

44

Handlungsunfähig ist ein Land, wenn es ohne fremde Hilfe nicht imstande ist, die Gefahr wirksam zu bekämpfen.[98] Allerdings ist ein Land zunächst gefordert, die Möglichkeiten nach Art. 91 Abs. 1 GG auszuschöpfen (Anforderung an die Polizeibehörden anderer Länder, an die Bundespolizei und an andere Landesbehörden). Polizeikräfte, die von anderen Länder abgestellt werden, sind der Weisungsgewalt des ersuchenden Landes unterstellt: Dieses ist daher „selbst zur Bekämpfung der Gefahr in der Lage".[99] Faktisch hat der Bund nach Art. 91 Abs. 2 GG auch keine andere Option, als seine Polizeikräfte einzusetzen

45

---

[90] So *Epping* in BeckOK GG, 51. Ed. 15.5.2022, GG Art. 91 Rn. 8; *Evers* in BK-GG GG Art. 91 Rn. 41; *Grzeszick* in BerlKom GG GG Art. 91 Rn. 15; *Heun* in Dreier GG Art. 91 Rn. 13; *Windthorst* in Sachs GG Art. 91 Rn. 17 f.
[91] *Evers* in BK-GG GG Art. 91 Rn. 41; *Grzeszick* in BerlKom GG GG Art. 91 Rn. 15; *Heun* in Dreier GG Art. 91 Rn. 13; *Windthorst* in Sachs GG Art. 91 Rn. 17 f.
[92] Auf die Frage des Empfängers der Anforderung geht die Kommentierung überwiegend nicht ein; teilweise aA als hier *Epping* in BeckOK GG, 51. Ed. 15.5.2022, GG Art. 35 Rn. 26 für den Fall des Art. 35 Abs. 2 S. 2 GG: „Anforderungsberechtigt ist jedes von dem Katastrophennotstand betroffene Bundesland, das durch das nach dem jeweiligen Landesverfassungsrecht zuständige Organ – idR Landesregierung oder Ministerpräsident – handelt"; Anforderungsadressat ist die jeweilige Organisationseinheit.
[93] AA *Epping* in BeckOK GG, 51. Ed. 15.5.2022, GG Art. 91 Rn. 7.2.
[94] *Kment* in Jarass/Pieroth GG Art. 91 Rn. 1.
[95] *Volkmann* in v. Mangoldt/Klein/Starck GG Art. 91 Rn. 23; *Windthorst* in Sachs GG Art. 91 Rn. 19; eingehend *Grzeszick* in BerlKom GG GG Art. 91 Rn. 19.
[96] AA *Hernekamp* in v. Münch/Kunig GG Art. 91 Rn. 23.
[97] *Dederer* in Maunz/Dürig GG Art. 91 Rn. 103.
[98] *Dederer* in Maunz/Dürig GG Art. 91 Rn. 104.
[99] *Dederer* in Maunz/Dürig GG Art. 91 Rn. 102.

oder Polizeikräfte der Länder zusammenzuziehen.[100] Weigert sich ein benachbartes Land, dem ersuchenden Land Polizeikräfte zur Verfügung zu stellen, wird wohl auch eine Weisung der Bundesregierung hieran nichts ändern. Damit verbleibt dem Bund nur noch die Option, unter eigener Weisungsgewalt nach Art. 91 Abs. 2 S. 1 GG die Bundespolizei einzusetzen. Bei einer solchen föderalen Not- und Konfliktsituation dürfte aber der Tatbestand des Art. 87a Abs. 4 GG nicht mehr fernliegen, der den Einsatz von Streitkräften ermöglicht (→ Rn. 105 ff.).

46 Das Land kann dem Bund selbst **mitteilen,** dass es handlungsunfähig oder -unwillig ist. Der Bund kann dies aber auch selbst – und unabhängig von der eigenen Einschätzung des Landes – aus den ihm zur Verfügung stehenden Informationen ableiten.[101] Der Bund hat insoweit einen **Beurteilungsspielraum,** ob ein Land handlungsunfähig oder -unwillig ist.[102] Hierfür spricht zunächst der Wortlaut des Art. 91 Abs. 2 GG, der sich vorrangig an die Bundesregierung richtet. Ferner sind die Länder durch die Interventionsmöglichkeit des Bundesrates und den einstweiligen Rechtsschutz vor dem BVerfG hinreichend vor Übergriffen des Bundes geschützt.[103]

47 Zur Informationsgewinnung kann die **Bundesregierung** ihre zahlreichen im ganzen Bundesgebiet tätigen eigenen Beamten einsetzen. Dies sind in erster Linie Beamte der in Art. 91 GG erwähnten **Bundespolizei.** Diese verfügt über mehrere Standorte in jedem Bundesland.[104] Darüber hinaus kann die Bundesregierung auch auf die in den Dienststellen und im Außendienst tätigen Mitarbeiter des **Bundesamtes für Verfassungsschutz** zurückgreifen, soweit dessen Zuständigkeiten betroffen sind. Letzteres dürfte bei einem inneren Notstand regelmäßig der Fall sein.

48 Im Übrigen gelten die gleichen Tatbestandsvoraussetzungen wie im Fall des handlungsfähigen Landes, mit folgenden Abweichungen: Es entfällt die **Anforderung.** Ferner ist die **Erforderlichkeit** entbehrlich, da sich diese bereits aus der Handlungsunfähigkeit bzw. -unwilligkeit ergibt.

3. Einsatz der Streitkräfte

49 Für den Einsatz von Streitkräften gelten nach Art. 87a Abs. 4 S. 1 GG besondere Voraussetzungen:[105] Die Polizei- und Verwaltungskräfte von Bund und Ländern dürfen nicht ausreichen, um die Gefahr zu bekämpfen. Ferner muss entweder der Schutz von zivilen Objekten erforderlich sein oder ein Aufstand einer „organisierten und militärisch bewaffneten" Gruppe „nichtstaatlicher Angreifer"[106] vorliegen. Der **Schutz ziviler Objekte** gilt nicht für jedes nicht-militärische Objekt, sondern nur für solche, die für den Bestand des Staates wesentlich sind (Versorgungsanlagen, Telekommunikation, Transportwege, etc).[107] **Aufständische** sind organisiert, wenn sie über eine verfestigte Gliederung und Führungsstruktur verfügen.[108] **Militärische Waffen** sind solche, die üblicherweise nur zur Ausstattung der Streitkräfte gehören (in Abgrenzung zu anderen Sicherheitskräften).[109]

---

[100] Vgl. *Dederer* in Maunz/Dürig GG Art. 91 Rn. 107, 111.
[101] Vgl. *Dederer* in Maunz/Dürig GG Art. 91 Rn. 105.
[102] *Epping* in BeckOK GG, 51. Ed. 15.5.2022, GG Art. 19 Rn. 91; *Grzeszick* in BerlKom GG GG Art. 91 Rn. 23; *Stern* StaatsR II 1472; *Volkmann* in v. Mangoldt/Klein/Starck GG Art. 91 Rn. 34; aA *Hernekamp/Zeccola* in v. Münch/Kunig GG Art. 91 Rn. 28; *Kment* in Jarass/Pieroth GG Art. 91 Rn. 3; *Hase* in AK-GG GG Art. 91 Rn. 21.
[103] *Epping* in BeckOK GG, 51. Ed. 15.5.2022, GG Art. 91 Rn. 14.
[104] Bundespolizei, Standortkarte mit Direktions- und Inspektionszuschnitt, https://bit.ly/3L1gset.
[105] Grundlegend hierzu *Hölscheidt/Limpert* JA 2009, 86 (89), die sich gegen einen weitergehenden Einsatz von Streitkräften über den „Umweg" des Europa- oder Völkerrechts aussprechen.
[106] Vgl. BVerfGE 132, 1 Rn. 45 = NvwZ 2012, 1239 (1244): „Dabei erlaubt Art. 87a Abs. 4 GG den Einsatz der Streitkräfte insbesondere zur Unterstützung der Polizei bei der Bekämpfung organisierter und militärisch bewaffneter Aufständischer."
[107] *Wolff* in HK-GG GG Art. 87a Rn. 16.
[108] *Wolff* in HK-GG GG Art. 87a Rn. 16.
[109] *Wolff* in HK-GG GG Art. 87a Rn. 16.

E. Innerer Notstand § 3

4. Überregionaler innerer Notstand

Zusätzlich zu den unter Rn. 44 f. genannten Voraussetzungen muss sich der Gefahrenherd 50
räumlich auf das Gebiet von zumindest **zwei Ländern** erstrecken.[110]

III. Folgen

1. Handlungsfähiges und -bereites Land

Wie bei Art. 35 Abs. 2 GG besteht eine **Verpflichtung** der „angeforderten" Behörden.[111] 51
„Polizeikräfte anderer Länder" sind Angehörige der Landespolizei im formellen Sinne
(Polizeivollzugsdienst einschließlich Kriminal- und Bereitschaftspolizei sowie deren Ausrüstung).[112] Art. 87a Abs. 2 und 4 GG sperren den Einsatz militärischer Mittel, solange das
Land handlungsfähig und -bereit ist.[113]

Die angeforderten Behörden können prüfen, ob die Voraussetzungen des Art. 91 Abs. 1 52
GG vorliegen.[114] Hat das anfordernde Land seinen **Beurteilungsspielraum** überschritten
(„unvertretbare Einschätzung"),[115] können die angeforderten Behörden ihre Unterstützung
verweigern.[116] Gleiches gilt bei tatsächlicher oder rechtlicher **Unmöglichkeit**, bei Eigengefahr bzw. vorrangigem **Eigenbedarf** (→ Rn. 14).[117]

2. Handlungsunfähiges oder -unwilliges Land

Die Bundesregierung kann Polizeikräfte des betroffenen Landes und anderer Bundesländer 53
ihren Weisungen unterstellen (Art. 91 Abs. 2 S. 1 GG). Ist das betroffene Land **handlungsunfähig**, erscheint dies noch einigermaßen **realistisch:** Das wäre etwa dann der Fall, wenn
eine Landesregierung keine Entscheidung (mehr) treffen kann oder sonst daran gehindert
ist, ihrer Polizei Anweisungen zu erteilen. In einer solchen Situation kann ein Unterstellen
unter Weisungen des Bundes die Handlungsfähigkeit, zumindest dieser Landespolizei,
wiederherstellen. Denkbar ist auch, dass die Landesregierung oder die betroffene Polizeibehörde noch Entscheidungen fällen, danach aber handlungsunfähig werden. Ist das betroffene Land „vorsätzlich" **handlungsunwillig** (→ Rn. 34 f.), ist natürlich fraglich, ob die
Landespolizei die Bundesweisung befolgt. In diesem Fall bliebe der Bundesregierung nur
der Einsatz ihrer Weisung unterstellter Polizeikräfte anderer Länder oder der Bundespolizei,
soweit nicht schon der Fall des Art. 87a Abs. 4 GG gegeben ist (→ Rn. 45).

Die Landespolizeikräfte bleiben Organe ihres jeweiligen **Bundeslandes** und nehmen 54
Aufgaben des Einsatzlandes wahr.[118] Das Rechtsverhältnis lässt sich mit der **Auftragsverwaltung** vergleichen.[119] Die **Kosten** trägt das Land, dessen Aufgaben die eingesetzten

---

[110] *Epping* in BeckOK GG, 51. Ed. 15.5.2022, GG Art. 91 Rn. 20.
[111] Vgl. zB *Klein* in Isensee/Kirchhof StaatsR-HdB XII § 280 Rn. 36 (ungeschriebener Grundsatz der Amtspflicht); *Hernekamp/Zeccola* in v. Münch/Kunig GG Art. 91 Rn. 13 f. (bundesstaatliches Subsidiaritätsprinzip); s. im Überblick zB *Volkmann* in v. Mangoldt/Klein/Starck GG Art. 91 Rn. 25; *Evers* in BK-GG GG Art. 91 Rn. 43.
[112] *Epping* in BeckOK GG, 51. Ed. 15.5.2022, GG Art. 91 Rn. 7.3.
[113] S. BVerfGE 132, 1 Rn. 45 = NVwZ 2012, 1239 (1244): „Insoweit entfaltet daher diese Vorschrift [Art. 87a Abs. 4 GG] grundsätzlich eine Sperrwirkung für den Einsatz der Streitkräfte nach anderen Bestimmungen […]".
[114] *Epping* in BeckOK GG, 51. Ed. 15.5.2022, GG Art. 91 Rn. 10.
[115] *Epping* in BeckOK GG, 51. Ed. 15.5.2022, GG Art. 91 Rn. 10.
[116] *Epping* in BeckOK GG, 51. Ed. 15.5.2022, GG Art. 91 Rn. 10; *Volkmann* in v. Mangoldt/Klein/Starck GG Art. 91 Rn. 25; weiter zB *Windthorst* in Sachs GG Art. 91 Rn. 20 mwN.
[117] *Volkmann* in v. Mangoldt/Klein/Starck GG Art. 91 Rn. 25 f.; *Windthorst* in Sachs GG Art. 91 Rn. 21.
[118] *Epping* in BeckOK GG, 51. Ed. 15.5.2022, GG Art. 91 Rn. 16; *Brede/Geis* in Umbach/Clemens GG Art. 91 Rn. 51; *Grzeszick* in BerlKom GG GG Art. 91 Rn. 27; *Windthorst* in Sachs GG Art. 91 Rn. 45; *Hernekamp/Zeccola* in v. Münch/Kunig GG Art. 91 Rn. 32 f.; differenzierend hinsichtlich der Polizeikräfte anderer Länder vor dem Hintergrund der einfachgesetzlichen Rechtslage *Volkmann* in v. Mangoldt/Klein/Starck GG Art. 91 Rn. 38; hiergegen *Grzeszick* in BerlKom GG GG Art. 91 Rn. 28 f.
[119] *Dederer* in Maunz/Dürig GG Art. 91 Rn. 16; *Evers* in BK-GG GG Art. 91 Rn. 68; *Stern* StaatsR II 1472; *Windthorst* in Sachs GG Art. 91 Rn. 45.

Kräfte erfüllen.[120] Gleiches gilt für die **Haftung** für den Einsatz.[121] Eine förmliche **Bekanntmachung** der Weisungen erscheint nicht notwendig, da sich im Verhältnis zum Bürger keine Veränderungen ergeben.[122] Gleichwohl ist die Bekanntmachung zweckmäßig, um mit der Bevölkerung angemessen zu kommunizieren.

55 Das **Weisungsrecht** ermächtigt die Bundesregierung lediglich zu Einzelweisungen oder allgemeinen Weisungen, **nicht** aber zu **Verordnungen** oder **Verwaltungsvorschriften**.[123] Kollidiert eine Bundes- mit einer Landesweisung, geht die Bundesweisung vor.[124] Dieser Vorrang dürfte in der Praxis aber eher weniger wahrscheinlich sein: Besteht die Landesregierung auf ihrer Weisung, werden die Polizeikräfte vermutlich der rechtlichen Einschätzung ihrer Landesregierung folgen. Schon disziplinarrechtlich sind sie damit auf der sicheren Seite, nämlich der ihres Dienstherrn. Vonseiten des Bundes droht ihnen hingegen kaum eine Haftung. **Rechtswidrige Weisungen** sind verbindlich, solange sie nicht der Bundestreue widersprechen oder rechtsmissbräuchlich sind.[125]

56 Alternativ oder kumulativ zum Weisungsrecht kann die Bundesregierung in **eigener Kompetenz** Einheiten der **Bundespolizei** einsetzen.[126] Rechtsgrundlage sind neben Art. 91 Abs. 2 GG insbesondere die §§ 7 Abs. 1, 14 Abs. 1, 3 BPolG. Die **Kosten** trägt der Bund, der damit eigene Aufgaben wahrnimmt.[127] Gleiches gilt für die **Haftung** für den Einsatz.[128] Eine förmliche **Bekanntmachung** erscheint auch hier nicht notwendig, da sich im Verhältnis zum Bürger keine Veränderungen ergeben (→ Rn. 64).[129] Hat die Bundesregierung eine **Anforderung** von Kräften der **Bundespolizei** (als Hilfskräfte des Landes) zuvor abgelehnt (Art. 91 Abs. 1 GG), ist es ihr verwehrt, diese nach Art. 91 Abs. 2 GG in eigener Kompetenz einzusetzen. Zwar ist der Tatbestand des Art. 91 Abs. 2 GG möglicherweise erfüllt, da das Land mangels Unterstützung durch die Bundespolizei die Gefahr nicht abwehren kann. Allerdings wäre die Verweigerung der Bundesregierung in diesem Fall **rechtsmissbräuchlich,** wenn diese nur dazu dient, anschließend in Verwaltungskompetenzen des Landes einzugreifen.[130]

---

[120] *Epping* in BeckOK GG, 51. Ed. 15.5.2022, GG Art. 91 Rn. 19; *Brede/Geis* in Umbach/Clemens GG Art. 91 Rn. 57; *Evers* in BK-GG GG Art. 91 Rn. 82; *Grzeszick* in BerlKom GG GG Art. 91 Rn. 31; *Klein* in Isensee/Kirchhof StaatsR-HdB XII § 280 Rn. 21, 29; aA *Stern* StaatsR II 1474; *Volkmann* in v. Mangoldt/Klein/Starck GG Art. 91 Rn. 40; ähnlich *Hernekamp* in v. Münch/Kunig GG Art. 91 Rn. 34.

[121] *Epping* in BeckOK GG, 51. Ed. 15.5.2022, GG Art. 91 Rn. 19; *Grzeszick* in BerlKom GG GG Art. 91 Rn. 30; *Volkmann* in v. Mangoldt/Klein/Starck GG Art. 91 Rn. 40.

[122] So aber *Grzeszick* in BerlKom GG GG Art. 91 Rn. 27; *Evers* in BK-GG GG Art. 91 Rn. 55; *Heun* in Dreier GG Art. 91 Rn. 20; *Stern* StaatsR II 1473.

[123] *Epping* in BeckOK GG, 51. Ed. 15.5.2022, GG Art. 91 Rn. 17; *Brede/Geis* in Umbach/Clemens GG Art. 91 Rn. 52; *Grzeszick* in BerlKom GG GG Art. 91 Rn. 27; *Evers* in BK-GG GG Art. 91 Rn. 79; *Heun* in Dreier GG Art. 91 Rn. 20; *Volkmann* in v. Mangoldt/Klein/Starck GG Art. 91 Rn. 36.

[124] *Epping* in BeckOK GG, 51. Ed. 15.5.2022, GG Art. 91 Rn. 17; *Brede/Geis* in Umbach/Clemens GG Art. 91 Rn. 52; *Windthorst* in Sachs GG Art. 91 Rn. 47.

[125] So im Kontext des Abs. 2 S. 2 *Epping* in BeckOK GG, 51. Ed. 15.5.2022, GG Art. 91 Rn. 21 unter Verweis auf die Rspr. des BVerfG zur Auftragsverwaltung, BVerfGE 81, 310 Rn. 91 f. = NVwZ 1990, 955 (957); s. auch *Grzeszick* in BerlKom GG GG Art. 91 Rn. 33; *Volkmann* in v. Mangoldt/Klein/Starck GG Art. 91 Rn. 43.

[126] *Epping* in BeckOK GG, 51. Ed. 15.5.2022, GG Art. 91 Rn. 18; *Brede/Geis* in Umbach/Clemens GG Art. 91 Rn. 53; *Evers* in BK-GG GG Art. 91 Rn. 67 ff.; *Hase* in AK-GG GG Art. 91 Rn. 32.

[127] *Epping* in BeckOK GG, 51. Ed. 15.5.2022, GG Art. 91 Rn. 19; *Brede/Geis* in Umbach/Clemens GG Art. 91 Rn. 57; *Evers* in BK-GG GG Art. 91 Rn. 82; *Grzeszick* in BerlKom GG GG Art. 91 Rn. 31; *Klein* in Isensee/Kirchhof StaatsR-HdB XII § 280 Rn. 54; aA *Stern* StaatsR II 1474; *Volkmann* in v. Mangoldt/Klein/Starck GG Art. 91 Rn. 40; ähnlich *Hernekamp* in v. Münch/Kunig GG Art. 91 Rn. 34.

[128] *Epping* in BeckOK GG, 51. Ed. 15.5.2022, GG Art. 91 Rn. 19; *Grzeszick* in BerlKom GG GG Art. 91 Rn. 30; *Volkmann* in v. Mangoldt/Klein/Starck GG Art. 91 Rn. 40.

[129] So aber *Grzeszick* in BerlKom GG GG Art. 91 Rn. 27; *Evers* in BK-GG GG Art. 91 Rn. 55; *Heun* in Dreier GG Art. 91 Rn. 20; *Stern* StaatsR II 1473.

[130] Dieser Aspekt wird in der Literatur eher nicht direkt angesprochen: *Dederer* in Maunz/Dürig GG Art. 91 Rn. 146; s. aber *Heun* in Dreier GG Art. 91 Rn. 18 ff.: „Ermessen der Bundesregierung" hat „die Landessouveränität […] zu beachten".

E. Innerer Notstand   § 3

Die **Bundesregierung** muss nach dem Wortlaut des Art. 91 Abs. 2 S. 1 GG die grundsätzlichen Entscheidungen als **Kollegialorgan** treffen („Ob" der Intervention und Auswahl der grundsätzlichen Maßnahmen). Mit der Durchführung kann sie den zuständigen Bundesminister beauftragen.[131] Dies ist regelmäßig der Bundesminister des Innern. Die Bundesregierung hat **Ermessen,** ob sie in den betroffenen Ländern interveniert und in welcher Weise (Weisung und/oder Einsatz der Bundespolizei).[132] 57

3. Einsatz der Streitkräfte

Die Streitkräfte kommen „zur Unterstützung der Polizei" zum Einsatz (Art. 87a Abs. 4 S. 1 GG). Der Einsatz ist daher eine polizeiliche Aufgabe: „[D]er Einsatz [hat] sich den Zielen der Maßnahmen der Polizeibehörden einzuordnen".[133] **Rechtsgrundlage** ist das **Polizeirecht,** sowohl für den Objektschutz als auch die Bekämpfung Aufständischer.[134] Die Streitkräfte können insbesondere bei der Bekämpfung Aufständischer **militärische Waffen** einsetzen.[135] 58

Bei der Bekämpfung Aufständischer mag das **Polizeirecht** allein **nicht ausreichen.** Die Literatur spricht regelmäßig von Situationen, die den Rahmen des Art. 87a Abs. 4 GG „sprengen" sollen.[136] Gemeint sind wohl zB flächendeckende kriegsähnliche Kämpfe, die es zB erfordern, Gefangenenlager einzurichten. Dabei mag es uU faktisch unmöglich sein, über die Internierung gemäß Polizeirecht einen Richter entscheiden zu lassen. In dieser Situation entsteht jedoch kein rechtsfreier Raum. Zur Anwendung kommt das **humanitäre Völkerrecht** *(ius in bello)*.[137] Dies muss unabhängig davon gelten, ob die Bundesregierung die Gegenseite als „Insurgenten" oder „Bürgerkriegspartei" bezeichnet.[138] Alles andere würde dem Zweck des humanitären Völkerrechts widersprechen: Der gemeinsame Art. 3 der Genfer Konventionen von 1949 und das II. Zusatzprotokoll von 1977 über den Schutz der Opfer nicht internationaler bewaffneter Konflikte sind unabhängig von einer Klassifizierung wie „Insurgenten" anzuwenden.[139] Ungeachtet dessen scheint das BVerfG in seiner zweiten Entscheidung zum Luftsicherheitsgesetz allerdings eher nicht davon auszugehen, dass der Rahmen des Polizeirechts „sprengbar" ist: Auch bei der „Bekämpfung organisierter und militärisch bewaffneter Aufständischer" unterstellt das Gericht, dass ein „Einsatz der Streitkräfte […] zur Unterstützung der Polizei" erfolgt.[140] 59

---

[131] *Epping* in BeckOK GG, 51. Ed. 15.5.2022, GG Art. 91 Rn. 15; *Grzeszick* in BerlKom GG GG Art. 91 Rn. 25; *Wolff* in HK-GG GG Art. 91 Rn. 7; *Volkmann* in v. Mangoldt/Klein/Starck GG Art. 91 Rn. 35.
[132] *Epping* in BeckOK GG, 51. Ed. 15.5.20220, GG Art. 91 Rn. 15.
[133] BT-Drs. V/2873, 14; vgl. ferner BK-GG/*Ipsen* GG Art. 87a Rn. 161 f.; *Grzeszick* in BerlKom GG GG Art. 87a Rn. 43.
[134] *Epping* in BeckOK GG, 51. Ed. 15.5.2022, GG Art. 87a Rn. 49.
[135] So das BVerfG in seinen Entscheidungen zum LuftSiG v. 15.2.2006 und v. 3.7.2012 unter Bezugnahme auf die Genese (BT-Drs. 5/2873, 14) des Art. 87a Abs. 4, BVerfGE 115, 118 Rn. 109 = NJW 2006, 751 (756); BVerfGE 132, 1 Rn. 40 ff. = NVwZ 2012, 1239 (1243 f.); ebenso *Hillgruber* in Umbach/Clemens GG Art. 87a Rn. 64; *Depenheuer* in Maunz/Dürig GG Art. 87a Rn. 177; *Wolff* in HK-GG GG Art. 87a Rn. 17.
[136] Vgl. *Heun* in Dreier GG Art. 87a Rn. 32; *Kokott* in Sachs GG Art. 87a Rn. 68; *Aust* in v. Münch/Kunig GG Art. 87a Rn. 73 ff.
[137] Vgl. *Epping* in BeckOK GG, 51. Ed. 15.5.2022, GG Art. 87a Rn. 49; *Ipsen* in BK-GG GG Art. 87a Rn. 175 ff.: Prinzip des Mindestschutzes für Verwundete und Gefangene; beide begrifflich etwas zu weit unter Verweis auf „Kriegsvölkerrecht", das *ius ad bellum* und *ius in bello* umfasst.
[138] AA *Epping* in BeckOK GG, 51. Ed. 15.5.2022, GG Art. 87a Rn. 49; *Kokott* in Sachs GG Art. 87a Rn. 68; *Aust* in v. Münch/Kunig GG Art. 87a Rn. 73 f.
[139] ICRC, Protocol Additional to the Geneva Conventions of 12 August 1949, and relating to the Protection of Victims of Non-International Armed Conflicts (Protocol II), 8 June 1977, Commentary of 1987, Rn. 4457, https://bit.ly/2P272nq: „On the other hand, in a conflict where the level of strife if low, and which does not contain the characteristic features required by the Protocol, only common Article 3 will apply. (8) Infact, common Article 3 retains an autonomous existence, i.e., its applicability is neither limited nor affected by the material field of application of the Protocol. This formula, though legally rather complicated, has the advantage of furnishing a guarantee against any reduction of the level of protection long since provided by common Article 3."
[140] BVerfGE 132, 1 Rn. 44 = NVwZ 2012, 1239 (1244).

60 Die einzelnen Soldaten unterstehen dabei nicht der Polizei; sie verbleiben innerhalb der **militärischen Befehlshierarchie**.[141] Praktisch ausgedrückt gibt die Polizei das Ziel vor, das die Streitkräfte innerhalb ihrer Befehlshierarchie umsetzen. Der Einsatz der Streitkräfte darf sich nicht dahingehend verselbstständigen, dass er dem erklärten Ziel der Polizei widerspricht. Wohl aber müssen sich die Streitkräfte nicht jedes taktische Einsatzdetail durch die Polizei bestätigen oder genehmigen lassen. Im Übrigen gelten zu den **Kosten,** zur **Haftung** und zum **Ermessen** der Bundesregierung die Ausführungen zu vorigem Unterabschnitt 2 (→ Rn. 53–57). Art. 87a Abs. 4 GG baut insoweit auf Art. 91 Abs. 2 GG auf: Erfüllen die Streitkräfte eine Aufgabe des Landes, ist das Land in der Pflicht, andernfalls der Bund.

4. Überregionaler innerer Notstand

61 Die Bundesregierung kann den „Landesregierungen" Weisungen erteilen. Adressat sind daher nicht Ministerien oder Behörden, sondern die Landesregierungen als **Kollegialorgane.** Die Weisungen sind **alternativ** oder **kumulativ** zu den Weisungen und Einsätzen nach Art. 91 Abs. 2 S. 1 und S. 2 GG. Soweit die Weisungen der Gefahrenabwehr dienen, können sie alle Bereiche der Regierungs- und Verwaltungstätigkeit des Landes umfassen.[142] Im Übrigen gelten zu den **Kosten,** zur **Haftung,** zum **Ermessen** der Bundesregierung und zu **rechtswidrigen** Weisungen die Ausführungen zu Unterabschnitt 2 (→ Rn. 53f.).

62 Abzulehnen ist eine analoge Anwendung des Art. 91 Abs. 2 GG auf die **Polizei** beim **Bundestag.** Hiernach soll unter „Land i. S. von Art. 91 Abs. 2 GG [...] analog der räumliche Bereich der Polizeigewalt des Bundestagspräsidenten" gelten.[143] In der Konsequenz soll die Bundesregierung den Bundestagspräsidenten als „Polizeiorgan und damit auch seine Polizeitruppe [sic] ihren Weisungen unterstellen" sowie Bundespolizei und Streitkräfte im Bundestag einsetzen können.[144] Für eine analoge Anwendung bedarf es einer Regelungslücke – worin diese bestehen soll, ist überhaupt nicht dargelegt. Ferner ist eine solche analoge Auslegung im Hinblick auf die vom BVerfG geforderte „Texttreue" bei der Auslegung der Notstandsverfassung (→ Rn. 115) und deren bedingungslosem Bekenntnis zur Gewaltenteilung abwegig. Die Wahrnehmung des Hausrechts und der Polizeigewalt im Gebäude des Bundestages sind exklusive Kompetenzen des Bundestagspräsidenten zum Schutz der Parlamentsautonomie gegenüber Organen der Exekutive wie der Judikative.[145] Abgesehen davon ist der Plan des Verfassungsgesetzgebers klar – eine Lücke, läge sie denn vor, wäre jedenfalls nicht planwidrig: Die Bundestagspolizei sorgt im Wesentlichen **innerhalb** der Räume des Bundestages für Sicherheit und Ordnung. Maßnahmen zum Schutz **außerhalb** des Parlamentes, zB Absperrungen, Wasserwerfer und Waffeneinsatz gegen aufrührerische Gruppen, fallen in die Zuständigkeit der Berliner Landespolizei oder der Bundespolizei (§ 5 BPolG). Sind der Bundestagspräsident und seine Vertreter handlungsunfähig oder unerreichbar, greifen die für Gefahr im Verzug bereits anerkannten vorübergehenden Eilkompetenzen der Polizeistellen außerhalb des Bundestages.[146] Gleiches gilt im Verteidigungsfall (→ Rn. 107).

---

[141] So unter Rückgriff auf die Genese der Art. 91 (BT-Drs. V/1879, 3) und Art. 87a (BT-Drs. V/2874, 14) *Epping* in BeckOK GG, 51. Ed. 15.5.2022, GG Art. 87a Rn. 49; *Heun* in Dreier GG Art. 87a Rn. 27 ff.; *Grzeszick* in BerlKom GG GG Art. 87a Rn. 43.
[142] *Epping* in BeckOK GG, 51. Ed. 15.5.2022, GG Art. 91 Rn. 20.
[143] *Köhler* DVBl 1992, 1577 (1583); hierauf berufend, in weitgehend wortgleicher Ausführung *Graulich* in Schenke/Graulich/Ruthig BPolG § 9 Rn. 16 („Auslegung im Wege der praktischen Konkordanz").
[144] *Köhler* DVBl 1992, 1577 (1583).
[145] *Wehr* in Nomos-BR BPolG § 9 Rn. 3, unter Verweis auf BVerfGE 108, 251 (273) = BeckRS 2003, 30324691; *Klein* in Maunz/Dürig GG Art. 40 Rn. 148 ff.
[146] *Klein* in Maunz/Dürig GG Art. 40 Rn. 150: Es wäre zweckwidrig, „wollte man es etwa zufällig im Reichstagsgebäude anwesenden Beamten der Berliner Vollzugspolizei versagen, sich zB dem gewaltsamen Eindringen einer Bande von Skinheads entgegenzustellen, bis die Beamten des Polizeivollzugsdienstes beim Deutschen Bundestag [...] zur Stelle sind, oder es der Feuerwehr versagen, mit den Löscharbeiten zu beginnen, bevor sie der Ruf des Bundestagspräsidenten erreicht"; *Pieroth* in Jarass/Pieroth GG Art. 40 Rn. 12.

IV. Wegfall der Gefahr; Intervention von Bundestag und Bundesrat

Ist die Gefahr beseitigt, unter die Tatbestandsschwelle des Art. 91 GG abgesunken oder ist das Land wieder zur Gefahrenabwehr bereit, **entfällt** die **Pflicht** der angeforderten Länder nach Art. 91 Abs. 1 GG; Anordnungen des Bundes nach Art. 91 Abs. 2 GG sind unverzüglich aufzuheben. Es gilt der gleiche **Beurteilungsspielraum** wie bei der erstmaligen Anordnung.[147] **63**

Der **Bundesrat** kann jederzeit die **Aufhebung** von Maßnahmen nach Art. 91 GG verlangen. Der Beschluss bedarf der Stimmenmehrheit (Art. 52 Abs. 3 S. 1 GG) und keiner Begründung. Das betroffene Land ist trotz seines Interessenkonflikts stimmberechtigt (§ 28 Abs. 3 GO-BR: „Bei der Beschlussfassung des Bundesrates gemäß [...] Artikel 91 Absatz 2 des Grundgesetzes ist das betroffene Land stimmberechtigt"). Wie bei Art. 35 Abs. 3 S. 2 GG kann die Bundesregierung erneut intervenieren, wenn sich die **Gefahr** seit dem Beschluss des Bundesrates **verschärft** hat.[148] Auch hinsichtlich einer erneuten Intervention kann der Bundesrat die Aufhebung verlangen. Ebenso wenig wie die Anordnung bedarf ihre Aufhebung einer **förmlichen Bekanntmachung**.[149] **64**

Ein entsprechendes Interventionsrecht gilt beim Einsatz von **Streitkräften** nach Art. 87a Abs. 4 S. 2 GG. **Bundestag** oder **Bundesrat** können das Recht alternativ oder kumulativ geltend machen. **65**

V. Konkurrenzen

Einfache Rechts- und **Amtshilfe** nach Art. 35 Abs. 1 GG ist neben Art. 91 GG anwendbar. Die Gefahr von **besonderer Bedeutung** (Art. 35 Abs. 2 S. 1 GG), die **regionale** und die **überregionale Katastrophe** (Art. 35 Abs. 2 S. 2, Abs. 3 GG) einerseits und der innere Notstand andererseits schließen sich grundsätzlich gegenseitig aus. Hierfür spricht schon, dass beim inneren Notstand ein Einsatz der Streitkräfte nur als *ultima ratio* in Betracht kommt (Art. 87a Abs. 4 GG, → Rn. 105 ff.), nicht aber bei Art. 35 Abs. 2 und 3 GG. Einzelne terroristische Anschläge können daher zu einem regionalen oder überregionalen Unglücksfall führen (zB eine schmutzige Bombe verseucht Teile mehrerer Länder, → Rn. 25). Bedrohen die Anschläge aber von ihrer Intensität oder Auswirkung her den Bestand eines Landes oder des Bundes, kommt nur der innere Notstand zur Anwendung. Art. 91 GG **(innerer Notstand)** findet aber neben Art. 35 Abs. 2 und 3 GG Anwendung, wenn die Naturkatastrophe zB massenhafte Plünderungen oder einen Aufruhr nach sich zieht. **66**

Das **Widerstandsrecht** (Art. 20 Abs. 4 GG) kommt erst zur Anwendung, wenn die Mittel des inneren Notstands (Art. 91 GG), einschließlich eines Einsatzes der Streitkräfte erschöpft oder wirkungslos sind. Dies ist zB denkbar bei einem Militärputsch oder wenn die Bundesregierung bereits handlungsunfähig ist und den notwendigen Einsatz der Streitkräfte nicht mehr beschließen kann. Zum **Bundeszwang** ist Art. 91 Abs. 2 GG speziell,[150] nicht zuletzt weil die Kontrollrechte des Bundesrates nach Art. 91 Abs. 2 S. 2 GG (nur Aufhebungsmöglichkeit) schwächer sind als bei Art. 37 GG (Erfordernis vorheriger Zustimmung; → Rn. 24). **67**

Der innere und **äußere Notstand** (Art. 115a ff. GG) schließen sich gegenseitig aus: Beim inneren Notstand handeln nichtstaatliche Angreifer in einer überwiegend innenpolitischen Auseinandersetzung (→ Rn. 32, 35), beim äußeren Notstand überwiegt der Angriff von außen (zur Abgrenzung → Rn. 109).[151] Radikalisieren sich im Bundesgebiet ansässige Personen und greifen die Staatsorgane mit Waffengewalt an, greift der innere **68**

---

[147] *Epping* in BeckOK GG, 51. Ed. 15.5.2022, GG Art. 91 Rn. 22; *Grzeszick* in BerlKom GG GG Art. 91 Rn. 35; *Volkmann* in v. Mangoldt/Klein/Starck GG Art. 91 Rn. 44.
[148] *Wolff* in HK-GG GG Art. 91 Rn. 10.
[149] So aber *Windthorst* in Sachs GG Art. 91 Rn. 54 mwN.
[150] Vgl. *Dederer* in Maunz/Dürig GG Art. 91 Rn. 43.
[151] Vgl. *Epping* in Maunz/Dürig GG Art. 115a Rn. 52.

Notstand. Dies gilt auch, wenn diese Personen militärisch oder militärähnlich organisiert sind und mit einer auswärtigen Terrororganisation in Kontakt stehen oder von dieser einzelne Unterstützungsleistungen wie Waffen oder Ausbildung erhalten haben.[152] Steuert hingegen die auswärtige Terrororganisation den Angriff im Inland, greift der äußere Notstand. Gleiches gilt, wenn eine auswärtige Macht einen lokalen Aufruhr initiiert oder mit militärischen Geheimkräften unterstützt.[153]

F. Spannungsfall

I. Praktische Anwendungsfälle

69 Bis zum heutigen Tage hatte der Bundestag noch **keinen** Spannungsfall nach Art. 80a GG festzustellen. Gleichwohl hat die Vorschrift in der Praxis durchaus „Spannungen" verursacht. Zum Beispiel erklärte die Bundesregierung 1984, dass sie „Pershing-2-Raketen und Marschflugkörper im Spannungsfall in ihre Einsatzstellungen" verlegen würde.[154] Dies werde auf Routen erfolgen, die der Gegner nicht vorherzusehen vermöge. Der Machtapparat der DDR wies seine Bürger hingegen schon 1968 darauf hin, dass die „Notstandseinpeitscher von Bonn" ihr „volksfeindliches Geschäft" einschließlich Art. 80a GG nutzen könnten, um „zu jedem [...] beliebigen Zeitpunkt, etwa mit Hilfe der Geheimdienste, einen ‚Spannungsfall' zu manipulieren" und damit „den ganzen Mechanismus des Notstandsapparates in Gang" setzen könne.[155]

II. Voraussetzungen

70 Die Tatbestandsvoraussetzung des Spannungsfalles, die **Spannungslage**,[156] hat der Gesetzgeber des GG bewusst nicht definiert.[157] Dadurch wollte er sicherstellen, dass die Feststellung des Spannungsfalles der Einschätzungsprärogative des Parlaments überlassen bleibt.[158] Die Literatur versteht unter einer Spannungslage eine schwere außenpolitische Konfliktsituation, die mit **gesteigerter Wahrscheinlichkeit** zu einem Angriff mit Waffengewalt auf das Bundesgebiet führen kann und es gebietet, erhöhte Verteidigungsbereitschaft herzustellen.[159] Krisensituationen ohne Eskalationspotential und innenpolitische Zwangslagen fallen nicht hierunter.[160] Neuartige Bedrohungsszenarien, wie zB Cyberangriffe, können einen Spannungsfall auslösen, insoweit sie auch Teil eines Angriffs nach Art. 115a GG sein können (→ Rn. 74).

III. Konkurrenzen

71 Spannungsfall und Verteidigungsfall schließen einander aus. Beide Notstandsfälle haben im Wesentlichen unterschiedliche Rechtsfolgen. Nur bei der Anwendbarkeit der in Art. 80a

---

[152] Vgl. *Epping* in Maunz/Dürig GG Art. 115a Rn. 52.
[153] So im Fall der völkerrechtswidrigen Annexion der Krim durch Russland, *Lally,* Putin's remarks raise fears of future moves against Ukraine, Washington Post v. 17.4.2014, https://wapo.st/2mnR7p2: „[W]hen asked about the soldiers widely known as the green men, Putin acknowledged that they were Russian. Their presence [in Crimea] had been necessary, he said [...]".
[154] BVerfGE 68, 1 (17) = BeckRS 9998, 101033.
[155] Hinters Licht geführt, Die Bonner Lüge von der „entschärften" Notstandsverfassung, Neues Deutschland v. 14.5.1968, 6.
[156] Zur Unterscheidung beider Begriffe s. *Deppenheuer* in Maunz/Dürig GG Art. 80a Rn. 12.
[157] *Schmahl* in Sodan GG Art. 80a Rn. 3; *Schmidt-Radefeldt* in BeckOK GG, 51. Ed. 15.5.2022, GG Art. 80a Rn. 2; *Mertins,* Der Spannungsfall, 2013, 57.
[158] *Grzeszick* in BerlKomm GG GG Art. 80a Rn. 3; *Heun* in Dreier GG Art. 80a Rn. 5.
[159] *März* in Isensee/Kirchhof StaatsR-HdB XII § 281 Rn. 10; *Mann* in Sachs GG Art. 80a Rn. 2; *Grzeszick* in BerlKomm GG GG Art. 80a Rn. 3; *Daleki,* Artikel 80a des Grundgesetzes und die Maßnahmen zur Erhöhung der Verteidigungsbereitschaft, 1985, 40 f.
[160] *Schmidt-Radefeldt* in BeckOK GG, 51. Ed. 15.5.2022, GG Art. 80a Rn. 2; vgl. *Funke* in BK-GG GG Art. 80a Rn. 85.

GG genannten Gesetze sind beide Notstandsfälle gleichermaßen Voraussetzung. Auch der Katastrophenfall und der innere Notstand stehen zum Spannungsfall in Idealkonkurrenz.[161]

G. Verteidigungsfall (äußerer Notstand)

I. Praktische Anwendungsfälle

In der Geschichte der Bundesrepublik Deutschland kam die Bundeswehr bereits (im Ausland) zur Verteidigung zum Einsatz (→ § 53 Rn. 1 f.). Der von der Verteidigung zu unterscheidende Verteidigungsfall ist hingegen noch **nicht** eingetreten (zur Unterscheidung → Rn. 84). Gleichwohl war für die Sicherheitsbehörden (der Alliierten), insbesondere während des Kalten Kriegs, der Verteidigungsfall Anlass für vorsorgliche Planungen. In Berlin zB wurden „richtige Geisterstädte [...] errichtet, in denen die Alliierten den Häuserkampf in aller Ruhe üben konnten."[162] Auf der Gegenseite wiederum hatte die NVA „ein zwölf mal zwölf Meter großes Modell West-Berlins stehen [...], an dem man durchspielte, wie man sich die Erstürmung West-Berlins vorzustellen hatte."[163]

II. Voraussetzungen und Feststellung

1. Voraussetzungen des Verteidigungsfalles

a) Angriff auf das Bundesgebiet mit Waffengewalt. aa) Bundesgebiet. Der Angriff muss sich von außen gegen das Bundesgebiet richten.[164] Dies ist das **Territorium** der Bundesrepublik Deutschland in seinen völkerrechtlich festgelegten Grenzen.[165] Maßgebliches Kriterium ist die Grenzmissachtung.[166] Innere Auseinandersetzungen, wie etwa Bürgerkriege, erfüllen diese Bedingung nicht.[167] Gleichermaßen verhält es sich mit Angriffen auf Bündnispartner.[168] Auch Angriffe auf außerhalb des Bundesgebietes befindliche deutsche Sachgüter (Flugzeuge, Gebäude) oder Staatsangehörige lösen den Verteidigungsfall nicht aus.[169] Dies gilt auch für Schiffe einschließlich der Marine auf hoher See. Diese sind kein „schwimmendes Territorium".[170]

bb) Angriff mit Waffengewalt. Waffen iSv Art. 115a GG sind alle konventionellen, aber auch nuklearen, chemischen, biologischen und physikalischen Kampfmittel.[171] Die unmittelbare Freisetzung kinetischer Energie in Form von Feuer- und Explosivwaffen ist daher keine Voraussetzung des Art. 115a GG. Die zu einem kinetischen Angriff äquivalente Auswirkung genügt.[172] Moderne Formen der Kriegsführung **(Cyber-Attacken)** können unter den Waffenbegriff fallen, sofern sie mit Blick auf ihre Auswirkungen mit denen herkömmlicher militärischer Waffen vergleichbar sind, also den Tod von Menschen oder

---

[161] AA *Depenheuer* in Maunz/Dürig GG Art. 80a Rn. 14 ff.
[162] *Austilat*, Seekrieg auf der Havel, Tagesspiegel v. 14.8.2004, https://bit.ly/2kQfpYk.
[163] *Austilat*, Seekrieg auf der Havel, Tagesspiegel v. 14.8.2004, https://bit.ly/2kQfpYk.
[164] *Epping* in Maunz/Dürig GG Art. 115a Rn. 37; *Gramm/Wittenberg* in Schmidt-Bleibtreu/Hofmann/Henneke GG Art. 115a Rn. 12; *Wisser* in HK-GG GG Art. 115a Rn. 2.
[165] *Robbers* in Sachs GG Art. 115a Rn. 2; *Heun* in Dreier GG Art. 115a Rn. 2.
[166] *Schmahl* in Sodan GG Art. 115a Rn. 2; *Gramm/Wittenberg* in Schmidt-Bleibtreu/Hofmann/Henneke GG Art. 115a Rn. 12; *Epping* in Maunz/Dürig GG Art. 115a Rn. 37.
[167] *Robbers* in Sachs GG Art. 115a Rn. 4.
[168] *Spranger* in BK-GG GG Art. 115a Rn. 49; mit ausführlicher Argumentation *Grote* in v. Mangoldt/Klein/Starck GG Art. 115a Rn. 10.
[169] *Epping* in Maunz/Dürig GG Art. 115a Rn. 32; *Deiseroth* in Umbach/Clemens GG Art. 115a Rn. 10; *Schmidt-Radefeldt* in BeckOK GG, 51. Ed. 15.5.2022, GG Art. 115a Rn. 1; *Ipsen* DÖV 1971, 469 (584).
[170] Deutscher Bundestag, Wissenschaftliche Dienste, Zur rechtlichen Stellung deutscher Kriegsschiffe, Kurzinformation des Fachbereichs WD 2, Nr. 036/16, 2, https://bit.ly/2lhmLUQ.
[171] *Robbers* in Sachs GG Art. 115a Rn. 5; *Gramm/Wittenberg* in Schmidt-Bleibtreu/Hofmann/Henneke GG Art. 115a Rn. 13.
[172] Vgl. *Randelzhofer/Nolte* in Simma/Khan/Nolte/Paulus UN-Charta, 2012, UN-Charta Art. 51 Rn. 43.

eine Zerstörung bedeutender Sachwerte zur Folge haben können.[173] Vergleichbare Wirkung kann die durch eine Cyberoperation hervorgerufene Kernschmelze von Atomkraftwerken haben oder die mittels einer die Steuerungsprozesse verändernden Schadsoftware herbeigeführte massenhafte Kollision von Personenzügen.[174] Eine zeitlich begrenzte Beeinträchtigung der zivilen Infrastruktur zB durch erzwungene Serverabstürze bzw. die reine Vernichtung von Daten genügt hingegen nicht.[175] Gleichermaßen sind Wirtschaftsblockaden oder politische Sanktionen nicht ausreichend.[176] Gleiches gilt für Propaganda oder Falschnachrichten, die mitunter unzutreffend als neue Angriffsformen bezeichnet werden.[177]

75 Ein **Angriff** – ob konventionell oder mit neuen Methoden – liegt nur vor bei einer gewissen Qualität und Intensität.[178] Der Angriff muss in der Lage sein, das Staatswesen **existenzgefährdend** zu destabilisieren.[179] Ansonsten wäre die mit dem Verteidigungsfall einhergehende Reorganisation der staatlichen Strukturen der BRD unverhältnismäßig.[180] Übergriffe geringfügiger Art, wie zB Grenzscharmützel oder eine vereinzelte Cyber-Attacke gegen ein lokales Stromnetz, sind daher kein Angriff. Bei versehentlichen Schädigungen von Objekten im Bundesgebiet fehlt es schon an dem für einen Angriff erforderlichen Vorsatz.[181]

76 **cc) Angreifer.** Art. 115a GG ist passivisch konstruiert – das handelnde Subjekt, der Angreifer, fehlt daher im Tatbestand.[182] Anknüpfend an das völkerrechtliche Gewaltverbot gem. Art. 2 Ziff. 4 UN-Charta kommen als Angreifer zunächst Streitkräfte **fremder Staaten** oder militärisch Bewaffnete in deren Diensten infrage.[183] Umstritten ist, ob der Angriff immer auf eine fremde staatliche Macht zurückzuführen sein muss[184] oder ob **terroristische Anschläge** ausländischen Ursprungs den Verteidigungsfall herbeiführen können.[185] Zu bedenken ist dabei, dass Terrorakte punktuell sind. Es fehlt Terroristen grundsätzlich die mit einer Armee vergleichbare Kampfkraft.[186] Sie können das Staatswesen nicht **existenzgefährdend** destabilisieren.[187] Eine veränderte Staatsorganisation ist daher grundsätzlich keine adäquate Reaktion auf einen terroristischen Angriff.[188] Anders liegt der Fall, sollte es Terrororganisationen in Zukunft gelingen, die Verfügungsmacht über Mas-

---

[173] Vgl. *Grote* in v. Mangoldt/Klein/Starck GG Art. 115a Rn. 17; *Dittmar*, Angriffe auf Computernetzwerke, 2005, 153 f.; *Heintschel von Heinegg* in Schmidt-Radefeldt/Meissler, Automatisierung und Digitalisierung des Krieges, 2012, 162 f.; *Heintschel von Heinegg* FS Ipsen, 2000, 129 (138).
[174] Vgl. *Krajewski*, Völkerrecht, 2016, § 9 Rn. 135.
[175] *Schmidt-Radefeldt* in BeckOK GG, 51. Ed. 15.5.2022, GG Art. 115a Rn. 4.
[176] *Deiseroth* in Umbach/Clemens GG Art. 115a Rn. 12; *Grote* in v. Mangoldt/Klein/Starck GG Art. 115a Rn. 12.
[177] *Schmidt-Radefeldt* in Morlok/Schliesky/Wiefelspütz, Handbuch Parlamentsrecht, 2016, § 47 Rn. 22.
[178] *Schmidt-Radefeldt* in BeckOK GG, 51. Ed. 15.5.2022, GG Art. 115a Rn. 6; *Schmahl* in Sodan GG Art. 115a Rn. 2; *Gramm/Wittenberg* in Schmidt-Bleibtreu/Hofmann/Henneke GG Art. 115a Rn. 13.
[179] *Schmidt-Radefeldt* in Morlok/Schliesky/Wiefelspütz, Handbuch Parlamentsrecht, 2016, § 47 Rn. 22; *Schmidt-Radefeldt* in BeckOK GG, 51. Ed. 15.5.2022, GG Art. 115a Rn. 9.
[180] *Grote* in v. Mangoldt/Klein/Starck GG Art. 115a Rn. 8; *Schmidt-Radefeldt* in BeckOK GG, 51. Ed. 15.5.2022, GG Art. 115a Rn. 6.
[181] *Epping* in Maunz/Dürig GG Art. 115a Rn. 46 ff.
[182] Vgl. *Epping* in Maunz/Dürig GG Art. 115a Rn. 49; *Schmidt-Radefeldt* in BeckOK GG, 51. Ed. 15.5.2022, GG Art. 115a Rn. 3.
[183] *März* in Isensee/Kirchhof StaatsR-HdB XII § 281 Rn. 49.
[184] So *Schmidt-Radefeldt* in BeckOK GG, 51. Ed. 15.5.2022, GG Art. 115a Rn. 3; abl. mit überzeugenden Argumenten *Epping* in Maunz/Dürig GG Art. 115a Rn. 49; zur besonderen Rückverfolgungs- und Zurechnungsproblematik bei Cyber-Angriffen s. *Schulze*, Cyber-„War" – Testfall der Staatenverantwortlichkeit, 2015, 36 ff., 129 ff.
[185] *März* in Isensee/Kirchhof StaatsR-HdB XII § 281 Rn. 49; *Deiseroth* in Umbach/Clemens GG Art. 115a Rn. 9; *Grote* in v. Mangoldt/Klein/Starck GG Art. 115a Rn. 16.
[186] Vgl. *Schmidt-Radefeldt* in BeckOK GG, 51. Ed. 15.5.2022, GG Art. 115a Rn. 9; *Epping* in Maunz/Dürig GG Art. 115a Rn. 51; *Grote* in v. Mangoldt/Klein/Starck GG Art. 115a Rn. 16; *Höfling/Augsberg* JZ 2005, 1080 (1086).
[187] Vgl. *Spranger* in BK-GG GG Art. 115a Rn. 43; *Grote* in v. Mangoldt/Klein/Starck GG Art. 115a Rn. 16.
[188] *Schmidt-Radefeldt* in BeckOK GG, 51. Ed. 15.5.2022, GG Art. 115a Rn. 9.

senvernichtungswaffen oder ähnliche Angriffsmittel mit Breitenwirkung zu gewinnen.[189] Die Nutzung solcher Waffen kann nach Art, Zielsetzung und Intensität herkömmlichen militärischen Angriffen durchaus gleichkommen und somit die Aktivierung des Verteidigungsfalles nach sich ziehen.[190]

b) Unmittelbar drohender Angriff. Neben dem „bewaffneten" Angriff auf das Bundesgebiet, lässt sich ein Verteidigungsfall auch dann feststellen, wenn ein „Angriff unmittelbar droht". Hierbei handelt es sich um eine der „am schwersten zu definierenden Tatbestandsvoraussetzungen der Notstandsverfassung, da bindende Kriterien, wann eine unmittelbare Bedrohung vorliegt, nicht vorgegeben werden können."[191] Einigkeit besteht indes dahingehend, dass eine konkrete Gefahr eines zeitlich unmittelbar bevorstehenden Angriffs vorliegen muss.[192] Voraussetzung ist also die an **Sicherheit grenzende Wahrscheinlichkeit** des Angriffs binnen weniger Tage oder Stunden.[193] Maßgebliche Betrachtungsperspektive ist dabei diejenige des objektiven und mit zwischenstaatlichen Krisensituationen vertrauten Beobachters.[194] Mit dieser Tatbestandsvariante geht daher eine mit vielen Unsicherheiten behaftete Prognoseentscheidung der zuständigen Bundesorgane bezüglich des zu erwartenden Verhaltens eines potentiellen Angreifers einher.[195] Im Falle einer **falschen Prognose** besteht die Gefahr, dass die Bundesrepublik selbst zum Aggressor gestempelt wird.[196]

2. Feststellung des Verteidigungsfalles

Die Feststellung des Verteidigungsfalles erfolgt in der Regel (Art. 115a Abs. 1 GG) unter Beteiligung von Bundesregierung, Bundestag und Bundesrat. Im Ausnahmefall (Art. 115a Abs. 2 GG) tritt an die Stelle des Bundestages der Gemeinsame Ausschuss als Notparlament. Die Feststellung ergeht nicht durch formelles Gesetz, sondern als **Parlamentsbeschluss**.[197] Ein aufwendiges Gesetzgebungsverfahren entfällt damit.[198]

a) Initiativrecht der Bundesregierung. Das Antragsrecht obliegt gem. Art. 115a Abs. 1 GG exklusiv der Bundesregierung. Erforderlich ist mithin ein Antrag des Bundeskabinetts, welcher sich an den vom BVerfG herausgearbeiteten Anforderungen für exekutivische Entscheidungsverfahren[199] messen lassen muss.[200] Ist die Bundesregierung **handlungsunfähig** („Ausfall" durch Tod oder Gefangenschaft), so entfällt das Initiativerfordernis.[201] Ist die Bundesregierung lediglich handlungsunwillig, lässt sich das Antragsmonopol der Bundesregierung nicht umgehen;[202] es besteht eine Ausnahme zum grundsätzlich unbeschränkten Initiativrecht des Bundestages.

---

[189] *Grote* in v. Mangoldt/Klein/Starck GG Art. 115a Rn. 16; *Epping* in Maunz/Dürig GG Art. 115a Rn. 51.
[190] *Spranger* in BK-GG GG Art. 115a Rn. 43; *Schmidt-Radefeldt* in BeckOK GG, 51. Ed. 15.5.2022, GG Art. 115a Rn. 8.
[191] *Versteyl* in v. Münch/Kunig GG, 6. Aufl. 2012, Art. 115a Rn. 15.
[192] Statt vieler nur *Spranger* in BK-GG GG Art. 115a Rn. 58.
[193] *Fremuth* in v. Münch/KunigGG Art. 115a Rn. 20; *Heun* in Dreier GG Art. 115a Rn. 7; *Deiseroth* in Umbach/Clemens GG Art. 115a Rn. 15.
[194] *Spranger* in BK-GG GG Art. 115a Rn. 58.
[195] *Epping* in Maunz/Dürig GG Art. 115a Rn. 59; *Schmidt-Radefeldt* in BeckOK GG, 51. Ed. 15.5.2022, GG Art. 115a Rn. 10; *März* in Isensee/Kirchhof StaatsR-HdB XII § 281 Rn. 51.
[196] *Gramm/Wittenberg* in Schmidt-Bleibtreu/Hofmann/Henneke GG Art. 115a Rn. 15; *Grote* in v. Mangoldt/Klein/Starck GG Art. 115a Rn. 18.
[197] *Gramm/Wittenberg* in Schmidt-Bleibtreu/Hofmann/Henneke GG Art. 115a Rn. 21; *Schmahl* in Sodan GG Art. 115a Rn. 4; *März* in Isensee/Kirchhof StaatsR-HdB XII § 281 Rn. 52.
[198] *Heun* in Dreier GG Art. 115a Rn. 11; *Spranger* in BK-GG GG Art. 115a Rn. 70.
[199] BVerfGE 91, 148 (170) = NJW 1995, 1537: Information sämtlicher Mitglieder der Bundesregierung, hinreichendes Quorum, Majorität.
[200] *Spranger* in BK-GG GG Art. 115a Rn. 74; aA *Epping* in Maunz/Dürig GG Art. 115a Rn. 65.
[201] *Grote* in v. Mangoldt/Klein/Strack GG Art. 115a Rn. 29; *Fremuth* in v. Münch/KunigGG Art. 115a Rn. 26; für analoge Anwendung von Art. 115a IV GG: *Epping* in Maunz/Dürig GG Art. 115a Rn. 66; *Spranger* in BK-GG GG Art. 115a Rn. 76 ff.
[202] *Gramm/Wittenberg* in Schmidt-Bleibtreu/Hofmann/Henneke GG Art. 115a Rn. 19; *Schmahl* in Sodan GG Art. 115a Rn. 3; aA *Heun* in Dreier GG Art. 115a Rn. 10.

80 **b) Feststellung durch Bundestag und Bundesrat.** Als einziges, unmittelbar demokratisch legitimiertes Staatsorgan trifft der Bundestag die Entscheidung über die Feststellung des Verteidigungsfalles gem. Art. 115a Abs. 1 S. 2 GG mit zwei Dritteln der abgegebenen Stimmen, mindestens jedoch mit der Mehrheit seiner Mitglieder (sog. doppelt qualifizierte Mehrheit).[203] Die Entscheidung bedarf der Zustimmung des Bundesrates mit einfacher Stimmenmehrheit (vgl. Art 52 Abs. 3 S. 1 GG).[204] **Verweigert** der **Bundesrat** die Zustimmung, scheitert die Feststellung des Verteidigungsfalles nach Art. 115a Abs. 1 GG.[205] Bei Beschlussunfähigkeit des Bundesrates entfällt das Zustimmungserfordernis.[206]

81 **c) Feststellung durch den Gemeinsamen Ausschuss.** Erfordert die Lage unabweisbar ein **sofortiges Handeln** und stehen einem rechtzeitigen Zusammentritt des Bundestages **unüberwindliche Hindernisse** entgegen oder ist er **nicht beschlussfähig,** so stellt der Gemeinsame Ausschuss mit einer Mehrheit von zwei Dritteln der abgegebenen Stimmen, mindestens mit der Mehrheit seiner Mitglieder, den Verteidigungsfall fest (Art. 115a Abs. 2 GG). Die Bedingung des sofortigen Handelns ist erfüllt, wenn die Feststellung des Verteidigungsfalles nicht ohne Gefahr eines erheblichen Schadens für die Bundesrepublik Deutschland hinausgeschoben werden kann.[207] Von einer Beschlussunfähigkeit ist im Hinblick auf § 45 Abs. 1 GO-BT auszugehen, wenn weniger als die Hälfte der gesetzlichen Bundestagsmitglieder im Sitzungssaal anwesend sind. Die Entscheidung hierüber trifft der Bundestag grundsätzlich selbst.[208] Der Bundestagspräsident teilt diese sodann gem. § 9 der Geschäftsordnung des Gemeinsamen Ausschusses (GO-GemA) dem Gemeinsamen Ausschuss mit. In Ausnahmefällen, zB wenn der Bundestagspräsident nicht zu erreichen ist, kann der Gemeinsame Ausschuss aufgrund seiner Notzuständigkeit über die Beschlussunfähigkeit des Bundestages direkt entscheiden.[209] Ein förmlicher Beschluss über die Funktionsunfähigkeit des Bundestages ist nicht erforderlich.[210]

82 **d) Verkündung der Feststellung.** Nach Art. 115a Abs. 3 S. 1 GG verkündet der Bundespräsident die Feststellung des Verteidigungsfalles gem. Art. 82 GG im Bundesgesetzblatt. Der Bundespräsident hat dabei eine formelle wie materielle **Prüfungskompetenz.** Sein Prüfungsrecht ist in materieller Hinsicht auf eine Missbrauchskontrolle beschränkt.[211] Ein politisches Mitentscheidungsrecht besteht nicht.[212] Die Verkündung bedarf der Gegenzeichnung durch den Bundeskanzler oder durch den zuständigen Bundesminister.[213] Ist die ordnungsgemäße Verkündung im Bundesgesetzblatt verteidigungsbedingt nicht möglich,

---

[203] *Grote* in v. Mangoldt/Klein/Starck GG Art. 115a Rn. 25; *Gramm/Wittenberg* in Schmidt-Bleibtreu/Hofmann/Henneke GG Art. 115a Rn. 20 f.
[204] *Schmidt-Radefeldt* in Morlok/Schliesky/Wiefelspütz, Handbuch Parlamentsrecht, 2016, § 47 Rn. 25; *Sterzel* in AK-GG GG Sonderabschnitt Xa Rn. 40; *Jarass* in Jarass/Pieroth GG Art. 115a Rn. 5.
[205] *Spranger* in BK-GG GG Art. 115a Rn. 91; vgl. *Stern* StaatsR II 1402.
[206] *Robbers* in Sachs GG Art. 115a Rn. 14; *Spranger* in BK-GG Art. 115a Rn. 99; mit Einschränkungen *Grote* in v. Mangoldt/Klein/Starck GG Art. 115a Rn. 27; im Ergebnis ähnlich *Gramm/Wittenberg* in Schmidt-Bleibtreu/Hofmann/Henneke GG Art. 115a Rn. 25; aA *Heun* in Dreier GG Art. 115a Rn. 12; *Fremuth* in v. Münch/Kunig GG Art. 115a Rn. 31.
[207] *Schmidt-Radefeldt* in BeckOK GG, 51. Ed. 15.5.2022, GG Art. 115a Rn. 21.
[208] *Fremuth* in v. Münch/Kunig GG Art. 115a Rn. 33; *Grote* in v. Mangoldt/Klein/Starck GG Art. 115a Rn. 34.
[209] *Epping* in Maunz/Dürig GG Art. 115a Rn. 83; vgl. *Lenz,* Notstandsverfassung des Grundgesetzes, 1971, Art. 115a Rn. 10; aA *Deiseroth* in Umbach/Clemens GG Art. 115a Rn. 28; *Heun* in Dreier GG Art. 115a Rn. 13.
[210] *Grote* in v. Mangoldt/Klein/Starck GG Art. 115a Rn. 34; *Heun* in Dreier GG Art. 115a Rn. 13.
[211] *Epping* in Maunz/Dürig GG Art. 115a Rn. 104; *Grote* in v. Mangoldt/Klein/Starck GG Art. 115a Rn. 37.
[212] *Gramm/Wittenberg* in Schmidt-Bleibtreu/Hofmann/Henneke GG Art. 115a Rn. 32; *Sterzel* in AK-GG GG Sonderabschnitt Xa Rn. 41; *Rieder,* Die Entscheidung über Krieg und Frieden nach deutschem Verfassungsrecht, 1984, 306 f.
[213] *Spranger* in BK-GG GG Art. 115a Rn. 140 f.; *Robbers* in Sachs GG Art. 115a Rn. 17; *Deiseroth* in Umbach/Clemens GG Art. 115a Rn. 36.

so ist eine Ersatzverkündung in anderer Weise (zB Rundfunk, Presse, TV, Internet) zulässig, sofern sie die Möglichkeit der Kenntnisnahme durch die Öffentlichkeit gewährleistet.[214]

e) Fiktion der Feststellung. Wird das Bundesgebiet mit Waffengewalt angegriffen und sind die zuständigen **Bundesorgane** zur sofortigen Feststellung des Verteidigungsfalles nach Art. 115a Abs. 1 GG **außerstande,** so werden die Feststellung und die Verkündung des Verteidigungsfalles fingiert (vgl. Art. 115a Abs. 4 S. 1 GG). Die Fiktion wirkt dann **rückwirkend** auf den Zeitpunkt, an dem der Angriff begonnen hat.[215] „Außerstande" sind die zuständigen Bundesorgane (Bundestag und Gemeinsamer Ausschuss), wenn sie objektiv funktionsunfähig sind.[216] Gemäß Art. 115a Abs. 4 S. 2 GG gibt der Bundespräsident den im Wege der Fiktion ermittelten Zeitpunkt des Eintritts des Verteidigungsfalles unverzüglich[217] bekannt, sobald es die Umstände zulassen. Obgleich jener Bekanntgabe formal lediglich deklaratorische Bedeutung zukommt, ist sie von enormer praktischer Wichtigkeit.[218] Erst durch sie besteht Klarheit, ob der Verteidigungsfall eingetreten ist und zu welchem Zeitpunkt die damit verbundenen Rechtsfolgen wirksam geworden sind.[219] Die Bekanntgabe ist gem. Art. 58 GG gegenzeichnungspflichtig.[220] 83

III. Folgen

1. Überblick

Der Verteidigungsfall ist wie der Spannungsfall (→ Rn. 70) nicht Tatbestand, sondern **Rechtsfolge** – anders als es der Wortlaut zunächst suggeriert: Er führt zu einer Reorganisation des Staates nach den Art. 115a Abs. 5 GG bis Art. 115l GG.[221] Die Befehls- und Kommandogewalt über die **Bundeswehr** geht auf den Bundeskanzler über (Art. 115b GG). Die Gesetzgebungskompetenz des Bundes erweitert sich (Art. 115c GG). Das **Gesetzgebungsverfahren** verkürzt sich (Art. 115d GG) und der **Gemeinsame Ausschuss** kann die Rechte des Bundestages und des Bundesrates wahrnehmen (Art. 115e GG). Die **Bundesregierung** kann die **Bundespolizei** im gesamten Bundesgebiet einsetzen und den Ländern Weisungen erteilen (Art. 115f GG). Die Stellung des **BVerfG** bleibt im Wesentlichen unverändert (Art. 115g GG). Hingegen verlängern sich die **Wahlperioden** und **Amtszeiten** von Verfassungsorganen (Art. 115h GG). Sollten Bundesorgane ausfallen, erweitern sich die Rechte der **Länder** (Art. 115i GG). 84

2. Befehls- und Kommandogewalt (Art. 115b GG)

Art. 115b GG „sichert die Einheitlichkeit von politischer und militärischer Staatsleitung in der Hand des Bundeskanzlers".[222] Der **Übergang** der Befehls- und Kommandogewalt auf den Bundeskanzler erfolgt **automatisch** mit der Verkündung des Verteidigungsfalls bzw. mit dem Angriffsbeginn bei der fingierten Feststellung.[223] Ebenso automatisch fällt die 85

---

[214] *Schmidt-Radefeldt* in BeckOK GG, 51. Ed. 15.5.2022, GG Art. 115a Rn. 24; *Robbers* in Sachs GG Art. 115a Rn. 19; *Fremuth* in v. Münch/KunigGG Art. 115a Rn. 43.
[215] *Robbers* in Sachs GG Art. 115a Rn. 22; *Deiseroth* in Umbach/Clemens GG Art. 115a Rn. 49.
[216] *Schmidt-Radefeldt* in BeckOK GG, 51. Ed. 15.5.2022, GG Art. 115a Rn. 26; *Jarass* in Jarass/Pieroth GG Art. 115a Rn. 7.
[217] *Heun* in Dreier GG Art. 115a Rn. 18.
[218] *Spranger* in BK-GG GG Art. 115a Rn. 129; *Epping* in Maunz/Dürig GG Art. 115a Rn. 93.
[219] *Grote* in v. Mangoldt/Klein/Starck GG Art. 115a Rn. 46; *Schmidt-Radefeldt* in BeckOK GG, 51. Ed. 15.5.2022, GG Art. 115a Rn. 26; vgl. *Rieder*, Die Entscheidung über Krieg und Frieden nach deutschem Verfassungsrecht, 1984, 310.
[220] *Spranger* in BK-GG GG Art. 115a Rn. 129; *Grote* in v. Mangoldt/Klein/Starck GG Art. 115a Rn. 46; *Heun* in Dreier GG Art. 115a Rn. 18; *Rieder*, Die Entscheidung über Krieg und Frieden nach deutschem Verfassungsrecht, 1984, 310; aA mit gewichtigen Argumenten *Epping* in Maunz/Dürig GG Art. 115a Rn. 95.
[221] *Epping* in Maunz/Dürig GG Art. 115a Rn. 24: „Entsperrfunktion" der Feststellung.
[222] *Schmidt-Radefeldt* in BeckOK GG, 51. Ed. 15.5.2022, GG Art. 115b Rn. 1.
[223] *Heun* in Dreier GG Art. 115b Rn. 5.

Befehls- und Kommandogewalt mit der Beendigung des Verteidigungsfalles (Art. 115l Abs. 2 GG) wieder an den Bundesverteidigungsminister zurück.[224]

3. Gesetzgebungskompetenzen (Art. 115c GG)

86   Art. 115c Abs. 1 GG erweitert die **konkurrierende Gesetzgebung** des Bundes auf Sachmaterien, die zur Gesetzgebungszuständigkeit der Länder gehören. Die Gesetze müssen in sachlichem Zusammenhang mit der Bewältigung des Verteidigungsfalles stehen („für den Verteidigungsfall").[225] Die Verabschiedung von Gesetzen nach Art. 115c Abs. 1 GG ist schon vor einem Verteidigungsfall möglich, insoweit sie erst nach der Feststellung des Verteidigungsfalles Anwendung finden.[226]

87   **Grundrechtseinschränkungen** nach Abs. 2 müssen aufgrund des Verteidigungsfalls erforderlich sein.[227] Auch hier ist die Verabschiedung von Gesetzen schon vor einem Verteidigungsfall möglich, insoweit sie erst nach der Feststellung des Verteidigungsfalles Anwendung finden.[228] Die Entschädigungsregelung bei **Enteignungen** gilt nur vorläufig. Nach dem Verteidigungsfall besteht in jedem Fall Anspruch auf eine angemessene Entschädigung.[229] Die verlängerte Frist für richterliche Entscheidungen über **Freiheitsentziehungen** gilt nur, wenn innerhalb der normalen 48-Stunden-Frist im Einzelfall kein Richter entscheiden kann.[230]

88   Abs. 3 ermöglicht es, eine **bundeseinheitliche Verwaltungsstruktur** und ein zentralisiertes **Finanzwesen** zu schaffen. Im Ergebnis vereinigen sich die Bundes- und Landesverwaltungen in einem Weisungsstrang, der letztlich in der Richtlinienkompetenz des Bundeskanzlers kulminiert. Zusammen mit der Befehls- und Kommandogewalt (Art. 115b GG) übt der **Bundeskanzler** damit die Macht über fast **alle** wesentlichen exekutiven **Funktionen** aus.[231]

4. Gesetzgebungsverfahren (Art. 115d GG)

89   Art. 115d GG soll möglichst lange Bundestag und Bundesrat in ihrer Funktion halten, ohne dass der Gemeinsame Ausschuss nach Art. 115e GG tätig werden muss. Die „**Geschäftsordnung** für das Verfahren nach Artikel 115d des Grundgesetzes" regelt Einzelheiten des beschleunigten Gesetzgebungsverfahrens.[232] Art. 115d GG gilt seinem Wortlaut nach nicht für verfassungsändernde Gesetze nach Art. 79 GG. Im Sinne der Beschleunigung sieht Abs. 3 abweichend vom normalen Verkündungsverfahren im Bundesgesetzblatt eine **Notverkündung** vor.

5. Gemeinsamer Ausschuss (Art. 115e, 53a GG)

90   Art. 115e GG hat drei Voraussetzungen:
1. Der Verteidigungsfall ist wirksam beschlossen und verkündet;
2. dem rechtzeitigen Zusammentritt des Bundestages (nicht: des Bundesrates) stehen unüberwindliche Hindernisse entgegen oder er ist beschlussunfähig;
3. der Gemeinsame Ausschuss stellt das Vorliegen der vorgenannten Voraussetzungen mit einer Zweidrittelmehrheit der abgegebenen Stimmen fest. Vom Verfassungsgesetzgeber nicht ausgeschlossen ist die Möglichkeit, dass Abgeordnete den Bundestag durch Fernbleiben aus **taktischen Gründen** „beschlussunfähig" machen.[233]

---

[224] *Schmidt-Radefeldt* in BeckOK GG, 51. Ed. 15.5.2022, GG Art. 115b Rn. 6.
[225] *Robbers* in Sachs GG Art. 115c Rn. 4.
[226] *Schmidt-Radefeldt* in BeckOK GG, 51. Ed. 15.5.2022, GG Art. 115c Rn. 1.
[227] *Stern* StaatsR II 1350.
[228] *Versteyl/Fremuth* in v. Münch/Kunig GG Art. 115c Rn. 5.
[229] *Deiseroth* in Umbach/Clemens GG Art. 115c Rn. 18.
[230] *Schmidt-Radefeldt* in BeckOK GG, 51. Ed. 15.5.2022, GG Art. 115c Rn. 4.
[231] *Robbers* in Sachs GG Art. 115c Rn. 10; *Schmidt-Radefeldt* in BeckOK GG, 51. Ed. 15.5.2022, GG Art. 115c Rn. 6.
[232] 2.7.1969 (BGBl. 1969 I 1100), https://bit.ly/2obbere (Hervorhebung durch Autoren).
[233] *Versteyl/Fremuth* in v. Münch/Kunig GG Art. 115c Rn. 6.

G. Verteidigungsfall (äußerer Notstand) § 3

Der Gemeinsame Ausschuss übernimmt als **"Notparlament"** vorübergehend alle Funktionen von Bundestag und Bundesrat. Dies sind Gesetzgebung, parlamentarische Kontrolle der Exekutive, Kreationsfunktionen.[234] Abs. 2 verbietet aber die Änderung des Grundgesetzes und den Erlass von Gesetzen zur Übertragung von Hoheitsrechten auf die EU oder andere internationale Organisationen (Art. 23 Abs. 1, Art. 24 Abs. 1 GG) und die Änderung der föderalistischen Gebietsstruktur (Art. 29 GG).[235] 91

Der Bundestagspräsident übt als **Vorsitzender** des Gemeinsamen Ausschusses die Polizeigewalt in den Ausschussräumen aus (→ Rn. 62). Mitunter beschreibt die Literatur den Gemeinsamen Ausschuss als Übergang auf ein Einkammersystem.[236] Dies ist nicht ganz zutreffend: Auch außerhalb des Verteidigungsfalles besteht nach dem Grundgesetz nur ein Einkammersystem; der Bundesrat ist keine parlamentarische Kammer.[237] 92

Die **politischen Mehrheitsverhältnisse** im Gemeinsamen Ausschuss können anders ausfallen als im Bundestag. Die 16 Vertreter der Länder könnten sich den 32 Mitgliedern des Bundestages weniger nach Landesinteressen als nach politischen Gruppierungen anschließen. Die Bundesregierung, die im Bundestag über eine Mehrheit verfügt, kann im Gemeinsamen Ausschuss einer oppositionellen Mehrheit gegenüberstehen.[238] Dies kann zum Rücktritt des Bundeskanzlers führen. Die Auflösung des Bundestages (Art. 68 GG) ist keine Option (→ Rn. 91, 94). 93

Die parlamentarische Kontrolle über den Notstand **endet** für den Gemeinsamen Ausschuss, wenn der Bundestag wieder funktionsfähig ist. Ein „kumulatives Nebeneinanderagieren" beider Gremien ist ausgeschlossen. Der Bundestag ist funktionsfähig, sobald sein Zusammentritt[239] faktisch wieder möglich ist (Umkehrschluss aus Art. 115e Abs. 1 GG). Vom Gemeinsamen Ausschuss begonnene Gesetzgebungsverfahren übernimmt der Bundestag (wie auch der Gemeinsame Ausschuss vom Bundestag begonnene Verfahren übernimmt). Dies folgt aus der Einheitlichkeit der Aufgabe: Nach Art. 115e Abs. 1 GG „hat der Gemeinsame Ausschuss die Stellung von Bundestag und Bundesrat und nimmt deren Rechte einheitlich wahr". Ein Fall der **Diskontinuität** liegt hingegen **nicht** vor – die Wahlperiode dauert fort (Art. 115h GG).[240] 94

6. Rechte der Bundesregierung (Art. 115f GG)

Im Verteidigungsfall dient die Bundespolizei der **Abwehr** von **Gefahren** für die öffentliche Sicherheit und Ordnung (so auch § 7 BPolG). Das „gesamte Bundesgebiet" schließt die Räumlichkeiten des **Bundestages** nicht ein (→ Rn. 62). Kann der Bundestag nicht zusammentreten, verbleibt die Polizeigewalt gleichwohl beim Bundestagspräsidenten: Der Gemeinsame Ausschuss nimmt die „Rechte" des Bundestages „wahr" (Art. 115e Abs. 1 GG). Nach § 7 Abs. 1 GO-GemA ist der „Präsident des Bundestages […] Vorsitzender des Gemeinsamen Ausschusses." Daher liegt eine entsprechende Anwendung von Art. 40 Abs. 2 GG auf den Präsidenten des Bundestages als Vorsitzenden des Gemeinsamen Ausschusses nahe. § 106b StGB „Störung der Tätigkeit eines Gesetzgebungsorgans" erfasst insoweit auch den Gemeinsamen Ausschuss als Gesetzgebungsorgan nach Art. 115e GG. 95

Art. 115f Abs. 1 Nr. 2 GG erweitert die in Art. 86 GG geregelten **Weisungsbefugnisse** der Bundesregierung als Kollegialorgan für den Verteidigungsfall. In Ergänzung zu Art. 86 GG darf das Bundeskabinett nicht nur Verwaltungsvorschriften erlassen, sondern hat neben 96

---

[234] *Heun* in Dreier GG Art. 115e Rn. 8 f.; *Grote* in v. Mangoldt/Klein/Starck GG Art. 115e Rn. 2 ff.
[235] *Heun* in Dreier GG Art. 115e Rn. 10; *Maunz/Herzog/Scholz* in Maunz/Dürig GG, 93. EL 2020, Art. 115e Rn. 54; *Robbers* in Sachs GG Art. 115e Rn. 19.
[236] *Maunz/Herzog/Scholz* in Maunz/Dürig GG, 93. EL 2020, Art. 115e Rn. 7.
[237] *Korioth* in v. Mangoldt/Klein/Starck GG Art. 50 Rn. 24, unter Verweis auf BVerfGE 37, 363 (380) = NJW 1974, 1751.
[238] *Herzog/Klein* in Maunz/Dürig GG Art. 53a Rn. 39 konstatiert diese „Merkwürdigkeit".
[239] Zum Begriff und genauen Zeitpunkt: *Hölscheidt* in BK-GG GG Art. 39 Rn. 130 ff.
[240] Vgl. *Maunz/Herzog/Scholz* in Maunz/Dürig GG, 93. EL 2020, Art. 115e Rn. 59; ausführlich zum personellen, institutionellen und sachlichen Aspekt der „Diskontinuität": *Hölscheidt* in BK-GG GG Art. 39 Rn. 64 ff.

– und auch über – den Bundesministern gegenüber der **Bundesverwaltung** ein originäres Weisungsrecht. Adressat des Weisungsrechts können die unmittelbare sowie die mittelbare Bundesverwaltung sein.[241]

97 In grundlegender Abweichung von der bestehenden bundesstaatlichen Ordnung können auch eine **Landesregierung** als Kollegialorgan oder eine **Landesbehörde** Weisungsadressaten sein.[242] Zu letzteren zählen nicht nur die unmittelbaren Landesbehörden einschließlich der Minister als oberste Landesbehörden, sondern auch die Behörden der mittelbaren Landesverwaltung wie Kreis- und Gemeindebehörden, insbesondere Landespolizeibehörden. Voraussetzung hierbei ist, dass die Bundesregierung die Weisung als dringlich erachtet, was die Subsidiarität des Weisungsrechts betonen soll.[243]

98 Das Weisungsrecht der Bundesregierung kann auf Mitglieder der **Landesregierung übertragen** werden, bleibt dann aber nachrangig gegenüber der Weisungsbefugnis der Bundesregierung.[244]

99 Die **Unterrichtung** nach Abs. 2 eröffnet dem Parlament die Möglichkeit, von der Regierung die Beendigung bzw. Aufhebung der getroffenen Maßnahmen zu verlangen.[245] Eine fehlende Unterrichtung ist rechtswidrig, entzieht der Maßnahme aber nicht die Rechtsgrundlage.[246]

7. Bestandsschutz Bundesverfassungsgericht (Art. 115g GG)

100 Art. 115g GG garantiert Bestand und Funktion des BVerfG; es soll auch in Notzeiten Garant der Rechtsstaatlichkeit bleiben. Der Gemeinsame Ausschuss kann daher dem BVerfG die verfassungsrechtlich verankerten **Zuständigkeiten** nicht entziehen. Möglich wäre aber beispielsweise eine Verminderung der Richterzahl pro Senat, eine Zusammenfassung der einsatzfähigen Richter in einem Senat oder die Verlegung des Gerichtssitzes.[247]

8. Wahlperioden und Amtszeiten von Verfassungsorganen (Art. 115h GG)

101 Abs. 1 S. 1 GG ordnet an, dass die Legislaturperioden des **Bundestages** und der **Landtage** während des Verteidigungsfalles andauern und erst „sechs Monate nach Beendigung des Verteidigungsfalles" enden. Bei fortdauerndem Krieg können die Legislaturperioden theoretisch unbegrenzt andauern. Dies ist rechtspolitisch bedenklich.[248] Die Amtsdauer des **Bundespräsidenten** ist gegenüber der Legislaturperiode des Bundestages um drei Monate zusätzlich verlängert. Dies gewährleistet eine Differenz in der Amtsdauer, wie sie auch in Friedenszeiten besteht.[249] Der Gemeinsame Ausschuss wählt nötigenfalls einen neuen **Bundeskanzler.** Dieser hat die gleichen Rechte, als hätte ihn der Bundestag in Friedenszeiten gewählt. Die **Auflösung** des Bundestages während des Verteidigungsfalles ist sowohl nach Abs. 1 als auch nach Abs. 3 nicht möglich.

9. Rechte der Länder (Art. 115i GG)

102 Ist die Bundesregierung zB durch den militärischen Angriff handlungsunfähig, sieht Art. 115i GG eine Art „**regionaler Ersatzzuständigkeit**" der Länder für Maßnahmen

---

[241] *Heun* in Dreier GG Art. 115f Rn. 10.
[242] *Heun* in Dreier GG Art. 115f Rn. 11.
[243] *Heun* in Dreier GG Art. 115f Rn. 12.
[244] *Heun* in Dreier GG Art. 115f Rn. 14.
[245] *Grote* in v. Mangoldt/Klein/Starck GG Art. 115f Rn. 21.
[246] *Heun* in Dreier GG Art. 115f Rn. 16: „Sanktionen für die Verletzung der Informationspflichten sind nicht vorgesehen und bleiben dem politischen Prozess überlassen"; nicht angesprochen bei *Robbers* in Sachs GG Art. 115f Rn. 14; *Versteyl/Fremuth* in v. Münch/Kunig GG Art. 115f Rn. 12, 13; *Schmidt-Radefeldt* in BeckOK GG, 51. Ed. 15.5.2022, GG Art. 115f Rn. 11, 12.
[247] *Grote* in v. Mangoldt/Klein/Starck GG Art. 115g Rn. 7.
[248] BK-GG/*Hölscheidt* Art. 39 Rn. 42: „[D]ie politischen Kräfteverhältnisse [werden] für die gesamte Dauer des Verteidigungsfalls festgeschrieben".
[249] *Robbers* in Sachs GG Art. 115h Rn. 7.

G. Verteidigungsfall (äußerer Notstand) § 3

nach Art. 115f GG vor.²⁵⁰ Hierzu gehören der Einsatz der Bundespolizei und die Erteilung von Weisungen gegenüber den Bundesbehörden.

Nach der Systematik der Notstandsverfassung steht „außer jedem Zweifel", dass sich die Weisungsbefugnis **nicht** auf die **Streitkräfte** bezieht.²⁵¹ Diese gehören nicht zur Bundesverwaltung iSd Art. 115i GG. Faktisch dürften die Streitkräfte daher durch das verbliebene ranghöchste Mitglied geführt werden, nicht aber durch das möglicherweise letzte handlungsfähige Bundesland. Es besteht eine „empfindliche Lücke".²⁵² Sie ließe sich in der Praxis dadurch schließen, dass die Landesregierung den in ihrem Einflussbereich befindlichen ranghöchsten Offizier der Bundeswehr auch zum Beauftragten für die Ausübung ihrer Notstandsbefugnisse gem. Art. 115f Abs. 1 GG beruft.²⁵³ 103

Maßnahmen der Landesregierung nach Art. 115f GG sind nur in eigenem **Territorium** möglich. Liegen aber die Voraussetzungen für Maßnahmen nach Art. 115f GG in einem benachbarten Bundesland vor und ist die dortige Landesregierung handlungsunfähig, ist ein Landesgrenzen überschreitendes Handeln denkbar.²⁵⁴ 104

10. Einsatz der Bundeswehr im Innern (Art. 87a Abs. 3 GG)

Der Verteidigungsauftrag des Grundgesetzes umfasst nur den Schutz vor militärischen Angriffen, nicht aber vor zivilen Angriffen, zB Plünderern. Art. 87a Abs. 3 GG weitet daher den Auftrag der Streitkräfte auf den Schutz **ziviler Objekte** gegenüber Störungen von ziviler Seite aus.²⁵⁵ Gleiches gilt nach Art. 87a Abs. 3 GG für eine besondere Regelung des **Straßenverkehrs,** die für einen effektiven Einsatz der Streitkräfte regelmäßig erforderlich ist. Die Streitkräfte sind nach § 35 Abs. 1 StVO von den Vorschriften der StVO „befreit, soweit das zur Erfüllung hoheitlicher Aufgaben dringend geboten ist", nach § 35 Abs. 4 StVO vorbehaltlos „im Verteidigungsfall und im Spannungsfall".²⁵⁶ Diese „Zuständigkeitskonzentration bei den Streitkräften zur Sicherung der Logistik" beim Objektschutz und der Verkehrsregelung beugt auch der Gefahr vor, dass die Polizei bei der Gefahrenabwehr in militärische Kampfhandlungen verwickelt wird.²⁵⁷ 105

Die Streitkräfte können diese polizeilichen Befugnisse nur ausüben, „soweit dies zur Erfüllung des Verteidigungsauftrags erforderlich ist". Art. 87a Abs. 3 S. 1 GG wiederholt insoweit nur das Erforderlichkeitskriterium des allgemeinen **Verhältnismäßigkeitsgrundsatzes,** der auch bei der Vollziehung militärischer Gewalt gilt.²⁵⁸ Es ist nicht notwendig, dass der Bundestag diesem polizeilichen Einsatz der Streitkräfte gesondert zustimmt.²⁵⁹ 106

Der **Bundestag** ist ein „ziviles Objekt" iSd Art. 87a Abs. 3 GG. Der Verteidigungsauftrag der Streitkräfte ist dabei in Ausgleich zu bringen mit dem Grundsatz der Gewaltenteilung und der eigenen Polizeigewalt des Bundestagspräsidenten (Art. 40 Abs. 2 S. 1 GG). Wie auch bei Art. 91 Abs. 2 GG (→ Rn. 62) führt Art. 87a Abs. 3 GG nicht dazu, dass die Streitkräfte die Polizeigewalt in den Räumlichkeiten des Bundestages übernehmen. Die Bundestagspolizei sorgt im Wesentlichen innerhalb der Räume des Bundestages für Sicherheit und Ordnung, der Schutz des Bundestages gegen (zivile oder militärische) Angriffe von außen fällt im Verteidigungs- und Spannungsfall den Streitkräften zu. Davon unberührt ist eine Amtshilfe der Streitkräfte nach Anforderung durch den Bundestagspräsidenten (Art. 35 Abs. 1 GG). 107

---

²⁵⁰ *Schmidt-Radefeldt* in BeckOK GG, 51. Ed. 15.5.2022, GG Art. 115i Rn. 1.
²⁵¹ *Herzog* in Maunz/Dürig GG Art. 115i Rn. 29.
²⁵² *Herzog* in Maunz/Dürig GG Art. 115i Rn. 29.
²⁵³ *Herzog* in Maunz/Dürig GG Art. 115i Rn. 29.
²⁵⁴ *Robbers* in Sachs GG Art. 115i Rn. 4.
²⁵⁵ *Epping* in BeckOK GG, 51. Ed. 15.5.2022, GG Art. 87a Rn. 40.
²⁵⁶ Zu den Sonderrechten der Hoheitsträger s. *Heß* in Burmann/Heß/Hühnermann/Jahnke, Straßenverkehrsrecht, 25. Aufl. 2018, StVO § 35 Rn. 2–8.
²⁵⁷ *Depenheuer* in Maunz/Dürig GG Art. 87a Rn. 172 mwN.
²⁵⁸ Vgl. *Epping* in BeckOK GG, 51. Ed. 15.5.2022, GG Art. 87a Rn. 43.
²⁵⁹ BVerfGE 126, 55 (71) = NVwZ 2010, 1091 Rn. 54; *Wolff* in HK-GG GG Art. 87a Rn. 11.

IV. Konkurrenzen

108 Auch wenn die Semantik von Art. 115a GG dies suggeriert – Verteidigungsfall und **Verteidigung** (Art. 87a Abs. 2 GG) sind **nicht identisch**.[260] Die Voraussetzungen des Verteidigungsfalls sind enger als die der Verteidigung.[261] Die Bundesregierung kann daher die Bundeswehr zur Verteidigung einsetzen, ohne dass der Bundestag zuvor einen Verteidigungsfall festgestellt hat. Gleichwohl gilt grundsätzlich der Parlamentsvorbehalt für Bundeswehreinsätze im Ausland (→ § 53 Rn. 58 f.). Der Verteidigungsfall ist daher zur Verteidigung eine rein staatsorganisatorische Zusatzoption – beide stehen in Idealkonkurrenz.

109 Der innere und äußere Notstand schließen sich gegenseitig aus: Beim **inneren Notstand** handeln nichtstaatliche Angreifer in einer überwiegend innenpolitischen Auseinandersetzung (→ Rn. 32, 35), beim äußeren Notstand überwiegt der Angriff von außen (zur Abgrenzung → Rn. 68).[262] Zwar sind auch innerhalb des Bundesstaates bürgerkriegsähnliche Konflikte denkbar, „der Verteidigungsfall setzt aber stets einen von außen geführten Angriff auf das Bundesgebiet voraus."[263] Denkbar ist aber, dass auf Grundlage zweier Sachverhalte gleichzeitig innerer und äußerer Notstand herrschen (zB ein Bürgerkrieg, den ein anderer Staat für einen Angriff nutzt).

110 Das **Widerstandsrecht** (Art. 20 Abs. 4 GG) kommt erst zur Anwendung, wenn der Verteidigungsfall zu einer Aufhebung der verfassungsmäßigen Ordnung führt – sei es durch eine inländische oder eine ausländische Macht. Zum **Bundeszwang** ist der Verteidigungsfall grundsätzlich speziell. Gleichwohl kann Art. 37 GG zur Anwendung kommen, wenn ein Land zB den Weisungen nach Art. 115f Abs. 1 Nr. 2 GG nicht nachkommt (→ Rn. 134).

111 Außerhalb von Art. 87a Abs. 3 S. 2 GG ist ein Einsatz der Streitkräfte zur Unterstützung polizeilicher Maßnahmen als **Amtshilfe** nach **Art. 35 Abs. 1 GG** zulässig (→ Rn. 15).

H. Einschränkung von Grundrechten

112 Die **Freizügigkeit** ist im Katastrophenfall oder bei innerem Notstand eingeschränkt (Art. 11 Abs. 2 GG). Damit können die Sicherheitsbehörden das Betreten des betroffenen Gebiets generell verbieten (Bestimmung eines Sperrgebietes, Zwangsevakuierungen).[264] Für den Verteidigungsfall gilt dies erst recht (vgl. Art. 17a Abs. 2 GG). **Arbeitskämpfe** wiederum genießen eine Privilegierung nach Art. 9 Abs. 3 S. 2 GG: Maßnahmen im Katastrophenfall oder bei innerem Notstand dürfen sich nicht gegen Arbeitskämpfe richten, wohl aber gegen deren Folgen.[265] Für den Verteidigungs- und Spannungsfall sehen die Abs. 3–6 des Art. 12a GG zivile Dienstpflichten vor, die die **Berufsfreiheit** einschränken.[266] Im Übrigen sieht Art. 115c Abs. 2 GG die Möglichkeit vorläufiger Entschädigungen bei **Enteignungen** und einer verlängerten Frist für richterliche Entscheidungen über **Freiheitsentziehungen** vor (→ Rn. 85).

113 Die **EMRK** erlaubt es in Art. 15, von bestimmten Konventionsrechten in ganz besonderen Ausnahmezuständen abzuweichen, „soweit es die Lage unbedingt erfordert". Als „notstandsfestes Minimum" ausgenommen sind Abweichungen von Art. 3 EMRK (Verbot der Folter), Art. 4 Abs. 11 EMRK (Verbot der Sklaverei und Leibeigenschaft) und Art. 7 EMRK (keine Strafe ohne Gesetz). Von Art. 2 EMRK (Recht auf Leben) dürfen Konventionsstaaten seit Prot. 13 nicht mehr abweichen.[267] Die Todesstrafe ist daher auch im

---

[260] *Heun* in Dreier GG Art. 87a Rn. 17 mwN zum Streitstand.
[261] S. nur: *Pieroth* in Jarass/Pieroth GG Art. 87a Rn. 10: „Verteidigungsfall […] Unterfall eines weiteren Verteidigungsbegriffs".
[262] Vgl. *Epping* in Maunz/Dürig GG Art. 115a Rn. 52.
[263] *Klein* in Maunz/Dürig GG Art. 37 Rn. 40.
[264] *Klein* in Isensee/Kirchhof StaatsR-HdB XII § 280 Rn. 71.
[265] *Klein* in Isensee/Kirchhof StaatsR-HdB XII § 280 Rn. 74.
[266] *Kokott* in Sachs GG Art. 12a Rn. 31–34; *Stern* StaatsR IV/1 § 105 II 4.
[267] Fast alle Konventionsstaaten haben das Protokoll unterzeichnet und ratifiziert, vgl. 3.5.2002, ETS 187; Armenien: Unterzeichnung; Aserbaidschan und Russland: keine Unterzeichnung (Stand Mai 2021).

Notstandsfall unzulässig. Mehrere Staaten haben bereits von Art. 15 EMRK Gebrauch gemacht,[268] **nicht** jedoch **Deutschland**.[269]

Die Europäische **Grundrechtecharta** enthält keine Notstandsklausel. Nach Art. 52 Abs. 3 S. 1 GRCh haben die Grundrechte der Charta aber „die gleiche Bedeutung und Tragweite, wie sie ihnen in der […] [EMRK] verliehen wird." Die Erläuterungen[270] hierzu stellen klar, dass hierzu auch Art. 15 EMRK (Notstand) gehört.[271] Damit sind alle wesentlichen Grundrechte erfasst, wie Recht auf Leben oder Verfahrensgarantien. 114

I. Ungeschriebene Notstandsbefugnisse?

Umstritten ist, ob im Notstandsfall auch ungeschriebene Notstandsbefugnisse gelten können.[272] Szenarien sind schnell bei der Hand: Der Gemeinsame Ausschuss kann nicht zusammentreten, alle Mitglieder der Bundesregierung sind tot, oder das Bundesverfassungsgericht ist von jeder Kommunikation abgeschnitten. Der verfassungsändernde Gesetzgeber ging davon aus, dass die bereitgestellten Bewältigungsmechanismen ausreichend sind.[273] Es gilt das Prinzip „der geschlossenen und fixierten Verfassung, die keine hoheitlichen Handlungsbefugnisse staatlicher Organe außer sich kennt".[274] Wohl nicht ohne Grund hat das BVerfG bei Art. 87a Abs. 4 GG das Gebot **„strikter Texttreue"** angeführt, um die Möglichkeiten eines Einsatzes der Streitkräfte im Innern zu begrenzen.[275] Abhilfe kann daher nur eine **Verfassungsänderung** leisten (Art. 79 GG).[276] Der Streit ist aber letztlich theoretisch: Im Nachhinein wird vor allem die strafrechtliche Perspektive zählen. Jede vertretbare Maßnahme im Ausnahmefall – auch außerhalb staatsorganisationsrechtlich definierter Strukturen – dürfte im Nachhinein die Rechtfertigung des strafrechtlichen Notstands (§ 34 StGB) für sich in Anspruch nehmen können, wenn nicht sogar das Widerstandsrecht nach Art. 20 Abs. 4 GG. 115

J. Staatsnotstand in den Landesverfassungen

Auch die Landesverfassungen enthalten Regelungen zum Staatsnotstand. Folgende Regelungstypen lassen sich unterscheiden:[277] 116

- Verpflichtung jedermanns zur **gegenseitigen Hilfe** im Notstand (nicht nur des Staates): **Bayern** (Art. 122 BV), **Brandenburg** (Art. 46 BbgVerf), **Bremen** (Art. 10 BremVerf), **Rheinland-Pfalz** (Art. 22 RhPfVerf), **Saarland** (Art. 19 SLVerf);[278]

---

[268] Zu einer Übersicht der vor dem EGMR strittigen Fälle: EGMR, Guide on Article 15 of the European Convention on Human Rights – Derogation in time of emergency, Version 20.8.2020, 13–14, https://bit.ly/2mi7h3a; siehe auch *Nestler* KritV 2018, 24.
[269] *Johann* in Karpenstein/Mayer EMRK Art. 15 Rn. 2.
[270] ABl. 2007 C 303, 33: „Die Charta berührt nicht die den Mitgliedstaaten offen stehende Möglichkeit, von Artikel 15 EMRK Gebrauch zu machen […]".
[271] *Schwerdtfeger* in Meyer/Hölscheidt, Charta der Grundrechte der Europäischen Union, 5. Aufl. 2019, GRCh Art. 52 Rn. 59.
[272] Nachweise bei *Klein* in Isensee/Kirchhof StaatsR-HdB XII § 280 Rn. 82 f.
[273] BT-Drs. V/2873, 9.
[274] *Böckenförde* FS Hirsch, 1981, 259 (261).
[275] BVerfGE 90, 286 (357) = NJW 1994, 2207; BVerfGE 115, 118 (142) = NJW 2006, 751; BVerfGE 132, 1 (9, 16 f., 23) = NVwZ 2012, 1239 – Hervorhebung durch Autoren.
[276] So BVerfGE 126, 55 (73) = NVwZ 2010, 1091.
[277] Siehe auch den Überblick von *Schmidt* DVBl 2021, 231.
[278] S. für **Bayern**: *Wolff* in Lindner/Möstl/Wolff Verfassung des Freistaates Bayern, 2. Aufl. 2017, BV Art. 122 Rn. 1 („Programmsatz"), Rn. 2 („keine Grundrechtsschranke"); *Schmidt am Busch* in Meder/Brechmann, Die Verfassung des Freistaates Bayern, 5. Aufl. 2014, BV Art. 122 Rn. 5 („Die praktische Bedeutung dieser Norm ist gering"); s. für **Brandenburg**: *Lieber* in Lieber/Iwers/Ernst, Verfassung des Landes Brandenburg, 2012, BbgVerf Art. 46 („keine unmittelbare Wirkung"); **Bremen**: *Blackstein* in Fischer-Lescano/Rinken/Buse/Stauch/Weber, Verfassung der Freien Hansestadt Bremen, 2016, BremVerf Art. 10 Rn. 1 (lediglich „sittliche Pflicht"); **Rheinland-Pfalz**: *Grimm* in Grimm/Caesar, Verfassung für Rheinland-Pfalz, 2. Aufl. 2014, RhPfVerf Art. 22 Rn. 5 („jedermann" ist „nicht nur der Staatsbürger"); **Saarland**: *Elicker* in Wendt/Rixecker, Verfassung des Saarlandes, 2009, SLVerf Art. 19 Rn. 4 (Nothilfe „ist allgemeine Menschenpflicht").

- Ausschuss des Landtags als **„Notparlament"**: **Baden-Württemberg** (Art. 62 Abs. 1 BWLV), **Sachsen** (Art. 113 Abs. 1 SächsVerf); in anderen Ländern nehmen bestehende Gremien wie Hauptausschuss oder Ältestenrat im Notstandsfall bestimmte Rechte des Parlamentes war (**Hessen:** Art. 110 HV; **Niedersachsen:** Art. 44 NDSVerf; **Nordrhein-Westfalen:** Art. 60 NRW Verf; **Rheinland-Pfalz:** Art. 111 und 112 RhPfVerf); **Schleswig-Holstein:** Art. 22a SHVerf;[279]
- **Beschlussfähigkeit** des Plenums mit vermindertem Quorum: **Berlin** (Art. 43 Abs. 3–7 BLNVerf, befristet auf 18. Wahlperiode);[280]
- Aussetzen von **Wahlen** und Abstimmungen: **Baden-Württemberg** (Art. 62 Abs. 2 BWLV), **Sachsen** (Art. 113 Abs. 2 SächsVerf);[281]
- Einschränkung von **Grundrechten,** insbesondere der Freizügigkeit: **Berlin** (Art. 17 BLNVerf), **Sachsen-Anhalt** (Art. 15 VerfLSA), **Thüringen** (Art. 5 Abs. 2 ThürVerf);[282]
- **Kreditermächtigung** bei Naturkatastrophen und außergewöhnlichen Notsituationen: **Bremen** (Art. 131a Abs. 3 BremVerf), **Mecklenburg-Vorpommern** (Art. 65 Abs. 2 MVVerf),[283] **Rheinland-Pfalz** (Art. 117 Abs. 1 Nr. 2a RhPfVerf), **Sachsen** (Art. 95 Abs. 5 SächsVerf), **Schleswig-Holstein** (Art. 61 Abs. 3 SHVerf);[284]
- **Notverordnungen** mit Gesetzescharakter: **Hessen** (Art. 110 HV), **Niedersachsen** (Art. 44 NDSVerf), **Nordrhein-Westfalen** (Art. 60 NRW Verf), **Rheinland-Pfalz** (Art. 111, 112 RhPfVerf).[285]

Hamburg ist das einzige Bundesland ohne Regelungen, die sich unmittelbar mit dem Notstand befassen. Hinzuweisen ist noch auf die in Bremen (Art. 153 BremVerf)[286] und Hessen (Art. 157 HV)[287] außer Kraft getretenen Verfassungsnormen.

---

[279] Beispielhaft für **Baden-Württemberg:** *Braun,* Kommentar zur Verfassung des Landes Baden-Württemberg, 1986, BWLV Art. 62 Rn. 16 („Ersatzparlament", aber kein Landtagsausschuss); aktuell in Bezug auf die Corona-Pandemie *Lenz/Schulte* VBlBW 2020, 309; **Niedersachsen:** *Ipsen,* Niedersächsische Verfassung, 2011, NDSVerf Art. 44 Rn. 8 (Notverordnungen verhindern ein „Rechtsvakuum"), Rn. 14 („Der Ältestenrat fungiert als Notparlament" über einen Zustimmungsvorbehalt); für **Nordrhein-Westfalen:** *Grawert,* Verfassung für das Land Nordrhein-Westfalen, 2020, NRW Verf Art. 60 Nr. 1 („überantwortet der Landesregierung die legislative Gestaltung und bindet sie an eine hinkende parlamentarische Mitwirkung"); **Schleswig-Holstein:** Gesetz v. 20.4.2021, GVBl. 2021 Nr. 8 438 (Entwurf: LT-Drs. 19/2777), hierzu *Becker* NVwZ 2021, 617; siehe auch die Nachweise bei → Rn. 149.
[280] Art. 43 Abs. 3–7 angef. durch Gesetz v. 17.12.2020 (GVBl. 1478); Entwurf: Abgh-Drs. 18/3179.
[281] Hierzu für **Sachsen:** *Kunzmann* in Baumann-Hasske/Kunzmann, Die Verfassung des Freistaates Sachsen, 3. Aufl. 2011, SächsVerf Art. 113 Rn. 13 ff.
[282] Beispielhaft für **Berlin:** *Stöhr* in Neumann/Pfennig, Verfassung von Berlin, 2000, BLNVerf Art. 17 Rn. 8 („Einschränkung nur durch kollidierendes Verfassungsrecht"); für **Thüringen:** *von Ammon* in Linck/Baldus/Lindner/Poppenhäger/Ruffert, Die Verfassung des Freistaats Thüringen, 2014, LVerfTH Art. 5 Rn. 18 (entspricht Art. 11 Abs. 2 GG).
[283] Gilt seit dem 1.1.2020. Die Vorschrift betrifft nicht nur den Staatsnotstand, sondern wohl auch ökonomische Krisen; zur Abgrenzung: *Schwerdtfeger,* Krisengesetzgebung, 2018, 6 ff.
[284] Beispielhaft für **Bremen:** *Wieland* in Fischer-Lescano/Rinken/Buse/Stauch/Weber, Verfassung der Freien Hansestadt Bremen, 2016, BremVerf Art. 10 Rn. 22–24; für **Mecklenburg-Vorpommern:** *Mediger* in Classen/Litten/Wallerath, Verfassung des Landes Mecklenburg-Vorpommern, 2. Aufl. 2015, MVVerf Art. 65 Rn. 24 f. (aufgrund der Naturkatastrophe muss „ausnahmsweise eine Kreditaufnahme unumgänglich" sein).
[285] Beispielhaft für **Hessen:** *Hinkel,* Verfassung des Landes Hessen, 1999, HV, Art. 110 Nr. 1 (Notverordnungen „mit Gesetzeskraft"); **Niedersachsen:** *Ipsen,* Niedersächsische Verfassung, 2011, NDSVerf Art. 44 Rn. 10 („der Landesregierung [fällt] *ipso iure* ein Notverordnungsrecht zu"); **Nordrhein-Westfalen:** *Heusch* in Heusch/Schönenbroicher, 2. Aufl. 2019, NRW Verf Art. 60 Rn. 2 („wesentliche Durchbrechung des Gewaltenteilungsgrundsatzes"); die Verfassung des Landes Rheinland-Pfalz unterscheidet zwischen einem „nichtpolitischen Notstand" (Art. 111 – Naturkatastrophen) und einem „politischen Notstand" (Art. 112 – verfassungsmäßiger Bestand des Landes).
[286] Außerkrafttreten mit dem 31.12.1949.
[287] Außerkrafttreten mit dem 31.12.1950.

K. Staatsnotstand und Europäische Union

Die europäischen Verträge sehen ähnlich dem deutschen Grundgesetz drei Grundfälle des 117
Staatsnotstands vor: die Abweichung von den Verträgen im **Katastrophenfall** (Art. 347,
348 AEUV); die Unterstützungspflicht bei **innerem Notstand** (Art. 222 AEUV); und die
Beistandspflicht bei **militärischem Angriff** (Art. 42 Abs. 7 EUV). Eine eigene Kompetenz hat die EU für den Fall des Notstands nicht. Es können aber im Einzelfall Kompetenzen der EU berührt sein, zB beim Katastrophenschutz.[288]

Art. 347 AEUV berechtigt den Mitgliedstaat, im **Katastrophenfall** einseitige, von den 118
Vertragsbestimmungen abweichende Maßnahmen zu ergreifen.[289] Art. 347 AEUV dient
damit dem Ausgleich der Sicherheitsinteressen des betroffenen Mitgliedstaats mit dem
Unionsinteresse und mit den Interessen der anderen Mitgliedstaaten.[290] Die in Art. 347
AEUV angesprochene schwerwiegende innerstaatliche Störung der öffentlichen Ordnung
kommt in Betracht bei Bürgerkriegen, Revolutionen, „flächenbrandartig sich ausbreitendem Terrorismus" oder großtechnischen Unfällen.[291] Art. 347 AEUV setzt die Kompetenz
der Mitgliedstaaten voraus und schafft keine Kompetenzen für die EU. Eher begrenzt sie
die Möglichkeit der Union, eigene Maßnahmen zu treffen.[292] Davon abgesehen ermächtigt
Art. 347 AEUV nur zu vorübergehenden Maßnahmen.[293]

Art. 222 AEUV ist eine Solidaritätsklausel für den Fall des **inneren Notstands**: „Bei 119
einer Katastrophe oder einem Terroranschlag kann der betroffene Mitgliedstaat die Solidaritätsklausel geltend machen, wenn er nach Ausschöpfung der auf nationaler und Unionsebene vorhandenen Mittel und Instrumente der Auffassung ist, dass die Krise die ihm zur
Verfügung stehenden Bewältigungskapazitäten eindeutig übersteigt."[294] Mitgliedstaaten
können sich untereinander unmittelbar auf Art. 222 AEUV berufen.[295] Art. 222 AEUV
verpflichtet Deutschland nicht zur Duldung militärischer Inlandseinsätze anderer EU-Mitgliedstaaten aufgrund vorrangigen Unionsrechts.[296] Art. 87a Abs. 4 GG gilt auch, wenn die
Bundesregierung einen Einsatz ausländischer Streitkräfte in Deutschland nach Art. 222
AEUV angefordert hat.[297]

Art. 42 Abs. 7 EUV enthält für den **Verteidigungsfall** eine Beistandsverpflichtung, 120
ähnlich **Art. 5 des NATO-Vertrags.** Sie wurde bisher erst einmal eingefordert: Anlass
waren die Terroranschläge in Frankreich am 13.11.2015.[298] Das Parlamentsbeteiligungsgesetz findet auch auf Auslandseinsätze bewaffneter deutscher Streitkräfte nach Art. 42
Abs. 7 EUV Anwendung.[299]

Im Übrigen ist auf **bilaterale Zusammenarbeiten** hinzuweisen. Beispielsweise hat 121
Deutschland in Umsetzung des „Übereinkommens über Hilfeleistung bei nuklearen Unfällen oder radiologischen Unfällen"[300] bilaterale Vereinbarungen zur gegenseitigen Hilfeleistung in Katastrophenfällen und bei schweren Unfällen abgeschlossen.[301]

---

[288] S. den Beschl. Nr. 1313/2013/EU des Europäischen Parlaments und des Rates vom 17. Dezember 2013 über ein Katastrophenschutzverfahren der Union (ABl. 2013 L 347, 924).
[289] *Jaeckel* in Grabitz/Hilf/Nettesheim AEUV Art. 347 Rn. 24.
[290] *Dittert* in von der Groeben/Schwarze/Hatje AEUV Art. 347 Rn. 1.
[291] *Kokott* Streinz AEUV Art. 347 Rn. 11.
[292] *Jaeckel* in Grabitz/Hilf/Nettesheim AEUV Art. 347 Rn. 6.
[293] *Kokott* in Streinz AEUV Art. 347 Rn. 5: „keine permanenten Maßnahmen".
[294] Art. 4 Abs. 1, Beschl. des Rates vom 24. Juni 2014 über die Vorkehrungen für die Anwendung der Solidaritätsklausel durch die Union (2014/415/EU), https://bit.ly/2moQ4ot.
[295] *Dederer* in Maunz/Dürig GG Art. 35 Rn. 104: Vorschrift ist „self-executing".
[296] *Thym* in Grabitz/Hilf/Nettesheim AEUV Art. 222 Rn. 13.
[297] So die Auffassung der Bundesregierung in BT-Drs. 16/8726, 6.
[298] S. EP, EU-Bündnisfall: Rechtliche Grundlagen und praktische Auswirkungen, 20.1.2016, https://bit.ly/2EZPbLe.
[299] So die Auffassung der Bundesregierung in BT-Drs. 16/8726, 6 in Bezug auf Art. 222 AEUV.
[300] BGBl. 1989 II 434 (441).
[301] Sicherheit in der Kerntechnik, Ein Informationsportal von Bund und Ländern, Internationale Übereinkommen, https://bit.ly/2lji4d3.

L. Rechtsschutz

I. Bundesverfassungsgericht

1. Katastrophenfall und innerer Notstand

122 Die Tatbestände der Art. 35 und 91 GG unterliegen der uneingeschränkten **gerichtlichen Kontrolle**.[302] Das um Hilfe ersuchende Land hat allerdings einen Beurteilungsspielraum, ob ein Fall von „besonderer Bedeutung" vorliegt (Art. 35 Abs. 2 S. 1 GG). Gleichwohl sind auch die Auslegung und Anwendung dieses unbestimmten Rechtsbegriffs gerichtlich kontrollierbar.[303] Bei Art. 35 und 91 GG sind die gleichen Akteure in ähnlichen Rechtsfolgen beteiligt. Daher sind auch die Rechtsschutzmöglichkeiten gleich.

123 **Organstreitverfahren** (Art. 93 Abs. 1 Nr. 1 GG): Bei der sog. „Bundesintervention" (Art. 35 Abs. 3 GG bzw. Art. 91 Abs. 2 GG) wäre ein Organstreit statthaft, wenn der Bundesrat von der Bundesregierung die Aufhebung bestimmter Maßnahmen verlangt, die Bundesregierung diesem Verlangen jedoch nicht nachkommt.

124 Der **Bund-Länder-Streit** (Art. 93 Abs. 1 Nr. 3 GG) kommt bei vertikalen bundesstaatlichen Streitigkeiten über die Rechte und Pflichten des Bundes und der Länder in Betracht.[304] Die Landesregierung des ersuchenden Landes ist antragsberechtigt, wenn der Bund die nach Art. 35 Abs. 2 GG oder Art. 91 Abs. 1 GG erbetene Unterstützung verweigert.[305] Die Bundesregierung ist antragsberechtigt, wenn sie von ihrem Weisungsrecht nach Art. 35 Abs. 3 GG oder Art. 91 Abs. 2 GG Gebrauch gemacht hat und das Land diesen Weisungen nicht Folge leistet.[306]

125 **Andere föderative Streitigkeiten** (Art. 93 Abs. 1 Nr. 4 GG): Diese Verfahrensart greift bei anderen Meinungsverschiedenheiten zwischen Bund und Ländern, die Art. 93 Abs. 1 Nr. 3 GG nicht erfasst sowie bei Streitigkeiten auf horizontaler Ebene zwischen den Ländern. Ein Beispiel wäre die rechtswidrige Verweigerung der Hilfe durch ein anderes Land.[307]

126 In **Eilfällen** kann eine einstweilige Anordnung des BVerfG nach § 32 BVerfGG ergehen.[308] Dem Einzelnen steht im Übrigen kein Rechtsanspruch zu, da Art. 35 Abs. 2 GG und Art. 91 GG keine individuelle Begünstigung bezwecken.[309]

2. Verteidigungsfall

127 **Organstreitverfahren** (Art. 93 Abs. 1 Nr. 1 GG):[310] Antragsberechtigt kann zB der Bundesrat sein, wenn der Bundestag den Verteidigungsfall beschließt, ohne seine Zustimmung (Art. 115a Abs. 1 S. 1 GG) einzuholen.[311] Nimmt der Gemeinsame Ausschuss seine Zuständigkeit für die Feststellung des Verteidigungsfalls an (Art. 115a Abs. 2 GG), obwohl Bundestag und Bundesrat beschlussfähig sind (Art. 115a Abs. 1 GG), kommen Bundestag

---

[302] *Dederer* in Maunz/Dürig GG Art. 35 Rn. 123, 135; aA: *v. Danwitz* in v. Mangoldt/Klein/Starck GG Art. 35 Rn. 80; *Epping* in Epping/Hillgruber GG Art. 35 Rn. 28; zu Art. 91 GG vgl. *Klein* in Isensee/Kirchhof StaatsR-HdB XII § 280 Rn. 79.
[303] *Dederer* in Maunz/Dürig GG Art. 35 Rn. 123.
[304] Vgl. *Walter* in Maunz/Dürig GG Art. 93 Rn. 273.
[305] *Erbguth/Schubert* in Sachs GG Art. 35 Rn. 44; zutreffend bzgl. des Bundes als Antragsgegner *Epping* in BeckOK GG, 51. Ed. 15.5.2022, GG Art. 35 Rn. 30; *Windthorst* in Sachs GG Art. 91 Rn. 23; *Volkmann* in v. Mangoldt/Klein/Starck GG Art. 91 Rn. 31.
[306] *Windthorst* in Sachs GG Art. 91 Rn. 47; *Epping* in BeckOK GG, 51. Ed. 15.5.2022, GG Art. 91 Rn. 17.
[307] Vgl. *Gubelt/Goldhammer* in v. Münch/Kunig GG Art. 35 Rn. 79; *Bauer* in DreierGG Art. 35 Rn. 37; *Windthorst* in Sachs GG Art. 91 Rn. 23; *Volkmann* in v. Mangoldt/Klein/Starck GG Art. 91 Rn. 31; Maunz/Dürig/*Walter* GG Art. 93 Rn. 273.
[308] *Gubelt/Goldhammer* in v. Münch/Kunig GG Art. 35 Rn. 79; *Bauer* in DreierGG Art. 35 Rn. 37; *Epping* in BeckOK GG, 51. Ed. 15.5.2022, GG Art. 91 Rn. 14.
[309] *Epping* in BeckOK GG, 51. Ed. 15.5.2022, GG Art. 35 Rn. 27, Art. 91 Rn. 10; *Windthorst* in Sachs GG Art. 91 Rn. 22.
[310] *Heun* in Dreier GG Art. 115a Rn. 21.
[311] *Grote* in v. Mangoldt/Klein/Starck GG Art. 115a Rn. 40.

und Bundesrat als Antragsteller in Betracht.³¹² Ähnlich liegt es beim besonders veränderten Gesetzgebungsverfahren (Art. 115e Abs. 1 GG). Hält sich der Gemeinsame Ausschuss irrigerweise für zuständig, sind der Bundestag und der Bundesrat als Gesetzgebungsorgane antragsbefugt.

Im Wege der **abstrakten Normenkontrolle** (Art. 93 Abs. 1 Nr. 2 GG) oder der **konkreten Normenkontrolle** (Art. 100 Abs. 1 GG) kann festgestellt werden, ob ein Gesetz formell oder materiell verfassungswidrig ist. Die Feststellung des Verteidigungsfalls ist trotz der Verkündung im Bundesgesetzblatt kein förmliches Gesetz, sondern ein Parlamentsbeschluss (→ Rn. 78). Gleichwohl hat er die Funktion eines Gesetzes und kann daher Gegenstand einer Überprüfung durch das BVerfG sein.³¹³ Eine formelle Verfassungswidrigkeit kommt in Betracht, wenn der Verteidigungsfall tatsächlich nicht bestanden hat und das gesetzgebende Organ nicht zuständig war, oder wenn erforderliche Verfahrens- und Formvorschriften nicht eingehalten wurden. Eine materielle Verfassungswidrigkeit ist denkbar, wenn aufgrund eines vermeintlich vorliegenden Verteidigungsfalls nach Maßgabe der Art. 115c Abs. 2 GG und Art. 12a GG Grundrechte über das normalerweise Zulässige hinaus beschränkt werden. 128

Bund-Länder-Streit (Art. 93 Abs. 1 Nr. 3 GG): Im Verteidigungsfall fällt dem Bund die konkurrierende Gesetzgebungskompetenz in Sachbereichen zu, die an sich Ländersache sind (vgl. Art. 115c Abs. 1 S. 1 GG). Die Feststellung des Verteidigungsfalls und die damit einhergehende Kompetenzverschiebung hin zum Bund können die Länder daher in ihren Rechten verletzen.³¹⁴ Auch die Frage, ob die Wahrnehmung der Weisungsbefugnis des Bundes gegenüber den Ländern (Art. 115f Abs. 1 Nr. 2 GG) im Verteidigungsfall erforderlich ist, können die Länder im Wege des Bund-Länder-Streits prüfen lassen.³¹⁵ 129

Der Bürger wird durch das Feststellen des Verteidigungsfalls noch nicht unmittelbar in seinen Grundrechten beeinträchtigt. Er kann jedoch **Verfassungsbeschwerde** (Art. 93 Abs. 1 Nr. 4a GG)³¹⁶ gegen Gesetze und Maßnahmen erheben, die nach Art. 115c Abs. 2 oder Art. 12a Abs. 3–6 GG erlassen worden sind. Auch hier wäre das Bestehen des Verteidigungsfalls eine Schlüsselfrage.³¹⁷ 130

II. Landesverfassungsgerichte

In **allen Bundesländern** finden sich Verfassungs- oder Staatsgerichtshöfe mit unterschiedlichen Zuständigkeiten und Verfahrensarten.³¹⁸ Alle Länder sehen das Organstreitverfahren über Rechte und Pflichten der Landesorgane aus der Landesverfassung vor sowie die Normenkontrolle über die Vereinbarkeit von Landesrecht mit der Landesverfassung.³¹⁹ Die Verfassungsbeschwerde findet sich in zehn Ländern. Manche Verfahrensarten wie die Popularklage, Ministeranklage oder präventive Normenkontrolle gehen über die Verfahrensarten des BVerfG hinaus.³²⁰ In Bezug auf einen Staatsnotstand wäre daher neben Organstreitverfahren und Verfassungsbeschwerde zB eine Ministeranklage denkbar „wegen vorsätzlicher oder grob fahrlässiger Verletzung der Verfassung oder eines anderen Gesetzes".³²¹ 131

---

³¹² Vgl. dazu auch *Epping* in Maunz/Dürig GG Art. 115a Rn. 126.
³¹³ So *Epping* in Maunz/Dürig GG Art. 115a Rn. 126.
³¹⁴ *Grote* in v. Mangoldt/Klein/Starck GG Art. 115a Rn. 40; *Epping* in Maunz/Dürig GG Art. 115a Rn 126.
³¹⁵ *Heun* in Dreier GG Art. 115f Rn. 8; *Epping* in Maunz/Dürig GG Art. 115a Rn. 126.
³¹⁶ *Heun* in Dreier GG Art. 115a Rn. 21.
³¹⁷ *Epping* in Maunz/Dürig GG Art. 115a Rn. 126.
³¹⁸ *Schlaich/Korioth* BVerfG Rn. 347.
³¹⁹ *Schlaich/Korioth* BVerfG Rn. 347.
³²⁰ *Schlaich/Korioth* BVerfG Rn. 347.
³²¹ So zB Art. 57 BWVerf; kritisch zur Verfahrensart: *Dauster* GS Geck, 1989, 123 ff.

III. Fachgerichte

132 Im Notstandsfall ist effektiver Rechtsschutz wichtig: **Zivilgerichte** entscheiden zB über die Höhe von Entschädigungen bei Enteignungen (Art. 14 Abs. 3 S. 4 GG) oder über Staatshaftungsansprüche (Art. 34 S. 3 GG); **Verwaltungsgerichte** zB über die Anordnungen von Dienstpflichten nach Art. 12a Abs. 3–5 GG; **Strafgerichte** zB über Straftaten gegen die Landesverteidigung (§§ 109 ff. StGB) und andere Staatsschutzdelikte.[322] Kommt es bedingt durch einen Krieg, eine Epidemie oder Naturkatastrophen zu einem **Stillstand der Rechtspflege,** werden Zivil- und Verwaltungsprozesse für die Dauer dieses Zustands gem. § 245 ZPO bzw. § 173 S. 1 VwGO **unterbrochen.**[323] Der Beschleunigungsgrundsatz und die Konzentrationsmaxime im **Strafprozess** lassen eine Aussetzung und Unterbrechung nur in engen Grenzen zu (§§ 228, 229 StPO). Für Verdächtige, Beschuldigte und Angeklagte wirkt sich ein Stillstand der Rechtspflege positiv aus: die Verjährungsfristen laufen weiter, weil nur Verfolgungshindernisse „nach dem Gesetz", nicht aber tatsächliche Ereignisse ein Ruhen der Verjährung bewirken (§ 78b Abs. 1 Nr. 2 StGB).[324]

IV. Bundeszwang (Art. 37 GG)

133 Für den Bund kann der Bundeszwang gegenüber einem Verfahren vor dem BVerfG vorteilhafter sein: Der Bundeszwang wirkt unmittelbar und hängt nicht von der unbestimmten Dauer eines gerichtlichen Verfahrens ab. Ferner steht am Ende eines gerichtlichen Verfahrens nur die Feststellung einer etwaigen Verfassungswidrigkeit. Demgegenüber schließt der Bundeszwang die **Umsetzung** mit ein. Andererseits ist der Bundeszwang zeitraubender, weil er ohne vorgängige Zustimmung des **Bundesrates** (oder gegebenenfalls des Gemeinsamen Ausschusses, → Rn. 90 ff.) nicht anwendbar ist.

134 Die Pflichten des Landes, den Weisungen des Bundes Folge zu leisten, sind **Bundespflichten** (Art. 35, Art. 91, Art. 115f Abs. 1 Nr. 2 GG).[325] Macht die Bundesregierung von ihrem Weisungsrecht nach Art. 35 Abs. 3 GG oder Art. 91 Abs. 2 GG Gebrauch, sind die Länder daher verpflichtet, diesen Weisungen Folge zu leisten.[326] Andernfalls hat der Bund die Möglichkeit, das „Schwert" des Bundeszwangs (Art. 37 GG) zu ziehen, weil die Hilfeleistungspflicht auch eine Bundespflicht ist.[327]

135 Die von Art. 37 Abs. 1 GG vorgesehenen **„Maßnahmen"** gehen über Weisungen hinaus, die die Art. 35 und 91 GG ja bereits vorsehen: Möglich ist auch eine **Ersatzvornahme.**[328] Die vorläufige Übertragung von Befugnissen des jeweiligen Landesorgans ist möglich.[329] Maßnahmen mit irreversiblem Charakter sind hingegen nicht statthaft, da diese nicht erforderlich sind, um das Land zur Erfüllung seiner Pflichten anzuhalten. Mithin sind die Liquidation des Landes, die Auflösung des Landtags oder die Amtsenthebung der Landesregierung nicht von Art. 37 GG gedeckt.[330] Rechtsetzung des Bundes ersetzt die geforderte Rechtsetzung des Landes: „Die im Wege der Ersatzvornahme (durch die Bundesregierung) erlassenen **Rechtsakte** – Verwaltungsakte, Rechtsverordnungen, Gesetze – sind mithin solche des Landesrechts".[331] Fraglich ist aber, ob ein Land die Ersatzvornahme akzeptiert, wenn es sich schon gegen die Weisung gewehrt hat. Letztlich wird daher das

---

[322] Zu diesem Begriff *Kastner* in Lange, Wörterbuch zur Inneren Sicherheit, 2006, 309 ff.
[323] *Stackmann* in MüKoZPO ZPO § 245 Rn. 2.
[324] *Dallmeyer* in v. Heintschel-Heinegg StGB § 78b Rn. 4.
[325] *Epping* in BeckOK GG, 51. Ed. 15.5.2022, GG Art. 35 Rn. 27; *Heun* in Dreier GG Art. 115f Rn. 10–14.
[326] *Dederer* in Maunz/Dürig GG Art. 35 Rn. 167; *Epping* in BeckOK GG, 51. Ed. 15.5.2022, GG Art. 91 Rn. 17.
[327] *Epping* in BeckOK GG, 51. Ed. 15.5.2022, GG Art. 91 Rn. 10.
[328] *Klein* in Maunz/Dürig GG Art. 37 Rn. 83 ff.
[329] *Honer* JuS 2018, 661 (665).
[330] *Honer* JuS 2018, 661 (665).
[331] *Klein* in Maunz/Dürig GG Art. 37 GG Rn. 85 mN zum Streitstand.

V. Widerstandsrecht (Art. 20 Abs. 4 GG)

136 Das Widerstandsrecht ist Teil der 1968 in das Grundgesetz eingefügten Notstandsverfassung. Es greift, wenn zB Maßnahmen während eines inneren Notstands oder Verteidigungsfalls die Grundrechte, die Gewaltenteilung oder die parlamentarische Demokratie ausheben.³³³ Eine bloße Beeinträchtigung oder ein bloßer Rechts- oder Verfassungsverstoß genügen nicht.³³⁴ Das Widerstandsrecht richtet sich sowohl gegen den **Staatsstreich** „von oben"³³⁵ als auch die **Revolution** „von unten".³³⁶

137 Das Widerstandsrecht **erfasst** bereits das **Versuchsstadium** („unternimmt").³³⁷ Demgegenüber sind dem Versuch vorgelagerte Vorbereitungshandlungen allein Gegenstand des präventiven und repressiven Staatsschutzes.

138 Das Widerstandsrecht ist *ultima ratio*: Der rechtswidrige Angriff auf die freiheitlich demokratische Grundordnung muss so gravierend sein, dass staatliche Abwehr notwendig, aber nicht erreichbar ist (**„andere Abhilfe nicht möglich"**, Art. 20 Abs. 4 GG).³³⁸ Es ist unerheblich, ob der Angriff auf die Grundordnung demokratisch legitimiert ist. Grundsätzlich lässt sich damit auch der Widerstand gegen eine demokratisch legitimierte Entscheidung auf Art. 20 Abs. 4 GG stützen.³³⁹ Das Widerstandsrecht greift erst, wenn die Verfassungsordnung bereits ausgehebelt wird. Damit hat das Widerstandsrecht praktisch nur Bedeutung, wenn es nach Wiederherstellen der Verfassungsordnung darum geht, Widerstandshandlungen **strafrechtlich** zu **rechtfertigen**.³⁴⁰

139 Die verfassungsfeindliche Handlung, gegen die Widerstand geleistet werden soll, muss ferner **offenkundig** auf die Beseitigung der demokratischen Grundordnung abzielen: „Verfassungsverletzungen, die erst in subtilen Erkenntnisvorgängen ans Licht gebracht werden können, lassen sich nur in einem staatlich organisierten Verfahren klarstellen und ahnden, nicht aber im Straßenkampf."³⁴¹ In diesem Sinne hat jedenfalls vor Einfügung des Art. 20 Abs. 4 in das Grundgesetz das BVerfG für „ein dem Grundgesetz immanentes Widerstandsrecht" gefordert: „Das mit dem Widerstand bekämpfte Unrecht muss offenkundig sein."³⁴² Die Gegenauffassung verweist auf den „gegenwärtig zu beobachtenden schleichenden Übergang der Russländischen Föderation zur vielzitierten ‚gelenkten Demokratie'".³⁴³ Allerdings stellt sich die Frage, gegen was konkret sich der Widerstand in dem genannten Beispiel richten soll und woraus er zweckmäßigerweise bestehen soll? Eine zu weite Auslegung des Widerstandsrechts bietet selbsternannten „Rettern des Vaterlandes" zu viel Spielraum.³⁴⁴

140 Das Widerstandsrecht steht nur **Deutschen** iSd Art. 116 GG zu. In den Fällen, in denen diese Voraussetzungen nicht erfüllt sind, ist gegebenenfalls auf den Generaltatbestand des rechtfertigenden Notstands in § 34 StGB zurückzugreifen.³⁴⁵ **Juristische Personen** des

---

³³² *Hellermann* in BeckOK GG, 51. Ed. 15.5.2022, GG Art. 37 Rn. 2.
³³³ *Huster/Rux* in BeckOK GG, 51. Ed. 15.5.2022, GG Art. 20 Rn. 226.
³³⁴ *Grzeszick* in Maunz/Dürig GG Art. 20 Abs. 4 Rn. 20.
³³⁵ S. zB das Szenario von *Steinbeis*, Ein Volkskanzler, 9.9.2019, https://bit.ly/35RKKvt.
³³⁶ *Paeffgen/Zabel* in Kindhäuser/Neumann/Paeffgen StGB Vorb. zu §§ 32 ff. Rn. 181.
³³⁷ *Grzeszick* in Maunz/Dürig GG Art. 20 Abs. 4 Rn. 21.
³³⁸ Vgl. *Wittreck* in Dreier GG Art. 20 Abs. 4 Rn. 22, 25; *Sachs* in Sachs GG Art. 20 Rn. 171; *Paeffgen/Zabel* in NK-StGB StGB Vorb. zu §§ 32 ff. Rn. 180 f.
³³⁹ Vgl. *Wittreck* in DreierGG Art. 20 Abs. 4 Rn. 25; *Sachs* in Sachs GG Art. 20 Rn. 171; aA *Paeffgen/Zabel* in NK-StGB StGB Vorb. zu §§ 32 ff. Rn. 180.
³⁴⁰ *Sommermann* in v. Mangoldt/Klein/Starck GG Art. 20 Rn. 357.
³⁴¹ *Isensee*, Das legalisierte Widerstandsrecht, 1969, 23 f.; *Schmahl* JöR 55 (2007), 99 (111, 116); *Stern* StaatsR II 1516.
³⁴² BVerfGE 5, 85 (377) = NJW 1956, 1393.
³⁴³ *Wittreck* in Dreier GG Art. 20 Rn. 19.
³⁴⁴ So die wohl hM nach *Paeffgen/Zabel* in NK-StGB StGB Vorb. zu §§ 32 ff. Rn. 181.
³⁴⁵ *Paeffgen/Zabel* in NK-StGB StGB Vorb. zu §§ 32 ff. Rn. 179.

Privatrechts können sich grundsätzlich auf das Widerstandsrecht berufen (Art. 19 Abs. 3 GG). Praktisch relevant ist dies für Medienunternehmen oder Gewerkschaften.[346] Im Falle des Widerstands tritt der Bürger ausnahmsweise an die Stelle des Staates. Daher ist er innerhalb der zu verteidigenden Ordnung an die **Verhältnismäßigkeit** gebunden.[347]

VI. Europäischer Gerichtshof

141 Im **Katastrophenfall** können die Kommission oder ein Mitgliedstaat nach Art. 348 Abs. 2 AEUV **unmittelbar** den **EuGH** anrufen, wenn ein anderer Mitgliedstaat die in Art. 347 AEUV vorgesehenen Befugnisse missbraucht. Der EuGH überprüft, ob die Voraussetzungen des Art. 347 AEUV vorliegen und ob die durch den Staat getroffenen Maßnahmen gerechtfertigt sind. Die Prüfung beschränkt sich auf eine Evidenzkontrolle.[348] Neben Art. 348 Abs. 2 AEUV ist auch das normale **Vertragsverletzungsverfahren** nach Art. 258 und 259 AEUV statthaft.[349] Dies erfordert aber, vor der Anrufung des Gerichts ein Vorverfahren durchzuführen (Art. 258 Abs. 1 und Art. 259 Abs. 2 und 3 AEUV).

142 Parallel zum Hauptsacheverfahren ist ein Antrag auf Erlass einer **einstweiligen Anordnung** gem. Art. 279 AEUV statthaft. Für die Begründetheit, insbesondere die Eilbedürftigkeit, gelten hohe Anforderungen.[350] Möglich ist ferner ein **Vorabentscheidungsverfahren** gem. Art. 267 AEUV zur Auslegung einzelner Tatbestandsvoraussetzungen der Art. 346–348 AEUV.[351]

143 Für den Fall des **inneren Notstands** kommt eine Untätigkeitsklage nach Art. 265 AEUV des um Hilfeleistung ersuchenden Mitgliedstaates eher nur theoretisch in Betracht. Die Mitgliedstaaten und die EU-Organe haben einen Ermessensspielraum zu ihren Hilfeleistungen nach Art. 222 AEUV. Eine Unterlassungsklage „dürfte daher allenfalls in Ausnahmefällen zu einer Verurteilung führen".[352]

144 Die Frage, ob Art. 42 Abs. 7 EUV eine echte Rechtspflicht zum **militärischen Beistand** etabliert, ist umstritten.[353] Nimmt man eine solche an, könnte der EuGH in einem Vertragsverletzungsverfahren nach Art. 248 f. AEUV über den Umfang dieser Pflicht entscheiden.

145 Den durch Notstandsmaßnahmen beeinträchtigten Grundrechtsberechtigten stehen ebenfalls mehrere Verfahrensarten offen, ihre Rechte aus der **Grundrechtecharta** geltend zu machen.[354]

VII. Europäischer Gerichtshof für Menschenrechte

146 Beeinträchtigen Notstandsmaßnahmen eines der Menschenrechte der EMRK, steht jedem Bürger die Möglichkeit einer **Individualbeschwerde** beim EGMR gem. Art. 34 EMRK offen.[355] Dabei überprüft der EGMR auch die Rechtmäßigkeit von Notstandsmaßnahmen nach Art. 15 EMRK.[356]

---

[346] *Wittreck* in Dreier GG Art. 20 Rn. 17.
[347] *Grzeszick* in Maunz/Dürig GG Art. 20 Rn. 25.
[348] *Calliess* in Calliess/Ruffert AEUV Art. 348 Rn. 4, 10.
[349] *Jaeckel* in Grabitz/Hilf/Nettesheim AEUV Art. 348 Rn. 7.
[350] v. der Groeben/Schwarze/Hatje/*Dittert* AEUV Art. 348 Rn. 14.
[351] *Jaeckel* in Grabitz/Hilf/Nettesheim AEUV Art. 348 Rn. 7, unter Verweis auf die 7. Vorlagefrage im Vorabentscheidungsverfahren EuGH, Urt. v. 15.5.1986 – Rs. 222/84, Slg. 1986, 1651 Rn. 10 (= BeckRS 2004, 72403) – Johnston.
[352] *Thym* in Grabitz/Hilf/Nettesheim AEUV Art. 222 Rn. 10.
[353] Dafür: *Heintschel von Heinegg* in FK-EUV/GRC/AEUV EUV Art. 42 Rn. 44; *Cremer* in Calliess/Ruffert EVU/AEUV EUV Art. 42 Rn. 16; anders: *Marquardt/Gaedtke* in v. der Groeben/Schwarze/Hatje EUV Art. 42 Rn. 16.
[354] *Schwerdtfeger* in Meyer/Hölscheidt EuGRCh Art. 51 Rn. 76 ff.
[355] *Spranger* in BK-GG Art. 115a Rn. 219; *Heun* in Dreier GG Art. 115a Rn. 21.
[356] Zum Prüfungsumfang *Krieger* in Dörr/Grote/Marauhn EMRK/GG Kapitel 8: Notstand Rn. 7 ff.

M. Reformbedarf: Notparlament

Wer die Notstandsverfassung kritisieren will, hat ein leichtes Spiel. Zum Beispiel dürfte der 147 Einsatz atomarer Waffen gegen die Bundesrepublik die in den Art. 80a, 115a f. GG vorgesehene Reaktion der Staatsgewalten damals wie heute schon zeitlich nicht erlauben: „Es ist dann wahrscheinlich nicht genügend Zeit vorhanden, um die entstandene Lage und die geeigneten Gegenmaßnahmen mit allen normalerweise an der Staatswillensbildung Beteiligten zu erörtern und ihre Meinung anzuhören."[357] Die Stärke des demokratischen Rechtsstaats „schlägt in Schwäche um, wenn im Angesicht höchster Gefahr sofort gehandelt werden muss".[358] So ist zweifelhaft, warum ein Gemeinsamer Ausschuss aus 32 Mitgliedern des Bundestages und einem Mitglied aus jedem Bundesland (Art. 53a GG) noch zusammentreten können soll, wenn dies für den Bundestag nicht mehr möglich sein soll. Jede Kritik muss sich aber die Gegenfrage gefallen lassen, wie eine alternative Regelung aussehen soll? Wer soll im Falle eines Einsatzes atomarer Waffen anstelle der (ganzen) Bundesregierung[359] über die Verteidigung entscheiden? Ferner: Ist es politisch realistisch, zu einer grundlegenden Änderung der Notstandsverfassung zu kommen?[360] Der Vorschlag einer **„Generalrevision"** gehört wohl eher „ins Reich der **Utopie**. Notstand hat Ruh'."[361]

Dringender Reformbedarf besteht aber im Bereich des **Inneren Notstands** und 148 ähnlicher Notfälle. Das Grundgesetz sieht nur für den Verteidigungsfall einen Mechanismus vor, der die Legislative handlungsfähig hält, den Gemeinsamen Ausschuss. Für alle anderen Notfälle aber **fehlt** ein **Notausschuss**,[362] der den Bundestag[363] handlungsfähig hält – bei einer Pandemie, einem flächendeckenden Stromausfall oder einem Cyberangriff[364] auf kritische Infrastrukturen. Wenn der aus vielen hundert Abgeordneten bestehende Bundestag tatsächlich nicht beschlussfähig zusammentreten kann, bietet ein kleiner Notausschuss die Chance, die parlamentarische Demokratie aufrecht zu erhalten, auch und gerade unter Einschluss der Opposition. Vor allem sie entfällt nämlich ersatzlos, wenn der Bundestag als Ganzer nicht mehr handeln kann. Denn die Exekutive wird im Notfall nicht untätig sein, nur weil es faktisch gerade kein Parlament gibt, das sie kontrolliert. Umgekehrt können in einem solchen Notfall Beschlüsse erforderlich sein, die nach dem **Grundgesetz** eine Beteiligung der Mehrheit[365] oder gar von zwei

---

[357] *Benda,* Die Notstandsverfassung, 1968, 9.
[358] *Erkens* ZfAS 2017, 485 (490).
[359] Zu diesem Erfordernis s. BVerfGE 90, 286 (388) = NJW 1994, 2207; BVerfGE 123, 267 (423) = NJW 2009, 2267 (2291); BVerfGE 140, 160 (199) = NVwZ 2015, 1593 Rn. 87.
[360] S. nur die Nachweise zur hochumstrittenen Reform 1968, → Rn. 1.
[361] *Schick* in Schneider/Zeh, Parlamentsrecht und Parlamentspraxis, 1989, 1597, Rn. 47 (Hervorhebung durch Autoren).
[362] *Brüning* NVwZ 2021, 272 (275): „Wenn und soweit Verfassungsrecht in außergewöhnlichen Notlagen für die reale Welt überhaupt noch eine Rolle spielt, ist das Vorhandensein von Regeln ein Mehrwert. Dazu gehören insbesondere Bestimmungen, mit denen die Funktionsfähigkeit der Verfassungsorgane auch in Notfällen erhalten bleibt"; *Hoppe/Risse* DVBl 2020, 1386 f.; *Lenz/Schulte* VBlBW 2020, 309 (319): Notparlament in BW „ist ein klarer Vorteil [...] gegenüber dem Bund, der für innere Krisen überhaupt keine Vorsorgeregelung im Grundgesetz hat"; *Schmidt* DVBl 2021, 231 (234): „überwiegen die Vorzüge des parlamentarischen Notausschusses"; *Untrieser* NVwZ 2021, 282; s. auch *Thiel* zit. in FAS v. 5.4.2020, S. 1, Höhepunkt kommt erst noch: „Auch wäre zu erwägen, die Rechte des Gemeinsamen Ausschusses im Wege einer Verfassungsänderung über den Verteidigungsfall hinaus punktuell und mit Augenmaß zu erweitern für die Situation, dass die Verfassungsorgane tatsächlich einmal nicht mehr arbeitsfähig sind"; siehe auch die Nachweise → Rn. 149; *Kersten/Rixen,* Der Verfassungsstaat in der Corona-Krise, 2. Aufl. 2021, VIII 2, stehen „einer entsprechenden Verfassungsänderung grundsätzlich zurückhaltend gegenüber", aber für die Diskussion in der politischen Öffentlichkeit „bildet der von Hoppe und Risse unterbreitete Regelungsvorschlag eine verfassungsrechtlich gut reflektierte und begründete Grundlage"; ablehnend zu einem Regelungsbedarf aufgrund der Corona-Pandemie: *Ipsen* RuP 2020, 118 (126 f.).
[363] Zum fehlenden Regelungsbedarf beim Bundesrat s. *Hoppe/Risse* DVBl 2020, 1386.
[364] *Becker,* Der geheime Krieg im Netz, Deutschlandfunk v. 16.10.2019, https://bit.ly/355y9tZ; BT-Drs. 19/5472, Hackbacks als aktive digitale Gegenwehr, https://bit.ly/2OG25BF.
[365] Art. 121 GG: „Mehrheit der Mitglieder des Bundestages [...] im Sinne dieses Grundgesetzes ist die Mehrheit ihrer gesetzlichen Mitgliederzahl"; zB erforderlich bei Zurückweisung eines Einspruchs des

Dritteln[366] der gesetzlichen Mitglieder des Bundestages erfordern.[367] In diesen Fällen hilft auch die Herabsetzung des Beschlussfähigkeitsquorums nicht. Die Corona-Pandemie im März 2020 hat dies eindrücklich vor Augen geführt.[368] Auch wäre es naiv anzunehmen, dass der anwesende Bruchteil der Abgeordneten für alle nötigen Anträge übereinstimmend mit Ja stimmt. So verfehlte die Regierungskoalition am 25.3.2020 mit ihren Stimmen die nach dem Grundgesetz für die Aussetzung der Schuldenbremse[369] erforderliche Kanzlermehrheit um mehr als 10%.[370] Demgegenüber wäre ein rein per Videokonferenz tagendes Parlament mit dem Demokratieprinzip kaum vereinbar: „Eine Parlamentsdebatte kann nicht einfach als Zoom-Konferenz stattfinden".[371] Eine Hybrid-Lösung aus Präsenzplenum und einzeln elektronisch zugeschalteten Fernteilnehmern hingegen erscheint denkbar. Der neu eingefügte Art. 22a der SHVerf sieht daher in seinem Abs. 5 vor: „Der Notausschuss tritt nicht als Notparlament zusammen, wenn während einer Notlage eine Sitzung des Landtages in Anwesenheit und durch Zuschaltung mittels Bild- und Tonübertragung (hybride Sitzung) zulässig ist".[372] Wie Art. 22a der SHVerf aber selbst unterstellt, ist eine hybride Sitzung nicht in allen Fällen möglich. Für den Bundestag setzt sie eine bundesweit funktionierende Kommunikations- und Stromversorgung voraus.

149 Der Reformbedarf ist dringend: Zeichnet sich ein Notfall ab, wird es für eine Grundgesetzänderung wohl zu spät sein. Für die Regelung eines künftigen Notausschusses des Bundestages lassen sich im Grundgesetz bereits bestehende Vorschriften zum Verteidigungsfall weitgehend wörtlich übernehmen,[373] zB in einen **neuen Art. 53b**.[374] Eine weitgehende Übernahme bestehender Vorschriften vermeidet es, die Notstandsverfassung ins-

---

Bundesrates (Art. 77 Abs. 4 GG), Errichtung von bundeseigenen Mittel- und Unterbehörden durch Bundesgesetz (Art. 87 Abs. 3 S. 2 GG); weitere Übersichten bei *Klein/Schwarz* in Maunz/Dürig GG Art. 121 Rn. 11 ff.

[366] ZB erforderlich für Ausschluss der Öffentlichkeit nach Art. 42 Abs. 1 S. 2 GG; Zurückweisung eines mit Zweidrittelmehrheit beschlossenen Einspruchs des Bundesrates (Art. 77 Abs. 4 S. 2 GG); weitere Übersichten bei *Klein/Schwarz* in Maunz/Dürig GG Art. 42 Rn. 91 ff.

[367] Problem übergangen von *Möllers* Verfassungsblog v. 20.3.2020, über den Schutz der Parlamente vor sich selbst in der Krise, https://bit.ly/2zLBQ83: „Plenarbeschlüsse können, wenn die Beschlussfähigkeit nicht gerügt wird, auch in kleiner Besetzung gefasst werden"; ähnlich *Ipsen* RuP 2020, 118 (126 f.): „Der Bundestag hat in Gestalt des § 126a GOBT einen Weg gefunden, auch im Krisenfall handlungsfähig zu bleiben"; *Volkmann* SH LT-Drs. 19/5050; kritisch aber *Dreier* DÖV 2021, 229 (241): „sind damit [Änderung GO-BT] nicht alle Probleme beseitigt".

[368] S. nur Redaktion beck-aktuell, Überlegungen zu Grundgesetzänderung wegen Corona-Epidemie, 16.3.2020, becklink 2015734, https://bit.ly/32DJaiv: „erste Überlegungen für eine Grundgesetzänderung, um die gesetzgeberische Handlungsfähigkeit […] zu erhalten".

[369] BT-Drs. 19/18108, Nr. 1: „Aufgrund der Auswirkungen der Corona-Pandemie, die nahezu alle Bereiche der Gesellschaft erfasst und die staatlichen Maßnahmen in erheblichem Umfang erfordert, besteht eine außergewöhnliche Notsituation im Sinne von Artikel 115 Absatz 2 Satz 6 des Grundgesetzes".

[370] *Pergande*, Gesetzgebung im Schnellverfahren, FAZ v. 29.3.2020, https://bit.ly/3dpRaWz: 312 statt der erforderlichen 355 Ja-Stimmen; mit den Abgeordneten der Opposition erreichte der Antrag aber 469 Ja-Stimmen, BT-PlenProt 19/154, 19163.

[371] *Schmidt* DVBl 2021, 231; so im Ergebnis auch *Dreier* DÖV 2021, 229 (240, Fn. 124): „Virtuelle Plenarsitzungen des Bundestages dürften aber mit dem Grundgesetz nicht vereinbar sein"; *Herzog/Klein* in Maunz/Dürig GG Art. 53a Rn. 84; *Hölscheidt/Leonhardt* ZParl 2021, 742, die den Begriff „virtuelles Parlament" zu Recht als semantisch falsch kritisieren; *Michl* JuS 2020, 643 (644); Wissenschaftliche Dienste des Deutschen Bundestages, WD 3-3000-084/20, Virtuelles Parlament, https://bit.ly/2YlxIpw; aA *Lenz/Schulte* NVwZ 2020, 744; *Kersten/Rixen*, Der Verfassungsstaat in der Corona-Krise, Aufl. 2021, VIII 2 (körperliche Anwesenheit von Abgeordneten nicht „[v]erfassungsrechtlich zwingend").

[372] Hierzu *Becker* NVwZ 2021, 617 (619): „Die Gesetzesbegründung verhält sich hier sybillinisch, wenn sie Klärungsbedarf dahingehend reklamiert, ‚in welchem Maß jeder einzelne Abgeordnete für den virtuellen Zugang zu einer hybriden Landtagssitzung selbst verantwortlich ist oder die Voraussetzungen hierfür vom Landtag oder als Teil der öffentlichen Infrastruktur bereitgestellt werden müssen'"; siehe auch BayVerfGH BayVBl 2021, 548, Rn. 49 = DÖV 2021, 896 (Ls.): „Die Ersetzung des Gemeinderats durch einen beschließenden Ausschuss hätte dann (auch) unter den tatbestandlichen Vorbehalt gestellt werden können, dass sich eine solche Hybridsitzung im jeweiligen Gemeinderat nicht verwirklichen lässt".

[373] *Untrieser* NVwZ 2021, 282 (286): Für die Regelung eines Notparlaments in NRW „ist eine enge Anlehnung an Art. 115a GG ratsam".

[374] Hierzu näher *Hoppe/Risse* DVBl 2020, 1386 f., mit ausführlichem Regelungsvorschlag.

gesamt aufzuschnüren. Die Diskussion könnte sonst in einen ähnlichen Ideologiestreit ausufern, wie bei der Notstandsverfassung in den 1960er Jahren (→ Rn. 1). Mit den aktuellen Ergänzungen der Landesverfassungen von Berlin[375] und Schleswig-Holstein[376] sehen derzeit die Hälfte der Bundesländer ein **Notparlament** vor (→ Rn. 116).

Im Übrigen kann Staatsschutz nur versuchen, den Staatsnotstand zu verhindern. Zerfällt die staatliche Ordnung, **zerfällt** auch die **Notstandsverfassung.** So wäre bei einem „langandauernden und großflächigen Stromausfall [...] ein Kollaps der gesamten Gesellschaft [...] kaum zu verhindern".[377] In der Zukunft könnte gar „eine [künstliche] ethische Superintelligenz, die nur das Beste für uns will, zu dem Ergebnis [kommen] [...], es wäre für uns besser, nicht zu existieren, weil unser eigenes Leben überwiegend leidvoll ist".[378] Was soll eine Notstandsverfassung hier noch sinnvoll regeln? **150**

§ 4 Sicherheitsgewährleistung und Rechtsstaat

Matthias Fahrner

Übersicht

	Rn.
A. Einführung	1
B. Grundlagen	2
I. Grundlagen der Rechtsstaatlichkeit und Sicherheit	2
1. Gegenüberstellung	2
2. Verankerung der Rechtsstaatlichkeit in der freiheitlich demokratischen Grundordnung	4
a) Bedeutung der Friedlichkeit	5
b) Bedeutung der Freiheit	6
3. Alternative Sicherheitskonzeptionen als Gegenvorstellungen zum Rechtsstaat	10
a) Präventionsstaat	11
b) Polizeistaat	12
c) Securitization	13
4. Zusammenwirken des Rechtsstaatsprinzips mit der Menschenwürde und dem Demokratieprinzip	14
a) Menschenwürde	15
b) Demokratie	16
II. Verfassungsrechtliche Ausgestaltung des Rechtsstaats im Grundgesetz	17
1. Gesetzesbindung	18
a) Rationalität des Rechts	19

---

[375] Befristet auf 18. Wahlperiode, Abgh-Drs. 18/3179, gemeinsamer Gesetzentwurf aller Fraktionen mit Ausnahme der AfD („aus sachlichen Gründen [...] nicht erforderlich und verfassungsrechtlich [...] zumindest problematisch", Inhaltsprotokoll Recht 18/64, https://bit.ly/2QNUoxq).

[376] LT-Drs. 19/2777; zustimmend *Bull* LT-Drs. 19/4980: „Die Einführung eines Notausschusses hätte gegenüber der geltenden Regelung der Geschäftsordnung allerdings den Vorteil, dass der Ausschuss vorab entsprechend dem Stärkeverhältnis der Fraktionen gewählt wird, so dass Zufallsmehrheiten unwahrscheinlich werden"; *Kaiser* LT-Drs. 19/5155 (neu): „Für eine Verrechtlichungslösung, also die Aufnahme einer entsprechenden Regelung in die Verfassung, spricht, dass den grundsätzlich zutreffenden Gegenargumenten [...] durch entsprechend hohe Hürden im Verfassungstext weitgehend begegnet werden kann"; *Lenz/Kunkel* Verfassungsblog v. 5.1.2021, Notparlament in die Verfassung, https://bit.ly/3ywqD5h („sinnvoll"); *Oeter* LT-Drs. 19/5085 („Sinnvoll"); *Schmidt-Jortzig*, LT-Drs. 19/4994 („absolut einleuchtend und unterstützenswert"); ablehnend *Volkmann* LT-Drs. 19/5050 („Gefahren, die mit der geplanten Neuregelung verbunden sind, [sind] deutlich größer als der Nutzen").

[377] Büro für Technikfolgen-Abschätzung beim Deutschen Bundestag (TAB), Gefährdung und Verletzbarkeit moderner Gesellschaften – am Beispiel eines großräumigen Ausfalls der Stromversorgung, 2010, 3, https://bit.ly/2wpoblk.

[378] *Honert,* Menschen gegen Roboter – wenn der erste Roboter Bürgerrechte fordert, ist es zu spät, 6.9.2017, Tagesspiegel, https://bit.ly/2UbILjv.

	Rn.
b) Vorrang von Verfassung und Gesetz	20
c) Grundrechte und subjektive Rechte	21
d) Gesetzliche Rechtsänderung	22
2. Gewaltenteilung	23
3. Weitere Ausgestaltung	25
a) Umfassende Justizgewährung	26
b) Richtervorbehalte	27
c) Anforderungen an Rechtsnormen	28
C. Allgemeine rechtsstaatliche Anforderungen an das Recht der Sicherheitsgewährleistung	29
I. Rechtsbindung und Ermächtigungsgrundlagen	29
II. Vorhersehbarkeit, Bestimmtheit und Nachhaltigkeit im Sicherheitsrecht	31
1. Formale Bestimmtheit	32
2. Materielle Bestimmtheit und Legitimität von Sicherheitsgewährleistung	33
a) Bestehende Dogmatik	34
aa) Rechts-/Schutzgüter	35
bb) Zurechnungsformen	36
cc) Tatsächliche Zurechenbarkeit	37
b) Erweiterungs- und Entgrenzungstendenzen	38
III. Menschenwürdig-freiheitlicher Rechtsstaat und Sicherheitsgewährleistung	40
1. Informationelles Trennungsprinzip	41
2. Freiheitlich-grundrechtliche Schutzbereiche	42
a) Privatheit	43
b) Politische Freiheit	44
3. Begrenzungen der Rechtsfolgen	45
a) Verhältnismäßigkeit	45
b) Insbesondere schuldangemessene Strafe	46
c) Schutz erworbener Rechtspositionen	47
IV. Wirksamer Rechtsbehelfe und Sicherheitsgewährleistung	48
1. Rechtsweg- und Verfahrensgarantien	48
2. Einschränkung zur Sicherheitsgewährleistung	51
a) Verfassungsunmittelbare Einschränkungen	52
b) Gesetzliche Schranken	53
aa) Schranken-Schranken	54
bb) Sonderrolle der Nachrichtendienste	55
c) Faktische Beeinträchtigungen	57
V. Insbesondere Herausforderungen in internationaler Kooperation	58
D. Sicherheitsgewährleistung, Gewaltenteilung und -kontrolle	59
I. Überblick	59
II. Legislative	61
1. Allgemein	61
2. Informationserhebungen	63
III. Justiz	67
1. Verfassungstreue und Berufung ins Amt	68
a) Reichweite	69
b) Probleme verfahrensmäßiger Absicherung	70
2. Sicherheitsgewährleistung und Rechtspflegetätigkeit	71
3. Entfernung aus dem Amt	74
a) Voraussetzungen	75
b) Anwendung auf ehrenamtliche Richter	77
c) Sonderregelung frühere MfS-Tätigkeit	78
E. Anwaltsverhältnis und Sicherheits- und Staatsschutz	79
I. Die Stellung des Anwalts und die Sicherheitsgewährleistung	79
1. Grundlagen	79
2. Zulassung zur Rechtsanwaltschaft	81
3. Entzug der Zulassung	82

	Rn.
4. Beobachtung und Überwachung	83
a) Gesetzliche Schranken	84
b) Ergänzender verfassungsunmittelbarer Schutz	85
5. Ausschluss aus konkreten Verfahren	86
II. Anwaltschaft und Verschlusssachen	87
1. Sicherheitsüberprüfung	88
a) Verteidigung in Strafverfahren	89
b) Andere Verfahren	90
2. Verfahrensmäßigen Modalitäten	91
a) Abschriften	92
b) Strafbarkeit	93
c) Hinweis	94
III. Mandatskommunikation in Strafsachen und Sicherheitsgewährleistung	95
1. Freie und vertrauliche Kommunikation im konkreten Mandat	95
2. Beschränkungen und Kontaktsperre	99
F. Sicherheitserfordernisse und rechtsstaatliche gerichtliche Verfahren	101
I. Legalitätsgrundsatz	101
1. Tatbestandsebene	102
2. Rechtfertigungsgründe	103
3. Strafprozessuale Möglichkeiten	104
II. Recht auf den gesetzlichen Richter	105
III. Öffentlichkeitsgrundsatz und Transparenz versus Geheimschutz	108
1. Gerichtsöffentlichkeit und deren Einschränkung	108
a) Schutz wirtschaftlicher Geheimnisse	109
b) Gefährdung der Staatssicherheit und von vertraulichen Quellen	110
c) Schranken-Schranke: Urteilstenor	113
2. Begleitende Maßnahmen	114
3. Verschlusssacheneinstufung von gerichtlichen Dokumenten	117
IV. Prozessstoff, rechtliches Gehör, fair trial und Waffengleichheit	119
1. Problemlage	119
2. Akteneinsicht und rechtliches Gehör	123
a) Zivilverfahren	124
b) Verwaltungsgerichtsverfahren	125
c) Verfahren vor dem Bundesverfassungsgericht	126
d) Strafverfahren	127
aa) Gerichtsakten	128
bb) Ermittlungsverfahren	129
cc) Teilnahme an unmittelbaren Beweiserhebungen	132
3. Sammlung des Prozessstoffs	133
a) Zivilprozess	134
b) Verwaltungsprozess	137
c) Strafverfahren	140
aa) Schutz gefährdeter Zeugen	141
bb) Sperrung von Unterlagen	142
cc) Auswirkung bei Beweisverwertung und -würdigung	145
G. Rechtsschutz und Kontrolle gegen Rechtsstaatübergriffe	148
H. Perspektiven: Aktuelle Herausforderungen de lege ferenda	149

Wichtige Literatur:

Bielefeldt, H., Freiheit und Sicherheit im demokratischen Rechtsstaat, 2004; *Butzer, H.*, Immunität im demokratischen Rechtsstaat, 1991; *Bützler, V.*, Staatsschutz mittels Vorfeldkriminalisierung, 2017; *Dieterle, Ch./Kühn, T.*, Wiedereinführung der Regelanfrage für angehende Richter in Bayern, ZD 2017, 69; *Fahrner, M.*, „Big sister is watching you" – Die Sicherheitsunion und der Rechtsstaat, in betrifft justiz 139 (2019), 105; *Fahrner, M.*, Der Anfangsverdacht im freiheitlichen Rechtsstaat, in Kriminalistik 74 (2020), 548; *Fahrner, M.*, Die Sicherheit im Staatsschutzstrafrecht, ZStW 132 (2020), 86; *Fahrner, M.*, Quis custodiet ipsos custodes? Extremismus in der Justiz und das Verhältnis der dritten Gewalt zum Verfassungsschutz, GSZ 2021, 6; *Fleckenstein, F.*, Kampf den Feinden oder Schutz der Minderheiten?, 2017; *Frankel, E.*, Deutschland und die westlichen Demokratien, 3. Aufl. 2015; *Gärditz, K. F.*, Sicherheitsrecht als Perspektive, GSZ 2017, 1; *Groß-*

mann, S., Liberales Strafrecht in der komplexen Gesellschaft, 2016; *Habermas, J.,* Faktizität und Geltung, 1990; *Hassemer, W.,* Freiheitliches Strafrecht, 2001; *Hofmann, M./Ritzert, S.,* Zur Strafbarkeit des Einsatzes nachrichtendienstlicher V-Personen in terroristischen Vereinigungen extremistischen Organisationen und verbotenen Gruppierungen, NStZ 2014, 177; *Jahn, M.,* Das Strafrecht des Staatsnotstandes, 2004; *Johannes, P./ Weinhold, R.,* Das neue Datenschutzrecht bei Polizei und Justiz, 2018; *Keller, A.,* Der Einsatz Verdeckter Ermittler bei der Verfolgung von Staatsschutzdelikten, Kriminalistik 2021, 154; *Lang, X.,* Geheimdienstinformationen im deutschen und amerikanischen Strafprozess, 2014; *Linzbach, K. M./Gärditz, K. F.,* Das nachrichtendienstliche Trennungsgebot – ein verfassungsrechtlicher Totenschein, ZG 2020, 314; *Luhmann, N.,* Das Recht der Gesellschaft, 1995; *Rautenberg, F.,* Rechtsstaatswidriges Feindstrafrecht oder notwendige Maßnahmen zur Terrorismusbekämpfung?, 2014; *Roggan, F.,* Straf- und strafprozessrechtliche Aspekte des Einsatzes von Verdeckten Mitarbeitern und V-Leuten nach dem Bundesverfassungsschutzgesetz, GA 2016, 393; *Sachs, M.,* Staatsorganisationsrecht: Freies Mandat des Abgeordneten, JuS 2014, 284; *Schiffers, R.,* Zwischen Bürgerfreiheit und Staatsschutz, 1989; *Schulte, Ph.,* Terrorismus und Anti-Terrorismus-Gesetzgebung, 2008; *Warg, G.,* Der Begriff der Akte und ihre Vorlage im Strafverfahren, NJW 2015, 3195; *Warg, G.,* Man muss Extremist sein wollen – Das BVerfG und die Abgeordnetenbeobachtung, NVwZ 2014, 36; *Wiefelspütz, D.,* Die Immunität und Zwangsmaßnahmen gegen Abgeordnete, NVwZ 2003, 38; *Wurbs, R.,* Regelungsprobleme der Immunität und der Indemnität in der parlamentarischen Praxis, 1988; *Zweigle, Th. A.,* Gesetzgeber im Konflikt zwischen Rechtsstaatlichkeit und Terrorismusbekämpfung, 2020.

Hinweis:
Alle Internetfundstellen wurden zuletzt am 29.4.2022 abgerufen.

A. Einführung

1 Mit Sicherheitsgewährleistung und Rechtsstaatlichkeit werden zwei der komplexesten Bereiche des öffentlichen Rechts adressiert. Eine Darstellung ihrer vielfältigen Verknüpfungen kann danach nicht erschöpfend sein, sondern hat sich auf die Grundlagen und spezielle Probleme der Theorie und Anwendungspraxis zu fokussieren. Vorliegend sind hier die notwendigen Grundlagen (**B**, → Rn. 2) und konkreten Vorgaben des Rechtsstaatsprinzips mit Blick auf die Sicherheitsgewährleistung (**C**, → Rn. 29) zusammenfassend darzustellen, bevor auf besondere erläuterungsbedürftige Problemlagen, nämlich der Sicherheitsgewährleistung unter Beachtung der Gewaltenteilung (**D**, → Rn. 59), der Rechtsberatung (**E**, → Rn. 79) und den gerichtlichen Verfahren und ihren rechtsstaatlichen Grundsätzen (**F**, → Rn. 101) eingegangen werden kann.

B. Grundlagen

I. Grundlagen der Rechtsstaatlichkeit und Sicherheit

1. Gegenüberstellung

2 Bisweilen wird Euch heute noch in der Literatur das Bild vermittelt, der Rechtsstaat *per se* habe sich als Einschränkung des zuvor durchgesetzten „*Sicherheitszwecks des Staats*" entwickelt.[1] Richtig ist daran, dass die **Begriffe** von Staat und Sicherheit selbst deutlich früher auftreten als jener des Rechtsstaats. Sie sind Spiegel des Absolutismus: als Folge des Zusammenbrechens der mittelalterlichen Weltordnung ab dem 15. Jh. in Europa und spätestens 1648 im deutschen Sprachraum entsteht unter antik-römischen Spätrezeption das Ziel der „*securitas*", Sicherheit gegen äußere und innere Feinde zur Rechtfertigung der Herausbildung der Obrigkeitsstaaten.[2] Der **Rechtsstaat moderner Prägung,** dh als *terminus technicus,* kann demgegenüber als Kind der Aufklärung des 18. Jh. gelten, der sich im folgenden Jahrhundert auch als Teil des besonderen „deutschen Weges" von den gescheiterten politischen Umwälzungen von Aufständen von den „Bauernkriegen" des 16. Jh. über die Revolutionen von 1848/49 darstellt und jene Obrigkeitsstaaten bis 1919 stabilisierte.[3] Soweit mit dem genannten Bild allerdings – durchaus nicht selten – suggeriert

---
[1] *Grzeszick* in Maunz/Dürig GG Art. 20 VII. Rn. 2 ff.
[2] Vgl. *Fahrner* ZStW 132 (2020), 86 ff.
[3] Vgl. hier nur *Schmidt-Aßmann* in Isensee/Kirchhof StaatsR-HdB II § 26 Rn. 13 insbesondere zur Begriffsgeschichte mwN in Fn. 32; *Doehring* Staatslehre Rn. 426 ff.

werden soll, auch in der Bedeutung käme dem Sicherheitsstaat (sozusagen als „*Pflicht*") Vorrang vor dem Rechtsstaat gewissermaßen als „*Kür*" zu, findet diese gefährliche und präliberale Relativierung weder irgendeinen Anhalt im geltenden Verfassungssystem noch in der umfassenderen historischen Betrachtung:[4] Im größeren geschichtlichen Rahmen ist der Rechtsstaat eine zurückkorrigierende Antwort auf jene politisch-gesellschaftlichen Prozesse des unbegrenzten Polizeiobrigkeitsstaats, welcher die althergebrachten Gegengewichte gegen absolute Machtmonopole, nämlich an Privilegien, Rechtskreisen, Ständen, höheren Rechtsgemeinschaften von Reich und Kirche gegenüber den Landesherren aushebelte.[5]

Tatsächlich liegen **beide Perspektiven auf und von Herrschaft** weit näher zeitlich 3 zusammen und übereinander, als jene „Primogenitur-Behauptung" der Staatssicherheit (durchaus gelegentlich mit autoritären Tendenzen) glauben machen kann. Dies gilt nicht nur für zwei ihrer zentralen europäischen Protagonisten, in der Sicherheitsbegründung von *Hobbes* nach 1642 und der Gesetzes- und Gewaltenteilungstheorie von *Locke* 1690.[6] Ob am Ende die Prinzipien der Rechtsgemeinschaft oder jene der durch kollektive Macht gewährten Sicherheit historisch als älter gelten dürfen, bleibt im prähistorischen Dunkel offen. Beide drücken **Modi der Machtausübung** in einem Gemeinwesen aus, die in unterschiedliche Richtungen abstrahlen: Auf der einen Seite steht der fortwährende Versuch der Machtlegitimierung und -stabilisierung im Hinblick auf Regeln und Prinzipien in einem Gemeinwesen. Auf der handelt es sich bei Sicherheit, wie bereits Thukydides als Ausgangspunkt von *Hobbes* brillant anhand der attischen Bündnispolitik analysierte, stets um ein Element der Unterwerfung unter überwältigende konzentrierte Macht, welche die Gefahren von Auflehnungen Einzelner und von Minderheiten gegen Gebot und Norm praktisch eliminieren.[7]

2. Verankerung der Rechtsstaatlichkeit in der freiheitlich demokratischen Grundordnung

Im Gegenteil zur nur indirekt als Schutzgut der Verfassung begründbaren Sicherheit (→ § 2 4 Rn. 25 ff.), stellt das Rechtsstaatsprinzip, jedenfalls wie in Art. 20 Abs. 2, 3, Art. 23 Abs. 1 S. 1, Art. 28 Abs. 1 S. 1 GG formuliert, ausdrücklich einen zentralen Teil des gem. Art. 79 Abs. 3 GG unter Änderungsschutz stehenden **Kerns der freiheitlich demokratischen Grundordnung** des Grundgesetzes dar.[8] Wie deren beiden anderen Kernelemente, Menschenwürde und Demokratie, so dient das Rechtsstaatsprinzip vor allem einem friedlichen und freiheitlichen Zusammenleben, ausgehend von allen Individuen als Handlungssubjekten.

a) Bedeutung der Friedlichkeit. Friedlichkeit ermöglicht der Rechtsstaat, indem er 5 Wege gewaltfreier Konfliktlösung und -prävention anbietet, die auch im Fall von Übergriffen die Betroffenen innerhalb der Gemeinschaft nicht dem Eindruck von Ohnmacht überlassen. Der Betroffene erhält mit dem Strafausspruch oder sonst mit einem Urteil gegen den Widersacher die Anerkennung, „*im Recht*" der Gemeinschaft zu sein.[9] Hinzu treten durchsetzbare Wiedergutmachungen und andere Sanktionierungen des Widersachers. Die

---

[4] Vgl. überzeugend *Schmidt-Aßmann* in Isensee/Kirchhof StaatsR-HdB II § 26 Rn. 10 ff. zur Rechtsgemeinschaft weit vor der „Verabsolutierung der Sicherheit" mwN; *Conze* in Brunner/Conze/Kosellek, Geschichtliche Grundbegriffe, Art. „Sicherheit", Bd. 5, 2004 (1984), 831 ff.; *Michaelis*, Die Deutschen und ihr Rechtsstaat 1980, 1 ff.; *Fahrner*, Der Landfrieden im Elsass, 2007, 1 ff.
[5] Vgl. etwa *Doehring* Staatslehre Rn. 390 ff.
[6] The Second Treatise of Civil Government, 1690, cap. 12 ff.
[7] Angesichts weiterer Beiträge ist dies hier nicht zu vertiefen, → § 2 Rn. 6 ff., § 6 Rn. 28 ff., § 36 Rn. 35; *Kriele*, Einführung in die Staatslehre, 6. Aufl. 2003, §§ 25 ff.
[8] BVerfGE 144, 20 (203 ff.) = NJW 2017, 611; vgl. auch *Leibholz*, Strukturprobleme der modernen Demokratie, 3. Aufl. 1967, 168 f.; *Doehring* Staatslehre Rn. 443; zur historischen Tradition in der Lit. und Rspr. des BVerfG vgl. *Hesse* Grundzüge VerfR Rn. 183 ff.
[9] Vgl. auch *Conze*, Art. „Sicherheit", in Brunner/Conze/Kosellek, Geschichtliche Grundbegriffe, Bd. 5, 2004 (1984), 837; *Fahrner*, Der Landfrieden im Elsass, 2007, 1 ff. passim.; *Schmidt-Aßmann* in Isensee/Kirchhof StaatsR-HdB II § 26 Rn. 11.

zu erwartenden Nachteile zeigen bereits in ihrer Drohung präventive Wirkungen. Der Staat effektiviert mit seinem Gewaltmonopol das Recht weiter, er unterstellt sich aber selbst ebenso dem Recht. Akte, die von der Staatsgewalt selbst ausgehen, sind der Überprüfung anhand des Rechts und eigener Kontrollinstanzen eröffnet, sodass niemand über dem Recht steht und seine Opfer ohnmächtig im Unrecht zurücklässt, habe er auch staatliche Macht.

6 **b) Bedeutung der Freiheit.** Mit der individuellen **Freiheit**[10] verbindet sich das Rechtsstaatsprinzip ebenfalls aufs Engste: Das Recht weist Handlungsbereiche ursprünglicher *„Willkür"* des Einzelnen aus, die vor staatlichem Eingreifen ebenso wie vor dem Dritter nach klaren Regeln geschützt sind bzw. deren Verletzung wiederum Sanktionen im oben genannten Sinn nach sich ziehen. In beidem erzeugt der Rechtsstaat selbst Sicherheit, indem er Korridore von Verhaltenserwartungen normativ eingrenzt, diese so stabilisiert und insbesondere Ausbrüchen von Gewalt entgegenwirkt. Sicherheit ist in diesem Sinn **Rechtssicherheit.** Nur in diesem Sinn wird der Begriff der Sicherheit in den Grundrechtsverbürgungen wie Art. 6 GRCh, Art. 5 Abs. 1 S. 1 EMRK, zurückgehend auf die französische Aufklärung, verstanden und auch dort mit der Freiheit verbunden.[11]

7 Der Rechtsstaat ist damit *„rule of law, not empire of men"*.[12] In ihm werden Maßnahmen statt willkürlich durch den Machthaber unabhängig von der konkreten Person des Rechtsanwenders und nur im Hinblick auf den Betroffenen nur anhand **legitimer,** voraussehbarer und bestimmter **Merkmale** differenzierend, mithin **willkür- und insoweit gewaltfrei** getroffen.[13]

8 In Verbindung mit der Menschenwürde folgt daraus weiter, dass jedermann durch sein *rechtskonformes* **Unterlassen oder Tun** in jeder Situation jedenfalls eine Bestrafung vermeiden kann, da dies wiederum gerade das **Prinzip der Schuld** als Grundlage der Strafe voraussetzt *(nulla poena sine culpa),*[14] die zudem in rechtsstaatlichem Verfahren bewiesen worden sein muss (vgl. Art. 6 Abs. 2 EMRK: *in dubio pro reo*). Alleine an Eigenschaften, die das Subjekt *„schuldlos"* an sich vorfindet, darf daher die Strafe ebenso wenig geknüpft werden,[15] wie an seine **Gesinnung,** wenn der Betroffene sich nur äußerlich, jedoch vollständig an das Recht hält: *„cogitationis poenam nemo patitur"*.[16] Ein **Anfangsverdacht** kann nur Ermittlungen auslösen, wenn plausibel, dh nachvollziehbar, die allgemeine Rechtstreuevermutung erschüttert ist, dass, wer sich im Rahmen der Gesetze, also legal, verhält, *prima facie* keinen Anlass zu Zweifeln seiner Gesetzestreue gibt.[17] Eine polizeiliche Inanspruchnahme jedenfalls als **Verhaltensstörer** muss dadurch vermeidbar sein, dass der Betroffene eben nicht jene nötige unmittelbare Ursache der Gefahr setzt.[18]

---

[10] Vgl. etwa *Hesse* Grundzüge VerfR Rn. 186, 191 f.; sowie der Menschenwürde, vgl. nur BVerfGE 45, 187 (227 ff.) = NJW 1977, 1525.
[11] *Bernsdorff* in NK-EuGRCh Art. 6 Rn. 11 mwN; ebenso *Calliess* in Calliess/Ruffert GRCh Art. 6 Rn. 4 mwN, ganz hM; *Bielefeldt,* Freiheit und Sicherheit im demokratischen Rechtsstaat, 2004, 13 f. ebenso zum IBPR.
[12] Vgl. Art. 30 Constitution of the Commonwealth of Massachusetts (1780): *„In the government of this commonwealth, the legislative department shall never exercise the executive and judicial powers, or either of them: the executive shall never exercise the legislative and judicial powers, or either of them: the judicial shall never exercise the legislative and executive powers, or either of them: to the end it may be a government of laws and not of men. ";* danach Marbury v. Madison, 5 U.S. (1 Cranch) 137 (1803): *„The very essence of civil liberty certainly consists in the right of every individual to claim the protection of the laws, whenever he receives an injury. One of the first duties of government is to afford that protection. [The] government of the United States has been emphatically termed a government of laws, and not of men. It will certainly cease to deserve this high appellation, if the laws furnish no remedy for the violation of a vested legal right. ";* vgl. weiter *Cox* zit. ua in Oelsner „Cox Office Shut On Nixon's Order", The New York Times, 21.10.1973, 60; *Choate,* The Political Writings of Rufus Choate, 1862 (2002), 194: *„Government of laws, not of men; of reason not of will; of justice, not of fraud. ".*
[13] Vgl. *Hesse* Grundzüge VerfR Rn. 187, 189 f.; *Doehring* Staatslehre Rn. 425.
[14] Vgl. BVerfGE 20, 323 (331) = NJW 1967, 195 mwN.
[15] Vgl. *Fahrner* Kriminalistik 74 (2020), 548 (551).
[16] D. 48.19.18; missverständlich zu weitgehend BVerwG NJW 2002, 155 mwN.
[17] *Böckenförde* Staat, Verfassung, Demokratie, 1991, 277 (279); *Fahrner* Kriminalistik 74 (2020), 548 (551 ff.).
[18] Vgl. *Denninger* in Lisken/Denninger PolR-HdB Rn. D73, 77 ff.; *Wolf* in Schenke/Graulich/Ruthig BPolG § 17 Rn. 13 ff.

Dadurch, dass der Staat in Freiheiten der Individuen und ihren gesellschaftlichen Verbindungen – etwa durch Grundrechte und andere Normen – gesichert nicht eingreift, sondern sich auf ein zu rechtfertigendes Maß beschränkt,[19] ist er das **Gegenbild eines totalitären Kollektivs**.[20] Jener würde zur Vernichtung der Freiheit und vor allem bei der zunehmenden komplexen und verdichteten *„Durchrechtlichung"* des Alltags zu unmenschlichen normativen Anforderungen führen, die wiederum in Willkür enden müssen, auch wenn die staatlichen Sanktionsmechanismen unter Handlungspflicht überlastet werden.[21] Hingegen ermöglicht die so beschränkte Ordnung den historisch erwiesen zu Frieden erforderlichen **Pluralismus,** namentlich in Weltanschauungs-, Wert- und Gemeinwohlauffassungen[22] und schafft Voraussetzungen für gesellschaftliche Weiterentwicklung und Fortschritt, wie in der Präambel der Weimarer Reichsverfassung noch ausdrücklich als Staatsziel ausgedrückt.[23] Insofern verwirklicht der soziale Rechtsstaat auch **materielle** Werte der Gerechtigkeit in einem pluralistischen System, indem er eine Steigerung des *a posteriori* Gemeinwohls nach freien, friedlichen und fairen Diskursen anstrebt und ermöglicht.[24]

3. Alternative Sicherheitskonzeptionen als Gegenvorstellungen zum Rechtsstaat

Als **Gegenvorstellungen** zum Rechtsstaat erweisen sich alternative Sicherheitskonzeptionen.

a) Präventionsstaat. Hierzu zählt, bereits durch *v. Humboldt* eindrücklich abgelehnt,[25] zuvorderst ein Sicherheitsverständnis eines **prohibitiv-interzedierenden Präventionsstaates,**[26] der dem Einzelnen die freie Entscheidung für oder gegen das Recht durch *vorheriges* Einschreiten *gegen diesen* unmöglich macht, und sich im Übrigen so gerade auch nicht auf *Hobbes* berufen kann: Nach dessen Sicherheitskonzeption wird der Einzelne im Rahmen *seiner formal freien Entscheidung* zur Beachtung der Normen (bzw. Unterlassen von Übergriffen) dadurch gebracht, dass er aufgrund der überwältigenden Gegenmacht berechtigt fürchten muss, sicher am Ende nur Schaden zu nehmen und schlechter als bei Konformität dazustehen.[27] Damit dient die Staatsbegründung dem Frieden durch die Beachtung des Rechts, jedenfalls durch alle Unterlegenen. Durch eine Befugnis wie gem. Art. 11 Abs. 3 S. 1 Alt. 2 BayPAG, eine Gefahr zu vereiteln, bevor diese aufgrund des freien Verhaltens des deklarierten Gefährders überhaupt entstehen kann, ist demgegenüber der Paradigmenwechsel vollzogen.[28]

b) Polizeistaat. Ähnlich hat sich historisch die Gegenüberstellung des **Polizeistaats** gegenüber dem formellen Rechtsstaat erwiesen:[29] Beide eint das Ziel, die Güter des Einzelnen und der Gemeinschaft wirksam zu schützen. Jedoch rechtfertigt die Vorstellung

---

[19] Vgl. *Hassemer*, Freiheitliches Strafrecht, 2001, 71 ff., 173, 185; auch *Schmidt-Aßmann* in Isensee/Kirchhof StaatsR-HdB II § 26 Rn. 22 ff.
[20] Vgl. in Stern StaatsR I 767; zust. etwa *Schmidt-Aßmann* in Isensee/Kirchhof StaatsR-HdB II § 26 Rn. 25.
[21] Vgl. etwa auch *Foucault*, Überwachen und Strafen, 1976, 225 ff., 255 sowie passim.
[22] Vgl. *Fraenkel*, Der Pluralismus als Strukturelement der freiheitlich-rechtsstaatlichen Demokratie, 1964, B29; *Fraenkel*, Deutschland und die westlichen Demokratien, 3. Aufl. 2015, 329 ff.
[23] Vgl. BVerfGE 5, 85 (197 ff.) = NJW 1956, 1393.
[24] Vgl. zum Ganzen insbesondere *Böckenförde* FS Arndt, 1969, 53 ff.; zu den zum Teil differierenden Verwendungen von materiellen und formellen Rechtsstaatsbegriffen vgl. exemplarisch *Badura* StaatsR Rn. D45; *Schmidt-Aßmann* in Isensee/Kirchhof StaatsR-HdB II § 26 Rn. 18 ff.; *Doehring* Staatslehre Rn. 443 ff.; *Zippelius/Würtenberger* StaatsR § 12 Rn. 2.
[25] *v. Humboldt,* Ideen zu einem Versuch, die Gränzen der Wirksamkeit des Staates zu bestimmen, 1792, 187 ff.
[26] Vgl. näher *Denninger* in Lisken/Denninger PolR-HdB Rn. B14 ff.; *Würtenberger* in Gusy/Kugelmann/Würtenberger Zivile Sicherh-HdB Kap. 30 Rn. 1 ff.
[27] *Hobbes,* De cive, übers. A. Hahmann [Reclam] 2017 S. 188 ff. Ausgabe cap. 5, II ff.
[28] Vgl. nur *Löffelmann* BayVBl 2018, 145 (149); *Waechter* NVwZ 2018, 458 (462); 2018, 1680; aA *Möstl* BayVBl 2018, 156 (159); *Müller* BayVBl 2018, 109 (112).
[29] Vgl. *Badura* StaatsR Rn. D45; *Doehring* Staatslehre Rn. 427.

des Polizeistaates dadurch alleine jedes notwendige Vorgehen zum Erhalt. Zum autoritären Polizeistaat wird er zusätzlich, wenn zur Legitimierung von polizeilichen Maßnahmen statt auf das System des Rechts und seiner Prinzipien auf persönliche Autoritäten zurückgegriffen wird bzw. werden muss, also etwa aus der Stellung des Amtswalters alleine seine Autorität zur Beurteilung, Entscheidung und Durchführung von Maßnahmen abgeleitet wird. Der Rechtsstaat setzt hingegen formale Schranken, wie Zuständigkeiten, Verfahren, Reservatbereiche und Abwägungen. Sie führen dazu, dass die unmittelbaren Schutzziele gegenüber Dritten und natürlichen Gefahren durch den Staat nicht immer erreichbar sind. Im gleichen Maß wird allerdings die Rechtssicherheit der Betroffenen vor dem Staat erst ermöglicht.

13 **c) Securitization.** Als beständigste Herausforderung des Rechtsstaats erscheint vor allem jene politische Dynamik, Probleme als solche der Sicherheit einzuordnen (*Securitization* im engeren Sinn),[30] aufgrund in der Öffentlichkeit empfundener Bedrohungen – auch unter der Behauptung eines (Super-)Grundrechts auf Sicherheit[31] – nach immer mehr „Sicherheit durch den Staat" zu streben und immer weiter im Vorfeld potentielle Gefährdungen (möglichst gar präventiv-prohibitiv) zu vereiteln.[32] Jenseits einer Spirale immer weiterer Inanspruchnahme und zunehmender Vollzugsdefizite angesichts Überforderung der Sicherheitsorgane erweisen sich dahingehende Sicherheitsversprechen *ad extremis* auch als zerstörerisch für den Rechtsstaat, seine Freiheitlich-, Friedlich- und Fortschrittlichkeit. Sie bedingen eine derartige Sicherheit vor den Individuen, deren Verhalten für den Staat sicher vorhersehbar und damit unfrei zu machen, setzen homogene Wertvorstellungen voraus und überfordern die Betroffenen unmittelbar. Die Verheißungen einer absoluten Sicherheit kann nicht nur kein freiheitlich rechtsstaatlicher, sondern überhaupt kein Staat erfüllen.

4. Zusammenwirken des Rechtsstaatsprinzips mit der Menschenwürde und dem Demokratieprinzip

14 Von besonderer Bedeutung ist schließlich als Grundlage der freiheitlich demokratischen Verfassungsordnung das **Zusammenwirken** des Rechtsstaatsprinzip mit der Menschenwürde und dem Demokratieprinzip:

15 **a) Menschenwürde.** Das Gebot zur Achtung der **Menschenwürde** bedeutet insbesondere, dass niemand zum bloßen Objekt der Sicherheitsgewährleistung unter Verletzung seines verfassungsrechtlich geschützten sozialen Wert- und Achtungsanspruchs gemacht werden darf[33] und grausame, unmenschliche und erniedrigende staatliche Sanktionen und Maßnahmen verboten sind.[34]

16 **b) Demokratie.** Mit der **rechtsstaatlichen Demokratie** ist eine parteiische Ausübung der Staatsgewalt, namentlich eine Politisierung der Sicherheitsbehörden, nicht vereinbar.[35] Gewonnene Erkenntnissen dürfen nicht einseitig, gezielt oder verdeckt an einzelne Parteien oder Politiker, etwa zur Verwendung gegen die Opposition im Wahlkampf, weitergegeben

---

[30] Vgl. *Buzan/Wæver/de Wilde*, Security, 1998, passim.
[31] Vgl. hierzu *Fahrner* ZStW 132 (2020), 84; hier nur grundlegend für die Theorie *Isensee*, Das Grundrecht auf Sicherheit, 1983; dagegen überzeugend *Bielefeldt*, Freiheit und Sicherheit im demokratischen Rechtsstaat, 2004, 14 ff.; *Robbers*, Sicherheit als Menschenrecht, 1987, 15.
[32] Vgl. hierzu und zum Ganzen ausführlich *Großmann*, Liberales Strafrecht in der komplexen Gesellschaft, 2016, 24 ff., 45 ff.; *Hassemer* ZRP 1992, 378 (380); *Frankenberg* KJ 2005, 370 (374); *Brunhöber* in Puschke/Singelnstein, Der Staat und die Sicherheitsgesellschaft, 2018, 193 (196 ff.); *Denninger* in Lisken/Denninger PolR-HdB Rn. D15 ff.
[33] BVerfGE 28, 389 (391) = NJW 1970, 1453; 45, 187 (228 f.) = NJW 1977, 1525; BVerfGE 122, 248 (271) = NJW 2009, 1469, stRspr.
[34] Vgl. BVerfGE 1, 332 (348) = NJW 1952, 1129; BVerfGE 6, 389 (439) = NJW 1957, 865; BVerfGE 45, 187 (227 ff.) = NJW 1977, 1525; *Schmidt-Aßmann* in Isensee/Kirchhof StaatsR-HdB II § 26 Rn. 30 ff.
[35] Vgl. BVerfGE 44, 125 (146) = NJW 1977, 751; BVerfGE 136, 323 = NVwZ 2014, 1156; BVerfGE 138, 102 (109 ff.) = NVwZ 2015, 209; BVerfGE 148, 11 (22 ff.) = NJW 2018, 928 jeweils unmittelbar bezogen auf Art. 21, 38 GG; allgemein etwa *Hesse* Grundzüge VerfR Rn. 196.

B. Grundlagen **§ 4**

werden.³⁶ Die Öffentlichkeitswarnung vor extremistischen Parteien bleibt davon unberührt.³⁷

II. Verfassungsrechtliche Ausgestaltung des Rechtsstaats im Grundgesetz

Im Grundgesetz verkörpern – durch das Homogenitätsgebot (unter Gewährleistungspflicht **17** des Bundes) auf die Länder (Art. 28 Abs. 1 S. 1, Abs. 3 GG) und auf die Öffnung für die Europäische Integration (Art. 23 Abs. 1 S. 1 GG) erstreckt – das Rechtsstaatsprinzip vor allem die Bindung an Verfassung, Recht und Gesetz in Art. 20 Abs. 3 GG (**1.**, → Rn. 18) sowie die Gewaltenteilung in Art. 20 Abs. 2 S. 2 GG (**2.**, → Rn. 23) neben weiteren Ausprägungen (**3.**, → Rn. 25).

1. Gesetzesbindung

Mit der **Durchbindung allen staatlichen Handelns an das Recht** in seiner hierar- **18** chischen Ausgestaltung, insbesondere von Verfassung und Gesetz, gem. Art. 20 Abs. 2 S. 2 GG setzt sich das Recht normativ selbst voraus, staatliches Handeln egal in welcher Form unterwirft es dem Primat seiner Maßstäbe und Funktionen.³⁸

a) Rationalität des Rechts. Macht- und Wertentscheidungen werden anhand von **Prin-** **19** **zipien und Regeln** plausibilisiert, letztere als konkret formulierte Entscheidungs-, erstere als Optimierungsgebote, jeweils unter dem Einschluss von Kollisionsnormen, einer logischen Durchdringung und analytisch-synthetischen Rationalität zugänglich.³⁹ Beurteilt sich staatliche Machtausübung im Code der Rechtmäßigkeit,⁴⁰ ist für den sozialen und politischen Diskurs eine gemeinsame Basis eröffnet, welche Erwartungshaltungen strukturieren, die Komplexität sozialer Systeme auf ihr notwendiges Maß reduzieren und *„diskursive Rationalität"* im Sinne auch von Friedlichkeit und Gewaltfreiheit auch in Konfliktaustrag und -prävention schaffen kann.⁴¹

b) Vorrang von Verfassung und Gesetz. Die Sicherheitsverwaltung ist, wie alle Staats- **20** gewalt, an die Verfassung und die gesamte Exekutive und Justiz an Recht und Gesetz gebunden (Art. 20 Abs. 3 GG), mithin tritt für sie zum **Verfassungs- und Gesetzesvorrang** der formale Gesetzes- und inhaltliche Parlamentsvorbehalt.⁴²

c) Grundrechte und subjektive Rechte. Besonders schließt diese Rechtsbindung die **21** Geltung der Grundrechte (vgl. Art. 1 ff. GG) und sonstigen **verfassungsrechtlichen subjektiven Rechtspositionen,** seien es solche zwischen Organen oder zwischen Kommunen, Ländern und Bund mit Vorrang über dem gesamten einfachen Recht und insbesondere allen Formen der untergeordneten Normsetzung und -anwendung auch im Bereich der Sicherheitsgewährleistung ein.

d) Gesetzliche Rechtsänderung. Auch die **Rechtsänderung** ist – nur, aber auch – in **22** den Kategorien des Rechts möglich, mithin etwa die Gesetzgebung (Art. 70 ff. GG) und die Verfassungsänderung (Art. 79, 146 GG) in den vorgesehenen Verfahren.⁴³ Sicherheits-

---

³⁶ BVerwGE 137, 275 = NVwZ 2011, 161.
³⁷ Vgl. BVerfGE 39, 334 = NJW 1975, 1641; BVerfGE 40, 287 = NJW 1976, 38.
³⁸ Vgl. etwa BVerfGE 144, 20 (203 ff.) = NJW 2017, 611; *Aristoteles,* Politik, übersetzt F. Schwarz [Reclam] 1989 S. 195 f. [1287a 10 ff.] Ausgabe, cap. III, 16; *Locke,* The Second Treatise of Civil Government, 1690, cap. 18 § 199; vgl. *Zacher* FS Stern, 1997, 393 ff.; *Callies,* Prozedurales Recht, 1999; *Hesse* Grundzüge VerfR Rn. 195 ff.
³⁹ Vgl. *Zippelius/Würtenberger* StaatsR § 1 Rn. 32.
⁴⁰ Vgl. *Luhmann,* Zwei Seiten des Rechtsstaates, in Institute of Comparative Law, Conflict and Integration, 1989, 493 ff.; *Luhmann,* Das Recht der Gesellschaft, 1995, passim.
⁴¹ Vgl. *Habermas,* Faktizität und Geltung, 1990, 70, 98 ff., 138 ff.
⁴² Vgl. nur *Zippelius/Würtenberger* StaatsR § 12 Rn. 38 ff.; *Krebs,* Vorbehalt des Gesetzes und Grundrechte, 1975; *Doehring* Staatslehre Rn. 437 ff.
⁴³ Vgl. *Schmidt-Aßmann* in Isensee/Kirchhof StaatsR-HdB II § 26 Rn. 24, 90 ff.

Fahrner

gewährleistung für den Rechtsstaat bedeutet vor allem die Garantie der Einhaltung der darin verkörperten Spielregeln sowohl gegen manifeste Gewalt und Zwang wie der notwendig veränderungsfesten Gewährleistungen (vor allem Art. 79 Abs. 3 GG, aber auch Art. 19 Abs. 1, 2 GG) gegen aktuelle Mehrheiten. Bestrebungen, die sich gegen die Einhaltung der Verfahren oder den Fortbestand der freiheitlich-demokratischen Grundordnung richten, sind im rechtlichen Rahmen der streitbaren und wehrhaften Demokratie, wie etwa in Art. 9 Abs. 2, 18, 21 GG verkörpert, zu bekämpfen (→ § 32 Rn. 4, 46 ff.; § 47 Rn. 1 ff.).

2. Gewaltenteilung

23 Die **Gewaltenteilung,** wie sie Art. 20 Abs. 2 S. 2 GG anordnet, hat sich seit *Locke, Montesquieu* und der neuzeitlich-republikanischen Verfassungstradition und französischer[44] und amerikanischer[45] Führung als zentrale Sicherung der Rechtsstaatlichkeit behauptet:[46] Fehlt es an effektiver Kontrolle, weil jemand im Staat die Übermacht besitzt, kann gegen ihn die Herrschaft des Rechts nicht durchgesetzt werden, welche alleine eine dem Niedergang geweihte Despotie verhindert:

„par des lois fixes et établies; au lieu que, dans le despotique, un seul, sans loi et sans règle, entraîne tout par sa volonté et par ses caprices....Tout serait perdu, si le même homme, ou le même corps des principaux, ou des nobles, ou du peuple, exerçaient ces trois pouvoirs: celui de faire des lois, celui d'exécuter les résolutions publiques, et celui de juger les crimes ou les différends des particuliers."[47]

24 Die Sicherheitsgewährleistung wird in den Schriften von *Locke* und *Montesquieu* der Exekutive nur insoweit, wie sie den Schutz nach außen betrifft, ansonsten aber der *Rechtsprechung* zugewiesen.[48] Dies wirkt in der **Oberhoheit der Justiz** und Hilfstätigkeit der Polizei beim Strafverfahren fort, während die unmittelbare Gefahrenabwehr und -aufklärung der Exekutive in Bund und Ländern zugeordnet ist (→ vgl. § 7 Rn. 4 ff.). Umso mehr darf diese nicht die **wechselseitige Kontrolle der Gewalten,** vor allem der Legislative und Judikative über die Exekutive gefährden. Andererseits dürfen gerichtliche und legislative Nachprüfungsrechte nicht zur Aneignung des Kernbereichs exekutiver Sicherheitsgewährleistung führen. Daraus ergibt sich (nur) gegenüber dem Parlament ein Kernbereich exekutiver Eigenverantwortung der Regierung, gegenüber der Justiz Begrenzungen im (nicht rechtswidrig ausgeübten) Ermessen und etwaigen nicht voll nachprüfbaren Beurteilungsspielräumen.[49]

3. Weitere Ausgestaltung

25 Darüber hinaus ist das Rechtsstaatsprinzip vielfältig ausgestaltet:[50]

26 **a) Umfassende Justizgewährung.** Zentral ist die **umfassende Justizgewährung** als Spiegelbild des staatlichen Gewaltmonopols[51] und die Konstituierungen und Sicherungen der unabhängigen Kontrollfunktion der Gerichte, namentlich mit Rechtsprechungsmonopol (Art. 92 f. GG), Unabhängigkeit (Art. 97 GG), gesetzlichem Richter (Art. 101 GG),

---

[44] Vgl. etwa Art. 16 Declaration des Droit de l'homme 1789; Art. 19 Franz. Verf (1848).
[45] Vor allem Art. 30 Constitution of the Commonwealth of Massachusetts (1780) (vgl. oben Fn. 12) sowie die US-Bundesverfassung in ihrem gesamten Artikelstruktur.
[46] Vgl. BVerfGE 10, 200 (212) = NJW 1960, 187; *Doehring* Staatslehre Rn. 395 ff.
[47] *Montesquieu*, De l'esprit des lois, 1748, I 2, cap. 1 wohl beruhend auf *Locke*, The Second Treatise of Civil Government, 1690, cap. 18 § 199.
[48] *Locke,* The Second Treatise of Civil Government, cap. 12 § 147; *Montesquieu,* De l'esprit des lois, I 11, cap. 6.
[49] Vgl. etwa BVerfGE 49, 89 (141) = NJW 1979, 359; BVerfGE 61, 82 (111 f.) = NJW 1982, 2173; BVerfGE 87, 234 (263 f.) = NJW 1993, 643; *Maurer/Waldhoff* AllgVerwR § 7 Rn. 6 ff.; *Schmidt-Aßmann* in Isensee/Kirchhof StaatsR-HdB II § 26 Rn. 59 ff.; *Rachor/Graulich* in Lisken/Denninger PolR-HdB Rn. E129 ff.
[50] Vgl. etwa *Sachs* GG Art. 20 Rn. 77 f.
[51] Vgl. nur *Badura* StaatsR Rn. H.23; *Zippelius/Würtenberger* StaatsR § 12 Rn. 114.

rechtlichem Gehör (Art. 103 Abs. 1 GG), fairem Verfahren (vgl. Art. 6 Abs. 1 EMRK),[52] Rechtsfriedensschutz durch Rechtskraft zB im Strafrecht (*ne bis in idem,* Art. 103 Abs. 3 GG) und weiteren Verfahrensrechten auch aus der prozeduralen Dimension der einzelnen Grundrechtsverbürgungen. Sie dienen – verbunden mit dem Recht des Einzelnen auf einen wirksamen Rechtsweg gegen Verletzungen durch die Exekutive (Art. 19 Abs. 4 GG) – auch der Gewaltenteilung und wechselseitigen Kontrolle (Art. 20 Abs. 2 S. 2 GG).[53]

b) Richtervorbehalte. Ebenso zur Kontrolle der Exekutive bestehen gerade im Bereich der Sicherheitsgewährleistung die expliziten verfassungsmäßigen **Richtervorbehalte** zum Schutz der persönlichen Freiheit (Art. 104 Abs. 2, 3 GG), der Wohnung (Art. 13 Abs. 2–5 GG) sowie jene weitere ex-ante-Prüfungen durch den Richter, die der Gesetzgeber, teilweise aufgrund unmittelbaren verfassungsrechtlichen Gebots vor allem bei heimlichen Eingriffen, vorgesehen hat (→ Teil III). Weiterhin sind zur Gesetzlichkeit der Verwaltung die Rechts-, Fach- und Dienstaufsicht mit der persönlichen Verantwortlichkeit des Amtswalters innerhalb der Exekutive (zB Art. 84 Abs. 3, 85 Abs. 4 GG) und die Staatshaftung im weiteren Sinn (Art. 14, 34 GG) zu zählen. 27

c) Anforderungen an Rechtsnormen. Auch für den Sicherheitsbereich gelten die **Anforderungen an** die Einhaltung der Zuständigkeiten, Formen und Verfahren einschließlich der autoritativen Publikation von **Rechtsnormen**. Für den Bundesgesetzgeber sind sie etwa in Art. 70 ff. GG ausgeformt, einschließlich der autoritativen Ausfertigung und Verkündigung (Art. 82 GG), des Zitiergebots (Art. 19 Abs. 1 S. 2 GG), der besonderen (Art. 103 Abs. 2 GG, Art. 104 Abs. 1 S. 1 GG) und allgemeinen Bestimmtheit,[54] ergänzt durch die Prinzipien der Rechtsklarheit und -beständigkeit einschließlich der Rechtssicherheit im Hinblick auf Rückwirkungen sowie die allgemeine Verhältnismäßigkeit und die Wahrungen der Grundrechte und ihrer Schranken-Schranken (→ Rn. 42 ff.). 28

C. Allgemeine rechtsstaatliche Anforderungen an das Recht der Sicherheitsgewährleistung

I. Rechtsbindung und Ermächtigungsgrundlagen

Während für alle weiteren Säulen der exekutiven und judikativen Sicherheitsgewährleistung aus dem klaren Wortlaut in Art. 1 Abs. 3 GG, Art. 20 Abs. 3 GG die Bindung an die gesamte verfassungsmäßige Rechtsordnung stets außer Streit stand, hat nunmehr auch das BVerfG mit Gesetzeskraft geklärt, dass deutsche **Auslandsnachrichtendienste** bei Wirkungen im Ausland gegenüber Ausländern an die **Menschenrechte des Grundgesetzes** gebunden sind.[55] 29

Als Eingriffsverwaltung unterliegen Gefahrenaufklärung, -abwehr und Strafrechtspflege dem Gesetzesvorbehalt, dem Bund und Länder nachgekommen sind durch **Ermächtigungen** in Spezialgesetzen, weiterhin je Sicherheitssäule in den zentralen Verfahrensordnungen, vor allem der StPO, den Landespolizeigesetzen sowie den Errichtungsgesetzen des 30

---
[52] Vgl. BVerfGE 38, 105 = NJW 1975, 103; BVerfGE 46, 202 (210) = NJW 1978, 151; BVerfGE 57, 250 (274 f.) = NJW 1981, 1719; BGHSt 32, 345 (350) = NJW 1984, 2300; BGHSt 37, 10 (13) = NJW 1990, 1924; StV 2010, 285; *Badura* StaatsR Rn. H35; *Beulke/Swoboda* StrafProzR Rn. 28.
[53] Vgl. BVerfGE 3, 225 (249) = NJW 1954, 65; BVerfGE 9, 267 (279) = NJW 1959, 1315; BVerfGE 95, 1 (15) = NJW 1997, 383; *Schmidt-Aßmann* in Isensee/Kirchhof StaatsR-HdB II § 26 Rn. 49 f., 56 ff.; *Di Fabio* in Isensee/Kirchhof StaatsR-HdB II § 27 Rn. 18 ff.
[54] Vgl. BVerfGE 30, 103 = NJW 1971, 795; BVerfGE 92, 1 (7) = NJW 1995, 1141.
[55] BVerfG NJW 2020, 2235 mAnm *Aust* DÖV 2020, 715; *Durner* DVBl 2020, 951; eingehend *Dietrich* GSZ 2020, 174; vgl. weiter zur bereits zuvor hL unter anderem *Fahrner* IntErmittlungen-HdB § 1 Rn. 30 mwN; aA noch *Hecker* in Dietrich/Eiffler NachrichtendiensteR-HdB III § 2 Rn. 46; *Löffelmann* in Dietrich/Eiffler NachrichtendiensteR-HdB VI § 3 Rn. 15; der EGMR orientiert sich hierfür maßgeblich an dem Kriterium der effektiven Kontrolle (*„effective control"*) über das Handeln auf fremdem Territorium und hat auf dieser Grundlage in vielen Fällen eine Auslandsgeltung der Konventionsrechte anerkannt, EGMR NJW 2012, 283 mwN.

Bundes für BKA, Bundespolizei, BND, MAD sowie dem BfV und entsprechenden Landesgesetzen für den jeweiligen administrativen Verfassungsschutz. In einer Anwendungshierarchie nach Spezialität stehen jeweils unter der Ebene der Einzelbereichsgesetze Standardermächtigungen für typisierte Situationen mit besonderer Eingriffsintensität und schließlich die jeweiligen Generalklauseln, darunter exemplarisch §§ 161, 163 StPO, § 14 BPolG und § 8 Abs. 1 BVerfSchG.

II. Vorhersehbarkeit, Bestimmtheit und Nachhaltigkeit im Sicherheitsrecht

31 Rechtssicherheit verlangt, dass staatliche Eingriffe für die Betroffenen durch klare, verständliche und möglichst eindeutige, bestimmte Rechtsnormen und deren rationale Anwendung vorhersehbar sind.[56] Alle angegriffenen Befugnisse sind am Grundsatz der **Normenklarheit und Bestimmtheit** zu messen, welcher der Vorhersehbarkeit von Eingriffen für die Bürgerinnen und Bürger, einer wirksamen Begrenzung der Befugnisse gegenüber der Verwaltung sowie der Ermöglichung einer effektiven Kontrolle durch die Gerichte dient.[57] Anlass, Zweck und Umfang des jeweiligen Eingriffs sind daher durch den Gesetzgeber bereichsspezifisch, sowie möglichst präzise und normenklar festzulegen.[58] Im Einzelnen unterscheiden sich hierbei die Anforderungen maßgeblich nach dem Gewicht des Eingriffs und sind insoweit mit den jeweiligen materiellen Anforderungen der Verhältnismäßigkeit eng verbunden.[59]

1. Formale Bestimmtheit

32 Formal setzt dies die entsprechend ausgestalteten Rechtsnormen und deren **kohärente, systematische Ordnung** voraus, die durch die Gesetzgebung, ihre Verfahren, Förmlichkeit und grundsätzlich nachhaltige Ausgestaltung zu gewährleisten sind.[60] Daraus folgt einerseits, dass (insbesondere bei der Sicherheitsgewährleistung) der Gesetzgeber sich einer Einzelfallgesetzgebung zu enthalten hat. Veränderungen des Rechts sind tunlichst zeitlich hinreichend zu strecken und möglichst nachhaltig vorzunehmen, um die eklatante Rechtsunsicherheit eines sich permanent ändernden Straf- und Sicherheitsrechts zu vermeiden. Andererseits sind erhebliche Koordinierungsdefizite, die durch eine zunehmende Überdeckung von Aufgaben und Befugnissen im Rahmen der Sicherheitsgewährleistung zwischen den Akteuren entstehen, zu vermeiden.[61] Es muss sichergestellt sein, dass (vor allem, aber nicht nur rechtskräftige gerichtliche und bestandskräftige exekutive) **Entscheidungen verlässlich** sind und daher auch nicht durch andere öffentliche Stellen durch Entscheidungen oder Maßnahmen unterlaufen werden.

2. Materielle Bestimmtheit und Legitimität von Sicherheitsgewährleistung

33 Weiterhin muss die Inanspruchnahme von hoheitlichen Maßnahmen rational nachvollziehbar, mithin dadurch legitimiert sein.

---

[56] Vgl. *Doehring* Staatslehre Rn. 441.
[57] BVerfGE 141, 220 (265) = NJW 2016, 1781; vgl. auch EuGH NJW 2015, 3151; EGMR EuGRZ 2009, 299; *Denninger* in Lisken/Denninger PolR-HdB Rn. B61 ff.; *Zippelius/Würtenberger* StaatsR § 12 Rn. 63.
[58] Vgl. BVerfGE 65, 1 (44 ff.) = NJW 1984, 419; BVerfGE 100, 313 (359 f.) = NJW 2000, 55; BVerfGE 125, 260 (328) = NJW 2010, 833; BVerfGE 130, 151 (202) = NJW 2012, 1419; stRspr.
[59] BVerfGE 141, 220 (265) = NJW 2016, 1781 mit Verweis auf BVerfGE 110, 33 (55) = NJW 2004, 2213; *Rachor/Graulich* in Lisken/Denninger PolR-HdB Rn. E113 ff.
[60] Vgl. BVerfGE 98, 106 (118 f.) = NJW 1998, 2341; vgl. etwa *Beccaria,* Dei delitti e delle pene, 1764, §§ 33, 41, passim; *Schmidt-Aßmann* in Isensee/Kirchhof StaatsR-HdB II § 26 Rn. 19, 21, 81; *Zippelius/Würtenberger* StaatsR § 12 Rn. 26 ff., 62 ff.
[61] Vgl. insbesondere die im Rahmen des sog. NSU zu Tage getretenen Abstimmungsprobleme, vgl. *BLKR,* Abschlussbericht, 2013, 194 ff.; sowie BT-Drs. 18/12950, 1173 ff.; allg. *Schmidt-Aßmann* in Isensee/Kirchhof StaatsR-HdB II § 26 Rn. 79.

C. Allgemeine rechtsstaatliche Anforderungen an das Recht der Sicherheitsgewährleistung § 4

a) Bestehende Dogmatik. In allen Säulen der Sicherheitsgewährleistung hat sich hierzu 34 eine spezifische **Dogmatik** ausgeprägt. Sie macht sich an den einem hinreichenden normativen Bezug zu den jeweiligen Schutzgütern sowie der Subsumierbarkeit im konkreten Fall fest. So verlangt der Freiheitsanspruch des Einzelnen, dass er zB von polizeilichen Maßnahmen verschont bleibt, die nicht durch eine hinreichende Beziehung zwischen ihm und einer Gefährdung eines zu schützenden Rechtsguts oder eine entsprechende Gefahrennähe legitimiert sind.[62]

aa) Rechts-/Schutzgüter. Normativ findet das Strafrecht im **Schutz von Rechts-** 35 **gütern** ebenso den Ausgangspunkt seiner Legitimation[63] wie das Nachrichtendienstrecht in den besonderen Gütern zum Schutz des Gemeinwesens.[64] Das Polizeirecht findet – über diese weit übergreifend – jedenfalls in der öffentlichen Sicherheit sein zentrales Schutzgut.[65] Der Bestand, die verfassungsmäßige Ordnung und die Sicherheit des Bundes und der Länder werden als Schutzgüter in allen drei Rechtssäulen anerkannt.[66] Daraus folgt zB, dass auch die Bereitstellung von wirksamen Aufklärungsmitteln zur Abwehr terroristischer Straftaten ein legitimes Ziel und für die demokratische und freiheitliche Ordnung von großem Gewicht ist.[67]

bb) Zurechnungsformen. Durch die getrennte Störerhaftung und Inanspruchnahme 36 Dritter gliedert sich der polizeirechtliche Zugriff auf Private.[68] Das Nachrichtendienstrecht begründet **Zurechnungen** vor allem in Bezug auf fremde Mächte, Bestrebungen und Einzelakteure. Das Strafrecht schließlich weist normativ über die Zurechnung und Beteiligung im weiteren Sinn (§§ 13 ff. StGB) die entsprechenden Adressatenkreise möglicher Strafrelevanz nach.

cc) Tatsächliche Zurechenbarkeit. In der **faktischen Zurechenbarkeit** baut das Straf- 37 recht vor der Strafe auf dem Tatnachweis *in dubio pro reo* auf, während es im Vorfeld für Eingriffe den Verdacht hinsichtlich Tat und Beteiligung in unterschiedlichsten Stufen genügen lässt. Dem folgt auch das Verfassungsschutzrecht für seine Eingriffe. Das präventivpolizeiliche Vorgehen rechtfertigt sich hingegen jedenfalls aus den tatsächlichen oder pflichtgemäßen Feststellungen einer gegebenenfalls dem Störer zurechenbaren Gefahr.

b) Erweiterungs- und Entgrenzungstendenzen. Diese rechtsstaatlichen Begrenzungen 38 stehen unter der Dynamik der *„Securitization"* im weiteren Sinn (→ Rn. 13) unter erheblichem Druck:[69] Im Strafrecht geschieht dies durch die (Er-)Findung neuer Rechtsgüter, vor allem aber der **Vorverlagerung** der Angriffe auf diese in Bereichen, in denen noch weit von individueller Verletzung entferntes, **sozialadäquates Verhalten** nur noch aufgrund eines *„bösen Willens"* als kriminell erklärt wird.[70] Im Polizeirecht, soll durch die Institutionen des **Gefährders und Gefahrverdachts** ebenfalls immer weiter im Vorfeld konkreter Gefahr eingegriffen werden.[71]

Das **BVerfG verlangt** (jedenfalls für heimliche Überwachungsmaßnahmen mit hoher 39 Eingriffsintensität), dass eine Gefährdung der Rechtsgüter im Einzelfall hinreichend kon-

---

[62] LVerfG Mecklenburg-Vorpommern DVBl 2000, 262 (265); *Denninger* in Lisken/Denninger PolR-HdB Rn. D 214.
[63] Vgl. nur *Jescheck/Weigend* StrafR § 1 III 1; *Roxin* StrafR AT 1 § 2 Rn. 1.
[64] Vgl. *Roth* in Schenke/Graulich/Ruthig BVerfSchG § 4 Rn. 47 ff.; *Siems* in Schenke/Graulich/Ruthig MADG § 1 Rn. 7 ff.; *Gusy* in Schenke/Graulich/Ruthig BNDG § 1 Rn. 26 ff. zu § 1 Abs. 2 S. 1 BNDG.
[65] Vgl. nur *Denninger* in Lisken/Denninger PolR-HdB Rn. D16 ff.
[66] Vgl. nur *Jescheck/Weigend* StrafR § 1 III 1; *Roxin* StrafR AT 1 § 2 Rn. 1.
[67] BVerfGE 141, 220 (266 f.) = NJW 2016, 1781 mwN.
[68] Vgl. *Denninger* in Lisken/Denninger PolR-HdB Rn. D68 ff.
[69] Vgl. etwa *Denninger* in Lisken/Denninger PolR-HdB Rn. B9 ff.; *Großmann*, Liberales Strafrecht in der komplexen Gesellschaft, 2016, 24 ff., 45 ff.
[70] Vgl. etwa *Prittwitz*, Risikogesellschaft und Strafrecht in Neumann/Prittwitz, Kritik und Rechtfertigung des Strafrechts, 2005, 131 ff.; *Hassemer*, Freiheitliches Strafrecht, 2001, 220 ff.
[71] Vgl. hier nur *Denninger* in Lisken/Denninger PolR-HdB Rn. B14 ff. mwN.

kret absehbar ist und der Adressat der Maßnahmen aus Sicht eines verständigen Dritten den objektiven Umständen nach in sie verfangen ist.[72] Bei einer im Einzelfall drohenden Gefahr für ein überragend wichtiges Rechtsgut kann auch ein wenigstens seiner Art nach konkretisiertes und zeitlich absehbares Geschehen ausreichen und, dass bestimmte Personen beteiligt sein werden, über deren Identität zumindest so viel bekannt ist, dass die Überwachungsmaßnahme gezielt gegen sie eingesetzt und weitgehend auf sie beschränkt werden kann.[73] In Bezug auf **terroristische Straftaten,** die oft durch lang geplante Taten von bisher nicht straffällig gewordenen Einzelnen an nicht vorhersehbaren Orten und in ganz verschiedener Weise verübt würden, könnten *Überwachungsmaßnahmen* auch dann erlaubt werden, wenn zwar noch nicht ein seiner Art nach konkretisiertes und zeitlich absehbares Geschehen erkennbar sei, jedoch das *individuelle Verhalten einer Person* die konkrete Wahrscheinlichkeit begründe, dass sie solche Straftaten in überschaubarer Zukunft begehen werde. Denkbar sei das etwa, wenn eine Person aus einem Ausbildungslager für Terroristen im Ausland in die Bundesrepublik Deutschland einreise.[74] Bedeutsam ist hieran, dass auch hier das Gericht zwingend an ein **individuelles, objektiviertes äußeres Verhalten** des Betroffenen anknüpft. Die Grenze erlaubter Vorverlagerung ist für heimliche Überwachungsmaßnahmen überschritten, wenn nur eine in ihren Konturen noch nicht absehbare konkrete Gefahr für die Schutzgüter der Norm vorliegt, sodass nur relativ diffuse Anhaltspunkte für mögliche Gefahren bestehen. Die neuesten Tendenzen der Vorverlagerung – jedenfalls zu allgemeinerem Einschreiten unter den Schlagworten der *„drohenden Gefahr"* und der *„Gefährder"* – dürften diese vom BVerfG herausgearbeiteten rechtsstaatlichen Grenzen klar verfehlen. Dies gilt auch für Informationseingriffe und zum Schutz als bedeutsam benannter Rechtsgütern, wie exemplarisch in Art. 11 Abs. 3 BayPAG.

III. Menschenwürdig-freiheitlicher Rechtsstaat und Sicherheitsgewährleistung

40 Ist Ziel des Rechtsstaats die Sicherung individueller Handlungsfreiheit, so muss er nach dem allgemeinen Subsidiaritätsprinzip von einem Rechtssystem ausgehen, welches nicht alles menschliches Verhalten durchnormieren will, sondern sich auf das für das Zusammenleben erforderliche Maß begrenzt (→ Rn. 7, 9). Daraus folgen im Verfassungsrecht zwingend auch bei der Sicherheitsgewährleistung Begrenzungen staatlicher Informationsmacht, namentlich bei der internen Ausgestaltung der Informationsverarbeitung (**1.**, → Rn. 41) und der Erhebung in bestimmten geschützten Lebensbereichen (**2.**, → Rn. 42). Beide treten zu den allgemein zu beachtenden Grenzen vor allem aus dem Grundrecht auf informationelle Selbstbestimmung hinzu, wie Datensparsamkeit, Zweckbindung, Transparenz und Dokumentation. Schließlich verlangt die freiheitliche Rechtssicherheit auch die Absage an „totale" Sanktionierungen und Maßnahmen unter dem Gesichtspunkt der Verhältnismäßigkeit und des Schutzes besonders eingeräumter Status (**3.**, → Rn. 45).

1. Informationelles Trennungsprinzip

41 Das BVerfG hat gegen die historisch tradierte Praxis allgemeiner Verfügbarkeit und Nutzung von Informationen und Gegenständen innerhalb der staatlichen Sphäre mithilfe der Zweckbindung der Datenerhebung und weiteren -verarbeitung[75] das **informationelle Trennungsprinzip** entwickelt. Informationen dürfen danach zwischen den verschiedenen Sicherheitsbehörden nicht umfassend und frei ausgetauscht werden.[76] Durch eine über-

---

[72] BVerfGE 120, 274 (328 f.) = NJW 2008, 822; BVerfGE 125, 260 (330 f.) = NJW 2010, 833; BVerfGE 141, 220 (271) = NJW 2016, 1781.
[73] Vgl. hierzu und zum Folgenden BVerfGE 110, 33 (56 f., 61) = NJW 2004, 2213; BVerfGE 113, 348 (377 f.) = NJW 2005, 2603, sowie *Denninger* in Lisken/Denninger PolR-HdB Rn. B14 ff. mwN.
[74] BVerfGE 141, 220 (272 f.) = NJW 2016, 1781.
[75] Maßgeblich BVerfGE 65, 1 (30 ff.) = NJW 1984, 419.
[76] BVerfGE 133, 277 (323) = NJW 2013, 1499; *Denninger* in Lisken/Denninger PolR-HdB Rn. B36 ff.

C. Allgemeine rechtsstaatliche Anforderungen an das Recht der Sicherheitsgewährleistung § 4

greifende Verwendung dürfen **eigene Ermittlungsschranken** nicht umgangen werden.[77] Im Übrigen müssen die rechtfertigenden Gründe und die Schranken-Schranken, auch an die Weiternutzung oder Dokumentation[78] umso schwerer wiegen, je intensiver der ursprüngliche Erhebungseingriff – insbesondere in geschützte Bereiche wie Wohnung, Privatkommunikation und informationstechnische Systeme – war und je weiter die Zwecke bzw. Aufgaben der beteiligten Stellen und ihre Handlungsprinzipien auseinanderliegen. Dies gilt namentlich zwischen Nachrichtendiensten einerseits und Polizei und weiteren Strafverfolgungsorganen andererseits; hier dürfen nach dem informationelles Trennungsprinzip Daten **nur ausnahmsweise** zur operativen Aufgabenwahrnehmung ausgetauscht werden, wenn dies ein herausragendes öffentliches Interesse rechtfertigt und durch hinreichend konkrete und qualifizierte gesetzliche Eingriffsschwellen abgesichert ist (→ vgl. dazu weiter §§ 29 ff.).[79]

2. Freiheitlich-grundrechtliche Schutzbereiche

Vor allem aus den Grundrechten leitet das BVerfG in Ergänzung zum Gesetzgeber vielfältige 42 besondere rechtsstaatliche Bereiche zum Schutz menschenwürdiger Freiheit und freiheitlich-autonomer Demokratie gegenüber Zugriffen der Sicherheitsgewährleistung ab. Sie alle bedingen, in Steigerung der allgemeinen Erfordernisse von Eingriffen (namentlich zur Informationserhebung und weiteren Verarbeitung bzw. Verwendung), gesonderte formelle und materielle Voraussetzungen, an denen sich der Gesetzgeber aber auch die Gesetzesausführung und -anwendung messen lassen muss. Dem haben die einzelnen Teilrechtsordnungen des Straf-, Polizei- und weiteren Sicherheitsrechts im Einzelnen Rechnung zu tragen.[80]

a) Privatheit. Ausstrahlend vom absoluten Kernbereich höchstpersönlicher Lebensgestaltung in jene weiteren auf **Privatheit** und private Sozialsphären umfasst dies namentlich die Wohnung und persönliche informationstechnische Systeme, sodann familiär-persönliche und berufliche Vertrauens- und Geheimnisbereiche (→ Rn. 83 ff.) sowie die nichtöffentliche Telekommunikation allgemein.[81]

b) Politische Freiheit. Politisch sind vor allem die öffentlichen Kommunikationsgrundrechte, sowie Wahl-/Abstimmungsrechte, Medien-, Parteien- sowie Abgeordneten- und Volksvertretungsprivilegien hervorzuheben, ohne auf diese hier im Einzelnen eingehen zu können.[82] Sie konstituieren das demokratische Gemeinwesen als freiheitliches.[83] Darin spiegeln sich auch die Begrenzungen und formellen Absicherungen beim Schutz der Verfassungsordnung gerade als streitbare Demokratie namentlich in Art. 9 Abs. 2 GG, Art. 18, 21 GG (→ Rn. 7 ff.; § 32 Rn. 12 ff.).

3. Begrenzungen der Rechtsfolgen

a) Verhältnismäßigkeit. Zum absoluten Kern des Rechtsstaates gehört, dass seine Maßnahmen und Sanktionen in ihren Auswirkungen verhältnismäßig sein müssen, bekanntermaßen mithin geeignet für den legitimen Zweck, dazu erforderlich und angemessen. Dem **Verhältnismäßigkeitsgebot** im engeren Sinne genügen die Regelungen und Maßnahmen, wenn der mit ihnen verfolgte Zweck und die zu erwartende Zweckerreichung

---

[77] Vgl. BVerfGE 109, 279 (375 ff.) = NJW 2004, 999; BVerfGE 120, 351 (369) = NJW 2008, 2099 stRspr.
[78] Vgl. BVerfGE 65, 1 (46) = NJW 1984, 419; BVerfGE 113, 29 (58) = NJW 2005, 2603; BVerfGE 124, 43 (70) = NJW 2009, 243.
[79] BVerfGE 133, 277 (329) = NJW 2013, 1499; *Hassemer*, Freiheitliches Strafrecht, 2001, 173.
[80] Eine detaillierte Darstellung kann hier nicht erfolgen, verwiesen werden muss hier auf die weiteren Beiträge insbesondere in Teil III sowie die bereichsspezifische Literatur und Kommentare.
[81] Vgl. hier nur aktuell zusammenfassend *Löffelmann* GSZ 2019, 190; *Hesse* Grundzüge VerfR Rn. 204.
[82] Vgl. hierzu im Überblick etwa *Fahrner* StaatsschutzR § 7.
[83] Vgl. im Parlamentarischer Rat Abg. *Heuss* im Grundsatzausschuss 30.11.1948, ParlRAkt V.2 Nr. 33, S. 712 (759 f.) und 11.1.1949, ParlRAkt V.2 Nr. 42 (950 f.) sowie Abgeordnete *Schmied* und *Mangold*, zu Art. 108 HChE, ParlRAkt V.1 Nr. 11 S. 226 (228 f.).

nicht außer Verhältnis zu der Schwere des Eingriffs stehen.[84] Wesentliche Kriterien für Informationseingriffe sind etwa die Heimlichkeit, Streubreite und Eingriffstiefe in die Privatsphäre.[85]

46 **b) Insbesondere schuldangemessene Strafe.** Strafe darf innerhalb der gesetzlichen Vorgaben höchstens **schuldangemessen** sein, auch in diesem Sinn im deutschen Recht weder ungewöhnlich noch grausam.[86] Eine wirklich auf Lebensdauer ausgesprochene Strafe ist mit menschenwürdiger Rechtsstaatlichkeit ebenso unvereinbar,[87] wie die Todesstrafe (Art. 102 GG).[88]

47 **c) Schutz erworbener Rechtspositionen.** Schließlich hat die Staatsgewalt bestimmte **erworbene Rechtspositionen** besonders zu beachten, darunter namentlich das Eigentum, berufliche Lebensgrundlagen und zu beiden vergleichbare Ressourcen zB aus erworbenen Sozialansprüchen, daneben auch den Status der Staatsbürgerschaft, der Unionsbürgerschaft oder gesicherte Aufenthaltsrechte.[89]

IV. Wirksamer Rechtsbehelfe und Sicherheitsgewährleistung

1. Rechtsweg- und Verfahrensgarantien

48 Das für den Rechtsstaat fundamentale **Menschenrecht, sich gegen Maßnahmen der öffentlichen Gewalt vor einem Gericht zur Wehr setzen zu können,**[90] ist in Art. 19 Abs. 4 GG formuliert. Es verlangt nicht nur den Zugang zu den Gerichten, die verbindliche Entscheidung durch den unabhängigen Richter sowie eine grundsätzlich uneingeschränkte tatsächliche und rechtliche Prüfung[91] und dazu eine entsprechende Dokumentation der Exekutive.[92] Vielmehr muss auch die tatsächliche Möglichkeit eröffnet sein, den Rechtsweg zu beschreiten und eine gerichtliche Entscheidung in der Sache zu erhalten. Dies darf daher – vorbehaltlich verfassungsunmittelbarer Schranken – in keinem Fall ausgeschlossen, faktisch unmöglich gemacht oder in unzumutbarer, durch Sachgründe nicht mehr zu rechtfertigender Weise erschwert werden.[93]

49 Hier, verbunden mit dem allgemeinen rechtstaatlichen Publikationsgebot (→ Rn. 28),[94] dem Recht auf informationelle Selbstbestimmung[95] sowie den prozeduralen Dimensionen der Grundrechte namentlich aus Art. 2 Abs. 2, Art. 10, 13 GG[96] liegt die grundsätzlich umfassende Pflicht des Staates begründet, Betroffene[97] über **erfolgte (Grund-)Rechts-**

---

[84] Vgl. BVerfGE 141, 220 (267) = NJW 2016, 1781; BVerfGE 148, 40 (57 f.) = NJW 2018, 2109; vgl. hier nur weiter *Rachor/Graulich* in Lisken/Denninger PolR-HdB Rn. E113 ff.; *Degenhardt*, Staatsrecht I, 35. Aufl. 2019, Rn. 416 ff.; *Zippelius/Würtenberger* StaatsR § 12 Rn. 84 ff.
[85] BVerfGE 141, 220 (269) = NJW 2016, 1781.
[86] Vgl. BVerfGE 20, 323 (331) = NJW 1967, 195; *Badura* StaatsR Rn. H37.
[87] Vgl. nur BVerfGE 45, 187 (227 ff.) = NJW 1977, 1525.
[88] Vgl. etwa *Kunig* in v. Münch/Kunig GG Art. 102 Rn. 18.
[89] Vgl. auch *Hesse* Grundzüge VerfR Rn. 206.
[90] So verallgemeinernd BVerfGE 149, 346 Ls. 3, Rn. 33 f. = NVwZ 2018, 1549 (1551) mwN.
[91] Vgl. auch *Badura* StaatsR Rn. H23.
[92] Vgl. BVerfGE 141, 220 (302 f.) = NJW 2016, 1781 mwN stRspr; *Ibler* in BerlKomGG GG Art. 19 IV Rn. 298; *Schmidt-Aßmann* in Maunz/Dürig GG Art. 19 Abs. 4 Rn. 255.; *Huber* in v. Mangoldt/Klein/Starck GG Art. 19 Rn. 493.
[93] Vgl. BVerfGE 10, 264 (268) = NJW 1960, 331; BVerfGE 30, 1 (23 ff.) = NJW 1971, 275; BVerfGE 44, 302 (305) = NJW 1977, 1233; BVerfGE 143, 216 (225 f.) = NVwZ 2017, 305 stRspr.
[94] Vgl. *Schmidt-Aßmann* in Maunz/Dürig GG Art. 19 Abs. 4 Rn. 250 ff., 252a.
[95] Vgl. BVerfGE 118, 168 (207 f.) = NJW 2007, 2464; BVerfGE 120, 351 (362 ff.) = NJW 2008, 2099; vgl. *Mast* NVwZ 2016, 1490 (1491); *Simitis/Fuckner* NJW 1990, 2713 (2717); *Ehmann* CR 1988, 575; *Wolff* in Dietrich/Eiffler NachrichtendiensteR-HdB VIII § 1 Rn. 18 ff.; *Mallmann* in Schenke/Graulich/Ruthig BVerfSchG § 15 Rn. 2.
[96] Vgl. zum Verhältnis auch BVerfGE 101, 106 (122) = NJW 2000, 1175 mwN; BVerfGE 109, 279 (363) = NJW 2004, 999.
[97] Vgl. zur Auslegung bzw. Reichweite des personellen Schutzbereichs exemplarisch BVerfGE 109, 279 (365) = NJW 2004, 999.

C. Allgemeine rechtsstaatliche Anforderungen an das Recht der Sicherheitsgewährleistung   § 4

eingriffe[98] **zu informieren,** die ihnen gegenüber nicht offen durchgeführt wurden.[99] Jedenfalls zurückreichend bis zu den intensiven Diskussionen um die verdeckte Postbeschlagnahme in § 100 StPO[100] finden sich heute zusätzliche unionsrechtliche Vorgaben, namentlich Art. 13, 14 JI-RL.[101] Diese gelten allerdings für den nachrichtendienstlichen Bereich und die richterliche Tätigkeit nicht bzw. nur begrenzt.[102] Allgemein ergeben sich daraus die Pflichten zu nachträglicher Unterrichtung, wenn die Verwaltung ihre Befugnisse zu verdeckten Ermittlungen genutzt hat, sobald die Sachgründe für die Geheimhaltung entfallen sind,[103] unabhängig von den Auskunftspflichten auf Antrag des mutmaßlichen Betroffenen.[104]

Verfassungsrechtlich nicht geboten sind demgegenüber vergleichbar strenge Benachrichtigungspflichten gegenüber Personen, deren Telekommunikationsverkehrsdaten nur zufällig miterfasst wurden und die selbst nicht im Fokus des behördlichen Handelns standen. Hier greift der Grundsatz, dass die Benachrichtigung nicht selbst den Eingriff vertiefen soll, vor allem wenn dieser, wie bezweckt, nicht zu weiteren Datenverarbeitungen führt.[105] Gleiches gilt, wenn Betroffene erst mit unverhältnismäßigem Aufwand ermittelt werden müssten.[106]   50

2. Einschränkung zur Sicherheitsgewährleistung

Gerade im Bereich der Sicherheitsgewährleistung und des Staatsschutzes ist dieses Recht eingeschränkt.   51

a) Verfassungsunmittelbare Einschränkungen. Der mögliche (jedoch in § 12 G-10G relativierte) **Ausschluss** des gerichtlichen Rechtsbehelfs für die **verdeckte Telekommunikationsüberwachung** in **Art. 10 Abs. 2 S. 2, 19 Abs. 4 S. 3 GG** stellt einen nicht zu verallgemeinernden Ausnahmefall dar. Ihn haben, bei heftiger Kritik,[107] das BVerfG für verfassungs- und der EGMR für EMRK-konform erklärt.[108] Richtigerweise ist der Kernbereich des Art. 79 Abs. 3 GG nicht verletzt, da die Kontrolle nicht an sich[109] und weder die Kategorisierung von Verstößen als rechtswidrig noch die gerichtliche Überprüfung *per*   52

---

[98] Zum Problem des informationellen Grundrechtseingriffs vgl. BVerfGE 150, 244 (265 ff.) = NJW 2019, 827; BVerfGE 120, 351 (360 f.) = NJW 2008, 2099; BVerwGE 149, 359 mAnm *Gärditz* JZ 2014, 998 (1002); ausführlich *Wöckel* in Dietrich/Eiffler NachrichtendiensteR-HdB VII § 3 Rn. 4 f., hier auch Rn. 11 f. zum fortsetzenden und vorbeugenden Rechtsschutz.
[99] Vgl. auch vgl. BVerfGE 100, 313 (361) = NJW 2000, 55 zu Art. 10 GG und ebenso BVerfGE 109, 279 (363) = NJW 2004, 999 zu Art. 13 GG und BVerfGE 118, 168 (207) = NJW 2007, 2464 zu Art. 1 Abs. 2, 2 Abs. 1 GG; vgl. auch *Ruthig* in Schenke/Graulich/Ruthig BKAG § 74 Rn. 1.
[100] Vgl. *Hahn,* Die gesammten Materialien zu den Reichs-Justizgesetzen, Bd. 3 Abt. 1 1880, S. 1774 ff.
[101] RL (EU) 2016/680 des Europäischen Parlaments und des Rates vom 27. April 2016 zum Schutz natürlicher Personen bei der Verarbeitung personenbezogener Daten durch die zuständigen Behörden zum Zwecke der Verhütung, Ermittlung, Aufdeckung oder Verfolgung von Straftaten oder der Strafvollstreckung sowie zum freien Datenverkehr und zur Aufhebung des Rahmenbeschlusses 2008/977/JI des Rates (ABl. 2016 L 119, 89).
[102] Vgl. Art. 3 lit. b JI-RL iVm Art. 4 Abs. 2 S. 3, 39 EUV; zum Ganzen *Fahrner* IntErmittlungen-HdB § 19 Rn. 13 ff., § 27 Rn. 33 ff., 53 ff.
[103] BVerfGE 141, 220 (282 f.) = NJW 2016, 1781; BVerfGE 118, 168 (207) = NJW 2007, 2464 stRspr; *Schmidt-Aßmann* in Maunz/Dürig GG Art. 19 Abs. 4 Rn. 252a.
[104] Vgl. für den nachrichtendienstlichen Bereich *Wöckel* in Dietrich/Eiffler NachrichtendiensteR-HdB VII § 3 Rn. 16 ff.
[105] BVerfGE 125, 260 (337) = NJW 2010, 833; BVerfGE 118, 168 (207 f.) = NJW 2007, 2464; BVerfGE 109, 279 (365) = NJW 2004, 999; zu Letzterem auch vgl. BVerfGK 9, 62 (81).
[106] Vgl. zu § 101 Abs. 4 S. 5 StPO BVerfGE 129, 208 (254) = NJW 2012, 833.
[107] Anm. *Rupp* NJW 1971, 284; *Erichsen* VerwArch 62 (1971), 291; *Häberle* JZ 1971, 145; *Hall* JuS 1972, 132; vgl. weiter *Alberts* JuS 1972, 319; *Bulla* AöR 98 (1973), 340 (358 ff.); *Schlink* Der Staat 12 (1973), 85; *Lameyer,* Streitbare Demokratie, 1978, 56 ff. mwN; zuvor *Dürig/Evers,* Zur verfassungsändernden Beschränkung des Post-, Telefon- und Fernmeldegeheimnisses, 1969; *Dürig* FS Maunz, 1971, 41; *Gusy* in v. Mangoldt/Klein/Starck GG Art. 10 Rn. 96.
[108] BVerfGE 30, 1 (24) = NJW 1971, 275; EGMR NJW 1979, 1755.
[109] Vgl. BVerfGE 100, 313 (364) = NJW 2000, 55.

se etwa bei späterem Bekanntwerden ausgeschlossen werden.[110] Insofern ist der Eingriff in das Rechtsstaatsprinzip durch den Schutz der freiheitlich demokratischen Grundordnung und deren Fundamentalprinzipien im Sinne des Optimierungsgebots zu rechtfertigen. Gleichwohl stellt sich die Frage nach der Erforderlichkeit der Ersetzung der unmittelbaren gerichtlichen Kontrolle auch im internationalen Vergleich erneut und weiterhin.[111]

53 **b) Gesetzliche Schranken. Einfachgesetzlich** werden die Auffangregelungen in §§ 56 f. BDSG verdrängt im Strafverfahren namentlich durch § 101 Abs. 4–6, §§ 147, 385, 406e, 474 ff. StPO sowie durch zahllose Sonderregelungen im Bundes-[112] und Landespolizeirecht[113] sowie im internationalen Recht.[114] Ähnliche, jedoch tendenziell noch weiter einschränkende Regelungen finden sich im Nachrichtendienstrecht, namentlich § 12 G10-G, § 15 BVerfSchG, § 9 MADG und § 22 BNDG.

54 **aa) Schranken-Schranken.** Die darin jeweils kombinierten **allgemeinen rechtlichen Einschränkungen** sind weitgehend anerkannt, soweit durch die Kundgabe der grundrechtliche Schutzauftrag, namentlich für Leib, Leben, Freiheit und erhebliche Vermögensinteressen menschlicher Quellen[115] oder der Zweck der Maßnahmen bzw. des konkreten Verfahrens gefährdet werden.[116] In der rechtsstaatlichen (d. h. justiziellen, nicht parlamentarischen Kontrolle) ist die Berufung der Exekutive auf einen Kernbereich ausgeschlossen.[117] Zudem sind die „verfahrenstranszendierenden Zwecke", wie der Erfolg anderer Maßnahmen und Verfahren sowie das Staatswohl weit strenger abzuwägen. Dabei ist an die besondere Belastung des Betroffenen gegenüber bloßen Informationsinteressen der Öffentlichkeit zu erinnern. So darf seine Benachrichtigung **nicht unter Generalklauseln** wie der Gefährdung der öffentlichen Sicherheit oder weiterer Einsätze der verdeckten Ermittler oder (jedenfalls im Strafrecht) sonst Methoden zurückgestellt werden.[118] **Zurückhaltungen zum Staatswohl** sind insgesamt engst zu begrenzende Ausnahmen.[119] Demgegenüber erweisen sich die weiten Einschränkungsgründe von **Art. 15 Abs. 1 JI-RL** aus Sicht des deutschen Rechtsstaats allenfalls als „unterster" europäischer Mindeststandard, der dies auch in seinem Selbstverständnis so ausdrückt.[120] Der deutsche Gesetzgeber der Bundes- und Landespolizeinormen ist hier verfassungsrechtlich weit engeren Ausnahmen verpflichtet.[121] Darüber hinaus scheint **im Strafverfahren** (*arg. e. contrario* § 147 Abs. 7 StPO, § 406e Abs. 2 StPO, § 477 Abs. 2 S. 1 StPO) der Grund einer Gefährdung anderer Verfahren, die den Beschuldigten nicht betreffen, vor dem Hintergrund des hohen Guts der effektiven Verteidigung nach Art. 6 EMRK auch im Ermittlungsverfahren angesichts einer immanenten Missbrauchsgefahr kaum haltbar.[122] Ansonsten ergibt sich hier die Transparenz gegen-

---

[110] Vgl. auch die Neuregelung von Art. 10 auslösende „Fall Pätsch" BVerfGE 28, 191 = NJW 1970, 1498; BGHSt 20, 342 = NJW 1966, 1227.
[111] Vgl. *Durner* in Maunz/Dürig GG Art. 10 Rn. 188; *Huber* GSZ 2017, 12; zum FISA-Court etwa *Tinnefeld* ZD-Aktuell 2013, 3164.
[112] Namentlich §§ 74 ff. BKAG.
[113] Vgl. Überblick und Erläuterung bei *Schwabenbauer* in Lisken/Denninger PolR-HdB Rn. G1150 ff.
[114] Vgl. zu letzterem *Fahrner* IntErmittlungen-HdB § 27 Rn. 39 ff., 67 ff.
[115] Vgl. etwa BVerfGE 141, 220 (282 f.) = NJW 2016, 1781; BVerfGE 129, 208 (254) = NJW 2012, 833; BVerfGE 125, 260 (336) = NJW 2010, 833; BVerfGE 109, 279 (364) = NJW 2004, 999.
[116] Vgl. etwa § 147 Abs. 2 StPO, dazu *Schmitt* in Meyer-Goßner/Schmitt StPO § 147 Rn. 25 f.; § 74 Abs. 2 S. 1 BKAG etc; dass hierin kein Verstoß gegen die EMRK liegt, hat EGMR NJW 1979, 1755; StV 2001, 201 (202) festgestellt.
[117] Vgl. dazu nur BVerfGE 137, 185 (234 ff.) = NVwZ 2014, 1652.
[118] BVerfGE 109, 279 (366 f.) = NJW 2004, 999.
[119] → Rn. 108 ff. sowie *Fahrner* StaatsschutzR § 33 Rn. 6 ff., § 36 Rn. 4 ff. mwN.
[120] Vgl. namentlich bereits Art. 15 Abs. 2 JI-RL, der ausdrücklich jede engere Umsetzung der Ausnahmen ermöglicht, während Art. 15 Abs. 1 JI-RL im Wortlaut auf die EMRK rekurriert, vgl. zum Ganzen weiter *Fahrner* IntErmittlungen-HdB § 27 Rn. 34 ff., 57 ff.
[121] Vgl. etwa § 74 Abs. 2 S. 1 BKAG: nur wegen Bestand des Staates und nicht wegen anderer Verfahren allgemein; vgl. ansonsten *Schwabenbauer* in Lisken/Denninger PolR-HdB Rn. G1149 ff. mwN.
[122] Dies wohl Konsequenz aus BVerfGE 109, 279 (366 f.) = NJW 2004, 999 aA indes BGH (E) NStZ-RR 2012, 16 (17 f.); *Schmitt* in Meyer-Goßner/Schmitt StPO § 147 Rn. 25.

über dem Beschuldigten und Drittbetroffenen verfassungskonform aus dem tradierten, hoch ausdifferenzierten Instrumentarium der § 33 ff. StPO, § 101 Abs. 4–6 StPO, § 147 StPO usw.[123]

bb) Sonderrolle der Nachrichtendienste. Für die **Nachrichtendienste** nimmt das Grundgesetz eine gewisse Rücknahme der Transparenz- und Berichtspflichten gegenüber den Betroffenen hin. Vertretbar scheint dies, da sich nach dem organisatorischen Trennungsgebot unter Ausschluss jeder operativen Gefahrenabwehr oder gar politischer Intervention im Zielbereich ihre eigene Aufgabe auf die politische Information fokussiert, fundamentale Gefährdungen, die das Gemeinwesen als Ganzes destabilisieren können, zu beobachten und hierüber zu berichten, um eine politische Einschätzung der Sicherheitslage zu ermöglichen. Ihre Aufklärung zielt demnach nicht unmittelbar auf die Verhütung und Verhinderung von konkreten Straftaten oder die Vorbereitung entsprechender operativer Maßnahmen.[124] 55

Insgesamt bestehen zB in § 15 Abs. 2–4 BVerfSchG weitgehende Einschränkungen der Auskunftspflicht, die jene der anderen Säulen der Sicherheitsgewährleistung weit in Flexibilität und Umfang übersteigen.[125] Hier kann auch der **Schutz zukünftiger Informationsbeschaffung** und damit namentlich von Methoden und Arbeitsweisen die Einschränkung der Transparenz gegenüber den Betroffenen rechtfertigen.[126] Kein Begrenzungsgrund nach hM ist hingegen der praktische **Aufwand** der Zusammenstellung aller Informationen, um etwa nur aus Dateien und auf den Betroffenen angelegten Personenakten informieren zu müssen, vielmehr sind grundsätzlich alle personenbezogenen Daten im Rahmen von § 15 Abs. 1 S. 2 BVerfSchG etc mitzuteilen.[127] Die Mühen mit noch nicht digitalisiertem Material werden wenigstens dadurch reduziert, dass der Antragsteller stets auf einen konkreten Sachverhalt hinweisen und ein besonderes Interesse an einer Auskunft darlegen muss.[128] Aus diesen Anforderungen sollen, gerechtfertigt, ebenso systematische Ausforschungen der Dienste unterbunden werden.[129] 56

c) Faktische Beeinträchtigungen. Faktisch beeinträchtigt wird die rechtsstaatliche gebotene Transparenz, wenn Benachrichtigungen und Auskünfte überlange oder dauerhaft unterbleiben, oder wenn aufgrund der nationalen und internationalen Adressatenstruktur und -verfahren Auskunftsansprüche faktisch unmöglich oder unzumutbar ausgestaltet sind. Zwar hat das BVerfG es für die ATD-Verbunddatei aufgrund ihrer Konstruktionsprinzipien für noch verfassungsmäßig angesehen, dass der Betroffene sich an jede mutmaßlich speichernde Stelle gesondert zu wenden hat.[130] Hingegen oft faktisch rechtsverhindernd erweist sich demgegenüber vor allem die internationale Kooperation im Bereich der Kriminalitäts- 57

---

[123] Vgl. grundlegend zu § 101 StPO BVerfGE 129, 208 (250 ff.) = NJW 2012, 833; zu Nichtverdächtigten, sofern Art. 10, 13 GG und informationelle Systeme nicht betroffen sind, vgl. *Rieß* in Löwe/Rosenberg StPO § 163d Rn. 78.
[124] Vgl. BVerfGE 133, 277 (326) = NJW 2013, 1499; *Wöckel* in Dietrich/Eiffler NachrichtendiensteR-HdB VII § 3 Rn. 1 ff.
[125] Auch abschließend gegenüber dem BDSG etc, vgl. *Mallmann* in Schenke/Graulich/Ruthig BVerfSchG § 15 Rn. 1 mwN; *Wolff* in Dietrich/Eiffler NachrichtendiensteR-HdB VIII § 1 Rn. 24 ff. sowie Rn. 32 zu Landesämtern.
[126] Vgl. etwa § 15 Abs. 3 BVerfSchG; BVerwG NVwZ 2016, 1487 (1488); DVBl 2010, 1307 sowie *Mallmann* in Schenke/Graulich/Ruthig BVerfSchG § 15 Rn. 12, 19 ff.; *Wolff* in Dietrich/Eiffler NachrichtendiensteR-HdB VIII § 1 Rn. 16 ff. jeweils mwN.
[127] Grundsätzlich gilt, dass Angaben über die Art einer Beziehung zu einer anderen Person und die Bezeichnung der Beziehungsperson einen doppelten Personenbezug haben, weitergehende Angaben zu den persönlichen und sachlichen – nicht beziehungsrelevanten – Verhältnissen der Beziehungsperson betreffen dagegen nur diese und nicht die Primärperson, vgl. zum Ganzen grundlegend BVerwG DVBl 2010, 1307; *Mallmann* in Schenke/Graulich/Ruthig BVerfSchG § 15 Rn. 9 f.; aA noch OVG Münster NVwZ-RR 2009, 505.
[128] § 15 Abs. 1 S. 1 BVerfSchG aE.
[129] Vgl. ebenso zum G-10G BVerwGE 149, 359 = NVwZ 2014, 1666; *Wöckel* in Dietrich/Eiffler NachrichtendiensteR-HdB VII § 3 Rn. 5.
[130] BVerfGE 133, 277 (367 ff.) = NJW 2013, 1499.

bekämpfung, wenn nicht gar der Nachrichtendienste: Während sich bei ersterem die EU, der Europarat und Interpol um einfache mögliche Single-stop-Lösungen bemühen, sind vor allem das Verhältnis mit den USA[131] jedoch auch neue Ansätze einer *„Supersicherheitsinfrastruktur"* in der EU und vor allem bei Europol weiter ungenügend.[132] Bei letzterem trägt die Sperrmöglichkeit durch *jede* beteiligte Behörde mit geringer Hürde dazu bei, dass auch die sekundäre Transparenz und Rechenschaft für das Sperren von Benachrichtigung und Auskunft sich faktisch völlig verliert. Damit erscheint sie der internationalen Kooperation der Nachrichtendienste angenähert, wo das sog. *„internationale Herausgeberprinzip"* (bzw. die *„Third Party Rule"*), wonach die international übermittelnde Stelle jede Information nach außen zwingend freigeben müsse weiterhin für erhebliche Spannungen zum Rechtsstaatsprinzip führt.[133] Drängend defizitär erweist sich aus rechtsstaatlicher Sicht, dass belastbare systematische Regelungen und Mechanismen wie bei der internationalen Kooperation in Strafsachen und polizeilicher Gefahrenabwehr[134] bislang fehlen und so lediglich eine Berufung auf die Gründe des Staatswohls und kaum nachprüfbare zukünftige Verweigerung der Übermittlung erfolgt (→ siehe näher dazu unten Rn. 108 ff.).[135]

V. Insbesondere Herausforderungen in internationaler Kooperation

58 Vor allem die **internationale und unionsweite Zusammenarbeit** fordert die deutschen rechtsstaatlichen Prinzipien und Regeln heraus: Rechtsklarheit, -erkennbarkeit, -kohärenz und -nachhaltigkeit werden in der Summe internationaler Rechtsinstrumente und der Komplexität der Unionsrechtsakte selbst für professionelle Rechtsanwender an Grenzen geführt.[136] International hat die *„NSA-Affäre"* einmal mehr die innere Widersprüchlichkeit des aktiven und passiven Spionagerechts ebenso vor Augen geführt wie den Stand, dass eine völkerrechtliche Lösung weiterhin fern liegt.[137] Unionsrechtlich besonders problematisch erweisen sich die Grundsätze der *„gegenseitigen Anerkennung"* und *„vollständigen Verfügbarkeit von Beweismitteln und Informationen"*. Nach letzterem werden, vor allem mit zunächst engen Wurzeln im sog. Haager Programm von 2005,[138] strafrechtliche Informationen analog zu Waren angesehen, die möglichst grenzenlos im Raum der Sicherheit zur Verfügung stehen müssen. Die konstitutionell gebotenen rechtsstaatlichen nationalen Schutznormen erscheinen danach in einer umkehrenden Unionslogik ihrerseits als Einschränkung und damit jeweils rechtfertigungsbedürftige Ausnahme.[139] Eigene Ansätze gegen diesen kaum haltbaren Zustand gewinnt das Unionsrecht durch eine zunehmend **durchdringende Vergemeinschaftung** in Institutionen und Prinzipien des Rechtsstaatsprinzips, beispielhaft den Begriff der *„Justizbehörde"* beim europäischen Haftbefehl.[140] Solange zu einem in sich kohärenten System der Rechtsstaatsgewährleistung im Multi-Ebenen-System noch ein

---

[131] Vgl. insgesamt zu allen genannten Punkten *Fahrner* IntErmittlungen-HdB § 27 Rn. 49 ff. mwN.
[132] Vgl. Art. 36 Abs. 5, 6 Europol-VO; vgl. dazu noch *Fahrner* BJ 139 (2019), 105; allgemein weiterhin *Johannes/Weinhold*, Das neue Datenschutzrecht bei Polizei und Justiz, 2018, § 1 Rn. 8 ff.
[133] Vgl. allg. *Dietrich* in Dietrich/Eiffler NachrichtendiensteR-HdB III § 3 Rn. 44; *Rüß* ebd IV § 4 Rn. 2, 111 ff. mwN. Zur Rechtsqualität vgl. *Dietrich* GSZ 2020, 174 (181 f.); *Gärditz* DVBl. 2015, 903 (905).
[134] Vgl. hierzu namentlich *Fahrner* IntErmittlungen-HdB §§ 20, 21, 26, 27 mit Überblick über Rechtsgrundlagen, Rspr. und Lit.
[135] Vgl. auch für das parlamentarische Kontrollrecht aus nachrichtendienstlicher Sicht *Bartodziej* in Dietrich/Eiffler NachrichtendiensteR-HdB VII § 2 Rn. 70, 77 sowie *Warg* NVwZ 2014, 1263 (1266, 1267 f.) mwN; sowie zum Drittauskunftsrecht eines Nichtbetroffenen im Rahmen von § 99 VwGO BVerwG BeckRS 2013, 55772, auch aus rechtsstaatlicher Sicht konsequent erheblich kritischer indes BVerfGE 124, 78 (123, 134 f.) = NVwZ 2009, 1353; BVerfGE 67, 100 (134 ff.) = NJW 1984, 2271; BVerwG NVwZ 2010, 905 (906); BVerwG BeckRS 2012, 46999.
[136] Vgl. auch *Schmidt-Aßmann* in Isensee/Kirchhof StaatsR-HdB II § 26 Rn. 106 ff.
[137] Vgl. etwa *Ewer/Thienel* NJW 2014, 30.
[138] KOM (2005) 184.
[139] Vgl. *Fahrner* IntErmittlungen-HdB § 1 Rn. 41 ff.; *Fahrner* BJ 139 (2019), 105 mwN.
[140] EuGH NJW 2019, 2145; vgl. *Fahrner* IntErmittlungen-HdB § 1 Rn. 17; *Killmer* DRiZ 2020, 34; *Kluth* NVwZ 2019, 1175.

D. Sicherheitsgewährleistung, Gewaltenteilung und -kontrolle

weiter Weg ist, bleiben jedoch ergänzend die nationalen Rechtsstaatssicherungen verstärkt gefordert und Spannungen unvermeidbar.[141]

I. Überblick

Ein besonderes Spannungsfeld besteht zwischen der rechtsstaatlichen (wie demokratischen) Kontrolle der Sicherheitsorgane und der nötigen Sicherheitsgewährleistung im Rahmen dieser kontrollierenden Organe der legislativen Volksvertretungen[142] und der Judikative. Gefahren für die Schutzgüter des Gemeinwesens können besonders von Personen ausgehen, die staatliche Funktionen wahrnehmen (**Gefahr von** „*innen*" bzw. „*oben*"), etwa in verfassungsfeindlichen Bestrebungen oder der Kundgabe von Staatsgeheimnissen, die entsprechend strafbar ist (→ § 36 Rn. 39 ff.).[143] Die Gewährleistung der Sicherheit, vor allem im nachrichtendienstlichen und heimlichen polizeilichen und gegebenenfalls strafprozessualen Vorfeld jenseits der umfassenden Transparenz und öffentlichen Kontrolle des Gemeinwesens kann hier zu Eingriffen und Einschüchterungen aus der Exekutiven in die sie eigentlich kontrollierenden Gewalten führen, die nicht zuletzt der Gewaltenteilung widersprechen.[144] So dürfen Abgeordnete und sinngemäß auch Richter und Regierungsmitglieder nicht als Vertrauensleute angeworben oder eingesetzt werden.[145] 59

Nicht zuletzt daher findet gem. § 2 Abs. 3 SÜG eine präventive **Sicherheitsüberprüfung** bei Mitgliedern der Bundesverfassungsorgane, der Landesregierungen und Landesparlamente, des Europäischen Parlaments sowie der Richterinnen und Richter, soweit sie Aufgaben der Rechtsprechung wahrnehmen, nicht statt, während ihnen voller Zugang zu Verschlusssachen von Amts wegen eingeräumt ist.[146] Damit wird sichergestellt, dass die nötige parlamentarische rechtsstaatliche Kontrolle nicht durch das Geheimschutzrecht konterkariert werden kann, und nicht in den gesetzlichen Richter und die Gesamtfähigkeit der Verfassungsorgane eingegriffen wird.[147] 60

II. Legislative

1. Allgemein

Zentralen Schutz gegen erhebliche Sicherheitsbedrohungen durch Abgeordnete gewährleistet der **Verlust der Abgeordnetenstellung** gem. §§ 46 ff. BWahlG bei Aberkennung der Wählbarkeit nach §§ 45 ff. StGB[148] sowie nach einem erfolgreichen Verfahren nach Art. 21 Abs. 2 GG,[149] nach dem einer (jedenfalls als verboten aufgelösten) Partei das Wahlvorschlagsrecht genommen ist.[150] Für den Ausschluss von Kandidaten bei Parlamentswahlen aus Sicherheitsgründen stellt auch die EMRK hohe Anforderungen.[151] In den Ländern gibt 61

---

[141] Vgl. etwa auch *Schorkopf* NJW 2019, 3418; *Gärditz* EuZW 2020, 505.
[142] Vgl. etwa BVerfGE 143, 101 (137 ff.) = NVwZ 2017, 137; BVerfGE 146, 1 = NVwZ 2017, 1364; BVerfGE 147, 50 = NVwZ 2018, 51; *Dietrich* ZRP 2014, 205 (208).
[143] Vgl. insbesondere die Debatten um einen „Verrat von oben" ab BT-Drs. I/563; *Schiffers,* Zwischen Bürgerfreiheit und Staatsschutz, 1989, 94 ff.
[144] Vgl. *Krüper* in Dietrich/Eiffler NachrichtendiensteR-HdB III § 1 Rn. 97: „Zustand konstitutioneller Perplexität".
[145] Vgl. § 9b Abs. 2 Nr. 4 Var. 4 BVerfSchG; entsprechende Regelungen setzen sich in den Landesgesetzen ebenfalls durch, folgern allerdings auch verfassungsrechtlich aus den bereits ausgeführten allgemeinen Grundsätzen; zu Richtern vgl. *Fahrner* GSZ 2020 [im Druck].
[146] § 2 Abs. 3 SÜG sowie die entsprechenden Sicherheitsüberprüfungsgesetze der Länder.
[147] Vgl. *Däubler* SÜG § 2 Rn. 37; *Warg* in Schenke/Graulich/Ruthig SÜG § 2 Rn. 16.
[148] Vgl. zB § 15 BWahlG.
[149] Vgl. auch bereits BVerfGE 2, 1 (72 ff.) = NJW 1952, 1407; zur verfahrensrechtlichen Problematik vgl. *Fahrner* StaatsschutzR § 8 Rn. 24 mwN.
[150] Vgl. §§ 32 f. PartG, §§ 18, 27 BWahlG etc.
[151] Vgl. insgesamt EGMR Urt. v. 24.6.2008 – Rs. 3669/02 – Adamsons v. Latvia; Urt. v. 16.3.2006 – Rs. 58278/00 Zdanoka v Latvia; sowie bereits Urt. v. 1.7.1996 – Rs. 18747/91 – Gitonas v Greece.

es gleich gerichtete, jedoch in der Ausgestaltung abweichende Regelungen, wie zT eine gesonderte Abgeordnetenanklage.[152] Ein Selbstausschlussmechanismus des Deutschen Bundestags (oder sonstige „Zensur" im römischen Sinn) besteht – über die Kollegialenquete bezüglich Verstrickung in das MfS der DDR (§ 44c AbgG) hinaus[153] – nicht.

62 Vielmehr nehmen die Abgeordneten Teil an den **besonderen Gewährleistungen** der Volksvertretungen als ultimative Orte freier politischer Debatte,[154] Forum der politischen Transparenz, Verantwortlichkeit und Legalität, Legitimität und Responsivität im Rahmen des repräsentativen demokratischen Gemeinwesens. Ihm dienen die Regelungen im Grundgesetz und den Landesverfassungen zu Indemnität und Immunität (vgl. Art. 46 GG),[155] Petitionsrecht (Art. 18 GG), Verschwiegenheit und Zeugnisverweigerungsrecht (vgl. Art. 47 GG) sowie freier ungehinderter Berichterstattung (Art. 42 Abs. 3 GG) und die einfachgesetzlichen Regelungen, etwa für das Strafrecht (vgl. §§ 36, 37 StGB; § 53 Abs. 1 S. 1 Nr. 4 StPO, § 96 Abs. 4 StPO, §§ 152a, 160a StPO).[156] Darüber hinaus zählen die freie und unbehinderte parlamentarische Opposition[157] und die parlamentarische Verantwortlichkeit zu den Grundpfeilern der freiheitlich demokratischen Grundordnung des parlamentarischen Regierungssystems der BRD.[158] In zahlreichen Entscheidungen hat das BVerfG die zentrale Bedeutung verdeutlicht, dass sich die Meinungsbildung vom Volk in das Parlament und die darüber weiter legitimierte Exekutive vollziehen muss und der umgekehrten Beeinflussung enge Grenzen gesetzt sind.[159] Weiterhin ist vor allem gegenüber strafprozessualen und polizeilichen Maßnahmen auf das Hausrecht nach Art. 40 Abs. 2 GG zu verweisen, das Maßnahmen der allgemeinen Sicherheitsbehörden in den Liegenschaften nur mit Erlaubnis des Parlaments bzw. unter sehr engen Ausnahmevoraussetzungen erlaubt.[160] Aber auch ein Vorgehen der Parlamentspolizei gegen Abgeordnete ist an deutlich höhere Verhältnismäßigkeitserfordernisse gebunden.[161]

2. Informationserhebungen

63 Ob dem Genehmigungsvorbehalt der Immunität nach Art. 46 Abs. 3 GG auch **offene oder heimliche Informationserhebungen** unterliegen, die Abgeordnete nicht in der körperlichen Bewegungsfreiheit, sondern sonst in der Ausübung der parlamentarischen Tätigkeit hindern, ist umstritten.[162] Neben den strafprozessualen und polizeilichen Regelungen, die

---

[152] Vgl. etwa Art. 61 BbgVerf; Art. 41 BWLV; Art. 17 NdsVerf.
[153] Zum inhaltsgleichen § 44b Abs. 2 AbgG aF vgl. BVerfGE 94, 351 = NJW 1996, 2720; BVerfGE 99, 19 = NJW 1998, 3042.
[154] Vgl. *Badura*, Die Stellung des Abgeordneten nach dem Grundgesetz und den Abgeordnetengesetzen in Bund und Ländern, in Schneider/Zeh, Parlamentsrecht und Parlamentspraxis in der Bundesrepublik Deutschland, 1989, § 15 Rn. 15.
[155] Vgl. BVerfGE 104, 310 (332) = NJW 2002, 1111; dazu auch BVerfGE 102, 224 (235 f.) = NJW 2000, 3771.
[156] Vgl. *Fahrner* StaatsschutzR § 7 Rn. 4 ff. im Überblick mwN.
[157] Vgl. dazu insbesondere zusammenfassend BVerfGE 142, 25 (55 f.) = NVwZ 2016, 922 mwN.
[158] Vgl. § 92 Abs. 2 Nr. 3, 4 Alt. 2 StGB; dazu etwa BVerfGE 2, 1 (13) = NJW 1952, 1407, allerdings noch bezogen auf Regierungsverantwortlichkeit und Opposition allgemein.
[159] Grundlegend BVerfGE 44, 125 = NJW 1977, 751; daneben zB BVerfGE 138, 102 = NVwZ 2015, 209; BVerfGE 140, 225 = NVwZ-RR 2016, 241; BVerfGE 144, 20 (208 f.) = NJW 2017, 611; BVerfGE 148, 11 = NJW 2018, 928.
[160] Eine Ausnahme bei Gefahr im Verzug wollen demgegenüber zulassen in *Vogel* in DWVM, 9. Aufl. 1986, § 5 S. 72; *Versteyl* in v. Münch/Kunig GG Art. 40 Rn. 24; *Achterberg/Schulte* in v. Mangoldt/Klein/Starck GG Art. 40 Rn. 64; *Stern* StaatsR II S. 85 Fn. 222; aA generell nur mit Erlaubnis *Schneider* in AK-GG GG Art. 40 Rn. 16; *Jarass* in Jarass/Pieroth GG Art. 40 Rn. 14; *Magiera* in Sachs GG Art. 40 Rn. 29.
[161] BVerfG NVwZ 2020, 1102.
[162] Dafür, durchaus gut begründet, bereits *Bockelmann*, Die Unverfolgbarkeit der Abgeordneten nach deutschem Immunitätsrecht, 1951, 61; *Butzer*, Immunität im demokratischen Rechtsstaat, 1991, 235 f., 252 ff.; *Borchert* DÖV 1992, 58 (59 f.); idS auch *Wurbs*, Regelungsprobleme der Immunität und Indemnität in der parlamentarischen Praxis, 1988, 34 ff., 117 f.; *Kluth* in Schmidt-Bleibtreu/Hofmann/Henneke GG Art. 46 Rn. 29, 30, in diesem Sinn auch § 5 Abs. 12 SächsVSG sowie § 28 SHLVerfSchG; aA die wohl hM *Storr* in v. Mangoldt/Klein/Starck GG Art. 46 Rn. 60; *Klein* in Maunz/Dürig GG Art. 46 Rn. 77; *Magiera* in BK-GG GG Art. 46 Rn. 108; *Magiera* in Sachs GG Art. 46 Rn. 24; *Schulze-Fielitz* in Dreier

D. Sicherheitsgewährleistung, Gewaltenteilung und -kontrolle § 4

auf § 53 Abs. 1 S. 1 Nr. 2 StPO aufbauen, liegen jedenfalls für die nachrichtendienstliche Überwachung der Kommunikation teilweise generelle Verbote vor.[163] Das BVerfG hat die **Beobachtung von Abgeordneten**[164] durch den Verfassungsschutz an Art. 38 GG gemessen (auch über Art. 28 GG für die Landtage).[165] Gleichzeitig hat es verdeutlicht, dass auch dabei die Gefahr, dass die *„streitbare Demokratie"* sich *„gegen sich selbst"* wendet,[166] aus den bereits angeführten Überlegungen besonders hoch ist.[167] So kann durch Einschüchterungseffekte solcher Überwachungen generell das Vertrauensverhältnis der Bürger zu Abgeordneten, und damit die durch diese gewährleistete politische Rückkopplung, entscheidend in Mitleidenschaft gezogen werden.[168] Daher muss bei Informationserhebungen ein besonders **strenger Verhältnismäßigkeitsmaßstab** angelegt werden, bei dem alle berührten Interessen und Umstände, namentlich das Gewicht des Eingriffs für die verschiedenen Funktionen des Parlamentsmandats, des Grades der von dem Abgeordneten ausgehenden Gefährdung und des Gewichtes der durch eine Beobachtung zu erwartenden Informationen abzuwägen sind.[169] Ist die weitere Beobachtung des Abgeordneten zum Schutz der freiheitlichen Ordnung nicht notwendig, ist sie umgehend zu beenden.[170]

Die Beobachtung eines Abgeordneten kommt insbesondere in Betracht, wenn Anhalts- **64** punkte dafür bestehen, dass er **sein Mandat** zum Kampf gegen die freiheitliche demokratische Grundordnung **missbraucht** oder diese aktiv und aggressiv bekämpft.[171] Die Parteimitgliedschaft des Abgeordneten kann wegen der komplexen Verflechtung dabei ein Aspekt der gebotenen Gesamtbeurteilung sein; sie kann alleine nur eine vorübergehende Beobachtung rechtfertigen, um die Funktionen, Bedeutung und Stellung in der Partei zu klären. Von entscheidender Bedeutung für die Beurteilung der von ihm ausgehenden Gefährdung ist insoweit die Feststellung, ob und gegebenenfalls in welchem Ausmaß sein politisches Verhalten von den gegen die freiheitliche demokratische Grundordnung gerichteten Gruppierungen und Strömungen innerhalb der Partei beeinflusst ist. Dagegen spricht eher, wenn er auch in der Partei selbst auf dem Boden der freiheitlichen demokratischen Grundordnung handelt.

Das neuerdings vom BVerfG postulierte generelle Verbot für den Verfassungsschutz, im **65** Rahmen des durch die **Indemnität** geschützten Bereichs öffentliches Material und Informationen über das Verhalten des Abgeordneten zu sammeln, ist allenfalls im Hinblick auf eines weit vorgelagerten Schutzes hinsichtlich einer möglicherweise nachteiligen Verwertung im Ansatz erklärlich.[172] Vor allem bei der Annahme einer bereits erwiesenen aggressiven Bekämpfung der freiheitlich demokratischen Grundordnung in offenen Parlamentsreden etc ist es praktisch nicht nachvollziehbar,[173] zumal entsprechende Äußerungen im

---

GG Art. 46 Rn. 34; *Wiefelspütz* NVwZ 2003, 38 (39 f.); für einen Parlamentsvorbehalt de lege ferenda *Morlok/Sokolov* DÖV 2014, 405 (412 f.); *Krüper* in Dietrich/Eiffler NachrichtendiensteR-HdB III § 1 Rn. 107.
[163] In Bezug auf Abgeordnetenpost § 3 Abs. 2 S. 4 G10-G sowie der Telekommunikations- und Postüberwachung im Übrigen in § 3b Abs. 1 G10-G, vgl. hierzu BT-Drs. 16/12448, 11; *Droste* VerfassungsschutzR-HdB 341; *Wiefelspütz* NVwZ 2003, 38 (42 f.); *Roth* in Schenke/Graulich/Ruthig BVerfSchG § 8 Rn. 63.
[164] Vgl. zur Reichweite auch für andere Abgeordnete *Roth* in Schenke/Graulich/Ruthig BVerfSchG § 8 Rn. 61 mwN.
[165] Überzeugend dagegen insoweit *Sachs* JuS 2014, 284 (286).
[166] Vgl. hier nur das Minderheitsvotum BVerfGE 30, 1 (33, 45 f.) = NJW 1971, 275.
[167] BVerfGE 134, 141 (172 ff.) = NVwZ 2013, 1468 mwN sowie dazu *Krüper* in Dietrich/Eiffler NachrichtendiensteR-HdB III § 1 Rn. 94 ff. mwN; zur Stellung des Abgeordneten allgemein BVerfGE 40, 296 (313) = NJW 1975, 2331; BVerfGE 118, 277 (353 ff.) = NVwZ 2007, 916.
[168] BVerfGE 134, 141 (178) = NVwZ 2013, 1468 mwN.
[169] Hierzu und zum Folgenden BVerfGE 134, 141 (181 ff.) = NVwZ 2013, 1468.
[170] Vgl. allgemein zur Beobachtung BVerfGE 113, 63 (84) = NJW 2005, 2912.
[171] Vgl. hierzu *Warg* NVwZ 2014, 36 ff.
[172] BVerfGE 134, 141 (181 ff.) = NVwZ 2013, 1468.
[173] Vgl. überzeugend *Roth* in Schenke/Graulich/Ruthig BVerfSchG § 8 Rn. 68; ähnlich *Morlok/Sokolov* DÖV 2014, 405; hingegen für eine (stark konstruktive) formale Abgrenzung nach Art. 46 GG *Krüper* in Dietrich/Eiffler NachrichtendiensteR-HdB III § 1 Rn. 100.

Rahmen des Verfahrens nach Art. 21 GG zulasten seiner Partei verwertbar sind.[174] Sogar ob es als alleinige oder maßgebliche Grundlage für die Annahme solcher Bestrebungen dienen könnte, scheint zwiespältig, da dadurch gerade eine künstliche Trennung des Abgeordneten im und außerhalb des Parlaments geschaffen wird, die das BVerfG gerade verneinen will.

66 An der Privilegierung der Abgeordneten selbst nehmen ihre **Mitarbeiter** als Ziel in keiner Weise teil.[175] Denkbar könnten allenfalls Rechtsreflexe sein, wenn die Arbeit der Abgeordneten erheblich im Sinne der genannten Normen und Prinzipien erschwert würde. Mitarbeiter dürfen gem. § 9b Abs. 2 S. 2 Nr. 4 Var. 4 BVerfSchG selbst nicht als V-Personen (und in einigen Ländern nicht als Informanten) gewonnen, jedoch jedenfalls verdeckt befragt werden, soweit die allgemeinen Voraussetzungen vorliegen.[176]

III. Justiz

67 Der Umgang mit Sicherheitsbedrohungen in der Justiz ist durch die dreigeteilte **Stellung der Richterinnen und Richter** im demokratischen Rechtsstaat am besten zu ordnen:[177] Als wichtige zentrale Lehre aus der Weimarer Republik ist zuerst ihre Verankerung als einfache Mitglieder der Bürgerschaft außerhalb ihres Amtes zu erkennen. Das Amt der Berufsrichter orientiert sich, zweitens, am allgemeinen Beamtenrecht, das auch uneingeschränkt für die Staatsanwaltschaft gilt, jenes der „Laienrichter" jedoch am Ehrenamt. Drittens sind jedoch die besonderen Bedingungen der richterlichen Unabhängigkeit gem. Art. 97 GG; §§ 25, 45 DRiG zwingend zu berücksichtigen, die einen absoluten Kern der Rechtsstaatlichkeit bildet.

1. Verfassungstreue und Berufung ins Amt

68 In das Berufsrichterverhältnis darf nach den beamtenrechtlichen Grundsätzen des Art. 33 Abs. 5 GG – und entsprechend den allgemeinen beamtenrechtlichen Vorschriften der wehrhaften Demokratie zur Verfassungstreue – **nur berufen** werden, wer die Gewähr dafür bietet, dass er jederzeit für die freiheitliche demokratische Grundordnung im Sinne des Grundgesetzes eintritt (§ 9 Nr. 2 DRiG).[178]

69 a) Reichweite. Für Schöffen und andere **Laienrichter** namentlich in der Arbeits- und Sozialgerichtsbarkeit gilt die Verfassungstreuepflicht gleichermaßen.[179] Es fehlt indes bislang ein ausdrücklicher Ausschlussgrund wegen verfassungsfeindlichen Verhaltens, soweit nicht die Aberkennung der nötigen staatsbürgerlichen Rechte oder sonst ein entsprechendes Strafmaß vorliegen, wobei eine Ungleichbehandlung jedenfalls nach den Grundsätzen der „wehrhaften Demokratie" gerechtfertigt ist. Es bleibt nur der Auftrag des BVerfG *„streng darauf zu achten, dass nur Personen ernannt werden dürfen, die die Gewähr dafür bieten, dass sie die ihnen von Verfassungs und Gesetzes wegen obliegenden, durch den Eid bekräftigten richterlichen Pflichten jederzeit uneingeschränkt erfüllen."*[180]

70 b) Probleme verfahrensmäßiger Absicherung. Unter keinem Gesichtspunkt darf dem Verfassungsschutz selbst irgendeine Auswahlfunktion zukommen, während umstritten ist, welche Rolle eine Vorprüfung durch den Verfassungsschutz vor der Ernennung spielen

---

[174] BVerfGE 144, 20 (217 ff.) = NJW 2017, 611; mit gleicher Folgerung daraus *Roth* in Schenke/Graulich/Ruthig BVerfSchG § 8 Rn. 68.
[175] Vgl. dazu umfassend BT WD 3–3000–220/19.
[176] Vgl. BT WD 3–3000–220/19 S. 7 f. mwN.
[177] Vgl. zum Ganzen *Fahrner* GSZ 2021, 6.
[178] Vgl. zum Ganzen *Fahrner* GSZ 2021, 6 (10 f.).
[179] Vgl. BVerfGE 6, 376 (385) = NJW 1957, 1025; *Battis* in Sachs GG Art. 33 Rn. 69; *Jachmann-Michel/Kaiser* in v. Mangold/Klein/Starck GG Art. 33 Rn. 42; auch *Brosius-Gersdorf* in Dreier GG Art. 33 Rn. 172 f.; vgl. insgesamt *Anger* NJW 2008, 3041 (3042 f.).
[180] BVerfG NJW 2008, 2568.

kann.¹⁸¹ Wenige Länder praktizieren für die Einstellungen in Berufsrichterämter Auskunftspflichten und eine **Regelanfrage**.¹⁸² Die anderen halten dies vor allem mangels Erforderlichkeit unverhältnismäßig.¹⁸³ Dahinter sind vor allem Ängste aus dem *„Radikalenbeschluss"* des *„Kalten Krieges"* und Einschüchterungseffekte erkennbar.¹⁸⁴ Soweit allerdings zusätzlich zum (fragmentarischen) Strafregisterauszug auf Rückmeldungen aus der Justizausbildung verwiesen wird,¹⁸⁵ fehlen erheblich klare Regelungen für die Melderechte und -pflichten.¹⁸⁶ Jedenfalls ist eine Regelanfrage vor dem juristischen Vorbereitungsdienst unzulässig.¹⁸⁷ Ein gleichwertiger praktischer Ausbildungsabschnitt muss wohl auch bei fehlender Verfassungstreue angeboten werden, durch die staatsfernere Ersatzform können Gefahren für die Staatsfunktionen verringert bzw. abgesichert werden.¹⁸⁸

2. Sicherheitsgewährleistung und Rechtspflegetätigkeit

Unter dem Gesichtspunkt der **Funktion der rechtsstaatlichen unabhängigen kontrollierenden Justiz** ist jede Einflussnahme auf einen konkreten Fall aus Sicherheitsgründen außer den allgemeinen Verfahrensmöglichkeiten strikt ausgeschlossen. Ungerechtfertigte staatliche Sanktions-, sowie Überwachungs- und Einschüchterungsmaßnahmen gegenüber der Justiz, wie sie in autoritären Staaten Verwendung fanden und finden, stellen in jedem Fall schwerste unzulässige Verfassungsübergriffe dar, aufgrund derer auch ein Teil der gleichen oder anderen Gewalt sich strafbar machen kann (→ § 33 Rn. 63). Die darin liegende Verletzung wesentlicher rechtsstaatlicher Verfahrensgrundsätze, wie des *fair trial*, können verfahrensrechtliche Wirkungen, wie die Revisibilität der getroffenen Entscheidung oder im Extremfall ein dauerhaftes Verfahrenshindernis nach sich ziehen. Soweit Richter aus Sicherheitsgründen beobachtet werden, dürfen daher alle daraus gewonnenen Erkenntnisse für das konkrete Verfahren nicht verwendet werden; aus auch der Gegenseite offenbar(t)en Tatsachen kann jedoch die Ablehnung betrieben werden. Ebenfalls kann eine mutmaßliche Unzuverlässigkeit im nötigen Umgang mit Geheimnissen außerhalb der allgemeinen Ablehnungsgründe oder aber Entziehung des Richterstatus insgesamt, sofern dafür die Voraussetzungen vorliegen (→ Rn. 74 ff.), nicht geltend gemacht werden;¹⁸⁹ der Ausschluss der Sicherheitsüberprüfung der an einer Rechtssache beteiligten Berufs- und ehrenamtlichen Richter gem. § 2 Abs. 3 Nr. 2 SÜG wegen Vorrang des gesetzlichen Richters¹⁹⁰ gilt auch hier. 71

Die Dienstausübung ist umgekehrt kein Tabubereich für **strafrechtliche Sanktion** (vgl. bereits § 331 Abs. 2 StGB, §§ 339 ff. StGB), ebenso wenig wie für etwaige Erkenntnisse über ein Verhalten, das zu einer Amtsenthebung führen kann. Nur strafrechtlich sind die engen Anwendungsbereiche der Rechtsbeugung zum Schutz der richterlichen Unabhängigkeit zu beachten. Verstößt eine richterliche Entscheidung jedoch eindeutig – zB in 72

---

¹⁸¹ Vgl. Nr. 4 Beschluss TOP I.16, 89. JuMiKo v. 6./7.2.2018, https://bit.ly/30dXjRz; vgl. dazu beck-aktuell, 16.4.2020, becklink 2016048.
¹⁸² Vgl. Teil 3 Nr. 1 Bekanntmachung der Bayerischen Staatsregierung über die Pflicht zur Verfassungstreue im öffentlichen Dienst (Verfassungstreue-Bekanntmachung – VerftöDBek) v. 3.12.1991 (AllMBl. S. 895, StAnz. Nr. 49).
¹⁸³ Vgl. etwa *Dieterle/Kühn* ZD 2017, 69.
¹⁸⁴ Vgl. zum Ganzen *Fahrner* GSZ 2021, 6 (10 f.).
¹⁸⁵ *Schmaltz*, VerfBlog, 2018/6/23, https://bit.ly/338C6KD.
¹⁸⁶ Vgl. zum Ganzen *Fahrner* GSZ 2021, 6 (11).
¹⁸⁷ BVerfGE 39, 334 (356) = NJW 1975, 1641.
¹⁸⁸ Vgl. BVerfGE 39, 334 (372 ff.) = NJW 1975, 1641; BVerfG NJW 2020, 1049; BVerwGE 6, 13 = NJW 1958, 562; BVerwGE 10, 136 = NJW 1960, 1122; BVerwGE 16, 241 = NJW 1963, 1994; BVerwGE 47, 330 = NJW 1975, 1135; BAGE 36, 344 = NJW 1982, 2396; BAGE 53, 137 = NJW 1987, 2699; VG München BeckRS 2018, 4798; AA noch BVerfGE 46, 43 = NJW 1978, 37; OVG Koblenz DÖV 1973, 748.
¹⁸⁹ Vgl. ausdrücklich für ehrenamtliche Richter unter Hinweis auf § 45 DRiG etwa LAG Hamm MDR 1993, 55 (56) stRspr.
¹⁹⁰ Sowie der Parallelnormen der Landesgesetze; vgl. *Däubler*, Sicherheitsüberprüfungsgesetz/SÜG, 1. Aufl. 2019, SÜG § 2 Rn. 37; *Warg* in Schenke/Graulich/Ruthig SÜG § 2 Rn. 16.

extremistischer Weise – gegen offensichtlich einschlägige Grundsätze der Verfassungsordnung oder missdeutet sie in krasser Weise, ist sie willkürlich, auch mit den Folgen einer entsprechenden Angreifbarkeit der Entscheidung im jeweiligen Rechtsweg und schließlich der Verfassungsbeschwerde.[191] Zudem können Maßnahmen der Dienstaufsicht möglich sein.[192]

73 Während bislang obergerichtliche Entscheidungen zur nachrichtendienstlichen Überwachung im Umfeld der Justiz ausstehen, bietet sich an, auf die Vergleichbarkeit der parlamentarisch-demokratischen und rechtsstaatlichen Kontrolle hinzuweisen, und dass diese nicht „umgekehrt" werden dürfen (s. o. → Rn. 63 ff.). Aus diesen Gründen scheint es mit der Verfassung strikt unvereinbar, wenn zB Richter oder ihre unmittelbaren Mitarbeiter auf sie **als Vertrauensleute** oder Informanten angesetzt werden.

3. Entfernung aus dem Amt

74 Für die **Entfernung aus dem Amt** stehen straf- und disziplinarrechtliche Wege, im Bund (und regelmäßig den Ländern) auch zusätzlich die Möglichkeiten der Richteranklage (zB Art. 98 Abs. 2, 5 GG) als offene rechtsstaatliche Verfahren mit richterlicher Kontrolle zur Verfügung.

75 **a) Voraussetzungen.** Neben den Folgen erheblicher strafrechtlicher Verurteilungen stehen in **disziplinarrechtlicher Hinsicht** Berufsrichter den Beamten gleich;[193] die materiellen Grundsätze der „wehrhaften Demokratie" und Verpflichtung zur Verfassungstreue sind entsprechend für alle Richter anwendbar. Auch ehrenamtliche Richter unterliegen aus ihrer Funktion als gleichberechtigte Organteile genuin staatlicher Aufgabenerfüllung der Pflicht zur Verfassungstreue, den Staat und seine geltende Verfassung zu bejahen sowie sich eindeutig von Gruppen und Bestrebungen zu distanzieren, die diesen Staat, seine verfassungsmäßigen Organe und die geltende Verfassungsordnung angreifen, bekämpfen und diffamieren.[194]

76 Das bloße Innehaben einer Überzeugung und die bloße Mitteilung, dass man diese habe, ist nicht in jedem Fall eine **Verletzung der Treuepflicht,** die dem Beamten auferlegt ist; dieser Tatbestand ist aber jedenfalls dann überschritten, wenn der Beamte aus seiner der Verfassung widersprechenden politischen Überzeugung Folgerungen für seine Einstellung gegenüber der verfassungsmäßigen Ordnung der Bundesrepublik Deutschland, für die Art der Erfüllung seiner Dienstpflichten, für den Umgang mit seinen Mitarbeitern oder für politische Aktivitäten im Sinne seiner politischen Überzeugung zieht.[195] Dazu zählt jeweils das Bestreiten der Existenz oder Legitimität der BRD sowie verfassungsfeindliche, menschenverachtende, etwa antisemitische oder rassistische Äußerungen, zB gegen Ausländer.[196] Solche Äußerungen in sozialen Netzwerken sowie deren Unterstützung („like", „retweet") begründen die Amtsenthebung ehrenamtlicher Richter.[197] Eine gröbliche Verletzung der Amtspflichten kann nach hM bei bloßer Mitgliedschaft in einer nach Art. 21 GG festgestellt verfassungswidrigen Partei bzw. Organisation oder aber eigenem verfassungsfeindlichen Verhalten liegen.[198] Dienstlich ist Grenze überschritten, wenn der ehren-

---

[191] Vgl. BVerfGE 62, 189 (192) = NJW 1983, 809; BVerfGE 83, 82 (85 ff.) = NJW 1991, 157; BVerfGE 86, 59 (62 ff.) = NJW 1992, 1675; BVerfGE 87, 273 (278) = NJW 1993, 996.
[192] Vgl. BGH NVwZ-RR 2021, 459.
[193] Vgl. etwa § 46 DRiG für Bundesrichter sowie die entsprechenden Landesrichtergesetze; weiter insbesondere *Fahrner* GSZ 2021, 6 (8 f.).
[194] BVerfG NJW 2008, 2568.
[195] Vgl. BVerfGE 39, 334 (349 ff.) = NJW 1975, 1641; 2008, 2568.
[196] OLG Hamm NStZ-RR 2017, 354; OLG Dresden NStZ-RR 2015, 121; OLG München StV 2016, 637.
[197] KG NStZ-RR 2016, 252; OLG Dresden StV 2018, 403.
[198] Vgl. etwa BVerwGE 61, 200 = NJW 1981, 1390; BVerwGE 83, 345 = NJW 1988, 2907; BVerwGE 114, 258 = NJW 2002, 980; ZBR 2019, 130; OVG Münster BeckRS 2017, 152320; OLG Hamm NStZ 2020, 104; *Schachel* in Schütz/Maiwald BeamtR § 33 BeamtStG Rn. 9.

amtliche Richter über eine Befangenheit im Einzelfall hinaus die Befürchtung begründet, er werde aus sachfremden (wie zB ausländerfeindlichen) Erwägungen urteilen.[199]

b) Anwendung auf ehrenamtliche Richter. Bei **ehrenamtlichen Richtern** ist die Amtsenthebung, ohne dass mildere Disziplinarsanktionen eingerichtet sein müssten, in der Form des § 44 Abs. 2 DRiG ohne weiteres möglich bei Vorliegen eines gewichtigen Fehlverhaltens, das auch außerhalb der Gerichtsverhandlungen liegen kann.[200]

77

c) Sonderregelung frühere MfS-Tätigkeit. Zusätzlich ist gemäß §§ 44a, 44b DRiG ein Entfernen ehrenamtlicher Richter möglich bei **einer früheren Tätigkeit für das Ministerium für Staatssicherheit der DDR** sowie in Fällen, in denen die Betroffenen gegen die Grundsätze der Menschlichkeit oder der Rechtsstaatlichkeit verstoßen haben. Letzteres verlangt eine schuldhafte persönliche Verstrickung an besonders gravierenden Verstößen gegen die Gebote der Menschlichkeit, namentlich wenn Menschen entwürdigt, zur Nummer und zum Objekt einer totalitären Doktrin gemacht wurden, beteiligt war.[201] Allein zB der Kampf gegen die Verfassungsordnung reicht hierfür nicht aus.

78

E. Anwaltsverhältnis und Sicherheits- und Staatsschutz

I. Die Stellung des Anwalts und die Sicherheitsgewährleistung

1. Grundlagen

Aus dem Rechtsstaatsprinzip des Grundgesetzes wird der Grundsatz der Chancen- und Waffengleichheit zugunsten des Bürgers abgeleitet. Danach müssen ihm Rechtskundige in Gestalt der Anwaltschaft zur Seite stehen, denen er vertrauen und von denen er erwarten kann, dass sie seine Interessen unabhängig, frei und uneigennützig wahrnehmen.[202] Der Rechtsanwalt ist als **Organ der Rechtspflege** (vgl. §§ 1 und 3 BRAO) dazu berufen, die Interessen seines Mandanten zu vertreten.[203] Sein berufliches Tätigwerden liegt im Interesse der Allgemeinheit an einer wirksamen und rechtsstaatlich geordneten Rechtspflege.[204]

79

Der Schutz des Art. 12 Abs. 1 GG umfasst unter wesentlichen Berufsaufgaben eines Rechtsanwalts namentlich die **Strafverteidigung.**[205] Diese dient der fairen Ausgestaltung des Strafprozesses.[206] Daraus folgt die „*Waffengleichheit*" zwischen den Strafverfolgungsbehörden einerseits und dem Beschuldigten andererseits im Hinblick darauf, auf den Verlauf des Verfahrens und auf dessen Ergebnis aktiv und wirkungsvoll Einfluss zu nehmen.[207] Das Recht des Beschuldigten, sich im Strafverfahren von einem Anwalt seiner Wahl und seines Vertrauens verteidigen zu lassen, ist nicht nur durch § 137 Abs. 1 StPO und Art. 6 Abs. 3 lit. c EMRK garantiert, sondern zugleich durch Art. 2 Abs. 1 GG in Verbindung mit dem Rechtsstaatsprinzip des Grundgesetzes verfassungsrechtlich verbürgt.[208] Staatliche Maßnahmen gegen den Strafverteidiger können das Vertrauensverhältnis zwischen Anwalt und Mandant tiefergreifend stören.[209]

80

---

[199] OLG Celle StraFo 2015, 26.
[200] BVerfG NJW 2008, 2568; OVG Lüneburg PersV 1964, 203; vgl. etwa *Friedrich* in Bader/Creutzfeldt/Friedrich, Kommentar zum Arbeitsgerichtsgesetz: ArbGG, 5. Aufl. 2008, ArbGG § 27 Rn. 3; *Liebscher* in Schwab/Weth ArbGG, 5. Aufl. 2017, ArbGG § 27 Rn. 7 f.; näher *Fahmer* GSZ 2021, 6.
[201] Vgl. *Staats* DRiG § 44a Rn. 3.
[202] BVerfGE 63, 266 (284) = NJW 1983, 1535; BVerfGE 87, 287 (320) = NJW 1993, 317; BVerfGE 110, 226 (252 ff.) = NJW 2004, 1305.
[203] Vgl. BVerfGE 10, 185 (198) = NJW 1960, 139.
[204] Vgl. hier nur BVerfGE 15, 226 (234); 34, 293 (302) = NJW 1973, 696; BVerfGE 37, 67 (77 ff.) = NJW 1974, 1279.
[205] Vgl. BVerfGE 15, 226 (231) stRspr; vgl. auch § 3 BRAO und § 138 Abs. 1 StPO.
[206] BVerfGE 57, 250 (275 ff.) = NJW 1981, 1719 stRspr.
[207] BVerfGE 110, 226 (258 ff.) = NJW 2004, 1305.
[208] Vgl. BVerfGE 26, 66 (71) = NJW 1969, 1423; BVerfGE 34, 293 (302) = NJW 1973, 696; BVerfGE 66, 313 (318 f.) = NJW 1984, 2403.
[209] BVerfG 110, 226 (259) = NJW 2004, 1305; *Birkhoff/Hawickhorst* StV 2013, 540.

2. Zulassung zur Rechtsanwaltschaft

81 Die **Zulassung zur Rechtsanwaltschaft** gewährleistet eine gewisse Filterfunktion. Sie ist zu versagen, wenn gegen den Betroffenen auf Verwirkung eines Grundrechts gem. Art. 18 GG erkannt wurde, er infolge strafgerichtlicher Verurteilung die Fähigkeit zur Bekleidung öffentlicher Ämter nicht besitzt, rechtskräftig in den letzten acht Jahren aus der Rechtsanwaltschaft ausgeschlossen wurde,[210] sich eines des Berufs unwürdigen Verhaltens schuldig gemacht hat oder die freiheitliche demokratische Grundordnung in strafbarer Weise bekämpft.[211] Die letztgenannte Voraussetzung bedingt *keine* allgemeine Verfassungstreue im Sinne eines jederzeitigen Einstehens wie bei Richtern und Beamten, es handelt sich hier um konfrontative streitbare, nicht die wehrhafte Demokratie, in die sich der Betroffene einzureihen hätte.[212] Daher dürfen hier auch zB Vergehen gegen die Landesverteidigung oder Widerstand nicht relevant sein.[213] Jedenfalls muss das Bekämpfen noch andauern und muss einen Straftatbestand erfüllen, wenn auch noch nicht gerichtlich festgestellt.[214] Ebenfalls in der Beschränkung auf eine streitbare Demokratie (und als weitere formale Absicherung gegen Ausschluss unliebsamer Opposition und *„freier Advokatur"* durch eine *„Exekutiv- und Judikativ-Majorisierung",* wie etwa ab 1935) reicht die bloße Zugehörigkeit des Betroffenen zu einer als verfassungsfeindlich angesehenen Partei oder eine entsprechende (offen propagierte) Gesinnung nicht aus; diese Abgrenzung darf folglich auch nicht durch Rückgriff auf andere Gründe wie die Unwürdigkeit umgangen werden.[215]

3. Entzug der Zulassung

82 Hingegen ist der **Entzug der Zulassung,** abgesehen von Rücknahme wegen erst nachträglich bekannter Versagungsgründe der Ernennung[216] deutlich enger gefasst. Der Widerruf ist gem. § 14 Abs. 2 BRAO nur möglich, aber zwingend, wenn eine Grundrechtsverwirkung (Nr. 1) oder Verlust der Amtsfähigkeit infolge strafgerichtlicher Verurteilung (Nr. 2) vorliegt, wenn der Rechtsanwalt eine Tätigkeit ausübt, die mit seinem Beruf, insbesondere seiner Stellung als unabhängiges Organ der Rechtspflege nicht vereinbar ist oder sie das Vertrauen in seine Unabhängigkeit gefährden kann (Nr. 8).[217] Nur dann können auch entsprechende vorläufige Maßnahmen getroffen werden.[218] Das strafrechtliche (vorläufige) Berufsverbot bleibt davon unbeeinträchtigt.[219]

4. Beobachtung und Überwachung

83 Werden allgemein Rechtsanwälte zu Aufgaben der Sicherheitsgewährleistung beobachtet bzw. **heimlich überwacht,** sind den verschiedenen Aspekten der Berufsausübung nach Art. 12 GG, der Stellung im Interesse der Allgemeinheit an einer wirksamen und geordneten Rechtspflege[220] und des Rechtsstaats im Allgemeinen sowie den konkreten Mandats-

---

[210] Beachte § 7 Nr. 4 BRAO wodurch ausgeschlossen ist, wer durch Richteranklage entlassen oder im Disziplinarverfahren aus dem Dienst in der Rechtspflege entfernt worden ist, ist nach ganz hM verfassungswidrig, vgl. nur *Vossebürger* in Weyland BRAO § 7 Rn. 27 ff. mwN; *Kleine-Cosack* BRAO § 7 Rn. 9; vgl. auch BVerfGE 72, 51 (63 ff.) = NJW 1986, 1802.
[211] § 7 Nr. 1–6 BRAO.
[212] Vgl. hierzu *Fahrner* GSZ 2021, 6 (7 f.).
[213] So allerdings *Vossebürger* in Weyland BRAO § 7 Rn. 71 unter Berufung auf *Henssler/Prütting* BRAO § 7 Rn. 65.
[214] *Vossebürger* in Weyland BRAO § 7 Rn. 71; *Kleine-Cosack* BRAO § 7 Rn. 27.
[215] Vgl. BVerfGE 63, 266 = NJW 1983, 1535; eingehend etwa *Reifner* NJW 1984, 1151 mwN; vgl. *Vossebürger* in Weyland BRAO § 7 Rn. 72 f. mwN.
[216] Gem. § 14 Abs. 1 BRAO.
[217] Frühere Unwürdigkeiten auch aus politischen Gründen sind mittlerweile nicht mehr vorhanden, vgl. *Vossebürger* in Weyland BRAO § 14 Rn. 2.
[218] Vgl. §§ 150 ff. BRAO; dazu insbesondere BVerfGE 44, 105 = NJW 1977, 892.
[219] Vgl. etwa BGH NStZ 2015, 277.
[220] Vgl. BVerfGE 15, 226 (234) = BeckRS 1962, 103776; BVerfGE 34, 293 (302) = NJW 1973, 696; BVerfGE 37, 67 (77 ff.) = NJW 1974, 1279; BVerfGE 72, 51 (63 ff.) = NJW 1986, 1802; BVerfGE 110, 226 (252 ff.) = NJW 2004, 1305.

E. Anwaltsverhältnis und Sicherheits- und Staatsschutz § 4

verhältnissen im Rahmen der verfassungsrechtlichen Verhältnismäßigkeit Rechnung zu tragen, wo nicht besondere Schutznormen eingreifen:[221] Voraussetzung für die Erfüllung seiner Aufgabe als Beistand ist ein Vertrauensverhältnis zwischen Rechtsanwalt und Mandant.[222] Dieses wird berührt, wenn es wegen der Gefahr von Abhörmaßnahmen mit Unsicherheiten hinsichtlich seiner Vertraulichkeit belastet wird. Mit dem Ausmaß potenzieller Kenntnis staatlicher Organe von vertraulichen Äußerungen wächst die Gefahr, dass sich auch Unverdächtige nicht mehr den Berufsgeheimnisträgern zur Durchsetzung ihrer Interessen anvertrauen. Verteidiger und sonstiger Rechtsanwalt unterscheiden sich hier auch beim nötigen Schutz im Strafrecht kaum.[223]

a) Gesetzliche Schranken. Der gesteigerte Schutz von Mandatsverhältnissen und sonst 84 der Rechtsanwaltschaft vor Überwachung, dh Datenerhebung und -weiterverarbeitung ist teilweise **einfachgesetzlich** meist auf Basis der Abgrenzungen von §§ 53, 53a StPO verankert, namentlich in §§ 97, 100d Abs. 5 StPO, §§ 148, 160a StPO,[224] in § 3b G10-G für die individuelle, nicht strategische nachrichtendienstliche Telekommunikationsüberwachung sowie immer mehr in den Polizeigesetzen, nur etwa § 62 BKAG, § 9a BWPolG.

b) Ergänzender verfassungsunmittelbarer Schutz. Im Übrigen kann er **verfassungs-** 85 **unmittelbar** über die konkrete Situation der Strafverteidigung und sonst des *fair trial* hinaus (s. u. → Rn. 95 ff.) aus der Reichweite des Schutzes des **Kernbereichs privater Lebensgestaltung des Mandanten** folgen:[225] Danach ist die nichtöffentliche Kommunikation, die in der berechtigten Annahme geführt wird, nicht überwacht zu werden, mit Personen des höchstpersönlichen Vertrauens geschützt, zu denen auch Strafverteidiger und sonstige Rechtsanwälte neben Ärzten, Geistlichen und enge persönliche Freunde zählen können.[226] Der höchstpersönliche Charakter bleibt auch bei Vermischung mit Alltäglichem erhalten[227] und wird auch nicht alleine durch eine mögliche Relevanz zu Ursachen oder Beweggründe von Straftaten[228] oder einen allgemeinen Abwägungsvorbehalt in Bezug auf öffentliche Sicherheitsinteressen aufgehoben. Hingegen gehört die Besprechung und Planung von Straftaten ihrem Inhalt nach zwar im Allgemeinen nicht zum Kernbereich privater Lebensgestaltung, sondern hat Sozialbezug.[229] Allerdings können trotz Straftatenbezugs Situationen, in denen Einzelnen gerade ermöglicht werden soll, ein Fehlverhalten einzugestehen oder sich auf dessen Folgen einzurichten, wie Beichtgespräche oder vertrauliche Gespräche mit einem Psychotherapeuten oder einem Strafverteidiger, der höchstpersönlichen Privatsphäre unterfallen, die dem Staat absolut entzogen ist.[230] Zum einen sind Vorkehrungen zu treffen, die eine unbeabsichtigte Miterfassung von Kernbereichsinformationen nach Möglichkeit ausschließen; zum anderen sind auf der Ebene der nachgelagerten Auswertung und Verwertung die Folgen eines dennoch nicht vermiedenen Eindringens in den Kernbereich privater Lebensgestaltung strikt zu minimieren.[231]

5. Ausschluss aus konkreten Verfahren

Ein zugelassener Rechtsanwalt kann grundsätzlich nicht **aus einem konkreten Verfahren** 86 **ausgeschlossen** werden, es bedarf hierzu einer entsprechenden verhältnismäßigen Ermächtigung, die der hohen Bedeutung der freien Advokatur und Anwaltswahl sowie

---

[221] Vgl. hierzu und zum Folgenden BVerfG NJW 2007, 2749 (2750 ff.).
[222] Vgl. BVerfGE 110, 226 (252) = NJW 2004, 1305.
[223] Vgl. BVerfGE 129, 208 (264 f.) = NJW 2012, 833.
[224] Vgl. dazu BVerfGE 129, 208 (258 ff.) = NJW 2012, 833.
[225] Vgl. zum Ganzen insbesondere BVerfGE 141, 220 (276 ff.) = NJW 2016, 1781.
[226] Vgl. BVerfGE 109, 279 (321 ff.) = NJW 2004, 999.
[227] Vgl. BVerfGE 109, 279 (330) = NJW 2004, 999; BVerfGE 113, 348 (391 f.) = NJW 2005, 2603.
[228] Vgl. BVerfGE 109, 279 (318 f.) = NJW 2004, 999.
[229] Vgl. BVerfGE 80, 367 (375) = NJW 1990, 563; BVerfGE 109, 279 (319 f., 328) = NJW 2004, 999; BVerfGE 113, 348 (391) = NJW 2005, 2603.
[230] Vgl. BVerfGE 109, 279 (322) = NJW 2004, 999; BVerfGE 141, 220 (276 ff.) = NJW 2016, 1781.
[231] Vgl. *Dietrich* in Dietrich/Eiffler NachrichtendiensteR-HdB VI § 2 Rn. 121.

Fahrner

Art. 12 GG Rechnung trägt.[232] Besonderheiten ergeben sich im Wesentlichen nur im **Strafverfahren**. Neben den allgemeinen Gründen zur Ausschließung eines der Beteiligung oder Anschlusstat verdächtigen Verteidigers nach § 138a StPO sieht § 138b StPO die zusätzliche Möglichkeit vor, einen Verteidiger in einem Staatsschutzverfahren wegen einer Straftat nach § 74a Abs. 1 Nr. 3 GVG oder § 120 Abs. 1 Nr. 3 GVG auszuschließen, wenn aufgrund bestimmter Tatsachen die Annahme[233] begründet ist, dass seine Mitwirkung eine Gefahr für die Sicherheit der Bundesrepublik Deutschland iSv § 92 Abs. 3 Nr. 2 StGB herbeiführen würde,[234] wobei es nach hM auf eine Unterscheidung zwischen Wahl- und Pflichtverteidigung nicht ankommt.[235]

II. Anwaltschaft und Verschlusssachen

87 Eine besondere Problemlage auch für die Praxis stellt der **Umgang mit Verschlusssachen** dar.

1. Sicherheitsüberprüfung

88 Zwar sind nach hM Anwälte und insbesondere Verteidiger regelmäßig nicht von der gebotenen **Sicherheitsüberprüfung** ausgenommen.[236] Es sind jedoch die besondere rechtsstaatliche Bedeutung des anwaltlichen Beistands nach dem Grundgesetz sowie vor allem Art. 6 Abs. 3 EMRK maßgeblich zu berücksichtigen. Zudem ist die standesrechtliche Verschwiegenheitspflicht der Rechtsanwälte (§ 43a Abs. 2 BRAO und § 2 BORA) in die Erwägungen ebenso rechtlich mit einzubeziehen wie faktisch die Auswirkungen, die ein Verstoß gegen diese und andere angeordnete Verschwiegenheiten für die weitere Berufsausübung (s. o. → Rn. 82) bedeuten würde. Sie führen dazu, dass er kraft seiner Stellung als Organ der Rechtspflege nach geltendem Recht einen Vertrauensvorschuss genießt.[237]

89 **a) Verteidigung in Strafverfahren.** Insgesamt darf das Verschlusssachenrecht nicht dazu führen, dass in einem **Strafverfahren** ein Beschuldigter in seinen Rechten beeinträchtigt wird, über die sachliche Grundlage des gegen ihn erhobenen Vorwurfs in einem Umfang und zu einem Zeitpunkt so unterrichtet zu werden, dass ihm eine sachgerechte Verteidigung ermöglicht wird[238] und er nötigen Rechtsrat einholen kann.[239] Jedenfalls muss damit auch nicht sicherheitsüberprüften Wahl- und Pflichtverteidigern zumindest die Einsicht in die eingestuften Akten oder sonst verfahrensrelevanten und in diese einbezogene Unterlagen und Gegenstände gewährt werden.[240] Ist die dadurch zu befürchtende Gefahr entsprechend beachtlich und nicht anders abwendbar, ist das Eingreifen der entsprechenden

---

[232] Vgl. auch BVerfGE 15, 226 (234) = BeckRS 1962, 103776; BVerfGE 50, 16 (29) = NJW 1979, 1159; BVerfGE 63, 266 (284) = NJW 1983, 1535; zuvor allerdings BGHSt 8, 194 (197) = NJW 1957, 997; BGHSt 9, 20 = NJW 1956, 679.
[233] Zur umstrittenen Frage, ob dies die Höhe eines Verdachts iSv § 138a StPO erreichen muss, wie die hM annimmt, vgl. *Willnow* in KK-StPO StPO § 138b Rn. 3; *Parigger* FS Koch, 1989, 209; aA *Dünnebier* in Löwe/Rosenberg StPO § 138b Rn. 4.
[234] Vgl. allg. *Fahrner* StaatsschutzR § 35 Rn. 9 ff.; *Röhmel* JA 1976, 447; *Seelmann* NJW 1979, 1128; zum Verfahren *Burhoff* StRR 2012, 404; zu den Folgen *Frye* wistra 2005, 86.
[235] BGH StV 1996, 470; OLG Düsseldorf NStZ 1988, 519; aA OLG Koblenz NJW 1978, 2522; OLG Köln NStZ 1982, 129.
[236] *Arg. e. contrario* § 2 Abs. 3 S. 1 SÜG, anders dagegen ausdrücklich für eine Ausnahme § 2 Abs. 3 Nr. 3 ThürSÜG und § 3 Abs. 4 Nr. 3 SSÜG für Rechtsanwälte, soweit ihnen Akteneinsicht nach § 147 StPO zu gewähren ist; vgl. hierzu und zum ganzen Folgenden *Warg* in Schenke/Graulich/Ruthig SÜG § 2 Rn. 18; aA da Rechtsanwälte nicht iSv § 1 SÜG betraut würden *Gressmann* in Dietrich/Eiffler Nachrichtendienste-HdB IV § 3 Rn. 112.
[237] BVerfG NJW 2012, 2790 mwN; 2006, 1500 (1501); vgl. auch EGMR NVwZ 2006, 1267; NJW 1992, 3090; BGH NStZ 2011, 592.
[238] BGHSt 18, 369 = NJW 1963, 1462 mzustAnm *Arndt* JZ 1963, 609.
[239] Vgl. hierzu BGH NJW 1966, 1227 (1228).
[240] AA, vgl. nur *Warg* in Schenke/Graulich/Ruthig SÜG § 2 Rn. 18 mwN.

E. Anwaltsverhältnis und Sicherheits- und Staatsschutz   § 4

prozessualen Einstellungsgründe § 153c Abs. 3 StPO, § 153d StPO zu prüfen, weil die Durchführung des Verfahrens die Gefahr eines schweren Nachteils für die Bundesrepublik Deutschland herbeiführen würde oder wenn der Verfolgung sonstige überwiegende öffentliche Interessen entgegenstehen.[241]

b) Andere Verfahren. Auch in anderen Verfahren wird dem notwendigen Rechtsschutz des Betroffenen ein Vorrang jedenfalls insoweit einzuräumen sein, wie er nicht in zumutbarer Weise für die Einhaltung des Geheimschutzrechts – etwa durch Wahl eines entsprechend sicherheitsüberprüften Rechtsanwalts – selbst Sorge tragen kann. Gerade in strafähnlichen, zB disziplinarrechtlichen und berufsrechtlichen oder arbeits- bzw. sonst zivilrechtlichen Sanktionierungsverfahren, wird dem Verteidigungsinteresse des Betroffenen im weiteren Sinn aus rechtsstaatlichen Erwägungen des fairen Verfahrens Vorrang einzuräumen sein.[242] 90

2. Verfahrensmäßigen Modalitäten

Zu den weiteren **verfahrensmäßigen Modalitäten** des Ausgleichs bemühen sich im **Strafverfahrensrecht** untergesetzlich vor allem Nr. 213 f. RiStBV um eine handhabbare Praxis, wobei für die für die Gewährung der zuständigen Stelle besonders Nr. 213 Abs. 1, 3, 4 S. 1 RiStBV von Bedeutung sind. 91

a) Abschriften. Grundsätzlich gebietet allerdings die wirksame Verteidigung auch das Recht, **Abschriften** zu erhalten oder selbst anzufertigen, bzw. auf ermessensfehlerfreie Entscheidung des Vorsitzenden darüber, die wiederum durch die konkrete Bedeutung für die sachgerechte Verteidigung im Verfahren begrenzt ist.[243] 92

b) Strafbarkeit. Da Rechtsanwälte keine Amtsträger oder sonst einer in § 353b Abs. 1 StGB genannten Gruppe zugehörig sind, kommt, wie Nr. 213 Abs. 5 RiStBV ausführt, eine **Strafbarkeit** neben den allgemeinen Delikten nach §§ 93 ff., 203 StGB nur nach einer förmlichen Verpflichtung nach § 353b Abs. 2 Nr. 2 StGB in Betracht, bei der (da eine Einwilligung nach den vorgenannten Grundsätzen nicht gefordert werden darf)[244] eine gesetzliche Grundlage erforderlich ist.[245] Diese bietet § 174 Abs. 3 GVG wegen Gefährdung der Staatssicherheit, zum Zeugenschutz (§ 171b GVG) sowie zum Schutz privater oder wirtschaftlicher Geheimnisse (§ 172 Nr. 2 und 3 GVG).[246] 93

c) Hinweis. Nach Nr. 213 Abs. 3 RiStBV sind in jedem Fall zumindest „die Empfänger gleichwohl eindringlich auf ihre Geheimhaltungspflicht (§§ 93 ff., 203, 353b StGB) hinzuweisen; dabei ist ihnen zu empfehlen, bei der Behandlung der Verschlusssachen nach den im Einzelfall einschlägigen Vorschriften zu verfahren, die ihnen zu erläutern sind. Über den Hinweis und die Empfehlungen ist ein Vermerk zu den Akten zu nehmen; dieser soll vom Empfänger unterschrieben werden." 94

III. Mandatskommunikation in Strafsachen und Sicherheitsgewährleistung

1. Freie und vertrauliche Kommunikation im konkreten Mandat

Die Grundlagen effektiver Verteidigung und das Recht auf unüberwachte Kommunikation zwischen Beschuldigtem und Verteidiger sowie das Recht des inhaftierten oder unterge- 95

---

[241] BGHSt 18, 369 = NJW 1963, 1462.
[242] So auch *Warg* in Schenke/Graulich/Ruthig SÜG § 2 Rn. 18 mwN.
[243] Vgl. speziell hier BGHSt 18, 369 = NJW 1963, 1462; krit. *Warg* in Schenke/Graulich/Ruthig SÜG § 2 Rn. 18; vgl. allg. *Dünnebier* in Löwe/Rosenberg StPO § 147 Rn. 6.
[244] Vgl. KG StV 1997, 624; *Gressmann* in Dietrich/Eiffler NachrichtendiensteR-HdB IV § 3 Rn. 112.
[245] *Puschke* in MüKoStGB StGB § 353b Rn. 72; vgl. hierzu ausführlich *Lüttger* JZ 1969, 578 (582) mwN; *Möhrenschlager* JZ 1980, 161 (165).
[246] Vgl. zum Ganzen auch *Fahrner* StaatsschutzR § 35 Rn. 13 ff., 19.

brachten Beschuldigten auf **jederzeitigen, unverzögerten und unbehinderten Verteidigerkontakt** zählen zum engsten Kern des Rechtsstaatsprinzips.[247] Die in § 148 Abs. 1 StPO garantierten Rechte sind elementare Grundlage jeglicher Verteidigung – ohne eine ungestörte Kommunikation kann es kein ernstzunehmendes Verteidigungsverhältnis geben. Das Recht auf Verkehr mit dem Verteidiger ist Ausfluss des Rechts auf ein faires Verfahren und sichert die Menschenwürde bzw. die Selbstbelastungsfreiheit des Beschuldigten, mithin fundamentale Rechte, die im Menschenwürde- und Rechtsstaatsprinzip sowie den betroffenen Grundrechten und in Art. 6 Abs. 3 EMRK garantiert sind. Jede Überwachung der Verteidigungskommunikation zwischen dem gewählten bzw. bestellten Verteidiger ist unzulässig, soweit nicht die Ausnahme des § 148 Abs. 2 StPO greift[248] oder der Verteidiger iRv § 100a StPO einer Beteiligung an einer Katalogtat selbst verdächtig ist.[249]

96   Grundsätzlich muss die Verteidigung von jeder **Behinderung oder Erschwerung** freigestellt und in deren Rahmen der Anwalt wegen seiner Integrität jeder Beschränkung enthoben sein.[250] Gefangener und Verteidiger haben Anspruch darauf, dass ihre Gespräche in normaler Lautstärke Gespräche nicht mitgehört werden können.[251] Allerdings darf aus Sicherheitsgründen der Verteidiger vor dem Haftbesuch beim Beschuldigten auf nicht der Verteidigung dienende Gegenstände wie Waffen oder Ausbruchswerkzeuge untersucht werden;[252] eine inhaltliche Überprüfung mitgeführter Unterlagen darf dabei indes nicht stattfinden.[253] Gewährleistet ist der Verkehr nur für Zwecke der Verteidigung,[254] nicht mit außenstehenden Dritten – wie zB Presseorganen –, in die der Verteidiger als Bote eingeschaltet wird.[255]

97   Nach den Debatten infolge des Abhörens der Angeklagten im „Stammheimprozess",[256] den Folgerungen gegen eine rechtliche Normierung[257] sowie der Verengung der Entscheidungen[258] und ausdrückliche Regelung auf die offene Kontaktüberwachung und -sperre (s. u. → Rn. 99 ff.) hin scheidet ebenfalls eine **Erhebung und Verarbeitung dieser Kommunikation zur Gefahrenabwehr,** nicht zuletzt unter Berufung auf § 34 StGB, aus.[259] Den Gefahren aus einer Verteidigungskommunikation ist der Gesetzgeber mit den genannten Mechanismen der Unterbindung und Kontrolle abschließend entgegengetreten. Jedenfalls in Verfahren gegen den Mandanten besteht zurecht nach hM ein umfassendes Verwertungsverbot.[260] Dieses gilt auch, wenn ein Gespräch zwischen Verteidiger und Beschuldigtem bei dem Polizeieinsatz zufällig abgehört wurde.[261]

---

[247] Vgl. hierzu und zum Folgenden etwa BT-Drs. 16/5846, 35; BVerfGE 109, 279 (322) = NJW 2004, 999 (1004); 2012, 2790; 2007, 2749 (2750); *Thomas/Kämpfer* in MüKoStPO StPO § 148 Rn. 1 f.
[248] Vgl. auch OLG Stuttgart MDR 1983, 864.
[249] BGHSt 33, 347 (350) = NJW 1986, 1183 mwN zur Frage der Überwachung nach § 100a StPO, Letzteres auch ablehnend zu § 34 StGB; vgl. *Schmitt* in Meyer-Goßner/Schmitt StPO § 148 Rn. 16; *Julius* in GJTZ StPO § 148 Rn. 9.
[250] BGHSt 27, 260 (262) = NJW 1977, 2172; vgl. auch zu Art. 6 Abs. 3 lit. b, c EMRK EGMR EuGRZ 1986, 276; vgl. weiterhin BGHSt 46, 36 (44) = NJW 2000, 2217.
[251] OLG Hamm MDR 1985, 434.
[252] BVerfGE 48, 118 = NJW 1978, 1048; BGH NJW 2004, 457; 1973, 1656; aA *Calliess* StV 2002, 675.
[253] *Willnow* in KK-StPO StPO § 148 Rn. 3.
[254] BVerfGE 46, 1 (12) = NJW 1977, 2157; BGHSt 27, 260 (262) = NJW 1977, 2172.
[255] BGH BeckRS 1992, 31171928.
[256] Vgl. etwa *Holland* Kriminalistik 1977, 241; *Seifert* KJ 10 (1977), 105; *Dahlke* VfZ 55 (2007), 642.
[257] Vgl. etwa Protokoll 185. Verhandlungstag, dazu weiter *Ostendorf* RuP 14 (1978), 137; *Traube* in Duve, Aufbrüche – die Chronik der Republik 1961–1986, 1986, 278 ff.; *Schulte,* Terrorismus und Anti-Terrorismus-Gesetzgebung, 2008, 130 ff.
[258] Vgl. BGHSt 27, 260 = NJW 1977, 2172 mAnm *Amelung* NJW 1978, 623; *Sydow* JuS 1978, 222.
[259] Vgl. allgemein BGHSt 34, 39 = NJW 1986, 2261; *Neumann* in NK-StGB StGB § 34 Rn. 113 ff.; *Zieschang* in LK StGB § 34 Rn. 6; *Jahn,* Das Strafrechtliche Notstands, 2004, 273 ff. (zusf. S. 605 ff.); *Pawlik,* Der rechtfertigende Notstand, 2002, 184, 198 ff.; aufgrund des abschließenden Konzepts des § 148 Abs. 2 StPO, §§ 31 ff. EGGVG dürfte die aA hier ebenfalls zum gleichen Ergebnis kommen vgl. *Fischer* StGB § 34 Rn. 35; *Heger* in Lackner/Kühl StGB § 34 Rn. 14; ähnlich *Roxin* StrafR AT 1 § 16 Rn. 104.
[260] LG Ellwangen StraFo 2013, 380; LG München StV 2006, 28; *Thomas/Kämpfer* in MüKoStPO StPO § 148 Rn. 26.
[261] LG Augsburg StV 2014, 468.

E. Anwaltsverhältnis und Sicherheits- und Staatsschutz   § 4

Gegen offene retrograde Erhebungen in einem Strafverfahren ist das Verhältnis von 98
Verteidiger bzw. Rechtsanwalt und Mandant durch die **Zeugnisverweigerungsrechte**
auch für Hilfspersonen nach § 53 Abs. 1 S. 1 Nr. 2, 3 StPO, § 53a StPO, die daran
anknüpfenden Beschlagnahmeverbote gem. § 97 StPO beim Betroffenen sowie allgemein
das Verbot bzw. die Abwägung für entsprechende offene und verdeckte Ermittlungsmaßnahmen gem. § 160a StPO geschützt.

2. Beschränkungen und Kontaktsperre

Der freie schriftliche und mündliche Verkehr des inhaftierten Beschuldigten mit seinem 99
Verteidiger ist von den allgemeinen Kontrollen der Kommunikation nach § 119 Abs. 1, 4
S. 1 StPO ausgenommen.[262] Damit ist er grundsätzlich vollständig überwachungsfrei gem.
§ 148 Abs. 1 StPO. Hingegen soll beim dringend terrorverdächtigen Beschuldigten (dh
einer Tat nach § 129a StGB gegebenenfalls iVm § 129b Abs. 1 StGB) eine Überwachung
des Schriftverkehrs mit dem Verteidiger nach **§ 148 Abs. 2 S. 1 StPO** durchgesetzt
werden.[263] Die Regelung ist abschließend und genügt in der konkreten Ausformung noch
den Anforderungen der EMRK.[264] Sie ist als Einschränkung elementarer rechtsstaatlicher
Gewährleistungen allerdings so eng wie möglich auszulegen; dies gilt insbesondere für die
Zuordnung des Verhaltens als Organisationsstraftat iSv § 129a StGB. So rechtfertigt etwa
die Teilnahme der Beschuldigten an einem Hungerstreik zur Verbesserung der Haftbedingungen nicht den dringenden Verdacht der mitgliedschaftlichen Beteiligung an der terroristischen Vereinigung.[265]

Als *ultima ratio* gegenüber der Verteidigung bestehen zur Sicherheitsgewährleistung durch 100
Gefahrenabwehr die Regelungen zur **Kontaktsperre**.[266] Sie wurden in §§ 31 ff. EGGVG
kurzfristig anlässlich der Entführung von Hanns-Martin Schleyer 1977 eingeführt und sind
seitdem erheblicher Kritik des Schrifttums ausgesetzt,[267] allerdings gerichtlich für verfassungskonform befunden worden.[268] Sie beschränken sich auf Personen, die sich aus strafrechtlichen Gründen nicht auf freiem Fuß befinden und die anhand eines zumindest
dringenden Tatverdachts von Bezugsstraftaten nach § 129a StPO (iVm § 129b Abs. 1
StPO) einer terroristischen Vereinigung zugerechnet werden können. Von dieser Vereinigung muss, auf bestimmte Tatsachen gegründet, eine gegenwärtige Gefahr für Leben,
Leib oder Freiheit einer Person ausgehen, zu deren Abwehr die Sperre geboten ist. Die
Kontaktsperre kann auch den Kontakt zu Verteidigern und zu Staatsanwaltschaft und
Gericht umfassen, mit den nötigen Ausnahmen zur Rechtswahrnehmung (vgl. § 31 Abs. 2
EGGVG, § 34 EGGVG), sowie dem Petitionsrecht nach Art. 17 GG.[269] Nach der Umset-
zung der RL 2013/48/EU[270] in §§ 34 f. EGGVG ist eine Unterbrechung des Kontakts zu
einem Rechtsbeistand während des gerichtlichen Verfahrens nicht mehr möglich.[271]

---

[262] BVerfG NJW 2012, 2790; *Willnow* in KK-StPO StPO § 148 Rn. 3 mwN.
[263] Vgl. *Willnow* in KK-StPO StPO § 148 Rn. 10 ff.; krit. zur Rechtspraxis *Birkhoff/Hawickhorst* StV 2013, 540; für die Abschaffung der Regelung wegen Untauglichkeit *Wohlers* in SK-StPO StPO § 148 Rn. 38.
[264] EGMR NJW 2003, 1439; vgl. *Docke* BRAK-Mitt 2014, 245; *Grube* JR 2009, 362.
[265] Vgl. BVerfG NJW 2012, 2790; BGHSt 36, 205 = NJW 1989, 2827.
[266] Vgl. hierzu und zum Ganzen die Übersicht und Ausführungen bei *Fahrner* StaatsschutzR § 36 Rn. 5 ff. mwN.
[267] Vgl. etwa *Weißer* wistra 2014, 212; *Krekeler* NJW 1986, 417; *Elferding* KJ 1977, 401; *Rechtler/Beckers* KJ 1977, 408.
[268] BVerfGE 46, 1 = NJW 1977, 2157; BGHSt 27, 260 (262) = NJW 1977, 2172; vgl. zum Ganzen *Mayer* in KK-StPO EGGVG § 31 Rn. 2 ff. mwN.
[269] Vgl. BT-Drs. 8/945, 2; *Mayer* in KK-StPO EGGVG § 31 Rn. 25 f.
[270] RL 2013/48/EU des Europäischen Parlaments und des Rates vom 22. Oktober 2013 über das Recht auf Zugang zu einem Rechtsbeistand in Strafverfahren und in Verfahren zur Vollstreckung des Europäischen Haftbefehls sowie über das Recht auf Benachrichtigung eines Dritten bei Freiheitsentzug und das Recht auf Kommunikation mit Dritten und mit Konsularbehörden während des Freiheitsentzugs (ABl. 2013 L 294, 1).
[271] Vgl. auch *Ellbogen* in MüKoStPO EGGVG § 34 Rn. 1 f.

F. Sicherheitserfordernisse und rechtsstaatliche gerichtliche Verfahren

I. Legalitätsgrundsatz

101 Für das Strafverfahren mit seinem Legalitätsgrundsatz (§ 152 Abs. 2 StPO), dh der Ahndungspflicht allen verfolgbaren kriminellen Unrechts, stellt sich vor allem die Frage bei Sicherheitshandeln, das mutmaßlich selbst (sonst) tatbestandliches Verhalten erfüllt. Gegen die rechtsstaatliche Strafverfolgung und darin liegende Normbehauptung und -bestätigung im Rahmen der Rechtsgleichheit können erhebliche **Erwägungen der Sicherheitsgewährleistung** nur ausnahmsweise in einen angemessenen Ausgleich zu bringen sein. Vor allem für Vertrauenspersonen und verdeckt ermittelnde bedienstete Mitarbeiter der Sicherheitsbehörden in kriminellen Milieus, Gruppen und Organisationen sowie ihrer Führungspersonen in den Sicherheitsbehörden haben sich hier vielschichtige materiell- und verfahrensrechtliche Begrenzungsformen der Strafbarkeit sowie Tatbestände des Absehens von Verfolgung herausgebildet:[272]

1. Tatbestandsebene

102 Bereits bei **allgemeinen Tatbestandsmerkmalen** kann es an objektiven und subjektiven Elementen fehlen. So fehlt es beim vermeintlichen Landesverrat eines *Counterman* oder Doppelagenten mittels „Spielmaterial" an einem Staatsgeheimnis, der Ernstlichkeit bei § 30 StGB oder des tatsächlichen Förderns bei § 27 StGB, vor allem aber häufig bereits an einem erforderlichen Vollendungsvorsatz oder eigennützigen/verwerflichen besonderen subjektiven Tatbestandsmerkmal.[273] Der Vorsatz dürfte indes weitgehend anzunehmen sein, soweit sich das Handeln nicht um *„die eine"* konkrete Tat dreht, die aufgedeckt werden soll. Besondere tatbestandliche Ausnahmen wie die § 86 Abs. 3 StGB, § 86a Abs. 3 StGB und § 130 Abs. 7 StGB können trotz gewisser Ansätze sozialadäquater Verwendung den verdeckten dienstlichen Endzweck richtigerweise nicht berücksichtigen.[274] Hingegen stellen vor allem im Rahmen staatsgefährdender Gewalttaten sowie Datenhehlerei die § 89b Abs. 2 StGB, § 202d Abs. 3 StGB, § 91 Abs. 2 Nr. 2 StGB unmittelbar tatbestandausschließend auf die Erfüllung rechtmäßiger beruflicher oder dienstlicher Pflichten ab. Eine solche Pflicht wird allerdings den V-Personen im Gegensatz zu den verdeckten Beamten als *Undercover Agenten* und Ermittlern abgesprochen.[275]

2. Rechtfertigungsgründe

103 Auf Ebene der **Rechtfertigung** hat der Gesetzgeber dem geradezu panischen Drängen der Praxis[276] nach dem Urteil des OLG Düsseldorfs zur Strafbarkeit eines V-Mannes und damit möglicher Beteiligung seiner Führung[277] nachgegeben und in § 9a Abs. 2 S. 2, § 9b BVerfSchG ausdrückliche Regelungen für einsatzbedingte Straftaten gegeben, die auch als strafrechtlicher Rechtfertigungsgrund dienen sollen.[278] Das Recht der Landesämter für Verfassungsschutz erscheint demgegenüber weiter unübersichtlich.[279] Es stellt sich dann

---

[272] Vgl. im Überblick *Dietrich* in Dietrich/Eiffler NachrichtendiensteR-HdB VI § 2 Rn. 158 ff. mwN.
[273] Vgl. die Beispiele *Dietrich* in Dietrich/Eiffler NachrichtendiensteR-HdB VI § 2 Rn. 165 f. mwN.
[274] Vgl. die Beispiele *Dietrich* in Dietrich/Eiffler NachrichtendiensteR-HdB VI § 2 Rn. 167.
[275] Vgl. BLKR, Abschlussbericht, Rn. 682; *Droste* VerfassungsschutzR-HdB 269.
[276] Vgl. etwa BLKR, Abschlussbericht, Rn. 674.
[277] OLG Düsseldorf NStZ 2013, 590 (593); ausführlich *Hofmann/Ritzert* NStZ 2014, 177 (180) auch zur ähnlich bereits zweifelnden Kritik der Lit. mwN; ebenso *Gazeas* Nachrichtendienstliche Erkenntnisse 113; aA *Droste* VerfassungsschutzR-HdB 362; *Sellmeier/Warg* NWVBl. 2015, 135 (137 ff.).
[278] BT-Drs. 18/4654, 25 ff.; vgl. zum Ganzen *Dietrich* in Dietrich/Eiffler NachrichtendiensteR-HdB VI § 2 Rn. 170 ff.
[279] Vgl. etwa § 6a Abs. 3 S. 2 BWLSG; Art. 18 Abs. 2 BayVSG; § 8b Abs. 4 S. 3 BremVerfSchG; § 16 Abs. 4 NdsVerfSchG; § 7 Abs. 3 S. 1 VSG NRW; zum Ganzen *Dietrich* in Dietrich/Eiffler NachrichtendiensteR-HdB VI § 2 Rn. 174; BLKR, Abschlussbericht, S. 294 ff. (Rn. 674 ff.); *Bader* HRRS 2016, 293 (295).

F. Sicherheitserfordernisse und rechtsstaatliche gerichtliche Verfahren § 4

auch die Frage, wieweit diese Rechtfertigungen über die Landesgrenzen hinaus wirksam sind.[280] Für polizeiliche V-Personen fehlt indes eine entsprechende Regelung ganz.[281] Daneben stellen sich die Fragen eines Anwendungsbereichs der allgemeinen Rechtfertigungsgründe, vor allem § 34 StGB oder §§ 228, 906 BGB, die Konstruktionen des Handels auf Erlaubnis und auf Weisung/Befehl sowie schließlich die entsprechenden Entschuldigungsgründe.[282]

3. Strafprozessuale Möglichkeiten

Strafprozessuale Möglichkeiten, Strafverfahren legal zu verhindern bzw. zu beenden, bestehen etwa in besonderen Ermächtigungsvorbehalten im weiteren Sinn (zB §§ 89a–89c StGB, § 129b Abs. 1 StGB für echte Auslandstaten; § 90 Abs. 4 StGB, § 90b Abs. 2 StGB, §§ 97, 104a, 353b Abs. 4 StGB sowie § 194 Abs. 4 StGB) als Prozessvoraussetzungen, die jedenfalls zur Einleitung und Durchführung des gerichtlichen Verfahrens nicht übergangen werden können.[283] Weiterhin ergeben sich Einstellungsmöglichkeiten nach Ermessen, namentlich zur Vermeidung eines drohenden schweren Nachteils für die Bundesrepublik Deutschland sowohl bei „formellen Staatsschutzdelikten" (§ 153d StPO), als auch bei sog. Distanztaten (§ 153c Abs. 3 StPO). Daneben kann ein Staatsschutzverfahren allgemein wegen tätiger Reue gem. § 153e StPO eingestellt werden.[284] Zugunsten aus Anlass dienstlichen Einsatzes beschuldigter verdeckter Mitarbeiter des BfV hat schließlich 2015 der Gesetzgeber[285] eine besondere Möglichkeit der Ermessenseinstellung nach § 9a Abs. 3 BVerfSchG,[286] die – als Einsprengsel des Strafverfahrensrechts – wirksam gem. § 9a Abs. 3 S. 5 BVerfSchG auf Mitarbeiter der Landesämter ausgedehnt wird. Parallelnormen des Landesrechts, wie Art. 18 Abs. 3 BayVerfSchG, sind daher jedenfalls, wenn nicht bundesrechtlich gebrochen, so ohne Funktion und wären jedenfalls durch andere als bayerische Straforgane keinesfalls anwendbar. Insgesamt ist diese Regelung, nicht nur wegen ihres (un)systematischen Standorts, sondern auch materiellen Grundlagen und Organisation rechtsstaatlich verfehlt und die Abhängigkeit der Staatsanwaltschaft und Gerichte von den selbst betroffenen Diensten kaum rechtsstaatskonform.[287]

104

II. Recht auf den gesetzlichen Richter

Das Recht auf den **gesetzlichen Richter** ist ältestes spezifisch deutsches[288] und überragendes rechtsstaatliches Verfassungsgut (gem. Art. 101 GG). Es wird als zentrale Absicherung richterlicher Unbefangenheit gegen Willkür verstanden, um letztlich das Vertrauen der Rechtsuchenden in die Unparteilichkeit und Sachlichkeit der Justiz und damit die Akzeptanz und Friedensfunktion zu erhalten.[289] Personale Sicherheitsbedenken, zB im

105

---

[280] Vgl. dazu *Fahrner* VBlBW 2021, 139.
[281] Vgl. hierzu auch insbesondere *Hofmann/Ritzert* NStZ 2014, 177.
[282] Vgl. etwa *Lampe* NStZ 2015, 361 (360); *Dietrich* in Dietrich/Eiffler NachrichtendiensteR-HdB VI § 2 Rn. 175.
[283] Vgl. *Fahrner* StaatsschutzR § 34 Rn. 1.
[284] Vgl. hierzu und zu weiteren möglicherweise relevanten Einstellungsgründen *Fahrner* StaatsschutzR § 34 Rn. 2 ff. mwN.
[285] BT-Drs. 18/4654; Gesetz zur Verbesserung der Zusammenarbeit im Bereich des Verfassungsschutzes, BGBl. 2015 I 1938.
[286] Vgl. insgesamt kritisch *Bader* HRRS 2016, 293 (298); *Roggan* GA 2016, 393 (409 f.); *Dietrich* in Dietrich/Eiffler NachrichtendiensteR-HdB VI § 2 Rn. 185 ff.
[287] Vgl. hierzu überzeugend bereits *Dietrich* in Dietrich/Eiffler NachrichtendiensteR-HdB VI § 2 Rn. 188 mwN.
[288] Vgl. *Classen* in v. Mangoldt/Klein/Starck GG Art. 101 Rn. 1; vgl. auch Art. 47 GRCh, noch schwächer hingegen Art. 6 Abs. 1 EMRK, Art. 14 IPBPR.
[289] Vgl. hierzu und zum Folgenden Art. 131 HChE, dazu JöR nF 1 (1951), 739; BVerfGE 4, 412 (416) = NJW 1956, 545; BVerfGE 95, 322 (327) = NJW 1997, 1497; BVerfGE 138, 64 = NVwZ 2015, 510; *Jachmann-Michel* in Maunz/Dürig GG Art. 101 Rn. 1 ff.; zu historischen Grundlagen vgl. eingehend *Seif*, Recht und Justizhoheit, 2003; s. ferner *Remus*, Präsidialverfassung und gesetzlicher Richter, 2008, 23 ff.; *Sowada*, Der gesetzliche Richter im Strafverfahren, 2002, 27 ff.

Hinblick auf Verschlusssachen, haben dahinter zurückzustehen (s. o. → Rn. 60). Zwar können besondere Gerichte für im Voraus bestimmte Sachgebiete gesetzlich eingerichtet werden, wie etwa für die Wehrstrafgerichtsbarkeit immer wieder diskutiert, und insbesondere steht Art. 101 Abs. 1 S. 1 GG nicht ausnahmsweise eingerichteten Staatsanwaltschaften oder Zollbehörden entgegen.[290] Gerichte, die in Abweichung von der gesetzlichen Zuständigkeit besonders gebildet oder zur Entscheidung einzelner konkreter oder individuell bestimmter Fälle berufen sind, sind hingegen strikt verfassungswidrig,[291] da bereits hinreichend abstrakt mit Gefahr oder Verdacht verbunden, dass die Gerichtsmitglieder mit einer bestimmten Tendenz ausgewählt sind.[292] Daraus folgt, dass die Exekutive nicht gezielt das Auswahl- und Ernennungsverfahren manipulieren darf.[293]

106 Neben Randproblemen zB des *„fliegenden Gerichtsstands"* im Medien-Zivilrecht[294] stellt sich vor allem in strafrechtlichen Staatsschutzverfahren angesichts von mutmaßlichen Beurteilungs- und Ermessensspielräumen die Frage der Zuständigkeitsverteilung zwischen Generalbundesanwalt und Landesstaatsanwaltschaften sowie die dadurch weithin bedingte Bundes- oder Landesgerichtsbarkeit. Während bei der **örtlichen Zuständigkeit** aufgrund der freien Wahl unter den eröffneten Gerichtsständen traditionell das Problem ausgeblendet wird,[295] wird es vor allem in den beiden **sachlichen Zuständigkeitsverlagerungen,** auf die die Staatsanwaltschaft Einfluss hat, hervorgehoben.

107 Dies ist neben der allgemeinen „beweglichen Zuständigkeit" vom Amts- zum Landgericht gem. § 24 Abs. 1 S. 1 Nr. 3 GVG vor allem für **„gekorene" Staatsschutzdelikte** nach § 120 Abs. 2 S. 1 GVG wegen der „besonderen Bedeutung" beachtenswert, bei der zusätzlich ein Eingriff des Bundes in die grundsätzliche Rechtsprechungskompetenz des Landes erfolgt.[296] Problematisch erweist sich vor allem § 120 Abs. 2 S. 1 Nr. 3 GVG, nicht nur nach seiner Neuregelung im Zuge der Aufarbeitung des *„NSU"*. In einer Entscheidung vom 12.1.2000[297] hatte der BGH die Bundesgerichtsbarkeit bereits wegen Beeinträchtigung der inneren Sicherheit (mutmaßlich vor dem Hintergrund wahrgenommener Vollzugsdefizite vor Ort) angenommen. Grund dafür seien die Auswirkungen der Tat auf den inneren Frieden der Bundesrepublik Deutschland in einer Weise, die über die Verletzung der Rechtsgüter einzelner Personen und die dadurch hervorgerufene Gefährdung der öffentlichen Sicherheit erheblich hinausgehen. Mit seiner anschließenden *„Eggesin"*-Entscheidung vom 22.12.2000[298] hat der Gerichtshof diese extensive Anwendung mittels restriktiver Auslegung des Merkmals der *„besonderen Bedeutung des Falls"* praktische weitgehend zurückgenommen. Dieses Kriterium ist voll gerichtlich überprüf-

---

[290] BVerfGE 27, 88 (103) = NJW 1970, 238.
[291] Vgl. BVerfGE 3, 213 (223) = NJW 1954, 30; BVerfGE 8, 174 (182) = NJW 1958, 2011; BVerfGE 10, 200 (212) = NJW 1960, 187; BVerfGE 14, 56 (72) = NJW 1962, 1611.
[292] *Morgenthaler* in BeckOK GG, 51. Ed. 15.5.2022, GG Art. 101 Rn. 2.
[293] Vgl. BSG NJW 2007, 2717; BGHSt 8, 17 (21) = NJW 1955, 1405; ausführlich *Schulze-Fielitz* in Dreier GG Art. 101 Rn. 48 mwN.
[294] BGHZ 131, 332 (335) = NJW 1996, 1128; 1977, 1590; zum Presserecht *Jürgens* NJW 2014, 3061; *Classen* in v. Mangoldt/Klein/Starck GG Art. 101 Rn. 34.
[295] Da der Prioritätsgrundsatz des § 12 Abs. 1 StPO auf den Eröffnungsbeschluss und damit die örtliche Wahl der Anklage abstellt, vgl. BGHSt 26, 374 = NJW 1976, 2172; BGH BeckRS 1975, 160 zit. nach *Scheuten* in KK-StPO StPO § 7 Rn. 3; *Wassermann* in AK-GG GG Art. 101 Rn. 15; *Schmitt* in Meyer-Goßner/Schmitt StPO § 7 Rn. 10, § 12 Rn. 3; *Erb* in Löwe/Rosenberg StPO § 7 Rn. 23; *Pechstein* JURA 1998, 197 (199); ausführlich *Sowada,* Der gesetzliche Richter im Strafverfahren, 2002, 631 ff. mit dem Argument, dass keine Vorrangregel wirklich praktikabel sei; krit. hingegen *Roxin/Schünemann* StrafverfR § 7 Rn. 1; *Achenbach* FS Wassermann, 1985, 855 mwN; *Classen* in v. Mangoldt/Klein/Starck GG Art. 101 Rn. 37 f.
[296] Vgl. zum Ganzen und zum Umfeld ausführlich *Fahrner* StaatsschutzR § 31 Rn. 14 ff.; *Sowada,* Der gesetzliche Richter im Strafverfahren, 2002, 672 f.; *Schmitt* in Meyer-Goßner/Schmitt GVG § 120 Rn. 3; verfassungswidrig halten die Regelung etwa *Dencker* StV 1987, 117 (118 f.); *Kühl* NJW 1987, 737 (747); zur Kontrolle der positiven Entscheidung des GBA BGHSt 46, 238 (240 ff.) = NJW 2001, 1359; *Hannich* in KK-StPO GVG § 120 Rn. 4e.
[297] BGH NJW 2000, 1583; vgl. dazu *Fahrner* StaatsschutzR § 31 Rn. 8 ff.
[298] BGHSt 46, 238 = NJW 2001, 1359.

bar,²⁹⁹ eingeschränkt nur im Ermittlungsverfahren durch die Ermittlungsherrschaft der Staatsanwaltschaft.³⁰⁰ Inhaltlich muss die Übernahme gerade durch den Bund als Ausnahmefall rechtfertigen, weil (nach hM) der Fall aus Sicht des Gesamtstaates insgesamt deutlich aus den Durchschnittsfällen herausragt.³⁰¹ Das staatsgefährdendes Delikt muss Schutzgüter des Gesamtstaates in einer derart spezifischen Weise angreifen, dass ein Einschreiten des GBA und eine Aburteilung durch ein Bundesgerichtsbarkeit ausübendes Gericht geboten ist.³⁰² Unabhängig von Ausmaß und Beeinträchtigung staatlicher Sicherheitsinteressen rechtfertigen Straftaten der allgemeinen Kriminalität die Ausübung des Evokationsrechts nicht.³⁰³

III. Öffentlichkeitsgrundsatz und Transparenz versus Geheimschutz

1. Gerichtsöffentlichkeit und deren Einschränkung

Der alle Verfahren vor deutschen Gerichten prägende Öffentlichkeitsgrundsatz, der zum **108** rechtsstaatlichen Kern zählt (s. o. → Rn. 59), unterliegt Einschränkungen im Interesse der Sicherheitsgewährleistung. Für die zivilrechtliche, strafrechtliche und (über den Verweis in § 55 VwGO) verwaltungsgerichtlichen sowie (nach Maßgabe von §§ 17, 17a BVerfGG) verfassungsrechtlichen Verhandlungen gilt gem. § 169 Abs. 1 S. 1 GVG (bzw. § 17a Abs. 1 S. 1 BVerfGG) im Regelfall, dass die Verhandlungen vor dem erkennenden Gericht einschließlich der Verkündung der Urteile und Beschlüsse öffentlich sind. Diese Öffentlichkeit ist mittlerweile durch teilweise Öffnungen für Liveübertragungen und Aufzeichnungen erweitert worden.³⁰⁴

a) Schutz wirtschaftlicher Geheimnisse. Zum Schutz **wirtschaftlicher Geheimnisse,** **109** die mittelbar auch Sicherheitsbelange widerspiegeln können, ist ergänzend auf das neue GeschGehG auch zum gerichtlichen Verfahren zu verweisen.³⁰⁵ Ausnahmsweise gibt § 425 Abs. 2 StPO³⁰⁶ nur für das Strafverfahren eine Möglichkeit zum Ausschluss von Nebenbeteiligten zur Wahrung der Geheimhaltung.

b) Gefährdung der Staatssicherheit und von vertraulichen Quellen. Allgemein kann **110** das Gericht nach seinem Beurteilungsspielraum und Ermessen³⁰⁷ für die (Haupt-)Verhandlung oder für einen Teil davon die Öffentlichkeit **ausschließen,** wenn eine Gefährdung der Staatssicherheit durch Erörterung entsprechender Umstände zu besorgen ist, § 172 Nr. 1 Var. 1 GVG (iVm § 55 VwGO etc).³⁰⁸ Ob sich diese Erwartung tatsächlich erfüllt, ist für die Rechtmäßigkeit des Ausschlusses ohne Bedeutung, nach hM muss auch der doch nicht schützenswerte Teil nicht öffentlich wiederholt werden.³⁰⁹ Angesichts des zentralen rechtsstaatlichen Gewichts der öffentlichen Transparenz kann nur eine entsprechend starke und konkrete Gefährdung den Ausschluss rechtfertigen; dabei ist zu beachten, dass der Begriff der Staatssicherheit auf jenen der strafrechtlichen Sicherheit iSv § 92 Abs. 3 Nr. 2

---

²⁹⁹ BVerfGE 9, 223 = NJW 1959, 871; BGHSt 46, 238 = NJW 2001, 1359; NStZ 2009, 335 (338) mwN; OLG Stuttgart NStZ 2009, 348.
³⁰⁰ Vgl. BGHR GVG § 120 Abs. 2 Besondere Bedeutung 3; *Diemer* NStZ 2005, 666.
³⁰¹ Vgl. BGHSt 46, 238 = NJW 2001, 1359; NStZ 2002, 447 f.; 2008, 146; *Siolek* in Löwe/Rosenberg StPO § 74a GVG Rn. 12; *Welp* NStZ 2002, 1.
³⁰² BGHSt 53, 128 = NJW 2009, 1681; ZJJ 2016, 410; *Kotz/Oğlakctoğlu* in MüKoStPO GVG § 120 Rn. 23.
³⁰³ BGH NStZ 2009, 335; 2010, 468; *Rebmann* NStZ 1986, 289 (293); vgl. Fallgruppen und weitere Ausführungen bei *Fahrner* StaatsschutzR § 31 Rn. 20 ff. mwN.
³⁰⁴ Vgl. § 169 Abs. 2, 3 GVG; § 17a BVerfGG.
³⁰⁵ Vgl. insbesondere §§ 16 ff. GeschGehG.
³⁰⁶ Vgl. hierzu BT-Drs. V/1319, 75; *Temming* in BeckOK StPO, 36. Ed. 1.1.2020, StPO § 425 Rn. 4; *Fahrner* StaatsschutzR § 36 Rn. 10.
³⁰⁷ BGH NStZ-RR 2004, 116; GA 1978, 13; DRiZ 1981, 193.
³⁰⁸ Vgl. zum Ganzen *Greßmann* in Dietrich/Eiffler NachrichtendiensteR-HdB IV § 3 Rn. 114 ff.; *Fahrner* StaatsschutzR § 35 Rn. 1 ff.
³⁰⁹ BGH NStZ 1983, 86; 1984, 180; 1992, 393; *Walther* in BeckOK GVG, 8. Ed. 1.8.2020, GVG § 172 Rn. 10; aA zum Letzteren *Velten* in SK-StPO GVG § 172 Rn. 19.

StGB verweist, der wiederum weit enger als in anderen Verwendungen auszulegen ist.[310] Erforderlich ist eine entsprechende Gefahr für die zentralen Sicherheitsgewährleistungen des Staates, vor allem seine entsprechenden Einrichtungen gegen fremde Mächte oder gleichrangige Bedrohungen von innen, ausgedehnt auch auf die NATO-Truppen.[311] Dazu können auch die Arbeitsweise von Institutionen oder Sicherheitsvorkehrungen zählen, einschließlich Informationen zu Tätigkeiten, Erkenntnissen und Mitarbeitern des Verfassungsschutzes und der Nachrichtendienste.[312]

111 Die zu besorgende **Gefährdung des Lebens, des Leibes oder der Freiheit eines Zeugen oder einer anderen Person** stellt einen hiervon unabhängigen weiteren Ausschlussgrund gem. § 172 Abs. 1 Nr. 1a GVG dar, der in Staats-/Verfassungsschutzverfahren für Informanten und Vertrauenspersonen einschlägig ist.[313] Die Gefahr muss sich konkret an der Öffentlichkeit der Verhandlung festmachen und daher zB nicht allein im Gesundheitszustand oder Gefahren von den Verfahrensbeteiligten bestehen.[314] Im Strafverfahren kann im Einzelfall gegebenenfalls eine Verpflichtung zur Nichtöffentlichkeit aus der Aufklärungspflicht (§ 244 Abs. 2 StPO) bestehen, wenn ein Zeuge aus den Gründen von § 172 Nr. 1a GVG nur bei Ausschluss der Öffentlichkeit zur Aussage bereit ist.[315] Umgekehrt kann ein Vernehmungshindernis dadurch beseitigt werden.[316] Insbesondere kann auch so eine Bedingung einer Sicherheitsbehörde zum Verzicht auf eine Sperrung einer Quelle gem. §§ 54, 96 StPO verhindert bzw. befolgt werden.[317] Ansonsten stellt die Förderung der Wahrheitsfindung, zB die sonst vom Zeugen angedrohte Aussageverweigerung, alleine keinen Grund dar.[318]

112 Der Beschluss, durch den die Öffentlichkeit ausgeschlossen wird, muss grundsätzlich öffentlich verkündet und im Rahmen des Möglichen begründet werden, gem. § 174 Abs. 1 GVG.[319]

113 **c) Schranken-Schranke: Urteilstenor.** Der **Urteilstenor**, also die eigentliche Sach-/Verfahrensentscheidung, muss zwar stets öffentlich verkündet werden, wie aus § 173 GVG deutlich wird. Durch einen besonderen Gerichtsbeschluss kann indes hinsichtlich bestimmter Teile oder der gesamten Begründung die Nichtöffentlichkeit unter den genannten Gründen, eben insbesondere Staatssicherheit oder Vertraulichkeit von Zeugen oder Dritten, ebenfalls beschlossen werden.

2. Begleitende Maßnahmen

114 Soweit wegen Gefährdung der Staatssicherheit die Öffentlichkeit ausgeschlossen wurde, besteht gem. § 174 Abs. 2 GVG ein ausdrückliches **unmittelbares gesetzliches Verbot** für *„Presse, Rundfunk und Fernsehen"*, mithin wohl alle *„Massenmedien"*,[320] Berichte über die

---

[310] Vgl. zum Ganzen *Fahrner* StaatsschutzR § 6 Rn. 31 ff., § 35 Rn. 1 ff.; *Fahrner* ZStW 132 (2020), 84 ff.
[311] Art. 38 Abs. 2 NTS-ZA.
[312] *Walther* in BeckOK GVG, 8. Ed. 1.8.2020, GVG § 172 Rn. 1; *Diemer* in KK-StPO GVG § 172 Rn. 4; *Kulhanek* in MüKoStPO GVG § 172 Rn. 4; aA zu Letzterem *Velten* in SK-StPO GVG § 172 Rn. 4.
[313] Vgl. zur Einfügung BT-Drs. 12/2720; BR-Drs. 919/90; zur Anwendung etwa BGH NStZ-RR 2004, 116 (118); NStZ-RR 2007, 46.
[314] Vgl. BGHSt 3, 344 (345) = NJW 1953, 315; BGHSt 16, 111 (113) = NJW 1961, 1781; BGHSt 30, 193 (194) = NJW 1981, 2825; zu Letzterem MDR 1980, 273 (H).
[315] Vgl. BGH NStZ-RR 2004, 116 (118); noch offen BGH NStZ 1993, 350; zust. *Diemer* in KK-StPO GVG § 172 Rn. 1.
[316] Vgl. insbesondere BGH NStZ 1993, 350; *Walther* in BeckOK GVG, 8. Ed. 1.8.2020, GVG § 172 Rn. 5.
[317] Vgl. grundlegend BGHSt 32, 115 (125) = NJW 1984, 247; NStZ 1984, 522; vgl. *Schmitt* in Meyer-Goßner/Schmitt GVG § 172 Rn. 6.
[318] Vgl. etwa BGHSt 30, 193 = NJW 1981, 2825; 1956, 1646; 1981, 2825; *Zimmermann* in MüKoZPO GVG § 172 Rn. 5; vgl. *Schmitt* in Meyer-Goßner/Schmitt GVG § 172 Rn. 7 mwN; aA nach Art. 6 Abs. 1 S. 2 EMRK *Frowein/Peukert* EMRK Art. 6 Rn. 120; *Miehsler/Vogler* in IntKommEMRK EMRK Art. 6 Rn. 337 mwN.
[319] Vgl. BGHSt 41, 145 = NJW 1995, 3195; BGHSt 45, 117 = NJW 1999, 3060 unter schärferen Kriterien gegenüber der bisherigen stRspr zB BGH NJW 1980, 2088.
[320] Vgl. *Perron/Hecker* in Schönke/Schröder StGB § 353d Rn. 8.

F. Sicherheitserfordernisse und rechtsstaatliche gerichtliche Verfahren § 4

Verhandlung und Inhalt der die Sache betreffenden amtlichen Schriftstücke zu veröffentlichen,[321] egal ob diese selbst einen staatsgefährlichen Inhalt oder ein Staatsgeheimnis nach § 93 StGB zum Gegenstand haben.[322] Damit greift bei einem entsprechenden Verstoß (nur in diesem Fall) die Strafbarkeit mit bis zu einem Jahr Freiheitsstrafe aus § 353d Nr. 1 StGB,[323] wobei nach einer starken Mindermeinung gerade über die Tatsachen berichtet werden muss, um deren Bekanntwerden in der Verhandlung willen das Gericht die Öffentlichkeit ausgeschlossen hat.[324]

Zusätzlich kann gem. § 174 Abs. 3 GVG das Gericht durch **gesonderten Beschluss** alle, egal aus welchen Gründen, Anwesenden[325] zur Geheimhaltung der genau zu bestimmenden Tatsachen, die durch die Verhandlung oder durch ein die Sache betreffendes amtliches Schriftstück zu ihrer Kenntnis gelangen, verpflichten, wenn die Öffentlichkeit wegen Gefährdung der Staatssicherheit oder dem Schutz von Geheimnissen nach § 172 GVG (nicht aber der Vertraulichkeit zum Zeugen-/Personenschutz nach § 172 Nr. 1a GVG) ausgeschlossen wurde. Ein Verstoß gegen dieses Schweigegebot ist gem. § 353d Nr. 2 StGB strafbar.[326] Untergesetzlich enthält Nr. 131 Abs. 2 RiStBV Anwendungshinweise.[327] 115

Insoweit schützt auch § 353d Nr. 3 StGB (der die Kundgabe der Anklageschrift oder anderer amtlicher Dokumente eines Strafverfahrens vor deren Erörterung in der Hauptverhandlung, sofern sie im Wortlaut erfolgt, bestraft) ergänzend die Nichtöffentlichkeit bzw. Geheimhaltung für die Zwischenzeit, vor allem soweit die Anklageschrift Informationen enthalten muss, die die Staatssicherheit gefährden können (s. o. → Rn. 110). Ungeklärt scheint allerdings insoweit, ob die Entscheidung des BVerfG[328], wonach § 353d Nr. 3 StGB mit dem Grundgesetz vereinbar ist, soweit die in dieser Bestimmung unter Strafe gestellte wörtliche öffentliche Mitteilung der Anklageschrift oder anderer amtlicher Schriftstücke ohne oder gegen den Willen des von der Berichterstattung Betroffenen erfolgt ist, auch gilt, wenn die Geheimhaltung zusätzlich anderen Rechtsgütern wie der Staatssicherheit dienen soll, und der Angeklagte gerade diese offenbaren möchte bzw. damit, zB zur eigenen Verteidigung, einverstanden ist. 116

3. Verschlusssacheneinstufung von gerichtlichen Dokumenten

Eine präzisere rechtliche Klärung der **Einstufung von gerichtlichen Dokumenten** und Vorgängen, namentlich Entscheidungen und Akten, als Verschlusssachen erscheint aus rechtsstaatlicher Sicht geboten. Soweit bislang eine Befassung mit dem Problem erfolgt, wird ohne erkennbare Gegenstimmen derzeit davon ausgegangen, dass eine Bindung der Gerichte an den organisatorischen und materiellen Geheimschutz auch für eigene herausgegebene und für im Aktenbesitz befindliche Verschlusssachen gilt.[329] Begründet wird dies vor allem aus der allgemeinen Fassung der SÜG und insbesondere aus der Entbindung nur von Richtern bei rechtsprechender Tätigkeit gem. § 2 Abs. 3 SÜG und nur ihre Herausnahme aus dem personellen Geheimschutz, dh den obligatorischen Sicherheitsüberprüfungen.[330] Demgemäß hat das OLG Düsseldorf etwa ein zentrales Urteil zur Strafbarkeit von 117

---

[321] Vgl. zum Ganzen *Greßmann* in Dietrich/Eiffler NachrichtendiensteR-HdB IV § 3 Rn. 116 f.
[322] Vgl. *Diemer* in KK-StPO GVG § 174 Rn. 5.
[323] Vgl. dazu allgemein BT-Drs. 7/550, 283; *Träger* in LK-StGB StGB § 353d Rn. 2; *Kuhlen* in NK-StGB StGB § 353d Rn. 3.
[324] So *Perron/Hecker* in Schönke/Schröder StGB § 353d Rn. 10; *Hoyer* in SK-StGB StGB § 353d Rn. 13; *Kuhlen* in NK-StGB StGB § 353d Rn. 7, aA die hM: RGSt 38, 303; *Puschke* in MüKoStGB StGB § 353d Rn. 46; *Fischer* StGB § 353d Rn. 3.
[325] Mithin Zuhörer (§ 175 Abs. 2 GVG), Verfahrensbeteiligte, das Gericht selbst und sein Personal.
[326] Vgl. zu weiteren Wirkungen *Fahrner* StaatsschutzR § 35 Rn. 19 mwN; für den illegalen Öffentlichkeitsausschluss siehe *Perron/Hecker* in Schönke/Schröder StGB § 353d Rn. 27; *Puschke* in MüKoStGB StGB § 353d Rn. 41.
[327] Vgl. dazu auch *Greßmann* in Dietrich/Eiffler NachrichtendiensteR-HdB IV § 3 Rn. 120.
[328] BVerfGE 71, 206 = NJW 1986, 1239.
[329] Vgl. etwa *Greßmann* in Dietrich/Eiffler NachrichtendiensteR-HdB IV § 3 Rn. 121.
[330] Ohne dass daraus hervorgeht, ob dies nicht nur naheliegend den Umgang mit Verschlusssachen anderer Behörden zur rechtsstaatlichen Kontrolle umfasst, wie die Motive nahelegen (→ Rn. 60).

V-Personen und ihrer Führung in einer „*VS Geheim*" eingestuften und einer teilgeschwärzten offenen Fassung herausgegeben.[331]

118 Allerdings sollen für die Landesjustiz die jeweiligen Landessicherheitsüberprüfungsgesetze gelten, zudem für den organisatorischen Geheimschutz die VSA als Verwaltungsvorschriften der Innenverwaltungen, wobei sich die VSA des Bundes auf Art. 86 GG beruft. Zum einen scheint überaus **zweifelhaft,** ob die letztgenannten auf die Exekutive zielenden Verwaltungsvorschriften für die Justiz Wirkung entfalten können. Zum anderen aber findet sich in den gem. Art. 72, 74 Abs. 1 Nr. 1 GG als Kodifikation ergangenen bundesgesetzlichen Prozessordnungen keinerlei Hinweis darauf, dass der Gesetzgeber diese für landesrechtliche Einschränkungen der rechtsstaatlichen Dokumentations- und Transparenznormen geöffnet sehen wollte. Die Vorschriften etwa zur Entscheidungsverkündung, -abfassung, -dokumentation, Aktenführung und -auskunft sowie Übermittlung sind nach Wortlaut und Systematik vielmehr klar und scheinen abschließend formuliert und enthalten **keinerlei Öffnungs- oder Verweisungsklauseln.** Nur beispielhaft enthält auch § 479 Abs. 1 StPO lediglich eine Öffnung zur Versagung der Übermittlung insgesamt, keinen Verweis auf das Verschlusssachenrecht; eine solche kann auch nicht *ad minus* entnommen werden, da sie weitergehend die weiterverwendenden Stellen nach dem Herausgeberprinzip (vgl. § 4 Abs. 4 SÜG, §§ 15, 18, 19 VSA) binden würde.[332] Über diese formelle Problematik hinaus stellt sich – auch wenn beim BGH[333] und im Rahmen der Organleihe der Staatsschutz-OLG als Bundesgerichte der Anwendungsbereich des (B)SÜG für „*eigene*" Akten eröffnet wäre – zudem die Frage nach der Normklarheit und -bestimmtheit durch die Modifikation der klaren Prozessnormen durch den eher fernerliegenden Vorschriften vor allem vor dem Hintergrund der rechtsstaatlichen Kernkomponenten aus Art. 19 Abs. 4 GG, Art. 97 Abs. 1 GG, Art. 103 GG.

IV. Prozessstoff, rechtliches Gehör, fair trial und Waffengleichheit

1. Problemlage

119 Zwischen Interessen der Sicherheitsgewährleistung, Staatsgeheimnisse, nachrichtendienstliche, präventions- oder ermittlungstaktische Mittel, Techniken und Methoden oder die Identität von menschlichen Quellen etc geheim zu halten einerseits und andererseits den rechtsstaatlichen Interessen auf vollständige Sachverhaltsaufklärung, rechtliches Gehör, *fair trial* und daraus verstandene „*Waffengleichheit*" etc ergibt sich ein fundamentales Spannungsfeld.

120 Art. 103 Abs. 1 GG gibt dem Beteiligten im Kern ein Recht darauf, dass er Gelegenheit erhält, sich zu dem einer gerichtlichen Entscheidung zugrunde liegenden Sachverhalt vor Erlass der Entscheidung **zu äußern.**[334] Zwar kann das rechtliche Gehör im Übrigen aus sachlichen Gründen eingeschränkt werden, etwa wenn es um die Unterstützung des Betroffenen durch einen Rechtsanwalt geht oder umgekehrt, dass ihm die notwendigen Informationen nur über einen solchen vermittelt werden.[335] Das Gebot der **Effektivität des Rechtsschutzes** gilt indes nicht nur für die Eröffnung des Zugangs zu Gericht, sondern auch für das Recht, im Verfahren gehört zu werden.[336] Der Betroffene muss daher von dem Sachverhalt und dem Verfahren, in dem dieser verwertet werden soll, überhaupt Kenntnis erhalten.[337]

---

[331] NStZ 2013, 590 ff.; vgl. *Greßmann* in Dietrich/Eiffler NachrichtendiensteR-HdB IV § 3 Rn. 121 mwN.
[332] Auch aus Nr. 213 RiStBV kann, unabhängig von der dazu untauglichen untergesetzlichen Stellung, nichts Zwingendes für eigene Verschlusssachen des Gerichts entnommen werden.
[333] Vgl. letztlich apodiktisch und ohne weitere Klärung behauptet von BGHSt 18, 369 (371) = NJW 1963, 1627.
[334] BVerfGE 1, 418 = NJW 1953, 177 stRspr.
[335] BVerfGE 31, 297 = NJW 1971, 2301; BVerfGE 81, 123 = NJW 1990, 1104.
[336] Vgl. etwa BVerfGE 81, 123 = NJW 1990, 1104 mwN; BVerfGE 77, 275 (284) = NJW 1977, 275; BVerfGE 74, 220 (224) = NJW 1987, 1191.
[337] BVerfGE 81, 123 = NJW 1990, 1104.

F. Sicherheitserfordernisse und rechtsstaatliche gerichtliche Verfahren § 4

Für das Strafrecht sind die **rechtsstaatlichen Positionen des Beschuldigten** unmittel- 121
bar mit der Menschenwürde und daraus folgenden Stellung, nicht in irgendeiner Form
Objekt gegenüber staatlicher Informations- und Organisationsmacht zu sein, von über-
ragendem Gewicht. Als bedeutsame Zwischenstufe zwischen den verfassungsrechtlichen
Prinzipien und dem einfachen Recht kann hier vor allem Art. 6 Abs. 3 EMRK erkannt
werden.

In allen gerichtlichen Verfahrensarten sind die Abgrenzungen nach den jeweiligen Teil- 122
rechtsordnungen auf der Grundlage des Verfassungsrechts zu suchen. Grundlage jeder
Entscheidung ist allein der so gesammelte Prozessstoff; mögliches dem Gericht von staatlicher Seite mitgeteiltes Sonderwissen gegenüber der nicht-staatlichen Partei kann alleine die
Besorgnis der Befangenheit begründen. Gilt der Amtsermittlungsgrundsatz für das Gericht,
wie namentlich in Straf- und (sonstigen) öffentlichen-rechtlichen Verfahren, darf es ebenfalls kein Sonderwissen des Gerichts gegenüber allen Verfahrensbeteiligten geben. In allen
Konstellationen schließt indes ein Sonderwissen eines Verfahrensbeteiligten gegenüber
gleichermaßen dem Gericht und der *„Gegenseite"* nicht aus, von einer materiellen Waffengleichheit kann in diesem Sinn gerade nicht gesprochen werden.

2. Akteneinsicht und rechtliches Gehör

In allen gerichtlichen Verfahren gilt ausnahmslos, dass das Gericht nur nach **vorherigem** 123
rechtlichem Gehör der Beteiligten hinsichtlich der diesen **vollständig bekannten bzw.**
zugänglichen Sachlage entscheiden darf. Daher müssen die Beteiligten vollständigen
Einblick in die Gerichtsakten und die Beweismittel haben, sowie sie zur Grundlage der
Entscheidung gemacht werden sollen oder wurden, vgl. § 261 StPO, § 108 Abs. 2 VwGO.
Wesentliche Bedeutung haben hierbei die **Verfahrensakten.** Eine **Beschränkung der**
Akteneinsicht, etwa nach § 147 StPO, § 100 VwGO oder § 299 ZPO ist danach (mit
Ausnahme rein gerichtsinterner Vorbereitungen[338]) strikt ausgeschlossen. Dies gilt aus
Gründen des Geheimschutzes nach überzeugender hM auch namentlich im Verwaltungs-
prozess.[339] Die beschränkende Vorschrift von § 120 Abs. 1, 4 SGG erscheint demgemäß
gegenüber Art. 19 Abs. 4, Art. 103 Abs. 1 GG kaum haltbar.[340]

a) Zivilverfahren. Im **Zivilrecht** gehören nicht zu den vom Akteneinsichtsrecht nach 124
§ 299 ZPO erfassten Prozessakten beigezogene Akten aus anderen gerichtlichen oder
behördlichen Verfahren; hat eine Behörde auf Ersuchen des Prozessgerichts diesem
Akten mit der Bemerkung übersandt, dass den Parteien in diese keine Einsicht gewährt
werden darf, so kann sich das Gericht über die Anordnung der über die Akten verfügungsberechtigten Behörde nicht hinwegsetzen, sie dürfen allerdings nicht zum Gegenstand der mündlichen Verhandlung gemacht werden und dürfen nicht als Beweismittel
benutzt werden.[341]

b) Verwaltungsgerichtsverfahren. Im **Verwaltungsgerichtsverfahren** erstreckt sich 125
das Akteneinsichtsrecht (mit Rücksicht auf den Amtsermittlungsgrundsatz und das Verfahren nach § 99 VwGO) auch auf die Beiakten[342] sowie darin enthaltene Augenschein-

---

[338] Vgl. etwa § 100 Abs. 4 VwGO.
[339] OVG Saarlouis BeckRS 2014, 50144; VGH München NVwZ-RR 2001, 544 f.; VGH München NVwZ-RR 1998, 686 (687); OVG Münster NJW 1963, 1797; *Lang* in NK-VwGO VwGO § 100 Rn. 18; *Posser* in BeckOK VwGO, 55. Ed. 1.10.2019, VwGO § 100 Rn. 11; aA für ein nachträgliches Verfahren nach § 99 VwGO für den Fall einer ansonsten drohenden Gefährdung von Leib und Leben einer Person OVG Frankfurt (Oder) NVwZ 2003, 884.
[340] So auch *Gärditz* VwGO § 99 Rn. 97 f., § 100 Rn. 13 aA allerdings die hM jedenfalls im Sozialprozess-recht vgl. etwa *Keller* in MKLS 13. Aufl. 2020 SGG § 120 Rn. 4, 8 f.; vgl. auch *Posser* in BeckOK VwGO, 55. Ed. 1.10.2019, VwGO § 100 Rn. 11 f. m. Abl. jeder analogen Anwendung.
[341] BGH NJW 1952, 305 (306) stRspr; allgemein dürfen Unterlagen, die dem Gegner nicht offengelegt werden, nicht der Entscheidung zugrunde gelegt werden, vgl. nur BGHZ 116, 47 = NJW 1992, 1817 (1819).
[342] VGH Kassel NVwZ 1994, 398.

objekte,³⁴³ jeweils unabhängig von der Entscheidungserheblichkeit.³⁴⁴ Das Gericht kann nach hM die Einsicht auch aus Geheimschutzgründen nicht beschränken;³⁴⁵ ob die vorlegende Behörde einmal vorgelegte Akten nachträglich dem Verfahren nach § 99 VwGO unterziehen kann, ist streitig.³⁴⁶ Jedenfalls können sie sonst nicht der uneingeschränkten Einsichtnahme entzogen werden.³⁴⁷ Der vermittelnden hL, dass die durchaus sicherheitsrelevante Asylfaktendokumentation soweit den Beteiligten zugänglich zu machen ist, wie sie der konkreten Entscheidung zugrunde gelegt werden soll,³⁴⁸ erscheint gegenüber der generellen Ablehnung eines Akteneinsichtsrechts seitens der Rspr.³⁴⁹ konsequenter.

126 **c) Verfahren vor dem Bundesverfassungsgericht.** Im Verfahren **vor dem BVerfG** gilt ein nach hM umfassendes Akteneinsichtsrecht der Beteiligten gem. § 20 BVerfGG.³⁵⁰ Die Regelungen im Landesverfassungsrecht weichen hiervon zum Teil ab.³⁵¹

127 **d) Strafverfahren.** Das **Strafverfahren** ist demgegenüber geprägt vom gestuften Verfahren und verschiedenen Beteiligten, namentlich Polizei, Staatsanwaltschaft und Gericht, und die Transparenz der Abschlussentscheidung als seinem zentralem rechtsstaatlichem und legitimatorischem Kern: Nur das Urteil, das in jeder Hinsicht vollständig, lückenlos transparent in seiner Rationalität begründet ist, dessen Grundlagen umfassend zumindest potentiell Gegenstand der Auseinandersetzungen der Beteiligten waren, kann als legitim gelten und Rechtsfrieden erzeugen. Ob dem Verurteilten Teile der schriftlichen Urteilsgründe vorenthalten werden können,³⁵² wird insoweit plausibel bestritten, als nur die schriftliche Ausfertigung des nicht-öffentlich zulässigerweise Eröffneten unterbleiben darf.³⁵³ Die zentrale Verankerung im Verfahren ist § 261 StPO, begleitet durch §§ 33, 147 StPO und viele andere. Diese Normen verbieten jeden Wissensvorsprung des Gerichts vor Angeklagten und Verteidigung,³⁵⁴ nicht aber jede Begrenzung der Information durch die Staatsanwaltschaft, Polizei und andere staatliche und private Stellen an die anderen Verfahrensbeteiligten und das Gericht gleichermaßen.³⁵⁵ Eine *„Waffengleichheit"* zwischen Staatsanwaltschaft und Verteidigung im gerichtlichen Verfahren im anglo-amerikanischen Sinn kann damit im deutschen Verfahren (notwendigerweise) gerade nicht umfassend bestehen.³⁵⁶

128 **aa) Gerichtsakten.** Im gerichtlichen Verfahren gilt der Grundsatz vollständiger **Einsicht in die Gerichtsakten** gem. § 147 StPO uneingeschränkt, ebenso nach Anbringen des

---

³⁴³ *Gärditz* VwGO § 100 Rn. 6; *Posser* in BeckOK VwGO, 55. Ed. 1.10.2019, VwGO § 100 Rn. 7.
³⁴⁴ BVerwGE 13, 187 (190) = BeckRS 9998, 181549.
³⁴⁵ OVG Saarlouis BeckRS 2014, 50144; VGH München NVwZ-RR 2001, 544; VGH München NVwZ-RR 1998, 686 (687); OVG Münster NJW 1963, 1797; *Lang* in NK-VwGO VwGO § 100 Rn. 18; *Possser* in BeckOK VwGO, 55. Ed. 1.10.2019, VwGO § 100 Rn. 11.
³⁴⁶ OVG Saarlouis BeckRS 2014, 50144; *Lang* in NK-VwGO VwGO § 100 Rn. 18; *Posser* in BeckOK VwGO, 55. Ed. 1.10.2019, VwGO § 100 Rn. 10.
³⁴⁷ OVG Münster NJW 1963, 1797; *Redeker* in Redeker/v. Oertzen VwGO § 100 Rn. 1.
³⁴⁸ *Schübel-Pfister* in Eyermann VwGO § 100 Rn. 8; *Redeker* in Redeker/v. Oertzen VwGO § 100 Rn. 1; *Posser* in BeckOK VwGO, 55. Ed. 1.10.2019, VwGO § 100 Rn. 9.1; noch weitergehend ausführlich *Lang* in NK-VwGO VwGO § 100 Rn. 19 ff.; vgl. weiterhin *Troidl*, Akteneinsicht im Verwaltungsrecht, 2. Aufl. 2020, Rn. 825.
³⁴⁹ OVG Münster NVwZ-Beil. Heft 11/1997, 81 (82); VG Stuttgart BeckRS 2013, 54261; vgl. auch OVG Greifswald NordÖR 1999, 349.
³⁵⁰ Vgl. dazu und zur Mindermeinung nach der die jeweiligen Prozessordnungen der Akten zugrunde zu legen seien *Grünewald* in BeckOK BVerfGG, 9. Ed. 1.7.2020, BVerfGG § 20 Rn. 9 f. mwN.
³⁵¹ Parallel etwa § 13 BWVerfGHG; abweichend mit Staatswohlvorbehalt etwa Art. 19 II BayVfGHG.
³⁵² Vgl. zur Aushändigung allerdings Nr. 140 S. 1, 2 Var. 3 RiStBV; vgl. auch *Fahrner* StaatsschutzR § 35 Rn. 8.
³⁵³ Vgl. *Temming/Zöller-Pollähne* in GJTZ StPO § 35 Rn. 6.
³⁵⁴ Vgl. bereits RGSt 42, 291 (293); 72, 268 (273); ferner BVerfGE 1, 418 (429) = NJW 1953, 177; BVerfGE 22, 267 (273) = NJW 1967, 1955; BVerfGE 55, 95 = BeckRS 1980, 1049 stRspr; BGHSt 42, 71 = NJW 1996, 2171.
³⁵⁵ BVerfGE 63, 45 = NJW 1983, 1043.
³⁵⁶ Unzutreffend hier etwa *Thomas/Kämpfer* in MüKoStPO StPO § 147 Rn. 1; vgl. überzeugend dagegen *Roxin/Schünemann* Strafverfahrensrecht § 11 Rn. 7 mwN.

F. Sicherheitserfordernisse und rechtsstaatliche gerichtliche Verfahren § 4

Vermerks des Abschlusses der Ermittlungen durch die Staatsanwaltschaft.[357] Anders als das RG, das die Zustimmung bzw. das Verbot der Verwendung und Weitergabe durch die Behörde, welche die Akten zur Verfügung stellte, als maßgebend für das Gericht ansah,[358] ist eine solche Beschränkung nach der heutigen stRspr unwirksam; alle Akten anderer Gerichte oder Behörden, die dem Strafgericht tatsächlich vorliegen, gehören zu den Akten des Strafverfahrens, in die Einsicht gewährt werden muss.[359] Die einzige rechtliche Möglichkeit für andere aktenführende Stellen, ihre Akten nicht zum Gegenstand des Strafverfahrens werden zu lassen, ergibt sich danach aus § 96 StPO (s. u. → Rn. 142).[360]

bb) Ermittlungsverfahren. Bei der Transparenz im Übrigen, namentlich in der **Begründung von Eingriffsmaßnahmen** gegenüber der Verteidigung, ist das rechtsstaatliche Gebot, dass der Beschuldigte unter anderem aus Art. 6 Abs. 3 lit. a EMRK stets in die Lage versetzt werden muss, die Beweismittel anzugreifen oder sie zu entkräften und seine Verteidigung darauf einzurichten,[361] in doppelter Hinsicht abzuwägen: 129

(1) Informationsvorsprung bei laufenden Ermittlungen. *„Im Blick auf die Erfordernisse einer wirksamen und funktionstüchtigen Strafrechtspflege"* (gemeint: auf effektive und effiziente Sachverhaltsermittlung und Strafahndung) darf der Staatsanwaltschaft vor allem im Ermittlungsverfahren, soweit erforderlich, ein **Informationsvorsprung** für einen angemessenen Zeitraum als unvermeidbar eingeräumt werden.[362] Dieser zeigt sich namentlich in den beschränkten Akteneinsichtsrechten vor Abschluss der Ermittlungen und gegebenenfalls dem Beschuldigten einen Auskunftsanspruch über die verdachtsbegründenden Tatsachen zu verwehren. Sie steht nach hM auch einer umfassenden Begründung mit Beweiswürdigung in Haftbefehlen und anderen Beschlüssen entgegen.[363] 130

(2) Haftbefehlsbegründung. Soweit dadurch die **Staatssicherheit** gefährdet wird, können bei Haftbefehlen in der schriftlichen Begründung gem. § 114 Abs. 2 Nr. 4 StPO die Tatsachen ausgelassen werden, aus denen sich der dringende Tatverdacht und der Haftgrund ergibt.[364] Eine uneingeschränkte Mitteilungspflicht besteht dann bei Anklage gem. §§ 200, 201 StPO. Im Übrigen sind die Gesichtspunkte der Staatssicherheit, aber auch des Zeugenschutzes beim Ermessen der allgemeinen Begründungspflicht anfechtbarer Entscheidungen gem. § 34 StPO erst recht zu berücksichtigen. 131

cc) Teilnahme an unmittelbaren Beweiserhebungen. Bei **unmittelbaren Beweiserhebungen** sind die Teilnahmerechte von Beschuldigten und Verteidigung in den letzten Jahren als Regelfall ausgebaut worden. Ausnahmen sind hier möglich, etwa § 247 StPO in der Hauptverhandlung sowie § 168c Abs. 3, 4, §§ 168d f. StPO bei sonstigen richterlichen Vernehmungen und Augenscheinnahmen. 132

3. Sammlung des Prozessstoffs

Bei der **Sammlung des Prozessstoffs** hängt die Art und Weise der Berücksichtigung von Sicherheitsbelangen zunächst von den maßgeblichen Verfahrensprinzipien der Gerichts- 133

---

[357] Vgl. dazu und zur abgewogenen Transparenz zuvor § 147 Abs. 2–4 StPO sowie *Schmitt* in Meyer-Goßner/Schmitt StPO § 147 Rn. 25 ff.
[358] RGSt 42, 291 (293); 72, 268 (273).
[359] BGHSt 30, 131 (138) = NJW 1981, 2267; BGHSt 42, 71 = NJW 1996, 2171; vgl. auch *Lüderssen* in Löwe/Rosenberg StPO § 147 Rn. 62 Fn. 55; *Hiebl,* Ausgewählte Probleme des Akteneinsichtsrechts nach § 147 StPO, 1994, 144.
[360] BGHSt 42, 71 = NJW 1996, 2171.
[361] BGHSt 51, 1 = NJW 2006, 1361; OLG Köln StV 1988, 335; *Graf* in KK-StPO § 114 Rn. 13 ff.
[362] Vgl. zum Ganzen BVerfG MDR 1984, 284 mwN.
[363] Vgl. *Paeffgen* NStZ 1992, 481 (482); *Rudolphi* StV 1988, 534 dagegen OLG Düsseldorf JZ 1984, 540; StV 1988, 534; 1991, 521; vgl. auch im Überblick *Graf* in KK-StPO StPO § 114 Rn. 13 ff. mwN.
[364] Vgl. *Creifelds* NJW 1965, 946; *Schmitt* in Meyer-Goßner/Schmitt StPO § 114 Rn. 12; *Paeffgen* in SK-StPO StPO § 114 Rn. 10; *Graf* in KK-StPO StPO § 114 Rn. 13; dazu näher *Fahrner* StaatsschutzR § 35 Rn. 7 auch zum Problem des Zeugenschutzes in diesem Zusammenhang.

barkeit ab. Um die besonderen **Belange der Sicherheitsgewährleistung bei der prozessualen Stoffsammlung** zu berücksichtigen, greifen die prozessuale und die sicherheitsbehördliche Seite im Rahmen des Doppeltürenmodells des BVerfG zusammen. So bestimmen die Übermittlungsvorschriften und -verbote vor allem der Nachrichtendienste,[365] aber auch des Datenschutzrechts der Strafverfolgung und Polizei in Umsetzung der JI-RL das gebotene Verhalten der entsprechenden Einrichtungen der staatlichen Sicherheit (→ § 29 Rn. 53 ff., 92 ff.). Prozedural werden diese neben den bereits genannten allgemeinen Begrenzungen der Sammlung des Prozessstoffs durch den Schutz gefährdeter Zeugen sowie dazu und zu weiteren legitimen Zielen der *„Staatssicherheit"* durch In-Camera-Verfahren bzw. der Sperrung realisiert.

134 a) **Zivilprozess.** Wo, wie vor allem im **Zivilrecht,** im tradierten Konzept der *„formalen Wahrheit"* den Parteien die Beibringung der Tatsachen überlassen ist, bestimmt sich Auskunfts- und Informationspflicht des Staates und seiner Institutionen als Verfahrensgegner nach den jeweiligen Ansprüchen und Gegenrechten, wie etwa nach den Informationsfreiheitsgesetzen sowie möglichen Sonderbeziehungen. Der konkrete Umfang ist gegebenenfalls im gerichtlichen Zwischenstreit oder im Wege der Stufenklage zu klären (vgl. auch §§ 421 ff. ZPO).

135 Ansonsten ist im Rahmen von § 273 Abs. 2 Nr. 2, § 432 ZPO die Vorlage von Urkunden im Wege der Amtshilfepflicht zu leisten. Dabei kann die Vorlage gem. § 5 Abs. 2, 3 VwVfG verweigert werden, soweit keine spezielleren Regelungen eingreifen.[366] Insbesondere die obligatorischen Verweigerungsgründe nach § 5 Abs. 2 S. 1 Nr. 2, S. 2 VwVfG gewährleisten eine Berücksichtigung von Sicherheitsbelangen,[367] namentlich des Staatswohls und des indirekten Verweises auf die Übermittlungsverbote in den jeweiligen Errichtungsgesetzen der Sicherheitsbehörden. Wird das Ersuchen abgelehnt, so kann das ersuchende Gericht die Dienstaufsichtsbeschwerde zur vorgesetzten Behörde erheben.[368]

136 Ein dem Strafverfahren (s. u. → Rn. 141 ff.) vergleichbarer Zeugenschutz besteht in der ZPO wie in anderen den Prozessordnungen nicht im Ansatz.[369] Auch das In-Camera-Verfahren der VwGO (s. u. → Rn. 139) ist auf Zivilverfahren nicht analog anwendbar.[370] Soweit als Partei Unterlagen vorgelegt werden, ist jedoch die Vorlage einer teilgeschwärzten Fassung zur Wahrung berechtigter Interessen zulässig.[371]

137 b) **Verwaltungsprozess.** Im **Verwaltungsprozess** gelten hingegen der Untersuchungsgrundsatz und die gerichtliche Aufklärungspflicht mit der notwendigen Bescheidung von Beweisanträgen, § 86 VwGO. Einen Anspruch auf Beiziehung bestimmter Akten gewährt weder dies, noch § 100 VwGO[372] oder Art. 103 Abs. 1 GG[373]. Neben der ordnungs-

---

[365] Vgl. etwa BVerfGE 100, 313 (366 f.) = NJW 2000, 55; BVerfGE 115, 320 (343 f.) = NJW 2006, 1939; BVerfGE 120, 378 (400 f.) = NJW 2008, 1505; BVerfGE 125, 260 (310) = NJW 2010, 833; BVerfGE 130, 151 = NJW 2012, 1419; *Greßmann* in Dietrich/Eiffler NachrichtendiensteR-HdB IV § 3 Rn. 9 ff.
[366] Vgl. *Krafka* in BeckOK ZPO, 37. Ed. 1.7.2020, ZPO § 432 Rn. 6.
[367] Das Landesrecht hat teilweise weitergehende eigene Vorschriften, vgl. § 3a BWLVwVfG; § 2a BlnVwVfG, § 3a VwVfGBbg, § 3a HmbVwVfG; § 3a NRWVwVfG; vgl. zum Ganzen *Funke-Kaiser* in BeckOK VwVfG, 48. Ed. 1.7.2020, VwVfG § 5 Rn. 44 ff. mwN; *Müller* in Huck, Verwaltungsverfahrensgesetz: VwVfG, 3. Aufl. 2020, § 5 Rn. 10 ff.
[368] *Berger* in Stein/Jonas, Kommentar zur Zivilprozessordnung, 23. Aufl. 2015, § 432 Rn. 17 ff. auch zum weiteren Verfahren und Rechtsbehelfen der Parteien mwN.
[369] Vgl. *Kilchling,* Übertragung opferschützender Normen aus dem Strafverfahrensrecht in andere Verfahrensordnungen, 2017, 51 ff.
[370] BVerwGE 30, 154 = MDR 1969, 75.
[371] Vgl. OLG Düsseldorf GRUR-RS 2018, 7036 mAnm *Weber* GRUR-Prax 2018, 270; vgl. auch OLG München NJW 2005, 1130 (1131).
[372] BVerwG BeckRS 2004, 21890; *Gärditz* VwGO § 100 Rn. 4; *Posser* in BeckOK VwGO, 55. Ed. 1.10.2019, VwGO § 100 Rn. 14.
[373] BVerfGE 63, 45 = NJW 1983, 1043; BVerfG (K) NVwZ 1994, 54; OVG Schleswig BeckRS 2016, 112286; *Pieroth* in Jarass/Pieroth GG Art. 103 Rn. 15; *Rudisile* in Schoch/Schneider/Bier VwGO § 100 Rn. 6; *Lang* in NK-VwGO VwGO § 100 Rn. 18; aA *Kopp/Schenke* VwGO § 100 Rn. 1.

gemäßen Bescheidung anhand der Formalia und Aufklärungspflicht wird hierbei vor allem entsprechend auf die Ablehnungsgründe des § 244 StPO zurückgegriffen,[374] darunter auch die Unzulässigkeit der Beweisaufnahme[375] und Unerreichbarkeit des Beweismittels[376] bei entsprechender Sperrung oder Verbot.

Die grundsätzlich **umfassende gesetzliche Vorlagepflicht** von Behörden (§ 99 Abs. 1 S. 1 VwGO) besteht nicht, wenn das Bekanntwerden des Inhalts der Dokumente oder Auskünfte entweder dem **Wohl des Bundes oder eines Landes Nachteile** bereiten, oder die Vorgänge nach einem Gesetz oder ihrem Wesen nach geheim gehalten werden müssen, § 99 Abs. 1 S. 2 VwGO. Vielmehr ist behördenseitig über die Vorlage im Rahmen des hier eingeräumten Ermessens nach den eigenen Übermittlungsgrundlagen (gegebenenfalls nach dortigem Ermessen oder Verpflichtung) zu entscheiden. Die Verweigerung muss sich auf konkrete Aktenbestandteile beziehen.[377] Bereitet das Bekanntwerden des Inhalts zurückgehaltener Dokumente dem Wohl des Bundes Nachteile, ist ihre Geheimhaltung ein legitimes Anliegen des Gemeinwohls.[378] Ein Nachteil in diesem Sinne ist unter anderem dann gegeben, wenn und soweit die Bekanntgabe des Akteninhalts die künftige Erfüllung der Aufgaben der Sicherheitsbehörden einschließlich deren Zusammenarbeit mit anderen Behörden erschweren oder Leben, Gesundheit oder Freiheit von Personen gefährden würde.[379] Die Behauptung einer Beeinträchtigung der auswärtigen Beziehungen durch Missachtung des rein informell angewendeten „internationalen Herausgeberprinzips" reicht dafür nicht aus.[380] **138**

Die Entscheidung, die Übermittlung zu verweigern, hat die zuständige oberste Aufsichtsbehörde zu treffen, die in jedem Fall auf Antrag eines Prozessbeteiligten gerichtlich überprüft werden kann, § 99 Abs. 2 S. 1 VwGO. Dazu findet das **In-Camera-Verfahren** gem. § 99 Abs. 2 S. 2–13 VwGO in einem gesonderten Zwischenverfahren vor besonders eingerichteten Spezialsenaten des OVG bzw. BVerwG statt.[381] Dadurch wird das Hauptsachengericht unbefangen gehalten, an einer unbewussten Berücksichtigung des Inhalts der überprüften Informationen gehindert und der Kreis der Geheimnisträger so gering wie möglich gehalten.[382] Das Verfahren unterliegt in jedem Fall dem materiellen Geheimschutz, wenn nicht noch strengeren im Gesetz aufgeführten Schutzvorkehrungen.[383] **139**

c) Strafverfahren. Im Strafverfahren sind die Ermittlungsbehörden wiederum gem. § 199 Abs. 2 S. 2 StPO verpflichtet, dem Gericht alle Ermittlungsakten vorzulegen, dh alle jene Akten des Strafverfahrens, die vom ersten Zugriff der Polizei an entstehen, soweit sie den Prozessgegenstand als solchen, dh die erfassten prozessualen Taten und den Beschuldigten betreffen. Durch die öffentliche Klage wird dieser Gegenstand endgültig konkretisiert und sind alle betreffenden Akten zu übermitteln.[384] Die Staatsanwaltschaft hat weiterhin gem. § 160 StPO nach dem Maßstab der Objektivität eigenverantwortlich zu entscheiden, welche nicht für das Verfahren und seinen Prozessgegenstand geschaffenen Akten zusätzlich als Beiakten einzubeziehen sind, weil ihr Inhalt von schuld- oder rechtsfolgenrelevanter **140**

---

[374] Vgl. BVerwG NVwZ-RR 2014, 887; VerwRspr 24, 413; OVG Münster OVGE 36, 28 (29); ausführlich *Schübel-Pfister* in Eyermann VwGO § 86 Rn. 66 ff.
[375] *Dawin* in Schoch/Schneider/Bier VwGO § 86 Rn. 102 ff.; *Schmitt* DVBl 1964, 465 (468); *Wimmer* in Gärditz VwGO § 86 Rn. 66; *Rixen* in NK-VwGO VwGO § 86.
[376] *Schübel-Pfister* in Eyermann VwGO § 86 Rn. 74; *Dawin* in Schoch/Schneider/Bier VwGO § 86 Rn. 122; *Rixen* in NK-VwGO VwGO § 86 Rn. 99.
[377] BVerwG NVwZ 2010, 905.
[378] BVerfGE 101, 106 (127 f.) = NJW 2000, 1175; BVerwG NVwZ 2003, 347.
[379] BVerwGE 117, 8 = NVwZ 2002, 1249; BeckRS 2008, 33734.
[380] BVerwG NVwZ 2010, 905.
[381] Vgl. zur Prüfungs-/„Arbeitsteilung" *Schübel-Pfister* in Eyermann VwGO § 99 Rn. 23 ff.
[382] Vgl. *Posser* in BeckOK VwGO, 55. Ed. 1.10.2019, VwGO § 99 Rn. 37.1; *Seibert* NVwZ 2002, 265 (270); *Roth* NVwZ 2003, 544 (548); vgl. allgemein *Neumann* DVBl 2016, 473; *Oster* DÖV 2004, 916.
[383] § 99 Abs. 2 S. 7 ff. VwGO.
[384] §§ 151, 155 Abs. 1 StPO sowie § 199 Abs. 2 S. 2 StPO für die Aktenvorlage.

Bedeutung sein kann.³⁸⁵ Die Hinweis- und Spurenakten der Polizei sind verfahrensfremde Akten, weil sie nicht aufgrund des Verfahrens gegen den Beschuldigten und des durch Tat und Täter bestimmten Prozessgegenstands entstanden sind.³⁸⁶ Ob zusätzlich zu den vorliegenden Akten weitere zu beschaffen sind, richtet sich alleine nach der Aufklärungspflicht der Straforgane, namentlich im Hauptverfahren nach § 244 StPO.

141 aa) Schutz gefährdeter Zeugen. Zum **Schutz gefährdeter Zeugen,** namentlich verdeckter Ermittler und *Under-Cover-Agents,* aber auch Vertrauenspersonen, Informanten und „menschliche Quellen" aller Art stellt vor allem das Strafverfahrensrecht ein vielschichtiges Instrumentarium zur Verfügung, das zB vom Verschweigen der Identität trotz Vernehmung (§ 68 Abs. 1 S. 2, Abs. 2–5 StPO; § 200 Abs. 1 S. 3, 4 StPO), audiovisuelle Vernehmung (§§ 58a, 168e, 247a, 255a StPO) oder anderer Maßnahmen, etwa der Nichtöffentlichkeit (s. o. → Rn 111 f.) oder im Rahmen des Aufklärungsermessens des Gerichts den Ersatz durch den Urkunden- oder Vernehmungspersonalbeweis reicht.³⁸⁷

142 bb) Sperrung von Unterlagen. Reicht dies nicht aus, oder würde die Übermittlung in das Strafverfahren dem Wohl des Bundes oder eines deutschen Landes Nachteile bereiten, kann die oberste Dienstbehörde die Herausgabe der zugehörigen in ihrem Dienstbereich befindlichen Unterlagen gem. **§ 96 StPO sperren.**³⁸⁸ Ein In-Camera-Verfahren ist bislang nicht vorgesehen,³⁸⁹ neben einem verwaltungsrechtlichen Rechtsbehelf der Parteien ist dem Strafgericht allenfalls eine Dienstaufsichtsbeschwerde bzw. Gegenvorstellung gegen die Versagung möglich. Außerhalb der Strengbeweiserhebung kann die Behörde sich der Auskunftspflicht nach § 161 StPO gegenüber Staatsanwaltschaft und Polizei, sowie §§ 202, 244 Abs. 2 StPO gegenüber dem Gericht verweigern. Schließlich kann durch die (teilweise) Versagung der Aussagegenehmigung gem. § 54 StPO der als Zeuge geladene Beamte dienstverpflichtet auch zur Geheimhaltung gegenüber dem Gericht gem. § 37 Abs. 3 BeamtStG; § 67 Abs. 1 S. 1 BBG bleiben.³⁹⁰ Dadurch kann die Identität möglicher nachrichtendienstlicher Quellen und Methoden nach dem Ermessen der Dienste geheim gehalten werden, auch um diese weiterhin verwenden zu können.³⁹¹ Die Versagung soll durch Anfechtungsklage auch Strafprozessbeteiligter anfechtbar sein.³⁹² Richtigerweise muss das Kriminalgericht keine Gegenvorstellung erheben.³⁹³ Eine **nachträgliche Sperre** bereits dem Strafverfahren übergebener Akten kommt richtigerweise nicht in Betracht.³⁹⁴

---

³⁸⁵ Grundlegend BVerfGE 63, 45 = NJW 1983, 1043; vgl. zusätzlich etwa BGH StraFo 2009, 338; *Schmitt* in Meyer-Goßner/Schmitt StPO § 199 Rn. 2; *Ritscher* in BeckOK StPO, 36. Ed. 1.1.2020, StPO § 199 Rn. 5 ff.
³⁸⁶ BVerfG NStZ 1983, 273; BGHSt 30, 131 (138) = NJW 1981, 2267; *Wasserburg* NJW 1980, 2440 (2441); *Wohlers/Schlegel* NStZ 2010, 486 (491).
³⁸⁷ Vgl. BGHSt 51, 232 (235) = NJW 2007, 1475; im Überblick *Greßmann* in Dietrich/Eiffler NachrichtendiensteR-HdB IV § 3 Rn. 60 ff.; *Fahrner* StaatsschutzR § 33 Rn. 18.
³⁸⁸ Vgl. grundlegend zum Quellenschutz BVerfGE 57, 250 (284 f.) = NJW 1981, 1719; BGHSt 31, 149 (155) = NJW 1983, 1005; BGHSt 31, 290 = NJW 1983, 1572; BGHSt 32, 32 (35) = NJW 1984, 1973; BGHSt 32, 115 (124) = NJW 1984, 247; BGHSt 36, 159 (161) = NJW 1989, 3291; ausführlich insbesondere *Greßmann* in Dietrich/Eiffler NachrichtendiensteR-HdB IV § 3 Rn. 125 ff.; *Köhler* in Meyer-Goßner/Schmitt StPO § 96 Rn. 7 ff.; *Gribbohm* NJW 1981, 305.
³⁸⁹ BGH NStZ 2000, 265; *Lang,* Geheimdienstinformationen im deutschen und amerikanischen Strafprozess, 2014, 166 ff.; *Greßmann* in Dietrich/Eiffler NachrichtendiensteR-HdB IV § 3 Rn. 105.
³⁹⁰ Dazu und zur Verschwiegenheit sonst im öffentlichen Dienst vgl. *Greßmann* in Dietrich/Eiffler NachrichtendiensteR-HdB IV § 3 Rn. 47 ff.
³⁹¹ Vgl. VGH Mannheim NJW 2013, 102.
³⁹² Vgl. BVerwGE 18, 58 = NJW 1964, 1088; *Bader* in KK-StPO StPO § 54 Rn. 20; *Schmitt* in Meyer-Goßner/Schmitt StPO § 54 Rn. 28; *Ignor/Bertheau* in Löwe/Rosenberg StPO § 54 Rn. 24; aA *Ellbogen* NStZ 2007, 310 ff.
³⁹³ Vgl. *Greßmann* in Dietrich/Eiffler NachrichtendiensteR-HdB IV § 3 Rn. 96 zum Hintergrund und Streitstand.
³⁹⁴ BGH NJW 1963, 1462; *Stuckenberg* in Löwe/Rosenberg StPO § 199 Rn. 14 mwN; aA OLG Frankfurt NJW 1982, 1408; diesem zust. ausführlich *Warg* NJW 2015, 3195 (3199).

F. Sicherheitserfordernisse und rechtsstaatliche gerichtliche Verfahren § 4

Ebenso kann zum Schutz **polizeilicher bzw. staatsanwaltschaftlicher Informanten** 143
der sich auf deren Identität beziehende Akteninhalt durch eine inhaltlich hinreichend
begründete wirksame Sperrerklärung der zuständigen obersten Dienstbehörde in entsprechender Anwendung von § 96 StPO geschützt werden.[395] Will die Staatsanwaltschaft aus
Rücksichtnahme auf die Geheimhaltungswünsche einer anderen Behörde, deren Akten sie
im Ermittlungsverfahren verwertet hat, die Einsichtnahme der Ermittlungsakten durch den
Betroffenen verhindern, ist dies nur entsprechend § 96 StPO aufgrund einer Erklärung der
obersten Dienstbehörde möglich.[396]

Dementsprechend steht die Sperre auch Auskunftspflichten gem. § 161 Abs. 1 S. 1 Alt. 1 144
StPO entgegen.[397]

cc) Auswirkung bei Beweisverwertung und -würdigung. Derartige Sperrungen bleiben nicht ohne Auswirkungen auf das weitere rechtsstaatliche Verfahren, sowie die **Beweisverwertung und -würdigung.** 145

Im Falle einer Sperrung gebietet die Aufklärungspflicht gem. § 244 Abs. 2 StPO dem 146
Gericht, weiter das bestmögliche Beweismittel zu suchen. Surrogate für die unmittelbare
Vernehmung des gefährdeten Zeugen können insbesondere die Vernehmung seiner unmittelbaren „Führungsperson" sein, deren Aussagerecht aber gem. § 54 StPO hinsichtlich
der Identität des gefährdeten unmittelbaren Zeugen regelmäßig beschränkt wird. Weiterhin
können sich schriftliche Aussagen gem. § 251 StPO oder Vernehmungsprotokolle anbieten,
wobei die Voraussetzungen der Unerreichbarkeit durch die Sperrung vorliegen. Schließlich
gibt es noch die Möglichkeit, Erkenntnisse in allen Stadien des Erkenntnisverfahrens durch
zusammenfassend wiedergebende entsprechende **„Behördenzeugnisse"** einzuführen.[398]
Deren Beweiswert ist nicht von vornherein ausgeschlossen, orientiert sich vielmehr an der
Detailliertheit, Verflochtenheit, Nachprüfbarkeit und Plausibilität und ist besonders sorgfältig zu überprüfen.[399]

Wegen des fundamentalen **Konfrontationsrechts gem. Art. 6 Abs. 3 lit. d EMRK** 147
(und Art. 14 Abs. 3 lit. e IPBPR) bleibt solches Vorgehen nicht ohne Auswirkung auf den
Tatnachweis.[400] Es soll sicherstellen, dass Zeugen nicht einseitig vernommen werden und
dass bei ihrer Einvernahme auch die für die Verteidigung wichtigen Gesichtspunkte zur
Sprache kommen können. Sie soll es außerdem ermöglichen, die Glaubwürdigkeit des
Zeugen und den Wahrheitsgehalt seiner Aussage zu hinterfragen. Insgesamt ist die gebotene
Dreistufigkeit zu wahren, in der zuvorderst die Konfrontation im Rahmen des Gesamtverfahrens in irgendeiner Form dem Angeklagten oder seinem Verteidiger in dem für die
Verteidigung erforderlichen Umfang effektiv ermöglicht werden muss. Ist dies aus einem
legitimen Grund nicht möglich, müssen im Lauf des Verfahrens alle verhältnismäßigen
Maßnahmen unternommen worden sein, den Mangel des effektiven Konfrontationsrechts
zu kompensieren.[401] Nur wenn die Durchsetzung und Kompensation des Konfrontationsrechts nicht in vollem Umfang gelingen, kann die Frage nach dem Beweiswert gestellt
werden. Dabei gibt die hM keine festen Maßstäbe vor bis darauf, dass die Verurteilung
nicht alleine auf Belastungszeugen gestützt werden, der – auch nicht etwa durch Übermitt-

---

[395] Vgl. BVerfGE 63, 56 = NJW 1983, 1043; BGH NStZ 1982, 40; OLG Frankfurt NJW 1982, 1408; *Schmitt* in Meyer-Goßner/Schmitt StPO § 199 Rn. 2; *Schäfer* in Löwe/Rosenberg StPO § 96 Rn. 60 ff.; *Schneider* in KK-StPO StPO § 199 Rn. 11; *Gerhold* in BeckOK StPO, 36. Ed. 1.1.2020, StPO § 96 Rn. 3 f.
[396] OLG Hamm NJW 1984, 880 mablAnm *Schäfer* MDR 1984, 454.
[397] Vgl. BVerfGE 57, 250 (283) = NJW 1981, 1719; BGHSt 29, 390 = NJW 1981, 355; BGHSt 30, 34 = NJW 1984, 247; *Griesbaum* in KK-StPO StPO § 161 Rn. 2, 4; *Schmitt* in Meyer-Goßner/Schmitt StPO § 161 Rn. 1a.
[398] Vgl. zu nachrichtendienstlichem Behördenzeugnis und -gutachten *Greßmann* in Dietrich/Eiffler NachrichtendiensteR-HdB IV § 3 Rn. 99 ff. mwN.
[399] Vgl. nur BGHSt 53, 238 (247) = NJW 2010, 385; NStZ 2010, 445; 2016, 370.
[400] Vgl. insgesamt *Schmitt* in Meyer-Goßner/Schmitt EMRK Art. 6 Rn. 22 ff.; *Valerius* in BeckOK StPO, 36. Ed. 1.1.2020, EMRK Art. 6 Rn. 47 ff.
[401] *Esser* in Löwe/Rosenberg EMRK Art. 6 Rn. 792 ff. mwN.

lung von Fragekatalogen – nicht durch Angeklagten/Verteidigung befragt werden konnte; es müssen zusätzliche Beweiszeichen hinzukommen, sonst ist freizusprechen.[402] Ansonsten wird nach hM nur von einer **Einschränkung des Beweiswertes** ausgegangen, die allerdings in Ausnahmefällen, wenn die Fairness des Verfahrens insgesamt nicht mehr gegeben ist, zu einem Verwertungsverbot führen kann.[403] Eine Fernwirkung wird dagegen regelmäßig abgelehnt.[404]

G. Rechtsschutz und Kontrolle gegen Rechtsstaatübergriffe

148 Verletzen Maßnahmen zur Sicherheitsgewährleistung ihre rechtsstaatlich gesicherten Positionen, so stellt der Rechtsstaat jeweils bereichsspezifische Rechtsbehelfe, sowie subsidiär vor allem die Verfassungsbeschwerde und Klage zum Europäischen Gerichtshof für Menschenrechte bereit. Ist keine Abhilfe wegen Beseitigung grundsätzlicher Funktionsmechanismen im Sinne des Rechtsstaatsprinzips mehr möglich, kann das Widerstandsrecht gem. Art. 20 Abs. 4 GG zur Restitution eines der Freiheitlich demokratischen Grundordnung genügenden Zustands eingreifen. Andere Selbsthilferechte erweisen sich ansonsten als rechtswidrig, sowie rechtzeitig staatliche Hilfe, idR eben im Rechtsweg erlangt werden kann.

H. Perspektiven: Aktuelle Herausforderungen de lege ferenda

149 Aktuell bedroht vor allem die „*Securitization*" mit allen Tendenzen zu einem prohibitiven Präventionsstaat die jahrhundertealten rechtsstaatlichen Errungenschaften für eine freiheitliche, friedliche und fortschrittliche Gesellschaft. Es ist stets zu erinnern, dass ein menschenwürdiger Rechtsstaat Sanktionen nicht an vorgefundene Gruppenzugehörigkeiten und Eigenschaften, sondern nur an Verhalten des Betroffenen anknüpfen darf.

150 Weiterhin bleibt die rechtsstaatliche Kontrolle zu vervollständigen, ohne das für die Sicherheitsgewährleistung notwendige Maß zu vernachlässigen. Herausragende Bedeutung kommt dabei der unionsrechtlichen und internationalen Dimension zu, welche die größten rechtlichen und faktischen Lücken aufweist. Darüber hinaus setzt gerade das Strafverfahren eine weitergehendere und effektivere unabhängige gerichtliche Kontrolle über die Beschränkung der Vorlage von Informationen auch unter den Maximen des Art. 6 EMRK voraus. Eine Einführung eines in-camera-artigen gerichtlichen Prüfungsverfahrens statt der statischen Regelungen der §§ 54, 96, 160 Abs. 4 StPO scheint daher geboten, um die legitimations- und friedensstiftende Funktion der Wahrheitsfindung im Strafprozess angesichts zunehmender technischer Informationsmacht des Staates und insbesondere der Exekutive erhalten zu können. § 99 VwGO hat gezeigt, dass eine solche judikative Regelprüfung mit den Sicherheitserfordernissen vereinbar ist, die Trennung des „*Übermittlungsrichters*" von dem Urteilsgericht erscheint im Strafverfahren im Hinblick auf die Absicherung von § 261 StPO und die Unbefangenheit des Gerichts angeraten. Eine vereinheitlichende Absicherung bedarf der Schutz menschlicher Quellen auch der Polizei, aber auch sonstiger Hinweisgeber gegenüber ihnen drohenden Sanktionen.

151 Schließlich erweisen sich manche Übergriffe des „*Arcan-*„ gegen den Rechtsstaat als klärungs- wenn nicht abwehrbedürftig, etwa bei der Ermessensfreistellung des Verfassungsschutzes von der Strafverfolgung oder der Geheimerklärung von gerichtlichen Entscheidungen und originären Dokumenten.

---

[402] BGHSt 49, 112 (118) = NJW 2004, 1259.
[403] BGHSt 46, 93 (100) = NJW 2000, 3505; NStZ 2005, 224 mAnm *Esser;* BGH NJW 2007, 237; NStZ-RR 2008, 49; 2009, 212; gegen ein Beweisverwertungsverbot auch *Schädler* in KK-StPO EMRK Art. 6 Rn. 54; für die Lit. dagegen umfassend *Esser* in Löwe/Rosenberg EMRK Art. 6 Rn. 796 ff. Fn. 2033 ff. mwN.
[404] *Esser* in Löwe/Rosenberg EMRK Art. 6 Rn. 791 ff. mwN.

§ 5 Der Schutz des Staates und die Medien

Thomas Darnstädt

Übersicht

	Rn.
A. Das Verhältnis der Medien zum Staat in der Demokratie des GG	1
I. Die Rolle der Medien nach Art. 5 Abs. 1 S. 2 GG	1
1. Kommunikation als Grundlage des demokratischen Staates	1
2. Öffentlichkeit als Sphäre der Staatshervorbringung	2
a) Definition und Funktion	2
b) Öffentlichkeit im Verfassungsstaat	5
c) Strukturwandel der Öffentlichkeit	7
3. Medienfreiheit in Art. 5 Abs. 1 S. 2 GG	10
a) Die Freiheit der „klassischen" Massen-Medien	10
b) Die institutionelle Komponente	15
aa) Schutz der Institution	15
bb) Staatliche Struktur-Verantwortung	16
cc) Schutzpflicht des Staates	18
4. Medienfreiheit in Europa	19
a) EMRK und GRCh	20
b) Regulierung	23
II. Die Neuen Medien und ihr Schutz durch Art. 5 Abs. 1 S. 2 GG	26
1. Neue Öffentlichkeit	26
2. Öffentlichkeit als Gefahrenquelle	30
a) Beschädigung des öffentlichen Diskurses	31
b) Kriminogene Faktoren	32
3. Der Schutz digitaler Kommunikationsdienste durch Art. 5 Abs. 1 S. 2 GG	33
a) „Medienfreiheit" im Internet	34
b) Online-Medien als Presse?	36
c) Online-Medien als „Rundfunk"	37
d) Grenzfälle – insbesondere Soziale Netzwerke und Plattformen	43
aa) Art. 5 Abs. 1 S. 2 GG für Veranstalter?	44
bb) Art. 5 Abs. 1 S. 2 GG für Nutzer?	46
B. Der Schutz des Staates vor den Medien	50
I. Öffentlichkeit als Delikt: Verrat	51
1. Der „publizistische" Landesverrat	51
a) Das neue Verhältnis zwischen Staatsschutz und Medien	51
b) Der Interessenausgleich zwischen Staatsschutz und Medien in den §§ 93, 94, 95 StGB	53
c) Weitergehender Schutz aus Art. 5 Abs. 1 S. 2 GG	54
aa) Straffreiheit für „publizistischen Landesverrat"?	55
bb) „Wechselwirkung" zwischen Art. 5 Abs. 1 S. 2 GG und StGB	56
cc) Die Definition von „Staatsgeheimnissen" im Lichte des Art. 5 Abs. 1 S. 2 GG	57
dd) Die Auslegung der §§ 94, 95 StGB im Lichte des Art. 5 Abs. 1 S. 2 GG	60
2. Der Verrat von Dienstgeheimnissen – § 353b StGB	71
a) Entstehungsgeschichte	71
b) Journalisten als Täter?	72
c) Journalisten als Gehilfen	74
II. Öffentlichkeit als Schadensquelle	78
1. Äußerungsdelikte in den Medien	78
2. Friedensstörung durch Meinungsäußerung	80
a) Das Schutzgut des „öffentlichen Friedens" und seine Beeinträchtigung	81

	Rn.
b) Die „Eignung" zur Beeinträchtigung des öffentlichen Friedens	83
c) ... durch Hatespeech in den Sozialen Medien	85
d) ... von Servern im Ausland	88
C. Der Schutz der Medien vor dem Staat	89
I. Der Wettstreit um Informationen	89
II. Die spezifische Schutzbedürftigkeit der Medien	91
III. Die gesetzlichen Vorkehrungen zum Vertrauensschutz	94
1. Quellenschutz bei Beschlagnahme und Durchsuchung	94
2. Umgehungsschutz	95
3. Der Schutz des Redaktionsgeheimnisses	97
4. Schutz vor Zugriff auf die Telekommunikation	101
5. Die Schutzbedürftigkeit der Neuen Medien	103

Wichtige Literatur:

Branahl, U., Recht und Moral im Journalismus, in Haller/Holzhey, Medien-Ethik, 1992, 224 ff.; *Brüning, J.*, Beihilfe zum „Geheimnisverrat" durch Journalisten und die strafprozessualen Folgen – Der Fall „Cicero", NStZ 2006, 253 ff.; *Behm, U.*, Verletzung von Dienstgeheimnissen und Beihilfe durch Journalisten?, AfP 2000, 421 ff.; *Castendyk, O./Böttcher, K.*, Ein neuer Rundfunkbegriff für Deutschland? Die Richtlinie für audiovisuelle Mediendienste und der deutsche Rundfunkbegriff, MMR 2008, 13 ff.; *Darnstädt, T.*, Verschlusssache Karlsruhe – Die internen Akten des Bundesverfassungsgerichts, 2018; *Degenhart, C.*, Konvergente Medien zwischen Europäischer Union, Bund und Ländern 2014; *Dietrich, J.-H.*, Rekonstruktion eines Staatsgeheimnisses, RW 4/2016, 566 ff.; *Dörr, D./Holznagel, B./Picot, A.*, Legitimation und Auftrag des öffentlich-rechtlichen Fernsehens in Zeiten der Cloud, ZUM 2016, 920 ff.; *Ferreau, F.*, Rundfunkbegriff und Rundfunkregulierung, ZUM 2017, 632 ff.; *Fielitz, M./Marcks, H.*, Digitaler Faschismus – Die sozialen Medien als Motor des Rechtsextremismus, 2020; *Fischer, T.*, Die Eignung, den öffentlichen Frieden zu stören – Zur Beseitigung eines „restriktiven" Phantoms, NStZ 1988, 159 ff.; *Franck, J./Steigert, V.*, Die strafrechtliche Verantwortlichkeit von WikiLeaks, CR 6/2011, 380 ff.; *Gaede, K.*, Neuere Ansätze zum Schutz der Pressefreiheit beim „Geheimnisverrat durch Journalisten", AfP 2007, 410 ff.; *Gerhardt, V.*, Öffentlichkeit – Die politische Form des Bewusstseins, 2012; *Habermas, J.*, Strukturwandel der Öffentlichkeit, 1962, Neudr. 1990; *Gersdorf, H.*, Hate Speech in sozialen Netzwerken – Verfassungswidrigkeit des NetzDG-Entwurfs und grundrechtliche Einordnung der Anbieter sozialer Netzwerke, MMR 2017, 439 ff.; *Gusy, C.*, Der Schutz des Staates gegen seine Staatsform – Die Landesverratsrechtsprechung in der Weimarer Republik, GA 1992, 195 ff.; *Gusy, C.*, Das Fernmeldegeheimnis von Pressemitarbeitern als Grenze strafprozessualer Ermittlungen, NStZ 2003, 399 ff.; *Habermas, J.*, Überlegungen und Hypothesen zu einem erneuten Strukturwandel der politischen Öffentlichkeit, in Seeliger/Sevignani, Ein neuer Strukturwandel der Öffentlichkeit?, Leviathan Sonderband 37, 2021, 470 ff.; *Habermas, J.*, Faktizität und Geltung, 1992; *Han, B.-C.*, Digitale Rationalität 2013; *Hartmann, S.*, Welche Dienste zählen künftig zu den audiovisuellen Mediendiensten?, MMR 2018, 790 ff.; *Hörnle, T.*, Aktuelle Probleme aus dem materiellen Strafrecht bei rechtsextremistischen Delikten, NStZ 2002, 113 ff.; *Hoffmann, C./Luch, A./Schulz, S./ Borchers, K. C.*, Die digitale Dimension der Grundrechte – Das Grundgesetz im digitalen Zeitalter, 2015; *Hoffmann-Riem, W.*, Die Spiegel-Affäre 1962 – ein Versagen der Justiz?, ZRP 2012, 225 ff.; *Holznagel, B.*, Phänomen „Fake News" – Was ist zu tun?, MMR 2018, 18 ff.; *Holznagel, B./Dörr, D./Hildebrand, D.*, Elektronische Medien – Entwicklung und Regulierungsbedarf, 2008; *Huber, B./de With, H.*, Der unverzichtbare Zeuge – Recht und Pflicht zur Vernehmung Edward Snowdens vor dem NSA-Untersuchungsausschuss, NJW 2014, 2698; *Ignor, A./Sättele, A.*, Plädoyer für die Stärkung der Pressefreiheit im Strafrecht, ZRP 2011, 69 ff.; *Kahl, J.*, Elektronische Presse und Bürgerjournalismus, 2013; *Kochheim, D.*, Cybercrime und Strafrecht in der Informations- und Medientechnik, 2. Aufl. 2018; *Kunert, K.*, Erweitertes Zeugnisverweigerungsrecht der Medienmitarbeiter – Gesetz zur Änderung der Strafprozessordnung vom 15.2.2002, NStZ 2002, 169 ff.; *Libertus, M.*, Führt die vom BGH angenommene Amtsträgereigenschaft von Redakteurinnen bzw. Redakteuren des öffentlich-rechtlichen Rundfunks zu problematischen strafrechtlichen Konsequenzen für den investigativen Journalismus?, ZUM 2012, 101 ff.; *Maihofer, W.*, Staatsschutz im Rechtsstaat (I), Blätter für deutsche und internationale Politik 1/1964, 123 ff.; *Michel, E.-M.*, Senden als konstitutiver Bestandteil des Rundfunkbegriffs? – Der Rundfunkbegriff im Lichte neuerer europarechtlicher Entwicklungen, ZUM 2009, 453 ff.; *Milker, J.*, „Social Bots" im Meinungskampf, ZUM 2017, 216 ff.; *Möllers, C.*, Pressefreiheit im Internet – Zu verfassungsrechtlichen Grenzen der Regulierung von Online-Bewegtbildern von Zeitungen, AfP 2008, 241 ff.; *Park, T.*, Durchsuchung und Beschlagnahme, 5. Aufl. 2022; *Pille, J.-U.*, Meinungsmacht sozialer Netzwerke, 2016; *Plage, K.*, Öffentlichkeit oder Gesinnung? Wie Medienentwicklungen die Professionalität im Journalismus beeinflussen, in Pöttker et al., Kritische Empirie, 2004, 385 ff.; *Roßnagel, A.*, Die neue Vorratsdatenspeicherung, NJW 2016, 533 ff.; *Schaar, P.*, Publizistischer Landesverrat – Fremdkörper in unserer Rechtsordnung, MMR 2015, 557; *Schliesky, U.* in Fehling/Schliesky, Neue Macht- und Verantwortungsstrukturen in der digitalen Welt, 2016, 97 ff.; *Schmale, W./Tinnefeld, M.-T.*, Öffentlichkeit, Geheimhaltung und Privatheit – Sichtweisen im Raum der europäischen Geschichte und in Cyberia, MMR 2011, 786 f.; *Schork, S.*, Das Gesetz zur Stärkung der Pressefreiheit im

Straf- und Prozessrecht – Vorstellung und Kritik, NJW 2012, 2694; *Schulz, W./Korte, B.,* Medienprivilegien in der Informationsgesellschaft (Hans-Bredow-Institut für Medienforschung), KritV 84 (2001), 113 ff.; *Sieber, U.,* Die Bekämpfung von Hass im Internet – Technische, rechtliche und strategische Grundlagen für ein Präventionskonzept, ZRP 2001, 97; *Soehring J./Hoene, V.,* Presserecht, 6. Aufl. 2019; *Stefanopoulou, G.,* Das Spannungsverhältnis zwischen Pressefreiheit und effektiver Strafverfolgung, JR 2012, 63 ff.; *Trentmann, C.,* Der Fall netzpolitik.org – Lehrstück für den Rechtsstaat ZRP 2015, 198; *Ullrich, I.,* Der Schutz von Whistleblowern aus strafrechtlicher Perspektive – Rechtslage de lege lata und de lege ferenda, NZWiSt 2019, 65 ff.; *Wegener, B.,* Der geheime Staat – Arkantradition und Informationsfreiheit, 2006.

Hinweis:
Alle Internetfundstellen wurden zuletzt am 28.4.2022 aufgerufen

A. Das Verhältnis der Medien zum Staat in der Demokratie des GG
I. Die Rolle der Medien nach Art. 5 Abs. 1 S. 2 GG
1. Kommunikation als Grundlage des demokratischen Staates

Der demokratische Staat beruht auf Kommunikation. Der ungehinderte Austausch von Informationen und Meinungen innerhalb der Gesellschaft ist die Grundlage für den politischen Prozess, der schließlich zur Bildung von Regierungsmacht führt: „All government rests on opinion"[1]. Kommunikation ist Voraussetzung für die politische Meinungs- und Willensbildung der Bürger und damit für die Legitimation gesetzmäßiger politischer Herrschaft.[2] Sie verwirklicht die in Art. 1 Abs. 1 GG enthaltene Idee der Autonomie des Menschen, weil sie im Kern dafür sorgt, dass Menschen „genau den Gesetzen gehorchen, die sie sich gemäß ihren intersubjektiv gewonnenen Einsichten selber geben"[3]. Kommunikation stellt so sicher, dass der Willensbildungsprozess vom Volk zum Staat „auf der Grundlage der Selbstbestimmung des Volkes"[4] abläuft. Zugleich stellt der ungehinderte Informations- und Meinungsaustausch den repräsentativen Charakter von Wahlergebnissen sicher. Die Wahl von Repräsentanten des Volkes im Parlament als Ergebnis eines pluralistischen Ausleseprozesses im Disput über konkurrierende Meinungen und Präferenzen lässt die Gewählten als „Vertreter des ganzen Volkes" (Art. 38 Abs. 1 S. 2 GG) erscheinen – und nicht als Sachwalter oder Entsandte („Delegierte") einzelner Gruppen, Parteien oder Interessen. Auch Kritik und Kontrolle staatlichen Handelns findet im Wege der kommunikativen Selbstverständigung in der Gesellschaft statt. Das BVerfG hat schon früh die „ständige geistige Auseinandersetzung, den Kampf der Meinungen" zum „Lebenselement" der freiheitlichen demokratischen Staatsordnung erklärt[5] und diese Rechtsprechung in Urteilen zur Meinungsfreiheit und zur Versammlungsfreiheit konsequent ausgebaut[6]. Damit hat es freie Kommunikation zur Funktionsbedingung der FDGO gemacht: Die freiheitliche demokratische Ordnung gehe davon aus, „dass die bestehenden, historisch gewordenen staatlichen und gesellschaftlichen Verhältnisse verbesserungsfähig und -bedürftig" seien. Damit werde eine „nie endende, sich immer wieder in neuen Formen und unter neuen Aspekten stellende Aufgabe" gestellt, die durch stets neue Willensentscheidungen gelöst werden müsse.[7] Dies wiederum erfordere „ständige geistige Auseinandersetzung, gegenseitige Kontrolle und Kritik" und biete so die „beste Gewähr für eine (relativ) richtige politische Linie als Resultante und Ausgleich zwischen den im Staat wirksamen politischen Kräften".[8]

---
[1] *Madison,* Federalist Papers Nr. 49 v. 2.2.1788.
[2] Grdl. *Habermas* in Seeliger/Sevignani, Ein neuer Strukturwandel der Öffentlichkeit, 2021, 470; *Pille* Meinungsmacht 28 f.
[3] *Habermas,* Faktizität und Geltung, 1992, 537.
[4] BVerfGE 2, 1 (12 f.) = NJW 1952, 1407.
[5] BVerfGE 5, 85 (205) = NJW 1956, 1393; ausführlich in BVerfGE 7, 198 (208) = BeckRS 1958, 869.
[6] BVerfGE 50, 234 (239) = NJW 1979, 1400; BVerfGE 69, 315 (345) = BeckRS 1985, 108894.
[7] BVerfGE 5, 85 (197) = NJW 1956, 1393.
[8] BVerfGE 5, 85 (197) = NJW 1956, 1393.

2. Öffentlichkeit als Sphäre der Staatshervorbringung

2 a) Definition und Funktion. Der Raum, in dem die politische Kommunikation stattfindet, ist als Öffentlichkeit zu bezeichnen. Es handelt um die „Sphäre der Verständigung unter den Bedingungen der Politik"[9]. Aus der Sicht des Verfassungsrechts handelt es sich um den Rahmen für die „ständige freie Auseinandersetzung zwischen sich begegnenden sozialen Kräften und Ideen", in dem „sich auch politische Ziele klären und wandeln" und aus dem heraus „eine öffentliche Meinung den politischen Willen vorformt"[10].

3 Schon mit der Entstehung bürgerlicher Gesellschaft wandelte sich die Funktion von Öffentlichkeit vom Instrument der Zuschaustellung und Beglaubigung staatlicher Autorität noch in der frühen Staatsphilosophie eines Thomas Hobbes[11] zum vom Staat unabhängigen Faktor der Infragestellung der Obrigkeit. Bürgerliches Räsonnement forderte zuerst während des englischen Bürgerkrieges im 17. JH in revolutionärer Weise die Monarchie und mit ihr die überkommene Ordnung heraus. Einer der Protagonisten der an Gewicht gewinnenden englischen Öffentlichkeit war der Philosoph und Politiker John Locke, dessen Ideen über Demokratie und Parlamentarisierung schnell Einfluss auch auf dem Kontinent gewannen.[12]

4 Mit der Emanzipation der Öffentlichkeit als Sphäre wandelte sich auch der Charakter des Staates als arcanum: Je mächtiger der Mitsprache-Anspruch der bürgerlichen Öffentlichkeit wurde, desto größer wurde das Verlangen nach „Veröffentlichung" staatlichen Handelns: Das Staatsgeheimnis, bis in die Aufklärung hinein Grundprinzip hoheitlicher Machtausübung, wurde zur im Einzelnen rechtfertigungsbedürftigen Ausnahme.[13]

5 b) Öffentlichkeit im Verfassungsstaat. Die Verfassung der Bundesrepublik setzt das Modell der „bürgerlichen" Öffentlichkeit als staatsfreie Sphäre voraus.[14] Als „Vorhof des parlamentarischen Komplexes"[15] bekommt sie nun staatserzeugende Funktion. In der Sphäre der Öffentlichkeit entwickelt sich nicht nur der Prozess der in Wahlen mündenden politischen Willensbildung.[16] Auch außerhalb von Wahlen bauen der parlamentarische Prozess und die durch ihn hervorgebrachten staatlichen Entscheidungen auf einem gesellschaftlichen Prozess der Interessenvermittlung in der Öffentlichkeit auf.[17] Zugleich bedürfen sowohl Parlament wie Regierung der ständigen Rückbindung durch eine kritisierende, räsonierende Öffentlichkeit („Vierte Gewalt").[18] Konstituierende Bedeutung für den Staat kam der Öffentlichkeit schon nach dem Modell der Weimarer Reichsverfassung zu, die ebenso wie das Grundgesetz (Art. 20 Abs. 2 GG) in Art. 1 Abs. 2 GG statuierte, dass alle Staatsgewalt vom Volk ausgeht. In der Weimarer Republik hielt die Rechtsprechung allerdings weitgehend am vorkonstitutionellen Modell des Staates als außerrechtlich vorgegebener Wesenheit fest, die es vor allzu viel Öffentlichkeit zu schützen gelte.[19]

6 Die konstitutive Kraft der Öffentlichkeit für das Funktionieren des demokratischen Staates wird häufig am Fall der europäischen Einigung diskutiert. So wird der Mangel einer gemeinsamen Öffentlichkeit im vielsprachigen, multiethnischen Europa als das entscheidende Hindernis für die Gründung eines europäischen demokratischen Bundesstaates gesehen.[20] Als Konsequenz dieser Ansicht ist eine gemeinsame Sphäre der Öffentlichkeit das Kriterium für das Bestehen eines Staatsvolkes.

---

[9] *Gerhardt*, Öffentlichkeit: Die politische Form des Bewusstseins, 2012, 49.
[10] BVerfGE 97, 350 (369) = NJW 1998, 1934.
[11] Vgl. dazu *Gerhardt*, Öffentlichkeit: Die politische Form des Bewusstseins, 2012, 140.
[12] Vgl. z. Entwicklung in England *Gerhardt*, Öffentlichkeit: Die politische Form des Bewusstseins, 2012, 136 ff.
[13] Vgl. z. Entwicklung *Wegener*, Der geheime Staat, 2006, 120 ff.; *Schmale/Tinnefeld* MMR 2011, 786 f.
[14] *Habermas*, Faktizität und Geltung, 1992, 533.
[15] *Habermas*, Faktizität und Geltung, 1992, 533.
[16] BVerfGE 97, 350 (369) = NJW 1998, 1934.
[17] *Grimm*, Die Verfassung und die Politik, 2001, 240; *Pille* Meinungsmacht 32 f.
[18] *Stern/Sachs/Dietlein* in Stern StaatsR IV/2 § 114, S. 59 f.
[19] Zum „Schutz des Staates gegen seine Staatsform" *Gusy* GA 1992, 195 (207 f.).
[20] Vgl. vor allem *Grimm*, Die Verfassung und die Politik, 2001, 215 ff.

c) Strukturwandel der Öffentlichkeit. Die bürgerliche Öffentlichkeit ist herkömmlich 7
durch eine Vielzahl von Massenmedien strukturiert, die mit Informationen und Meinungen
um Rezipienten konkurrieren. So entsteht – im Modell – ein pluralistisches, prinzipiell
vollständiges Angebot, das die gleichberechtigte Kommunikation aller interessierten Bürger
untereinander ermöglicht und stimuliert. Dieses Modell ist allerdings schon im 19. Jahrhundert in Frage gestellt, seit sich Zeitungen und Zeitschriften durch den Ausbau ihrer
Redaktionen von Dienstleistern zu eigenständigen Akteuren der Öffentlichkeit, zu Faktoren der öffentlichen Meinung machten, die zunehmend in der Hand und unter der
Kontrolle von wirtschaftlich mächtigen Privatunternehmern standen.[21] Die mit der unternehmerischen Organisation der Sphäre der Öffentlichkeit verbundene Monopolisierung
der öffentlichen Meinung führte gerade in der deutschen Geschichte nicht nur zu unkontrollierbarer und demokratiefeindlicher Meinungsmacht („Hugenberg-Presse" der WR),
sondern zerrüttete auch das Grundprinzip der „bürgerlichen Öffentlichkeit", die allgemeine
und gleiche Zugänglichkeit der Sphäre für jedermann.[22] Unter dem Grundgesetz verschärfte sich das Problem der Monopolisierung im Pressewesen („Springer-Presse") durch
Rundfunk und Fernsehen. Bei diesen Medien ließ technischer und wirtschaftlicher Aufwand ein pluralistisches Vielfalt-Modell nach Marktgesetzen von vornherein ausgeschlossen
erscheinen, sodass das BVerfG[23] eine eigene Rundfunkordnung schuf (→ Rn. 15), die dem
von den Alliierten nach dem Krieg geschaffenen Modell der staatsfernen binnenpluralistischen öffentlich-rechtlichen Rundfunkanstalten Verfassungsrang verlieh und diese später
durch miteinander konkurrierende private Fernsehanstalten unter öffentlich-rechtlicher
Aufsicht ergänzte.

In dieser Entwicklung hat sich das Verhältnis zwischen der Sphäre der politischen Öffent- 8
lichkeit und dem Staat abermals verändert. Der Staat tritt zunehmend als Regulierer oder
Gewährträger für deren Funktionieren auf.[24] Der Sachverhalt lässt sich als „Konstitutionalisierung der vierten Gewalt"[25] zusammenfassen. In dieser Rolle ist das Recht besonders
gefordert, seit sich in der Sphäre der politischen Öffentlichkeit ein erneuter Strukturwandel
abzeichnet, der die Funktionsfähigkeit des Modells bürgerlicher Öffentlichkeit generell in
Frage stellt. Die Digitalisierung der Kommunikation hat dazu geführt, dass die „klassischen"
Medien Presse, Rundfunk/Fernsehen und Film (Art. 5 Abs. 1 S. 2 GG) immer weitergehend durch digitale Auftritte ersetzt werden, die gegenüber der herkömmlichen Öffentlichkeits-Struktur zumindest erhebliche Funktionsdefizite[26] (im Einzelnen unten → Rn. 30)
aufweisen. Da sich die neue Öffentlichkeit zugleich großenteils außerhalb der Reichweite
nationaler Entscheidungs- und Regulierungsmacht manifestiert, lassen sich weder deren
Funktion für den demokratischen Staat noch die Verantwortung des Staates für deren
Funktionieren ohne weiteres aus dem Bereich der bürgerlichen Öffentlichkeit in die neue
Sphäre übertragen.[27]

Verfassungsdogmatisch ist das Problem in der Frage zu fassen, ob und inwieweit die 9
Verankerung der Medienfreiheit in Art. 5 Abs. 1 S. 2 GG über die „klassischen" Medien
hinaus auch für die sogenannten Neuen Medien gilt. Dieser Frage wird im Einzelnen unten
(→ Rn. 33) nachgegangen.

3. Medienfreiheit in Art. 5 Abs. 1 S. 2 GG

a) Die Freiheit der „klassischen" Massen-Medien. Die normativen Aussagen des 10
Grundgesetzes zur Medienfreiheit, wie sie vom BVerfG aus Art. 5 Abs. 1 S. 2 GG herge-

---

[21] Zur Entwicklung *Habermas*, Strukturwandel der Öffentlichkeit, 1962, 1990, 275 ff.
[22] *Habermas*, Strukturwandel der Öffentlichkeit, 1962, 1990, 156.
[23] Grundlegend BVerfGE 12, 205 = NJW 1961, 547; BVerfGE 31, 314 = NJW 1971, 1739; BVerfGE 57, 295 = NJW 1981, 1774; BVerfGE 73, 118 = NJW 1987, 239; BVerfGE 74, 297 = NJW 1987, 2987.
[24] *Hoffmann-Riem* in Benda/Maihofer/Vogel VerfassungsR-HdB § 7 Rn. 48 ff.
[25] *Habermas*, Faktizität und Geltung, 1992, 533.
[26] *Habermas* in Seeliger/Sevignani, Ein neuer Strukturwandel der Öffentlichkeit, 2021, 470, 487 ff.
[27] *Schulze-Fielitz* in Dreier GG Art. 5 I, II Rn. 60 f.

leitet werden, haben als Ausgangspunkt einen Befund an Öffentlichkeits-Struktur, wie er soeben (→ Rn. 2) dargelegt wurde. Diese Öffentlichkeit war die Grundlage für die explizite Erwähnung der drei Massenkommunikationsmedien Presse, Rundfunk/Fernsehen und Film, die aus entstehungszeitlicher Sicht abschließend gewesen ist.[28] Die grundlegenden Ausführungen des BVerfG zur Pressefreiheit im „Spiegel"-Urteil von 1965[29] werden ebenso als maßgeblich für die anderen in Art. 5 Abs. 1 S. 2 GG genannten Medien betrachtet:[30]

11 *„Eine freie, nicht von der öffentlichen Gewalt gelenkte, keiner Zensur unterworfene Presse ist ein Wesenselement des freiheitlichen Staates; insbesondere ist eine freie, regelmäßig erscheinende politische Presse für die moderne Demokratie unentbehrlich. Soll der Bürger politische Entscheidungen treffen, muß er umfassend informiert sein, aber auch die Meinungen kennen und gegeneinander abwägen können, die andere sich gebildet haben. Die Presse hält diese ständige Diskussion in Gang; sie beschafft die Informationen, nimmt selbst dazu Stellung und wirkt damit als orientierende Kraft in der öffentlichen Auseinandersetzung. In ihr artikuliert sich die öffentliche Meinung; die Argumente klären sich in Rede und Gegenrede, gewinnen deutliche Konturen und erleichtern so dem Bürger Urteil und Entscheidung. In der repräsentativen Demokratie steht die Presse zugleich als ständiges Verbindungs- und Kontrollorgan zwischen dem Volk und seinen gewählten Vertretern in Parlament und Regierung. Sie faßt die in der Gesellschaft und ihren Gruppen unaufhörlich sich neu bildenden Meinungen und Forderungen kritisch zusammen, stellt sie zur Erörterung und trägt sie an die politisch handelnden Staatsorgane heran, die auf diese Weise ihre Entscheidungen auch in Einzelfragen der Tagespolitik ständig am Maßstab der im Volk tatsächlich vertretenen Auffassungen messen können."*[31]

12 „Frei" sind die Medien in Sinne eines klassischen Abwehrrechts gegenüber staatlichen Eingriffen und Beschränkungen in allen Tätigkeiten, die in Zusammenhang mit der Erfüllung ihrer Aufgabe als Massenkommunikationsmittel stehen.[32] Grundrechtsträger ist nicht nur das Medienunternehmen, sondern jede Person, die am Funktionieren des Mediums mitwirkt. Dazu gehören nicht nur Journalisten, sondern auch entferntere Hilfskräfte, also kaufmännisches und technisches Personal unabhängig vom arbeitsrechtlichen Status.[33] Vom Schutz umfasst ist nicht nur die Mitteilung von Tatsachen und Meinungen, sondern jeder Inhalt der Kommunikation, unabhängig von seinem politischen Charakter und seiner Relevanz für den Meinungsbildungsprozess[34], also auch Bilder, Musik und Unterhaltung. Dies gilt, trotz des engeren Wortlauts in Art. 5 Abs. 1 S. 2 GG („Berichterstattung") in gleicher Weise für Rundfunk/Fernsehen.[35] Soweit die Tätigkeit jedoch im Verbreiten von Informationen und Meinungen besteht, ist sie zusätzlich vom Grundrecht der Meinungsfreiheit in Art. 5 Abs. 1 S. 1 GG geschützt.[36]

13 Die Freiheit des Art. 5 Abs. 1 S. 2 GG dient über seinen individualfreiheitlichen Gehalt hinaus dem Zweck der freien Meinungsbildung der Rezipienten.[37] Diese Erwägung kann jedoch nicht dazu führen, den Freiheitsschutz auf solche Betätigungen zu beschränken, die dem weiteren Zweck „dienlich" sind. Denn dies würde unweigerlich zu einer (staatlichen) Lenkung und Beeinflussung der Arbeit der Medien führen und der Unterdrückung „unnützer" Informationen den Weg ebnen – selbst wenn diese nur in erhöhter Vorsicht der Grundrechtsträger bei der Verbreitung von Inhalten bestehen würde („Schere im Kopf").[38] Erwägungen über den Nutzen von Nachrichten für die öffentliche Meinungsbildung

---

[28] Zur Entstehung *v. Mangoldt* in Parlamentarischer Rat Drs. 850, 854; *Schulze-Fielitz* in Dreier GG Art. 5 I, II Rn. 6 f.
[29] BVerfGE 20, 162 ff. = NJW 1966, 1603.
[30] BVerfGE 35, 202 (222) = NJW 1973, 1226.
[31] BVerfGE 20, 162 (174 f.) = NJW 1966, 1603; ebenso BVerfGE 52, 283 (296) = NJW 1980, 1093.
[32] *Schulze-Fielitz* in Dreier GG Art. 5 I, II Rn. 95 ff., 114 f.; *Grabenwarter* in Dürig/Herzog/Scholz GG Art. 5 Abs. 1, Abs. 2 Rn. 271; BVerfGE 77, 346 (354) = NJW 1988, 1833.
[33] *Hoffman-Riem* in Benda/Maihofer/Vogel VerfassungsR-HdB § 7 Rn. 33.
[34] BVerfGE 35, 202 (222) = NJW 1973, 1226.
[35] BVerfGE 35, 202 (222) = NJW 1973, 1226.
[36] Zum Verhältnis von Art. 5 Abs. 1 S. 2 GG zu Art. 5 Abs. 1 S. 1 GG vgl. *Hoffmann-Riem* in Benda/Maihofer/Vogel VerfassungsR-HdB § 7 Rn. 33; BVerfGE 85, 1 (11) = NJW 1992, 1439.
[37] *Hoffmann-Riem* in Benda/Maihofer/Vogel VerfassungsR-HdB § 7 Rn. 28.
[38] BVerfGE 35, 202 (222) = NJW 1973, 1266; BVerfGE 101, 361 (389) = NJW 2000, 1021.

können allerdings bei der Abwägung mit im Einzelfall kollidierenden Rechtsgütern von Gewicht werden (dazu unten → Rn. 54).

Die „dienende" Funktion steht bei der Garantie der Rundfunkfreiheit im Vordergrund.[39] 14
Um diese Funktion erfüllen zu können, ist die Rundfunkfreiheit zum Gegenstand umfassender staatlicher Regulierung geworden – dazu sogleich (b) bb), → Rn. 16). In der Lit. wird das Konzept der Rundfunkfreiheit als „gesellschaftlicher Freiheit" geradezu in Gegensatz zur Pressefreiheit als Individualfreiheit gesehen.[40]

b) Die institutionelle Komponente. aa) Schutz der Institution. Art. 5 Abs. 1 S. 2 15
GG schützt auch „die Institution einer freien Presse überhaupt"[41]. Dazu gehört die „institutionelle Eigenständigkeit" der Medien.[42] Dieser „objektivrechtliche Gehalt"[43] des Grundrechts verbietet jede staatliche Steuerung oder Reglementierung einzelner Medien.[44] Für den Bereich von Rundfunk und Fernsehen folgt daraus das Gebot der „Staatsferne", das Verbot für den Staat, selbst als Veranstalter tätig zu werden.[45]

bb) Staatliche Struktur-Verantwortung. Die institutionelle Garantie begründet ande- 16
rerseits eine staatliche Verantwortung für die Funktionsfähigkeit der Medien als Öffentlichkeitsstruktur.[46] Für Rundfunk und Fernsehen hat das BVerfG seit 1961[47] eine immer weiter ausdifferenzierte „Rundfunkordnung" aus Art. 5 Abs. 1 S. 2 GG hergeleitet, die durch (Landes-)Rundfunkgesetze zu gestalten ist. Die so entstandene Ordnung übernahm zunächst das von den Alliierten eingerichtete System der öffentlich-rechtlichen Länder-Rundfunkanstalten, das den Geboten der „Staatsferne" und der „binnenpluralistischen Struktur" entsprach.[48] Wegen der übergroßen Wirkmacht dieses Massenmediums verlange, so das BVerfG, die Institutsgarantie des Art. 5 Abs. 1 S. 2 GG gesetzliche Vorkehrungen, wonach die Rundfunkanstalten so organisiert werden, dass alle in Betracht kommenden Kräfte in ihren Organen Einfluss haben und im Gesamtprogramm zu Wort kommen können, und dass für den Inhalt des Gesamtprogramms Leitgrundsätze verbindlich sind, die ein „Mindestmaß von inhaltlicher Ausgewogenheit, Sachlichkeit und gegenseitiger Achtung gewährleisten".[49] Diese Ordnung wurde später auf die neu aufkommenden privaten Fernsehanstalten durch die Errichtung von staatlichen Aufsichtsbehörden („Landesmedienanstalten") übertragen und vom BVerfG in einer Kette von „Rundfunkurteilen" weiter ausdifferenziert.[50] In der dualen Rundfunkordnung ist dem ÖR-Rundfunk/Fernsehen vom BVerfG ein besonderer Funktionsauftrag zugewiesen[51], zu dem über der Sicherung des Prozesses der politischen Willensbildung[52] hinaus ein Auftrag zur kulturellen Bildung[53] und zur Integration der Gesellschaft[54] gehören. Mit dem Aufkommen der Internet-Medien

---

[39] Kritisch *Pille* Meinungsmacht 200.
[40] *Möllers* AfP 2008, 241 (242).
[41] BVerfGE 85, 1 (13) = NJW 1992, 1439.
[42] BVerfGE 10, 118 (121) = NJW 1960, 29; BVerfGE 12, 205 (260) = NJW 1961, 547; BVerfGE 20, 162 (175) = NJW 1961, 547; BVerfGE 66, 116 (133) = NJW 1984, 1741.
[43] *Schulze-Fielitz* in Dreier GG Art. 5 I, II Rn. 226.
[44] BVerfGE 12, 205 (260) = NJW 1961, 547.
[45] BVerfGE 12, 205 ff. = NJW 1961, 547; *Ladeur* in Paschke/Berlit/Kröner, Gesamtes Medienrecht, 4. Aufl. 2020, 4. Abschn. Rn. 8.
[46] *Hofmann-Riem* in Benda/Maihofer/Vogel VerfassungsR-HdB § 7 Rn. 21; *Schulze-Fielitz* in Dreier GG Art. 5 I, II Rn. 218 ff.; *Grabenwarter* in Maunz/Dürig GG Art. 5 Abs. 1, Abs. 2 Rn. 763 ff.
[47] BVerfGE 12, 205 = NJW 1961, 547.
[48] BVerfGE 12, 205 (259 ff.) = NJW 1961, 547.
[49] BVerfGE 12, 205 (262) = NJW 1961, 547; zur Entwicklung *Starck/Paulus* in v. Mangoldt/Klein/Starck GG Art. 5 Rn. 170 ff.
[50] BVerfGE 12, 205 = NJW 1961, 547; BVerfGE 31, 314 = NJW 1971, 1739; BVerfGE 57, 295 = NJW 1981, 1774; BVerfGE 73, 118 = NJW 1987, 239; BVerfGE 74, 297 = NJW 1987, 2987; auch *Starck/Paulus* in v. Mangoldt/Klein/Starck GG Art. 5 Rn. 172.
[51] Vgl. *Dörr/Holznagel/Picot* ZUM 2016, 920 (928).
[52] BVerfGE 12, 205 ff. = NJW 1961, 547.
[53] *Wolf*, Kulturauftrag des öffentlich-rechtlichen Rundfunks in der Rechtsprechung des Bundesverfassungsgerichts, 2010.
[54] BVerfGE 31, 314 (Ls. 1) = NJW 1971, 1739.

wuchs dem öffentlich-rechtlichen Rundfunk zusätzlich die Aufgabe der „Vielfaltsicherung" unter den veränderten Bedingungen der Netz-Öffentlichkeit zu.[55]

17 Seiner Verantwortung für die pluralistische Struktur der Öffentlichkeit, der Bekämpfung von Meinungsmonopolen[56] kommt der Staat traditionell durch gesetzliche Vorgaben über Konzentrationskontrolle und gegen Wettbewerbsbeschränkungen im privatwirtschaftlichen Medienmarkt nach.[57] Die staatliche Verantwortung gilt in besonderem Maße gegenüber der Neustrukturierung der Öffentlichkeit durch die Medien der digitalen Kommunikation.[58] Vermehrt wird darüber diskutiert, ob eine „Konstitutionalisierung" des privatwirtschaftlich organisierten Medienbereichs nach dem Vorbild der Rundfunkordnung der Herausforderung durch den mit der Digitalisierung verbundenen Strukturwandel gerecht werden könnte.[59]

18 cc) **Schutzpflicht des Staates.** Schon früh hat das BVerfG aus der objektivrechtlichen Gewährleistung des Art. 5 Abs. 1 S. 2 GG eine „Schutzpflicht"[60] des Staates den Medien gegenüber abgeleitet. Diese Pflicht bezieht sich umfassend auf den Schutz der Voraussetzungen für eine wirksame Entfaltung der Pressefreiheit: „Der Staat ist verpflichtet, in seiner Rechtsordnung überall, wo der Geltungsbereich einer Norm die Presse berührt, dem Postulat ihrer Freiheit Rechnung zu tragen".[61] Soweit der Staat über den Zugang zB zu Informationen verfügt, kann aus der Schutzpflicht sogar eine Unterstützungspflicht folgen.[62] Dies kann den Zugang zu öffentlichen Einrichtungen betreffen,[63] die Dokumentation von Gerichtsverhandlungen[64] oder Auskünfte über den Inhalt von Behördenakten.[65]

4. Medienfreiheit in Europa

19 Das Verhältnis der Medien zum Staat wird durch europäisches Recht nicht modifiziert. Im Bereich von Rundfunk/Fernsehen und der Neuen Medien werden allerdings zunehmend rechtliche Regulierungen auf EU-Ebene relevant (→ Rn. 23).

20 a) **EMRK und GRCh.** Die Freiheit der Medien wird für den Bereich der Europarat-Staaten durch Art. 10 EMRK, für die EU durch Art. 11 GRCh statuiert. Gemäß Art. 52 Abs. 3 GRCh, Art. 53 GRCh ist das Schutzniveau der EMRK als Mindestniveau auch für die GRCh maßgeblich, sodass für Medien in der EU Art. 10 EMRK und Art. 11 GRCh stets zusammen gesehen werden müssen. Art. 11 GRCh hat wegen Art. 53 GRCh keine einschränkende Wirkung auf die Grundrechtsgarantien des Grundgesetzes, sodass sowohl Art. 10 EMRK wie auch Art. 11 GRCh im hier interessierenden Zusammenhang nur Relevanz entfalten, soweit sie weitergehende Regelungen als Art. 5 Abs. 1 S. 2 GG enthalten.[66] Dies ist aber nicht der Fall. Weder Art. 10 EMRK noch Art. 11 GRCh enthalten Gewährleistungen im Umfang des Art. 5 Abs. 1 S. 2 GG.

21 Art. 10 EMRK enthält keine spezielle Regelung über Medienfreiheit. Diese ist aber, wie Satz 3 schließen lässt, von der Garantie der Meinungs- und Informationsfreiheit

---

[55] BVerfGE 136, 9 (28) = BeckRS 2014, 49057; *Dörr/Holznagel/Picot* ZUM 2016, 920 (928).
[56] Schon BVerfGE 20, 162 (175) = NJW 1966, 1603.
[57] *Hoffmann-Riem* in Benda/Maihofer/Vogel VerfassungsR-HdB § 7 Rn. 75 ff.; *Schulze-Fielitz* in Dreier GG Art. 5 I, II Rn. 227, 251; Grabenwarter in Maunz/Dürig GG Art. 5 Abs. 1, Abs. 2 Rn. 466 ff.
[58] *Hoffmann-Riem* in Benda/Maihofer/Vogel VerfassungsR-HdB § 7 Rn. 21; *Schulze-Fielitz* in Dreier GG Art. 5 I, II Rn. 48 ff.; vgl. die ausführliche Untersuchung bei *Schulz/Held/Kops* ZUM 2001, 621 ff.
[59] *Habermas* in Seeliger/Sevignani, Ein neuer Strukturwandel der Öffentlichkeit, 2021, 470, 499; *Steinbeis* in Heinig/Schorkopf, 70 Jahre Grundgesetz, 2019, 101 ff.; *Dörr/Holznagel/Picot* ZUM 2016, 920 (942 ff.).
[60] BVerfGE 20, 162 (176) = NJW 1966, 603; BVerfGE 25, 256 = NJW 1969, 1161.
[61] BVerfGE 20, 162 (175 f.) = NJW 1966, 603.
[62] *Schulze-Fielitz* in Dreier GG Art. 5 I, II Rn. 218.
[63] BVerwGE 56, 56 = NJW 1978, 1937.
[64] BVerfGE 119, 309 = NJW 2008, 977.
[65] BVerwG BeckRS 2016, 113717; zu den Grenzen bei Akten des GBA: VGH Mannheim NVwZ 2018, 750.
[66] *Kingreen* in Calliess/Ruffert GRCh Art. 53 Rn. 9; *Dreier* in Dreier GG Art. 142 Rn. 17 f.

umfasst.[67] Zwar wird in der Rechtsprechung des EGMR den Medien gegenüber dem Staat eine „watchdog"-Funktion zuerkannt[68], zugleich ist anerkannt, dass „die Freiheit der politischen Diskussion zum Kernbereich des Begriffs einer demokratischen Gesellschaft" gehört[69], aber Art. 10 EMRK lässt sich nicht iSd Art. 5 Abs. 1 S. 2 GG als „institutionelle Garantie" einer freien Presse interpretieren, sondern beschränkt sich auf das individuelle Freiheitsrecht in seiner Abwehrfunktion[70], mit der Konsequenz, dass eine staatliche Ausgestaltung des Instituts im Sinne der deutschen Rundfunkordnung (→ Rn. 16) als Freiheitseinschränkung gelten muss.

Art. 11 GRCh ist im Wortlaut im Wesentlichen identisch mit Art. 10 EMRK, dehnt allerdings in Abs. 2 den Schutz ausdrücklich auf Medien aus, deren „Freiheit und Pluralität" zwar nicht gewährleistet, aber „geachtet" wird – worin offenbar ein Minus zu sehen ist,[71] das sich mit der begrenzten Zuständigkeit der Union in diesem Bereich erklärt.[72] Die unklare Regelung kann ebenfalls nicht als institutionelle Regelung gesehen werden, stützt sich aber offenbar auf die ältere Rechtsprechung des EuGH, der aus europäischem Primärrecht eine „Verpflichtung der Mitgliedstaaten zur Sicherstellung der Medienpluralität" herleitete.[73] Der EuGH hat dabei stets – insoweit vergleichbar mit der Rspr. des BVerfG – die Bedeutung der Freiheit und Vielfalt der Medien als Grundvoraussetzung für eine pluralistische Demokratie hervorgehoben.[74] 22

b) Regulierung. Mit dem Unionsrecht werden in die deutsche Medienordnung vor allem marktwirtschaftliche Aspekte hineingetragen.[75] Umstritten ist die Rolle, die die Grundfreiheiten der Art. 34 AEUV (Warenverkehrsfreiheit) und Art. 56 AEUV (Dienstleistungsfreiheit) für die Freiheit der Medien spielen. Diese Binnenmarkt-Grundsätze können zB bei Einschränkung des Handels von Presseprodukten oder bei Regulierungen des Angebots von Telemedien eine Rolle spielen. Ob diese Vertragsregelungen geeignet sind, den Grundrechtsschutz zu verstärken, hängt von der Einordnung der betroffenen Medien als Wirtschaftsgüter oder Kulturgüter ab. Der ambivalente Charakter der Medien[76] hat bisher eine einheitliche Auffassung zu dieser Frage nicht entstehen lassen.[77] Umgekehrt ist die vom EuGH anerkannte große Bedeutung der von Art. 11 GRCh geschützten Medienfreiheit[78] geeignet, im Einzelfall als „zwingendes Allgemeininteresse" die Wettbewerbsgrundsätze des AEUV einzuschränken.[79] Eine Sonderrolle spielt hier der deutsche öffentlich-rechtliche Rundfunk. Dessen Gebührenfinanzierung könnte als wettbewerbswidrige Beihilfe gem. Art. 107 AEUV unzulässig sein.[80] Die Rundfunkabgaben in Deutschland sind jedoch als Ausnahmeregelung von der EU-Kommission für zulässig erklärt worden[81], soweit diese Finanzierung dem öffentlich-rechtlichen Auftrag des Rundfunks dient. Ob 23

---

[67] *Holznagel/Dörr/Hildebrand,* Elektronische Medien, 2008, 164; EGMR EuGRZ 1979, 386; EGMR NJW 2000, 1015; *Schulze-Fielitz* in Dreier GG Art. 5 I, II Rn. 10; *Grabenwarter* in Maunz/Dürig GG Art. 5 Abs. 1, Abs. 2 Rn. 10 f.; *Holoubek* AfP 2003, 193 (194 ff.).
[68] EGMR NJW 1999, 1321; dazu *Calliess* in Calliess/Ruffert GRCh Art. 11 Rn. 18.
[69] EGMR 11662/85, A204, Rn. 33; *Grote/Wenzel* in Dörr/Grote/Marauhn Kap. 18 Rn. 106.
[70] *Schulze-Fielitz* in Dreier GG Art. 5 I, II Rn. 25.
[71] *Calliess* in Calliess/Ruffert GRCh Art. 11 Rn. 15.
[72] *Thiele* in FK-EUV/GRC/AEUV I GRCh Art. 11 Rn. 17.
[73] EuGH BeckRS 2004, 76016.
[74] EuGH Slg. 2007 I, 11135, Rn. 41 = BeckRS 2007, 71044; Slg. 2008 I 349 Rn. 46 = BeckRS 2008, 70175; Slg. 2010 I 10909 Rn. 13 ff. = BeckRS 2010, 91295.
[75] *Dörr/Holznagel/Picot* ZUM 2016, 920 (932).
[76] *Schulze-Fielitz* in Dreier GG Art. 5 I, II Rn. 30.
[77] Überblick bei *Schulze-Fielitz* in Dreier GG Art. 5 Abs. 1, Abs. 2 Rn. 30.
[78] EuGH Slg. 2007 I, 11135, Rn. 41; Slg. 2008 I, 349, Rn. 46; Slg. 2010 I, 10909, Rn. 13 ff.
[79] EuGH BeckRS 2004, 77557; s. auch *Hoffmann-Riem* in Benda/Maihofer/Vogel VerfassungsR-HdB § 7 Rn. 111, 114.
[80] *Schulze-Fielitz* in Dreier GG Art. 5 I, II Rn. 32; *Grabenwarter* in Maunz/Dürig GG Art. 5 Abs. 1, Abs. 2 Rn. 562.
[81] Mitteilung vom 17.10.2001 ABl. EG 2001 v. 27.10.2009, ABl. EU 2009 C257/1; *Cremer* in Calliess/Ruffert AEUV Art. 107 Rn. 83.

24 Im Bereich des Rundfunks/Fernsehens und der rundfunkähnlichen „Telemedien"[83] gelten Besonderheiten. Anders als im Pressewesen ist hier die grenzüberschreitende Verbreitung von Information und Unterhaltung die Regel, sodass die isolierte Regelung des Verhältnisses der betreffenden Medien zu *einem* (dem deutschen) Staat wenig sinnvoll erscheint. Maßgeblich für die einzelstaatliche Regulierung in diesem Bereich ist die Richtlinie über audiovisuelle Mediendienste – AVMD-Richtlinie[84] –, die für freien Zugang und pluralistische Wettbewerbsbedingungen auf diesem europäischen Markt sorgen soll.[85] Deren Regelungen sollen zumindest auch dem Ziel dienen, die in Art. 11 GRCh geschützte Medienfreiheit zu wahren.[86] Ihre Umsetzung in Deutschland auf einfachgesetzlicher Ebene findet die Richtlinie im Rundfunkstaatsvertrag der Länder.

Die Bedingung eingehalten wird, prüft die Kommission und bekommt damit Eingriffsbefugnis in das im Rundfunkstaatsvertrag der Länder geregelte Überprüfungsverfahren für die Erfüllung des Programmauftrages. In diesem Punkt stellt europäisches Recht ausnahmsweise eine Modifizierung des Verhältnisses von Medien und Staat gegenüber den Regelungen des Grundgesetzes dar.[82]

25 Für den gesamten Bereich der Regulierung der deutschen Medien-Öffentlichkeit durch die Europäische Union gelten jedoch unstrittig das Prinzip der Unionstreue nach Art. 4 Abs. 3 EUV und das Subsidiaritätsprinzip des Art. 5 Abs. 1, 3 EUV, wonach der Union verboten ist, mit Regulierungs-Eingriffen die demokratische Funktion der Medien, insbesondere des Rundfunks, in den Mitgliedsstaaten zu beeinträchtigen.[87]

II. Die Neuen Medien und ihr Schutz durch Art. 5 Abs. 1 S. 2 GG

1. Neue Öffentlichkeit

26 Mit der Digitalisierung der Kommunikation im Netz ist eine neue Öffentlichkeit entstanden, deren Infrastruktur sich erheblich von der durch die „klassischen" Medien des Art. 5 Abs. 1 S. 2 GG (soeben unter → Rn. 10) unterscheidet.[88] In den Sozialwissenschaften wird sogar von einem „Zerfall"[89] der politischen Öffentlichkeit gesprochen. Die digital organisierte Kommunikation habe „nichts mehr mit der von Habermas beschriebenen Öffentlichkeit zu tun"[90], es handele sich vielmehr um eine Form digital „aggregierter Privatheit"[91]. Jedenfalls konterkarieren viele Online-Medien die integrative Funktion von Öffentlichkeit, weil sie zu einer Parzellierung und kommunikativen Entkopplung unterschiedlicher gesellschaftlicher Gruppen führen.[92] Neben eher konventionellen Medienauftritten, in denen das Netz lediglich die Verteilung der herkömmlich erarbeiteten Informationen übernimmt (Internet-Radio, digitale Presse-Auftritte) haben sich im Internet zahlreiche Veranstaltungen etabliert, deren Funktion als Kommunikationsmittler im demokratischen Staat fraglich oder zumindest defizitär ist.[93]

27 Eine Gruppe dieser neuen Medien zeichnet sich durch Entprofessionalisierung des journalistischen Angebots aus, zB Blogs oder regelmäßige Info-Auftritte privater oder behördlicher

---

[82] *Schulze-Fielitz* in Dreier GG Art. 5 I, II Rn. 32.
[83] Vgl. Telemediengesetz vom 26.2.2007 (BGBl. 2007 I 179).
[84] 2010/13 EU v. 10.3.2018.
[85] *Dörr/Holznagel/Picot* ZUM 2016, 920 (934).
[86] EuGH EuZW 2013, 347 = BeckRS 2013, 80140.
[87] Vgl. *Hoffmann-Riem* in Benda/Maihofer/Vogel VerfassungsR-HdB § 7 Rn. 109, 114; *Hesse* JZ 1993, 545 (548); *Dörr* AfP 2003, 202 (205).
[88] Zur Problematik *Ladeur* in Paschke/Berlit/Kröner, Gesamtes Medienrecht, 4. Aufl. 2020, 4. Abschn. Rn. 1 ff.; *Möllers* AfP 2008, 241 (242 f.).
[89] *Han,* Digitale Rationalität und das Ende des kommunikativen Handelns, 2013, 11.
[90] *Schliesky* in Fehling/Schliesky, Neue Macht- und Verantwortungsstrukturen, 2016, 97, 109 f.
[91] *Pille* Meinungsmacht 81 mwN.
[92] *Pille* Meinungsmacht 46.
[93] *Habermas* Leviathan 1/2020, 7, 17, 27; ausf. nun *Habermans* in Seeliger/Sevignani, Ein neuer Strukturwandel der Öffentlichkeit, 2021, 470, 487 ff.; *Schulz/Danhart* in Friedrich Ebert Stiftung, Die Macht der Informationsintermediäre, 2016, 21 ff., 34 ff.

Anbieter, einzelner Politiker oder Unternehmer zB via Twitter.[94] Die Allgemeinheit als Nutzer dieser Informationen kann nicht darauf vertrauen, dass Nachrichten und Meinungen von einem Apparat verantwortlich handelnder und kompetent urteilender Redakteure ausgewählt und moderiert werden. Da für die Anbieter in der Regel der Nutzen ihrer Angebote nicht im Ökonomischen liegt, ist das geldwerte Vertrauen der Leser in die Zuverlässigkeit der Information kein Faktor, der für die Veranstalter solcher Auftritte von Bedeutung ist. Entsprechend gering ist die Qualitätsgewähr des Informations-Angebots.[95]

Grundlegend verschieden von der Funktion herkömmlicher Massenmedien sind die sogenannten „nicht-linearen" Angebote, die Informationen oder Unterhaltung nicht nach einem redaktionellen Programm oder Sendeplan für alle, sondern (oder zusätzlich) Teile davon auf Abruf des Lesers oder Zuschauers bereithalten: Mediatheken, Podcasts oder Streaming-Dienste, aber auch Suchmaschinen-Angebote.[96] Solche Öffentlichkeit a la carte beinhaltet zwar meist Informationen auf professionellem Niveau, dafür bietet sie keine Gewähr mehr für die Vollständigkeit und Vielfalt bei der Verteilung der Informationen.[97] Da die Informierten selbst bestimmen, worüber sie informiert werden wollen, besteht die Gefahr der verstärkten Bildung von „Filterblasen"[98] in der Öffentlichkeit, wie sie schon vom BVerfG für die Wirkung des Mediums Fernsehen in der Öffentlichkeit entdeckt wurden.[99] Diese Gefahr verstärkt sich durch die zunehmende Praxis der „Individualisierung" von Online-Informationsangeboten: Durch Einsatz von Algorithmen beim Veranstalter werden dem Leser oder Zuschauer nur noch die Informationen zum Abruf angeboten, für die er als Kunde registriert ist.[100] **28**

Problematisch in ihrer Einordnung als Medien sind Plattform-Dienste, die mehr oder weniger automatisiert als Verteilstationen von Inhalten fungieren, welche ganz oder überwiegend von den Nutzern selbst generiert und eingebracht werden. Die bekanntesten Dienste sind Soziale Netzwerke wie Facebook und YouTube.[101] Hier ist bereits die Unterscheidung von Anbieter und „Leser" bzw. „Zuschauer" problematisch und in der Konsequenz zu bezweifeln, dass die Vermittlung von Meinungen und Informationen, deren Wertigkeit und Zuverlässigkeit nicht weiter zu überprüfen ist, noch als „Journalismus" zu bezeichnen ist. Als besonders problematisch erweist sich die mangelnde Überprüfbarkeit der in Sozialen Netzwerken kursierenden Informationen durch das Aufkommen der „Social Bots", künstlicher Intelligenzen, die unter erfundenen Identitäten Informationen und Meinungen in den Netzwerken streuen oder durch elektronisch vervielfältigte zustimmende oder ablehnende Kommentare eine fiktive und anonym gesteuerte „öffentliche Meinung" inszenieren.[102] **29**

2. Öffentlichkeit als Gefahrenquelle

Mit dem Aufkommen der neuen Medien und neuer Kommunikationsformen im Netz hat sich die Rolle des Staates grundlegend gewandelt: Stand in der Ära der „bürgerlichen Öffentlichkeit" (→ Rn. 2) im Vordergrund die Aufgabe der Gewährleistung des möglichst freien Spiels pluralistischer Kommunikation durch die Medien, allenfalls im Rundfunkbereich die verstärkte Pflicht der Gewährleistung einer pluralistischen meinungsbildenden Infrastruktur, ist nun der Staat über diese Aufgaben hinaus in besonderem Maße als gefahrenabwehrender Staat gefordert, der in der „neuen Öffentlichkeit" speziell durch die digitale Kommunikation hervorgerufenen Bedrohungen für einzelne Rechtsgüter, für den sozialen Frieden, sogar für die Funktionsfähigkeit der Demokratie des Grundgesetzes ab- **30**

---

[94] Überblick bei *Dörr/Holznagel/Picot* ZUM 2016, 920 (937).
[95] *Plake* in Pöttker/Meyer, Kritische Empirie, 2004, 385, 393.
[96] Vgl. *Castendyk/Böttcher* MMR 2008, 13 (15 f.).
[97] Zur Problematik *Ferreau* ZUM 2017, 632 (636); *Möllers/Zwiffelhoffer* MMR 2015, 161.
[98] *Dörr/Holznagel/Picot* ZUM 2016, 920 (927 f.).
[99] BVerfGE 35, 202 (230) = NJW 1973, 1226.
[100] *Gersdorf* MMR 2017, 439 (444); *Pille* Meinungsmacht 43.
[101] Zur Verbreitung und Nutzung *Hartmann* MMR 2018, 790 (792 Fn. 47).
[102] *Milker* ZUM 2017, 216 ff.

zuwehren hat (*Masala/Scheffler* → § 1 Rn. 25). Diese Aufgabe der Gefahrenabwehr ist tatsächlich und rechtlich besonders schwer zu bewältigen, weil die Sanktionsmöglichkeiten der nationalen und großenteils föderalen Rechtsordnung des Grundgesetzes auf Bedrohungen anzuwenden sind, deren Ursachen und Verantwortungsträger oft außerhalb dieser Rechtsordnung zu suchen sind. Einen Eindruck von der Größe der Herausforderung vermittelt die Debatte, die sich um die Nützlichkeit, Rechtsstaatlichkeit und die Kompetenz zum Erlass des Netzwerkdurchsetzungsgesetzes[103] entwickelt hat.[104]

31 a) Beschädigung des öffentlichen Diskurses. Medienwissenschaftler beobachten eine systematischen Beschädigung des öffentlichen Diskurses durch einseitige und unzuverlässige Informationen und seine Parzellierung durch untereinander in Filterblasen abgeschottete, sich gegenseitig bestätigende und verstärkende Gruppen von Autoren/Rezipienten.[105] Politische Debatten erfahren dadurch Zuspitzungen, die nicht durch Gegenargumente oder Moderatoren abgemildert werden. Dieser Effekt wird mittlerweile für die Entstehung oder Beförderung radikaler Strömungen in der Bevölkerung verantwortlich gemacht.[106] Insbesondere Rassismus und Gewaltbereitschaft werden durch sich hochschaukelnde Debatten in Sozialen Netzwerken gefördert. Hier entfaltet das Netz ein eigenes, gefährliches Organisationspotential.[107] Gezielt verbreitete Falschinformationen[108], verstärkt oder lanciert von „Social Bots" (II. 1., → Rn. 29) sind wiederholt außerhalb Deutschlands eigesetzt worden, die öffentliche Meinung vor Wahlen zu beeinflussen.[109] Auch in Deutschland ist der gezielte manipulative Einsatz solcher Mittel diskutiert worden.[110]

32 b) Kriminogene Faktoren. Soweit es um die Begehung politisch motivierter Straftaten geht, hat digitale Kommunikation im Netz beschleunigenden Effekt. „Hatespeech" (§ 130 StGB) und Androhung von Straftaten (§ 126 StGB) sind, soweit nicht selbst als Straftaten verfolgt, wiederholt Anlass, wenn nicht gar Vorbereitung zu politischen Gewalttaten gewesen.[111] Weil die Möglichkeit, in der Netz-Öffentlichkeit ungehindert, ohne kritische „Gegenleser" und anonym zu publizieren, die Häufigkeit von Äußerungs-Delikten deutlich ansteigen lässt, muss das Netz als „kriminogen" bezeichnet werden.[112]

3. Der Schutz digitaler Kommunikationsdienste durch Art. 5 Abs. 1 S. 2 GG

33 Kommunikation im Internet genießt denselben Schutz wie jede andere Kommunikation durch das Grundrecht der Informationsfreiheit in Art. 5 Abs. 1 S. 1 GG.[113] Wie weit jedoch der Schutz der Medienfreiheiten in Art. 5 Abs. 1 S. 2 GG für Publikationen im Internet reicht, ist nicht abschließend geklärt.[114]

---

[103] NetzDG vom 1.7.2017 (BGBl. 2017 I 3352).
[104] *Gersdorf* MMR 2017, 439 (440); *Kalscheuer/Hornung* NVwZ 2017, 1721; *Steinbach* JZ 2017, 653 (659).
[105] *Dörr/Holznagel/Picot* ZUM 2016, 920 (927); *Pille* Meinungsmacht 43; ausf. Analyse b. *Habermas* in Seeliger/Sevignani, Ein neuer Strukturwandel der Öffentlichkeit, 2021, 470, 487 ff.
[106] Vgl. *Kramer* SZ 19.2.2020, 1 m. Verweis auf *Schaub/Morisi*, Voter mobilization, in the echo chamber, European Journal of political Research Feb./2020. Speziell zur Förderung rechtsradikaler Strömungen: *Fielitz/Marcks*, Digitaler Faschismus, 2020, 88 ff.
[107] *Habermas* Leviathan 1/2020, 7, 17; z. „Gefahrenpotential einer sich wechselseitig verstärkenden Kommunikationsdynamik" in sozialen Netzwerken jetzt auch BVerfG v. 26.4.2022 – 1 BvR 1619/17 Rn. 163, http://www.bverfg.de/e/rs20220426_1bvr161917.html.
[108] *Holznagel* MMR 2018, 18 (19).
[109] *Milker* ZUM 2017, 216 f.
[110] Vgl. zur AfD *Milker* ZUM 2017, 216.
[111] ZB die Vorgänge in Zusammenhang mit der Tötung des Kasseler Regierungspräsidenten Lübcke, Zeit-online 4.7.2019 https://www.zeit.de/politik/2019-07/hassrede-tausende-strafverfahren-mordfall-walter-luebcke.
[112] Zur Verantwortungslosigkeit im Netz: *Plake* in Pöttker/Meyer, Kritische Empirie, 2004, 385, 393.
[113] Für Suchmaschinenbetreiber allerdings nicht: BVerfGE 152, 216 Rn. 105 = NJW 2020, 314; z. Probl. vgl. auch *Schiedermair/Weil* DÖV 2022, 305 ff.
[114] *Ladeur* in Paschke/Berlit/Kröner, Gesamtes Medienrecht, 4. Aufl. 2020, 4. Abschn. Rn. 15; *Möllers* AfP 2008, 241 (242); *Pille* Meinungsmacht 74 ff.; *Schliesky* in Fehling/Schliesky, Macht- und Verantwortungsstrukturen, 2016, 97, 109 hält sogar ein neues verfassungsrechtliches Theoriegebäude für erforderlich.

a) „Medienfreiheit" im Internet. Die Einordnung von Internet-Angeboten als „Medien" führt zu keinen verfassungsrechtlich haltbaren Aussagen, da – anders als auf europäischer Ebene (→ Rn. 19) – im GG von „Medien" nicht die Rede ist. Art. 5 Abs. 1 S. 2 GG nennt als Schutzobjekte nur Presse, Rundfunk und Film. Ob elektronische, über das Netz verbreitete Angebote unter diese Begriffs-Trias zu subsumieren sind, kann auch nicht aus niederrangigem Recht – etwa dem TMG[115] – und dort vorgenommenen Begriffsbestimmungen abgeleitet werden. Insbesondere bei der Definition des Begriffs „Rundfunk" ist der verfassungsrechtliche Rundfunkbegriff (dazu → Rn. 37) vom einfachgesetzlichen Rundfunkbegriff etwa im Rundfunkstaatsvertrag der Länder[116] ebenso unabhängig wie von den vorwiegend wettbewerbsrechtlich orientierten Begriffsbestimmungen auf europäischer Ebene, etwa in der AVMD-Richtlinie.[117]

Wegen der offenkundigen Schwierigkeit, die unterschiedlichen Erscheinungsformen der Kommunikationskultur im Netz[118] der Begrifflichkeit des Art. 5 Abs. 1 S. 2 GG zuzuordnen, ist in der Lit. wiederholt vorgeschlagen worden, in Anlehnung an die einheitlichen Garantien für Medien in Art. 11 GRCh und Art. 10 EMRK (→ Rn. 19) die Trias in Art. 5 Abs. 1 S. 2 GG als einheitliche Mediengrundrechts-Garantie zu interpretieren[119] oder die Garantie der „Presse"-Freiheit als „Auffanggrundrecht" für alle digitalen Erscheinungsformen zu nutzen, die nicht eindeutig als „Rundfunk" gelten können.[120] Am weitesten geht der Vorschlag, im Wege der europarechtskonformen Auslegung oder Verfassungsänderung die Trias um eine weitere Kategorie der „Internetdienstefreiheit" zu erweitern.[121] Die Vorschläge, Art. 5 Abs. 1 S. 2 GG erweiternd auszulegen, sind jedoch in der Lit. umstritten[122] und bislang vom BVerfG nicht aufgenommen worden. Einzig der BGH in Entscheidungen um Internetdienste zeigt offenbar Neigung, Art. 5 Abs. 1 S. 2 GG pauschal als „Medienfreiheit" zu interpretieren.[123]

b) Online-Medien als Presse? Ob und wenn ja welche Internet-Angebote den Schutz der Pressefreiheit genießen sollen, ist in der Lit. umstritten. Nach einer Ansicht sind sämtliche für die politische Meinungsbildung relevanten Netz-Auftritte im Zweifel als „Presse" iSd Art. 5 Abs. 1 S. 2 GG zu behandeln.[124] Zumindest soll dies gelten, wenn der Auftritt von einem (klassischen) Presse-Unternehmen veranstaltet wird.[125] Nach überwiegender Ansicht[126] sind über das Internet vermittelte Informationen hingegen mangels stofflicher Verkörperung (in Druckerzeugnissen) in der Regel nicht als „Presse" anzusehen. Dies entsprach auch der herkömmlichen Rspr. des BVerfG[127]; neuerdings jedoch will das Gericht presseähnliche, textlastige Online-Auftritte, die in gleicher oder ähnlicher Weise

---

[115] Dazu *Dörr/Holznagel/Picot* ZUM 2016, 920 (935 f.).
[116] RStV v. 18.12.1991 zB in Bayern neu bekannt gem. 27.7.2001 GVBl. 502.
[117] RL (EU) 2018, 1808; vgl. dazu aber den Vorschlag von *Holznagel* AfP 2011, 532 (534), Art. 5 Abs. 1 S. 2 GG europarechtskonform auszulegen; zur AVMD-RL auch *Hoffmann/Luch/Schulz/Borchers,* Digitale Dimension der Grundrechte, 2015, 148 f.
[118] Überblick bei *Dörr/Holznagel/Picot* ZUM 2016, 920 (935 f.); *Pille* Meinungsmacht 186.
[119] Für den Bereich der Medien-Regulierung *Hartmann* MMR 2018, 790 (793); *Pille* Meinungsmacht 191; abl. *Möllers* AfP 2008, 241 (246); *Grabenwarter* in Maunz/Dürig GG Art. 5 Abs. 1, Abs. 2 Rn. 649.
[120] *Kühling* in Gersdorf/Paal, Informations- und Medienrecht, 2. Aufl. 2021, GG Art. 5 Rn. 88.
[121] *Holznagel* AfP 2011, 532 (534); *Holznagel* MMR 1, (2); zust. *Hoffmann/Luch/Schulz/Borchers,* Digitale Dimension der Grundrechte, 2015, 148 f.; *Spindler* JZ 2014, 981 (987); *Pille* Meinungsmacht 186.
[122] *Degenhart,* Konvergente Medien zwischen Europäischer Union, Bund und Ländern, 2014, 37, 41 f.
[123] BGH NJW 2010, 2432 Rn. 26; MMR 2016, 416 Rn. 24; wieder anders BGH NJW 2021, 3179 Rn. 74, der Online-Dienste zwar als „unverzichtbare Mittelperson(en) im Kommunikationsprozess" ansieht, gleichwohl Schutz ausschl. n. Art. 5 Abs. 1 S. 1 anerkennt.
[124] *Kühling* in Gersdorf/Paal, Informations- und Medienrecht, 2. Aufl. 2021, GG Art. 5 Rn. 88; *Kahl* K&R 2014, 483 (485).
[125] *Ladeur* in Paschke/Berlit/Kröner, Gesamtes Medienrecht, 4. Aufl. 2020, 4. Abschn. Rn. 15; *Möllers* AfP 2008, 241 (244).
[126] *Schulze-Fielitz* in Dreier GG Art. 5 I, II Rn. 91; *Bethge* in Sachs GG Art. 5 Rn. 68; *Hoffmann/Luch/Schulz/Borchers,* Digitale Dimension der Grundrechte, 2015, 140.
[127] BVerfGE 66, 116 (134) = NJW 1984, 1741; BVerfGE 95, 28 (35) = NJW 1997, 386.

vom selben Veranstalter zugleich im Print-Wege verbreitet werden, als „Presse" iSd Art. 5 Abs. 1 S. 2 GG gelten lassen.[128]

37 c) **Online-Medien als „Rundfunk".** Die Zuordnung von Online-Medien zum „Rundfunk" iSd Art. 5 Abs. 1 S. 2 GG ist folgenreich für die Zulässigkeit regulatorischer staatlicher Eingriffe. Während Eingriffe in die individualrechtlich geschützte „Presse"-Freiheit durch „allgemeine Gesetze" iSd Art. 5 Abs. 2 GG wegen deren konstituierender Bedeutung für die Demokratie[129] nur mit überragenden verfassungsrechtlich geforderten Zwecken zu rechtfertigen sind, ist ein „Rundfunk"-Angebot mit Verweis auf die „dienende" Funktion für die Öffentlichkeit und die Notwendigkeit, diese Funktion zu sichern, sehr viel leichter zu reglementieren.[130] Da immer mehr Kommunikation aus dem Bereich der „klassischen" Presse ins Netz verlagert wird, droht entsprechend ein Verlust an „Presse"-Freiheit zugunsten einer „verstaatlichten"[131] Öffentlichkeit.

38 Diese Entwicklung folgt aus dem weiten, nicht am Stand der jeweiligen Technik orientierten Rundfunkbegriff, wie er vom BVerfG entwickelt wurde.[132] Das bedeutet andererseits nicht, dass alle digital im Netz vermittelten Äußerungen dem „Rundfunk" zugeordnet werden können.[133] Es stellt sich vielmehr bei jedem Auftritt die Frage, ob er den „verfassungsrechtlichen Rundfunkbegriff" erfüllt. Als „Rundfunk" ist danach „jede an die *Allgemeinheit* gerichtete Übermittlung von Gedankeninhalten durch elektromagnetische Wellen" zu bezeichnen.[134] Nach hM ist das Begriffsmerkmal „Allgemeinheit" auch bei der elektronischen Versendung von Informationen auf Abruf des Nutzers (Abrufdienste) gegeben, soweit der Zugang prinzipiell jedem Nutzer offensteht.[135]

39 Ob Informationsangebote im Netz weitere Kriterien erfüllen müssen, um dem „verfassungsrechtlichen Rundfunkbegriff" gerecht zu werden, ist außerordentlich umstritten. Verbreitet wird dies mit Blick auf die weite, „dynamische"[136] Begriffsbestimmung durch das BVerfG[137] verneint.[138] Bei der Explikation des verfassungsrechtlichen Rundfunkbegriffs ergibt sich jedoch die methodische Besonderheit[139], dass das BVerfG den ursprünglich klar umgrenzten Rundfunkbegriff des GG in einen unbestimmten Rechtsbegriff uminterpretiert hat: „Der verfassungsrechtliche Begriff des Rundfunks lässt sich nicht abschließend definieren. Sein Gehalt kann sich vielmehr bei tatsächlichen Veränderungen in dem von Art. 5 Abs. 1 S. 2 GG geschützten Sozialbereich wandeln"[140]. Ob ein Online-Auftritt unter den Begriff fällt, ist in Ansehung des Zwecks zu beurteilen, der zu einer gesonderten Erwähnung des Rundfunks in der Trias der Medienfreiheiten geführt hat. Dieser Zweck ist im angemessenen Umgang (Regulierung einerseits, Freiheitssicherung andererseits) mit der Funktion als Medium in der Öffentlichkeit zu sehen, die von neuen Diensten „mit neuen Mitteln" erfüllt wird.[141]

---

[128] BVerfG NJW 2020, 300 Rn. 95; zuvor schon BGH NJW 2010, 2436 Rn. 24 mzustAnm *Bölke* – implizite Bestätigung dieser Rechtsauffassung durch BVerfG NJW 2012, 1205 Rn. 23; *Degenhart*, Konvergente Medien zwischen Europäischer Union, Bund und Ländern, 2014, 37, 41 f.
[129] BVerfGE 20, 162 (174) = NJW 1966, 1603.
[130] *Möllers* AfP 2008, 241 (246); *Grabenwarter* in Maunz/Dürig GG Art. 5 Abs. 1, Abs. 2 Rn. 649; *Schulze-Fielitz* in Dreier GG Art. 5 I, II Rn. 88, 215; abl. *Pille* Meinungsmacht 183.
[131] *Möllers* AfP 2008, 241 (250).
[132] BVerfGE 73, 118 (154) = NJW 1987, 239; BVerfGE 74, 297 (350) = NJW 1987, 2987; BVerfGE 83, 238 (302) = NJW 1991, 899.
[133] BVerfGE 152, 152 Rn. 93 f. = NJW 2020, 300; *Degenhart*, Konvergente Medien zwischen Europäischer Union, Bund und Ländern, 2014, 45.
[134] *Castendyk/Böttcher* MMR 2008, 13 (15); *Möllers* AfP 2008, 241 (248).
[135] BVerfGE 74, 297 (350) = NJW 1987, 2987; *Ferreau* ZUM 2017, 632, 636; *Möllers/Zwiffelhofer* MMR 2015, 161.
[136] *Ferreau* ZUM 2017, 632 (637).
[137] BVerfGE 74, 297 (350) = NJW 1987, 2987; BVerfGE 83, 238 (302) = NJW 1991, 899.
[138] *Castendyk/Böttcher* MMR 2008, 13 (15).
[139] Zur Methode: *Möllers* AfP 2008, 241 (243).
[140] BVerfGE 83, 238 (302) = NJW 1991, 899.
[141] BVerfGE 83, 238 (302) = NJW 1991, 899.

Online-Dienste fallen also insoweit unter den verfassungsrechtlichen Rundfunkbegriff, als sie eine dem klassischen Rundfunk/Fernsehen vergleichbare Funktion in der Sphäre der Öffentlichkeit erfüllen.[142] Diese Funktion des Mediums Rundfunk liegt – insoweit dem Medium Presse vergleichbar – im Beitrag für die politische Meinungsbildung im Volk.[143] Die Funktion speziell des Rundfunks zeichnet sich jedoch dadurch aus, dass dieser Beitrag ein besonders großes Gewicht hat. Drei Charakteristika hebt das BVerfG für die Meinungsbildungsfunktion des Rundfunks/Fernsehens hervor: Die besondere Relevanz für die Meinungsbildung ergebe sich aus Breitenwirkung, Aktualität und Suggestivkraft (der Verbindung von Bild und Wort).[144] Diese Charakteristika müssen für das Medium als solches gelten, nicht nur für einzelne Beiträge.[145] Dass diese besondere, „rundfunkgleiche" Meinungsbildungsrelevanz bei Online-Medien die Regel ist, steht für die hM außer Frage.[146] 40

Andererseits ist sehr zu bezweifeln, ob die Öffentlichkeitswirksamkeit der unendlich vielfältigen und fragmentierten Informationsangebote im Netz mit der Wucht der linearen Programmangebote weniger Rundfunkanstalten zu vergleichen ist.[147] Auch bedürfte der Einfluss typischerweise international organisierter Auftritte auf die nationale demokratische Willensbildung in der Öffentlichkeit des Grundgesetzes einer näheren Analyse.[148] 41

Zum Teil wird aus dem Relevanz-Kriterium die Forderung abgeleitet, dass die online vermittelten Inhalte – ähnlich wie im TMG und in der AVMD vorausgesetzt[149] – redaktionell gestaltet und von einer inhaltlichen Gesamtverantwortung des Veranstalters getragen sein müssen[150], was zB bei automatisch betriebenen Bewertungsportalen nicht der Fall ist.[151] Dieses Problem spitzt sich bei reinen Plattform-Diensten zu, auf denen nutzergenerierte Inhalte vertrieben werden (dazu gleich → Rn. 43). 42

d) Grenzfälle – insbesondere Soziale Netzwerke und Plattformen. Video-Sharing-Plattformen (zB YouTube) und Soziale Netzwerke (zB Facebook) unterscheiden sich von Online-Abrufdiensten (→ Rn. 38) darin, dass die vermittelten Inhalte nicht von einem Veranstalter beschafft werden, sondern nutzergeneriert sind. 43

aa) Art. 5 Abs. 1 S. 2 GG für Veranstalter? Im europäischen[152] sowie im deutschen[153] Recht wird unterschieden, ob der Dienstanbieter selbst redaktionelle Verantwortung für Inhalte der Plattform übernimmt oder das Angebot strikt neutral vermittelt. Diese Unterscheidung mag für die Zurechnung von (strafrechtlicher) Verantwortung für Inhalte von Bedeutung sein, für die Einordnung der Angebote unter den verfassungsrechtlichen Rundfunkbegriff und damit für den Schutz durch Art. 5 Abs. 1 S. 2 GG ist sie jedoch als einfachgesetzliche Regelung nicht maßgeblich. Die Veranstalter von Plattformen, welche meinungsbildungsrelevante Informationen vermitteln, werden vom BVerfG ohne Differenzierung nach eigener publizistischer Betätigung mit privaten Rundfunk-Veranstaltern 44

---

[142] So auch *Gounalakis* ZUM 2003, 180 (184); *Schulz* in Binder/Vesting, Beck'scher Kommentar zum Rundfunkrecht, 4. Aufl. 2018, RStV § 2 Rn. 13; *Dörr/Holznagel/Picot* ZUM 2016, 920 (929 f.).
[143] BVerfGE 31, 314 (325) = NJW 1971, 1739; BVerfGE 119, 181 (215) = BeckRS 2007, 25951; BVerfG MMR 1998, 202 (206) mAnm *Holznagel*.
[144] BVerfGE 31, 314 (325) = NJW 1971, 1739; BVerfGE 119, 181 (215) = BeckRS 2007, 25951; *Michel* ZUM 2009, 453 (454); *Gersdorf*, Der Rundfunkbegriff: Vom technologieorientierten zum technologieneutralen Begriffsverständnis, 2007, 73 f.; *Ferreau* ZUM 2017, 632 (639); *Hartmann* MMR 2018, 790 (792).
[145] *Hartmann* MMR 2018, 790 (792).
[146] *Hartmann* MMR 2018, 790 (792) m. Fn. 47; *Dörr/Holznagel/Picot* ZUM 2016, 920 (929 f.).
[147] *Grabenwarter* in Maunz/Dürig GG Art. 5 Abs. 1, Abs. 2 Rn. 652.
[148] Ebenso *Möllers* AfP 2008, 242 (249).
[149] *Altenhain* in MüKoStGB 3. Aufl. 2019, TMG § 2 Rn. 19–23; *Michel* ZUM 2009, 453 (458).
[150] *Brand*, Rundfunk im Sinne des Artikel 5 Abs. 1 Satz 2 GG, 2002, 37, 61, 63; *Bethge* in Sachs GG Art. 5 Rn. 90a; ablehnend *Castendyk/Böttcher* MMR 2008, 13 (15); *Grabenwarter* in Maunz/Dürig GG Art. 5 Abs. 1, Abs. 2 Rn. 653.
[151] BGH MMR 2009, 608 (610).
[152] Art. 1 Abs. 1a aa AVMD-Richtlinie 2018/1808.
[153] § 1 Abs. 1 S. 2 NetzDG.

gleichgesetzt.[154] Dies entspricht der Linie des Gerichts, den parallel zur Rundfunkfreiheit garantierten Schutz der Pressefreiheit auch solchen Unternehmen zuzubilligen, die inhaltsneutral als Grossisten lediglich für die Verbreitung der von Art. 5 Abs. 1 GG geschützten Kommunikation zuständig sind.[155] Für den Schutz der Plattformen durch die Rundfunkfreiheit kommt es, wie bei anderen Online-Angeboten auch (→ Rn. 37) auf die hinreichende Eignung des jeweiligen Plattform-Angebots an, in dem Rundfunk/Fernsehen vergleichbarer Weise Einfluss auf die politische Meinungsbildung auszuüben.[156] Dies ist mittlerweile kaum mehr in Zweifel.[157]

45 Hinsichtlich des Merkmals der „Allgemeinheit" des Angebots (→ Rn. 37) bestehen allerdings Zweifel, wenn, wie bei Sozialen Netzwerken üblich, der Informationsstrom unter den Nutzern von zentral steuernden Algorithmen verteilt wird.[158] Denn diese Algorithmen teilen Informationen nach dem jeweiligen, zuvor errechneten Nutzer-Profil individuell verschieden zu.[159] Durch diese „Individualisierung" der Kommunikation entstehen die sogenannten „Filterblasen"[160], die eine für den Rundfunk essenzielle Pluralität abblocken. Einen klaren Meinungsstand gibt es insoweit noch nicht.[161] In Anbetracht, der Gefährdungen, die für den Prozess der demokratischen Willensbildung gerade von dieser Entwicklung ausgehen (→ Rn. 30), spricht allerdings viel dafür, Diensteanbieter wie „Facebook", die durch Individualisierung ihren Charakter als „Massenkommunikationsmittel"[162] verloren haben, mangels Angebots für die „Allgemeinheit" vom Schutz des Art. 5 Abs. 1 S. 2 GG auszunehmen.

46 **bb) Art. 5 Abs. 1 S. 2 GG für Nutzer?** Auch Nutzer von Plattformen, soweit sie eigene Inhalte auf die Plattform laden und damit öffentlich anbieten, können über den Schutz durch Art. 5 Abs. 1 S. 1 GG hinaus auch unter dem Schutz der „Rundfunkfreiheit" in Art. 5 Abs. 1 S. 2 GG stehen.[163] Dies ist plausibel in Anbetracht eines nicht selten millionenstarken Publikums von Anbietern etwa bei YouTube („Influencern") und der Organisation ganzer Anbieter-Gruppen unter den Dach spezieller Vermarktungs-Unternehmen, die auf diese Weise, gleich Rundfunk-Unternehmen, den Vertrieb eines vielfältigen Programms auf der Plattform an eine unüberschaubar große Zuschauerschaft beherrschen.[164] Auch die meisten Medienunternehmen gehören zu den „Nutzern" von Facebook. Andererseits scheint angesichts von über einer Milliarde Nutzern allein von Facebook eine Differenzierung der Veröffentlichungs-Praxis „je nach Verwurzelungstiefe in dem durch Art. 5 Abs. 1 S. 2 geschützten Lebensbereich"[165] sinnvoll.

47 Generell bestehen Zweifelsfragen hinsichtlich der „Allgemeinheit" des Angebots von Nutzern Sozialer Netzwerke, soweit sich das Angebot, wie bei Facebook, nur an einen Kreis von „Freunden" richtet.[166] Wenn dieser Kreis, wie häufig, unübersehbar groß ist und dem Anbieter die Mitglieder nicht (namentlich) bekannt, wird „Allgemeinheit" bejaht.[167] Als Abgrenzungskriterium bietet sich an, ob jedermann die Möglichkeit hat, in den Kreis der „Freunde" aufgenommen zu werden.

---

[154] BVerfGE 119, 181 (216) = BeckRS 2007, 25951.
[155] BVerfGE 77, 346 (354) = NJW 1988, 1833; idS *Gersdorf* BayVBl 2015, 625 (629); *Castendyk/Böttcher* MMR 2008, 13 (15); *Pille* Meinungsmacht 181.
[156] *Dörr/Holznagel/Picot* ZUM 2016, 920 (921 f.); enger: *Brand*, Rundfunk im Sinne des Artikel 5 Abs. 1 Satz 2 GG, 2002, 37, 45; *Bethge* in Sachs GG Art. 5 Rn. 90a.
[157] *Dörr/Holznagel/Picot* ZUM 2016, 920 (923 f.); *Hartmann* MMR 2018, 790 (792) m. Fn. 47.
[158] Dazu generell *Pille* Meinungsmacht 178 f.; für Suchmaschinen: *Spindler* JZ 2014, 981 (987).
[159] Zur Funktion des Algorithmus bei Facebook: *Gersdorf* MMR 2017, 439 (444).
[160] *Dörr/Holznagel/Picot* ZUM 2016, 920 (927 ff.).
[161] Vgl. aber die Analyse der Gefährdungen bei *Dörr/Holznagel/Picot* ZUM 2016, 920 (927).
[162] Dazu *Hoffmann-Riem* in Benda/Maihofer/Vogel VerfassungsR-HdB § 7 Rn. 25; *Pille* Meinungsmacht 40.
[163] *Gersdorf* MMR 2017, 439 (442); *Dörr/Holznagel/Picot* ZUM 2016, 920 (925 f.).
[164] Zu den Details *Dörr/Holznagel/Picot* ZUM 2016, 920 (923).
[165] *Gersdorf* MMR 2017, 439 (444); ähnlich *Grabenwarter* in Dürig/Herzog/Scholz GG Art. 5 Abs. 1, Abs. 2 Rn. 667.
[166] *Gersdorf* MMR 2017, 439 (442).
[167] *Gersdorf* MMR 2017, 439 (442).

Insbesondere beim Schutz der Nutzer Sozialer Netzwerke spielt allerdings das „Relevanz"-Kriterium des verfassungsrechtlichen Rundfunk-Begriffs eine Rolle.[168] Wegen der Vielfältigkeit und des ständigen Wandels der Angebote zeichnet sich bisher kein Maßstab ab, mit dem über die Relevanz einzelner Auftritte von Nutzern für die politische Meinungsbildung zu entscheiden ist. Das Urteil darf auch hier nicht an die inhaltliche Qualität des Beitrags geknüpft werden, sondern hat sich an den vom BVerfG für den Rundfunk entwickelten Charakteristika „Breitenwirkung, Aktualität, Suggestivkraft" zu orientieren.[169]

48

Besondere Schwierigkeiten in der rechtlichen Einordnung macht der verbreitete Einsatz von „Social Bots" durch Nutzer Sozialer Netzwerke (→ Rn. 29). Abgesehen von Fragen der (straf)rechtlichen Zurechnung entstehen hier zunehmend verfassungsrechtliche Unsicherheiten: Ist der von einer künstlichen Intelligenz generierte Beitrag ein Schutzgegenstand des Art. 5 GG?[170] Kann er als Meinung dessen geschützt sein, der ihn programmiert hat oder einsetzt?[171] In Anbetracht der rasanten Entwicklung von autonomer Künstlicher Intelligenz und damit verbundener Rechtssubjektivität scheint auch die Fragestellung nicht mehr abwegig, ob „Social Bots" selbst Träger eines dem Grundrecht aus Art. 5 Abs. 1 GG vergleichbaren Rechts sein können.[172]

49

B. Der Schutz des Staates vor den Medien

Öffentlichkeit bedroht den Staat und die demokratische Ordnung typischerweise in zweierlei Hinsicht: Indem Interna des Staates der Allgemeinheit zur Kenntnis geraten, können die äußere Sicherheit des Staates als Ganzes oder die Sicherheit des Funktionierens der staatlichen Institutionen im Inneren beschädigt werden (→ § 1 Rn. 36 ff.; → § 11 Rn. 33 ff.). Hier ist bereits die Öffentlichkeit geheimzuhaltender Informationen als solche eine Bedrohung. Medien sind dabei schadenstiftend als „Veröffentlicher". Vor solchen Veröffentlichungen ist der Staat strafrechtlich durch die Verratsvorschriften der §§ 93 ff. StGB und 353b StGB geschützt (→ Rn. 51 ff.). Darüber hinaus ist die Sphäre der Öffentlichkeit der Tatort spezifischer Delikte, die gerade dadurch, dass sie öffentlich begangen werden, ihre rechtsgutverletzende Wirkung entfalten. Dazu gehören vor allem Äußerungsdelikte, die sich gegen den Inneren Frieden (§ 130 StGB) richten. Medien sind typischerweise Urheber, Vermittler oder Verstärker solcher Beeinträchtigungen der inneren Sicherheit des Staates. Die Masse und die Wirkkraft dieser Rechtsgutverletzungen ist durch die Digitalisierung der Öffentlichkeit und ihre Neuen Medien derart angewachsen (→ Rn. 26), dass die so strukturierte Sphäre der Öffentlichkeit ihrerseits als „gefährlich" angesehen werden kann (→ Rn. 78).

50

I. Öffentlichkeit als Delikt: Verrat

1. Der „publizistische" Landesverrat

a) Das neue Verhältnis zwischen Staatsschutz und Medien. Dass es in der Demokratie des Grundgesetzes eine gleichberechtigte Konkurrenz zwischen dem Interesse am wirksamen Schutz des Staates und dem an einer umfassend informierten Öffentlichkeit gibt, ist erstmals durch das „Spiegel"-Urteil des BVerfG[173] anerkannt worden. Der Konflikt zwischen Pressefreiheit und dem Schutz des Bestandes der Bundesrepublik Deutschland nach außen „kann nicht von vornherein und allgemein mit der Begründung gegen die Pressefreiheit entschieden werden, diese habe den Bestand der Bundesrepublik zur notwendigen

51

---

[168] *Grabenwarter* in Dürig/Herzog/Scholz GG Art. 5 Abs. 1, Abs. 2 Rn. 655.
[169] *Hartmann* MMR 2018, 790 (792); *Dörr/Holznagel/Picot* ZUM 2016, 920 (929 f.).
[170] *Milker* ZUM 2017, 216 (218).
[171] *Gersdorf* MMR 2017, 439 (444).
[172] *Gaede,* Künstliche Intelligenz, 2019, 36 ff.
[173] BVerfGE 20, 162 ff. = NJW 1966, 1603.

Voraussetzung und gehe mit dessen Verlust auch selbst zugrunde".[174] Vielmehr seien etwa militärische Geheimhaltung im Interesse der Staatssicherheit und Pressefreiheit keine sich ausschließenden Gegensätze: Beide seien durch das höhere Ziel einander zugeordnet, den Bestand der Bundesrepublik, der auch die freiheitliche demokratische Grundordnung im Innern umfasse, zu sichern.[175] Diese von allen acht Richtern getragene Einordnung des Verhältnisses von Staatsschutz und Medien als eines der gegenseitigen Ergänzung für ein gemeinsames Ziel wurde in der Entscheidung von der Fraktion der die Entscheidung tragenden vier Richter zu der Formulierung zugespitzt, die Presse trage eine „Mitverantwortung für die Staatssicherheit".[176] Demgegenüber beharrte die Fraktion der dissentierenden vier Richter darauf, es gehe darum, widerstreitende gleich legitime Interessen einander „gegenüberzustellen"[177], wobei ein Interessenausgleich sich schon daraus ergeben könne, dass die Verfolgung des Veröffentlichungs-Interesses durchaus „heilsame Folgen" für die Interessen der Staatssicherheit haben könne – etwa, wenn ein bislang geheim gehaltener Missstand nach öffentlicher Diskussion und auf öffentlichen Druck abgestellt werde.[178]

52   Die im Ergebnis einhellige Neufundierung des Verhältnisses von Staatsschutz und Medien durch das Spiegel-Urteil führte zu einer umfassenden Reform der Landesverratsvorschriften mit dem 8. StRÄG.[179] Aus der bislang unterschiedslosen strafrechtlichen Regelung des Verrats von Staatsgeheimnissen wurde der „publizistische Landesverrat" ausgegliedert und in einem differenzierten Regelwerk einer für die Abwägung der einander „gegenüberstehenden" Interessen unter Berücksichtigung „heilsamer Folgen" im Einzelfall offenen Behandlung zugeführt.[180]

53 **b) Der Interessenausgleich zwischen Staatsschutz und Medien in den §§ 93, 94, 95 StGB.** Um den einander gegenüberstehenden Interessen von Öffentlichkeit und Staatssicherheit gerecht zu werden, hat der Gesetzgeber im Fall sogenannter „Illegaler Geheimnisse" (§ 93 Abs. 2 StGB) dem Interesse der Öffentlichkeit an deren Veröffentlichung den deutlichen Vorrang vor dem Schutzinteresse des Staates gegeben und den publizistischen Verrat straflos gestellt (§ 97a StGB). Der publizistische Verrat von Staatsgeheimnissen ist nach § 94 Abs. 1 Nr. 2 StGB nur als Landesverrat strafbar, wenn er geschah, „um die Bundesrepublik Deutschland zu benachteiligen oder eine fremde Macht zu begünstigen". Fehlt diese Absicht, ist die Strafe für den publizistischen Täter deutlich geringer – darüber hinaus ist die formelle Sekretur des Staatsgeheimnisses erforderlich (§ 95 Abs. 1 StGB). Die „Mosaiktheorie", die nach altem Recht noch im Strafverfahren gegen den „Spiegel"[181] eine wichtige Rolle spielte und die Zusammenstellung nicht geheimer Tatsachen-Informationen mit neuem, geheimhaltungswürdigem Erkenntniswert dem Staatsgeheimnis gleichstellte[182], ist also insoweit obsolet.

54 **c) Weitergehender Schutz aus Art. 5 Abs. 1 S. 2 GG.** Die gesetzgeberische Lösung, durch restriktive Tatbestände einen generellen Interessenausgleich zwischen dem Interesse der Staatssicherheit und dem einer möglichst freien öffentlichen Informationsarbeit der Presse herzustellen, hat jedenfalls dazu geführt, dass seit 1968 keine Anklage eines Journalisten wegen Landesverrates mehr bekannt geworden ist.[183] In der Lit. wird sogar die Auffang-

---

[174] BVerfGE 20, 162 (177 f.) = NJW 1966, 1603.
[175] BVerfGE 20, 162 (178) = NJW 1966, 1603.
[176] BVerfGE 20, 162 (212) = NJW 1966, 1603.
[177] BVerfGE 20, 162 (181) = NJW 1966, 1603.
[178] Zu den Mehrheitsverhältnissen und Auseinandersetzungen im damaligen Ersten Senat vgl. *Darnstädt*, Verschlusssache Karlsruhe, 2018, 287 ff.
[179] Vom 25.6.1968 (BGBl. 1968 I 741).
[180] Vgl. im Einzelnen die Begründung im Bericht des Sonderausschusses BT-Drs. V/2860, 14 ff.
[181] Dazu *Darnstädt*, Verschlusssache Karlsruhe, 2018, 298; BVerfGE 20, 162 (180) = NJW 1966, 1603.
[182] Zur geänderten Rechtslage BT-Drs. V/2860, 15 f.; *Hegmann/Stuppi* in MüKoStGB 4. Aufl. 2021, StGB § 93 Rn. 10; *Sternberg-Lieben* in Schönke/Schröder StGB § 93 Rn. 11 f.; *Barthe/Schmidt* in LK-StGB, 13. Aufl. 2021, StGB § 93 Rn. 5; *Fischer* StGB § 93 Rn. 4.
[183] *Schaar* MMR 2015, 557.

vorschrift des § 95 StGB, soweit sie sich gegen Verrat durch Medien richtet, für weitgehend irrelevant gehalten.[184] Spektakuläre Verratsfälle über die internationale Enthüllungsplattform „Wikileaks"[185] sowie ein nie zur Anklage gereiftes Landesverrats-Verfahren gegen ein investigatives deutsches Internetportal[186] haben die Diskussion über weitergehende Privilegierung der Medien gegenüber den Landesverratsvorschriften wieder wachgerufen.

aa) Straffreiheit für „publizistischen Landesverrat"? De lege ferenda erheben sich 55 Stimmen in der Rechtspolitik, die den „publizistischen Landesverrat" ganz von der Strafandrohung des § 94 StGB befreien wollen.[187] Dabei wird die Legitimität strafrechtlichen Staatsgeheimnisschutzes im republikanischen Staat nach Art. 20 Abs. 2 GG[188] insbesondere aber im Licht des Art. 5 Abs. 1 S. 2 GG infrage gestellt. Als „Relikte des wilhelminischen Obrigkeitsstaates und des nationalsozialistischen Unrechtsstaates" seien die Bestimmungen zum Staatsgeheimnis und zum Landesverrat ein „Fremdkörper" in der Rechtsordnung des Grundgesetzes.[189] Der Verzicht auf die Bestrafung des „publizistischen Landesverrats" wird zT mit Blick auf ausländische Rechtsordnungen gefordert, in denen entsprechend der Regelung zum deutschen Amtsgeheimnis in § 353b StGB (→ Rn. 71) zwar die unbefugte Weitergabe aus dem Geheimbereich, nicht aber die Veröffentlichung der durchgestochenen Informationen durch Journalisten bestraft wird.[190]

bb) „Wechselwirkung" zwischen Art. 5 Abs. 1 S. 2 GG und StGB. Umstritten in 56 der Lit. ist die Frage, ob der gesetzliche Interessenausgleich zwischen Staatssicherheit und Öffentlichkeit, wie er in der restriktiven Fassung des 8. StRÄG seinen Ausdruck gefunden hat (dazu soeben → Rn. 53), abschließend ist. Überwiegend wird vertreten, dass für eine einschränkende Interpretation der Tatbestandsmerkmale der §§ 93 ff. StGB zugunsten der Medien in Hinblick auf ein im Einzelfall überschießendes öffentliches Interesse an der Veröffentlichung diskussionswürdiger Missstände wenig Raum sei.[191] Diese Auffassung mag empirisch insoweit zutreffen, als die Fälle eines unaufgelösten Konfliktes zwischen dem Schutz des Staatsgeheimnisses und der Medienfreiheit selten sein werden. Gerade der umstrittene[192] Fall „Netzpolitik-Org", in dem die Veröffentlichung von VS-klassifizierten Informationen aus dem BfV zu Ermittlungen wegen des Verdachts des Landesverrats führten[193], zeigt jedoch, dass solche Fälle durchaus relevant werden können und wie „erstaunlich"[194] problematisch die Auslegung der Tatbestandsmerkmale der §§ 93 ff. StGB in Fällen publizistischen Verrats ist. Deshalb erlangt auch in diesem Bereich die Rechtsprechung des BVerfG zur „Wechselwirkung" zwischen den Garantien des Art. 5 Abs. 1 GG und den sie einschränkenden allgemeinen Gesetzen (Art. 5 Abs. 2 GG) Gewicht.[195] Danach ist jedes die Pressefreiheit einschränkende Gesetz, also auch die §§ 93 ff. StGB, „im Lichte"[196] der wertsetzenden Bedeutung des Kommunikationsgrundrechts so auszulegen, dass es im Einzelfall nicht zu einer unverhältnismäßigen Einschränkung führt.[197] Ein Gesetz,

---

[184] Nachweise bei *Paeffgen* in NK-StGB StGB § 93 Rn. 41.
[185] Dazu *Franck/Steigert* CR 2011, 380 ff.
[186] *Dietrich* RW 4/2016, 566 ff.; *Pöppelmann* RuP 4/2015, 218; *Hannich* RuP 4/2015, 219.
[187] DAV PM Beck aktuell v. 3.8.2015; *Schaar* MMR 2015, 557; *Pöppelmann* RuP 4/2015, 218.
[188] Zu Art. 1 Abs. 2 WRV vgl. *Gusy* GA 1992, 195 (201).
[189] *Schaar* MMR 2015, 558.
[190] DAV PM Beck aktuell v. 3.8.2015.
[191] *Barthe/Schmidt* in LK-StGB, 13. Aufl. 2021, StGB § 93 Rn. 33; *Dietrich* RW 4/2016, 566 (586); Diskussionsstand bei *Paeffgen* in NK-StGB StGB § 93 Rn. 41.
[192] Zur politischen Dimension vgl. *Trentmann* ZRP 2015, 198.
[193] Sachverhalts-Darstellung und rechtliche Bewertung bei *Dietrich* RW 4/2016, 566 ff. – Dietrich war in diesem Verfahren vom GBA als Gutachter beauftragt; vgl. die Berichterstattung in ARD Kontraste vom 6.10.2016, https://www.presseportal.de/pm/51580/3447974 u. *Müller-Neuhof*, Tagesspiegel.de v. 4.9.2015, https://www.tagesspiegel.de/politik/netzpolitik-affaere-justizministerium-unterstuetzte-landesverrats-ermittlungen-gegen-blogger/12280530.html.
[194] *Dietrich* RW 4/2016, 566 (568).
[195] Grundlegend BVerfGE 7, 198 ff. = BeckRS 1958, 869.
[196] BVerfGE 7, 198 (212) = BeckRS 1958, 869.
[197] Zur Analyse *Darnstädt* NJW 2019, 1580 f.

das in diesem Sinne keine hinreichenden Abwägungsspielräume eröffnet, wäre also wegen Verstoßes gegen Art. 5 Abs. 1 GG insoweit verfassungswidrig. Die einzelnen Tatbestandsmerkmale der §§ 93 ff. StGB sind folglich so zu interpretieren, dass im Einzelfall etwa überwiegenden Interessen an einer Veröffentlichung der fraglichen Informationen Genüge getan werden und die Strafandrohung entsprechend zurückgenommen werden kann.[198]

57 **cc) Die Definition von „Staatsgeheimnissen" im Lichte des Art. 5 Abs. 1 S. 2 GG.** Ob schon in der gesetzlichen Definition des „Staatsgeheimnisses" in § 93 Abs. 1 StGB (→ § 11 Rn. 3 f.) das legitime Interesse am publizistischen Verrat genügend berücksichtigt wurde, ist problematisch.[199] Zwar sind in § 93 Abs. 2 StGB „illegale Geheimnisse" aus dem Staatsgeheimnis-Begriff ausgegliedert, soweit es sich um Informationen über Verstöße gegen die FDGO oder gegen völkerrechtliche Verträge handelt. Aber über diese Fälle eindeutig überwiegenden Interesses[200] an öffentlicher Information hinaus[201] bleibt ein weites Feld rechtswidriger innerstaatlicher Vorgänge, hinsichtlich derer ebenfalls ein erhebliches und unter Umständen überwiegendes Interesse an öffentlicher Befassung vorstellbar ist.[202] Nach der gesetzlichen Systematik des § 93 StGB unterfallen geheim gehaltene Sachverhalte „minderer" Rechtswidrigkeit ohne weiteres dem Begriff des „Staatsgeheimnis".[203] Dies hält Bedenken wach, wie sie in der Lit. schon nach altem Recht gegen den strafrechtlichen Schutz rechtswidriger Staatsinterna vor Bekanntgabe geäußert wurden. Zweifel betrafen damals die Frage, ob die öffentliche Diskussion rechtswidrigen Staatsverhaltens im Rechtsstaat generell geeignet sein könne, das Wohl des Staates zu gefährden.[204] Rechtliche Relevanz hatte diese Überlegung allerdings nur unter der Geltung des alten Staatsgeheimnisbegriffs, der die Geheimhaltungsbedürftigkeit zum „Wohl der Bundesrepublik Deutschland" als Definitionsmerkmal enthielt.[205] § 93 Abs. 1 StGB beschränkt sich demgegenüber auf die „Gefahr eines schweren Nachteils für die äußere Sicherheit", die auch im Falle des Bekanntwerdens rechtswidriger, nach Ansicht des Gesetzgebers sogar im Falle verfassungswidriger (Abs. 2) Umstände prinzipiell gegeben sein kann. Die auch nach der Reform erhaltene Strafbarkeit des Verrats „einfach-rechtswidriger" Sachverhalte kann als Restbestand jenes aus der Weimarer Republik überkommenen Staatsschutzdenkens gelten, das den Staat als Interessenträger selbständig neben dem Staat als Produkt der Rechtsordnung ansieht.[206]

58 Eine ältere Ansicht sieht die Loyalitätspflicht der Bürger – nicht nur der Medien – gegenüber der Rechtsordnung überfordert, wenn sie mit den Mitteln des Strafrechts gezwungen werden, rechtswidriges Handeln des Rechtsstaates zu respektieren.[207] Dass diese Problemsicht auch heute keineswegs überholt ist, erweist sich in der zunehmenden rechtlichen Berücksichtigung der Konfliktsituation sogenannter „Whistleblower" in der Rechtsprechung.[208] Solche Überlegungen haben bei der gesetzgeberischen Neuregelung des „publizistischen Landesverrats" durch das 8. StRÄG ebenfalls eine Rolle gespielt. Das zeigt der nur teilweise ins Gesetz übernommene Reformentwurf der SPD-Fraktion, der vom Begriff des „Staatsgeheimnisses" sämtliche Staats-Interna ausgenommen sehen wollte, die

---

[198] Zum alten Recht BVerfGE 21, 239 (243) = NJW 1967, 871.
[199] Kritisch auch *Dietrich* RW 4/2016, 566 (595).
[200] Zu eng die Sicht von *Dietrich* RW 4/2016, 566 (570), der die Regelung aus dem Widerstandsrecht des Art. 20 Abs. 4 GG herleitet.
[201] Zur Entstehung Sonderausschuss 8. StRÄG BT-Drs. V/2860, 16 f.; *Scholz*, Der Begriff des Staatsgeheimnisses, 1970, 180 ff.
[202] Ebenso *Sternberg-Lieben* in Schönke/Schröder StGB § 93 Rn. 27.
[203] *Paeffgen* in NK-StGB StGB § 93 Rn. 2; *Hegmann/Stuppi* in MüKoStGB, 4. Aufl. 2021, StGB § 93 Rn. 34; *Sternberg-Lieben* in Schönke/Schröder StGB § 93 Rn. 27; *Dietrich* RW 4/2016, 566 (586).
[204] *Arndt* NJW 1967, 873 f.
[205] § 99 idF vom 31.8.1951 (BGBl. 1951 I 739).
[206] *Gusy* GA 1992, 195 (204 ff.).
[207] *Maihofer* Blätter für deutsche und internationale Politik 1/1964, 123 (125).
[208] Grundl. BGHSt 20, 342 = NJW 1966, 1227; BVerfGE 28, 191 = NJW 1970, 1498; zur Lage nach neuem Recht: *Deiseroth* Betrifft Justiz 3/2014, 5; *Kiraly* ZRP 2011, 146; *Ullrich* NZWiSt 2019, 65.

„zur verfassungsmäßigen Ordnung" in Widerspruch stehen.[209] Dies hätte, folgt man der Auslegung des Rechtsbegriffs „verfassungsmäßige Ordnung" durch das BVerfG[210] als „Gesamtheit aller verfassungsmäßigen Gesetze", eine Begrenzung des Staatsgeheimnisschutzes auf rechtmäßiges staatliches Handeln bedeutet.

Dass der Gesetzgeber entgegen solcher Bedenken eine vollständige Berücksichtigung des **59** von Art. 5 Abs. 1 S. 2 GG geschützten öffentlichen Interesses an der Publikation rechtswidriger Zustände im Staat durch die begrenzte Ausschlussregelung in § 93 Abs. 2 StGB nicht vorgesehen hat, ist jedoch im Ergebnis unschädlich. Allein durch die *Definition* des Staatsgeheimnisses entsteht im Einzelfall noch kein Konflikt mit etwa überwiegenden Interessen an der Veröffentlichung des zugrundeliegenden Sachverhaltes. Dieser Konflikt kann erst entstehen, wenn einer der Verrats-Tatbestände erfüllt ist, zu dessen Merkmalen auch das des „Staatsgeheimnisses" gehört. Ob der Schutz des in § 93 Abs. 1 StGB definierten „Staatsgeheimnisses" mit der „wertsetzenden Bedeutung" des Art. 5 Abs. 1 GG (→ Rn. 56) vereinbar ist, entscheidet sich also erst in Ansehung der §§ 94 und 95 StGB. Umso problematischer ist es aber, wenn – wie im Fall „Netzpolitik.org" – allein mit der Erfüllung des „Staatsgeheimnis"-Begriffs des § 93 Abs. 1 StGB der Anfangsverdacht des Landesverrats durch eine publizistische Veröffentlichung bejaht wird.[211] Eröffnet doch allein der Anfangsverdacht des Landesverrats Ermittlungs-Befugnisse gegen den Beschuldigten, die eine massive einschüchternde Wirkung und zumindest im Effekt eine durch uU unzureichende Abwägung mit Art. 5 Abs. 1 S. 2 GG unabgepufferte Behinderung der betroffenen Medien auslösen können.[212]

dd) Die Auslegung der §§ 94, 95 StGB im Lichte des Art. 5 Abs. 1 S. 2 GG. 60 (1) Ausschluss des nicht-feindseligen Verrats. In § 94 Abs. 1 Nr. 2 StGB sollen die Fälle publizistischen Verrats von Staatsgeheimnissen aus dem als Verbrechen eingestuften Bereich des „gemeinen"[213] Landesverrats ausgegliedert und der abgewogeneren Beurteilung nach § 95 zugänglich gemacht werden. Dies geschah durch das 8. StRÄG, um das „Spiegel"-Urteil des BVerfG zum „publizistischen Landesverrat"[214] umzusetzen und die von Art. 5 Abs. 1 S. 2 GG geschützte Arbeit investigativer Journalisten vom Unwerturteil über den Verrat im Auftrag oder Interesse fremder Mächte abzugrenzen.[215] Die Abgrenzung der verbrecherischen Spionage vom „publizistischen Landesverrat" soll dadurch erreicht werden, dass § 94 Abs. 1 Nr. 2 StGB die Strafbarkeit der (publizistischen) Verratsform durch „öffentliches Bekanntmachen" an die Voraussetzung knüpft, dass die Veröffentlichung in der Absicht geschieht, „die Bundesrepublik zu benachteiligen oder eine fremde Macht zu begünstigen". Nötig ist insoweit dolus directus 1. Grades.[216] Eine Veröffentlichung, die dem von Art. 5 Abs. 1 S. 2 GG geschützten Ziel der Information der Öffentlichkeit über diskussionsbedürftige Missstände im Geheimbereich des Staates dient, schließt eine entsprechende dolose Absicht aus: So die offenkundige Ratio des Gesetzes.

Nicht ausgeschlossen sind damit allerdings Konstellationen publizistischen Verrats, in **61** denen der Täter die Verbesserung von Zuständen im eigenen Lande dadurch erreichen will, dass über Veröffentlichungen im Ausland Druck von außen auf die eigene Regierung erzeugt wird. Es bedarf geringen argumentativen Aufwandes, um in solchen Verrats-Handlungen eine absichtliche Beeinträchtigung der äußeren Sicherheit des Landes und damit eine „Benachteiligung" zu sehen, zumal nach hL die böse Absicht in § 94 Abs. 1 Nr. 2

---

[209] BT-Drs. V/102, 2.
[210] BVerfGE 6, 32 (Ls. 3) = NJW 1957, 297.
[211] So aber *Dietrich* RW 4/2016, 566 (594).
[212] Bedenken auch bei *Dietrich* RW 4/2016, 566 (595); *Degenhart* FAZ 4.8.2015 = beck aktuell 2000765 (iE unten C. III., → Rn. 94).
[213] *Barthe/Schmidt* in LK-StGB, 13. Aufl. 2021, StGB § 94 Rn. 1.
[214] BVerfGE 20, 162 = NJW 1966, 1603.
[215] Vgl. Sonderausschuss 8. StrÄG BT-Drs. V/2860, 14.
[216] *Paeffgen* in NK-StGB StGB § 94 Rn. 19.

StGB auch das „Zwischenziel" des Verrats sein kann.[217] Dass ein Whistleblower oder Journalist die „Weltöffentlichkeit" gegen Missstände im eigenen Lande aufbringt, ist auf der Verrats-Plattform von „Wikileaks" notorisch[218] und dürfte im Zeitalter globaler Sozialer Netzwerke zunehmend die Regel werden.[219] Dabei müssen, wie die Enthüllungen über die USA auf Wikileaks[220] oder durch von Edward Snowden[221] gebriefte Medien zeigen, die Zustände im „verratenen" Land keinesfalls undemokratisch oder von defizitärer Öffentlichkeit geprägt sein. Andererseits dürfte es bei in dieser Konstellation verratenen Sachverhalten um Fälle mit so erheblichem Empörungspotential gehen, dass sie gem. § 93 Abs. 2 StGB nicht als „Staatsgeheimnisse" iSd § 94 StGB gelten dürften.[222] Klarer wären solche Fälle der „Benachteiligung in bester Absicht" jedenfalls zu entscheiden, wenn der Gesetzgeber des 8. StrÄG sich für die Regelung des § 94 Abs. 1 Nr. 2 StGB an den Formulierungsvorschlag in § 99 Abs. 1 SPD-E[223] gehalten hätte, der nicht auf die Benachteiligungsabsicht, sondern allein auf die für Deutschland nachteilige Begünstigungsabsicht gegenüber der fremden Macht abstellte. Im Sonderausschuss war jedoch die Absichtsalternative ins Gesetz aufgenommen worden, weil die reine Benachteiligungsabsicht Absicht „ebenso strafwürdig" erschien.[224]

62 Dass die Bedingung der bösen Absicht in § 94 Abs. 1 Nr. 2 StGB Auslegungsspielräume eröffnet, die unter Umständen entgegen dem Zweck der Bestimmung zu Ungunsten publizistischer Täter wirken könnten, legen die Ermittlungen gegen die deutsche Enthüllungs-Seite „Netzpolitik.org" nahe. So muss es zumindest für möglich angesehen werden, dass auch unzweifelhaft von Art. 5 Abs. 1 S. 2 GG geschützte Veröffentlichungen über Interna des BfV als von feindseliger Absicht iSd § 94 Abs. 1 Nr. 2 StGB getragen angesehen werden. Wäre die Erfüllung des für publizistischen Verrat entscheidenden Tatbestandsmerkmals von vornherein auszuschließen gewesen, wäre nicht erklärbar, warum der Anfangsverdacht des Landesverrats gegen Netzpolitik-Journalisten vom GBA bejaht und vom eigens bestellten Gutachter in einem anschließend veröffentlichten wissenschaftlichen Aufsatz bestätigt werden konnte.[225]

63 **(2) Die Abwägungsoffenheit der Verratstatbestände.** Der Verrat von Staatsgeheimnissen ist nach § 94 oder § 95 StGB strafbar, soweit dadurch „die Gefahr eines schweren Nachteils für die äußere Sicherheit" herbeigeführt wird. Auch wenn der publizistische Täter nicht mit feindseliger Absicht iSd § 94 StGB, sondern (ausschließlich) im Interesse öffentlicher Diskussion iSd Art. 5 Abs. 1 S. 2 GG handelt, droht ihm bei schwerer konkreter Gefährdung also zwingend Strafe nach Maßgabe des § 95 StGB. Dies führt zu Unsicherheiten in der Anwendung auf den Einzelfall, weil andererseits die Neufassung des § 95 StGB durch das 8. StrÄG[226] in ausdrücklicher Umsetzung der Vorgaben des BVerfG im „Spiegel-Urteil"[227] zur Abwägung der staatlichen Sicherheitsinteressen mit den Garantien des Art. 5 Abs. 1 S. 2 GG formuliert wurde.[228] Zwar liegt in der Beschränkung des Tatbestandes auf „schwere" Gefährdungen bereits ein genereller Ausschluss „harmloser" Fälle.[229] Da sich diese Einschränkung aber auf sämtliche, auch nichtpublizistische Verrats-

---

[217] *Ellbogen* in BeckOK StGB StGB § 94 Rn. 16; *Hegmann/Stuppi* in MüKoStGB, 4. Aufl. 2021, StGB § 94 Rn. 12 f.; *Paeffgen* in NK-StGB StGB § 94 Rn. 19; *Barthe/Schmidt* in LK-StGB, 13. Aufl. 2021, StGB § 94 Rn. 7; einschränkend *Sternberg-Lieben* in Schönke/Schröder StGB § 94 Rn. 15.
[218] *Franck/Steigert* CR 2011, 380 (381).
[219] *Kläner* NJW-aktuell 34, 2010, 14.
[220] *Franck/Steigert* CR 2011, 380 (381).
[221] Zum Fall Snowden und der deutschen Befassung: *Huber/de With* NJW 2014, 2698.
[222] Zum Fall Wikileaks: *Paeffgen* in NK-StGB StGB § 95 Rn. 4c; *Franck/Steigert* CR 2011, 380 (381).
[223] BT-Drs. V/102, 2.
[224] BT-Drs. V/2860, 17.
[225] Vgl. *Dietrich* RW 4/2016, 566 (594).
[226] Vom 29.6.1968 (BGBl. 1968 I 741).
[227] BVerfGE 20, 162 = NJW 1966, 1603.
[228] Vgl. Sonderausschuss BT-Drs. V/2860, 14 ff.
[229] *Sternberg-Lieben* in Schönke/Schröder StGB § 95 Rn. 1.

B. Der Schutz des Staates vor den Medien § 5

formen in §§ 94 und 95 StGB bezieht, kann darin nicht etwa das vorweg genommene Ergebnis einer Abwägung mit den Interessen der Medienfreiheit gesehen werden. § 95 StGB, so heißt es in der Begründung des für die Gesetzesfassung verantwortlichen Sonderausschusses,[230] lässt „eine auf Art. 5 Abs. 1 GG beruhende Abwägung zwischen dem Interesse einer Offenbarung und dem an einer Geheimhaltung" offen, ja verlangt sie geradezu: Unter wörtlicher Bezugnahme auf das sogenannte Lüth-Urteil des BVerfG[231] wird in der Begründung erwähnt, bei der Auslegung der Vorschrift sei die wertsetzende Bedeutung des Art. 5 Abs. 1 GG zu berücksichtigen, die dazu führen *müsse*, „dass der Rahmen öffentlicher Diskussion über wesentliche Fragen des politischen Lebens weiter gesteckt ist, als die rechtliche Zulässigkeit einer heimlichen Weitergabe von Nachrichten aus diesem Bereich".[232]

Dieses Monitum anlässlich der Reformgesetzgebung bezieht sich offenbar auf Fälle wie **64** den, der dem „Spiegel"-Urteil zugrunde lag: die Veröffentlichung von internen Informationen über militärpolitisch skandalöse aber wohl nicht verfassungswidrige Versuche des Bundesverteidigungsministeriums, eine Aufrüstung der Bundeswehr mit taktischen Atomwaffen durchzusetzen.[233] Der Fall, dass das öffentliche Diskussionsinteresse an einem solchen Sachverhalt das Interesse an seiner Geheimhaltung zum Schutz vor außenpolitischen Nachteilen übersteigt, ist so vom Gesetzgeber offenbar gesehen und thematisiert worden, hat aber keinen eindeutigen Niederschlag in der Fassung der §§ 94, 95 StGB gefunden. Unter der Voraussetzung, dass die Informationen Geheimnisse waren (was damals vom BGH offengelassen wurde[234]), wäre die Veröffentlichung des „Spiegel" auch heute in strikter Anwendung des § 95 StGB noch strafbar.

Eine abwägende, Vor- und Nachteile der Veröffentlichung saldierende Beurteilung des **65** publizistischen Verrats, wie sie nach der Fassung des alten § 99 StGB[235] mit der Bezugnahme auf das „Wohl" des Staates als geschütztem Rechtsgut nahe gelegen hätte, wurde durch die gesetzliche Begrenzung auf die Folgen für die äußere Sicherheit in der Reformfassung mit Bedacht ausgeschlossen.[236] Deshalb ist der hM beizupflichten, dass eine „Saldierung" der Nachteile für die äußere Sicherheit mit den Vorteilen für die politische Meinungsbildung im Lande bei der Beurteilung des „Nachteils" in §§ 94, 95 StGB nicht in Betracht kommt.[237] Zwar sind Ausnahmefälle denkbar, in denen die Offenbarung einer sicherheitspolitisch riskanten Außenpolitik unmittelbar zu einer Erhöhung der äußeren Sicherheit führt. In solchen Fällen wäre allerdings schon fraglich, ob es sich bei den geheim gehaltenen Informationen mangels abstrakter Gefährlichkeit überhaupt um „Staatsgeheimnisse" iSd § 93 Abs. 1 StGB handelt. Darüber hinaus besteht kein Spielraum, etwaige vom BVerfG angesprochene langfristige „heilsame Wirkungen"[238] des Verrats etwa für die dringend notwendige Reorganisation der Schlagkraft der Bundeswehr bei einer abwägenden Auslegung in Rechnung zu stellen. Schon begrifflich lässt sich die pure Möglichkeit einer sachlichen Verbesserung nicht in die Wahrscheinlichkeitserwägungen bei der Beurteilung der konkreten „Gefahr" eines Nachteils für die äußere Sicherheit einbringen. Darüber hinaus würde eine solche Auslegung den verräterischen Publizisten in einer Weise auf eine Rolle des „Weltverbesserers" festlegen, die nicht dem Bild des Art. 5 Abs. 1 S. 2 GG entspricht: Aufgabe von Journalisten ist es nicht, die Arbeit der Regierung zu verbessern, sondern sie zur kritischen Diskussion zu stellen.

---

[230] BT-Drs. V/2860, 18.
[231] BVerfGE 7, 198 = BeckRS 1958, 869.
[232] BT-Drs. V/2860, 18.
[233] Einzelheiten bei *Darnstädt,* Verschlusssache Karlsruhe, 2018, 287, 290.
[234] BGH NJW 1965, 1187 (1189).
[235] IdFv 31.8.1951 (BGBl. 1951 I 739).
[236] Dazu die Ausführungen des Sonderausschusses BT-Drs. V/2860, 18.
[237] *Sternberg-Lieben* in Schönke/Schröder StGB § 93 Rn. 18, § 94 Rn. 14; *Hegmann/Stuppi* in MüKoStGB, 4. Aufl. 2021, StGB § 94 Rn. 15; *Barthe/Schmidt* in LK-StGB, 13. Aufl. 2021, StGB § 94 Rn. 9.
[238] BVerfGE 20, 162 (181) = NJW 1966, 1603.

66 Der Schlussfolgerung in der Lit., dass im Falle eines überschießenden Öffentlichkeits-Interesses in den Fällen der §§ 94, 95 StGB nur (übergesetzliche) Rechtfertigung, keinesfalls aber Tatbestandsausschluss in Betracht kommt[239], ist so zwar gegen die in der Begründung geäußerten Intentionen des Gesetzgebers, aber dogmatisch konsequent. Diese hM stützt sich allerdings auf Entscheidungen des BGH und des BVerfG,[240] die zur Rechtslage vor der Reform der Landesverrats-Normen ergingen.

67 Die zur verfassungsrechtlichen Absicherung des Verzichts auf eine Abwägungsmöglichkeit im Tatbestand „schwerer" Verratsfälle häufig in Bezug genommene Entscheidung des BVerfGE 21, 239 trägt dieses Ergebnis allerdings nicht. Der Beschluss trifft keinesfalls eine Wertung in dem Sinne, dass die Pressefreiheit *stets* zurückzutreten habe, wenn die Bekanntgabe von Staatsgeheimnissen die Sicherheit der Bundesrepublik ernsthaft gefährden würde.[241] Vielmehr heißt es in der Begründung des Beschlusses, der Rang des Schutzgutes der Staatssicherheit sei *„geeignet"*, die Pressefreiheit „jedenfalls dann zurücktreten zu lassen", wenn die Bekanntgabe die Sicherheit ernsthaft gefährden würde.[242] Dies lässt sich als eine Aussage über die Gewichte verstehen, die im Kollisionsfalle in eine Abwägung einzustellen sind – und keineswegs als eine generelle Aussage über das Abwägungsergebnis. Nur eine Deutung der Aussage des BVerfG als eine Aufforderung zur Abwägung im Falle ernsthafter Sicherheitsbeeinträchtigung macht verständlich, warum das Gericht unmittelbar die Feststellung anschließt, „ob dies der Fall ist, muss jeweils besonders geprüft werden"[243]. Auch wie bei der Abwägung vorzugehen ist, hat das Gericht vorgezeichnet: Es sei das „Gewicht des Staatsgeheimnisses" mit dem „Interesse der Öffentlichkeit an der Bekanntgabe in Hinblick auf die allgemeine politische Willensbildung" zu vergleichen.[244] Der Beschluss ist am 15.3.1967, also wenige Monate nach dem Spiegel-Urteil ergangen, allerdings noch vor der Reform der Landesverratsregelungen. Es muss also – von Rechts wegen (vgl. § 31 Abs. 1 BVerfGG) – davon ausgegangen werden, dass der Reform-Gesetzgeber diese Maßgabe bei der Formulierung der §§ 94, 95 StGB berücksichtigen wollte (dafür spricht auch die Begründung der Gesetzesformulierungen durch den Sonderausschuss[245]).

68 Anknüpfungspunkt für die Berücksichtigung eines im Einzelfall überwiegenden Interesses der Öffentlichkeit an der Bekanntgabe kann in §§ 94, 95 StGB allein das Merkmal der (konkreten) „Gefahr eines schweren Nachteils für die äußere Sicherheit" sein. Sie ist nach gesicherter Rechtsprechung des BGH[246] stets gegeben, wenn durch den Verrat die Wahrscheinlichkeit besteht, dass das Staatsgeheimnis einer fremden Macht zugänglich wird.[247] Diese Wahrscheinlichkeit ist bei der (publizistischen) Begehungsalternative des „öffentlichen Bekanntmachens" also regelmäßig gegeben – auch fremde Mächte lesen Zeitung. Dass der durch wahrscheinliche Kenntnisnahme fremder Mächte entstehende Nachteil als „schwer" anzusehen ist, folgt schon aus der Definition des „Staatsgeheimnisses" in § 93 Abs. 1 StGB. In der nach altem Recht entstandenen[248] und in die Rechtsprechung zu § 95 StGB übernommenen[249] Auslegung des BGH kommt – jedenfalls für die Fälle der publizistischen Veröffentlichung (der vom BGH entschiedene Fall betraf nicht den Schutzbereich

---

[239] *Fischer* StGB § 93 Rn. 18; *Paeffgen* in NK-StGB StGB § 95 Rn. 8; *Sternberg-Lieben* in Schönke/Schröder StGB § 95 Rn. 14 ff.; mit Einschränkungen: *Hegmann/Stuppi* in MüKoStGB, 4. Aufl. 2021, StGB § 94 Rn. 15.
[240] BGH NJW 1966, 1227; BVerfGE 21, 239 = NJW 1967, 871; BVerfGE 28, 191 = NJW 1970, 1498.
[241] Missverständlich insofern der Leitsatz (b) des Abdrucks der Entscheidung in NJW 1967, 871.
[242] BVerfGE 21, 239 (243) = NJW 1967, 871.
[243] BVerfGE 21, 239 (243) = NJW 1967, 871.
[244] BVerfGE 21, 239 (243) = NJW 1967, 871.
[245] BT-Drs. V/2860, 14.
[246] Grundlegend BGHSt 20, 342 (348) = NJW 1966, 1227 (1228); nach neuem Recht BGHSt 63, 288 = NStZ 2019, 402 Rn. 28 f.
[247] *Barthe/Schmidt* in LK-StGB, 13. Aufl. 2021, StGB § 94 Rn. 8.
[248] BGHSt 20, 342 (348) = NJW 1966, 1227 (1228).
[249] BGHSt 63, 288 = NStZ 2019, 402.

des Art. 5 Abs. 1 S. 2 GG) – dem Merkmal der „Gefahr eines schweren Nachteils für die äußere Sicherheit" folglich keine eigenständige Bedeutung zu.[250]

Jedenfalls für Fälle publizistischen Landesverrats kann die Auslegung der „Gefahr eines schweren Nachteils" als „Wahrscheinlichkeit der Kenntniserlangung eines Staatsgeheimnisses durch eine fremde Macht" durch den BGH schon deshalb nicht gelten, weil sie sich insoweit in Gegensatz zu § 93 Abs. 1 StGB setzt. Kriterium für „Staatsgeheimnis" ist danach, dass *durch* die Kenntnis einer fremden Macht die (abstrakte) *Gefahr*[251] eines schweren Nachteils für die äußere Sicherheit entstehen würde. Würde bereits in der Kenntnis einer fremden Macht der Nachteil liegen, wäre der „um"-Halbsatz sinnlos. Für die Strafbarkeit der Veröffentlichung nach §§ 94, 95 StGB ist dann erforderlich, dass die durch die Veröffentlichung ausgelöste Kenntnis der fremden Macht im konkreten Fall die gem. § 93 Abs. 1 StGB für Fälle dieser Art abstrakt bestehende Gefahr auch wirklich bedeutet. Es kommt also auf die konkrete Wahrscheinlichkeit eines Nachteils für die äußere Sicherheit aufgrund der Kenntnisse einer fremden Macht und *nicht* auf die Wahrscheinlichkeit der Kenntnisse einer fremden Macht an. Bei einer Gesamtbetrachtung der Umstände des Verrats ist es natürlich logisch möglich und etwa für Fragen des Vorsatzes rechtlich sinnvoll, auch die Wahrscheinlichkeit der Kenntnisnahme der fremden Macht als „Gefahren-Gefahr"[252] einzubeziehen. Die ausschließliche Betrachtung *dieser* Wahrscheinlichkeit kann aber nicht entscheidend für die Tatbestandsmäßigkeit sein. **69**

Bei einer streng an der Systematik der §§ 93 ff. StGB orientierten Auslegung ergibt sich also: Die „Gefahr eines schweren Nachteils" in §§ 94, 95 StGB ist nach der Wahrscheinlichkeit zu beurteilen, dass das Bekanntwerden der geheimen Informationen bei einer fremden Macht im konkreten Fall zu schweren Nachteilen für die äußere Sicherheit führt. Nur diese Interpretation wird der Forderung des BVerfG[253] gerecht, das „Gewicht des Staatsgeheimnisses" im konkreten Fall zu bestimmen, um dann zu beurteilen, ob hinsichtlich dieser Information das Interesse der Öffentlichkeit an der Bekanntgabe überwiegt. Die von Art. 5 Abs. 1 S. 2 GG in dieser Weise geforderte Abwägung zwischen „der Bedeutung der konkreten… Geheimnisse für die Staatssicherheit" mit dem „Interesse an der Presseveröffentlichung"[254] müsste sich in einem relativen Verständnis des Merkmals des „schweren" Nachteils in §§ 94, 95 StGB niederschlagen: Nur die konkrete Gefahr solcher Nachteile kann für eine Tatbestandsmäßigkeit des publizistischen Landesverrats beachtlich sein, die gemessen am entgegenstehenden Veröffentlichungsinteresse „zu schwer" sind. **70**

2. Der Verrat von Dienstgeheimnissen – § 353b StGB

a) Entstehungsgeschichte. Die Forderung, Angelegenheiten der Exekutive mit strafrechtlichem Geheimschutz zu versehen, ist im deutschen Strafrecht seit Beginn des 20. Jahrhunderts regelmäßig mit Blick auf „Preßindiskretionen" erhoben worden[255], gelangte ins StGB allerdings erst 1936 auf der Grundlage des NS-Ermächtigungsgesetzes v. 24.3.1933[256] und wurde unter der Geltung des Grundgesetzes im Wesentlichen unverändert übernommen. Das BVerfG hat die Verfassungsmäßigkeit der Norm ausdrücklich festgestellt, die als „allgemeines Gesetz" iSd Art. 5 Abs. 2 GG das Grundrecht der Meinungsfreiheit nach Art. 5 Abs. 1 GG „bei einer an den Wertmaßstäben der Verfassung orientierten Auslegung" Grenzen setzen kann.[257] **71**

---

[250] So auch *Barthe/Schmidt* in LK-StGB, 13. Aufl. 2021, StGB § 94 Rn. 9.
[251] Zum abstrakten und konkreten Gefahrenbegriff: *Darnstädt*, Gefahrenabwehr und Gefahrenvorsorge, 1983, 31 ff., 99 ff.; zu abstrakter Gefahr in § 93 StGB: *Barthe/Schmidt* in LK-StGB, 13. Aufl. 2021, StGB § 93 Rn. 15.
[252] Dazu *Darnstädt*, Gefahrenabwehr und Gefahrenvorsorge, 1983, 94 f.
[253] BVerfGE 21, 239 (243) = NJW 1967, 871.
[254] BVerfGE 21, 239 (244) = NJW 1967, 871.
[255] *Kuhlen* in NK-StGB StGB § 353b Rn. 1 mwN.
[256] Zur Entstehungsgeschichte BVerfGE 28, 191 (196) = NJW 1970, 1498.
[257] BVerfGE 28, 191 (196) = NJW 1970, 1498.

72 **b) Journalisten als Täter?** Weil § 353b StGB Amts- bzw. Sonderdelikt ist, kommt eine täterschaftliche Begehung im Schutzbereich des Art. 5 Abs. 1 S. 2 GG kaum in Betracht. Amtsträgereigenschaft iSd § 353b Abs. 1 Nr. 1 StGB wird allerdings gelegentlich für Redakteure der öffentlich-rechtlichen Rundfunkanstalten diskutiert[258], ist jedoch wegen einer durch Art. 5 Abs. 1 GG gebotenen verfassungskonformen Auslegung des Begriffs „Amtsträger" in Nr. 1 abzulehnen.[259] Kriminalpolitische Bedeutung kommt der – in Teilen der Lit. als überflüssig angesehenen[260] – Vorschrift allerdings wegen ihrer generalpräventiven Wirkung auch auf Journalisten zu.[261] Das Unwerturteil der Strafrechtsordnung gegen den Bruch der Amtsverschwiegenheit richtet sich auch gegen Versuche, Interna der Exekutive in der demokratischen Öffentlichkeit zur Diskussion zu stellen.[262] Zwar ist § 353c StGB, der die Geheimnis-Veröffentlichung durch Jedermann unter Strafe stellte, 1979 durch das 17. StRÄG[263] ersatzlos gestrichen worden.[264] Gleichwohl konnte sich der Gesetzgeber nicht entschließen, den publizistischen Verrat in der Form der Beihilfe (§ 27 StGB) zum Geheimnisbruch vom Makel der Tatbestandsmäßigkeit zu befreien: § 353b Abs. 3a StGB beseitigt nur die Rechtswidrigkeit der Veröffentlichung als solcher (→ Rn. 77). Die vom BMJ veröffentlichte Begründung für diese Rechtsänderung, der größere Schutz für Journalisten werde dazu führen, „dass Missstände im Staat besser aufgedeckt werden"[265], setzt ein dem Tatbestand des § 353b StGB entgegengesetztes Signal und bestärkt Zweifel an der Konzeption der Vorschrift.[266]

73 Die erhebliche Ausweitung des Schutzbereichs des Art. 5 Abs. 1 S. 2 GG auf Publikationsformen im Netz (→ Rn. 33) könnte allerdings Fallgestaltungen entstehen lassen, in denen (ehemalige) Amtsträger selbst – etwa durch Postings in Sozialen Netzwerken oder auf Plattformen wie Wikileaks[267] – zu publizistischen Tätern werden. Der international diskutierte Fall Snowden ist ein Beispiel für solche Konstellationen.[268] Der Fall zeigt auch, wie die Grenzen zwischen dem bislang für Whistleblower geltenden Schutz des Art. 5 Abs. 1 S. 1 GG[269] und dem Schutz für Publizistik durch Art. 5 Abs. 1 S. 2 GG sich verwischen.

74 **c) Journalisten als Gehilfen.** Von besonderem kriminalpolitischem Interesse ist allerdings die „klassische" Fallkonstellation, in der ein Journalist von Amtsgeheimnissen berichtet, die ihm von einem zur Verschwiegenheit Verpflichteten zugesteckt worden sind. Die strafrechtliche Verfolgung eines journalistischen Gehilfen nach §§ 353b, 27 StGB hat sich in der Praxis des Geheimschutzes als wirksames Instrument der StA erwiesen, um Informationen über die Quelle der Indiskretion, den Haupttäter in Person eines Amtswalters oder zur Verschwiegenheit besonders Verpflichteten zu gelangen. Weil durch Ermittlungen gegen den Journalisten als Beschuldigten der publizistische Quellenschutz (→ Rn. 94) umgangen werden kann, der nur zugunsten von Pressevertretern als *Zeugen* wirkt, ist wiederholt der Verdacht des Missbrauchs erhoben worden: So könnten Journalisten unter den Druck strafrechtlicher Ermittlungen geraten sein, die nur dem Zweck der Beweiserhebung in einem anderen Verfahren dienten.[270] Der Verdacht, dass die Landesverrats-Ermittlungen

---

[258] Zur Amtsträgereigenschaft BGH NStZ 2010, 207; *Libertus* ZUM 2012, 101 f.
[259] Ebenso *Libertus* ZUM 2012, 101 f.
[260] *Puschke* in MüKoStGB, 3. Aufl. 2019, StGB § 353b Rn. 6; *Vormbaum* in LK-StGB, 12. Aufl. 2009, StGB § 353b Rn. 1; aA *Schork* NJW 2012, 2694; *Stefanopoulou* JR 2012, 63 f.
[261] *Puschke* in MüKoStGB, 3. Aufl. 2019, StGB § 353b Rn. 5; *Löffler* NJW 1975, 1767 (1768).
[262] Zur demokratiefeindlichen Tradition des Geheimnis-Schutzes *Wegener,* Der geheime Staat, 2006, 439 ff.
[263] BGBl. 1979 I 2324.
[264] Dazu *Kuhlen* in NK-StGB StGB § 353b Rn. 3.
[265] Pressemitteilung BMJ v. 11.5.2012 zitiert nach *Schork* NJW 2012, 2694 (2696).
[266] Zur Kritik *Vormbaum* in LK-StGB, 12. Aufl. 2009, StGB § 353b Rn. 1 f.; *Puschke* in MüKoStGB, 3. Aufl. 2019, StGB § 353b Rn. 6; Gegenansicht: *Ignor/Sättele* ZRP 2011, 69 (71).
[267] Beispiele bei *Franck/Steigert* CR 2011, 380 (381).
[268] *Huber/de With* NJW 2014, 2698; *Puschke* in MüKoStGB, 3. Aufl. 2019, StGB § 353b Rn. 5, 6.
[269] BVerfGE 28, 191 = NJW 1970, 1498.
[270] Vgl. *Schork* NJW 2012, 2694 (2695); *Gaede* AfP 2007, 410 (411).

B. Der Schutz des Staates vor den Medien § 5

gegen Rudolf Augstein und seine „Spiegel"-Kollegen nur eingeleitet worden waren, um bei der Durchsuchung der „Spiegel"-Redaktion auf die Identität der beim „Spiegel" vom Redaktionsgeheimnis geschützten Informanten aus dem Bundesverteidigungsministerium zu stoßen, spielte schon im Verfahren vor dem BVerfG eine Rolle.[271] In der Entscheidung über Durchsuchungen und Beschlagnahmen beim Magazin „Cicero" verurteilte das BVerfG diese Praxis als verfassungswidrig.[272]

Eine Anwendung der §§ 353b, 27 StGB auf Journalisten war allerdings – unabhängig von jedem Missbrauchsverdacht – schon stets von Teilen der Lit.[273] als unzulässig angesehen worden. Nach dieser Ansicht ist eine Bestrafung der Veröffentlichung verratener Informationen als Beihilfe nicht möglich, weil die Haupttat des Verrats beim Eintritt des Erfolgs – Gefährdung wichtiger öffentlicher Interessen – mit der Übergabe der Informationen an den Journalisten abgeschlossen und damit nicht mehr teilnahmefähig ist.[274] Die von der Rspr.[275] und Teilen der Lit.[276] vertretene Gegenmeinung kommt zur Teilnahme-Strafbarkeit mit der Konstruktion der „sukzessiven Beihilfe"[277], die nach Vollendung aber vor Beendung der Tat möglich sei, wobei im Fall des § 353b StGB die Tat nicht beendet sei, solange – etwa durch Veröffentlichung – eine „Vertiefung" der Schädigung des Rechtgutes noch stattfinden könne.[278] Ob dieser Konstruktion aus verfassungsrechtlicher Sicht gefolgt werden kann, ist vom BVerfG[279] offen gelassen worden. 75

Dem Meinungsstreit liegen unterschiedliche Auffassungen über das von § 353b StGB geschützte Rechtsgut zugrunde. In der Lit. werden überwiegend[280] nur jene öffentlichen Interessen als strafrechtlich geschützt angesehen, um derentwillen der jeweilige Geheimschutz besteht – zB Interesse an effektiver Strafverfolgung bei Informationen über bevorstehende Razzia. Sind solche Informationen einmal verraten, kann die Gefährdung durch weitere Verbreitung nicht mehr erheblich „vertieft" werden. Die Rspr. hingegen sieht (auch) ein generelles öffentliches Interesse am Vertrauen der Bevölkerung in die Verschwiegenheit der Verwaltung geschützt.[281] Dieses durch den Verrat „mittelbar"[282] gefährdete Vertrauen kann durch jede weitere Verbreitung der fraglichen Interna immer wieder erschüttert werden. Dieser weiten, eher vordemokratischen[283] Interpretation des Begriffs der „öffentlichen Interessen" durch die Rspr. hat sich früh – allerdings in einer Entscheidung zu einem Art. 5 Abs. 1 S. 1 GG betreffenden Fall von Whistleblowing – das BVerfG angeschlossen.[284] In der den Schutzbereich des Art. 5 Abs. 1 S. 2 GG betreffenden „Cicero"-Entscheidung[285] ist die frühere Entscheidung in Bezug genommen, ohne dass jedoch die entsprechenden problematischen Ausführungen wieder aufgenommen worden sind[286]. Gerade in Hinblick auf die vom BVerfG wiederholt betonte Notwendigkeit, bei der Auslegung von Strafrechtsnormen die wertsetzende Bedeutung des Art. 5 Abs. 1 S. 2 76

---

[271] BVerfGE 20, 162 (191 f., 217) = NJW 1966, 1603; dazu ausf. *Darnstädt,* Verschlusssache Karlsruhe, 2018, 287, 313 ff.
[272] BVerfGE 117, 244 (Ls. 1) = NJW 2007, 1117.
[273] *Perron/Hecker* in Schönke/Schröder StGB § 353b Rn. 23 mwN; *Rogall* NJW 1980, 751 (752).
[274] *Kuhlen* in NK-StGB StGB § 353b Rn. 58.
[275] BayObLG NStZ 1999, 568 f.
[276] *Fischer* StGB § 353b Rn. 28.
[277] Zu dieser Konstruktion allg. BGH NStZ 2000, 594; *Fischer,* 67. Aufl. 2020, StGB § 27 Rn. 6.
[278] Im Einzelnen: *Heger* in Lackner/Kühl StGB § 353b Rn. 13a mwN; kritisch *Schünemann/Greco* in LK-StGB, 13. Aufl 2021, StGB § 27 Rn. 44; *Vormbaum* in LK-StGB, 12. Aufl. 2009, StGB § 353b Rn. 40; Meinungsstand bei *Brüning* NStZ 2006, 253 (254); *Gaede* AfP 2007, 410 (411).
[279] BVerfGE 117, 244 (265) = NJW 2007, 1117.
[280] *Kuhlen* in NK-StGB StGB § 353b Rn. 28; *Perron/Hecker* in Schönke/Schröder StGB § 353b Rn. 9; *Vormbaum* in LK-StGB, 12. Aufl. 2009, StGB § 353b Rn. 2.
[281] BayObLG NStZ 1999, 568 (569); umf. Darstellung der Rspr. bei *Heger* in Lackner/Kühl StGB § 353b Rn. 11.
[282] Kritik bei *Behm* AfP 2000, 421 ff.
[283] *Wegener,* Der geheime Staat, 2006, 296 ff.
[284] BVerfGE 28, 191 (200) = NJW 1970, 1498.
[285] BVerfGE 117, 244 = NJW 2007, 1117.
[286] BVerfGE 117, 244 (260) = NJW 2007, 1117.

GG zu berücksichtigen[287], scheint das in der Lit. vertretene, enge Verständnis der geschützten öffentlichen Interessen bevorzugenswert. Denn nur so kann der Journalist, der ihm anvertraute Geheimnisse verantwortungsbewusst bekannt machen will, abschätzen, ob und in welchem Maße er öffentliche Interessen mit seiner Veröffentlichung tangiert.

77 In dieser für die Medien durchaus problematischen rechtsunsicheren Situation stellt die Einfügung des § 353b Abs. 3a StGB durch das PrStG vom 1.8.2012[288] entgegen der Erwartung des Gesetzgebers[289] keine „Klarstellung der Rechtslage", sondern eine weitere Komplizierung der Situation dar.[290] Zwar ist Abs. 3a geeignet, den Missbrauch der §§ 27, 315b StGB zur Umgehung des Informantenschutzes einzudämmen.[291] Aber Abs. 3a verbessert die Situation der Presse nicht etwa durch die Herausnahme aus dem Tatbestand der Beihilfe, sondern nur durch deren Rechtfertigung. Die gesetzgeberische Lösung entspricht allerdings im Ergebnis der in der Lit. vertretenen Auffassung, wonach der journalistische Gehilfe wegen Handelns mit verfassungsrechtlich „erlaubtem Risiko" von der Strafbarkeit auszunehmen sei.[292] Der Streit um einen angemessenen Ausgleich zwischen dem Interesse an amtlicher Geheimhaltung und dem an effektivem investigativen Journalismus ist jedenfalls durch die Reform keineswegs erledigt.[293]

II. Öffentlichkeit als Schadensquelle

1. Äußerungsdelikte in den Medien

78 Anders als der Schutz des Staates vor Mitteilung von Tatsachen-Informationen (Verratsdelikte §§ 93 ff., 353b StGB, → Rn. 51) steht der Schutz vor Äußerungen mit Meinungscharakter (§§ 86, 86a, 90 ff., 111, 130 ff., 140 StGB) nicht in Konflikt mit der Freiheit der Medien und ihrem Schutz. Denn das Äußern von Meinungen ist keine spezifische Aufgabe der Medien, sie eröffnet nicht den Raum öffentlicher Meinungsbildung (→ Rn. 2), sondern ist Teil derselben. Auch wenn die Medien Meinungen äußern (zB in Kommentaren ihrer Mitarbeiter), tun sie das nicht in der Funktion als Träger des öffentlichen Diskurses, sondern als Teilnehmer daran. Die Teilnahme ist zwar von den Medienfreiheiten in Art. 5 Abs. 1 S. 2 GG geschützt, nicht aber die einzelne Meinungsäußerung. Diese wird, wie jede andere Meinungsäußerung auch, von Art. 5 Abs. 1 S. 1 GG geschützt.[294]

79 Dem verfassungsrechtlichen Schutz der Meinungsfreiheit durch Art. 5 Abs. 1 S. 1 GG steht bei der strafrechtlichen Sanktionierung von Äußerungen mit direkter Zielrichtung auf die verfassungsmäßige Ordnung, deren Institutionen und Repräsentanten (§§ 86, 90 ff. StGB) das Rechtsgut der Funktionsfähigkeit des „Demokratischen Rechtsstaates" (StGB, Dritter Titel), bei den weitaus relevanteren aber auch problematischeren Fällen der Einwirkung auf den gesellschaftlichen Willensbildungsprozess (§§ 111, 130 ff., 140 StGB) der öffentliche Frieden[295] gegenüber. Äußerungsdelikte mit Auswirkung auf den Prozess der demokratischen Meinungsbildung, namentlich „Volksverhetzung" (§ 130 StGB, → § 37 Rn. 67 ff.), haben mit dem Vordringen der Neuen Medien, insbesondere der Sozialen Medien (→ Rn. 30) eine bislang unbekannte Relevanz und Gefährlichkeit entwickelt.[296]

---

[287] StRspr, zB BVerfG ZUM RD 2016, 153 (155).
[288] BGBl. 2012 I 1374.
[289] Vgl. die Begründung im RegE BT-Drs. 17/3355, 6.
[290] *Schork* NJW 2012, 2694 (2696).
[291] S. auch unten C. III. 2., → Rn. 95; vgl. aus den Gesetzesberatungen die Stellungnahmen *Degenhart* u. *Fiedler* Prot. Nr. 35 v. 26.1.2011; *Stefanopoulou* JR 2012, 63 ff.; *Ignor/Sättele* ZRP 2011, 69 (71).
[292] So *Gaede* AfP 2007, 410 (414).
[293] Dazu *Schork* NJW 2012, 2694 (2696 f.); *Stefanopoulou* JR 2012, 63 ff.
[294] BVerfGE 85, 1 (12) = NJW 1992, 1439; BVerfGE 86, 122 (128) = NJW 1992, 2409; *Grabenwarter* in Dürig/Herzog/Scholz GG Art. 5 I, II Rn. 319, 723; *Schulze-Fielitz* in Dreier GG Art. 5 I, II Rn. 86.
[295] Grundlegend BVerfGE 124, 300 (335) = NJW 2010, 47.
[296] Vgl. dazu die Begründung z. E-NetzDG vom 1.9.2017 (BGBl. 2017 I 3352), BT-Drs. 18/12356, 11 ff.; *Paal/Hennemann* JZ 2017, 641 (644); *Steinbach* JZ 2017, 653 (654); *Sieber* ZRP 2001, 97 ff.; *Plake* in Pöttker/Meyer, Kritische Empirie, 2004, 385, 394; *Schäfer/Anstötz* in MüKoStGB, 4. Aufl. 2021, StGB § 130 Rn. 13; zu den Ursachen oben A. II. 2., → Rn. 26.

Diese Entwicklung hat dazu geführt, dass Neue Medien immer weniger, wie im Modell des Art. 5 Abs. 1 S. 2 GG (→ Rn. 10), als Garanten denn als Gefahrenquellen für den demokratischen Diskurs in Erscheinung treten. Das NetzDG von 2017[297] ist ein Versuch des Gesetzgebers, dieser Gefahr durch bessere Regulierung an der „Quelle" der Sozialen Netzwerke zu begegnen.

2. Friedensstörung durch Meinungsäußerung

Dem Schutz des inneren Friedens vor „Hatespeech"[298] dient in erster Linie § 130 StGB. **80** Die Vorschrift knüpft die Strafbarkeit – mit Ausnahme seines Abs. 2 – an Äußerungen, die eine Störung des „öffentlichen Friedens" darstellen (Abs. 4) bzw. zur Friedensstörung „geeignet" (Abs. 1 und 3) sind. Hassbotschaften als solche – also Aufstachelung zu Hass, zu Gewalt oder Willkür (Abs. 1 Ziff. 1) oder Beschimpfung, Verächtlichmachung, Verleumdung (Abs. 1 Ziff. 2) – können demnach insoweit keine Sanktionen auslösen. Ihre Verbreitung ist unabhängig von einer konkreten Gefährdung des öffentlichen Friedens nach Abs. 2 strafbar.[299]

a) Das Schutzgut des „öffentlichen Friedens" und seine Beeinträchtigung. Der **81** „öffentliche Frieden" umfasst den Zustand allgemeiner Rechtssicherheit und des befriedeten Zusammenlebens der Bürger,[300] die „Friedlichkeit" in der Gesellschaft.[301] (→ § 33 Rn. 76 ff.) Dazu gehört die vom Grundgesetz vorausgesetzte und in Art. 5 Abs. 1 S. 1 GG garantierte Übung, Konflikte gewaltlos im Wege der Kommunikation und/oder nach den Regeln des Rechts iSv Art. 20 Abs. 3 GG zu lösen. Entsprechend hat das BVerfG in seiner Entscheidung[302] zur Verfassungsmäßigkeit des § 130 Abs. 4 StGB das Schutzgut des „öffentlichen Friedens" in Hinblick auf dessen Gefährdung definiert: Es gehe um „Gewährleistung von Friedlichkeit" durch den „Schutz vor Äußerungen, die ihrem Inhalt nach erkennbar auf rechtsgutgefährdende Handlungen angelegt sind, das heißt, den Übergang zu Aggression und Rechtsbruch markieren". Solche gefährdenden Äußerungen sind charakterisiert als „Appelle oder Emotionalisierungen, die bei den Angesprochenen Handlungsbereitschaft auslösen oder Hemmschwellen herabsetzen oder Dritte unmittelbar einschüchtern".[303] Diese die öffentliche Friedlichkeit störende Wirkung der Äußerung hat das BVerfG am Beispiel der konkret zur Entscheidung stehenden Vorschrift des § 130 Abs. 4 StGB detailliert gezeigt: Die dort inkriminierte „Billigung", „Verherrlichung" oder „Rechtfertigung" von NS-Verbrechen löse regelmäßig „Einschüchterung" aus und habe „enthemmende Wirkung" bei der Anhängerschaft solcher Auffassungen.[304]

Schwierigkeiten bei der Verwendung des Tatbestandsmerkmals „öffentlicher Frieden" **82** generell sind auch vom BVerfG gesehen worden. Es sei als solches nicht bestimmt genug, um für die Begründung der Strafbarkeit von Äußerungen eingesetzt zu werden, geeignet sei es aber zur Begrenzung der Strafbarkeit, als „Korrektiv" gegenüber Tatbestandsmerkmalen, „bei deren Erfüllung auch die Störung des öffentlichen Friedens (beziehungsweise die Eignung hierzu) vermutet werden kann".[305] Tatsächlich legt auch die in der Praxis recht summarische Subsumtion unter die Bedingung der Eignung zur Friedensstörung[306] nahe,

---

[297] BGBl. 2017 I 3352.
[298] Zu den Erscheinungsformen *Sieber* ZRP 2001, 97 ff.; am Völkerrecht orientierte Def. b. *Brugger* JA 2006, 687.
[299] Zur Strafbarkeit des Verbreitens v. Äußerungen Dritter n. § 130 Abs. 2 StGB: *Hörnle* NStZ 2002, 113 ff.; *Derksen* NJW 1997, 1878 ff.; *König* NStZ 1995, 1 (3); z. Abgr. gegen Abs. 1 OLG Jena BeckRS 2016, 128466.
[300] *Schäfer/Anstötz* in MüKoStGB, 4. Aufl. 2021, StGB § 130 Rn. 22.
[301] BVerfGE 124, 300 (334) = NJW 2010, 47.
[302] BVerfGE 124, 300 (334 f.) = NJW 2010, 47.
[303] BVerfGE 124, 300 (335) = NJW 2010, 47.
[304] BVerfGE 124, 300 (336) = NJW 2010, 47.
[305] BVerfGE 124, 300 (340) = NJW 2010, 47.
[306] Ausführlich zur „außerordentlich unklaren Situation": *Fischer* NStZ 1988, 159 ff.

dass Auslegungsbemühungen zu keinem anwendungsfähigen Inhalt des Begriffs geführt haben. In dieselbe Richtung zielt auch der Hinweis, bei dem gesetzlichen Tatbestandsmerkmal handele es sich in Wahrheit um eine wertungsoffene Klausel zur Berücksichtigung der Verhältnismäßigkeit der Bestrafung einer Äußerung im Einzelfall.[307] Die Auslegung des Friedens-Merkmals als einer wertenden Beurteilung zugänglich würde jedenfalls der ständigen Rechtsprechung des BVerfG entsprechen, wonach die Auslegung allgemeiner Gesetze iSd Art. 5 Abs. 2 GG sich einer auf den Einzelfall bezogenen Abwägung zwischen dem Gewicht des Eingriffs in die Meinungsfreiheit und dem Gewicht des betroffenen Schutzguts unterwerfen muss.[308] Eine solche Abwägung im Einzelfall ist auch bei der Beurteilung von Hassparolen iSd Nr. 1 und 2 in der Regel[309] erforderlich.[310] Dies legt nahe, die Eignung zur Friedensstörung iSd § 130 Abs. 1 StGB in jenen Fällen anzunehmen, in denen der friedensstörende Einfluss der Äußerungen gegenüber ihrer Bedeutung als Beitrag zum öffentlichen Meinungs-Austausch von besonderem Gewicht ist.

83 b) Die „Eignung" zur Beeinträchtigung des öffentlichen Friedens .... Meinungsäußerungen hetzerischen Inhalts werden nach § 130 Abs. 1 StGB bestraft, wenn sie in einer Weise begangen werden, die „geeignet" ist, den öffentlichen Frieden zu stören. Die Lit.[311] und Rspr.[312] verlangen eine „konkrete Eignung" der jeweiligen Äußerungen. Die Konkretisierung muss sich dabei auf die „Weise" beziehen, in der die abstrakt gefährlichen Inhalte durch den Akt des Äußerns kommuniziert werden.[313] Das vom BVerfG im Einzelnen beschriebene negative Potential, störend auf den Frieden zu wirken, muss also im konkreten Akt der Kommunikation[314] liegen, der aus dem abstrakt gefährlichen Inhalt der Äußerung eine „Gefahrenquelle" macht.[315]

84 Für die in § 130 Abs. 4 StGB beschriebene Hetze hinsichtlich nationalsozialistischer Verbrechen und ihrer Opfer hat das BVerfG allerdings die friedensgefährdende Wirkung im Falle des Äußerns für indiziert erklärt, zumal die Äußerung in der Öffentlichkeit oder einer Versammlung im Tatbestand vorausgesetzt ist.[316] Im Fall des Abs. 3 soll dies nur für das Billigen und Leugnen von NS-Verbrechen gelten.[317] Für die Tatbestandsalternative des Verharmlosens gilt die Indiz-Wirkung nur in einer engen Auslegung, nach der nur Äußerungen erfasst sind, die generell friedensgefährdende Wirkung haben.[318]

85 c) ... durch Hatespeech in den Sozialen Medien .... Für die Beurteilung des friedensstörenden Potentials einer Meinungsäußerung spielt die Größe und Art des Publikums, vor der sie stattfindet, eine entscheidende Rolle.[319] Je nach Zusammensetzung und Neigung des Rezipientenkreises kann eine Äußerung die Zuhörer emotionalisieren, gar in Gewalt

---

[307] So *Fischer* StGB § 130 Rn. 14a; zust. BVerfGE 124, 300 (341) = NJW 2010, 47.
[308] Schon BVerfGE 7, 198 (208 f.) = BeckRS 1958, 869; BVerfGE 93, 266 (294) = NJW 1995, 3303; BVerfGE 124, 300 (342) = NJW 2010, 47; BVerfG NJW 2012, 1498 Rn. 20; BVerfG NJW RR 2017, 1001; *Schäfer/Anstötz* in MüKoStGB, 4. Aufl. 2021, StGB § 130 Rn. 11; *Schulze-Fielitz* in Dreier GG Art. 5 I, II Rn. 178.
[309] Besonderh. bei der Auslegung des Tatbestandsmerkmals „Menschenwürde" vgl. *Schäfer/Anstötz* in MüKoStGB, 4. Aufl. 2021, StGB § 130 Rn. 55; BVerfGE 93, 266 (293) = NJW 1995, 3303; BVerfG NJW 2001, 61 (63).
[310] BVerfGE 90, 241 (247) = NJW 1994, 1779; BVerfG NJW 2012, 1498 Rn. 23.
[311] *Fischer* StGB § 130 Rn. 13; *Schäfer/Anstötz* in MüKoStGB, 4. Aufl. 2021, StGB § 130 Rn. 23.
[312] BGHSt 46, 212 (218) = NJW 2001, 624; OLG Hamm ZUM-RD 2014, 358.
[313] *Schäfer/Anstötz* in MüKoStGB, 4. Aufl. 2021, StGB § 130 Rn. 23; *Krauß* in LK-StGB, 13. Aufl. 2021, StGB § 130 Rn. 77; *Rackow* in BeckOK StGB, StGB § 130 Rn. 22.
[314] OLG Celle BeckRS 2019, 21220 Rn. 48.
[315] BGHSt 46, 212 (218) = NJW 2001, 624.
[316] BVerfGE 124, 300 (337) = NJW 2010, 47.
[317] BVerfG NJW 2018, 2858 Rn. 31.
[318] BVerfG NJW 2018, 2861; kritisch dazu: OLG Celle BeckRS 2019, 21220 Rn. 40.
[319] Für Druckschriften: OLG Hamm ZUM-RD 2014, 358 (360); ähnlich *Fischer* StGB § 130 Rn. 13a; *Krauß* in LK-StGB, 13. Aufl. 2021, StGB § 130 Rn. 77; *Schäfer/Anstötz* in MüKoStGB, 4. Aufl. 2021, StGB § 130 Rn. 22; *Sternberg-Lieben/Schittenhelm* in Schönke/Schröder StGB § 130 Rn. 11; OLG Köln NJW 1981, 1280 (1281).

B. Der Schutz des Staates vor den Medien § 5

umschlagen – oder wirkungslos verpuffen.[320] Anders als etwa bei den genauer beschriebenen Begehungsweisen verhetzender Äußerungen in den Abs. 3 und 4, die „öffentlich oder in einer Versammlung" getätigt werden müssen, sind im Gesetz für die Äußerungen nach § 130 Abs. 1 StGB keine Bedingungen hinsichtlich das Publikums gestellt. Die Rolle des Publikums ist ein Umstand, der bei der „Eignungsprüfung" iSd § 130 Abs. 1 StGB gesondert zu berücksichtigen ist.[321] Damit wird die Frage, ob und auf welcher Plattform eine Hass-Äußerung ins Netz gestellt wird, zur Frage der Tatbestandsmäßigkeit iSd § 130 Abs. 1 StGB. Art und Umfang der Rezeption durch die Nutzer des jeweiligen Mediums im Netz sind entscheidend für die „Eignung" eines Postings zur Friedensstörung.

In Rechtswissenschaft und Politik herrscht weitgehend Einigkeit, dass die Publikation **86** von Hatespeech im Netz in besonderer Weise geeignet sein kann, den öffentlichen Frieden zu stören.[322] Neue empirische Untersuchungen belegen die Verzerrung des demokratischen Diskurses zugunsten populistischer und radikaler Strömungen.[323] In der Rechtsprechung ist allerdings die Bewertung von Netz-Publikationen für ihre Eignung zur Friedensstörung bislang uneinheitlich. So hat der 1. Strafsenat des BGH noch 2000 das Posting von „Auschwitz-Lügen" auf einem ausländischen Server mit Abrufen in Deutschland für tatbestandsmäßig iSd § 130 Abs. 1 StGB angesehen, weil die Äußerungen „konkret zur Friedensstörung im Inland geeignet sind".[324] Das Gericht stellt dabei darauf ab, dass die Juden verunglimpfenden und darum friedensstörenden Wirkungen der Äußerungen gezielt (auch) an antisemitische „revisionistische" Adressatenkreise in Deutschland gerichtet waren und von diesen Adressaten auch abgerufen wurden.[325] Hingegen hat der 5. Senat[326] die Veröffentlichung eines ausländerfeindlichen Manifestes im Netz nicht als „geeignet" iSd § 130 Abs. 1 StGB angesehen, „namentlich", weil „angesichts der inflationären Einstellung fast jeder Nachricht in das Internet (…) dem Tatbestandsmerkmal der Eignung nahezu jede eigene Bedeutung genommen würde"[327], zudem, weil weder der Autor (Horst Mahler) noch seine Botschaft vom Publikum ernst genommen werde, sodass die Äußerung verpuffen werde. Die Begründung aus dem Jahr 2006 zeigt, wie schnell sich in der Welt der Neuen Medien die Anforderungen an rechtliche Differenzierungen wandeln. Mehr als ein Jahrzehnt später ist nicht mehr ernsthaft daran zu zweifeln, dass selbst die absurdesten Botschaften im Netz auf interessierte Kreise treffen, die sich auf diese Weise radikalisieren und nicht selten gewaltgeneigt werden (→ Rn. 32). Auch die Entscheidung des BVerfG von 2018[328], wonach die Veröffentlichung von verharmlosenden Inhalten über NS-Verbrechen auf einer Internetseite mit Publikum „am rechten Rand" und auf dem YouTube-Account des Täters für eine friedensgefährdende „Eignung" iSd § 113 Abs. 3 StGB allein nicht ausreiche, lässt sich nicht verallgemeinern, da in dem entschiedenen Fall schon die inkriminierte Äußerung als solche nicht als „Verharmlosung" iSd Gesetzes anzusehen war. Gerade mit Rücksicht auf die Empfänglichkeit der Nutzer ist die Eignung zur Friedensgefährdung danach differenziert zu beurteilen, auf welcher Plattform oder in welchem Forum die Publikation eingestellt wird. Insbesondere ist dabei zu berücksichtigen, dass durch den Nutzer-orientierten Einsatz von Algorithmen in den Sozialen Netzwerken Hass-Postings genau dort ankommen, wo sie am meisten Wirkung zeitigen.

---

[320] *Rackow* in BeckOK StGB, StGB § 130 Rn. 22.
[321] BGH NStZ 2017, 146 (147).
[322] Dazu die Begründung zum E-NetzDG vom 1.9.2017 (BGBl. 2017 I 3352), BT-Drs. 18/12356, 11 ff.; *Paal/Hennemann* JZ 2017, 641, 643; *Steinbach* JZ 2017, 653 (661); *Sieber* ZRP 2001, 97 ff.; *Plake* in Pöttker/Meyer, Kritische Empirie, 2004, 385, 394.
[323] ZB *Schaub/Morisi* European Journal of political Research Feb./2020; *Pille* Meinungsmacht 94; *Fielitz/Marcks*, Digitaler Faschismus 2020, 88 ff. – im Einzelnen vgl. oben A. II. 2., → Rn. 31.
[324] BGHSt 46, 212 (218) = NJW 2001, 624.
[325] Kritisch zu Folgerungen d. Gerichts für Strafbarkeit als Inlandstat: *Sieber* ZRP 2001, 97 ff.; noch unten d), → Rn. 88.
[326] BGH NStZ 2007, 216.
[327] BGH NStZ 2007, 216 Rn. 11.
[328] BVerfG NJW 2018, 2861 (2862).

87 So ist die strafrechtliche Berücksichtigung der spezifischen friedensgefährdenden Wirkung von Hass-Postings im Internet mit den sich rasant verändernden technischen und organisatorischen Rahmenbedingungen in der digitalen Medienwelt noch immer stark in Bewegung. Eine Berücksichtigung der spezifischen Verstärker-Wirkung von Online-Plattformen und „Social Media" bei der Entscheidung über die friedensstörende „Eignung" iSd § 130 StGB kommt jedenfalls dem Gebot des BVerfG[329] am nächsten, bei einer Abwägung mit dem Wertgehalt des Art. 5 Abs. 1 GG den Schaden zu gewichten, den Hassbotschaften im konkreten Fall im Prozess der Konfliktlösung durch friedlichen Meinungsaustausch anrichten.

88 **d) ... von Servern im Ausland.** Die typischen Rechtsverfolgungsprobleme, die bei rechtswidrigen Äußerungen auftreten, welche vom Ausland aus in Soziale Medien eingestellt, aber in Deutschland abgerufen werden[330], haben ihren strafrechtsdogmatischen Sitz in der „Eignungs"-Klausel des § 130 StGB. Die Konstruktion der § 130 Abs. 1 und 3 StGB als „abstrakt-konkrete Gefährdungsdelikte" lässt die Frage des „Tatortes" iSd § 9 StGB und damit die Anwendbarkeit deutschen Strafrechts nach § 3 StGB unbeantwortet. Da für die konkrete Eignung eines Hass-Posts auf einem ausländischen Account zur Störung des (deutschen) Friedens auf die Wirkungsmacht beim deutschen Publikum abzustellen ist (→ Rn. 86), hat der 1. Strafsenat des BGH[331] einen „Erfolgsort" (§ 9 StGB) im Inland angenommen – und also seine Zuständigkeit bejaht.[332] Demgegenüber hat der 3. Strafsenat – mit der überwiegenden Meinung in der Lit.[333] – für derartige Fallkonstellationen die Anwendung des § 9 StGB abgelehnt, weil in der für die konkrete „Eignung" erforderlichen Inlandswirkung der Äußerung kein tatbestandsmäßiger Erfolg gesehen werden könne.[334] Schon wegen der Komplikationen, die eine Ausweitung der deutschen Strafrechtszuständigkeit in den Bereich grenzübergreifender Hatespeech nach sich ziehen könnte[335], scheint es angemessen, der hM in der Lit. und damit dem 3. Senat zu folgen.

C. Der Schutz der Medien vor dem Staat

I. Der Wettstreit um Informationen

89 Mehr als jeder andere Bürger sind Journalisten und die Medien, für die sie arbeiten, von staatlicher Ausforschung bedroht. Die spezifische Bedrohungssituation der Medien beruht auf ihrer Aufgabe als Institute des gesellschaftlichen Diskurses. Dafür sammeln Journalisten Informationen, recherchieren investigativ und bereiten ihr so erlangtes Wissen auf, um es dann öffentlich zu verbreiten. Damit geraten sie bevorzugt in den Fokus staatlicher Stellen, die sich in gleicher Weise um Erkenntnisse bemühen, sei es zum Zwecke der Strafverfolgung oder der Gefahrenabwehr und Prävention. Zudem ist der Gegenstand von Ermittlungen bzw. Recherchen oft genug identisch: Auf drohende oder vollendete Straftaten richtet sich nicht nur von Amts wegen das Interesse staatlicher Ermittler, sondern ebenso das professionelle Interesse von Journalisten, die wiederum ein einschlägig interessiertes Publikum zu bedienen haben. Zudem geraten Journalisten durch ihre beruflich bedingte persönliche Präsenz bei gefahrträchtigen Ereignissen, die auch von staatlichen Stellen beobachtet werden – etwa Demonstrationen –, in die Rolle als professionelle Zeugen, die mit ihren Mitteln der Dokumentation – etwa Filmaufnahmen – für Ermittler regelmäßig eine leicht erreichbare, zuverlässige und ergiebige Informationsquelle sind. Das so entstehende Konkurrenzverhältnis zwischen der verfassungsrechtlich geforderten Informati-

---

[329] BVerfGE 124, 300 (335) = NJW 2010, 47; f. d. belastende Wirkung, die v. Pöbeleien a. digitalen Plattformen ausgeht, zuletzt BVerfG NJW 2022, 680 Rn. 37.
[330] Dazu generell: *Sieber* ZRP 2001, 97 ff.
[331] BGHSt 46, 212 (218) = NJW 2001, 624.
[332] So zuvor schon *Collardin* CR 1995, 618 ff.; *Kuner* CR 1996, 453 (455).
[333] *Eser/Weißer* in Schönke/Schröder StGB § 9 Rn. 6a mwN; *Satzger* NStZ 1998, 112 (114 f.).
[334] Ähnlich BGH NStZ 2015, 81 (82 f.); OLG Hamm BeckRS 2018, 15776 Rn. 9.
[335] *Sieber* ZRP 2001, 97 (100).

onserhebung durch den Staat (→ § 16 Rn. 35) und der verfassungsrechtlich geschützten Recherchetätigkeit der Medien ist vom BVerfG als lösungsbedürftiger Konflikt thematisiert worden.[336] Da in diesem Wettstreit der staatliche Konkurrent über die größeren Machtmittel der Informationserhebung verfügt (zB §§ 94 ff. StPO, §§ 38 ff. BKAG; auch → § 23 Rn. 27 ff.), besteht die Sorge, dass Journalisten unfreiwillig als Hilfsorgane staatlicher Ermittlungen missbraucht werden.[337] Aus dieser Sorge heraus hat der Gesetzgeber den Schutz der Medien in der StPO mit Gesetz vom 15.2.2002[338] erheblich ausgeweitet (→ Rn. 94), um einer „Überbetonung des Strafverfolgungsinteresses" bei Ermittlungen im Medienbereich entgegenzuwirken.[339]

Gerade im Bereich des Staatsschutzes ist das Konkurrenzverhältnis zwischen Staat und Medien besonders konfliktträchtig. Nicht nur, dass das Medieninteresse an politisch motivierten Straftaten und damit die Recherche-Intensität der mit diesen Themen beschäftigten Journalisten erfahrungsgemäß besonders groß ist; zum Konzept vieler politischer Straftaten gehört es geradezu, die Medien als Verstärker der politischen Botschaft ihrer Taten einzubeziehen. Die Vermutung der Ermittlungsbehörden, mit Hilfe der Arbeit von Journalisten an die Drahtzieher solcher Delikte gelangen zu können, ist daher meistens berechtigt. Welche dramatischen Interessenkonflikte sich daraus ergeben können, zeigt der Fall des RAF-Aussteigers Klein, der sich 1978 aus dem Untergrund an den „Spiegel" wandte.[340] **90**

II. Die spezifische Schutzbedürftigkeit der Medien

Informationseingriffe in die Arbeit der Medien wirken sich beschränkend nicht nur auf die Freiheit der Träger des Grundrechts aus Art. 5 Abs. 1 S. 2 GG aus, darüber hinaus belasten sie die Funktionsfähigkeit der Medien als Institute des gesellschaftlichen Diskurses und damit als Grundlage der demokratischen Willensbildung (→ Rn. 10). Die Durchsuchung der „Spiegel"-Redaktion 1962 mit der Blockade der redaktionellen Arbeit und der umfangreichen Beschlagnahme von Redaktionsmaterial aus Anlass der Veröffentlichung über ein Militär-Manöver[341] löste nicht nur in der Öffentlichkeit Proteste gegen die damit verbundene massive Störung der öffentlichen Meinungsbildung aus, sondern auch eine Reaktion des BVerfG, die bis heute als grundlegend gilt für den Schutz der Medien in ihrer Rolle als Garanten des demokratischen Prozesses in der Gesellschaft.[342] **91**

Schon im „Spiegel"-Urteil wurde die besondere Schutzbedürftigkeit der Medien vor der Ausforschung durch strafprozessuale Ermittlungen konstatiert.[343] Die damals geltenden Ermittlungs-Schranken zugunsten der Presse wurden als unzureichend und als allzu leicht zu umgehen kritisiert.[344] Als besonders verletzlich und darum besonders schutzbedürftig wird seitdem das Vertrauensverhältnis des Journalisten zu seinen Informanten als Basis für erfolgreiche investigative Recherche angesehen.[345] Dabei geht es nicht um den Schutz des Gesprächspartners, sondern um den Schutz des Zugangs zu dessen Informationen. Um der Ergiebigkeit seiner Quellen willen muss der Journalist davor geschützt werden, über diese Quellen Auskunft zu geben – und sie damit zum Versiegen zu bringen.[346] Der Schutz der Quellen journalistischer Arbeit durch die gesetzliche Absicherung des Vertrauensverhält- **92**

---

[336] BVerfGE 107, 299 (332) = NJW 2003, 1787.
[337] Vgl. die Warnungen bei *Branahl* in Haller/Holzhey, Medien-Ethik, 1992, 224, 237; *Hamm* NJW 2001, 269 (270).
[338] BGBl. 2002 I 682.
[339] Vgl. Begründung E Gesetz zur Änderung der StPO vom 5.1.2001, BT-Drs. 14/5166, 1.
[340] BGHSt 28, 240 ff. = NJW 1979, 1212.
[341] Im Einzelnen *Darnstädt*, Verschlusssache Karlsruhe, 2018, 287 ff.
[342] BVerfGE 20, 162 = NJW 1966, 1603.
[343] BVerfGE 20, 162 (192) = NJW 1966, 1603.
[344] BVerfGE 20, 162 (201, 214) = NJW 1966, 1603.
[345] BVerfGE 20, 162 (201) = NJW 1966, 1603; BVerfGE 36, 193 (204) = NJW 1974, 356; BVerfGE 117, 244 (258 ff.) = NJW 2007, 1117.
[346] *Stern/Sachs/Dietlein* in Stern StaatsR IV/2 § 114 S. 66.

nisses vor dem Zugriff durch staatliche Ermittlungen ist darum stets als Verfassungsgebot aus Art. 5 Abs. 1 S. 2 GG abgeleitet worden.[347] Wesentlich zurückhaltender ist die Verfassungsrechtsprechung gegenüber einem generellen Schutz des Redaktionsgeheimnisses gewesen. Das BVerfG hat das Redaktionsgeheimnis zwar regelmäßig als „Funktionsbedingung" der Medien bezeichnet, aber eine gesetzgeberische Pflicht, es umfassend zu schützen,[348] mehrfach abgelehnt.[349] Dass der Gesetzgeber 2002 über das verfassungsrechtlich Gebotene hinaus mit der Erweiterung des Zeugnisverweigerungsrechts auf selbstrecherchiertes Material[350] im Ergebnis ein allgemeines Redaktionsgeheimnis statuiert hat, ist Gegenstand heftiger Kritik gewesen[351] und hat das insgesamt unübersichtliche und widersprüchliche Regelwerk zum Schutz der Medien vor übermäßiger Ausforschung (→ Rn. 97) noch komplizierter gemacht.[352]

93 So lässt der seit dem „Spiegel"-Urteil[353] immer wieder angemahnte Schutz der Medien vor dem Ermittlungs-Zugriff des Staates bis heute ein für die Betroffenen erkennbares Konzept vermissen.[354] Die wiederholt diskutierte Konsequenz aus der Schutzbedürftigkeit, die journalistische Arbeit vollständig aus der Pflicht gegenüber staatlichem Informationsbedürfnis zu entlassen, würde als zu weitgehend schon an der Rechtsstaatsgarantie und dem Verfassungsgebot effektiver Rechtspflege scheitern.[355] So kann es bei Regelungen über die Grenzen der Informationserhebung in Redaktionen stets nur um Spezial-Vorkehrungen für spezifische Situationen gehen, wie sie „klassisch" im Bereich der StPO für das Zeugnisverweigerungsrecht (§ 53 Abs. 1 Nr. 5 StGB) und die Beschlagnahme (§ 97 Abs. 5 StGB) getroffen sind. Diese Regelungen in ein stimmiges System zu bringen, wird umso problematischer, je stärker sich einerseits die Arbeitsbedingungen und Schutzbedürfnisse der Medien im Zuge der Digitalisierung ändern (→ Rn. 33) und andererseits die Regelwerke und Zielsetzungen der staatlichen Informationsgewinnung gerade im präventiven Bereich immer weiter reichende Methoden unter immer schwerer zu fixierenden Voraussetzungen vorsehen.[356] Schon im „Spiegel"-Urteil von 1965 haben sich die Richter außerstande gesehen, die unvollständigen Regelungen der StPO zum Medien-Schutz durch verfassungskonforme Auslegung in ein stimmiges System zu bringen.[357] Die Aufgabe, heißt es im Urteil, sei zu kompliziert, um sie dem Gesetzgeber aus der Hand zu nehmen.[358] Als Lösung wählte damals das Gericht den Weg, im Wege der Abwägung eine auf den Einzelfall bezogene Anwendung der fraglichen StPO-Normen zu finden, die eine unverhältnismäßige Beeinträchtigung der Funktionsfähigkeit des Mediums im Einzelfall vermeidet.[359] Diese Methode, gesetzgeberische Konzeptionslosigkeit durch eine „nachgelagerte" Verhältnismäßigkeitsprüfung im Einzelfall auszugleichen, ist ein halbes Jahrhundert später zum Grundmuster der Entscheidungen des BVerfG über den Schutz der Medien geworden.[360]

---

[347] *Stern/Sachs/Dietlein* in Stern StaatsR IV/2 § 114 S. 66; grundl. BVerfGE 20, 162 (187) = NJW 1966, 1603.
[348] IdS *Ignor/Sättele* ZRP 2011, 69 ff.
[349] BVerfGE 66, 116 (133) = NJW 1984, 1741; BVerfGE 77, 65 (75) = NJW 1988, 329; BVerfGE 100, 313 (365) = NJW 2000, 55; BVerfGE 107, 299 (330, 334) = NJW 2003, 1787; BVerfGE 117, 244 (258) = NJW 2007, 1117.
[350] Gesetz v. 15.2.2002 (BGBl. 2002 I 682).
[351] *Kunert* NStZ 2002, 169 ff.; *Hamm* NJW 2001, 269 ff.
[352] *Kunert* NStZ 2002, 169 (173).
[353] BVerfGE 20, 162 (178) = NJW 1966, 1603.
[354] *Gusy* NStZ 2003, 399 (400).
[355] BVerfGE 77, 65 (75) = NJW 1988, 329; *Percic* in MüKoStPO, 1. Aufl. 2014, StPO § 53 Rn. 32.
[356] *Gusy* NStZ 2003, 399 (402 f.); *Darnstädt* in Ewer/Raumsauer/Reese/Rubel FS Koch, 2014, 105 ff.
[357] BVerfGE 20, 162 (200, 214) = NJW 1966, 1603.
[358] BVerfGE 20, 162 (219) = NJW 1966, 1603.
[359] BVerfGE 20, 162 (200, 214) = NJW 1966, 1603.
[360] Vgl. etwa BVerfGE 107, 299 (334) = NJW 2003, 1787; BVerfG NJW 2011, 1863 Rn. 30; 2015, 3430 Rn. 19; f. d. Anwendung b. § 97 StPO: *Hauschild* in MüKoStPO, 1. Aufl. 2014, StPO § 97 Rn. 59; *Greven* in KK-StPO StPO § 97 Rn. 31; über dabei verw. Kriterien *Gusy* NStZ 2003, 399 (402).

C. Der Schutz der Medien vor dem Staat   § 5

III. Die gesetzlichen Vorkehrungen zum Vertrauensschutz

1. Quellenschutz bei Beschlagnahme und Durchsuchung

Die Medienfreiheit findet ihre Schranken (Art. 5 Abs. 2 GG) in den „allgemeinen Geset- 94
zen" nur insoweit, als diese die Funktionsfähigkeit der Medien nicht unverhältnismäßig
einschränken. Für die StPO bedeutet dies, dass Journalisten nicht zum Ziel strafrechtlicher
Ermittlungen gemacht werden dürfen, wenn der Vertrauensschutz zu Informanten dadurch
ernsthaft beeinträchtigt wird.[361] Um ihre Quelle zu schützen, dürfen Journalisten das
Zeugnis verweigern (§ 53 Abs. 1 S. 2 StPO), verräterisches Material in ihrem oder dem
Gewahrsam ihres Mediums darf nicht beschlagnahmt werden (§ 97 Abs. 5 StPO), eine
Durchsuchung zu diesem Zweck ist folglich unzulässig (§ 103 Abs. 1 S. 1 StPO). Der
gesetzliche Quellenschutz ist relativ konsequent, wirkt auch gegenüber den Ermittlungen
zu schwersten Delikten und findet Einschränkungen des Beschlagnahmeschutzes nur in
Fällen, da der Gewahrsam habende Journalist der Beteiligung an dieser oder einer anderen
Straftat dringend verdächtig ist oder ein zur Beschlagnahme stehender Gegenstand in eine
Straftat verstrickt ist (§ 97 Abs. 5 S. 2, Abs. 2 S. 3 StPO). Diese Ausnahme vom konsequenten Quellenschutz ist wiederum eingeschränkt durch eine Rückausnahme, wonach
die Ausnahme nur subsidiär gilt, wenn anderweitige Ermittlungen aussichtslos oder wesentlich erschwert wären. Außerdem darf die Ausnahme nicht zu einem Eingriff führen, der
„unter Berücksichtigung der Grundrechte aus Art. 5 Abs. 1 Satz 2 des Grundgesetzes"
unverhältnismäßig ist (§ 97 Abs. 5 S. 2 Hs. 2 StPO). Gerade die namentliche Erwähnung
eines Grundrechtes im Gesetzestext als Maßstab für die Verhältnismäßigkeitsprüfung bei
der Anwendung des Gesetzes – ein offenbar gut gemeinter Akt symbolischer Gesetzgebung
– gibt den Blick frei auf die Konzeptlosigkeit des Gesetzgebers beim Versuch, das Verhältnis
zwischen Strafverfolgung und Medienfreiheit angemessen zu regulieren.

2. Umgehungsschutz

Der strikte Quellenschutz der §§ 53, 97 StPO entfällt, wenn der betroffene Journalist selbst 95
Beschuldigter ist.[362] Wegen der niedrigen Verdachtsschwelle des § 152 Abs. 2 StPO ist das
Risiko groß, dass Medienmitarbeiter allein dadurch, dass in ihrem Medium geheime Informationen veröffentlicht werden, in die Rolle des Beschuldigten von Straftaten geraten, die
mit dem Verrat solcher Informationen zusammenhängen. Die Sorge, dass auf diesem Wege
die Schutzmaßgaben des Art. 5 Abs. 1 S. 2 GG umgangen werden, damit in den Redaktionen nach Informanten geforscht werden kann, ist vom BVerfG bereits im „Spiegel"-Urteil
geäußert[363] und 2007 im sogenannten „Cicero"-Urteil[364] bekräftigt worden.[365] Das Gericht
hat es für nötig befunden, Journalisten vor dem „Risiko"[366] zu bewahren, allein wegen der
Veröffentlichung einer geheimen Information als Beschuldigter den Schutz des § 53 Abs. 1
Nr. 5 StPO, § 97 Abs. 5 StPO zu verlieren. Im Lichte des Art. 5 Abs. 1 S. 2 GG könne
darum die Tatsache der Veröffentlichung strafrechtlich geschützter Informationen allein
keinen Verdacht begründen, der für Informationseingriffe bei Journalisten genüge.

Die Gefahr des Missbrauchs der Beschuldigung von Journalisten zum Zweck der Infor- 96
manten-Ermittlung zeigte sich besonders bei Veröffentlichungen von Amtsgeheimnissen
iSd § 353b StGB (→ Rn. 74). Sie wurde erhöht durch die in der Lit. heftig kritisierte[367]

---

[361] BVerfGE 20, 162 (187 f.) = NJW 1966, 1603; BVerfGE 64, 108 (115) = NJW 1984, 1101; BVerfGE 117, 244 (259) = NJW 2007, 1117 mwN.
[362] *Greven* in KK-StPO StPO § 97 Rn. 8; *Menges* in Löwe/Rosenberg StPO § 97 Rn. 139 f.; BVerfGE 20, 162 (192) = NJW 1966, 1603; BVerfGE 117, 244 (262) = NJW 2007, 1117; BGHSt 38, 144 (146) = NJW 1992, 763.
[363] BVerfGE 20, 162 (192) = NJW 1966, 1603.
[364] BVerfGE 117, 244 (265) = NJW 2007, 1117.
[365] Zum „Fall Cicero" und z. Problematik ausf.: *Gaede* AfP 2007, 410 (411 f.).
[366] BVerfGE 117, 244 (265) = NJW 2007, 1117.
[367] *Heger* in Lackner/Kühl StGB § 353b Rn. 13a; *Rogall* NJW 1980, 751 (752); *Perron/Hecker* in Schönke/Schröder StGB Rn. 23 mwN.

Rspr. des BayObLG[368], wonach der Journalist, der ein Amtsgeheimnis publiziert, der Beihilfe beschuldigt werden kann, auch wenn die Haupttat – der Geheimnisbruch durch den Amtsträger – bereits vollendet ist („sukzessive Beihilfe"). Erst der Gesetzgeber hat 2012 mit dem „Gesetz zur Stärkung der Pressefreiheit"[369] dieser Konstruktion den § 353b Abs. 3a StGB entgegengesetzt, der Beihilfe durch Geheimnis-Veröffentlichung für gerechtfertigt erklärt. Die Reform, die den Zweck verfolgte, die vom „Cicero"-Urteil[370] gerügten Risiken vom investigativen Journalismus zu nehmen, versperrte zudem eine weitere Umgehungsmöglichkeit des Quellenschutzes: Nach § 97 Abs. 5 S. 2, Abs. 2 S. 3 StPO sind Beschlagnahmen und damit Durchsuchungen nach § 102 StPO auch beim zeugnisverweigerungsberechtigten Journalisten möglich, wenn er in Verdacht steht, als Nichtbeschuldigter gleichwohl in die Tat verstrickt zu sein. Dies wäre ein Risiko namentlich für Journalisten, die wegen § 353b Abs. 3a StPO mit ihrer Veröffentlichung nun nicht mehr als Beschuldigte gelten können, aber gleichwohl auf ihre Quellen ausgeforscht werden sollen. Für diese Fälle hat der Gesetzgeber darum, dem „Cicero"-Urteil[371] folgend, die Verdachtsstufe in § 97 Abs. 2 S. 3 StPO für Journalisten durch eine Einfügung in § 97 Abs. 5 S. 2 StPO auf „dringend" angehoben.[372]

3. Der Schutz des Redaktionsgeheimnisses

97 Mit der Reform des Zeugnisverweigerungsrechts vom 15.2.2002[373] hat der Gesetzgeber den Schutz der Vertraulichkeit vom Quellenschutz auf die gesamte Redaktionsarbeit ausgeweitet. Das Zeugnisverweigerungsrecht und damit der Beschlagnahmeschutz bezieht sich gem. § 53 Abs. 1 S. 2 Hs. 2 StPO seitdem auf den Inhalt selbsterarbeiteter Materialien und den Gegenstand berufsbezogener Wahrnehmungen. Damit ist grundsätzlich die gesamte journalistische Informationsverarbeitung von der Zeugnispflicht ausgenommen, wenn auch mit den erheblichen Einschränkungen in § 53 Abs. 2 S. 2 StPO. Zudem steht es praktisch im Belieben jedes Journalisten, seine Schriftstücke und Notizen als redaktionelles Material und seine Wahrnehmungen als berufsbezogen zu deklarieren. So ist die Gesetzesreform in der Lit. verbreitet als grundsätzliche Neuordnung des Zeugnisverweigerungsrechts der Medien hin zu einer berufsbezogenen Bereichsausnahme gedeutet worden.[374] Die Neuregelung ist vom Gesetzgeber jedoch unter Verweis auf die Rechtsprechung des BVerfG im Wesentlichen mit der Verbesserung der „Rechtsklarheit" und der „Rechtssicherheit" für die betroffenen Journalisten begründet worden.[375] Die Erweiterung des Schutzes auf die gesamte journalistische Arbeit setzt dabei im Wesentlichen um, was vom BVerfG in ständiger Rechtsprechung postuliert worden ist. Dass die journalistische Arbeit insgesamt vor staatlicher Ausforschung zu bewahren sei, um die in Art. 5 Abs. 1 S. 2 GG garantierte Funktion der Medien als unabhängige Institute gesellschaftlicher Meinungsbildung sicherzustellen, hat schon das „Spiegel"-Urteil konstatiert.[376] Die unter dem Begriff „Redaktionsgeheimnis" zusammengefasste Vertraulichkeit redaktioneller Interna ist stets *neben* dem Vertrauensverhältnis zu den Informanten der Redaktion als Schutzgut des Art. 5 Abs. 1 S. 2 GG behandelt worden.[377] Zwar hat das BVerfG eine verfassungsrechtlich begründete

---

[368] NStZ-RR 1999, 299 (300).
[369] BGBl. 2012 I 1374; krit. *Schork* NJW 2012, 2694.
[370] BVerfGE 117, 244 (265) = NJW 2007, 1117.
[371] BVerfGE 117, 244 = NJW 2007, 1117.
[372] *Gerhold* in BeckOK StPO, StPO § 97 Rn. 55; krit. *Greven* in KK-StPO StPO § 97 Rn. 40.
[373] BGBl. 2002 I 682; zur Gesetzgebungsgesch.: *Park*, Durchsuchung und Beschlagnahme, 2018 Rn. 558 f.
[374] *Bader* in KK-StPO StPO § 53 Rn. 27, 44a; *Kunert* NStZ 2000, 169 (171); *Percic* in MüKoStPO, 1. Aufl. 2014, StPO § 53 Rn. 47; weitergehende Krit. b. *Schulz/Korte* KritV 84 (2001), 113 (127).
[375] BT-Drs. 14/5166, 6.
[376] BVerfGE 20, 162 (187) = NJW 1966, 1603; grds. auch *Stern/Sachs/Dietlein* in Stern StaatsR IV/2 66.
[377] BVerfGE 64, 108 (115) = NJW 1984, 1101; BVerfGE 66, 116 (131) = NJW 1984, 1741; BVerfGE 77, 65 (75) = NJW 1988, 329; BVerfGE 107, 299 (330) = NJW 2003, 1787; BVerfGE 117, 244 (259) = NJW 2007, 1117; BVerfG NJW 1999, 2880 f.; 2011, 1863 Rn. 23; 2015, 3430 Rn. 16; *Grabenwarter* in Dürig/Herzog/Scholz GG Art. 5 Abs. 1, Abs. 2 Rn. 278 ff.

Pflicht des Gesetzgebers zum generellen Schutz des Redaktionsgeheimnisses verneint.[378] Zugleich hat es aber wiederholt deutlich gemacht, dass bei der Auslegung sämtlicher Vorschriften, die staatliches Eindringen in den internen Bereich journalistischer Arbeit erlauben, die „Ausstrahlungswirkung" des Art. 5 Abs. 1 S. 2 GG zu berücksichtigen sei, die im konkreten Fall den Eingriff auf das mit der Funktionsfähigkeit des Mediums vereinbare Maß reduziert.[379]

So lässt sich die Reform als Konsequenz aus der Rechtsprechung des BVerfG deuten.[380] **98** Allerdings hat die Beachtung der Vorgabe, dass eine gesetzliche Regelung keinesfalls einen *generellen* Vorrang des Redaktionsgeheimnisses vor den Interessen einer effektiven Strafrechtspflege einräumen dürfe[381], zu einer weiteren Komplizierung der ohnehin schon unübersichtlichen Vertrauensschutzregelungen geführt[382], die das gesetzgeberische Ziel der Erhöhung der Rechtssicherheit konterkariert.

Uneingeschränkten, dem Schutz der Quelle entsprechenden Schutz genießt das Redak- **99** tionsgeheimnis nach § 53 Abs. 1 S. 2 StPO nur, wenn der staatliche Zugriff der Aufklärung geringfügiger Delikte gilt. Dies mag der auch im Gesetzgebungsverfahren erhobenen[383] Klage abhelfen, dass die meisten Durchsuchungs-Aktionen bei Medien erfahrungsgemäß wegen strafrechtlicher Banalitäten unternommen werden. Doch gerade für die Strafverfahren wegen Verbrechen und politischer Delikte, die typischerweise zum Gegenstand der Berichterstattung in den Medien werden, ist der Geheimnisschutz in § 53 Abs. 2 S. 2 StPO auf das Maß zurückgenommen, das sich aus der Rechtsprechung des BVerfG zur Verhältnismäßigkeit ohnehin ergeben würde: Der Eingriff ist insoweit nur zulässig, wenn er erforderlich ist, weil die Information anderweitig nicht zu erlangen wäre.

Andererseits bleibt die gesetzliche Regelung hinter der Rechtsprechung des BVerfG **100** zurück, soweit es um den Umfang des Geheimnisschutzes geht. Vom Redaktionsgeheimnis sind nach der neueren Rspr. keineswegs nur die Recherchen und die dazugehörigen Unterlagen umfasst. Geschützt ist die Vertraulichkeit der gesamten Redaktionsarbeit,[384] jedes gesprochene Wort in einer Konferenz,[385] die redaktionelle Planung und Personalstruktur,[386] sogar die Grundrisse der Redaktionsbüros sind durch Art. 5 Abs. 1 S. 2 GG vor staatlicher Kenntnisnahme geschützt. An der Garantie des Art. 5 Abs. 1 S. 2 GG ist jeder staatliche Informationseingriff bei den Medien zu messen, der „Einschüchterungswirkung" auf die Kollegen haben[387] und damit die Unbefangenheit der Redakteure und Mitarbeiter bei ihrer Arbeit beeinträchtigen könnte.

4. Schutz vor Zugriff auf die Telekommunikation

Das umfassende Konzept des Redaktionsgeheimnisses ist weniger relevant für die in § 53 **101** Abs. 1 Nr. 5 StPO, § 97 Abs. 5 StPO geregelten Fälle der Informationserhebung bei Journalisten. Es muss sich stattdessen beim Schutz der Medien vor dem Zugriff auf die Telekommunikation per TKÜ (§ 100a StPO), Telekommunikationsdaten-Abfrage (§ 100g StPO)[388] oder geheimdienstlicher TK-Überwachung[389] bewähren (→ § 24 Rn. 42 ff.; → § 21 Rn. 18 ff.). Für die TK-Datenabfrage nach § 100g StPO ist in Abs. 4 mittlerweile

---

[378] BVerfGE 77, 65 (80) = NJW 1988, 329.
[379] BVerfGE 64, 108 (119) = NJW 1984, 1101; BVerfGE 77, 65 (81) = NJW 1988, 329; BVerfGE 107, 299 (334) = NJW 2003, 1787.
[380] So auch *Bader* in KK-StPO StPO § 53 Rn. 27.
[381] Vgl. Begründung GesE BT-Drs 14/5166, 6; zul. BVerfGE 129, 208 (266) = NJW 2012, 833.
[382] Zur Kritik vgl. *Kunert* NStZ 2002, 169 (171); *Hamm* NJW 2001, 269 ff.
[383] Ausschuss-Ber. BT-Drs. 14/6576, 5.
[384] BVerfGE 107, 299 (330) = NJW 2003, 1787.
[385] BVerfGE 66, 116 (131) = NJW 1984, 1741.
[386] BVerfG NJW 2011, 1863 Rn. 23.
[387] BVerfGE 117, 244 (259) = NJW 2007, 1117; BVerfG NJW 2011, 1863 Rn. 25.
[388] BVerfGE 107, 299 (330) = NJW 2003, 1787; z. d. Einzelh. technischer Überwachung → § 26 Rn. 18 ff.
[389] Dazu *Huber* in Schenke/Graulich/Ruthig G 10 § 3b Rn. 5; zul. BVerfG BVerfGE 154, 152 = NJW 2020, 2235.

eine Spezialregelung getroffen, die für die Abfrage der einer Vorratsdatenspeicherung unterliegenden Daten (§ 113b TKG) auf den Schutz des Redaktionsgeheimnisses nach § 53 StPO verweist – und zwar auch, wenn der Journalist Beschuldigter eines Ermittlungsverfahrens ist.[390] Ein entsprechender Schutz schon bei der Vorratsdatenspeicherung selbst (→ § 21 Rn. 64 ff.) ist gesetzlich nicht vorgesehen.[391] Hinsichtlich der Erhebung anderer TK-Daten gilt der pauschale Verweis auf das Verhältnismäßigkeitsprinzip in § 160a Abs. 2 StPO.

102 Ähnlich pauschal sind Journalisten in anderen Bereichen moderner Überwachungstechnik geschützt: zB in § 3b G 10; § 62 Abs. 2 BKAG.[392] Hier gilt es unverändert, den verfassungsrechtlichen Schutz eines umfassenden Redaktionsgeheimnisses im Rahmen der Verhältnismäßigkeitsprüfung bei der Auslegung der einschlägigen Ermächtigungsnormen[393] zu berücksichtigen. Dies gilt, wie das BVerfG im „BND-Urteil" festgestellt hat, auch bei der Überwachung ausländischer Journalisten zu ihren Informanten im Ausland.[394] Da eine verhältnismäßige Berücksichtigung des Redaktionsgeheimnisses bei anlassloser strategischer Fernmeldeüberwachung regelmäßig nicht möglich ist, gelten gleichsam als Kompensation umso strengere Maßstäbe bei der Überprüfung der Verhältnismäßigkeit für alle Akte der Weitergabe und Verwertung der durch anlasslose Überwachung gewonnenen Daten.[395]

5. Die Schutzbedürftigkeit der Neuen Medien

103 Mit der Reform des Zeugnisverweigerungsrechts von 2002[396] sind der Quellenschutz und der Schutz des Redaktionsgeheimnisses auf die Neuen Medien (zum Begriff → Rn. 26) ausgeweitet worden, die vor staatlichen Informationseingriffen „nicht minder schutzbedürftig" sind.[397] Die gesetzliche Erweiterung des Schutzes bezieht sich auf die beruflich Mitwirkenden bei „der Unterrichtung und Meinungsbildung dienenden Informations- und Kommunikationsdiensten" (§ 53 Abs. 1 Nr. 5 StPO), soweit diese „redaktionell aufbereitet" sind (§ 53 Abs. 2 StPO).

104 Durch die gesetzlichen Eingrenzungen sind zwar rein kommerzielle Kommunikationsdienste[398] und die Inhaber privater Homepages[399] ebenso vom Geheimnisschutz ausgeschlossen wie die Veranstalter und Nutzer Sozialer Netzwerke und von Online-Foren.[400] Dennoch bleibt ein unübersehbarer Bereich verschiedenster Internet-Angebote, Blogs, Informationsdiensten, Datenbanken, halböffentlicher Mitteilungs-Seiten, deren Relevanz für die öffentliche Meinungsbildung durchaus fraglich ist und deren Schutz durch Art. 5 Abs. 1 S. 2 GG von Fall zu Fall problematisch sein kann (→ Rn. 33).

105 Um einer „ausufernden" Ausweitung des Zeugnisverweigerungsrechts und damit der Ermittlungshindernisse in § 97 Abs. 5 StPO zu begegnen[401], ist in § 53 Abs. 1 Nr. 5 StPO

---

[390] *Soehring/Hoene*, Presserecht, 6. Aufl. 2019, 178.
[391] *Soehring/Hoene*, Presserecht, 6. Aufl. 2019, 178; krit. *Rossnagel* NJW 2016, 533 (538).
[392] Zur Verfassungsmäßigkeit dieser Regelungstechnik BVerfGE 141, 220 (318 f.) = NJW 2016, 1781.
[393] Zur Methode der Prüfung der Verhältnismäßigkeit im Rahmen der Auslegung vgl. BVerfGE 107, 299 (332) = NJW 2003, 1787.
[394] BVerfGE 154, 152 Rn. 193 ff. = NJW 2020, 2235.
[395] BVerfGE 154, 152 Rn. 218 = NJW 2020, 2235.
[396] Gesetz v. 15.2.2002 (BGBl. 2002 I 682); z. Gesetzgebungsgesch. *Park*, Durchsuchung und Beschlagnahme, 2018 Rn. 558 f.
[397] Begründung GesE BT-Drs. 14/5166, 7.
[398] *Bader* in KK-StPO StPO § 53 Rn. 30; *Percic* in MüKoStPO, 1. Aufl. 2014, StPO § 53 Rn. 37; *Kunert* NStZ 2002, 169 (170); *Bertheau/Ignor* in Löwe/Rosenberg StPO § 53 Rn. 52.
[399] *Percic* in MüKoStPO, 1. Aufl. 2014, StPO § 53 Rn. 37; *Bertheau/Ignor* in Löwe/Rosenberg StPO § 53 Rn. 52.
[400] *Bader* in KK-StPO StPO § 53 Rn. 34; LG Augsburg NStZ 2013, 480; LG Hof BeckRS 2014, 60048 Rn. 14; *Kahl*, Elektronische Presse, 2013, 222.
[401] Begr. GesE BT-Drs. 14/5166, 8; zur Problematik auch *Bader* in KK-StPO StPO § 53 Rn. 33; *Kahl*, Elektronische Presse, 2013, 224; *Percic* in MüKoStPO, 2014, StPO § 53 Rn. 38; *Huber* in BeckOK StPO, StPO § 53 Rn. 26 f.

der Schutz auf die „berufsmäßige" Ausübung journalistischer Tätigkeit begrenzt. Diese Begrenzung wiederum wird in Teilen der Lit.[402] als problematisch, weil zu eng angesehen. Auch gelegentliche, ehrenamtliche oder neben dem Beruf betriebene Publikationstätigkeit kann von Art. 5 Abs. 1 S. 2 GG geschützt sein. Dazu gehört vor allem der zweifellos dem Bereich der politischen Meinungsbildung zuzurechnende „Bürgerjournalismus".[403] Eine strenge Auslegung des Merkmals der „berufsmäßigen" Ausübung würde zudem mit der Rechtsprechung des EGMR kollidieren, der eine solche Begrenzung beim Schutz durch Art. 10 EMRK nicht anerkennt.[404]

In der Vielzahl der Fälle werden für die Strafverfolgung Kollisionslagen mit den **106** Garantien des Art. 5 Abs. 1 S. 2 GG allerdings schon deshalb nicht auftreten, weil in weiten Bereichen der „neuen" Öffentlichkeit mangels professioneller redaktioneller Organisation ein schutzbedürftiges Redaktionsgeheimnis ebenso wenig relevant werden wird wie ein Vertrauensverhältnis zu geheimen Informanten. Die netzspezifische Massendelinquenz im Bereich der Äußerungsdelikte (→ Rn. 78) ist ohnehin meist geheimnisfrei. Umso problematischer ist andererseits der angemessene Umgang mit netzbasierten Enthüllungsplattformen wie zB Wikileaks (→ Rn. 60). Hier zeigt sich, dass auch nach den Gesetzesangleichungen an die Entwicklungen digitaler Kommunikation das Bedürfnis für die vom BVerfG seit dem Spiegel-Urteil[405] entwickelte Routine der Abwägung mit dem Gewicht des Eingriffs in Art. 5 Abs. 1 S. 2 GG im Einzelfall[406] unverändert groß ist. So ist die Rechtsentwicklung auf dem umstrittenen Gebiet des Schutzes der Medien vor dem Staat nach mehr als einem halben Jahrhundert wieder an ihrem Ausgangspunkt angekommen.

§ 6 Sicherheitsbegriff und Sicherheitsrecht

Jan-Hendrik Dietrich

Übersicht

	Rn.
A. Einführung	1
B. Sicherheit als Rechtsbegriff	3
I. Sprachliche Wurzeln und Bedeutungsentwicklung	3
II. Kontextabhängiger Bedeutungsgehalt im Rechtsinne	4
C. Koordinaten sicherheitsrechtlicher Begriffsbildung	6
I. System	7
1. Sicherheit und Freiheit	7
2. Sicherheit und Wissen	10
3. Sicherheitspolitische Voreinstellungen	15
4. Sicherheit als Konstruktion	19
II. Funktion	21
1. Rechtsgüterschutz und Rechtsbegriff	22
2. Sicherheitsbegriff und Sicherheitsrecht	26
D. Sicherheitsbegriffe des Sicherheitsrechts	28
I. Sicherheit und Verfassungsrecht	29
1. Sicherheitsbegriffe im Grundgesetz	29
2. Sicherheit als staatstheoretischer Begriff	32
3. Innere Sicherheit als staatsrechtlicher Begriff	34

---

[402] *Grabenwarter* in Dürig/Herzog/Scholz GG Art. 5 Abs. 1, Abs. 2 Rn. 489.
[403] Dazu grundl. *Kahl*, Elektronische Presse, 2013, 48 ff.
[404] EGMR BeckRS 2016, 10707 Nr. 27.
[405] BVerfGE 20, 162 (187, 200) = NJW 1966, 1603.
[406] ZB BVerfGE 107, 299 (334 f.) = NJW 2003, 1787; *Kahl*, Elektronische Presse, 2013, 228; grundl. *Gusy* NStZ 2003, 399 (402 ff.).

	Rn.
II. Sicherheit im europarechtlichen Regelungskontext	36
1. Raum der Freiheit, der Sicherheit und des Rechts	39
2. Nationale Sicherheit in mitgliedstaatlicher Verantwortung	41
3. Beschränkung von Grundfreiheiten aus Gründen der öffentlichen Sicherheit	45
4. Recht auf Freiheit und Sicherheit	47
III. Sicherheitsbegriffe des Strafrechts	49
1. Sicherheit der Bundesrepublik Deutschland	50
2. Öffentliche Sicherheit	55
IV. Verwaltungsrechtliche Sicherheitsbegriffe	60
1. Öffentliche Sicherheit	61
2. Sicherheit des Bundes oder eines Landes	65
3. Innere und äußere Sicherheit	68
4. Nationale Sicherheit	72
5. Sicherheit in der Informationstechnik, IT-, Informations- und Cybersicherheit	75
6. Datensicherheit und Datenschutz	79
E. Perspektiven	80

Wichtige Literatur:

Albers, M., Die Determinanten polizeilicher Tätigkeit in den Bereichen Straftatenverhütung und Verfolgungsvorsorge, 2001; *Albers, M./Weinzierl, R.* (Hrsg.), Menschenrechtliche Standards in der Sicherheitspolitik, 2009; *Callies, C.*, Sicherheit im freiheitlichen Rechtsstaat, ZRP 2002, 1; *Daase, C./Offermann, P./Rauer, V.* (Hrsg.), Sicherheitskultur, 2012; *Dietrich, J. H.*, Der Gefahrenbegriff im Öffentlichen Recht, in Fischer/Hilgendorf (Hrsg.), Gefahr, 2020, 69; *Gärditz, K. F.*, Sicherheitsrecht als Perspektive, GSZ 2017, 1; *Gusy, C.*, Vom neuen Sicherheitsbegriff zur neuen Sicherheitsarchitektur, VerwArch 101 (2010), 309; *Gusy, C.*, Sicherheitsgesetzgebung, KritV 2012, 246; *Gusy, C.*, Zur Gesetzgebungslehre der Sicherheitsgesetzgebung aus rechtswissenschaftlicher Sicht, JBÖS 2016/17, 338; *Gusy, C./Kugelmann, D./Würtenberger, T.* (Hrsg.), Rechtshandbuch Zivile Sicherheit, 2017; *Gusy, C.*, Sicherheitsrecht als Rechtsgebiet?, in Dietrich/Gärditz (Hrsg.), Sicherheitsverfassung – Sicherheitsrecht, 2019, 9; *Hoffmann-Riem, W.*, Der Staat als Garant von Freiheit und Sicherheit, in: Papier/Münch/Kellermann (Hrsg.), Freiheit und Sicherheit, 2016, 19; *Hornung, G./Schallbruch, M.*, IT-Sicherheit, 2021; *Isensee, J.*, Das Grundrecht auf Sicherheit, 1983; *Jaeckel, L.*, Gefahrenabwehrrecht und Risikodogmatik, 2010; *Kipker, D. K.*, Cybersecurity, 2020; *Kötter, M.*, Pfade des Sicherheitsrechts, 2007; *Kugelmann, D.*, Polizei- und Ordnungsrecht, 2. Aufl. 2012; *Leuschner, S.*, Sicherheit als Grundsatz, 2018; *Masing, J.*, Die Ambivalenz von Freiheit und Sicherheit, JZ 2011, 753; *Möstl, M.*, Die staatliche Garantie für die öffentliche Sicherheit und Ordnung, 2002; *Puschke, J.*, Sicherheitshesetzgebung ohne Zweck, in Goeckenjan/Puschke/Singelnstein, FS für Eisenberg, 2019, 695; *Rengeling, H.-W.*, „Sicherheit" im Recht der Europäischen Union, in Hilgendorf/Eckert (Hrsg.), FS für Knemeyer, 2012, 269; *Schulze, M.*, Die Sprache der (Un-)Sicherheit, 2012; *Schwetzel, W.*, Freiheit, Sicherheit, Terror, 2007; *Sieber, U.*, Der Paradigmenwechsel vom Strafrecht zum Sicherheitsrecht, in Tiedemann/Sieber/Satzger/Burchard/Brodowski (Hrsg.), Die Verfassung moderner Strafrechtspflege, Erinnerung an Joachim Vogel, 2016, 351; *Tanneberger, S.*, Die Sicherheitsverfassung, 2014; *Thiel, M.*, Entgrenzung der Gefahrenabwehr, 2011.

Hinweis:
Alle Internetfundstellen wurden zuletzt am 5.4.2022 abgerufen.

A. Einführung[1]

1 Eine eingehende und umfassende Auseinandersetzung mit dem Begriff von **Sicherheit** ist in der Rechtswissenschaft eine vergleichsweise junge Entwicklung.[2] Können Nachbardisziplinen schon seit vielen Jahren auf Erträge verweisen,[3] ist die rechtswissenschaftliche Befassung über lange Zeit eher zurückhaltend und nach Regelungszusammenhängen dis-

---

[1] Für die umsichtige Vorbereitung und Durchsicht des Beitrags ist Herrn Jan-Philipp Jensen zu danken.
[2] Eingehend *Gusy* in Dietrich/Gärditz, Sicherheitsverfassung – Sicherheitsrecht, 2019, 9 ff.
[3] S. zB *Schrims-Heins*, Gewissheit und Sicherheit, Geschichte und Bedeutungswandel der Begriffe certitudo und securitas, 1990; *Kaufmann*, Sicherheit als soziologisches und sozialpolitisches Problem, Untersuchungen zu einer Wertidee hochdifferenzierter Gesellschaften, 1973; *Makropoulos*, Sicherheit in Ritter/Gründer, Historisches Wörterbuch der Philosophie, Bd. 9, 1995; *Daase* in Politische Vierteljahresschrift 32 (1991), 425 ff.

loziert geblieben. Erst mit dem Aufkommen der sicherheitspolitischen Diskussion über einen „neuen" oder „erweiterten" Sicherheitsbegriff[4] steigt auch in der juristischen Fachgemeinschaft die Aufmerksamkeit für eine verknüpfende Perspektive.[5] Augenfällig ist neuerdings die Verklammerung vormals segmentierter Rechtsgebiete unter der Bezeichnung des **Sicherheitsrechts,** womit der Vielschichtigkeit der Regelungsmaterien, die Vielschichtigkeit der Regulierungsinstanzen und die Vielfalt der Akteure begegnet werden soll.[6] Dabei sollen strafrechtliche, verwaltungsrechtliche und zivilrechtliche Regelungsregime verwachsen und zusammen die Grundlage einer neuen modernen Sicherheitsarchitektur bilden.[7] Diese Entwicklung wird von einer behutsamen äußeren Professionalisierung begleitet. Dem „Sicherheitsrecht" werden eine Zeitschrift[8], Schriftenreihen[9], Kommentare und Handbücher[10] sowie Forschungseinrichtungen und Professuren[11] gewidmet.

Es ist vor diesem Hintergrund kaum von der Hand zu weisen, dass der Begriff der „Sicherheit" gesetzgeberische Aktivitäten einer **„Sicherheitsgesetzgebung"**[12] (zB in Gestalt von „Sicherheits- und Ordnungsgesetzen") und darauf bezogene wissenschaftliche Bemühungen logisch verknüpft. Das ist insofern bemerkenswert, als hierfür jedenfalls ein anerkanntes Verständnis darüber vorliegen muss, was „Sicherheit" ist und was nicht. Die nachfolgenden Ausführungen nehmen daher den Sicherheitsbegriff des Sicherheitsrechts in den Blick. **2**

B. Sicherheit als Rechtsbegriff

I. Sprachliche Wurzeln und Bedeutungsentwicklung

Der Wortsinn von „Sicherheit" lässt sich schwer fassen.[13] Die Bedeutungsentwicklung wird als kompliziert und nicht immer durchsichtig beschrieben.[14] Sprachliche Wurzeln gehen auf das lateinische Wort „securus" zurück („ohne Sorge", zusammengesetzt aus *sē* „ohne" und *cūra* „Fürsorge"). Gemeint war ein glücklicher Seelenzustand des Freiseins von Triebhaftigkeit und Erregung, ein Ausdruck des „Geborgenfühlens" durch Abwesenheit von Furcht vor Gefahren.[15] In diesem subjektiven Sinne lässt sich „Sicherheit" auch heute noch als **elementares Grundbedürfnis des Menschen** verstehen.[16] Im Mittelalter erhält „securitas" darüber hinaus eine (objektive) politische Bedeutung im Sinne einer Abwesenheit von Gefahren, garantiert durch staatliche Machtausübung. Über Eidesformeln in lehens-, **3**

---

[4] Näher *Heinrich/Lange* in Lange/Ohly/Reichertz, Auf der Suche nach neuer Sicherheit, Fakten, Theorien und Folgen, 2. Aufl. 2009, 253 (253 ff.) mwN; *Gusy* VerwArch 101 (2010), 309 ff.
[5] Zum Sicherheitsrecht als Perspektive *Gärditz* GSZ 2017, 1 ff.
[6] Zu dieser Forderung *Gusy* JBÖS 2016/17, 338 (339).
[7] *Sieber* in Tiedemann/Sieber/Satzger/Burchard/Brodowski, Die Verfassung moderner Strafrechtspflege, Erinnerung an Joachim Vogel, 2016, 351 (352); noch differenzierter *Puschke* FS Eisenberg, 2019, 695 (710 ff.); warnend *Hassemer* StV 2006, 321 ff.
[8] Etwa die „Zeitschrift für das Gesamte Sicherheitsrecht" im C.H. Beck Verlag.
[9] S. zB die „Beiträge zum Sicherheitsrecht und zur Sicherheitspolitik" (SRSP) im Mohr Siebeck Verlag oder die Reihe zum „Recht der inneren und äußeren Sicherheit" (RS) von Duncker & Humblot.
[10] S. dazu etwa nur *Schenke/Graulich/Ruthig,* Sicherheitsrecht des Bundes, 2. Aufl. 2019 oder *Gusy/Kugelmann/Würtenberger,* Rechtshandbuch Zivile Sicherheit, 2017.
[11] Im umbenannten „Max-Planck-Institut zur Erforschung von Kriminalität, Sicherheit und Recht" beschäftigt sich seit März 2020 eine Abteilung mit dem „Recht der öffentlichen Sicherheit". Die Ludwig-Maximilians-Universität München verfügt seit 2021 über ein Institut für Digitalisierung und das Recht der Inneren Sicherheit (IDRIS). An der Universität Passau ist seit kurzem ein Lehrstuhl für Öffentliches Recht, Sicherheitsrecht und das Recht der neuen Technologien besetzt.
[12] Näher *Gusy* KritV 2012, 246 ff.
[13] Vgl. *Bull,* Die Staatsaufgaben nach dem Grundgesetz, 1973, 348; *Thiel,* Entgrenzung der Gefahrenabwehr, 2011, 141; *Callies* ZRP 2002, 1.
[14] Vgl. *Kluge,* Etymologisches Wörterbuch der deutschen Sprache, 25. Aufl. 2011, 847 zum Begriff „sicher"/„Sicherheit".
[15] Vgl. *Conze* in Brunner/Conze/Koselleck, Geschichtliche Grundbegriffe. Historisches Lexikon zur politisch-sozialen Sprache in Deutschland, Bd. 5, 1984, 831 f.
[16] *Denninger* in Lisken/Denninger PolR-HdB B. I. Rn. 10.

land- und kirchenrechtlichen Beziehungen wurden mit Verpflichtung auf „securitas" persönliche Schutz-, Loyalitäts- und Herrschaftsbeziehungen ausgedrückt.[17] Damit war ein **politischer Sicherheitsbegriff** in der Welt, der bis heute eine wechselvolle Bedeutungsgeschichte aufweist.[18] Für das Sicherheitsrecht fungiert er als wichtige Voreinstellung rechtspolitischer Entwicklungen (→ Rn. 15 ff.). Schließlich lässt sich „Sicherheit" auch in umgekehrter Schutzrichtung verstehen. Hebt etwa der objektive Sicherheitsbegriff auf die Abwesenheit von Gefahren für Personen oder Sachen vor Personen ab, kann „Sicherheit" auch in funktional-betrieblichem Sinne ausgelegt werden als Schutz von Personen oder Sachen vor Gefahren durch Sachen. In der englischen Sprache wird dieses differenzierte Verständnis über die Begriffe **„safety" und „security"** erfasst.[19]

II. Kontextabhängiger Bedeutungsgehalt im Rechtsinne

4 In der Rechtsordnung ist der Begriff der „Sicherheit" in großer Zahl anzutreffen. Er findet sich in Art. 13 Abs. 4 GG und Art. 24 Abs. 2 GG, § 4 Abs. 1 S. 1 Nr. 5a BKAG, § 1 Abs. 1 BVerfSchG und § 4 Abs. 1 Nr. 1 BremDSGVOAG ebenso wieder wie in § 29a Abs. 1 BImSchG, § 30a Abs. 1 Nr. 7 AsylG, Art. 3 BayBauO, § 92 Abs. 3 Nr. 2 StGB oder § 71 Abs. 1 AktG. In manchen Fällen wird lediglich ein bestimmter Sachverhalt deskriptiv erfasst, etwa im Fall von § 52 Abs. 2 BGB, wenn einem Gläubiger „Sicherheit geleistet" wird. In anderen Fällen setzen die Gesetze eine Wertung des Rechtsanwenders („normative Begriffe") voraus. Ob beispielsweise eine Gefahr für die „öffentliche Sicherheit" iSv § 17 Abs. 1 ASOG Bln vorliegt, verlangt unter anderem eine Bewertung darüber, ob die Unversehrtheit der Rechtsordnung, der ihrerseits gesellschaftliche Werturteile hinterlegt sind, tangiert wird. Die **kalkulierte Unbestimmtheit** zeigt, dass „Sicherheit" als normativem Begriff in der Regel ein dynamisches Verständnis zugrunde liegt, das immer wieder neu auszuhandeln ist.[20]

5 Verbreitung und Deutungsoffenheit des Sicherheitsbegriffs machen klar, dass „Sicherheit" im Rechtsinne ohne näheren Bezug **nicht definierbar und nichts definierend** ist.[21] Die Rechtsordnung reagiert auf die Konkretisierungsbedürftigkeit in vielen Fällen mit **kontextbezogenen Präzisierungen**.[22] Ergänzende Adjektive markieren die Sachdimension, in der sich der Sicherheitsbegriff bewegt. Sicherheit kann demnach zB eine „öffentliche", „nationale", „innere", „äußere", „kollektive", „soziale", „ökologische" oder „technische" sein. Teilweise wird der Kontextbezug auch im Wege zusammengesetzter Substantive hergestellt. Solcherlei Komposita sind zB die Begriffe von Arbeitssicherheit, Informationssicherheit, IT-Sicherheit, Anlagensicherheit oder Produktsicherheit. Es liegt auf der Hand, dass erst die kontextbezogene Präzisierung den Auslegungshorizont erschließt. Damit gibt es in der Rechtsordnung keinen einheitlichen Sicherheitsbegriff. Vielmehr existiert eine Vielzahl an kontextbezogenen Sicherheitsbegriffen nebeneinander.[23] Nicht ausgeschlossen sind Schnittmengen des Bedeutungsgehalts. Das gilt zB für die Begriffe „Cyber-Sicherheit", „IT-Sicherheit", „Informationssicherheit" und „Datensicherheit".[24] In diesem Sinne ist auch die

---

[17] Vgl. *Conze* in Brunner/Conze/Koselleck, Geschichtliche Grundbegriffe. Historisches Lexikon zur politisch-sozialen Sprache in Deutschland, Bd. 5, 1984, 834.
[18] Näher dazu *Daase/Deitelhoff*, Privatisierung der Sicherheit – eine sozialwissenschaftliche Studie, 2013, 14, 23 mwN.
[19] S. dazu *Kaufmann* in Gusy/Kugelmann/Würtenberger Zivile Sicherh-HdB I 1 Rn. 4 f.; *Hornung/Schallbruch* in Hornung/Schallbruch IT-SicherheitsR § 1 Rn. 12.
[20] S. *Leuschner*, Sicherheit als Grundsatz, 2018, 5, 22 ff. Damit ließe sich Sicherheit auch als Prozess verstehen. Dazu *Schulze*, Die Sprache der (Un-)Sicherheit, 2012, 30 f.
[21] Vgl. *Denninger* in Lisken/Denninger, Handbuch des Polizeirechts, 6. Aufl. 2018, B. I. Rn. 16.
[22] So auch *Möstl*, Die staatliche Garantie für die öffentliche Sicherheit und Ordnung, 2002, 119.
[23] *Christoph Gusy* spricht deshalb mit Recht von „Sicherheiten" als Gegenstand von Sicherheitsforschung. Vgl. *Gusy* in Gusy/Kugelmann/Würtenberger Zivile Sicherh-HdB I 3 Rn. 5.
[24] Ausführlich *Kipker* in Kipker Cybersecurity Kap. 1 Rn. 4; *Hornung/Schallbruch* in Hornung/Schallbruch IT-SicherheitsR § 1 Rn. 11 ff.

– geforderte[25] – Begriffsbildung im Sicherheitsrecht zu verstehen. Es geht darum, das Verbindende unterschiedlicher Sicherheitsbegriffe zu identifizieren.

C. Koordinaten sicherheitsrechtlicher Begriffsbildung

Die sicherheitsrechtliche Begriffsbildung bewegt sich innerhalb kontextbezogener Koordinaten. Sie grenzen den Auslegungshorizont ein und legen Gemeinsamkeiten unterschiedlicher Sicherheitsverständnisse offen. **6**

I. System

1. Sicherheit und Freiheit

In staatsrechtlichem Sinne sind Sicherheit und Freiheit untrennbar miteinander verbunden. **7**
Beides bedingt sich gegenseitig.[26] Während Sicherheit die Unversehrtheit von Rechtsgütern vor Übergriffen durch Private bedeutet, schützt Freiheit die Rechtsgüter gegen Übergriffe des Staates.[27] Verfassungsrechtlich ist das insofern hinterlegt, als die Freiheitsrechte einerseits wirksam staatliche Machtausübung begrenzen, andererseits aber eine (Gewährleistungs-)Schutzpflicht des Staates enthalten.[28] Letztere beschreibt die subjektive Facette einer Staatsaufgabe,[29] von welcher der Staat als Institution seine eigentliche und letzte Rechtfertigung ableitet.[30] Ihn trifft insofern und mit Blick auf Art. 1 Abs. 1 S. 2 GG ein **Doppelauftrag,** staatliches Handeln sowohl zu disziplinieren wie auch zu aktivieren.[31]

Nicht richtig ist, dass ein Gewinn an Sicherheit auch einen Gewinn an Freiheit nach sich **8**
zieht.[32] Freiheit und Sicherheit stehen in einem Spannungsverhältnis; sie verhalten sich gegenläufig. Die Freiheit des einen bedeutet die Unsicherheit des anderen. Zu Recht wird daher betont, dass Unsicherheit den Kern*gehalt* von Freiheit ausmacht: Freiheit ist subjektiv, unberechenbar, spontan und vielfältig.[33] **Freiheitsentfaltung ist kalkuliert gefahrgeneigt.** Gelegentlich sind Sicherheitsmaßnahmen sogar selbst Ursache für Unsicherheit. In diesem Zusammenhang ist das sog. **Sicherheitsparadoxon**[34] zu sehen. Wird mit einer Sicherheitsmaßnahme vermeintlich ein höheres Sicherheitsniveau geschaffen, entstehen anderenorts eben dadurch neue Risiken. Die Anschläge vom 11.9.2001 haben beispielsweise weltweit zu erheblichen Anstrengungen bei der Verbesserung der Luftsicherheit geführt. Das Risiko terroristischer Anschläge mit Hilfe gekaperter Flugzeuge ist infolgedessen reduziert worden. Blickt man nun etwa auf die Anschläge von Nizza und Berlin (2016), zeigen sich Verlagerungstendenzen. Es kommen bei Terrorakten Alltagsgegenstände (wie zB Autos oder Messer) zum Einsatz, was die psychologische Wirkung eines Anschlags erheblich verstärken kann. Denn vor solcherlei **„Lumpenterrorismus"** *(Alain Bauer)*[35] ist effektiver Schutz kaum möglich.

Die Gegenläufigkeit von Freiheit und Sicherheit macht klar, dass im Einzelfall regelmäßig **9**
Dilemma-Situationen entstehen können.[36] *Christian Callies* spricht insoweit von einer

---

[25] Vgl. *Gärditz* GSZ 2017, 1.
[26] Vgl. *Isensee,* Das Grundrecht auf Sicherheit, 1983, 21; *Masing* JZ 2011, 753.
[27] *Schwetzel,* Freiheit, Sicherheit, Terror, 2007, 73.
[28] S. *Möstl* Sicherheitsgewährleistung 84 ff.
[29] Näher dazu *Thiel,* Entgrenzung der Gefahrenabwehr, 2011, 150 ff.; *Schwetzel,* Freiheit, Sicherheit, Terror, 2007, 63.
[30] Vgl. BVerfGE 49, 24 (56) = NJW 1978, 2235. Näher dazu *Thiel* in diesem Bande → § 2 Rn. 1 ff.
[31] *Callies* ZRP 2002, 1 (5).
[32] So aber zB im Sondervotum der Richterin *Haas* nachzulesen, vgl. BVerfGE 115, 320 (371 ff.) = NJW 2006, 1939, zustimmend wohl ua *Hillgruber* JZ 2007, 209 (212 f.).
[33] Vgl. *Masing* JZ 2011, 753 (753).
[34] Darauf weist *Christoph Gusy* hin. S. *Gusy* in Gusy/Kugelmann/Würtenberger Zivile Sicherh-HdB I 3 Rn. 4. S. auch *Leuschner,* Sicherheit als Grundsatz, 2018, 16 f. mwN.
[35] *Bauer* zitiert nach *Wiegel,* Die Geburt des Lumpenterrorismus, FAZ v. 13.9.2016, https://bit.ly/3yOVw3K.
[36] Vgl. *Hoffmann-Riem* in Papier/Münch/Kellermann, Freiheit und Sicherheit, 2016, 19 (22).

„Zwickmühle der Freiheit".[37] An dieser Stelle tritt das gesetzliche Sicherheitsrecht auf den Plan. Es fungiert als **Konfliktschlichtungsressource**.[38] So soll es zB den Sicherheitsbehörden effektive Befugnisse an die Hand geben, ohne aber individuelle Freiheitsverbürgungen zum Opfer zu bringen. Die gesetzlichen Konfliktschlichtungsformeln zeichnen sich durch ihre Offenheit für den Einzelfall aus. Ihnen ist regelmäßig ein Abwägungserfordernis hinterlegt, wenngleich der Abwägung subjektiver Rechtspositionen – etwa durch die Rechtsprechung des BVerfG zum Kernbereich privater Lebensgestaltung – einige Grenzen gezogen sind.[39] Daran zeigt sich, dass der vertretbare Ausgleich von Freiheit und Sicherheit immer wieder neu auszuhandeln ist.[40] In diesem Sinne lässt sich **Sicherheit** tatsächlich **als Prozess** verstehen.[41]

2. Sicherheit und Wissen

10 Im Staat als wissensbasierter Organisation ist auch die Gewährleistung von Sicherheit wissensabhängig.[42] Die Verfügbarkeit von Wissen bestimmter Art und Güte verschafft dem Staat eine hinreichende Handlungskapazität, rationale Entscheidungen zu treffen.[43] An dieser Stelle setzen demokratische Legitimitätserwartungen[44] an. Eine gesellschaftliche Anerkennung staatlicher Sicherheitsgewährleistung ist nur denkbar, soweit staatliche Entscheidungen den Bürgerinnen und Bürgern begründet erscheinen und deshalb nachvollzogen werden können. Daraus folgt, dass den Staat eine Wissensgenerierungspflicht trifft. Der aus rechtlicher Sicht „erhebliche Sachverhalt" ist auf der Grundlage „verlässlicher Quellen" vollständig zu ermitteln und der Entscheidungsfindung zugrunde zu legen.[45] Entscheidungsträger müssen sich ein eigenes Bild von den tatsächlichen Verhältnissen unter Ausschöpfung der zur Verfügung stehenden Erkenntnismittel verschaffen, anstatt sich auf einen Bericht von „interessierter Seite" zu verlassen.[46] Auf den ersten Blick ist die Formel einfach: über je mehr Wissen der Staat verfügt, desto rationaler können Entscheidungen über Sicherheitsmaßnahmen getroffen werden. In diesem Sinne könnte mehr Wissen auch mehr Sicherheit bedeuten.[47]

11 Vielen einfachgesetzlichen Regelungen des Sicherheitsrechts ist diese Vermutung hinterlegt. Im Gefahrenabwehrrecht setzen behördliche Eingriffsbefugnisse zum Schutz bestimmter Rechtsgüter regelmäßig eine Prognose über zu erwartende Schäden voraus. Die Behörde beurteilt den möglichen Schaden und die Wahrscheinlichkeit seines Eintritts. Welcher Wahrscheinlichkeitsgrad in einem konkreten Fall „hinreichend" ist, hängt wesentlich von der Bedeutung des bedrohten Rechtsguts und dem Ausmaß des Schadens ab.[48] Je ranghöher ein Schutzgut und je größer und folgenschwerer der zu erwartende Schaden ist, umso geringere Anforderungen sind an die Wahrscheinlichkeit des Schadens zu stellen.[49] Schadenseintrittsnähe und Schadensausmaß müssen auf der Basis verfügbaren Wissens jeweils im Einzelfall amtlich ermittelt werden. In diesem Zusammenhang dient Wissen zur Reduzierung von Unsicherheit in der Prognose.

---

37 *Callies* ZRP 2002, 1 (5).
38 Vgl. *Dietrich*, Verfassungsschutz in der föderalen Ordnung, FS Sieber, 2021, 885 f.
39 Ausführlich *Tanneberger*, Die Sicherheitsverfassung, 2014, 354 ff.
40 S. dazu auch *Kötter*, Pfade des Sicherheitsrechts, 2007, 362 ff.
41 Hier setzt der *Securitization*-Ansatz an. Kritisch wird gesehen, dass Bedrohungen oft politisch überhöht werden, um öffentliche Aufmerksamkeit zu erzeugen. Dadurch wird der Legitimation von einschneidenden Maßnahmen im Weg bereitet, die unter normalen Bedingungen nicht denkbar wären. S. *Buzan/Waever/de Wilde*, Security: a new framework for analysis, 1998, 25 f.
42 Zum Folgenden s. ausführlich *Barczak* in diesem Bande → § 16 Rn. 35 ff.
43 Vgl. *Voßkuhle* in Schuppert/Voßkuhle, Governance von und durch Wissen, 2008, 13 (16).
44 S. näher *Trute* in Hoffmann-Riem/Schmidt-Aßmann/Voßkuhle VerwR Bd. 1 § 6 Rn. 2.
45 Vgl. BVerfGE 86, 90 (109, 112) = BeckRS 1992, 8123; BVerfGE 95, 1 (23) = NJW 1997, 383.
46 Vgl. BVerfGE 39, 201 (226); BVerfGE 50, 290 (334) = NJW 1979, 699; BVerfGE 57, 139 (160) = NJW 1981, 2107; BVerfGE 86, 90 (112) = BeckRS 1992, 8123.
47 Zu den Grenzen s. aber *Gusy* VerwArch 101 (2010), 309 (312).
48 Ausführlich *Dietrich* in Fischer/Hilgendorf Gefahr 69 (75).
49 Vgl. etwa BVerwGE 47, 31 (40) = NJW 1975, 130; BVerwGE 62, 36 (39) = BeckRS 1981, 106119.

Die naturwissenschaftlich-technologische Entwicklung hat indes maßgeblich dazu bei- 12
getragen, dass am Einzelfall orientierte und reaktive Maßnahmen nicht immer ausreichen,
um Bedrohungen wirksam zu begegnen. Moderne Informations- und Kommunikations-
gesellschaften sind mit ihren hochgradigen Verflechtungen und Vernetzungen durch Gewalt besonders verwundbar.[50] Terroranschläge, Großschadensereignisse oder Epidemien
haben das Potential, Kaskadeneffekte auszulösen, die eine Mehrzahl von Menschen erfassen.
Die gesellschaftlichen Sicherheitsbedürfnisse haben sich daher gewandelt.[51] Erwartet wird,
dass sich Besorgnissituationen für Rechtsgüter auflösen, noch bevor eine Gefahr überhaupt
erst entsteht.[52] Damit ist der Gedanke der **(Gefahren-)Vorsorge** angesprochen, der längst
aus dem Umwelt- und Technikrecht in das Sicherheitsrecht „hinübergeschwappt" ist.[53]
Diese Vorverlagerung des Schutzes knüpft sprachlich an den Begriff des **„Risikos"** an, bei
dem hinsichtlich des „Ob" und des „Wie" des Schadensereignisses noch wenig Gewissheit
herrscht.[54]

Diese Karriere des **Präventionsgedankens** hat den Sicherheitsbegriff verändert.[55] Si- 13
cherheit bedeutet in diesem Zusammenhang eine dynamische Vergewisserung von Besorgnissituationen. Vom Grundsatz her erscheint das vernünftig. Seit der Einführung von
§§ 89a, 89b StGB muss etwa nicht länger abgewartet werden, bis sich jemand tatsächlich
anschickt, in einem „Terrorcamp" erworbene Fertigkeiten in die Tat umzusetzen. Rechtsdogmatisch stellt der **„preventive turn"** *(Tobias Singelnstein)* den Gesetzgeber allerdings
vor große Herausforderungen. Denn althergebrachte Regelungskategorien reichen nicht
mehr aus, um die Lebenswirklichkeit zu erfassen.[56] Grenzen zwischen Gefahr und Gefahrenvorfeld, Störer und Nicht-Störer, Gefahrenabwehr und Strafverfolgung, zwischen polizeilicher und nachrichtendienstlicher Arbeit sind zunehmend schwieriger zu bestimmen.[57]
Die Präventionsorientierung ist infolgedessen mit **Entgrenzungstendenzen** verbunden.
Manche bereiten zuweilen Sorge. So ist etwa die Ausnahmesituation, die das BVerfG in
seiner Entscheidung zum BKA-Gesetz für eine behutsame Öffnung des Gefahrenvorfelds
für polizeiliche Maßnahmen vor Augen hatte[58], bei der Novellierung des bayerischen PAG
außer Sicht geraten.[59] Nach Art. 11a Abs. 1 BayPAG kann eine „drohende Gefahr" nicht
nur informationelle, sondern auch aktionelle polizeiliche Maßnahmen auslösen, wie etwa
die Beschlagnahme von Vermögen, Aufenthaltsverbote oder das Tragen einer Fußfessel. Es
genügt dabei schon, dass erhebliche Eigentumspositionen oder Sachen, deren Erhalt in
besonderem öffentlichen Interesse liegt, gefährdet werden. Der Befugniszuwachs macht die
Polizei zu einer omnipotenten Behörde.[60] Ihr kommen nicht nur typische polizeiliche
Kompetenzen zu, sondern auch Befugnisse, die zuvor allein den Nachrichtendiensten
vorbehalten waren. Hinzu treten Maßnahmen, die eigentlich dem Strafverfahrensrecht
zuzuordnen sind (wie zB das Tragen einer Fußfessel). Im Falle eines Verstoßes gegen einen
Platzverweis oder ein Kontaktverbot nach Art. 16 BayPAG kann eine „drohende Gefahr"
sogar mittelbar die Anordnung von Präventivhaft auslösen.

Das Beispiel zeigt auf, dass der Präventionslogik Grenzen gesetzt werden müssen, wenn 14
die Sache nicht aus dem Ruder laufen soll. Vorfeldinstrumente wie die „Regelbasierte
Analyse potentiell destruktiver Täter zur Einschätzung des akuten Risikos – islamistischer

---

50 S. *Kaufmann* in Gusy/Kugelmann/Würtenberger Zivile Sicherh-HdB I 1 Rn. 2; *Callies* ZRP 2002, 1 (2).
51 S. *Singelnstein* in Fischer/Hilgendorf Gefahr 95 (101 ff.); *Volkmann* NVwZ 2009, 216.
52 Vgl. *Baldus* Verw 47 (2014), 1 (10).
53 Vgl. *Callies* DVBl. 2003, 1096 (1099); ausführlich *Jaeckel*, Gefahrenabwehrrecht und Risikodogmatik, 2010, 148 ff.; *Thiel*, Entgrenzung der Gefahrenabwehr, 2011, 67 ff.
54 *Denninger* in Lisken/Denninger PolR-HdB B. I. Rn. 11, krit. *Puschke* FS Eisenberg, 2019, 695 (697).
55 Vgl. *Kötter*, Pfade des Sicherheitsrechts, 2007, 174 ff.
56 Vgl. *Schoch* Staat 43 (2004), 347 (363 ff.).
57 Vgl. *Baldus* Verw 47 (2014), 1 (10); *Schoch* Staat 43 (2004), 347 (360).
58 BVerfGE 141, 220 (272) = NJW 2016, 1781.
59 Vgl. *Dietrich* in Fischer/Hilgendorf Gefahr 69 (79).
60 Ausführlich dazu *Löffelmann* GSZ 2018, 85 (88).

Terrorismus (RADAR-iTE)"[61] oder das sog. „predictive policing"[62] können zweifelsohne hilfreich sein, um einer veränderten Lebenswirklichkeit und neuartigen Bedrohungslagen frühzeitig zu begegnen. Sie verdichten, aktivieren, verknüpfen und strukturieren staatliche Wissensbestände. Sie müssen jedoch verfahrensmäßig eingehegt werden. Soweit der Schutz überragend wichtiger Rechtsgüter in Rede steht, wird es regelmäßig zulässig sein, gesetzlich niedrigere Eingriffsschwellen zur Gefahrenaufklärung vorzusehen, wenn diese Art der Wissensgenerierung gleichzeitig (kompensatorisch) verfahrensrechtlich gesichert wird.[63] Richter- und Behördenleitervorbehalte oder Mitteilungspflichten gegenüber Betroffenen werden dafür nicht mehr ausreichen. Je dynamischer und komplexer die Aufklärungsinstrumente werden, umso dynamischer müssen auch die verfahrensrechtlichen Sicherungen werden.[64] Gesetzliche Evaluierungspflichten[65], Gesetzesfolgenabschätzungen[66] und obligatorische Überwachungsgesamtbilanzen[67] sind schon einmal ein Anfang. Das auf diese Weise generierte Kontrollwissen ist für die rationale Entscheidungsfindung ebenso unverzichtbar wie für deren Legitimation.

3. Sicherheitspolitische Voreinstellungen

15 Außerhalb der Rechtswissenschaft werden Diskurse um den Sicherheitsbegriff schon länger geführt (→ Rn. 1). Bedeutung für einen juristischen Sicherheitsbegriff entfalten insbesondere sicherheitspolitische Konzepte und deren politikwissenschaftliche Bewertungen. Ihnen kommt rechtspolitisch eine gewisse Orientierungsfunktion zu, wenn es um moderne Sicherheitsgesetzgebung geht.[68]

16 Ein **politischer Sicherheitsbegriff** hat vor allem Kontur mit der institutionellen Entwicklung des modernen Territorialstaates gewonnen, der im Tausch gegen Freiheit der Gesellschaft innere und äußere Sicherheit bietet; dabei bezieht er sich zunächst nicht nur auf physischen Schutz, sondern auch auf die Erhaltung von Wohlstand.[69] Mit dem Aufkommen der Nationalstaaten verengt er sich durch eine Fokussierung auf den Staat, eine klare Trennung von innerer, äußerer und sozialer Sicherheit, eine territoriale Begrenzung des Sicherheitsanspruchs und die Konzentration auf die Abwehr akuter Bedrohungen.[70] Seit Beginn des 21. Jahrhunderts wird überwiegend ein post-moderner mehrdimensionaler (politischer) Sicherheitsbegriff vertreten. Die Rede ist von einem „neuen" oder „erweiterten" Verständnis von Sicherheit.[71] Der **„erweiterte Sicherheitsbegriff"** zeichnet sich vor allem durch Entgrenzung, Subjektivierung, Entdifferenzierung, und Proaktivierung des Sicherheitsverständnisses aus.[72] Danach rücken etwa innere und äußere Sicherheit zusammen, indem zB heimatliche Sicherheit auch durch ein ziviles und militärisches Engagement in globalen Krisenregionen geschützt wird. Zugleich werden vormals segmentierte Politikfelder im Sinne einer integrierten Betrachtung zusammengeführt. Militärische, polizeiliche, ökonomische, soziale und ökologische Aspekte werden zur Erreichung eines gewünschten

---

[61] S. *Sonka/Meier* et al. Kriminalistik 2020, 386 ff.; bilanzierend die Bundesregierung in BT-Drs. 19/12859.
[62] Dazu *Kaufmann/Trute* GSZ 2021, 103 ff.; zur Funktionsweise *Hofmann*, Predictive Policing, 2020, 36 ff.
[63] Ausführlich BVerfGE 154, 152 (Rn. 167 ff.) = NJW 2020, 2235 mAnm *Dietrich* GSZ 2020, 173 ff.
[64] Zur notwendigen Modernisierung der Polizeirechtsdogmatik *Baldus* Verw 47 (2014), 1 (16 ff.); *Schoch* Staat 43 (2004), 347 (366 ff.).
[65] Grundlegend dazu *Albers* in Albers/Weinzierl, Menschenrechtliche Standards in der Sicherheitspolitik, 2009, 25 ff. sowie die Beiträge in *Gusy*, Evaluation von Sicherheitsgesetzen, 2015.
[66] Leider bislang weitgehend auf das Umwelt- und Technikrecht beschränkt. Zur Praxis s. die Beiträge in *Hensel/Bizer/Führ/Lange*, Gesetzesfolgenabschätzung in der Anwendung, 2010.
[67] S. *Roßnagel* NJW 2010, 1238 ff.; *Löffelmann*, BT-Ausschussdrucksache 19(4)732 D.
[68] Vgl. *Gusy* VerwArch 101 (2010), 309 (312); *Gusy* KritV 2012, 247 (264 ff.).
[69] Näher dazu und zum Folgenden *Daase/Deitelhoff*, Privatisierung der Sicherheit – eine sozialwissenschaftliche Studie, 2013, 14, 23 mwN.
[70] Zum „alten Sicherheitsbegriff" s. auch *Gusy* VerwArch 101 (2010), 309.
[71] Ausführlich *Heinrich/Lange* in Lange/Ohly/Reichertz, Auf der Suche nach neuer Sicherheit, Fakten, Theorien und Folgen, 2. Aufl. 2009, 253 ff.; krit. *van Ooyen*, Öffentliche Sicherheit und Freiheit, 3. Aufl. 2020, 99 ff.
[72] Instruktiv *Daase* in Daase/Offermann/Rauer, Sicherheitskultur, 2012, 24 f.

C. Koordinaten sicherheitsrechtlicher Begriffsbildung § 6

„gesicherten" Zustandes miteinander in Bezug gesetzt. Dabei setzen Maßnahmen in der Regel so früh wie möglich ein, noch bevor überhaupt eine konkrete Bedrohungslage entsteht.

Es ist nicht zu übersehen, dass der „erweiterte" Sicherheitsbegriff zumindest partiell **17** Niederschlag in der Rechtsordnung gefunden hat. Der Präventionslogik folgt etwa – wie beschrieben (→ Rn. 12 ff.) – ein gesteigerter sicherheitsbehördlicher Informationsanspruch, ausgedrückt zB über mehr gesetzliche Vorfeldbefugnisse der Polizeibehörden („Vernachrichtendienstlichung des Polizeirechts"). Das materielle Strafrecht entfernt sich immer weiter von einer in der Vergangenheit liegenden Rechtsgutsverletzung als Anknüpfungspunkt für die Sanktionsfolge.[73] Neue Straftatbestände wie §§ 89a, b und c StGB sowie § 91 StGB pönalisieren Handlungen, die abstrakt gefährlich und weit im Vorfeld einer Schädigung angesiedelt sind. Auch die Auflösung der Trennung von äußerer und innerer Sicherheit ist mittlerweile vielfach normativ hinterlegt. Nach §§ 13–15 LuftSiG dürfen etwa die Streitkräfte „zur Verhinderung des Eintritts eines besonders schweren Unglücksfalles" im deutschen Luftraum eingesetzt werden, da Polizeikräfte nicht über geeignete Fähigkeiten verfügen.[74] Ein anderes Beispiel ist § 14 MADG, der im Jahr 2003 im Zusammenhang zunehmender Auslandseinsätze der Bundeswehr in das Gesetz aufgenommen wurde.[75] Die Vorschrift fungiert seitdem als Rechtsgrundlage für „besondere Auslandsverwendungen" des BAMAD. Im Lichte von Entgrenzung und Entdifferenzierung ist darüber hinaus die Vernetzung von Sicherheitsakteuren zu sehen[76], die insbesondere über Maßnahmen der Verwaltungsorganisation umgesetzt wird. Angesprochen ist die Verbesserung des horizontalen und vertikalen Informationsaustausches. Eine wichtige Rolle spielen dabei insbesondere behördenübergreifende Datenbanken, die den behördlichen Informationsaustausch anbahnen und umsetzen sollen. Ihre Einrichtung und ihr Betrieb sind inzwischen gesetzlich geregelt (zB über die Regelungen des ATDG oder des RED-G).[77] Bedeutsam für die informationelle Vernetzung von staatlichen Akteuren mit unterschiedlichen Zuständigkeiten sind darüber hinaus Verwaltungsnetzwerke wie etwa das Gemeinsame Terrorismusabwehrzentrum des Bundes und der Länder (GTAZ) oder das Nationale Cyber-Abwehrzentrum (NCAZ). Sie sollen im Wege eines Informations- und Analyseverbunds informelle Sicherheitskooperationen ermöglichen, um Besorgnissituationen möglichst flexibel und schnell begegnen zu können.[78] Eine Verrechtlichung dieser Art der Zusammenarbeit steht bislang noch weitgehend aus.[79]

Eine eigenständige Bedeutung in der Diskussion um einen „erweiterten" oder „neuen" **18** Sicherheitsbegriff wird zT dem Ansatz der **„Zivilen Sicherheit"** beigemessen; die Perspektive versucht, jenseits tradierter Wahrnehmungs- und Einteilungsmuster und Disziplingrenzen die Sicherheitsgewährleistung auf eine positive Formel zu bringen und dabei der politischen und wissenschaftlichen Diskussion neue Konturen einzuziehen.[80] Dabei steht ein Trend zu „resilient societies" im Mittelpunkt.[81] Das Erkenntnisinteresse betrifft demzufolge die Funktionsfähigkeit notwendiger, staatlicher und gesellschaftlicher Handlungs-, Versorgungs- und Leistungssysteme.[82] Eine bewusste Abgrenzung wird zur militärischen Sicherheit vorgenommen. Zivile Sicherheit bezeichnet daher Sicherheitsgewährleistung

---

[73] S. näher *Puschke* FS Eisenberg, 2019, 695 (698 ff.).
[74] S. dazu bestätigend BVerfGE 132, 1 (Rn. 24 ff.) = BeckRS 2012, 55111.
[75] Vgl. zur Einführung der Vorschrift BT-Drs. 15/1959, 5.
[76] S. dazu *Weisser* NVwZ 2011, 142 ff.; *van Ooyen*, Öffentliche Sicherheit und Freiheit, 3. Aufl. 2020, 101.
[77] Ausführlich dazu *Golla* in diesem Bande → § 30 Rn. 43 ff.
[78] S. *Dombert/Räuker* DÖV 2014, 414 ff.; *Linke* DÖV 2015, 128 ff. S. auch *Dimroth* in diesem Bande § 31 Rn. 24 ff.
[79] Kritisch mit Recht *Sommerfeld*, Verwaltungsnetzwerke am Beispiel des Gemeinsamen Terrorismusabwehrzentrums des Bundes und der Länder (GTAZ), 2015, 254 ff.
[80] S. *Gusy* in Gusy/Kugelmann/Würtenberger Zivile Sicherh-HdB I 3 Rn. 11.
[81] Vgl. *Kaufmann* in Gusy/Kugelmann/Würtenberger Zivile Sicherh-HdB I 1 Rn. 1.
[82] *Gusy* in Gusy/Kugelmann/Würtenberger Zivile Sicherh-HdB I 3 Rn. 11.

mit anderen als militärischen Mitteln. In diesem Sinne kann der Ansatz tatsächlich als gegenläufig zum entgrenzten „erweiterten" Sicherheitsbegriff eingeordnet werden. Bei näherer Betrachtung vermag das indes kaum zu überzeugen. Wer die Streitkräfte bei der Entwicklung von Resilienzkonzepten ausklammern möchte, muss jedenfalls eine Antwort darauf haben, wie dann Naturkatastrophen (**„Oderflut"**) oder Pandemien (wie zuletzt bei COVID-19) ohne die Unterstützung der Bundeswehr hätten bewältigt werden sollen.

4. Sicherheit als Konstruktion

19 Die Entwicklungsgeschichte des Sicherheitsbegriffs erinnert, dass „Sicherheit" immer einer subjektiven Deutung zugänglich war und ist (→ Rn. 3). Wenngleich ein objektives Verständnis inzwischen dominiert, rücken mit dem Aufkommen des „erweiterten" Sicherheitsbegriffs **subjektive Wahrnehmungen von Sicherheit** zunehmend in den Fokus der Sicherheitspolitik.[83] Dabei fallen gefühlte und reale Bedrohungen nicht selten auseinander. Bereits in den 1990er Jahren ergaben zB Umfragen bei Frauen und älteren Menschen eine größere Beunruhigung über Kriminalität im Allgemeinen und über Gewaltdelikte im Besonderen, obgleich gerade diese Bevölkerungsgruppe statistisch das geringste Risiko aufwies, Opfer einer Straftat zu werden.[84] Als ursächlich für solcherlei verzerrte Wahrnehmungen (teilweise als sog. „Kriminalitätsfurcht-Paradoxon" bezeichnet[85]) gelten insbesondere mediale Aufbereitungen, die dazu beitragen, dass manche Rezipienten kaum mehr in der Lage sind, eigene sachliche Urteile zu fällen. Je stärker eine Bedrohung (etwa Terroranschläge, Wohnungseinbrüche) thematisiert wird, desto größer ist das individuelle Betroffenheitsgefühl.[86] Bei Bürgerinnen und Bürgern hoch entwickelter Staaten steigt daher eine diffuse Angst, und dies, obwohl sie historisch gesehen, in einer der sichersten Phasen leben, die es je gab.[87]

20 Sicherheit lässt sich insoweit (auch) als **Summe individueller Sicherheitsempfindungen** verstehen,[88] die oftmals in bestimmte politische Erwartungen münden.[89] Sicherheit wird in diesem Sinne gesellschaftlich konstruiert.[90] Sicherheitspolitische Akteure werden dadurch zum Handeln gezwungen. In seiner Entscheidung zur „lebenslangen Sicherheitsverwahrung" hat das BVerfG daran keinen Anstoß genommen.[91] Es liege vielmehr in der Einschätzungsprärogative des Gesetzgebers zu entscheiden, welche Maßnahmen er im Interesse des Gemeinwohls ergreifen wolle. Ob die Maßnahmen durch einen objektiven Anstieg der Gewaltkriminalität veranlasst seien oder nur einem gesteigerten Bedrohungsgefühl der Allgemeinheit Rechnung tragen würden, unterfalle dem gesetzgeberischen Einschätzungsspielraum.

II. Funktion

21 Dem Sicherheitsbegriff können unterschiedliche Funktionen zukommen. Entscheidend ist, ob er als Rechtsbegriff des Gesetzestextes oder als Terminus rechtswissenschaftlicher Kategorisierung und Strukturbildung verwendet wird.

---

[83] Vgl. *Gusy* VerwArch 101 (2010), 309 (312).
[84] S. dazu *Kötter*, Pfade des Sicherheitsrechts, 2007, 242 mwN.
[85] S. *Boers*, Kriminalitätsfurcht – Über den Entstehungszusammenhang und die Folgen eines sozialen Problems, 1991; krit. aber *Hefendehl* KJ 2000, 174 (176 ff.).
[86] In diesem Zusammenhang interessant die Studienergebnisse von *Haußecker*, Terrorismusberichterstattung in Fernsehnachrichten: visuelles Framing und emotionale Reaktionen, 2012, 173 ff.
[87] Vgl. *Volkmann* NVwZ 2009, 216.
[88] In diesem Sinne auch als „Sicherheitskultur" bezeichnet bei *Daase* in Daase/Offermann/Rauer, Sicherheitskultur, 2012, 40.
[89] Vgl. *Kötter*, Pfade des Sicherheitsrechts, 2007, 243.
[90] S. *Leuschner*, Sicherheit als Grundsatz, 2018, 17 ff.
[91] BVerfGE 109, 133 (157 f.) = NJW 2004, 739.

1. Rechtsgüterschutz und Rechtsbegriff

Wie bereits oben gezeigt (→ Rn. 4 f.) ist „Sicherheit" im Rechtssinne ohne näheren Bezug 22 nicht definierbar und nichts definierend. Der Bedeutungsgehalt des Rechtsbegriffs erschließt sich erst über kontextbezogene Präzisierungen (zB durch ergänzende Adjektive wie „öffentlich" oder „national"). Der auf diese Weise kontextbezogen konkretisierte Sicherheitsbegriff vermittelt regelmäßig den Schutz von Rechtsgütern.[92] Angesprochen sind individuelle oder kollektive Positionen oder Interessen, die von der Rechtsordnung geschützt werden.[93] So unterfällt beispielsweise der „öffentlichen Sicherheit" gem. § 3 Nr. 1 SOG LSA der Schutz von Rechtsgütern der Allgemeinheit wie auch von individuellen Rechtspositionen des Einzelnen.[94] Der Begriff der „kollektiven Sicherheit" iSv Art. 24 Abs. 2 GG transportiert den Schutz des zwischenstaatlichen Friedens,[95] während vom Begriff der „inneren Sicherheit" iSv § 3 Nr. 1 lit. c IFG der Schutz des Bestandes und der Funktionsfähigkeit des Staates und seiner Organe umfasst sein soll.[96]

Regelungstechnisch wird der Rechtsgüterschutz auf verschiedenem Wege vermittelt. Oft 23 wird der Sicherheitsbegriff als Tatbestandsmerkmal ausgestaltet. Als tatbestandliche Voraussetzung behördlicher Befugnisse kann er in der Rechtsfolge Grundrechtseingriffe legitimieren. So verlangen die polizeilichen Generalklauseln üblicherweise eine Gefahr für die „öffentliche Sicherheit", damit die Behörde tätig werden darf. Dadurch werden indes nicht nur Maßnahmen zum Schutz von Rechtsgütern legitimiert. Vielmehr wird Verwaltungshandeln zugleich diszipliniert und strukturiert, soweit es eben allein zum Schutz bestimmter Rechtsgüter in Betracht kommt. Weiterhin kann der Rechtsgüterschutz über gesetzliche Zwecksetzungen oder behördliche Aufgabenbeschreibungen programmiert werden. Folgevorschriften sind entsprechend auszulegen. § 1 LuftSiG bringt etwa zum Ausdruck, dass das Gesetz dem Schutz der „Sicherheit des Luftverkehrs" dient. Das Bundesamt für Sicherheit in der Informationstechnik wird nach § 1 S. 2 BSIG als zentrale Stelle für „Informationssicherheit" auf nationaler Ebene eingerichtet.

Durch eine solche einfachgesetzliche Verwendung des Sicherheitsbegriffs werden regel- 24 mäßig verfassungsrechtliche Voreinstellungen umgesetzt.[97] Die Staatsaufgabe der Sicherheitsgewährleistung und die damit verbundenen grundrechtlichen Schutzpflichten[98] bilden die Hintergrundfolien der gesetzlichen Sicherheitsbegriffe. Die ausdrückliche Regelung trägt im Übrigen dazu bei, Abwägungsentscheidungen zu rationalisieren. Denn die Hervorhebung durch den Gesetzgeber zeigt an, dass bestimmte Rechtsgüter zu berücksichtigen sind.

Allerdings werden in diesem Zusammenhang auch Grenzen deutlich. Kontextbezogene 25 Sicherheitsbegriffe (zB „öffentliche Sicherheit") können als Sammelbezeichnung gleich mehrere Rechtsgüter umfassen oder sogar offenlassen, welche Rechtsgüter konkret gemeint sind. Das genügt als Tatbestandsvoraussetzung jedenfalls dann nicht den Anforderungen von Bestimmtheitsgebot und Verhältnismäßigkeitsprinzip, wenn zu besonders gravierenden Grundrechtseingriffen ermächtigt werden soll. Abzustellen ist in diesen Fällen in der gesetzlichen Eingriffsschwelle vielmehr auf das *konkrete* Rechtsgut (zB „Leib, Leben und Freiheit der Person") und mit erheblichem Gewicht (zB „überragend wichtig" oder „hochrangig").[99]

---

[92] S. *Möstl* Sicherheitsgewährleistung 119 ff.; *Isensee*, Das Grundrecht auf Sicherheit, 1983, 22 f.
[93] Zur Offenheit des Rechtsgutsbegriffs s. *Löffler*, Rechtsgut als Verfassungsbegriff, 2017, 87 ff.
[94] Vgl. dazu *Kugelmann*, Polizei- und Ordnungsrecht, 2. Aufl. 2012, 5. Kap. Rn. 36 ff.
[95] S. BVerfGE 90, 286 (349) = NJW 1994, 2207; BVerfGE 104, 151 (212) = NJW 2002, 1559; BVerfGE 118, 244 (271) = BeckRS 2007, 24547.
[96] Vgl. *Schoch* in Schoch IfSG § 3 Rn. 54.
[97] Ausführlich *Gusy* DÖV 1996, 573 (574 ff.).
[98] Näher dazu *Thiel* in diesem Bande → § 2 Rn. 43 ff.
[99] Zuletzt etwa BVerfGE 154, 152 (Rn. 220 f.) = NJW 2020, 2235 sowie BVerfGE 120, 378 (427) = NJW 2008, 1505. S. auch *Tanneberger*, Die Sicherheitsverfassung, 2014, 374 ff.

2. Sicherheitsbegriff und Sicherheitsrecht

26 Unabhängig von seiner Bedeutung als Rechtsbegriff kommt dem Sicherheitsbegriff eine Funktion im Zusammenhang **rechtswissenschaftlicher Kategorisierung und Strukturbildung** zu. Seit einiger Zeit ist in der Fachgemeinschaft die Rede vom „Sicherheitsrecht" (→ Rn. 1 f.). Wenn damit auf eine Summe von strafrechtlichen, verwaltungsrechtlichen und zivilrechtlichen Regelungen Bezug genommen werden soll, die verwachsen und zusammen die Grundlage einer modernen Sicherheitsarchitektur bilden,[100] verklammert der Begriff die vormals segmentierten Regelungsbereiche miteinander. „Sicherheit" ist ganz offensichtlich der **logische Kitt von Vorschriften,** die auf eine bestimmte Art und Weise miteinander zusammenhängen.

27 Ob damit ein einheitsstiftender Terminus vorliegt, der plausibel ein Rechtsgebiet zusammenfasst, ist bislang nicht geklärt.[101] Denn anders als in anderen Regelungsbereichen (zB im „Umweltrecht" oder im „Arbeitsrecht") wird die Verknüpfung im Sicherheitsrecht nicht über einheitliche Rechtsbegriffe erreicht. Gesetzliche Termini wie „nationale Sicherheit", „äußere Sicherheit", „innere Sicherheit" und „öffentliche Sicherheit" haben Schnittmengen beim Bedeutungsgehalt, können sich aber auch ausschließen. Das Sicherheitsrecht kennt demgemäß mehrere gesetzliche Sicherheitsbegriffe. Daraus folgt, dass neben den Rechtsbegriffen ein (rechts-)wissenschaftlicher Sicherheitsbegriff existiert.[102] Dieser beschreibt ein gesetzliches Telos: es geht um Rechtsgüterschutz, der dem Staat anvertraut ist. Davon eingeschlossen ist mit Blick auf das staatliche Gewaltmonopol auch die Durchsetzung des Schutzanspruches. In diesem Sinne darf das Sicherheitsrecht dann als **teleologisches Konzept** verstanden werden.[103]

D. Sicherheitsbegriffe des Sicherheitsrechts

28 Wie gezeigt transportiert das Sicherheitsrecht über gesetzliche Sicherheitsbegriffe den Schutz von Rechtsgütern. Nachfolgend sind die kontextbezogenen Sicherheitsbegriffe im Einzelnen zu besichtigen, um Schnittmengen des Bedeutungsgehalts zu identifizieren.

I. Sicherheit und Verfassungsrecht

1. Sicherheitsbegriffe im Grundgesetz

29 Im Vergleich zum Begriff der „Freiheit" kommt „Sicherheit" im Grundgesetz nur selten zur Sprache. Lediglich in Art. 13 Abs. 4, 7 GG; Art. 24 Abs. 2 GG; Art. 35 Abs. 2 GG und Art. 73 Abs. 1 Nr. 10 lit. b GG ist von „Sicherheit" die Rede. Der genauere Blick zeigt auf, dass hier mehrere Sicherheitsbegriffe nebeneinander zur Geltung kommen. In Art. 13 Abs. 4, 7 GG und Art. 35 Abs. 2 GG wird auf die **„öffentliche Sicherheit"** abgehoben. Im Schrifttum besteht weitgehend Einigkeit dahingehend, dass dabei kein anderes Verständnis hinterlegt ist, als „sich im Allgemeinen Polizei- und Ordnungsrecht über Jahrzehnte hin in tradierter Weise verfestigt"[104] hat.

30 Vom Sicherheitsbegriff im polizeirechtlichen Sinne unterscheidet sich demgegenüber der Sicherheitsbegriff von Art. 24 Abs. 2 GG, wonach dem Bund erlaubt wird, sich zur Wahrung des Friedens einem System gegenseitiger „kollektiver Sicherheit" einzuordnen.

---

[100] Vgl. *Sieber* in Tiedemann/Sieber/Satzger/Burchard/Brodowski, Die Verfassung moderner Strafrechtspflege, Erinnerung an Joachim Vogel, 2016, 351 (352).
[101] Ablehnend jedenfalls *Kniesel* Die Polizei 2018, 265 (274). Offen gelassen bei *Gärditz* GSZ 2017, 1 ff.
[102] Als „Realbefund" bezeichnet bei *Gusy* in Dietrich/Gärditz, Sicherheitsverfassung – Sicherheitsrecht, 2019, 9 (10).
[103] Vgl. *Gusy* in Dietrich/Gärditz, Sicherheitsverfassung – Sicherheitsrecht, 2019, 9 (21 ff.).
[104] *Dederer* in Maunz/Dürig, 94. EL Januar 2021, GG Art. 35 Rn. 115. S. auch *Epping* in BeckOK GG, 47. Ed. 15.5.2021, GG Art. 35 Rn. 19; *Papier* in Maunz/Dürig, 94. EL Januar 2021, GG Art. 13 Rn. 94, 122; *v. Danwitz* in v. Mangoldt/Klein/Starck GG Art. 35 Rn. 60; *Gornig* in v. Mangoldt/Klein/Starck GG Art. 13 Rn. 125, 160.

D. Sicherheitsbegriffe des Sicherheitsrechts § 6

„**Kollektive Sicherheit**" ist im Ursprung ein *terminus technicus* aus dem Bereich der internationalen Beziehungen („Sécurité Collective")[105]; er bezeichnet in diesem Kontext eine Organisation, deren Ziel im Schutz gegen Aggressionen eines Mitgliedstaates gegenüber anderen Mitgliedstaaten besteht.[106] Das BVerfG geht mit der herrschenden Meinung über dieses Verständnis hinaus. Nach seiner – weiten – Auslegung zielt „kollektive Sicherheit" auf ein „staatenübergreifendes System der Friedenssicherung" unabhängig davon, ob das System ausschließlich oder vornehmlich unter den Mitgliedstaaten Frieden garantieren oder bei Angriffen von außen zum kollektiven Beistand verpflichten soll.[107] Nach diesem Verständnis schließen sich kollektive Selbstverteidigung und kollektive Sicherheit nicht aus.[108] Jüngerer verfassungsgerichtlicher Rechtsprechung ist schließlich zu entnehmen, dass „kollektive Sicherheit" zwar dem Ziel der Friedenswahrung dient, nicht aber den Zustand des Friedens selbst bezeichnet.[109]

Ein wiederum deutlich anderer Bedeutungsgehalt kommt dem Sicherheitsbegriff des Art. 73 Abs. 1 Nr. 10 lit. b GG zu, wonach dem Bund die ausschließliche Gesetzgebungskompetenz über die Zusammenarbeit des Bundes und der Länder zum Schutze der **Sicherheit des Bundes oder eines Landes** verliehen wird. Die „Sicherheit des Bundes oder eines Landes" ist hierbei eines von drei Schutzgütern, die nach Maßgabe von Art. 73 Abs. 1 Nr. 10 lit. b GG dem „Verfassungsschutz" anvertraut sind. Der Legaldefinition unterfallen zusätzlich der Schutz der freiheitlich demokratischen Grundordnung sowie der Schutz des Bestandes des Bundes oder eines Landes. Aus der Trias der Schutzgüter folgt bereits, dass „Sicherheit" iSd Art. 73 Abs. 1 Nr. 10 lit. b GG auf derselben Bedeutungsebene wie die anderen beiden zuvor genannten Schutzgüter liegen muss und sich von vornherein nur auf Belange von besonderem Gewicht beziehen kann.[110] *Arnd Uhle* zufolge umfasst der Sicherheitsbegriff daher die innere und äußere Sicherheit des Bundes und der Länder, die Sicherheit ihrer Einrichtungen und der Amtsführung ihrer Organe, ferner die Sicherheit lebenswichtiger Verkehrs- und Versorgungseinrichtungen vor Lähmung und Störung, aber auch die Sicherheit des friedlichen und freien Zusammenlebens der Bürgerinnen und Bürger.[111] Angesprochen ist damit die Funktionsfähigkeit des Staates und seiner Einrichtungen. Eine entsprechende Konkretisierung enthält § 4 Abs. 1 S. 1 lit. b BVerfSchG.[112] Damit hebt sich „Sicherheit" iSv Art. 73 Abs. 1 Nr. 10 lit. b GG deutlich vom polizeirechtlichen Verständnis ab. Sie nimmt allein auf solche Belange Bezug, die mit gewöhnlichen Mitteln des Polizeirechts nicht mehr hinreichend geschützt werden können.[113] In diesem Sinne überschneidet sich das Schutzgut der „Sicherheit" nicht unerheblich mit denjenigen der „freiheitlichen demokratischen Grundordnung" und des „Bestandes des Bundes und der Länder", so dass ihm überwiegend eher Auffangfunktion zugebilligt wird.[114]

31

---

[105] S. *Calliess* in Maunz/Dürig, 94. EL Januar 2021, GG Art. 24 Abs. 2 Rn. 8 ff.
[106] *Classen* in v. Mangoldt/Klein/Starck GG Art. 24 Rn. 77.
[107] BVerfGE 90, 286 (349) = NJW 1994, 2207.
[108] Ausführlich *Schmidt*, Deutsche Streitkräfte in militärischen Missionen der Europäischen Union, 2020, 27 ff.; aA aber zB *Classen* in v. Mangoldt/Klein/Starck GG Art. 24 Rn. 80 mwN.
[109] BVerfGE 118, 244 (271) = BeckRS 2007, 24547: „Herstellung kollektiver Sicherheit ein entscheidendes Mittel zur Wahrung des Friedens".
[110] Vgl. *Uhle* in Maunz/Dürig, 94. EL Januar 2021, GG Art. 73 Rn. 243; *Droste* VerfassungsschutzR-HdB 192. Ebenso BVerfGE 115, 320 (346) = NJW 2006, 1939: „Mit (…) der Sicherheit des Bundes und eines Landes sowie (…) sind Schutzgüter von hohem verfassungsrechtlichem Gewicht bezeichnet"; ähnlich BVerfGE 143, 101 (138 f.) = BeckRS 2016, 54271; BVerfGE 154, 152 (Rn. 163) = NJW 2020, 2235.
[111] *Uhle* in Maunz/Dürig, 94. EL Januar 2021, GG Art. 73 Rn. 244.
[112] S. näher dazu und zu Beispielen *Warg* in Dietrich/Eiffler NachrichtendiensteR-HdB V § 1 Rn. 55 ff.
[113] Vgl. *Degenhart* in Sachs, 7. Aufl. 2014, GG Art. 73 Rn. 50.
[114] S. *Heintzen* in v. Mangoldt/Klein/Starck GG Art. 73 Rn. 116 mwN.

2. Sicherheit als staatstheoretischer Begriff

32 Ein verfassungsrechtlicher Sicherheitsbegriff lässt sich nach alledem nicht ausmachen. In der Literatur wird das „Schweigen des Grundgesetzes"[115] bzw. seine „Abstinenz in begrifflicher Hinsicht"[116] oft damit begründet, dass „Sicherheit" mehr als (vor-)konstitutionelle Bedingung oder vorausgesetzte Staatsaufgabe gedacht werden müsse.[117] Ganz im Sinne *Thomas Hobbes'* wäre das Verlangen nach Sicherheit als einziger Grund anzusehen, weshalb sich Menschen überhaupt zusammenschließen und einem Staat und seiner Ordnungsaufgabe unterwerfen.[118] Dadurch gelänge die institutionelle Überwindung des Bürgerkrieges.[119] In diesem Sinne lassen sich auch die oft zitierten Ausführungen des BVerfG aus der Entscheidung zum Kontaktsperre-Gesetz verstehen:

> „Die Sicherheit des Staates als verfasster Friedens- und Ordnungsmacht und die von ihm zu gewährleistende Sicherheit seiner Bevölkerung sind Verfassungswerte, die mit anderen in gleichem Rang stehen und unverzichtbar sind, weil die Institution Staat von ihnen die eigentliche und letzte Rechtfertigung ableitet".[120]

33 Hiervon ausgehend wird Sicherheit im Schrifttum als **„Staatszweck"**[121], **„Staatsziel"**[122], als **„Staatsaufgabe"**[123] oder als **„staatsrechtlicher Begriff"**[124] konstruiert.[125] In jüngerer Rechtsprechung des BVerfG kommt indes die staatstheoretische Fundierung von „Sicherheit" weniger zur Sprache; vielmehr wird zunehmend auf die grundrechtlichen Schutzpflichten abgestellt,[126] wenn es um die Sicherheitsgewährleistungsverantwortung des Staates geht.[127] Das lässt sich als subjektive Komponente der Staatsaufgabe Sicherheit einordnen.[128]

3. Innere Sicherheit als staatsrechtlicher Begriff

34 Teilweise wird der Versuch unternommen, auf der Ebene des Staatsrechts einen Begriff der **„inneren Sicherheit"** einzuführen. Im Keim angelegt wird diese Auffassung in den Ausführungen von *Volkmar Götz* im Handbuch des Staatsrechts, der unter „innerer Sicherheit" die gesamte Verbrechensbekämpfung, die Organisation und Aufgabenstellung der Sicherheitsbehörden, die sicherheitspolizeilichen Aufgaben im Melde-, Pass-, Ausländer-, Vereins- und Versammlungswesen, die vollzugspolizeilichen Aufgaben und die Aufgaben des Verfassungsschutzes und der Nachrichtendienste verstehen will.[129] Durchschlagender Erfolg ist dem Vorschlag bisher nicht beschieden gewesen. Zwar ist in manchen Kommentierungen zum Grundgesetz – oft unter Rekurs auf *Götz* – von „innerer Sicherheit" die Rede.[130] Auch findet sich auf der Ebene einfachgesetzlichen Rechts stellenweise ein

---

[115] *Limbach* AnwBl. 2002, 454.
[116] *Anter* JBÖS 2008/2009, 15 (25).
[117] S. *Gusy* VVDStRL 63 (2004), 151 (154); zust. *Leuschner*, Sicherheit als Grundsatz, 2018, 15; *Möstl* Sicherheitsgewährleistung 44 ff.
[118] S. dazu *Isensee*, Das Grundrecht auf Sicherheit, 1983, 3 ff.; *Anter* JBÖS 2008/2009, 15 (24).
[119] *Callies* ZRP 2002, 1 (3).
[120] BVerfGE 49, 24 (56 f.) = NJW 1978, 2235 unter Bezugnahme auf BVerwGE 49, 202 (209) = NJW 1976, 490.
[121] S. *Callies* ZRP 2002, 1 (3 f.).
[122] Vgl. zB *Limbach* AnwBl. 2002, 454 (455); *Brohm* JZ 1994, 213; *Schwetzel*, Freiheit, Sicherheit, Terror, 2007, 62 ff.; *Möstl* Sicherheitsgewährleistung 76 ff. mwN.
[123] So etwa *Bull*, Die Staatsaufgaben nach dem Grundgesetz, 1973, 348 ff., *Gusy* DÖV 1996, 573 (574).
[124] *Isensee*, Das Grundrecht auf Sicherheit, 1983, 21 ff.
[125] Zur Abgrenzung näher *Schwetzel*, Freiheit, Sicherheit, Terror, 2007, 57 ff. Ausführlich dazu auch *Thiel*, in diesem Bande → § 2 Rn. 26 ff.
[126] S. zB BVerfGE 115, 320 (346 f.) = NJW 2006, 1939; BVerfGE 120, 274 (319) = NJW 2008, 822.
[127] Vgl. *Tanneberger*, Die Sicherheitsverfassung, 2014, 375.
[128] Vgl. *Thiel*, Die Entgrenzung der Gefahrenabwehr, 2011, 154.
[129] S. *Götz* in Isensee/Kirchhof StaatsR-HdB § 85 Rn. 6; s. auch *Aulehner*, Polizeiliche Gefahren- und Informationsvorsorge, 1998, 436 f.
[130] S. zB *Uhle* in Maunz/Dürig, 94. EL Januar 2021, GG Art. 73 Rn. 228 ff.; *Heintzen* in v. Mangoldt/Klein/Starck GG Art. 73 Rn. 108 ff.

Rechtsbegriff der „inneren Sicherheit" (so zB in § 56a Abs. 1 AufenthG; § 29 Abs. 2 AZRG; § 25 Abs. 1 Nr. 1 BbgVerfSchG; § 6 Abs. 3 Nr. 1 HmbTG; § 82 Abs. 3 BremBG), was die Existenz eines staatsrechtlichen Begriffs insoweit untermauern könnte, als von ihm aus gesetzliche Konkretisierungen möglich wären.

Bei näherer Betrachtung lässt sich indes kein einheitliches Verständnis ausmachen. Es 35 bleibt unklar, ob sich „innere Sicherheit" vorwiegend auf die Verbrechensbekämpfung oder auf den Schutz von Staat und Verfassung bezieht oder sogar als Inbegriff eines insgesamt positiv befriedeten Zustands von Staat und Gesellschaft zu sehen ist.[131] Unterschiedlich wird etwa auch beurteilt, wo Schnittmengen mit dem Begriff der „öffentlichen Sicherheit" verlaufen.[132] Von einer „konsolidierenden Bedeutung" des Vorschlags von *Götz* für das „deskriptive Verständnis der inneren Sicherheit"[133] kann insofern nicht die Rede sein. Mit Blick auf die unscharfen Konturen verwundert es wenig, dass sich „innere Sicherheit" als Rechtsbegriff – jedenfalls im deutschen Recht – bislang kaum durchgesetzt hat. Weder im Grundgesetz noch im Polizeirecht des Bundes und der Länder ist der Terminus anzutreffen. Insgesamt taugt er allenfalls zur Abgrenzung im Verhältnis zur „äußeren Sicherheit".[134] „Innere Sicherheit" bleibt im deutschen Rechtsrahmen demgemäß in erster Linie ein **politischer Begriff,** ein unjuristisches und politisch weitgehend beliebig ausfüllbares Schlagwort.[135]

II. Sicherheit im europarechtlichen Regelungskontext

Die Einführung des Europäischen Haftbefehls oder jüngst die Einrichtung der Europä- 36 ischen Staatsanwaltschaft führt vor Augen, dass die nationalen Sicherheitsarchitekturen in Europa zunehmend um supranationale Komponenten ergänzt werden. Eine Tendenz, ungeliebte Sicherheitsfragen zu europäisieren und sie so den etablierten politischen und rechtlichen Tabus, Grenzen und Frontstellungen in den Einzelstaaten zu entziehen, lässt sich nicht ganz von der Hand weisen.[136] Zugleich zeigt sich aber auch, dass ohne länderübergreifende Sicherheitskooperationen grenzüberschreitenden Gefahren wie dem internationalen Terrorismus und der dynamisch wachsenden Cyberkriminalität nicht mehr wirksam begegnet werden kann.

In jüngerer Zeit zeichnet sich in diesem Zusammenhang ein Trend ab, kohärente 37 Ordnungsrahmen für politische Einzelinitiativen zu schaffen. Auf den 24.7.2020 datiert etwa neuerdings eine **„EU-Strategie für eine Sicherheitsunion"**[137], in der die Europäische Kommission ihre Vorstellungen für ein **„gesamtgesellschaftliches Sicherheitskonzept"** skizziert, „mit dem wirksam und koordiniert auf eine sich wandelnde Bedrohungslandschaft reagiert werden" soll. Mit Blick auf die angestrebte Bündelung von Einzelmaßnahmen zeigt sich, dass der „Sicherheitsunion" ein eigenes Sicherheitsverständnis zugrunde liegt. Ausdrücklich heißt es:

„Die Arbeiten müssen aber auch über die Grenzen der EU hinausgehen. Beim Schutz der Union und ihrer Bürger geht es nicht mehr nur um die Gewährleistung der Sicherheit innerhalb der EU-Grenzen, sondern auch um die Bewältigung der externen Dimension von Sicherheit."[138]

„Sicherheit" ist in diesem Sinne ein politischer Begriff, der jedenfalls den Schutz von 38 Bürgerinnen und Bürgern vor inneren wie äußeren Bedrohungen umfasst. Nachfolgend ist zu erörtern, inwieweit das politische Sicherheitsversprechen im geltenden Recht der EU

---
[131] S. zum Spektrum der Auslegung nur *Möstl* Sicherheitsgewährleistung 126 mwN.
[132] S. dazu *Schwetzel,* Freiheit, Sicherheit, Terror, 2007, 75 ff.
[133] So *Tanneberger,* Die Sicherheitsverfassung, 2014, 12.
[134] Vgl. *Schwetzel,* Freiheit, Sicherheit, Terror, 2007, 74. In diesem Sinne zuletzt etwa BVerfGE 154, 152 (Rn. 129, 163) = NJW 2020, 2235.
[135] Vgl. *Kniesel* ZRP 1996, 482 (484); *Lisken* ZRP 1994, 264 (266).
[136] So schon *Gusy* VerwArch 101 (2010), 309 (329).
[137] COM(2020) 605 final.
[138] COM(2020) 605 final, 2.

aufgeht. Namentlich das Primärrecht ist auf Sicherheitsbegriffe, die sich dem Sicherheitsrecht zuordnen lassen, zu untersuchen.

1. Raum der Freiheit, der Sicherheit und des Rechts

39 Art. 3 EUV beschreibt die Ziele der Europäischen Union. Nach Abs. 2 bietet sie ihren Bürgerinnen und Bürgern einen Raum der Freiheit, der Sicherheit und des Rechts ohne Binnengrenzen, in dem – in Verbindung mit geeigneten Maßnahmen in Bezug auf die Kontrollen an den Außengrenzen, das Asyl, die Einwanderung sowie die Verhütung und Bekämpfung der Kriminalität – der freie Personenverkehr gewährleistet ist. Der „Raum der Freiheit, der Sicherheit und des Rechts" ist eine Wortschöpfung des Amsterdamer Vertrages. Eine Legaldefinition findet sich nicht. Weitgehend unstreitig ist, dass sich die einzelnen Charakteristika nicht voneinander trennen lassen; alle drei Merkmale des Raumes stehen in einer Wechselbeziehung und bedingen einander.[139] Einen „Raum der Sicherheit" gibt es nicht.

40 Art. 67 ff. AEUV sollen den „Raum der Freiheit, der Sicherheit und des Rechts" konkretisieren. Nach Art. 67 Abs. 3 AEUV wirkt die Union darauf hin, durch Maßnahmen zur Verhütung und Bekämpfung von Kriminalität sowie von Rassismus und Fremdenfeindlichkeit, zur Koordinierung und Zusammenarbeit von Polizeibehörden und Organen der Strafrechtspflege und den anderen zuständigen Behörden sowie durch die gegenseitige Anerkennung strafrechtlicher Entscheidungen und erforderlichenfalls durch die Angleichung der strafrechtlichen Rechtsvorschriften ein hohes Maß an Sicherheit zu gewährleisten. Der Sicherheitsbegriff hebt in diesem Zusammenhang auf spezifische Bedrohungen ab, die sich aus der Personenfreizügigkeit infolge der Abschaffung der Binnengrenzkontrollen ergeben.[140] Es geht um Prävention und Verfolgung schwerer grenzüberschreitender Kriminalität, die eine Mehrzahl von Mitgliedstaaten betrifft.[141] Insoweit verwirklicht der „Raum der Freiheit, der Sicherheit und des Rechts" die „innere Sicherheit in der EU"[142]. Allerdings kommt der EU im Wesentlichen die Aufgabe zu, die Zusammenarbeit der Mitgliedstaaten zu koordinieren und zu vereinfachen.[143] Das wird insbesondere aus Art. 72 AEUV deutlich, wonach der „Schutz der inneren Sicherheit" in den Mitgliedstaaten diesen ausdrücklich selbst vorbehalten bleibt. Exekutive Maßnahmen des Polizei- und Strafverfolgungsrechts können daher von der EU grundsätzlich nicht getroffen werden.[144] Für das Europäische Polizeiamt (EUROPOL) legt Art. 88 Abs. 3 S. 2 AEUV infolgedessen fest, dass die Anwendung von Zwangsmaßnahmen ausschließlich in die Zuständigkeit der einzelstaatlichen Behörden fällt.

2. Nationale Sicherheit in mitgliedstaatlicher Verantwortung

41 Ein weiterer europarechtlicher Sicherheitsbegriff ist Art. 4 Abs. 2 S. 3 EUV zu entnehmen. Danach fällt die „nationale Sicherheit weiterhin in die alleinige Verantwortung der Mitgliedstaaten". Auch in Art. 73 AEUV ist von „nationaler Sicherheit" die Rede. Was mit **„nationaler Sicherheit"** angesprochen wird, ist bis heute nicht ganz klar. Weder ist im Vertragstext eine Legaldefinition anzutreffen, noch hat sich der EuGH konkreter dazu ausgelassen. Konturen einer möglichen Bedeutung erschließen sich vorwiegend im Wege systematischer und teleologischer Auslegung.[145] Die Positionierung von Art. 4 Abs. 2 S. 3

---

[139] Vgl. *Suhr* in Callies/Ruffert AEUV Art. 67 Rn. 75 mwN.
[140] Vgl. *Weiß/Satzger* in Streinz EUV/AEUV, 3. Aufl. 2018, AEUV Art. 67 Rn. 29.
[141] Vgl. *Röben* in Grabitz/Hilf/Nettesheim AEUV Art. 67 Rn. 56, 110; *Breitenmoser/Weyeneth* in v. d. Groeben/Schwarze/Hatje, Europäisches Unionsrecht, 7. Aufl. 2015, AEUV Art. 67 Rn. 12; *Monar* in v. Bogdandy/Bast, Europäisches Verfassungsrecht, 2. Aufl. 2009, 749 (759).
[142] S. ausführlich *Brodowski* JURA 2013, 492 f.
[143] S. *Monar* in v. Bogdandy/Bast, Europäisches Verfassungsrecht, 2. Aufl. 2009, 749 (759 f.).
[144] Dazu näher *Rengeling* FS Knemeyer, 2012, 269 (278).
[145] Ausführlich und mwN *Sule* in Dietrich/Sule, Intelligence Law and Policies in Europe, 2019, Part 4 Chapter 2 Rn. 19 ff.

D. Sicherheitsbegriffe des Sicherheitsrechts § 6

EUV im Vertragswerk zeigt, dass eine grundsätzliche Aussage über die Reichweite der Kompetenzen der EU in Sicherheitsfragen getroffen werden sollte. Es wird ein **mitgliedstaatlicher Zuständigkeitsvorbehalt** für die „nationale Sicherheit" begründet. Die Kompetenztitel der EU dürfen deshalb nicht so ausgelegt und angewendet werden, dass die Zuständigkeit der Mitgliedstaaten in diesem Bereich leerläuft.[146] Umgekehrt bedeutet das für die Mitgliedstaaten, dass sie von der Anwendung des Unionsrechts – zB des Datenschutzrechts – befreit sind, wenn sie ihre Kompetenz im Bereich nationaler Sicherheit ausüben.

Damit wird klar, dass der Anwendungsbereich des Zuständigkeitsvorbehalts nach Art. 4 Abs. 2 S. 3 EUV außerordentlich begrenzt bleiben muss. Denn andernfalls würde die Regelung den Mitgliedstaaten erlauben, das Unionsrecht im Einzelfall unter Verweis auf eine noch so geringe Gefährdung von Sicherheitsinteressen zu unterlaufen. Das spricht dafür, „nationale Sicherheit" jedenfalls enger auszulegen als den Begriff der „öffentlichen Sicherheit", der an anderen Stellen des Vertragswerks (zB Art. 36, 45 Abs. 3 AEUV) aufscheint (→ Rn. 45 ff.).[147] „Nationale Sicherheit" betrifft damit allein Belange, die fundamentale Bestandsinteressen eines Staates ausmachen; in diesem Sinne ist der Begriff weitgehend deckungsgleich mit dem Begriff der „wesentlichen Sicherheitsinteressen" iSv Art. 346 AEUV.[148] Zum Kernbereich nationaler Verantwortung zählen in jedem Fall die territoriale Integrität eines Mitgliedstaates, seine verfassungsmäßige Ordnung, sein politisches und wirtschaftliches System sowie seine öffentlichen Versorgungsstrukturen.[149] **42**

Der EuGH hat es bislang vermieden, sich ausführlicher zum Begriff der „nationalen Sicherheit" zu äußern. Dabei hätte er jüngst in seinen Entscheidungen vom 6.10.2020[150] Gelegenheit zu einer Konkretisierung gehabt. Die von britischen, französischen und belgischen Gerichten initiierten Vorabentscheidungsverfahren dienten der Klärung zentraler Fragen zur sog. ePrivacy-Richtlinie. Zugespitzt ging es um die Frage, ob eine nationale Regelung, die Telekommunikations-Unternehmen verpflichtet, Massen-Telekommunikationsmeta-Daten an Nachrichtendienste zu übermitteln, am Maßstab von EU-Recht – also am Maßstab der Richtlinie – zu würdigen ist oder ob eine Regelungskompetenz außerhalb des EU-Rechts anzunehmen ist. Der EuGH entschied, dass zumindest die – zum Zweck der nationalen Sicherheit gesetzlich vorgesehene – Übermittlung von Daten eines TK-Unternehmens an Nachrichtendienste am Maßstab der ePrivacy-Richtlinie zu messen ist. In den Entscheidungsgründen betont der EuGH entlang früherer Rechtsprechung, dass allein der Umstand, dass eine nationale Maßnahme zum Schutz der nationalen Sicherheit getroffen wird, das Unionsrecht nicht unanwendbar machen würde. **43**

Die Begründung des Gerichts überzeugt nicht; sie bleibt weitgehend dünn.[151] Der Anwendungsbereich des Sekundärrechts wird außerordentlich weit ausgelegt. Art. 4 Abs. 2 S. 3 EUV wird vom Gericht eher im Lichte eines Rechtfertigungsgrundes für schwere Grundrechtseingriffe gesehen.[152] Bei einer tatsächlichen ernsthaften Bedrohung für die nationale Sicherheit, die gegenwärtig oder vorhersehbar ist, bleibe ein enger Spielraum für eine allgemeine und unterschiedslose Speicherung solcher Daten. Diese Speicherung und der Abruf der Daten müsse aber durch zeitliche Begrenzungen und umfassende gerichtliche Kontrollmöglichkeiten verhältnismäßig ausgestaltet werden. Auf die ursprüngliche Rechtsnatur der Vorschrift wird nicht abgehoben. Was unter „nationaler Sicherheit" zu verstehen sein soll, wird nicht thematisiert. **44**

---

[146] S. dazu *Karpenstein/Sangi* GSZ 2020, 162 (165) mit Bezügen zu den *travaux préparatoires*.
[147] Vgl. *Sule* in Dietrich/Sule, Intelligence Law and Policies in Europe, 2019, Part 4 Chapter 2 Rn. 71.
[148] *Karpenstein/Sangi* GSZ 2020, 162 (167).
[149] So überzeugend *Sule* in Dietrich/Sule, Intelligence Law and Policies in Europe, 2019, Part 4 Chapter 2 Rn. 72.
[150] EuGH NJW 2021, 531 (531 ff.) = GSZ 2021, 36 ff.
[151] S. dazu krit. *Baumgartner* GSZ 2021, 42 (43); aA wohl *Müller/Schwabenbauer* NJW 2021, 2079 ff.
[152] *Baumgartner* GSZ 2021, 42 (44).

3. Beschränkung von Grundfreiheiten aus Gründen der öffentlichen Sicherheit

45 Das Europäische Vertragsrecht gewährleistet bekanntermaßen den freien Verkehr von Waren, Dienstleistungen, Personen und Kapital innerhalb der EU. Die vier Grundfreiheiten nach Art. 34 AEUV und Art. 35, 45, 49, 56 und 63 AEUV bilden zusammen den Binnenmarkt der Union.[153] Beschränkungen der Grundfreiheiten sind zunächst primärrechtlich ausgedrückt. Art. 36 AEUV legt beispielsweise fest, dass Bestimmungen über den freien Warenverkehr (Art. 34 und 35 AEUV) Einfuhr-, Ausfuhr- und Durchfuhrverboten oder -beschränkungen nicht entgegenstehen, die aus Gründen der **„öffentlichen Ordnung und Sicherheit"** gerechtfertigt sind. Verwandte Regelungen enthalten Art. 45 Abs. 3 AEUV, Art. 52 Abs. 1 AEUV sowie Art. 62 AEUV iVm Art. 52 Abs. 1 AEUV.

46 Die Begriffe der „öffentlichen Ordnung" und der „öffentlichen Sicherheit" sind unionsrechtlich determiniert; allerdings darf die Werteordnung der Mitgliedstaaten in bestimmten Grenzen bei der Auslegung berücksichtigt werden.[154] Eine trennscharfe Abgrenzung beider Begriffe ist der Rechtsprechung des EuGH nur selten zu entnehmen. Oft werden sie undifferenziert vom Gericht herangezogen. Dem EuGH zufolge kann „öffentliche Ordnung und Sicherheit" als Rechtfertigungsgrund nur ins Feld geführt werden, wenn eine gewisse Erheblichkeitsschwelle überschritten wird. Ein „Grundinteresse der Gesellschaft" muss betroffen sein.[155] Dabei wird die öffentliche Sicherheit allein dann tangiert, wenn es um Fragen geht, die „wesentlich für die Existenz eines Staates" sind.[156] Damit ist der Bestand des Staates, seiner Einrichtungen und wichtigen öffentlichen Dienste sowie das Überleben der Bevölkerung angesprochen.[157] Auch die äußere Sicherheit wird erfasst.[158] Sie betrifft nicht nur militärische Bedrohungen, sondern auch die Gefahr einer erheblichen Störung der auswärtigen Beziehungen oder des friedlichen Zusammenlebens der Völker.[159]

4. Recht auf Freiheit und Sicherheit

47 Ein europarechtlicher Sicherheitsbegriff ist schließlich auch der Charta der Grundrechte der Europäischen Union zu entnehmen. Nach Art. 6 GRCh hat jeder Mensch das „Recht auf Freiheit und Sicherheit". Die Rechte, die dadurch gewährt werden, entsprechen den Rechten in Art. 5 Abs. 1 S. 1 EMRK.[160] Aus Art. 52 Abs. 3 GRCh folgt, dass die Rechte in Art. 6 GRCh die gleiche Bedeutung und Tragweite haben, wie sie ihnen in der EMRK verliehen wird.

48 Dem Recht auf Sicherheit iSv Art. 5 EMRK kommt nach allgemeiner Auffassung keine eigenständige Bedeutung zu.[161] „Freiheit und Sicherheit" vermitteln vielmehr einen einheitlichen **Schutzbereich der körperlichen Bewegungsfreiheit.**[162] Der Begriff der (Rechts-)Sicherheit wird nur gelegentlich in unmittelbarem Zusammenhang mit dem Freiheitsrecht herangezogen, etwa bei Maßnahmen, die ein Staat außerhalb seines Hoheitsgebiets unter eindeutigem Verstoß gegen Völkerrecht durchgeführt hat, zB die Festnahme und Entführung einer Person ohne Zustimmung des anderen Staates.[163] Der Sicherheitsbegriff betont insoweit den Schutz vor willkürlichen Verhaftungen.

---

[153] Ausführlich *Kingreen* in v. Bogdandy/Bast, Europäisches Verfassungsrecht, 2. Aufl. 2009, 705 ff.
[154] Vgl. *Rengeling* FS Knemeyer, 2012, 269 (272).
[155] S. zB EuGH Urt. v. 26.3.2009 – C-326/07, Kommission/Italien, ECLI:EU:C:2009:193 Rn. 70 = EuZW 2009, 458 (463) mit Verweisen auf vorherige Rspr.
[156] EuGH Urt. v. 10.7.1987 – C-72/83, ECLI:EU:C:1984:256 Rn. 34 – Campus Oil. S. dazu auch *Sule* in Dietrich/Sule, Intelligence Law and Policies in Europe, 2019, Part 4 Chapter 2 Rn. 55.
[157] EuGH Urt. v. 10.7.1987 – C-72/83, ECLI:EU:C:1984:256 Rn. 34 – Campus Oil.
[158] Ausdrücklich EuGH Urt. v. 4.10.1991 – C-367/89, ECLI:EU:C:1991:376 Rn. 22 – Richardt.
[159] EuGH Urt. v. 17.10.1995 – C-70/94, ECLI:EU:C:1995:328 Rn. 27 – Werner.
[160] *Rengeling* FS Knemeyer, 2012, 269 (271).
[161] EGMR 13.1.2009 – 37048/04 – Nikolaishvili/Georgien; EGMR 1.6.2004 – 24561/94 – Altun/Türkei.
[162] S. näher *Grabenwarter*, European Convention on Human Rights, 2014, Art. 5 Rn. 3.
[163] *Meyer-Ladewig/Harrendorf/König* in Meyer-Ladewig/Nettesheim/v. Raumer, EMRK – Europäische Menschenrechtskonvention, 4. Aufl. 2017, EMRK Art. 5 Rn. 6.

III. Sicherheitsbegriffe des Strafrechts

Die Strafrechtsordnung ist ohne Zweifel dem Sicherheitsrecht zuzuordnen. Sie dient dem **49** Schutz von Rechtsgütern, der im Wege des staatlichen Gewaltmonopols verwirklicht wird.[164] Sowohl dem Kernstrafrecht als auch dem Nebenstrafrecht sind Sicherheits(rechts) begriffe zu entnehmen. Wie in anderen (Teil-)Rechtsgebieten erschließen kontextbezogene Präzisierungen jeweils den Auslegungshorizont (→ Rn. 4 f.). So wird in einzelnen Regelungen beispielsweise auf eine „öffentliche" Sicherheit (§ 125 StGB), eine Sicherheit „des Straßenverkehrs" (§ 315b StGB) oder eine „äußere" Sicherheit (beispielsweise in § 93 StGB) abgehoben. Bei näherer Betrachtung zeigt sich im Folgenden, dass es einen allgemeinen strafrechtlichen Sicherheitsbegriff nicht gibt.

1. Sicherheit der Bundesrepublik Deutschland

Im Mittelpunkt des Staatsschutzstrafrechts steht die **„Sicherheit der Bundesrepublik** **50** **Deutschland".** Sie ist das Schutzgut.[165] Inwieweit den einzelnen Vorschriften ein gemeinsames Verständnis von „Sicherheit" hinterlegt ist, ist nicht einfach auszumachen. Denn im Einzelnen unterscheiden sich die kontextbezogenen Präzisierungen in den Regelungen erheblich. § 87 Abs. 1 S. 2 StGB, § 88 Abs. 1 StGB, § 89 Abs. 1 StGB und § 89a Abs. 1 StGB verlangen tatbestandlich Bestrebungen gegen den „Bestand oder die Sicherheit der Bundesrepublik Deutschland". § 93 Abs. 1 StGB, § 94 Abs. 1 StGB, § 95 Abs. 1 StGB, § 97 Abs. 1, 2 StGB und § 97a S. 1 StGB bedingen Gefahren eines schweren Nachteils für die „äußere Sicherheit der Bundesrepublik Deutschland", während die § 109e Abs. 1 StGB, § 109f Abs. 1 StGB und § 109g Abs. 1, 2 StGB Tathandlungen vorsehen, die gegen die „Sicherheit der Bundesrepublik Deutschland oder die Schlagkraft der Truppe" gerichtet sind. Außerhalb des Staatsschutzstrafrechts wird ein besonders schwerer Fall von Computersabotage iSv § 303b Abs. 4 Nr. 3 StGB in der Regel dadurch qualifiziert, dass unter anderem die „Sicherheit der Bundesrepublik Deutschland" durch die Tat beeinträchtigt wird.

Als Auslegungshilfe ist die Begriffsbestimmung von § 92 Abs. 3 Nr. 2 StGB gedacht.[166] **51** Danach sind Bestrebungen gegen die Sicherheit der Bundesrepublik Deutschland im Sinne des Gesetzes solche, deren Träger darauf hinarbeiten, die äußere oder innere Sicherheit der Bundesrepublik Deutschland zu beeinträchtigen. Der Wortlaut der Vorschrift („im Sinne dieses Gesetzes") unterstreicht, dass die Legaldefinition für das gesamte StGB Geltung beanspruchen soll.

Wirklich viel scheint damit nicht gewonnen. In Bezug auf die § 109e Abs. 1 StGB, **52** § 109f Abs. 1 StGB und § 109g Abs. 1, 2 StGB geht der überwiegende Teil des Schrifttums mit Blick auf die Entstehungsgeschichte der Regelungen – entgegen § 92 Abs. 3 Nr. 2 StGB – davon aus, dass allein die „äußere Sicherheit" gemeint sein könne.[167] Gleichzeitig wird anderenorts moniert, die Begriffe der inneren und äußeren Sicherheit erwiesen sich zunehmend als schwer handhabbar; sie seien keine sich ausschließenden Gegensätze, keine voneinander isolierten Zustände, die einer getrennten Bewertung zugänglich wären.[168] Kritik gilt im Übrigen dem Terminus der „inneren Sicherheit", der sich als „konturenlos und wenig aussagekräftig" erweise.[169]

Damit wird deutlich, dass ein **staatsschutzstrafrechtlicher Sicherheitsbegriff noch** **53** **keine feste Gestalt** angenommen hat. Die Patina des Kalten Krieges, die über manchen

---
[164] S. *Weber* FS Knemeyer, 2012, 437 (441); zur Rechtsgutslehre im Strafrecht s. *Hefendehl*, ZIS 2012, 506 ff. mwN.
[165] Ausführlich *Fahrner* StaatsschutzStrafR § 6 Rn. 31 ff.
[166] Vgl. *Anstötz* in MüKoStGB StGB § 92 Rn. 9.
[167] Vgl. *Kargl* in NK-StGB StGB § 109e Rn. 4; *Müller* in MüKoStGB StGB § 109e Rn. 28 mwN.
[168] *Hegmann/Stuppi* in MüKoStGB StGB Vor § 93 Rn. 25; *Nestler* ZStW 125 (2013), 259 (278, 287); *Lampe* NStZ 2015, 361 (363).
[169] BGHSt 46, 238 (238 ff.) = NJW 2001, 1359 zu § 120 II 1 Nr. 3 GVG aF. In diesem Sinne wohl auch *Paeffgen* in NK-StGB StGB § 92 Rn. 11.

Regelungen liegt, erstreckt sich auch auf das Verständnis von Sicherheit.[170] Etwas hilflos wirkt der Versuch des Gesetzgebers, § 92 Abs. 3 Nr. 2 StGB im Rahmen der Einführung des § 89a StGB, der auf den „Bestand oder die Sicherheit der Bundesrepublik Deutschland" abstellt, eine aktuelle Bedeutung zu verleihen:

> „Auf diese Weise wird weiterhin ein Rückgriff auf die in § 92 StGB enthaltenen Begriffsbestimmungen ermöglicht. So umfasst der Begriff der Sicherheit eines Staates dessen innere und äußere Sicherheit. Die innere Sicherheit ist der Zustand relativer Ungefährdetheit von Bestand und Verfassung gegenüber gewaltsamen Aktionen innerstaatlicher Kräfte, wobei insoweit die Fähigkeit eines Staates im Zentrum steht, sich nach innen gegen Störungen zur Wehr zu setzen. Die innere Sicherheit wird in der Regel beeinträchtigt sein, wenn die vorbereitete Tat, so wie der Täter sie sich vorstellt, nach den Umständen geeignet wäre, das innere Gefüge eines Staates zu beeinträchtigen. (…) Äußere Sicherheit ist der Zustand relativer Ungefährdetheit gegenüber gewaltsamen Einwirkungen von außen."[171]

54 Die vielfältigen Auslegungs- und Konkretisierungsbemühungen legen wenigstens nahe, dass insgesamt eine einschränkende Auslegung des staatsschutzstrafrechtlichen Sicherheitsbegriffs geboten ist, um nicht eine „nahezu uferloser Ausdehnung zugängliche"[172] Strafvorschriften zu schaffen. Mit *Matthias Fahrner* ist deshalb davon auszugehen, dass der Begriff der „Sicherheit der Bundesrepublik Deutschland" auf die Handlungsfähigkeit des Verfassungsstaates abzielt, die mit gewöhnlichen Mitteln des Polizeirechts nicht hinreichend geschützt werden kann.[173] In diesem Sinne folgt der staatsschutzstrafrechtliche Sicherheitsbegriff dem Verständnis von Art. 73 Abs. 1 Nr. 10 lit. b GG (→ Rn. 31).

2. Öffentliche Sicherheit

55 In manchen strafrechtlichen Regelungen findet der Begriff der **„öffentlichen Sicherheit"** Verwendung. § 88 Abs. 1 Nr. 4 StGB bestraft verfassungsfeindliche Sabotage von Dienststellen, Anlagen, Einrichtungen oder Gegenständen, die der „öffentlichen Sicherheit oder Ordnung" dienen. Ein verwandtes Tatobjekt ist der Betrieb „einer der öffentlichen Ordnung oder Sicherheit" dienenden Einrichtung oder Anlage gem. § 316b Abs. 1 Nr. 3 StGB. Obschon die gleichzeitige Erwähnung von „öffentlicher Sicherheit" und „öffentlicher Ordnung" auf ein polizeirechtliches Verständnis hindeutet, offenbart ein Blick auf Literatur und Rechtsprechung intradisziplinäre Übersetzungsschwierigkeiten.

56 Nach Ansicht des OLG Stuttgart – bestätigt von Teilen des Schrifttums – wird die „öffentliche Sicherheit" allein dann betroffen, wenn es um die unmittelbare Abwehr von Gefahren für bedeutende Rechtsgüter der Allgemeinheit oder des einzelnen geht.[174] Das erstaunt insoweit, als dadurch dem polizeilichen Gefahrenbegriff neben dem Begriff der „öffentlichen Sicherheit" gar keine eigenständige Bedeutung mehr zukäme. „Öffentliche Sicherheit" und „Gefahrenabwehr" können nicht gleichgesetzt werden. Insofern verwundert auch nicht, dass der BGH das im Gefahrenvorfeld operierende Bundesamt für Verfassungsschutz als Dienststelle iSv § 88 Abs. 1 Nr. 4 StGB qualifiziert.[175]

57 Aufschlussreich sind demgegenüber gesetzgeberische Regelungsintentionen. Sie geben insbesondere Auskunft über das Verhältnis von „öffentlicher Sicherheit" und „innerer" bzw. „äußerer" Sicherheit. Der Gesetzesbegründung zum Regelungsvorgänger von § 316b StGB war 1962 zu entnehmen:

> „Der Begriff der „öffentlichen Sicherheit" in Nummer 4 ist – ebenso wie in den §§ 371 und 373 der Begriff der „Sicherheit der Bundesrepublik Deutschland" – sowohl im Sinne der inneren wie der

---

[170] Zur geringen kriminalpolitischen Bedeutung s. zB *Müller* in MüKoStGB StGB § 109f Rn. 3. Zu historischen Wurzeln *Fahrner* ZStW 132 (2020), 84 (88 ff.).
[171] BT-Drs. 16/12428, 14. Von der Rechtsprechung übernommen zB in BGHSt 61, 36 (38) = NJW 2016, 260.
[172] Vgl. BGH NStZ, 215 (216); BGH NStZ-RR 2019, 177 mwN.
[173] *Fahrner* ZStW 132 (2020), 84 (88 ff.).
[174] OLG Stuttgart NStZ 1997, 342 (343), zust. wohl *Zieschang* in NK-StGB StGB § 316b Rn. 22; *Hecker* in Schönke/Schröder StGB § 316b Rn. 5.
[175] Vgl. BGHSt 27, 307 (309).

äußeren Sicherheit aufzufassen. Das ergibt sich unter anderem aus einem Vergleich mit § 371, wo die Bundeswehr als Hauptbeispiel der öffentlichen Sicherheitsorgane aufgeführt ist. Zum Gebiet der öffentlichen Sicherheit gehört auch die Landesverteidigung einschließlich des Schutzes der Zivilbevölkerung gegen Kriegsgefahren".[176]

Richtig daran ist, dass es für die Schutzgüter der öffentlichen Sicherheit keinen Unterschied machen kann, woher ihre Bedrohung rührt.[177] Wird nach herrschender Auffassung der Schutz von Kollektivgütern vom Begriff der „öffentlichen Sicherheit" umfasst, ist es zB unerheblich, ob der „Bestand des Staates und seiner Einrichtungen" durch einen bewaffneten Angriff von außen oder von innen gefährdet wird.[178]

In einem anderen Sinnzusammenhang als in § 88 Abs. 1 Nr. 4 StGB, § 316b Abs. 1 Nr. 3 StGB wird der Terminus der „öffentlichen Sicherheit" schließlich in § 125 Abs. 1 StGB verwendet. Die Vorschrift bestraft den Landfriedensbruch, wenn sich aus einer Menschenmenge Gewalttätigkeiten oder Bedrohungen mit einer Gewalttätigkeit in einer die „öffentliche Sicherheit gefährdenden Weise" ergeben. Die in Rechtsprechung und Literatur vorfindlichen Auslegungsangebote zeigen auf, dass dem Sicherheitsbegriff keineswegs die klaren Konturen zukommen, die man ihm in den Beratungen zum 3. StrRG vom 20.5.1970[179] zubilligte.[180] Nach heute herrschender Auffassung umfasst die öffentliche Sicherheit neben einem objektiv fassbaren Friedenszustand des von Gewalttätigkeiten freien und unbedrohten Daseins aller im Staat auch das subjektive Vertrauen der Bevölkerung in den Bestand und Fortbestand ihrer Sicherheit in der Gemeinschaft, mit anderen Worten das allgemeine Rechtssicherheitsgefühl; dieses soll bereits bei solchen Ausschreitungen gefährdet sein, die den Eindruck entstehen lassen, es lasse sich nicht mehr in einem geordneten Gemeinwesen frei von Furcht vor dem Terror gewalttätiger Menschen leben.[181] Damit wird deutlich, dass sich der Sicherheitsbegriff in § 125 Abs. 1 StGB weit vom polizeirechtlichen Verständnis entfernt hat. Insbesondere ist ein Sicherheitsgefühl des Einzelnen ohne weitere Konkretisierung kein Individualrechtsgut, das dem Schutzumfang der „öffentlichen Sicherheit" anvertraut wäre.[182] Grundsätzlich steht es dem Gesetzgeber frei, für einen Regelungsgegenstand Gesetzesbegriffe zu verwenden, die von gleich oder ähnlich lautenden Begriffen in anderen Gesetzen abweichen.[183] Es gilt der Grundsatz der Relativität der Rechtsbegriffe. In diesem Fall allerdings könnte – mit Blick auf § 88 Abs. 1 Nr. 4 StGB, § 316b Abs. 1 Nr. 3 StGB – nicht einmal dem StGB ein einheitliches Verständnis „öffentlicher Sicherheit" entnommen werden. Dahinter kann schwerlich ein Plan stecken. Eher ist zu vermuten, dass ein *error in nomine* insoweit vorliegt, als nicht die „öffentliche Sicherheit", sondern vielmehr der „öffentliche Friede" vom Gesetzgeber gemeint war.[184]

IV. Verwaltungsrechtliche Sicherheitsbegriffe

Neben dem Strafrecht stellt das Verwaltungsrecht eine bedeutende Regelungsressource des Sicherheitsrechts dar. Adressiert an die Sicherheitsbehörden beschreibt es **tragende Säulen im Fundament der deutschen Sicherheitsarchitektur.** Vor allem in den Regelwerken, die dem Besonderen Verwaltungsrecht zuzuordnen sind, findet sich eine Vielzahl von Sicherheits(rechts)begriffen, denen über kontextbezogene Präzisierungen (→ Rn 4 f.) kein einheitlicher Bedeutungsgehalt zukommt. Nachfolgend sind die wichtigsten Sicherheitsbegriffe in den Blick zu nehmen.

---
[176] BT-Drs. IV/650, 560.
[177] In diesem Sinne *Zieschang* in NK-StGB StGB § 316b Rn. 22.
[178] AA *Möstl* Sicherheitsgewährleistung 278 f.
[179] BGBl. 1970 I 505.
[180] S. dazu seinerzeit *Tiedemann* JZ 1968, 761 (763).
[181] Vgl. *Feilcke* in MüKoStGB StGB § 125 Rn. 19; *Ostendorf* in NK-StGB StGB § 125 Rn. 24 f. mwN; BGH NStZ 2004, 618.
[182] Zur Problematik *Bäcker*, Kriminalpräventionsrecht, 2015, 316 ff.
[183] Vgl. BVerfGE 25, 309 (313) = BeckRS 1969, 30702001.
[184] So zutreffend *Fahrner* ZStW 132 (2020), 84 (98 f.).

1. Öffentliche Sicherheit

61 Der Begriff der „öffentlichen Sicherheit" ist im Verwaltungsrecht weit verbreitet. Er findet sich etwa in:

> § 52 Abs. 2, 6 BImSchG; § 66 Abs. 6 Nr. 2a UVPG; § 21 Abs. 4 S. 2 ChemG; § 47 Abs. 3 S. 3 KrWG; § 35 Abs. 1 Nr. 4 StVG; § 275b Abs. 2 S. 3 SGB V; § 3 Abs. 1 S. 1 LBauO NRW; § 2 Abs. 2 Nr. 9 TKG; § 10 Abs. 1 S. 2 Nr. 2 ZFdG; § 16 Abs. 3 Nr. 2 TierSchG; § 24 Abs. 1 S. 1 Nr. 8 BauGB; § 66a Abs. 6 S. 4 LuftVG; § 119 Abs. 3 S. 3 HwO; § 57 Abs. 4 PBefG; § 75 Abs. 7 Nr. 4 HG NRW; § 1 Abs. 1 ASOG Bln; § 10a Abs. 1 Nr. 2 BKAG; § 15 Abs. 2 Nr. 3 BVerfSchG; § 15 Abs. 1 VersammlG.

Die Beispiele illustrieren die Vielfalt der Regelungsbereiche, in denen die „öffentliche Sicherheit" eine Rolle spielt. Auf das Sicherheitsrecht ieS ist das Vorkommen des Begriffs keineswegs beschränkt. Auch in Regelungen des Tierschutz-, Bau- oder Sozialrechts ist er anzutreffen. Gemeinsam ist den einzelnen Vorschriften, dass sie trotz des unterschiedlichen Regelungskontextes von einem **polizeirechtlichen Begriffsverständnis** ausgehen. Das dürfte wesentlich dem Umstand geschuldet sein, dass „öffentliche Sicherheit" in diesem Sinne als **offener Verweisungsbegriff** fungiert.[185] Er nimmt auf Rechtsgüter Bezug, die querbeet in der Rechtsordnung hinterlegt und nicht allein im Polizeirecht zu finden sind. Daraus ist ua abzulesen, dass der Schutz der öffentlichen Sicherheit nicht nur den Polizeibehörden anvertraut ist, sondern auch in der Zuständigkeit von etwa Gewerbe-, Immissionsschutz- oder Baubehörden liegen kann. Aus rechtshistorischer Sicht ist diese arbeitsteilige Wahrnehmung des Schutzauftrags durchaus als Ausdruck der Entpolizeilichung der Verwaltung zu verstehen, die maßgeblich mit dem berühmten „Kreuzbergurteil" des Preußischen Oberverwaltungsgerichts[186] vom 14.6.1882 in Gang kam.[187]

62 Was vom Begriff der öffentlichen Sicherheit umfasst sein soll, definieren inzwischen manche Polizeigesetze der Länder. In § 3 Nr. 1 SOG LSA wird öffentliche Sicherheit bestimmt als:

„die Unverletzlichkeit der Rechtsordnung, der subjektiven Rechte und Rechtsgüter des Einzelnen sowie des Bestandes, der Einrichtungen und Veranstaltungen des Staates oder sonstiger Träger der Hoheitsgewalt".

63 Ähnlich lautende Legaldefinitionen finden sich in § 2 Nr. 2 BremPolG und § 54 Nr. 1 ThürOBG. Gegenstand des Schutzes sind demnach die durch die gesamte Rechtsordnung geschützten Rechtsgüter der Allgemeinheit und die individuellen Rechtsgüter des Einzelnen, wenn sie vom öffentlichen Recht anerkannt werden.[188] Auch private Rechte des Einzelnen können vom Schutzumfang erfasst sein, soweit diese nicht im Wege des Privatrechts geschützt werden können.[189] Der Begriff der „Unverletzlichkeit" ist indes nicht unproblematisch. Denn damit kann leicht die Vorstellung von einer absoluten Sicherheit verknüpft sein, die es bekanntlich nicht gibt.[190]

64 Das **„Öffentliche"** an der „öffentlichen Sicherheit" ist ihre Konstituierung durch Gesetz in der Demokratie; eine tatbestandliche Einschränkung ist damit nicht verbunden.[191] Das weite Verständnis „öffentlicher Sicherheit" legt nahe, dass der Rechtsgüterschutz nicht um jeden Preis verfolgt werden kann. In vielen gesetzlichen Regelungen erfolgt daher auf

---

[185] Vgl. dazu *Gusy* PolR § 4 Rn. 80 ff.; zustimmend *Albers*, Die Determinanten polizeilicher Tätigkeit in den Bereichen Straftatenverhütung und Verfolgungsvorsorge, 2001, 30.
[186] PrOVGE 9, 353 ff.
[187] Näher *Stolleis* in Lisken/Denninger PolR.-HdB, 6. Aufl. 2018, A. II. Rn. 21 ff.
[188] Vgl. *Kugelmann* PolR 5. Kap. Rn. 36; *Brodowski*, Verdeckte technische Überwachungsmaßnahmen im Polizei- und Strafverfahrensrecht, 2016, 264 ff.
[189] S. *Schoch* in Schoch, Besonderes Verwaltungsrecht, 2018, Kap. 1 Rn. 252.
[190] Vgl. *Erbel* DVBl 2001, 1714 (1720).
[191] *Kugelmann* PolR 5. Kap. Rn. 37.

Tatbestandsebene eine Einhegung dahingehend, dass wenigstens eine besondere Besorgnissituation für die Unversehrtheit eines Rechtsguts vorliegen muss. Angesprochen ist damit der Begriff der „Gefahr". Er temperiert den Rechtsgüterschutz, indem er Schwellen für behördliches Handeln unter Berücksichtigung der Bedeutung des Rechtsguts markiert.[192]

2. Sicherheit des Bundes oder eines Landes

Die **„Sicherheit des Bundes oder eines Landes"** ist eines von drei Schutzgütern, die nach Art. 73 Abs. 1 Nr. 10 lit. b GG dem „Verfassungsschutz" anvertraut sind (→ Rn. 31). Auf einfachgesetzlicher Ebene des Verwaltungsrechts wird der Begriff zunächst durch § 4 Abs. 1 S. 1 lit. b BVerfSchG konkretisiert. Danach ist die Sicherheit des Bundes oder eines Landes erst betroffen, wenn die Funktionsfähigkeit des Staates oder seiner Einrichtungen tangiert wird. Unerheblich ist dabei, ob eine Gefährdung von innen oder von außen droht.[193] Auf diese Weise wird zum Ausdruck gebracht, dass es sich um ein Schutzgut von überragender Bedeutung handelt. Das entspricht der ständigen Rechtsprechung des BVerfG. Der „Bestand oder die Sicherheit des Bundes oder eines Landes" zählen dem Gericht zufolge zu den „besonders gewichtigen"[194], überragend wichtigen"[195] bzw. „hochrangigen"[196] Rechtsgütern, deren Schutz empfindliche Grundrechtseingriffe legitimieren kann.[197] Damit ist dieser Sicherheitsbegriff sehr viel enger zu verstehen als der Begriff der „öffentlichen Sicherheit" (→ Rn. 61 ff.). 65

Trotz der Erwähnung in Art. 73 Abs. 1 Nr. 10 lit. b GG und der Konkretisierung durch § 4 Abs. 1 S. 1 lit. b BVerfSchG ist das Vorkommen des Begriffs der „Sicherheit des Bundes oder eines Landes" nicht auf das Verfassungsschutzrecht beschränkt. Vielmehr ist er beispielsweise auch in § 9 III ZfdG; § 1 Abs. 1 Nr. 1 G 10; § 10 Abs. 1 S. 1 Nr. 1 lit. a StAG; § 20c Abs. 1 S. 1 Nr. 1 PolG NRW; § 34a Abs. 1 S. 1 ThürPAG oder § 9 V BKAG enthalten. Eine abweichende Auslegung ist damit nicht verbunden. Einigkeit besteht – unter regelhaftem Verweis auf die verfassungsgerichtliche Rechtsprechung – dahingehend, dass die **Funktionstüchtigkeit des Staates und seiner Einrichtungen** umfasst wird, die mit den Mitteln des Polizeirechts allein nicht mehr gewährleistet werden kann. 66

Dieses Verständnis gilt auch, soweit einfachgesetzlich auf die „Sicherheit der Bundesrepublik Deutschland" abgestellt wird (zB § 4 Abs. 2 Nr. 4 AsylG; § 25 Abs. 3 S. 2 Nr. 4 AufenthG; § 12 Abs. 5 BNDG). Der Begriff entspricht dem der „Sicherheit des Bundes" und umfasst sowohl die innere wie auch die äußere Sicherheit des Staates.[198] 67

3. Innere und äußere Sicherheit

Mehrere verwaltungsrechtliche Regelungen stellen auf einzelne Elemente der **„Sicherheit des Bundes"** bzw. der **„Sicherheit der Bundesrepublik"** ab. Die Rede ist in diesen Fällen von **„innerer"** und/oder **„äußerer Sicherheit"**. Soweit lediglich die „äußere Sicherheit" erwähnt wird, nehmen die Vorschriften zumeist auf den zweiten Abschnitt im vierten Teil des Besonderen Teils („Landesverrat und Gefährdung der äußeren Sicherheit") im StGB Bezug (zB § 61 Abs. 1 Nr. 4 BeamtVG; § 24 Nr. 2 DRiG; § 10 Nr. 1 WPflG; § 4 Abs. 2 Nr. 2 OrdenG). Insoweit kommt hier der staatsschutzstrafrechtliche Sicherheitsbegriff der §§ 93 ff. StGB zur Geltung (zur Kritik → Rn. 50 ff.). 68

Problematisch ist die zunehmende Verwendung des Begriffs der „inneren Sicherheit" (zB in § 56a Abs. 1 AufenthG; § 29 Abs. 2 AZRG; § 6 Abs. 3 Nr. 1 HmbTG; § 82 Abs. 3 BremBG). Sein Bedeutungsgehalt ist nicht annähernd geklärt (→ Rn. 34 ff.). Während 69

---

[192] Näher dazu *Dietrich* in Fischer/Hilgendorf Gefahr 69 ff.
[193] Vgl. *Droste* VerfassungsschutzR-HdB 192 f.
[194] BVerfGE 141, 220 (Rn. 108) = NJW 2016, 1781; BVerfGE 154, 152 (Rn. 163, 313) = NJW 2020, 2235.
[195] BVerfGE 120, 274 (328) = NJW 2008, 822; BVerfGE 125, 260 (330) = NJW 2010, 833.
[196] BVerfGE 100, 313 (381 f.) = NJW 2000, 55; BVerfGE 115, 320 (346) = NJW 2006, 1939.
[197] Ausführlich *Tanneberger*, Die Sicherheitsverfassung, 2014, 377 ff.
[198] BVerwGE 123, 114 (120) = BeckRS 2005, 27806; BVerwG NVwZ 2017, 1057 (Rn. 15).

manche Stimmen in der Literatur „innere" und „öffentliche" Sicherheit gleichsetzen,[199] gehen andere von einem deutlich engeren Verständnis „innerer Sicherheit" aus.[200] Der Begriff beziehe auf die materielle und immaterielle Staatsexistenz als solcher. Damit ist die Überflüssigkeit des Terminus zur Evidenz gebracht: meinen „öffentliche" und „innere" Sicherheit dasselbe, gibt es keinen Bedarf für eine parallele gesetzliche Verwendung der Begriffe. Soll dagegen „innere Sicherheit" enger auszulegen sein, erhebt sich die Frage, warum nicht besser auf die „Sicherheit des Bundes oder eines Landes" bzw. die „Sicherheit der Bundesrepublik" Bezug genommen wird.[201]

70 Besonders eindrücklich treten die Auslegungsschwierigkeiten zu Tage, soweit in manchen Regelungen auf den Kombinationsbegriff „innere und äußere Sicherheit" abgestellt wird (zB § 23 Abs. 1 PassG; § 1 Nr. 3 AtG; § 4 Abs. 1 S. 1 Nr. 5 BKAG; § 3 Nr. 1 lit. c IFG). Den Mangel einer klaren inhaltlichen Kontur illustrieren die entsprechenden Definitionsbemühungen:

- zu § 1 Nr. 3 AtG: „(…) ist es Zweck des Gesetzes, zu verhindern, dass durch Anwendung oder Freisetzung von Kernenergie die innere und äußere Sicherheit der Bundesrepublik Deutschland gefährdet wird. Die äußere Sicherheit betrifft den Bestand des Staates als Ganzes, die innere Sicherheit bezieht sich auf die Sicherheit und Ordnung im Staat";[202]
- zu § 3 Nr. 1 lit. c IFG: „Einen eigenen Regelungsgehalt weist § 3 Nr. 2 (Anm.: im Verhältnis zu § 3 Nr. 1 lit. c IFG) dann auf, wenn den Merkmalen „innere Sicherheit" bzw. „äußere Sicherheit" ein engeres Verständnis als dem polizeirechtlichen Begriff „Sicherheit" zukommt";[203]
- zu § 3 Nr. 1 lit. c IFG: „Die innere und äußere Sicherheit betrifft den nicht-militärischen Sicherheitsbereich (…)";[204]
- zu § 7 Abs. 1 Nr. 1 PassG: „Für Abs. 1 Nr. 1 ergibt insbesondere die historische Auslegung, dass nicht etwa alle Fälle der öffentlichen Sicherheit (im Sinne polizeirechtlicher Generalklauseln), sondern nur der Bereich der im engeren Sinne staatlichen Sicherheit gemeint ist".[205]

71 Hierbei erstaunt beispielsweise, dass der Gesetzgeber des IFG den Begriff der „äußeren Sicherheit" nicht im Kontext militärischer Sicherheitsgewährleistung verstanden haben möchte. Zugleich zeigen die mitunter gegenläufigen Definitionsansätze zum Begriff der „inneren Sicherheit" eine gewisse Beliebigkeit der Auslegung auf. In neueren Gesetzesbegründungen (zB zu § 4 Abs. 1 S. 1 Nr. 5 BKAG oder § 31 Abs. 3 Nr. 1 BNDG) wird schon gar nicht mehr auf einen möglichen Bedeutungsgehalt eingegangen.[206] Vor diesem Hintergrund wäre der verwaltungsrechtliche Gesetzgeber gut beraten, zukünftig weniger auf Termini politischer Programmatik zurückzugreifen, sondern vielmehr etablierte Sicherheitsrechtsbegriffe zur Anwendung zu bringen.

4. Nationale Sicherheit

72 In mehreren Gesetzen ist neuerdings der Terminus der **„nationalen Sicherheit"** anzutreffen. Er findet sich beispielsweise in § 30 Abs. 4 Nr. 5 lit. a AO; § 30a Abs. 1 Nr. 7 AsylG; § 23 Abs. 1 Nr. 3 BDSG oder § 11 Abs. 1 Nr. 1 BbgDSG. Was auf den ersten Blick als Einführung eines neuen Sicherheitsbegriffs erscheint, entpuppt sich jeweils bei näherer Betrachtung als **wenig geglückte Umsetzung europarechtlicher Vorgaben**. § 23

---

[199] *Möstl*, Die staatliche Garantie für die öffentliche Sicherheit und Ordnung, 2002, 119 ff.
[200] OVG Berlin-Brandenburg NVwZ 2012, 1196 (1199). S. dazu auch *Bantlin*, Die G10-Kommission zur Kontrolle der Nachrichtendienste, 2021, 29 mwN.
[201] So dann wohl auch *Bantlin*, Die G10-Kommission zur Kontrolle der Nachrichtendienste, 2021, 31.
[202] *Gierke/Paul* in Theobald/Kühling, Energierecht, 110. EL Januar 2021, AtG § 1 Rn. 14.
[203] *Schoch* in Schoch IFG § 3 Rn. 56.
[204] BT-Drs. 15/4493, 9.
[205] *Hornung* in Hornung/Möller, Passgesetz – Personalausweisgesetz, 2011, PaßG § 7 Rn. 10.
[206] Wenig aufschlussreich insofern BT-Drs. 14/7386, 8 ff. sowie BT-Drs. 19/26103, 89.

Abs. 1 Nr. 3 BDSG und § 30 Abs. 4 Nr. 5 lit. a AO[207] sind vom Wortlaut her an Art. 23 Abs. 1 lit. a DSGVO angelehnt; § 30a Abs. 1 Nr. 7 AsylG beruht auf Art. 31 Abs. 8 lit. j der Richtlinie 2013/32/EU[208]. Der Gesetzgeber bemüht sich nicht um eine angemessene Übersetzung europarechtlicher Rechtsbegriffe in die deutsche Rechtssprache. Im Ergebnis entsteht dadurch eine rechtsdogmatische Kollisionslage, denn die europarechtlichen Begriffe fügen sich nicht in die bewährte Dogmatik des deutschen Rechts ein. Ein Beispiel: nach Art. 31 Abs. 8 lit. j der Richtlinie 2013/32/EU können die Mitgliedstaaten festlegen, dass ein beschleunigtes Asylverfahren durchgeführt wird, wenn

„es schwerwiegende Gründe für die Annahme gibt, dass der Antragsteller eine Gefahr für die nationale Sicherheit oder die öffentliche Ordnung des Mitgliedstaats darstellt oder er aus schwerwiegenden Gründen der öffentlichen Sicherheit oder öffentlichen Ordnung nach nationalem Recht zwangsausgewiesen wurde".

§ 30a Abs. 1 Nr. 7 AsylG übernimmt den Wortlaut weitgehend: 73

„Das Bundesamt kann das Asylverfahren (…) beschleunigt durchführen, wenn der Ausländer aus schwerwiegenden Gründen der öffentlichen Sicherheit oder öffentlichen Ordnung ausgewiesen wurde oder es schwerwiegende Gründe für die Annahme gibt, dass er eine Gefahr für die nationale Sicherheit oder die öffentliche Ordnung darstellt".

Wann eine „Gefahr für die nationale Sicherheit" vorliegt, ist in der deutschen Polizei- 74 rechtswissenschaft wohl bislang kaum jemals thematisiert worden. Auch die Gleichsetzung mit Belangen der „öffentlichen Ordnung" deutet auf einen schwerwiegenden Umsetzungsfehler hin, wenn der europarechtliche Begriff der „nationalen Sicherheit" allein die territoriale Integrität eines Mitgliedstaates, seine verfassungsmäßige Ordnung, sein politisches und wirtschaftliches System sowie seine öffentlichen Versorgungsstrukturen umfassen soll (→ Rn. 42). Es liegt demgemäß auf der Hand, dass es in der Rechtspraxis nicht selten zu **signifikanten Auslegungsproblemen** kommen wird.

5. Sicherheit in der Informationstechnik, IT-, Informations- und Cybersicherheit

Mit der zunehmenden Digitalisierung des Alltags infolge des Einsatzes immer leistungs- 75 fähigerer und vernetzterer Informationstechnologie sind die Ansprüche des Einzelnen an die Vertraulichkeit, Integrität und Verfügbarkeit informationstechnischer Systeme gewachsen. Auch gesamtgesellschaftlich ist der Schutz von informationstechnischer Infrastruktur bedeutsamer geworden. Der Betrieb einer modernen Energieversorgung oder der internationale Zahlungsverkehr sind ohne eine funktionierende Informationstechnologie nicht denkbar.

Der Schutzauftrag wird unter unterschiedlichen Bezeichnungen adressiert. Das BSIG 76 subsumiert den Schutz von Informationen sowie informationsverarbeitenden Systemen, Komponenten und Prozessen unter den Begriff der **„Sicherheit in der Informationstechnik"**. Nach § 2 Abs. 2 S. 3 BSIG wird davon umfasst:

„die Einhaltung bestimmter Sicherheitsstandards, die die Verfügbarkeit, Integrität oder Vertraulichkeit von Informationen betreffen, durch Sicherheitsvorkehrungen
1. in informationstechnischen Systemen, Komponenten oder Prozessen oder
2. bei der Anwendung von informationstechnischen Systemen, Komponenten oder Prozessen".

Dieser – gesetzliche – Begriff der „Sicherheit in der Informationstechnik" deckt sich mit 77 dem Terminus der **„IT-Sicherheit"**, der synonym in der Literatur und in einigen Regelwerken privater Regelsetzung verwendet wird.[209] Überschneidungen bestehen mit dem Begriff der **„Informationssicherheit"**. Er spielt auf die Sicherheit von in Daten ent-

---
[207] *Pätz* in Koenig AO § 30 Rn. 230.
[208] RL 2013/32/EU v. 26.6.2013 zu gemeinsamen Verfahren für die Zuerkennung und Aberkennung des internationalen Schutzes, ABl. L 180/60; s. BT-Drs. 18/7538, 12.
[209] Vgl. *Hornung/Schallbruch* in Hornung/Schallbruch IT-SicherheitsR Teil 1 § 1 Rn. 13 ff.

haltenden Informationen vor unbefugten Offenlegungen, Übermittlungen, Veränderungen und/oder Zerstörungen an – unabhängig davon, ob die in den Daten enthaltenden Informationen einen Personenbezug aufweisen und ob die Informationen digital oder analog verarbeitet werden.[210] Soweit eine digitale Datenverarbeitung erfolgt, ist „Sicherheit in der Informationstechnik" demgemäß ein Unterfall der „Informationssicherheit".[211] Das legen auch § 3 Abs. 1 Nr. 19 BSIG, § 3a III Nr. 1 BSIG und § 6a Abs. 1 Nr. 2 BSIG nahe, wenngleich manche private Regelwerke „Informationssicherheit" deutlich allgemeiner definieren. So hält die Begriffsbestimmung in ISO/IEC 27000, die von der „International Organization for Standardization" (ISO) und der „International Electrotechnical Commission" (IEC) herausgegeben wird, lediglich fest:

„Information security ensures the confidentiality, availability and integrity of information"[212].

78   Als genereller Oberbegriff gilt vielen schließlich der Begriff der **„Cybersicherheit"**. Nach Art. 2 Nr. 1 der VO (EU) 2019/881[213] sind damit „alle Tätigkeiten, die notwendig sind, um Netz- und Informationssysteme, die Nutzer solcher Systeme und andere von Cyberbedrohungen betroffene Personen zu schützen.[214]

6. Datensicherheit und Datenschutz

79   Stellenweise ist der Begriff der **„Datensicherheit"** anzutreffen (zB § 23 Abs. 2 BKAG; § 22 Abs. 4 GwG). „Datensicherheit" entstammt der Sprache des Datenschutzrechts.[215] Damit ist die Absicherung persönlicher Informationen gegen unbefugte Offenlegungen, Übermittlungen, Veränderungen und/oder Zerstörungen sowohl vorsätzlicher wie auch fahrlässiger Art verbunden.[216] In diesem Sinne lässt sich „Datensicherheit" als Teil der „Informationssicherheit" begreifen.[217] Im Verhältnis zum Begriff des „Datenschutzes" stellt „Datensicherheit" lediglich einen Unterfall dar.

E. Perspektiven

80   Die vorstehenden Ausführungen haben gezeigt, dass es kein einheitliches Verständnis von „Sicherheit" im Rechtssinne gibt. Auch dem Sicherheitsrecht liegt **kein identitätsstiftender einheitlicher Sicherheitsbegriff** zugrunde. Vielmehr existieren **mehrere Sicherheitsbegriffe** nebeneinander, die sich z. T. überscheiden oder auch ergänzen. In manchen Fällen ergeben sich Wertungswidersprüche oder sprachliche Unschärfen. Sie sind v. a. schlechter Übersetzungs- und Transformationsarbeit im Mehrebenensystem des Rechts geschuldet. Das tritt etwa offen zu Tage, wenn Begriffe politischer Programmatik wörtlich in das geschriebene Recht übernommen werden, ohne auf ihre dogmatische Stimmigkeit hin überprüft worden zu sein. Das gilt auch, soweit technische Fachtermini der MINT-Wissenschaften in Regelwerken privater Standardisierung abweichend von gesetzlichen Begriffsbestimmungen definiert werden. Die sicherheitsrechtliche Perspektive ist immerhin geeignet, solche Probleme offenzulegen und Lösungswege aufzuzeigen.

---

[210] *Kipker* in Kipker Cybersecurity Kap. 1 A Rn. 4; *Alt* DS 2020, 169.
[211] Vgl. *Alt* DS 2020, 169. So wohl auch iErg *Wischmeyer* Die Verwaltung 50 (2017), 155 (160).
[212] Zur Begriffsbildung s. *Freiling/Grimm* ua Informatik Spektrum 37 (2017), 14 (20).
[213] Verordnung (EU) 2019/881 v. 17.4.2019 über die ENISA (Agentur der Europäischen Union für Cybersicherheit) und über die Zertifizierung der Cybersicherheit von Informations- und Kommunikationstechnik und zur Aufhebung der Verordnung (EU) Nr. 526/2013 (Rechtsakt zur Cybersicherheit), ABl. L 151, 15.
[214] S. *Kipker* in Kipker Cybersecurity Kap. 1 A Rn. 4 mwN.
[215] *Wischmeyer* Die Verwaltung 50 (2017), 155 (160).
[216] *Kipker* in Kipker Cybersecurity Kap. 1 A Rn. 4.
[217] Vgl. *Hornung/Schallbruch* in Hornung/Schallbruch IT-SicherheitsR Teil 1 § 1 Rn. 16.

§ 7 Organisation der Sicherheitsgewährleistung

Markus Thiel

Übersicht

	Rn.
A. Einführung	1
B. Akteure der Sicherheitsgewährleistung	4
I. Grundlagen	4
II. Sicherheitsbehörden und -akteure des Bundes	7
1. Bundeswehr	8
2. Polizeibehörden des Bundes	11
a) Bundespolizei	12
b) Bundeskriminalamt	15
c) Polizei beim Deutschen Bundestag	18
3. Verfassungsschutzbehörden und Nachrichtendienste des Bundes	19
a) Bundesamt für Verfassungsschutz	20
b) Bundesnachrichtendienst	22
c) Militärischer Abschirmdienst	23
4. Bundeszollverwaltung	24
5. Sonstige Sicherheitsbehörden und -einrichtungen auf Bundesebene	26
III. Sicherheitsbehörden und -akteure auf Landesebene	30
1. Polizeibehörden	31
2. Verfassungsschutzbehörden auf Landesebene	32
3. (Kommunale) Ordnungsbehörden	33
4. Feuerwehr	34
IV. Private Sicherheitsakteure	35
C. Gremien, Strukturen und Prozesse der Sicherheitskooperation	36
I. Bedeutung der Kooperation für die Sicherheitsgewährleistung	36
II. Kooperationsaspekte und -formen	40
1. Kooperation auf nationaler Ebene	40
a) Ständige Konferenz der Innenminister und -senatoren der Länder	41
b) Gemeinsame Zentren	43
c) Gemeinsame Dateien	45
2. Kooperation auf europäischer Ebene	46
a) Sicherheitsprogramme der Europäischen Union	47
b) Rat für Justiz und Inneres, COSI	48
c) Sicherheitsagenturen	50
d) Schengen-Besitzstand	58
e) Polizeiverträge, Gemeinsame Zentren	59
3. Kooperation auf internationaler Ebene	61
a) Interpol	62
b) Gemeinsame Ermittlungsgruppen	64
D. Perspektiven	65

Wichtige Literatur:

Abbühl, A., Der Aufgabenwandel des Bundeskriminalamtes. Von der Zentralstelle zur multifunktionalen Intelligence-Behörde des Bundes, 2010; *Bäcker, M.,* Terrorismusabwehr durch das Bundeskriminalamt, 2009; *Banzhaf, M.,* Die Ämter für Verfassungsschutz als Präventionsbehörden. Rechtsfragen zur Stellung der Verfassungsschutzämter in der deutschen Verfassungsschutzarchitektur, 2021; *Barthel, C. (Hrsg.),* Polizeiliche Gefahrenabwehr und Sicherheitsproduktion durch Netzwerkgestaltung. Eine Aufgabe der Führung in und zwischen Organisationen, 2019; *Busche, A.,* Die Zentralisierung polizeilicher Aufgaben auf dem Gebiet der Strafverfolgung beim Bundeskriminalamt, 2013; *Cush, C. C.,* FRONTEX. Analyse des europäischen Migrationsmanagements durch die Europäische Agentur für die Grenz- und Küstenwache, 2020; *Demmelbauer, B.,* Europol, Eurojust und das Europäische Justizielle Netz, 2012; *Deutsche Hochschule der Polizei (Hrsg.),* Kooperative Sicherheit. Die Sonderpolizeien des Bundes im föderalen Staat, 2011; *Dieckmann, T.,* Transnationale Verbrechensbekämpfung. Entwicklungslinien der Zusammenarbeit zwischen den Mitgliedstaaten der Europäischen Union, 2019; *Fawzy, O. M.*, Die Errichtung von Eurojust – Zwischen Funktionalität und Rechtsstaatlichkeit. Unter Berücksichtigung der Vorschläge des Europäischen Verfassungskonvents, 2005; *Gade, G. D./Kieler, M.*, Polizei und Föderalismus. Aufgabenfelder der Bundes- und Landespolizeien im verfassungsrechtlichen Gefüge der Bundesrepublik Deutschland, 2008; *Gemmerich, S.*, Die Sonderpolizeien des Bundes. Relikte oder Zukunftsmodelle für einen modernen Bundesstaat?, 2019; *Gramm, C.*, Die Bundeswehr in der neuen Sicherheitsarchitektur, Die Verwaltung Bd. 41 (2008), 375; *Graulich, F.*, Die Zusammenarbeit von Generalbundesanwalt und Bundeskriminalamt bei dem Vorgehen gegen den internationalen Terrorismus, 2013; *Groß, T.*, Defizite des Grundrechtsschutzes bei FRONTEX-Einsätzen, ZAR 2020, 51; *Gusy, C.*, Bundes- und Landeskompetenzen für den administrativen Verfassungsschutz, BayVBl. 1982, 201; *Hofmann, H.*, Rechtsstaat und Sicherheit im deutschen wie europäischen Kontext. Zur stetigen Neujustierung zwischen freiheitlichem Rechtsstaat und staatlichen Sicherheitsstrukturen, ZG 2019, 193; *Knemeyer, F.-L.*, Sicherheitsgestaltung vor Ort – eine gesamtgesellschaftliche Aufgabe, DVBl 2007, 785; *Kugelmann, D.*, Entwicklungslinien eines grundrechtsgeprägten Sicherheitsverwaltungsrechts, Die Verwaltung 2014, 25; *Linke, H.-D.*, Das Zollkriminalamt. Eine geheimnisvolle, unsichtbare und mächtige Strafverfolgungsbehörde?, 2004; *Linke, T.*, Rechtsfragen der Einrichtung und des Betriebs eines Nationalen Cyber-Abwehrzentrums als informelle institutionalisierte Sicherheitskooperation, DÖV 2015, 128; *Möllers, R.*, Polizei in Europa. Die Sicherheitsagenturen EUROPOL und FRONTEX im Raum der Freiheit, der Sicherheit und des Rechts, 2. Aufl. 2017; *Möllmann, H.*, Internationale Kriminalpolizei – Polizei des Völkerrechts? Zur Problematik der Abgrenzung öffentlicher und privater internationaler Organisationen am Beispiel der Internationalen Kriminalpolizeilichen Organisation (IKPO – Interpol), 1969; *Neumann, S.*, Die Europäische Grenzschutzagentur Frontex. Integrierter Außengrenzschutz und humanitäre Standards, 2014; *Papier, H.-J.*, Polizeiliche Aufgabenverteilung zwischen Bund und Ländern. Unter besonderer Berücksichtigung der Aufgaben des Bundesschutzes, DVBl 1992, 1; *Petersen, S.*, Europäisierung des Politikfeldes Innere Sicherheit. Eine Untersuchung am Beispiel von Bundeskriminalamt und Bundespolizei, 2019; *Porzner, K.*, Der Bundesnachrichtendienst im Gefüge der öffentlichen Verwaltung, Die Verwaltung 1993, 235; *Ratzel, M.-P.*, Europol – das Europäische Polizeiamt. Teil 1: Geschichte, Organisation, Aufgaben, Zuständigkeiten und Rechtsgrundlage, Kriminalistik 2007, 284; *Reitlinger, K.*, Zollbehörden in der informationellen Kooperation nationaler Sicherheitsbehörden. Unter besonderer Berücksichtigung der Terrorismusfinanzierungsbekämpfung, 2015; *Schmelzer, A.*, Sicherheitsföderalismus im Ausnahmezustand. Einsatz der Bundespolizei zur Unterstützung der Länder am Maßstab der Bundestreue, 2015; *Schmidt-Jortzig, I.*, Ermittlungskompetenzen des BKA, 2009; *Schneiker, A.*, Sicherheit in den Internationalen Beziehungen. Theoretische Perspektiven und aktuelle Entwicklungen, 2017; *Schober, K.*, Europäische Polizeizusammenarbeit zwischen TREVI und Prüm. Mehr Sicherheit mit Kosten von Freiheit und Recht?, 2017; *Schoppa, K.*, Europol im Verbund der Europäischen Sicherheitsagenturen, 2013; *Schütte-Bestek, P.*, Aus Bundesgrenzschutz wird Bundespolizei. Entwicklung einer deutschen Polizeiorganisation des Bundes aus organisationssoziologischer Perspektive, 2015; *Seyfried, P. P.*, Ein europäischer Nachrichtendienst? Möglichkeiten und Grenzen nachrichtendienstlicher Kooperation auf EU-Ebene, 2017; *Sommerfeld, A.*, Verwaltungsnetzwerke am Beispiel des Gemeinsamen Terrorismusabwehrzentrums des Bundes und der Länder (GTAZ), 2015; *Stiebler, G.*, Die Institutionalisierung der internationalen polizeilichen Zusammenarbeit auf dem Gebiet der Verbrechensverhütung und -bekämpfung in der „Internationalen Kriminalpolizeilichen Organisation INTERPOL (IKPO – INTERPOL)"; *Süss, S.*, Die Zusammenarbeit zwischen der Bundespolizei und den Länderpolizeien und ihre verfassungsrechtlichen Grenzen, 3. Aufl. 2020; *Terizakis, G./Sell, S./Hamm, C. (Hrsg.)*, Innere Sicherheit als geteilte Verantwortung. Kommunale und polizeiliche Herausforderungen, 2020; *Voßschmidt, S.*, Rechtshistorische Anmerkungen zur „Polizei" und zur Gründung des Bundeskriminalamtes, Kriminalistik 2012, 378; *Westermeier C./Carl, H. (Hrsg.)*, Sicherheitsakteure. Epochenübergreifende Perspektiven zu Praxisformen und Versicherheitlichung, 2018; *Wolf, T.*, Die Entstehung des BND. Aufbau, Finanzierung, Kontrolle, 2018; *Zurkinden, N.*, Joint Investigation Teams. Chancen und Grenzen von gemeinsamen Ermittlungsgruppen in der Schweiz, Europa und den USA, 2014.

A. Einführung

1 Die Sicherheitsgewährleistung im „Mehrebenensystem" – internationale Gemeinschaft, Europäische Union, Bund, Länder, Kommunen – erfordert als erfolgskritischer Faktor zwar nicht für alle, aber doch für wesentliche Aufgabenbereiche der Gefahrenabwehr und der Strafverfolgung ein Zusammenwirken verschiedenster Sicherheitsakteure. Eine Analyse der **Organisation der Sicherheitsgewährleistung** führt zu dem Befund, dass es eine kaum überschaubare Vielzahl an Behörden, Organisationen, Einrichtungen, Gremien und Personen(-kreise) gibt, die an der Aufgabe der Sicherheitsgewährleistung beteiligt sind.[1] Diese wiederum kooperieren in ganz unterschiedlichen Modellen, Strukturen und Prozessen,

---

[1] Vgl. den Überblick bei *Groß* ParlBeilage 2019, Nr. 21–23, 4 ff.; *Hofmann* ZG 2019, 193 ff.; *Kugelmann* Die Verwaltung 2014, 25 ff.

B. Akteure der Sicherheitsgewährleistung

bilden in den Kooperationsformen uU wieder eigenständige Sicherheitsakteure und fügen sich so zu einem funktionalen „Netzwerk" zusammen.[2] Zugleich bestehen in diesem Netzwerk teilweise erhebliche Überschneidungen hinsichtlich der Zuständigkeiten, Aufgaben und Befugnisse, sodass eine Koordinierung der Aufgabenerfüllung und der Zusammenarbeit erforderlich wird. Dabei muss der Gesamtkomplex hinreichend flexibel bleiben, um auf neuartige sicherheitsrelevante Phänomene adäquat reagieren zu können. Die Organisation der Sicherheitsgewährleistung ist damit eine komplexe Aufgabe.

Aufgrund der Tatsache, dass in Deutschland nicht nur der Bund, sondern auch die Länder „Staatsqualität" aufweisen, ist für das **Handlungsfeld des Staatsschutzes** ein föderaler Aspekt charakteristisch. Zum Schutzgut der „öffentlichen Sicherheit" werden in der sicherheitsrechtlichen Dogmatik neben den Individualgrundrechten und der objektiven Rechtsordnung auch der Bestand und die Funktionsfähigkeit des Bundes, der Länder und anderer Träger hoheitlicher Gewalt einschließlich ihrer Einrichtungen und Veranstaltungen gerechnet.[3] Dementsprechend nehmen die Polizei- und Verfassungsschutzbehörden in Bund und Ländern Staatsschutzaufgaben wahr. Längst sind diese Aufgaben aber nicht mehr allein von den nationalen Behörden zu bewältigen – diese sind auf einen Informationsaustausch mit europäischen und internationalen Sicherheitsakteuren und in vielfältiger Weise auf ihre Unterstützung angewiesen. Damit ist die Frage nach den Akteuren der Sicherheitsgewährleistung und nach ihren Kooperationsformen gerade auch für den Bereich des Staatsschutzes von besonderer Bedeutung.

Im Folgenden wird zunächst ein Überblick über die Akteure der Sicherheitsgewährleistung gegeben (B., → Rn. 4 ff.), namentlich über die Sicherheitsbehörden des Bundes und der Länder. Sodann werden nach allgemeinen Erwägungen zur Bedeutung der Zusammenarbeit im Handlungsfeld Sicherheit beispielhaft verschiedene Gremien, Strukturen und Prozesse der Sicherheitskooperation als Organisationselemente dargestellt (C., → Rn. 36 ff.). Der Beitrag schließt mit einem Ausblick (D., → Rn. 65).

B. Akteure der Sicherheitsgewährleistung

I. Grundlagen

Die Sicherheitsarchitektur in Deutschland zeigt eine Vielzahl an hoheitlichen und nicht hoheitlichen **„Sicherheitsakteuren"**, die in unterschiedlicher Weise an der Sicherheitsgewährleistung mitwirken.[4] Soweit diese als staatliche Aufgabe qualifiziert werden kann (*Thiel* → § 2 Rn. 1 ff.), fokussiert sich die Betrachtung vor allem auf die **Sicherheitsbehörden des Bundes und der Länder.** Doch auch diese bilden aufgrund der grundgesetzlichen Kompetenzverteilung im Bundesstaat ein äußerst breites Spektrum ab – schon die Betrachtung der Bundeswehr als Streitkräfte, der Polizei- und Ordnungsbehörden des Bundes und der Länder[5] (einschließlich der diesen staatsorganisationsrechtlich zuzuordnenden Kommunen[6]), der Justiz[7] sowie der Verfassungsschutzbehörden und Nachrichtendienste (die nach überwiegender Auffassung nicht als Sicherheitsbehörden im eigentlichen Sinne qualifiziert werden können, → Rn. 19) einschließlich der jeweiligen rechtlichen Grund-

---

[2] Zur Bedeutung von Netzwerken bei der Sicherheitsgewährleistung vgl. allgemein die Beiträge in *Barthel*, Polizeiliche Gefahrenabwehr und Sicherheitsproduktion durch Netzwerkgestaltung. Eine Aufgabe der Führung in und zwischen Organisationen, 2019; kritisch zu diesem Gedanken *Stegmaier/Feltes* Parl Beilage 2007, Nr. 12, 18 ff.
[3] S. nur *Bäcker* in Lisken/Denninger PolR-HdB Rn. D 61 ff.
[4] Vgl. *Frevel* Innere Sicherheit. Eine Einführung, 2018, 69 ff. – Instruktiv auch zu historischen Entwicklungen die Beiträge in *Westermeier/Carl,* Sicherheitsakteure. Epochenübergreifende Perspektiven zu Praxisformen und Versicherheitlichung, 2018.
[5] Vgl. *Gade/Kieler,* Polizei und Föderalismus. Aufgabenfelder der Bundes- und Landespolizeien im verfassungsrechtlichen Gefüge der Bundesrepublik Deutschland, 2008; *Papier* DVBl 1992, 1 ff.
[6] S. dazu die Beiträge in *Terizakis/Sell/Hamm,* Innere Sicherheit als geteilte Verantwortung. Kommunale und polizeiliche Herausforderungen, 2020.
[7] *Rachor/Roggan* in Lisken/Denninger PolR-HdB Rn. C 113 ff.

lagen veranschaulicht die Komplexität des behördlichen Akteursbestands. Dazu treten private und „gesellschaftliche" Akteure[8] sowie – angesichts der Einbindung in internationale und europäische Formen sicherheitsbehördlicher Zusammenarbeit – andere Staaten, die Europäische Union und ihre Organe und Agenturen sowie internationale Organisationen. Die verschiedenen Kooperationsformen generieren dabei häufig weitere Akteure, etwa sicherheitsrelevante Gremien auf der Ebene der Europäischen Union.

5   Die Verteilung der Aufgabe der Sicherheitsgewährleistung auf eine Vielzahl hoheitlicher Akteure (unter vielgestaltiger Einbindung Privater) ist kein lediglich deutsches Phänomen; sie findet sich – freilich in unterschiedlicher Ausprägung – in den meisten modernen Verfassungsstaaten, sodass eine **„arbeitsteilige"**[9] **Struktur als „Gemeingut" demokratischer Sicherheitsarchitekturen** gelten kann. So ist beispielsweise das Polizeisystem der Vereinigten Staaten von Amerika durch eine ungewöhnliche Vielzahl an Behörden auf unterschiedlichen staatlichen Ebenen gekennzeichnet, die polizeiliche Befugnisse wahrnehmen (häufig auch: *Law Enforcement Agencies*). Die Zuständigkeiten richten sich nach regionalen oder sachlichen Kriterien. In den Bundesstaaten als föderale Elemente findet sich keine einheitliche Polizeiorganisation; in einschlägigen Darstellungen wird häufiger die Zahl von rund 18.000 verschiedenen Behörden mit polizeilichen Befugnissen genannt.[10] Auch in Staaten, die keine föderalen Strukturen aufweisen, finden sich komplexe Organisations- und Behördenstrukturen. So existieren etwa in Frankreich unter anderem die dem Innenministerium unterstellte und für die Sicherheitsgewährleistung in den Städten zuständige *Police nationale,* die militärisch organisierte und polizeiliche Aufgaben im ländlichen Raum wahrnehmende *Gendarmerie nationale* und Gemeindepolizeibehörden *(Police municipale).*[11]

6   Die – vor allem sicherheitsbehördliche – Akteursstruktur in Deutschland ist von den **historischen Erfahrungen** mit dem Missbrauch sicherheitsbehördlicher Macht vor allem während der nationalsozialistischen Gewalt- und Willkürherrschaft geprägt.[12] Vor dem Hintergrund der Zentralisierung der Polizeigewalt wurde die Sicherheitsarchitektur in Deutschland unter dem Einfluss der Alliierten in einem von klaren Grenzlinien gekennzeichneten System neugestaltet: So gelten nach wie vor „Trennungsgebote", zumindest „Trennungsprinzipien" etwa zwischen den Streitkräften und den Polizeibehörden[13] sowie zwischen den Polizei- und den Verfassungsschutzbehörden.[14] Verfassungsrechtliche Verwurzelung („Verfassungsrang"), Inhalt und Reichweite dieser „Trennungsgebote" – die die Behördenstruktur, Aufgaben, Zuständigkeiten, Befugnisse, das Personal und den Informationsaustausch betreffen – sind im Einzelnen umstritten;[15] jedenfalls sind sie verschiedentlich auch einfachgesetzlich normiert. So darf das Bundesamt für Verfassungsschutz einer polizeilichen Dienststelle nicht angegliedert werden (§ 2 Abs. 1 S. 3 BVerfSchG). Gleiches gilt für den Bundesnachrichtendienst (§ 1 Abs. 1 S. 2 BNDG); damit ist eine organisatorische Trennung vorgeschrieben. Gemäß § 2 Abs. 3 S. 1 BNDG stehen dem Bundesnachrichtendienst polizeiliche Befugnisse bzw. Weisungsbefugnisse nicht zu – damit sind auch die Tätigkeitsfelder von Verfassungsschutz- und Polizeibehörden klar voneinan-

---

[8] Vgl. etwa *Schneiker,* Sicherheit in den Internationalen Beziehungen. Theoretische Perspektiven und aktuelle Entwicklungen, 2017, 123 ff.
[9] *Rachor/Roggan* in Lisken/Denninger PolR-HdB Rn. C 1.
[10] *Buggisch* Kriminalistik 2001, 809 ff.; *Schülze* in Grutzpalk/Bruhn/Fatianova ua, Beiträge zu einer vergleichenden Soziologie der Polizei, 2009, 132 ff.
[11] *Herzbach/Tränkle* Der Kriminalist 11/2016, 14 ff.; *Jobard* Bürgerrechte & Polizei/CILIP 116 (Juli 2018), 38 ff.
[12] Eingehend etwa *Stolleis/Kremer* in Lisken/Denninger PolR-HdB Rn. A 62 ff.
[13] S. dazu *Brinkmann* NordÖR 2010, 53 ff.; zu polizeirechtlichen Befugnissen der Streitkräfte s aber *Schubert* UBWV 2008, 209 ff., 310 ff.
[14] *Von Denkowski* Kriminalistik 2008, 176 ff.; *Fremuth* AöR 139 (2014), 32 ff.; *Gusy/Pohlmann* Vorgänge 2/2007, 53 ff.; *Kunzmann* Forum Recht 1997, 17 f.; *Kutscha* ZRP 1986, 194 ff.; *Nehm* NJW 2004, 3289 ff.
[15] S. etwa *Fremuth* AöR 139 (2014), 32 ff.; *Thiel,* Die „Entgrenzung" der Gefahrenabwehr. Grundfragen von Freiheit und Sicherheit im Zeitalter der Globalisierung, 2011, 372 ff.; zur historischen Begründung *Roewer* DVBl 1988, 666 ff.

der getrennt, obwohl insbesondere mit Blick auf verdeckte Informationsgewinnungseingriffe Überschneidungsbereiche bestehen. Den Grundsatz einer auch „informationellen" Trennung der Polizei- und Verfassungsschutzbehörden hat das Bundesverfassungsgericht unter anderem aus dem Grundrecht auf informationelle Selbstbestimmung gem. Art. 2 Abs. 1 GG iVm Art. 1 Abs. 1 GG hergeleitet – aus den Grundrechten folge ein informationelles Trennungsprinzip, das den Austausch von Daten der Polizeibehörden und Nachrichtendienste nur ausnahmsweise zulasse.[16] Trotz durchaus beachtlicher Ansätze im wissenschaftlichen Schrifttum, das nachrichtendienstliche Trennungsgebot vor allem im Interesse einer effektiven Sicherheitsgewährleistung zu verabschieden,[17] wird man an den vom Bundesverfassungsgericht aufgestellten Grundsätzen bis auf weiteres festzuhalten haben. Strikt versperrt ist auch ein verstärkter Informationsaustausch durch diese freilich nicht; er lässt sich vor dem Hintergrund der Kriterien des Bundesverfassungsgerichts als zulässige Ausnahme rechtfertigen.[18]

II. Sicherheitsbehörden und -akteure des Bundes

Sicherheitsbehörden des Bundes sind insbesondere die Polizeien (Bundespolizei, Bundeskriminalamt, Polizei beim Deutschen Bundestag) und Ordnungsbehörden des Bundes. Daneben treten die Verfassungsschutzbehörden bzw. Nachrichtendienste (Bundesamt für Verfassungsschutz, Bundesnachrichtendienst, Militärischer Abschirmdienst) des Bundes,[19] die keine Sicherheitsbehörden im eigentlichen Sinne sind, aber zur Sicherheitsgewährleistung beitragen. Ergänzt wird dieser Bestand durch weitere Behörden mit Sicherheitsaufgaben, zB diejenigen der Bundeszollverwaltung. Versteht man den Behördenbegriff weit im Sinne einer jeden Stelle, die Aufgaben der öffentlichen Verwaltung wahrnimmt, ist die organisatorische Selbstständigkeit bzw. Zuordnung von untergeordneter Bedeutung. Daher kann auch die Bundeswehr als Sicherheitsakteur des Bundes, jedenfalls aber als wesentliches Element der staatlichen Sicherheitsarchitektur[20] qualifiziert werden.

1. Bundeswehr

Die **Bundeswehr,** die sich aus den Streitkräften, der Bundeswehrverwaltung (Art. 87b GG)[21], den zivilen Organisationsbereichen der Rechtspflege und der Militärseelsorge zusammensetzt, nimmt vielfältige sicherheitsrelevante Aufgaben wahr, die nach den verfassungsrechtlichen Bestimmungen teilweise enge Bezüge zum Bereich des Staatsschutzes aufweisen. Art. 87a Abs. 1 S. 1 GG regelt, dass der Bund Streitkräfte „zur Verteidigung" aufstellt.[22] Der Schwerpunkt der Tätigkeit der Bundeswehr liegt daher in der **Verteidigung** der deutschen Souveränität und territorialen Integrität (des Staatsgebiets) sowie der Bevölkerung; diese Aufgabe wird in enger Zusammenarbeit mit anderen Staaten und im Rahmen eines komplexen europäischen und internationalen Bündnissystems wahrgenommen. Umstritten ist die Reichweite des „Verteidigungsauftrags" etwa hinsichtlich des Schutzes deutscher Staatsbürger im Ausland.[23]

---

[16] BVerfGE 133, 277 ff. = NJW 2013, 1499; s. dazu kritisch *Arzt* NVwZ 2013, 1328 ff.; eingehend *Unterreitmeier* AöR 144 (2019), 234 ff.
[17] *Linzbach/Gärditz* ZG 2020, 314 ff.; für die Zusammenlegung von Staats- und Verfassungsschutz *von Denkowski* Kriminalistik 2003, 212 ff.; zu Relativierungsversuchen im Übrigen *Thiel*, Die „Entgrenzung" der Gefahrenabwehr, 2011, 368 ff.
[18] S. auch *Haynes* Kriminalistik 2017, 559 ff.; eingehend *Thiel* in Schwier, Polizeirecht im Wandel, 2019, 259 (275 mwN).
[19] Vgl. den Überblick bei *Kerner/Stierle/Tiedtke* Kriminalistik 2006, 292 ff.; zur Zusammenarbeit der Bundesbehörden bei der Bekämpfung des islamistischen Terrorismus *Würz* Kriminalistik 2005, 10 ff.
[20] *Gramm* Die Verwaltung 41 (2008), 375 ff.
[21] S. etwa *Graf von Kielmansegg* BWV 2016, 249 ff.; *Maaß* NZWehrr 2020, 1 ff.; NZWehrr 2019, 89 ff.
[22] Zum Einsatz gegen Terroristen als „Verteidigung" *Dietz* ZG 2017, 325 ff.; *Froese* DVBl 2017, 546 ff.; *Voigt* UBWV 2020, 170 ff.
[23] Dazu etwa *Pudlas/Brinkmann* JURA 2012, 426 ff.

9 Nach Art. 87a Abs. 2 GG dürfen Streitkräfte **außer zur Verteidigung** nur eingesetzt werden, soweit es das Grundgesetz ausdrücklich zulässt. Im Verteidigungs- (Art. 115a ff. GG) und im Spannungsfall haben die Streitkräfte nach Art. 87a Abs. 3 S. 1 GG die Befugnis, zivile Objekte zu schützen und Aufgaben der Verkehrsregelung wahrzunehmen, soweit dies zur Erfüllung ihres Verteidigungsauftrages erforderlich ist. Gemäß Satz 2 kann den Streitkräften im Verteidigungsfalle und im Spannungsfalle der Schutz ziviler Objekte auch zur Unterstützung polizeilicher Maßnahmen übertragen werden. Nach Art. 87a Abs. 4 GG kann die Bundesregierung, wenn die Voraussetzungen des Art. 91 Abs. 2 GG vorliegen und die Polizeikräfte sowie die Bundespolizei nicht ausreichen, Streitkräfte zur Unterstützung der Polizei und der Bundespolizei beim Schutze von zivilen Objekten und bei der Bekämpfung organisierter und militärisch bewaffneter Aufständiger einsetzen. Dieser Einsatz muss der Abwehr einer drohenden Gefahr für den Bestand oder die freiheitliche demokratische Grundordnung des Bundes oder eines Landes dienen.

10 Die verfassungsrechtlich eröffneten Möglichkeiten zum **Einsatz der Bundeswehr** für Aufgaben der Sicherheitsgewährleistung „**im Inneren**" sind eng begrenzt.[24] Derzeit ist eine solche Verwendung allein nach Maßgabe des Art. 35 Abs. 2 S. 2 und Abs. 3 GG von der Verfassung zugelassen („innerer Notstand"). Die Bestimmungen erlauben im Falle von Naturkatastrophen oder (besonders schweren) Unglücksfällen zum einen die Anforderung von Einheiten der Streitkräfte und der Bundespolizei (im Verfassungstext noch: „Bundesgrenzschutz") sowie anderer Länder bzw. gestatten zum anderen den Einsatz dieser Kräfte auf Weisung der Bundesregierung. Das Bundesverfassungsgericht hat den Streitkräften die Befugnis zugebilligt, bei einem Inlandseinsatz unter engen Voraussetzungen auch spezifisch militärische Mittel einzusetzen („besonders schwerer Unglücksfall" als „ungewöhnliche Ausnahmesituation katastrophischen Ausmaßes").[25]

2. Polizeibehörden des Bundes

11 Polizeibehörden des Bundes sind die Bundespolizei, das Bundeskriminalamt und die Polizei beim Deutschen Bundestag. Darüber hinaus können Bundesbehörden polizeiliche Aufgaben der Gefahrenabwehr für ihren speziellen Tätigkeitsbereich zugewiesen sein (zB die Aufgaben der sog. Strompolizei an die Behörden der Wasserstraßen- und Schifffahrtsverwaltung, § 24 WaStrG).[26]

12 a) Bundespolizei. Die **Bundespolizei,** die 1951 als Bundesgrenzschutz gegründet wurde (und im Grundgesetz noch an mehreren Stellen unter dieser Bezeichnung angesprochen wird) und seit dem 1.7.2005 unter der neuen Bezeichnung tätig wird,[27] ist eine in bundeseigener Verwaltung nach Art. 87 GG geführte Polizeibehörde des Bundes im Geschäftsbereich des Bundesministeriums des Innern, für Bau und Heimat (§ 1 Abs. 1 BPolG; derzeit: des Innern und für Heimat).[28] Ausgangspunkt der historischen Entwicklung war

---

[24] *Fiebig,* Der Einsatz der Bundeswehr im Innern, 2004; *Hümmer,* Die Bundeswehr im Innern, 2011; *von Krause,* Der Einsatz der Bundeswehr im Innern. Ein Überblick über eine aktuelle, kontroverse politische Diskussion, 2017; *Broscheit* DÖV 2013, 802 ff.; *Dreist* BWV 2011, 4 ff., 26 ff.; *Hölscheidt/Limpert* JA 2009, 86 ff.; *Ullrich* bzw. *Roggan* ZRP 2016, 126; *Steinig* NZWehr 2009, 13 ff.; *Walter* NZWehr 2016, 89 ff.; zum Objektschutz durch Streitkräfte *Talmon* BRJ 2019, 5 ff.

[25] BVerfG NVwZ 2012, 1239; dazu *Ladiges* NVwZ 2012, 1225 ff.; *Scheurer* BWV 2017, 124 ff.

[26] Vgl. die Beiträge in *Deutsche Hochschule der Polizei,* Kooperative Sicherheit. Die Sonderpolizeien des Bundes im föderalen Staat, 2011; *Gemmerich,* Die Sonderpolizeien des Bundes. Relikte oder Zukunftsmodelle für einen modernen Rechtsstaat?, 2019.

[27] *Fernandez Bolaños,* Die Transformation des Bundesgrenzschutzes in die Bundespolizei – eine rechtstatsächliche Untersuchung anhand der Genese der gesetzlichen Aufgaben, 2016; *Schütte-Bestek,* Aus Bundesgrenzschutz wird Bundespolizei, 2015; *Scheuring* NVwZ 2005, 903 f.; zur Entwicklung des Bundesgrenzschutzes *Schütte* DÖD 2002, 105 ff.

[28] *Rachor/Roggan* in Lisken/Denninger PolR-HdB Rn. C 67 ff.; *Wagner* JURA 2009, 96 ff.; *Möllers/van Ooyen* Parl Beilage 2008, Nr. 48, 26 ff.; zur Frage der Europäisierung *Petersen,* Europäisierung des Politikfeldes Innere Sicherheit. Eine Untersuchung am Beispiel von Bundeskriminalamt und Bundespolizei,

die Aufgabe des „Grenzschutzes"[29], für die gem. Art. 73 Abs. 1 Nr. 5 GG eine ausschließliche Legislativkompetenz des Bundes vorgesehen ist.[30] Auf der Grundlage des Gesetzes über den Bundesgrenzschutz (BGSG) wurden dem Bundesgrenzschutz über den Kernbereich der Grenzsicherung hinaus sukzessive weitere Aufgaben übertragen,[31] etwa die Funktion der Bahnpolizei. Die Ausweitung des Tätigkeitsfeldes ist vom Bundesverfassungsgericht bislang gebilligt worden – so hat es festgestellt, dass der Bundesgrenzschutz (und damit auch die Bundespolizei) zwar trotz der grundsätzlichen Zuweisung der Gefahrenabwehraufgaben an die Länder zum Zwecke des Grenzschutzes und etwa auch zum Schutz der Bahn und des Schienenverkehrs präventivpolizeiliche Funktionen erfüllen und durch Gesetz zugewiesen erhalten könne. Der Bundesgrenzschutz dürfe indes nicht zu einer mit der Landespolizei konkurrierenden, umfassende polizeiliche Aufgaben wahrnehmenden Bundespolizei ausgebaut werden.[32] Dass der Bundesgrenzschutz 2005 in „Bundespolizei" umbenannt wurde und inzwischen ein breit gefächertes gesetzliches Tätigkeitsportfolio aufweist, überschreitet diese vom Bundesverfassungsgericht gezogene Grenzlinie (noch) nicht. Die Umbenennung hatte keine (weitere) verfassungsrechtlich bedenkliche Annäherung an die Handlungsfelder der Länderpolizeien zur Folge, und der Aufgabenbestand ist nach wie vor von lediglich „punktuellem", sektorbezogenem Charakter. Dem Entwurf eines Gesetzes zur Modernisierung der Rechtsgrundlagen der Bundespolizei vom 9.2.2021[33], der zum einen die Rechtsgrundlagen für die Bundespolizei aktualisieren, zum anderen Anpassungen vor allem an die jüngere Judikatur des Bundesverfassungsgerichts, insbesondere in seiner Entscheidung zum BKA-Gesetz[34], vornehmen sollte, hat der Bundesrat die Zustimmung verweigert.

Die **Aufgaben der Bundespolizei** sind im Gesetz über die Bundespolizei (BPolG) **13** geregelt. Gemäß § 2 Abs. 1 BPolG obliegt ihr der grenzpolizeiliche Schutz des Bundesgebietes, soweit nicht ein Land im Einvernehmen mit dem Bund Aufgaben des grenzpolizeilichen Einzeldienstes mit eigenen Kräften wahrnimmt. Nach § 2 Abs. 2 BPolG umfasst der Grenzschutz neben der polizeilichen Überwachung der Grenzen und der polizeilichen Kontrolle des grenzüberschreitenden Verkehrs auch im Grenzgebiet bis zu einer Tiefe von 30 Kilometern, von der seewärtigen Begrenzung an bis zu einer Tiefe von 50 Kilometern die Abwehr von Gefahren, die die Sicherheit der Grenze beeinträchtigen. Nach § 3 BPolG ist der Bundespolizei die Aufgabe der Bahnpolizei zugewiesen, also die Gefahrenabwehr auf dem Gebiet der Bahnanlagen der Eisenbahnen des Bundes.[35] Darüber hinaus obliegt ihr unter weiteren Voraussetzungen gem. § 4 BPolG der Schutz vor Angriffen auf die Sicherheit des Luftverkehrs. Sie kann ferner zur Aufrechterhaltung oder Wiederherstellung der Sicherheit oder Ordnung an Bord deutscher Luftfahrzeuge eingesetzt werden (§ 4a S. 1 BPolG) – Bundespolizeikräfte nehmen dabei die Funktionen einer Art von „Sky Marshals" wahr. Aus § 6 BPolG ergeben sich Aufgaben auf See, aus § 7 BPolG Aufgaben im Notstands- (Art. 91 Abs. 2 GG) bzw. Verteidigungsfall (Art. 115a ff. GG). Unter engen Voraussetzungen erlaubt § 8 BPolG den Einsatz der Bundespolizei im Ausland; die gesetzlichen Anforderungen im Einzelnen

---

2019; zu Strategien zur Bekämpfung der Gewaltkriminalität *Gellert* Kriminalistik 2020, 275 ff.; s auch *Baumbach/Pfau* Kriminalistik 2011, 771 ff.
[29] Vgl. *Mrozek*, Grenzschutz als supranationale Aufgabe, 2013; zu den Grenzschutzaufgaben des Bundesgrenzschutzes *Pieroth* VerwArch 88 (1997), 568 ff.
[30] *Thiel* in Moderne Polizei 1/2020 – Europa: Rechtsstaat durchsetzen, 28 ff.
[31] Zu den verschiedenen Reformen vgl. *Schreiber* DVBl 1992, 589 ff.; NVwZ 1995, 521 ff.; *Walter* Kriminalistik 1992, 497 ff.; *Riegel* DÖV 1995, 317 ff.; *Gröpl* DVBl 1995, 329 ff.
[32] BVerfGE 97, 198 ff. = NVwZ 1998, 495; vgl. *Süss*, Die Zusammenarbeit zwischen der Bundespolizei und den Länderpolizeien und ihre verfassungsrechtlichen Grenzen, 3. Aufl. 2020; *Schmelzer*, Sicherheitsföderalismus im Ausnahmezustand. Einsatz der Bundespolizei zur Unterstützung der Länder am Maßstab der Bundestreue, 2015.
[33] BT-Drs. 19/26541. – Zu vorherigen Reformvorschlägen kritisch *Möllers* RuP 2020, 10 ff.
[34] BVerfGE 141, 220 ff. = NJW 2016, 1781.
[35] Vgl. – noch zum Bundesgrenzschutz – *Ronellenfitsch* VerwArch 90 (1999), 139 ff.

werden kontrovers diskutiert.[36] Nach Abs. 1 S. 1 kann die Bundespolizei zur Mitwirkung an polizeilichen oder anderen nichtmilitärischen Aufgaben im Rahmen von internationalen Maßnahmen auf Ersuchen und unter Verantwortung der Vereinten Nationen, einer regionalen Abmachung oder Einrichtung gemäß Kapitel VIII der Charta der Vereinten Nationen, der die Bundesrepublik Deutschland angehört, der Europäischen Union oder der (seit 2011 nicht mehr bestehenden) Westeuropäischen Union im Ausland verwendet werden.[37] Gemäß Abs. 2 S. 1 kann die Bundespolizei ferner im Einzelfall zur Rettung von Personen aus einer gegenwärtigen Gefahr für Leib oder Leben im Ausland verwendet werden. Gemäß § 9 BPolG kann die Bundespolizei schließlich auch zur Unterstützung anderer Bundesbehörden, nach § 10 BPolG zur Unterstützung des Bundesamtes für Verfassungsschutz auf dem Gebiet der Funktechnik eingesetzt werden. Unter den Voraussetzungen des § 11 BPolG kann die Bundespolizei zur Unterstützung eines Landes eingesetzt werden, namentlich in den in Abs. 1 Nr. 1–3 aufgeführten „Krisenkonstellationen". Aufgaben der Strafverfolgung sind die Bundespolizei in § 12 BPolG zugewiesen.[38]

14 Für den Bereich des (präventiven) Staatsschutzes von Bedeutung ist die der Bundespolizei nach § 5 BPolG zugewiesene Aufgabe des **Schutzes von Bundesorganen**.[39] Nach Abs. 1 S. 1 der Vorschrift kann die Bundespolizei Verfassungsorgane des Bundes und Bundesministerien gegen Gefahren, die die Durchführung ihrer Aufgaben beeinträchtigen, schützen, wenn diese darum ersuchen und Einvernehmen zwischen dem Bundesministerium des Innern, für Bau und Heimat und dem beteiligten Land besteht, dass deren angemessener Schutz anderweitig nicht gewährleistet werden kann. Nach Absatz 2 beschränkt sich der Schutz durch die Bundespolizei auf die Grundstücke, auf denen die Verfassungsorgane oder die Bundesministerien ihren Amtssitz haben.

15 **b) Bundeskriminalamt.** Das **Bundeskriminalamt** unterstützt als dem Bundesministerium des Innern und für Heimat nachgeordnete Bundesoberbehörde die Polizeien des Bundes und der Länder bei der Verhütung und Verfolgung von Straftaten mit länderübergreifender, internationaler oder erheblicher Bedeutung.[40] Im Grundgesetz findet es sich unter der Bezeichnung „Bundeskriminalpolizeiamt" in zwei Kompetenztiteln des Art. 73 GG zur ausschließlichen Gesetzgebungszuständigkeit des Bundes. Gemäß Art. 73 Abs. 1 Nr. 9a GG ist der Bund exklusiv für die Gesetzgebung zuständig für die Abwehr von Gefahren des internationalen Terrorismus[41] durch das Bundeskriminalpolizeiamt in Fällen, in denen eine länderübergreifende Gefahr vorliegt, die Zuständigkeit einer Landespolizeibehörde nicht erkennbar ist oder die oberste Landesbehörde um eine Übernahme ersucht. Nach Nr. 10 besteht ebenfalls eine ausschließliche Legislativzuständigkeit für die Zusammenarbeit des Bundes und der Länder in der Kriminalpolizei, zum Schutze der freiheitlichen demokratischen Grundordnung, des Bestandes und der Sicherheit des Bundes oder eines Landes (Verfassungsschutz) und zum Schutz gegen Bestrebungen im Bundesgebiet, die durch Anwendung von Gewalt oder darauf gerichtete Vorbereitungshandlungen auswärtige Belange der Bundesrepublik Deutschland gefährden, sowie die Einrichtung eines Bundeskriminalpolizeiamtes und die internationale Verbrechensbekämpfung.

---

[36] Zum Bundesgrenzschutz kritisch *Fischer-Lescano* AöR 128 (2003), 52 ff.
[37] Zum Einsatz im Rahmen operativer Frontex-Aktionen kritisch *Mrozek* DÖV 2010, 886 ff.
[38] Dazu *Kastner*, Die Strafverfolgungsaufgabe der Bundespolizei im Spannungsfeld zwischen Bundes- und Landeszuständigkeiten, 2016.
[39] *Parma*, Die Personen- und Objektschutzaufgaben der Polizeien des Bundes. Eine rechtshistorische Betrachtung unter besonderer Berücksichtigung der verfassungsrechtlichen Zulässigkeit, 2019.
[40] Allgemein *Rachor/Roggan* in Lisken/Denninger PolR-HdB Rn. C 80 f.; *Kretschmer* JURA 2006, 336 ff.; *Steinmayer*, Der neue Informationsbestand des BKA. Veränderungen durch das Gesetz zur Neustrukturierung des Bundeskriminalamtgesetzes, 2021; historische Entwicklungslinien bei *Voßschmidt* Kriminalistik 2012, 378 ff.; *Abbühl*, Der Aufgabenwandel des Bundeskriminalamtes. Von der Zentralstelle zur multifunktionalen Intelligence-Behörde des Bundes, 2010.
[41] Zu dieser Aufgabe *Bäcker*, Terrorismusabwehr durch das Bundeskriminalamt, 2009; *Schmidt* KJ 2010, 307 ff.

Die einfachgesetzlichen Grundlagen der Tätigkeit des Bundeskriminalamtes finden sich 16
im Gesetz über das Bundeskriminalamt und die Zusammenarbeit des Bundes und der
Länder in kriminalpolizeilichen Angelegenheiten (BKAG).[42] Das ihm zugeordnete Aufgabenfeld ist heterogen und schließt präventive wie repressive Funktionen ein. Im Bereich
der **Strafverfolgung** nimmt das Bundeskriminalamt in den in § 4 BKAG geregelten
Deliktsfeldern die polizeilichen Aufgaben wahr.[43] Die **Abwehr von Gefahren des
internationalen Terrorismus** ist ihm nach Maßgabe des § 5 BKAG zugewiesen.[44]
Gemäß § 2 Abs. 1 BKAG unterstützt das Bundeskriminalamt als **Zentralstelle**[45] für das
polizeiliche Auskunfts- und Nachrichtenwesen und für die Kriminalpolizei die Polizeien
des Bundes und der Länder bei der Verhütung und Verfolgung von Straftaten mit länderübergreifender, internationaler oder erheblicher Bedeutung. Dazu hat es nach Abs. 2 alle
erforderlichen Informationen zu sammeln und auszuwerten (und unterhält dazu nach
Abs. 3 einen einheitlichen polizeilichen Informationsverbund – INPOL – und den Polizeilichen Informations- und Analyseverbund PIAV) sowie die Strafverfolgungsbehörden
des Bundes und der Länder unverzüglich über die sie betreffenden Informationen und die
in Erfahrung gebrachten Zusammenhänge von Straftaten zu unterrichten. In seiner Zentralstellenfunktionen unterhält das Bundeskriminalamt ferner nach Abs. 4 zentrale erkennungsdienstliche und kriminaltechnische Einrichtungen und Sammlungen (zB das automatisierte Fingerabdruck-Identifizierungssystem AFIS, das Gesichtserkennungssystem GES
und die DNA-Analyse-Datei DAD) sowie zentrale Einrichtungen für die Fahndung nach
Personen und Sachen. Weitere differenzierte Unterstützungs- und Koordinierungsaufgaben ergeben sich aus den weiteren Absätzen des § 2 BKAG. Das Bundeskriminalamt ist
darüber hinaus im Kontext der internationalen und europäischen polizeilichen Zusammenarbeit unter anderem Nationales Zentralbüro für die Internationale Kriminalpolizeiliche Organisation (Interpol)[46] und nationale Stelle für Europol nach § 1 des Europol-Gesetzes.[47]

Auch das Bundeskriminalamt nimmt Aufgaben des Schutzes von Mitgliedern der Ver- 17
fassungsorgane und der Leitung des Bundeskriminalamtes wahr (§ 6 BKAG).[48] Unbeschadet der Rechte des Präsidenten des Deutschen Bundestages und der Zuständigkeit der
Bundespolizei und der Polizeien der Länder obliegt ihm nach Abs. 1 S. 1 der Vorschrift der
erforderliche **Personenschutz** für die Mitglieder der Verfassungsorgane des Bundes, in
besonders festzulegenden Fällen der Gäste dieser Verfassungsorgane aus anderen Staaten,
auf Ersuchen des Präsidenten des Deutschen Bundestages für Hilfsorgane des Deutschen
Bundestages (zB den Wehrbeauftragten des Bundestages nach Art. 45b GG) und für die
Leitung des Bundeskriminalamtes. Zudem ist das Bundeskriminalamt für den „**inneren
Schutz**" der Dienst- und Wohnsitze sowie der jeweiligen Aufenthaltsräume des Bundespräsidenten, der Mitglieder der Bundesregierung und in besonders festzulegenden Fällen
ihrer Gäste aus anderen Staaten zuständig.

c) Polizei beim Deutschen Bundestag. Die **Polizei beim Deutschen Bundestag** 18
dient dem Bundestagspräsidenten bei der Ausübung seines Hausrechts nach Art. 40 Abs. 2

---

[42] Zur Entscheidung des BVerfG zum BKAG aF etwa *Beaucamp* DVBl 2017, 534 ff.; *Darnstädt* DVBl 2017, 88 ff.; *Dürr* JA 2019, 432 ff.; *Wolff* ZG 2016, 361 ff.; s auch *Reuter* Kriminalistik 2017, 390 ff.
[43] *Busche*, Die Zentralisierung polizeilicher Aufgaben auf dem Gebiet der Strafverfolgung beim Bundeskriminalamt, 2013; *Schmidt-Jortzig* Ermittlungskompetenzen des BKA, 2009; zur früheren Rechtslage *Riegel* BayVBl. 1983, 649 ff.
[44] Vgl. *Graulich*, Die Zusammenarbeit von Generalbundesanwalt und Bundeskriminalamt bei dem Vorgehen gegen den internationalen Terrorismus, 2013.
[45] Dazu grundlegend *Ahlf* CR 1986, 662 ff., und *Schoreit* CR 1986, 744 ff.; *Kubica/Leineweber* NJW 1984, 2068 ff.; *Riegel* NJW 1983, 656 ff.
[46] Vgl. *Riegel* DVBl 1984, 986 ff.
[47] Zu Zentralisierungstendenzen schon in der BKAG-Novelle von 2009 *Wolff* DÖV 2009, 597 ff.; s. auch *von Denkowski* NK 2008, 82 ff.; *Roggan* NJW 2009, 257 ff.
[48] *Parma*, Die Personen- und Objektschutzaufgaben der Polizeien des Bundes. Eine rechtshistorische Betrachtung unter besonderer Berücksichtigung der verfassungsrechtlichen Zulässigkeit, 2019.

S. 1 GG.[49] Gemäß § 1 Abs. 2 des Bundespolizeibeamtengesetzes gilt dieses auch für die Polizeivollzugsbeamten beim Deutschen Bundestag. Der Bundestagspolizei kommen eigenständige präventivpolizeiliche Befugnisse zu; zudem besitzt sie einen eigenen Ermittlungsdienst zur Strafverfolgung gem. § 163 StPO. Die Rechtsgrundlagen für das Eingriffshandeln bilden – in rechtsstaatlicher Hinsicht bedenklich – die Vorschriften einer Dienstanweisung des Bundestagspräsidenten, die sich am Musterentwurf für ein einheitliches Polizeigesetz orientieren. Der Präsident des Deutschen Bundestages wird ferner bei der Wahrnehmung des Hausrechts und der Polizeigewalt im Gebäude des Bundestags gem. § 9 Abs. 1 S. 1 Nr. 1 BPolG von der Bundespolizei unterstützt.

3. Verfassungsschutzbehörden und Nachrichtendienste des Bundes

19 Die **Verfassungsschutzbehörden** bzw. **Nachrichtendienste** des Bundes sind keine Polizei- bzw. Sicherheitsbehörden, gleichwohl aber an der Aufgabe der Sicherheitsgewährleistung im weiteren Sinne beteiligt – etwa indem sie den Sicherheitsbehörden im eigentlichen Sinne entsprechende Ermittlungsansätze liefern.[50] Zu nennen sind als „Sicherheitsakteure" aus diesem Tätigkeitsfeld das Bundesamt für Verfassungsschutz, der Bundesnachrichtendienst und der Militärische Abschirmdienst.

20 **a) Bundesamt für Verfassungsschutz.** Das **Bundesamt für Verfassungsschutz** ist eine Bundesoberbehörde und untersteht dem Bundesministerium des Innern, für Bau und Heimat (§ 2 Abs. 1 S. 1, 2 BVerfSchG; aktuell: des Innern und für Heimat).[51] Die Rechtsgrundlagen finden sich im Gesetz über die Zusammenarbeit des Bundes und der Länder in Angelegenheiten des Verfassungsschutzes und über das Bundesamt für Verfassungsschutz (BVerfSchG); kompetenziell ist der Bund zuständig (Art. 73 Abs. 1 Nr. 10 lit. b und c GG). Gemeinsam mit den Verfassungsschutzbehörden der Länder[52] liegt die Aufgabe des Bundesamtes bei der Sammlung und Auswertung von Informationen, insbesondere von sach- und personenbezogenen Auskünften, Nachrichten und Unterlagen, über Bestrebungen, die gegen die freiheitliche demokratische Grundordnung, den Bestand oder die Sicherheit des Bundes oder eines Landes gerichtet sind oder eine ungesetzliche Beeinträchtigung der Amtsführung der Verfassungsorgane des Bundes oder eines Landes oder ihrer Mitglieder zum Ziele haben (§ 3 Abs. 1 Nr. 1 BVerfSchG). Ferner sind Informationen zu sammeln und auszuwerten über sicherheitsgefährdende oder geheimdienstliche Tätigkeiten im Geltungsbereich dieses Gesetzes für eine fremde Macht („Inlandsnachrichtendienst", Nr. 2[53]), Bestrebungen im Geltungsbereich des BVerfSchG, die durch Anwendung von Gewalt oder darauf gerichtete Vorbereitungshandlungen auswärtige Belange der Bundesrepublik Deutschland gefährden (Nr. 3) und Bestrebungen im Geltungsbereich des BVerfSchG, die gegen den Gedanken der Völkerverständigung, insbesondere gegen das friedliche Zusammenleben der Völker gerichtet sind (Nr. 4).

---

[49] Eingehend *Ramm* NVwZ 2010, 1461 ff.
[50] Ablehnend gegenüber ihrer Einordnung als „Sicherheitsbehörden" *Roggan* Vorgänge 2016, Nr. 3, 73 ff.; *Rachor/Roggan* in Lisken/Denninger PolR-HdB Rn. C 101.
[51] Vgl. die Beiträge in *Bundesamt für Verfassungsschutz*, Bundesamt für Verfassungsschutz – 50 Jahre im Dienst der inneren Sicherheit, 2000; *Baier*, Die parlamentarische Kontrolle der Nachrichtendienste und deren Reform, 2009; *Banzhaf*, Die Ämter für Verfassungsschutz als Präventionsbehörden. Rechtsfragen zur Stellung der Verfassungsschutzämter in der deutschen Verfassungsschutzarchitektur, 2021; *Brandt*, Das Bundesamt für Verfassungsschutz und das strafprozessuale Ermittlungsverfahren, 2015; *Häräuf*, Die demokratische Kontrolle des Bundesnachrichtendienstes, 2011; *Junggeburth*, Die Beobachtung politischer Parteien durch das Bundesamt für Verfassungsschutz im Lichte der V-Mann-Affäre des NPD-Verbotsverfahrens, 2012; *Rachor/Roggan* in Lisken/Denninger PolR-HdB Rn. C 102 f. – Kritisch zur Tätigkeit etwa *Wehrhahn/Renner*, Vorgänge 2018, Nr. 4, 121 ff.; zu Reformentwicklungen *Bergemann* NVwZ 2015, 1705 ff.; *Krings* DRiZ 2015, 124 f.
[52] Zum Kooperationsgebot *Kutscha* DVBl 1987, 994 ff.; zur Kompetenzverteilung *Gusy* BayVBl. 1982, 201 ff.
[53] Vgl. *Krumrey*, Die Inlandsnachrichtendienste in Frankreich und Deutschland, 2014; zum Einsatz im Ausland *Warg* NVwZ 2019, 127 ff.

Zudem wirken die Verfassungsschutzbehörden etwa bei Sicherheitsüberprüfungen bestimmter Personen sowie bei technischen Sicherheitsmaßnahmen mit (§ 3 Abs. 2 VerfSchG); hierzu finden sich spezielle Rechtsgrundlagen im Sicherheitsüberprüfungsgesetz (SÜG).

Die **Tätigkeitsfelder** des Bundesamtes für Verfassungsschutz werden in § 5 BVerfSchG näher konkretisiert. Absatz 1 erlaubt (unter weiteren Voraussetzungen) die Sammlung von Informationen, Auskünften, Nachrichten und Unterlagen im Benehmen mit der jeweiligen Landesbehörde für Verfassungsschutz. Zudem wertet das Bundesamt die gewonnenen Erkenntnisse nach Abs. 2 aus und koordiniert die Zusammenarbeit der Verfassungsschutzbehörden (Abs. 3). Ihm und seinen Bediensteten kommen keine vollzugspolizeilichen Eingriffsbefugnisse zu (§ 8 Abs. 3 BVerfSchG), nach § 3 Abs. 3 BVerfSchG sind die Verfassungsschutzbehörden an die allgemeinen Rechtsvorschriften gebunden. Die Aufgabenerfüllung des Bundesamtes erfolgt allerdings im Regelfall durch die Vornahme verdeckter Informationsgewinnungseingriffe, die mit Blick auf das Grundrecht auf informationelle Selbstbestimmung nach Art. 2 Abs. 1 GG iVm Art. 1 Abs. 1 GG rechtfertigungsbedürftig sind. Gesetzliche Ermächtigungsgrundlagen für die Datenerhebung mit speziellen Mitteln der heimlichen Informationsbeschaffung findet sich in § 8 Abs. 2 BVerfSchG sowie in den §§ 9 ff. BVerfSchG;[54] Befugnisnormen für die Daten(weiter)verarbeitung in § 8 Abs. 1 BVerfSchG, §§ 10 ff. BVerfSchG. Zugelassen ist beispielsweise der Einsatz von Verdeckten Mitarbeitern (§ 9a BVerfSchG) und Vertrauensleuten (§ 9b BVerfSchG)[55]. § 8a Abs. 1 BVerfSchG regelt die Voraussetzungen für besondere Auskunftsverlangen gegenüber privaten Unternehmen wie Luftfahrtunternehmen, Kreditinstituten und Telekommunikationsdienste- und Teledienste-Erbringern. Gemäß § 5 Abs. 4 BVerfSchG unterstützt das Bundesamt für Verfassungsschutz die Landesbehörden für Verfassungsschutz bei der Erfüllung ihrer Aufgaben insbesondere durch die Bereitstellung eines nachrichtendienstlichen Informationssystems, zentrale Einrichtungen im Bereich besonderer technischer und fachlicher Fähigkeiten, die Erforschung und Entwicklung von Methoden und Arbeitsweisen im Verfassungsschutz und die Fortbildung in speziellen Arbeitsbereichen. Nach Abs. 5 S. 1 der Vorschrift obliegt dem Bundesamt schließlich der Dienstverkehr mit zuständigen öffentlichen Stellen anderer Staaten im Rahmen der Aufgaben nach § 3 BVerfSchG.

b) Bundesnachrichtendienst. Der **Bundesnachrichtendienst** ist der deutsche „Auslandsnachrichtendienst" und Bundesoberbehörde im Geschäftsbereich des Bundeskanzleramtes (*Ader* → § 19 Rn. 1 ff.).[56] Den einfachgesetzlichen Rahmen setzt das Gesetz über den Bundesnachrichtendienst (BNDG). Gemäß § 1 Abs. 2 BNDG sammelt der Bundesnachrichtendienst zur Gewinnung von Erkenntnissen über das Ausland, die von außen- und sicherheitspolitischer Bedeutung für die Bundesrepublik Deutschland sind, die erforderlichen Informationen und wertet sie aus.[57] In ähnlicher Weise wie das BVerfSchG enthält das BNDG weitere detaillierte Regelungen zur Datenerhebung und -(weiter)verarbeitung (§§ 2 ff. BNDG).[58] Nach § 2 Abs. 3 S. 1 BNDG kommen auch dem Bundesnachrichtendienst und seinen Bediensteten keine polizeilichen Befugnisse oder Weisungsbefugnisse zu, und er darf die Polizei auch nicht im Wege der Amtshilfe um Maßnahmen ersuchen, zu denen er selbst nicht befugt ist (Satz 2).

---

[54] S. schon *Gusy* DVBl 1991, 1288 ff.
[55] Dazu *Blome/Sellmeier* DÖV 2016, 881 ff.; zu beiden Maßnahmen *Roggan* GA 2016, 393 ff.
[56] *Gusy* Die Verwaltung 17 (1984), 273 ff.; *Rachor/Roggan* in Lisken/Denninger PolR-HdB Rn. C 109 f.; vgl. zur Historie *Weisser*, Die Entwicklung des Bundesnachrichtendienstes, 2014; *Wolf*, Die Entstehung des BND, 2018; *Lederer* Forum Recht 1997, 64 ff.; zur Rolle in der Sicherheitsarchitektur *Porzner* Die Verwaltung 26 (1993), 235 ff.
[57] Vgl. *Aust* DÖV 2020, 715 ff.; *Hölscheidt* JURA 2017, 148 ff.; zur Verwendung von Soldaten im BND *Meiertöns* NZWehr 2019, 14 ff.; 60 ff.
[58] Zur strategischen Fernmeldeüberwachung *Papier* DRiZ 2017, 18 ff.; *Marxsen* DÖV 2018, 218 ff.; zur Aufklärung der Organisierten Kriminalität *Soiné* DÖV 2006, 204 ff.

23 **c) Militärischer Abschirmdienst.** Dem (Bundesamt für den) **Militärische(n) Abschirmdienst** ist als „Nachrichtendienst der Streitkräfte"[59] die Aufgabe der Sammlung und Auswertung von Informationen, insbesondere von sach- und personenbezogenen Auskünften, Nachrichten und Unterlagen, über Bestrebungen, die gegen die freiheitliche demokratische Grundordnung, den Bestand oder die Sicherheit des Bundes oder eines Landes gerichtet sind, sowie sicherheitsgefährdende oder geheimdienstliche Tätigkeiten im Geltungsbereich des Gesetzes über den militärischen Abschirmdienst (MADG) für eine fremde Macht zugewiesen. Weitere Voraussetzung ist, dass sich diese Bestrebungen oder Tätigkeiten gegen Personen, Dienststellen oder Einrichtungen im Geschäftsbereich des Bundesministeriums der Verteidigung richten und von Personen ausgehen oder ausgehen sollen, die diesem Geschäftsbereich angehören oder in ihm tätig sind. Zudem überwacht der MAD auch Angehörige des Geschäftsbereichs des Bundesministeriums der Verteidigung bzw. in ihm tätige Personen hinsichtlich solcher Bestrebungen, die gegen den Gedanken der Völkerverständigung, insbesondere gegen das friedliche Zusammenleben der Völker gerichtet sind (§ 1 Abs. 1 S. 2 MADG). Das MADG enthält wie das BVerfSchG und das BNDG weitere detaillierte Bestimmungen insbesondere zu den Befugnissen des Dienstes im Zusammenhang mit der Informationsgewinnung und -verwertung.

4. Bundeszollverwaltung

24 Die Bundeszollverwaltung bzw. der **Zoll** ist eine Sammelbezeichnung für verschiedene Behörden und Einrichtungen, die als Teil der Bundesfinanzverwaltung ein breit gefächertes Bündel an Aufgaben wahrnehmen.[60] Diese ergeben sich namentlich aus § 1 Abs. 1 ZollVG: Mittels der zollamtlichen Überwachung des Warenverkehrs über die Grenze des Zollgebiets der Europäischen Union bzw. über die Grenzen von Freizonen sollen die Erhebung der Einfuhr- und Ausfuhrabgaben (zB Einfuhrumsatzsteuer, Verbrauchsteuern) sowie die Einhaltung des Zollrechts sichergestellt werden. In diesem Tätigkeitsfeld ergeben sich auch verschiedene repressive Aufgaben der Erforschung und Verfolgung von Straftaten.

25 Seit dem 1.1.2016 besteht die **Generalzolldirektion**[61] als Bundesoberbehörde (§ 1 Nr. 2 FVG), der als Fachdirektion unter anderem das Zollkriminalamt[62] angegliedert ist. Dieses nimmt als Zentrale des deutschen Zollfahndungsdienstes[63] vor allem die Aufgabe der Verfolgung der mittleren, schweren und organisierten Zollkriminalität wahr. Örtliche Behörden der Zollverwaltung sind die Hauptzollämter und die Zollfahndungsämter.

5. Sonstige Sicherheitsbehörden und -einrichtungen auf Bundesebene

26 Neben den genannten Sicherheitsakteuren besteht eine Vielzahl weiterer Behörden des Bundes mit sicherheitsbezogenen Aufgaben. Zu nennen sind eine Reihe von **Ordnungsbehörden des Bundes** im weiteren Sinne: Das Bundesamt für Güterverkehr (1952 als Bundesamt für Güterfernverkehr gegründet) nimmt beispielsweise als selbstständige Bundesoberbehörde Aufgaben zur Herstellung und Gewährleistung der Ordnung im Güterverkehr wahr. Ordnungsaufgaben im Bereich der Finanzdienstleistungen erfüllt die jüngst vermehrt in die Kritik geratene Bundesanstalt für Finanzdienstleistungsaufsicht („BaFin"),[64] die 2002 durch die Fusion der Bundesaufsichtsämter für das Kreditwesen, den Wertpapier-

---

[59] Eingehend *Rachor/Roggan* in Lisken/Denninger PolR-HdB Rn. C 111 f.; *Hingott* GSZ 2018, 189 ff.; *Weisser* NZWehrr 2012, 198 ff.; *Birkenbach* NZWehrr 2009, 45 ff.; *Dau* DÖV 1991, 661 ff.
[60] Vgl. *Reitlinger*, Zollbehörden in der informationellen Kooperation nationaler Sicherheitsbehörden. Unter besonderer Berücksichtigung der Terrorismusfinanzierungsbekämpfung, 2015.
[61] *Weerth* ZfZ 2016, 142 ff., 208 ff.; zum Verhältnis zu polizeilichen Maßnahmen *Klötzer-Assion* ZWH 2017, 160 ff.; zur grenzüberschreitenden Zusammenarbeit *Harings*, Der Europäische Verwaltungsverbund 2005, 127 ff.
[62] Historisch dazu *Linke*, Das Zollkriminalamt. Eine geheimnisvolle, unsichtbare und mächtige Strafverfolgungsbehörde?, 2004.
[63] *Rachor/Roggan* in Lisken/Denninger PolR-HdB Rn. C 84 ff.
[64] Dazu *Dechent* NVwZ 2015, 767 ff.; *Hagemeister* WM 2002, 1773 ff.

handel und das Versicherungswesen gegründet wurde. Auch das Bundesamt für Migration und Flüchtlinge ist als Bundesoberbehörde auf verschiedene Weise an der Sicherheitsgewährleistung beteiligt, etwa durch die Mitwirkung an Gemeinsamen Zentren mit den Polizei- und Verfassungsschutzbehörden von Bund und Ländern.

Das **Bundesamt für Bevölkerungsschutz und Katastrophenhilfe** nimmt als Bundesoberbehörde im Geschäftsbereich des Bundesministeriums des Innern und für Heimat Aufgaben des Bundes auf den Gebieten des Bevölkerungsschutzes und der Katastrophenhilfe wahr, die ihm durch das Zivilschutzgesetz oder andere Bundesgesetze oder aufgrund dieser Gesetze übertragen werden (§ 2 des Gesetzes über die Errichtung des Bundesamtes für Bevölkerungsschutz und Katastrophenhilfe – BBKG). Das Gesetz über den Zivilschutz und die Katastrophenhilfe des Bundes (Zivilschutz- und Katastrophenhilfegesetz – ZSKG) erklärt es in § 1 Abs. 1 zur Aufgabe des Zivilschutzes, durch nichtmilitärische Maßnahmen die Bevölkerung, ihre Wohnungen und Arbeitsstätten, lebens- oder verteidigungswichtige zivile Dienststellen, Betriebe, Einrichtungen und Anlagen sowie das Kulturgut vor Kriegseinwirkungen zu schützen und deren Folgen zu beseitigen oder zu mildern. Zum Zivilschutz gehört auch die Unterstützung der Länder im Bereich des Katastrophenschutzes (§§ 11, 12 ZSKG). 27

Das **Bundesamt für Sicherheit in der Informationstechnik** (BSI) ist eine 1991 mit dem Gesetz über das Bundesamt für Sicherheit in der Informationstechnik – BSIG – gegründete Bundesoberbehörde im Geschäftsbereich des Bundesministeriums des Innern und für Heimat. Es ist nach § 1 S. 2 BSIG die zentrale Stelle für Informationssicherheit auf nationaler Ebene („Infrastrukturbehörde"[65]). Als „Cyber-Sicherheitsbehörde" des Bundes gestaltet es Informationssicherheit in der Digitalisierung durch Prävention, Detektion und Reaktion für Staat, Wirtschaft und Gesellschaft, und es „fördert die Sicherheit in der Informationstechnik mit dem Ziel, die Verfügbarkeit, Integrität und Vertraulichkeit von Informationen und deren Verarbeitung zu gewährleisten" (§ 3 Abs. 1 S. 1 BSIG). Mit dem Zweiten Gesetz zur Erhöhung der Sicherheit informationstechnischer Systeme vom 18.5.2021 sind die Aufgaben und Befugnisse des Bundesamts deutlich erweitert worden;[66] insbesondere wurden ihm weitere Kompetenzen bei der Detektion von Sicherheitslücken und der Abwehr von Cyber-Angriffen[67] eingeräumt, und es soll künftig als unabhängige und neutrale Beratungsstelle für Verbraucherinnen und Verbraucher bezüglich Fragen der IT-Sicherheit auf Bundesebene tätig sein. 28

Als nicht rechtsfähige Bundesanstalt organisiert ist das **Technische Hilfswerk** (THW), das im Gesetz über das Technische Hilfswerk geregelt ist, über einen eigenen Verwaltungsunterbau verfügt und dem Geschäftsbereich des Bundesministeriums des Innern und für Heimat zugeordnet ist. Seine Aufgaben liegen in der technischen Unterstützung auf Ersuchen von für die Gefahrenabwehr zuständigen Stellen bei der Wahrnehmung ihrer Aufgaben sowie auf Anforderung oberster Bundesbehörden, wenn das Bundesministerium des Innern und für Heimat zustimmt. Zur technischen Unterstützung gehören insbesondere die technische Hilfe im Zivilschutz, Einsatz und Maßnahmen im Ausland im Auftrag der Bundesregierung, die Bekämpfung von Katastrophen, öffentlichen Notständen und Unglücksfällen größeren Ausmaßes auf Anforderung der für die Gefahrenabwehr zuständigen Stellen sowie Unterstützungsleistungen und Maßnahmen der zuvor genannten Arten, die das Technische Hilfswerk durch Vereinbarung übernommen hat. 29

III. Sicherheitsbehörden und -akteure auf Landesebene

Die Organisation der **Sicherheitsbehörden auf Landesebene** weist eine deutlich größere Varianzbreite auf. Dies hat seine Ursache zum einen darin, dass die Gefahrenabwehr 30

---
[65] *Rachor/Roggan* in Lisken/Denninger PolR-HdB Rn. C 94 ff.
[66] *Kippert* KH 2021, 510 f.; *Thienemann* CB 2021, 225 ff.; *Schallbruch* DuD 2021, 229 ff.; historischer Rückblick bei *Buchberger* GSZ 2019, 183 ff.; *Kersten* DuD 1992, 293 ff.
[67] Zur Aufgabe der Länder bei der Gewährleistung der Cyber-Sicherheit *Remy/Stettner* DuD 2021, 254 ff.

kompetenzrechtlich mit punktuellen Ausnahmen gem. Art. 70 Abs. 1 GG in die Zuständigkeit der Länder fällt und damit der Schwerpunkt der Sicherheitsgewährleistung auf der Landesebene verortet ist, zum anderen in der historisch bedingten Ausprägung unterschiedlicher Modelle. Diesen ist gemeinsam, dass sie in ihren Grundstrukturen auf dem Leitgedanken der von den Besatzungsmächten nach dem Zusammenbruch des nationalsozialistischen Regimes umgesetzten „Entpolizeilichung"[68] beruhen. Mit diesem Konzept sollten eine künftige Gleichschaltung bzw. Zentralisierung polizeilicher Strukturen sowie der Missbrauch der Polizeigewalt verhindert werden. Konsequenz war nicht nur die Trennung von Polizeibehörden, Streitkräften und Verfassungsschutzbehörden auf Landesebene, sondern auch eine – mehr oder weniger strikt durchgeführte – Unterscheidung von Polizeibehörden und nichtpolizeilichen Ordnungsbehörden. Das Verhältnis von Polizei(vollzugs)- und Ordnungsbehörden ist dabei in unterschiedlicher Weise organisatorisch ausgestaltet; die Modelle lassen sich grob zwei Systemen zuordnen: In Einheits- bzw. Mischsystemen werden die Aufgaben der Gefahrenabwehr (neben denjenigen der Strafverfolgung) von der institutionellen „Polizei" in einheitlicher Weise wahrgenommen. Allerdings finden sich auch in den Ländern mit Einheitssystemen wiederum heterogene Strukturen und Bezeichnungen; häufig wird (etwa behördenintern) zwischen Polizeiverwaltungsbehörden und Polizeivollzugsbehörden differenziert. In Trennungssystemen existieren demgegenüber organisatorisch getrennte Systeme von Polizeibehörden und Ordnungsbehörden, um die Unterscheidung zwischen Verwaltungsbehörden („Verwaltungspolizei") und Vollzugspolizei zu verdeutlichen.

1. Polizeibehörden

31 Mit Blick auf die unterschiedliche Ausgestaltung des Verhältnisses von Polizei- bzw. Ordnungsbehörden finden sich in den Ländern sehr unterschiedliche Organisationsstrukturen und Begrifflichkeiten (zB Polizeipräsidien, Polizeidirektionen als Behördenbezeichnungen).[69] Die **Vollzugspolizei** ist regelmäßig weiter untergliedert in Einheiten zB der Schutz-, Kriminal-, Wasserschutz-[70] und Bereitschaftspolizei[71] (mit dem Inspekteur der Bereitschaftspolizeien der Länder als „Bindeglied" zum Bund[72]). Für die Sicherheitsgewährleistung ist dabei der Polizeivollzugsdienst der „uniformierten Schutzpolizei" von besonderer Relevanz. Der Bereitschaftspolizei kommt die Aufgabe zu, für besondere, meist überörtlich bedeutsame Veranstaltungen und Versammlungen größere Verbände als „Reserve" zur Verfügung zu halten. Die Kriminalpolizei ist vor allem zuständig für die Vorbeugung, Aufklärung und Verfolgung strafbarer Handlungen. Die Beamtinnen und Beamten der Schutz- und der Kriminalpolizei sind Ermittlungspersonen der Staatsanwaltschaft iSd § 152 GVG; nähere Bestimmungen hierzu treffen die Länder durch Rechtsverordnung. Die polizeilichen Aufgaben auf den schiffbaren Wasserstraßen und anderen schiffbaren Gewässern werden von der Wasserschutzpolizei wahrgenommen. Neben den allgemeinen Polizeibehörden bestehen in den meisten Ländern spezielle Polizeibehörden wie etwa die **Landeskriminalämter,** die als Zentralstellen für kriminalpolizeiliche Aufgaben wichtige Unterstützungs-, Bündelungs- und Koordinierungsfunktionen erfüllen.[73]

2. Verfassungsschutzbehörden auf Landesebene

32 Die Länder verfügen sämtlich über für den **Verfassungsschutz** zuständige Behörden, wobei die Organisationsstruktur unterschiedlich ausgestaltet ist. Einige Länder haben eigene

---

[68] Vgl. *Stolleis/Kremer* in Lisken/Denninger PolR-HdB Rn. A 67 ff., insbesondere 71 f. – Zu späteren Tendenzen einer weiteren „Entpolizeilichung" vgl. *Knemeyer* DVBl 2007, 785 ff.
[69] *Rachor/Roggan* in Lisken/Denninger PolR-HdB Rn. C 43 ff.
[70] *Rachor/Roggan* in Lisken/Denninger PolR-HdB Rn. C 59.
[71] *Rachor/Roggan* in Lisken/Denninger PolR-HdB Rn. C 62 ff.
[72] *Rachor/Roggan* in Lisken/Denninger PolR-HdB Rn. C 91 ff.
[73] *Rachor/Roggan* in Lisken/Denninger PolR-HdB Rn. C 64 f.

Landesämter für Verfassungsschutz eingerichtet (Baden-Württemberg, Bayern, Bremen, Hamburg, Hessen, Sachsen), in den anderen ist der Verfassungsschutz als eigene Abteilung dem jeweiligen Innenressort zugewiesen (Berlin, Brandenburg, Mecklenburg-Vorpommern, Niedersachsen, Nordrhein-Westfalen, Rheinland-Pfalz, Saarland, Sachsen-Anhalt, Schleswig-Holstein, Thüringen); Verfassungsschutzbehörde ist dann regelmäßig das jeweilige Ministerium bzw. die Senatsverwaltung. Es bestehen jeweils landesrechtliche Bestimmungen; zudem sind auch im BVerfSchG verschiedene Regelungen über die gemeinsame Aufgabenwahrnehmung mit dem Bundesamt für Verfassungsschutz normiert.[74]

3. (Kommunale) Ordnungsbehörden

In den Ländern finden sich für die **kommunalen Ordnungsbehörden** unterschiedliche Bezeichnungen und Strukturen.[75] Häufig wird zwischen allgemeinen Ordnungsbehörden (in Ländern mit Einheitssystem auch allgemeine „Polizeibehörden") und Sonderordnungsbehörden unterschieden, wobei letzteren durch spezialgesetzliche Regelung besondere Aufgaben und Befugnisse zugewiesen sind und meist eine eigenständige Organisationsstruktur sowie eine unterschiedliche Verortung im Behördengefüge des Landes festzustellen sind. Allgemeine Ordnungsbehörden sind demgegenüber alle Ordnungsbehörden, die nicht Sonderordnungsbehörden sind; sie nehmen im Regelfall allgemeine Aufgaben der Gefahrenabwehr wahr, wobei das Verhältnis zu den Polizeibehörden im engeren Sinne je nach landesrechtlicher Ausgestaltung variiert.

4. Feuerwehr

Dem Bereich der nichtpolizeilichen Gefahrenabwehr zuzuordnen ist auch die Organisation der (öffentlichen) **Feuerwehr** mit ihren komplexen Strukturen.[76] Zu ihren Aufgaben gehören vor allem der Brandschutz, die Hilfeleistung bei Unglücksfällen oder solchen öffentlichen Notständen, die durch Naturereignisse, Explosionen oder ähnliche Vorkommnisse verursacht werden, sowie (je nach landesrechtlicher Ausgestaltung) der Katastrophenschutz. Nach den jeweiligen Brandschutz- und Feuerwehrgesetzen der Länder ist in vielen Kommunen eine Berufsfeuerwehr eingerichtet; eine Verpflichtung hierzu ergibt sich meist aufgrund der Einwohnerzahl bzw. des Status einer Kommune. Zur Unterstützung der Berufsfeuerwehr bzw. bei Fehlen einer solchen werden die Aufgaben der Feuerwehr von Einheiten der Freiwilligen Feuerwehr wahrgenommen. Fehlt (auch) eine solche oder kann die bestehende öffentliche Feuerwehr einen ausreichenden Brandschutz nicht gewährleisten, können nach den gesetzlichen Regelungen meist die volljährigen Einwohnerinnen und Einwohner bis zu einem Höchstalter zum Dienst in einer Pflichtfeuerwehr herangezogen werden. Neben die öffentlichen Feuerwehrstrukturen treten noch betriebliche Feuerwehren (Betriebs-, Werkfeuerwehren).

IV. Private Sicherheitsakteure

Der Kreis der **privaten Sicherheitsakteure** ist umfangreich und vielfältig;[77] Gleiches gilt für die Art und Weise ihrer Einbeziehung in die staatliche Sicherheitsgewährleistung, zB in verschiedenen Formen der Police Private Partnership.[78] Zu nennen sind namentlich die

---

[74] Zur Möglichkeit einer Zentralisierung von Verfassungsschutzaufgaben *Gärditz* AöR 144 (2019), 81 ff.; zur Zusammenarbeit der Länder *Bull* JZ 1984, 740 f.; *Bäumer* DÖV 1984, 513 f.
[75] *Rachor/Roggan* in Lisken/Denninger PolR-HdB Rn. C 36 ff.
[76] Vgl. etwa *Hörstrup,* Die Organisation der gemeindlichen Feuerwehr in Nordrhein-Westfalen, 2018; *Strathoff,* Die Befugnisse der Feuerwehr zur Gefahrenabwehr in Nordrhein-Westfalen, 2020; zu Zuständigkeitsaspekten *Keiper* LKRZ 2013, 365 ff.; zum Verhältnis von Feuerwehren der US-Streitkräfte und den gemeindlichen Feuerwehren *Scheidler* UBWV 2016, 17 ff.
[77] Zur „Aufteilung" der Sicherheitsverantwortung *Bretschneider/Freytag/Rieckmann/Stuchtey* Ordo 70 (2020), 89 ff.
[78] *Rachor/Roggan* in Lisken/Denninger PolR-HdB Rn. C 182 f.

Rettungsdienste, die als Hilfs- und Wohlfahrtsorganisationen meist als eingetragene Vereine organisiert sind, die Betreiber von Rettungshubschraubern und Vereine, in denen Rettungshundestaffeln organisiert oder angegliedert sind. Dazu tritt der wirtschaftlich bedeutsame Bereich des privaten Sicherheitsgewerbes.[79] Der staatlichen Gefahrenabwehr zuzuordnen sind demgegenüber die Einrichtungen des freiwilligen Polizeidienstes und vergleichbarer Institutionen;[80] dabei werden zwar Private für die Sicherheitsgewährleistung tätig, allerdings auf der Grundlage hoheitlicher Organisation und Steuerung.

C. Gremien, Strukturen und Prozesse der Sicherheitskooperation
I. Bedeutung der Kooperation für die Sicherheitsgewährleistung

36 Die Aufgabe der Sicherheitsgewährleistung kann von den zuvor im Überblick dargestellten Akteuren nur in enger, möglichst regulierter und „rechtssicherer" **Kooperation** sachgerecht erfüllt werden – Sicherheit kann allein im „Netzwerk" geschaffen und erhalten werden.[81] Dementsprechend findet sich in der Praxis eine Fülle an Erscheinungsformen sicherheitsbehördlicher Zusammenarbeit auf internationaler, europäischer und nationaler Ebene. Der Begriff der Zusammenarbeit bzw. „Kooperation" ist dabei weit zu verstehen und schließt das Zusammenwirken mehrerer Behörden ebenso ein wie Fragen der Erstreckung sicherheitsbehördlicher Maßnahmen von einem Staat bzw. Land auf das andere.[82]

37 Auf nationaler Ebene gebietet schon der **Sicherheitsföderalismus** eine enge Kooperation der Sicherheits-, namentlich der Polizeibehörden. Die gesetzlichen Bestimmungen hierzu sind bislang lediglich vereinzelt und bereichsspezifisch; da sich aber das polizeiliche Handeln mehr und mehr von traditionell „ortsbezogenen" bzw. „ortsfesten" Maßnahmen wie der Ingewahrsamnahme, der Durchsuchung oder des Platzverweises hin zu örtlich flexiblen Eingriffen wie zB der (Quellen-)Telekommunikationsüberwachung oder der elektronischen Aufenthaltsüberwachung entwickelt, ist eine intensivere normative Steuerung der Kooperation zwischen den Polizeibehörden der Länder unerlässlich.[83] Dies gilt insbesondere auch für die rechtlich im Kern ungeklärte Frage der Erstreckung polizeilicher Maßnahmen und Anordnungen von einem Land auf das andere; am Beispiel von Kontakt- und Näherungsverboten lässt sich verdeutlichen, dass diese im Interesse einer effektiven Gefahrenabwehr und damit des Schutzes hochrangiger Rechtsgüter der gefährdeten Personen nicht an den „Landesgrenzen" ihre Wirkung verlieren sollten.

38 Ebenso bedeutsam ist die **Kooperation auf internationaler und europäischer Ebene**.[84] Die Aufgaben der Gefahrenabwehr und der Strafverfolgung können längst nicht mehr allein von den nationalen Sicherheitsbehörden bewältigt werden – Phänomene wie der internationale Terrorismus, Organisierte Kriminalität und Cybercrime, aber auch die Entwicklungen von Globalisierung und eine erheblich gesteigerte örtliche Mobilität zwingen zur Zusammenarbeit. Das Politikfeld des „Raums der Freiheit, der Sicherheit und des Rechts" gem. Art. 67 ff. AEUV, in dem der Europäischen Union bestimmte Regelungsbefugnisse vor allem für verschiedene Kooperationsbereiche zugewiesen sind, während die Gewährleistung der inneren Sicherheit nach wie vor als „Krongut" mitgliedstaatlicher Souveränität gilt, steht in einem spannungsreichen Verhältnis zu den Grundfreiheiten: In

---

[79] Eingehend *Eisenmenger* NVwZ 2018, 1768 ff.; *Kube* Kriminalistik 2001, 458 ff.; *Stober* NJW 1997, 889 ff.; *Peilert* DVBl 1999, 282 ff.; s. ferner die Beiträge in *Eisenmenger/Pfeffer*, Stärkung der Inneren Sicherheit durch Neuregelung des Sicherheitsgewerberechts? Anforderungen an eine gesetzliche Grundlage aus Sicht von Polizei, Sicherheitsbranche, Kammern und Wissenschaft, 2018.
[80] Vgl. *Rachor/Roggan* in Lisken/Denninger PolR-HdB Rn. C 53 ff.; *Groß/Kreuzer* Kriminalistik 2008, 554 ff.; kritisch *Hornmann* LKRZ 2008, 201 ff.
[81] Kritisch zu diesem Ansatz *Stegmaier/Feltes* Parl Beilage 2007, Nr. 12, 18 ff.
[82] Dazu *Thiel* GSZ 2021, 97 (99 f.).
[83] *Thiel* GSZ 2021, 97 (100).
[84] *Dieckmann*, Transnationale Verbrechensbekämpfung. Entwicklungslinien der Zusammenarbeit zwischen den Mitgliedstaaten der Europäischen Union, 2019; *Schober*, Europäische Polizeizusammenarbeit zwischen TREVI und Prüm. Mehr Sicherheit auf Kosten von Freiheit und Recht?, 2017.

einem gemeinsamen Markt mit Warenverkehrs-, Dienstleistungs-, Kapitalverkehrs- und Niederlassungsfreiheit sowie Personenfreizügigkeit, innerhalb dessen Grenzkontrollen nur noch ausnahmsweise etwa zu Zwecken der Bewältigung massiver Migrationsströme oder der Bekämpfung von pandemischen Krisen (wieder) eingeführt werden dürfen, gewinnen zwei Aspekte an Bedeutung: ein wirksamer Schutz der Außengrenzen der Europäischen Union auf der einen, eine funktionale Zusammenarbeit der Sicherheitsbehörden der Mitgliedstaaten auf der anderen Seite.

Auf internationaler und europäischer Ebene finden sich daher sehr **vielfältige Erscheinungsformen der sicherheitsbezogenen Zusammenarbeit.** International erfolgt eine Kooperation beispielsweise im Rahmen der Internationalen Kriminalpolizeilichen Organisation (Interpol), aber auch im Wege der verschiedenen Formen der internationalen Rechtshilfe bzw. in international besetzten Gemeinsamen Ermittlungsgruppen (Joint Investigation Teams). Auf europäischer Ebene besteht ein komplexes System aus Kooperationsmodellen, -gremien und -strukturen der Europäischen Union (Programme, Rechtsgrundlagen, Sicherheitsagenturen etc), aber auch davon unabhängigen Einrichtungen und Verfahren, sowie bi- und multilateralen Vereinbarungen wie etwa den Polizeiverträgen, die Deutschland mit seinen Nachbarstaaten unter anderem zur Regelung der polizeilichen Zusammenarbeit und zur Einräumung wechselseitiger Eingriffsbefugnisse im Grenzgebiet geschlossen hat. Aus der Fülle der sicherheitsrelevanten Modelle, Gremien, Strukturen und Prozesse sollen im Folgenden einige beispielhaft zur Verdeutlichung herausgegriffen werden. 39

II. Kooperationsaspekte und -formen

1. Kooperation auf nationaler Ebene

Die **Kooperation der Sicherheitsbehörden auf nationaler Ebene** ist rechtlich nur teilweise gesteuert, praktisch allerdings von erheblicher Bedeutung. Die Zusammenarbeit findet innerhalb von in unterschiedlicher Weise organisatorisch verfestigten Gremien und gemeinsamen Einrichtungen, über einen Informationsaustausch und auf „Arbeitsebene" statt. Beispielhaft erörtert werden die Ständige Konferenz der Innenminister und -senatoren der Länder, die verschiedenen Gemeinsamen Zentren und die Antiterrordatei als Beispiel einer gemeinsamen (Verbund-)Datei. Darüber hinaus bestehen vielfältige weitere Kooperationsformen. 40

a) Ständige Konferenz der Innenminister und -senatoren der Länder. Zentrale sicherheitspolitische Steuerungsfunktionen nimmt als Kooperationsgremium die **Ständige Konferenz der Innenminister und -senatoren der Länder** wahr, die 1954 eingerichtet wurde, um die bis zu diesem Zeitpunkt vor allem auf Arbeitsebene erfolgende länderübergreifende Kooperation auf die politische Ebene zu bringen und dort zu verankern. Der Bundesminister des Innern und für Heimat nimmt an den Sitzungen gleichberechtigt, aber ohne Stimmrecht teil. Die Innenministerkonferenz tagt im Regelfall zweimal jährlich in zumeist öffentlicher Sitzung, hält aber unter besonderen Umständen auch Sondersitzungen ab und kann ihre Entscheidungen zudem im Umlaufverfahren treffen. Diese Entscheidungen, die dem Einstimmigkeits- bzw. Konsensprinzip zu entsprechen haben, werden von sechs ständigen Arbeitskreisen vorbereitet, die ihrerseits teilweise Unterausschüsse eingerichtet haben. Es bestehen der AK I (Staatsrecht, Verwaltung und Zuwanderung), der AK II (innere Sicherheit), der AK III (kommunale Angelegenheiten), der AK IV (Verfassungsschutz), der AK V (Feuerwehrangelegenheiten, Rettungswesen, Katastrophenschutz und zivile Verteidigung) und der AK VI (Organisation, öffentliches Dienstrecht und Personal). Mitglieder der Arbeitskreise sind die jeweiligen Abteilungsleitungen der Innenressorts von Bund und Ländern, im AK II ferner (beratend) die Präsidenten des Bundeskriminalamtes und der Deutschen Hochschule der Polizei. Vorbereitend tätig wird zudem eine Konferenz der Staatssekretäre und Staatsräte, die die Eingaben und Arbeitsresultate aus den Arbeits- 41 kreisen bewertet und für die Innenministerkonferenz aufbereitet. Unterhalb der Ebene der Arbeitskreise bestehen weitere Unterausschüsse, Arbeitsgemeinschaften und Kommissionen, beispielsweise die Arbeitsgemeinschaft der Leiter der Landeskriminalämter und des Bundeskriminalamtes (AG Kripo[85]), die etwa grundsätzliche koordinierungsbedürftige kriminalpolizeiliche Entschließungen erarbeitet, sowie die Unterausschüsse Führung, Einsatz und Kriminalitätsbekämpfung (UA FEK) und Recht und Verwaltung (UA RV) des AK II, die wiederum Projektgruppen und Ähnliches einrichten und mit Aufgaben und Projekten betrauen. Die Amtsgeschäfte der Innenministerkonferenz nimmt der jeweils amtierende Vorsitzende wahr; dieser wird dabei von einer Geschäftsstelle und weiteren Personen im eigenen Hause unterstützt.

42   Die Bestimmung des **Rechtscharakters** der Innenministerkonferenz wirft Schwierigkeiten auf. Als gemeinschaftliche Behörde oder gemeinsames Organ bzw. Gremium der Länder lässt sie sich nicht qualifizieren. Sachgerecht erscheint die Einordnung als Koordinations- bzw. Kooperationsgremium ohne eigene Rechtspersönlichkeit, als ministerielle Arbeitsgemeinschaft[86]; eigene Zuständigkeiten und Befugnisse kommen ihr nicht zu. Ihre Entscheidungen „wirken" auf dem Fundament einer organisatorisch verfestigten politischen Praxis. Unmittelbare Rechtswirkung nach außen kommt den Beschlüssen der Innenministerkonferenz damit nicht zu. Erforderlich sind jeweils noch normative oder exekutive Umsetzungsakte in Bund und Ländern.

43   **b) Gemeinsame Zentren.** Deutsche Sicherheitsbehörden wirken in verschiedenen **Gemeinsamen Zentren** zusammen;[87] dabei kommt vor allem dem Gemeinsamen Terrorismusabwehrzentrum (GTAZ) und dem Gemeinsamen Extremismus- und Terrorismusabwehrzentrum (GETZ) besondere Bedeutung zu (*Barczak* → § 16 Rn. 55 ff.). 2004 wurde das **Gemeinsame Terrorismusabwehrzentrum** (GTAZ)[88] auf Initiative der Bundesregierung gegründet, um die behördenübergreifende Zusammenarbeit bei der Bekämpfung des internationalen Terrorismus zu stärken. Es handelt sich nicht um eine eigenständige Behörde, sondern um eine Kooperationsplattform der beteiligten Behörden – derzeit das Bundeskriminalamt, das Bundesamt für Verfassungsschutz, der Bundesnachrichtendienst, die Bundespolizei, das Zollkriminalamt, der Militärische Abschirmdienst, das Bundesamt für Migration und Flüchtlinge, die Landeskriminalämter, die Landesverfassungsschutzbehörden und -abteilungen sowie eine Vertretung des Generalbundesanwaltes. Die Behörden arbeiten in zwei unter Beachtung des Trennungsgebotes zwischen Polizei- und Nachrichtendienstbehörden voneinander getrennt gehaltenen „Säulen", den beiden Auswertungs- und Analysezentren (Nachrichtendienstliche Informations- und Analysestelle – NIAS – und Polizeiliche Informations- und Analysestelle – PIAS); allerdings erfolgt ein gewisser informatorischer Austausch zB im Rahmen der täglichen Lagebesprechungen. Angesichts der Tatsache, dass es sich dabei um allgemeine Erörterungen der Lage handelt und ein konkreter Informationsaustausch erst bei Vorliegen besonderer Voraussetzungen erfolgt, ist diese Einrichtung mit Blick auf das informationelle Trennungsgebot nicht zu beanstanden. Im GTAZ erfolgen in verschiedenen Arbeitsgruppen insbesondere eine Analyse und Bewertung von Gefährdungshinweisen, die Zusammenführung von Erkenntnissen über Personen aus dem terroristischen Spektrum und die Koordination operativer Maßnahmen.

44   Nach dem Vorbild des Gemeinsamen Terrorismusabwehrzentrums wurde 2020 das **Gemeinsame Extremismus- und Terrorismusabwehrzentrum** (GETZ) errichtet (*Dimroth* → § 31 Rn. 4 ff.).[89] Ebenfalls als Kommunikationsplattform konzipiert, dient das

---

[85] *Limburg* Kriminalistik 1984, 461 ff.
[86] *Schneider* VVDStRL 19 (1961), 1 (11).
[87] *Dombert/Räuker* DÖV 2014, 414 ff.
[88] *Sommerfeld,* Verwaltungsnetzwerke am Beispiel des Gemeinsamen Terrorismusabwehrzentrums des Bundes und der Länder (GTAZ), 2015; *Rachor/Roggan* in Lisken/Denninger PolR-HdB Rn. C 142 ff.; *Weisser* NVwZ 2011, 142 ff.
[89] *Rachor/Roggan* in Lisken/Denninger PolR-HdB Rn. C 146 f.

Zentrum der gemeinsamen Bekämpfung politisch motivierter Kriminalität und des Terrorismus sowie von Spionage und Proliferation mittels Lagebesprechungen und Arbeitsgruppen, die einen Austausch zu Entwicklungen in den verschiedenen Phänomenbereichen ermöglichen. Im Zentrum vertreten sind das Bundeskriminalamt, das Bundesamt für Verfassungsschutz, der Bundesnachrichtendienst, die Bundespolizei, das Zollkriminalamt, der Militärische Abschirmdienst, das Bundesamt für Migration und Flüchtlinge, die Landeskriminalämter und die Landesämter und Abteilungen für Verfassungsschutz sowie die Vertretung des Generalbundesanwalts. In ähnlicher Weise arbeiten im 2007 eingerichteten **Gemeinsamen Internetzentrum** (GIZ)[90] Sicherheitsbehörden des Bundes zusammen und tauschen sich zu Erkenntnissen aus, die sie durch Beobachtung, Auswertung und Analyse islamistischer und jihadistischer Inhalte im Internet gewonnen haben. Beteiligt sind das Bundeskriminalamt, das Bundesamt für Verfassungsschutz, der Bundesnachrichtendienst, der Militärische Abschirmdienst und die Generalbundesanwaltschaft. 2011 wurde in Umsetzung der Cyber-Sicherheitsstrategie der Bundesregierung das **Nationale Cyber-Abwehrzentrum** (Cyber-AZ) eingerichtet;[91] dabei handelt es sich um die Kooperations-, Kommunikations- und Koordinationsplattform der relevanten Sicherheitsbehörden unterschiedlicher Ressorts und Ebenen, die insbesondere durch ein gemeinsames, aktuelles und umfassendes Cyber-Sicherheitslagebild für Deutschland, strategische Berichterstattungen sowie durch die koordinierende operative und interdisziplinäre Fallbearbeitung unverzichtbare Beiträge zur gesamtstaatlichen Cyber-Sicherheit und somit auch im Krisenfall für die Handlungsfähigkeit der Bundesregierung leistet. Das **Gemeinsame Analyse- und Strategiezentrum Illegale Migration** (GASIM) dient seit 2006 der Bekämpfung der illegalen Migration, das **Gemeinsame Melde- und Lagezentrum** beim Bundesamt für Bevölkerungsschutz und Katastrophenhilfe (GMLZ, seit 2002) erstellt Lagebilder und unterstützt und koordiniert Einsätze unterschiedlicher Behörden im Schadensfall.[92] Daneben bestehen weitere vergleichbare Einrichtungen wie zB das Gemeinsame Lagezentrum See (GLZ-See) und Gemeinsame Finanzermittlungsgruppen von Bundes- bzw. Landespolizeibehörden und Zollbehörden sowie verschiedene Fahndungs- und Ermittlungsgruppen. Auch auf Landesebene finden sich parallele Strukturen nach dem Vorbild der Gemeinsamen Zentren.[93]

c) Gemeinsame Dateien. Eine informationelle Zusammenarbeit der nationalen Sicherheitsbehörden erfolgt auch über gemeinsame Dateisysteme (*Golla* → § 30 Rn. 21 ff.) wie zB die 2006 beim Bundeskriminalamt eingerichtete **Antiterrordatei** (Art. 1 des Gesetzes zur Errichtung gemeinsamer Dateien von Polizeibehörden und Nachrichtendiensten des Bundes und der Länder vom 22.12.2006, das Gesetz zur Errichtung einer standardisierten zentralen Antiterrordatei von Polizeibehörden und Nachrichtendiensten des Bundes und der Länder – Antiterrordateigesetz – ATDG). Die Datei ist als „Indexdatei" konzipiert; die zum Abruf berechtigten Behörden greifen über eine besonders gesicherte Hard- und Softwarearchitektur zu. Das Bundesverfassungsgericht hat die Antiterrordatei als Verbunddatei für in ihren Grundstrukturen mit der Verfassung vereinbar erachtet.[94] In einer neueren Entscheidung[95] hat es allerdings Teile des novellierten ATDG[96] für verfassungswidrig erklärt; Regelungen, die den Datenaustausch zwischen Polizeibehörden und Nachrichtendiensten ermöglichen, müssen den besonderen (und zT nur schwer nachvollziehbaren[97]) verfassungsrechtlichen Anforderungen der hypothetischen Datenneuerhebung genügen („informationelles Trennungsprinzip"). Die gemeinsame Nutzung einer

45

---

[90] *Rachor/Roggan* in Lisken/Denninger PolR-HdB Rn. C 148.
[91] *Rachor/Roggan* in Lisken/Denninger PolR-HdB Rn. C 150 f.; *Linke* DÖV 2015, 128 ff.
[92] *Rachor/Roggan* in Lisken/Denninger PolR-HdB Rn. C 152 ff.
[93] Eingehend *Rachor/Roggan* in Lisken/Denninger PolR-HdB Rn. C 171 ff.
[94] BVerfGE 133, 277 ff. = NJW 2013, 1499; zur Bedeutung der Entscheidung für das „Trennungsprinzip" *Volkmann* JURA 2014, 820 ff.; kritisch etwa *Arzt* NVwZ 2013, 1328 ff.
[95] BVerfG NVwZ 2021, 226 ff.; dazu auch *Golla* NJW 2021, 667 ff.
[96] Vgl. *Hörauf* NVwZ 2015, 181 ff.; *Demuth* DRiZ 2014, 398 ff.; *Petri* ZD 2014, 597 f.
[97] Vgl. *Schneider* GSZ 2022, 1 ff.

Verbunddatei der Polizeibehörden und Nachrichtendienste sei hinsichtlich des Eingriffsgewichts insbesondere durch die sog. „erweiterte Nutzung" – das Herstellen von Zusammenhängen zwischen Personen, Personengruppierungen, Institutionen, Objekten und Sachen, den Ausschluss von unbedeutenden Informationen und Erkenntnissen, die Zuordnung eingehender Informationen zu bekannten Sachverhalten sowie die statistische Auswertung der gespeicherten Daten – deutlich erhöht.

2. Kooperation auf europäischer Ebene

46 Vielschichtig und kaum überschaubar sind die mit sicherheitsrelevanten Fragen befassten Akteure und die polizeibezogene Gremienarbeit in der **Europäischen Union** und die Formen ihrer Zusammenarbeit.[98] Über eigene Sicherheitsbehörden mit genuinen exekutiven, insbesondere operativen Eingriffsbefugnissen verfügt die Europäische Union gegenwärtig nicht – auch in den Sicherheitsagenturen erfolgt die Beteiligung an der Aufgabe der Sicherheitsgewährleistung daher in kooperativer Form; dies hängt damit zusammen, dass sich die Union zwar im Zuge des Integrationsprozesses zu einem supranationalen Staatenverbund entwickelt hat, im Bereich der inneren Sicherheit die Mitgliedstaaten aber – bei allen Harmonisierungstendenzen ihre Souveränität weitestgehend behalten haben. Das Politikfeld des **„Raums der Freiheit, der Sicherheit und des Rechts"** (Art. 67 ff. AEUV) umfasst die vier wesentlichen Tätigkeitsfelder der Politik im Bereich Grenzkontrollen, Asyl und Einwanderung (Art. 77–80 AEUV), der justiziellen Zusammenarbeit in Zivilsachen (Art. 81 AEUV) und in Strafsachen (Art. 82–86 AUEV) sowie der polizeilichen Zusammenarbeit (Art. 87–89 AEUV). Die vergleichsweise überschaubaren Bestimmungen des Primärrechts werden durch eine Vielzahl an Programmen und normative Regelwerken wie Verordnungen und Richtlinien ergänzt, die teilweise bereits bestehende völkerrechtliche Vertragswerke in Unionsrecht transferiert haben. Daneben treten verschiedene Abkommen zum Bereich der internationalen Rechtshilfe, bilaterale Vereinbarungen wie die Polizeiverträge und weitere Einrichtungen und Instrumente der sicherheitsbehördlichen Kooperation, etwa in den thematisch einschlägigen Unionsagenturen. Hinzu kommen weitere Gruppierungen mit bereichsspezifischer Ausrichtung, namentlich verschiedene europäische Netzwerke wie etwa RAILPOL (Netzwerk der Bahnpolizeien), TISPOL (Netzwerk der Straßenpolizeien), AQUAPOL (Netzwerk der Wasserpolizeien) und ATLAS (Netzwerk der polizeilichen Spezialeinheiten).

47 **a) Sicherheitsprogramme der Europäischen Union.** Gemäß Art. 68 AEUV ist der Europäische Rat, also das gem. Art. 15 Abs. 2 EUV aus den Staats- und Regierungschefs der Mitgliedstaaten sowie dem Präsidenten des Europäischen Rates und dem Präsidenten der Kommission zusammengesetzte politische Leitungsgremium der Europäischen Union, für die Festlegung der strategischen Leitlinien für die gesetzgeberische und operative Programmplanung im Raum der Freiheit, der Sicherheit und des Rechts zuständig. Die Europäische Union hat im Verlauf des Integrationsprozesses verschiedene **„Programme"** hinsichtlich der gemeinsamen Anstrengungen im Bereich der Sicherheitsgewährleistung, seit dem Vertrag von Lissabon (2009) bezüglich des Politikfeldes des „Raums der Freiheit, der Sicherheit und des Rechts" aufgelegt.[99] Nach grundlegenden Entscheidungen im sog. „Tampere"-Programm (15./16.10.1999) folgten das „Haager Programm" (Mitteilung der Kommission an den Rat und das Europäische Parlament vom 10.5.2005 – Das Haager Programm: Zehn Prioritäten für die nächsten fünf Jahre. Die Partnerschaft zur Erneuerung Europas im Bereich der Freiheit, der Sicherheit und des Rechts)[100] und das bedeutsame „Stockholmer Programm" (Ein offenes und sicheres Europa im Dienste und zum Schutz

---

[98] Zur europäischen Sicherheitskooperation *Jäger* Parl Beilage 2016, Nr. 43–45, 21 ff.; zur Zusammenarbeit der Nachrichtendienste auf Ebene der Europäischen Union *Seyfried*, Ein europäischer Nachrichtendienst? Möglichkeiten und Grenzen nachrichtendienstlicher Kooperation auf EU-Ebene, 2017.
[99] *Aden* in Lisken/Denninger PolR-HdB Rn. M 6.
[100] ABl. 2005 C 236 v. 24.9.2005.

der Bürger) mit einem Aktionsplan (Mitteilung der Kommission an das Europäische Parlament, den Rat, den Europäischen Wirtschafts- und Sozialausschuss und den Ausschuss der Regionen vom 20.4.2010), die verschiedene Prioritäten im Bereich der Grundrechts- und der Sicherheitsgewährleistungen setzten und dazu wie schon die Vorläuferprogramme eine umfangreiche Rechtsetzungstätigkeit vorsahen. Nach 2014 sah die Europäische Kommission keinen Bedarf für ein weiteres langfristiges Programm – politische Strategien seien nach der „Vergemeinschaftung" vormals intergouvernementaler Politikfelder nunmehr von den Gremien der Europäischen Union zu erstellen; gleichwohl kam es zu einem Kompromiss mit den Mitgliedstaaten (Mitteilung der Kommission vom 11.3.2014 an das Europäische Parlament, den Rat, den Europäischen Wirtschafts- und Sozialausschuss und den Ausschuss der Regionen: Ein offenes und sicheres Europa: Praktische Umsetzung). Im Vordergrund standen die Themen der Migrations- und Visumspolitik, der Außengrenzschutz und das Konzept eines Gemeinsamen Europäischen Asylsystems. Die Europäische Union hat ferner verschiedene **Programme zur Verbesserung der Zusammenarbeit** der Sicherheitsakteure geschaffen. Beispielhaft genannt werden kann das Programm **„Zoll 2027"** zur Zusammenarbeit auf der Grundlage der Verordnung (EU) 2021/444 des Europäischen Parlaments und des Rates vom 11. März 2021 zur Errichtung des Programms „Zoll" für die Zusammenarbeit im Zollwesen und zur Aufhebung der Verordnung (EU) Nr. 1294/2013. Daneben treten „Politikzyklen" der Europäischen Union zu verschiedenen sicherheitsrelevanten Bereichen, etwa der 2010 eingeführte Politikzyklus zur Bekämpfung der organisierten und schweren internationalen Kriminalität.[101]

b) Rat für Justiz und Inneres, COSI. Unabhängig von den kooperativ erarbeiteten politischen Programmen erfolgt eine Zusammenarbeit auf der Ebene der Europäischen Union in vielfältiger Weise, namentlich in verschiedenen Gremien. Der Rat der Europäischen Union, der nach Art. 16 EUV gemeinsam mit dem Europäischen Parlament als Gesetzgeber tätig wird und gemeinsam mit ihm die Haushaltsbefugnisse ausübt, setzt sich aus je einem Vertreter jedes Mitgliedstaates auf Ministerebene zusammen, der befugt ist, für die Regierung des von ihm vertretenen Mitgliedstaates verbindlich zu handeln und das Stimmrecht auszuüben. Der Rat tagt in verschiedenen sog. „Ratsformationen" im Sinne eines themenbezogenen „Ministerrats". Eingerichtet ist unter anderem ein **Rat für Justiz und Inneres** (Justice and Home Affairs Council), der insbesondere für die Angelegenheiten des Raums der Freiheit, der Sicherheit und des Rechts zuständig ist.[102] 48

Der mit dem Vertrag von Lissabon niedergelegte Art. 71 AEUV sieht die Schaffung eines ständigen Ausschusses vor, um sicherzustellen, dass innerhalb der Europäischen Union die operative Zusammenarbeit im Bereich der inneren Sicherheit gefördert und verstärkt wird. Hintergrund dieser Regelung ist die Erkenntnis, dass die Koordination der operativen Zusammenarbeit über die Einrichtung gemeinsamer Ermittlungsgruppen und die Kooperation im Rahmen von Europol der Unterstützung bedürfen. Der Ausschuss fördert die Koordinierung der Maßnahmen der zuständigen Behörden der Mitgliedstaaten und hält das Europäische Parlament und die nationalen Parlamente über seine Arbeiten auf dem Laufenden. Auf der Grundlage dieser Vorschrift wurde der **Ständige Ausschuss für die operative Zusammenarbeit im Bereich der inneren Sicherheit** (Comité permanent de coopération opérationelle en matière de sécurité intérieure – **COSI**) als zentrales Gremium der Europäischen Union zur Entwicklung und Koordination der polizeilichen Zusammenarbeit eingerichtet.[103] Vorläufer waren das Comité de l'Article Trente-Six (CATS) auf der Grundlage von Art. 36 EUV aF sowie die European Police Chiefs Task Force (EPCTF). COSI soll eine effizientere Struktur zur Koordinierung der operativen Zusammenarbeit schaffen, diese erleichtern, fördern und stärken, ihre allgemeine Ausrichtung und Wirksamkeit beurteilen und den Rat bei der Reaktion auf Terroranschläge oder Naturkatastro- 49

---
[101] Dazu *Schröder* Kriminalistik 2020, 106 ff.
[102] *Aden* in Lisken/Denninger PolR-HdB Rn. M 8.
[103] *Aden* in Lisken/Denninger PolR-HdB Rn. M 10.

phen oder von Menschen verursachte Katastrophen beraten (vgl. die sog. „Solidaritätsklausel" des Art. 222 AEUV). Rechtsgrundlage ist ein Ratsbeschluss (2010/131/EU) auf der Grundlage des Art. 240 Abs. 3 AEUV vom 25.2.2010 („COSI-Beschluss"),[104] der weitere Regelungen zu den Aufgaben enthält und in Art. 4 klarstellt, dass sich der Ausschuss nicht an der Durchführung von Operationen und nicht an der Ausarbeitung von Rechtsetzungsakten beteiligt. COSI tagt ca. dreimal je Halbjahr, die Sitzungen werden durch die jeweilige EU-Präsidentschaft vorbereitet. Teilnehmer sind in der Regel Mitarbeiter der jeweiligen Ministerien sowie Vertreter europäischer Einrichtungen; gegebenenfalls werden Vertreter der Sicherheitsagenturen geladen. Die Vertretung Deutschlands erfolgt durch das Bundesministerium des Innern und für Heimat, begleitet durch einen Vertreter der Länder. Als problematisch werden die erheblichen Überschneidungen mit den Zuständigkeiten und Kompetenzen anderer Einrichtungen, das weitestgehende Fehlen einer parlamentarischen Kontrolle und – unter deutschem Blickwinkel – die Vermischung polizeilicher und nachrichtendienstlicher Elemente.

50 **c) Sicherheitsagenturen.** Eine praktisch bedeutsame Zusammenarbeit auf Ebene der Europäischen Union findet – häufig unter Beteiligung auch von „Drittstaaten" – in den **Sicherheitsagenturen** statt (*Pilniok* → § 9 Rn. 47 ff.). Als „institutionalisierte" Form der sicherheitsbehördlichen Kooperation sind diese von besonderer Relevanz. Bei den Agenturen handelt es sich um rechtlich verselbstständigte und damit weitestgehend unabhängig agierende Organisationseinheiten, die auf primär- und sekundärrechtlicher Grundlage klar definierte Aufgaben zu erfüllen haben.

51 Die Agentur **Europol** („Europäisches Polizeiamt")[105] hat nach Art. 88 Abs. 1 AEUV den Auftrag, „die Tätigkeit der Polizeibehörden und der anderen Strafverfolgungsbehörden der Mitgliedstaaten sowie deren gegenseitige Zusammenarbeit bei der Verhütung und Bekämpfung der zwei oder mehr Mitgliedstaaten betreffenden schweren Kriminalität, des Terrorismus und der Kriminalitätsformen, die ein gemeinsames Interesse verletzen, das Gegenstand einer Politik der Union ist, zu unterstützen und zu verstärken". Näheres regelt gegenwärtig die Europol-Verordnung vom 11.5.2016, in der die Aufgaben der Agentur, ihre Organisation und Arbeitsweise normiert sind.[106] Bereits 1991 war im Vertrag von Maastricht die Einrichtung eines europäischen Polizeiamts vorgesehen, das jedoch erst 1999 – nach Ratifizierung des Europol-Übereinkommens durch die Mitgliedstaaten – seine Arbeit aufnehmen konnte. Dabei griff es auf vergleichsweise rudimentäre Kooperationsstrukturen zurück, etwa auf die 1994 eingerichtete „TREVI"-Gruppe, einem informellen Netzwerk von Vertretern der Justiz- und Innenministerien zur gemeinsamen Bekämpfung namentlich des Terrorismus und des Extremismus. 2010 löste ein Beschluss das Europol-Übereinkommen ab, der Europol in die Rechtsform einer Agentur umwandelte, seinerseits aber durch die Europol-Verordnung ersetzt wurde.

52 Europol nimmt in seinem Zuständigkeitsbereich eine Vielzahl an vor allem unterstützenden **Aufgaben**[107] wahr, insbesondere hinsichtlich des Informationsaustauschs und der Erstellung von Analysen und Lageberichten (Art. 4 EuropolVO). Zudem koordiniert und organisiert die Agentur Ermittlungsmaßnahmen und operative Maßnahmen in den Mitgliedstaaten, wobei dies lediglich in Kooperation mit diesen erfolgen darf, und beteiligt sich an Gemeinsamen Ermittlungsgruppen. Die grundlegende Arbeitsstruktur ist dabei durch eine Vernet-

---

[104] ABl. 2010 L 52/50 v. 3.3.2010.
[105] *Aden* in Lisken/Denninger PolR-HdB Rn. M 99 ff.; *Möllers,* Polizei in Europa. Die Sicherheitsagenturen Europol und Frontex im Raum der Freiheit, der Sicherheit und des Rechts, 2. Aufl. 2017; *Schoppa,* Europol im Verbund der Europäischen Sicherheitsagenturen, 2013; *Ratzel* Kriminalistik 2007, 284 ff.; *Günther,* Europol. Rechtsschutzmöglichkeiten und deren Vereinbarkeit mit nationalen und internationalen Anforderungen, 2006; *Qubain/Kattge/Wandl/Gamma* Kriminalistik 2007, 363 ff.; *Schröder* Kriminalistik 2018, 410 ff.; 692 ff.; *Priebe* EuZW 2016, 894 ff.; *Grenzer* CR 2016, R7 f.; zur parlamentarischen Kontrolle *Albrecht/Janson* EuR 2012, 230 ff.
[106] Zur Entwicklung der Rechtsgrundlagen *Aden* in Lisken/Denninger PolR-HdB Rn. M 100 ff.
[107] *Aden* in Lisken/Denninger PolR-HdB Rn. M 104 ff.

zung der in jedem Mitgliedstaaten einzurichtenden nationalen Europol-Stellen und der von diesen zu Europol entsandten Verbindungsbeamtinnen und -beamten gekennzeichnet.[108] Namentlich der Informationsaustausch erfolgt über diese Organisationsstrukturen. Europol betreibt ferner das „Europol Information System" (EIS),[109] eine Datenbank, in der aus den Mitgliedstaaten teilweise über automatisierte Schnittstellen aus eigenen Informationssystemen übermittelte Informationen gesammelt werden. Der Abruf erfolgt durch autorisierte Personen in einem komplexen Verfahren und unter Wahrung datenschutzrechtlicher Vorgaben. Eigene exekutive bzw. operative Befugnisse kommt Europol nicht zu – entsprechende Versuche zu einer entsprechenden Entwicklung der Agentur sind bislang nicht erfolgreich gewesen.[110] Es handelt sich daher auch nicht um eine europäische „Polizeibehörde". Bei Europol angesiedelt ist das Europäische Zentrum zur Bekämpfung der Cyberkriminalität (European Cybercrime Center – EC3), das die grenzüberschreitende Strafverfolgung von Cyberkriminalität koordinieren soll.[111] Daneben bestehen das Europäische Zentrum für Terrorismusbekämpfung (European Counter Terrorism Centre – ECTC) sowie das Europäische Zentrum zur Bekämpfung der Migrantenschleusung (European Migrant Smuggling Centre – EMSC).

Die Agentur der Europäischen Union für justizielle Zusammenarbeit in Strafsachen – **Eurojust** – wurde 2002 gegründet und erfüllt als weitere Sicherheitsagentur vor allem die Aufgabe einer Koordinierung grenzüberschreitender Strafverfahren.[112] Vor allem bei internationalen Ermittlungen, einer Vielzahl an Beschuldigten und verschiedenen Begehungsorten ergeben sich im Hinblick auf eine sachgerechte Strafverfolgung Kompetenzkonflikte zwischen den Mitgliedstaaten der Europäischen Union, die dem Ziel einer wirkungsvollen gerichtlichen Ahndung entgegenstehen können. Gemäß Art. 85 Abs. 1 S. 1 AEUV hat Eurojust den Auftrag, „die Koordinierung und Zusammenarbeit zwischen den nationalen Behörden zu unterstützen und zu verstärken, die für die Ermittlung und Verfolgung von schwerer Kriminalität zuständig sind, wenn zwei oder mehr Mitgliedstaaten betroffen sind oder eine Verfolgung auf gemeinsamer Grundlage erforderlich ist; Eurojust stützt sich dabei auf die von den Behörden der Mitgliedstaaten und von Europol durchgeführten Operationen und gelieferten Informationen". Weitere Vorschriften enthält die Eurojust-Verordnung vom 14.11.2018. Eurojust ist damit die justizielle Koordinationsstelle für die repressiv arbeitenden Strafverfolgungsbehörden in den Mitgliedstaaten der Europäischen Union.[113] Anders als bei Europol existiert bei Eurojust kein Netzwerk von Verbindungsbeamtinnen und -beamten bzw. zentralen Stellen – jeder Mitgliedstaat entsendet ein nationales Mitglied (und Stellvertreter), das im Regelfall eine Staatsanwältin oder ein Staatsanwalt, eine Richterin oder ein Richter oder ein sonstiger Justizbediensteter ist. Die Aufgaben werden dabei von einem oder mehreren dieser Mitglieder oder vom gesamten Kollegium wahrgenommen. Ergänzend besteht das **„Europäische Justizielle Netz in Strafsachen"**, ein Netzwerk nationaler Kontaktstellen zum Austausch von Informationen zu Grundsatz- und Einzelfragen der Rechtshilfe sowie zur Intensivierung der Kontakte.

Art. 86 Abs. 1 AEUV gestattet es, zur Bekämpfung von Straftaten zum Nachteil der finanziellen Interessen der Union ausgehend von Eurojust eine **Europäische Staatsanwaltschaft** einsetzen.[114] Sekundärrechtlich wurde diese Befugnis in der Verordnung

---
[108] *Aden* in Lisken/Denninger PolR-HdB Rn. M 120 ff.
[109] *Aden* in Lisken/Denninger PolR-HdB Rn. M 213 ff.; *Kannen* Kriminalistik 2004, 584 ff.; *Manske* Kriminalistik 2001, 105 ff.
[110] Vgl. *Ellermann*, Europol und FBI. Probleme und Perspektiven, 2005; *Ellermann* ZEuS 2002, 561 ff.
[111] *Aden* in Lisken/Denninger PolR-HdB, Rn. M 113; *Oerting* Kriminalistik 2012, 705 f.
[112] *Aden* in Lisken/Denninger PolR-HdB, Rn. M 148 ff.; *Fawzy*, Die Errichtung von Eurojust, 2005; *Demmelbauer*, Europol, Eurojust und das Europäische Justizielle Netz, 2012; *Esser* StV 2020, 636 ff.; *Meyer-Cabri* DRiZ 2019, 122 ff.; *Trentmann* ZStW 129 (2017), 108 ff.; *Fuchs* Kriminalistik 2015, 81 ff.; *Esser/Herbold* NJW 2004, 2421 ff.
[113] *Aden* in Lisken/Denninger PolR-HdB Rn. M 155.
[114] *Aden* in Lisken/Denninger PolR-HdB Rn. M 163 ff.; *Duesberg* NJW 2021, 1207 ff.; *Petrasch* CCZ 2021, 126 ff.; *Löffler* RuP 2020, 73 ff.; *Heger* ZRP 2020, 115 ff.; *Beukelmann* NJW-Spezial 2020, 376; *Komma* ZWH 2019, 137 ff.; *Lingenthal* ZEuS 2010, 79 ff.; *Trentmann* ZStW 129 (2017), 108 ff.; *Frenz* wistra 2010, 432 ff.

(EU) 2017/1939 des Rates vom 12.10.2017 zur Durchführung einer Verstärkten Zusammenarbeit zur Errichtung der Europäischen Staatsanwaltschaft (EUStA) umgesetzt. Die Europäische Staatsanwaltschaft hat inzwischen ihre Arbeit aufgenommen.

55 Die Europäische Agentur für die Grenz- und Küstenwache – **Frontex**[115] – ist in gemeinsamer Verantwortung mit den Grenzschutzbehörden der Mitgliedstaaten der Europäischen Union für die Sicherung der Außengrenzen „zu Lande, zu Wasser und in der Luft" zuständig und war in den zurückliegenden Jahren an einer Vielzahl von Operationen beteiligt. Rechtsgrundlage ist eine inzwischen mehrfach angepasste Verordnung. Zu den Aufgaben gehören unter anderem die Überwachung der Migrationsströme und Durchführung von Risikoanalysen zu allen Aspekten der integrierten Grenzverwaltung, die Beobachtung der operativen Bedürfnisse der Mitgliedstaaten in Bezug auf die Durchführung von Rückkehr, die Durchführung von Schwachstellenbeurteilungen, die Überwachung der Verwaltung der Außengrenzen mithilfe von Verbindungsbeamten der Agentur in den Mitgliedstaaten, die Überwachung der Einhaltung der Grundrechte bei allen ihren Tätigkeiten an den Außengrenzen und bei Rückkehraktionen sowie vielfältige Unterstützungs- und Kooperationsaufgaben für und mit Mitglied- und Drittstaaten, etwa durch die Koordinierung und Organisation gemeinsamer Aktionen. Derzeit wird eine ständige Reserve mit bis zu 10.000 Einsatzkräften aufgebaut, die etwa als „Grenzverwaltungsteams", „Teams zur Unterstützung der Migrationsverwaltung" und „Rückkehrteams" für gemeinsame Aktionen sowie für Soforteinsätze zu Grenzsicherungszwecken, Rückkehraktionen und Rückkehreinsätze entsandt werden können.

56 Frontex stand und steht in jüngerer Zeit wieder erheblich in der **Kritik**.[116] Die Vorwürfe reichen von einer Verstärkung der „Festung Europa"[117] hin zu konkreten Maßnahmen, die gegen das völkerrechtliche non refoulement-Verbot verstoßen. Zudem werden Grundrechtsverstöße moniert.[118] Als äußerst problematisch sind sog. „Pushback"-Aktionen zu bewerten, etwa das Zurückdrängen von Flüchtlingsbooten durch die griechische Küstenwache, mit der Frontex unter anderem in der Joint Maritime Operation „Poseidon Sea" zusammenarbeitet; den Einheiten der Agentur wird in diesem Zusammenhang insbesondere Untätigkeit trotz Anwesenheit in der Nähe vorgeworfen.[119]

57 Bei der Europäischen Agentur für das Betriebsmanagement von IT-Großsystemen im Raum der Freiheit, der Sicherheit und des Rechts – **eu-LISA**[120] – handelt es sich um eine Agentur, die das Betriebsmanagement verschiedener Informationssysteme verantwortet, zB des Schengener Informationssystems (SIS II[121]), des Visa-Informationssystems (VIS[122]) und des Fingerabdruck-Identifizierungssystems (EURODAC[123]). Kontrovers werden Bemühungen diskutiert, zur Verbesserung der „Interoperabilität" der Systeme den Zugang für die

---

[115] *Aden* in Lisken/Denninger PolR-HdB Rn. M 179 ff.; *Neumann*, Die Europäische Grenzschutzagentur Frontex, 2014; *Lehnert*, Frontex und operative Maßnahmen an den europäischen Außengrenzen, 2014; *Möllers*, Wirksamkeit und Effektivität der Europäischen Agentur FRONTEX, 2. Aufl. 2015; *Seehase*, Die Grenzschutzagentur FRONTEX, 2013; *Cush*, FRONTEX. Analyse des europäischen Migrationsmanagements durch die Europäische Agentur für die Grenz- und Küstenwache, 2020; *Barner-Gaedicke*, FRONTEX – ohne Kontrolle zur europäischen Grenzschutztruppe?, 2017; *Gerson* ParlBeilage 2015, Nr. 25, 43 ff.; *Jost* HRN 2014, 154 ff.
[116] Etwa *Lehnert* Vorgänge 2014, Nr. 4, 65 ff.; *de Boer* KrimJ 2010, 181 ff.; zur Rolle der Bundespolizei kritisch *Mrozek* DÖV 2010, 886 ff.
[117] *Rall*, Festung Europa? Die europäische Migrationspolitik im Kontext der Securitization-Theorie. Die Grenzschutzagentur Frontex und das Drittstaatenabkommen „EU Border Mission Ukraine and Moldova" (EUBAM), 2020.
[118] *Groß* ZAR 2020, 51 ff.; eingehend *Fritz*, Die Bindung an die Europäische Grundrechtecharta bei operativen Einsätzen im Rahmen der Gemeinsamen Außen- und Sicherheitspolitik und der Grenzschutzagentur Frontex, 2020.
[119] S. die Antworten der Bundesregierung auf Kleine Anfragen, insbesondere Drs. 19/27094 v. 1.3.2021, 19/28043 v. 20.3.2021.
[120] *Aden* in Lisken/Denninger PolR-HdB Rn. M 190 ff.
[121] *Aden* in Lisken/Denninger PolR-HdB Rn. M 205 ff.
[122] *Aden* in Lisken/Denninger PolR-HdB Rn. M 218.
[123] *Aden* in Lisken/Denninger PolR-HdB Rn. M 217; *Schröder* ZAR 2001, 71 ff.

abrufberechtigten Behörden zu vereinfachen; hierzu wurden vor kurzem mehrere Verordnungen erlassen.

d) Schengen-Besitzstand. Ein komplexes Regelungsgeflecht stellen die verschiedenen normativen Elemente des sog. **„Schengen-Besitzstands"** dar, der eine Reihe kooperationsbezogener Bestimmungen enthält.[124] Ausgangspunkt der Entwicklung war ein zwischen Deutschland, Frankreich, Belgien, Luxemburg und den Niederlanden geschlossenes Abkommen, das Übereinkommen zwischen den Regierungen der Staaten der Benelux-Wirtschaftsunion, der Bundesrepublik Deutschland und der Französischen Republik betreffend den schrittweisen Abbau der Kontrollen an den gemeinsamen Grenzen („Schengener Übereinkommen") vom 14.6.1985. Dieser völkerrechtliche Vertrag diente dazu, unabhängig vom Integrationsprozess der Europäischen Gemeinschaften zur Stärkung der Grundfreiheiten die Grenzkontrollen abzubauen und weitere Maßnahmen zu regeln. Das „Schengener Durchführungsübereinkommen" (Übereinkommen zur Durchführung des Übereinkommens von Schengen vom 14. Juni 1985 zwischen den Regierungen der Staaten der Benelux-Wirtschaftsunion, der Bundesrepublik Deutschland und der Französischen Republik betreffend den schrittweisen Abbau der Kontrollen an den gemeinsamen Grenzen vom 19.6.1990) hat das erste Übereinkommen ergänzt und erweitert. Es wurde in der Folgezeit durch Beitrittsprotokolle und -übereinkommen, Beschlüsse und weitere Rechtsakte ergänzt. Der sich aus der Gesamtheit dieser Regelungen ergebende „Schengen-Besitzstand" wurde mit Inkrafttreten des Vertrags von Amsterdam am 1.5.1999 in den Rechtsrahmen der Europäischen Union überführt; Details hinsichtlich des Rechtscharakters der Überleitung sind umstritten, und es bestehen vielfältige Sonder- und Ausnahmeregelungen. Inzwischen wurden weite Teile des Schengener Durchführungsübereinkommens durch Rechtsakte der Europäischen Union ersetzt, namentlich durch die Verordnung (EU) 2016/399 des Europäischen Parlaments und des Rates vom 9. März 2016 über einen Gemeinschaftskodex für das Überschreiten der Grenzen durch Personen („Schengener Grenzkodex"). Norwegen, Island, Liechtenstein und die Schweiz wenden das Schengener Durchführungsübereinkommen auf Basis eines Assoziierungsabkommens mit der Europäischen Union an. Aus alledem ergibt sich eine komplexe, nur schwer überschaubare Rechtslage. Das Schengener Durchführungsübereinkommen enthält eine Reihe von Regelungen zur polizeilichen Kooperation, etwa im Rahmen des Schengener Informationssystems (SIS II), einem computergestützten Abfrage- und Erfassungssystem zur Personen- und Sachfahndung in den Vertragsstaaten des Schengen-Raumes.[125] Ausgeschrieben werden kann beispielsweise eine mit Europäischem Haftbefehl gesuchte Person. Eine Einrichtung des Schengener Informationssystems ist etwa das SIRENE-System (Supplementary Information Request at the National Entry). Gemäß Art. 108 SDÜ hat jeder Vertragsstaat eine zentrale Stelle einzurichten, die „als Zentrale für den nationalen Teil des Schengener Informationssystems zuständig ist"; jede Vertragspartei nimmt ihre Ausschreibungen über diese Stelle vor, und sie ist für das reibungslose Funktionieren des nationalen Teils des Schengener Informationssystems verantwortlich. Die zentralen Stellen sind jeweils Ansprechpartner für die zentralen Stellen anderer Vertragsstaaten, zugleich Bindeglied zu den inländischen Behörden. Die im Schengener Durchführungsübereinkommen festgelegten fahndungsrelevanten Aufgaben hinsichtlich der Informationsbeschaffung, Informationsübermittlung, Koordination und Konsultation haben die zentralen Stellen wahrzunehmen.

e) Polizeiverträge, Gemeinsame Zentren. Neben der Kooperation in Agenturen und Gremien bestehen weitere Kooperationsstrukturen. Praktisch bedeutsam sind die **Polizei-**

---

[124] *Aden* in Lisken/Denninger PolR-HdB Rn. M 38 ff.; *Bieber* NJW 1994, 294 ff.; *Winkelmann* ZAR 2010, 213 ff., 270 ff.; *Fastenrath/Skerba* ZEuS 2009, 219 ff.; *Sturm* Kriminalistik 1997, 99 ff.; zum Europäischen Reiseinformations- und Genehmigungssystem ETIAS *Buckler* DÖV 2020, 749 ff.; vgl. auch *Kasparek* Parl Beilage 2013, Nr. 47, 39 ff. – Zum Vertrag von Prüm als weiteres, zwischenzeitlich in Unionsrecht übernommenes Vertragswerk *Hummer* EuR 2007, 517 ff.
[125] S. schon *Weichert* CR 1990, 62 ff.

verträge.[126] Dabei handelt es sich um bilaterale völkerrechtliche Vereinbarungen, die Deutschland mit seinen Nachbarstaaten geschlossen hat. Im Vordergrund stehen dabei Aspekte der grenzüberschreitenden Kooperation sowie Regelungen zur wechselseitigen Gestattung konkreter polizeilicher Maßnahmen im fremden Hoheitsgebiet, etwa zu grenzüberschreitenden Observationen[127], zur „Nacheile"[128] oder zu Identitätsfeststellungen. Geregelt werden beispielsweise der Informationsaustausch, personelle Unterstützung und gemeinsame Einsatzformen wie etwa kooperative Streifen.[129] Die Kooperation der Sicherheitsbehörden aus Deutschland und den Niederlanden in der Grenzregion erfolgt zB auf der Grundlage des Vertrags zwischen der Bundesrepublik Deutschland und dem Königreich der Niederlande über die grenzüberschreitende polizeiliche Zusammenarbeit und die Zusammenarbeit in strafrechtlichen Angelegenheiten vom 2.5.2005. Der Vertrag trägt dem Wunsch der beiden Staaten Rechnung, die Zusammenarbeit ihrer Sicherheitsbehörden durch eine deutliche Ausweitung der rechtlichen Möglichkeiten bei der Bekämpfung und Vorbeugung von grenzüberschreitender Kriminalität zu intensivieren; die Optionen gehen dabei weit über die schon im Schengener Durchführungsübereinkommen (Art. 40, 41 SDÜ) ermöglichten hinaus. Deutschland hat mit seinen anderen Nachbarstaaten weitere Polizeiverträge geschlossen, die indes aus unterschiedlichen Zeiten stammen, teilweise deutlich novellierungsbedürftig sind und häufig erkennbare Zeichen der jeweiligen außenpolitischen Verhältnisse zur Zeit der Vereinbarung tragen.

60 Einige Polizeiverträge enthalten darüber hinaus Regelungen zu einer institutionalisierten Kooperation in Gestalt von **„Gemeinsamen Zentren".**[130] Solche Einrichtungen bestehen derzeit für die Zusammenarbeit mit Frankreich (Kehl), den Niederlanden (Gemeinsame Verbindungsstelle Goch), Luxemburg, Belgien und Frankreich (Luxemburg-Stadt), Dänemark (Padborg) sowie Polen (Swiecko); ferner finden sich Arbeitsstellen mit der Tschechischen Republik sowie ein Gemeinsames Zentrum in Passau, in dem die Bundespolizei mit der Bayerischen Landespolizei und Österreich zusammenarbeitet. Im Euregionalen Polizeilichen Informations- und Cooperations-Centrum (EPICC) der Euregio Maas-Rhein in Kerkrade kooperieren Vertreterinnen und Vertreter des nordrhein-westfälischen Landeskriminalamtes und der Bundespolizei mit Kolleginnen und Kollegen aus Belgien und den Niederlanden. Zu den Aufgaben des EPICC gehören zB der grenzüberschreitende Austausch von Informationen und das Beantworten von Informationsanfragen (etwa zu Fahrzeugeigentümern oder -haltern, zu Aufenthalts- und Wohnorten, zu gesuchten oder vermissten Personen), die Unterstützung bei der Koordinierung grenzüberschreitender operativer Maßnahmen und die grenzüberschreitende Kriminalitätsanalyse.[131] Die konkrete Ausgestaltung ist heterogen; häufig wird in den Einrichtungen nach dem Prinzip der „zusammengeschobenen Schreibtische" gearbeitet. Jedenfalls fördern die Strukturen einen zügigen und unmittelbaren Erfahrungsaustausch.

3. Kooperation auf internationaler Ebene

61 Auf internationaler Ebene bestehen ebenfalls zahlreiche Erscheinungsformen der Kooperation (eingehend *Schmahl* → § 8). Aus der Vielzahl soll lediglich beispielhaft auf die Zusammenarbeit in der Internationalen Kriminalpolizeilichen Organisation – IKPO-Interpol – und in Gemeinsamen Ermittlungsgruppen eingegangen werden.

62 a) Interpol. Die **Internationale Kriminalpolizeiliche Organisation – IKPO-Interpol** – ist ein Zusammenschluss nationaler Polizeibehörden aus derzeit 194 Staaten zur

---

[126] *Aden* in Lisken/Denninger PolR-HdB Rn. M 48 ff.; *Eckl* Kriminalistik 2017, 163 ff.; *Eisel* Kriminalistik 2000, 706 ff.
[127] *Aden* in Lisken/Denninger PolR-HdB Rn. M 332 ff.
[128] *Aden* in Lisken/Denninger PolR-HdB Rn. M 321 ff.; *Bavendamm* Kriminalistik 2016, 38 ff.
[129] Dazu *Aden* in Lisken/Denninger PolR-HdB Rn. M 300 ff.
[130] *Ulmer* Kriminalistik 2010, 410 ff.
[131] *Thiel/Horn* PSP 1/2020, 3 (7).

Stärkung der polizeilichen Zusammenarbeit.[132] Sie ist seit 1946 in der Rechtsform eines französischen Vereins privaten Rechts organisiert, verfügt aber nach überwiegender Auffassung jedenfalls faktisch über den Status eines Völkerrechtssubjekts bzw. als „Intergovernmental Organization (IGO);[133] ein völkerrechtlicher Vertrag lag der Gründung allerdings nicht zugrunde. 1923 als Internationale Kriminalpolizeiliche Kommission (IKPK) mit Sitz in Wien gegründet, diente die Vereinigung von Beginn an dem Informationsaustausch. 1946 wurde die IKPK wiedererrichtet, 1956 erfolgte die Umbenennung zum heute noch getragenen Namen. Rechtsgrundlage sind die Statuten von Interpol, die durch weitere Vorschriften ergänzt werden. Die Organisation wird von einem Präsidenten und drei Vizepräsidenten geleitet; das Präsidium wird durch ein Exekutivkomitee unterstützt, das neben dem Präsidenten und den Vizepräsidenten aus neun weiteren Delegierten besteht. Die wesentlichen Grundsatzentscheidungen werden von der Generalversammlung getroffen, an der Delegierte aus allen Mitgliedstaaten teilnehmen. Die Verwaltung wird durch das Generalsekretariat in Lyon unter Leitung eines Generalsekretärs wahrgenommen.

Zu den wesentlichen **Aufgabenschwerpunkten** Interpols gehört die Bereitstellung 63 eines globalen Polizeikommunikationssystems (I-24/7), dem die Landeszentralbüros der Mitgliedstaaten und weitere „Endstellen" angeschlossen sind und das über mehrere Datenbanken verfügt. Über das System werden namentlich die farblich unterschiedlich gekennzeichneten Fahndungsausschreibungen übermittelt (zB „Red Notice" zur Ausschreibung von mit Haftbefehl gesuchten Straftätern zum Zwecke der Auslieferung oder „Yellow Notice" zur Ausschreibung vermisster bzw. unbekannter Personen und bei Kindesentziehungen). Bereitgestellt werden darüber hinaus etwa sog. ASF-Datenbanken (Automated Search Facility) zur Personenfahndung, zu gestohlenen bzw. verlorenen Reise- bzw. behördlichen Dokumenten, zu gestohlenen Fahrzeugen, zu gestohlenen Kunstwerken und zu gestohlenen oder verdächtigen Schiffen. In diesen Datenbanken werden zur Fahndung bestimmte Daten zu verschiedenen Fahndungskategorien gespeichert, die nur mit Zustimmung des jeweiligen Landeszentralbüros zugänglich sind. Die Tätigkeit von Interpol wird gelegentlich kritisch bewertet, insbesondere aufgrund der Organisationsform und hinsichtlich rechtsstaatlicher Defizite.[134]

b) Gemeinsame Ermittlungsgruppen. Auch auf internationaler Ebene stellen die **Ge-** 64 **meinsamen Ermittlungsgruppen** (Joint Investigation Teams)[135] eine praktisch bedeutsame Kooperationsform dar. Die zahlreichen hierfür bestehenden Rechtsgrundlagen in Gestalt bi- und multilateraler Vereinbarungen erlauben es in unterschiedlicher Detailgestaltung, für einen begrenzten Zeitraum und für einen klar festzulegenden Zweck im Wege einer Vereinbarung Gemeinsame Ermittlungsgruppen zu gründen, an denen Mitarbeiterinnen und Mitarbeiter von Sicherheitsbehörden zweier oder mehr Staaten und gem. Art. 88 Abs. 2 S. 2 lit. b AEUV unter anderem auch Europol sich beteiligen können. Die in der Gruppe kooperierenden Beamtinnen und Beamten sind an die Rechtsvorschriften des jeweiligen Einsatzmitgliedstaates gebunden. Der Informationsaustausch erfolgt unmittelbar innerhalb der Gruppe. In Deutschland finden sich gesetzliche Regelungen zu den Gemein-

---

[132] *Stiebler,* Die Institutionalisierung der internationalen polizeilichen Zusammenarbeit auf dem Gebiet der Verbrechensverhütung und -bekämpfung in der „Internationalen Kriminalpolizeilichen Organisation INTERPOL (IKPO-Interpol)", 1980; *Möllmann,* Internationale Kriminalpolizei – Polizei des Völkerrechts? Zur Problematik der Abgrenzung öffentlicher und privater internationaler Organisationen am Beispiel der Internationalen Kriminalpolizeilichen Organisation, 1969; *Stock/Herz* Kriminalistik 2008, 594 ff., 651 ff.; *Jung* StraFo 2012, 482 ff.; zum Verhältnis zum Schengen-Besitzstand und zu Europol *Sturm* Kriminalistik 1997, 99 ff.
[133] Zum Rechtscharakter schon *Stiebler* Kriminalistik 1982, 610 ff.
[134] Vgl. etwa *Tabbara* Vorgänge 2017, Nr. 3, 113 ff.; *Rosenthal/Schramm* StraFo 2015, 450 ff.; s. auch schon *Eick/Trittel* EuGRZ 1985, 81 ff.; *Daum* JZ 1980, 798 ff.; *Merk* BayVBl. 1980, 676 ff.
[135] *Aden* in Lisken/Denninger PolR-HdB Rn. M 310 ff.; *Zurkinden,* Joint Investigation Teams. Chancen und Grenzen von gemeinsamen Ermittlungsgruppen in der Schweiz, Europa und den USA, 2013; *Rijken/Vermeulen,* Joint Investigation Teams in the European Union. From Theory to Practice, 2006; *Bergner* Kriminalistik 2010, 367 ff.; *Sensburg* Kriminalistik 2008, 661 ff.

samen Ermittlungsgruppen zB in § 61b des Gesetzes über die internationale Rechtshilfe in Strafsachen (IRG); für Gruppen, die auf EU-Recht beruhen, gilt § 93 IRG.[136]

D. Perspektiven

65 Die **Organisation der Sicherheitsgewährleistung** ist durch eine Vielzahl an Akteuren auf den unterschiedlichen Ebenen des deutschen, europäischen und internationalen Mehrebenensystems sowie durch eine kaum überschaubare Fülle an Kooperationsgremien, -einrichtungen und -instrumenten geprägt. Schon der Sicherheitsföderalismus mit der Kompetenzverteilung zwischen Bund und Ländern und erheblichen Unterschieden vor allem bei den gesetzlichen Regelwerken des Sicherheitsrechts stellt die Hoheitsträger bei Erfüllung der staatlichen Aufgabe Sicherheit vor besondere Herausforderungen; Zentralisierungstendenzen sind dabei keine Erfolg versprechende Lösung und auch verfassungsrechtlich nur schwerlich zu realisieren. Bei der Ausgestaltung der künftigen Sicherheitsarchitektur sollte vielmehr auf Harmonisierung und Kooperation gesetzt werden. Doch auch die Kooperationsformen auf den verschiedenen Ebenen erweisen sich bei eingehender Analyse als äußerst heterogen; zudem fehlt es teilweise an einer normativen Steuerung der Zusammenarbeit. Wenngleich Sicherheitsgewährleistung sachgerecht nur in „Netzwerken" organisiert werden kann, ist angesichts des breiten Spektrums an Akteuren und Kooperationsformen darauf zu achten, dass ein hinreichendes grundrechtliches Schutzniveau (insbesondere auch hinsichtlich des Datenschutzes), ein effektiver Rechtsschutz, eine wirksame Kontrolle durch demokratisch legitimierte Organe, klare Verantwortlichkeiten und ein faires Haftungssystem sichergestellt sind. Dass Zuständigkeiten, Kompetenzen, Aufgaben und Befugnisse der Sicherheitsakteure häufig nicht trennscharf voneinander geschieden werden können, darf die genannten Gewährleistungen zugunsten der Grundrechtsträgerinnen und -träger nicht schwächen. So wünschenswert aus sicherheitsbehördlicher Sicht etwa der möglichst ungehinderte Zugriff auf Informationen und zu seiner Ermöglichung eine intensivierte informationelle Zusammenarbeit auf allen Ebenen sind – dem Betroffenen muss bei jeglichem Umgang mit „seiner" Information ein den europarechtlichen Vorgaben entsprechendes Datenschutzniveau gesichert sein. Vor diesem Hintergrund erscheint die Etablierung eines zugleich umfassenden wie differenzierten Kooperationsrechts für die Sicherheitsbehörden auf nationaler, europäischer und internationaler Ebene als Projekt für die nähere Zukunft unverzichtbar.

§ 8 Sicherheitsgewährleistung im Wege internationaler Kooperationen

Stefanie Schmahl

Übersicht

	Rn.
A. Erforderlichkeit internationaler Kooperation zur Sicherheitsgewährleistung	1
I. Sicherheitsbegriff und Gewaltmonopol	1
II. Sicherheitsgewährleistung im Spiegel aktueller Herausforderungen	2
1. Fortschreitende Internationalisierung von Lebenssachverhalten und Konfliktfeldern	3
2. Wachsende Hybridisierung durch nichtstaatliche Akteure	6
3. Technologische Herausforderungen durch Militärrobotik und Cybertechnologie	9
III. Effektivitätssteigerung der Gefahrenabwehr durch staatenübergreifende Maßnahmen	10
1. Kollektives Sicherheitssystem der Vereinten Nationen als Legitimationsbasis	11

---

[136] *Aden* in Lisken/Denninger PolR-HdB Rn. M 318.

	Rn.
2. Dezentrale Umsetzung kollektiver Sicherheitsmaßnahmen durch UN-Mitglieder und Regionalorganisationen	12
B. Internationale Konfliktprävention und multilaterales Krisenmanagement	14
I. Friedliche Streitbeilegung nach Kapitel VI der UN-Charta	15
1. Vorrang friedlicher Streitbeilegung gemäß Art. 33 Abs. 1 UN-Charta	15
2. UN-Organe als Katalysatoren im System der friedlichen Streitbeilegung	16
II. Rüstungskontrolle und Abrüstung im System gegenseitiger Abschreckung	18
C. Internationales Sanktionsregime und Selbstverteidigung	20
I. Sanktionsregime der Vereinten Nationen gemäß Kapitel VII UN-Charta	21
1. Feststellungsbeschluss und Empfehlungsbefugnis gemäß Art. 39 UN-Charta	21
2. Eingriffsbefugnisse des Sicherheitsrats	24
a) Vorläufige Maßnahmen gemäß Art. 40 UN-Charta	25
b) Nichtmilitärische Sanktionen gemäß Art. 41 UN-Charta	26
c) Militärische Zwangsmaßnahmen gemäß Art. 42 UN-Charta	30
d) Mandatierung einzelner Staaten(gruppen) zum Einsatz von Gewalt	31
e) Grenzen des Sanktionsregimes und Rechtskontrolle	32
3. Durchführung der Beschlüsse des Sicherheitsrats durch UN-Mitglieder und internationale Organisationen gemäß Art. 48 UN-Charta	34
II. Individuelle und kollektive Selbstverteidigung gemäß Art. 51 UN-Charta	37
1. Komplementärverhältnis zwischen Selbstverteidigung und Gewaltverbot	37
2. Voraussetzungen der Selbstverteidigung	40
a) Definition des „bewaffneten Angriffs" in Abgrenzung zu verwandten Rechtsbegriffen	40
b) Ungeschriebenes Merkmal eines staatlichen Angriffs vor dem Hintergrund der „unwilling or unable"-Doktrin	43
c) Unmittelbarkeit des Angriffs und präventive Selbstverteidigung	50
3. Prinzip der Verhältnismäßigkeit als Grenze des Rechts zur Selbstverteidigung	51
4. Zwischenergebnis	52
D. Konflikteindämmung durch UN-Friedensmissionen	53
I. Entwicklung des UN-Peacekeeping als alternative Form der Friedenssicherung	54
II. Multidimensionaler Charakter von UN-Friedensmissionen	55
III. Verankerung der UN-Friedensmissionen im kollektiven Sicherheitssystem der Vereinten Nationen	56
1. Rechtliche Grundlage	56
2. Grundprinzipien der Friedenssicherung	57
3. Struktur und Organisation der Friedensmissionen	59
IV. Haftungsfragen bei Peace Operations	61
E. Sicherheitsgewährleistung mittels regionaler Abmachungen	62
I. Öffnung des UN-Sicherheitssystems für regionale Abmachungen und Einrichtungen gemäß Kapitel VIII UN-Charta	63
1. Regionalität von Abmachungen und Einrichtungen	63
2. Rechte und Pflichten regionaler Einrichtungen	64
3. Verwaltungszusammenarbeit der UN mit Regionalorganisationen	67
II. Beitrag ausgewählter regionaler Einrichtungen zur Sicherheitsgewährleistung	68
1. NATO: Institutionalisiertes System zwischen kollektiver Verteidigung, Krisenreaktionsmanagement und kooperativer Sicherheit	68
2. EU: Gemeinsame Sicherheits- und Verteidigungspolitik	71
3. OSZE: Sicherheitskonzept und politischer Dialog	73
4. Europarat: Bekämpfung des internationalen Terrorismus und von Cyberattacken	74
F. Weitere rechtliche Konsequenzen einer Verletzung des Gewaltverbots	75
G. Schlussbetrachtung und Perspektiven	77

Wichtige Literatur

Abass, A., Regional Organizations and the Development of Collective Security: Beyond Chapter VIII of the UN Charter, 2004; *Bauer, A.*, Effektivität und Legitimität. Die Entwicklung der Friedenssicherung durch Zwang nach Kapitel VII der Charta der Vereinten Nationen unter besonderer Berücksichtigung der neueren Praxis des Sicherheitsrates, 1996; *Blokker, N./Schrijver, N.*, The Security Council and the Use of Force, 2005; *de Wet, E.*, The Chapter VII Powers of the UN Security Council, 2004; *de Wet, E.*, The United Nations Collective Security System in the 21st Century, Liber amicorum Wolfrum, Bd. 2, 2012, 1551; *Dinstein, Y.*, War, Aggression and Self-Defence, 6. Aufl. 2017; *Gareis, S./Varwick, J.*, Die Vereinten Nationen. Aufgaben, Instrumente und Reformen, 5. Aufl. 2014; *Graf von Kielmansegg, S.*, An der Nahtstelle der Friedensordnung – Bedeutung und Grenzen des Selbstverteidigungsrechts im System kollektiver Sicherheit, AVR 50 (2012), 285; *Gray, C.*, International Law and the Use of Force, 4. Aufl. 2018; *Koops, J./MacQueen, N./Tardy, T.* (Hrsg.), The Oxford Handbook of United Nations Peacekeeping Operations, 2015; *Krisch, N.*, Selbstverteidigung und kollektive Sicherheit, 2001; *Odendahl, K.* (Hrsg.), Die Bekämpfung des Terrorismus mit Mitteln des Völker- und Europarechts, 2017; *Rinke, B./Woyke, W.* (Hrsg.), Frieden und Sicherheit im 21. Jahrhundert, 2004; *Schaller, C.*, Der Angriff auf die Ukraine im Lichte des Völkerrechts, NJW 2022, 832; *Schmahl, S.*, Völker- und europarechtliche Implikationen des Angriffskriegs auf die Ukraine, NJW 2022, 969; *Schmitt, M.* (Hrsg.), Tallinn Manual 2.0 on the International Law Applicable to Cyber Operations, 2017; *Starski, P*, Right to Self-Defense, Attribution and the Non-State Actor, ZaöRV 75 (2015), 455; *Tsagourias, N./White, N.*, Collective Security: Theory, Law and Practice, 2015; *Walter, C.*, Vereinte Nationen und Regionalorganisationen: Eine Untersuchung zu Kapitel VIII der Satzung der Vereinten Nationen, 1996; *Weiss, T./Daws, S.* (Hrsg.), The Oxford Handbook on the United Nations, 2. Aufl. 2018; *Weller, M.* (Hrsg.), The Oxford Handbook of the Use of Force in International Law, 2015.

Rechtsprechungsauswahl

IGH Urt. v. 27.6.1986 *(Nicaragua)*, ICJ Rep. 1986, 14; Gutachten v. 8.7.1996 *(Nuclear Weapons)*, ICJ Rep. 1996, 226; Urt. v. 6.11.2003 *(Oil Platforms)*, ICJ Rep. 2003, 161; Gutachten v. 9.7.2004 *(Construction of a Wall)*, ICJ Rep. 2004, 136; Urt. v. 19.12.2005 *(Congo v. Uganda)*, ICJ Rep. 2005, 168; **ICTY** Urt. v. 15.7.1999 *(Prosecutor v. Tadić)*, Case No. IT-94-1-A; **EGMR** Urt. v. 2.5.2007 – *Behrami und Saramati*, Nr. 71412/01 und Nr. 78166/01; Urt. v. 21.6.2016 – *Al-Dulimi*, Nr. 5809/08; **EuGH** Urt. v. 3.9.2008 – Rs. C-402/05 P, Slg. 2008 I 6351 – *Kadi*; Urt. v. 16.6.2013 – Rs. C-584/10 P, ECLI:EU:C:2013:518 Rn. 119 ff. – *Kadi III*.

A. Erforderlichkeit internationaler Kooperation zur Sicherheitsgewährleistung

I. Sicherheitsbegriff und Gewaltmonopol

1 Dass neben Freiheit auch Sicherheit ein herausragendes Grundbedürfnis menschlichen Lebens darstellt, ist unbestritten.[1] Entwickelte staatliche Rechtsordnungen sehen deshalb ein Gewaltmonopol des Staates zur Gewährleistung von Sicherheit vor.[2] Auch das Völkerrecht sucht ein friedliches Zusammenleben der Staaten zu sichern und die Gewaltanwendung durch kollektive Maßnahmen präventiver wie repressiver Natur einzuschränken. Angesichts des **dezentralen Charakters der Völkerrechtsordnung** gibt es allerdings kein dem staatlichen Gewaltmonopol vergleichbares Gewaltmonopol der internationalen Gemeinschaft. Dezentrale Gewaltausübung und ihre Rechtfertigung einerseits und kooperatives Zusammenwirken bei der Sicherheitsgewährleistung andererseits spielen in den internationalen Beziehungen daher eine ungleich größere Rolle als im innerstaatlichen Recht.[3]

II. Sicherheitsgewährleistung im Spiegel aktueller Herausforderungen

2 Dies gilt umso mehr, als sich die **Parameter der Sicherheitsgewährleistung** im 21. Jahrhundert signifikant gegenüber dem vorherigen Jahrhundert verändert haben. Schon die Begrifflichkeiten „innere Sicherheit" und „äußere Sicherheit" lassen sich heute angesichts der Zunahme asymmetrischer und hybrider Bedrohungslagen nicht mehr trennscharf

---

[1] Zum Sicherheitsbegriff *Frevel*, Sicherheit: Ein (un)stillbares Grundbedürfnis, 2016, 3 ff.
[2] Grundlegend *Merten*, Rechtsstaat und Gewaltmonopol, 1975. Vgl. auch *Heintzen* Der Staat 25 (1986), 17 (18 f.).
[3] *Bothe* in Graf Vitzthum/Proelß VölkerR 8. Abschn. Rn. 1.

unterscheiden.⁴ Auch auf der internationalen Ebene machen sich diese neuartigen Herausforderungen in drei wesentlichen Aspekten bemerkbar.

1. Fortschreitende Internationalisierung von Lebenssachverhalten und Konfliktfeldern

Erstens weisen nahezu alle Lebensbereiche der modernen Zeit aufgrund von Globalisierung und Digitalisierung **regionale und universelle Interdependenzen** auf zahlreichen Akteursebenen auf. Vor allem im Bereich bewaffneter Auseinandersetzungen ist diese Entwicklung augenfällig. Als Eckpunkte können etwa die Asymmetrisierung, die Re-Privatisierung, die technische Distanzierung und die Virtualisierung bewaffneter Konflikte genannt werden.⁵ Weitere sicherheitspolitische Herausforderungen bergen das weltweite Bevölkerungswachstum, die ansteigende Migration, der internationale Terrorismus und die Seepiraterie sowie nicht zuletzt die Zunahme ökonomischer und ökologischer Risikopotenziale durch verflochtene Ressourcenabhängigkeit, Ressourcenschwund und Umweltdegradation.⁶ Hinzu kommen Pandemien, wie die seit Beginn des Jahres 2020 weltweit grassierende Covid-19-Infektionskrankheit, die häufig ohne nachweisbare menschliche Verursachung entstehen und unabhängig von erkennbaren Kausalitätsketten wirken. Sie lassen sich daher nur schwer in konkrete Ursache-Wirkung-Zusammenhänge einordnen.⁷

Diese wachsende „Entgrenzung" und „Hybridisierung" von Gefährdungsszenarien führt zu **gegenläufigen Reaktionen**. Einerseits hat sich das Sicherheitsrecht inzwischen als Feld intensiver internationaler Kooperation etabliert.⁸ Mit dieser Internationalisierung geht eine zunehmende De-Nationalisierung von Politik und eine schleichende Entterritorialisierung des Rechts einher.⁹ Andererseits rufen Entgrenzungs- und Gefährdungserfahrungen ein verstärktes soziales Bedürfnis nach einem wirksamen Schutz unter dem Schirm des Nationalstaates hervor.¹⁰ Nicht von ungefähr wird seit einiger Zeit über die „Krise des Multilateralismus" diskutiert. Aus Sorge vor einer Überdehnung internationaler Beziehungen und multilateraler Aktionsfelder mehren sich die Stimmen, die auf eine Rückkehr zur staatlichen Souveränitätswahrung drängen – gerade auch im Rahmen der Europäischen Union.¹¹ Damit schillert das Gebiet des Sicherheitsrechts heutzutage zwischen Internationalisierung und territorialer Rückanbindung.¹² Der großangelegte Angriffskrieg Russlands auf die Ukraine am 24.2.2022 hat freilich den zuvor tendenziell brüchigen Zusammenhalt von NATO- und EU-Staaten wieder intensiviert.¹³

Hinzu tritt ein gewachsenes Bewusstsein für den Eigenwert des Menschen als maßgeblicher Bezugspunkt allen Rechts.¹⁴ Daher findet der Begriff der „menschlichen Sicherheit" inzwischen im Völkerrecht verstärkt Verwendung. Er verbindet sozial-ökonomische Grundanliegen und elementare Menschenrechte mit dem klassischen Sicher-

---

[4] Vgl. *Hirschmann* in Rinke/Woyke, Frieden und Sicherheit im 21. Jahrhundert, 2004, 77 (79); ferner *Heintzen* Der Staat 25 (1986), 17 (21, 33); *Gärditz* GSZ 2017, 1 (6).
[5] Vgl. *Meyers* in Rinke/Woyke, Frieden und Sicherheit im 21. Jahrhundert, 2004, 25 ff.; *Hector* ZaöRV 76 (2016), 513 (514 ff.).
[6] *Waldmann* in Rinke/Woyke, Frieden und Sicherheit im 21. Jahrhundert, 2004, 101 ff.
[7] *Murithi* VN 2020, 154 (154 f.). Ähnlich, aber ohne Bezug auf Pandemien: *Gusy* in Würtenberger, Innere Sicherheit im europäischen Vergleich, 2012, 71 (74).
[8] *Gärditz* DVBl 2017, 525 (530 f.); *Schmahl* in Kahl/Ludwigs, Handbuch des Verwaltungsrechts, 2021, § 43 Rn. 41 ff.
[9] Vgl. *Dettke* in Rinke/Woyke, Frieden und Sicherheit im 21. Jahrhundert, 2004, 9 (13, 14); *Pöschl* VVDStRL 2015, 405 (422 ff.); *Marauhn* VVDStRL 2015, 373 (390 ff.).
[10] *Gärditz* GSZ 2017, 1 (5 f.), unter anderem mit Verweis auf BVerfGE 113, 273 (294 ff.) = NJW 2005, 2289.
[11] Vgl. *Colgan/Keohane* Foreign Affairs 96 (2017), 42 ff.; *Brühl* VN 2019, 3 (6 f.); *Moser* ZaöRV 80 (2020), 1 (9 f.).
[12] *Gärditz* GSZ 2017, 1 (5); ferner *Thiel*, Die „Entgrenzung" der Gefahrenabwehr, 2011, 473 ff.
[13] *Schmahl* NJW 2022, 969 (971 ff.).
[14] *Peters*, Jenseits der Menschenrechte, 2014, 16 ff., 361 ff.

heitsrecht.[15] Trotz oder gerade wegen der zahlreichen Varianzen in der Einzelausgestaltung[16] erweist sich die Sicherheitsgewährleistung der Gegenwart daher als ein nicht leicht zu durchdringender Komplex, der über den hergebrachten Begriff des negativen Friedens, also der Abwesenheit organisierter Gewaltanwendung zwischen Staaten, eindeutig hinausreicht und Elemente des positiven Friedens umfasst.[17] Zumindest in Teilen muss Sicherheit im 21. Jahrhundert **ganzheitlich, integriert und dynamisch** verstanden werden.[18]

2. Wachsende Hybridisierung durch nichtstaatliche Akteure

6   Die Notwendigkeit einer dynamisch-integrierten Lesart von „Sicherheit" in der heutigen Zeit zeigt sich auch am **diffusen Kreis der sicherheitsrelevanten Akteure.** Aufgrund der wachsenden Anzahl sog. *failing or failed States* und anderer Machtvakua drängen nichtstaatliche Akteure zunehmend in das Blickfeld des internationalen Sicherheitsrechts. Deutlich wird dies an der Verbreitung des internationalen Terrorismus und der Seepiraterie. Auch ist ein Erstarken des Söldnertums und von Rebellengruppen festzustellen.[19] Damit ist der Staat nicht mehr wie früher der einzig maßgebliche Sicherheitsakteur, sondern nur noch einer unter mehreren potentiellen Konfliktbeteiligten und Schutzgaranten.[20] Das neoimperiale Bestreben der russischen Regierung unter Putin, das sich unter anderem in den Militäroperationen in Tschetschenien (1999), Georgien (2008), der Krim (2014) und dem Donbass (seit 2015) sowie vor allem in der völkerrechtswidrigen Invasion der Ukraine vom 24.2.2022 ausdrückt, zeigt jedoch, dass auch heute noch von Staaten erhebliche Friedensbrüche ausgehen.

7   Anders als Staaten, die geborene Völkerrechtssubjekte sind, lassen sich **nichtstaatliche Akteure** und die von ihnen ausgehenden Risiken nicht eindeutig klassifizieren. Bereits die Definition derartiger Akteure ist durch eine Vielzahl von nationalen, plurilateralen und multilateralen Ansätzen geprägt, die ein abgestimmtes Vorgehen auf der internationalen Ebene erschweren. Dies gilt für die Seepiraterie[21] ebenso wie für den Terrorismus.[22] Sogar die Grenzen zwischen Piraterie und Terrorismus können nicht immer eindeutig abgesteckt werden.[23] So umfasst der Begriff der maritimen Sicherheit die Bekämpfung sowohl des maritimen Terrorismus als auch der Seepiraterie.[24] Bei beiden Gruppierungen – Terroristen und Piraten – wird man freilich einen gewissen Organisationsgrad und eine institutionelle Struktur fordern müssen. Für das internationale Sicherheitsrecht relevant sind nur Akteure,

---

[15] Vgl. *Boutros-Ghali* in Lepor, After the Cold War, 1997, 41 ff.; *Annan*, In Larger Freedom, UN-Dok. A/59/2005 (2005), Rn. 77 ff. Vgl. auch die Beiträge in *Ryngaert/Noortmann*, Human Security in International Law, 2014.
[16] Dazu etwa *Faßbender* in Heinrich-Böll-Stiftung, Die Zukunft des Völkerrechts in einer globalisierten Welt, 2006, 173 f.; *de Wet* Liber amicorum Wolfrum, Bd. 2, 2012, 1551 (1555 f.).
[17] Früh bereits *Stock*, Der völkerrechtliche Sicherheitsbegriff und seine Abgrenzung zum Friedensbegriff, 1974; *Randelzhofer* in Delbrück, Völkerrecht und Kriegsverhütung, 1979, 13 ff. Näher → Rn. 23.
[18] *Gusy* in Würtenberger, Innere Sicherheit im europäischen Vergleich, 2012, 71 (74 f.); vgl. auch *Dettke* in Rinke/Woyke, Frieden und Sicherheit im 21. Jahrhundert, 2004, 9 (14).
[19] Vgl. *Azzellini* KJ 2008, 310 (311 ff.).
[20] *Dietz* DÖV 2011, 465 (467).
[21] Vgl. nur *Heintschel von Heinegg* in Herin/Lagoni/Paschke, Nutzung und Ordnung der Meere, 2010, 59 ff.; *Trésoret*, Seepiraterie, 2011, 55 ff.; *Schmahl* AöR 136 (2011), 44 (52 ff.); jüngst *Sax*, Soldaten gegen Piraten, 2018, 25–146.
[22] Aus der Fülle an Literatur vgl. etwa *Tomuschat* DÖV 2006, 357 (360 f.); *Wandscher*, Internationaler Terrorismus und Selbstverteidigungsrecht, 2006, 28 ff.; *Keber*, Der Begriff des Terrorismus im Völkerrecht, 2009, 3 ff.; *Grodzdanova* NILR 61 (2014), 305 ff.; *Margariti*, Defining International Terrorism, 2017, 145 ff.; *Walter* in Odendahl, Die Bekämpfung des Terrorismus mit Mitteln des Völker- und Europarechts, 2017, 88 (89 ff.); *Greene* ICLQ 66 (2017), 411 ff.
[23] Dazu etwa *Wolfrum* Liber amicorum Eitel, 2003, 649 (661 ff.); *v. Arnauld* AVR 47 (2009), 454 (462 ff.); *Fournier*, Der Einsatz der Streitkräfte gegen Piraterie auf See, 2014, 31 ff.
[24] *Giegerich* in Zimmermann/Tams, Seesicherheit vor neuen Herausforderungen, 2008, 5 ff.; *Lehr* in Bruns ua, Maritime Sicherheit, 2013, 115 ff.

bei denen transnationale Verstrebungen und grenzüberschreitende Aktionsfelder strukturell sichtbar werden.[25]

Die Bekämpfung der von nichtstaatlichen Akteuren ausgehenden Sicherheitsrisiken stellt die **staatenzentrierte Völkerrechtsordnung auf eine schwere Probe.** Speziell der internationale Terrorismus ist infolge seiner Organisationsstrukturen und seiner Zielauswahl als große sicherheitspolitische Herausforderung einzustufen. Deshalb befürwortet die Mehrheit in Praxis und Literatur dynamische Interpretationen des Gewaltverbots, des Rechts auf Selbstverteidigung und des humanitären Völkerrechts.[26] Teilweise wird sogar eine unmittelbare (individuelle und kollektive) Selbstverteidigung gegen nichtstaatliche Akteure als statthaft angesehen,[27] obgleich sich dies mit der Grundkonzeption des zwischenstaatlichen Völkerrechts nur schwerlich vereinbaren lässt.[28] Als eindeutig erweist sich aber jedenfalls, dass die Friedensordnung der Staatengemeinschaft auch in asymmetrischen Konfliktlagen durchgesetzt werden muss. Deshalb werden inzwischen die Aufgabenbereiche der Streitkräfte über den eigentlichen Kampfauftrag hinaus auch auf die Bereiche des *Peacekeeping* und des *Nation-building* ausgedehnt.[29] Zugleich griffe es jedoch zu kurz, wenn nichtstaatliche Akteure ausschließlich als Gefahrenpotentiale wahrgenommen würden. Gerade auf der internationalen Ebene treten nichtstaatliche Akteure auch als Förderer und Bewahrer von Sicherheit auf. So setzen manche Staaten gezielt private Sicherheits- und Militärunternehmen zur Sicherheitsgewährleistung ein.[30] Auch unabhängig von staatlicher Einflussnahme bemühen sich verschiedene Nichtregierungsorganisationen vielfach um den Erhalt oder die Wiederherstellung des Weltfriedens.[31]

3. Technologische Herausforderungen durch Militärrobotik und Cybertechnologie

Nicht weniger intensiv wirkt sich, drittens, der **rasante Wandel der Technologie** auf den Sicherheitsbegriff modifizierend aus. Dabei geht es sowohl um die technische Distanzierung von Bedrohungslagen als auch um die Virtualisierung der Kriegführung. Beispielhaft zu nennen sind die Entwicklung von Nanotechnologien, Fortschritte im Bereich der Robotik, Gefahren von Biotechnologien und künstlichen Intelligenzen sowie der *Cyberspace* als operatives Umfeld für Streitkräfte.[32] Namentlich Cyberoperationen sind wegen ihrer Ubiquität, Schnelligkeit und niedrigen Kosten sowie der problemlosen Verschleierungsmöglichkeit sowohl für Staaten als auch für nichtstaatliche Akteure attraktiv.[33] Dies führt zu einer Reihe von Rechtsfragen, etwa nach der Attribution von Cyberangriffen, den Reaktionsmöglichkeiten betroffener Staaten, den Methoden einer effektiven Cyberabwehr und letztlich der grundsätzlichen Leistungsfähigkeit der internationalen Ordnungsidee.[34]

---

[25] *Bruha* AVR 40 (2002), 383 (386).
[26] Vgl. *Schmahl/Haratsch* WeltTrends 2001, 111 (113 ff.); *Hirschmann* in Rinke/Woyke, Frieden und Sicherheit im 21. Jahrhundert, 2004, 77 (86 ff.); *Föh*, Die Bekämpfung des internationalen Terrorismus nach dem 11. September 2001, 2011, 145 ff.; *Schäfer* JuS 2015, 218 (219 ff.), jeweils mwN.
[27] So etwa *Tomuschat* EuGRZ 2001, 535 (540 ff.); *Bruha/Bortfeld* VN 2001, 161 (162 f.); *Frowein* ZaöRV 62 (2002), 879 (885); *Bethlehem* AJIL 106 (2012), 769 (769 f.); *Heintschel von Heinegg* in Ipsen VölkerR § 56 Rn. 24.
[28] Vgl. *Krajewski* AVR 40 (2002), 183 (197 ff.); *v. Bernstorff* ESIL Reflections 5 (2016), Nr. 7 v. 11.7.2016. Anders *Finke* AVR 55 (2017), 1 (32 ff.).
[29] *Dietz* DÖV 2011, 465 (466). Näher → Rn. 53 ff.
[30] Umfassend: *Fischer*, Militär- und Sicherheitsunternehmen in bewaffneten Konflikten und Friedenssicherungsoperationen, 2013, 25 ff.
[31] Vgl. die Beiträge in *Klein/Roth*, NGOs im Spannungsfeld von Krisenprävention und Sicherheitspolitik, 2007. S. auch *Stahn* ZaöRV 61 (2001), 379 (388 ff.).
[32] Vgl. *Mey* in Funk/Leuteritz/Irrgang, Cyberwar, 2017, 25 (50 ff.).
[33] Aufschlussreich etwa *Finnemore/Hollis* AJIL 110 (2016), 425 (435 ff.). Ferner *May* in Ohlin/Govern/Finkelstein, Cyberwar, 2015, 3 (3 ff.); *Bustamante* in Funk/Leuteritz/Irrgang, Cyberwar, 2017, 133 (139, 144 ff.).
[34] *Schmahl* BerDGIR 47 (2016), 159 (168 ff.). Vgl. auch *Schulze,* Cyber-„War" – Testfall der Staatenverantwortlichkeit, 2015, 83 ff.; *Dornbusch*, Das Kampfführungsrecht im internationalen Cyberkrieg, 2018, 60 ff.; *Ziolkowski* GSZ 2019, 51 (52 ff.); *Tsagourias/Farrell* EJIL 31 (2020), 941 (944 ff.).

Auch autonome Waffensysteme, insbesondere unbemannte Drohneneinsätze, fordern die hergebrachten völkerrechtlichen Zurechnungsregeln heraus, da sie Entscheidungen aufgrund eines Algorithmus treffen und von menschlicher Intervention weitgehend unabhängig sind.[35] Allerdings haben bislang weder Drohneneinsätze noch Cyberangriffe zu einer nennenswerten Destabilisierung der internationalen Ordnung geführt.[36] Sie sind daher für die Sicherheitsgewährleistung (noch) nicht unmittelbar relevant, sondern stellen bislang lediglich eines von vielen Mitteln dar, die im bewaffneten Konflikt eingesetzt werden und deshalb primär an den Vorgaben des *ius in bello* zu messen sind.[37]

III. Effektivitätssteigerung der Gefahrenabwehr durch staatenübergreifende Maßnahmen

10 Angesichts der aufgezeigten hybriden Gefahrenlagen der Gegenwart sind die Möglichkeiten einer effektiven Gefahrenabwehr im Wege internationaler Kooperationen neu auszuloten und in Bezug auf ihre Leistungsfähigkeit zu bewerten. Als Leitlinie gilt dabei, dass auf diffuse Bedrohungen keinesfalls mit diffusen Sicherheitskonzepten reagiert werden darf. Es bleibt vielmehr vornehmste Aufgabe des Völkerrechts, auf einer **Differenzierung der Maßstäbe und Mittel** zu beharren.[38] Als Grundgerüst hierfür dient der Gedanke eines Systems der kollektiven Sicherheit, wie es im Völkerbund geschaffen[39] und mit der Gründung der Vereinten Nationen ausgebaut worden ist.[40]

1. Kollektives Sicherheitssystem der Vereinten Nationen als Legitimationsbasis

11 Unter einem **System kollektiver Sicherheit** ist eine vertraglich vereinbarte internationale Ordnung zu verstehen, in der die Erstanwendung von bewaffneter Gewalt untersagt ist und die zudem den Schutz des einzelnen Staates und der internationalen Rechtsordnung einer gemeinsamen, durch das Recht sanktionierten Aktion aller Staaten überantwortet.[41] Wenngleich der Begriff nicht ausdrücklich in der UN-Charta auftaucht, sind die Vereinten Nationen infolge ihrer Verpflichtung auf die internationale Sicherheit gem. Art. 1 Nr. 1 UN-Charta, dem allgemeinen Gewaltverbot nach Art. 2 Nr. 4 UN-Charta und den Einzelbefugnissen zur friedlichen Streitbeilegung, zur Feststellung rechtswidriger Handlungen und zum Sanktionserlass zweifelsohne ein System kollektiver Sicherheit.[42] Zentrale Bedeutung kommt dabei dem Gewaltverbot zu, das nicht nur den Krieg im Rechtssinne, sondern jegliche Art militärischer Gewalt – auch in Form einer Subversion – in den internationalen Beziehungen verbietet.[43]

---

[35] Vgl. *Städele,* Völkerrechtliche Implikationen des Einsatzes bewaffneter Drohnen, 2014, 108 ff.; *Wagner* Vanderbilt JTL 47 (2014), 1371 ff.; *Banks* in Bergen/Rothenburg, Drone Wars, 2015, 129 (130 ff.). Vgl. auch die Beiträge in *Frau,* Drohnen und das Recht, 2014.
[36] Vgl. *Efrony/Shany* AJIL 112 (2018), 583 (638 f.).
[37] Vgl. *Frau* VN 2013, 99 (102); *Wagner* VN 2016, 73 (74 ff.); *Hector* ZaöRV 76 (2016), 513 (516 ff.); *Schmahl* in Dietrich/Sule, Intelligence Law and Policies in Europe, 2019, 291 (323 ff.).
[38] Zutreffend *v. Arnauld* VölkerR Rn. 1104.
[39] Dazu *Tams,* League of Nations, MPEPIL VI, 2012, 760 ff.; *Neff,* War and the Law of Nations, 2005, 290 ff.
[40] Vgl. nur *Fassbender* EuGRZ 2004, 241 (246 ff.).
[41] So bereits *Scheuner* in Strupp/Schlochauer, Wörterbuch des Völkerrechts, Bd. 2, 2. Aufl. 1961, 239 (242). Vgl. auch *Hobe,* Völkerrecht, 11. Aufl. 2020, 223.
[42] Grundlegend: *Kelsen* AJIL 42 (1948), 783 (insbesondere 785 ff.). Aus jüngerer Zeit: *Krisch,* Selbstverteidigung und kollektive Sicherheit, 2001, 25 ff., 45 ff.; *Weller* in Cogan/Hurd/Johnstone, The Oxford Handbook of International Organizations, 2016, 622 (629 ff.).
[43] *Dörr,* Use of Force, Prohibition of, MPEPIL X, 2012, 607, Rn. 11 ff.; *Dinstein,* War, Aggression and Self-Defence, 6. Aufl. 2017, 81 ff. – Einwirkungen auf einen anderen Staat, die keine militärischen Aktionen sind, fallen unabhängig von ihrer Schwere nur unter das völkerrechtliche Interventionsverbot, vgl. *Schindler* BerDGVR 26 (1986), 13 (20); *Bothe* in Graf Vitzthum/Proelß VölkerR 8. Abschn. Rn. 10.

2. Dezentrale Umsetzung kollektiver Sicherheitsmaßnahmen durch UN-Mitglieder und Regionalorganisationen

Idealiter müsste ein effektives System kollektiver Sicherheit mit Gewaltmonopol, exekutiven Befugnissen gegenüber den Mitgliedstaaten und einem funktionierenden Rechtsschutzsystem ausgestattet sein. Das System der UN-Charta erfüllt diese Anforderungen jedoch nicht. Es weist lediglich ein hohes Maß an Zentralisierung der Entscheidungskompetenzen im repressiven Bereich auf.[44] Nach Kapitel VII der UN-Charta verfügt der Sicherheitsrat über ein Beurteilungsmonopol über die Legitimität des Einsatzes von Zwangsmaßnahmen gegen Friedensbrecher (näher → Rn. 21 ff.). Demgegenüber sind die Vereinten Nationen in Ermangelung eigener Ressourcen gezwungen, die militärischen, wirtschaftlichen und politischen Fähigkeiten ihrer Mitgliedstaaten zu nutzen. Das Recht der Vereinten Nationen führt also **nicht zu einem subordinationsrechtlichen Sicherheitssystem,** sondern beschränkt sich auf die rechtliche Legitimierung von Maßnahmen, deren Durchführung den Staaten überantwortet ist.[45] Im präventiven Bereich der Konfliktverhütung verfügt die Weltorganisation sogar im Wesentlichen nur über die Kompetenz zum Erlass von Empfehlungen, deren Befolgung den Staaten anheimgestellt ist (näher → Rn. 14 ff.). Zugespitzt formuliert, ist kollektive Sicherheit auf der Grundlage der UN-Charta ein Stadium zwischen Anarchie, Koordinierung und Weltstaat.[46]

Dennoch besteht nur ein scheinbarer Gegensatz zwischen universeller kollektiver Sicherheit und dezentralen Durchführungsmechanismen. Die Vergemeinschaftung der Sicherheitsaufgaben entfaltet Abschreckungswirkung auf potentielle Friedensbrecher und verringert – wenngleich sie diese nicht ausschließen kann – auf diese Weise nicht nur Gefährdungen für die staatliche Territorialität, sondern sichert auch den Erhalt der internationalen Ordnung.[47] Die dezentrale Durchsetzung hat zudem den Vorteil, die zu tragenden Lasten der Gefahrenabwehr auf alle Mitgliedstaaten zu verteilen.[48] Im Fokus der UN-Charta steht also nicht die Fragmentierung, sondern die **Regionalisierung des Sicherheitsmechanismus.** Deshalb sieht Kapitel VIII der UN-Charta bewusst die ergänzende Funktion von regionalen Systemen kollektiver Sicherheit vor.[49] Diese Regionalisierung der Aufgabendurchführung siedelt Verantwortlichkeiten dort an, wo sie unmittelbar ausgeübt werden, und trägt so zu einer „Humanisierung der kollektiven Sicherheit" bei.[50] Sogar kollektive Verteidigungsbündnisse wie die NATO, die prinzipiell auf eine gemeinsame Verteidigungsstrategie gegenüber Bedrohungen von außerhalb des Bündnisses stehenden Gegnern ausgerichtet sind, fügen sich in diese Reihe ein, soweit sie mit den Regeln des universellen Sicherheitssystems kompatibel sind.[51]

B. Internationale Konfliktprävention und multilaterales Krisenmanagement

Die primäre Aufgabe eines Systems kollektiver Sicherheit besteht in der Konfliktprävention und einem gemeinsamen Krisenmanagement. Ein Verzicht auf gewaltsame Selbsthilfe ist nämlich nur akzeptabel, wenn die Durchsetzung von Rechten und Interessen auf friedlichem Wege möglich und ein funktionierendes **System des Krisenmanagements** vorhanden ist.[52]

---

[44] Früh bereits *Bindschedler* FS Wehberg, 1956, 67 (72 ff.). Aus jüngerer Zeit etwa *Gareis/Varwick*, Die Vereinten Nationen, 5. Aufl. 2014, 88, 91.
[45] Vgl. *Oeter* VN 2016, 164 (164); *Graf von Kielmansegg* in Boysen ua, Netzwerke, 2007, 83 (89 f.).
[46] Ähnlich *Bauer*, Effektivität und Legitimität, 1996, 25 ff.
[47] *Graf von Kielmansegg* AVR 50 (2012), 285 (286 f.).
[48] *Bauer*, Effektivität und Legitimität, 1996, 34 ff.
[49] Vgl. *Röben* Liber amicorum Wolfrum, Bd. 2, 2012, 1507 (1523). Ähnlich *Abass*, Regional Organizations and the Development of Collective Security, 2004, 21 ff.; *Gowlland-Debbas* EJIL 11 (2000), 254 (260). Zum Ganzen näher → Rn. 63 ff.
[50] *de Wet* Liber amicorum Wolfrum, Bd. 2, 2012, 1551 (1557 ff.).
[51] Früh bereits *Kimminich* FS Berber, 1973, 217 (237 ff.). Näher → Rn. 68 ff.
[52] Zutreffend *Bothe* in Graf Vitzthum/Proelß VölkerR 8. Abschn. Rn. 31; ähnlich *Tsagourias/White*, Collective Security, 2015, 163.

I. Friedliche Streitbeilegung nach Kapitel VI der UN-Charta

1. Vorrang friedlicher Streitbeilegung gemäß Art. 33 Abs. 1 UN-Charta

15 Schon die Zielbestimmung des Art. 2 Nr. 3 UN-Charta weist auf die Pflicht der Staaten zur friedlichen Erledigung von Streitigkeiten hin. Art. 33 Abs. 1 UN-Charta konkretisiert diese allgemeine Aufgabennorm für spezifisch friedensgefährdende Streitigkeiten. Darunter fallen vornehmlich Streitigkeiten zwischen Staaten, die als Friedensbedrohung iSv Art. 39 UN-Charta anzusehen sind.[53] Mit anderen Worten findet Kapitel VI der UN-Charta erst dann Anwendung, wenn Gefahrenlagen bereits entstanden und die Parteien in ihren Ansichten festgefahren sind.[54] Ein *„early dispute settlement"* ist in der Charta nicht vorgesehen.[55] Dies ist eine konzeptionelle Schwäche, die nur partiell dadurch kompensiert wird, dass die Mittel zur friedlichen Streitbeilegung und die zur Verfügung gestellten Verfahren in Art. 33 Abs. 1 UN-Charta denkbar weit gefasst sind.[56] Im Grunde kommen alle Mittel und Methoden in Betracht, die geeignet sind, die Angelegenheit friedlich zu lösen, soweit und solange Rechte und Interessen Dritter nicht berührt werden.[57] Die regelbeispielhafte Aufzählung der Mittel in Art. 33 Abs. 1 UN-Charta legt auch keine Prioritäten oder Hierarchien fest.[58] Statthaft ist ebenfalls eine Kombination oder Modifikation der Mittel; auch neuartige Methoden zur Streitschlichtung dürfen eingesetzt werden.[59] Nachteilig ist allerdings, dass sich die rechtliche Verpflichtung der Staaten nach Art. 33 Abs. 1 UN-Charta nicht auf die Pflicht zur Einigung erstreckt, sondern nur die **ernsthafte Bemühung** um eine solche fordert. Die Streitparteien trifft auch keine Verpflichtung, alle möglichen Mittel einer Streitbeilegung Schritt für Schritt abzuarbeiten.[60] Lediglich eine vollkommene Untätigkeit oder das Beharren auf einer unannehmbaren Methode stellt einen Verstoß gegen die Verpflichtung zur friedlichen Streitbeilegung dar.[61]

2. UN-Organe als Katalysatoren im System der friedlichen Streitbeilegung

16 Dieser Offenheit der Methoden und Ergebnisse entspricht es, dass die UN-Organe lediglich als Katalysatoren im System der friedlichen Streitbeilegung wirken, ihnen aber kaum echte Entscheidungsbefugnisse zustehen. So kann der **Sicherheitsrat** nach Maßgabe der Art. 33 –38 UN-Charta zwar in verschiedenen Facetten tätig werden, etwa *ex officio,* auf Ersuchen einer Partei oder eines Drittstaates und in der Form von Untersuchungen, Empfehlungen und Appellen. Der Sicherheitsrat fungiert damit aber bloß als institutionalisierte dritte Partei, deren Tätigkeit materiell-rechtlich auf das *„fact finding"* beschränkt ist und in nicht bindende Empfehlungen mündet,[62] wenngleich diesen politische Autorität zukommen mag.[63] Auch der Beitrag der **Generalversammlung** zur Streitbeilegung beschränkt sich

---

[53] *Tomuschat* in Simma/Khan/Nolte/Paulus UN Charter Art. 33 Rn. 7 ff.
[54] *Peck* in Kühne, Blauhelme in einer turbulenten Welt, 1993, 401 (404).
[55] Vgl. *Arend* Virginia JIntL 24 (1984), 97 (113 ff.).
[56] *Kalapurakal,* Die Mittel der friedlichen Streitschlichtung, 1962, 78 ff.; *Mani/Ponzio* in Weiss/Daws, The Oxford Handbook on the United Nations, 2. Aufl. 2018, 396 (400 ff.).
[57] *Crook* in Cogan/Hurd/Johnstone, The Oxford Handbook of International Organizations, 2016, 644 (647 f.); *Merrills,* International Dispute Settlement, 6. Aufl. 2017, 235 ff.
[58] Vgl. IGH Urt. v. 4.12.1998 *(Fisheries Jurisdiction),* ICJ Rep. 1998, 432 (456); früh bereits *Houben* AJIL 61 (1967), 703 (712 f.).
[59] Vgl. *Tomuschat* in Simma/Khan/Nolte/Paulus UN Charter Art. 33 Rn. 34; *Epping* in Ipsen VölkerR § 59 Rn. 5; *Kempen/Hillgruber/Grabenwarter,* Völkerrecht, 3. Aufl. 2021, § 39 Rn. 132.
[60] *Kelsen,* The Law of the United Nations, 1951, 375; *Neuhold,* Internationale Konflikte, 1977, 400. Vgl. auch IGH Urt. v. 11.6.1998 *(Land and Maritime Boundary between Cameroon and Nigeria),* ICJ Rep. 1998, 275 (303).
[61] *Escher,* Friedliche Erledigung von Streitigkeiten nach dem System der Vereinten Nationen, 1985, 14 ff.; *Tomuschat* in Simma/Khan/Nolte/Paulus UN Charter Art. 33 Rn. 15 ff.
[62] Vgl. etwa *Quigley* FlorJIntL 1992, 191 (192 ff.); *Tsagourias/White,* Collective Security, 2015, 173 f. AA *Higgins* ICLQ 21 (1972), 270 (277 ff.).
[63] *Giegerich* in Simma/Khan/Nolte/Paulus UN Charter Art. 36 Rn. 72 ff.; *Higgins* EJIL 6 (1995), 445 (446).

auf unverbindliche Empfehlungen,[64] deren Reichweite zudem durch die Tätigkeit des Sicherheitsrats nach Art. 12 UN-Charta begrenzt wird.[65] Selbst die *Manila*-Deklaration und die *Uniting for Peace*-Resolution der Generalversammlung[66] haben zur wirksamen Verhütung und Beseitigung von Streitigkeiten sowie zur Wiederherstellung des Weltfriedens bislang nur eine untergeordnete Rolle gespielt. Dies belegt nicht zuletzt die (auf der *Uniting for Peace*-Resolution basierende) 11. Notstandssondersitzung am 2.3.2022, im Rahmen derer die Generalversammlung mit der überwältigenden Mehrheit von 141 Mitgliedern die völkerrechtswidrige Aggression Russlands festgestellt und den unverzüglichen Abzug der russischen Truppen aus der Ukraine gefordert hat[67] – freilich ohne den gewünschten Erfolg zu erzielen.

Als tendenziell gewichtiger erweisen sich hingegen die Funktionen des UN-Generalsekretärs und des Internationalen Gerichtshofs (IGH). Der **Generalsekretär** kann nach innen gerichtete Maßnahmen treffen, indem er etwa den Sicherheitsrat auf die Existenz einer friedensbedrohenden Streitigkeit hinweist.[68] Er kann auch nach außen aktiv werden, zB durch „gute Dienste" oder Vermittlung zwischen den Konfliktparteien.[69] Vor allem die „guten Dienste", also das Bemühen um eine Schlichtung von Streitigkeiten, werden als eine der maßgeblichen Rollen des Generalsekretärs angesehen, um zu verhindern, dass internationale Streitigkeiten entstehen, eskalieren oder sich ausbreiten.[70] Auch der **IGH** nimmt eine wesentliche Stellung in der Konfliktverhütung ein, da er als einziges UN-Organ befugt ist, Streitigkeiten zwischen Konfliktparteien rechtlich bindend zu entscheiden[71] oder den Parteien Lösungsmodalitäten vorzugeben, die sie anwenden sollen, um den Streitfall beizulegen.[72] Allerdings bleibt es den Staaten überlassen, ob sie den IGH zur Konfliktlösung anrufen; *ex officio* kann der Gerichtshof kein Verfahren einleiten. Auch eine Durchsetzung seiner Entscheidungen kann der IGH nicht bewirken. Als problematisch erweisen sich außerdem Situationen, in denen Sicherheitsrat und IGH parallel tätig werden.[73] In Ermangelung eines übergeordneten Koordinationsorgans ist in diesem Zusammenhang zu Recht an die funktionale Kooperations- und Rücksichtnahmepflicht appelliert worden, die sich aus dem allgemeinen Loyalitätsgebot der UN-Organe herleitet.[74] Jedenfalls kann die Tätigkeit des Sicherheitsrats den IGH in seiner Zuständigkeit nicht einschränken.[75]

---

[64] Vgl. Art. 35 Abs. 3, Art. 11 Abs. 1, Art. 14 UN-Charta.
[65] *Schmahl* in Graf Vitzthum/Proelß VölkerR 4. Abschn. Rn. 129; *Mani/Ponzio* in Weiss/Daws, The Oxford Handbook on the United Nations, 2. Aufl. 2018, 396 (404).
[66] *Manila Declaration on the Peaceful Settlement of International Disputes*, A/RES/37/10 v. 15.11.1982; *Uniting for Peace Resolution*, A/RES/377(V) v. 3.11.1950.
[67] A/RES/ES-11/1 v. 2.3.2022; aufgegriffen von A/RES/ES-11/2 v. 24.3.2022.
[68] Vgl. Art. 99 UN-Charta. Dazu *Sohn* AJIL 78 (1984), 402 (403).
[69] *Jessen*, Eigenständige friedliche Streitbeilegung durch den Generalsekretär der Vereinten Nationen, 1975, 128 ff.
[70] Vgl. UN Handbook on the Peaceful Settlement of Disputes between States, 1992, 128 ff. S. auch *Pechota*, The Quiet Approach. A Study of the Good Offices Exercised by the United Nations Secretary-General in the Cause of Peace, 1972, 19 ff.; *Skjelsbæk* Journal of Peace Research 28 (1991), 99 (101 ff.).
[71] Vgl. Art. 59 IGH-Statut, Art. 94 Abs. 1 UN-Charta. Auch der Erlass (bindender) vorläufiger Maßnahmen nach Art. 41 IGH-Statut kommt in Betracht, vgl. jüngst etwa IGH Anordnung v. 16.3.2022, *Allegations of Genocide under the Convention on the Prevention and Punishment of the Crime of Genocide (Ukraine v. Russian Federation)*.
[72] *Collier* in Lowe/Fitzmaurice, Essays in Honour of Sir Robert Jennings, 1996, 364 (370); eingehend *Schneider*, Internationale Gerichtsbarkeit als Instrument friedlicher Streitbeilegung, 2003.
[73] Eine solche Handlungsparallelität fand im *Lockerbie*-Fall statt; dazu *Stein* AVR 31 (1993), 206 ff.; *Gowlland-Debbas* AJIL 88 (1994), 643 ff.; *Martenczuk* EJIL 10 (1999), 517 ff.; *Plachta* EJIL 12 (2001), 125 ff.; *Schmahl* RuP 2001, 219 ff.
[74] *Klein* FS Mosler, 1983, 467 (481 ff.).
[75] Vgl. IGH Urt. v. 26.11.1984 *(Nicaragua)*, ICJ Rep. 1984, 392 (434); bestätigt in IGH Urt. v. 1.7.2000 *(Congo v. Uganda)*, ICJ Rep. 2000, 111 (126).

II. Rüstungskontrolle und Abrüstung im System gegenseitiger Abschreckung

18 Auch Rüstungskontroll- und Abrüstungsvereinbarungen übernehmen eine wichtige Funktion zur Friedenssicherung und Eindämmung von Konfliktfolgen.[76] Sie tragen zur gegenseitigen Vertrauensbildung bei, begrenzen Rüstungskosten, dienen der Vermeidung von bewaffneten Konflikten und der Schadensbegrenzung im Konfliktfall.[77] Da umfängliche Rüstungsverbote schon angesichts des anerkannten Selbstverteidigungsrechts der Staaten nicht möglich und im Sinne eines Kräftegleichgewichts in diesem hochpolitischen Bereich auch nicht zielführend wären,[78] hat sich als zentrales Mittel der bi- oder plurilaterale Rüstungskontrollvertrag etabliert, der als besonderer völkerrechtlicher Vertragstypus – souveränitätsschonend – vor allem auf **gegenseitige Verifikations- und Inspektionselemente** setzt, die prozedural-institutionell durch Beschwerde- oder Sanktionsverfahren flankiert werden.[79] Darüber hinaus sind zur Verhinderung der Proliferation von Massenvernichtungswaffen auch multilaterale Abkommen geschlossen worden, wie etwa das B-Waffen-Übereinkommen von 1972[80] und das C-Waffen-Übereinkommen von 1993,[81] die zumindest teilweise eine international organisierte Verifikation vorsehen.[82] Im Bereich der Kernwaffen existiert ein weltweit akzeptierter Nichtverbreitungsvertrag von 1968[83] und ein Verbotsvertrag von 2017,[84] dem allerdings die Atommächte und die NATO-Mitglieder nicht angehören.[85] Angesichts der Tatsache, dass Rüstungskontrolle und Abrüstung durch Verträge nur unvollständig geregelt sind[86] und die Bemühungen zudem seit einigen Jahren stagnieren oder gar Rückschritte verzeichnen,[87] ist besonders hervorzuheben, dass der IGH eine rechtliche Verpflichtung der Staaten festgestellt hat, ernsthafte Verhandlungen zum Zwecke der nuklearen Abrüstung zu führen.[88]

19 Insgesamt bleibt die Wirkmächtigkeit des kollektiven Sicherheitssystems jedoch auch in diesem präventiven Bereich beschränkt.[89] So ist der **Sicherheitsrat** gem. Art. 26 UN-Charta zwar beauftragt, mit Unterstützung des Generalstabsausschusses Pläne auszuarbeiten, die den UN-Mitgliedern mit dem Zweck der Errichtung eines Systems der Rüstungsregelung vorzulegen sind. Aufgrund mangelnder Einigung ist der Auftrag aber als geschei-

---

[76] Früh bereits *Lachs* NJW 1958, 1017 (1018 f.); vgl. auch *v. Arnauld* VölkerR Rn. 1151 ff.
[77] Vgl. *Bothe* in Bothe/Graf Vitzthum, Rechtsfragen der Rüstungskontrolle im Vertragsvölkerrecht der Gegenwart, 1990, 31 (41 ff.); *Kahl* in Rinke/Woyke, Frieden und Sicherheit im 21. Jahrhundert, 2004, 51 ff.
[78] Vgl. *Bothe* in Graf Vitzthum/Proelß VölkerR 8. Abschn. Rn. 17; *Graf Vitzthum* in Bothe/Graf Vitzthum, Rechtsfragen der Rüstungskontrolle im Vertragsvölkerrecht der Gegenwart, 1990, 95 (118 ff., 127 ff.).
[79] Vgl. *Högel*, Rüstungskontrolle und Völkerrecht, 1990, 267 ff.; *Goldblat*, Arms Control, 2002, 3 ff.; *Rietiker*, Le régime juridique des traités de maîtrise des armements, 2010, 8 ff.
[80] Übereinkommen v. 10.4.1972 über das Verbot der Entwicklung, Herstellung und Lagerung bakteriologischer (biologischer) Waffen und von Toxinwaffen sowie der Vernichtung solcher Waffen (BGBl. 1983 II 133).
[81] Übereinkommen v. 13.1.1993 über das Verbot der Entwicklung, Herstellung, Lagerung und des Einsatzes chemischer Waffen und über die Vernichtung solcher Waffen (BGBl. 1994 II 807).
[82] Dazu etwa *Gmelch*, Verifikation von multi- und internationalen Rüstungskontrollabkommen, 1992, 131 ff.
[83] Vertrag über die Nichtverbreitung von Kernwaffen (BGBl. 1974 II 786). Dazu eingehend *Kellman* in Black-Branch/Fleck, Nuclear Non-Proliferation in International Law, Bd. 2, 2016, 235 ff.; *Brunner* in Ipsen VölkerR § 58 Rn. 30 ff.
[84] Der am 7.7.2017 geschlossene Vertrag zum Verbot von Atomwaffen (A/CONF.229/2017/8) ist infolge der Hinterlegung der 50. Ratifikationsurkunde am 22.1.2021 in Kraft getreten. Zum Inhalt des Vertrags vgl. *Ambos/Lippold* JZ 2020, 913 (918 ff.).
[85] Zu den Gründen und der Kritik hieran vgl. *Schmidt-Radefeldt* Die Friedens-Warte 94 (2021), 390 (391 ff.); *Meier/Vieluf* Die Friedens-Warte 94 (2021), 358 (361 ff.).
[86] Zum Problem vgl. *Marauhn* ZaöRV 52 (1992), 781 ff.; *Müller* VN 2005, 41 ff.; *Millet-Devalle* RGDIP 111 (2007), 435 ff.; *Bothe*, Weapons of Mass Destruction, Counter-Proliferation, MPEPIL X, 2012, 829 ff.
[87] Vgl. *Wisotzki* VN 2020, 51 ff.
[88] IGH Gutachten v. 8.7.1996 *(Nuclear Weapons)*, ICJ Rep. 1996, 226, Rn. 98 ff. Bekräftigt durch A/RES/70/56 v. 7.12.2005 und IGH Urt. v. 5.10.2016 *(Marshall Islands v. United Kingdom)*, ICJ Rep. 2016, 833, Rn. 20. Näher *Pietrobon* LeidenJIL 27 (2014), 169 ff.; *Ambos/Lippold* JZ 2020, 913 (915 ff.).
[89] Nur sehr vereinzelt wurde früher aus der Hauptaufgabe der Vereinten Nationen eine völkerrechtliche Pflicht zur Abrüstung hergeleitet, vgl. *Gasteyger* ROW 1963, 89 (92 f.); *Meier/Zimer* NJ 1981, 530 (531).

tert anzusehen.[90] Lediglich in Einzelfällen wurden Staaten der umfassenden Kontrolle des Sicherheitsrats in Sachen Abrüstung unterworfen oder einem Waffenembargo unterzogen.[91] Darüber hinaus konnte sich der Sicherheitsrat in Resolution 1540 (2004) bloß darauf verständigen, alle UN-Mitgliedstaaten dazu zu verpflichten, nichtstaatliche Akteure bei ihren Versuchen, Massenvernichtungswaffen zu erlangen, nicht zu unterstützen und geeignete Kontrollen einzuführen, um zu verhindern, dass spaltbares Material in die Hände von Terroristen gelangt.[92] In Kompensation dieser weitgehenden Untätigkeit des Sicherheitsrats nimmt inzwischen die **Generalversammlung** auf der UN-Ebene eine Monopolstellung im Bereich der Rüstungskontrolle ein.[93] Von der ihr nach Art. 11 Abs. 1 UN-Charta zustehenden umfassenden Selbstbefassungs- und Empfehlungskompetenz macht sie rege Gebrauch.[94] Zu nennen sind ferner drei von ihr initiierte Sondersitzungen zur Abrüstung und die Einsetzung einer Abrüstungskommission.[95] Allerdings führt die hohe Anzahl an Resolutionen der Generalversammlung, die sich häufig thematisch überschneiden und zudem rechtlich unverbindlich sind, zu einer nur geringen Effektivität.[96] Wohl auch deshalb hat sich die Tätigkeit der Rüstungskontrolle im Laufe der Zeit immer stärker auf Institutionen außerhalb des UN-Systems verlagert. Vor allem die formell unabhängige *„Conference on Disarmament"* widmet sich der Förderung der Aushandlung von Abrüstungsübereinkommen.[97] Begleitend wirkt das Institut für Abrüstungsforschung (*United Nations Institute for Disarmament Research,* UNIDIR),[98] das mit Aufgaben der Forschung, des Informationsaustausches und der Verifikation von Abrüstungsabkommen betraut und institutionell mit dem UN-Büro für Abrüstungsfragen verbunden ist.[99]

C. Internationales Sanktionsregime und Selbstverteidigung

Anders als bei der nur in Ansätzen wirksamen Konfliktverhütung verfügen die Vereinten Nationen über **weitreichende Befugnisse** zur Wiederherstellung des Weltfriedens. Zuvörderst zu nennen ist das Sanktionsregime nach Kapitel VII der UN-Charta. Praktisch noch bedeutsamer ist jedoch das Regime der Selbstverteidigung nach Art. 51 UN-Charta, das – entgegen anderslautenden Stimmen – keinen Fremdkörper im System kollektiver Sicherheit darstellt.[100] In beiden Konstellationen liegt die zentrale Verantwortung beim Sicherheitsrat, dem die wesentlichen Kompetenzen zur Sicherung des Weltfriedens übertragen sind. Dass der Anspruch auf Effektivität dieser Zielerreichung nur durch dezentrale Interventionsmechanismen wirksam erfüllt werden kann, liegt allein daran, dass Aufbau und Handhabung leistungsfähiger militärischer Führungsstrukturen auf der globalen Ebene nur in bescheidenem Umfang vorliegen.[101]

20

---

[90] Vgl. *Müller* W&F 2005, Nr. 4, 13 (14); *Schütz* in Simma/Khan/Nolte/Paulus UN Charter Art. 26 Rn. 37 ff.
[91] Vgl. zB S/RES/687 v. 3.4.1991, Ziff. 5 ff. Dazu *Tsagourias/White*, Collective Security, 2015, 176 ff.
[92] S/RES/1540 v. 28.4.2004. Näher *Olberg* VN 2006, 189 ff.; *Herbach* YIHL 17 (2014), 45 ff.; *Schmahl* in Odendahl, Die Bekämpfung des Terrorismus mit Mitteln des Völker- und Europarechts, 2017, 109 (134 f.).
[93] *Klein/Schmahl* in Simma/Khan/Nolte/Paulus UN Charter Art. 11 Rn. 9 ff. Ähnlich bereits *Cheever* IntOrg 49 (1965), 463 (479 f.).
[94] Zu frühen Resolutionen vgl. *Goldschmidt* FW 61 (1978), 167 (215). Aus jüngerer Zeit s. A/RES/69/64 v. 2.12.2014; A/RES/70/21 v. 7.12.2015.
[95] Vgl. S-10/2 v. 30.6.1978; S-12/32 v. 9.7.1982; S-15/32 v. 25.6.1988; A/62/L.49 v. 2.9.2008.
[96] *Klein/Schmahl* in Simma/Khan/Nolte/Paulus UN Charter Art. 11 Rn. 15.
[97] Dazu *Krause* in Weiss/Daws, The Oxford Handbook on the United Nations, 2. Aufl. 2018, 383 (386 ff.); *Schütz* in Simma/Khan/Nolte/Paulus UN Charter Art. 26 Rn. 34 ff.
[98] Errichtet durch Resolution der Generalversammlung 34/83 (M) v. 11.12.1979, A/34/46, 48.
[99] Näher *Bernauer/Schmalberger* VN 1992, 93 ff.; *Schmahl*, United Nations, Autonomous Research Institutes, MPEPIL-online, 2019, Rn. 23 ff.
[100] Wie hier *Graf von Kielmansegg* AVR 50 (2012), 285 (286 ff.). AA *Krisch*, Selbstverteidigung und kollektive Sicherheit, 2001, 170.
[101] *Graf von Kielmansegg* AVR 50 (2012), 285 (289).

I. Sanktionsregime der Vereinten Nationen gemäß Kapitel VII UN-Charta

1. Feststellungsbeschluss und Empfehlungsbefugnis gemäß Art. 39 UN-Charta

21 Maßgeblicher **Ausgangspunkt** der Anwendung des internationalen Sanktionsregimes nach Kapitel VII ist Art. 39 UN-Charta. Die Norm legt in normativer und prozeduraler Hinsicht fest, unter welchen Bedingungen Zwangsmaßnahmen ergriffen werden dürfen und formuliert hierfür einen vorgeschalteten Feststellungsbeschluss des Sicherheitsrats. Liegen die Voraussetzungen des Art. 39 UN-Charta vor, kann der Sicherheitsrat entweder richtungsweisende Empfehlungen formulieren (Art. 39 Hs. 2 UN-Charta) oder auf die übrigen Maßnahmen aus Kapitel VII der UN-Charta zurückgreifen. Er verfügt dabei über ein ausgedehntes Ermessen.[102] Ein wichtiger Beispielsfall für eine Empfehlung ist der Beschluss des Sicherheitsrats, der zu der Militäraktion der USA und ihrer Verbündeten gegen den nordkoreanischen Angriff auf Südkorea führte.[103]

22 Von den **Voraussetzungen des Art. 39 UN-Charta** am weitesten gefasst ist die „Bedrohung des Friedens". Darunter ist eine Gefährdungslage im Vorfeld eines Friedensbruchs zu verstehen, wobei dessen unbestrittener Kern die drohende oder bereits initiierte bewaffnete Auseinandersetzung zwischen Staaten darstellt.[104] Infolge einer dynamischen Lesart werden unter einer Friedensbedrohung aber mittlerweile auch weitere Dimensionen im Sinne des positiven Friedensbegriffs gefasst.[105] Demgegenüber haben die Alternativen „Bruch des Friedens" und „Angriffshandlung" einen eher begrenzten Anwendungsbereich. Ein Bruch des Friedens ist bei bewaffneten Kampfhandlungen zweier Staaten anzunehmen,[106] wobei in Ansehung der veränderten Weltlage auch *de facto*-Regime, *failed States* und sogar Terrorakte darunter fallen können.[107] Der Begriff der Angriffshandlung erfordert als engster der drei Begriffe eine direkte oder indirekte Gewaltanwendung von einem erheblichen Ausmaß.[108] Als Auslegungshilfe dient dabei die Aggressionsdefinition der Generalversammlung.[109] Anders als bei der Feststellung eines Friedensbruchs geht mit der Feststellung einer Angriffshandlung eine klare Schuldzuweisung einher, weshalb der Sicherheitsrat in der Praxis insoweit eher zurückhaltend ist.[110] Ist der Aggressor wie bei der Invasion Russlands in die Ukraine eindeutig feststellbar, aber selbst ein mit Veto-Recht ausgestattetes ständiges Ratsmitglied, läuft die Kompetenz des Sicherheitsrates nach Art. 39 UN-Charta freilich ins Leere.[111] Dies ist zweifellos ein konzeptionelles Defizit der Charta, das von den Gründungsmitgliedern der UN allerdings beabsichtigt war.

23 Typischerweise enthalten die Resolutionen des Sicherheitsrats nur die phrasenhafte Formulierung, dass eine Bedrohung oder ein Bruch des Friedens vorliegt, ohne in Details zu gehen.[112] Dennoch zeigt eine nähere Durchsicht, dass sich das Anwendungsfeld des Art. 39 UN-Charta in den vergangenen Jahrzehnten **sachlich wie funktionell schrittweise erweitert** hat. Insgesamt ist eine Entwicklung zu konstatieren, die sich vom negati-

---

[102] Vgl. *Krajewski* VölkerR § 9 Rn. 45; *Kempen/Hillgruber/Grabenwarter*, Völkerrecht, 3. Aufl. 2021, § 36 Rn. 14 f.
[103] S/RES/83 v. 27.6.1950.
[104] *Arntz*, Der Begriff der Friedensbedrohung in Satzung und Praxis der Vereinten Nationen, 1975, 76 ff.; *de Wet*, The Chapter VII Powers of the UN Security Council, 2004, 138.
[105] Vgl. etwa *Freudenschuß* AustrianJIPL 1993, 1 (37 ff.); *Fink*, Kollektive Friedenssicherung, 1999, 566 ff.; *Witte* AöR 137 (2012), 223 (225); *Tsagourias/White*, Collective Security, 2015, 96 ff.; näher → Rn. 23.
[106] Vgl. *Henderson*, The Use of Force and International Law, 2018, 96 f. Ein Beispiel ist S/RES/660 v. 2.8.1990.
[107] Vgl. *Hafner* in Hummer, Sicherheit und Terrorismus, 2005, 55 ff.; *Richter*, Collapsed States, 2011, 226 ff.; *Gerhold*, Die Friedensbedrohung gemäß Art. 39 UN-Charta im Libyen-Konflikt 2011, 2014, 67 f.; *Walter*, Terrorism, MPEPIL IX, 2012, 908, Rn. 65.
[108] Vgl. *de Wet*, The Chapter VII Powers of the UN Security Council, 2004, 145 ff.
[109] A/RES/3314 (XXIX) v. 14.12.1974. Zur gewohnheitsrechtlichen Geltung von Art. 3 der Aggressionsdefinition vgl. IGH Urt. v. 27.6.1986 *(Nicaragua)*, ICJ Rep. 1986, 14, Rn. 195.
[110] Vgl. *Krajewski* VölkerR § 9 Rn. 48 f., mit Beispielen.
[111] *Schmahl* NJW 2022, 969 (970).
[112] Vgl. etwa S/RES/731 v. 21.1.1992; S/RES/1044 v. 31.1.1996; S/RES/1972 v. 17.3.2011; S/RES/1975 v. 30.3.2011. Krit. *Johansson* NordJIL 78 (2009), 309 ff.

C. Internationales Sanktionsregime und Selbstverteidigung § 8

ven Friedensbegriff hin zu einem positiven Begriff des Friedens gewendet hat.[113] So hat der Sicherheitsrat etwa die Entwicklung oder Weitergabe von Nuklear- und Massenvernichtungswaffen als Friedensbedrohung angeführt.[114] Terrorakte stellen unabhängig von ihrer Motivation eine schwerwiegende Bedrohung der internationalen Sicherheit dar.[115] Auch die staatliche Förderung des Terrorismus hat der Sicherheitsrat als Friedensbedrohung gewertet.[116] Außerdem hat der Sicherheitsrat das früher strikte Konzept der Zwischenstaatlichkeit dadurch aufgeweicht, dass er innerstaatliche Konflikte und Bürgerkriege als Friedensbedrohung ansieht, wenn diese zu Fluchtwellen, zu Menschenschmuggel, zur Verhinderung einer von außen kommenden humanitären Hilfe oder insgesamt zu einer Destabilisierung in der Region führen.[117] Sogar Epidemien und Pandemien sind schon als Friedensbedrohung oder als Gefährdung der internationalen Sicherheit eingestuft worden. Dies gilt nicht nur für die HIV/AIDS-Epidemie[118] und den Ausbruch der Ebola in Westafrika und in der Demokratischen Republik Kongo,[119] sondern auch für die Covid-19-Pandemie. Nachdem er zunächst über mehrere Monate untätig geblieben war,[120] hat der Sicherheitsrat in Resolution 2532 (2020) die Covid-19-Pandemie am 1.7.2020 ausdrücklich als Gefährdung des Weltfriedens und der internationalen Sicherheit bezeichnet und in Sorge um eine pandemiebedingte Verschlechterung der humanitären Situation einen weltweiten Waffenstillstand und eine humanitäre Pause in bewaffneten Konflikten gefordert.[121] Desgleichen werden die Gedanken der „human security" und der „responsibility to protect" (R2P) in Verbindung mit Reaktionen auf massive Menschenrechtsverletzungen immer wieder genannt.[122] Allerdings gibt es bisher keine einzige Sicherheitsratsresolution, die allein auf die Schutzverantwortung der Staatengemeinschaft oder das Konzept der „human security" abstellt. In allen einschlägigen Resolutionen besteht zumindest auch ein deutlicher Hinweis auf Situationen, die traditionelle staatliche Sicherheitsinteressen bedrohen.[123] Ebenso wenig existiert bislang eine Beschlussfassung zu Cyberoperationen. Dies gilt sogar für den *Stuxnet*-Angriff auf die Nuklearanlage in Natanz, der von Teilen der Literatur als ein „use of force short of armed attack" qualifiziert worden ist.[124]

---

[113] Vgl. die Nachw. in Fn. 105.
[114] Vgl. S/RES/1540 v. 28.4.2004; S/RES/1718 v. 14.10.2006; S/RES/1696 v. 31.7.2006; S/RES/2141 v. 5.3.2014; S/RES/2397 v. 22.12.2017.
[115] Vgl. etwa S/RES/1373 v. 28.9.2001; S/RES/1566 v. 8.10.2004, 2; S/RES/2083 v. 17.12.2012; S/RES/2195 v. 19.12.2014; S/RES/2249 v. 20.11.2015. Krit. *Karlsrud* VN 2017, 153 ff.
[116] Vgl. S/RES/1214 v. 8.12.1998; S/RES/1267 v. 15.10.1999; S/RES/1333 v. 19.12.2000.
[117] Vgl. etwa S/RES/733 v. 23.1.1992; S/RES/794 v. 3.12.1992; S/RES/2043 v. 21.4.2012; S/RES/2165 v. 14.7.2014; S/RES/2240 v. 9.10.2015. Vgl. auch *Chesterman*, Just War or Just Peace? 2001, 130 ff.; *Gerhold*, Die Friedensbedrohung gemäß Art. 39 UN-Charta im Libyen-Konflikt 2011, 2014, 196 ff.
[118] Vgl. S/RES/1983 v. 7.6.2011.
[119] Sehr weitgehend zur Ebola-Pandemie in Westafrika: S/RES/2177 v. 18.9.2014, Ziff. 5. Abgeschwächt allerdings in S/RES/2439 v. 30.10.2018, Ziff. 3, in Bezug auf die Ebola-Pandemie in der Demokratischen Republik Kongo. Krit. *Wenham* International Affairs 95 (2019), 1093 ff.
[120] Krit. *Frankenberger*, „Auf der Strecke geblieben", FAZ v. 10.4.2020; *Fillion* VN 2020, 119 ff. Zu den (umstrittenen) Aktivitäten der WHO vgl. *v. Bogdandy/Villarreal* ZaöRV 80 (2020), 293 ff.; *Braun* VN 2020, 118.
[121] S/RES/2532 v. 1.7.2020, Ziff. 1 f. Zur rechtlichen Einordnung näher *Pobjie* ZaöRV 81 (2021), 117 (118 ff.).
[122] Zur „human security" näher *Gowlland-Debbas* EJIL 11 (2000), 254 (262 f.); *de Wet* Liber amicorum Wolfrum, Bd. 2, 2012, 1551 (1554 f.); *Penny* in Weiss/Daws, The Oxford Handbook on the United Nations, 2. Aufl. 2018, 635 (636 ff.). Zur R2P umfassend *Verlage*, Responsibility to Protect, 2009; *Rausch*, Responsibility to Protect, 2011. Vgl. ferner *Stahn* AJIL 101 (2007), 99 ff.; *Strauß*, The Emperor's New Clothes? 2009, 48 ff.; *v. Arnauld* Die Friedens-Warte 84 (2009), 11 (30 ff.); *Thakur*, The United Nations, Peace and Security, 2017, 201 ff. Zum missbräuchlichen Rückgriff der russischen Regierung auf das Konzept der Schutzverantwortung im Rahmen des Angriffskriegs auf die Ukraine vgl. *Schaller* NJW 2022, 832 (833 f.); *Schmahl* NJW 2022, 969 (970).
[123] Vgl. zB S/RES/794 v. 3.12.1992; S/RES/929 v. 22.6.1994; S/RES/1264 v. 15.9.1999; S/RES/1970 v. 26.2.2011; S/RES/1973 v. 17.3.2011. Vgl. auch *Schmahl* in Hilpold, Die Schutzverantwortung, 2013, 245 (254 ff.); aA *Geiß/Kashgar* VN 2011, 99 (100).
[124] Vgl. *Gill* in Ziolkowski, Peacetime Regime for State Activities in Cyberspace, 2013, 217 (235); *O'Connell* J Conflict & Sec Law 17 (2012), 187 (201 f.). AA *Ziolkowski* HuV-I 2012, 139 (142 ff.); *Dinniss* Cyber Warfare and the Laws of War, 2012, 57 f.

2. Eingriffsbefugnisse des Sicherheitsrats

24 Hat der Sicherheitsrat eine Feststellung nach Art. 39 UN-Charta getroffen, stehen ihm die Eingriffsbefugnisse gem. **Art. 40–42 UN-Charta** nach seinem Ermessen zur Verfügung. Diese Kompetenz des Sicherheitsrats, entweder vorläufige Maßnahmen oder Zwangsmaßnahmen zu beschließen, ist weitreichend. Sie geht sogar über die Befugnis der Staaten zur dezentralen Gewaltausübung in Form der individuellen oder kollektiven Selbstverteidigung hinaus.[125]

25 **a) Vorläufige Maßnahmen gemäß Art. 40 UN-Charta.** Gemäß Art. 40 UN-Charta ist der Sicherheitsrat ermächtigt, vorläufige Maßnahmen zu beschließen, die darauf zielen, einer Verschärfung der Lage vorzubeugen. Zu den vorläufigen Maßnahmen gehört üblicherweise der Beschluss, dass die Feindseligkeiten zwischen den Konfliktparteien einzustellen seien.[126] Das übergreifende Telos von Art. 40 UN-Charta besteht darin, ein Unterlaufen oder Verzögern der sonstigen Maßnahmen nach Kapitel VII zu unterbinden.[127] Auch wenn der Sicherheitsrat nicht im Sinne eines Stufenverhältnisses verpflichtet ist, zuerst vorläufige Maßnahmen zu ergreifen, bevor er auf Art. 41, 42 UN-Charta zurückgreifen darf, kann der Erlass vorläufiger Maßnahmen als recht zuverlässiger Indikator für künftige Zwangsmaßnahmen herangezogen werden.[128] Nicht abschließend geklärt ist indes, ob die angeordneten vorläufigen Maßnahmen **rechtliche Bindungswirkung** entfalten. Die Praxis des Sicherheitsrats lässt keinen eindeutigen Befund zu. Implizit geht der Rat aber wohl von einer entsprechenden Wirkung aus, wenn er in Resolution 1696 (2006) unter Verweis auf Art. 40 S. 3 UN-Charta von *„in order to make mandatory"* spricht.[129] Auch die Literatur bejaht mit Blick auf Stellung und Funktion der Norm mehrheitlich eine Bindungswirkung.[130]

26 **b) Nichtmilitärische Sanktionen gemäß Art. 41 UN-Charta.** Eindeutig verbindliche Sanktionen kann der Sicherheitsrat hingegen nach Art. 41 UN-Charta erlassen, um auf den Staat, der die Friedenspflicht nicht beachtet, Druck auszuüben und ihn zu einer Verhaltensänderung zu zwingen.[131] Maßnahmen iSd Art. 41 UN-Charta müssen allerdings nicht unbedingt gegen den Willen des adressierten Staates ergehen. In Einzelfällen hat der Sicherheitsrat nichtmilitärische Sanktionen auch mit Zustimmung des betroffenen Staates gefasst, um die Bekämpfung einer Konfliktsituation zu unterstützen.[132] Entscheidend ist aber, dass die Maßnahmen nach Art. 41 UN-Charta **gewaltfreier Natur** sind, also weder auf die tatsächliche Anwendung militärischer Gewalt gerichtet sind noch eine Drohung mit Gewalt enthalten.[133]

27 Die möglichen Sanktionen werden in Art. 41 UN-Charta nur regelbeispielhaft aufgezählt. Besondere Bedeutung kommt der vollständigen oder partiellen Beschränkung der Wirtschaftsbeziehungen in Form von Handelsbeschränkungen oder Waffenembargos zu. **Wirtschaftssanktionen** sind klassische Mittel des Beugezwangs; sie sollen den betreffenden Staat durch Zufügung von ökonomischen Nachteilen zur Einstellung seines friedens-

---

[125] *Bothe* in Graf Vitzthum/Proelß VölkerR 8. Abschn. Rn. 43; *Heintschel von Heinegg* in Ipsen VölkerR § 57 Rn. 16.
[126] Vgl. zB S/19031 v. 11.8.1987 in Bezug auf S/RES/598 v. 20.7.1987; ähnlich S/PV.3975 v. 10.2.1999 in Bezug auf S/RES/1227 v. 10.2.1999.
[127] *Nasu*, International Law on Peacekeeping, 2009, 67 ff.
[128] *Koojimans* in Denters/Waart, Reflections on International Law, 1998, 289 (290); *Krisch*, Selbstverteidigung und kollektive Sicherheit, 2001, 81 f.
[129] S/RES/1696 v. 31.7.2006, Erwägungsgrund Nr. 10.
[130] Vgl. *Gill* NethYIL 26 (1995), 33 (46 f.); *Krisch* in Simma/Khan/Nolte/Paulus UN Charter Art. 40 Rn. 13 f.; *Kempen/Hillgruber/Grabenwarter*, Völkerrecht, 3. Aufl. 2021, § 36 Rn. 44. Zurückhaltend noch *Goodrich/Hambro/Simons*, Charter of the United Nations, 1969, 306 ff.
[131] *Krisch* in Simma/Khan/Nolte/Paulus UN Charter Art. 41 Rn. 3, 12 ff.; *van den Herik* LeidenJIL 20 (2007), 797 (798 f.). Nicht immer ist dieser Beugezwang allerdings erfolgreich, vgl. *Hafner* ZaöRV 76 (2016), 391 (411 f.).
[132] Vgl. etwa S/RES/713 v. 25.9.1993; S/RES/1173 v. 12.6.1998; S/RES/1306 v. 5.7.2000. Ferner s. *Weller* AJIL 86 (1992), 569 (577 ff.).
[133] *Krisch* in Simma/Khan/Nolte/Paulus UN Charter Art. 41 Rn. 13.

bedrohenden Verhaltens veranlassen.[134] Während bis in die 1990er Jahre umfassende Verbote üblich waren,[135] ist inzwischen ein Wechsel zu einer Beschränkung auf spezielle Güter zu verzeichnen, die als maßgeblich für das Ziel der Maßnahme erachtet werden, wie die Begrenzung des Im- oder Exports von Luxusgütern oder Waffen.[136] Außerdem versucht der Sicherheitsrat – obwohl Art. 41 UN-Charta dies nicht ausdrücklich verlangt –, die Auswirkungen von Handelsbeschränkungen auf nicht friedensgefährdende Dritte trotz der meist unvermeidbaren staatenübergreifenden Konsequenzen bestmöglich gering zu halten.[137] In diesen Fällen gewährt Art. 50 UN-Charta den Drittstaaten sogar ein Konsultationsrecht zur Abmilderung der Situation, wenngleich die grundsätzliche Verpflichtung aller UN-Mitgliedstaaten zur Umsetzung der Sanktion hiervon unberührt bleibt.[138] In seiner Sanktionspraxis hat der Sicherheitsrat ferner *„exceptions and exemptions"* formuliert, die etwa Lebensmittel, Medikamente und humanitäre Güter von den Sanktionen ausnehmen.[139]

Es liegt auf der Hand, dass unter Wirtschaftsblockaden in erster Linie die Zivilbevölkerung leidet. Dieser Umstand hat den Sicherheitsrat seit einiger Zeit veranlasst, **gezielte Sanktionen** (*„targeted sanctions"*) gegen Einzelpersonen oder Personenvereinigungen auf der Grundlage von Art. 41 UN-Charta zu verhängen. Derartige Sanktionen sind vor allem ein wesentlicher Bestandteil der Vereinten Nationen im Kampf gegen den internationalen Terrorismus.[140] Standardmaßnahmen sind insoweit finanzielle Sanktionen, wie das Einfrieren von Konten, und Beschränkungen der Reisefreiheit entsprechend gelisteter Personen oder Personenvereinigungen.[141] Politisch werden solche gezielten Sanktionen als vorzugswürdig angesehen, da sie die mutmaßlichen Störer oder Gefährder direkt treffen, ohne zugleich die Zivilbevölkerung zu schädigen.[142] Auch rechtlich bewegen sich diese gezielten Sanktionen im Handlungsrahmen von Art. 41 UN-Charta, da Adressat einer nichtmilitärischen Sanktion nicht notwendigerweise ein Staat sein muss.[143] Dennoch werfen *„targeted sanctions"* erhebliche menschenrechtliche Probleme auf. Denn obwohl die beim Sicherheitsrat geführten Listen terrorverdächtiger Personen die Basis für weitreichende Eingriffe in individuelle Freiheitsrechte darstellen, haben die Betroffenen auf der UN-Ebene keine rechtsstaatlich abgesicherte Möglichkeit, die Korrektheit der Eintragung und die Verhältnismäßigkeit der Sanktion überprüfen zu lassen.[144] Zu Recht haben sich daher **die Unionsgerichtsbarkeit und der EGMR** der grundrechtswidrigen Umsetzung beschlossener Sicherheitsratsmaßnahmen in Europa wirkungsvoll entgegengestellt.[145] Diese Reaktion hat

28

---

[134] *Schneider*, Wirtschaftssanktionen, 1999, 27 ff.; *Pyka*, Wirtschaftssanktionen der Vereinten Nationen und der EU, 2015, 19 ff.
[135] Vgl. zB S/RES/232 v. 16.12.1966; S/RES/253 v. 29.5.1968; S/RES/418 v. 4.11.1977; S/RES/713 v. 25.9.1991; S/RES/918 v. 17.5.1994.
[136] Vgl. etwa S/RES/1173 v. 12.6.1998; S/RES/1718 v. 14.10.2006; S/RES/2397 v. 22.12.2017.
[137] Vgl. *Sanchez Rydelski* RIW 1995, 803 (804); *Starck*, Die Rechtmäßigkeit von UNO-Wirtschaftssanktionen, 2000, 36 ff.
[138] *Reinisch/Novak* in Simma/Khan/Nolte/Paulus UN Charter Art. 50 Rn. 4 ff.; wohl auch *Hafner* ZaöRV 76 (2016), 391 (409).
[139] Vgl. zB S/RES/661 v. 6.8.1990. Näher *Gasser* ZaöRV 56 (1996), 871 (880 ff., 889).
[140] *Hafner* ZaöRV 76 (2016), 391 (408); *Biersteker/Ecker/Tourinho*, Targeted Sanctions, 2016, 11 f., 24 f.
[141] Vgl. S/RES/1267 v. 15.10.1999; S/RES/1333 v. 19.12.2000; S/RES/1390 v. 16.1.2002; S/RES/1521 v. 22.12.2003; S/RES/1636 v. 31.10.2005; S/RES/1757 v. 30.5.2007; S/RES/1988 v. 17.6.2011; S/RES/2195 v. 19.12.2014; S/RES/2249 v. 20.11.2015; S/RES/2199 v. 12.2.2015; S/RES/2368 v. 20.7.2017. Eingehend *Schmahl* in Odendahl, Die Bekämpfung des Terrorismus mit Mitteln des Völker- und Europarechts, 2017, 109 (121 ff.).
[142] *Cameron* NJIL 72 (2003), 159 (172 f.); *Fitzgerald* NELRev. 36 (2002), 957 (961, 982); *Schmahl* EuR 2006, 566 (566 f.); *Tsagourias/White*, Collective Security, 2015, 235.
[143] *Klein* AVR 30 (1992), 101 (104).
[144] Aus der Fülle an Literatur vgl. nur *Rosand* AJIL 98 (2004), 745 (748 ff.); *Foot* HRQ 29 (2007), 489 (496 ff.); *Lotz*, Individualsanktionen des UN-Sicherheitsrats vor dem Hintergrund der Rule of Law, 2014; *Scarpelli*, Wirtschaftssanktionen gegen private Personen, 2015; *Simonen* in Marossi/Bassett, Economic Sanctions under International Law, 2015, 179 ff.; *Eckert* in van den Herik, Research Handbook on UN Sanctions and International Law, 2017, 52 ff.
[145] Vgl. EuGH Urt. v. 3.9.2008 – Rs. C-402/05 P, Slg. 2008 I 6351 – *Kadi*. Fortgeführt und weiterentwickelt in EuG Urt. v. 30.9.2010 – Rs. T-85/09, Slg. 2010 II 5177 – *Kadi II*; EuGH Urt. v. 16.7.2013 –

zwar zu Friktionen im auf Universalität ausgerichteten System kollektiver Sicherheit geführt. Zugleich war sie aber auch Auslöser für eine wenigstens marginale Verbesserung der Rechtsschutzmöglichkeiten auf der Ebene der Vereinten Nationen durch die Einrichtung einer UN-Ombudsstelle.[146] Nicht unproblematisch ist freilich, dass der Rat der EU am 7.12.2020 ein globales EU-Menschenrechtssanktionsregime in Form des Ratsbeschlusses 2020/1999 und der Verordnung (EU) 2020/1998 verabschiedet hat.[147] Das Regime zielt darauf ab, schwerwiegende und systematische Menschenrechtsverletzungen weltweit dadurch zu bekämpfen, dass der Rat Reiseverbote sowie finanzielle Sanktionen gegen einzelne Menschenrechtsverletzer staatlicher wie nichtstaatlicher Provenienz verhängt. Diese Initiative trägt zwar dem allgemeinen Trend Rechnung, die traditionellen länderspezifischen Sanktionsinstrumente durch gezielte Maßnahmen zu ergänzen.[148] Der einseitige Charakter des EU-Menschenrechtssanktionsregime wirft allerdings die Frage nach seiner Legitimität insbesondere im Verhältnis zur „*targeted sanctions*"-Politik des Sicherheitsrats auf.[149] Anderes gilt hingegen für die in Reaktion auf den Angriffskrieg Russlands auf die Ukraine gegen das Moskauer Regime und die es unterstützenden Oligarchen erlassenen Sanktionspakete der EU. Sie finden ihre Rechtsgrundlage in Art. 215 AEUV und zielen darauf ab, das militärische und politische Kalkül der russischen Regierung zu verändern. Da die Ukraine die internationale Gemeinschaft ausdrücklich dazu aufgefordert hat, ihre Selbstverteidigung durch die Verhängung von nichtmilitärischen Sanktionen zu unterstützen, handelt es sich hierbei um völkerrechtlich zulässige Gegenmaßnahmen.[150]

29 Ferner hat der Sicherheitsrat eine Reihe weiterer Maßnahmen auf der Grundlage von Art. 41 UN-Charta ergriffen. So ist das ursprünglich auf konkret-individuelle Maßnahmen zugeschnittene Konzept von Art. 41 UN-Charta durch die Einsetzung internationaler *ad hoc*-Straftribunale,[151] institutionelle Regelungen für den Ersatz von Kriegsschäden[152] und den Erlass quasi-legislatorischer Maßnahmen[153] sowie die Errichtung internationaler Regierungs- und Administrativgewalt[154] in den vergangenen zwei Jahrzehnten stark gedehnt worden. Auch der Umstand, dass der Sicherheitsrat gelegentlich nichtmilitärische Sanktionen mit der Autorisierung zum Einsatz von Gewalt verknüpft hat, wie dies etwa in Resolutionen zum Irak, zu Haiti und Libyen der Fall war,[155] zeigt die **Breite der Sanktionspraxis** auf, die sich immer stärker an allgemeinen Gerechtigkeitsanforderungen und der nachhaltigen Sicherung gesellschaftlicher Strukturen als an der von der UN-Charta vorgesehenen konkreten Konfliktbeseitigung und Friedenssicherung orientiert.

Rs. C-584/10 P, ECLI:EU:C:2013:518 Rn. 119 ff. – *Kadi III*; EGMR Urt. v. 12.9.2012 – *Nada*, Nr. 10593/08, Rn. 172 ff.; (GK), Urt. v. 21.6.2016 – *Al-Dulimi*, Nr. 5809/08, Rn. 137 ff. Näher *Schmahl* in Schulze/Janssen/Kadelbach, Europarecht, 4. Aufl. 2020, § 6 Rn. 18, mwN.
[146] S/RES/1904 v. 17.12.2009. Dazu etwa *v. Arnauld* EuR 2013, 236 (244 f.); *Eckes* CMLRev. 51 (2014), 869 (877 f.); *Hovell* AJIL 110 (2016), 1 (15 ff.).
[147] ABl. EU 2020 L 410/13 und L 410/1.
[148] Wiewohl nicht ausdrücklich, nimmt das EU-Menschenrechtssanktionsregime implizit auf den *US Global Magnitsky Human Rights Accountability Act* (22 U.S.C. § 2656) Bezug, der auch schon als Vorbild für unilaterale Sanktionsmechanismen anderer Staaten gedient hat, vgl. *Ruys* Revue Belge de Droit International 43 (2017), 492 (495 ff.).
[149] *Ruys* ILM 60 (2021), 298 (299 f.).
[150] Näher *Schmahl* NJW 2022, 969 (972).
[151] Vgl. S/RES/827 v. 25.5.1993; S/RES/1166 v. 13.5.1998; S/RES/955 v. 8.11.1994; S/RES/1757 v. 30.5.2007. Dazu *Bienk-Koolman*, Die Befugnis des Sicherheitsrates der Vereinten Nationen zur Einsetzung von ad-hoc Strafgerichtshöfen, 2009, 177 ff.; *Akhavan* HRQ 31 (2009), 624 ff.
[152] S/RES/687 v. 3.4.1991. Dazu *Maruahn* ZaöRV 52 (1992), 781 (784 f.); *Graefrath* ZaöRV 55 (1995), 1 ff.; *Böckstiegel* VN 1997, 89 ff.
[153] Vgl. insbesondere S/RES/1373 v. 28.9.2001. Dazu überwiegend kritisch: *Finke/Wandscher* VN 2001, 168 (171 f.); *Wagner* ZaöRV 63 (2003), 879 (909 ff.); *Rosand* AJIL 97 (2003), 333 (334 ff.); *Talmon* AJIL 99 (2005), 175 ff.; *Neusüß*, Legislative Maßnahmen des UN-Sicherheitsrates im Kampf gegen den internationalen Terrorismus, 2008, 140 ff.; *Kloke*, Der Sicherheitsrat der VN als Weltgesetzgeber, 2016, 67 ff.
[154] Vgl. zB S/RES/1244 v. 10.6.1999; S/RES/1272 v. 25.10.1999.
[155] Vgl. S/RES/665 v. 25.8.1990; S/RES/875 v. 16.10.1993; S/RES/1973 v. 17.3.2011. Vgl. auch → Rn. 31.

C. Internationales Sanktionsregime und Selbstverteidigung § 8

c) Militärische Zwangsmaßnahmen gemäß Art. 42 UN-Charta. Gegenteiliges gilt 30 indes für den Bereich der militärischen Zwangsmaßnahmen, zu deren Verhängung der Sicherheitsrat nach Art. 42 UN-Charta ermächtigt ist. Der Wortlaut der Norm indiziert zwar das weite Ermessen des Sicherheitsrats, weshalb es dem Sicherheitsrat unbenommen ist, auch atypische Zwangsmaßnahmen anzuordnen, etwa im Bereich einer *„international territorial administration"*.[156] Zudem ist kein vorheriges Ausschöpfen nichtmilitärischer Maßnahmen erforderlich, um auf militärische Sanktionen zurückzugreifen; es genügt eine Prognoseentscheidung des Sicherheitsrats.[157] Dennoch hat der Sicherheitsrat bislang **keine militärischen Zwangsmaßnahmen verhängt**. Der Grund hierfür liegt darin, dass die Sonderabkommen nach Art. 43 UN-Charta, wonach die Mitgliedstaaten dem Sicherheitsrat Truppen zur Durchführung von militärischen Sanktionen bereitstellen, nicht abgeschlossen worden sind.[158] Die von der UN-Charta anvisierte Zentralisierung der militärischen Reaktionen unter der Führung des Sicherheitsrats ist damit als gescheitert anzusehen.[159]

d) Mandatierung einzelner Staaten(gruppen) zum Einsatz von Gewalt. Wohl auch 31 deshalb ist der Sicherheitsrat vermehrt – etwa im Golfkonflikt 1990/91[160] oder in Bezug auf Jugoslawien[161] und Libyen[162] – dazu übergegangen, die Gewaltanwendung durch Staaten oder Staatengruppen zu autorisieren. Ermächtigt der Sicherheitsrat einzelne Staaten(gruppen), militärische Maßnahmen durchzuführen, so ist dies keine Maßnahme, die von Art. 42 UN-Charta ausdrücklich vorgesehen ist.[163] Dennoch ist diese Verfahrensweise wegen der Billigung durch den Sicherheitsrat inzwischen **gewohnheitsrechtlich** außer Frage gestellt.[164] Rechtlich erforderlich ist hierfür eine hinreichend deutliche Autorisierung zur Anwendung von Gewalt durch den Sicherheitsrat.[165] In der Praxis bleiben die relevanten Sicherheitsratsresolutionen jedoch häufig vage, indem sie pauschal auf Kapitel VII der UN-Charta verweisen oder die Mitgliedstaaten generell zum Einsatz „aller erforderlichen Mittel" aufrufen oder (nachträglich) ermächtigen.[166] Insbesondere die Statthaftigkeit solcher **impliziten** und *ex post*-**Autorisierungen** ist in der Literatur umstritten,[167] da ihnen die Gefahr innewohnt, dass Staaten ihre Handlungen mit Verweis auf Resolutionen kontextbezogen zu rechtfertigen suchen, die der Sicherheitsrat so möglicherweise nicht erwogen hat.[168] Als ein besonders kontroverser Beispielsfall gilt die Resolution 2249 (2015), in der der Sicherheitsrat im Wege eines Formelkompromisses die Mitgliedstaaten dazu aufforderte, alle notwendigen Maßnahmen im Einklang mit dem Völkerrecht zu treffen, um die Terrorakte des Islamischen Staates im Irak und in Syrien zu unterbinden.[169] Während manche in

---
[156] *Krisch* in Simma/Khan/Nolte/Paulus UN Charter Art. 42 Rn. 29 ff.
[157] Vgl. *Brunner* NZWehrr 1992, 1 (11); *Gill* NethYIL 26 (1995), 33 (52 f.); vgl. auch *Schrijver* in Blokker/Schrijver, The Security Council and the Use of Force, 2005, 31 (36 ff.).
[158] Krit. *Riedel* ZRP 1991, 5 (6 f.); *Bauer*, Effektivität und Legitimität, 1996, 71 ff.; *Doehring*, Völkerrecht, 2. Aufl. 2004, Rn. 464.
[159] Früh bereits *Halderman* AJIL 56 (1962), 971 (985). Aus jüngerer Zeit *Blokker* EJIL 11 (2000), 541 (541 f.); *Krisch* in Simma/Khan/Nolte/Paulus UN Charter Art. 42 Rn. 8 ff.
[160] Dazu *Green* AVR 28 (1990), 369 ff.; *Fink* AVR 29 (1991), 452 ff.; *Reisman* Yale ILJ 16 (1991), 203 ff.
[161] Vgl. *Bothe* FS Dau, 1999, 13 (26 ff.).
[162] Vgl. *Geiß/Kashgar* VN 2011, 99 (100 ff.).
[163] *Bothe* in Graf Vitzthum/Proelß VölkerR 8. Abschn. Rn. 49.
[164] Einhellige Ansicht, vgl. *Gray* EJIL 13 (2002), 1 (3 ff.); *Ruffert* ZRP 2002, 247 (251); *de Wet*, The Chapter VII Powers of the UN Security Council, 2004, 260 ff.; *Dinstein*, War, Aggression and Self-Defence, 6. Aufl. 2017, 358 ff.; *Heintschel von Heinegg* in Ipsen VölkerR § 57 Rn. 21.
[165] *de Wet*, The Chapter VII Powers of the UN Security Council, 2004, 94 ff.; *Gray*, International Law and the Use of Force, 4. Aufl. 2018, 348 ff. AA *Hakimi* AJIL 112 (2018), 151 ff.
[166] Vgl. etwa S/RES/678 v. 2.10.1990; S/RES/687 v. 3.4.1991; S/RES/1816 v. 2.6.2008; S/RES/2249 v. 20.11.2015. Weitere Beispiele bei *Kempen/Hillgruber/Grabenwarter*, Völkerrecht, 3. Aufl. 2021, § 36 Rn. 62.
[167] Vgl. nur *Sarooshi*, The United Nations and the Development of Collective Security, 1999, 155 ff.; *de Wet*, The Chapter VII Powers of the UN Security Council, 2004, 265 ff.; *Chainoglou*, Reconceptualising the Law of Self-Defence, 2008, 211 ff.; *Krisch* in Simma/Khan/Nolte/Paulus UN Charter Art. 42 Rn. 20 ff.
[168] Zur Missbrauchsgefahr vgl. *Quigley* MichJIL 17 (1996), 249 (264 f.); *Lobel/Ratner* AJIL 93 (1999), 124 (126); *Blokker* EJIL 11 (2000), 541 (555 ff.).
[169] S/RES/2249 v. 20.11.2015, Ziff. 5.

dieser Aufforderung eine echte Autorisierung zu Militäreinsätzen erblicken, sehen andere hierin bloß einen völlig unverbindlichen Appell zum Ergreifen geeigneter, nicht notwendigerweise militärischer Mittel.[170] Einigkeit besteht lediglich darin, dass schlichte Verurteilungen eines Staats durch den Sicherheitsrat nicht genügen, um jenen mit militärischer Gewalt vonseiten einzelner oder in Gruppen zusammengeschlossener Mitgliedstaaten zur Beachtung der Pflichten aus der UN-Charta anzuhalten.[171]

32 e) Grenzen des Sanktionsregimes und Rechtskontrolle. Ungeachtet der Weite von Kapitel VII der UN-Charta besteht **keine Bindungslosigkeit des Sicherheitsrats**. Die in Art. 39–42 UN-Charta enthaltenen Begriffe sind Rechtsbegriffe, die weder einen unbegrenzten Beurteilungsspielraum noch ein ungebändigtes Entscheidungsermessen gewähren.[172] Sowohl das allgemeine Völkerrecht als auch die UN-Charta setzen den Beschlüssen des Sicherheitsrats Grenzen.[173] Dies gilt nicht nur verfahrensrechtlich im Blick auf die Abstimmungsmodalitäten und das Vetorecht der ständigen Mitglieder gem. Art. 27 Abs. 3 UN-Charta,[174] sondern auch in materiell-rechtlicher Perspektive, wie Art. 24 Abs. 2 UN-Charta belegt.[175] Vor allem beschränken die Achtung der staatlichen Souveränität und die Wahrung grundlegender Menschenrechte Gehalt und Ausmaß von Sicherheitsratsbeschlüssen. Die Souveränität der Mitgliedstaaten wird an verschiedenen Stellen der Charta berücksichtigt und bietet den Mitgliedstaaten Schutz vor einer Einmischung in ihre inneren Angelegenheiten.[176] Daneben trifft den Sicherheitsrat die Verpflichtung, den menschenrechtlichen Kernbestand zu berücksichtigen.[177] In der Tat bedenkt der Sicherheitsrat den Schutz der Zivilbevölkerung vor humanitären Notlagen inzwischen vermehrt in seinen Resolutionen.[178] Hinzu kommen die Beachtung des Prinzips der Verhältnismäßigkeit[179] und das Gebot der Rücksichtnahme gegenüber den Zuständigkeiten des IGH.[180] Sonstige völkerrechtliche Beschränkungen werden aus den zwingenden Normen des Völkerrechts und allgemeinen Rechtsgrundsätzen abgeleitet.[181] Vor allem muss der Sicherheitsrat die fundamentalen Schutznormen der Genfer Rotkreuz-Abkommen beachten.[182] Der allgemeine Rechtsgrundsatz von Treu und Glauben entfaltet in seiner Ausprägung als Willkürverbot ebenfalls eine den Erlass von Zwangsmaßnahmen begrenzende Wirkung.[183]

---

[170] Zur Kontroverse s. etwa *Akande/Milanović* EJIL: Talk! (21.11.2015); *Stegmiller* Die Friedens-Warte 90 (2015), 245 (249); *Payandeh/Sauer* ZRP 2016, 34 (35); *Bautze* KJ 49 (2016), 535 (540).

[171] Vgl. *Krisch* MPYUNL 3 (1999), 59 (85 f.); *Lobel/Ratner* AJIL 93 (1999), 124 (131 ff.); *Czaplinski* FS Degan, 2005, 39 (44 ff.).

[172] Vgl. nur *Martenczuk*, Rechtsbindung und Rechtskontrolle des Weltsicherheitsrates, 1996, 207 ff.; *Martenczuk* EJIL 10 (1999), 517 (534 ff.); *Bruha* in Wolfrum/Philipp, United Nations, 1995, 1147, Rn. 26 ff.; *Bruha* AVR 41 (2003), 295 (309 ff.).

[173] Vgl. *Bauer*, Effektivität und Legitimität, 1996, 208 ff.; *Krisch* in Simma/Khan/Nolte/Paulus UN Charter General Framework Rn. 38 ff.

[174] Dazu *Schmahl* in Graf Vitzthum/Proelß VölkerR 4. Abschn. Rn. 142 ff.

[175] Vgl. dazu bereits die *Dissenting Opinion* des Richters *Fitzmaurice* in IGH Gutachten v. 21.6.1971 *(Namibia)*, ICJ Rep. 1971, 294, Rn. 116.

[176] Vgl. Art. 1 Nr. 2 und Art. 2 Nr. 1 und Nr. 7 UN-Charta. Freilich erodiert das Prinzip der Nichteinmischung in innere Angelegenheiten aufgrund von Individualschutz und Globalisierung inzwischen an den Rändern, vgl. *Hector* ZeuS 2021, 207 (208 ff.).

[177] Vgl. Art. 1 Nr. 3 und Art. 55 lit. c UN-Charta. Näher *Reinisch* AJIL 95 (2001), 851 (855 ff.); *Oette*, Die Vereinbarkeit der vom Sicherheitsrat nach Kapitel VII der UN-Charta verhängten Wirtschaftssanktionen mit den Menschenrechten und dem humanitären Völkerrecht, 2003, 205 ff.; *Schilling* ZaöRV 64 (2004), 343 ff.; *Thallinger* ZaöRV 67 (2007), 1015 (1026 ff.); *Halberstam/Stein* CMLRev 46 (2009), 13 (16 ff.). Weitergehend *Bothe* JICJ 6 (2008), 541 ff.

[178] ZB S/RES/666 v. 13.9.1990; S/RES/1325 v. 31.10.2000, 3; S/RES/1333 v. 19.12.2000; S/RES/1747 v. 24.3.2007.

[179] Dazu *Gowlam* MJIL 1996, 285 (305 ff.).

[180] Vgl. nur *Klein* FS Mosler, 1983, 467 (477).

[181] *Krisch* in Simma/Khan/Nolte/Paulus UN Charter General Framework Rn. 47; *Orakhelashvili* EJIL 16 (2005), 59 ff.; *Hafner* ZaöRV 76 (2016), 391 (401 f.).

[182] Vgl. *de Wet*, The Chapter VII Powers of the UN Security Council, 2004, 187 ff.

[183] *Starck*, Die Rechtmäßigkeit von UNO-Wirtschaftssanktionen, 2000, 175 ff.; *Davidsson* FlorJIntL 2003, 541 ff.

Der Umstand, dass der Sicherheitsrat auch im Bereich der Friedenswahrung und -wiederherstellung nicht über unumschränkte Gewalt verfügt, wird allerdings dadurch relativiert, dass eine **Rechtskontrolle** der Maßnahmen des Sicherheitsrats nur **unvollkommen** vorgesehen ist. Organisationsintern können Akte der UN-Organe, also auch solche des Sicherheitsrats, von den Mitgliedstaaten (oder anderen Staaten) nicht gerichtlich angefochten werden.[184] Nur auf Umwegen kann eine verbindliche Nachprüfung durch den IGH dadurch erfolgen, dass der von einer Entscheidung des Sicherheitsrats belastete Staat eine Rechtsverletzung gegen einen anderen Staat geltend macht, der sein Verhalten auf einen Sicherheitsratsbeschluss stützt. In diesem Fall kann der IGH inzident und für die Streitparteien verbindlich die Rechtmäßigkeit der Maßnahme des Sicherheitsrats kontrollieren – vorausgesetzt, die Streitparteien haben sich seiner Gerichtsbarkeit unterworfen.[185] Auch das Gutachtenverfahren vor dem IGH gewährleistet eine gewisse rechtliche Kontrolle. Doch kann der Gerichtshof insoweit nur von anderen UN-Organen oder von UN-Sonderorganisationen angerufen werden; außerdem ist das Gutachtenergebnis nicht verbindlich.[186] Diese faktische Rechtsschutzlosstellung der Mitgliedstaaten, die nur unvollkommen und mittelbar im Rahmen zwischenstaatlicher Streitigkeiten aufgefangen werden kann, stellt einen wesentlichen Mangel in der Verfasstheit der Staatengemeinschaft dar.[187] Letztlich wird damit die Frage der (indirekten) Rechtskontrolle der Sicherheitsratsbeschlüsse auf die Ebene der Mitgliedstaaten oder ihrer für die Umsetzung dieser Entscheidungen zuständigen internationalen Organisationen (zB EU) verlagert, was wiederum schwierige Fragen im Verhältnis zu den Vereinten Nationen aufwerfen kann.[188] Diese Erkenntnis lässt das Vetorecht nach Art. 27 Abs. 3 UN-Charta in einem anderen Licht erscheinen. Es ist eben nicht nur Privileg bestimmter Mächte, sondern kann auch die Funktion einer Intraorgankontrolle haben, obwohl dabei weniger rechtliche denn vor allem politische Erwägungen relevant sein dürften.[189]

3. Durchführung der Beschlüsse des Sicherheitsrats durch UN-Mitglieder und internationale Organisationen gemäß Art. 48 UN-Charta

Trotz der nur beschränkten Möglichkeiten einer Rechtskontrolle sind die Mitgliedstaaten nach Art. 48 iVm Art. 25 UN-Charta zur Umsetzung von Sicherheitsratsbeschlüssen völkerrechtlich verpflichtet. Die Staaten haben durch geeignete Maßnahmen sicherzustellen, dass die Entscheidungen nach Kapitel VII der UN-Charta in der jeweiligen Rechtsordnung umgesetzt werden.[190] Eine weitergehende Verpflichtung oder Berechtigung folgt daraus aber nicht. Insbesondere hat die Verbindlichkeit von Sicherheitsratsresolutionen keine unmittelbare Wirkung innerhalb der staatlichen Rechtsordnung.[191] Die Vereinten Nationen sind keine supranationale Organisation, deren Rechtsakte von den staatlichen Rechtsanwendungsorganen ohne Weiteres anzuwenden wären. Die Mitgliedstaaten sind lediglich verpflichtet, die **völkerrechtskonforme Umsetzung** – in der Regel durch Schaffung einschlägiger Rechtsgrundlagen – zu gewährleisten.[192] Umgekehrt ermächtigt

---

[184] Es fehlt an einer entsprechenden Zuständigkeit des IGH vgl. *Rosenne,* International Court of Justice, MPEPIL V, 2012, 459, Rn. 61. Zur Frage der Überprüfbarkeit bindender Sicherheitsratsresolutionen durch innerstaatliche Gerichte vgl. *de Wet/Nollkaemper* GYIL 45 (2002), 166 (184 ff.).
[185] Dies war die Situation des Streitverfahrens im *Lockerbie*-Fall zwischen Libyen gegen USA und Großbritannien (1992); vgl. dazu die Nachweise in Fn. 8.
[186] Vgl. Art. 96 UN-Charta, Art. 65 ff. IGH-Statut; vgl. auch *Thirlway,* Advisory Opinions, MPEPIL I, 2012, 97, Rn. 26 ff.
[187] So auch *Sohn* AJIL 77 (1983), 124 ff.; *de Wet* NILR 47 (2000), 181 ff.; *Nolte* in Breuer ua, Im Dienste des Menschen, 2009, 21 (27 ff.); *Ruffert/Walter,* Institutionalisiertes Völkerrecht, 2. Aufl. 2015, Rn. 226 ff., 439.
[188] *Tzanakopoulos,* Disobeying the Security Council, 2011, 112 ff., 154 ff. Vgl. auch → Rn. 28 mit Fn. 145.
[189] *Schmahl* in Graf Vitzthum/Proelß VölkerR 4. Abschn. Rn. 152.
[190] Vgl. auch Art. 2 Nr. 5 UN-Charta. Ferner s. *Schachter* AJIL 85 (1991), 452 (463); *v. Arnauld* VölkerR Rn. 1071.
[191] Zum Problem *Frowein,* United Nations, EPIL IV (2000), 1029 (1036); *Zimmermann/Elberling* VN 2004, 71 ff.
[192] *Schmahl* in Graf Vitzthum/Proelß VölkerR 4. Abschn. Rn. 151.

Art. 48 UN-Charta die Staaten freilich nicht zu einer eigenständigen Bewertung der Situation oder der angeordneten Zwangsmaßnahmen.[193] Lediglich in Ausnahmefällen kann ein „*right of last resort*" zur Nichtumsetzung von Sicherheitsratsresolutionen bestehen. Dies erfordert aber, dass die Illegalität eines Sicherheitsratsbeschlusses unzweifelhaft gegeben ist und der Sicherheitsrat keine Bereitschaft zur Rücknahme der Resolution zeigt.[194]

35 Um **wirtschaftlich schwache oder neutrale Staaten** nicht über Gebühr zu beanspruchen, sieht Art. 48 Abs. 1 UN-Charta die Möglichkeit einer selektiven Partizipation vor. Für diese Staaten kann eine Reduzierung der Verpflichtungen angenommen werden; ein Anspruch hierauf besteht aber nicht.[195] Im Gegenteil verwendet der Sicherheitsrat gerade bei Wirtschaftssanktionen, die bei nur teilweiser Beachtung wirkungslos wären, meist sehr weitreichende Formulierungen wie „*all member States*", ohne auf Ausnahmen nach Art. 48 Abs. 1 UN-Charta einzugehen.[196] Darüber hinaus adressiert der Sicherheitsrat in Anwendung von Art. 2 Nr. 6 UN-Charta sogar auch **Nichtmitglieder** und ruft diese ebenfalls zur Einhaltung der Maßnahmen auf.[197] Dennoch müssen sich Dritte an den vom Sicherheitsrat verhängten Sanktionen gegen einen Friedensbrecher nicht beteiligen. Jedenfalls haben nicht-UN-angehörige Drittstaaten stets, auch wenn sie sich den Maßnahmen angeschlossen haben, die Freiwilligkeit dieser Teilnahme aufgrund eigener Entscheidung betont.[198]

36 Zusätzlich besteht nach Art. 48 Abs. 2 UN-Charta die Möglichkeit, Sicherheitsratsbeschlüsse durch Maßnahmen in geeigneten **internationalen Einrichtungen** durchzuführen. In der Praxis hat der Sicherheitsrat wiederholt Ermächtigungen zum Einsatz von Gewalt mehr oder minder explizit auf die Umsetzung durch regionale Organisationen zugeschnitten.[199] Daraus folgt jedoch keine Freistellung der diesen Einrichtungen angehörenden Mitgliedstaaten. Die rechtliche Verpflichtung aus Art. 48 iVm Art. 25 UN-Charta trifft sie nach wie vor. Sie bleiben lediglich ermächtigt, im Rahmen einer internationalen Organisation eine gemeinsame Durchsetzungsstrategie zu verfolgen.[200] Vor allem die EU setzt die Maßnahmen des Sicherheitsrats auf der Grundlage von Art. 28 f. EUV und Art. 215 AEUV in einem zweistufigen Verfahren um. Reibungen bestehen jedoch im Blick auf die vom Sicherheitsrat verhängten „*targeted sanctions*", die von der Unionsgerichtsbarkeit als grundrechtswidrig angesehen werden.[201]

II. Individuelle und kollektive Selbstverteidigung gemäß Art. 51 UN-Charta

1. Komplementärverhältnis zwischen Selbstverteidigung und Gewaltverbot

37 Von den Zwangsmaßnahmen nach Kapitel VII der UN-Charta prinzipiell unberührt bleibt das – auch gewohnheitsrechtlich geltende – Recht der Staaten auf Selbstverteidigung nach Art. 51 UN-Charta. Grundsätzlich besteht ein klares Regel-Ausnahme-Verhältnis zwischen dem völkerrechtlichen Gewaltverbot und dem Recht zur individuellen und kollektiven Selbstverteidigung.[202] Dennoch ist **Selbstverteidigung nicht notwendig ein Ge-**

---

[193] *Reinisch/Novak* in Simma/Khan/Nolte/Paulus UN Charter Art. 48 Rn. 3 f.
[194] *de Wet*, The Chapter VII Powers of the UN Security Council, 2004, 375 ff., 382.
[195] *Bindschedler* ZaöRV 28 (1968), 1 (5 ff.); *Zemanek* ZaöRV 28 (1968), 16 (22 f.); *Zemanek* AustrianJIL 42 (1991), 277 (279 ff.).
[196] ZB S/RES/232 v. 16.12.1966; S/RES/1306 v. 5.7.2000; S/RES/1390 v. 16.1.2002.
[197] ZB in S/RES/661 v. 6.8.1990. Weitere Beispiele bei *Bohr* EJIL 4 (1993), 256 (263); *Fink*, Kollektive Friedenssicherung, 1999, 62 ff.
[198] Vgl. *v. Schenck* ZaöRV 29 (1969), 257 (269 ff.); *Schmahl* in Graf Vitzthum/Proelß VölkerR 4. Abschn. Rn. 92.
[199] ZB S/RES/1031 v. 15.12.1995; S/RES/1088 v. 12.12.1996; S/RES/1244 v. 10.6.1999; S/RES/1575 v. 22.11.2004; S/RES/1671 v. 25.4.2006; näher → Rn. 62 ff.
[200] *Reinisch/Novak* in Simma/Khan/Nolte/Paulus UN Charter Art. 48 Rn. 10 ff.
[201] *Wolf-Zimper*, Zielgerichtete Sanktionen des Sicherheitsrates der Vereinten Nationen und effektiver Rechtsschutz, 2009, 75 ff.; *Stöckel*, Smart sanctions in der Europäischen Union, 2014, 216 ff., jeweils mwN; vgl. auch → Rn. 28.
[202] *Neuhold*, Internationale Konflikte, 1977, 110 f.; *v. Arnauld* VölkerR Rn. 1050, 1082.

gensatz zum Gewaltverbot,** sondern verhält sich zu diesem komplementär. Das Recht zur Selbstverteidigung ist nämlich auch ein Mittel, um das Verbot militärischer Gewalt durchzusetzen.[203] Die Selbstverteidigung der Ukraine gegen den völkerrechtswidrigen Angriffskrieg Russlands ist hierfür das jüngste Beispiel. Mit der Eindämmung des Kriegführungsrechts der Staaten hat das Recht zur Selbstverteidigung sogar Auftrieb erfahren.[204] Vor allem das kollektive Selbstverteidigungsrecht steht im Einklang mit dem grundlegenden Ziel der Vereinten Nationen, kollektive Sicherheit zu gewährleisten.[205]

Konzeptionell stellt das Selbstverteidigungsrecht ein Stadium zwischen dem Akt völkerrechtswidriger Gewaltanwendung und den kollektiven Zwangsmaßnahmen des Sicherheitsrats dar. Die in **Art. 51 S. 2 Hs. 1 UN-Charta** vorgesehene Notifikationspflicht und die dort festgeschriebene Subsidiarität staatlicher Verteidigungsmaßnahmen belegen, dass dem Sicherheitsrat die Hauptverantwortung für die Wahrung oder Wiederherstellung des Weltfriedens überantwortet ist.[206] Zieht der Sicherheitsrat die Verantwortung an sich und ermächtigt die Staatengemeinschaft oder bestimmte Staaten zur Gewaltanwendung auf der Grundlage von Art. 42 UN-Charta iVm Art. 48 UN-Charta, ist das Recht auf Selbstverteidigung vertragsrechtlich suspendiert.[207] Diese Suspendierung stützt die Grundkonzeption der UN-Charta, wonach die Möglichkeit unilateraler Gewaltanwendung auf ein Minimum zurückzudrängen ist.[208]

38

Dennoch kommt in der Praxis der Selbstverteidigung große Bedeutung zu.[209] Der IGH unterstreicht sogar, dass das **naturgegebene, gewohnheitsrechtlich verankerte Recht** zur Selbstverteidigung auch durch die UN-Charta nicht abbedungen werden kann.[210] In der Tat kann keinem Staat zugemutet werden, auf einen bewaffneten Angriff nicht mit Selbstverteidigungsmaßnahmen zu reagieren.[211] Dies gilt umso mehr, als Inhalt und Anwendungsbereich des gewohnheitsrechtlichen Selbstverteidigungsrechts – mit Ausnahme der Notifizierungspflicht – denjenigen des Art. 51 UN-Charta entsprechen.[212] Das Recht auf Selbstverteidigung ist also insgesamt nicht als Durchbrechung, sondern als ergänzender Baustein des Systems kollektiver Sicherheit zu verstehen.[213] Es ist in seiner Entstehung von einem Beschluss des Sicherheitsrats unabhängig.[214] Der Sicherheitsrat hat aber die Aufgabe, internationale Kontrolle über das Vorliegen der Voraussetzungen auszuüben und das Selbstverteidigungsrecht zu bestätigen oder zurückzuweisen.[215] Eine Bekräftigung des Selbstver-

39

---

[203] *Wildhaber* in Schaumann, Völkerrechtliches Gewaltverbot und Friedenssicherung, 1971, 147 (148).
[204] *Krisch,* Selbstverteidigung und kollektive Sicherheit, 2001, 25 ff.; *Randelzhofer/Nolte* in Simma/Khan/Nolte/Paulus UN Charter Art. 51 Rn. 1 f.
[205] Wie hier *Wildhaber* in Schaumann, Völkerrechtliches Gewaltverbot und Friedenssicherung, 1971, 147 (165); *Tsagourias/White,* Collective Security, 2015, 80 ff.; wohl auch *Sassenrath* NVwZ 2015, 442 (444).
[206] Vgl. *Krisch,* Selbstverteidigung und kollektive Sicherheit, 2001, 54 ff., 137 f.; *Kittrich,* The Right of Individual Self-Defense in Public International Law, 2008, 93 ff.; *Graf von Kielmansegg* AVR 50 (2012), 285 (293 ff., 298 f.); *Gutmann/Sassenrath* NZWehr 2017, 177 (192 ff.). Vgl. auch IGH Urt. v. 27.6.1986 *(Nicaragua),* ICJ Rep. 1986, 14, Rn. 200, 235.
[207] Vgl. *International Law Association,* Final Report on Aggression and the Use of Force, 2018, 10. Beispiele hierfür sind S/RES/678 v. 29.11.1990; S/RES/1386 v. 20.12.2001; S/RES/1510 v. 13.10.2003.
[208] *Hobe,* Völkerrecht, 11. Aufl. 2020, 213. Andere Akzentsetzung bei *Kempen/Hillgruber/Grabenwarter,* Völkerrecht, 3. Aufl. 2021, § 38 Rn. 100 f.
[209] Vgl. *Schadtle* JURA 2009, 686 (692); *Löw,* Gewaltverbot und Selbstverteidigungsrecht nach dem 11. September 2001, 2009, 50. Ferner am Beispiel des Irak-Kriegs *Bothe* AVR 41 (2003), 255 (261 ff.).
[210] IGH Urt. v. 27.6.1986 *(Nicaragua),* ICJ Rep. 1986, 14, Rn. 193, 235.
[211] Einhellige Ansicht, vgl. nur *Kelsen* AJIL 42 (1948), 783 (784 f.); *Gill* NethYIL 26 (1995), 33 (99 f.); *Alder,* The Inherent Right of Self-Defence in International Law, 2013, 91 ff.
[212] Früh bereits *Kelsen,* The Law of the United Nations, 1951, 913 ff.; aus jüngerer Zeit *Constantinou,* The Right of Self-Defence under Customary International Law and Article 51 of the UN Charter, 2000, 51 ff.; *Randelzhofer/Nolte* in Simma/Khan/Nolte/Paulus UN Charter Art. 51 Rn. 56, 63. Vgl. auch IGH Urt. v. 27.6.1986 *(Nicaragua),* ICJ Rep. 1986, 14, Rn. 181.
[213] *Graf von Kielmansegg* AVR 50 (2012), 285 (291 ff.).
[214] *Heintschel von Heinegg/Gries* AVR 40 (2002), 145 (152 f.); *Stelter,* Gewaltanwendung unter und neben der UN-Charta, 2007, 259.
[215] *Greig* ICLQ 40 (1991), 366 (392, 398); *Graf von Kielmansegg* AVR 50 (2012), 285 (296 f.). Vgl. auch *Stahn* Tilburg FLRev. 10 (2003), 10 (33 f.).

teidigungsrechts hat der Sicherheitsrat etwa im Koreakrieg 1950, im Golfkrieg 1990/91 und nach den Anschlägen vom 11.9.2001 gegeben.[216] Damit ist die herkömmliche Vorstellung einer strikten Trennung von Selbstverteidigung und Maßnahmen kollektiver Sicherheit zu relativieren.[217] Vom Sicherheitsrat sanktionierte Kollektivmaßnahmen spielen gerade im Kontext des Selbstverteidigungsrechts eine nicht unmaßgebliche Rolle. Soweit freilich ein ständiges Sicherheitsratsmitglied selbst eine Aggression begeht, läuft die treuhänderische Befugnis des Sicherheitsrats zur kollektiven Wiederherstellung des Weltfriedens wegen des Veto-Rechts ins Leere. So hat der Sicherheitsrat einen von Albanien und den USA am 25.2.2022 vorgelegten Resolutionsentwurf, der darauf abzielte, die aggressive Militäroffensive der Russischen Föderation gegen den ukrainischen Nachbarstaat zu beenden, aufgrund der ausdrücklichen Ablehnung vonseiten Russlands nicht annehmen können.[218] Eine Pflicht zur Enthaltung von Streitparteien kennt Art. 27 Abs. 3 UN-Charta nur bei Beschlüssen zur friedlichen Streitbeilegung, nicht aber im Rahmen von Kapitel VII UN-Charta. Dies ist zweifellos ein vertragsimmanentes Defizit.

2. Voraussetzungen der Selbstverteidigung

40 **a) Definition des „bewaffneten Angriffs" in Abgrenzung zu verwandten Rechtsbegriffen.** Weder das gewohnheitsrechtliche Selbstverteidigungsrecht noch Art. 51 UN-Charta enthält freilich eine Blankettermächtigung. Zentrale Voraussetzung für jede Art der Selbstverteidigung ist vielmehr das Vorliegen eines „bewaffneten Angriffs". Da die UN-Charta keine Legaldefinition bereithält, bemühen sich Praxis und Literatur seit jeher um eine Konturierung des Begriffs, vor allem in Abgrenzung zum Gewaltbegriff in Art. 2 Nr. 4 UN-Charta und zur „Angriffshandlung" in Art. 39 und Art. 1 Nr. 1 UN-Charta.[219] Nach Ansicht des IGH ist für die Qualifizierung als „bewaffneter Angriff" eine Einzelfallbetrachtung vorzunehmen, die sowohl die Größenordnung des Angriffs (*„scale"*) als auch dessen Auswirkungen (*„effects"*) in den Blick nimmt.[220] Auch Terrorakte und Cyberoperationen können hierunter gefasst werden. Zwar sind die Begriffe „Gewalt" und „bewaffneter Angriff" traditionell mit militärischer Gewalt verbunden, die kinetische Energie freisetzt.[221] Weder die UN-Charta noch die einschlägigen Resolutionen der Generalversammlung[222] geben aber einen bestimmten Waffen- oder Gewaltbegriff vor. Ihnen liegt vielmehr eine **offene wirkungsspezifische Konzeption** zugrunde, die neuartige Bedrohungen sowie technologische Entwicklungen einschließt. Der IGH hat ausdrücklich festgehalten, dass es beim Gewaltverbot nicht auf die Art der eingesetzten Mittel oder das Zielobjekt, sondern allein auf ihre zerstörerische Wirkung ankomme, die mit jener von konventionellen Waffen vergleichbar sein müsse.[223] Dieses Prinzip der Wirkungs-Äquivalenz gelangt auch im

---

[216] Zum Koreakrieg vgl. S/RES/82 v. 25.6.1950; S/RES/83 v. 27.6.1950, dazu *Graf von Kielmansegg* AVR 50 (2012), 285 (311). Zum Golfkrieg vgl. S/RES/660 v. 2.8.1990; S/RES/661 v. 6.8.1990; S/RES/665 v. 25.8.1990, dazu *Klein* AVR 29 (1991), 421 (427); *Verhoeven* AFDI 36 (1990), 149 (159, 166 f.). Zu den Anschlägen vom 11. September 2001 vgl. S/RES/1368 v. 12.9.2001; S/RES/1373 v. 28.9.2001, dazu *Franck* AJIL 95 (2001), 839 (841).
[217] *Ruffert* ZRP 2002, 247 (247 f.); *Berman* SYBIL 10 (2006), 9 (14).
[218] Vgl. SC/14808 v. 25.2.2022.
[219] Vgl. nur *Ruys*, Armed Attack and Article 51 of the UN Charter, 2010, 126 ff.; *Gray*, International Law and the Use of Force, 4. Aufl. 2018, 173 ff., jeweils mwN. – Der Tatbestand des Aggressionsverbrechens nach Art. 8bis IStGH-Statut spielt für die Auslegung von Art. 51 UN-Charta indes keine leitende Rolle, vgl. ICC Res. RC/Res. 6, Advanced Version v. 11.6.2010, Anhang III, Rn. 4.
[220] IGH Urt. v. 27.6.1986 *(Nicaragua)*, ICJ Rep. 1986, 14, Rn. 195; Urt. v. 19.12.2005 *(Congo v. Uganda)*, ICJ Rep. 2005, 168, Rn. 146; jeweils unter zumindest implizitem Rückgriff auf die Aggressionsdefinition der Generalversammlung.
[221] Vgl. *Randelzhofer/Dörr* in Simma/Khan/Nolte/Paulus UN Charter Art. 2(4) Rn. 16 ff.; *Zemanek*, Armed Attack, MPEPIL I, 2012, 595, Rn. 11.
[222] Vgl. die *Friendly-Relations-Declaration* (UNGA Res. 2625 [XXV] v. 24.10.1970) und die Aggressionsdefinition der Generalversammlung (UNGA Res. 3314 [XXIX] v. 14.12.1974, Annex). Beide Resolutionen können für die Interpretation der UN-Charta herangezogen werden, vgl. *Arangio-Ruiz* RdC 137 (1972), 419 (444 f.).
[223] IGH Gutachten v. 8.7.1996 *(Nuclear Weapons)*, ICJ Rep. 1996, 226, Rn. 39.

Rahmen von Art. 51 UN-Charta zur Anwendung.[224] Deshalb hat der Sicherheitsrat die Terroranschläge vom 11. September 2001, die mit gekaperten Zivilluftfahrzeugen durchgeführt wurden, als bewaffnete Angriffe angesehen.[225] Sofern eine Cyberattacke ähnlich signifikante physisch-destruktive Wirkungen auf den Gegner zeitigt, kann sie das Selbstverteidigungsrecht ebenfalls auslösen.[226] Dies wäre etwa bei der Manipulation der Kontrollsysteme von Chemiefabriken oder Atomkraftwerken der Fall, die unvermeidbar zu Schäden an Personen und Sachwerten führen.[227] Demgegenüber sind Cyberangriffe, die nur vorübergehende Schäden der kritischen Infrastruktur bewirken, als Zwischenfälle geringerer Intensität einzustufen, die nur mit gewaltfreien Gegenmaßnahmen beantwortet werden dürfen.[228]

Um Eskalationen entgegenzuwirken, berechtigt eine bloß geringfügige und vereinzelte **41** Gewaltanwendung nicht zu Selbstverteidigung.[229] Selbst auf Handlungen, die als Gewalt zu qualifizieren sind, aber den Schwellenwert zum bewaffneten Angriff nicht überschreiten, darf nach der Judikatur des IGH im *Ölplattformfall* grundsätzlich nur mit friedlichen Mitteln reagiert werden.[230] Dieses Diktum verlangt den Staaten eine gesteigerte Duldsamkeit ab, die zum Teil als unzumutbar und realitätsfern gewertet wird. Deshalb sehen manche einen gezielten militärischen Gegenschlag nach Maßgabe strikter Verhältnismäßigkeit als legitim an. Insbesondere nach der **Doktrin der Nadelstichtaktik** soll die Akkumulation verschiedener gewaltsamer Ereignisse ein „kleines Selbstverteidigungsrecht" in Form von *„on-the-spot reactions"* begründen.[231] Auch wenn ein Angreifer, der eine Politik der Nadelstiche betreibt, nicht privilegiert werden darf,[232] ist gleichwohl Vorsicht geboten. Es besteht die Gefahr, dass damit ein zeitlich nicht limitierter Freibrief zur Selbstverteidigung gegeben und eine Gewaltspirale eröffnet wird.[233]

Eine entsprechende Zurückhaltung ist grundsätzlich ebenfalls bei schweren und systema- **42** tischen Verletzungen von Menschenrechten geboten. Auch diese stellen regelmäßig kein Äquivalent zu einem bewaffneten Angriff dar. Lediglich in Ausnahmefällen kommt eine (unilaterale) **humanitäre Intervention** als *ultima ratio*-Reaktion auf gravierende Menschenrechtsverletzungen in Betracht.[234] In den meisten Fällen führt eine schwerwiegende Verletzung von Menschenrechten jedoch nur zu einer Ausweitung der Eingriffsmöglich-

---

[224] Vgl. nur *Heintschel von Heinegg* in Ipsen VölkerR § 56 Rn. 11; *Benatar* GoettJIL 1 (2009), 375 (387 ff.), jeweils mwN.
[225] Vgl. S/RES/1368 v. 12.9.2001 und S/RES/1373 v. 28.9.2001. Dazu etwa *Bruha* AVR 40 (2002), 383 (391 ff.); *Krajewski* AVR 40 (2002), 183 (196 ff.).
[226] Vgl. Tallinn Manual 2.0, 2017, Regeln 71–75. Ferner s. *Dittmar*, Angriffe auf Computernetzwerke, 2005, 154; *Keber/Roguski* AVR 49 (2011), 399 (406 f.); *Roscini* MPYUNL 14 (2010), 85 (114 ff.); *Schmitt* Villanova LRev 56 (2011), 569 (573, 589).
[227] *Gill/Ducheine* IntLawSt 89 (2013), 438 (464); *Schmahl* BerDGIR 47 (2016), 159 (169 f.).
[228] Vgl. Tallinn Manual 2.0, 2017, Regel 71. Ferner s. *Gervais* BerkeleyJIL 30 (2012), 525 (556 ff.); *Schaller* GSZ 2018, 57 (57 ff.); sowie früh schon *Stein/Marauhn* ZaöRV 60 (2000), 1 (8). AA *Jensen* EmILRev. 26 (2012), 773 (798); wohl auch *Koh* Harvard ILJ Online 54 (2012), 1 (7).
[229] Vgl. IGH Urt. v. 27.6.1986 *(Nicaragua)*, ICJ Rep. 1986, 14, Rn. 103, 191; Urt. v. 6.11.2003 *(Oil Platforms)*, ICJ Rep. 2003, 161, Rn. 51. Zustimmend *Schmalenbach* NZWehr 2002, 177 (179 f.); *Kotzur* AVR 40 (2002), 454 (469 ff.); *Dau*, Die völkerrechtliche Zulässigkeit von Selbstverteidigung gegen nichtstaatliche Akteure, 2018, 54 f. AA *Müllerson* IsrYHR 32 (2002), 1 (40); *Zemanek*, Armed Attack, MPEPIL I, 2012, 597, Rn. 13; *Taft* Yale JIL 20 (2004), 295 (300 f.); *Ruys* AJIL 108 (2014), 159 (209 f.).
[230] IGH Urt. v. 6.11.2003 *(Oil Platforms)*, ICJ Rep. 2003, 161, Rn. 51.
[231] So etwa das Sondervotum des Richters *Simma* zum Oil Platforms-Fall, ICJ Rep. 2003, 324 (331 f.), Rn. 12 f.; sowie *Tams* EJIL 20 (2009), 359 (387 f.); *Kretzmer* EJIL 24 (2013), 235 (244, 258 f.); *Ruys* AJIL 108 (2014), 159 (178 ff., 187 f.). Auch der IGH und das ICTY haben zumindest nicht ausgeschlossen, dass eine Akkumulierung verschiedener Ereignisse in Gesamtheit zu einem bewaffneten Angriff führen kann, vgl. IGH Urt. v. 6.11.2003 *(Oil Platforms)*, ICJ Rep. 2003, 161, Rn. 64; Urt. v. 19.12.2005 *(Congo v. Uganda)*, ICJ Rep. 2005, 168, Rn. 146; sowie ICTY, Urt. v. 14.1.2000 *(Prosecutor v. Kupreškić)*, Case No. IT-95-16-T, Rn. 526.
[232] *Hillgruber* in Menzel/Pierlings/Hoffmann, Völkerrechtsprechung, 2005, 812 (818).
[233] So auch *Tams* EJIL 20 (2009), 359 (390); *Akande/Liefländer* AJIL 107 (2013), 563 ff. AA *Bethlehem* AJIL 106 (2012), 769 (776 f.).
[234] *Herdegen*, Völkerrecht, 20. Aufl. 2021, § 34 Rn. 51 ff., mwN.

keiten der organisierten Staatengemeinschaft, wenn der Sicherheitsrat jene als Friedensbedrohung iSd Art. 39 UN-Charta qualifiziert hat.[235] Die Anwendung von vom Sicherheitsrat nicht autorisierter staatlicher Gewalt, sei es auf der Grundlage des Grundsatzes einer Schutzverantwortung (R2P) oder in Anlehnung an das Konzept der „*human security*",[236] ist nach der UN-Charta, die vorwiegend auf kollektive Maßnahmen setzt, nur in Notstandssituationen und bei rechtfertigenden Pflichtenkollisionen akzeptabel.[237] Soweit sich die Moskauer Führung auf einen „Genozid" der russischstämmigen Bevölkerung in der Ukraine zur Legitimierung ihres militärischen Überfalls am 24.2.2022 beruft, erweist sich dies als eine rechtsmissbräuchliche Auslegung der völkerrechtlichen Doktrin der Schutzverantwortung. Verlässliche Hinweise auf eine schwerwiegende Bedrohung von Russen in der Ostukraine gibt es nicht, was der IGH in seiner einstweiligen Anordnung v. 16.3.2022 (vorläufig) bestätigt hat.[238] Selbst wenn es solche Bedrohungen gäbe, wären die großangelegten militärischen Operationen Russlands in der Ukraine in jeder Hinsicht exzessiv.[239]

43 b) Ungeschriebenes Merkmal eines staatlichen Angriffs vor dem Hintergrund der „unwilling or unable"-Doktrin. Angesichts der steigenden Bedrohungen durch nichtstaatliche Akteure, insbesondere Terroristen, bereitet die Frage, wer der richtige **Adressat einer Selbstverteidigung** ist, besondere Schwierigkeiten. Denn grundsätzlich muss jede friedensverletzende Handlung einem konkreten Staat zugerechnet werden.[240] Zwar stellen nur das Interventions- und das Gewaltverbot gem. Art. 2 Nr. 1 und Nr. 4 UN-Charta eindeutig auf staatliches Verhalten ab,[241] während sich das Selbstverteidigungsrecht des Art. 51 UN-Charta zur Rechtsnatur des bewaffneten Angriffs nicht verhält.[242] Dennoch sind die Normen teleologisch nicht voneinander zu trennen.[243]

44 Selbstverständlich ist jede Aktivität, die von *de iure*-Staatsorganen – zB Militär, Sicherheitsbehörden oder Geheimdiensten – vorgenommen wird, dem betreffenden Staat zurechenbar.[244] Dabei ist unerheblich, ob das betreffende Organ *ultra vires* handelt.[245] Problembehaftet sind jedoch diejenigen Handlungen, die von Privaten vorgenommen werden. Die im Wesentlichen zu Gewohnheitsrecht erstarkten *Articles on State Responsibility* (ASR)[246]

---

[235] Vgl. zB S/RES/794 v. 3.12.1992 und S/RES/1973 v. 17.3.2011.
[236] Dazu etwa *Stahn* AJIL 101 (2009), 99 ff.; *Comission on Human Security*, Human Security Now, 2003, 24 ff., 58 ff.; *Stein-Kämpfe*, Human Security, 2008, 203 ff.
[237] Über die Statthaftigkeit einseitiger humanitärer Interventionen besteht keine Einigkeit. Tendenziell befürwortend: *Delbrück* Friedens-Warte 74 (1999), 139 (152 f.); *Ipsen* Friedens-Warte 74 (1999), 19 (22 f.); *Cassese* EJIL 10 (1999), 27 (44); *Kreß* NJW 1999, 3077 (3081 f.); *Chinkin* AJIL 93 (1999), 841 ff.; *Greenwood* ICLQ 49 (2000), 929 ff.; *Klein/Schmahl* RuP 1999, 198 (202 f.); *Doehring*, Völkerrecht, 2. Aufl. 2004, Rn. 1010 ff.; *Abass* NILR 54 (2007), 415 ff. Ablehnend: *Debiel* Friedens-Warte 73 (1998), 443 (459 f.); *Deiseroth* NJW 1999, 3084 (3085 f.); *Bothe/Martenczuk* VN 1999, 125 (130); *Simma* EJIL 10 (1999), 1 ff.; *Talmon* GYIL 57 (2014), 581 ff.; *Gray* RdC 376 (2014), 93 (158 ff.). Den Diskussionsstand zusammenfassend *Peters* EJIL 20 (2009), 509 (513 ff.).
[238] Vgl. IGH Anordnung v. 16.3.2022, *Allegations of Genocide under the Convention on the Prevention and Punishment of the Crime of Genocide (Ukraine v. Russian Federation)*, Rn. 59.
[239] Vgl. *Schaller* NJW 2022, 832 (834); *Schmahl* NJW 2022, 969 (970). Ähnlich auch IGH Anordnung v. 16.3.2022, *Allegations of Genocide under the Convention on the Prevention and Punishment of the Crime of Genocide (Ukraine v. Russian Federation)*, Rn. 60.
[240] *Kranz* AVR 48 (2010), 281 (282).
[241] Vgl. *Randelzhofer/Dörr* in Simma/Khan/Nolte/Paulus UN Charter Art. 2(4) Rn. 29.
[242] *Paust* CornILJ 35 (2002), 532 (534); *Tomuschat* EuGRZ 2001, 535 (543); *Reinold* AJIL 105 (2011), 244 (248).
[243] Vgl. *Bruha* AVR 40 (2002), 383 (393, 400 ff.); *Stahn* in Walter ua, Terrorism as a Challenge for National and International Law, 2004, 827 (863 ff.); *Tladi* AJIL 107 (2013), 570 (571 ff.). AA *Tietje/Nowrot* NZWehrr 2002, 1 (6); *Kretzmer* EJIL 24 (2013), 235 (246 f.).
[244] Vgl. IGH Gutachten v. 29.4.1999 *(Immunity from Legal Process of a Special Rapporteur)*, ICJ Rep. 1999, 62, Rn. 62; Urt. v. 19.12.2005 *(Congo v. Uganda)*, ICJ Rep. 2005, 168, Rn. 110, 116.
[245] Grundlegend *Przetacznik* RDI 61 (1983), 67 (129) unter Bezugnahme auf *Caire Claim (France v. Mexico)*, Schiedsspruch v. 7.6.1929, RIAA Vol. V (1929), 516 (528 ff.).
[246] A/RES/56/83 v. 12.12.2001. Zu ihrer gewohnheitsrechtlichen Geltung vgl. *Sarvarian* JEurDrH 2013, 654 (655 f.).

schreiben das **Verhalten nichtstaatlicher Akteure** dem Staat nur unter bestimmten Bedingungen zu. Einbezogen werden dabei in erster Linie Akteure, die kraft staatlicher Ermächtigung hoheitliche Aufgaben erfüllen (vgl. Art. 5 ASR), wie dies etwa bei privaten Militär- und Sicherheitsunternehmen der Fall ist, die von Staaten zur Unterstützung bei Einsätzen herangezogen werden.[247] In zweiter Linie genügt für die Zurechnung allerdings auch, dass ein nichtstaatlicher Akteur, zB eine terroristische Vereinigung, in einer faktischen Sonderverbindung zum Staat steht, weil er von diesem als „verlängerter Arm"[248] gelenkt oder kontrolliert wird (vgl. Art. 8 ASR).

Die gewohnheitsrechtliche Geltung dieser Zurechnungsregel ist auch im Recht der **45** Selbstverteidigung anerkannt. So wird verbreitet eine indirekte Aggression angenommen, wenn der Staat hinreichend in die Aktivitäten Privater verwickelt ist, weil er sie lenkt oder maßgeblich beeinflusst.[249] Auch der IGH hat die Möglichkeit einer Zurechenbarkeit in verschiedenen Urteilen bestätigt.[250] Keine Einigkeit herrscht indes in Bezug auf den Umfang der notwendigen **staatlichen Kontrolle,** wenn es um den Rekurs auf das Selbstverteidigungsrecht geht.[251] Während das *International Criminal Tribunal for the former Yugoslavia* (ICTY) für die strafrechtliche Verantwortlichkeit im internationalen bewaffneten Konflikt eine „Gesamtkontrolle" ausreichen lässt,[252] fordert der IGH für die Annahme verbotener Gewalt eine „effektive Kontrolle" des Staates über das konkrete Geschehen.[253] Dieser *effective control*-Test wird angesichts der zunehmenden Diversität der Konfliktakteure und der damit verbundenen obskuren Gefahrenlage allerdings vereinzelt für zu restriktiv gehalten.[254] Es wird vertreten, dass hier der breitere Zurechnungsmaßstab des ICTY Anwendung finden müsse.[255] Dieser Ansicht kann jedoch allenfalls im Ansatz zugestimmt werden. So dürfte zwar die Feststellung des IGH im *Nicaragua*-Urteil, dass bloß Bewaffnung, Ausbildung und Ausrüstung von Rebellengruppen, nicht aber deren Finanzierung als (indirekte) Gewalt anzusehen sind,[256] seit dem Aufkommen des internationalen Terrorismus überholt sein.[257] Allerdings erstreckt selbst der ICTY den *overall control*-Test nicht auf einzelne Individuen oder unorganisierte Gruppen.[258] Anderes gilt lediglich, wenn der Staat das Verhalten nichtstaatlicher Akteure als eigenes anerkennt oder solidarisch unterstützt, wie dies im *Teheraner Geiselfall* vonseiten der iranischen Regierung zum Ausdruck kam, die

---

[247] Dazu *Boltz/Conze* VN 2017, 165 (165 f.).
[248] Zum Begriff *v. Arnauld* VölkerR Rn. 411. Zur Figur grundlegend IGH Urt. v. 27.6.1986 *(Nicaragua),* ICJ Rep. 1986, 14, Rn. 109.
[249] Vgl. etwa *Diener,* Terrorismusdefinition im Völkerrecht, 2008, 235 ff.; *Ruys* MJIL 2008, 334 (351); *Wolfrum* MPYUNL 7 (2003), 1 (37). Kritisch zur Übertragbarkeit *Starski* ZaöRV 75 (2015), 455 (466 ff.).
[250] IGH Urt. v. 27.6.1986 *(Nicaragua),* ICJ Rep. 1986, 14, Rn. 195; Urt. v. 6.11.2003 *(Oil Platforms),* ICJ Rep. 2003, 161, Rn. 51, 57.
[251] Vgl. nur *Randelzhofer/Nolte* in Simma/Khan/Nolte/Paulus UN Charter Art. 51 Rn. 37 mwN.
[252] ICTY Urt. v. 15.7.1999 *(Prosecutor v. Tadić),* Case No. IT-94-1-A, Rn. 120, 131, 137, 145. Auch der EGMR greift gelegentlich auf den *overall control*-Standard zurück, vgl. EGMR Urt. v. 23.3.1995 – *Loizidou,* No. 15318/89, Rn. 56.
[253] IGH Urt. v. 27.6.1986 *(Nicaragua),* ICJ Rep. 1986, 14, Rn. 115; Urt. v. 26.2.2007 *(Crime of Genocide),* ICJ Rep. 2007, 43, Rn. 399–401, 405 f. Vgl. auch IGH Urt. v. 19.12.2005 *(Congo v. Uganda),* ICJ Rep. 2005, 168, Rn. 160.
[254] Vgl. *Schmalenbach* NZWehrr 2000, 177 (178); *Bruha/Bortfeld* VN 2001, 161 (165); *Ruys* MJIL 2008, 334 (351).
[255] So zB *Shackelford* Berkeley JIL 27 (2009), 192 (235); *Tsagourias* J Conflict & Sec Law 17 (2012), 229 (238 f.).
[256] IGH Urt. v. 27.6.1986 *(Nicaragua),* ICJ Rep. 1986, 14, Rn. 113 ff. Dieser Ansicht hat sich die *Appeals Chamber* des ICTY im *Tadić*-Fall im Wesentlichen angeschlossen, vgl. ICTY, Urt. v. 15.7.1999 *(Prosecutor v. Tadić),* Case No. IT-94-1-A, Rn. 145.
[257] Vgl. *Stahn* ZaöRV 62 (2002), 183 (226 f.); *Ruys/Verhoeven* J Conflict & Sec Law 10 (2005), 289 (313 ff.). In diese Richtung gingen bereits die Ansichten der dissentierenden Richter *Schwebel* und *Jennings* zum *Nicaragua*-Urteil, ICJ Rep. 1986, 259 (349) und 528 (543).
[258] Vgl. ICTY, Urt. v. 15.7.1999 *(Prosecutor v. Tadić),* Case No. IT-94-1-A, Rn. 120, 131 f., 145. Auf der anderen Seite muss der Organisationsgrad nicht demjenigen von staatlichen Streitkräften entsprechen, vgl. ICTY, Urt. v. 30.11.2005 *(Prosecutor v. Limaj),* Case No. IT-03–66-T, Rn. 95–129, 132; Urt. v. 29.1.2007 *(Prosecutor v. Lubanga),* Case No. ICC-01/04-01/06, Rn. 233. Zum Ganzen s. auch *Cassese* EJIL 18 (2007), 649 (657 f.); *Deeks* VirgJIL 52 (2012), 483 (493).

das Handeln der Demonstranten offiziell billigte.²⁵⁹ Dann kann in einer Gesamtschau eine substantielle Verwicklung vorliegen und sogar eine rückwirkende Zurechnung zum „Hintergrundstaat" in Betracht kommen.²⁶⁰

46 Davon zu trennen sind diejenigen Konstellationen, in denen ein Staat Angriffe nichtstaatlicher Akteure auf seinem Territorium nicht unterbindet. Diese Situation unterscheidet sich von den zuvor genannten dadurch, dass dem Staat kein positives Tun, sondern lediglich ein **Unterlassen seiner Schutzverpflichtung** vorgeworfen wird.²⁶¹ Belege aus der Rechtsprechungspraxis, wonach aus dem völkerrechtlichen Schädigungsverbot als Kehrseite der ausschließlichen Gebietshoheit eine Schutzpflicht erwächst, sind die Entscheidungen des IGH im *Korfu-Kanal-Fall*, im *Teheraner Geiselfall* und in der Rechtssache *Pulp Mills*.²⁶² Die ersten Grundlagen des nachbarrechtlichen Schädigungsverbots reichen sogar in die Anfänge des 20. Jahrhunderts zurück.²⁶³ Auch der Afghanistan-Konflikt reiht sich in diese Linie ein. Die Resolution 1373 (2001) untersagt den Staaten ausdrücklich, Terroristen einen „sicheren Hafen" zu bieten.²⁶⁴ Der erforderliche Maßstab für die staatliche Verantwortungsübernahme aufgrund des Schädigungsverbots ist – anders als bei der unmittelbaren Zurechnung wegen positiven Tuns – allerdings bloß die sog. *„due diligence"*.²⁶⁵ Die Staaten müssen danach angemessene Präventions- und Repressionsmaßnahmen bereithalten, um Gefahren vonseiten nichtstaatlicher Akteure unter ihrer jeweiligen Gebiets- und Personalhoheit nach Möglichkeit zu unterbinden und zu ahnden.²⁶⁶ Auf Verstöße gegen diese Sorgfaltspflicht darf mit gewaltfreien Gegenmaßnahmen reagiert werden. Ein Recht auf militärische Gegenwehr muss jedoch ebenso ausscheiden wie eine über den erwähnten Sorgfaltsmaßstab hinausgehende striktere Haftung.²⁶⁷ Insbesondere begründet das *„due diligence"*-Konzept nur eine staatliche Bemühens-, nicht aber eine Ergebnisverpflichtung.²⁶⁸

47 Vor diesem Hintergrund ist die **„unwilling or unable"-Doktrin**, die sich im Rahmen der militärischen Bekämpfung des Islamischen Staates in Syrien herausgebildet hat,²⁶⁹ nicht unbedenklich. Denn danach soll ein Selbstverteidigungsrecht bereits dann bestehen, wenn ein Staat nicht in der Lage oder nicht willens ist, auf dem Teil des Staatsgebiets effektive Herrschaftsgewalt auszuüben, wo sich ein nichtstaatlicher Akteur etabliert hat, von dem eine Bedrohung des Weltfriedens ausgeht.²⁷⁰ Da die *„unwilling or unable"*-Lehre auf eine Ergebnisverpflichtung abstellt und einseitiges statt kollektives militärisches Vorgehen erlaubt, widerspricht sie den gewohnheitsrechtlich anerkannten Maßstäben und verwischt zudem die Grenzen zwischen militärischer Reaktion und „polizeilicher" Rechtsdurchset-

---

[259] IGH Urt. v. 24.5.1980 *(Teheraner Geiselfall)*, ICJ Rep. 1980, 3, Rn. 69 f., 74.
[260] Vgl. Rn. 4 des Kommentars zu Art. 11 ARS, A/56/10, Supplement No. 10.
[261] Allgemein dazu *Wolf*, Die Haftung der Staaten für Privatpersonen nach Völkerrecht, 1997, 463 ff.; *Dupuy/Hoss* in Bratspies/Miller, Transboundary Harm in International Law, 2006, 225 (233 f.).
[262] Im *Korfu-Kanal*-Fall befürwortet der IGH erstmals die Pflicht eines jeden Staates, „*not to allow knowingly its territory to be used for acts contrary to the rights of other States*", vgl. IGH Urt. v. 9.4.1949 *(Corfu Channel)*, ICJ Rep. 1949, 4 (22). Ebenso IGH Urt. v. 24.5.1980 *(Teheraner Geiselfall)* ICJ Rep. 1980, 3, Rn. 76–78, 80, sowie IGH Urt. v. 20.4.2010 *(Pulp Mills)*, ICJ Rep. 2010, 14, Rn. 101.
[263] *The Trail Smelter Arbitration Case (USA v. Canada)*, Schiedsspruch v. 11.3.1941, RIAA, Vol. III (1941), 1905 (1963 f.).
[264] S/RES/1373 v. 28.9.2001, Ziff. 2 lit. c. Dazu kritisch *Frowein* ZaöRV 62 (2002), 879 (887); *Barnidge* Irish StIntAff 16 (2005), 103 (111 f.).
[265] Vgl. IGH Urt. v. 24.5.1980 *(Teheraner Geiselfall)*, ICJ Rep. 1980, 3, Rn. 68; Urt. v. 20.4.2010 *(Pulp Mills)*, ICJ Rep. 2010, 14, Rn. 101. Ferner *Koivurova*, Due Diligence, MPEPIL III, 2012, 236 (240), Rn. 19.
[266] Zum Prinzip *aut dedere aut iudicare* vgl. etwa *Dupuy/Hoss* in Bratspies/Miller, Transboundary Harm in International Law, 2006, 225 (230 ff.); *Becker*, Terrorism and the State, 2006, 352 f.
[267] Vgl. IGH Urt. v. 26.2.2007 *(Crime of Genocide)*, ICJ Rep. 2007, 43, Rn. 430, sowie *Affaire des biens britannique au Maroc espagnol (Espagne v. Royaume-Uni)*, Schiedsspruch v. 1.5.1925, RIAA Vol. II (1925), 615 (640 f.). AA *Dau*, Die völkerrechtliche Zulässigkeit von Selbstverteidigung gegen nichtstaatliche Akteure, 2018, 160 ff.
[268] *Starski* ZaöRV 75 (2015), 455 (479 ff.); *Christakis* ZaöRV 17 (2017), 19 (20).
[269] Vgl. *Corten* LeidenJIL 29 (2016), 777 ff., unter Hinweis auf S/2014/695 v. 23.9.2014 und S/RES/2249 v. 20.11.2015.
[270] Vgl. *Finke* AVR 55 (2017), 1 (29 ff.); *Couzigou* ZaöRV 77 (2017), 53–55. Früh bereits unter dem Begriff der Duldungs- und Unfähigkeitskonstellation *Kreß*, Gewaltverbot und Selbstverteidigungsrecht, 1995, 147 ff.

C. Internationales Sanktionsregime und Selbstverteidigung § 8

zung.²⁷¹ Probleme bereiten darüber hinaus die erforderliche Beweisintensität, die Risiken des Missbrauchs und letztlich die Gefahr eines Scheiterns des kollektiven Sicherheitssystems.²⁷² Anders stellt sich die Lage nur dann dar, wenn eine nichtstaatliche Gruppe bereits die effektive Kontrolle über Teile des Territoriums eines Staates ausübt und von diesem Staat aus andere Staaten angreift. Insoweit lassen sich militärische Einsätze gegen ein solches *de facto*-Regime rechtfertigen.²⁷³

Sind weder Beteiligung noch Duldung des Staates nachweisbar, was vor allem bei Cyberangriffen wegen ihrer technologischen Komplexität und der angewandten Verschleierungstechniken häufig der Fall ist,²⁷⁴ stellt sich schließlich die Frage, ob der Opferstaat dennoch seine Abwehrmaßnahmen auf das Territorium des Aufenthaltsstaates ohne dessen Billigung ausdehnen darf, obgleich dieser grundsätzlich einen Anspruch auf Achtung seiner territorialen Integrität hat.²⁷⁵ In **außergewöhnlichen Notstandssituationen**²⁷⁶ mag dies zu bejahen sein, vorausgesetzt, die Gegenmaßnahmen beziehen sich gezielt auf die Abwehr einer mit der erforderlichen *ex ante*-Sorgfalt identifizierten Gefahrenlage.²⁷⁷ Anderes gilt allerdings im Blick auf die gewaltsame Bekämpfung von Terroristen und ihrer Einrichtungen, solange diese kein *de facto*-Regime begründet haben.²⁷⁸ Der IGH hat in seinem *Mauer-Gutachten* noch einmal die Notwendigkeit einer staatlichen Zurechnung betont, um eine Selbstverteidigungslage zu begründen.²⁷⁹ Für eine Ausdehnung des Selbstverteidigungsrechts fehlt es bislang an einer klaren Praxis und deutlichen Rechtsüberzeugung.²⁸⁰ 48

Aus demselben Grund sind auch **Interventionen auf Einladung,** also die Zustimmung eines Staates zu militärischen Maßnahmen, die ein anderer Staat auf seinem Gebiet durchführt, nicht unumstritten.²⁸¹ Die rechtfertigende Wirkung kann nicht ohne Weiteres angenommen werden, da das Gewaltverbot Bestandteil des zwingenden Rechts ist und der betroffene Staat darüber nicht disponieren kann.²⁸² Dies gilt im Grundsatz auch, wenn die Regierung eines Staates einem anderen Staat gestattet oder ihn darum bittet, gegenüber nichtstaatlichen Akteuren, etwa Terroristen oder Aufständischen, gewaltsam vorzugehen.²⁸³ Lediglich in Ausnahmefällen, etwa wenn ein nichtstaatlicher Akteur Völkerrechtsverbrechen begeht, kann die Intervention auf Ersuchen einer allgemein anerkannten Regierung 49

---

²⁷¹ Wie hier *Starski* ZaöRV 75 (2015), 455 (484 ff.); *Corten* ZaöRV 77 (2017), 15–17; *Christakis* ZaöRV 17 (2017), 19 (20 f.). AA *Deeks* VirgJIL 52 (2012), 483 (519); *Frowein* ZaöRV 77 (2017), 47–48; *Oellers-Frahm* ZaöRV 77 (2017), 49–52; *Tams* ZaöRV 77 (2017), 61–64.

²⁷² Zutreffend *Starski* ZaöRV 75 (2015), 455 (498 f.); *Bautze* KJ 49 (2016), 535 (545 f.); *Christakis* ZaöRV 17 (2017), 19 (21).

²⁷³ Vgl. *Ruys* StanfJIL 43 (2007), 265 ff.; *Bannelier-Christakis* LeidenJIL 29 (2016), 74 ff.; *Herdegen*, Völkerrecht, 20. Aufl. 2021, § 34 Rn. 16; *Henderson*, The Use of Force and International Law, 2018, 327 ff. AA *Gray* RdC 376 (2014), 93 (166 ff.); *Aust/Payandeh* GYIL 61 (2018), 451 ff.

²⁷⁴ Vgl. *Krieger* AVR 50 (2012), 1 (4 ff.); *Roscini* TexasILJ 50 (2015), 233 ff.; *Schmahl* BerDGIR 47 (2016), 159 (177 ff.); *Ziolkowski* GSZ 2019, 51 (54 ff.); *Tsagourias/Farrell* EJIL 31 (2020), 941 (947 ff.).

²⁷⁵ Ähnlich *Plate* ZRP 2011, 200 (201).

²⁷⁶ Zum *state of necessity* vgl. Art. 25 ASR sowie IGH Urt. v. 25.9.1997 *(Gabčikovo-Nagymaros),* ICJ Rep. 1997, 7, Rn. 51, sowie IGH Gutachten v. 9.7.2004 *(Construction of a Wall),* ICJ Rep. 2004, 136, Rn. 140.

²⁷⁷ Vgl. Tallinn Manual 2.0, 2017, Regel 9, sowie zB *Stein/Marauhn* ZaöRV 60 (2000), 1 (11); *Dinstein* in Schmitt/O'Donnell, Computer Network Attack and International Law, 2002, 99 (108); *Schmitt* in Weller, The Oxford Handbook of the Use of Force in International Law, 2015, 1110 (1129); *Woltag,* Cyber Warfare, 2014, 129 f., 194 f.

²⁷⁸ Wie hier *Blank* IsrYHR 43 (2013), 111 (120, 138); wohl auch *Schmitt* in Weller, The Oxford Handbook of the Use of Force in International Law, 2015, 1110 (1123). AA *Tsagourias* NethYIL 41 (2010), 11 (37 f.).

²⁷⁹ IGH Gutachten v. 9.7.2004 *(Construction of a Wall),* ICJ Rep. 2004, 136, Rn. 139. Zustimmend *Randelzhofer/Dörr* in Simma/Khan/Nolte/Paulus UN Charter Art. 2 (4) Rn. 31. Kritisch *Tams* EJIL 16 (2005), 963 (970–973); *Wedgwood* AJIL 99 (2005), 52 (58); *Heintschel von Heinegg* in Ipsen VölkerR § 56 Rn. 25.

²⁸⁰ Wie hier *Krajewski* AVR 40 (2002), 183 (197); *Bruha* AVR 40 (2002), 382 (392); *Kotzur* AVR 40 (2002), 454 (472); *Löw,* Gewaltverbot und Selbstverteidigungsrecht nach dem 11. September 2001, 2009, 138 ff. AA *Wood* in Saul, Research Handbook on International Law and Terrorism, 2014, 195 (200 ff.).

²⁸¹ Eingehend *Nolte,* Eingreifen auf Einladung, 1999; *Corten* RGDIP 111 (2007), 513 ff.; *Tzimas* ZaöRV 78 (2018), 147 ff.

²⁸² *Kadelbach,* Zwingendes Völkerrecht, 1992, 226 ff.; *Orakhelashvili,* Peremptory Norms in International Law, 2006, 72 ff.; *Bothe* in Graf Vitzthum/Proelß VölkerR 8. Abschn. Rn. 23.

²⁸³ Vgl. *Deeks* HarvILJ 54 (2013), 1 (26 ff.); *Heintschel von Heinegg* in Ipsen VölkerR § 56 Rn. 43 ff.

als rechtmäßig angesehen werden. Dies setzt aber voraus, dass die Intervention unter Wahrung des Völkerrechts, insbesondere des *ius in bello,* durchgeführt wird und die internationale Gemeinschaft die Intervention billigt oder genehmigt.[284] Eindeutig völkerrechtswidrig sind hingegen militärische Interventionen auf Einladung von abtrünnigen Regionen. Auch eine vorzeitige (unilaterale) Anerkennung solcher Entitäten als Staaten während laufender bewaffneter Konflikte, wie dies die Russische Föderation in Bezug auf die „Volksrepubliken" Luhansk und Donezk am 22.2.2022 vorgenommen hat, stellt einen Verstoß gegen das Nichteinmischungsprinzip dar.[285]

50 **c) Unmittelbarkeit des Angriffs und präventive Selbstverteidigung.** Über lange Zeit bestand Einigkeit darin, dass jedem Verteidigungshandeln nicht nur substantielle Grenzen in Bezug auf die Schwelle eines „bewaffneten Angriffs", sondern auch zeitliche Limitierungen bei der Ausübung gesetzt sind.[286] In Ansehung der Terroranschläge vom 11. September 2001 hat sich die damalige *Bush*-Administration jedoch für eine Ausdehnung des zeitlichen Beginns einer Selbstverteidigung durch Begriffe wie *„pre-emptive self-defense"* oder *„anticipatory self-defense"* ausgesprochen.[287] Dieser Ansicht ist nicht zu folgen. Eine vorbeugende Selbstverteidigung, die sich bloß auf abstrakte oder gar mutmaßliche Bedrohungslagen gründet, ist angesichts von erheblichen Missbrauchsgefahren und des großen Risikos einer Destabilisierung der internationalen Ordnung nicht zulässig.[288] Gewohnheitsrechtlich verankert ist nur die sog. **Webster-Formel,** wonach eine vorbeugende Selbstverteidigung statthaft ist, wenn die Gefahr als *„instant, overwhelming, leaving no choice of means, and no moment for deliberation"* zu bezeichnen ist.[289] Präventive Maßnahmen sind als strikte Ausnahme konzipiert und erfordern eindeutige Beweise eines unmittelbar bevorstehenden Angriffs.[290] Aus denselben Gründen ist Selbstverteidigung auch nicht zeitlos unbefristet möglich, sondern setzt einen noch bestehenden Angriff voraus. Ein *„open-ended war against terrorism"* überschreitet diese Grenze ebenso wie Vergeltungsschläge.[291] Zwar muss einem Staat bei sich kurzfristig erledigenden Angriffen ausreichend Zeit für eine Reaktion zugestanden werden.[292] Als Voraussetzung hierfür bedarf es aber gesicherter Erkenntnisse des Bevorstehens weiterer Anschläge.[293] Die Beweislast für die Voraussetzungen präventiver Selbstverteidigung trägt der Staat, der sich auf das Selbstverteidigungsrecht beruft.[294]

---

[284] *Kreß* JUFIL 1 (2014), 11 (25 f.); *Charap* Survival 55 (2013), 35 ff. Ein Beispiel ist das Ersuchen des Irak im Kampf gegen den Islamischen Staat, vgl. S/2014/691 v. 20.9.2014.

[285] Grundlegend *Lauterpacht* Yale Law J. 53 (1944), 285 ff.; ferner *v. Arnauld* VölkerR Rn. 99. In Bezug auf den Ukraine-Konflikt *Janik* EJIL:Talk! v. 28.2.2022.

[286] *Greig* ICLQ 40 (1991), 366 (389 ff.). Vgl. auch *Neulinger,* Inhalt und Anwendbarkeit des Rechts auf Selbstverteidigung im Völkerrecht, 2013, 169 f.; *Kühn,* Unilaterale präventive Gewaltanwendung, 2009, 305 ff.

[287] Vgl. *The White House,* The National Security Strategy of the United States of America 15 (2002) und 15 (2006). Dazu überwiegend kritisch: *Hofmann* GYIL 45 (2002), 11 (31 f.); *Eick* ZRP 2004, 200 (201 ff.); *Kreutzer,* Pre-emptive Self-Defense 2005, 146 ff.; *Henderson* J Conflict & Sec Law 15 (2010), 403 (406 ff.); *Schiffbauer,* Vorbeugende Selbstverteidigung im Völkerrecht, 2012, 56 ff., 394 ff.; *Richter,* Preemptive Self-Defense, 2016, 81 ff.; *Wittke,* The Bush Doctrine Revisited, 2018, 371 ff.

[288] So die überwiegende Ansicht, vgl. *Stahn* ZaöRV 62 (2002), 183 (233); *Schaller* ZaöRV 62 (2002), 641 (656 ff.); *Bothe* EJIL 14 (2003), 227 (237 ff.); *O'Connell* FS Bothe, 2008, 237 ff.; *Randelzhofer/Nolte* in Simma/Khan/Nolte/Paulus UN Charter Art. 51 Rn. 50. AA *Wedgwood* AJIL 97 (2002), 576 (584); *Yoo* AJIL 97 (2003), 563 (571 ff.).

[289] *Letter from Secretary of State Daniel Webster to Lord Ashburton of 6 August 1842,* abgedruckt in *Moore* A Digest of International Law 2 (1906), 412.

[290] Vgl. Bericht des *High-Level Panel on Threats, Challenges, and Change:* A More Secure World, 1.12.2004, A/59/565, Annex, Rn. 189 ff.; *Randelzhofer/Nolte* in Simma/Khan/Nolte/Paulus UN Charter Art. 51 Rn. 54. AA *Hailbronner* BerDGVR 26 (1986), 80 (85, 109); *Herdegen,* Völkerrecht, 20. Aufl. 2021, § 34 Rn. 41 ff.

[291] Vgl. *Green* NILR 55 (2008), 181 (186 ff.); *International Law Association,* Final Report on Aggression and the Use of Force, 2018, 3 f.

[292] Darauf weisen zu Recht hin: *Franck* AJIL 95 (2001), 839 (840); *Tomuschat* EuGRZ 2001, 535 (541 f.); *Diener,* Terrorismusdefinition im Völkerrecht, 2008, 256 ff.

[293] *Charney* AJIL 95 (2001), 835 (836); *Frowein* ZaöRV 62 (2002), 879 (891); *International Law Association,* Final Report on Aggression and the Use of Force, 2018, 11. Vgl. auch S/RES/1368 v. 12.9.2001; S/RES/1373 v. 28.9.2001; S/RES/2249 v. 20.11.2015.

[294] *v. Arnauld* VölkerR Rn. 1093.

3. Prinzip der Verhältnismäßigkeit als Grenze des Rechts zur Selbstverteidigung

Schließlich unterliegt jede Selbstverteidigung den Prinzipien der Verhältnismäßigkeit.[295] **51** Zum einen darf auf das Selbstverteidigungsrecht nur als *ultima ratio* zurückgegriffen werden, wenn Alternativen nicht vorhanden oder nicht erfolgversprechend sind.[296] Zum anderen müssen Ausmaß und Dauer der Selbstverteidigung in einem angemessenem Verhältnis zur Schwere des sie rechtfertigenden Angriffs stehen.[297] Jede Maßnahme darf zudem nur zu **defensiven Zwecken** ergriffen werden, was Vergeltungs- und Strafmaßnahmen ausschließt.[298] Auch das Ziel, die Regierung des Angreiferstaates zu stürzen *(„regime change")*, ist nur in Ausnahmefällen als verhältnismäßig anzusehen, wenn anders der Angriffswille und die Angriffsfähigkeit des Aggressors nicht gebrochen werden können.[299] Kein anerkannter Rechtfertigungsgrund im Völkerrecht ist indes eine „ideologische Intervention" mit dem Ziel der Errichtung eines Marionettenregimes.[300] Einschränkungen ergeben sich darüber hinaus bei der Wahl des Kampfgebiets und der Kampfmethoden, die im Einklang mit kriegsrechtlichen Regelungen und dem humanitären Völkerrecht erfolgen müssen.[301] Überschreitet die Selbstverteidigung diesen Rahmen, wird sie selbst zu einer verbotenen Gewalt.[302] Dennoch besteht keine strikte Symmetrie zwischen Angriff und Reaktion; so muss die Verteidigung zB nicht auf demselben waffentechnischen Niveau wie der Angriff erfolgen.[303]

4. Zwischenergebnis

Obgleich die UN-Charta keine vollkommene Bündnispflicht vorsieht und den Staaten **52** eigene Durchsetzungsmechanismen zugesteht, geht die Behauptung fehl, dass die Vereinten Nationen kein wirksames System kollektiver Sicherheit darstellten.[304] Immerhin garantiert Kapitel VII der UN-Charta ein weitreichendes Entscheidungs- und Legitimationsmonopol des Sicherheitsrats, das trotz aller Defizite in prozeduraler und materieller Hinsicht zur Eindämmung von Gewalt in den zwischenstaatlichen Beziehungen geführt hat. Zwar trägt auch der Sicherheitsrat durch seine ambivalente Resolutionspraxis selbst Verantwortung dafür, dass die Linien zwischen Friedensbedrohung, bewaffnetem Angriff, Selbstverteidigung und kollektiven Zwangsmaßnahmen mehr und mehr verschwimmen.[305] Dies liegt jedoch vor allem an seiner heterogenen Zusammensetzung, die politische Kompromisse notwendig macht, um Blockaden durch die Veto-Mächte zu vermeiden. Darüber hinaus kann in der Tat eine **Gemengelage zwischen Selbstverteidigungsrecht und Kollektivmechanismen** bestehen.[306] Das naturgegebene, gewohnheitsrechtlich verankerte Recht

---

[295] IGH Urt. v. 27.6.1986 *(Nicaragua)*, ICJ Rep. 1986, 14, Rn. 176; Urt. v. 6.11.2003 *(Oil Platforms)*, ICJ Rep. 2003, 161, Rn. 43. Vgl. auch *Franck* AJIL 102 (2008), 715 (720 ff.); *Gray*, International Law and the Use of Force, 4. Aufl. 2018, 148, mwN.
[296] *Stahn* ZaöRV 62 (2002), 183 (230); *Green* NILR 55 (2008), 181 (185).
[297] *Dinstein*, War, Aggression and Self-Defence, 6. Aufl. 2017, 297 ff.; *Randelzhofer/Nolte* in Simma/Khan/Nolte/Paulus UN Charter Art. 51 Rn. 5. Differenzierend *Gardam*, Necessity, Proportionality and the Use of Force by States, 2004, 148 ff.
[298] *Bonafede* CornLRev 88 (2002), 155 (183 ff.). Vgl. ferner *Tietje/Nowrot* NZWehrr 2002, 1 (15); *Randelzhofer/Nolte* in Simma/Khan/Nolte/Paulus UN Charter Art. 51 Rn. 57. Differenzierend *Kretzmer* EJIL 24 (2013), 235 (251 ff.).
[299] Vgl. *Klein* AVR 29 (1991), 421 (432); *Wheatley* EJIL 17 (2006), 531 ff.; *Woolaver* AfricanJIL 22 (2014), 161 ff.
[300] Vgl. IGH Urt. v. 27.6.1986 *(Nicaragua)*, ICJ Rep. 1986, 14, Rn. 266.
[301] IGH Gutachten v. 8.7.1996 *(Nuclear Weapons)*, ICJ Rep. 1996, 226, Rn. 42.
[302] IGH Gutachten v. 8.7.1996 *(Nuclear Weapons)*, ICJ Rep. 1996, 226, Rn. 41; Urt. v. 27.6.1986 *(Nicaragua)*, ICJ Rep. 1986, 14, Rn. 176; Urt. v. 6.11.2003 *(Oil Platforms)*, ICJ Rep. 2003, 161, Rn. 76 f.
[303] International Law Association, Final Report on Aggression and the Use of Force, 2018, 12. Vgl. auch *v. Arnauld* VölkerR Rn. 1097; *Krajewski* VölkerR § 9 Rn. 98.
[304] Wie hier *Tsagourias/White*, Collective Security, 2015, 247 ff. AA *Bauer*, Effektivität und Legitimität, 1996, 75.
[305] *Myjer/White* J Conflict & Sec Law 7 (2002), 5 (16); *Brunnée* in Blokker/Schrijver, The Security Council and the Use of Force, 2005, 107 (131).
[306] Klarsichtig *Graf von Kielmansegg* AVR 50 (2012), 285 (312 f.).

auf Selbstverteidigung entfällt nicht automatisch mit der Intervention des Sicherheitsrats, sondern kann trotz seiner in Art. 51 UN-Charta grundsätzlich festgelegten Subsidiarität parallel dazu existieren. Die UN-Charta schließt die Möglichkeit einer Konfliktbewältigung auf kombinierter Grundlage nicht aus.[307] Kollektive nichtmilitärische Sanktionen und militärische Operationen zur kollektiven Selbstverteidigung sind jedenfalls nicht zwangsläufig Antagonismen, wie der Golfkrieg von 1990/91 und der Afghanistaneinsatz verdeutlichen.[308] Lediglich in Fällen, in denen ein ständiges Sicherheitsratsmitglied selbst in Friedensbrüche involviert ist oder für diese gar allein verantwortlich zeichnet, offenbaren sich wegen des Veto-Rechts gravierende Mängel in der Struktur des Sicherheitssystems der UN-Charta (vgl. → Rn. 39).

D. Konflikteindämmung durch UN-Friedensmissionen

53 Die fortbestehende Notwendigkeit des UN-Sicherheitssystems zeigt sich ferner an den Maßnahmen des friedensstabilisierenden *Peacekeeping,* des robusten *Peace Enforcement* und des nachsorgenden *Peacebuilding,* die unter anderem auf der gedanklichen Grundlage der Kapitel VI und VII der UN-Charta entwickelt worden sind.[309]

I. Entwicklung des UN-Peacekeeping als alternative Form der Friedenssicherung

54 Vor dem Hintergrund der dauerhaften Blockade des Sicherheitsrats im Kalten Krieg und angesichts der Tatsache, dass die Sonderabkommen nach Art. 43 UN-Charta nicht abgeschlossen worden sind, hat sich das *Peacekeeping* in Form von UN-Friedensmissionen („Blauhelmtruppen") als alternative Form der Konflikteindämmung bereits in den 1950er Jahren entfaltet.[310] Erster Anwendungsfall war die „*United Nations Emergency Force*" im Suezkanal, die bereits ein über die bloße Beobachtung hinausgehendes Mandat innehatte.[311] Inzwischen erstreckt sich das UN-*Peacekeeping* auf **verschiedene Dimensionen**.[312] Recht häufig werden *Peace Operations* mit einem robusten „friedensschaffenden" Mandat ausgestattet, das es ihnen erlaubt, zu Verteidigungszwecken auch militärische Gewalt anzuwenden.[313] Insgesamt zielt das UN-*Peacekeeping* sowohl auf die Konfliktprävention als auch auf Konflikteindämmung durch robustes *Peace Enforcement* und dient in Form des *Peacebuilding* zudem der Konfliktnachsorge.[314]

II. Multidimensionaler Charakter von UN-Friedensmissionen

55 Da sie sowohl in Entstehung, Funktion, Bezeichnung, Konzeptualisierung, Ermächtigung und Kompetenzzuweisung einen mehrdimensionalen Charakter aufweisen, lassen sich die UN-Friedensmissionen **nur schwerlich typologisieren**.[315] Sie umfassen klassische Be-

---

[307] *Krisch,* Selbstverteidigung und kollektive Sicherheit, 2001, 234 f.; *Graf von Kielmansegg* AVR 50 (2012), 285 (313). Ähnlich auch *Heintschel von Heinegg* in Ipsen VölkerR § 56 Rn. 36 ff.
[308] *Verhoeven* AFDI 36 (1990), 179 (189); *Schachter* AJIL 85 (1991), 452 (459 f.); *Klein* AVR 29 (1991), 421 (428 ff.).
[309] Vgl. *Riedel* ZRP 1991, 5 (6); *Landshuter,* Die Friedensmissionen der Vereinten Nationen, 2007, 55.
[310] Vgl. *Durch,* The Evolution of UN Peacekeeping, 1993, 7 f.; *McCoubrey/White,* The Blue Helmets, 1996, 1 ff.; *Eisele* VN 2005, 179 (179 f.); *Bothe* in Simma/Khan/Nolte/Paulus UN Charter Peacekeeping Rn. 6 ff.
[311] Vgl. A/3943 v. 9.10.1958. Näher *Tsagourias/White,* Collective Security, 2015, 256 f.
[312] *Jett,* Why Peacekeeping Fails, 2. Aufl. 2019, 37 ff.; näher → Rn. 55.
[313] Vgl. etwa S/RES/678 v. 29.11.1990; S/RES/794 v. 3.12.1992; S/RES/816 v. 31.3.1993. Eingehend zur Entwicklung der robusten Friedenseinsätze *Findlay,* The Use of Force in UN Peace Operations, 2002, 20 ff., 351 ff.; *Kühne* VN 2013, 25 (25 ff.).
[314] Vgl. An Agenda for Peace A/47/277 – S/24111 v. 17.6.1992, 5. Vgl. auch *Chesterman/Johnstone/Malone,* Law and Practice of the United Nations, 2. Aufl. 2016, 328 ff.
[315] Vgl. *Maier* VN 2016, 202 ff.; vgl. auch S/RES/2282 v. 27.4.2016. Zu den Problemen der zunehmenden Aufgaben- und Funktionserweiterung der *Peacekeeping*-Missionen insbesondere in Afrika vgl. *Rudolf,* SWP-Studie 2017, 1 (7 ff.).

obachtermissionen und friedensstabilisierende Blauhelmeinsätze zur Umsetzung von Waffenstillstandsabkommen, die Errichtung von Schutzzonen zur Sicherung militärischer Trennungslinien und auf Dauer angelegte Friedenskonsolidierungsmaßnahmen sowie Mechanismen zur Stabilisierung von Friedensprozessen nach Konflikten, etwa durch die Errichtung ziviler Übergangsverwaltungen.[316] In modernen UN-Missionen werden die verschiedenen Maßnahmen oft kombiniert.[317] Komplex sind die Aufgaben der Friedensstreitkräfte dort, wo innere Konflikte fortbestehen.[318] Manche Friedensmissionen sind UN-mandatiert oder sogar UN-geführt; andere Missionen sind als hybride Missionen einzustufen.[319] Im Regelfall erfolgt das *Peacekeeping* mit der Zustimmung des Gastlandes oder nach einer Vereinbarung zwischen den Vereinten Nationen, den beitragenden Staaten und dem Gastland auf der Grundlage eines vom Generalsekretariat ausgearbeiteten *„Model Status of Forces Agreement"*.[320] Lediglich das robuste *Peace Enforcement* wird nicht selten auch ohne oder gegen den Willen des betroffenen, meist zerfallenen Staates zur Stabilisierung einer Region durchgesetzt.[321]

III. Verankerung der UN-Friedensmissionen im kollektiven Sicherheitssystem der Vereinten Nationen

1. Rechtliche Grundlage

Obwohl sich in der UN-Charta kein ausdrücklicher Verweis auf das *Peacekeeping* findet, **56** machen die UN-Friedensmissionen einen wesentlichen Teil des kollektiven Sicherheitssystems aus. In Anwendung der **implied powers-Doktrin** fanden sie ihre Rechtsgrundlage zunächst in einem imaginären „Kapitel VI ½" der UN-Charta, da die Friedens- und Stabilisierungseinsätze zwischen dem konsensorientierten, klassischen Verfahren (*„consensual peacekeeping"*) und dem Einsatz von Zwangsmaßnahmen (*„coercive peacekeeping"*) changierten.[322] Beginnend mit der Sicherheitsratsresolution 678 (1990) dient mittlerweile aber meist **Kapitel VII UN-Charta** als Grundlage für vom Sicherheitsrat mandatierte Friedenssicherungseinsätze.[323] In der jüngeren Vergangenheit lässt sich sogar eine gewisse Tendenz des Sicherheitsrats erkennen, die Ziele der Friedensoperationen deutlicher als früher zu definieren, Fristen zu setzen und Berichtspflichten zu formulieren.[324]

2. Grundprinzipien der Friedenssicherung

Als Dreh- und Angelpunkt der Einrichtung einer *Peacekeeping*-Mission gilt der **Konsens 57** zwischen den Konfliktparteien, den UN-Organen, den Truppen stellenden oder anderweitig beitragenden Staaten und dem Gastland.[325] Grundsätzlich werden Vereinbarungen getroffen, die die Achtung des nationalen Rechts beim Einsatz der Friedenstruppen vor-

---

[316] Aus der Fülle an Literatur vgl. etwa *Rossbacher,* Friedenssicherung am Beispiel der Interimsverwaltung der Vereinten Nationen im Kosovo (UNMIK), 2004; *Stahn,* The Law and Practice of International Territorial Administration, 2008; *Schmalenbach* BerDGVR 44 (2010), 341 ff.; *Zeh,* Das Übergangsrecht, 2011; *Bühring,* Demokratische Friedenskonsolidierung, 2014; *Gienanth/Hansen* VN 2016, 195 ff.; *Paris* in Weiss/Daws, The Oxford Handbook on the United Nations, 2. Aufl. 2018, 479 (480 f.).
[317] Vgl. *Stahn* EJIL 17 (2006), 921 ff.; *Bellamy/Williams* in Koops/MacQueen/Tardy, The Oxford Handbook of United Nations Peacekeeping Operations, 2015, 14 ff.
[318] *Bothe* in Graf Vitzthum/Proelß VölkerR 8. Abschn. Rn. 34.
[319] *Gareis* VN 2008, 154 (157); *Gareis/Varwick,* Die Vereinten Nationen, 5. Aufl. 2014, 144 f.
[320] Vgl. A/45/594 v. 9.10.1990 und A/46/185 v. 23.5.1991; näher → Rn. 59.
[321] ZB S/RES/743 v. 21.2.1992. Vgl. auch *Debiel,* UN-Friedensoperationen in Afrika, 2003, 221 ff.; *Bellamy/Williams,* Understanding Peacekeeping, 2. Aufl. 2011, 153 ff.
[322] Vgl. *Hahlbohm,* Peacekeeping im Wandel, 1993, 61 ff.; *Landshuter,* Die Friedensmissionen der Vereinten Nationen, 2007, 54 f.; *White* in Koops/MacQueen/Tardy, The Oxford Handbook of United Nations Peacekeeping Operations, 2015, 43 (44 f.).
[323] ZB S/RES/678 v. 29.11.1990; S/RES/743 v. 21.2.1992. Anders noch S/RES/185 v. 16.12.1963.
[324] Vgl. *Gray,* International Law and the Use of Force, 4. Aufl. 2018, 333 f., mwN.
[325] *Garvey* AJIL 64 (1970), 241 ff.; *Suy* NILR 1988, 318 ff.; *White* in Koops/MacQueen/Tardy, The Oxford Handbook of United Nations Peacekeeping Operations, 2015, 43 (48 f.).

schreiben.³²⁶ Im Gegenzug übernimmt der Gaststaat die Verpflichtung, erforderliche Materialien oder Dienstleistungen bereitzustellen.³²⁷ Die Blauhelmtruppen müssen das Mandat unparteilich, also ohne Begünstigung einer der Konfliktparteien ausüben.³²⁸ Während nach der ursprünglichen Konzeption Friedenstruppen rein defensiv tätig werden sollten, finden sich mittlerweile verbreitet robuste Mandate, die über die private Notwehr und Nothilfe hinausgehen und eine Verteidigung des Mandats unter besonderem Schutz der Zivilbevölkerung einschließen *(„robust peacekeeping")*.³²⁹ In diesen Fällen wird die Friedenssicherung immer stärker mit den Zwangsmaßnahmen nach Kapitel VII UN-Charta verknüpft.³³⁰

58 Dennoch unterscheiden sich auch robuste Friedenseinsätze von klassischen Zwangsmaßnahmen dadurch, dass bei ihnen die zivil-militärische Kooperation und die lokale Eigenverantwortung einen hohen Stellenwert einnehmen.³³¹ Deshalb wirken zunehmend Nichtregierungsorganisationen flankierend auf das UN-Peacekeeping ein. Ihre Beteiligung an der internationalen Konfliktverhütung und -nachsorge ist wegen der Möglichkeit eines schnellen und unbürokratischen Handelns und angesichts ihrer Verbundenheit mit einer Region, mit der Zivilgesellschaft oder einem speziellen Thema wertvoll.³³² NGOs bieten ein wirksames Forum, um die politische Legitimität und Akzeptanz einer Konfliktlösung zu erhöhen.³³³ Gleichwohl können Nichtregierungsorganisationen allein Konflikte weder verhindern noch beenden, da die Entwicklung einer stabilen Gesellschaft eines strukturierten und nachhaltigen Ansatzes durch die Staatengemeinschaft und rechenschaftspflichtiger Einrichtungen bedarf.³³⁴

3. Struktur und Organisation der Friedensmissionen

59 Obgleich der Sicherheitsrat die Hauptverantwortung für die UN-Friedensmissionen trägt und diese mandatiert,³³⁵ ist es der **UN-Generalsekretär,** der die entscheidenden Aufgaben der Vermittlung und Koordinierung übernimmt. Er fungiert als *„head of the mission"* und stellt ein wichtiges Bindeglied zwischen den Parteien vor Ort, den am Einsatz beteiligten Mitgliedstaaten und den Organen der Vereinten Nationen dar.³³⁶ In administrativer und logistischer Hinsicht wird der Generalsekretär von speziellen Verwaltungseinheiten des Sekretariats und einem vor Ort ansässigen Sonderbeauftragten unterstützt.³³⁷ Zusätzlich wird zum Zweck der militärischen Führung ein *„UN Force Commander"* ernannt, dem die beteiligten Mitgliedstaaten ihre nationalen Kontingente unterstellen, wobei jedes Kontingent über einen eigenen Kommandeur verfügt.³³⁸ Die Kommandobefugnisse ergeben sich

---

[326] Beispiel: *Exchange of letters constituting an agreement concerning the status of the United Nations Emergency Force in Egypt*, 260 UNTS 61 v. 8.2.1957.
[327] *Bothe* in Simma/Khan/Nolte/Paulus UN Charter Peacekeeping Rn. 26.
[328] Eingehend *Rhoads,* Taking Sides in Peacekeeping, 2015, 46 ff.
[329] *Foley,* UN Peacekeeping Operations and the Protection of Civilians, 2017, 72 ff.; *Malan* in Nadin, The Use of Force in Peacekeeping, 2018, 36 ff.; *Lion-Bustillo* in Fernández Sánchez, Peacekeeping, 2018, 109 ff.
[330] *White* in Koops/MacQueen/Tardy, The Oxford Handbook of UN Peacekeeping Operations, 2015, 43 (51 f.).
[331] *Kühne,* Blauhelme in einer turbulenten Welt, 1993, 17 (55); *Kühne* VN 2013, 25 (26).
[332] *Furtak,* Nichtstaatliche Akteure in den internationalen Beziehungen, 1997, 79 ff.; *Abiew/Keating* IntPeacekeeping 6 (1999), 89 (92 f.); *Stahn* ZaöRV 61 (2001), 379 (380 ff.).
[333] *Bernstein* VN 2018, 167 ff.; *Irrera,* NGOs, Crisis Management and Conflict Resolution, 2013, 127 ff. Kritisch *Fahrenhorst* in Klein/Roth, NGOs im Spannungsfeld von Krisenprävention und Sicherheitspolitik, 2007, 69 ff.
[334] *Klein/Roth,* NGOs im Spannungsfeld von Krisenprävention und Sicherheitspolitik, 2007, 9 (16 ff.); *Reimann,* NGOs im Spannungsfeld von Krisenprävention und Sicherheitspolitik, 2007, 91 (96 ff.).
[335] *Bothe* in Simma/Khan/Nolte/Paulus UN Charter Peacekeeping Rn. 23 ff.; *White* in Koops/MacQueen/Tardy, The Oxford Handbook of United Nations Peacekeeping Operations, 2015, 43 (46 f.). – Der Generalversammlung kommt eine sekundäre Kompetenz zu, vgl. IGH Gutachten v. 20.7.1962 *(Certain Expenses),* ICJ Rep. 1962, 151 (171 f.).
[336] *Department of Peacekeeping Operations,* Handbook on United Nations Multidimensional Peacekeeping Operations, 2003, 13 ff.
[337] Eingehend zu Struktur und Organisation *Trettin/Winckler* VN 2012, 115 (116 ff.).
[338] *Chesterman* in Simma/Khan/Nolte/Paulus UN Charter Art. 98 Rn. 12 ff.

im Einzelnen aus den Resolutionen des Sicherheitsrats, den Vereinbarungen mit den betreffenden Staaten sowie den Überstellungsverträgen.[339] In der Regel dient das vom Generalsekretariat erarbeitete **„Model Status of Forces Agreement"** als Grundlage für die Übertragung von Befehlsgewalt.[340] Von förmlichen Überstellungsverträgen und einer *„full command authority"* wird jedoch regelmäßig Abstand genommen. Stattdessen wird die *„operational control"* auf die teilnehmenden Staaten übertragen, um Konflikten mit nationalem Recht vorzubeugen und Mitspracherechte zu gewährleisten.[341] Dementsprechend haben die Vereinten Nationen auch bei UN-geführten oder UN-mandatierten Friedensmissionen keine eigenständige Befehlsgewalt.[342] Auch die nachrichtendienstliche Aufklärung verbleibt in den Händen der Mitgliedstaaten.[343]

Um der Häufigkeit der Missionen Herr zu werden und ihre Effektivität zu steigern, haben sich mittlerweile **Interventionsbrigaden und eine „schnelle Eingreiftruppe"** (*„rapid reaction force"*) etabliert,[344] die etwa in den jüngeren Operationen im Kongo und in Mali neben den Blauhelm-Missionen zum Einsatz gekommen sind.[345] Diese permanenten Einheiten, die im Laufe der Jahre wechselnden Bezeichnungen und Ausgestaltungen unterlagen,[346] finden ihre Grundlage in Vereinbarungen zur Registrierung und zum Einsatz von Militär- und Polizeieinheiten.[347] Unterstützt werden die UN-Friedenstruppen außerdem zunehmend von **privaten Militär- und Sicherheitsunternehmen,** was eine Reihe von operativen und rechtlichen Problemen, insbesondere im Blick auf die völkerrechtliche Verantwortlichkeit, aufwirft.[348] Um diese Schwierigkeiten abzufedern, haben die Vereinten Nationen im Jahr 2012 Richtlinien zur Verwendung bewaffneter und nicht bewaffneter Sicherheitsdienstleister erlassen.[349] Auch im Übrigen sind die UN-Friedensmissionen immer wieder Gegenstand zahlreicher Reformvorschläge.[350] Der jüngste Vorschlag des Generalsekretärs zu einer *„Action for Peacekeeping"* identifiziert acht verbesserungsbedürftige Bereiche der Friedenssicherung, zu denen vor allem die Förderung politischer Konfliktlösungen und ein Fonds zur Friedenskonsolidierung gehören.[351]

60

IV. Haftungsfragen bei *Peace Operations*

Desgleichen ist die Haftung für Schäden, die im Rahmen von *Peace Operations* entstehen, noch weit von einem verlässlichen Rechtsrahmen entfernt. Zwar existieren verschiedene

61

---

[339] *Murphy*, UN Peacekeeping in Lebanon, Somalia and Kosovo, 2007, 108 ff.; *Bothe* in Simma/Khan/Nolte/Paulus UN Charter Peacekeeping Rn. 29.
[340] Vgl. A/46/185 v. 23.5.1991.
[341] *Schütze*, Die Zurechenbarkeit von Völkerrechtsverstößen im Rahmen mandatierter Friedensmissionen der Vereinten Nationen, 2011, 144 ff.
[342] *Schmalenbach*, Die Haftung internationaler Organisationen: im Rahmen von Militäreinsätzen und Territorialverwaltungen, 2004, 108 ff.; *Schütze*, Die Zurechenbarkeit von Völkerrechtsverstößen im Rahmen mandatierter Friedensmissionen der Vereinten Nationen, 2011, 148 ff.
[343] Vgl. *Lange* VN 2012, 257 ff.
[344] Vgl. *An Agenda for Peace*, A/47/277 – S/24111, 17.6.1992; A/50/60 v. 25.1.1995. Dazu *Boutros-Ghali* JILP 5 (1993), 113 (115 ff.); *Richard* in Weiss/Daws, The Oxford Handbook on the United Nations, 2. Aufl. 2018, 420 (428 ff.).
[345] Vgl. zur Demokratischen Republik Kongo: S/RES/2098 v. 28.3.2013; S/RES/2409 v. 27.3.2018; zu Mali: S/RES/2100 v. 25.4.2013; S/RES/2423 v. 28.6.2018.
[346] Vgl. *Koops* VN 2011, 15 ff.
[347] *UN Department of Peace Operations*, Guidelines. The Rapid Deployment Level of the Peacekeeping Capability Readiness System, 2019, 13. Vgl. ferner *Gareis/Varwick*, Die Vereinten Nationen, 5. Aufl. 2014, 148 ff.
[348] *Lehnardt* VN 2008, 60 (64 ff.); *Boltz/Conze* VN 2017, 165 (168 f.); *Fischer*, Militär- und Sicherheitsunternehmen in bewaffneten Konflikten und Friedenssicherungsoperationen, 2013, 220 ff.
[349] *UN Department of Safety and Security*, Guidelines on the Use of Armed Security Services from Private Security Companies, 8.11.2012.
[350] Zu den verschiedenen Reformetappen nach dem wegweisenden *Brahimi*-Bericht v. 21.8.2000 (A/55/305 – S/2000/809) vgl. etwa *Griep* VN 2002, 61 (62 ff.); *Benner/Rotmann* VN 2007, 177 ff.; *Spitz*, UN-Peacekeeping Reformen, 2007; *Ulich* VN 2015, 220 ff.
[351] A/70/357 – S/205/682 v. 2.9.2015. Näher *Oksamytna* VN 2022, 3 ff.; *Schumacher* VN 2022, 22 ff.

UN-eigene Streitbeilegungsverfahren für konkrete *Peacekeeping*-Operationen. Als allgemein akzeptiert gilt lediglich die exklusive Haftung der Vereinten Nationen, soweit es um das rechtswidrige Verhalten von UN-geführten Friedenstruppen geht, für das die Weltorganisation die alleinige politische und strategische Verantwortung übernommen hat.[352] In diesen Fällen bedarf es aber dringend einer Klärung, ob und in welchem Umfang die Vereinten Nationen auf die Achtung von Menschenrechten materiell und prozessual verpflichtet sind.[353] Für alle anderen UN-mandatierten oder hybriden Friedensmissionen offenbaren sich erhebliche **Rechtsschutzlücken**. Gegen Klagen von Individuen und deren Heimatstaaten vor nationalen und europäischen Gerichten sind die Vereinten Nationen immun.[354] Deshalb ist es besonders problematisch, dass Schäden, die Zivilpersonen im Rahmen einer robusten Friedensmission erleiden, nicht den mit der Durchführung der Sicherheitsratsresolution betrauten Staaten, sondern ausschließlich den Vereinten Nationen zugerechnet werden, in deren Auftrag die Truppen auf der Grundlage des Kapitels VII der UN-Charta tätig waren. Im Fall *Behrami und Saramati* hat der EGMR genau diese Erwägung herangezogen, um die Unzulässigkeit *ratione personae* der erhobenen Individualbeschwerde von Zivilpersonen aus dem Kosovo zu begründen.[355] Aus entsprechenden Gründen wurde auch die Überprüfung von Maßnahmen des Hohen Repräsentanten für Bosnien-Herzegowina ausgeschlossen.[356] In die richtige Richtung weisen hingegen die Entscheidungen der niederländischen Gerichte in den Verfahren zur Verantwortlichkeit der niederländischen Blauhelmtruppen (*„Dutchbat"*) im Rahmen von UNPROFOR, die im Grundsatz von einer gemeinsamen Haftung der Vereinten Nationen und der Niederlande wegen der Massaker in Srebrenica (1995) ausgehen.[357]

E. Sicherheitsgewährleistung mittels regionaler Abmachungen

62 Neben den Mitgliedstaaten engagieren sich zunehmend auch Regionalorganisationen im Rahmen des UN-*Peacekeeping*. Dabei werden sie meist auf Autorisierung des Sicherheitsrats tätig.[358] Allerdings sehen sich sowohl die NATO, die EU und die Wirtschaftsgemeinschaft Westafrikanischer Staaten (ECOWAS) durchaus auch als gleichwertige Akteure im Rahmen der institutionellen Struktur der Friedenseinsätze und anderer militärischer Operationen.[359] Dies führt notgedrungen zu Spannungen im Verhältnis zu den Vereinten Nationen.

I. Öffnung des UN-Sicherheitssystems für regionale Abmachungen und Einrichtungen gemäß Kapitel VIII UN-Charta

1. Regionalität von Abmachungen und Einrichtungen

63 Während Regionalorganisationen unter dem Völkerbund als Ausnahme von dem universell konzipierten Sicherheitssystem begriffen wurden, bilden sie nach Kapitel VIII der UN-

---

[352] Vgl. *Schmalenbach*, Die Haftung Internationaler Organisationen im Rahmen von Militäreinsätzen und Territorialverwaltungen, 2004, 478 ff.; *Krumrey*, Die Immunität der Vereinten Nationen – Verantwortlichkeit für Friedensmissionen, 2018, 67 ff.; *Schermers/Blokker*, International Institutional Law, 6. Aufl. 2018, §§ 1584A, 1858. Differenzierend *Kranz* AVR 38 (2010), 281 (331 f.).
[353] *Schmahl* in Graf Vitzthum/Proelß VölkerR 4. Abschn. Rn. 199.
[354] Vgl. etwa *Schmalenbach* NILR 62 (2015), 313 ff.; *Lundahl* Die Friedens-Warte 88 (2013), 77 ff.; *Garcin* ZaöRV 75 (2015), 671 (679 ff.).
[355] EGMR Urt. v. 2.5.2007 – *Behrami und Saramati*, Nr. 71412/01 und Nr. 78166/01, Rn. 133 ff. Kritisch *Sari* HRLR 8 (2008), 151 ff.; *Bodeau-Livinex/Buzzini/Villalpando* AJIL 102 (2008), 323 ff.; *Toorn* AustILJ 2008, 9 ff.; *Janik* ZaöRV 70 (2010), 127 ff.; *Schmalenbach* AVR 51 (2013), 170 (195 ff.).
[356] EGMR Entsch. v. 16.10.2007 – *Berić ua*, Nr. 36357/04 ua, Rn. 26 ff.
[357] Vgl. Hoge Raad der Nederlanden, Urt. v. 6.9.2013 (*Nuhanović*), Nr. 12/03324, ILM 53 (2014), 516 ff., und Urt. v. 6.9.2013 (*Mustafić-Mujić ua*), Nr. 12/03329, ILM 53 (2014), 527 ff.; Rechtbank Den Haag Urt. v. 16.7.2014 (*Mothers of Srebrenica*), ECLI:NL:RBDHA:2014:8748. Dazu *v. Arnauld/Buszewski* Die Friedens-Warte 88 (2013), 15 (27 ff.); *Palchetti* NILR 62 (2015), 279 (289 ff.).
[358] *Walter* in Simma/Khan/Nolte/Paulus UN Charter Art. 53 Rn. 26 ff.
[359] *Kühne* VN 2013, 25 (29).

E. Sicherheitsgewährleistung mittels regionaler Abmachungen § 8

Charta einen **integralen Bestandteil des UN-Systems** der kollektiven Sicherheit.[360] Art. 52 Abs. 1 UN-Charta anerkennt ausdrücklich die Notwendigkeit dezentraler Sicherheitsgewährleistung durch regionale Abmachungen und Einrichtungen. Beide Begriffe sind weit zu verstehen und umfassen jede vertragsbasierte Vereinbarung auf regionaler Ebene, unabhängig von ihrer Zielsetzung und ihrem Organisationsgrad.[361] Ein Verfahren zur Anerkennung einer Organisation als regionale Abmachung oder Einrichtung iSv Art. 52 UN-Charta existiert nicht.[362] Dennoch haben sich drei Kriterien herauskristallisiert, die als zwingend angesehen werden. So darf die Einrichtung nicht universell sein, sondern muss eine geographische Beschränkung aufweisen.[363] Nicht entscheidend ist dabei die exakte geographische Abgrenzung.[364] Es genügt, dass die Organisation partiell-partikulären Charakter hat und eine gewisse regionale Verbundenheit und politische Homogenität sichtbar sind.[365] Zweitens muss sich die Einrichtung funktional mit Fragen regionaler Friedenssicherung beschäftigen, und sie muss, drittens, kollektive Handlungsmechanismen bereithalten, die mit den Zielen der Vereinten Nationen vereinbar sind.[366]

2. Rechte und Pflichten regionaler Einrichtungen

Mit dem letztgenannten Kriterium soll sichergestellt werden, dass die regionale Einrichtung 64 den Mechanismus zur friedlichen Streitbeilegung nach der UN-Charta und die Kompetenzen des Sicherheitsrats nicht unterminiert.[367] Insbesondere darf das kollektive Selbstverteidigungsrecht der Regionalorganisation nicht anders ausgeformt sein als in Art. 51 UN-Charta.[368] Die Tätigkeit einer Regionalorganisation ist lediglich als **regionale Verlagerung** der Aufgaben und Befugnisse zu verstehen, die sich aus der UN-Charta ergeben.[369] Mit anderen Worten dient die Einbindung von Regionalorganisationen dem Prinzip regionaler Priorität, ohne dabei die Rechte und Letztentscheidungskompetenzen der UN-Organe im Rahmen der friedlichen Streitbeilegung und zum Erlass von Zwangsmaßnahmen anzutasten.[370]

Auch wenn Art. 53 UN-Charta nicht besonders klar gefasst ist, darf der Sicherheitsrat 65 regionale Abmachungen oder Einrichtungen jedenfalls zur Durchführung von militärischen Zwangsmaßnahmen in Anspruch nehmen.[371] Dies schließt *a maiore ad minus* auch das Heranziehen von Regionalorganisationen für nichtmilitärische Sanktionen ein, zumal auch Art. 48 UN-Charta ein solches Verständnis unterstützt.[372] Ohne Ermächtigung vonseiten

---

[360] *Wolfrum* ZaöRV 53 (1993), 576 (577); *de Wet* in Weller, The Oxford Handbook on the Use of Force, 2014, 314 ff.
[361] *Pernice,* Die Sicherung des Weltfriedens durch regionale Organisationen und die Vereinten Nationen, 1972, 34 ff.
[362] Vgl. *Theuermann* in Kühne, Blauhelme in einer turbulenten Welt, 1993, 231 (233 ff.).
[363] *Walter,* Vereinte Nationen und Regionalorganisationen, 1996, 29 ff.; *Abass,* Regional Organizations and the Development of Collective Security, 2004, 22 ff.
[364] So aber noch der Vorschlag Ägyptens: UNCIO XII 857 (857); UNCIO III 446 (451). Abweichend die Vorschläge Neuseelands und Kubas: UNCIO III 486 (488); UNCIO XII 179 (209); UNCIO III, 524 (525).
[365] *Wolfrum* ZaöRV 53 (1993), 576 (577 f.); *Walter* in Simma/Khan/Nolte/Paulus UN Charter Art. 52 Rn. 5 ff.; *Heintschel von Heinegg* in Ipsen VölkerR § 57 Rn. 33.
[366] Vgl. Art. 52 Abs. 1 und Abs. 2 UN-Charta. Ferner *Walter,* Vereinte Nationen und Regionalorganisationen, 1996, 90 ff.; *Geyrhalter,* Friedenssicherung durch Regionalorganisationen ohne Beschluß des Sicherheitsrates, 2002, 37 ff.
[367] Vgl. Art. 52 Abs. 2–4 UN-Charta, vgl. auch *An Agenda for Peace* A/47/277 – S/24111, 17.6.1992, Ziff. 63.
[368] *Walter* in Simma/Khan/Nolte/Paulus UN Charter Art. 52 Rn. 22 ff.
[369] *Pernice,* Die Sicherung des Weltfriedens durch regionale Organisationen und die Vereinten Nationen, 1972, 20. Kritisch *Abass,* Regional Organizations and the Development of Collective Security, 2004, 21 ff.
[370] Vgl. *Theuermann* in Kühne, Blauhelme in einer turbulenten Welt, 1993, 231 (242); *Walter* in Simma/Khan/Nolte/Paulus UN Charter Art. 52 Rn. 80 ff.
[371] *Pernice,* Die Sicherung des Weltfriedens durch regionale Organisationen und die Vereinten Nationen, 1972, 100 ff.
[372] Vgl. *Walter,* Vereinte Nationen und Regionalorganisationen, 1996, 264 f. Ähnlich auch *Orakhelashivili* in Marossi/Bassett, Economic Sanctions under International Law, 2015, 3 ff.

des Sicherheitsrats dürfen Regionalorganisationen zwar nichtmilitärische, keinesfalls aber militärische Zwangsmaßnahmen ergreifen.[373] Denn insoweit geht es ausschließlich um ein **„subcontracting" regionaler Organisationen,** nicht aber um ihre Selbstermächtigung zur Anwendung von Gewalt.[374] Lediglich in Notstandssituationen, in denen der Sicherheitsrat aus Gründen politischer Blockade inaktiv bleibt, lässt sich *ultima ratio* ein eigenes Recht von Regionalorganisationen zum Eingreifen begründen.

66 Im Vergleich zu Einzelstaaten weisen Regionalorganisationen einen höheren Grad an Objektivität auf und unterliegen einer institutionellen kollektiven Binnenkontrolle.[375] Mit dieser – nicht unumstrittenen – Begründung haben sich etwa die Afrikanische Union (AU) und die NATO für befugt erklärt, bei schwerwiegenden Menschenrechtsverletzungen auf dem afrikanischen bzw. europäischen Kontinent zu intervenieren.[376] Eine solche Intervention ist jedoch nur dann unbedenklich, wenn sie wenigstens rückwirkend durch den Sicherheitsrat legitimiert wird.[377] Dies war der Fall bei den Einsätzen von ECOWAS in Liberia und Sierra Leone,[378] nicht aber bei der humanitären Intervention der NATO im Kosovo.[379] Der Grund für die **Letztentscheidungsbefugnis des Sicherheitsrats** ergibt sich zum einen aus Art. 54 UN-Charta, der eine vollständige Berichterstattungspflicht der Regionalorganisation festschreibt, die in Inhalt und Ausmaß weiterreicht als die Notifikationspflicht aus Art. 51 UN-Charta.[380] Zum anderen legt Art. 103 UN-Charta fest, dass die aus der UN-Charta folgenden Verpflichtungen anderen übernommenen Vertragspflichten vorgehen. Da die Mitgliedstaaten der Regionalorganisation in aller Regel auch UN-Mitglieder sind, müssen sie dafür Sorge tragen, dass sie keine Beschlüsse fassen, die ihre Mitglieder bindende Sicherheitsratsresolutionen konterkarieren.[381] Die Organisationen müssen vielmehr auf diese für ihre Mitglieder verbindlichen Entscheidungen Rücksicht nehmen.[382]

3. Verwaltungszusammenarbeit der UN mit Regionalorganisationen

67 Aus diesem Grund hat sich mittlerweile eine rege Verwaltungszusammenarbeit zwischen den UN-Organen und den Regionalorganisationen etabliert, die sich etwa auf gemeinsame Treffen der Generalsekretariate oder die Gewährung eines Beobachterstatus bei den Sitzungen der Generalversammlung erstreckt.[383] Seit 2008 finden regelmäßige **Treffen zum Konfliktmanagement** statt.[384] Besonders ausgeprägt ist die Zusammenarbeit der UN mit der Organisation Amerikanischer Staaten (OAS), der AU, der Arabischen Liga und der OSZE, die allesamt seit langem als Regionalorganisationen im Sinne des Kapitels VIII der

---

[373] Wie hier *Ruffert/Walter*, Institutionalisiertes Völkerrecht, 2. Aufl. 2015, 176; *Winkler*, Die Vereinten Nationen im Gefüge der internationalen Organisationen, 2019, 163 ff. AA wohl *Wolfrum* ZaöRV 53 (1993), 576 (580 f.).
[374] Vgl. *Geyrhalter*, Friedenssicherung durch Regionalorganisationen ohne Beschluß des Sicherheitsrates, 2002, 66 ff.; *Sidhu* in Weiss/Daws, The Oxford Handbook on the United Nations, 2. Aufl. 2018, 313 (321 ff.).
[375] *Walter*, Vereinte Nationen und Regionalorganisationen, 1996, 261 f.; *Franck* in Schmitt/Peijc, International Law and Armed Conflict, 2007, 23 (25).
[376] Vgl. *Abass/Baderin* NethILR 49 (2002), 1 (15 ff.); *Oertel/Varwick* VN 2008, 160 (163 f.). Kritisch *de Wet*, Liber amicorum Wolfrum, Bd. 2, 2012, 1551 (1559 f.).
[377] Vgl. *Franck* in Schmitt/Peijc, International Law and Armed Conflict, 2007, 23 (25). Kritisch *Theuermann* in Kühne, Blauhelme in einer turbulenten Welt, 1993, 231 (245 ff.); *Farer*, Blauhelme in einer turbulenten Welt, 1993, 275 ff.
[378] Vgl. S/RES/788 v. 19.11.1992; S/RES/1171 v. 5.6.1998.
[379] Vgl. *Wedgwood* AJIL 93 (1999), 828 (830); *Simma* EJIL 10 (1999), 1 (11); *Villani* MPYUNL 6 (2002), 535 (584).
[380] *Pernice*, Die Sicherung des Weltfriedens durch regionale Organisationen und die Vereinten Nationen, 1972, 152 f.; *Walter*, Vereinte Nationen und Regionalorganisationen, 1996, 347 ff.
[381] Näher *Kolb* ZaöRV 64 (2004), 21 ff.
[382] *Klein* AVR 30 (1992), 101 (109); *Winkler*, Die Vereinten Nationen im Gefüge der internationalen Organisationen, 2019, 173 ff.
[383] Vgl. bereits *Walter*, Vereinte Nationen und Regionalorganisationen, 1996, 356 ff.
[384] *Walter* in Simma/Khan/Nolte/Paulus UN Charter Art. 54 Rn. 28.

UN-Charta anerkannt sind.³⁸⁵ In jüngerer Zeit finden sich auch vorsichtige Annäherungen der Vereinten Nationen an die NATO, die EU und sogar den Europarat.

II. Beitrag ausgewählter regionaler Einrichtungen zur Sicherheitsgewährleistung

1. NATO: Institutionalisiertes System zwischen kollektiver Verteidigung, Krisenreaktionsmanagement und kooperativer Sicherheit

Ursprünglich als klassisches Verteidigungsbündnis konzipiert, hat sich die NATO nach dem Ende des Ost-West-Konflikts zu einer **multifunktionalen Sicherheitsorganisation** entwickelt, die sich selbst als eine politische und militärische Allianz zur Gewährleistung der internationalen Sicherheit definiert, die einerseits demokratische Werte fördert und die Kooperation zwischen den Mitgliedstaaten ermöglicht und andererseits friedliche Streitbeilegung und militärische Maßnahmen als Mittel des Krisenmanagements heranzieht.³⁸⁶ Seit dem 1999 verabschiedeten Strategischen Konzept zielt die NATO nicht mehr allein auf die Abwehr von Angriffen gegen die Bündnisstaaten, sondern auch auf die Gewährleistung eines stabilen sicherheitspolitischen Umfelds im euro-atlantischen Raum.³⁸⁷ Durch die Förderung von Partnerschaften will die NATO einen Beitrag zur wirksamen Konfliktverhütung und aktiven Krisenbewältigung leisten.³⁸⁸ Auch jüngere NATO-Strategien sprechen sich für einen vernetzten Sicherheitsansatz mit der EU, den Vereinten Nationen und einschlägigen Nichtregierungsorganisationen aus und thematisieren die Bekämpfung von hybriden Bedrohungen.³⁸⁹ Gleichwohl ist die zentrale Aufgabe der NATO als Verteidigungsbündnis auch heute nicht in den Hintergrund getreten. Art. 5 NATO-Vertrag gilt weiterhin als Kernbestimmung, die die Organisation als kollektives Verteidigungsbündnis ausweist und dazu führt, dass den NATO-Partnern im Angriffsfall gegenseitige Unterstützung militärischer und nichtmilitärischer Art zuteil wird.³⁹⁰ Ein solcher Bündnisfall ist bislang erst einmal beschlossen worden, und zwar als Reaktion auf die Terroranschläge vom 11. September 2001.³⁹¹ Seit der völkerrechtswidrigen Invasion Russlands in die Ukraine am 24.2.2022, die nicht zuletzt die geopolitische Weltordnung der Nachwendezeit zum Einsturz gebracht hat, fokussiert sich die NATO freilich wieder auf ihre traditionelle Funktion als kollektives Verteidigungsbündnis, indem sie die Kapazitäten zur militärischen Abschreckung ausweitet und die Ostflanke des Bündnisses stärkt. Ein Verstoß gegen die „NATO-Russland-Grundakte" von 1997,³⁹² wonach unter anderem die Stationierung von Truppen in den östlichen NATO-Mitgliedstaaten – abhängig von der Sicherheitslage – begrenzt sein soll, ist hierin nicht zu sehen. Zum einen handelt es sich bei der Grundakte bloß um eine völkerrechtlich unverbindliche Absichtserklärung zwischen der NATO und Russland.³⁹³ Zum anderen hat sich die Sicherheitslage spätestens seit dem völkerrechtswidrigen Angriffskrieg Russlands auf die Ukraine grundlegend geändert. Dies gilt umso

68

---

³⁸⁵ Vgl. *Oertel/Varwick* VN 2008, 160 (160); eingehend *Wolfrum* ZaöRV 53 (1993), 576 (578, 584 ff.). Vgl. auch *Garcia-Corrochano,* Regional Co-operation and Organisation: American States, MPEPIL VIII, 2012, 782 ff.; *Killander,* Regional Co-operation and Organization: African States, MPEPIL VIII, 2012, 768 ff.
³⁸⁶ Vgl. zu Entwicklung und Wandel der NATO: *Varwick/Woyke,* Die Zukunft der NATO, 2. Aufl. 2000, 53 ff., 89 ff.; *Hauser,* Die NATO, 2008, 37 ff.; *Varwick,* Die NATO, 2008, 11 ff., 84 ff., 139 ff.; *Varwick,* NATO in (Un-)Ordnung, 2017, 41 ff.
³⁸⁷ Dazu BVerfGE 104, 151 (202 ff.) = NJW 2002, 1559. Vgl. auch *Klein/Schmahl* RuP 1999, 198 (199 ff.).
³⁸⁸ *Woyke* in Rinke/Woyke, Frieden und Sicherheit im 21. Jahrhundert, 2004, 225 (230 f.). Vgl. auch die Beiträge in *Friis,* NATO and Collective Defence in the 21st Century, 2017.
³⁸⁹ Vgl. „*Alliance Maritime Strategy*" von 2011 und das „Strategische Konzept der NATO 2010".
³⁹⁰ Vgl. *Varwick/Woyke* NATO 2000, 1999, 22 ff. Vgl. auch BVerfGE 104, 151 (203) = NJW 2002, 1559.
³⁹¹ Vgl. *Schürr,* Der Aufbau einer europäischen Sicherheits- und Verteidigungsidentität im Beziehungsgeflecht von EU, WEU, OSZE und NATO, 2003, 102 ff.
³⁹² Grundakte über gegenseitige Beziehungen, Zusammenarbeit und Sicherheit zwischen der Nordatlantikvertrags-Organisation und der Russischen Föderation v. 27.5.1997, abgedruckt in: Bulletin der Bundesregierung Nr. 43–97 v. 3.6.1997.
³⁹³ Vgl. *Schmidt-Radefeldt/Sommerfeld,* Infobrief WD 2–3010-006/22 der Wissenschaftlichen Dienste des Deutschen Bundestages v. 21.2.2022, 4 f.

mehr, als Russland bereits mit dem Georgienkrieg (2008) und der Annexion der Krim (2014) das in der Grundakte hervorgehobene Recht aller Staaten auf territoriale Unversehrtheit eklatant verletzt hat.

69 Mit Blick auf ihr Verhältnis zu den Vereinten Nationen wurde eine **Kategorisierung der NATO als regionale Einrichtung** iSv Art. 52 UN-Charta wegen ihres ursprünglichen Charakters als reines Verteidigungsbündnis über lange Zeit abgelehnt.[394] Diese Auffassung ist infolge des Wandels der NATO zu einer multifunktionalen Sicherheitsorganisation nicht länger haltbar,[395] zumal der NATO-Vertrag seit jeher das Primat der UN-Charta bekräftigt und keine ausdrückliche Kompetenz zur Durchführung militärischer Operationen jenseits der kollektiven Selbstverteidigung vorsieht.[396] Bereits 1993 hat der (damalige) UN-Generalsekretär *Boutros-Ghali* die NATO als regionale Organisation im Sinne des Kapitels VIII der UN-Charta qualifiziert.[397] Zwar versteht sich die NATO weiterhin als selbstständiges Bündnis[398] und hat bislang kein offizielles Rahmenabkommen mit den Vereinten Nationen abgeschlossen. Doch findet eine zunehmende Annäherung dadurch statt, dass die Sekretariate beider Organisationen im Jahr 2018 eine „*Joint Declaration on UN/NATO Cooperation*" herausgegeben haben, die eine engere Zusammenarbeit in den Mittelpunkt stellt.

70 In der Praxis hat der Sicherheitsrat die NATO und deren Mitgliedstaaten schon häufig auf der Grundlage von Kapitel VII der UN-Charta ausdrücklich damit beauftragt, **Sicherheitsziele der Vereinten Nationen** durchzusetzen. Zu nennen ist etwa die militärische Durchsetzung des Daytoner Rahmenübereinkommens für den Frieden in Bosnien und Herzegowina.[399] Auch in anderen friedenserhaltenden, friedenssichernden und humanitären Bereichen engagiert sich die NATO immer wieder aufgrund einer Autorisierung des Sicherheitsrats.[400] Die einzige Ausnahme bildet lediglich die von der NATO durchgeführte humanitäre Intervention im Kosovo, die ohne Mandatierung des Sicherheitsrats erfolgt ist und dementsprechend scharfe Kritik ausgelöst hat (→ Rn. 42). Demgegenüber wäre ein unmittelbarer Gewalteinsatz vonseiten der NATO gegen russische Kampfflugzeuge zur Durchsetzung einer Flugverbotszone in Zusammenarbeit mit der von Russland am 24.2.2022 angegriffenen Ukraine auch ohne Mandatierung des (ohnehin blockierten) Sicherheitsrats aufgrund des kollektiven Selbstverteidigungsrechts nach Art. 51 UN-Charta gerechtfertigt. Die NATO würde dann aber zu einer unmittelbaren Konfliktpartei in einer internationalen bewaffneten Auseinandersetzung werden, was einen „Flächenbrand" in Europa zur Folge haben könnte.

2. EU: Gemeinsame Sicherheits- und Verteidigungspolitik

71 Auch die Europäische Union hat sich inzwischen zu einer Regionalorganisation im Sinne des Kapitels VIII der UN-Charta entwickelt.[401] Bis zu ihrer Auflösung im Jahr 2011 war es die Westeuropäische Union, die als militärischer Arm der damaligen Europäischen Sicher-

---

[394] So etwa *Wolfrum* ZaöRV 53 (1993), 576 (591 ff.); *Bothe/Martenczuk* VN 1999, 125 (127 f.).
[395] *Walter* in Simma/Khan/Nolte/Paulus UN Charter Art. 53 Rn. 22 ff.
[396] Vgl. *Holstein*, Das Verhältnis des Sicherheitsrates der Vereinten Nationen zu NATO und OSZE, 1996, 177 ff., 220 ff.; *Schürr*, Der Aufbau einer europäischen Sicherheits- und Verteidigungsidentität im Beziehungsgeflecht von EU, WEU, OSZE und NATO, 2003, 106 ff.
[397] *Boutros-Ghali* Letter from the Secretary-General, S/25567 v. 10.4.1993.
[398] Vgl. S/PV.5007 v. 20.7.2004. – Zum Teil werden die Aktivitäten der NATO auf den Vertrauensverlust in die Funktionsfähigkeit des Friedenssicherungsmechanismus der Vereinten Nationen zurückgeführt, so etwa *Nolte* ZaöRV 54 (1994), 95 (99); aA *Deiseroth* Die Friedens-Warte 75 (2000), 101 (124 ff.).
[399] S/RES/1031 v. 15.12.1995. Dazu etwa *Holstein*, Das Verhältnis des Sicherheitsrates der Vereinten Nationen zu NATO und OSZE, 1996, 209 ff.; *Kreß* AVR 35 (1997), 213 (214 f.).
[400] Vgl. zB S/RES/816 v. 31.3.1993; S/RES/836 v. 4.6.1993; S/RES/844 v. 18.6.1993; S/RES/1031 v. 15.12.1995; S/RES/1244 v. 10.6.1999; S/RES/1546 v. 8.6.2004.
[401] Vgl. *Schürr*, Der Aufbau einer europäischen Sicherheits- und Verteidigungsidentität im Beziehungsgeflecht von EU, WEU, OSZE und NATO, 2003, 231 ff.; *Blanck*, Die Europäische Sicherheits- und Verteidigungspolitik im Rahmen der europäischen Sicherheitsarchitektur, 2005, 8 ff.; *Vogler*, Handlungsfähigkeit der Europäischen Union im Rahmen der GASP, 2008, 141 ff.

heits- und Verteidigungspolitik (ESVP) die gemeinsame Außenpolitik unterstützen und zur militärischen Krisenbewältigung in Drittstaaten aufgrund der Petersberger Aufgaben beitragen sollte.[402] In der Praxis erlangte die Bestimmung in Art. J.4 EUV aF jedoch keine zentrale Bedeutung. Eine Kehrtwende erfolgte erst 1999, als die Union nach dem Kosovo-Krieg die ESVP in Angriff nahm, die mit dem Vertrag von Lissabon in die Gemeinsame Sicherheits- und Verteidigungspolitik (GSVP) umbenannt und auf neue Rechtsgrundlagen gestellt wurde.[403] Nach Art. 42 f. EUV zielt die GSVP nicht nur auf die Landesverteidigung, sondern vor allem auf ein weltweites Engagement der EU für den Frieden mittels europäischer Sicherheitsstrategien und **multidimensionaler Krisenbewältigungsmissionen** im Rahmen und in Übereinstimmung mit den Grundsätzen der Vereinten Nationen.[404]

Seit 2003 hat die EU über 30 zivile und militärische Missionen entsandt, die regelmäßig **72** UN-mandatiert waren. Beispiele sind die EU-Truppen in der Demokratischen Republik Kongo und im Tschad.[405] Einen besonderen Bekanntheitsgrad haben die Operation ATALANTA zur Pirateriebekämpfung im Golf von Aden[406] und die Beteiligung der EU an der Bekämpfung des Islamischen Staates im Nachgang zu den Anschlägen von Paris am 13.11.2015 erlangt. Bei letzterer Operation wurde zudem erstmalig von der Beistandsklausel in Art. 42 Abs. 7 EUV Gebrauch gemacht.[407] Dennoch steht die EU auch heute noch deutlich **im Schatten der NATO.**[408] Dies ist nicht nur militärisch bedingt, sondern auch rechtlich, wie Art. 42 Abs. 2 UAbs. 2 und Abs. 7 UAbs. 2 EUV nahelegen, wonach die Unionsorgane bei der Koordinierung ihrer nationalen Verteidigungspolitiken die Beschlüsse des Nordatlantikrates nicht konterkarieren dürfen.[409] Im Grunde gilt die Faustregel, dass die NATO militärisch anspruchsvolle Einsätze durchführt, während sich die EU auf friedenserhaltende Missionen mit geringeren militärischen Ambitionen beschränkt.[410] Rechtlich kompliziert würde die Situation allerdings, wenn die EU handelspolitische Schutzmaßnahmen mit militärischem Inhalt zur Sicherung ihrer Handelswege ergriffe. Neben dem nicht ausgeloteten Verhältnis zwischen Art. 207 AEUV (Handelspolitik) und Art. 42 f. EUV (GSVP) stünde eine völkerrechtlich fragwürdige Verschiebung von einer Territorialverteidigung zu einer Interessenverteidigung im Raum.[411]

3. OSZE: Sicherheitskonzept und politischer Dialog

Auch die Organisation für Sicherheit und Zusammenarbeit in Europa (OSZE), die 1994 **73** aus der ursprünglich als multilaterales Forum gegründeten gleichnamigen Konferenz

---

[402] *Frowein* FS Everling, Bd. I, 1995, 315 (317 f.); *Nolte* ZaöRV 54 (1994), 95 (96 ff.); *Macalister/Gebhard* WEU, MPEPIL, 2012, Rn. 3 ff.
[403] Dazu *Thym* in v. Arnauld, Enzyklopädie Europarecht, Europäische Außenbeziehungen, Bd. 10, 2014, § 16 Rn. 36; vgl. auch *Dietrich,* Europäische Sicherheits- und Verteidigungspolitik, 2006, 79 ff., 278 ff.; *Bahlinskaya,* Die Europäische Sicherheits- und Verteidigungspolitik der EU, 2009, 6 ff.
[404] *Kuhn* MPYUNL 13 (2009), 247 (253 ff.); *Thym* EuR 2010, Beih. 1, 171 (185 ff.); *Moser* ZaöRV 80 (2020), 1 (6).
[405] Dazu *Gareis* VN 2008, 154 (157 ff.); *White* in Koops/MacQueen/Tardy, The Oxford Handbook of United Nations Peacekeeping Operations, 2015, 43 (45 ff.).
[406] Dazu etwa *v. Arnauld* AVR 47 (2009), 454 ff.; *Fischer-Lescano/Kreck* AVR 47 (2009), 481 ff.; *Schmahl* AöR (136) 2011, 44 ff.
[407] Vgl. BT-Drs. 18/6866, 2 v. 1.12.2015; dazu etwa *Cremer* ZG 2016, 97 (101).
[408] *Buttlar* ZEuS 2003, 399 (426); *Graf von Kielmansegg,* Die Verteidigungspolitik der EU, 2005, 237 f. AA *Bahlinskaya,* Die Europäische Sicherheits- und Verteidigungspolitik der EU, 2009, 328 ff.
[409] Näher Grabitz/Hilf/Nettesheim/*Kaufmann-Bühler,* Das Recht der EU, 70. EL 2020, Art. 42 Rn. 48 ff. Die Gründung einer veritablen europäischen Armee würde auf zahlreiche europa- und verfassungsrechtliche Hürden stoßen, vgl. *Racky* NZWehrr 2021, 248 ff.; *Racky* NZWehrr 2022, 25 ff.
[410] *Graf von Kielmansegg* in Boysen ua, Netzwerke, 2007, 83 (92, 96 f.). Vgl. auch *Hauser,* Das europäische Sicherheits- und Verteidigungssystem und seine Akteure, 9. Aufl. 2019, 72 ff.
[411] Vgl. Deutscher Bundestag – Wissenschaftliche Dienste, Rechtliche Spielräume für ein militärisches Engagement zum Schutze von Handelsschiffen und Schifffahrtswegen in der Straße von Hormuz, WD 2–3000-088/19, 27.8.2019, 17; ähnlich bereits *Schmahl* in Ehlers u. a. (Hrsg.), Rechtsfragen des Internationalen Rohstoffhandels, 2012, 213 (226 ff.). Offener hingegen *Brauneck* EuZW 2020, 1064 (1068 ff.).

(KSZE) hervorgegangen ist,[412] agiert als wichtiger **Dienstleister im Bereich der internationalen Sicherheit.** Zu ihren Aufgaben zählt vor allem die Regulierung innenpolitischer und intraregionaler Konflikte durch Frühwarnung, Krisenverhütung, Konfliktmanagement und -nachsorge.[413] Auch wenn sich die OSZE-Staaten auf sicherheitsrelevante und politisch-militärische Grundsätze geeinigt haben, liegt der Fokus der OSZE oftmals auf einem politischen Dialog und weniger auf rechtlich bindenden Verpflichtungen.[414] Der Wirkungsbereich der OSZE konzentriert sich auf die präventive Diplomatie in Form von Beratungen, Schiedsverfahren und Beobachtermissionen sowie auf den Aufbau von rechtsstaatlichen und demokratischen Institutionen in Krisengebieten.[415] Ein wichtiger Bestandteil sind die OSZE-Feldoperationen, die die Gastländer bei dem Ausbau der örtlichen Kapazitäten unterstützen sollen. Da die OSZE aufgrund des Fehlens eines eigenständigen Gründungsvertrags keine klassische internationale Organisation, sondern eher eine *„soft organization"* darstellt,[416] ist nicht ganz klar, ob sie als regionale Abmachung oder Einrichtung iSd Art. 52 ff. UN-Charta eingestuft werden kann. Dessen ungeachtet hat sich die OSZE im Juli 1992 selbst zu einer regionalen Abmachung im Sinne von Kapitel VIII der UN-Charta erklärt.[417] Die UN-Generalversammlung hat diesen Status im Oktober 1992 explizit bestätigt.[418]

4. Europarat: Bekämpfung des internationalen Terrorismus und von Cyberattacken

74 Keine echte Regionalorganisation im Sinne des Kapitels VIII der UN-Charta stellt indes der Europarat dar, der sich nicht nur als subsidiär gegenüber den Vereinten Nationen versteht, sondern auch Fragen der Verteidigung ausdrücklich aus seinem Zuständigkeitsbereich ausschließt.[419] Dennoch leistet auch der Europarat wichtige **Beiträge zur Sicherheitsgewährleistung,** indem unter seiner Ägide zahlreiche Konventionen ausgearbeitet worden sind, die direkt oder mittelbar auf die Bekämpfung des Terrorismus und der Cyberkriminalität ausgerichtet sind.[420] Besondere Errungenschaften sind die Schaffung von gemeinsamen Straftatbeständen, die Vertiefung zwischenstaatlicher Zusammenarbeit, die Fortentwicklung der allgemeinen Rechtshilfe sowie das Ausbalancieren der gegenläufigen Ziele zwischen Sicherheitsgewährleistung und effektivem Grundrechtsschutz.[421] Daneben kommt den Empfehlungen und Resolutionen des Ministerrats und der Parlamentarischen Versammlung zur Bekämpfung des internationalen Terrorismus ebenso praktische Bedeutung zu wie der informellen Kooperation verschiedener Organe und Unterorgane des Europarates mit den Vereinten Nationen, der OSZE und der EU.[422] Nicht zuletzt ist es

---

[412] Zur Entwicklung vgl. *Larivé* in Dominguez, The OSCE: Soft Security for a Hard World, 2014, 157 (161 ff.); *Fastenrath/Weigelt* Organisation for Security and Co-operation in Europe (OSCE), MPEPIL VII, 2012, Rn. 5 ff.

[413] *Zellner* in Rinke/Woyke, Frieden und Sicherheit im 21. Jahrhundert, 2004, 273 (274). Vgl. ferner *Dominguez,* The OSCE: Soft Security for a Hard World, 2014, 17 ff.

[414] Vgl. die Beiträge in *IFSH* OSCE Yearbook 2016, 2017.

[415] *Lüthy,* Verfahren zur friedlichen Beilegung internationaler Streitigkeiten im Rahmen der OSZE, 1998, 100 ff.

[416] *Holstein,* Das Verhältnis des Sicherheitsrates der Vereinten Nationen zu NATO und OSZE, 1996, 72; *Wenig* in IFSH, OSZE-Jahrbuch 1997, 393 (407).

[417] Helsinki-Resolution v. 10.7.1992, ILM 31 (1992), 1390 ff.

[418] A/RES/47/10 v. 28.10.1992. Zur praktischen Zusammenarbeit zwischen UN und OSZE vgl. *Honsowitz* VN 1995, 49 (52 ff.).

[419] Vgl. Art. 1 lit. c und lit. d Europarats-Satzung. Näher *Robertson,* The Relations between the Council of Europe and the UN, 1971, 3, 31 f.; *Schmahl* in Schmahl/Breuer, The Council of Europe, 2017, Kap. 37 Rn. 17, 26 f.

[420] Vgl. *Walter* in Odendahl, Die Bekämpfung des Terrorismus mit Mitteln des Völker- und Europarechts, 2017, 88 (100 ff.).

[421] Eingehend *Walter* in Schmahl/Breuer, The Council of Europe, 2017, Kap. 29 Rn. 4 ff.

[422] Vgl. *Committee of Ministers,* Council of Europe Counter-Terrorism Strategy (2018–2022), CM(2018)86 v. 5.7.2018. Vgl. auch *Afsali,* Der Beitrag des Europarats zur Terrorbekämpfung und sein Einfluss auf die Europäische Union, 2014, 60 ff., 118 ff.

F. Weitere rechtliche Konsequenzen einer Verletzung des Gewaltverbots

Schließlich erstreckt sich die Sicherheitsgewährleistung im Wege internationaler Kooperationen auch auf diejenigen Konsequenzen, die sich erst im Nachgang zu einer Verletzung des Gewaltverbots erweisen. Es geht dabei um Konsequenzen, deren Grundgedanke es ist, die Verletzung des Gewaltverbots durch Nachteile im Sinne des allgemeinen Rechtsgrundsatzes *ex iniuria ius non oritur* zu sanktionieren.[424] Dazu zählen die Nichtigkeit von Verträgen, die nur durch die Androhung oder Anwendung von Gewalt abgeschlossen wurden (Art. 52 WVK),[425] und das Verbot des Gebietserwerbs durch Drohung mit oder Anwendung von Gewalt.[426] 75

Nicht durchgesetzt hat sich hingegen der Gedanke, dass Verletzungen des Gewaltverbots sich negativ auf das *ius in bello* niederschlagen. Begeht ein Staat eine völkerrechtswidrige Aggression, führt dies nicht dazu, dass er bei der Anwendung des Rechts bewaffneter Konflikte schlechter gestellt werden darf. Anderenfalls könnte das völkerrechtliche Kriegsrecht seine konflikteindämmende und humanitäre Schutzfunktion nicht wirksam entfalten.[427] Allerdings besteht eine **Ersatzpflicht des Angreiferstaates** für Schäden, die durch die Aggression entstanden sind. Dies schließt auch Kriegshandlungen ein, die nach den Maßstäben des *ius in bello* rechtmäßig sind.[428] Dieser Grundsatz, dass der Aggressor für den gesamten durch seine Aggression verursachten Schaden einzustehen hat, ist vom Sicherheitsrat erstmalig im Fall des Golfkonflikts 1990/91 bestätigt worden.[429] Seither besteht auch ein Verfahren zur Geltendmachung von Schadensersatzansprüchen vor der *United Nations Compensation Commission*.[430] Dies schließt freilich die Anwendung von Schadensersatzklagen vor dem IGH, vor Schiedsgerichten und vor innerstaatlichen Gerichten ebenso wenig aus[431] wie die persönliche strafrechtliche Verantwortlichkeit derjenigen Personen, die eine Verletzung des Gewaltverbotes vorbereitet, entschieden oder durchgeführt haben.[432] 76

G. Schlussbetrachtung und Perspektiven

Insgesamt hat sich das **Konzept der internationalen Sicherheitsgewährleistung** durch Konsens und dezentrale Kooperation generell bewährt. Dies gilt ungeachtet mancher Einschränkungen auch für das kollektive Sicherheitssystem der Vereinten Nationen. Obgleich gegen bewaffnete Angriffe individuelle und kollektive Selbstverteidigung zulässig ist, legt die UN-Charta ersichtlich den Schwerpunkt auf eine von der Organisation selbst getragene Aktion. Hierbei stehen den maßgeblichen Organen, primär dem Sicherheitsrat, eine Fülle 77

---

[423] Dazu etwa *Schmahl* in Leutheusser-Schnarrenberger, Vom Recht der Menschenwürde: 60 Jahre Europäische Menschenrechtskonvention, 2013, 183 (184 ff.); *Florack*, Art. 2 EMRK im Lichte der Terrorismusbekämpfung, 2015.
[424] *Bothe* in Graf Vitzthum/Proelß VölkerR 8. Abschn. Rn. 25.
[425] *Bothe* ZaöRV 27 (1967), 507 ff.; vgl. auch *Schmahl* NJW 2022, 969 (970) zum Ehrgeiz Putins, Zugeständnisse der Ukraine zur „Entmilitarisierung" zu erpressen.
[426] Sog. Stimson-Doktrin, abgedruckt in AJIL 26 (1932), 342 ff. Dazu eingehend *Dörr*, Die Inkorporation als Tatbestand der Staatensukzession, 1995, 69 ff.
[427] *Bothe* in Graf Vitzthum/Proelß VölkerR 8. Abschn. Rn. 27.
[428] *Kadelbach* BerDGVR 40 (2001), 63 (75); *Bothe* in Graf Vitzthum/Proelß VölkerR 8. Abschn. Rn. 27.
[429] S/RES/687 v. 3.4.1991, Ziff. 16 ff.
[430] Hierzu *Kazazi* ZaöRV 78 (2018), 603 ff.; vgl. auch die Beiträge in *Feighery/Gibson/Rajah*, War Reparations and the UN Compensation Commission, 2015.
[431] Dazu etwa *Gray* EJIL 17 (2006), 699 (710 ff.); *Bothe* FS Hafner, 2008, 141 (147 ff.); *McKeever* NordicJIL 78 (2009), 361 ff.
[432] Vgl. *Dinstein*, War, Aggression and Self-Defence, 6. Aufl. 2017, 131 ff.; *Dinstein* in Sadat, Seeking Accountability for the Unlawful Use of Force, 2018, 285 ff. Zum deutschen Recht vgl. etwa *Frank/Schneider-Glockzin* NStZ 2017, 1 (2 ff.).

von Handlungsmöglichkeiten zur Verfügung, die von der unverbindlichen Empfehlung, die Waffen ruhen zu lassen und den ausgebrochenen Streit friedlich beizulegen, bis zur verbindlichen Anordnung des Rückzugs und der zwangsweisen Durchsetzung mit außermilitärischen oder auch militärischen Mitteln reichen.

78 Da das von der Konzeption der UN-Charta her **zentrale Kapitel VII der UN-Charta** im Zeichen des Ost-West-Konflikts nur selten zur Anwendung gelangt ist,[433] hat sich zunächst der Ersatzmechanismus der friedenserhaltenden Streitkräfte etabliert. Nach der weltpolitischen Wende 1989/90 wurden nicht nur die herkömmlichen friedenswahrenden Aktionen erheblich – quantitativ wie qualitativ – ausgeweitet, sondern auch Kapitel VII wurde zunehmend in Anspruch genommen. Infolge einer extensiven Interpretation des Friedens- und Sicherheitsbegriffs in Art. 39 UN-Charta ist der Handlungsspielraum des Sicherheitsrats immer stärker erweitert und zugleich der denkbare Einwand einer unzulässigen Intervention in innere Angelegenheiten (vgl. Art. 2 Nr. 7 UN-Charta) weitgehend abgeschnitten worden.[434] Bis zur Jahrtausendwende lassen sich zahlreiche Maßnahmen aufzählen, die als Paradebeispiele für die Sicherheitsgewährleistung durch internationale Kooperationen gelten können. Selbst nach den Terrorangriffen des 11. September 2001 gelang der Staatengemeinschaft noch eine Antwort im Rahmen und unter Einbeziehung der Vereinten Nationen.

79 Die Ereignisse des Irak-Kriegs 2003, der bewaffneten Auseinandersetzungen in Georgien 2008, in Syrien seit 2012, auf der Krim und in der Ostukraine seit 2014/15[435] sowie das erneute Aufflammen der Kämpfe in der Südkaukasus-Region Bergkarabach 2020[436] und schließlich der Angriffskrieg der Russischen Föderation auf die Ukraine 2022[437] lassen jedoch **Zweifel an der Leistungsfähigkeit des UN-Systems** aufkommen. Es droht die „Nationalisierung" der kollektiven Sicherheitsidee – und damit deren Scheitern.[438] Die sich abzeichnende Überforderung und erneute Lähmung des Sicherheitsrats dürfte in Zukunft die Regionalorganisationen im Sinne des Kapitels VIII der UN-Charta in den Vordergrund rücken und ungeachtet der auch in diesem Rahmen bestehenden Verantwortung des Sicherheitsrats eine wachsende Dezentralisierung des Systems der Friedenswahrung und -wiederherstellung zur Folge haben. So hat im Kosovo-Konflikt (1999) gerade die Handlungsunfähigkeit des Sicherheitsrats[439] dazu geführt, dass die NATO eine humanitäre Intervention ohne vorherige Ermächtigung durch den Sicherheitsrat durchgeführt hat. Ähnliches lässt sich für den Anti-IS-Einsatz der internationalen Allianz in Syrien sagen, der nicht zuletzt der kompromisshaften Verschleierungsformel in der Sicherheitsratsresolution 2249 (2015) und den sich wandelnden weltpolitischen Rahmenbedingungen geschuldet ist.[440] Damit die von der UN-Charta vorgesehene Dezentralisierung aber nicht mittelfristig in eine unerwünschte Desintegration umschlägt, bedarf es einer Stärkung des universellen Friedenssicherungsmechanismus. Dazu gehört zuvörderst eine Änderung der Vorschriften der UN-Charta zu Zusammensetzung und Befugnissen der UN-Organe. Das System der Vereinten Nationen leidet vor allem an der nicht zeitgemäßen Zusammensetzung des Sicherheitsrats und der wachsenden Skepsis gegenüber multilateraler Zusammenarbeit. Die erforderliche Kooperation der ständigen Mitglieder des

---

[433] Vgl. *Schmahl* Graf Vitzthum/Proelß VölkerR 4. Abschn. Rn. 145.
[434] Vgl. *Ipsen* VN 1992, 41 ff.; *Freudenschuß* EJIL 5 (1994), 492 ff.; *Zemanek* in Blokker/Muller, Towards More Effective Supervision by International Organizations, Bd. I, 1994, 29 ff.; *Fin*, Kollektive Friedenssicherung, 1999, 875 ff.
[435] Vgl. zB *Luchterhandt* AVR 46 (2008), 453 ff.; *König* VN 2009, 154 ff.; *Griep* VN 2012, 59; *Luchterhandt* AVR 52 (2014), 137 ff.; *Benner* VN 2015, 10 (11); *Grant* AJIL 109 (2015), 68 ff.; *Marchuk* ILM 59 (2020), 339 ff.
[436] Zum früheren Konflikt vgl. etwa S/RES/822 v. 30.4.1993, S/RES/884 v. 12.11.1993.
[437] Vgl. dazu nur SC/14808 v. 25.2.2022, wo der Erlass einer den Friedensbruch feststellenden Sicherheitsratsresolution durch das Veto Russlands gestoppt wurde.
[438] *Schmahl* in Graf Vitzthum/Proelß VölkerR 4. Abschn. Rn. 205.
[439] Vgl. *Weller* AJIL 86 (1992), 596 ff.; *Tomuschat* Die Friedens-Warte 73 (1998), 512 ff.; *Chesterman/Johnstone/Malone*, Law and Practice of the United Nations, 2. Aufl. 2016, 44 ff.
[440] Ähnlich *Sassenrath* NVwZ 2020, 442 (444, 445).

Sicherheitsrats ist oft nicht möglich oder beschränkt sich auf den kleinsten gemeinsamen Nenner. Das Hauptproblem besteht jedoch darin, dass die Richtungsentscheidungen, die der Sicherheitsrat trifft, von vielen Staaten nur bedingt mitgetragen werden, solange die Forderungen nach einer breiteren Teilhabe an den Entscheidungsprozessen und einer stärkeren Legitimation dieses Gremiums nicht erfüllt sind.[441] Allein: Die dringend benötigte Revision der UN-Charta ist auf absehbare Zeit nicht zu erwarten, da jede Charta-Änderung unter anderem der Zustimmung der fünf ständigen Mitglieder des Sicherheitsrats bedarf.[442]

Darüber hinaus bleiben die Vereinten Nationen ungeachtet ihres Vorrangs in Art. 103 **80** UN-Charta in der Praxis auf die **Umsetzung und Durchführung ihrer operativen Beschlüsse durch die Mitgliedstaaten** angewiesen.[443] Dies gilt auch, wenn sie auf der Grundlage des Kapitels VII Friedenstruppen entsenden oder gezielte Sanktionen gegen mutmaßliche Terroristen verhängen. Die Weltorganisation ist mangels eigener nachrichtendienstlicher, exekutiver und militärischer Strukturen nicht in der Lage, konkrete terroristische oder vergleichbare gewaltsame Akte selbst zu verhindern oder zu verfolgen.[444] Deshalb ist es konsequent, dass die operativen Beteiligungen der Mitgliedstaaten und Regionalorganisationen ebenso wie der nationale oder europäische Grundrechtsschutz gegen mitgliedstaatlichen Akte, die das Recht der Vereinten Nationen vollziehen, nach wie vor prinzipiell im Vordergrund stehen.[445] All dies macht die Suche nach einem wirksamen kollektiven Krisenmanagement aber zu komplexen Vorgängen und führt dazu, dass manche Staaten in entscheidenden Punkten – etwa bei „*targeted killings*" – weiterhin unilateral vorgehen und die Richtungsvorgaben der Vereinten Nationen unbeachtet lassen.[446]

Dennoch ist vor voreiligen negativen Schlussfolgerungen zu warnen: Ein universelles **81** System kollektiver Sicherheit, wie es die Vereinten Nationen darstellen, ist im Blick auf den Entwicklungsstand der internationalen Gemeinschaft weder theoretisch noch in der praktischen Verwirklichung für dogmatischen Rigorismus geeignet.[447] Es ist nur als **zentral-dezentrales Kombinationsmodell funktionsfähig,** und es bleibt trotz aller Ergänzungs- und Optimierungsbedürftigkeit auch in Zukunft unverzichtbar, da es nicht nur die reaktive Friedenssicherung, sondern auch die Notwendigkeit einer präventiven Friedenssicherung durch Konfliktvorbeugung und Diplomatie im Blick hat.[448] Vor allem die robusten Friedenseinsätze haben in den vergangenen Jahren durchaus eine gewichtige Rolle zur Sicherheitsgewährleistung übernommen. Immerhin ist die Zahl der Konflikte und vor allem der Opfer gerade wegen der zahlreichen *Peace Operations* in den vergangenen Jahren zurückgegangen,[449] auch wenn es sich als sicherheitspolitische Herkulesaufgabe erweist, zerfallene und zerfallende Staaten dauerhaft zu stabilisieren. Hierfür bedarf es eines integrativen Ansatzes, der den Aufbau von Rechtsstaatlichkeit und Reformen im Polizei- und Militärwesen mit gesellschaftspolitischen Veränderungsprozessen kombiniert.[450] Im Bereich der sonstigen Zwangsmaßnahmen sollten sich die UN indes auf ein engeres Sicherheitskonzept besinnen und insbesondere die Bekämpfung pandemischer Infektionskrankheiten denjenigen Organisationen und Institutionen überlassen, deren Kompetenzen im Bereich der globalen Gesundheit liegen.[451] Das überambitionierte Streben nach einer umfassenden

---

[441] *Schaller,* SWP-Berlin, Multilaterale Terrorismusbekämpfung, 2007, 13 (27); *Murithi* VN 2020, 154 (156 f.).
[442] Vgl. Art. 108, Art. 109 Abs. 2 UN-Charta. Ferner s. *Greubel,* Die unendliche Geschichte um den Sicherheitsrat, 2015, 26 ff.; *Eisentraut* VN 2017, 99 ff.
[443] Vgl. *Luck* in Price/Zacher, The United Nations and Global Security, 2004, 95 (101).
[444] Klarsichtig *Fassbender* in Volger/Weiß, Die Vereinten Nationen und Regionalorganisationen vor aktuellen Herausforderungen, 2002, 64 (75).
[445] *Schmahl* in Graf Vitzthum/Proelß VölkerR 4. Abschn. Rn. 199.
[446] *Rosenow* Die Friedens-Warte 86 (2011), 15 (40).
[447] So auch *Bianchi* LILJ 22 (2009), 651 (675 f.); *Graf von Kielmansegg* AVR 50 (2012), 285 (290).
[448] Vgl. *Ostrowski* NYUJILP 30 (1998), 793 ff.; *Israelian* VN 1989, 1 ff.; *Schmahl* FS Klein, 2013, 861 (883).
[449] Vgl. *Collier/Hoeffler,* The Challenge of Reducing the Global Incidence of Civil War, 2004, 5 ff.
[450] *Kühne* VN 2013, 25 (31).
[451] Vgl. *Elbe* International Studies Quarterly 50 (2006), 119 ff.; *Pavone* in Vierck/Villarreal/Weilert, The Governance of Disease Outbreaks, 2017, 301 (314 f.); *Pobjie* ZaöRV 81 (2021), 117 (141 ff.).

weltweiten Gerechtigkeitsordnung läuft Gefahr, unter den herrschenden institutionellen Bedingungen Populisten und totalitären Regimen in die Hände zu spielen.[452] Was nottut, ist vielmehr eine nachhaltige Stärkung des Systems weltweiter kollektiver Sicherheit durch die öffentliche und veröffentlichte Meinung. Dies gilt auch für das Zusammenspiel mit den Regionalorganisationen; vor allem die EU sollte in Sicherheitsfragen deutlich intensiver als bisher voranschreiten.[453] Denn nur durch gemeinsames Recht lässt sich die zunehmend friedensbedrohende Machtpolitik einiger staatlicher wie nichtstaatlicher Akteure zügeln.

§ 9 Sicherheitsgewährleistung im Verfassungs- und Verwaltungsverbund der Europäischen Union

Arne Pilniok

Übersicht

	Rn.
A. Einführung	1
B. Sicherheit als Gegenstand des Unionsrechts	3
C. Unionsverfassungsrechtliche Rahmenbedingungen der Sicherheitsgewährleistung der EU	10
I. Kompetenzen der EU zur Sicherheitsgewährleistung	10
1. Kompetenzen zur Verwirklichung des Raums der Freiheit, der Sicherheit und des Rechts	10
2. Spezifische sicherheitsrelevante Kompetenzen	13
3. Sicherheitsrelevante Querschnittskompetenzen	16
4. Die externe Dimension der Kompetenzen der inneren Sicherheit	19
5. Kompetenzen im Bereich der äußeren Sicherheit	22
II. Unionsverfassungsrechtliche Regulierung der Kompetenzausübung im Verbund	24
1. „Nationale Sicherheit" als Kompetenzausübungsschranke	25
2. Grundrechtliche Gewährleistungen	29
III. Rechtsstaatliche Anforderungen des Primärrechts an mitgliedstaatliche Sicherheitsbehörden	32
D. Sicherheitsarchitektur in der Europäischen Union	34
I. Unionsorgane	35
1. Europäischer Rat und Rat der Europäischen Union	35
2. Europäische Kommission	39
a) Kollegium und Generaldirektionen	39
b) Hoher Repräsentant mit dem Europäischen Auswärtigen Dienst	42
3. Europäisches Parlament	43
4. EuGH	45
II. Unionagenturen im Raum der Freiheit, der Sicherheit und des Rechts	47
1. Europol	49
2. Eurojust	53
3. Europäische Grenz- und Küstenwache	54
4. CEPOL	59
5. EMCDDA	60
6. Asylagentur der EU	61
7. eu-LISA	62
8. Europäische Grundrechtsagentur	63
9. Sonstige Agenturen	64
10. Horizontale Vernetzung innerhalb der unionalen Sicherheitsarchitektur	65

---

[452] Zutreffend *Oeter* VN 2016, 164 (169).
[453] Ähnlich *Chaltiel*, Revue de l'Union européenne 2020, 201; *Moser* ZaöRV 80 (2020), 1 (11 ff.).

	Rn.
III. Andere Unionseinrichtungen zur Sicherheitsgewährleistung	67
1. Europäische Staatsanwaltschaft	68
2. Europäische Verteidigungsagentur	70
3. Institut der Europäischen Union für Sicherheitsstudien	71
E. Handlungsmodi in der Sicherheitsunion	72
I. Integration durch Institutionalisierung, Kooperation und wechselseitiges Lernen	73
1. Institutionalisierung von unionseigenen Sicherheitsbehörden	73
2. Kooperation der Sicherheitsbehörden	75
3. Wechselseitige Beobachtung und Lernen	79
II. Integration durch die Harmonisierung des Sicherheitsrechts	81
1. Harmonisierung im Strafrecht	82
2. Harmonisierung im Gefahrenabwehr- und Ordnungsrecht	83
3. Harmonisierung im sicherheitsrelevanten Datenschutzrecht	84
4. Integration durch Soft Law	85
III. Integration durch Informationssysteme	86
1. Interoperable personenbezogene Datenbanken im Sicherheitsverwaltungsverbund	86
2. Institutionalisierung weiterer Informationssysteme	96
IV. Integration durch die Finanzierung von Sicherheitsgewährleistung	97
1. Finanzierung von mitgliedstaatlichen Sicherheitsressourcen	98
2. Finanzierung von Sicherheitsforschung	101
3. Finanzierung im Bereich der Verteidigung	103
4. Finanzierung von sicherheitsrelevanten Projekten in Drittstaaten	104
F. Perspektiven: Entwicklungsdynamiken der Sicherheitsunion	105

Wichtige Literatur:

v. Achenbach, J., Demokratische Gesetzgebung in der Europäischen Union, 2014; *v. Achenbach, J.*, Verfassungswandel durch Selbstorganisation: Triloge im europäischen Gesetzgebungsverfahren, Der Staat 55 (2016), 1 ff.; *Aden, H.*, Der Zufall und andere „Themenmacher" – Problemdefinition und Agendagestaltung in der Kriminalpolitik, MschrKrim 86 (2003), 105 ff.; *Aden, H.* (ed.), Police cooperation in the European Union under the Treaty of Lisbon, 2015; *Aden, H.*, Europäische Rechtsgrundlagen und Institutionen des Polizeihandelns, in Lisken/Denninger, Handbuch des Polizeirechts, 7. Aufl. 2021; *Aden, H.*, Wie beeinflusst der Gerichtshof der EU die Politik öffentlicher Sicherheit?, in Rehder/Schneider, Gerichtsverbünde, Grundrechte und Politiken in Europa, 2016, 233 ff.; *Aden, H.*, Europäisierung der Polizeiarbeit – ein Sonderfall im europäischen Verwaltungsraum?, in Kopke/Kühnel, Demokratie, Freiheit und Sicherheit, FS Jaschke, 2017, 239 ff.; *Aden, H.*, Die Europäische Union als „Sicherheitsunion"? Die gemeinsame Innen- und Justizpolitik, in Müller-Graff, Kernelemente der europäischen Integration, 2020, 457 ff.; *Aden, H.*, Interoperability Between EU Policing and Migration Databases: Risks for Privacy, European Public Law 26 (2020), 93 ff.; *Arzt, C.*, Das neue Gesetz zur Flugdatenspeicherung, DÖV 2017, 1023 ff.; *Augsberg, S.*, Agencification der Kommissionsverwaltung, in Terhechte, Internationale Dimensionen des europäischen Verwaltungsrechts, Europarecht Beiheft 1/2016, 119 ff.; *Baldus, M.*, Staatliche Gewaltmonopole, in Mehde/Ramsauer/Seckelmann, FS Bull, 2011, 3 ff.; *Baldus, M.*, Entgrenzungen des Sicherheitsrechts – Neue Polizeirechtsdogmatik?, DV 2014, 1 ff.; *Baldus, M./Heger, M.*, Recht auf Freiheit und Sicherheit, in Heselhaus/Nowak, Handbuch der EU-Grundrechte, 2. Aufl. 2020, § 18; *Barczak, T.*, Die Staatsanwaltschaft als „Justizbehörde", JZ 2020, 1125 ff.; *Bendiek, A.*, Europa verteidigen: Die Gemeinsame Außen- und Sicherheitspolitik der Europäischen Union, 2019; *v. Bogdandy, A.*, Grundrechtsschutz durch die Europäische Grundrechteagentur, in Merten/Papier, Handbuch der Grundrechte in Deutschland und Europa VI/1, 1249 ff.; *v. Bogdandy, A./Hering, L.*, Die Informationsbeziehungen im europäischen Verwaltungsraum, in Voßkuhle/Eifert/Möllers, Grundlagen des Verwaltungsrechts, 3. Aufl. 2022, § 25; *v. Bogdandy, A./Schill, S.*, Die Achtung der nationalen Identität unter dem reformierten Unionsvertrag, ZaöRV 70 (2010), 701 ff.; *Böttner, R.*, The size and the structure of the European Commission – legal issues surrounding project teams and a (future) reduced college, European Constitutional Law Review 14 (2018), 37 ff.; *Bossong, R.*, The Evolution of EU Counter Terrorism, 2012; *Bossong, R.*, Peer reviews in the fight of terrorism: A hidden dimension of European security governance, in Cooperation and Conflikt 47 (2012), 519 ff.; *Bossong, R.*, Public Good Theory and the ‚Added Value' of the EU's Counterterrorism Policy, in Brzoska, European peace and security policy, 2014, 67 ff.; *Bossong, R.*, Informelle Governance zur Inneren Sicherheit in Europa, in Frevel/Wendekamm, Sicherheit zwischen Staat, Markt und Zivilgesellschaft, 2017, 97 ff.; *Bossong, R.*, Intelligente Grenzen und interoperable Datenbanken für die innere Sicherheit der EU, SWP-Studie 4/2018, https://bit.ly/3nRjwkS; *Bossong, R./Rhinard, M.*, Terrorism and transnational crime in Europe, in Economides/Sperling, EU Security Strategies, 2018, 181 ff.; *Brummund, F.*, Kohärenter Grundrechtsschutz im Raum der Freiheit, der Sicherheit und des Rechts, 2011;

§ 9

Buckler, J., Auf dem Weg zu einer digitalen europäischen Grenzkontrollarchitektur?, BayVBl. 2018, 73 ff.; *Buckler, J.*, Schengen-Grenzmanagement 2022, DÖV 2020, 749 ff.; *Bull, H. P.*, Die Staatsaufgaben nach dem Grundgesetz, 2. Aufl. 1977; *Buraczyński, R.*, Die Herstellung von Sicherheit an der EU-Außengrenze, 2015; *Calliess, C.*, Öffentliche Güter im Recht der Europäischen Union, 2021; *Callies, C./Ruffert, M.*, EUV/AEUV: Das Verfassungsrecht der Europäischen Union mit Europäischer Grundrechtecharta, Kommentar, 6. Aufl. 2022; *Cameron, I.*, European Union Law Restraints on Intelligence Activities, International Journal of Intelligence and Counterintelligence 33 (2020), 452 ff.; *Cameron, I.*, Metadaten retention and national security, CMLRev 58 (2021), 1433 ff.; *Casolari, F.*, EU Member States' International Engagements in ASFJ Domain: Between Subordination, Complementarity, And Incooperation, in Flaesch-Mougin/Rossi (eds.), La dimension extérieure de l'Espace de liberté, sécurité et de justice, 2013, 23 ff.; *Ceccorulli, M./Lucarelli, S.*, Securing borders, savings migrants: The EU's security dilemma in the twenty-first century, in Economides/Sperling (eds.), EU Security Strategies: Extending the EU system of security governance, 2018, 162 ff.; *Coman-Kund, F.*, European Union Agencies as Global Actors, 2018; *Conrad, F.*, Europäische Nachrichtendienstkooperation – Entwicklungen, Erwartungen und Perspektiven, in Dietrich/Gärditz/Graulich/Gusy/Warg, Reform der Nachrichtendienste zwischen Vergesetzlichung und Internationalisierung, 2019, 161 ff.; *Curtin, D. M.*, Overseeing Secrets in the EU: A Democratic Perspective, Journal of Common Market Studies 52 (2014), 684 ff.; *Curtin, D. M.*, Second order secrecy and Europe's legality mosaics, West European Politics 41 (2018), 846 ff.; *Curtin, D. M./Brito Bastos, F.*, Interoperable Information Sharing and the Five Novel Frontiers of EU Governance, European Public Law 26 (2020), 59 ff.; *Dalby, J.*, Sicherheitsgesetzgebung unter dem Eindruck von Terror, in Gusy/Kugelmann/Würtenberger, Rechtshandbuch Zivile Sicherheit, 2017, 87 ff.; *Dann, P.*, Programm- und Prozesssteuerung im europäischen Entwicklungsverwaltungsrecht, in Bartelt/Dann, Entwicklungszusammenarbeit im Recht der Europäischen Union, Europarecht Beiheft 2/2008, 107 ff.; *Dann, P.*, Entwicklungsverwaltungsrecht: Theorie und Dogmatik des Rechts der Entwicklungszusammenarbeit, untersucht am Beispiel der Weltbank, der EU und der Bundesrepublik Deutschland, 2012; *Dankowski, A.*, Expertengruppen in der europäischen Rechtsetzung: sachverständige Beratung der Europäischen Kommission im Spannungsfeld von Funktionalität und Gemeinwohlorientierung, 2019; *De Capitani, E.*, Progress and Failure in the Area of Freedom, Security, and Justice, in Bignami, F., EU Law in Populist Times: Crises and Prospects, 2020, 375 ff.; *de Waele, H.*, Priority 7: Justice, Fundamental Rights and the Juncker Commission: Qui trop embrasse, mal étreint?, in Stüwe/Panayotopoulos, The Juncker Commission, 2020, 157 ff.; *Dörig, H./Langenfeld, C.*, Vollharmonisierung des Flüchtlingsrechts in Europa: Massenzustrom erfordert EU-Zuständigkeit für Asylverfahren, NJW 2016, 1 ff.; *Esser, R.*, Eurojust vor neuen Aufgaben?, StV 2020, 636 ff.; *Egeberg, M./Trondal, J.*, An Organizational Approach to Public Governance: Understanding and Design, 2018; *Fastenrath, U./Skerka, A.*, Sicherheit im Schengen-Raum nach dem Wegfall der Grenzkontrollen – Mechanismen und rechtliche Probleme grenzüberschreitender polizeilicher und justizieller Zusammenarbeit, ZEuS 2009, 219 ff.; *Fink, M.*, Frontex and Human Rights: Responsibility in ‚Multi-Actor Situations' under the ECHR and EU Public Liability Law, 2018; *Finke, J.*, Notwendigkeit und Grundlagen eines transnationalen und globalen Katastrophenschutzrechts, in Pünder/Klafki, Risiko und Katastrophe als Herausforderung für die Verwaltung, 2016, 211 ff.; *Fisch, S.*, Verwaltungskulturen – Geronnene Geschichte?, Die Verwaltung 33 (2000), 303 ff.; *Franzius, C.*, Recht und Politik in der transnationalen Konstellation, 2014; *Fritz, W.*, Die Bindung an die Europäische Grundrechtecharta bei operativen Einsätzen im Rahmen der gemeinsamen Außen- und Sicherheitspolitik und der Grenzschutzagentur Frontex: zugleich eine vergleichende Betrachtung des unionskoordinierten operativen Handelns, 2020; *Funke, A.*, Primärrechtliche Grundlagen, Raum der Freiheit, der Sicherheit und des Rechts, in Wollenschläger, Europäischer Freizügigkeitsraum – Unionsbürgerschaft und Migrationsrecht, 2021, § 16; *Gärditz, K.*, Europäisches Regierungsverwaltungsrecht auf Abwegen, AöR 135 (2010), 251 ff.; *Gatti, M.*, The Role of the European External Action Service in the External Dimension of the Area of Freedom Security and Justice, in Flaesch-Mougin/Rossi (eds.), La dimension extérieure de l'Espace de liberté, sécurité et de justice, 2013, 171 ff.; *Gatti, M.*, European External Action Service: Promoting Coherence through Autonomy and Coordination, 2016; *Gerbig, M.*, Grundrecht auf staatlichen Schutz: Ein Vergleich von Grundgesetz für die Bundesrepublik Deutschland und Verfassung der Vereinigten Staaten von Amerika, 2014; *Giegerich, T.*, Die Unabhängigkeit der Gerichte als Strukturvorgabe der Unionsverfassung und ihr effektiver Schutz vor autoritären Versuchungen in den Mitgliedstaaten, ZEuS 2019, 61 ff.; *Görisch, C.*, Demokratische Verwaltung durch Unionsagenturen, 2009; *Grabitz, E./Hilf, M./Nettesheim, M.*, Das Recht der Europäischen Union: EUV/AEUV, Kommentar, Loseblatt, Stand 2021; *Grauvogel, J./Diez, T.*, Framing und Versicherheitlichung: Die diskursive Konstruktion des Klimawandels, ZeFKo 3 (2014), 203 ff.; *von der Groeben, H./Schwarze, J./Hatje, A.*, Europäisches Unionsrecht, 7. Aufl. 2015; *Groß, T.*, Defizite des Grundrechtsschutzes bei FRONTEX-Einsätzen, ZAR 2020, 51 ff.; *Grimheden, J./Kjaerum, M./Toggenburg, G.*, 'Administering Human Rights': The Experience of the EU's Fundamental Rights Agency, in Harlow/Leinow/della Cananea, Research Handbook on EU Administrative Law, 2017, 113 ff.; *Gundel, J.*, Vorratsdatenspeicherung und Binnenmarktkompetenz: Die ungebrochene Anziehungskraft des Art. 95 EGV, EuR 2009, 536 ff.; *Gusy, C.*, Sicherheitsrecht als Rechtsgebiet? – Ein Streit um Worte oder um die Sache und wenn ja, um welche Sache?, in Dietrich/Gärditz, Sicherheitsverfassung – Sicherheitsrecht, Festgabe für Kurt Graulich zum 70. Geburtstag, 2019, 9 ff.; *Gusy, C./Ebeling, C.*, Die grundrechtliche Basis öffentlicher Sicherheit in Europa, in Kugelmann/Rackow, Prävention und Repression im Raum der Freiheit, der Sicherheit und des Rechts, 2014, 25 ff.; *Härtel, I.*, Die Europäische Grundrechtagentur: unnötige Bürokratie oder gesteigerter Grundrechtsschutz?, EuR 2008, 489 ff.; *Haltern, U.*, Europarecht: Dogmatik im Kontext, Bd. I: Entwicklung, Institutionen, Prozesse, 3. Aufl. 2017; *Harings, L.*, Grenzüberschreitende Zusammenarbeit der Polizei- und Zollverwaltungen und Rechtsschutz in Deutschland, in Schmidt-Aßmann/ Schöndorf-Haubold, Der Europäische Verwaltungsverbund, 2005, 127 ff.; *Hecker, J.*, Die Europäisierung der inneren Sicherheit, DÖV 2006, 273 ff.; *Hegemann, H.*, International Counterterrorism Bureaucracies in the United Nations and the European Union, 2014; *Heger, M.*, Einführung der Europäischen Staatsanwaltschaft in das deutsche Recht, ZRP 2020, 115 ff.; *Herlin-Karnell, E.*, The European Court of Justice as a Game Changer: Fiduciary obligations in the area of freedom, security and justice, in Servent/Trauner, The Routledge Handbook of Justice and Home Affairs Research, 2018, 396 ff.; *Herlin-Karnell, E.*, The Constitutional Structure of Europe's Area of ‚Freedom, Security and Justice' and the Right to Justification, 2019; *Herrnfeld, H.H./ Brodowski, D./Burchard, C.*, European Public Prosecutor's Office, 2021; *Hill, H.*, Innovation Labs: Neue Wege zu Innovation im öffentlichen Sektor, DÖV 2016, 493 ff.; *Hofmann, H.*, Das Gewicht der Sicherheit als Herausforderung des liberalen Verfassungsstaates, GSZ 2020, 233 ff.; *Isensee, J.*, Das Grundrecht auf Sicherheit, 1983; *Jann, W.*, Verwaltungskulturen im internationalen Vergleich. Ein Überblick über den Stand der Forschung, Die Verwaltung, 33 (2000), 325 ff.; *Jansen, O./Schöndorf-Haubold, B.* (eds.), The European Composite Administration, 2011; *Karpenstein, U./Sangi, R.*, Nationale Sicherheit im Unionsrecht, GSZ 2020, 162 ff.; *Kastler, H. A.*, Föderaler Rechtsschutz: Personenbezogene Daten in einem Raum der Freiheit, der Sicherheit und des Rechts, 2017; *Kaufhold, A.K.*, Gegenseitiges Vertrauen: Wirksamkeitsbedingung und Rechtsprinzip im Raum der Freiheit, der Sicherheit und des Rechts, EuR 2008, 408 ff.; *Kaufmann, F. X.*, Sicherheit als soziologisches und sozialpolitisches Problem, 2. Aufl. 1973; *Kaunert, C.*, The Area of Freedom, Security and Justice: Commission policy entrepreneurship?, EJIS 19 (2010), 169 ff.; *Kirst, N. F.*, Firearms Regulation in the European Union: Striking a Delicate Balance Between Single Market and Security, Fordham International Law Journal 43 (2020), 855 ff.; *Klement, J. H.*, Verantwortung, 2006; *Kloepfer, M.*, Handbuch des Katastrophenrechts, 2015; *Knelangen, W.*, Das Politikfeld innere Sicherheit im Integrationsprozess: Die Entstehung einer europäischen Politik der inneren Sicherheit, 2001; *Knodt, M./Große Hüttmann, M./Kobusch, A.*, Die EU in der Polykrise: Folgen für das Mehrebenen-Regieren, in Grimmel, Die neue Europäische Union, 2020, 119 ff.; *Krüper, J.*, Legitimation durch Evaluation, in Gusy, Evaluation von Sicherheitsgesetzen, 2015, 171 ff.; *Kotzur, M.*, Grundfragen einer europäischen Sicherheitspolitik, in Hatje/Nettesheim, Sicherheit in der Europäischen Union, EuR-Beiheft 3/2009, 7 ff.; *Kruse, F.*, Der Europäische Auswärtige Dienst zwischen intergouvernementaler Koordination und supranationaler Repräsentation, 2014; *Kugelmann, D.*, Migration, Datenübermittlung und Cybersicherheit, 2016; *Ladenburger, C.*, Das Verhältnis von Verwaltungsrechtswissenschaft und Verwaltungsrechtspraxis, in Kahl/Mager, Verwaltungsrechtswissenschaft und Verwaltungsrechtspraxis, 2019, 69 ff.; *Ladenburger, C.*, The Principle of Mutual Trust between Member States in the Area of Freedom, Security and Justice, ZEuS 2020, 373 ff.; *Lahl, K./Varwick, J.*, Sicherheitspolitik verstehen: Handlungsfelder, Kontroversen und Lösungsansätze, 2. Aufl. 2021; *Lauer, N.*, Informationshilfe im Rahmen der polizeilichen und justiziellen Zusammenarbeit in Strafsachen, 2018; *Lehner, R.*, Rechtliche Möglichkeiten zur Schaffung einer EU-Asylbehörde, in Lehner/Wapler, Die herausgeforderte Rechtsordnung: aktuelle Probleme der Flüchtlingspolitik, 183 ff.; *Lehnert, M.*, Frontex und operative Maßnahmen an den europäischen Außengrenzen, 2014; *Lenaerts, K.*, The Contribution of the European Court of Justice to the Area of Freedom, Security and Justice, The International and Comparative Law Quarterly 59 (2010), 255 ff.; *Léonard, S./Kaunert, C.*, Refugees, Security and the European Union, 2019; *Leuschner, S.*, EuGH und Vorratsdatenspeicherung, EuR 2016, 431 ff.; *Leuschner, S.*, Sicherheit als chartarechtliches Gewährleistungsziel in der EU, in Gusy/ Kugelmann/Würtenberger, Rechtshandbuch Zivile Sicherheit, 2017, 173 ff.; *Leuschner, S.*, Sicherheit als Grundsatz, 2018; *Lohse, E. J.*, Rechtsangleichungsprozesse in der Europäischen Union, 2017; *Mancano, L.*, You'll never work alone: A Systemic Assessment of the European Arrest Warrant and Judicial Independence, Common Market Law Review 58 (2021), 683 ff.; *Matera, C.*, An external dimension of the AFSJ?, in Fletcher/Herlin-Karnell/Matera (eds.), The European Union as an Area of Freedom, Security and Justice, 2017, 359 ff.; *Mitsilegas, V.*, The Preventive Turn in European Security Policy, in Bignami, EU Law in Populist Times: Crises and Prospects, 2020, 301 ff.; *Monar, J.*, The External Dimension of the EU's Area of Freedom, Security and Justice, 2012; *Möstl, M.*, Die staatliche Garantie für die öffentliche Sicherheit und Ordnung: Sicherheitsgewährleistung im Verfassungsstaat, im Bundesstaat und in der Europäischen Union, 2002; *Mrozek, A.*, Grenzschutz als supranationale Aufgabe, 2013; *Müller-Graff, P.-C.*, Europäische Zusammenarbeit in den Bereichen Justiz und Inneres, 1996, 11 ff.; *Müller-Graff, P.-C.*, Der Raum der Freiheit, der Sicherheit und des Rechts in der Lissabonner Reform, in Schwarze/Hatje, Der Reformvertrag von Lissabon, Europarecht Beiheft 1/2009, 105 ff.; *Müller-Graff, P.-C.*, Der Raum der Freiheit, der Sicherheit und des Rechts: Integrationswert für Bürger und Gesellschaft, Mitgliedstaaten und Union, integration 2012, 100 ff.; *Nettesheim, M.*, Grundrechtskonzeptionen des EuGH im Raum der Freiheit, der Sicherheit und des Rechts, EuR 2009, 24 ff.; *Oermann, M./Staben, J.*, Mittelbare Grundrechtseingriffe durch Abschreckung Zur grundrechtlichen Bewertung polizeilicher „Online-Streifen" und „Online-Ermittlungen" in sozialen Netzwerken, Der Staat 52 (2013), 630 ff.; *Orator, A.*, Möglichkeiten und Grenzen der Einrichtung von Unionsagenturen, 2017; *Pache, E.*, Die Union als Raum der Freiheit, der Sicherheit und des Rechts, in Niedobitek, Europarecht: Grundlagen und Politiken der Union, 2. Aufl. 2020, § 21; *Palacios, J.-M.*, On the Road to a European Intelligence Agency?, International Journal of Intelligence and Counterintelligence 33 (2020), 483 ff.; *Pernice, I.*, Europäisches und nationales Verfassungsrecht, VVDStRL 60 (2000), 148 ff.; *Pernice, I.*, Der Europäische Verfassungsverbund auf dem Weg der Konsolidierung, JöR 48 (2000), 205 ff.; *Pernice, I.*, Der Europäische Verfassungsverbund, 2020; *Pilniok, A.*, Governance im europäischen Forschungsförderverbund: eine rechtswissenschaftliche Analyse der Forschungspolitik und Forschungsförderung im Mehrebenensystem, 2011; *Pilniok, A.*, Zwischen Wissenschaft, Politik und Verwaltung: Die Gemeinsame Forschungsstelle der Europäischen Kommission als Element der europäischen Wissensinfrastruktur, DÖV 2012, 662 ff.; *Pilniok, A.*, Struktur, Funktionen und Probleme der Expertengruppen der Europäischen Kommission: legitime Expertise oder unzulässige Einflussnahme?, EuR 2014, 62 ff.; *Pilniok, A.*, Europäisches Wissenschaftsverwaltungsrecht, in Terhechte, Verwaltungsrecht der Europäischen Union, 2. Aufl. 2022, § 38; *Pilniok, A.*, Parlamentarisches Regieren: Theorie, Dogmatik und Praxis der Organisationsverfassung demokratischer Herrschaft unter dem Grundgesetz, im Erscheinen; *Pitschas, R.*, Innere Sicherheit in der EU und die europarechtlichen Grundlagen des Sicherheitsgewerbes, NVwZ 2002, 519 ff.; *Pechstein, M./Nowak, C./Häde, U.*, Frankfurter Kommentar zu EUV, GRC und AEUV, 2017; *Priebe, R.*, EuGH beanstandet Fluggastdatenabkommen zwischen der EU und Kanada, EuZW 2017, 762 ff.; *Rath, C.*, Karlsruhe und der Einschüchterungseffekt – Praxis und Nutzen einer Argumentationsfigur des Bundesverfassungsgerichts, in Kritische Justiz, Verfassungsrecht und gesellschaftliche Realität, 1. Aufl. 2009, 65 ff.; *Rademacher, T.*, Realakte im Rechtsschutzsystem der Europäischen Union, 2014; *Rasmussen, H.*, Plädoyer für ein Ende des judikativen Schweigens, in Haltern/Bergmann, Der EuGH in der Kritik, 2012, 113 ff.; *Reimer, P.*, Verwaltungsdatenschutzrecht: Das neue Recht für die behördliche Praxis, 2019; *Revelas, K.*, Permanent Structured Cooperation: not a panacea, but an important step for consolidating EU security and defence cooperation, in Waechter/Vérez, Europe, 2020, 53 ff.; *Rieckhoff, H.*, Der Vorbehalt des Gesetzes im Europarecht, 2007; *Robbers, G.*, Sicherheit als Menschenrecht: Aspekte der Geschichte, Begründung und Wirkung einer Grundrechtsfunktion, 1950; *Röhl, H. C.*, Die Beteiligung der Bundesrepublik Deutschland an der Rechtsetzung im Ministerrat der Europäischen Union, EuR 1994, 409 ff.; *Sauer, H.*, „Solange" geht in Altersteilzeit – Der unbedingte Vorrang der Menschenwürde vor dem Unionsrecht, NJW 2016, 1134 ff.; *Saurer, J.*, Die Errichtung von Europäischen Agenturen auf der Grundlage der Binnenmarktharmonisierungskompetenz des Art. 114 AEUV, DÖV 2014, 549 ff.; *Scheffel, N.*, Auf dem Weg zu einer europäischen Verteidigungsunion, NVwZ 2018, 1347 ff.; *Schmidt, S.*, The European Court of Justice & the Policy Process: The Shadow of the Case Law, 2018; *Schmidt-Aßmann, E.*, Der Europäische Verwaltungsverbund und die Rolle des Europäischen Verwaltungsrechts, in Schmidt-Aßmann/Schöndorf-Haubold, Der europäische Verwaltungsverbund, 2005, 1 ff.; *Schmidt-Aßmann, E./Schöndorf-Haubold, B.*, Der europäische Verwaltungsverbund: Formen und Verfahren der Verwaltungszusammenarbeit in der EU, 2005; *Schneider, J.-P.*, Informationssysteme als Bausteine des Europäischen Verwaltungsverbundes, NVwZ 2012, 65 ff.; *Schnettger, A.*, Verbundidentität: Schutzgehalt, Funktionen und gerichtliche Durchsetzung des Art. 4 Abs. 2 S. 1 Var. 2 EUV, 2021; *Schöndorf-Haubold, B.*, Europäisches Sicherheitsverwaltungsrecht, 2010; *Schöndorf-Haubold, B.*, Das Recht der Zivilen Sicherheit an der Schnittstelle von nationaler, europäischer und internationaler Zuständigkeit, in Gusy/Kugelmann/Würtenberger, Rechtshandbuch Zivile Sicherheit, 2017, 691 ff.; *Schöndorf-Haubold, B.*, Europäisches Polizei- und Sicherheitsrecht, in Terhechte, Verwaltungsrecht der Europäischen Union, 2. Aufl. 2022, § 35; *Schoppa, K.*, Europol im Verbund der europäischen Sicherheitsagenturen, 2013; *Schulz-Schaeffer, I.*, Disruption und Innovationsforschung, in Eifert, Digitale Disruption und Recht, Workshop zu Ehren des 80. Geburtstags von Wolfgang Hoffmann-Riem, 2020, 127 ff.; *Schwarz, M.*, Grundlinien der Anerkennung im Raum der Freiheit, der Sicherheit und des Rechts, 2016; *Schwarze, J./Becker, U./Hatje, A./Schoo, J.*, EU-Kommentar, 4. Aufl. 2019; *Schwartz, F.*, Das Katastrophenschutzrecht der Europäischen Union, 2012; *Staben, J.*, Der Abschreckungseffekt auf die Grundrechtsausübung, 2016; *Stoll, P.-T.*, Sicherheit als Aufgabe für Staat und Gesellschaft, 2003; *Streinz, R.*, EUV/AEUV, 3. Aufl. 2018; *Schuppan, T.*, Shared Service Center, in Veit/Reichard/Wewer, Handbuch zur Verwaltungsreform, 5. Aufl. 2019, 297 ff.; *Sule, S.*, Spionage: völkerrechtliche, nationalrechtliche und europarechtliche Bewertung staatlicher Spionagehandlungen und besonderer Berücksichtigung der Wirtschaftsspionage, 2006; *Sule, S.*, National Security and EU law restraints on Intelligence Activities, in Dietrich/Sule (eds.), Intelligence Law and Policies in Europe, 2019, 335 ff.; *Tabbara, T./v. Achenbach, J.*, Der gemeinsame parlamentarische Kontrollausschuss für Europol: innovative Verwaltungskontrolle in der EU, Die Verwaltung 54 (2021), 73 ff.; *Trute, H.-H.*, Katastrophenschutzrecht – Besichtigung eines verdrängten Rechtsgebiets, KritV 2005, 342 ff.; *Trute, H.-H.*, Demokratische Legitimation der Verwaltung, in Voßkuhle/Eifert/Möllers, Grundlagen des Verwaltungsrechts, 3. Aufl. 2022, § 9; *van Middelaar, L.*, Das europäische Pandämonium, 2021; *Vavoula, N.*, Databases for Non-EU Nationals and the Right to Private Life: Towards a System of Generalised Surveillance of Movement?, in Bignami, EU Law in Populist Times: Crises and Prospects, 2020, 227 ff.; *Walus, A.*, Europäischer Katastrophenschutz, EuR 2010, 564 ff.; *Weinzierl, P.*, Die EU-Task-Force für Griechenland: Internationale Beratung am Beispiel der griechischen Steuerverwaltung, in Klemm/Schultheiß, Die Krise in Griechenland, 2015, 448 ff.; *Weiß, W.*, Der Europäische Verwaltungsverbund: Grundfragen, Kennzeichen, Herausforderungen, 2010; *Wischmeyer, T.*, Regierungs- und Verwaltungshandeln durch KI, in Ebers/Heinze/Krügel/Steinrötter, Künstliche Intelligenz und Robotik, 2020, § 20; *Wolff, H. A.*, Terrorismus als Katalysator der Rechtsentwicklung, in Kugelmann, Polizei und Menschenrechte, 2019, 417 ff.; *Wood, M.*, Mapping EU Agencies as Political Entrepreneurs, European Journal of Political Research 57 (2018), 404 ff.; *Zalnieriute, M.*, A Struggle for Competence: National Security, Surveillance and the Scope of EU Law at the Court of Justice of the European Union, Modern Law Review 85 (2022), 198 ff.

Hinweis:
Alle Internetfundstellen wurden zuletzt am 19.4.2022 abgerufen.

Rechtsprechungsauswahl:
EuGH Urt. v. 10.2.2009, C-201/06 – Vorratsdatenspeicherung = NJW 2009, 1801; EuGH Urt. v. 8.4.2014 – C-293/12 – Digital Rights Ireland = NJW 2014, 2169; EuGH Urt. v. 3.12.2019 – C-482/17 –

Feuerwaffen-RL = EuZW 2020, 105; EuGH Urt. v. 6.10.2020 – C-623/17 – Privacy International = GSZ 2021, 36; EuGH Urt. v. 6.10.2020 – C-511/18 – La Quadrature du Net = NJW 2021, 531.

Nützliche Internetadressen:
Europäische Kommission: https://ec.europa.eu; Agenturen der EU: https://www.eurojust.europa.eu/states-and-partners/eu-partners/jha-agencies-network; Europäisches Parlament: https://www.europarl.europa.eu; Rat der EU: https://www.consilium.europa.eu.

A. Einführung

Die zentrale Staatsaufgabe der Sicherheitsgewährleistung[1] ist umfassend europäisiert worden.[2] Das Gewaltmonopol des Staates[3] entwickelt sich durch die – bisher freilich punktuelle – Ermächtigung zur Ausübung von Hoheitsgewalt auch durch unionseigene Beamte zu einem Duopol (→ Rn. 54). Die Verantwortung der Nationalstaaten für die innere und äußere Sicherheit[4] ist für die Mitgliedstaaten der Union überlagert durch deren unionsverfassungsrechtlich begründete Verantwortung für die Sicherheitsgewährleistung im Unionsgebiet. Die Etablierung eines Binnenmarktes (weitgehend) ohne Grenzen macht dies ebenso notwendig wie der Befund, dass „Treiber der Unsicherheit" vielfach transnationale Phänomene wie der grenzüberschreitende Terrorismus, Migrationsbewegungen, der Klimawandel, Pandemien und Biosicherheit, Cybersicherheit etc sind.[5] Sicherheitsgewährleistung ist daher ein öffentliches Gut,[6] dessen Bereitstellung eine gemeinschaftliche Aufgabe der Union und der Mitgliedstaaten im europäischen Verfassungsverbund[7] geworden ist. Im Zentrum steht dabei der „Raum der Freiheit, der Sicherheit und des Rechts" als explizites verfassungsrechtliches Ziel der Union (näher → Rn. 10 ff.). Aber auch darüber hinaus haben vielfältige Zuständigkeiten der Union Berührungspunkte mit Sicherheitsfragen, von der Harmonisierung von Rechtsvorschriften im Binnenmarkt über den Katastrophenschutz bis hin zur gemeinsamen Sicherheits- und Verteidigungspolitik (GSVP). Deren – im Einzelnen der permanenten Aushandlung der Akteure in der Verfassungspraxis unterliegenden – Grenzen werden im Ausgangspunkt durch das Primärrecht konfiguriert.

1

Auch wenn nunmehr auch begrenzte operative Kompetenzen und Einsatzpersonal der Unionsbehörden vorhanden sind, bilden die personalintensive mitgliedstaatliche administrative Infrastruktur den Kern der Sicherheitsgewährleistung. Die mitgliedstaatlichen Sicherheitsbehörden sind allerdings umfassend in das Integrationsprogramm eingebunden. Sie werden fast durchgängig – jedenfalls auch – durch das Unionsrecht, europäische Förderprogramme sowie spezifische Koordinations- und Kooperationsmechanismen mit den europäischen Sicherheitsbehörden geprägt und bestimmt. Daher ist auch im Bereich der Sicherheitsverwaltung ein umfassender Verwaltungsverbund entstanden.[8] Die Perspektive

2

---

[1] *Bull,* Die Staatsaufgaben nach dem Grundgesetz, 2. Aufl. 1977, 347 ff.; *Knelangen,* Das Politikfeld innere Sicherheit im Integrationsprozess: Die Entstehung einer europäischen Politik der inneren Sicherheit, 2001, 34 ff.; *Funke,* Primärrechtliche Grundlagen, Raum der Freiheit, der Sicherheit und des Rechts, in Wollenschläger, Europäischer Freizügigkeitsraum – Unionsbürgerschaft und Migrationsrecht, 2021, § 16 Rn. 7.
[2] *Calliess,* Öffentliche Güter im Recht der Europäischen Union, 2021, 20.
[3] Vgl. *Baldus* FS Bull, 2011, 3 ff.
[4] BVerfGE 49, 24 (56 f.) = NJW 1978, 2235 (2237): „Die Sicherheit des Staates als verfaßter Friedens- und Ordnungsmacht und die von ihm zu gewährleistende Sicherheit seiner Bevölkerung sind Verfassungswerte, die […] unverzichtbar sind, weil die Institution Staat von ihnen die eigentliche und letzte Rechtfertigung herleitet."; Hinweis darauf auch bei *Leuschner* in Gusy/Kugelmann/Würtenberger Zivile Sicherh-HdB 173 (174 mit Fn. 6).
[5] Zitat und nähere Entfaltung dieser Phänomene bei *Lahl/Varwick* Sicherheitspolitik verstehen 75 ff.
[6] *Calliess,* Öffentliche Güter im Recht der Europäischen Union, 2021, 20 ff.
[7] Zum Verfassungsverbund allgemein *Pernice* VVDStRL 60 (2000), 148 (163 ff.); *Pernice* JöR 48 (2000), 205 ff.; *Pernice,* Der europäische Verfassungsverbund, 2020.
[8] Vgl. *Aden,* Europäisierung der Polizeiarbeit – ein Sonderfall im europäischen Verwaltungsraum?, in Kopke/Kühnel, Demokratie, Freiheit und Sicherheit, 2017, 239 ff.; zum Verwaltungsverbund allgemein nur *Schmidt-Aßmann/Schöndorf-Haubold,* Der europäische Verwaltungsverbund, 2005 sowie *Weiß,* Der Europäische Verwaltungsverbund: Grundfragen, Kennzeichen, Herausforderungen, 2010; zum Verbund der Sicherheitsverwaltung *Schöndorf-Haubold,* Europäisches Sicherheitsverwaltungsrecht, 2010.

des Verbundes verweist darauf, dass es – schon von der Kompetenzverteilung her – nicht um eine hierarchische Steuerung der Sicherheitsverwaltung durch die Union geht, sondern um ein horizontal und vertikal abgestimmtes arbeitsteiliges Zusammenwirken. Treffend wird das etwa als „composite administration" auf den Begriff gebracht.[9] Da das Handeln der Union dasjenige der Mitgliedstaaten sachbereichsspezifisch ergänzt, ablöst oder überformt, entsteht eine neue Arbeitsteilung, die normativ weiter ausgeformt werden muss. Die kooperativen, vielfältigen und dynamischen supranationalen Governance-Strukturen der Sicherheitsgewährleistung im europäischen Verbund werden im Folgenden näher erörtert. Aufgrund der Komplexität insbesondere der administrativen Verbundstrukturen können insoweit allerdings nur Grundmuster herausgearbeitet werden.

B. Sicherheit als Gegenstand des Unionsrechts

I. Sicherheitsunion als rechtliche und politische Zielsetzung

3 Angesichts der bereits angedeuteten vielfältigen potentiellen Bedeutungsgehalte von Sicherheit bedarf es zunächst einer Analyse, wie dieser Begriff im Unionskontext konkretisiert wird.[10] Im Primärrecht zählt die Sicherheitsgewährleistung zu den zentralen Zielsetzungen der Union. Sie bietet – so heißt es programmatisch in Art. 3 Abs. 2 EUV – ihren Bürgerinnen und Bürgern einen Raum der Freiheit, der Sicherheit und des Rechts ohne Binnengrenzen. Diese Formulierung fügt sich ein in vielfältige raumgebundene Integrationsansätze in anderen Politikfeldern wie beispielsweise den Europäischen Hochschulraum oder den Europäischen Forschungsraum.[11] Dabei formuliert Art. 3 Abs. 2 EUV einen funktionalen Konnex von Sicherheit und Integration. Weil die Union einen Raum ohne Binnengrenzen konstituiert, werden kompensatorische Maßnahmen für die Sicherheitsgewährleistung benötigt („in Verbindung mit geeigneten Maßnahmen in Bezug auf die Kontrolle an den Außengrenzen, das Asyl, die Einwanderung sowie die Verhütung und Bekämpfung der Kriminalität"[12]). Integrationshistorisch waren daher die Schaffung des Binnenmarktes und der damit einhergehende freie Personenverkehr im Schengen-Raum ein entscheidender „Katalysator der Zusammenarbeit im Politikfeld innere Sicherheit"[13].

4 In der Reihung der Sicherheitsgewährleistung als erstes der vier Hauptziele der Union kommt die besondere Bedeutung des Raums der Freiheit, der Sicherheit und des Rechts für den weiteren Integrationsprozess zum Ausdruck.[14] Dies macht primärrechtlich deutlich, dass Sicherheit bereits ein wesentlicher Integrationsfaktor ist.[15] Die Union ist als eine umfassende politische Gemeinschaft angelegt, die spätestens mit dem Vertrag von Lissabon nicht mehr von einem Fokus auf die Marktintegration geprägt ist[16] und das Ziel der Sicherheitsgewährleistung daher vor den gemeinsamen Markt stellt. Diese Entwicklungsgeschichte und die Kompetenzstruktur prägen nachhaltig die unionale Interpretation des Sicherheitsbegriffs, die die Organe ihrem Handeln zugrunde legen.

---

9 Vgl. etwa den Titel von *Jansen/Schöndorf-Haubold*, The European Composite Administration, 2011.
10 S. dazu auch *Kotzur* EuR-Beiheft 3/2009, 7 ff.
11 Dazu *Müller-Graff* EuR-Beiheft 1/2009, 105 (107); zum Europäischen Forschungsraum *Pilniok* Governance im europäischen Forschungsförderverbund 63 ff.; kritisch *Funke*, Primärrechtliche Grundlagen, Raum der Freiheit, der Sicherheit und des Rechts, in: Wollenschläger, Europäischer Freizügigkeitsraum – Unionsbürgerschafts- und Migrationsrecht, 2021, § 16 Rn. 7: rechtlich nicht anschlussfähig.
12 *Müller-Graff* EuR-Beiheft 1/2009, 105 (105) bezeichnet dies als einen „in der Textlokation unwürdigen Relativsatz".
13 *Knelangen*, Das Politikfeld innere Sicherheit im Integrationsprozess: Die Entstehung einer europäischen Politik der inneren Sicherheit, 2001, 101; ähnlich auch *Calliess*, Öffentliche Güter im Recht der Europäischen Union, 2021, 21.
14 *Terhechte* in Grabitz/Hilf/Nettesheim EUV Art. 3 Rn. 33: „der operative Teil des Unionsrechts [wird] in den nächsten Jahren eine zentrale Position im weiteren Verlauf der Integration einnehmen".
15 Vgl. auch *Müller-Graff*, Der Raum der Freiheit, der Sicherheit und des Rechts: Integrationswert für Bürger und Gesellschaft, Mitgliedstaaten und Union, integration, 2012, 100 ff.
16 *Müller-Graff* EuR-Beiheft 1/2009, 105 (106, 111) mit dem Begriff „transnationales Gemeinwesen"; ebenso *Terhechte* in Grabitz/Hilf/Nettesheim EUV Art. 3 Rn. 33.

B. Sicherheit als Gegenstand des Unionsrechts   § 9

Die abstrakte Zielvorgabe des europäischen Verfassungsrechts haben der Rat und vor allem die Europäische Kommission programmatisch zu einer „europäischen Sicherheitsstrategie"[17] ausgearbeitet. Die dort entfalteten Ziele und Maßnahmen sollen dafür Sorge tragen, dass die Europäische Union zu einer umfassenden „Sicherheitsunion"[18] wird. Semantisch kommt darin ein umfassender Anspruch der Europäischen Union für die Sicherheitsgewährleistung zum Ausdruck, der freilich an der Kompetenzverteilung zwischen der Union und den Mitgliedstaaten zu messen ist. Zugleich basiert der Sicherheitsbegriff, den Rat und Kommission mit Differenzen im Detail verwenden, auf einem weiten Verständnis. So heißt es in der Strategie des Rates: „Das Konzept der inneren Sicherheit ist als umfassendes Gesamtkonzept zu verstehen, um den genannten wesentlichen Bedrohungen[19] (Terrorismus, schwere und organisierte Kriminalität, Drogenhandel, Cyberkriminalität, Menschenhandel, sexuelle Ausbeutung von Minderjährigen und Kinderpornografie, Wirtschaftskriminalität und Korruption, illegaler Waffenhandel und grenzüberschreitende Kriminalität, AP) sowie weiteren Gefahren zu begegnen, die unmittelbare Auswirkungen auf das Leben, die Sicherheit und das Wohlergehen der Bürger haben könnten, so auch natürliche und von Menschen verursachte Katastrophen wie Waldbrände, Erdbeben, Überschwemmungen und Stürme"[20]. In ähnlicher Weise versteht auch die Kommission die Handlungsfelder der Sicherheitsunion umfassend, ohne in gleicher Weise eine konzise Definition zu bieten.[21] Der Ansatz der Union ist dabei stark von einer abstrakten Präventionsorientierung gekennzeichnet; eine klare Trennung zwischen Gefahrenabwehr und Strafverfolgung ist ihm fremd.[22] Insofern ist der unionale Bezugspunkt zwar zunächst der Schutz des Individuums vor einer Beeinträchtigung seiner Rechtsgüter, insbesondere Freiheit, Leben, körperliche Unversehrtheit und Eigentum durch andere private Akteure oder Staaten, geht aber deutlich darüber hinaus. Die Union begreift Sicherheit umfassender als das Management von Risiken, die von Personen, Sachen und der Natur ausgehen können,[23] und richtet den Blick zunehmend auch auf die Sicherung der Funktionsfähigkeit der Gesellschaft, etwa durch die Bereitstellung notwendiger öffentlicher Güter.[24]

Mit Blick auf die obige Definition und weitere Dokumente wird deutlich, dass über das klassische Politikfeld der „inneren Sicherheit" hinaus unterschiedliche Politiken der Union integriert werden sollen. Diese konzeptionelle Herangehensweise macht die vielschichtigen Verwendungszusammenhänge von Sicherheit anschaulich.[25] Das lässt sich mit politikwissenschaftlichen Ansätzen erklären, die – mit Differenzen im Detail – den Sicherheitsbegriff aus einer konstruktivistischen Perspektive verstehen. Mit dem Begriff der „Versicherheitlichung" wird darauf aufmerksam gemacht, dass nahezu alle politischen Themen als Sicherheitsproblem beschrieben werden können, soweit dies von der politischen Öffentlichkeit

---

[17] Vgl. Rat der Europäischen Union, Strategie für die innere Sicherheit der Europäischen Union, 2010, abrufbar unter https://bit.ly/3rk38c9; Entwurf der Schlussfolgerungen des Rates zur erneuerten Strategie der inneren Sicherheit der Europäischen Union v. 10.6.2015, Dok. 9798/15, abrufbar unter https://bit.ly/3zxFyuZ; zuletzt Schlussfolgerungen des Rates zur inneren Sicherheit und zu einer europäischen Polizeipartnerschaft v. 24.11.2020, Dok. 13083/1/20, abrufbar unter https://bit.ly/2XFf1PQ; s. auch → Rn. 37 zu dieser Funktion des Europäischen Rates bzw. des Rates.
[18] Vgl. zuletzt Mitteilung der Kommission, EU-Strategie für eine Sicherheitsunion, COM(2020) 605 final.
[19] Die in der Strategie des Rates genannten Felder entsprechen weitgehend den in Art. 83 Abs. 1 UAbs. 2 AEUV genannten Kriminalitätsbereichen.
[20] Rat der Europäischen Union, Strategie für die innere Sicherheit der Europäischen Union, 2010, 7 f., abrufbar unter https://bit.ly/3rk38c9.
[21] Mitteilung der Kommission, EU-Strategie für eine Sicherheitsunion, COM(2020) 605 final.
[22] *Mitsilegas* in Bignami, EU Law in Populist Times: Crises and Prospects, 2020, 308 ff.
[23] Vgl. *Stoll,* Sicherheit als Aufgabe von Staat und Gesellschaft, 2003, 13 ff., der neben der inneren Sicherheit Arbeitsschutz sowie die Sicherheit von Anlagen, Technologien und Produkten zur Sicherheitsgewährleistung zählt.
[24] *Lahl/Varwick* Sicherheitspolitik verstehen 19; ausführliche Darstellung bei *Buraczyński,* Die Herstellung von Sicherheit an der EU-Außengrenze, 2015, 27 ff.
[25] Nach wie vor lesenswert die ideengeschichtliche Entfaltung der Begriffsdimensionen bei *Kaufmann,* Sicherheit als soziologisches und sozialpolitisches Problem, 2. Aufl. 1973, 49 ff.

akzeptiert wird.[26] Ein solches „Framing"[27] bestimmter Sachverhalte verändert die Zuständigkeiten, die mediale Aufmerksamkeit und die politische Durchsetzbarkeit. Beispiele dafür sind die in der EU vorherrschende Perspektive auf Migration als Sicherheitsproblem[28] ebenso wie die Diskussion, ob der Klimawandel und dessen Folgen nunmehr als Sicherheitsfrage gedeutet werden sollen[29]. In diesem Sinne agieren Kommission, Rat und Parlament, die Sicherheitsagenturen der Union sowie die unterschiedlichen Akteure in den Mitgliedstaaten permanent an der gemeinsamen diskursiven Verständigung, welchen Problemen im Rahmen der Sicherheitspolitik begegnet werden soll. Dem Sicherheitsbegriff ist insoweit eine Tendenz zur Entgrenzung immanent.[30]

7 Zugleich sind die sicherheitspolitischen Zielsetzungen der EU dabei stets auch von den tatsächlichen Entwicklungen geprägt.[31] Punktuelle, zufällige Ereignisse mit hoher gesellschaftlicher und medialer Aufmerksamkeit wie terroristische Anschläge,[32] aber auch länger anhaltende „Krisen" wie die Corona-Pandemie[33] oder eine hohe Zahl von geflüchteten Personen an den Außengrenzen werden zumeist kurzfristig in Strategiepapieren und Rechtsetzungsvorschlägen der Kommission verarbeitet. So wirkten etwa die Anschläge in den USA am 11.9.2001, aber auch unterschiedliche terroristische Akte in den Mitgliedstaaten ab 2004, als Beschleuniger der sicherheitspolitischen Entwicklung auf der Unionsebene.[34] Periodisch ergeben sich insoweit neue Optionen für politisches Handeln, in denen bereits diskutierte Vorschläge unter anderen tatsächlichen Prämissen mehrheitsfähig werden.[35] Dementsprechend ist eine kontinuierliche Veränderung europäischer Sicherheitspolitik und ihrer Rechtsgrundlagen zu verzeichnen. Während eine dynamische Reaktion auf bisher unbekannte Phänomene durchaus wünschenswert erscheint, geht damit zugleich – ebenso wie in den Mitgliedstaaten – die Gefahr eines Rechtsetzungsaktionismus einher, der auf die gründliche Evaluation und Reflexion des bisherigen Rechtsrahmens verzichtet.[36]

8 Eng mit dieser Dynamik ist verknüpft, dass wechselnde Leitmotive jeweils die politische Diskussion nachhaltig prägen. Während zu Beginn der Integration in diesem Politikfeld in den 1990er Jahren als Reaktion auf den Binnenmarkt und das Schengen-Regime die grenzüberschreitende Kriminalität im Vordergrund stand,[37] sind nunmehr die Sicherung der Außengrenzen,[38] der Terrorismus und die Cybersicherheit die dominierenden Narrati-

---

[26] *Lahl/Varwick* Sicherheitspolitik verstehen 22; s. auch schon *Kotzur* EuR-Beiheft 3/2009, 7 (11 ff.).
[27] Zu diesem Ansatz *Grauvogel/Diez* ZeFKo 3 (2014), 203 ff.
[28] *Léonard/Kaunert,* Refugees, Security and the European Union, 2019; *Buraczyński,* Die Herstellung von Sicherheit an der EU-Außengrenze, 2015, 55 ff.; *Ceccorulli/Lucarelli,* Securing borders, savings migrants: The EU's security dilemma in the twenty-first century, in Economides/Sperling (eds.), EU Security Strategies: Extending the EU system of security governance, 2018, 162 ff.
[29] *Grauvogel/Diez* ZeFKo 3 (2014), 203 ff.
[30] Vgl. nur *Baldus* DV 2014, 1 ff.; zu den Schwierigkeiten einer Bestimmung des Sicherheitsbegriffs aus rechtswissenschaftlicher Perspektive *Dietrich* → § 6 Rn. 2 ff.; *Gusy,* Sicherheitsrecht als Rechtsgebiet? – Ein Streit um Worte oder um die Sache und wenn ja, um welche Sache?, in Dietrich/Gärditz, Sicherheitsverfassung – Sicherheitsrecht, 2019, 9 ff.
[31] Vgl. allgemein auch *Dalby* in Gusy/Kugelmann/Würtenberger Zivile Sicherh-HdB 87 ff.; *Wolff,* Terrorismus als Katalysator der Rechtsentwicklung, in Kugelmann, Polizei und Menschenrechte, 2019, 417 ff.
[32] Allgemein *Aden* MschrKrim 86 (2003), 105 ff.
[33] Zu transformativen Effekten für die Union insgesamt s. *van Middelaar,* Das europäische Pandämonium, 2021.
[34] *Bossong,* The Evolution of EU Counter Terrorism, 2012, 38 ff., 73 ff., 92 ff.; *Aden,* Wie beeinflusst der Gerichtshof der EU die Politik öffentlicher Sicherheit?, in Rehder/Schneider, Gerichtsverbünde, Grundrechte und Politiken in Europa, 2016, 233.
[35] *Aden,* Wie beeinflusst der Gerichtshof der EU die Politik öffentlicher Sicherheit?, in Rehder/Schneider, Gerichtsverbünde, Grundrechte und Politiken in Europa, 2016, 233 (235) mit Verweis auf die *Garbage-Can*-Theorie der Verwaltungsforschung.
[36] Vgl. *Krüper,* Legitimation durch Evaluation, in Gusy, Evaluation von Sicherheitsgesetzen, 2015, 171 ff.
[37] Zur Entwicklung *Knelangen,* Das Politikfeld innere Sicherheit im Integrationsprozess: Die Entstehung einer europäischen Politik der inneren Sicherheit, 2001, 101 ff.
[38] Zuletzt programmatisch die Mitteilung der Kommission an das Europäische Parlament und den Rat, Strategie für einen reibungslos funktionierenden und resilienten Schengen-Raum, COM(2021) 277 final.

ve. Diese – naturgemäß grenzüberschreitenden – Phänomene legitimieren das Handeln der Union, indem ein Mehrwert des europäischen Handelns in Aussicht steht.[39] Darin kommt auch zum Ausdruck, dass sich die Union trotz allgemeiner Zielsetzungen wie der Sicherheitsunion nicht zuletzt aufgrund der Kompetenzverteilung zwischen der Union und den Mitgliedstaaten auf bestimmte sicherheitsrelevante Themen und Phänomene konzentrieren muss.[40] Anders formuliert verfügt die Union in unterschiedlichen Politiken über Kompetenzen und Handlungsformen, die ihr größere Möglichkeiten zum Handeln eröffnen als in den klassischen Feldern der inneren Sicherheit, die maßgeblich durch die personellen, finanziellen und rechtlichen Ressourcen in den Mitgliedstaaten bestimmt werden.[41]

Das Ziel des Schutzes der Bürgerinnen und Bürger der Union wird zudem mit Art. 3 Abs. 5 S. 1 EUV explizit im Kontext des auswärtigen Handelns der Union normiert. Insofern greift die Zielbestimmung die klassische Unterteilung zwischen innerer und äußerer Sicherheit auf, die unterschiedlichen Behörden die Zuständigkeit zum Handeln in Abhängigkeit von der Quelle der Bedrohung zuweist.[42] Allerdings ist nicht zu übersehen, dass diese überkommene Dichotomie in erheblichem Maße tatsächlich und rechtlich fragwürdig geworden ist.[43] Die nationale wie europäische Sicherheitsgewährleistung richten sich auf Phänomene, die nicht territorial begrenzt sind und Wechselwirkungen erzeugen.[44] Daraus ergeben sich neue Notwendigkeiten einer Abstimmung zum Erreichen einer kohärenten Politik und institutioneller Kooperationen. Dementsprechend ist ein fließender Übergang zwischen innerer und äußerer Sicherheit ein Kennzeichen der Sicherheitspolitik der Europäischen Union.[45] Es haben sich nämlich unterschiedliche Schnittstellen herausgebildet. Dies kommt etwa darin zum Ausdruck, dass Missionen der EU im Rahmen der GSVP zugleich maßgeblich der Sicherheit an den Außengrenzen dienen (→ Rn. 23). Zudem überlappen innere und äußere Sicherheit sich im Bereich der Cybersicherheit und des Schutzes kritischer Infrastruktur. Mit dem Stichwort der sog. „hybriden Bedrohungen"[46] wird das Phänomen umschrieben, dass Drittstaaten durch nicht offen eingesetzte militärische sowie zivile Mittel versuchen, die gesellschaftliche Ordnung der Mitgliedstaaten und damit indirekt auch der Union selbst zu destabilisieren, etwa durch gezielte Desinformationen oder durch digitale Angriffe auf die öffentlichen Infrastrukturen.[47] Das erfordert aus der Perspektive der ‚inneren' Sicherheit, dass das Recht entsprechend auch auf externe Bedrohungen eingestellt wird. Dies wird jedoch durch die der Union zukommenden Kompetenzen determiniert.

---

[39] Am Beispiel der Terrorismusbekämpfung *Bossong*, Public Good Theory and the ‚Added Value' of the EU's Counterterrorism Policy, in Brzoska, European Peace and Security Policy, 2014, 67.
[40] Kritisch zum Begriff der Sicherheitsunion aufgrund der Kompetenzstruktur *Pache* in Niedobitek EuropaR § 21 Rn. 41.
[41] S. auch *Schöndorf-Haubold* in Gusy/Kugelmann/Würtenberger Zivile Sicherh-HdB 691 (696).
[42] *Lahl/Varwick* Sicherheitspolitik verstehen 61.
[43] *Lahl/Varwick* Sicherheitspolitik verstehen 62 f.; *Calliess*, Öffentliche Güter im Recht der Europäischen Union, 2021, 21.
[44] Vgl. *Monar*, The External Dimension of the EU's Area of Freedom, Security and Justice, 2012, 13 ff.
[45] *Mitsilegas* in Bignami, EU Law in Populist Times: Crises and Prospects, 2020, 308 ff.
[46] S. dazu die Gemeinsame Mitteilung zur Bekämpfung hybrider Bedrohungen, JOIN(2016) 18 final (schon die Herausbildung dieser selten genutzten Kategorie für gemeinsame Mitteilungen des Hohen Vertreters für die Gemeinsame Außen- und Sicherheitspolitik sowie der Europäischen Kommission symbolisiert das Ineinandergreifen von Zuständigkeiten für innere und äußere Sicherheit); s. zuletzt die Schwerpunktsetzung in der Mitteilung der Kommission zur Sicherheitsunion COM(2020) 650 final, 18 ff.
[47] Näher zu hybriden Bedrohungen *Bendiek*, Europa verteidigen: Die Gemeinsame Außen- und Sicherheitspolitik der Europäischen Union, 2019, 119 ff.

C. Unionsverfassungsrechtliche Rahmenbedingungen der Sicherheitsgewährleistung der EU

I. Kompetenzen der EU zur Sicherheitsgewährleistung

1. Kompetenzen zur Verwirklichung des Raums der Freiheit, der Sicherheit und des Rechts

10   Ein Schwerpunkt der Kompetenzen der Union für die Sicherheitsgewährleistung liegt im V. Titel des AEUV, der den Raum der Freiheit, der Sicherheit und des Rechts näher konstitutionalisiert. Diese Materie zählt gem. Art. 4 Abs. 2 lit. j AEUV zu den zwischen der Union und den Mitgliedstaaten geteilten Zuständigkeiten. Geteilte Zuständigkeiten stehen, wie Art. 2 Abs. 2 AEUV normiert, zunächst den Mitgliedstaaten zu, sofern und soweit die Union ihre Kompetenzen (noch) nicht wahrgenommen hat. Die Union ist materiell nur von dem Verhältnismäßigkeits- und Subsidiaritätsgrundsatz begrenzt.[48] Die besondere Sensibilität der Rechtsetzung im Raum der Freiheit, der Sicherheit und des Rechts für die Mitgliedstaaten kommt darin zum Ausdruck, dass die Rolle der nationalen Parlamente bei der Überwachung des Subsidiaritätsprinzips im Unterschied zu anderen Kompetenztiteln in Art. 69 AEUV explizit primärrechtlich verankert wird. Allerdings können die Mechanismen des Subsidiaritätsprotokolls aufgrund der Funktionslogik der in fast allen Mitgliedstaaten vorhandenen parlamentarischen Regierungssysteme strukturell nur eine begrenzte Wirkung entfalten.[49] Zudem soll die Ausübung der Kompetenzen gem. Art. 67 Abs. 1 AEUV unter Achtung der verschiedenen Rechtsordnungen und Rechtstraditionen der Mitgliedstaaten erfolgen. Art. 72 AEUV betont darüber hinaus, dass die in den Art. 67 ff. AEUV normierten Kompetenzen nicht die Wahrnehmung der Zuständigkeiten für die Aufrechterhaltung der öffentlichen Ordnung und den Schutz der inneren Sicherheit durch die Mitgliedstaaten berühren dürfen. Dem entspricht der Ausschluss der Zuständigkeit des EuGH in Art. 276 AEUV.[50] Darin wird die grundsätzlich im Raum der Freiheit, der Sicherheit und des Rechts bestehende Kompetenz des EuGH für die justizielle Zusammenarbeit in Strafsachen sowie die polizeiliche Kooperation in zweierlei Hinsicht eingeschränkt. Zum einen ist die Überprüfung der Gültigkeit oder Verhältnismäßigkeit von Maßnahmen der Polizei oder anderer Strafverfolgungsbehörden von der gerichtlichen Kontrollkompetenz ausgeschlossen. Davon sind ausschließlich Realakte umfasst.[51] Zum anderen ist jedoch weitergehend die Kontrolle des mitgliedstaatlichen Handelns zur Aufrechterhaltung der öffentlichen Ordnung oder zum Schutz der inneren Sicherheit durch den EuGH eingeschränkt. Dieser kann insoweit nur seine Zuständigkeit prüfen,[52] die jedoch immer dann gegeben ist, wenn es um die Durchführung von Unionsrecht geht.

11   Der Titel „Raum der Freiheit, der Sicherheit und des Rechts" enthält wesentliche Kompetenzen für ein europäisches Sicherheitsrecht, geht aber auch darüber hinaus. Erstens umfassen diese die Zuständigkeiten für die Zugangspolitiken[53] zum Unionsgebiet, nämlich Grenzkontrollen, Asyl und Einwanderung. Hier kann die Unionspolitik in unterschiedlicher Intensität Fragen der Sicherheitsgewährleistung regeln, namentlich die Governance der Grenzen (→ Rn. 54 ff.). Das Unionsgebiet soll an den Außengrenzen vor dem unberechtigten Zugang von Personen und Sachen geschützt werden, die nicht per se Sicherheitsrisiken sind. Die Kontrolle des Zugangs zur Union wird im Unionsrecht aber maßgeblich aus einer sicherheitsorientierten Perspektive betrachtet. So werden die dabei ent-

---

[48] *Müller-Graff* EuR Beiheft 1/2009, 105 (111); *Aden* in Lisken/Denninger PolR-HdB M Rn. 3.
[49] Dazu näher am deutschen Beispiel *Pilniok* Parlamentarisches Regieren § 9.
[50] *Dörr* in Grabitz/Hilf/Nettesheim AEUV Art. 276 Rn. 2: „steht insoweit im inneren Zusammenhang mit Art. 72 AEUV"; *Pechstein* in FK-AEUV Art. 276 Rn. 6: „prozessuale Absicherung" des Art. 72 AEUV.
[51] *Dörr* in Grabitz/Hilf/Nettesheim AEUV Art. 276 Rn. 13.
[52] *Pechstein* in FK-AEUV Art. 276 Rn.
[53] Begriff bei *Müller-Graff* EuR Beiheft 1/2009, 105 (114).

stehenden Daten unionsrechtlich determiniert umfassend gespeichert und ausgewertet (→ Rn. 87 ff.). Nicht zu übersehen ist allerdings auch, dass das Migrationsrecht auch von anderen Faktoren bestimmt wird, etwa der Realisierung menschenrechtlicher Schutzgarantien oder der Öffnung des Binnenmarktes für qualifizierte Arbeitskräfte aus Drittstaaten. Zweitens werden Regelungen zur justiziellen Zusammenarbeit in Zivilsachen ermöglicht, die den „Raum des Rechts" und nicht die Sicherheitsgewährleistung betreffen.[54] Drittens werden unterschiedliche Kompetenzgrundlagen für die justizielle Zusammenarbeit in Strafsachen einschließlich der Einrichtung einer Europäischen Staatsanwaltschaft – und damit einer Kernmaterie des Sicherheitsrechts – getroffen. Sie ermöglichen unter anderem eine begrenzte Harmonisierung des Strafverfahrensrechts (Art. 82 AEUV) und des materiellen Strafrechts (Art. 83 AEUV).[55] Aufgrund der mitgliedstaatlichen Sensibilität bei der unionsrechtlichen Determinierung des Strafrechts[56] gibt es verschiedene Einschränkungen. So kommt eine Harmonisierung nur hinsichtlich bestimmter schwerer Delikte mit transnationalem Charakter in Betracht. Zudem ist eine Erweiterung des Zugriffs der Union prozedural restringiert, etwa durch den sog. Notbremsenmechanismus[57]. Viertens stellt der V. Titel des AEUV die Rechtsgrundlagen dafür bereit, die polizeiliche Zusammenarbeit in der Union sekundärrechtlich auszuformen. Damit wird die primärrechtliche Grundlage für die Institutionalisierung der Kooperation und vor allem die informationelle Zusammenarbeit gelegt (→ Rn. 75 ff.). Für alle vier Bereiche gilt zudem, dass explizit oder implizit Kompetenzgrundlagen für die Institutionalisierung der europäischen Sicherheitsverwaltung bestehen, die eine erhebliche Bedeutung für den Beitrag der Union zur Sicherheitsgewährleistung erlangt hat (→ Rn. 73 f.).

Neben den geteilten Zuständigkeiten enthält der V. Titel des AEUV auch Koordinierungs- und Unterstützungszuständigkeiten (Art. 6 AEUV).[58] Dies gilt einerseits für die Kompetenz des Rates zur Regelung der Verwaltungszusammenarbeit im Raum der Freiheit, der Sicherheit und des Rechts, mit der die Voraussetzungen für den Verwaltungsverbund der Sicherheitsbehörden geschaffen werden können (Art. 74 AEUV). Diesen horizontalen und vertikalen Kooperationen im Verbund kommt eine hohe praktische Bedeutung zu (→ Rn. 75 ff.). Zudem kann die Union auf dem Gebiet der Kriminalprävention die Mitgliedstaaten unterstützen (Art. 84 AEUV). Angesichts der vielfältigen Ursachen von Kriminalität ist ihr damit ein weites Handlungsfeld eröffnet, das als Koordinierungskompetenz unter Ausschluss der Harmonisierung von Rechtsnormen freilich auf Empfehlungen, die Institutionalisierung von Foren für Kooperation und Austausch sowie die Finanzierung von Projekten begrenzt ist.

2. Spezifische sicherheitsrelevante Kompetenzen

Darüber hinaus sind verschiedene einzelne Bestimmungen im Primärrecht zu finden, die zu den Kompetenzen der Sicherheitsgewährleistung gezählt werden können. Ein – tendenziell zu wenig beachtetes – Feld ist die Sicherheitsgewährleistung durch die Zollbehörden. Diese sind unter anderem für den Schutz der Union vor illegalen oder gefährlichen Waren sowie für bestimmte Finanzdelikte zuständig. Durch die Realisierung des Binnenmarktes und vollständige Vergemeinschaftung des Zollrechts (Art. 3 Abs. 1 lit. a AEUV) lag eine intensive Kooperation dieses Verwaltungszweigs nahe,[59] wofür Art. 33 AEUV die Grundlage

---

54 Sie werden daher im Folgenden nicht mehr aufgegriffen.
55 → Rn. 82.
56 S. BVerfGE 123, 267 (359) = BVerfG NJW 2009, 2267 (2274) – Lissabon: „Als besonders sensibel für die demokratische Selbstgestaltungsfähigkeit eines Verfassungsstaates gelten seit jeher Entscheidungen über das materielle und formelle Strafrecht [und] die Verfügung über das Gewaltmonopol polizeilich nach innen und militärisch nach außen."
57 Dazu näher *Pilniok* Parlamentarisches Regieren § 9.
58 *Pache* in Niedobitek EuropaR § 21 Rn. 50 f.; *Vogel/Eisele* in Grabitz/Hilf/Nettesheim AEUV Art. 84 Rn. 5.
59 *Haltern/Janson* in FK-AEUV Art. 33 Rn. 6: „Notwendigkeit einer entsprechenden Verzahnung der Verwaltungsebenen entstand im Zollbereich frühzeitig".

schafft. Danach kann die Union – als *lex specialis* zu Art. 197 AEUV[60] sowie zu Art. 87 AEUV – im ordentlichen Gesetzgebungsverfahren die horizontale und vertikale Zusammenarbeit der Zollbehörden strukturieren.[61] Art. 33 AEUV ist damit eine der primärrechtlichen Grundlagen des Verwaltungsverbundes im Allgemeinen und des Sicherheitsverwaltungsverbundes im Besonderen.[62] Dieser Artikel ergänzt damit prozedural die Harmonisierungskompetenzen im Strafrecht, die unter anderem Delikte betreffen, die – wie beispielsweise Geldwäsche – schwerpunktmäßig für die Zollbehörden relevant sind.[63]

14   Daneben treten Kompetenznormen, die zur Sicherheitsgewährleistung in Krisensituationen beitragen sollen. So sieht Art. 196 AEUV eine Unterstützung, Ergänzung und Förderung der nationalen Katastrophenschutzvorkehrungen durch das Unionsrecht vor.[64] Neben Extremereignissen durch Naturkatastrophen können auch durch Menschen verursachte Ereignisse mit außergewöhnlichen Schadensfolgen eine Katastrophe in diesem Sinne darstellen.[65] Das europäische Katastrophenschutzrecht kann insofern bei der Bewältigung der Folgen von Sicherheitsrisiken ebenso einen Beitrag leisten wie bei dem Schutz davor, dass Katastrophen zu Sicherheitsrisiken werden,[66] etwa durch Plünderungen. In einem engen Bezug zu Art. 196 AEUV steht schließlich Art. 222 AEUV. In dieser – systematisch unzutreffend bei den auswärtigen Kompetenzen der Union verorteten[67] – Norm wird eine Solidaritätsverpflichtung zwischen den Mitgliedstaaten und den Unionsorganen insbesondere im Falle eines Terroranschlags begründet. Diese Pflicht, die bei Angriffen nicht-staatlicher Akteure greift, ist damit komplementär zur Beistandspflicht bei bewaffneten Angriffen von Drittstaaten auf Mitgliedstaaten gem. Art. 42 Abs. 7 EUV.[68] Angesichts der damit verbundenen weitgehenden Maßnahmen wie des Einsatzes des Militärs anderer Mitgliedstaaten in dem betroffenen Mitgliedstaat setzt die Inanspruchnahme ein Ersuchen der betroffenen Regierung voraus.[69] Auch erlaubt die Norm aufgrund der koordinierenden Rolle der Union nicht den direkten Zugriff der Union auf mitgliedstaatliche Sicherheitsbehörden.[70] Um auf die Anwendung der Solidaritätsklausel in Notsituationen vorbereitet zu sein, wurde die allgemeine Klausel in einem Rechtsakt konkretisiert.[71] Inwieweit eine solche präventive Verrechtlichung dann hilfreich für das Handeln der Union ist, wird sich jedoch erst im Ernstfall erweisen.

15   Umstritten ist, wie weit diese Kompetenz ein Handeln der Union zur Prävention weit im Vorfeld möglicher terroristischer Aktivitäten trägt. Da explizite Kompetenzen der Union für eine Kooperation der Nachrichtendienste oder die Einrichtung eigenständiger nachrichtendienstlicher Strukturen der Union im Gegensatz zur polizeilichen Zusammenarbeit

---

[60] *Terhechte* in SBHS AEUV Art. 33 Rn. 2; *Haltern/Janson* in FK-AEUV Art. 33 Rn. 3.
[61] Siehe auch → Rn. 75 ff.
[62] *Haltern/Janson* in FK-AEUV Art. 33 Rn. 6.
[63] *Waldhoff* in Calliess/Ruffert AEUV Art. 33 Rn. 7a.
[64] Zum Katastrophenschutzrecht näher *Trute* KritV 2005, 342 ff.; *Schwartz*, Das Katastrophenschutzrecht der Europäischen Union, 2012; *Kloepfer*, Handbuch des Katastrophenrechtsrechts, 2015, § 5; *Walus* EuR 2010, 564 ff.; *Finke, J.*, Notwendigkeit und Grundlagen eines transnationalen und globalen Katastrophenschutzrechts, in Pünder/Klafki, Risiko und Katastrophe als Herausforderung für die Verwaltung, 2016, 211 ff.
[65] Zum Begriff der Katastrophe im Unionsrecht *Nettesheim* in Grabitz/Hilf/Nettesheim AEUV Art. 196 Rn. 12 ff.
[66] Zur sekundärrechtlichen Konkretisierung s. Beschluss Nr. 1313/2013 des Europäischen Parlaments und des Rates v. 17.12.2013 über ein Katastrophenschutzverfahren der Union, ABl. 2013 L 347, 924; geändert durch den Beschluss (EU) 2019/420 des Europäischen Parlaments und des Rates v. 13.3.2019 zur Änderung des Beschlusses Nr. 1313/2013/EU über ein Katastrophenschutzverfahren der Union, ABl. 2019 L 77 I, 1 sowie VO (EU) 2021/836 des Europäischen Parlamentes und des Rates v. 20.5.2021 zur Änderung des Beschlusses Nr. 1313/2013/EU über ein Katastrophenschutzverfahren in der Union, ABl. 2021 L 185, 1.
[67] *Thym* in Grabitz/Hilf/Nettesheim AEUV Art. 222 Rn. 4.
[68] *Thym* in Grabitz/Hilf/Nettesheim AEUV Art. 222 Rn. 11.
[69] Art. 222 Abs. 1 lit. a 3. Spiegelstrich AEUV.
[70] *Thym* in Grabitz/Hilf/Nettesheim AEUV Art. 222 Rn. 23.
[71] Beschluss des Rates v. 24.6.2014 über die Vorkehrungen für die Anwendung der Solidaritätsklausel durch die Union (2014/415/EU), ABl. 2014 L 192, 53.

nicht bestehen,[72] wird mit Blick auf die Formulierung des Art. 222 AEUV, dass „die Union alle ihr zur Verfügung stehenden Mittel [mobilisiert], um terroristische Bedrohungen in den Mitgliedstaaten abzuwenden und die demokratischen Institutionen und die Zivilbevölkerung vor etwaigen Terroranschlägen zu schützen", diskutiert, ob es sich um eine Ermächtigung zur Einrichtung eines unionseigenen Nachrichtendienstes handelt.[73] Zu Recht wird aber darauf verwiesen, dass dieses Ziel nur auf der Grundlage der anderweitig formulierten Gesetzgebungs- und Verwaltungszuständigkeiten verfolgt werden kann.[74] Die Einrichtung eines EU-eigenen Nachrichtendienstes mit eigenständigen operativen Befugnissen ist daher ohne eine Änderung des Primärrechts ausgeschlossen.[75] Dies dürfte auch für die Schaffung einer Agentur gelten, die ohne eigene operative Tätigkeit die Arbeit der mitgliedstaatlichen Dienste koordinieren und deren Ergebnisse zusammenführen soll.[76] Beide denkbare institutionellen Fortentwicklungen sind daher nur mit einer Anpassung des Primärrechts zu verwirklichen. Ob dafür eine Bereitschaft der Mitgliedstaaten besteht, erscheint äußerst fraglich.

3. Sicherheitsrelevante Querschnittskompetenzen

Neben spezifischeren Kompetenzen des AEUV bietet sich aus der Perspektive der Union **16** aus verschiedenen Gründen häufig die Binnenmarktkompetenz in Art. 114 Abs. 1 AEUV als Kompetenzgrundlage für die Sicherheitsgewährleistung an.[77] Auch wenn die Union nicht auf das Gefahrenabwehrrecht der Mitgliedstaaten zugreifen kann, werden so wichtige Voraussetzungen und Kontextbedingungen der nationalen Sicherheit normiert und ein unionsrechtlicher Rahmen für die mitgliedstaatlichen Sicherheitsbehörden vorgegeben. Diese Handlungsoption wird der Union dadurch erleichtert, dass allgemeine Kriterien für den Rückgriff auf diese Kompetenzgrundlage angesichts des offenen Wortlauts nur schwer zu bestimmen sind. Konkrete Maßstäbe hat der EuGH insoweit kaum entwickelt.[78] Daher ist der EuGH tendenziell großzügig darin, Art. 114 Abs. 1 AEUV als Ermächtigungsgrundlage zu akzeptieren. So hat er bestätigt, dass die Richtlinie über die Vorratsdatenspeicherung auf diese Norm gestützt werden konnte, auch wenn diese sicherheitspolitisch motiviert war.[79] Entscheidend ist für den EuGH insoweit, dass eine mitgliedstaatliche Regelung jedenfalls auch zu ungleichen Regelungen für die betroffenen Unternehmen und damit zu Wettbewerbsverzerrungen im Binnenmarkt führt.[80] Die Binnenmarktkompetenz kommt daher vor allem für das Sicherheitsrecht in Betracht, wenn sicherheitsrelevante Pflichten von Privaten (insbesondere Unternehmen) geregelt werden sollen.[81] Insbesondere angesichts der Bedeutung von Daten für die Sicherheitsgewährleistung und der Tatsache, dass

---

[72] *Aden,* Die Europäische Union als „Sicherheitsunion"? Die gemeinsame Innen- und Justizpolitik, in Müller-Graff, Kernelemente der europäischen Integration, 2020, 457 (460).
[73] Palacios International Journal of Intelligence and Counterintelligence 33 (2020), 483 ff.
[74] *Frenz* in FK-AEUV Art. 222 Rn. 23: „Keine Kompetenz etwa zum Aufbau eines EU-Geheimdienstes".
[75] Vgl. zu solchen Forderungen *Rüß* in NachrichtendiensteR-HdB IV § 4 Rn. 15 ff.; Palacios International Journal of Intelligence and Counterintelligence 33 (2020), 483 ff.
[76] *Sule,* Spionage: völkerrechtliche, nationalrechtliche und europarechtliche Bewertung staatlicher Spionagehandlungen und besonderer Berücksichtigung der Wirtschaftsspionage, 2006, 404 sieht mit Bezug auf die wortgleiche Norm im gescheiterten Verfassungsvertrag aber eine Grundlage für eine Kooperation der Nachrichtendienste.
[77] Plastisch *Gundel* EuR 2009, 536: „ungebrochene Anziehungskraft" der Norm.
[78] Der EuGH fordert, aus dem Rechtsakt müsse objektiv und tatsächlich hervorgehen, dass er den Zweck hat, die Voraussetzungen für das Funktionieren des Binnenmarktes zu verbessern. Dabei billigt der EuGH dem Unionsgesetzgeber einen weiten Ermessensspielraum „nach Maßgabe des allgemeinen Kontextes und der speziellen Umstände" der zu harmonisierenden Materie zu (EuGH Rs. C-66/04, Rn. 45).
[79] EuGH NJW 2009, 1801 Rn. 80 mit Verweis darauf, dass die Verpflichtungen der Unternehmen und nicht der Zugang der Sicherheitsbehörden geregelt werde. Allerdings hat der EuGH die Richtlinie in einer späteren Entscheidung für unvereinbar mit den Unionsgrundrechten befunden, EuGH NJW 2014, 2169 – Digital Rights Ireland.
[80] EuGH NJW 2009, 1801 Rn. 62 ff.
[81] Wenn Art. 114 Abs. 3 AEUV von Sicherheit spricht, ist nicht die öffentliche Sicherheit gemeint, sondern die Produktsicherheit, vgl. *Terhechte* in FK-AEUV Art. 114 Rn. 79.

eine Vielzahl von relevanten Daten bei Unternehmen erhoben werden müssen, ist hier der Union ein großer Anwendungsbereich eröffnet.[82]

17 Vor allem bildet das Produktsicherheitsrecht, das Wettbewerbsverzerrungen vermeiden soll, einen Ansatzpunkt für die Rechtsetzung der Union. Diese ist dabei nicht auf die produktbezogene Sicherheit im engeren Sinne beschränkt, wie der EuGH in einer Entscheidung zum Waffenrecht verdeutlicht hat. Explizit als Reaktion auf mehrere Terroranschläge in der Union wurde die auf Art. 114 Abs. 1 AEUV gestützte einschlägige Richtlinie verschärft und sah erweiterte Verbote und Registrierungspflichten für Waffenbesitzer vor.[83] Trotz der gewaltpräventiven Zwecke der Richtlinie konnte diese nach Ansicht des Gerichtshofs weiterhin auf die Binnenmarktkompetenz gestützt werden.[84] Zu Recht hat dieser darauf verwiesen, dass in bereits harmonisierten Bereichen dynamische Anpassungen an veränderte Umstände möglich sein müssen, ohne dass dadurch die Kompetenzgrundlage infrage gestellt wird. Art. 114 Abs. 1 AEUV trägt darüber hinaus in der weiten Auslegung des EuGH nicht nur eine Harmonisierung, sondern auch eine Rechtsvereinheitlichung durch Verbote.[85] Beide Aspekte eröffnen der Union nicht unerhebliche Handlungsspielräume in der Regulierung von Materien, die sicherheitsrechtlich relevant sind.

18 Für erhebliche Kontroversen zwischen der Union und den Mitgliedstaaten dürfte insoweit zukünftig die Regulierung Künstlicher Intelligenz sorgen. Der auf Art. 114 Abs. 1 AEUV gestützte Legislativvorschlag der Kommission, der seinen Ausgangspunkt im Produktsicherheitsrecht nimmt, verbietet bestimmte Einsatzmöglichkeiten von KI-Systemen, andere unterwirft er einem detaillierten Pflichtenkatalog durch die einsetzenden Behörden.[86] Dem unionalen Anliegen einer umfassenden Regulierung stehen erhebliche Interessen der Mitgliedstaaten gegenüber, dass Sicherheitsbehörden solche KI-Systeme etwa bei der biometrischen Gesichtserkennung oder als avancierte Lügendetektoren einsetzen können.[87] Die unmittelbaren Verpflichtungen der Mitgliedstaaten bzw. ihrer Sicherheitsbehörden unterscheiden die Verordnung in ihrer vorgeschlagenen Form von den übrigen Regulierungen im Binnenmarkt, wo das Unionsrecht auf die Rechte und Pflichten Privater zielt und nicht das Handeln der Sicherheitsbehörden selbst beschränkt. Dieser Konflikt wird auch dadurch verstärkt, dass für die unionseigene Sicherheitsverwaltung weitreichende Ausnahmevorschriften für den Einsatz von KI-Systemen vorgesehen sind und es sich daher um eine asymmetrische Regulierung handelt. Daher dürfte die geplante Verordnung auch zu einem Testfall für das Austarieren des Verhältnisses von unionalem Regelungsanspruch und mitgliedstaatlicher Autonomie werden.

4. Die externe Dimension der Kompetenzen der inneren Sicherheit

19 Die Sicherheitsgewährleistung innerhalb der Union ist angesichts der im Mittelpunkt stehenden Phänomene und Herausforderungen sowie der globalen Verflechtungen kaum ohne eine Zusammenarbeit mit Drittstaaten erfolgversprechend.[88] Daher ging mit der

---

[82] Zudem wird Art. 114 Abs. 1 AEUV nicht nur für die Angleichung der Rechtsvorschriften, sondern auch für die – in der Sicherheitsarchitektur besonders wichtigen – Institutionalisierungsprozesse als Kompetenzgrundlage verwendet, s. EuGH, Rs. C-217/04 bezüglich der Europäischen Agentur für Netz- und Informationssicherheit (ENISA), zu dieser noch → Rn. 64; kritisch zur Billigung dieser Kompetenzgrundlage durch das Gericht *Gärditz* AöR 135 (2010), 251 (272 ff.) mit Verweis auf den Wortlaut „Angleichung der Rechts- und Verwaltungsvorschriften"; vgl. zu Art. 114 Abs. 1 AEUV als Grundlage von Unionsagenturen *Saurer* DÖV 2014, 549 ff.; *Orator*, Möglichkeiten und Grenzen der Einrichtung von Unionsagenturen, 2017, 214.
[83] RL (EU) 2017/853, mittlerweile ersetzt durch die RL (EU) 2021/555.
[84] EuGH EuZW 2020, 105.
[85] Dagegen wird argumentiert, dass der Binnenmarkt durch das Verbot von Produkten nicht gefördert werde und diese daher unzulässig seien, vgl. zum Stand der Diskussion *Classen* in von der Groeben/Schwarze/Hatje AEUV Art. 114 Rn. 146 f.
[86] COM(2021) 206 final.
[87] Näher etwa *Wischmeyer* in Ebers/Heinze/Krügel/Steinrötter, Künstliche Intelligenz und Robotik, 2020, § 20 Rn. 15 ff.
[88] Vgl. grundsätzlich die Mitteilung der Kommission, Eine Strategie für die Außendimension des Raums der Freiheit, der Sicherheit und des Rechts, KOM(2005) 491 endg.; zuletzt die Mitteilung der Kommission,

Intensivierung der Integration im Bereich der inneren Sicherheit von Beginn an die Forderung des Europäischen Rates einher, dass „alle der Union zur Verfügung stehenden Zuständigkeiten und Instrumente, insbesondere im Bereich der Außenbeziehungen, in integrierter und kohärenter Weise dazu verwendet werden müssen, den Raum der Freiheit, der Sicherheit und des Rechts zu schaffen"[89]. Dabei können unterschiedliche Kompetenzgrundlagen und Handlungsformen in Betracht kommen:[90]

Klassisches Kooperationsmedium ist insoweit der Abschluss völkerrechtlicher Verträge **20** durch die Union. Art. 216 Abs. 1 AEUV weist der Union die Kompetenz dafür zu, wenn ein Vertragsschluss primärrechtlich vorgesehen ist, wenn dies zur Erreichung der Ziele der Union erforderlich ist oder wenn dies im Sekundärrecht vorgesehen ist. Da bei den Kompetenzen des Raums der Freiheit, der Sicherheit und des Rechts nur Art. 79 Abs. 3 AEUV explizit eine entsprechende Kompetenzgrundlage für die Einwanderungspolitik vorsieht, ist der große Handlungsspielraum der impliziten Ermächtigung von besonderer Bedeutung. Zwar sollen die Ziele nicht aus der sehr allgemeinen Formulierung des Art. 3 EUV, sondern aus den Kompetenzen der Politiken hergeleitet werden, um dem Prinzip der begrenzten Einzelermächtigung noch Rechnung zu tragen.[91] Zudem wird das Tatbestandsmerkmal der Erforderlichkeit in der Rechtsprechung des EuGH teilweise eng ausgelegt.[92] Gleichwohl bedeutet dies im Ergebnis, dass die Kompetenznormen der Art. 67 ff. AEUV sehr weitgehend auch mit internationalen Vereinbarungen unterlegt werden können. Darüber hinaus kann – darauf zielt die zweite Alternative – im verbindlichen Unionsrecht eine solche implizite Vertragsschlusskompetenz im Primärrecht expliziert und konkretisiert werden. Die innen- und außen gerichteten Dimensionen der Kompetenzen verlaufen damit jedenfalls im Sicherheitsrecht weitgehend parallel, ohne identisch zu sein. Angesichts der Kompetenzstruktur zwischen der Union und den Mitgliedstaaten sind zudem gemischte Abkommen der Sicherheitsgewährleistung denkbar. Das im Einzelnen in Art. 218 AEUV komplex gestaltete, häufig auch praktisch zeitintensive Verfahren führt – wie es auch dem auswärtigen Handeln in den Mitgliedstaaten eigen ist – zu einer gubernativen Dominanz der Kommission und des Rates.[93] Dem Europäischen Parlament verbleiben neben Informationsrechten vor allem Kontrollrechte durch den Zustimmungsvorbehalt des Art. 218 Abs. 6 AEUV. Von diesen Außenkompetenzen hat die Union umfassenden Gebrauch gemacht, etwa im Hinblick auf die Sicherung der Grenzen[94] oder die Einbindung von Drittstaaten in die europäische Sicherheitsarchitektur[95]. Insbesondere sind die Agenturen wie Frontex und Europol auch global tätig.[96] Damit stellen sich dann auch Fragen nach

---

EU-Strategie für eine Sicherheitsunion, COM(2020) 605 final, S. 2. *Monar*, The External Dimension of the EU's Area of Freedom, Security and Justice, 2012, 13 ff.; *Matera*, An external dimension of the AFSJ?, in Fletcher/Herlin-Karell, The European Union as an Area of Freedom, Security and Justice, 2017, 359 (363).

[89] Schlussfolgerungen des Vorsitzes zum Europäischen Rat in Tampere am 15./16.10.1989, Rn. 59.
[90] S. die Auflistung potenzieller Instrumente in KOM(2005) 491 endg.
[91] *Vöneky/Beylage-Haarmann* in Grabitz/Hilf/Nettesheim AEUV Art. 216 Rn. 10; zur restriktiven Auslegung dieser Variante des Art. 216 Abs. 1 AEUV auch *Giegerich* in Pechstein/Nowak/Häde FK-AEUV Art. 216 Rn. 95 ff.
[92] *Vöneky/Beylage-Haarmann* in Grabitz/Hilf/Nettesheim AEUV Art. 216 Rn. 11; *Giegerich* in Pechstein/Nowak/Häde FK-AEUV Art. 216 Rn. 101.
[93] Zur Rolle des EAD (→ Rn. 42) in diesem Zusammenhang *Gatti*, The Role of the European External Action Service in the External Dimension of the Area of Freedom Security and Justice, in Flaesch-Mougin/Rossi, La dimension extérieure de l'Espace de liberté, sécurité et justice, 2013, 171 ff.
[94] Ausführlich *Matera*, An external dimension of the AFSJ?, in Fletcher/Herlin-Karell/Matera, The European Union as an Area of Freedom, Security and Justice, 2017, 359 ff.
[95] S. beispielhaft Beschluss (EU) 2018/1549 des Rates v. 11.10.2018 über die Unterzeichnung – im Namen der Union – der Vereinbarung zwischen der Europäischen Union einerseits sowie dem Königreich Norwegen, der Republik Island, der Schweizerischen Eidgenossenschaft und dem Fürstentum Liechtenstein andererseits zur Beteiligung dieser Länder an der Europäischen Agentur für das Betriebsmanagement von IT-Großsystemen im Raum der Freiheit, der Sicherheit und des Rechts, ABl. 2018 L 260, 1.
[96] *Coman-Kund*, European Union Agencies as Global Actors, 2018.

dem Verhältnis zu den entsprechenden Aktivitäten zur internationalen Sicherheitskooperation der Mitgliedstaaten.[97]

21 Neben völkerrechtlichen Verträgen kann sicherheitsrelevante Kooperation auf weitere allgemeine Kompetenzgrundlagen des auswärtigen Handelns der Union gestützt werden. Art. 8 EUV gibt der Union auf, eine Nachbarschaftspolitik zu betreiben, die die Zusammenarbeit mit den unmittelbar an das Unionsgebiet angrenzenden Staaten regelt. Diese kann neben anderen Normen auf Art. 212 AEUV zurückgreifen, der die Zusammenarbeit mit Drittländern unter anderem durch finanzielle Unterstützung vorsieht. Zudem kann die Union im Rahmen der Entwicklungszusammenarbeit gem. Art. 209 Abs. 1 AEUV „Maßnahmen" ergreifen; in der Regel erfolgt dies durch die Initiierung und Finanzierung von Projekten, die in komplexe Programmstrukturen eingebunden sind. Das auf beide Dimensionen der Außenbeziehungen zielende Sekundärrecht formt Sicherheit als eine thematische Förderpriorität näher aus, etwa die Bekämpfung von Terrorismus und organisierter Kriminalität durch die Aufgabe handlungsfähiger staatlicher Strukturen.[98] Schließlich ermächtigt Art. 220 AEUV die Union zur Zusammenarbeit mit internationalen Organisationen. Daraus ergeben sich auch sicherheitsrelevante Aspekte, etwa bei der Bekämpfung des Terrorismus durch die Vereinten Nationen und andere Akteure.[99]

5. Kompetenzen im Bereich der äußeren Sicherheit

22 Ebenso wie von der Sicherheitsunion ist von einer Verteidigungsunion als Integrationsziel die Rede.[100] Trotz dieser semantischen Parallele sind die rechtlichen Unterschiede augenfällig. Die klassische Differenzierung zwischen der inneren und der äußeren Sicherheit spiegelt sich auch in den Governance-Regimen der Verträge wider.[101] Es ist kein Zufall, dass die Gemeinsame Außen- und Sicherheitspolitik (GASP) mit der Gemeinsamen Sicherheits- und Verteidigungspolitik (GSVP) im EUV und nicht im systematischen Zusammenhang mit dem Abschnitt über die innere Sicherheit (Art. 67 ff. AEUV) geregelt worden ist. Rechtsgrundlagen, Handlungsformen und Verpflichtungsgrad für die Mitgliedstaaten unterscheiden sich allzu deutlich.

23 Zum einen ermöglichen die Kompetenzen zur äußeren Sicherheit die Institutionalisierung in diesem besonders sensiblen Integrationsbereich. Neben der Möglichkeit der Einrichtung einer Europäischen Verteidigungsagentur[102] gem. Art. 45 EUV ist dies besonders die Schaffung eines unionsrechtlichen Rahmens für die vertiefte Integration in der Verteidigungspolitik durch die Ständige Strukturierte Zusammenarbeit gem. Art. 46 EUV, der erst seit 2018 genutzt wird.[103] In dieser kommt zum Ausdruck, dass stärker noch als in anderen Politiken die GASP sowie insbesondere die GSVP dabei auf Mechanismen der

---

[97] Dazu *Casolari*, EU Member States' International Engagements in ASFJ Domain: Between Subordination, Complementarity, And Incooperation, in Flaesch-Mougin/Rossi (eds.), La dimension extérieure de l'Espace de liberté, sécurité et de justice, 2013, 23 ff.
[98] S. zur Finanzierungsmodus als Handlungsmodus der Sicherheitsunion → Rn. 97 ff.
[99] Mitteilung der Kommission, EU-Strategie für eine Sicherheitsunion, COM(2020) 605 final, 22.
[100] Näher *Scheffel* NVwZ 2018, 1347 ff.
[101] Eine solche Unterscheidung zwischen den Rechtsregimen innerer und äußerer Sicherheit entspricht auch dem Grundgesetz. Verschiedene Mitgliedstaaten wie beispielsweise Frankreich oder Italien haben keine scharfe Grenze, was institutionell durch in das Militär eingegliederte Gendarmerien zum Ausdruck kommt.
[102] Zu dieser näher → Rn. 70.
[103] In der Regel wird das englische Akronym PESCO verwendet, nicht zuletzt im Sekundärrecht: Beschluss (GASP) 2017/2315 des Rates v. 11.12.2017 über die Begründung der Ständigen Strukturierten Zusammenarbeit (PESCO) und die Liste der daran teilnehmenden Mitgliedstaaten, ABl. 2017 L 331, 57, berichtigt mit ABl. 2018 L 12, 63; Beschluss (GASP) 2018/909 des Rates v. 25.6.2018 zur Festlegung gemeinsamer Vorschriften für die Steuerung von SSZ-Projekten, ABl. 2018 L 161, 37; Beschluss (GASP) 2020/1639 des Rates v. 5.11.2020 über die allgemeinen Bedingungen, unter denen Drittstaaten in Ausnahmefällen eingeladen werden können, sich an SSZ-Projekten zu beteiligen, ABl. 2020 L 371, 3. Vgl. näher *Scheffel* NVwZ 2018, 1347; *Revelas*, Permanent Structured Cooperation: not a panacea, but an important step for consolidating EU security and defence cooperation, in Waechter/Vérez, Europe, 2020, 53 ff.

differenzierten Integration angewiesen sind. Zum anderen ist für die Interdependenzen von innerer und äußerer Sicherheit die Zuständigkeit der Union in Art. 43 und 44 EUV bedeutsam, zivile und militärische Missionen in Drittstaaten zu entsenden. Das Einstimmigkeitsprinzip des Art. 31 Abs. 1 EUV im Rat für solche operativen Beschlüsse verschafft dabei allen Mitgliedstaaten eine Vetoposition. Sie spielen für verschiedene Bereiche der Sicherheitspolitik wie die Grenzsicherung oder die Terrorismusbekämpfung eine wichtige Rolle. Solche Überlappungen zwischen der vergemeinschafteten inneren Sicherheitspolitik und der intergouvernmentalen äußeren Sicherheitspolitik stehen im Konflikt mit Art. 40 UAbs. 1 EUV, der eine klare Kompetenzabgrenzung bewirken soll. Diese ist wegen der unterschiedlichen Entscheidungsverfahren und des Zugriffs der Rechtsprechung folgenreich. Der EuGH geht in anderen Konstellationen freilich davon aus, dass Maßnahmen ausschließlich auf GASP-Kompetenzen gestützt werden können, auch wenn damit gleichzeitig interne und externe Ziele verfolgt werden und damit das Europäische Parlament in eine untergeordnete Beteiligungsrolle gedrängt wird (vgl. Art. 36 EUV).[104]

II. Unionsverfassungsrechtliche Regulierung der Kompetenzausübung im Verbund[105]

Die Kompetenzen der Union und der Mitgliedstaaten zur Sicherheitsgewährleistung werden jedoch in verschiedenen Dimensionen vom Unionsrecht begrenzt. Das Handeln der Union wird durch die spezifische Kompetenzausübungsschranke der „nationalen Sicherheit" und ebenso die Unionsgrundrechte limitiert. Letztere bilden freilich auch als Schutzpflicht einen Grund für die Union zum Handeln. 24

1. „Nationale Sicherheit" als Kompetenzausübungsschranke

Zunächst dient der Topos „nationale Sicherheit" zur Abgrenzung der Kompetenzen von Union und Mitgliedstaaten. Art. 4 Abs. 2 EUV spiegelt in Satz 2 eine klassische Perspektive auf die Staatsfunktionen wider. Danach achtet die Union die grundlegenden Funktionen des Staates, insbesondere die Wahrung der territorialen Unversehrtheit, die Aufrechterhaltung der öffentlichen Ordnung und den Schutz der nationalen Sicherheit. Über eine Achtung hinaus fügt der Vertragstext weitergehend in Satz 3 hinzu, dass die nationale Sicherheit weiterhin in die alleinige Verantwortung der einzelnen Mitgliedstaaten falle. Dieser Satz wurde dem ansonsten wortgleich aus dem gescheiterten Verfassungsvertrag übernommenen Artikel im Vertrag von Lissabon hinzugefügt. Damit wurde dem Anliegen der Mitgliedstaaten nach einer Klarstellung Rechnung getragen, die auf der Intensivierung der Aktivitäten der Union im Bereich der Terrorismusbekämpfung beruhten.[106] Dies knüpfte wiederum an Diskussionen im Verfassungskonvent an, die angesichts einer Intensivierung der Integration einen – systematisch nicht unproblematischen – negativen Kompetenzkatalog konstitutionalisieren wollten.[107] Davon ist nur die „nationale Sicherheit" explizit in den Vertragstext aufgenommen worden. 25

Die Interpretation der allgemeinen Formel der „nationalen Sicherheit" ist freilich nicht ohne Schwierigkeiten und erfährt erst mit der jüngeren Rechtsprechung des EuGH vertiefte Aufmerksamkeit.[108] Normtheoretisch ist insoweit unzureichend geklärt, welche Funktion Art. 4 Abs. 2 S. 3 EUV zukommt. Einerseits kann sie als Rechtfertigungsklausel 26

---
[104] Kritisch *De Capitani* in Bignami, EU Law in Populist Times: Crises and Prospects, 2020, 404 f. mit Verweis auf EuGH Urt. v. 24.6.2014 – C-658/11 und Urt. v. 14.6.2016 – C-263/14.
[105] Überschrift angelehnt an *Funke*, Primärrechtliche Grundlagen, Raum der Freiheit, der Sicherheit und des Rechts, in Wollenschläger, Europäischer Freizügigkeitsraum – Unionsbürgerschaft und Migrationsrecht, 2021, § 16 Rn. 66.
[106] *Puttler* in Calliess/Ruffert EUV Art. 4 Rn. 21; *Obwexer* in von der Groeben/Schwarze/Hatje EUV Art. 4 Rn. 46.
[107] *Karpenstein/Sangi* GSZ 2020, 165.
[108] Vgl. auch die Bestandsaufnahme der Literatur bei *Karpenstein/Sangi* GSZ 2020, 162 f.

angesehen werden, die den Mitgliedstaaten die sektorspezifische Nichtanwendung des Unionsrechts erlaubt. Versteht man die Norm in diesem Sinne, ergänzt sie die spezifischeren und schon länger im Unionsrecht enthaltenen Klauseln des Art. 346 AEUV.[109] Danach können die Mitgliedstaaten Auskünfte gegenüber den Unionsorganen, aber auch gegenüber der Öffentlichkeit oder dem Einzelnen aufgrund von Unionsrecht verweigern, soweit dies wesentlichen Sicherheitsinteressen widerspricht.[110] Darüber hinaus stellt die Norm die Mitgliedstaaten bezüglich der Herstellung von und dem Handel mit Rüstungsmaterialien vom Binnenmarktrecht frei. Regelungstechnisch geht es also darum, eng begrenzte Ausnahmen der Anwendbarkeit von Primär- und Sekundärrecht zu schaffen. Die Ausübung dieser Kompetenzen durch die Unionsorgane wird insoweit nicht beschränkt. In dieser Weise prüft der EuGH nunmehr in der Rs. *Privacy International* Art. 4 Abs. 2 S. 3 EUV, ohne freilich ein explizites Verständnis offenzulegen oder zu reflektieren.[111]

27 Allerdings kann die Norm ebenso – und systematisch überzeugender – als Kompetenznorm verstanden werden.[112] Dafür kann zunächst der Wortlaut geltend gemacht werden, weil „Verantwortlichkeit" die Zuweisung einer Zuständigkeit impliziert.[113] Systematisch spricht zudem dafür, dass die Verantwortlichkeit im Grad ihrer Verbindlichkeit von der Achtung der nationalen Identitäten durch die Union in S. 1 textlich abgesetzt ist. Genetisch kann die Entwicklung aus dem Ansatz eines negativen Kompetenzkatalogs der Union heraus für diese Deutung in Anschlag gebracht werden.[114] Zwar kann die Union, die selbst nur im Rahmen begrenzter Einzelermächtigungen tätig werden darf, nicht den Mitgliedstaaten Kompetenzen zuweisen. Aber die Mitgliedstaaten können in den Verträgen sehr wohl Kompetenzen in beide Richtungen, begründend wie abgrenzend, formulieren. Als Meta-Zuständigkeitsnorm spielt Art. 4 Abs. 2 S. 3 EUV dann vor allem als Grenze der Kompetenzen der Union eine Rolle. Dies gilt weniger für die spezifisch formulierten Zuständigkeiten etwa der Art. 67 ff. AEUV, sondern vor allem für die Querschnittskompetenzen des Wettbewerbs- und Binnenmarktrechts[115] – insbesondere für Art. 114 Abs. 1 AEUV. Der Kompetenzbegrenzung der Union muss insoweit bei der sekundärrechtlichen Bestimmung der Anwendungsbereiche Rechnung getragen werden. Zudem wird der Vorbehalt in Art. 4 Abs. 2 S. 3 AEUV dahingehend verstanden, dass auf die flexiblen inhaltsoffenen Kompetenzen der Union wie Art. 352 Abs. 1 AEUV bei sicherheitsrelevanter Rechtsetzung nicht zurückgegriffen werden kann.[116]

28 Dann stellt sich allerdings die Frage nach der Bedeutung der Formel von der „nationalen Sicherheit". Trotz der vielfachen Verwendung in unterschiedlichen Kontexten ist eine Definition nicht ersichtlich.[117] Als unionsrechtlichen Begriff kann man die nähere Konkretisierung nicht dem Selbstverständnis der Mitgliedstaaten überlassen und damit den Vorrang des Unionsrechts aufweichen.[118] Es bedarf daher eines eigenständigen unionsrechtlichen Verständnisses, das in Relation zu ähnlichen Rechtsbegriffen steht. Abzugrenzen ist sie vom Begriff der „öffentlichen Sicherheit", der beispielsweise in Art. 36 AEUV verwendet wird.[119] Gemeinsam ist beiden Begriffen, dass sie innere und äußere Sicherheit

---

[109] *Karpenstein/Sangi* GSZ 2020, 167.
[110] *Frenz* in FK-AEUV Art. 346 Rn. 41.
[111] EuGH GSZ 2021, 36 mAnm *Baumgartner*; ausführlich auch *Zalnieriute* Modern Law Review 85 (2022), 198 ff.; s. zudem *Cameron* CMLRev 58 (2021), 1433 ff.
[112] Zu einem Verständnis von Art. 4 Abs. 2 S. 1 EUV als Kompetenzprinzip ausführlich *Schnettger*, Verbundidentität: Schutzgehalt, Funktionen und gerichtliche Durchsetzung des Art. 4 Abs. 2 S. 1 Var. 2 EUV, 2021, 216 ff.
[113] *Karpenstein/Sangi* GSZ 2020, 163 f. mwN; zu den Bedeutungsschichten des Begriffs s. *Klement*, Verantwortung, 2006.
[114] *v. Bogdandy/Schill* ZaöRV 2010, 710; *Karpenstein/Sangi* GSZ 2020, 165 mit weiteren Beispielen neben der nationalen Sicherheit, deren Normierung im Verfassungskonvent diskutiert worden ist.
[115] *Karpenstein/Sangi* GSZ 2020, 164.
[116] *Puttler* in Calliess/Ruffert EUV Art. 4 Rn. 21.
[117] *Sule* in Dietrich/Sule Intelligence Law Rn. 23.
[118] *Sule* in Dietrich/Sule Intelligence Law Rn. 28.
[119] *Sule* in Dietrich/Sule Intelligence Law Rn. 71.

umfassen. Der Wortlaut des Verfassungsvertrages ist explizit erweitert worden, um beide Dimensionen der überkommenen Differenzierung in sich aufzunehmen.[120] Das unterscheidet Art. 4 Abs. 2 S. 3 EUV von Art. 72 AEUV, der in seinem Regelungskontext nur auf die innere Sicherheit bezogen ist.[121] Auch wenn im Sekundärrecht darüber hinaus zwischen öffentlicher Sicherheit, öffentlicher Ordnung, Landesverteidigung und nationaler Sicherheit differenziert wird,[122] ist insofern auch die militärische Verteidigung Teil der nationalen Sicherheit. Darüber hinaus wird „nationale Sicherheit" gegenüber der „öffentlichen Sicherheit" aber üblicherweise als engerer Terminus verstanden.[123] Mit verschiedenen Formeln wird umschrieben, dass nur ein Kernbereich staatlicher Souveränität geschützt werden soll. Es geht insoweit um die „Sicherheit des Staates"[124] an sich, dessen „existentielle[n] Sicherheitsinteressen"[125] bzw. die „fundamentalen Bestandsinteressen des betreffenden Mitgliedstaates"[126]. *Sule* hat auf der Grundlage einer historischen und vergleichenden Analyse vier Elemente vorgeschlagen, die den Begriff konkretisieren sollen. Danach umfasst die nationale Sicherheit die Sicherung der territorialen Integrität eines Staates, der verfassungsrechtlichen Ordnung, der Funktionsfähigkeit des Staates und der Wirtschaft sowie der öffentlichen Dienstleistungen.[127] Auch vor dem Hintergrund solcher Konkretisierungen bleiben konkrete Konstellationen konkretisierungs- und interpretationsbedürftig, wie die jüngste Rechtsprechung des EuGH zeigt.[128] Die Abgrenzung der Kompetenzen im Einzelfall wird daher weiterer rechtspraktischer und rechtswissenschaftlicher Klärung bedürfen.

2. Grundrechtliche Gewährleistungen

Grund und Grenzen des Handelns der Union im Sicherheitsrecht ergeben sich zudem 29 aus den europäischen Grundrechten.[129] Die Grundrechtecharta kennt mit Art. 6 ein explizites Recht auf Sicherheit. Trotz dieses (deutschen) Wortlauts[130] ist dieses allerdings grundsätzlich als Abwehrrecht angelegt, das Einzelne im Sinne der klassischen *habeas corpus*-Rechte vor einem rechtswidrigen Festhalten durch staatliche Stellen schützen soll.[131] Insofern handelt es sich um ein Recht auf Rechtssicherheit vor staatlicher Willkür.[132] Entsprechend wird auch das in Art. 5 EMRK enthaltene, fast wortgleiche Recht auf Sicherheit verstanden,[133] das vermittelt über Art. 6 Abs. 3 EUV auch für das Unionsrecht normative Bedeutung erlangt. Da die Grundrechtecharta gemäß dessen Art. 51 nur auf das Handeln der Unionsorgane sowie der Mitgliedstaaten bei der Durchführung von Unionsrecht anwendbar ist, das operative Handeln aber ganz überwiegend durch mit-

---

[120] *Karpenstein/Sangi* GSZ 2020, 166 mit Verweis auf eine entsprechende Initiative Großbritanniens.
[121] *Karpenstein/Sangi* GSZ 2020, 166.
[122] S. EGr. 67 der RL (EU) 2016/680 des Europäischen Parlamentes und des Rates v. 27.4.2016 zum Schutz natürlicher Personen bei der Verarbeitung personenbezogener Daten durch die zuständigen Behörden zum Zwecke der Verhütung, Ermittlung, Aufdeckung oder Verfolgung von Straftaten oder der Strafvollstreckung sowie zum freien Datenverkehr und zur Aufhebung des Rahmenbeschlusses 2008/977/JI des Rates, ABl. 2016 L 119, 89.
[123] *Karpenstein/Sangi* GSZ 2020, 166; *Schnettger,* Verbundidentität: Schutzgehalt, Funktionen und gerichtliche Durchsetzung des Art. 4 Abs. 2 S. 1 Var. 2 EUV, 2021, 164.
[124] *Karpenstein/Sangi* GSZ 2020, 166.
[125] *Karpenstein/Sangi* GSZ 2020, 166.
[126] *Karpenstein/Sangi* GSZ 2020, 167.
[127] *Sule* in Dietrich/Sule Intelligence Law Rn. 72.
[128] EuGH GSZ 2021, 36 mAnm *Baumgartner.*
[129] Älterer Rechtsprechungsüberblick bei *Nettesheim* EuR 2009, 24; s. auch *Brummund,* Kohärenter Grundrechtsschutz im Raum der Freiheit, der Sicherheit und des Rechts, 2011; *Gusy/Ebeling,* Die grundrechtliche Basis öffentlicher Sicherheit in Europa, in Kugelmann/Rackow, Prävention und Repression im Raum der Freiheit, der Sicherheit und des Rechts, 2014, 25 ff.
[130] *I. Augsberg* in von der Groeben/Schwarze/Hatje GRC Art. 6 Rn. 1 verweist auf den insoweit missverständlichen Wortlaut im Verhältnis zu den übrigen Sprachfassungen.
[131] *Baldus/Heger,* Recht auf Freiheit und Sicherheit, in Heselhaus/Nowak, Handbuch der EU-Grundrechte, 2. Aufl. 2020, § 18 Rn. 7.
[132] Formulierung bei *Schöndorf-Haubold,* Europäisches Sicherheitsverwaltungsrecht, 2010, Rn. 4.
[133] *I. Augsberg* in von der Groeben/Schwarze/Hatje GRC Art. 6 Rn. 2.

gliedstaatliche Behörden auf nationaler Rechtsgrundlage erfolgt, war der Anwendungsbereich bisher klein. Mit dem Ausbau einer Sicherheitsunion und insbesondere mit der eigenständigen Wahrnehmung von operativen Befugnissen durch Unionsbeamte der Europäischen Grenz- und Küstenwache wird diese Gewährleistung aber an Bedeutung gewinnen.[134]

30 Die notwendige öffentliche Gewährleistung der physischen Sicherheit und Freiheit Einzelner legt es zudem nahe, die Schutzpflichtendimension in den Blick zu nehmen und Verpflichtungen zur Abwehr von Beeinträchtigungen durch private Dritte zu erwägen. Diese umstrittene Frage ist aus dem deutschen Verfassungsrecht[135] ebenso wie aus den Rechtsordnungen anderer Mitgliedstaaten[136] bekannt. Ob eine solche Handlungspflicht der Union aus Art. 6 GrCh entnommen werden kann, wird unterschiedlich beurteilt.[137] Hier ist – wie generell bei Schutzpflichten – mit Rücksicht auf die Gestaltungsfreiheit der gesetzgebenden Organe grundsätzlich Zurückhaltung jedenfalls bezüglich der Ableitung konkreter Handlungspflichten angezeigt. Allgemein entnimmt der EuGH allerdings Art. 6 GrCh in knappem Duktus eine entsprechende Schutzpflicht:[138] „Nach der Rechtsprechung des EuGH stellt die Bekämpfung des internationalen Terrorismus zur Wahrung des Weltfriedens und der internationalen Sicherheit eine dem Gemeinwohl dienende Zielsetzung der Union dar [...]. Das Gleiche gilt für die Bekämpfung schwerer Kriminalität zur Gewährleistung der öffentlichen Sicherheit [...]. Im Übrigen ist insoweit festzustellen, dass nach Art. 6 GrCh jeder Mensch nicht nur das Recht auf Freiheit, sondern auch auf Sicherheit hat." Damit ist das Gericht von seiner ansonsten zurückhaltenden Judikatur bezüglich grundrechtlicher Schutzpflichten abgewichen.[139] Allerdings dient diese Schutzpflicht – soweit bisher in der Rechtsprechung erkennbar – eher als Abwägungstopos in Verhältnismäßigkeitsprüfungen denn zur Ableitung konkreter Rechtsetzungspflichten der Unionsorgane. Darüber hinaus kann sie allerdings Relevanz in der rechtlichen und politischen Legitimation von Rechtsetzungsvorhaben gewinnen.

31 Darüber hinaus bilden die europäischen Grundrechte eine Grenze des Handelns der öffentlichen Gewalt. Dies gilt, wie der EuGH nunmehr explizit hat, nicht nur für die Union selbst, sondern auch für die mitgliedstaatliche Sicherheitsgesetzgebung.[140] Dies macht die Rechtsprechung des EuGH plastisch, die unter Rückgriff auf die Unionsgrundrechte die Regelungen über die Vorratsdatenspeicherung in verschiedenen Mitgliedstaaten für unionsrechtswidrig erklärte.[141] Angesichts der Tatsache, dass nationale und europäische Sicherheitsverwaltung in der digitalen Gesellschaft maßgeblich auf die Erhebung, Speicherung und Auswertung von Daten angewiesen ist,[142] stehen dabei die Art. 7 GrCh (Recht

---

[134] S. → Rn. 56.
[135] Für ein solches Recht diskussionsprägend *Isensee*, Das Grundrecht auf Sicherheit, 1983; s. zudem *Robbers*, Sicherheit als Menschenrecht: Aspekte der Geschichte, Begründung und Wirkung einer Grundrechtsfunktion, 1950; vgl. auch *Möstl*, Die staatliche Garantie für öffentliche Sicherheit und Ordnung: Sicherheitsgewährleistung im Verfassungsstaat, im Bundesstaat und in der Europäischen Union, 2002; *Gerbig*, Grundrecht auf staatlichen Schutz: Ein Vergleich von Grundgesetz für die Bundesrepublik Deutschland und Verfassung der Vereinigten Staaten von Amerika, 2014, 33 ff.; *Hofmann* GSZ 2020, 233 ff.
[136] *Baldus/Heger*, Recht auf Freiheit und Sicherheit, in Heselhaus/Nowak, Handbuch der EU-Grundrechte, 2. Aufl. 2020, § 18 Rn. 12, die allerdings auf rechtsvergleichenden Untersuchungsbedarf verweisen.
[137] Mit Verweis auf die Nachbildung der entsprechenden Normierung in der EMRK gegen die Annahme einer Schutzpflicht *Augsberg* in von der Groeben/Schwarze/Hatje GRC Art. 6 Rn. 6; umfassend für eine Schutzpflicht mwN *Leuschner*, Sicherheit als Grundsatz, 2018; *Leuschner* in Gusy/Kugelmann/Würtenberger Zivile Sicherh-HdB 173 ff. Das BVerwG geht von einer aus Art. 6 GrCh abgeleiteten Handlungspflicht der Mitgliedstaaten aus, s. den Vorlagebeschluss des BVerwG NVwZ 2020, 1108 Rn. 31 ff.
[138] EuGH NJW 2014, 2169 – Digital Rights Ireland Rn. 42.
[139] *Leuschner* in Gusy/Kugelmann/Würtenberger Zivile Sicherh-HdB 175 mit der plausiblen Vermutung, dies liege daran, dass es in der klassischen Arbeitsteilung zwischen Union und Mitgliedstaaten dazu wenig Anlass gegeben habe.
[140] EuGH GSZ 2021, 36 mAnm *Baumgartner*.
[141] *Leuschner* EuR 2016, 431 ff.; zuletzt EuGH GSZ 2021, 36 mAnm *Baumgartner*.
[142] Zu den sicherheitsrechtlichen Datenbanken der EU → Rn. 86 ff.

auf Privat- und Familienleben) sowie Art. 8 GrCh (Schutz personenbezogener Daten) im Mittelpunkt.[143] Damit rückt auch die Frage nach der Verhältnismäßigkeit von Normen in das Zentrum der juristischen Probleme.[144] Darüber hinaus argumentiert der EuGH – wie das BVerfG auch[145] – mit den mittelbaren Auswirkungen des Sicherheitsrechts auf andere Grundrechte, beispielsweise die Abschreckungswirkung zur Ausübung der Meinungs- und Informationsfreiheit gem. Art. 11 GrCh.[146] Anders als in Art. 8 Abs. 2 EMRK finden sich in der GrCh trotz der weitgehenden textlichen Ähnlichkeit mit Art. 7 GrCh keine ausdrücklichen Vorbehalte für die nationale oder die öffentliche Sicherheit. Eine Rechtfertigung der Grundrechtseingriffe zugunsten der öffentlichen Sicherheit kann daher nur aus allgemeinen Regelungen folgen. Hier ist insbesondere an Art. 51 Abs. 1 S. 2, Abs. 2 GrCh zu denken, die Grundrechte und Organisationsverfassungsrecht der Union verknüpfen. Sie legen fest, dass die GrCh nicht zu einer Ausweitung der Kompetenzen der Union genutzt werden darf.[147] Im Falle des Sicherheitsrechts muss insoweit insbesondere der in Art. 4 Abs. 2 S. 3 EUV verankerten alleinigen Verantwortung der Mitgliedstaaten für die nationale Sicherheit Rechnung getragen werden, wobei die erörterte enge Interpretation des Begriffs zu berücksichtigen ist.[148]

III. Rechtsstaatliche Anforderungen des Primärrechts an mitgliedstaatliche Sicherheitsbehörden

Die rechtsstaatlichen Anforderungen des Unionsrechts (Art. 2 EUV) setzen im europäischen Verfassungsverbund auch dem mitgliedstaatlichen Handeln der Sicherheitsbehörden Grenzen. Dies konstituiert unionsverfassungsrechtliche Anforderungen nicht nur für das Handeln der Union selbst, sondern zugleich für die Mitgliedstaaten und spielt – so konkretisierungsbedürftig sie im Einzelnen sein mag[149] – eine herausgehobene Rolle bei der Sicherheitsgewährleistung im Verbund. Die Tätigkeit der nationalen Sicherheitsbehörden bei der Verhütung und Verfolgung von Straftaten ist besonders grundrechtssensibel. Schon das ist Grund genug, die Verwirklichung des Rechtsstaatsprinzips genau zu beobachten. Im Verfassungs- und Verwaltungsverbund gewinnen diese primärrechtlichen Anforderungen an die Mitgliedstaaten jedoch eine weitere Dimension. Ebenso wie in anderen Sachbereichen kann die Kooperation nur bei einer grundsätzlichen gegenseitigen Anerkennung von Entscheidungen funktionieren, wie beispielsweise in Art. 82 Abs. 1 AEUV zum Ausdruck kommt.[150] Diese setzt wiederum voraus, dass ein hinreichendes Vertrauen in diese Einhaltung gemeinsamer Standards besteht.[151] Erst dadurch wird eine loyale Zusammenarbeit in der Union möglich, bei der nicht in jedem Einzelfall die Entstehungsbedingungen einer Entscheidung infrage gestellt werden müssen. 32

Probleme der Rechtsstaatlichkeit in und durch Sicherheitsbehörden manifestieren sich in den allgemeinen Mechanismen der Kommission zum Monitoring und können im Rahmen 33

---

[143] EuGH NJW 2014, 2169 – Digital Rights Ireland; EuGH GSZ 2021, 36 mAnm *Baumgartner*.
[144] Näher *Herlin-Karnell*, The Constitutional Structure of Europe's Area of ‚Freedom, Security and Justice' and the Right to Justification, 2019, 73 ff.
[145] Zu dieser Argumentationsfigur aus deutscher Perspektive *Rath*, Karlsruhe und der Einschüchterungseffekt – Praxis und Nutzen einer Argumentationsfigur des Bundesverfassungsgerichts, in Kritische Justiz, Verfassungsrecht und gesellschaftliche Realität, 2009, 65 ff.; *Oermann/Staben* Der Staat 52 (2013), 630 ff.; *Staben*, Der Abschreckungseffekt auf die Grundrechtsausübung, 2016.
[146] EuGH GSZ 2021, 36 mAnm *Baumgartner*.
[147] *Pache* in FK-GRC Art. 51 Rn. 40 f.
[148] Oben → Rn. 24 ff.
[149] Vgl. zu den einzelnen Elementen die Zusammenstellung in der Mitteilung der Kommission COM(2014) 158 final.
[150] Umfassende Aufarbeitung für diesen Sachbereich bei *Schwarz*, Grundlinien der Anerkennung im Raum der Freiheit, der Sicherheit und des Rechts, 2016, 205 ff.
[151] Grundlegend zum Vertrauen innerhalb des Raums der Freiheit, der Sicherheit und des Rechts *Kaufhold* EuR 2008, 408 ff.; *Ladenburger* ZEuS 2020, 373 ff.; vgl. auch *Franzius*, Recht und Politik in der transnationalen Konstellation, 2014, 295 ff.

von Verfahren nach Art. 7 EUV eine zentrale Rolle spielen.[152] Mindestens ebenso relevant ist es allerdings, dass in diesem Zusammenhang Rechtsstaatlichkeit zu einem Kriterium der nationalen und europäischen Rechtsprechung geworden ist. Diese allgemeinen Anforderungen konkretisieren sich in der Unionspraxis im Europäischen Haftbefehl.[153] An diesem Instrument des Unionsrechts, das die grenzüberschreitende Strafverfolgung ermöglichen und erleichtern soll, werden sowohl auf nationaler wie auf europäischer Ebene die Kriterien konkret vermessen. In der Rechtsprechung des Bundesverfassungsgerichts dient der europäische Haftbefehl der Auslotung der Grenzen des Unionsrechts im Verhältnis zum mitgliedstaatlichen Recht.[154] Umgekehrt hat der europäische Haftbefehl dem EuGH erheblichen Einfluss eröffnet, um Zugriff auf mitgliedstaatliche Strukturen der Sicherheitsgewährleistung zu erhalten.[155] So ist unter anderem die (fehlende) Unabhängigkeit der mitgliedstaatlichen Strafverfolgungsbehörden als unionsrechtlich determiniert angesehen worden.[156]

D. Sicherheitsarchitektur in der Europäischen Union

34 Den Kern der Sicherheitsarchitektur in der Europäischen Union bilden die mitgliedstaatlichen Sicherheitsbehörden. Sie verfügen über die Handlungsbefugnisse und personellen und sachlichen Ressourcen, während die unionale Sicherheitsverwaltung nur punktuell über operative Kapazitäten verfügen kann.[157] Die umfassende Einbindung der nationalen Sicherheitsbehörden in die europäischen Governance-Strukturen der Sicherheitsgewährleistung setzt allerdings voraus, dass diese sich durch eine Anpassung der Binnenorganisation an die kontinuierliche Kooperation innerhalb der Sicherheitsunion einstellen. Sowohl in Ministerialverwaltungen wie in den operativ tätigen Behörden sind daher entsprechende Organisationsänderungen sichtbar, die etwa in der Einrichtung eigenständiger Referate und Abteilungen für die europäische und internationale Zusammenarbeit zum Ausdruck kommen.[158] Dieser europäisierten Sicherheitsarchitektur in den Mitgliedstaaten steht eine zunehmende ausdifferenzierte Akteurskonstellation auf Unionsebene gegenüber. Neben die zunächst näher zu betrachtenden Organe der Union und ihren spezifischen Aufgaben in der komplexen Konfiguration der Sicherheitsunion treten vor allem die sekundärrechtlich begründeten Unionsagenturen, die den Kern unionaler Sicherheitsverwaltung bilden. Zwischen den unterschiedlichen Akteuren auf europäischer und mitgliedstaatlicher Ebene bestehen vielfältige Verbindungen und Kooperationsstrukturen, die zur Komplexität der Governance-Strukturen maßgeblich beitragen.[159]

---

[152] Vgl. den Bericht der Kommission über die Rechtsstaatlichkeit 2021, COM(2021) 700 final mit den zugehörigen Länderberichten.
[153] S. dazu nur *Herlin-Karnell*, The European Court of Justice as a Game Changer: Fiduciary obligations in the area of freedom, security and justice in Servent/Trauner, The Routledge Handbook of Justice and Home Affairs Research, 2018, 400 ff.; *Pache* in Niedobitek EuropaR § 21 Rn. 25 ff.; *Mancano* Common Market Law Review 58 (2021), 683 ff.
[154] Vgl. statt Vieler *Sauer* NJW 2016, 1134 ff.
[155] *Aden*, Wie beeinflusst der Gerichtshof der EU die Politik öffentlicher Sicherheit?, in Rehder/Schneider, Gerichtsverbünde, Grundrechte und Politiken in Europa, 2016, 233 ff.
[156] Ausführliche Analyse bei *Barczak* JZ 2020, 1125 ff.; vgl. auch *Giegerich* ZEuS 2019, 61 (97 ff.); *Mancano* CMLRev 58 (2021), 683 ff.
[157] Zu den unionseigenen Beamten der Europäischen Grenz- und Küstenwache, die nunmehr an den Außengrenzen tätig werden → Rn. 54 ff.
[158] So ist etwa im Bundespolizeipräsidium eine eigenständige Abteilung „Internationale Angelegenheiten" eingerichtet, die EU-Kooperationen betreut, s. das Organigramm v. 29.6.2020, abrufbar unter https://bit.ly/3lJYJNr.
[159] → Rn. 72 ff.

D. Sicherheitsarchitektur in der Europäischen Union   § 9

I. Unionsorgane

1. Europäischer Rat und Rat der Europäischen Union

Entsprechend der in der Kompetenzverteilung zum Ausdruck kommenden Bedeutung 35
der Mitgliedstaaten für die Sicherheitsgewährleistung kommen auch dem Europäischen
Rat bzw. dem Rat herausgehobene Aufgaben zu. Der aus den Staats- oder Regierungschefs bestehende Europäische Rat hat gem. Art. 68 AEUV unter anderem den Auftrag,
„strategische Leitlinien für die gesetzgeberische und operative Programmplanung" für den
Raum der Freiheit, der Sicherheit und des Rechts festzulegen.[160] Dies geht über die
Funktion des Europäischen Rates zur politischen Gesamtleitung iSv Art. 15 Abs. 1 EUV
hinaus.[161] Damit verdeutlicht das Primärrecht den Anspruch der Mitgliedstaaten zur
konzeptionellen Gestaltung dieser Politik, insbesondere im Verhältnis zur sonst dominierenden Kommission.[162] Die Weiterentwicklung der rechtlichen, institutionellen und tatsächlichen Grundlagen des wesentlichen Bereiches des unionalen Sicherheitsrechts soll
insofern aus unionsverfassungsrechtlicher Perspektive möglichst nicht nur inkrementell,
sondern planvoll erfolgen. Dieser Anspruch kann in der Verfassungspraxis aber nur eingeschränkt durchgehalten werden.[163] Dies liegt an der Dynamik sicherheitsrelevanter Ereignisse, an der Konsensorientierung im Europäischen Rat vor dem Hintergrund äußerst
heterogener Zielvorstellungen in den Mitgliedstaaten[164] sowie an dem für die Kommission typischen Inkrementalismus als Politikstil[165]. Die auf mehrere Jahre angelegten Per-
spektivvorstellungen formulierten zuletzt eher knappe allgemeine Ziele,[166] während vorherige Programme detaillierter und damit ambitionierter erschienen.[167] Im Zusammenhang damit wurden die sicherheitspolitischen Mitteilungen der Kommission in Häufigkeit
und Umfang intensiviert,[168] sodass die politische Initiative mit der fortschreitenden
Institutionalisierung – wie in den vergemeinschafteten Bereichen der Normalfall – verstärkt von der Kommission ausgeübt wird. Den vom Europäischen Rat vorgelegten
Leitlinien kommt zudem nur eine politische und keine rechtliche Bindungswirkung zu.
Dementsprechend ist die Kommission durch die darin formulierten Ziele nicht verpflichtet, ihr Initiativrecht entsprechend auszuüben.[169] Jedoch können abweichend vom allgemeinen Initiativmonopol der Kommission[170] Rechtsetzungsakte im Hinblick auf die
justizielle Zusammenarbeit in Strafsachen und die Polizeiliche Zusammenarbeit auch auf
Vorschlag eines Viertels der Mitgliedstaaten erlassen werden (Art. 76 lit. b AEUV). Von
daher haben die Mitgliedstaaten auch die primärrechtlichen Möglichkeiten zur Umsetzung der strategischen Leitlinien; in der Unionspraxis dürften angesichts der Anforderungen an die Legislativvorschläge erhebliche Hürden für die Ausübung dieses Rechts
bestehen.

Angesichts der primären Zuständigkeit der Mitgliedstaaten für die Sicherheitsgewähr- 36
leistung spielen deren Vertreter im Rat eine besondere Rolle. Für die Rechtsetzung in
diesem Politikfeld ist im Wesentlichen die Ratsformation „Justiz und Inneres" zuständig.
Trotz der Zusammenfassung innerhalb einer Ratsformation wird institutionell allerdings –

---

[160] S. auch oben → Rn. 5.
[161] *Weiß* in Streinz EUV/AEUV, 3. Aufl. 2018, AEUV Art. 68 Rn. 1 f.
[162] *Matera,* An external dimension of the AFSJ?, in Fletcher/Herlin-Karell, The European Union as an Area of Freedom, Security and Justice, 2017, 359 (361).
[163] Ein Grund dafür sind die „Polykrisen", die häufig auch gesetzgebungsrechtlichen Handlungsdruck erzeugen; vgl. exemplarisch → Rn. 54.
[164] *De Capitani* in Bignami, EU Law in Populist Times: Crises and Prospects, 2020, 402.
[165] *Bossong/Rhinard,* Terrorism and transnational crime in Europe, in Economides/Sperling, EU Security Strategies, 2018, 196.
[166] Vgl. die Leitlinien für die operative und legislative Planung für die Jahre 2015–2020, EUCO 79/14, 1–6.
[167] S. das „Stockholmer Programm – ein offenes und sicheres Europa im Dienst und zum Schutz der Bürger", ABl. 2010 C 115, 1, das knapp vierzig Seiten umfasste.
[168] Beispiele → Rn. 40.
[169] *Müller-Graff* in FK-AEUV Art. 68 Rn. 4.
[170] Dazu *Haltern,* Europarecht, 3. Aufl. 2017, Rn. 503, 1081 ff.

die diesbezügliche Trennung in den Mitgliedstaaten reflektierend[171] – zwischen justiz- und innenpolitischen Themen differenziert. Entsprechend der Ressortgliederung in den Mitgliedstaaten tagen die Justiz- und Innenminister daher regelhaft zeitlich getrennt innerhalb einer Ratssitzung. Soweit andere Kompetenzgrundlagen wie Art. 114 Abs. 1 AEUV in Anspruch genommen werden,[172] können auch andere Ratsformationen wie etwa „Wettbewerbsfähigkeit" zuständig sein. Das ist deshalb von Relevanz, weil damit unterschiedliche Agenden und Weltsichten einhergehen, beispielsweise welche Priorität Sicherheitsanliegen zukommt. Dies gilt mehr noch für die Ratsmitglieder selbst als für die administrativen Vorbereitungsstrukturen. Angesichts der Komplexität der unionalen Rechtsakte und der aufwendigen Verhandlungsstrukturen im Rahmen der Triloge mit der Kommission und dem Europäischen Parlament[173] ruhen die Legislativprozesse maßgeblich auf dem COREPER-Ausschuss der Ständigen Vertreter sowie den darauf bezogenen Unterstützungsgremien, die mit nationalen Beamten besetzt sind und entlang der Ratsformationen und nationalen Ressortgliederungen besetzt sind.[174] Über die Rechtsetzung hinaus besteht die Funktion des Rates auch darin, *Soft Law* zu erarbeiten, in dem gemeinsame Standards und Absprachen zur Kooperation zum Ausdruck kommen.[175]

37 Neben der konkreten Mitwirkung an Rechtssetzungsverfahren ist der Rat laufend damit befasst, übergreifende Stellungnahmen im Rahmen von Schlussfolgerungen des Rates sowie themenspezifische Strategien zu entwickeln. Diese Strategien dienen der beständigen Selbstvergewisserung zwischen den Mitgliedstaaten über das politisch Durchsetzbare einerseits und dem Dialog mit den Organen der Union andererseits. So hat der Rat mit Bezug auf die Konzepte der Kommission zur Sicherheitsunion eine allgemeine Strategie vorgelegt, in der Meilensteine für eine Periode von fünf Jahren festgelegt werden.[176] Darüber hinaus beschließt der Rat themenspezifische sicherheitsbezogene Strategien der Union, beispielsweise eine Cybersicherheits-Strategie.[177] Schließlich ist der Rat institutioneller Anknüpfungspunkt für eine Vielzahl von Netzwerken der europäischen Sicherheitsverwaltungen.[178]

38 Daneben hat der Rat im Rahmen seines Selbstorganisationsrechts mit der Position eines EU-Koordinators für Terrorismusbekämpfung eine spezifische Rolle institutionalisiert.[179] Er ist – trotz der Bezeichnung als Koordinator der Union – als Organisationseinheit in das Generalsekretariat des Rates eingebunden und dessen Generalsekretär nachgeordnet.[180] Seine Aufgabe liegt nach dem Einsetzungsbeschluss in der Koordinierung der entsprechenden Tätigkeiten des Rates.[181] Im politischen System der Union ist dabei auch eine enge interinstitutionelle Kooperation erforderlich. Blickt man auf die in der Selbstdarstellung beschriebenen Tätigkeiten,[182] ist eine wesentliche Funktion dieser Position eine kommunikativ-performative, nämlich beständig das Thema Terrorismusbekämpfung mit seinen vielfältigen Aspekten innerhalb des Rates, im Parlament und der Öffentlichkeit präsent zu halten, etwa durch Vorschläge und Analysen, Veranstaltungen und Studien.[183]

---

[171] Zur Diskussion um diese Trennung unter dem Grundgesetz s. nur *Pilniok* Parlamentarisches Regieren § 4 I.
[172] → Rn. 16 ff.
[173] Zur Unionspraxis *v. Achenbach,* Demokratische Gesetzgebung in der Europäischen Union, 2014; *v. Achenbach* Der Staat 55 (2016), 1 ff.
[174] Dazu *Röhl* EuR 1994, 409 (418 ff.).
[175] → Rn. 85.
[176] Abrufbar unter https://bit.ly/3euzg86.
[177] Abrufbar unter https://bit.ly/3xIQgil; s. auch die Strategie zur Drogenbekämpfung, abrufbar unter https://bit.ly/36GRVcr.
[178] → Rn. 75 ff.
[179] S. die Erklärung des Europäischen Rates zum Kampf gegen den Terrorismus v. 25.3.2004, Ratsdok. 7906/04, 14; näher zu dessen Position *Rüß* in NachrichtendiensteR-HdB IV § 4 Rn. 31 ff.
[180] Vgl. das Organigramm des Generalsekretariats des Rates, abrufbar unter https://bit.ly/2TobOSA.
[181] Nähere Analyse des Tätigkeitsprofils bei *Hegemann,* International Counterterrorism Bureaucracies in the United Nations and the European Union, 2014, 242 ff.
[182] https://bit.ly/3wIxpm5.
[183] Vgl. exemplarisch EU Counter-Terrorism Coordinator, Terrorism in Times of Corona, Ratsdok. 7838/1/20 v. 14.5.2020; analytisch *Hegemann,* International Counterterrorism Bureaucracies in the United

2. Europäische Kommission

a) Kollegium und Generaldirektionen. Die Europäische Kommission ist in unterschied- 39
lichen Dimensionen ein Akteur der europäischen Sicherheitsgewährleistung. In der Kommission als Kollegium ist ein Mitglied für Inneres zuständig und kann damit auch als Ansprechpartner für die Innenminister der Mitgliedstaaten fungieren. Durch diese ausschließliche Zuständigkeit entsteht eine auf die innere Sicherheit fokussierte Perspektive. Diese Interessen werden allerdings durch die seit 2014 in der Kommission eingeführte Mehrstufigkeit der Binnenorganisation relativiert. Ein Vizepräsident ist jeweils für die Portfolios mehrerer Kommissare, darunter Inneres, verantwortlich und soll diese koordinieren und vernetzen.[184] Eine zentrale Rolle in der Sicherheitsarchitektur der EU spielen angesichts der administrativen Ressourcen die zugeordneten Generaldirektionen der Europäischen Kommission.[185] Institutionell kommt die Bedeutung der Sicherheitspolitik in der Vielfalt der europäischen Politiken in der Einrichtung einer Generaldirektion für Migration und Inneres zum Ausdruck, deren englisches Akronym HOME die klassische Bezeichnung für Innenministerien in Nationalstaaten anklingen lässt. Im Vergleich der Generaldirektionen zählt die GD HOME hinsichtlich des Personalbestandes zu den kleineren Organisationseinheiten der Kommission.[186] Allerdings steigen die diesem Politikbereich zur Verfügung stehenden finanziellen Ressourcen seit längerem stetig und deutlich. Diese kommen vor allem dem Personalaufbau in den Agenturen zugute,[187] die operativ tätig werden, während die Kommission die weniger ressourcenintensive quasi-ministerielle Politikentwicklung betreibt. Aufgrund des weiten Sicherheitsverständnisses sowie der Interdependenzen der Politikfelder sind neben dieser Generaldirektion allerdings noch zahlreiche weitere Generaldirektionen befasst, etwa die GD Justiz und Verbraucher, die GD Steuern und Zollunion, die GD Katastrophenschutz und Humanitäre Hilfe sowie die GD Kommunikationsnetze, Inhalte und Technologien.

Angesichts des ausdifferenzierten Agentursystems und der primärrechtlichen Funktionen 40
der Kommission liegen ihre Aufgaben vor allem in der Politikgestaltung. Dazu legt sie einerseits laufend Bilanzen und Bewertungen bisher ergriffener Vorhaben vor.[188] Ferner bauen neue Initiativen und Zielsetzungen in Form von Mitteilungen auf die politischen Impulse des Rates und des Europäischen Rates sowie der Unionsagenturen und aktuelle Ereignisse auf.[189] Diese spiegeln stets auch die Schwerpunkte des Handelns der Union wider. Zuletzt sind etwa Mitteilungen der Kommission mit konzeptionellen Überlegungen zur Terrorismusbekämpfung durch die Union[190], zu einer EU-Strategie zur Bekämpfung der organisierten Kriminalität[191] sowie zu einer EU-Strategie zur Bekämpfung des Menschenhandels[192] veröffentlicht worden.

Nations and the European Union, 2014, 251 ff.: Koordinator als „Entrepreneur", „Manager" und „Think-Tank".

[184] S. zu den damit verbundenen Rechtsfragen *Böttner* European Constitutional Law Review 14 (2018), 37 ff.

[185] Nicht näher behandelt wird hier, dass für die Kommission wie für alle anderen Unionsorgane die Notwendigkeit der Eigensicherung besteht, um die Funktionsfähigkeit der Dienststellen gegen Angriffe von außen abzuschirmen. Das betrifft insbesondere die Cybersicherheit. Zuständig dafür ist die Generaldirektion Humanressourcen und Sicherheit.

[186] S. European Commission, Human Resources Key Figures Staff Members, abrufbar unter https://bit.ly/2TjgCbP.

[187] → Rn. 47 ff.

[188] Zuletzt etwa die Mitteilung der Kommission, Zweiter Fortschrittsbericht zur Verwirklichung der Sicherheitsunion, COM(2021) 440 final.

[189] Aus theoretischer Perspektive zur damit verfolgten Politikgestaltung *Kaunert* Journal of European Security 19 (2010), 169 ff.

[190] Vgl. etwa Mitteilung der Kommission an das Europäische Parlament, den Europäischen Rat, den Rat, den Europäischen Wirtschafts- und Sozialausschuss und den Ausschuss der Regionen, Eine EU-Agenda für Terrorismusbekämpfung, COM(2020) 795 final.

[191] Mitteilung der Kommission über eine EU-Strategie zur Bekämpfung der organisierten Kriminalität 2021–2025, COM(2021) 170 final.

[192] Mitteilung der Kommission, Die Strategie der EU zur Bekämpfung des Menschenhandels, COM(2021) 171 final.

41 Auf dieser Grundlage trägt die Kommission maßgeblich zur Weiterentwicklung des sekundärrechtlichen Handlungsrahmens bei, indem sie ihr Initiativmonopol ausübt.[193] Auch wenn die Mitgliedstaaten in begrenztem Rahmen das Initiativrecht ausüben dürfen,[194] wird es in der Verfassungspraxis der Union auch im europäischen Strafrecht und der polizeilichen Zusammenarbeit nahezu ausschließlich von der Kommission genutzt. Zudem kann die Kommission in den Sicherheitsrechtsakten – in den Grenzen des Gesetzesvorbehalts[195] – zur delegierten Rechtsetzung gem. Art. 290 AEUV ermächtigt werden und damit konkretisierend rechtsetzend tätig werden.[196] Zudem erfolgt eine Vorprägung der politischen Paradigmen, eine Beratung der Kommission bei der Entwicklung von Rechtsakten sowie eine Vernetzung der europäischen und mitgliedstaatlichen Akteure der Sicherheitsbehörden durch die Einsetzung von Expertengruppen.[197] Diese kann die Kommission nach den Vorgaben einer Rahmenregelung nach ihrem Organisationsermessen einsetzen.[198] Darüber hinaus prägt die Kommission (bzw. die ihr nachgeordneten Exekutivagenturen) maßgeblich auch den Einsatz von Finanzierungsinstrumenten zur Sicherheitsgewährleistung, weil die entsprechenden Programme vielfach Konkretisierungsspielräume für den Vollzug aufweisen.[199]

42 b) Hoher Repräsentant mit dem Europäischen Auswärtigen Dienst. Die externe Sicherheitsdimension ist zudem in spezifischer Weise mit der Kommission verknüpft. Der Hohe Repräsentant für die Außen- und Sicherheitspolitik verantwortet ein Portfolio, das maßgeblich von Fragen der Sicherheitsgewährleistung geprägt ist; er ist zugleich Vizepräsident der Kommission. Ihm untersteht der Europäische Auswärtige Dienst (EAD),[200] der als hybride Organisationform zwischen Kommission und Rat einzuordnen ist.[201] Hier sind verschiedene Einheiten mit der Sicherheitsgewährleistung befasst. Teil des EAD ist das EU INTCEN (EU Intelligence and Situation Centre). Seine Aufgabe ist die Zusammenstellung der von den zivilen wie militärischen Nachrichtendiensten der Mitgliedstaaten weitergegebenen Informationen und Analysen. Es handelt sich also um eine Sekundärauswertung, die Lagebeurteilungen, Berichte etc mit Relevanz für die Politiken der Union, vornehmlich ihr externes Handeln, generieren soll.[202] Eine unionsrechtliche Grundlage dafür gibt es jenseits allgemeinen Einsetzungsbeschlusses des EAD nicht. Dementsprechend sind auch keine spezifischen Formen der parlamentarischen Kontrolle ausgeformt, die auf die Geheimhaltungsbedürfnisse der Behörden zugeschnitten sind. Das mag allenfalls vertretbar sein, soweit es sich ausschließlich um Sekundäranalysen mitgliedstaatlicher Informationen handelt und nicht um eigenständige Aktivitäten zur Informationsgewinnung. Außerdem ist der Europäische Militärstab dem EAS zugeordnet,[203] als dessen Teil ein Militärischer

---

[193] Zum Initiativmonopol allgemein *Haltern*, Europarecht, 3. Aufl. 2017, Rn. 490 ff.
[194] Zur Modifikation des Initiativmonopols im Raum der Freiheit der Sicherheit und des Rechts → Rn. 35 ff.
[195] Näher dazu *Rieckhoff*, Der Vorbehalt des Gesetzes im Europarecht, 2007.
[196] So enthalten etwa die Rechtsakte zur Finanzierung der Sicherheitsgewährleistungen (→ Rn. 97 ff.) entsprechende Ermächtigungen der Kommission.
[197] Zu den Funktionen der Expertengruppen *Pilniok* EuR 2014, 62 (72 ff.); *Dankowski*, Expertengruppen in der europäischen Rechtsetzung: sachverständige Beratung der Europäischen Kommission im Spannungsfeld von Funktionalität und Gemeinwohlorientierung, 2019, 200 ff.
[198] Beschluss der Kommission v. 30.5.2016 zur Festlegung horizontaler Bestimmungen über die Einsetzung und Arbeitsweise von Arbeitsgruppen der Kommission, COM(2016) 3301 final.
[199] S. näher → Rn. 97 ff.
[200] Beschluss 2010/427/2010 des Rates v. 26.7.2010 über die Organisation und Arbeitsweise des Europäischen Auswärtigen Dienstes, ABl. 2010 L 201, 30.
[201] Näher *Kruse*, Der Europäische Auswärtige Dienst zwischen intergouvernementaler Koordination und supranationaler Repräsentation, 2014, 228 ff.; s. zum Rechtsstatus und zur Reichweite der Autonomie des EAD *Gatti*, European External Action Service: Promoting Coherence through Autonomy and Coordination, 2016, 103 ff.
[202] S. zu den Aufgaben *Rüß* in NachrichtendiensteR-HdB IV § 4 Rn. 20 ff.; näher aus der Beteiligtenperspektive *Conrad* in DGGGW Nachrichtendienste im Rechtsstaat 161 ff.
[203] Beschluss 2005/395/GASP des Rates v. 10.5.2005 zur Änderung des Beschlusses 2001/80/GASP zur Einsetzung des Militärstabs der Europäischen Union, ABl. 2005 L 132, 17.

Planungs- und Durchführungsstab eingerichtet wurde,[204] der militärische Missionen ohne Kampfeinsatz unterstützt. Der Europäische Militärstab nimmt unter anderem ebenfalls Intelligence-Aufgaben wahr.[205] Hier stellen sich auch konkrete Rechtsfragen der Verknüpfung von innerer und äußerer Sicherheit, etwa wie die bei den zivilen und militärischen Missionen der EU im Rahmen der GSVP erlangten Informationen und Lagebeurteilungen von den unionseigenen Sicherheitsbehörden, aber auch den Mitgliedstaaten weiterverwendet werden dürfen.

3. Europäisches Parlament

Die Rolle des Europäischen Parlaments war lange dadurch geprägt, dass es um einen gleichberechtigten Einfluss im europäischen Sicherheitsrecht gerungen hat. Mit der Institutionalisierung des Raums der Freiheit, der Sicherheit und des Rechts im Rahmen der „dritten Säule" im Vertrag von Maastricht war verbunden, dass die Entscheidungszuständigkeiten fast ausschließlich beim Rat lagen.[206] Dies hat sich mit der Auflösung dieser Architektur des Primärrechts grundlegend geändert. Auch wenn hier im Vergleich der Politiken häufiger besondere Gesetzgebungsverfahren zu finden sind, ist das Europäische Parlament in vielen Fällen Mitgesetzgeber im ordentlichen Gesetzgebungsverfahren. Dies gilt insbesondere in den Konstellationen, in denen sicherheitsrelevante Rechtsetzung auf Kompetenzgrundlagen außerhalb des V. Titels des AEUV (Art. 67 ff.) gestützt wird. Die Regelungsstrukturen des ordentlichen Gesetzgebungsverfahrens haben zu den informellen Verhandlungsstrukturen in den Trilogen geführt, in denen den Berichterstattern des Parlaments substantielle Verhandlungsmacht zukommt.[207]

43

Das Europäische Parlament unterstützt einerseits mehrheitlich einen integrationsfreundlichen Kurs auch hinsichtlich der Sicherheitsgewährleistung, betont andererseits stärker noch als Rat und Kommission das Spannungsverhältnis von Freiheit und Sicherheit. Das kommt symbolisch in der Bezeichnung des zuständigen Fachausschusses als Ausschuss für bürgerliche Freiheiten, Justiz und Inneres und dessen englischsprachigem Akronym LIBE zum Ausdruck. Die Funktionen des Parlaments und seiner Ausschüsse gehen dabei über die Mitwirkung an der Rechtsetzung weit hinaus. Insbesondere erfordert das ausdifferenzierte Agenturwesen eine intensivierte parlamentarische Kontrolle, nicht zuletzt aufgrund der Eingriffsintensität sowie der verfügbaren personellen und finanziellen Ressourcen (→ Rn. 47 ff.). Diese Kontrolle stellt angesichts der raschen Ausdifferenzierung der Unionsagenturen mit Sicherheitsaufgaben eine besondere Herausforderung für die parlamentarische Arbeitsweise dar. Dies gilt umso mehr, wenn diese parlamentarische Kontrolle im Verbund des Europäischen Parlaments und der nationalen Parlamente erfolgt – so bei Europol[208] – und damit den hybriden Charakter einer europäischen Sicherheitsagentur, deren Funktion in der Unterstützung mitgliedstaatlicher Behörden besteht, auf die Ebene des Parlaments überträgt.

44

---

[204] Beschluss (EU) 2017/971 des Rates v. 8.6.2017 zur Festlegung der Planungs- und Durchführungsmodalitäten für militärische GSVP-Missionen der EU ohne Exekutivbefugnisse und zur Änderung des Beschlusses 2010/96/GASP über eine Militärmission der Europäischen Union als Beitrag zur Ausbildung somalischer Sicherheitskräfte, des Beschlusses 2013/34/GASP über eine Militärmission der Europäischen Union als Beitrag zur Ausbildung der malischen Streitkräfte (EUTM Mali) und des Beschlusses (GASP) 2016/610 über eine militärische Ausbildungsmission im Rahmen der GSVP der Europäischen Union in der Zentralafrikanischen Republik (EUTM RCA), ABl. 2017 L 146/133.
[205] *Rüß* in NachrichtendiensteR-HdB IV § 4 Rn. 26 ff., der darüber hinaus noch auf das von der EU betriebene Satellitenzentrum verweist.
[206] Zur damaligen Rechtslage etwa *Müller-Graff*, Europäische Zusammenarbeit in den Bereichen Justiz und Inneres, 1996, 11 ff.
[207] *v. Achenbach*, Demokratische Gesetzgebung in der Europäischen Union, 2014; *v. Achenbach* Der Staat 55 (2016), 1 ff.
[208] *Tabbara/v. Achenbach* Verw 54 (2021), 73.

4. EuGH

45 Schließlich ist der Europäische Gerichtshof spätestens seit der Erweiterung seiner Zuständigkeiten durch den Vertrag von Lissabon ebenfalls ein bedeutsamer Akteur der Sicherheitsgewährleistung durch die Europäische Union.[209] Mit seiner Rechtsprechung bewertet der Gerichtshof nicht nur die Einzelfälle, sondern prägt zugleich die strategischen Optionen für das zukünftige Handeln der gesetzgebenden Akteure.[210] Dabei nimmt er in unterschiedlichen Dimensionen auf die Sicherheitsgewährleistung Einfluss: Erstens begrenzt er das Sicherheitsrecht in den Mitgliedstaaten, etwa bezüglich der Vorratsdatenspeicherung, durch die Interpretation des Sekundärrechts. Zahlreiche Rechtsakte der Union, die nicht unmittelbar sicherheitsrelevant sind, können zudem die Funktionsbedingungen der Sicherheitsbehörden beeinflussen. Das gilt etwa für das Antidiskriminierungsrecht[211] oder das Arbeits-(zeit)recht der Union, wie jüngst die Entscheidung des EuGH zur Anwendbarkeit der Arbeitszeitrichtlinie in den Streitkräften deutlich machte.[212] Zweitens werden die Kompetenzen der Union überprüft, wobei der Rechtsprechung des EuGH wie in anderen Sachbereichen auch eine gewisse Großzügigkeit innewohnt. Drittens werden die Rechtsakte der Union an den immer noch wenig konturierten Grundrechten gemessen. Angesichts des Schwerpunkts des Unionsrechts in der Einrichtung und Ausgestaltung europaweiter Informationsverbünde im Sicherheitsrecht sind hier insbesondere die Art. 7 und 8 GrCh einschlägig.[213] Insoweit nimmt der EuGH – wie nationale Verfassungsgerichte auch – eine „Wächterrolle" gegenüber stetig expandierenden sicherheitspolitischen Anliegen ein.

46 Die Bedeutung des EuGH für die Ausgestaltung des Sicherheitsrechts im europäischen Verbund ist zweifelsohne erheblich gewachsen.[214] Damit ist auch eine Steigerung des Konfliktpotentials zwischen den institutionellen Interessen der Mitgliedstaaten an der Autonomie sicherheitsrelevanter Entscheidungen einerseits und des EuGH an einer umfassenden Geltung des Unionsrechts und damit seiner Kontrollkompetenzen andererseits verbunden. Der knappe Entscheidungsstil des EuGH, der Herleitungen und Begründungen weitgehend meidet,[215] trägt allerdings nur begrenzt zu einer dogmatischen Konkretisierung bei und kann Kompetenzkonflikte im Mehrebenensystem daher nur begrenzt befrieden. Ähnliches gilt für die fehlenden Sondervoten bei Entscheidungen des EuGH. Auch wenn die Schlussanträge der Generalanwälte in Einzelfällen abweichende Interpretationsmöglichkeiten des Rechts aufzeigen, ist dies nicht der Regelfall. So können die unterschiedlichen möglichen Interpretationen des textlich offenen Unionsverfassungsrechts diskursiv nicht hinreichend anerkannt werden. Das erschwert die Akzeptanz der Entscheidungen des EuGH, die insoweit vor allem auf dessen Autorität gründen müssen.

II. Unionagenturen im Raum der Freiheit, der Sicherheit und des Rechts

47 Eine äußerst bedeutsame Rolle bei der Sicherheitsgewährleistung durch die Europäische Union haben die Agenturen als verselbstständigte Verwaltungseinheiten erlangt.[216] Die

---

[209] Zur vorherigen Rechtsprechung *Lenaerts* The International and Comparative Law Quarterly 59 (2010), 255 ff.
[210] *Schmidt,* The European Court of Justice & the Policy Process: The Shadow of the Case Law, 2018, 10 f.
[211] Vgl. EuGH NZA 2000, 137 zur Öffnung des Dienstes in der Bundeswehr für Frauen.
[212] EuGH BeckRS 2021, 18433.
[213] Vgl. etwa das Vorabentscheidungsersuchen des AG Köln v. 16.3.2020 zur RL (EU) 2016/681 (PNR-Richtlinie), ABl. 2020 C 279, 1.
[214] Vgl. auch die Diagnose bei *Cameron* International Journal of Intelligence and Counterintelligence 2020, 452 (460): Der EuGH sei ein neuer und unwillkommener Akteur für Sicherheitsbehörden und Nachrichtendienste in den Mitgliedstaaten.
[215] Diese Kritik am EuGH ist zwar alt, gilt aber nach wie vor; s. *Rasmussen,* Plädoyer für ein Ende des judikativen Schweigens, in Haltern/Bergmann, Der EuGH in der Kritik, 2012, 148.
[216] Allgemein zu den Agenturen *Görisch,* Demokratische Verwaltung durch Unionsagenturen, 2009, 185 ff.; *Orator,* Möglichkeiten und Grenzen der Einrichtung von Unionsagenturen, 2017, 33 ff. und passim; *Augsberg* EuR Beiheft 1/2016, 119 ff.

Institutionalisierung von spezialisierten Akteuren bildet eine wesentliche Handlungsform der Union, nicht zuletzt in den Politiken, in denen die Rechtsetzungskompetenzen begrenzt sind.[217] Anders als die Exekutivagenturen, die der Kommission nachgeordnet sind, handelt es sich bei den Unionsagenturen um Behörden, die im Verhältnis zur Kommission weitgehend unabhängig sind, wohl aber in ein differenziertes System der Legitimation und Verantwortlichkeit eingebunden sind.[218] In ganz unterschiedlichen Politiken sind in den letzten Jahrzehnten eine Vielzahl von Agenturen eingerichtet worden. Während sie anfangs vor allem auf die Unterstützung der Kommission in wissensintensiven Bereichen wie der Umweltverwaltung und der Arzneimittelverwaltung ausgerichtet waren, hat sich der Aufgabenbereich rasch erheblich erweitert, um die Kommission nicht mit administrativen Funktionen zu überlasten. Die Agenturen im Raum der Freiheit, der Sicherheit und des Rechts sind Europol für die polizeiliche Zusammenarbeit, Eurojust für die justizielle Zusammenarbeit, die Europäische Grenz- und Küstenwache, das Europäische Unterstützungsbüro in Asylfragen, CEPOL für die polizeiliche Aus- und Fortbildung, die Europäische Beobachtungsstelle für Drogen und Drogensucht, eu-LISA für den Betrieb der sicherheitsrelevanten IT-Infrastruktur sowie die Europäische Grundrechteagentur.[219] Als dezentrale Einrichtungen sind die Behörden in unterschiedlichen Mitgliedstaaten der Union angesiedelt und so auch geographisch auf Distanz zur Kommission.[220] Sie werden zutreffend als ein „Eckpfeiler" der europäischen Sicherheitsgewährleistung angesehen[221] und sind daher im Folgenden eingehend in den Blick zu nehmen.

In der ersten, an den Grundsätzen der intergouvernementalen Kooperation ausgerichteten Phase ihrer Einrichtung waren die verselbstständigten Sicherheitsbehörden jedenfalls teilweise – wie etwa Europol – außerhalb des unionsrechtlichen Rahmens etabliert worden. Nachdem das Primärrecht mit dem Lissaboner Vertrag umfassende, der Gemeinschaftsmethode unterliegende Rechtsgrundlagen geschaffen hat, wurden sukzessive die Errichtungsbeschlüsse neu gefasst. Damit unterfielen sie auch den allgemeinen Rahmen, den die gesetzgebenden Organe für die institutionelle Gestaltung der Unionagenturen vereinbart haben, um angesichts der raschen Ausdifferenzierung der Unionsverwaltung Kohärenz zu bewahren.[222] Daher lassen sich allgemeine organisationsrechtliche Merkmale der Agenturen beschreiben, auch wenn gerade bei den Sicherheitsagenturen – wie im Folgenden deutlich wird – aus funktionalen Gründen Abweichungen zu verzeichnen sind. Nach der unionalen Blaupause bestehen die Entscheidungsstrukturen der Agenturen aus einem Verwaltungsrat, in dem zumeist Vertreter der Kommission und der Mitgliedstaaten vertreten sind, sowie einen von diesem eingesetzten Exekutivdirektor, der die laufende Verwaltung der Agentur verantwortet. Steuerungsinstrumente des Verwaltungsrates sind neben dem Haushalt vor allem mehrjährige Strategien sowie Jahresarbeitsprogramme. Neben der typischerweise detaillierten Vorgabe der Aufgaben und Befugnisse in den Errichtungsrechtsakten sowie der Kooperationsformen mit den mitgliedstaatlichen Behörden sind vielfältige Kontrollstrukturen vorgesehen. In unterschiedlichen Formen und mit verschiedenen Schwerpunkten sind das Europäische Parlament und seine Ausschüsse, der Rechnungshof, der Bürgerbeauftragte der Union, der Europäische Datenschutzbeauftragte und andere mit der Kontrolle befasst, die – im Rahmen der Aufmerksamkeitsstrukturen der nationalen Medien – durch die

---

[217] S. auch → Rn. 10 ff.
[218] S. *Trute*, Demokratische Legitimation der Verwaltung, in Voßkuhle/Eifert/Möllers, Grundlagen des Verwaltungsrechts, 3. Aufl. 2022, § 9 Rn. 107 ff.
[219] Nach dem Selbstverständnis der Agenturen zählt zu den für den Raum der Freiheit, der Sicherheit und des Rechts relevanten Agenturen neben den bereits genannten Einrichtungen das Europäische Institut für Gleichstellungsfragen, s. Final report on the JHA agencies network activities 2020, abrufbar unter https://bit.ly/2XJCxep.
[220] Zu den Effekten *Egeberg/Trondal*, An Organizational Approach to Public Governance: Understanding and Design, 2018, 101 ff.
[221] https://bit.ly/3hKwJs7.
[222] Vgl. die Gemeinsame Erklärung des Europäischen Parlamentes, des Rates der EU und der Europäischen Kommission zu den dezentralen Agenturen v. 19.7.2012.

öffentliche Berichterstattung verstärkt wird. Zudem unterliegen die Agenturen ebenso wie die Unionsorgane selbst dem Regelungsrahmen über den Zugang zu amtlichen Dokumenten,[223] wobei hier der – bisher nur wenig konturierte – Geheimnisschutz eine wichtigere Rolle spielt.[224] Grundsätzlich besteht zudem Rechtsschutz gem. Art. 263 Abs. 1 S. 2 AEUV gegen Entscheidungen der europäischen Agenturen durch den Gerichtshof der Europäischen Union. Konkret stellen sich aber vielfältige Rechtsschutzprobleme, etwa bezüglich des Rechtsschutzes gegen Realakte oder Handlungen im Verbund von europäischer Agentur und nationaler Behörde.[225]

1. Europol

49 Der integrationshistorisch am weitesten zurückreichende[226] institutionelle Ausdruck der europäischen Sicherheitsarchitektur ist Europol.[227] Nachdem Europol zunächst auf völkerrechtlicher Grundlage als internationale Organisation verfasst war,[228] sieht nunmehr das Unionsrecht in Art. 88 AEUV die Einrichtung des europäischen Polizeiamtes Europol vor. Dieser formuliert als Auftrag des Amtes die Unterstützung und Verstärkung der mitgliedstaatlichen Behörden bei deren Arbeit in bestimmten Kriminalitätsbereichen mit grenzüberschreitendem Bezug. Im Einklang mit den allgemeinen primärrechtlichen Vorbehalten zugunsten der Mitgliedstaaten betont Art. 88 Abs. 3 AEUV die begrenzten operativen Kompetenzen der Unionseinrichtung. Europol kann nur gemeinsam mit den mitgliedstaatlichen Behörden, nicht aber eigenständig operativ tätig werden. In Politik und Öffentlichkeit geführte Diskussionen um eine Weiterentwicklung der Behörde zu einem „europäischen Kriminalamt" ist insofern von der Anpassung des Primärrechts abhängig, soweit man diese überhaupt als sinnvoll erachtet.[229] Schon die derzeit geplante Reform des Europol-Statuts, die unter anderem den Zugriff von Europol auf Private für die Informationssammlung vorsieht, nähert sich insoweit den Kompetenzgrenzen des Unionsrechts.[230]

50 Das Primärrecht enthält zudem mit Art. 88 Abs. 2 AEUV einen Gesetzgebungsauftrag zur näheren institutionellen Ausgestaltung im ordentlichen Gesetzgebungsverfahren. Für die Rechtsform macht Art. 88 AEUV keine Vorgabe. Die Europol-Verordnung orientiert sich an den skizzierten Grundzügen der dezentralen Agenturen, weist jedoch auch verschiedene Besonderheiten auf. Sie enthält das Organisations- und Verfahrensrecht, das Einsatzrecht und konstituiert ein Kontrollregime für die Tätigkeiten von Europol.[231] Die Binnenstruktur von Europol besteht wie bei den übrigen Agenturen aus einem Verwaltungsrat und einem Exekutivdirektor, modifiziert die Kompetenzverteilung jedoch teilweise. So verfügt der – wie üblich aus einem Vertreter je Mitgliedstaat sowie einem Vertreter der Kommission zusammengesetzte[232] – Verwaltungsrat über eine Vielzahl von Aufgaben innerhalb von Europol, die die Rolle des Verwaltungsrats stärker profilieren als

---

[223] VO (EG) Nr. 1049/2001 des Europäischen Parlaments und des Rates v. 30.5.2001 über den Zugang der Öffentlichkeit zu Dokumenten des Europäischen Parlaments, des Rates und der Kommission, ABl. 2001 L 145, 43.
[224] Dazu *Curtin* JCMS 52 (2014), 684 ff.; *Curtin* West European Politics 41 (2018), 846 ff. mit Verweis unter anderem auf die interoperablen Sicherheitsdatenbanken (dazu näher → Rn. 86 ff.).
[225] Näher *Rademacher,* Realakte im Rechtsschutzsystem der Europäischen Union, 2014.
[226] Zur Entwicklung der Diskussion seit den 1970er Jahren *Knelangen,* Das Politikfeld innere Sicherheit im Integrationsprozess: Die Entstehung einer europäischen Politik der inneren Sicherheit, 2001, 189 ff.
[227] Monografisch *Schoppa,* Europol im Verbund der europäischen Sicherheitsagenturen, 2013.
[228] Näher *Schöndorf-Haubold* in Terhechte § 35 Rn. 34 f.
[229] S. den Antrag der FDP-Bundestagsfraktion, BT-Drs. 19/10164.
[230] Zu geplanten Änderungen s. den Legislativvorschlag der Kommission, COM(2020) 796 final.
[231] VO (EU) 2016/794 des Europäischen Parlaments und des Rates v. 11.5.2016 über die Agentur der Europäischen Union für die Zusammenarbeit auf dem Gebiet der Strafverfolgung (Europol) und zur Ersetzung und Aufhebung der Beschlüsse 2009/371/JI, 2009/934/JI, 2009/935/JI, 2009/936/JI und 2009/968/JI des Rates, ABl. 2016 L 135, 53.
[232] Art. 10 Abs. 1 VO (EU) 2016/794; der deutsche Vertreter wird gem. § 6 Abs. 1 EuropolG vom BMI benannt. Die Interessen der Länder werden gem. § 6 Abs. 2 EuropolG durch eine Berücksichtigungspflicht des deutschen Vertreters sowie ein Teilnahmerecht eines Vertreters des Bundesrates gewahrt.

bei anderen Agenturen; unter anderem beschließt er den Haushaltsplan und das Arbeitsprogramm und übt die Befugnisse nach dem Beamtenstatus aus.[233] Der Verwaltungsrat hat das Vorschlagsrecht für die Wahl des Exekutivdirektors und seiner Stellvertreter durch den Rat und überwacht dessen Amtsführung.[234] Auch die Kontrolle von Europol weicht von dem Standardmodell der parlamentarischen Kontrolle ab, indem eine gemeinsame Kontrolle des EP und der nationalen Parlamente erfolgt und damit die Rolle der Mitgliedstaaten auch in dieser Hinsicht hervorgehoben wird.[235]

Sachlich-funktional zeichnet sich die Binnenorganisation von Europol durch die Einrichtung mehrerer „Zentren" aus, deren organisationsrechtlicher Status unklar bleibt. So sind Zentren gegründet worden, die sich mit Cyberkriminalität, Schleuserkriminalität, Terrorismus und grenzüberschreitender Wirtschaftskriminalität befassen. Von einer behördlichen Fachabteilung unterscheidet diese Zentren unter anderem, dass sog. „Programme Boards" eingerichtet wurden. In diesen sind die Kommission, der Rat und andere betroffene Unionseinrichtungen vertreten. Diese sollen unter anderem über die Prioritäten bei der Aufgabenerfüllung vorgeben. 51

Eine institutionelle Weiterentwicklung von Europol erfolgt regelmäßig. Ebenso wie auf mitgliedstaatlicher Ebene steht dabei fast ausschließlich eine Ausweitung der rechtlichen und tatsächlichen Handlungsmöglichkeiten, die teils eher situativ durch sicherheitsrelevante Ereignisse begründet werden, im Fokus der Legislativvorschläge.[236] Jüngst hat die Kommission einen Rechtsetzungsvorschlag eingebracht, der unter verschiedenen Aspekten die Rolle von Europol in der Sicherheitsarchitektur der Union stärken soll.[237] Hier steht vor allem die Integration von Europol in einen Informationsverbund aller europäischen Sicherheitsbehörden sowie eine Erweiterung der eigenständigen Handlungsmöglichkeiten von Europol im Verhältnis zu den mitgliedstaatlichen Behörden im Vordergrund. Allerdings kann mit einer solchen sukzessiven Ausweitung der unionsrechtlichen Befugnisse die von Art. 4 Abs. 2 EUV intendierte Begrenzung ausgehöhlt werden.[238] Allerdings darf nicht übersehen werden, dass im ordentlichen Gesetzgebungsverfahren die nationalen Regierungen – und vermittelt über die Beteiligungsmechanismen auch die Parlamente[239] – den Reformen regelmäßig zustimmen oder jedenfalls keine Einwände erheben. 52

2. Eurojust

Die zweite Agentur im Raum der Freiheit, der Sicherheit und des Rechts, die ihre Grundlage unmittelbar im Primärrecht findet, ist Eurojust.[240] Nach Art. 85 Abs. 1 UAbs. 1 AEUV soll sie „die Koordinierung und die Zusammenarbeit zwischen den nationalen Behörden [zu] unterstützen und [zu] verstärken, die für die Ermittlung und Verfolgung von schwerer Kriminalität zuständig sind, wenn zwei oder mehr Mitgliedstaaten betroffen sind oder eine Verfolgung auf gemeinsamer Grundlage erforderlich ist". Sie ergänzt damit die Tätigkeit von Europol im Bereich der repressiven Strafverfolgung.[241] Dazu übernimmt die 53

---

[233] Art. 11 Abs. 1 lit. a, b und g VO (EU) 2016/794; zur Arbeitsweise des Verwaltungsrats s. die Geschäftsordnung des Verwaltungsrats von Europol, ABl. 2018 C 37, 19.
[234] Art. 11 Abs. 1 lit. j und k VO (EU) 2016/794. Die Wahl des Exekutivdirektors durch den Rat stellt im Vergleich der Agenturen eine Besonderheit dar, die die nationalen Prärogativen in diesem Politikfeld zum Ausdruck bringen.
[235] *Tabbara/v. Achenbach* Verw 54 (2021), 73.
[236] Vgl. allgemein → Rn. 7.
[237] Vorschlag für eine Verordnung des Europäischen Parlaments und des Rates zur Änderung der Verordnung (EU) 2016/794 in Bezug auf die Zusammenarbeit von Europol mit privaten Parteien, die Verarbeitung personenbezogener Daten durch Europol zur Unterstützung strafrechtlicher Ermittlungen und die Rolle von Europol in Forschung und Innovation, COM(2020) 796 final.
[238] Dazu → Rn. 25 ff.
[239] Dazu näher *Pilniok* Parlamentarisches Regieren § 9.
[240] VO (EU) 2018/1727 des Europäischen Parlamentes und des Rates v. 14.11.2018 betreffend die Agentur der Europäischen Union für justizielle Zusammenarbeit in Strafsachen und zur Ersetzung und Aufhebung des Beschlusses 2002/187/JI des Rates, ABl. 2018 L 295, 138.
[241] *Aden* in Lisken/Denninger PolR-HdB M Rn. 155.

Agentur bei bestimmten Straftatbeständen[242] die wechselseitige Information der Strafverfolgungsbehörden, koordiniert deren Arbeit und organisiert gemeinsame Ermittlungsteams. Die Binnenorganisation von Eurojust unterscheidet sich ebenfalls deutlich vom Standardmodell der Agenturen (→ Rn. 48). Im Mittelpunkt steht das Kollegium als entscheidendes Gremium,[243] das sich aus nationalen Mitgliedern zusammensetzt.[244] Aus diesem Kreis wird die präsidiale Leitung der Agentur gewählt; die in anderen Agenturen übliche monokratische Leitung durch einen Direktor wird also deutlich reduziert, indem der Verwaltungsdirektor vom Kollegium abhängig ist. In dieser Kollegialstruktur spiegelt sich die besondere Sensibilität und Verantwortung der Mitgliedstaaten für die Strafverfolgung wider. Besonderheiten sind insoweit auch bei der Kontrolle zu verzeichnen; es wird ein im Einzelnen komplexes Kontrollregime in Datenschutzfragen etabliert, das den Europäischen Datenschutzbeauftragten und die nationalen Datenschutzbehörden verknüpft.[245] Mit der Einrichtung einer Europäischen Staatsanwaltschaft (→ Rn. 68 f.) stellt sich die Frage nach deren Verhältnis zu Eurojust. Obwohl Art. 86 Abs. 1 UAbs. 1 AEUV davon spricht, dass die Europäische Staatsanwaltschaft „ausgehend von Eurojust" eingerichtet werden soll, unterscheiden sich schon die primärrechtlich festgelegten Aufgaben deutlich.[246] Während Eurojust die nationalen Strafverfolgungsbehörden bei Ermittlungen zu vielfältigen Delikten unterstützt, führt die Europäische Staatsanwaltschaft zwar selbst Ermittlungen durch, ist dabei bisher aber auf Straftaten zum Nachteil der Europäischen Union begrenzt. Da sich gleichwohl Schnittmengen und Entwicklungsperspektiven ergeben können, strukturiert das Sekundärrecht sinnvoller Weise detailliert die Verpflichtung zur Zusammenarbeit.[247]

3. Europäische Grenz- und Küstenwache

54 Erhebliche Bekanntheit hat die Europäische Grenz- und Küstenwache Frontex erlangt, da sie durch operative Maßnahmen gemeinsam mit den Mitgliedstaaten an den Außengrenzen der Union in Erscheinung tritt. Ihre Errichtung wird auf die Kompetenz zur Einführung eines integrierten Grenzschutzsystems an den Außengrenzen gem. Art. 77 Abs. 2 lit. b und d sowie Art. 79 Abs. 2 lit. c AEUV gestützt.[248] Die institutionelle Struktur und die Mechanismen der Kontrolle entsprechen sehr weitgehend der allgemeinen Blaupause der Agenturen (→ Rn. 48). Die 2004 mit Sitz in Warschau gegründete, ursprünglich nur auf die Unterstützung der Mitgliedstaaten[249] ausgerichtete Agentur hat einen erheblichen Bedeutungszuwachs erfahren, der vor allem auf den Erfahrungen in der sog. „Migrationskrise" 2015/2016 beruht.[250] Mit der Umgestaltung kommt stärker zum Ausdruck, dass die

---

[242] Anhang 1 der VO (EU) 2018/1727.
[243] Daher verfügt Eurojust auch anders als andere Agenturen über eine Geschäftsordnung (ABl. 2020 L 50, 1).
[244] Art. 7 Abs. 1, Art. 10 VO (EU) 2018/1727; für Deutschland vgl. § 2 Eurojust-G: Das BMJV benennt im Benehmen mit den Landesjustizverwaltungen ein nationales Mitglied, das ein Bundesbediensteter mit Befähigung zum Richteramt sein muss und in dieser Position den Weisungen des Ministeriums unterworfen ist.
[245] Art. 40 ff. VO (EU) 2018/1727; § 9 EurojustG.
[246] S. auch *Aden* in Lisken/Denninger PolR-HdB M Rn. 157; zur Diskussion, ob überhaupt ein Nebeneinander von Eurojust und Europäischer Staatsanwaltschaft zulässig ist, s. *Vogel/Eisele* in Grabitz/Hilf/Nettesheim AEUV Art. 85 Rn. 15.
[247] Vgl. Art. 50 VO (EU) 2018/1727, unter anderem ist die Information über und die Teilnahme an den Sitzungen des Kollegiums vorgesehen. Näher zum Verhältnis der Institutionen *Esser* StV 2020, 636 ff.
[248] VO (EU) 2019/1896 des Europäischen Parlamentes und des Rates v. 13.11.2019 über die Europäische Grenz- und Küstenwache und zur Aufhebung der Verordnungen (EU) Nr. 1052/2013 und (EU) 2016/1624, ABl. 2019 L 295, 1. Obwohl die offizielle Bezeichnung also Europäische Grenz- und Küstenwache lautet, wird die Agentur – frühere Benennung fortführend – nach wie vor synonym als Frontex bezeichnet (vgl. EGr 3 der VO (EU) 2019/1896 sowie die Internetdomain der Agentur, abrufbar unter https://bit.ly/2Z9aHse).
[249] Vgl. die initiale Bezeichnung als „Europäische Agentur für die operative Zusammenarbeit an den Außengrenzen der Mitgliedstaaten", s. VO (EG) Nr. 2007/2004.
[250] Der Begriff der „Polykrise" wurde vom damaligen Kommissionspräsidenten *Juncker* geprägt, s. allgemein zu deren Folgen für die Union *Knodt/Große Hüttmann/Kobusch*, Die EU in der Polykrise: Folgen für das Mehrebenen-Regieren, in Grimmel, Die neue Europäische Union, 2020, 119 ff. Aufgrund der dyna-

Sicherung der Außengrenzen eine solidarisch zu bewältigende gemeinschaftliche Angelegenheit in der Union ist, auch wenn die Mitgliedstaaten die europarechtliche determinierte Verantwortung dafür tragen. Die veränderte Rolle von Frontex kommt in verschiedenen Aspekten zum Ausdruck: Sukzessive sind die Aufgaben durch kurz aufeinander folgende Revisionen des Errichtungsaktes erweitert worden. Die der Agentur im Haushaltsplan zugewiesenen Mittel sind erheblich angewachsen und werden unter anderem für umfangreiche technische Ausrüstung verwendet. Strukturell besonders bedeutsam ist schließlich der Aufbau einer eigenständigen unionalen Einsatzreserve aus 10.000 uniformierten und bewaffneten europäischen Beamten, sodass erstmals nicht nur von den Mitgliedstaaten abgeordnetes Personal zur Sicherheitsgewährleistung an den Grenzen tätig wird.[251] Damit wird die Agentur nach der bisherigen Haushaltsplanung gemessen am Personalbestand zur größten aller Unionsagenturen und nach der Kommission zur zweitgrößten Unionseinrichtung überhaupt werden.[252] Daraus ergeben sich eine Vielzahl von Konsequenzen für die Personalstruktur der EU und Folgefragen, etwa hinsichtlich Einsatzrechts, des Rechtsschutzes und der demokratischen Verantwortlichkeit.[253]

Die vielfältigen Aufgaben von Frontex befinden sich an der „politisch umstrittenen **55** Schnittstelle zwischen Migrationspolitik, Grenzschutz und Sicherheit".[254] So betont die einschlägige Verordnung den Beitrag der Europäischen Grenz- und Küstenwache zu einem hohen Maß an innerer Sicherheit in der Union. Zu ihren Aufgaben zählt die Aufdeckung, Verhütung und Bekämpfung von schwerer Kriminalität an den Außengrenzen der Union.[255] Dazu ist die Agentur in eine „integrierte europäische Grenzverwaltung" als Verbund der mitgliedstaatlichen Grenzschutzbehörden eingebettet, in dem der Agentur Koordinations-, Informations- und Überwachungsaufgaben zukommen, aber auch die Organisation und Mitwirkung an operativen Einsätzen.[256] Die Wirksamkeit der Aufgabenerfüllung der Agentur und ihren Anteil an der Sicherheitsgewährleistung hat der Europäische Rechnungshof jedoch sehr kritisch beurteilt und Verbesserungen in der internen Organisation wie auch in der Zusammenarbeit mit den Mitgliedstaaten angemahnt, um die vielfältigen Zuständigkeiten besser zu realisieren.[257]

Die sekundärrechtlichen Zielvorgaben und die institutionelle Praxis werden mit dem **56** Befund charakterisiert, dass Migration aus der Perspektive des Unionsrechts vor allem als Sicherheitsproblem gesehen wird.[258] Daraus entsteht ein Spannungsverhältnis zu den grund- und völkerrechtlichen Anforderungen des Flüchtlingsschutzes.[259] Ob das übliche Kontrollarrangement der Agenturen daher auch für Frontex angemessen ist, die in bisher nicht gekanntem Maße selbst mit hoher Grundrechtsrelevanz operativ tätig wird, erscheint daher als eine zu Recht kritisch diskutierte[260] und noch nicht vollständig beantwortete Frage. Allerdings wird das Bekenntnis des Sekundärrechts zum Schutz der Grundrechte durch verschiedene organisatorische Vorkehrungen in der Binnenorganisation der Agentur,

---

mischen Rechtsetzung sind frühere Untersuchungen nur noch teilweise einschlägig, vgl. aus der älteren Literatur *Lehnert*, Frontex und operative Maßnahmen an den europäischen Außengrenzen, 2014; *Mrozek*, Grenzschutz als supranationale Aufgabe, 2013.

[251] S. auch *Ladenburger* in Kahl/Mager 78.
[252] *Ladenburger* in Kahl/Mager 80.
[253] *Ladenburger* in Kahl/Mager 78.
[254] *Aden* in Lisken/Denninger PolR-HdB M Rn. 180.
[255] Art. 1 VO (EU) 2019/1896.
[256] Vgl. den Aufgabenkatalog in Art. 8 VO (EU) 2019, 1896.
[257] Europäischer Rechnungshof, Von Frontex geleistete Unterstützung an den Außengrenzen: bisher nicht wirksam genug, Sonderbericht 8/2021.
[258] Vgl. etwa *Léonard/Kaunert*, Refugees, Security and the European Union, 2019.
[259] Zu den komplexen grundrechtlichen Standards *Fink*, Frontex and Human Rights: Responsibility in ‚Multi-Actor Situations' under the ECHR and EU Public Liability Law, 2018; *Fritz*, Die Bindung an die Europäische Grundrechtecharta bei operativen Einsätzen im Rahmen der gemeinsamen Außen- und Sicherheitspolitik und der Grenzschutzagentur Frontex: zugleich eine vergleichende Betrachtung des unionskoordinierten operativen Handelns, 2020, 197 ff.
[260] Näher *Groß* ZAR 2020, 51 ff.

die ansonsten dem Standardmodell (→ Rn. 48) entspricht,[261] übersetzt. So ist explizit ein Grundrechtsbeauftragter vorgesehen;[262] vor Ort sind Beamte der Agentur als Grundrechtebeobachter tätig.[263] Ebenso ist ein Konsultationsforum zur Beratung in Grundrechtsfragen eingerichtet worden.[264] Zudem ist insbesondere die parlamentarische Kontrolle des Europäischen Parlaments in dieser Hinsicht in der Verfassungspraxis gegenüber Frontex intensiviert worden. Allerdings gibt es – anders als bei Europol (→ Rn. 50) – hier trotz des intensiven Zusammenwirkens der Agentur mit den mitgliedstaatlichen Grenzbehörden keine institutionalisierte Form der gemeinsamen parlamentarischen Kontrolle durch das EP und die nationalen Parlamente. Hier sollten zukünftige Reformen ansetzen und nicht nur den Fokus auf die Befugnisse richten.[265] Schließlich wird eine rechtliche Verantwortlichkeit auch durch gerichtliche Entscheidungen hergestellt, die unter anderem auf Amtshaftung gerichtet sein können. Hier sind Verfahren vor dem EuGH anhängig, die sich gegen Frontex richten.[266] Zu klären wird dabei insbesondere sein, inwieweit Handlungsbeiträge von Frontex im Rahmen der arbeitsteiligen Kooperation mit mitgliedstaatlichen Behörden der Agentur zuzurechnen sind und welche Anforderungen sich aus dem Einsatzrecht von Frontex ergeben.

57 Angesichts der rasanten Entwicklung der Europäischen Grenz- und Küstenwache von einer Unterstützungseinheit für die Mitgliedstaaten zur größten Unionsagentur mit eigenem operativ tätigem Personal stellt sich auch die Frage, ob die Europäische Grenz- und Küstenwache perspektivisch an die Stelle der nationalen Grenzbehörden in den Mitgliedstaaten mit Außengrenzen treten könnte. Der Normtext, der „die schrittweise Einführung eines integrierten Grenzschutzsystems" fordert, kann entsprechend verstanden werden. Allerdings spricht die Entstehungsgeschichte dieses Begriffs dagegen, die gerade auf die Etablierung einer kooperativen Unterstützungseinrichtung zielte, nicht auf die Supranationalisierung exekutiver Befugnisse.[267] Zudem wäre Art. 4 Abs. 2 S. 3 EUV in Rechnung zu stellen (→ Rn. 25 ff.). Ein solcher Wechsel vom indirekten Vollzug mit Unterstützung durch eine europäische Agentur zu einem direkten Vollzug durch die Union setzt daher wohl eine Vertragsänderung voraus.[268] Dies würde freilich die erhöhten Anforderungen an die Sicherung von individuellem Rechtsschutz und Legitimation stellen.

58 Der Grenzschutz ist zudem ein wesentliches Beispiel dafür, dass die Grenzen zwischen der inneren und der äußeren Sicherheit in der Unionspolitik unscharf werden. Bereits die Europäische Grenz- und Küstenwache selbst hat vielfältige Kooperationsaufträge mit Drittstaaten.[269] Die Grenzsicherung und die Steuerung der Migration erfolgt darüber hinaus nicht nur durch die Europäische Grenz- und Küstenwache, sondern zugleich durch Missionen im Rahmen der GSVP (→ Rn. 22 f.). Ein Beispiel dafür war die Militäroperation im südlichen zentralen Mittelmeer, die explizit darauf ausgerichtet war, (Schleuser-)Kriminalität zu bekämpfen.[270] Der Europäische Gerichtshof hat es grundsätzlich zugelassen, dass bei Rechtsakten mit internen und externen Bezügen diese ausschließlich auf Kompetenzen der GSVP gestützt werden, obwohl damit das Europäische Parlament von einer Beteiligung weitgehend ausgeschlossen wird.[271]

---

[261] Vgl. Art. 99 ff. VO (EU) 2019/1896.
[262] Art. 109 VO (EU) 2019/1896.
[263] Art. 110 VO (EU) 2019/1896.
[264] Art. 108 VO (EU) 2019/1896.
[265] Vgl. *Aden* in Lisken/Denninger PolR-HdB M Rn. 189: Regelungen [sind] insoweit defizitär.
[266] https://bit.ly/3wK5NjP
[267] *Thym* in Grabitz/Hilf/Nettesheim AEUV Art. 77 Rn. 37.
[268] *Thym* in Grabitz/Hilf/Nettesheim AEUV Art. 77 Rn. 37.
[269] Art. 71 ff. VO (EU) 2019/1896.
[270] S. die Erwägungsgründe des – mittlerweile aufgehobenen – Beschlusses (GASP) 2015/778 v. 18.5.2015 über eine Militäroperation der Europäischen Union im südlichen zentralen Mittelmeer, ABl. 2015 L 122, 31.
[271] Kritisch *De Capitani* in Bignami, EU Law in Populist Times: Crises and Prospects, 2020, 404 f.

4. CEPOL

Darüber hinaus wurde auf der Grundlage des Art. 87 Abs. 2 lit. c AEUV eine Agentur der **59** Europäischen Union für die Aus- und Fortbildung auf dem Gebiet der Strafverfolgung (CEPOL[272]) mit Sitz in Budapest eingerichtet.[273] Sie war ursprünglich als Teil der „dritten Säule" gegründet worden,[274] steht jedoch ebenso wie andere Agenturen mittlerweile auf unionsrechtlichem Grund. Sie soll die mitgliedstaatlichen Behörden durch Aus- und Fortbildungsangebote unterstützen, die den unionsrechtlichen Rahmen des Sicherheitsrechts und seine Institutionen in die Mitgliedstaaten vermitteln, die grenzüberschreitende Kooperation und die Nutzung der Informationssysteme ermöglichen und den Wissensbestand zu besonders relevanten Themenbereichen wie dem Terrorismus unionsweit teilen.[275] Damit soll sie gemeinsame Wissensgrundlagen innerhalb des Unionsraums schaffen, zum Wissensaustausch zwischen den Behörden beitragen und die Herausbildung einer sektorspezifischen Verwaltungskultur befördern.[276] Angesichts des begrenzten Aufgabenbestandes und der überschaubaren personellen Ressourcen[277] stellt sich freilich die Frage, ob es einer eigenständigen Agentur bedarf. Ein insoweit plausibler Vorschlag der Kommission zur Integration der Agentur in die Europol-Organisation konnte sich jedoch politisch nicht durchsetzen.[278] Die Binnenstruktur der Agentur entspricht dem üblichen Aufbau der dezentralen Agenturen der Union.[279]

5. EMCDDA

Zu den bereits am längsten existierenden verselbstständigten Verwaltungseinheiten mit **60** Sicherheitsrelevanz zählt die Europäische Beobachtungsstelle für Drogen und Drogensucht.[280] Die Aufgaben der 1993 gegründeten Agentur[281] sind – wie bereits die Bezeichnung zum Ausdruck bringt – auf die Schaffung der notwendigen Wissensgrundlagen für die zuständigen Stellen in der Union und in den Mitgliedstaaten ausgerichtet, nicht dagegen auf das operative Handeln. Zu den Aufgaben zählen die Sammlung, Analyse und Distribution von Informationen sowie der Betrieb eines europäischen Informationsnetzwerks.[282] Auf dieser Grundlage können die Sicherheitsbehörden ihre Strategien und Aktivitäten ausrichten, etwa um veränderten Gefährdungen durch neue Drogen zu begegnen. Die Einrichtung ist an der Schnittstelle von Gesundheits- und Sicherheitspolitik angesiedelt. Dies wird daran deutlich, dass diese einerseits auf die Unionskompetenz zur Unterstützung der mitgliedstaatlichen Gesundheitspolitiken in Art. 168 Abs. 5 AEUV gestützt wird,[283] andererseits aber

---

[272] Dieses Akronym für Collège Européen de Police findet sich auch in der Selbstdarstellung der Agentur, während die VO (EU) 2015/2219 EPA als Kurzbezeichnung festlegt.
[273] VO (EU) 2015/2219 des Europäischen Parlamentes und des Rates über die Agentur der Europäischen Union für die Aus- und Fortbildung auf dem Gebiet der Strafverfolgung (EPA) und zur Ersetzung und Aufhebung des Beschlusses 2005/681/JI des Rates, ABl. 2015 L 319, 1.
[274] *Schöndorf-Haubold* in Terhechte § 35 Rn. 56.
[275] S. die Zielbeschreibung in Art. 3 Abs. 1 und 2 der VO (EU) 2015/2219.
[276] Zur Verwaltungskultur allgemein *Jann* DV 33 (2000), 325 ff.; *Fisch* DV 33 (2000), 303 ff.
[277] Ausweislich des Haushaltsplans für 2020 verfügte die Agentur über Finanzmittel von knapp 10 Mio. EUR sowie rund 30 Planstellen, s. Einnahmen- und Ausnahmenplan der Agentur der Europäischen Union für die Aus- und Fortbildung auf dem Gebiet der Strafverfolgung (EPA) für das Haushaltsjahr 2020, ABl. 2020 C 107, 96.
[278] S. Europäische Kommission, Vorschlag für eine Verordnung des Europäischen Parlamentes und des Rates über die Agentur der Europäischen Union auf dem Gebiet der Strafverfolgung (Europol) und zur Aufhebung der Beschlüsse 2009/371/JI und 2005/681/JI des Rates, COM(2013) 173 final.
[279] Dazu oben → Rn. 48.
[280] VO (EG) Nr. 1920/2006 des Europäischen Parlamentes und des Rates über die Europäische Beobachtungsstelle für Drogen und Drogensucht (Neufassung), ABl. 2006 L 376, 1.
[281] In der „ersten Welle" der Agenturgründungen wurden vor allem wissensgenerierende Einrichtungen etabliert; s. näher *Orator*, Möglichkeiten und Grenzen der Einrichtung von Unionsagenturen, 2017, 67 ff. mwN.
[282] Art. 2–5 der VO (EG) Nr. 1920/2006.
[283] *Schmidt am Busch* in Grabitz/Hilf/Nettesheim AEUV Art. 168 Rn. 70.

dem Kreis der sicherheitsrelevanten Agenturen zugerechnet wird[284]. Binnenorganisatorisch wird die primär wissensgenerierende Funktion in der Einrichtung eines wissenschaftlichen Ausschusses plastisch,[285] über den die Agentur im Unterschied zu den übrigen Agenturen im Raum der Freiheit, der Sicherheit und des Rechts verfügt.

6. Asylagentur der EU

61 Aufgrund der Sicherheitsrelevanz der Migration[286] wird die Asylagentur der Europäischen Union[287] zu dem Kreis der Agenturen im Raum der Freiheit, der Sicherheit und des Rechts gezählt. Diese Einrichtung hatte bisher nur – unter anderer Bezeichnung – Unterstützungs- und Koordinierungsfunktionen für die zuständigen mitgliedstaatlichen Behörden. Nunmehr kann die Behörde jedoch in einzelnen Mitgliedstaaten zu deren Entlastung Asylverfahren mit Ausnahme der Schlussentscheidung vollständig unterstützen.[288] Zudem soll die Agentur durch vielfältige Mechanismen wie gemeinsame Analyse der Lage in Drittstaaten und die kontinuierliche Beobachtung der Leistungsfähigkeit der mitgliedstaatlichen Verwaltungen zu einer Verbesserung des europäischen Asylsystems beitragen.[289] Es bleibt dabei, dass die Mitgliedstaaten die primäre Verantwortung für den Vollzug des europäischen Migrationsrechts haben. Weitergehend wird verschiedentlich politisch[290] wie wissenschaftlich[291] erwogen, einen Übergang zum direkten Vollzug durch die Unionsverwaltung für Asylsuchende an den Außengrenzen vorzusehen. Einerseits ist offen, ob Art. 78 AEUV dafür eine hinreichende Rechtsgrundlage bildet.[292] Andererseits, und weitaus gewichtiger, wäre es ein Paradigmenwechsel in der europäischen Verwaltung, wenn mehrere zehntausend Verwaltungsverfahren pro Jahr einschließlich des Rechtsschutzes bewältigt werden müssten. Ob dies eine sinnvolle Arbeitsteilung zwischen der Union und den Mitgliedstaaten wäre, bedürfte näherer verwaltungswissenschaftlicher Untersuchung.[293]

7. eu-LISA

62 Die Sicherheitsunion ist maßgeblich als Informationsverbund zwischen den vielfältigen Akteuren in den Mitgliedstaaten und auf der Unionsebene angelegt (näher → Rn. 86 ff.). Das kommt in der Einrichtung unterschiedlicher umfangreicher Datenbanken zum Ausdruck, deren Wirksamkeit durch eine weitgehende Interoperabilität erhöht werden soll.[294] Für die inhaltliche Pflege dieser Datenbanken sind jeweils einzelne Agenturen in Zusammenarbeit mit den nationalen Behörden verantwortlich. Ihr Betrieb unter Einbeziehung aller mitgliedstaatlichen Behörden ist jedoch zugleich eine erhebliche technische Herausforderung. Um diese Aufgaben mit hinreichender Expertise zu bewältigen, wurde die Agentur für das Betriebsmanagement von IT-Großsystemen

---

[284] Zu den sog. „JHA-Agencies" → Rn. 47.
[285] Art. 13 der VO (EG) Nr. 1920/2006.
[286] Vgl. nur *Léonard/Kaunert*, Regufees, Security and the European Union, 2019.
[287] VO (EU) 2021/2303 des Europäischen Parlaments und des Rates vom 15.12.2021 über die Asylagentur der Europäischen Union und zur Aufhebung der VO (EU) Nr. 439/2010, ABl. 2021 L 468/1.
[288] Zur bisherigen Verwaltungspraxis *Ladenburger* in Kahl/Mager 78.
[289] COM(2016) 271 final; die Einigung von Rat und Parlament in ST 10352 2021 INIT.
[290] S. die deutsch-französische Erklärung von Meseberg v. 19.6.2018, abrufbar unter https://bit.ly/3lF5ose.
[291] *Dörig/Langenfeld* NJW 2016, 3 f.
[292] Näher zu den rechtlichen Voraussetzungen *Lehner* in Lehner/Wapler, Die herausgeforderte Rechtsordnung, 2018, 183 ff.
[293] *Ladenburger* in Kahl/Mager 77.
[294] VO (EU) 2019/817 des Europäischen Parlaments und des Rates v. 20.5.2019 zur Errichtung eines Rahmens für die Interoperabilität zwischen EU-Informationssystemen in den Bereichen Grenzen und Visa und zur Änderung der Verordnungen (EG) Nr. 767/2008, (EU) 2016/399, (EU) 2017/2226, (EU) 2018/1240, (EU) 2018/1726 und (EU) 2018/1861 des Europäischen Parlaments und des Rates, der Entscheidung 2004/512/EG des Rates und des Beschlusses 2008/633/JI des Rates, ABl. 2019 L 135, 27; dazu auch noch unten → Rn. 94 f.

eingerichtet.²⁹⁵ In deren übergreifender Zuständigkeit kommt das Ansinnen der Sicherheitsrechtsetzung zur Geltung, die Verknüpfung der unterschiedlichen Informationssysteme sicherzustellen und damit einen umfassenden Zugriff auf alle Datenbanken für die Sicherheitsbehörden zu ermöglichen. Insofern lässt sich die Aufgabe dieser Agentur als „shared service"-Einrichtung beschreiben, die Dienstleistungen für andere Agenturen erbringt.²⁹⁶ Auch damit ist freilich eigenständiges Gestaltungspotential verbunden. Die Realisierung des Zugriffs auf die Anwendungen prägt deren Nutzbarkeit. Mit der Einbeziehung von KI-Systemen in den Betrieb der Datenbanken erhalten diese zudem eine potentiell neue Dimension, die über eine schlichte Dienstleistung für andere Agenturen hinausgeht, indem sie die technischen Möglichkeiten determiniert.²⁹⁷

8. Europäische Grundrechtsagentur

In der Selbstdefinition der Agenturen im Raum der Freiheit, der Sicherheit und des Rechts²⁹⁸ wird auch die Europäische Grundrechteagentur²⁹⁹ zu den neun einschlägigen Behörden gezählt. Angesichts der hohen Grundrechtsrelevanz der Handlungsbefugnisse der Sicherheitsbehörden liegt es nahe, dass hier ein Arbeitsschwerpunkt der 2007 gegründeten Agentur liegen sollte.³⁰⁰ Ihre Aufgabe liegt in der Wissensgenerierung zu den Grundrechten und der Beobachtung der Rechtspraxis in der Union und den Mitgliedstaaten.³⁰¹ Binnenorganisatorisch findet dies seinen Ausdruck in der Einrichtung einer Vielzahl von wissenschaftlichen Ausschüssen. Die Agentur ist damit auf die beständige Thematisierung von Grundrechtsfragen etwa durch Stellungnahmen, Publikationen und Veranstaltungen ausgerichtet und somit zugleich vor allem auf das Handeln anderer Akteure. Man kann sie daher – ähnlich wie beispielsweise den Europäischen Datenschutzbeauftragten – als eine diskursive Kontrollinstanz im Zusammenspiel der sicherheitsrelevanten Unionsagenturen verstehen.

63

9. Sonstige Agenturen

Auch jenseits der Agenturen, die sich als Agenturen im Raum der Freiheit, der Sicherheit und des Rechts sehen, gibt es sicherheitsrelevante Agenturen. Angesichts der Bedeutung, die in der Sicherheitsstrategie der Union die Cybersicherheit spielt,³⁰² rückt die Europäische Agentur für Cybersicherheit in den Blick.³⁰³ Die Agentur soll auf ein „hohes gemein-

64

---

²⁹⁵ VO (EU) 2018/1726 des Europäischen Parlamentes und des Rates über die Agentur der Europäischen Union für das Betriebsmanagement von IT-Großsystemen im Raum der Freiheit, der Sicherheit und des Rechts (eu-LISA, zur Änderung der Verordnung (EG) Nr. 1987/2006 und des Beschlusses 2007/533/JI des Rates sowie zur Aufhebung der Verordnung (EU) Nr. 1077/2011.
²⁹⁶ Näher zu Shared Services im öffentlichen Sektor *Schuppan*, Shared Service Center, in Veit/Reichard/Wewer, Handbuch der Verwaltungsreform, 5. Aufl. 2019, 297 ff.
²⁹⁷ S. eu-LISA, Artificial Intelligence in the Operational Management of Large-Scale IT-Systems, 2020, abrufbar unter https://bit.ly/3tXV9D6.
²⁹⁸ Näher zur Selbstdarstellung und den Aktivitäten Final report on the JHA agencies network activities 2020, abrufbar unter https://bit.ly/3ilmdH9.
²⁹⁹ VO (EG) Nr. 168/2007 des Europäischen Parlamentes und des Rates zur Errichtung einer Agentur der Europäischen Union für Grundrechte, ABl. 2007 L 53, 1.
³⁰⁰ Vgl. etwa European Union Agency for Fundamental Rights, Programming Document 2020–2022, abrufbar unter https://bit.ly/3nSAVcU, benennt etwa die Untersuchung von Strafjustizsystemen, Grundrechtsfragen der Migration und die Regulierung der KI als Themen. Der Rechtsetzungsvorschlag der Kommission zu einer Aktualisierung des Mandats der Agentur (COM(2020) 225 final, S. 4) sieht eine Klarstellung vor, dass sich der Aufgabenbereich auch auf die justizielle Zusammenarbeit in Strafsachen bezieht.
³⁰¹ Allgemein zur Arbeit der Agentur *Härtel* EuR 2008, 489 ff.; *v. Bogdandy*, Grundrechtsschutz durch die Europäische Grundrechteagentur, in Merten/Papier, Handbuch der Grundrechte in Deutschland und Europa VI/1, 1249 ff.; *Grimheden/Kjaerum/Toggenburg*, 'Administering Human Rights': The Experience of the EU's Fundamental Rights Agency, in Harlow/Leinow/della Cananea, Research Handbook on EU Administrative Law, 2017, 113 ff.
³⁰² S. die EU-Strategie für die Sicherheitsunion der Europäischen Kommission, COM(2020) 605 final, S. 9, die Cybersicherheit als eine der strategischen Prioritäten der Sicherheitsunion benennt.
³⁰³ VO (EU) 2019/881 des Europäischen Parlaments und des Rates v. 17.4.2019 über die ENISA (Agentur der Europäischen Union für Cybersicherheit und über die Zertifizierung der Cybersicherheit von

sames Maß an Cybersicherheit in der gesamten Union" (Art. 3 VO (EU) 2019/881) hinwirken. Mit der zunehmenden Bedeutung dieses Themas hat sich eine Vielfalt an Aufgaben und Zuständigkeiten dieser Agentur entwickelt. Darüber hinaus soll nach den Vorstellungen des Rates auch eine weitere Agentur zur Bekämpfung der Geldwäsche innerhalb der Union gegründet werden.[304] Spätestens dann stellt sich allerdings die Frage, wann die funktionalen Grenzen einer Ausdifferenzierung der Agenturen erreicht sind. Schon jetzt sind mit dieser Vielzahl an Agenturen erhebliche Abstimmungsnotwendigkeiten entstanden, die eine effektive Aufgabenwahrnehmung behindern können.

10. Horizontale Vernetzung innerhalb der unionalen Sicherheitsarchitektur

65 Diese Ausdifferenzierung der Behörden auf Unionsebene auf unterschiedliche Agenturen führt zu Koordinations- und Kooperationsbedürfnissen, da sich die Aufgabenbereiche oftmals überschneiden. Daher wird sekundärrechtlich den Agenturen die Zusammenarbeit mit den Organen, Einrichtungen und sonstigen Stellen aufgegeben, die im Raum der Freiheit, der Sicherheit und des Rechts institutionalisiert worden sind.[305] Die Agenturen haben dazu ein „JHA Agencies Network" gegründet,[306] das auch nach außen hin auftritt und dessen Vorsitz jährlich zwischen den Agenturen rotiert. Hier steht das politisch-strategische Handeln im Vordergrund.[307] So werden gemeinsame Positionspapiere und Presseerklärungen veröffentlicht und ein einheitlicher Auftritt gegenüber dem Ratsausschuss „COSI" (→ Rn. 75) angestrebt. Darüber hinaus gibt es im Unionsrecht praxisgenerierte Handlungsformen für die bilaterale Kooperation in der operativen Tätigkeit der Agenturen. Diese stehen in Abhängigkeit von Art und Intensität der notwendigen Kooperation. So schließen die Agenturen in der Unionspraxis untereinander in der Regel bilaterale Kooperationsvereinbarungen, die sich als öffentlich-rechtliche Verträge des Unionsrechts verstehen lassen. Sie regeln je nach Aufgaben, Zuständigkeiten und thematischen Schnittmengen die Mechanismen der Zusammenarbeit, etwa gemeinsame Aktivitäten oder Arbeitsgruppen zum Informationsaustausch. Hier sind freilich die datenschutzrechtlichen Grenzen einer Informationsweitergabe an andere Behörden in den Blick zu nehmen.

66 Weitergehend ist aber auch eine Institutionalisierung der Kooperation in projektförmiger Art und Weise zu beobachten. Ein aufschlussreiches Beispiel dafür ist das „EU Innovation Hub for Internal Security". Diese Projektgruppe wird von Europol organisiert und besteht aus Vertretern von neun europäischen Agenturen im Sicherheitsbereich, der Kommission, des Rates und des EU-Koordinators zur Terrorismusbekämpfung.[308] Ziel dieses Netzwerkes ist es, die in unterschiedlichem Umfang auch operativ tätigen Behörden zu vernetzen, die sich jeweils in ihrem Zuständigkeitsbereich mit praxisbezogener Forschung und Innovation befassen. Im Vordergrund steht dabei der Einsatz neuer Technologien für die Sicherheitsgewährleistung auf Unionsebene. Im Einklang mit den allgemeinen programmatischen Vorgaben der Europäischen Kommission[309] spielt dabei insbesondere der Einsatz von KI-

---

Informations- und Kommunikationstechnik und zur Aufhebung der Verordnung (EU) Nr. 526/2013 (Rechtsakt zur Cybersicherheit), ABl. 2019 L 151, 15; ursprünglich erfolgte die Errichtung durch die Verordnung (EG) Nr. 460/2004 des Europäischen Parlamentes und des Rates v. 10.3.2004 zur Errichtung der Europäischen Agentur für Netz und Informationssicherheit, ABl. 2004 L 77, 1; zur Vereinbarkeit mit dem Primärrecht s. EuGH Rs. C-217/04, EuZW 2006, 369. Durch mehrere nachfolgende Rechtsakte wurde die ursprünglich befristete Tätigkeit der Agentur verlängert und im Kompetenzumfang erweitert, bevor die VO (EU) 2019/881 erlassen wurde.

[304] Proposal for a Regulation of the European Parliament and the Council establishing the Authority for Anti-Money Laundering and Countering the Financing of Terrorism and amending Regulations (EU) No. 1093/2010, (EU) 1094/2010, (EU) 1095/2010, COM(2021) 421 final.

[305] Exemplarisch Art. 4 Abs. 1 lit. b VO (EU) 2018/1727.

[306] Es besteht aus den in → Rn. 47 genannten Agenturen.

[307] S. den Final report on the JHA agencies network activities 2020, abrufbar unter https://bit.ly/2XJCxep.

[308] Ratsdok. 5905/21 v. 17.2.2021, EU Innovation Hub for Internal Security – state of play, 2.

[309] Mitteilung der Kommission, EU-Strategie für eine Sicherheitsunion, COM(2020) 605 final, 15, 31.

Systeme eine wichtige Rolle.³¹⁰ Der umfangreiche und noch andauernde Aufbau von untereinander verknüpften Datenbanken durch das Unionsrecht (dazu → Rn. 86 ff.) legt die umfassende Nutzung technischer Auswertungsmöglichkeiten nahe. Um die von der Kommission vorgeschlagenen ausgeweiteten Kompetenzen von Europol in dieser Hinsicht auch nutzen zu können,³¹¹ bedarf es nicht nur rechtlicher, sondern auch technischer Voraussetzungen, die durch dieses kollaborative Netzwerk geschaffen werden sollen. Die Semantik von „Innovationslaboren"³¹² und „Innovation Hubs" verweist auf die aktive Rolle der europäischen Verwaltung bei der Schaffung solcher Optionen wie auch die damit einhergehenden Anforderungen an die Verwaltungsorganisation.

III. Andere Unionseinrichtungen zur Sicherheitsgewährleistung

Darüber hinaus sind auf unterschiedlichen unionsrechtlichen Grundlagen weitere Unionseinrichtungen institutionalisiert worden, die sich aufgrund ihrer organisationsrechtlichen Besonderheiten nicht als Unionsagenturen einordnen lassen. Das sind neben der Europäischen Staatsanwaltschaft vor allem die im Rahmen der Gemeinsamen Sicherheits- und Verteidigungspolitik geschaffenen Einrichtungen. 67

1. Europäische Staatsanwaltschaft

Jüngster Ausdruck der fortschreitenden Supranationalisierung der Sicherheitsgewährleistung ist die Einrichtung der Europäischen Staatsanwaltschaft, die Ausdruck der Ungleichzeitigkeiten im Bereich der polizeilichen und justiziellen Zusammenarbeit ist.³¹³ So wird justizielle Zusammenarbeit in Strafsachen später institutionalisiert als die administrative Zusammenarbeit zwischen den Polizeibehörden, obwohl beide funktional eng miteinander verknüpft sind. Bereits Eurojust (→ Rn. 53) wurde erst lange nach der Gründung von Europol eingerichtet. Nunmehr ist nach intensiven politischen Diskussionsprozessen³¹⁴ eine Europäische Staatsanwaltschaft auf der Grundlage von Art. 86 AEUV eingerichtet worden.³¹⁵ Sie ist im Rahmen der verstärkten Zusammenarbeit gegründet, was die Errichtungsprozesse durch die notwendigen innerstaatlichen Entscheidungsprozesse³¹⁶ zusätzlich verlangsamt hat.³¹⁷ Derzeit sind 22 der 27 Mitgliedstaaten an der Europäischen Staatsanwaltschaft beteiligt.³¹⁸ Der rechtliche Regelungsgrad der kollegialen Binnenorganisation sowie die Aufgaben und Befugnisse der Europäischen Staatsanwaltschaft sind dabei durchaus komplex.³¹⁹ 68

Der innovative Integrationsschritt der Europäischen Staatsanwaltschaft liegt in einer neuen Form der Europäisierung: Die – vom Rat ernannten – europäischen Staatsanwälte 69

---

³¹⁰ Ratsdok. 5905/21 v. 17.2.2021, EU Innovation Hub for Internal Security – state of play, 4 nennt dies neben Verschlüsselungstechniken als Priorität des Gremiums.
³¹¹ COM(2020) 796 final.
³¹² Zu diesen Organisationsformen allgemein *Hill* DÖV 2016, 493 ff.
³¹³ Vgl. auch *Aden,* Die Europäische Union als „Sicherheitsunion"? Die gemeinsame Innen- und Justizpolitik, in Müller-Graff, Kernelemente der europäischen Integration, 2020, 461.
³¹⁴ S. schon *Fastenrath/Skerka* ZEuS 2009, 219 (260); *de Waele,* Priority 7: Justice, Fundamental Rights and the Juncker Commission: Qui trop embrasse, mal étreint?, in Stüwe/Panayotopoulos, The Juncker Commission, 2020, 157 (159 f.).
³¹⁵ VO (EU) 2017/1939 des Rates v. 12.10.2017 zur Durchführung einer verstärkten Zusammenarbeit zur Einrichtung der Europäischen Staatsanwaltschaft (EuStA). Vgl. zu den daraus resultierenden Änderungsbedarfen im deutschen Recht *Heger* ZRP 2020, 115 ff.
³¹⁶ Für das deutsche Verfassungsrecht *Pilniok* Parlamentarisches Regieren § 9.
³¹⁷ Obwohl der Rechtsakt bereits 2017 verabschiedet worden ist, ist die Einrichtung der Europäischen Staatsanwaltschaft daher erst 2021 erfolgt.
³¹⁸ EGr 8 der VO (EU) 2017/1939 zählt 20 Mitgliedstaaten auf; nach Verkündung der VO haben sich noch die Niederlande (Beschluss der Kommission v. 1.8.2018, ABl. 2018 L 196, 1) und Malta (Beschluss der Kommission v. 7.8.2018, ABl. 2018 L 201, 2) angeschlossen.
³¹⁹ S. den umfangreichen Kommentar zur VO: *Herrnfeld/Brodowski/Burchard,* European Public Prosecutor's Office, 2021.

führen eigenständig Ermittlungsverfahren und treten vor den mitgliedstaatlichen Gerichten als Vertreter der Anklage auf. Das unterscheidet die Europäische Staatsanwaltschaft von der Tätigkeit von Eurojust, wo förmliche Prozesshandlungen den Strafverfolgungsbehörden der Mitgliedstaaten vorbehalten sind (Art. 85 Abs. 2 AEUV). Ursprünglich lag die Rechtfertigung für diesen Paradigmenwechsel in der These, dass eine unionseigene Behörde Defiziten der Strafverfolgung durch mitgliedstaatliche Behörden bei Delikten zu Lasten der finanziellen Interessen der Europäischen Union begegnen könne. Angesichts der Vielzahl und Vielfalt der zu bearbeitenden Ermittlungsverfahren wurden aus der Sicht der EU nicht immer die wünschenswerten Ressourcen eingesetzt. Schon bevor die Europäische Staatsanwaltschaft ihre Arbeit aufgenommen hat, hat die Kommission jedoch für eine Ausweitung der Zuständigkeiten auf grenzüberschreitende terroristische Straftaten plädiert.[320] Mit der Europäischen Staatsanwaltschaft dürften daher – wie im Bereich der Agenturen wie Europol auch – Institutionalisierungsprozesse in Gang gesetzt worden sein, die sukzessive zu einer stärkeren Rolle der Europäischen Staatsanwaltschaft im Hinblick auf grenzüberschreitende Delikte allgemein führen.[321] Dazu müssten jedoch Legitimations- und Verantwortlichkeitsfragen gerade vor dem Hintergrund der unionsrechtlich konzipierten Unabhängigkeit der Staatsanwaltschaft[322] in den Blick genommen werden. Durch die verstärkte Zusammenarbeit ist das Europäische Parlament im Rahmen der Zustimmung zu Verordnungen nur sehr begrenzt eingebunden, während die Entscheidungszuständigkeiten vom Rat wahrgenommen werden. Von daher stellt sich die Frage nach einem angemessenen Kontrollregime für die Europäische Staatsanwaltschaft.

2. Europäische Verteidigungsagentur

70 Einen organisationsrechtlichen Sonderstatus gegenüber den übrigen Unionsagenturen im Sicherheitsbereich hat zudem die Europäische Verteidigungsagentur. Sie findet ihre primärrechtliche Grundlage in den Art. 42 und 45 EUV und ist eng an den Hohen Repräsentanten (→ Rn. 42) gekoppelt.[323] Sie unterscheidet sich deutlich von den übrigen EU-Sicherheitsagenturen der Union.[324] Die Verteidigungsagentur wird vom Hohen Vertreter der Union für Außen- und Sicherheitspolitik geleitet.[325] Daher ist sie auch nicht wie die anderen Agenturen als dezentrale Agentur in einem der Mitgliedstaaten, sondern in Brüssel am Sitz von Kommission und Rat angesiedelt.[326] Sie steht unter der politischen Aufsicht des Rates und ist diesem gegenüber berichtspflichtig.[327] Damit unterliegt sie nicht der parlamentarischen Kontrolle durch das Europäische Parlament. Zudem handelt es sich um eine Organisationsform der verstärkten Zusammenarbeit, da die Mitwirkung der Mitglied-

---

[320] Mitteilung der Kommission an das Europäische Parlament und den Europäischen Rat, Ein Europa, das schützt: eine Initiative zur Ausweitung der Zuständigkeiten der Europäischen Staatsanwaltschaft auf grenzüberschreitende terroristische Straftaten, COM(2018) 641 final, einschließlich eines Entwurfs für einen Beschluss des Europäischen Rates; s. auch die EU-Strategie für eine Sicherheitsunion, COM(2020) 605 final, S. 20: „Nach wie vor gilt es, dass Mandat der Europäischen Staatsanwaltschaft auf terroristische Straftaten mit grenzüberschreitendem Bezug auszuweiten.".
[321] S. auch *Aden*, Die Europäische Union als „Sicherheitsunion"? Die gemeinsame Innen- und Justizpolitik, in Müller-Graff, Kernelemente der europäischen Integration, 2020, 470.
[322] Vgl. Art. 6 der VO (EU) 2017/1939.
[323] Beschluss (GASP) 2015/1835 des Rates v. 12.10.2015 über die Rechtsstellung, den Sitz und die Funktionsweise der Europäischen Verteidigungsagentur, ABl. 2015 L 266, 55.
[324] Der spezifische Status dieser Agentur spiegelt sich auch in eigenständigen organisationsrechtlichen Rahmenbedingungen wider: Beschluss (EU) 2016/1351 des Rates v. 4.8.2016 über das Statut der Bediensteten der Europäischen Verteidigungsagentur und zur Aufhebung des Beschlusses 2004/676/EG, ABl. 2016 L 219, 1; Beschluss (EU) 2016/1352 des Rates v. 4.8.2016 betreffend die Regelung für zur Europäischen Verteidigungsagentur abgeordnete nationale Experten und zur Aufhebung des Beschlusses 2004/677/EG, ABl. 2016 L 219, 82; Beschluss (EU) 2016/1353 des Rates v. 4.8.2016 über die Finanzregelung der Europäischen Verteidigungsagentur und zur Aufhebung des Beschlusses 2007/643/GASP, ABl. 2016 L 219, 98.
[325] Art. 7 Abs. 1 Beschluss (GASP) 2015/1835 des Rates v. 12.10.2015.
[326] Art. 1 Abs. 5 Beschluss (GASP) 2015/1835 des Rates v. 12.10.2015.
[327] Art. 1 Abs. 2 Beschluss (GASP) 2015/1835 des Rates v. 12.10.2015.

staaten im Rahmen der Agentur freiwillig ist. Davon haben alle Mitgliedstaaten außer Dänemark Gebrauch gemacht. Die Vertreter der Mitgliedstaaten wirken über einen Lenkungsausschuss an der Leitung der Verteidigungsagentur mit.[328] Ihre Aufgaben liegen in der Förderung der Kooperation im Verteidigungsbereich mit einem Fokus auf die Ausrüstung, insbesondere durch die Schaffung gemeinsamer Standards für die Beschaffung, kooperative Vergabeverfahren und die Initiierung von Forschungs- und Entwicklungsprojekten.

3. Institut der Europäischen Union für Sicherheitsstudien

Zu den auf der Grundlage der GASP eingerichteten Institutionen zählt schließlich das Institut der Europäischen Union für Sicherheitsstudien.[329] Es zählt zu den wissensgenerierenden Einrichtungen der Union und soll Studien und Analysen für das auswärtige Handeln der EU bereitstellen. Es handelt sich insofern um eine Art „Ressortforschungseinrichtung" auf europäischer Ebene. Mit gerade einmal 24 Mitarbeitenden zählt es zu den kleinsten verselbstständigten Verwaltungseinheiten der Union. Das wirft die Frage auf, ob die Eigenständigkeit sinnvoll ist oder sich nicht eine Integration in andere Organisationszusammenhänge – etwa des Europäischen Auswärtigen Dienstes oder der Gemeinsamen Forschungsstelle der Union[330] – anbietet. 71

E. Handlungsmodi in der Sicherheitsunion

Die bisherige Bestandsaufnahme und Analyse der Kompetenzstrukturen und der institutionellen Architektur der Sicherheitsgewährleistung durch die Europäische Union haben zweifelsohne die Komplexität und Vielgestaltigkeit der Sicherheitsunion deutlich gemacht. Dies betrifft auch die Handlungsformen, die sich grundsätzlich aus den im Primärrecht bereitgestellten Handlungsformen (Art. 288 AEUV) sowie die in den Politiken jeweils vorgesehenen Möglichkeiten ergeben. Im Folgenden werden die Handlungsmodi verdichtet, um wesentliche Merkmale der Governance-Modi zu beschreiben. Integration zur Sicherheitsgewährleistung findet erstens durch Institutionalisierung, Netzwerke und wechselseitige Beobachtung statt, zweitens durch Harmonisierung von Rechtsvorschriften, drittens durch den Betrieb von Datenbanken und anderen Wissensinfrastrukturen sowie viertens durch Finanzierung. 72

I. Integration durch Institutionalisierung, Kooperation und wechselseitiges Lernen

1. Institutionalisierung von unionseigenen Sicherheitsbehörden

Die Analyse der unionalen Sicherheitsarchitektur macht eine wesentliche Handlungsform der europäischen Sicherheitsunion mehr als deutlich: die Institutionalisierung von sicherheitsrelevanten Akteuren auf dieser Ebene.[331] Die Schaffung administrativer Kapazitäten lässt sich zunächst aus einer funktionalistischen Perspektive dahingehend betrachten, dass mit ihnen bestimmte Zwecke und Aufgaben erfüllt werden sollen, etwa die Verbesserung der Grenzsicherung oder die polizeiliche Zusammenarbeit. Erst autonome administrative Kapazitäten ermöglichen der Union das Verfolgen einer Integrationsagenda, indem Informationen gesammelt, Vorschläge entwickelt und Entscheidungen durchgeführt werden können.[332] Mit ihnen geht eine stetige vertikale Spezialisierung im europäischen Verbund 73

---
[328] Art. 8, 9 Beschluss (GASP) 2015/1835 des Rates v. 12.10.2015.
[329] Beschluss 2014/75/GASP des Rates v. 10.2.2014 über das Institut der Europäischen Union für Sicherheitsstudien, ABl. 2014 L 41, 13.
[330] Zu dieser *Pilniok* DÖV 2012, 662 ff.
[331] Vgl. zur Institutionalisierung als Modus europäischer Sicherheitsgewährleistung auch *Schöndorf-Haubold* in Gusy/Kugelmann/Würtenberger Zivile Sicherh-HdB 691 (704 ff.).
[332] Allgemein *Pilniok* Governance im europäischen Forschungsförderverbund 90.

einher.³³³ Zudem ist dadurch, dass in allen Organen und Einrichtungen der Union, insbesondere der Kommission, auch abgeordnete nationale Beamte tätig werden, eine erhebliche Sozialisationswirkung zugunsten einer genuin europäischen Perspektive verbunden. Damit ist jedoch nur ein Teil der relevanten Aspekte erfasst. In unterschiedlichem Ausmaß weisen die unionseigenen Institutionen einen hohen Symbolwert auf und stellen eine Projektionsfläche für Integrationsbefürworter wie -gegner dar; dies plausibilisiert etwa der Blick auf Europol. Als Organisationen müssen die Behörden dann beständig ihre Existenzberechtigung nachweisen, und zwar nicht nur durch die Aufgabenerledigung, sondern auch durch entsprechende kommunikative Handlungen. Dadurch wird kontinuierlich die unionale Dimension der Sicherheitsgewährleistung sichtbar. Darüber hinaus beginnt schon mit der Einrichtung der Agenturen deren Streben nach einer Expansion, die durch ihre Autonomie von der Kommission noch befördert wird. Dies betrifft nicht nur die personellen und finanziellen Ressourcen, sondern auch die Befugnisse. Treffend werden die Agenturen allgemein daher als „Polit-Unternehmer" beschrieben,³³⁴ die eine eigene Agenda entwickeln und diese gegenüber den Unionsorganen sowie den Mitgliedstaaten und ihren Behörden durchzusetzen versuchen. Auch darauf dürfte die hohe Dynamik bei den sekundärrechtlichen Rechtsgrundlagen der Agenturen zurückzuführen sein. Schließlich darf auch nicht übersehen werden, dass bei allem Ausbau der administrativen Ressourcen auf europäischer Ebene diese begrenzt bleiben. Die Governance-Strukturen der Sicherheitsunion sind auch durch ihre Asymmetrie von Gestaltung, Unterstützung und Koordinierung einerseits und operativem Handeln durch mitgliedstaatliche Behörden andererseits geprägt.

74 Daneben tritt die Institutionalisierung von Netzwerken der Sicherheitsakteure. Der europäische Sicherheitsverbund zeichnet sich dadurch aus, dass auf unterschiedlichen Ebenen und in differierenden Konstellationen eine umfassende Vernetzung und Zusammenarbeit etabliert wird.³³⁵ Dabei handelt es sich um formelle wie auch informelle Netzwerke, deren Aufgaben demensprechend weit variieren können. An diesen sind die Unionsakteure regelhaft beteiligt, weil sie gleichsam den organisationsrechtlichen wie institutionellen Ankerpunkt dieser Netzwerke darstellen. Auch die Netzwerke erfüllen weitergehende Funktionen als die ihnen offiziell zugeschriebenen Aufgaben der Ermöglichung von Zusammenarbeit und Abstimmung. Insbesondere gehen mit ihnen weitgehende Sozialisationseffekte einher: Mitgliedstaatliche Beamte kommen in Kontakt mit den Perspektiven anderer nationaler und der europäischen Institutionen, die auch ihre Weltsicht auf die gemeinsam zu bearbeitenden Probleme prägen.³³⁶

2. Kooperation der Sicherheitsbehörden

75 Zu den formellen Kooperationsgremien zählt etwa der Ständige Ausschuss für die operative Zusammenarbeit im Bereich der Inneren Sicherheit (COSI). Dass dieser mit Art. 71 AEUV primärrechtlich innerhalb des Rates eingerichtet wird, bringt institutionell die besondere nationale Sensibilität für die Sicherheitspolitik zum Ausdruck.³³⁷ Dieser Ausschuss ist nicht an der Rechtsetzungsfunktion des Rates beteiligt, sondern soll die operative Zusammenarbeit der Mitgliedstaaten hinsichtlich der inneren Sicherheit fördern. Das umfasst insbesondere die Kooperation von Polizei, Zoll und Justizbehörden sowie den gemeinsamen Schutz der Außengrenzen. Der Ausschuss setzt sich aus Beamten der nationalen Ministerien zusammen. Daneben sind die Kommission und der Europäische Auswärtige Dienst sowie

---

³³³ *Egeberg/Trondal*, An Organizational Approach to Public Governance: Understanding and Design, 2018, 87.
³³⁴ *Wood* European Journal of Political Research 57 (2018), 404 ff.
³³⁵ S. auch die Beiträge in *Aden* (ed.), Police cooperation in the European Union under the Treaty of Lisbon, 2015.
³³⁶ S. zu dieser Funktion der Ausschüsse des Rates *Pilniok* Governance im europäischen Forschungsförderverbund 171 ff.
³³⁷ Beschluss des Rates v. 25.2.2010 zur Einsetzung des Ständigen Ausschusses für die operative Zusammenarbeit im Bereich der inneren Sicherheit (2010/131/EU), ABl. 2010 L 52, 50.

E. Handlungsmodi in der Sicherheitsunion § 9

die verselbstständigten Sicherheitsbehörden der Union vertreten. Zu den Funktionsproblemen des Ausschusses wird gerechnet, dass das Gremium mit regelmäßig knapp einhundert Teilnehmenden nicht für die operative Koordinierung geeignet ist; auch die temporäre Anwesenheit der Mitglieder wird kritisch gesehen.[338] Allerdings trägt der Ausschuss zum Entstehen einer gemeinsamen Problemsicht innerhalb der Union bei. Dies gilt auch für die weiteren Ausschüsse des Rates, die aufgrund des Selbstorganisationsrechts des Rates ohne eine explizite primär- oder sekundärrechtliche Grundlage eingesetzt worden sind. So besteht ein Koordinierungsausschuss für den Bereich der polizeilichen und justiziellen Zusammenarbeit in Strafsachen (CATS) sowie Arbeitsgruppen beispielsweise zu den Themen Informationsaustausch und Datenschutz, Katastrophenschutz, Strafrecht, Strafverfolgung, Terrorismus sowie Zusammenarbeit im Zollwesen und in Strafsachen.[339] Die von außen schwer zu verfolgenden Strukturen können Fragen der Verantwortlichkeit aufwerfen, auch wenn die Ausschüsse über keine formellen Entscheidungskompetenzen verfügen. Ob dafür ein regelmäßiger Bericht an das Europäische Parlament, der allerdings nur in größeren Zeitabständen erfolgt, ausreichend ist, wird daher kritisch gesehen.[340]

Auch die Kommission ist mit den Komitologieausschüssen und den Expertengruppen **76** Knotenpunkt formeller wie eher informeller Netzwerke in der Sicherheitspolitik (s. auch → Rn. 74). Teilweise sind auch sekundärrechtlich europäische Netze von Verbindungsbeamten eingerichtet, die die Zusammenarbeit mit den Mitgliedstaaten thematisch fokussiert erleichtern sollen.[341] Daneben sind vor allem die Agenturen auf die Ausbildung von entsprechenden Kooperationsstrukturen mit den mitgliedstaatlichen Behörden angewiesen. Teils sind diese sekundärrechtlich vorgesehen wie etwa das Europäische Grenzüberwachungssystem, in dem Frontex im Kommunikationsnetz mit den Mitgliedstaaten Lagebilder und Erkenntnisse austauscht.[342] Ansonsten können sie auf das Selbstorganisationsrecht der Behörden und die primärrechtlichen Aufträge zur Zusammenarbeit gestützt werden. Ein Beispiel dafür ist etwa das „Frontex Risk Analysis Network", das Risikoabschätzungen auf der Grundlage der unterschiedlichen Wissensbestände von Frontex und den nationalen Experten erstellen soll.[343] Das deuten schon die unterschiedlichen Funktionen an, die solchen informellen Kooperationsstrukturen zukommen. Sie dienen überwiegend dem Informationsaustausch, übernehmen teilweise aber auch exekutive Aufgaben wie die Erstellung von Risikoeinschätzungen und regulative Funktionen wie die Verabredung gemeinsamer technischer Standards.[344] Anders als in anderen Bereichen bestehen in der Sicherheitsunion solche Netzwerke nahezu durchgängig aus Vertretern der nationalen und europäischen Behörden, während nur im Einzelfall Unternehmen oder andere private Akteure beteiligt werden.[345] Auch bezüglich der von der Kommission und den Agenturen initiierten Netzwerke sind Transparenz und Verantwortlichkeit nicht immer hinreichend.[346]

Die Kooperationszusammenhänge werden darüber hinaus durch die Einrichtung von **77** institutionellen Formaten der gemeinsamen Ausbildung oder des wechselseitigen Austau-

---

[338] *Bossong/Rhinard*, Terrorism and transnational crime in Europe, in Economides/Sperling, EU Security Strategies, 2018, 181 (190).
[339] S. das Register des Rates bezüglich der Vorbereitungsgremien, abrufbar unter https://bit.ly/3kwFRT8.
[340] Kritisch *De Capitani* in Bignami, EU Law in Populist Times: Crises and Prospects, 2020, 401 f.
[341] Vgl. etwa die VO (EU) 2019/1240 des Europäischen Parlaments und des Rates v. 20.6.2019 zur Schaffung eines Netzes von Verbindungsbeamten für Zuwanderungsfragen, ABl. 2019 L 198, 88.
[342] VO (EU) Nr. 1052/2013 des Europäischen Parlaments und des Rates v. 22.10.2013 zur Errichtung eines Europäischen Grenzüberwachungssystems (EUROSUR), ABl. 2013 L 295/11.
[343] *Bossong*, Informelle Governance zur Inneren Sicherheit in Europa, in Frevel/Wendekamm, Sicherheit zwischen Staat, Markt und Zivilgesellschaft, 2017, 107.
[344] *Bossong*, Informelle Governance zur Inneren Sicherheit in Europa, in Frevel/Wendekamm, Sicherheit zwischen Staat, Markt und Zivilgesellschaft, 2017, 108 f.
[345] *Bossong*, Informelle Governance zur Inneren Sicherheit in Europa, in Frevel/Wendekamm, Sicherheit zwischen Staat, Markt und Zivilgesellschaft, 2017, 110 f.
[346] *Bossong*, Informelle Governance zur Inneren Sicherheit in Europa, in Frevel/Wendekamm, Sicherheit zwischen Staat, Markt und Zivilgesellschaft, 2017, 113.

sches im Rahmen der militärischen Ausbildung befördert. In ganz unterschiedlichen Formen gibt es solche Angebote institutionalisiert für die Polizeibehörden[347] und das Militär[348] sowie in Form von unional geförderten Projekten[349]. Auch im Bereich der Justiz sind entsprechende Angebote zu verzeichnen.[350] Damit trägt die Union – wie in anderen Politiken auch – subkutan zur Integration bei, indem gemeinsame Perspektiven und Erfahrungshorizonte entwickelt werden. Damit wird die für eine Sicherheitsunion unverzichtbare epistemische Dimension der Integration adressiert.

78 Noch stärker auf das tatsächliche Handeln der Sicherheitsbehörden ausgerichtet sind die Amtshilfe und die sekundärrechtliche ermöglichte operative Kooperation.[351] Die Amtshilfe ist vielfach auf den Einzelfall bezogen und schon aufgrund der Pflicht zur loyalen Zusammenarbeit im europäischen Verwaltungsraum geboten. Um insoweit gleichwohl verlässliche Rahmenbedingungen zu schaffen, die die sachbereichsspezifischen Besonderheiten berücksichtigen, ist die Amtshilfe auch sekundärrechtlich ausgeformt worden. Diese betrifft auch und gerade den Informationsaustausch der Strafverfolgungsbehörden.[352] Dieser soll nach mehreren Vorschlägen der Kommission noch detaillierter unionsrechtlich strukturiert werden[353] und die polizeiliche Zusammenarbeit in der Sicherheitsunion jedenfalls durch eine Empfehlung stärker konturiert werden.[354] Auch bezüglich anderer Sicherheitsbehörden bestehen sekundärrechtliche Kooperationsmechanismen.[355] Noch weitergehender ist dann die operative Kooperation, etwa durch Gemeinsame Einsatzteams, deren Mitglieder aus Behörden unterschiedlicher Mitgliedstaaten stammen. Dieses Modell kommt etwa bei strafrechtlichen Ermittlungen[356] sowie bei der Grenzsicherung durch Frontex und die zuständigen Mitgliedstaaten zum Einsatz.[357]

---

[347] Durch die Agentur CEPOL → Rn. 59.
[348] Beschluss (GASP) 2020/1515 des Rates v. 19.10.2020 zur Errichtung eines europäischen Sicherheits- und Verteidigungskollegs und zur Aufhebung des Beschlusses 2016/2382, ABl. 2020 L 348, 1; zuletzt geändert durch Beschluss (GASP) 2021/1824 des Rates vom 18. Oktober 2021 zur Änderung des Beschlusses (GASP) 2020/1515 zur Errichtung eines Europäischen Sicherheits- und Verteidigungskollegs (ESVK), ABl. 2021 L 369/13.
[349] Zur Finanzierung der Sicherheitsgewährleistung → Rn. 97 ff.
[350] Näher *Pache* in Niedobitek EuropaR § 21 Rn. 214 f., 248.
[351] S. – wenn auch älter – *Harings*, Grenzüberschreitende Zusammenarbeit der Polizei- und Zollverwaltungen und Rechtsschutz in Deutschland, in Schmidt-Aßmann/Schöndorf-Haubold, Der Europäische Verwaltungsverbund, 2005, 127 ff.
[352] Art. 39 ff. des Schengen-Durchführungsübereinkommens, ABl. 2000 L 239/19; Rahmenbeschluss 2006/960/JI des Rates v. 18.12.2006 über die Vereinfachung des Austauschs von Informationen und Erkenntnissen zwischen den Strafverfolgungsbehörden der Mitgliedstaaten der Europäischen Union, ABl. 2000 L 386/89.
[353] Proposal for a Regulation of the European Parliament and the Council on automated data exchange for police cooperation („Prüm II"), amending Council Decisions 2008/615/JHA and 2008/616/JHA and Regulations (EU) 2018/1861 and 2019/818 of the European Parliament and of the Council, COM(2021) 784 final; vom Anwendungsbereich her weiter noch der Proposal for a Directive of the European Parliament and the Council on information exchange between the law enforcement authorities of the Members States, repealing Council Framework Decision 2006/960/JHA, COM(2021) 782 final; s. auch Proposal for a Regulation of the European Parliament and the Council amending Regulation (EU) 2018/1727 of the European Parliament and of the Council and Council Decision 2005/671/JHA, as regards the digital information exchange in terrorism cases, COM(2021) 757 final.
[354] Proposal for a Council Recommendation on operational police cooperation, COM(2021) 780 final.
[355] Exemplarisch mit Bezug auf die Betrugsbekämpfung im Binnenmarkt die VO (EG) Nr. 515/97 des Rates v. 13.3.1997 über die gegenseitige Amtshilfe zwischen Verwaltungsbehörden der Mitgliedstaaten und die Zusammenarbeit dieser Behörden mit der Kommission im Hinblick auf die ordnungsgemäße Anwendung der Zoll- und Agrarregelung, ABl. 1997 L 82/1 in der Fassung der VO (EU) 2015/1525 des Europäischen Parlaments und des Rates v. 9.9.2015 zur Änderung der Verordnung (EG) Nr. 515/97 des Rates v. 13.3.1997 über die gegenseitige Amtshilfe zwischen Verwaltungsbehörden der Mitgliedstaaten und die Zusammenarbeit dieser Behörden mit der Kommission im Hinblick auf die ordnungsgemäße Anwendung der Zoll- und Agrarregelung, ABl. 2018 L 243/1.
[356] Rahmenbeschluß des Rates v. 13.6.2002 über gemeinsame Ermittlungsgruppen, ABl. 2002 L 162/1; vgl. jetzt zur Reform Proposal for a Regulation of the European Parliament and the Council establishing a collaboration platform to support the functioning of Joint Investigation Teams and amending Regulation (EU) 2018/1726, COM(2021) 756 final.
[357] Näher *Schöndorf-Haubold* in Gusy/Kugelmann/Würtenberger Zivile Sicherh-HdB 691 (708 f.).

E. Handlungsmodi in der Sicherheitsunion   § 9

3. Wechselseitige Beobachtung und Lernen

Diese Kooperationsstrukturen werden ergänzt durch unterschiedliche Mechanismen der 79
wechselseitigen Beobachtung und Bewertung der nationalen Sicherheitspolitiken. Auch
hier lassen sich rechtlich abgesicherte und informellere Formen identifizieren. Zudem kann
man danach unterscheiden, ob die Bewertung supranational von der Kommission bzw.
einer Agentur vorgenommen wird oder von den übrigen Mitgliedstaaten. Supranationale,
sekundärrechtlich verankerte Bewertungen finden sich beispielsweise im europäischen
Rechtsrahmen für den Grenzschutz. Danach bewerten die Kommission und Frontex die
Fähigkeiten der nationalen Grenzschutzbehörden.[358] Daran knüpfen wiederum die Förderprogramme der Union an, die den Mitgliedstaaten unter anderem eine Beseitigung der
Mängel erlauben sollen.[359] Einen ähnlichen Mechanismus sieht auch das Europäische
Semester vor, soweit es Berührungspunkte zu Sicherheitsfragen aufweist. So wird in den
Länderberichten der Kommission das Ausmaß der Korruption bewertet;[360] Gegenmaßnah-
men sind unter expliziter Bezugnahme auf diese Feststellungen aus den Unionsprogrammen
förderfähig (→ Rn. 97 ff.).

Daneben setzt die Union in verschiedenen Varianten und unter differierenden Bezeich- 80
nungen in nahezu allen Politiken Leistungswettbewerbe und Mechanismen wechselseitiger
Beobachtung ein, um ihre Integrationsziele zu befördern.[361] Ein wechselseitiger „Peer
Review" der Mitgliedstaaten untereinander in bestimmten Teilbereichen der Sicherheitspolitik soll dazu beitragen, besonders gute Lösungen zu finden – wobei sich immer die Frage
nach den Kriterien stellt – und den Mitgliedstaaten das wechselseitige Lernen zu ermöglichen.
Entsprechende Prozesse werden typischerweise von der Kommission initiiert und moderiert.
So ist etwa im Bereich der Terrorismusbekämpfung ein Peer Review durchgeführt worden.[362] Zudem ist seit längerem umfassendes Koordinierungs- und Kooperationsverfahren in
der Kriminalitätsbekämpfung unter dem Akronym EMPACT (European Multidisciplinary
Platform Against Criminal Threats) nach einer rund zehnjährigen Praxis als dauerhaftes
Instrument vom Rat etabliert worden ist. Die Grundidee dieses Verfahrens ist, dass für
mehrere Jahre („Zyklen") Ziele und Prioritäten gemeinsam nach umfassender Vorbereitung
durch den Rat festgelegt werden. Die jüngst vom Rat beschlossenen Bereiche umfassen etwa
so weite Bereiche wie Umweltkriminalität, den Schmuggel von Waffen und Drogen oder
Cyberattacken.[363] Im Anschluss entwickeln die Kommission, die Agenturen und die Mitgliedstaaten mehrjährige Strategiepläne, die Teilziele und Maßnahmen konkretisieren.

II. Integration durch die Harmonisierung des Sicherheitsrechts[364]

Der Begriff des Sicherheitsrechts vereint höchst unterschiedliche Materien, namentlich das 81
Straf- und Ordnungswidrigkeitenrecht, das Polizeirecht, das Ordnungsrecht, das Wehr-
und Zivilschutzrecht, das Nachrichtendienstrecht, das Wehr- und Zivilschutzrecht sowie

---

[358] VO (EU) Nr. 1053/2013 des Rates v. 7.10.2013 zur Einführung eines Evaluierungs- und Überwachungs-
mechanismus für die Überprüfung und Anwendung des Schengen-Besitzstands und zur Aufhebung des
Beschlusses des Exekutivausschusses v. 16.9.1998 bezüglich der Errichtung des Ständigen Ausschusses
Schengener Durchführungsübereinkommen, ABl. 2013 L 295/27.
[359] Zu diesen Programmen → Rn. 97 ff.
[360] Zu diesem Kriterium allgemein Europäische Kommission, 2020 Europäisches Semester: Bewertung der
Fortschritte bei der Strukturreformen, Vermeidung und Korrektur makroökonomischer Ungleichgewich-
te und Ergebnisse der eingehenden Überprüfung gemäß der Verordnung (EU) Nr. 1176/2011, COM
(2020) 150 final, S. 4.
[361] Grundsätzlich zu solchen Mechanismen *Pilniok* Governance im europäischen Forschungsförderverbund
200 ff.
[362] Instruktive Analyse bei *Bossong* Cooperation and Conflict 47 (2012), 519 ff.
[363] https://bit.ly/3liHrrF.
[364] Hier liegt der Fokus auf der staatlichen Sicherheitsgewährleistung. Nimmt man im Sinne einer Ko-
Produktion von Sicherheit durch staatliche und nicht-staatliche Akteure in den Blick, kommt bezüglich
des Sicherheitsgewerbes noch die negative Integration durch die Grundfreiheiten hinzu, vgl. näher *Pitschas*
NVwZ 2002, 519 ff.

das Katastrophenschutzrecht.[365] Wie oben herausgearbeitet (→ Rn. 10 ff.) verfügt die Union nur in einem Teil dieser Rechtsmaterien über die Kompetenzen zur Harmonisierung von Rechtsmaterien. Auf dieser Grundlage ist punktuell ein Bestand des europäischen Sicherheitsrechts entstanden, das jeweils in die nationalen Regelungsstrukturen zu integrieren ist.[366] Versucht man dies exemplarisch zu erfassen, so lassen sich besonders die folgenden Bereiche identifizieren.

1. Harmonisierung im Strafrecht

82 In den zwei Dekaden seit der Einführung der Kompetenzen des Raums der Freiheit, der Sicherheit und des Rechts im Unionsrecht hat sich ein europäisches Strafrecht als eigenständiges (Teil-)Rechtsgebiet herausgebildet. Dabei kommt in verschiedenen Teilbereichen das klassische Instrumentarium der Union zur Anwendung, nämlich die Harmonisierung des Rechts in den Mitgliedstaaten durch die Festlegung von Mindestanforderungen in entsprechenden Richtlinien mit den entsprechenden unionsrechtlichen Folgen.[367] Die harmonisierten Gegenstände sind mittlerweile weit gespannt. Sie betreffen zum einen das Strafverfahrensrecht. Dort werden spezifische europäische Instrumente geschaffen,[368] das Prinzip der gegenseitigen Anerkennung präzisiert[369] und auf Verfahren mit grenzüberschreitendem Bezug reagiert,[370] zentrale Bauelemente rechtsstaatlicher Verfahren wie das Recht auf Belehrung und Unterrichtung[371] sowie den Zugang zu einem Rechtsbeistand[372] harmonisiert, um Mindeststandards unionsrechtlich zu sichern.[373] Zum anderen gibt es auch unionsrechtliche Vorgaben bezüglich des Sanktionenrechts[374] sowie bestimmter Deliktsfelder im materiellen Strafrecht.[375] Dabei strebt die Kommission derzeit eine Auswei-

---

[365] Vgl. *Wolff* VVDStRL 81 (2021), 437 ff.
[366] S. den Überblick bei *Pache* in Niedobitek EuropaR § 21 Rn. 262 ff.
[367] *De Capitani* in Bignami, EU Law in Populist Times: Crises and Prospects, 2020, 394 ff.
[368] RL (EU) 2011/99 des Europäischen Parlaments und des Rates v. 13.12.2011 über die Europäische Schutzanordnung, ABl. 2011 L 338, 2; RL (EU) 2014/41 des Europäischen Parlaments und des Rates v. 3.4.2014 über die Europäische Ermittlungsanordnung in Strafsachen, ABl. 2014 L 130, 1; zuletzt geändert durch RL (EU) 2022/228 des Europäischen Parlaments und des Rates vom 16.2.2022 zur Änderung der Richtlinie 2014/41/EU im Hinblick auf deren Angleichung an die Unionsvorschriften über den Schutz personenbezogener Daten, ABl. 2022 L 39/1.
[369] VO (EU) 2018/1805 des Europäischen Parlaments und des Rates v. 14.11.2018 über die gegenseitige Anerkennung von Sicherstellungs- und Einziehungsentscheidungen, ABl. 2018 L 303, 1.
[370] RL (EU) 2010/64 des Europäischen Parlaments und des Rates v. 20.10.2010 über das Recht auf Dolmetschleistungen und Übersetzungen in Strafverfahren, ABl. 2010 L 280, 1.
[371] RL (EU) 2012/13 des Europäischen Parlaments und des Rates v. 22.5.2012 über das Recht auf Belehrung und Unterrichtung in Strafverfahren, ABl. 2012 L 142, 1.
[372] RL (EU) 2013/48 des Europäischen Parlaments und des Rates v. 22.10.2013 über das Recht auf Zugang zu einem Rechtsbeistand in Strafverfahren und in Verfahren zur Vollstreckung des Europäischen Haftbefehls sowie über das Recht auf Benachrichtigung eines Dritten bei Freiheitsentzug und das Recht auf Kommunikation mit Dritten und mit Konsularbehörden während des Freiheitsentzugs, ABl. 2013 L 294, 1.
[373] S. über die genannten Rechtsakte hinaus die RL (EU) 2016/343 des Europäischen Parlaments und des Rates v. 9.3.2016 über die Stärkung bestimmter Aspekte der Unschuldsvermutung und das Recht auf Anwesenheit in der Verhandlung in Strafverfahren, ABl. 2016 L 65, 1; RL (EU) 2016/800 des Europäischen Parlaments und des Rates v. 11.5.2016 über Verfahrensgarantien in Strafverfahren für Kinder, die Verdächtige oder beschuldigte Personen in Strafverfahren sind, ABl. 2016 L 132, 1; RL (EU) 2016/1919 des Europäischen Parlaments und des Rates v. 26.10.2016 über Prozesskostenhilfe für Verdächtige und beschuldigte Personen in Strafverfahren sowie für gesuchte Personen in Verfahren zur Vollstreckung des Europäischen Haftbefehls, ABl. 2016 L 297, 1.
[374] RL (EU) 2014/42 des Europäischen Parlaments und des Rates v. 3.4.2014 über die Sicherstellung und Einziehung von Tatwerkzeugen und Erträgen aus Straftaten in der Europäischen Union, ABl. 2014 L 127, 39.
[375] S. etwa RL (EU) 2011/36 des Europäischen Parlaments und des Rates v. 5.4.2011 zur Verhütung und Bekämpfung des Menschenhandels und zum Schutz seiner Opfer sowie zur Ersetzung des Rahmenbeschlusses 2002/629/JI des Rates, ABl. 2011 L 101, 1; RL (EU) 2011/93 des Europäischen Parlaments und des Rates v. 13.12.2011 zur Bekämpfung des sexuellen Missbrauchs und der sexuellen Ausbeutung von Kindern sowie der Kinderpornografie sowie zur Ersetzung des Rahmenbeschlusses 2004/68/JI, ABl. 2011 L 335, 1; RL (EU) 2017/1371 des Europäischen Parlaments und des Rates v. 5.7.2017 über die strafrechtliche Bekämpfung von gegen die finanziellen Interessen der Union gerichteten Betrug, ABl. 2017 L 198, 29.

tung der EU-Straftatbestände gem. Art. 83 Abs. 1 UAbs. 2 AEUV um „Hetze und Hasskriminalität" an;[376] zukünftig sind weitere sukzessive Ausdehnungen des Verantwortungsbereichs der Union zu erwarten. Zudem liegt dem europarechtlichen Strafrechtsbegriff ein weiteres Verständnis zugrunde, das auch Normen zur Verhütung von Straftaten umfasst. Dementsprechend ist etwa die Richtlinie zur Fluggastdatenspeicherung auf die strafrechtlichen Unionskompetenzen gestützt worden.[377]

2. Harmonisierung im Gefahrenabwehr- und Ordnungsrecht

Teilweise zielen Rechtsakte, die eng mit der Harmonisierung des Strafrechts verknüpft sind, auf die Gefahrenabwehr. Dies gilt beispielsweise für die Bekämpfung von Geldwäsche und Terrorismusfinanzierung. Hier werden auch präventive Maßnahmen getroffen, die zur Verhinderung entsprechender Straftaten beitragen sollen, etwa durch die Etablierung von Überwachungssystemen.[378] Darüber hinaus lassen sich auch ordnungsrechtliche Vorschriften der Prävention und Gefahrenabwehr zurechnen. Im Binnenmarkt sind zudem auf der Grundlage von Art. 114 Abs. 1 AEUV (→ Rn. 16 ff.) die Rechtsvorschriften für sicherheitsrelevante Produkte harmonisiert worden. Das betrifft etwa den Erwerb und Besitz von Waffen,[379] pyrotechnische Gegenstände[380] und den Vertrieb von Ausgangsstoffen für Sprengstoffe im Binnenmarkt.[381] Ein weitgehendes Exempel dafür bildet die Verordnung zur Verhinderung der Verbreitung terroristischer Online-Inhalte.[382] Sie erlaubt unter anderem den mitgliedstaatlichen Behörden, Hosting-Anbieter in anderen Mitgliedstaaten mit einem transnationalen Verwaltungsakt zur Entfernung von terroristischen Inhalten von ihren Plattformen zu verpflichten. Somit kann man die Verordnung aus der Perspektive der Mitgliedstaaten als Gefahrenabwehr sehen oder aber umgekehrt aus der Perspektive der Union als Hindernis im gemeinsamen digitalen Binnenmarkt. In ähnlicher Weise werden auch die Rechtsnormen zum Schutz kritischer Infrastrukturen auf Art. 114 Abs. 1 AEUV gestützt, die eine erhebliche Bedeutung auch für die öffentliche Sicherheit haben.[383]

3. Harmonisierung im sicherheitsrelevanten Datenschutzrecht

Die Arbeit von Sicherheitsbehörden beruht ganz wesentlich auf dem Wissen über gefährliche Personen, Situationen oder Orte. Je stärker ein veränderter Sicherheitsbegriff, der bereits die Entstehung von Gefahren umfassend verhindern möchte, paradigmatisch ist,

---

[376] Mitteilung der Kommission, Ein inklusiveres und besser schützendes Europa: Erweiterung der Liste der EU-Straftatbestände um Hetze und Hasskriminalität, COM(2021) 777 final.
[377] RL (EU) 2016/681 des Europäischen Parlaments und des Rates v. 27.4.2016 über die Verwendung von Fluggastdatensätzen (PNR-Daten) zur Verhütung, Aufdeckung, Ermittlung und Verfolgung von terroristischen Straftaten und schwerer Kriminalität, ABl. 2016 L 119, 132; → Rn. 96.
[378] VO (EU) 2018/1672 des Europäischen Parlaments und des Rates v. 23.10.2018 über die Überwachung von Barmitteln, die in die Union oder aus der Union verbracht werden, und zur Aufhebung der Verordnung (EG) Nr. 1889/2005, ABl. 2018 L 284/6.
[379] VO (EU) 2021/555, s. auch → Rn. 16 f.; zur Entwicklung der Rechtslage *Kirst* Fordham Journal of International Law 43 (2020), 859 ff.
[380] RL (EU) 2013/29 des Europäischen Parlaments und des Rates v. 12.6.2013 zur Harmonisierung der Rechtsvorschriften der Mitgliedstaaten über die Bereitstellung pyrotechnischer Gegenstände auf dem Markt, ABl. 2013 L 178, 27.
[381] VO (EU) 2019/1148 des Europäischen Parlaments und des Rates v. 20.6.2019 über die Vermarktung und Verwendung von Ausgangsstoffen für Explosivstoffe, zur Änderung der Verordnung (EG) Nr. 1907/2006 und zur Aufhebung der Verordnung (EU) Nr. 98/2013, ABl. 2019 L 186, 1.
[382] VO (EU) 2021/784 des Europäischen Parlamentes und des Rates v. 29.4.2021 zur Bekämpfung der Verbreitung terroristischer Online-Inhalte, ABl. 2021 L 172, 79.
[383] RL (EU) 2016/1148 des Europäischen Parlaments und des Rates v. 6.7.2016 über Maßnahmen zur Gewährleistung eines hohen gemeinsamen Sicherheitsniveaus von Netz- und Informationssystemen in der Union, ABl. 2016 L 194, 1; Vorschlag für eine Richtlinie des Europäischen Parlaments und des Rates über Maßnahmen für ein gemeinsames hohes Cybersicherheitsniveau in der Union und zur Aufhebung der RL (EU) 2016/1148, COM(2020) 823 final; s. *Wischmeyer* → § 14 Rn. 107 f. zur Gewährleistung der Sicherheit kritischer Infrastrukturen durch Unionsrecht.

desto stärker rückt die Erhebung und Weiterverarbeitung von Daten in den Vordergrund. Damit stellen sich auch umfassende Rechtsfragen des Datenschutzes. Während das Unionsrecht mit der DSGVO einen umfassenden und unmittelbar in den Mitgliedstaaten geltenden Rechtsrahmen für den Datenschutz einschließlich der öffentlichen Verwaltung geschaffen hat, musste sie aus den dargestellten Kompetenzgründen die Regelung des Datenschutzes bei Behörden der nationalen Sicherheit legislative Zurückhaltung üben.[384] Dies kommt in Handlungsform wie Inhalt der Datenschutz-Richtlinie im Bereich Justiz und Inneres zum Ausdruck,[385] die auch zu Anpassungen des einschlägigen Unionsrechts führt.[386] Sie ist die praktische Konsequenz der Erklärung Nr. 20 zu Art. 16 AEUV, dass bei der unionalen Datenschutzgesetzgebung der Schutz der nationalen Sicherheit gebührend zu berücksichtigen sei.[387] In dieser Erklärung kann man auch einen Widerhall des Art. 4 Abs. 2 S. 3 EUV sehen, auch wenn hier Rahmenvorgaben gesetzt werden und von alleiniger Verantwortung insofern keine Rede sein kann. Einerseits gewährt sie den Mitgliedstaaten einen weiteren Handlungsspielraum. Andererseits wird auch hier die Datenschutzaufsicht gestärkt, indem auf die durch die DSGVO geschaffenen Strukturen der unabhängigen nationalen Datenschutzbehörden zurückgegriffen wird. In Deutschland wurde die Richtlinie bisher unionsrechtswidrig nicht umgesetzt.[388] Dies verhindert insbesondere den effektiven administrativen Grundrechtsschutz durch die Datenschutzbehörden gegenüber den Sicherheitsbehörden.

4. Integration durch Soft Law

85 Schließlich erfolgt eine Integration durch Recht nicht nur durch die verbindlichen Handlungsformen des Art. 288 AEUV, sondern auch durch Soft Law.[389] Dieses hat aus der Perspektive der Kommission Vorteile hinsichtlich der Zeitdauer des Verfahrens und der höheren Flexibilität bei Änderungen. In unterschiedlichen Politiken sind daher Normen zu finden, die unverbindlich sind, aber einen normativen Charakter beanspruchen, etwa durch eine Veröffentlichung im Amtsblatt der Europäischen Union. Solche, häufig unter intensiver Mitwirkung von Expertengruppen entwickelte, Regelwerke haben eine symbolische Funktion, dienen häufig aber auch als Vorstufe zu einem ordentlichen Gesetzgebungsverfahren. Im Bereich des Sicherheitsrechts ist insoweit der „Verhaltenskodex für die Bekämpfung illegaler Hassreden"[390] ein paradigmatisches Beispiel. Mit diesem von der Europäischen Kommission verantworteten Verhaltenskodex haben sich verschiedene Konzerne, die Online-Kommunikationsplattformen betreiben, dazu verpflichtet, bestimmte Maßnahmen zur Bekämpfung der einschlägigen Straftaten zu implementieren. Durch regelmäßige öffentliche Berichte der Kommission über die Umsetzung soll ein hinreichender Druck auf die beteiligten Unternehmen entstehen, trotz fehlender Rechtspflichten entsprechend zu agieren.[391] Gleichwohl hat die Kommission auch eine stärkere Regulierung durch Unions-

---

[384] Näher zur Abgrenzung *Reimer,* Verwaltungsdatenschutzrecht: Das neue Recht für die behördliche Praxis, 2019, Rn. 29 ff.
[385] RL (EU) 2016/680 des Europäischen Parlamentes und des Rates v. 27.4.2016 zum Schutz natürlicher Personen bei der Verarbeitung personenbezogener Daten durch die zuständigen Behörden zum Zwecke der Verhütung, Ermittlung, Aufdeckung oder Verfolgung von Straftaten oder der Strafvollstreckung sowie zum freien Datenverkehr und zur Aufhebung des Rahmenbeschlusses 2008/977/JI des Rates, ABl. 2016 L 119, 89; vgl. zum Entwurf *Wolff* in Kugelmann/Rackow, Prävention und Repression im Raum der Freiheit, der Sicherheit und des Rechts, 2014, 61 ff.
[386] S. Proposal for a Directive of the European Parliament and the Council amending Council Decision 2005/671/JHA, as regards its alignment with Union rules on the protection of personal data, COM(2021) 767 final.
[387] ABl. 2008 C 115, 345.
[388] Die Kommission hat daher im Mai 2020 Deutschland eine mit Gründen versehene Stellungnahme übermittelt, an die ein Vertragsverletzungsverfahren gem. Art. 258 AEUV anschließt.
[389] Dazu grundsätzlich *Pilniok* Governance im europäischen Forschungsförderverbund 234 ff. mwN.
[390] Abrufbar unter https://bit.ly/3JWZ5ub.
[391] Vgl. zuletzt die „6th evaluation of the Code of Conduct", abrufbar unter https://bit.ly/3DB94TG.

E. Handlungsmodi in der Sicherheitsunion   § 9

recht initiiert, die auch präventiv und repressiv den Äußerungsdelikten in den betroffenen digitalen Foren entgegenwirken soll.[392]

III. Integration durch Informationssysteme

1. Interoperable personenbezogene Datenbanken im Sicherheitsverwaltungsverbund

Der europäische Verwaltungsverbund ist – dies wird seit langem herausgestellt[393] – maßgeblich ein Informationsverbund. Der Austausch von Informationen sowie der gemeinsame, grenz- und behördenüberschreitende Zugang zu Informationen gehören zu den zentralen Kooperationsmechanismen.[394] Dies gilt auch und gerade für die Sicherheitsunion. Zu deren Kernelementen zählt daher die Einrichtung und der Betrieb von umfassenden sicherheitsrelevanten Informationssystemen insbesondere zur Sicherung der Außengrenzen und der Freizügigkeit im Unionsgebiet.[395] Während die Union den rechtlichen Rahmen setzt und für den Betrieb Sorge trägt, sind die mitgliedstaatlichen Sicherheitsbehörden weitgehend für die Einträge in die Datenbanken und die Nutzung zur Sicherheitsgewährleistung verantwortlich. Diese Integrationsform ist ebenso wie andere Aspekte der Sicherheitsunion von einer hohen Dynamik der Rechtsetzung und der Verwaltungspraxis gekennzeichnet. Beständig werden Ausweitungen der relevanten Rechtsgrundlagen vorgenommen und eine bessere Nutzung der vorhandenen Daten – etwa durch den Einsatz Künstlicher Intelligenz – thematisiert. Derzeit sind die folgenden Informationssysteme eingerichtet:[396] **86**

Zunächst ist das Schengener Informationssystem (SIS)[397] etabliert worden. Im Ausgangspunkt dient das 1995 ursprünglich auf der Grundlage des Schengener Durchführungsübereinkommens errichtete System der Kompensation des Wegfalls der Kontrollen an den Binnengrenzen.[398] Das SIS dient der Fahndung nach Personen und Sachen – wie etwa Fahrzeugen – im Gebiet der Union, überwiegend zu repressiven, aber teilweise auch zu präventiven Zwecken. Im Zusammenhang mit diesen Ausschreibungen können vielfältige Daten einschließlich von Fotos und Fingerabdrücken gespeichert werden.[399] Zugriff haben nicht nur die mitgliedstaatlichen Sicherheitsbehörden, sondern unter bestimmten Voraus- **87**

---

[392] Vgl. den Vorschlag für eine Verordnung des Europäischen Parlaments und des Rates über einen Binnenmarkt für digitale Dienste (Gesetz über digitale Dienste) und zur Änderung der Richtlinie 2000/31/EG, COM(2020) 725 final.

[393] Vgl. *Schmidt-Aßmann* in Schmidt-Aßmann/Schöndorf-Haubold, Der Europäische Verwaltungsverbund, 2005, 1 (15): „Alle Verwaltung des Gemeinschaftsraumes ist zuallererst Informationsverwaltung."; *Schneider* NVwZ 2012, 65 ff.; s. umfassend *v. Bogdandy/Hering* in Voßkuhle/Eifert/Möllers, Grundlagen des Verwaltungsrechts, 3. Aufl. 2022, § 25 insbesondere Rn. 78 ff.

[394] Vgl. etwa *Lauer*, Informationshilfe im Rahmen der polizeilichen und justiziellen Zusammenarbeit in Strafsachen, 2018.

[395] Das kommt beispielsweise in der VO (EU) 2017/458 des Europäischen Parlaments und des Rates v. 15.3.2017 zur Änderung der Verordnung (EU) 2016/399 hinsichtlich einer verstärkten Abfrage von einschlägigen Datenbanken an den Außengrenzen, ABl. 2017 L 74/1, zum Ausdruck.

[396] Auf der Grundlage der VO (EG) 515/97 des Rates wird zudem ein „Anti-Fraud Information System" betrieben, das sich vornehmlich an die Zollbehörden richtet; es wird im Folgenden nicht näher dargestellt.

[397] VO (EU) 2018/1861 des Europäischen Parlaments und des Rates vom 28.11.2018 über die Einrichtung, den Betrieb und die Nutzung des Schengener Informationssystems (SIS) im Bereich der Grenzkontrollen, zur Änderung des Übereinkommens zur Durchführung des Übereinkommens von Schengen und zur Aufhebung und Änderung der Verordnung (EG) Nr. 1987/2006; VO (EU) 2018/1862 des Europäischen Parlaments und des Rates v. 28.11.2018 über die Einrichtung, den Betrieb und die Nutzung des Schengener Informationssystems (SIS) im Bereich der polizeilichen Zusammenarbeit und der justiziellen Zusammenarbeit in Strafsachen, zur Änderung und Aufhebung des Beschlusses 2007/533/JI des Rates und zur Aufhebung der Verordnung (EG) Nr. 1986/2006 des Europäischen Parlaments und des Rates und des Beschlusses 2010/261 der Kommission, ABl. 2018 L 312, 56; geändert durch die VO (EU) 2019/818 des Europäischen Parlaments und des Rates v. 20.5.2019, ABl. 2019 L 135, 85, sowie VO (EU) 2018/1860 des Europäischen Parlaments und des Rates v. 28.11.2018 über die Nutzung des Schengener Informationssystems für die Rückkehr illegal aufhältiger Drittstaatsangehöriger, ABl. 2018 L 312/1.

[398] *Schöndorf-Haubold* in Terhechte § 35 Rn. 73.

[399] Art. 20 sowie 32 f. der VO (EU) 2018/1861.

setzungen auch Europol, Eurojust und Frontex.[400] Die Zentraleinheit des SIS wird von eu-LISA (→ Rn. 62) betrieben; die Mitgliedstaaten sind zur Einrichtung nationaler Systeme verpflichtet. Allerdings handelt es sich nicht um eine zentrale Datenbank, sondern um eine netzwerkartige Struktur, in der die mitgliedstaatlichen Systeme beständig über die Zentraleinheit synchronisiert werden und so der wechselseitige Zugriff ermöglicht wird.[401]

88 Seit langem etabliert, aber in der Konzeption anders angelegt ist das Europol-Informationssystem EIS. Das EIS ist eine von Europol betriebene zentrale Datenbank, in die eine Vielzahl von sicherheitsrelevanten personenbezogenen Daten eingestellt werden können;[402] dazu kommen zeitlich befristet eingerichtete Arbeitsdateien.[403] Die entsprechenden Regelungen setzen allerdings – anders als andere unionale Rechtsakte – nicht an der technischen Infrastruktur an, sondern institutionell. In der Einrichtungsverordnung von Europol werden die Handlungsbefugnisse, darunter die Datenerhebung und Datenverarbeitung, sowie die darauf bezogenen innerorganisatorischen Zuständigkeiten und Sicherungen umfassend geregelt. Damit wird auf eine Technikneutralität abgezielt,[404] die die konkrete technische Ausgestaltung dem Polizeiamt selbst überlässt und somit eine höhere Flexibilität ermöglicht. Die von den Mitgliedstaaten einzurichtenden nationalen Stellen sind dabei zur Übermittlung der für die Aufgabenerfüllung von Europol erforderlichen Informationen verpflichtet. Zukünftig soll Europol auch selbst verstärkt Daten erheben, unter anderem bei Privaten. Die mitgliedstaatlichen Sicherheitsbehörden können in dem Informationssystem suchen, sind aber für die Übermittlung weitergehender Informationen auf die Vermittlungsfunktion der nationalen Zentralstelle angewiesen. Europol stellt ein spezifisches Kommunikationssystem für die Kooperation zwischen den mitgliedstaatlichen Behörden zur Verfügung.

89 Dazu kommt das Europäische Strafregisterinformationssystem,[405] das um eine Datenbank ergänzt wird, in der Verurteilungen von Drittstaatsangehörigen und Staatenlosen gespeichert werden (ECRIS-TCN).[406] Dieses basiert auf einer im Einzelnen komplexen Architektur, deren Zentralsystem ebenfalls von eu-LISA betrieben wird.[407] Wie bereits die Bezeichnung des Rechtsakts verdeutlicht, sind in diesem System neben den Identifikationsdaten einschließlich Fingerabdrücken und Gesichtsbildern sowie Informationen über das Ob eines Strafregistereintrags gespeichert. Mitgliedstaatliche Sicherheitsbehörden müssen dann gegebenenfalls Informationen zu konkreten Personen in dem Mitgliedstaat anfragen, in dem die Daten gespeichert sind.

90 Ebenso zielt die Datenbank Eurodac[408] auf die Erfassung von Daten (einschließlich biometrischer Daten) von Asylbewerbern sowie Drittstaatsangehörigen.[409] Die Datenbank

---

[400] Art. 35 f. der VO (EU) 2018/1861.
[401] *Schöndorf-Haubold* in Terhechte § 35 Rn. 73.
[402] S. die Aufzählung in Anhang II der VO (EU) 2016/794.
[403] Näher *Schöndorf-Haubold* in Terhechte § 35 Rn. 81.
[404] Zu den Hintergründen *Schöndorf-Haubold* in Terhechte § 35 Rn. 80.
[405] Beschluss 2009/316/JI des Rates v. 6.4.2009 zur Einrichtung des Europäischen Strafregisterinformationssystems (ECRIS) gemäß Artikel 11 des Rahmenbeschlusses 2009/315/JI, ABl. 2009 L 93, 33.
[406] VO (EU) 2019/816 des Europäischen Parlaments und des Rates zur Einrichtung eines zentralisierten Systems für die Ermittlung der Mitgliedstaaten, in denen Informationen zu Verurteilungen von Drittstaatsangehörigen und Staatenlosen (ECRIS-TCN) vorliegen, zur Ergänzung des Europäischen Strafregisterinformationssystems und zur Änderung der VO (EU) 2018/1726, ABl. 2019 L 135, 1; zuletzt geändert durch VO (EU) 2019/818 des Europäischen Parlaments und des Rates v. 20.5.2019, ABl. 2019 L 135, 85.
[407] Näher *Schöndorf-Haubold* in Terhechte § 35 Rn. 88.
[408] VO (EU) Nr. 603/2013 des Europäischen Parlaments und des Rates v. 26.6.2013 über die Einrichtung von Eurodac für den Abgleich von Fingerabdruckdaten zum Zwecke der effektiven Anwendung der Verordnung (EU) Nr. 604/2013 zur Festlegung der Kriterien und Verfahren zur Bestimmung des Mitgliedstaates, der für die Prüfung eines von einem Drittstaatsangehörigen oder Staatenlosen gestellten Antrags auf internationalen Schutz zuständig ist und über die Gefahrenabwehr und Strafverfolgung dienende Anträge der Gefahrenabwehr- und Strafverfolgungsbehörden der Mitgliedstaaten und Europols auf den Abgleich mit Eurodac-Daten sowie zur Änderung der Verordnung (EU) Nr. 1077/2011 zur Errichtung der Europäischen Agentur für das Betriebsmanagement von IT-Großsystemen im Raum der Freiheit, der Sicherheit und des Rechts, ABl. 2013 L 180, 1.
[409] S. dazu auch *Schöndorf-Haubold* in Terhechte § 35 Rn. 85.

wird von eu-LISA und der Kommission betrieben. Sie steht den mitgliedstaatlichen Behörden ebenso zur Nutzung offen wie Frontex und Europol. Ausweislich der äußerst umständlichen Bezeichnung der Einrichtungsverordnung ist die Datenbank doppelfunktional ausgerichtet. Sie soll einerseits die unionsrechtlich stark überformte Migrationsverwaltung verbessern, indem etwa Doppelanträge erkannt werden, andererseits der Gefahrenabwehr und Strafverfolgung durch die zuständigen Sicherheitsbehörden dienen. Die Kommission hat im Rahmen einer umfassenden Änderung des Migrationsrechts der Union einen bisher noch nicht verabschiedeten Reformvorschlag initiiert, der die speicherungsfähigen Daten und deren Speicherdauer erweitern soll, um diese beiden Funktionen besser zu erfüllen.[410]

Das Visainformationssystem VIS[411] soll einen Informationsverbund zwischen den Botschaften und Konsulaten als visaerteilenden Stellen der Mitgliedstaaten und den mitgliedstaatlichen Asyl- und Grenzschutzbehörden herstellen. Für diejenigen Drittstaatsangehörigen, die aufgrund ihrer Aufenthaltsdauer oder ihres Herkunftsstaates ein Visum zur Einreise benötigen, werden hier umfassende Daten zur Personenidentifikation einschließlich Fotos und Fingerabdrücken sowie visumsbezogene Informationen gesammelt. Dieses System wird ebenfalls von eu-Lisa betrieben. Ziel der jüngsten Reform der Rechtsgrundlage war die Erweiterung der zur Speicherung zugelassenen Daten, vor allem aber die Schaffung der Voraussetzungen für eine umfassende Interoperabilität, die das VIS mit den anderen Informationssystemen verbinden soll (→ Rn. 94 f.). **91**

Das Einreise-/Ausreisesystem EES[412] soll der Verwirklichung eines Konzepts „intelligenter Grenzen" dienen[413] und ein wichtiger Baustein der unionalen Grenzsicherung sein.[414] In diesem System sollen alle Ein- und Ausreisen von Drittstaatsangehörigen erfasst werden, unabhängig davon, ob ein Visum für den Aufenthalt benötigt wird.[415] Dem- **92**

---

[410] S. Europäische Kommission, Geänderter Vorschlag für eine Verordnung des Europäischen Parlaments und des Rates über die Einrichtung von Eurodac für den Abgleich von biometrischen Daten zum Zwecke der effektiven Anwendung der Verordnung (EU) XXX/XXX [Verordnung über Asyl- und Migrationsmanagement] und der Verordnung (EU) XXX/XXX [Neuansiedlungsverordnung], für die Feststellung der Identität illegal aufhältiger Drittstaatsangehöriger oder Staatenloser und über der Gefahrenabwehr und der Strafverfolgung dienende Anträge der Gefahren- und Strafverfolgungsbehörden der Mitgliedstaaten und Europols auf den Abgleich mit Eurodac-Daten sowie zur Änderung der Verordnungen (EU) 2018/1240 und (EU) 2019/818, COM(2020) 614 final.

[411] VO (EG) Nr. 767/2008 des Europäischen Parlaments und des Rates v. 9.7.2008 über das Visa-Informationssystem (VIS) und den Informationsaustausch zwischen den Mitgliedstaaten über Visa für einen kurzfristigen Aufenthalt, über Visa für einen längerfristigen Aufenthalt und Aufenthaltstitel in der Fassung der VO (EU) 2021/1134 des Europäischen Parlaments und des Rates v. 7.7.2021 zur Änderung der Verordnungen (EG) Nr. 767/2008, (EG) Nr. 810/2009, (EU) 2016/399, (EU) 2017/2226, (EU) 2018/1240, (EU) 2018/1860, (EU) 2018/1861, (EU) 2019/817, (EU) 2019/1896 des Europäischen Parlaments und des Rates und zur Aufhebung der Entscheidung 2004/512/EG und des Beschlusses 2008/633/JI des Rates zur Reform des Visa-Informationssystems, ABl. 2021 L 248, 11.

[412] VO (EU) 2017/2226 des Europäischen Parlaments und des Rates über ein Einreise-/Ausreisesystem (EES) zur Erfassung der Ein- und Ausreisedaten sowie der Einreiseverweigerungsdaten von Drittstaatsangehörigen an den Außengrenzen der Mitgliedstaaten und zur Festlegung der Bedingungen für den Zugang zum EES zu Gefahrenabwehr- und Strafverfolgungszwecken und zur Änderung des Übereinkommens zur Durchführung des Übereinkommens von Schengen sowie der Verordnungen (EG) Nr. 767/2008 und (EU) Nr. 1077/2011, ABl. 2017 L 327, 20; geändert durch die VO (EU) 2018/1240 des Europäischen Parlaments und des Rates v. 12.9.2018, ABl. 2018 L 236, 1 sowie die VO (EU) 2019/817 des Europäischen Parlaments und des Rates v. 20.5.2019, ABl. 2019 L 135, 27.

[413] Dazu *Bossong*, Intelligente Grenzen und interoperable Datenbanken für die innere Sicherheit der EU, SWP-Studie 4/2018, https://bit.ly/3nRjwkS; s. auch *Schöndorf-Haubold* in Terhechte § 35 Rn. 87.

[414] Vgl. die darauf bezogenen Änderungen im Schengener Grenzkodex durch die VO (EU) 2017/2225 des Europäischen Parlaments und des Rates v. 30.11.2017 zu Änderungen der Verordnung (EU) 2016/399 in Bezug auf die Nutzung des Einreise-/Ausreisesystems, ABl. 2017 L 327, 1.

[415] Vgl. die VO (EU) 2018/1806 des Europäischen Parlaments und des Rates v. 14.11.2018 zur Aufstellung der Liste der Drittländer, deren Staatsangehörige beim Überschreiten der Außengrenze im Besitz eines Visums sein müssen, sowie der Drittländer, deren Staatsangehörige von dieser Visumspflicht befreit sind, ABl. 2018 L 303, 39, geändert durch die VO (EU) 2019/592 des Europäischen Parlaments und des Rates, ABl. 2019 L 103 I, 1.

entsprechend ist die Systemarchitektur durchaus komplex, um alle beteiligten Akteure zu erfassen.[416] Gespeichert werden dabei personenbezogene Daten einschließlich von Fingerabdrücken und Fotos.[417] Ein Datenabgleich mit dem VIS ist ebenso vorgesehen wie eine automatisierte Überwachung der Ausreisefristen.[418] Zugangsrechte für nationale Sicherheitsbehörden und Europol zu diesen Datensätzen sind ausdrücklich vorgesehen;[419] diese sind zudem von der Vorgabe einer umfassenden Interoperabilität zwischen den Datenbanken erfasst (→ Rn. 94 f.).

93 Dieses System ist von der Zielrichtung eng mit dem ETIAS-System verknüpft,[420] das in Kürze den Betrieb aufnehmen soll. Nach dem Vorbild der USA unterwirft dieses System jegliche visumsfreie Einreise einer vorherigen – in der Regel automatisiert erteilten – Genehmigung. Dadurch entstehen umfassende Datenbestände über alle Einreisende in das Gebiet der Union. Damit soll einerseits eine Gefahrenabwehr erreicht werden, indem Personen, die ein Sicherheitsrisiko darstellen könnten, die erforderliche Genehmigung nicht erteilt wird. Andererseits sollen die Sicherheitsbehörden umfassenden Zugriff auf die Datenbestände erhalten. Schon die Prüfung einer Einreisegenehmigung legt einen Abgleich mit den anderen Datenbanken der Union nahe.[421] Aber auch darüber hinaus soll die ETIAS-Datenbank in eine umfassende Vernetzung der Datenbestände der Union eingebunden werden.[422]

94 Besondere Bedeutung hat in den letzten Jahren die rechtliche Anforderung der Interoperabilität zwischen unterschiedlichen europäischen Sicherheitsdatenbanken erlangt, die eingehend rechtlich ausgeformt worden ist. Ausgangspunkt ist der Befund der Kommission einer zu starken und nicht funktionsgerechten Fragmentierung der Datenbestände. Unterschiedliche Informationen zu einzelnen Personen sind nicht gleichermaßen für die beteiligten Behörden verfügbar.[423] Unter Interoperabilität wird dabei grundsätzlich die wechselseitige Vernetzung und der Abgleich zwischen den einzelnen Datenbanken verstanden; vereinfacht gesagt sollen die Datenbestände über einzelne Personen oder Sachen zusammengeführt werden, um die Gefährdungspotentiale umfassend erkennen zu können. Daher sind mit zwei Verordnungen umfassende rechtliche Grundlagen für die Interoperabilität fast aller genannten Datenbanken geschaffen worden.[424] Um eine solche Interoperabilität zu

---

[416] Vgl. Art. 7 VO (EU) 2017/2226: Das System besteht aus einem von eu-LISA betriebenen Zentralsystem, einheitlichen nationalen Schnittstellen in den Mitgliedstaaten, die eine sichere Verbindung zu den nationalen Grenzbehörden ermöglichen, sowie einer Web-Schnittstelle für Private.
[417] Art. 14 ff. VO (EU) 2017/2226.
[418] Art. 8 und 11 VO (EU) 2017/2226.
[419] Art. 1 Abs. 2, Art. 29 ff. VO 2017/2226.
[420] VO (EU) 2018/1240 des Europäischen Parlaments und des Rates v. 12.9.2018 über die Einrichtung eines Europäischen Reiseinformations- und -genehmigungssystems (ETIAS) und zur Änderung der Verordnungen (EU) Nr. 1077/2011, (EU) Nr. 515/2014, (EU) 2016/399, (EU) 2016/1624 und (EU) 2017/2226, ABl. 2018 L 236, 1; als Folgeänderung bezüglich der Rolle von Europol VO (EU) 2018/1241 des Europäischen Parlaments und des Rates, ABl. 2018 L 236, 72; vgl. näher *Buckler* BayVBl. 2018, 73 ff.; *Buckler* DÖV 2020, 749 ff.
[421] VO (EU) 2021/1151 des Europäischen Parlaments und des Rates v. 7.7.2021 zu Änderungen der Verordnungen (EU) 2019/816 und 2019/818 hinsichtlich der Festlegung der Bedingungen für den Zugang zu anderen EU-Informationssystemen für die Zwecke des Europäischen Reiseinformations- und Genehmigungssystems, ABl. 2021 L 249, 7.
[422] S. auch *Schöndorf-Haubold* in Terhechte § 35 Rn. 91 ff.
[423] Mitteilung der Kommission, Solidere und intelligentere Informationssysteme für das Grenzmanagement und für mehr Sicherheit, COM(2016) 205 final; zu den Motiven auch *Curtin/Bastos* European Public Law 26 (2020), 59 (61 ff.).
[424] VO (EU) 2019/817 des Europäischen Parlaments und des Rates v. 20.5.2019 zur Errichtung eines Rahmens für die Interoperabilität zwischen EU-Informationssystemen in den Bereichen Grenzen und Visa und zur Änderung der Verordnungen (EU) Nr. 767/2008, (EU) 2016/399, (EU) 2017/2226, (EU) 2018/1240, (EU) 2018/1726 und EU 2018/1861 des Europäischen Parlaments und des Rates, der Entscheidung 2004/512/EG des Rates und des Beschlusses 2008/633/JI des Rates, ABl. 2019 L 135, 27; VO (EU) 2019/818 des Europäischen Parlaments und des Rates v. 20.5.2019 zu Errichtungen eines Rahmens für die Interoperabilität zwischen EU-Informationssystemen (polizeiliche und justizielle Zusammenarbeit, Asyl und Migration) und zur Änderung der Verordnungen (EU) 2018/1726, (EU) 2018/1862, (EU) 2019/816, ABl. 2019 L 135, 85.

ermöglichen, bedarf es über die rechtlichen Voraussetzungen hinaus erheblicher technischer Anpassungen bezüglich der notwendigen Schnittstellen. Das ist angesichts der Vielzahl der beteiligten Behörden, die ihrerseits in unterschiedliche nationale Infrastrukturen eingebunden sind, keine triviale Aufgabe. Zentrales Ergebnis soll unter anderem ein europäisches Suchportal sein, das den Sicherheitsbehörden unter einer einheitlichen Benutzeroberfläche die gleichzeitige Abfrage unterschiedlicher Datenbanken ermöglicht.[425] Dazu sollen unter anderem die Identitätsdaten und die biometrischen Daten gemeinsam gespeichert werden.[426] Durch eine solche Zusammenführung der Daten soll insbesondere die Nutzung von Mehrfachidentitäten automatisiert erkannt werden.[427]

Diese umfassende Interoperabilität der Datenbanken wirft eine Reihe grundsätzlicher Probleme auf. Zunächst sind die ohnehin schon höchst komplexen Rechtsgrundlagen der einzelnen Informationssysteme durch die Interoperabilitäts-Verordnungen und die mit ihnen einhergehenden Änderungen noch einmal deutlich vielschichtiger und damit nur schwerlich noch durchschaubar geworden.[428] Das ist insbesondere für die Rechtsanwendung der Behörden, aber auch für die Nachvollziehbarkeit durch die (potentiell) Betroffenen ein auch rechtsstaatlich relevantes Problem. Ob die Vorkehrungen zur Sicherung der Grundrechte und der Datenschutzkontrolle institutionell hinreichend sind, ist zumindest fraglich.[429] Besondere Schwierigkeiten wirft insoweit auf, dass es sich um Daten von Drittstaatsangehörigen handelt.[430] Dementsprechend führt der Aufstieg der Datenbanken auch zu einer intensiveren Zusammenarbeit mit Drittstaaten und deren Sicherheitsbehörden, die die Bedeutung der Union im Verhältnis zu den Mitgliedstaaten verschieben kann.[431] Zudem potenziert diese Vernetzung ein Problem, das die Datenbanken schon isoliert haben. Eine dezentrale Informationssammlung durch mitgliedstaatliche Behörden birgt das Risiko einer mangelnden Datenqualität. Somit können in anderen Mitgliedstaaten falsche oder unpräzise Einträge zur Entscheidungsgrundlage für ein höchst grundrechtsrelevantes administratives Handeln gemacht werden. Insofern aktualisieren sich hier Probleme des gegenseitigen Vertrauens im europäischen Verwaltungsverbund.[432] Fragen des Rechtsschutzes gegen die Dateneintragung und -speicherung sind als Realakte bisher nur ansatzweise geklärt.[433] Angesichts der großen Datenmengen in den Informationssystemen und deren Vernetzung wird die Sicherheitsgewährleistung zudem zu einem wichtigen Gebiet dafür, in welchem Umfang und mit welchen Schutzmechanismen diese zukünftig – wie jetzt schon geplant – mit Hilfe neuer Technologien, insbesondere KI-Systeme, ausgewertet werden und dann als Grundlage für das Handeln der mitgliedstaatlichen Sicherheitsbehörden anleiten.[434]

2. Institutionalisierung weiterer Informationssysteme

Zu den Bausteinen des europäischen Sicherheitsverwaltungsrechts zählt darüber hinaus die Speicherung der Daten von Fluggästen zumindest auf Flügen in und aus Drittstaaten, die der Prävention und Bekämpfung von terroristischen und sonstigen schweren Straftaten dienen soll. Dies wird allerdings strukturell anders geregelt als die übrigen Datenbanken, weil der transnationale Datenaustausch nicht im Vordergrund steht. Die sog. PNR-Richtlinie[435]

---

[425] Art. 6 ff. VO (EU) 2019/818.
[426] Art. 12 ff., 17 ff. VO (EU) 2019/818.
[427] Art. 25 ff. VO (EU) 2019/818.
[428] Zur Kritik auch *Schöndorf-Haubold* in Terhechte § 35 Rn. 92.
[429] *Schöndorf-Haubold* in Terhechte § 35 Rn. 91; *Aden* European Public Law 26 (2020), 93 ff.
[430] Näher *Vavoula* in Bignami, EU Law in Populist Times: Crises and Prospects, 2020, 227 ff.
[431] *Curtin/Bastos* European Public Law 26 (2020), 59 (68).
[432] *Curtin/Bastos* European Public Law 26 (2020), 59 (66 f.).
[433] Vgl. allgemein *Rademacher*, Realakte im Rechtsschutzsystem der Europäischen Union, 2014, 76 ff., 220 ff.
[434] *Curtin/Bastos* European Public Law 26 (2020), 59 (69).
[435] RL (EU) 2016/681 des Europäischen Parlaments und des Rates v. 27.4.2016 über die Verwendung von Fluggastdatensätzen (PNR-Daten) zur Verhütung, Aufdeckung, Ermittlung und Verfolgung von terroristischen Straftaten und schwerer Kriminalität, ABl. 2016 L 119, 132.

verpflichtet die Mitgliedstaaten[436], die Fluggesellschaften durch nationales Recht zur Datenübermittlung heranzuziehen und eine Zentralstelle für die Datenspeicherung einzurichten. Die von den Fluggesellschaften übermittelten Daten werden mit unterschiedlichen Datenbanken abgeglichen und auf dieser Grundlage weitere Maßnahmen ergriffen. Die Fluggastdatenspeicherung ist politisch und rechtlich hoch umstritten, insbesondere aufgrund der langen Speicherdauer der Daten von fünf Jahren. So ist bisher offen, ob der Rechtsakt die Anforderungen der Grundrechtecharta erfüllt; mehrere Vorlageverfahren sind insoweit anhängig.[437] Das Gutachten des EuGH zu einem der von der Union abgeschlossenen Abkommen zum Datenaustausch mit Drittstaaten lassen eine kritische Haltung des Gerichts, insbesondere mit Blick auf die Art. 7 und 8 GrCh, auch bezüglich der Richtlinie vermuten.[438]

IV. Integration durch die Finanzierung von Sicherheitsgewährleistung

97 Auf unterschiedlichen Ebenen setzt die Union zudem die „goldenen Zügel" einer Mittelvergabe ein, um Integrationsziele in der Sicherheitsunion zu erreichen. Diese zeichnen sich grundsätzlich dadurch aus, dass die Union durch unterschiedliche Programme Mittel zur Verfügung stellt und dabei auch inhaltliche Standards der Mittelvergabe vorgibt. Die mitgliedstaatlichen Behörden und andere Akteure müssen sich mit Programmen und Konzepten um diese Mittel bewerben; teilweise sind grenzüberschreitende Kooperationen Voraussetzung. Jedenfalls setzt der Erhalt von Mitteln eine Ausrichtung der nationalen Politik an den im Unionsrecht vorgegebenen Standards und Kriterien voraus. Auch wenn diese im Rechtsetzungsverfahren und einer anschließenden Konkretisierungsphase etwa in Expertengruppen und Komitologieausschüssen unter Mitwirkung der Mitgliedstaaten beschlossen werden, ergibt sich daraus eine erhebliche Harmonisierungswirkung. Die Annahme der Unionsmittel hat daher einen Preis: Beteiligt man sich als mitgliedstaatliche Behörde, wird man nach den komplexen haushaltsrechtlichen Regelungen gegenüber der Kommission rechenschaftspflichtig. Während die Steuerungskraft von Finanzierung durch die Union seit langem genutzt wird, etwa in der Forschungsförderung und der Entwicklungszusammenarbeit, ist doch bemerkenswert, in welchem Umfang inzwischen in verschiedenen sicherheitsrelevanten Bereichen mitgliedstaatliche Verwaltungen finanziert werden.

1. Finanzierung von mitgliedstaatlichen Sicherheitsressourcen

98 Mit verschiedenen Programmen unternimmt die Europäische Union nämlich erhebliche finanzielle Anstrengungen im Bereich der Sicherheitsgewährleistung, die sich an die mitgliedstaatlichen Sicherheitsbehörden richten. Da diese Finanzierung haushaltsrechtlich zwingend von der mittelfristigen Finanzplanung abhängig ist,[439] sind 2021 alle Programme – teils mit erheblichem Mittelaufwuchs und veränderten Prioritäten – neu aufgelegt worden. Von den mit der EU-Finanzierung einhergehenden Anreizen sollen erhebliche Steuerungsimpulse ausgehen, etwa für die Zusammenarbeit der Polizeibehörden. Zudem ist ein wichtiges Anliegen der Programme, die administrativen Voraussetzungen dafür herzustellen, dass die Behörden in der arbeitsteiligen Sicherheitsunion ihren Beitrag zu leisten vermögen.[440] Die Erstellung von nationalen Programmen in enger Abstimmung

---

[436] In Deutschland umgesetzt durch das Gesetz zur Umsetzung der Richtlinie (EU) 2016/681, BGBl. 2017 I 1484. Nach dessen § 1 Abs. 1 ist das Bundeskriminalamt die Zentralstelle, während die Datenverarbeitung durch das Bundesverwaltungsamt erfolgt. Vgl. näher *Arzt* DÖV 2017, 1023 ff.
[437] AG Köln, Vorlagebeschluss v. 20.1.2020, ABl. 2020 C 279, 22; VG Wiesbaden, Vorlagebeschluss v. 15.5.2020, ZD 2020, 540 mAnm *Petri*.
[438] EuGH, Gutachten v. 26.7.2017, EuGRZ 2017, 535; dazu *Priebe* EuZW 2017, 762 ff.
[439] VO (EU, Euratom) 2020/2093 des Rates v. 17.12.2020 zur Festlegung des mehrjährigen Finanzrahmens für die Jahre 2021–2027, ABl. 2020 L 433 I, 11.
[440] S. *Ladenburger* in Kahl/Mager 79; zu einem ähnlichen Beispiel der Unterstützung bei Reformen der nationalen Verwaltung s. *Weinzierl* in Klemm/Schultheiß, Die Krise in Griechenland, 2015, 448 ff.

E. Handlungsmodi in der Sicherheitsunion § 9

mit der Kommission, die Voraussetzung für die Förderung durch die EU sind, führt zu einer kritischen Bestandsaufnahme der mitgliedstaatlichen Strukturen und sorgt für einen nicht unerheblichen Einfluss der Kommission auf die Ausrichtung der personellen und finanziellen Ressourcen im Bereich der inneren Sicherheit, gerade in den Mitgliedstaaten, in denen die Finanzierung der öffentlichen Sicherheit prekär ist. Dies steht durchaus in einem gewissen Widerspruch zur Betonung der mitgliedstaatlichen Autonomie unter Berufung auf Art. 4 Abs. 2 EUV. Für die Sicherheitsgewährleistung sind für die Dauer des mehrjährigen Finanzrahmens von 2021–2027 mindestens drei relevante Finanzierungsprogramme geschaffen worden, die gemeinsam von übergreifenden Regelungen zur Mittelvergabe bestimmt werden[441] und daher gemeinsame Strukturmerkmale aufweisen. Grundsätzlich bedarf die Teilnahme an der Unionsfinanzierung jeweils einer nationalen Ko-Finanzierung.

Im Zentrum steht die Einrichtung eines Fonds für die innere Sicherheit,[442] der im Rahmen der Unionszuständigkeiten durch eine Förderung der Mitgliedstaaten zu einem hohen Maß an Sicherheit beitragen soll. Dazu werden knapp zwei Milliarden Euro aufgewendet.[443] Die Mitgliedstaaten müssen Programme zur Mittelverwendung erstellen, die mit den Sicherheitsagenturen abgestimmt werden müssen sowie von der Kommission bewertet und genehmigt werden.[444] Die Gegenstände der Unionsfinanzierung sind sehr weit gefasst und reichen von lokalen Kriminalitätspräventionsstrategien über die Ausrüstung von Sicherheitsbehörden bis hin zur Aus- und Fortbildung. Besonders betont wird die Behebung von Mängeln, die im Zuge der unterschiedlichen Mechanismen wechselseitiger Beobachtung und Kontrolle festgestellt worden sind.[445] Finanziert werden insbesondere auch die infrastrukturellen Voraussetzungen für und der Einsatz von Sicherheitsdatenbanken der Union.[446] Daneben sind verschiedene Koordinierungs- und Kooperationsvorhaben förderfähig. Die Mitgliedstaaten müssen jährliche „Leistungsbilanzen" erstellen; dafür werden unterschiedliche Leistungsindikatoren – etwa die Menge sichergestellter Drogen – definiert.[447] Der überwiegende Teil des Fonds wird im Rahmen geteilter Mittelverwaltung administriert, bei der eine nationale Stelle für die Mittelvergabe innerhalb eines Mitgliedstaates zuständig ist. **99**

Zudem ist ein Fonds für integrierte Grenzverwaltung etabliert worden. Im Rahmen dieses Fonds bestehen zwei Instrumente, die auf unterschiedliche Rechtsgrundlagen gestützt werden. Zum einen ist ein Instrument für finanzielle Hilfe im Bereich Grenzverwaltung und Visumspolitik auf der Grundlage der Art. 77 Abs. 2 und 79 Abs. 2 lit. d etabliert worden.[448] Das Programm ist dem Fonds für innere Sicherheit in den inhaltlichen Grundpfeilern wie im Verfahren sehr ähnlich. Auch hier können vielfältige Maßnahmen, beispielsweise zur Verhinderung und Aufdeckung von Kriminalität an den Außengrenzen gefördert werden, wobei ein Fokus auf den IT-Großsystemen und der dazu relevanten Infrastruktur vor Ort liegt. Komplementär ist aufgrund unterschiedlicher Kompetenzgrundlagen ein Instrument zur Finanzierung von Zollkontrollausrüstung durch die Union **100**

---

[441] VO (EU) 2021/1060 des Europäischen Parlaments und des Rates v. 24.6.2021 mit gemeinsamen Bestimmungen für den Europäischen Fonds für regionale Entwicklung, den Europäischen Sozialfonds Plus, den Fonds für einen gerechten Übergang sowie mit Haushaltsvorschriften für diese Fonds und für den Asyl-, Migrations- und Integrationsfonds, den Fonds für die innere Sicherheit und das Instrument für finanzielle Hilfe im Bereich Grenzverwaltung und Visumspolitik, ABl. 2021 L 231, 159.
[442] VO (EU) 2021/1149 des Europäischen Parlaments und des Rates v. 7.7.2021 zur Einrichtung des Fonds für die innere Sicherheit, ABl. 2021 L 251, 94.
[443] Art. 7 Abs. 1 VO (EU) 2021/1149.
[444] Art. 13 VO (EU) 2021/1149 iVm Art. 23 der VO (EU) 2021/1060.
[445] → Rn. 79 f.
[446] → Rn. 86 ff.
[447] Art. 30 und Anhang V VO (EU) 2021/1149.
[448] VO (EU) 2021/1148 des Europäischen Parlaments und des Rates v. 7.7.2021 zur Schaffung eines Instruments für finanzielle Hilfe im Bereich Grenzverwaltung und Visumspolitik im Rahmen des Fonds für integrierte Grenzverwaltung, ABl. 2021 L 251, 48.

verabschiedet worden.[449] Angesichts der Bedeutung des Zolls im Rahmen der Governance der Außengrenzen soll die Unionsfinanzierung zu einem einheitlichen Ausrüstungsniveau beitragen und dabei die unterschiedlichen Belastungen der Mitgliedstaaten ausgleichen. Dabei werden allerdings die Bedeutung des Zolls für Kriminalitätsbekämpfung einerseits und die Multifunktionalität der anzuschaffenden Ausrüstung, wie etwa Körperscanner, für die Grenzkontrollen hervorgehoben.[450] Schließlich ist die VO (EU) 2021/444 zur Einrichtung des Programms „Zoll" für die Zusammenarbeit im Zollwesen verabschiedet worden.[451] Mit seiner Hilfe wird die strukturierte Zusammenarbeit zwischen den mitgliedstaatlichen Zollbehörden ebenso gefördert wie Aufbau und Betrieb der europaweiten IT-Systeme des Zolls etwa für ein Risikomanagement.[452] Das Programm „Justiz" adressiert – im Verhältnis zu den anderen Programmen mit einer geringeren Mittelausstattung – unter anderem Staatsanwaltschaft und Strafgerichte.[453] Durch die Union finanziert werden unter anderem Maßnahmen zum gegenseitigen Lernen und Austausch bewährter Verfahren, zur Verbesserung der Kenntnisse über das einschlägige Unionsrecht, zur Einrichtung europaweiter Netzwerke sowie zur Digitalisierung der Justiz und der Ermöglichung interoperabler grenzüberschreitender Systeme.[454]

2. Finanzierung von Sicherheitsforschung

101 Sicherheitsgewährleistung erfolgt auch durch die Förderung von Sicherheitsforschung durch das Forschungsrahmenprogramm. Im Rahmen der Förderung vorgegebener Themen durch das derzeitige Programm „Horizont Europa" wird als eine von sieben „globalen Herausforderungen" der Union die zivile Sicherheit verstanden und darauf ausgerichtete Forschungsvorhaben gefördert. Forschungsprojekte im Bereich der militärischen Sicherheit sind wegen der damit verbundenen Besonderheiten mit dem Europäischen Verteidigungsfonds einem eigenständigen Forschungsförderprogramm überantwortet.[455] Im Forschungsrahmenprogramm betont bereits die Bezeichnung der Förderlinie den gesellschaftlichen Bezug der Sicherheitsforschung. Dabei sollen Reaktionen auf die anhaltenden Sicherheitsbedrohungen, einschließlich Cyberkriminalität, sowie aus Naturkatastrophen und vom Menschen verursachten Katastrophen erforscht werden.[456] Die Förderung in diesem Programm ist auf die kooperative Forschung von universitären und außeruniversitären Forschungseinrichtungen mit kleinen und mittleren Unternehmen sowie der Industrie ausgerichtet. Dafür werden rund 1,3 Milliarden EUR über die Laufzeit des Programms von 2021–2027 bereitgestellt.[457] Ausdrücklich wird auch den mitgliedstaatlichen Behörden ein

---

[449] VO (EU) 2021/1077 des Europäischen Parlaments und des Rates v. 24.6.2021 zur Schaffung eines Instruments für finanzielle Hilfe für Zollkontrollausrüstung im Rahmen des Fonds für integrierte Grenzverwaltung, ABl. 2021 L 234, 1.
[450] Erwägungsgründe 11, 18 der VO (EU) 2021/1077.
[451] VO (EU) 2021/444 des Europäischen Parlaments und des Rates v. 11.3.2021 zur Einrichtung des Programms „Zoll" für die Zusammenarbeit im Zollwesen und zur Aufhebung der Verordnung (EU) Nr. 1294/2013, ABl. 2021 L 87, 1.
[452] Mitteilung der Kommission über die Strategie und den Aktionsplan der EU für das Zollrisikomanagement, COM(2014) 527 final; Bericht über die Fortschritte bei der Umsetzung der Strategie und des Aktionsplans der EU für das Zollrisikomanagement, COM(2016) 476 final; Zweiter Bericht über die Fortschritte bei der Umsetzung der Strategie und des Aktionsplans der EU für das Zollrisikomanagement, COM(2018) 549 final; Dritter Bericht über die Fortschritte bei der Umsetzung der Strategie und des Aktionsplans der EU für das Zollrisikomanagement, COM(2021) 9 final.
[453] VO (EU) 2021/693 des Europäischen Parlaments und des Rates v. 28.4.2021 zur Einrichtung des Programms „Justiz" und zur Aufhebung der Verordnung (EU) Nr. 1382/2013, ABl. 2021 L 156, 21.
[454] Art. 8 VO (EU) 2021/693.
[455] EGr. 54 der VO (EU) 2021/695 des Europäischen Parlaments und des Rates v. 28.4.2021 zur Einrichtung von „Horizont Europa", dem Rahmenprogramm für Forschung und Innovation, sowie über dessen Regeln für die Beteiligung und Verbreitung der Ergebnisse und zur Aufhebung der VO (EU) Nr. 1290/2013 und VO (EU) Nr. 1291/2013, ABl. 2021 L 170, 1.
[456] Anhang I Nr. 2 lit. c VO (EU) 2021/695.
[457] Art. 12 Abs. 2 VO (EU) 2021/695.

Zugangsrecht zu den Forschungsergebnissen eingeräumt.[458] Andere Förderlinien enthalten ebenfalls Bezüge zur Sicherheitsforschung; so spielt insbesondere die Cybersicherheit auch einen Förderschwerpunkt in den auf die digitale Transformation ausgerichteten Förderlinien.

Ein Beispiel der europäischen Forschungsförderung, das besonders viel Aufmerksamkeit erzeugt hat, sind Forschungsprojekte unter dem Titel „Smart Borders".[459] Die Kommission hat verschiedene Projekte gefördert, die in Kooperation von Forschungseinrichtungen und Sicherheitsbehörden darauf zielten, technische Lösungen zur Verbesserung der Grenzkontrollen zu entwickeln und praktisch zu testen. Sie stehen im Zusammenhang mit der Einrichtung umfassender interoperabler Datenbanken in der Union (→ Rn. 94 f.). Dabei stehen insbesondere KI-Technologien im Mittelpunkt der Aufmerksamkeit. Von ihnen verspricht man sich – neben einer einfacheren Auswertung der umfassenden Datenbestände – vor allem den Einsatz von Gesichtserkennungssystemen, um Gefährder an den Grenzen zu identifizieren und Kontrollen gleichzeitig zügig durchzuführen. Die Finanzierung und Entwicklung durch unionsgeförderte Projekte erzeugt – jedenfalls falls die Systeme sich bewähren und einsatzbereit sind – einen nachfolgenden Handlungsdruck, weil durch die potentielle Verwendung zur tatsächlichen oder vermeintlichen Erhöhung der Sicherheit der Verzicht auf die Förderung der Union rechtfertigungsbedürftig wird. Dabei ist offensichtlich, dass eine Vielzahl von Rechtsfragen insbesondere hinsichtlich des Einsatzes von solchen Algorithmen bisher kaum ausreichend diskutiert worden sind.

102

3. Finanzierung im Bereich der Verteidigung

Die begrenzten Kompetenzen der Union im Bereich der Verteidigung werden neben der Institutionalisierung der PESCO-Struktur (→ Rn. 23) auch durch die Einrichtung des Europäischen Verteidigungsfonds überspielt.[460] Das Budget soll zwischen 2021 und 2027 rund 8 Milliarden EUR betragen.[461] Aus der Perspektive des Unionsgesetzgebers bestehen Ineffizienzen auf dem Rüstungsmarkt, weil die Anbieter weitgehend vom jeweiligen Mitgliedstaat abhängig seien, diese wiederum bei der Beschaffung nicht zusammenarbeiten und daher insgesamt der europäische Rüstungsmarkt zu fragmentiert und zu wenig forschungsorientiert sei.[462] Das Unionsprogramm soll daher „Wettbewerbsfähigkeit, Effizienz und Innovationsfähigkeit der technologischen und industriellen Basis in der Union"[463] steigern und dazu beitragen, disruptive Technologien für den Verteidigungssektor zu entwickeln. Dementsprechend wird der Verteidigungsfonds auch auf die industrie- und forschungspolitischen Kompetenzen des AEUV und nicht auf die verteidigungspolitischen Zuständigkeiten der Union nach dem EUV gestützt. Finanziert werden aus dem Programm Forschungs- und Entwicklungsprojekte zur Entwicklung neuer und Optimierung bestehender Verteidigungsgüter und -technologien, an denen Partner aus mindestens drei verschiedenen Mitgliedstaaten beteiligt sind.[464] Das Programm wird von der Kommission unter Einbeziehung eines Komitologieausschusses direkt verwaltet. Ob die aus anderen Förderprogrammen bekannten Regularien einer Unionsförderung, die weitgehend vom europäischen Haushaltsrecht vorgegeben werden, sich tatsächlich als geeignet erweisen, disruptive Innovation zu fördern, dürfte eine offene Frage sein.[465]

103

---

[458] Art. 41 Abs. 9 VO (EU) 2021/695.
[459] S. *Wischmeyer* in Ebers/Heinze/Krügel/Steinrötter, Künstliche Intelligenz und Robotik, 2020, § 20 Rn. 18.
[460] VO (EU) 2021/697 des Europäischen Parlaments und des Rates v. 29.4.2021 zur Einrichtung des Europäischen Verteidigungsfonds und zur Aufhebung der Verordnung (EU) 2018/1092, ABl. 2021 L 170, 149.
[461] Art. 4 Abs. 1 VO (EU) 2021/697.
[462] EGr. 11 VO (EU) 2021/697.
[463] Art. 3 VO (EU) 2021/697.
[464] Art. 10 Abs. 2 und 4 VO (EU) 2021/697.
[465] Aus innovationstheoretischer Perspektive *Schulz-Schaeffer* in Eifert, Digitale Disruption und Recht, 2020, 127 ff.

4. Finanzierung von sicherheitsrelevanten Projekten in Drittstaaten

104 Da die Sicherheit innerhalb der Union unter verschiedenen Aspekten von Voraussetzungen in Drittstaaten abhängig ist, wird Sicherheit auch durch die Finanzierung von Maßnahmen dort gewährleistet. Dabei sind die Förderung im Rahmen der europäischen Nachbarschaftspolitik und der Entwicklungszusammenarbeit in einem Programm zusammengefasst worden.[466] Dieses verfolgt verschiedene sicherheitsrelevante Zielsetzungen, unter anderem Maßnahmen zur Bekämpfung des Terrorismus, der organisierten Kriminalität und der Cybersicherheit.[467] Dafür werden unterschiedliche Maßnahmen in den Nachbarschaftsstaaten wie auch im Rahmen der Entwicklungszusammenarbeit finanziert. Unter anderem soll Unterstützung bei der Bewältigung globaler und transregionaler Bedrohungen ebenso wie ein Beitrag zu funktionsfähigen und rechtsstaatlich orientierten Sicherheitsbehörden geleistet werden.[468] Damit ist stets die Erwartung verbunden, durch die damit verbundene Stabilisierung zugleich positive Effekte für die Sicherheitsgewährleistung innerhalb der Europäischen Union zu erzeugen. Im Einzelnen erfolgen die Programmkonkretisierung und Förderung in komplexen Governance-Strukturen.[469]

F. Perspektiven: Entwicklungsdynamiken der Sicherheitsunion

105 Zieht man eine Bilanz des Standes der Sicherheitsgewährleistung durch die Europäische Union, so sticht insbesondere die erhebliche Dynamik und die große Ausdifferenzierung hervor. Auch wenn es länger zurückliegende Ansätze für eine Integration im Sicherheitsbereich gab, geht es im Kern um Entwicklungen seit der Jahrtausendwende, die durch die veränderten Kompetenzgrundlagen des Lissaboner Vertrags, vor allem aber auch durch tatsächliche Bedrohungslagen erheblich beschleunigt wurden. Damit geht nahezu zwangsläufig eine erhebliche Komplexität einher, die bereits einzelne Teile eines europäischen Sicherheitsrechts kaum noch überblicken lässt. Augenfällig wird dies etwa am Aufstieg des europäischen Strafrechts, das binnen weniger Jahre zu einem eigenständigen Teilbereich des Strafrechts geworden ist und voluminöse Handbücher zur Erschließung benötigt. Dies wird durch allgemeine Entwicklung zu umfangreichen, aufgrund von notwendigen Kompromissen zwischen den Mitgliedstaaten und den Institutionen äußerst detailreichen europäischen Rechtsakten noch unterstützt. Der *aquis communitaire* des europäischen Sicherheitsrechts – fasst man unter diesem Begriff neben dem Straf- und Ordnungswidrigkeitenrecht das Polizei- und Ordnungsrecht, das Nachrichtendienstrecht, das Wehr- und Zivilschutzrecht sowie das Katastrophenschutzrecht zusammen – weist in den einzelnen Teilbereichen erhebliche Unterschiede auf, die auf den Unterschieden zwischen den kompetentiellen Handlungsmöglichkeiten der Union und den einsetzbaren Handlungsformen aufruhen.

106 Generell lässt sich festhalten, dass neben einer teilweisen Harmonisierung und der – einen deutlichen Mittelaufwuchs im derzeitigen mehrjährigen Finanzrahmen erfahrenden – Finanzierung vor allem die Institutionalisierung europäischer Sicherheitsbehörden zur Herausbildung einer europäischen Sicherheitsunion beitragen. Die unterschiedlichen Agenturen sind in den letzten Jahren Gegenstand erheblicher Expansion sowohl der Befugnisse und Kompetenzen wie auch der Ressourcen. Diese sind im Mehrebenensystem der europäischen Sicherheitsarchitektur – wenn auch mit erheblichen Differenzen im Detail –

---

[466] VO (EU) 2021/947 des Europäischen Parlaments und des Rates v. 9.6.2021 zur Schaffung des Instruments für Nachbarschaft, Entwicklungszusammenarbeit und internationale Zusammenarbeit – Europa in der Welt und zur Aufhebung des Beschlusses Nr. 466/2014/EU und der VO (EU) 2017/1601 und der VO (EG, Euratom) Nr. 480/2009 des Rates, ABl. 2021 L 209, 1.
[467] EGr. 53 VO (EU) 2021/947.
[468] Vgl. etwa die Interventionsbereiche in Anhang III der VO (EU) 2021/947.
[469] Näher zu den Regelungsstrukturen *Dann* EuR Beiheft 2/2008, 107 ff.; *Dann*, Entwicklungsverwaltungsrecht: Theorie und Dogmatik des Rechts der Entwicklungszusammenarbeit, untersucht am Beispiel der Weltbank, der EU und der Bundesrepublik Deutschland, 2012, 147 ff.

F. Perspektiven: Entwicklungsdynamiken der Sicherheitsunion § 9

eingebettet in komplexe Koordinations- und Kooperationsverhältnisse mit den mitgliedstaatlichen Sicherheitsbehörden. Die daraus resultierenden Folgeprobleme für Verantwortlichkeit und Kontrolle im Sicherheitsverwaltungsverbund sind erst ansatzweise geklärt. Sie ergeben sich insbesondere beim kooperativen Handeln europäischer und nationaler Behörden mit unterschiedlichen Handlungsbeiträgen. In besonderer Schärfe stellt sich die Problematik bei Frontex wegen der erheblichen Grundrechtseingriffe wie auch der hohen Anzahl an Betroffenen.

Besonderes Augenmerk verdient der Verbund aus nationalen und europäischen Behörden zudem aus der Perspektive der digitalen Transformation. Die Union hat verschiedene umfangreiche Datenbanken aufgebaut, die durch die mitgliedstaatlichen Behörden gefüllt und genutzt werden sollen. Das setzt ein erhebliches Vertrauen in sachgerechte und rechtmäßige Einträge durch alle berechtigten Behörden voraus und wirft Fragen nach dem Rechtsschutz in dem arbeitsteiligen Zusammenwirken auf. Dieses Grundsatzproblem wird noch durch zwei Aspekte zukünftig erheblich verschärft. Zum einen sind die Rechtsakte seit längerem durch den Grundsatz der Interoperabilität geprägt. Das führt zu einer weitgehenden Verbindung zwischen den unterschiedlichen Datenbanken. Falsche oder bewusst unrichtige Einträge können somit noch stärkere Konsequenzen nach sich ziehen. Zum anderen sind die Kommission und die Agenturen stark an einer Verbesserung der Auswertung dieser umfangreichen Datenbestände durch den Einsatz von neuen oder jedenfalls jetzt erheblich weiterentwickelten digitalen Technologien wie der Künstlichen Intelligenz nachdrücklich interessiert. Eine solche Entwicklung würde zu einer erheblichen Ausweitung der Bedeutung der informationellen Sicherheits-Governance im Verbund führen und damit neue Anforderungen an die demokratische Legitimation und rechtsstaatliche Verantwortlichkeit stellen. **107**

2. Teil: Sicherheitsgewährleistung durch Sicherung, Abschirmung und Geheimschutz

§ 10 Schutz von Verfassungsorganen und Sicherheitsbehörden

Frank Raue[1]

Übersicht

	Rn.
A. Überblick	1
B. Nachrichtendienstliche Gefahrenaufklärung	4
C. Polizeilicher Schutz	7
I. Der Schutz staatlicher Einrichtungen und Veranstaltungen als polizeiliche Aufgabe	8
II. Zuständigkeiten	11
1. Überblick	11
2. Bundespolizei	15
a) Eigensicherung, § 1 Abs. 3 BPolG	15
b) Schutz von Verfassungsorganen des Bundes und Bundesministerien, § 5 BPolG	23
3. Bundeskriminalamt	31
a) Eigensicherung, §§ 8, 67 f. BKAG	31
b) Personen- und innerer Raumschutz, §§ 6, 63 ff. BKAG	35
4. Bundeswehr, UZwGBw	39
5. Bundestag, Art. 40 Abs. 2 S. 1 GG	49
6. Landespolizei	59
D. Strafrechtlicher Schutz	63
I. Einleitung	63
II. Verfassungsorgane	65
III. Sicherheitsbehörden	71

Wichtige Literatur:

Anschütz, G., Die Verfassung des Deutschen Reiches vom 11. August 1919, 14. Aufl. 1933; *Anschütz, G.,* Zabern, DJZ 1913, 1957 ff.; *Bäcker, M.,* Terrorismusabwehr durch das Bundeskriminalamt, 2009; *Baumann, K.,* Der Schutz von Verfassungsorganen gegen terroristische Angriffe aus der Luft, DÖV 2006, 331 ff.; *Drews, B./Wacke, G.,* Allgemeines Polizeirecht – Ordnungsrecht – der Länder und des Bundes, 7. Aufl. 1961; *Ernst, C.,* Die Wahrnehmung des öffentlichen Hausrechts durch private Sicherheitsdienste, NVwZ 2015, 333 ff.; *Hatschek, J.,* Das Parlamentsrecht des Deutschen Reiches, Erster Teil, 1915; *Hatschek, J.,* Deutsches und Preußisches Staatsrecht, Bd. 2, 1923; *Friehe, M.,* Extragesetzliche Parlamentspolizei?, DÖV 2016, 521 ff.; *Heinen, J.,* Gedanken zur Novellierung des UZwGBw, NZWehrr 2002, 177 ff.; *Hesse, H.,* Reichsverfassung und Polizei, 1931; *Huber, E. R.,* Deutsche Verfassungsgeschichte seit 1789, Bd. 3, Bismarck und das Reich, 3. Aufl. 1988; Bd. 7, Struktur und Krisen des Kaiserreichs, 2. Aufl. 1982; Bd. 7, Ausbau, Schutz und Untergang der Weimarer Republik, 1984; *Huber, E. R.,* Dokumente zur deutschen Verfassungsgeschichte, Bd. 2, Deutsche Verfassungsdokumente 1851–1918, 1964; *Igel, R./Feldkamp, M.,* Die Polizei des Bundestagspräsidenten in parlamentsgeschichtlicher Perspektive, ZParl 2013, 126 ff.; *Jellinek, W.,* Gesetz, Gesetzesanwendung und Zweckmäßigkeitserwägung, Zugleich ein System der Ungültigkeitsgründe von Polizeiverordnungen und -verfügungen, Eine staats- und verwaltungsrechtliche Untersuchung, 1913; *Jellinek, W.,* Verfassung und Verwaltung des Reichs und der Länder, 1927; *Jellinek, W.,* Verwaltungsrecht, 3. Aufl. 1931; *Köhler, G.,* Die Polizeigewalt des Parlamentspräsidenten im deutschen Staatsrecht, Eine Darstellung am Beispiel des Präsidenten des Deutschen Bundestages, DVBl 1992, 1577 ff.; *Kormann, K.,* Die Rechtsfrage von Zabern, Grenzboten 1914, 97 ff.; *Kormann, K.,* Grundzüge eines allgemeinen Teils des öffentlichen Rechts, Fünfter Abschnitt, Rechtsausübung und Rechtsschutz im Öffentlichen Recht, Annalen des Deutschen Reichs 1912, 195 ff.; *Laband, P.,* Die Kommandogewalt und die Kabinettsorder von 1820, DJZ 1914, 185 ff.; *Liepmann, R.,* Die polizeilichen Aufgaben der deutschen Wehrmacht, 1926; *Neumann, H.,* Die Verfassung der Freien

---

[1] Der Verfasser ist Mitarbeiter der Verwaltung des Deutschen Bundestages. Der Beitrag gibt seine persönliche Auffassung wieder.

Hansestadt Bremen, Kommentar, 1996; *Oehme, W.,* Die staatsrechtliche Stellung des Reichstagspräsidenten in Bezug auf Disziplinarmaßnahmen, Hausrecht, Polizeigewalt und Rechtsgeschäfte, die er vornimmt, 1928; *Peters, W./Lux, J.,* Öffentliche Gebäude und Hausrecht: Inhalt und Rechtsgrundlagen, LKV 2018, 17 ff.; *Ramm, A.,* Die Polizei und das Hausrecht, DVBl 2011, 1506 ff.; *Ramm, A.,* Die Polizeigewalt des Bundestagspräsidenten, Die Polizei beim Deutschen Bundestag und ihre Ermächtigungsgrundlage, NVwZ 2010, 1461 ff.; *Reimer, F.,* „... einfach nur wieder die Folgerungsweise des Polizeistaates", Zur Unterscheidung von Aufgaben und Befugnissen im Polizeirecht, FS Würtenberger, 2013, 1047 ff.; *Ritzel, H./Bücker, J./Schreiner, J./Winkelmann, H.,* Handbuch für die Parlamentarische Praxis mit Kommentar zur Geschäftsordnung des Deutschen Bundestags, 2018; *Ronellenfitsch, M.,* Das Hausrecht der Behörden, VerwArch 1982, 465 ff.; *Schneider, H.-P.,* Frieden statt Bann – Über eine Reform, die nichts kostet, aber auch wenig wert ist, NJW 2000, 263 ff.; *Schütte, M.,* Der Rechtsrahmen für polizeiliche Maßnahmen bei Staatsbesuchen, 2012; *Stelkens, U.,* Das behördliche Hausrecht, JURA 2010, 363 ff.; *Vogler, N.,* Die Ordnungsgewalt der deutschen Parlamente, 1926; *Waechter, K.,* Die Schutzgüter des Polizeirechts, NVwZ 1997, 729 ff.; *Wagner, M./Schmidt, A.,* Mission Goldfinger – Die Deutsche Bundesbank unter dem Objektschutzschirm der Bundespolizei, DVBl 2016, 148 ff.; *Waldecker, L.,* Die Anstaltspolizei, Annalen des Deutschen Reichs 1915, 290 ff.; *Winkeler, M.,* Von der Grenzpolizei zur multifunktionalen Polizei des Bundes? Aufgaben und Verwendungen des Bundesgrenzschutzes am Maßstab des Grundgesetzes, 2004.

A. Überblick

1   Der Schutz von Verfassungsorganen und Sicherheitsbehörden findet auf **drei Ebenen** statt, der **nachrichtendienstlichen,** der **polizeilichen** und der **strafrechtlichen.** Auf der polizeilichen Ebene geht es darum, Gefahren für das Organ bzw. die Behörde unmittelbar abzuwehren. Ihr vorgelagert ist die nachrichtendienstliche Ebene, bei der die Gefahrenerkennung und -aufklärung im Mittelpunkt steht. Beiden Ebenen nachgelagert ist die strafrechtliche Ebene, auf der der Täter, der in strafrechtlich relevanter Weise die Sicherheit eines Verfassungsorgans oder einer Sicherheitsbehörde gefährdet oder verletzt hat, zur Verantwortung gezogen wird.

2   Auch wenn die **drei** Ebenen in zeitlicher Hinsicht also dem Grunde nach **aufeinanderfolgenden Schutzphasen** entsprechen – nachrichtendienstliche Gefahrenaufklärung, polizeiliche Gefahrenabwehr, strafrechtliche Repression –, so sind sie doch **zugleich ineinander verschränkt. Straftatbestände** sind auch Verbotsnormen, die durch die Androhung von Strafe von der Vornahme des verbotenen Verhaltens abschrecken wollen. Sie entfalten so (im Idealfall) eine **Vorwirkung,** die nachrichtendienstliche Gefahrenaufklärung und polizeiliche Gefahrenabwehr überflüssig macht. Eine Vorwirkung (anderer Art) entfalten sie aber auch dann, wenn das ihnen innewohnende Verbot übertreten wird bzw. übertreten zu werden droht. Denn diese Verletzung der Rechtsordnung stellt eine Störung der öffentlichen Sicherheit im polizeirechtlichen Sinne dar, die drohende Verletzung eine polizeirechtlich relevante Gefahr (→ Rn. 8). Die Polizei ist dann zu Störungsbeseitigungs- bzw. Gefahrenabwehrmaßnahmen berechtigt, ohne prüfen zu müssen, ob das Verfassungsorgan bzw. die Sicherheitsbehörde, deren Schutz die verletzte Norm dient, konkret gefährdet ist. Das Strafrecht bewirkt auf diese Weise also eine **Vorverlagerung des polizeilichen Schutzes,** die bei abstrakten Gefährdungsdelikten, wie sie gerade im Staatsschutzbereich nicht selten sind (→ Rn. 10, 72 ff., 80), erheblich sein kann. Diese Vorverlagerung wird noch einmal dadurch verstärkt, dass eine Verletzung der öffentlichen Sicherheit im polizeirechtlichen Sinne in der Regel nicht die Verwirklichung des subjektiven Straftatbestands voraussetzt. Aus rechtsstaatlicher Sicht birgt das gewisse Risiken, insbesondere dann, wenn eine Strafnorm nur wegen ihrer hohen subjektiven Erfordernisse verfassungsgemäß ist, die (drohende) Verwirklichung ihres objektiven Tatbestands aber gleichwohl unbesehen als Anknüpfungspunkt für polizeiliches Einschreiten genutzt wird (→ Rn. 10).

3   Die strafrechtliche Ebene kann sogar **Vorwirkungen** über die polizeirechtliche Ebene hinweg bis **in die** Ebene der **nachrichtendienstlichen Gefahrenaufklärung** hinein entfalten. Das ist dann der Fall, wenn, wie bei der Telekommunikationsüberwachung nach § 3 G 10, der Gesetzgeber den Einsatz nachrichtendienstlicher Mittel davon abhängig macht, dass tatsächliche Anhaltspunkte für den Verdacht bestehen, dass jemand bestimmte Straftaten plant, begeht oder begangen hat (→ Rn. 5).

B. Nachrichtendienstliche Gefahrenaufklärung

Zu den Aufgaben der Nachrichtendienste des Bundes (BfV, MAD, BND; dazu → § 7 Rn. 19 ff.) und der Länder (Landesämter für Verfassungsschutz) gehört es, Informationen über Bestrebungen zu sammeln und auszuwerten, die gegen die **„Sicherheit des Bundes oder eines Landes"** gerichtet sind bzw. (im Falle des BND) „sicherheitspolitische Bedeutung" haben.[2] Die „Sicherheit" in diesem Sinn wird unter anderem berührt, wenn staatliche Einrichtungen, mithin also auch **Verfassungsorgane und Sicherheitsbehörden**, erheblich in ihrer **Funktionsfähigkeit beeinträchtigt** werden.[3] Die Aufklärung entsprechender Gefährdungslagen in Bezug auf Verfassungsorgane und Sicherheitsbehörden gehört damit zu den Standardaufgaben der Nachrichtendienste. Eine gesonderte Erwähnung als Aufklärungsziel der Verfassungsschutzämter finden daneben Bestrebungen, welche eine „ungesetzliche Beeinträchtigung der Amtsführung der Verfassungsorgane des Bundes oder eines Landes oder ihrer Mitglieder zum Ziele haben".[4] Dass auch und gerade der Schutz der Streitkräfte zu den Zielen der nachrichtendienstlichen Aufklärung gehört, ergibt sich schließlich aus den insoweit bestehenden Spezialzuständigkeiten des MAD für Bestrebungen oder Tätigkeiten gegen „Personen, Dienststellen oder Einrichtungen im Geschäftsbereich des Bundesministeriums der Verteidigung".[5]

Zur Erfüllung dieser Aufgabe können die Nachrichtendienste – wie auch sonst – grundsätzlich „Methoden, Gegenstände und Instrumente zur heimlichen Informationsbeschaffung, wie den Einsatz von Vertrauensleuten und Gewährspersonen, Observationen, Bild- und Tonaufzeichnungen, Tarnpapiere und Tarnkennzeichen" anwenden,[6] Auskünfte bei Luftfahrtunternehmen, Banken und Telekommunikationsunternehmen einholen[7] sowie Post- und Telekommunikation überwachen.[8] Die Voraussetzungen für den Einsatz der verschiedenen **nachrichtendienstlichen Mittel** sind je nach Eingriffsintensität unterschiedlich ausgestaltet.[9] In regelungstechnischer Hinsicht wird zum Teil ein „polizeirechtlicher" Ansatz gewählt, etwa wenn für Kontodatenabfragen verlangt wird, dass „Tatsachen die Annahme rechtfertigen, dass schwerwiegende Gefahren" für ein nachrichtendienstliches Schutzgut vorliegen.[10] Für die Überwachung des Post- und Telekommunikationsverkehrs hat der Gesetzgeber diesen Ansatz mit einem „strafprozessualen" Ansatz kombiniert. Auch hier geht es um die „Abwehr von drohenden Gefahren".[11] Außerdem müssen aber „tatsächliche Anhaltspunkte für den Verdacht bestehen", dass jemand bestimmte Straftaten „plant, begeht oder begangen hat."[12] Zudem bedarf der nachrichtendienstliche Einsatz dieses Aufklärungsinstruments der grundsätzlich vorherigen Zustimmung der über richterliche Unabhängigkeit verfügenden G 10-Kommission des Bundestags.[13]

Die Nachrichtendienste können zwar Informationen über (bestimmte) Gefahren sammeln, die Verfassungsorganen und Sicherheitsbehörden drohen (→ Rn. 4 f.). Sie sind aber selbst nicht zur Abwehr dieser Gefahren in der Lage, da sie nicht über polizeiliche Befug-

---

[2] Vgl. § 3 Abs. 1 Nr. 1 BVerfSchG, § 1 Abs. 1 S. 1 Nr. 1 MADG, § 1 Abs. 2 S. 1 BNDG, § 1 Abs. 1 Nr. 1 G 10; zum Begriff der sicherheitspolitischen Bedeutung in § 1 BNDG *Gusy* in Schenke/Graulich/Ruthig BNDG § 1 Rn. 26 ff.
[3] Vgl. § 4 Abs. 1 lit. b BVerfSchG, § 1 Abs. 1 S. 3 MADG.
[4] § 3 Abs. 1 Nr. 1 BVerfSchG; dazu *Roth* in Schenke/Graulich/Ruthig BVerfSchG § 4 Rn. 62 f.
[5] § 1 Abs. 1 S. 1, Abs. 2 Nr. 1 MADG.
[6] § 8 Abs. 2 BVerfSchG, § 4 MADG, § 5 BNDG.
[7] § 8a BVerfSchG, § 4a MADG, § 3 BNDG.
[8] § 1 Abs. 1 G 10, § 3 G 10.
[9] Vgl. nur §§ 8 ff. BVerfSchG.
[10] § 8a Abs. 1 S. 1 BVerfSchG.
[11] § 1 Abs. 1 Nr. 1 G 10; der dort verwendete Gefahrenbegriff ist weiter als der polizeirechtliche zu verstehen, vgl. *Huber* in Schenke/Graulich/Ruthig G 10 § 1 Rn. 33.
[12] Vgl. § 3 Abs. 1 S. 1 G 10.
[13] Vgl. § 15 Abs. 1 S. 3, Abs. 5 S. 1, Abs. 6 S. 1, 2 G 10. – Deren Zustimmung ist auch bei bestimmten Auskunftsverlangen nach § 8a BVerfSchG und der Standortermittlung von Mobiltelefonen nach § 9 Abs. 4 BVerfSchG erforderlich (vgl. § 8b Abs. 2 BVerfSchG, § 9 Abs. 4 S. 7 BVerfSchG).

nisse verfügen.¹⁴ Allerdings können sie ihre **Erkenntnisse**, einschließlich personenbezogener Daten, den für die Gefahrenabwehr zuständigen **Polizeibehörden zur Verfügung stellen** (→ § 29 Rn. 106 ff.),¹⁵ die dann die Gefahren mit polizeilichen Mitteln abwehren können (→ Rn. 7 ff.).

C. Polizeilicher Schutz

7 Verfassungsorgane und Sicherheitsbehörden sind als staatliche Einrichtungen **polizeirechtlich geschützt,** wobei die Konstruktion dieses Schutzes und (damit zusammenhängend) dessen genauer **Umfang umstritten** sind (→ Rn. 8 ff.). Im Grundsatz sind die Polizeibehörden der Länder zuständig (→ Rn. 59 ff.). Diese müssen aber die räumlich begrenzten **Eigensicherungskompetenzen der gefährdeten staatlichen Einrichtung** (→ Rn. 12) beachten. Für die Bundespolizei (→ Rn. 15 ff.), das BKA (→ Rn. 31 ff.), die Bundeswehr (→ Rn. 39 ff.), den Bundestag (→ Rn. 49 ff.) und die meisten Landesparlamente (→ Rn. 49) sind diese (mittlerweile) ausdrücklich gesetzlich geregelt, im Falle der Parlamente sogar durch die Verfassung. Sie stehen aber im Grundsatz jeder staatlichen Einrichtung als Annex zu ihren Sachkompetenzen bzw. gewohnheitsrechtlich zu (→ Rn. 12, 19 ff.). Darüber hinaus bestehen in Bezug auf Verfassungsorgane des Bundes und die Bundesministerien **besondere Schutzzuständigkeiten der Bundespolizei** (→ Rn. 23 ff.) und des **BKA** (→ Rn. 35 ff.).

I. Der Schutz staatlicher Einrichtungen und Veranstaltungen als polizeiliche Aufgabe

8 Aufgabe der Polizei ist es, Gefahren für die öffentliche Sicherheit und Ordnung abzuwehren. Zur „**öffentlichen Sicherheit**" gehören neben der **Unverletzlichkeit der Rechtsordnung** und den subjektiven Rechtsgütern des Einzelnen auch der Bestand des Staates sowie der **Einrichtungen und Veranstaltungen des Staates** und sonstiger Träger von Hoheitsgewalt.¹⁶ Verfassungsorgane und Sicherheitsbehörden sowie ihre Tätigkeiten sind somit auf zweierlei Weise polizeirechtlich geschützt: Zum einen direkt über das Teilschutzgut „Einrichtungen und Veranstaltungen des Staates", zum anderen indirekt über das Teilschutzgut „Unverletzlichkeit der Rechtsordnung". Denn Angriffe auf staatliche Einrichtungen und Veranstaltungen verletzen häufig auch spezielle Rechtsnormen und stören somit die Unverletzlichkeit der Rechtsordnung:¹⁷ Wer etwa Steine auf eine Polizeiwache wirft, greift nicht nur eine staatliche Einrichtung an, sondern begeht auch eine Sachbeschädigung (§§ 303 ff. StGB) und gegebenenfalls eine Körperverletzung (§§ 223 ff. StGB) (→ Rn. 63 ff.).

9 Das **Verhältnis** dieser **beiden Ansatzpunkte** für den polizeirechtlichen Schutz von Einrichtungen und Veranstaltungen des Staates zueinander ist **umstritten**. Ein Teil der Literatur¹⁸ vertritt die Auffassung, dass bei vom Menschen ausgehenden Beeinträchtigungen allein das Teilschutzgut der „Unverletzlichkeit der Rechtsordnung" maßgebend sei. Da-

---

[14] § 8 Abs. 3 BVerfSchG; § 2 Abs. 3 BNDG; § 4 Abs. 2 MADG.
[15] Vgl. § 19 Abs. 1 Nr. 2 BVerfSchG, § 11 MADG, § 11 Abs. 3 BNDG.
[16] Vgl. die Legaldefinitionen in § 2 Nr. 2 BremPolG (ohne Bestand des Staates), § 3 Nr. 1 SOG LSA, § 54 Nr. 1 ThürOBG, die lediglich die traditionelle Auslegung der polizeilichen Generalklauseln widerspiegeln (s. nur *Bäcker* in Lisken/Denninger PolR-HdB Kap. D Rn. 17, 61; *Schoch* VerwR BT Kap. 1 Rn. 244, 263; *Schenke* PolR Rn. 56, 65; *Gusy* PolR Rn. 79, 82; *Kingreen/Poscher* POR § 7 Rn. 2, 30 ff.; ferner schon *O. Mayer* VerwR I 214). So auch die Auslegung von § 14 BPolG (*Schenke* in Schenke/Graulich/Ruthig BPolG § 14 Rn. 14; *Wehr* in Nomos-BRBPolG § 14 Rn. 15).
[17] Vgl. *Kingreen/Poscher* POR § 7 Rn. 32 f.
[18] Vgl. (auch zum Folgenden) *Kingreen/Poscher* POR § 7 Rn. 32 ff.; *Kugelmann* PolR Kap. 5 Rn. 46 ff.; *Gusy* PolR Rn. 82 ff.; *Schütte* Rechtsrahmen 84 ff.; tendenziell auch *Waechter* NVwZ 1997, 729 (735 ff.) mit dem Argument, dass die nichtpolizeirechtliche Rechtsordnung das Verbotensein menschlichen Verhaltens von Ausnahmefällen abgesehen abschließend geregelt habe. – Das Teilschutzgut „Einrichtungen und Veranstaltungen des Staates" hat hiernach nur bei der Abwehr von Gefahren, die von Naturgewalten ausgehen (zB Hochwasser, das ein Ministeriumsgebäude zu überschwemmen droht), eine eigenständige Bedeutung.

C. Polizeilicher Schutz § 10

hinter steht die Befürchtung, dass ansonsten eine „Einbruchstelle für obrigkeitsstaatliches Denken"[19] eröffnet werde, die zu einem übermäßigen Schutz abstrakter staatlicher Interessen auf Kosten der individuellen Freiheit führen könnte. Die nicht gegen Rechtsvorschriften verstoßende Grundrechtsbetätigung des Bürgers sei polizeirechtlich hinzunehmen, zumal der Staat (ähnlich wie das Eigentum[20]) erst durch die Rechtsordnung konstituiert werde, die seine Einrichtungen und Veranstaltungen im Übrigen durch zahlreiche Vorschriften, insbesondere solche des Strafrechts, bereits in ausreichendem Maße schütze. Die hM[21] hält die polizeirechtlichen Generalklauseln hingegen für ausreichend bestimmt, um allein (ohne weitere vermittelnde Rechtsvorschriften) als Grundlage für Grundrechtsbeschränkungen zur Abwehr von Gefahren für staatliche Einrichtungen und Veranstaltungen dienen zu können. Auch nach dieser Sichtweise sind natürlich (schon von Polizeirechts wegen[22]) nur verhältnismäßige Maßnahmen zur Abwehr von „Gefahren und Störungen" (nicht bloßer Belästigungen[23]) zulässig. Ferner müssen spezielle verfassungsrechtliche Vorgaben, wie das Gebot der Meinungsneutralität bei Beschränkungen des Art. 5 Abs. 1 GG (→ Rn. 69, 71), beachtet werden. Schon aus diesem Grunde bietet das Polizeirecht keine Handhabe gegen scharfe öffentliche Kritik an einer staatlichen Einrichtung oder Veranstaltung.[24] Vor diesem Hintergrund und angesichts des in der Tat ausgeprägten straf- und ordnungswidrigkeitsrechtlichen Schutzes, den staatliche Einrichtungen und Veranstaltungen genießen (→ Rn. 63 ff.), ist die **praktische Relevanz der Streitfrage gering.**[25] Beispiele, die in diesem Zusammenhang (kontrovers) diskutiert werden, sind Warnungen vor polizeilichen Geschwindigkeitskontrollen[26] und das Ausspähen polizeilicher Maßnahmen oder von Polizeikräften[27].

Hinzuweisen ist allerdings darauf, dass dem **gesetzesakzessorischen polizeirechtlichen Schutz** staatlicher Einrichtungen und Veranstaltungen **keineswegs immer** die freiheitssichernde, die **Eingriffsvoraussetzungen schärfer konturierende Tendenz** innewohnt, die man sich von ihm erhofft. Bei der Frage, ob die öffentliche Sicherheit in ihrer Ausprägung als „Unverletzlichkeit der Rechtsordnung" gestört ist, kommt es bei Straftatbeständen nach hM nämlich nicht darauf an, ob neben dem objektiven auch der subjektive Tatbestand verwirklicht wird.[28] Gerade staatsschützende Strafnormen sind aber nicht selten durch einen sehr weit gefassten objektiven Tatbestand gekennzeichnet; erst auf der Ebene des subjektiven Tatbestands wird die Strafbarkeit wieder auf ein angemessenes Maß zurückgestutzt. Ein typisches Beispiel hierfür ist § 89 StGB, der objektiv lediglich ein „Einwirken" auf die Psyche von Angehörigen der Bundeswehr oder anderer öffentlicher Sicherheitsorgane voraussetzt, ohne dass dies objektiv zu einer Beeinträchtigung oder auch nur konkreten Gefahr für die Funktionsfähigkeit dieser staatlichen Einrichtungen führen müsste (→ Rn. 73 ff.). Um bei der Anknüpfung an solche „abstrakten Gefährdungsdelikte" unverhältnismäßige Gefahrenabwehrmaßnahmen zu vermeiden, muss daher auf polizei-

10

---

[19] *Kugelmann* PolR Kap. 5 Rn. 46.
[20] Vgl. § 14 Abs. 1 S. 2 GG; dazu *Axer* in BeckOK GG, 51. Ed. 15.2.2022, GG Art. 14 Rn. 7 ff.
[21] Vgl. nur *Bäcker* in Lisken/Denninger PolR-HdB Kap. D Rn. 62 ff.; *Graulich* in Schenke/Graulich/Ruthig BPolG § 14 Rn. 14; *Schoch* VerwR BT Kap. 1 Rn. 265; *Schenke* PolR Rn. 65.
[22] Die Polizeigesetze ordnen die Beachtung des Verhältnismäßigkeitsgrundsatzes ausdrücklich an (vgl. nur § 11 ASOG Bln; § 15 BPolG).
[23] Vgl. dazu *Kingreen/Poscher* POR § 7 Rn. 37; § 8 Rn. 3 ff.
[24] Vgl. dazu *Kingreen/Poscher* POR § 7 Rn. 38; *Schenke* in Schenke/Graulich/Ruthig BPolG § 14 Rn. 14; *Gusy* PolR Rn. 88; *Schenke* PolR Rn. 65; *Schoch* VerwR BT Kap. 1 Rn. 266.
[25] *Schenke* PolR Rn. 65; *Schenke* in Schenke/Graulich/Ruthig BPolG § 14 Rn. 14; *Schoch* VerwR BT Kap. 1 Rn. 264; *Bäcker* in Lisken/Denninger PolR-HdB Kap. D Rn. 64.
[26] Vgl. *Kingreen/Poscher* POR § 7 Rn. 38; *Gusy* PolR Rn. 83; *Schenke* PolR Rn. 65; *Schoch* VerwR BT Kap. 1 Rn. 265; *Bäcker* in Lisken/Denninger PolR-HdB Rn. 70.
[27] Vgl. *Schenke* PolR Rn. 66; *Schenke* in Schenke/Graulich/Ruthig BPolG § 14 Rn. 14; *Kingreen/Poscher* POR § 7 Rn. 38; *Bäcker* in Lisken/Denninger PolR-HdB Rn. 69; BVerwG NJW 2012, 2676 Rn. 22 ff.; OLG Brandenburg NVwZ-RR 2015, 32 Rn. 25, 30.
[28] Vgl. BVerwGE 64, 55 (61) = NJW 1982, 1008 (1009); VG Karlsruhe NJW 1988, 1536 (1537); *Schoch* VerwR BT Kap. 1 Rn. 246; *Bäcker* in Lisken/Denninger PolR-HdB Kap. D Rn. 51; *Kingreen/Poscher* POR § 7 Rn. 9; *Erbguth/Mann/Schubert* BesVerwR Rn. 338.

licher Ebene etwas geprüft werden, das auf strafrechtlicher entbehrlich ist, nämlich, ob aus der (drohenden) Verwirklichung des objektiven Straftatbestands eine konkrete Gefahr für das geschützte Rechtsgut resultiert.[29] Dabei darf die polizeirechtliche Verhältnismäßigkeit keineswegs im Sinne eines Erst-Recht-Schlusses aus der Verhältnismäßigkeit des Straftatbestands gefolgert werden. Denn Letztere resultiert häufig erst aus dem eingrenzenden subjektiven Tatbestand (→ Rn. 75), auf dessen Verwirklichung es polizeirechtlich, wie gesehen, gerade nicht ankommt. Die Anknüpfung von polizeilichen Staatsschutzmaßnahmen an Straftatbestände bietet vor diesem Hintergrund in vielen Fällen also nur scheinbar mehr Rechtssicherheit und Freiheitsschutz als die direkte Anknüpfung an das Teilschutzgut „Einrichtungen und Veranstaltungen des Staates".

II. Zuständigkeiten

1. Überblick

11 Von der Frage, wie weit der polizeiliche Schutz von Sicherheitsbehörden und Verfassungsorganen materiell reicht (→ Rn. 9 f.), ist die Frage zu trennen, welche Stelle diese Schutzaufgabe zu erfüllen hat. Insoweit kann grundsätzlich zwischen zwei **räumlichen Zonen** unterschieden werden: dem Ort der staatlichen Einrichtung oder Veranstaltung (Zone 1) und dessen Umgebung (Zone 2). Das Zwei-Zonen-Regime erweitert sich zu einem Drei-Zonen-Regime, wenn der Gesetzgeber um ein Verfassungsorgan einen sog. befriedeten Bezirk (Zone 3) eingerichtet hat.

12 In Bezug auf ihre **dienstlichen Liegenschaften (Zone 1)** verfügt jede staatliche Einrichtung über gewisse **polizeiliche Eigensicherungsbefugnisse** (→ Rn. 19 ff., 28). Diese sind zum Teil ausdrücklich gesetzlich geregelt, etwa für die Bundespolizei (→ Rn. 15 ff.), das BKA (→ Rn. 31 ff.), die Bundeswehr (→ Rn. 39 ff.) sowie den Bundestag und die meisten Landtage (→ Rn. 49 ff.). In den meisten Fällen werden sie aber als Annexkompetenz aus den Sachkompetenzen der zu schützenden Einrichtung abgeleitet oder als Gewohnheitsrecht betrachtet (→ Rn. 20). Kraft dieser Eigensicherungskompetenzen können Sicherheitsbehörden, die ihnen ohnehin zur Verfügung stehenden Zwangsmittel zum Selbstschutz einsetzen (→ Rn. 28, 39 ff.). Verfassungsorgane können, soweit sie nicht wie der Bundestag ausnahmsweise über eine eigene Polizeitruppe verfügen (Rn. 55), insoweit die Vollzugshilfe der zuständigen Polizeibehörde anfordern (→ Rn. 28 f., 55). Das ist in der Regel die Landespolizei (→ Rn. 23, 60). Für bestimmte Verfassungsorgane des Bundes und Bundesministerien hat jedoch die Bundespolizei auf Ersuchen des Verfassungsorgans bzw. Ministeriums und im Einvernehmen mit dem betroffenen Land den Schutz des Amtssitzes übernommen (→ Rn. 23 ff.).

13 In **Zone 2**, also außerhalb der dienstlichen Liegenschaften, bleibt grundsätzlich die Landespolizei uneingeschränkt zuständig (→ Rn. 16, 24, 61). Eine Ausnahme ist der Personenschutz der Mitglieder von Verfassungsorganen des Bundes, der – zonenübergreifend – dem BKA obliegt (→ Rn. 35 ff.).

14 In Bezug auf Bundestag, Bundesrat und Bundesverfassungsgericht sowie die entsprechenden Verfassungsorgane einiger Länder kann noch von einer **Zone 3** gesprochen werden, die Zone 1 und Zone 2 zum Teil überlagert: den befriedeten Bezirk (bzw., wie es früher hieß, die Bannmeile), in dem die Versammlungsfreiheit im Interesse der Sicherheit des jeweiligen Verfassungsorgans besonderen Restriktionen unterliegt (→ Rn. 58).

2. Bundespolizei

15 **a) Eigensicherung, § 1 Abs. 3 BPolG.** § 1 Abs. 3 S. 1 BPolG verleiht der Bundespolizei (→ § 7 Rn. 12 ff.) die Befugnis, „ihre Behörden, Verbände, Einheiten und sonstigen

---

[29] Vgl. BVerwGE 64, 55 (61) = NJW 1982, 1008 (1009); VG Karlsruhe NJW 1988, 1536 (1537); *Denninger* in Lisken/Denninger PolR-HdB, 6. Aufl. 2018, Kap. D Rn. 17.

C. Polizeilicher Schutz § 10

Einrichtungen gegen Gefahren, die die Durchführung ihrer Aufgaben beeinträchtigen, in eigener Zuständigkeit" zu sichern.[30] § 1 Abs. 3 S. 2 BPolG stellt klar, dass sich die Sicherung „auf die in Satz 1 bezeichneten Einrichtungen" zu beschränken hat „sowie auf die Grundstücke, auf denen diese Einrichtungen untergebracht sind." Die Bundespolizei kann hiernach also sowohl ihre **dienstlichen Liegenschaften** schützen (Objektschutz) als auch **außerhalb dieser Liegenschaften operierende Verbände und Einheiten**[31] einschließlich des von ihnen genutzten Geräts (Kfz, Bewaffnung, Ausrüstung etc)[32]. Selbst Teile von Einheiten, zB einzelne Bedienstete, können sich auf das Selbstschutzrecht des § 1 Abs. 3 BPolG berufen, wenn sie in Bezug auf ihre dienstliche Tätigkeit gefährdet sind.[33] Für die Abwehr von Gefahren, die nicht die Durchführung der Aufgaben der Bundespolizei betreffen, bleibt stets die Landespolizei zuständig. Das gilt, wie § 1 Abs. 7 BPolG klarstellt, auch innerhalb der dienstlichen Liegenschaften der Bundespolizei.[34]

Die Eigensicherungskompetenz nach § 1 Abs. 3 BPolG ist also **sachlich und räumlich** 16 **beschränkt:** sachlich auf Gefahren, welche den Dienstbetrieb beeinträchtigen; räumlich auf dienstliche Liegenschaften und sonstige Orte, an denen die Bundespolizei tätig wird. Streifengänge in unmittelbarer Nähe dienstlicher Objekte sind hiervon noch abgedeckt.[35] Zulässig ist gem. § 58 Abs. 3 BPolG ferner die sog. Nacheile,[36] zB wenn sich eine Person einer Identitätsfeststellung bei der Einlasskontrolle durch Flucht zu entziehen versucht.[37] Die Bundespolizei könnte auch gegen Personen vorgehen, die eines ihrer Objekte mit Steinen bewerfen oder dessen Zufahrt mit Barrikaden blockieren.[38] Die Bundespolizei dürfte aber nicht unter Berufung auf ihre Eigensicherungsbefugnisse ausrücken, um eine bewaffnete Menschenmenge, die sich auf dem Weg zu einem ihrer Gebäude befindet, mit dem Ziel, dieses zu stürmen, daran zu hindern, überhaupt in die Nähe der entsprechenden Liegenschaft zu kommen. Dies wäre Aufgabe der Landespolizei[39] (→ Rn. 61). Die Eigensicherungskompetenz nach § 1 Abs. 3 BPolG beschränkt sich auf den „unmittelbaren" Schutz.[40] Auch hierbei muss die Bundespolizei gem. § 1 Abs. 6 S. 1 BPolG „im Benehmen"[41] mit der Landespolizei handeln, wenn ihre Eigensicherungsmaßnahmen deren Zuständigkeit „berühren", etwa bei Streifengängen in unmittelbarer Nähe der zu sichernden Liegenschaft.[42] Müssen die erforderlichen Maßnahmen unverzüglich getroffen werden, ist die Landespolizei gem. § 1 Abs. 6 S. 2 BPolG zumindest unverzüglich zu unterrichten.

Bei der Eigensicherung nach § 1 Abs. 3 BPolG kann die Bundespolizei die in §§ 14, 17 21 ff. BPolG geregelten allgemeinen und besonderen **Befugnisse** nutzen.[43] Dazu gehören

---

[30] Näher zu den „Behörden, Verbänden, Einheiten und sonstigen Einrichtungen" s. *Graulich* in Schenke/Graulich/Ruthig BPolG § 1 Rn. 13.
[31] Vgl. BT-Drs. VI/2886, 24 („Sicherung marschierender Kolonnen"); *Winkeler* Grenzpolizei 169; *Walter* in DMWW BPolG § 1 Rn. 40, 43, 44, 46; *Gnüchtel* in HHPM BPolG § 1 Rn. 123, 126. Ein Beispiel ist die Sicherung von Bundespolizeieinheiten, die sich auf dem Weg zur Unterstützung von Polizeikräften der Länder gem. § 11 BPolG befinden, wobei die Einzelheiten str. sind (vgl. *Gnüchtel* in HHPM BPolG § 1 Rn. 123, 126; *Walter* in DMWW BPolG § 1 Rn. 44).
[32] Vgl. *Gnüchtel* in HHPM BPolG § 1 Rn. 124.
[33] BT-Drs. 12/7562, 36; *Graulich* in Schenke/Graulich/Ruthig BPolG § 1 Rn. 14; *Walter* in DMWW BPolG § 1 Rn. 40.
[34] Vgl. *Graulich* in Schenke/Graulich/Ruthig BPolG § 1 Rn. 23 f.; *Gnüchtel* in HHPM BPolG § 1 Rn. 127, allgemeinpolizeiliche Zuständigkeit verbleibt beim Land.
[35] BT-Drs. 12/7562, 36; *Graulich* in Schenke/Graulich/Ruthig BPolG § 1 Rn. 15; *Walter* in DMWW BPolG § 1 Rn. 35; *Gnüchtel* in HHPM BPolG § 1 Rn. 124 (unter zutreffendem Hinweis auf § 23 Abs. 1 Nr. 4 BPolG); vgl. auch *Wehr* in Nomos-BR BPolG § 1 Rn. 10.
[36] *Wehr* in Nomos-BR BPolG § 1 Rn. 17.
[37] Vgl. *Ruthig* in Schenke/Graulich/Ruthig BPolG § 58 Rn. 13.
[38] *Gnüchtel* in HHPM BPolG § 1 Rn. 124, 127.
[39] So auch für den (insoweit vergleichbaren § 5 BPolG) *Walter* in DMWW BPolG § 5 Rn. 11. – Das betroffene Land könnte gem. Art. 35 Abs. 2 S. 1 GG, § 11 Abs. 1 Nr. 1 BPolG aber die Unterstützung der Bundespolizei anfordern.
[40] Vgl. BT-Drs. VI/2886, 24.
[41] Dazu *Gnüchtel* in HHPM BPolG § 1 Rn. 143.
[42] *Gnüchtel* in HHPM BPolG § 1 Rn. 124, 127.
[43] *Wehr* in Nomos-BR BPolG § 1 Rn. 9; *Gnüchtel* in HHPM BPolG § 1 Rn. 123.

Raue

Identitätsfeststellungen, erkennungsdienstliche Maßnahmen, Einlasskontrollen und die Videoüberwachung (vgl. § 23 Abs. 1 Nr. 4, Abs. 3, 5 BPolG, § 24 Abs. 1 Nr. 1 BPolG, § 27 Abs. 1 Nr. 2 BPolG). Zur Durchsetzung ihrer Anordnungen kann die Bundespolizei notfalls unmittelbaren Zwang einsetzen.[44]

18 Die Ausübung hoheitlicher Befugnisse ist auch im Rahmen der Eigensicherung allerdings grundsätzlich gem. § 63 Abs. 1 BPolG, Art. 33 Abs. 4 GG (uniformierten) **Polizeivollzugsbeamten** vorbehalten.[45] Für unterstützende Tätigkeiten, zB im Pfortendienst, ist hingegen auch der Einsatz von **Angestellten und Arbeitern**[46] oder von **Personal privater Sicherheitsdienste**[47] möglich. Werden sie gem. § 63 Abs. 2 Nr. 4 BPolG zu sog. Hilfspolizeibeamten bestellt,[48] können sie – vom Schusswaffen- und Explosivmitteleinsatz abgesehen – sogar unmittelbaren Zwang ausüben (vgl. § 63 Abs. 3 BPolG). Ansonsten ist der Einsatz von Gewalt nur auf der Grundlage der sog. Jedermann-Rechte (zB § 32 StGB, § 127 Abs. 1 StPO) möglich.[49] Die grundrechtlichen Bindungen der Bundespolizei, namentlich der Verhältnismäßigkeitsgrundsatz, dürfen dabei allerdings nicht unterlaufen werden.[50] Diese gelten unabhängig vom Rechtstitel, auf den die der Bundespolizei zuzurechnende Maßnahme gestützt wird. Deshalb vermag auch eine Berufung auf das „Hausrecht" (→ Rn. 21 f.) den Spielraum für den Einsatz privater Sicherheitsdienste nicht wesentlich zu erweitern.[51]

19 Das **Grundgesetz** schweigt sich zu der Frage der Eigensicherung von Einrichtungen des Bundes im Allgemeinen sowie seiner Verfassungs- und Sicherheitsorgane im Besonderen aus. Lediglich in Bezug auf den Bundestag bestimmt Art. 40 Abs. 2 S. 1 GG, dass das Hausrecht und die Polizeigewalt in seinem Gebäude vom Parlamentspräsidenten ausgeübt wird (→ Rn. 49 ff.). Die **Gesetzgebungs- und Vollzugskompetenz zur Eigensicherung** der Bundespolizei wird daher als stillschweigend mitgeschriebener **Annex** der dem Bund ausdrücklich zugewiesenen polizeilichen Kompetenzen angesehen.[52]

20 Dies korrespondiert mit der überkommenen **verwaltungsrechtlichen Lehre,** wonach jede staatliche Einrichtung notfalls auch ohne ausdrückliche gesetzliche Regelung berechtigt ist, ihren Dienstbetrieb gegen Angriffe von außen selbst zu schützen.[53] Unter der Geltung der Bismarck'schen und der Weimarer Reichsverfassung wurde dieses „öffentlich-rechtliche Selbstschutzrecht"[54] als „Anstaltsgewalt" bzw. **„Anstaltspolizei"** bezeichnet[55] (wobei ein weiterer als der heute gebräuchliche Anstaltsbegriff zugrunde gelegt

---

[44] Vgl. §§ 6, 9 Abs. 1 lit. c, § 12 VwVG, § 1 Abs. 1, 6 Nr. 1 UZwG, § 1 Abs. 1 BPolBG.
[45] *Ruthig* in Schenke/Graulich/Ruthig BPolG § 63 Rn. 1, 4; *Peilert* in HHPM BPolG § 63 Rn. 1 f.
[46] Vgl. *Peilert* in HHPM BPolG § 63 Rn. 3; *Ruthig* in Schenke/Graulich/Ruthig BPolG § 63 Rn. 6.
[47] Vgl. *Walter* in DMWW BPolG § 1 Rn. 45.
[48] Was bei Angehörigen privater Sicherheitsunternehmen idR nicht geschieht, vgl. *Walter* in DMWW BPolG § 1 Rn. 45.
[49] Vgl. *Walter* in DMWW BPolG § 1 Rn. 45; *Bäcker* in Lisken/Denninger PolR-HdB Kap. B Rn. 284; ferner (möglicherweise weitergehend) *Gnüchtel* in HHPM BPolG § 1 Rn. 129.
[50] *Bäcker* in Lisken/Denninger PolR-HdB Kap. B Rn. 284; *Ernst* NVwZ 2015, 333 (334); *Gnüchtel* in HHPM BPolG § 1 Rn. 129.
[51] *Ernst* NVwZ 2015, 333 (334); vgl. auch *Bäcker* in Lisken/Denninger PolR-HdB Kap. B Rn. 275.
[52] Vgl. BT-Drs. VI/2886, 24; 12/7562, 36; *Winkeler* Grenzpolizei 167 f.; *Graulich* in Schenke/Graulich/Ruthig BPolG § 1 Rn. 12; *Walter* in DMWW BPolG § 1 Rn. 36; vorsichtiger („nicht gleichsam automatisch") *Wehr* in Nomos-BR BPolG § 1 Rn. 9.
[53] Vgl. BT-Drs. VI/2886, 24; *Walter* in DMWW BPolG § 1 Rn. 35; *Gnüchtel* in HHPM BPolG § 1 Rn. 122.
[54] BT-Drs. VI/2886, 24.
[55] Vgl. *Kormann* Annalen des Deutschen Reichs 1912, 195 (198 f.); *Fleiner* VerwR 165 f.; 225 f., 330 ff.; *O. Mayer* VerwR I 101 f., 214 Fn. 3, II 284 f.; ferner *Waldecker* Annalen des Deutschen Reichs 1915, 290 (313 ff.) mit der Einschränkung, dass in ihr kein „Allheilmittel für alle staatlichen Bedürfnisse" gesehen werden dürfe (353); *W. Jellinek*, Gesetz, Gesetzesanwendung und Zweckmäßigkeitserwägung, Zugleich ein System der Ungültigkeitsgründe von Polizeiverordnungen und -verfügungen, und verwaltungsrechtliche Untersuchung, 1913, 278 Fn. 49; *W. Jellinek*, Verwaltungsrecht, 3. Aufl. 1931, 436, 514, 516 mit der Einschränkung, dass eine ungeschriebene Anstaltspolizei nur unter dem „Gesichtspunkt der Anstalt des Gegenmittels" bzw. im Rahmen „des Gewöhnlichen", „kraft Hausrechts" oder als „Notwehr" akzeptabel sei; abl. *Hatschek* StaatsR II 155 f.

wurde[56]). Sie wurde als „eine Art Selbstverständlichkeit"[57] und Unterfall des besonderen Gewaltverhältnisses[58] angesehen. Mit dieser begriffssystematischen Einordnung ließ sich (aus damaliger Sicht) schlüssig begründen, dass die mit der Anstaltspolizei verbundenen Eingriffsbefugnisse keiner besonderen gesetzlichen Regelung bedurften.[59] Diese Argumentation wurde problematisch, als unter der Geltung des Grundgesetzes die grundrechtsbeschränkende Kraft der Rechtsfigur des besonderen Gewaltverhältnisses zunehmend infrage gestellt wurde.[60] Auch wenn die begriffsjuristische Hülle der Anstaltspolizei somit Risse bekam, bestand die hinter diesem Rechtsinstitut stehende Interessenlage, das Selbstschutzbedürfnis staatlicher Einrichtungen, doch weitgehend fort. Die tradierten Eigensicherungsbefugnisse galten nunmehr als **gewohnheitsrechtlich anerkannt** oder als notwendiger **Annex** der der jeweiligen staatlichen Einrichtung ausdrücklich zugewiesenen Kompetenzen.[61] Die Bezeichnungen „Anstaltspolizei" und „verwaltungsrechtliche Notwehr" verschwanden aus dem Sprachgebrauch. Stattdessen wurden die Eigensicherungsbefugnisse begrifflich einem „öffentlich-rechtlichen Hausrecht" und/oder einer „spezifischen" Ordnungs- bzw. Polizeigewalt zur Abwehr von Gefahren für den eigenen Dienstbetrieb zugeordnet.[62] Man könnte also durchaus sagen: Alter Wein aus neuen Schläuchen, müsste dann aber fairerweise hinzufügen, dass der Wein nunmehr etwas maßvoller genossen wurde als früher. Während das Hausrecht und die „spezifischen" polizeilichen Eigensicherungsbefugnisse nämlich als auf den Ort der gefährdeten staatlichen Einrichtung oder Veranstaltung beschränkt angesehen werden, wurden mit der Rechtsfigur der Anstaltspolizei auch Fallgestaltungen bewältigt, die diesen Rahmen sprengen.[63] Alle **verfassungsrechtlichen**

---

[56] Der Begriff „Anstalt" wurde definiert als „Bestand von Personen und Mitteln, der technisch zu einer Einheit zusammengefasst und einem besondern Zwecke dauernd zu dienen bestimmt ist" (*Fleiner* VerwR 322; ähnlich *Kormann* Annalen des Deutschen Reichs 1912, 195 [198 f.]; *O. Mayer* VerwR II 268 f.). Heute wird der Begriff vornehmlich für staatliche Einrichtungen, die Leistungen erbringen, verwendet (vgl. *Maurer/Waldhoff* AllgVerwR § 23 Rn. 48).

[57] *O. Mayer* VerwR II 286 Fn. 4.

[58] Vgl. *Fleiner* VerwR 165 f.; *O. Mayer* VerwR I 101 f., VerwR II 284 f.

[59] Vgl. *Kormann* Annalen des Deutschen Reichs 1912, 195 (199): „ohne besondere gesetzliche Grundlage zulässig"; *Fleiner* VerwR 330 ff., 337: Anstaltspolizei müsse zwar „ihre Stütze im Gesetz besitzen" und finde „ihre Grundlage in denselben Rechtsvorschriften, die für die allgemeine Polizeigewalt bestehen", aber eine besondere gesetzliche Übertragung auf die Anstaltsorgane sei nicht erforderlich.

[60] Schließlich, im Jahre 1972, auch durch BVerfGE 33, 1 (10 f.) = NJW 1972, 811; vgl. zusammenfassend *Maurer/Waldhoff* AllgVerwR § 6 Rn. 24 ff., § 8 Rn. 28 ff., § 23 Rn. 56.

[61] Vgl. *Kugelmann* PolR Kap. 5 Rn. 52 (Gewohnheitsrecht); *Kingreen/Poscher* POR § 7 Rn. 41 (Gewohnheitsrecht); *Maurer/Waldhoff* AllgVerwR § 3 Rn. 35 (allgemeine, kraft öffentlichen Rechts bestehende Kompetenz einer jeden Behörde, für einen störungsfreien Betrieb innerhalb ihres räumlichen Verwaltungsbereichs zu sorgen); *Winkeler* Grenzpolizei 154 (Annexkompetenz); *Drews/Wacke* AllgPolR 14 (16: umstrittener Begriff der Anstaltspolizei entbehrlich, wenn man die Polizeigewalt als notwendige Eigenschaft oder „Annex" der gesamten Verwaltung versteht); *Schenke* PolR Rn. 306 (sich „aus der staatlichen Kompetenzordnung" ergebend); ferner (in Bezug auf das öffentlich-rechtliche Hausrecht) *Ronellenfitsch* VerwArch 1982, 465 (473 f.: Annex zu den für Dienstbetrieb erforderlichen Kompetenzen); *Ramm* DVBl 2011, 1506 (1507).

[62] Vgl. *Bäcker* in Lisken/Denninger PolR-HdB Kap. D Rn. 71 (Hausrecht und besondere Polizeigewalt); *Kingreen/Poscher* POR § 3 Rn. 39 f. (Hausrecht und Ordnungsgewalt); § 7 Rn. 41 (speziell öffentlich-rechtlich normiertes Hausrecht, allgemein normierte Sitzungs-, Ordnungs- und Polizeigewalt, gewohnheitsrechtlich anerkannte allgemeine Ordnungsgewalt als Befugnis, die zur ordnungsgemäßen Aufgabenerfüllung der Einrichtung erforderlichen Maßnahmen mit räumlichem Bezug zu treffen); *Kugelmann* PolR Kap. 5 Rn. 52 (öffentliches Hausrecht); *Schoch* VerwR BT Kap. 1 Rn. 264 (Hausrecht, Ordnungs- und Polizeigewalt des bedrohten Hoheitsträgers); *Gusy* PolR Rn. 82, 135 (Hausrecht öffentlicher Einrichtungen), Rn. 134 (behördliches Hausrecht); *Schenke* PolR Rn. 65 Fn. 82 (Vorrang des öffentlich-rechtlichen Hausrechts); *Winkeler* Grenzpolizei 154 („öffentlich-rechtliches Hausrecht und Ordnungsgewalt"); *Maurer/Waldhoff* AllgVerwR § 3 Rn. 35, § 23 Rn. 56 („öffentlich-rechtliche Kompetenz, für einen störungsfreien Dienstbetrieb innerhalb ihres räumlichen Verwaltungsbereichs zu sorgen", soweit allgemeines Hausrecht nicht ausreichen sollte).

[63] So lag ein Akt der Anstaltspolizei nach damaliger Sicht vor, wenn dem Inhaber einer privaten Unterrichtsanstalt untersagt wurde, den Titel „Akademie" zu führen, oder wenn den Angestellten einer privaten Wach- und Schließgesellschaft verboten wurde, Uniformen zu tragen, die denen des Militärs zum Verwechseln ähnlich sehen, das Tragen militärähnlicher Uniformen untersagt wurde (vgl. *Fleiner* VerwR 226, 331; *Kormann* Annalen des Deutschen Reichs 1912, 195 [199]; krit. zum weiten Verständnis schon damals

Bedenken ließen sich mit der begrifflich-systematischen Neujustierung der Eigensicherungsbefugnisse als Gewohnheitsrecht bzw. Annexkompetenz und ihrer räumlichen Eingrenzung freilich nicht beseitigen. Der gewohnheitsrechtliche Ansatz musste mit Blick auf die Wesentlichkeitstheorie des BVerfG bedenklich erscheinen, wonach grundrechtsrelevante Regelungen grundsätzlich ein Parlamentsgesetz erfordern[64].[65] Und der Annextheorie ließ sich die zum Verfassungsinhalt erklärte[66] tradierte polizeirechtliche Regelungstechnik entgegenhalten, wonach zwischen Aufgabenzuweisungen und Eingriffsbefugnissen zu trennen sei und Letztere nicht aus Ersteren abgeleitet werden könnten.[67] Vor diesem Hintergrund war der Bundesgesetzgeber gut beraten, die Eigensicherungsbefugnisse der Sicherheitsorgane des Bundes ausdrücklich zu regeln, wie er es zunächst (1965) für die Bundeswehr (→ Rn. 40), dann (1972) für den Bundesgrenzschutz[68], die heutige Bundespolizei, und schließlich (2017) auch für das Bundeskriminalamt (→ Rn. 34) getan hat.

21 Unklar ist, ob die Eigensicherungsregelung des § 1 Abs. 3 BPolG abschließend ist oder ob sie noch Raum für die Anwendung der traditionellen ungeschriebenen Eigensicherungsbefugnisse lässt. Letzteres wird vereinzelt im Hinblick auf das **öffentlich-rechtliche Hausrecht** angenommen.[69] Dafür spricht, dass dieses in der Regel als weitere Säule für die öffentlich-rechtlichen Eigensicherungsbefugnisse staatlicher Einrichtungen *neben* der diesen zum Selbstschutz zustehenden Polizei- bzw. Ordnungsgewalt angeführt wird (→ Rn. 20). Betrachtet man hingegen seine Funktion und Herleitung, so handelt es sich beim öffentlich-rechtlichen Hausrecht in der Sache um nichts anderes als den auf das Dienstgebäude bezogenen Ausschnitt der überkommenen Selbstschutz-Polizei- und Ordnungsgewalt.[70] Anders als das privatrechtliche Hausrecht, das an das Eigentum bzw. den berechtigten Besitz anknüpft,[71] dient das öffentlich-rechtliche Hausrecht nämlich der Gewährleistung einer störungsfreien Verwaltungstätigkeit (im Behördengebäude) und wird (soweit seine Grundlage nicht im Gewohnheitsrecht gesehen wird) als Annex zur Sachkompetenz der staatlichen Einrichtung angesehen.[72] Eben das ist auch die Funktion und Herleitung der un-

---

Waldecker Annalen des Deutschen Reichs 1915, 290 ff.; *W. Jellinek,* Gesetz, Gesetzesanwendung und Zweckmäßigkeitserwägung, Zugleich ein System der Ungültigkeitsgründe von Polizeiverordnungen und -verfügungen, Eine staats- und verwaltungsrechtliche Untersuchung, 1913, 278 Fn. 49; *W. Jellinek,* Verwaltungsrecht, 3. Aufl. 1931, 436, 514, 516).

[64] Vgl. BVerfGE 49, 89 (126 f.) = NJW 1979, 359; BVerfGE 98, 218 (251 f.) = NJW 1998, 2515; BVerfGE 108, 282 (311 f.) = NJW 2003, 3111; *Schulze-Fielitz* in Dreier GG Art. 20 (Rechtsstaat) Rn. 113 ff.

[65] Vgl. BT-Drs. IV/1004, 6 mit Blick auf die UZwGBw (Frage, ob Gewohnheitsrecht grundrechtliche Gesetzesvorbehalte ausfüllen kann); BT-Drs. VI/2886, 24 mit Blick auf den BGS (unklar, inwieweit ungeschriebene administrative Selbstschutzbefugnis Eingriffe in Rechte Dritter abdecke).

[66] IdS die hM, vgl. *Reimer* FS Würtenberger, 2013, 1047 (1056 ff.); *Schenke* PolR Rn. 35 f.; *Schoch* VerwR BT Kap. 1 Rn. 189 f.; *Kugelmann* PolR Kap. 5 Rn. 5; OVG Lüneburg NJW 1992, 192 (194); VGH Kassel DVBl 1996, 570.

[67] IdS VGH München NJW 1980, 2722 (2723) in Bezug auf das öffentlich-rechtliche Hausrecht (ohne gesetzliche Grundlage dürfe kein Hausverbot in Form eines Verwaltungsakts erlassen werden; stattdessen müsse zunächst ein formloser Hausverweis ausgesprochen werden; durch dessen Nichtbeachtung werde der Straftatbestand des Hausfriedensbruchs verwirklicht und die öffentliche Sicherheit gestört, sodass die zuständige Polizeibehörde polizeiliche Maßnahmen ergreifen könne); *Winkeler* Grenzpolizei 168 in Bezug auf § 1 Abs. 3 BPolG (nicht nur deklaratorisch); großzügiger dagegen (bezogen auf das öffentlich-rechtliche Hausrecht) *Ronellenfitsch* VerwArch 1982, 465 (470, 474); *Stelkens* JURA 2010, 363 (367).

[68] Durch § 5 des Bundesgrenzschutzgesetzes v. 18.8.1972 (BGBl. 1972 I 1834).

[69] So *Walter* in DMWW BPolG § 1 Rn. 37, der § 1 Abs. 3 BPolG als „Funktionserfüllungsrecht" bezeichnet, das „selbst einen Teil der eigentlichen Verwaltungstätigkeit in Form einer Gefahrenabwaufgabe darstellt, wohingegen das öffentlich-rechtliche Hausrecht „Funktionsermöglichungsrecht" sei, das „Gefahrenabwehrmaßnahmen im Vorstadium der der Körperschaft oder Anstalt des öffentlichen Rechts zugewiesenen ‚eigentlichen' Verwaltungsaufgaben" betreffe; aA *Gnüchtel* in HHPM BPolG § 1 Rn. 134.

[70] IdS schon *Drews/Wacke* AllgPolR § 15 f.; ferner für § 1 Abs. 3 BPolG *Gnüchtel* in HHPM BPolG § 1 Rn. 134.

[71] Vgl. *Brückner* in MüKoBGB BGB § 903 Rn. 53; *Raff* MüKoBGB § 1004 Rn. 25 f.; *Ramm* DVBl 2011, 1506.

[72] Vgl. *Ronellenfitsch* VerwArch 1982, 465 (470, 473); *Ramm* DVBl 2011, 1506 (1507); *Maurer/Waldhoff* AllgVerwR § 3 Rn. 35; *Ernst* NVwZ 2015, 333 (334, 336); *Peters/Lux* LKV 2018, 17 (18); *Schenke* PolR Rn. 65 Fn. 82; *Gnüchtel* in HHPM BPolG § 1 Rn. 132.

geschriebenen polizeilichen Selbstschutzkompetenzen staatlicher Einrichtungen (→ Rn. 20). Das spricht dafür, dass neben § 1 Abs. 3 BPolG, der die Eigensicherungspolizeigewalt der Bundespolizei abschließend regelt, kein Raum mehr für ein ungeschriebenes öffentlich-rechtliches Hausrecht bleibt.[73] Eine Reduzierung von Befugnissen wäre damit nicht verbunden, weil auch das öffentlich-rechtliche Hausrecht – so wie „normale" polizeiliche Eigensicherungsbefugnisse – nicht etwa zur Verwirklichung des „Eigentümerbeliebens" der Behörde, sondern nur, seiner Funktion entsprechend, zur Abwehr von Gefahren für den Dienstbetrieb und im Rahmen der Verhältnismäßigkeit eingesetzt werden darf.[74] Aus der Ablehnung eines eigenständigen öffentlich-rechtlichen Hausrechts neben der Eigensicherungskompetenz des § 1 Abs. 3 BPolG würde auch nicht folgen, dass der Erlass von (öffentlich-rechtlichen) **Hausordnungen** für die Gebäude der Bundespolizei nicht mehr möglich wäre. Sieht man darin Verwaltungsakte in Form von Allgemeinverfügungen iSv § 35 S. 2 VwVfG[75], können sie auf § 1 Abs. 3, § 14 BPolG gestützt werden.[76] Sieht man darin diese Normen interpretierende und das polizeiliche Ermessen steuernde Verwaltungsvorschriften, bedarf es für deren Erlass keiner besonderen Ermächtigung, auch nicht in Form eines ungeschriebenen öffentlich-rechtlichen Hausrechts.[77]

Durch § 1 Abs. 3 BPolG nicht verdrängt wird allerdings das **privatrechtliche Hausrecht**,[78] welches dem Staat als Eigentümer oder (berechtigten) Besitzer der dienstlichen Liegenschaft zusteht.[79] Nach der klassischen, früher in der Rspr. vorherrschenden Sichtweise stützte sich ein von einer Behörde ausgesprochenes Hausverbot auf das privatrechtliche Hausrecht, wenn der Störer das Gebäude aus einem (verwaltungs-)privatrechtlichen Grund aufgesucht hatte. Dagegen sollte das öffentlich-rechtliche Hausrecht (bzw. im Falle der Bundespolizei § 1 Abs. 3 BPolG, vgl. → Rn. 21) einschlägig sein, wenn er wegen einer öffentlich-rechtlichen Angelegenheit gekommen war.[80] Dem randalierenden Handwerker, der im Verwaltungsgebäude Renovierungsarbeiten ausführt, war hiernach also ein privatrechtliches Hausverbot zu erteilen, dem randalierenden Antragsteller ein öffentlich-rechtliches. Nach der heute in Rspr. und Literatur hM ist das Hausverbot hingegen immer dann öffentlich-rechtlicher Natur, wenn es zur Sicherung eines ordnungsgemäßen Verwaltungsablaufs ausgesprochen wird.[81] Dadurch wird der Anwendungsbereich des privatrechtlichen Hausrechts erheblich reduziert.[82] Denn auch bei der Nutzung des privatrecht-

---

[73] Die Gesetzesbegründung (zur Vorgängerregelung in § 5 BGSG) liefert kein zwingendes Gegenargument. Dort (BT-Drs. VI/2886, 24) heißt es zwar, dass der (damaligen) BGS „über ein bloßes Hausrecht hinaus auch ein öffentlich-rechtliches Selbstschutzrecht und damit die Möglichkeit, mit polizeilichen Mitteln gegen derartige Störungen und Gefahren vorzugehen", eingeräumt werden solle, andererseits bleibt aber offen, ob sich der Ausdruck „Hausrecht" auf das privatrechtliche oder das öffentlich-rechtliche Hausrecht bezieht.
[74] Vgl. *Ramm* DVBl 2011, 1506 (1507); *Gnüchtel* in HHPM BPolG § 1 Rn. 132; BVerfGE 128, 226 (244 ff.) = NJW 2011, 1201 mit Blick auf die zivilrechtliche Hausrecht.
[75] Zur umstrittenen Frage der Rechtsnatur von Hausordnungen am Beispiel der Hausordnung des Bundestags: *Klein* in Maunz/Dürig GG Art. 40 Rn. 160 ff., dazu später mehr.
[76] Das gilt insbesondere, wenn man für § 1 Abs. 3 BPolG nicht eine im Einzelfall vorliegende konkrete Gefahr verlangt, sondern eine allgemeine Gefahr ausreichen lässt (so *Walter* in DMWW BPolG § 1 Rn. 41 f.).
[77] Lediglich wenn man in der Hausordnung eine Rechtsverordnung sähe, wäre sie rechtswidrig, weil die Bundespolizei nicht zum Erlass von Rechtsverordnungen ermächtigt ist. Das hat aber nichts mit der Frage eines (fehlenden) eigenständigen öffentlich-rechtlichen Hausrechts zu tun, sondern folgt bereits aus Art. 80 Abs. 1 S. 1 GG, der Rechtsverordnungsermächtigungen nur für die Bundesregierung, Bundesminister und Landesregierungen vorsieht.
[78] Insoweit zutreffend *Walter* DMWW BPolG § 1 Rn. 37; *Gnüchtel* in HHPM BPolG § 1 Rn. 135.
[79] Vgl. *Maurer/Waldhoff* AllgVerwR § 3 Rn. 35.
[80] Vgl. BVerwGE 35, 103 ff. = BeckRS 1970, 30432038; *Stelkens* in Stelkens/Bonk/Sachs VwVfG § 35 Rn. 132; *Maurer/Waldhoff* AllgVerwR § 3 Rn. 35; *Ramm* DVBl 2011, 1506 (1507); *Gnüchtel* in HHPM BPolG § 1 Rn. 132.
[81] Vgl. VGH München NJW 1980, 2722; *Stelkens* in Stelkens/Bonk/Sachs VwVfG § 35 Rn. 132; *Maurer/Waldhoff* AllgVerwR § 3 Rn. 35; idS im Kontext von § 1 Abs. 3 BPolG auch *Gnüchtel* in HHPM BPolG § 1 Rn. 133 f.; *Walter* in DMWW BPolG § 1 Rn. 37.
[82] *Walter* in DMWW BPolG § 1 Rn. 37 nennt als Beispiel den Betrunkenen, der sich an den Zaun einer Bundespolizeiliegenschaft lehnt, um zu schlafen; *Gnüchtel* in HHPM BPolG § 1 Rn. 135 das Werfen von

lichen Hausrechts bleibt die staatliche Einrichtung grundrechtlich gebunden, kann also nicht einfach wie eine Privatperson ihr „Eigentümerbelieben" ausleben, sondern hat ihre einseitig verbindliche Entscheidung durch legitime Gemeinwohlzwecke am Maßstab der Grundrechte und des Verhältnismäßigkeitsgrundsatzes zu rechtfertigen.[83]

23 **b) Schutz von Verfassungsorganen des Bundes und Bundesministerien, § 5 BPolG.** Wenn die **polizeilichen Generalklauseln der Länder** Einrichtungen und Veranstaltungen des Staates schützen (→ Rn. 8), so bezieht sich das nicht nur auf die des eigenen Landes, sondern auch auf die sonstiger Träger hoheitlicher Gewalt, die auf dem Hoheitsgebiet des Landes liegen bzw. stattfinden.[84] Das gilt auch für Bundeseinrichtungen einschließlich Verfassungsorganen des Bundes. Für deren Schutz ist also **grundsätzlich die Landespolizei zuständig.**[85] Abweichend hiervon ermöglicht § 5 BPolG für Verfassungsorgane des Bundes und Bundesministerien eine **räumlich und sachlich beschränkte Übernahme des Schutzes durch die Bundespolizei.**[86] Zu den Verfassungsorganen iSv § 5 BPolG zählen Bundespräsident, Bundesverfassungsgericht, Bundesrat und Bundeskanzler. Beim Bundestag, an sich auch ein Verfassungsorgan, muss die vorrangige Polzeigewalt des Bundestagspräsidenten gem. Art. 40 Abs. 2 S. 1 GG (→ Rn. 49 ff.) beachtet werden. Die Bundesversammlung hat keinen Amtssitz. Die sonstigen Bundesgerichte, der Bundesrechnungshof und die Bundesbank werden nicht als Verfassungsorgane iSd § 5 BPolG angesehen, die Bundesbank von einigen aber einem Bundesministerium gleichgestellt.[87]

24 In **räumlicher Hinsicht** beschränkt sich der Schutz durch die Bundespolizei auf die Grundstücke, auf denen das Verfassungsorgan oder Bundesministerium seinen **Amtssitz** hat (§ 5 Abs. 2 BPolG). Hierzu gehören auch Not- und Ausweichsitze, Außen- und Nebenstellen sowie die Liegenschaften der zugehörigen (Ministerial-)Verwaltungen.[88] Anders als bei der Eigensicherung nach § 1 Abs. 3 BPolG (→ Rn. 15 f.) handelt es sich bei § 5 BPolG also um eine **reine Objektschutzkompetenz.**[89] Aufklärungs- und Abwehrmaßnahmen im „Sicht- und Beobachtungsbereich"[90] (Streifengänge in Grundstücksnähe[91], das Vorgehen gegen Personen, die Steine auf das Objekt werfen[92] oder den Zugang zum Grundstück blockieren[93], wie auch die Festnahme eines im gegenüberliegenden Gebäude befindlichen Scharfschützen[94]) werden hiervon zwar noch abgedeckt.[95] Entsprechendes gilt – wie bei § 1 Abs. 3 BPolG (→ Rn. 16) – für die Nacheile.[96] Für den Schutz von Veranstaltungen des Verfassungsorgans oder Bundesministeriums **außerhalb der Amtssitzliegenschaft** bleibt jedoch, soweit nicht die Personenschutzzuständigkeiten des BKA ein-

---

Müll in die Liegenschaft oder das Sonnen auf dem Flachdach durch einen ehemaligen Behördenangehörigen. – Tatsächlich dürfte es sich bei diesen Aktivitäten um Gefahren für den Dienstbetrieb iSd § 1 Abs. 3 BPolG handeln, weil diese noch keinen konkreten Charakter haben müssen (vgl. *Walter* in DMWW BPolG § 1 Rn. 41 ff.). Verneint man jegliches Beeinträchtigungspotential, dürfte im Übrigen auch nicht unter Berufung auf das private Hausrecht eingeschritten werden.

[83] Vgl. BVerfGE 128, 226 (249) = NJW 2011, 1201; *Ernst* NVwZ 2015, 333 (335 f.).
[84] Vgl. *Schenke* PolR Rn. 65.
[85] Vgl. *Hoppe* in HHPM BPolG § 5 Rn. 6.
[86] Vgl. *Graulich* in Schenke/Graulich/Ruthig BPolG § 5 Rn. 18 ff.; *Walter* in DMWW BPolG § 5 Rn. 8 ff.
[87] Vgl. zum Ganzen *Graulich* in Schenke/Graulich/Ruthig BPolG § 5 Rn. 4; *Wehr* in Nomos-BR BPolG § 5 Rn. 4; *Walter* in DMWW BPolG § 5 Rn. 6 a f.; *Hoppe* in HHPM BPolG § 5 Rn. 10 ff.; *Wagner/Schmidt* DVBl 2016, 149 (151).
[88] *Graulich* in Schenke/Graulich/Ruthig BPolG § 5 Rn. 6; *Walter* in DMWW BPolG § 5 Rn. 6 ff.
[89] Vgl. *Wehr* in Nomos-BR BPolG § 5 Rn. 7; *Graulich* in Schenke/Graulich/Ruthig BPolG § 5 Rn. 1, 18.
[90] *Walter* in DMWW BPolG § 5 Rn. 11.
[91] *Walter* in DMWW BPolG § 5 Rn. 11; *Graulich* in Schenke/Graulich/Ruthig BPolG § 5 Rn. 18 f.
[92] *Hoppe* in HHPM BPolG § 5 Rn. 34.
[93] *Walter* in DMWW BPolG § 5 Rn. 9.
[94] *Walter* in DMWW BPolG § 5 Rn. 11; einschränkend *Hoppe* in HHPM BPolG § 5 Rn. 35 ff. in Bezug auf eine nur bei Gefahr im Verzug.
[95] Allg. für Einbeziehung des Nahbereichs *Wehr* in Nomos-BR BPolG § 5 Rn. 6; auch die zwischen Bund und Berlin geschlossene Sicherheitskooperationsvereinbarung bezieht die objektbezogene Aufklärung in unmittelbare Umgebung ein (vgl. *Walter* in DMWW BPolG § 5 Rn. 11).
[96] § 58 Abs. 3 BPolG; vgl. *Walter* in DMWW BPolG § 5 Rn. 14.

schlägig sind (→ Rn. 35 ff.), die **Landespolizei** zuständig (→ Rn. 61).[97] Letzteres dürfte auch auf die Durchsetzung des für die gesamte Berliner Innenstadt geltenden Flugbeschränkungsgebiets zutreffen, welches das Bundesverkehrsministerium gem. § 26 LuftVG zum Schutze des Regierungsviertels vor Luftangriffen angeordnet hat.[98] Eine Unterstützung durch die Luftwaffe (Abdrängen, Zur-Landung-Zwingen, Androhen von Waffengewalt, Warnschüsse) ist unter den in Art. 35 Abs. 2 S. 2, Abs. 3 GG, §§ 13 ff. LuftSiG geregelten Voraussetzungen möglich.[99] Innerhalb der Amtssitzliegenschaft ist die Zuständigkeit des **BKA** für den **Personenschutz** für die Mitglieder der Verfassungsorgane des Bundes sowie den „inneren Schutz" der Dienst- und sonstigen Aufenthaltsräume des Bundespräsidenten und der Mitglieder der Bundesregierung gem. § 6 Abs. 1 BKAG (→ Rn. 35 ff.) zu beachten. Zur effektiven Koordinierung der jeweiligen Schutzmaßnahmen, zB Zutrittskontrollen, sind Absprachen und gegebenenfalls Kompetenzklarstellungen durch das Innenministerium erforderlich.[100]

In **sachlicher Hinsicht** beschränkt sich die Schutzübernahme gem. § 5 Abs. 1 S. 1 BPolG **25** auf **Gefahren, die die Durchführung der Aufgaben des Verfassungsorgans bzw. Bundesministeriums beeinträchtigen.** Wie bei der Eigensicherung nach § 1 Abs. 3 BPolG (→ Rn. 15) bleibt die **allgemein-polizeiliche Zuständigkeit der Länder** (→ Rn. 59 ff.) also vollumfänglich erhalten.[101] Die Schutzübernahme nach § 5 BPolG macht die Amtssitze der betreffenden Bundeseinrichtung nicht zu einer landesstaatsgewaltfreien oder auch nur landespolizeifreien Zone. Die in Rede stehende Gefahr muss objektiv geeignet sein, den ordnungsgemäßen Dienstbetrieb des Verfassungsorgans bzw. Bundesministeriums zu stören.[102] Die Aufgabenerfüllung muss nicht unmöglich gemacht werden; es genügt, wenn sie erschwert wird.[103] Das ist der Fall bei gewaltsamen Angriffen (Sprengstoffanschläge etc), aber auch bei Lärm- und Rauchbelästigungen, der Blockade von Zufahrtswegen, der Besetzung von Räumlichkeiten usw.[104] Auch Angriffe auf die „Würde" der Institution können von § 5 BPolG erfasst werden,[105] jedenfalls dann, wenn sie zugleich einen Straftatbestand erfüllen (→ Rn. 68 ff.). Der polizeiliche Schutz des Ansehens des Staates darf – wie auch sonst (→ Rn. 9, 69 f., 71) – natürlich nicht zu einer Verletzung der Meinungsfreiheit führen.

Berühren Schutzmaßnahmen der Bundespolizei die **Zuständigkeiten der Landespoli- 26 zei,** etwa die Sperrung einer vor dem Amtssitz befindlichen Durchgangsstraße, muss sie sich mit dieser (nicht anders als bei § 1 Abs. 3 BPolG, → Rn. 16) gem. § 1 Abs. 6 BPolG ins **Benehmen** setzen.[106] Dem hohen Koordinierungsbedarf haben der Bund und das Land Berlin durch den Abschluss einer **Vereinbarung über die Fortentwicklung der Zusammenarbeit auf dem Gebiet der inneren Sicherheit in der Bundeshauptstadt** Rechnung getragen sowie durch die Einrichtung einer Gemeinsamen Koordinierungsstelle und einer Gemeinsamen Leitstelle für Schutzmaßnahmen im Regierungsviertel.[107] Ähnliche Vereinbarungen gibt es mit Baden-Württemberg und Nordrhein-Westfalen.[108]

---

[97] Vgl. *Graulich* in Schenke/Graulich/Ruthig BPolG § 5 Rn. 20; *Wehr* in Nomos-BR BPolG § 5 Rn. 5; *Walter* in DMWW BPolG § 5 Rn. 10 f. (mit dem weiteren Beispiel eines sich 5 km vom Kanzleramt formierenden Demonstrationszugs, der dessen Besetzung beabsichtigt: BPol kann nur Absperrmaßnahmen unmittelbar am Objekt ergreifen).
[98] Vgl. dazu (ohne Aussage zur Zuständigkeit) *Walter* in DMWW BPolG § 5 Rn. 12; *Graulich* in Schenke/Graulich/Ruthig BPolG § 5 Rn. 8; *Baumann* DÖV 2006, 331 ff.
[99] Vgl. BVerfGE 132, 1 ff. = NVwZ 2012, 1239; *Buchberger* in Schenke/Graulich/Ruthig LuftSiG § 13 Rn. 1 ff.
[100] *Hoppe* in HHPM BPolG § 5 Rn. 44 f.; vgl. ferner *Graulich* in Schenke/Graulich/Ruthig BPolG § 5 Rn. 1; BKAG § 6 Rn. 1; *Kugelmann* in Nomos-BR BKAG § 5 Rn. 3 sowie (kritisch) *Walter* in DMWW BPolG § 5 Rn. 13; *Wehr* in Nomos-BR BPolG § 5 Rn. 7 f.
[101] § 1 Abs. 7 BPolG; vgl. *Graulich* in Schenke/Graulich/Ruthig BPolG § 5 Rn. 7, 19 f.
[102] *Graulich* in Schenke/Graulich/Ruthig BPolG § 5 Rn. 7; *Walter* in DMWW BPolG § 5 Rn. 9.
[103] *Peilert* in HHPM BPolG § 5 Rn. 19 (mit der Beschränkung auf „unangemessene" Erschwernisse).
[104] *Hoppe* in HHPM BPolG § 5 Rn. 20; *Walter* in DMWW BPolG § 5 Rn. 9.
[105] *Hoppe* in HHPM BPolG § 5 Rn. 21 f.
[106] *Hoppe* in HHPM BPolG § 5 Rn. 34.
[107] Vgl. *Walter* in DMWW BPolG § 5 Rn. 11.
[108] Vgl. *Graulich* in Schenke/Graulich/Ruthig BPolG § 5 Rn. 15.

27 Anders als die Eigensicherungszuständigkeit nach § 1 Abs. 3 BPolG (→ Rn. 15) wird der Bundespolizei die Zuständigkeit für den Schutz der Amtssitze von Verfassungsorganen des Bundes und Bundesministerium nicht bereits unmittelbar durch das Gesetz übertragen.[109] Vielmehr handelt es sich gem. § 5 Abs. 1 S. 1 BPolG („kann") lediglich um eine Option, deren Wahrnehmung an verschiedene Voraussetzungen geknüpft ist. Erstens muss das betreffende Verfassungsorgan oder Bundesministerium um den Schutz durch die Bundespolizei ersuchen.[110] Zweitens muss Einvernehmen zwischen dem (gem. § 1 Abs. 1 S. 2 BPolG für die Bundespolizei zuständigen) Bundesministerium des Innern und dem beteiligten Land bestehen, dass ein angemessener Schutz anderweitig nicht gewährleistet werden kann.[111] Liegen diese **Voraussetzungen** vor, bedarf es gem. § 5 Abs. 1. S. 2 BPolG noch einer Entscheidung des Bundesministeriums des Innern über die Übernahme des Schutzes durch die Bundespolizei.[112] Diese ist (wie auch die Beendigung der **Schutzübernahme**) gem. § 5 Abs. 1 S. 3 BPolG im Bundesanzeiger bekanntzugeben.[113] Derzeit werden das Bundesverfassungsgericht, das Bundespräsidialamt, das Bundeskanzleramt, das Auswärtige Amt, die Bundesministerien des Innern und der Justiz sowie die Bundesbank von der Bundespolizei geschützt.[114] Für die Sicherung der sonstigen Bundesministerien bleiben die Länder zuständig (→ Rn. 60).[115] Für den Schutz des Bundestages ist Art. 40 Abs. 2 S. 1 GG zu beachten (→ Rn. 49 ff.).

28 In Bezug auf die **Befugnisse**, die der Bundespolizei im Rahmen der Amtssitzsicherung zustehen, kann auf das zur Eigensicherung nach § 1 Abs. 3 BPolG Gesagte (→ Rn. 17 f.) verwiesen werden.[116] Auch hier gilt, dass sich aus dem öffentlich-rechtlichen **Hausrecht** des geschützten Bundesorgans keine weitergehenden Befugnisse ableiten lassen (→ Rn. 21 f.), da es sich lediglich um einen Teilaspekt seiner polizeilichen Eigensicherungskompetenzen handelt (str.).[117] Die aus der Anstaltsgewalt hervorgegangene Lehre von den polizeilichen Eigensicherungskompetenzen (→ Rn. 20) beschränkt sich nämlich nicht auf staatliche Einrichtungen, die (wie die Bundespolizei) „von Hause aus" zum Einsatz unmittelbaren Zwangs berechtigt sind. Vielmehr erfasst sie auch staatliche Einrichtungen, bei denen dies (wie bei Verfassungsorganen und Ministerien) nicht der Fall ist. Bei der ersten Gruppe von staatlichen Einrichtungen geht es darum sicherzustellen, dass diese ihre Zwangsbefugnisse auch zum Selbstschutz einsetzen dürfen. Bei den zur zweiten Gruppe gehörenden Einrichtungen, die insoweit ohnehin auf polizeilichen Schutz angewiesen sind, geht es darum, ihnen eine Steuerung der Schutzmaßnahmen zu ermöglichen. Durch diese **„Steuerungshoheit"**, welche die an sich zuständige Polizeibehörde (von Gefahr-in-Verzug-Fällen abgesehen) zur **Vollzugshelferin** der bedrohten Einrichtung „degradiert", soll verhindert werden, dass der Beschützer (also die Polizei) die sachlichen Zuständigkeiten des Beschützten usurpiert. Denn die dem polizeirechtlichen Opportunitätsprinzip folgende Ermessensentscheidung darüber, ob und gegebenenfalls wie eine Gefahr für die Durchführung der Aufgaben einer staatlichen Einrichtung abgewehrt wird, ist zwangsläufig auch eine Entscheidung darüber, ob und gegebenenfalls wie die „gefährdete" Aufgabe durch-

---

[109] Vgl. BT-Drs. VI/2886, 23, *Graulich* in Schenke/Graulich/Ruthig BPolG § 5 Rn. 3 f.; *Walter* in DMWW BPolG § 5 Rn. 15.
[110] Zieht das Verfassungsorgan/Ministerium sein Ersuchen zurück, ist wieder ausschließlich die Landespolizei zuständig (*Winkeler* Grenzpolizei 162; *Graulich* in Schenke/Graulich/Ruthig BPolG § 5 Rn. 11).
[111] Vgl. dazu *Walter* in DMWW BPolG § 5 Rn. 17; *Graulich* in Schenke/Graulich/Ruthig BPolG § 5 Rn. 13 (auch zur Frage der Aufkündbarkeit des Einvernehmens).
[112] Es handelt sich um eine Ermessensentscheidung, wobei sich das Ermessen grds. auf null reduziert, sobald das Einvernehmen nach § 5 Abs. 1 S. 1 BPolG hergestellt ist (*Graulich* in Schenke/Graulich/Ruthig BPolG § 5 Rn. 16; *Walter* in DMWW BPolG § 5 Rn. 18; *Hoppe* in HHPM BPolG § 5 Rn. 30).
[113] Vgl. dazu *Walter* in DMWW BPolG § 5 Rn. 18; *Graulich* in Schenke/Graulich/Ruthig BPolG § 5 Rn. 14.
[114] Vgl. *Walter* in DMWW BPolG § 5 Rn. 7.
[115] *Hoppe* in HHPM BPolG § 5 Rn. 6.
[116] Vgl. *Graulich* in Schenke/Graulich/Ruthig BPolG § 5 Rn. 9; *Walter* in DMWW BPolG § 5 Rn. 11, 20.
[117] AA *Walter* in DMWW BPolG § 5 Rn. 11, 20; *Hoppe* in HHPM BPolG § 5 Rn. 38, 40 f.

geführt wird.[118] An dieser Stelle schließt sich der Kreis zur Ableitung der ungeschriebenen Eigensicherungsbefugnisse staatlicher Stellen aus ihren Sachkompetenzen (→ Rn. 20).

Vor diesem Hintergrund ist § 5 BPolG auszulegen.[119] Die auch **Verfassungsorganen** **und Ministerien zukommenden polizeilichen Eigensicherungskompetenzen** (→ Rn. 28) müssen gewahrt bleiben, unabhängig davon, ob die Bundespolizei oder die Landespolizei die Schutzzuständigkeit hat. Die Bundespolizei erlangt durch die Schutzübernahme nach § 5 BPolG somit nur die Rolle eines Vollzugshelfers (→ Rn. 28). Sie verdrängt die Landespolizei aus dieser Rolle, aber nicht das Verfassungsorgan bzw. Bundesministerium aus seiner polizeilichen Eigensicherungszuständigkeit. Die **Letztentscheidungskompetenz bzw. Steuerungshoheit** (→ Rn. 28) darüber, ob und gegebenenfalls wie eine Gefahr für die Durchführung der Aufgaben des betreffenden Verfassungsorgans bzw. Bundesministerium abgewehrt wird, verbleibt daher bei diesem (str.).[120] Dringen zB Demonstranten in die Dienstgebäude des Auswärtigen Amtes ein und besetzen dort Räume, so liegt die polizeiliche Ermessensentscheidung darüber, ob mit den Störern im Zeichen der Deeskalation (zunächst) verhandelt wird oder ob sie (umgehend) aus dem Gebäude zu entfernen sind, in letzter Instanz beim Außenminister, nicht bei der Bundespolizei oder dem ihr vorgesetzten (→ Rn. 27) Bundesinnenminister. Das heißt freilich nicht, dass das Außenministerium entscheiden *muss*, sondern lediglich, dass es die Entscheidung an sich ziehen *kann*, wenn es das möchte. Zieht es die Entscheidung an sich, gebietet es zudem der Grundsatz der Organtreue, dass das geschützte Bundesorgan, welches immerhin um den Schutz durch die Bundespolizei ersucht hat, deren polizeifachliche Erwägungen zur Kenntnis nimmt und bei seiner Entscheidung berücksichtigt.

Der historische Gesetzgeber leitete die **Gesetzgebungs- und Verwaltungskompetenz** in Bezug auf die in § 5 BPolG geregelte Schutzübernahmeoption aus der Überlegung ab, „dass der Bund in der Lage sein muss, die Funktionsfähigkeit seiner zentralen Organe notfalls durch eigene Kräfte sicherzustellen."[121] Im Endeffekt wird damit eine Art konkurrierende Zuständigkeit kraft Natur der Sache[122] vorausgesetzt, die dem herkömmlichen Verständnis von „Natur-der-Sache-Kompetenzen" als ausschließliche Kompetenzen[123] zuwiderläuft[124]. Zum Teil wird daher in § 5 BPolG ein verfassungswidriger Eingriff in die Gefahrenabwehr(regelungs)kompetenzen der Länder gesehen.[125] Andere gehen mit Blick auf die langjährige unwidersprochene Schutzwahrnehmung durch die Bundespolizei (bzw. den Bundesgrenzschutz)[126] davon aus, dass die Regelung mittlerweile durch Verfassungs-

29

30

---

[118] Vgl. zur Vollzugshelferrolle der „normalen" Polizei bei der Durchsetzung von Eigensicherungsbefugnissen von staatlichen Einrichtungen, die nicht über eigene Zwangsmittel verfügen, *Bäcker* in Lisken/Denninger PolR-HdB Kap. D Rn. 71, 40 ff.; *Schenke* PolR Rn. 65 Fn. 82, Rn. 306, 464; *Gusy* PolR Rn. 136, 146; ferner (für die frühere Anstaltspolizei) *Fleiner* VerwR 330 f.; *Kormann* Annalen des Deutschen Reichs 1912, 195 (198).
[119] IdS auch *Hoppe* in HHPM BPolG § 5 Rn. 27; *Walter* in DMWW BPolG § 5 Rn. 16 unter zutreffendem Hinweis darauf, dass die Schutzübernahme nur auf Ersuchen des Verfassungsorgans bzw. Ministeriums erfolgen dürfe.
[120] AA *Walter* in DMWW BPolG § 5 Rn. 19: Bundesorgan, dessen Amtssitz geschützt wird, kann BPol für Durchführung der Schutzaufgabe keine Weisungen erteilen; *Hoppe* in HHPM BPolG § 5 Rn. 38 f. (allerdings mit dem Zugeständnis, dass das Bundesorgan an der grundlegenden Planung des polizeilichen Schutzes mitwirken dürfe).
[121] BT-Drs. VI/2886, 23 (in Bezug auf § 4 aF BGSG).
[122] Eine Kompetenz kraft Natur der Sache bejahend *Hoppe* in HHPM BPolG § 5 Rn. 8, 28; *Walter* in DMWW BPolG § 5 Rn. 4, 17 (der darüber hinaus auch Verfassungsgewohnheitsrecht bejaht).
[123] Das BVerfG verlangt, dass Schlussfolgerungen aus der Natur der Sache begriffsnotwendig sein müssen und eine bestimmte Lösung unter Ausschluss anderer Möglichkeiten sachgerechter Lösung zwingend fordern (BVerfGE 11, 89 [99]; BVerfGE 12, 205 [251] = NJW 1961, 547; BVerfGE 26, 246 [257] = BeckRS 1969, 104921) mit der Folge, dass Kompetenzen kraft Natur der Sache einen ausschließlichen Charakter haben (vgl. BVerfGE 11, 89 [99]).
[124] IdS *Wehr* in Nomos-BR BPolG § 5 Rn. 2.
[125] IdS *Winkeler* Grenzpolizei 148 (159) zur Vorgängerregelung in § 5 BGSG.
[126] Vgl. BT-Drs. VI/2886, 19; *Wehr* in Nomos-BR BPolG § 5 Rn. 1; *Hoppe* in HHPM BPolG § 5 Rn. 2.

gewohnheitsrecht abgedeckt ist.[127] Klarzustellen ist in diesem Zusammenhang, dass dem Bund unter dem Gesichtspunkt der Annexkompetenz nicht verwehrt werden kann, die Eigensicherung seiner Einrichtungen (und damit auch seiner Verfassungsorgane und Ministerien) überhaupt gesetzlich zu regeln einschließlich der Vollzugshilfe (→ Rn. 29). Begründungsbedürftig ist unter kompetenzmäßigen Gesichtspunkten lediglich, dass er ihnen gestattet, anstelle der Vollzugshilfe durch die an sich zuständigen Länderpolizeien (→ Rn. 23) um die der Bundespolizei ersuchen zu dürfen.

3. Bundeskriminalamt

31 **a) Eigensicherung, §§ 8, 67 f. BKAG.** Das BKA (→ § 7 Rn. 15 ff.) verfügt über ähnliche Eigensicherungsbefugnisse wie die Bundespolizei (→ Rn. 15 ff.). Nach § 8 Abs. 1 S. 1 BKAG obliegt ihm „die Sicherung seiner behördlichen Liegenschaften, sonstigen Einrichtungen und eigenen Veranstaltungen gegen Gefahren, welche die Erfüllung seiner Aufgaben beeinträchtigen." Dabei hat es sich gem. § 8 Abs. 1 S. 2 BKAG auf die Sicherung dieser „Liegenschaften und Einrichtungen sowie auf die Grundstücke, auf denen diese Liegenschaften und Einrichtungen untergebracht sind oder Veranstaltungen stattfinden", zu beschränken. Streifengänge in unmittelbarer Nähe des entsprechenden Grundstücks sind – wie bei § 1 Abs. 3 BPolG (→ Rn. 16) – davon noch abgedeckt.[128] Zu den „Veranstaltungen", die das BKA durchführt, gehört gem. § 6 BKAG auch der Personenschutz von Mitgliedern von Verfassungsorganen des Bundes sowie der innere Schutz ihrer Dienst- und Wohnsitze (→ Rn. 35 ff.). Das bedeutet allerdings nicht, dass dem BKA damit über § 8 Abs. 1 S. 2 BKAG auch der Schutz der gesamten Liegenschaft bzw. des Grundstücks, in bzw. auf dem sich die zu schützende Person oder Räumlichkeit befindet, anvertraut wäre.[129] Diese Auslegung würde nicht nur die Beschränkung des § 6 BKAG auf den „Personenschutz" bzw. „inneren" Raumschutz aushebeln, sondern auch die Objektschutzkompetenz der Bundespolizei nach § 5 BPolG (→ Rn. 23 f.). § 8 Abs. 1 S. 2 BKAG ist also so zu verstehen, dass er nur die äußerste (denkbare) Grenze des räumlichen Zuständigkeitsbereichs des BKA markiert („zu beschränken") und nicht dessen Mindestumfang.

32 Im Hinblick auf die Eigensicherung nach § 8 Abs. 1 S. 1 BKAG räumt § 67 S. 1 BKAG dem BKA die Befugnis ein, die erforderlichen Maßnahmen zu treffen, um Gefahren für seine behördlichen Liegenschaften, sonstigen Einrichtungen und Veranstaltungen abzuwehren. Dazu gehören unter den in § 67 S. 2 BKAG iVm § 63 Abs. 2, 4–6, 8 BKAG geregelten Voraussetzungen Identitätsfeststellungen, die Vorlage von Berechtigungsscheinen, die Durchsuchung von Personen oder Sachen, erkennungsdienstliche Maßnahmen, Platzverweise, die Sicherstellung von Sachen und die Ingewahrsamnahme von Personen.

33 Nach § 8 Abs. 2 BKAG obliegt dem BKA außerdem die Sicherung „seines Dienstbetriebs gegen Gefahren, die von Personen ausgehen, die für das Bundeskriminalamt tätig werden." Damit ist, wie sich aus § 68 BKAG ergibt, die Durchführung einer einfachen Sicherheitsüberprüfung gemeint.[130]

34 Die ausdrückliche Ermächtigung zur Eigensicherung wurde erst 2017 ins BKAG aufgenommen.[131] Die Regelung wurde als Klarstellung angesehen.[132] Die entsprechende Gesetzgebungs- und Verwaltungskompetenz des Bundes ergibt sich nicht aus der Natur der Sache[133], sondern – ähnlich wie bei den polizeilichen Eigensicherungsbefugnissen anderer

---

[127] So *Graulich* in Schenke/Graulich/Ruthig BPolG § 5 Rn. 2; *Walter* in DMWW BPolG § 5 Rn. 5; *Wagner/Schmidt* DVBl 2016, 149 (153); krit. *Wehr* in Nomos-BR BPolG § 5 Rn. 2.
[128] *Graulich* in Schenke/Graulich/Ruthig BKAG § 8 Rn. 4.
[129] Vgl. *Graulich* in Schenke/Graulich/Ruthig BKAG § 8 Rn. 4.
[130] Vgl. *Graulich* in Schenke/Graulich/Ruthig BKAG § 8 Rn. 5.
[131] Gesetz zur Neustrukturierung des Bundeskriminalamtsgesetzes v. 1.6.2017 (BGBl. 2017 I 1354); vgl. *Graulich* in Schenke/Graulich/Ruthig BKAG § 8 Rn. 1.
[132] Vgl. BT-Drs. 18/11163, 90; *Graulich* in Schenke/Graulich/Ruthig BKAG § 8 Rn. 1.
[133] So aber die Begründung des Gesetzentwurfs (BT-Drs. 18/11163, 79); *Graulich* in Schenke/Graulich/Ruthig BKAG § 8 Rn. 2.

staatlicher Einrichtungen (→ Rn. 19 f., 41) – als Annex aus den sonstigen in Bezug auf das BKA bestehenden Gesetzgebungs- und Vollzugskompetenzen.

b) Personen- und innerer Raumschutz, §§ 6, 63 ff. BKAG. Dem BKA (nicht der 35 Bundespolizei)[134] obliegt gem. § 6 Abs. 1 Nr. 1 S. 1 lit. a BKAG der „erforderliche **Personenschutz**" für die Mitglieder der Verfassungsorgane des Bundes. Dies gilt in „besonders festzulegenden Fällen"[135] auch für die Gäste dieser Verfassungsorgane aus anderen Staaten (lit. b), auf Ersuchen des Bundestagspräsidenten ferner für Hilfsorgane des Bundestags (lit. c), zB den Wehrbeauftragten[136], sowie für die Leitung des BKA (lit. d). Dieser Schutz kann (von den ausländischen Gästen abgesehen) auch über die Amtsdauer der Schutzperson hinaus erstreckt werden und auch deren Familienangehörige einbeziehen (§ 6 Abs. 1 S. 2 BKAG). Beim Bundespräsidenten und den Mitgliedern der Bundesregierung obliegt dem BKA gem. § 6 Abs. 1 S. 1 Nr. 2 BKAG zudem der **„innere Schutz der Dienst- und der Wohnsitze sowie der jeweiligen Aufenthaltsräume".** Dies gilt auch, wiederum „in besonders festzulegenden Fällen", für deren Gäste aus anderen Staaten. Soweit sich die entsprechenden Räumlichkeiten in den von der Bundespolizei gem. § 5 BPolG geschützten Amtssitzliegenschaften befinden, sind die Schutzmaßnahmen beider Polizeibehörden zu koordinieren (→ Rn. 24).

Die **Befugnisse** des BKA zur Erfüllung der in § 6 BKAG zugewiesenen Aufgabe sind in 36 §§ 63–65 BKAG geregelt. Wie bei der Eigensicherung (→ Rn. 32) kann das BKA zum Zwecke des Personen- und Raumschutzes unter den in § 63 Abs. 2, 4–6, 8 BKAG geregelten Voraussetzungen Identitätsfeststellungen durchführen, die Vorlage von Berechtigungsscheinen verlangen, Personen und Sachen durchsuchen, erkennungsdienstliche Maßnahmen durchführen, Platzverweise aussprechen, Sachen sicherstellen und Personen in Gewahrsam nehmen. Darüber hinaus kann es gem. § 63 Abs. 3 BKAG aber auch Personen vorladen, um zB von diesen für die Erfüllung der Schutzaufgabe sachdienliche Auskünfte zu erhalten. Wenn dies zur Abwehr einer gegenwärtigen Gefahr für Leib, Leben oder Freiheit der zu schützenden Person unerlässlich ist, darf das BKA gem. § 63 Abs. 7 BKAG ferner Wohnungen ohne Einwilligung des Inhabers betreten und durchsuchen. Unter den in § 64 BKAG geregelten Voraussetzungen darf es zudem längerfristige Observationen durchführen, außerhalb von Wohnungen heimlich Bild- und Tonaufnahmen anfertigen sowie Vertrauenspersonen einsetzen. Schließlich kann es gem. § 65 BKAG Personen zur polizeilichen Beobachtung oder gezielten Kontrolle ausschreiben. Das Spektrum dieser Maßnahmen zeigt, dass der Personenschutz nicht auf die Begleitung der Schutzperson und die unmittelbare Abwehr von Angriffen nach dem hergebrachten „Bodyguard-System" beschränkt ist.[137]

Die Aufgabe des Personen- und Raumschutzes ist dem BKA gem. § 6 Abs. 1 S. 1 BKAG 37 „[u]nbeschadet der Rechte des Präsidenten des Deutschen Bundestags und der Zuständigkeit der Bundespolizei und der Polizeien der Länder" zugewiesen. Damit wird für **Überschneidungskonstellationen** zum einen klargestellt, dass diese Institutionen ihre eigenen Polizeiaufgaben behalten, zB die Bundespolizei die für den äußeren Objektschutz der Amtssitze der Verfassungsorgane nach § 5 BPolG (→ Rn. 23 ff.). Zum anderen folgt daraus, dass das BKA im Zuständigkeitsbereich dieser Institutionen nur mit deren Einverständnis agieren kann. So kann es den Personenschutz in den Gebäuden des Bundestags mit Blick auf Art. 40 Abs. 2 S. 1 GG (→ Rn. 49 ff.) nur im Einverständnis mit dem Bundestagspräsidenten durchführen.[138] Ist der gemeinsame Einsatz von BKA-Beamten und der Lan-

---

[134] Der Grund für diese Entscheidung könnte gewesen sein, dass man die Bundespolizei aufgrund ihres truppenpolizeilichen Charakters nicht geeignet für den durch eigenverantwortliches Handeln geprägten Personenschutz hielt (vgl. *Schütte* Rechtsrahmen 114).
[135] Maßgebend sind die Bedeutung und der Gefährdungsgrad des Gastes (*Graulich* in Schenke/Graulich/Ruthig BKAG § 6 Rn. 5).
[136] Vgl. Art. 45b S. 1 GG; BT-Drs. 18/11163, 89.
[137] Vgl. *Graulich* in Schenke/Graulich/Ruthig BKAG § 6 Rn. 5.
[138] Vgl. *Graulich* in Schenke/Graulich/Ruthig BPolG § 6 Rn. 4; ähnlich *Kugelmann* in Nomos-BR BKAG § 5 Rn. 3, 6 f.

despolizei geplant, zB bei einem Staatsbesuch, so entscheidet darüber das Bundesministerium des Innern im Einvernehmen mit der obersten Landesbehörde. Eine Unterstellung des BKA unter die alleinige Einsatzführung der Landespolizei ist dabei nach allgemeiner Auffassung ausgeschlossen.[139]

38 Da die Regelung und Durchführung des Personenschutzes im Grundgesetz nicht ausdrücklich dem Bund zugewiesen ist, stellen sich im Hinblick auf die **Gesetzgebungs- und Vollzugskompetenz** für § 6 BKAG ähnliche Fragen wie bei § 5 BPolG (→ Rn. 30). Zum Teil wird insoweit mit der „Natur der Sache" argumentiert.[140] Zum Teil geht man mit Blick auf die seit 1965 (bis 1973 sogar ohne jegliche gesetzliche Grundlage)[141] praktizierte unwidersprochene Wahrnehmung der Aufgabe durch das BKA von Verfassungsgewohnheitsrecht aus.[142] Eine Bundeskompetenz kraft Natur der Sache lässt sich hier jedenfalls besser begründen als beim Amtssitzschutz nach § 5 BPolG, da der Personenschutz von Mitgliedern von Bundesorganen typischerweise eine Landesgrenzen überschreitende Aufgabe ist.

4. Bundeswehr, UZwGBw

39 Das Grundgesetz begrenzt die **Möglichkeiten des Einsatzes der Bundeswehr im Innern** auf die Fälle, die „dieses Grundgesetz ausdrücklich zulässt" (Art. 87a Abs. 2 GG). Der Schutz ziviler Objekte durch die Bundeswehr ist im GG lediglich im Verteidigungsfall, im Spannungsfall und zur Abwehr einer drohenden Gefahr für den Bestand oder die freiheitliche demokratische Grundordnung des Bundes oder eines Landes vorgesehen (vgl. Art. 87a Abs. 3, Abs. 4 S. 1 GG). Eine Übertragung des **Schutzes von Verfassungsorganen des Bundes** als reguläre Aufgabe auf die **Bundeswehr** ist damit **verfassungsrechtlich ausgeschlossen**.

40 Auch die **Eigensicherung der Streitkräfte** wird **im Grundgesetz nicht ausdrücklich erwähnt**. Mit „Verteidigung" iSv Art. 87a Abs. 1 S. 1 GG ist die Abwehr militärischer Angriffe gemeint[143], nicht die „ziviler" Störungen und Gefahren für die Bundeswehr. Bereits im **konstitutionellen Staatsrecht** wurde die Lehre von der **Anstaltspolizei** (→ Rn. 20) aber auch auf die Streitkräfte angewandt und diesen somit die Befugnis zur „verwaltungsrechtlichen Selbstverteidigung"[144] zugestanden.[145] Diese wurde sowohl vom klassischen Einsatz im militärischen Konfliktfall als auch von sonstigen quasi-polizeilichen Einsätzen zur Wahrung oder Wiederherstellung der öffentlichen Sicherheit und Ordnung im Inneren (auf Anforderung oder anstelle der zivilen Behörden) getrennt.[146] Zu einer ersten gesetzlichen Regelung dieser „eigne[n] Polizeigewalt der militärischen Anstalt gegenüber den Untertanen"[147] kam es in der Weimarer Republik, nachdem im Jahre 1913 die **Zabern-Affäre** die Missbrauchsmöglichkeiten eines nur in Dienstvorschriften angedeuteten administrativen Selbstverteidigungsrechts aufgezeigt und das Kaiserreich am Vorabend des Ersten Weltkriegs kurzzeitig in eine Verfassungskrise gestürzt hatte.[148] § 17

---

[139] Vgl. *Graulich* in Schenke/Graulich/Ruthig BPolG § 6 Rn. 7; *Kugelmann* in Nomos-BR BKAG § 5 Rn. 6.
[140] So der historische Gesetzgeber, vgl. BT-Drs. 7/178, 7; *Kugelmann* in Nomos-BR BKAG § 5 Rn. 2; abl. bzw. krit. *Bäcker* Terrorismusabwehr 28; *Schütte* Rechtsrahmen 111 ff.
[141] Vgl. *Graulich* in Schenke/Graulich/Ruthig BKAG § 6 Rn. 1.
[142] So *Graulich* in Schenke/Graulich/Ruthig BKAG § 5 Rn. 2.
[143] *Müller-Franken* in v. Mangoldt/Klein/Starck GG Art. 87a Rn. 48.
[144] *O. Mayer* VerwR I 310 ff.
[145] Vgl. *Kormann* Annalen des Deutschen Reichs 1912, 195 (198 f.); *O. Mayer* VerwR I 309 ff.; *Fleiner* VerwR 330; ferner (mit gleichzeitiger Warnung vor zu weiter Auslegung) *Waldecker* Annalen des Deutschen Reichs 1915, 290 (291 f., 319).
[146] Vgl. *O. Mayer* VerwR I 308 ff.
[147] *O. Mayer* VerwR I 311.
[148] Vgl. rückblickend zur Zabern-Affäre *Huber* Verfassungsgeschichte IV 582 ff.; *Huber* Dokumente II 392 ff.; 442 ff.; zur damaligen rechtswissenschaftlichen Diskussion des Falles auch unter dem Gesichtspunkt der Anstaltspolizei vgl. *Anschütz* DJZ 1913, 14; *Laband* DJZ 1914, 185 ff.; *Kormann* Grenzboten 1914, 97 (101 ff.); *Waldecker* Annalen des Deutschen Reichs 1915, 290 (291 f.); *O. Mayer* VerwR I 308 Fn. 26, 311 Fn. 22.

Abs. 2 Var. 2 des **Wehrgesetzes von 1921** erlaubte nunmehr ausdrücklich ein „[s]elbständiges militärisches Einschreiten" auch zur „Zurückweisung von Angriffen oder Widersetzlichkeiten gegen Teile der Wehrmacht".[149] Unter Geltung des Grundgesetzes fehlte es zunächst an einer vergleichbaren gesetzlichen Regelung. Maßnahmen zur Abwehr von Angriffen Einzelner mussten mithilfe des im StGB verankerten Notwehrrechts, des vorläufigen Festnahmerechts nach § 127 Abs. 1 StPO oder eben eines „auf Gewohnheitsrecht beruhenden Rechtes des Staates zur administrativen Selbstverteidigung" gerechtfertigt werden.[150] Die Ungewissheit, ob Gewohnheitsrecht die grundrechtlichen Gesetzesvorbehalte, insbesondere den des Art. 2 Abs. 2 S. 3 GG, ausfüllen könne, sowie die Frage nach dem genauen Umfang einer ungeschriebenen Selbstverteidigungsbefugnis führten **1965** schließlich zum Erlass des „Gesetz[es] über die Anwendung unmittelbaren Zwanges und die Ausübung besonderer Befugnisse durch Soldaten der Bundeswehr und zivile Wachpersonen (**UZwGBw**)".[151]

Das UZwGBw (→ § 52 Rn. 97 ff.) bezweckt den „wirksame[n] Schutz der Einsatzbereitschaft, Schlagkraft und Sicherheit der Truppe gegen rechtswidrige Angriffe und Störungen Dritter".[152] Der Sache nach handelt es sich um ein „Sonderpolizeirecht der Streitkräfte"[153], das die allgemeinen Polizeigesetze der Länder verdrängt.[154] Sein Gegenstand ist, wie die Gesetzesmaterialien betonen, weder die Abwehr kriegerischer Handlungen gegen die Bundesrepublik noch der Einsatz der Bundeswehr zur Beseitigung eines inneren Notstands.[155] In Bezug auf die **Gesetzgebungs- und Vollzugskompetenz** handelt es sich um einen Annex zur Materie „Verteidigung" in Art. 73 Nr. 1 GG[156] bzw. Art. 87a Abs. 1 S. 1 GG[157]. Die in dieser Vorschrift angeordnete Aufstellung von Streitkräften schließt die „Möglichkeit ein, dass die Bundeswehr im Wege des Selbstschutzes Angriffe, Beeinträchtigungen und Störungen aus dem zivilen Bereich abwehrt, denen sie bei der Erfüllung ihrer Aufgaben ausgesetzt ist."[158] Diese „Annex-Argumentation" entspricht derjenigen, die auch bei den Eigensicherungsbefugnissen anderer staatlicher Stellen vertreten wird (→ Rn. 19 f.).

41

Als bloßer Annex sind die Gefahrenabwehrmaßnahmen nach dem UZwGBw strikt **von der eigentlichen (militärischen) „Verteidigung"** und den sonstigen im GG vorgesehenen Einsätzen der Streitkräfte im In- und Ausland **zu trennen**,[159] also Auslandseinsätzen im Rahmen von Systemen gegenseitiger kollektiver Sicherheit nach Art. 24 Abs. 2 GG und Inlandseinsätzen zum Schutz ziviler Objekte im Verteidigungs- und Spannungsfall nach Art. 87a Abs. 3 GG, zur Abwehr einer drohenden Gefahr für den Bestand oder die freiheitliche demokratische Grundordnung nach Art. 87a Abs. 4 GG oder zur Hilfe bei einer Naturkatastrophe oder bei einem besonders schweren Unglücksfall nach Art. 35 Abs. 2 und 3 GG (→ § 3 Rn. 21 ff.; → § 7 Rn. 8 ff.). Allerdings kann sich die Notwendigkeit zur „administrativen Selbstverteidigung"[160] bei Gelegenheit der Wahrnehmung all

42

---

[149] § 17 Abs. 2 Var. 2 des Wehrgesetzes v. 31.3.1921 (RGBl. 1921, 329). Dazu *Hesse*, Reichsverfassung und Polizei, 1931, 6 (8); *Liepmann*, Die polizeilichen Aufgaben der deutschen Wehrmacht, 1926, 41 (45 ff.). – Die andere Variante des selbstständigen militärischen Einschreitens betraf die Situation, dass die zivilen Behörden durch höhere Gewalt außerstande sind, im Falle eines öffentlichen Notstands oder einer Bedrohung der öffentlichen Ordnung die Unterstützung der Wehrmacht anzufordern, also die Situation, die heute in Art. 35 Abs. 3 S. 1 GG und Art. 87a Abs. 4 S. 1 GG geregelt ist.
[150] Vgl. BT-Drs. IV/1004, 6.
[151] UZwGBw v. 12.8.1965 (BGBl. 1965 I 796); zu den Motiven des Gesetzgebers BT-Drs. IV/1004, 6 f.
[152] Gesetzentwurf BT-Drs. IV/1004, 6.
[153] BVerwG NJW 1990, 2076 (2077).
[154] *Heinen/Bajumi* Feldjägerdienst 15.
[155] BT-Drs. IV/1004, 7.
[156] Vgl. BVerwG NJW 1990, 2076 (2077); *Heinen* NZWehr 2002, 177 (178 f.); *Heinen/Bajumi* Feldjägerdienst 15; ferner (ohne Bezugnahme auf den Annexgedanken) BT-Drs. IV/1004, 7.
[157] Vgl. BVerwG NJW 1990, 2076 (2077).
[158] BVerwG NJW 1990, 2076 (2077).
[159] Vgl. BT-Drs. IV/1004, 7; *Heinen/Bajumi* Feldjägerdienst 15: kein Kampfführungsrecht; Ausführung von UN-Mandaten kann nicht auf UZwGBw gestützt werden.
[160] Gesetzentwurf BT-Drs. IV/1004, 6.

dieser Aufgaben ergeben. Sachlich ist dann das UZwGBw einschlägig. Räumlich ist sein Geltungsbereich nach wohl hM jedoch grundsätzlich auf das deutsche Hoheitsgebiet beschränkt.[161] Auf fremdem Hoheitsgebiet, also insbesondere bei Auslandseinsätzen im Rahmen der UN nach Art. 24 Abs. 2 GG, müssten die polizeilichen Eigensicherungsbefugnisse der Bundeswehr durch völkerrechtlichen Vertrag oder UN-Mandat geregelt werden, wobei die Anwendbarkeit des UZwGBw nur eine (eher unwahrscheinliche) Option sei.[162]

43 Die Befugnisdichte nach dem UZwGBw hängt davon ab, ob ein militärischer Sicherheitsbereich vorliegt oder nicht.[163] **Innerhalb militärischer Sicherheitsbereiche** und unter bestimmten Voraussetzungen[164] in ihrem unmittelbaren Umfeld gestattet das UZwGBw das Anhalten und Überprüfen von Personen, vorläufige Festnahmen, das Durchsuchen von Personen und von ihnen mitgeführten Gegenständen sowie deren Beschlagnahme (§§ 4 ff. UZwGBw). Ferner dürfen zur „Wahrung der Sicherheit und Ordnung" in diesen Bereichen allgemeine Anordnungen für das Verhalten von Personen (zB Fotografierverbote, Pflicht zum offenen Tragen von Ausweisen[165]) erlassen und entsprechende Einzelweisungen erteilt werden (§ 2 Abs. 3 UZwGBw). Diese Einzelweisungen sowie die Maßnahmen nach §§ 4 ff. UZwGBw können erforderlichenfalls mithilfe unmittelbaren Zwangs durchgesetzt werden (§ 9 Nr. 3 Var. 1, §§ 10 ff. UZwGBw).[166] Im Schrifttum wird die Auffassung vertreten, dass die in § 2 Abs. 3 UZwGBw statuierte Befugnis zu Einzelweisungen auf die Konkretisierung von nach dieser Vorschrift erlassenen allgemeinen Anordnungen beschränkt sei.[167] Das BVerwG scheint hingegen dahin zu tendieren, dass Einzelweisungen auch unmittelbar, also ohne Zwischenschaltung einer allgemeinen Anordnung, auf § 2 Abs. 3 UZwGBw gestützt werden können, was die Norm zu einer echten polizeilichen Generalklausel für militärische Sicherheitsbereiche mache würde.[168]

44 **Militärische Sicherheitsbereiche** sind zum einen Anlagen, Einrichtungen und Schiffe der Bundeswehr und der verbündeten Streitkräfte (sog. militärische Bereiche), deren Betreten durch die zuständigen Dienststellen verboten worden ist (§ 2 Abs. 2 S. 1 Var. 1 iVm Abs. 1 UZwGBw). Das können Kasernen, Übungsplätze, Bürogebäude (zB Bundeswehrverwaltung und Dienststellen des Verteidigungsministeriums), Häfen, Krankenhäuser, Truppenschulen oder Rechenzentren sein.[169] Aber auch sonstige (nicht-militärische) Örtlichkeiten dürfen aus Gründen der militärischen Sicherheit vorübergehend abgesperrt und dadurch zum militärischen Sicherheitsbereich erklärt werden (§ 2 Abs. 2 S. 1 Var. 2 iVm S. 2 UZwGBw). Das kann die Stelle eines Flugzeugabsturzes oder Verkehrsunfalles sein oder ein Platz, auf dem eine Veranstaltung (Gelöbnis, Zapfenstreich[170] etc) stattfinden soll.[171] Voraussetzung ist aber stets die Verhängung eines Zutrittsverbots bzw. die Absperrung. Erst dies und eine entsprechende Kennzeichnung[172] machen aus einem „militärischen Bereich" oder einer „sonstigen Örtlichkeit" einen „militärischen Sicherheitsbereich".

45 Die Abwehr direkter Angriffe durch unmittelbaren Zwang ist der Bundeswehr überall erlaubt – innerhalb wie **außerhalb von militärischen Sicherheitsbereichen**. Dies ergibt sich aus § 9 Abs. 1 Nr. 1 und 2 UZwGBw, die den Einsatz unmittelbaren Zwangs erlauben, um „die unmittelbar bevorstehende Ausführung oder die Fortsetzung einer Straftat gegen die Bundeswehr zu verhindern" (Nr. 1) oder um „sonstige rechtswidrige

---

[161] *Heinen/Bajumi* Feldjägerdienst 18 f. mwN.
[162] *Heinen/Bajumi* Feldjägerdienst 19, 295 ff.
[163] Vgl. *Heinen/Bajumi* Feldjägerdienst 19 f.
[164] Vgl. § 4 Abs. 1 Nr. 2 Var. 1, Abs. 2 UZwGBw; *Heinen/Bajumi* Feldjägerdienst 35.
[165] Vgl. *Heinen/Bajumi* Feldjägerdienst 24 f.
[166] *Heinen/Bajumi* Feldjägerdienst 25.
[167] Vgl. *Heinen/Bajumi* Feldjägerdienst 25.
[168] Vgl. BVerwG NJW 1990, 2076 (2079).
[169] *Heinen/Bajumi* Feldjägerdienst 21 f.
[170] Dazu BVerwG NJW 1990, 2076 ff.
[171] *Heinen/Bajumi* Feldjägerdienst 24, 136 ff.
[172] Vgl. *Heinen/Bajumi* Feldjägerdienst 23.

C. Polizeilicher Schutz

§ 10

Störungen der dienstlichen Tätigkeit der Bundeswehr zu beseitigen, wenn sie die Einsatzbereitschaft, Schlagkraft oder Sicherheit der Truppe gefährden" (Nr. 2). Der Begriff „Straftaten gegen die Bundeswehr" umfasst Straftaten gegen ihre Angehörigen, Anlagen, Einrichtungen, Schiffe und (sonstigen) Gegenstände sowie gegen die militärische Geheimhaltung der Bundeswehr (§ 3 Abs. 1 UZwGBw iVm § 2 Abs. 1 UZwGBw).[173] Damit sind nicht nur Straftatbestände gemeint, die auf den Schutz der Bundeswehr zugeschnitten sind (zB §§ 109d ff. StGB → Rn. 72 ff.), sondern auch allgemeine Straftatbestände, wenn sich die Tathandlung im konkreten Falle gegen die Bundeswehr richtet. Eine Straftat gegen die Bundeswehr liegt somit auch dann vor, wenn eine zum Manöver fahrende Bundeswehrkolonne mit Steinen beworfen wird (§ 303 StGB, § 315b StGB, §§ 223 ff., §§ 212, 22 StGB) oder ihre Weiterfahrt durch die Errichtung von Hindernissen verhindert wird (§ 240 StGB, § 316b Abs. 1 Nr. 2 StGB).[174] Ein schuldhaftes Handeln des Störers ist für das Ergreifen von Zwangsmaßnahmen nach § 9 Abs. 1 Nr. 1 UZwGBw nicht erforderlich.[175]

Der **Einsatz unmittelbaren Zwangs** muss verhältnismäßig sein (§§ 9, 12 UZwGBw) 46 und grundsätzlich vorher angedroht werden (§ 11 UZwGBw). Er erfolgt durch die Einwirkung auf Personen oder Sachen durch körperliche Gewalt, ihre Hilfsmittel (zB Fesseln, technische Sperren und Dienstfahrzeuge) oder Waffen (§ 10 UZwGBw). In bestimmten Fällen ist auch der Einsatz von Schusswaffen erlaubt (§ 15 UZwGBw).

Die Ausübung der Befugnisse des UZwGBw steht nur **Personen zu, denen militäri-** 47 **sche Wach- oder Sicherheitsaufgaben übertragen worden sind.** In Betracht kommen hierfür zuvörderst Soldaten der Bundeswehr (§ 1 Abs. 1 UZwGBw), aber auch Soldaten verbündeter Streitkräfte (§ 1 Abs. 2 UZwGBw) sowie private Wachpersonen[176] (§ 1 Abs. 3 UZwGBw). Letztere dürfen aber nur mit Wachaufgaben beauftragt werden (§ 1 Abs. 3 S. 1 UZwGBw). Ferner muss ihre persönliche Zuverlässigkeit, körperliche Eignung, Vorbildung im Wachdienst und Kenntnis der Befugnisse nach dem UZwGBw gewährleistet sein (§ 1 Abs. 3 S. 2 UZwGBw). Die Beauftragung ist ein Akt der Beleihung.[177]

Auch in Bezug auf die Bundeswehr wird vertreten, dass ihr neben den im UZwGBw 48 geregelten Befugnissen auch alle Rechte zustünden, die aus dem **Hausrecht** fließen, und dass dieses im Falle der Missachtung eines Zutrittsverbots bzw. einer Hinausweisung im Rahmen der Notwehr nach § 32 StGB verteidigt werden könne.[178] Für das öffentlich-rechtliche Hausrecht ist dies abzulehnen. Insofern kann auf die entsprechenden Ausführungen im Zusammenhang mit den Eigensicherungsbefugnissen der Bundespolizei (→ Rn. 21 f.) verwiesen werden.

5. Bundestag, Art. 40 Abs. 2 S. 1 GG

Nach Art. 40 Abs. 2 S. 1 GG übt der **Bundestagspräsident** „das Hausrecht und die 49 Polizeigewalt im Gebäude des Bundestages aus". In den Verfassungen der **Bundesländer** finden sich entsprechende Bestimmungen für die Landtage,[179] abgesehen von Bremen. Dort regelt die Verfassung lediglich, dass dem Präsidenten der Bürgerschaft die Aufrechterhaltung der Ruhe und Ordnung „sowohl in der Versammlung selbst als auch unter den Zuhörern" obliegt (Art. 92 Abs. 2 BremVerf). Das Fehlen einer weitergehenden ausdrücklichen Regelung analog Art. 40 Abs. 2 S. 1 GG schließt allerdings nicht aus, dass sonstige Gefahren für den Parlamentsbetrieb in den Räumlichkeiten der Bürgerschaft unter Berufung auf die

---

[173] Vgl. im Einzelnen *Heinen/Bajumi* Feldjägerdienst 26 ff.
[174] Vgl. *Heinen/Bajumi* Feldjägerdienst 189 ff.
[175] *Heinen/Bajumi* Feldjägerdienst 27.
[176] Krit. dazu *Bäcker* in Lisken/Denninger PolR-HdB Kap. B Rn. 277.
[177] *Bäcker* in Lisken/Denninger PolR-HdB Kap. B Rn. 277.
[178] Vgl. *Heinen/Bajumi* Feldjägerdienst 23.
[179] Vgl. Art. 32 Abs. 2 S. 1 BWVerf; Art. 21 Abs. 1 BV; Art. 41 Abs. 4 S. 1 BLNVerf; Art. 69 Abs. 4 S. 3 BbgVerf; Art. 18 Abs. 2 S. 1 HbmVerf; Art. 86 Abs. 4 HV; Art. 29 Abs. 3 S. 2 MVVerf; Art. 39 Abs. 2 S. 3 NRW Verf; Art. 18 Abs. 2 S. 1 NdsVerf; Art. 85 Abs. 3 S. 4 RhPfVerf; Art. 71 Abs. 2 S. 1 SLVerf; Art. 47 Abs. 3 S. 1 SächsVerf; Art. 49 Abs. 2 S. 2 LSAVerf; Art. 20 Abs. 3 S. 1 SchlHVerf; Art. 57 Abs. 2 S. 2 ThürVerf.

tradierten ungeschriebenen Polizeibefugnisse abgewehrt werden können, die jeder staatlichen Einrichtung zustehen (→ Rn. 62).[180] Die Regelung des Art. 40 Abs. 2 S. 1 GG (wie auch ihre Pendants auf Ebene der Bundesländer) hat vor allem zwei Funktionen. Zum einen stellt sie klar, dass auch das Parlament – wie jede staatliche Einrichtung (→ Rn. 20) – über polizeiliche Eigensicherungsbefugnisse in ihren Dienstgebäuden verfügt. Denn noch im Kaiserreich wurde eine Anstaltspolizei (→ Rn. 20) des Reichstags, die dieser in § 62 seiner Geschäftsordnung in Anspruch genommen hatte,[181] in Abrede gestellt.[182] Dies veranlasste die Weimarer Nationalversammlung dazu, insoweit durch Art. 28 S. 1 WRV (dem Art. 40 Abs. 2 S. 1 GG entspricht) unmissverständlich Klarheit zu schaffen. Die zweite Funktion des Art. 40 Abs. 2 S. 1 GG besteht darin zu regeln, wer innerhalb des Kollegialorgans Bundestag für die Ausübung der Eigensicherungsbefugnisse zuständig ist, nämlich der Präsident (und nicht etwa das Plenum, ein Ausschuss, das Präsidium, der Ältestenrat etc).[183] In hierarchisch organisierten (Verwaltungs-)Strukturen wie Behörden versteht sich von selbst, dass dies der Leiter ist,[184] bei Kollegialorganen wie Gerichten oder Parlamenten nicht. Hier sind insoweit Regelungen erforderlich oder zumindest sinnvoll. Deshalb stellen die §§ 176 ff. GVG in Bezug auf die Gerichte klar, dass der Vorsitzende des gerichtlichen Spruchkörpers für die Sitzungspolizei zuständig ist, nicht etwa der Spruchkörper oder der Gerichtspräsident, dem in Gestalt des Hausrechts nur die Ausübung der nicht die Sitzung betreffenden Eigensicherungsbefugnisse verbleibt.[185] In Bezug auf die Parlamente in Bund und Ländern wird diese Zuständigkeitszuweisungsfunktion von Art. 40 Abs. 2 S. 1 GG bzw. den entsprechenden Parallelnormen des Landesverfassungsrechts übernommen.

50 Unter „Gebäude des Bundestages" ist nicht nur das Sitzungsgebäude des Plenums (also derzeit das Reichstagsgebäude) zu verstehen. Der **räumliche Anwendungsbereich** des Art. 40 Abs. 2 S. 1 GG erstreckt sich vielmehr auf alle Gebäude, Gebäudeteile und Grundstücke, die (unabhängig von den Eigentumsverhältnissen) der Verwaltung des Bundestags unterstehen und dem Bundestag und seinen Einrichtungen zu dienen bestimmt sind. Dazu gehören auch die den Abgeordneten und Fraktionen zur Verfügung gestellten Büroräume, nicht aber von diesen selbst angemieteten Räume (zB Wahlkreisbüros).[186]

51 Die polizeiliche Eigensicherungsgewalt (bzw., altmodisch formuliert, die „Anstaltspolizei") staatlicher Einrichtungen beschränkt sich normalerweise auf die Abwehr von Gefahren, welche die Durchführung ihrer Aufgaben beeinträchtigen. Für die Abwehr sonstiger Gefahren in den dienstlichen Liegenschaften bleiben hingegen die allgemeinen Polizeibehörden, in der Regel die der Länder, zuständig (→ Rn. 15 f., 20, 31). Schon Art. 28 S. 1 WRV wurde demgegenüber weiter interpretiert: „[D]er Präsident", so das klassische Diktum von *W. Jellinek,* „hat im Reichstagsgebäude die gleichen Befugnisse wie die preußischen Polizeibehörden, er ist gleichsam Polizeipräsident im Sprengel ‚Reichstagsgebäude'; [...] die preußischen Polizeibehörden, insbesondere der Polizeipräsident von Berlin, sind für den Sprengel ‚Reichstagsgebäude' örtlich unzuständig".[187] In diesem Sinne wird auch

---

[180] AA wohl *Neumann* BremVerf Art. 92 Rn. 5.
[181] § 62 der Geschäftsordnung des Reichstags lautete: „Dem Präsidenten des Reichstags steht die Handhabung der Polizei im Sitzungsgebäude und in den Zuhörerräumen zu."; vgl. zum Ganzen *Huber* Verfassungsgeschichte III 888.
[182] Vgl. *Hatschek* Parlamentsrecht I 213 f. (was aus seiner Sicht konsequent war, da er eine ungeschriebene Anstaltspolizei generell ablehnte, vgl. *Hatschek* StaatsR II 155 f.); *Anschütz* WRV Art. 28 Anm. 1. – Das Hauptargument war, dass es sich um „administrative und exekutivische Funktionen handelte, die mangels ausdrücklicher anderweitiger Regelung durch Gesetz nicht zum Machtbereich des Parlaments, sondern zur Prärogative der Regierung gehörten" (so *Anschütz* WRV Art. 28 Anm. 1).
[183] IdS *Klein* in Maunz/Dürig GG Art. 40 Rn. 145 ff.
[184] Vgl. *Klein* in Maunz/Dürig GG Art. 40 Rn. 145.
[185] Vgl. BVerfG NJW 2012, 1863 Rn. 24; BVerwG NJW 2011, 2530 Rn. 8; *Pabst* in MüKoZPO GVG § 176 Rn. 13.
[186] Statt vieler *Klein* in Maunz/Dürig GG Art. 40 Rn. 165; *Brocker* in BeckOK GG, 50. Ed. 15.2.2022, GG Art. 40 Rn. 42; *Blum* in Morlok/Schliesky/Wiefelspütz ParlamentsR-HdB § 21 Rn. 34.
[187] *Jellinek,* Verfassung und Verwaltung des Reichs und der Länder, 1927, 72; ähnlich *Anschütz* WRV Art. 28 Anm. 3.

C. Polizeilicher Schutz § 10

Art. 40 Abs. 2 S. 1 GG ausgelegt. Die „Polizeigewalt" des Bundestagspräsidenten beschränke sich nicht auf die Abwehr von Gefahren für einen ordnungsgemäßen Parlamentsbetrieb. Ausgehend vom sog. materiellen Polizeibegriff umfasse sie vielmehr die **Abwehr sämtlicher Gefahren für die öffentliche Sicherheit und Ordnung in den Räumlichkeiten des Bundestags.**[188] Lediglich für die sog. Verwaltungspolizei (also zB die Umsetzung des Bauordnungsrechts) wird vereinzelt eine einschränkende Auslegung des Art. 40 Abs. 2 S. 1 GG erwogen.[189] Dies soll freilich allenfalls bei Fallgestaltungen in Betracht kommen, in denen ausgeschlossen werden könne, dass die verwaltungspolizeiliche Maßnahme die Funktionsfähigkeit des Parlaments beeinträchtige.[190] So gebe es gute Gründe dafür, der Bauordnungsbehörde zu versagen, den Plenarsaal wegen angeblicher Baufälligkeit zu sperren, oder der Denkmalschutzbehörde, die Art und Weise von baulichen Veränderungen an Gebäuden des Bundestages vorzunehmen.[191]

Die weite – nicht nur die Sicherheits-, sondern **auch die Verwaltungspolizei** umfassende – Auslegung des Art. 40 Abs. 2 S. 1 GG durch die hM erscheint **überzogen.** Die Norm überträgt dem Bundestagspräsidenten lediglich die Ausübung der „Polizeigewalt", nicht die der „vollziehenden Gewalt". Gegen die vom Schreibtisch aus[192] agierende Verwaltungspolizei (Ordnungsbehörden) kann der Bundestag notfalls gerichtlichen Rechtsschutz suchen; Vollstreckungsakte gegen den Bundestag sind (wie gegen jeden Hoheitsträger mangels „formeller Polizeipflichtigkeit"[193]) ohnehin ausgeschlossen. Es liegt daher nahe, den Begriff „Polizeigewalt" in Art. 40 Abs. 2 S. 1 GG auf die (vollendete Tatsachen schaffende) Sicherheitspolizei und die (auf Störungen des Parlamentsbetriebs bezogene) Anstaltspolizei zu beschränken. Die Norm würde dann (iVm Art. 40 Abs. 2 S. 2 GG) sicherstellen, dass das **staatliche Gewaltmonopol in den Räumlichkeiten des Parlaments** nur[194] durch dessen Präsidenten oder zumindest nur mit dessen Zustimmung ausgeübt werden kann. Sie würde ferner gewährleisten, dass ein Parlamentsorgan und nicht ein Verwaltungsorgan darüber befindet, ob und gegebenenfalls wie Störungen des Parlamentsbetriebs zu verhindern oder zu beseitigen sind. Die Norm würde dem Bundestag aber keinen Anspruch darauf vermitteln, an die allgemeinen Gesetze (zB das Bauordnungs- oder das Denkmalschutzrecht) von vornherein nur in einer von ihm bzw. seinem Präsidenten favorisierten „autonomen" Auslegung gebunden zu sein. Als in Art. 28 S. 1 WRV erstmals die Polizeigewalt des Reichstagspräsidenten im Reichstagsgebäude verfassungskräftig festgeschrieben wurde, sollte damit entschieden werden, dass „die Polizei nicht selbständig in das Reichstagsgebäude eindringen" und darin „irgendwelche Tätigkeit […] aus[..]üben" darf.[195] „Eindringen" und „Tätigkeit" – allein darum ging es; nicht darum, den Parlamentsräumlichkeiten eine Art extraterritorialen Status zu verleihen.[196] **52**

Der Polizeigewalt (wie auch dem Hausrecht) des Präsidenten unterworfen sind **alle Personen,** die sich **in den Parlamentsräumlichkeiten** aufhalten, seien es Besucher, **53**

---

[188] Vgl. *Klein* in Maunz/Dürig GG Art. 40 Rn. 152 ff.; *Brocker* in BeckOK GG, 51. Ed. 15.2.2022, GG Art. 40 Rn. 51; *Schliesky* in v. Mangoldt/Klein/Starck GG Art. 40 Rn. 27; *Morlok* in Dreier GG Art. 40 Rn. 36; *Magiera* in Sachs GG Art. 40 Rn. 29; *Groh* in v. Münch/Kunig GG Art. 40 Rn. 30; *Blum* in Morlok/Schliesky/Wiefelspütz ParlamentsR-HdB § 21 Rn. 36.
[189] Vgl. *Klein* in Maunz/Dürig GG Art. 40 Rn. 153 f.; *Köhler* DVBl 1992, 1577 (1580); *Ramm* NVwZ 2010, 1461 (1462 f.).
[190] Vgl. *Klein* in Maunz/Dürig GG Art. 40 Rn. 153 f.; *Köhler* DVBl 1992, 1577 (1580); *Ramm* NVwZ 2010, 1461 (1462 f.).
[191] *Klein* in Maunz/Dürig GG Art. 40 Rn. 153 f.
[192] Vgl. *Kingreen/Poscher* POR § 2 Rn. 24 f.
[193] Vgl. *Schoch* VerwR BT Kap. 1 Rn. 337 f.; *Bäcker* in Lisken/Denninger PolR-HdB Kap. D Rn. 18 ff.
[194] Eine überwiegend anerkannte Ausnahme ist das Vorliegen von Gefahr in Verzug (*Klein* in Maunz/Dürig GG Art. 40 Rn. 150 mwN).
[195] So die Mitglieder der Nationalversammlung *Gräber* und *Katzenstein* (zitiert nach *Vogler*, Die Ordnungsgewalt der deutschen Parlamente, 1926, 37 f.)
[196] Ausdrücklich Art. 28 S. 1 WRV auf die Sicherheitspolizei beschränkend *Oehme*, Die staatsrechtliche Stellung des Reichstagspräsidenten in Bezug auf Disziplinarmaßnahmen, Hausrecht, Polizeigewalt und Rechtsgeschäfte, die er vornimmt, 1928, 30 f.

Abgeordnete oder Mitglieder und Beauftragte der Bundesregierung oder des Bundesrates.[197] Dies bedeutet selbstverständlich nicht, dass deren Rechten und Kompetenzen (etwa dem Zutritts- und Rederecht von Regierungsmitgliedern und -beauftragten gem. Art. 43 Abs. 2 GG) bei der Ausübung der Polizeigewalt nicht Rechnung getragen werden müsste. Durch ihre Erwähnung in Art. 40 GG erlangt die Polizeigewalt auch nicht den Status eines Verfassungsgutes, das als kollidierendes Verfassungsrecht gegen die verfassungsrechtlichen Gewährleistungen des freien Mandats aus Art. 38 Abs. 1 S. 2 GG oder des Zutritts- und Rederechts aus Art. 43 Abs. 2 GG abgewogen werden könnte. Art. 40 Abs. 2 S. 1 GG möchte der „Polizeigewalt" als solcher kein verfassungsrechtliches Gewicht verleihen, sondern sie lediglich aus der Zuständigkeit der Landesexekutive herauslösen und in die des Bundestagspräsidenten überführen. Allerdings können die mithilfe der Polizeigewalt zu schützenden Güter im konkreten Fall, Verfassungsrang haben. In solchen Fällen dürfen polizeiliche Maßnahmen des Bundestagspräsidenten nach den Regeln der praktischen Konkordanz durchaus auch in vorbehaltlos gewährleistete Verfassungsrechtspositionen eingreifen. Voraussetzung ist, dass bei einer Abwägung der beiden miteinander kollidierenden Güter das von der polizeilichen Maßnahme geschützte, zB die körperliche Unversehrtheit einer Person oder die Funktionsfähigkeit des Bundestages, den Vorrang vor dem durch sie beeinträchtigten, etwa der ungehinderte Zutritt eines Regierungsmitglieds, verdient.[198]

54 Wenn Art. 40 Abs. 2 S. 1 GG dem Bundestagspräsidenten die Aufgabe zuweist, die Polizeigewalt in den Parlamentsliegenschaften auszuüben, setzt er voraus, dass dieser auch über die erforderlichen **Befugnisse** verfügt.[199] Wäre der Verfassungsgeber davon ausgegangen, dass es hierfür noch eines eigenen „Bundestagspräsidentenpolizeigesetzes" bedarf, würde sich in Art. 40 oder an anderer Stelle im GG ein entsprechender Regelungsauftrag („Das Nähere bestimmt ein Bundesgesetz.") finden. Art. 40 Abs. 2 S. 1 GG ist somit *lex specialis* zu dem allgemeinen Grundsatz, dass aus Aufgabenzuweisungen keine Befugnisse abgeleitet werden dürfen (→ Rn. 20). Damit ist freilich noch nicht die Frage beantwortet, welche Befugnisse genau mit der in Art. 40 Abs. 2 S. 1 GG angesprochenen „Polizeigewalt" verbunden sind. Orientiert man sich an dem *Jellinek'schen* Diktum zu Art. 28 S. 1 WRV, wonach der Reichstagspräsident im Reichstagsgebäude die „gleichen Befugnisse wie die preußischen Polizeibehörden" habe (→ Rn. 51), dann wäre insoweit das Polizeirecht des Landes heranzuziehen, in dem sich die Parlamentsliegenschaften befinden (damals Preußen, nunmehr Berlin). An die Stelle der darin für den Vollzug des Gesetzes vorgesehenen Landesbehörden hätte die Verfassung, soweit es um die Parlamentsliegenschaften geht, dessen Präsidenten gesetzt. Diese Lösung ist auf den ersten Blick zwar befremdlich, weil sie zum Vollzug von Landesrecht durch den Bund führt, was an sich ja „schlechthin ausgeschlossen" sein soll[200].[201] Für jene, die unter „Polizeigewalt" iSv Art. 40 Abs. 2 S. 1 GG neben der Sicherheitspolizei auch die Verwaltungspolizei subsumieren (→ Rn. 51), ist sie im Grunde aber unausweichlich. Welches Bauordnungsrecht zB, wenn nicht das des Landes Berlin, sollte der Bundestagspräsident denn anwenden? Nur wenn man (wie hier vertreten,

---

[197] Vgl. *Brocker* in BeckOK GG, 50. Ed. 15.2.2022, GG Art. 40 Rn. 44; *Klein* in Maunz/Dürig GG Art. 40 Rn. 164; *Magiera* in Sachs GG Art. 40 Rn. 29; *Blum* in Morlok/Schliesky/Wiefelspütz ParlamentsR-HdB § 21 Rn. 32, 36.
[198] Vgl. BVerfG NVwZ 2020, 1102 Rn. 40 (zu einer Kollision von Art. 38 Abs. 1 S. 2 GG mit der Repräsentations- und Funktionsfähigkeit des Parlaments).
[199] IdS die hM, vgl. *Brocker* in BeckOK GG, 50. Ed. 15.2.2022, GG Art. 40 Rn. 52; *Klein* in Maunz/Dürig GG Art. 40 Rn. 169 f.; *Morlok* in Dreier GG Art. 40 Rn. 36; *Magiera* in Sachs GG Art. 40 Rn. 29; *Lang* in BerlKom GG GG Art. 40 Rn. 49; aA *Ramm* NVwZ 2010, 1461 (1465 ff.); *Friehe* DÖV 2016, 521 (522 ff.); *Schoch* VerwR BT Kap. 1 Rn. 104 f.; offengelassen von BVerfG NVwZ 2020, 1102 Rn. 42.
[200] Dies wird aus Art. 30 GG geschlossen (vgl. BVerfGE 21, 312 [325] = NJW 1967, 1956) und kann damit nicht gegenüber speziellen Vorschriften der Verfassung wie Art. 40 Abs. 2 S. 1 GG gelten. Unabhängig davon ist diese in ihrer Grundtendenz zutreffende Aussage in ihrer Absolutheit zweifelhaft (vgl. *Wittreck* in Dreier GG Art. 30 Rn. 25 Fn. 121 unter Hinweis auf das Konsulargesetz; *März* in v. Mangoldt/Klein/Starck GG Art. 30 Rn. 35).
[201] Deshalb eine Anwendung von Landespolizeirecht auch abl. *Friehe* DÖV 2016, 521 (522).

C. Polizeilicher Schutz § 10

→ Rn. 52) die „Polizeigewalt" in Art. 40 Abs. 2 S. 1 GG im Wesentlichen auf die Sicherheitspolizei beschränkt, kann man, wie es die wohl hM möchte, auf „in den Polizeigesetzen der Länder und im Gesetz über die Bundespolizei im wesentlich übereinstimmend formulierte Grundsätze des Polizeirechts"[202] zurückgreifen. Dieser Ansatz liegt offenbar der Dienstanweisung für den Polizeivollzugsdienst der Polizei beim Deutschen Bundestag (DV-PVD) (→ Rn. 55) zugrunde.[203] Eine ausdrückliche gesetzliche Regelung der polizeilichen Befugnisse des Bundestagspräsidenten, wie sie vom Bundesdatenschutzbeauftragten mehrfach angemahnt und inzwischen auch in Aussicht gestellt wurde,[204] wäre freilich, auch wenn sie nicht geboten ist, durchaus zulässig. Es ist insoweit, wie bei den anderen polizeilichen Eigensicherungsbefugnissen (→ Rn. 19 f., 34, 40 f.), von einer Annexkompetenz des Bundes zur Regelung dieser Materie auszugehen.

Der Bundestagspräsident muss die Polizeigewalt (und das Hausrecht) nicht eigenhändig **55** ausüben. Der Reichstagspräsident hat hierfür die **Vollzugshilfe** der Preußischen Polizei in Anspruch genommen.[205] Dies entsprach den Grundsätzen der (damaligen) Anstaltspolizei bzw. (heutigen) Eigensicherungspolizei, wonach staatliche Einrichtungen, die nicht über entsprechende Zwangsmittel verfügen, insoweit die Amtshilfe der an sich zuständigen Polizeibehörde in Anspruch nehmen können (→ Rn. 28). Der Bundestagspräsident hat sich hierfür einen **eigenen Polizeivollzugsdienst** (→ § 7 Rn. 18) geschaffen,[206] dessen Beamte zur Anwendung unmittelbaren Zwangs berechtigt[207] und in die dem Präsidenten unterstehende Bundestagsverwaltung integriert sind[208]. Die Einzelheiten ihres Handelns sind in einer Dienstanweisung (→ Rn. 54) festgelegt, die als ermessenslenkende Verwaltungsvorschrift über verfassungsrechtliche Gleichbehandlungsgebote indirekt Außenwirkung entfaltet.[209]

Neben der Polizeigewalt weist Art. 40 Abs. 2 S. 1 GG (wie schon Art. 28 S. 2 WRV) **56** dem Präsidenten auch die Ausübung des **Hausrechts** zu. Herkömmlich wird dies (wie bei Art. 28 S. 2 WRV[210]) auf das privatrechtliche Hausrecht bezogen.[211] Es mehren sich aber die Stimmen, welche (zumindest zusätzlich[212]) ein öffentlich-rechtliches Hausrecht in Art. 40 Abs. 2 S. 1 verankert sehen.[213] Ob mit dem Hausrecht (welcher Natur auch immer) Befugnisse verbunden sind, die über die Polizeigewalt hinausgehen,[214] ist indes zweifelhaft (→ Rn. 21 f.), da es ebenfalls nur zur Abwehr von Störungen eingesetzt werden darf[215]. Seine gesonderte Erwähnung ist insoweit kein zwingendes Gegenargument.[216] Sie dürfte aus dem Bedürfnis erwachsen sein, der Exekutive keinerlei Ansatzpunkt zu bieten, um die Gewährleistung der Sicherheit und Ordnung im Parlamentsbereich auch nur in Teilaspek-

---

[202] So *Klein* in Maunz/Dürig GG Art. 40 Rn. 171; ähnlich *Brocker* in BeckOK GG, 47. Ed. 15.5.2021, GG Art. 40 Rn. 52 (inhaltlich auf der Grundlage der polizeilichen Generalklausel); *Kluth* in Schmidt-Bleibtreu/Hoffmann/Hennecke GG Art. 40 Rn. 64 (nach Maßgabe der polizeilichen Generalklausel). Die Frage wird nur selten ausdrücklich thematisiert.
[203] Sie ist nicht veröffentlicht, aber in Auszügen in BVerfG NVwZ 2020, 1102 Rn. 3 abgedruckt.
[204] Vgl. BfDI, 25. Tätigkeitsbericht für 2013–2014, 228; 28. Tätigkeitsbericht 2019, 59. Zu früheren Versuchen, eine gesetzliche Grundlage zu schaffen *Igel/Feldkamp* ZParl 2013, 126 (132 ff.).
[205] Vgl. *Anschütz* WRV Art. 28 Anm. 3 f.
[206] Zur Entwicklung *Igel/Feldkamp* ZParl 2013, 126 ff.
[207] Vgl. § 1 Abs. 1 UZwGBw, § 6 Nr. 1 UZwGBw iVm § 1 Abs. 2 BPolG.
[208] Vgl. *Igel/Feldkamp* ZParl 2013, 126 (135 f.).
[209] Vgl. BVerfG NVwZ 2020, 1102 Rn. 42 ff.
[210] Vgl. *Anschütz* WRV Art. 28 Anm. 2.
[211] Statt vieler *Brocker* in BeckOK GG, 50. Ed. 15.2.2022, GG Art. 40 Rn. 45; *Versteyl* in v. Münch/Kunig GG 6. Aufl. 2012 Art. 40 Rn. 23; *Ramm* NVwZ 2010, 1461 (1463).
[212] IdS (doppeltes Hausrecht) *Blum* in Morlok/Schliesky/Wiefelspütz ParlamentsR-HdB § 21 Rn. 33.
[213] Wie zB *Klein* in Maunz/Dürig GG Art. 40 Rn. 144 f.; *Schliesky* in v. Mangoldt/Klein/Starck GG Art. 40 Rn. 27; *Morlok* in Dreier GG Art. 40 Rn. 35; *Groh* in v. Münch/Kunig GG Art. 40 Rn. 28.
[214] So wohl die hM, die beide als voneinander abzugrenzende Kompetenzen ansieht, vgl. BVerfGE 108, 251 (273) = NJW 2003, 3401; *Brocker* in BeckOK GG, 50. Ed. 15.2.2022, GG Art. 40 Rn. 40; *Klein* in Maunz/Dürig GG Art. 40 Rn. 151, 157, 180.
[215] Vgl. *Brocker* in BeckOK GG, 50. Ed. 15.2.2022, GG Art. 40 Rn. 48.
[216] So aber *Klein* in Maunz/Dürig GG Art. 40 Rn. 151.

ten an sich zu ziehen (→ Rn. 49). Die Hausordnung[217], welche der Bundestagspräsident gem. § 7 Abs. 2 S. 2 GO-BT (und insoweit nicht unproblematisch[218]) im Einvernehmen mit dem Geschäftsordnungsausschuss erlässt, ließe sich jedenfalls auch auf die Polizeigewalt stützen,[219] da diese sowohl den Erlass von Allgemeinverfügungen als auch von Polizeiverordnungen[220] abdeckt. Die Verletzung von Anordnungen, die der Präsident über die Sicherheit und Ordnung im Gebäude erlassen hat, stellt eine Ordnungswidrigkeit dar und ist uU sogar strafbar (→ Rn. 66), unabhängig davon, ob die Anordnungen auf das Hausrecht oder die Polizeigewalt gestützt werden.

57 Die Polizeigewalt und das Hausrecht werden traditionell[221] **abgegrenzt von** der einem ungestörten **Sitzungsablauf dienenden Ordnungs- oder Disziplinargewalt.**[222] Diese wird nicht aus Art. 40 Abs. 2 S. 2 GG abgeleitet, sondern aus der durch Art. 40 Abs. 1 S. 2 GG gewährleisteten Autonomie des Bundestags, sich eine Geschäftsordnung zu geben.[223] Dort ist sie auch näher ausgestaltet.[224] Sie wird vom jeweils amtierenden (sitzungsleitenden) Präsidenten ausgeübt (der auch ein Vizepräsident sein kann), wohingegen die Ausübung von Polizeigewalt und Hausrecht ausschließlich dem Präsidenten zugewiesen ist. Auch kann gegen bestimmte Maßnahmen der Ordnungsgewalt das Plenum angerufen werden,[225] was bei polizeilichen Maßnahmen des Präsidenten nicht möglich ist[226]. Als Verwaltungsakte einer obersten Bundesbehörde kann gegen Letztere jedoch (unmittelbar) Anfechtungsklage beim Verwaltungsgericht erhoben,[227] uU auch ein Organstreit beim BVerfG eingeleitet werden[228]. Polizei- und Sitzungsordnungsgewalt können allerdings ineinandergreifen. Wird ein Abgeordneter beispielsweise wegen gröblicher Verletzung der Ordnung des Saals verwiesen (vgl. § 38 Abs. 1 S. 1 GO-BT) und leistet er dieser Anordnung nicht Folge, liegt eine Störung der öffentlichen Sicherheit vor. Diese kann der Präsident unter Inanspruchnahme seiner Polizeigewalt beseitigen.[229]

58 Kein Ausfluss der Polizeigewalt oder des Hausrechts nach Art. 40 Abs. 2 S. 2 GG ist ferner das **Gesetz über befriedete Bezirke** für Verfassungsorgane des Bundes (BefBezG),[230] das die Versammlungsfreiheit im Umkreis des Bundestags (wie auch des Bundesrates und des BVerfG[231]) einschränkt. Es steht mit Art. 40 Abs. 2 S. 2 GG allerdings in einem funktionalen Zusammenhang, da es ebenfalls der Sicherstellung einer unbeeinträchtigten Arbeit des Parlaments dient.[232] Während Polizeigewalt und Hausrecht „im" Parlamentsgebäude ausgeübt werden, etabliert das BefBezG eine weitere Schutzzone „um" das

---

[217] Die Bestimmung ihrer Rechtsnatur bereitet Schwierigkeiten, vgl. *Klein* in Maunz/Dürig GG Art. 40 Rn. 162 (der zur Verwaltungsvorschrift tendiert, aber auch eine Allgemeinverfügung für möglich hält); *Brocker* in BeckOK GG, 50. Ed. 15.2.2022, GG Art. 40 Rn. 49 (Verwaltungsvorschrift).

[218] Vgl. *Klein* in Maunz/Dürig GG Art. 40 Rn. 159, der deshalb in verfassungskonformer Auslegung aus den „Einvernehmen" ein „Benehmen" macht.

[219] AA *Klein* in Maunz/Dürig GG Art. 40 Rn. 158.

[220] Vgl. *Brocker* in BeckOK GG, 50. Ed. 15.2.2022, GG Art. 40 Rn. 52.

[221] Vgl. *Hatschek* Parlamentsrecht I 214; *Anschütz* WRV Art. 28 Anm. 4.

[222] *Klein* in Maunz/Dürig GG Art. 40 Rn. 156; *Schliesky* in v. Mangoldt/Klein/Starck GG Art. 40 Rn. 27.

[223] *Brocker* in BeckOK GG, 50. Ed. 15.2.2022, GG Art. 40 Rn. 43; *Klein* in Maunz/Dürig GG Art. 40 Rn. 156; *Magiera* in Sachs GG Art. 40 Rn. 30.

[224] §§ 36 ff. GO-BT, die vorsehen: Sach- und Ordnungsrufe, Wortentziehung, Ordnungsgelder, Sitzungsausschluss.

[225] Vgl. § 39 GO-BT (Einspruch gegen Ordnungsruf, Ordnungsgeld oder Sitzungsausschluss).

[226] *Klein* in Maunz/Dürig GG Art. 40 Rn. 149; aA *Dicke* in Umbach/Clemens GG Art. 40 Rn. 50 (untersteht Aufsicht des Bundestages).

[227] Vgl. §§ 40, 42, 68 Abs. 1 Nr. 1 Var. 1 VwGO; vgl. dazu *Klein* in Maunz/Dürig GG Art. 40 Rn. 174; *Brocker* in BeckOK GG, 50. Ed. 15.2.2022, GG Art. 40 Rn. 53.

[228] Vgl. BVerfG NVwZ 2020, 1102 Rn. 27 ff.; *Klein* in Maunz/Dürig GG Art. 40 Rn. 174.

[229] Vgl. *Winkelmann* in Ritzel/Bücker/Schreiner/Winkelmann Parlamentarische Praxis-HdB GO-BT Vorb. §§ 36–41 Anm. 6a.

[230] *Brocker* in BeckOK GG, 50. Ed. 15.2.2022, GG Art. 40 Rn. 42.1; *Klein* in Maunz/Dürig GG Art. 40 Rn. 166.

[231] Vgl. § 1 S. 1 BefBezG; zur Rechtslage in den Bundesländern *Blum* in Morlok/Schliesky/Wiefelspütz ParlamentsR-HdB § 21 Rn. 39.

[232] *Brocker* in BeckOK GG, 50. Ed. 15.2.2022, GG Art. 40 Rn. 42.1.

Gebäude (→ Rn. 11). Innerhalb dieser Zone, früher „Bannmeile", seit 2000 „befriedeter Bezirk" genannt[233], sind Versammlungen grundsätzlich verboten (§ 2 S. 1 BefBezG). Zuwiderhandlungen stellen eine Ordnungswidrigkeit dar (§ 4 BefBezG). Allerdings besteht ein Zulassungsanspruch, wenn von der Versammlung eine Beeinträchtigung der Tätigkeit des Bundestags und seiner Fraktionen nicht zu erwarten ist, wovon in der Regel auszugehen ist, wenn die Versammlung an einem Nichtsitzungstag stattfindet (§ 3 Abs. 1 BefBezG). Über die Zulassung entscheidet das Bundesministerium des Innern im Einvernehmen mit dem Bundestagspräsidenten (§ 3 Abs. 2 S. 2 BefBezG), der somit gegen die Zulassung sein Veto einlegen kann. Der Anlass für die Etablierung des Instituts einer Bannmeile um das Parlament war eine Massendemonstration im Jahre 1920 vor dem Reichstag, um die Verabschiedung eines Gesetzes zu verhindern. Beim Versuch, in das Gebäude einzudringen, kam es zu Handgreiflichkeiten zwischen Demonstranten und der den Reichstag schützenden preußischen Sicherheitspolizei. Diese machte von der Schusswaffe Gebrauch, am Ende waren 42 Tote zu beklagen.[234]

6. Landespolizei

Die **Zuständigkeit** der Polizeibehörden der Länder, **für** ihren **eigenen Schutz** zu sorgen, 59 ergibt sich ganz von selbst aus ihrer allgemeinen Aufgabe der Gefahrenabwehr. Wenn „öffentliche Sicherheit" auch den Bestand und die Funktionsfähigkeit staatlicher Einrichtungen und ihrer Veranstaltungen meint (→ Rn. 8 ff.), dann fällt darunter auch die Einrichtung „Landespolizei" mit ihren Veranstaltungen. Ein Rückgriff auf ein öffentlich-rechtliches Hausrecht oder ungeschriebene polizeiliche Eigensicherungsbefugnisse (→ Rn. 20) ist insoweit ebenso überflüssig wie eine ausdrückliche gesetzliche Zuweisung der Eigensicherungsaufgabe.

Ferner ist die Landespolizei für den unmittelbaren Schutz der Amtssitze derjenigen **Ver-** 60 **fassungsorgane des Bundes** zuständig, die nicht gem. § 5 BPolG durch die Bundespolizei (→ Rn. 23 ff.) geschützt werden. Dabei hat sie allerdings die überwiegend ungeschriebenen polizeilichen Eigensicherungsbefugnisse zu beachten, die diesen die Steuerungshoheit über die zu treffenden Gefahrenabwehrmaßnahmen in ihrem räumlichen Bereich verleihen und die Rolle der Landespolizei (nicht anders als die der Bundespolizei) insoweit auf die eines Vollzugshelfers reduzieren (→ Rn. 28 f.). Im Falle des Bundestags, dessen Präsident sich einen eigenen Polizeivollzugsdienst aufgebaut hat (→ Rn. 55), um die ihm gem. Art. 40 Abs. 2 S. 1 GG zugewiesene Polizeigewalt im Gebäude des Bundestags auszuüben, wird sie sogar – von einer Notzuständigkeit bei Gefahr in Verzug vielleicht abgesehen – vollständig aus den Parlamentsliegenschaften verdrängt (→ Rn. 51 f.).

Für die Abwehr von **Gefahren,** die sich **in größerer Entfernung vom Amtssitz** 61 zusammenbrauen, ist die Landespolizei stets uneingeschränkt zuständig. Einen Attentäter, der sich von Kreuzberg oder Spandau aus auf den Weg in Richtung Bundestag oder Bundeskanzleramt macht, ist von der Berliner Polizei, nicht von der Bundestagspolizei oder der Bundespolizei, aufzuhalten. Diese „Fernschutzkompetenz" besteht in Bezug auf alle Verfassungsorgane und Sicherheitsbehörden des Bundes (und schlechthin für alle Bundeseinrichtungen) unabhängig davon, wer für den „Nahschutz" zuständig ist (→ Rn. 16, 20, 24).

Entsprechendes gilt für den Schutz von **Verfassungsorganen der Länder.** Im Bereich 62 des „Nahschutzes" agiert die Landespolizei als Vollzugshelfer des von seinen polizeilichen Eigensicherungsbefugnissen Gebrauch machenden Verfassungsorgans. Von den Landtagen abgesehen, die sich – bis auf die Bremische Bürgerschaft – wie der Bundestag insoweit auf entsprechende Verfassungsbestimmungen berufen können (→ Rn. 49), handelt es sich überwiegend um die ungeschriebenen Annexkompetenzen bzw. gewohnheitsrechtlich verfestigten Befugnisse, die man jeder staatlichen Einrichtung zubilligt (→ Rn. 20, 40). Das

---
[233] Dazu *Schneider* NJW 2000, 263 ff.
[234] *Huber* Verfassungsgeschichte VII 42 f.

spricht dafür, diese auch der Bremischen Bürgerschaft (→ Rn. 49) zuzugestehen, allerdings nicht im Sinne einer umfassenden „Polizeigewalt", wie sie der Bundestagspräsident nach hM ausübt (→ Rn. 51 f.), sondern nur im Sinne einer auf die Abwehr von Störungen des Parlamentsbetriebs bezogenen „Anstaltspolizei" (→ Rn. 20). Nur insoweit kann von einem Annex zu den geschriebenen Sachkompetenzen oder von einer gewohnheitsrechtlichen Verfestigung gesprochen werden.

D. Strafrechtlicher Schutz

I. Einleitung

63 An dem vom Strafrecht gewährten **allgemeinen Rechtsgüterschutz** partizipieren auch Verfassungsorgane und Sicherheitsbehörden. Wer zB widerrechtlich in abgeschlossene Räume, welche zum öffentlichen Dienst bestimmt sind, etwa ein Regierungsgebäude oder eine Bundeswehrkaserne,[235] eindringt, begeht ebenso einen Hausfriedensbruch wie derjenige, der in die Wohnung, die Geschäftsräume oder das befriedete Besitztum einer Privatperson eindringt (§ 123 Abs. 1 Var. 1 StGB). Gleiches gilt für denjenigen, der ohne Befugnis in den Räumen verweilt und sich auf die Aufforderung des Berechtigten nicht entfernt (§ 123 Abs. 1 Var. 2 StGB). Erfolgt das Eindringen durch eine Menschenmenge, die sich öffentlich zusammengerottet hat und die Absicht hat, Gewalttätigkeiten gegen Personen oder Sachen zu begehen, liegt ein schwerer Hausfriedensbruch (§ 124 StGB) vor. Kommt es tatsächlich zu Gewalttätigkeiten, kann, abhängig von den konkreten Umständen, eine Körperverletzung (§§ 223 ff. StGB), ein Tötungsdelikt (§§ 211 f., 222) oder eine Sachbeschädigung (§§ 303 ff.) vorliegen, gegebenenfalls auch eine Freiheitsberaubung (§ 239 StGB), Geiselnahme (§ 239b StGB), Nötigung (§ 240 StGB), Bedrohung (§ 241 StGB), Tätlichkeit gegen Vollstreckungsbeamte (§§ 113 f. StGB), Brandstiftung (§§ 306 ff. StGB) oder Herbeiführung einer Sprengstoffexplosion (§ 308 StGB). Selbstverständlich kann durch den Angriff bzw. dessen Vorbereitung auch der Tatbestand eines Terrorismusdelikts (zB §§ 89a–c, §§ 91, 129a StGB) oder sonstigen allgemeinen Staatsschutzdelikts erfüllt sein. So macht sich des Hochverrats in der Variante des Verfassungsverrats (§ 81 Nr. 2 bzw. § 82 Nr. 2 StGB) schuldig, wer versucht, gewaltsam die gewählte Regierung zu stürzen;[236] wer solch ein Unternehmen vorbereitet, ist nach § 83 StGB strafbar. Schließlich schützt das Strafrecht Verfassungsorgane und Sicherheitsbehörden auch vor subtileren, nicht gewaltsamen Angriffen, etwa Spionage (§§ 93 ff., § 353b StGB), Korruption (§§ 108e, 331 ff. StGB) und Cyberattacken (§§ 202a, 202b, 303a, 303b StGB).

64 Die meisten dieser Straftatbestände sind so formuliert, dass sie Beeinträchtigungen von Verfassungsorganen und Sicherheitsbehörden, ohne sie gesondert zu erwähnen, schlicht mitumfassen. Es gibt aber auch **Straftatbestände,** bei denen der Schutz (bestimmter) **Verfassungsorgane oder Sicherheitsbehörden** alleiniger Zweck oder doch zumindest ein **zentraler Aspekt** ist. Diese sollen im Folgenden näher betrachtet werden. In Bezug auf Verfassungsorgane sind das die §§ 90, 90b und §§ 105 ff. StGB (→ Rn. 65 ff.), in Bezug auf Sicherheitsbehörden § 88 Abs. 1 Nr. 3 und 4, § 89, §§ 109d–g, § 305a Abs. 1 Nr. 2 und 3 sowie § 316b Abs. 1 Nr. 3 StGB (→ Rn. 71 ff.).

II. Verfassungsorgane

65 Die freie Willensbetätigung von Verfassungsorganen und ihren Mitgliedern wird durch die speziellen Nötigungstatbestände der §§ 105 und 106 StGB geschützt.[237] **§ 105 StGB** betrifft die **Nötigung von Verfassungsorganen, § 106 StGB** die **Nötigung des Bundespräsidenten und von Mitgliedern eines Verfassungsorgans.** Es handelt sich um

---
[235] Vgl. *Feilcke* in MüKoStGB StGB § 123 Rn. 22.
[236] Vgl. *Hegmann/Stuppi* in MüKoStGB StGB § 81 Rn. 21.
[237] Vgl. *Müller* in MüKoStGB StGB § 105 Rn. 1, § 106 Rn. 1.

strafschärfende Spezialtatbestände[238] zur einfachen Nötigung nach § 240 StGB. Für diese drohen maximal drei Jahre Freiheitsstrafe, für jene dagegen bis zu zehn bzw. fünf Jahre. In allen Fällen ist bereits der Versuch strafbar.[239] Nötigungsadressat iSv § 105 StGB sind zum einen die Gesetzgebungsorgane von Bund und Ländern, also Bundestag, Bundesrat und die Landtage (nicht jedoch Volksvertretungen auf kommunaler Ebene) einschließlich ihrer Ausschüsse (§ 105 Abs. 1 Nr. 1 StGB).[240] Ferner gehören dazu die Bundesversammlung und ihre Ausschüsse sowie die Regierungen und Verfassungsgerichte von Bund und Ländern (§ 105 Abs. 1 Nr. 2 und 3 StGB). Die Mitglieder der genannten Verfassungsorgane sowie der Bundespräsident werden von § 106 StGB erfasst. Der Bundespräsident ist zwar ebenfalls ein Verfassungsorgan, was an sich für eine Einordnung in § 105 StGB gesprochen hätte. Da aber nur der Wille einer einzelnen Person gebrochen werden muss, um den Nötigungserfolg zu erreichen, ist die Zuordnung zu § 106 StGB konsequent. Nötigungsziel kann bei § 105 StGB wie bei § 106 StGB entweder sein, dass der Nötigungsadressat seine Befugnisse nicht ausübt (zB nicht an einer Abstimmung teilnimmt) oder dass er sie in einem bestimmten Sinne ausübt (zB mit „Ja" statt mit „Nein" stimmt). Als Nötigungsmittel kommt bei § 105 StGB neben Gewalt nur die Drohung mit Gewalt in Betracht. Bei § 106 StGB, wo nicht der Wille einer Institution, sondern nur der einzelner Personen gebrochen werden muss, kann dagegen (wie bei § 240 StGB) bereits die Drohung mit einem empfindlichen Übel tatbestandsmäßig sein. Deshalb ist nach hM bei § 106 StGB auch (anders als bei § 105 StGB) eine Verwerflichkeitsprüfung analog § 240 Abs. 2 StGB durchzuführen.[241] An einer verwerflichen Zweck-Mittel-Relation fehlt es etwa, wenn einem Abgeordneten im Falle eines bestimmten Abstimmungsverhaltens mit der künftigen Nichtberücksichtigung bei der Besetzung politischer Posten gedroht wird, da es sich um ein Verhalten handelt, das der Funktionsweise des politischen Systems entspricht.[242] Ein weiteres Beispiel wäre die E-Mail eines Bürgers, der einem Abgeordneten in Aussicht stellt, ihn nicht wieder zu wählen, wenn er nicht in einer bestimmten Weise abstimmt. Bei § 105 StGB ist, wie gesagt, keine Verwerflichkeitsprüfung erforderlich. Allerdings muss hier von der Gewalt, die angewandt oder angedroht wird, solch ein Druck ausgehen, dass sich ein verantwortungsbewusstes Verfassungsorgan oder Organteil zur Kapitulation vor der Forderung des Täters gezwungen sehen kann.[243] Das ist etwa bei einer Bombendrohung oder einer Geiselnahme der Fall, nicht aber bei einer kurzzeitigen Blockade von Zugangswegen oder akustischen Störungen von Sitzungen.[244]

Für unterhalb der Nötigungsschwelle liegende Funktionsstörungen gibt es mit **§ 106b** 66 StGB einen speziellen Straftatbestand. Dieser schützt allerdings nicht alle Verfassungsorgane, sondern nur die Gesetzgebungsorgane in Bund und Ländern, also Bundestag, Bundesrat und die 16 Landtage. Hiernach kann die **Störung der Tätigkeit eines Gesetzgebungsorgans** mit Freiheitsstrafe bis zu einem Jahr bestraft werden. Voraussetzung ist zum einen, dass gegen eine Anordnung verstoßen wird, die das Gesetzgebungsorgan oder sein Präsident über die Sicherheit und Ordnung im Gebäude des Gesetzgebungsorgans oder auf dem dazugehörenden Grundstück allgemein oder im Einzelfall erlassen hat (→ Rn. 56). Zum anderen muss dadurch die Tätigkeit des Gesetzgebungsorgans „gehindert oder gestört" werden. Der Verstoß allein führt also noch nicht zur Strafbarkeit nach § 106b StGB, ist aber gem. **§ 112 Abs. 1 OWiG** eine Ordnungswidrigkeit.[245] Beide Normen knüpfen an die

---
[238] Vgl. *Müller* MüKoStGB StGB § 105 Rn. 31, § 106 Rn. 13.
[239] § 240 Abs. 3 StGB; § 105 Abs. 1 StGB iVm § 23 Abs. 1 StGB, § 12 Abs. 1 StGB; § 106 Abs. 2 StGB.
[240] Vgl. *Müller* in MüKoStGB StGB § 105 Rn. 4.
[241] Vgl. *Müller* in MüKoStGB StGB § 105 Rn. 22, § 106 Rn. 10 mwN.
[242] Vgl. *Müller* in MüKoStGB StGB § 106 Rn. 10.
[243] Vgl. BGH NJW 1984, 931 (932); *Müller* in MüKoStGB StGB § 105 Rn. 14 ff.
[244] Vgl. *Müller* in MüKoStGB StGB § 105 Rn. 16 f.
[245] Vgl. *Müller* in MüKoStGB StGB § 106b Rn. 8. Anders als die amtliche Überschrift des § 112 OWiG („Verletzung der Hausordnung eines Gesetzgebungsorgans") suggeriert, erfasst dieser (wie § 106b StGB) alle die Sicherheit und Ordnung im Gebäude oder auf dem Grundstück allgemein oder im Einzelfall erlassenen Anordnungen.

bundes- und landesrechtlichen Regelungen über die Ausübung des Hausrechts und der Polizeigewalt im Parlamentsgebäude, zB Art. 40 Abs. 2 S. 1 GG (→ Rn. 49 ff.), an.[246] Unter „allgemeinen Anordnungen" iSv § 106b StGB sind daher in erster Linie die Hausordnungen (→ Rn. 56) der Gesetzgebungsorgane zu verstehen.[247] Eine bestimmte Form für die Kundgabe der Anordnung ist nicht vorgeschrieben.[248] Eine Störung iSv § 106b StGB setzt allerdings eine gewisse Erheblichkeit voraus.[249] Diese ist zB bei einer Sitzungsunterbrechung oder Verzögerung einer Abstimmung gegeben.[250] Bloße (durch die Parlamentshausordnungen regelmäßig untersagte)[251] Missfallensbekundungen von Zuschauern, die solche Folgen nicht zeitigen, sind allenfalls Ordnungswidrigkeiten iSv § 112 OWiG.[252] Sowohl nach § 106b StGB also auch nach § 112 OWiG scheiden Mitglieder des jeweiligen Gesetzgebungsorgans oder der jeweiligen Regierung sowie deren Beauftragte aus dem Täterkreis aus. Entsprechendes gilt in Bezug auf den Bundestag für Mitglieder des Bundesrats und seine Beauftragten (§§ 106b Abs. 2 StGB, § 112 Abs. 2 OWiG). Verfassungsrechtlich geboten sind diese personellen Einschränkungen der Strafbarkeit nicht, da auch die genannten Personen durchaus der Polizeigewalt der Parlamentspräsidenten unterliegen (→ Rn. 53). Die räumliche Beschränkung der Strafrechtsnormen auf das Gebäude des Gesetzgebungsorgans und das dazugehörende Grundstück ist hingegen konsequent (→ Rn. 50). Die früher in § 106a StGB geregelte sog. Bannkreisverletzung (→ Rn. 58) ist seit 1999 keine Straftat mehr, sondern nur noch eine Ordnungswidrigkeit (§ 4 BefBezG, § 29a VersammlG).[253]

67 §§ 107–108b StGB (Wahlbehinderung, Wahlfälschung, Fälschung von Wahlunterlagen, Verletzung des Wahlgeheimnisses, Wählernötigung und Wählerbestechung) pönalisieren **Störungen und Manipulationen von Wahlen** zu den Volksvertretungen in Bund und Ländern wie auch von sonstigen Wahlen und Abstimmungen des Volkes (vgl. § 108d StGB). Sie sichern damit zum einen die verfassungsmäßigen Rechte des Verfassungsorgans „Volk"[254], das gem. Art. 20 Abs. 2 S. 2 GG an der Ausübung der Staatsgewalt durch Wahlen und Abstimmungen teilnimmt. Zum anderen gewährleisten sie die verfassungsmäßige Zusammensetzung des Verfassungsorgans „Parlament" in Bund und Ländern, das gem. Art. 38 Abs. 1 S. 1, Art. 28 Abs. 1 S. 2 GG in regelmäßigen Abständen durch allgemeine, unmittelbare, freie, gleiche und geheime Wahlen zu kreieren ist. Auf Wahlen und Abstimmungen *innerhalb* der Volksvertretungen oder anderer Staatsorgane finden die §§ 107–108b StGB hingegen keine Anwendung (vgl. § 108d StGB). Insoweit greifen die speziellen Nötigungs- und Störungstatbestände der §§ 105–106b StGB (→ Rn. 65 f.), im Übrigen der allgemeine Nötigungsschutz gem. § 240 StGB. Die Bestechung und Bestechlichkeit von Mandatsträgern wird durch § 108e StGB pönalisiert, die von Regierungsmitgliedern und Verfassungsrichtern unterfällt den Vorschriften über die Amtsträgerbestechung[255] (§§ 331 ff. StGB).

68 Einen speziellen Schutz gegen „Verunglimpfungen" des Bundespräsidenten und sonstiger Verfassungsorgane gewähren **§§ 90, 90b StGB** (→ § 37 Rn. 24 ff.), die beide eine Freiheitsstrafe von drei Monaten bis zu fünf Jahren androhen.[256] Ersterer betrifft den Bundes-

---

[246] Vgl. *Müller* in MüKoStGB StGB § 106b Rn. 1; *Rogall* in KK-OWiG § 112 Rn. 10 f.
[247] Vgl. *Müller* in MüKoStGB StGB § 106b Rn. 6; *Rogall* in KK-OWiG § 112 Rn. 14.
[248] *Müller* in MüKoStGB StGB § 106b Rn. 6. Es genügt zB, wenn sie auf der Rückseite einer ihm ausgehändigten Einlasskarte abgedruckt ist (vgl. OLG Celle NStZ 1986, 410 f.; OLG Hamburg NStZ-RR 2007, 233 f.).
[249] *Müller* in MüKoStGB StGB § 106b Rn. 8 mwN.
[250] *Müller* in MüKoStGB StGB § 106b Rn. 8; OLG Celle NStZ 1986, 410 f.; OLG Hamburg NStZ-RR 2007, 233 f.
[251] Vgl. zB § 5 Abs. 3 BT-HausO.
[252] *Müller* in MüKoStGB StGB § 106b Rn. 8.
[253] *Eser* in Schönke/Schröder StGB Vorb. §§ 105–108e Rn. 2.
[254] *Hömig* in MSKB § 94 Rn. 7 (Bundesvolk = Verfassungsorgan des Bundes).
[255] Vgl. § 11 Abs. 1 Nr. 2 lit. a Var. 2 StGB (für Richter), § 11 Abs. 2 lit. b StGB iVm § 1 BMinG (für Mitglieder der Bundesregierung).
[256] Beachte aber § 90 Abs. 2 und 3 StGB.

D. Strafrechtlicher Schutz § 10

präsidenten. Letzterer betrifft die Gesetzgebungsorgane, die Regierungen und die Verfassungsgerichte von Bund und Ländern sowie ihre Mitglieder „in dieser Eigenschaft". Beide Normen erfassen lediglich Äußerungen, die öffentlich oder in einer Versammlung getätigt oder mittels Schriften, Ton- und Bildträgern, Datenspeichern, Abbildungen oder anderen Darstellungen verbreitet werden.[257] Verunglimpfen diese den Bundespräsidenten und ist das vom Vorsatz[258] des Täters getragen, ist nach dessen Wortlaut der Tatbestand des § 90 Abs. 1 StGB verwirklicht. Bei § 90b StGB muss dagegen zweierlei zur vorsätzlichen Verunglimpfung hinzukommen. Zum einen muss diese in einer „das Ansehen des Staates gefährdenden Weise" geschehen. Zum anderen muss der Täter sich durch die Verunglimpfung „absichtlich für Bestrebungen gegen den Bestand der Bundesrepublik Deutschland oder gegen Verfassungsgrundsätze" einsetzen. Bei der Verunglimpfung des Bundespräsidenten ist solch ein Einsatz nicht erforderlich, führt aber, wenn er vorliegt, zu einer Strafschärfung (§ 90 Abs. 3 StGB).

Die **„Verunglimpfung"** kann in einer Verleumdung, also in einer wissentlichen Verbreitung unwahrer Tatsachen (§ 187 StGB), bestehen, sie muss es aber nicht (vgl. § 90 Abs. 3 StGB).[259] Soweit sich die Verunglimpfung in einer wissentlichen Verbreitung unwahrer Tatsachen erschöpft, liegt keine Beeinträchtigung des Schutzbereichs der Meinungsfreiheit vor, da diese nach Auffassung des BVerfG keine bewusst unwahren Tatsachenbehauptungen schützt[260]. Im Übrigen müssen sich die §§ 90, 90b StGB und ihre Anwendung im Einzelfall an **Art. 5 Abs. 1 GG**, gegebenenfalls auch an Art. 5 Abs. 3 GG[261] messen lassen. Fragt man insoweit nach der möglichen verfassungsrechtlichen Rechtfertigung für die Beschränkung der Meinungsfreiheit, so kommt eine Berufung auf das Recht der persönlichen Ehre iSv Art. 5 Abs. 2 Var. 3 GG allenfalls bei § 90 StGB in Betracht. Denn dieser schützt – im Gegensatz zu § 90b StGB[262] – nach hM nicht nur das Ansehen des Amts, sondern auch das der Person.[263] Sobald die Verunglimpfung sich aber (auch) auf das Amt bezieht, trägt dieser Ansatz nicht mehr, da staatliche Einrichtungen nach Auffassung des BVerfG keine „persönliche" Ehre haben. Allerdings gesteht es diesen um ihrer Funktionsfähigkeit willen ein „Mindestmaß an gesellschaftlicher Akzeptanz" zu, das durch „allgemeine Gesetze" iSv Art. 5 Abs. 2 Var. 1 GG grundsätzlich auch gegen verbale Äußerungen verteidigt werden dürfe.[264] Voraussetzung hierfür sei zum einen, dass die Beschränkung meinungsneutral sei. Nicht der Inhalt einer (bestimmten) Meinung als solche, sondern nur die (verunglimpfende) „Art und Weise der Kommunikation" dürfe verboten werden. Diese müsse den Übergang zur Verletzung des geschützten Rechtsguts zudem bereits „greifbar" in sich tragen. Schließlich sei im Rahmen einer Abwägung festzustellen, dass der Akzeptanzschutz im konkreten Fall Vorrang vor der Meinungsfreiheit verdiene. Bei Staatsschutznormen sei dabei besonders sorgfältig „zwischen einer – wie verfehlt auch immer erscheinenden – Polemik auf der einen Seite und einer Beschimpfung oder böswilligen Verächtlichmachung auf der anderen Seite zu unterscheiden", weil Art. 5 Abs. 1 GG gerade aus dem besonderen Schutzbedürfnis der Machtkritik erwachsen sei.[265]

---

[257] Vgl. § 90 Abs. 1 StGB, § 90b Abs. 1 StGB, jeweils iVm § 11 Abs. 3 StGB.
[258] Dolus eventualis ist ausreichend (*Anstötz* in MüKoStGB StGB § 90 Rn. 23).
[259] Vgl. *Anstötz* in MüKoStGB StGB § 90 Rn. 5; § 90b Rn. 6.
[260] Vgl. BVerfGE 61, 1 [8] = NJW 1983, 1415; BVerfGE 90, 241 [247] = NJW 1994, 1779; BVerfGE 99, 185 [197] = NJW 1999, 1322; krit. *Grabenwarter* in Maunz/Dürig GG Art. 5 Abs. 1, Abs. 2 Rn. 50 ff.
[261] Vgl. BVerfGE 81, 278 ff. = 298 ff. = NJW 1990, 1982; NJW 2001, 596 ff.; BeckRS 2008, 42250 Rn. 37 ff. – alle mit Blick auf § 90a StGB.
[262] Vgl. *Anstötz* in MüKoStGB StGB § 90b Rn. 1.
[263] Vgl. zum Schutzgut des § 90 StGB: BGHSt 16, 338 ff. = NJW 1962, 402; *Anstötz* in MüKoStGB StGB § 90 Rn. 1; *Last* Staatsverunglimpfungsdelikte 101 ff.; zur Anwendbarkeit des Art. 5 Abs. 2 S. 1 Var. 3 GG: *Starck/Paulus* in v. Mangoldt/Klein/Starck GG Art. 5 Rn. 372 mit Fn. 283.
[264] Vgl. BVerfGE 93, 266 (291, 293) = NJW 1995, 3303. vgl. auch NJW 2012, 1273 Rn. 24.
[265] Vgl. BVerfG NJW 2012, 1273 Rn. 19; ähnlich schon BVerfG BeckRS 2008, 42250 Rn. 44; NJW 2009, 908 Rn. 13 (alle mit Blick auf § 90a StGB, da es sich um [höherrangige] verfassungsrechtliche Grenzen des staatlichen Verleumdungsschutzes handelt, müssten diese aber auch für §§ 90, 90b StGB gelten); zum „Gebot der Meinungsneutralität" BVerfGE 124, 300 (322 ff.) = NJW 2010, 47.

Es dürfe deshalb keinesfalls zu einer Immunisierung des Staates gegen Kritik und selbst Ablehnung kommen.[266] Scharfe und polemische Kritik habe er grundsätzlich auszuhalten,[267] selbst Propaganda für verfassungsfeindliche politische Programme, etwa die „bloße Aufforderung" zu einer – gewaltfreien – Beseitigung der bestehenden staatlichen Ordnung und zu deren Ersetzung durch ein anderes politisches System.[268] Eine Strafbarkeit komme vielmehr erst dann in Betracht, wenn der Staat (bzw. seine Verfassungsorgane) „auf Grund der konkreten Art und Weise der Meinungsäußerung [...] dermaßen verunglimpft [werden], dass dies zumindest mittelbar geeignet erscheint, den Bestand der Bundesrepublik Deutschland, die Funktionsfähigkeit seiner staatlichen Einrichtungen oder die Friedlichkeit in der Bundesrepublik Deutschland zu gefährden".[269]

70 Nimmt man das alles zusammen, so fällt es schwer, sich einen **sinnvollen** (verfassungsgemäßen[270]) **Anwendungsbereich** für die §§ 90, 90b StGB (wie auch für § 90a StGB) vorzustellen. Am ehesten lässt sich noch an Fälle denken, die im Bereich des Ehrenschutzes unter den Begriff der Schmähkritik oder Formalbeleidigung fallen würden, Äußerungen also, bei denen „nicht mehr die Auseinandersetzung in der Sache, sondern die Diffamierung" im Vordergrund steht.[271] Doch geht das BVerfG gerade bei Schmähkritik davon aus, dass diese eher auf die sog. Privatfehde beschränkt sei, während sie bei Äußerungen zu „die Öffentlichkeit wesentlich berührenden Fragen" – und dazu dürften Verfassungsorgane betreffende Äußerungen fast immer gehören – nur ausnahmsweise vorliege.[272] Die Einschätzung des BGH aus dem Jahre 1961, dass in der Äußerung, der Bundespräsident (Lübke) sei eine „Trübe Tasse", die „gewählt worden [sei] wie der Vorsitzende eines Kaninchenzüchtervereins", eine „Verunglimpfung" des Bundespräsidenten liege,[273] dürfte den vom BVerfG zwischenzeitlich entwickelten Maßstäben jedenfalls nicht mehr gerecht werden.[274] Selbst bei der Bezeichnung der Regierung als „Verbrecherbande" oder „Lügenpack" kann hiernach nicht ohne nähere Berücksichtigung der Umstände von einer „Verunglimpfung" ausgegangen werden.[275] Es kommt stets auf die „Bedeutung der Äußerung in ihrem Zusammenhang" an.[276] Bei mehrdeutigen Äußerungen darf erst dann von der zur Verurteilung führenden Deutung ausgegangen werden, wenn andere Deutungsmöglichkeiten mit tragfähigen Gründen ausgeschlossen worden sind.[277] Eine gewisse Orientierung mag insoweit die Rspr. des BVerfG zu § 90a StGB (→ § 37 Rn. 29 ff.) bieten, der die Verunglimpfung des Staates und seiner Symbole unter Strafe stellt. Auf § 90a StGB gestützte Verurteilungen hat das BVerfG aufgehoben bei der Bezeichnung der „Regierenden" als „Polit-Bonzen" und „Knechte des Kapitals"[278], der Farben der Bundesflagge als „Schwarz-Rot-Senf" und der Bundesrepublik als „verkom-

---

[266] BVerfG NJW 2009, 908 Rn. 13.
[267] BVerfG NJW 2012, 1273 Rn. 24; ähnlich schon BeckRS 2008, 42250 Rn. 44.
[268] BVerfG BeckRS 2008, 42250 Rn. 44.
[269] BVerfG NJW 2012, 1273 Rn. 24.
[270] Die hM bejaht die Verfassungsmäßigkeit der §§ 90, 90b StGB (vgl. statt vieler *Starck/Paulus* in v. Mangoldt/Klein/Starck GG Art. 5 Rn. 372; *Last* Meinungsverunglimpfungsdelikte 121 ff.; *Sternberg-Lieben* in Schönke/Schröder StGB § 90 Rn. 1; *Paeffgen* in NK-StGB StGB § 90 Rn. 2, 4; *Anstötz* in MüKoStGB StGB § 90 Rn. 1 Fn. 3, Rn. 10 ff.); aA *Becker* in Matt/Renzikowski StGB § 90 Rn. 2 (Ausmaß der Vorverlagerung inakzeptabel). – Das BVerfG hat sich (abgesehen von einer beiläufigen Bemerkung zu § 90b StGB, vgl. BVerfG NJW 2001, 2069 [2070]) bisher nur zu § 90a StGB geäußert und dessen Verfassungsmäßigkeit ausdrücklich bejaht (BVerfGE 47, 198 [231 f.] = BeckRS 1978, 663; BVerfGE 124, 300 (323) = NJW 2010, 47; NJW 1999, 204 (205); 2009, 908; 2012, 1273 Rn. 19), auch im Hinblick auf die Kunstfreiheit (vgl. BVerfGE 81, 278 [292 f.] = NJW 1990, 1982; BVerfGE 298 [307 f.] = NJW 1990, 1985); NJW 2001, 596 f.).
[271] BVerfGE 93, 266 (294) = NJW 1995, 3303.
[272] Vgl. BVerfGE 93, 266 (294) = NJW 1995, 3303.
[273] BGHSt 16, 338 ff. = NJW 1962, 402.
[274] Zweifelnd auch *Paeffgen* in NK-StGB StGB § 90 Rn. 4 Fn. 26.
[275] *Paeffgen* in NK-StGB StGB § 90b Rn. 5.
[276] BVerfG NJW 2009, 908 Rn. 13 zu § 90a StGB.
[277] Vgl. BVerfG NJW 1999, 204 (205) zu § 90a StGB.
[278] BVerfG BeckRS 2008, 42250 Rn. 48 ff.

menes BRD-System"²⁷⁹, ferner (mit Blick auf die Kunstfreiheit) bei einer Collage, in der auf die Bundesflagge uriniert wurde,²⁸⁰ bei der Satire „Deutschlandlied '86"²⁸¹ und bei dem Lied „Deutschland muss sterben!"²⁸². In der Gleichsetzung der Bundesrepublik mit einen faschistischen Staat könne allerdings eine Verunglimpfung iSv § 90a StGB gesehen werden, wenn klar sei, dass die fragliche Äußerung gerade in diesem Sinne zu deuten sei (was im konkreten Fall nicht so gewesen sei).²⁸³

III. Sicherheitsbehörden

Sieht man von § 109d StGB, Störpropaganda gegen die Bundeswehr (→ Rn. 72), ab, gibt **71** es für Sicherheitsbehörden keinen speziellen, staatsschutzrechtlich motivierten „Verunglimpfungsschutz", wie ihn Verfassungsorgane durch §§ 90, 90b StGB genießen (→ Rn. 68 ff.). Es kommt insoweit allenfalls ein Rückgriff auf die allgemeinen Beleidigungsstraftatbestände der **§§ 185 ff. StGB** in Betracht. Diese schützen nach hA grundsätzlich auch staatliche Einrichtungen, darunter auch die Bundeswehr²⁸⁴ und Polizeibehörden (wenn auch nicht „die Polizei" schlechthin)²⁸⁵ (arg. § 194 Abs. 3, 4 StGB).²⁸⁶ Das BVerfG sieht in §§ 185 ff. StGB insoweit „allgemeine Gesetze" iSv Art. 5 Abs. 2 S. 1 GG zum Schutz der „öffentlichen Anerkennung [...], die erforderlich ist, damit staatliche Einrichtungen ihre Funktion erfüllen können."²⁸⁷ Die Fälle, in denen das Gewicht dieses Belangs im konkreten Fall die auch hier erforderliche Abwägung mit der Meinungsfreiheit „gewinnen" kann, dürften allerdings (wie auch bei den §§ 90 ff. StGB → Rn. 69 ff.) selten sein.²⁸⁸ Das Gewicht des Grundrechts sei hier, wie das BVerfG klargestellt hat, „besonders hoch zu veranschlagen", weil die Meinungsfreiheit aus dem besonderen Schutzbedürfnis der Machtkritik erwachsen sei und darin unverändert seine Bedeutung finde. Auf keinen Fall dürfe es zu einer Abschirmung staatlicher Einrichtungen von uU auch in scharfer Form geäußerter Kritik oder einem abschreckenden Effekt auf den Gebrauch des Grundrechts kommen, der dazu führe, dass aus Furcht vor Sanktionen auch zulässige Kritik unterbleibe.²⁸⁹ Am ehesten dürfte noch der Verleumdungsschutz nach § 187 StGB aktiviert werden können, da die wissentliche Verbreitung unwahrer Tatsachen nicht von Art. 5 Abs. 1 GG geschützt ist (→ Rn. 69).

Eine qualifizierte Form der Verleumdung kann in dem Straftatbestand der **Störpro- 72 paganda gegen die Bundeswehr** gem. § 109d StGB gesehen werden, soweit er das Aufstellen und Verbreiten „unwahre[r] [...] Behauptungen tatsächlicher Art [....] wider besseres Wissen" pönalisiert. Insoweit greift die Norm nicht in den Schutzbereich der Meinungsfreiheit ein (→ Rn. 69). Das lässt sich nicht mehr ohne weiteres sagen, soweit § 109d StGB auch „gröblich entstellte" Behauptungen erfasst. Eine „gröbliche Entstellung"

---
²⁷⁹ BVerfG NJW 2012, 1273 ff.
²⁸⁰ BVerfGE 81, 278 (294 ff.) = NJW 1990, 1982.
²⁸¹ BVerfGE 81, 298 (306 ff.) = NJW 1990, 1985.
²⁸² BVerfG NJW 2001, 596 ff.
²⁸³ BVerfG NJW 1999, 204 (205).
²⁸⁴ Vgl. OLG Frankfurt a. M. NJW 1989, 1367 f.
²⁸⁵ „Die Polizei" insgesamt ist zu unspezifisch, vgl. OLG Frankfurt a. M. NJW 1977, 353; *Valerius* in BeckOK StGB, 46. Ed. 1.5.2020, StGB § 185 Rn. 12.1.
²⁸⁶ Vgl. *Regge/Pegel* in MüKoStGB Vorb. § 185 Rn. 46 ff. mwN; aA *Fischer* StGB Vor §§ 185–200 Rn. 14 f.; *Gaede* in Matt/Renzikowski StGB vor § 185 Rn. 20.
²⁸⁷ BVerfGE 93, 266 (291 ff., wörtliches Zitat auf S. 293) = NJW 1995, 3303.
²⁸⁸ Vgl. LG Mannheim NStZ-RR 1996, 360 f. (Adressierung eines Briefes an die Staatsschutzabteilung der Kriminalpolizei mit dem Zusatz „stasi" ohne jeden behördlichen Anlass oder Bezug zu einem konkreten behördlichen Vorgang); ferner OLG Frankfurt a. M. NJW 1977, 1353 f., wobei zweifelhaft ist, ob diese Entscheidung heutigen Maßstäben noch gerecht wird: Nach unglücklichem Schusswaffengebrauch kam es zu einem Todesfall, der als „Polizeiterror" und „Mord" bezeichnet wurde. Hierin sah das Gericht einen als Beleidigung der Mannheimer Polizei strafbaren „Wertungsexzess" bzw. „überzogene und eindeutig abwegige Beurteilung", da der Angeklagte seine Meinung mit weniger drastischen Formulierungen („Gewaltanwendung", „Tötung") hätte zum Ausdruck bringen können.
²⁸⁹ BVerfGE 92, 266 (291 ff.) = NJW 1995, 3303; vgl. auch OLG Frankfurt a. M. NJW 1989, 1367 f.

liegt vor, wenn ein an sich zutreffendes Geschehen durch (unzutreffende) Zusätze oder Auslassungen so dargestellt wird, dass sich im Gesamteindruck ein in wesentlichen Punkten unrichtiges Bild ergibt.[290] Auch hier muss es sich aber um Behauptungen „tatsächlicher Art" handeln. Reine Werturteile („Alle Offiziere sind Lumpen!" etc) fallen nicht unter § 109d StGB.[291] Das unterscheidet diesen Straftatbestand von den §§ 90, 90b StGB (→ Rn. 68 ff.) und von § 89 StGB (→ Rn. 73). Die Verbreitung der unwahren oder gröblich entstellten Behauptung ist allerdings nur strafbar, wenn sie geeignet ist, die Tätigkeit der Bundeswehr im Bereich der Landesverteidigung[292] „zu stören". Als Störungen in diesem Sinne werden die Diskreditierung von Vorgesetzten oder die Auslösung von Streiks in Rüstungsbetrieben genannt.[293] Die Tathandlung kann im Verbreiten der Behauptung liegen, aber auch schon im Aufstellen zum Zwecke der Verbreitung. Dabei ist unter „Verbreitung" die Zugänglichmachung für einen größeren Personenkreis zu verstehen.[294] Bereits der Versuch ist strafbar (§ 109d Abs. 2 StGB). Der Täter muss allerdings wissen, dass die Behauptung unwahr bzw. gröblich entstellt ist. Ferner muss er die Absicht haben, die Bundeswehr in der Erfüllung ihrer Aufgabe der Landesverteidigung zu behindern. In diesen subjektiven Erfordernissen wird der Grund dafür gesehen, dass § 109d StGB, der Freiheitsstrafe bis zu fünf Jahren oder Geldstrafe androht, bisher in der Strafrechtspraxis kaum Bedeutung erlangt hat.[295]

73 Wenn schon § 109d StGB als Fremdkörper in einem demokratischen Gemeinwesen kritisiert wird, der die Meinungs-, Presse- und Kunstfreiheit „empfindlich" tangiere, die öffentliche Kritik an Vorgängen in der Bundeswehr beeinträchtige und keinen vernünftigen kriminalpolitischen Zweck erfülle,[296] dann muss dies erst recht für **§ 89 StGB** gelten. Diese Norm stellt die **verfassungsfeindliche Einwirkung auf Bundeswehr und öffentliche Sicherheitsorgane** unter Strafe. Zu den „öffentlichen Sicherheitsorganen" gehören Polizei, Verfassungsschutzämter und der Bundesnachrichtendienst (der Militärische Abschirmdienst ist Teil der Bundeswehr); Gerichte und Staatsanwaltschaften gehören nicht dazu.[297] Wie bei § 109d StGB (→ Rn. 72) droht Freiheitsstrafe bis zu fünf Jahren oder Geldstrafe und bereits der Versuch ist strafbar (§ 89 Abs. 2 StGB). Der Tatbestand setzt voraus, dass jemand auf Angehörige der Bundeswehr oder eines anderen öffentlichen Sicherheitsorgans planmäßig „einwirkt", um deren pflichtgemäße Bereitschaft zum Schutz der Sicherheit der Bundesrepublik oder der verfassungsmäßigen Ordnung „zu untergraben". Ferner muss er sich „dadurch" absichtlich für Bestrebungen gegen den Bestand oder die Sicherheit der Bundesrepublik oder gegen Verfassungsgrundsätze iSv § 92 StGB „einsetzen".

74 Durch die Begriffe „Einwirken", „Untergraben" und „Einsetzen" ist der **Tatbestand sehr unscharf.**[298] Das BVerfG betrachtet § 89 StGB gleichwohl als verfassungskonform.[299] Nach allgM umfasst die Norm nur Einwirkungen auf die Psyche der Zielpersonen; es gehe um den Schutz der Bundeswehr oder sonstiger öffentlicher Sicherheitsorgane vor „psychischer" oder **„geistiger Infiltration"** bzw. „geistiger Sabotage".[300] (Eine Vergiftung von Bundeswehrangehörigen wäre also hiernach keine „Einwirkung" iSv § 109d StGB.)

---

[290] *Müller* in MüKoStGB StGB § 109d Rn. 10.
[291] *Müller* in MüKoStGB StGB § 109d Rn. 8 f.; vgl. auch BGH BeckRS 1976, 00342 mwB.
[292] Störungen bei Auslandseinsätzen nach Art. 24 Abs. 2 GG oder bei der Wahrnehmung ziviler Aufgaben fallen nach hM nicht darunter (vgl. *Müller* in MüKoStGB StGB § 109d Rn. 12 mwN).
[293] *Müller* in MüKoStGB StGB § 109d Rn. 13.
[294] *Müller* in MüKoStGB StGB § 109d Rn. 24. Umstritten ist, ob es hierfür ausreicht, dass der Täter die Behauptung nur gegenüber einer Person aufstellt, dabei aber sicher mit der Weitergabe an Dritte rechnet.
[295] Vgl. *Müller* in MüKoStGB StGB § 109d Rn. 1, 4.
[296] So *Müller* in MüKoStGB StGB § 109d Rn. 5 mit dem Vorschlag, die Norm komplett zu streichen; ähnlich *Kargl* in NK-StGB StGB § 109d Rn. 1.
[297] Vgl. *Paeffgen* in NK-StGB StGB § 89 Rn. 8; *Anstötz* in MüKoStGB StGB § 89 Rn. 5; *Sternberg-Lieben* in Schönke/Schröder StGB § 89 Rn. 4.
[298] Vgl. BGH NStZ 1988, 215 f.; *Paeffgen* in NK-StGB StGB § 89 Rn. 5 („Diffusität").
[299] BVerfGE 47, 130 (138 ff.) = NJW 1978, 1047; krit. *Becker* in Matt/Renzikowski StGB § 89 Rn. 1; *Paeffgen* in NK-StGB StGB § 89 Rn. 2.
[300] Vgl. *Anstötz* in MüKoStGB StGB § 89 Rn. 1; *Paeffgen* in NK-StGB StGB § 89 Rn. 2 mwN.

D. Strafrechtlicher Schutz § 10

Die „geistige Sabotage" kann nach allgM in allen erdenklichen Formen geschehen, etwa durch Verbreiten von Druckschriften, Einreden, Drohen oder Warnen.[301] Von Erfolg muss die psychische Einwirkung nicht gekrönt sein.[302] Es handelt sich um eine Art „versuchte Anstiftung"[303], die allerdings anders als die Anstiftung iSv § 26 StGB[304] nicht auf die Begehung einer bestimmten Straftat gerichtet ist, sondern allein darauf, eine Schutzbereitschaft, zu deren Aufrechterhaltung der „Angestiftete" verpflichtet ist, zu „untergraben". Die Untergrabungsabsicht setzt voraus, dass ein Geist der Widersetzlichkeit und Unwilligkeit erzeugt werden soll, sodass auf das Sicherheitsorgan kein Verlass mehr ist.[305] Die Absicht muss auf die Zersetzung der Schutzbereitschaft „im Allgemeinen" gerichtet sein, was in der Regel nicht der Fall ist, wenn nur ein pflichtwidriges Verhalten im Einzelfall (Gelöbnisverweigerung) oder ein rechtmäßiges Verhalten (Kriegsdienstverweigerung) erstrebt wird.[306] „Planmäßig" ist die Einwirkung, wenn sie überlegt und vorbereitet geschieht; spontane Unwillensäußerungen sind daher nicht tatbestandsmäßig.[307] Ob die Einwirkung darüber hinaus von einer gewissen Dauer oder Hartnäckigkeit geprägt und objektiv geeignet sein muss, die Schutzbereitschaft zu untergraben, ist umstritten.[308]

Die auch aus Gründen der Meinungsfreiheit gebotene Einschränkung des „objektiv **75** weitgespannten Tatbestands"[309] soll vornehmlich durch das **Erfordernis der doppelten Absicht** (Untergraben der Schutzbereitschaft; Einsatz für Bestrebungen gegen Bestand oder Sicherheit der Bundesrepublik oder Verfassungsgrundsätze) bewirkt werden.[310] Diese Form der verfassungskonformen Auslegung funktioniert allerdings nur, wenn der objektive Tatbestand selbst noch keine verbotene Handlung darstellt; denn die Meinungsfreiheit wird nicht erst durch strafbewehrte Verbote beschränkt (→ Rn. 10). In der Strafrechtspraxis hat § 89 StGB bisher keine große Bedeutung erlangt.[311] Der Norm wird (was auch für § 109d StGB zutreffen dürfte) eine gewisse Reservefunktion für „konfrontativere Zeiten" zugesprochen, und zwar in erster Linie als **Anknüpfungspunkt für Maßnahmen der polizeilichen Gefahrenabwehr** (→ Rn. 2, 8 ff.).[312]

Dem **Schutz der sächlichen Sicherheitsinfrastruktur** gegen Sabotageakte dienen **76** § 88 Abs. 1 Nr. 4 StGB, §§ 109e, 305a Abs. 1 Nr. 2, 3 StGB und § 316b Abs. 1 Nr. 3 StGB. In allen vier Fällen ist der Versuch strafbar.[313] Die Strafdrohung lautet (wie bei § 109d StGB und § 89 StGB → Rn. 72 ff.) auf Freiheitsstrafe bis zu fünf Jahren oder Geldstrafe, bei § 109e StGB auf Freiheitsstrafe von drei Monaten bis zu fünf Jahren. Gemäß **§ 305a Abs. 1 Nr. 3 StGB** wegen **Zerstörung wichtiger Arbeitsmittel** macht sich strafbar, wer ein Kraftfahrzeug der Polizei, der Bundeswehr, der Feuerwehr des Katastrophenschutzes oder eines Rettungsdienstes ganz oder teilweise zerstört. Entsprechendes gilt gem. **§ 305a Abs. 1 Nr. 2 StGB** für (sonstige) für den Einsatz wesentliche technische Arbeitsmittel dieser Institutionen, wenn sie „von bedeutendem Wert" sind. Davon wird ab einem Wert von 1.000 bis 1.500 EUR ausgegangen.[314] Gedacht ist an Waffen, Computer

---

[301] Vgl. *Anstötz* in MüKoStGB StGB § 89 Rn. 6; *Sternberg-Lieben* in Schönke/Schröder StGB § 89 Rn. 6.
[302] *Anstötz* in MüKoStGB StGB § 89 Rn. 6.
[303] *Anstötz* in MüKoStGB StGB § 89 Rn. 2.
[304] Vgl. *Joecks/Scheinfeld* in MüKoStGB StGB § 26 Rn. 66.
[305] Vgl. BGHSt 4, 291 (292) = NJW 1953, 1358; *Paeffgen* in NK-StGB StGB § 89 Rn. 14; *Sternberg-Lieben* in Schönke/Schröder StGB § 89 Rn. 12.
[306] Vgl. BGHSt 6, 64 (66) = BeckRS 9998, 122489; NStZ 1988, 215; *Anstötz* in MüKoStGB StGB § 89 Rn. 13; *Paeffgen* in NK-StGB StGB § 89 Rn. 14 ff.
[307] *Anstötz* in MüKoStGB StGB § 89 Rn. 7; *Paeffgen* in NK-StGB StGB § 89 Rn. 7; *Sternberg-Lieben* in Schönke/Schröder StGB § 89 Rn. 8.
[308] Vgl. *Anstötz* in MüKoStGB StGB § 89 Rn. 6; *Paeffgen* in NK-StGB StGB § 89 Rn. 5, 7; *Sternberg-Lieben* in Schönke/Schröder StGB § 89 Rn. 6; *Becker* in Matt/Renzikowski StGB § 89 Rn. 5.
[309] BGH NStZ 1988, 215.
[310] Vgl. BGH NStZ 1988, 215 f.; *Sternberg-Lieben* in Schönke/Schröder StGB § 89 Rn. 1, 12; *Paeffgen* in NK-StGB StGB § 89 Rn. 15 f.
[311] *Paeffgen* in NK-StGB StGB § 89 Rn. 3.
[312] Vgl. *Paeffgen* in NK-StGB StGB § 89 Rn. 3.
[313] § 88 Abs. 2 StGB; § 109e Abs. 3 StGB, § 305a Abs. 2 StGB, § 316b Abs. 2 StGB.
[314] Vgl. *Hecker* in Schönke/Schröder StGB § 305a Rn. 6.

und Ähnliches[315] § 316b Abs. 1 Nr. 3 StGB (Störung öffentlicher Betriebe) überschneidet sich mit diesen Tatbeständen insoweit, als er die Zerstörung von Sachen erfasst, die dem Betrieb einer der öffentlichen Ordnung oder Sicherheit dienenden Einrichtung oder Anlage dienen.[316] Er pönalisiert neben der Zerstörung aber auch ihre Beschädigung, Beseitigung, Veränderung oder Unbrauchbarmachung sowie die Entziehung der für ihren Betrieb erforderlichen elektrischen Energie. In allen Varianten des § 316b Abs. 1 Nr. 3 StGB muss die Tathandlung allerdings einen besonderen Erfolg zeitigen: sie muss dazu führen, dass der Betrieb der Einrichtung oder Anlage verhindert oder gestört wird. Einrichtungen und Anlagen in diesem Sinn sind Polizeieinheiten, Notrufsäulen und Computeranlagen, nicht jedoch einzelne Gegenstände wie Maschinenpistolen oder Streifenfahrzeuge.[317]

77 Einrichtungen und Anlagen der Bundeswehr, soweit sie nicht ausnahmsweise einer präventiv-polizeilichen Tätigkeit dienen (→ Rn. 41), werden nicht von § 316b Abs. 1 Nr. 3 StGB erfasst.[318] Für **Sabotagehandlungen an Verteidigungsmitteln** gibt es mit § 109e StGB vielmehr eine spezielle Vorschrift. Abs. 1 erfasst die Zerstörung, Beschädigung, Veränderung, Unbrauchbarmachung[319] oder Beseitigung von Wehrmitteln oder Einrichtungen und Anlagen, die ganz oder vorwiegend der Landesverteidigung[320] oder dem Schutz der Zivilbevölkerung gegen Kriegsgefahren dienen. Dazu gehören Waffen, Munition, Funkgeräte, Treibstoff, Uniformen, Proviant, Flugplätze, Befestigungs- und Radaranlagen, Rüstungsbetriebe und Luftschutzanlagen.[321] Wie bei § 316b StGB muss auch bei § 109e StGB ein spezieller Erfolg hinzutreten, nämlich die (konkrete) Gefährdung der (äußeren) Sicherheit der Bundesrepublik, der Schlagkraft der Truppe oder von Menschenleben.[322] Eine Gefährdung der „Schlagkraft der Truppe" setzt eine spürbare Beeinträchtigung ihrer vollen Einsatzbereitschaft und -fähigkeit voraus; diese ist noch nicht gegeben, wenn zB ein Kraftfahrzeug, das ohne größere Schwierigkeiten ersetzt werden kann, ausfällt, wohl aber wenn Anlagen mit Leitfunktion längere Zeit ausfallen.[323] § 109e Abs. 2 StGB erfasst die Herbeiführung solcher Gefahren durch das fehlerhafte Herstellen oder Liefern eines solchen Gegenstands oder dafür bestimmten Werkstoffs. Erforderlich ist hier aber, dass der Täter die Gefahr wissentlich herbeiführt, während bei § 109e Abs. 1 StGB Eventualvorsatz ausreicht.[324] Die fahrlässige Gefahrherbeiführung wird in allen Fällen gem. § 109e Abs. 5 StGB mit Freiheitsstrafe von bis zu fünf Jahren oder mit Geldstrafe bestraft.

78 Die **verfassungsfeindliche Sabotage** gem. § 88 Abs. 1 Nr. 4 StGB schließlich betrifft wiederum ausschließlich Dienststellen, Anlagen, Einrichtungen und Gegenstände, die (wie bei § 316b Abs. 1 Nr. 3 StGB) ganz oder überwiegend der öffentlichen Sicherheit oder Ordnung dienen (also Polizei, Nachrichtendienste, nicht Bundeswehr). Der Täter muss „absichtlich bewirken", dass diese „durch Störhandlungen" ganz oder zum Teil außer Tätigkeit gesetzt oder ihren bestimmungsgemäßen Zwecken entzogen werden. Erfasst werden also auch Anstiftungskonstellationen, in denen der Täter andere Personen zu solchen Störhandlungen bewegt; er muss sie nicht eigenhändig vornehmen.[325] Zum Ausgleich für diese Vorverlagerung[326] der Strafbarkeit ist allerdings (wie bei der „geistigen Sabotage" nach § 89 StGB → Rn. 73 f.) erforderlich, dass der Täter sich dadurch absichtlich

---

[315] Hecker in Schönke/Schröder StGB § 305a Rn. 9.
[316] § 316b StGB verdrängt in diesem Falle § 305a StGB (Wieck-Noodt in MüKoStGB § 316b Rn. 38).
[317] Wieck-Noodt in MüKoStGB § 316b Rn. 19 f.
[318] Vgl. Wieck-Noodt in MüKoStGB § 316b Rn. 22.
[319] ZB Betrieb eines Störsenders gegen militärischen Funkverkehr (Müller in MüKoStGB § 109e Rn. 18).
[320] Also keine Auslandseinsätze (vgl. Müller in MüKoStGB § 109e Rn. 10).
[321] Vgl. Müller in MüKoStGB § 109e Rn. 5 ff.
[322] Vgl. Müller in MüKoStGB § 109e Rn. 26 ff.
[323] Kargl in NK-StGB StGB § 109e Rn. 4 mwN.
[324] Müller in MüKoStGB § 109e Rn. 32.
[325] Vgl. Anstötz in MüKoStGB § 88 Rn. 14.
[326] Vgl. Paeffgen in NK-StGB StGB § 88 Rn. 2: „Vorfeld-Norm".

D. Strafrechtlicher Schutz § 10

für Bestrebungen gegen den Bestand oder die Sicherheit der Bundesrepublik oder gegen Verfassungsgrundsätze (vgl. § 92 Abs. 3 StGB) einsetzt. Erfasst wird das Handeln als „Rädelsführer oder Hintermann einer Gruppe", aber auch „als Einzelner".[327] Die Störhandlung muss nicht zwingend ein Substanzeingriff sein, sondern kann zB auch in der Besetzung einer Dienststelle, einer Spamming- oder Denial-of-Service-Attacke oder einer Störung des Funkverkehrs bestehen.[328] Ihr Gewicht muss aber in den Dimensionen des § 316b StGB liegen und eine gravierende Beeinträchtigung der Funktionalität der angegriffenen Einrichtung zur Folge haben.[329] Die ansehensmindernde kritische publizistische Erörterung von abgeschlossenen Maßnahmen einer Verfassungsschutzbehörde ist daher keine Störhandlung iSv § 88 StGB.[330] An die §§ 88, 109e, 305a, 316b StGB knüpfen weitere Straftatbestände des StGB an, welche bestimmte Vorbereitungshandlungen pönalisieren, wie § 87 (Agententätigkeit zu Sabotagezwecken), § 89c (Terrorismusfinanzierung) und § 129a StGB (Bildung terroristischer Vereinigungen).[331] Dadurch wird der strafrechtliche (wie auch der daran anknüpfende polizeirechtliche → Rn. 2, 8 ff.) Schutz (noch) weiter ins Vorfeld der „an sich" strafbaren Handlung verlagert.

Während die §§ 89, 109d StGB vor „geistiger Sabotage" schützen (→ Rn. 72 ff.) und 79 §§ 88, 109e, 305a, 316b StGB vor „sächlicher Sabotage" (→ Rn. 76 ff.), bieten **§§ 109f StGB und § 109g StGB** einen speziellen **Schutz vor Informationsabflüssen** im Vorfeld der Straftatbestände des Landesverrates (§§ 93 ff. StGB).[332] Beide Normen drohen Freiheitsstrafe von bis zu fünf Jahren oder Geldstrafe an und erfassen bereits den Versuch (§ 109f Abs. 2, § 109g Abs. 3 StGB).

Der Straftatbestand des **sicherheitsgefährdenden Nachrichtendienstes** nach **§ 109f** 80 **Abs. 1 S. 1 StGB** setzt voraus, dass der Täter für eine Dienststelle, eine Partei oder eine andere Vereinigung im Ausland, für eine verbotene Vereinigung oder für einen ihrer Mittelsmänner eine der folgenden Tätigkeiten ausübt: Sammeln von Nachrichten über die Landesverteidigung (Nr. 1); Betreiben eines Nachrichtendienstes, der Angelegenheiten der Landesvereinigung zum Gegenstand hat (Nr. 2); Anwerben oder Unterstützen für eine dieser Tätigkeiten (Nr. 3). Hinzukommen muss, dass er dadurch Bestrebungen dient, die gegen die Sicherheit der Bundesrepublik iSv § 92 Abs. 3 Nr. 2 StGB oder die Schlagkraft der Truppe gerichtet (→ Rn. 77) sind. Anders als bei § 94 StGB (→ § 11 Rn. 33 f.) müssen die Nachrichten weder geheim sein, noch muss durch ihre Weitergabe die Gefahr eines schweren Nachteils für die Sicherheit der Bundesrepublik entstehen.[333] § 109f Abs. 1 S. 2 StGB stellt klar, dass Tätigkeiten zur Unterrichtung der Öffentlichkeit im Rahmen der üblichen Presse- oder Rundfunkberichterstattung nicht tatbestandsmäßig sind.[334]

Während der sicherheitsgefährdende Nachrichtendienst nach § 109f StGB (anders als die 81 amtliche Überschrift suggeriert) nur ein abstraktes Gefährdungsdelikt ist,[335] muss beim **sicherheitsgefährdenden Abbilden** nach **§ 109g Abs. 1 StGB** tatsächlich eine Gefährdung für die Sicherheit der Bundesrepublik oder die Schlagkraft der Truppe als Folge der Tathandlung eintreten.[336] Diese kann entweder darin bestehen, dass der Täter von einem Wehrmittel, einer militärischen Einrichtung oder einem militärischen Vorgang eine Abbildung oder eine Beschreibung anfertigt, oder darin, dass er eine solche Abbildung oder Beschreibung an einen anderen gelangen lässt. Bei der ersten Variante, dem Abbilden bzw. Beschreiben, muss die Gefahr stets wissentlich herbeigeführt werden. Bei der zweiten

---

[327] Vgl. *Paeffgen* in NK-StGB StGB § 88 Rn. 2, 3a, 12.
[328] Vgl. *Anstötz* in MüKoStGB StGB § 88 Rn. 12.
[329] *Paeffgen* in NK-StGB § 88 Rn. 7; *Anstötz* in MüKoStGB StGB § 88 Rn. 13.
[330] BGH NJW 1978, 431 (432); *Anstötz* in MüKoStGB StGB § 88 Rn. 13.
[331] § 87 Abs. 2 Nr. 1 StGB nennt §§ 109e und 316b StGB, § 89c Abs. 1 Nr. 3 StGB und § 129a Abs. 2 Nr. 2 StGB nennen § 305a StGB und § 316b StGB.
[332] Vgl. *Müller* in MüKoStGB StGB § 109f Rn. 1, § 109g Rn. 1.
[333] Vgl. *Müller* in MüKoStGB StGB § 109f Rn. 2 f.
[334] Vgl. dazu *Müller* in MüKoStGB StGB § 109f Rn. 18 ff.
[335] Vgl. *Müller* in MüKoStGB StGB § 109f Rn. 2.
[336] Vgl. *Müller* in MüKoStGB StGB § 109g Rn. 2.

Variante, dem An-einen-anderen-gelangen-Lassen genügt insoweit Leichtfertigkeit, wobei in diesem Falle auch nur eine Strafe von maximal zwei Jahren angedroht wird (vgl. § 109g Abs. 4 S. 1 StGB). Stets wissentliche Gefahrherbeiführung ist hingegen erforderlich bei der in § 109g Abs. 2 StGB geregelten dritten und vierten Variante des sicherheitsgefährdenden Abbildens. Diese betreffen aus Luftfahrzeugen gefertigte Lichtbildaufnahmen von einem (nicht notwendigerweise militärischem) Gebiet oder Gegenstand im Inland, die der Täter anfertigt oder an einen anderen gelangen lässt.

82 Abgerundet werden die Straftatbestände zum Schutz der Bundeswehr durch den Ordnungswidrigkeitstatbestand des **§ 114 OWiG (Betreten militärischer Anlagen)**. Hiernach handelt ordnungswidrig, wer vorsätzlich oder fahrlässig entgegen einem Verbot der zuständigen Dienststelle eine militärische Einrichtung oder Anlage oder eine Örtlichkeit betritt, die aus Sicherheitsgründen zur Erfüllung dienstlicher Aufgaben der Bundeswehr gesperrt ist.[337]

§ 11 Schutz von Staatsgeheimnissen

Marc Engelhart

Übersicht

	Rn.
A. Einführung	1
B. Was sind Staatsgeheimnisse?	3
C. Grundlagenfrage: Staat der Öffentlichkeit?	11
I. Entwicklung und Grundsystem	11
II. Informationsfreiheitsgesetze Bund/Länder	15
D. Schutzmechanismen	23
I. Verschlusssachen	23
II. Strafrechtlicher Schutz	33
III. Prozessualer Schutz	42
1. Strafverfahren	43
2. Verwaltungsprozess	55
E. Fazit	58

Wichtige Literatur:

Ahrens, J. H. P., Der Begriff des Staatsgeheimnisses im deutschen und ausländischen Staatsschutzrecht, 1966; *Barnert, H.*, Das illegale Staatsgeheimnis, 1978; *Benedikt, M.*, Geheimnisschutz im deutschen Verwaltungsprozess und im Verfahren vor der Unionsgerichtsbarkeit, 2013; *Berger, S./Kollbeck, J./Partsch, C./Roth, J./Scheel, C.*, Informationsfreiheitsgesetz, 2013; *Bräutigam, T.*, Das deutsche Informationsfreiheitsgesetz aus rechtsvergleichender Sicht, DVBl. 2006, 950; *Brocker, L.*, „Lux in arcana": der Umgang mit „Arkanbereichen" im Recht, 2014; *Brink, S./Polenz, S./Batt, H.*, Informationsfreiheitsgesetz, 2017; *Buchberger, E.*, Gerichtlicher Rechtsschutz gegen nachrichtendienstliche Aktivitäten?, in Dietrich u.a., Nachrichtendienste im demokratischen Rechtsstaat, 2018, 107; *Denneborg, E. A.*, Sicherheitsüberprüfungsrecht (Loseblatt); *Dietrich, J. H.*, Rekonstruktion eines Staatsgeheimnisses, RW 2016, 566; *Edwards, S.*, Die Rechtmäßigkeit von Whistleblowing in der Öffentlichkeit nach der EMRK und nach deutschem Recht, 2017; *Ellbogen, K.*, Verdeckte Ermittlungstätigkeit der Strafverfolgungsbehörden, 2004; *Engelhart, M./Arslan, M.*, Schutz von Staatsgeheimnissen im Strafverfahren, 2020; *Fahrner, M.*, Staatsschutzstrafrecht, 2020; *Frisch, W.*, Strafrechtlicher Schutz des Staatsgeheimnisses, in Sözüer 2013 – Dünyada ve Türkiye'de Ceza Hukuku, 201; *Gutfleisch, U.*, Staatsschutzstrafrecht in der Bundesrepublik Deutschland 1951–1968, 2014; *Hausmann, M.*, Der Militärische Geheimnisverrat und die Pressefreiheit, 1967; *Jescheck, H.-H.*, Zur Reform des politischen Strafrechts, JZ 1967, 6; *Jestaedt, M.*, Das Geheimnis im Staat der Öffentlichkeit, AöR 126 (2001), 205; *Klintworth, S. M.*, Investigativer Journalismus im Spannungsfeld zwischen Pressefreiheit und Strafrecht, 2014; *Kohlmann, G.*, Der Begriff des Staatsgeheimnisses und das verfassungsrechtliche Gebot der Bestimmtheit von Strafvorschriften, 1969; *Kornblum, T.*, Rechtsschutz gegen geheimdienstliche Aktivitäten, 2011; *Kumm, A. W.*, Staatsgeheimnisschutz und Patentschutz von geheimen Erfindungen, 1980; *Matthes, R.*, Das Informationsfreiheitsgesetz, 2006; *Mecklenburg, W./Pöppelmann, B. H.*, Informationsfreiheitsgesetz, 2007; *Meinel, F.*, Öffentlichkeit als

---
[337] Vgl. dazu *Rogall* in KK-OWiG § 114 Rn. 1 ff.

Verfassungsprinzip, KJ 2004, 413; *Mittelbach, H.*, Das Staatsgeheimnis und sein Verrat, JR 1953, 8; *Ohly, A.*, Der Geheimnisschutz im deutschen Recht, GRUR 2014, 1; *Schoch, F.*, Informationsfreiheitsgesetz, 2016; *Scholz, V.*, Der Begriff des Staatsgeheimnisses, 1970; *Schroeder, F.-C.*, Der Schutz von Staat und Verfassung im Strafrecht, 1970; *Schroeder, F.-C.*, Der Schutz staatsbezogener Daten im Strafrecht, NJW 1981, 2278; *Schuldt, L.*, Geheimnisverrat, 2011; *Schrübbers, M.*, Der Begriff des Staatsgeheimnisses in den Entwürfen, 1969; *Soiné, M.*, Erkenntnisverwertung von Informanten und V-Personen der Nachrichtendienste in Strafverfahren, NStZ 2007, 247; *Stadlmeier, S.*, Informationssicherheit, InfoSiG und InfoSiVO, ZÖR 2007, 61; *Stolleis, M.*, Arcana Imperii und Ratio Status, in Stolleis, Staat und Staatsräson in der frühen Neuzeit, 1990, 37; *Thüsing, G./ Waldhoff, C.*, Geheimsache Staat, 2021; *Vogel, B.*, „In camera"-Verfahren als Gewährung effektiven Rechtsschutzes?, ZIS 2017, 28; *Wegener, B. W.*, Der geheime Staat, 2006; *Würtenberger, T./Schenke, R. P.*, Der Schutz von Amts- und Berufsgeheimnissen im Recht der polizeilichen Informationserhebung, JZ 1999, 548; *Voigt, R.*, Staatsgeheimnisse, 2017.

Hinweis:
Alle Internetfundstellen wurden zuletzt am 15.4.2022 abgerufen.

A. Einführung

Für den Staat ist die Geheimhaltung bestimmter Informationen ein wesentliches Anliegen. Daher kommt dem Schutz von Staatsgeheimnissen zentrale Bedeutung zu, vor allem wenn das Bekanntwerden schwere Nachteile für das Ansehen und die Sicherheit der Bundesrepublik Deutschland bedeuten kann. Allerdings besteht in Deutschland kein einheitliches Rechtsregime, das den Bereich der Staatsgeheimnisse regelt, sondern der Schutz ist segmentiert und wird inhaltlich und begrifflich unter verschiedenen Aspekten behandelt. So reicht denn auch die Fragestellung des Schutzes von Staatsgeheimnissen von praktischen Fragestellungen wie dem strafrechtlichen Schutzumfang oder der Offenlegung geheim gehaltener Information im Straf- und Verwaltungsprozess bis hin zu fundamentalen Aspekten der Staatsorganisation (Staat der Öffentlichkeit oder Arkantradition?). 1

Historisch und auch im heutigen Recht steht beim Schutz von Staatsgeheimnissen das Strafrecht im Mittelpunkt, das mit dem materiellen Staatsschutzstrafrecht dem Gebiet die entscheidenden Konturen verleiht.[1] Traditionell ist seit der Gründung des Deutschen Reiches auch der Patentschutz von geheimen Erfindungen von Bedeutung, als dieser nicht eintrat, wenn die Erfindung für das Militär oder im Interesse der öffentlichen Wohlfahrt genutzt werden sollte, sodass faktisch der Staat die sog. Geheimpatente übernahm.[2] Dieser Regelungsansatz besteht insoweit bis heute in §§ 50 ff. PatG fort, als bei Patentanmeldungen, die sich auf Staatsgeheimnisse iSd § 93 StGB (→ Rn. 3) beziehen, die Geheimhaltung angeordnet werden kann. Geheimpatente werden dann in die Geheimrolle eingetragen (§ 54 PatG), Betroffene können entschädigt werden. Neben diesen explizit am Begriff der Staatsgeheimnisse anknüpfenden Straf- und Patentrechtsregelungen, sind heute insbesondere die Vorgaben zu Verschlusssachen für den Geheimschutz von Bedeutung (→ Rn. 23 ff.). 2

B. Was sind Staatsgeheimnisse?

Der Begriff des Staatsgeheimnisses ist zunächst einfach zu erschließen, als sich in § 93 StGB eine Legaldefinition findet. Nach dessen Abs. 1 sind Staatsgeheimnisse „Tatsachen, Gegenstände oder Erkenntnisse, die nur einem begrenzten Personenkreis zugänglich sind und vor einer fremden Macht geheim gehalten werden müssen, um die Gefahr eines schweren Nachteils für die äußere Sicherheit der Bundesrepublik Deutschland abzuwenden". Davon ausgenommen sind sog. illegale Staatsgeheimnisse, die in Abs. 2 als „Tatsachen, die gegen die freiheitliche demokratische Grundordnung oder unter Geheimhaltung gegenüber den Vertragspartnern der Bundesrepublik Deutschland gegen zwischenstaatlich vereinbarte Rüstungsbeschränkungen verstoßen" definiert sind. Wenn ein Staatsgeheimnis vorliegt, dann greift der Schutz der Vorschriften (§§ 93–101a StGB) des zweiten Abschnittes 3

---
[1] *Kumm*, Staatsgeheimnisschutz und Patentschutz von geheimen Erfindungen, 1980, 9 f.; s. auch *Gutfleisch*, Staatsschutzstrafrecht in der Bundesrepublik Deutschland 1951–1968, 2014, 33 ff.
[2] Dazu *Kumm*, Staatsgeheimnisschutz und Patentschutz von geheimen Erfindungen, 1980, 10 ff.

"Landesverrat und Gefährdung der äußeren Sicherheit" im Besonderen Teil des StGB (näher → Rn. 33 ff. und → § 33).

4   Das Strafgesetzbuch gibt dem Begriff des Staatsgeheimnisses über die §§ 93 ff. StGB hinaus insoweit weitere Konturen, als es mit § 203 StGB die Verletzung von Privatgeheimnissen erfasst, wobei Staatsgeheimnisse nicht als derartige Privatgeheimnisse zählen.[3] Staatliche und private Sphäre sind daher getrennt. Überschneidungsbereiche können sich dagegen beim Tatbestand des § 353b StGB ergeben, der die Verletzung des Dienstgeheimnisses und einer besonderen Geheimhaltungspflicht sanktioniert. Hinsichtlich des Begriffs des Geheimnisses ist dieser weiter als der des Staatsgeheimnisses, da der Geheimnisbegriff des § 353b StGB nach gängigem Verständnis alle Tatsachen erfasst, deren Kenntnis nicht über einen begrenzten Personenkreis hinausgeht und die geheimhaltungsbedürftig sind.[4] Staatsgeheimnisse sind daher regelmäßig auch Amts- und Dienstgeheimnisse, dies gilt aber nur eingeschränkt für den umgekehrten Fall. Die Anwendung des § 353b StGB erfordert allerdings einschränkend (und unterscheidet sich darin wiederum von den Staatsschutzdelikten), dass das Staatsgeheimnis einem Amtsträger bzw. diesem gleichgestellte Personen anvertraut oder bekannt geworden ist und von diesem unbefugt unter Gefährdung wichtiger öffentlicher Interessen offenbart wurde.

5   Ein weiterer Überschneidungsbereich ergibt sich zum Betriebs- und Geschäftsgeheimnis, das seit 2019 im GeschGehG definiert und mit umfangreichen zivil- und strafrechtlichen Vorgaben vor missbräuchlicher Erkenntniserlangung und Offenlegung geschützt wird (→ § 13 Rn. 14). Derartige wirtschaftliche Geschäftsgeheimnisse können auch Staatsgeheimnisse sein (beispielsweise bei Militärtechnik), dann finden beide Rechtsregime Anwendung (→ § 13 Rn. 21, 87).

6   Mit diesen Vorschriften bietet das Strafrecht einen ersten materiellen Anhaltspunkt für die Bestimmung des Staatsgeheimnisses. Das bedeutet aber nicht, dass sich dieses Verständnis automatisch in weiteren Rechtsgebieten widerspiegelt. Dies gilt bereits für das Strafverfahren (→ Rn. 43), das den Begriff des Staatsgeheimnisses in der StPO gar nicht kennt. Am deutlichsten wird hier noch Nr. 213 RiStBV mit Regelungen zur Geheimhaltung, die auf „geheimhaltungsbedürftige Tatsachen und Erkenntnisse, insbesondere Staatsgeheimnisse (§ 93 StGB)" rekurriert. Darüber hinaus spricht die StPO in § 110b noch klar von der Möglichkeit der „Geheimhaltung der Identität" eines Verdeckten Ermittlers, die zentrale Vorschrift des § 96 zur Zurückhaltung amtlicher verwahrter Schriftstücke stellt dagegen allein darauf ab, dass deren Bekanntwerden dem „Wohl des Bundes oder eines deutschen Landes Nachteile bereiten würden", womit das Geheimhaltungsbedürfnis nur indirekt angesprochen wird. Damit ist der Gegenstand staatlichen Geheimnisschutzes im Strafverfahrensrecht weit mehr als das, was im materiellen Recht als Staatsgeheimnis definiert ist.

7   Im Verwaltungsprozessrecht spricht § 99 VwGO ähnlich wie § 96 StPO davon, dass Informationen zurückgehalten werden können, wenn „das Bekanntwerden des Inhalts dieser Urkunden, Akten, elektronischen Dokumente oder dieser Auskünfte dem Wohl des Bundes oder eines Landes Nachteile bereiten würde", erwähnt aber zusätzlich als Alternative, dass dies auch gilt, wenn „Vorgänge nach einem Gesetz oder ihrem Wesen nach geheim gehalten werden müssen". Insoweit werden hier Gründe der Geheimhaltung oder des Geheimschutzes angesprochen, allerdings ohne näher konkretisiert zu werden.

8   Auch im materiellen Verwaltungsrecht findet sich der Begriff des Staatsgeheimnisses nicht als eigener Anknüpfungspunkt. Vielmehr ist hier zentral eine Einstufung als Verschlusssache (vgl. § 4 Abs. 1, 2 SÜG, sowie → Rn. 23), bei der vier Geheimhaltungsgrade unterschieden werden (VS-Nur für den Dienstgebrauch, VS-Vertraulich, Geheim, Streng Geheim). Für die Verwaltungstätigkeit ist damit diese Einstufung relevant, einerseits um zu

---

[3] *Fischer* StGB § 203 Rn. 7.
[4] Vgl. nur BGHSt 10, 108 = NJW 1957, 680; BGHSt 46, 339 (340 f.) = NJW 2001, 2032; BGHSt 48, 126 (129) = NJW 2003, 979.

bestimmen, ob eine Sache als geheim einzustufen ist, andererseits bei bereits eingestuften Sachen, wie mit diesen zu verfahren ist, also wer wann und wie Kenntnis erlangen darf und wer an wen welche Information weitergeben darf (näher → Rn. 30). Die Einstufung als eine der vier Verschlusssachenkategorien bedeutet noch nicht automatisch, dass diese Information auch ein Staatsgeheimnis im Sinne des materiellen Strafrechts darstellt bzw. im Strafverfahren zurückgehalten werden darf.

Das (Staats-)geheimnis ist darüber hinaus im Rahmen der Informationsfreiheitsgesetze von großer Bedeutung. Denn das Recht auf Informationszugang wird beschränkt durch zahlreiche als vorrangig eingestufte besondere öffentliche Belange, unter denen „Staatsgeheimnisse" – ohne dass sie als solche bezeichnet werden – eine besondere Stellung einnehmen (näher → Rn. 18 ff.).

Schließlich sind Staatsgeheimnisse mit der Tätigkeit der geheimen Nachrichtendienste eng verbunden, was im Begriff der Geheimdienste noch deutlicher zum Tragen kommt.[5] Das Tätigwerden im Geheimen kann geheime Informationserhebungsmaßnahmen und – sobald die Information erhoben ist – auch deren Geheimhaltung (sowie die des Erhebungsweges) gegenüber dem Bürger und anderen staatlichen Einrichtungen bedingen. Die hiervon betroffenen Aspekte und Informationen sind oftmals als Staatsgeheimnisse einzustufen. Hinzu kommt, dass ein wichtiger Aufgabenbereich des Verfassungsschutzes der personelle und materielle Geheim- und Sabotageschutz ist.[6] Damit wird den Nachrichtendiensten beim Schutz von Staatsgeheimnissen eine wichtige Rolle zugewiesen.

C. Grundlagenfrage: Staat der Öffentlichkeit?

I. Entwicklung und Grundsystem

Hinter dem Schutz von Staatsgeheimnissen steht eine grundlegende Fragestellung: wie transparent ist, soll und darf der Staat sein? Bereits die Frage, ob es einen Staat der Öffentlichkeit gibt,[7] oder ob in diesem das Prinzip des Geheimen, des Vertraulichen bzw. eine Arkantradition dominiert,[8] ist im Hinblick auf Deutschland nicht einfach zu beantworten. Historisch standen jahrhundertelang eher die Geheimhaltung und wenig transparente Strukturen vor dem Aspekt der Öffentlichkeit und dem Informationszugang.[9] Am deutlichsten trat die Geheimhaltung als Ausdruck des absoluten Staates in der Lehre der „Arcana imperii" bzw. der Idee der Staatsräson hervor, die sowohl staatliche Geheimhaltung als verborgene Seite der Macht wie auch die (unter anderem geheime) Kunstfertigkeit der Herrschaftsausübung umfasste.[10] Mit der Aufklärung und dem Liberalismus hielt die Publizität Einzug als (ein) Ideal staatlicher Ordnung.[11]

Einzelne Aspekte der Publizität waren im 19. Jahrhundert lange umstritten, so beispielsweise die Öffentlichkeit der Rechtspflege, die noch *v. Feuerbach* kritisch sah, da sie nicht automatisch zu mehr Gerechtigkeit führe.[12] Dennoch setzte sich unter anderem die Öffentlichkeit der Hauptverhandlung als wesentlicher Bestandteil des reformierten Strafverfahrens durch. Nicht zu übersehen ist allerdings auch bei dieser Reformentwicklung, dass damit weder ein umfassenderes Informationsrecht der Öffentlichkeit verbunden war (die Öffentlichkeit durfte allein das Verfahren wie es in der Hauptverhandlung präsentiert wurde zur Kenntnis nehmen) noch dass damit das ganze Verfahren transparent wurde (da insbesondere

---

[5] Zur Begrifflichkeit s. *Krieger* in Dietrich/Eiffler NachrichtendiensteR-HdB I § 1 Rn. 3 ff.
[6] Eingehend *Warg* in Dietrich/Eiffler NachrichtendiensteR-HdB V § 4 Rn. 1 ff.
[7] Vgl. *Jestaedt* AöR 126 (2001), 204 ff.
[8] *Wegener,* Der geheime Staat, 2006, 31 ff.
[9] Zur Geschichte s. bspw. *Jestaedt* AöR 126 (2001), 204 (212 ff.); *Stolleis,* Staat und Staatsräson, 1990, 37 ff.; *Wegener,* Der geheime Staat, 2006, 31 ff.
[10] Näher *Stolleis,* Staat und Staatsräson, 1990, 22 ff.; *Wegener,* Der geheime Staat, 2006, 42 ff.
[11] *Wegener,* Der geheime Staat, 2006, 120 ff.
[12] Vgl. *v. Feuerbach,* Betrachtungen über die Oeffentlichkeit und Mündlichkeit der Gerechtigkeitspflege, Bd. 1, 1821, 16.

das zentrale Ermittlungsverfahren nicht öffentlich geführt wurde und grundsätzlich nicht einmal der Betroffene und sein anwaltlicher Vertreter Einsicht in die Akten erhalten konnte). So war der im 19. Jahrhundert entstandene moderne Verfassungsstaat zwar in einzelnen Aspekten transparenter als der Staat/die Staaten in den Jahrhunderten zuvor, aber durchaus grundsätzlich noch auf eine Regelgeheimhaltung staatlicher Vorgänge ausgelegt.

13 Mit dem Grundgesetz vollzog sich insoweit eine Wende, als das Bild des Staates, wie es in Art. 20 Abs. 1 GG zum Ausdruck kommt, grundsätzlich auf Öffentlichkeit angelegt ist.[13] Die offene Demokratie setzt Transparenz voraus,[14] ohne die eine Meinungsbildung in der Bevölkerung und auch im Parlament nicht möglich ist. Hierbei bedürfen nicht „das Offene, Öffentliche, sondern die Arkana der besonderen Rechtfertigung".[15] Dieser geänderte Ansatzpunkt bedeutete jedoch immer noch nicht, dass beispielsweise die Verwaltungstätigkeit nunmehr grundsätzlich öffentlich bzw. öffentlich zugänglich war. Einen deutlichen und sichtbaren Schritt hin zum Öffentlichen haben die nach der Jahrtausendwende erlassenen Informationsfreiheitsgesetze auf Bundes- und auf Landesebene vorgenommen, indem Jedermann ein Recht auf Auskunft oder Akteneinsicht behördlicher Vorgänge eingeräumt wird (näher → Rn. 16). Allerdings bestehen hier zahlreiche Ausnahmen, die in vielen Fällen den Anspruch ausschließen.

14 Insgesamt lässt sich jedoch festhalten, dass gerade mit der Schaffung der Informationsfreiheitsgesetze inzwischen der Grundansatz verankert wurde, dass staatliche Informationen auch der Öffentlichkeit zugänglich sein müssen und die Zurückhaltung die Ausnahme bildet und rechtfertigungsbedürftig ist. Je nach Sachgebiet ist der Bereich der Ausnahmen jedoch deutlich unterschiedlich ausgeprägt, in besonders sicherheitsrelevanten Bereichen wie den Nachrichtendiensten kann die Ausnahme (die Geheimhaltung) auch nach wie vor den Regelfall darstellen. Insoweit kommt es für die Feststellung, ob eine Information etc ein Staatsgeheimnis darstellt, vor allem darauf an, welchem Gebiet diese zuzuordnen ist (Staatsgeheimnisobjekt) und ob sie geheimhaltungsfähig und geheimhaltungsbedürftig ist. Aus dem grundsätzlich auf Öffentlichkeit angelegten Ansatz ergibt sich vor allem, dass die Frage, ob eine Staatsgeheimnis vorliegt (genauer: ob eine bestimmte Information als Staatsgeheimnis eingestuft oder anerkannt wird), in einem bestimmten Verfahren erfolgen muss, begründet werden muss bzw. überprüfbar sein muss.

II. Informationsfreiheitsgesetze Bund/Länder

15 Der Bund hat im Jahr 2006 für Bundesbehörden das Informationsfreiheitsgesetz (IFG-Bund) erlassen. Zahlreiche Bundesländer sind diesem Ansatz gefolgt und haben für die Länderbehörden Informationsfreiheitsgesetze oder auch Transparenzgesetze erlassen. In Bayern, Niedersachsen und Sachsen gibt es bislang keine derartigen Gesetze, in Hessen sind entsprechende Normen im Datenschutzgesetz aufgenommen worden. Während Informationsfreiheitsgesetze die Herausgabe von Informationen auf Antrag vorsehen, sehen Transparenzgesetze darüber hinaus vor, dass Behörden zentrale Daten auch eigenständig veröffentlichen.

16 Bei allen Unterschieden im Detail sehen diese Gesetze auf Bundes- und Länderebene als Grundkonzeption vor, dass ein Anspruch auf Informationszugang durch Auskunft von einer Behörde oder auch Akteneinsicht bei dieser besteht. Anders als bei den verfahrensbezogenen Auskunftsrechten ist nicht nur ein Betroffener anspruchsberechtigt, sondern jedermann (Jedermannsrecht). Das heißt, eine eigene Betroffenheit – rechtlicher oder tatsächlicher Art – wird nicht verlangt.

17 Besondere Regelungen zum Informationszugang in Spezialgesetzen gehen allerdings dem (allgemeinen) Informationsfreiheitsgesetz vor und sperren einen Anspruch nach die-

---

[13] Eingehend *Brocker*, „Lux in Arcana": der Umgang mit „Arkanbereichen" im Recht, 2014, 15 ff.
[14] BVerfGE 97, 350 (369) = NJW 1998, 1934; von allgemeinem Öffentlichkeitsprinzip der Demokratie (aus der bspw. die Budgetöffentlichkeit abgeleitet wird) spricht BVerfGE 70, 324 (358) = NJW 1986, 907.
[15] *Meinel* KJ 37 (2004), 413 (421).

sem. Dies gilt unabhängig davon, ob die Spezialregelung enger oder weiter als das Informationsfreiheitsgesetz ist. Der Anspruch des Verfahrensbeteiligten auf Akteneinsicht, § 29 Verwaltungsverfahrensgesetz (VwVfG), besteht allerdings neben einem Anspruch nach dem Informationsfreiheitsgesetz.

Diese grundsätzlich niederschwellige Möglichkeit, Informationen zu erlangen, wird jedoch in einer ganzen Reihe von Fällen dadurch beschränkt, dass öffentliche und private Belange einer Informationserteilung widersprechen können (vgl. beispielsweise §§ 3–6 IFG-Bund). Diese Ausnahmegründe muss die Behörde darlegen. So können dem Informationszugang nach § 3 IFG-Bund zunächst öffentliche Belange wie nachteilige Auswirkungen auf internationale Beziehungen, militärische Belange oder die Gefährdung der öffentlichen Sicherheit entgegenstehen. Für alle diese Bereiche, die in § 3 Nr. 1–7 IFG-Bund näher beschrieben sind, findet eine Einzelfallprüfung statt, ob der Informationszugang zu versagen ist. **18**

Eine komplette Bereichsausnahme ist dagegen nach § 3 Nr. 8 IFG-Bund für die Nachrichtendienste und für sonstige öffentliche Stellen, soweit dort Tätigkeiten nach § 10 Nr. 3 SÜG betroffen sind, vorgesehen.[16] Mit dieser weitreichenden Ausnahme wird das Regel-Ausnahme Verhältnis des IFG-Bund umgekehrt und der Geheimhaltung pauschaliert Vorrang eingeräumt. Das Gesetz schafft hier somit keinerlei weitergehende Informationsrechte.[17] Dies erscheint im Hinblick darauf, dass bei Nachrichtendiensten mit ihrer grundsätzlich (wenn auch nicht durchgängig) auf Geheimhaltung angelegten Tätigkeit oftmals eine Einzelfallbegründung schon zur Offenlegung geheimhaltungsbedürftiger Informationen führen würde bzw. dass im Ergebnis eine Anfrage regelmäßig aus Geheimschutzgründen zu versagen wäre, durchaus nicht unberechtigt.[18] Allerdings wäre unter dem Gesichtspunkt einer stärkeren öffentlichen Kontrollmöglichkeit und damit auch einer verstärkten Akzeptanz nachrichtendienstlicher Tätigkeit eine Einzelfallentscheidung durchaus bedenkenswert.[19] **19**

Die Rechtsprechung der Verwaltungsgerichte erstreckt die Regelung des § 3 Nr. 8 IFG-Bund unter dem Gedanken des Umgehungsverbots auch auf Informationen, die aus nachrichtendienstlichen Quellen stammen und bei den zuständigen Ressorts der Fachaufsichtsinstanzen vorliegen.[20] Dies widerspricht allerdings der adressatenbezogenen Regelung des § 3 Nr. 8 IFG-Bund, sodass vorzugswürdig wäre, diese Behörden (wie auch jede andere Behörde, die nachrichtendienstliche Kenntnisse besitzt) auf eine Einzelfallprüfung zu verweisen, da sie anders als die Nachrichtendienste selbst eben keine grundsätzlich auf Geheimhaltung ausgerichtete Tätigkeit ausüben.[21] **20**

Als weitere Gründe sieht das IFG-Bund in § 4 einen besonderen Schutz von behördlichen Verfahren vor, sodass insbesondere in laufenden Verwaltungsverfahren eine Informationsherausgabe unterbleiben soll, soweit sonst eine Maßnahme vereitelt würde. Nach § 5 IFG-Bund besteht ein besonderer Schutz für personenbezogene Daten Dritter und nach § 6 IFG-Bund rechtfertigen auch der Schutz geistigen Eigentums und die Wahrung von Betriebs- und Geschäftsgeheimnissen (→ § 13 Rn. 29) eine Ablehnung der Offenlegung. Damit können zahlreiche private Interessen betroffener Dritter eine Informationsherausgabe verhindern. **21**

Betrachtet man diese Grundsystematik der Informationsfreiheitsgesetze, so hat sich in vielen Bereichen der Ansatz durchgesetzt, dass Transparenz tatsächlich zum Leitbild staatli- **22**

---

[16] *Wolff* in Dietrich/Eiffler NachrichtendiensteR-HdB VIII § 1 Rn. 54 ff.
[17] S. *Kornblum*, Rechtsschutz gegen geheimdienstliche Aktivitäten, 2011, 144 f. sowie 124 ff. zu den nichtprozessualen Informationsansprüchen.
[18] S. auch *Wolff* in Dietrich/Eiffler NachrichtendiensteR-HdB VIII § 1 Rn. 72 (sowie zur Kritik an der Regelung Rn. 69 ff.). Krit. dagegen bspw. *Schoch* IFG § 3 Rn. 200.
[19] Für eine Ausnahme für konkrete Sicherheitsbelange bspw. *Schoch* IFG § 3 Rn. 199 f.
[20] Vgl. BVerwG Urt. v. 25.2.2016 – 7 C 18.14 Rn. 14 ff. = NVwZ 2016, 940; s. auch *Bartodziej* in Dietrich/Eiffler NachrichtendiensteR-HdB VII § 2 Rn. 23; krit. aber *Wolff* in Dietrich/Eiffler NachrichtendiensteR-HdB VIII § 1 Rn. 75, 80 ff.
[21] Ähnlich *Wolff* in Dietrich/Eiffler NachrichtendiensteR-HdB VIII § 1 Rn. 82.

chen Handelns geworden ist und durch die niedrige Schwelle zur Antragsstellung und Informationserlangung auch in der Praxis umgesetzt werden kann. Die „Beweislastverteilung", dass die staatliche Behörde rechtfertigungsbedürftig ist, wenn sie eine Herausgabe ablehnen will, führt durchaus zu einem faktischen Druck, eher der Transparenz als der Geheimhaltung gerecht zu werden. Nicht zu verkennen ist allerdings, dass die Ausnahmetatbestände noch sehr umfangreich sind (nicht nur bei der Bereichsausnahme für die Nachrichtendienste), sodass nach wie vor in vielen Einzelfällen die Information zurückgehalten werden kann. Vieles lässt sich hier sicherlich in der Praxis mit einem „Klima der Transparenz" auffangen. Allerdings würde eine gesetzgeberisch restriktivere Konzeption der Ausnahmetatbestände den Staat der Öffentlichkeit noch weiter befördern, um auch in umstrittenen Bereichen einen gesellschaftlichen Diskurs zu ermöglichen.

D. Schutzmechanismen

I. Verschlusssachen

23 Da der Begriff des Staatsgeheimnisse in den §§ 93 ff. StGB nur allgemein definiert ist und sich daraus nur bedingt für den Einzelfall eine klare Bestimmung ableiten lässt, ist die konkrete Einstufung einer Sache als Verschlusssache nach dem SÜG in Verbindung mit der VS-Anweisung (VSA)[22] ein wichtiger (rechtlicher wie faktischer) Anhaltspunkt für die Geheimhaltungsbedürftigkeit.[23] Dies insbesondere, da hier ein formalisiertes Verfahren zur Verfügung steht, das auch die inhaltliche Überprüfung der Geheimhaltungsbedürftigkeit zum Gegenstand hat und damit Teil des materiellen Geheimschutzes ist. Auch wenn dies im Gesetz nicht eigens angesprochen wird, ist damit zentraler Zweck des SÜG die Vermeidung von Strafbarkeitsrisiken.[24]

24 Nach § 4 Abs. 1 S. 1 SÜG sind „Verschlusssachen […] im öffentlichen Interesse, insbesondere zum Schutz des Wohles des Bundes oder eines Landes, geheimhaltungsbedürftige Tatsachen, Gegenstände oder Erkenntnisse, unabhängig von ihrer Darstellungsform". Damit sind praktisch alle möglichen Erkenntnis- und Informationsformen (wie Schriftstücke, Zeichnungen, Fotos, elektronische Dateien, Datenträger oder mündliche Äußerungen) erfasst. Zu den Verschlusssachen zählen nicht nur die eigentlichen Informationsgegenstände, sondern auch Vorentwürfe, Dateien etc (vgl. § 33 VSA).

25 Die Frage, ob eine Sache überhaupt als Verschlusssache eingestuft wird und in welchem Geheimhaltungsgrad die Einstufung erfolgt, kann grundsätzlich nur durch eine staatliche Behörde entschieden werden, da es um die Einstufung der Geheimhaltungsbedürftigkeit aus öffentlichen Interessen geht.[25] Private Stellen können dies also nicht bewerkstelligen. Allerdings kann die Einstufung nach § 4 Abs. 2 SÜG auch auf Veranlassung der staatlichen Stelle geschehen, was beispielsweise bei Geheimnissen, die auf Kenntnissen bzw. Produkten von Unternehmen beruhen (Rüstungsbereich etc), von Bedeutung sein kann und aufgrund der dort vorhandenen Expertise vielfach nützliche Anhaltspunkte liefern kann. Allerdings verbleibt auch in diesen Fällen die Verantwortlichkeit bei der staatlichen Stelle,[26] zumal die Einstufung immer mit einer Bewertung einhergeht und damit auch normativ geprägt ist.

26 Eine Einstufung als Verschlusssache soll nur dann erfolgen, wenn diese wirklich notwendig ist. Als Kriterien stellt das Gesetz im Grundsatz auf die Geheimhaltungsbedürftigkeit im öffentlichen Interesse ab.[27] Diese vage Umschreibung lässt sich insoweit konkretisieren, als einerseits das öffentliche Interesse näher zu bestimmen ist, also insbesondere auf ein konkretes Schutzgut abzustellen ist. Derartige konkrete Schutzgüter sind bestimmte staatliche

---
[22] Allgemeine Verwaltungsvorschrift zum materiellen Geheimschutz (Verschlusssachenanweisung – VSA) v. 10.8.2018, GMBl. 2018 Nr. 44–47, S. 826, die auf Basis des § 35 Abs. 1 SÜG erlassen wurde.
[23] Zur Verschlusssache s. *Warg* in Dietrich/Eiffler NachrichtendiensteR-HdB V § 4 Rn. 86 ff.
[24] *Warg* in Schenke/Graulich/Ruthig SÜG Vorbem. Rn. 3.
[25] Vgl. BT-Drs. 12/4819, 20.
[26] *Warg* in Dietrich/Eiffler NachrichtendiensteR-HdB V § 4 Rn. 89.
[27] *Warg* in Schenke/Graulich/Ruthig SÜG § 4 Rn. 6.

Einrichtungen, eine bestimmte Arbeitsmethodik der Polizei/Nachrichtendienste, Leib und Leben von Informanten etc. Nicht ausreichend ist ein unspezifizierter Verweis auf allgemeine Güter wie die innere oder äußere Sicherheit, die öffentliche Sicherheit oder auch die öffentliche Ordnung. Hierbei geben die im SÜG genannten Geheimhaltungsgrade, die die Anforderungen etwas näher umreißen, gewisse Anhaltspunkte, welche Rechtsgüter erfasst sind (→ Rn. 27). Davon getrennt ist die Geheimhaltungsbedürftigkeit zu prüfen, wobei es darauf ankommt, ob aus öffentlicher Sicht (aber beispielsweise nicht allein aus persönlicher Sicht eines Betroffenen) ein Schadenspotential bei unbefugtem Bekanntwerden vorliegt. Allerdings sind diese beiden Kernkriterien (Schutzgut und Schadenspotential) insgesamt sehr abstrakt, was in der Praxis zu einer Vielzahl von Einstufungen zumindest in der untersten Kategorie geführt hat.[28] Die weite Begrifflichkeit und der große Umfang von Verschlusssachen in der Praxis führt dazu, dass für die strafrechtliche Beurteilung als Staatsgeheimnis die Einstufung als Verschlusssache nicht mehr als ein Indiz sein kann, ob tatsächlich ein objektives Geheimhaltungsbedürfnis besteht. Je höher der Geheimhaltungsgrad ist desto stärker ist dabei die Indizwirkung.

Der Verschlusssache wird ein bestimmter Geheimhaltungsgrad zugeordnet, wobei sich 27 das Gesetz auf die vier Stufen Streng Geheim, Geheim, VS-Vertraulich und VS-Nur für den Dienstgebrauch beschränkt. Nach § 4 Abs. 2 sind die Grade wie folgt definiert:

1. STRENG GEHEIM, wenn die Kenntnisnahme durch Unbefugte den Bestand oder lebenswichtige Interessen der Bundesrepublik Deutschland oder eines ihrer Länder gefährden kann,
2. GEHEIM, wenn die Kenntnisnahme durch Unbefugte die Sicherheit der Bundesrepublik Deutschland oder eines ihrer Länder gefährden oder ihren Interessen schweren Schaden zufügen kann,
3. VS-VERTRAULICH, wenn die Kenntnisnahme durch Unbefugte für die Interessen der Bundesrepublik Deutschland oder eines ihrer Länder schädlich sein kann,
4. VS-NUR FÜR DEN DIENSTGEBRAUCH, wenn die Kenntnisnahme durch Unbefugte für die Interessen der Bundesrepublik Deutschland oder eines ihrer Länder nachteilig sein kann.

Die eine Verschlusssache herausgebende Stelle bestimmt über die Notwendigkeit der 28 VS-Einstufung und den Geheimhaltungsgrad. Dies gilt auch für die Änderung und Aufhebung der Einstufung (vgl. §§ 18 und 19 VSA). Dabei hat die herausgebende Stelle den Geheimhaltungsgrad einer Verschlusssache zu ändern oder aufzuheben, sobald sich die Gründe für die bisherige Einstufung ändern oder weggefallen sind. Eine Änderung kann dabei eine Hochstufung oder Herabstufung sein (§ 18 Abs. 1 VSA). Eine offene Information kann aber nicht nachträglich zu einer Verschlusssache erklärt werden; auch eine Verschlusssache der Kategorie VS-NUR FÜR DEN DIENSTGEBRAUCH darf grundsätzlich nicht nachträglich hochgestuft werden (§ 18 Abs. 2 VSA). Forderungen, dass eine VS-Einstufung „[…] regelmäßig von einer unabhängigen Instanz überprüft, beschränkt und aufgehoben werden kann"[29], wurden bislang nicht umgesetzt.

Die Geheimhaltung ist bei VS-NUR FÜR DEN DIENSTGEBRAUCH auf maximal 29 30 Jahre befristet, wobei die herausgebende Stelle eine kürzere Einstufungsfrist vorsehen kann (§ 16 Abs. 1 VSA). Im Nachhinein ist eine Verlängerung (wohl aber eine Verkürzung) der Frist nicht mehr möglich (§ 17 Abs. 1 VSA). Bei Verschlusssachen, die VS-VERTRAULICH oder höher eingestuft sind, ist mit der Einstufung der Zeitpunkt des Ablaufs der VS-Einstufung zu bestimmen. Auch hier beträgt die Regelfrist für die Geheimhaltung 30 Jahre (§ 16 Abs. 2 VSA), kann aber bei Bedarf darüber hinaus gehen. Die Frist kann zudem im Nachhinein verlängert werden (§ 17 Abs. 2 VSA).

---
[28] *Denneborg* SÜG § 4 Rn. 1 ff.; *Warg* in Dietrich/Eiffler NachrichtendiensteR-HdB V § 4 Rn. 90.
[29] S. die Entschließung der 27. Konferenz der Informationsfreiheitsbeauftragten in Deutschland v. 28.11.2013 in Erfurt, abrufbar unter https://www.informationsfreiheit.bremen.de/sixcms/detail.php?gsid=bremen07.c.9911.de.

30 Zugang zu als Verschlusssache eingestuften Informationen erhält nur eine Person, bei der eine Sicherheitsüberprüfung stattgefunden hat, womit der materielle Geheimschutz um die personelle Komponente ergänzt wird. Eine erfolgreiche Sicherheitsüberprüfung und die anschließende Ermächtigung zum Umgang mit VS-VERTRAULICH oder auch höher eingestuften Verschlusssachen klärt, wer Zugang zu den Informationen erlangen darf und an wen Staats- oder Dienstgeheimnisse straffrei weitergeben dürfen.[30] Je höher der Geheimhaltungsgrad ist, desto kleiner ist der Personenkreis, der Zugang zu diesen Informationen hat. Dabei stellt seit 2017 die Vorschrift in § 4 Abs. 1a SÜG klar (wie dies auch schon länger § 3 Abs. 1 VSA vorsieht), dass die Kenntnisnahme von Verschlusssachen nur dann erfolgen soll, wenn dies zur Aufgabenerfüllung notwendig ist („Need to know") und dann – bezogen auf die einzelne Verschlusssache – auch nur, soweit es konkret notwendig ist, sodass also gegebenenfalls auch nur Teile der Verschlusssache zur Kenntnis genommen werden dürfen. Eine besondere Herausforderung ist hierbei eine Weitergabe an Private (beispielsweise Auftragsbearbeiter, die im Rahmen der Digitalisierung eingeschaltet werden) mit oftmals Konzernstrukturen, bei denen die Geheimhaltung durch vertragliche Vereinbarung geregelt werden muss.[31]

31 Nach § 7 VSA ist die Dienststellenleitung für den allgemeinen Umgang mit Verschlusssachen und die Umsetzung sowie Kontrolle der Vorgaben der VSA verantwortlich, soweit nicht ein Geheimschutzbeauftragter nach § 8 VSA dazu bestellt ist. Die VSA sieht eine besondere Geheimschutzdokumentation (§ 12 VSA) vor, auch mit der Möglichkeit von entsprechender IT-Strukturen (§ 13 VSA). Der Geheimschutzbeauftragte soll die Überprüfung der Umsetzung der Maßnahmen zur Geheimschutzdokumentation vornehmen (§ 14 VSA), wozu vor allem unangekündigte stichprobenartige Kontrollen gehören.

32 Immer größere Bedeutung bei der Geheimhaltung erlangt die Digitalisierung (digitaler Geheimschutz). Insoweit sieht die VSA inzwischen umfangreiche technische Vorgaben vor, so zur technischen Sicherung von Verschlusssachen (§§ 40 ff. VSA), den Einsatz von IT-Technik (§§ 49 ff. VSA) sowie speziell zu Kryptomitteln (§§ 59 VSA). Zudem ist gegebenenfalls neben dem Geheimschutzbeauftragten auch ein IT-Sicherheitsbeauftragter zu bestellen (§ 9). Damit wird nicht nur der zunehmenden digitalen Verwaltung zahlreicher Akten Rechnung getragen, sondern auch dem elektronischen Austausch und Abgleich von geheimen Dokumenten. Die Kommunikation über Netzwerke bzw. als Kehrseite die entsprechende technische Absicherung der Sicherheit dieser Netzwerke (beispielsweise gegen Cyberangriffe unbefugter Dritter) stellen eine große Herausforderung dar. Insoweit wird dem Bundesamt für Sicherheit in der Informationstechnik eine zentrale Rolle bei der technischen Umsetzung und Kontrolle der Geheimhaltung zugewiesen (vgl. § 5 Abs. 1 VSA).

II. Strafrechtlicher Schutz

33 Der strafrechtliche Schutz von Staatsgeheimnissen erfolgt nach den §§ 93 ff. StGB.[32] Anknüpfungspunkt ist hierbei ein materieller Schutz, dh es wird grundsätzlich auf geheime Tatsachen von besonderer Bedeutung, die die Gefahr eines schweren Nachteils für die äußere Sicherheit der Bundesrepublik Deutschland begründen können, abgestellt. Es kommt für diesen Schutz daher nicht darauf an, ob die Geheimnisse zuvor formal einer speziellen Kategorie wie beispielsweise im Rahmen der Verschlusssachenklassifizierung als GEHEIM eingestuft worden sind (zur Einstufung bereits → Rn. 27). Diese formale Einstufung kann allerdings ein Indiz dafür sein, dass ein Staatsgeheimnis vorliegt, vor allem in den beiden höchsten Geheimhaltungsstufen GEHEIM und STRENG GEHEIM. Ebenfalls

---

[30] *Warg* in Schenke/Graulich/Ruthig Vorbem. Rn. 3.
[31] Eingehend dazu *Thüsing/Waldhoff*, Geheimsache Staat, 2021, 13 ff.
[32] S. nur *Fahrner* StaatsschutzStrafR 109 ff. sowie bereits *Jescheck* JZ 1967, 6; *Schroeder*, Der Schutz von Staat und Verfassung im Strafrecht, 1970, 1 ff.; *Schroeder* NJW 1981, 2278. Zur Geschichte *Gutfleisch*, Staatsschutzstrafrecht in der Bundesrepublik Deutschland 1951–1968, 2014, 31 ff.

kann das Ergreifen (bzw. der Umfang) bestimmter Geheimschutzmaßnahmen ein Indiz für das Vorliegen eines Staatsgeheimnisses darstellen.

Im Rahmen des strafrechtlichen Schutzes unterscheidet das StGB zwischen legalen (§ 93 Abs. 1 StGB) und illegalen (§ 93 Abs. 1 StGB) Staatsgeheimnissen. Mit der im Gesetz genannten Beschreibung des Staatsgeheimnisses als Tatsachen, Gegenstände und Erkenntnisse wird (ohne dass eine strenge Abgrenzung zwischen diesen Aspekten besteht) umfassend jedwede Information als ein abgrenzbares Wissen erfasst. Sogar der Mensch (der Geheimnisträger selbst) wurde bereits von der Rechtsprechung einbezogen,[33] was aber als Überdehnung des Wortlauts abzulehnen ist.[34] Konturen gewinnt der Begriff des Staatsgeheimnisses angesichts dieses sehr weiten Ausgangspunktes daher erst aus dem Merkmal der begrenzten Zugänglichkeit, dass also zum Zeitpunkt der Tat die Informationen noch geheim und damit nur einem begrenzten Personenkreis zugänglich sind. Die begrenzte Kenntnisnahme ist daher das entscheidende Merkmal. Somit sind Informationen, die beliebige Dritte zur Kenntnis nehmen können, grundsätzlich kein Staatsgeheimnis mehr. Daran ändert auch ein noch so großes Interesse an ihrer Geheimhaltung nichts. Soweit Informationen, die zunächst nur einem kleinen Kreis zugänglich waren, an weitere Personen bzw. Institutionen weitergeben werden, erhöht dies zwar den Kreis der Mitwisser, damit verliert die Information aber nicht automatisch ihre begrenzte Zugänglichkeit.[35] Es kommt hier auf eine Einzelfallprüfung an, ob noch von einem ausreichend begrenzten Mitwisserkreis ausgegangen werden kann. **34**

Umstritten ist, inwieweit Informationen aus bekannten und/oder allgemein zugänglichen Quellen noch eigenen Geheimnischarakter haben können, wenn damit ein neues unbekanntes Gesamtbild geschaffen wird, wie dies die sog. Mosaiktheorie annimmt.[36] Im Rahmen der Definition des Geschäftsgeheimnisses nach dem GeschGehG wird die Zusammensetzung gesondert erwähnt und als Geheimschutzgegenstand anerkannt (→ § 13 Rn. 31). Und in der Tat wird man nicht generell eine Zusammenstellung auch aus allgemein zugänglichen Quellen ausnehmen können, wenn damit besondere neue Erkenntnisse gewonnen werden, weil in der Zusammenschau sich bisher unbekannte Muster, Beziehungen etc ergeben. Dies ist in neuerer Zeit vor allem bei der Analyse großer Datenmengen (Big Data Analytics) möglich. Wenn eine derartige Analyse nicht von jedermann möglich ist (weil sie bestimmte Kenntnisse, technische Möglichkeiten, Zeit und finanziellen Einsatz erfordert) und die Ergebnisse nur einem begrenzten Personenkreis zugänglich sind, können auch derartige Zusammenstellungen Geheimnischarakter haben. **35**

Legale Staatsgeheimnisse nach § 93 Abs. 1 StGB werden im Gesetz über die vorgenannten Merkmale hinaus nicht weiter positiv umschrieben, sondern umfassen all jene Geheimnisse, die nicht explizit von § 93 Abs. 2 StGB (→ Rn. 37) ausgenommen werden. Diese legalen Geheimnisse werden im Rahmen des Landesverrats nach § 94 Abs. 1 Nr. 2 StGB, der Landesverräterischen Ausspähung nach § 96 StGB (iVm § 94 Abs. 1 Nr. 2 StGB) und der Landesverräterischen Agententätigkeit nach § 98 StGB geschützt. Ein eingeschränkter Schutz besteht hinsichtlich des Offenbarens von Staatsgeheimnissen nach § 95 StGB, des Auskundschaftens von Staatsgeheimnissen nach § 96 Abs. 2 StGB und der Preisgabe von Staatsgeheimnissen nach § 97 StGB, da hier materiell-faktisch nicht allein auf das Staatsgeheimnis abgestellt wird, sondern dieses Geheimnis zusätzlich zum Tatzeitpunkt auch von einer amtlichen Stelle oder auf deren Veranlassung faktisch geheim gehalten werden muss. **36**

---

[33] Vgl. BGH bei *Wagner* GA 1961, 129 D Nr. 5 sowie GA 1968, 294 Nr. 74 (verschleppter V-Mann-Führer als Staatsgeheimnis).
[34] *Fischer* StGB § 93 Rn. 2; *Sternberg-Lieben* in Schönke/Schröder StGB § 93 Rn. 4; anders aber *Schmidt* in LK-StGB StGB § 93 Rn. 2. Anstatt auf die Person lässt sich im Regelfall unproblematisch auf dessen Stellung, Kenntnisse, subjektive Verratstendenzen etc als abgrenzbare Fakten abstellen.
[35] *Sternberg-Lieben* in Schönke/Schröder StGB § 93 Rn. 8; zum Fall der Veröffentlichung von Dokumenten des BfV durch Blogger auf der Internetplattform „Netzpolitik.org" *Dietrich* RW 2016, 566 (573).
[36] Vgl. RGSt 25, 50, BGHSt 7, 234 = BeckRS 1955, 41; BGHSt 15, 17 = NJW 1960, 2009; dazu *Jescheck* JZ 1967, 6 (9). Zur Diskussion *Sternberg-Lieben* in Schönke/Schröder StGB § 93 Rn. 11 ff.

§ 11

37 Vom legalen Staatsgeheimnis wird nach § 93 Abs. 2 StGB das illegale geschieden. Als illegales Geheimnis zählen solche, die gegen die freiheitlich demokratische Grundordnung oder gegen zwischenstaatlich vereinbarte Rüstungsbeschränkungen verstoßen. Unter freiheitlich demokratischer Grundordnung wird wie in § 86 Abs. 2 StGB in Anlehnung an Art. 9 Abs. 2 GG und Art. 21 Abs. 2 GG seit der Entscheidung in BVerfGE 2, 12 eine Ordnung verstanden, die unter Ausschluss jeglicher Gewalt- und Willkürherrschaft eine rechtsstaatliche Herrschaftsordnung auf der Grundlage der Selbstbestimmung des Volkes nach dem Willen der jeweiligen Mehrheit und der Freiheit und Gleichheit darstellt. Mit dieser engen Definition sind nur wenige Staatsgeheimnisse als illegal einzustufen. Die Vorschrift hat daher vor allem das Ziel, staatlichen Geheimnisschutz zugunsten eines berechtigten Informationsbedürfnisses der Öffentlichkeit zu beschränken, indem illegale Geheimnisse bzgl. eines fundamentalen Missbrauchs staatlicher Macht als grundsätzlich nicht schutzwürdig eingestuft werden.

38 Daher genießt das illegale Geheimnis nicht den „normalen" Schutz nach dem StGB, allerdings wird es (was die Ausnahme weniger weit macht und doch nicht allein das öffentliche Informationsinteresse in den Vordergrund stellt) aber in begrenztem Umfang auch strafrechtlich erfasst. Denn auch die Offenbarung illegaler Geheimnisse kann für die äußere Sicherheit höchst gefährlich sein. So kriminalisiert § 97a StGB den Verrat illegaler Geheimnisse und § 97b StGB sogar den Verrat in irriger Annahme eines illegalen Geheimnisses, um hier den (vorwerfbaren) Irrtum, ein Geheimnis verstoße gegen die freiheitlich demokratische Grundordnung oder gegen zwischenstaatlich vereinbarte Rüstungsbeschränkungen, einzubeziehen, da ansonsten der Irrtum nach § 16 StGB zum Freispruch führen würde.[37] Neben dem Verrat illegaler Geheimnisse ist nach § 97a S. 2 StGB zudem eine Strafbarkeit nach § 96 StGB iVm § 94 Abs. 1 Nr. 1 StGB für das Ausspähen illegaler Staatsgeheimnisse vorgesehen.

39 Erweitert wird der strafrechtliche Schutz über legale und illegale Geheimnisse hinaus zudem noch durch § 99 StGB, der die nachrichtendienstliche Tätigkeit für eine fremde Macht ohne Beschränkungen auf Staatsgeheimnisse erfasst. Abgedeckt sind bereits die bloße Mitteilung und Lieferung von Informationen jeder Art als eine einfache nachrichtendienstliche Tätigkeit. Die Strafbarkeit wird dadurch zudem weit ins Vorfeld verlagert, als auch das bloße Sichbereiterklären kriminalisiert ist. Damit hat die Vorschrift ihren Hauptzweck in der Erfassung von allen Tätigkeiten, die sich durch die Zusammenarbeit mit einem fremden Nachrichtendienst als potentiell nachteilig für die Bundesrepublik Deutschland auswirken können. Der enge Konnex zu Staatsgeheimnissen liegt darin, dass eine derartige Tätigkeit eine abstrakte Gefahr des Verrats von Staatsgeheimnissen birgt.[38]

40 Mit § 353b StGB wird zudem die Verletzung von Dienstgeheimnissen und einer besonderen Geheimhaltungspflicht kriminalisiert. Hierbei wird auf die unbefugte Offenbarung von Geheimnissen abgestellt, die der Person als Amtsträger etc bekannt werden oder anvertraut werden. Zusätzlich wird die Gefährdung öffentlicher Interessen durch die Offenbarung verlangt. Damit schützt der Tatbestand einerseits das Vertrauen der Allgemeinheit in die Verschwiegenheit staatlicher und sonstiger erfasster Stellen als Element einer geordneten Verwaltung, andererseits aber auch die wichtigen öffentlichen Interessen selbst.[39] Der Tatbestand ist damit deutlich breiter gezogen als die der Staatsschutzdelikte der §§ 93 ff. StGB und geht über den bloßen Schutz von Staatsgeheimnissen hinaus. Daher kann der § 353b StGB in Idealkonkurrenz zu den §§ 94 ff. StGB stehen.[40]

41 Besonderheiten können sich bei journalistischer Tätigkeit ergeben. Die Arbeit von Journalisten und die Veröffentlichung von Geheimnissen bewegt sich in einem besonderen

---

[37] Krit. zu § 97b StGB beispielsweise *Fischer* StGB § 93 Rn. 2 [dogmatische Anomalie].
[38] *Sternberg-Lieben* in Schönke/Schröder StGB § 99 Rn. 1a.
[39] Vgl. nur *Perron/Hecker* in Schönke/Schröder StGB § 353b Rn. 1, auch zu weiteren Ansichten.
[40] Das Verhältnis ist umstritten, teilweise wird von der Subsidiarität des § 353b StGB ausgegangen (vgl. *Perron/Hecker* in Schönke/Schröder StGB § 353b Rn. 60), überwiegend jedoch von Idealkonkurrenz ausgegangen (vgl. nur *Fischer* StGB § 353b Rn. 37), was den unterschiedlichen Schutzkonzepten mehr Rechnung trägt.

Spannungsfeld zwischen Interessen der Öffentlichkeit, verfassungsrechtlich geschützter Aktivität und staatlichem Geheimhaltungsbedürfnis.[41] Mit dem Cicero-Urteil hat das BVerfG im Jahr 2007 die journalistische Recherche und Berichterstattung grundsätzlich gestärkt,[42] was mit dem Gesetz zur Stärkung der Pressefreiheit im Straf- und Strafprozessrecht (PrStG) 2012 auch einfachrechtlich zu einer Änderung geführt hat.[43] Dabei wurde im Rahmen der Verletzung von Dienstgeheimnissen nach § 353b StGB ein eigener Abs. 3a geschaffen, der einen besonderen Rechtfertigungsgrund für Beihilfehandlungen (Entgegennahme, Auswertung oder Veröffentlichung von Dienstgeheimnissen) journalistisch tätiger Personen vorsieht. Kriminalisiert bleibt allerdings eine aktivere Mitwirkung (auch eine Anstiftung).[44] Im Rahmen der Staatsschutzdelikte der §§ 94 ff. StGB wurde allerdings keine Änderung vorgenommen, also kein besonderer Rechtfertigungsgrund für die Veröffentlichung von Staatsgeheimnissen geschaffen. Damit muss dort bereits bei der Auslegung der Tatbestandsmerkmale gegebenenfalls eine praktische Konkordanz zwischen Pressefreiheit und dem Schutzgut der äußeren Sicherheit erfolgen.[45] Hier ist allerdings mit der Regelung von illegalen Staatsgeheimnissen in § 93 Abs. 2 StGB (→ Rn. 37) eine gesetzgeberische Wertung getroffen worden, dass nur bestimmte Staatsgeheimnisse weniger schützenswert sind. Das heißt, es besteht kein journalistischer Anspruch auf die Bekanntgabe jedes die Öffentlichkeit interessierenden Geheimnisses, was bei Nichtbeachtung dann auch eine Strafbarkeit nach §§ 94 ff. StGB bedingen kann.

III. Prozessualer Schutz

Neben der Schutz von Staatsgeheimnissen durch das materielle Recht erfolgt ein umfangreicher Schutz auch durch eine begrenzte Einführung von Staatsgeheimnissen in Strafverfahren (1.) und in den Verwaltungsprozess (2.). Dadurch wird ermöglicht, bestimmte Geheimnisse nicht offenlegen und zum Gegenstand des Verfahrens machen zu müssen.[46] **42**

1. Strafverfahren

Im Strafverfahren sieht die StPO explizit Regelungen vor, die einen Schutz von Staatsgeheimnissen ermöglichen, ohne allerdings diese Begrifflichkeit heranzuziehen (→ Rn. 6). So ermächtigt § 96 StPO Behörden ausdrücklich, die Vorlage oder Herausgabe von Dokumenten zu verweigern; zudem besteht nach § 110b Abs. 3 StPO und nach § 54 StPO die Möglichkeit, bestimmten Zeugen die Aussage im Strafverfahren zu verweigern. **43**

Grundsätzlich müssen Informationen in einer Akte oder andere schriftliche Informationen, die sich im Besitz einer Behörde befinden und die als Beweismittel in einem Strafverfahren (und damit in einer öffentlichen Hauptverhandlung) verwendet werden können, der Staatsanwaltschaft oder dem Gericht ausgehändigt werden.[47] Insbesondere muss auch die Staatsanwaltschaft alle beweiskräftigen Grundlagen ihrer gegen den Beschuldigten gerichteten Vorwürfe dem Prozessgericht offenlegen.[48] § 96 StPO ermöglicht hierbei eine Ausnahme von diesen allgemeinen Regeln. Danach können Behörden oder Staatsanwälte **44**

---

[41] Näher zu diesem Themenfeld *Schuldt*, Geheimnisverrat, 2011; *Klintworth*, Investigativer Journalismus im Spannungsfeld zwischen Pressefreiheit und Strafrecht, 2014; s. auch *Edwards*, Die Rechtmäßigkeit von Whistleblowing in der Öffentlichkeit nach der EMRK und nach deutschem Recht, 2017, 103 ff.
[42] BVerfGE 117, 244 = NJW 2007, 1117.
[43] Gesetz v. 25.6.2012 (BGBl. 2012 I 1374).
[44] Vgl. näher *Perron/Hecker* in Schönke/Schröder StGB § 353b Rn. 21d.
[45] *Dietrich* RW 2016, 566 (586).
[46] S. zudem Art. 38 Zusatzabkommen zum NATO-Truppenstatut, das ebenfalls einen Schutz von Amts- und Staatsgeheimnissen vorsieht.
[47] § 161 StPO statuiert insoweit die allgemeine Pflicht aller öffentlichen Stellen zur Mitwirkung an der Strafverfolgung; diese Pflicht wird auf die Zusammenarbeit mit den Gerichten ausgedehnt; vgl. dazu *Hauschild* in MüKoStPO StPO § 96 Rn. 2.
[48] § 199 Abs. 2 StPO; vgl. dazu BVerfG NJW 1983, 1043; LG Hannover FD-StrafR 2015, 369880; *Hauschild* in MüKoStPO StPO § 96 Rn. 11.

ein Ersuchen um Vorlage oder Aushändigung von Unterlagen durch das Gericht (§ 244 Abs. 2 StPO) oder auf Veranlassung der Verteidigung (§ 244 Abs. 3 StPO) ablehnen, wenn sie erklären, dass die Herausgabe dieser Akten oder Unterlagen dem Wohl des Bundes oder eines Landes abträglich wäre,[49] es sich also im Regelfall um Staatsgeheimnisse handelt („Geheimhaltung im Prozess").

45 Dabei ist der Schutz von Geheimnissen nach § 96 StPO durch eine Sperrerklärung weitergehend als der Wortlaut vermuten lässt. § 96 StPO wird nicht nur auf amtlich verwahrte Schriftstücke, sondern auch auf Personen ausgedehnt.[50] Eine Sonderregelung für verdeckte Ermittler besteht in § 110b Abs. 3 StPO, der vorsieht, dass die Identität des Betroffenen auch nach einem Einsatz weiter geheim gehalten werden kann. Ergänzend bleibt aber auch hier die weitergehende Regelung des § 96 StPO anwendbar.

46 Voraussetzung für eine derartige strafprozessuale Sperrerklärung ist, dass die vorgesetzte Behörde mitteilen muss, die Bekanntgabe der Identität der Person wäre dem Wohl des Staates abträglich.[51] Es reicht nicht aus, dass die Behörde selbst, die das Dokument im Besitz hat, erklärt, es zurückzuhalten. Insofern gibt es eine interne Kontrolle durch die Einbeziehung höherrangiger Beamter.[52]

47 Die Sperrerklärung hat vor allem dort Bedeutung, wo Polizei und Nachrichtendienste heimliche Überwachungsmaßnahmen durchführen und dabei entweder ihr eigenes Personal einsetzen oder Außenstehende rekrutiert werden.[53] Hier bestehen oftmals Bedenken, diese Personen vor Gericht aussagen zu lassen und mit dem Öffentlichmachen die Identität des Mitarbeiters preiszugeben, die Beteiligung der Polizei und vor allem der Nachrichtendienste überhaupt aufzudecken und oftmals zusätzlich auch Einblicke in das Vorgehen, die verwendeten Mittel und die Einsatztaktik zu geben. Ebenso wollen Informanten selbst häufig ihre Identität nicht preisgeben und ihre Arbeit für die Polizei/Geheimdienste öffentlich machen. In vielen Fällen ist das Versprechen, ihre Identität geheim zu halten, eine Voraussetzung für ihre Arbeit für die staatlichen Behörden.[54] Hier kann auch eine befürchtete Gefährdung von Leib und Leben durch die Veröffentlichung im Raum stehen. Um diesen Risiken Rechnung zu tragen, hat das BVerfG angenommen, dass eine Gefährdung von Gesundheit, Leben und Freiheit des potentiellen Zeugen ein hinreichender Rechtfertigungsgrund dafür ist, dass die Identität des Zeugen nicht preisgegeben wird.[55] Ebenso anerkannt ist, dass das Versprechen, die Identität einer Person geheim zu halten, oder die Notwendigkeit, die Person für weitere geheime Beobachtungen zu verwenden, Gründe für die Zurückhaltung der Person als Zeuge sind.[56]

48 Die Rechtsprechung hat allerdings klargestellt, dass es nicht ausreicht, wenn die betroffenen Behörden allein pauschal behaupten, ihre Arbeit und die öffentliche Sicherheit würden durch die Veröffentlichung von Dokumenten etc gefährdet: Die Behörde muss konkrete Tatsachen vortragen, die es dem Gericht ermöglichen, die Entscheidung der Behörde

---

[49] Mehr zum Begriff des „Staatswohls" s. *Rogall* in SK-StPO StPO § 54 Rn. 59 ff.
[50] *Hauschild* in MüKoStPO StPO § 96 Rn. 8; *Eisenberg* BeweisR StPO Rn. 298; *Ellbogen,* Verdeckte Ermittlungstätigkeit der Strafverfolgungsbehörden, 2004, 140; *Kühne* StrafProzR Rn. 528; *Beulke/Satzger* JZ 1993, 1014.
[51] Die Aussage einer anderen Behörde, zB der Staatsanwaltschaft, die die Namen von Informanten vertraulich behandeln will, ist für das Gericht ohne Belang (BGH NStZ 2001, 333).
[52] *Hauschild* in MüKoStPO StPO § 96 Rn. 12.
[53] Arbeiten die Mitarbeiter nur an einem einzelnen Fall mit, werden sie zumeist Verdeckte Ermittler genannt (s. § 110a StPO). Personen, die für die Behörden tätig sind, werden als Informanten bezeichnet, wenn sie lediglich Auskünfte erteilen (Informant, s. Nr. 2.1 RiStBV Anlage D). Personen, die längerfristig für die Behörden tätig sind, um Straftaten aufzuklären, werden als Vertrauensperson (V-Person, s. Nr. 2.2 RiStBV Anhang D) bezeichnet; s. dazu *Beulke/Satzger* JZ 1993, 1014; *Dietrich* in Dietrich/Eiffler NachrichtendiensteR-HdB VI § 2 Rn. 16 ff.
[54] *Soiné* NStZ 2007, 247; *Beulke/Satzger* JZ 1993, 1013.
[55] BVerfGE 57, 250 = NJW 1981, 1719; s. auch *Frisch* Schutz staatlicher Geheimnisse 217; *Kudlich* JuS 2004, 929; *Beulke/Satzger* JZ 1993, 1015.
[56] *Eisenberg* BeweisR StPO Rn. 299; *Ellbogen,* Verdeckte Ermittlungstätigkeit der Strafverfolgungsbehörden, 2014, 146.

D. Schutzmechanismen

nachzuvollziehen.⁵⁷ Allein die Tatsache, dass beispielsweise Dokumente für die allgemeine Arbeit der Geheimdienste von Bedeutung sind, reicht nicht aus, um deren Herausgabe zu verweigern.⁵⁸ Ebenso hat das BVerfG klargestellt, dass es nicht ausreicht, dass die Behörde das Vorliegen einer Gefahr für das Staatswohl behauptet.⁵⁹ Das Gericht, das die Sperrerklärung erhält, muss daher die Gründe für das Zurückhalten des Zeugen untersuchen und prüfen, ob es andere Möglichkeiten gibt, den Zeugen zu schützen.⁶⁰ Solange die Behörden aber plausible Argumente vorbringen, hat das Gericht keine Möglichkeit, ihre Entscheidung anzufechten.⁶¹ Am Ende entscheiden die Polizei und die Nachrichtendienste (und nicht die Strafgerichtsbarkeit), ob ein Zeuge aussagen darf.⁶²

Als mildere Maßnahme besteht für die betroffenen Behörden die Möglichkeit, vor allem **49** Zeugen nicht komplett zurückzuhalten, sondern der Person nur die Berechtigung zur Aussage nach § 54 StPO zu verweigern,⁶³ womit zumindest die Identität bekannt wird (und gegebenenfalls eine Einordnung des Zeugen in das Gesamtgeschehen möglich ist). Auch kann die Aussagebeschränkung auf bestimmte Aspekte begrenzt werden. Dieses Vorgehen ist allerdings nur möglich, wenn die Person bei der Behörde angestellt ist oder förmlich verpflichtet wurde. Darüber hinaus sind die Behörden und auch die Gerichte gehalten, zu prüfen, ob es nicht eine andere Möglichkeiten des Schutzes gibt. Dies kann bei Dokumenten zB durch Schwärzung von Namen oder der Erstellung eines Berichts über bestimmte Geschehnisse etc erfolgen (Behördenzeugnis im weiteren Sinne).⁶⁴ Bei Zeugen können verschiedene Maßnahmen ergriffen werden, um diesen zu schützen und dennoch eine Aussage vor Gericht zu ermöglichen:⁶⁵ Auf der ersten Stufe ist zu prüfen, ob der Zeuge während der öffentlichen Hauptverhandlung im Gerichtssaal geschützt werden kann, durch eine Verkleidung oder gegebenenfalls durch eine elektronisch übertragene Vernehmung. Wenn dies nicht möglich ist, muss das Gericht versuchen, den Zeugen durch einen Richter außerhalb der Hauptverhandlung zu befragen. Als letzte Möglichkeit muss das Gericht prüfen, ob eine schriftliche Aussage des Zeugen als Beweismittel akzeptiert werden kann oder ob der Beamte, der den Zeugen befragt hat, als Zeuge vom Hörensagen gehört werden kann.

In all diesen Fällen ist vor allem auf die weitgehendste Einhaltung des Rechts auf **50** Zeugenvernehmung gem. Art. 6 Abs. 3 lit. d EMRK zu achten,⁶⁶ das die Einhaltung folgender Bedingungen verlangt: Der Angeklagte muss erstens über die Identität jedes Belastungszeugen informiert werden; zweitens muss das persönliche Erscheinen des Zeugen zur Vernehmung in der Hauptverhandlung sichergestellt werden; drittens muss der Angeklagte in die Lage versetzt werden, die Vernehmung des Zeugen akustisch und visuell zu verfolgen; und schließlich muss er die Möglichkeit erhalten, den Zeugen zu befragen und seine Aussage anzufechten.

---

57 BVerwGE 75, 1 = NJW 1987, 202 und BVerfGE 57, 250 = NJW 1981, 1719.
58 BVerwGE 75, 1 = NJW 1987, 202.
59 BVerfGE 57, 250 = NJW 1981, 1719; s. dazu *Frisch* Schutz staatlicher Geheimnisse 210 ff.
60 BGH StV 1989, 284; NStZ 2005, 43.
61 BVerfG NJW 1981, 1973.
62 S. hierzu auch *Rogall* in SK-StPO StPO § 54 Rn. 34 f.
63 Für die Beamten verweist § 54 Abs. 1 StPO auf das Beamtenrecht des Bundes oder der Länder. Die entsprechenden Vorschriften dieses Gesetzes ermächtigen die Behörden allgemein, eine Ermächtigung ihrer Bediensteten zur Aussage als Zeuge in einem gerichtlichen Verfahren abzulehnen, wenn die Aussage dem Wohl des Bundes oder eines Landes abträglich wäre oder die Erfüllung öffentlicher Aufgaben ernstlich gefährden oder wesentlich erschweren würde, vgl. dazu BVerfG NJW 1981, 1973; vgl. auch *Frisch* Schutz staatlicher Geheimnisse 203; *Percic* in MüKoStPO StPO § 54 Rn. 4 ff.; *Rogall* in SK-StPO StPO § 54 Rn. 18 ff.
64 Zur Verwendung der Behördenzeugnisse vgl. BGH HRRS 2009 Nr. 550 Rn. 31.
65 *Ellbogen*, Verdeckte Ermittlungstätigkeit der Strafverfolgungsbehörden, 2004, 190; *Engelhart/Arslan*, Schutz von Staatsgeheimnissen im Strafverfahren, 2020, 174 ff.; *Kühne* StrafProzR 529; *Frisch* Schutz staatlicher Geheimnisse 207 ff.; *Soiné* NStZ 2007, 247.
66 Zu den Vorgaben der EMRK näher *Engelhart/Arslan*, Schutz von Staatsgeheimnissen im Strafverfahren, 2020, 42 ff.

51 Im deutschen Strafverfahren bislang nicht möglich sind „in camera"-Verfahren.[67] Ein in-camera-Verfahren würde dem Gericht nicht nur die Möglichkeit geben, zu überprüfen, ob die Nichtoffenlegungsentscheidung einer Behörde gerechtfertigt ist, sondern auch einen Verlust von für die Wahrheitsfindung relevanten Beweismitteln vermeiden. Allerdings würde das verfassungsrechtlich garantierte Recht des Angeklagten auf rechtliches Gehör durch das in-camera-Verfahren dann berührt werden, wenn er sich nicht im Hinblick auf Beweismittel verteidigen kann, die nur dem Gericht offengelegt werden.[68] In allen Fällen gilt aber im Hinblick auf nicht offengelegte Beweise im Strafverfahren zugunsten des Angeklagten der Grundsatz in dubio pro reo. Im Falle, dass die nicht offengelegten Beweise belastend sind, kann das Fehlen einer „in camera"-Anhörung also dem Angeklagten zugutekommen.[69]

52 Insgesamt sind aber die Möglichkeiten des Gerichts, gesperrte Beweismittel zu erlangen, begrenzt, wenn die Behörde eine plausible Erklärung für die Sperrung von Dokumenten und Zeugen liefert und mit entsprechender Begründung auch mildere Maßnahmen ablehnt. Das Gericht hat selbst nicht die Möglichkeit, gegen die Verweigerung der Behörde rechtliche Schritte einzuleiten.[70] Die einzige Ausnahme besteht im Falle einer offensichtlich rechtswidrigen Verweigerung der Vorlage von Dokumenten. In diesem Fall kann ein Gericht die Beschlagnahme der Unterlagen anordnen.[71] Darüber hinaus ist der Beklagte berechtigt, sich vor dem Verwaltungsgericht auf die Rechtswidrigkeit der Verweigerung zu berufen.[72] Doch weder das Gericht, das die Behörde auffordert, ihre Entscheidung zu überdenken, noch der Beschuldigte, der die Behördenentscheidung in einem Verwaltungsverfahren anficht, haben große Aussicht auf Erfolg: Die Behörden haben hier im Ergebnis einen relativ weiten Ermessensspielraum bei der Entscheidung, ob das Geheimhaltungsinteresse oder die öffentliche Strafverfolgung überwiegen soll.[73]

53 Insofern hat die Behördenentscheidung (und nicht das Gericht oder die Verteidigung) großen Einfluss auf ein Strafverfahren, da sie teilweise entscheiden können, welche Art von Beweisen verwendet bzw. nicht verwendet werden können. Wenn die Behörde ihre Entscheidung zur Sperrerklärung nicht zurücknehmen will, kann das Gericht die Dokumente/Zeugen nicht im Strafverfahren verwenden. Dies kann dazu führen, dass entscheidende Zeugen nicht vor Gericht aussagen und das Gericht die Tat möglicherweise nicht rekonstruieren kann. Mit dieser Sperrregelung werden somit die Grundsätze einer „normalen" Beweisaufnahme und die Verteidigungsrechte mit dem Hinweis auf den Geheimnisschutz beschränkt: Denn es erfolgt eine Einschränkung der Pflicht des Gerichts (und auch bereits der Staatsanwaltschaft), mit allen Mitteln von Amts wegen nach der Wahrheit zu suchen; zudem besteht ein gesetzlicher Grund, das Recht des Angeklagten und seiner Verteidigung, die Einführung von Beweisen zu beantragen, abzulehnen, da eine Beweisaufnahme im Sinne des § 244 Abs. 3 StPO nicht möglich wäre.[74]

54 Die Modifikation des Strafverfahrens durch eine Geheimhaltung von Zeugen und Dokumenten versuchen die Gerichte in verschiedener Weise zu kompensieren: Hierzu gehört die Berücksichtigung indirekter Beweise, wenn direkt erlangte (geheime) Beweise nicht vorliegen. Diese sind dann gegebenenfalls anders (vorsichtiger) zu gewichten, vor allem bei

---

[67] BGH NStZ 2000, 265; BVerfG NJW 2000, 1178; BVerfG NStZ-RR 2013, 379 f. (Verschweigen von Beweismitteln unterlag einem Durchsuchungsbeschluss); *Hauschild* in MüKoStPO StPO § 96 Rn. 16; *Rogall* in SK-StPO StPO § 54 Rn. 70 ff.; zur Anwendung der sog. in camera-Anhörungen im verwaltungsgerichtlichen Verfahren in Deutschland vgl. *Vogel* ZIS 2017, 31 f.; vgl. auch BVerfG NJW 2000, 1175 ff.; BVerfG NVwZ 2006, 1041; kritisch dazu *Wohlers/Greco* in SK-StPO StPO § 96 Rn. 33.
[68] BVerfG NJW 1981, 1974; vgl. auch *Frisch* Schutz staatlicher Geheimnisse 213; *Vogel* ZIS 2017, 31.
[69] BVerfG NJW 2000, 1178; s. auch BVerfG NStZ-RR 2008, 17.
[70] BGHSt 32, 115 = NJW 1984, 247; *Hauschild* in MüKoStPO StPO § 96 Rn. 19.
[71] BGHSt 38, 237 = NJW 1992, 1397.
[72] S. dazu *Frisch* Schutz staatlicher Geheimnisse 213 f.; *Hauschild* in MüKoStPO StPO § 96 Rn. 19.
[73] Vgl. BVerfGE 57, 250 = NJW 1981, 1719; BGHSt 44, 107 = NJW 1998, 3577; zur Praxis der Verwaltungsgerichte vgl. OVG Münster NJW 2015, 1977; VGH Hessen StV 1986, 52.
[74] BVerfG NJW 1981, 1722 ff.; *Beulke/Satzger* JZ 1993, 1014.

Zeugen vom Hörensagen (V-Mann Führer anstatt V-Mann) oder schriftlichen Ausführungen über Zeugenaussagen oder Inhalten von Dokumenten. Gleiches gilt, wenn eine Befragung (wie beispielsweise bei einer kommissarischen Vernehmung) ohne Verteidigung erfolgt. Letztlich versuchen so die Gerichte, den verminderten Wert des „indirekten Beweises" durch eine besonders sorgfältige Abwägung zu kompensieren, da einige Beweise immer noch besser sind als gar keine Beweise.[75] Allerdings wird in vielen Fällen das Gericht den Wert des Beweises aber nicht wirklich einschätzen können, weil ihm alle notwendigen Informationen fehlen, unter welchen Umständen der Beweis erhoben wurde, welche Motivation der Zeuge hatte und vor allem, welche Lücken in den Aussagen vorhanden sind. Dies gilt auch für die Verteidigung, was es nahezu unmöglich macht, solche Beweise in Frage zu stellen oder zu entkräften. Insofern kann der „indirekte Beweis" nur dazu dienen, die Argumentation zu stützen, die das Gericht auf Grundlage anderer Beweise gewonnen hat. Somit kommt dem Grundsatz in dubio pro reo besondere Bedeutung zu, insbesondere wenn zurückgehaltene Beweismittel für den Angeklagten sprechen könnten. Werden besonders wichtige Beweismittel von den Behörden zurückgehalten kann sich auch die Frage stellen, ob ein Verfahren nicht gänzlich einzustellen ist, da ein faires Verfahren nicht mehr möglich ist.[76] Als Leitlinie gilt, wie vom BGH ausdrücklich klargestellt, dass das Interesse des Staates an der Geheimhaltung von Informationen nicht zu Nachteilen für die Rechte des Beschuldigten führen darf.[77]

2. Verwaltungsprozess

Im Verwaltungsprozess sind Behörden nach § 99 Abs. 1 S. 1 VwGO wie im Strafverfahren grundsätzlich verpflichtet, ihre Akten auf Verlangen der Verwaltungsgerichte vorzulegen und eine Einsichtnahme durch die Verfahrensbeteiligten (§ 100 VwGO) zu ermöglichen. Damit wird das Erfordernis auf rechtliches Gehör und das Gebot der Waffengleichheit nach Art. 103 Abs. 1 GG gewahrt. Als Ausnahme ist nach § 99 Abs. 1 S. 2 VwGO die Zurückhaltung von Informationen und Unterlagen in bestimmten Ausnahmesituationen zulässig, beispielsweise wenn die Offenlegung Nachteile für das Wohl des Bundes oder eines Landes bringen würde. Das heißt gewichtige Gründe wie die Bedrohung der äußeren und inneren Sicherheit liegen vor oder die Bekanntgabe des Akteninhalts würde die Erfüllung der Aufgaben der Sicherheitsbehörden und ihre Zusammenarbeit mit anderen Behörden erschweren oder andere Personen gefährden.[78] Sind diese materiellen Voraussetzung der Geheimhaltung gegeben, entscheidet die oberste Aufsichtsbehörde nach ihrem Ermessen, ob sie die Vorlage der Unterlagen verweigert oder Informationen (teilweise) offenlegt. 55

Die Entscheidung der Behörde kann auf Antrag des Betroffenen im Rahmen eines kontradiktorischen Zwischenverfahrens „in camera" (und damit anders als im Strafverfahren, → Rn. 51) überprüft werden.[79] Erachtet das Gericht der Hauptsache die zurückgehaltene Information für entscheidungsrelevant, so erklärt es den Antrag für zulässig. Es leitet dann die Akten dem hierfür eigens eingerichteten Fachsenat am zuständigen Oberverwaltungsgericht oder, soweit eine oberste Bundesbehörde die Vorlage verweigert hat, am BVerwG zu (§ 189 VwGO). Das weitere Verfahren vor dem Fachsenat unterliegt dem materiellen Geheimschutz. An diesem wirken die Beteiligten des Hauptsacheverfahrens und die oberste Aufsichtsbehörde mit. 56

---

[75] Vgl. BVerfGE 57, 250 = NJW 1981, 1719.
[76] So beispielsweise BGHSt 49, 112 = NJW 2004, 1259.
[77] BGHSt 49, 112 = NJW 2004, 1259; s. auch BGH NStZ 2000, 265; BVerfGE 57, 250 = NJW 1981, 1719; *Kudlich* JuS 2004, 930; *Beulke/Satzger* JZ 1993, 1014 f.
[78] Vgl. nur BVerwG Beschl. v. 7.8.2013 – 20 F 43.07.8.
[79] Das Verfahren wurde 2001 in Umsetzung einer Entscheidung des BVerfG geschaffen, vgl. BVerfG Beschl. v. 27.10.1999 – 1 BvR 385/90 Rn. 90. Näher dazu *Benedikt*, Geheimnisschutz im deutschen Verwaltungsprozess und im Verfahren vor der Unionsgerichtsbarkeit, 2013, 76 ff.; *Buchberger* in DGGGW Nachrichtendienste im Rechtsstaat 116 ff.; *Vogel* ZIS 2017, 28 ff.

57 Der Fachsenat entscheidet sodann allein darüber, ob die verweigerte Aktenvorlage rechtmäßig war. Die Entscheidung wird ohne mündliche Verhandlung durch Beschluss getroffen. Sie wird begründet, allerdings ohne Art und Inhalt der geheim gehaltenen Informationen offenzulegen. Falls die Zurückhaltung rechtswidrig erfolgte, dürfen die vertraulichen Informationen im Hauptsacheverfahren vollumfänglich verwertet werden. Ist dagegen die Zurückhaltung rechtmäßig, erfolgt keine Einführung der geheimen Informationen ins Hauptsacheverfahren und das Hauptsachegericht darf seine Entscheidung auch nicht auf diese Informationen stützen.[80]

E. Fazit

58 Insgesamt besteht für Staatsgeheimnisse ein weitreichender Schutz im deutschen Recht. Hierbei ist zwar das materielle Strafrecht der Ankerpunkt, allerdings ist für die Praxis der Umgang mit Verschlusssachen und damit die Regelung des SÜG viel bedeutsamer. Im Hinblick auf ein zurückhaltendes Staatsschutzstrafrecht ist dies zu begrüßen: die strafrechtsautonome Bestimmung des Staatsgeheimnisses ermöglicht, den Schutz auf die wesentliche Geheimnisse und besondere Beeinträchtigungen zu beschränken. Allerdings sind die Regelungen doch sehr disparat: weder materielles Strafrecht noch die Vorgaben im Strafverfahren, im Verwaltungsrecht des SÜG noch im Verwaltungsprozess sind aufeinander abgestimmt. Hier könnte ein umfassenderes Gesetz wie im Bereich des Geschäftsgeheimnisses eine deutlich klarere Regelung schaffen, bei der beispielsweise auch das Staatsschutzstrafrecht auf grundlegenden Geheimhaltungsstufen, wie sie in der Praxis bestimmten Informationen zugeordnet werden, aufbauen könnte. Dies würde gerade für den strafrechtlichen Schutz ein weit höheres Maß an Bestimmtheit ermöglichen, ohne dass man dabei zwingend den strafrechtlichen Anwendungsbereich deutlich erweitern müsste.

59 Im Hinblick auf das Verfahrensrecht ermöglicht bislang nur das Verwaltungsprozessrecht explizit eine Überprüfbarkeit zurückgehaltener Informationen. Das „in camera"-Verfahren schafft zumindest eine gewisse justizförmige Überprüfung der exekutiven Entscheidung über Beweismittel. Hier besteht in strafprozessualer Hinsicht eine deutliche Lücke, da eine Überprüfung nicht im Strafverfahren selbst möglich ist und auch nicht durch die Staatsanwaltschaft angestrengt werden kann. Eine Ergänzung der StPO in dieser Hinsicht würde einen Ausgleich schaffen für die zunehmende Anzahl heimlicher Überwachungsmaßnahmen der Nachrichtendienste und auch im Rahmen präventivpolizeilicher Tätigkeiten, deren Ergebnisse dann (gegebenenfalls auch nur indirekt) als Beweismittel im Strafverfahren Eingang finden.

60 Darüber hinaus zeigt der weitgehende Schutz von Staatsgeheimnissen, dass der Staat der Öffentlichkeit bislang nicht umfassend verwirklicht wurde. Transparenz kann in weitem Umfang seitens der Exekutive verhindert werden, da die Geheimhaltungstatbestände strukturell weit gefasst sind. Hier würde eine präzisere und engere Fassung der Verschlusssachenvorgaben, des Staatsschutzstrafrechts und auch der Ausnahmetatbestände in den Informationsfreiheitsgesetzen Abhilfe schaffen können. Dies wäre zur Stärkung des demokratischen Diskurses auch in sensiblen Bereichen bedenkenswert, um nicht allein der Exekutive hier die Deutungs- und Handlungshoheit zu überlassen.

---

[80] Näher *Benedikt*, Geheimnisschutz im deutschen Verwaltungsprozess und im Verfahren vor der Unionsgerichtsbarkeit, 2013, 90 ff.

§ 12 Personeller Geheimschutz

Gunter Warg

Übersicht

	Rn.
A. Einführung	1
B. Ziel und Grenzen des personellen Geheimschutzes	2
C. Abgrenzung zum personellen Sabotageschutz	5
D. Abgrenzung zu Sicherheits- und Zuverlässigkeitsüberprüfungen	7
E. Entwicklung und Ziele des Sicherheitsüberprüfungsverfahrens	8
I. Rechtsgrundlagen	8
II. Rechtliche Folgen einer erfolgreichen Überprüfung	9
F. Verfahrensgrundsätze der Sicherheitsüberprüfung	12
I. Freiwilligkeit und notwendige Einwilligung	12
II. Konsequenzen bei Verweigerung und Widerruf der Einwilligung	16
III. In dubio pro securitate	19
IV. Zweckbindungs- und Abschottungsgebot	21
V. Weiterverwendung der Daten aus der Sicherheitsüberprüfung	22
1. Für Straftaten von erheblicher Bedeutung	23
2. Parlamentarische Untersuchungsausschüsse	25
3. Disziplinarrechtliche Verfolgung	27
4. Für die Aufgabenerfüllung der Nachrichtendienste	28
G. Grund der Überprüfung: Umgang mit Verschlusssachen	30
I. Allgemeines zur Verschlusssache	30
II. Kriterien für die Einstufung als Verschlusssache und der jeweilige Einstufungsgrad	33
III. Beispiele für Einstufung	35
H. Betroffene Personen im personellen Geheimschutz	36
I. Betroffene Personen	36
II. Ehegatten und Lebenspartner	37
III. Ausnahmen für Mitglieder der Verfassungsorgane und Richter	38
IV. Überprüfungen für die private Wirtschaft	40
1. Allgemeines	40
2. Besonderheiten im Verfahren für Privatunternehmen	44
J. Datenerhebungsmaßnahmen bei den verschiedenen Typen der Sicherheitsüberprüfung	45
I. Die Überprüfungsarten	45
II. Regelungsinhalt des § 12 SÜG	46
III. Einfache Sicherheitsüberprüfung (Ü1)	48
1. Bewertung der Angaben der Sicherheitserklärung und NADIS-Abfrage	48
2. Maßnahmen zur einbezogenen (mitbetroffenen) Person	49
3. Abfrage bei zentralen Sicherheitsbehörden	50
4. Internetrecherche und Einblick in öffentlich sichtbare Teile sozialer Netzwerke	56
IV. Erweiterte Sicherheitsüberprüfung (Ü2)	57
V. Erweiterte Sicherheitsüberprüfung mit Sicherheitsermittlungen (Ü3)	59
K. Prüfungsgegenstände im personellen Geheimschutz	62
I. Das Sicherheitsrisiko als Maßstab des personellen Geheimschutzes	62
II. Kriterien für die Bewertung eines Sicherheitsrisikos	63
III. Notwendiger Verdichtungsgrad des Sicherheitsrisikos	64
IV. Spezifität des Sicherheitsrisikos in Bezug auf die konkrete Tätigkeit	65
V. Zweifel an der Zuverlässigkeit als Sicherheitsrisiko	67
1. Sachverhalte mit Bezügen zum Strafrecht	68
2. Finanzielle Überschuldung	71
3. Suchtproblematik	73

	Rn.
4. Verstöße gegen Rechtsnormen allgemein, insbesondere Dienstvergehen	75
5. Verschweigen sicherheitsrelevanter Umstände, insbesondere Kontakte zu fremden Nachrichtendiensten	77
VI. Besorgnis der Anbahnungs- und Werbungsversuche ausländischer Nachrichtendienste sowie krimineller oder extremistischer Organisationen	78
1. Hintergrund der Regelung	78
2. Mögliche Anbahnungs- oder Werbungsversuche ausländischer Nachrichtendienste	79
3. Ausforschungsrisiko durch kriminelle oder extremistische Gruppierungen	81
VII. Zweifel am Bekenntnis zur freiheitlichen demokratischen Grundordnung (§ 5 Abs. 1 S. 1 Nr. 3 SÜG)	82
1. Allgemeines und Verhältnis zu § 5 Abs. 1 S. 1 Nr. 2c SÜG	82
2. Indizien für fehlende Verfassungstreue	84
L. Die Akteure im personellen Geheimschutzverfahren	85
I. Die „zuständige Stelle" als Bedarfsträger	85
II. Die „mitwirkende Behörde" als zentraler Akteur	86
M. Verfahrensrechte der betroffenen Person und Rechtsschutz	89
I. Anhörung vor Ablehnung der sicherheitsempfindlichen Tätigkeit	89
II. Verwaltungsrechtsweg	91
III. Beurteilungsspielraum bei Würdigung von Sicherheitsrisiken	92
N. Ausblick	95

Wichtige Literatur:

Bormann, C./Ludwig, A., Geheimschutz in der Wirtschaft, DÖV 2020, 1061; Bundesamt für Verfassungsschutz, https://www.verfassungsschutz.de/DE/themen/reichsbuerger-und-selbstverwalter/begriff-und-erscheinungsformen/begriff-und-erscheinungsformen_artikel.html (https://bit.ly/3CbbAj8; 4.8.2021); *Comtesse, C.,* Wirtschaftsspionage im Aufwind? Eine Bedrohungsanalyse der deutschen Wirtschaft, in Zoller, Der Faktor „Intelligence" – Das nachrichtendienstliche Metier in neuer sicherheitspolitischer Verantwortung, 2003, 191; *Cremer, W./Eicholt, B.,* Die Mitwirkung der Verfassungsschutzbehörden bei Sicherheitsüberprüfungen, insbesondere im Rahmen des vorbeugenden personellen Sabotageschutzes, in Pfahl-Traughber/Rose-Stahl, FS zum 25-jährigen Bestehen der Schule für Verfassungsschutz und für Andreas Hübsch, 2007, 77; *Dietrich, J.-H.,* Rekonstruktion eines Staatsgeheimnisses, RW 2016, 566; *Dörrenberg, D.,* Spionageabwehr 10 Jahre nach Beendigung des Kalten Krieges, in BfV, 50 Jahre im Dienst der inneren Sicherheit, 2000, 355; *Ebert, F./Tiller, C.,* Grundzüge des behördlichen Geheimschutzes im Freistaat Thüringen, LKV 2001, 255; *Eicholt, B.,* Die Sicherheitsüberprüfung ohne positiven Abschluss als Verletzung von Dienstpflichten, DöD 2015, 88; *Eicholt, B.,* Neue Entwicklungen in der Rechtsprechung zum Sicherheitsüberprüfungsgesetz?, ZBR 2012, 154; *Engelien-Schulz, T.,* Das Sicherheitsüberprüfungsgesetz des Bundes in Praxis und Rechtsprechung, DÖD 2011, 102; *Engelien-Schulz, T.,* Der praktische Fall – Dienstlich – keine Auffälligkeiten!, VerwRdsch 2007, 60; *Engelien-Schulz, T.,* Die Auswirkungen einer strafgerichtlichen und/oder disziplinarrechtlichen Würdigung auf den Sicherheitsüberprüfungsstatus, DÖD 2010, 184; *Engelien-Schulz, T.,* Die Bedeutungslosigkeit der Schuldform, DöD 2016, 217; *Engelien-Schulz, T.,* Die Sache mit der einzubeziehenden Person, VerwRdsch 2010, 418; *Engelien-Schulz, T.,* Grundzüge des „Gesetzes über die Voraussetzungen und das Verfahren von Sicherheitsüberprüfungen des Bundes", BWV 2007, 102; *Engelien-Schulz, T.,* Was nun? Zur Prüfung von personenbezogenen Daten im Hinblick auf ihre Sicherheitsrelevanz – Teil 1, UBWV 2015, 375; *Engelien-Schulz, T.,* Zum Hintergrund und zur Bedeutung risikominimierender Auflagen, NZWehr 2015, 57; *Engelien-Schulz, T.,* Zuverlässigkeit und Zuverlässigkeit – gleich und doch verschieden, UBWV 2011, 361; *Engelien-Schulz, T.,* Zu möglichen Auswirkungen der Feststellung eines Dienstvergehens auf den Sicherheitsüberprüfungsstatus, NZWehr 2014, 177; *Engelien-Schulz, T.,* Zum Sicherheitsüberprüfungsgesetz – Entwicklungen im Zusammenhang mit dem „Gesetz über die Voraussetzungen und das Verfahren von Sicherheitsüberprüfungen des Bundes", RDV 2006, 199; *Golla, S./Skobel, E.,* „Sie haben doch nichts zu verbergen?" GSZ 2019, 140; *Grzeszick, B.,* Grenzen des parlamentarischen Untersuchungsrechts und Kompetenzen des Parlamentarischen Kontrollgremiums, DÖV 2018, 209; *Peitsch, D./Polzin, C.,* Die parlamentarische Kontrolle der Nachrichtendienste, NVwZ 2000, 387; *Riegel, R.,* Der Entwurf eines Gesetzes über die Voraussetzungen und das Verfahren von Sicherheitsüberprüfungen des Bundes, RDV 1993, 208; *Siems, T.,* Beantwortung und Einstufung von Antworten auf parlamentarische Anfragen, GSZ 2020, 1; *Sule, S.,* Spionage – Völkerrechtliche, nationalrechtliche und europarechtliche Bewertung staatlicher Spionagehandlungen unter besonderer Berücksichtigung der Wirtschaftsspionage, 2006; *Warg, G.,* Der Extremismusbegriff aus juristischer Sicht. Grundlagen und aktuelle Entwicklungen, in Hansen/Pfahl-Traughber, Jahrbuch für Extremismus- und Terrorismusforschung 2019/20 (I), 73.

A. Einführung

Teile der Behörden (zB Nachrichtendienste oder die Staatsschutzabteilungen der Kriminalpolizei, s. § 1 SÜFV) und der Privatwirtschaft gelten wegen ihres sensitiven Tätigkeitsfeldes und der dort behandelten Geheimnisse als „sicherheitsempfindlich". Wer dort tätig ist, wird deshalb einer Sicherheitsüberprüfung unterzogen, die mit der Erhebung zahlreicher Daten auch aus dem Privatleben des Betroffenen und gegebenenfalls seines Ehegatten bzw. Lebenspartners verbunden ist.[1] Um diese personenbezogenen Daten zu erheben, zu bewerten und die daraus gegebenenfalls abgeleiteten Risiken abzuklären, wird der behördliche Verfassungsschutz tätig. Er hat hierfür in § 3 Abs. 2 BVerfSchG ergänzend zur Extremismus- und Spionageabwehr (s. § 3 Abs. 1 BVerfSchG und → § 18) den Aufgabenbereich des **Geheim- und Sabotageschutzes**) übertragen bekommen. Da diese Tätigkeit auch die Verhinderung von unerlaubtem Abfluss staatlicher Geheimnisse durch Spionagetätigkeit fremder Staaten bezweckt (s. § 5 Abs. 1 S. 1 Nr. 2a SÜG), dient der Geheimschutz auch der **präventiven Spionageabwehr**.[2] Als wichtigste Bausteine der präventiven Spionageabwehr gelten der **personelle Geheimschutz** und der **personelle Sabotageschutz** (→ Rn. 5), die durch Personenüberprüfungen das Ziel verfolgen, Sicherheitsrisiken, die *aus der Person* oder dem Umfeld des „Geheimnisträgers" resultieren, auszuschließen. Es soll verhindert werden, dass Personen, die ein potentielles Sicherheitsrisiko darstellen, bereits keine sicherheitsempfindliche Tätigkeit im öffentlichen Dienst oder der Privatwirtschaft aufnehmen, zumindest aber alsbald aus einer solchen entfernt werden können. Von dieser personenbezogenen Risikominimierung abzugrenzen, aber ebenfalls Teil des Geheim- und Sabotageschutzes ist der **materielle Geheimschutz** (§ 3 Abs. 2 Nr. 3 BVerfSchG und → § 11). Bei diesem geht es um die *technisch-organisatorischen Vorkehrungen* zum Schutz von im öffentlichen Interesse geheimhaltungsbedürftigen Tatsachen, Gegenständen oder Erkenntnissen gegen die Kenntnisnahme durch Unbefugte, zB im Bereich der IT-Sicherheit oder zur sicheren Aufbewahrung von Verschlusssachen. Die Sicherheitsvorkehrungen des materiellen Geheimschutzes sind (für Bundesbehörden) grundlegend in der „Allgemeinen Verwaltungsvorschrift zum materiellen Geheimschutz" (Verschlusssachenanweisung – VSA) idF vom 10.8.2018[3] niedergelegt.

B. Ziel und Grenzen des personellen Geheimschutzes

Mithilfe des personellen Geheimschutzes soll verhindert werden, dass Personen, die ein Sicherheitsrisiko darstellen (dazu § 5 SÜG → Rn. 62 ff.) sicherheitsempfindliche Tätigkeiten ausüben, dh Zugang zu hoch eingestuften staatlichen Verschlusssachen (ab VS-VERTRAULICH) erhalten. (Künftige) Geheimnisträger müssen daher überprüft werden, ob sie zuverlässig und verfassungstreu sind und keine anderweitigen „Schwachstellen" sie für einen Geheimnisverrat erpressbar machen (Vorb. I. 3. SÜG-AVV). Hierzu dient – und das ist ihr erster und originärer Zweck – die **Sicherheitsüberprüfung**,[4] für die mit dem Sicherheitsüberprüfungsgesetz (SÜG) vom 20.4.1994[5] eine eigenständige gesetzliche Grundlage existiert.[6] Anfang 2021 waren von Bund und Ländern im Nachrichtendienstlichen Informationssystem (NADIS) 2.705.589 Eintragungen aufgrund von Sicherheitsüberprüfungen nach den SÜG des Bundes und der Länder oder aufgrund von Zuverlässigkeitsüberüberprüfungen nach den Bestimmungen des Luftsicherheits-, Atom-, Waffen-, Jagd- bzw. SprengGesetzes, der Hafensicherheitsgesetze der Länder sowie der Gewerbeordnung gespeichert.[7]

---

[1] Däubler SÜG Einl. Rn. 1.
[2] Droste VerfassungsschutzR-HdB 142.
[3] GMBl. 2018 Nr. 44–47, S. 826.
[4] Zu statistischen Angaben über durchgeführte Sicherheitsüberprüfungen s. BT-Drs. 18/3772, 7 ff.
[5] BGBl. 1994 I 867, zuletzt geändert durch Gesetz v. 19.4.2021 (BGBl. 2021 I 771).
[6] Zur Geschichte BT-Drs. VI/1179, 7.
[7] Verfassungsschutzbericht des Bundes 2020, 17.

3   Sinn und **Zweck** einer Sicherheitsüberprüfung ist, den Bedarf des Staates an Personen zu decken, denen er besonders sensible Dienst- bzw. Staatsgeheimnisse anvertrauen kann[8] und damit um den Schutz von Verschlusssachen.[9] Der Staat will feststellen, ob die betreffende Person die Gewähr dafür bietet, dass Verschlusssachen nicht an Unbefugte gelangen oder veröffentlicht werden.[10] In der Bundesrepublik fanden im Jahr 2014 knapp 73.000 Sicherheitsüberprüfungen statt, wovon nur knapp 700 (also weniger als 1 %) mit dem Ergebnis eines festgestellten Sicherheitsrisikos endeten.[11] Allerdings stellt die Überprüfung nur eine Momentaufnahme über die sicherheitsmäßige Situation einer Person dar.[12] Wie sich die Person später verhält und ob sie das in sie gesetzte Integritätsvertrauen nicht doch enttäuscht, kann auch eine Sicherheitsüberprüfung nicht prognostizieren. Sie ist kein Instrument „Spione zu entlarven",[13] sondern eine faktenbasierte Einschätzung charakterlicher und persönlicher Risikopotenziale. Der Befund, dass kein Sicherheitsrisiko vorliege (s. § 5 SÜG) löst auch keine Loyalitätskonflikte, die etwa ein Betroffener aus dem politisch-parlamentarischen Raum empfinden mag, wenn er sich in dem Spannungsfeld zwischen nötigem Geheimnisschutz und einer auf Öffentlichkeit angelegten politischen Rechenschaftspflicht bewegt und für den die Zielkonflikte trotz festgestellter Integrität fortbestehen. Die als Ergebnis einer erfolgreichen Sicherheitsüberprüfung erteilte Verschlusssachen-Ermächtigung gibt daher allenfalls eine formale Sicherheit gegen unerlaubte Informationsabflüsse.

4   Wenn die Aussagekraft von Sicherheitsüberprüfungen begrenzt ist, gilt es umso mehr das Spannungsfeld zwischen staatlicher Sicherheit einerseits und der Wahrung legitimer Persönlichkeitsinteressen bzw. Interessen der beruflichen Entwicklung andererseits sorgfältig auszutarieren. Von den Verfahrensbeteiligten ist zwingend zu berücksichtigen, dass der Ausgang der Sicherheitsüberprüfung nicht selten über die weitere berufliche Existenz entscheidet und ein negativer Ausgang erhebliche Auswirkungen hat, wenn „sicherheitsunempfindliche Bereiche" im bisherigen Einsatzbereich des Betroffenen nicht verfügbar sind oder beruflich keine adäquate Einsatzmöglichkeit bieten.[14] Der Ausgang der Sicherheitsüberprüfung entscheidet daher nicht selten über die Fortsetzung oder das Ende einer beruflichen Karriere. Zentral in der Abwägung zwischen dem gebotenen Schutz staatlicher Verschlusssachen einerseits und beruflicher Perspektiven andererseits ist der Umstand, dass anders als im sonstigen Gefahrenabwehr- oder Strafprozessrecht den öffentlichen Sicherheitsinteressen hier nicht ein Störer oder Straftäter gegenübersteht, der sich durch sein störendes Handlungsunrecht vorwerfbar in den Fokus des staatlichen Eingriffsinstrumentariums begeben hat, sondern vielmehr ein in aller Regel besonders rechtstreuer und zuverlässiger Bürger (häufig sogar im Staatsdienst beschäftigt), der sich gerade zwecks Wahrnehmung der Schutzinteressen des Staates den mit der Sicherheitsüberprüfung verbundenen Grundrechtseingriffen aussetzt. Der zu Überprüfende ist damit kein Objekt staatlichen Interventionshandelns, sondern soll vielmehr „Partner" in der Gewährleistung staatlicher Sicherheit werden. Dass auch in diesen Fällen (freilich nur mit Einwilligung des Betroffenen → Rn. 12 ff.) erhebliche Grundrechtseingriffe möglich sein sollen, ist allein damit zu rechtfertigen, dass der Staat als Herr über seine Schutzgüter die Kriterien vorgeben können muss, unter denen eine Person die sensibelsten dieser Schutzgüter (nämlich hoch eingestufte Verschlusssachen) betreuen darf.

---

[8] *Denneborg* Einl. Rn. 38.
[9] *Denneborg* Einl. Rn. 1.
[10] *Denneborg* Einl. Rn. 8.
[11] BT-Drs. 18/3772, 12 ff.
[12] *Engelien-Schulz* VerwRdsch 2007, 60 (63).
[13] *Denneborg* Einl. Rn. 37.
[14] *Däubler* SÜG Einl. Rn. 1.

C. Abgrenzung zum personellen Sabotageschutz

Vom personellen Geheimschutz ist der **(vorbeugende) personelle Sabotageschutz** zu unterscheiden. Dieser wurde als Reaktion auf die Anschläge vom 11.9.2001 mit dem Terrorismusbekämpfungsgesetz (TBG) in § 1 Abs. 4 und 5 SÜG aufgenommen. Die globalen Bedrohungen durch den internationalen Terrorismus führten zu der Überlegung, dass lebens- und verteidigungswichtige Einrichtungen auch vor sog. Innentätern geschützt werden müssen,[15] dh auch Gefahren durch Personen zu berücksichtigen sind, die legal eine Zugangsmöglichkeit zu einer sicherheitsempfindlichen Stelle (zB im Flughafen oder Atomkraftanlagen) haben und dort mittels Sabotagehandlungen große Schäden verursachen können. § 1 Abs. 4 und 5 SÜG wollen daher besonders sensible Stellen in einer lebens- oder verteidigungswichtigen Einrichtung **vor (terroristischen) Innentätern schützen**.[16] Außerdem soll mithilfe der Sicherheitsüberprüfung auch hier die unbefugte Weitergabe von vertraulichen Informationen (Verschlusssachen) verhindert werden, die die Anlage selbst betreffen und sicherheitsrelevant im Hinblick auf ihre Funktionsfähigkeit sind.[17]

Auch wenn die Maßnahmen der Sicherheitsüberprüfung für Zwecke des personellen Geheim- und des personellen Sabotageschutzes regelmäßig identisch sind,[18] kann die Bewertung eventuell anfallender sicherheitserheblicher Erkenntnisse und damit das Votum, ob jemand für eine sicherheitsempfindliche Tätigkeit geeignet ist, insoweit unterschiedlich ausfallen.[19] So werden an die Sicherheitsermächtigung im Bereich des personellen *Sabotageschutzes* grundsätzlich weniger strenge Anforderungen zu stellen sein als im personellen *Geheimschutz,* denn während es bei ersterem „nur" um die Abklärung eines möglichen Gewaltpotentials zwecks Verhinderung konkreter materieller Schädigungshandlungen geht (was mit Register- und Dateiabfragen prima facie zu bewerkstelligen ist), bedarf die Erteilung der Verschlusssachenermächtigung im personellen Geheimschutz einer „tieferen" Prüfung der Integrität der Persönlichkeit, was wegen der größeren Unwägbarkeiten in der Beurteilung strengere Maßstäbe erfordert. Während der Saboteur zwangsläufig spektakulär öffentlichkeitswirksam agieren will, handelt der Verräter von Geheimnissen im Verborgenen.[20] Diese Unterschiede haben den Gesetzgeber veranlasst, die Überprüfungsschritte nach dem SÜG nicht pauschal einheitlich, sondern am jeweiligen Zweck der Überprüfung auszurichten.[21] Wegen der im Einzelfall durchaus unterschiedlichen Zielsetzung von Sicherheitsüberprüfungsverfahren für Zwecke des Geheim- und Sabotageschutzes ist daher eine differenzierte Bewertung der „sicherheitserheblichen Erkenntnisse" (§ 5 SÜG) erforderlich (s. deshalb § 14 Abs. 3 S. 2 SÜG). Während zB bei einer überschuldeten Person oder einer solchen mit Beziehungen in Staaten mit besonderen Sicherheitsrisiken (SmbS; zB nach China, Georgien oder Moldau)[22] wegen höherer Spionagerisiken durchaus Sicherheitsbedenken mit Blick auf das Anvertrauen hoher Verschlusssachen bestehen können, ist nicht plausibel, weshalb eine solche Person besonders dafür prädestiniert sein soll, Sabota-

---

[15] *Denneborg* Einl. Rn. 45.
[16] BT-Drs. 14/7386 [neu], 43.
[17] *Cremer/Eicholt* FS Schule für Verfassungsschutz, 2007, 77 (115).
[18] *Riegel* RDV 1993, 208 (210).
[19] *Engelien-Schulz* RDV 2006, 199 (200).
[20] BR-Drs. 476/11, 34; abl. *Denneborg* § 1 Rn. 34b.
[21] BT-Drs. 17/6925, 20. S. als Beispiel die einfache Sicherheitsüberprüfung nach § 37 Abs. 3 SoldatenG, die den Zweck hat zu verhindern, dass Extremisten an Kriegswaffen ausgebildet werden (BT-Drs. 18/10009, 13).
[22] Die Liste der Staaten iSv § 13 Abs. 1 Nr. 17 SÜG, in denen besondere Sicherheitsrisiken für Personen zu besorgen sind, die mit einer sicherheitsempfindlichen Tätigkeit betraut werden sollen oder bereits betraut sind, findet sich in BT-Drs. 18/3772. Grundlage der Liste sind Erkenntnisse des Auswärtigen Amtes über die politischen Verhältnisse und die Rechtsordnung in diesen Staaten sowie insbesondere Erkenntnisse und Beurteilungen der Nachrichtendienste des Bundes zB über nachrichtendienstliche Gefährdung der Mitarbeiter an deutschen Auslandsvertretungen, die Arbeitsweisen der Nachrichtendienste dieser Staaten und die nachrichtendienstlichen Aktivitäten gegen die Bundesrepublik Deutschland sowie über Aktivitäten terroristischer und krimineller Vereinigungen in diesen Staaten (BT-Drs. 18/3772, 2).

geakte zu begehen, zumal die Gefahr der Entdeckung erheblich größer ist als beim Verrat von Geheimnissen. Diesem Gedanken unterschiedlicher Gefährdungsdimensionen tragen §§ 13 Abs. 2a und 14 Abs. 3 S. 2 SÜG Rechnung. Es ist daher durchaus möglich, dass für ein und dieselbe Person gleichzeitig oder zeitlich versetzt eingeleitete Sicherheitsüberprüfungsverfahren zum Verschlusssachenschutz (§ 1 Abs. 2 SÜG) und zum Sabotageschutz (§ 1 Abs. 4 SÜG) zu unterschiedlichen Ergebnissen führen.[23]

D. Abgrenzung zu Sicherheits- und Zuverlässigkeitsüberprüfungen

7 Ähnliche Ziele wie die Sicherheitsüberprüfung beim personellen Sabotageschutz verfolgt die **Zuverlässigkeitsüberprüfung**. Auch hier geht es um die Abwehr von Gefahren in sensiblen Bereichen mit hohem Schadenspotential (s. § 12b AtG, § 7 LuftSiG, § 4 f. WaffG, § 8 f. SprengG, § 73b AufenthG und in den Hafenanlagensicherheitsgesetzen – HaSiG – der Bundesländer). Wie im personellen Sabotageschutz sollen die persönlichen Voraussetzungen zur Ausübung einer sicherheitsempfindlichen Tätigkeit geklärt und ein von **Innentätern möglicherweise ausgehendes Schadenspotential für besonders kritische Infrastrukturen** frühzeitig erkannt werden. Werden die Regelungen des jeweiligen SÜG für entsprechend anwendbar erklärt (so in § 20 BWHaSiG), handelt es sich letztlich um echte Sicherheitsüberprüfungen für Zwecke der Zuverlässigkeitsüberprüfung (vgl. § 1 Abs. 2 Nr. 4 SÜG). Dennoch besteht ein zentraler Unterschied im Verfahren: Bei der Zuverlässigkeitsüberprüfung ist es die zuständige Stelle (zB Luftsicherheitsbehörde, näher → Rn. 85) selber, die bei anderen Sicherheitsbehörden anfragt und von dort die bereits vorhandenen Erkenntnisse mitgeteilt bekommt. Sie stellt keine eigenen Ermittlungen an, da sie hierfür mangels entsprechender Ermittlungsregeln (anders als die Verfassungsschutzbehörden in § 12 SÜG) keine Kompetenz besitzt.[24] Im Sicherheitsüberprüfungsverfahren hingegen sind es die mitwirkenden Verfassungsschutzbehörden (→ Rn. 86) und nicht die zuständige Stelle, die die Daten bei den verschiedenen öffentlichen und privaten Stellen erheben, bewerten und ihr Votum sodann der zuständigen Stelle mitteilen. Bei der Zuverlässigkeitsüberprüfung agiert der Verfassungsschutz daher nicht als „mitwirkende Behörde" (im Gegensatz zu § 3 Abs. 2 SÜG), sondern es ist vielmehr die zuständige Stelle, die die relevanten Erkenntnisse (unter anderem beim Verfassungsschutz) einholt und diese im Hinblick auf mögliche Zuverlässigkeitsbedenken einer sicherheitsmäßigen Gesamtbewertung unterzieht. Das Verfahren wird hier also von der zuständigen Stelle allein ohne die Mitwirkung des Verfassungsschutzes oder anderer Sicherheitsbehörden durchgeführt, wenngleich diese natürlich ihre Erkenntnisse der zuständigen Stelle übermitteln. Bei der Sicherheitsüberprüfung hingegen sind mit der zuständigen und der mitwirkenden Behörde immer zwei Akteure beteiligt, wobei sich letztere (BfV, LfV oder MAD) nicht auf die bloße Mitteilung von sicherheitserheblichen Erkenntnissen beschränkt und deren Bewertung der zuständigen Stelle überlässt, sondern vielmehr eine eigene – und letztlich maßgebende – Bewertung der vorliegenden Erkenntnisse im Hinblick auf Sicherheitsrisiken vornimmt (s. § 14 Abs. 1, 2 SÜG).

E. Entwicklung und Ziele des Sicherheitsüberprüfungsverfahrens

I. Rechtsgrundlagen

8 Spätestens ab Beitritt der Bundesrepublik Deutschland zur NATO im Jahr 1955 bestand die Notwendigkeit für Sicherheitsüberprüfungen,[25] weil die vom Nordatlantikrat aufgestellten Richtlinien über den Geheimschutz zu beachten waren.[26] Allerdings dauerte es noch bis

---

[23] *Engelien-Schulz* NZWehrr 2014, 177 (180).
[24] *Cremer/Eicholt* FS Schule für Verfassungsschutz, 2007, 77 (86).
[25] *Eicholt* ZBR 2012, 154.
[26] BT-Drs. 7/3246, 9.

E. Entwicklung und Ziele des Sicherheitsüberprüfungsverfahrens § 12

zum Jahre 1994, bis das SÜG[27] verabschiedet wurde (alle 16 Bundesländer haben inzwischen entsprechende Landes-SÜG). Vor diesem Zeitpunkt wurde das Sicherheitsüberprüfungsverfahren ungeachtet der schon frühzeitig entwickelten Wesentlichkeitstheorie[28] allein mithilfe behördeninterner „Sicherheitsüberprüfungsrichtlinien" durchgeführt. Als gesetzliche Grundlage wurde seinerzeit zwar teilweise die Mitwirkungsaufgaben der Verfassungsschutzbehörden nach § 3 Abs. 2 BVerfSchG herangezogen, teilweise wurde auch die allgemeine Gehorsamspflicht des Beamten in Verbindung mit den hergebrachten Grundsätzen des Berufsbeamtentums für ausreichend erachtet.[29] Spätestens jedoch seitdem das BVerfG festgestellt hatte, dass auch „besondere Gewaltverhältnisse" (Sonderstatusverhältnisse) keine implizite Beschränkung von Grundrechten mit sich bringen,[30] war auch der (künftige) Beamte bzw. Angestellte im öffentlichen Dienst grundsätzlich vollinhaltlich Träger der Grundrechte und die Vorstellung, dass bestimmte Personengruppen zur Wahrung der Sicherheitsbelange des Staates auf Grundrechte verzichten sollten, nicht mehr haltbar.[31] Letztlich kann das SÜG aber eine zeitlich verzögerte Folge des „Volkszählungsurteils" des BVerfG vom 15.12.1983[32] zum Umgang mit personenbezogenen Daten betrachtet werden. Da bei Sicherheitsüberprüfungen auch mit sensibelsten Daten aus der Privat- und Intimsphäre des Betroffenen umgegangen wird und Informationen aus anderen Sicherheitsbehörden beigezogen und diese zu einem Gesamtpersönlichkeitsbild zusammengefügt werden, gilt umso mehr die verfassungsrechtliche Vorgabe, dass für die Erhebung, Verarbeitung und Nutzung personenbezogener Daten gesetzliche Regelungen existieren, die dem rechtsstaatlichen Gebot der Normenklarheit entsprechen.[33]

II. Rechtliche Folgen einer erfolgreichen Überprüfung

Eine bedeutsame Folge eines erfolgreich durchgeführten Verfahrens ist die **Vermeidung** **9** **von Strafbarkeitsrisiken** beim Umgang mit Verschlusssachen. In § 94 Abs. 1 Nr. 2, § 95 Abs. 1, § 97 Abs. 1 und § 353b StGB ist das unbefugte Offenbaren von Staats- bzw. Dienstgeheimnissen[34] bzw. deren Weitergabe an „Unbefugte" maßgebliches Tatbestandsmerkmal. Wer ein Geheimnis zuständigen Behördenmitarbeitern mitteilt oder es im Wege der zulässigen Amtshilfe an andere Stellen weitergibt, handelt nach hM bereits nicht tatbestandsmäßig[35] und damit „*befugt*".[36] „Befugt" ist derjenige, der kraft seiner amtlichen Stellung mit dem Vorgang befasst ist bzw. befasst sein darf oder wer von einem Befugten im Rahmen der dafür vorgesehenen Vorschriften zum Befugten gemacht wird.[37] Die Sicherheitsüberprüfung dient folglich dazu, die formalen Voraussetzungen für den befugten Zugang zu (Staats- bzw. Dienst)Geheimnissen zu schaffen.[38]

In Bezug auf die Straftatbestände der §§ 94 ff. StGB und eine „Befugnis" zur Weitergabe **10** von Staatsgeheimnissen ist allerdings zu beachten, dass nicht jeder Verschlusssache – auch nicht den hoch eingestuften – automatisch die Qualität eines Staatsgeheimnisses[39] zu-

---

[27] BGBl. 1994 I 867, zuletzt geändert durch Gesetz v. 20.11.2019 (BGBl. 2019 I 1626).
[28] BVerfGE 49, 89 (126 f.) = NJW 1979, 359.
[29] So BVerfG NVwZ 1988, 1119. Ausführlich *Cremer/Eicholt* FS Schule für Verfassungsschutz, 2007, 77 (82 ff.).
[30] BVerfGE 33, 1 (10) = NJW 1972, 811.
[31] *Sachs* in Sachs, GG, 9. Aufl. 2021, Vor Art. 1 Rn. 131 mwN.
[32] BVerfGE 65, 1 ff. = NJW 1984, 419.
[33] BVerfGE 65, 1 (44) = NJW 1984, 419.
[34] Der Gesetzgeber hat für die Strafvorschriften auf den materiellen Begriff des Staatsgeheimnisses abgestellt, für den es nicht darauf ankommt, ob ein Sachverhalt formal als (hohe) Verschlusssache eingestuft ist, sondern ob tatsächlich ein objektives Geheimhaltungsbedürfnis besteht (*Sternberg-Lieben* in Schönke/Schröder, 30. Aufl. 2019, StGB § 93 Rn. 5; *Schmidt* in LK StGB, 12. Aufl. 2007, StGB § 93 Rn. 7; vgl. auch BVerwG NVwZ 2010, 321 [325] und NVwZ 2010, 905 [908]).
[35] *Kuhlen* in NK-StGB, 5. Aufl. 2017, StGB § 353b Rn. 20 mwN.
[36] *Denneborg* Einl. Rn. 6.
[37] *Fischer*, 63. Aufl. 2016, StGB § 93 Rn. 10.
[38] *Denneborg* Einl. Rn. 6.
[39] Dazu *Dietrich* RW 2016, 566 ff.

kommt⁴⁰ (s. die Legaldefinition in § 93 Abs. 1 StGB).⁴¹ Auch besteht nicht für alle „normalen" Dienstgeheimnisse, wie sie in jeder Behörde anfallen, ein Einstufungsbedürfnis, denn bereits die niedrigste Einstufung VS-NUR FÜR DEN DIENSTGEBRAUCH setzt voraus, dass die Kenntnisnahme durch Unbefugte für die Interessen der Bundesrepublik Deutschland oder eines ihrer Länder nachteilig sein kann (§ 4 Abs. 2 Nr. 4 SÜG). Unabhängig von der gesteigerten Verschwiegenheitspflicht bei Verschlusssachen gilt für Beschäftigte im öffentlichen Dienst die Dienstpflicht zur Amtsverschwiegenheit für amtliche Informationen auch unterhalb einer Einstufung als Verschlusssache.⁴² Daraus folgt, dass bereits die Einstufung als VS-NfD auf einer besonderen, gegenüber einem „normalen" Dienstgeheimnis gesteigerten Schutzbedürftigkeit beruhen muss.⁴³ Dies gilt erst recht für eine Einstufung als VS-VERTRAULICH und höher.

11   Die erfolgreiche Sicherheitsüberprüfung und anschließende Sicherheitsermächtigung zum Umgang mit VS-VERTRAULICH und höher eingestuften Verschlusssachen attestiert damit nicht nur, dass jemand die formale Gewähr dafür bietet, dass er Verschlusssachen nicht an Unbefugte gelangen lässt oder gar veröffentlicht,⁴⁴ sondern es wird auch geklärt, dass **an ihn hoch eingestufte Informationen straffrei weitergegeben werden dürfen.** Die Entscheidung der zuständigen Stelle (§ 3 SÜG), dass bei einer betroffenen Person keine Sicherheitsrisiken (§ 5 SÜG) bestehen, hat **Feststellungswirkung** dergestalt, dass der Einwand zB im Rahmen einer Dienstbesprechung unzulässig wäre, dass die betreffende Person keinen Zugang zu Verschlusssachen erhalten dürfe, etwa, weil sie nicht von der eigenen Behörde überprüft wurde.⁴⁵ Dabei ist auch zu berücksichtigen, dass der gesetzlich erlaubte und in Anbetracht der **Gefahren durch terroristische Bedrohungen** bzw. Kriminalität von der Öffentlichkeit oft eingeforderte Informationsaustausch zwischen Sicherheitsbehörden einen praktikablen **Informationsfluss** zwischen den zuständigen Arbeitseinheiten **erfordert.** Müsste man vor Mitteilung einer eingestuften Erkenntnis gegenüber sicherheitsermächtigten Gesprächsteilnehmern (zB zu den Hintergründen eines konkreten Gefährdungssachverhalts) erst prüfen, ob jedes Detail der – mündlich – mitgeteilten Erkenntnis für die Aufgabenerfüllung jedes Anwesenden auch tatsächlich erforderlich ist und ob der Gegenüber nach der dortigen behördeninternen Aufgabenverteilung für die Kenntnisnahme bzw. Weiterbearbeitung der mitgeteilten Erkenntnis auch zuständig ist, würde dies den Informationsaustausch stark behindern. Die Datenübermittlung zwischen sicherheitsermächtigten Akteuren ist daher aus geheimschutzrechtlicher Sicht straffrei (davon zu unterscheiden ist die Frage nach einem datenschutzrechtlich befugten Umgang mit Verschlusssachen. Näher zu den Voraussetzungen für rechtmäßige Datenübermittlungen → § 32).

F. Verfahrensgrundsätze der Sicherheitsüberprüfung

I. Freiwilligkeit und notwendige Einwilligung

12   Zentrales Merkmal des Sicherheitsüberprüfungsrechts ist die **Freiwilligkeit** (§ 2 Abs. 1 S. 2 SÜG). Sie ist Ausdruck der Tatsache, dass niemand gezwungen werden kann, eine sicherheitsempfindliche Tätigkeit aufzunehmen; eine entsprechende dienstrechtliche Weisungsbefugnis ist im Beamtenrecht nicht vorgesehen⁴⁶ (anders nur für Soldaten gem. § 24 Abs. 6 S. 1 Nr. 7 WehrpflG, § 77 Abs. 4 Nr. 7 SG).⁴⁷ Die vor Inkrafttreten des SÜG

---

⁴⁰ *Engelien-Schulz* UBWV 2010, 19 (28).
⁴¹ Dazu *Fischer,* 63. Aufl. 2016, StGB § 93 Rn. 7; *Dietrich* RW 2016, 566 (580) mwN.
⁴² Vgl. *Battis* BBG, 5. Aufl. 2017, § 67 Rn. 4; *Engelien-Schulz* UBWV 2010, 19 (21).
⁴³ *Ebert/Tiller* LKV 2001, 255 (257).
⁴⁴ *Denneborg* Einl. Rn. 8.
⁴⁵ *Denneborg* § 3 Rn. 3.
⁴⁶ *Denneborg* § 2 Rn. 6.
⁴⁷ In einigen Ländern besteht für Beschäftigte in sensitiven Bereichen von Hafenanlagen – außerhalb des Anwendungsbereichs des SÜG – jedoch eine Verpflichtung, an ihrer Zuverlässigkeitsüberprüfung mitzuwirken (zB § 11 Abs. 3 NdsHaSiG, § 22 Abs. 4 HaSiG NRW).

vertretene Ansicht, durch den eigenen Willensentschluss, Beamter zu werden, erweitere sich der Pflichtenkreis dergestalt, dass sich der Beamte der dienstlichen Weisung zur Durchführung einer Sicherheitsüberprüfung nicht entziehen könne,[48] ist spätestens seit Schaffung des § 2 Abs. 1 S. 2 SÜG nicht mehr haltbar. Insbesondere ergibt sich keine Mitwirkungspflicht aus der allgemeinen Treuepflicht des Beamten als althergebrachtem Grundsatz des Berufsbeamtentums.[49] Auch wenn natürlich häufig ein faktischer Druck bestehen wird, der Durchführung des Verfahrens zuzustimmen, weil andernfalls die weitere Karriere in Gefahr geraten könnte oder bei einem Arbeitnehmer gar eine Kündigung droht,[50] kann grundsätzlich niemand gezwungen werden sich überprüfen zu lassen. Das Erfordernis, der entsprechenden Datenverarbeitung zustimmen zu müssen, hebt das Sicherheitsüberprüfungsrecht aus dem sonstigen Sicherheitsrecht heraus, denn während im Gefahrenabwehr- und Strafverfahrensrecht Grundrechtseingriffe (insbesondere Erhebung, Verarbeitung und Nutzung personenbezogener Daten) naturgemäß gegen den Willen der Betroffenen stattfinden und deshalb (da ohne Einwilligung)[51] nur auf normenklarer gesetzlicher Grundlage, ist die **Einleitung** des Sicherheitsüberprüfungsverfahrens **und** die **Durchführung** aller Verfahrensabschnitte **nur mit Zustimmung** des zu Überprüfenden zulässig. Die Zustimmung ist aus Gründen der Beweiskraft und zu Dokumentationszwecken gem. § 2 Abs. 1 S. 3 SÜG zwingend schriftlich zu erteilen und als Einwilligung iSd §§ 36 Abs. 1 Nr. 2, 46 Nr. 17 SÜG, § 51 BDSG zu qualifizieren.

Indes können an dem in § 46 Nr. 17 BDSG vorausgesetzten „**freiwilligen Einver-** 13 **ständnis**" zur erforderlichen Datenverarbeitung **Zweifel** bestehen, wenn für eine bestimmte Tätigkeit zwingend eine Sicherheitsüberprüfung verlangt und der Bewerber ohne Bereitschaft zur Durchführung des Verfahrens nicht in die engere Auswahl einbezogen wird oder gar – bei beabsichtigter Umwandlung seiner aktuellen nicht sicherheitsempfindlichen Tätigkeit in eine Funktion mit Sicherheitsempfindlichkeit – bei Verweigerung des Einverständnisses zur Sicherheitsüberprüfung mit erheblichen beruflichen bzw. dienstlichen Nachteilen rechnen muss.[52] Teilweise wird daher der „Zustimmung" der betroffenen Person auch nicht eine Legitimationswirkung hinsichtlich der mit der Überprüfung verbundenen Eingriffe in das Recht auf informationelle Selbstbestimmung zugesprochen, sondern vielmehr eine **Transparenzfunktion,** kraft derer der Einzelne wenigstens wissen können soll, weshalb welche Daten erhoben werden und was mit diesen geschieht.[53] Für eine gewollte Abschwächung des Freiwilligkeitsprinzips könnte sprechen, dass der Gesetzgeber in § 36 Abs. 1 Nr. 2 SÜG den § 51 Abs. 4 BDSG, der das Freiwilligkeitsprinzip bei der Einwilligung betont („Die Einwilligung ist nur wirksam, wenn sie auf der freien Entscheidung der betroffenen Person beruht") im Bereich des SÜG von der Anwendbarkeit ausschließt. Dies könnte ein Indiz dafür sein, dass man den Stellenwert des Freiwilligkeitsgrundsatzes bei der Sicherheitsüberprüfung mindern wollte.[54] Dennoch wird man die Zustimmung nach § 2 Abs. 1 S. 2 SÜG im Regelfall als vollgültiges Einverständnis werten können, wenn und soweit sie ausdrücklich für Zwecke der Sicherheitsüberprüfung erteilt wurde (die – wie allgemein bekannt – bei negativem Ausgang zu erheblichen beruflichen Nachteilen führen kann)[55] und in Kenntnis der damit verbundenen Datenverarbeitungen sowie mit dem Ziel, eine berufliche Weiterentwicklung bzw. die Beibehaltung des beruflichen Status zu ermöglichen.

---

[48] OVG Münster ZBR 1987, 151 (152).
[49] So aber noch BVerfG NVwZ 1988, 1119; ebenso OVG Münster ZBR 1987, 151 und VGH München BeckRS 2009, 43482.
[50] *Däubler* SÜG § 2 Rn. 11.
[51] S. deklaratorisch aber § 8 Abs. 1 S. 1 Hs. 2 BVerfSchG, wonach die Verarbeitung personenbezogener Daten durch das BfV auch zulässig ist, wenn der Betroffene eingewilligt hat.
[52] Zur Freiwilligkeit der Einwilligung im Sicherheitsrecht *Golla/Skobel* GSZ 2019, 140 (143).
[53] *Däubler* SÜG § 11 Rn. 11.
[54] Nach *Däubler* SÜG § 36 Rn. 16 ergibt sich das Freiwilligkeitsprinzip jedoch aus § 46 Nr. 17 BDSG.
[55] *Däubler* SÜG § 11 Rn. 11.

14 Das Zustimmungserfordernis gilt für sämtliche Datenerhebungsmaßnahmen im Zusammenhang mit der Sicherheitsüberprüfung, also auch beim einzubeziehenden Ehegatten (dazu § 2 Abs. 2 S. 3 SÜG) und den befragten Referenzpersonen. Dieser Umstand wird nicht dadurch abgeschwächt, dass sich in § 11 Abs. 1 S. 2 SÜG ein Hinweis auf eine „dienst-, arbeitsrechtliche oder sonstige vertragliche Mitwirkungspflicht" des Betroffenen und der sonstigen zu befragenden Personen findet. Dies ist keine Relativierung des Freiwilligkeitsprinzips, sondern die Klarstellung, dass ohne Kooperation des Betroffenen (zB über seine persönlichen und verwandtschaftlichen Verhältnisse Auskunft zu geben oder Referenzpersonen zu benennen) die notwendigen sicherheitsmäßigen Feststellungen nicht getroffen werden können. Da es durchaus Fälle geben kann, wo die betroffene Person durch ihre Kooperationsverweigerung eine Versetzung verhindern oder drohende Reisebeschränkungen nach § 32 SÜG umgehen will, stellt § 11 Abs. 1 S. 2 SÜG lediglich klar, dass wegen der allgemeinen **beamtenrechtlichen Treuepflicht** (§ 62 Abs. 1 S. 2 BBG, § 35 S. 2 BeamtStG) oder nach Maßgabe besonderer arbeitsrechtlicher Vereinbarungen durchaus eine **Kooperationspflicht** des Betroffenen (s. ausdrücklich für BND-Beschäftigte in § 2 Abs. 2 S. 2 BNDG) sowie von Dritten geben kann, in die Erhebung der für die Überprüfung erforderlichen personenbezogenen Daten einzuwilligen.[56]

15 Für Beschäftigte des BND soll sich nach Ansicht des BVerwG aus § 2 Abs. 2 S. 2 BNDG sogar eine echte Dienstpflicht (Rechtspflicht) ergeben, die Zustimmung zur Überprüfung zu erteilen.[57] Dieser Schluss lässt sich dem Wortlaut des BND-Gesetzes jedoch nicht entnehmen.[58] § 2 Abs. 2 S. 2 BNDG statuiert keine Pflicht zur Sicherheitsüberprüfung, sondern setzt die Zulässigkeit einer solchen aufgrund anderer Regelungen vielmehr voraus. Eine Mitwirkungspflicht besteht also nur für bereits angelaufene Verfahren, insbesondere die erforderlichen Angaben zu den persönlichen Verhältnissen zu machen (→ Rn. 14). Wann und unter welchen Voraussetzungen eine Sicherheitsüberprüfung durchgeführt wird, entscheidet sich allein nach Maßgabe des spezielleren SÜG und dem dort statuierten Freiwilligkeitsprinzip.[59] Lediglich dort, wo es das Gesetz ausdrücklich vorsieht (§ 24 Abs. 6 S. 1 Nr. 7 WehrpflG, § 77 Abs. 4 Nr. 7 SG), besteht eine Pflicht zur Einwilligung in die Durchführung einer Sicherheitsüberprüfung. Mangels entsprechender Regelungen im BNDG, BVerfSchG oder MADG gilt die fehlende Rechtspflicht zur Durchführung auch für die Mitarbeiter der Nachrichtendienste, die bereits bei ihrer Einstellung wussten (zB aufgrund ihrer laufbahnspezifischen Ausbildung), dass sie bei einem Nachrichtendienst eingesetzt würden, für den eine Sicherheitsermächtigung zwingende Beschäftigungsvoraussetzung ist.[60]

II. Konsequenzen bei Verweigerung und Widerruf der Einwilligung

16 Ohne Zustimmung der betroffenen Person darf die Sicherheitsüberprüfung weder eingeleitet noch weitergeführt werden.[61] **Verweigert** der Betroffene von vornherein sein Einverständnis, kann das Verfahren nicht eingeleitet werden. **Widerruft** die Person ihr Einverständnis während eines laufenden Verfahrens, entsteht ein Verfahrenshindernis, das die Behörde an der weiteren Bearbeitung hindert (§ 14 Abs. 5 S. 1 Nr. 1 SÜG; s. auch § 22 S. 2 Nr. 2 VwVfG); das Verfahren ist dann ohne Entscheidung in der Sache wegen eines bestehenden Verfahrenshindernisses einzustellen und der Widerrufende darf nicht weiter mit einer sicherheitsempfindlichen Tätigkeit betraut werden[62] (s. auch § 17 Abs. 3 SÜG;

---

[56] *Däubler* SÜG § 11 Rn. 12.
[57] BVerwG NJOZ 2015, 260 (262 ff., Rn. 38): Verstöße hiergegen können sogar disziplinarrechtliche Folgen haben.
[58] Ebenso *Denneborg* § 2 Rn. 6.
[59] Näher *Eicholt* DöD 2015, 88 (89 f.) mit Hinweis auf die Gesetzesmaterialien.
[60] *Eicholt* DöD 2015, 88 (91).
[61] *Denneborg* § 2 Rn. 6.
[62] BT-Drs. 18/11281, 80.

zur Löschung der bis zu diesem Zeitpunkt erhobenen Daten s. § 22 Abs. 2 SÜG). **Zieht der Betroffene nach erfolgreichem Abschluss des Verfahrens seine Einwilligung zurück,** ist eine weitere Verarbeitung oder Nutzung seiner Daten unzulässig; die erhobenen Daten unterliegen dann einem Verwertungsverbot. Zwar kann die zuständige Stelle aus dem Widerruf der Einwilligung als solchem kein Sicherheitsrisiko ableiten,[63] mangels Berechtigung zur Nutzung der (vorhandenen) Daten kann sie jedoch nicht den erfolgreichen Abschluss der Sicherheitsüberprüfung attestieren. Nach § 14 Abs. 5 S. 1 Nr. 1 SÜG darf der Widerrufende dann nicht weiter mit einer sicherheitsempfindlichen Tätigkeit betraut werden. Weitere unmittelbare Konsequenzen, zB disziplinarrechtliche Sanktionen, darf die Verweigerung der Zustimmung jedoch nicht haben, weil anderenfalls der Grundsatz der Freiwilligkeit der Einwilligung konterkariert würde.[64] Gibt es jedoch keine anderen Verwendungsmöglichkeiten bei der Beschäftigungsbehörde bzw. der Firma als die sicherheitsempfindliche Tätigkeit, für die die Überprüfung Voraussetzung ist, kann Arbeitnehmern freilich eine Kündigung drohen.[65]

Ein Verfahrenshindernis, das zur Einstellung des Verfahrens und damit zur Versagung der Sicherheitsermächtigung führt, liegt auch dann vor, wenn zwar die Einwilligung erteilt ist, jedoch die gesetzlich erforderlichen Überprüfungsschritte (§ 12 SÜG) nicht möglich sind, etwa weil die betroffene Person oder ihr Ehegatte erst seit kurzem in der Bundesrepublik lebt und eine Prüfung ihrer Identität und zu sicherheitserheblichen Erkenntnissen bei Polizeidienststellen der in den letzten fünf Jahren innegehabten Wohnsitze daher nicht möglich ist.[66] Die Überprüfung erstreckt sich nämlich in der Regel auf den Zeitraum der letzten fünf Jahre, bei Beschäftigten der Nachrichtendienste sogar auf die letzten zehn Jahre (§ 12 Abs. 6 SÜG). Allerdings kommt eine Einstellung der Sicherheitsüberprüfung in Fällen eingeschränkter Überprüfbarkeit nur dann in Betracht, wenn die notwendigen Überprüfungen iSd § 12 SÜG (zB das Einholen polizeilicher Erkenntnisse über die letzten fünf Jahre) *tatsächlich nicht durchführbar* sind, etwa weil Auskünften, die von Behörden von Staaten mit besonderen Sicherheitsrisiken erteilt werden, im Rahmen der Sicherheitsüberprüfung kein verlässlicher Aussagewert zukommt[67] oder Ermittlungen in einem SmbS-Staat die betroffene Person überhaupt erst in den Fokus der dortigen Behörden rücken und damit die Gefahr einer nachrichtendienstlichen Anbahnung geradezu herausfordern würde.[68]

Die Betrauung mit einer sicherheitsempfindlichen Tätigkeit setzt nach § 14 Abs. 5 S. 2 SÜG einen **Sicherheitsüberprüfungsstatus** voraus. Diesen erlangt man nach § 2 Abs. 1 S. 1 SÜG nur nach **vollständigem Durchlaufen** der für die jeweilige Überprüfungsstufe (Ü1, Ü2 oder Ü3) erforderlichen Maßnahmen der Sicherheitsüberprüfung (s. die Aufzählung in § 7 Abs. 1 SÜG) und der Feststellung der zuständigen Stelle (→ Rn. 85), dass das Verfahren positiv abgeschlossen wurde.[69] Zwar lässt § 15 SÜG unter bestimmten Voraussetzungen auch eine vorzeitige vorläufige Zuweisung einer sicherheitsempfindlichen Tätigkeit zu, doch entbindet dies nicht von dem Erfordernis, dass die Sicherheitsüberprüfung vor der endgültigen Übertragung der sicherheitsempfindlichen Tätigkeit mit den jeweils für die Überprüfungsmaßnahme (s. dazu § 12 Abs. 1–3 SÜG) vorgesehenen Maßnahmen vollständig abgeschlossen sein muss.

---

[63] *Engelien-Schulz* RDV 2006, 199 (200).
[64] Ähnlich *Denneborg* § 2 Rn. 7.
[65] Näher *Däubler* SÜG § 2 Rn. 14; *Denneborg* § 2 Rn. 7.
[66] BVerwG NVwZ-RR 2005, 261 (263); NVwZ-RR 2006, 622 (623); VG Berlin Urt. v. 10.1.2017 – 4 K 214.14, Rn. 19.
[67] BVerwG Beschl. v. 21.3.2013 – 1 WB 67.11, Rn. 35.
[68] VG Berlin Urt. v. 10.1.2017 – 4 K 214.14, Rn. 20.
[69] Vgl. BVerwG NVwZ-RR 2005, 261 (262).

III. In dubio pro securitate

19 Nach § 14 Abs. 3 S. 3 SÜG hat das Sicherheitsinteresse „im Zweifel" Vorrang vor anderen Belangen. Damit ist keine Verlagerung der Beweislast auf den Betroffenen verbunden, der sich dahingehend entlasten müsste, dass eine bestimmte problematische Erkenntnis doch nicht als sicherheitserheblich (§ 5 Abs. 2 SÜG) anzusehen sei bzw. nicht als so durchschlagend, dass sie zu einem Sicherheitsrisiko führe (§ 5 Abs. 1 SÜG). Allerdings verlagert die Vorschrift das Risiko des „non liquet", also von unaufklärbaren Zweifelsfällen, zugunsten der staatlichen Sicherheitsinteressen. Ist etwa die vollständige Aufklärung eines für die Bewertung eines möglichen Sicherheitsrisikos maßgeblichen Sachverhalts – aus welchen Gründen auch immer – nicht möglich, wird die mitwirkende Behörde den offenen Sachverhalt (zB ob verwandtschaftliche Verbindungen in einen Staat mit besonderen Sicherheitsrisiken eine Anbahnungsgefahr iSd § 5 Abs. 1 S. 1 Nr. 2 SÜG oder Kontakte zu Angehörigen der Organisierten Kriminalität Zweifel an der Zuverlässigkeit iSd § 5 Abs. 1 S. 1 Nr. 1 SÜG begründen) im Zweifel zu Ungunsten des Betroffenen werten und ein Sicherheitsrisiko annehmen. Die bloße Erwartung, dass der Betroffene ein in der Vergangenheit gezeigtes strafbares Verhalten künftig nicht mehr an den Tag legen werde, reicht dabei nicht aus, um die Zuverlässigkeit des Betroffenen positiv festzustellen.[70] Die Wertung von Restzweifeln zuungunsten des Betroffenen setzt freilich voraus, dass die mitwirkende Behörde bzw. zuständige Stelle zuvor alle erfolgversprechenden und zumutbaren Erkenntnismöglichkeiten ausschöpfen, um den Sachverhalt entscheidungsreif aufzuklären (§ 24 VwVfG). § 14 Abs. 3 S. 3 SÜG bietet keine Handhabe, bei komplexer Sachverhaltslage (zB häufigen Auslandsaufenthalten in SmbS-Staaten oder eine frühere Mitgliedschaft in einer verfassungsfeindlichen Organisation) eine eingeschränkte objektive Erkenntnislage vorschnell im Zweifel zulasten des Betroffenen zu werten. Auch § 14 Abs. 2a SÜG verbietet die pauschale Anwendung des „in dubio pro securitate" allein deshalb, weil der Betroffene für die letzten fünf bzw. zehn Jahre (s. § 12 Abs. 6 SÜG) nicht überprüfbar ist, zB weil er sich beruflich im Ausland aufgehalten hat.

20 Das hinter § 14 Abs. 3 S. 3 SÜG stehende Prinzip „in dubio pro securitate" (im Zweifel für die Sicherheit und gegen die Individualrechte des Betroffenen) ist der deutschen Rechtsordnung – nicht nur im Strafrecht – fremd; ansonsten gilt bei der Rechtsanwendung gegenüber dem Einzelnen der verfassungsrechtlich ableitbare Grundsatz „in dubio pro libertate".[71] Die Regelung ist aber insofern verständlich, als es einem staatlichen Arbeit- oder Auftraggeber nicht zugemutet werden kann, seine hochsensiblen Angelegenheiten von Personen erledigen zu lassen, bei denen Restzweifel an ihrer vollständigen persönlichen Integrität verbleiben. Genau genommen statuiert § 14 Abs. 3 S. 3 SÜG auch nicht die rechtliche Maxime, „im Zweifel" Freiheitsrechte des Bürgers zugunsten des Staates einzuschränken, sondern erlaubt lediglich bei *tatsächlichen* Restzweifeln bei der Aufklärung eines sicherheitsrelevanten Sachverhalts (zB bei begründeten Indizien, dass eine betroffene Person inoffizieller Stasi-Mitarbeiter war, jedoch der „harte" Aktenbeweis – zB die Verpflichtungserklärung – fehlt), dass die Folgen der Unaufklärbarkeit auf die betroffene Person abgewälzt werden. Diese Verlagerung der Beweislast ist dann unproblematisch, wenn die sicherheitserheblichen Erkenntnisse (§ 5 Abs. 2 SÜG) in der Verantwortungs- bzw. Einflusssphäre des Betroffenen wurzeln, insbesondere von ihm zu vertreten sind (zB von ihm gepflegte zweifelhafte Kontakte zu verfassungsfeindlichen oder kriminellen Organisationen).

IV. Zweckbindungs- und Abschottungsgebot

21 Um der enormen Sensitivität der im Sicherheitsüberprüfungsverfahren verarbeiteten personenbezogenen Daten Rechnung zu tragen, unterliegen die Daten einem strengen

---

[70] VGH München BeckRS 2010, 51883 Rn. 19 (zum LuftSiG); *Denneborg* § 14 Rn. 10.
[71] Dazu *Warg* in Dietrich/Eiffler NachrichtendiensteR-HdB V § 1 Rn. 17; *Schwagerl* ZRP 1988, 167 (169).

F. Verfahrensgrundsätze der Sicherheitsüberprüfung § 12

Zweckbindungsgebot. Das allgemeine datenschutzrechtliche Prinzip, personenbezogene Daten grundsätzlich nur für die Zwecke zu verwenden, für die sie erhoben wurden,[72] gilt angesichts der besonderen Brisanz und Eingriffstiefe im SÜG in besonderer Weise. Daten, die im Sicherheitsüberprüfungsverfahren erhoben wurden, dürfen nur für die im SÜG genannten Zwecke genutzt und übermittelt werden (s. näher § 21 SÜG → Rn. 22 ff.). Eine Verwendung außerhalb des Verfahrens ist nur zulässig, wenn das SÜG es ausdrücklich anordnet oder zulässt; § 37 Abs. 2 Nr. 2 SÜG stellt Verstöße gegen diese Vorgabe unter Strafe.[73] Gleichsam als technisch-organisatorische Absicherung dieser Vorgabe müssen Daten aus dem Sicherheitsüberprüfungsverfahren von anderen Datenbeständen getrennt vorgehalten werden **(Abschottungsgebot)**. Dies meint eine gesonderte Aufbewahrung und Schutz gegen unbefugten Zugriff, was sich als Teil des allgemeinen Datenschutzes auch in Art. 32 DSGVO findet.[74] Ausfluss hiervon ist die Vorgabe, dass die Aufgaben der zuständigen Stelle nach dem SÜG (insbesondere das Führen der Sicherheitsakte nach § 18 Abs. 1–3 SÜG) von einer Organisationseinheit wahrgenommen werden muss, die von der Personalverwaltung getrennt ist (s. §§ 3 Abs. 1a, 18 Abs. 3 SÜG und § 106 Abs. 1 S. 6 BBG). Das Abschottungsgebot gilt auch für die Daten der Beschäftigten der **Nachrichtendienste,** bei denen die zuständige und mitwirkende Behörde identisch sind (§ 3 Abs. 3 SÜG) und bei denen daher die besonders sensiblen Daten der Sicherheitsüberprüfungsakte (§ 18 Abs. 4 SÜG) – neben der Sicherheitsakte nach § 18 Abs. 1–3 SÜG und der Personalakte – in ein und derselben Behörde verwaltet werden (nach § 18 Abs. 8 SÜG dürfen bei den Nachrichtendiensten Sicherheits- und Sicherheitsüberprüfungsakte in einem gemeinsamen Aktenvorgang geführt werden). Durch die strikte Trennung von sonstigen Personalunterlagen soll verhindert werden, dass die Sicherheitsakte und erst recht die Sicherheitsüberprüfungsakte (§ 18 Abs. 4 SÜG) für Zwecke der Personalverwaltung und Personalwirtschaft genutzt werden.[75] Das Sicherheitsüberprüfungsverfahren dient nicht dazu festzustellen ob der Betroffene seine dienstlichen oder arbeitsrechtlichen Pflichten ordnungsgemäß erfüllt bzw. erfüllen werde, sondern allein, ob ein Sicherheitsrisiko einer sicherheitsempfindlichen Tätigkeit entgegensteht.[76]

V. Weiterverwendung der Daten aus der Sicherheitsüberprüfung

Wegen der der Vielzahl sensitiver personenbezogener Daten, die im Rahmen einer Sicherheitsüberprüfung erhoben und zu einem Persönlichkeitsgesamtbild zusammengeführt werden, bedarf es besonders strenger Zweckbindungs- und restriktiver Übermittlungsvorschriften, die eine zweckfremde und persönlichkeitsrechtsgefährdende Weiterverarbeitung nach Möglichkeit ausschließt. Die diesbezüglichen – als Ausnahmetatbestände zu verstehenden – Erlaubnisse in § 21 Abs. 1 SÜG sind daher abschließend. Soweit in einem anderen Gesetz Auskunftspflichten gegenüber anderen Behörden enthalten sind (zB in Polizeigesetzen oder im Steuerrecht), beziehen sich diese aufgrund des Vorrangs des SÜG als spezielleres Gesetz nicht auf die im Rahmen einer Sicherheitsüberprüfung erhobenen Daten.[77] 22

---

[72] BVerfGE 65, 1 (46) = NJW 1984, 419.
[73] Soweit ein Tatbestand des spezielleren § 37 SÜG verwirklicht wird, verdrängt dieser die Anwendung des (nach § 36 Abs. 1 Nr. 2 SÜG zwar grundsätzlich anwendbaren, aber allgemeineren) § 42 BDSG. Eine Strafbarkeit nach § 42 BDSG kommt also trotz seiner Anwendbarkeit gem. § 36 Abs. 1 Nr. 2 SÜG nur in Betracht bei Verhaltensweisen, die nicht von § 37 SÜG erfasst sind (*Däubler* SÜG § 37 Rn. 3).
[74] *Däubler* SÜG § 19 Rn. 2.
[75] *Engelien-Schulz* BWV 2007, 102 (106).
[76] Daher zählen die Regelungen des SÜG auch nicht zum Beamten-, sondern Gefahrenabwehrrecht, s. BVerwG NVwZ-RR 2011, 682 (683).
[77] *Denneborg* § 21 Rn. 8a.

1. Für Straftaten von erheblicher Bedeutung

23 Eine zweckfremde, aber im Licht der Verhältnismäßigkeit zu rechtfertigende Zweckdurchbrechung liegt nach § 21 Abs. 1 S. 1 Nr. 4 SÜG in der Verfolgung von Straftaten von erheblicher Bedeutung. Es handelt sich hierbei um Spezialregelungen, die den Übermittlungsvorschriften der §§ 19 ff. BVerfSchG, § 11 MADG und § 24 BNDG vorgehen.

24 Straftaten von „erheblicher Bedeutung" im Sinne dieser Vorschrift sind nach den SÜG-AVV alle, die in § 138 StGB oder § 3 G 10 aufgezählt werden (zB, wenn sich durch die Ermittlungen im Rahmen der Wiederholungsüberprüfung der Verdacht landesverräterischer Agententätigkeit ergibt). Weitere Orientierungshilfe für die Definition von Straftaten von „erheblicher Bedeutung" bieten die Legaldefinitionen im Polizeirecht, etwa in § 8 Abs. 3 PolG NRW. Straftaten haben nach den SÜG-AVV aber auch dann erhebliche Bedeutung, wenn sie den Rechtsfrieden empfindlich stören oder geeignet sind, das **Gefühl der Rechtssicherheit** der Bevölkerung **erheblich zu beeinträchtigen.** Beispielhaft fallen nach den SÜG-AVV hierunter Körperverletzungs- oder Sachbeschädigungsdelikte aus fremdenfeindlicher bzw. verfassungsfeindlicher Gesinnung, jedenfalls dann, wenn sie von der zu überprüfenden (betroffenen) Person verübt werden. Denn in diesen Fällen bestehen an der Zuverlässigkeit bzw. Rechtstreue erhebliche Zweifel. Regelungsziel des § 21 Abs. 1 S. 1 Nr. 4 SÜG ist zum einen die Gewährleistung des staatlichen Strafanspruchs bei gravierenden, den Rechtsfrieden bzw. Individualrechtsgüter massiv beeinträchtigenden Straftaten; hier muss der staatliche Strafanspruch nicht hinter schutzwürdigen Persönlichkeitsinteressen zurücktreten. Zum anderen will § 21 Abs. 1 S. 1 Nr. 4 SÜG aber auch sicherstellen, dass, wenn die Straftat von Personen in sicherheitsempfindlicher Tätigkeit begangen wurde, denen die Allgemeinheit gerade aufgrund der Sicherheitsüberprüfung ein besonderes Integritätsvertrauen entgegenbringt, sie bei gravierender Enttäuschung dieses in sie gesetzten Vertrauens – wozu auch das Vertrauen in eine besondere Gesetzes- und Verfassungstreue gehört (s. § 5 Abs. 1 SÜG) – strafrechtlich belangt werden können. Insoweit erfasst § 21 Abs. 1 S. 1 Nr. 4 SÜG auch Delikte, bei denen durch die Tat das Vertrauen in die Integrität der Verwaltung bzw. in die ordnungs- und sachgerechte Erfüllung öffentlicher Aufgaben empfindlich beeinträchtigt ist.[78] Konsequenterweise fallen hierunter auch Straftaten der betroffenen Person von objektiv minderschwerem Gewicht, die aber in besonderem Maße das Vertrauen in die Integrität der in sicherheitsempfindlicher Tätigkeit Beschäftigten zerstören (zB Bestechlichkeit, Körperverletzung im Amt, Verletzung von Dienstgeheimnissen oder Straftaten, bei denen aufgrund ihrer Zielsetzung, des Motivs des Täters oder dessen Verbindung zu einer verfassungsfeindlichen Organisation tatsächliche Anhaltspunkte dafür vorliegen, dass sie gegen die Schutzgüter des Verfassungsschutzes gerichtet sind; vgl. dazu auch die parallele Übermittlungspflicht bei Staatsschutzdelikten in § 20 Abs. 1 BVerfSchG).[79] Insoweit besteht bei „Geheimnisträgern" angesichts der ihnen übertragenen Schutzpflichten für staatliche Interessen ein höheres Strafverfolgungsinteresse als beim „Normalbürger", in den keine besondere Zuverlässigkeitserwartungen gesetzt werden.

2. Parlamentarische Untersuchungsausschüsse

25 Um dem Kontrollbedürfnis des „schärfsten Schwerts" der parlamentarischen Demokratie, dem Untersuchungsausschuss, entgegenzukommen, sieht § 21 Abs. 1 S. 1 Nr. 3 SÜG für diese Zwecke ebenfalls eine Ausnahme von der engen Zweckbindung vor. Die Regelung wird flankiert durch § 18 Abs. 1 und 4 PUAG bzw. den entsprechenden Regelungen der Untersuchungsausschussgesetze der Länder. Danach haben Behörden und Gerichte eine umfassende Vorlagepflicht hinsichtlich der bei ihnen vorhandenen Unterlagen gegenüber Untersuchungsausschüssen, die nur durch unmittelbar aus der Verfassung ableitbare (dh

---

[78] Ähnlich *Denneborg* § 21 Rn. 6.
[79] AA *Denneborg* § 21 Rn. 6: zu starke Ausdehnung der Möglichkeit der Zweckdurchbrechung.

verfassungsrechtliche, nicht einfachgesetzliche) Schranken begrenzt wird (s. §§ 18 Abs. 1 PUAG, 15 Abs. 1 HessUAG: „... vorbehaltlich verfassungsrechtlicher Grenzen ..."). Diese Grenzen sind neben dem Kernbereich exekutiver Eigenverantwortung und dem Staatswohl insbesondere die entgegenstehenden überwiegenden Persönlichkeitsrechte der von einer Informationsweitergabe Betroffenen.[80] § 21 Abs. 1 S. 1 Nr. 3 SÜG trifft die Wertung, dass die im Rahmen einer Sicherheitsüberprüfung erhobenen Daten trotz ihres sensiblen Charakters grundsätzlich keine überwiegenden Belange des Persönlichkeitsschutzes des Betroffenen begründen, die einer Übermittlung für Zwecke eines Untersuchungsausschusses entgegenstehen. Nur für personenbezogene Daten aus dem Kernbereich privater Lebensgestaltung, deren Weitergabe – auch im Falle der Einstufung als hohe Verschlusssache – an den Untersuchungsausschuss für den Betroffenen schlechthin unzumutbar wäre, besteht insoweit eine Schranke des Beweiserhebungsrechts des Ausschusses.[81] Wenn die Daten wegen ihrer besonderen Sensibilität nur für den Zweck parlamentarischer Untersuchungsausschüsse genutzt werden dürfen, folgt im Umkehrschluss, dass sie von der Kontrolle durch das PKGr bzw. der Parlamentarischen Kontrollkommissionen der Länder ausgenommen sind.[82] Dies gilt erst recht für andere Kontrollinstanzen wie Innenausschuss oder parlamentarische Anfragen. Gegen den Ausschluss des PKGr von entsprechenden Kenntnisnahmerechten kann zwar argumentiert werden, dass vor dem Hintergrund der verfassungsrechtlichen Verankerung des PKGr in Art. 45d GG – der wiederum Ausdruck des allgemeinen Gedankens einer aus Art. 20 Abs. 2 S. 2 GG verfassungsrechtlich gebotenen parlamentarischen Kontrolle der Regierung und damit auch der Nachrichtendienste insgesamt ist[83] – auch das PKGr in gleichem Maße wie ein Untersuchungsausschuss ein verfassungsrechtlich verbürgtes Recht auf Zugang auch zu geheimhaltungsbedürftigen Informationen haben müsse; es gebe angesichts der beiden Gremien nebeneinander und gleichberechtigt gewährten Kontrollrechte keinen Grund, das PKGr insoweit schlechter zu stellen, zumal dort die gleichen Geheimschutzvorkehrungen gelten.[84]

Gegen die Gleichsetzung von PKGr und Untersuchungsausschüssen in § 21 SÜG (ent- **26** gegen dem Wortlaut) spricht jedoch, dass Untersuchungsausschüsse zumindest *punktuell* hinsichtlich des Untersuchungsthemas das schärfste bzw. intensivste Kontrollrecht innehaben[85] (vgl. Art. 44 GG iVm §§ 17 ff. PUAG) und aufgrund ihrer Minderheitenrechte die parlamentarisch weitreichendere Legitimation aufweisen. Demgegenüber handelt es sich beim PKGr um ein kontinuierliches quasi mitlaufendes Kontrollgremium (Art. 45d GG iVm § 4 Abs. 1 PKGrG: in erster Linie umfassende Berichterstattung über die allgemeine Tätigkeit) – dh um eine anlassunabhängige und längerfristige Effizienz- und Erfolgskontrolle[86] –, das nicht in erster Linie den vermuteten einzelnen Missstand in den Blick nimmt, sondern den Gesamtrahmen nachrichtendienstlicher Tätigkeit überwacht. Daraus darf der Schluss gezogen werden, dass die Kontroll- und Ermittlungsbefugnisse eines Untersuchungsausschusses bezüglich des im Einsetzungsbeschluss genannten Untersuchungsthemas weiter reichen als die allgemeinen Kontrollrechte des PKGr. Die Privilegierung in § 21 Abs. 1 S. 1 Nr. 5 SÜG im Hinblick auf die besonders sensiblen Daten aus einer Sicherheitsüberprüfung ist somit Ausdruck einer verfassungskonformen Einordnung des unterschiedlichen Kontrollumfangs der beiden Gremien. Diese Wertung ist auch deshalb sachgerecht, weil sich ein Kontrollbedürfnis zur Einsichtnahme in Daten aus einer Sicherheitsüberprüfung regelmäßig nur im Rahmen der politischen Aufarbeitung mutmaßlichen

---

[80] BVerfG NVwZ 2009, 1353 (1357) – BND-Untersuchungsausschuss.
[81] BVerfG NVwZ 2017, 1364 (1368 Rn. 105).
[82] *Peitsch/Polzin* NVwZ 2000, 387 (392); *Bartodziej* in Dietrich/Eiffler NachrichtendiensteR-HdB VII § 2 Rn. 70. AA *Huber* in Schenke/Graulich/Ruthig PKGrG § 6 Rn. 14: § 6 PKGrG sei vorrangig; *Denneborg* § 21 Rn. 8a; explizit anders auch § 20 Abs. 1 Nr. 2 HessSÜG. Ausführlich zum Streitstand *Warg* in Schenke/Graulich/Ruthig SÜG § 21 Rn. 9 ff.
[83] *Wolff* JZ 2010, 173 (175).
[84] Vgl. *Grzeszick* DÖV 2018, 209 (214).
[85] In diesem Sinne *Huber* in Schenke/Graulich/Ruthig PKGrG § 1 Rn. 9.
[86] *Bartodziej* in Dietrich/Eiffler NachrichtendiensteR-HdB VII § 2 Rn. 50.

behördlichen Fehlverhaltens stellen dürfte, nicht aber bei einer fortlaufenden Evaluierung nachrichtendienstlichen Handelns in den turnusmäßigen Sitzungen des PKGr.

3. Disziplinarrechtliche Verfolgung

27 Die restriktive Gestattung von Zweckdurchbrechungen zeigt sich auch an den Möglichkeiten, Daten aus dem Sicherheitsüberprüfungsverfahren zur disziplinarrechtlichen Verfolgung bzw. für dienst- oder arbeitsrechtliche Maßnahmen zu nutzen. Nach § 21 Abs. 1 S. 4 SÜG ist dies nur möglich, wenn es „zu dem mit der Überprüfung verfolgten Zweck erforderlich ist". Dieser Wortlaut suggeriert großzügige Weiterverwendungsmöglichkeiten für den Arbeitgeber bzw. Dienstherrn; gemeint ist indes nur eine Verwendung der Daten für personalrechtliche Maßnahmen (und eine zu diesem Zweck erfolgende Übermittlung durch die zuständige Stelle an die Dienstbehörde bzw. den Arbeitgeber) aus Gründen, die im Rahmen der Sicherheitsüberprüfung **relevant** sind, dh zu einer Versagung des Sicherheitsstatus führen würden.[87] Dies sind Fälle, in denen aufgrund der ermittelten (gravierenden) Erkenntnisse bei der betroffenen Person ein Sicherheitsrisiko besteht und damit die Notwendigkeit, die betroffene Person mittels disziplinar-, dienst- oder arbeitsrechtlicher Maßnahmen (Versetzung, Umsetzung, gegebenenfalls Kündigung) aus der sicherheitsempfindlichen Tätigkeit herauszulösen. Im Regelfall darf der Personalverwaltung nur mitgeteilt werden, ob die betroffene Person nach dem Ergebnis der Sicherheitsüberprüfung mit einer sicherheitsempfindlichen Tätigkeit betraut werden darf oder nicht (§ 14 Abs. 1–2 SÜG).[88] Eine Mitteilung von darüberhinausgehenden Erkenntnissen darf also nicht bereits dann erfolgen, wenn die betroffene Person bloß in Gefahr gerät, in ein Sicherheitsrisiko abzugleiten (zB alkoholabhängig zu werden).[89] Eine Verwendung der Daten für dienst- bzw. arbeitsrechtliche Maßnahmen nach § 21 Abs. 1 S. 4 SÜG setzt vielmehr die Annahme voraus, *dass* tatsächlich ein *Sicherheitsrisiko* (§ 5 Abs. 1 SÜG) gegeben ist (zB durch einen einschlägigen Verstoß gegen dienst- oder arbeitsrechtliche Pflichten). Dieser **Verstoß muss** ein **besonderes Gewicht** dergestalt aufweisen, dass es der weiteren sicherheitsempfindlichen Tätigkeit der betroffenen Person entgegensteht.[90] Anderenfalls würde sich ein Wertungswiderspruch zu § 21 Abs. 1 S. 1 Nr. 4 SÜG ergeben, der eine Nutzung von Erkenntnissen nur zur Verfolgung von Straftaten von *erheblicher* Bedeutung zulässt. Letztlich darf eine Übermittlung von sicherheitserheblichen Erkenntnissen an die Beschäftigungsbehörde oder den privaten Arbeitgeber also nur erfolgen, wenn die Erkenntnisse derart gravierend sind, dass der Betroffene in seiner aktuellen sicherheitsempfindlichen Funktion nicht mehr tragbar ist und der Empfänger für die Entfernung des Betroffenen aus der sicherheitsempfindlichen Verwendung zu sorgen hat.[91] Im Umkehrschluss ist eine Übermittlung folglich unzulässig, wenn der Empfänger entweder gar keine Zuständigkeit hat, den Betroffenen mit solchen dienst-, arbeits- oder disziplinarrechtlichen Maßnahmen zu belegen oder eine solche Maßnahme wegen des geringen Gewichts der Verfehlung nicht erforderlich ist bzw. nicht in Betracht kommt (die Erkenntnisse letztlich also kein Sicherheitsrisiko iSd § 5 SÜG begründen können).[92] Im Licht der Zweckbestimmung „zu dem mit der Überprüfung verfolgten Zweck" in § 21 Abs. 1 S. 4 SÜG ist es aber zulässig, der Personalverwaltung statt ihr ein Sicherheitsrisiko mitzuteilen (mit der Konsequenz der Herauslösung des Betroffenen aus der jeweiligen Tätigkeit) ihr lediglich die sicherheitserheblichen Erkenntnisse als solche zu übermitteln (auch ohne dass diese ein „hartes"

---

[87] Zu weitgehend *Denneborg* § 21 Rn. 11, wonach Übermittlungen im Hinblick auf sämtliche durch das SÜG geschützte Rechtsgüter zulässig seien.
[88] *Denneborg* § 21 Rn. 11a.
[89] AA *Denneborg* § 21 Rn. 11a.
[90] VG Münster BeckRS 2011, 55525: nicht genehmigte und auch nicht genehmigungsfähige Nebentätigkeit eines Polizisten sowie Steuerhinterziehung iZm einer entgeltlichen Beschulung libyscher Spezialeinheiten.
[91] OVG Münster NJOZ 2015, 264 f.: Verschweigen einer Vorstrafe durch Justizvollzugsbeamten.
[92] AA *Denneborg* § 21 Rn. 11c, wonach offenbar auch Übermittlungen unterhalb dieser Schwelle möglich sein sollen.

Sicherheitsrisiko belegen), wenn die betroffene Person nach Feststellung der zuständigen Stelle für eine bestimmte Tätigkeit nicht in Betracht kommt (zum Beispiel für einen Einsatz in einem Land, in dem gerade für sie eine besondere Gefahr durch fremde Nachrichtendienste besteht) oder ihr die Einhaltung von bestimmten Verhaltensregeln nahegelegt werden soll (zB der Verzicht auf den Genuss alkoholischer Getränke).[93] Ziel der Übermittlung wäre dann – quasi als verhältnismäßigere Minusmaßnahme zur Feststellung eines Sicherheitsrisikos – die Veranlassung personalwirtschaftlicher Maßnahmen, um das ansonsten uU gebotene Herauslösen des Betroffenen aus der sicherheitsempfindlichen Tätigkeit gerade zu vermeiden.[94]

4. Für die Aufgabenerfüllung der Nachrichtendienste

Die am wenigsten problematische, weil am wenigsten zweckändernde Nutzung von Daten – zumal die Weiterverwendung innerhalb der mitwirkenden Behörde erfolgt – erlaubt § 21 Abs. 1 S. 5 SÜG. BfV, MAD (und auch der BND bei der Überprüfung eigenen Personals, → Rn. 87) sollen die bei der Sicherheitsüberprüfung erhobenen Daten auch „im Rahmen des erforderlichen Umfangs" zur Aufklärung von geheimdienstlichen Tätigkeiten für eine fremde Macht oder von Bestrebungen, die darauf gerichtet sind, Gewalt anzuwenden oder Gewaltanwendung vorzubereiten oder zur Aufklärung sonstiger „Bestrebungen von erheblicher Bedeutung" verwenden dürfen. Die Nutzung und Übermittlung erfolgt hier also zugunsten der originären nachrichtendienstlichen Aufgaben der mitwirkenden Behörde (BfV, MAD), nämlich für den Beobachtungsauftrag nach § 3 Abs. 1 BVerfSchG, § 1 Abs. 1 MADG bzw. – sofern der BND nach § 3 Abs. 3 SÜG bei der Überprüfung eigener Mitarbeiter selber mitwirkende Behörde ist – der Teilaufgabe nach § 2 Abs. 1 Nr. 1 BNDG. Es leuchtet ein, dass der Gesetzgeber den Nachrichtendiensten die im Zusammenhang mit der Sicherheitsüberprüfung erhobenen Informationen auch für ihre Kernaufgaben zur Verfügung stellen möchte, zumal es sich bei einer Datenweitergabe innerhalb derselben Behörde nicht um eine „echte" (entsprechend rechtfertigungsbedürftige) Datenübermittlung nach Maßgabe der engen datenschutzrechtlichen Vorgaben handelt.[95] In Betracht kommt danach eine Übermittlung von der mit Sicherheitsüberprüfungen betrauten Abteilung des BfV an die betroffene Fachabteilung vor allem dann, wenn eine Person bei letzterer bereits im Fokus steht (also von dieser im NADIS WN gespeichert ist).[96] Denkbar sind aber auch Fälle, in denen das BfV bei der Befragung einer Referenzperson erst auf die Mitgliedschaft des Betroffenen zB in einer militant operierenden rechtsextremistischen Organisation oder auf die Reisebewegungen einer als Spion enttarnten Auskunftsperson aufmerksam wird und diese Informationen dann für Aufklärungszwecke nach § 3 Abs. 1 BVerfSchG nutzt.

Nach § 21 Abs. 1 S. 5 SÜG ist die Nutzung von Daten aus dem Sicherheitsüberprüfungsverfahren für die Aufklärung von **geheimdienstlichen Tätigkeiten**[97] iSd § 3 Abs. 1 Nr. 2 BVerfSchG (zB wenn sich die Bewerbung für eine sicherheitsempfindliche Tätigkeit als nachrichtendienstlich gesteuert herausstellt) oder von **gewaltgeneigten**[98] **extremistischen Bestrebungen**[99] iSd § 3 Abs. 1 Nr. 1, 3 oder 4 BVerfSchG ohne weitere tatbestandliche Voraussetzungen möglich. Sofern nur der Verdacht des nicht-gewaltgeneigten Extremismus besteht, ist dies nach dem Auffangtatbestand in § 21 Abs. 1 S. 5 SÜG allenfalls zur Aufklärung „sonstiger Bestrebungen von erheblicher Bedeutung" zulässig. Eine Weiterverwendung kommt dann nur im Hinblick auf solche Personen in Betracht, die

28

29

---
[93] *Denneborg* § 21 Rn. 11c.
[94] Zum Instrument der Auflage als milderes Mittel statt einer Versagung der Sicherheitsermächtigung s. *Warg* in Schenke/Graulich/Ruthig SÜG § 14 Rn. 17.
[95] *Warg* DIE POLIZEI 2014, 69 f.
[96] *Denneborg* § 21 Rn. 12b.
[97] Näher *Warg* in Dietrich/Eiffler NachrichtendiensteR-HdB V § 4 Rn. 8 ff.
[98] Zum Gewaltbegriff § 4 Abs. 5 NdsVSG und *Warg* in Dietrich/Eiffler NachrichtendiensteR-HdB V § 1 Rn. 66 ff.
[99] Zum Bestrebungsbegriff *Warg* in Dietrich/Eiffler NachrichtendiensteR-HdB V § 1 Rn. 24 ff.

in oder für extremistische Bestrebungen von erheblicher Bedeutung tätig sind oder denen eine herausgehobene Bedeutung in solchen Zusammenhängen zukommt (zB organisationsübergreifende „Netzwerker", die eine ideologische Klammerfunktion ausüben). Um einen Wertungswiderspruch zu den ansonsten in § 21 Abs. 1 S. 5 SÜG geforderten gravierenderen Aktivitäten zu vermeiden, können dies nur Bestrebungen sein, die in ihrer Wirkmächtigkeit und ihrem Gefahrenpotential der Gewaltausübung bzw. -androhung wertungsmäßig gleichkommen.[100]

G. Grund der Überprüfung: Umgang mit Verschlusssachen

I. Allgemeines zur Verschlusssache

30 Zentraler Anknüpfungspunkt für eine sicherheitsempfindliche Tätigkeit, die nach dem SÜG eine Sicherheitsüberprüfung aus Gründen des personellen Geheimschutzes erfordert, ist die Verschlusssache.[101] Was eine Verschlusssache ist und welche Kriterien für die Höhe der Einstufung maßgeblich sind, regelt § 4 SÜG. Die Regelung ist somit der entscheidende Anknüpfungspunkt für die Anwendbarkeit des SÜG überhaupt.

31 Die Kautelen, wann der Staat von seinen Geheimnisträgern ein derart grundrechtsintensives Überprüfungsverfahren verlangen kann, müssen wegen des Vorbehalts des Gesetzes vom Gesetzgeber selber geregelt sein. Daher ist eine gesetzliche Definition von „Verschlusssache" im SÜG erforderlich. § 4 Abs. 1 SÜG gibt eine Legaldefinition der „Verschlusssachen" allgemein, während § 4 Abs. 2 SÜG die einzelnen Verschlusssachengrade näher spezifiziert. Die Definition **gilt unabhängig von der Darstellungsform** der Information (zB Schriftstücke, Zeichnungen, Karten, Fotokopien, Lichtbildmaterial, elektronische Dateien und Datenträger, elektrische Signale, Geräte, technische Einrichtungen oder das gesprochene Wort; s. § 2 Abs. 1 S. 1 VSA).

32 Ob die Voraussetzungen für eine Einstufung einer Information als Verschlusssache vorliegen und in welchem Grad, kann nur von einer staatlichen Institution vorgenommen werden. Verschlusssachen enthalten – auch bei privaten Sachverhalten – ausschließlich Informationen, die *im öffentlichen Interesse* geheimhaltungsbedürftig sind.[102] Der Staat regelt im SÜG also nur den Umgang mit „seinen" Geheimnissen, es geht bei der VS-Einstufung und der darauf fußenden Überprüfungsbedürftigkeit nicht um die Wahrnehmung der staatlichen Schutzpflicht zugunsten privater Schutzgüter (wie dem Allgemeinen Persönlichkeitsrecht oder der Berufsausübungsfreiheit). Zwar können nach § 4 Abs. 1 S. 3 SÜG auch private Geheimnisse Verschlusssachen sein (→ Rn. 35), erforderlich ist dann aber, dass das private Geheimnis im *öffentlichen* Interesse geheimhaltungsbedürftig ist, etwa weil private Geschäftsgeheimnisse Teil einer staatlichen Ausschreibung von Rüstungsgütern werden. Ein rein privates Interesse an der Geheimhaltung reicht für eine Einstufung als Verschlusssache nicht aus,[103] weshalb auch kein subjektiv öffentliches Recht (Anspruch) des Bürgers auf eine Einstufung besteht.[104]

II. Kriterien für die Einstufung als Verschlusssache und der jeweilige Einstufungsgrad

33 Nach § 15 Abs. 1 VSA bestimmt die eine Verschlusssache herausgebende Dienststelle über die Notwendigkeit der VS-Einstufung und den Geheimhaltungsgrad. Diese Entscheidung hat konstitutive Wirkung[105] und muss sich an den Kriterien für die Einstufung in § 4 Abs. 2

---

[100] Weitergehend die SÜG-AVV zu § 21 Abs. 1 S. 5 und Gesetzesbegründung in BT-Drs. 12/4891, 28: es reicht, wenn die Person in hervorgehobener Position oder besonders aktiv ist.
[101] *Denneborg* § 4 Rn. 1.
[102] BT-Drs. 12/4891, 20.
[103] SÜG-AVV zu § 4 Abs. 1.
[104] VG Minden BeckRS 2005, 25617; ähnlich VG Münster BeckRS 2005, 25939.
[105] *Denneborg* § 4 Rn. 10.

SÜG orientieren. Eingestuft werden darf eine Information nur dann, wenn dies wegen des sensiblen Schutzgehalts der Information notwendig ist, nicht weil der handelnde Amtswalter die Information vor der Öffentlichkeit verbergen möchte. Der Herausgeber der Verschlusssache muss schlüssig darlegen können, welche Schäden, Gefährdungen oder Nachteile für den Bestand, die Sicherheit oder die Interessen der Bundesrepublik Deutschland oder eines ihrer Länder bei Kenntnisnahme der Verschlusssache durch Unbefugte entstehen können.[106] **Wenn möglich, soll** also **auf eine Einstufung verzichtet** werden. Auch ist die Einstufung aufzuheben, wenn deren Voraussetzungen nicht mehr vorliegen (Ausstufung).[107] Die Einstufung ist an der Höhe des Schadenspotentials festzumachen, das bei unbefugtem Bekanntwerden besteht **und nicht an der Wichtigkeit bzw. (politischen) Brisanz** der Information.[108] So rechtfertigen mögliche innenpolitische Folgen des Bekanntwerdens einer Information, zB Amts- oder Ansehensverluste von Spitzenpolitikern, eine Einstufung nicht.[109] **Rechtswidriges** oder ethisch fragwürdiges Verhalten von Amtsträgern kann formal Verschlusssachencharakter haben, doch wird im Rahmen einer Überprüfung regelmäßig festzustellen sein, dass bei solchen Verhaltensweisen die materiellen Voraussetzungen für eine Einstufung als Verschlusssache häufig nicht (mehr) vorliegen (→ Rn. 34).[110]

Bei der Frage nach der Richtigkeit einer Einstufung ist folglich auf einen materiellen Verschlusssachenbegriff abzustellen. Hierfür ist nicht entscheidend, ob rein formal eine (hohe) Einstufung vorgenommen wurde, sondern ob tatsächlich ein objektives Geheimhaltungsbedürfnis besteht.[111] Der Ursprung einer Information (zB von einem Nachrichtendienst) spielt dabei keine Rolle für die Einstufungsbedürftigkeit.[112] Maßgeblich ist vielmehr, dass die Information – gegebenenfalls nach nochmaliger Beurteilung – so schutzwürdig ist, dass ihr Bekanntwerden dem Staatswohl *tatsächlich* Nachteile bzw. Schaden bereiten würde und deshalb **die materiellen Voraussetzungen für eine Einstufung** als Verschlusssache (weiterhin) vorliegen.[113] Bei dieser Beurteilung steht der Behörde kein Beurteilungsspielraum zu (→ Rn. 94). **34**

III. Beispiele für Einstufung

Da es für Verschlusssachen darauf ankommt, dass sie im öffentlichen Interesse geheimhaltungsbedürftig sind (→ Rn. 32), kommt eine Einstufung vor allem für solche Schutzgüter in Betracht, die der Existenz und Funktionstüchtigkeit staatlicher Einrichtungen und Aufgaben dienen (zB Organisation und Personal der Nachrichtendienste, technische Komponenten von Waffensystemen). Eine Einstufung in STRENG GEHEIM kommt nach Anlage III zur VS-Anweisung in Betracht für das (Gesamt-)Informationsaufkommen eines Nachrichtendienstes oder den (Gesamt)Alarmplan der Bundeswehr. Die Einstufung auf der zweithöchsten Schutzstufe GEHEIM ist möglich bei Informationen zur „Elektronischen Kampfführung" der Bundeswehr oder für Inhalte von Maßnahmen nach dem Artikel 10-Gesetz (Anlage III zur VSA). Auch Erkenntnisse der Spionageabwehr, die Grundlage für das Agieren gegenüber einem spionierenden Staat darstellen, werden häufig GEHEIM **35**

---

[106] Anlage III zur VSA (Hinweise zur Einstufung).
[107] *Denneborg* § 4 Rn. 10.
[108] S. als Beispiel OVG Berlin-Brandenburg BeckRS 2017, 112799. IdS auch *Sternberg-Lieben* in Schönke/Schröder, 30. Aufl. 2019, StGB § 93 Rn. 5: es gilt der materielle Geheimnisbegriff, um der Gefahr vorzubeugen, dass durch übereifrige Sekretur die Möglichkeit öffentlicher Kritik und Meinungsbildung ungebührlich beschnitten wird.
[109] *Denneborg* § 4 Rn. 7.
[110] Weitergehend *Däubler* SÜG § 4 Rn. 8.
[111] *Lampe/Hegmann* in MüKoStGB, 3. Aufl. 2017, StGB § 93 Rn. 10; *Schmidt* in LK-StGB, 12. Aufl. 2007, StGB § 93 Rn. 7.
[112] BVerwG NVwZ 2016, 945 (946) mit Blick auf einen aus Art. 5 Abs. 1 GG abgeleiteten grundsätzlichen Auskunftsanspruch der Presse auch gegenüber dem BND.
[113] BVerwG LKV 2015, 129; NVwZ 2010, 321 (325); 2010, 905 (908).

einzustufen sein. Die Information, wer als menschliche Quelle mit den Sicherheitsbehörden zusammenarbeitet, kann bei Bekanntwerden den Interessen des Staates schweren Schaden zufügen, denn ohne den Einsatz von V-Leuten zB im Bereich der organisierten Kriminalität wäre eine effektive Verbrechensbekämpfung und Strafverfolgung nicht möglich.[114] Insoweit ist ebenfalls eine Einstufung als GEHEIM gerechtfertigt. Eine Einstufung als VS-VERTRAULICH wäre unter anderem zu wählen bei Ermittlungsberichten in Spionageverdachtsfällen oder Erkenntnissen über die Arbeitsweise extremistischer/terroristischer Organisationen, deren Preisgabe die weitere Beobachtung/Aufklärung gefährden würde (s. Anlage III zur VSA).

H. Betroffene Personen im personellen Geheimschutz

I. Betroffene Personen

36 Nach § 2 SÜG ist eine Sicherheitsüberprüfung für alle Personen erforderlich, die eine sicherheitsempfindliche Tätigkeit iSd § 1 Abs. 2 und 4 SÜG ausüben oder ausüben sollen (personeller Anwendungsbereich). Sicherheitsempfindlich ist eine Tätigkeit dann, wenn eine Person Zugang zu Verschlusssachen hat oder ihn sich verschaffen kann, die als STRENG GEHEIM, GEHEIM oder VS-VERTRAULICH eingestuft sind (personeller Geheimschutz) oder wer an einer sicherheitsempfindlichen Stelle innerhalb einer lebens- oder verteidigungswichtigen Einrichtung oder wer innerhalb einer besonders sicherheitsempfindlichen Stelle des Geschäftsbereiches des BMVg („Militärischer Sicherheitsbereich") beschäftigt ist oder werden soll (vorbeugender personeller Sabotageschutz). Wer nach diesen Kriterien einer Sicherheitsüberprüfung bedarf, gilt als „betroffene Person". „Betroffene Personen" sind (anders als die datenschutzrechtliche Terminologie, § 46 Nr. 1 BDSG) somit nicht alle Personen, zu denen im Verfahren der Sicherheitsüberprüfung Daten erhoben und gegebenenfalls gespeichert werden (wie zB Eltern, Geschwister, Ehegatten oder Referenzpersonen), sondern nur diejenigen, die tatsächlich mit einer sicherheitsempfindlichen Tätigkeit betraut werden sollen.

II. Ehegatten und Lebenspartner

37 § 2 Abs. 2 SÜG sieht bei den beiden höchsten Überprüfungsarten (Ü 2, § 9 SÜG und Ü 3, § 10 SÜG) vor, dass der – notwendigerweise volljährige – Ehegatte bzw. Lebenspartner bzw. Lebensgefährte grundsätzlich in die Sicherheitsüberprüfung einbezogen wird. Anderenfalls könnte die mit der Sicherheitsüberprüfung bezweckte Minimierung von Risiken, die aus der Persönlichkeit bzw. persönlichen Lebenssphäre des Betroffenen resultieren, nicht ausreichend sichergestellt sein. Das Gesetz spricht von diesem Personenkreis als **„mitbetroffene Personen"**. Der Grund für die Einbeziehung ist die Erkenntnis, dass Sicherheitsrisiken (→ Rn. 62 ff.), die in der Person des „engsten Vertrauten" liegen, auch auf die betroffene Person durchschlagen können (etwa deren Einbindung in Strukturen der OK wegen deren Droh- und Einschüchterungspotential). § 5 Abs. 1 S. 2 SÜG gibt deshalb die Regel vor, dass ein Sicherheitsrisiko auch aufgrund tatsächlicher Anhaltspunkte im Hinblick auf die mitbetroffene Person vorliegen kann. Allerdings werden die tatsächlichen Anhaltspunkte zur mitbetroffenen Person regelmäßig *gewichtiger* sein müssen als bei der betroffenen Person selber, um auf letztere durchschlagen zu können. Die Einbeziehung hat zur Folge, dass die mitwirkende Behörde (also BfV, LfV oder MAD) zum Ehegatten, Lebenspartner oder Lebensgefährten die gleichen Anfragen an andere Behörden richtet, wie sie in § 12 Abs. 1 und 2 SÜG hinsichtlich des Betroffenen vorgeschrieben sind (§ 12 Abs. 2a SÜG).

---

[114] VG Ansbach BeckRS 2000, 17766 Rn. 25. Vgl. auch BVerfG NJW 2010, 925 (926 f.).

III. Ausnahmen für Mitglieder der Verfassungsorgane und Richter

Schließlich regelt § 2 Abs. 3 SÜG, dass bestimmte Personengruppen aufgrund ihrer besonderen verfassungsrechtlichen Stellung nicht dem Anwendungsbereich des SÜG unterfallen. So gilt das SÜG insbesondere nicht für **Mitglieder der Verfassungsorgane des Bundes** (Bundespräsident, Mitglieder der Bundesregierung, des Bundestages,[115] des Bundesrates und des Bundesverfassungsgerichtes) und für **Richter** im Rahmen ihrer rechtsprechenden Tätigkeit, wohl aber für den **BfDI**, der trotz der Stellung als oberste Bundesbehörde (§ 8 Abs. 1 S. 1 BDSG) kein Verfassungsorgan ist (anders § 3 Abs. 4 Nr. 2 Hess-SÜG für den der Hessischen DSB), ebenso für die Mitglieder des **Bundesrechnungshofes**, denn trotz ihrer richterlichen Unabhängigkeit (Art. 114 Abs. 2 GG) ist der BRH kein Verfassungsorgan, sondern nach § 1 BRHG ebenfalls „nur" oberste Bundesbehörde.[116] Die privilegierten Personen sind nur *im Hinblick auf ihr jeweiliges Amt* von der unmittelbaren Geltung des SÜG ausgenommen. Die Privilegierung gilt also nur *funktionsbezogen* im Hinblick auf die Wahrnehmung der Funktion in einem Verfassungsorgan bzw. als rechtsprechendes Organ. Ist ein Abgeordneter zB zugleich Reserveoffizier und muss sich aus diesem Grund einer Sicherheitsüberprüfung unterziehen oder hat ein Präsidialrichter wegen Sicherheitsangelegenheiten das Gerichtsgebäude betreffend Einblick in Verschlusssachen, unterfallen sie insoweit dem Anwendungsbereich des SÜG. Im Rahmen seiner Spruchtätigkeit wäre es indes mit der richterlichen Unabhängigkeit (Art. 97 Abs. 1 GG) nicht vereinbar, wenn sich Richter einer eingehenden Überprüfung ihrer persönlichen Integrität unterwerfen müssten. Auch könnten ansonsten Konflikte mit dem Anspruch auf den gesetzlichen Richter entstehen (s. Art. 103 Abs. 1 GG), wenn ein Richter im Rahmen eines Gerichtsverfahrens aus Sicherheitsgründen abgelehnt würde.

Die Unanwendbarkeit gilt nur für die Mitglieder der Verfassungsorgane bzw. nur für die Richter selber, nicht für deren Mitarbeiter. Die (wissenschaftlichen) Mitarbeiter der Abgeordneten, Fraktionsassistenten, Büroleiter usw sind also genauso einer Sicherheitsüberprüfung zu unterziehen, wenn sie zB im Rahmen eines Untersuchungsausschusses Einsicht in geheimhaltungsbedürftige Unterlagen erhalten sollen, wie die Mitarbeiter der Parlamentsverwaltung. **Keine Mitglieder** des Verfassungsorgans „Bundesregierung" sind auch die **beamteten Staatssekretäre,** wohl aber die Parlamentarischen Staatssekretäre, da sie zugleich Mitglieder des Verfassungsorgans „Bundestag" sein müssen (§ 1 Abs. 1 ParlStG).

IV. Überprüfungen für die private Wirtschaft

1. Allgemeines

Bedarfsträger für Sicherheitsüberprüfungen sind nicht nur Behörden, sondern auch „nichtöffentliche Stellen". Dieser Begriff umfasst vor allem Unternehmen der Privatwirtschaft. Insbesondere Rüstungsunternehmen oder Firmen, die wichtige Aufgaben der Infrastruktur erfüllen, erhalten im Rahmen der Vergabe von Aufträgen der öffentlichen Hand häufig Informationen, deren Kenntnisnahme durch Unbefugte für die Interessen der Bundesrepublik Deutschland oder eines ihrer Länder schädlich sein kann (s. die Beschreibung der Verschlusssache in § 4 SÜG). Auch kann es erforderlich werden, Forschungsaufträge zu militärisch sensiblen Themen an private Forschungsinstitute zu vergeben. Schließlich ist ein Geheimschutzverfahren erforderlich, wenn private Unternehmen Lieferungen und Leistungen erbringen, die als solche zwar keiner Geheimhaltung bedürfen, bei denen aber die Möglichkeit besteht, dass Beschäftigte des Unternehmens in sensiblen Behördenbereichen Kenntnis von Verschlusssachen erhalten (zB bei Montage, Wartung und Reinigung, IT-Support, Instandsetzung, Transport, Bewachung).

---

[115] Weitergehend § 1 Abs. 7 Nr. 4 NdsSÜG: alle Personen, die vom Volk oder vom Landtag gewählt werden. Zur Frage, ob es der Bereichsausnahme für Minister und Abgeordnete aus verfassungsrechtlichen Gründen tatsächlich bedarf *Warg* in Schenke/Graulich/Ruthig SÜG § 2 Rn. 14 ff.
[116] *Sachs* in Sachs, GG, 9. Aufl. 2021, Art. 114 Rn. 25 mwN.

41 Da es um Geheimnisschutz im öffentlichen Interesse geht, müssen Verschlusssachen im privaten Bereich genauso geschützt werden wie in der staatlichen Sphäre. Deshalb sind die Verfahren im öffentlichen wie im nichtöffentlichen Bereich grundsätzlich gleichartig. Das SÜG sieht **keine Privilegierung für den nicht-öffentlichen Bereich** vor.[117] Allerdings regeln die §§ 24–31 SÜG einige Sondervorschriften für nicht-öffentliche Stellen (zB bezüglich Zuständigkeiten und Verfahrensschritten während des Überprüfungsverfahrens). Soweit die §§ 24 ff. SÜG keine Sonderregelungen vorsehen, gelten die allgemeinen Vorschriften des SÜG.

42 Das Erfordernis einer Sicherheitsüberprüfung gilt mangels Spezialregelung auch im Bereich der privaten Wirtschaft nur ab Zugang zu Informationen mit der Einstufung VS-VERTRAULICH und höher (§ 1 Abs. 2 Nr. 1 SÜG). Um den Geheimschutz bei privaten Unternehmen umsetzen zu können (eine entsprechende Anordnungskompetenz, die Regelungen des SÜG per Verwaltungsakt verbindlich zu machen, sieht das Gesetz nicht vor) schließt die nach § 25 SÜG zuständige Stelle im Namen der Bundesrepublik Deutschland mit der nicht-öffentlichen Stelle einen öffentlich-rechtlichen Vertrag. Hierin verpflichtet sich die nicht-öffentliche Stelle, die im Geheimschutzhandbuch des BMWi (GHB; Stand: 7.8.2020) niedergelegten Regeln des personellen und materiellen Geheimschutzes einzuhalten. Besteht eine solche öffentlich-rechtliche Vereinbarung zwischen der Bundesrepublik Deutschland und dem Unternehmen, unterliegt das Unternehmen der Geheimschutzbetreuung (geheimschutzbetreute Unternehmen).[118] Die Mitteilung des BMWi als zuständiger Stelle (→ Rn. 85) an das private Unternehmen, dass die gesetzlichen Vertreter des Unternehmens VS-ermächtigt sind, nennt man **Sicherheitsbescheid** (Ziff. 2.4.1 GHB). Dieser ist wegen mehrerer damit verbundenen Rechtsfolgen (zB der Auflage, dass erst nach Realisierung eventuell zusätzlich erforderlicher Geheimschutzmaßnahmen mit der Auftragsbearbeitung begonnen werden darf oder der Möglichkeit des Widerrufs)[119] als VA zu werten (→ Rn. 91). Wesentlicher Bestandteil der öffentlich-rechtlichen Vereinbarung, die zur Geheimschutzbetreuung führt, ist die Bestellung eines Sicherheitsbevollmächtigten (analog dem Geheimschutzbeauftragten in öffentlichen Stellen), s. § 25 Abs. 3 Nr. 1 SÜG. Er ist das zentrale Sicherheitsorgan im Unternehmen und wird als fachlich und persönlich geeigneter Unternehmensangehöriger in leitender Funktion von der Geschäftsleitung dem BMWi vorgeschlagen (Ziff. 3.1 GHB).

43 Wenn bei privaten Stellen Informationen lediglich des Verschlusssachengrades VS-NUR FÜR DEN DIENSTGEBRAUCH anfallen, bedarf es keiner Sicherheitsüberprüfung. Allerdings müssen Personen, die in Firmen Kenntnis von VS-NUR FÜR DEN DIENSTGEBRAUCH erhalten oder sich im Rahmen ihrer Aufgaben verschaffen können, auf den vertraulichen Umgang mit diesen Verschlusssachen verpflichtet werden (Ziff. 1.7 Abs. 2 GHB).

2. Besonderheiten im Verfahren für Privatunternehmen

44 Trotz der prinzipiellen Gleichartigkeit von Sicherheitsüberprüfungen für den öffentlichen und privaten Bereich gelten im Verfahren zugunsten von Mitarbeitern privater Firmen einige Besonderheiten. So erhält die nicht-öffentliche Stelle (dh der private Arbeitgeber) nach § 27 SÜG von der zuständigen Stelle grundsätzlich nur die Mitteilung, ob ihr Mitarbeiter zu der sicherheitsempfindlichen Tätigkeit ermächtigt wurde bzw. mit der sicherheitsempfindlichen Tätigkeit betraut werden oder nicht betraut werden darf.[120] Eine

---

[117] *Engelien-Schulz* DÖD 2011, 102 (106).
[118] Vgl. Ziff. 2.2 GHB idF v. 23.8.2017 (https://bmwi-sicherheitsforum.de/handbuch/text/?fk_menu=34) und *Denneborg* Vor § 24 Rn. 2.
[119] S. Ziff. 2.4.1.1 Abs. 3 GHB.
[120] Der Begriff „Betrauen" (zB §§ 3 Abs. 1 Nr. 1 und 3, 15 SÜG) wird als Oberbegriff für verschiedene Formen des Umgangs mit Verschlusssachen verwendet, nämlich „Zuweisen" oder „Übertragen" (betrifft idR die Fälle, in denen eine Person in einem Sicherheitsbereich beschäftigt werden soll, s. § 1 Abs. 2 Nr. 3 SÜG, unabhängig davon, ob sie dort tatsächlich Zugang zu Verschlusssachen hat oder nicht) und

darüberhinausgehende Information des Arbeitsgebers über die Gründe einer etwaigen Ablehnung (etwa die zutage geförderte Alkoholabhängigkeit) ist unzulässig, weil dies regelmäßig zu einer Sanktionierung des Mitarbeiters führen würde, was nicht Ziel und Zweck des SÜG ist. Ausnahmsweise können nach § 27 S. 3 SÜG jedoch sicherheitserhebliche Erkenntnisse an die nicht-öffentliche Stelle mitgeteilt werden, wenn dies zu dem mit der Überprüfung verfolgten Zweck zwingend erforderlich ist. Diese Erforderlichkeit ist gegeben, wenn aus Sicht der zuständigen Stelle die Notwendigkeit besteht, das Unternehmen über sicherheitserhebliche Erkenntnisse zur betroffen oder mitbetroffenen Person zu informieren, um diese entweder für mögliche Gefährdungslagen zu sensibilisieren (gegebenenfalls mit dem Ziel, mithilfe eigener Beobachtungen des Unternehmens den gegen die betroffene Person bestehenden Verdacht eines Sicherheitsrisikos verifizieren oder falsifizieren zu können), oder aber – sofern aus Sicht der zuständigen Stelle bereits ein Sicherheitsrisiko feststeht – das Unternehmen dazu zu bewegen, die betroffene Person mittels disziplinar-, dienst- oder arbeitsrechtlicher Maßnahmen (Versetzung, Umsetzung, gegebenenfalls Kündigung) aus der sicherheitsempfindlichen Tätigkeit herauszulösen (→ Rn. 27). Angesichts des eindeutigen Wortlauts des § 27 S. 3 SÜG dürfen die übermittelten Erkenntnisse ausschließlich für die Beurteilung etwaiger Sicherheitsrisiken verwendet werden. Eine routinemäßige Weitergabe der Erkenntnisse durch die zuständige Stelle (oder gar durch die mitwirkende Behörde) an die Personalabteilung des privaten Arbeitgebers ist unzulässig.

J. Datenerhebungsmaßnahmen bei den verschiedenen Typen der Sicherheitsüberprüfung

I. Die Überprüfungsarten

Um der unterschiedlichen Sensitivität der jeweils ausgeübten bzw. angestrebten Tätigkeit (dh ihrem **Grad an Sicherheitsempfindlichkeit**) Rechnung zu tragen, sind in §§ 8–10 SÜG drei Stufen von Sicherheitsüberprüfungen vorgesehen, die von der Ü1 bis zur Ü3 eine Steigerung der Überprüfungstiefe und damit eine entsprechend intensivierte Datenerhebung auf verbreiteter Datenbasis vorsehen. Erforderlich ist eine 45

- einfache Sicherheitsüberprüfung (Ü1) bei Zugang zu VS-VERTRAULICH eingestuften Verschlusssachen (§ 8 SÜG);
- erweiterte Sicherheitsüberprüfung (Ü2) bei Zugang zu (einer nicht allzu hohen Anzahl von) GEHEIM eingestuften Verschlusssachen (§ 9 SÜG) und bei Tätigkeiten in einer sicherheitsempfindlichen Stelle in einer lebens- oder verteidigungswichtigen Einrichtung (§ 1 Abs. 4 SÜG);
- erweiterte Sicherheitsüberprüfung mit Sicherheitsermittlungen (Ü3) bei Zugang zu STRENG GEHEIM bzw. einer hohen Zahl von GEHEIM eingestuften Verschlusssachen oder bei Bewerbern und Mitarbeitern der Nachrichtendienste und Beschäftigten bei vergleichbar sensitiver öffentlicher Einrichtungen, etwa in der Staatsschutzabteilung des BKA (§ 10 SÜG und § 1 SÜFV).

II. Regelungsinhalt des § 12 SÜG

Welche Maßnahmen bei den einzelnen Überprüfungsarten bzw. welche Datenerhebungen durchgeführt werden, bestimmt § 12 SÜG. Die Regelung ist für die Rechtmäßigkeit der Überprüfungsschritte zentral, denn bei ihr handelt es sich sowohl um eine Datenerhebungsklausel für die mitwirkende Behörde als auch eine **Datenübermittlungsvorschrift** für die angefragten Stellen, denn in der Zulässigkeit der Anfrage zB bei Polizeidienststellen um Übermittlung der dort vorliegenden sicherheitsrelevanten Erkenntnisse liegt zugleich 46

„Ermächtigen". Zu einer sicherheitsempfindlichen Tätigkeit „ermächtigt" wird eine Person, wenn sie tatsächlich Zugang zu Verschlusssachen erhalten soll (s. § 4 Abs. 2 VSA).

auch die gesetzliche Erlaubnis für die angefragte Behörde, die Daten im Rahmen der Erforderlichkeit auch zu übermitteln. Ungeachtet des vom BVerfG in jüngerer Rechtsprechung begründeten „Doppeltürmodells"[121] und des dadurch an den Gesetzgeber gerichteten Auftrags, spiegelbildlich zur Abfragemöglichkeit nach § 12 SÜG auch korrespondierende Übermittlungsbefugnisse in die jeweiligen Fachgesetze zu integrieren, sind jedenfalls **öffentliche Stellen** nach geltendem Regelungsziel und in Anbetracht der allgemeinen Pflicht zur Amtshilfe, vor allem auch im Licht der bestehenden Datenübermittlungspflichten an die Verfassungsschutzbehörden für die Extremismus- und Spionageabwehr (insbesondere § 18 BVerfSchG) **verpflichtet,** die angefragten Erkenntnisse zu übermitteln (s. exemplarisch § 8b Abs. 6 BVerfSchG). Eine Freiwilligkeit im Hinblick auf die Kooperation der angefragten Stellen besteht lediglich in den Fällen, in denen die mitwirkende Verfassungsschutzbehörde private Stellen anfragt (zB die Referenzpersonen) und diese keine dienst- oder arbeitsvertragliche Pflicht zur Mitwirkung am Sicherheitsüberprüfungsverfahren trifft (→ Rn. 12 ff.; zur Notwendigkeit der Freiwilligkeit einer Mitwirkung privater Stellen an der Aufgabenerfüllung der Nachrichtendienste s. § 8 Abs. 4 BVerfSchG). Das bei der Mitwirkung an der Sicherheitsüberprüfung anzuwendende Verfahren und die zulässigen Ermittlungsmethoden richten sich ausschließlich nach dem SÜG. Der Einsatz von nachrichtendienstlichen Mitteln iSv §§ 9 Abs. 1, 8 Abs. 2 BVerfSchG bei der Ermittlung eines etwaigen Sicherheitsrisikos (zB Observation, Einsatz verdeckter Mitarbeiter) ist daher unzulässig,[122] denn das SÜG sieht die verdeckte Informationsbeschaffung als Ermittlungsinstrumentarium nicht vor. Eine Ausnahme lässt § 11 Abs. 1 S. 3 SÜG lediglich bei Befragungen zum Zweck der Überprüfung von Mitarbeitern der Nachrichtendienste zu, wo die Verwendung einer Behördenlegende möglich ist. Das Verbot des Einsatzes nachrichtendienstlicher Mittel (zB zur Verifizierung der vom Betroffenen gemachten Angaben) gilt auch bei Mitarbeitern und Bewerbern der Nachrichtendienste und kann auch nicht auf die gesetzliche Befugnis zur Eigensicherung (§ 9 Abs. 1 S. 1 Nr. 2 BVerfSchG oder § 5 Nr. 2 MADG bzw. § 2 Abs. 1 Nr. 1 BNDG) gestützt werden.[123]

47 Die Überprüfungsmaßnahmen werden von der **mitwirkenden Behörde** (BfV, LfV oder MAD → Rn. 86) getroffen.[124] Lediglich die gegebenenfalls erforderlich werdende Anfrage beim Bundesbeauftragten für die Unterlagen des Staatssicherheitsdienstes der ehemaligen DDR (BStU) erfolgt durch die zuständige Stelle, dh die Beschäftigungsbehörde bzw. (bei privaten Bedarfsträgern) durch das BMWi (§ 12 Abs. 4 SÜG). Dies sind BfV, LfV und MAD. Die mitwirkende Behörde ist es, die die Ermittlungen durchführt und die gegebenenfalls anfallenden sicherheitserheblichen Erkenntnisse (s. § 5 Abs. 2 SÜG) bewertet und für die zuständige Stelle ein entsprechendes Votum abgibt.

III. Einfache Sicherheitsüberprüfung (Ü1)

1. Bewertung der Angaben der Sicherheitserklärung und NADIS-Abfrage

48 Ausgangspunkt und wichtigste Erkenntnisquelle bei allen Überprüfungsarten ist nach § 12 Abs. 1 Nr. 1 SÜG die sicherheitsmäßige Bewertung der Angaben in der Sicherheitserklärung (zu den erforderlichen Angaben vgl. § 13 SÜG). Diese ist die Basis für die weiteren Maßnahmen. Zentrale erste Erkenntnisquelle für die Bewertung der Sicherheitserklärung sind die gegebenenfalls vorliegenden Erkenntnisse der Verfassungsschutzbehörden. Zu diesem Zweck führt die mitwirkende Behörde zunächst eine NADIS WN-Abfrage zum Betroffenen, zu dessen Ehegatten, Lebenspartner bzw. Lebensgefährten sowie im Bedarfsfall auch zu den sonstigen in der Sicherheitserklärung angegebenen Personen, Adressen und

---
[121] BVerfG NJW 2016, 1781 (1803) mwN – BKAG.
[122] *Denneborg* § 12 Rn. 1a.
[123] *Denneborg* § 12 Rn. 1a.
[124] *Denneborg* § 12 Rn. 1.

Objekten durch.[125] Das Gesetz geht davon aus, dass **sämtliche** bei den Verfassungsschutzbehörden vorgehaltenen Daten Berücksichtigung finden, also zum einen auch besonders sensitive quellengeschützte oder von ausländischen Nachrichtendiensten stammende Informationen, zum anderen aber auch solche aus der Beobachtung der Organisierten Kriminalität,[126] für deren Beobachtung im Verfassungsschutzverbund nur die LfV Bayern, Hessen und Saarland eine Zuständigkeit besitzen. Dabei werden all diese Erkenntnisse der Verfassungsschutzbehörden bei der Bewertung nur „berücksichtigt" (einbezogen). Gegebenenfalls vorliegende NADIS-Fundstellen zu bestimmten in der Sicherheitserklärung angegebenen Personen sind damit zwar der Ausgangspunkt der sicherheitsmäßigen Bewertung, nicht aber das allein ausschlaggebende Kriterium. Es bedarf vielmehr einer einzelfallbezogenen Prüfung, welches Gewicht die vorliegenden Erkenntnisse mit Blick auf die Integrität des Betroffenen haben, wonach dieser die jederzeitige Gewähr für den sachgerechten Umgang mit Verschlusssachen bieten muss. So ist die Erkenntnis etwa über eine länger zurückliegende Teilnahme an einer extremistisch dominierten Demonstration bei Fehlen neuerer einschlägiger Erkenntnisse im Zweifel kein Kriterium, im Rahmen der Ü1 oder Ü2 allein darauf die Annahme eines Sicherheitsrisikos zu stützen.

2. Maßnahmen zur einbezogenen (mitbetroffenen) Person

Die **bloße Abfrage in NADIS WN** zur mitbetroffenen Person oder anderen in der Sicherheitserklärung genannten Personen oder Objekten bedeutet keine förmliche Einbeziehung dieser Personen in die Sicherheitsüberprüfung.[127] Ob eine Person in die Sicherheitsüberprüfung einbezogen wird (so die Ehegatten, Lebensgefährten), regelt vielmehr § 2 Abs. 2 SÜG abschließend und erfolgt nur bei der Ü2 und Ü3 (§§ 9, 10 SÜG). § 12 Abs. 2a SÜG schreibt vor, dass im Falle der Einbeziehung des Ehegatten, Lebenspartners oder Lebensgefährten (dies ist die „mitbetroffene Person", s. § 2 Abs. 2 S. 5 SÜG) die mitwirkende Behörde bezüglich dieser die **gleichen Ermittlungsmaßnahmen** durchführt **wie bei der betroffenen Person**. Eine förmliche Einbeziehung bedeutet also die gesonderte Einholung von Auskünften beim BZR, BKA, AZR, der Bundespolizeidirektion und bei den übrigen Nachrichtendiensten des Bundes (s. § 12 Abs. 2a SÜG), dh die Durchführung der kompletten Überprüfungsmaßnahmen nach § 12 Abs. 1–5 SÜG auch für die mitbetroffene Person.

49

3. Abfrage bei zentralen Sicherheitsbehörden

Für die betroffene und mitbetroffene Person sind Anfragen bei den in § 12 Abs. 1 Nr. 2, 2a und 3 SÜG genannten wichtigsten Zentralstellen der Sicherheitsbehörden vorgesehen. Vorrangige „externe" Informationsquelle ist dabei die **unbeschränkte Auskunft aus dem BZR**. Nach § 41 Abs. 1 Nr. 3 BZRG dürfen den Verfassungsschutzbehörden, dem MAD und dem BND für ihre Sicherheitsaufgaben auch solche Auskünfte aus dem BZR erteilt werden, die in ein Führungszeugnis nicht aufgenommen werden.[128] Für die Beurteilung von Sicherheitsrisiken sind folgende Inhalte eines Führungszeugnisses besonders relevant:

50

- rechtskräftige strafgerichtliche Entscheidungen, durch die auf Strafe oder Maßregeln der Besserung und Sicherung erkannt ist; vor allem solche, die aus einer verfassungsfeindlichen Motivation heraus begangen wurden;

---

[125] SÜG-AVV zu § 12 Abs. 1 Nr. 1 und *Denneborg* § 12 Rn. 5 ff.
[126] *Denneborg* § 12 Rn. 7a, b.
[127] *Denneborg* § 12 Rn. 9.
[128] Die Vorschrift des § 41 Abs. 1 Nr. 3 BZRG erlaubt unbeschränkte Auskünfte aus dem BZR nicht nur zur Erfüllung der nachrichtendienstlichen Kernaufgaben, sondern nach dem Wortlaut für alle gesetzlich übertragenen „Sicherheitsaufgaben" der Dienste. Hierzu zählen auch die Mitwirkungsaufgaben nach dem SÜG, da sie unmittelbar die Sicherheit der Bundesrepublik Deutschland und seiner Länder bezwecken.

- Entscheidungen über Strafaussetzungen zur Bewährung, ihr Widerruf, Straferlass, Erledigung der Vollstreckung einer Strafe und gegebenenfalls Wiederaufnahme eines Verfahrens;
- Entscheidungen von Verwaltungsbehörden und Gerichten über die Ausweisung und Abschiebung von Ausländern, Passentzug, Ablehnung und Widerruf einer Waffenbesitzkarte oder eines Waffenscheins.[129]

51 Die unbeschränkte Auskunft aus dem BZR hat zur Folge, dass auch solche Eintragungen über Verurteilungen beauskunftet werden, die nach § 45 BZRG regulär zu tilgen waren. Zwar dürfen bei einer Tilgung die Tat und die Verurteilungen dem Betroffenen im Rechtsverkehr – und damit auch im Sicherheitsüberprüfungsverfahren – eigentlich nicht mehr vorgehalten und zu seinem Nachteil verwertet werden (§ 51 Abs. 1 BZRG). Allerdings sind getilgte Verurteilungen nach § 52 Abs. 1 Nr. 1 BZRG dann noch verwertbar, wenn die Sicherheit der Bundesrepublik Deutschland oder eines ihrer Länder eine Ausnahme zwingend gebietet. Unter „Sicherheit" ist in diesem Zusammenhang die innere und äußere Sicherheit des Staates zu verstehen,[130] dh es müssen hochgradige Sicherheitsbelange jenseits allgemeiner polizeirechtlicher Gefahrenlagen die Heranziehung auch getilgter Verurteilungen gebieten. Aus Sinn und Zweck des Gesetzes folgt, dass eine Sicherheitsüberprüfung von Personen, die Zugang zu hochgradig eingestuften Vorgängen erhalten sollen, grundsätzlich einen solchen Ausnahmefall iSd § 52 Abs. 1 Nr. 1 BZRG begründet.[131] Ob für den Tatbestand eine konkrete Gefährdung der Sicherheitsinteressen der Bundesrepublik Deutschland erforderlich ist,[132] oder es ausreicht, wenn aufgrund konkreter Anhaltspunkte eine erhebliche Gefährdung nicht ausgeschlossen werden kann,[133] ist insoweit ohne Belang. Denn ungeachtet des kaum zu bestimmenden „Gefahrengrades" beim Anvertrauen hoher Verschlusssachen an eine möglicherweise unzuverlässige Person, ist bei der sicherheitsmäßigen Würdigung tilgungsreifer Verurteilungen jedenfalls immer auf die Tat selbst und die aktuelle Einstellung bzw. Bewertung durch die betroffene Person abzustellen.

52 Des Weiteren sieht § 12 Abs. 1 Nr. 2 SÜG das Ersuchen der mitwirkenden Behörde um eine Datenübermittlung aus dem beim BfJ geführten **Zentralen staatsanwaltschaftlichen Verfahrensregister** (ZStV; § 492 StPO) vor. Dies ist deshalb erforderlich, weil anhängige Strafverfahren im Rahmen der Sicherheitsüberprüfung nicht bekannt werden, wenn die betroffene Person Angaben hierzu in der Sicherheitserklärung bewusst unterlässt oder noch keine Kenntnis von dem Strafverfahren hat, etwa weil sie noch nicht als Beschuldigte vernommen wurde, und deshalb in der Sicherheitserklärung hierzu keine Angaben machen kann.[134] Das BKA hat keine vollständige Übersicht über anhängige Strafverfahren; auch die in Bezug auf den Wohnort der letzten fünf Jahre angefragten Landeskriminalämter (§ 12 Abs. 2 Nr. 1 SÜG; eine Anfrage dort erfolgt ohnehin nur bei der Ü2 und Ü3) haben diese Übersicht nur dann, wenn der Tatort in ihrem Bundesland liegt. Ein Ersuchen der mitwirkenden Behörde um eine Datenübermittlung aus dem ZStV ist daher erforderlich, um aktuelle Strafverfahren in die Bewertung einbeziehen zu können.

53 Um auch jenseits rechtskräftiger Verurteilungen Informationen über strafrechtliche Auffälligkeiten berücksichtigen zu können (zB das Vorhandensein einer Kriminalakte mit Informationen über eingestellte Ermittlungsverfahren) wird nach § 12 Abs. 1 Nr. 3 auch das **BKA** angefragt. Dieses ist nach Art. 73 Abs. 1 Nr. 10 lit. a, 87 Abs. 1 S. 2 GG iVm § 2 BKAG **Zentralstelle für das polizeiliche Auskunfts- und Nachrichtenwesen** für die Kriminalpolizei und unterhält zu diesem Zweck das polizeiliche Informationssystem **INPOL** (analog NADIS WN), in das alle relevanten kriminalpolizeilichen Erkenntnisse der Polizeien des Bundes und der Länder eingespeist werden. Liegen beim BKA Hinweise vor,

---

[129] *Denneborg* § 12 Rn. 11.
[130] BVerwG NJW 1984, 2053.
[131] BVerwG NVwZ 1995, 1101 (1102); *Bücherl* in BeckOK StPO, 39. Ed. 1.1.2021, BZRG § 52 Rn. 3.
[132] *Bücherl* in BeckOK StPO, 39. Ed. 1.1.2021, BZRG § 52 Rn. 3.
[133] *Denneborg* § 12 Rn. 14.
[134] Vgl. BT-Drs. 18/11281, 69.

dass eine andere Polizeidienststelle Akten über die angefragte Person führt, unterrichtet es die mitwirkende Behörde lediglich über die aktenführende Stelle und das Aktenzeichen. Dagegen ist eine Anfrage des BKA bei dieser Polizeibehörde und ein Ersuchen um Übermittlung der Daten zwecks anschließender Weitergabe an die mitwirkende Behörde unzulässig. Vielmehr fragt die mitwirkende Behörde unmittelbar bei der aktenführenden Stelle an.[135]

Die mitwirkende Behörde fragt auch die Bundespolizei an (konkret: das Bundespolizeipräsidium, § 1 Abs. 3 Nr. 1e BPolZV) wegen möglicher Erkenntnisse aus der Grenzfahndungsdatei. Die Grenzfahndungsdatei enthält u. a. Daten von Personen, die nicht zum Grenzübertritt berechtigt sind sowie aktuelle Fahndungsausschreibungen.[136] **54**

Schließlich werden – wenn das BfV mitwirkende Behörde ist – auch **MAD** und **BND** angefragt bzw. – wenn MAD mitwirkende Behörde ist – zumindest der BND (der MAD muss BfV nicht gesondert anfragen, da er die Erkenntnisse aus NADIS WN ohnehin bereits nach § 12 Abs. 1 Nr. 1 SÜG einbezieht). Die Nachrichtendienste des Bundes führen keine übergreifende Zentraldatei, deshalb können bei jedem einzelnen Dienst Informationen vorhanden sein, die aus dessen spezifischer Aufgabenwahrnehmung resultiert (zB Informationen aufgrund von Auslandseinsätzen bzw. der Aufklärung im Ausland) und für die Beurteilung von in der Person des Betroffenen liegenden Sicherheitsrisiken relevant sind. **55**

4. Internetrecherche und Einblick in öffentlich sichtbare Teile sozialer Netzwerke

Obwohl das BVerfG die offene Internetrecherche nicht als Grundrechtseingriff sieht,[137] hat es der Gesetzgeber 2017 für nötig befunden, eine ausdrückliche Befugnis in § 12 Abs. 3a SÜG aufzunehmen, offen zugängliche Inhalte aus Internetseiten und sozialen Netzwerken bei der Sicherheitsüberprüfung zu berücksichtigen. Derartige Erkenntnisse sind wichtig für die Beurteilung, ob sich aus der Art der (Selbst)Darstellung im Internet sicherheitserhebliche Erkenntnisse ergeben, zB ein Drang zur Preisgabe auch sensibler Sachverhalte, untunliche Angaben zu sicherheitsempfindlichen Tätigkeiten in der Vergangenheit oder die Nähe zu kriminellen bzw. verfassungsfeindlichen Organisationen. Aus Gründen der Verhältnismäßigkeit gilt für Internetrecherchen ein gestuftes Verfahren: Bei allen von einer Sicherheitsüberprüfung betroffenen Personen besteht die Möglichkeit Einsicht in öffentlich einsehbare Internetseiten zu nehmen.[138] Eine *Beschränkung* auf *Internetseiten des Betroffenen* ist nicht vorgesehen. Dies wäre auch nicht zielführend,[139] da häufig gerade über Seiten Dritter Erkenntnisse über das Verhalten von Personen gewonnen werden können. Bei den von der Ü2 und Ü3 betroffenen Personen sowie bei von der Ü1 betroffenen Personen aus dem Geschäftsbereich des BMVg umfasst die Befugnis zur Einsichtnahme darüber hinaus auch **56**

---

[135] *Denneborg* § 12 Rn. 16.
[136] *Denneborg* § 12 Rn. 17.
[137] S. BVerfG NJW 2008, 822 (836). Ein Eingriff in das Recht auf informationelle Selbstbestimmung liegt nicht schon dann vor, wenn eine staatliche Stelle (heimliche) Internetaufklärung betreibt, zB eine allgemein zugängliche Webseite aufruft, eine jedem Interessierten offenstehende Mailingliste abonniert oder einen offenen Chat beobachtet. Ein Grundrechtseingriff beginnt erst dann, wenn Informationen, die durch die Sichtung allgemein zugänglicher Inhalte gewonnen wurden, gezielt zusammengetragen, gespeichert und gegebenenfalls unter Hinzuziehung weiterer Daten ausgewertet werden (BVerfG NJW 2008, 822 (836 Rn. 309)). Somit ist das bloße Recherchieren (mithilfe von Suchmaschinen) kein Eingriff und bedürfte damit keiner (normenklaren) Rechtsgrundlage. Erst in dem Moment, wo nach relevanten Trefferfällen die im Netz recherchierten Ergebnisse zusammengetragen, bewertet und gegebenenfalls in die Sicherheitsüberprüfungsakte Eingang finden, läge ein Eingriff vor. Ob dieser Eingriff so schwer wiegt, dass er nicht mehr unter die allgemeinen Datenerhebungsregeln der §§ 11 Abs. 1, 12 Abs. 3 und 5 SÜG hätte subsumiert werden können (zumal nach wie vor nur die offen verfügbaren Informationen verarbeitet werden, was der betroffenen Person bekannt und von ihr durch ihr netzaffines Vorverhalten regelmäßig – zumindest bei willentlicher Präsentation im Netz – auch zu vertreten ist), darf bezweifelt werden.
[138] Anders noch der GesE der BReg: Beschränkung auf Angehörige der Nachrichtendienste und vergleichbare Personen sowie BMVg-Geschäftsbereichsangehörige (BT-Drs. 18/11281, 18, 21).
[139] So die letztlich umgesetzte ausdrückliche Änderungsempfehlung des InnenA in BT-Drs. 18/12126, 3 gegen den GesE der BReg; nach wie vor aber anders suggeriert von § 13 Abs. 1 Nr. 20 SÜG.

den öffentlich sichtbaren Teil **sozialer Netzwerke** im Internet (s. die diesbezügliche Mitteilungspflicht in der Sicherheitserklärung gem. § 13 Abs. 1 Nr. 20 SÜG). Die Befugnis zur Internetrecherche steht dabei im Ermessen der mitwirkenden Behörde.

IV. Erweiterte Sicherheitsüberprüfung (Ü2)

57   Die erweiterte Sicherheitsüberprüfung (Ü2) hat eine verschärfte Überprüfungstiefe zur Folge, was mit einer erweiterten Datenbasis korreliert. Zusätzlich zu den Maßnahmen einer Ü1 tätigt die mitwirkende Behörde hier auch **Anfragen** zur betroffenen Person **an die örtlichen Polizeidienststellen** im Inland, um die dort eventuell – über die in INPOL gespeicherten Daten hinaus – vorliegenden Erkenntnisse berücksichtigen zu können (zB eingeleitete, aber noch nicht abgeschlossene Strafverfahren oder Anzeigen und sonstige polizeilich bearbeitete Sachverhalte). Verfahrensmäßig erfolgt die **Anfrage beim** für den Wohnort **zuständigen LKA** des Betroffenen. Nur wenn dort Erkenntnisse vorliegen, erfolgt eine weitergehende Anfrage bei der jeweiligen örtlichen Polizeidienststelle (SÜG-AVV zu § 12 Abs. 2 Nr. 1).

58   Hinzu kommt bei der Ü2 und Ü3 eine **Identitätsprüfung** (§ 12 Abs. 2 S. 1 Nr. 2 SÜG). Hierdurch soll verhindert werden, dass fremde Nachrichtendienste Agenten mit total gefälschter Identität in den Kreis der „Geheimnisträger" einschleusen.[140] Die Prüfung erfolgt idR durch Befragung geeigneter Auskunftspersonen (Eltern, Geschwister, andere nahe Verwandte, Schulfreunde usw) mit Lichtbildvorlage. Mitarbeiter der Nachrichtendienste müssen zu diesem Zweck Lichtbilder einreichen (§ 13 Abs. 4 S. 2 SÜG).

V. Erweiterte Sicherheitsüberprüfung mit Sicherheitsermittlungen (Ü3)

59   Einziges zusätzliches Ermittlungsinstrument bei der Ü3 (§ 10 SÜG), das aber die potentiell weitreichendste Gewinnung persönlichkeitssensibler Daten zur Folge hat, ist die **Befragung von drei Referenzpersonen.** Ergänzend dazu werden auch noch weitere geeignete Auskunftspersonen befragt, die das Bild des Betroffenen abrunden sollen. Bei Mitarbeitern oder Bewerbern der Nachrichtendienste bzw. Beschäftigten der in § 1 SÜFV genannten Stellen sind die Befragungen von benannten Referenzpersonen bzw. anderen Auskunftspersonen in der Regel auch im Hinblick auf die mitbetroffene Person durchzuführen (§ 12 Abs. 3 S. 2 SÜG). Referenzpersonen sind auskunftsfähige, dem Betroffenen mehr oder weniger nahestehende Personen, die er in seiner Sicherheitserklärung selbst angegeben hat (§ 13 Abs. 1 S. 1 Nr. 18 SÜG). Auskunftspersonen sind hingegen solche, die die betroffene Person zwar kennen, aber nicht von ihr benannt wurden, sondern von der mitwirkenden Behörde selbst ausgesucht werden. Maßgeblich hierfür ist, ob und wie gut sie den Betroffenen kennen und geeignet sind, über seine persönlichen Verhältnisse bzw. über sein Persönlichkeitsbild objektiv Auskunft zu geben (zB Arbeitgeber, Vermieter, Vereinskameraden, Ausbilder). Ihre Befragung ist erforderlich, um sich ein vollständigeres und objektiveres Bild machen zu können, als dies allein mit den – den Betroffenen tendenziell in einem günstigen Licht beurteilenden – Referenzpersonen möglich wäre.

60   Die Befragung der Referenz- und Auskunftspersonen soll problematische private Verhältnisse oder mit den Anforderungen an einen Geheimnisträger unvereinbare Verhaltensweisen, Kontakte und Einstellungen ans Tageslicht fördern (→ Rn. 62 ff.). Dies sind in aller Regel Umstände, die der Betroffene gegenüber seinem sozialen Umfeld und erst recht gegenüber der mitwirkenden Behörde geheim halten möchte (zB Kontakte ins kriminelle Milieu). Gerade Fragen nach verfassungsfeindlichen Einstellungen, Rauschmittelabhängigkeiten, psychischen Erkrankungen, Glücksspiel und Ähnliches können potentiell die Intimsphäre des Betroffenen tangieren,[141] weshalb bei derartigen Fragen in besonderem Maße

---

[140] Näher *Denneborg* § 12 Rn. 22.
[141] Dazu *Warg* in Schenke/Graulich/Ruthig SÜG Vor § 1 Rn. 14 ff.

der Erforderlichkeitsgrundsatz zu beachten ist. Es dürfen nur solche Daten erhoben und weiterverarbeitet werden, die für die Bewertung von Sicherheitsrisiken unabdingbar sind. Insbesondere wenn Berufsgeheimnisträger befragt werden sollen (zB Ärzte, Rechtsanwälte oder Steuerberater) ist wegen der diesen obliegenden besonderen Schweigepflicht vor einer Befragung, in deren Rahmen der Schweigepflicht unterliegende Umstände eine Rolle spielen sollen, die ausdrückliche Zustimmung der hiervon betroffenen Person (Entbindung von der Schweigepflicht) einzuholen.[142] Auch die Preisgabe personenbezogener Daten des Betroffenen durch die mitwirkende Behörde gegenüber den zu Befragenden ist auf das unerlässliche Maß zu beschränken. Die Befragung zu Sicherheitsrisiken darf nur in abstrakter Form erfolgen, dh ohne Weitergabe personenbezogener Daten, die bereits bei anderen Stellen oder Personen erhoben wurden (SÜG-AVV zu § 12 Abs. 3). Dies bedeutet, dass den Referenz- und Auskunftspersonen keine Vorhalte über bereits ermittelte – potentiell sicherheitserhebliche – Eigenschaften oder Verhaltensweisen des Betroffenen gemacht werden dürfen.

Die betroffene oder mitbetroffene Person hat weder einen Anspruch darauf, dass eine **61** bestimmte Person als Referenz- oder Auskunftsperson befragt wird, noch dass deren Befragung unterlassen wird. Verfahrensleitende Stelle ist die mitwirkende Behörde, die in (analoger) Anwendung des § 24 VwVfG Umfang und Themen der Befragungen je nach Verlauf und Art der gewonnenen Erkenntnisse selbst festlegt und priorisiert. Ebenso wenig kann der Betroffene verlangen, dass eine Eigenbefragung seiner Person stattfindet (was indes aber häufig sinnvoll sein wird, um tatsächliche Unklarheiten aufzuklären, die sich weder durch behördliche Auskünfte, noch durch Angaben anderer Auskunftspersonen aufklären lassen).[143] Nach § 12 Abs. 3 S. 3 SÜG stellt die Eigenbefragung bei Bewerbern und Mitarbeitern von Nachrichtendiensten wegen der möglichen gravierenderen beruflichen Auswirkungen von sicherheitserheblichen Erkenntnissen in jedem Falle eine regelmäßig indizierte Möglichkeit der Erkenntnisgewinnung dar.

K. Prüfungsgegenstände im personellen Geheimschutz

I. Das Sicherheitsrisiko als Maßstab des personellen Geheimschutzes

Dreh- und Angelpunkt des Sicherheitsüberprüfungsverfahrens ist die Beurteilung, ob in der **62** Person des Betroffenen ein Sicherheitsrisiko vorliegt. Dies ist das materielle Kriterium, das einer sicherheitsempfindlichen Tätigkeit entgegensteht. Wann ein solches Sicherheitsrisiko anzunehmen ist, dh unter welchen Voraussetzungen eine Sicherheitsüberprüfung erfolgreich oder nachteilig verlaufen wird, ist abschließend in § 5 SÜG definiert. **§ 5 SÜG** kann daher als die **Schlüsselregelung** des personellen Geheimschutzes gelten. Nach § 14 Abs. 3 SÜG ist das Vorliegen eines durchschlagenden Sicherheitsrisikos für die zuständige Stelle, dh den Arbeitgeber bzw. die personalführende Behörde, das maßgebliche Beurteilungskriterium. Angesichts der zeitlichen Vorgaben, wann die routinemäßige Ergänzung der Sicherheitserklärung bzw. eine Wiederholungsprüfung (§§ 17, 28 Abs. 1 SÜG) ansteht, kommt der **Feststellung eines Sicherheitsrisikos** regelmäßig eine **Wirkungsdauer von fünf Jahren** zu (s. auch § 12 Abs. 6 SÜG).[144]

II. Kriterien für die Bewertung eines Sicherheitsrisikos

Fraglich ist, ob für die Feststellung eines Sicherheitsrisikos allein die objektiven ermittelten **63** Sachumstände maßgeblich sind oder auch subjektive Elemente berücksichtigt werden, dh ob in die Bewertung auch die individuelle Einstellung bzw. Bewältigung der sicherheitsrelevanten Tatsachen durch den Betroffenen einfließen soll. Die besseren Gründe sprechen

---
[142] *Denneborg* § 12 Rn. 37.
[143] *Denneborg* § 12 Rn. 34b.
[144] BR-Drs. 337/17, 15; *Engelien-Schulz* DöD 2011, 102 (104).

für letzteres:[145] Bei der Würdigung objektiver Umstände, die prima facie für das Vorliegen eines Sicherheitsrisikos sprechen (zB Alkoholabhängigkeit oder verwandtschaftliche Beziehungen zu Funktionären extremistischer Bestrebungen) müssen dennoch die persönlichen Verursachungsbeiträge des Betroffenen bzw. die individuelle Vorwerfbarkeit der kritischen Sachumstände berücksichtigt werden. Nur mithilfe der subjektiven Einstellung werden letztlich faire Entscheidungen im Hinblick auf die *gesamte Persönlichkeit* des Betroffenen möglich. Ziel des Verfahrens ist es, potentielle Vertrauensbrüche beim Umgang mit Verschlusssachen auszuschließen. Solche Vertrauensbrüche resultieren aber nicht automatisch aus prekären persönlichen Umständen, sondern aus einer charakterlich zweifelhaften Bewältigung solcher Umstände, die auf entsprechende Defizite schließen lassen. Dies gilt umso mehr, als Sicherheitsbedenken nicht notwendigerweise aus einem (dienstlichen) individuell vorwerfbaren Fehlverhalten des Betroffenen resultieren müssen,[146] sondern – zB bei verwandtschaftlichen Beziehungen in Staaten mit besonderen Sicherheitsrisiken – auch in einer fremden Risikosphäre wurzeln können, die dem Einfluss des Betroffenen entzogen ist. Auch bei individuell vorwerfbarem Verhalten wie zB bei Alkoholabhängigkeit wird es entscheidend darauf ankommen, ob der Betroffene den sicherheitskritischen Umstand zu beheben sucht (zB durch Entziehungskuren, Teilnahme an Selbsthilfegruppen, überwachte Abstinenz usw) und sich der persönlichen Schwäche stellt, oder ob er sie leugnet bzw. verharmlost und auf diese Weise eine Charakterschwäche offenbart, die ihn erpressbar oder anderweitig kompromittierbar machen kann. Während im ersten Fall das Risiko zumindest im Hinblick auf § 5 Abs. 1 S. 1 Nr. 2 SÜG gering erscheint, ist der Betroffene im zweiten Fall für eine sicherheitsempfindliche Tätigkeit nicht geeignet.[147]

III. Notwendiger Verdichtungsgrad des Sicherheitsrisikos

64 Da es beim personellen Geheimschutz um Abwehr potentieller Gefahren bzw. Risikovorsorge[148] geht, kann hinsichtlich der tatsächlichen Prognosebasis keine feste Gewissheit hinsichtlich des Vorliegens eines Sicherheitsrisikos verlangt werden. Wie üblich bei Prognoseentscheidungen im Rahmen der Gefahrenvorsorge reichen **tatsächliche Anhaltspunkte** für die in § 5 Abs. 1 S. 1 Nr. 1–3 SÜG näher aufgeführten Sicherheitsrisiken aus. „Tatsächliche Anhaltspunkte" meint Tatsachen (also verifizierbare und dokumentierte Sachumstände, nicht bloße Vermutungen),[149] die auf das Vorliegen von Sicherheitsrisiken schließen lassen.[150] Dies wird an § 5 Abs. 2 SÜG deutlich, der die Vorverlagerung des Beurteilungsmaßstabs für Sicherheitsrisiken in das Vorfeld der konkreten Gefahr anordnet: *„Eine Erkenntnis ist sicherheitserheblich, wenn sich aus ihr ein Anhaltspunkt für ein Sicherheitsrisiko ergibt".* Der Begriff „tatsächliche Anhaltspunkte" bezieht sich auf den uU noch geringen Verdichtungsgrad der vorliegenden Verdachtsumstände. Damit gestattet das Gesetz aber keine Restunsicherheit im Hinblick auf die *rechtliche Beurteilung,* ob das beobachtete Verhalten bzw. die Situation des Betroffenen (zB Spielsucht, wiederholte einschlägige Verurteilungen) tatsächlich ein Sicherheitsrisiko darstellt oder nicht. Zwar hat bei der Bewertung sicherheitserheblicher Erkenntnisse nach § 14 Abs. 3 S. 3 SÜG im Zweifel das Sicherheitsinteresse Vorrang (→ Rn. 19 f.), doch darf diese gesetzgeberische Wertung nicht dazu führen, dass Entscheidungen auf vagen Vermutungen oder einer rein abstrakten Besorgnis gestützt werden.[151] So können etwa auch belastende Tatsachenbehauptungen, deren Rich-

---

[145] AA wohl *Engelien-Schulz* DöD 2016, 217 (222).
[146] BVerwG NVwZ 2019, 65 (67).
[147] Vgl. *Denneborg* § 5 Rn. 3.
[148] Es ist zwischen „Risiko" (= wahrgenommenes und wenigstens rudimentär abgeschätztes Schadens*potential*) und „Gefahr" (= Schadenspotentiale, die wertgeschätzte Güter *bedrohen*) zu unterscheiden, vgl. *Zwick* in Fischer/Hilgendorf, Gefahr, 2020, 28 (30). Gefahr ist danach das sich konkretisierende Risiko.
[149] S. BVerfGE 110, 33 (61) = NJW 2004, 2213; BVerfGE 100, 313 (395) = NJW 2000, 55.
[150] BVerwG NJW 1991, 581 (582); VGH München NJW 1994, 748 (749). Näher *Warg* in Dietrich/Eiffler NachrichtendiensteR-HdB V § 1 Rn. 10 ff.
[151] BVerwG Beschl. v. 28.9.2017 – 1 WB 29.16 Rn. 25.

tigkeit nicht erwiesen ist, nicht herangezogen werden.[152] Entscheidend ist aber, dass sich die „in dubio"-Regel des § 14 Abs. 3 S. 3 SÜG nur auf nicht mit letzter Sicherheit aufklärbare *Sachumstände* bezieht; sie ordnet die Beweislastumkehr aber nicht für die daraus folgende rechtliche Würdigung an. Die rechtliche Subsumtion ist daher unabhängig vom uU eingeschränkten tatsächlichen Verdichtungsgrad zu treffen und darf in der juristischen Würdigung des Sachverhalts keine Restzweifel aufweisen. So genügt etwa die bloße Sorge oder ein „ungutes Bauchgefühl" dahingehend, dass zB sporadische Kontakte des Betroffenen zu extremismusverdächtigen Personen ein Sicherheitsrisiko *bedeuten könnten*, für die notwendige *positive Feststellung* eines Risikos nicht aus. Andererseits jedoch muss die rechtliche Wertung nicht zwingend zu der Feststellung führen, dass durch die ermittelten Sachumstände Sicherheitsinteressen tatsächlich verletzt werden.[153]

IV. Spezifität des Sicherheitsrisikos in Bezug auf die konkrete Tätigkeit

Die Prüfung eines etwaigen Sicherheitsrisikos muss sich nicht auf die gesamten Lebensumstände des Betroffenen beziehen, sondern nur auf die angestrebte bzw. ausgeübte sicherheitsempfindliche Tätigkeit. Die sicherheitsrelevanten Umstände müssen also **im Hinblick auf die sicherheitsempfindliche Tätigkeit** iSd § 1 Abs. 2 und 4 SÜG relevant sein.[154] Das bedeutet zwar nicht, dass das Sicherheitsrisiko im unmittelbaren Zusammenhang stehen muss mit der Ausübung der sicherheitsempfindlichen Tätigkeit (was zB bei einer unbefugten Veröffentlichung von dienstlich bearbeiteten Verschlusssachen oder anderen Formen des Geheimnisverrats der Fall wäre). Angesichts der Unteilbarkeit einer Persönlichkeit spielt es zunächst keine Rolle, ob das problematische Verhalten tätigkeitsbezogen („innerdienstlich") oder im Privatleben des Betroffenen zutage tritt („außerdienstlich").[155] Jedoch muss eine außerdienstliche Verfehlung bzw. eine solche ohne Bezug zur sicherheitsempfindlichen Tätigkeit Rückschlüsse zulassen auf die Integrität des Betroffenen und die ordnungsgemäße Erledigung gerade im Hinblick auf sicherheitsempfindliche Tätigkeiten. So rechtfertigt etwa eine disziplinarrechtlich bedeutsame Verletzung von Dienstpflichten (Verletzung von Arbeitszeitregeln, verbotswidrige private Nutzung des dienstlichen PC), die keinen inhaltlichen Bezug zu Geheimhaltungsregeln aufweisen, nicht ohne weiteres den Schluss, der Betroffene stelle ein Sicherheitsrisiko dar.[156] Pflichtenverstöße müssen vielmehr **gerade in Bezug auf geheimhaltungsbedürftige Umstände** begangen werden, um ein Sicherheitsrisiko zu rechtfertigen[157] (zB fehlende Zurückhaltung bei Gesprächen mit Unbefugten über dienstliche Sachverhalte oder eine erkennbar mangelnde Bereitschaft zur Einhaltung der Vorgaben des materiellen Geheimschutzes → Rn. 1).

Die herrschende Rechtsprechung sieht dies anders und folgert Sicherheitsrisiken auch aus Umständen (hier: Straftaten), die keinen speziellen Bezug zu Geheimhaltungsvorschriften erkennen lassen.[158] Diese Sichtweise überzeugt nicht, denn ob ein Fehlverhalten die Prognose zulässt, an der zuverlässigen Einhaltung der Geheimhaltungsregeln bestünden ernstliche Zweifel, kann nur in Ansehung der angestrebten sicherheitsempfindlichen Tätigkeit beurteilt werden. So wird etwa ein Strafverfahren wegen einer im privaten Rahmen begangenen fahrlässigen Körperverletzung selten negative Erkenntnisse über in der Person des Betroffenen liegende Sicherheitsrisiken liefern, ebenso andere Verstöße gegen ordnungsrechtliche Bestimmungen; anders hingegen ein Verfahren wegen Landfriedensbruchs, durch das die grundsätzliche Bereitschaft zum Einsatz von Gewalt als Mittel politischer

---
[152] BVerwG NVwZ-RR 2011, 682 (683).
[153] OVG Berlin-Brandenburg BeckRS 2018, 9891 Rn. 8.
[154] *Denneborg* § 5 Rn. 6.
[155] *Engelien-Schulz* DÖD 2011, 102 (104) mwN.
[156] BVerwG NVwZ-RR 2011, 682 (683).
[157] AA *Engelien-Schulz* UBWV 2015, 375 (382) mwN.
[158] BVerwG ZBR 2002, 287 f.; NZWehrr 2004, 168 f.; BVerwG Beschl. v. 9.11.2005 – 1 WB 19/05; NZWehrr 2006, 153; BVerwG Beschl. v. 26.6.2007 – 1 WB 59/06; BVerwG Beschl. v. 21.10.2010 – 1 WB 16/10; BVerwG Beschl. v. 21.7.2011 – 1 WB 12/11.

Auseinandersetzung dokumentiert ist[159] oder eine Unterschlagung, durch die eine Missachtung der Interessen anderer mit Blick auf anvertraute Güter deutlich wird. Maßgeblich ist nicht das unrealistische Ideal einer perfekten Rechtstreue, sondern die schlüssige Prognose, dass die betroffene Person im Hinblick auf die Bedeutung und Sensitivität der angestrebten sicherheitsempfindlichen Tätigkeit (dh abgestuft nach den einzelnen Überprüfungsarten Ü1 bis Ü3) die jederzeitige Gewähr für einen sachgerechten Umgang mit den anvertrauten geheimhaltungsbedürftigen Informationen bzw. für eine integre Tätigkeit an besonders sicherheitsempfindlichen Stellen bietet. Nach § 14 Abs. 3 S. 2 SÜG erfolgt die Bewertung daher nicht ohne Grund spezifisch anhand einer **am Zweck der Sicherheitsüberprüfung orientierten Gesamtwürdigung des Einzelfalles,** insbesondere im Hinblick auf die vorgesehene Tätigkeit. Dies bedeutet, dass bei Überprüfungen für den personellen Sabotageschutz zentral auf die Vorbeugung von Gewalt- und Sabotageakten (vornehmlich mit terroristischem Hintergrund) abgestellt wird, wofür die charakterliche Integrität nicht so zentral ist wie im Bereich des personellen Geheimschutzes. So begründen zB freundschaftliche Kontakte zu Personen aus einer extremistischen Vereinigung für den Sabotageschutz für sich genommen noch nicht unbedingt einen tatsächlichen Anhaltspunkt dafür, dass die betroffene Person Gewalt- oder Sabotageakte begehen wird. Im Bereich des personellen Geheimschutzes hingegen, bei dem es auf hohe charakterliche Integrität und ein jederzeitiges Einstehen für die zentralen Schutzgüter des Staates ankommt (insbesondere die fdGO) ist eine durch Teilnahme an einer extremistischen Bestrebung dokumentierte negative Einstellung zur fdGO in jedem Falle relevant. Zutreffend ist daher die Auffassung,[160] dass das Fehlverhalten einen **Rückschluss auf die Integrität gerade bei der Ausübung der sicherheitsempfindlichen Tätigkeit** zulassen muss.[161]

V. Zweifel an der Zuverlässigkeit als Sicherheitsrisiko

67 Zentrales und in der Praxis bedeutendstes Sicherheitsrisiko sind Zweifel an der **Zuverlässigkeit** der betroffenen Person (§ 5 Abs. 1 S. 1 Nr. 1 SÜG). Solche Zweifel können sich sowohl im Bereich des Geheimschutzes als auch des Sabotageschutzes aus einer Vielzahl von Sachverhalten ergeben. Aufgrund von Strafverfahren (insbesondere Verurteilungen), Alkoholmissbrauch, Einnahme von bewusstseinsändernden Drogen oder Medikamentenmissbrauch, Verstößen gegen Dienstpflichten (zB unbefugte Weitergabe von Verschlusssachen) oder geistigen oder seelischen Störungen (zB Psychosen) können Anlass für die Annahme sein, dass der Betroffene mit geheimhaltungsbedürftigen Informationen nicht wird sachgerecht umgehen können. Zuverlässigkeitszweifel können sich auch ergeben aus Umständen der mitbetroffenen Person (Ehegatte bzw. Lebensgefährte), wenn diese strafrechtlich oder verfassungsfeindlich erheblich in Erscheinung getreten ist bzw. kriminellen oder extremistischen Gruppierungen angehört (s. § 5 Abs. 1 S. 2 SÜG). Die Zuverlässigkeitszweifel ergeben sich dann aus dem Umstand, dass einer Person, die enge persönliche Beziehungen zu evident unzuverlässigen Personen unterhält – und sie deshalb im Zweifel zumindest emotional in ihrem Tun unterstützt –, kaum im öffentlichen Interesse geheimhaltungsbedürftige Tatsachen anvertraut werden können, ohne Gefahr zu laufen, diese Informationen „bei Bedarf" in das problematische Milieu weiterzugeben.

1. Sachverhalte mit Bezügen zum Strafrecht

68 Häufig werden sich Zuverlässigkeitszweifel aus strafrechtlichen Verfehlungen ergeben, die Rückschlüsse auf gravierende Charaktermängel offenlegen, so zB im Fall der Verurteilung

---

[159] Abzulehnen daher VG Schwerin BeckRS 2018, 36424.
[160] So BVerwG NVwZ-RR 2011, 682 ff.
[161] Daher bedarf die Besorgnis, der Betroffene werde womöglich geheimhaltungsbedürftige Umstände preisgeben, bei einem Fehlverhalten, das mit der sicherheitsempfindlichen Tätigkeit nicht in Zusammenhang steht, der besonderen Begründung (ablehnend *Eicholt* ZBR 2012, 154 [157]).

wegen Urkundenfälschung[162] (auch wenn fraglich ist, ob dies auch bei einer lediglich einmaligen Tat im außerdienstlichen Bereich[163] anzunehmen ist). Das Führen von Kraftfahrzeugen im öffentlichen Straßenverkehr im Zustand absoluter Fahruntüchtigkeit (hier von 1,40 ‰) lässt auf ein mangelndes Verantwortungsbewusstsein schließen,[164] was Zuverlässigkeitsmängel jedenfalls nahe legt. Problemlos lässt eine Verurteilung wegen **Rauschgifthandel** auf fehlende Zuverlässigkeit schließen,[165] weil hierdurch eine rücksichtslose Gesinnung hinsichtlich hochrangiger Schutzgüter anderer und eine erhebliche kriminelle Energie deutlich wird. Zuverlässigkeitszweifel begründen auch einen Reisekostenbetrug über 260 EUR[166] bzw. 163 EUR[167] oder widersprüchliche und unzutreffende Angaben in Anträgen auf Reisekostenbeihilfe und Gewährung von Trennungsgeld,[168] jedenfalls dann, wenn die betrügerische Absicht als unzweifelhaft erwiesen ist.

Strafrechtliche relevante Vorwürfe, sofern sie hinreichend substantiert sind, schlagen auch dann auf die Zuverlässigkeit des Betroffenen durch, wenn sie nicht zu einem Strafurteil oder Strafbefehl geführt haben. Auch Verfahrenseinstellungen etwa wegen Tankbetrugs **nach § 153 Abs. 1 StPO**[169] oder wegen Unterschlagung gegen Zahlung einer Geldbuße **nach § 153a Abs. 2 StPO**[170] können zu durchschlagenden Zweifeln bei der Zuverlässigkeit führen, zumindest wenn der Tatverdacht dringend ist[171] und vom Betroffenen nicht substantiiert ausgeräumt werden kann. Ein Verstoß gegen den „in dubio pro reo"-Grundsatz bedeutet dies nicht, da es sich beim Sicherheitsüberprüfungsverfahren um Gefahrenabwehrrecht zugunsten hochrangiger staatlicher Rechtsgüter handelt,[172] nicht um eine strafähnliche Sanktion. Allerdings müssen die Verdachtsmomente einen gesteigerten und validen Sachverhaltshintergrund aufweisen und – bei unzureichender Tatsachenbasis – gegebenenfalls weiter aufgeklärt werden, bevor sie zulasten des Betroffenen verwertet werden. **69**

Da Ehrlichkeit in den persönlichen Verhältnissen zu den Kernpflichten eines Geheimnisträgers zählt, sind Zweifel an der Zuverlässigkeit auch angebracht, wenn die betroffene Person im Rahmen der Sicherheitserklärung (entgegen § 13 Abs. 1 Nr. 16 SÜG) bewusst wahrheitswidrig ein gegen ihn **eingeleitetes bzw. laufendes Ermittlungsverfahren** bzw. anhängiges Strafverfahren verschweigt.[173] Hierdurch signalisiert der Betroffene, dass er einen möglichen Ansehensverlust höher gewichtet als das Offenlegen persönlicher Probleme, was wiederum die Prognose zulässt, dass Fehler im Umgang mit staatlichen Geheimnissen (zB der Verlust von Verschlusssachen aufgrund fehlerhaften Verhaltens) ebenfalls vertuscht würden. **70**

2. Finanzielle Überschuldung

Umstritten ist, ab welchem Grad finanzieller Überlastung sich Zweifel an der Zuverlässigkeit ergeben. Die Rspr. bejaht dies grundsätzlich,[174] wobei aber nicht eine bestimmte Höhe der Schulden maßgeblich sei[175] (selbst nicht die Einleitung des Insolvenzverfahrens),[176] **71**

---

[162] BVerwG NZWehrr 2010, 254 ff.; s. allgemein *Engelien-Schulz* UBWV 2011, 361 (368 ff.).
[163] Zur Feststellung der fehlenden Zuverlässigkeit wegen außerdienstlich begangener Hehlerei im Luftsicherheitsrecht s. OVG Lüneburg GewArch 2011, 172.
[164] BVerwG Beschl. v. 21.7.2011 – 1 WB 12/11; ähnlich BVerwG ZBR 2002, 287 f.: 1,12 ‰; auch BVerwG Beschl. v. 21.10.2010 – 1 WB 16/10.
[165] OVG Bremen NVwZ-RR 2016, 383 f. zum LuftSiG.
[166] BVerwG BeckRS 2008, 29471 Rn. 26.
[167] BVerwG BeckRS 2016, 50848 Rn. 42 ff.
[168] BVerwG Beschl. v. 18.10.2001 – 1 WB 54/01 Rn. 12.
[169] BVerwG Beschl. v 24.1.2006 – 1 WB 17/05 Rn. 5.
[170] BVerwG BeckRS 2016, 50848 Rn. 36; BVerwG Beschl. v. 26.6.2007 – 1 WB 59/06.
[171] BVerwG BeckRS 2003, 16717 Rn. 4.
[172] BVerwG NVwZ-RR 2011, 682 (683).
[173] BVerwG BeckRS 2016, 113684 Rn. 33; VG Schleswig BeckRS 2006, 25460 Rn. 30.
[174] BVerwG BeckRS 2016, 52946 Rn. 35.
[175] BVerwG BeckRS 2010, 51348 Rn. 27.
[176] BVerwG BeckRS 2015, 50208 Rn. 35.

sondern der Umstand, ob der Betroffene seinen finanziellen Verpflichtungen nachkommen und eine seiner Dienststellung entsprechende Lebensführung sicherstellen könne. Erforderlich sei stets eine wertende Beurteilung des Einzelfalls.[177] Zentrales Wertungskriterium sei, ob beim Betroffenen eine *Über*schuldung vorliege, dh der Schuldenstand einen Umfang erreicht, der einen Abbau in überschaubarer Zeit auch bei sparsamster Lebensführung als ausgeschlossen erscheinen lässt. Ein solcher Fall könne die Annahme eines Sicherheitsrisikos rechtfertigen.[178]

72 Gegen diese pauschalierte Sichtweise ist jedoch einzuwenden, dass *diese Notlage* beim Betroffenen allein an sich noch kein Risiko in sich birgt, dass die Wahrung der Sicherheitsinteressen nicht mehr gewährleistet und deshalb die persönliche Integrität in Zweifel zu ziehen ist. Häufig ist eine Überschuldung auf Umstände zurückzuführen, die nicht im eigenen Verantwortungsbereich des Betroffenen wurzeln (zB Minderung der Einkommensverhältnisse bei gleichbleibend hoher Kreditlast, familiäre Notlagen). Auch sind **Kreditaufnahmen** als Bestandteil des Wirtschaftslebens für sich genommen **kein Merkmal für fehlende charakterliche Integrität**.[179] Schulden aus Krediten für Hausbau oder -kauf, Wohnungseinrichtung oder zum Kfz-Kauf begründen für sich genommen also kein Sicherheitsrisiko.[180] Nur beim leichtfertigen Schuldenmachen (zB infolge Spielsucht oder aus besonderem Geltungsdrang) sind Zweifel an der Zuverlässigkeit angebracht.[181] Da diese verdeckten Umstände bzw. Motive aber häufig kaum im Sinne einer mangelnden Zuverlässigkeit dem Einzelnen nachweisbar sind, ist es allein sachgerecht, den Umstand einer Überschuldung bei Hinzutreten weiterer gefahrerhöhender Umstände allenfalls – rein objektiv, ohne personenbezogenes Werturteil, wie es bei der mangelnden Zuverlässigkeit nötig wäre – als besonderes Gefährdungsmoment im Hinblick auf Anbahnungsversuche ausländischer Nachrichtendienste zu werten (§ 5 Abs. 1 S. 1 Nr. 2 SÜG).[182]

3. Suchtproblematik

73 Ähnlich wie bei einer laxen Einstellung gegenüber der Rechtsordnung zeugt der Missbrauch von Rauschmitteln von charakterlicher Labilität. Aus Anlass einer disziplinarrechtlichen Würdigung – aber von den Erwägungen auf die Sicherheitsüberprüfung übertragbar – hat das BVerwG im Zusammenhang mit dem Erwerb und der Weitergabe von **Drogen** außerhalb des Dienstes mangelnde charakterliche Eignung festgestellt.[183] Der Konsum illegaler Drogen lässt auf mangelnde Rechtstreue und Persönlichkeitsdefizite (die unter anderem auch Folgen des Drogenkonsums für die psychische Gesundheit sein können) und damit auf eine **fehlende Zuverlässigkeit** schließen.[184] Letztere macht sich auch an der durch den Drogenkonsum eingeschränkten Steuerungsfähigkeit fest.[185]

74 Diese Erwägungen gelten grundsätzlich auch bei **Alkohol**abhängigkeit: auch hier besteht die Besorgnis eines **möglichen Steuerungs- und Kontrollverlusts** beim Umgang mit geheimen Informationen bzw. besonders schutzwürdigen Infrastrukturen.[186] Allerdings ist hier zu differenzieren: Alkoholabhängigkeit allein darf genauso wenig wie (leichte) psychische Beeinträchtigungen automatisch zur fehlenden Zuverlässigkeit führen. Ein im Sinne des SÜG gravierender Zuverlässigkeitsmangel liegt hier nur dann vor, wenn durch den Grad der Abhängigkeit bzw. psychischen Beeinträchtigung und das hierdurch an den Tag gelegte Verhalten Defizite bei der Wahrnehmung gerade der sicherheitsempfindlichen

---

[177] BVerwG BeckRS 2016, 52946 Rn. 35.
[178] BVerwG NVwZ-RR 2001, 520 Rn. 9 mwN; BVerwG BeckRS 2015, 50208 Rn. 35; BVerwG BeckRS 2015, 50601 Rn. 33 ff.; *Engelien-Schulz* UBWV 2011, 361 (369).
[179] Vgl. BVerwG NVwZ-RR 1992, 86 (87).
[180] *Denneborg* § 5 Rn. 10.
[181] Ähnlich BVerwG BeckRS 2015, 50609 Rn. 44 = BVerwGE 148, 267 ff. = BeckRS 2015, 50609.
[182] BVerwG BeckRS 2015, 50208 Rn. 35; offenbar auch *Denneborg* § 5 Rn. 10.
[183] BVerwG BeckRS 9998, 171300 Rn. 6.
[184] Näher *Engelien-Schulz* UBWV 2011, 361 (370).
[185] BeckRS 2010, 56504 Rn. 17; OVG Bremen NVwZ-RR 2016, 383 f. – Rauschgifthandel.
[186] Vgl. *Engelien-Schulz* UBWV 2011, 361 (370).

Tätigkeit entstehen, die eine Verletzung von Geheim- und Sabotageschutzbelangen nahelegen (→ Rn. 65 f.).[187]

4. Verstöße gegen Rechtsnormen allgemein, insbesondere Dienstvergehen

Wie oben (→ Rn. 65 f.) dargestellt, ist das Ziel der Sicherheitsüberprüfung nicht die (unrealistische) Sicherstellung absoluter Rechtstreue der staatlichen Geheimnisträger, sondern das Prognoseurteil, dass die betroffenen Personen nach Abprüfen von Kriterien, die Indikatoren mangelnder Integrität sind, die relative Gewähr für eine ordnungsgemäße Besorgung sensitiver staatlicher Sicherheitsinteressen bieten. Inwieweit Gesetzesverstöße jenseits strafrechtlich relevanten Fehlverhaltens (→ Rn. 68 ff.) ein Sicherheitsrisiko für staatliche Geheimschutzinteressen bedeuten, bedarf immer einer Einzelfallentscheidung. Im öffentlichen Dienst wird ein **Dienstvergehen** häufig die Feststellung eines Sicherheitsrisikos nach sich ziehen.[188] Bei Verstößen gegen Kernpflichten von Geheimnisträgern (etwa die Weitergabe von Verschlusssachen an die Öffentlichkeit oder kriminelle oder extremistische Kreise) ist dies ohne weiteres einsichtig, denn der ordnungsgemäße Umgang mit Verschlusssachen zählt zu den Kernpflichten eines jeden mit einer sicherheitsempfindlichen Tätigkeit Betrauten. Ob die Verletzung sonstiger Dienstpflichten jedoch eine negative Prognose zulässt, hängt davon ab, ob die Gesamtwürdigung des Verstoßes den Schluss zulässt, dass die betroffene Person nicht unter allen Umständen Gewähr für die Beachtung der ihm obliegenden Dienstpflichten bietet.[189] 75

Erkenntnisse aus einem Disziplinarverfahren sind daher nur insoweit für die Beurteilung eines Sicherheitsrisikos bedeutsam, als sie Rückschlüsse auf die einwandfreie Erledigung einer sicherheitsempfindlichen Tätigkeit zulassen. Es gibt angesichts der unterschiedlichen Zielrichtungen von Disziplinar- und sicherheitlichem Verfahren keine Korrelation in dem Sinne, dass eine bestimmte disziplinarrechtliche Schwere einer Verfehlung automatisch ein Sicherheitsrisiko nach sich zieht. Eine disziplinarrechtlich bedeutsame Verletzung von Dienstpflichten (zB Verletzung von Arbeitszeitregeln) rechtfertigt daher nicht automatisch die Annahme eines Sicherheitsrisikos, wenn der Verstoß keinen inhaltlichen Bezug zu Geheimhaltungsregeln aufweist[190] (→ Rn. 65 f.). So mögen zB die Fortführung einer Nebentätigkeit trotz Widerrufs der Genehmigung sowie wahrheitswidrige Angaben zur zeitlichen Inspruchnahme und zu den erzielten Einkünften Dienstvergehen sein; sie lassen aber nicht ohne weiteres den Schluss zu, dass der Betroffene seine sicherheitsempfindlichen Tätigkeiten nicht ordnungsgemäß erledigen werde.[191] Auch Verstöße gegen so untergeordnete Vorgaben wie Rauchverbote in Dienstgebäuden[192] oder Pausenzeiten bieten hierfür keinen Anhaltspunkt. Umgekehrt brauchen die Verfehlungen aber weder einen strafrechtlich relevanten Grad erreichen, noch müssen sie zuvor in einem Strafverfahren überprüft worden sein.[193] 76

5. Verschweigen sicherheitsrelevanter Umstände, insbesondere Kontakte zu fremden Nachrichtendiensten

Zumindest dort, wo eine dienst- oder arbeitsrechtliche Pflicht zum Offenbaren sicherheitsrelevanter Sachverhalte besteht, können sich aus dem bewussten Verschweigen entsprechender Umstände, insbesondere aus Verstößen gegen die allgemeine dienstrechtliche **Wahrheitspflicht** Zuverlässigkeitsbedenken ergeben.[194] Wenn der Betroffene nach § 13 77

---

[187] Nicht überzeugend daher BVerwG BeckRS 2017, 108616, wonach offenbar allein aus einer rezidivierenden psychischen Störung auf eine fehlende sicherheitliche Eignung geschlossen wurde.
[188] *Engelien-Schulz* DÖD 2011, 102 (104) mN aus der Rspr.
[189] BVerwG NVwZ-RR 2011, 682 (684).
[190] BVerwG NVwZ-RR 2011, 682 (683).
[191] Anders BVerwG Beschl. v. 9.11.2005 – 1 WB 19/05 Rn. 7.
[192] BVerwG NVwZ 2019, 65 Rn. 28.
[193] BVerwG BeckRS 2009, 39914 Rn. 18.
[194] BVerwG BeckRS 2015, 50584 Rn. 34.

Abs. 1 Nr. 15 SÜG in der Sicherheitserklärung „Beziehungen zu verfassungsfeindlichen Organisationen" anzugeben hat, Angaben aber insoweit unterlässt, obwohl ihm bewusst ist, dass in diesem Punkt Klärungsbedarf besteht, begründet dies erhebliche Zweifel an seiner Zuverlässigkeit. Entsprechendes gilt auch für das Verschweigen von Kontakten zu ausländischen Nachrichtendiensten (§ 13 Abs. 1 S. 1 Nr. 14 SÜG), weil dieses Verhalten die für die Ausübung einer sicherheitsempfindlichen Tätigkeit unabdingbare Offenheit und Aufrichtigkeit vermissen lässt.[195] § 13 Abs. 1 Nr. 17 SÜG fordert zudem, dass in der Sicherheitserklärung Wohnsitze, Aufenthalte, Reisen, nahe Angehörige *und sonstige* Beziehungen in und zu Staaten mit besonderen Sicherheitsrisiken anzugeben sind. Daraus folgt noch nicht, dass alle flüchtigen Kontakte oder Bekanntschaften zu Personen in Ländern oder mit Staatsangehörigkeit eines „Staates mit besonderen Sicherheitsrisiken" (SmbS)[196] angegeben werden müssen.[197] Gemeint sind vielmehr nur geschäftliche, gesellschaftliche, kulturelle, sportliche oder wissenschaftliche *Beziehungen* zu Personen in einem in der SmbS-Staatenliste genannten Staat. Verneint die betroffene Person jedoch wahrheitswidrig solche Beziehungen, können daraus Zuverlässigkeitszweifel abgeleitet werden.[198] Es geht hier nicht um das Inkriminieren privater Kontakte zu Menschen aus SmbS, sondern um die Vermeidung des Risikos, dass sich solche Kontakte – wenn sie enger werden und sich zu freundschaftlich-privaten Beziehungen entwickeln – als Abschöpfungs- und Erpressungspotential für Nachrichtendienste bzw. kriminelle Organisationen aus diesen Staaten anbieten. Folglich sind nur solche Kontakte *in* SmbS oder *zu* außerhalb des Gebiets dieser Staaten lebenden *Vertretern* eines solchen Staates anzugeben (s. Frage 6.4 bzw. 8.4 der Sicherheitserklärung, Anlagen 2 und 3 zur SÜG-AVV), die aus Sicht eines objektiven Betrachters eine solche Intensität und Vertrauensebene erreicht haben, dass die betroffene Person etwaigen Fragen zur beruflichen Tätigkeit (zB aktuelles Tätigkeitsprofil, anstehende Dienstreisen, allgemeine Erkenntnislage) nicht ohne weiteres ausweichen kann und damit schleichend in Versuchung gerät, dienstliche Interna preiszugeben. Mit „Vertretern" von SmbS dürften indes nur mutmaßliche oder tatsächliche Hoheitsträger bzw. Beauftragte dieser Staaten gemeint sein.

VI. Besorgnis der Anbahnungs- und Werbungsversuche ausländischer Nachrichtendienste sowie krimineller oder extremistischer Organisationen

1. Hintergrund der Regelung

78 Nicht immer ist persönliches (Fehl)Verhalten die Ursache dafür, dass der Staat begründete Bedenken dagegen hat, einer Person seine Geheimnisse anzuvertrauen. Ein Sicherheitsrisiko kann sich auch aus – häufig vom Betroffenen unverschuldeten – Anbahnungs- und Werbungsversuchen ausländischer Nachrichtendienste oder krimineller und extremistischer Organisationen ergeben. Das ausschließliche Abstellen auf ausländische Nachrichtendienste als mögliche Akteure von Infiltrationsversuchen bis zur SÜG-Novelle 2017 trug dieser Bedrohungslage nicht umfassend Rechnung. Es ist davon auszugehen, dass auch Vereinigungen iSd §§ 129–129b StGB (zB Mafia- oder terroristische Gruppierungen) sowie extremistische Organisationen versucht werden, sich Zugang zum Wissensstand der Sicherheitsbehörden zu verschaffen.[199]

---

[195] BVerwG NVwZ-RR 2004, 428 (430). Fehlende Zuverlässigkeit auch aus unwahren Angaben über frühere Kontakte bzw. eine Mitarbeit beim MfS (BVerwG BeckRS 9998, 156076 Rn. 5), und zwar auch beim bewussten Verschweigen von früheren Kontakten des Ehepartners (BVerwG BeckRS 2004, 17436 Rn. 5 ff.).
[196] S. die Staatenliste unter https://bit.ly/3aL2tXP.
[197] BVerwG NVwZ 2019, 65 (68).
[198] BVerwG NVwZ 2019, 65 (68).
[199] BT-Drs. 18/11281, 65.

2. Mögliche Anbahnungs- oder Werbungsversuche ausländischer Nachrichtendienste

Das vielleicht „klassischste" Sicherheitsrisiko – weil aus der Zeit des „Kalten Krieges" 79 stammend – liegt in der besonderen Gefährdung durch Anbahnungs- und Werbungsversuche fremder Geheimdienste, insbesondere die Besorgnis der Erpressbarkeit (§ 5 Abs. 1 S. 1 Nr. 2a SÜG). Dabei fordert die „besondere Gefährdung" nicht den Nachweis eines konkreten Kontaktes mit einem fremden Nachrichtendienst, sondern kann bereits in persönlichen Umständen der betroffenen Person begründet sein, die typischerweise Ansatzpunkte für Anbahnungs- und Erpressungsversuche ausländischer Nachrichtendienste sind.

Solche Ansatzpunkte für eine Erpressbarkeit sind meistens Schwächen bzw. Verhaltens- 80 weisen, die der Betroffene unbedingt geheim halten will, weil ein Bekanntwerden im privaten Umfeld oder in der Öffentlichkeit ihn selber oder ihm nahestehende Personen diskreditieren könnte („Kompromate").[200] Dies können zB Überschuldung, Spielsucht, bestimmte sexuelle Neigungen (insbesondere bei häufig wechselnden Partnern) oder bei Verheirateten außereheliche intime Beziehungen sein. Bekennt sich die betroffene Person jedoch zu diesen Neigungen und intimen Beziehungen gegenüber denjenigen, an die der fremde Geheimdienst zwecks Offenbaren herantreten könnte, so sind diese Umstände als Druckmittel zur nachrichtendienstlichen Anbahnung regelmäßig ungeeignet. Ein Anbahnungs- und Erpressungsrisiko wird in aller Regel auch dann nicht mehr bestehen, wenn das Fehlverhalten dem Dienstherrn vollständig bekannt, insbesondere – sofern als Dienstvergehen zu werten – disziplinarrechtlich geahndet worden ist.[201]

3. Ausforschungsrisiko durch kriminelle oder extremistische Gruppierungen

Eine „Innenquelle" in den Sicherheitsbehörden mit Zugang zu Verschlusssachen, die den 81 Kenntnisstand, den modus operandi und die Intensität der Beobachtung an die Szene weitergeben kann, liegt im natürlichen Interesse krimineller und extremistischer Organisationen. Ob für einen (künftigen) Geheimnisträger eine besondere Gefährdung durch Anbahnungs- und Ausforschungsversuche solcher kriminellen oder extremistischen Gruppierungen (§ 5 Abs. 1 S. 1 Nr. 2a, b SÜG) besteht, hängt von Art und Umfang der Kontakte bzw. Verbindungen in die „Szene" oder deren Umfeld ab. Zu prüfen ist, ob durch die Art der persönlichen Kontakte zu Akteuren solcher Gruppen oder gar zu den Organisationen selber eine Nähe entstanden ist oder zu entstehen droht, die zu einer Verflechtung von dienstlichen Belangen und privaten Kontakten in der Weise führt, dass die Gefahr eines Verstoßes gegen Geheimhaltungspflichten infolge einer Ausforschung durch Szeneangehörige besteht.[202] Dieses Risiko ist bei freundschaftlichen Kontakten zu Akteuren der Organisierten Kriminalität oder extremistischen Personenzusammenschlüssen zumindest dann gegeben, wenn den Szeneangehörigen die Eigenschaft der betroffenen Person als Geheimnisträger bekannt ist.

VII. Zweifel am Bekenntnis zur freiheitlichen demokratischen Grundordnung (§ 5 Abs. 1 S. 1 Nr. 3 SÜG)

1. Allgemeines und Verhältnis zu § 5 Abs. 1 S. 1 Nr. 2c SÜG

Wenn eine betroffene Person nicht nur freundschaftlich mit Extremisten verbunden ist, 82 sondern sich selber aktiv mit solchen Gruppierungen einlässt, liegt regelmäßig ein Sicherheitsrisiko vor wegen Zweifeln am Bekenntnis zur freiheitlichen demokratischen Grundordnung (fdGO, s. die Legaldefinition in § 4 Abs. 2 BVerfSchG). Da Verschlusssachen im staatlichen Interesse geheim gehalten werden, sind Personen, die durch aktives Tun eine

---

[200] Verfassungsschutzbericht des Bundes 2020, S. 362.
[201] BVerwG NVwZ-RR 2011, 682 (684).
[202] S. als Beispiel OVG Berlin-Brandenburg BeckRS 2018, 9891.

Gegnerschaft zur fdGO erkennen lassen, regelmäßig **nicht geeignet,** Verschlusssachen anvertraut zu bekommen. Gleiches gilt, wenn eine Person erkennen lässt, dass sie nicht jederzeit für die Erhaltung der fdGO eintritt. Die fdGO beschreibt die Minimalbedingungen, die für einen demokratischen Rechtsstaat kennzeichnend sind, dh als Wertefundament für sein Funktionieren indisponibel ist[203] und ein Bekenntnis hierzu damit eine logische Forderung an die Personen, denen sensible Schutzgüter dieses Staates anvertraut werden. In diesem Zusammenhang dient die Sicherheitsüberprüfung nicht einer gesteigerten Verfassungstreueprüfung, dh sie ist kein Instrument zur Sicherstellung einer besonders staatstragenden Einstellung, sondern will – gegebenenfalls ergänzend zur bereits beamtenrechtlich abgeprüften Verfassungstreue – den grundlegenden Maßstab sicherstellen, dass staatliche Geheimnisträger den demokratisch-rechtsstaatlichen Funktionsbedingungen des Staates gegenüber positiv eingestellt sind. Sowohl im Rahmen der dienstrechtlichen Verfassungstreuepflicht[204] als persönliches Eignungskriterium iSd Art. 33 Abs. 2 GG,[205] als auch im Rahmen der geheimschutzrechtlichen Verfassungstreuepflicht muss sich der Betroffene eindeutig von Gruppen und Bestrebungen distanzieren, die die Bundesrepublik Deutschland, ihre verfassungsmäßigen Organe und die geltende Verfassungsordnung angreifen, bekämpfen oder diffamieren.[206] Sowohl die dienstrechtliche als auch geheimschutzrechtliche Treuepflicht erfordert dabei mehr als eine nur formal korrekte, im Übrigen uninteressierte, innerlich distanzierte Haltung gegenüber Staat und Verfassung.[207] Sinn und Zweck der Verfassungstreuepflicht im Rahmen des SÜG (und hier unterscheidet sich die Zweckrichtung der dienstrechtlichen von der geheimschutzrechtlichen Verfassungstreuepflicht, zumal erstere nur für im öffentlichen Dienst Beschäftigte gilt) ist die Sorge, dass Personen mit illoyaler oder gleichgültiger Grundeinstellung gegenüber dem demokratischen Rechtsstaat dessen Geheimnisse ohne Skrupel auch solchen Personen weitergeben könnten, die diese Informationen für eine Unterminierung des Staates verwenden. Diese Besorgnis kann nicht nur bei Rechts-, Links-, säkularen Ausländerextremisten und Islamisten angenommen werden, sondern idR auch bei Anhängern der „Reichsbürgerbewegung", wenn sie das grundrechtliche Wertesystem des Grundgesetzes bzw. den Staat als solches ablehnen und durch ein anderes System ersetzen wollen.[208] Das (groteske) Negieren der Staatlichkeit der Bundesrepublik Deutschland wird regelmäßig Zweifel daran begründen, dass einer solchen Person die Geheimnisse dieses (von den Betroffenen für nicht existent bzw. illegitim erachteten[209]) Staates anvertraut werden können.

83 Der Wortlaut des § 5 Abs. 1 S. 1 Nr. 3 SÜG macht klar, dass sich die betroffene Person nicht nur gegenüber der fdGO schädigender Handlungen enthalten, sondern vielmehr **positiv und aktiv für die fdGO einzutreten** hat. Zumindest im Bereich des personellen Geheimschutzes gilt daher ein strenger Maßstab, der nicht allein das individuelle Gefahrenpotential, sondern die Integrität der gesamten Persönlichkeit in den Blick nimmt. Dass die

---

[203] Näher *Warg* in Hansen/Pfahl-Traughber, JET 2019/2020 (I), 73 (88 ff.).
[204] § 33 Abs. 1 S. 3 BeamtStG, § 60 Abs. 1 S. 3 BBG, § 3 Abs. 1 S. 2 TVL, Art. 5 Abs. 3 S. 2 GG sowie BVerfGE 39, 334 (347 f.) = NJW 1975, 1641 – „Extremistenbeschluss". Die Pflicht wird auch „politische Treuepflicht" genannt, was missverständlich ist, denn es geht nicht um eine politische Loyalität gegenüber der jeweiligen Regierung (BVerfGE 39, 334 [347] = NJW 1975, 1641) oder um den Verzicht auf Kritik an Regierungshandeln, sondern um die Notwendigkeit einer der verfassungsmäßigen Ordnung innerlich verbundenen und in ihrer Amtsausübung politisch neutralen Beamtenschaft, auf die der Staat angewiesen ist (ausführlich *Masuch* ZBR 2020, 289 ff. und *Picker* RdA 2020, 317 [325 f.]). Im privaten Arbeitsverhältnis besteht keine politische Treuepflicht des Arbeitnehmers. Die Reputation des privaten Arbeitgebers tritt hier grundsätzlich hinter den (politischen) Grundrechten des Arbeitnehmers zurück., s. *Picker* RdA 2021, 33 (34).
[205] VGH Kassel NVwZ 2019, 248 (249): nicht gegeben bei solidarisierender Teilnahme an neonazistischer Demo und „Geburtstagsposting" mit Bekenntnis zu Adolf Hitler.
[206] BeckOK BeamtenR Bund/*Werres*, 22. Ed. 1.4.2021, BBG § 60 Rn. 13 mwN.
[207] VG Ansbach Urt. v. 29.11.2018 – AN 13a D 18.600: Entfernung aus dem Beamtenverhältnis wegen Nähe zur „Reichsbürgerbewegung". Kritisch zu einer „Einstandspflicht" für die fdGO *Dreier* RW 2010, 11 (23 ff.).
[208] Vgl. VG Aachen BeckRS 2019, 28109: keine atomrechtliche Zuverlässigkeit eines Reichsbürgers.
[209] Vgl. BfV, https://bit.ly/3CbbAj8; Verfassungsschutzbericht des Bundes 2020, S. 112 ff.

hohe Bedeutung der Meinungsfreiheit es verlange, nur das Befürworten eines gewaltsamen Vorgehens gegen die fdGO unter § 5 Abs. 1 S. 1 Nr. 3 SÜG zu fassen,[210] findet im Wortlaut des § 5 SÜG keine Stütze. Extremistische Ansichten werden häufig von der Meinungsfreiheit geschützt sein (zumindest, wenn sie nicht strafrechtlich etwa iSd §§ 86a, 129a, b, 130 StGB relevant sind), doch kann dies angesichts des Zwecks des SÜG, staatliche Interessen umfassend zu schützen, kein alleiniger Maßstab sein. Die betroffene Person hat sich vielmehr von jedweden Gruppen und Bestrebungen zu distanzieren, die den Staat, seine verfassungsmäßigen Organe und die geltende Verfassungsordnung angreifen, bekämpfen und diffamieren.[211] Damit ist der Unterschied zu § 5 Abs. 1 S. 1 Nr. 2c SÜG angelegt: Während es bei möglichen Anbahnungs- oder Werbungsversuchen extremistischer Organisationen (§ 5 Abs. 1 S. 1 Nr. 2c SÜG) um das Ausnutzen (gegebenenfalls unverschuldeter) persönlicher Lebensumstände geht, die eine „günstige" Gelegenheit für eine Abschöpfung der betroffenen Person eröffnen (zB Verwandtschaftsverhältnisse, Treffen bei gemeinsamen Freunden, gemeinsame Vereinsmitgliedschaft) und die Initiative für einen möglichen Geheimnisverrat bzw. Sabotageakt von der extremistischen Organisation ausgeht, setzt in den Fällen des § 5 Abs. 1 S. 1 Nr. 3 SÜG die betroffene Person *selber* durch ihre erkennbare politische Einstellung bzw. ihre frei gewählte organisatorische Anbindung (zB Mitgliedschaft in einer extremistischen Partei) die Ursache für das Sicherheitsrisiko.

2. Indizien für fehlende Verfassungstreue

Die Zweifel am Bekenntnis des Betroffenen zur fdGO können nicht nur darin begründet sein, dass der Betroffene selbst aktiv gegen die fdGO agitiert oder sich entsprechend äußert,[212] sondern auch wenn er „nur" einer **Partei oder Organisation angehört,** bei der Zweifel an deren Bekenntnis zur fdGO bestehen.[213] Es bedarf auch keiner Feststellung der Verfassungswidrigkeit, die bei Parteien nach Art. 21 Abs. 4 GG dem BVerfG vorbehalten ist.[214] Die zuständige Stelle darf aus einer Mitgliedschaft in einer extremistischen Vereinigung bzw. Partei allerdings nicht ohne weiteres den Schluss ziehen, dass *in der Person eines jeden Mitglieds* zB einer vom Verfassungsschutz beobachteten Partei gleichsam zwangsläufig ein Sicherheitsrisiko besteht. Vielmehr muss sie prüfen, ob die Tätigkeit in diesem Personenzusammenschluss von solchem Gewicht ist, dass die Zweifel an der Verfassungstreue der Partei bzw. Organisation zugleich Zweifel in Bezug auf die Person des Betroffenen begründen.[215] Ist der Betroffene Mitglied in einer zweifelhaften Partei hat er das Recht, für den Erhalt der fdGO innerhalb der Partei zu kämpfen, solange eine greifbare Erfolgsaussicht besteht, dass die aufgetretenen verfassungsfeindlichen Tendenzen beseitigt werden.[216] Bei einer Organisation, die als erwiesen extremistische Bestrebung[217] gilt oder die Gewalt bzw. Straftaten als probates Mittel zur „Systemüberwindung" ansieht, kann von einer solchen „Erfolgsaussicht" jedoch nicht mehr ausgegangen werden.[218]

84

---

[210] So *Däubler* SÜG § 5 Rn. 43.
[211] VG Schwerin BeckRS 2018, 36424.
[212] Verneinend BVerwG BeckRS 2015, 55178 bei nationalsozialistisch gefärbten Äußerungen, wenn diese eine persönlichkeitsfremde Augenblickstat unter alkoholbedingtem Kontrollverlust darstellten.
[213] BVerwG NVwZ 1999, 299 (300); VG Berlin BeckRS 2016, 48521 Rn. 51: Mitgliedschaft bei Scientology.
[214] BVerwG NVwZ 1999, 299 (300).
[215] BVerwG NVwZ 1999, 299 (300).
[216] *Masuch* ZBR 2020, 289 (294) mwN.
[217] Zu den einzelnen Beobachtungsstufen *Warg* in Dietrich/Eiffler NachrichtendiensteR-HdB V § 1 Rn. 16 ff.
[218] Abzulehnen daher VG Schwerin BeckRS 2018, 36424, wonach die Mitgliedschaft in der „Roten Hilfe" (die Straf- und Gewalttätern aus dem linksextremistischen Spektrum politische und finanzielle Unterstützung leistet, s. Verfassungsschutzbericht 2020, S. 174), verbunden mit nach § 170 Abs. 2 StPO eingestellten Verfahren wegen des Verdachts der Vorbereitung eines Brandanschlags und des Landfriedensbruchs angeblich keine Zweifel an einem Bekenntnis zur fdGO oder am jederzeitigen Eintreten für deren Erhaltung begründe.

L. Die Akteure im personellen Geheimschutzverfahren

I. Die „zuständige Stelle" als Bedarfsträger

85 Den Anstoß für die Durchführung einer Sicherheitsüberprüfung gibt diejenige Stelle, die von ihrem positiven Ergebnis profitiert. Dies ist der Arbeitgeber bzw. die Beschäftigungsbehörde, die durch den Sicherheitsstatus der betroffenen Person breitere Verwendungsmöglichkeiten für den Betroffenen erlangt oder die Möglichkeit, sich an Ausschreibungen für VS-relevante Projekte zB der Rüstungsindustrie erfolgversprechend beteiligen zu können. Der Bedarfsträger, der die Sicherheitsüberprüfung beantragt und bei erfolgreichem Abschluss über die Zuweisung oder Betrauung mit der sicherheitsempfindlichen Tätigkeit entscheidet, ist im staatlichen Bereich grundsätzlich die Beschäftigungsbehörde (§ 3 Abs. 1 Nr. 1 SÜG), bei Sicherheitsüberprüfungen für nicht-öffentliche Stellen (dh für Wirtschaftsunternehmen) das Bundesministerium für Wirtschaft und Energie (§ 25 SÜG). Der Bedarfsträger wird im Gesetz als **zuständige Stelle** bezeichnet. Sie ist die „Herrin des Verfahrens", wobei innerhalb der Behörde diese Aufgabe von einem bestellten Geheimschutzbeauftragten (für den Bereich des Verschlusssachenschutzes) bzw. Sabotageschutzbeauftragten (für den Bereich des vorbeugenden Sabotageschutzes) wahrgenommen wird (§ 3a SÜG). Dieser hat nicht nur die letztliche Entscheidungsbefugnis darüber, ob vorliegende Erkenntnisse tatsächlich als Sicherheitsrisiko zu werten sind, das einer sicherheitsempfindlichen Tätigkeit des Betroffenen entgegensteht (§ 14 Abs. 3 SÜG), sondern entscheidet auch, ob die bei der Ü2 und Ü3 vorgesehene Einbeziehung des Ehegatten bzw. Lebenspartners oder Lebensgefährten („mitbetroffene Person") in Ausnahmefällen entbehrlich ist (§ 2 Abs. 2 S. 2 SÜG).

II. Die „mitwirkende Behörde" als zentraler Akteur

86 Zentraler Akteur im personellen Geheimschutzverfahren ist die **mitwirkende Behörde.** Sie bewertet die gem. § 12 SÜG vom Betroffenen mitgeteilten und selbst bei den unterschiedlichen behördlichen und privaten Auskunftsstellen gesammelten Daten (→ Rn. 48 ff.) daraufhin, ob sich aus ihnen durchschlagende sicherheitserhebliche Erkenntnisse ergeben, die einer sicherheitsempfindlichen Tätigkeit (§ 1 Abs. 2 und Abs. 4 SÜG) entgegenstehen. Da sie für die Zusammenstellung der sicherheitsrelevanten Erkenntnisse und deren Bewertung maßgebend ist (§ 13 Abs. 6 S. 4 SÜG), gibt sie anschließend auch die entsprechende Empfehlung an die zuständige Stelle, ob die betroffene Person für eine sicherheitsempfindliche Tätigkeit geeignet ist. Aufgrund dieser für den Ausgang des Verfahrens zentralen Stellung ist die mitwirkende Behörde der **„Sicherheitsdienstleister"** für den Bedarfsträger (→ Rn. 85). Mitwirkende Behörde auf Bundesebene ist das BfV bzw. im militärischen Bereich der MAD (§ 3 Abs. 2 SÜG), auf Landesebene die jeweilige LfV (s. § 3 Abs. 2 BVerfSchG). Da Verfassungsschutzbehörden und MAD die Überprüfung ihrer eigenen Bewerber bzw. Mitarbeiter selber vornehmen (§ 3 Abs. 3 SÜG), sind sie in diesen Fällen zuständige Stelle und mitwirkende Behörde in einem.

87 Anders als BfV und MAD ist der BND keine mitwirkende Behörde, dh wirkt nicht bei Sicherheitsüberprüfungen anderer Behörden oder privater Stellen mit, sondern führt Sicherheitsüberprüfungen lediglich für die eigenen Beschäftigten durch (§ 3 Abs. 3 SÜG). Einzige Ausnahme ist die Sicherheitsüberprüfung des Präsidenten und Vizepräsidenten des BfV, da diese nicht vom eigenen Haus überprüft werden sollen.[219]

88 Die für den Ausgang des Verfahrens maßgeblichen Akteure sind folglich die Verfassungsschutzbehörden von Bund und Ländern (einschließlich MAD für den militärischen Bereich). Zwar handelt es sich bei diesen Behörden um Nachrichtendienste, die entsprechend ihrem Hauptauftrag verfassungsfeindliche Bestrebungen von Extremisten und Spionagetätigkeiten ausländischer Nachrichtendienste aufzuklären (§ 3 Abs. 1 BVerfSchG, § 1

---

[219] S. Vorb. 6.2 SÜG-AVV.

MADG) haben. Ihre originäre Aufgabe liegt daher nicht in personenbezogenen Bewertungen der Integrität von Geheimnisträgern, sodass es sich bei der Mitwirkung im Sicherheitsüberprüfungsverfahren um eine auf den ersten Blick behördenfremde Aufgabe handelt. Der Grund, warum BfV, LfV und MAD dennoch die zentrale Rolle im personellen Geheimschutzverfahren übertragen wurde, liegt in dem spezifischen Detailwissen über extremistische Personenzusammenschlüsse und Spionagetätigkeiten (vgl. §§ 3 Abs. 1, 4 Abs. 1, 6 BVerfSchG), die wiederum zentrale Indikatoren für Sicherheitsrisiken iSd § 5 SÜG darstellen. Nur nachrichtendienstliche Akteure können zudem polizeiliche Erkenntnisse (vgl. § 12 Abs. 1 Nr. 2–3, Abs. 2 Nr. 1 SÜG) mit den Erkenntnissen der Nachrichtendienste systematisch abgleichen und in einer umfassenden Sicherheitsbewertung zusammenführen. Schließlich haben die Verfassungsschutzbehörden für die Erstellung persönlichkeitsbezogener Sicherheitsbewertungen eine besondere Analysekompetenz, die angesichts der besonderen Sensibilität derartiger „Personendossiers" von den besonderen Vertraulichkeits- und Verschwiegenheitspflichten eines Nachrichtendienstes flankiert wird.

M. Verfahrensrechte der betroffenen Person und Rechtsschutz
I. Anhörung vor Ablehnung der sicherheitsempfindlichen Tätigkeit

Wegen der erheblichen negativen Auswirkungen, die die Verweigerung einer sicherheitsempfindlichen Tätigkeit für die berufliche Karriere des Betroffenen zur Folge haben, darf es keine ablehnende Entscheidung ohne vorherige Möglichkeit zur Stellungnahme geben. Die betroffene Person hat daher das Recht, angehört zu werden, *bevor* sie für eine sicherheitsempfindliche Tätigkeit abgelehnt wird (§ 6 Abs. 1 SÜG). Die Regelung entspricht § 28 Abs. 1 VwVfG[220] und soll die zuständige Stelle (→ Rn. 85) in die Lage versetzen, auf Grundlage der Einwände des Betroffenen neu zu bewerten, inwieweit die von der mitwirkenden Behörde übermittelten Erkenntnisse tatsächlich derart gravierend sind, dass die Betrauung mit einer sicherheitsempfindlichen Tätigkeit nicht in Betracht kommt. Weder § 6 SÜG noch § 28 Abs. 1 VwVfG verlangen jedoch, bereits in der Anhörung dem Betroffenen zu erläutern, warum die ermittelten sicherheitserheblichen Erkenntnisse voraussichtlich zur Verweigerung der sicherheitsempfindlichen Tätigkeit führen werden. Die detaillierte Begründung ist vielmehr der abschließenden Entscheidung nach § 14 Abs. 4 SÜG vorbehalten.[221] 89

Die betroffene Person ist *vor der Feststellung eines Sicherheitsrisikos* anzuhören. Dies bedeutet, dass die abschließende Entscheidung der zuständigen Stelle nach § 14 Abs. 3 SÜG noch nicht getroffen sein darf (s. § 14 Abs. 3 S. 4 SÜG, wonach bei der Entscheidung die Ergebnisse der Anhörung zu berücksichtigen sind). Die abschließende Entscheidung wird von der *zuständigen Stelle* getroffen (also idR durch die Beschäftigungsbehörde bzw. im nichtöffentlichen Bereich durch das BMWi), nicht aber durch die mitwirkende Behörde (BfV, LfV bzw. MAD). Zu Recht wird in diesem Zusammenhang aber als misslich kritisiert, dass die Anhörung nicht bei der mitwirkenden Behörde erfolgt, die die eigentlichen sicherheitsmäßigen Ermittlungen und Bewertungen vornimmt und damit als „wirkliche Entscheidungsträgerin" anzusehen ist.[222] De lege ferenda sollte die Anhörung bei der mitwirkenden Behörde durchgeführt werden (so schon § 10 Abs. 1 S. 1 NdsSÜG), um etwaige Unstimmigkeiten, Fehlinformationen und divergierende Bewertungen direkt bei der Stelle aufzuklären, die die Informationen erhoben und mit Blick auf mögliche Sicherheitsrisiken auch bewertet hat. 90

---

[220] *Kallerhoff/Mayen* in Stelkens/Bonk/Sachs VwVfG § 28 Rn. 25.
[221] Näher *Warg* in Schenke/Graulich/Ruthig SÜG § 6 Rn. 4 ff.
[222] *Däubler* SÜG § 6 Rn. 4.

II. Verwaltungsrechtsweg

91 Trifft die zuständige Stelle die Entscheidung, dass ein Sicherheitsrisiko vorliegt, das der sicherheitsempfindlichen Tätigkeit der betroffenen Person entgegensteht (§ 14 Abs. 3 SÜG) und wird die Sicherheitsermächtigung folglich versagt, steht der betroffenen Person nach § 40 Abs. 1 S. 1 VwGO der Verwaltungsrechtsweg offen, da die Entscheidungen im Sicherheitsüberprüfungsverfahren – auch bei Überprüfungen für Angehörige der Privatwirtschaft – auf dem Gebiet des öffentlichen Rechts getroffen werden. Sowohl bei der Erteilung der Verschlusssachenermächtigung, als auch bei deren Entzug handelt es sich (nach freilich bestrittener Auffassung) um **Verwaltungsakte**,[223] weshalb die statthafte Klageart bei Versagung der Sicherheitsermächtigung die Verpflichtungsklage ist,[224] bei ihrem Entzug die Anfechtungsklage.

III. Beurteilungsspielraum bei Würdigung von Sicherheitsrisiken

92 Fraglich ist, ob der zuständigen Stelle bei der Würdigung etwaiger Sicherheitsbedenken ein (gerichtlich nur eingeschränkt überprüfbarer) Beurteilungsspielraum zusteht. Nach Ansicht der Rspr. ist dies (wie häufig bei Eignungsfragen)[225] der Fall.[226] Begründet wird dies mit den komplexen sicherheitsspezifischen Wertungen, die der Annahme eines Sicherheitsrisikos zugrunde liegen. Da die zu würdigende Erkenntnislage einem ständigen dynamischen Wandel unterliege und von sicherheits- bzw. verteidigungspolitischen Rahmenbedingungen abhängig seien, in die Gerichte keinen Einblick hätten, stießen letztere bei der Beurteilung der Sicherheitsaspekte an ihre Funktionsgrenzen. Zudem enthalte das Gesetz für die umfassende Würdigung aller Sicherheitsbelange eine Vorrangklausel zugunsten der Behörde, wonach im Zweifel das Sicherheitsinteresse Vorrang vor anderen Belangen hat (§ 14 Abs. 3 S. 3 SÜG). Damit räume das Gesetz der zuständigen Stelle bei der Prüfung und Abwägung der Zweifel einen Beurteilungsspielraum ein, welches Gewicht den staatlichen Sicherheitsinteressen – bezogen auf die jeweils in Rede stehende sicherheitsempfindliche Tätigkeit – im Verhältnis zu anderen Belangen beizumessen ist.

93 Diese Erwägungen können jedoch nicht überzeugen. Zunächst ist im Text des SÜG nichts dafür ersichtlich, dass der Gesetzgeber der zuständigen bzw. mitwirkenden Behörde tatsächlich eine Letztentscheidungskompetenz einräumen wollte, kraft derer dem kontrollierenden Gericht versagt sein soll, die eigene Wertung an die Stelle der Wertung der Verwaltung zu stellen.[227] Insbesondere ist der Bedeutungsgehalt des § 5 SÜG nicht so vage oder seine fallbezogene Anwendung so schwierig, dass die gerichtliche Kontrolle wegen der hohen Komplexität an ihre Funktionsgrenzen stoßen würde bzw. das Gericht die Komplexität der behördlichen Einschätzungen nicht nachvollziehen könnte.[228] Für die Annahme eines Beurteilungsspielraums reicht nicht, dass eine rechtliche Würdigung auf der Grundlage eines komplexen Sachverhalts zu treffen ist (was bei der Gesamtwürdigung mehrerer – für sich genommen vielleicht wenig bedeutsamen – sicherheitserheblicher Erkenntnisse iSd § 5 SÜG, die uU auch noch VS-eingestuft sind und deshalb der Verfahrensöffentlichkeit nicht

---

[223] BVerwG BeckRS 2015, 55178 Rn. 26; BVerwG NJW 1995, 740; *Borgs-Maciejewski/Ebert* Geheimdienste BVerfSchG § 3 Rn. 118; ähnlich *Bormann/Ludwig* DÖV 2020, 1061 (1062). AA BVerwG NVwZ 1989, 1055 und NVwZ-RR 2011, 682. Zum Streitstand *Warg* in Schenke/Graulich/Ruthig SÜG Vor § 1 Rn. 21 ff.
[224] VG Düsseldorf NVwZ-RR 2011, 685 (686) zu § 7 LuftSiG. AA VG Berlin Urt. v. 10.1.2017 – 4 K 214.14 Rn. 15: kein Anspruch auf Durchführung einer Sicherheitsüberprüfung, wobei das Gericht jedoch verkennt, dass zwischen dem Rechtscharakter der Versagung und dem – nicht gegebenen – Anspruch auf Durchführung einer Sicherheitsüberprüfung zu unterscheiden ist.
[225] Die sicherheitsrechtliche Eignung zählt zu den Eignungsvoraussetzungen für eine Einstellung zB bei den Nachrichtendiensten (BVerwG BeckRS 2017, 108616 Rn. 17; OVG Berlin-Brandenburg BeckRS 2018, 9891 Rn. 4).
[226] BVerwG NVwZ 2019, 65 (66, Rn. 19) – stRspr.
[227] Zum Beurteilungsspielraum *Geis* in Schoch/Schneider VwVfG § 40 Rn. 137 ff.
[228] Vgl. *Geis* in Schoch/Schneider VwVfG § 40 Rn. 140.

präsentiert werden können, durchaus der Fall sein mag). Hinzukommen muss vielmehr, dass die Gerichte die Aufgabe, die entscheidungsrelevanten tatsächlichen Umstände festzustellen und rechtlich zu bewerten, selbst dann nicht bewältigen können, wenn sie im gebotenen Umfang auf die Sachkunde der Verwaltung zurückgreifen oder sich auf andere Weise sachverständiger Hilfe bedienen.[229] Dies ist im Anwendungsbereich des SÜG aber nicht der Fall: Gerade der Begriff der „Zuverlässigkeit" (§ 5 Abs. 1 S. 1 Nr. 1 SÜG) wird in der Auslegungspraxis von Behörden und Gerichten sicher gehandhabt,[230] weshalb die Rspr. einen Beurteilungsspielraum bei Zuverlässigkeitsüberprüfungen in anderen Bereichen auch verneint.[231] Hier wie auch bei den anderen Tatbeständen des § 5 SÜG leuchtet auch nicht ein, warum nur die beteiligten Behörden und nicht auch die Verwaltungsgerichte in der Lage sein sollen, eine fachkundige Bewertung darüber abzugeben, ob eine oder mehrere sicherheitserhebliche Erkenntnisse (§ 5 Abs. 2 SÜG), zB eine Rauschmittelabhängigkeit, allein oder in ihrer Gesamtschau ein Sicherheitsrisiko darstellen. Dass zB allein die Regierung nach (außen)politischen Opportunitätserwägungen und in Anbetracht exklusiver Einblicke in das Agieren anderer Staaten in der Lage ist zu entscheiden, bei welchen Staaten besondere Sicherheitsrisiken vorliegen, die bei engeren Beziehungen dorthin gegebenenfalls auf den Betroffenen durchschlagen, ändert nichts daran, dass das Gericht (ohne die Risikostaatenliste fachlich infrage zu stellen) doch bewerten kann, ob die Art und Intensität der Beziehungen in den „Risikostaat" den Betroffenen tatsächlich „einer besonderen Gefährdung durch Anbahnungs- und Werbungsversuche fremder Nachrichtendienste" (§ 5 Abs. 1 S. 1 Nr. 2 SÜG) aussetzt oder nicht. Ein Beurteilungsspielraum ist nur sinnvoll, wenn die vollumfängliche Nachprüfung der behördlichen Entscheidung nicht zu einem faireren, sachgerechteren Ergebnis führen könnte, sie also kein Mehr an Rechtsschutz bewirken würde. Gerichtliche Kontrolle macht dann keinen Sinn, wenn behördliche und gerichtliche Entscheidungen wegen fehlender „harter" Prüfmaßstäbe für individuelle Wertungen bzw. wertende Prognoseentscheidungen letztlich als gleich(wertig) richtig bzw. genauso gut vertretbar akzeptiert werden müssten. Bei der Beurteilung von Sicherheitsrisiken geht es jedoch nicht um eine planerische Entscheidung mittels eines Werturteils bzw. um das Ergebnis höchstpersönlicher Wertungen,[232] sondern um eine rechtliche Subsumtion eines Faktenbündels unter einen bekannten Tatbestand.[233]

Auch bei der Beurteilung der **Einstufungsbedürftigkeit** einer Information als Verschlusssache (dh bei der Bewertung, ob und gegebenenfalls welcher Verschlusssachengrad nach § 4 SÜG angemessen ist) sprechen die besseren Argumente gegen einen Beurteilungsspielraum. Insoweit können Gerichte auch ohne exklusive Einblicke in (geheime) Hintergründe der einzustufenden Information ohne weiteres überprüfen, ob die **materiellen Voraussetzungen für eine Einstufung als Verschlusssache** tatsächlich vorliegen.[234] Die einstufende Behörde hat folglich die Gründe für die Einstufung und die Voraussetzungen des jeweiligen Verschlusssachengrads nach § 4 SÜG darzulegen und unterliegt diesbezüglich der vollen gerichtlichen Überprüfbarkeit.[235] Allerdings scheint es im Sinne eines „judicial self-restraint" angezeigt, dass sich die Gerichte insoweit auf eine **Plausibilitätskontrolle beschränken,** denn häufig werden die Hintergründe, warum zB bestimmte nachrichtendienstliche Erkenntnisse (etwa wenn sie von ausländischen Diensten stammen) oder ein bestimmter modus operandi hoch eingestuft sind, ihrerseits so sensibel sein, dass sie

94

---

[229] Zu diesen für den Beurteilungsspielraum maßgeblichen Kriterien BVerwG NVwZ 2014, 300 (301 f.).
[230] BVerfG NVwZ 2009, 1429.
[231] BVerwG NVwZ 2005, 454 zu § 7 LuftSiG; VG Regensburg BeckRS 2015, 51738 zu § 4 GastG; VGH München BeckRS 2015, 55610 Rn. 17 zu § 5 WaffG.
[232] Wie etwa die Bewertung der „Attraktivität" eines Anbieters iRd § 70 Abs. 1 GewO, s. VGH München NVwZ-RR 2016, S 42; *Jacob/Lau* NVwZ 2015, 241 (246).
[233] Wie etwa die Frage, wann ein Verhalten Zweifel am Bekenntnis zur fdGO erweckt, s. BVerwG NJW 2018, 1185 ff.: Tätowierungen mit extremistischem Inhalt.
[234] BVerwG LKV 2015, 129 = BeckRS 2014, 58779; NVwZ 2010, 321 (325); 2010, 905 (908).
[235] BVerwG NVwZ 2019, 1050 (1053, Rn. 33 f.); OVG Berlin-Brandenburg BeckRS 2017, 112799; aA *Siems* GSZ 2020, 1 (6).

in einem offenen Gerichtsverfahren nicht vorgetragen werden können. Da sich die Behörden in solchen Fällen im Rahmen eines in camera-Verfahrens nach § 99 VwGO meist zu Recht auf überwiegende Geheimhaltungsgründe werden berufen können und daher für den Kläger über diesen Weg keine – ihrerseits geheimhaltungsbedürftigen – Erkenntnisse über die Gründe für die Einstufung offengelegt werden,[236] sollte sich die Kontrolldichte zur Vermeidung von Wertungswidersprüchen darauf beschränken, ob die Gründe für die jeweilige Einstufung – bezogen auf die geltend gemachte Schutzbedürftigkeit – in sich schlüssig und nachvollziehbar sind.

N. Ausblick

95 In Bezug auf die dauerhafte Notwendigkeit von Sicherheitsüberprüfungen sind die Perspektiven „gut": Staatliche Geheimnisse wird es solange geben, wie es Staaten gibt, die ihre Interessen eigenverantwortlich wahrnehmen und geheimhaltungsbedürftige Informationen und Gegenstände schützen möchten. Im Zuge fortschreitender Verlagerung hoheitlicher Schutz- und Planungsaufgaben in den privaten Sektor (zB Planung komplexer Rüstungssysteme oder Überwachungssoftware durch private Beraterbüros, Bewachung kritischer Infrastrukturen durch private Sicherheitsdienste usw) ist abzusehen, dass die Betroffenen einer Sicherheitsüberprüfung künftig vermehrt nicht „klassische Beamte" sind, sondern Beschäftigte der Privatwirtschaft. Diese Bedarfslage müssen die zuständigen Stellen und mitwirkenden Behörden mit Blick auf die nötige Wettbewerbsfähigkeit deutscher Unternehmen berücksichtigen und ihre Verfahrenspraxis (zB hinsichtlich der Dauer der Überprüfungen) darauf einstellen. Gleichwohl darf der Blick auf die notwendige „Servicefunktion" von BMWi und Verfassungsschutzbehörden für die Privatwirtschaft nicht den Blick darauf verstellen, dass die Schutzgüter des personellen Geheimschutzes nach wie vor solche des Staates sind, die lediglich durch Private betreut werden. Maßstab für die Zuverlässigkeit sowohl der Beschäftigten im öffentlichen Dienst wie der Privatwirtschaft muss daher ein einheitlicher sein, nämlich die Integrität, mit hoch sensiblen Informationen im Interesse des Staates vertrauensvoll umzugehen. Wegen der Anwendbarkeit auch auf Privatbeschäftigte ist die Sicherheitsüberprüfung daher nicht in erster Linie ein Instrument einer allgemeinen Integritäts- bzw. Verfassungstreueprüfung, sondern dient dem Zweck, den staatlichen Schutzinteressen loyal eingestellte Geheimnisträger zu generieren. Eine Integritätsgarantie, dass überprüfte Personen das in sie gesetzte Vertrauen unter keinen Umständen enttäuschen und die ihnen anvertrauten Geheimnisse nicht doch (aus welchen Gründen auch immer) zweckwidrig verwenden werden, bieten freilich auch die Instrumente des SÜG nicht.

§ 13 Schutz vor Industrie- und Wirtschaftsspionage

Marc Engelhart

Übersicht

	Rn.
A. Einführung	1
B. Entwicklung des Schutzes vor Industrie- und Wirtschaftsspionage	4
I. Strafrechtliche Ursprünge	5
II. Zivilrechtlicher Schutzumfang	8
III. Europäisierung des Schutzsystems	9
IV. Gesetz zum Schutz von Geschäftsgeheimnissen	12

---

[236] Werden Unterlagen aus Gründen der Geheimhaltungsbedürftigkeit nicht vorgelegt und unterbleibt die Vorlage auch als Ergebnis des gerichtlichen Zwischenverfahrens nach § 99 Abs. 2 VwGO, darf dies der Behörde nicht im Sinne einer Beweisvereitelung nachteilig angerechnet werden, s. BVerwG NVwZ 2017, 232 (233).

	Rn.
C. Struktur des Schutzes vor Industrie- und Wirtschaftsspionage	14
I. Kernelement: GeschGehG	14
II. Besonderer Strafrechtsschutz	15
III. Immaterialgüterrecht	23
IV. Lauterkeitsrecht	24
V. Allgemeines Deliktsrecht	25
VI. Polizei- und Nachrichtendienste	26
D. Schutz nach dem GeschGehG	27
I. Grundbegriffe, Definitionen	28
1. Geschäftsgeheimnis	29
2. Inhaber des Geschäftsgeheimnisses	36
3. Rechtsverletzer	37
4. Rechtsverletzendes Produkt	38
II. Erlaubte und verbotene Handlungen	39
1. Grundbegriffe: Erlangung, Nutzung und Offenlegung	40
2. Erlaubte Handlungen	43
3. Verbotene Handlungen	49
III. Whistleblowing	54
1. Regelung im GeschGehG	54
2. Whistleblower-Richtlinie/Whistleblower-Gesetz	63
a) Europäische Whistleblower-Richtlinie	63
b) Deutsches Whistleblower-Gesetz	68
IV. Zivilrechtliche Folgen	72
V. Strafrechtliche Folgen	75
1. Tatbestände	78
a) Betriebsspionage	78
b) Verwendung eines Geschäftsgeheimnisses nach eigener Vortat	79
c) Geheimnisverrat	80
d) Geheimnishehlerei	81
e) Vorlagenfreibeuterei	82
f) Qualifikationen	83
2. Versuchte Beteiligung	84
3. Auslandstaten	85
E. Fazit	86

Wichtige Literatur (allgemein):

Aldoney Ramírez, D., Kritische Überlegungen zur Deutung des strafrechtlichen Unternehmensgeheimnisschutzes als Vermögensschutz, FS Tiedemann, 2008, 1141; *Aldoney Ramírez, D.*, Der strafrechtliche Schutz von Geschäfts- und Betriebsgeheimnissen, 2009; *Amelunxen, C.*, Spionage und Sabotage im Betrieb, 1997; *Brammsen, J.*, Rechtsgut und Täter der Vorlagenfreibeuterei, wistra 2006, 201; *Dannecker, G.*, Der Schutz von Geschäfts- und Betriebsgeheimnissen, BB 1987, 1614; *Drescher, J.*, Industrie- und Wirtschaftsspionage in Deutschland, 2019; *Kiethe, K./Hohmann, O.*, Der strafrechtliche Schutz von Geschäfts- und Betriebsgeheimnissen, NStZ 2006, 185; *Kragler, P.*, Wirtschaftsspionage, 1982; *Nathusius, I.*, Wirtschaftsspionage, 2001; *Probst, K.*, Wirtschaftsverrat und Wirtschaftsspionage, 1976; *Oehler, D.*, Der strafrechtliche Schutz des Geschäfts- und Betriebsgeheimnisses in den Ländern der EG (usw), 2 Bde., 1978/82; *Schauenburg, U.*, Schweigepflichtverletzungen in arbeitsteiligen Organisationsstrukturen, 2011; *Tiedemann, K.*, Rechtsnatur und strafrechtliche Bedeutung von technischem know how, FS v. Caemmerer, 1978, 643; *Tiedemann, K.*, Strafrechtliche Bemerkungen zu den Schutzgesetzen bei Verletzung des Bankgeheimnisses, ZIP 2004, 294; *Többens, H. W.*, Wirtschaftsspionage und Konkurrenzausspähung in Deutschland, NStZ 2000, 505; *Ulfkotte, U.*, Wirtschaftsspionage, 2001.

Wichtige Literatur UWG:

Foebus, N., Die Insuffizienz des strafrechtlichen Schutzes von Geschäfts- und Betriebsgeheimnissen nach § 17 UWG, 2011; *Köhler, H./Bornkamm, J./Feddersen, J.*, Gesetz gegen den unlauteren Wettbewerb: UWG (mit GeschGehG, PAngV, UKlaG, DL-InfoV), 40. Aufl. 2022; *Noak, T.*, Wettbewerbsneutrale Absichten und § 17 UWG, wistra 2006, 245; *Ohly, A./Sosnitza, O.*, UWG Gesetz gegen den unlauteren Wettbewerb, 7. Aufl. 2016; *Otto, H.*, Verrat von Betriebs- und Geschäftsgeheimnissen, § 17 UWG, wistra 1988, 125; *Pfeiffer, G.*, Der strafrechtliche Verrat von Betriebs- und Geschäftsgeheimnissen nach § 17 UWG, FS Nirk, 1992, 681.

§ 13

Wichtige Literatur GeschGehG:

Brammsen, J., Die EU-Know-how-Richtlinie 943/2016, §§ 17 ff. UWG und das geplante Geschäftsgeheimnisstrafrecht (§ 23 GeschGehG-RegE), wistra 2018, 449; *Brockhaus, R.*, Das Geschäftsgeheimnisgesetz, ZIS 2020, 102; *Burghardt-Richter, I./Bode, J.*, Geschäftsgeheimnisschutzgesetz: Überblick und Leitfaden für Unternehmen zur Wahrung ihrer Geschäftsgeheimnisse, BB 2019, 2697; *Dann, M./Markgraf, J. W.*, Das neue Gesetz zum Schutz von Geschäftsgeheimnissen, NJW 2019, 1774; *Erlebach, K.*, Strafrechtliche Einordnung des § 5 GeschGehG, wistra 2020, 190; *Ernst, S.*, Das Geschäftsgeheimnisgesetz, MDR 2019, 897; *Fuhlrott, M./Hiéramente, M.*, Arbeitsrechtlicher Handlungsbedarf durch das Geschäftsgeheimnisgesetz, DB 2019, 967; *Gramlich, L./Lütke, H. J.*, § 5 Nr. 2 GeschGehG – Ethisch motivierte Durchbrechung von Geschäftsgeheimnissen? wistra 2019, 480; *Harte-Bavendamm, H./Ohly, A./Kalbfus, B.*, Gesetz zum Schutz von Geschäftsgeheimnissen, 2020; *Hoeren, T./Münker, R.*, GeschGehG, 2021; *Jansen, P./Hofmann, R. A.*, Auswirkungen des Gesetzes zum Schutz von Geschäftsgeheimnissen auf Vertraulichkeitsvereinbarungen, BB 2020, 259; *Kalbfus, B.*, Rechtsdurchsetzung bei Geheimnisverletzungen – Welchen prozessualen Schutz gewährt das Geschäftsgeheimnisgesetz dem Kläger? WRP 2019, 692; *Krüger, S./Wienecke, J./Koch, A.*, Der Datenpool als Geschäftsgeheimnis, GRUR 2020, 578; *Maaßen, S.*, ‚Angemessene Geheimhaltungsmaßnahmen' für Geschäftsgeheimnisse, GRUR 2019, 352; *Naber, S./Peukert, M./Seeger, B.*, Arbeitsrechtliche Aspekte des Geschäftsgeheimnisgesetzes, NZA 2019, 583; *Ohly, A.*, Das neue Geschäftsgeheimnisgesetz im Überblick, GRUR 2019, 441; *Partsch, C./Rump, L.*, Auslegung der ‚angemessenen Geheimhaltungsmaßnahme' im Geschäftsgeheimnis-Schutzgesetz, NJW 2020, 118; *Partsch, C./Schindler, C.*, Ansprüche bei Rechtsverletzungen des Geschäftsgeheimnisses, NJW 2020, 2364; *Reinfeld, R.*, Das neue Gesetz zum Schutz von Geschäftsgeheimnissen, 2019; *Schregle, R. M.*, Neue Maßnahmen zum Geheimnisschutz in Geschäftsgeheimnisstreitsachen: Wegbereiter für den effektiven Rechtsschutz? GRUR 2019, 912; *Schreiber, M.*, Das neue Gesetz zum Schutz von Geschäftsgeheimnissen – ein ‚Freifahrtschein' für Whistleblower, NZWiSt 2019, 332; *Ullrich, I.*, Der Schutz von Whistleblowern aus strafrechtlicher Perspektive – Rechtslage de lege lata und de lege ferenda, NZWiSt 2019, 65; *Weigert, D.*, Angemessene Geheimhaltungsmaßnahmen im Sinne des Geheimnisschutzgesetzes – Geheimnisschutz ad absurdum? NZA 2020, 209.

Wichtige Literatur Whistleblowing:

Dilling, J., Der Schutz von Hinweisgebern und betroffenen Personen nach der EU-Whistleblower Richtlinie, CCZ 2019, 214; *Dzida, B./Granetzny, T.*, Die neue EU-Whistleblowing-Richtlinie und ihre Auswirkungen auf Unternehmen, NZA 2020, 1201; *Forst, G.*, Die Richtlinie der Europäischen Union zum Schutz von Personen, die Verstöße gegen das Unionsrecht Melden (Whistleblowing-Richtlinie), EuZA 2020, 283; *Garden, F./Hiéramente, M.*, Die neue Whistleblowing-Richtlinie der EU – Handlungsbedarf für Unternehmen und Gesetzgeber, BB 2019, 963; *Gerdemann, S.*, Whistleblower als Agenten des Europarechts, NZA-Beilage 2020, 43; *Schmitt, L.*, Geheimnisschutz und Whistleblowing, NZA-Beilage 2020, 50; *Schmolcke, U.*, Whistleblowing als Regelungsaufgabe, ZGR 2019, 876; *Schmolcke, U.*, Die neue Whistleblower-Richtlinie ist da! Und nun?, NZG 2020, 5; *Schröder, T.*, Integration des Whistleblowing in die nationale Rechtsordnung, ZRP 2020, 212; *Sixt, M.*, Whistleblowing im Spannungsfeld von Macht, Geheimnis und Information, 2020; *Thüsing, G./Rombey, S.*, Nachdenken über den Richtlinienvorschlag der EU-Kommission zum Schutz von Whistleblowern, NZG 2018, 1001.

Hinweis:
Alle Internetfundstellen wurden zuletzt am 15.4.2022 abgerufen.

A. Einführung

1 Spionage wird oftmals mit dem staatlich organisierten Auskundschaften militärischer oder politischer Ziele verbunden. Auch wenn damit ein breiter und ein bei Bekanntwerden oftmals besonders in der Öffentlichkeit mit Interesse verfolgter Bereich beschrieben wird, so ist doch die Spionage weder auf staatliche Akteure (insbesondere ausländische Nachrichtendienste) beschränkt, noch auf das Ausspähen von Politik und Militär. Gerade in wirtschaftlich stark dominierten Gesellschaften wie der modernen Industrie- und Dienstleistungsgesellschaft haben wirtschaftliche Informationen eine zentrale Bedeutung und sind daher auch für andere Wirtschaftsteilnehmer sowie für ausländische staatliche Stellen von Interesse. Damit kommt dem Bereich der Industrie- und Wirtschaftsspionage neben dem der politisch-militärischen Spionage eigenständige und für Wirtschaftsteilnehmer vielfach zentrale Bedeutung zu.

2 Industrie- und Wirtschaftsspionage sind keine legaldefinierten Begriffe. Allgemein wird unter Wirtschaftsspionage die Ausspähung von Wirtschaftsunternehmen für oder im Dienst einer fremden Macht oder eines fremden Geheimdienstes verstanden, während die Industriespionage für die Ausspähung von Wirtschaftsunternehmen untereinander steht und

daher auch oftmals als Konkurrenzausspähung bezeichnet wird.[1] Inhaltlicher Kern beider Begrifflichkeiten ist die Erlangung von vor allem wirtschaftlich relevanten Geheimnissen, also die Erlangung nicht öffentlicher Informationen, wie dies auch den bestehenden internationalen Regelungen wie beispielsweise in Art. 39 TRIPS (→ Rn. 9) zugrunde gelegt wird. An diesen Geheimnissen knüpfen die zentralen nationalen rechtlichen Regelungen an. So hat das UWG (→ Rn. 5) auf Betriebs- und Geschäftsgeheimnisse abgestellt, das europäische Recht (→ Rn. 10) wie auch das bestehende GeschGehG (→ Rn. 12) spricht vom Geschäftsgeheimnis. Insoweit ist die Thematik als Pendant zu staatlichen Geheimnissen zu sehen (zum Schutz von Staatsgeheimnissen → § 11).

Der Schutz von wirtschaftlichen Geheimnissen in Unternehmen ist durch verschiedene Risiken gefährdet.[2] Hierzu zählen insbesondere der Wechsel von Mitarbeitern und die Gefahr, dass damit Wissen zu einem Mitbewerber wechselt. Bei der Einbindung von Geschäftspartnern im Rahmen von Technologievereinbarungen ist der Geheimnisschutz von deren Vertragstreue abhängig, womit vertraglichen Geheimhaltungsvereinbarungen wesentliche Funktion zukommt.[3] Hinzu kommen aktive Bemühungen seitens anderer Staaten und Unternehmen, die Geschäftsgeheimnisse zu erlangen, was den Kernbereich der Industrie- und Wirtschaftsspionage ausmacht. Hier spielen klassischerweise menschliche Quellen (Human Source Intelligence) eine große Rolle, insbesondere um internen Zugang zu erlangen; immer mehr von Bedeutung ist die technische Informationsgewinnung (Technical Intelligence), hier auch der Zugang über die Nutzung von Netzwerken wie dem Internet (Cyberangriffe).[4] Wie groß die Bedrohung und wie groß der Schaden durch Industrie- und Wirtschaftsspionage tatsächlich ist, ist unklar. Das Hellfeld, das sich vor allem auf die (begrenzte Zahl) strafrechtlicher Normen bezieht, zeigt nur eine begrenzte Anzahl von Taten auf; dagegen wird allgemein von einem hohen Dunkelfeld ausgegangen, bei dem die Schäden von mehreren Milliarden Euro vermutet werden.[5] 3

B. Entwicklung des Schutzes vor Industrie- und Wirtschaftsspionage

Die Wurzeln des Schutzes vor Industrie- und Wirtschaftsspionage liegen in Deutschland seit dem Ende des 19. Jahrhunderts vor allem im Strafrecht (→ Rn. 5). Dieses wurde in begrenztem Umfang durch ein zivilrechtliches Schutzsystem ergänzt (→ Rn. 8). Die Verabschiedung der Geschäftsgeheimnis-Richtlinie (EU) 2016/943 (→ Rn. 10) bot Anlass für eine grundlegende Reform. Ihre Umsetzung ins deutsche Recht hat zur Schaffung eines eigenen Gesetzes (Gesetz zum Schutz von Geschäftsgeheimnissen – GeschGehG) mit einem umfassenden zivilrechtlichen Schutzsystem, das durch ein strafrechtliches ergänzt wird, geführt (→ Rn. 72). 4

I. Strafrechtliche Ursprünge

Grundlage des strafrechtlichen Schutzes von Wirtschaftsgeheimnissen war über hundert Jahre lang das Gesetz zur Bekämpfung des unlauteren Wettbewerbs von 1896 (UWG 1896), dessen Grundzüge bis heute erhalten geblieben sind.[6] Das UWG 1896 verdankt seine *Entstehung* einer Eingabe der chemischen Industrie an den Reichskanzler; deren Produkte waren mangels Patentfähigkeit weitgehend gegen Nachahmung ungeschützt und sollten nach der Eingabe als geistiges Eigentum gesetzlich geschützt werden. Der Deutsche Juris- 5

---

[1] BT-Drs. 18/2281; *Drescher* Industrie- und Wirtschaftsspionage 6; *Többens* NStZ 2000, 505.
[2] Näher *McGuire* GRUR 2016, 1000; *Drescher* Industrie- und Wirtschaftsspionage 50 ff.
[3] Zu Verträgen über Geschäftsgeheimnisse *Kalbfus/Harte-Bavendamm* in Harte-Bavendamm/Ohly/Kalbfus GeschGehG Einl. B. Rn. 1 ff.
[4] *Drescher* Industrie- und Wirtschaftsspionage 92 ff.
[5] Vgl. mwN zu Literatur und zu den wenigen validen Daten *Drescher* Industrie- und Wirtschaftsspionage 54 ff.; s. auch *Knickmeier* in Wallwaey/Bollhöfer/Knickmeier, Wirtschaftsspionage und Konkurrenzausspähung, 2019, 39 ff.
[6] Zur geschichtlichen Entwicklung *Probst* Wirtschaftsverrat und Wirtschaftsspionage 1 ff.

tentag 1888 befürwortete einen Strafschutz. In § 9 bestrafte das UWG 1896 den Geheimnisverrat von Angestellten, Arbeitern oder Lehrlingen während der Dauer des Dienstverhältnisses, wenn der Verrat zu Zwecken des Wettbewerbs erfolgte oder die Absicht bestand, dem Inhaber des Geschäftsbetriebs Schaden zuzufügen. Strafbar war gleichermaßen die Erlangung der Geheimnisse durch eine gegen die guten Sitten verstoßende Handlung, eine unbefugte Verwertung und die Mitteilung an andere.

6 1909 wurde das Gesetz von 1896 durch ein erweitertes Gesetz gegen den unlauteren Wettbewerb (UWG 1909) abgelöst und um eine Generalklausel ergänzt. Der bestehende § 9 UWG 1896 wurde sachlich unverändert in § 17 UWG 1909 übernommen. Neu kam auf Veranlassung der Spitzen-, Stickerei- und Farbenindustrie der § 18 UWG 1909 hinzu, der den Missbrauch und den Verrat von Vorlagen oder Vorschriften technischer Art erfasste (»Vorlagenfreibeuterei«). Damit wurde an die *historische Tradition* des PrALR von 1794 angeknüpft, das ähnlich wie andere europäische Gesetzgebungen einen Straftatbestand gegen den »Verrat von Fabrikgeheimnissen« kannte. Diese Tradition war durch die landwirtschaftsfreundliche Haltung des PrStGB von 1854 unterbrochen worden, obwohl bereits der französische Code pénal von 1804 (Art. 418 französisches Code pénal von 1804) zu der Strafdrohung zurückgekehrt war.[7]

7 Der Versailler Vertrag zwang das Deutsche Reich zur Offenlegung von Beschaffenheit und Herstellungsweise aller im Ersten Weltkrieg verwendeten chemischen Stoffe und führte ein Bezugsrecht der Siegermächte für Farbstoffe sowie chemische und pharmazeutische Erzeugnisse ein. Vor allem durch die französische Besetzung des Ruhrgebiets verlagerte sich die Sicht des Geheimnisverrats vom unlauteren Wettbewerb auf die Industriespionage und den wirtschaftlichen Landesverrat.[8] Zu einer ersten gesetzlichen Neuregelung kam es aber erst lange Zeit später. So verankerte das EGStGB 1974 den Schutz von Geschäfts- und Betriebsgeheimnissen auch in §§ 203, 204 StGB. Mit dem 2. WiKG 1986, das auf dem Vorschlag des Alternativ-Entwurfs 1977 (§ 180) aufbaute, wurde vor allem § 17 UWG als Ergänzung der strafrechtlichen Cybercrime-Delikte auch auf die Erlangung von Geschäftsgeheimnissen durch elektronische Begehungsformen erweitert. Das neue UWG 2004[9] brachte im Bereich des Geheimnisschutzes nur wenige Änderungen wie die eingefügte Fallgruppe des gewerbsmäßigen Handelns als weiteres Regelbeispiel in § 17 Abs. 4 StGB, die Strafbarkeit des Versuchs in § 18 Abs. 2 StGB und die stärkere Orientierung des § 19 Abs. 3 StGB an § 30 StGB, beschränkte sich ansonsten aber vor allem auf gesetzestechnische und redaktionelle Änderungen. Eine größere praktische Bedeutung haben die strafrechtlichen UWG Normen in ihrer langen Geschichte allerdings nie erlangt.[10]

II. Zivilrechtlicher Schutzumfang

8 Der mit dem UWG 1896 geschaffene strafrechtliche Ansatzpunkt hat dazu geführt, dass zunächst kein zivilrechtliches Schutzsystem etabliert wurde (da das strafrechtliche als ausreichend erachtet wurde) und es hat sich auch in der Folgezeit kein eigenständiges und kohärentes zivilrechtliches System zum Schutz von Industrie- und Wirtschaftsgeheimnissen entwickelt.[11] Primär bestand eine zivilrechtliche Akzessorietät zum strafrechtlichen Schutzumfang. In der Folge verblieb es somit im Wesentlichen bei (begrenzten) Gewährleistungen über das allgemeine Deliktsrecht nach § 823 Abs. 2 BGB (in Verbindung mit den strafrechtlichen UWG Normen), § 826 BGB und auch teilweise § 823 Abs. 1 BGB als Eingriff in das Recht am eingerichteten und ausgeübten Gewerbebetrieb (bzw. als „sonstiges Recht").[12]

---

[7] Zu Vorläufern des § 18 UWG *Brammsen* wistra 2006, 201 f.
[8] *W. Fischer*, Die feindliche Handels- und Industriespionage und der wirtschaftliche Landesverrat, 1922, 1 ff.
[9] BGBl. 2004 I 1414.
[10] Vgl. nur *Ohly* in Ohly/Sosnitza, UWG Gesetz gegen den unlauteren Wettbewerb, 7. Aufl. 2016, Vor §§ 17–19 Rn. 9.
[11] S. nur *Doepner* FS Tilmann, 2003, 105.
[12] *McGuire* GRUR 2016, 1000 (1001); *Ohly* in Ohly/Sosnitza, UWG Gesetz gegen den unlauteren Wettbewerb, 7. Aufl. 2016, § 17 Rn. 10, 48 ff.

III. Europäisierung des Schutzsystems

Während das nationale Schutzsystem seit seiner Etablierung Ende des 19. Jahrhunderts nur **9** wenige Änderungen erfahren hatte, fanden auf internationaler Ebene wesentliche Weiterentwicklungen statt. So nahm sich vor allem auf europäischer Ebene die Kommission der Thematik des Schutzes von Geschäftsgeheimnissen an. Hintergrund war unter anderem der diesbezüglich in Art. 39 TRIPS (Übereinkommen über handelsbezogene Aspekte der Rechte des geistigen Eigentums) vorgesehene Schutz.[13] Dieses am 1.1.1995 in Kraft getretene völkerrechtliche Abkommen bindet sowohl die EU als auch die einzelnen Mitgliedsstaaten und sieht die Schaffung eines Mindestschutzstandards für Geschäftsgeheimnisse vor.[14]

Mit der Richtlinie (EU) 2016/946 (Geschäftsgeheimnis-Richtlinie)[15] erfolgte eine **10** grundlegende Normierung des Bereichs der Geschäftsgeheimnisse, die neben unionsweiten Mindestvorgaben mit der Möglichkeit weitergehender nationaler Umsetzung mit der Aufzählung von Bestimmungen, die der nationale Gesetzgeber einzuhalten hat, auch Elemente einer Vollharmonisierung enthält (vgl. Art. 1 Abs. 1 UAbs. 2). So sollen Anreize für Forschung und Entwicklung gesetzt werden, um Innovationsförderung und Technologietransfer und durch die Harmonisierung auch den Austausch von Informationen innerhalb des Binnenmarktes zu erleichtern. Die Richtlinie beschränkt sich auf zivilrechtliche Vorgaben (Art. 6 Abs. 1, Erwägungsgrund 10); die Einbeziehung des Strafrechts wurde zwar erwogen,[16] aber aus Gründen der Verhältnismäßigkeit verworfen, zumal auch eine derartige europäische Kompetenz zweifelhaft ist.[17] Die Richtlinie gliedert sich in vier große Regelungsbereiche, die neben den wesentlichen Begriffsbestimmungen insbesondere des Geschäftsgeheimnisses (Art. 2) und den zulässigen und unzulässigen Formen des Erwerbs, der Nutzung und der Offenlegung von Geschäftsgeheimnissen (Art. 3–5) umfangreiche Vorgaben zu Rechtsbehelfen und Rechtsfolgen (Art. 6–8, 10–15) sowie zum Schutz von Geschäftsgeheimnissen innerhalb von Gerichtsverfahren (Art. 9) vorsieht.

Neben dem Aspekt des Schutzes von Geschäftsgeheimnissen stand auf europäischer **11** Ebene zudem die Frage des Schutzes von Whistleblowern im Fokus. Diese Thematik überschneidet sich in Teilen mit wirtschaftlichen Geheimhaltungsinteressen und war daher auch bereits bei den Beratungen zur Geschäftsgeheimnis-Richtlinie aufgebracht worden.[18] Allerdings wurde dieser Bereich von der reinen Geheimhaltungsthematik abgetrennt und durch die Europäische Union 2019 in einer eigenen Richtlinie geregelt (Whistleblower-Richtlinie; → Rn. 63).[19]

IV. Gesetz zum Schutz von Geschäftsgeheimnissen

Die Geschäftsgeheimnis-Richtlinie bot für den deutschen Gesetzgeber (wie auch für **12** zahlreiche weitere europäische Staaten) den Anlass, nicht nur deren Vorgaben umzusetzen, sondern das deutsche Recht auch umfassend neu auszurichten. Diese „große Lösung" griff schon langjährige Bestrebungen aus der Literatur auf, den Schutz der Geschäftsgeheimnisse auf eine kohärentere Basis, insbesondere mit einem deutlicheren Schwerpunkt auf dem zivilrechtlichen Schutzmechanismus, zu regeln.[20] In das Gesetzgebungsverfahren haben sich

---

[13] BGBl. 1994 II 1730 (1740).
[14] *Kalbfus* in Harte-Bavendamm/Ohly/Kalbfus GeschGehG Einl. A. Rn. 154 ff.
[15] RL 2016/943/EU v. 8.6.2016 über den Schutz von vertraulichen Knowhows und vertraulicher Geschäftsinformationen (Geschäftsgeheimnisse) vor rechtswidrigem Erwerb sowie rechtswidriger Nutzung und Offenlegung, ABl. 2016 L 157, 1.
[16] Vgl. dazu den Entwurf der RL, COM(2013) 813, 7 final.
[17] *Brammsen* wistra 2018, 449 (450).
[18] So bspw. im Rechtsausschuss des Europäischen Parlaments (Dok. A8-0199/2015 v. 22.6.2015).
[19] Richtlinie (EU) 2019/1937 zum Schutz von Personen, die Verstöße gegen das Unionsrecht melden, ABl. 2019 L 305, 17.
[20] Zum Reformbedarf s. *Harte-Bavendamm* in Harte-Bavendamm/Ohly/Kalbfus GeschGehG Einl. A. Rn. 53 f.

zahlreiche interessierte Kreise eingebracht,[21] was inhaltlich zu einer Konkretisierung des Referentenentwurfs im Regierungsentwurf führte, der wiederum intensiv in den Gremien behandelt wurde.[22] Am 26.4.2019 trat schließlich das Gesetz zum Schutz von Geschäftsgeheimnissen (GeschGehG) in Kraft.[23]

13 Das GeschGehG brachte mehrere zentrale Neuerungen mit sich. Augenfällig ist die Normierung der Thematik in einem eigenen Gesetz, womit die bisherige fragmentarische Regelung in §§ 17–19 UWG ersetzt wurde. Nunmehr finden sich deutlich detailliertere Vorgaben, die beispielsweise Legaldefinitionen und Auslegungsregeln einschließen, aber auch erstmals ein geschlosseneres zivilrechtliches Regelwerk umfasst, das Vorgaben für Maßnahmen, Verfahren und Rechtsbehelfe vorsieht. Hier hat sich der Gesetzgeber stark an den ausführlichen europäischen Vorgaben orientiert. Anders als die Geschäftsgeheimnis-Richtlinie schafft das GeschGehG aber ein noch umfassenderes Regelwerk, als es auf einander abgestimmte Regelungen zivil- und strafrechtlicher Normen enthält. Dabei steht nunmehr die zivilrechtliche Seite klar im Vordergrund, das Strafrecht setzt an dieser zivilrechtlichen Lage an und ist – wie vielfach im Wirtschaftsstrafrecht – akzessorisch ausgestaltet. Damit hat der deutsche Gesetzgeber die ursprüngliche Konzeption des UWG aufgegeben. Dies hat beispielsweise zur Folge, dass der Schutz weniger als bisher am Geheimnisbruch durch bestimmte Personenkreise anknüpft, sondern auf die innerbetriebliche Geheimnissphäre als eigenständig ausgebildeten Schutzzweck abstellt.

C. Struktur des Schutzes vor Industrie- und Wirtschaftsspionage

I. Kernelement: GeschGehG

14 Das GeschGehG stellt nunmehr für den Schutz von Geschäftsgeheimnissen ein eigenständiges Stammgesetz[24] dar und ist damit der neue rechtliche Ankerpunkt zum Schutz vor Industrie- und Wirtschaftsspionage. Es definiert erstmals ausführlich den Begriff des Geschäftsgeheimnisses und gibt damit dem Bereich die notwendige Kontur. Seine umfassenden zivilrechtlichen Regelungen etablieren hinsichtlich der erlaubten und verbotenen Verhaltensweisen, der Rechtsfolgen bei Verstößen sowie in Bezug auf verfahrensrechtliche Aspekte nicht nur ein weitgehend geschlossenes und umfangreiches Schutzsystem, sondern bietet auch klarstellende und neue Regelungen gegenüber der bisherigen Rechtslage. Abgesichert werden die zivilrechtlichen Vorgaben des Gesetzes durch das Strafrecht, das sich in seinem Zuschnitt nicht wesentlich von den bisherigen Strafnormen im UWG unterscheidet (näher dazu → Rn. 75 ff.).

II. Besonderer Strafrechtsschutz

15 Der Schutz vor Industrie- und Wirtschaftsspionage wird – wie bislang bereits auch – über das GeschGehG hinaus auch in vielfältiger Weise durch weitere Strafnormen erreicht. Hierzu gehören spezialgesetzliche Vorschriften zum Schutz spezieller Geheimnisse oder der Geheimnisschutz durch besondere Personenkreise (→ Rn. 16) sowie im Kernstrafrecht die Strafnormen zum Schutz von Daten (→ Rn. 17 f.), die allgemeinen Tatbestände zum Schutz von Geheimnissen (→ Rn. 19) sowie auch einzelne Staatsschutzdelikte (→ Rn. 21).

16 Spezialgesetzliche Vorgaben zum Geheimnisschutz finden sich in zahlreichen Gesetzen des Handels- und Gesellschaftsrechts, vor allem in der Form, dass Organe unbefugt ein

---

[21] Vgl. nur die GRUR-Stellungnahme, GRUR 2018, 708 oder die von *Desaunettes/Hilty/Knaak/Kur* aus dem MPI für Innovation und Wettbewerb, abrufbar unter http://dx.doi.org/10.2139/ssrn.3186090.
[22] Näher zum Umsetzungsverfahren *Harte-Bavendamm* in Harte-Bavendamm/Ohly/Kalbfus GeschGehG Einl. A. Rn. 78 ff.
[23] Gesetz v. 18.4.2019 (BGBl. 2019 I 466).
[24] BT-Drs. 19/4724, 20.

C. Struktur des Schutzes vor Industrie- und Wirtschaftsspionage § 13

Betriebs- oder Geschäftsgeheimnis offenbaren (beispielsweise zur AG § 404 AktG[25], zur GmbH § 85 GmbHG, zur eG § 151 GenG, zur KGaA §§ 404, 408; zur SE § 53 SEAG, § 404 AktG sowie § 315 Nr. 1 UmwG und § 138 Abs. 1 Nr. 2 VAG). In § 120 BetrVG findet sich eine vergleichbare Vorschrift für Arbeitnehmervertreter. Zudem gelten viele der Normen für gesetzlich vorgesehene Prüfer wie Abschlussprüfer, vgl. § 333 HGB, § 404 Abs. 1 Nr. 2 AktG, § 151 Abs. 1 Nr. 2 GenG, § 19 PublG, § 315 Abs. 1 Nr. 2 UmwG, § 138 VAG. In § 355 Abs. 1 S. 1 Nr. 2 StGB ist der Schutz von Betriebs- und Geschäftsgeheimnissen, die Amtsträger im Steuerverfahren erlangen, geregelt.

Der Zugriff auf Geschäftsgeheimnisse kann auch durch einen technischen Zugriff auf 17 Rechnersysteme erfolgen, insbesondere wenn diese über das Internet vernetzt sind. Die Cybercrime-Delikte, die vor allem durch das 2. WiKG 1986 geschaffen worden sind und in ihrer heutigen Fassung auch auf den EU-Vorgaben zum Schutz gegen Angriffe auf Informationssysteme (Richtlinie 2013/40/EU und zuvor Rahmenbeschluss 2005/222/JI) und der Cybercrime-Konvention des Europarates von 2001 beruhen, umfassen im deutschen Recht vor allem die §§ 202a–202d, 303a, 303b StGB. Diese Strafvorschriften knüpfen als „formeller Geheimnisschutz"[26] nicht primär am Geheimnis, sondern an Daten an, die nach der in § 202a Abs. 2 StGB vorhandenen Definition elektronisch, magnetisch oder sonst nicht unmittelbar gespeichert sein oder übermittelt werden müssen. Geschützt wird dabei vor allem die formelle Verfügungsbefugnis, sodass es sich nicht zwingend um geheime Informationen handeln muss. Allerdings ist zumeist eine besondere Sicherung gegen unberechtigten Zugang Tatbestandsmerkmal, womit ein enger Bezug zum Geheimnisschutz besteht, da die Sicherung zumeist den Geheimhaltungswillen des Verfügungsberechtigten, der auch nach dem GeschGehG erkennbar werden muss (→ Rn. 34), deutlich macht. Die Cybercrime-Delikte sind daher vielfach bei Zugriffen auf Informationssysteme auch einschlägig und können daher zu denen des GeschGehG in Tateinheit stehen.

Nach § 202a StGB sind entsprechend gesicherte Daten gegen Ausspähen und nach 18 § 202b StGB auch gegen Abfangen geschützt (näher dazu → § 34 Rn. 51 ff.). Kriminalisiert werden nach § 202c StGB zudem umfangreiche (auch technische) Vorbereitungshandlungen, wie das Herstellen, Verschaffen, Verkaufen, Überlassen, Verbreiten oder das sonstige Zugänglichmachen von Passwörtern, Zugangscodes oder Computerprogrammen zum Ausspähen oder Abfangen von Daten. Dies geht weiter als die Ausdehnung des GeschGehG auf Vorbereitungshandlungen nach § 30 StGB in § 23 Abs. 7 S. 2 GeschGehG und hat damit vor allem im Bereich technischer Ausspähung einen eigenständigen Anwendungsbereich. Durch die seit 2015 kriminalisierte Datenhehlerei nach § 202d StGB wird auch in weitem Umfang ein Verschaffen, Überlassen oder Zugänglichmachen von Daten, die ein Dritter rechtswidrig (durch eine Tat nach §§ 202a, b StGB, aber auch andere nicht datenspezifische Taten wie ein Diebstahl) erlangt, erfasst, wenn dies in Bereicherungs- oder Schädigungsabsicht geschieht. Mit der Strafvorschrift der Datenveränderung nach § 303a StGB wird das Recht des Verfügungsberechtigten auf die unversehrte Verwendbarkeit von den in den Daten gespeicherten Informationen geschützt. Die Computersabotage nach § 303b StGB erfasst die wesentliche Störung einer Datenverarbeitung (näher zu §§ 303a, b → § 34 Rn. 73 ff.). Die Tatbestände können im Rahmen einer Spionagehandlung relevant werden, wenn schadhafte Programme wie Viren, Trojaner oder Würmer auf einem fremden Rechner installiert werden. Ergänzend bestehen weitere Strafvorschriften, beispielsweise § 148 TKG, der das Abhören, zur Kenntnisnehmen oder Mitteilen von Nachrichten bei Betreibern von Empfangsanlagen erfasst.

Über diese technisch orientierten Strafvorschriften hinaus sieht das StGB in §§ 203, 204 19 zudem Tatbestände zum Schutz von Privatgeheimnissen vor, worunter im Unternehmenskontext auch Geschäftsgeheimnisse fallen können. Geschützt wird vor einer Offenbarung

---

[25] Diese 1965 eingeführte Norm hat Vorbildcharakter, vgl. *v. Stebut*, Geheimnisschutz und Verschwiegenheitspflicht im Aktienrecht, 1972, 81 ff.
[26] *Meier* JZ 1992, 647 (661).

dieser Geheimnisse durch die in § 203 Abs. 1 StGB aufgezählten Berufsträger sowie Amtsträger nach § 203 Abs. 2 StGB. Voraussetzung ist hier, dass dem Berufs- bzw. Amtsträger fremde Geheimnisse anvertraut werden und die Offenbarung unbefugt erfolgt. Nach § 204 StGB ist auch eine bloße Verwertung fremder Geheimnisse verboten. Im GeschGehG wird der Bezug zum StGB diesbezüglich zumindest ansatzweise klargestellt. So legt § 1 Abs. 3 Nr. 1 GeschGehG fest, dass § 203 StGB unberührt bleibt. Damit hat weder § 203 (oder auch § 204) StGB Vorrang vor dem GeschGehG noch umgekehrt. Sie können nebeneinander Anwendung finden und in Tateinheit stehen. Das hat auch zur Folge, dass sich Berufs- und Amtsträger nach § 203 StGB nicht auf § 5 GeschGehG berufen können. Allerdings können die in § 5 GeschGehG genannten Umstände, die eine Veröffentlichung rechtfertigen, gegebenenfalls beim Merkmal „unbefugt" Bedeutung erlangen.

20 Im weiteren Sinne wird der Geheimnisschutz auch über den Schutz der Vertraulichkeit des Wortes nach § 201 StGB, den Schutz des Briefgeheimnisses in § 202 StGB, den Schutz des Post- und Fernmeldegeheimnisses in § 206 StGB, den Schutz von Dienstgeheimnissen in § 353b StGB und den Schutz des Steuergeheimnisses in § 355 StGB gewährleistet. Auch § 42 BDSG deckt einen eigenständigen Schutzbereich ab, als hier die unbefugte Offenbarung von personenbezogenen Daten erfasst ist.

21 Darüber hinaus wird der Schutz vor Industrie- und Wirtschaftsspionage teilweise durch die Staatsschutzstrafvorschriften erreicht (→ § 11 Rn. 5). Hier steht der Schutz von Staatsgeheimnissen (→ § 33 Rn. 41) im Vordergrund. Dazu zählen jedoch auch wirtschaftsbezogene Geheimnisse, soweit diese einen Bezug zur äußeren Sicherheit aufweisen.[27] Erfasst wird von den Tatbeständen aber grundsätzlich nur das Offenbaren des Geheimnisses gegenüber einer fremden Macht, sodass die Information rein privater Empfänger nicht einbezogen ist. Die Weitergabe der Information kann unter Landesverrat (§ 94 StGB), das Offenbaren von Staatsgeheimnissen (§ 95 StGB), die Preisgabe von Staatsgeheimnissen (§ 97 StGB) oder den Verrat illegaler Geheimnisse (§ 97a StGB) fallen und als Tätigkeit eine Landesverräterische Agententätigkeit (§ 98 StGB) bzw. eine Geheimdienstliche Agententätigkeit (§ 99 StGB) darstellen. In § 96 StGB (Landesverräterische Ausspähung, Auskundschaften von Staatsgeheimnissen) sind in weitem Umfang Vorbereitungshandlungen kriminalisiert.

22 Ausdrückliche Sonderregeln für einen erweiterten Geheimnisschutz (wie Veröffentlichungsuntersagungen) bestehen zudem bei bestimmten wirtschaftlichen Schutzgütern, die zugleich Staatsgeheimnisse sind. Hierzu zählen § 9 GebrMG und § 50 PatG, die somit Strafrecht und Immaterialgüterschutz (→ Rn. 23) verzahnen.

III. Immaterialgüterrecht

23 Der Schutz vor Industrie- und Wirtschaftsspionage steht in einem engen Zusammenhang mit dem Immaterialgüterrecht. Ab dem Zeitpunkt der Veröffentlichung einer Patentanmeldung (§ 31 Abs. 2 PatG) ist der Gegenstand der Anmeldung nicht mehr geheim. Der Geheimnisschutz spielt insoweit dann nur noch eine untergeordnete Rolle (vor allem für nicht im Patentantrag erwähnte Aspekte), Zugriff und Nutzung des Patentgegenstands wird dann über das Patentrecht (bzw. das Gebrauchsmusterrecht) geregelt und gewährleistet. Vor diesem Zeitpunkt der Anmeldung ist jedoch der Geheimnisschutz von großer Bedeutung, oftmals wird eine Entwicklung ohne Geheimhaltung nicht wirtschaftlich sinnvoll erfolgen können. Hier greift dann vor allem das GeschGehG. Zudem ist eine Patentanmeldung nicht zwingend, es besteht eine Wahl zwischen Patentschutz und Geheimhaltung. Der Patentschutz vermittelt einen umfassenden Schutz gegen jedermann (s. § 9 Abs. 2 PatG), während im Falle der Geheimhaltung kein Schutz vor der (unabhängigen) Entwicklung eines gleichen Gegenstands besteht. Allerdings ist der Patenschutz auf 20 Jahre begrenzt (§ 16

---

[27] BGHSt 18, 338 = NJW 1963, 2283; *Fischer* StGB § 93 Rn. 7; *Sternberg-Lieben* in Schönke/Schröder § 93 Rn. 17.

PatG), ein Geschäftsgeheimnis kann theoretisch unbegrenzt gehütet werden. Welcher Weg beschritten wird, ist eine rein unternehmerische Entscheidung.

IV. Lauterkeitsrecht

Das Lauterkeitsrecht hatte in der Vergangenheit für den Geheimnisschutz insoweit Bedeutung, als über die strafrechtsakzessorische Anknüpfung in § 3a UWG (der als unlauter auch die Zuwiderhandlung gegen gesetzliche Vorschriften, die auch dazu bestimmt sind, im Interesse der Marktteilnehmer das Marktverhalten zu regeln, erfasst, wenn der Verstoß geeignet ist, die Interessen von Verbrauchern, sonstigen Marktteilnehmern oder Mitbewerbern spürbar zu beeinträchtigen) an §§ 17–19 UWG aF und die ergänzende Regelung der zivilrechtlichen Generalklausel in § 3 UWG (Verbot unlauterer geschäftlicher Handlungen) ein zivilrechtlicher Schutz zu erlangen war. Mit dem Inkrafttreten des GeschGehG und dem Entfallen der §§ 17–19 UWG aF ist das GeschGehG jedoch grundsätzlich lex speciales gegenüber den Regelungen des UWG. Allenfalls in geringem Umfang kann die lauterkeitsrechtliche Generalklausel in § 3 UWG herangezogen werden, da das GeschGehG keine allumfassende und abschließende Regelung trifft.[28]

24

V. Allgemeines Deliktsrecht

Mit dem ausführlichen zivilrechtlichen Schutzrahmen des GeschGehG hat der Geheimnisschutz durch das allgemeine Deliktsrecht im Anwendungsbereich des GeschGehG (nicht aber im Bereich der weiteren besonderen Geheimschutzvorschriften → Rn. 16) an Bedeutung verloren. So wird weder § 823 Abs. 1 BGB noch § 823 Abs. 2 BGB iVm (vor allem) § 23 GeschGehG Anwendung finden, da hier das GeschGehG lex specialis ist und nicht durch ein weitergehendes Verständnis des § 823 BGB umgangen werden soll. Raum verbleibt somit im Wesentlichen nur für § 826 BGB, wobei man einen Verstoß gegen die Strafvorschriften nach § 23 GeschGehG (nicht aber bloß gegen den zivilrechtlichen § 4 GeschGehG) regelmäßig als sittenwidrig iSd § 826 BGB wird einstufen können.[29]

25

VI. Polizei- und Nachrichtendienste

Der Schutz vor Wirtschaft- und Industriespionage wird nicht nur durch das Strafrecht und die Möglichkeiten privaten Rechtsschutzes gewährleistet, sondern auch über das Polizei- und Nachrichtendienstrecht. Im Polizeirecht bilden die Straftatbestände (wie in anderen Rechtsbereichen auch) einen umfassenden Anknüpfungspunkt für eine Abwehr von Gefahren unter dem Aspekt der Beeinträchtigung der öffentlichen Sicherheit. Darüber hinaus bestehen vielfältige Anknüpfungspunkte zur Tätigkeit der Nachrichtendienste. So ist beispielsweise die Abwehr von Wirtschaftsspionage auch Teil der allgemeinen Spionageabwehr.[30] Allerdings ist dabei die reine Konkurrenzausspähung zwischen privaten Unternehmen nicht vom Aufgabenkatalog des BVerfSchG nach § 3 Abs. 1 Nr. 2 BVerfSchG erfasst,[31] auch wenn die Kompetenz umfassender als die „geheimdienstliche Agententätigkeit" in § 99 StGB verstanden wird.[32] Bei den Sicherheitsbehörden steht vielfach die Präventionsarbeit mit der Privatwirtschaft im Mittelpunkt.[33] So wird beispielsweise § 16 Abs. 1 BVerfSchG explizit erwähnt, dass die Kompetenz zur Unterrichtung der Öffentlich-

26

---

[28] Näher *Kalbfus* in Harte-Bavendamm/Ohly/Kalbfus GeschGehG Einl. A. Rn. 191 ff.
[29] *Kalbfus* in Harte-Bavendamm/Ohly/Kalbfus GeschGehG Einl. A. Rn. 208.
[30] *Warg* in Dietrich/Eiffler NachrichtendiensteR-HdB V § 4 Rn. 31; *Bareinske* in Dietrich/Eiffler Nachrichtendienste R-HdB V § 8 Rn. 48 ff.
[31] *Warg* in Dietrich/Eiffler NachrichtendiensteR-HdB V § 4 Rn. 34.
[32] *Warg* in Dietrich/Eiffler NachrichtendiensteR-HdB V § 4 Rn. 37.
[33] Dazu *Drescher* Industrie- und Wirtschaftsspionage 236 ff. S. auch *Warg* in Dietrich/Eiffler NachrichtendiensteR-HdB V § 4 Rn. 31 ff.

keit durch das BfV auch den präventiven Wirtschaftsschutz umfasst.³⁴ Sichtbar werden diese Präventionsbemühungen beispielsweise bei der Initiative Wirtschaftsschutz, zu der sich die vier Sicherheitsbehörden BfV, BKA, BND und BSI zusammengeschlossen haben und in dessen Rahmen eine umfangreiche Informationsplattform für Unternehmen und Organisationen über das Internet zur Verfügung gestellt wurde.³⁵

D. Schutz nach dem GeschGehG

27 Das GeschGehG folgt einem systematischen Aufbau, der die zivilrechtlichen Normen in den Vordergrund stellt. Zu Beginn des Gesetzes stehen wesentliche Definitionen (→ Rn. 28), an denen dann die folgenden Normen zu erlaubten und verbotenen Verhaltensweisen (→ Rn. 39) mit einer besonderen Regelung zum Whistleblowing (→ Rn. 54) anknüpfen. Es folgen die Regelungen zu zivilrechtlichen Folgen (→ Rn. 72). Am Ende des Gesetzes sind die strafrechtlichen Tatbestände in einer komplexen Norm zusammengefasst (→ Rn. 75).

I. Grundbegriffe, Definitionen

28 Das GeschGehG definiert in § 2 vier Begriffe, die für den Schutz von Geschäftsgeheimnissen von entscheidender Bedeutung sind. Hierzu zählt das „Geschäftsgeheimnis" selbst (§ 2 Nr. 1 GeschGehG), der „Inhaber eines Geschäftsgeheimnisses" (§ 2 Nr. 2 GeschGehG), der „Rechtsverletzer" (§ 2 Nr. 3 GeschGehG) und das „rechtsverletzende Produkt" (§ 2 Nr. 4 GeschGehG).

1. Geschäftsgeheimnis

29 Während das UWG 1896 bewusst auf eine Definition des Geschäftsgeheimnisses verzichtet hatte,³⁶ bildet diese Bestimmung heute das Kernstück des GeschGehG. In § 2 Nr. 1 GeschGehG wird das Geschäftsgeheimnis als eine Information legal definiert, „die weder insgesamt noch in der genauen Anordnung und Zusammensetzung ihrer Bestandteile den Personen in den Kreisen, die üblicherweise mit dieser Art von Informationen umgehen, allgemein bekannt oder ohne Weiteres zugänglich ist und daher von wirtschaftlichem Wert ist und [...] die Gegenstand von den Umständen nach angemessenen Geheimhaltungsmaßnahmen durch ihren rechtmäßigen Inhaber ist und [...] bei der ein berechtigtes Interesse an der Geheimhaltung besteht". Diese Definition nimmt nicht nur die Regelung in Art. 39 Abs. 2 TRIPS und Art. 2 RL (EU) 2016/943 auf, sondern entspricht auch insoweit dem bisherigen Verständnis des Geschäfts- oder Betriebsgeheimnisses, wonach ein wirtschaftliches (materielles) Interesse und ein Wille zur Geheimhaltung an einer bestimmten Tatsache vorliegen musste, was aus Indizien geschlossen werden konnte, wobei das Geheimnis nur einem begrenzten Personenkreis bekannt sein durfte.³⁷ Damit ergeben sich nach dem GeschGehG fünf Voraussetzungen, die kumulativ gegeben sein müssen, um ein Geschäftsgeheimnis zu begründen: (1) das Vorliegen einer Information, (2) die geheim gehalten wird und (3) dadurch einen wirtschaftlichen Wert hat, (4) die bestimmten Geheimhaltungsmaßnahmen unterliegt und bei der (5) ein berechtigtes Geheimhaltungsinteresse besteht.

30 Der Begriff der „Information", auf den sich das GeschGehG stützt, unterscheidet sich sprachlich von dem zuvor verwendeten Begriff der „Tatsache", ohne dass sich hierdurch aber etwas an dem weiten Verständnis geändert hat.³⁸ Mit der Verwendung des Singular ist inhaltlich auch keine Abweichung von Art. 2 Nr. 1 Geschäftsgeheimnis-RL bzw. Art. 39

---

³⁴ *Brandt* in Dietrich/Eiffler NachrichtendiensteR-HdB VIII § 2 Rn. 3.
³⁵ S. die Webseite unter https://wirtschaftsschutz.info. S. auch *Brandt* in Dietrich/Eiffler NachrichtendiensteR-HdB VIII § 2 Rn. 59.
³⁶ Verhandlungen des Reichstags, 9. Legislaturperiode, IV. Session 1895/97, Anlagenband 1, 98 (109).
³⁷ *Tiedemann*, Wirtschaftsstrafrecht, 5. Aufl. 2017, Rn. 882.
³⁸ *Harte-Bavendamm* in Harte-Bavendamm/Ohly/Kalbfus GeschGehG § 2 Rn. 15.

Abs. 2 TRIPS, die auf den Plural „Informationen" abstellen, verbunden. Information ist jedes abgrenzbare Wissen über Gegenstände, Personen, Zusammenhänge etc. Klarere Konturen gewinnt der Begriff erst durch die weiteren Elemente der Geheimhaltung und des wirtschaftlichen Wertes.

Die Information muss geheim sein, wobei das GeschGehG selbst nicht den Begriff **31** „geheim" verwendet. Verlangt wird aber, dass die Information weder in ihrer Gesamtheit noch in der genauen Anordnung und Zusammensetzung ihrer Bestandteile dem Personenkreis, der üblicherweise mit dieser Information umgeht, allgemein bekannt oder ohne weiteres zugänglich ist. Die besondere Erwähnung der Zusammensetzung von Bestandteilen macht deutlich, dass die Zusammenstellung von (für sich auch allgemein bekannten) Informationen gesondert geschützt sein kann (wie beispielsweise E-Mail-Verteiler, Kundenlisten etc). Zentral ist vor allem die eingeschränkte Verfügbarkeit und die Zugangsmöglichkeit eines bestimmten Personenkreises zu den Informationen.[39] Wesentlich ist, dass die Information nicht schon veröffentlicht ist oder – wie dies bislang auch der BGH angenommen hat[40] – nicht ohne größeren Zeit- und Kostenaufwand mit rechtmäßigen Mitteln zugänglich ist. Somit spielt die Begrenzung des Mitwisserkreises eine große Rolle. Bei der Weitergabe an Dritte wird die Information nicht zwingend öffentlich, wenn beispielsweise Vertraulichkeitsvereinbarungen abgeschlossen werden. Durch die Weitergabe an Behörden wird die Information grundsätzlich ebenfalls nicht öffentlich;[41] so sehen beispielsweise § 29 Abs. 2 VwVfG oder § 6 S. 2 IFG vor, dass der Geheimnisschutz gewahrt werden kann. Die zufällige (Vergessen von Papieren im Zug, Telefongespräch in öffentlicher Umgebung etc) oder auch illegale Kenntniserlangung Dritter von der geschützten Information führt ebenfalls nicht per se zur Offenkundigkeit; hier kommt es darauf an, ob dadurch bereits allgemeine Bekanntheit geschaffen wurde (weil beispielsweise ein zufälliger Mithörer im Zug zum interessierten Fachkreis gehört) oder nicht.

Die geheime Geschäftsinformation ist nur dann Geschäftsgeheimnis, wenn sie auch von **32** wirtschaftlichem Wert ist, was sich gerade aus der Geheimheit ergeben muss. Insoweit ist zunächst der wirtschaftliche Wert der Information zu bestimmen. Die Gesetzesbegründung sieht diesen dann gegeben, wenn die Erlangung, Nutzung oder Offenlegung der Information ohne Zustimmung des Inhabers dessen wissenschaftliches oder technisches Potential, geschäftliche oder finanzielle Interessen, strategische Position oder Wettbewerbsfähigkeit negativ beeinflussen kann.[42] Insoweit sind nur rein private oder völlig belanglose Informationen nicht erfasst. Dieses weite Verständnis, das auch der Geschäftsgeheimnis-RL zugrunde liegt, gilt auch für das zweite Kriterium: Es genügt, dass sich der wirtschaftliche Wert auch aus der Geheimheit ergibt (selbst wenn noch andere Faktoren den wirtschaftlichen Wert ausmachen), was im Regelfall zu bejahen sein wird.

Nach überwiegender Ansicht werden auch rechtswidrige (illegale) Geheimnisse (zB **33** Beteiligung an einer Kartellabsprache, Schmiergeldzahlung, Verstoß gegen ausschließliche Nutzungsrechte Dritter) geschützt und ihnen ein wirtschaftlicher Wert zugemessen.[43] Auch wenn derartige, aus Sicht eines redlichen Kaufmanns als betriebliche Missstände einzustufende Umstände für das Unternehmen nachteilig sein können (vor allem wenn dies publik wird), bedeutet dies nicht, dass sie keinen wirtschaftlichen Wert darstellen (im Gegenteil werde sie während der Geheimhaltung oftmals in besonderer Weise auch für das Unternehmen von Nutzen sein).[44] Zudem spricht die Regelung in § 5 GeschGehG dafür, derartige

---

[39] *Ohly* GRUR 2019, 441 (443).
[40] BGH GRUR 2012, 1048 – MOVICOL Zulassungsantrag; BGH GRUR 2008, 19 – Schweißmodulgenerator.
[41] BGH GRUR 2012, 1048 – MOVICOL Zulassungsantrag.
[42] BT-Drs. 19/4724, 24. S. auch den ähnlich formulierten Erwägungsgrund 14 der Geschäftsgeheimnis-RL.
[43] *Harte-Bavendamm* in Harte-Bavendamm/Ohly/Kalbfus GeschGehG § 2 Rn. 39; *Ohly* GRUR 2019, 441 (443) sowie zuvor unter Geltung des UWG *Tiedemann,* Wirtschaftsstrafrecht, 5. Aufl. 2017, Rn. 882; Krit. aber bspw. *Hauck* WRP 2018, 1032 (1034 f.).
[44] Wenn der Wert also nicht primär in der Nutzungsmöglichkeit liegt, dann ergibt er sich oftmals v. a. aus dem Schädigungspotential des Bekanntwerdens der Information (vgl. *Tiedemann,* Wirtschaftsstrafrecht,

Informationen, an denen die Allgemeinheit ein Interesse haben kann und die daher die Offenbarung als „whistleblowing" rechtfertigen können, erst in diesem Rahmen näher zu prüfen und nicht a priori die Anwendbarkeit des Gesetzes zu verneinen (zum Whistleblowing → Rn. 54).

34 Die geheime, wirtschaftlich relevante Information muss zudem Gegenstand den Umständen nach angemessener Geheimhaltungsmaßnahmen seitens ihres rechtmäßigen Inhabers sein. Derartige Maßnahmen sind zwingende Voraussetzung für das Vorliegen eines Geschäftsgeheimnisses. Mit diesem Erfordernis geht das GeschGehG über die bisherige Rechtslage hinaus, bei der ein erkennbar subjektiver Geheimhaltungswille genügte, auch wenn dieser sich regelmäßig in objektiv nach außen hin erkennbaren Umständen manifestiert haben musste. Nunmehr sind in jedem Fall objektive und dokumentierte (bzw. zumindest dokumentierbare) Maßnahmen notwendig, die der Inhaber im Zweifelsfall als beweisbelastete Partei auch beweisen muss.[45] Konkrete Maßnahmen hat der Gesetzgeber nicht vorgesehen, da diese sich an der Art des Geheimnisses und seiner Nutzung orientieren sollen, auch wenn in der Gesetzesbegründung beispielhaft physische Zugangsbeschränkungen und Vorkehrungen sowie vertragliche Sicherungen genannt werden.[46] Ausreichend, aber auch notwendig, sind bewusst ergriffene, risikoorientierte, überwachte und regelmäßig angepasste Maßnahmen.[47] Da nur angemessene Maßnahmen verlangt werden, bedarf es nicht des bestmöglichen Schutzes. Die Gesetzesbegründung nennt sieben Kriterien, die im Rahmen der Angemessenheit insbesondere zu berücksichtigen sind: Wert des Geheimnisses und die Kosten seiner Entwicklung, die Natur der Informationen, die Bedeutung für das Unternehmen, die Unternehmensgröße, übliche (vorhandene) Geheimhaltungsmaßnahmen, Art der Kennzeichnung der Information und vereinbarte Regelungen mit Arbeitnehmern und Geschäftspartnern.[48] Insoweit kommt es insbesondere auf eine fundierte und regelmäßige Risikoanalyse und -bewertung mit Prüfung der möglichen Schutzvorrichtungen an, von denen dann die Maßnahmen ergriffen werden sollen, die ein vernünftiges Schutzniveau gewährleisten. Hierbei können auch finanzielle Aspekte durchaus eine Rolle spielen, da der Geheimnisschutz beispielsweise nicht zulasten der Innovationsentwicklung gehen soll.[49] Soweit sich im Laufe der Zeit Lücken in den Schutzvorrichtungen (zB durch ungewollte Informationsflüsse) ergeben, sind die Maßnahmen anzupassen. Insoweit stellen sich Geheimschutzmaßnahmen in der Sache als besondere Compliance-Maßnahmen dar. Letztlich ist aber die Frage der Angemessenheit in jedem Einzelfall zu prüfen und birgt erhebliches Konfliktpotential im Streitfall.

35 Schließlich muss noch ein berechtigtes Interesse an der Geheimhaltung der Information bestehen. Dieses Kriterium wurde erst vom Rechtsausschuss in die Gesetzgebung eingebracht.[50] Damit wurde ein Aspekt aufgenommen, der dem bisherigen Erfordernis, dass ein objektiv als nicht schutzwürdig angesehener Geheimhaltungswillen als Korrektiv fungierte, entspricht. Allerdings kann nach der Gesamtkonzeption des GeschGehG im berechtigten Interesse kaum ein eigenständiger (limitierender) Prüfungspunkt liegen, wenn beispielsweise nicht die Whistleblower-Regelung in § 5 GeschGehG leer laufen soll.[51] Zudem würde damit die weitergehende Definition in Art. 39 Abs. 2 TRIPS und Art. 2 Nr. 1 RL (EU) 2016/943 unterlaufen werden, sodass schon eine völkerrechtskonforme bzw. richt-

---

5. Aufl. 2017, Rn. 882); missverständlich insoweit der BGH GRUR 2006, 1044, als er konstatiert, dass ein Geschäftsgeheimnis keinen bestimmten Vermögenswert besitzen muss und sich damit nur auf den positiven Erwerbsaspekt bezieht.
[45] Näher zu diesem intensiv diskutierten Punkt bspw. *Hauck* WRP 2018, 1032 (1033); *Maaßen* GRUR 2019, 352; *Ohly* GRUR 2019, 441 (443).
[46] S. BT-Drs. 19/4724, 24.
[47] Näher *Harte-Bavendamm* in Harte-Bavendamm/Ohly/Kalbfus GeschGehG § 2 Rn. 42 ff.
[48] BT-Drs. 19/4724, 24 f.
[49] *Harte-Bavendamm* in Harte-Bavendamm/Ohly/Kalbfus GeschGehG § 2 Rn. 46.
[50] BT-Drs. 19/8300, 4 (13 f.).
[51] Krit. auch *Harte-Bavendamm* in Harte-Bavendamm/Ohly/Kalbfus GeschGehG § 2 Rn. 69; *Ohly* GRUR 2019, 441 (444).

linienkonforme Auslegung des Kriteriums für eine lediglich klarstellende Wirkung spricht. Besondere Interessen Dritter oder der Allgemeinheit sind daher vor allem im Rahmen von § 5 GeschGehG und auf Rechtsfolgenseite im Rahmen der Verhältnismäßigkeit (vgl. § 9 Nr. 5–7 GeschGehG) zu berücksichtigen.

2. Inhaber des Geschäftsgeheimnisses

Nach § 2 Nr. 2 GeschGehG ist Inhaber des Geschäftsgeheimnisses jede natürliche oder juristische Person, die rechtmäßig Kontrolle über das Geheimnis hat. Die Begriffe natürliche und juristische Person sind wie in Erwägungsgrund 2 der RL (EU) 2016/943, der einen weiten Rechtsträgerbegriff verfolgt und unabhängig von national gewählten Rechtsformen zu verstehen ist, ebenfalls weit auszulegen, sodass beispielsweise auch rechtsfähige Personengesellschaften miterfasst werden.[52] Der zentrale Anknüpfungspunkt für die Inhaberschaft ist die rechtmäßige Kontrolle, was weder im Gesetz noch in der Gesetzesbegründung näher konkretisiert wird. Im Grundsatz ist dies die Person, die die Information selbst generiert hat, deren Rechtsnachfolger oder (bei einer Überlassung an Dritte) auch ein Lizenznehmer.[53] Auch wenn dies im Gesetz nicht explizit erwähnt wird, können damit gegebenenfalls mehrere Personen Inhaber sein, wobei das Verhältnis dieser untereinander damit ebenfalls nicht geregelt ist. Im Einzelfall ist daher (insbesondere bei Lizenznehmern) genau zu prüfen, wer welche Rechte geltend machen kann und damit als Inhaber infrage kommt. 36

3. Rechtsverletzer

In § 2 Nr. 3 GeschGehG wird der Rechtsverletzer definiert. Dieser ist grundsätzlich der zivilrechtliche Anspruchsgegner, der gegebenenfalls auch strafrechtlich belangt werden kann (wobei dies – wie im sonstigen deutschen Strafrecht auch – nur für natürliche Personen gilt). Erweitert wird die Vorschrift insoweit durch § 12 GeschGehG, als auch der Inhaber des jeweiligen Unternehmens, bei dem der Rechtsverletzer beschäftigt ist oder von dem er beauftragt wird, haften kann (wobei der Unternehmensinhaber nicht selbst Rechtsverletzer wird, sondern nur die Haftung auf ihn erweitert wird). Rechtsverletzer ist jede natürliche oder juristische Person, die entgegen § 4 GeschGehG ein Geschäftsgeheimnis rechtswidrig erlangt, nutzt oder offenlegt. Dagegen ist kein Rechtsverletzer, wer sich auf die Whistleblowing-Ausnahme in § 5 GeschGehG stützen kann. Die Definition des Rechtsverletzers ist unabhängig von der Verschuldensfrage, diese wird erst bei den möglichen Rechtsfolgen relevant. Traditionell waren im strafrechtlich geprägten System sowohl Täter als auch Teilnehmer Rechtsverletzer. Mit der nunmehr unionsrechtlich geprägten und zivilrechtlichen Ausrichtung ist diese Gleichsetzung nicht mehr automatisch zu bejahen, auch wenn das grundsätzliche weite europarechtliche Verständnis beispielsweise die meisten Beihilfe-Konstellationen erfassen dürfte.[54] 37

4. Rechtsverletzendes Produkt

Als rechtsverletzendes Produkt wird schließlich in § 2 Nr. 4 GeschGehG ein solches erfasst, dessen Konzeption, Merkmale, Funktionsweise, Herstellungsprozess oder Marketing in erheblichem Umfang auf die unzulässige Kenntnis eines Geschäftsgeheimnisses zurückzuführen ist. Insoweit sind diese Produkte vor allem Folge eines Verstoßes gegen die Handlungsverbote nach § 4 GeschGehG. Der Kreis erfasster Produkte ist insbesondere mit dem Aspekt des Marketings weit gezogen, sodass an sich auch die unbefugte Verwertung vertraulicher Kundenlisten genügt.[55] Hier ist eine klare Prüfung, ob tatsächlich ein „erheb- 38

---

[52] *Harte-Bavendamm* in Harte-Bavendamm/Ohly/Kalbfus GeschGehG § 2 Rn. 73.
[53] *Ohly* GRUR 2019, 441 (445).
[54] Zu dieser Problematik näher *Harte-Bavendamm* in Harte-Bavendamm/Ohly/Kalbfus GeschGehG § 2 Rn. 86 ff., insbesondere 96 ff.
[55] Krit. bspw. *Ohly* GRUR 2019, 441 (445).

licher Umfang" vorliegt, geboten. Denn soweit die Erheblichkeitsschwelle nicht erreicht wird, weil der Gegenstand nur zu einem geringen Umfang auf einem Geschäftsgeheimnis beruht, liegt kein rechtsverletzendes Produkt vor.[56] Allerdings sieht das Gesetz keine weiteren oder klarstellenderen Kriterien für die Bestimmung der Erheblichkeit vor. Einen Ansatzpunkt bietet insoweit Erwägungsgrund 28 der RL (EU) 2016/943, wenn sich das Geheimnis erheblich „auf die Qualität, den Wert oder den Preis der aus dieser rechtswidrigen Nutzung gewonnenen Endprodukte auswirkt oder die Kosten der Prozesse für die Herstellung oder Vermarktung senkt oder diese Prozesse erleichtert oder beschleunigt". Ob dies der Fall ist, ist Einzelfallprüfung, was wie die Wertungsfrage „angemessener Geheimhaltungsmaßnahmen" daher Konfliktpotential birgt.

II. Erlaubte und verbotene Handlungen

39 Welche Verwendung von Geschäftsgeheimnissen erlaubt bzw. verboten ist, wird in §§ 3 und 4 GeschGehG geregelt. Das Gesetz stellt dabei auf die drei Handlungsformen der Erlangung, der Nutzung und der Offenlegung ab. An diese knüpfen sowohl die zivil- wie auch die strafrechtlichen Folgen an. Bislang stellte die strafrechtlich orientierte Konzeption des UWG auf das unbefugte Mitteilen, das unbefugte Verschaffen oder Sichern bzw. das unbefugte Verwerten ab. Diese Handlungen finden sich im GeschGehG nicht mehr explizit wieder, allerdings werden sie inhaltlich grundsätzlich von den neuen Handlungsformen abgedeckt.

1. Grundbegriffe: Erlangung, Nutzung und Offenlegung

40 Die Erlangung umfasst praktisch jede Kenntnisnahme eines Geschäftsgeheimnisses mit der Folge, dass dann über dieses tatsächlich verfügt werden kann.[57] Es wird nicht auf den Erwerb (wie in der Geschäftsgeheimnis-RL) abgestellt, da es nicht allein auf einen rechtsgeschäftlichen Erwerb ankommen soll, wobei dieser jedoch ein Weg der Kenntniserlangung sein kann. Im Mittelpunkt steht also eine aktive Kenntnisnahme der Informationen bzw. das Ansichbringen des betreffenden Gegenstandes. Die vormaligen Handlungsformen des Verschaffens bzw. Sicherns sind von der Erlangung mitumfasst.

41 Die Nutzung eines Geschäftsgeheimnisses ist jede Verwendung des Geheimnisses, das nicht eine Offenbarung (also die dritte Handlungsform) ist.[58] Nutzung und Offenlegung stellen somit die zwei Formen einer Verwendung dar. Eine (wirtschaftliche) Verwertung des Geheimnisses wird – anders als im bisherigen UWG – nicht eigens im GeschGehG genannt, ist aber von der Nutzung miterfasst.

42 Die Offenlegung ist ein spezieller Fall der Verwendung, die eine Eröffnung des Geheimnisses gegenüber Dritten (nicht notwendigerweise gegenüber der Öffentlichkeit, auch wenn diese häufig Adressatin sein wird) zur Folge hat.[59] Die bisherige Form des Mitteilens bzw. die gebräuchliche Form des Offenbarens findet sich im GeschGehG nicht, ist aber von der Offenlegung miterfasst.

2. Erlaubte Handlungen

43 § 3 GeschGehG normiert in Abs. 1 verschiedene Handlungen, die zwar zur Kenntnis des Geschäftsgeheimnisses führen, jedoch von Sinn und Zweck des Gesetzes, dem Schutz einer innerbetrieblichen Geheimnissphäre, nicht erfasst werden müssen. In Abs. 2 findet sich die praktisch sehr relevante Ausnahme, dass ein Geschäftsgeheimnis immer dann erlangt, genutzt und offengelegt werden darf, wenn dies durch Gesetz, aufgrund eines Gesetzes oder durch Rechtsgeschäft gestattet ist. Diese Generalklausel stellt klar, dass Sonderregelungen in

---

[56] S. BT-Drs. 19/4724, 25.
[57] BT-Drs. 19/4724, 25.
[58] BT-Drs. 19/4724, 40.
[59] Dazu BT-Drs. 19/4724, 27 (40).

anderen Gesetzen Vorrang vor dem Geheimnisschutz des GeschGehG haben. Gleiches gilt für vertragliche Regelungen wie beispielsweise den Kauf einer Lizenz.

Die in § 3 Abs. 1 GeschGehG geregelte rechtmäßige Erlangung enthält einen nicht **44** abschließenden („insbesondere") Katalog von drei Konstellationen erlaubten Wissenserwerbs. Für eine Auffangklausel, also der Annahme einer sonstigen erlaubten Nutzung, wird neben den drei näher genannten Konstellationen allerdings grundsätzlich kein eigenständiger Raum mehr verbleiben und sie hat auch insoweit keine weitergehende eigenständige Bedeutung, da § 4 Abs. 1 GeschGehG mit den Erfordernissen „unbefugt" und „anständigen Marktgepflogenheiten" bereits ausreichende Korrektive für nicht einzubeziehende Handlungsformen bietet.[60]

Zum erlaubten Wissenserwerb gehört in Nr. 1 zunächst die eigenständige Entdeckung **45** oder Schöpfung des Geheimnisses. Damit ist klargestellt, dass Geschäftsgeheimnisse keine Exklusivrechte begründen, sondern eine parallele Entdeckung oder Entwicklung möglich ist. Sollen Exklusivrechte geschaffen werden, ist dies nicht über das Geheimnisschutzrecht zu erreichen, sondern vor allem über einen Patentschutz, der jedoch zur Offenlegung und damit zum Verlust der Geheimhaltung führt (s. bereits → Rn. 23). Im Falle der Doppelentdeckung ist möglich, dass dasselbe Geschäftsgeheimnis für verschiedene Inhaber unabhängig geschützt wird, sodass sie zwar jeder Ansprüche gegen Dritte, nicht jedoch untereinander haben.[61]

Die zweite in § 3 Abs. 1 Nr. 2 GeschGehG genannte Möglichkeit rechtmäßiger Er- **46** langung betrifft das Reverse Engineering (Rückwärtsanalyse), bei der nicht die technisch-naturwissenschaftliche Konstruktion (das Engineering) Grundlage des Wissens bildet, sondern die Eigenschaften des fertigen Produkts durch Untersuchen, Testen und Zerlegen ermittelt werden. Die gesetzliche Normierung dieser Konstellation zeigt die Anerkennung dieser Methode, um Innovation und Wettbewerb zu befördern. Es ist eine Abkehr von der restriktiveren (deutschen) Haltung, die das Reichsgericht[62] begründet hatte und in den nachfolgenden Jahrzehnten auch in der Bundesrepublik fortgeführt worden war, wenn auch in den letzten Jahren zunehmend weniger strikt.[63] Das GeschGehG erlaubt nunmehr eine derartige Kenntniserlangung, womit nicht zugleich automatisch eine Nachahmung zulässig ist. Hier kann immer noch ein Immaterialgüterschutz greifen bzw. eine identische Nachahmung von § 4 Nr. 3 UWG als unlauter erfasst sein. Auch kann eine vertragliche Beschränkung bestehen, wie dies in § 3 Abs. 1 Nr. 2b GeschGehG deutlich wird. Insoweit kann Reverse Engineering beispielsweise in Kooperations- oder Vertriebsverträgen ausgeschlossen werden. Eine Beschränkung allein durch eine AGB-Regelung wird bei öffentlich verfügbaren Produkten zu Recht allgemein abgelehnt,[64] kann aber bei nicht marktgängigen Produkten zulässig sein.[65]

Die dritte in § 3 Abs. 1 Nr. 3 GeschGehG genannte Ausnahme betrifft Fälle im Rahmen **47** von Arbeitsverhältnissen, bei denen Arbeitnehmer oder Arbeitnehmervertreter für ihre Arbeit auf die Kenntnis von Geschäftsgeheimnissen angewiesen sind. Insoweit nennt hier das Gesetz insbesondere die Erlangung bei Anhörungs- und Informationsrechten sowie im Rahmen der Mitwirkung bzw. Mitbestimmung bei der Arbeitnehmervertretung wie sie insbesondere im BetrVG (§ 87 BetrVG ua), aber auch für europäische Betriebsräte in §§ 5, 29, 30 EBRG oder für die Schwerbehindertenvertretung nach § 177 SGB IX geregelt sind. Damit ist die Vorschrift durch die Anknüpfung an außerhalb des GeschGehG geregelte Rechte an sich nur eine Klarstellung der Ausnahmeregelung nach § 3 Abs. 2 GeschGehG. Es soll damit aber betont werden, dass die Beteiligungsrechte von Arbeitnehmern nicht durch eine Berufung auf den Geheimnisschutz beschränkt werden können.[66]

---

[60] So auch *Ohly* in Harte-Bavendamm/Ohly/Kalbfus GeschGehG § 3 Rn. 46.
[61] *Alexander* in Köhler/Bornkamm/Feddersen GeschGehG § 3 Rn. 22.
[62] Vgl. RGZ 149, 329 (334) – Stiefeleisenpresse.
[63] Vgl. OLG Hamburg GRUR-RR 2001, 137 (139) – PM-Regler.
[64] Für Unwirksamkeit entsprechender Klauseln *Ohly* GRUR 2019, 441; *Reinfeld* GeschGehG § 2 Rn. 31.
[65] *Ohly* in Harte-Bavendamm/Ohly/Kalbfus GeschGehG § 3 Rn. 27.
[66] Vgl. BT-Drs. 19/4724, 26.

48 Möglich ist aufgrund dieser beschränkten Erlaubnisregelungen, dass für betroffene Personenkreise zwar einzelne Handlungen erlaubt, andere jedoch verboten sein können. So wird vielfach eine berechtigte Kenntniserlangung vorliegen (vor allem innerhalb eines Betriebes, um die übertragenen Aufgaben wahrnehmen zu können), die Nutzung oder Weitergabe des Geschäftsgeheimnisses ist damit nicht automatisch verbunden und zumeist auch explizit verboten.

3. Verbotene Handlungen

49 In § 4 GeschGehG ist geregelt, unter welchen Umständen die Kenntnis und der Umgang mit einem Geschäftsgeheimnis verboten ist. Ist eine Handlung bereits nach § 3 GeschGehG erlaubt, kann sie nicht nach § 4 GeschGehG verboten sein. Insoweit stehen die beiden Normen in einem Abhängigkeitsverhältnis. Da aber § 4 GeschGehG die detaillierteren Vorgaben aufstellt und auch nur bestimmte unlautere Handlungsformen erfasst (also nicht dem Inhaber der Informationen ein umfassendes Herrschaftsrecht über die Informationen einräumt), stellt die Norm in Verbindung mit den Definitionen nach § 2 GeschGehG die entscheidende Kernregelung des Gesetzes dar. Die strafrechtliche Norm des § 23 GeschGehG knüpft hieran an, auch wenn nicht alle Verstöße gegen § 4 GeschGehG auch strafrechtlich bewehrt sind. § 4 Abs. 1 GeschGehG stellt auf das rechtswidrige Erlangen, Abs. 2 auf die rechtswidrige Nutzung und Offenlegung ab; ergänzend erfasst Abs. 3 Fälle der mittelbaren Geheimnisverletzung.

50 In § 4 Abs. 1 Nr. 1 GeschGehG ist die Erlangung eines Geschäftsgeheimnisses durch bestimmte konkrete aufgeführte Verhaltensweisen geregelt. Diese Norm stellt faktisch den Grundtatbestand unzulässiger Informationserlangung dar. Voraussetzung ist zunächst, dass ein Schutzobjekt vorliegt, das im Gesetz übereinstimmend mit Art. 4 Nr. 2a der Geschäftsgeheimnis-RL Dokumente, Gegenstände, Materialien, Stoffe oder elektronische Dateien näher bestimmt. In dieser Breite sind aber praktisch alle Objekte erfassbar, die einen Bezug zum Geschäftsgeheimnis haben. Zweite Voraussetzung ist dann, dass das Objekt das Geschäftsgeheimnis selbst ist (unmittelbarer Geheimnisträger) oder sich aus ihm die geheimen Informationen ableiten lassen (mittelbarer Geheimnisträger). Das Objekt muss als dritte Voraussetzung in der rechtmäßigen Kontrolle des Geheimnisinhabers sein. Dies wird regelmäßig der Fall sein, da Voraussetzung für das Vorliegen eines Geheimnisses bereits die entsprechende Berechtigung ist. Als vierte Voraussetzung, die konkreten Verletzungshandlungen, nennt das Gesetz den unbefugten Zugang, die unbefugte Aneignung und das unbefugte Kopieren. Unbefugt ist hierbei als ein Handeln ohne Zustimmung des Geschäftsgeheimnisinhabers zu verstehen.[67] Ein Verstoß gegen § 4 Abs. 1 Nr. 1 GeschGehG wird regelmäßig (bei entsprechendem Vorsatz) eine Straftat iSv § 23 Abs. 1 Nr. 1 GeschGehG darstellen und vielfach auch Normen des StGB verletzen (Diebstahl, Betrug oder eine Tat nach §§ 202a ff., 303a f. StGB).

51 Mit der Regelung in § 4 Abs. 1 Nr. 2 GeschGehG werden die konkreten Vorgaben in Nr. 1 durch eine Generalklausel ergänzt, nach der jede Handlung verboten ist, die „unter den jeweiligen Umständen nicht dem Grundsatz von Treu und Glauben unter Berücksichtigung der anständigen Marktgepflogenheit entspricht". Da es kaum möglich ist, alle unlauteren Verhaltensweisen konkret zu definieren, ist es sinnvoll, hier durch eine Einzelfallbeurteilung und interessengerechte Abwägung auch weitere Handlungen zu erfassen. Da die Strafnorm des § 23 GeschGehG nicht an dieser Fallkonstellation anknüpft, bestehen auch aus Sicht des strafrechtlichen Bestimmtheitsgebots gegen diese weite und gesetzlich nur in den Randkonturen konkretisierte Regelung keine durchgreifenden Einwände. Soweit also eine Handlung nicht für sich noch eine Vorgabe des StGB verletzt, ergeben sich allein zivilrechtliche Konsequenzen aus einem Verstoß gegen § 4 Abs. 1 Nr. 2 GeschGehG.

---

[67] Vgl. *Heinzke* CCZ 2016, 179 (180).

In § 4 Abs. 2 GeschGehG werden die rechtswidrige Nutzung und Offenlegung geregelt. **52** Diese Vorschrift stellt nicht nur eine der wichtigsten Anknüpfungspunkte für die zivilrechtlichen Folgen in §§ 6 ff. GeschGehG dar, sondern ist auch für die Strafbarkeit nach § 23 GeschGehG die entscheidende Regelung. Eine rechtswidrige Nutzung oder Offenlegung ist zunächst in den Fällen gegeben (§ 4 Abs. 2 Nr. 1 GeschGehG), in denen das Geheimnis durch die betreffende Person selbst rechtswidrig erlangt wurde, was der Fall ist, wenn eine der Alternativen in § 4 Abs. 1 GeschGehG verwirklicht worden ist, dh an die rechtswidrige Erlangung schließt sich automatisch das Verbot einer Nutzung oder Offenlegung an. Eine rechtswidrige Nutzung und Offenlegung kann aber zudem auch dann vorliegen, wenn allein entweder gegen eine verpflichtende Beschränkung zur Nutzung oder ein verpflichtendes Offenlegungsverbot verstoßen wurde. Damit werden vor allem die Fälle erfasst, in denen die Erlangung rechtmäßig (zB als Mitarbeiter) war, aber dennoch eine Nutzung oder Offenlegung nicht erlaubt ist. Im Einzelfall können hier Schwierigkeiten entstehen, ob eine Nutzung nur erworbener Kenntnisse vorliegt oder aber eine unzulässige Geheimnisnutzung. Die Gesetzesbegründung stellt im Wesentlichen darauf ab, dass die hergebrachten Grundsätze für Geheimhaltungspflichten von Arbeitnehmern Anwendung finden sollen.[68] Das GeschGehG löst also diesen Problembereich nicht eigenständig auf. Die meisten Geheimhaltungsvorgaben werden in der Praxis vertragliche und nachvertragliche Vertraulichkeitsvereinbarungen sein, sie können sich im Einzelfall jedoch auch aus Gesetz ergeben (beispielsweise für den Betriebsrat aus § 79 BetrVG, für Handelsvertreter aus § 90 HGB oder für Arbeitnehmererfinder aus § 24 ArbNErfG).

In § 4 Abs. 3 GeschGehG wird schließlich die mittelbare Geheimniserlangung von **53** Dritten erfasst, also wer ein Geheimnis von einer anderen Person erlangt und dabei weiß oder wissen müsste, dass die andere Person das Geheimnis entgegen § 4 Abs. 2 GeschGehG genutzt oder offengelegt und somit eine rechtswidrige Handlung begangen hat. Einbezogen sind damit auch Mitteilungsketten. Mit dem Aspekt des Wissenmüssens wird neben der Kenntnis auch die fahrlässige Unkenntnis erfasst und somit ein bewusstes Verschließen der Augen vor fragwürdigen Umständen geregelt. Auch wenn der Begriff des Wissenmüssens richtlinienkonform auszulegen ist, spricht nichts dagegen, diesen als Außerachtlassen der verkehrsüblichen Sorgfalt zu verstehen.[69] Das bedeutet, dass beim Vorliegen fragwürdiger Umstände Nachforschungspflichten bestehen und gegebenenfalls auch die Einholung von Rechtsrat geboten ist. Neben der unzulässigen Erlangung des Geheimnisses von Dritten sind gleichermaßen auch die Nutzung oder Offenlegung des Geschäftsgeheimnisses verboten. Damit wird beispielsweise der Fall erfasst, dass man noch gutgläubig die Informationen erlangt hat, aber danach über die rechtswidrige Vortat in Kenntnis gesetzt wird. Ab dem Zeitpunkt dieser Kenntnis ist dann nach Abs. 3 eine Nutzung oder Offenlegung verboten. Diese mittelbare Geheimniserlangung ist gegebenenfalls als „Geheimnishehlerei" nach § 23 Abs. 2 GeschGehG strafbar, wobei der § 23 GeschGehG hier nicht unmittelbar an § 4 Abs. 3 GeschGehG anknüpft, sondern an die Vortat der rechtswidrigen Geheimniserlangung nach § 4 Abs. 2 GeschGehG.

III. Whistleblowing

1. Regelung im GeschGehG

In § 5 GeschGehG hat der Gesetzgeber das bis dato ungeregelte Feld des Whistleblowing **54** zumindest ansatzweise gesetzlich normiert. Umgesetzt wird damit vor allem Art. 5 Geschäftsgeheimnis-RL, die ähnliche (aber nicht identische) Vorgaben macht. Gesetzestechnisch soll Art. 5 Ausnahmen vom Verbot des § 4 GeschGehG regeln, der Regierungsentwurf sprach noch von Rechtfertigungsgründen,[70] was aber der Rechtsausschuss zuguns-

---

[68] BT-Drs. 19/4724, 27.
[69] Vgl. *Hoeren/Münker* CCZ 2018, 85 (86); *Ohly* GRUR 2019, 441 (447).
[70] BT-Drs. 19/4724, 28.

ten einer tatbestandlichen Ausnahme hochgestuft hat, um die berechtigten Interessen von Hinweisgebern und Journalisten zu verdeutlichen.[71] Auch wenn im praktischen Ergebnis diese Einstufung kaum einen Unterschied machen dürfte,[72] so wird damit jedoch eine – vor allem im Strafrecht auch stets betonte – Differenzierung vorgenommen: Whistleblowing als tatbestandliche Schranke verbotener Handlungen stellt für sich bereits kein Unrecht bzw. kein missbilligtes Sozialverhalten dar und begründet nicht erst eine in bestimmten Fällen akzeptierte Rechtfertigung an sich missbilligten Verhaltens.

55 Unter dem Begriff des Whistleblowing versteht man im Sinne des GeschGehG die Offenlegung eines Geschäftsgeheimnisses aus berechtigten Interessen. Diese Interessen können vielfältig sein. Im Falle journalistischer Tätigkeit stehen hier vor allem die Meinungs- und Pressefreiheit im Raum, bei Arbeitnehmervertretern deren spezifische Mitwirkungsrechte, aus Sicht der Öffentlichkeit ein Recht auf Informationsfreiheit oder ein öffentliches Interesse an der Aufdeckung von Rechtsverstößen. Insoweit handelt es sich bei dem Versuch der gesetzlichen Regelung von Whistleblowing primär um die Auflösung eines Konflikts schutzwürdiger gegenläufiger Interessen von Geheimhaltung und Informationsbedürfnissen im Sinne einer praktischen Konkordanz (und nicht einer generellen Bevorzugung einer Schutzposition).[73] Dabei geht § 5 GeschGehG von folgenden Fallgruppen aus: Nr. 1 regelt die Ausübung des Rechts auf freie Meinungsäußerung und das Recht auf Informationsfreiheit, Nr. 2 erfasst die Aufdeckung einer rechtswidrigen Handlung oder eines sonstigen Fehlverhaltens und Nr. 3 behandelt die Offenlegung von Geschäftsgeheimnissen durch Arbeitnehmer gegenüber den zuständigen Arbeitnehmervertretungen im Rahmen von deren Aufgabenerfüllung. Da diese Fallgruppen nur beispielhaft sind („insbesondere"), gibt es darüber hinaus weitere unbenannte Fälle, in denen praktisch jedes gleich bedeutende von der Rechtsordnung gebilligte Interesse erfasst sein kann.

56 Mit § 5 Nr. 1 GeschGehG soll nach der Gesetzesbegründung insbesondere ein Schutz journalistischer Quellen gewährleistet und somit eine Beeinträchtigung investigativen Journalismus verhindert werden.[74] Damit wird ein Schutz von Journalisten erreicht, unabhängig von der Rechtmäßigkeit der Offenbarung durch die Quelle.[75] Bei der Auslegung der Norm sind somit Grundrechte (vor allem Meinungs- und Pressefreiheit) sowie auch die Charta der Grundrechte der EU zu berücksichtigen.[76] Allerdings wird sich die Zulässigkeit einer Ausnahme von § 5 GeschGehG regelmäßig weniger unmittelbar aus den Grundrechten, sondern vielmehr erst aus einer Abwägung von Meinungs-/Pressefreiheit gegenüber Geschäftsgeheimnisschutz im konkreten Fall ergeben. Insoweit bietet hier das Gesetz nur einen groben Rahmen, den die Rechtsprechung zu konkretisieren hat.

57 Auch § 5 Nr. 2 GeschGehG bietet nur eine grobe Leitlinie zu dem oft als Kern des Whistleblowing gesehenen Bereichs der Offenbarung von unternehmensinternem Fehlverhalten. Die Whistleblower-Richtlinie und ihre geplante Umsetzung in einem eigenen Whistleblower-Gesetz konkretisieren diesen Bereich etwas, allerdings ohne das System des GeschGehG zu verändern (dazu → Rn. 63 ff.). Im Gesetzgebungsverfahren wurde für das GeschGehG ein strenges Absichtserfordernis, das allgemeine öffentliche Interesse zu schützen, zugunsten einer der Eignung, das allgemeine öffentliche Interesse zu schützen, aufgegeben, um die Regelung nicht zu sehr von der Gesinnung des Handelnden abhängig zu machen.[77] Insoweit sind zwar rein privat motivierte Offenbarungen nicht mehr erfasst, es reicht aber aus, dass auch ein öffentliches Interesse im Raum steht. Der Schwerpunkt der

---

[71] BT-Drs. 19/8300, 13 f.
[72] *Müllmann* ZRP 2019, 25 (26).
[73] *Ohly* in Harte-Bavendamm/Ohly/Kalbfus GeschGehG § 5 Rn. 1; *Alexander* in Köhler/Bornkamm/Feddersen GeschGehG § 5 Rn. 10.
[74] BT-Drs. 19/4724, 28.
[75] *Reinfeld* GeschGehG § 3 Rn. 32.
[76] Auf eine explizite Nennung der Grundrechtscharta hat der Gesetzgeber letztlich verzichtet, BT-Drs. 19/8300, 14 (anders noch in BT-Drs. 19/4724, 28), was jedoch ihre Bedeutung nicht mindert.
[77] Vgl. BT-Drs. 19/4724, 29 gegenüber BT-Drs. 19/8300, 14.

Prüfung liegt somit weniger auf der subjektiven Intention des Handelnden als darauf, ob ein allgemeines öffentliches Interesse an der Veröffentlichung zu bejahen ist.

Umstritten ist, ob der Missstand tatsächlich vorliegen muss, was teilweise gefordert wird, um den Geschäftsgeheimnisträger vor den Folgen falscher Anschuldigungen zu schützen.[78] Dies entspricht jedoch nicht den europäischen Vorgaben (vgl. Erwägungsgrund 20 der Geschäftsgeheimnis-RL sowie Art. 6 der Whistleblower-RL, dazu → Rn. 66), was auch der deutsche Gesetzgeber gesehen hat.[79] Daher ist grundsätzlich ein gutgläubiger, sich irrender, Whistleblower genauso privilegiert wie der sich auf wahre Informationen stützt, wenn er nach angemessener Prüfung vom Vorliegen eines Fehlverhaltens ausgehen durfte.[80] Die Bewertung derartiger Fälle wird insoweit vor allem davon abhängen, ob der Handelnde eine ausreichende Sorgfalt bei der Informationssammlung hat walten lassen, also ob er aufgrund der vorliegenden Umstände (auch unter Einbeziehung realistischer Nachforschungspflichten) zu dem Irrtum gelangen durfte. **58**

Der Tatbestand des § 5 Nr. 2 GeschGehG ist weit gefasst, als er nicht nur rechtswidrige Handlungen, also Verstöße jedweder Art gegen Rechts- und Gesetzesnormen, und berufliches Fehlverhalten, also Verstöße gegen berufsständische Normen, sondern auch „sonstiges Fehlverhalten" einbezieht. Der Gesetzesbegründung schweben hier Fälle unethischen Verhaltens vor, wie beispielsweise im Ausland nicht verbotene Kinderarbeit, gesundheits- oder umweltschädliche Produktionsbedingungen oder auch unredliche Steuervermeidungsmodelle.[81] Diese von der Motivation her verständliche Erweiterung ist nicht unproblematisch,[82] da sie höchst unbestimmt ist und die Gefahr droht, dass jede als unmoralisch empfundene Unternehmenstätigkeit als Rechtfertigung herangezogen wird. Insoweit ist diese Variante restriktiv auszulegen und nicht nur an objektiven Standards zu messen, sondern auch Fehlverhalten von einigem Gewicht zu fordern. Anhaltspunkte für derartige objektive Ethikstandards können sich beispielsweise aus unternehmensinternen Ethik- und Compliancevorgaben, aus branchenweiten (oft von Verbänden geschaffenen) Arbeits-, Produktions- und Ethikstandards ergeben sowie auch aus internationalen Menschenrechten (und deren Konkretisierungen in Richtlinien für Unternehmen etc). In dieser Hinsicht bringt die Whistleblower-Richtlinie und die geplante Umsetzung in deutsches Recht weitergehende Klarheit, als hier immer dann, wenn die Voraussetzungen für den Schutz vor Repressalien für einen Whistleblower vorliegen, grundsätzlich auch ein Fall des § 5 Nr. 2 GeschGehG zu bejahen sein wird (näher zur RL → Rn. 67). **59**

Die dritte Variante des § 5 Nr. 3 GeschGehG erfasst schließlich die Offenlegung von Geschäftsgeheimnissen durch Arbeitnehmer gegenüber Arbeitnehmervertretungen. Analog wird man den umgekehrten Fall, die Information des Arbeitnehmers durch die Arbeitnehmervertretung, behandeln können.[83] Diese Regelung ergänzt die weiteren Vorgaben (vor allem in § 3 Abs. 1 Nr. 3 GeschGehG, → Rn. 47), die zum Ziel haben, die Arbeit der Arbeitnehmervertretungen nicht durch den Geheimnisschutz zu beeinträchtigen. Insoweit wird hier ein doppelter Schutz bezweckt, als der Arbeitnehmer zur Offenbarung und die Arbeitnehmervertretung zur Kenntniserlangung befugt ist und umgekehrt.[84] Zum Tragen kommt die Vorschrift, wenn nicht schon Spezialnormen die Mitteilung zulassen. Die Offenlegung ist nur dann erlaubt, wenn dies erforderlich ist, damit die Arbeitnehmervertretung ihre Aufgaben erfüllen kann. Dies ist nicht der Fall, wenn die Aufgaben auch ohne **60**

---

[78] *Ohly* in Harte-Bavendamm/Ohly/Kalbfus GeschGehG § 5 Rn. 47; *Alexander* in Köhler/Bornkamm/Feddersen GeschGehG § 5 Rn. 46; *Hiéramente* in BeckOK GeschGehG GeschGehG § 5 Rn. 34 f.
[79] BT-Drs. 19/8300, 14; s. zudem § 4d Abs. 6 FinDokAG.
[80] *Reinfeld* GeschGehG § 3 Rn. 44; s. auch *Hoeren/Münker* WRP 2018, 150 (154); *v. Busekist/Racky* ZRP 2018, 135 (138).
[81] Vgl. BT-Drs. 19/4724, 29.
[82] S. zur zum Teil deutlichen Kritik *Dann/Markgraf* NJW 2019, 1774 (1777); *Ullrich* NZWiSt 2019, 65 (69); *Bürkle* CCZ 2018, 193.
[83] *Fuhlrott* in BeckOK GeschGehG § 5 Rn. 51; *Ohly* in Harte-Bavendamm/Ohly/Kalbfus GeschGehG § 5 Rn. 57.
[84] Vgl. BT-Drs. 19/4724, 29.

Information erfüllt werden können. Sobald jedoch ohne eine Information die Erfüllung der Aufgaben erschwert ist, greift die Privilegierung ein. Die Beurteilung, ob eine Information und ihre Offenlegung für die Arbeit der Arbeitnehmervertretung erforderlich ist, wird dem Arbeitnehmer nicht immer leicht fallen. Hier wird man wie im Rahmen des gutgläubig Irrenden nach Nr. 2 nur verlangen können, dass der Arbeitnehmer sich auf Fakten stützt und eine angemessene Prüfung vornimmt. Soweit dies der Fall ist, kann er sich auf die Ausnahme berufen.[85]

61 Schließlich können aufgrund der nicht abschließenden Aufzählung in § 5 GeschGehG sonstige berechtigte Interessen eine Offenbarung des Geschäftsgeheimnisses rechtfertigen. Diese zusätzliche Möglichkeit entspricht Art. 5 lit. d der Geschäftsgeheimnis-RL, die den „Schutz eines durch das Unionsrecht oder das nationale Recht anerkannten legitimen Interesses" nennt. Neben den im Gesetz konkret genannten drei Fällen, die bereits alle wesentlichen Konstellationen erfassen, wird diese Variante aber keine große Bedeutung erlangen. Allerdings kann damit im Einzelfall ein besonderes Interesse erfasst werden, das von vergleichbarem Gewicht wie die ausdrücklich genannten Aspekte ist; um als zulässige Whistleblowing zu gelten, sind aber auch hier grundrechtliche Wertungen zu berücksichtigen und es ist wie in den anderen Fällen eine Abwägung vorzunehmen.

62 Wenn die Voraussetzungen von § 5 GeschGehG gegeben sind, dann liegt kein tatbestandlicher Verstoß gegen ein Handlungsverbot nach § 4 GeschGehG vor. Somit kann aus dem GeschGehG auch keine Sanktionsmöglichkeit abgeleitet werden. Es greifen weder die zivilrechtlichen Folgen nach §§ 6 ff. GeschGehG noch die strafrechtlichen Folgen des § 23 GeschGehG. Dies gilt jedoch nur für das GeschGehG, nicht jedoch für andere Sanktionen bzw. Rechtsfolgen des Whistleblowing. Da das GeschGehG kein allgemeines Whistleblowingschutzgesetz ist, können sich aus anderen Regelungen nachteilige Rechtsfolgen ergeben. Insbesondere aus arbeitsrechtlicher Sicht ist hier die Frage, ob eine Sanktionierung des Arbeitnehmers bis hin zur Kündigung möglich ist. Hier bestehen bislang keine klaren gesetzlichen Vorgaben. Insoweit bringt das GeschGehG nur eine erste Leitlinie, als dessen Wertungen auch bei derartigen arbeitsrechtlichen Fragestellungen zu berücksichtigen sind. Weitergehende Klarheit wird hier die Umsetzung der 2019 erlassenen Whistleblower-Richtlinie bringen, die in einem eigenen Gesetz, das den besonderen Bereich des Whistleblowing erfasst, in deutsches Recht umgesetzt werden soll (siehe im nachfolgenden Abschnitt).

2. Whistleblower-Richtlinie/Whistleblower-Gesetz

63 **a) Europäische Whistleblower-Richtlinie.** Die Richtlinie (EU) 2019/1937 zum Schutz von Hinweisgebern (Whistleblower-RL, s. bereits → Rn. 11) hat den Zweck, Hinweisgeber, die Informationen über Verstöße gegen das Unionsrecht offenlegen, vor Repressalien zu schützen.[86] Nach Erwägungsrund 98 sollen sich die Whistleblower-RL und die Geheimnisschutz-RL gegenseitig ergänzen. Die Whistleblower-RL erfasst (aus kompetenzrechtlichen Gründen) nur Hinweise auf Verstöße gegen das Unionsrecht (Art. 2 Abs. 1), wozu auch nationales Recht in Umsetzung von Unionsrecht gehört; allerdings sieht sie in Art. 2 Abs. 2 bereits explizit vor, dass die Nationalstaaten bei der Umsetzung eine Erweiterung auf Verstöße gegen nationales Recht vornehmen können.

64 Der persönliche Anwendungsbereich der Whistleblower-RL ist insoweit weit gezogen, als Arbeitnehmer, Beamte, Selbstständige, Anteilseigner und Personen, die unter der Aufsicht von Auftragnehmern und Lieferanten arbeiten, erfasst sind (Art. 4 RL (EU) 2019/1937). Damit sollen, wie dies aus Erwägungsgrund 1 der Richtlinie deutlich wird, möglichst viele Personen, die für eine öffentliche oder private Organisation arbeiten oder im Rahmen ihrer beruflichen Tätigkeiten mit einer solchen Organisation in Kontakt stehen,

---

[85] Anders aber *Ohly* in Harte-Bavendamm/Ohly/Kalbfus GeschGehG § 5 Rn. 52.
[86] Dazu bspw. *Dilling* CCZ 2019, 214; *Dzida/Granetzny* NZG 2020, 5; *Forst* EuZA 2020, 283; *Garden/Hiéramente* BB 2019, 963.

eine in diesem Zusammenhang auftretende Gefährdung oder Schädigung des öffentlichen Interesses melden können.

In sachlicher Hinsicht erfasst die Richtlinie nach Art. 2 zahlreiche Bereiche des Unionsrechts, die durch in einem Anhang aufgezählten Unionsrechtsakte konkretisiert werden. Damit ist die Anwendung auch auf diese Akte beschränkt. Aufgrund des Prinzips der begrenzten Einzelermächtigung ist dieser Weg (gegenüber einer Erfassung auch unbenannter Fälle) kompetenzrechtlich vorzugswürdig, auch wenn damit der Schutzbereich nicht allumfassend ist. **65**

Der Whistleblowerschutz besteht nach der Richtlinie (Art. 6) dann, wenn der Hinweisgeber einen hinreichenden Grund zur Annahme hat, dass zum Zeitpunkt der Meldung bzw. Offenlegung die gemeldete Information der Wahrheit entspricht und dass die verfahrensrechtlichen Vorgaben für die interne oder externe Meldung eingehalten werden. Die Frage, wann eine derart begründete Annahme für das tatsächliche Vorliegen einer Information besteht, ist nicht näher geregelt.[87] Damit ergeben sich in diesem Bereich zahlreiche Fragen, die erst in der gerichtlichen Praxis geklärt werden müssen. Aus der Richtlinie ergibt sich aber immerhin zweierlei: Zum einen besteht ein Schutz des Whistleblowers auch dann, wenn er sich irrt, beispielsweise dann, wenn sich erste verdächtige Umstände bei genauerer Aufklärung als doch zulässiges, legales Verhalten herausstellen. Ausgenommen werden sollen nach Erwägungsgrund 32 der Richtline aber mutwillige und bösgläubige Meldungen. Zum anderen besteht der Schutz aber auch nur, wenn der Hinweisgeber einen gewissen Sorgfaltsmaßstab eingehalten hat. Das bedingt nicht nur eine objektive, Fakten basierte Grundlage hinsichtlich der Informationen, sondern gegebenenfalls auch eine Überprüfungs- oder Nachforschungspflicht. Damit soll der Hinweisgeber nicht zum Privatdetektiv werden, jedoch wird es nicht ausreichen, wenn er beispielsweise lediglich unbestimmte Gerüchte Dritter über ein angebliches Fehlverhalten zur Grundlage einer Meldung macht. **66**

Die Richtlinie sieht drei Wege vor, wie ein Verstoß offengelegt werden kann: die interne Meldung, die externe Meldung und die Offenlegung. Um eine interne und auch eine externe Meldung zu ermöglichen, ist teilweise verpflichtend die Einrichtung bestimmter Meldewege im Unternehmen bzw. gegenüber konkreten Behörden vorgesehen (Art. 8, 10 ff. RL (EU) 2019/1937). Während die interne und die externe Meldung in der Richtlinie gleichberechtigt einander gegenüber stehen (anders als noch im Entwurf, der einen Vorrang der internen Meldung vorsah), ist die Offenlegung erst nach vorausgegangener interner oder externer Meldung und dem Verstreichen eines Drei- bzw. Sechsmonatszeitraums erlaubt, wenn keine geeignete Maßnahmen ergriffen worden sind. Folgt ein Whistleblower dem vorgesehenen Meldeweg, dann sieht die Richtlinie (Art. 19 ff.) vor, dass er vor negativen Folgen zu schützen ist. Hierzu haben die Mitgliedsstaaten konkrete Maßnahme zu ergreifen, um die (versuchte) Verhängung oder Androhung von Repressalien gegenüber Hinweisgebern und Dritten zu unterbinden. **67**

b) Deutsches Whistleblower-Gesetz. Die Whistleblower-RL, die bis 17.12.2021 umzusetzen war (was bislang noch nicht geschah), soll im deutschen Recht wie der Bereich der Geschäftsgeheimnisse zum Anlass genommen werden, ein eigenes themenbezogenes Gesetz zu erlassen, wie dies bereits 2012 einmal angedacht worden war.[88] Im Herbst 2020 ist aus dem BMJV ein erster Referentenentwurf bekannt geworden.[89] Dieses sog. Hinweisgeberschutzgesetz (HinSchG) scheiterte allerdings wegen zahlreicher Vorbehalte und Ablauf der Legislaturperiode. Im April 2022 wurde ein neuer Referentenentwurf eines Hin- **68**

---

[87] Die RL greift hier die Rspr. des EGMR auf, s. EGMR Urt. v. 21.7.2011 – 28274/08 = NZA 2011, 1269 Rn. 80 (Heinisch/Deutschland); s. dazu auch *Forst* EuZA 2020, 283 (297).
[88] Vgl. zum 2012 gescheiterten, von der Fraktion der SPD eingebrachten Entwurf eines Gesetzes zum Schutz von Hinweisgebern – Whistleblowern (Hinweisgeberschutzgesetz – HinSchG) BT-Drs. 17/8567 (Gesetzentwurf) und BT-Drs. 17/12577 (Beschlussempfehlung und Bericht).
[89] Entwurf eines Gesetzes für einen besseren Schutz hinweisgebender Personen sowie zur Umsetzung der Richtlinie zum Schutz von Personen, die Verstöße gegen das Unionsrecht melden (Bearbeitungsstand: 26.11.2020; 21:05 Uhr).

weisgeberschutzgesetzes veröffentlicht.[90] Dieser nimmt zahlreiche Aspekte des Entwurfs von 2020 auf. So soll er nicht nur die Vorgaben der Richtlinie aufnehmen, sondern auch teilweise darüber hinausgehen. Es soll einen Schutz bieten, wenn Personen im Zusammenhang mit ihren beruflichen oder dienstlichen Tätigkeiten Informationen über Verstöße erlangt haben und diese an die nach diesem Gesetz vorgesehenen Meldestellen melden oder offenlegen. Über die Whistleblower-RL hinaus, die sich auf EU-Recht bezieht, sollen dabei Verstöße unter anderem gegen das Strafrecht und Ordnungswidrigkeitenrecht erfasst werden (§ 2 HinSchG). Dies ist begrüßenswert, da hiermit nicht nur Friktionen zwischen EU-Recht und deutschem Recht vermieden werden, sondern auch eine Gesamtregelung für den bislang sehr lückenhaften Schutz erreicht würde. Wie in der Richtlinie liegt ein Verstoß im Sinne des HinSchG auch dann vor, wenn das jeweils gemeldete Verhalten oder Unterlassen rechtsmissbräuchlich ist und dem Ziel oder dem Zweck der Vorschriften in ihrem sachlichen Anwendungsbereich zuwiderläuft. Damit wird illegales, aber nicht allein „unethisches" Verhalten erfasst.

69 Wie in der Whistleblower-RL sind mit der internen bzw. externen Meldung zwei Meldewege für hinweisgebende Personen vorgesehen, die gleichwertig nebeneinanderstehen und zwischen denen die Hinweisgeber frei wählen können (§ 7 HinSchG). Dabei sollen externe Meldekanäle eingerichtet werden, so soll beispielsweise auf Ebene des Bundes beim Bundesamt für Justiz eine Art zentralisierte Stelle angesiedelt werden (§ 19 HinSchG). Eine Offenlegung an Zeitungen, soziale Medien etc ist nur dann erlaubt, wenn der externe Meldeweg innerhalb einer Dreimonatsfrist (bei umfangreichen Angelegenheiten sechs Monate) nicht erfolgreich war und eine Gefährdung des öffentlichen Interesses droht (§ 32 HinSchG). Eine Pflicht zur Bearbeitung anonymer Hinweise ist zumindest für externe Stellen nicht vorgesehen.

70 Unternehmen und Dienststellen ab 50 Mitarbeiterinnen und Mitarbeitern sind verpflichtet, interne Meldestellen einzurichten (§ 12 Abs. 2 HinSchG). Hierbei sollen Anreize geschaffen werden, zunächst die internen Meldestellen zu nutzen, allerdings darf die Nutzung der externen Meldestellen weder erschwert noch verboten werden. Die internen Meldestellen müssen für alle Beschäftigten zugänglich sein, können aber auch für Dritte geöffnet werden, die beruflich mit den Unternehmen oder Dienststellen in Zusammenhang stehen. Die Vertraulichkeit der hinweisgebenden Person ist zu schützen. Es ist vorgesehen, dass sich Unternehmen und Dienststellen einer anwaltlichen Ombudsperson bedienen können.

71 Soweit Hinweisgeber die Voraussetzungen des HinSchG erfüllen, sind sie umfassend vor Repressalien wie einer Kündigung, der Versagung einer Beförderung, einer geänderten Aufgabenübertragung, vor Disziplinarmaßnahmen, vor Diskriminierung oder Mobbing geschützt (§ 36 Abs. 1 HinSchG). Hierbei gilt eine Beweislastumkehr, bei der der Arbeitgeber, der eine entsprechende Maßnahme ergreifen möchte, belegen muss, dass diese nicht auf die Abgabe eines Hinweises zurückzuführen ist (§ 36 Abs. 2 HinSchG). Der Whistleblower-Schutz darf nicht vertraglich abbedungen werden; so dürfen keine belastenden Regelungen in Arbeitsverträgen oder Tarifverträgen getroffen werden (§ 39 HinSchG).

IV. Zivilrechtliche Folgen

72 In §§ 6 ff. GeschGehG sind die umfangreichen zivilrechtlichen Folgen einer Verletzung von Geschäftsgeheimnissen geregelt. Als erstmalig gesetzlich geregelte Ansprüche können diese neben gegebenenfalls vorhandene (und durch das GeschGehG nicht berührte) vertragliche Ansprüche treten. Die Ansprüche folgen dem Vorbild der Durchsetzungsrichtlinie (Enforcement-Richtline) von 2004,[91] deren Umsetzung im deutschen Recht im Bereich des gewerblichen Rechtsschutzes zur Schaffung einzelner Rechtssysteme für bestimmte

---
[90] Entwurf eines Gesetzes für besserer Schutz hinweisgebender Personen sowie zur Umsetzung der Richtlinie von Personen, die Verstöße gegen das Unionsrecht melden.
[91] RL 2004/48/EG v. 29.4.2004 zur Durchsetzung der Rechte des geistigen Eigentums, ABl. L 157, 45 v. 30.4.2004.

D. Schutz nach dem GeschGehG   § 13

Schutzrechte geführt hat. Zu den Rechten nach dem GeschGehG gehören Ansprüche auf Beseitigung und Unterlassung (§ 6), Vernichtung, Herausgabe und Rückruf (§ 7), Auskunft und Schadenersatz für unkorrekte Auskunfterteilung (§ 8) und Schadenersatz bei fahrlässiger oder vorsätzlicher Geheimnisverletzung (§ 10). Anspruchinhaber ist grundsätzlich der Inhaber des Geschäftsgeheimnisses (vgl. § 2 Nr. 2 GeschGehG), Anspruchsgegner ist der Rechtsverletzer (vgl. § 2 Abs. 1 Nr. 3 GeschGehG) bzw. nach Maßgabe des § 12 GeschGehG auch der Inhaber des Unternehmens des verletzenden Beschäftigten oder Beauftragten. Die Ansprüche in §§ 6–8 GeschGehG sind verschuldensunabhängig, die Schadenersatzansprüche für eine unkorrekte Auskunfterteilung nach § 8 Abs. 2 GeschGehG und für die Geheimnisverletzung nach § 10 GeschGehG dagegen verschuldensabhängig (was der Anspruchsteller zu beweisen hat). Das Gesetz sieht in § 9 GeschGehG eine von Amts wegen zu berücksichtigende Einwendung der Unverhältnismäßigkeit im Einzelfall bei Ansprüchen aus §§ 6, 7, 8 Abs. 1 GeschGehG vor. Der Rechtsverletzer kann nach § 11 GeschGehG Ansprüche nach §§ 6, 7 GeschGehG durch Geldabfindung abwehren, wenn er ohne Schuld handelte.[92]

Die Durchsetzung der zivilrechtlichen Ansprüche erfolgt nach den allgemeinen zivilprozessualen Regeln entweder im Klageverfahren oder gegebenenfalls auch im Rahmen eines Eilverfahrens. Für die Ansprüche aus dem GeschGehG sehen §§ 15–22 GeschGehG besondere Regelungen vor, die einen spezifischen prozessualen Geheimnisschutz ermöglichen sollen. Im Regelfall wird nicht empfehlenswert sein, den Anspruchsgegner abzumahnen, da dies zu Verschleierungen oder einer beschleunigten Nutzung des Geschäftsgeheimnisses führen kann.[93] Soweit man von schweren und vorsätzlichen Verstößen ausgeht, ist seitens des Anspruchstellers zu überlegen, ob nicht durch eine Strafanzeige parallel ein Strafverfahren in Gang gesetzt wird, das beispielsweise mit einer Durchsuchung zur besseren Sicherung von Beweisen führen kann. Dann ist darauf zu achten, dass die Zustellung einer einstweiligen Verfügung und eine Durchsuchung zeitgleich erfolgen. 73

Das in den §§ 15–22 GeschGehG geregelte Geschäftsgeheimnisverfahrensrecht soll dazu dienen, dass nicht mehr – wie oftmals in der Vergangenheit – die Wahl zwischen gerichtlicher Geltendmachung und Verlust des Geheimnisschutzes zu treffen ist.[94] Für Verfahren nach den §§ 6 ff. GeschGehG gilt daher ergänzend zu ZPO etc das besondere Zivilprozessrecht der §§ 15–22 GeschGehG. Diese Regelungen gelten allerdings nicht für Ansprüche aus anderen Gesetzen und auch nicht für das Strafverfahren.[95] Nach § 16 Abs. 1 GeschGehG kann das Gericht der Hauptsache (§ 20 Abs. 6 GeschGehG) bei Geschäftsgeheimnisstreitsachen (dh Klagen, die Ansprüche aus dem GeschGehG geltend machen) auf Antrag einer Partei streitgegenständliche Informationen ganz oder teilweise als geheimhaltungsbedürftig einstufen. Diese Einstufung hat zur Folge, dass eine Geheimhaltungspflicht der Verfahrensbeteiligten im Verfahren und nach dessen Abschluss besteht (§§ 16 Abs. 2, 18 GeschGehG). Auf Antrag ist darüber hinaus eine Beschränkung durch das Gericht hinsichtlich der Personen möglich, die Zugang zu geheimnisträchtigen Dokumenten haben (§ 19 Abs. 1 Nr. 1 GeschGehG) oder die Zugang zur mündlichen Verhandlung haben (§ 19 Abs. 1 Nr. 2 GeschGehG). Erfolgt eine solche Beschränkung, kann durch einen weiteren Antrag die Öffentlichkeit von der mündlichen Verhandlung ausgeschlossen werden (§ 19 Abs. 2 Nr. 1 GeschGehG). Insoweit sieht das Gesetz keinen Automatismus vor, der Antrag (bzw. die Anträge) der betroffenen Partei ist von zentraler Bedeutung. Zudem erfolgt kein in-camera-Verfahren, bei dem die Geheimnisse nur dem Gericht gegenüber offengelegt 74

---

[92] Das Verhältnis von § 9 und § 11 ist nicht widerspruchsfrei geregelt, s. zu den Problemen *Ohly* in Harte-Bavendamm/Ohly/Kalbfus GeschGehG § 11 Rn. 7 ff.; *Alexander* in Köhler/Bornkamm/Feddersen GeschGehG § 11 Rn. 28.
[93] *Reinfeld* GeschGehG § 4 Rn. 22. Anders, mit Hinweis auf die ggf. drohende Kostenfolge des § 93 ZPO, *Ohly* in Harte-Bavendamm/Ohly/Kalbfus GeschGehG § 6 Rn. 51.
[94] Vgl. BT-Drs. 19/4724, 34.
[95] Der Gesetzgeber erwägt aber im Patentrecht in einem neuen § 145a PatG auf den Geheimnisschutz nach dem GeschGehG zu verweisen, vgl. den Diskussionsentwurf des BMJV, Entwurf eines Zweiten Gesetzes zur Vereinfachung und Modernisierung des Patentrechts v. 14.1.2020; *Kühnen* GRUR 2020, 576.

werden. Somit kann zwar ein weitreichender Geheimnisschutz im Verfahren erreicht werden, jedoch kann eine Kenntnisnahme der Gegenseite nicht ausgeschlossen werden.

V. Strafrechtliche Folgen

75 Der strafrechtliche Geheimnisschutz in § 23 GeschGehG bildet nach dem zivilrechtlichen und zivilprozessualen den dritten Teil des Schutzkonzepts des GeschGehG. Die früheren UWG-Vorschriften in §§ 17–19 wurden inhaltlich in § 23 GeschGehG übernommen und aufgehoben. Durch die systematische Ausrichtung an der zivilrechtlichen Lage knüpfen die strafrechtlichen nunmehr eng an den zivilrechtlichen Verbotstatbeständen und Definitionen an. So kann eine rechtswidrige zivilrechtliche Handlung auch eine strafrechtlich relevante darstellen, der Unterschied liegt oftmals nur in der strafrechtlich notwendigen subjektiven Seite. Die Parallele zu §§ 17–19 UWG aF führt dazu, dass die bisherige Auslegung und Rechtsprechung in weitem Umfang auch für die neue Vorschrift herangezogen werden kann.[96] Allerdings ist der Wortlaut zwischen den Vorschriften nicht identisch und mit der Zivilrechtsakzessorietät besteht ein neuer Anknüpfungspunkt, sodass sich im Einzelfall durchaus zahlreiche Abweichungen ergeben.[97]

76 In § 23 GeschGehG finden sich fünf selbstständige Tatbestände: die Betriebsspionage (Abs. 1 Nr. 1), die Verwendung eines Geschäftsgeheimnisses nach eigener Vortat (Abs. 1 Nr. 2), der Geheimnisverrat (Abs. 1 Nr. 3), die Verwendung eines Geschäftsgeheimnisses nach fremder Vortat – Geheimnishehlerei (Abs. 2) und die Vorlagenfreibeuterei (Abs. 3). Die ersten vier Tatbestände waren in § 17 UWG aF geregelt, der fünfte in § 18 UWG aF. In Abs. 4 sind drei Qualifikationstatbestände mit einer erhöhten Höchststrafe vorgesehen. Der Versuch ist wie bislang auch strafbar (Abs. 5), auch die versuchte Beteiligung (bislang § 19 UWG aF) ist in bestimmten Fällen strafbar (Abs. 7 S. 2), allerdings sind neuerdings bestimmte Teilnahmehandlungen nicht strafbar (Abs. 6). In einzelnen Fällen werden auch Auslandstaten erfasst (Abs. 7 S. 1). Sämtliche Taten des § 23 GeschGehG sind relative Antragsdelikte. Damit kann bei Vorliegen eines öffentlichen Interesses auch ohne Strafantrag ein Strafverfahren geführt werden.[98] Das GeschGehG enthält – anders als für das Zivilverfahren – keine eigenen Vorschriften für den Geheimnisschutz im Strafverfahren.[99]

77 Die Tatbestände sind als Vorsatzdelikte ausgestaltet, sodass eine fahrlässige Begehung nicht strafbar ist, hier bleibt allein Raum für eine zivilrechtliche Haftung. Subjektiv verlangt das Handeln also Vorsatz, wobei dolus eventualis bezüglich der objektiven Tatbestandsmerkmale genügt. Darüber hinaus fordert § 23 GeschGehG allerdings auch das Vorliegen besonderer subjektiver Merkmale. Hier muss als besondere Absicht die Förderung des eigenen Wettbewerbs, die Förderung fremden Wettbewerbs, Handeln aus Eigennutz, Handeln zugunsten eines Dritten oder eine Schädigungsabsicht zulasten eines Inhabers eines Unternehmens gegeben sein (zu den restriktiveren Anforderungen bei der Vorlagenfreibeuterei → Rn. 82). Diese spezifischen Absichten sind weit gefasst, sie werden oftmals kumulativ vorliegen (so wird beispielsweise neben der Begünstigung eines Dritten oftmals ein Handeln auch zum persönlichen Vorteil – Belohnung – gegeben sein). Fehlt aber – beispielsweise bei der Erlangung des Geheimnisses (→ Rn. 50), die spezifische Absicht, dann ist hier eine Strafbarkeit zu verneinen, kann aber, wenn die Absicht danach hinzutritt, bei einer späteren Verwendungshandlung (Nutzung oder Offenlegung) zu bejahen sein.

1. Tatbestände

78 **a) Betriebsspionage.** Die Betriebsspionage (Abs. 1 Nr. 1) erfasst den klassischen Fall der Erlangung eines Geschäftsgeheimnisses und sanktioniert ihn mit einer Höchststrafe von drei

---
[96] So verweist va die Gesetzesbegründung auf die Parallelität, BT-Drs. 19/4724, 41.
[97] Vgl. nur *Brammsen* wistra 2018, 449; *Kalbfus* GRUR 2016, 1009.
[98] Zu den Anforderungen an das öffentliche Interesse s. Nr. 260, 260a RiStBV (noch zu UWG).
[99] Insoweit verbleibt es weiterhin va bei der Regelung der Nr. 260b RiStBV zur Geheimhaltung von Geschäfts- oder Betriebsgeheimnissen.

Jahren Freiheitsentzug oder Geldstrafe. Der Tatbestand knüpft an einer verbotenen Handlung nach § 4 Abs. 1 Nr. 1 GeschGehG an (dazu bereits → Rn. 50), sodass auch kein Fall zulässiger Erlangung durch Whistleblower nach § 5 GeschGehG vorliegen darf. Die alte Begrifflichkeit des Verschaffens oder Sicherns in § 17 Abs. 2 Nr. 1 UWG aF wurde zugunsten des Begriffs der Erlangung aufgegeben, ohne dass sich hiermit aber eine inhaltliche Änderung ergeben soll.[100] Mit der Sanktionierung bereits der Erlangung wird der Geheimnisschutz weit in den Bereich vor Eintritt eines monetären Schadens vorverlagert, als hier das reine Risiko einer späteren Verwendung erfasst wird (Risikostrafrecht). Kriminalisiert werden dabei traditionelle Handlungsformen wie die Entwendung von Zeichnungen und Dokumenten, aber auch die immer wichtiger werdenden Formen des Zugriffs auf elektronische Daten, sei es von innerhalb des Unternehmens oder durch Cyberangriffe auch von außerhalb vor allem über das Internet.

b) Verwendung eines Geschäftsgeheimnisses nach eigener Vortat. Die Verwendung eines Geschäftsgeheimnisses nach eigener Vortat (Abs. 1 Nr. 2) kriminalisiert mit einer Höchststrafe von drei Jahren Freiheitsentzug oder Geldstrafe den weiteren Gebrauch eines Geheimnisses nach einem rechtswidrigen Vorverhalten des Täters. Damit ergibt sich ein zweiaktiger Tatbestand, bei dem zunächst die unbefugte Kenntniserlangung (iSv § 4 Abs. 2 Nr. 1a GeschGehG, der auf § 4 Abs. 1 Nr. 1 GeschGehG verweist, → Rn. 52) Voraussetzung ist. Hierbei muss der Handelnde selbst Täter gewesen sein, eine bloße Beteiligung als Anstifter und Gehilfe (die sachlich eine Teilnahme an einer fremden Tat darstellen) genügt hierfür nicht.[101] War die Handlung nach § 5 GeschGehG erlaubt, kommt eine Strafbarkeit nicht infrage. Neben dem Vorliegen der Vortat verlangt der Tatbestand die Nutzung oder Offenlegung des Geschäftsgeheimnisses. Damit wurden die alten Begrifflichkeiten des Verwertens und Mitteilens (vgl. § 17 Abs. 2 Nr. 2 UWG aF) zugunsten der neuen Terminologie des GeschGehG (→ Rn. 39) aufgegeben. Der ursprüngliche Begriff der Verwertung war stark auf eine wirtschaftliche Verwendung bezogen.[102] Dieser Bezug ist nicht mehr erforderlich,[103] es genügt, dass ein im Geschäftsgeheimnis verkörperter Wert genutzt wird. Dies wird zwar regelmäßig eine wirtschaftliche Nutzung sein, aber gerade in Fällen ausländischer Spionageakte können hier auch andere Aspekte (Verteidigung, nationale Interessen etc) von Bedeutung sein.

c) Geheimnisverrat. Mit der Vorschrift des Geheimnisverrats (Abs. 1 Nr. 3), die ebenfalls eine Höchststrafe von drei Jahren Freiheitsstrafe oder Geldstrafe vorsieht, wird erfasst, wenn eine bei einem Unternehmen beschäftigte Person ein Geschäftsgeheimnis, das ihr im Rahmen des Beschäftigungsverhältnisses anvertraut oder zugänglich gemacht wurde, während der Geltungsdauer des Beschäftigungsverhältnisses offenlegt (die bloße Nutzung ist aber nicht erfasst). Diese Vorschrift entspricht § 17 Abs. 1 UWG aF. Inhaltlich wird damit eine am Beschäftigungsverhältnis anknüpfende (Vertrags-)Pflichtverletzung sanktioniert. Die Norm ist daher ein echtes Sonderdelikt, da Täter allein eine bei dem Unternehmen beschäftigte Person sein kann. Allerdings wird der Begriff weit verstanden, sodass auch konzernangehörige Personen, unentgeltlich Beschäftigte (beispielsweise Auszubildende) oder Organe erfasst sind.[104] Nicht einbezogen sind Personen, die nicht in die Unternehmensstruktur eingegliedert sind, so beispielsweise freie Berater oder reine Gesellschafter. Außenstehende können sich aber wegen Anstiftung und Beihilfe strafbar machen. Zudem bestehen (insbesondere für Organe) teilweise Sondervorschriften (wie § 404 AktG, § 85 GmbHG). Die Vorschrift des Geheimnisverrats greift nur bei einem noch bestehenden Beschäftigungsverhältnis, also nicht mehr nach dessen Ende. Wird der Betroffene also beispielsweise fristlos gekündigt, ist eine nach Ende erfolgte Offenlegung nicht erfasst.

---

[100] BT-Drs. 19/4724, 40.
[101] *Harte-Bavendamm* in Harte-Bavendamm/Ohly/Kalbfus GeschGehG § 23 Rn. 14.
[102] Vgl. nur BGH NJW 2006, 830 (Rn. 80) – Kirch/Breuer.
[103] Zu den Unterschieden zwischen Verwertung und Nutzung s. *Brammsen* wistra 2018, 449 (455).
[104] *Alexander* in Köhler/Bornkamm/Feddersen GeschGehG § 23 Rn. 32.

Diese deutliche Beschränkung der Strafbarkeit hat sich seit dem UWG 1896 bis heute gehalten.[105]

81 **d) Geheimnishehlerei.** Die Verwendung eines Geschäftsgeheimnisses nach fremder Vortat (Abs. 2), oftmals aufgrund der Anknüpfung an einer anderen Straftat auch (wenn auch inhaltlich nicht ganz zutreffend) als Geheimnishehlerei bezeichnet, ist nunmehr (anders als in § 17 Abs. 2 Nr. 2 UWG aF) getrennt vom Vorliegen einer eigenen Vortat geregelt. Sanktioniert wird die Nutzung oder Offenlegung von Geschäftsgeheimnissen, die der Täter durch die von einer anderen Person begangenen Tat nach § 23 Abs. 1 Nr. 2 GeschGehG iVm § 4 Abs. 2 Nr. 1a GeschGehG (verbotene Aneignung) oder durch den von einem Beschäftigten des Geheimnisinhabers begangenen Verrat nach § 23 Abs. 1 Nr. 3 GeschGehG erlangt hat. Subjektiv muss der Täter Kenntnis von der fremden Vortat haben. Die Strafe beträgt wie in den Fällen des Abs. 1 maximal drei Jahre Freiheitsstrafe oder Geldstrafe.

82 **e) Vorlagenfreibeuterei.** Der ehemals in § 18 UWG aF geregelte Missbrauch anvertrauter Vorlagen und Vorschriften technischer Art (Abs. 3), traditionell als Vorlagenfreibeuterei bezeichnet, wird nur mit einer Freiheitsstrafe von bis zu zwei Jahren oder mit Geldstrafe sanktioniert. Er bezieht sich auf Geschäftsgeheimnisse, allerdings nur solche, die Vorlagen oder Vorschriften technischer Art darstellen. Auf die Nennung von Beispielen (Zeichnungen, Modelle, Schablonen, Schnitte und Rezepte) wie in der Vorgängernorm im UWG wurde verzichtet, ohne dass hierdurch eine inhaltliche Veränderung erfolgte. Damit erhalten weiterhin technische Informationen einen weitergehenden Schutz als nur kaufmännische.[106] Durch den gesetzgeberischen Hinweis, dass es sich um eine „geheime" Vorlage oder Vorschrift handeln muss, wurde gegenüber § 18 UWG klargestellt, dass diese technischen Informationen grundsätzlich Geheimnisqualität besitzen müssen.[107]

83 **f) Qualifikationen.** Die in Abs. 4 sind mit einer erhöhten Höchststrafe (bis zu fünf Jahren Freiheitsstrafe) vorgesehenen drei Qualifikationstatbestände ersetzen die bislang in § 17 Abs. 4 UWG aF geregelten Regelbeispiele. Die bisherigen Strafzumessungsvorschriften wurden damit zu echten Tatbeständen hochgestuft, inhaltlich decken sie jedoch die gleichen Handlungen wie bisher ab. Zu einer erhöhten Strafbarkeit führt zunächst die Gewerbsmäßigkeit (Abs. 4 Nr. 1). Diese Qualifikation gilt für alle Tatbestandsvarianten außer der Vorlagenfreibeuterei, also für die Taten nach Abs. 1 und 2, nicht aber nach Abs. 3. Anders als bei vielen Delikten im StGB wird damit nicht primär das organisierte Verbrechen ins Visier genommen, sondern vielmehr ein auf die Ausbeutung fremder Ideen zielende Geschäftstätigkeit. Das Wissen um eine beabsichtigte Auslandsnutzung, also ein Handeln mit positivem Wissen (dolus directus 2. Grades), bildet die zweite Tatbestandsvariante (Abs. 4 Nr. 2). Sie knüpft an allen Tathandlungen einer Offenlegung (also Abs. 1 Nr. 2, 3 sowie Abs. 2) an. Ob es zu einer tatsächlichen Nutzung kommt, ist dabei unerheblich. Wie auch schon im Rahmen des § 17 UWG zählen zum Ausland auch EU-Länder.[108] Während sich die Variante der Nr. 2 auf eine Fremdnutzung bezieht, erfasst die dritte Variante des Abs. 4 Nr. 3 alle Fälle einer rechtswidrigen eigenen oder fremden Vortat (Abs. 1 Nr. 2, Abs. 2), in denen eine eigene Nutzung des Geschäftsgeheimnisses im Ausland erfolgt. Die bloße Absicht genügt hier aber nicht, es bedarf eine tatsächlichen Nutzung. Die Nutzung muss also schon zumindest in das Stadium des Versuchsbeginns gelangt sein, ob sie vollständig umgesetzt oder erfolgreich war, ist allerdings unerheblich.

---

[105] Vgl. *Nastelksi* GRUR 1957, 1.
[106] Krit. bspw. *Harte-Bavendamm* in Harte-Bavendamm/Ohly/Kalbfus GeschGehG § 23 Rn. 51.
[107] Dies war bei § 18 UWG umstritten gewesen, ist allerdings auch nunmehr im Einzelfall nicht unproblematisch, vgl. *Alexander* in Köhler/Bornkamm/Feddersen GeschGehG § 23 Rn. 67; *Harte-Bavendamm* in Harte-Bavendamm/Ohly/Kalbfus GeschGehG § 23 Rn. 56 ff.
[108] Str. wie hier: *Harte-Bavendamm* in Harte-Bavendamm/Ohly/Kalbfus GeschGehG § 23 Rn. 66 mwN, auch zur Gegenansicht.

2. Versuchte Beteiligung

Neben den „normalen" Beteiligungsregelungen des StGB zu Täterschaft, Anstiftung und Beihilfe (§§ 25–27) sieht § 23 Abs. 7 S. 2 GeschGehG zudem vor, dass die Regelungen der §§ 30, 31 StGB (die bestimmte Vorbereitungshandlungen unter Strafe stellen und die aufgrund des Vergehenscharakters der in § 23 GeschGehG geregelten Tatbestände an sich nicht greifen würden) dann Anwendung finden, wenn der Täter zur Förderung des eigenen oder fremden Wettbewerbs bzw. aus Eigennutz gehandelt hat. Dieses subjektive Erfordernis wird in zahlreichen Fällen gegeben sein, allerdings ist es enger als § 23 Abs. 1 GeschGehG, womit in Fällen, in denen allein ein Handeln zugunsten Dritter bzw. eine Schädigungsabsicht vorliegt, keine Vorfeldstrafbarkeit besteht. Durch den Verweis auf § 30 StGB sind eine versuchte Verleitung, das Sichbereiterklären, die Annahme eines Erbietens und auch die Verabredung zu einer Anstiftung in Bezug auf die von § 23 GeschGehG erfassten Geheimnisschutztatbestände kriminalisiert. Gegenüber der vorherigen Vorschrift in § 19 UWG verweist die Norm nunmehr unmittelbar auf § 30 StGB und ist zudem insoweit konkreter als nicht mehr pauschal Bezug auf den „Wettbewerb" Bezug genommen wird, sondern vom „eigenen oder fremden Wettbewerb" gesprochen wird. In der Sache ergibt sich dadurch aber keine Änderung. Anders als bisher ist auch kein eigener Strafrahmen (bisher: bis zu zwei Jahre Freiheitsstrafe oder Geldstrafe) mehr vorgesehen. Vielmehr gilt nach § 30 StGB der Strafrahmen des jeweiligen Delikts (hier also § 23 Abs. 1–4 GeschGehG) mit der obligatorischen Milderung nach § 49 Abs. 1 StGB. Der Verweis auf § 31 StGB führt dazu, dass auch ein strafbefreiender Rücktritt möglich ist.

3. Auslandstaten

In § 23 Abs. 7 S. 1 GeschGehG wird auf § 5 Nr. 7 StGB verwiesen und damit werden über die Begehung im Inland hinaus auch bestimmte Auslandstaten erfasst. Inhaltlich entspricht die Vorschrift den bisherigen Regelungen in §§ 17 Abs. 6, 18 Abs. 4 und 19 Abs. 5 UWG aF. Damit gilt § 23 GeschGehG auch für Handlungen im Ausland, wenn der Betrieb in Deutschland liegt oder das Unternehmen einen Sitz in Deutschland hat, sowie für Unternehmen mit Sitz im Ausland, wenn diese von einem deutschen Unternehmen abhängig sind und einen Konzern bilden.

E. Fazit

Der Schutz vor Industrie- und Wirtschaftsspionage hat zwar im deutschen Recht eine lange Tradition, allerdings fristete er mit seiner Verankerung im UWG mehr als ein Jahrhundert lang eher ein Schattendasein im Randbereich des Strafrechts. Dieser Ansatz wurde zuletzt der Bedeutung dieser Form des Geheimschutzes in einer globalisierten und technisierten Welt mit teilweise auch einem kulturell sehr unterschiedlichen Verständnis der Notwendigkeit von Innovationsschutz nicht mehr gerecht. Die Europäisierung dieses Rechtsbereichs mit der Schaffung des GeschGehG als eigenständigen Rechtsbereich trägt dieser Entwicklung nunmehr Rechnung und hat ein insgesamt modernes und sachgerechtes System geschaffen. In dessen Zentrum steht die privatrechtliche Durchsetzung der Rechte durch die betroffenen Unternehmen, sodass hier insoweit auch eine weitgehende Privatisierung der Rechtsdurchsetzung geschaffen wurde. Diese ermöglicht nunmehr auch rechtlich basierte Präventionsbemühungen, die die Unternehmen mit einer umfassenden Geheimschutz-Compliance selbst umsetzen können. Allerdings hat die Thematik auch eine weitergehende öffentliche Dimension, wenn die Industrie- und Wirtschaftsspionage durch systematische Angriffe auf die technische Infrastruktur und Deutschland erfolgt oder fremde Nachrichtendienste (oder ausländische Unternehmen mit Unterstützung ihrer Nachrichtendienste) auf relevante Informationen zugreifen wollen. Hier ist es sehr begrüßenswert, dass deutsche Sicherheitsbehörden in der Prävention eng mit den Unternehmen zusam-

87 Während das GeschGehG den zivilrechtlichen Schutz umfassend geregelt hat, ist aus strafrechtlicher Sicht kaum eine Modernisierung erfolgt. Als akzessorisches Strafrecht schützt § 23 GeschGehG wesentliche Verletzungen des Pflichtenkatalogs des GeschGehG, ergänzend tritt das Staatsschutzstrafrecht hinzu, wenn ein Staatsgeheimnis zu bejahen ist. Nicht gesondert erfasst wird allerdings die staatliche Involvierung in die Ausspähung privater Wirtschaftsgeheimnisse. Hier würde es sich anbieten, zumindest in § 23 GeschGehG einen Qualifikationstatbestand aufzunehmen, wenn die Ausspähung im Auftrag oder mit Unterstützung ausländischer staatlicher Behörden (wie insbesondere Nachrichtendienste) erfolgt. Alternativ könnte im Staatsschutzstrafrecht ein Tatbestand der staatlich veranlassten oder organisierten Ausspähung von Geschäftsgeheimnissen aufgenommen werden, um deutlich zu machen, dass es in diesen Fällen nicht nur um die Verletzung privaten Geheimnisschutzes geht, sondern durch die Involvierung ausländischer staatlicher Akteure auch öffentliche Interessen in besonderem Maße tangiert sind.

§ 14 Schutz kritischer Infrastrukturen

Thomas Wischmeyer/Oskar Schumacher

Übersicht

	Rn.
A. Einführung	1
B. Entwicklung und Strukturen des KRITIS-Diskurses	4
I. „Infrastrukturen" im Recht	4
II. Begriff der „kritischen Infrastruktur"	6
III. KRITIS im System des Sicherheitsrechts	13
1. KRITIS und das Katastrophen- und Bevölkerungsschutzrecht	15
2. KRITIS und Systemrelevanz	21
C. Gesetzliche Regelungen zum Schutz kritischer Infrastrukturen	23
I. Horizontale Regelungen	24
1. Vorgaben des IT-Sicherheitsrechts	25
2. Sonstige horizontale Regelungen	28
II. Ergänzende sektorale Regelungen	34
1. Energieversorgung	35
2. Finanz- und Versicherungswesen	40
3. Informationstechnik und Telekommunikation	43
4. Transport und Verkehr	44
5. Gesundheit	51
6. Wasserversorgung	55
7. Ernährung	57
8. Exkurs: Sicherstellungsgesetze	59
9. Staat und Verwaltung	62
10. Medien und Kultur, Schulen und Kinderbetreuung, Pflege	68
D. Grundstrukturen der Regulierung kritischer Infrastrukturen	72
I. Ziele der Regulierung	74
II. Verfassungsrechtliche Rahmenbedingungen	76
1. Staatliche Gewährleistungsverantwortung für den Schutz kritischer Infrastrukturen	77
2. Formelle und materielle Vorgaben des Verfassungsrechts	79
III. Instrumente	81
1. Instrumente zur Vorbeugung	82
a) Pflicht zu Planung und Monitoring	83
b) Personalauswahl und -steuerung	84
c) Sorgfalts- und Sicherungspflichten	85

	Rn.
d) Bereitstellungs-, Vorhalte- und Leistungspflichten	86
e) Risikomanagementpflichten	87
2. Pflichten im Schadensfall	88
a) Informationspflichten	89
b) Verteilung von Ressourcen	90
c) Schadensminderungs- und Beseitigungspflichten	91
d) Pflicht zur Aufrechterhaltung	92
3. Privilegierungen der Betreiber kritischer Infrastrukturen	93
IV. Organisation und Verfahren	94
1. Staatliche Akteure im Mehrebenensystem	95
2. Einbeziehung Privater	97
a) Beteiligung Privater in Regulierung und Durchsetzung	98
b) Wissens- und Legitimationsprobleme	102
3. Administrative Kontrollrechte und Kontrollverfahren	105
E. Perspektiven	106

Wichtige Literatur:
BBK, 10 Jahre „KRITIS-Strategie", 2020, https://bit.ly/3kAKGbW; *BBK,* Definitionen von Schutzzielen für Kritische Infrastrukturen, 2021, https://bit.ly/3ijVVGB; *BBK,* Baukasten KRITIS (living guideline), 2021, https://bit.ly/2TPNsRt; *Dunn Cavelty, M./Kristensen, K. S.,* Securing 'the Homeland'. Critical infrastructure, risk and (in)security, 2008; *Engels, J. I./Nordmann, A.,* Was heißt Kritikalität?, 2018; *Freimuth, C.,* Die Gewährleistung der IT-Sicherheit Kritischer Infrastrukturen, 2018; *Frischmann, B. M.,* Infrastructure. The Social Value of Shared Resources, 2012; *Gusy, C./Kugelmann, D./Würtenberger, T.* (Hrsg.), Rechtshandbuch Zivile Sicherheit, 2017; *Hornung, G./Schallbruch, M.* (Hrsg.), IT-Sicherheitsrecht, 2021; *Kloepfer, M.,* Schutz kritischer Infrastrukturen: IT und Energie, 2010; *Kloepfer, M.,* Handbuch des Katastrophenrechts, 2015; *Leisterer, H.,* Internetsicherheit in Europa, 2018; *van Laak, D.,* Alles im Fluß. Die Lebensadern unserer Gesellschaft, 2018; *Voßkuhle, A.* in Habersack/Huber/Spindler, FS Stilz, 2014, 675 ff.; *Schulze, T.,* Bedingt abwehrbereit, 2006; *Wiater, P.,* Sicherheitspolitik zwischen Staat und Markt, 2013.

Nützliche Internetadressen:
Bundesamt für Sicherheit in der Informationstechnik, Bundesamt für Bevölkerungsschutz und Katastrophenhilfe: https://www.kritis.bund.de/ – Übersicht über die KRITIS-Strategie der Bundesregierung; Agentur der Europäischen Union für Cybersicherheit (ENISA): https://www.enisa.europa.eu/topics/critical-information-infrastructures-and-services – Aktivitäten der Europäischen Union im Bereich Cybersicherheit; Europäische Kommission: https://ec.europa.eu/home-affairs/what-we-do/policies/counter-terrorism/protection_en.

Hinweis:
Alle Internetfundstellen wurden zuletzt am 6.4.2022 abgerufen.

A. Einführung

Moderne Gesellschaften zeichnen sich durch eine **hochgradig arbeitsteilige Organisation** aus. Die Interdependenz der Akteure und Teilsysteme bringt es mit sich, dass das Gesamtsystem den Ausfall einzelner Funktionsbereiche nicht unbegrenzt und jedenfalls nicht kurzfristig kompensieren kann. Dies schafft **Verwundbarkeiten** an Stellen, die üblicherweise nicht im Fokus der staatlichen Risikovorsorge stehen. Realisieren sich entsprechende Risiken – sei es infolge eines internen Versagens einzelner Funktionsbereiche oder durch Handlungen Dritter – drohen nachhaltige Schäden für das Gesamtsystem.

Politik und Wissenschaft diskutieren solche nicht-konventionellen Bedrohungslagen, die aus der Abhängigkeit der Gesellschaft von einzelnen, für das Funktionieren des Gesamtsystems essentiellen Teilsystemen resultieren, seit Mitte der 1990er Jahre unter dem **Paradigma „Schutz kritischer Infrastrukturen" (KRITIS).** Auch der Gesetzgeber hat sich der Thematik angenommen. Insbesondere im IT-Sicherheitsrecht (→ Rn. 25 ff.), aber auch in zahlreichen anderen Rechtsgebieten finden sich heute Regelungen zum Schutz kritischer Infrastrukturen. Die entsprechende Materie ist allerdings überaus heterogen. Zudem überlagert sich der KRITIS-Ansatz mit ähnlich gelagerten Vorhaben, insbesondere dem

Katastrophen- und Bevölkerungsschutz (→ Rn. 15 ff.). Das erschwert die Suche nach Ordnungsstrukturen der Materie.

3 Vor diesem Hintergrund sollen hier zunächst Entwicklung und Strukturen des KRITIS-Diskurses untersucht werden (→ Rn. 4 ff.). Auf dieser Basis lassen sich dann die relevanten Normen zusammenstellen (→ Rn. 23 ff.) und dogmatische Bausteine eines übergreifenden regulatorischen Schutzkonzeptes für kritische Infrastrukturen herausarbeiten (→ Rn. 72 ff.).

B. Entwicklung und Strukturen des KRITIS-Diskurses

I. „Infrastrukturen" im Recht

4 Mit dem Rekurs auf „**Infrastruktur**" verwendet der KRITIS-Diskurs einen ebenso eingängigen wie schillernden Begriff.[1] Infrastruktur bezeichnete ursprünglich ortsfeste Elemente der Eisenbahntechnik (franz. *infrastructure* als Unterbau von Eisenbahn-Konstruktionen)[2]. In den 1950er-Jahren fand der Begriff zunächst Aufnahme ins NATO-Vokabular und stand dort allgemein für ortsfeste militärische Anlagen wie Flughäfen, Treibstoffreservoire und Kommunikationssysteme.[3] Die (Wirtschafts-)Wissenschaft löste den Infrastrukturbegriff dann vom Anlagenbezug und beschrieb damit die materiellen (Energie, Verkehr), personellen (Arbeitskräfte) und institutionellen (Verwaltung, Bildungssystem, Kommunikation) Bedingungen, auf denen das Gelingen einer Volkswirtschaft beruht.[4] Von hier aus etablierte sich das Wort im allgemeinen Sprachgebrauch, verlor weiter an Konturen und wurde zu einem jener „‚**Plastikwörter' der wissenschaftlich-technischen Zivilisation**, mit denen wir heute soziale Sicherheit, staatliche Verantwortung und wirtschaftliche Prosperität konnotieren".[5] Bemühungen der Sozial- und Wirtschaftswissenschaften um eine theoretische Schärfung waren bisher nicht erfolgreich.[6] Die Beobachtung, dass erst im „Zusammenbruch" sichtbar wird, was Infrastruktur ist, ist zwar treffend, trägt aber ex ante wenig zur Begriffsklarheit bei.[7]

5 Auch im **Recht** hat sich ein **weiter Infrastrukturbegriff** etabliert. Bereits die erstmalige Erwähnung durch das **BVerfG** im Jahr 1974, bei der das Gericht schlicht alle „Einrichtungen der Energie- und Wasserversorgung, des Nahverkehrs, der Abfallbeseitigung, der Krankenhäuser, Altenheime und Kindergärten" als Elemente der „örtlichen ‚Infrastruktur'" einordnete, zeigte wenig Neigung zur Begriffsarbeit.[8] Gleiches gilt für den **Gesetzgeber**.[9] Dieser bezieht den Infrastrukturbegriff teilweise auf ortsfeste bauliche Anlagen,[10] teilweise auf Leitungsnetze,[11] teilweise auf organisatorische Zusammenhänge

---

[1] Zum Folgenden: *Schatz* in Berger, Wettbewerb und Infrastruktur in Post- und Telekommunikationsmärkten, 1996, 122 ff.; *van Laak* AfB 1999, 280 ff.; *van Laak,* Geschichte und Gesellschaft 2001, 367 ff. Zusammenfassend auch *Dörr* VVDStRL 73 (2014), 323 (325 ff.).

[2] *Jellinghaus*, Zwischen Daseinsvorsorge und Infrastruktur, 2006, 13. Zur Eisenbahn als „Kern des Infrastrukturdiskurses" *Voßkuhle* FS Stilz, 2014, 675 ff.

[3] *van Laak* AfB 1999, 280 (281 f.) mwN; *van Laak,* Alles im Fluss, 2018, 15.

[4] Prägend: *Jochimsen,* Theorie der Infrastruktur, 1966; vgl. auch *Jochimsen/Simonis,* Theorie und Praxis der Infrastrukturpolitik, 1970. Vgl. *Dombrowsky* in Kloepfer Schutz kritischer Infrastrukturen 29 (33).

[5] *van Laak* Geschichte und Gesellschaft 2001, 367 (367).

[6] Wenig instruktiv etwa *Frischmann*, Infrastructure. The Social Value of Shared Resources, 2012, 4.

[7] *Star* American Behavioral Scientist 43 (1999), 377 (382).

[8] BVerfGE 38, 258 (270 f.) = NJW 1975, 255. Weitere Nachweise zur Rspr. bei *Wißmann* VVDStRL 73 (2014), 369 (375). Zu Kindergärten als „Infrastruktureinrichtungen" auch BVerfGE 97, 332 (343) = NJW 1998, 2128.

[9] In der Gesetzgebung taucht der Infrastruktur-Begriff seit den 1960er Jahren auf, vgl. den Hinweis bei *Dörr* VVDStRL 73 (2014), 323 (328).

[10] Vgl. § 2 Abs. 6 AEG; ähnlich § 1 Abs. 1, § 3 Nr. 45, 54, § 79 TKG. Allerdings ist keineswegs überall dort, wo Regelungen zu entsprechenden Anlagen getroffen werden, im Gesetz von „Infrastrukturen" die Rede, vgl. den Hinweis bei *Wißmann* VVDStRL 73 (2014), 369 (375) auf das NABEG.

[11] S. insbesondere Art. 170 Abs. 1 AEUV. Zu den Ursprüngen der Norm in der europäischen gemeinsamen Infrastrukturpolitik *Calliess* in Calliess/Ruffert AEUV Art. 170 Rn. 1. Auch hier wird der Begriff in jüngerer Zeit extensiver verstanden und soll nicht nur klassische „Anlagen", sondern auch digitale „Dienste" einbeziehen, vgl. *Calliess* in Calliess/Ruffert AEUV Art. 170 Rn. 11.

und Dienstleistungen¹² und teilweise auf komplexe sozio-technische Gebilde.¹³ Ein besonders weites Begriffsverständnis begegnet in Gesetzen zur Umsetzung konjunkturpolitischer (Infrastruktur-)Programme, wie etwa dem Digitalinfrastrukturfondsgesetz von 2018.¹⁴ Alle unterschiedlichen Begriffsvarianten finden sich gebündelt im Raumordnungsrecht.¹⁵ Auch in der **rechtswissenschaftlichen Literatur** werden Infrastrukturen üblicherweise weit als „Einrichtungen und Vorkehrungen" definiert, die in der Gesellschaft „als Grundausstattung notwendig sind, um eine angemessene wirtschaftliche und personale Entfaltungsmöglichkeit des Individuums zu gewährleisten".¹⁶ Soweit demgegenüber vereinzelt ein strikt anlagenbezogener Infrastrukturbegriff vertreten wird,¹⁷ ist dies weder mit dem gesetzgeberischen noch mit dem allgemeinsprachlichen Begriffsverständnis kompatibel. Dazwischen bewegen sich Definitionen, die in Anlehnung an Art. 170 AEUV Infrastrukturen als „die Gesamtheit der sächlichen, personellen und organisatorischen Vorkehrungen" bezeichnen, „die der Mobilität von Personen, dem Transport von Gütern und der Entfernungen überwindenden Kommunikation dienen".¹⁸ Dieser Ansatz bezieht seine Plausibilität daraus, dass bei leitungsgebundenen Netzwirtschaften der Nutzen mit der Größe und Verzweigtheit wächst; umgekehrt kann der Ausfall einzelner Knotenpunkte, je nach Struktur des Netzwerks, entsprechende Folgeschäden nach sich ziehen.¹⁹ Das macht solche leitungsgebundenen Netzwerke zu gewissermaßen paradigmatischen Infrastrukturen.²⁰ Jedoch ist Leitungsgebundenheit jedenfalls unter dem für den KRITIS-Ansatz maßgeblichen Gesichtspunkt der gesamtgesellschaftlichen Funktionalität (→ Rn. 11) kein notwendiges Merkmal, was sich an leitungsungebundenen Sektoren wie dem der Ernährung („Lebensmittelkette") zeigt.²¹ Auch das Grundgesetz, im dem sich der Infrastrukturbegriff erst seit 2019 explizit findet, verwendet diesen in einem nicht leitungsgebundenen Kontext (Art. 104c GG: „Bildungsinfrastruktur").

II. Begriff der „kritischen Infrastruktur"

Die Wurzeln des **KRITIS-Diskurses** reichen zurück bis zu jenen Analysen, die das 6
U.S.-Militär zur Wirkung von Bombenangriffen im Zweiten Weltkrieg angestellt hat, um

---

[12] Vgl. § 8a Abs. 4 SGB XI („pflegerische Infrastruktur").
[13] Vgl. §§ 306ff. SGB V („Telematikinfrastruktur"); § 3 Abs. 5 GeoZG („Geodateninfrastruktur ist eine Infrastruktur bestehend aus Geodaten, Metadaten und Geodatendiensten").
[14] Digitalinfrastrukturfondsgesetz v. 17.12.2018 (BGBl. 2018 I 2525). Vgl. entsprechend bereits die in § 3 Abs. 1 Zukunftsinvestitionsgesetz v. 2.3.2009 (BGBl. 2009 I 416 [428]) genannten zwei Förderbereiche „Bildungsinfrastruktur" und „Infrastruktur". Weitgehend analog § 3 Kommunalinvestitionsförderungsgesetz v. 24.6.2015 (BGBl. 2015 I 974 [975]).
[15] § 2 Abs. 2 Nr. 1 S. 1 ROG fordert dazu auf, die Raumordnung auch mit Blick auf die Gestaltung der „infrastrukturellen Verhältnisse" zu betreiben. § 2 Abs. 2 Nr. 3 S. 1 ROG unterscheidet dazu „Dienstleistungen" und „Infrastrukturen", setzt letztere also mit (baulichen) Anlagen gleich (*Kümper* in Kment, Raumordnungsgesetz, 2019, ROG § 2 Rn. 54; entsprechend auch § 13 Abs. 5 Nr. 3 ROG). § 2 Abs. 2 Nr. 3 S. 2 ROG zählt dann aber auch Dienste und Einrichtungen des Gesundheitssystems etc. zu den „sozialen Infrastrukturen" (*Kümper* in Kment, Raumordnungsgesetz, 2019, ROG § 2 Rn. 55). § 2 Abs. 2 Nr. 4 S. 1 ROG stellt schließlich „wirtschaftsnahe Infrastrukturen" in einen engen Zusammenhang mit dem Angebot von Arbeits- und Ausbildungsplätzen. Seit 2008 gehört schließlich nach § 2 Abs. 2 Nr. 3 S. 4 ROG auch der Schutz „kritischer Infrastrukturen" zu den Grundsätzen der Raumordnung, → Rn. 30.
[16] *Stern* in Arndt/Swatek, Grundfragen der Infrastrukturplanung, 1971, 69 (70). Vgl. auch *Gärditz* in Kirchhof/Korte/Magen, Öffentliches Wettbewerbsrecht, 2014, 363 (363).
[17] Vgl. *Dörr* VVDStRL 73 (2014), 323 (332). Daran angelehnt auch die Differenzierung zwischen Infrastrukturen als „ortsfesten Anlagen und Einrichtungen" und „Infrastrukturleistungen oder -diensten" bei *Engels* in Gusy/Kugelmann/Würtenberger Zivile Sicherh-HdB 273 (276).
[18] *Hermes*, Infrastrukturverantwortung, 1998, 170 ff. S. auch *Kühling*, Sektorspezifische Regulierung in den Netzwirtschaften, 2004, 40 ff.
[19] Überblick bei *Frischmann*, Infrastructure. The Social Value of Shared Resources, 2012, 87 ff.
[20] In diese Richtung auch *Gärditz* in Kirchhof/Korte/Magen, Öffentliches Wettbewerbsrecht, 2014, 363 (363) unter Verweis auf den ähnlich gelagerten Infrastrukturbegriff von *Koenig/Kühling/Theobald*, Recht der Infrastrukturförderung, 2004.
[21] Dazu *Ebeling* in Gusy/Kugelmann/Würtenberger Zivile Sicherh-HdB 303 ff.

daraus Erkenntnisse über die systemischen Abhängigkeiten und Verletzlichkeiten von Gesellschaften zu gewinnen.[22] Ähnlich gelagert waren Studien zur Sicherung „kriegswichtiger Industrien", die während des Kalten Kriegs, insbesondere mit Blick auf die Folgen eines Nuklearangriffs, unternommen wurden.[23] Diese Ansätze wurden ab **Mitte der 1990er Jahre** unter dem Stichwort „Kritikalität" mit dem Infrastruktur-Begriff verbunden. Vorreiter war insoweit die **President's Commission on Critical Infrastructure Protection (PCCIP)** in den USA. Deren Abschlussbericht[24] setzte sich umfassend mit der Bedrohungslage für kritische Infrastrukturen in den Vereinigten Staaten auseinander und forderte unter anderem die Entwicklung einer nationalen Strategie.[25] Der PCCIP-Bericht wurde international wahrgenommen und beeinflusste auch die Schaffung der 1997 eingerichteten ressortübergreifenden Arbeitsgruppe **„AG KRITIS"**, die beim Bundesamt für Sicherheit in der Informationstechnik (BSI) angesiedelt wurde und deren Einsetzung den Beginn der Auseinandersetzung mit dem Thema in Deutschland markiert.[26] Die Bezeichnung der AG orientierte sich terminologisch am US-amerikanischen Vorbild.[27] In enger Anlehnung an den PCCIP-Bericht[28] definierte die AG kritische Infrastrukturen weit als „Organisationen und Einrichtungen mit (lebens-)wichtiger Bedeutung für das staatliche Gemeinwesen, bei deren Ausfall oder Störungen für größere Bevölkerungsgruppen nachhaltig wirkende Versorgungsengpässe oder andere dramatische Folgen eintreten".[29]

7   Nach der Jahrtausendwende schärften Terroranschläge, für die Elemente ziviler Infrastruktur instrumentalisiert wurden, das Bewusstsein für entsprechende Vulnerabilitäten. Das Thema gewann in der Sicherheitspolitik an Gewicht und wurde in den USA dem auf Bundesebene organisierten „Heimatschutz" zugeordnet.[30] Ähnlich war die Entwicklung in der Europäischen Union, deren Bedeutung für die Gestaltung des Bereichs jedoch zunächst begrenzt blieb.[31] Mit Blick auf die erlebten Anschläge konzentrierten sich die konkreten Schutzmaßnahmen zunächst auf den physischen Anlagenschutz.[32] Teil dieser Entwicklung war 2003 die Errichtung des dafür zuständigen Bundesamts für Bevölkerungsschutz und Katastrophenhilfe (BBK). In den Folgejahren rückte dann die Bedeutung informationstechnischer Systeme für die Infrastruktursicherheit in den Fokus.[33] Mit dem hierfür zuständigen BSI befasste sich eine weitere Bundesbehörde mit der Infrastruktursicherung. Eine erste **Konsolidierung des Diskurses** in Deutschland erfolgte 2009 mit der **Nationalen Strategie zum Schutz Kritischer Infrastrukturen (KRITIS-Strategie)** des Bundesministeriums des Innern,[34] die unter dem Gesichtspunkt der Kritikalität sowohl technische Basisinfrastrukturen als auch sozioökonomische Dienstleistungsinfrastrukturen aufschlüssel-

---

[22] *Dombrowsky* in Kloepfer Schutz kritischer Infrastrukturen 29 ff.
[23] Zu diesen als Vorläufer des KRITIS-Diskurses vgl. *Folkers* Arch+ 2020, 103 (103 ff.).
[24] PCCIP Critical Foundations: Protecting America's Infrastructures, 1997 (abrufbar unter: https://bit.ly/3kst1mN).
[25] *Schulze*, Bedingt abwehrbereit, 2006, 147 f.
[26] Der Abschlussbericht der AG von 2000 wurde nicht veröffentlicht, es ist jedoch eine Entwurfsversion 7.95 vom 3.12.1999 öffentlich geworden und im Internet weiterhin aufzufinden, vgl. *Schulze*, Bedingt abwehrbereit, 2006, 157 ff. Anstelle der interministeriellen Arbeitsgruppe führt die Bezeichnung „AG KRITIS" mittlerweile ein 2018 gegründeter zivilgesellschaftlicher Zusammenschluss verschiedener Fachleute aus dem Bereich.
[27] Zum Einfluss des US-Diskurses auf die deutsche Diskussion näher *Kloepfer* in Kloepfer Schutz kritischer Infrastrukturen 9 (12).
[28] Vgl. *Kloepfer* in Kloepfer Schutz kritischer Infrastrukturen 9 (12).
[29] *BBK*, 10 Jahre „KRITIS-Strategie", 2020, 17.
[30] Vgl. *Schulze*, Bedingt abwehrbereit, 2006, 164 ff.; *Wiater*, Sicherheitspolitik zwischen Staat und Markt, 2013, 36. Zur sicherheitspolitischen Entwicklung insgesamt → Rn. 13 f.
[31] Die Rolle der EU ist insoweit vor allem kompetenzrechtlich determiniert, vgl. *Schmidt-Preuß* in Kloepfer Schutz kritischer Infrastrukturen 67 (69 ff.). → Rn. 76.
[32] Vgl. *BMI*, Basisschutzkonzept, 2005, sowie *BBK*, Problemstudie Risiken für Deutschland, 2005.
[33] Bspw. *BMI*, Nationaler Plan zum Schutz der Informationsinfrastrukturen, 2005, der in der weiterhin laufenden Kooperation UP KRITIS operationalisiert wurde vgl. → Rn. 98.
[34] *BMI*, Nationale Strategie zum Schutz Kritischer Infrastrukturen (KRITIS-Strategie), 2009.

te.³⁵ Im selben Jahr wurden in das neugefasste BSIG in § 3 Abs. 1 Nr. 15 BSIG aF erstmals Schutzaufgaben für „kritische Informationsinfrastrukturen" aufgenommen, ohne jedoch diesen Begriff näher zu bestimmen.

Ein wichtiger Schritt zur rechtlichen Regulierung von KRITIS war allerdings bereits kurz zuvor, 2008, mit der **Richtlinie über die Ermittlung europäischer kritischer Infrastrukturen** (EKI-RL) erfolgt.³⁶ Diese war Teil des Europäischen Programms zum Schutz kritischer Infrastrukturen³⁷ und nahm deshalb spezifisch die Sicherheit europäischer kritischer Anlagen in den Blick, dh von Anlagen, deren Ausfall erhebliche Auswirkungen auf mindestens zwei Mitgliedstaaten hat (vgl. Art. 2 lit. b EKI-RL). Der Anwendungsbereich der Richtlinie ist begrenzt auf die Sektoren Energie und Verkehr, für die ein Beurteilungs- und Ablaufdiagramm formuliert wird, um entsprechende Infrastrukturen zu identifizieren und ihre Sicherheit zu evaluieren.³⁸ Die Umsetzung in nationales Recht erfolgte insbesondere in § 12g EnWG. Mit der Verpflichtung zur systematischen Ausweisung von EKI, zur Aufstellung genereller Sicherheitspläne und zur Vernetzung führte die Richtlinie verschiedene später vom nationalen IT-Sicherheitsgesetzgeber wieder aufgegriffene Instrumente in die Regulierung von KRITIS ein. Aktuell ist eine grundsätzliche Reform der Richtlinie in der Diskussion (→ Rn. 107). **8**

Eine weitere Konsolidierungsstufe wurde **2015** mit dem **IT-Sicherheitsgesetz** erreicht, einem Artikelgesetz unter anderem zur Änderung des BSIG.³⁹ Dieses enthält in § 2 Abs. 10 S. 1 BSIG eine **Legaldefinition** für kritische Infrastrukturen. Danach handelt es sich dabei um „Einrichtungen, Anlagen oder Teile davon",⁴⁰ die **bestimmten Sektoren** (§ 2 Abs. 10 S. 1 Nr. 1 BSIG) angehören und die sich zugleich dadurch auszeichnen, dass sie **„von hoher Bedeutung für das Funktionieren des Gemeinwesens sind, weil durch ihren Ausfall oder ihre Beeinträchtigung erhebliche Versorgungsengpässe oder Gefährdungen für die öffentliche Sicherheit eintreten würden"** (§ 2 Abs. 10 S. 1 Nr. 2 BSIG).⁴¹ Während die Sektoren – nämlich: „Energie, Informationstechnik und Telekommunikation, Transport und Verkehr, Gesundheit, Wasser, Ernährung sowie Finanz- und Versicherungswesen" – im Gesetz bereits abschließend genannt werden, erfolgt eine nähere Bestimmung der erfassten Anlagen im Verordnungsweg. Auf Einzelheiten wird noch einzugehen sein (→ Rn. 25 ff.). **9**

Die vergleichsweise detaillierten Regelungen des BSIG dürfen nicht darüber hinwegtäuschen, dass hier Felder **ausgeklammert** werden, denen – dem Maßstab des § 2 Abs. 10 S. 1 Nr. 2 BSIG zufolge – Kritikalität zugesprochen werden müsste. Bemerkenswert ist insbesondere, dass weder im engen Sinne staatliche Einrichtungen (Parlamente, Justiz und Verwaltung) noch die Medien oder der Bildungssektor zu den kritischen Infrastrukturen gerechnet werden, obwohl deren Bedeutung für die Gesellschaft ebenso wie ihre (hohe!) Abhängigkeit von sicheren und funktionsfähigen IT-Systemen nicht infrage stehen dürfte.⁴² Das Gemeinsame der in § 2 Abs. 10 S. 1 Nr. 1 BSIG genannten Sektoren dürfte denn auch **10**

---

³⁵ Vgl. *BMI*, KRITIS-Strategie, 2009, 5. Zum Hintergrund der Sektorbestimmungen im Zeitverlauf vgl. *BBK*, 10 Jahre „KRITIS-Strategie", 2020, 22 ff.
³⁶ RL 2008/114/EG des Rates vom 8.12.2008 über die Ermittlung und Ausweisung europäischer kritischer Infrastrukturen und die Bewertung der Notwendigkeit, ihren Schutz zu verbessern (ABl. 2008 L 345, 75).
³⁷ Europäische Kommission, Europäisches Programm für den Schutz kritischer Infrastrukturen, 12.12.2006, KOM(2006) 786 endg.
³⁸ *Schmidt-Preuß* in Kloepfer Schutz kritischer Infrastrukturen 67 (71).
³⁹ Gesetz zur Erhöhung der Sicherheit informationstechnischer Systeme v. 17.7.2015 (BGBl. 2015 I 1324); vgl. eingehend dazu → Rn. 25.
⁴⁰ § 2 Abs. 10 S. 1 BSIG legt auf den ersten Blick einen rein anlagenbezogenen Infrastrukturbegriff (→ Rn. 5) zugrunde; § 10 Abs. 1 S. 1 BSIG iVm der BSI-KritisV definiert die maßgeblichen Anlagen dann allerdings über deren Eignung zur Erbringung „kritischer Dienstleistungen" (vgl. § 1 Nr. 1 und Nr. 3 BSI-KritisV).
⁴¹ Leicht abweichend die Begriffsbestimmung in der Gesetzesbegründung zu § 2 Abs. 2 Nr. 3 S. 4 ROG von 2008: BT-Drs. 16/10292, 21.
⁴² *Wischmeyer* Die Verwaltung 2017, 155 (164). Die NIS-RL fasst den Begriff der kritischen Infrastrukturen noch enger als BSIG und BSI-KritisV (→ Rn. 25), vgl. *Schallbruch* CR 2017, 648 (650 f.).

11 Allerdings ist es aus rechtswissenschaftlicher Sicht nur begrenzt ertragreich, die gesetzgeberische Einordnung bestimmter Sektoren als „kritisch" zu hinterfragen. Denn der **Begriff der Kritikalität** ist ähnlich „**kontextabhängig**" wie jener der Infrastruktur. In einer modernen, ausdifferenzierten Gesellschaft hängt (fast) alles mit allem zusammen, sodass letztlich aus jedem Teilsystem – etwa über Lieferketten – Störungen des Gesamtsystems resultieren können.[43] Ferner hängt es von der Art der Krise ab, welche Sektoren mit Blick auf bestimmte, von ihnen zu erbringende Folgen, besonders relevant werden: Während in einer Pandemie alle gesellschaftlichen Teilsysteme danach beurteilt werden, welchen Beitrag sie dazu leisten, die Funktionsfähigkeit des Gesundheitssystems aufrechtzuerhalten, sind in einer Energiekrise ganz andere Funktionalitäten gefordert. In einer militärischen Auseinandersetzung müssen andere Prioritäten gesetzt werden als in einer Finanzkrise, die „Ansteckungsrisiken" für andere Akteure begründet. Auch der regionale Vergleichsmaßstab spielt eine Rolle: Je nachdem, ob Kritikalität am europäischen oder am kommunalen Maßstab gemessen wird, verschieben sich die Konturen.[44] Schließlich können Krisensituationen auch eine innerbetriebliche Priorisierung erforderlich machen, um die „kritischen" (und unter Umständen gesetzlich geforderten) Funktionen bzw. Dienstleistungen eines Unternehmens zu gewährleisten.[45]

12 Diese **strukturelle Unbestimmtheit des KRITIS-Begriffs** spricht keineswegs gegen seine Verwendung im gesellschaftlich-politischen und im rechtlichen Kontext. Im gesellschaftlich-politischen Kontext erfolgt eine Schärfung vielmehr dadurch, dass über die Kritikalität von Einrichtungen und Institutionen eine konkrete gesellschaftliche oder politische Vereinbarung herbeigeführt wird.[46] Wird Kritikalität so als **gesellschaftlich vereinbarte Zuschreibung herausgehobener Relevanz** verstanden, wird die Begriffsbestimmung zwar gewissermaßen tautologisch, weist zugleich aber auf eine besonders intensive Relationalität und die eben daraus resultierende Bedeutung des so Bezeichneten hin.[47] Ein Aus- oder Störfall ist dann eine gesellschaftliche Bedrohung und insofern für die Gesellschaft „kritisch", wenn er die von der Gesellschaft verfolgten und als solche vereinbarten Hauptziele infrage stellt. Insofern ist die Wahl des mehrdeutigen Begriffs im etymologischen Sinne korrekt (griech. „*kritikós*" zu „*krínein*" „scheiden, trennen, entscheiden")[48] – die so bezeichneten Infrastrukturen sind „entscheidend" für die Gesellschaft. Zugleich hat aber auch der Diskurs über kritische Infrastrukturen selbst eine kritische Stoßrichtung, indem er die üblicherweise latente Abhängigkeit der Gesellschaft von diesen Infrastrukturen sichtbar macht.[49] Aus rechtlicher Sicht wird eine entsprechende **Zuschreibung** dann – und nur dann – relevant, wenn der **Gesetzgeber sie sich zu eigen macht.** Der KRITIS-Ansatz darf aus diesem Grund nicht als Ausgangspunkt einer dem Gesetzgeber übergeordneten Staatsaufgabenlehre verstanden werden (→ Rn. 78), sondern muss von diesem als Auftrag verstanden werden, die Sicherheit der Grundstrukturen des Gemeinwesens rechtzeitig in den Blick zu nehmen.

---

[43] Vgl. zur insoweit wenig weiterführenden Bezeichnung von Einrichtungen mit mittelbarer Bedeutung für das Gemeinwesen als „systemrelevant": *BBK* Klärung und Erweiterung des KRITIS-Vokabulars, 2021, 6. Zum Begriff eingehend → Rn. 22.
[44] *BBK*, 10 Jahre „KRITIS-Strategie", 2020, 32 f.
[45] Insoweit eine Differenzierung „kritischer Prozesse" und „innerbetrieblicher Unterstützungsprozesse" entwerfend: *BBK* Identifizierung und Priorisierung innerhalb von Kritischen Infrastrukturen, 2021 (abrufbar unter: https://bit.ly/3x5Bk07).
[46] Anhand des Dreiklangs „kriegswichtig", „lebenswichtig" und „systemwichtig" eingehend *Folkers* in Engels/Nordmann, Was heißt Kritikalität?, 2018, 123 (146).
[47] *Engels* in Engels/Nordmann, Was heißt Kritikalität?, 2018, 17 (33).
[48] *Kluge,* Etymologisches Wörterbuch der deutschen Sprache, 2012, 543.
[49] *Folkers* Arch+ 2020, 103 (105).

III. KRITIS im System des Sicherheitsrechts

Der KRITIS-Diskurs ist Teil jener umfassenden **Rekonfiguration des Sicherheits-** 13
rechts, die sich historisch im Zusammenspiel der geostrategischen Ungewissheiten sowie der „Informationsrevolution" der 1990er Jahre entwickelt hat und die mit dem Konzept der **„zivilen Sicherheit"** verknüpft ist.[50] Die zunehmende Bedeutung der Informations- und Kommunikationstechnologien, die unberechenbare Bedrohungslage nach dem Ende des Kalten Kriegs[51] und die gesteigerte Schadensanfälligkeit und Vulnerabilität moderner Industriegesellschaften[52] führten dazu, dass Sicherheit nunmehr konzeptionell als Abwehr eines Bedrohungskontinuums gedacht wurde, was entsprechende Vernetzungsbestrebungen innerhalb der Sicherheitsarchitektur auslöste.[53] Damit einher ging ein Perspektivwechsel von den Schadensursachen auf die Schadenswirkungen, der statt der Abwehr bestimmter Gefahrenarten (etwa eines militärischen Konflikts) den Schutz „vitaler Systeme" vor unkalkulierbaren Risiken ins Zentrum stellte.[54] Dieser Perspektivwechsel prägte nicht nur den KRITIS-Diskurs, sondern auch weitere mit dem Konzept der zivilen Sicherheit verknüpfte Ansätze.[55]

In diesem Zusammenhang ist darauf hinzuweisen, dass die gerade skizzierte Rekonfigu- 14
ration verschiedentlich als **„Versicherheitlichung" von Recht und Politik kritisiert** wird (vgl. → § 1 Rn. 7 ff.).[56] Diese „Versicherheitlichung", also eine Charakterisierung von Problemlagen als „Sicherheitsfragen" mit der Folge, dass außergewöhnliche Maßnahmen zur Umsetzung ergriffen werden können,[57] wird als latent freiheitsgefährdend kritisiert,[58] insbesondere wenn durch die starke Vorverlagerung der „Gefahrenabwehr" rechtsstaatliche Grenzziehungen infrage gestellt werden, wenn signifikante Kompetenzzuwächse von Sicherheitsbehörden zu beobachten sind[59] oder wenn die Sicherheitsgewährleistung Privaten übertragen wird, wodurch es zu einer „Neuverteilung"[60] der öffentlichen Sicherheitsaufgaben zwischen Staat und Gesellschaft kommt.[61] Diese Hinweise sind ernst zu nehmen,[62] zumal die potentiellen Schadensszenarien – im KRITIS-Diskurs beschrieben als „erhebliche Versorgungsengpässe bis hin zu Störungen der öffentlichen Sicherheit oder dramatische Folgen"[63] – oft so schwerwiegend sind, dass kleinteilige Abwägungen fehl am Platz erscheinen. Insofern wohnt dem KRITIS-Diskurs eine entgrenzende Tendenz inne.[64] Diese Beobachtung kann das Anliegen des KRITIS-Diskurses jedoch nicht grundsätzlich

---

[50] *Kaufmann* in Hempel/Krasmann/Bröckling, Sichtbarkeitsregime, 2011, 101 (119) vgl. auch → § 6 Rn. 18.
[51] *Kristensen* in Dunn Cavelty/Kristensen, Securing 'the Homeland', 2008, 63 (67).
[52] *Wiater*, Sicherheitspolitik zwischen Staat und Markt, 2013, 33 f.
[53] *Kaufmann* in Hempel/Krasmann/Bröckling, Sichtbarkeitsregime, 2011, 101 (102); zur „vernetzten Sicherheit" → § 1 Rn. 39.
[54] Unter dem Paradigma von „low probability, high consequences"-Szenarien, vgl. *Collier/Lakoff* in Dunn Cavelty/Kristensen, Securing 'the Homeland', 2008, 17 (34).
[55] *Engels* in Gusy/Kugelmann/Würtenberger Zivile Sicherh-HdB 273 (274).
[56] Vgl. zur ursprünglich auf außenpolitische Sachverhalte bezogenen „Securitization Theory" *Wæver* in Lipschutz, On Security, 1995, 46 (54 ff.). Für die Übertragbarkeit der „Versicherheitlichung als Erklärungsmuster" auf die innere Sicherheit, wenn auch ohne klare Bestimmung: *Buchner* in Lange/Endreß/Wendekamm, Versicherheitlichung des Bevölkerungsschutzes, 2013, 173 (177 ff.).
[57] *Buchner* in Lange/Endreß/Wendekamm, Versicherheitlichung des Bevölkerungsschutzes, 2013, 173 (177 f.).
[58] *Gusy* in Gusy/Kugelmann/Würtenberger Zivile Sicherh-HdB 55.
[59] Dazu, dass diese Befürchtungen nicht völlig aus der Luft gegriffen sind, vgl. *Wischmeyer* Die Verwaltung 2017, 155 (180).
[60] *Lange/Ohly/Reichertz* in Lange/Ohly/Reichertz, Auf der Suche nach neuer Sicherheit, 2008, 11 (12).
[61] *Wiater*, Sicherheitspolitik zwischen Staat und Markt, 2013, 18. Zugespitzt formuliert: „Through the 'securitization of private actors' [...], the public/private distinction is effectively broken down.", vgl. *Dunn Cavelty/Kristensen* in Dunn Cavelty/Kristensen, Securing 'the Homeland', 2008, 9.
[62] Dabei fällt auf, dass insoweit Infrastruktursicherung meist auch mit einer militärischen Komponente diskutiert wird, beispielsweise als Teil von Cybersecurity bzw. eines Cyberwars, vgl. *Kaufmann* in Gusy/Kugelmann/Würtenberger Zivile Sicherh-HdB 3 (10).
[63] *BMI* KRITIS-Strategie, 2009, 3.
[64] *Wiater*, Sicherheitspolitik zwischen Staat und Markt, 2013, 33 ff.

infrage stellen. Vielmehr sind dahingehende Tendenzen des KRITIS-Diskurses bei der rechtsstaatskonformen Ausgestaltung zu berücksichtigen.

1. KRITIS und das Katastrophen- und Bevölkerungsschutzrecht

15 Eng verwandt mit KRITIS ist zunächst jene Rechtsmaterie, die traditionell als **Katastrophenrecht** firmiert. Nach hergebrachtem Verständnis lässt sich das Gebiet in das Katastrophenschutz- einerseits und das Zivilschutzrecht andererseits untergliedern.[65] Während letzteres dem Schutz der Zivilbevölkerung im Verteidigungsfall dient, bezweckt das Katastrophenschutzrecht den Schutz im Falle einer (Natur-)Katastrophe. Die Unterscheidung hat eine wichtige kompetenzrechtliche Dimension: Während das Katastrophenschutzrecht überwiegend Ländersache ist, ist das Recht des Zivilschutzes gem. Art. 73 Abs. 1 Nr. 1 GG dem Bund zugeordnet.

16 Die Materie hat nach dem Ende des Kalten Krieges und angesichts der Zäsur von 2001/2002[66] eine grundlegende Umgestaltung erfahren.[67] So werden die ursprünglich aus Kompetenzgründen strikt getrennten Bereiche heute unter dem Mantelbegriff des **Bevölkerungsschutzes**[68] zusammengeführt, was etwa in der Schaffung des BBK und in der Neufassung des maßgeblichen Gesetzes über den Zivilschutz und die Katastrophenhilfe des Bundes (ZSKG) zum Ausdruck kommt.[69] Hintergrund des Umbaus ist die Annahme, dass angesichts der heutigen Bedrohungen die Unterscheidung zwischen Verteidigungs- und (Natur-)Katastrophenfall überholt sei.[70] Der Schutz vor den Auswirkungen von Katastrophen müsse ressourcenorientiert geplant werden, verstärkt wird diese Entwicklung wohl auch durch trivialere Motive wie die finanzielle Beteiligung des Bundes an der Bewältigung von Großschadensereignissen oder die Möglichkeit des „Doppelnutzens" der aufgebauten Kräfte (des Bundes).[71] Gleichwohl blieben Versuche zur Änderung der grundgesetzlichen Kompetenzordnung ohne Erfolg,[72] sodass die Verfassungsmäßigkeit der neuen Regeln umstritten ist.[73] Aktuell jedenfalls stellt der Bund, gestützt auf den (Kompetenz-)Titel des Zivilschutzes, eine Vielzahl an Ressourcen bereit, auf die die Länder für den in Auftragsverwaltung durchgeführten Zivilschutz ebenso wie für den in eigener Zuständigkeit durchgeführten Katastrophenschutz zurückgreifen (vgl. ausdrücklich § 12 ZSKG).[74] Abgesichert wird dies durch die Unterstützungskompetenzen nach Art. 35 Abs. 2 und 3 GG,[75] weshalb der Katastrophenschutz auch als „unechte Gemeinschaftsaufgabe"[76] beschrieben wird. Vor dem Hintergrund der Erfahrungen der Bewältigung der Covid-19-Pandemie wird gegenwärtig eine weitergehende Anpassung des Bevölkerungsschutzes und der Rolle des BBK diskutiert. Neben Impulsen, durch eine Verfassungsänderung die Stellung des Bundes im Bevölkerungsschutz kompetenziell zu stärken, wird insbesondere geplant, beim BBK ein „Gemeinsames Kompetenzzentrum Bevölkerungsschutz" zur Institutionalisierung der Zu-

---

[65] *Kloepfer* KatastrophenR-HdB 31 ff.; *Gusy* in Lange/Gusy, Kooperation im Katastrophen- und Bevölkerungsschutz, 2015, 65 (65 ff.); *Thiele* in Gusy/Kugelmann/Würtenberger Zivile Sicherh-HdB 539 (539 ff.).
[66] *Meyer-Teschendorf* DVBl 2009, 1221 (1222).
[67] *Trute* KritV 2005, 342 (351).
[68] Zum Begriff und kritisch zur Entwicklung insgesamt vgl. *Pohlmann* in Lange/Endreß/Wendekamm, Versicherheitlichung des Bevölkerungsschutzes, 2013, 249.
[69] *Thiele* in Gusy/Kugelmann/Würtenberger Zivile Sicherh-HdB 539 (551).
[70] *Kloepfer* KatastrophenR-HdB 75 f.
[71] vgl. *Pohlmann* in Lange/Endreß/Wendekamm, Versicherheitlichung des Bevölkerungsschutzes, 2013, 249 (250 f., 254).
[72] *Kloepfer* KatastrophenR-HdB 75; *Meyer-Teschendorf* DVBl 2009, 1221 (1227 ff.).
[73] *Kloepfer* KatastrophenR-HdB 75 f.; *Pohlmann* in Lange/Endreß/Wendekamm, Versicherheitlichung des Bevölkerungsschutzes, 2013, 249 (255 f.); *Thiele* in Gusy/Kugelmann/Würtenberger Zivile Sicherh-HdB 539 (550 ff.).
[74] *Schulte/Gusy* in BBK Definitionen von Schutzzielen für Kritische Infrastrukturen, 2021, 261 (282 ff.).
[75] Zur doppelten Subsidiarität der Kompetenz vgl. *Gusy* GSZ 2020, 101 (102).
[76] *Thiele* in Gusy/Kugelmann/Würtenberger Zivile Sicherh-HdB 539 (546); *Trute* KritV 2005, 342 (355); *Kloepfer* KatastrophenR-HdB 133.

sammenarbeit auf Bundesebene unter perspektivischer Beteiligung der Länder als Kooperationsplattform einzurichten.[77]

Im Einzelnen bezweckt das **Zivilschutzrecht** die Vorsorge bei und die Bekämpfung von Großschäden, die durch kriegerische Handlungen verursacht werden.[78] Aufgabe des Zivilschutzes ist nach § 1 Abs. 1 S. 1 ZSKG, „durch nichtmilitärische Maßnahmen die Bevölkerung, ihre Wohnungen und Arbeitsstätten, lebens- oder verteidigungswichtige zivile Dienststellen, Betriebe, Einrichtungen und Anlagen sowie das Kulturgut vor Kriegseinwirkungen zu schützen und deren Folgen zu beseitigen oder zu mildern". Ergänzt wird das ZSKG durch die Sicherstellungsgesetze (→ Rn. 59 ff.), welche auf die Sicherung der Versorgung der Bevölkerung mit lebenswichtigen Gütern gerichtet sind, also nicht der unmittelbaren Gefahrenabwehr dienen.[79] Die besonderen Regelungen des Zivilschutzrechts werden überwiegend erst mit der Feststellung des Spannungsfalls nach Art. 80a GG bzw. des Verteidigungsfalls nach Art. 115a GG „entsperrt" (→ § 2 Rn. 22).[80]

17

Das **Katastrophenschutzrecht** geht demgegenüber von der Naturkatastrophe mit verheerenden Folgen für die Menschen aus, die im Recht verarbeitet werden soll.[81] Die Naturkatastrophe ist durch einen besonders großen Schaden sowie die Unmöglichkeit seiner Bewältigung durch die regulär zuständigen Stellen gekennzeichnet.[82] Charakteristisch für das von den Ländern im Detail sehr unterschiedlich geregelte Katastrophenschutzrecht ist die Verschiebung behördlicher Zuständigkeit auf eine höhere Ebene und die enge Kooperation der staatlichen Ebenen untereinander wie auch mit gesellschaftlichen Akteuren.[83] Es handelt sich also im Kern um ein Organisationsrecht, um die in der „Normallage" fachlich spezialisierte und auf verschiedene Ebenen gegliederte Verwaltung in einen temporären ereignisabhängigen Verwaltungsverbund zu integrieren und einer einheitlichen Führungsorganisation zu unterstellen.[84] Systematisieren lässt sich das Katastrophenschutzrecht insbesondere in zeitlicher Hinsicht. Das Recht „vor der Katastrophe" kann unterschieden werden in ein **Katastrophenvermeidungsrecht,** welches darauf gerichtet ist, bereits den Eintritt einer Katastrophe zu verhindern,[85] und das **Katastrophenvorsorgerecht,**[86] welches die optimale Vorbereitung auf eine eingetretene Katastrophe bezweckt.[87] Das Vorsorgerecht dient der Vorbereitung der **Katastrophenbekämpfung,** dh der Abwehr einer eingetretenen oder unmittelbar bevorstehenden Gefahr.[88] Das Katastrophenbekämpfungsrecht bildet dabei gemeinsam mit dem Recht der Katastrophenvorsorge das Katastrophenrecht im engeren Sinn und findet sich überwiegend in den Katastrophenschutzgesetzen sowie den Brandschutz- und Rettungsdienstgesetzen der Länder.[89] Daneben kann als Katastrophenrecht im weiteren Sinn das Recht der Katastrophenvermeidung ebenso wie das nachgelagerte Recht der **Katastrophennachsorge** verstanden werden, das überwiegend im Bundesrecht geregelt ist. Alternativ kann nach primärem Präventionsrecht, das die Katastrophe vermeiden soll, und sekundärem Katastrophenschutzrecht (Katastro-

18

---

[77] *BMI/ BBK* Stärkung des Bevölkerungsschutzes durch Neuausrichtung des Bundesamtes für Bevölkerungsschutz und Katastrophenhilfe, 2021, 7 (abrufbar unter: https://bit.ly/3vLszoB).
[78] *Kloepfer* KatastrophenR-HdB 131.
[79] *Kloepfer* KatastrophenR-HdB 132.
[80] *Kloepfer* KatastrophenR-HdB 134 f.
[81] *Kloepfer* KatastrophenR-HdB 24; *Thiele* in Gusy/Kugelmann/Würtenberger Zivile Sicherh-HdB 539.
[82] *Gusy* GSZ 2020, 101 (101).
[83] *Kloepfer* KatastrophenR-HdB 36.
[84] *Trute* KritV 2005, 342 (348).
[85] Es handelt sich insoweit letztlich um einen Ausschnitt des (allgemeinen wie auch besonderen) Gefahrenabwehrrechts, vgl. eingehend: *Kloepfer* KatastrophenR-HdB 381 ff. Die Katastrophe kann deshalb auch als „fehlgeschlagene Gefahrenabwehr" beschrieben werden, *Gusy* GSZ 2020, 101 (103).
[86] Mit einer anderen Perspektive als „Katastrophenfolgenschutz", *Gusy* in Lange/Gusy, Kooperation im Katastrophen- und Bevölkerungsschutz, 2015, 65 (66 f.).
[87] *Thiele* in Gusy/Kugelmann/Würtenberger Zivile Sicherh-HdB 543.
[88] *Kloepfer* KatastrophenR-HdB 37.
[89] Teilweise sind diese auch zusammengefasst, wie beispielsweise in Bremen (Bremisches Hilfeleistungsgesetz) oder NRW (Gesetz über den Brandschutz, die Hilfeleistung und den Katastrophenschutz), vgl. *Kloepfer* KatastrophenR-HdB 37 mwN.

phenvorsorgerecht und -bekämpfungsrecht), das im Katastrophenfall als „Reservematerie"[90] dient, unterschieden werden.[91]

19 Angesichts des weiten Zuschnitts des Katastrophenschutzrechts ist eine eindeutige **Abgrenzung zum KRITIS-Konzept** nicht möglich.[92] Legt man ein weites Verständnis des Katastrophenrechts zugrunde, sind Störungen kritischer Infrastrukturen vielmehr eine **Teilmenge der vom Katastrophenschutzrecht** erfassten Schadensereignisse.[93] Der Schutz kritischer Infrastrukturen ist dann der „Schutz vor einer Folgekatastrophe", die unter Umständen schwerwiegender ist als die eigentliche (Natur-)Katastrophe.[94] Damit ist das KRITIS- Konzept zunächst Teil des Katastrophenvermeidungsrechts. Soweit die KRITIS-Konzepte auch Vorgaben für den „Schadensfall" machen, etwa indem sie hier Meldepflichten statuieren (→ Rn. 89), lassen sie sich auch dem Katastrophenvorsorge- und Katastrophenbekämpfungsrecht zuordnen. Auch das auf den Schutz kritischer Infrastrukturen zugeschnittene IT-Sicherheitsrecht ist nach diesem Verständnis als spezielles Risikosteuerungsrecht Teil des präventiven Zivil- und Katastrophenschutzrechts.[95]

20 Trotz der konzeptionellen Überschneidungen werden Katastrophen- bzw. Bevölkerungsschutz und Schutz kritischer Infrastrukturen weitgehend **parallel diskutiert.** Verantwortlich für diese Dualität dürften zum einen historische Pfadabhängigkeiten sein. So wurde der KRITIS-Diskurs maßgeblich von internationalen Vorbildern beeinflusst, während das Katastrophenrecht, auch in seiner Modifizierung durch das Konzept Ziviler Sicherheit, der nationalen Rechtstradition entstammt. Zum anderen ist die Dualität aus der **Kompetenzordnung** erklärbar. Während die Zentralisierungstendenzen im Katastrophenrecht aus Bundessicht nach wie vor an kompetenzrechtliche Grenzen stoßen, ist der Bund beim Schutz der kritischen Infrastrukturen wesentlich freier, da er seine Regelungsmacht hier aus der Gesetzgebungszuständigkeit für die als „kritisch" eingestuften Sektoren herleitet (→ Rn. 79). Das erklärt zugleich das sektorale Vorgehen der KRITIS-Regulierung. Schließlich hat der KRITIS-Diskurs durch seinen Fokus auf IT-Sicherheit eine **materielle Eigenständigkeit** und orientiert sich an einer Gefährdungslage, die in besonderer Weise nach einem bundeseinheitlichen Vorgehen verlangt.

2. KRITIS und Systemrelevanz

21 Schließlich ist das KRITIS-Konzept auch vom Konzept der Systemrelevanz abzugrenzen. Dieses ist nicht Gegenstand eines eigenständigen Rechtsgebiets, sondern hat vor dem Hintergrund der „too big to fail"-Doktrin sowie der Diskussion um sog. „systemische Risiken"[96] in der Finanzkrise von 2009 Eingang ins Recht gefunden[97] und nimmt auf die sog. Domino- und Ansteckungseffekte im Finanzsektor Bezug.[98] Im **Finanzmarktrecht** kann insoweit bereits von einem Rechtsbegriff der Systemrelevanz gesprochen werden,[99] der insbesondere im KWG ausgestaltet wird.[100] Darüber hinaus findet sich der Begriff insbesondere im **Energiewirtschaftsrecht.** Dort steht er im Kontext der Systemverantwortung der Netzbetreiber, die den älteren Begriff der gemeinwohlverpflichteten **Daseins-**

---

[90] *Gusy* in Lange/Gusy, Kooperation im Katastrophen- und Bevölkerungsschutz, 2015, 65 (67).
[91] *Trute* KritV 2005, 342 (349).
[92] Exemplarisch für die wenig systematischen Verknüpfungen der Materien: § 18 Abs. 2 ZSKG: „Der Bund berät und unterstützt die Länder im Rahmen seiner Zuständigkeiten beim Schutz kritischer Infrastrukturen."
[93] *Kloepfer* KatastrophenR-HdB 30; *Gusy* GSZ 2020, 101 (102).
[94] *Kloepfer* in Kloepfer Schutz kritischer Infrastrukturen 9 (15).
[95] *Freimuth*, Die Gewährleistung der IT-Sicherheit Kritischer Infrastrukturen, 2018, 125 f.
[96] Zum Begriff und dessen Entwicklung *Kaufhold*, Systemaufsicht, 2016, 20 ff. sowie 346 ff.
[97] *Kleinow*, Systemrelevante Finanzinstitute, 2016, 27 ff.; *Mendelsohn*, Systemrisiko und Wirtschaftsordnung im Bankensektor, 2018, 109 f.
[98] *Mendelsohn*, Systemrisiko und Wirtschaftsordnung im Bankensektor, 2018, 114 f.
[99] *Günther*, Bad Banks, 2012, 71 ff.; *Mendelsohn*, Systemrisiko und Wirtschaftsordnung im Bankensektor, 2018, 122 ff.
[100] Vgl. §§ 10f, 10g, 12 KWG (zuvor §§ 48a ff. aF KWG). Vgl. *Mendelsohn*, Systemrisiko und Wirtschaftsordnung im Bankensektor, 2018, 129 f.

vorsorge abgelöst hat (→ Rn. 77).[101] Schließlich knüpften auch verschiedene Regelungen zur Bekämpfung der **Covid-19-Pandemie** an den Begriff an,[102] wie ursprünglich der neugeschaffene **§ 421c SGB III**.[103] Letzterer ermöglichte für die „Beschäftigung in systemrelevanten Branchen und Berufen" Ausnahmen im Bereich des Kurzarbeitsgeldes.

Ein rechtsgebietsübergreifender Ansatz zur Eindämmung von „systemischen Risiken" ist allerdings bisher nicht erkennbar. Dort, wo sich außerhalb des Finanzmarktrechts Regelungen zum Systemrisiko finden, weisen diese vielmehr einen **engen Bezug zum KRITIS-Ansatz** auf. So bestimmt etwa die Gesetzesbegründung zu § 421c SGB III Systemrelevanz unter anderem durch Bezugnahme auf das KRITIS-Konzept.[104] Daran zeigt sich bereits, dass der Begriff sich weitgehend mit dem KRITIS-Konzept überschneidet, aber wohl etwas **weiter gefasst** ist als dieses.[105] Diese begriffliche Nähe kann auch so aufgelöst werden, dass systemrelevante Einrichtungen (zumindest im KRITIS-Kontext) als Oberbegriff verstanden werden, der auch mittelbar beteiligte Stellen umfasst und so eine stärker ausgeprägte Relationalität bzw. Systembezug aufweist, abhängig davon, ob an eine konkrete Infrastruktur oder das Gemeinwesen insgesamt angeknüpft wird.[106] 22

C. Gesetzliche Regelungen zum Schutz kritischer Infrastrukturen

Die Offenheit des KRITIS-Konzepts legt für die Frage, welche Rechtsakte in die nachfolgende Analyse einzubeziehen sind, ein pragmatisches Vorgehen nahe. Dies sind alle solchen Rechtsakte, die im KRITIS-Diskurs (→ Rn. 6 ff.) als **spezifischer Beitrag** zum Schutz kritischer Infrastrukturen verstanden werden. **Ausgeklammert** bleiben hingegen allgemeine rechtliche Querschnittsregelungen wie das Straf- und das Haftungsrecht, auch wenn deren Einfluss zur Stabilisierung der Teilsysteme oft erheblich sein dürfte. Die folgende Darstellung stellt die (sektor-)übergreifenden („horizontalen") Regelungen (I., → Rn. 24 ff.) den sektorspezifischen Regelungen voran (II., → Rn. 34 ff.). 23

I. Horizontale Regelungen

Bisher existiert nur eine **überschaubare Zahl sektorübergreifender Regelungen** zum Schutz kritischer Infrastrukturen. Auf unionsrechtlicher Ebene suggeriert die EKI-RL in ihrer derzeitigen Fassung zwar einen umfassenden Ansatz, ist in ihrem Anwendungsbereich jedoch begrenzt (→ Rn. 8). Die jüngst von der Kommission vorgeschlagene CER-RL könnte nun einen wesentlichen Schritt in Richtung einer umfassenden unionsrechtlichen horizontalen Regulierung darstellen, befindet sich jedoch noch in einem frühen Stadium des Gesetzgebungsverfahrens (→ Rn. 107). Nach wie vor enthält daher vor allem das IT-Sicherheitsrecht übergreifende Vorgaben für die Betreiber kritischer Infrastrukturen aus unterschiedlichen Sektoren. 24

1. Vorgaben des IT-Sicherheitsrechts

Wie erwähnt führte das **IT-Sicherheitsgesetz** 2015 zu einer positivrechtlichen Konsolidierung des KRITIS-Diskurses in Deutschland (→ Rn. 9). Das Artikelgesetz enthielt in erster Linie Änderungen des BSIG mit dem Ziel, die IT-Sicherheit in Deutschland zu 25

---

[101] Vgl. nur BVerfGE 91, 186 (206) = NJW 1995, 381: „Das Interesse an einer Stromversorgung ist heute so allgemein wie das Interesse am täglichen Brot." Eingehend *Hilpert*, Die Systemverantwortung der Übertragungsnetzbetreiber im Strommarkt 2.0, 2018, 31 ff.
[102] *Hildebrandt/Schneider* COVuR 2020, 78 (80), *Schumacher* GSZ 2021, 155 (156 ff.).
[103] Art. 2 Nr. 2 des Coronavirus SARS-CoV-2-Sozialschutz-Paket v. 27.3.2020 (BGBl. 2020 I 575).
[104] BT-Drs. 19/18107, 27; bemerkenswert ist in diesem Zusammenhang die Betonung der Landwirtschaft als relevante Branche, vgl. auch S. 34.
[105] In diesem Sinne auch: *Wissenschaftliche Dienste*, Medien und Journalisten im Kontext von „Kritischer Infrastruktur" und „Systemrelevanz", WD 10 – 3000 – 016/20, 2020, 11.
[106] *BBK* Klärung und Erweiterung des KRITIS-Vokabulars, 2021, 5 f.

verbessern.[107] Mit dem IT-Sicherheitsgesetz wurde erstmalig ein ausdrücklicher Rechtsrahmen für den Schutz kritischer Infrastrukturen geschaffen, sodass die Regelungen durchaus als **Kern eines „Rechts der KRITIS"** verstanden werden können. Einzelne Anpassungen, insbesondere des BSIG, erfolgten 2017 mit der Umsetzung der regelungstechnisch weitgehend abgestimmten,[108] auf Mindestharmonisierung zielenden[109] **NIS-Richtlinie**[110]. 2021 wurde mit dem **IT-Sicherheitsgesetz 2.0**[111] der Ordnungsrahmen erweitert und an die Gefährdungslage angepasst.[112] Die Novelle setzt im Wesentlichen den bisher eingeschlagenen Weg fort und lässt so gem. § 8f BSIG auch als Nachweis der (reduzierten) Anforderungen an die IT-Sicherheit für „Unternehmen von besonderem öffentlichen Interesse" iSd neu geschaffenen § 2 Abs. 14 BSIG eine Selbsterklärung genügen und legt dies damit in die Verantwortung der Betreiber. In einzelnen Vorschriften lassen sich jedoch Variationen der bisherigen Regulierungsgrundsätze erkennen, indem beispielsweise in § 8a Abs. 1a BSIG konkret Angriffserkennungssysteme gefordert werden, also eine ausdrückliche Mindestanforderung an die technischen und organisatorischen Maßnahmen des § 8a Abs. 1 BSIG gestellt wird, die die grundsätzliche Verantwortungsverlagerung auf die Betreiber relativiert.[113] Weniger weit fortgeschritten ist demgegenüber auf unionsrechtlicher Ebene die Neufassung der NIS-Richtlinie, die ebenfalls (wie auch der Entwurf einer CER-RL → Rn. 106) auf eine Erweiterung des Anwendungsbereichs[114] und eine Vereinheitlichung der Regulierung zielt.[115]

26 Wer **Betreiber einer kritischen Infrastruktur** im Sinne des BSIG ist, bestimmt sich wie folgt: Notwendig ist erstens die Zugehörigkeit zu einem der in § 2 Abs. 10 S. 1 Nr. 1 BSIG abschließend benannten **Sektoren** Energie, Informationstechnik und Telekommunikation, Transport und Verkehr, Gesundheit, Wasser, Ernährung, Finanz- und Versicherungswesen sowie Siedlungsabfallentsorgung. In diesen Sektoren gelten als kritische Infrastrukturen alle Einrichtungen, Anlagen oder Teile davon, die „von hoher Bedeutung für das Funktionieren des Gemeinwesens sind, weil durch ihren Ausfall oder ihre Beeinträchtigung erhebliche Versorgungsengpässe oder Gefährdungen für die öffentliche Sicherheit eintreten würden" (§ 2 Abs. 10 S. 1 Nr. 2 BSIG). Die Details werden schließlich durch den Verordnungsgeber nach § 10 Abs. 1 S. 1 BSIG in der **BSI-KritisV**[116] festgelegt.[117] Die BSI-KritisV transformiert das (qualitative) Urteil der Kritikalität in eine in erster Linie quantitative Prüfung, die zur Bemessung der Erheblichkeit potentieller Ausfälle oder Beeinträchtigungen auf den **Versorgungsgrad** der jeweiligen Anlagen abstellt (§ 1 Nr. 4 BSI-

---

[107] Daneben auch Änderungen der bereits die Anlagensicherheit adressierenden Regelungen im EnWG, TKG und TMG sowie AtG. Dazu *Wischmeyer* Die Verwaltung 2017, 155 ff.
[108] *Wischmeyer* Die Verwaltung 2017, 155 (162) – vgl. auch BT-Drs. 18/4096, 3.
[109] Vgl. insoweit bspw. die Verpflichtung, den Stand der Technik „einzuhalten" nach § 8a Abs. 1 BSIG, gegenüber der „Berücksichtigung" in Art. 14 Abs. 1 S. 2 NIS-RL *Müllmann/Ebert/Reissner* CR 2020, 584 (586); wie auch den enger gefassten Begriff kritischer bzw. „wesentlicher" Infrastrukturen, vgl. *Schallbruch* CR 2017, 648 (650 f.).
[110] RL (EU) 2016/1148 des Europäischen Parlaments und des Rates vom 6.7.2016 über Maßnahmen zur Gewährleistung eines hohen gemeinsamen Sicherheitsniveaus von Netz- und Informationssystemen in der Union. Art. 16 NIS-RL bezieht allerdings auch die Betreiber digitaler Dienste in den Anwendungsbereich des IT-Sicherheitsrechts ein, ohne diese zugleich als „kritisch" einzustufen.
[111] Zweites Gesetz zur Erhöhung der Sicherheit informationstechnischer Systeme v. 18.5.2021 (BGBl. 2021 I 1122).
[112] Entwurf eines zweiten Gesetzes zur Erhöhung der Sicherheit informationstechnischer Systeme v. 25.1.2021, BT-Drs. 19/26106. Zur Diskussion der Referentenentwürfe (Übersicht: https://bit.ly/3sviolV) vgl. nur *Kipker/Scholz* DuD 2021, 40; *Müllmann/Ebert/Reissner* CR 2020, 584; *Schallbruch* CR-online.de Blog v. 11.12.2020 (abrufbar unter: https://bit.ly/3ktED8Z).
[113] Vgl. *Fischer* in Hornung/Schallbruch, IT-SicherheitsR, 299 (314 f.).
[114] Dies gilt sowohl bzgl. der erfassten Sektoren als auch hinsichtlich der „critical supply chain" (Art. 19 des Entwurfs).
[115] Vorschlag für eine Richtlinie über Maßnahmen für ein hohes gemeinsames Maß an Cybersicherheit in der gesamten Union (überarbeitete NIS-Richtlinie, „NIS 2") v. 16.12.2020, COM(2020) 823 final sowie die zugehörigen Annexe.
[116] BSI-KritisV v. 22.4.2016 (BGBl. 2016 I 958).
[117] *Dürig/Fischer* DuD 2018, 209 (212).

KritisV); sektorübergreifend ist insoweit ein Regelschwellenwert von 500.000 Personen definiert, der wiederum anlagenbezogen herunterzurechnen ist (§ 1 Nr. 5 BSI-KritisV in Verbindung mit den Anhängen zur Verordnung).[118] Die BSI-KritisV „algorithmisiert" auf diese Weise die Relevanzzuschreibung der „Kritikalität".[119]

Gemäß **§ 8a BSIG** müssen die Betreiber kritischer Infrastrukturen **angemessene organisatorische und technische Vorkehrungen** zum Schutz ihrer informationstechnischen Systeme treffen, die für die Funktionsfähigkeit der von ihnen betriebenen kritischen Infrastrukturen maßgeblich sind.[120] Maßstab ist der „Stand der Technik".[121] Gemäß § 8a Abs. 2 BSIG besteht dabei die Möglichkeit, sog. „branchenspezifische Sicherheitsstandards" (B3S) zu entwickeln und diese vom BSI zertifizieren zu lassen mit der Folge, dass die Pflichtigen Rechtssicherheit bezüglich der unbestimmten Rechtsbegriffe des § 8a Abs. 1 BSIG erlangen.[122] Dieses besondere (Verwaltungs-)Verfahren der Entwicklung und Zertifizierung kann als deutlichste Ausprägung eines das gesamte IT-Sicherheitsrecht prägenden **kooperativen Ansatzes** gelten.[123] § 8b Abs. 4 BSIG richtet zudem **Meldepflichten** im Falle einer (erheblichen) Störung ein,[124] mit dem Ziel, dem BSI die Wahrnehmung seiner **Informationsaufgaben** aus § 8b Abs. 2 BSIG zu ermöglichen.[125] Entsprechend sind die Betreiber kritischer Infrastrukturen gem. § 8b Abs. 3 BSIG zur Einrichtung einer rund um die Uhr erreichbaren Kontaktstelle verpflichtet, um einen zügigen Informationsfluss zwischen den Akteuren zu gewährleisten.[126] Auch hinsichtlich der **Wissensgenerierung** verfolgt das BSIG somit einen kooperativen Ansatz.

2. Sonstige horizontale Regelungen

Außerhalb des IT-Sicherheitsrechts finden sich die umfassendsten Bezugnahmen auf das Kriterium der Kritikalität in den diversen **Corona-Verordnungen der Länder.**[127] Diese erlegen den Betreibern allerdings keine neuen Pflichten auf, sondern gewähren Privilegierungen. So nehmen die Verordnungen zur Bestimmung von Personen, die von den pandemiebedingten Einschränkungen ausgenommen werden, teilweise Bezug auf die allgemeine Beschreibung von Tätigkeiten in einem „kritischen Infrastrukturbereich".[128] Dahinstehen muss, ob die Berufung auf den KRITIS-Ansatz an dieser Stelle überhaupt angezeigt ist.[129] Irritierend ist insoweit, dass die quantitativen Konkretisierungen der BSI-KritisV (anhand der Schwellenwerte) ignoriert werden und entsprechende Berechtigungen pauschal an die Tätigkeit in „systemrelevanten Bereichen"[130] anknüpfen. Auch die Ver-

---

[118] *Fischer* in Hornung/Schallbruch, IT-SicherheitsR, 299 (309 f.).
[119] Sie kann funktional als Anleitung zur konkreten Identifizierung kritischer Infrastrukturen auf Bundesebene verstanden werden. Vgl. für die zugrunde gelegte Methode: *BBK*, Schutz Kritischer Infrastrukturen – Identifizierung in sieben Schritten, 2019 (abrufbar unter: https://bit.ly/37qe6at).
[120] Zum Folgenden ausführlich *Wischmeyer/Mohnert* in Frenz, Handbuch Industrie 4.0, 2020, 215 (222 ff.).
[121] Zum Begriff vgl. *Fischer* in Hornung/Schallbruch, IT-SicherheitsR, 299 (313 f.); *Schallbruch* CR 2017, 648 (652) mwN.
[122] *Fischer* in Hornung/Schallbruch, IT-SicherheitsR, 299 (315). Eine Übersicht über die B3S bietet das BSI: https://bit.ly/3dKV3su.
[123] *Dürig/Fischer* DuD 2018, 209 (212) – vgl. auch BT-Drs. 18/4096, 26.
[124] Zu Recht die daraus resultierende zentrale Stellung des BSI herausstellend *Schallbruch* CR 2017, 648 (652).
[125] Zur Möglichkeit pseudonymisierter Meldungen als Teil der Anreizstruktur vgl. BT-Drs. 18/4096, 27 f.
[126] *Buchberger* in Schenke/Graulich/Ruthig BSIG § 8b Rn. 3.
[127] Vgl. eingehend *Schumacher* GSZ 2021, 155 (156 ff.).
[128] So ausdrücklich die Formulierung beispielsweise in Brandenburg. Vgl. für eine Zusammenstellung BBK „Kritische Infrastruktur" in Vorgaben zur Notbetreuung, 5.2.2021 (abrufbar unter: https://bit.ly/JNSGvq9).
[129] Dies gilt insbesondere mit Blick auf die in der Pandemiesituation bedeutsamen Schul- und Betreuungseinrichtungen wie auch den öffentlichen Nahverkehr, die Abfallentsorgung und den Lebensmitteleinzelhandel. Vgl. weiter *Schumacher* GSZ 2021, 155 (159 f.).
[130] So § 13 Abs. 1 S. 2 SARS-CoV-2-Infektionsschutzmaßnahmenverordnung Berlin v. 11.2.2021 in Bezug auf die „KRITIS Liste" der Berliner Senatsverwaltung für Inneres und Sport v. 22.2.2021 (abrufbar unter: https://bit.ly/37Rq8Hj). Dazu näher *Schumacher* GSZ 2021, 155 (156 f.).

ordnung zur Regelung der **Impffreihenfolge**[131] griff den Begriff auf und regelte in § 4 Abs. 1 Nr. 5 die Priorisierung von „Personen, die in besonders relevanter Position in weiteren Einrichtungen und Unternehmen der kritischen Infrastruktur tätig sind," wobei die daran anschließende Aufzählung der entsprechenden Sektoren nur teilweise mit den Sektoren nach der BSI-KritisV übereinstimmte und mit dem Bestattungswesen und der Abfallwirtschaft auch Branchen umfasste, die (zum Erlasszeitpunkt und teilweise weiterhin) nicht von der BSI-KritisV erfasst sind. Bezeichnenderweise wurden Personen, die im Bereich Staat und Verwaltung tätig sind, in einer gesonderten Ziffer genannt (§ 4 Abs. 1 Nr. 4) und also im Sinne der Verordnung nicht als Teil der kritischen Infrastruktur verstanden. Schließlich ist auch zu beobachten, dass die Verordnung, durch die Einschränkung auf „Personen, die in besonders relevanter Position" tätig sind (§ 4 Abs. 1 Nr. 4 und Nr. 5) eine neue Dimension der sozusagen „innerbetrieblichen" Relevanz einführte.

29 Systematisch stimmiger erscheint demgegenüber die (im Jahr 2020 befristet geltende) Verordnungsermächtigung zur Schaffung von Ausnahmen von den Arbeitszeitvorgaben gem. **§ 14 Abs. 4 ArbZG.**[132] Diese beschränkte sich auf Tätigkeiten, die notwendig sind „zur Aufrechterhaltung der öffentlichen Sicherheit und Ordnung, des Gesundheitswesens und der pflegerischen Versorgung, der Daseinsvorsorge oder zur Versorgung der Bevölkerung mit existenziellen Gütern". Die Bestimmung bediente sich etablierter Rechtsbegriffe („öffentliche Sicherheit und Ordnung") und integrierte zugleich den Bereich der kritischen Infrastrukturen als Teil der Daseinsvorsorge.[133] In dieser Norm kann wegen ihres anschlussoffenen Ansatzes ein eigenständiger Ausgangspunkt für die Konturierung einer pandemiebezogenen Relevanzbestimmung mit sektorübergreifender Wirkung gesehen werden.[134]

30 Neben diesen Sonderregelungen existieren schon seit längerem weitere horizontale Vorgaben für die Sicherheit von kritischen Infrastrukturen. Nach § 2 Abs. 2 Nr. 3 S. 4 ROG muss die **Raumordnung** dem Schutz kritischer Infrastrukturen Rechnung tragen. Adressat der Regelung sind hier nicht die Infrastrukturbetreiber; vielmehr wird durch Anknüpfung an das KRITIS-Konzept die planerische Raumordnung gesteuert, um dessen besondere Stellung im Rahmen der infrastrukturellen Erfordernisse bei der Planung zu berücksichtigen.[135] Eine ähnliche Herangehensweise, Infrastrukturschutz durch planungsrechtliche Gefahrenprävention zu bewirken, findet sich zudem im – raumordnungsrechtlich relevanten (§ 2 Abs. 2 Nr. 6 S. 5 ROG) – **Hochwasserschutzrecht, §§ 72 ff. WHG.**

31 Explizit an die KRITIS-Konzeption des IT-Sicherheitsgesetzes schließt zudem das **Außenwirtschaftsrecht** mit seinen Regelungen zur sektorübergreifenden Investitionsprüfung in §§ 55, 55a Abs. 1 S. 2 AWV an. So prüft das Bundesministerium für Wirtschaft, ob bei Erwerb (von mindestens 10 % der Stimmrechte) eines inländischen Unternehmens bzw. einer Beteiligung durch einen „Unionsfremden" die **öffentliche Ordnung oder Sicherheit** der Bundesrepublik oder eines anderen Mitgliedsstaats der EU (§ 5 Abs. 2 S. 1 AWG) voraussichtlich beeinträchtigt ist.[136] Das Merkmal der voraussichtlichen Beeinträchtigung wird dabei durch Regelbeispiele in § 55a Abs. 1 und 2 AWV konkretisiert und liegt insbesondere dann vor, wenn das Unternehmen **Betreiber kritischer Infrastrukturen** ist (§ 55a Abs. 1 Nr. 1 AWV).[137] In diesem Fall kann das Bundesministerium für Wirtschaft

---

[131] Verordnung zum Anspruch auf Schutzimpfung gegen das Coronavirus SARS-CoV-2 (Coronavirus-Impfverordnung – CoronaImpfV) v. 8.2.2021, BAnz AT 8.2.2021 V1, aufgehoben durch § 17 V. v. 1.6.2021, BAnz AT 2.6.2021 V2.
[132] Art. 8 Sozialschutz-Paket v. 27.3.2020 (BGBl. 2020 I 575 [578]).
[133] BT-Drs. 19/18107, 34 f.
[134] *Eisenmenger* GSZ 2020, 200 (205).
[135] Vgl. bspw. den Verzicht auf parallele Trassenführungen, damit im Schadensfall nicht mehrere Infrastrukturen zugleich betroffen sind, vgl. BT-Drs. 16/10292, 21.
[136] Es handelt sich insoweit um einen rein innenpolitischen Schutzzweck, vgl. *Wetzler* in Hölters, Handbuch Unternehmenskauf, 9. Aufl. 2019, 18.248.
[137] Die enge Verknüpfung der Investitionsprüfung mit der Kritikalitätsdefinition des BSIG kommt auch darin zum Ausdruck, dass mit dem IT-SiG 2.0 (→ Rn. 41 f.) auch den damaligen § 55 Abs. 1 S. 2 Nr. 2 AWV (nunmehr § 55a Abs. 1 Nr. 2 AWV) geändert und um die Kategorie der „kritischen Komponente" nach

den Erwerb untersagen. Diese Befugnis ist verfahrensrechtlich durch eine (ex-ante-) **Meldepflicht** abgesichert, den schuldrechtlichen Vertragsschluss dem Ministerium gegenüber anzuzeigen. Die Prägekraft von BSIG und BSI-KritisV stößt hier jedoch auch an Grenzen; so wurde die im Zuge der Corona-Pandemie an Bedeutung gewinnende Kontrolle „kritischer" Bereiche des Gesundheitssektors kurzfristig eigenständig in der AWV ergänzt.[138] Angesichts verschiedener aktueller Kontroversen (Stichworte: Impfstoffexporte; 5G-Ausbau) ist zu erwarten, dass das KRITIS-Konzept für das Außenwirtschaftsrecht weiter an Bedeutung gewinnt.

Grundlage für eine übergreifende Infrastruktursicherungspflicht könnte an sich auch die Bestandssicherungsverantwortung des Vorstands aus **§ 91 Abs. 2 AktG** sein.[139] Die Vorschrift konkretisiert die allgemeinen Leitungsaufgaben und Pflichten des Vorstands einer Aktiengesellschaft[140] und erfasst ausdrücklich „den **Fortbestand der Gesellschaft gefährdende Entwicklungen**".[141] Die Vorschrift regelt eigentlich bloß eine „Selbstverständlichkeit",[142] indem die Anforderung, „geeignete Maßnahmen zu treffen, insbesondere ein Überwachungssystem einzurichten", Bestandteil der allgemeinen Pflichten des Vorstands wird; dieser muss nach seinem Ermessen ein Risikomanagement in Abhängigkeit von Lage und Größe des Unternehmens einrichten, §§ 76, 93 AktG.[143] Auch wenn unter die Regelung problemlos Vorgaben zur Infrastruktursicherung subsumiert werden könnten,[144] sind nach herrschender Auffassung nur allgemeine unternehmerische Sorgfaltspflichten erfasst.[145] Eine auch infrastruktur-bezogene Sorgfaltspflicht ist demgegenüber im Finanzsektor anerkannt, dessen systemische Zusammenhänge und Abhängigkeiten zu speziellen Ansteckungseffekten führen können (→ Rn. 21). 32

Zuletzt ist hier noch auf die sog. **Störfall-Verordnung** (12. BImSchV) hinzuweisen.[146] Diese enthält umweltrechtliche Vorgaben des technischen Risikorechts in Form von Betreiberpflichten[147] für die (Betriebs-)Sicherheit entsprechender Anlagen.[148] Allerdings zielt sie ganz auf die Abwehr von durch die **Verwendung gefährlicher Stoffe** entstehenden Risiken. Trotz struktureller Parallelen wie beispielsweise der Pflicht zur Erstellung eines Sicherheitsberichts gem. § 9 12. BImSchV oder auch die Bezugnahme auf den „Stand der Sicherheitstechnik" gem. § 3 Abs. 4 12. BImSchV liegt der Störfall-Verordnung somit ein anderer Ansatzpunkt zugrunde als dem relationalen KRITIS-Begriff. 33

II. Ergänzende sektorale Regelungen

Neben den horizontalen Regelungen finden sich in einzelnen Sektoren spezifische Vorschriften zum Schutz kritischer Infrastrukturen. Diese konkretisieren teilweise die allgemei- 34

---

§ 2 Abs. 13 BSIG ergänzt wurde, die dann neben die „branchenspezifisch zum Betrieb von kritischen Infrastrukturen" dienende Software tritt.
[138] 15. ÄndVO zur AWV v. 25.5.2020, BAnz. AT 2.6.2020 V1. Vgl. *Niestedt/Kunigk* NJW 2020, 2504 (2507).
[139] Vgl. zu den parallelen Vorschriften im Bereich der Finanz- (§ 25a Abs. 1 S. 2 KWG) und Versicherungswirtschaft (§ 23 Abs. 1 S. 2 VAG), → Rn. 41 f. Die Vorschrift wurde 1998 „als Reaktion" auf diverse Unternehmenskrisen und -skandale eingefügt, vgl. *Lohse*, Unternehmerisches Ermessen, 2005, 10 ff.
[140] Zur Reichweite *Fleischer* in BeckOGK AktG, 15.1.2020, AktG § 91 Rn. 38 ff.
[141] Vgl. die Gesetzesbegründung BT-Drs. 13/9712, 15.
[142] Zur Entstehung der Vorschrift eingehend und mit dem illustrativen Beispiel des (von der Norm nicht erfassten Flugzeugabsturzes auf eine Fabrik) *Seibert* FS Bezzenberger, 2000, 427 (besonders 437 f.).
[143] *Fleischer* in BeckOGK AktG, 15.1.2020, AktG § 91 Rn. 33 ff.; *Spindler* in MüKoAktG, 5. Aufl. 2019, AktG § 91 Rn. 28 ff.
[144] Vgl. das Beispiel bei *Folkers* in Engels/Nordmann, Was heißt Kritikalität?, 2018, 123 (142 f.).
[145] Gleiches gilt bisher für die für den KRITIS-Diskurs an sich anschlussfähige Regelungsmechanismen wie bspw. § 161 AktG („comply or explain") und die privatwirtschaftlich finanzierte „Regierungskommission Deutschen Corporate Governance Kodex (DCGK)".
[146] *Wiater*, Sicherheitspolitik zwischen Staat und Markt, 2013, 151.
[147] Insbesondere zur Betriebssicherheit (§§ 3 ff. 12. BImSchV), aber auch umfassende Berichts- und Informationspflichten (§§ 9 ff. 12. BImSchV) sowie flankierende behördliche Pflichten (§ 13 ff. 12. BImSchV).
[148] *Rusteberg* in Gusy/Kugelmann/Würtenberger Zivile Sicherh-HdB 113 (118).

nen Vorgaben zur IT-Sicherheit, adressieren darüber hinaus jedoch zahlreiche weitere im Einzelfall relevante Sicherheitsgesichtspunkte sowie auch vom IT-Sicherheitsrecht ausgeklammerte Sicherheitsdimensionen, etwa die Anlagen- oder die Versorgungssicherheit.

1. Energieversorgung

35 Mit Blick auf die **IT-Sicherheit** enthält das Energiewirtschaftsgesetz gegenüber dem BSIG verschiedene speziellere Vorschriften.[149] Die Betreiber von Netzen und Energieanlagen sind danach zur Gewährleistung eines angemessenen Schutzes gegen Bedrohungen für Telekommunikations- und elektronische Datenverarbeitungssysteme verpflichtet, die für einen sicheren Netzbetrieb notwendig sind, § 11 Abs. 1a EnWG und § 11 Abs. 1b EnWG. Die Anforderungen werden durch Kataloge der Bundesnetzagentur konkretisiert.[150] Bei Störungen der informationstechnischen Systeme, die zu einem Ausfall oder einer erheblichen Beeinträchtigung der Funktionsfähigkeit des Energieversorgungsnetzes oder der betroffenen Energieanlage geführt haben, bzw. führen können, existieren gesonderte Meldepflichten (§ 11 Abs. 1c EnWG). Eine Sonderregelung trifft § 44b AtG. Besondere Anforderungen für den Schutz europäischer kritischer Anlagen ergeben sich aus § 12g EnWG (→ Rn. 8).

36 Ferner enthält das EnWG allgemeine Vorgaben zur „**Sicherheit und Zuverlässigkeit der Energieversorgung**", §§ 49 ff. EnWG. Dies umfasst technische Anforderungen an Energieanlagen, deren Sicherheit nach dem Stand der Technik gewährleistet sein muss. Gemäß § 53a EnWG besteht zudem eine besondere Verpflichtung zur Gewährleistung der Versorgungssicherheit von Haushaltskunden mit Erdgas. Im Zuge der Energiewende ist einzelnen Betreibern ferner eine besondere **Systemverantwortung** übertragen worden: Dies umfasst sowohl besondere Pflichten für Übertragungsnetz- sowie für Versorgungs-, Fernleitungs- und Gasverteilnetzbetreiber (§§ 13, 14 f., 16 Abs. 2, 16a EnWG) als auch besondere Maßgaben wie das Verbot der Stilllegung systemrelevanter Anlagen (§§ 13b ff. EnWG).

37 Um die Sicherheit und Zuverlässigkeit der **Energieversorgung insgesamt** zu gewährleisten, obliegen der Bundesnetzagentur besondere Verpflichtungen, unter anderem zum **Monitoring** der Versorgungssicherheit (§ 51 EnWG) und des Lastmanagements (§ 51a EnWG), die durch eine Berichtspflicht über alle Versorgungsunterbrechungen aufseiten der Betreiber von Energieversorgungsnetzen flankiert wird (§ 52 EnWG). Auch die ergänzende Ermächtigung zur Ausschreibung neuer Erzeugungskapazitäten durch die Bundesregierung zur Sicherung der Versorgungssicherheit nach § 53 EnWG gehört in diesen Zusammenhang.

38 Schließlich sind im Bereich der Energieversorgung Verpflichtungen zur **Vorratshaltung** normiert. Hierzu zählt insbesondere die Bevorratungspflicht durch den Erdölbevorratungsverband (für Erdöl und Erdölerzeugnisse) in der Höhe, die mindestens den täglichen Durchschnittsnettoeinfuhren für 90 Tage entsprechen, § 3 ErdölBevG. Flankiert wird diese durch eine Pflichtmitgliedschaft (§ 13 ErdölBevG) sowie Beitrags- (§ 23 ErdölBevG) und Meldepflichten (§§ 33 ff. ErdölBevG). Hinzu kommt die (bislang nicht „aktivierte") Verordnungsermächtigung zur Bevorratungsverpflichtung gem. § 50 EnWG, die sich teilweise mit den Sicherstellungsgesetzen überschneidet (→ Rn. 59 ff.).

39 Für den Fall einer **Störung der normalen Energieversorgung**[151] soll schließlich das Gesetz zur Sicherung der Energieversorgung (EnSG) die notwendigen Befugnisse bereitstellen und ermöglicht insbesondere die Regelung des gesamten Energiemarktes durch Rechtsverordnung im Falle einer Versorgungskrise (§ 1 Abs. 1 S. 1 Nr. 1 EnSG), die

---

[149] Vgl. § 2 Abs. 6 Nr. 1 und 2 iVm Anhang 1 BSI-KritisV.
[150] *BNetzA* IT-Sicherheitskatalog gem. § 11 Abs. 1b EnWG, 2018, bzw. IT-Sicherheitskatalog gem. § 11 Abs. 1a EnWG, 2015.
[151] Vgl. zum Gesetzgebungskontext (Ölkrise der 1970er Jahre) *Kloepfer* KatastrophenR-HdB 204 f.; *Schulte-Beckhausen* in Theobald/Kühling, Energierecht, 107. EL Juli 2020, EnSG 1975 Vor § 1 Rn. 1.

Einführung umfassender Meldeinstrumentarien (§ 1 Abs. 1 S. 1 Nr. 2 EnSG) und gezielte Verbrauchsbeschränkungen (§ 1 Abs. 3 EnSG).[152]

2. Finanz- und Versicherungswesen

Das Finanz- und Versicherungswesen ist allgemein durch eine umfassende und sehr detaillierte 40 branchenspezifische Regulierung gekennzeichnet, die insbesondere auch vor Ausfällen oder erheblichen Beeinträchtigungen der Funktionsfähigkeit schützen soll (bereits → Rn. 21).

Mit Blick auf die **IT-Sicherheit**,[153] aber auch auf **andere Sicherheitsdimensionen** 41 bestehen für **Banken** aus dem Kreditwesengesetz (KWG) neben Informationspflichten gegenüber den Aufsichtsbehörden aus § 25a KWG (Spezialregelung zu § 91 Abs. 2 AktG) insbesondere differenzierte **organisatorische Anforderungen an das Risikomanagement** (vgl. auch die Prüfpflichten nach §§ 11, 13 PrüfbV): die Pflicht der Geschäftsleitung zur angemessenen technisch-organisatorischen Ausstattung des Instituts (§ 25a Abs. 1 S. 3 Nr. 4 KWG); die Pflicht zur Entwicklung eines angemessenen IT-Notfallkonzepts (§ 25a Abs. 1 S. 3 Nr. 5 KWG); die Ausgestaltung der Anforderungen durch die von der BaFin festgelegten „Mindestanforderungen an das Risikomanagement" (MaRisk)[154] und die Konkretisierung der IT-Anforderungen durch die „Bankaufsichtlichen Anforderungen an die IT (BAIT)"[155]. Für **Zahlungsdienstleister** gelten §§ 53 f. ZAG. Für **Wertpapierhandelsunternehmen** gelten die Pflichten aus dem KWG (§ 25a Abs. 1 KWG etc) entsprechend neben besonderen Organisationsanforderungen gem. § 80 Abs. 1 WpHG. Für algorithmischen bzw. hochfrequenten algorithmischen Handel sind die § 80 Abs. 2 bzw. Abs. 3 WpHG zu beachten. Für die Betreiber von **Börsen** bestehen spezielle Pflichten, angemessene Vorkehrungen und Systeme zur Ermittlung und zum Umgang mit den wesentlichen Risiken des Börsenbetriebs zu schaffen, um diese wirksam zu begrenzen (§ 5 Abs. 4 Nr. 2 BörsG), sowie die technische Funktionsfähigkeit der Börsenhandels- und Abwicklungssysteme sicherzustellen, technische Vorkehrungen für einen reibungslosen und zeitnahen Abschluss der im Handelssystem geschlossenen Geschäfte zu schaffen und insbesondere wirksame Notfallmaßnahmen vorzusehen, die bei einem Systemausfall oder bei Störungen in den Handelssystemen die Kontinuität des Geschäftsbetriebs gewährleisten (§ 5 Abs. 4 Nr. 3 BörsG). Außerdem besteht die Pflicht zur Sicherung des Handelssystems hinsichtlich dessen Belastbarkeit (§ 5 Abs. 4a BörsG).

Vergleichbares gilt auch für **Versicherungsunternehmen**. Diese trifft eine Pflicht zu 42 einer Geschäftsfortführungs- bzw. Geschäftswiederaufnahmepläne umfassenden Notfallplanung (§ 23 Abs. 4 VAG), sowie die Pflicht, ein wirksames Risikomanagement einzurichten (§ 26 VAG). Insbesondere das Risikomanagement wird in den „Aufsichtsrechtlichen Mindestanforderungen an die Geschäftsorganisation von Versicherungsunternehmen" konkretisiert.[156]

3. Informationstechnik und Telekommunikation

In Sachen **IT-Sicherheit**[157] gelten neben den allgemeinen Anforderungen des BSIG 43 (→ Rn. 27) auch sektorspezifische Pflichten. So müssen etwa die Anbieter von **Telemedien** durch technische und organisatorische Vorkehrungen sicherstellen, dass kein unerlaubter Zugriff auf technische Einrichtungen möglich ist und dass diese gegen Verletzungen des

---

[152] Beispielsweise zur Einführung sog. „Sonntagsfahrverbote" wie in der Ölkrise der 1970er Jahre, *Schulte-Beckhausen* in Theobald/Kühling, Energierecht, 107. EL Juli 2020, EnSG 1975 § 1 Rn. 14.
[153] Vgl. § 7 Abs. 7 Nr. 1 und 2 iVm Anhang 6 BSI-KritisV.
[154] *BaFin* Rundschreiben 09/2017 (BA) – Mindestanforderungen an das Risikomanagement – MaRisk.
[155] *BaFin* Rundschreiben 10/2017 (BA) idF v. 14.9.2018 – Bankaufsichtliche Anforderungen an die IT (BAIT).
[156] *BaFin* Rundschreiben 2/2017 (VA) – Mindestanforderungen an die Geschäftsorganisation von Versicherungsunternehmen (MaGo), Überarbeitung geplant nach (verschobenem) Abschluss des Solvency-II-Reviews).
[157] Vgl. § 5 Abs. 4 Nr. 1 und 2 BSI-KritisV iVm Anhang 4 BSI-KritisV.

Schutzes personenbezogener Daten sowie Störungen, auch soweit sie durch äußere Angriffe bedingt sind, gesichert sind (§ 19 Abs. 4 TTDSG). **Telekommunikationsanbieter** müssen Vorkehrungen gegen Störungen der Systeme und zur Verbesserung der allgemeinen Sicherheitslage treffen (§§ 165 Abs. 1 und 2, 166 Abs. 1 TKG). Ferner existieren hier gesonderte Meldepflichten gegenüber der Bundesnetzagentur im Falle eingetretener oder möglicher Sicherheitsverletzungen (§ 168 TKG). Zu weiteren Details → § 15 Rn. 37. Eine ähnliche Zielrichtung haben die Anforderungen des **Digital Services Act**.[158]

4. Transport und Verkehr

44 Auch im Sektor Transport und Verkehr werden die horizontalen Pflichten zur Gewährleistung **der IT-Sicherheit** aus dem BSIG[159] durch weitere branchenspezifische Regelungen ergänzt, die allerdings heterogen und durch die unterschiedlichen historischen Branchenentwicklungen geprägt sind.

45 So enthält das Recht des **Schienenverkehrs** generalklauselartige Anforderungen für die technische Sicherheit.[160] Eisenbahninfrastrukturen und -fahrzeuge müssen den Anforderungen der öffentlichen Sicherheit an den Bau und den Betrieb gerecht werden (§ 4 AEG).[161] Besondere Anforderungen existieren für einspurige Eisenbahnen (§ 2 EBO).

46 Im **Luftverkehr** kommt zunächst der Flugsicherung herausgehobene Bedeutung für einen sicheren und gefahrenfreien Betrieb zu (vgl. insges. → § 50 Rn. 49 ff., 85 ff.). So dient die Flugsicherung der sicheren, geordneten und flüssigen Abwicklung des Luftverkehrs (§ 27c LuftVG). Die unmittelbare Sicherheit an Bord eines Luftfahrzeuges liegt in der Verantwortung des Luftfahrzeugführers, § 12 LuftSiG, der jedoch von sog. „sky marshalls" der Bundespolizei unterstützt werden kann, § 4a BPolG. Daneben treten in der Folge der Anschläge vom 11.9.2001 eingeführte weitere Anforderungen zur Gewährleistung der Sicherheit des Luftverkehrs mittels **physischer Kontrollen,** insbesondere: Personen- und Gepäckkontrollen durch Luftsicherheitsbehörden (§ 5 LuftSiG), die Überprüfung der Zuverlässigkeit von Personen (§ 7 LuftSiG) sowie die besondere Stellung zugelassener Beteiligter an der sicheren Lieferkette (§ 9a LuftSiG). Ferner gelten besondere Anforderungen an Flugplatzbetreiber und Luftfahrtunternehmen zur Sicherstellung und Gewährleistung der Luftsicherheit (§§ 8, 9 LuftSiG).

Beispiel: Flugplatzbetreiber müssen Flughafenanlagen, Bauwerke, Räume und Einrichtungen so gestalten, dass die erforderliche bauliche und technische Sicherung gewährleistet ist, § 8 Abs. 1 Nr. 1 LuftSiG.

47 Im Bereich der **Schifffahrt** sind neben den Verhaltenspflichten[162] der Teilnehmer insbesondere Unterhaltungspflichten normiert, etwa für Bundeswasserstraßen und bundeseigene Schifffahrtsanlagen (§ 7 WaStrG). Daneben gelten landesrechtlich Sicherheitspflichten für Seehäfen,[163] die beispielsweise auch die Pflicht zur Aufstellung von Gefahrenabwehrplänen[164] oder die Benennung eines Beauftragten[165] durch die Betreiber umfassen.[166]

---

[158] Vgl. Art. 26 Abs. 1 und Art. 37 des Vorschlags für eine Verordnung über einen Binnenmarkt für digitale Dienste (Gesetz über digitale Dienste) vom 15.12.2020, COM/2020/825 final.
[159] § 8 Abs. 3 Nr. 1 und 2 BSI-KritisV iVm Anhang 7 BSI-KritisV.
[160] Zu den Ordnungspartnerschaften zwischen Deutscher Bahn AG und der Bundespolizei bzw. den lokalen Behörden vgl. *Nolte* in Gusy/Kugelmann/Würtenberger Zivile Sicherh-HdB 351 (356).
[161] Vgl. § 29 EIGV.
[162] Für Binnenschifffahrt: § 1.04 BinSchStrO (Allgemeine Sorgfaltspflicht der Verkehrsteilnehmer), für Seeschifffahrt: § 3 Abs. 1 SeeSchStrO (Allgemeine Sorgfaltspflicht).
[163] Die Hafensicherheitsgesetze setzen insoweit insbesondere die Richtlinie 2005/65/EG vom 26. Oktober 2005 zur Erhöhung der Gefahrenabwehr in Häfen um, die die Vorgaben der Verordnung (EG) Nr. 725/2004 vom 31. März 2004 zur Erhöhung der Gefahrenabwehr auf Schiffen und in Hafenanlagen ergänzt, die wiederum den „International Ship and Port Facility Security Code" (ISPS) von 2002 (Anlage zum internationalen Schiffssicherheitsabkommen (SOLAS) der IMO) unionsrechtlich umsetzt.
[164] Vgl. beispielsweise § 7 HmbHafenSG; § 6 NdsHafenSG.
[165] Vgl. beispielsweise § 8 HmbHafenSG; § 9 NdsHafenSG.
[166] Eingehend zur „maritimen zivilen Sicherheit" aus raumordnungsrechtlicher Perspektive *Reuker*, Maritime Sicherheit, 2018.

C. Gesetzliche Regelungen zum Schutz kritischer Infrastrukturen   § 14

Infolge der zunehmenden Digitalisierung fällt auch der Bereich des **Straßenverkehrs** in 48
den Anwendungsbereich des BSIG.[167] Darüber hinaus beschränken sich die Vorgaben auf hoheitliche Unterhaltspflichten (vgl. §§ 3, 5 FStrG).

Schließlich enthält das **Verkehrsleistungsgesetz** Befugnisse zur Gewährleistung von 49
Verkehrsdienstleistungen, wenn der Bedarf im **Notstandsfall** nicht anders bewältigt werden kann. Insoweit ist der Spannungs- bzw. Verteidigungsfall explizit nicht erfasst, sondern Katastrophen- sowie Unglücksfälle, einschließlich terroristischer Anschläge, wirtschaftlicher Krisenlagen, die Versorgung der Streitkräfte bei Einsätzen aufgrund internationaler Vereinbarungen sowie die Notfallbewältigung aufgrund internationaler Vereinbarungen, § 1 Abs. 1 VerkLG. Soweit gem. § 2 VerkLG durch das zuständige Bundesministerium bzw. die Bundesregierung die Voraussetzungen festgestellt sind, können die in § 7 Abs. 1 VerkLG genannten Behörden bei den jeweiligen Unternehmen (§ 4 VerkLG) insbesondere Beförderungsleistungen (§ 3 Abs. 1 Nr. 1 VerkLG), die Gebrauchsüberlassung von Verkehrsmitteln (§ 3 Abs. 1 Nr. 2 VerkLG), die Nutzung der Verkehrsinfrastruktur, einschließlich der Ausrüstung, der Informations- und Kommunikationssysteme (§ 3 Abs. 1 Nr. 3 VerkLG) sowie erforderliche Auskünfte (§ 8 VerkLG) fordern.

Im Zuge der Organisationsprivatisierung wurden ferner die Deutsche Bahn AG und die 50
DFS Deutsche Flugsicherung GmbH verpflichtet, **zivilschutzbezogene Maßnahmen,** insbesondere baulicher Art, zu treffen, § 10a VSG (zu den Sicherstellungsgesetzen → Rn. 59 ff.).

5. Gesundheit

Nicht erst die besonderen Herausforderungen bei der Bewältigung der Covid-19-Pandemie 51
haben deutlich werden lassen, welche herausgehobene Stellung dem Gesundheitssektor für die Funktionsfähigkeit der Gesellschaft zukommt. Bereits das „klassische" **Katastrophenschutzrecht** (→ Rn. 18) normiert besondere Anforderungen an die Betreiber von Einrichtungen der **medizinischen Versorgung,** die diese eng in den Katastrophenschutz einbeziehen, insbesondere in die Planung der gesundheitlichen Versorgung im Verteidigungsfall sowie für (spezifische) Großschadensereignisse durch das Aufstellen von „Krankenhausalarm- und Einsatzplänen" (§ 21 ZSKG in Verbindung mit landesrechtlichen Normen[168]) sowie durch die Anordnung der Erweiterung der Einsatzbereitschaft, § 22 ZSKG. Daneben ist es grundsätzlich Aufgabe der kassenärztlichen bzw. kassenzahnärztlichen Vereinigungen, die kassenärztliche Versorgung sicherzustellen (§§ 75, 77 SGB V), während die Krankenhausversorgung Ländersache ist, ergänzt durch gemeinsame Finanzierungsinitiativen[169] sowie besondere Maßnahmen im Falle einer epidemischen Lage nationaler Tragweite (§ 5 IfSG).

Weiter gelten neben den allgemeinen **IT-sicherheitsrechtlichen** Anforderungen[170] 52
auch spezielle Pflichten für die gem. § 306 SGB V zuständige **Gematik** bezüglich des sicheren Betriebs der Telematikinfrastruktur, einschließlich eines Sicherheitskonzepts (§ 311 Abs. 1 SGB V). Gleiches gilt für **medizinische Labore** und die Hersteller von **Arzneimitteln und Impfstoffen.**

Die Versorgung mit Arzneimitteln und Impfstoffen[171] soll ferner durch Pflichten zur 53
Vorratshaltung gewährleistet werden. Bislang geschieht dies insbesondere durch die Verpflichtung Privater, indem für vollversorgende Arzneimittelgroßhandlungen ein Vorrat für

---

[167] Ausdrücklich bislang Verkehrssteuerungs- und Leitsysteme (im kommunalen Straßenverkehr) sowie intelligente Verkehrssysteme vgl. Anhang 7 Teil 1 1.20 ff. BSI-KritisV.
[168] Für eine umfassende Übersicht der landesrechtlichen Vorschriften: *BBK* Handbuch Krankenhausalarm- und -einsatzplanung, 2020, 22 ff.
[169] Krankenhauszukunftsgesetz (KHZG, BGBl. 2020 I Nr. 48, 2208): 3 Mrd. des Bundes und 1,3 Mrd. der Länder: Investitionen in moderne Notfallkapazitäten und eine bessere digitale Infrastruktur.
[170] Vgl. § 6 Abs. 4 Nr. 1 und 2 BSI-KritisV iVm Anhang 5 BSI-KritisV.
[171] Auf die komplexere Bevorratungssituation bei Impfstoffen verweisen *Schulte/Gusy* in BBK Definitionen von Schutzzielen für Kritische Infrastrukturen, 2021, 261 (293).

zwei Wochen (§ 52b Abs. 2 und 3 AMG) und für Apotheken ein Vorrat entsprechend dem Durchschnittsbedarf für eine Woche sowie ausgewählte zusätzliche Mittel (§ 15 ApBetrO) verpflichtend ist. Vor dem Hintergrund der Erfahrungen im Umgang mit der Covid-19-Pandemie wird insbesondere ein Ausbau der Bevorratung durch den Bund diskutiert.[172] Vorgesehen ist neben dem Aufbau einer „Nationalen Reserve Gesundheitsschutz" auch ein bundesweiter Ausbau der Sanitätsmittelbevorratung gem. § 23 ZSKG.[173]

54 Zu beachten sind schließlich ausgewählte **Vereinfachungen** für Sonderfälle wie die Befreiung von der Zulassungspflicht für Arzneimittel zur Behandlung einer bedrohlichen übertragbaren Krankheit (§ 21 Abs. 2 Nr. 1c AMG) oder die Vereinfachung des Vertriebswegs durch ausnahmsweise Abgabe an Gesundheitsbehörden (§ 47 Abs. 1 Nr. 3c AMG), Krankenhäuser und Gesundheitsämter (§ 47 Abs. 1 Nr. 3b AMG) und zentrale Beschaffungsstellen für Arzneimittel (§ 47 Abs. 1 Nr. 5 AMG). In diesen Zusammenhang gehört auch die sog. Zivilschutzausnahme gem. § 71 AMG.[174]

6. Wasserversorgung

55 Für den Sektor Wasserversorgung einschließlich der Abwasserentsorgung gelten die Anforderungen an die **IT-Sicherheit** aus dem BSIG.[175]

56 Die öffentliche Wasserversorgung ist Teil der **Daseinsvorsorge,** § 50 WHG, sodass ihrer **Sicherstellung** als zentralem Element des Wohls der Allgemeinheit im Rahmen der nachhaltigen Gewässerbewirtschaftung grundsätzlich Vorrang einzuräumen ist (§ 6 Abs. 1 WHG),[176] wie besonders die Begriffsbestimmung des § 3 Nr. 10 WHG unterstreicht.[177] Vor diesem Hintergrund sind entsprechende Pflichten für Wasserversorger normiert:
- zur Anzeige und Untersuchung (§§ 13 ff. TrinkWV);
- zur Vorratshaltung von Betriebsmitteln (§ 12 WasSG);
- zur Anzeige bei Abweichung von Grenzwerten (§ 16 Abs. 1 TrinkWV);
- zur Aufstellung eines Maßnahmenplans gem. § 16 Abs. 5 TrinkWV bei Abweichungen von den Vorgaben der TrinkWV, insbesondere zur Unterbrechung nach § 9 TrinkWV;
- sowie die Ermächtigung der Behörde zur Zulassung von Abweichungen gem. § 10 TrinkWV bei Nichteinhaltung von Grenzwerten gem. § 9 TrinkWV;
- und zur Verwendung von zusätzlichen Stoffen zur Desinfektion im Katastrophenfall (§ 11 Abs. 2 TrinkWV).

7. Ernährung

57 Die **IT-Sicherheit** ist für die Branchen Ernährungswirtschaft und Lebensmittelhandel nach Maßgabe des BISG zu gewährleisten.[178] Zur **Betriebssicherheit** findet sich im Ernährungssektor die Pflicht zur Überprüfung von Belüftungs- und Notstromaggregaten gem. § 4 Abs. 1 Nr. 7 TierSchNutztV.

58 Ferner ist die Bundesanstalt für Landwirtschaft und Ernährung zur Beschaffung, Haltung und Verwertung von Vorräten an Ernährungsgütern und Futtermitteln zur **Sicherung der Versorgung** ermächtigt (§ 2 Abs. 1 Nr. 4 BLEG) und unterhält deshalb die „Bundes-

---

[172] Vgl. für Landesdepots zB NRW: § 10 Abs. 3 KHGG iVm Arzneimittelbevorratungsverordnung v. 30. August 2000. Eingehend: *Schulte/Gusy* in BBK Definitionen von Schutzzielen für Kritische Infrastrukturen, 2021, 261 (291 f.).
[173] Vgl. *BMI/BBK*, Stärkung des Bevölkerungsschutzes durch Neuausrichtung des Bundesamtes für Bevölkerungsschutz und Katastrophenhilfe, 2021, 4 (abrufbar unter: https://bit.ly/3vLszoB).
[174] IVm der AMG-Zivilschutzausnahmeverordnung. Ausnahmen betreffen unter anderem die Zulassungspflicht (§ 21 AMG), die Vertriebswege (§§ 43, 47 AMG) und Kennzeichnungspflichten (§§ 10, 11 AMG).
[175] Vgl. § 3 Abs. 4 Nr. 1 und 2 BSI-KritisV iVm Anhang 2 BSI-KritisV.
[176] Landesrechtlich konkretisiert beispielsweise durch § 13 Abs. 2 S. 1 RhPflWG; § 18 S. 1 BWG.
[177] Die Einstufung ist relevant für die Gewässerbenutzung (§ 12 Abs. 1 Nr. 1 WHG) und die Anlagengenehmigung (§ 36 Abs. 1 WHG).
[178] Vgl. § 4 Abs. 3 Nr. 1 und 2 BSI-KritisV iVm Anhang 3 BSI-KritisV.

reserve Getreide"[179] sowie die zivile Notfallreserve[180]. Daneben bestehen Ausnahmeermächtigungen von den Vorschriften des Lebensmittel- und Futtermittelgesetzbuches in Krisenzeiten (§ 67 LFGB). Ferner ist für den Sektor Ernährung auch hervorzuheben, dass insoweit ein neugefasstes Sicherstellungsgesetz gilt. Das **Ernährungssicherstellungs- und -vorsorgegesetz** (ESVG)[181] regelt sowohl die Vorsorge als auch die Sicherstellung in einer **Versorgungskrise**[182] und ermächtigt insbesondere:

- das zuständige Bundesministerium sowohl während einer Versorgungskrise als auch zu deren Vorsorge zum Erlass von Rechtsverordnungen zur Sicherstellung der Grundversorgung (§ 4 Abs. 1 ESVG bzw. § 11 ESVG);
- und während der Versorgungskrise zu Einzelweisungen an die Länder (§ 5 ESVG);
- sowie die zuständigen Behörden zu einstweiligen Anordnungen zur Sicherstellung bis zum Erlass einer Rechtsverordnung (§ 6 Abs. 1 ESVG);
- flankiert werden diese Befugnisse durch Pflichten zur **Datenübermittlung** an die Behörden (§§ 9, 13 ESVG).

8. Exkurs: Sicherstellungsgesetze

Das ESVG ist Teil der **Sicherstellungs- und Vorsorgegesetze,** die seit ihrer Einführung in den 1950er und 1960er Jahren überwiegend weder grundsätzlich geändert noch an die gewandelte Perspektive der zivilen Sicherheit angepasst wurden.[183] Die Sicherstellungsgesetze dienen der einfachgesetzlichen Grundlage für Grundrechtseingriffe zum Erhalt staatlicher Infrastruktur sowie der Versorgung der Bevölkerung und der Bundeswehr im Verteidigungs- und Spannungsfall. Trotz seines Titels nicht zu den Sicherstellungsgesetzen im engeren Sinne zählt das Energiesicherstellungsgesetz, das vor dem Hintergrund der Ölkrise erlassen wurde (→ Rn. 39). Wegen dieser inhaltlichen Nähe zum KRITIS-Diskurs wird inzwischen auch eine stärkere Anpassung an die (jüngeren) Strategien gefordert.[184] Die enthaltenen Befugnisse – insbesondere zum Erlass von Rechtsverordnungen – werden durch die Feststellung des Verteidigungs- bzw. teilweise bereits des Spannungsfalls entsperrt (→ Rn. 17; → § 2 Rn. 22). Während einige Sicherstellungsgesetze wie das ESVG sektorspezifisch ausgestaltet sind, gelten die Ermächtigungen des **Bundesleistungsgesetzes**[185] und des verfassungsrechtlich in Art. 12a Abs. 3–6 GG gegründeten **Arbeitssicherstellungsgesetzes**[186] sowie des **Wirtschaftssicherstellungsgesetzes**[187] sektorübergreifend.

59

Die Sicherstellung der Versorgung in einzelnen Sektoren regelt für den Post- und Telekommunikationssektor das 2011 neugestaltete und an die veränderten technischen sowie Marktentwicklungen angepasste **Postsicherstellungsgesetz**.[188] Es ordnet insbesondere die Bevorrechtigung von spezifischen (in der Regel hoheitlichen) Postkunden an (§ 2 PSG).

60

---

[179] Bestehend aus Vorräten an Weizen, Roggen und Hafer.
[180] Bestehend aus Vorräten an Reis, Hülsenfrüchten und Kondensmilch. Zum aktuellen Stand der Bevorratung detailliert BT-Drs. 19/18593.
[181] Die zuvor getrennten ESG und EVG ersetzend: Ernährungssicherstellungs- und -vorsorgegesetz v. 4.4.2017 (BGBl. 2017 I 772).
[182] Vgl. zur parallel zu § 1 ESVG konstruierten (Neu)Regelung in § 5 IfSG, *Rixen* in Kluckert, Das neue Infektionsschutzrecht, 2020, § 4 Rn. 7.
[183] *Kloepfer* KatastrophenR-HdB 197, spricht insoweit von einer „vergessenen Reserverechtsordnung".
[184] *Kloepfer* KatastrophenR-HdB 209. Konkretere Ideen zur Weiterentwicklung existieren bereits für das WasserSiG → Rn. 61.
[185] Bundesleistungsgesetz in der im Bundesgesetzblatt Teil III, Gliederungsnummer 54-1, veröffentlichten bereinigten Fassung, das zuletzt durch Art. 5 des Gesetzes v. 11.8.2009 (BGBl. 2009 I 2723) geändert worden ist.
[186] BGBl. 1968 I 787.
[187] BGBl. 1968 I 1069.
[188] BGBl. 2011 I 506, 941. Das PSG ist neben dem ESVG das einzige grundsätzlich weiterentwickelte Sicherstellungsgesetz, vgl. *Kloepfer* KatastrophenR-HdB 208 ff. Die Regelungen des PTSG, die Telekommunikationsdienste betreffen, finden sich nunmehr erweitert in §§ 184 ff. TKG; die zuvor in § 6 PTSG geregelte Telekommunikationsbevorrechtigung in § 186 TKG.

61 Demgegenüber ermächtigt das **Verkehrssicherstellungsgesetz**[189] zum Erlass von Rechtsvorschriften, um die zum Zweck der Verteidigung erforderlichen lebenswichtigen Verkehrsleistungen sicherzustellen. Nach dem **Wassersicherstellungsgesetz**[190] können ferner die im Verteidigungsfall notwendigen Maßnahmen getroffen werden, um auf dem Gebiet der Wasserwirtschaft die Versorgung oder den Schutz der Zivilbevölkerung und der Streitkräfte sicherzustellen und einen Wassermangel zu verhindern.[191]

9. Staat und Verwaltung

62 Die in den Sicherstellungsgesetzen zum Ausdruck kommende Perspektive auf die Sicherung der Versorgung im Spannungs- oder Verteidigungsfall prägt auch die rechtliche Infrastrukturgewährleistung im Sektor Staat und Verwaltung. Zentral sind dabei die Regelungen der **Notstandsverfassung** in Art. 115a–115l GG sowie einzelne untergesetzliche Konkretisierungen (→ § 3 Rn. 72 ff.).

Beispiel: Hervorzuheben sind die Regelungen zur Gewährleistung der Funktionsfähigkeit des BVerfG, Art. 115g GG (zur Justiz im Übrigen sogleich → Rn. 66) sowie das vereinfachte Gesetzgebungsverfahren gem. Art. 115d GG und der Gemeinsame Ausschuss nach Art. 53a GG. Zu nennen sind weiterhin etwa die Rahmenrichtlinien für die Gesamtverteidigung v. 10.1.1989 (Novelle geplant), va Abschnitt 19 (Aufrechterhaltung der Staats- und Regierungsfunktionen), sowie beispielsweise das jüngere und stärker auf terroristische Bedrohungsszenarien reagierende „Konzept zur Aufrechterhaltung der Staats- und Regierungsfunktionen im Spannungs- und Verteidigungsfall" von 2016.

63 Ferner wurden im Rahmen der Covid-19-Pandemie teilweise zeitlich begrenzte Sonderregelungen geschaffen, um insbesondere einen **geordneten Parlamentsbetrieb** unter den epidemiologisch angezeigten Bedingungen durchzuführen, wie beispielsweise mittels vorübergehender Absenkung der Beschlussfähigkeit des Bundestags (§ 126a GOBT).[192] Hervorzuheben ist auch die Diskussion über ein **Notparlament**.[193]

64 Die vielfältige Gesetzgebungstätigkeit während der Covid-19-Pandemie lässt erkennen, dass trotz der unbestrittenen Bedeutung für die Funktionsfähigkeit der Gesellschaft im Sektor Staat und Verwaltung kaum rechtliche Vorgaben über den Notstand hinaus bestehen. Auch hinsichtlich des ansonsten relativ weit differenzierten **IT-Sicherheitsrechts** entsprechen die – ohnehin gem. § 2 Abs. 3 S. 2 BSIG auf die Bundesverwaltung beschränkten – Vorgaben des IT-Sicherheitsgesetzes[194] materiell nicht den an sonstige KRITIS-Betreiber gestellten Anforderungen.[195] In erster Linie beschränken sie sich auf Meldepflichten (§ 4 Abs. 3 BSIG) sowie die zukünftig durch das BSI festgelegten Mindeststandards für die Sicherheit der IT des Bundes (§ 8 Abs. 1 BSIG), ergänzt durch Kontroll- und Ermittlungsrechte des BSI (§§ 4a, 4b, 5, 7b BSIG).[196]

65 Stärker institutionalisiert sind demgegenüber **finanzielle Unterstützungsmechanismen** im föderalen Bundesstaat zur mittelbaren Sicherung (der Funktionsfähigkeit) staatli-

---

[189] BGBl. 1968 I 1082. In Abgrenzung zum VerkLG → Rn. 49.
[190] BGBl. 1965 I 1225, 1817.
[191] Zur Aktualisierung der Trinkwassernotversorgung und der Weiterentwicklung im Sinne eines ursachenunabhängigen Vorsorgeansatzes vgl. *BMI/BBK* Stärkung des Bevölkerungsschutzes durch Neuausrichtung des Bundesamtes für Bevölkerungsschutz und Katastrophenhilfe, 2021, 10 (abrufbar unter: https://bit.ly/3vLszoB).
[192] Vgl. *Lenz/Schulte* NVwZ 2020, 744 (747). Krit zur Praxis des Bundestages mwN *Kersten/Rixen,* Der Verfassungsstaat in der Corona-Krise, 2. Auflage, 2021, VIII.2. Dort auch Ideen zu einem „virtuellen Parlamentarismus" unter Einbeziehung elektronischer Kommunikationsmedien.
[193] Vgl. nur mwN *Hoppe/Risse* DVBl 2020, 1386; *Kersten/Rixen,* Der Verfassungsstaat in der Corona-Krise, 2. Auflage, 2021, VIII.2.
[194] Vorgaben für die Landesverwaltungen finden sich teilweise in entsprechenden Ländergesetzen (zB in § 15 Abs. 3 des E-GovG M-V) sowie nunmehr auch im Anwendungsbereich des Online-Zugangs-Gesetzes, §§ 5, 6 OZG.
[195] *Schallbruch* CR 2017, 648 (653).
[196] Vgl. auch BT-Drs. 18/4096, 24 und für die Neuregelungen zur Verbesserung des Sicherheitsniveaus BT-Drs. 19/26106, 30.

cher Einrichtungen. Entsprechende Möglichkeiten gem. Art. 104b Abs. 1 Nr. 2 GG wurden im Zuge der Covid-19-Pandemie aktiviert mit dem Ziel, die Gesundheitsverwaltung zu stärken.[197]

66 Für die **Justiz** lassen sich demgegenüber verschiedene positivrechtliche Regelungen zur Sicherung des Betriebs identifizieren.[198] Insbesondere muss der gerichtliche Geschäftsverteilungsplan grundsätzlich ausreichende personelle Ressourcen, einschließlich Vertretungsregeln, vorsehen (§ 21e GVG) und wird ergänzt um vielfältige Instrumente der Sitzungspolizei (§§ 175 ff. GVG). Zur Bewältigung der besonderen Bedingungen der Pandemie erlangten auch einzelne prozessuale Regelungen Bedeutung wie beispielsweise § 128a ZPO und § 10 EGStPO.

67 Die im Übrigen verhältnismäßig geringe Zahl ausdrücklich normierter Verpflichtungen hängt jedoch auch damit zusammen, dass der Schutz staatlicher Einrichtungen und Funktionen Kernbestandteil des klassischen **Gefahrenabwehrrechts** ist und nicht zuletzt durch strafrechtliche Vorschriften scharfgestellt ist.[199] Insofern finden sich überwiegend lediglich generalklauselartige Normen, die auf den Schutz der staatlichen Funktionen bzw. der Einrichtungen des Bundes[200] gerichtet sind, wie beispielsweise:
- der Objektschutz[201] für Verfassungsorgane und Einrichtungen des Bundes durch die Bundespolizei (§ 5 BPolG);
- das Verbot öffentlicher Versammlungen innerhalb der befriedeten Bezirke (§ 2 BefBezG);
- das Hausrecht sowie die Ordnungsgewalt des Bundestagspräsidenten (Art. 40 Abs. 2 GG, § 7 Abs. 2 bzw. Abs. 1 GO-BT) bzw. des Bundesratspräsidenten (§§ 6 Abs. 3, 22 GO-BR);
- der Objektschutz ihrer eigenen Einrichtungen durch die Bundespolizei (§ 1 Abs. 3 BPolG), das Bundeskriminalamt (§ 8 BKAG) bzw. die Bundeswehr (§§ 1 ff. UZwGBw);
- die Pflicht der Bundesministerien ihre Organisation so zu gestalten, dass sie den sich ändernden gesellschaftlichen, politischen und wirtschaftlichen Rahmenbedingungen flexibel gerecht werden können (§ 4 Abs. 1 GGO);
- und schließlich auch die Verwendung der Bundeswehr im Inneren zur allgemeinen **Amtshilfe**[202] im Rahmen der sog. Zivil-Militärischen Zusammenarbeit (Art. 35 Abs. 1 GG).[203]

10. Medien und Kultur, Schulen und Kinderbetreuung, Pflege

68 In den positiv-rechtlichen Umsetzungen des KRITIS-Konzepts nicht erwähnt, aber im Zuge der Bewältigung der Covid-19-Pandemie vielfach als „kritisch" bzw. „systemrelevant" eingestuft sind die **Medien**. Als Teil der sozioökonomischen Dienstleistungsinfrastrukturen werden diese zwar in der KRITIS-Strategie erwähnt,[204] in den Anwendungsbereich des IT-Sicherheitsgesetzes jedoch nicht einbezogen, da sie kompetenzrechtlich den Ländern zugeordnet werden.[205] Eine (Selbst-)Verpflichtung zur Gewährleistung der IT-

---

[197] So ermöglichte § 5 Abs. 2 Nr. 9 IfSG Finanzhilfen für Investitionen zur technischen Modernisierung der Gesundheitsämter, krit. dazu *Kersten/Rixen,* Der Verfassungsstaat in der Corona-Krise, 2020, 118. Zuvor im Rahmen der „Aufbauhilfe" nach dem Elbehochwasser 2002 auf verfassungsrechtlich wackligem Grund, vgl. *Heun/Thiele* in Dreier GG Art. 104b Rn. 13.
[198] Zu erwähnen ist mit Blick auf die Covid-19-Pandemie allerdings eine Initiative aus Schleswig-Holstein, die Funktionsfähigkeit der Gerichte während einer epidemischen Lage von nationaler Tragweite mittels eines „Epidemiegerichtsgesetzes (EpiGG)" zu sichern.
[199] Vgl. *Nolte* in Gusy/Kugelmann/Würtenberger Zivile Sicherh-HdB 351 (352).
[200] Eingehend → § 10 Rn. 7 ff. Entsprechende Regelungen der Länder müssen hier aus Platzgründen außen vor bleiben.
[201] In Abgrenzung zum (weniger der Infrastruktursicherung zuzuschlagenden) Personenschutz durch das Bundeskriminalamt gem. § 6 Abs. 1 BKAG.
[202] In Abgrenzung zum Einsatz der Bundeswehr bei Naturkatastrophen oder Unglücksfällen als Unterstützung der primär zuständigen Polizeikräfte gem. Art. 35 Abs. 2 und Abs. 3 GG.
[203] *Nolte* in Gusy/Kugelmann/Würtenberger Zivile Sicherh-HdB 351 (328 ff.).
[204] *BMI* KRITIS-Strategie, 2009, 5.
[205] BT-Drs. 18/4096, 24.

Sicherheit betrachtet der öffentlich-rechtliche Rundfunk daher auch schlicht als Bestandteil seiner gesetzlichen Aufgaben.[206] An ausdrückliche Vorgaben zur Sicherstellung der Funktionsfähigkeit fehlt es.[207] Dies ist durchaus bedenklich, da Rundfunk, Fernsehen und Tageszeitungen konzeptionell als Multiplikatoren in das Modulare Warnsystem (MoWaS)[208] des BBK einbezogen sind; teilweise ist auch auf Länderebene ausdrücklich geregelt, dass die Feststellung des Katastrophenfalls durch die Medien zu verbreiten ist.[209] Allerdings ist zu berücksichtigen, dass die sehr divers organisierte Medienlandschaft aus sich heraus eine Art „Resilienz durch Pluralität"[210] aufweist. Im Übrigen lässt sich ein gewisser Wandel beobachten. So sind seit 2019 auch ausgewählte Unternehmen der Medienwirtschaft in die Investitionskontrolle nach §§ 55, 55a AWV einbezogen (→ Rn. 31).

69 Auch der Sektor **Kultur** hat als Teil der sozioökonomischen Dienstleistungsinfrastrukturen eine hohe **symbolische Kritikalität**.[211] Diese Bedeutung von Kulturgütern kommt zuvorderst in den völkerrechtlichen Abkommen zu ihrem Schutz zum Ausdruck,[212] der auch Teilaufgabe des Zivilschutzes gem. § 1 Abs. 1, Abs. 2 Nr. 7, § 25 ZSKG ist.[213]

70 Weiter soll noch der Bereich der sog. **Bildungsinfrastruktur** in den Blick genommen werden, dem – wie zuletzt die Covid-19-Pandemie gezeigt hat – auch hohe Bedeutung für die Funktionsfähigkeit der Gesellschaft zukommt.[214] Insoweit beschränken sich die Regelungen jedoch im Wesentlichen auf eine mittelbare Infrastruktursicherung durch Finanzhilfen wie in Art. 104c GG für kommunale Bildungsinfrastrukturen.[215] Insoweit von Infrastruktursicherung zu sprechen erscheint allerdings fernliegend, vielmehr muss konstatiert werden, dass der Stellenwert einer geregelten Kinderbetreuung im Recht der Infrastruktursicherung bisher nicht hinreichend reflektiert wird. Eine bemerkenswerte Ausnahme bildete die CoronaImpfV, die ua eine Priorisierung von Personen vorsah, die in Kinderbetreuungseinrichtungen und als Lehrkräfte tätig sind, § 4 Abs. 1 Nr. 8, vgl. → Rn. 28.

71 Gleiches gilt im Bereich der **pflegerischen Versorgung** – soweit diese nicht Teil der medizinischen Versorgung im Krankenhaus ist (→ Rn. 51). In der Ausnahmesituation der epidemischen Lage nationaler Tragweite wurden allerdings zeitlich befristete Regelungen zur Aufrechterhaltung der pflegerischen Versorgung, einschließlich **Anzeigepflichten** (§ 150 Abs. 1 S. 1 SGB XI), ergänzt (§§ 147–151 SGB XI).

D. Grundstrukturen der Regulierung kritischer Infrastrukturen

72 Die rechtlichen Regelungen zum Schutz kritischer Infrastrukturen entstammen sehr unterschiedlichen Regulierungskontexten und -epochen. Aus diesem Grund erscheint es **nicht sinnvoll**, bereits von einem „**Rechtsgebiet**" **KRITIS** zu sprechen.[216] Dennoch kann es ertragreich sein, innerhalb des Normbestandes nach übergreifenden Strukturen zu suchen, die die besonderen regulatorischen Herausforderungen des Schutzes kritischer Infrastruktu-

---

[206] §§ 26–33 MedienStV: So spezifisch für den Bereich der IT-Sicherheit: Stellungnahme von ARD, ZDF und Deutschlandradio zum Entwurf eines IT-SiG 2.0 v. 9.12.2020, 3 (abrufbar unter: https://bit.ly/3kqTD7I).
[207] So ausdrücklich für das geltende IT-Sicherheitsrecht *Etteldorf* AfP 2018, 114.
[208] Vgl. eingehend *BSI* KRITIS-Sektorstudie Medien und Kultur, 2016, 60 ff.
[209] Beispielsweise § 34 Abs. 1 HessBKG.
[210] *Lewinski*, Medienrecht, 2020, 355.
[211] Unter Verweis auf die identitätsstiftende und psychologische Bedeutung: *BMI* KRITIS-Strategie, 2009, 5; zum Begriff vgl. *Kaufmann* in Hempel/Krasmann/Bröckling, Sichtbarkeitsregime, 2011, 101 (106).
[212] Erste Regelungen finden sich bereits im Haager Abkommen von 1899, maßgeblich ist jedoch nunmehr die Haager Konvention für den Schutz von Kulturgut bei bewaffneten Konflikten vom 14.5.1954.
[213] Insbesondere durch die Sicherheitsverfilmung und Einlagerung im zentralen Bergungsort der Bundesrepublik in Barbarastollen.
[214] Für eine erste Reflektion und denkbare Entwicklungen vgl. *Karutz/Posingies* BBK Bevölkerungsschutz, 4/2020, 18 ff.
[215] Entsprechend für die Kindertagesbetreuung mit dem sog. Gute-KiTa-Gesetz (BGBl. 2018 I 2696), die insoweit nicht erfasst ist, vgl. BT-Drs. 19/3440, 9; *Thiele* in Dreier Art. 104c Rn. 18.
[216] Ebenso auch ablehnend für das allgemeine Infrastrukturrecht ua *Dörr* VVDStRL 73 (2014), 323 (325). Zum Rechtsgebietstopos instruktiv *Gusy* FS Graulich, 2019, 9.

ren reflektieren, um die Arbeit mit dem Rechtsstoff zu rationalisieren und um Orientierung für künftige Regulierungsschritte zu geben.

Kaum Erfolg verspricht insoweit freilich der Versuch, solche übergreifenden Strukturen aus der „Natur" kritischer Infrastrukturen herzuleiten. Die Literatur zum „allgemeinen" Infrastrukturrecht hat gezeigt, dass ein solches Unterfangen angesichts des kaum greifbaren Infrastrukturbegriffs unergiebig bleibt.[217] Stattdessen ließ sich diese Materie auf eine andere Art und Weise charakterisieren, nämlich über die Ziele und Mittel ihrer Regulierung. So zielt das allgemeine Infrastrukturrecht auf „die Planung (dh Konzeption und Entscheidung), Bereitstellung und Pflege von Einrichtungen, die unmittelbar von der Allgemeinheit genutzt werden können oder für weitere Dienste zur Verfügung stehen, die sich grundsätzlich an die Allgemeinheit richten."[218] Diese Ziele müssen sich in einen bestimmten (verfassungsrechtlichen) Rahmen einfügen. Auf dieser Grundlage hat sich ein bestimmtes Set von Instrumenten und institutionellen Arrangements herausgebildet, namentlich solchen, die zur Entwicklung, zur Ressourcenbereitstellung für die Errichtung, zum Betrieb und zum Schutz von Infrastrukturobjekten beitragen können.[219] Ein analoger Zugang wird hier für das Recht der *kritischen* Infrastrukturen gewählt.[220] Im Folgenden sind dementsprechend die für die Materie prägenden Ziele (I., → Rn. 74 f.) und Rahmenbedingungen (II.. → Rn. 76 ff.) sowie typische Instrumente (III., → Rn. 81 ff.) und institutionelle Arrangements (IV., → Rn. 94 ff.) herauszuarbeiten. **73**

I. Ziele der Regulierung

Übergreifendes Anliegen des Schutzes kritischer Infrastrukturen ist es, den Ausfall oder Beeinträchtigungen entsprechender Anlagen oder Dienste zu vermeiden bzw. mögliche Folgen für das Gemeinwesen zu minimieren.[221] Kernziel der Regulierung von KRITIS ist daher die **Vorsorge** für einen (wie auch immer gearteten) Schadensfall. Das legt die Wahl von möglichst breit gefächerten Instrumenten nahe, die unabhängig davon greifen, ob derartige Beeinträchtigungen durch äußere Angriffe, Terrorismus, kriminelles Handeln, technisches oder menschliches Versagen oder Naturereignisse verursacht werden.[222] Regulierung muss hier sowohl **„Safety"**, also den störungsfreien Betrieb der Systeme, **als auch „Security"**, also die Abwehr von Bedrohungen, garantieren.[223] **74**

Das Regulierungsziel ist strukturell dem des Katastrophenschutzrechts vergleichbar. Dies gilt auch insoweit, als die Regulierung von KRITIS gleichfalls den Umgang mit dem eingetretenen Schadensfall verbessern und die **Reaktionsfähigkeit** steigern will, um so die Auswirkungen auf das Gemeinwesen zu begrenzen. Insoweit zielt die Regulierung auch auf **„Resilienz"**.[224] Schließlich muss sich der Schutz von kritischer Infrastruktur ständig **75**

---

[217] *Dörr* VVDStRL 73 (2014), 323 (325) mwN. Ebenso auch *Hermes*, Infrastrukturverantwortung, 1998, 168; weitere Annäherungsversuche berichtet *Freimuth*, Die Gewährleistung der IT-Sicherheit Kritischer Infrastrukturen, 2018, 91 f.
[218] *Wißmann* VVDStRL 73 (2014), 369 (375). Entsprechend betont auch *Gärditz* in Kirchhof/Korte/Magen, Öffentliches Wettbewerbsrecht, 2014, 363 (363), für den allgemeinen Diskurs über Infrastrukturen und Recht dessen Nähe zur „Ressourcenplanung und Förderung". Präzisiert und weiterentwickelt wird hier, was *Faber* in seinem Recht der „Infrastrukturverwaltung" (*Faber*, Verwaltungsrecht, 4. Aufl. 1995, 347 ff.) vorgedacht hatte.
[219] *Wißmann* VVDStRL 73 (2014), 369 (375).
[220] Vgl. allerdings die Ansätze bei *Engels* in Gusy/Kugelmann/Württenberger Zivile Sicherh-HdB 273; *Freimuth*, Die Gewährleistung der IT-Sicherheit Kritischer Infrastrukturen, 2018.
[221] Zur Konkretisierung der Schutzziele für KRITIS eingehend BBK Definitionen von Schutzzielen für Kritische Infrastrukturen, 2021, darin insbes. der Beitrag von *Schulte/Gusy*, 261. Für die Zivile Sicherheit insgesamt *Rusteberg* in Gusy/Kugelmann/Württenberger Zivile Sicherh-HdB 113 (114); *Gusy* in Gusy/Kugelmann/Württenberger Zivile Sicherh-HdB 55 (61 ff.).
[222] Insofern ist auch von einem „All-Gefahren-Ansatz" die Rede, BMI KRITIS-Strategie, 2009, 7.
[223] Zu dieser eingeübten Terminologie näher nur *Kaufmann* in Gusy/Kugelmann/Württenberger Zivile Sicherh-HdB 3 (5).
[224] *Rusteberg* in Gusy/Kugelmann/Württenberger Zivile Sicherh-HdB 113 (116).

weiterentwickeln, da die Bedrohungslagen keineswegs statisch sind, sodass ein fortlaufendes **Anpassen an Veränderungen und Lernen** aus Erfahrungen angezeigt ist.[225]

II. Verfassungsrechtliche Rahmenbedingungen

76 Die Analyse der verfassungsrechtlichen Vorgaben ist relevant, um zu bestimmen, *ob* der Staat zum Schutz kritischer Infrastrukturen regulierend eingreifen muss, und *wie* diese Regulierung im Detail auszugestalten ist. Der Schwerpunkt liegt dabei im Folgenden auf der Sicht des Grundgesetzes, obwohl das Unionsrecht im KRITIS-Bereich zunehmend an Bedeutung gewinnt.[226] Schließlich sind eine Vielzahl der nach nationalem Recht als kritisch eingestuften Infrastrukturen ohnehin bereits Gegenstand europäischer Regulierung.

1. Staatliche Gewährleistungsverantwortung für den Schutz kritischer Infrastrukturen

77 Die Mehrzahl der (kritischen) Infrastrukturen befindet sich heute in privater, nicht (mehr) in staatlicher Hand.[227] Ihr Schutz ist daher von einer staatlichen Aufgabe primär zu einer Betreiberaufgabe geworden.[228] Soweit der Staat aber nicht selbst als (durch öffentliche Unternehmen) Handelnder die Funktionsfähigkeit kritischer Infrastrukturen sichern muss, ist er dennoch nicht völlig frei, sondern im Rahmen seiner **Gewährleistungsverantwortung** gefordert.[229] Diese greift insbesondere dort, wo kritische Infrastrukturen für die grundrechtliche Freiheitsausübung essentielle Bedeutung haben.[230] Der **„Infrastruktursicherungsstaat"** muss bereichsspezifisch und situationsangemessen vorsorgen, um Infrastrukturen vor Gefährdungslagen zu schützen und dennoch eintretende Großschadensereignisse möglichst effizient zu bewältigen.[231] Dies kann sich konkret in der Verpflichtung der Infrastrukturbetreiber zur Eigensicherung äußern, die ihrerseits fließende Übergänge zur Inpflichtnahme Privater aufweist und bis hin zu deren Beleihung reichen kann.[232] Spezielle Vorgaben finden sich insoweit in Art. 87e und 87f GG für Telekommunikation, Post und Eisenbahn, aus denen teilweise sogar eine materielle Infrastruktursicherungspflicht abgeleitet wird.[233]

78 Um Missverständnissen vorzubeugen: Aus der Tatsache, dass eine Aufgabe hoheitlich wahrgenommen wurde bzw. wird, kann nicht darauf geschlossen werden, dass es sich hierbei um eine (notwendige) **Staatsaufgabe** handelt.[234] Angesichts ihres herausgehobenen Gegenstands erscheinen kritische Infrastrukturen zwar prädestiniert, auf diese Weise verfassungsrechtlich „hochgezont" zu werden, mit der Folge, dass der Gesetzgeber in der Entscheidung über die Einstufung einzelner Sachbereiche als kritisch nicht mehr frei ist.[235]

---

[225] Auch gefasst unter dem Schlagwort der **„Nachhaltigkeit"**, *BMI* KRITIS-Strategie, 2009, 10.
[226] Die Union stützt ihre Kompetenz dabei in erster Linie auf Art. 114 AEUV, so auch der Entwurf zur CER-Richtlinie (vgl. S. 4 des Entwurfs; → Rn. 107).
[227] *Engels* in Gusy/Kugelmann/Würtenberger Zivile Sicherh-HdB 273 (274 f.).
[228] *Würtenberger* in Gusy/Kugelmann/Würtenberger Zivile Sicherh-HdB 611 (625).
[229] Zum Topos der Gewährleistungsverantwortung allgemein für das Sicherheitsrecht s. nur *Möstl*, Die staatliche Garantie, 2019, 14 ff.; *Stoll*, Sicherheit als Aufgabe, 2003, 15 ff.; *Gusy* VVDStRL 64 (2004), 151 (155 ff.); *Thiel*, Die Entgrenzung der Gefahrenabwehr, 2012, 137 ff.
[230] *Freimuth*, Die Gewährleistung der IT-Sicherheit Kritischer Infrastrukturen, 2018, 176 f. Zur älteren, ähnlich gelagerten Diskussion um den von *Forsthoff* geprägten und im Sozialstaatsprinzip verankerte Begriff der **Daseinsvorsorge** s. *Wolff* in Gusy/Kugelmann/Würtenberger Zivile Sicherh-HdB 657 (661 f.). Vor diesem Hintergrund in Bezug auf IT-Sicherheit als „(E-)Daseinsvorsorge", *Leisterer*, Internetsicherheit in Europa, 2018, 40.
[231] *Würtenberger* in Gusy/Kugelmann/Würtenberger Zivile Sicherh-HdB 611 (613).
[232] *Engels* in Gusy/Kugelmann/Würtenberger Zivile Sicherh-HdB 273 (275).
[233] *Möllers/Pflug* in Kloepfer Schutz kritischer Infrastrukturen 47 (64); *Freimuth*, Die Gewährleistung der IT-Sicherheit Kritischer Infrastrukturen, 2018, 172 ff.
[234] *Möllers/Pflug* in Kloepfer Schutz kritischer Infrastrukturen 47 (64). S. auch allgemein *Voßkuhle* FS Stilz, 2014, 675 ff. mwN.
[235] In diese Richtung tendierend *Stober* in Kloepfer Schutz kritischer Infrastrukturen 121 (124 f.).

Eine solche Tendenz zur Kreation „neuer Staatsaufgaben" aus der Eignung des Staats zu ihrer Erfüllung verkennt jedoch die verfassungsrechtliche Grundentscheidung: Staatsaufgaben sind nicht vom Staat her, sondern von der Verfassung, dh vom Grundgesetz als Rahmenprogramm zur Konkretisierung eines weitgehend inhaltsoffenen Gemeinwohlkonzepts, zu entwickeln.[236] Zwingende Staatsaufgaben lassen sich aus grundrechtlicher Sicht nur dort begründen, wo dies durch verfassungsrechtliche Schutzpflichten geboten ist (→ Rn. 80).[237] Angesichts der überragenden Bedeutung der Grundrechte als Abwehrrechte und im Lichte seiner begrenzten Ressourcen nimmt der Verfassungsstaat freilich immer einen gewissen Grad an Verwundbarkeit in Kauf.

2. Formelle und materielle Vorgaben des Verfassungsrechts

In formeller Hinsicht erweist sich vor allem die grundgesetzliche Kompetenzordnung als Herausforderung für die Regulierung kritischer Infrastrukturen.[238] Denn der „All-Gefahren-Ansatz" eines auf Bundesebene vorangetriebenen KRITIS-Konzepts liegt „quer" zum **grundgesetzlichen Kompetenzrahmen,** der die Gefahrenabwehr – mit wenigen Ausnahmen[239] – generell den Ländern zuweist.[240] Der Bund muss also – dies erklärt sein sektorales Vorgehen – sektorspezifische Kompetenztitel[241] nutzen. Er kann ferner auf den traditionell weit verstandenen Kompetenztitel für das Recht der Wirtschaft zurückgreifen (Art. 74 Abs. 1 Nr. 11 GG).[242] Festhalten lässt sich, dass der mit der gesamtstaatlichen Kritikalität argumentierende KRITIS-Ansatz und die traditionelle Kompetenzlogik des Grundgesetzes in Sachen Sicherheit nur schwer miteinander vereinbar sind. Spezifische **Verwaltungskompetenzen** des Bundes im Bereich KRITIS sind in den Art. 86 ff. GG nicht vorgesehen. Soweit die speziellen Verwaltungskompetenzen nicht ausreichen, hat der Bund über Art. 87 Abs. 3 GG weitreichende Möglichkeiten, neue Bundesbehörden einzurichten.[243] 79

In materieller Hinsicht kann aus dem Charakter der **Grundrechte** als **Schutzpflichten** in Sonderfällen eine Regulierungspflicht folgen, etwa wenn ohne staatliches Handeln Leben und körperliche Unversehrtheit gefährdet sind.[244] Wie weit diese reicht, lässt sich nicht abstrakt bestimmen. Der Gesetzgeber genießt insoweit ebenso wie bei der Instrumentenwahl eine Einschätzungsprärogative.[245] Insbesondere kann er die Aufgabe regelmäßig auch an Private delegieren.[246] In diesem Fall lebt aus den Schutzpflichten jedoch eine Verpflichtung auf, dem Mangel an behördlichen Eigeninformationen über den Grad der Gefährdung durch entsprechende Wissensgenerierungspflichten abzuhelfen (→ Rn. 102).[247] Ihre eigentliche Funktion haben die Grundrechte als **äußere Grenzen** der Inpflichtnahme 80

---

[236] *Häberle* AöR 1986, 595 (600 f.); *Schulze-Fielitz* in Grimm, Wachsende Staatsaufgaben – sinkende Steuerungsfähigkeit des Rechts, 1990, 10 (15).
[237] Vgl. auch *Isensee* in Isensee/Kirchhof StaatsR-HdB § 72 Rn. 55.
[238] Vgl. zum Folgenden insbesondere *Wiater,* Sicherheitspolitik zwischen Staat und Markt, 2013, 215 ff.; *Kloepfer* KatastrophenR-HdB 291 ff.; *Möllers/Pflug* in Kloepfer Schutz kritischer Infrastrukturen 47 (58 ff.).
[239] Neben dem bereits eingehend dargestellten Zivilschutz (→ Rn. 16 f.) ist insoweit insbesondere die Abwehr der Gefahren des internationalen Terrorismus durch das Bundeskriminalamt zu nennen, Art. 73 Abs. 1 Nr. 9a GG.
[240] *Möllers/Pflug* in Kloepfer Schutz kritischer Infrastrukturen 47 (53 f.).
[241] Für das IT-SiG zB Luftverkehr: Art. 73 Abs. 1 Nr. 6 GG; Eisenbahnen: Art. 73 Abs. 1 Nr. 6a, Art. 74 Abs. 1 Nr. 23 GG; Schifffahrt: Art. 74 Abs. 1 Nr. 21 GG; Gesundheit: Art. 74 Abs. 1 Nr. 19 GG; Telekommunikation: Art. 73 Abs. 1 Nr. 7 GG.
[242] Vgl. BT-Drs. 18/4096, 19.
[243] *Wischmeyer* in DGGGW, Nachrichtendienste in vernetzter Sicherheitsarchitektur, 35 ff.
[244] BVerfGE 88, 203 (261 ff.) = NJW 1993, 1751; *Möllers/Pflug* in Kloepfer Schutz kritischer Infrastrukturen 47 (58). Zur weitgehend parallelen Herleitung des Katastrophenschutzrechts aus den grundrechtlichen Schutzpflichten vgl. *Kloepfer* KatastrophenR-HdB 69 ff.; zu den Stabilisierungspflichten für den Finanzmarkt s. *Kaufhold,* Systemaufsicht, 2016, 210 ff.
[245] BVerfGE 77, 170 (214) = NJW 1988, 1651; *Voßkuhle* VVDStRL 62 (2003), 266 (297 f.); *Möllers/Pflug* in Kloepfer Schutz kritischer Infrastrukturen 47 (63).
[246] *Wiater,* Sicherheitspolitik zwischen Staat und Markt, 2013, 218 f.
[247] *Möllers/Pflug* in Kloepfer Schutz kritischer Infrastrukturen 47 (59).

Privater, stellt sich eine entsprechende Regulierung doch in aller Regel als rechtfertigungsbedürftiger Eingriff in die Grundrechte der privaten Infrastrukturbetreiber dar. Betroffene Grundrechte sind hier regelmäßig die Art. 12 GG und Art. 14 GG sowie subsidiär Art. 2 Abs. 1 GG.[248] **Privilegierungen** sind an Art. 3 Abs. 1 GG zu messen.

III. Instrumente

81 Sowohl zur Vorbeugung von als auch zum Umgang mit eingetretenen Schadensfällen lassen sich jeweils über eine Mehrzahl von Sektoren hinweg typische regulatorische Instrumente identifizieren; diese werden durch einzelne für KRITIS charakteristische Privilegierungen ergänzt.[249]

1. Instrumente zur Vorbeugung

82 Aufgrund des für das KRITIS-Konzept zentralen Prinzips der Vorsorge lässt sich ein Großteil der KRITIS-typischen Instrumente der Verhinderung bzw. der Vorsorge für den Ausfall oder die Beeinträchtigung kritischer Infrastrukturen zuordnen.

83 a) **Pflicht zu Planung und Monitoring.** Ein wichtiger Bestandteil der KRITIS-Regulierung ist die Verpflichtung zur umfassenden Planung des Regelbetriebs und etwaiger Schadensszenarien, flankiert durch Beobachtungspflichten des laufenden Infrastrukturbetriebs zur frühzeitigen Erkennung von Abweichungen. Adressat dieser Pflichten sind teils staatliche Stellen,[250] vor allem aber die Betreiber kritischer Infrastruktur.[251] Aufgrund ihres Informationsvorsprungs wird den privaten Betreibern vielfach auch das unmittelbare Monitoring der Versorgungssicherheit (teilweise einschließlich der Versorgungsqualität) aufgetragen.[252] Teilweise wird dies ergänzt durch eine vorsorgende Informationsübermittlungspflicht der Betreiber, die ein behördliches Monitoring der Versorgungslage ermöglichen und die im Krisenfall erforderliche Informationsgrundlage schaffen soll.[253]

84 b) **Personalauswahl und -steuerung.** Der Betrieb kritischer Infrastrukturen ist, wie nicht zuletzt die Corona-Krise gezeigt hat, ohne entsprechendes Personal nicht möglich. Auch dieses wird regelmäßig in die Regulierung einbezogen. Unterscheiden lassen sich Verpflichtungen, die auf eine besondere (fachliche) Eignung und Qualifizierung des Personals gerichtet sind,[254] und solche, die Anforderungen an die generelle Zuverlässigkeit der Beschäftigten stellen.[255] Um einem Mangel an Personal vorzubeugen, wird neben den allgemeinen Regelungen zur Amtshilfe im Zivilschutzfall durch ausdrückliche Regelungen eine Sicherstellung der Verfügbarkeit von Arbeitskräften garantiert, um die Funktionsfähigkeit ausgewählter Branchen zu gewährleisten.[256] Im Übrigen ist dies freilich Sache der Betreiber.

---

[248] *Möllers/Pflug* in Kloepfer Schutz kritischer Infrastrukturen 47 (63 f.).
[249] Im Folgenden wird in den Fußnoten nur beispielhaft auf ausgewählte Normen verwiesen. Eine erschöpfende Auswertung des unter C., → Rn. 23 ff. aufbereiteten Normmaterials würde den hier zur Verfügung stehenden Rahmen sprengen.
[250] Vgl. die Pflicht zur Erarbeitung einer nationalen Strategie für die Sicherheit von Netz- und Informationssystemen nach Art. 1 Abs. 2 lit. a, Art. 7 NIS-RL; der zusammenfassende Bericht über die Sicherheit in der Informationstechnik nach § 13 Abs. 2 BSIG.
[251] Vgl. die Pflicht zur Erstellung eines Sicherheitskonzepts nach § 166 Abs. 1 Nr. 3 TKG. Maßnahmen (-pläne) für den (IT-)Notfall fordern etwa auch § 25a Abs. 1 S. 3 Nr. 5 KWG, § 5 Abs. 4 Nr. 3, Abs. 4a BörsG.
[252] Vgl. Pflicht zum Monitoring gem. § 51 EnWG (Versorgungssicherheit) und § 51a EnWG (Lastmanagement). Analog etwa §§ 13 ff. TrinkWV.
[253] Vgl. § 13 Abs. 1 ESVG.
[254] Vgl. § 7c Abs. 2 Nr. 3 AtG; § 8 Abs. 1 Nr. 6 LuftSiG. Entsprechende Pflichten gelten oft unabhängig davon, ob der Betreiber hoheitlich oder privat organisiert ist.
[255] Vgl. § 8 Abs. 1 Nr. 5 LuftSiG oder in einem weiteren Zusammenhang § 9a LuftSiG (→ Rn. 46); sowie auch generell gem. *BSI* Orientierungshilfe zu B3S, Version 1.1, 2021, § 4.4.5.
[256] Vgl. das Arbeitssicherstellungsgesetz → Rn. 59.

D. Grundstrukturen der Regulierung kritischer Infrastrukturen § 14

c) Sorgfalts- und Sicherungspflichten. Herzstück der vorsorgenden Regulierung sind 85
organisatorische und technische Sorgfalts- und Sicherungspflichten der Infrastrukturbetreiber. Besonders ausdifferenzierte Vorgaben finden sich im IT-Sicherheitsrecht. Dessen Instrumente zur kooperativen Standardsetzung (B3S), einschließlich Zertifizierungsmöglichkeiten, können als Blaupause für KRITIS allgemein gelten.[257] Vergleichbar ausdifferenziert sind die unionsrechtlich geprägten Vorgaben zur technischen Ausstattung und zur Sicherheitsorganisation von Unternehmen im Finanzsektor.[258] Auch die Verantwortung für die „physische" Sicherung der Infrastruktur kann den Betreibern aufgegeben werden.[259]

d) Bereitstellungs-, Vorhalte- und Leistungspflichten. Ebenfalls zentral für die Vor- 86
sorge ist die Bevorratung zur Sicherung der Versorgung. Erforderlich ist, unter den Bedingungen des Normalzustands Standards für eine Versorgungskrise zu schaffen.[260] Entsprechende Verpflichtungen adressieren primär die auf Güterversorgung gerichteten Infrastrukturen, wobei im Ernährungssektor mit der Bundesreserve und der nationalen Notfallreserve (§ 2 Nr. 4 BLEG) ausnahmsweise eine direkte staatliche Vorsorgepflicht besteht, die durch Meldepflichten für Privatunternehmen ergänzt wird.[261] Darüber hinaus bestehen diverse Vorratshaltungspflichten für die Betreiber.[262] Diese können sich auch auf die erforderlichen Betriebsmittel beziehen, die mittelbar die Versorgung sichern.[263]

e) Risikomanagementpflichten. Regelmäßig Bestandteil der vorbeugenden Regulie- 87
rung von KRITIS ist schließlich eine an die Betreiber gerichtete Pflicht, ein Risikomanagementsystem zu installieren.[264] Gerade dann, wenn kritische Infrastrukturen in privater Hand sind, stellt eine solche Risikomanagementpflicht den Mittelweg zwischen einer – unter grundrechtlichen Gesichtspunkten kaum zu rechtfertigenden – Risikovermeidungspflicht und der schlichten Inkaufnahme entsprechender Risiken dar.[265]

2. Pflichten im Schadensfall

Tritt ein Schadensfall bzw. eine Störung ein, will die KRITIS-Regulierung sicherstellen, 88
dass die Versorgung aufrechterhalten bleibt und ausgefallene Funktionen rasch wiederhergestellt werden. Während die schnelle Wiederaufnahme des Regelbetriebs auch im Interesse der Betreiber sein dürfte, ist ein „Notbetrieb" für sie meist mit gesteigertem Aufwand verbunden.[266]

a) Informationspflichten. Erster Baustein in diesem Kontext sind Informations- und 89
Meldepflichten, die die Betreiber im Störungs- oder Schadensfall[267] bzw. – mit Blick auf eine möglichst wirksame Vorsorge (→ Rn. 74) – auch im potentiellen Schadensfall[268] zur

---

[257] → Rn. 27; sowie *Wischmeyer/Mohnert* in Frenz, Handbuch Industrie 4.0, 2020, 215 (215).
[258] Vgl. § 25a Abs. 1 S. 3 Nr. 4 KWG, § 23 Abs. 4 VAG; § 26 VAG.
[259] Vgl. § 8 Abs. 1 Nr. 4 LuftSiG; § 9 Abs. 1 Nr. 2 LuftSiG; § 2 Abs. 1 EBO.
[260] *Schulte/Gusy* in BBK Definitionen von Schutzzielen für Kritische Infrastrukturen, 2021, 261 (288).
[261] Vgl. die Meldepflichten aus §§ 9 und 13 ESVG sowie die weitergehenden Befugnisse im Falle einer Versorgungskrise nach § 1 ESVG. Krit. dazu: *Schulte/Gusy* in BBK Definitionen von Schutzzielen für Kritische Infrastrukturen, 2021, 261 (287).
[262] Vgl. § 3 ErdölBevG; § 50 EnWG; § 52b Abs. 2 und 3 AMG; § 15 ApBetrO; auch die Netzreserve nach § 13d EnWG und das Verbot der Stilllegung systemrelevanter Anlagen nach § 13b EnWG können hierzu gezählt werden. In eine ähnliche Richtung geht schließlich auch § 53 EnWG, der die Bundesregierung ermächtigt, zur Vermeidung von Versorgungsdefiziten im Elektrizitätsbereich eine neue Ausschreibung von Erzeugerkapazitäten in die Wege zu leiten.
[263] Vgl. § 12 WasSG.
[264] Teilweise mit spezifischen Anforderungen, vgl. beispielsweise § 26 VAG; § 25a KWG; ähnlich auch für Krankenhäuser gem. § 4 der Qualitätsmanagement-Richtlinie des gemeinsamen Bundesausschusses in Konkretisierung des § 135a SGB V.
[265] Zu § 91 Abs. 2 AktG → Rn. 32.
[266] Als „gemeinwohlrelevante Zusatzkosten" entgegen der Marktrationalitäten der Betreiber, *Wiater* in Gusy/Kugelmann/Würtenberger Zivile Sicherh-HdB 225 (236).
[267] Vgl. § 8b Abs. 4 BSIG; § 11 Abs. 1c EnWG; § 44b AtG.
[268] Vgl. § 168 Abs. 1 TKG.

Information gegenüber Betroffenen und staatlichen Stellen zwingen.[269] Die Informationspflichten sollen die informationelle Kooperation der Betreiber fördern[270] und dazu beitragen, dass die Behörden im Umgang mit dem Schadensfall über eine hinreichende informationelle Grundlage verfügen.[271]

90 **b) Verteilung von Ressourcen.** Entsprechende Informationspflichten sind essentiell, um die erforderliche staatliche Steuerung zu aktivieren und gegebenenfalls die behördliche Verteilung von Ressourcen zur Sicherstellung der Versorgung in Gang zu bringen.[272] Für Sonderfälle ist zudem eine spezifische Umverteilung von Ressourcen im Schadensfall bereits ex ante gesetzlich normiert, um etwa die bestehenden Kapazitäten zu erweitern.[273]

91 **c) Schadensminderungs- und Beseitigungspflichten.** In unterschiedlicher Weise können Betreiber kritischer Infrastrukturen daran beteiligt werden, die Auswirkungen eines Schadensfalls zu mindern oder zu beseitigen. Dies umfasst sowohl die unmittelbare Inpflichtnahme zur Mitwirkung[274] als auch die Möglichkeit, staatliche Stellen unterstützend in ausgewählten Fällen bei der Beseitigung hinzuzuziehen.[275] In der Praxis fungieren teilweise auch technische Sicherungsmechanismen als vorsorgende Pflichten zur Schadensminimierung.[276]

92 **d) Pflicht zur Aufrechterhaltung.** Schließlich kann den Infrastrukturbetreibern auch die Pflicht zur (partiellen) Aufrechterhaltung des Betriebs trotz Störung auferlegt werden. Zu diesem Zweck kann die bevorrechtigte Behandlung einzelner Nutzer der jeweiligen Infrastruktur in diesem Fall angeordnet werden.[277] Ferner kann die Einrichtung eines betrieblichen Kontinuitätsmanagements gefordert werden.[278] Schließlich kann den Betreibern auch insgesamt die **Systemverantwortung** für die jeweilige Infrastruktur übertragen werden, sodass sie verpflichtet sind, eigenverantwortlich entsprechende Maßnahmen zur Wahrung der Sicherheit und Zuverlässigkeit durchzuführen.[279]

3. Privilegierungen der Betreiber kritischer Infrastrukturen

93 Betreiber kritischer Infrastrukturen sind nicht nur in einer besonderen Pflichtenstellung; sie genießen infolge ihrer Kritikalität auch Privilegierungen in Form von rechtlichen Besserstellungen oder von regulatorischen Entlastungen.[280] Diese zielen vor allem darauf, im Schadensfall die Funktionsfähigkeit kritischer Infrastrukturen zu erhalten. Denkbar sind Privilegierungen gegenüber den übrigen Beteiligten im Krisenfall, wie zuletzt die Covid-19-Pandemie illustriert hat.[281] Die Besserstellung kann aber auch darin bestehen, dass KRITIS-Betreiber von „normalen" Regelungen freigestellt werden, entweder temporär

---

[269] Zu den damit verbundenen rechtlichen Herausforderungen aus Sicht des IT-Sicherheitsrechts *Schneider*, Meldepflichten im IT-Sicherheitsrecht, 2017, 361 ff. und passim; *Wischmeyer/Mohnert* in Frenz, Handbuch Industrie 4.0, 2020, 215 (226 ff.).
[270] Vgl. § 8b Abs. 2 BSIG.
[271] Vgl. § 16 Abs. 1 TrinkWV sowie in einem weiteren Sinne § 150 Abs. 1 S. 1 SGB XI.
[272] Vgl. die Datenübermittlungspflichten nach § 9 ESVG für Maßnahmen nach §§ 4 ff. ESVG.
[273] Vgl. § 22 ZSKG.
[274] Vgl. § 8b Abs. 6 BSIG.
[275] Vgl. § 5b Abs. 6 BSIG: Verpflichtung zur aktiven Mitwirkung bei der Wiederherstellung der IT-Systeme des Bundes und von KRITIS-Betreibern.
[276] Vgl. § 24 Abs. 2a und 2b BörsG (sog. circuit breakers).
[277] Vgl. § 2 PSG, § 186 TKG.
[278] Vgl. § 5 Abs. 4 Nr. 3 BörsG; § 8c Abs. 2 Nr. 3 BSIG; *BSI* Orientierungshilfe zu B3S, Version 1.1, 2021, § 4.4.3.
[279] Vgl. § 13 Abs. 1 und 2 EnWG (Übertragungsnetzbetreiber); § 14 Abs. 1 EnWG (Verteilnetzbetreiber); § 16 Abs. 1 und 2 EnWG (Gasfernleitungsnetzbetreiber); § 16a EnWG (Gasverteilnetzbetreiber).
[280] Ausgeklammert wird hier der Sonderfall der Infrastrukturförderung, dazu *Koenig/Kühling/Theobald*, Recht der Infrastrukturförderung, 2004.
[281] So enthalten Corona-Verordnungen der Länder Privilegierungen in Form des Zugangs zur Notbetreuung, Passierscheinen, bevorzugter Zuweisung von Masken an Beschäftigte etc; die CoronaImpfV des Bundes priorisiert Personengruppen, die in ausgewählten Bereichen tätig sind, vgl. → Rn. 28.

bedarfsbezogen[282] oder aber in Form normierter Vereinfachungen von Zulassungs- oder Vertriebsverfahren.[283]

IV. Organisation und Verfahren

Schließlich sind auch Organisation und Verfahren des Schutzes kritischer Infrastruktur durch spezifische Merkmale geprägt, die in den Besonderheiten der Materie ihren Ursprung haben. **94**

1. Staatliche Akteure im Mehrebenensystem

Der KRITIS-Regulierung liegt ein gesamtgesellschaftliches Relevanzurteil zugrunde (→ Rn. 12). Es ist daher nachvollziehbar, dass der KRITIS-Diskurs materiell-rechtlich weitgehend auf der Bundesebene geprägt wird. Auch bei der Umsetzung kommt den Behörden des Bundes eine Schlüsselstellung zu. Zentraler Akteur ist hier das BSI.[284] Dies ist Folge der Bedeutung, die das Themenfeld IT-Sicherheit innerhalb des KRITIS-Diskurses gewonnen hat (→ Rn. 25 ff.). Daneben agiert das BBK, dem der physische Schutz unter der Perspektive des Bevölkerungsschutzes zugeordnet ist (→ Rn. 16). Den Schnittmengen zwischen den Gebieten versuchen die Behörden durch eine enge Kooperation Rechnung zu tragen.[285] Daneben werden jedoch, entsprechend ihrer Zuständigkeit für einzelne Sektoren, zahlreiche weitere Stellen sowohl auf Bundes- wie auf Landesebene zum Schutz kritischer Infrastrukturen tätig. Dies ist einerseits konsequent, da der Schutz eine gesamtstaatliche Aufgabe ist, deren Erledigung nicht einer Ebene oder gar einer einzelnen Behörde auferlegt werden könnte. Im Sinne der Entscheidung der Art. 83 ff. GG für ein im Kern dezentrales Vollzugsmodell, gerade im Sicherheitsrecht, führt an den Ländern kein Weg vorbei. Vor diesem Hintergrund ist es zu begrüßen, dass sich auch Ländervertreter an UP KRITIS (→ Rn. 98) beteiligen und dass die Erarbeitung einer Bund-Länder-Strategie KRITIS begonnen hat.[286] Gleichzeitig ist kaum zu bestreiten, dass die Zersplitterung der Behördenlandschaft einer kohärenten Verfolgung des KRITIS-Ansatzes im Wege stehen kann. Insbesondere im Bund-Länder-Verhältnis bietet Art. 87 Abs. 3 GG hierfür bislang ungenutzte Möglichkeiten der Unitarisierung (→ Rn. 79). **95**

Allmählich werden auch die Unionsorgane in diesem Bereich stärker aktiv. Angesichts der Interdependenz der europäischen Gesellschaften ist dies unter KRITIS-Gesichtspunkten zwingend. Bisher stehen Aktivitäten im Bereich der Cybersicherheit[287] und der polizeilichen Kooperation[288] im Vordergrund. Gerade die Union drängt dabei stets darauf, in die Vernetzungsformen auch Private einzubeziehen.[289] **96**

2. Einbeziehung Privater

Diese Einbeziehung privater Akteure kennzeichnet die KRITIS-Regulierung. In diesem Sinne wird auch von der „geteilten Verantwortung"[290] von Staat und Privaten für die **97**

---

[282] So geschehen beispielsweise jüngst mit dem § 14 Abs. 4 ArbZG → Rn. 29.
[283] Vgl. § 67 LFGB; § 21 Abs. 2 Nr. 1c AMG; § 47 Abs. 1 Nr. 3c und Nr. 5 AMG; § 10 TrinkWV.
[284] Zu dessen Struktur und den damit verbundenen Rechtsfragen *Wischmeyer* Die Verwaltung 2017, 155 (166 ff.).
[285] Vgl. nur das von beiden Behörden gemeinsam verantwortete Internet-Portal https://www.kritis.bund.de/.
[286] *BBK* 10 Jahre „KRITIS-Strategie", 2020, 63.
[287] Jüngst *European Commission* Cybersecurity Strategy for the Digital Decade, 16.12.2020 (abrufbar unter: https://bit.ly/3dYw7xw). Die Agentur für Cybersicherheit (ENISA) wurde im Jahr 2019 durch VO (EU) 2019/881 v. 17.4.2019 verstetigt.
[288] Beispielsweise das Europäische Zentrum zur Bekämpfung der Cyberkriminalität (E3C) als Teil von EUROPOL.
[289] Beispielsweise durch das sog. CSIRTs network (zu CSIRT bzw. CERT sogleich → Rn. 99). Zum Themenfeld weiter *Wischmeyer* Die Verwaltung 2017, 155 (174); *Wischmeyer/Mohnert* in Frenz, Handbuch Industrie 4.0, 2020, 215 (233); *Gitter* in Hornung/Schallbruch, IT-SicherheitsR, 2021, 351 (358).
[290] *BMI* KRITIS-Strategie, 2009, 6.

Sicherheit und die Verfügbarkeit der Infrastrukturen gesprochen. Ihren sachlichen Grund hat diese Kooperation insbesondere auch deswegen, weil die Mehrzahl kritischer Infrastrukturen sich heute in privater Hand befindet.[291] Insoweit kann auch einer gewisse **Asymmetrie potentieller Kooperationsverhältnisse** festgestellt werden, bei denen der Staat zwar Aufgabe und Interesse hat, kritische Infrastrukturen zu schützen, jedoch nicht über das erforderliche Wissen und hinreichende Mittel verfügt, während den Betreibern Interesse und Auftrag fehlen oder ihnen ein vorsorgendes Handeln wirtschaftlich wenig attraktiv erscheint → Rn. 88.[292]

98 a) **Beteiligung Privater in Regulierung und Durchsetzung.** Die KRITIS-Regulierung ist insgesamt durch das Prinzip der **Kooperation** geprägt, sowohl in der Erarbeitung der Vorgaben als auch in der Durch- und Umsetzung.[293] In der Praxis erfolgt die Kooperation in etablierten Zusammenschlüssen wie **UP KRITIS**,[294] dessen Branchenarbeitskreise beispielsweise als fachliche Anlaufstelle bei der Erarbeitung und den Konkretisierungen der BSI-KritisV mitwirkten.[295] Auch darüber hinaus dienen derartige Zusammenschlüsse sowohl der operativ-taktischen als auch der strategisch-konzeptionellen Zusammenarbeit staatlicher und privater Stellen.[296] Die kooperative Zusammenarbeit kennzeichnet insoweit sowohl die Konkretisierung von Schutzniveau und -zielen für KRITS als auch deren Verwirklichung.[297]

99 Eine weitere Form der institutionalisierten Kooperation – ebenfalls aus dem Bereich der IT-Sicherheit – sind sog. Computer Emergency Response Teams (CERT)[298] zu deren Einrichtung die Mitgliedstaaten gem. Art. 9 NIS-RL unionsrechtlich verpflichtet sind.[299] Diese werden als etablierte Form zum Umgang mit IT-Sicherheitsvorfällen auch von Unternehmen unterhalten und sind wiederum vielfach zum Informationsaustausch branchen- und zuständigkeitsübergreifend zusammengeschlossen.[300] Als zentrale Informations- und Wissensakteure[301] vermitteln und verwalten sie öffentliches und privates Expertenwissen über die IT-Sicherheit und lösen so die Grenze zwischen öffentlichen Sicherheitsaufgaben und privatem Wirtschaften auf.[302]

100 Die Beteiligung kann auch durch Schaffung eines besonderen Status erfolgen, der an spezifische Sicherungsanforderungen geknüpft ist, aber eine privilegierte Teilnahme am Betrieb kritischer Infrastrukturen ermöglicht.[303] Diese Zulassung ist für in dem Sektor aktive Unternehmen attraktiv und kann als marktwirtschaftliches Instrument zur Steuerung der Sicherheit bezeichnet werden.[304]

101 Schließlich kann auch die Verantwortung für das Monitoring und die Gewährleistung der Versorgungssicherung (vollständig) auf private Betreiber verlagert werden, indem diesen entweder explizit eine **Systemverantwortung** übertragen wird (→ Rn. 21)[305] oder aber

---

[291] Die genauen Zahlen dazu variieren, von einem Wert um 80 % gehen sowohl *Wiater* in Gusy/Kugelmann/Würtenberger Zivile Sicherh-HdB 225 (231) als auch *Schäuble* in Kloepfer Schutz kritischer Infrastrukturen 21 (24) aus.
[292] *Schulte/Gusy* in BBK Definitionen von Schutzzielen für Kritische Infrastrukturen, 2021, 261 (263).
[293] „Integriertes Risikomanagement", vgl. *BBK* 10 Jahre „KRITIS-Strategie", 2020, 67. Vgl. eingehend *Schulte/Gusy* in BBK Definitionen von Schutzzielen für Kritische Infrastrukturen, 2021, 261 (266 ff.).
[294] Vgl. *BSI* UP KRITIS: Öffentlich-Private Partnerschaft zum Schutz kritischer Infrastrukturen, 2014 (abrufbar unter: https://bit.ly/3uTYHam).
[295] *BBK* 10 Jahre „KRITIS-Strategie", 2020, 65.
[296] *BBK* 10 Jahre „KRITIS-Strategie", 2020, 64.
[297] *Schulte/Gusy* in BBK Definitionen von Schutzzielen für Kritische Infrastrukturen, 2021, 261 (266 ff.).
[298] Alternativ: Computer Security Incident Response Teams (CSIRT).
[299] Umgesetzt durch das sog. CERT-Bund, sowie daneben noch ein sog. Bürger-CERT; vgl. eingehend *Wiater* Sicherheitspolitik zwischen Staat und Markt, 2013, 189 ff.; *Wischmeyer/Mohnert* in Frenz, Handbuch Industrie 4.0, 2020, 215 (229); vgl. auch → § 15 Rn. 50 f.
[300] Vgl. den sog. CERT-Verbund – daneben existieren auch auf europäischer Ebene entsprechende institutionalisierte Austauschformate, zB die European Government CERTs (EGC) Group.
[301] *Leisterer,* Internetsicherheit in Europa, 2018, 53.
[302] *Leisterer* in Gusy/Kugelmann/Würtenberger Zivile Sicherh-HdB 101 (107).
[303] Bspw. der sog. reglementierte Beteiligte an der sicheren Lieferkette bei Luftfracht gem. § 9a LuftSiG.
[304] *Stober* in Kloepfer Schutz kritischer Infrastrukturen 121 (129).
[305] So ausdrücklich §§ 13, 16 EnWG.

Anforderungen an die technische und organisatorische Sicherheit bzw. das Risikomanagement normiert werden (→ Rn. 87)[306].

b) Wissens- und Legitimationsprobleme. Die weitgehende Delegation des Schutzes 102 kritischer Infrastrukturen an Private erzeugt auf staatlicher Seite ein **Wissensproblem,** auf das die Rechtsordnung mit entsprechenden Wissensgenerierungspflichten reagieren muss.[307] Gerade dort, wo komplexe technische Systeme wie Eisenbahn-, Energieversorgungs- oder Telekommunikationsnetzwerke betroffen sind, ist dieses Problem besonders akut, weil regulierende Stellen hier mit dem Markt um eine kleine Gruppe von Fachleuten konkurrieren. Zur Generierung des erforderlichen Wissens wird vielfach unmittelbar auf privatwirtschaftlichen Sachverstand zurückgegriffen, insbesondere mittels der eingehend dargestellten Informations- und Meldepflichten (→ Rn. 89). Das (hoheitlich gesteuerte) Management der so gebündelten Informationen bildet eine zentrale Risikobewältigungsressource, indem staatliche Stellen (wie das BBK oder das BSI) als Informationsbörsen und Kooperationssicherstellungsknoten fungieren (vgl. auch → § 15 Rn. 7 ff.).[308] Konzeptionell sollen sich so der staatliche (auch durch Informationspflichten aggregierte) Informationsvorsprung (über gegenwärtige Sicherheitsrisiken) und der privatwirtschaftliche Wissensvorsprung (über Sicherheitsdefizite im Betriebsablauf) ergänzen.[309] Die Informations- und Meldepflichten bilden insoweit – in Verbindung mit einer Verpflichtung, ständige Kontaktstellen[310] einzurichten, – den Ausgangspunkt, um privates und öffentliches Wissen produktiv zu verkoppeln und Prozesse kollektiven Lernens zu institutionalisieren.[311]

Daneben kann spezifische private Expertise aber auch gezielt in besonderen Verfahren 103 einbezogen werden und durch eine daraus folgende Privilegierung attraktiv sein. Beispielsweise erleichtern die bereichsspezifischen Sicherheitsstandards (B3S) gem. § 8a Abs. 2 BSIG, die überwiegend im Umfeld der UP KRITIS-Branchenarbeitskreise (→ Rn. 98) entstanden sind,[312] nach erfolgreicher Eignungsfeststellung durch das BSI den Nachweis des „Stands der Technik" iSv § 8a Abs. 1 S. 2 BSIG.

Die Verlagerung der Standardsetzung auf Private schafft zugleich **Legitimationspro-** 104 **bleme,** vor allem, wenn die Standardsetzung intransparent und selektiv erfolgt oder gar einflussreiche und ressourcenstarke Marktbeteiligte privilegiert.[313] Vor diesem Hintergrund ist bei allen derartigen Formaten, auch wenn sie informell und freiwillig sind, auf ein hinreichendes Legitimationsniveau zu achten.[314] Soweit also der Rückgriff auf privaten Sachverstand und die Einbindung der Betreiber in die Regulierung insbesondere mit Blick auf das erforderliche Wissen geboten erscheint, ist der Staat nicht aus seiner (Gewährleistungs-)Verantwortung entlassen, sondern muss weiterhin hinreichend Expertise vorhalten, um die Ergebnisse der Standardsetzung evaluieren zu können, bevor er sie rechtsförmig rezipiert. Ferner muss auch danach eine rechtsstaatliche Kontrolle der Standards möglich bleiben.[315]

3. Administrative Kontrollrechte und Kontrollverfahren

Der für den KRITIS-Diskurs prägende Kooperationsgedanke geht grundsätzlich davon aus, 105 dass private und staatliche Stellen als gleichberechtigte Beteiligte bzw. Kooperationspartner

---

[306] Vgl. § 25a KWG.
[307] Speziell zur IT-Sicherheit als Wissensproblem *Leisterer,* Internetsicherheit in Europa, 2018.
[308] *Kugelmann* in Gusy/Kugelmann/Würtenberger Zivile Sicherh-HdB 639 (650 f.).
[309] *Wiater* in Gusy/Kugelmann/Würtenberger Zivile Sicherh-HdB 225 (239).
[310] Beispielsweise im IT-Sicherheitsrecht als sog. Single Points of Contact (SPOC) gem. Art. 8 NIS-RL bzw. § 3 Abs. 1 Nr. 16 BSIG; eingehend: *Gitter* in Hornung/Schallbruch, IT-SicherheitsR, 2021, 351 (356).
[311] Vgl. *Voßkuhle* VVDStRL 62 (2003), 266 (308).
[312] BBK 10 Jahre „KRITIS-Strategie", 2020, 64.
[313] *Schulte/Gusy* in BBK Definitionen von Schutzzielen für Kritische Infrastrukturen, 2021, 261 (267); *Wiater* in Gusy/Kugelmann/Würtenberger Zivile Sicherh-HdB 225 (243).
[314] *Schulte/Gusy* in BBK Definitionen von Schutzzielen für Kritische Infrastrukturen, 2021, 261 (271 f.).
[315] *Schulte/Gusy* in BBK Definitionen von Schutzzielen für Kritische Infrastrukturen, 2021, 261 (276).

agieren.[316] Dennoch sind dem Feld auch „klassische" Instrumente der Aufsicht nicht fremd, auch wenn diese traditionell eher „weich" ausgestaltet sind (vgl. etwa §§ 166 Abs. 2 S. 2, Abs. 4, 165 Abs. 9 TKG). Allerdings zeigt sich allmählich eine Verschiebung.[317] So weitete das IT-SiG 2015 („1.0") die behördlichen Prüfungsrechte erheblich aus und schärfte insbesondere auch die behördlichen Sanktionsmöglichkeiten (vgl. § 14 BSIG). Diesen Trend setzt die Novelle („IT-SiG 2.0") fort.

Beispiel: Dies zeigen etwa die Registrierungspflicht für KRITS-Betreiber nach § 8b Abs. 3 BSIG und die signifikante Anhebung der Bußgelder gem. § 14 Abs. 5 BSIG. In diese Richtung gehen auch die neugeschaffenen Befugnisse in §§ 4b, 7b, 7c, 7d und 9b BSIG.

E. Perspektiven

106 Die weitere Entwicklung sowohl der Vorgaben für die einzelnen Sektoren wie auch des Katastrophen- und Bevölkerungsschutzrechts insgesamt wird absehbar maßgeblich im Lichte der Erkenntnisse aus den von der Covid-19-Pandemie aufgezeigten Verwundbarkeiten erfolgen.[318] Es bleibt dabei abzuwarten, ob die bestehenden Zentralisierungstendenzen im Bereich des Katastrophen- und Bevölkerungsschutzes durch die Erfahrungen der Pandemie nachhaltig verstärkt werden. Wenn auch eine grundsätzliche Neuverteilung der Zuständigkeiten weder angezeigt noch realistisch erscheint, geben die zu Tage getretenen Schwächen und Defizite bei der Bewältigung der Pandemie durchaus Anlass, neue Modi der Kooperation und eine stärkere Vernetzung von Ressourcen und Kompetenzen zu entwickeln. Die Schaffung eines Gemeinsamen Kompetenzzentrums Bevölkerungsschutz beim BBK (→ Rn. 16), welches sogar im Sinne einer koordinierenden Zentralstelle konzipiert werden könnte, weist eine Perspektive im Rahmen der föderalen Arbeits- und Verantwortungsteilung (→ Rn. 79).

107 Neben der Verarbeitung der Pandemieerfahrungen auf nationaler Ebene wirft aktuell vor allem die Europäisierung der Regulierung kritischer Infrastrukturen Fragen auf. So soll die bisher praktisch weitgehend bedeutungslose EKI-RL (→ Rn. 8) nach dem Willen der Kommission durch eine **Richtlinie über die Widerstandsfähigkeit kritischer Einrichtungen (CER-RL)** ersetzt werden.[319] Deren Ziel ist, die Resilienz kritischer Infrastrukturen zu stärken. Sachlich sind auch Störungen erfasst, die einen „nicht-cyberbezogenen" Ursprung haben. Personell wird der Anwendungsbereich gegenüber den ursprünglich zwei auf nun zehn Sektoren erweitert.[320] Im Sinne der Richtlinie gelten Einrichtungen dabei als kritisch, wenn sie „wesentliche Dienste" erbringen (Art. 2 Abs. 5 CER-RL). Die erfassten Infrastrukturen, die sektorspezifisch im Annex zu der Richtlinie aufgezählt werden, werden dann überwiegend unter Bezugnahme auf unionsrechtliche Rechtsakte konkretisiert.[321] Der Entwurf verpflichtet die Mitgliedstaaten unter anderem dazu, eine nationale Strategie zur Gewährleistung der Widerstandsfähigkeit zu erstellen (Art. 3 CER-RL) und umfassende Risikobewertungen durchzuführen (Art. 4 CER-RL). Daneben werden auch die Betreiber kritischer Einrichtungen zu Sicherungsmaßnahmen (Art. 11 f. CER-RL) sowie Störungsmeldungen (Art. 13 CER-RL) verpflichtet. Schließlich werden besondere europäische Aufsichts- und Kooperationsgremien (Art. 16 CER-RL) und -mechanismen mit

---

[316] *Wiater* in Gusy/Kugelmann/Würtenberger Zivile Sicherh-HdB 225 (239 f.).
[317] *Wiater,* Sicherheitspolitik zwischen Staat und Markt, 2013, 287 ff.
[318] Bspw. die „lessons learned" für die Erarbeitung einer Nationalen Resilienzstrategie, vgl. *BMI/ BBK* Stärkung des Bevölkerungsschutzes durch Neuausrichtung des Bundesamtes für Bevölkerungsschutz und Katastrophenhilfe, 2021, 15 (abrufbar unter: https://bit.ly/3vLszoB).
[319] *European Commission,* Proposal for a Critical Entities Resilience (CER) Directive, 16.12.2020, COM (2020) 829 final.
[320] Genannt werden: Energie, Verkehr, Banken, Finanzmarktinfrastrukturen, Gesundheit, Trinkwasser, Abwasser, digitale Infrastruktur, öffentliche Verwaltung und Raumfahrt (!).
[321] Vgl. Annex to the proposal for a Directive of the European Parliament and of the Council on the resilience of critical entities, v. 15.12.2020, COM(2020) 829 final.

Blick auf grenz- und sektorübergreifende Risiken festgelegt, einschließlich Schulungen und gemeinsamer Übungen (Art. 17 CER-RL).

Der Entwurf der CER-RL fügt sich in die hier herausgearbeiteten Grundstrukturen der KRITIS-Regulierung ein. Er knüpft weitgehend an die heute etablierten Kritikalitätskriterien (→ Rn. 6 ff.) und damit an bereits bestehende regulatorische Vorgaben an. In der Sache enthält die Richtlinie vor allem konkrete Verpflichtungen zur Vorbereitung bzw. Vorbeugung eines Schadensfalls; diese werden flankiert durch spezifische Anforderung im Schadensfall. Insoweit begegnen in dem Entwurf eine Vielzahl der hier identifizierten regulatorischen Instrumente (→ Rn. 81 ff.). Besonders hervorzuheben ist der breite Ansatz der Richtlinie, der eine Vielzahl an Sektoren von gesamtgesellschaftlicher Relevanz in den Blick nimmt. So kann der Entwurf der CER-RL auch als Rückkehr zum ursprünglich weit gefassten KRITIS-Verständnis gesehen werden, das neben der IT-Sicherheit immer auch weitere Sicherheitsfelder und -dimensionen einbezogen hat. Die Europäische Kommission trägt damit der stetig zunehmenden Vernetzung und Interdependenz der einzelnen gesellschaftlichen Teilsysteme und der stetig abnehmenden Bereitschaft, (Teil-)Systemausfälle (unvorbereitet) hinzunehmen, Rechnung. **108**

§ 15 Abwehr von Cyberbedrohungen

Roland Broemel

Übersicht

	Rn.
A. Einführung	1
B. Informationsmanagement als zentraler Baustein in der Abwehr von Cyberbedrohungen	7
C. Ursachen und Arten von Cyberbedrohungen	11
I. Ausdifferenzierung der Angriffsfläche	12
1. Ausdifferenzierung der Vorprodukte	13
2. Innere Komplexität der einzelnen Vorprodukte	15
II. Ausdifferenzierung der Typen von Cyberbedrohungen	16
1. Charakteristika des Begriffs	17
2. Cybercrime	18
3. Cyber-Spionage	19
4. Cyber-Sabotage	21
a) Angriffe auf spezifische Infrastrukturen	22
b) Denial of Service-Attacken	24
5. Strategiefähigkeit der Akteure der Cyber-Bedrohungen	26
III. Maschinelles Lernen als Faktor der Abwehr von Cyberbedrohungen	30
1. Relevanz maschinellen Lernens für die Verbreitung algorithmenbasierter Anwendungen	31
2. Anwendungen maschinellen Lernens als Angriffsgegenstand	33
3. Optimierung von Angriffen und Instrumenten zur Abwehr	35
D. Rechtliche Rahmenbedingungen der Abwehr von Cyberbedrohungen	38
I. Auswertung und Übermittlung von Daten durch das BSI, § 5 BSIG	39
1. Auswertung von Protokolldaten, § 5 Abs. 1 S. 1 Nr. 1 BSIG	40
2. Automatisierte Auswertung von Schnittstellen-Daten, § 5 Abs. 1 S. 1 Nr. 2 BSIG	41
3. Verarbeitung behördeninterner Protokollierungsdaten, § 5a BSIG	43
4. Speicherung und Löschung der Daten, § 5 Abs. 1 S. 2 und 3, Abs. 2 BSIG	44
5. Weitergehende Verwendung der personenbezogenen Daten, § 5 Abs. 3 und 4 BSIG	46
6. Übermittlung von Daten, § 5 Abs. 5 und 6 BSIG	48

	Rn.
II. Abwehrmaßnahmen in akuter Bedrohungslage	50
1. Schadensbegrenzung im konkreten Fall	53
a) Kreis der abgedeckten Infrastruktur	53
b) Eigenverantwortung des betroffenen Betreibers der Infrastruktur	55
2. Datenverarbeitung und Weitergabe von Informationen	56
III. Aktive Ermittlung von Sicherheitsrisiken und Angriffsmethoden durch das BSI	60
IV. Nachrichtendienstliche Überwachung	62
1. Telekommunikationsüberwachung im Einzelfall	63
2. Strategische Überwachungen durch den BND	67
a) Anlasslose Erhebung von Daten aus Telekommunikationsbeziehungen	68
b) Übermittlung von Daten aus der strategischen Überwachung	76
c) Anforderungen an eine unabhängige Rechtskontrolle	78
V. Streitkräfte	79
1. Abwehr von Cyberbedrohungen bezogen auf die Infrastruktur der Streitkräfte	80
2. Zusammenarbeit mit dem BSI bei der Abwehr von Cyberbedrohungen	83
3. Cyberbedrohungen als Ursache eines Verteidigungs- oder Spannungsfalls	85
4. Offensive Cybermaßnahmen der Bundeswehr	89
E. Perspektiven	93

Wichtige Literatur:

Barczak, T., Lizenz zum Hacken? Rechtliche Möglichkeiten und Grenzen nachrichtendienstlicher Cyberoperationen, NJW 2020, 595; *BSI*, Die Lage der IT-Sicherheit in Deutschland, 2020; *Dasgupta, P./Collins, J./Mittu, R.*, Adversary-Aware Learning Techniques and Trends in Cyber-Security 2021; *Hornung, G./Schallbruch, M.*, IT-Sicherheitsrecht, 2021; *Kipker, D.-K.*, Cybersecurity, 2020; *Knoll, M.*, Streitkräfteeinsatz zur Verteidigung gegen Cyberangriffe, 2020; *Leisterer, H.*, Internetsicherheit in Europa, 2018; *Marxsen, C.* JZ 2017, 543; *Schenke, W.-R./Graulich, K./Ruthig, J.*, Sicherheitsrecht des Bundes, 2019; *Schulze, S.-H.*, Cyber-„War" als Testfall der Staatsverantwortlichkeit, 2015; *Sensburg, P.*, Sicherheit in einer digitalen Welt, 2017.

Nützliche Internetadressen:

Agentur der Europäischen Union für Cybersicherheit (ENISA): https://www.enisa.europa.eu/topics/critical-information-infrastructures-and-services – Aktivitäten der Europäischen Union im Bereich Cybersicherheit; Europäische Kommission: https://ec.europa.eu/home-affairs/what-we-do/policies/cybercrime_en;
BSI: https://www.bsi.bund.de/DE/Home/home_node.html
Cyber-Sicherheitsrat: https://cybersicherheitsrat.de/
European Cybercrime Centre: https://www.europol.europa.eu/about-europol/european-cybercrime-centre-ec3

Hinweis:
Alle Internetfundstellen wurden zuletzt am 8.4.2022 abgerufen.

A. Einführung

1 Die **Abwehr von Cyberbedrohungen** ist ein vielschichtiges Thema. In ihrer Komplexität und Reichweite bildet die Abwehr von Cyberbedrohungen eine Kehrseite der digitalen Transformation. In dem Maße, in dem die Digitalisierung Produkte und Dienstleistungen einschließlich der ihnen zu Grunde liegenden Wertschöpfungsketten ausdifferenziert[1] und gleichzeitig die einzelnen Elemente vernetzt,[2] lässt sie neue Anschlussmöglichkeiten ent-

---

[1] Exemplarisch für den Finanzsektor *BaFin*, Big Data trifft auf künstliche Intelligenz, 2018, 64 ff.; *Monopolkommission*, XXI. Hauptgutachten, 2016, 409 ff.; allgemein *Bertschek/Janßen/Ohnemus* in Hornung/Schallbruch IT-SicherheitsR § 3 Rn. 1.
[2] Zur Entstehung vernetzter, datenbasierter Geschäftsmodelle und mehrseitiger Märkte sowie den Folgen für die kartellrechtliche Marktabgrenzung und Behandlung von Plattformen siehe nur *Monopolkommission*, XXIII. Hauptgutachten, 2020, 29 ff.; *Monopolkommission*, Sondergutachten 68, 2015, 27 ff., 44 ff.

A. Einführung § 15

stehen, die die Grundlage für Innovationen, aber auch für Sicherheitslücken bilden.[3] Die digitale Transformation verstärkt sowohl die Ursachen als auch die Folgen von Cyberbedrohungen. Die zunehmende Nutzung digitaler Dienstleistungen[4] sowie des Einsatzes vernetzter Geräte des Alltags (Internet of Things)[5] einerseits und die Vielschichtigkeit der Verknüpfungen von Hardware und unterschiedlicher Schichten von Software andererseits vergrößern die Angriffsfläche für Eingriffe Dritter. Dabei werden die Sicherheitslücken und Angriffsformen bei der Nutzung der digitalen Angebote schwieriger zu überblicken. Der Schutz vor Cyberbedrohungen setzt dadurch zunehmend ein Bewusstsein für typische Risiken bei der Nutzung von Anwendungen und für Strategien im alltäglichen Umgang voraus.[6] Zugleich werden die Folgen der Eingriffe von außen infolge der Vernetzung zumindest potenziell gravierender[7] und jedenfalls ex-ante schwieriger einzuschätzen. (Digitale) Netze können heterarchisch und redundant organisiert sein mit der Folge, dass der Ausfall einzelner Knoten die Funktionsfähigkeit des Netzes insgesamt nur geringfügig beeinträchtigt.[8] Nicht untypisch für Netze, die sich entsprechend der Nutzung und des Bedarfs entwickeln, ist allerdings eine Konzentration auf einzelne Knoten. Deren Ausfall lässt sich nur begrenzt kompensieren. Zudem kann bei einigen Infrastrukturen auch ein lokal begrenzter Ausfall zu schwerwiegenden Folgen führen. Die Ausdifferenzierung der Bandbreite kritischer Infrastrukturen[9] ist Ausdruck dieser zunehmenden Anfälligkeit für Cyberbedrohungen. Die potenziellen Auswirkungen einzelner Formen von Cyberbedrohungen sind damit oftmals ex-ante nur schwer vorhersehbar, zumal sich einige Formen der Cyberbedrohungen durch mehr oder weniger unbemerkte Formen der Beobachtung oder Manipulation auswirken.

Zugleich sind die **Formen von Cyberbedrohungen,** ihre Akteure und **Motivationen** 2 vielfältig.[10] Cyberbedrohungen können auf die Störung bis hin zum Ausfall von Infrastruktur oder bestimmten Angeboten wie Homepages, aber auch auf die Ausspähung oder Manipulation zielen.[11] Sie weisen Berührungspunkte mit Desinformationskampagnen vor allem in sozialen Netzwerken auf, die freilich nicht auf eine Manipulation der Infrastruktur, sondern der kommunizierten Inhalte zielen.[12] Cyberbedrohungen können kommerziellen Interessen dienen, etwa zur Erpressung[13] oder zu Zwecken der Wirtschaftsspiona-

---

[3] Zu algorithmenbasierten, automatisierten Entscheidungen kürzlich *ENISA,* AI Cybersecurity Challenges, 2020, 6 f.; allgemein *Könen* in Sensburg Sicherheit in einer digitalen Welt 45 (46 f.), auch zu den Folgen für Qualitätskontrollen.
[4] *Europäische Kommission,* Mitteilung Strategie für einen digitalen Binnenmarkt, COM(2015) 192 final.
[5] *Könen* in Sensburg Sicherheit in einer digitalen Welt 45 (47): fortschreitende Durchdringung klassischer Technologien durch Digitalisierung und Vernetzung als zentrale Faktoren.
[6] *BSI,* Die Lage der IT-Sicherheit in Deutschland, 2020, 18 und 23: digitale Eigenverantwortung; *BMI,* Cyber-Sicherheitsstrategie für Deutschland, 2016, 14.
[7] Zur Entwicklung der Schäden *Europäische Kommission/Hohe Vertreterin der Union für Außen- und Sicherheitspolitik,* Gemeinsame Mitteilung Abwehrfähigkeit, Abschreckung und Abwehr: die Cybersicherheit in der EU wirksam erhöhen, JOIN(2017) 450 final, 2; *Bertschek/Janßen/Ohnemus* in Hornung/Schallbruch IT-SicherheitsR § 3 Rn. 21 ff.
[8] Zu entsprechenden Überlegungen hinter der Architektur des Internets *Grimm/Waidner* in Hornung/Schallbruch IT-SicherheitsR § 2 Rn. 6.
[9] Vgl. *BSI,* Die Lage der IT-Sicherheit in Deutschland, 2020, 52 f.; zu den horizontalen und sektorspezifischen Regelungen § 15 Rn. 23 ff.
[10] *Brunst* in Dietrich/Eiffler NachrichtendiensteR-HdB § 7 Rn. 10 ff.; Rn. 17 ff.; *BSI,* Die Lage der IT-Sicherheit in Deutschland, 2020, 9 ff.
[11] *Könen* in Sensburg Sicherheit in einer digitalen Welt 45 (46): Massenangriffe stehen neben gezielten, individuell zugeschnittenen Angriffen.
[12] Zur sicherheitsrechtlichen Relevanz politisch motivierter Desinformationskampagnen *Dietrich* in Dietrich/Gärditz, Sicherheitsverfassung – Sicherheitsrecht, 2019, 75 (86 ff.); zu den medienrechtlichen Ansätzen einer Einschränkung der Verbreitung von Falschnachrichten in NetzDG, MStV sowie dem Entwurf der Europäischen Kommission zum Digital Services Act *Kühling* ZUM 2021, 461 ff.; eingehend, auch aus medienwissenschaftlicher Perspektive die Beiträge in *Steinebach/Bader/Rinsdorf/Krämer/Roßnagel,* Desinformation aufdecken und bekämpfen, 2020, sowie *Hohlfeld/Harnischmacher/Heinke/Lehner/Sengl,* Fake News und Desinformation, 2020.
[13] *BSI,* Die Lage der IT-Sicherheit in Deutschland, 2020, 11.

ge.¹⁴ Sie können aber auch politische, strategische oder sonstige Ziele verfolgen, etwa die Beeinflussung bestimmter Wahlen,¹⁵ allgemein der öffentlichen Meinungsbildung¹⁶ oder als Form der Kriegsführung.¹⁷

3 Entsprechend heterogen ist der Kreis potenzieller **Akteure,** von denen Cyberbedrohungen ausgehen. Er reicht von fremden Mächten sowie der ihnen zugehörigen Geheimdiensten und Streitkräften über nicht-staatliche Gruppierungen mit unterschiedlichen Motiven bis hin zu Wirtschaftsakteuren. Diese Heterogenität setzt sich bei dem Aufwand und dem technischen Niveau von Formen der Cyberbedrohungen fort, die von hochspezialisierten Angriffen¹⁸ über die Ausnutzung unbekannter Sicherheitslücken bis hin zu kommerziellen Dienstleistungen, die für geringe Geldbeträge den Einsatz von Botnetzen zur vorübergehenden Überlastung ausgewählter IT-Infrastruktur anbieten.¹⁹ Die kommerzielle Vermarktung sowohl vom Wissen bislang unbekannter Sicherheitslücken, insbesondere sog. *zero-exploits,*²⁰ sowie von alltäglichen Formen der Beeinträchtigung digitaler Angebote und Infrastrukturen, ist eine logische Folge der Ausdifferenzierung, die die Zahl der unterschiedlichen verbreiteten Schadprogramm kontinuierlich steigen lässt²¹ und allgemein der Zunahme von Cyberbedrohungen weiter Vorschub leistet. In kommerzieller Hinsicht steigen die durch Cyberbedrohungen verursachten Schäden in Summe seit einigen Jahren exponentiell.²² Für die Innovationskraft digitaler Märkte und insbesondere die Entwicklungsmöglichkeiten kleinerer und mittlerer Unternehmen stellt die Cybersicherheit zunehmend einen zentralen Faktor dar.²³

4 Durch diese Bandbreite der Cyberbedrohungen und ihrer Folgen machen die Abwehr von Cyberbedrohungen zu einer überaus bedeutsamen, in ihren Ansätzen heterogenen Aufgabe. Eine Facette mit hoher Breitenwirkung betrifft die Gewährleistung der Funktionsfähigkeit von Infrastruktur. Bezogen auf den Schutz kritischer Infrastrukturen kommt ihr eine ähnliche Funktion zu, wie der Gewährleistung von Universaldiensten, mit der Besonderheit, dass der plötzliche und unvorhergesehene Ausfall zu besonderen gesellschaftlichen wie ökonomischen Störungen führen kann. Auch unterhalb der Schwelle kritischer Infrastrukturen erhalten Maßnahmen zur Abwehr von Cyberbedrohungen wie die Zertifizierungen von Produkten oder Maßnahmen zur Aufklärung der Öffentlichkeit die Voraussetzungen, unter denen Bürgerinnen und Bürger, Unternehmen sowie sonstige Organisationen digitale Angebote und Infrastrukturen produktiv nutzen können. Die Abwehr von Cyberbedrohungen bedeutet damit in der Sache die **Gewährleistung der Funktionsfähigkeit öffentlicher und privater Infrastruktur** trotz Störungen von außen, die allerdings nicht ausschließlich als öffentliche Aufgabe einzuordnen ist. Neben den allgemei-

---

[14] *BSI,* Die Lage der IT-Sicherheit in Deutschland, 2020, 56; *Knoll,* Streitkräfteeinsatz zur Verteidigung gegen Cyber-Angriffe, 2020, 82.
[15] *BSI,* Die Lage der IT-Sicherheit in Deutschland, 2020, 32.
[16] *BSI,* Die Lage der IT-Sicherheit in Deutschland, 2020, 32.
[17] *BSI,* Die Lage der IT-Sicherheit in Deutschland, 2020, 32; teilweise wird auch die Beeinflussung von Diskussion in sozialen Netzwerken sowie die Manipulation von Informationen auf Nachrichtenportalen als Element der hybriden Kriegsführung eingeordnet, so *Bundesregierung,* Weissbuch zur Sicherheitspolitik und zur Zukunft der Bundeswehr, 2016, 37; in diese Richtung auch mit Beispielen aus der jüngeren Vergangenheit *Dietrich* in Dietrich/Gärditz, Sicherheitsverfassung – Sicherheitsrecht, 2019, 75 (80 ff.); zu den Schwierigkeiten einer begrifflichen Festlegung und den völkerrechtlichen Konsequenzen *Hector* ZaöRV 76 (2016), 513 (515 ff., insbesondere 518); zum Begriff des Cyberwar *Schallbruch* in Hornung/Schallbruch IT-SicherheitsR § 5 Rn. 24 ff.
[18] *Bundesregierung,* Weissbuch zur Sicherheitspolitik und zur Zukunft der Bundeswehr, 2016, 36.
[19] *Könen* in Sensburg Sicherheit in einer digitalen Welt 45 (45); *Bundesregierung,* Weissbuch zur Sicherheitspolitik und zur Zukunft der Bundeswehr, 2016, 36.
[20] Zum Begriff *Brunst* in Dietrich/Eiffler NachrichtendiensteR-HdB § 7 Rn. 28, *Knoll,* Streitkräfteeinsatz zur Verteidigung gegen Cyberangriffe, 2020, 73 mwN: Einbruchstelle war vor ihrer Entdeckung null Tage existent.
[21] *Könen* in Sensburg Sicherheit in einer digitalen Welt 45 (45 f.): 380.000 neue Varianten von Schadprogrammen täglich.
[22] *BSI,* Die Lage der IT-Sicherheit in Deutschland, 2020, 13.
[23] Zu den Auswirkungen von Cyberbedrohungen auf Innovationsaktivitäten BT-Drs. 19/23070, 43 ff.

nen vor allem kapitalgesellschaftsrechtlichen Pflichten, innerhalb eines Unternehmens Strukturen zum adäquaten Umgang mit Risiken zu schaffen,[24] sind in sensiblen Bereichen, etwa im Finanzsektor, aufsichtsrechtlich besondere organisatorische Pflichten beim Umgang mit IT-Risiken einschließlich der Ausarbeitung von Notfallkonzepten vorgesehen, deren Erfüllung eine Voraussetzung für die Erteilung der erforderlichen Erlaubnis ist.[25]

Neben dieser breitenwirksamen Funktion zur Gewährleistung von Infrastruktur ist die Abwehr von Cyberbedrohungen zur Aufgabenerfüllung und allgemein zur **Erhaltung der Arbeitsfähigkeit staatlicher Stellen** erforderlich. Dazu zählt zum einen generell die Gewährleistung der Funktionsfähigkeit und Integrität der Informationstechnik hoheitlicher Stellen. Auch wenn Stellen wie der Bundestag, Ministerien oder Gerichte des Bundes in besonderer Weise gezielten Angriffen ausgesetzt sein können,[26] unterscheidet sich diese Form des generellen Schutzes der Informationstechnik strukturell nicht von vergleichbaren Aufgaben im privaten Sektor. 5

Bei öffentlichen Stellen, deren Aufgaben hingegen einen inhärenten Bezug zu Cyberbedrohungen aufweisen, gehen die Maßnahmen darüber hinaus. Die **Nachrichtendienste** sind zum einen in besonderer Weise exponiert und nutzen zum anderen Sicherheitslücken unter Umständen zur Aufklärung aus.[27] Auch für die Bundeswehr dient Kompetenz im Umgang mit Cyberbedrohungen der Abwehr von Angriffen und dem Erhalt der Einsatzfähigkeit, kann aber darüber hinaus auch offensiv als ein Element des Einsatzes herangezogen werden.[28] Mit dem Aufbau von Kompetenz im Bereich der **hybriden Kriegsführung**[29] verschwimmen zudem die Grenzen zwischen der rein defensiven Abwehr von Cyberbedrohungen und der Erhöhung der Schlagkraft. Auch bei der nachrichtendienstlichen Tätigkeit trägt die Aufklärung von Kommunikation im Ausland nicht unwesentlich dazu bei, die unterschiedlichen Formen der Cyberbedrohung und insbesondere die jeweils dahinterstehenden Akteure besser zu verstehen.[30] Von der aktiven Aufklärung geht dadurch ein erheblicher Mehrwert für die Abwehr von Bedrohungen aus. An diesem Mehrwert kann der Bundesnachrichtendienst andere mit der Abwehr von Cyberbedrohungen befassten Stellen insbesondere im Rahmen des Nationalen Cyber-Abwehrzentrums partizipieren lassen.[31] 6

B. Informationsmanagement als zentraler Baustein in der Abwehr von Cyberbedrohungen

Die Komplexität der Ursachen und Folgen machen **Informationen** über die jeweilige Form der Cyberbedrohung in mehrfacher Hinsicht bedeutsam. Bezogen auf die Entwicklung von Angriffen mit großer Breitenwirkung erhöhen frühzeitige Informationen sowohl bei den Behörden als auch bei den Herstellern der betroffenen Produkte und den von den 7

---

[24] Näher *Thalhofer* in Hornung/Schallbruch IT-SicherheitsR § 16 Rn. 4 ff.
[25] §§ 25a Abs. 1 S. 3, 33 Abs. 1 Nr. 7 KWG; eingehend *European Banking Authority,* EBA Guidelines on ICT and security risk management, EBA/GL/2019/04, 29.11.2019, sowie daran anknüpfend der kürzlich von der BaFin zur Konsultation gestellten Entwurf zur Novellierung des Rundschreibens 10/2017 (BA) „Bankaufsichtliche Anforderungen an die AI (BAIT)", BaFin, Konsultation 13/2020, v. 27.10.2020; zur Umsetzung in Deutschland *Thalhofer* in Hornung/Schallbruch IT-SicherheitsR § 16 Rn. 28 ff.
[26] BSI, Die Lage der IT-Sicherheit in Deutschland, 2020, 65.
[27] Zu damit potenziell verbundenen internen Konflikten *Brunst* in Dietrich/Eiffler NachrichtendiensteR-HdB § 7 Rn. 98 f.
[28] Zur Notwendigkeit einer Kompetenz auch für offensive Maßnahmen *Bundesregierung,* Weissbuch zur Sicherheitspolitik und zur Zukunft der Bundeswehr, 2016, 36 ff.; allgemein zu einem entsprechend weiten Verständnis der defensiven staatlichen Maßnahmen *Barczak* NJW 2020, 595 (597); wN zur strategischen Perspektive der Bundeswehr bei *Knoll,* Streitkräfteeinsatz zur Verteidigung gegen Cyberangriffe, 2020, 20.
[29] BSI, Die Lage der IT-Sicherheit in Deutschland, 2020, 32.
[30] *Bäcker/Golla* in Hornung/Schallbruch IT-SicherheitsR § 18 Rn. 56; *Warg* in Kipker Cybersecurity § 14 Rn. 48a.
[31] BMI, Cyber-Sicherheitsstrategie für Deutschland, 2016, 32; *Knoll,* Streitkräfteeinsatz zur Verteidigung gegen Cyberangriffe, 2020, 122.

Angriffen unmittelbar betroffenen privaten Akteuren die Effektivität der Abwehrmaßnahmen. Zentrale Aufgabe des Nationalen Cyber-Abwehrzentrums, einer von dem Bundesamt für Sicherheit in der Informationstechnik (BSI) koordinierten Kooperationsplattform, bringen Behörden des Bundes,[32] freilich unter Berücksichtigung ihrer jeweiligen Aufgaben und der damit verbundenen rechtlichen Voraussetzungen, einschlägige Informationen und Expertise ein.[33] Kooperation bei der Schaffung einer geteilten, damit freilich nicht gemeinsamen Informationsgrundlage kommt für die Abwehr von Cyberbedrohungen eine zentrale Bedeutung zu.

8 Mit einiger Vereinfachung lässt sich der **Informationsbedarf bei der Abwehr von Cyberbedrohungen** so beschreiben, dass alle an der Abwehr beteiligten Behörden grundlegende Informationen über die Arten von Bedrohungen, insbesondere die Funktionsweise und die Entwicklung der Angriffe einschließlich der jeweils betroffenen Angriffspunkte, benötigen. Er lässt sich von einer einzelnen Stelle schon wegen der perspektivbedingten Grenzen der Beobachtung kaum abdecken. Private Akteure, die insbesondere durch den Betrieb einer kritischen oder herausgehobenen Infrastruktur die Entwicklung von Angriffen aus unmittelbarer Anschauung beobachten können, treffen aus diesem Grund bestimmte Meldepflichten (→ § 15 Rn. 89). Auslandsaufklärung durch den Bundesnachrichtendienst dient in diesen Zusammenhang auch der Gewinnung von Informationen über die Ziele, Identität und Vorgehensweise insbesondere professioneller Angreifer.[34] Die Auslandsaufklärung leistet damit neben ihren anderen Zielsetzungen einen Beitrag zur allgemeinen Informationsgrundlage für die Abwehr von Cyberbedrohungen, den Behörden, deren Aufgabenbereich nicht auf die Auslandsaufklärung ausgerichtet ist, nicht leisten können. Der gemeinsame Informationsbedarf betrifft schließlich auch die Reaktion in einer akuten Bedrohungslage, also das Know-How, die Eigenschaften einer sich abzeichnenden Bedrohung in kurzer Zeit erkennen und angemessene Gegenmaßnahmen einleiten zu können. Die Bildung von *Computer Emergency Response Teams* (CERT)[35] fördert organisatorisch den Aufbau eines solchen Know-Hows sowie die Effektivität des Einsatzes. Der institutionalisierte Austausch, auch zu laufenden Erfahrungen, zwischen den unterschiedlichen Teams trägt dabei wesentlich zum Ausbau der Informationsgrundlage bei (→ Rn. 58).

9 Der **Informationsaustausch** ist freilich **begrenzt.** Die am Cyber-Abwehrzentrum beteiligten Behörden stellen Informationen bereit, soweit diese als gemeinsame Informationsgrundlage auch von anderen Behörden benötigt werden und der Austausch die Erfüllung der Aufgaben nicht gefährdet oder anderweitige Regelungen nicht entgegenstehen.[36] Insbesondere bei Informationen von Nachrichtendiensten, etwa über Schwachstellen oder die Identität und Vorgehensweise von Angreifern, können Interessen bestehen, diese Informationen nicht zu teilen, um sie für weitere Aktivitäten weiter nutzen zu können.[37]

---

[32] Beteiligt sind der Bundesnachrichtendienst (BND), das Bundesamt für den Militärischen Abschirmdienst (MAD), das Kommando Cyber- und Informationsraum der Bundeswehr, das Bundesamt für den Verfassungsschutz (BfV), das Bundeskriminalamt (BKA), die Bundespolizei und das Bundesamt für Bevölkerungsschutz und Katastrophenhilfe, nach *Könen* in Sensburg Sicherheit in einer digitalen Welt 45 (55), zudem auch das ZKA; zur geplanten Einbindung der Länder Antwort der Bundesregierung auf eine Kleine Anfrage, BT-Drs. 19/22678, 6.

[33] *Gitter* in Hornung/Schallbruch IT-SicherheitsR § 15 Rn. 37, auch zu den Folgen für die Anforderungen an die Rechtsgrundlage; *Knoll,* Streitkräfteeinsatz zur Verteidigung gegen Cyberangriffe, 2020, 126; zur laufenden konzeptionellen Fortentwicklung des Austausches innerhalb des Cyber-Abwehrzentrums Antwort der Bundesregierung auf eine Kleine Anfrage, BT-Drs. 19/12280, 11: Optimierung des Cyber-Lagebilds und der Risikobewertung zu Cyber-Gefahren geplant; zuletzt *BMI,* Eckpunkte für die Cyber-Sicherheitsstrategie, 2021, 10: Intensivierung des ressortübergreifenden Informationsaustauschs innerhalb des Cyber-Abwehrzentrums.

[34] *Warg* in *Kipker* Cybersecurity § 14 Rn. 48a; → Rn. 66 ff.

[35] → Rn. 50 ff.

[36] *Brunst* in Dietrich/Eiffler NachrichtendiensteR-HdB § 7 Rn. 59; Informationsdruckscheibe.

[37] *Bäcker/Golla* in Hornung/Schallbruch IT-SicherheitsR § 18 Rn. 57; zu den konfligierenden grundrechtlichen Schutzpflichten BVerfG NVwZ 2021, 1361 Rn. 35 ff.

Solche funktionsabhängigen Regeln des Informationsaustauschs prägen auch die Distribution von Informationen an die Öffentlichkeit. Die Information der Nutzerinnen und Nutzer über bestimmte Angriffswellen oder kritische Sicherheitslücken in einzelnen Anwendungen ist geeignet, die Verbreitung und das Ausmaß der Schäden zu reduzieren. Die systematische **Information der Öffentlichkeit** stellt ein zentraler Baustein bei der Abwehr von Cyber-Bedrohungen dar.[38] Die präventive Wirkung der Öffentlichkeitsinformation betrifft insbesondere den Umgang mit dem hohen Anteil nicht individualisierter Formen von Bedrohungen, etwa durch Phishing, sowie die Sensibilität gegen Formen des *social engineering*.[39] Zugleich kann die Offenlegung insbesondere von kritischen Sicherheitslücken zusätzliche Angriffsfläche für Aktivitäten Dritter bieten. Wegen dieses naheliegenden Risikos nicht intendierter Effekte der Distribution von Informationen haben sich erfahrungsbasierte Standards zur kontextabhängigen, zeitlich gestuften Information entwickelt.[40]

C. Ursachen und Arten von Cyberbedrohungen

Eine Bestandsaufnahme der Cyberbedrohungen setzt einerseits bei ihren **Ursachen** und andererseits bei den **Arten und Eigenschaften der Bedrohungen** an. Die Zunahme sowohl der Quantität von Cyberangriffen als auch der von einzelnen Angriffen verursachten Schäden ist maßgeblich durch die digitale Transformation beeinflusst.[41] Schlagworte wie Komplexität[42] oder Digitalisierung[43] deuten zum einen auf den zunehmenden Anteil an Geräten, die an digitale Netze angeschlossen sind und dadurch als Objekt von Cyberbedrohungen infrage kommen. Zugleich differenzieren sich im Zuge der Digitalisierung die Vorleistungen und Produkte, auf denen digitale Anwendungen beruhen, weiter aus. Cyberbedrohungen können dadurch auf unterschiedlichen Abstraktionsebenen an Elementen der Hard- oder Software ansetzen, die oftmals für das eigentliche Ziel des Angriffs nicht spezifisch sind. Durch den Anstieg der vernetzten Elemente, die Ausdifferenzierungen der digitalen Vorleistungen und die Vielfalt in den Verknüpfungen der einzelnen Vorleistungen nimmt die Angriffsfläche für Cyberbedrohungen zu. Darüber hinaus wird ihre Erkennbarkeit aus der Perspektive einer einzelnen Anwendung oder Stelle, die auf die Nutzung einer Vielzahl von Vorleistungen angewiesen ist, nicht unerheblich erschwert.[44] Zugleich sind gesellschaftliche Prozesse zunehmend anfälliger für Störungen, insbesondere kritischer Infrastrukturen. Die Zunahme der Komplexität betrifft nicht nur die digitalen Produkte einschließlich ihrer Vorleistungen, sondern auch Wertschöpfungsketten der Realwirtschaft und soziale Praktiken.[45]

I. Ausdifferenzierung der Angriffsfläche

Die **Angriffsfläche für Cyberbedrohungen** vergrößert sich durch mehrere, ineinandergreifende Faktoren.

---

[38] *BSI*, Die Lage der IT-Sicherheit in Deutschland, 2020, 42: gesellschaftlicher Dialog.
[39] *BSI*, Die Lage der IT-Sicherheit in Deutschland, 2020, 34; insbesondere zu Social-Engineering-Angriffen, die auf Aspekte der Sondersituation der COVID-19-Pandemie abstellen, 35; (→ Rn. 17, → Rn. 20).
[40] Zu den Anforderungen an eine Strategie des „*responsible disclosure*" eingehend *Leisterer*, Internetsicherheit in Europa, 2018, 333 ff.
[41] *Europäische Kommission/Hohe Vertreterin der Union für Außen- und Sicherheitspolitik*, Gemeinsame Mitteilung Abwehrfähigkeit, Abschreckung und Abwehr: die Cybersicherheit in der EU wirksam erhöhen, JOIN (2017) 450 final, 2.
[42] Zur Komplexität der IT *Poscher/Lassahn* in Hornung/Schallbruch IT-SicherheitsR § 7 Rn. 17 f.; zur damit verbundenen Dynamik *BSI*, Die Lage der IT-Sicherheit in Deutschland, 2020, 81.
[43] *BSI*, Die Lage der IT-Sicherheit in Deutschland 2020, 32 f., auch zu einem weiteren Digitalisierungsschub durch die COVID-19-Pandemie.
[44] Zu den Folgen *Poscher/Lassahn*, in Hornung/Schallbruch IT-SicherheitsR § 7 Rn. 16.
[45] Zu den unterschiedlichen Formen der Verflechtung, auch auf dem Binnenmarkt, nur *Sachverständigenrat zur Begutachtung der gesamtwirtschaftlichen Entwicklung* Jahresgutachten 2020/2021 Rn. 321 ff.

1. Ausdifferenzierung der Vorprodukte

13 Zunächst beruhen digitale Anwendungen typischerweise auf einer Reihe von **Vorprodukten** aus Hardware und Software, die zum großen Teil nicht spezifisch für die jeweilige Anwendung konzipiert sind. Behörden, öffentliche Institutionen, Unternehmen und Betreiber spezifischer Infrastrukturen setzen für zentrale Aufgaben Computer mit marktüblicher Hard- und Software ein. Auch Stellen, die auf einem erhöhten oder hohen Sicherheitsniveau arbeiten, beziehen Vorleistungen einschließlich spezialisierter Software notwendigerweise von Dritten. Infolge der Ausdifferenzierung der Märkte, auf deren Grundlage Hardware und Software durch spezialisierte Unternehmen laufend fortentwickelt werden, sind öffentliche Stellen, Unternehmen und Private trotz gewisser Auswahlmöglichkeiten auf die Nutzung einer Reihe von Vorprodukten angewiesen.[46]

14 Als Kehrseite der Ausdifferenzierung sind die Nutzenden den Sicherheitsrisiken ausgesetzt, die sich aus den Vorprodukten ergeben, wobei diese Sicherheitsrisiken in der konkreten Anwendung typischerweise nur schwer erkennbar sind. Insbesondere fallen ein Nachladen und die Installation von Schadsoftware auch bei einem Monitoring der Datenströme einer Organisation mit externen Stellen nicht auf, wenn sie im Zuge regulärer Updates der benutzten Software erfolgen. Schadsoftware, die über Vorprodukte verbreitet wird, kann dadurch zum einen auch Stellen betreffen, die auf einem hohem Sicherheitsniveau arbeiten.[47] Ein erhöhter Schutz vor Cyberbedrohungen setzt umgekehrt im Grundsatz ein entsprechendes Schutzniveau für sämtliche Vorleistungen voraus. Das BSI empfiehlt aus diesem Grund, die mit der Ausdifferenzierung verbundenen Risiken dadurch zu reduzieren, dass Vorleistungen nur in dem Maße installiert und herangezogen werden, wie es zur Deckung des Bedarfs jeweils erforderlich ist[48] und dass die Zahl der in einem Netzwerk bezogenen Vorleistungen nach Möglichkeit reduziert sowie die Vorleistungen dabei standardisiert werden.[49] Zum anderen erhöht die **Verbreitung von Schadsoftware über Vorleistungsprodukte** deren Verbreitungsgrad. Software, die für eine Vielzahl von Anwendungskontexten konzipiert ist, ist oftmals international und in unterschiedlichen Branchen verbreitet mit der Folge, dass ein unerkannt angegriffenes Vorleistungsprodukt eine große Zahl von Netzwerken kompromittiert.[50] Die Phase der Verbreitung und der Aktivität solcher Software fällt typischerweise in den Zeitraum, während dem die Sicherheitslücke unerkannt bleibt. Schließlich sind Cyberangriffe, die sich auf noch abstrakte, grundlegende Schichten der Software wie Betriebssysteme oder auf Hardware wie Hauptplatinen[51] beziehen, je nach Kontext, besonders aufwändig in der Konzeption und mit den typischen Instrumenten zum Monitoring sowie zur Diagnose auf der Ebene der Endanwendung nicht zu erkennen.

2. Innere Komplexität der einzelnen Vorprodukte

15 Mit der Ausdifferenzierung der Vorprodukte zusammen hängt eine Zunahme der inneren Komplexität der einzelnen Vorprodukte. Softwareprodukte bestehen aus einer tendenziell ansteigenden Menge an Code,[52] der zwar typischerweise modular aufgebaut oder anderweitig strukturiert, aber in der Gesamtheit immer weniger zu überschauen ist.[53] Diese **Zu-**

---

[46] *Sohr/Kemmerich* in Kipker Cybersecurity Kap. 2 Rn. 155, weisen etwa auf Anwendungen von SAP hin.
[47] Zu Hackerangriffen auf Software des Unternehmens SolarWinds den Sachstand für Deutschland Antwort der Bundesregierung auf eine Kleine Anfrage, BT-Drs. 19/26109.
[48] Zu den Ansätzen einer Security-by-Design-Strategie *BSI*, Die Lage der IT-Sicherheit in Deutschland, 2020, 23.
[49] Zu den Ansätzen der Messung und Zertifizierung *Skierka* in Hornung/Schallbruch IT-SicherheitsR § 8 Rn. 59 ff.
[50] *BSI*, Die Lage der IT-Sicherheit in Deutschland, 2020, 28
[51] *BSI*, Die Lage der IT-Sicherheit in Deutschland, 2020, 26.
[52] *BSI*, Die Lage der IT-Sicherheit in Deutschland, 2020, 22, *Sohr/Kemmerich* in Kipker Cybersecurity Kap. 2 Rn. 155.
[53] *Poscher/Lassahn* in Hornung/Schallbruch IT-SicherheitsR § 7 Rn. 17.

nahme an innerer Komplexität der Anwendungen geht zum einen auf die Erhöhung ihrer Leistungsfähigkeit und Funktionalität, zum anderen aber auch auf den Bedarf zur Abstimmung der Kompatibilität mit anderen Vorleistungsprodukten zurück. Die damit verbundene Notwendigkeit der vielfältigen Kommunikation und wechselseitigen Beeinflussung mit anderen Komponenten erzeugt unbeabsichtigte, oftmals zunächst unerkannte Sicherheitslücken.[54] Unternehmen, die Softwareprodukte entwickeln, betreiben deshalb oftmals einen nicht unerheblichen Aufwand, Schwachstellen, die sich aus der Verzahnung unterschiedlicher Komponenten ergeben, zu erkennen. Regelmäßige Updates von Softwareherstellern dienen unter anderem dazu, im laufenden Betrieb erkannte Sicherheitslücken zu schließen.[55]

II. Ausdifferenzierung der Typen von Cyberbedrohungen

Unter den **vielfältigen Formen der Cyberbedrohungen**[56] lassen sich vereinfachend nach den Zielen sowie der Angriffsrichtung der Aktivitäten typisierende Kategorien ausmachen,[57] die teilweise auf die kommerzielle Verwertung geheimer Informationen, teilweise auf die kommerzielle Verwertung durch die Erpressung von Lösegeld, teilweise auf die Ermittlung von Informationen für politische Zwecke und teilweise auf die Sabotage oder sonstige Verursachung von Schäden zielen. Während die unterschiedlichen Formen der Angriffe sich ursprünglich anhand des Grades der Spezialisierung, der Ausrichtung auf bestimmte Adressaten, der Funktionsweise des Angriffs sowie des Ziels der Aktivität weitgehend voneinander abgrenzen ließen, bringt die fortlaufende Weiterentwicklung der Angriffe nicht nur eine Ausdifferenzierung, sondern auch eine zunehmende Verzahnung unterschiedlicher Angriffsformen mit sich (b.–e.). Für das Begriffsverständnis folgt aus dieser Dynamik und Varietät, dass sich der Begriff der Cyberbedrohung, soweit Aufgabenbeschreibungen oder Ermächtigungsgrundlagen in der Sache auf die Abwehr von Cyberbedrohungen abstellen, über den Handlungskanal und das mittelbare Ziel charakterisiert wird, sich aber Gefahrenschwellen oder Wirkungsweisen abstrakt-generell nur auf einem sehr hohen Abstraktionsniveau festlegen lassen (a.). **16**

1. Charakteristika des Begriffs

Der Begriff der Cyberbedrohung wird in der Literatur überwiegend handlungsbezogen und allgemein-umfassend charakterisiert als **jede illegale Aktivität, die auf der Grundlage von Informations- und Kommunikationstechnik begangen wird**.[58] Dabei wird man dieses begriffliche Verständnis zumindest klarstellend noch erweitern müssen. Zum einen zeigen die unterschiedlichen Formen von hybriden Cyberbedrohungen,[59] dass Cyberbedrohungen zwar Kanäle der Informations- und Kommunikationstechnik umfassen, sich aber nicht auf solche beschränken müssen. Zum anderen braucht sich das Merkmal der Illegalität nicht zwangsläufig auf jede Phase der Aktivität einer Cyberbedrohung zu beziehen. Ausreichend ist vielmehr, dass die beabsichtigte Aktivität absehbar zu einer Rechtsverletzung führt, insbesondere weil der beabsichtigte Erfolg der Maßnahme nicht zulässig ist. Eine Reihe vorbereitender Aktivitäten, etwa zum Aufspüren von Sicherheitslücken oder zur Vorbereitung eines *social engineering*, also der kommunikativen, verdeckten Beein- **17**

---

[54] Kategorisierung bei *Sohr/Kemmerich* in Kipker Cybersecurity Kap. 2 Rn. 158 ff.
[55] *BSI*, Die Lage der IT-Sicherheit in Deutschland, 2020, 13.
[56] *Könen* in Sensburg Sicherheit in einer digitalen Welt 45 (48): viele Gesichter, praktisch jederzeit und überall möglich.
[57] *Könen* in Sensburg Sicherheit in einer digitalen Welt 45 (48 f.).
[58] Vgl. das Begriffsverständnis in Art. 1 Abs. 3 VO (EU) 2019/796; aus der Literatur *Spies-Otto* in Hornung/Schallbruch IT-SicherheitsR § 19 Rn. 2; *Könen* in Sensburg Sicherheit in einer digitalen Welt 45 (48): „jedes Verbrechen, jede illegale Aktion, die mit Hilfe von Informations- und Kommunikationstechnik begangen wird".
[59] *BSI*, Die Lage der IT-Sicherheit in Deutschland, 2020, 32; Charakterisierung unterschiedlicher Erscheinungsformen bei *Knoll*, Streitkräfteeinsatz zur Verteidigung gegen Cyberangriffe, 2020, 59 ff.

flussung von Personen zur Entwicklung von Schwachstellen in Netzwerken, verstoßen für sich genommen nicht zwangsläufig gegen rechtliche Vorgaben.[60] Vielmehr ist es für Cyberbedrohungen je nach Ausgestaltung nicht untypisch, dass ein Teil der konzeptionellen Aktivitäten gegen keine ausdrücklichen rechtlichen Regelungen verstößt.

2. Cybercrime

18 Schlagwortartig als **Cybercrime**[61] lassen sich Cyberaktivitäten benennen, die in informationstechnische Netzwerke oder Systeme eindringen, um Zahlungen zu generieren, typischerweise durch Erpressungen. Gegenstand der Erpressung kann die Preisgabe vertraulicher, ökonomisch werthaltiger oder kompromittierender Informationen an die Öffentlichkeit sein, die vermeintlich oder tatsächlich bei einem Angriff generiert worden sind. Praktisch besonders bedeutsam sind aber auch Angriffe, bei denen die Daten auf dem Netzwerk, unter Umständen einschließlich der Backups,[62] von der Schadsoftware kryptographisch verschlüsselt und den Berechtigten vorenthalten werden. Solche sog. **Ransomware**[63] kann Netzwerke von Unternehmen oder öffentlichen Stellen wie auch Privatpersonen treffen.[64] Entsprechender Stellenwert bei der Prävention der Verbreitung bekannter Formen von Ransomware kommt der Information der Öffentlichkeit sowie einem Update der Sicherheitsprogramme und der zur Verbreitung genutzten Software zu.[65] Die Ziele und Zeitpunkte der Erpressungsversuche lassen allerdings jedenfalls bei bestimmten spezialisierten Formen der Ransomware darauf schließen, dass gezielt Stellen mit hohem Schadenspotential bzw. großer Angriffsfläche in vulnerablen Phasen ausgesucht werden, also die Modalitäten des Angriffs auf die erstrebte Zahlung von Lösegeld ausgerichtet werden.[66]

3. Cyber-Spionage

19 In der Regel erheblich stärker auf bestimmte Ziele abgestimmt sind Formen der **Cyber-Spionage,** bei denen oftmals Schutzvorkehrungen des Zielsystems individuell, in Zusammenwirken mehrerer Faktoren und unerkannt umgangen werden *(Advanced Persistant Threats).*[67] Ziel dieser Angriffe ist oftmals, Kommunikation in einem System insgesamt oder bestimmte Vorgänge für einen möglichst langen Zeitraum unbemerkt beobachten zu können. Selbst für den Fall des Entdeckens sind diese Angriffe typischerweise auf die Verschleierung der Herkunft angelegt. Informationen zu den Urhebern, deren Motivation und Vorgehensweise tragen zur Grundlage für die Identifikation, Prävention und Abwehr weiterer Angriffe bei.[68]

20 Sowohl die Überwindung der Sicherheitsmechanismen als auch die Tarnung der laufenden Beobachtung kennzeichnen den komplexen und anhaltenden Charakter dieser Formen von Cyberspionage.[69] Ein Bestandteil dieser komplexen Angriffe liegt oftmals auch in der

---

[60] Das Aufspürens von Sicherheitslücken in Software ohne Zustimmung der natürlichen oder juristischen Person, die die Urheberrechte oder sonstige Berechtigung an der betreffenden Software innehat, kann gegen lizenzrechtliche Vorgaben oder die allgemeinen Geschäftsbedingungen des vertreibenden Unternehmens verstoßen, zur lizenzrechtlichen Praxis der Unternehmen *BSI,* Die Lage der IT-Sicherheit in Deutschland, 2020, 23.

[61] Zum Begriff *Könen* in Sensburg Sicherheit in einer digitalen Welt 45 (49).

[62] Zu Emotet *BSI,* Die Lage der IT-Sicherheit in Deutschland, 2020, 11.

[63] *Könen* in Sensburg Sicherheit in einer digitalen Welt 45 (50); *Europäische Kommission/Hohe Vertreterin der Union für Außen- und Sicherheitspolitik,* Gemeinsame Mitteilung Abwehrfähigkeit, Abschreckung und Abwehr: die Cybersicherheit in der EU wirksam erhöhen, JOIN(2017) 450 final, 2.

[64] Zur Begründung des Bedarfs einer Ergänzung des BSIG herangezogen in Begründung Regierungsentwurf eines Zweiten Gesetzes zur Erhöhung der Sicherheit informationstechnischer Systeme, BR-Drs. 16/21, 1.

[65] *BSI,* Die Lage der IT-Sicherheit in Deutschland, 2020, 23

[66] *BSI,* Die Lage der IT-Sicherheit in Deutschland, 2020, 13.

[67] *Könen* in Sensburg Sicherheit in einer digitalen Welt 45 (51).

[68] *Könen* in Sensburg Sicherheit in einer digitalen Welt 45 (51).

[69] Die Bezeichnung als *Advanced Persistant Threat* wird allerdings auch zur Kennzeichnung anderer komplexer und mittelfristig angelegter Angriffe verwendet, *BSI,* Die Lage der IT-Sicherheit in Deutschland, 2020, 28.

Beeinflussung in dem Verhalten von Nutzerinnen und Nutzern, die täuschungsbedingt und situativ Schwachstellen im Netzwerk verursachen *(social engineering)*.[70]

4. Cyber-Sabotage

Eine weitere, in sich ausdifferenzierte Form von Cyberbedrohungen zielt auf die **Störung der Verfügbarkeit von Anwendungen oder Infrastruktur.** Solche Angriffe können spezifisch auf bestimmte Infrastrukturelemente abgestimmt sein, insbesondere kritische Infrastrukturen. Sie können aber auch als allgemein verwendbare Form der Bedrohung zum Angriff auf bestimmte Kategorien von Angeboten ausgerichtet sein, etwa auf Server, die Homepages hosten oder sonstige Angebote bereitstellen. 21

a) Angriffe auf spezifische Infrastrukturen. Bei Angriffen, die auf spezifische Infrastrukturen abzielen, hängt die Auswahl der Infrastruktur häufig mit den **Effekten auf die „offline-Welt"** zusammen. Angriffe können sich gezielt gegen Infrastrukturen mit militärisch-strategischer Bedeutung richten, auf die Verursachung wirtschaftlicher Schäden gerichtet sein oder das Ziel verfolgen, allgemein durch den Angriff auf kritische Infrastrukturen gesellschaftlich sichtbare und spürbare Beeinträchtigungen hervorzurufen.[71] Teilweise werden solche Angriffe auf spezifische, insbesondere kritische Infrastrukturen, als **Cyber-Terrorismus** beschrieben. 22

Die als „Stuxnet" bekannt gewordene Schadsoftware[72] steht insofern paradigmatisch für diese Form der hochspezialisierten, auf eine bestimmte, kritische Infrastruktur ausgerichteten Angriffe, als sie sich zum einen als Angriff auf ein staatliches Atomprogramm verstehen und sich damit auch als Instrument mit Bezug zur militärischen Auseinandersetzung einordnen lässt. Zum anderen richtet sich die Schadsoftware „Stuxnet" unmittelbar gegen ein bestimmtes Steuerungssystem, das von einem Unternehmen zur Steuerung von Frequenzumrichtern anderer Unternehmen entwickelt worden ist, also auf technische Komponenten, die in spezifischen industriellen Anlagen eingesetzt werden.[73] Der für den eigentlichen Betreiber der Anlage dadurch kaum erkennbare Angriff setzt dafür auf der einen Seite spezifisches Wissen sowohl über die technischen Eigenschaften der Anlage als auch über die Sicherungsmechanismen und die Abstimmung der Vorleistungen voraus,[74] das über mehrere, jeweils besonders gesicherte Stellen verteilt ist.[75] Auf der anderen Seite ermöglichen solche Formen von Cyberangriffen überraschende und zielgenaue Angriffe auf Infrastrukturen.[76] Diese Angriffe können im Prinzip über jede der im IT-System enthaltenen Komponenten vermittelt werden[77] und bei Bedarf zu einem späteren Zeitpunkt aktiviert werden.[78] 23

b) Denial of Service-Attacken. Allgemeiner zugeschnitten sind Angriffe, die die Verfügbarkeit einer Anwendung, typischerweise eines Internetdienstes, zeitweise aufheben **(Denial-of-Service-Angriff)**,[79] indem sie typischerweise durch eine große Menge an Anfragen Überlastungen von zentralen Elementen hervorrufen. Solche *Denial of Service-An-* 24

---

[70] *Brunst* in Dietrich/Eiffler NachrichtendiensteR-HdB § 7 Rn. 29; *BSI,* Die Lage der IT-Sicherheit in Deutschland, 2020, 3; *Könen* in Sensburg Sicherheit in einer digitalen Welt 45 (51); *Sohr/Kemmerich* in Kipker Cybersecurity Kap. 2 Rn. 178 ff.
[71] *Könen* in Sensburg Sicherheit in einer digitalen Welt 45 (53).
[72] *Brunst* in Dietrich/Eiffler NachrichtendiensteR-HdB § 7 Rn. 42 f.; *BSI,* Die Lage der IT-Sicherheit in Deutschland, 2011, 16 f.
[73] *BSI,* Die Lage der IT-Sicherheit in Deutschland, 2011, 16.
[74] Allgemein *Könen* in Sensburg Sicherheit in einer digitalen Welt 45 (52).
[75] Teilweise wird zudem angenommen, dass die Funktionalität der Schadsoftware in einer industriellen Anlage getestet worden sein muss, näher *Knoll,* Streitkräfteeinsatz zur Verteidigung gegen Cyberangriffe, 2020, 88 mwN.
[76] *BSI,* Die Lage der IT-Sicherheit in Deutschland, 2011, 16: Nachweis der Möglichkeit von Angriffen solcher Qualität.
[77] *Könen* in Sensburg Sicherheit in einer digitalen Welt 45 (52).
[78] *Könen* in Sensburg Sicherheit in einer digitalen Welt 45 (52): Schläfer.
[79] *Knoll,* Streitkräfteeinsatz zur Verteidigung gegen Cyberangriffe, 2020, 65 ff.; *Könen* in Sensburg Sicherheit in einer digitalen Welt 45 (52); *Grimm/Waidner* in Hornung/Schallbruch IT-SicherheitsR § 2 Rn. 42 ff.

griffe haben sich auch in Reaktion auf die jeweiligen Schutzmaßnahmen zu einer als Dienstleistung angebotenen Form von Cyberbedrohungen entwickelt.[80] Die Entwicklung betreffen zunächst die Modalitäten des Aufbaus der zur Überlastung führenden Anfragen. Um in kurzer Zeit eine hinreichende Zahl von Anfragen generieren zu können, greift die Schadsoftware oftmals auf eine Vielzahl von Geräten zurück, die für diesen Zweck kompromittiert werden (*Distributed Denial of Service* **(DDoS)-Angriff**).[81] Als kompromittierte, dezentral genutzte Geräte werden nicht nur Computer, sondern auch sonstige vernetzten Geräte wie etwa Drucker oder Video-Kameras herangezogen.[82] Die Zunahme der Zahl vernetzter Geräte durch das *Internet of Things* sowie durch Mobilfunkgeräte[83] erhöht dadurch zugleich den Kreis der Geräte, die potenziell für die missbräuchliche Verwendung in Bot-Netzen infrage kommen. Dabei zeigen die Modalitäten, mit denen die zur Überlastung erforderlichen Anfragen generiert werden, wie strategisch die Angriffe auf Abwehrmaßnahmen abgestimmt sind.[84]

25   Hinter diesen Angriffen auf die Verfügbarkeit stehen unterschiedliche Ziele. Teilweise erstreben Marktteilnehmer Vorteile durch die Behinderung von Wettbewerbern in marktstrategisch bedeutsamen Phasen.[85] Teilweise werden Angriffe auf Medienunternehmen oder öffentliche Institutionen zu politischen Zwecken geführt, unter Umständen auch zeitgleich mit einer Kampagne zur Desinformation.[86] Denkbar ist auch, den Angriff auf die Verfügbarkeit als Drohmittel für Erpressungen[87] oder als Mittel zur Ablenkung und Tarnung anderer Cyberbedrohungen[88] einzusetzen. Gefördert wird dieser Einsatz von *Denial-of-Service*-Attacken für unterschiedliche Zwecke durch die kommerzielle Verfügbarkeit der über Bot-Netze generierten Anfragen.[89] Die über Bot-Netze generierte Kapazität zur Verursachung von Überlastungen wird **kommerzialisiert**.[90] Wie bei anderen Dienstleistungen auch senkt die Automatisierung die Kosten und Preise.[91] Allerdings werden die preisgünstigen, konfektionierten *Denial-of-Service*-Attacken anhand ihres gängigen Musters von vielen Abwehrmechanismen erkannt und geblockt, sodass standardisierte Angriffe vor allem gegen nur schwach geschützte Ziele erfolgreich und insgesamt rückläufig sind.[92]

5. Strategiefähigkeit der Akteure der Cyber-Bedrohungen

26   Die Typisierung von Cyber-Bedrohungen gewinnt dadurch an Dynamik, dass die angreifenden Akteure strategisch vorgehen und Abwehrmaßnahmen antizipieren. Dieses **strategische Vorgehen** bezieht sich zunächst auf die Konzeption der Angriffe. Komplexe Angriffe sind zunehmend in Phasen aufgeteilt und berücksichtigen bei ihrer Ausbreitung die Eigenschaften des jeweiligen Zielsystems. Ein solches Vorgehen kann etwa darin liegen, dass eine Schadsoftware im Anschluss an die Installation in einem Zielsystem zunächst

---

[80] *BSI*, Die Lage der IT-Sicherheit in Deutschland, 2020, 13: „Ransomware-as-a-service".
[81] *Möller/Kelm* DuD 2000, 292 ff.; *Werner*, Verkehrspflichten privater IT-Nutzer in Bezug auf die Verbreitung von Schadsoftware, 2010, 71 f.; *Könen* in Sensburg Sicherheit in einer digitalen Welt 45 (52).
[82] *Könen* in Sensburg Sicherheit in einer digitalen Welt 45 (52 f.).
[83] *Knoll*, Streitkräfteeinsatz zur Verteidigung gegen Cyberangriffe, 2020, 66.
[84] Teilweise werden die Menge der Anfragen, die von einem kompromittierten Gerät dezentral ausgehen, so reduziert, dass die übermittelnde Stelle von dem Zielsystem nicht blockiert wird, *BSI* Die Lage der IT-Sicherheit in Deutschland 2020, 29. Teilweise werden die Anfragen indirekt erzeugt, indem eine Vielzahl dritter Stellen durch Anfragen unter falscher Identität zu Rückfragen bei dem Angriffsziel veranlasst werden, wobei der Umfang der ursprünglichen Anfrage sogar noch übersteigt (*Distributed-Reflected-Denial-of-Service*-Angriff), BSI-CS 042 v. 11.7.2018.
[85] *ENISA*, AI Cybersecurity Challenges, 2020, 25.
[86] *Könen* in Sensburg Sicherheit in einer digitalen Welt 45 (58).
[87] *BSI*, Die Lage der IT-Sicherheit in Deutschland, 2020, 30.
[88] *BSI*, Die Lage der IT-Sicherheit in Deutschland, 2020, 12.
[89] Zu den Bot-Netzen näher *Brunst* in Dietrich/Eiffler NachrichtendiensteR-HdB § 7 Rn. 33.
[90] *Brunst* in Dietrich/Eiffler NachrichtendiensteR-HdB § 7 Rn. 35: underground economy.
[91] *Könen* in Sensburg Sicherheit in einer digitalen Welt 45 (45) nennt einen Preis von 5 Dollar für eine DDoS-Attacke, die eine Seite für einen Zeitraum von einer Stunde außer Funktion setzt.
[92] *BSI*, Die Lage der IT-Sicherheit in Deutschland, 2020, 30: Trend zu fortschrittlichen DDoS-Angriffen.

weitere Softwarekomponenten nachlädt und mit unterschiedlichen Aktivitäten beginnt. Zum einen ermittelt die Schadsoftware Kontaktdaten und Muster der Kommunikation aus dem betroffenen System zu Dritten, um die weitere Verbreitung vorzubereiten. Die **Analyse des Systems** dient mit anderen Worten der Optimierung des *Social Engineering*.[93] Zum anderen ermittelt die Schadsoftware Informationen sowohl über das System als auch über die nutzende Stelle. Dazu kann etwa die Auswertung von Daten zu Zahlungsvorgängen zählen, die dem Betreiber der Schadsoftware Hinweise auf die Finanzkraft des betroffenen Unternehmens oder die Bedeutung der betroffenen Institution geben.[94] Diese Informationen werden später für die Bemessung der Höhe der Lösegeldforderung herangezogen.[95] Die laufende Beobachtung bezieht sich zudem auf die Datenbestände einschließlich der Backups, die später gezielt verschlüsselt oder gelöscht werden.[96] Darüber hinaus können Schadprogramme versuchen, durch Beobachtung oder durch Einwirkung Passwörter zu ermitteln und dadurch die Zugriffsmöglichkeiten auf die Kommunikation oder auf Komponenten des Systems zu erweitern.[97]

Solche komplexen Angriffe kombinieren in den einzelnen Phasen verschiedene Kategorien von Cyberbedrohungen, insbesondere der Ausspähung und der anschließenden Erpressung mit dauerhaften und gravierenden Funktionsbeeinträchtigungen des Systems, dem Verlust von Daten oder unter Umständen auch ihrer Veröffentlichung.[98] Diese **Kombination der Angriffsformen** geht darauf zurück, dass die Angriffe nicht mehr abstrakt-generell, sondern im Hinblick auf die spezifischen Eigenschaften eines bestimmten Systems einschließlich der Relevanz für den Betreiber konzipiert werden. Kennzeichen der Strategiefähigkeit der Angriffe ist damit ein hohes Maß an **Individualisierung**. 27

Möglich wird diese Individualisierung trotz der großen Reichweite zum einen durch die Modularisierung und Standardisierung der einzelnen Komponenten, etwa der Bots zur internen Beobachtung von Finanztransaktionen, zur Ermittlung der Passwörter oder zur Weiterverbreitung über täuschende Nachrichten.[99] Zum anderen nimmt die Leistungsfähigkeit der Angriffe wesentlich durch die Möglichkeit zu, Informationen zwischen dem kompromittierten System und einer externen, kontrollierenden Stelle auszutauschen, weiteren Code nachzuladen und den Angriff situations- und kontextadäquat fortzuentwickeln. **Cyberbedrohungen** werden dadurch **auf einem hohen Niveau anpassungsfähig**.[100] Durchaus vergleichbar mit legalen Dienstleistungen und Produkten auf digitalen Märkten bietet die Kombination aus Modularisierung und Individualisierung einen kontextspezifischen, leistungsfähigen Zuschnitt der Software, deren Entwicklungsaufwand zwar insgesamt hoch ist, sich aber auf eine große Zahl potenzieller Anwendungsfälle verteilt und inkrementell erbracht werden kann. Geschäftsmodelle kommerziell betriebener Cyberbedrohungen können dadurch strukturelle Gemeinsamkeiten mit anderen Geschäftsmodellen auf digitalen Märkten aufweisen. 28

Die strategische Antizipation der Abwehr von Cyberbedrohungen betrifft zudem nicht nur die Konzeption der Schadsoftware, sondern auch die **Reaktion nach der Entdeckung** eines Angriffs. In Fällen hoher Verbreitung, in der die betroffenen Unternehmen, Stellen und Privatpersonen über die Eigenschaften und Abwehrstrategien öffentlich informiert werden, werten Betreiber der Schadsoftware die Informationen über die Abwehrmaßnahmen aus und berücksichtigen die Entwicklung bei der Fortsetzung ihres Angriffs.[101] 29

---

[93] *BSI*, Die Lage der IT-Sicherheit in Deutschland, 2020, 11.
[94] *BSI*, Die Lage der IT-Sicherheit in Deutschland, 2020, 11 f., 28.
[95] Zu Emotet *BSI*, Die Lage der IT-Sicherheit in Deutschland, 2020, 11.
[96] *BSI*, Die Lage der IT-Sicherheit in Deutschland, 2020, 11.
[97] *BSI*, Die Lage der IT-Sicherheit in Deutschland, 2020, 11.
[98] *BSI*, Die Lage der IT-Sicherheit in Deutschland, 2020, 28.
[99] Zu einzelnen Modulen, Werkzeugen und Strategien *BSI*, Die Lage der IT-Sicherheit in Deutschland, 2020, 28.
[100] *Könen* in Sensburg Sicherheit in einer digitalen Welt 45 (50): passen sich sowohl in der Auswahl von Angriffsmethoden als auch von Angriffszielen systematisch an.
[101] *BSI*, Die Lage der IT-Sicherheit in Deutschland, 2020, 29.

III. Maschinelles Lernen als Faktor der Abwehr von Cyberbedrohungen

30 Unterschiedliche Formen des **maschinellen Lernens** haben die Leistungsfähigkeit und die Einsatzmöglichkeiten algorithmenbasierter Anwendungen wesentlich erhöht. Diese Leistungsfähigkeit und Funktionsweise machen solche algorithmenbasierte Anwendungen zu einem Faktor der Abwehr von Cyberbedrohungen und zwar sowohl als Instrument bei der Erkennung von Bedrohungen als auch als Angriffsfläche für Cyberbedrohungen.

1. Relevanz maschinellen Lernens für die Verbreitung algorithmenbasierter Anwendungen

31 Formen des maschinellen Lernens haben wesentlich zur Verbreitung **algorithmenbasierter Anwendungen** beigetragen, die Möglichkeiten der Datenanalyse erweitert und die Verwendbarkeit sowie den Wert von Daten erhöht. Algorithmenbasierte Anwendungen, die anhand von Daten trainiert werden, analysieren nach statistischen Grundsätzen Zusammenhänge zwischen Daten.[102] Die verschiedenen Anwendungen maschinellen Lernens unterscheiden sich unter anderem darin, auf welche Art und Weise sie anhand der Trainingsdaten ein Entscheidungsprogramm entwickeln.[103] Typische Funktionen der Anwendungen liegen darin, Muster, Regelmäßigkeiten oder Unregelmäßigkeiten in den Datenbeständen sichtbar zu machen oder anhand der Zuordnung eines Einzelfalls zu der aufbereiteten Datengrundlage Eigenschaften, Präferenzen oder Entwicklungen zu prognostizieren. Teilweise dienen die algorithmenbasierten Anwendungen der Verbesserung der Informationsgrundlage; teilweise werden automatisierte Entscheidungen unmittelbar an sie geknüpft. Solche Anwendungen des maschinellen Lernens haben in vielen Bereichen die Modalitäten gesellschaftlicher Koordination strukturell geändert,[104] aus ökonomischer Sicht neue Geschäftsmodelle sowie Formen verknüpfter Märkte hervorgebracht[105] und können aus rechtlicher Sicht konzeptionelle Anpassungen notwendig machen[106] oder neue Regulierungsbedarfe nach sich ziehen.[107]

32 Für die Abwehr von Cyberbedrohungen werden sie in zweifacher Hinsicht relevant: Zum einen können Anwendungen maschinellen Lernens grundlegend für **Instrumente zum Umgang mit Cyberbedrohungen** sein. Zum anderen werden die einzelnen Elemente der Anwendungen, insbesondere die **Datengrundlagen, selbst zum Gegenstand von Attacken**.

2. Anwendungen maschinellen Lernens als Angriffsgegenstand

33 Die algorithmenbasierte Aufbereitung von Daten nach statistischen Grundsätzen erhöht die mit der Digitalisierung einhergehende Komplexität nochmals. Indem Algorithmen Daten unterschiedlicher Quellen aufbereiten, die dann in anderen Kontexten angewendet werden, bieten sie zugleich neuen Formen von Cyberbedrohungen Angriffsfläche.[108] Die Gefahr dieser Bedrohungen erhöht sich unter anderem dadurch, dass die konkrete Funktionsweise der Datenverarbeitung durch Algorithmen bei komplexen, anhand von Daten trainierten Anwendungen, im Einzelfall kaum nachvollziehbar ist, mit der Folge, dass Verzerrungen,

---

[102] Überblick zu den unterschiedlichen Verfahren bei *Ernst/Schweikard*, Fundamentals of Machine Learning, 2020, 11 ff.; eingehend *Zaki/Meira*, Data Mining and Machine Learning, 2. Aufl. 2020.
[103] *Ernst/Schweikard* Fundamentals of Machine Learning, 2020, 11 ff., 89 ff.
[104] *Stalder*, Kultur der Digitalität, 2016, 21 ff.; zur Relevanz lernender Technik *Nassehi*, Muster – Theorie der digitalen Gesellschaft, 2019, 228 ff.
[105] Zum Banken- und Versicherungssektor sowie zu den Kapitalmärkten *BaFin*, Big Data trifft auf künstliche Intelligenz, 2018, 64 ff., 95 ff., 135 ff.
[106] Vgl. zum Bankenaufsichts- und Wertpapierrecht etwa den Entwurf für eine Verordnung on Markets in Crypto-assets, COM(2020) 593 final; zum Kartellrecht *Crémer/de Montjoye/Schweitzer*, Competition Policy for the Digital Era, 2019.
[107] Etwa zu medienrechtlichen Transparenzvorgaben *Heldt* CR 2018, 494 ff.; zu den Transparenzvorgaben nach dem Medienstaatsvertrag *Liesem* AfP 2020, 277 f.
[108] *ENISA*, AI Cybersecurity Challenges, 2020, 22 ff.

auch wenn sie absichtlich von Schadsoftware verursacht werden, typischerweise nur schwer zu erkennen sind. Zur **Vielfalt der Angriffsmöglichkeiten auf informationstechnische Systeme** (→ Rn. 13 ff.) fügen algorithmenbasierte Anwendungen dadurch eine Reihe neuer Möglichkeiten hinzu. Strategien zur Abwehr dieser Cyberbedrohungen liegen neben der Auswertung beobachteter Fälle in einem ersten Schritt darin, zunächst Taxonomien möglicher Angriffsziele zu entwickeln, die als Grundlage einer systematischen Einschätzung der Angriffsrisiken dienen sollen.[109] Angriffe, die sich etwa auf die zum Training der Algorithmen verwendeten Daten beziehen *(data poisoning)*,[110] können sowohl offensichtliche als auch nicht ohne Weiteres erkennbare Fehlfunktionen bei nachfolgenden Anwendungen der Klassifizierung verursachen.[111] Anforderungen an die Robustheit insbesondere der statistischen Modelle und das Training der Anwendung werden dadurch nicht wegen etwaiger Mängel in der Datenqualität, sondern wegen der Gefahr von Manipulationen bedeutsam.[112] Insbesondere kann eine automatisierte Datenbereinigung, die mit Mängeln in der Datenqualität auf vorhersehbare Weise umgeht, die Anfälligkeit für gezielte Manipulationen weiter verstärken.[113]

Freilich sind auch solche gezielten Manipulationen von Trainingsdaten nicht voraussetzungslos. Vielmehr **steigt die Effektivität der Angriffe mit Informationen** darüber, an welchen Stellen die Veränderung der Trainingsdaten die Ergebnisse der Zuordnung nachhaltig ändern, ohne aufzufallen.[114] Dadurch, dass diese Formen der Angriffe auf der spezifischen Funktionsweise der Anwendungen maschinellen Lernens aufsetzen, erfordern sie auch entsprechende Kenntnisse über die Funktion des eingesetzten Algorithmus und die Relevanz der Daten. In der Sache können solche Cyberbedrohungen wie andere Formen der Cyberbedrohungen auch kommerzielle, politische, militärische, terroristische oder sonstige Zwecke verfolgen.[115] 34

3. Optimierung von Angriffen und Instrumenten zur Abwehr

Anwendungen des maschinellen Lernens werden darüber hinaus sowohl zur Optimierung von Cyberbedrohungen als auch als Instrumente zu ihrer Abwehr eingesetzt. Beide Anwendungen stellen dabei den Einsatz komplexer Algorithmen auf der jeweiligen Gegenseite in Rechnung.[116] 35

Beispiele für den Einsatz von Anwendungen maschinellen Lernens zur **Erhöhung der Effektivität von Cyberbedrohungen** betreffen unter anderem die Ermittlung von Passwörtern, semantische Analysen bei der inhaltlichen Auswertung von Kommunikationsvorgängen, etwa zur Verbesserung der Verbreitung über gezieltes *social engineering* oder die Effektivität von DDoS-Angriffen unter Berücksichtigung der zur Abwehr vorgesehenen Filtertechniken,[117] aber auch die Umgehung von Schutzmechanismen insbesondere auf Mobilfunkgeräten mit Android-Betriebssystem.[118] 36

---

[109] *ENISA,* AI Cybersecurity Challenges, 2020, 22 ff.
[110] Näher zu Angriffsformen und Möglichkeiten der Abwehr *Dunn/Moustafa/Turnbull* Sustainability 2020 (12), 6434, 4 ff.
[111] *Li* Front Inform Technol Electron Eng 2018, 1462 (1469 f.).
[112] *Li* Front Inform Technol Electron Eng 2018, 1462 (1470).
[113] Überblick zu unterschiedlichen Ansätzen bei *Li* Front Inform Technol Electron Eng 2018, 1462 (1470) mwN.
[114] *Li* Front Inform Technol Electron Eng 2018, 1462 (1469).
[115] *ENISA,* AI Cybersecurity Challenges, 2020, 24 f.
[116] Näher *Collins/Dasgupta* in Dasgupta/Collins/Mittu, Adversary-Aware Learning Techniques and Trends in Cyber-Security, 2021, 3 (7 ff.): game playing intelligence; zu den Schwierigkeiten, aus der Beobachtung des bisherigen Angriffsverhaltens auf die Angriffsstrategie und -motivation zu schließen, *Xu/Nguyen* in Dasgupta/Collins/Mittu, Adversary-Aware Learning Techniques and Trends in Cyber-Security, 2021, 37 ff.
[117] Zu Täuschungsmaßnahmen und Gegenmaßnahmen, die jeweils auf maschinellem Lernen beruhen, auf der Android-Plattform *Taheri/Javidan/Shojafar/Vinod/Conti* Cluster Computing (2020) 23, 3233 (3235).
[118] *Taheri/Javidan/Shojafar/Vinod/Conti* Cluster Computing (2020) 23, 3233 ff.

§ 15 Abwehr von Cyberbedrohungen

37 Als **Instrument zur Abwehr von Cyberbedrohungen** lassen sich Anwendungen maschinellen Lernens heranziehen, um **Muster in Angriffen sichtbar zu machen,** etwa um Datenströme in Netzwerken zu analysieren und verdächtige Aktivitäten, etwa Phishing-E-Mails,[119] innerhalb des Netzwerks oder bei Anfragen von außerhalb zu erkennen.[120] So lassen sich etwa bei Angriffen, die systematisch zu Überlastungen führen sollen (→ Rn. 24 ff.), algorithmenbasiert typische Merkmale der zum Angriff gehörenden Anfragen erkennen und die Filter entsprechend konfigurieren.

D. Rechtliche Rahmenbedingungen der Abwehr von Cyberbedrohungen

38 Der **rechtliche Rahmen** von Maßnahmen zur Abwehr von Cyberbedrohungen ist **heterogen.** Er umfasst präventive ebenso wie repressive Maßnahmen, adressiert dabei im präventiven Bereich eine Reihe unterschiedlicher Behörden des Bundes und der Länder mit verschiedenem Aufgabenzuschnitt, von den allgemeinen Gefahrenabwehrbehörden über Behörden, deren Aufgabe spezifisch in der Gewährleistung der Sicherheit und Integrität der IT-Infrastruktur liegt, bis hin zu Nachrichtendiensten. Daneben adressieren unterschiedliche Maßnahmen zur Abwehr von Cyberbedrohungen zum Teil Private wie insbesondere Betreiber von Telekommunikationsinfrastruktur, die durch die Erfüllung von Meldepflichten oder organisatorische Pflichten zur Abwehr von Cyberbedrohungen beitragen können. Die Regelungen und Maßnahmen stehen dabei nicht unverbunden nebeneinander, sondern greifen vor allem bei der Informationsvermittlung ineinander. Zugleich stellen verfassungsrechtliche Verbürgerungen, insbesondere das Fernmeldegeheimnis, das Recht auf informationelle Selbstbestimmung sowie das Recht auf Vertraulichkeit und Integrität informationstechnischer Systeme, querschnittsartig grundlegende Anforderungen auf.[121]

I. Auswertung und Übermittlung von Daten durch das BSI, § 5 BSIG

39 Neben Beschränkungsmaßnahmen in Einzelfällen[122] zur Abwehr von Gefahren für die Kommunikationstechnik des Bundes ist das **BSI** nach § 5 BSIG weitgehend **zur Erhebung, Auswertung sowie** unter Umständen auch zur **Übermittlung von Daten befugt.** Zudem sieht § 5a BSIG ergänzend eine Befugnis zur Verarbeitung behördeninterner Protokollierungsdaten vor.

1. Auswertung von Protokolldaten, § 5 Abs. 1 S. 1 Nr. 1 BSIG

40 Bei diesen Daten handelt es sich zum einen um **Protokolldaten, die bei dem Betrieb von Kommunikationstechnik des Bundes anfallen** (§ 5 Abs. 1 S. 1 Nr. 1 BSIG), also um Steuerdaten eines informationstechnischen Protokolls zur Datenübertragung, die unabhängig vom Inhalt eines Kommunikationsvorgangs übertragen oder auf den am Kommunikationsvorgang beteiligten Servern gespeichert werden und zur Gewährleistung der Kommunikation zwischen Empfänger und Sender notwendig sind.[123] Durch den Bezug auf

---

[119] *Lee/Verma* in Dasgupta/Collins/Mittu, Adversary-Aware Learning Techniques and Trends in Cyber-Security, 2021, 61 ff.

[120] *Meckl/Tecuci/Marcu/Boicu* in Dasgupta/Collins/Mittu, Adversary-Aware Learning Techniques and Trends in Cyber-Security, 2021, 125 ff.; zur Verknüpfung semantischer Analysen, Visualisierungen und menschlichen Überlegungen bei der laufenden Überwachung großer Netzwerke mit hoher Sicherheitsstufe *Zhao/Jones* in Dasgupta/Collins/Mittu, Adversary-Aware Learning Techniques and Trends in Cyber-Security, 2021, 147 ff.; zum Ganzen siehe den Überblick bei *Stamp* in Stamp/Alazab/Shalaginov, Malware Analysis Using Artificial Intelligence and Deep Learning, 2021, 3 ff.

[121] Näher *Poscher/Lassahn* in Hornung/Schallbruch IT-SicherheitsR § 7 Rn. 22 ff.

[122] Diese erfassen nach § 3 Abs. 1 S. 1 Nr. 8 G 10 auch Maßnahmen wegen des Verdachts von Cyberkriminalität; im Jahr 2018 bezog sich jedoch nur eine Anordnung auf den Bereich Cyber, Unterrichtung durch das Parlamentarische Kontrollgremium, Berichtszeitraum 2018, BT-Drs. 19/20376, 6.

[123] § 2 Abs. 8 S. 1 BSIG; nach § 2 Abs. 8 S. 2 BSIG können Protokolldaten Verkehrsdaten nach § 3 Nr. 70 TKG und Nutzungsdaten nach § 2 Abs. 2 Nr. 3 TTDSG enthalten.

die Kommunikationstechnik des Bundes ist die Rechtsgrundlage für die Erhebung und Auswertung der Daten enger gefasst als Maßnahmen, die sich auf die Informationstechnik des Bundes beziehen.[124] Während der Begriff der Informationstechnik im Sinne des BSIG alle technischen Mittel zur Verarbeitung von Informationen umfasst (§ 2 Abs. 1 BSIG), handelt es sich bei der Kommunikationstechnik des Bundes um die Informationstechnik, die von einer oder mehreren Bundesbehörden oder im Auftrag einer oder mehrerer Bundesbehörden betrieben wird und der Kommunikation oder dem Datenaustausch innerhalb einer Bundesbehörde der Bundesbehörden untereinander oder mit Dritten dient (§ 2 Abs. 3 S. 1 BSIG).[125]

2. Automatisierte Auswertung von Schnittstellen-Daten, § 5 Abs. 1 S. 1 Nr. 2 BSIG

Zudem darf das Bundesamt nach § 5 Abs. 1 S. 1 Nr. 2 BSIG die an den **Schnittstellen** der **41** Kommunikationstechnik des Bundes **anfallenden Daten automatisiert auswerten,** soweit dies für die Erkennung und Abwehr von Schadprogrammen erforderlich ist. Diese Ermächtigung geht auf der einen Seite im Hinblick auf die betroffenen Daten deutlich weiter. Bei Daten, die an der Schnittstelle der Kommunikationstechnik des Bundes anfallen, kann es sich neben Protokolldaten, also Meta-Daten, **auch** um **Inhaltsdaten** handeln.[126] Aus dem Bezug auf die Schnittstellen folgt nicht, dass diese Daten für die jeweilige Schnittstelle spezifisch sein müssten, also etwa nur an der Schnittstelle anfallen. Versteht man das Merkmal der an der Schnittstelle der Kommunikationstechnik anfallenden Daten im Sinne eines Datenverkehrs, folgt aus der Legaldefinition in § 2 Abs. 9 BSIG vielmehr, dass insbesondere Telekommunikationsinhalte nach § 3 Abs. 1 TTDSG und Nutzungsdaten nach § 2 Abs. 2 Nr. 3 TTDSG erfasst sein können.[127] In der Folge sind von der Ermächtigung sämtliche Kommunikationsinhalte zwischen der Bundesbehörde und Dritten oder anderen Behörden einschließlich der jeweiligen Meta-Daten abgedeckt.[128] Ein solches Verständnis wirkt durch den generellen und damit in gewisser Weise anlasslosen Zugriff zunächst sehr weit. Alles, was über Schnittstellen kommuniziert wird, kann demnach einschließlich der jeweiligen Umstände potenziell ausgewertet werden.

Eingeschränkt wird die Reichweite der Ermächtigung durch die Ausrichtung auf die **42** Erkennung und Abwehr von Schadprogrammen. Die Auswertung ist zum einen nach dem ausdrücklichen Wortlaut **nur automatisiert zulässig.** Ausgeschlossen sind danach individuelle Auswertungen einzelner Kommunikationsvorgänge, selbst wenn sie für die grundsätzlich vorgesehene Pseudonymisierung (§ 5 Abs. 2 S. 3 BSIG) erforderlich sein sollten. Zum anderen setzt die Auswertung die **Erforderlichkeit zur Erkennung und Abwehr von Schadprogrammen** voraus. Angesichts der Eigenschaften insbesondere anspruchsvoller Schadsoftware (→ Rn. 26 ff.) und der Funktionsvoraussetzungen von Anwendungen, die automatisiert Schadsoftware indizierende Unregelmäßigkeiten in den Kommunikationsvorgängen ermitteln, dürfte diese Voraussetzung der Erforderlichkeit allerdings nur begrenzt einschränkende Wirkung entfalten.[129] Nicht erforderlich kann allerdings die inhaltliche Analyse paketvermittelter Sprachdaten, also der Inhalte von Voice over IP, sein. Hingegen können Daten zum Surfverhalten wegen der damit abstrakt verbundenen Gefahren von Angriffen erforderlich sein. Obwohl bereits das Bewusstsein einer, wenn auch nur

---

[124] *Buchberger* in Schenke/Graulich/Ruthig BSIG § 5 Rn. 1; *Golla* in Lisken/Denninger PolR-HdB IX IT-Sicherheitsrecht Rn. 20.
[125] Ausgenommen ist dabei zudem nach § 2 Abs. 3 S. 2 BSIG Kommunikationstechnik des Bundesverfassungsgerichts, der Bundesgerichte außerhalb der Wahrnehmung von Verwaltungsaufgaben sowie Kommunikationstechnik des Bundestages, des Bundesrates, des Bundespräsidenten und des Bundesrechnungshofs, soweit sie ausschließlich in deren eigener Zuständigkeit betrieben wird; näher *Buchberger* in Schenke/Graulich/Ruthig BSIG § 2 Rn. 5.
[126] *Buchberger* in Schenke/Graulich/Ruthig BSIG § 5 Rn. 4.
[127] Vgl. *Buchberger* in Schenke/Graulich/Ruthig BSIG § 5 Rn. 4.
[128] *Buchberger* in Schenke/Graulich/Ruthig BSIG § 5 Rn. 4.
[129] *Buchberger* in Schenke/Graulich/Ruthig BSIG § 5 Rn. 4.

automatisierten und kurzzeitigen, Auswertung der an Schnittstellen anfallenden Daten das Kommunikationsverhalten beeinflussen und damit für die Grundrechtsausübung relevant sein kann,[130] dürfte die weitgehende, aber automatisierte Auswertung des Datenverkehrs angesichts der Eigenschaften der Angriffe eine noch angemessene und damit verhältnismäßige Maßnahme darstellen.

3. Verarbeitung behördeninterner Protokollierungsdaten, § 5a BSIG

43 Neben der Auswertung von Protokolldaten und Inhaltsdaten, die an Schnittstellen der Kommunikationstechnik des Bundes anfallen, enthält § 5a BSIG eine Rechtsgrundlage für die **Erhebung und Auswertung von Protokollierungsdaten,** verstanden als Aufzeichnungen über technische Ereignisse oder Zustände innerhalb informationstechnischer Systeme (§ 2 Abs. 8a BSIG), vor. Von der Ermächtigung erfasst ist insbesondere die Auswertung von Informationen über die Änderung der Ausgestaltung des Netzwerks wie etwa die Änderung von Zugangsberechtigungen, die nicht zwangsläufig mit den bereits von § 5 Abs. 1 BSIG erfassten, kommunikationsbezogenen Protokolldaten deckungsgleich sind.[131] Das BSI wird insoweit zu eigenständigen, über die Unterstützung der jeweiligen Bundesbehörden hinausgehenden Ermittlungen berechtigt. Die Bundesbehörden sind im Grundsatz zur Kooperation, insbesondere zur Gewährung des Zugangs zu den Daten, verpflichtet.[132] Hinsichtlich der Speicherung, Löschung, Übermittlung sowie der Benachrichtigung der betroffenen Personen sollen die Regelungen zu den Protokoll- und Inhaltsdaten nach § 5 BSIG entsprechend gelten (§ 5a S. 4 BSIG).

4. Speicherung und Löschung der Daten, § 5 Abs. 1 S. 2 und 3, Abs. 2 BSIG

44 Charakteristisch für die Datenauswertung zu Zwecken der Abwehr von Cyberbedrohungen ist der Grundsatz, nach dem die automatisierte Auswertung der Daten unverzüglich zu erfolgen hat und die **Daten nach der Auswertung sofort und spurenlos gelöscht werden müssen** (§ 5 Abs. 1 S. 2 BSIG.). Ausgenommen von diesem Grundsatz sind lediglich Protokolldaten, wenn ihre Erhebung weder in das Recht auf informationelle Selbstbestimmung noch in das Fernmeldegeheimnis eingreift.[133]

45 Darüber hinaus darf die Löschung von Protokolldaten nach § 5 Abs. 2 S. 1 BSIG bei einem konkreten, auf ein Schadprogramm hinweisenden **Gefahrenverdacht** für einen Zeitraum von **höchstens 18 Monaten hinausgeschoben** werden, um die Möglichkeit der weiteren, auf Verarbeitung der Daten zur Abwehr von Schadprogrammen zu erhalten.[134] Dabei ist die Beschränkung auf eine automatisierte Auswertung durch technische und organisatorische Maßnahmen sicherzustellen (§ 5 Abs. 2 S. 2 BSIG) und ein Zugriff auf Daten, die länger als drei Monate gespeichert sind ist nur möglich, wenn es tatsächliche Anhaltspunkte gibt, dass der Bund betroffen ist (§ 5 Abs. 2 S. 3 BSIG).

---

[130] *Buchberger* in Schenke/Graulich/Ruthig BSIG § 5 Rn. 4: mögliche Bedenken bei den Nutzerinnen und Nutzern.
[131] Begründung Regierungsentwurf eines Zweiten Gesetzes zur Erhöhung der Sicherheit informationstechnischer Systeme, BT-Drs. 19/26106, 64.
[132] § 5a S. 2 BSIG; ausdrücklich ausgenommen ist insoweit die von den Streitkräften und dem MAD genutzte Informations- und Kommunikationstechnik, §§ 5a S. 5, 4a Abs. 6 BSIG, vgl. Begründung Regierungsentwurf eines Zweiten Gesetzes zur Erhöhung der Sicherheit informationstechnischer Systeme, BT-Drs. 19/26106, 64.
[133] § 5 Abs. 1 S. 3 BSIG; dem Fernmeldegeheimnis unterliegen nach der einfach-gesetzlichen Konkretisierung in § 3 Abs. 1 TTDSG der Inhalt der Telekommunikation und ihre näheren Umstände, insbesondere die Tatsache, ob jemand an einem Telekommunikationsvorgang beteiligt ist oder war, einschließlich der näheren Umstände erfolgloser Verbindungsversuche.
[134] Zu Zweifeln an der praktischen Eignung solcher Daten zur Analyse von Schadprogrammen *Buchberger* in Schenke/Graulich/Ruthig BSIG § 5 Rn. 14 mwN.

5. Weitergehende Verwendung der personenbezogenen Daten, § 5 Abs. 3 und 4 BSIG

Ergibt sich ein konkreter, auf ein Schadprogramm bezogener Gefahrenverdacht, ist nach § 5 Abs. 3 S. 1 BSIG eine **weitergehende Datenverarbeitung zulässig,** soweit sie zur Bestätigung oder Widerlegung des Verdachts erforderlich ist. Diese Ermächtigung zur Datenverarbeitung bezieht sich sowohl auf Protokolldaten als auch auf an Kommunikationsschnittstellen anfallende Daten, ist nicht mehr auf eine automatisierte Form der Verarbeitung beschränkt und unterliegt auch nicht mehr dem ausdrücklichen Vorbehalt der Pseudonymisierung.[135] Insbesondere bei bereits pseudonymisierten Daten ist eine Wiederherstellung des Personenbezugs allerdings schon nach allgemeinen datenschutzrechtlichen Grundsätzen nur zulässig, soweit sie erforderlich ist. § 5 Abs. 2a S. 2 BSIG normiert enger, dass ein erheblicher Fehler vorliegen muss. Hierzu bedarf es der Entscheidung der Präsidentin/des Präsidenten des Bundesamtes bzw. deren Vertretung (§ 5 Abs. 2a S. 3 iVm § 5 Abs. 2 S. 6 BSIG). Für die nicht automatisierte Verwendung setzt § 5 Abs. 3 S. 3 BSIG zudem eine Anordnung durch eine Person mit Befähigung zum Richteramt voraus. Bestätigt sich der Verdacht auf ein Schadprogramm, ist die weitere Datenverarbeitung – soweit erforderlich – darüber hinaus zur Abwehr des Schadprogramms oder der von ihm ausgehenden Gefahren sowie zur Erkennung und Abwehr weiterer Schadprogramme zulässig (§ 5 Abs. 3 S. 2 BSIG). 46

Die von dem **Schadprogramm betroffenen Personen** sind im Grundsatz **zu benachrichtigen.** Im Ausnahmefall steht dem Datenschutzbeauftragten des Bundesamts ein Widerspruchsrecht zu.[136] 47

6. Übermittlung von Daten, § 5 Abs. 5 und 6 BSIG

Die im Verdachtsfall zur Abwehr von Schadprogrammen nach § 5 Abs. 3 BSIG verwendeten Daten dürfen schließlich unter bestimmten Voraussetzungen an weitere Behörden zur Erfüllung ihrer jeweiligen Aufgaben übermittelt werden. Neben einer **Übermittlung personenbezogener Daten an Strafverfolgungsbehörden** zur Verfolgung bestimmter, mittels eines Schadprogramms begangener Straftaten[137] ist die Datenübermittlung nach § 5 Abs. 5 S. 2 BSIG **auch zu präventiven Zwecken** unter jeweils unterschiedlichen Voraussetzungen an die Polizeibehörden des Bundes und der Länder sowie die Nachrichtendienste zulässig.[138] Zudem sind in § 5 Abs. 6 S. 1 BSIG unter zusätzlichen prozeduralen Voraussetzungen weitere Möglichkeiten der Datenübermittlung vorgesehen, etwa zur Verfolgung von Straftaten mit auch im Einzelfall erheblicher Bedeutung (§ 5 Abs. 6 S. 1 Nr. 1 BSIG) oder zur Abwehr einer Gefahr für den Bestand oder die Sicherheit des Staates oder Leib, 48

---

[135] *Buchberger* in Schenke/Graulich/Ruthig BSIG § 5 Rn. 19.
[136] § 5 Abs. 4 S. 4 BSIG; in der Sache kann die Unterrichtung nach § 5 Abs. 4 S. 2 BSIG unterbleiben, wenn die Person nur unerheblich betroffen wurde, und anzunehmen ist, dass sie an einer Benachrichtigung kein Interesse hat; zudem sind Fälle, in denen das Bundesamt von einer Benachrichtigung absieht, nach § 5 Abs. 4 S. 3 BSIG neben dem Datenschutzbeauftragtem einem weiteren Bediensteten des Bundesamts mit Befähigung zum Richteramt zur Kontrolle vorzulegen.
[137] § 5 Abs. 5 S. 1 BSIG, genannt sind dort das Ausspähen und Abfangen von Daten, §§ 202a, 202b StGB, sowie die Datenveränderung und die Computersabotage, §§ 303a und 303b StGB, näher *Singelnstein/Zech* in Hornung/Schallbruch IT-SicherheitsR § 20 Rn. 38 ff., Rn. 65 ff.
[138] Die Übermittlung an die Polizeibehörden setzt nach § 5 Abs. 5 S. 2 Nr. 1 BSIG eine (konkrete), unmittelbar von einem Schadprogramm ausgehende Gefahr für die öffentliche Sicherheit voraus. Zur Unterrichtung über Tatsachen, die sicherheitsgefährdende oder geheimdienstliche Tätigkeiten für eine fremde Macht erkennen lassen, ist nach § 5 Abs. 5 S. 2 Nr. 2 BSIG eine Übermittlung an das Bundesamt für Verfassungsschutz zulässig; ebenso an den MAD, soweit der Geschäftsbereich des Bundesministeriums der Verteidigung betroffen ist. Eine Übermittlung an den BND ist nach § 5 Abs. 5 S. 2 Nr. 3 BSIG zur Unterrichtung über Tatsachen zulässig, die einen internationalen kriminellen, terroristischen oder staatlichen Angriff mittels Schadprogramm oder vergleichbaren schädlich wirkenden informationstechnischen Mitteln auf die Vertraulichkeit, Integrität oder Verfügbarkeit von IT-Systemen in Fällen von erheblicher Bedeutung mit Bezug zur BRD erkennen lassen.

Leben oder Freiheit einer Person oder Sachen von bedeutendem Wert, deren Erhalt im öffentlichen Interesse geboten ist (§ 5 Abs. 6 S. 1 Nr. 2 BSIG).

49 Diese **einschränkenden Voraussetzungen der Datenübermittlung** gelten allerdings dem Wortlaut sowie dem Sinn und Zweck der Regelungen nach nur für die Übermittlung von personenbezogenen Daten. Fehlt es, beispielsweise infolge einer harten Anonymisierung der Daten, an ihrem Personenbezug, ist die Übermittlung der Daten auch unterhalb der jeweils genannten Schwellen, insbesondere zum Austausch über die Eigenschaften und Entwicklungen von Cyberbedrohungen im Rahmen des Cyberabwehrzentrums, zulässig.

II. Abwehrmaßnahmen in akuter Bedrohungslage

50 Im Fall einer **komplexen, akuten Bedrohung,** die bereits Sicherungsmechanismen eines Netzwerks überwunden hat, setzt die Fähigkeit zur Abwehr und Schadensbegrenzung zunächst Wissen über die Eigenschaften und Funktionsweise des Schadprogramms, einschließlich der Eigenschaften der eventuell ausgenutzten Sicherheitslücke voraus. Daneben sind typischerweise **zeitnahe Handlungen** zur Begrenzung der weiteren Vertiefung des Schadens, etwa hinsichtlich der Verbreitung innerhalb des Netzwerks und der Kompromittierung von Daten erforderlich. Auf dieser Grundlage können Sicherheitslücken geschlossen und das System so weit wie möglich wiederhergestellt werden.

51 Abwehrmaßnahmen in einer akuten Bedrohungslage setzen dadurch eine spezifische Kompetenz und Wissen, sowohl hinsichtlich der typischen Funktionsweise von Cyberbedrohungen als auch hinsichtlich der Ermittlung der Lage und der Abwehr drohender Schäden unter Bedingungen der Unsicherheit voraus. Das BSI hält aus diesem Grund in Umsetzung der Vorgaben der NIS-Richtlinie[139] *Computer Emergency Response Teams* der Bundesverwaltung (CERT Bund)[140] vor, die als mobile Einheiten (*Mobile Incident Response Teams,* MIRT) Abwehrmaßnahmen auch vor Ort treffen.

52 Diese Einsätze der Computer-Notfallteams verfolgen im Wesentlichen zwei Zwecke. Sie sollen zum einen die **Abwehrfähigkeit erhöhen** und den im konkreten Fall akut drohenden Schaden für das betroffene informationstechnische System als auch die mittelbar drohenden gesellschaftlichen und ökonomischen Folgen begrenzen. Zum anderen dienen die Einsätze dazu, **Informationen** über die Funktionsweise und Eigenschaften neuartiger Schadsoftware sowie über die Abwehrmöglichkeiten **frühzeitig zu generieren und** für andere Behörden sowie potenziell betroffene Stellen **verfügbar zu machen.** Insbesondere die unionsrechtlich vorgesehene Einbindung der Computer-Notfallteams in internationale Netzwerke verdeutlicht den Ansatz, Erfahrungswissen über neuartige Bedrohungen aus der Anschauung vor Ort und insbesondere die Auswertung der Daten und Kommunikationsströme aus dem betroffenen informationstechnischen System qualifiziert zu generieren und systematisch zu verteilen.[141] Dieser institutionalisierte Informationsaustausch soll nach dem Vorschlag für eine Richtlinie zur Ersetzung der NIS-Richtlinie (NIS-2-RL), insbesondere durch die Einsetzung einer Kooperationsgruppe und die Einrichtung eines Europäischen Netzwerks der Verbindungsorganisationen für Cyberkrisen (European Cyber Crises Liaison Organisation Network, EU-CyCLONe), vertieft werden.[142]

---

[139] Art. 9 RL (EU) 2016/1148 über Maßnahmen zur Gewährleistung eines hohen gemeinsamen Sicherheitsniveaus von Netz- und Informationssystemen in der Union (NIS-Richtlinie), ABl. 2016 L 194, 1 ff.; *Kipker* MMR 2017, 143 (144 f.).
[140] In der NIS-Richtlinie werden die Begriffe des Computer Security Incident Response Teams (CSIRT) und des Computer Emergency Response Teams (CERT) zur Bezeichnung von Computer-Notfallteams synonym verwendet, vgl. Erwägungsgründe (32) und (34) RL (EU) 2016/1148.
[141] Vgl. Erwägungspunkt 36 der RL (EU) 2016/1148.
[142] Vorschlag für eine Richtlinie über Maßnahmen für ein hohes gemeinsames Cybersicherheitsniveau in der Union und zur Aufhebung der Richtlinie (EU) 2016/1148, COM(2020) 823 final.

D. Rechtliche Rahmenbedingungen der Abwehr von Cyberbedrohungen   § 15

1. Schadensbegrenzung im konkreten Fall

a) Kreis der abgedeckten Infrastruktur. Die in der NIS-Richtlinie vorgesehene **Pflicht zur Einrichtung der Notfallteams** bezieht sich auf die **wesentlichen Einrichtungen** sowie die **Anbieter digitaler Dienste,** für diese zur Gewährleistung von deren Verfügbarkeit besondere Regelungen gelten.[143] Entsprechend sieht § 5b Abs. 1 BSIG Betreiber einer Kritischen Infrastruktur[144] sowie die informationstechnischen Systeme aller Stellen des Bundes als Begünstigte der Maßnahmen vor. Zudem kann das BSI nach § 5b Abs. 7 BSIG auf Ersuchen in einem herausgehobenen Fall auch zum Schutz sonstiger Einrichtungen tätig werden. Dies setzt einen herausgehobenen Fall nach § 5b Abs. 2 BSIG voraus, insbesondere Angriffe von besonderer technischer Qualität sowie Fälle, in denen die Wiederherstellung der Sicherheit oder die Funktionsfähigkeit des betroffenen informationstechnischen Systems von besonderem öffentlichem Interesse ist. Zudem liegt ein begründeter Einzelfall nach § 5b Abs. 7 S. 2 BSIG in der Regel vor, wenn eine Stelle eines Landes betroffen ist.

Aktivitäten der Computer-Notfallteams setzen dabei jeweils voraus, dass es sich um einen **herausgehobenen Fall** handelt. § 5b Abs. 2 BSIG charakterisiert diese Voraussetzung entsprechend der doppelten Zielsetzung der Notfall-Maßnahmen (→ Rn. 51) nicht abschließend entweder mit der besonderen technischen Qualität des Angriffs oder dem besonderen öffentlichen Interesse an der zügigen Wiederherstellung der Sicherheit oder Funktionsfähigkeit des betroffenen informationstechnischen Systems. Für eine besondere technische Qualität können etwa die Komplexität und Professionalität eines Angriffs[145] oder der Innovationsgrad einer Schadsoftware sprechen.[146]

b) Eigenverantwortung des betroffenen Betreibers der Infrastruktur. Trotz des öffentlichen Interesses an der Funktionsfähigkeit der betroffenen Infrastruktur sowie der strukturierten Verbreitung von Informationen über neuartige Cyberbedrohungen liegt die **Abwehr des Angriffs in erster Linie in der Verantwortung des jeweiligen Betreibers.** Das Computer-Notfallteam des BSI wird jeweils nur auf Ersuchen der betroffenen Stelle oder des betroffenen Betreibers tätig (§ 5b Abs. 1 S. 1, Abs. 7 BSIG). Auch die Hinzuziehung qualifizierter Dritter, deren Beitrag zur rechtzeitigen oder vollständigen Herstellung der Sicherheit oder Funktionsfähigkeit des Systems erforderlich ist, setzt nach § 5b Abs. 5 S. 1 BSIG die Einwilligung des Ersuchenden voraus. Zudem bringen die Regelungen zu den **Kosten** diese Eigenverantwortung zum Ausdruck. Einerseits bleiben Maßnahmen des BSI zur Schadensbegrenzung und zur Sicherstellung des Notbetriebs vor Ort gebührenfrei (§ 5b Abs. 1 S. 2 BSIG). Etwaige Kostenrisiken sollen den Betreiber nicht davon abhalten, die Hilfe des Notfallteams in Anspruch zu nehmen.[147] Diese gebührenfreie Hilfe bezieht sich jedoch lediglich auf „erste Maßnahmen" des BSI (§ 5b Abs. 1 S. 2 BSIG). Sowohl die Kosten, die durch die Mitwirkung qualifizierter Dritter entstehen (§ 5b Abs. 1 S. 3, Abs. 5 S. 2 BSIG), als auch vor allem die laufenden Kosten für die kontinuierliche Erhaltung eines angemessenen Sicherheitsniveaus, etwa durch regelmäßige Updates der Software-Komponenten, trägt der Betreiber.

---

[143] Art. 9 Abs. 1 RL (EU) 2016/1148; Art. 9 Abs. 1 Vorschlag für eine Richtlinie über Maßnahmen für ein hohes gemeinsames Cybersicherheitsniveau in der Union und zur Aufhebung der Richtlinie (EU) 2016/1148, COM(2020) 823 final; *Fischer* in Hornung/Schallbruch IT-SicherheitsR § 13 Rn. 4 ff.; → § 15 Rn. 99.
[144] Zum Begriff der Kritischen Infrastruktur im Sinne des BSIG: § 2 Abs. 10 BSIG sowie die konkretisierenden Regelungen der BSI-Kritisverordnung.
[145] BT-Drs. 18/11242, 40 f.: Advanced Persistent Threats, zu deren Abwehr Standardsicherungsmaßnahmen nicht ausreichen; im Anschluss daran *Buchberger* in Schenke/Graulich/Ruthig BSIG § 5a Rn. 5.
[146] BT-Drs. 18/11242, 41: erster Angriff eines Verschlüsselungstrojaners, DDoS-Angriffe mit außergewöhnlicher Bandbreite oder Technik; *Buchberger* in Schenke/Graulich/Ruthig BSIG § 5a Rn. 5; *Kipker* MMR 2017, 143 (144).
[147] BT-Drs. 18/11242, 39.

2. Datenverarbeitung und Weitergabe von Informationen

56 Ebenso wie beim laufenden Monitoring der Datenströme in Netzwerken des Bundes zur Identifikation von Hinweisen auf Schadsoftware (→ Rn. 38 ff.) stehen die Notfallmaßnahmen in einem **Spannungsverhältnis zum Schutz des Fernmeldegeheimnisses sowie der personenbezogenen Daten.** Für die eigentliche Schadensbegrenzung im konkreten Fall lässt sich dieses Verhältnis relativ klar beschreiben. § 5b Abs. 3 S. 1 BSIG enthält für Notfallmaßnahmen die neben der Aufgabenzuweisung[148] erforderlich gesetzliche Grundlage für die Erhebung und Verarbeitung von personenbezogenen Daten sowie von Daten, die dem Fernmeldegeheimnis unterliegen. Die in § 5b Abs. 3 S. 2 BSIG vorgesehene unverzügliche Löschung der nicht mehr benötigten Daten knüpft die Datenverarbeitung im Grundsatz an die Schadensbegrenzung im konkreten Fall.

57 Für das Ziel der systematischen Aufbereitung von Erfahrungswissen, auch für weitere Behörden, sind weitergehende **Rechtsgrundlagen erforderlich.** Nach § 5b Abs. 4 S. 1 BSIG ist die Weitergabe von Informationen, die aus einem Einsatz hervorgehen, im Grundsatz nur mit Einwilligung, also der vorherigen Zustimmung,[149] des Ersuchenden voraus. Diese dem Schutz der Interessen des betroffenen Betreibers dienende[150] Regelung bezieht sich nicht nur auf personenbezogene oder dem Fernmeldegeheimnis unterliegende Daten, sondern im Grundsatz auf sämtliche Informationen, die dem BSI im Zuge des Einsatzes bekannt geworden sind.[151] Mittelbar fördert die Regelung damit zugleich das Vertrauensverhältnis zwischen dem betroffenen Betreiber sowie dem BSI[152] und ist dadurch geeignet, die Hemmschwelle zur Inanspruchnahme der Notfallmaßnahmen zu senken. Hinzu kommt, dass eine Veröffentlichung von Informationen aus den Notfall-Einsätzen auch eine strategische Anpassung der hinter dem Angriff stehenden Stelle fördern kann.[153] Auch aus diesem Grund schließt § 5b Abs. 4 S. 2 BSIG den Zugang Dritter zu den Akten, insbesondere nach dem IFG, im Grundsatz aus.

58 Gleichwohl unterliegt der Grundsatz einer Reihe von Ausnahmen. Neben Informationen, die keine Rückschlüsse auf die Identität des Ersuchenden zulassen, können Daten unabhängig von einer Einwilligung nach § 5 Abs. 5 und 6 BSIG an die jeweils zuständigen Stellen, also insbesondere zur Strafverfolgung übermittelt werden. Mit Blick darauf, dass die Straftatbestände die typischen Erscheinungsformen weitgehend abdecken, wird insbesondere bei den vorliegenden herausgehobenen Fällen eine **Weitergabe an die Strafverfolgungsbehörden** regelmäßig zulässig sein.[154] Je nach Kontext kommt darüber hinaus auch eine Weitergabe an die Nachrichtendienste in Betracht. Ist eine Weitergabe danach zulässig, dürfen die Daten auch vom BSI bis zur Beendigung der Unterstützung weiterverarbeitet werden; eine inhaltliche Auswertung zu anderen Zwecken ist allerdings unzulässig (§ 5a Abs. 3 S. 3 und 4, § 5 Abs. 7 S. 1 BSIG).

59 Die Kataloge der Rechtsgrundlagen zur Übermittlung personenbezogener Daten aus § 5 Abs. 5 und Abs. 6 BSIG enthalten keinen Tatbestand, der auf den in der NIS-Richtlinie vorgesehenen **Informationsaustausch innerhalb des CSIRT-Netzwerks**[155] ausgerichtet ist. Ein solcher Austausch ist demnach nur im Hinblick auf Informationen zulässig, die

---

[148] Zur Unterstützung bei der Wiederherstellung der Sicherheit oder Funktionsfähigkeit informationstechnischer Systeme in herausgehobenen Fällen ausdrücklich § 3 Abs. 1 Nr. 18 BSIG. Der Verweis auf § 5a BDISG stellt insofern ein Redaktionsversehen dar.
[149] Vgl. für das Zivilrecht § 183 S. 1 BGB.
[150] BT-Drs. 18/11242, 42.
[151] *Buchberger* in Schenke/Graulich/Ruthig BSIG § 5a Rn. 8; *Kipker* MMR 2017, 143 (145): explizite Vergleichbarkeit im Umgang mit unternehmens- und personenbezogenen Daten.
[152] BT-Drs. 18/11242, 42.
[153] BT-Drs. 18/11242, 42: potenziell wertvolle Informationen für Angreifer.
[154] Von einer regelmäßigen Übermittlung der Daten an Strafverfolgungsbehörden ging auch der Gesetzgeber aus, BT-Drs. 18/11242, 42.
[155] Art. 12 Abs. 3 lit. a) RL (EU) 2016/1148 (NIS-Richtlinie); Art. 13 Abs. 3 lit. a) Vorschlag für eine Richtlinie über Maßnahmen für ein hohes gemeinsames Cybersicherheitsniveau in der Union, COM (2020) 823 final.

keine Rückschlüsse auf die Identität des Ersuchenden zulassen. Für den Austausch von Informationen innerhalb des CyberAZ sowie innerhalb des CSIRT-Netzwerks ist diese Einschränkung teleologisch zu reduzieren oder zumindest restriktiv auszulegen. Zum einen dürften sich potenzielle Rückschlüsse auf die Identität der betroffenen Stelle bei einer hinreichend aufwändigen Auswertung der spezifischen Informationen oftmals nicht gänzlich ausschließen lassen. Bei der Prüfung der Frage, ob Informationen Rückschlüsse auf die Identität des Ersuchenden zulassen, sind deshalb auch Faktoren der Wahrscheinlichkeit solcher Rückschlüsse zu berücksichtigen, insbesondere der Aufwand für die Rekontextualisierung, der Adressatenkreis sowie die Motivation innerhalb des Adressatenkreises. Für öffentliche Stellen, deren Aufgabe in der Abwehr von Cyberbedrohungen liegt, und die an vergleichbar engmaschige Anforderungen an die Verarbeitung der Informationen gebunden sind, dürfte die Gefahr solcher Rückschlüsse und vor allem der damit verbundenen Nachteile für die betroffene Stelle in der Regel erheblich geringer sein als bei einer Weiterleitung der Informationen an andere Stellen oder die Öffentlichkeit. Darüber hinaus kann sich die Möglichkeit, Rückschlüsse auf die Identität des Ersuchenden zu ziehen, insbesondere bei hervorgehobenen Fällen aus dem Zusammenhang mit öffentlicher Berichterstattung über Ausfälle der Angebote ergeben. In solchen Fällen, in denen infolge öffentlicher Berichterstattung Rückschlüsse auf die Identität des Ersuchenden auf der Hand liegen, ist die Weitergabe von Informationen nach § 5a Abs. 4 S. 1 BSIG auch ohne Einwilligung des Ersuchenden nicht per se ausgeschlossen. Vielmehr steht § 5a Abs. 4 S. 1 BSIG seinem Sinn und Zweck nach einer Weitergabe der Informationen ohne Einwilligung der ersuchenden Stelle nur entgegen, wenn auch angesichts der bereits erfolgten Veröffentlichung von Informationen über den Angriff und seiner Folgen, die Weitergabe zumindest potenziell geeignet ist, die Interessen der ersuchenden Stelle weitergehend zu beeinträchtigen.

III. Aktive Ermittlung von Sicherheitsrisiken und Angriffsmethoden durch das BSI

§ 7b Abs. 1 und 4 BSIG sieht darüber hinaus eine Ermächtigung des BSI zur Detektion **60** von Sicherheitsrisiken durch sog. **Portscans** sowie zur strategischen Vortäuschung vermeintlicher Angriffsziele (sog. *Honeypots*) zur Erhebung von Daten über die Funktionsweise von Schadprogrammen vor.[156] Damit wurde eine gesetzliche Grundlage für Maßnahmen geschaffen, die sich teilweise unterhalb, teilweise oberhalb der Schwelle zu Grundrechtseingriffen bewegen und in der Vergangenheit bei der Generierung von Informationen zur Abwehr von Cyberbedrohungen als nützlich erwiesen haben.

Die **Rechtsgrundlage** zum Einsatz sog. *Honeypots* bezieht sich insbesondere auf die **61** Kompromittierung von Internet-of-Things-Geräten.[157] Die Rechtsgrundlage zur Durchführung erforschender Maßnahmen an den Schnittstellen öffentlich erreichbarer informationstechnischer Systeme zu öffentlichen Telekommunikationsnetzen beschränkt sich auf ausdrücklich festgelegte Bereiche von IP-Adressen (§ 7b Abs. 1 S. 2 BSIG) und deckt lediglich die Ermittlung ab, ob an der jeweiligen Stelle ein Sicherheitsrisiko vorliegt.[158] Diese sich aus einer Anfrage aus dem öffentlichen Raum ergebende Ermittlung überschreitet nach der Einschätzung des Gesetzgebers noch nicht die Schwelle zu einem Eingriff in das Recht auf die Integrität und Vertraulichkeit informationstechnischer Systeme,[159] auch wenn die Verarbeitung dabei eventuell anfallender personenbezogener Daten unter Umständen einer gesetzlichen Grundlage bedarf.

---

[156] Zu Portscans als Instrument zur Vorsorge *Bäcker/Golla* in Hornung/Schallbruch IT-SicherheitsR § 18 Rn. 21 f.
[157] BR-Drs. 16/21, 83; BT-Drs. 19/26106, 71.
[158] BR-Drs. 16/21, 81; BT-Drs. 19/26106, 69.
[159] BR-Drs. 16/21, 83; BT-Drs. 19/26106, 70.

IV. Nachrichtendienstliche Überwachung

62 Die **nachrichtendienstlichen Befugnisse zur Überwachung von Telekommunikationsvorgängen** im Einzelfall sowie zur strategischen Überwachung internationaler Telekommunikationsbeziehungen decken unter anderem auch die Abwehr spezifischer, von Cyberbedrohungen ausgehender Gefahren im Aufgabenbereich der Nachrichtendienste ab.

1. Telekommunikationsüberwachung im Einzelfall

63 Die nachrichtendienstlichen Befugnisse der Verfassungsschutzbehörden des Bundes und der Länder, des MAD sowie des BND zur Telekommunikationsüberwachung im Einzelfall beziehen sich nach §§ 1 Abs. 1 Nr. 1, 3 Abs. 1 S. 1 Nr. 8 G 10 insbesondere auf den Verdacht geplanter, andauernder oder abgeschlossener Straftaten im Cyberbereich, also nach §§ 202a, 202b, 303a, 303b StGB. Einschränkend vorausgesetzt wird dabei nach § 3 Abs. 1 S. 1 Nr. 8 G 10, dass sich die Straftat gegen die innere oder äußere Sicherheit der BRD, insbesondere gegen sicherheitsempfindliche Stellen von lebenswichtigen Einrichtungen,[160] richtet. Ist diese Voraussetzung erfüllt, dient die Überwachungsmaßnahme regelmäßig dem in § 1 Abs. 1 Nr. 1 G 10 vorgesehenen **Zweck der Abwehr von drohenden Gefahren für die freiheitliche demokratische Grundordnung oder den Bestand oder die Sicherheit des Bundes** und eines Landes.[161]

64 **Zweifelhaft** könnte allerdings sein, ob eine Überwachungsmaßnahme im Fall des Verdachts einer bereits abgeschlossenen Straftat noch der Abwehr einer drohenden Gefahr dient. Da jedoch die Aufklärung einer bereits erfolgten Bedrohung, jedenfalls bei solch herausgehobener Bedeutung, typischerweise geeignet ist, Informationen über die laufenden Entwicklungen und damit auch über zukünftig drohende Beeinträchtigungen zu generieren (→ Rn. 28 f.), dient auch die **Aufklärung abgeschlossener Straftaten** regelmäßig der Abwehr drohender Gefahren im Sinne des § 1 Abs. 1 Nr. 1 G 10.[162] Dies gilt vor allem im Hinblick darauf, dass an Cyberangriffen professionell beteiligte Personen typischerweise anhaltend tätig sind[163] und sich komplexe, aus mehreren Phasen zusammengesetzte Angriffe unter Umständen erst durch die Ermittlung der steuernden Stelle dauerhaft abwehren lassen.

65 Die nach § 3 Abs. 1 S. 1 G 10 **erforderlichen tatsächlichen Anhaltspunkte für den Verdacht einer Straftat** setzen im Hinblick auf die in der verfassungsgerichtlichen Rechtsprechung aufgestellten Anforderungen an einen Eingriff in das Fernmeldegeheimnis mehr als nur eine typischerweise bestehende Wahrscheinlichkeit, allerdings auch noch keine konkrete Gefahr im Sinne der allgemeinen gefahrenabwehrrechtlichen Regelungen voraus.[164]

66 **Inhaltlich** sind die Maßnahmen zudem in mehrfacher Weise **beschränkt**. Zum einen sind sie nach § 3 Abs. 2 S. 1 G 10 nur subsidiär zulässig, also wenn keine praktikablen Alternativen zur Erforschung des Sachverhalts bestehen. Zum anderen dürfen sie sich nur gegen die verdächtige Person oder gegen Personen richten, von denen sich auf Grund bestimmter Tatsachen annehmen lässt, dass sie Mitteilungen weiterleiten oder ihr Anschluss genutzt wird (§ 3 Abs. 2 S. 2 G 10).

---

[160] Die Begründung des Regierungsentwurfs nennt insoweit Unternehmen der Rüstungs- und Raumfahrtindustrie, Betreiber von kritischer Infrastruktur sowie Telekommunikationsunternehmen, BT-Drs. 18/4654, 40.

[161] Vgl. *Huber* in Schenke/Graulich/Ruthig G 10 § 1 Rn. 10.

[162] Zur weiten Auslegung des Merkmals *Huber* in Schenke/Graulich/Ruthig G 10 § 1 Rn. 10; Nomos-BR/ *Roggan* G-10-G § 1 Rn. 5.

[163] Das betrifft unter anderem die Aufklärung elektronischer Spionage- und Sabotageangriffe fremder Mächte, BT-Drs. 18/4654, 40.

[164] Näher *Huber* in Schenke/Graulich/Ruthig G 10 § 3 Rn. 5 ff.; zu den Unterschieden in den Einschreitschwellen bei Maßnahmen nach § 3 Abs. 1 G 10 aF im Vergleich zu einer konkreten Gefahr im Sinne des allgemeinen Gefahrenabwehrrechts BVerfGE 100, 313 (383 f.) = NJW 2000, 55.

2. Strategische Überwachungen durch den BND

Gegenüber der Telekommunikationsüberwachung im Einzelfall zeichnet sich die **strategische Telekommunikationsüberwachung** durch ihre **anlasslose Durchführung** und damit ihre erheblich größere Breitenwirkung aus.[165] Die gesetzlichen Grundlagen für solche strategischen Überwachungen von Telekommunikationsnetzen differenzieren nach der Art des Auslandsbezugs. Für die Überwachung von Telekommunikationsbeziehungen zwischen dem Inland und dem Ausland, die sog. internationalen Telekommunikationsbeziehungen, sieht § 5 G 10 unter bestimmten Voraussetzungen die Möglichkeit der Beschränkung des Fernmeldegeheimnisses vor. Für die Verarbeitung von Daten aus Telekommunikationsbeziehungen von Ausländern im Ausland, nunmehr als strategische Auslands-Fernmeldeaufklärung bezeichnet,[166] stellt § 19 BNDG eine (neue) Rechtsgrundlage, als Reaktion auf ein Urteil des Bundesverfassungsgerichts zur alten Rechtsgrundlage (§ 6 BNDG aF) bereit. Die bisherige Rechtsgrundlage in § 6 BNDG aF hatte das Bundesverfassungsgericht mit Urteil vom 19. Mai 2020 aus formellen und materiellen Gründen für verfassungswidrig erklärt.[167] Die in der Entscheidung konkretisierten verfassungsrechtlichen Anforderungen an die strategische Telekommunikationsüberwachung beziehen sich sowohl auf die Erhebung der Daten (a., → Rn. 67 ff.) als auch auf ihre Übermittlung (b., → Rn. 75 ff.) und erfordern eine eingehend institutionalisierte, unabhängige objektivrechtliche Kontrolle (c., → Rn. 77 ff.). Die in Bezug auf Maßnahmen der Auslands-Auslands-Fernmeldeüberwachung nach dem BNDG entwickelten Anforderungen und Einschätzungen lassen sich zum Teil auch auf die internationale Telekommunikationsüberwachung nach dem G 10 übertragen.

a) Anlasslose Erhebung von Daten aus Telekommunikationsbeziehungen. Der Überwachung grenzüberschreitender Telekommunikationsbeziehungen kommt auch für die Abwehr von Cyberbedrohungen zunehmend Bedeutung zu. Zum einen sind **Cyberbedrohungen typischerweise grenzüberschreitend** angelegt. Zum anderen ist die Aufklärung sowohl internationaler als auch ausländischer Kommunikation infolge der Entwicklung der Kommunikationsinhalte und -muster zunehmend geeignet, einen Beitrag zur frühzeitigen Erkennung und Abwehr insbesondere von Cyberbedrohungen zu leisten.[168]

Mit dieser zunehmenden Relevanz der strategischen Überwachung von Telekommunikationsbeziehungen wird zugleich das **Spannungsverhältnis zum grundrechtlichen Schutz** vor allem des Fernmeldegeheimnisses immer wichtiger.[169] Die jüngere verfassungsgerichtliche Rechtsprechung hat dazu zunächst klargestellt, dass der Schutz der deutschen Grundrechte, insbesondere des Fernmeldegeheimnisses, sich auch auf Maßnahmen deutscher Stellen zur Überwachung von Telekommunikationsbeziehungen ohne unmittelbaren Inlandsbezug bezieht.[170]

Ein für die Anforderungen an die Rechtfertigung, insbesondere zur Wahrung der Verhältnismäßigkeit, zentraler Aspekt liegt in dem Charakter **als strategische, also auf**

---
[165] BVerfGE 154, 152 Rn. 150 = NJW 2020, 2235: außerordentliche Streubreite; näher zu den einzelnen Schritten der strategischen Fernmeldeüberwachung *Marxsen* DÖV 2018, 218 (219 f.).
[166] Vgl. § 19 Abs. 1 BNDG.
[167] BVerfGE 154, 152 Rn. 86 ff., Rn. 329 ff. = NJW 2020, 2235.
[168] Näher zur Entwicklung BVerfGE 154, 152 Rn. 107 mwN = NJW 2020, 2235.
[169] Betreffen Überwachungsmaßnahmen die Tätigkeit von Journalistinnen und Journalisten, liegt darüber hinaus ein Eingriff in Art. 5 Abs. 1 S. 2 GG vor; zu den Anforderungen und spezifischen Schutzbedürfnissen näher BVerfGE 154, 152 Rn. 111, Rn. 325 = NJW 2020, 2235; § 21 BNDG.
[170] BVerfGE 154, 152 Rn. 88 ff. = NJW 2020, 2235, auch zur Gegenansicht; die Bindung der Grundrechte als Abwehrrecht beschränkt sich nach diesem Verständnis auf Konstellationen, in denen die öffentliche Hand gegenüber der Grundrechtsträgerin oder dem Grundrechtsträger mit Hoheitsmacht Maßnahmen notfalls mit Gewalt durchsetzen kann; in der Sache ebenso bereits *Papier* NVwZ 2016, 1057; *Marxsen* DÖV 2018, 218 (226 f.); ähnlich unter Hinweis auf Art. 3 Abs. 1 GG *Huber* ZRP 2016, 162 (164); anders *Gärditz* DV 48 (2015), 463 (474): Art. 1 Abs. 3 GG setzt implizit voraus, dass deutsche Staatsgewalt als Hoheitsgewalt Wirkung entfalten kann.

keinen konkreten Anlass bezogene Maßnahme.[171] Die Entkopplung der Überwachung von einem konkreten Anlass wirkt sich in mehrfacher Hinsicht auf die Eingriffsintensität aus; die Maßnahmen sind heimlich[172] und von großer Streubreite,[173] auch wenn sie gerade dadurch nicht zielgerichtet[174] und insbesondere bei der Überwachung der Auslandskommunikation regelmäßig ohne unmittelbare Konsequenzen sind.[175] Relativiert wird dieser diffuse Charakter allerdings durch die Optimierung einer algorithmenbasierten Auswertung, die sowohl zur Analyse großer Mengen von Daten unterschiedlichen Formats einschließlich von Sprachdaten als auch zu korrelationsbasierten, einzelfallbezogenen Prognosen in der Lage ist.[176] Risiken der Profilbildung und der damit verbundenen Eingriffsintensität liegen infolge der Änderung sowohl der über die Telekommunikationsüberwachung erhobenen Daten als auch der Modalitäten ihrer Auswertung weniger in der engmaschigen Überwachung einer bestimmten Person als in der Zuordnung einer Person anhand bestimmter Datenmerkmale zu einem Cluster und der daran anknüpfenden Zuschreibung von Eigenschaften.[177]

71 Hinzu kommt, dass es durch die finale Ausrichtung der Überwachungsmaßnahmen auf die Abwehr bislang nicht auf konkrete Fälle bezogener Bedrohungen an den typischerweise einschränkenden Eingriffsschwellen einer Rechtsgrundlage für Überwachungsmaßnahmen fehlt.[178] Folglich sind funktionale Äquivalente zur Eingrenzung erforderlich, die die Erhebung auf das **für die Gefahrenabwehr erforderliche Maß** beschränken.[179] Neben der allgemeinen Informationssammlung zur Unterrichtung der Bundesregierung[180] kann eine strategische Telekommunikationsüberwachung auch zur Gefahrenfrüherkennung zulässig sein.[181] Im Hinblick auf die Abwehr von Cyberbedrohungen kommt es in diesem Zusammenhang darauf an, den Mehrwert der strategischen Telekommunikationsüberwachung bei der Abwehr der unterschiedlichen Formen der Bedrohungen,[182] etwa bei der Erkennung sich abzeichnender, neuartiger Angriffe oder bei der Ermittlung der hinter einem komplexen Angriff stehenden Strukturen und Akteure, spezifisch zu beschreiben.

72 Entsprechend berücksichtigt die Neuregelung der Rechtsgrundlage für die strategische Ausland-Fernmeldeaufklärung (→ Rn. 66) die Abwehr von Cyberbedrohungen in unterschiedlicher Hinsicht. Zu den **Gefahrenbereichen,** auf die sich strategische Maßnahmen der Früherkennung beziehen können, zählen danach sowohl international kriminelle, terroristische oder staatliche Angriffe mittels Schadprogramme auf die Vertraulichkeit, Integrität oder Verfügbarkeit von IT-Systemen als auch die Gefährdung Kritischer Infrastrukturen oder hybride Bedrohungen (§ 19 Abs. 4 Nr. 1 lit. d, g und h BNDG). Daneben können sich die für die Maßnahmen erforderlichen tatsächlichen Anhaltspunkte auf Erkenntnisse zum Schutz unter anderem von Leib, Leben oder Freiheit einer Person, den

---

[171] BVerfGE 154, 152 Rn. 141, Rn. 143 ff. = NJW 2020, 2235.
[172] Zu der mit der Heimlichkeit verbundenen Eingriffsintensität BVerfGE 141, 220 (246 f.) Rn. 92 = NJW 2016, 1781; BVerfGE 154, 152 Rn. 147 = NJW 2020, 2235.
[173] BVerfGE 154, 152 Rn. 150 ff. = NJW 2020, 2235.
[174] BVerfGE 154, 152 Rn. 148 = NJW 2020, 2235.
[175] BVerfGE 154, 152 Rn. 149 = NJW 2020, 2235.
[176] BVerfGE 154, 152 Rn. 151 ff. = NJW 2020, 2235; zu Telekommunikationsverkehrsdaten BVerfGE 125, 260 (319) = NJW 2010, 833.
[177] Vgl. das Verständnis des Begriffs Profiling nach Art. 4 Nr. 4 DS-GVO; näher *Buchner* in Kühling/Buchner DS-GVO Art. 4 Nr. 4 Rn. 5 ff.
[178] BVerfGE 154, 152 Rn. 155 = NJW 2020, 2235; zu den Anforderungen an die konkretisierende Eingriffsschwelle bei heimlichen Überwachungsmaßnahmen des BKA BVerfGE 141, 220 (269 ff., Rn. 104 ff.) = NJW 2016, 1781; zur automatisierten Kennzeichenkontrolle BVerfGE 150, 244 (280 ff., Rn. 90 ff.) = NJW 2019, 827.
[179] BVerfGE 154, 152 Rn. 178 = NJW 2020, 2235: Bindung der anlasslosen Überwachung an Verfahrensregelungen, die die Ausrichtung auf die jeweiligen Zwecke rationalisierend strukturieren und kontrollierbar machen; vgl. nunmehr §§ 34 ff. BNDG.
[180] BVerfGE 154, 152 Rn. 157 = NJW 2020, 2235; § 19 Abs. 1 Nr. 1 BNDG.
[181] Zur strategischen Überwachung nach dem G 10 BVerfGE 100, 313 (373 ff.); zur Auslands-Auslands-Fernaufklärung BVerfGE 154, 152 Rn. 157 = NJW 2020, 2235; § 19 Abs. 1 Nr. 2 BNDG.
[182] Vgl. knapp BVerfGE 154, 152 Rn. 163 = NJW 2020, 2235.

Bestand oder die Sicherheit des Bundes oder eines Landes oder gewichtige Rechtsgüter der Allgemeinheit, deren Grundlagen die Existenz der Menschen berührt, beziehen (§ 19 Abs. 4 Nr. 2 lit. a, b und e BNDG). In der Rechtsgrundlage werden die **Anforderungen an die Datenerhebung abgestuft,** indem die gezielte Erhebung personenbezogener Daten von Einrichtungen der Europäischen Union, von öffentlichen Stellen der Mitgliedstaaten der Europäischen Union sowie von Unionsbürgerinnen und Unionsbürgern einer gesonderten Prüfung der anhaltenden Erforderlichkeit unterzogen (§ 20 Abs. 1 BNDG). Des Weiteren ist eine sich abzeichnende Wahrscheinlichkeit belastender Folgen für die betroffene Person, insbesondere eine mögliche strafrechtliche Verfolgung, besonders zu berücksichtigen (§ 20 Abs. 2 BNDG). Im Rahmen der strategischen Aufklärungsmaßnahmen dürfen im Grundsatz[183] auch Verkehrsdaten erhoben werden (§ 26 Abs. 1 BNDG nF).

In ähnlicher Weise grenzt der bereits im Jahr 2015 für die Abwehr von Cyberbedrohungen hinzugefügte § 5 Abs. 1 S. 2 Nr. 8 G 10 die Maßnahmen zur strategischen Überwachung internationaler Telekommunikationsbeziehungen, also der **Inland-Ausland-Kommunikation** ein. Zu den von der Ermächtigungsgrundlage abgedeckten Gefahrenbereichen zählt danach auch die Gefahr des internationalen kriminellen, terroristischen oder staatlichen Abgriffs mittels Schadprogrammen oder vergleichbaren schädlich wirkenden informationstechnischen Mitteln auf die Vertraulichkeit, Integrität oder Verfügbarkeit von IT-Systemen in Fällen von erheblicher Bedeutung mit Bezug zur BRD. Mit dieser von der Abwehr einer im konkreten Fall drohenden Gefahr entkoppelten (§ 1 Abs. 1 Nr. 2 G 10, Art. 1 Abs. 2 BNDG) Befugnis soll der BND zur Erhebung von Informationen ermächtigt werden, die durch andere Stellen nicht ermittelt werden können und zum Schutz insbesondere Kritischer Infrastruktur sowie der IT-Sicherheit der Bundesverwaltung beitragen.[184] Im Umkehrschluss folgt aus dem Tatbestand zugleich, dass weitergehende Befugnisse, etwa zum aktiven Eindringen in informationstechnische Systeme einschließlich der Erhebung von Daten, derzeit nicht bestehen.[185]

Sowohl die Regelung zur strategischen Ausland-Fernmeldeaufklärung als auch die Regelung zur Überwachung der internationalen Kommunikation sehen **weitere begrenzende Regelungen** zur Verwendung von Suchbegriffen und zum Volumen der Aufklärungsmaßnahmen vor, die möglicherweise hinter den verfassungsrechtlichen Anforderungen an begleitende Regelungen zurückbleiben.

Die Regelungen zur **Begrenzung des Volumens** sind jeweils kapazitätsbezogen.[186] Mit Blick auf die dynamische Entwicklung der technischen Möglichkeiten zur Datenverarbeitung[187] ordnet die verfassungsgerichtliche Rechtsprechung eine Begrenzung, die allein auf Kapazitätsgrenzen abstellt, allerdings noch nicht als hinreichend ein.[188] Die **inhaltsbezogenen Anforderungen an die Auswahl der Suchbegriffe** überprüfen die Rationalität der Suchbegriffe entsprechend der Kriterien der Verhältnismäßigkeit.[189] Die verfassungsgericht-

---

[183] Zu Einschränkungen der Verarbeitung von personenbezogenen Verkehrsdaten bei deutschen Staatsangehörigen, inländischen juristischen Personen und sich im Bundesgebiet aufhaltenden Personen s. § 26 Abs. 3 S. 1–3 BNDG.
[184] BT-Drs. 18/4654, 41.
[185] *Barczak* NJW 2020, 595 (596 ff.), auch zu entsprechenden Reformüberlegungen.
[186] Die Überwachung der internationalen Kommunikation darf höchstens 20 Prozent der auf dem jeweiligen Übertragungsweg zur Verfügung stehenden Kapazität erfassen, § 10 Abs. 4 S. 4 G 10; für die strategische Ausland- Fernmeldeaufklärung ist eine Beschränkung auf 30 Prozent der bestehenden Telekommunikationsnetze normiert, § 19 Abs. 8 S. 2 BNDG.
[187] Zu den Konsequenzen der Umstellung auf paketvermittelte Telefonie und mit einer kritischen Einschätzung zur Angemessenheit und Effizienz der kapazitätsbezogenen Begrenzung *Papier* NVwZ 2016, 1057 (1058).
[188] BVerfGE 154, 152 Rn. 169 = NJW 2020, 2235.
[189] Nach § 19 Abs. 5 S. 1 und 2 BNDG darf die Erhebung von personenbezogenen Inhaltsdaten im Rahmen nur anhand von Suchbegriffen erfolgen, die für die strategische Aufklärungsmaßnahme bestimmt, geeignet und erforderlich sind und deren Verwendung im Einklang mit den außen- und sicherheitspolitischen Interessen der Bundesregierung steht; § 5 Abs. 2 S. 1 G 10 setzt voraus, dass die Suchbegriffe zu einer auf

lich im Zusammenhang mit der Datenauswertung aufgestellten Anforderungen an gesetzliche Regelungen zum Einsatz von Algorithmen, insbesondere ihrer grundsätzlichen Nachvollziehbarkeit,[190] zeigen allerdings bereits auf, dass inhaltsbezogene Anforderungen zur Gewährleistung der Verhältnismäßigkeit eine ex ante und abstrakt-generell feststellbare Relevanz der Suchbegriffe nicht ohne weiteres unterstellen dürfen.

76 **b) Übermittelung von Daten aus der strategischen Überwachung.** An die **Übermittlung von Daten** aus der strategischen Überwachung werden im Hinblick auf die Trennung der Aufgaben zwischen BND und für operative Maßnahmen der Gefahrenabwehr oder der Strafverfolgung zuständigen Behörden[191] **besondere Anforderungen** gestellt.[192] Es wird mit anderen Worten maßgeblich berücksichtigt, dass der BND im Grundsatz über keine operativen Befugnisse verfügt.[193] Die Trennung zwischen Aufklärung und operativen Tätigkeiten erhöht den Spielraum für strategische Aufklärungsmaßnahmen zur Früherkennung. Entsprechend hoch sind die Anforderungen an die Übermittlung von Informationen,[194] die die Prämissen der Trennung nicht relativieren dürfen. Für den Bereich der Abwehr von Cyberbedrohungen ist dabei zu differenzieren zwischen Aufklärungsmaßnahmen, die zu der essentiellen Informationsgrundlage für die Abwehr insbesondere neuartiger Cyberbedrohungen beitragen, und solchen Formen der Informationsübermittlung, die zu Maßnahmen führen sollen, die unmittelbar gegen die hinter den Angriffen stehenden Akteure gerichtet sind. All jene Übermittlungen von Informationen, die auf eine Verbesserung des Grundlagenwissens über die Eigenschaften und Funktionsweise bevorstehender Bedrohungen zielen, stellen den Sinn und Zweck der Trennung zwischen Aufklärung und operativen Tätigkeiten und der damit verbundenen Separierung des Informationsflusses der Behörden im Grundsatz nicht in Frage. Das gilt insbesondere für den Austausch der aus einzelnen Maßnahmen und Beobachtungen gewonnen Informationen mit anderen nationalen, europäischen oder internationalen Behörden, deren Aufgabe in der Abwehr von Cyberbedrohungen liegt, etwa innerhalb des Cyber-Abwehrzentrums oder im Netzwerk der nationalen CSIRTs.[195]

77 Die **Regelungen** zur Übermittlung von personenbezogenen Daten aus der strategischen Ausland-Fernmeldeaufklärung (§§ 29 f. BNDG), wie auch die Regelung zur Übermittlung der Daten aus der strategischen Überwachung der Inland-Ausland-Kommunikation (§§ 7, 7a G 10) **differenzieren** entsprechend zwischen den einzelnen Adressaten der Übermittlung, deren Aufgaben und den potenziellen Folgen für die jeweils betroffenen Personen. Für den Bereich der Inlands-Auslands-Kommunikation hat der Gesetzgeber dabei zwei spezifisch auf die Abwehr von Cyberbedrohungen zugeschnittene Tatbestände geschaffen. Zum einen ist bei einer Übermittlung an die Verfassungsschutzbehörden des Bundes und der Länder sowie an den MAD nach § 7 Abs. 2 Nr. 3 G 10 die Übermittlung bereits

---

den jeweiligen Gefahrenbereich bezogenen Aufklärung bestimmt und geeignet sind; im Jahr 2018 sind für den Gefahrenbereich „Cyber" im ersten Halbjahr 133 und im zweiten Halbjahr 130 Suchbegriffe verwendet worden, Unterrichtung durch das Parlamentarische Kontrollgremium, Berichtszeitraum 2018, BT-Drs. 19/20376, 8.

[190] BVerfGE 154, 152 Rn. 192 = NJW 2020, 2235.
[191] Eingehend *Cremer* in Isensee/Kirchhof StaatsR-HdB XII § 278 Rn. 22 ff., auch zur Differenzierung zwischen organisatorischer, funktionaler und informationeller Trennung.
[192] BVerfGE 133, 277 (329) = NJW 2013, 1499: informationelles Trennungsprinzip; als typisierte Form eines erhöhten Grundrechtsschutzes verstanden bei *Cremer* in Isensee/Kirchhof StaatsR-HdB XII § 278 Rn. 30.
[193] Zuletzt BVerfGE 154, 152 Rn. 166 = NJW 2020, 2235; aus der Literatur *Bäcker/Golla* in Hornung/Schallbruch IT-SicherheitsR § 18 Rn. 57, 59.
[194] BVerfGE 154, 152 Rn. 218 ff., Rn. 219 = NJW 2020, 2235: Erfordernis eines herausragenden öffentlichen Interesses und hinreichend konkrete und qualifizierte Übermittlungsschwellen.
[195] Art. 13 des Vorschlags für eine Richtlinie über Maßnahmen für ein hohes gemeinsames Cybersicherheitsniveau in der Union und zur Aufhebung der Richtlinie (EU) 2016/1148, COM(2020) 823 final; zur Zusammenarbeit der Computer-Notfallteams *Gitter* in Hornung/Schallbruch IT-SicherheitsR § 15 Rn. 47 f.

zulässig bei tatsächlichen Anhaltspunkten für Bestrebungen oder Tätigkeiten, die generell in den Aufgabenbereich der Verfassungsschutzbehörden des Bundes und der Länder fallen.[196] Zum anderen ist mit § 7 Abs. 4a G 10 eine Grundlage für die Übermittlung personenbezogener Daten an das BSI eingeführt worden, welche genügen lässt, dass die Daten zur Abwehr von Gefahren für die Sicherheit der Informationstechnik des Bundes oder zur Sammlung und Auswertung von Informationen auch für andere Stellen und Dritte erforderlich sind. Insbesondere mit der zweiten Alternative bezweckte der Gesetzgeber eine weitgehende Befugnis zur Übermittlung sämtlicher, für die Aufgabe des BSI als zentrale Meldestelle relevanter Informationen.[197] Schließlich ermächtigt § 7 G 10 den BND lediglich zur Übermittlung der personenbezogenen Daten, enthält aber selbst keine entsprechende Verpflichtung.

c) Anforderungen an eine unabhängige Rechtskontrolle. Unabhängig von einer 78 spezifischen Ausrichtung von Maßnahmen der strategischen Kommunikationsüberwachung an der Abwehr von Cyberbedrohungen setzt die anlassunabhängige strategische Kommunikationsüberwachung nach der neueren verfassungsgerichtlichen Rechtsprechung **zur Wahrung der Verhältnismäßigkeit** eine **unabhängige objektivrechtliche Kontrolle** voraus.[198] Diese Anforderung, die zum einen ein Rechtsschutzdefizit ausgleichen und zum anderen die prozedurale Eingrenzung der Aufklärungsmaßnahmen (→ Rn. 73 f.) absichern soll,[199] ist für die Auslands-Auslands-Telekommunikationsüberwachung (§ 6 BNDG aF) formuliert worden, trifft in ihrem auf den prozeduralen Schutz des Fernmeldegeheimnisses zielenden Kern allerdings die ebenfalls anlasslose und im Grundsatz heimliche strategische Inlands-Auslands-Telekommunikationsüberwachung gleichermaßen,[200] zumal der Inland-Ausland-Überwachung im Hinblick auf die Folgen tendenziell eine noch größere Eingriffsintensität zukommt.[201] Die Regelungen in §§ 40 ff. BNDG sehen für die strategische Auslandsaufklärung eine gerichtsähnliche sowie eine administrative Rechtskontrolle vor.

V. Streitkräfte

Die spezifischen Eigenschaften und Entstehungsbedingungen von Cyberbedrohungen werfen 79 bei der Einordnung in die etablierten Kategorien des rechtlichen Rahmens von Aktivitäten der Bundeswehr einige Fragen auf.[202] Davon betroffen sind **völkerrechtliche Fragen der Auslegung des Gewaltverbots**[203] sowie des **Verbots von Interventionen** in den als *domaine réservé* charakterisierten Bereich innerstaatlicher Angelegenheiten,[204] die sich zugleich auf **verfassungsrechtliche Fragen,** insbesondere zur Konkretisierung des Verfassungsvorbehalts von Einsätzen der Streitkräfte, zur Reichweite des Parlamentsvorbehalts sowie zur Konkretisierung des Begriffs des Einsatzes und der Verteidigung, auswirken. Cyberbedrohungen unterscheiden sich von den traditionellen Instrumenten militärischer Auseinandersetzung, lassen sich oftmals, weder ohne weiteres einem staatlichen Akteur zurechnen noch einem bestimmten räumlichen Gebiet zuordnen. Innerstaatlich ergeben sich bei der Abwehr militärisch relevanter Cyberbedrohungen zudem Überschnei-

---

[196] BT-Drs. 18/4654, 42; damit setzt die Übermittlung weder die in § 7 Abs. 2 Nr. 1 G 10 vorgesehenen Formen der Gewaltanwendung noch einen an bestimmte Tatsachen geknüpften Verdacht geheimdienstlicher Tätigkeit einer fremden Macht, § 7 Abs. 2 Nr. 2 G 10, voraus.
[197] BT-Drs. 18/4654, 42.
[198] BVerfGE 154, 152 Rn. 265 ff., Rn. 272 ff. = NJW 2020, 2235.
[199] Zu beiden Funktionen BVerfGE 154, 152 Rn. 273 = NJW 2020, 2235; im Anschluss daran zu den §§ 40 ff. BNDG-E Begründung Regierungsentwurf, 116 f.
[200] Insofern weitergehend als noch BVerfGE 100, 313 (372 ff.) = NJW 2000, 55 zu § 3 G 10 aF.
[201] BVerfGE 154, 152 Rn. 172 = NJW 2020, 2235.
[202] Aus der Literatur nur *Spies-Otto* in Hornung/Schallbruch IT-SicherheitsR § 19 Rn. 10 ff.; *Ziolkowski* GSZ 2019, 51 ff.
[203] Näher *Lahmann* in Hornung/Schallbruch IT-SicherheitsR § 6 Rn. 15 ff.
[204] *Lahmann* in Hornung/Schallbruch IT-SicherheitsR § 6 Rn. 33 ff.

dungen mit dem Schutz der Kommunikationsnetze von Verwaltungsbehörden sowie der Kritischen Infrastruktur.

1. Abwehr von Cyberbedrohungen bezogen auf die Infrastruktur der Streitkräfte

80 **Defensive Maßnahmen** zur Abwehr von Cyberbedrohungen, die sich auf die Infrastruktur, Systeme und Einheiten der Streitkräfte beziehen, stellen **noch keinen Einsatz der Streitkräfte iSd Art. 87a Abs. 2 GG** dar.[205] Unabhängig von der Frage, ob sich der Vorbehalt aus Art. 87a Abs. 2 GG auf einen innerstaatlichen Einsatz der Streitkräfte beschränkt,[206] bedürfen solche Maßnahmen zur Abwehr von Cyberbedrohungen keiner ausdrücklich zulassenden verfassungsrechtlichen Grundlage und in der Regel auch keines Parlamentsbeschlusses.[207] Ihnen fehlt es an der für einen Einsatz charakteristischen Eingriffsqualität, die typischerweise in der Bewaffnung oder einem vergleichbaren Zwangspotential[208] zum Ausdruck kommt. Dass sich Maßnahmen zur Abwehr von Cyberbedrohungen zumindest regelmäßig nicht als Ausdruck der spezifischen Zwangsqualität der Streitkräfte einordnen lassen, legt schon der Vergleich zu den Maßnahmen des BSI nahe, dessen Maßnahmen sich bei der Abwehr von Cyberbedrohungen mit denen der Streitkräfte überschneiden.

81 Allerdings lässt sich diese Einordnung nicht bereits damit begründen, dass von Maßnahmen zur Abwehr von Cyberbedrohungen, die sich auf Infrastruktur und Einheiten der Streitkräfte beziehen, keine **Eingriffe in Rechtspositionen der Bürgerinnen und Bürger** ausgingen.[209] Auch wenn sich viele der defensiven Maßnahmen unterhalb der Schwelle von Grundrechtseingriffen bewegen, geht nicht zuletzt die Entwicklung der Befugnisse des BSI darauf zurück, dass die konzeptionellen Ansätze zur Abwehr von Cyberbedrohungen in großem Maße von Daten abhängen, deren Auswertung in den Schutzbereich insbesondere des Fernmeldegeheimnisses eingreift. Das gilt sowohl für die laufende Auswertung von Protokolldaten, von Inhaltsdaten, die an Schnittstellen der Kommunikationsinfrastruktur anfallen (→ Rn. 40), und zukünftig von behördeninternen Protokollierungsdaten (→ Rn. 42) als auch für die Datenauswertung bei Notfall-Maßnahmen (→ Rn. 55 ff.). Schon die routinemäßige Überprüfung von Schnittstellen auf Sicherheitslücken (Portscans) ist nach Einschätzung des Gesetzgebers wegen der potenziell, insbesondere im Fall einer Lücke, erhobenen personenbezogenen Daten regelungsbedürftig (→ Rn. 59).

82 Die Intensität etwaiger Eingriffe und die Anforderungen an eine rechtliche Grundlage hängen freilich von dem jeweiligen Kontext ab, zu dem auch gehört, ob Kommunikationsnetze der Verwaltung, allgemeine Infrastruktur, etwa der Fuhrpark, oder spezifisch militärische Infrastruktur betroffen sind. Die **Notwendigkeit einer gesetzlichen Grundlage** entfällt auch dann nicht, wenn die Maßnahmen für die Erhaltung der Verteidigungsbereitschaft erforderlich sind. Gründe, die für eine spezifische Anpassung der Anforderungen des Gesetzesvorbehalts bei Handlungen der Streitkräfte im Rahmen von Verteidigungseinsätzen sprechen,[210] betreffen jedenfalls die typischen Maßnahmen zur Abwehr von Cyberbedro-

---

[205] *Ladiges* NZWehrR 2017, 221 (228 f.), auch zum Begriff des „Einsatzes".
[206] Zum Streit vgl. nur von *Aust* in v. Münch/Kunig GG Art. 87a Rn. 40 ff.; *Kokott* in Sachs GG Art. 87a Rn. 11 ff.; Maßnahmen zur Abwehr von Cyberbedrohungen dürften sich dabei oftmals nicht allein dem In- oder Ausland zuordnen lassen, *Ladiges* NZWehrR 2017, 221 (230); *Spies-Otto* in Hornung/Schallbruch IT-SicherheitsR § 19 Rn. 5; allein auf den Standort der von der Bedrohung betroffenen Infrastruktur abzustellen, *Marxsen* JZ 2017, 543 (545), dürfte die Maßnahmen zu stark vereinfachend abbilden.
[207] Zu den Funktionen des wehrverfassungsrechtlichen Parlamentsvorbehalts nur *Hufeld* AVR 57 (2019), 383 (405 ff.).
[208] *Kokott* in Sachs GG Art. 87a Rn. 17 mwN.
[209] So *Marxsen* JZ 2017, 543 (546); tendenziell auch *Ladiges* NZWehrR 2017, 221 (229): Tätigkeiten der Bundeswehr im Cyberraum können grundrechtsrelevant sein und stellen dann einen Einsatz iSd Art. 87a Abs. 2 GG dar. Die dabei vorgenommene Abgrenzung zu den rein passiv dem Schutz der eigenen Infrastruktur dienenden Maßnahmen trägt den auch mit diesen Maßnahmen verbundenen Eingriffen nicht hinreichend Rechnung.
[210] Zur Diskussion *Kokott* in Sachs GG Art. 87a Rn. 52.

hungen nicht. Die Informations- und Kommunikationstechnik der Bundeswehr ist von den geplanten Kontrollbefugnissen des BSI ausgenommen (§ 4a Abs. 6 S. 1 und 2 BSIG). Diese Ausnahme soll die von den Streitkräften oder dem MAD genutzte, nicht aber die überwiegend von der Bundeswehrverwaltung genutzte Informations- und Kommunikationstechnik, umfassen.[211] Die Ausnahme gründet sich auf die Überlegung, dass die Gewährleistung der Verteidigungsbereitschaft nicht von der Arbeitsfähigkeit des BSI abhängen dürfe.[212] Abgesehen von Schwierigkeiten einer sachgerechten Aufteilung der Verantwortlichkeiten zwischen der Informationstechnik der Bundeswehrverwaltung und jener der Streitkräfte und des MAD[213] setzt eine solche **Autonomie der Streitkräfte** bei der Abwehr von Cyberbedrohungen auch die notwendigen Befugnisse für die zum Stand der Technik zählenden Maßnahmen voraus.

2. Zusammenarbeit mit dem BSI bei der Abwehr von Cyberbedrohungen

Bei der Beteiligung am **Nationalen Cyber-Abwehrzentrum** handelt der **MAD** im Rahmen der für ihn spezifischen **Aufgaben und Befugnisse** mit den sich daraus ergebenden Beschränkungen sowohl bei der Weitergabe als auch bei der Auswertung erhaltenen Informationen, die in den Schutzbereich des Rechts auf informationelle Selbstbestimmung oder des Fernmeldegeheimnisses fallen. Die auf die Beteiligung bezogene, mittelbare Förderung der Aufgabenbewältigung der anderen beteiligten Stellen bedarf im Grundsatz keiner gesonderten gesetzlichen Grundlage.[214] Je nachdem, wie die konzeptionelle Fortentwicklung der Kooperation im Nationalen Cyber-Abwehrzentrum ausgestaltet wird,[215] kann eine Ergänzung der allgemein gefassten Befugnisse zur Verarbeitung personenbezogener Daten, um für die Abwehr von Cyberbedrohungen spezifische Tatbestände oder Rechtsgrundlagen für im Rahmen des Cyber-Abwehrzentrums, allerdings erforderlich sein.[216] Im Grundsatz ist die Mitwirkung an einer Informationsgrundlage, die unterschiedliche Stellen dabei unterstützt, das für die Abwehr von Cyberbedrohungen in ihrem jeweiligen Bereich erforderliche Wissen zu generieren, so unspezifisch, dass Beiträge der Streitkräfte nicht schon deshalb als Übernahme originärer Aufgaben der Polizei eingeordnet werden können, nur weil sie mittelbar zur Abwehr von Cyberbedrohung aus dem Inland beitragen.[217] Die Regeln zur Trennung der Aufgaben von Bundeswehr und Polizeibehörden sowie die Grundsätze der Zurechnung fördernder Beiträge passen nicht auf die kooperative Erarbeitung allgemeiner Informationsgrundlagen, die nicht auf bestimmte Maßnahmen, sondern auf die Aufgabenerfüllung aller beteiligten Stellen ausgerichtet ist und die infolge der strukturellen Informationsdefizite (→ Rn. 7 ff.) jeweils nur übergreifend gelegt werden kann.[218]

Entsenden die Streitkräfte Personal zur Mitwirkung in Computer-Notfallteams des BSI, die Maßnahmen in akuten Bedrohungslagen nach § 5b BSIG treffen, ist der Beitrag dieser Personen in die Vorgaben, Organisation und in den Verantwortungsbereich des BSI eingebunden. Einer gesonderten, auf die Streitkräfte zugeschnittenen Rechtsgrundlage bedarf diese Beteiligung dann nicht.[219] Kooperationen sind zudem im Rahmen

---

[211] Begründung des Regierungsentwurfs, Entwurf eines Zweiten Gesetzes zur Erhöhung der Sicherheit informationstechnischer Systeme, 71 f.
[212] Begründung des Regierungsentwurfs, Entwurf eines Zweiten Gesetzes zur Erhöhung der Sicherheit informationstechnischer Systeme, 71.
[213] § 4 Abs. 6 S. 2 BSIG sieht eine konzeptionelle Lösung im Wege einer Verwaltungsvereinbarung vor, an deren Erstellung die betroffenen Ressorts zu beteiligen sind.
[214] *Linke* DÖV 2015, 128 (135); anders *Ladiges* NZWehrR 2017, 221 (233).
[215] Zu den Plänen Antwort der Bundesregierung auf eine Kleine Anfrage.
[216] *Spies-Otto* in Hornung/Schallbruch IT-SicherheitsR § 19 Rn. 43.
[217] In diese Richtung *Ladiges* NZWehrR 2017, 221 (234).
[218] Zur wechselseitigen Relevanz der Informationen *Warg* in Kipker Cybersecurity § 14 Rn. 48a; zur Relevanz der Lagebilder für defensive Maßnahmen aller jeweils zuständigen Behörden und Einrichtungen *Brunst* in Dietrich/Eiffler NachrichtendiensteR-HdB § 7 Rn. 65 ff.
[219] Für die Verwendung von Soldaten der Bundeswehr im Geschäftsbereich des BND BVerwGE 132, 110 (120) = BeckRS 2009, 31509; zur Übertragung der Begründung auf andere Bereiche *Kokott* in Sachs GG Art. 87a Rn. 5; für die Abwehr von Cyberbedrohungen *Marxsen* JZ 2017, 543 (546).

der Amtshilfe nach Art. 35 Abs. 1 GG möglich, beschränken sich dann aber auf situative, punktuelle Beiträge im Gegensatz zu einer dauerhaft institutionalisierten Kooperation.[220]

3. Cyberbedrohungen als Ursache eines Verteidigungs- oder Spannungsfalls

85 Inwieweit Cyberbedrohungen geeignet sind, die **Feststellung eines Verteidigungs- oder Spannungsfalls**[221] auszulösen, hängt auch von der Frage ab, inwieweit Cyberbedrohungen **völkerrechtlich als Verstoß gegen das Gewaltverbot und als bewaffneter Angriff** einzuordnen sind.[222] Die völkerrechtliche und die verfassungsrechtliche Literatur stellt dabei mit Unterschieden im Einzelnen[223] im Wesentlichen darauf ab, ob die Beeinträchtigung insbesondere im Hinblick auf das Ausmaß und die Auswirkung mit herkömmlichen Formen der Waffengewalt vergleichbar sind.[224] Dieser funktionale Ansatz bietet den Vorteil, nicht auf eine bestimmte, dem Angriff zu Grunde liegende, Technologie festgelegt zu sein. Er kann zudem IT-vermittelte Angriffe differenziert einordnen, indem der Ansatz die Folge jenseits des IT-Systems maßgeblich in den Blick nimmt. Der Ansatz bietet dadurch Flexibilität zur Abgrenzung von Formen der wirtschaftlichen oder politischen Nötigung,[225] die auch bei Aggressionen jenseits des Cyberraums, mit Blick auf die Bandbreite völkerrechtlich sonst zulässiger Reaktionen und das damit verbundene Eskalationspotential noch nicht als bewaffneten Angriff oder Verstoß gegen das Gewaltverbot eingeordnet werden.

86 Im Hinblick auf den in unterschiedlichen Phasen strukturierten Verlauf, insbesondere komplexer, zielgerichteter Cyberbedrohungen,[226] wirken sich solche Angriffe allerdings typischerweise erst in einer Phase auf physische Infrastrukturen oder gar Menschen aus, in der sie sich nur begrenzt abwehren lassen.[227] Jedenfalls **verfassungsrechtlich setzen** die Feststellung eines Verteidigungs- oder Spannungsfalls sowie der Begriff der Verteidigung den **Eintritt der zerstörenden Außenwirkung nicht voraus,** wenn das IT-System bereits kompromittiert ist und sich eine entsprechende Außenwirkung bei ungehindertem Geschehensablauf abzeichnet.[228]

87 Daneben hängt die Einordnung von Cyberbedrohungen als bewaffneter Angriff oder als Verstoß gegen das Gewaltverbot von **Kriterien der Zuordnung der Cyberbedrohungen zu einem Staat** ab.[229] Dazu zählen sowohl die Zurechnung der unter Umständen nicht unmittelbar in staatliche Strukturen eingebundenen Akteure zu einem Hoheitsträger

---

[220] *Ladiges* NZWehrR 2017, 221 (235 f.).
[221] Zum Verständnis des Spannungsfalls nach Art. 80a Abs. 1 GG als Vorstufe eines Verteidigungsfalls *Mann* in Sachs GG Art. 80a Rn. 2; tendenziell weiter *Spies-Otto* in Hornung/Schallbruch IT-SicherheitsR § 19 Rn. 37 mwN und *Ladiges* NZWehrR 2017, 221 (239): auch „moderne" Spannungsbogen.
[222] Eingehend zum verfassungsrechtlichen Angriffsverständnis *Knoll*, Streitkräfteeinsatz zur Verteidigung gegen Cyberangriffe, 2020, 148 ff.
[223] Näher *Lahmann* in Hornung/Schallbruch IT-SicherheitsR § 6 Rn. 15 ff. Zudem muss der Angriff aus dem Ausland, also nicht aus dem Inland herrühren; zu den Abgrenzungsschwierigkeiten Ladiges NZWehrR 2017, 221 (234 f.).
[224] *Schmitt*, Tallinn Manual on the International Law Applicable to Cyber Warfare 2.0, 2017, Rule 69; zur Auslegung der UN-Charta *Knoll*, Streitkräfteeinsatz zur Verteidigung gegen Cyberangriffe, 2020, 245 ff.; *Ladiges* NZWehrR 2017, 221 (225 ff.); *Spies-Otto* in Hornung/Schallbruch IT-SicherheitsR § 19 Rn. 10 ff.; *Müller-Franken* in v. Mangoldt/Klein/Starck GG Art. 87a Rn. 58; *Barczak* NJW 2020, 595 (597 f.); knapp *Robbers* in Sachs GG Art. 115a Rn. 5: wenn Cyberbedrohungen die zivile Ordnung so stark beeinträchtigen, dass dies dem bisherigen Verständnis eines Angriffs mit Waffengewalt entspricht.
[225] Zu den Abgrenzungsschwierigkeiten *Ladiges* NZWehrR 2017, 221 (226).
[226] Enger, auf Schäden für Leib und Leben begrenzt *Müller-Franken* in v. Mangoldt/Klein/Starck GG Art. 87a Rn. 58; → Rn. 26 ff.
[227] Für eine differenzierte Anwendung der Anforderungen an die Schäden in der Außenwelt daher *Spies-Otto* in Hornung/Schallbruch IT-SicherheitsR § 19 Rn. 11.
[228] *Müller-Franken* in v. Mangoldt/Klein/Starck GG Art. 87a Rn. 58: Angriff muss Schäden an Leib und Leben hervorrufen oder hervorrufen können.
[229] Näher *Lahmann* in Hornung/Schallbruch IT-SicherheitsR § 6 Rn. 46 ff.; *Barczak* NJW 2020, 595 (598); zudem muss der Angriff aus dem Ausland also nicht aus dem Inland herrühren; zu den Abgrenzungsschwierigkeiten *Ladiges* NZWehrR 2017, 221 (234 f.).

als auch der Nachweis des Ursprungsorts von Cyberoperationen.[230] Während völkerrechtlich die Klärung dieser Attributionsfragen als Voraussetzungen für Reaktionen gegenüber dem als Angreifer eingeordneten Staat zentral sind, kommt verfassungsrechtlich die Annahme eines Angriffs auch dann bereits in Betracht, wenn die Zuordnung der Eigenschaft als Angreifer noch nicht feststeht, aber Gegenmaßnahmen schon vorbereitet werden sollen.

Schließlich stellt sich die Frage, wie sich eine Feststellung des Verteidigungs- oder Spannungsfalls auf die innerstaatliche **Zuständigkeit für die Abwehr von Cyberbedrohungen** auswirkt. Der in Art. 87a Abs. 3 S. 1 GG normierten verfassungsrechtlichen Befugnis der Streitkräfte zum Schutz ziviler Objekte im Verteidigungs- und Spannungsfall liegt die Absicht zu Grunde, einerseits die Rahmenbedingungen effektiver Verteidigung durch die Streitkräfte zu gewährleisten[231] und andererseits einer Überforderung der anders ausgebildeten und ausgerüsteten Polizeibehörden bei der Abwehr bewaffneter Angriffe vorzubeugen.[232] Während der Aspekt der Überforderung auf eine Abwehr von Cyberbedrohungen durch das BSI nicht gleichermaßen übertragbar sein dürfte, kann die Gewährleistung der militärischen Effektivität eine vorrangige Zuständigkeit der Streitkräfte auch zum Schutz ziviler Objekte vor Cyberbedrohungen erforderlich machen.[233] 88

4. Offensive Cybermaßnahmen der Bundeswehr

Über die Abwehr von Cyberbedrohungen hinausgehend, kommen unterschiedliche Formen **offensiver Cybermaßnahmen der Streitkräfte** in Betracht, die teilweise schlagwortartig und mit unterschiedlichem Begriffsverständnis als „Hackback" bezeichnet werden.[234] 89

Maßnahmen, die lediglich mittelbar der Abwehr von Cyberbedrohungen durch die **Gewinnung von Informationen,** etwa über Eigenschaften von Angriffen oder Angreifern, im Ausland dienen, dienen ähnlich wie die militärische Spionage der Verteidigung.[235] Insbesondere mit Blick auf ihr jeweiliges Ziel und das mit ihnen verbundene Eskalationspotential können sie je nach den Umständen des Einzelfalls unterhalb der Schwelle eines Einsatzes liegen.[236] Vergleichbar mit den Aufklärungsmaßnahmen des BND bedürfen sie einer auf die Intensität des Grundrechtseingriffs abgestimmten gesetzlichen Grundlage (→ Rn. 61 ff.). 90

Maßnahmen, die sich über die Abwehr einer gegenwärtigen Cyberbedrohung hinaus **militärisch offensiv auswirken sollen,** stellen als ergänzendes Element einer Operation oder als eigenständige Operation einen **über die Verteidigung hinausgehenden Einsatz** dar, für den die allgemeinen völkerrechtlichen und verfassungsrechtlichen Regeln einschließlich des wehrverfassungsrechtlichen Parlamentsvorbehalts gelten.[237] Erfolgen sie im Rahmen völkerrechtlicher Befugnisse zu einer kriegerischen militärischen Gewaltanwendung gilt für die Cyber-Operation hinsichtlich der Anforderungen an innerstaatliche Rechtsgrundlagen, auch für Grundrechtsbegriffe, nichts anderes, als für konventionelle Einsätze der Bundeswehr.[238] 91

---

[230] *Lahmann* in Hornung/Schallbruch IT-SicherheitsR § 6 Rn. 46 ff.; *Spies-Otto* in Hornung/Schallbruch IT-SicherheitsR § 19 Rn. 17 ff.
[231] Vgl. auch die Befugnis zur Wahrnehmung von Aufgaben der Verkehrsregelung, Art. 87a Abs. 3 S. 1 GG.
[232] Näher *Kokott* in Sachs GG Art. 87a Rn. 56.
[233] *Spies-Otto* in Hornung/Schallbruch IT-SicherheitsR § 19 Rn. 38, die zugleich auf die Möglichkeit hinweist, über einen etwaigen Vorrang der Streitkräfte für den Schutz bestimmter ziviler Objekte bereits in der Feststellung des Spannungsfalls mit zu entscheiden.
[234] WD BT, WD 3 – 3000 – 159/18; zu den Begrifflichkeiten systematisierend *Barczak* NJW 2020, 595 (596 f.); zum Verständnis als Gegenmaßnahme unterschiedlicher Intensität *Kipker* GSZ 2020, 26 ff.; übergreifend, auch für den zivilen Bereich *Amthor* GSZ 2020, 251 ff.
[235] Zur Spionage *Kokott* in Sachs GG Art. 87a Rn. 8.
[236] Das prognostische Moment sowie das Eskalationspotential betonend *Marxsen* JZ 2017, 543 (550 f.); *Kipker* GSZ 2020, 20 (28).
[237] *Ladiges* NZWehrR 2017, 221 (242), auch zu Einbindung in konventionelle militärische Unternehmungen.
[238] Näher zum Gesetzesvorbehalt *Spies-Otto* NZWehrR 2016, 133 (148 ff.).

92 Schwieriger einzuordnen sind schließlich Maßnahmen, die der **Abwehr einer gegenwärtigen Cyberattacke** dienen und zu diesem Zweck auf IT-Systeme mit physischer Infrastruktur im Ausland einwirken, etwa um das den **Angriff steuernde Kontrollzentrum** zu blockieren. Überschreitet der abzuwehrende Angriff bereits die Schwelle eines bewaffneten Angriffs oder des Gewaltverbots und ist der Angriff einem Staat zurechenbar,[239] wären völkerrechtlich verschiedene Gegenmaßnahmen zulässig. Erreicht der abzuwehrende Angriff diese Schwelle nicht, würden einseitige Operationen, die die Schwelle zum Gewalt- oder Interventionsverbot überschreiten,[240] in die Souveränität des betroffenen Staates eingreifen und könnten je nach ihren Auswirkungen sogar ihrerseits als Verstoß gegen das Gewaltverbot eingeordnet werden.[241] Maßnahmen gegen Cyberbedrohungen unterhalb der Schwelle eines bewaffneten Angriffs setzen demnach völkerrechtlich die Kooperation des betroffenen Staates voraus. Für Angreifer ergeben sich daraus unter Umständen strategische Anreize, diese Schwelle gezielt zu unterschreiten.[242] Diese völkerrechtliche Erschwerung der Abwehr von Cyberbedrohungen lässt sich einseitig durch Anpassungen der innerstaatlichen Rechtslage nur begrenzt kompensieren. Ein Weg könnte darin liegen, auf staatsbezogene Pflichten hinzuwirken, auch unterhalb der Schwelle des Gewaltverbots bestimmte Formen systematisch organisierter Cyberbedrohungen im eigenen Hoheitsgebiet nicht zu dulden.[243]

E. Perspektiven

93 Die Abwehr von Cyberbedrohungen entwickelt sich zunehmend zu einer Querschnittsaufgabe, die neben den Gefahrenabwehrbehörden, den Geheimdiensten, den Strafverfolgungsbehörden und den Streitkräften auch die Rahmenbedingungen für die Bereitstellung von Waren und Dienstleistungen und den Schutz von Verbraucherinnen und Verbrauchern umfasst. Auf Ebene der Europäischen Union bildet die Gewährleistung von Cybersicherheit dadurch einen zentralen Faktor der Grundlage für den Binnenmarkt sowie die bereichsspezifischen, über Marktprozesse vermittelte Politik der Union.[244]

94 Bei der Anwendung und Konkretisierung rechtlicher Regelungen zur Abwehr von Cyberbedrohungen liegen die Herausforderungen nicht zuletzt in der Erfassung der spezifischen Art ihrer Entstehung sowie ihrer komplexen Auswirkungen, die jeweils nicht ohne weiteres in die **etablierten dogmatischen Kategorien** und zu den Prämissen der rechtlichen Regelungsstrukturen passen. Das betrifft etwa die Konkretisierung der Anforderungen aus dem Fernmeldegeheimnis und dem Recht auf informationelle Selbstbestimmung bei systematischen Maßnahmen zum Monitoring von Netzwerken und der Analyse von Cyberbedrohungen, die Kooperation und insbesondere den Informationsaustausch unterschiedlicher Stellen bei der Abwehr von Cyberbedrohungen und die Abgrenzung überlappender Kompetenzen.[245]

---

[239] Zu den Anforderungen und Möglichkeiten der Attribution *Spies-Otto* in Hornung/Schallbruch IT-SicherheitsR § 19 Rn. 20 ff.
[240] Spielraum unterhalb dieser Schwelle sieht *Amthor* GSZ 2020, 251 (257); differenzierend, auch zu Gegenmaßnahmen unterhalb der Angriffsschwelle *Barczak* NJW 2020, 595 (597 f.).
[241] *Marxsen* JZ 2017, 543 (550); WD BT, WD 3 – 3000 – 159/18, S. 4.
[242] *Spies-Otto* in Hornung/Schallbruch IT-SicherheitsR § 19 Rn. 1.
[243] Zu den Ansätzen bei Aktivitäten, die von Privaten ausgehen, aber in der Sache die Schwelle zum Gewaltverbot überschreiten, *Spies-Otto* in Hornung/Schallbruch IT-SicherheitsR § 19 Rn. 20 ff.
[244] *Europäische Kommission/Hoher Vertreter der Union für Außen- und Sicherheitspolitik*, Gemeinsame Mitteilung Die Cybersicherheitsstrategie der EU für die digitale Dekade, JOIN(2020) 18 final; zur Bedeutung und Perspektive kürzlich *Rat der Europäischen Union*, Entwurf von Schlussfolgerungen des Rates zur Cybersicherheitsstrategie der EU für die digitale Dekade, 6722/21.
[245] Die Flexibilität bei der gesetzlichen Ausgestaltung des nachrichtendienstlichen Trennungsgebots betont *Amthor* GSZ 2020, 251 (257 f.).

3. Teil: Sicherheitsgewährleistung durch Aufklärung

§ 16 Wissensabhängigkeit und Wissensgenerierung im Sicherheitsverwaltungsrecht

Tristan Barczak

Übersicht

	Rn.
A. Einführung	1
B. Wissen in der Sicherheitsgesellschaft	4
I. Standortbestimmungen: Wissensgesellschaft und Wissensstaat	4
1. Die Sicherheit im Wissen und Nichtwissen	4
2. Der Präventionsstaat als Staat des rationalen Wissens	12
II. Begriffsklärungen: Wissen und Wissensgenerierung	17
1. Wissen als eigenständige Dimension des Sicherheitsrechts	18
2. Wissensgenerierung als systeminterner Vorgang der Sicherheitsverwaltung	22
a) Informationsbasierte Kontextualisierung	23
b) Behördeninterne Expertifizierung und Scientifizierung	25
c) Normative Strukturierung	30
C. Strategien der Wissensgenerierung in der Sicherheitsverwaltung	35
I. Polizeiliche Wissensgenerierung	36
1. Landeskriminalämter	36
2. Bundeskriminalamt	40
II. Nachrichtendienstliche Wissensgenerierung	46
1. Bundesnachrichtendienst	47
2. Bundesamt für Verfassungsschutz	52
III. Wissensgenerierung in übergreifenden Strukturen	55
1. Gemeinsames Terrorismusabwehrzentrum (GTAZ)	56
2. Gemeinsames Extremismus- und Terrorismusabwehrzentrum (GETZ)	59
3. Gemeinsames Internetzentrum (GIZ)	60
4. Nationales Cyber-Abwehrzentrum (NCAZ)	62
D. Rechtsschutz und Kontrolle	64
E. Perspektiven	65

Wichtige Literatur:

Augsberg, I., Von der Gefahrenabwehr zu Risikomanagement und Opportunitätswahrnehmung – Neue Paradigmen im Verwaltungsrecht, in Peter, C./Funcke, D., Wissen an der Grenze – Zum Umgang mit Ungewissheit und Unsicherheit in der modernen Medizin, 2013, 209–232; *Augsberg, I.,* Informationsverwaltungsrecht – Zur kognitiven Dimension der rechtlichen Steuerung von Verwaltungsentscheidungen, 2014; *Engel, C./Halfmann, J./Schulte, M.,* Wissen – Nichtwissen – Unsicheres Wissen, 2002; *Fassbender, B.,* Wissen als Grundlage staatlichen Handelns, in Isensee, J./Kirchhof, P., Handbuch des Staatsrechts, Bd. IV: Aufgaben des Staates, 3. Aufl., 2006, § 76, S. 243–312; *Kremer, C.,* Ungewissheit im Sicherheitsverwaltungsrecht, in Augsberg, I., Extrajuridisches Wissen im Verwaltungsrecht – Analysen und Perspektiven, 2013, 195–215; *Kuhlmann, S./Trute, H.-H.,* Predictive Policing als Formen polizeilicher Wissensgenerierung, in GSZ 2021, 103–111; *Meyer, S.,* Kriminalwissenschaftliche Prognoseinstrumente im Tatbestand polizeilicher Vorfeldbefugnisse, in JZ 2017, 429–439; *Poscher, R./Rusteberg, B.,* Die Aufgabe des Verfassungsschutzes – Zur funktionalen Trennung von Polizei und Nachrichtendiensten, in KJ 47 (2014), 57–71; *Röhl, H. Chr.,* Wissen – Zur kognitiven Dimension des Rechts, Die Verwaltung Beiheft 9, 2010; *Rusteberg, B.,* Wissensgenerierung in der personenbezogenen Prävention – Zwischen kriminalistischer Erfahrung und erkenntnistheoretischer Rationalität, in Münkler, L., Dimensionen des Wissens im Recht, 2019, 233–264; *Schuppert, G. F./Voßkuhle, A.,* Governance von und durch Wissen, 2008; *Spiecker gen. Döhmann, I.,* Wissensverarbeitung im Öffentlichen Recht, in RW 1 (2010), 247–282; *Spiecker gen. Döhmann, I./Collin, P.,* Generierung und Transfer staatlichen Wissens im System des Verwaltungsrechts, 2008; *Unger, S.,* Wissensregulierung, in Kirchhof, G./Korte, S./Magen, S., Öffentliches Wettbewerbsrecht – Neuvermessung eines Rechtsgebiets, 2014, § 8, S. 239–279; *Vesting, T.,* Die Bedeutung von Information und Kommunikation für die verwaltungsrechtliche Systembildung, in Hoffmann-Riem, W./Schmidt-Aßmann, E./Voßkuhle, A., Grundlagen des Verwaltungsrechts, Bd. II: Informationsordnung, Verwaltungsverfahren, Handlungsformen, 2. Aufl. 2012, § 20, S. 1–34; *Winkler, D.*, Handlungsstrategien der legalistischen Verwaltung in Ungewissheitssituationen, in König, K./Kropp, S./Kuhlmann, S./Reichard, C./Sommermann, K.-P./Ziekow, J., Grundmuster der Verwaltungskultur – Interdisziplinäre Diskurse über kulturelle Grundformen der öffentlichen Verwaltung, 2014, 81–103; *Winkler, D.*, Entscheidungen unter Ungewissheit – Eine politikvergleichende Betrachtung, in Hill, H./Schliesky, U., Management von Unsicherheit und Nichtwissen, 2016, 185–201; *Wollenschläger, B.*, Wissensgenerierung im Verfahren, 2009.

Hinweis:
Alle Internetfundstellen wurden zuletzt am 31.3.2022 abgerufen.

A. Einführung

1 *Wissen ist Macht.*[1] Diese geflügelte Wendung besitzt gerade in der modernen Risiko- und Sicherheitsgesellschaft besondere Berechtigung. Bei letzterer handelt es sich zugleich um eine Wissensgesellschaft,[2] in der sich – im Sinne des Weber'schen Ideals – „Herrschaft kraft Wissen"[3] definiert. Damit wird nicht nur die Notwendigkeit betont, durch Informiertheit über den Sachverhalt willkürliche und unverhältnismäßige Maßnahmen im Einzelfall zu vermeiden, sondern auch auf die Unentbehrlichkeit wissens- wie wissenschaftsbasierter Eingriffs- und Bewertungsindikatoren hingewiesen.[4] Sicherheitsgewährleistung ist – kurz gesagt – wissensabhängig. Ohne die notwendigen Kenntnisse um die Risiken und Gefahren einer bestimmten Situation, einer technischen Anlage oder eines konkreten Verhaltens lässt sich eine sicherheitsbehördliche Prognose nicht verlässlich treffen.[5] Dies gilt dem Grunde nach bereits seit der Entstehung des modernen Polizei- und Ordnungsrechts im 19. Jahrhundert. Das hergebrachte Polizei- und Ordnungsrecht folgte dem klassischen **Modell entscheidungsbezogener Wissensgenerierung.**[6] Gefahrenabwehr basierte stets auf einer Zukunftsvorausschau und damit auf den Erfahrungen sowie dem Wissensstand der handelnden Verwaltungsbeamten und zuständigen Behörden. Bei der Feststellung, ob eine Gefahr für die öffentliche Sicherheit und Ordnung im Sinne der Generalklauseln und Standardermächtigungen vorliegt, ist ausgehend von einer vom Amtsermittlungsgrundsatz (§ 24 VwVfG) unterfütterten Sachverhaltsdiagnose eine Prognose der Wahrscheinlichkeit eines Schadenseintritts erforderlich. Diese kann allein mithilfe von Wissen gebildet werden. Für die notwendige Verknüpfung von Sachverhalts- und Faktenwissen einerseits sowie von Norm- und Verfahrenswissen andererseits war nach dem idealtypischen Modell des Polizeirechts die praktische Lebenserfahrung, das „Alltagswissen" des handelnden Beamten ausreichend;[7] ein spezifisches „Sonderwissen" war in der Vergangenheit hingegen regelhaft nicht gefordert.[8] Die Wissensabhängigkeit der Sicherheitsgewährleistung nimmt in einer

---

[1] Instruktiv *Adolf/Stehr*, Ist Wissen Macht?, 2. Aufl. 2018; *Krüper* FS Morlok 2019, 75 ff.; *Schuppert*, Wissen, Governance, Recht, 2019, 95 ff. Zur Symmetrie von Macht und Wissen näher *Stehr*, Die Freiheit ist eine Tochter des Wissens, 2015, 245 ff.
[2] Zum Begriff jeweils mwN *Vesting* in Hoffmann-Riem/Schmidt-Aßmann/Voßkuhle VerwR II § 20 Rn. 36 f.; *Augsberg* in Peter/Funcke, Wissen an der Grenze, 2013, 209 (209); *Augsberg,* Informationsverwaltungsrecht, 2014, 8 f., 27, 28, 54 f., 107, 196, 256, 263 et passim.
[3] *Weber*, Wirtschaft und Gesellschaft, 1922 (Studienausgabe 1972), 129.
[4] *Wolf* SozW 39 (1988), 164 (164).
[5] S. nur *Lepsius* in Dreier/Willoweit, Wissenschaft und Politik, 2010, 181–196.
[6] *Trute* in H. Chr. Röhl, Wissen – Zur kognitiven Dimension des Rechts, 2010, 11 (27). Zur Relevanz von Wissen für staatliche Entscheidungen zuletzt näher *Germann*, Freiheit – Sicherheit – Unsicherheit, 2021, 24 ff.
[7] *Jaeckel*, Gefahrenabwehrrecht und Risikodogmatik, 2010, 264; *Kremer* in Augsberg, Extrajuridisches Wissen im Verwaltungsrecht, 2013, 195 (197); *Trute* DV 46 (2013), 537 (538 f.). Zum Ganzen *Wollenschläger*, Wissensgenerierung im Verfahren, 2009, 10 ff. Zu den unterschiedlichen Arten rechtserheblichen Wissens überblicksweise auch *Hoffmann-Riem* in H. Chr. Röhl, Wissen – Zur kognitiven Dimension des Rechts, 2010, 159 (169 f.); *Hoffmann-Riem* AöR 145 (2020), 1 (7 ff.).
[8] *Augsberg* in Peter/Funcke, Wissen an der Grenze, 2013, 209 (214), mwN. Grundlegend zur Differenzierung zwischen allgemeinem Wissen und (staatlichem) Sonderwissen *Fassbender* in Isensee/Kirchhof StaatsR-HdB IV § 76 Rn. 97 ff., 104 ff.

A. Einführung § 16

Gegenwart, die von zunehmender Komplexität gekennzeichnet ist, jedoch exponentiell zu und gewinnt an soziologischer wie rechtlicher Relevanz: Mit der Globalisierung, Digitalisierung und Dynamisierung der modernen Risikogesellschaft sowie ihren ubiquitären Entgrenzungen in räumlicher, zeitlicher und rechtlicher Hinsicht wird auch die **Gewährleistung der öffentlichen Sicherheit zunehmend komplexer**.[9] „Wissensbestände allgemeiner Art"[10] wie das Alltagswissen oder die kriminalistische Erfahrung des handelnden Beamten, gesellschaftliche Konventionen oder statistische Aussagen reichen für einen prognostischen Schluss von einer bestimmten Ausgangssituation auf einen potentiell schadensträchtigen Geschehensablauf in Anbetracht einer an Komplexität zunehmenden Lebenswirklichkeit vielfach nicht mehr aus. Angesichts der katastrophischen Dimensionen moderner Bedrohungsszenarien wie dem internationalen Terrorismus, globalen Pandemien, den Folgen des Klimawandels und den hierdurch erzwungenen Migrationen[11] werden die Verfahren auf eine möglichst frühzeitige, möglichst kontinuierliche und möglichst lückenlose Wissensgenerierung umgestellt.[12] Hierbei geht es nicht mehr allein um das Sammeln von Informationen für Entscheidungen, sondern um den **„Aufbau von Wissensinfrastrukturen"** und **„Wissensspeichern"**, verstanden als Ausrichtung auf die fortwährende Generierung von Wissen als einer „Zwischenschicht" zwischen dem Gesetz und seiner einzelfallbezogenen Anwendung.[13] Schon die allgemeinen Gefahrenabwehrbehörden sind dabei zunehmend auf die Expertise fachkundiger Stellen angewiesen.[14] Im Zuge dessen kommt es zu einer **„Expertifizierung"**[15] **des Polizei- und Sicherheitsrechts.**

Dabei verändern sich zugleich die **Gegenstände des Unsicheren:** Einer wachsenden Sicherheit im Bereich der umwelt- und technikbezogenen Risikovorsorge stehen zunehmende Unsicherheiten im Kontext der personenbezogenen Prävention gegenüber.[16] Je mehr schon der Mensch selbst und sein mögliches Verhalten als Risiko betrachtet und zum Gegenstand einer personalen Risikovorsorge gemacht werden, desto schwieriger fällt die sicherheitsbehördliche Prognose. Die Bewältigung menschlicher, dh handlungsassoziierter Risiken stößt auf besondere Schwierigkeiten, ist menschliches Handeln doch in weitem Umfang nicht staatlich kontrollierbar und damit noch weniger prognostizierbar.[17] Es kommt gewissermaßen zu einer **Entgrenzung der Erkenntnisgrundlagen.**[18] Sicherheitsgewährleistung wandelt sich von der klassischen Gefahrenabwehr zum **Risikomanagement.**[19] Beim Management von Unsicherheit gilt es, auf Diskontinuitäten, schwache

---

[9] *Schuppert*, Wissen, Governance, Recht, 2019, 36 ff.
[10] *Bäcker* Terrorismusabwehr 67.
[11] Zur Phänomenologie der Bedrohungsszenarien → § 1 Rn. 35 ff.
[12] Allgemein *Kirchhof* in Isensee/Kirchhof StaatsR-HdB V § 99 Rn. 17; *K. F. Röhl/H. Chr. Röhl*, Allgemeine Rechtslehre, 3. Aufl. 2008, 494. Konkret für das Recht der Nachrichtendienste *Gärditz* JZ 2020, 825 (829).
[13] *Franzius* in Darnaculleta i Gardella/Esteve Pardo/Spiecker gen. Döhmann, Strategien des Rechts im Angesicht von Ungewissheit und Globalisierung, 2015, 248 (259).
[14] Vgl. nur die Legaldefinition einer „abstrakten Gefahr" in § 2 Nr. 6 NPOG, § 4 Nr. 3 lit. h SächsPVDG, § 3 Nr. 3 lit. f SOG LSA, § 54 Nr. 3 lit. e ThürOBG. Hierzu auch *Kremer* in Augsberg, Extrajuridisches Wissen im Verwaltungsrecht, 2013, 195 (197). Ob diese Fachkunde extern eingeholt oder intern generiert wird, ist eine davon zu unterscheidende Frage, → Rn. 22 ff.
[15] *Wollenschläger*, Wissensgenerierung im Verfahren, 2009, 13. Zu den Wissenskategorien im Polizei- und Sicherheitsrecht sowie der begrifflichen Öffnung gegenüber „extradisziplinären" Erkenntnissen auch *Münkler*, Expertokratie, 2020, 237 ff., 247 ff.
[16] Zu dieser Gewichtsverschiebung bereits *Engel/Halfmann/Schulte*, Wissen – Nichtwissen – Unsicheres Wissen, 2002.
[17] *Winkler* in Hill/Schliesky, Management von Unsicherheit und Nichtwissen, 2016, 185 (189); ähnlich *Meyer* JZ 2017, 429 (437): „[M]enschliches Verhalten [ist] nicht in gleicher Weise wie Naturprozesse einer deduktiv-nomologischen Erklärung zugänglich". Vgl. auch schon *Isensee* GS Brugger, 2013, 499 (521): „Aus krummem Holze geschnitzt, bleibt [der Mensch] ein unberechenbarer Faktor in jedwedem Verfassungsgehäuse". Zu den Möglichkeiten und Schwierigkeiten der Früherkennung terroristischer Einzeltäter *Bannenberg* in Lüttig/Lehmann, Der Kampf gegen den Terror in Gegenwart und Zukunft, 2019, 259–281.
[18] Vgl. dazu *Thiel*, Die „Entgrenzung" der Gefahrenabwehr, 2011, 65 ff.
[19] Nur exemplarisch und bezogen auf den hier interessierenden Kontext *Scherzberg* in Engel/Halfmann/Schulte, Wissen – Nichtwissen – Unsicheres Wissen, 2002, 113 (135 ff.); *Augsberg* in Peter/Funcke, Wissen an der Grenze, 2013, 209 (222 ff.).

Signale und vordergründige Nebensächlichkeiten zu achten; Bewusstseinsbildung, Wissensgenerierung, Ungewissheitsbewertung, Zukunftsfähigkeit und Flexibilität stellen insofern das neue Anforderungsprofil einer adaptionsgeleiteten Tätigkeit im Bereich der Sicherheitsverwaltung dar.[20] Bei dieser geht es im Kern um Unsicherheitsverwaltung, Ungewissheitsbewältigung und **Nichtwissensmanagement.** Zwar nimmt der Umgang mit Informationen und Daten eine „Schlüsselstellung"[21] im Sicherheitsrecht ein, denn staatliche Sicherheitsgewährleistung besteht zu einem wesentlichen Teil aus Prognostik und Informationsverarbeitung.[22] Bisher hat sich das Öffentliche Recht jedoch nur sehr zurückhaltend mit dem „Wissen des Staates"[23] einschließlich seiner Gewinnung, Verarbeitung und Verwendung auseinandergesetzt.[24] Die Frage, wie die Sicherheitsverwaltung das Wissen generiert, auf das sie bei der Rechtsanwendung wie auch allgemein bei der Erfüllung ihrer Aufgaben angewiesen ist und das zugleich, jedenfalls im Ausgangspunkt, die Basis für die Sicherheitsgesetzgebung bildet, wird nur sehr vereinzelt und allenfalls fragmentarisch reflektiert.[25] Soweit sich die Staats- und Verwaltungsrechtslehre in der Vergangenheit überhaupt mit dieser Frage näher befasst hat,[26] standen fast ausschließlich das **Umwelt- und Technikrecht** sowie das **Regulierungsrecht** (Telekommunikationsrecht) als Referenzgebiete im Vordergrund.[27] Demgegenüber wird die Frage der Wissensgenerierung in dem Bereich, in dem nicht umwelt- oder technikassoziierte, sondern primär handlungs- und personenbezogene Risiken und damit das Individuum selbst im Fokus stehen,[28] überwiegend als Aspekt der behördlichen Informationsvorsorge behandelt und mit Blick auf die verfassungsrechtlichen wie einfach-rechtlichen Vorgaben hinsichtlich der Erhebung, Speicherung und Übermittlung personenbezogener Daten untersucht.[29] **Konzeptionelle Ansätze,** die die Wissensgenerierung der Behörden im Bereich von Risiko und Vorsorge strukturieren, **fehlen bislang.**[30] Gerade im Bereich der personenbezogenen Prävention bzw. der personalen Risikovorsorge,[31] zu dem auch die hier interessierenden Facetten des

---

[20] *Hill* DÖV 2010, 789 (792, 793); ähnlich *Kment* JZ 2010, 62 (69).
[21] *Gärditz* GSZ 2017, 1 (4).
[22] Zur begrifflichen Unterscheidung zwischen Information und Wissen noch → Rn. 19 ff.
[23] Soweit hier von einem „Wissen des Staates" die Rede ist, werden damit bestimmte Kenntnisse und Erkenntnisse „dem Staat" als einer einheitlichen und dauerhaften juristischen Person zugeordnet. Damit soll nicht verdeckt werden, dass dieses Wissen – zumal im Bereich der bundesstaatlich differenzierten Sicherheitsgewährleistung – auf unterschiedliche staatliche Ebenen, Organe und Institutionen verstreut ist, vgl. allgemein *Fassbender* in Isensee/Kirchhof StaatsR-HdB IV § 76 Rn. 7.
[24] *Spiecker gen. Döhmann* RW 1 (2010), 247 (247).
[25] Eine erste eingehendere Untersuchung liefert *Rusteberg* in Münkler, Dimensionen des Wissens im Recht, 2019, 233–264. Ansätze finden sich schon bei *Albers* Determination 114 ff., 259 ff.; *Appel* FS Hoffmann-Riem, 2010, 1165–1207; *Augsberg* in Peter/Funcke, Wissen an der Grenze, 2013, 209–232; *Bäcker,* Kriminalpräventionsrecht, 2015, 197 ff.; *Kremer* in Augsberg, Extrajuridisches Wissen im Verwaltungsrecht, 2013, 195–215; *Poscher/Rusteberg* KJ 47 (2014), 57–71; *Trute* DV 46 (2013), 537–561.
[26] Zur späten Entdeckung dieser Thematik im Öffentlichen Recht *Voßkuhle* in Isensee/Kirchhof StaatsR-HdB III § 43 Rn. 11 f.; vgl. auch *Unger* in Kirchhof/Korte/Magen, Öffentliches Wettbewerbsrecht, 2014, § 8 Rn. 15: „Wissens- und informationsrechtlich ist das öffentliche Recht ein Spätentwickler".
[27] Vgl. *Di Fabio,* Risikoentscheidungen im Rechtsstaat, 1994, insbesondere 78 ff., 110 f., 192 ff., 195 ff., 295 f., 340 f. *et passim; Ladeur,* Das Umweltrecht der Wissensgesellschaft, 1995, 24 ff.; *Schulte* in Collin/Spiecker gen. Döhmann, Generierung und Transfer staatlichen Wissens im System des Verwaltungsrechts, 2008, 259–269; *Wollenschläger,* Wissensgenerierung im Verfahren, 2009, 55 ff., 116 ff. In jüngerer Zeit werden zunehmend weitere Bereiche erschlossen: Zur Wissensgenerierung im verwaltungsgerichtlichen Verfahren etwa *Guckelberger* DVBl 2017, 222–232; zur Wissensabhängigkeit der Asylentscheidung *Mitsch,* Das Wissensproblem im Asylrecht, 2020, 30 ff. *et passim.*
[28] Diese Differenzierung folgt *Winkler* in Hill/Schliesky, Management von Unsicherheit und Nichtwissen, 2016, 185 (189 ff., 195 ff.).
[29] *Aulehner,* Polizeiliche Gefahren- und Informationsvorsorge, 1998; *Trute* GS Jeand'Heur, 1999, 403–428; *Bonin,* Grundrechtsschutz durch verfahrensrechtliche Kompensation bei Maßnahmen der polizeilichen Informationsvorsorge, 2012.
[30] Darauf ebenfalls hinweisend *Trute* DV 46 (2013), 537 (537, 543).
[31] *Rusteberg* in Gusy/Kugelmann/Würtenberger Zivile Sicherheit-HdB 6. Kap. Rn. 15: „Gegenstand der personenbezogenen Sicherheitsgewährleistung ist der einzelne Mensch, der als Risikoquelle angesehen wird"; *Rusteberg* in Ferreau/Brings-Wiesen, 40 Jahre „Deutscher Herbst", 2019, 191–206.

polizeilichen und nachrichtendienstlichen Staatsschutzes zu rechnen sind,[32] besitzt diese Frage aufgrund ihrer Grundrechtssensibilität jedoch eine besondere Relevanz.[33]

Im Folgenden soll die Wissensabhängigkeit staatlicher Sicherheitsgewährleistung ausgehend von den spezifischen Funktionsbedingungen der Sicherheits- und Risikogesellschaft als einer Wissensgesellschaft analysiert werden (→ Rn. 4 ff.). Dabei wird gezeigt, dass **Wissen und Nichtwissen** im Recht der Sicherheitsverwaltung nicht länger als Gegensätze behandelt werden können, sondern mehr und mehr in **Wechselbeziehung** zueinander stehen. Der „Herrschaft kraft Wissen" (→ Rn. 1) wird mit anderen Worten eine „Herrschaft kraft Nichtwissen"[34] oder zumindest eine „Herrschaft trotz Nicht-Wissen"[35] an die Seite gestellt. Im Anschluss daran wird die Wissensgenerierung im Bereich des Staatsschutzes durch Polizei und Nachrichtendienste sowie im Rahmen übergreifender Strukturen dargestellt und auf ihr jeweiliges Erkenntnisinteresse, ihre Handlungsstrategien und Instrumente untersucht (→ Rn. 35 ff.).

B. Wissen in der Sicherheitsgesellschaft

I. Standortbestimmungen: Wissensgesellschaft und Wissensstaat

1. Die Sicherheit im Wissen und Nichtwissen

Ein wesentliches Kennzeichen der modernen Risiko- und Sicherheitsgesellschaft[36] ist ihre „Wissensabhängigkeit"[37] bzw. „Wissensbasierung"[38]. Die Sicherheitsgesellschaft ist in jeder Hinsicht eine **Wissensgesellschaft.** In ihr stehen Wissen und Nichtwissen nicht unverbunden nebeneinander, sondern bedingen und begrenzen sich wechselseitig. Man kann die Sicherheitsgesellschaft daher präziser als eine „(Nicht-)Wissensgesellschaft"[39] kennzeichnen.

Die Wissensgesellschaft basiert zunächst auf einer **„Sicherheit im Wissen":** Wer die für das Entstehen von Risiken und Gefahren relevanten Umstände kennt und kompetent einschätzt, kann gerade deshalb sicher sein.[40] Wenn man weiß, dass das Risiko in Westeuropa, Opfer eines Terroranschlags zu werden, vergleichsweise gering ist,[41] wird man Großveranstaltungen wie Konzerte oder Weihnachtsmärkte nicht meiden und sich auch bei dem Besuch eines Karnevalsumzugs oder Volksfests sicher fühlen. Mit Blick auf die für die Sicherheitsgesellschaft charakteristische Ambivalenz von Freiheit und Sicherheit[42] ist das **Wissen** zudem eine unverzichtbare **Voraussetzung der Freiheit** sowie ein notwendiger

---

[32] *Rusteberg* in Münkler, Dimensionen des Wissens im Recht, 2019, 233 (247). Zu den Themengebieten des Sicherheits- und Staatsschutzrechts → § 6 Rn. 28 ff.
[33] *Winkler* in Hill/Schliesky, Management von Unsicherheit und Nichtwissen, 2016, 185 (194).
[34] *Holzer/May* SozW 56 (2005), 317–335.
[35] *Augsberg* in Peter/Funcke, Wissen an der Grenze, 2013, 209 (212), mwN; *Bleicher* SozW 63 (2012), 97–111 („Entscheiden trotz Nichtwissen").
[36] Zum synonymen Gebrauch von Risiko- und Sicherheitsgesellschaft *Puschke,* Legitimation, Grenzen und Dogmatik von Vorbereitungstatbeständen, 2017, 8. Zumindest von einer engen Verwobenheit beider ausgehend *Hefendehl* NK 25 (2013), 19 (21).
[37] *Beck,* Risikogesellschaft, 1986, 35. Zur politischen Bedeutung des Wissens in der Risikogesellschaft vgl. auch *Wilde* in Engelhardt/Kajetzke, Handbuch Wissensgesellschaft, 2010, 35 (39 f.).
[38] In historischer Perspektive *Horstmann/Peltzer* in Schuppert/Voßkuhle, Governance von und durch Wissen, 2008, 33–48; vgl. auch *Schulz* DVP 2010, 354 (354). Zur „Wissensbasiertheit des Verwaltungsrechts" exemplarisch *Schmehl* in Collin/Spiecker gen. Döhmann, Generierung und Transfer staatlichen Wissens im System des Verwaltungsrechts, 2008, 270 (270 ff.).
[39] Ohne Bezug zur Sicherheitsgesellschaft *Augsberg,* Informationsverwaltungsrecht, 2014, 107.
[40] *Gusy* KritV 93 (2010), 111 (122).
[41] Hierzu *Renn,* Terror in Europa – Kein Grund, so viel Angst zu haben, abrufbar unter: https://www.zeit.de/wissen/2016-07/terror-in-europa-nizza-attentat-risiko-angst.
[42] Nur auszugsweise *Baldus* KritV 88 (2005), 364–374; *Brugger,* Freiheit und Sicherheit, 2004; *Calliess* DVBl 2003, 1096–1105; *Gusy* VVDStRL 63 (2004), 151–190; *Hoffmann-Riem* ZRP 2002, 497–501; *Hoffmann-Riem* in Papier/Münch/Kellermann, Freiheit und Sicherheit, 2016, 19–38; *Lepsius* in Rosenzweig/Eith, Islamistischer Terrorismus, 2006, 119–149; *Masing* JZ 2011, 753–758; *Masing* in Gander/Perron/Poscher et al., Resilienz in der offenen Gesellschaft, 2012, 41–53; *Voßkuhle* FS Würtenberger, 2013, 1101–1120.

Bestandteil, um die rechtsstaatliche Konkordanz von Freiheit und Sicherheit herstellen zu können. Dies hat das Bundesverfassungsgericht im **Volkszählungsurteil** auf markante Weise deutlich gemacht: Wer das Wissen möglicher Kommunikationspartner nicht einigermaßen abzuschätzen vermag, könne in seiner Freiheit wesentlich gehemmt werden, aus eigener Selbstbestimmung zu planen oder zu entscheiden. Mit der Verfassungsordnung des Grundgesetzes sei danach eine Gesellschaftsordnung und eine diese ermöglichende Rechtsordnung nicht vereinbar,

6 „in der Bürger nicht mehr wissen können, wer was wann und bei welcher Gelegenheit über sie weiß".[43]

7 Dem hiermit begründeten **Recht auf informationelle Selbstbestimmung** (Art. 2 Abs. 1 iVm Art. 1 Abs. 1 GG) liegt insofern ein umfassenderes Autonomieverständnis zugrunde, als es sein Name vermuten lässt: Es schließt die Selbstbestimmung über Daten, Informationen sowie ein Recht auf Wissen und Nichtwissen ein.[44] Denn ebenso wie Freiheit und Sicherheit durch positives Wissen determiniert sind, ist die Sicherheitsgesellschaft auch von einer **„Sicherheit im Nichtwissen"** abhängig: Wer die relevanten Umstände nicht kennt und darüber keine Rechenschaft ablegt, kann sich ebenfalls sicher fühlen.[45] Wenn man – um im Beispiel des Terrorismus zu bleiben – von den Planungen und Vorbereitungen für einen terroristischen Anschlag nichts weiß, kann man sich gerade deshalb in – objektiv möglicherweise falscher – Sicherheit wiegen. Diese „Sicherheit im Nichtwissen" wird schließlich ergänzt durch eine **„Sicherheit im Nichtwissenwollen"**[46]: Gerade angesichts der ubiquitären Zivilisationsrisiken kann der Einzelne heute nur noch mit dem Mentalvorbehalt einigermaßen ruhig leben, ihn selbst werde es wohl nicht treffen.[47] Dieses Phänomen wird als „bias of imaginability" gekennzeichnet.[48] Der Mensch neigt zu Verdrängungen der Realität und trifft keine Vorsorge für den objektiv möglichen, aber subjektiv unwahrscheinlichen Ernstfall.[49] Auch dies verleiht ihm Sicherheit.

8 Nicht nur aus subjektiver Perspektive sind Wissen und Nichtwissen um die Sicherheit wandelbar, auch das Wissen als solches ist zeitabhängig und ständig im Fluss.[50] **Wissen** wird immer **in einer bestimmten Zeit** und **für eine bestimmte Zeit** generiert: Wissen über und für die Gegenwart, Wissen über und für die Zukunft, Wissen über die Vergangenheit.[51] Für die Vergangenheit kann man zwar nicht mehr handeln, wohl aber können aus dem Vergangenen die notwendigen Lehren gezogen werden, um in der Gegenwart sachgerechte Entscheidungen zu treffen und für die Zukunft vorbereitet zu sein. Alles Wissen ist danach „Wissen in der Gegenwart, weil nur im jeweiligen Heute und Jetzt gewußt und auf dieser Grundlage gehandelt werden kann".[52] Diese Gegenwart ist geprägt durch einen gesellschaftlichen und technologischen Wandel, der die Wissensproblematik zu einer zentralen Herausforderung von Rechtsetzung, Rechtsanwendung und -vollzug macht. Mit dem Wandel vom liberalen Rechtsstaat des 19. Jahrhunderts zum intervenieren-

---

[43] BVerfGE 65, 1 (43) = NJW 1984, 419 – Volkszählung. Daran anknüpfend BVerfGE 115, 320 (341 f.) = NJW 2006, 1939 – Rasterfahndung; BVerfGE 120, 274 (312) = NJW 2008, 822 – Online-Durchsuchung; BVerfGE 152, 152 (188 f., Rn. 84) = NJW 2020, 300 – Recht auf Vergessen I.
[44] Dazu statt vieler *Kunig/Kämmerer* in v. Münch/Kunig GG Art. 2 Rn. 75 ff., 80.
[45] *Gusy* KritV 93 (2010), 111 (122).
[46] Ähnlich *Schulz* RW 3 (2012), 330 (341): „bewusst gewolltes Nichtwissen".
[47] *Wittreck* in Bruns/Gumpp/Mommsen et al., Terror, 2019, 119 (138); *M. H. W. Möllers* JBÖS 2010/11, 159 (161 ff.).
[48] *Tversky/Kahneman* in Kahneman/Slovic/Tversky, Judgment Under Uncertainty, 1982, 3 (12 f.). Zur Wahrnehmung der Realisation eines Risikos als „Schicksalsschlag" auch *Renn* in Hosemann, Risiko in der Industriegesellschaft, 1989, 167 (171 f.); *Dörries* in Killen/Lebovic, Catastrophes, 2014, 181 (182): „It is one thing to experience a catastrophe, and another to anticipate or predict a catastrophe".
[49] *Barczak*, Der nervöse Staat, 2. Aufl. 2021, 701.
[50] *Grunwald*, Technik und Politikberatung, 2008, 311 ff.
[51] *Fassbender* in Isensee/Kirchhof StaatsR-HdB IV § 76 Rn. 37.
[52] *Fassbender* in Isensee/Kirchhof StaatsR-HdB IV § 76 Rn. 37.

den Wohlfahrts- und Präventionsstaat und der damit einhergehenden quantitativen Ausweitung und qualitativen Veränderung der Staatsaufgaben[53] ist der **Bedarf an Informationen und Wissen drastisch gestiegen.**[54] Waren die wesentlichen Bedrohungen der Industriegesellschaft noch persönlich erfassbar, besaß also noch der Einzelne das erforderliche Wissen, um die ihm und seinen Angehörigen drohenden Gefahren richtig einschätzen zu können, zeichnen sich die modernen Zivilisationsrisiken, namentlich die Folgen des Klimawandels, globale Pandemien, Finanzkrisen oder der internationale Terrorismus aufgrund ihrer komplexen Ausgangsbedingungen und nicht überblickbaren Einflussfaktoren durch eine spezifisch-individuelle Ungreifbarkeit aus. Auf diese hat *Ulrich Beck* aufmerksam gemacht:

„Viele der neuartigen Risiken (nukleare oder chemische Verseuchungen, Schadstoffe in Nahrungsmitteln, Zivilisationskrankheiten) entziehen sich vollständig dem unmittelbaren menschlichen Wahrnehmungsvermögen. Ins Zentrum rücken mehr und mehr Gefährdungen, die für die Betroffenen oft weder sichtbar noch spürbar sind, Gefährdungen, die uU gar nicht mehr in der Lebensspanne der Betroffenen selbst wirksam werden, sondern bei ihren Nachkommen, in jedem Fall Gefährdungen, die der ‚Wahrnehmungsorgane' der Wissenschaft bedürfen – Theorien, Experimente, Meßinstrumente –, um überhaupt als Gefährdungen ‚sichtbar' zu werden".[55]

9

Um ihre Aufgaben bewältigen und normative Handlungsanweisungen formulieren zu können, benötigen Gesetzgeber und Verwaltung eine ausreichende **Wissensbasis;** erst die Verfügbarkeit von Wissen, also solcher Informationen, die in verarbeiteter, dh organisierter und systematisierter Form vorliegen,[56] schafft Handlungs-, Normierungs- und Entscheidungskapazitäten.[57] Nicht nur in den Bereichen des Umwelt- und Technikrechts sorgen unabschätzbare Risiken, globale Effekte sowie nichtlineare Kausalverläufe, Diskontinuitäten und Irreversibilitäten allerdings dafür, dass die Grenzen des verfügbaren Wissens immer schneller erreicht werden.[58] In jüngerer Zeit scheinen vielmehr „jene Anwendungsfelder zu explodieren, die gegenwärtige Wissenslücken erkennbar machen".[59] Zwar ist Wissen in einer Wissensgesellschaft prinzipiell jederzeit und allerorten für jedermann verfügbar;[60] die **Ubiquität des Wissens** perpetuiert paradoxerweise aber zugleich die Ungewissheit und führt zu immer neuem Unwissen.[61] Dass daran auch die beste und neueste Technologie nichts zu ändern vermag,[62] zeigt das Beispiel des *Predictive Policing* (→ Rn. 44). In diesem **„Wissensdilemma"**[63] liegt eine besondere Herausforderung für das Recht der staatlichen Sicherheitsgewährleistung.[64] Der rechtsstaatliche Auftrag der Sicherheitsverwaltung und Sicherheitsgesetzgebung bestand zwar seit jeher darin, eine

10

---

[53] Zu diesem Paradigmenwechsel in den Staatszwecken schon *Grimm* KritV 69 (1986), 38 (42 f.); ferner auszugsweise *Roßnagel*, Sicherheit für Freiheit?, 2003, 17 (20 ff.); *Appel*, Staatliche Zukunfts- und Entwicklungsvorsorge, 2005, 42 ff.; *Denninger* in Huster/Rudolph, Vom Rechtsstaat zum Präventionsstaat, 2008, 85 (88 ff.); *U. Volkmann* JZ 2004, 696 (700 ff.); *Röder* KritV 88 (2005), 303 (306 ff.); *Schieder* KritV 88 (2005), 264 ff.
[54] *Voßkuhle* in Hoffmann-Riem/Schmidt-Aßmann/Voßkuhle VerwR I § 1 Rn. 11, mwN.
[55] *Beck*, Risikogesellschaft, 1986, 35 – Hervorhebungen im Original hier ausgelassen.
[56] Zum Wissensbegriff noch → Rn. 18 ff.
[57] *Voßkuhle* in Hoffmann-Riem/Schmidt-Aßmann/Voßkuhle VerwR I § 1 Rn. 11, mwN.
[58] Aus der Fülle an Literatur zur Ungewissheit als Herausforderung für das (Verwaltungs-)Recht nur *Berg*, Die verwaltungsrechtliche Entscheidung bei ungewissem Sachverhalt, 1980; *Scherzberg* in Engel/Halfmann/Schulte, Wissen – Nichtwissen – Unsicheres Wissen, 2002, 113 (121 ff.); *Appel* in Schmidt-Aßmann/Hoffmann-Riem, Methoden der Verwaltungsrechtswissenschaft, 2004, 327–358; *Winkler* in König/Kropp/Kuhlmann et al., Grundmuster der Verwaltungskultur, 2014, 81–103. S. auch die Beiträge in *Darnaculleta i Gardella/Esteve Pardo/Spiecker gen. Döhmann*, Strategien des Rechts im Angesicht von Ungewissheit und Globalisierung, 2015; *Hill/Schliesky*, Management von Unsicherheit und Nichtwissen, 2016.
[59] *Winkler* in König/Kropp/Kuhlmann et al., Grundmuster der Verwaltungskultur, 2014, 81 (83).
[60] Vgl. nur *Pscheida* APuZ 18–20/2013, 16 (18): „Wikipediatisierung".
[61] *Hoffmann-Riem* in Hoffmann-Riem/Schmidt-Aßmann/Voßkuhle VerwR I § 11 Rn. 131.
[62] *Augsberg*, Informationsverwaltungsrecht, 2014, 40.
[63] *Voßkuhle* in Hoffmann-Riem/Schmidt-Aßmann/Voßkuhle VerwR I § 1 Rn. 11.
[64] *Kremer* in Augsberg, Extrajuridisches Wissen im Verwaltungsrecht, 2013, 195 (198 ff.).

Konkordanz von Freiheit und Sicherheit unter Ungewissheitsbedingungen herzustellen;[65] die Definition sozialadäquater Risiken und rechtsstaatlicher Eingriffsschwellen sowie die Prognose zukünftiger Gefahrenszenarien waren schon immer von technisch-sozialen Kontexten und dem in diesem Rahmen verfügbaren Wissen abhängig.[66] Handeln unter Bedingungen von Unsicherheit ist alltäglich und das Wissen vom Nichtwissen ist Wissen.[67] Mit der Zunahme der gesellschaftlichen **Ausdifferenzierung, Komplexität und Dynamik** muss aber auch die Sicherheitsgesetzgebung und -verwaltung entweder ihre Systematisierung verstärkt auf Prozesse der Wissensgenerierung ausrichten oder sich darauf einstellen, immer mehr Entscheidungen in immer größerem Ausmaß unter Ungewissheit treffen zu müssen.[68]

11 Unter dem Eindruck der neuartigen naturwissenschaftlich-technischen wie menschlichen Ungewissheiten droht der für die hergebrachte polizeiliche Rechtsanwendung zentrale **objektive Wissenshorizont** zu zerfallen.[69] Selbst der (gedachte) objektive Beobachter, der mit allem verfügbaren Wissen dieser Welt ausgestattet ist, gerät hier an seine Grenzen und muss sein Nichtwissen offenbaren. Anders als bei den für das klassische Polizeirecht typischen Sachlagen ist die durch neue Bedrohungsszenarien ausgelöste **Ungewissheit** nicht situativer, sondern **struktureller Natur:** So lassen sich gerade in den für das Staatsschutzrecht bedeutsamen Phänomenbereichen des Terrorismus, der Spionage und des Extremismus sowie ihrer Spielarten im digitalen Raum (Cyberterrorismus, Cybercrime, Cybersabotage und Cyberspionage)[70] schadensträchtige und harmlose Verhaltensweisen vielfach kaum unterscheiden. Schon die Tatsachenlage ist häufig durch ein spezifisches Nichtwissen in Gestalt einer hohen Ambivalenz der Bedeutung einzelner Beobachtungen gekennzeichnet. Bei diesen ist weithin offen, ob sie sich zu einer Rechtsgutsverletzung weiterentwickeln. Die Indizien oder einzelne beobachtete Tätigkeiten können in harmlosen, polizeirechtlich unerheblichen Zusammenhängen verbleiben; sie können aber auch der Beginn eines Vorgangs sein, der sich ohne großen Vorbereitungsaufwand in einem Terroranschlag mit hohem Personenschaden und mithilfe allgemein verfügbarer Mittel jederzeit und überall realisieren kann.[71] Auch ein Cyberangriff auf kritische Infrastrukturen wie Krankenhäuser, Rettungsdienste, Banken, Verkehrsbetriebe oder Energieversorgungsträger wird regelmäßig erst dann als solcher erkannt, wenn der Schaden kaum noch oder nicht mehr zu verhindern ist. Fügt sich das **Wissensdefizit auf Tatsachenebene** zumindest dem Grunde nach noch in das erfahrungsbasierte Konzept der Gefahrenabwehr ein, im Rahmen dessen die kognitiven Schwierigkeiten in die Kategorien der Anscheinsgefahr, des Gefahrenverdachts sowie – neuerdings – der drohenden Gefahr übersetzt und dort verarbeitet werden,[72] gilt dies nicht, soweit sich das Modell des erfahrungsorientierten kon-

---

[65] Grundlegend *Möstl*, Die staatliche Garantie für die öffentliche Sicherheit und Ordnung, 2002, 193 ff. Eingehend zur Sicherheitsgewährleistung als verfassungsrechtlichem Auftrag → § 2 Rn. 1 ff.
[66] *Gärditz* GSZ 2017, 1 (3). Näher hierzu *Poscher*, Gefahrenabwehr, 1999, 88 ff.
[67] *Stehr* APuZ 18–20/2013, 48 (48). Die analytische Eigenständigkeit des Nichtwissens betonen hingegen die Beiträge in *Twellmann*, Nichtwissen als Ressource, 2014.
[68] *Augsberg* in Peter/Funcke, Wissen an der Grenze, 2013, 209 (212), mwN.
[69] *Jaeckel*, Gefahrenabwehrrecht und Risikodogmatik, 2010, 157; *Jaeckel* JZ 2011, 116 (119 f., 124); *Jaeckel* in Pünder/Klafki, Risiko und Katastrophe als Herausforderung für die Verwaltung, 2016, 11 (21). Vgl. auch *Meyer* JZ 2017, 429 (438, 439): „Rationalitätsdefizit", „Gewissheitsdefizit".
[70] Vgl. zusammenfassend *M. H. W. Möllers* Polizei-WB 1161 ff. („Internetkriminalität"); *Könen* in Sensburg, Sicherheit in einer digitalen Welt, 2017, 45 (49 ff.).
[71] So die Kennzeichnung der terroristischen Bedrohung in BVerfGE 141, 220 (273, Rn. 113) = NJW 2016, 1781 – BKA-Gesetz; BVerwGE 158, 225 (236, Rn. 19) = NVwZ 2017, 1057; BVerwGE 159, 296 (304, Rn. 25) = InfAuslR 2018, 11 – Abschiebungsanordnung nach § 58a AufenthG. Den Terrorismus als „exzeptionelle Ungewissheitslage" bezeichnend *Meyer* JZ 2017, 429 (434).
[72] Allgemein dazu statt vieler *Schenke* in Schenke/Graulich/Ruthig BPolG § 14 Rn. 28–32; *Schenke* JuS 2018, 505–516. Zum kontrovers diskutierten polizeirechtlichen Konzept der drohenden Gefahr nur *Holzner* DÖV 2018, 946–951; *Leisner-Egensperger* DÖV 2018, 677–688; *Möstl* BayVBl. 2018, 156–163; *Shirvani* DVBl 2018, 1393–1398; *Weinrich* NVwZ 2018, 1680–1685; *Apostel* KJ 52 (2019), 147–158; *Enders* DÖV 2019, 205–211; *Wehr* JURA 2019, 940–950; *Welzel/Ellner* DÖV 2019, 211–220; *Pieroth* DV 53 (2020), 39–61. Näher → § 51 Rn. 51 ff.

tinuierlichen Wissenszuwachses selbst als defizitär erweist.[73] Dies ist gerade im Kontext des Terrorismus der Fall: Aufgrund der hohen faktischen Ambivalenz kann Wissen aus bereits vorhandenen Erfahrungen oder allgemeinen Modellen nur in sehr begrenztem Maße generiert werden. Hinzu kommt ein weitreichender **normativer Ausschluss des Erfahrungsgewinns:** Angesichts einer weithin unbestimmten Bedrohung sowie der staatlichen Schutzpflicht für die auf dem Spiel stehenden Rechtsgüter, namentlich das Recht auf Leben und körperliche Unversehrtheit (Art. 2 Abs. 2 S. 1 GG), ist ein auf Gefahrbeobachtung setzendes Handeln ebenso wenig eine geeignete, ausreichende und denkbare Option wie das heuristische Prinzip des „Trial and Error",[74] obschon gerade letzteres Lernvorgänge anstößt und sich zur Wissensgenerierung somit prinzipiell besonders eignet.[75] Angesichts von Ausmaß und Größe der hier in Rede stehenden Schadenspotentiale muss das Recht jedoch möglichst verhindern, dass auf diese Weise Erfahrung gewonnen wird.[76] Die sozialen Kosten für die Möglichkeit, aus entsprechenden Fehlern zu lernen, wären zu hoch.[77]

2. Der Präventionsstaat als Staat des rationalen Wissens

Die wachsende Kontingenz im Rechtstatsächlichen bedingt eine zunehmende Komplexität der Wissensgenerierung im Sicherheitsrecht.[78] Darüber hinaus verlangt sie von einem modernen Präventionsstaat konkretes Handeln in der Jetztzeit, auch wenn die Bedrohung im Ungefähren der Zukunft liegt.[79] Um es schon gar nicht erst zu gefährlichen Situationen kommen zu lassen oder auf den dennoch erfolgten Eintritt von Gefahren auch kurzfristig angemessen reagieren zu können, bedarf es des Wissens über Ursachenzusammenhänge und Kausalverläufe. Wirksames vorsorgendes polizeiliches Handeln setzt in der komplexen und vernetzten Lebenswirklichkeit die Erzeugung von Grundlagen- und Strukturwissen voraus.[80] Insofern hat ein Präventionsstaat im besonderen Maße den Anspruch, auch **Wissensstaat** zu sein.[81]

Bei diesem handelt es sich um einen „Staat des rationalen Wissens".[82] Die Generierung von Wissen gehört als Voraussetzung sachangemessener Entscheidungsfindung zu den **Aufgaben des modernen Staates und seiner Verwaltung.**[83] Wie das Personal, die Finanzmittel und die Organisation zählt das Wissen zu den unverzichtbaren Voraussetzungen staatlichen Handelns. Die Regeln des säkularisierten, von Religion und Moral emanzipierten Staates lassen sich nur auf der Grundlage gesicherten Wissens oder wissensmäßig begründeter Prognosen setzen, anwenden und legitimieren. Nur wenn sie wissensbasiert sind, genügen sie den Anforderungen der **Rechtsstaatlichkeit** (Art. 20 Abs. 3, 28 Abs. 1 S. 1 GG) sowie der **Unparteilichkeit und Willkürfreiheit** (Art. 3 Abs. 1 GG). Nur wenn sie von Wissen gestützt werden, können sie eine Akzeptanz beim Adressaten erwarten. Der

---

[73] *Augsberg* in Peter/Funcke, Wissen an der Grenze, 2013, 209 (214f.).
[74] Vgl. *Bäcker*, Kriminalpräventionsrecht, 2015, 43 f.: „Das kriminalistische Hauptanliegen im Umgang mit dem Terrorismus besteht angesichts des hohen Schadenspotenzials darin, Anschläge möglichst zuverlässig zu verhindern, und zwar auch dann, wenn ein Anschlag ersichtlich bevorsteht". Ähnlich *Gusy* VerwArch 101 (2010), 309 (320); *Baldus* DV 47 (2014), 1 (8f.); *Enders* DÖV 2019, 205 (210f.).
[75] *Rusteberg* in Münkler, Dimensionen des Wissens im Recht, 2019, 233 (241).
[76] *Scherzberg* VVDStRL 63 (2004), 214 (220).
[77] *Augsberg* in Peter/Funcke, Wissen an der Grenze, 2013, 209 (215).
[78] *Bäcker*, Kriminalpräventionsrecht, 2015, 224.
[79] *Barczak*, Der nervöse Staat, 2. Aufl. 2021, 35, mwN.
[80] *Schoch* Der Staat 43 (2004), 347 (353).
[81] *Rachor/Roggan* in Lisken/Denninger PolR-HdB C. Rn. 6. Zur Rolle des Staates in der Wissensgesellschaft vgl. auch *Steinbicker* in Collin/Horstmann, Das Wissen des Staates, 2004, 90–120.
[82] *Fassbender* in Isensee/Kirchhof StaatsR-HdB IV § 76 Rn. 2, 4. Näher zum „Konzept des rationalen Staates" *Voßkuhle* in Isensee/Kirchhof StaatsR-HdB III § 43 Rn. 1 ff.; *Voßkuhle* in Schuppert/Voßkuhle, Governance von und durch Wissen, 2008, 13–32.
[83] *Trute* in H. Chr. Röhl, Wissen – Zur kognitiven Dimension des Rechts, 2010, 11 (28 ff.); *Augsberg*, Informationsverwaltungsrecht, 2014, 41. Näher zur Wissensarbeit als staatlicher Aufgabe *Stoll* in Collin/Spiecker gen. Döhmann, Generierung und Transfer staatlichen Wissens im System des Verwaltungsrechts, 2008, 34 (35 ff.).

Staat hat demnach von Verfassungs wegen nicht nur das Recht, sondern auch die Pflicht, „die für rationales und planvolles staatliches Handeln erforderlichen Informationen zu beschaffen".[84] Für den modernen Staat gilt:

14 „Wer Autorität in Anspruch nimmt, muß diese auf Wissen gründen".[85]

15 Im Bereich des Sicherheitsrechts bilden Maßnahmen der Datenerhebung, Informationsgewinnung und Wissensgenerierung[86] somit nicht nur in rechtstatsächlicher Hinsicht die Grundlage für spätere physisch geprägte Maßnahmen wie Ingewahrsamnahmen, Aufenthalts- und Kontaktverbote oder Durchsuchungen. Vielmehr verschafft diese **Wissensbasis** auch eine **rechtsstaatlich notwendige Voraussetzung für das staatliche Gefahrenurteil** und den Zugriff der Sicherheitsbehörden.[87] Die Prognose, ob eine Gefahr im Sinne des Tatbestands sicherheitsbehördlicher, mit Befehl und Zwang verbundener Eingriffsbefugnisse vorliegt, setzt stets eine Diagnose voraus, dh die Feststellung des Sachverhalts und damit das Zusammentragen von Informationen.[88] Nicht zuletzt die Einschätzung einer Person als Risikoquelle und potentieller Gefahrenverursacher (**„Gefährder"**) bedarf umfangreicher und langfristig gesammelter Kenntnisse über diese Person.[89] Gerade weil im Rechtsstaat kausalverlaufsrelevante Freiheitseingriffe nur aufgrund hinreichender Informationen erlaubt sind, sind Informationserhebungen im Gefahrenvorfeld auch seitens der Polizei als Vollzugsbehörde verfassungsrechtlich ebenso unumgänglich wie unverzichtbar.[90] Dabei sind sie gesetzlich wesentlich präziser und enger zu fassen als diejenigen der Verfassungsschutzbehörden, welche grundsätzlich unabhängig von konkreten Gefahren im Vorfeld tätig werden.[91] Gleichwohl kommt die Wissensabhängigkeit des Präventionsstaates in dem für Verfassungsschutzbehörden synonym gebrauchten **Begriff des „Nachrichtendienstes"**[92] besonders pointiert zum Ausdruck: Die Tatsache, dass heimlich operierende, mit überlegenen Mitteln ausgestattete und nur begrenzt kontrollierbare staatliche Einrichtungen so bezeichnet werden, verweist auf den eingangs angesprochenen (→ Rn. 1) Zusammenhang von Wissen und Macht.[93]

16 Dieses Wissen liegt aus staatlicher Sicht jedoch nicht jederzeit und vollumfänglich abrufbar bereit. Das aufgrund der kompetenziellen und organisatorischen Ausdifferenzierungen

---

[84] BVerfGE 65, 1 (3) = NJW 1984, 419 – Volkszählung.
[85] *Luhmann*, Die Wissenschaft der Gesellschaft, 1990, 149.
[86] Zur terminologischen Abgrenzung von Daten, Informationen und Wissen noch → Rn. 19 ff.
[87] *Barczak*, Der nervöse Staat, 2. Aufl. 2021, 499; *Kugelmann* PolR 7. Kap. Rn. 1; *Kugelmann* DV 47 (2014), 25 (39); *Singelnstein* in Brunhöber, Strafrecht im Präventionsstaat, 2014, 41 (45); *Trute* DV 46 (2013), 537 (538 ff.); *Ogorek* JZ 2019, 63 (64).
[88] *Schucht*, Generalklausel und Standardmaßnahme, 2010, 116.
[89] *Rusteberg* in Gusy/Kugelmann/Würtenberger Zivile Sicherheit-HdB 6. Kap. Rn. 18. Zum spezifischen Wissensdefizit bei terroristischen „Gefährdern" auch *Hanschmann* KJ 50 (2017), 434 (440 ff.); *Austermann/Schlichte* KJ 51 (2018), 479 (487 ff.). Dazu auch noch → Rn. 41 ff. Zum spezifischen Präventionsrecht gegenüber Gefährdern → § 51 Rn. 1 ff.
[90] *Möstl*, Die staatliche Garantie für die öffentliche Sicherheit und Ordnung, 2002, 208; *Möstl* in Collin/Spieker gen. Döhmann, Generierung und Transfer staatlichen Wissens im System des Verwaltungsrechts, 2008, 239 (240 ff.); *Möstl* JURA 2005, 48 (52); *Möstl* DVBl 2007, 581 (584); DVBl 2010, 808 (810). Deutlich insoweit auch die Überlegungen im baden-württembergischen Landtag zur Änderung des Landespolizeigesetzes im Jahr 2008, LT-Drs. 14/3165, 89: „Rechtsstaatliche Gefahrenbeseitigung ist ohne vorangegangene Gefahrenaufklärung nicht denkbar. Die informationellen Befugnisse zur Gefahrenaufklärung treten deshalb nicht an die Stelle klassischer Gefahrenabwehr, sondern bereiten diese nur vor. Gerade, weil im Rechtsstaat Eingriffe in einen Kausalverlauf, z. B. durch Gewahrsamnahme oder Platzverweis, nur auf Grund einer hinreichenden Tatsachenbasis erlaubt sind, bedarf es zwingend einer vorbereitenden Datenerhebung und -verarbeitung [...]. Der letztendliche Gefahrenbeseitigungseingriff darf im Grundsatz nur gegen den ermittelten Störer gerichtet werden. Die vorgelagerte Ermittlung, wer Störer ist, kann dagegen naturgemäß nur ein Eingrenzungsvorgang sein".
[91] BVerfGE 130, 151 (206) = NJW 2012, 1419 – Zuordnung dynamischer IP-Adressen; BVerfGE 133, 277 (327, Rn. 120) = NJW 2013, 1499 – Antiterrordatei.
[92] Zum „Nachrichtendienst" als Rechtsbegriff nur *Dietrich* in Dietrich/Eiffler NachrichtendiensteR-HdB III. § 3 Rn. 2 ff. Vgl. auch § 2 Abs. 1 Nr. 1 der Nachrichtendienste-Übermittlungsverordnung (NDÜV) v. 11.10.2012 (BGBl. 2012 I 2117).
[93] *Rachor/Roggan* in Lisken/Denninger PolR-HdB C. Rn. 7.

des Staates nur **fragmentarisch vorfindliche Wissen** muss vielmehr erst zusammengeführt werden.[94] Neben dem erforderlichen Austarieren von Geheimnis- und Datenschutz ist – jedenfalls als verfassungsrechtliches Leitbild[95] – das Gebot der **Trennung zwischen Polizei und Nachrichtendiensten** zu beachten.[96] Das Ergebnis gleicht einem Wissens-Puzzle, dessen Zusammensetzung nicht immer gelingt. Dies hat der „Fall Amri"[97] besonders deutlich gemacht. Vor diesem Hintergrund erscheint das Bestreben des Wissensstaates plausibel, seine verwaltungsmäßigen Untergliederungen in übergeordneten Einheiten zu konzentrieren, im Rahmen derer ein **Wissensaustausch** und eine Zusammenführung des fragmentarisch vorhandenen Wissens erfolgen kann. Hierfür steht die Praxis, rechtlich unverbundene Strukturen zu schaffen, die sich aus Vertretern (Verbindungsbeamten) unterschiedlicher Sicherheitsbehörden zusammensetzen.[98] Sie werden entweder einmalig, vorübergehend oder dauerhaft etabliert und firmieren als „Netzwerk", „Forum", „Zentrum", „Plattform", „Rat", „Kreis", „Gruppe" oder „Konferenz". Ebenso prominente wie praktisch relevante Beispiele für diese Kooperationsformen bilden das Gemeinsame Terrorismusabwehrzentrum (GTAZ), das Gemeinsame Extremismus- und Terrorismusabwehrzentrum (GETZ), das Gemeinsame Internetzentrum (GIZ) sowie das Nationale Cyber-Abwehrzentrum (NCAZ).[99] Ohne selbst mit exekutiven Kompetenzen ausgestattet zu sein, bilden sie jeweils behördenübergreifende informelle Einheiten. An einer spezifischen Rechtsgrundlage für die Einrichtung der Gemeinsamen Zentren fehlt es bislang.[100] Für ihre Arbeitsweise ist indes charakteristisch, dass sie auf eine **koordinierte Wissensgenerierung und Willensbildung** gerichtet ist. Diese geht damit über einen zwischenbehördlichen Daten- und Informationsaustausch deutlich hinaus.[101] Dies deutet bereits darauf hin, dass Wissen von Daten und Informationen rechtsbegrifflich wie -typologisch abgegrenzt werden kann.

II. Begriffsklärungen: Wissen und Wissensgenerierung

Im Folgenden soll in einem ersten Schritt der Begriff des Wissens, der weder im Sicherheitsrecht noch in der Sicherheitsrechtswissenschaft bislang eine herausgehobene Rolle gespielt hat (→ Rn. 18 ff.), konturiert und von sinnverwandten Begriffen unterschieden werden. Auf diese Weise wird das Wissen als eigenständige Dimension des Sicherheitsrechts erkennbar. Im Anschluss daran kann der Prozess der Wissensgenerierung auf seine wesentlichen Strukturmerkmale untersucht werden, um ausgehend hiervon die Strategien der Wissensgenerierung in der Sicherheitsverwaltung in den Blick zu nehmen (→ Rn. 35 ff.). 17

---

[94] Allgemein *Fassbender* in Isensee/Kirchhof StaatsR-HdB IV § 76 Rn. 53. Konkret am Beispiel der Terrorismusfinanzierung *Albers* in Albers/Groth, Globales Recht und Terrorismusfinanzierungsbekämpfung, 2015, 85 (105).
[95] Zum Trennungsgebot, seiner historischen Ableitung, verfassungsrechtlichen Fundierung sowie seinen Ausprägungen BVerfGE 133, 277 (324 ff., Rn. 115 ff.) = NJW 2013, 1499 – Antiterrordatei. Aus der Literatur auszugsweise *Bäcker* in Lisken/Denninger PolR-HdB B. Rn. 244 ff.; *Denninger* ZRP 1981, 231 ff.; *Denninger* KritV 77 (1994), 232 (235 ff.); *Gusy* KritV 77 (1994), 242 ff.
[96] Dem Trennungsgebot kommt heute – infolge zahlreicher institutioneller wie informationeller Verschränkungen zwischen polizeilichem und nachrichtendienstlichem Verfassungsschutz – mehr der Charakter einer „Tendenz" als einer strikten organisations- oder informationsrechtlichen Handlungsanweisung zu, vgl. *Thiel,* Die „Entgrenzung" der Gefahrenabwehr, 2011, 373 ff.; *U. Volkmann* JURA 2014, 820 (829), mit dem Hinweis, die leitbildartige Abschichtung der wechselseitigen Aufgabenbereiche in der Entscheidung des Bundesverfassungsgerichts zur Antiterrordatei (vgl. BVerfGE 133, 277 [324 ff., Rn. 115 ff.] = NJW 2013, 1499) wirke insoweit „stark idealisiert" und habe „in der Realität schon seit längerem kaum noch eine Stütze" gefunden. S. insofern auch schon *Albert* ZRP 1995, 105 ff.
[97] Zu diesem nur *Leisegang,* Blätter für deutsche und internationale Politik 2/2017, 5 ff.; *Kubiciel* ZRP 2017, 57 (58 ff.).
[98] *Rachor/Roggan* in Lisken/Denninger PolR-HdB C. Rn. 6.
[99] → Rn. 55 ff. Im Einzelnen → § 31 Rn. 4 ff.
[100] Zu der streitigen Diskussion um die Notwendigkeit einer solchen → Rn. 31.
[101] *Rachor/Roggan* in Lisken/Denninger PolR-HdB C. Rn. 6.

1. Wissen als eigenständige Dimension des Sicherheitsrechts

18 Die Begriffe Wissen, Information und Datum werden oftmals synonym gebraucht.[102] Auch normativ werden die Unterschiede vielfach nicht oder nur unzureichend reflektiert.[103] Greift eine solche Gleichsetzung bereits im Allgemeinen zu kurz, weil sich die jeweiligen Begriffsinhalte voneinander abgrenzen und hierdurch in ihren spezifischen sozialen Funktionen bestimmen lassen,[104] verdeckt sie im Bereich staatlicher Sicherheitsgewährleistung das besonders Erkenntnisinteresse, das sich mit einer rechtlichen Dimension des Wissens verbindet.[105] Gerade im Bereich des zwischen Datenschutz- und Informationsrecht zu verortenden Sicherheitsrechts[106] führt die Konzentration auf Daten und Informationen zu einer **Vernachlässigung des Wissens als staatliche Ressource.**[107] Gerichtsentscheidungen, in denen das Verfahren sicherheitsbehördlicher Wissensgenerierung problematisiert würde, sucht man vergebens.[108] Dies ist auch auf eine Zurückhaltung der Sicherheitsgesetzgebung gegenüber dem Rekurs auf „Wissen" zurückzuführen.[109] Soweit der Begriff im präventiven wie repressiven Sicherheitsrecht bislang überhaupt ausdrücklich Verwendung gefunden hat, dann lediglich zur Markierung heimlicher Ermittlungsbefugnisse, die „ohne Wissen" der betroffenen Person durchgeführt werden können.[110]

19 Wissen, Informationen und Daten sind nicht identisch, zugleich stehen sich die mit ihnen bezeichneten Phänomene aber auch nicht beziehungslos gegenüber.[111] Entscheidend für ein wissenschaftliches Verständnis der Beziehung zwischen diesen informationsrechtlichen Grundbegriffen ist vielmehr die Reihung **„Zeichen – Daten – Informationen – Wissen – Kommunikation".**[112] Nimmt man das Wissen als Ausgangspunkt, bezeichnet dieses Informationen in verarbeiteter, dh organisierter und systematisierter („veredelter"[113]) Form.[114] Wissen lässt sich insofern definieren als eine Information, „die ihren Überraschungswert eingebüßt hat".[115] Während mit dem wissenschaftlichen Begriff der Information allgemein ein bestimmtes Ereignis gekennzeichnet wird,[116] ist Wissen ein Bestand an Erkenntnissen, der in der Verwaltung auch aufgrund von Verwendungserfahrungen als bekannt und bewährt vorausgesetzt werden kann.[117] Wissen ist dabei jedoch kein weit-

---

[102] Exemplarisch *Unger* in Kirchhof/Korte/Magen, Öffentliches Wettbewerbsrecht, 2014, § 8 Rn. 1. Zu dieser Gleichsetzung auch *Trute* in H. Chr. Röhl, Wissen – Zur kognitiven Dimension des Rechts, 2010, 11 (13 f.).
[103] Vgl. nur exemplarisch § 1 BerlIFG: „Zweck dieses Gesetzes ist es, durch ein umfassendes Informationsrecht das in Akten festgehaltene Wissen und Handeln öffentlicher Stellen unter Wahrung des Schutzes personenbezogener Daten unmittelbar der Allgemeinheit zugänglich zu machen, um über die bestehenden Informationsmöglichkeiten hinaus die demokratische Meinungs- und Willensbildung zu fördern und eine Kontrolle des staatlichen Handelns zu ermöglichen".
[104] *Augsberg*, Informationsverwaltungsrecht, 2014, 28; *Spiecker gen. Döhmann* RW 1 (2010), 247 (250 ff.).
[105] Exemplarisch hierfür *Kremer* in Augsberg, Extrajuridisches Wissen im Verwaltungsrecht, 2013, 195 (206).
[106] Mit dieser Standortbestimmung *Gärditz* GSZ 2017, 1 (4 f.).
[107] Allgemein gesprochen bei *Albers* in Hoffmann-Riem/Schmidt-Aßmann/Voßkuhle VerwR II § 22 Rn. 14.
[108] *Rusteberg* in Münkler, Dimensionen des Wissens im Recht, 2019, 233 (246).
[109] Generelle Feststellung bei *Spiecker gen. Döhmann* RW 1 (2010), 247 (254).
[110] Vgl. auf bundesrechtlicher Ebene: §§ 27b Abs. 1, 28a Abs. 1 BPolG; §§ 34 Abs. 1, 49 Abs. 1, 50 Abs. 1, 51 Abs. 1 S. 1, Abs. 2 S. 1, 52 Abs. 1 BKAG; §§ 62 Abs. 2, 72 Abs. 1, 77 Abs. 1 S. 1 ZFdG; §§ 100a Abs. 1 S. 1, 100b Abs. 1, 100c Abs. 1, 100f Abs. 1, 100h Abs. 1 S. 1 StPO.
[111] *Augsberg*, Informationsverwaltungsrecht, 2014, 29; *Augsberg* DV 51 (2018), 351 (351).
[112] *Schoch* IFG § 2 Rn. 17. Zum Aspekt der Kommunikation, der hier nicht weiter beleuchtet wird, statt aller *Kaiser*, Die Kommunikation der Verwaltung, 2009.
[113] *Hoffmann-Riem* DV 49 (2016), 1 (7).
[114] *Voßkuhle* in Hoffmann-Riem/Schmidt-Aßmann/Voßkuhle VerwR I § 1 Rn. 11; übereinstimmend *Spiecker gen. Döhmann* RW 1 (2010), 247 (253 f.).
[115] *Vesting* in Hoffmann-Riem/Schmidt-Aßmann/Voßkuhle VerwR II § 20 Rn. 26; weiter *Schneider* in Schoch/Schneider/Bier VwVfG § 24 Rn. 25, der auch ungesicherte, noch nicht „veredelte" Informationen unter den Wissensbegriff fasst.
[116] Zur uneinheitlichen Verwendung im Recht nur *Druey*, Information als Gegenstand des Rechts, 1995, 5 f.
[117] *Hoffmann-Riem* in H. Chr. Röhl, Wissen – Zur kognitiven Dimension des Rechts, 2010, 159 (160); *Vesting* in Hoffmann-Riem/Schmidt-Aßmann/Voßkuhle VerwR II § 20 Rn. 26.

gehend abgeschlossener, statischer Bestand an aus der Vergangenheit übernommenen Einzelerkenntnissen und ihren möglichen Verknüpfungen, sondern ein dynamischer, selbstreferentieller Prozess fortlaufender Informationsverarbeitung, bei der ein Wissenszustand nahtlos in den anderen übergeht.[118] Während Daten als interpretationsoffene Zeichen und Symbole erst durch die Zuweisung von Bedeutung in einem spezifischen „Verwendungszusammenhang"[119] zu Informationen werden,[120] entsteht Wissen im Wege einer **Einbindung in einen weiteren Kontext von Relevanzen:**

„Dieser zweite Kontext besteht nicht, wie der erste, aus Relevanzkriterien, sondern aus bedeutsamen Erfahrungsmustern, die das System in einem speziell dafür erforderlichen Gedächtnis speichert und verfügbar hält […]. Wissen entsteht durch den Einbau von Informationen in Erfahrungskontexte, die sich in Genese und Geschichte des Systems als bedeutsam für sein Überleben und seine Reproduktion herausgestellt haben. Wissen ist notwendiger Bestandteil eines zweckorientierten Produktionsprozesses".[121] 20

Allein der „Einbau" und das anschließende Vorhandensein eines Wissensbausteins im Zugriffsbereich eines staatlichen Entscheidungsträgers genügt nicht, um ein bestimmtes Wissensdefizit zu beheben. „Gefundenes Wissen muss auch erkannt und verarbeitet werden, es muss verstanden werden".[122] Datenbestände und Informationen werden hiernach dann zu Wissen, wenn sie mit dem **Ziel des Verstehens** bearbeitet und in den **Kontext von schon Bekanntem** bzw. in den Zusammenhang schon vorhandenen Wissens eingebettet werden.[123] Verwaltungen, einschließlich der Sicherheitsverwaltung, eignen sich hierzu in besonderer Weise, handelt es sich bei ihnen doch um „informationsverarbeitende Systeme".[124] Wissen ist danach ein Faktor und Produkt des Kontextes, in dem sich der Umgang mit Informationen und Daten vollzieht.[125] Ein prägnantes Beispiel für den Prozess der Wissensgenerierung durch Datenverwendung und Informationsverarbeitung findet sich im sicherheitsrechtlichen Zusammenhang mit der in § 6a ATDG geregelten „erweiterten projektbezogenen Datennutzung". Bei diesem Datenaustausch zwischen Polizei und Nachrichtendiensten handelt es sich um einen typischen Fall von „Data-Mining". Ein solches liegt nach einer Definition der Bundesregierung vor, wenn Verfahren und Methoden eingesetzt werden, „mit deren Hilfe bereits vorhandene große Datenbestände, zumeist auf statistisch-mathematischen Verfahren basierend, selbständig auf Zusammenhänge analysiert werden, um auf diesem Wege ‚neues Wissen' zu generieren".[126] Das Ergebnis sind Kenntnisse und Fertigkeiten, die individuell oder kollektiv zum Umgang mit Problemen eingesetzt werden können.[127] So verstanden wird der Unterschied zwischen Daten und Informationen, bei denen es sich um rechtlich und dogmatisch eigenständige Kategorien des Sicherheitsrechts handelt,[128] sowie den Strukturen und Mustern des Wissens deutlich, die systemintern aufgebaut und bei der Verarbeitung von Informationen, dh der Wissensgenerierung, genutzt werden.[129] 21

---

[118] *Augsberg*, Informationsverwaltungsrecht, 2014, 29.
[119] BVerfGE 65, 1 (45) = NJW 1984, 419 – Volkszählung.
[120] *Scherzberg* in Hoffmann-Riem/Schmidt-Aßmann, Verwaltungsrecht in der Informationsgesellschaft, 2000, 195 (199); vgl. auch *Willke*, Systemisches Wissensmanagement, 2. Aufl. 2001, 8: „durch Einbindung in einen ersten Kontext von Relevanzen, die für ein bestimmtes System gelten"; *Albers* in Hoffmann-Riem/Schmidt-Aßmann/Voßkuhle VerwR II § 22 Rn. 13: „Kontextabhängigkeit".
[121] *Willke*, Systemisches Wissensmanagement, 2. Aufl. 2001, 11.
[122] *Spiecker gen. Döhmann* RW 1 (2010), 247 (277).
[123] *Hoffmann-Riem* in Hoffmann-Riem/Schmidt-Aßmann, Verwaltungsrecht in der Informationsgesellschaft, 2000, 9 (12); im Anschluss hieran auch *Vesting* in Hoffmann-Riem/Schmidt-Aßmann/Voßkuhle VerwR II § 20 Rn. 26.
[124] *Collin/Spiecker gen. Döhmann* in Collin/Spiecker gen. Döhmann, Generierung und Transfer staatlichen Wissens im System des Verwaltungsrechts, 2008, 3 (8), unter Verweis auf *Schmidt-Aßmann*, Das allgemeine Verwaltungsrecht als Ordnungsidee, 2. Aufl. 2006, 247.
[125] *Albers* in Hoffmann-Riem/Schmidt-Aßmann/Voßkuhle VerwR II § 22 Rn. 14.
[126] BT-Drs. 17/11582, 3; wörtlich zitiert in BVerfG NVwZ 2021, 226 (229, Rn. 74).
[127] *Hoffmann-Riem* AöR 145 (2020), 1 (6).
[128] S. hierzu → §§ 20–31.
[129] *Vesting* in Hoffmann-Riem/Schmidt-Aßmann/Voßkuhle VerwR II § 20 Rn. 26.

2. Wissensgenerierung als systeminterner Vorgang der Sicherheitsverwaltung

22 Die sachgerechte Aufgabenwahrnehmung des Staates baut auf einem hierauf ausgerichteten Wissensfundament auf. Dabei bildet die Wissensgenerierung eine **Metaebene,** die an die Informationsgewinnung anknüpft und die Voraussetzung für weitere Handlungs- und Entscheidungsprozesse bildet.[130] Dabei kann sich die sicherheitsbehördliche Wissensgenerierung der ungewissen Wirklichkeit von zwei Seiten her annähern: zum einen von der Gefahren- bzw. Risikoseite, zum anderen von der Seite der Verletzlichkeit des zu schützenden Rechtsguts bzw. Rechtssystems. Die Vulnerabilität bestimmter staatlicher und/oder gesellschaftlicher Strukturen ist in vielen Fällen nämlich leichter einzuschätzen und exakter zu prognostizieren als die Eintrittswahrscheinlichkeit eines bestimmten Risikos.[131] Infolge einer Zunahme der Verletzlichkeit heutiger Risiko- und Informationsgesellschaften[132] wird jedoch auch Letzteres zunehmend schwieriger.

23 **a) Informationsbasierte Kontextualisierung.** Mit der Differenzierung zwischen Wissen, Informationen und Daten gewinnt auch der Prozess der Wissensgenerierung schärfere Konturen. Wissensverarbeitung im Recht ist kein eindimensionaler Vorgang, sondern ein in den Abschnitten der Wissensgewinnung, der Wissensverwendung sowie des Wissenstransfers ablaufender Prozess, dessen einzelne Stufen eng aufeinander bezogen sind.[133] Im Folgenden geht es im Schwerpunkt um die **erste Stufe der Wissensverarbeitung** im Sicherheitsrecht, dh um die Wissensgewinnung bzw. -generierung. Dabei zeigt sich erneut, dass neues Wissen zum Teil erst durch die Zusammenführung kompetenziell und organisatorisch getrennter Wissensbestände gewonnen wird, der **Wissenstransfer** mithin **auf die Wissensgenerierung zurückwirkt.**[134] Gerade weil vor allem terroristische Straftaten besonders schwer zu erfassen sind und die Zielpersonen sich oft in hohem Maße konspirativ verhalten, hängt der Erfolg einer wirksamen Aufgabenwahrnehmung der Sicherheitsbehörden in diesem Bereich in besonderer Weise davon ab, dass wichtige Informationen, die bei einer Behörde anfallen, auch für andere Behörden erschlossen werden und durch das Zusammenführen und Abgleichen der verschiedenen Daten aus diffusen Einzelerkenntnissen aussagekräftige Informationen und Lagebilder werden.[135]

24 Mit der Wissensgenerierung ist ein Vorgang der **Entstehung eines neuartigen Erfahrungskontextes** gemeint, der sich durch die systematische Verknüpfung von für sich genommen nicht oder noch wenig aussagekräftigen Informationen vollzieht.[136] Wie dieser neuartige Erfahrungskontext konkret aussieht, ist dabei ebenso wenig entscheidend wie die Frage einer Verkörperung des Wissensbestands.[137] Der **Wissensträger** bzw. das **Wissensmedium** ist gleichwohl nicht irrelevant: Ob sicherheitsbehördliches Wissen in Wort, Schrift, Druck, Internet, verwaltungsinternen Datenbanken oder anders dargestellt wird, wirkt sich auf die Wahrnehmbarkeit, die Verfügbarkeit sowie die Vergänglichkeit dieses Wissens aus.[138] Wissensgenerierung ist in jedem Fall **mehr als Datenerhebung und Informationsgewinnung.**[139] Nicht zuletzt, wenn es um das Verstehen terroristischer Strukturen geht, lässt sich die Generierung von Wissen nicht vollständig auf die Addition von je getrennten, nach Rechtskriterien formell ein- oder ausblendbaren Einzeldaten oder

---

[130] Vgl. BVerwGE 152, 241 (244 f., Rn. 18) = NJW 2015, 3258 – Informationszugang zu Arbeiten der Wissenschaftlichen Dienste des Bundestages.
[131] *Kment* JZ 2010, 62 (69).
[132] Vgl. dazu *Roßnagel/Wedde/Hammer* et al., Die Verletzlichkeit der „Informationsgesellschaft", 3. Aufl. 2009, 71 ff.; *Kaufmann/Blum* in Gander/Perron/Poscher et al., Resilienz in der offenen Gesellschaft, 2012, 235 (244); *Nestler* KritV 101 (2018), 24 (26).
[133] *Spiecker gen. Döhmann* RW 1 (2010), 247 (261).
[134] Zum Wissenstransfer als Teil der Wissensgenerierung *Augsberg*, Informationsverwaltungsrecht, 2014, 78 ff.
[135] BVerfGE 133, 277 (333, Rn. 132) = NJW 2013, 1499 – Antiterrordatei.
[136] *Augsberg*, Informationsverwaltungsrecht, 2014, 33 f.
[137] *Spiecker gen. Döhmann* RW 1 (2010), 247 (253).
[138] *Spiecker gen. Döhmann* RW 1 (2010), 247 (259 f., 281).
[139] Anders *Kluth* in Collin/Spiecker gen. Döhmann, Generierung und Transfer staatlichen Wissens im System des Verwaltungsrechts, 2008, 73 (78), der diese Etappen von der Wissensgenerierung umfasst sieht.

Informationsfragmenten reduzieren.[140] Die Befugnisnormen, über welche Polizei[141] und Nachrichtendienste[142] in zunehmendem Maße Daten erheben und Informationen gewinnen, sind damit nicht selbst schon Teil der staatlichen Wissensgenerierung, sondern nur eine Vorstufe hierzu. Das Konzept der Wissensgenerierung verweist vielmehr auf die „komplexe Operation eines kontextsensitiven Ordnens und Einfügens der auf diesem Wege erlangten Daten und Informationen in neue operative Zusammenhänge".[143]

b) Behördeninterne Expertifizierung und Scientifizierung. Wissensgenerierung kann danach als ein Oberbegriff administrativer Erkenntnisprozesse verstanden werden, der sowohl Verfahren der verwaltungsinternen Wissenserzeugung, des Transfers verwaltungsinternen oder -externen Wissens als auch eine Kombination beider umfassen kann.[144] Zwar zeichnet sich im Verwaltungsrecht ein genereller **Trend zur Übernahme verwaltungsexternen Wissens** unter Rekurs auf in der Gesellschaft/bei Privaten vorhandene kognitive Kompetenzen ab.[145] Namentlich im technischen Risikorecht sind die Behörden in besonderem Maße auf die Wissensressourcen sowie auf die Kooperationsbereitschaft der gesellschaftlichen Akteure angewiesen.[146] Dabei gilt: Je höher der technische Einschlag des jeweiligen Wissens ist, desto größer fällt der private Anteil an der Wissensgenerierung aus.[147] 25

Auch im Bereich des Staatsschutzes lässt sich insoweit eine **Tendenz zum „Outsourcing"** beobachten. So haben die Sicherheitsbehörden des Bundes zwischen 2002 und 2012 Aufträge an private Dienstleister im Umfang von rund 7,3 Mio. EUR (Bundeskriminalamt) bzw. 50 Mio. EUR (Bundesamt für Verfassungsschutz) vergeben.[148] Die Entwicklung sowie der Einsatz von technischen Instrumenten wie Quellen-Telekommunikationsüberwachung, Vorratsdatenspeicherung und Videoüberwachung öffentlicher Räume ist ohne die Heranziehung von regelmäßig **privat entwickelter Informationstechnologie** nicht möglich;[149] der „Dialog mit der Digitalwirtschaft" scheint mit anderen Worten „zur Wissensgenerierung unausweichlich".[150] Dabei spielt auch der Grundsatz der Wirtschaftlichkeit und Sparsamkeit eine wesentliche Rolle: Für eine selbstprogrammierte Überwachungssoftware des „Staatstrojaners" ergaben sich zB für das Bundeskriminalamt im Jahr 2010 Kosten in Höhe von 680.000 EUR; demgegenüber musste man der Firma DigiTask GmbH lediglich 15.000 EUR Mietgebühr für drei Monate und 200.000 EUR für eine jährliche Generallizenz aufbringen.[151] 26

Im Bereich der **nichttechnischen, dh personenbezogenen Prävention,** haben die Sicherheitsbehörden indes typischerweise bereits kein Interesse daran, den erforderlichen Sachverstand auszulagern, publik zu machen oder öffentlich zu Diskussion zu stellen. Sach- 27

---

[140] BVerfGE 141, 220 (326, Rn. 281) = NJW 2016, 1781 – BKA-Gesetz.
[141] § 27b BPolG: Anlassbezogene automatische Kennzeichenerfassung; §§ 39 ff. BKAG: Eingriff in informationstechnische Systeme, Telekommunikationsüberwachung, Lauschangriff, Bestandsdatenauskunft, Erhebung von Telekommunikationsverkehrsdaten und Nutzungsdaten.
[142] §§ 8 Abs. 2, 9 ff. BVerfSchG, §§ 2 ff., 5 BNDG: Einsatz von Verdeckten Mitarbeitern, Vertrauensleuten und Gewährspersonen, Observationen, Bild- und Tonaufzeichnungen.
[143] *Augsberg*, Informationsverwaltungsrecht, 2014, 48.
[144] *Augsberg*, Informationsverwaltungsrecht, 2014, 47.
[145] Instruktiv *Lege* in Collin/Spiecker gen. Döhmann, Generierung und Transfer staatlichen Wissens im System des Verwaltungsrechts, 2008, 116 (122 ff.) und *Hofmann* in Collin/Spiecker gen. Döhmann, Generierung und Transfer staatlichen Wissens im System des Verwaltungsrechts, 2008, 176–195; vgl. ferner *Schulte*, Die hoheitliche Einbindung sachverständiger Stellen in naturwissenschaftlich-technisch komplexen Zulassungsverfahren, 2020. Zur spezifischen Bedeutung von Expertenwissen in Krisenzeiten nur *Michaels* KJ 53 (2020), 375–386.
[146] *Scherzberg* VVDStRL 63 (2004), 214 (226); *Rusteberg* in Gusy/Kugelmann/Würtenberger Zivile Sicherheit-HdB 6. Kap. Rn. 9; *Hong* DV 51 (2018), 367–392.
[147] Für das Polizei- und Sicherheitsrecht *Gusy* KritV 95 (2012), 247 (252).
[148] BT-Drs. 17/10077, 4, 8. Im Bereich des Verfassungsschutzes bezog sich ein erheblicher Teil der Kosten auf die Modernisierung des Nachrichtendienstlichen Informationssystems (NADIS [neu]). Eine weitergehende Aufschlüsselung wurde seitens der Bundesregierung aus Geheimhaltungsgründen verweigert.
[149] *Spiecker gen. Döhmann* in Fehling/Schliesky, Neue Macht- und Verantwortungsstrukturen in der digitalen Welt, 2016, 53 (58).
[150] Bezogen auf die Rechtsetzung *Pilniok* ZParl 52 (2021), 159 (180).
[151] BT-Drs. 17/9545, 1.

verständig-wissenschaftliche, nicht bereits verwaltungsintern vorhandene oder zumindest „inhouse" zu generierende Erkenntnisse sind zudem für das allgemeine Gefahrenabwehrrecht generell weniger bedeutsam als etwa für das Umwelt- und Technikrecht.[152] Die im präventiven Sicherheitsrecht anzustellende Prognose erfordert besondere Kenntnisse und Erfahrungswissen, sie ist aber nicht derart außergewöhnlich und von einem bestimmten Fachwissen abhängig, als dass sie nicht **von den zuständigen Behörden selbst** angestellt werden könnte.[153] Hinzu treten schließlich die Grundrechtssensibilität der Sicherheitsverwaltung im Allgemeinen sowie allfällige Geheimhaltungsbedürfnisse im Staatsschutzrecht im Besonderen,[154] sodass die **Verfahren der verwaltungsinternen Wissensproduktion** im sicherheitsrechtlichen Bereich nach wie vor die Regel bilden.[155] Die eingangs angesprochene „Expertifizierung" (→ Rn. 1) des Polizei- und Sicherheitsrechts vollzieht sich damit im Bereich des Staatsschutzrechts fast ausschließlich behördenintern.

28 Dies gilt sowohl für den polizeilichen als auch den nachrichtendienstlichen Staatsschutz. Beide Bereiche sind zunächst von einer „Verwissenschaftlichung" **(Scientifizierung)** gekennzeichnet: Diese kommt in der Einrichtung von nachrichtendienstlichen Masterstudiengängen ebenso zum Ausdruck wie in der vermehrten Unterhaltung von kriminalistischen und kriminologischen Forschungsstellen durch die Polizei. So handelt es sich bei dem im Jahr 2019 eingeführten **Masterstudiengang Intelligence and Security Studies (MISS)** um ein Kooperationsprojekt der Hochschule des Bundes für öffentliche Verwaltung und der Universität der Bundeswehr München. Der Studiengang soll eine gemeinsame Ausbildung künftiger Führungskräfte in den Nachrichtendiensten und dem Militärischen Nachrichtenwesen ermöglichen. Durch die „Etablierung eines wissenschaftlichen Kompetenzzentrums" soll der Bundesregierung und der Politik zudem eine „wissenschaftliche Beratung zu nachrichtendienstlichen und sicherheitsbezogenen Angelegenheiten" angeboten und der gesellschaftliche Diskurs zu diesen Themen gefördert werden.[156] Demgegenüber hat die **Polizeiforschung** im Rahmen polizeieigener, bei den Landeskriminalämtern angesiedelter Forschungsstellen[157] den Anspruch, weiterführendes Wissen für die Polizei zu erzeugen. Ziel der polizeiinternen Polizeiforschung ist es, „zum einen validiertes Wissen jenseits der eigenen Erfahrung für die Organisation zu generieren und zum anderen für dieses Wissen die Anschlussfähigkeit innerhalb der Polizei zu gewährleisten".[158] Die polizeilichen Forschungsstellen sind typischerweise interdisziplinär zusammengesetzt (unter anderem aus den Fachbereichen Psychologie, Soziologie, Kriminologie, Markt- und Sozialforschung, Data Science, Geografie und Informatik). Ihre Erkenntnisse fließen in die Auswertung, Analyse und Lagedarstellung der Polizei ein und bilden eine wichtige Grundlage für kriminalpolitische und -strategische Entscheidungen.[159] Im Jahr 2021 hat etwa das nordrhein-westfälische Landeskriminalamt ein **Pilotprojekt** „Handlungs- und Prüffallkonzept zur Früherkennung von und dem Umgang mit Personen mit Risikopotenzial (Periskop)" gestartet, um das Risikopotenzial von Personen jenseits politisch

---

[152] *Albers* Determination 35 f.; *Bäcker*, Kriminalpräventionsrecht, 2015, 81. Zur Bedeutung von verwaltungsinternen und -externen Experten allgemein *Winkler* in König/Kropp/Kuhlmann et al., Grundmuster der Verwaltungskultur, 2014, 81 (98).

[153] So in Bezug auf § 58a AufenthG explizit BVerwGE 164, 317 (333, Rn. 38) = NVwZ-RR 2019, 738 – Abschiebungsanordnung gegen radikalislamistischen Gefährder. Vgl. auch Bergmann/Dienelt/*Dollinger* AufenthG § 58a Rn. 41.

[154] Zu Formen und Funktionen des exekutiven Geheimnisschutzes und der Abschottung von Wissensbeständen *Wischmeyer* DV 51 (2018), 393–426.

[155] *Rusteberg* in Münkler, Dimensionen des Wissens im Recht, 2019, 233 (246). Zu den spezifischen Grenzen einer – auch informationellen – Sicherheitsgewährleistung durch Private und entsprechenden Sicherheitskooperationen („Police Private Partnership") nur *Lisken* in Lisken/Denninger PolR-HdB B. Rn. 274–287. Zu organisationsrechtlichen Problemen des Informationstransfers in privat-staatlichen Kooperationen im Allgemeinen *John-Koch* in Collin/Spiecker gen. Döhmann, Generierung und Transfer staatlichen Wissens im System des Verwaltungsrechts, 2008, 93–115.

[156] Vgl. https://www.bundesregierung.de/breg-de/aktuelles/festakt-zum-start-des-masterstudiengangs-intelligence-and-security-studies-1644946.

[157] Vgl. exemplarisch § 11 Nr. 5, 6 DVO-PolG BW; Art. 7 Abs. 2 Nr. 4 BayPOG; § 13 Abs. 3 Nr. 4 POG NRW.

[158] *Jarchow*, Sicherheitskommunikation und evidenzbasierte Wissensgenerierung, abrufbar unter: https://www.polizei.de/SharedDocs/Downloads/DE/Publikationen/ForumKI/ForumKI2018/kiforum2018JarchowAbstract.html. Zum Verhältnis von Polizei und Wissenschaft auch die *Initiative Polizei in der Wissenschaft* in Lange/Wendekamm, Die Verwaltung der Sicherheit, 2018, 257 (259 ff.).

[159] Vgl. für NRW: https://lka.polizei.nrw/artikel/die-kkf-entstehung-ziele-und-aufgaben.

motivierter Kriminalität (insbes. Amokläufer) nach einheitlichen Standards analysieren und beurteilen zu können. Das erforderliche Wissen soll dabei perspektivisch auch im Austausch mit Gesundheitsämtern und forensischen Psychiatern generiert werden, um alle verfügbaren Informationen zu einer Person zu bündeln.[160] Eine wichtige Rolle in diesem Zusammenhang kommt schließlich der **Deutschen Hochschule der Polizei (DHPol)** zu. Diese hat die Aufgabe, die **Polizeiwissenschaft** durch Forschung, Lehre, Studium und Weiterbildung zu pflegen und zu entwickeln.[161] Gegenstand der Forschung in der DHPol sind dabei alle wissenschaftlichen Bereiche sowie die Anwendung wissenschaftlicher Erkenntnisse in der polizeilichen Praxis einschließlich der Folgen, die sich aus der Anwendung wissenschaftlicher Erkenntnisse ergeben können.[162]

Daneben spielt die **behördeninterne Wissensgenerierung über „Quereinsteiger"** eine wesentliche Rolle. Neben Chemikern, Biologen, Physikern und Informatikern sind vor allem **Islamwissenschaftler** als sog. Berufserfahrene beim Bundeskriminalamt (BKA) im Bereich des Staatsschutzes beschäftigt.[163] Sie arbeiten als Tarifbeschäftigte (TVöD Bund) in der Abteilung „Polizeilicher Staatsschutz" (ST) sowie der Abteilung „Islamistisch motivierter Terrorismus/Extremismus" (TE), die seit dem Jahr 2019 als selbstständige Organisationseinheit Gruppen und Referate zusammenfasst, die zuvor in der Abteilung „Polizeilicher Staatsschutz" (ST) für die Bekämpfung des religiös motivierten/islamistischen Terrorismus zuständig waren.[164] Die Islamwissenschaftler des BKA wie auch der Landeskriminalämter sind regelmäßig im GTAZ in verschiedenen Arbeitsgruppen[165] vertreten. Namentlich in der AG „Risikomanagement" treten zudem **Psychologen** und **Vertreter der Justizvollzugsanstalten** in Erscheinung. Auch bei diesen handelt es sich um verwaltungsinterne Experten, die mit ihrem „Sonderwissen" in erster Linie für das Beibringen des erforderlichen Tatsachenwissens verantwortlich sind.[166] Zur Steigerung seiner „Cyberkompetenz" und Ausbildung von **„Cyberkriminalisten"** bietet das BKA seit 2017 verschiedene interne Lehr- und Fortbildungsangebote an.[167] Zur nachrichtendienstlichen Cyberabwehr und Auswertung eines Cyberangriffs unter informationstechnischen Gesichtspunkten sucht das Bundesamt für Verfassungsschutz (BfV) für die dortige Abteilung „C" gezielt nach Hochschulabsolventen in den Bereichen Informatik, Informationssicherheit, Cybersecurity, Physik, Mathematik, Nachrichten- und Elektrotechnik.[168] Ähnlich verhält es sich beim Bundesnachrichtendienst (BND), der unter dem – fragwürdigen – Motto „Hacken für Deutschland" dezidiert um sog. **CNE-Operator** und **CNE-Entwickler** (Computer Network Exploitation, „Hacker") wirbt und ihnen eine dienstliche „License to Hack" in Aussicht stellt.[169] Daneben beschäftigt der BND im Bereich der Cyberabwehr IT-Spezialisten, Fach- und Systeminformatiker sowie Analysten für Cybersicherheit.

c) Normative Strukturierung. Da der Begriff des Wissens im geltenden (Sicherheits-) Recht kaum Verwendung findet,[170] vollzieht sich auch der Prozess der Wissensgenerierung bislang weitgehend in informellen Bahnen.[171] **Informell** ist jedoch **nicht** gleichbedeutend mit **rechtlich schrankenlos**. Der Normativitätsanspruch des Grundgesetzes verlangt, dass auch die auf die Gewährleistung der kognitiven Grundlagen des Staatshandelns bezogenen Aufgaben und Vorgänge normativ festgelegt sind.[172] Wissensgenerierung im Bereich der

---

[160] SZ v. 15.6.2021, 5.
[161] § 4 Abs. 2 des Gesetzes über die Deutsche Hochschule der Polizei (Polizeihochschulgesetz – DHPolG) v. 15.2.2005 (GV. NRW. 88).
[162] § 6 Abs. 1 S. 2 DHPolG.
[163] Nach Angaben des BKA arbeiten dort über 70 verschiedene Berufsgruppen, https://www.bka.de/DE/KarriereBeruf/EinstiegBeimBKA/Berufserfahrene/Spezialist/karriere_spezialist_node.html.
[164] Vgl. https://www.bka.de/DE/DasBKA/OrganisationAufbau/Fachabteilungen/Islamistischmotivierter-TerrorismusExtremismus/IslamistischmotivierterTerrorismusExtremismus_node.html.
[165] Zu diesen noch → Rn. 56 f.
[166] Allgemein *Winkler* in Hill/Schliesky, Management von Unsicherheit und Nichtwissen, 2016, 185 (200).
[167] BT-Drs. 19/16170, 8: „Basiskurs zum Erwerb deliktsübergreifender Internetkompetenz"; „Cybercrime Internetrecherchelehrgang"; „Cybercrime Ermittlungs- und operative Auswertearbeit im Internet"; „Cybercrime Vertiefungslehrgang"; „X-Ways Investigator".
[168] Vgl. https://www.verfassungsschutz.de/SharedDocs/Stellenangebote/DE/2021-04-12-sb-cyberabwehr-stellenangebot.html;jsessionid=6C3C661526B1A1D8FB57E72661F1AA40.intranet242.
[169] Vgl. https://www.bnd.bund.de/DE/Karriere/Mitarbeiter-Stories/Hacker/hacker_node.html. Dazu auch schon *Barczak* NJW 2020, 595.
[170] → Rn. 18.
[171] *Rachor/Roggan* in Lisken/Denninger PolR-HdB C. Rn. 6. Zu diesen noch im Einzelnen → Rn. 35 ff.
[172] *Augsberg*, Informationsverwaltungsrecht, 2014, 42.

Sicherheitsverwaltung ist vollziehende Gewalt iSd Art. 20 Abs. 3 GG. In der gewaltenteiligen Ordnung des Grundgesetzes meint vollziehende Gewalt sämtliches staatliches Verhalten, das nicht Gesetzgebung oder Rechtsprechung ist, unabhängig von Außen- und Bindungswirkung dieses Verhaltens.[173] Die Prozesse und Strukturen der Wissensgewinnung im Bereich der Verwaltung müssen damit dem **Vorrang des Gesetzes** ausnahmslos Rechnung tragen.

31 Ob sie daneben dem **Vorbehalt des Gesetzes** genügen müssen und einer spezifischen Rechtsgrundlage bedürfen, lässt sich hingegen nicht abstrakt beantworten. Hierzu bedarf es vielmehr einer konkreten Betrachtung der Art und Weise, auf welche die kognitiven Grundlagen jeweils generiert und bereitgestellt werden. Die Beantwortung fällt dabei durchaus kontrovers aus, wie die seit langem **streitig geführte Diskussion** um die Frage nach einer spezifischen Rechtsgrundlage für die Gemeinsamen Zentren (GTAZ, GETZ, GIZ, NCAZ) zeigt.[174]

32 Als normative Maßgabe für die sicherheitsadministrative Wissensgenerierung fungiert zunächst der verwaltungsverfahrensrechtliche **Untersuchungsgrundsatz** (§ 24 Abs. 1, 2 VwVfG). Danach ermittelt die Behörde den Sachverhalt von Amts wegen und bestimmt Art und Umfang der Ermittlungen. Sie hat zudem alle für den Einzelfall bedeutsamen, auch die für die Beteiligten günstigen Umstände zu berücksichtigen. Die Pflicht zur Amtsermittlung soll gewährleisten, dass die abschließende Entscheidung auf einen „wahren" Sachverhalt gestützt wird. Wahrhaftigkeit von Information und damit ihre Belastbarkeit für eine Entscheidung weist einen besonderen Stellenwert auf.[175] Dies gilt nicht zuletzt in einer Zeit, in der sich „Fake News", Postfaktizität[176] und politisch gesteuerte Desinformation über soziale Netzwerke und sonstige digitale Plattformen auch zu einem Problem des präventiven Sicherheitsrechts auswachsen.[177] Der Amtsermittlungsgrundsatz begründet indes keine Ermittlungs- oder Wissensgenerierungsbefugnis der Sicherheitsbehörden, sondern setzt entsprechende Befugnisnormen im einschlägigen Fachrecht voraus.[178] Wenngleich die Vorstellung einer materiellen Wahrheit iS eines intersubjektiv unanfechtbaren richtigen Sachverhalts angesichts des heutigen Stands der Erkenntnistheorie in vielen Situationen nicht mehr haltbar erscheint,[179] dient der Amtsermittlungsgrundsatz im Kontext des Verwaltungsverfahrensrechts einem legitimen Ziel, denn er sichert die Gesetzmäßigkeit der Verwaltung ebenso wie die Gleichheit und den Rechtsschutz der Beteiligten.[180] Die Schaffung der Wissensbasis ist darüber hinaus, wie bereits dargelegt wurde (→ Rn. 15), eine notwendige, wenngleich noch keine hinreichende Voraussetzung für ein aktionelles, dh mit Befehl und Zwang verbundenes Eingriffshandeln der staatlichen Gefahrenabwehrbehörden. Auch im Bereich des präventiven Sicherheitsrechts lässt sich insofern von einer

---

[173] Zum Auffangcharakter des Begriffs *Grzeszick* in Maunz/Dürig GG Art. 20 Abs. 3 Rn. 71. Zur Unerheblichkeit der materiellen Qualität des Staatshandelns *Schulze-Fielitz* in Dreier GG II Art. 20 (Rechtsstaat) Rn. 95.
[174] Ablehnend für das GTAZ *Weisser* NVwZ 2011, 142 (145 f.); ablehnend für das NCAZ *Linke* DÖV 2015, 128 (139); ablehnend für GTAZ und GETZ *Rathgeber* DVBl 2013, 1009 (1012 f.); *Dombert/Räuker* DÖV 2014, 414 (416 f.); ablehnend für sämtliche Gemeinsame Zentren *Klee*, Neue Instrumente der Zusammenarbeit von Polizei und Nachrichtendiensten, 2010, 115 f., 118 f., 123 f., 128 ff.; aA und bejahend für sämtliche Gemeinsame Zentren hingegen die Kommissionmitglieder *Bäcker/Giesler/Hirsch/Wolff* in Bericht der Regierungskommission zur Überprüfung der Sicherheitsgesetzgebung in Deutschland, 2013, 172 ff., sowie diese *Bergemann* in Lisken/Denninger PolR-HdB H. Rn. 134c; *Roggan* ZRP 2017, 208 (210); *Fremuth* AöR 139 (2014), 32 (68).
[175] *Spiecker gen. Döhmann* RW 1 (2010), 247 (275).
[176] Vgl. *Renn*, Zeit der Verunsicherung, 2017; *Rider/Peters* in Rider/Peters/Hyvönen/Besley, Post-Truth, Fake News, 2018, 3 ff.; *Heisterhagen*, Kritik der Postmoderne, 2018, 5, 241; *Steinbach* JZ 2017, 653–661; *Zabel* JZ 2019, 845 (848 ff.).
[177] *Dietrich* FG Graulich, 2019, 75–98.
[178] *Heßhaus* in BeckOK VwVfG, 54. Ed. 1.1.2022, VwVfG § 24 Rn. 4; *Schneider* in Schoch/Schneider VwVfG § 24 Rn. 78.
[179] *Hoffmann-Riem* DV 49 (2016), 1 (7).
[180] *Schneider* in Schoch/Schneider VwVfG § 24 Rn. 7, 9; *Kallerhoff/Fellenberg* in Stelkens/Bonk/Sachs § 24 Rn. 1; *Augsberg*, Informationsverwaltungsrecht, 2014, 43; *Winkler* in König/Kropp/Kuhlmann et al., Grundmuster der Verwaltungskultur, 2014, 81 (92).

verfassungsrechtlichen Pflicht zur bestmöglichen Erforschung der **materiellen Wahrheit** sprechen.[181]

Neben dem Amtsermittlungsgrundsatz muss sich Wissensgenerierung seitens der Sicherheitsbehörden innerhalb der rechtlichen Vorgaben bewegen, die für staatliches Informationshandeln von Verfassungs wegen grundsätzlich gelten. Grundgesetzlich von Bedeutung sind dabei das Vorliegen einer staatlichen Aufgabe und die Einhaltung der Zuständigkeitsordnung sowie die Beachtung der Anforderungen an die Richtigkeit und Sachlichkeit von Informationen.[182] Diese in der Rechtsprechung des Bundesverfassungsgerichts für staatliche Warnungen vor Produktgefahren und jugendgefährdenden Sekten entwickelten Vorgaben sind als verfassungsrechtlich-rechtsstaatliches Minimum auch im vorliegenden Kontext zu beachten: Für die verfassungsrechtliche Zulässigkeit staatlichen Informationshandelns ist es zunächst stets erforderlich, dass es sich innerhalb des dem jeweiligen Organ zugewiesenen Aufgaben- und Zuständigkeitsbereichs bewegt. Maßgeblich für die Wissensorganisation sind danach **Verbands- und Organkompetenz.**[183] Für die Wissensgenerierung im Bereich des polizeilichen und nachrichtendienstlichen Staatsschutzes bedeutet dies konkret, dass die föderale Grundausrichtung der Sicherheitsverwaltung – entgegen aller, zu Recht beklagten Zentralisierungstendenzen speziell in der Terrorismusbekämpfung[184] – zu beachten ist und es auch nicht zu einer faktischen „Hochzonung" über die Wissensbestände kommen darf.[185] Mit Blick auf den dem jeweiligen Organ zugewiesenen Aufgaben- und Zuständigkeitsbereich ist zudem das Gebot der Trennung von Polizei und Nachrichtendiensten, gerade in seiner Gestalt als **„informationelles Trennungsprinzip",**[186] von Bedeutung; danach darf ein Wissenstransfer zwischen den Nachrichtendiensten und Polizeibehörden grundsätzlich nicht stattfinden. Darüber hinaus gibt es keinen verfassungsrechtlichen legitimen Grund, eine staatliche Wissensgenerierung – noch dazu im Bereich der grundrechtssensiblen Sicherheitsgewährleistung – von den **Geboten der Sachlichkeit, Neutralität und Richtigkeit** freizustellen, da dies den Staat nicht an der Wahrnehmung seiner legitimen Aufgaben hindert.[187] Das Recht kann auch bei der Gewährleistung der öffentlichen Sicherheit keineswegs jede beliebige Methode staatlicher Wissenserzeugung akzeptieren. Dies zeigen schon diejenigen gesetzlichen Bestimmungen, die eine **Verhinderung der Generierung neuen Wissens** („Verbot der Wissenserzeugung",[188] „Wissens-

---

[181] Für das Strafverfahren BVerfGE 133, 168 (201, Rn. 59) = NJW 2013, 1058 – Verständigung im Strafprozess.
[182] BVerfGE 105, 252 (268) = NJW 2002, 2621 – Glykol; BVerfGE 105, 279 (301 ff.) = NJW 2002, 2626 – Osho.
[183] So bereits BVerfGE 44, 125 (149) = NJW 1977, 751; vgl. auch *Barczak* NVwZ 2015, 1014 (1016). Zur Wissensorganisation im Recht allgemein *Broemel* RW 4 (2013), 62–90. Zur Strukturierung der Wissensgenerierung durch das Verwaltungsorganisationsrecht *Kluth* in Collin/Spiecker gen. Döhmann, Generierung und Transfer staatlichen Wissens im System des Verwaltungsrechts, 2008, 73–92; *Winkler* in König/Kropp/Kuhlmann et al., Grundmuster der Verwaltungskultur, 2014, 81 (94 f.). Mit dem Konzept einer „kognitiven Gewaltengliederung" schließlich *Chr. Möllers* in H. Chr. Röhl, Wissen – Zur kognitiven Dimension des Rechts, 2010, 113–134.
[184] *Mehde* JZ 2005, 815 (817); *Roggan* NJW 2009, 257–262; *Bäcker* GSZ 2018, 213–219; *Gärditz* AöR 144 (2019), 81 (85 ff.).
[185] Auf dem Gebiet der Exekutive sind Polizeigewalt und Sicherheitsverwaltung im weiteren Sinne primär Ländersache (Art. 83 GG). Dem Bund kommen nur einzelne, in Bedeutung allerdings sukzessive zunehmende Aufgaben der Sicherheitsadministration zu, die dem Prinzip der funktional limitierten Einzelfallzuweisung der Art. 86 ff. GG folgen, aber aus Gründen der Rechtsstaatlichkeit, der Bundesstaatlichkeit und des Grundrechtsschutzes nicht dazu führen dürfen, eine mit den Landespolizeibehörden konkurrierende „Polizei des Bundes" derart auszubauen, dass sie als mit begrenzten Aufgaben ausgestattete Sonderpolizei nicht mehr erkennbar ist, vgl. BVerfGE 97, 198 (218) = NVwZ 1998, 495 – Bundesgrenzschutz.
[186] Ein solches aus dem Grundrecht auf informationelle Selbstbestimmung ableitend BVerfGE 133, 277 (329, Rn. 123) = NJW 2013, 1499 – Antiterrordatei.
[187] In diese Richtung auch BVerfGE 148, 11 (30, Rn. 59) = NJW 2018, 928 – Wanka: „Wie jedes Staatshandeln unterliegt auch die Informations- und Öffentlichkeitsarbeit der Bundesregierung dem Sachlichkeitsgebot". Das Gebot der Neutralität staatlicher Wissensregulierung im Kontext des Wettbewerbsrechts näher beleuchtend *Unger* in Kirchhof/Korte/Magen, Öffentliches Wettbewerbsrecht, 2014, § 8 Rn. 39.
[188] *H. Chr. Röhl* in H. Chr. Röhl, Wissen – Zur kognitiven Dimension des Rechts, 2010, 65 (79, 85 f.).

verhinderung"[189]) intendieren, zB das von einem Beweisverwertungsverbot flankierte Verbot der Aussageerpressung nach § 136a StPO, das im präventiven Sicherheitsrecht entsprechend zur Anwendung kommt.[190] Vielmehr muss die Wissensgenerierung bestimmten **Qualitäts- und Rationalitätsstandards** Rechnung tragen,[191] die sich mit den Geboten der Sachlichkeit, Neutralität und Richtigkeit näher konkretisieren lassen. Auch bei Lageberichten, Aktenvermerken und in Konferenzrunden sind danach fehlerhafte Sachdarstellungen sowie diskriminierende oder stigmatisierende Werturteile von Verfassungs wegen zu unterlassen. Zu letzteren zählen auch die im Polizeijargon offenbar nicht unüblichen Begriffsbildungen, die mit einer negativen Zuschreibung für bestimmte Personengruppen verbunden sind (zB „Nafri"[192]). Nicht nur bei der Informationserhebung, sondern auch bei der Wissensgenerierung ist zudem eine Profilbildung unter Rückgriff auf Merkmale wie Rasse, ethnische oder soziale Herkunft, Hautfarbe, Religions- oder Weltanschauungszugehörigkeit sowie einer politischen Anschauung vor dem Hintergrund der Diskriminierungsverbote in Art. 3 Abs. 3 S. 1 GG und Art. 21 Abs. 1 EUGRCh besonders rechtfertigungsbedürftig und namentlich ein *Racial Profiling* prinzipiell ausgeschlossen.[193] Vor allem der **Einsatz neuer Technologien** durch die Sicherheitsverwaltung kann hier ein **spezifisches Diskriminierungspotenzial** entfalten.[194]

34 Schließlich wird die Implementierung einer **administrativen Konzeptpflicht**[195] diskutiert, um den Prozess der Wissensgenerierung im Sicherheitsrecht gezielter zu strukturieren und auf eine „Generierung von Rationalität"[196] auszurichten. Um einzelne Entscheidungen besser anzuleiten, sollen das administrative Regelwissen, also diejenigen Erkenntnisse, die für die Subsumtion unter einen gesetzlichen Tatbestand erforderlich sind, auf mittlerer Regelungsebene (Rechtsverordnung, Verwaltungsvorschrift) in einem Konzept verankert werden.[197] Unter dem Begriff des Konzepts wird allgemein verstanden, dass die Behörde einen **Zwischenschritt der Normkonkretisierung** dokumentiert, um ihr weiteres Verhalten zu planen und an dieser Planung auszurichten.[198] Ebenso wie eine bereits bestehende Praxis bindet ein erstelltes Eingriffskonzept die Behörde als antizipierte Verwaltungspraxis in gleichheitsrechtlicher Hinsicht.[199] Ein Konzept in diesem Sinne kann unterschiedliche Gegenstände zum Inhalt haben, etwa die Interpretation bestimmter Tatbestandsmerkmale, Ermessenserwägungen oder tatsächliche Umstände, die für die konkrete Normanwendung von Bedeutung sind.[200] Anhand eines solchen einzelfallübergreifenden Konzepts ließe sich sowohl überprüfen, inwieweit die zur Verfügung stehenden Wissensquellen ausgeschöpft und in das jeweilige Konzept eingebracht worden seien, als auch, ob

---

[189] *Spiecker gen. Döhmann* RW 1 (2010), 247 (268 ff.).

[190] Entweder einfach-gesetzlich durch entsprechende Anwendung des § 136a StPO (vgl. §§ 11 Abs. 4, 33 Abs. 2 ME PolG sowie: § 22 Abs. 4 S. 1 BPolG; § 35 Abs. 2 PolG BW; Art. 15 Abs. 4 BayPAG; § 18 Abs. 6 BlnASOG; § 15 Abs. 4 BbgPolG; § 50 Abs. 4 SOG MV; § 12 Abs. 4 S. 2 NdsPOG; § 10 Abs. 4 PolG NRW; §§ 13 Abs. 4 Satz 2, 19 Abs. 4 S. 2 SächsPVDG; § 14 Abs. 5 SOG LSA; §§ 180 Abs. 2 Satz 2, 199 Abs. 4 LVwG SH) oder unmittelbar über Art. 1 Abs. 1 GG, vgl. *Jahn* KritV 87 (2004), 24 (41).

[191] Vgl. auch *Rusteberg* in Münkler, Dimensionen des Wissens im Recht, 2019, 233 (259).

[192] So die Arbeitsbezeichnung der nordrhein-westfälischen Polizei für „nordafrikanische Intensivtäter", vgl. https://www.sueddeutsche.de/panorama/polizei-nafri-ein-begriff-bringt-die-polizei-in-erklaerungsnot-dpa.urn-newsml-dpa-com-20090101-170102-99-725337.

[193] Dazu OVG Münster NVwZ 2018, 1497 (1500 f., Rn. 42 ff.) – Racial Profiling.

[194] *Rademacher/Perkowski* JuS 2020, 713 (716).

[195] Zu Begriff und Wesen des (verwaltungs-)rechtlichen Konzepts näher *Rottenwallner* VR 2014, 109 (109 ff.); *Herzmann* VerwArch 104 (2013), 429 ff.

[196] *Wollenschläger*, Wissensgenerierung im Verfahren, 2009, 198, mit einer verfassungsrechtlichen Fundierung der administrativen Konzeptpflichten (S. 202 ff.).

[197] Entsprechendes Plädoyer bei *Rusteberg* in Münkler, Dimensionen des Wissens im Recht, 2019, 233 (262 ff.).

[198] Zum Konzept als Planungsinstrument *Aulehner*, Polizeiliche Gefahren- und Informationsvorsorge, 1998, 529 ff.

[199] BVerwGE 160, 193 (199, Rn. 20). Näher zur faktischen und rechtlichen Verbindlichkeit administrativer Konzepte *Herzmann* VerwArch 104 (2013), 429 (439 ff.).

[200] Aus dem sicherheitsrechtlichen Schrifttum nur *Bäcker*, Kriminalpräventionsrecht, 2015, 293 f., mwN.

dieses Konzept tatsächlich als Grundlage der Einzelentscheidung herangezogen worden sei.[201] Vom Ansatz her erscheint die Implementierung einer Konzeptpflicht plausibel, da sich die Verwaltung mit dem Konzept einer Selbstbindung in Form einer abstrakt-generellen Konkretisierung unterwirft. Dies verspricht – jedenfalls *prima vista* – eine rationalisierende Konkretisierungsleistung vor dem Hintergrund eines weithin unbestimmten Gesetzesprogramms.[202] Ob hiermit im Bereich der sicherheitsbehördlichen Wissensgenerierung tatsächlich ein Erkenntnisgewinn verbunden wäre, ist allerdings **zweifelhaft**. Abgesehen davon, dass entsprechende Vorgaben auf verwaltungsinterner Ebene bereits existieren,[203] bleibt der Inhalt, den ein darüberhinausgehendes Konzept im Bereich der Wissensgenerierung zur personalen Risikovorsorge annehmen könnte, vollständig vage. Dabei handelt es sich um ein generelles Manko von Konzeptpflichten, deren Funktionen und Gegenstände kaum je näher bestimmt werden.[204] Um die Wissensgenerierung der Sicherheitsverwaltung sowohl effektiv zu binden als auch hinreichend praxisgerecht auszugestalten, dürfte ein solches Konzept weder zu starr noch zu beweglich ausfallen. Dass diese Gratwanderung zwischen Rigidität und Flexibilität gelingen kann, ist nicht ersichtlich. Im Recht der Nachrichtendienste wird den Forderungen der Konzeptpflicht bereits durch das **Auftragsprofil der Bundesregierung (APB)** in Ansätzen Rechnung getragen: Bei diesem handelt es sich um ein binnenrechtliches Steuerungsinstrument der Exekutive, das den Informationsanspruch der Bundesregierung umsetzen soll.[205] Aus ihm ergeben sich Aufklärungsschwerpunkte, Bearbeitungstiefe und Berichtsprioritäten des BND.[206] Im Polizeirecht entsprechen dem administrativen Konzept schon seit längerem die einer konkreten Polizeimaßnahme vorgelagerten **Lagebeurteilungen**.[207] Diese beinhalten objektiv nachvollziehbare Verfahren zur Ermittlung und Bewertung einer Tatsachen- oder Indizlage, in der sich die Polizei- und Sicherheitsbehörden befugt sehen, bestimmte Maßnahmen (zB Personen- und Fahrzeugkontrollen; Videoüberwachung des öffentlichen Raums) zu treffen.[208] Die sicherheitsbehördliche **Wissensgenerierung** ist jedoch **nicht (mehr) notwendig maßnahmeorientiert,** sondern geht heute vielfach unabhängig von einzelnen oder mehreren Maßnahmen der Sicherheitsverwaltung vonstatten (→ Rn. 1). Das Steuerungsproblem der Wissensgenerierung im Bereich des Staatsschutzrechts ist einzelnen Maßnahmen vorgelagert. Gerade bei der personenbezogenen Prävention beruhen sicherheitsbehördliche Maßnahmen auf einer Analyse der Disposition der Person zu bestimmten Straftaten und gemeinschädlichen Verhaltensweisen. Diese Analyse kann verhaltenswissenschaftlich und psychologisch komplex ausfallen. Dabei spielen kriminalistische Erfahrungen und kriminaltaktische Erwägungen eine Rolle. Eine Konzeptpflicht hilft hingegen nicht weiter.[209]

---

[201] *Rusteberg* in Münkler, Dimensionen des Wissens im Recht, 2019, 233 (263).
[202] Schoch/Schneider/*Schneider* VwVfG § 24 Rn. 142; *Rottenwallner* VR 2014, 109 (119 f.).
[203] Zu der im vorliegenden Kontext relevanten Polizeidienstvorschrift „Führung und Einsatz der Polizei" → Rn. 58.
[204] *Bäcker*, Kriminalpräventionsrecht, 2015, 294, mwN.
[205] Zur Berichtspflicht des BND → Rn. 47.
[206] Prägnant *Dietrich* GSZ 2020, 173 (177); eingehend *Bareinske* in Dietrich/Eiffler NachrichtendiensteR-HdB V. § 8 Rn. 80 ff.
[207] SächsVerfGH LKV 1996, 273 (284) – Sächsisches Polizeigesetz; MVVerfG LKV 2000, 149 (155 f.) – Schleierfahndung; VGH Mannheim NVwZ 2004, 498 (504) – Videoüberwachung öffentlicher Räume; Schoch/Schneider/*Schneider* VwVfG § 24 Rn. 142; *Herzmann* VerwArch 104 (2013), 429 (432).
[208] Vgl. nur § 22 Abs. 1a BPolG; Art. 33 Abs. 5, 39 Abs. 1 S. 1, Abs. 2 S. 2 BayPAG; §§ 11 Abs. 3 S. 2, 31 Abs. 2 S. 1 Nr. 1, S. 6 Nr. 2 BbgPolG; § 13 Abs. 2 S. 2 HbgPolDVG; § 18 Abs. 2 Nr. 6 HessSOG; §§ 27a S. 2 und 5, 43a Abs. 1 S. 1 Nr. 5 SOG MV; § 32a Abs. 1 S. 1 Nr. 2 NdsPOG; § 59 Abs. 1 S. 3, Abs. 3 S. 3 SächsPVDG; § 14 Abs. 3 S. 2 SOG LSA; § 181a Abs. 1 S. 1 LVwG SH.
[209] Vgl. mit dem synonym gebrauchten Begriff der „Präventionsplanung" nur *Bäcker*, Kriminalpräventionsrecht, 2015, 295: „Eine Präventionsplanung entfällt […] bei einer individuellen Kriminalprävention".

C. Strategien der Wissensgenerierung in der Sicherheitsverwaltung

35 Im Anschluss an die normativen Maßstäbe zur staatlichen Wissensgewinnung im Allgemeinen sowie der sicherheitsrechtlichen Wissensgenerierung im Besonderen sollen die spezifischen Strategien der Wissensgewinnung in der Sicherheitsverwaltung analysiert werden. Diese Strategien zur Reduktion von Unkenntnis fügen sich ein in einen allgemeineren Kontext der Handlungsstrategien einer legalistischen Verwaltung zum Umgang mit Nichtwissen und Ungewissheit.[210] Im **Verhältnis zu den anderen Staatsgewalten** verfügt nur die Sicherheitsverwaltung über die Möglichkeiten zu hinreichender Expertifizierung und Eigeninitiative, die zur Generierung des Wissens notwendig sind.[211] Wissensgenerierung, Faktenaufbereitung und Wissensvermittlung sind „typische Verwaltungstätigkeiten".[212] Das **Parlament** ist demgegenüber – neben der Unterstützung durch die Wissenschaftlichen Dienste des Deutschen Bundestages sowie Sachverständigenanhörungen und Verbändebeteiligungen im Gesetzgebungsverfahren – maßgeblich auf **Berichts- und Unterrichtungspflichten** durch die Exekutive angewiesen. Ausgehend von der kompetenziellen und organisatorischen Aufgabenverteilung im Bereich des Staatsschutzrechts ist im Folgenden zwischen polizeilichen, nachrichtendienstlichen sowie übergreifenden Strukturen der Wissensgenerierung zu differenzieren. Es geht dabei, dies sei hier noch einmal betont, nicht um die Erhebung von Daten oder die Gewinnung von Informationen seitens der Sicherheitsbehörden, sondern um die Einbettung bereits vorhandener Erkenntnisse in einen neuen Erfahrungskontext.[213] Die folgenden Ausführungen verstehen sich zudem nicht als abschließende oder umfassende Gesamtdarstellung; dafür sind die Mittel und Wege der polizei- und nachrichtendienstlichen Erkenntnisgewinnung zu komplex und vielschichtig. Vielmehr werden hier ausgewählte Prozesse sicherheitsbehördlicher, namentlich staatsschutzspezifischer Wissensgenerierung idealtypisch aufgezeigt.

I. Polizeiliche Wissensgenerierung

1. Landeskriminalämter

36 Für die polizeiliche Verfolgung staatsschutzspezifischer Straftaten, von Waffen- und Sprengstoffdelikten über Cybercrime sowie die Gründung einer politisch motivierten kriminellen und terroristischen Vereinigungen bis hin zu Straftaten des Friedens-, Hoch- sowie des Landesverrats oder der Gefährdung der äußeren Sicherheit,[214] sind originär die Landeskriminalämter zuständig.[215] Dabei erfolgt die Generierung des notwendigen Sachverhalts- und Faktenwissens im Wesentlichen über die sog. **Sammlungsaufgabe** der Landeskriminalämter. Nach dieser obliegt es dem LKA, Nachrichten und Unterlagen für die Verhütung und polizeiliche Verfolgung von Straftaten zu sammeln und auszuwerten sowie den Informationsfluss zu steuern.[216] Die zentrale Sammlung und Auswertung von Informationen im Bereich der Kriminalitätsbekämpfung soll frühzeitig überregionale Tatzusammenhänge und Täterverbindungen, neue Formen der Kriminalität oder den *modus operandi* von Tätergrup-

---

[210] Zur Standortbestimmung der Wissensgenerierung in diesem Zusammenhang *Winkler* in König/Kropp/Kuhlmann et al., Grundmuster der Verwaltungskultur, 2014, 81 (90 ff.).
[211] Allgemein *Chr. Möllers* in H. Chr. Röhl, Wissen – Zur kognitiven Dimension des Rechts, 2010, 113 (124 f.). Für den hier interessierenden Kontext *Jaeckel* in Pünder/Klafki, Risiko und Katastrophe als Herausforderung für die Verwaltung, 2016, 11 (21 f.).
[212] *Schoch* NVwZ 2015, 1 (6); dem folgend OVG Schleswig BeckRS 2020, 24121, Rn. 53.
[213] Zu Begriff und Inhalt der Wissensgenerierung → Rn. 22 ff.
[214] Zu den Tatbeständen im Einzelnen → §§ 33–39.
[215] Vgl. exemplarisch Art. 7 Abs. 3 S. 1 BayPOG; § 92 Abs. 2 HessSOG iVm § 6 Abs. 1 Nr. 1 lit. b) HessSOG-DVO; § 87 Abs. 1 Nr. 1 NdsPOG iVm Ziff. 4.2.2 NdsPolORdErl v. 3.3.2021 – 21.11–01512 – (Nds. MBl. 546); § 13 Abs. 4 S. 1 Nr. 3 POG NRW iVm § 3 Abs. 1 LKAAufgVO.
[216] Vgl. Art. 7 Abs. 2 Nr. 1 BayPOG; § 87 Abs. 1 Nr. 1 NdsPOG iVm Ziff. 4.2.1 lit. a) NdsPolORdErl v. 3.3.2021 – 21.11–01512 – (Nds. MBl. 546); § 13 Abs. 3 Nr. 5 POG NRW.

pierungen aufdecken und Bekämpfungsstrategien entwickeln helfen.[217] Die daraus entstehenden **Lagebeurteilungen** des LKA erfüllen zugleich einen präventiven Zweck: Eine wesentliche Aufgabe des bei den Landeskriminalämtern angesiedelten vorbeugenden Staatsschutzes ist die Erstellung von **Gefährdungslagebildern, Gefährdungsanalysen und Gefährdungsbewertungen,** insbesondere für solche Personen, Objekte und Institutionen, die aus den Phänomenbereichen der politisch motivierten Kriminalität heraus gefährdet sind. Zu den Gefährdungsanalysen gehören die umfassende Informationssammlung, Schwachstellenanalyse, die Erstellung von Schutz- und Sicherheitskonzeptionen sowie Sicherheits- und Verhaltensgespräche mit den betroffenen Personen.[218] Mit dieser Sammlungs- und Lagearbeit nehmen die Landeskriminalämter zugleich ihre Zentralstellenaufgabe iSd § 1 Abs. 2 BKAG wahr.

Im Bereich des polizeilichen Staatsschutzes erhalten die Landeskriminalämter die notwendigen Erkenntnisgrundlagen im Wesentlichen auf zwei Wegen: Zum einen werten sie aktiv und strukturiert Daten aus, die von den Dienststellen der Landespolizei in den **polizeilichen Informations- und Datenverarbeitungssystemen** (INPOL, POLAS, SIS, EIS) gespeichert werden. Zum anderen erhalten die Landeskriminalämter die notwendigen Erkenntnisse über Meldepflichten, die den Ermittlungsdienststellen bei den Polizeipräsidien in einer Vielzahl von Kriminalitätsbereichen auferlegt sind.[219] Meldepflichtig sind dabei vor allem Delikte im Bereich des Staatsschutzes bzw. der politisch motivierten Kriminalität, sei sie rechts-, links- oder durch eine religiöse oder ausländische Ideologie motiviert.[220] Zweck dieses sog. Kriminalpolizeilichen Meldedienstes in Fällen politisch motivierter Kriminalität (**KPMD-PMK**[221]) ist es, **Meldungen über staatsschutzspezifische Straftaten** zusammenzuführen und den Vergleich mit Erkenntnissen über Arbeitsweisen und sonstigen Merkmalen in Erscheinung getretener Täter zu ermöglichen.[222] Ausgehend von den Motiven zur Tatbegehung und den Tatumständen, werden politisch motivierte Taten entsprechenden Themenfeldern und Unterthemen zugeordnet sowie die erkennbaren ideologischen Hintergründe und Ursachen der Tatbegehung in einem staatsschutzrelevanten Phänomenbereich abgebildet.[223] Anders als bei der Polizeilichen Kriminalstatistik (PKS), werden politisch motivierte Straftaten grundsätzlich bereits am Beginn des Verfahrens zugeordnet (sog. Eingangsstatistik). Der KPMD-PMK ist keine Datenbank, sondern ein polizeilicher Meldedienst mit Vorgaben zum Meldeverfahren, zu den Erfassungskriterien, der Straftatenübermittlung und Auswertung. Er gewährleistet eine bundesweit einheitliche und systematische Erhebung aller Straftaten im Phänomenbereich politisch motivierter Kriminalität. Dadurch werde eine „verlässliche Datenbasis für polizeiliche Auswertung, statistische Aussagen, Führungsentscheidungen, kriminalpolitische Entscheidungen sowie für kriminologische Forschung zum Zwecke der Prävention und Repression geschaffen".[224] Der KPMD-PMK ermögliche „durch eine mehrdimensionale Erfassung eine differenzierte Betrachtung der politisch motivierten Kriminalität".[225] Somit können Aussagen zu Deliktsqualität, Themenfeldern, Phänomenbereichen und extremistischen Ausprägungen getroffen werden. Weiterhin wird über den KPMD-PMK eine adäquate Belieferung der Fallzahlenübersichten mit den notwendigen Daten zur politisch motivierten Kriminalität gewährleistet.

---

[217] *Gliwitzky/Schmid* in BeckOK PolR Bayern, 18. Ed. 1.3.2022, POG Art. 7 Rn. 14.
[218] Vgl. für Hessen: https://k.polizei.hessen.de/1269186553.
[219] *Gliwitzky/Schmid* in BeckOK PolR Bayern, 18. Ed. 1.3.2022, POG Art. 7 Rn. 15.
[220] Zu den Phänomenbereichen politisch motivierter Kriminalität vgl. *Bundeskriminalamt*, Definitionssystem Politisch motivierte Kriminalität, 2016, 9 f.
[221] Dieser ist im Jahr 2001 an die Stelle des bis dahin gültigen Kriminalpolizeilichen Meldedienstes in Staatsschutzsachen (KPMD-S) getreten, vgl. *Bundeskriminalamt*, Definitionssystem Politisch motivierte Kriminalität, 2016, 8.
[222] *Mohr* in Möllers Polizei-WB 1321 („Kriminalpolizeilicher Meldedienst").
[223] Vgl. https://www.bka.de/DE/UnsereAufgaben/Deliktsbereiche/PMK/PMKrechts/PMKrechts_node.html.
[224] So die Antwort der Bundesregierung auf eine Kleine Anfrage, vgl. BT-Drs. 17/14753, 17.
[225] BT-Drs. 17/14753, 17.

38 Der KPMD-PMK soll perspektivisch durch den **Polizeilichen Informations- und Analyseverbund (PIAV)** abgelöst werden. Dessen Einführung wurde vor dem Hintergrund der Taten des sog. Nationalsozialistischen Untergrundes (NSU) auf der 196. Innenministerkonferenz 2012 beschlossen.[226] Auch der PIAV soll dazu dienen, kriminalpolizeiliche Daten bundesweit (auf der Grundlage eines einheitlichen technischen Austauschstandards, XPolizei) „mehrfach" bzw. „mehrdimensional" auszuwerten (zB zur Aufklärung nicht nur länder-, sondern auch phänomen- und dateiübergreifender Tat-Täter- bzw. Tat-Tat-Zusammenhänge).[227] Mit dem PIAV soll es möglich werden, frühzeitiger als bisher Serienstraftaten, Bandenkriminalität oder Strukturen der Organisierten Kriminalität zu erkennen und somit die Aufklärungsquote zu steigern bzw. das Entdeckungsrisiko für Straftäter zu erhöhen. Die erste Stufe von **PIAV-Operativ** ging im Mai 2016 mit den Deliktsbereichen Waffen- und Sprengstoffkriminalität in Betrieb. Das System wurde schrittweise um die Deliktsbereiche Gewaltdelikte/gemeingefährliche Straftaten und Rauschgiftkriminalität (2018) sowie Eigentumskriminalität/Vermögensdelikte, Cybercrime und Sexualdelikte sowie Schleusung/Menschenhandel/Ausbeutung und Dokumentenkriminalität (2020) ergänzt. Die weiteren Ausbaustufen, unter anderem mit den Deliktsbereichen Geldwäsche, Korruption, Politisch motivierte Kriminalität und Organisierte Kriminalität befinden sich noch in der Vorbereitung und sollen bis Ende 2022 umgesetzt werden.[228] Neben dieser operativen Seite besitzt PIAV eine strategische Komponente, welche die Grundlagen sowohl für operative Schwerpunktsetzungen und Maßnahmenkonzepte als auch für die Beratung der polizeilichen und politischen Führungs- und Entscheidungsebene bildet. Die einheitliche und zentrale Datenbasis in **PIAV-Strategisch** soll es den Polizeien der Länder und des Bundes erlauben, eine länderübergreifende und bundesweite strategische Auswertung unter Einbeziehung der Daten der anderen PIAV-Teilnehmer zu betreiben:

39 „Damit wird ein Instrument bereitgestellt, das einerseits die **Generierung von Führungs- und Entscheidungswissen** ermöglicht und darüber hinaus eine zeitnahe polizeiliche Reaktion auf neue Kriminalitätsentwicklungen und Trends fördert".[229]

2. Bundeskriminalamt

40 Im Rahmen seiner gesetzlichen Aufgabe nach § 2 Abs. 1 BKAG fungiert das Bundeskriminalamt als Zentralstelle für die Gefährdungsbewertung im Bereich der politisch motivierten Kriminalität. Als Zentralstelle für das polizeiliche Auskunfts- und Nachrichtenwesen und für die Kriminalpolizei im Allgemeinen unterstützt das BKA die Polizeien des Bundes und der Länder bei der Verhütung und Verfolgung von Straftaten mit länderübergreifender, internationaler oder erheblicher Bedeutung. Hierzu sammelt das BKA Informationen, wertet sie aus und leitet sie weiter, betreibt zentrale Dateien und Informationssysteme und gibt vielfältige kriminalistische Hilfestellungen.[230] Aufgrund der Zentralstellenfunktion ist die **Abteilung „Polizeilicher Staatsschutz" (ST)** des BKA für die **Erstellung bundesweiter Lagebilder** im Bereich der politisch motivierten Kriminalität zuständig. Parallel zur Polizeilichen Kriminalstatistik (PKS) veröffentlicht das BKA gemeinsam mit dem Bundesministerium des Innern jährlich die Fallzahlen politisch motivierter Kriminalität.[231] Hierfür werden Erkenntnisse aus Meldediensten, Ermittlungsverfahren der Polizeien des Bundes und der Länder sowie Auswertungsergebnisse nationaler und internationaler Partnerbehörden herangezogen.

---

[226] Vgl. Ziff. 10 der Sammlung der zur Veröffentlichung freigegebenen Beschlüsse der 196. Sitzung der Ständigen Konferenz der Innenminister und -senatoren der Länder v. 5.12.–7.12.2012 in Rostock-Warnemünde, abrufbar unter: https://www.innenministerkonferenz.de/IMK/DE/termine/to-beschluesse/20121207.html?nn=4812206.
[227] BT-Drs. 17/14753, 2.
[228] Vgl. https://www.bka.de/DE/UnsereAufgaben/Ermittlungsunterstuetzung/ElektronischeFahndungs-Informationssysteme/polizeilicheInformationssysteme_node.html;jsessionid=C08693C989F4723E709C2B53EEFDD942.live0601.
[229] Vgl. https://www.bka.de/DE/UnsereAufgaben/Ermittlungsunterstuetzung/ElektronischeFahndungs-Informationssysteme/polizeilicheInformationssysteme_node.html;jsessionid=C08693C989F4723E709C2B53EEFDD942.live0601 – Hervorhebungen nur hier.
[230] *Bäcker* Terrorismusabwehr 22.
[231] Vgl. *Bundesministerium des Innern, für Heimat und Bau/Bundeskriminalamt*, Politisch motivierte Kriminalität im Jahr 2020 – Bundesweite Fallzahlen, Mai 2021.

Die gewonnenen Erkenntnisse finden zudem Eingang in **fallübergreifende Analyse-** 41
und Auswertungsprojekte mit deliktischen, regionalen oder strukturbezogenen Schwerpunkten sowie in Gefährdungsbewertungen.[232] Zu diesen zählt insbesondere die „Regelbasierte Analyse potentiell destruktiver Täter zur Einschätzung des akuten Risikos – islamistischer Terrorismus" **(RADAR-iTE),** die spezifisch für den polizeilichen Einsatz im Bereich des Staatsschutzes entwickelt wurde. Sie ist aktuell noch auf den Phänomenbereich des islamistischen Terrorismus begrenzt, soll jedoch zeitnah für Fälle des Rechtsterrorismus **(RADAR-rechts)** geöffnet werden.[233] Um das tatsächliche Risiko, das von terroristischen „Gefährdern"[234] und „Relevanten Personen"[235] für die Begehung einer politisch motivierten schweren Gewalttat ausgeht, zuverlässig und nach einheitlichen Maßstäben bewerten zu können, werden die betreffenden Personen einer Risikobewertung unterzogen. Diese soll die strukturellen Schwierigkeiten im Bereich der personenbezogenen Prävention überwinden.[236] Mittels RADAR-iTE soll eine Einschätzung des von Personen, „die bereits im polizeilichen Fokus stehen", ausgehenden Terrorrisikos ermöglicht werden.[237] Als „Hoch-Risiko-Personen" werden aus sicherheitsbehördlicher Perspektive Individuen betrachtet, bei denen ein schädigendes Ereignis (Gewalttat) zu befürchten ist und polizeiliche Maßnahmen situationsangemessen getroffen werden. Unter „Hoch-Risiko-Personen" sollen zudem Personen subsumiert werden können, bei denen zB aufgrund einer aktuell instabilen sozialen Situation in Kombination mit einer starken Anbindung an die radikale Szene und Gewalterfahrungen im Vorfeld eine besondere polizeiliche Aufmerksamkeit geboten erscheint, ohne dass konkrete Tatplanungen für eine terroristische Tat gegeben sein müssen.[238] Zu mit RADAR-iTE identifizierten „Hoch-Risiko-Personen" werden anschließend personenbezogene Fallkonferenzen in der **Arbeitsgruppe Risikomanagement** (AG RIMA) des Gemeinsamen Terrorismusabwehrzentrums **(GTAZ)** durchgeführt.[239] Ziel der Arbeitsgruppe ist es, den Erkenntnisaustausch mit den Länderdienststellen und weiteren involvierten Behörden (zB dem Bundesamt für Migration und Flüchtlinge) zu fördern, eine einvernehmliche Bewertung der Person und ihres Risikopotenzials zu schaffen, erforderliche Handlungsoptionen für die bewertete Person abzuwägen und sich auf die Maßnahmenplanung behördenübergreifend zu verständigen.[240]

Das Risikobewertungsinstrument RADAR-iTE wurde seit Anfang 2015 in einer Kooperation des 42
BKA mit der Arbeitsgruppe Forensische Psychologie der Universität Konstanz entwickelt. Im Jahr

---

[232] Vgl. https://www.bka.de/DE/DasBKA/OrganisationAufbau/Fachabteilungen/PolizeilicherStaatsschutz/polizeilicherstaatsschutz_node.html.
[233] BT-Drs. 19/16170, 2, 4. Eine flächendeckende Anwendung des Instruments im Phänomenbereich Rechtsterrorismus wird nach Angaben des BKA für das erste Halbjahr 2022 angestrebt, vgl. https://www.bka.de/DE/UnsereAufgaben/Deliktsbereiche/PMK/Radar/radar_node.html.
[234] Nach der von den Polizeibehörden des Bundes und der Länder im Jahr 2004 abgestimmten – rein polizeifachlichen – Definition ist als „Gefährder" eine Person anzusehen, „bei der bestimmte Tatsachen die Annahme rechtfertigen, dass sie politisch motivierte Straftaten von erheblicher Bedeutung, insbesondere solche im Sinne des § 100a der Strafprozessordnung (StPO), begehen wird", vgl. BT-Drs. 16/3570, 6. Mit dem Versuch einer rechtlichen Konturierung des Begriffs schon *Böhm*, Der „Gefährder" und das „Gefährdungsrecht", 2011, 221 ff.
[235] Als „relevant" gilt nach sicherheitsbehördlicher Definition eine Person, „wenn sie innerhalb des extremistisch-terroristischen Spektrums die Rolle a) einer Führungsperson, b) eines Unterstützers/Logistikers, c) eines Akteurs einnimmt und objektive Hinweise vorliegen, die die Prognose zulassen, dass sie politisch motivierte Straftaten von erheblicher Bedeutung, insbesondere solche im Sinne des § 100a StPO, fördert, unterstützt, begeht oder sich daran beteiligt, oder d) es sich um eine Kontakt- oder Begleitperson handelt", vgl. BT-Drs. 18/7151, 2. Näher einschließlich der personalen Klassifizierungen *Goertz*, Terrorismusabwehr, 2018, 55 ff.; *Dörig* jM 2019, 238 (239, 241 ff.).
[236] Zu diesen schon → Rn. 11.
[237] BT-Drs. 19/12859, 8 f.
[238] BT-Drs. 19/5648, 5.
[239] Mit Stand vom 19.8.2019 wurden in der AG RIMA insgesamt 108 Sitzungen zu 97 Personen durchgeführt. Bei ihnen handelte es sich überwiegend um „Hoch-Risiko-Personen" (die Ausnahmen betrafen „moderatrisikobehaftete" Personen in Fällen von Gruppendelikten), vgl. BT-Drs. 19/12859, 4.
[240] → Rn. 57. Zu beschleunigten Abschiebungen in diesem Zusammenhang *Jawurek/Wiater* GSZ 2021, 45–53.

2017 erfolgte die bundesweite Einführung bei der deutschen Polizei. Dabei werden auf der Grundlage einer standardisierten Fallaufbereitung „Risiko- und Schutzmerkmale" einer Person beurteilt und die Person einer zweistufigen Risikoskala zugeordnet. Diese unterscheidet zwischen einem **„moderaten"** und einem **„hohen Risiko"**.[241] Dies soll eine Priorisierung des Personenpotentials ermöglichen, was wiederum einen effizienten Einsatz polizeilicher Ressourcen gewährleiste. Für die Anwendung von RADAR-iTE wird nach Angaben des BKA auf Informationen zurückgegriffen, die den Sachbearbeitenden bereits vorliegen oder die sie aufgrund der gültigen Rechtslage erheben dürfen. „Die in RADAR-iTE abgefragten Informationen beziehen sich auf beobachtbares Verhalten – und nicht etwa auf Merkmale wie die Gesinnung oder Religiosität einer Person".[242] Hierzu werden möglichst viele Informationen zu Ereignissen aus dem Leben der Person herangezogen, die zum besseren Gesamtverständnis einer aktuell bestehenden Problemsituation notwendig sind. Die Risikobewertung wird mithilfe eines Risikobewertungsbogens mit standardisierten Fragen und Antwortkategorien durchgeführt. Die im Risikobewertungsbogen enthaltenen Fragen bilden sowohl risikosteigernde als auch -senkende Merkmale ab. Die Risikobewertung erfolgt auf Grundlage aller zur Person vorliegenden, rechtmäßig verwertbaren Informationen. Auch Erkenntnisse in- und ausländischer Nachrichtendienste – sofern sachdienlich und rechtlich verwertbar – finden dabei Berücksichtigung.[243] Die **„Gefährdersachbearbeitung"** und somit auch die Risikobewertung mittels RADAR-iTE erfolgt im Zuständigkeitsbereich der Länder.[244]

43 Mittels RADAR-iTE sollen vornehmlich Priorisierungsentscheidungen getroffen werden; das Risikobewertungsinstrument sei in erster Linie als **Hilfsmittel** zu verstehen, das unterstützend herangezogen werde, die gebotene Einzelfallbetrachtung bei der Gefährdungsanalyse aber nicht ersetzen könne.[245] Mit der verbesserten Strukturierung und Dokumentation biografischer Verläufe bereits bekannter Personen des militant-salafistischen Spektrums trägt das Instrument einerseits entsprechenden Forderungen aus dem Bereich der Kriminologie Rechnung, wonach erfolgreiche Präventionskonzepte und Gefährdungsanalysen im Bereiche des Staatsschutzes auf **biographische Erkenntnisse** zu stützen seien.[246] Auch nach Auffassung des Bundesverwaltungsgerichts können derartige Instrumente bei Beachtung ihrer methodischen Anwendungsvoraussetzungen und unter Berücksichtigung der Grenzen ihrer Aussagekraft für eine erste Risikoeinschätzung nützlich und hilfreich sein und etwa die sicherheitsbehördliche Entscheidung über das Ob und den Umfang zu treffender Maßnahmen unterstützen.[247] Andererseits birgt ein solches wissensbasiertes Polizieren („Gefährdermanagement"[248]), das immer mehr zu einer rechts- und steuerungswissenschaftlich begleiteten Hauptaufgabe der Sicherheitsbehörden wird, gravierende rechtsstaatliche Abgründe:

44 RADAR-iTE wird bereits heute als eine **personenbezogene Variante des *Predictive Policing*** gedeutet und kritisiert.[249] Hierbei wird allerdings außer Acht gelassen, dass die Bedrohungsbeurteilung im Kontext von RADAR-iTE – nach aktuell verfügbaren Informationen auch in der evaluierten Version RADAR-iTE 2.0 – weder vollautomatisiert noch algorithmenbasiert erfolgt

---

[241] Die in der Vergangenheit vorgesehene Zwischenstufe **„auffälliges Risiko"** wurde mittlerweile gestrichen. Mit Stand vom 19.8.2019 lagen dem BKA zu insgesamt 497 Personen Ergebnisse (Bewertungsbögen) vor. 186 Personen (37 Prozent) waren dem Bereich des „hohen Risikos" hinsichtlich der Begehung einer Gewaltstraftat zuzuordnen, 311 Personen (63 Prozent) dem Bereich des „moderaten Risikos". Bei zwölf Personen (2 Prozent) wurde empfohlen, eine zukünftige Bewertung mittels RADAR-iTE zu überprüfen, vgl. BT-Drs. 19/12859, 2. Zur Funktionsweise des Risikobewertungsinstruments vgl. auch: https://www.bka.de/DE/UnsereAufgaben/Deliktsbereiche/PMK/Radar/radar_node.html.
[242] S. https://www.bka.de/DE/UnsereAufgaben/Deliktsbereiche/PMK/Radar/radar_node.html.
[243] BT-Drs. 19/12859, 5.
[244] BT-Drs. 19/12859, 2.
[245] Vgl. https://www.bka.de/DE/UnsereAufgaben/Deliktsbereiche/PMK/Radar/radar_node.html.
[246] *Dienstbühl*, Extremismus und Radikalisierung, 2019, 272.
[247] BVerwG NVwZ 2017, 1531 (1538, Rn. 68).
[248] *Innenministerium Baden-Württemberg*, Sicherheitsbericht des Landes Baden-Württemberg – Sicherheit 2017, 2018, 61; *Binninger* in Jahrbuch des Föderalismus, 2018, 88 (98); *Kretschmer* in Lange/Model/Wendekamm, Zukunft der Polizei, 2019, 35 (39).
[249] Vgl. *Egbert* APuZ 32-33/2017, 17 (19); *Rusteberg* in Münkler, Dimensionen des Wissens im Recht, 2019, 233 (258); *Povalej/D. Volkmann* Informatik Spektrum (2021), 57 (58).

und derzeit nur Personen betrifft, welche die Polizei bereits „auf dem Radar" hat.[250] Allerdings bildet RADAR-iTE eine technologische Vorstufe zu einem personenbezogenen *Predictive Policing* und könnte – mit fortschreitendem Automatisierungsgrad – zu einem echten Instrument algorithmenbasierter, prädikativer Polizeiarbeit weiterentwickelt werden, um es zur Identifikation potentiell „gefährlicher", „störender" oder schlicht „unerwünschter" Individuen einzusetzen.[251] Letzterem stehen jedoch die Menschenwürdegarantie (Art. 1 Abs. 1 GG) und das Recht auf informationelle Selbstbestimmung (Art. 2 Abs. 1 GG iVm Art. 1 Abs. 1 GG) als **absolute „Verbote der Wissenserzeugung"**[252] entgegen.

45 Ebenfalls zur Wissensgenerierung tragen die **Berichtspflichten nach § 88 BKAG** bei.[253] Soweit das Bundeskriminalamt gem. § 88 S. 1 BKAG dem Bundesministerium des Innern im Zweijahresturnus über die Ausübung seiner Befugnisse im Rahmen der Strafverfolgung und zur Abwehr von Gefahren des internationalen Terrorismus Bericht erstatten und insbesondere darstellen muss, in welchem Umfang von welchen Befugnissen aus Anlass welcher Art von Verdachtslagen Gebrauch gemacht wurde und inwieweit die betroffenen Personen hierüber benachrichtigt wurden, versetzt das Amt das Ministerium in die Lage, die ihm obliegende Berichtspflicht gegenüber dem Deutschen Bundestag nach § 88 S. 3 BKAG zu erfüllen.[254] In seiner Entscheidung zum BKAG hatte das Bundesverfassungsgericht verlangt, dass die regelmäßigen Berichte des BKA **„hinreichend gehaltvoll"**[255] sein müssen, um eine öffentliche Diskussion der Maßnahmen zu ermöglichen und diese einer demokratischen Kontrolle und Überprüfung zu unterwerfen.

II. Nachrichtendienstliche Wissensgenerierung

46 Nachrichtendienste sind politische Frühwarnsysteme[256] und Informationsdienstleister[257]. Sie haben – nicht nur begrifflich, sondern auch von Gesetzes wegen[258] – den Auftrag, Informationen auf politischem, militärischem, wirtschaftlichem und wissenschaftlichem Gebiet für die politische Führung eines Staates zu sammeln und auszuwerten.[259] Ihre Berichte an die Regierung dienen primär der **politischen Information und Vorbereitung von Entscheidungen auf Staatsleitungsebene.**[260] Kenntnisse, die für die innere

---

[250] BT-Drs. 19/12859, 7, 8, 10.
[251] Wie hier *Sommerer*, Personenbezogenes Predictive Policing, 2020, 31; *Wischmeyer* in Kulick/Goldhammer, Der Terrorist als Feind?, 2020, 193 (198 f.). Zum *Predictive Policing* als Mittel polizeilicher Wissensgenerierung *Kuhlmann/Trute* GSZ 2021, 103 (110): „Verdachtsgenerierungstechnologie". Grundlegend zu Techniken des Ausschlusses entsprechender Individuen *Singelnstein/Stolle*, Die Sicherheitsgesellschaft, 3. Aufl. 2012, 87 ff.; *Frankenberg* KJ 38 (2005), 370 (379). Zum Ganzen auch *Barczak*, Der nervöse Staat, 2. Aufl. 2021, 553 ff.
[252] → Rn. 33.
[253] Zur Wissensgenerierung im Wege von Berichtspflichten sogleich → Rn. 46 ff.
[254] Die Einführung der gesetzlichen Berichtspflicht geht zurück auf entsprechende Forderungen in BVerfGE 141, 220 (285/322, Rn. 143/268) = NJW 2016, 1781 – BKA-Gesetz. Zur praktischen Umsetzung auch *Siefken*, Parlamentarische Kontrolle im Wandel, 2018, 293 ff.
[255] BVerfGE 141, 220 (285, Rn. 143) = NJW 2016, 1781; vgl. auch *Schwabenbauer* in Lisken/Denninger PolR-HdB G. Rn. 292.
[256] *Gusy* in Kugelmann, Polizei und Menschenrechte, 2019, 430 (433, 435).
[257] BT-Drs. 18/4654, 31; *Wissenschaftliche Dienste des Deutschen Bundestages*, Zur Beobachtung der Bundesregierung oder einzelner ihrer Mitglieder durch den Verfassungsschutz, WD 3–3000-063/18, 10.
[258] § 3 Abs. 1 BVerfSchG; § 1 Abs. 2 S. 1 BNDG; § 1 Abs. 1 S. 1 MADG. Entsprechende Regelungen finden sich in den Landesverfassungsschutzgesetzen.
[259] *Fassbender* in Isensee/Kirchhof StaatsR-HdB IV § 76 Rn. 111.
[260] BVerfGE 154, 152 (266/271, Rn. 211/226) = NJW 2020, 2235 – Ausland-Ausland-Fernmeldeaufklärung nach dem BND-Gesetz. Neben der politischen Information, die nach wie vor den nachrichtendienstlichen Primärzweck bildet, kann dem BND als eigene sicherheitsbehördliche Aufgabe auch die Früherkennung von aus dem Ausland drohenden Gefahren anvertraut werden, wenn diese eine hinreichend internationale Dimension aufweisen. Zu dieser in der verfassungsgerichtlichen Rechtsprechung mittlerweile anerkannten Doppelfunktionalität vgl. *Unterreitmeier* JZ 2021, 175 (177 ff.); *Barczak* KritV 104 (2021), 91 (102 ff.).

und äußere Sicherheit von Bedeutung sind, haben sie so zu strukturieren und aufzubereiten, dass sie von der Regierung sowie – bei einem entsprechenden Informationsfluss in den parlamentarischen Raum – vom Parlament im Rahmen ihrer jeweiligen Interessen und Aufgaben weiterverarbeitet werden können. Dieser nachrichtendienstliche Beitrag zur staatlichen Wissensgenerierung spiegelt sich vornehmlich in **Unterrichts-, Berichts- und Aufklärungspflichten** wider. Dass diese Vorgaben auf Informationsübermittlung mit dem „Ziel des Verstehens" und folglich auf Wissensgenerierung zielen, zeigt sich schon daran, dass mit ihnen der exekutiven und parlamentarischen Kontrolle der Nachrichtendienste Rechnung getragen wird. Kontrolle ohne Verständnis des Kontrollierten muss von vornherein fehlgehen. Der Kanon der Berichts- und Unterrichtungspflichten ist grundsätzlich zweistufig ausgestaltet, wenngleich dies in den betreffenden Rechtsvorschriften nur unvollkommen zum Ausdruck kommt: Auf der ersten Stufe haben die Nachrichtendienste die Regierung zu unterrichten bzw. dieser gegenüber Bericht zu erstatten; auf der zweiten Stufe rangiert die Unterrichtungspflicht der Regierung gegenüber dem Parlament.

1. Bundesnachrichtendienst

47 Eine nachrichtendienstliche Berichtspflicht gegenüber der Regierung findet sich nur vereinzelt normativ niedergelegt. Eine Ausnahme bildet **§ 65 Abs. 1 S. 1 BNDG**, der den Bundesnachrichtendienst verpflichtet, das Bundeskanzleramt über seine Tätigkeit zu unterrichten.[261] Darüber hinaus hat der Auslandsnachrichtendienst unmittelbar die Bundesministerien im Rahmen ihrer Zuständigkeiten über die Erkenntnisse aus seiner Tätigkeit zu unterrichten. Die Berichtspflicht gegenüber dem Bundeskanzleramt gem. § 65 Abs. 1 S. 1 BNDG begründet sowohl **regelmäßig wiederkehrende** (periodische) als auch **einzelfallbezogene** (anlassabhängige) **Verpflichtungen zur Unterrichtung** über die Tätigkeit des Bundesnachrichtendienstes und ist daher als normative Konkretisierung der Fachaufsicht zu verstehen.[262] Dass es einer solchen ausdrücklichen Normierung bedurfte, wird aus gutem Grund bezweifelt, da sich diese Unterrichtungspflicht bereits aus der fachaufsichtlichen Unterstellung des Bundesnachrichtendienstes unter das Bundeskanzleramt (vgl. § 1 Abs. 1 S. 1 BNDG) ergibt.[263] Es überrascht somit nicht, dass sich entsprechende Berichtspflichten weder dem BVerfSchG noch dem MADG ausdrücklich entnehmen lassen.[264] Auch hier folgen sie bereits aus der Einbindung der Dienste in die Hierarchie der jeweiligen Ministerialverwaltung.[265]

48 In der **Praxis des Bundesnachrichtendienstes** gibt es verschiedene Berichtsformen, im Rahmen derer die ausgewerteten Informationen aufbereitet und zur Verfügung gestellt werden. Die Berichtsformen unterscheiden sich in Umfang, Detaillierungsgrad, Adressatenkreis sowie Erscheinungsfrequenz voneinander.[266] Insgesamt geht täglich eine Vielzahl von BND-Berichten über Standardverteiler an unterschiedlich große Verteilerkreise, wobei das Bundeskanzleramt, verschiedene Ressorts (AA, BMVg einschließlich der Bundeswehr, BMWi, BMI) sowie die polizeilichen Sicherheitsbehörden und übrigen Nachrichtendienste (BKA, BfV, LfV, ZKA, MAD) die wichtigsten Abnehmer darstellen. Insgesamt verfassen die ungefähr 1.000 Auswerter jährlich mehr als 3.000 Dossiers (Tendenz steigend). Dabei wird die schriftliche Unterrichtung zunehmend durch mündliche Briefings

---

[261] Eingefügt durch Gesetz v. 19.4.2021 mit Wirkung v. 1.1.2022 (BGBl. 2021 I 771). Zuvor war die Berichtspflicht in § 33 BNDG aF geregelt; vgl. dazu *Unterreitmeier* JZ 2021, 175 (184): „Relikt aus den Anfängen des BNDG".
[262] *Bareinske* in Dietrich/Eiffler NachrichtendiensteR-HdB V. § 8 Rn. 104; *Dietrich/Gusy* in Schenke/Graulich/Ruthig BNDG § 33 Rn. 1.
[263] *Eiffler* in Dietrich/Eiffler NachrichtendiensteR-HdB VII. § 1 Rn. 27.
[264] Zum BVerfSchG → Rn. 52 ff.
[265] § 2 Abs. 1 S. 1 BVerfSchG; § 1 Abs. 1 S. 1 MADG.
[266] Die folgenden Informationen entstammen: *Bundesnachrichtendienst,* Der Auslandsnachrichtendienst Deutschlands, 2014, S. 16 f.; vgl. auch *Hölscheidt* JURA 2017, 148 (149). Allerdings hat der BND im Jahr 2018 in einer redaktionellen Reform die bis dahin üblichen, vielfältigen Formatformen deutlich reduziert. Überblick über den aktuellen Stand der Berichterstattungsformate → Rn. 49.

C. Strategien der Wissensgenerierung in der Sicherheitsverwaltung § 16

ergänzt.²⁶⁷ Zu den wichtigsten Berichtsformen und Unterrichtsverfahren im nachrichtendienstlichen Bereich zählen die Folgenden:

Die klassischen Formate der BND-Regelberichterstattung sind einerseits **Analysen,** die allgemein den Raum bieten, ein Thema umfassend zu behandeln und in seinen Teilaspekten zu betrachten, und andererseits – wesentlich häufigere – **Meldungen,** die einen aktuellen Einzelsachverhalt berichten und aus nachrichtendienstlicher Sicht aufbereiten, zB indem neue Details dargestellt werden, die aus spezifisch nachrichtendienstlichen Quellen stammen. Seit dem Jahr 2019 erstellt der BND zudem arbeitstäglich morgens die sog. **Morgenunterrichtung,** mit der der Dienst für die Spitzen der Abnehmerressorts aktuell in den Medien aufgegriffene Auslandssachverhalte in das nachrichtendienstliche Lagebild des BND kurz und prägnant einordnet. Die Bundeswehr (namentlich das für die Auslandseinsätze zuständige Einsatzführungskommando) sowie ausgewählte Ministerien erhalten zudem für ihren Informationsbedarf **periodische Lagebilder** zur Entwicklung in den Einsatzgebieten der Bundeswehr. Konkrete Hinweise beispielsweise auf eine unmittelbare Gefährdungslage durch einen Terroranschlag können als **taktisch-operative Hinweise** oder als **Warnhinweise** an die betroffenen Abnehmer gerichtet werden. Weitere speziell für bestimmte Abnehmerbedarfe konzipierte Formate runden das Berichterstattungsspektrum des BND ab. Dazu zählen unter anderem **Krisenfrüherkennungen,** mit denen indikatorengestützt frühzeitig auf potentiell gewaltsame Entwicklungen und Eskalationen im Ausland aufmerksam gemacht werden soll, sowie **Landeskurzaufzeichnungen,** die – eigens auf den Bedarf der Bundeswehr ausgelegt – einen umfassenden Überblick über einen Staat und dessen Rolle in der Region aufzeigen (Politik, insbes. Sicherheits- und Militärpolitik; Wirtschaft; Streitkräfte und terroristische Gruppierungen). Daneben gibt es **BND-Behördengutachten,** die auf gezielte Einzelanfragen – etwa von Gerichten – zu Auslandssachverhalten an den Dienst erstellt werden, also nicht vom BND selbst initiiert sind.

49

Unter den standardisierten mündlichen Unterrichtungsverfahren im Bereich des Nachrichtendienstwesens nehmen die – regelmäßig dienstags stattfindenden – **wöchentlichen Lagebesprechungen im Kanzleramt** eine herausgehobene Rolle ein.²⁶⁸ Ihre Rechtsgrundlage finden sie im Organisationserlass des Bundeskanzlers vom 3.5.1989.²⁶⁹ Die zwei nacheinander geschalteten Treffen unter der Leitung des Kanzleramtschefs oder seines Stellvertreters konstituieren sich jeweils unterschiedlich: An der ersten, in einem größeren Kreis stattfindenden „Nachrichtendienstlichen Lage" (**ND-Lage,** auch „große Lage") nehmen die Präsidenten von BND, BfV und MAD sowie des BKA, die zuständigen Staatssekretäre aus dem AA, BMI, BMVg und dem BMJ sowie der Leiter der Stabsabteilung II des Führungsstabes der Streitkräfte (FüS II) teil.²⁷⁰ Themenabhängig kommen der Generalbundesanwalt sowie Vertreter aus der Abteilung 7 des Bundeskanzleramts („Bundesnachrichtendienst; Koordinierung der Nachrichtendienste des Bundes"²⁷¹) hinzu. Außerdem nehmen aus den Ministerien die Leiter derjenigen Referate teil, die mit den Tagesordnungspunkten befasst sind. Die Bundeskanzlerin (oder der Bundeskanzler) selbst ist nicht anwesend, sondern wird gegebenenfalls vom Kanzleramtschef unterrichtet.²⁷² In dieser Runde geben die Präsidenten der drei Dienste und des BKA eine Einschätzung der Sicherheitslage auf der Grundlage einer systematischen Darstellung außen- und sicherheitsrelevanter Informationen.²⁷³ Bei der ND-Lage handelt es sich nicht um ein Entscheidungsgremium, sondern um ein exekutivinternes Gremium der Wissensvermittlung und des Wissenstransfers.²⁷⁴ Im Anschluss an die ND-Lage findet – „meistens"²⁷⁵ – die „Präsidentenrunde" (**P-Runde,** auch „Präsidentenlage" oder „kleine Lage") statt. Bei dieser handelt es sich um eine Fortsetzung der „Nachrichtendienstlichen Lage" im verkleinerten Kreis. Zugelassen zur P-Runde sind lediglich die Präsidenten von BND, BfV und BKA, die zuständigen Staatssekretäre aus den beteiligten Ministerien, der Kanzleramtschef und der Koordinator für die Nachrichtendienste des Bundes. Der geschlossene Zirkel

50

---

²⁶⁷ → § 19 Rn. 28; siehe ferner *Daun* in Jäger/Höse/Oppermann, Deutsche Außenpolitik, 2. Aufl. 2011, 171 (177), mwN.
²⁶⁸ *Daun* in Jäger/Höse/Oppermann, Deutsche Außenpolitik, 2. Aufl. 2011, 171 (177).
²⁶⁹ BGBl. 1989 I 901.
²⁷⁰ Vgl. im Einzelnen *Eiffler* in Dietrich/Eiffler NachrichtendiensteR-HdB VII § 1 Rn. 50 ff.
²⁷¹ Bis 2018 Abteilung 6, vgl. den Organisationsplan des Bundeskanzleramts v. 25.2.2021, abrufbar unter: https://www.bundesregierung.de/resource/blob/974430/773044/6ef4dd6410b2ba122adf8969e0edd5ac/druckversion-organigramm-bkamt-data.pdf?download=1.
²⁷² *Daun* in Jäger/Höse/Oppermann, Deutsche Außenpolitik, 2. Aufl. 2011, 171 (177).
²⁷³ BT-Drs. 16/13400, 178.
²⁷⁴ *Eiffler* in Dietrich/Eiffler NachrichtendiensteR-HdB VII § 1 Rn. 53: „Koordinierungsinstrument".
²⁷⁵ So der ehemalige Chef des Bundeskanzleramts *Frank-Walter Steinmeier* im 1. Untersuchungsausschuss der 18. Wahlperiode, Stenografisches Protokoll 91 I, 30.

bietet den Experten deutscher Sicherheitspolitik einmal wöchentlich Gelegenheit, auch sensible politische Fragen hinter verschlossenen Türen zu besprechen.[276] Die Runde trifft sich beim Mittagessen, bei „dem die Ressorts oder insbesondere die Präsidenten der Behörden BND, BfV und BKA die Möglichkeit haben, Dinge vorzutragen, bei denen ihnen eine Abstimmung mit anderen Ressorts und auch dem Bundeskanzleramt und dem Beauftragten für Nachrichtendienste des Bundes am Herzen liegt".[277] Eine feste Tagesordnung gibt es nicht. Auch die P-Runde dient nicht der Entscheidung, sondern zielt auf **Generierung und Transfer sicherheitsbehördlichen Wissens.** Ihr Zweck ist der Austausch von Informationen, die Beratung, Willensbildung und Vorbereitung einer Entscheidungsfindung in den zuständigen Ressorts und Geschäftsbereichen in Fragen der äußeren und inneren Sicherheit. Bei den Sachverhalten in der Präsidentenrunde handelt es sich regelmäßig um Inhalte von hoher außen- und/oder sicherheitspolitischer Bedeutung.[278]

51 In den **Sitzungen des Parlamentarischen Kontrollgremiums** berichtet der Präsident schließlich über die Arbeit des Bundesnachrichtendienstes. Für diese Unterrichtungen erstellen die auswertenden Bereiche Sprechzettel, Kurz- sowie Hintergrundinformationen.

2. Bundesamt für Verfassungsschutz

52 Parallel hierzu dienen die Erkenntnisse der Verfassungsschutzbehörden stets der **Unterrichtung der Regierung** über den Stand verfassungs- oder sicherheitsgefährdender Bestrebungen in der Bundesrepublik.[279] Die Information der Bundesregierung ist „die eigentliche Bestimmung des Verfassungsschutzes".[280] Sie grenzt ihn von den Polizei- und Strafverfolgungsbehörden ab und begründet „seinen Eigenstand".[281] Bis zum Jahr 2015 kam dies noch explizit in § 16 Abs. 1 BVerfSchG aF zum Ausdruck,[282] der eine Berichtspflicht des Bundesamtes für Verfassungsschutz gegenüber dem Bundesministerium des Innern enthielt.[283] Seither trifft das Bundesinnenministerium die Pflicht, die Öffentlichkeit anlassbezogen sowie periodisch im Wege des **Verfassungsschutzberichts** zu unterrichten (§ 16 Abs. 1, 2 BVerfSchG nF). Dies setzt allerdings – auch ohne ausdrückliche Regelung – eine **Berichtspflicht des BfV gegenüber dem BMI** voraus.[284] Eine solche folgt bereits aus dem Prinzip der Ressortverantwortlichkeit sowie der notwendigen Fachaufsicht gegenüber dem BfV (→ Rn. 47). Über die Berichtspflicht soll die Regierung dazu befähigt werden, rechtliche wie politische Maßnahmen zur Abwehr der beobachteten Bestrebungen zu ergreifen.[285] Dieses Wesensmerkmal nachrichtendienstlicher Wissensgenerierung hat das Bundesverfassungsgericht in seiner Entscheidung zur Antiterrordatei besonders herausgestellt:

53 „Unbeschadet näherer Differenzierungen zwischen den verschiedenen Diensten beschränkt [die Aufklärung] sich im Wesentlichen darauf, fundamentale Gefährdungen, die das Gemeinwesen als Ganzes destabilisieren können, zu beobachten und hierüber zu berichten, um eine politische Einschätzung der Sicherheitslage zu ermöglichen. Ziel ist nicht die operative Gefahrenabwehr, sondern die politische Information. So ist Aufgabe der Tätigkeit des Bundesnachrichtendienstes nicht die Bekämpfung von Straftaten als solchen, sondern übergreifend die Gewinnung von Erkenntnissen über das Ausland, die von außen- und sicherheitspolitischer Bedeutung für die Bundesrepublik Deutschland sind. In Form von **Lageberichten, Analysen und Berichten über Einzelerkenntnisse** soll die Bundesregierung in den Stand gesetzt werden, Gefahrenlagen rechtzeitig zu erkennen und ihnen – politisch – zu

---

[276] *Daun* in Jäger/Höse/Oppermann, Deutsche Außenpolitik, 2. Aufl. 2011, 171 (178). Vgl. auch BT-Drs. 16/13400, 178: „politisch exekutive Beratung im engsten Führungskreis der Sicherheitsbehörden".
[277] BT-Drs. 16/13400, 180.
[278] BT-Drs. 16/13400, 178.
[279] *Kingreen/Poscher* POR § 2 Rn. 17; *Droste* VerfassungsschutzR-HdB 91.
[280] *Poscher/Rusteberg* KJ 47 (2014), 57 (63).
[281] *Poscher/Rusteberg* KJ 47 (2014), 57 (71).
[282] Geändert durch Gesetz zur Verbesserung der Zusammenarbeit im Bereich des Verfassungsschutzes v. 17.11.2015 (BGBl. 2015 I 1938). Zur vormaligen Regelung noch *Poscher/Rusteberg* KJ 47 (2014), 57 (63).
[283] Auf landesrechtlicher Ebene vgl. § 3 Abs. 2 VSG NRW („Die Verfassungsschutzbehörde unterrichtet die Landesregierung und den Landtag über bedeutsame Entwicklungen in ihrem Aufgabenbereich") und § 3 Abs. 2 S. 1 NdsVerfSchG („Die Verfassungsschutzbehörde unterrichtet den Landtag und die Landesregierung über Art und Ausmaß von Bestrebungen und Tätigkeiten nach Absatz 1").
[284] *Mallmann* in Schenke/Graulich/Ruthig BVerfSchG § 16 Rn. 4.
[285] *Poscher/Rusteberg* KJ 47 (2014), 57 (62), mwN.

begegnen […]. Entsprechend zielt auch die Aufklärung der Verfassungsschutzbehörden nicht unmittelbar auf die Verhütung und Verhinderung von konkreten Straftaten oder die Vorbereitung entsprechender operativer Maßnahmen. Auch hier beschränkt sich die **Aufgabe der Dienste** auf eine **Berichtspflicht gegenüber den politisch verantwortlichen Staatsorganen** beziehungsweise der Öffentlichkeit".[286]

Erst auf dieser Wissensbasis kann die Bundesregierung ihrerseits ihre Pflicht zur **Unterrichtung des Parlamentarischen Kontrollgremiums** nach § 4 Abs. 1 PKGrG erfüllen. Danach unterrichtet die Regierung das Parlamentarische Kontrollgremium umfassend über die allgemeine Tätigkeit der Nachrichtendienste auf Bundesebene sowie über Vorgänge von besonderer Bedeutung.[287] 54

III. Wissensgenerierung in übergreifenden Strukturen

Neben der polizeifachlichen und spezifisch nachrichtendienstlichen Erarbeitung der kognitiven Grundlagen für sicherheitsbehördliches Handeln vollzieht sich die Wissensgenerierung in zunehmendem Maße in übergreifenden Strukturen („Gemeinsame Zentren").[288] Bei diesen handelt es sich nicht um eigenständige Behörden, sondern um Kooperationsplattformen, in denen der Austausch von Informationen zwischen den teilnehmenden Behörden jeweils auf Grundlage der für sie bestehenden gesetzlichen Regelungen zur Übermittlung von Informationen erfolgt.[289] Die Gemeinsamen Zentren dienen insofern einer „administrativen Wissensgenerierung durch kooperative Informationsbeschaffung".[290] Mit Blick auf das informationelle Trennungsprinzip (→ Rn. 33) sind die Zentren jeweils intern in eine Polizeiliche Informations- und Analysestelle (PIAS) sowie eine Nachrichtendienstliche Informations- und Analysestelle (NIAS) aufgeteilt, die über definierte Arbeitsgruppen funktional verknüpft sind.[291] 55

1. Gemeinsames Terrorismusabwehrzentrum (GTAZ)

Im GTAZ, das im Jahr 2004 gegründet wurde, wirken insgesamt 40 Behörden von Bund und Ländern aus den Bereichen Polizei, Strafverfolgung und Nachrichtendienst zusammen und tauschen sich über Entwicklungen im Phänomenbereich islamistischer Terrorismus aus.[292] Das GTAZ ist in verschiedenen **Arbeitsgruppen (AG)** organisiert, mit divergierenden geschäftsführenden Zuständigkeiten der beteiligten Behörden. So ist das BKA geschäftsführend für die Arbeitsgruppen „Tägliche Lagebesprechung", „Risikomanagement" und „Operativer Informationsaustausch", das BfV für die Arbeitsgruppen „Fälle/Analysen zum islamistischen Terrorismus" und „Islamistisch-terroristisches Personenpotenzial", der BND für „Transnationale Aspekte" und das BAMF für die Arbeitsgruppen „Statusrechtliche Begleitmaßnahmen" und „Deradikalisierung" zuständig.[293] 56

Zentrales Gremium des Informationsaustauschs im GTAZ ist die **AG „Tägliche Lagebesprechung"**, in der arbeitstäglich in etwa halbstündigen Besprechungen aktuelle Sachverhalte sowohl aus dem nationalen als auch dem internationalen Bereich erörtert 57

---

[286] BVerfGE 133, 277 (326, Rn. 118) = NJW 2013, 1499 – Hervorhebungen nur hier.
[287] Näher zu diesen beiden Berichtstypen *Bartodziej* in NachrichtendiensteR-HdB VII. § 2 Rn. 52 ff.
[288] Von einer „Inflation der Koordinierungsgremien" sprechen *Grumke/van Hüllen*, Der Verfassungsschutz, 2. Aufl. 2019, 115.
[289] BT-Drs. 17/5694, 2; 19/3530, 2; 19/10856, 2. Ob gesetzlichen Übermittlungsregelungen als Rechtsgrundlage ausreichen oder es einer spezifischen Grundlage für die Zentren bedarf, ist nach wie vor umstritten, → Rn. 31.
[290] Entlehnt bei *Gärditz* AöR 139 (2014), 329 (362). Mit Blick auf die Gemeinsamen Zentren auch *Albers* in BeckOK Datenschutzrecht, 37. Ed. 1.5.2020, Syst. L. Rn. 114: „Generierung neuen Wissens durch […] informationelle Vernetzung".
[291] BT-Drs. 17/11857, 2; 19/10856, 2, 7.
[292] BKA, BfV, BND, Bundespolizei, MAD, ZKA, BAMF, GBA, 16 LKA, 16 LfV.
[293] Vgl. BT-Drs. 19/10856, 6; https://www.bka.de/DE/UnsereAufgaben/Kooperationen/GTAZ/gtaz_node.html.

werden, die bei den beteiligten Behörden angefallen sind.²⁹⁴ Von wesentlicher Bedeutung für den Bereich der personenbezogenen Prävention ist zudem die **AG „Risikomanagement"** (AG RIMA), bei der es sich um eine Weiterentwicklung der Arbeitsgruppe „Gefährdungsbewertung" handelt.²⁹⁵ Die Arbeitsgruppe wurde mit dem Ziel eines maßnahmenorientierten Austauschs zu den mit dem Risikobewertungsinstrument RADAR-iTE bewerteten Personen eingerichtet. Zu den Tätigkeitsschwerpunkten der AG RIMA gehören: die Durchführung personenbezogener Fallkonferenzen auf Grundlage der RADAR-iTE-Bewertung, der maßnahmenorientierte Informationsaustausch mit den betroffenen Sicherheitsbehörden und gegebenenfalls weiterer Stellen sowie die Evaluierung der in der Fallkonferenz erörterten Maßnahmen.²⁹⁶ Während die Tätigkeit der AG RIMA ausschließlich personenbezogen ist und regelmäßig nicht an einen konkretisierten, objektivierten Gefährdungssachverhalt anknüpfen kann, dient die **AG „Operativer Informationsaustausch"** der Prüfung und Bewertung entsprechender Gefährdungssachverhalte. Hierdurch soll eine zuverlässige Evaluierung eines möglichen Handlungsbedarfs sowie eine beschleunigte Reaktion bei akuten Gefährdungslagen ermöglicht werden:

58 Die **Bewertung der Gefährdungssachverhalte** stützt sich in erster Linie auf das Sachverhalts- und Faktenwissen sowie die hiermit korrespondierenden, vorhandenen Erkenntnisse.²⁹⁷ Da sich die im Phänomenbereich des islamistischen Terrorismus gefährdungsrelevanten Sachverhalte regelmäßig durch eine inhaltliche Vielschichtigkeit und unterschiedliche Detailtiefe auszeichnen (→ Rn. 11), bilden die Bewertung der Glaubhaftigkeit einer Information, die Plausibilität des dargestellten Sachverhalts und die Bewertung der Herkunft einer Information wesentliche Eckpunkte der Gefährdungseinschätzung. Daneben finden polizeiliche Erfahrungswerte Eingang in die Gefährdungsbewertung. Die zu bewertenden Gefährdungssachverhalte werden, sofern erforderlich und tatsächlich möglich, mit einer **Wahrscheinlichkeitsaussage zum Schadenseintritt** versehen. Hierbei kommt das bundesweit abgestimmte Prognosemodell der **Polizeidienstvorschrift „Führung und Einsatz der Polizei"** (PDV 100 VS-NfD²⁹⁸) zum Tragen, das die Wahrscheinlichkeit eines Schadenseintritts in einem Einzelfall in einer achtstufigen Bewertungsskala einordnet. Grundlage für die Zuordnung ist das Ergebnis der Gefährdungseinschätzung.²⁹⁹ Bei zeitunkritischen Sachverhalten wird die AG „Operativer Informationsaustausch" zunehmend durch einen schriftlich erfolgenden Abstimmungsprozess ersetzt. Den jeweiligen Behörden wird hierbei ein Produkt (zum Beispiel die Lagefortschreibung der Gefährdungslage islamistischer Terrorismus) zur Abstimmung schriftlich zugesandt und nach erfolgreicher Abstimmung an den vorgesehenen Verteiler versandt.³⁰⁰

2. Gemeinsames Extremismus- und Terrorismusabwehrzentrum (GETZ)

59 Das im Jahr 2012 eingerichtete GETZ folgt dem Vorbild des GTAZ. Es ist aus dem Gemeinsamen Abwehrzentrum gegen Rechtsextremismus/-terrorismus (GAR³⁰¹) hervor-

---

²⁹⁴ Bericht der Regierungskommission zur Überprüfung der Sicherheitsgesetzgebung in Deutschland, 2013, 168.
²⁹⁵ BT-Drs. 19/18195, 2.
²⁹⁶ BT-Drs. 19/10856, 4.
²⁹⁷ BT-Drs. 19/18195, 2.
²⁹⁸ Vgl. dazu *Kubera/Thielmann*, Handbuch zur PDV 100 VS-NfD, 2020.
²⁹⁹ BT-Drs. 19/18195, 3.
³⁰⁰ Zur Arbeitsweise der AG „Gefährdungsbewertung" vgl. noch den Bericht der Regierungskommission zur Überprüfung der Sicherheitsgesetzgebung in Deutschland, 2013, 169.
³⁰¹ Das GAR war als unmittelbare Reaktion auf die rechtsterroristische Mordserie des „NSU" am 16.12.2011 auf Initiative des Bundesministers des Innern eingerichtet worden. Ziel war – in Anlehnung an die gewonnenen Erfahrungen mit dem GTAZ bei der Bekämpfung des islamistischen Terrorismus – die Kooperation und Koordination der Sicherheitsbehörden von Bund und Ländern bei der Bekämpfung der Politisch motivierten Kriminalität-rechts (PMK-rechts) nachhaltig zu verbessern. Infolgedessen hatte die IMK in ihrer 196. Sitzung die Einrichtung eines Gemeinsamen Extremismus- und Terrorismusabwehrzentrum der Länder und des Bundes (GETZ) in allen Phänomenbereichen für erforderlich gehalten und beschlossen. Das vormalige GAR ging im Anschluss daran als GETZ-R im GETZ auf, vgl. zu den Hintergründen BT-Drs. 17/11857, 1 ff.; 19/3530, 3.

gegangen, dient jedoch nicht nur – hier unter dem Kürzel GETZ-R – der Bekämpfung des Rechtsterrorismus, sondern auch des Links- (GETZ-L) und Ausländerextremismus-/ terrorismus (GETZ-A) sowie der Spionageabwehr (GETZ-SP) einschließlich proliferationsrelevanter Aspekte.[302] Die gegenwärtige **Amalgamierung einer Vielzahl höchst unterschiedlicher Phänomenbereiche** in diesem Gemeinsamen Zentrum überrascht.[303] Sie lässt das GETZ als eine Art Auffangbecken für alle staatsschutzrelevanten Kooperations- und Kommunikationsnotwendigkeiten jenseits des islamistischen Terrorismus erscheinen. Das Zentrum gliedert sich ebenfalls in **Arbeitsgruppen** („Phänomenbezogene Lagebesprechung", „Operativer Informationsaustausch", „Personenpotenzial", „Gefährdungsbewertung", „Fallanalyse", „Analyse", „Organisationsverbote") und soll „ohne Schaffung weiterer Schnittstellen sowie unter Einhaltung des Trennungsgebotes zwischen Polizei und Nachrichtendiensten die Fachkompetenz aller relevanten Akteure" bündeln.[304]

3. Gemeinsames Internetzentrum (GIZ)

Die Aufgabe des seit Januar 2007 bestehenden GIZ liegt darin, täglich und anlassunabhängig militant-islamistische Propagandaveröffentlichungen von jihadistischen Gruppierungen und Personen in Foren, Internetseiten und Sozialen Medien zu beobachten bzw. zu analysieren. Die Geschäftsführung des GIZ erfolgt durch das Bundesamt für Verfassungsschutz; ebenfalls im GIZ vertreten sind das Bundeskriminalamt, der Bundesnachrichtendienst, der Militärische Abschirmdienst sowie die Bundesanwaltschaft.[305] Das GIZ gliedert sich in **drei Arbeitsgruppen:** In der „AG OSINT" (Open Source Intelligence) werden offen verfügbare Inhalte gesichtet, gegebenenfalls übersetzt und an die beteiligten Behörden, das GTAZ und die Sicherheitsbehörden der Länder übermittelt. Die „AG ONI" (Offensive Nutzung des Internets) arbeitet seit 2010 ohne Beteiligung von BKA und GBA. Hier geht es um die Suche nach Personen, die als nachrichtendienstliche Quellen geeignet erscheinen und die gegebenenfalls angeworben und (via Internet) geführt werden. Ziel ist die Abstimmung der behördlichen Aktivitäten im Internet zur Vermeidung von Doppelarbeit, wobei auch die Landesämter für Verfassungsschutz einbezogen werden. Hinzu kommt eine „AG Technik" unter Beteiligung aller GIZ-Behörden (Analyse der Entwicklung des Internets in technischer Hinsicht, Beobachtung des Marktes bezüglich dort verfügbarer Tools und Erarbeitung eigener Softwarelösungen).[306] 60

Die gewonnenen Erkenntnisse bzw. relevante Themen werden durch das GIZ in **drei Berichtsformen** mit unterschiedlichen Erscheinungszyklen ausgearbeitet.[307] Die Berichte des GIZ gehen neben den am GIZ beteiligten Stellen den folgenden Behörden zu: Bundeskanzleramt, Auswärtiges Amt, Bundesministerium des Innern, Bundesministerium der Justiz, Bundesministerium der Verteidigung, Bundespolizeipräsidium, Zollkriminalamt sowie den Landesämtern für Verfassungsschutz und den Landeskriminalämtern.[308] 61

4. Nationales Cyber-Abwehrzentrum (NCAZ)

Das NCAZ wurde dem Vorbild des GTAZ ebenfalls strukturell nachgebildet. Es soll die in den Sicherheitsbehörden des Bundes vorhandene Expertise im Bereich Cybersicherheit bündeln und eine effektive Zusammenarbeit aller staatlichen Stellen zur Koordinierung von 62

---

[302] Vgl. https://www.verfassungsschutz.de/DE/verfassungsschutz/auftrag/zusammenarbeit-im-in-und-ausland/getz/getz_artikel.html.
[303] *Kutscha* NVwZ 2013, 324 (325).
[304] Vgl. https://www.bka.de/DE/UnsereAufgaben/Kooperationen/GETZ/getz_node.html.
[305] BT-Drs. 17/5695, 2.
[306] Vgl. *Fromm*, Stellungnahme zur Vorbereitung der öffentlichen Anhörung im Untersuchungsausschuss am 17.5.2018, BT-Drs. 19(25)241(neu), 12.
[307] Vgl. BT-Drs. 19/3530, 6: **GIZlog** (14-tägliche Erscheinung, 68 Ausgaben im Zeitraum 2007 bis 2018) **GIZ-Spezial** (anlassbezogen, 280 Berichte im Zeitraum 2007 bis 2018), **GIZ-Spezial Fokus** (anlassbezogen, 57 Berichte im Zeitraum 2013 bis 2018).
[308] BT-Drs. 17/5695, 5.

Schutz- und Abwehrmaßnahmen gegen IT-Vorfälle gewährleisten. Dabei hat es sich seit seiner Gründung im Jahr 2011 von einer schlichten **„Informationsdrehscheibe"**[309] zu einer **„zentralen Kooperations- und Koordinationsplattform"**[310] der IT-Sicherheitsbehörden weiterentwickelt, um den Wissenstransfer zwischen den im NCAZ vertretenen Behörden (Bundesamt für Sicherheit in der Informationstechnik, Bundesamt für Verfassungsschutz, Bundesamt für Bevölkerungsschutz und Katastrophenhilfe, Bundeskriminalamt, Bundesnachrichtendienst, Bundespolizei, Zollkriminalamt, Bundesanstalt für Finanzdienstleistungsaufsicht) sicherzustellen.

63 Über den Informations- und Wissensaustausch sollen Risiken im Cyberraum ganzheitlich analysiert und bewertet werden. Am Ende dieses Prozesses steht eine konkrete Handlungsempfehlung, die auf den Erfahrungen und Kenntnissen der beteiligten Behörden beruht. Die Wissensgenerierung innerhalb des NCAZ äußert sich vor allem in der **„Cyber-Lage"**, einem tagesaktuellen Lagebericht zum Thema Cybersicherheit. Diesen legt das NCAZ dem Nationalen Cyber-Sicherheitsrat bzw. der Bundesregierung und den beteiligten Behörden vor.[311] Daneben fließen die Erkenntnisse in einen jährlich erscheinenden **Tätigkeitsbericht** sowie in Analysen konkreter Sachverhalte ein. Bei den Analysen des NCAZ werden sowohl nachrichtendienstliche als auch polizeiliche Informationen einbezogen.[312] „Alle beteiligten Behörden profitieren auf diesem Weg von dem gemeinsamen Wissen".[313]

D. Rechtsschutz und Kontrolle

64 Die Art und Weise, wie Sicherheitsbehörden das Wissen generieren, auf das sie bei der Rechtsanwendung und Rechtsdurchsetzung angewiesen sind, stellt neue Herausforderungen an den gerichtlichen Rechtsschutz und die parlamentarische Kontrolle. Bislang vollzieht sich die Wissensgenerierung in der Sicherheitsverwaltung weitgehend informell und intransparent; die normative Determinierung ist nach wie vor nur schwach ausgeprägt (→ Rn. 30 ff.). An diese Rechtslücke schließt sich eine **Rechtsschutzlücke** an: Aufgrund der Expertifizierung des Sicherheitsrechts gewinnt die Sicherheitsverwaltung gegenüber den anderen Gewalten einen immer größeren Wissensvorsprung (→ Rn. 35). Die rechtsstaatlichen Aufgaben des Gesetzes wie die Gewährleistung von Transparenz, Vorhersehbarkeit und Legitimation verlagern sich zunehmend auf das Verwaltungsverfahren; dieses besitzt nicht länger eine bloß „dienende Funktion", sondern Selbststand im Sinne einer hohen Eigenständigkeit bei der Risikosteuerung. Der Schwerpunkt der gerichtlichen Kontrolle verlagert sich damit parallel von der vor Gericht nicht sinnvoll reproduzierbaren inhaltlichen Kontrolle der Wissensgenerierung zur Verfahrenskontrolle.[314] Diese Rechts(schutz)lücke lässt sich auch nicht durch den schlichten Verweis darauf schließen, dass sicherheitsbehördliche Informationseingriffe im Wege des gerichtlichen Rechts- oder eines kompensatorischen Grundrechtsschutzes durch die Datenschutzaufsichtsbehörden kontrolliert werden. Wissensgenerierung ist etwas qualitativ anderes als Datenerhebung und Informationsverarbeitung (→ Rn. 18 ff.). Ebenso, wie das Erheben von Daten und Sammeln von Informationen in der Vergangenheit nur als eine tatsächliche Vorstufe zum operativen und aktionellen Polizeihandeln betrachtet und erst durch das Volkszählungsurteil (→ Rn. 5 f.) des Bundesverfassungsgerichts überhaupt **als eine rechtliche Stufe erkennbar** wurde, wird die Wissensgenerierung in Zukunft als ein rechtlich zu strukturierender und gerichtlich zu kontrollierender Prozess wahrgenommen werden. Dafür sprechen schon die zuneh-

---

[309] So noch BT-Drs. 17/5694, 3.
[310] So jetzt https://www.bmvg.de/de/themen/cybersicherheit/partnerschaften-zur-cybersicherheit/nationales-cyber-abwehrzentrum.
[311] BT-Drs. 17/5694, 4.
[312] Zum Ganzen *Herpig/Bredenbrock*, Cybersicherheitspolitik in Deutschland, 2019, 6, mwN.
[313] S. https://www.bmvg.de/de/themen/cybersicherheit/partnerschaften-zur-cybersicherheit/nationales-cyber-abwehrzentrum.
[314] *Schulze-Fielitz* DÖV 2011, 785 (791).

E. Perspektiven

Die Gewährleistung der öffentlichen Sicherheit und Ordnung ist wissensabhängig. Was wie eine Binsenweisheit klingen mag, gilt nicht zuletzt in Anbetracht von Gefahren und Risiken, die aus den räumlichen, zeitlichen und normativen Entgrenzungstendenzen der modernen Risiko- und Sicherheitsgesellschaft resultieren und den Erfahrungs- und Erkenntnishorizont des Einzelnen übersteigen. Ob es um die Bedrohung durch terroristische Gefährder, die Folgen des Klimawandels oder das Infektionsgeschehen im Rahmen einer globalen Pandemie geht: In weitem Umfang gilt hier das sokratische „Ich weiß, dass ich nichts weiß".[315] Das Wissen um die **Relativität von Wissen** bildet jedoch, soweit rechtsnormativ eine Handlungsaufgabe vorgegeben ist, **keine Rechtfertigung für ein Nichthandeln.**[316] Dies gilt im Bereich des von aufgabenrechtlichen Generalklauseln und vielfältigen staatlichen Schutzpflichten beherrschten Sicherheitsrechts in besonderer Weise. So sehr der objektive Wissenshorizont des hergebrachten Gefahrenabwehrrechts dabei zu zerfallen und in ein diffuses Risikomanagement überzugehen droht, so sehr verstärken sich die Tendenzen einer Expertifizierung dieses Rechtsgebiets. Unter den Bedingungen der Wissensgesellschaft ist Wissen zwar jederzeit und überall für jedermann verfügbar. Zugleich werden jedoch die Grenzen zwischen Wissen und Nichtwissen unschärfer. In diesem Wissensdilemma scheint aus dem allwissenden Staat ein Gemeinwesen zu werden, das die öffentliche Sicherheit nur bei einer Rekonstruktion und Reintegration der weithin separierten, spezialisierten und subjektivierten Wissensbestände effektiv zu gewährleisten vermag.

Ungeachtet dieser Entwicklungen wird der Prozess der Wissensgenerierung im Sicherheitsrecht und in der Sicherheitsverwaltung bislang nur in Ansätzen wissenschaftlich und dogmatisch reflektiert. Das Wissen steht im Schatten einer Dominanz des Datenschutz- und Informationsrechts. Als eigenständige Dimension des Sicherheitsrechts ist es kaum präsent. Nimmt man das Wissen allerdings als Ausgangspunkt der Betrachtung, lassen sich hierüber Prozesse und Strategien erschließen, die gerade im Bereich der personalen Risikovorsorge von erheblicher Bedeutung sind. Für diese bedarf es der Entwicklung normativer Strukturen. Dabei gilt zweierlei: **Sicherheitsrecht** ist zum einen ein **Recht der Wissensverwaltung.** Als vergleichsweise junges Rechtsgebiet, tut das Sicherheitsrecht gut daran, dem Wissen die notwendige Aufmerksamkeit zu schenken, denn Risiken und Gefahren bleiben in ihrem Kern meist unsichtbar, basieren auf kausalen Interpretationen und stellen sich somit erst und nur im Wissen um sie her.[317] Im Wissen können Gefahren und Risiken verändert, verstetigt, vergrößert oder verharmlost werden. Sicherheitsrecht ist damit zum anderen ein **Recht der Wissensgewährleistung.**[318] Wissen ist ein sozialer Definitionsprozess;[319] wer das Wissen über Gefahren und Risiken besitzt, definiert die Grenzen zwischen Sicherheit und Freiheit.[320] Der Staat muss hiernach fortlaufend die notwendige Wissensarbeit leisten, um seine Definitionen von Freiheit und Sicherheit legitimieren und

---

[315] Dazu nur *Gröschner* RW 7 (2016), 1 (12 ff.). Zu den Grenzen des Wissens und dem Umgang mit Nichtwissen in der COVID-19-Pandemie *Trute* GSZ 2020, 93–101; *Goldhammer/Neuhöfer* JuS 2021, 212 (214). Allgemein zur Wissensgenerierung im Infektionsschutzrecht *Kingreen* in Huster/Kingreen InfSchR-HdB 1. Kap. Rn. 79 ff.
[316] *Hoffmann-Riem* in H. Chr. Röhl, Wissen – Zur kognitiven Dimension des Rechts, 2010, 159 (164 f.).
[317] *Beck,* Risikogesellschaft, 1986, 29 f.
[318] Zur staatlichen Gewährleistungsverantwortung für eine Wissensinfrastruktur und die einzelfallunabhängige Wissensbeschaffung *Groß* in H. Chr. Röhl, Wissen – Zur kognitiven Dimension des Rechts, 2010, 135 (151 ff.); *Schuppert*, Wissen, Governance, Recht, 2019, 164 ff.
[319] *Beck,* Risikogesellschaft, 1986, 30; ähnlich *Luhmann,* Organisation und Entscheidung, 2000, 184: „soziale Konstruktion".
[320] Zur Definitionsmacht der Polizei in diesem Kontext auch *Rusteberg* in Münkler, Dimensionen des Wissens im Recht, 2019, 233 (249).

in die Zeit hinein stabilisieren zu können. Wissen ist damit zugleich Voraussetzung für normative Selbstvergewisserung. *Wissen ist Macht.*

§ 17 Aufklärung durch Strafverfahren

Markus Löffelmann

Übersicht

	Rn.
A. Strafverfolgende Aufklärung in der komplementären Sicherheitsarchitektur	1
I. Funktionsunterschiede sicherheitsrechtlicher Aufklärung	1
1. Nachrichtendienstliche Aufklärung	2
2. Präventiv-polizeiliche Aufklärung	5
3. Strafverfolgende Aufklärung	8
II. Ordnungselemente sicherheitsrechtlicher Aufklärung	14
1. Trennungsgebot	15
2. Funktionale Kriterien	18
3. Datenschutzrechtliche Kriterien	21
III. Aufklärung von Straftaten	25
1. Grundsatz der Wahrheitserforschung	26
2. Normative Grenzen der Wahrheitserforschung	30
3. Faktische Grenzen der Wahrheitserforschung	34
4. Besonderheiten bei Staatsschutzsachverhalten	37
B. Praktische Probleme der Aufklärung in Staatsschutzverfahren	43
I. Rahmenbedingungen der Aufklärung	43
1. Zahl der Verfahrensbeteiligten	44
2. Verfahrensumfang und -komplexität	48
3. Auslandsbezug	51
II. Besondere Mittel der Aufklärung	55
1. Sachverständige	56
2. Behördenerklärungen	60
3. Nichtregierungsorganisationen	64
C. Einschränkung von Aufklärung durch Geheimnisschutz	67
I. Gründe für die Geheimhaltung von Beweismitteln	67
1. Wahrung des Zeugenschutzes	69
2. Wahrung des Staatswohls	70
3. Kernbereich exekutiver Eigenverantwortung	71
II. Mittel der Wahrung von Geheimschutzbedürfnissen	72
1. Maßnahmen des Zeugenschutzes	73
2. Beschränkung der Aussagegenehmigung	75
3. Sperrerklärung	76
4. Ausschluss der Öffentlichkeit	78
5. Verpflichtung der Verfahrensbeteiligten und Einstufung als Verschlusssache	79
6. Sonstige Geheimschutzmaßnahmen	81
III. Praktische Durchsetzung der Aufklärungspflicht	82
1. Aufklärungsbemühungen des Tatgerichts	83
2. Aufklärungsbemühungen anderer Verfahrensbeteiligter	85
IV. Problematik von Datenübermittlungen	87
D. Perspektiven	88

Wichtige Literatur:

Albers, M., Die Determination polizeilicher Tätigkeit in den Bereichen der Straftatenverhütung und der Verfolgungsvorsorge, 2001; *Bäcker, M.,* Kriminalpräventionsrecht. Eine rechtsetzungsorientierte Studie zum Polizeirecht, zum Strafrecht und zum Strafverfahrensrecht, 2015; *Baldus, M.,* Entgrenzungen des Sicherheitsrechts – Neue Polizeirechtsdogmatik?, Die Verwaltung (47) 2014, 1; *Barczak, T.,* Terrorismus als Rechtsbegriff. Reflexionen über Migration, Ambivalent und Entgrenzungspotential einer politischen Vokabel, in Kulick, A./Goldhammer, M., Der Terrorist als Feind?, 2020; *Brandt, K.*, Das Bundesamt für Verfassungsschutz und das strafprozessuale Ermittlungsverfahren. Die Mitwirkung des Bundesamtes für Verfassungsschutz in strafprozessualen Ermittlungsverfahren vor dem Hintergrund des sog. Trennungsgebots, 2015; *Brodowski, D./Jahn, M./Schmitt-Leonardy, C.*, Gefahrenträchtiges Gefährderrecht. Aufgaben, Anwendungsfälle und Aporien der Gefahrenabwehr durch Strafrecht heute – Teil 2, GSZ 2017, 7; *Burgis-Kasthala, M.*, Entrepreneurial Justice: Syria, the Commission for International Justice and Accountability and the Renewal of International Criminal Justice, European Journal of International Law 2020, Vol. 30 no. 4, 1165 ff.; *Detter, K.*, Einige Gedanken zu audiovisueller Vernehmung, V-Mann in der Hauptverhandlung und der Entscheidung des Bundesgerichtshofs in der Sache El Motassadeq, StV 2006, 544; *Dorn, A.*, Das Trennungsgebot in verfassungshistorischer Perspektive. Zur Aufnahme inlandsnachrichtendienstlicher Bundeskompetenzen in das Grundgesetz vom 23. Mai 1949, 2004; *Droste, B.*, Handbuch des Verfassungsschutzrechts, 2007; *Ellbogen, K.*, Anfechtung der behördlichen Verweigerung einer Aussagegenehmigung durch die Staatsanwaltschaft?, NStZ 2007, 310; *Engelhart, M./Arslan, M.*, Schutz von Staatsgeheimnissen im Strafverfahren, 2020; *Engelstätter, T.*, Nachrichtendienstliche Erkenntnisse im Strafverfahren, in Dietrich, J.-H./Gärditz, K. F./Graulich, K./Gusy, C./Warg, G. (Hrsg.), Nachrichtendienste in vernetzter Sicherheitsarchitektur, 2020, 97 ff.; *Gazeas, N.*, Übermittlung nachrichtendienstlicher Erkenntnisse an Strafverfolgungsbehörden, 2014; *Gloy, K.*, Wahrheitstheorien. Eine Einführung, 2004; *Griesbaum, R./Wallenta, F.*, Strafverfolgung zur Verhinderung terroristischer Anschläge – Eine Bestandsaufnahme, NStZ 2013, 369; *Gusy, C.*, Grundrechte und Verfassungsschutz, 2011; *Hassemer, W.*, Die „Funktionstüchtigkeit der Strafrechtspflege" – ein neuer Rechtsbegriff?, StV 1982, 275; *Hassemer, W.*, Unverfügbares im Strafprozess, FS Maihofer 1988, 183; *Jahn, M.*, Beweiserhebungs- und Beweisverwertungsverbote im Spannungsfeld zwischen den Garantien des Rechtsstaates und der effektiven Bekämpfung von Kriminalität und Terrorismus, Gutachten C für den 67. Deutschen Juristentag 2008; *Kahneman, D.*, Schnelles Denken, langsames Denken, 2011; *Kral, S.*, Die polizeilichen Vorfeldbefugnisse als Herausforderung für Dogmatik und Gesetzgebung des Polizeirechts, 2012; *Kugelmann, D.*, Entwicklungslinien eines grundrechtsgeprägten Sicherheitsverwaltungsrechts, Die Verwaltung (47) 2014, 26; *Landau, H.*, Die Pflicht des Staates zum Erhalt einer funktionstüchtigen Strafrechtspflege, NStZ 2007, 121; *Lang, X.*, Geheimdienstinformationen im deutschen und amerikanischen Strafprozess, 2014; *Lisken, H.*, Sperrerklärungen im Strafprozeß, NJW 1991, 1658; *Löffelmann, M.*, Die normativen Grenzen der Wahrheitserforschung im Strafverfahren. Ideen zu einer Kritik der Funktionsfähigkeit der Strafrechtspflege, 2008; *Löffelmann, M.*, Novellierung des Bayerischen Verfassungsschutzgesetzes, BayVBl. 2017, 253; *Löffelmann, M.*, Nach der Reform ist vor der Reform: Notwendigkeit einer Gesamtnovellierung der StPO?, StV 2018, 536; *Löffelmann, M.*, Die Zukunft der deutschen Sicherheitsarchitektur – Vorbild Bayern?, GSZ 2018, 85; *Löffelmann, M.*, Die Umsetzung des Grundsatzes der hypothetischen Datenneuerhebung – Schema oder Struktur?, GSZ 2019, 16; *Löffelmann, M.*, Der Schutz grundrechtssensibler Bereiche im Sicherheitsrecht, GSZ 2019, 190; *Löffelmann, M.*, Muster für ein Polizeigesetz aus Bayern, GSZ 2021, 164; *Löffelmann, M.*, Überwachungsgesamtrechnung und Verhältnismäßigkeitsgrundsatz, 2022; *Lohse, K./Engelstätter, T.*, Die Bekämpfung staatsgefährdender rechtsextremistischer Gewalt durch den Generalbundesanwalt beim Bundesgerichtshof, GSZ 2020, 156; *Möstl, M.*, Die staatliche Garantie für die öffentliche Sicherheit und Ordnung, 2002; *Möstl, M.*, Die neue dogmatische Gestalt des Polizeirechts. Thesen zur Integration eines modernen informationellen Vorfeldrechts in das klassische rechtsstaatliche Gefahrenabwehrrecht, DVBl. 2007, 581; *Möstl, M.*, Das Bundesverfassungsgericht und das Polizeirecht. Eine Zwischenbilanz aus Anlass des Urteils zur Vorratsdatenspeicherung, DVBl. 2010, 808; *Paeffgen, H.-U.*, Vernachrichtendienstlichung von Strafprozeß- (und Polizei-)recht im Jahr 2001. Weitere grundsätzliche Anmerkungen zur deutschen Sicherheitsrechts-Entwicklung bis zum Terrorismusbekämpfungsgesetz, StV 2002, 336; *Nwadikwa-Jonathan, A./Ortiz, N.*, The Use of Non-Governmental Investigatory Bodies at the Office of the Prosecutor of the International Criminal Court: An Offer We Can(not) Refuse?, in Heinze, A./Dittrich, V. (Hrsg.), The Past, Present and Future of the International Criminal Court, Nuremberg Academy Series No. 5, 2021, S. 279 ff.; *Paeffgen, H.-U.*, Vernachrichtendienstlichung des Strafprozesses, GA 2003, 647; *Renzikowski, J.*, Fair trial und anonymer Zeuge. Die Drei-Stufen-Theorie des Zeugenschutzes im Lichte der Rechtsprechung des EGMR, JZ 1999, 605; *Rieß, P.*, Über die Aufgaben des Strafverfahrens, JR 2006, 269; *Roggan, F.*, Das neue BKA-Gesetz. Zur weiteren Zentralisierung der deutschen Sicherheitsarchitektur, NJW 2009, 257; *Schoch, F.*, Abschied vom Polizeirecht des liberalen Rechtsstaats? – Vom Kreuzberg-Urteil des Preußischen Oberverwaltungsgerichts zu den Terrorismusbekämpfungsgesetzen unserer Tage, Der Staat (43) 2004, 347; *Seel, S.*, Wahrheit im Strafprozess, 2021; *Sieber, U.*, Legitimation und Grenzen von Gefährdungsdelikten im Vorfeld von terroristischer Gewalt. Eine Analyse der Vorfeldtatbestände im „Entwurf eines Gesetzes zur Verfolgung der Vorbereitung von schweren staatsgefährdenden Gewalttaten", NStZ 2009, 353; *Skirbekk, G.*, Wahrheitstheorien. Eine Auswahl aus den Diskussionen über Wahrheit im 20. Jahrhundert, 1977; *Sommerfeld, A.*, Verwaltungsnetzwerke am Beispiel des Gemeinsamen Terrorismusabwehrzentrums des Bundes und der Länder (GTAZ), 2015; *Streiß*, Das Trennungsgebot zwischen Polizei und Nachrichtendiensten, 2011; *Thiel, M.*, Die „Entgrenzung" der Gefahrenabwehr. Grundfragen von Freiheit und Sicherheit im Zeitalter der Globalisierung, 2011; *Vogel, B.*, „In camera"-Verfahren als Gewährung effektiven Rechtsschutzes? Neue Entwicklungen im europäischen Sicherheitsrecht, ZIS 2017, 28 ff.; *Wiley, H. W.*, International(ised) Criminal Justice at a Crossroads: The Role of Civil Society in the Investigation of Core International Crimes and the 'CIJA Model', in Bergsmo, M./Stahn, C. (Hrsg.), Quality Control in Fact-Finding, 2. Aufl. 2020, 547 ff.; *Wittmoser, U.*, Die Landesämter für Verfassungsschutz. Geschichte, Struktur, Aufgaben, Neuorganisations- und Reformbedarf, Föderalismus und Zusammenarbeit im Verfassungsschutz sowie Analyse der Aufgaben und Rechte in Bund und Ländern bei der parlamentarischen Kontrolle der Verfassungsschutzbehörden, 2012; *Wolter, J./Schenke, W.-R./Rieß, P./Zöller, M.* (Hrsg.), Datenübermittlungen und Vorermittlungen. Festgabe für Hans Hilger, 2003; *Zöller, M.,* Informationssysteme und Vorfeldmaßnahmen von Polizei, Staatsanwaltschaft und Nachrichtendiensten. Zur Vernetzung von Strafverfolgung und Kriminalitätsverhütung im Zeitalter von multimedialer Kommunikation und Persönlichkeitsschutz, 2002; *Zöller, M.,* Terrorismusstrafrecht. Ein Handbuch, 2009; *Zöller, M.,* Die Zusammenarbeit der Nachrichtendienste mit den Strafverfolgungsbehörden, in Dietrich, J.-H./Gärditz, K. F./Graulich, K./Gusy, C./Warg, G. (Hrsg.), Nachrichtendienste in vernetzter Sicherheitsarchitektur, 2020, 79 ff.

Hinweis:
Alle Internetfundstellen wurden zuletzt am 23.3.2022 abgerufen.

A. Strafverfolgende Aufklärung in der komplementären Sicherheitsarchitektur

I. Funktionsunterschiede sicherheitsrechtlicher Aufklärung

1 Die drei Säulen des sicherheitsbehördlichen Staatsschutzes – nachrichtendienstliche, polizeiliche und strafverfolgende Tätigkeit – besitzen ein gemeinsames Fundament im Bestreben um die Aufklärung von Sachverhalten. Dieses Fundament reicht allerdings jeweils unterschiedlich tief, und auch der Überbau, den es trägt, divergiert.

1. Nachrichtendienstliche Aufklärung

2 Im nachrichtendienstlichen Bereich ist Aufklärung Mittel und Zweck des behördlichen Handelns zugleich. Aufgabe aller Nachrichtendienste des Bundes und der Länder ist das **Sammeln und Auswerten von Information** zu Zwecken des Staatsschutzes oder der politischen Unterrichtung in elementaren Staatsbelangen (vgl. § 1 Abs. 2 S. 1 BNDG, § 1 Abs. 1 S. 1 MADG, § 3 Abs. 1 BVerfSchG, ähnlich die Verfassungsschutzgesetze der Länder). Nachrichtendienstliches Handeln ist demnach seiner Natur nach Aufklärung. An diesem Zweck orientieren sich die Struktur und Reichweite nachrichtendienstlicher Befugnisse.

3 Nachrichtendienste führen grundsätzlich Informationen aus **allen verfügbaren Erkenntnisquellen** zusammen (sog. „full take" oder „all sources intelligence"), um einen mit größtmöglicher Wahrscheinlichkeit wahren (zutreffenden) Erkenntnisstand zu erlangen. Hierzu bedienen sie sich der Informationsgewinnung aus offen zugänglichen Quellen (sog. open source intelligence – OSINT), des Einsatzes geheimer Mitarbeiter (sog. human intelligence – HUMINT), der Fernmeldeaufklärung (sog. signals intelligence – SIGINT), der Nutzung sozialer Netzwerke (sog. social media intelligence – SOCMINT) und anderer Methoden.[1][2]

4 Auf diese Weise wird gegenüber den allgemein oder auch anderen Behörden zugänglichen Informationen ein **„nachrichtendienstlicher Mehrwert"** generiert, der dem Staat im Ringen um den Erhalt seiner Existenz und Funktionsfähigkeit gegenüber anderen Akteuren (staatsfeindlichen Bestrebungen, anderen Staaten) einen Vorteil verschaffen soll. Eingehegt wird dieser breite Zugriff auf Informationen durch eine relativ enge Zweckbestimmung der Aufklärung, die auf **elementare Bedrohungslagen und Erkenntnisinteressen,** mithin auf den Schutz höchstrangiger Rechtsgüter und die Wahrung der Funktionsfähigkeit des Staates als solchem, gerichtet sein muss.[3]

---

[1] Herrn VorsRiBayObLG *Manfred Dauster* und Frau Ri'in OLG *Michaela Welnhofer-Zeitler* gebührt Dank für wertvolle Hinweise und Anregungen.
[2] Ausf. hierzu die Beiträge in Dietrich/Eiffler NachrichtendiensteR-HdB Teil VI sowie *Löffelmann/Zöller* NachrichtendienstR Rn. C.21.
[3] Vgl. BVerfGE 100, 313 (373) = NJW 2000, 55; BVerfGE 120, 274 (328) = NJW 2008, 822.

2. Präventiv-polizeiliche Aufklärung

Im präventiv-polizeilichen Bereich ist Aufklärung Mittel zum Zweck der **Abwehr drohender Rechtsgutverletzungen**. Die präventiv-polizeiliche Tätigkeit wird aus ihrer historischen Genese heraus zunächst als ein generell Beeinträchtigungen für das Gemeinwohl abwehrendes Handeln verstanden. In der modernen Polizeirechtsdogmatik entwickelte sich daraus ab dem 19. Jahrhundert das Verständnis der Gefahrenabwehr als Unterbrechung von Kausalverläufen, die wahrscheinlich zu Rechtsgutverletzungen führen werden.[4] Die mit dieser Zielrichtung einhergehende Notwendigkeit, Prognosen über künftige Entwicklungen zu erstellen, führt zu einem spezifischen, dem abwehrenden Handeln vorgängigen Informationsbedarf. In der polizeirechtlichen Dogmatik wird insofern zwischen aktionellem und informationellem polizeilichen Handeln unterschieden.[5] Informationelles Handeln (Informationsgewinnung, Aufklärung) ist eine **Funktionsbedingung aktionellen Handelns.**

Zugleich zielt die präventiv-polizeiliche Tätigkeit auf den **Schutz der gesamten Rechtsordnung**. Dieser weite teleologische Zuschnitt hätte bei einer konsequenten und rein zielorientierten Umsetzung einen globalen Informationszugriff durch die Polizei zur Folge. Weil ein solcher Ansatz außer Verhältnis zu den damit verfolgten Zielen stünde, bedürfen informationelle Eingriffe durch die Polizei stets einer sorgfältigen Abwägung mit den dadurch verfolgten Zwecken.

Dabei ist zusätzlich zu berücksichtigen, dass die Polizei über **Zwangsbefugnisse** verfügt, um zum Rechtsgüterschutz notwendige Anordnungen unmittelbar und selbst durchzusetzen. Informationelle Grundrechtsverletzungen haben daher (in der Regel) weitere Grundrechtseingriffe zur Folge. Polizeiliches informationelles Handeln bedarf vor diesem Hintergrund einer strengen normativen Einhegung, denn „wer (fast) alles darf, soll nicht alles wissen".[6]

3. Strafverfolgende Aufklärung

Das informationelle Handeln der Strafverfolgungsbehörden ist wiederum auf **spezifische Formen von Rechtsgutverletzungen** ausgerichtet, die der Gesetzgeber als so schwerwiegend und unerträglich für die Rechtsgemeinschaft ansieht, dass er sie mit der „schärfsten Sanktion, über die die staatliche Gemeinschaft verfügt" versieht und als Straftaten qualifiziert.[7] Die Rechtsgutverletzung hat hier bereits stattgefunden, weshalb es keiner darauf gerichteten Prognose bedarf, sondern (nur) rückblickend Informationsbedarf für den **Tatnachweis** besteht. Dieser Bedarf ist streng durch die Tatbestandsmerkmale des in Rede stehenden Straftatbestands determiniert.

Die auf die Verwirklichung der Tatbestandsmerkmale gerichteten Erkenntnisse sind zentrale Funktionsbedingung des gesamten Strafverfahrens. Entsprechend ihrer Belastbarkeit wird zwischen mehreren **Überzeugungsgraden** unterschieden: Als strafprozessualer Anfangsverdacht (§ 152 StPO) oder qualifizierter Tatverdacht (vgl. etwa § 100a Abs. 1 S. 1 Nr. 1 StPO, § 100b Abs. 1 Nr. 1 StPO: „bestimmte Tatsachen"[8]) bestimmen die tatbestandsbezogenen Erkenntnisse, welche weiteren Mittel zur Aufklärung des Sachverhalts ergriffen werden dürfen. Als dringender Tatverdacht erlauben sie freiheitsentziehende Maßnahmen zur Verfahrenssicherung und bei Wiederholungsgefahr (§§ 112, 112a StPO). Als hinreichender Tatverdacht berechtigen sie zur Anklageerhebung und Eröffnung des

---

[4] Vgl. *Stolleis/Kremer* in Lisken/Denninger PolR-HdB Teil A Rn. 4 ff.
[5] Vgl. *Kingreen/Poscher* POR § 11 Rn. 6 ff.; *Möstl* in BeckOK PolR Bayern, Systematische Vorbemerkungen, Rn. 36 f. im Anschluss an *Möstl* Sicherheitsgewährleistung 200, 208 ff.
[6] *Gusy*, Grundrechte und Verfassungsschutz, 2011, 3.
[7] Vgl. BVerfGE 6, 389 (433) = NJW 1957, 865; BVerfGE 88, 203 (258) = NJW 1993, 1751; BVerfGE 96, 10 (25) = BeckRS 1997, 21592; BVerfGE 96, 245 (249) = NJW 1998, 443; BVerfGE 120, 224 (240) = NJW 2008, 1137; BVerfGE 123, 267 (408) = NJW 2009, 2267.
[8] Vgl. dazu etwa BVerfGE 109, 279 (350 ff.) = NJW 2004, 999; BVerfGK 8, 219; 8, 349; 11, 33, 46 f.; 11, 119.

gerichtlichen Hauptverfahrens (§ 170 Abs. 1 StPO, § 203 StPO). Und als gerichtliche Überzeugung ohne „vernünftige Zweifel" (§ 261 StPO)[9] tragen sie den mit der Verurteilung ausgesprochenen Vorwurf eines „sozialethischen Fehlverhaltens".[10]

10 Die aufklärende Tätigkeit der Strafverfolgungsbehörden vollzieht sich dabei in einem mehrstufigen Prozess, in dem das Erkenntnisobjekt immer wieder durch **unterschiedliche Akteure** im Lichte vorgängiger Erkenntnisse beleuchtet wird: Das Ermittlungsverfahren findet unter der Obhut der Staatsanwaltschaft statt, wird faktisch aber überwiegend von deren Ermittlungspersonen (§ 152 GVG), den Beamtinnen und Beamten der Kriminalpolizei, durchgeführt. Im gerichtlichen Hauptverfahren werden alle Beweismittel sodann erneut durch das Tatgericht aus eigener Anschauung (sog. Grundsatz der Unmittelbarkeit) bewertet, wobei den berufsrichterlichen Mitgliedern des Gerichts das im Ermittlungsverfahren gewonnene Hintergrundwissen zur Verfügung steht. Im Rechtsmittelverfahren überprüft schließlich das Rechtsmittelgericht erneut die Erkenntnisse, zu denen das Tatgericht gelangt ist.

11 Anders als in den Bereichen nachrichtendienstlichen und präventiv-polizeilichen Handelns erschöpfen sich das Zusammentragen und die Interpretation von Informationen bei der Aufklärung von Straftaten also nicht in der Tätigkeit der datenerhebenden Behörde. Vielmehr stellt sich die Aufklärungstätigkeit der Strafverfolgungsbehörden als ein **streng formalisierter, normativ strukturierter, mehrstufiger und organübergreifender Prozess** dar, der sich vom Anfangsverdacht bis zum rechtskräftigen Urteil über alle Verfahrensstadien erstreckt. Strafverfolgende Aufklärung ist daher ein spezifischer hermeneutischer Vorgang, der durch hohe prozedurale und personelle Komplexität charakterisiert ist.

12 Durch die strafgerichtliche Verurteilung werden schließlich weitere Spielräume staatlicher Steuerungsmöglichkeiten in der **Strafvollstreckung** (Strafvollzug, Strafaussetzung zur Bewährung, Führungsaufsicht, andere Maßnahmen der Besserung und Sicherung) eröffnet, weshalb der strafrechtliche Staatsschutz besonders „nachhaltig" wirkt.[11] Auch hierfür sind die im Ermittlungs- und Vollstreckungsverfahren erlangten Erkenntnisse von Bedeutung und lösen gegebenenfalls weiteren Erkenntnisbedarf aus. Bezogen auf Belange des Staatsschutzes sind hier beispielsweise zu nennen die Teilnahme verurteilter Personen an Deradikalisierungsmaßnahmen, psycho- und verhaltenstherapeutische Behandlungen oder die Verpflichtung zum Tragen einer „elektronischen Fußfessel"[12].

13 Aufgrund der großen Tragweite informationellen Handelns zum Zwecke der Strafverfolgung bedürfen entsprechende Datenerhebungs- und -verwendungsbefugnisse auch hier – trotz des gegenüber dem präventiv-polizeilichen Bereich viel engeren funktionalen Zuschnitts – einer adäquaten normativen Begrenzung. Letztlich werden erfahrungsgemäß die wesentlichen Weichen für den Ausgang des Strafverfahrens und die daran anknüpfenden Konsequenzen bereits bei der Informationsgewinnung im Ermittlungsverfahren gestellt.

II. Ordnungselemente sicherheitsrechtlicher Aufklärung

14 In der für Deutschland charakteristischen komplementären Struktur der Sicherheitsarchitektur[13] sollten die Aufklärungsbefugnisse der unterschiedlichen Sicherheitsbehörden grundsätzlich eng aufeinander abgestimmt sein. Allerdings sind die hierfür relevanten Strukturelemente bislang in den verschiedenen Bereichen des Sicherheitsrechts trotz einer mittlerweile rund zwei Jahrzehnte andauernden Kritik[14] nicht konsequent und kohärent

---

[9] *Schmitt* in Meyer-Goßner/Schmitt StPO § 261 Rn. 2 mwN zur höchstrichterlichen Rspr.
[10] Etwa BVerfGE 110, 1 (13) = NJW 2004, 2073; BVerfGE 133, 168 (198) = NJW 2013, 1058.
[11] *Griesbaum/Wallenta* NStZ 2013, 369 (371); krit. zu über den Zweck der Sicherung der Allgemeinheit durch Strafvollzug hinausgehenden Einwirkungsmöglichkeiten *Zöller* TerrorismusstrafR 262 ff.
[12] Vgl. hierzu BVerfGE 156, 53 mAnm *Löffelmann* GSZ 2021, 177 ff.
[13] Zu diesem Begriff *Löffelmann* GSZ 2018, 85 (90).
[14] Vgl. etwa *Albers* Determination insbes. 92 ff., 252 ff.; *Zöller* Informationssysteme insbes. 59 ff., 279 ff., 463 ff.; *Möstl* Sicherheitsgewährleistung insbes. 147 ff., 391 ff.

umgesetzt worden. Ein wichtiger Grund hierfür liegt in der durch Veränderungen der Bedrohungslage, technischen Fortschritt und verfassungsgerichtliche Rechtsprechung veranlassten hoch dynamischen Entwicklung der Rechtsmaterie.

1. Trennungsgebot

Das Trennungsgebot hat seinen Ursprung im sog. „Polizeibrief" der Alliierten vom 19.4.1949, mit dem der jungen Bundesregierung die Einrichtung einer Behörde gegen „umstürzlerische Tätigkeiten" gestattet wurde; diese Behörde sollte jedoch keine „Polizeibefugnis" haben. Mit dieser Einschränkung sollte die Entwicklung einer omnipotenten **Geheimpolizei** wie sie zur Zeit des Nationalsozialismus die Geheime Staatspolizei (Gestapo) verkörpert hatte, verhindert werden.[15] Unter „Polizeibefugnis" sind demnach in diesem Zusammenhang die polizeilichen Zwangsbefugnisse zu verstehen. In seinem historischen Ursprung hatte das Trennungsgebot also einen spezifischen **befugnisrechtlichen Charakter** und fand so auch Eingang in § 8 Abs. 3 BVerfSchG und die Verfassungsschutzgesetze der Länder. Eine Abgrenzung zwischen der zulässigen Reichweite der informationellen Befugnisse von Nachrichtendiensten und Polizeibehörden ist darin noch nicht angelegt.

15

Bereits in § 3 Abs. 2 S. 2 des BVerfSchG von 1950[16] war darüber hinaus ein **organisationsrechtliches Trennungsgebot** angelegt, demzufolge das Bundesamt für Verfassungsschutz nicht einer Polizeibehörde angegliedert werden durfte. Mit der Entwicklung des Rechts auf informationelle Selbstbestimmung durch das BVerfG im Volkszählungsurteil von 1983[17] und der daraufhin einsetzenden Kodifizierung bzw. Reformierung des Nachrichtendienstrechts[18] wurde dort neben den nachrichtendienstlichen Befugnissen auch der nachrichtendienstliche Auftrag präzisiert und gegenüber dem der Polizeibehörden abgegrenzt. Insoweit wird heute von der **funktionellen Dimension** des Trennungsgebots gesprochen.[19]

16

In seiner Entscheidung aus dem Jahr 2013 zur behördenübergreifenden Antiterrordatei entwickelte des BVerfG schließlich ein **informationelles Trennungsgebot**.[20] Danach müssen, weil Nachrichtendienste und Polizeibehörden unterschiedliche Aufgaben wahrnehmen, die jeweiligen Datenbestände grundsätzlich separat gehalten werden. Gemeinsame Dateien und die behördenübergreifende Weitergabe von Daten bedürfen als Ausnahmen einer gesetzlichen Ermächtigung. Die unterschiedliche funktionale Zielrichtung nachrichtendienstlicher, präventiv-polizeilicher und strafverfolgender Aufklärung setzt sich damit auf der Ebene **informationeller Folgeeingriffe** (Datenspeicherung, Datenübermittlung, sonstige Datenverwendung) fort. Obwohl die Sicherheitsbehörden in allen drei Bereichen über ähnliche informationelle Befugnisse verfügen, verbietet das Trennungsgebot einen ungehinderten Datenaustausch. Da die Separierung der Aufgaben, Befugnisse und auf ihrer Grundlage durch die jeweiligen Behörden erhobenen Daten für von Aufklärungsmaßnahmen betroffene Personen grundrechtsschonend wirkt und im Verhältnismäßigkeitsgrundsatz verankert ist[21], kann man von einer **verfassungsrechtlichen Fundierung** des Trennungsgebots sprechen. Anders als in manchen Landesverfassungen ist die konkrete Ausprägung, die das Trennungsgebot in seinen verschiedenen Dimensionen im einfachen Recht gefunden hat, jedoch nicht von der Verfassung vorgegeben, woraus ein weiter

17

---

[15] *Droste* VerfassungsschutzR-HdB 27.
[16] BGBl. 1950 I 682.
[17] BVerfGE 65, 1 ff. = NJW 1984, 419.
[18] Durch das Gesetz zur Fortentwicklung der Datenverarbeitung und des Datenschutzes vom 20.12.1990, BGBl. 1990 I 2954.
[19] Überblick zu den verschiedenen Dimensionen bei *Gusy* in Schenke/Graulich/Ruthig BNDG § 1 Rn. 12 ff.; *Droste* VerfassungsschutzR-HdB 14 ff.
[20] BVerfGE 133, 277 (323 f.) = NJW 2013, 1499.
[21] BVerfG NVwZ 1998, 495, 497 nennt außerdem im Zusammenhang mit dem Trennungsgebot als verfassungsrechtliche Anker das Rechtsstaatsprinzip und das Bundesstaatsprinzip, ohne aber den Zusammenhang näher auszuführen.

Gestaltungsspielraum des Gesetzgebers bei der Konturierung dieses Ordnungsmerkmals resultiert.[22]

2. Funktionale Kriterien

18 Die Aufklärungstätigkeit von Nachrichtendiensten, Polizeibehörden und Strafverfolgungsorganen richtet sich auf unterschiedliche Stadien von Rechtsgutverletzungen. Im nachrichtendienstlichen Bereich ist Aufklärung bereits bei Bestehen einer **Bedrohungslage** für höchstrangige Rechtsgüter zulässig; eine Gefahr im polizeirechtlichen Sinne muss noch nicht bestehen. Man spricht insoweit vom **Gefahrenvorfeld**.

19 Der originäre Tätigkeitsbereich der Polizeibehörden wird hingegen durch das Kriterium der **konkreten Gefahr** charakterisiert. Darunter versteht man „eine Sachlage, bei der im Einzelfall die hinreichende Wahrscheinlichkeit besteht, dass in absehbarer Zeit ein Schaden für die öffentliche Sicherheit oder Ordnung eintreten wird".[23] Dieses bewährte Demarkationskriterium ist in jüngerer Zeit einer – verfassungsrechtlich nicht unproblematischen – Aufweichung durch die **Vorverlagerung präventiv-polizeilicher Befugnisse** in das Gefahrenvorfeld ausgesetzt.[24] Davon betroffen sind in erster Linie Aufklärungsbefugnisse, wodurch sich nachrichtendienstliche und polizeiliche Aufklärung immer mehr überschneiden. Wegen des Ausbaus originär nachrichtendienstlicher Aufklärungsbefugnisse im Polizeirecht und dessen Erstreckung auf das Gefahrenvorfeld wird von einer „Vernachrichtendienstlichung der Polizei"[25] und „Entgrenzung des Polizeirechts" gesprochen.[26]

20 Die Abgrenzung der Aufklärung des Gefahrenvorfelds und der Aufklärung zu Zwecken der Gefahrenabwehr gegenüber der Aufklärung von Straftaten ist demgegenüber einfacher zu vollziehen. Maßgebliches Abgrenzungskriterium hierfür ist der **strafprozessuale Anfangsverdacht**. Nach § 152 Abs. 2 StPO ist die Staatsanwaltschaft grundsätzlich „verpflichtet, wegen aller verfolgbaren Straftaten einzuschreiten, sofern zureichende tatsächliche Anhaltspunkte vorliegen." Der Anfangsverdacht begründet eine Strafverfolgungspflicht (sog. Legalitätsprinzip), von der nur ausnahmsweise nach Opportunitätsgesichtspunkten abgesehen werden darf (vgl. unter anderem §§ 153 ff. StPO). Dieses Abgrenzungsmerkmal ist jedoch nur so leistungsfähig, wie die Straftatbestände, auf die es sich bezieht, präzise gefasst sind. Insoweit bereitet insbesondere im modernen Staatsschutzstrafrecht die **Vorverlagerung strafrechtlicher Anknüpfungspunkte** in einen Bereich, in dem noch keine Rechtsgutverletzung stattgefunden hat, Schwierigkeiten (näher → Rn. 39, 40). Diese Vorverlagerung hat eine prozessuale Komponente, indem zB Kategorien wie „Terrorgefahr" und „Terrorverdacht" kaum mehr trennscharf voneinander abgegrenzt werden können und damit Zuständigkeiten und Verantwortlichkeiten verschwimmen.[27] Hinzu kommt eine Tendenz zur befugnisrechtlichen Ausdehnung von strafverfolgenden Aktivitäten in das

---

[22] Vgl. zur Kontroverse um die verfassungsrechtliche Fundierung des Trennungsgebots etwa *Dorn*, Das Trennungsgebot in verfassungshistorischer Perspektive, 2004; *Singer*, Die rechtlichen Vorgaben für die Beobachtung der Organisierten Kriminalität durch die Nachrichtendienste der Bundesrepublik Deutschland, 2002, 80 ff.; *Droste* VerfassungsschutzR-HdB 14 ff.; *Wittmoser*, Die Landesämter für Verfassungsschutz, 2012, 67 ff.; *Thiel*, Die „Entgrenzung" der Gefahrenabwehr, 2011, 374 ff.; *Brandt*, Das Bundesamt für Verfassungsschutz und das strafprozessuale Ermittlungsverfahren, 2015, 325 ff.; jew. m. zahlr. wN.

[23] *Bäcker* in Lisken/Denninger PolR-HdB D. Rn. 80 mit Bezugnahme auf § 2 Nr. 3 Buchst. a BremPolG, § 3 Abs. 3 Nr. 1 SOG M-V, § 2 Nr. 1 NPOG, § 4 Nr. 3 Buchst. a SächsPVDG und § 3 Abs. 3 Buchst. a SOG LSA; ebenso BVerfGE 120, 274 (328 f.) = NJW 2008, 822.

[24] Vgl. zur Kontroverse um die „drohende Gefahr" *Löffelmann* BayVBl. 2018, 145 (146 ff.); *Löffelmann* GSZ 2018, 85 (86 ff.); *Löffelmann* GSZ 2021, 164 (165 f.); jew. mwN.

[25] *Paeffgen* StV 2002, 336; *Paeffgen* GA 2003, 647.

[26] Ausf. hierzu die Monografien von *Albers* (2001), *Kral* (2012), *Streiß* (2011) und *Thiel* (2011), ferner *Schoch* Der Staat (43) 2004, 347 ff.; *Möstl* DVBl. 2007, 581 ff.; *Möstl* DVBl. 2010, 808 ff.; *Baldus* Die Verwaltung (47) 2014, 1 ff.; *Kugelmann* Die Verwaltung (47) 2014, 26, 40 ff.; jew. m. zahlr. wN.

[27] Hierzu und zur sowohl präventiven als auch repressiven Zuständigkeit des BKA zur Terrorismusbekämpfung mit Blick auf die Sachleitungsbefugnis der Staatsanwaltschaft krit. *Griesbaum/Wallenta* NStZ 2013, 369, 374 f.; *Roggan* NJW 2009, 257 ff.

Vorfeld eines Anfangsverdachts durch sog. „Vorermittlungen", „Vorfeldermittlungen" oder „Initiativermittlungen".[28] Auch mit Blick auf die Aufklärung von Straftaten ist daher eine zunehmende Verschleifung der Aufgabenbereiche von Strafverfolgungsbehörden, Nachrichtendiensten und Polizeibehörden zu verzeichnen.[29]

3. Datenschutzrechtliche Kriterien

Sicherheitsbehördliche Aufklärung ist in aller Regel mit einem Eingriff in das Recht auf informationelle Selbstbestimmung verbunden, weil dabei Erkenntnisse über Personen anfallen, die für Bedrohungslagen, verfassungsfeindliche Bestrebungen, Gefahren oder Straftaten verantwortlich sind. 21

Aus dem Grundsatz der Datenhoheit, wonach jeder Grundrechtsträger selbst entscheiden darf, wann und innerhalb welcher Grenzen persönliche Lebenssachverhalte offenbart werden,[30] und dem Grundsatz, dass jeder Eingriff in das Recht auf informationelle Selbstbestimmung einer Datenverarbeitungsbefugnis bedarf,[31] folgt der datenschutzrechtliche **Zweckbestimmungs- und Zweckbindungsgrundsatz.** Danach dürfen personenbezogene Daten vom Staat nicht verarbeitet werden, ohne dass der Zweck der Verarbeitung zuvor festgelegt wird; eine Datenerhebung ohne bestimmten Zweck „auf Vorrat" ist unzulässig.[32] Außerdem dürfen die Daten grundsätzlich nur zu dem Zweck verarbeitet werden, zu dem sie erhoben wurden; eine Weiterverarbeitung zu anderen Zwecken bedarf einer erneuten Rechtfertigung in Gestalt einer gesetzlichen Ermächtigung.[33] 22

Aus diesem Grund sind für den Datentransfer zwischen den verschiedenen Sicherheitsbehörden **Datenübermittlungsbefugnisse** erforderlich. Auch diese müssen bestimmten verfassungsrechtlichen Anforderungen genügen, damit der Zweckbindungsgrundsatz nicht unterlaufen wird. Insbesondere muss einer Datenübermittlungsbefugnis eine Befugnis zur Entgegennahme der Daten korrespondieren (sog. Doppeltürprinzip)[34], bedürfen gemeinsame Datenbestände verschiedener Sicherheitsbehörden als Folge des informationellen Trennungsgebots[35] einer gesetzlichen Grundlage und dürfen unter qualifizierten Voraussetzungen erhobene Daten nur dann weitergegeben werden, wenn die empfangende Stelle nach verfassungsrechtlichen Maßstäben auch die Befugnis zur Datenerhebung besitzt (sog. hypothetische Datenneuerhebung).[36] 23

Letztlich stellt der datenschutzrechtliche Zweckbindungsgrundsatz damit das informationsrechtliche Korrelat der unterschiedlichen funktionalen Ausrichtung nachrichtendienstlicher, polizeilicher und strafverfolgender Aufklärung dar. Für die erforderliche Zusammenarbeit der Sicherheitsbehörden sind die genannten Grundsätze von zentraler Bedeutung. Allerdings führen sie in ihrer Gesamtheit zu hochkomplexen und teilweise kaum mehr praktikablen Regelungsstrukturen, die bislang erst unvollständig, lückenhaft und nicht 24

---

[28] Hierzu ausf. *Zöller* (2002) und die Beiträge von *Hilger, Stuckenberg* und *Weßlau* in Wolter/Schenke/Rieß/Zöller, Datenübermittlungen und Vorermittlungen, 2003 mwN; s. auch *Brandt,* Das Bundesamt für Verfassungsschutz und das strafprozessuale Ermittlungsverfahren, 2015, 70 ff., 176 ff. Nach wohl hM sind „Vorermittlungen" zur Klärung der Zuständigkeit der Staatsanwaltschaft zulässig, „Vorfeldermittlungen" ohne jeden tatsächlichen Anhalt für eine Straftat hingegen nicht; vgl. *Schmitt* in Meyer-Goßner/Schmitt StPO § 152 Rn. 4b mwN; *Lohse/Engelstätter* GSZ 2020, 156 (159); *Beck/Engelstätter/Moldenhauer* → § 42 Rn. 60 mwN. RiStBV Anlage E Nr. 6 enthält hierzu gemeinsame Richtlinien der Justiz- und Innenminister der Länder.
[29] Vgl. dazu *Brandt,* Das Bundesamt für Verfassungsschutz und das strafprozessuale Ermittlungsverfahren, 2015, 70 ff.; *Bäcker,* Kriminalpräventionsrecht, 2015, 319 ff.; *Brodowski/Jahn/Schmitt-Leonardy* GSZ 2017, 7 (11).
[30] BVerfGE 65, 1 (41 f.) = NJW 1984, 419.
[31] BVerfGE 65, 1 (43 f.) = NJW 1984, 419.
[32] BVerfGE 65, 1 (46) = NJW 1984, 419; BVerfGE 125, 260 (317) = NJW 2010, 833.
[33] BVerfGE 141, 220 (324) = NJW 2016, 1781 mwN.
[34] BVerfGE 130, 151 (184) = NJW 2012, 1419.
[35] BVerfGE 133, 277 (323 f.) = NJW 2013, 1499.
[36] BVerfGE 141, 220 (326 ff.) = NJW 2016, 1781.

durchgehend stimmig umgesetzt sind.[37] Zugleich bilden diese Regelungen die Grundlage für die Zusammenarbeit der verschiedenen Sicherheitsbehörden in **gemeinsamen Zentren** wie dem Gemeinsamen Terrorismusabwehrzentrum (GTAZ), dem Gemeinsamen Extremismus- und Terrorismusabwehrzentrum (GETZ) oder dem Gemeinsamen Internetzentrum (GIZ), die wegen des Fehlens spezifischer gesetzlicher Errichtungsgrundlagen ebenfalls der Kritik ausgesetzt sind.[38]

III. Aufklärung von Straftaten

25 Wie oben dargestellt, kann die Aufklärungstätigkeit der Strafverfolgungsbehörden als strukturierter und komplexer hermeneutischer Prozess charakterisiert werden. Leitender Gedanke dabei ist seine Ausrichtung auf den Grundsatz der Wahrheitserforschung, der wie ein roter Faden das gesamte Strafverfahren durchwirkt.[39]

1. Grundsatz der Wahrheitserforschung

26 Im strafprozessualen Schrifttum herrscht zwar Uneinigkeit darüber, welches das Ziel bzw. der vorrangige **Zweck des Strafverfahrens** sei. Genannt werden hier etwa die Herstellung von Rechtsfrieden, die Verwirklichung relativer Strafzwecke, die Feststellung von Schuld und deren Ausgleich, die Durchsetzung des Rechtsgüterschutzes oder die Genese einer abschließenden und verbindlichen Entscheidung in einem rechtlich geordneten Verfahren.[40] Dennoch besteht ein übergreifender Konsens, dass keiner dieser Zwecke ohne **Feststellung des wahren Sachverhalts** zu verwirklichen ist. Insbesondere die Zuschreibung persönlicher strafrechtlicher Schuld und eine resozialisierende Wirkung von Strafe sind ohne diesen Anspruch auf Wahrheitserkenntnis kaum vorstellbar. Entsprechend entnimmt das BVerfG dem verfassungsrechtlich in der Würde und Eigenverantwortlichkeit des Menschen verankerten **Schuldprinzip** einen Anspruch der beschuldigten bzw. angeklagten Person auf Ermittlung des „wahren Sachverhalts".[41] Dieser wird dabei überwiegend im Sinne der Korrespondenztheorie der Wahrheit[42] als Übereinstimmung von Urteil und zu Beurteilendem verstanden (materieller Wahrheitsbegriff).[43]

27 Weil das Strafverfahren nicht nur auf die Straftat, sondern in mindestens gleichem Maße auf die für sie verantwortliche Person bezogen ist und mit der Feststellung persönlicher Schuld durch das Gericht ein sozialethisches Unwerturteil gefällt wird, welches die betroffene Person, welche nicht zum „bloßen Objekt des Verfahrens" gemacht werden darf[44], in

---

[37] Zur Kritik mit einem Versuch der Systematisierung *Löffelmann/Zöller* NachrichtendienstR Rn. E.22; *Löffelmann* GSZ 2019, 16 ff.
[38] Näher *Brunst* in Dietrich/Eiffler NachrichtendiensteR-HdB Teil V § 2 Rn. 47 ff.; *Löffelmann/Zöller* NachrichtendienstR Rn A.75, E.57 mwN; *Sommerfeld,* Verwaltungsnetzwerke am Beispiel des Gemeinsamen Terrorismusabwehrzentrums des Bundes und der Länder (GTAZ), 2015, insbes. S. 196 ff., 262 ff.; *Brandt,* Das Bundesamt für Verfassungsschutz und das strafprozessuale Ermittlungsverfahren, 2015, 97 ff., 321 ff.; *Gazeas* Nachrichtendienstliche Erkenntnisse 188 ff.; aA Beck/Engelstätter/Moldenhauer→ § 42 Rn. 50 mwN.
[39] Ausf. *Löffelmann,* Die normativen Grenzen der Wahrheitserforschung im Strafverfahren, 2008, 99 ff.
[40] Übersicht bei *Rieß* JR 2006, 269, 270 f. mwN.
[41] Näher *Löffelmann* in Jahn/Krehl/Löffelmann/Güntge, Die Verfassungsbeschwerde in Strafsachen, 2. Aufl. 2017, Rn. 636 mwN zur Rspr. des BVerfG.
[42] Die Korrespondenztheorie definiert Wahrheit als Übereinstimmung von Aussage oder erkennendem Verstand und deren Gegenstand (Thomas von Aquin: „adequatio intellectus et rei"). Die höchstrichterliche Rechtsprechung in Deutschland legt bei der Würdigung von Fehlern der Beweisführung unausgesprochen die Korrespondenztheorie (in einem nicht erkenntnistheoretisch differenzierten Verständnis) zugrunde, welche auch dem natürlichen Urteilsvermögen entspricht. Eine Auswahl aus der Diskussion in der jüngeren Erkenntnistheorie zu den Wahrheitstheorien bietet *Skirbekk,* Wahrheitstheorien, 1977, einen Überblick zur Thematik *Gloy,* Wahrheitstheorien, 2004.
[43] Zur Diskussion um den Wahrheitsbegriff im Strafverfahren jüngst ausf. und krit. *Seel,* Wahrheit im Strafprozess, 2021 (insbes. S. 174 ff. zur Korrespondenztheorie), der selbst ein pragmatisches Wahrheitsverständnis als den Anforderungen des Strafprozesses angemessener erachtet.
[44] ZB BVerfGE 96, 375 (399) = NJW 1998, 519; BVerfGE 109, 279 (312 f.) = NJW 2004, 999; BVerfGE 117, 71 (89) = NJW 2007, 1933; BVerfGE 144, 20 (207) = NJW 2017, 611.

ihrer **Menschenwürde** betrifft[45], zählt das Gebot der Wahrheitserforschung zu den „unverfügbaren" Grundsätzen des Strafverfahrens.[46] Vor diesem Hintergrund betont das BVerfG in ständiger Rechtsprechung, dass ohne Wahrheitserforschung im Strafverfahren „der Gerechtigkeit nicht zum Durchbruch verholfen" werden könne.[47]

Die Täterorientierung des Strafverfahrens bringt zudem flankierende prozedurale Anforderungen an das Verfahren der Wahrheitserforschung mit sich. Angesprochen sind damit die **Beteiligungsrechte** der beschuldigten Person, welche die Möglichkeit ihrer Einflussnahme auf den Prozess der Wahrheitserforschung sichern. **Elemente der Intersubjektivität** wie der Instanzenzug, Kollegialgerichte und die Mitwirkung der Staatsanwaltschaft und Verteidigung am Verfahren sorgen dafür, dass die Feststellung der Wahrheit eine breitere interpersonelle Grundlage erfährt und individuelle Urteilsheuristiken, kognitive Verzerrungen oder auch falsche Vor-Urteile abgeschwächt werden. Hinzu kommt als weitere Kontrollkomponente die **Öffentlichkeit** des Verfahrens (§ 169 Abs. 1 S. 1 GVG) einschließlich anspruchsvoller Anforderungen an Begründungspflichten für das Gericht (§ 267 Abs. 1 und 2 StPO).[48]

Die dadurch bedingte starke Formalisierung und weitreichende Transparenz des Strafverfahrens unterscheidet die Aufklärung von Straftaten maßgeblich von der präventivpolizeilichen und nachrichtendienstlichen Aufklärung. Dadurch werden der Aufklärung von Straftaten zugleich viel engere normative und faktische Grenzen gezogen.

2. Normative Grenzen der Wahrheitserforschung

Das BVerfG und der Bundesgerichtshof judizieren in ständiger Rechtsprechung, die Wahrheit dürfe im Strafverfahren **„nicht um jeden Preis"** erforscht werden.[49] Das ist in dieser Allgemeinheit so selbstverständlich, wie die Feststellung schwierig ist, welcher „Preis" im Einzelfall noch angemessen sein kann. Dass auch Nachrichtendienste und Polizeibehörden Aufklärung nicht „um jeden Preis" betreiben dürfen, ist ein Gebot der Verhältnismäßigkeit. Die Grenze dessen, was angemessen ist, variiert jedoch in den verschiedenen Bereichen sicherheitsbehördlicher Tätigkeit aufgrund der funktionalen Unterschiede. Allgemein kann man sagen, dass diese Grenzen im Strafverfahren, in dem es „nur" um die Aufklärung und Sanktionierung bereits erfolgter Rechtsgutverletzungen geht, enger sind als bei der Aufklärung und Abwehr noch bevorstehender Rechtsgutverletzungen. Eine Dogmatik des relativen Gewichts von Aufklärungseingriffen und damit verfolgten Zwecken fehlt freilich noch in allen Bereichen des Sicherheitsrechts.[50]

Anders als im Nachrichtendienstrecht und Polizeirecht existiert im Strafverfahrensrecht eine **umfangreiche Judikatur** zu den normativen Grenzen der Wahrheitserforschung. Die Gegenstände dieser Rechtsprechung reichen von Beschuldigten-, Zeugen- und Verteidigungsrechten über Beweiserhebungsverbote, Beweisverwertungsverbote bis hin zu datenschutzrechtlichen Verwendungsverboten. Die im strafprozessualen Schrifttum entwickelten

---

[45] BVerfGE 20, 323 (331) = NJW 1966, 2305; BVerfGE 25, 269 (286) = NJW 1969, 1059; BVerfGE 28, 386 (391) = NJW 1970, 1453; BVerfGE 45, 187 (228) = NJW 1977, 1525; BVerfGE 50, 125 (133) = NJW 1979, 1037; BVerfGE 88, 203 (258) = NJW 1993, 1751; BVerfGE 90, 145 (172) = NJW 1994, 1577; BVerfGE 95, 96 (140) = NJW 1997, 929; BVerfGE 101, 275 (287) = NJW 2000, 418; BVerfGE 110, 1 (13) = NJW 2004, 2073; BVerfGE 123, 267 (413) = NJW 2009, 2267; BVerfGE 133, 168 (198) = NJW 2013, 1058; BVerfGE 140, 317 (346) = NJW 2016, 1149.
[46] *Hassemer* FS Maihofer 1988, 183, 203.
[47] Etwa BVerfGE 32, 373 (381) = NJW 1972, 1123; BVerfGE 33, 367 (383) = NJW 1972, 2214; BVerfGE 77, 65 (76) = NJW 1988, 329; BVerfGE 80, 367 (375) = NJW 1990, 563; BVerfGE 100, 313 (389) = NJW 2000, 55; BVerfGE 107, 299 (316) = NJW 2003, 1787.
[48] S. *Meyer-Goßner/Appl,* Die Urteile in Strafsachen, 30. Aufl. 2021, 1. Teil 4. Abschnitt mwN zur Rspr.
[49] Etwa BVerfGE NStZ 1984, 82; BGHSt 14, 358, 365 = NJW 1960, 1580, 1581; BGHSt 17, 337, 348 = NJW 1962, 1873, 1874; BGHSt 31, 304, 309 = NJW 1983, 1570, 1572.
[50] Die Entwicklung einer solchen Dogmatik ist notwendiger Teil des rechtspolitischen Projekts einer „Überwachungsgesamtrechnung". Vgl. dazu BT-Drs. 19/23695; *Löffelmann,* Deutscher Bundestag, Ausschuss für Inneres und Heimat, Ausschuss-Drs. 19(4)732 D; *Löffelmann,* Überwachungsgesamtrechnung und Verhältnismäßigkeitsgrundsatz, 2022, insbes. 25–78.

dogmatischen Ansätze sind so vielfältig wie umstritten.[51] Zahlreiche zentrale Problemkreise, wie der der Verwertungsverbote, sind bislang gesetzlich nicht oder nur lückenhaft geregelt und Gegenstand einer dynamischen und nicht selten divergierenden Einzelfallrechtsprechung. Daraus resultiert ein beträchtliches Risiko der Revisibilität, dem nachrichtendienstliche und präventiv-polizeiliche Aufklärung nicht ausgesetzt sind.

32 Normative Grenzen der Wahrheitserforschung werden nicht nur durch die Täterzentriertheit des Strafverfahrens etabliert, sondern auch durch schutzwürdige **Interessen anderer Verfahrensbeteiligter.** Ein prominentes Beispiel hierfür sind die Zeugnisverweigerungsrechte der nahen Verwandten (§ 52 StPO) und Berufsgeheimnisträger (§§ 53, 53a StPO), in denen eine gesetzgeberische Abwägung mit den Interessen der Strafrechtspflege zum Ausdruck kommt. Trotz ihres spezifischen Zuschnitts auf strafprozessuale Belange werden diese Normen hartnäckig schematisch auf andere Regelungszusammenhänge im Nachrichtendienstrecht (vgl. etwa § 3b G 10-Gesetz, § 21 Abs. 1 BNDG) und Polizeirecht (vgl. etwa § 62 BKAG) übertragen.[52]

33 Aufgrund der starken Prozeduralisierung strafrechtlicher Aufklärung wird teilweise davon gesprochen, Ergebnis des Verfahrens der Wahrheitserforschung sei eine „prozessuale" oder **„forensische Wahrheit".**[53] Das ist insoweit zutreffend, als jeder Erkenntnisgewinn sich im systemischen Sinne in einem Prozess vollzieht. Die Wahrheit, die am Ende des Strafverfahrens in Gestalt einer in einem rechtsförmigen Verfahrenen gewonnenen Überzeugung des Gerichts „ohne vernünftige Zweifel" erforscht worden ist (oder auch nicht erkannt werden konnte), ist aber keine in irgendeiner Weise defizitäre Wahrheit, mit der sich das Gericht mangels besserer Alternativen zufrieden gibt. Der Anspruch der „richtigen" Übereinstimmung von Sachverhalt und Urteil im Sinne der Korrespondenztheorie der Wahrheit (→ Rn. 26) besteht innerhalb der normativen Grenzen ihrer Erforschung. Dass Wahrheit im Strafverfahren nicht um jeden Preis erforscht werden darf, bedeutet daher unter Umständen einen Verzicht auf Erkenntnismittel und in der Konsequenz auf Verurteilung.

3. Faktische Grenzen der Wahrheitserforschung

34 Die anspruchsvollen Voraussetzungen, denen strafrechtliche Aufklärung unterliegt, führen auch zu einer faktischen Limitierung der dortigen Aufklärungsmöglichkeiten. Mitarbeiter der Strafverfolgungsbehörden können sich nicht auf ein bestmögliches Sammeln und Auswerten von Informationen konzentrieren, sondern müssen zu jeder Zeit unter komplexen normativen Bedingungen den Ausgleich widerstreitender Verfahrensinteressen im Blick behalten. Dieser Konflikt betrifft zunächst die Verpflichtung zur bestmöglichen Aufklärung des Sachverhalts und das in der Regel gegenläufige berechtigte **Interesse der beschuldigten Person an der Verhinderung von Aufklärung.** Aus diesem systemimmanenten Widerstreit können sich in der Praxis der Rechtsanwendung ausgesprochen zeit- und ressourcenraubende „Nebenkriegsschauplätze" entwickeln.

35 Hinzu kommen die nicht selten der Wahrheitsfindung gegenläufigen **Interessen von Opfern und anderen Nebenbeteiligten** (vgl. §§ 395 ff., 403 ff., 406d ff., 424 ff., 438 StPO).[54] Der Ausbau von deren Beteiligungsrechten in der jüngeren Gesetzgebungshistorie hat den faktischen Spielraum der Gerichte zur Wahrheitserforschung beträchtlich verengt, wenngleich zuletzt ein vereinzeltes Gegensteuern durch den Gesetzgeber festgestellt werden kann.[55] Mit der wachsenden Belastung des Verfahrens durch zusätzliche Interessen und die

---

[51] Vgl. *Jahn*, Beweiserhebungs- und Beweisverwertungsverbote, 2008, 51 ff.; *Löffelmann*, Die normativen Grenzen der Wahrheitserforschung im Strafverfahren, 2008, 70 ff.
[52] Vgl. zur Kritik bereits *Löffelmann* GSZ 2019, 190 ff.
[53] Etwa *Schmitt* in Meyer-Goßner/Schmitt StPO § 261 Rn. 1.
[54] Vgl. zum Verhältnis von Wahrheitserforschung und Opferbelangen bereits *Löffelmann*, Die normativen Grenzen der Wahrheitserforschung im Strafverfahren, 2008, 105 ff.
[55] Zu nennen ist hier die Ermöglichung der Bündelung der Nebenklagevertretung nach § 397b StPO durch das Gesetz zur Modernisierung des Strafverfahrens vom 10.12.2019 (BGBl. 2019 I 2121, BR-Drs. 532/19, 40 ff.).

damit zunehmende Komplexität geht keine adäquate Mehrung der personellen Ressourcen einher. Dasselbe gilt für die immer anspruchsvolleren gesetzlichen und durch die höchstrichterliche Rechtsprechung aufgestellten **verfahrensrechtlichen Anforderungen,** die die Tatgerichte beachten müssen und die zugleich die Fehleranfälligkeit der Judikate erhöhen. Ob ein bloßer Ressourcenzuwachs geeignet ist, die dadurch entstehenden Funktionseinbußen zu kompensieren, ist zweifelhaft. Denn prozessuale Komplexität stellt an sich ein Hindernis auf dem Weg zu Aufklärung und einem erfolgreichen Verfahrensabschluss dar.[56]

Mit solchen Anforderungen ist nachrichtendienstliche und polizeiliche Aufklärung, die unter anderen Funktionsbedingungen operieren, nicht im selben Maße konfrontiert. In zahlreichen Strafverfahren stellt sich aufgrund dieser hohen Anforderungen heute die Frage, ob unter dem Primat der Wahrheitserforschung die **„Funktionsfähigkeit der Strafrechtspflege"**[57] noch gewahrt werden kann. Gleichwohl ist ein Aufgeben des Anspruchs der Wahrheitserforschung aufgrund seiner verfassungsrechtlichen Verankerung auch in Modellen reduzierter Komplexität (namentlich verfahrensbeendende Absprachen[58]) keine Alternative. Wenn daher zuweilen im Zusammenhang mit prominenten Staatsschutzverfahren moniert wird, das Tatgericht habe nur unzureichend die Rolle von Personen aufgeklärt, die gar nicht Verfahrensbeteiligte sind, oder es habe den Interessen von Opfern nicht genug Raum gegeben, legt das einen Kategorienfehler nahe. **36**

4. Besonderheiten bei Staatsschutzsachverhalten

Diese allgemeinen Charakteristika strafrechtlicher Aufklärung in Abgrenzung zur aufklärenden Tätigkeit der Nachrichtendienste und Polizeibehörden gelten auch für Staatsschutzverfahren. Aus der **Typizität des dortigen materiellen Strafrechts** ergeben sich jedoch zusätzliche besondere Herausforderungen, die auf die Aufklärung und verfahrensrechtliche Verarbeitung solcher Delikte durchschlagen. **37**

Soweit das Staatsschutzstrafrecht **Spionagedelikte** (§§ 93 ff. StGB) umfasst, handelt es sich dabei ihrer Natur nach um eine klandestine und zugleich hochprofessionelle Tätigkeit, welche von vornherein aktiv auf eine Sabotierung von Aufklärung in Gestalt der Spionageabwehr aber auch der Strafverfolgung angelegt ist. Obwohl Spionage von den meisten Staaten praktiziert und nach wohl hM völkerrechtlich als legitim angesehen wird[59], sind Strafverfahren wegen Spionagedelikten in Deutschland daher relativ selten.[60] Mit dem Entstehen neuer Bedrohungslagen (China, Russland, Iran) kann sich das aber ändern.[61] **38**

Eine wachsende Bedeutung haben in jüngerer Vergangenheit, insbesondere im Zusammenhang mit der Ausbreitung des islamistischen Terrorismus[62], Straftaten der **Mitgliedschaft in einer ausländischen terroristischen Vereinigung** erlangt (§ 129b StGB). Solche Delikte sind wegen des Auslandsbezugs und der dadurch nur schwer zu erlangenden Beweismittel nur mit großem Aufwand aufzuklären. Zahlreiche faktische Hindernisse wie die Nichterreichbarkeit von Auslandszeugen, Sprachbarrieren, kulturelle Besonderheiten oder die fehlende Möglichkeit eines Augenscheins erschweren hier beträchtlich eine effiziente Verfahrensgestaltung und stellen Einfallstore für konfrontative Verteidigungsstrategien dar (näher → Rn. 51 ff.). Zudem bereiten die materiellen Strafnormen Anwendungsprobleme und weisen Reformbedarf auf.[63] **39**

---

[56] Vgl. zu dieser Kritik und der Notwendigkeit einer Gesamtreform des Strafverfahrens *Löffelmann* StV 2018, 536 ff.
[57] Der Gehalt dieses Begriffs ist hoch umstritten, vgl. nur *Hassemer* StV 1982, 275 ff. und *Landau* NStZ 2007, 121 ff.
[58] Vgl. dazu grundlegend BVerfGE 133, 168 ff. = NJW 2013, 1058 mAnm *Löffelmann* JR 2010, 333 ff.
[59] Dazu näher *Matz-Lück* in Dietrich/Eiffler NachrichtendiensteR-HdB Teil II § 2 Rn. 17 ff.
[60] Beispiele bei *Beck/Engelstätter/Moldenhauer* → § 42 Rn. 124 f.
[61] Vgl. zur zunehmenden Bedrohung durch Spionage BfV, Verfassungsschutzbericht 2020, 306 ff.
[62] Hierzu ausf. → § 42 Rn. 67 ff.
[63] Vgl. etwa Kritik und Alternativvorschlag *Zöller* TerrorismusstrafR 500 ff., 555 ff.

40 Große Schwierigkeiten bereitet im Staatsschutzstrafrecht auch die Loslösung strafbaren Verhaltens von Handlungen mit intrinsischem Unrechtsgehalt. So hat der Gesetzgeber mit den §§ 89a bis 89c StGB **Vorbereitungsdelikte** geschaffen, bei denen äußerlich neutrale Handlungen aufgrund ihrer auf Rechtsgutverletzungen zielenden Motivation strafbarkeitsbegründend sein können.[64] Verfahrensmäßig ist das problematisch, weil auf eine innere Haltung nur mittels nach außen tretender Indizien geschlossen werden kann. Eine solche Beweisführung ist ausgesprochen aufwändig und revisionsanfällig.

41 Bei alledem sind Staatsschutzdelikte in aller Regel in hohem Maße politisch „aufgeladen". Das führt nicht nur dazu, dass Staatsschutzverfahren nicht selten als Bühne für das Verbreiten **politischer Propaganda** im Kleide einer Verteidigungsstrategie genutzt werden und dadurch die Aufgabe der strafrechtlichen Aufklärung behindert wird. Prominente Beispiele hierfür sind Verfahren gegen Mitglieder der Arbeiterpartei Kurdistans (PKK[65]), in denen stereotyp die Tätigkeit der Strafverfolgungsbehörden in einen Kausalzusammenhang mit einer vermeintlich zu türkeifreundlichen Politik der Bundesregierung gestellt wird. Dabei kommt zum Tragen, dass politische Strafbarkeit generell in hohem Maße Etikettierung bedeutet. Welche ausländischen Vereinigungen etwa als verfolgungswürdig eingestuft werden[66], stellt eine auch **politische Entscheidung** dar, bei der metarechtliche Überlegungen eine wichtige Rolle spielen.[67] Dasselbe gilt für die Ausübung entsprechender Opportunitätsregelungen (vgl. insbes. § 153d StPO).[68]

42 Mit einer solchen Politisierung des Strafrechts ist der hohe Anspruch einer Aufklärung des wahren Sachverhalts nur schwer kompatibel. Denn solche Aufklärung setzt immer schon **wertende Elemente** voraus, also das, was innerhalb eines Paradigmas[69] als „richtig", „gerecht" oder „gut" bzw. Gegenteil hiervon angesehen wird. Für die deutsche Strafgerichtsbarkeit ist dieses Paradigma die freiheitliche demokratische Grundordnung einschließlich ihrer Funktionsbedingungen. Auf Erkenntnisobjekte außerhalb dieses Paradigmas bezogen verlieren die an die Bewertung des Sachverhalts herangetragenen Wertungen wenigstens teilweise ihre Verankerung im Tatsächlichen und immanente Überzeugungskraft. Das führt dazu, dass mit der strafrechtlichen Aufklärung und Aufarbeitung von Staatsschutzdelikten nicht selten Erwartungen verbunden sind (etwa eine ethisch-moralische Bewertung der Taten), die das Strafverfahren – wenn es kein politisches, sondern ein ausschließlich an rechtsstaatlichen Anforderungen orientiertes sein soll – nicht einlösen kann.

B. Praktische Probleme der Aufklärung in Staatsschutzverfahren

I. Rahmenbedingungen der Aufklärung

43 Die Aufklärung von Staatsschutzdelikten folgt zwar grundsätzlich denselben stark formalisierten Mustern des Strafverfahrensrechts, die oben in groben Zügen dargestellt wurden. Sie weist aber zusätzlich Modifikationen auf, die auf die Möglichkeit der Aufklärung und

---

[64] Zur Kritik an dieser Tendenz *Sieber* NStZ 2009, 353 ff.: „Präventionsstrafrecht"; *Zöller* TerrorismusstrafR 503 ff., 585 ff. mwN; *Bäcker*, Kriminalpräventionsrecht, 2015, 319 ff.; *Brodowski/Jahn/Schmitt-Leonardy* GSZ 2017, 7 (11); befürwortend *Griesbaum/Wallenta* NStZ 2013, 369 (372).
[65] Dazu näher → § 42 Rn. 110 ff.
[66] Näher zur Abhängigkeit der Strafverfolgung von einer exekutiven Verfolgungsermächtigung → § 43 Rn. 23 ff.
[67] Zur Politisierung des Terrorismusbegriffs und zum Fehlen einer Legaldefinition im deutschen Strafrecht *Zöller* TerrorismusstrafR 103, 132 ff.; ausf. *Barczak*, Terrorismus als Rechtsbegriff, 2020 mwN. Mittlerweile enthalten einige Polizeigesetze (vgl. etwa § 5 Abs. 1 S. 2 BKAG, § 27b Abs. 1 BWPolG, § 13 Abs. 3 S. 2 HSOG, § 8 Abs. 4 PolG NRW) Definitionen, die diese Kritik aufgreifen und sich am europäischen Terrorismusbegriff orientieren (vgl. erstmals in Art. 1 des Rahmenbeschlusses des Rates vom 13.6.2002 zur Terrorismusbekämpfung, 2002/475/JI).
[68] Näher dazu → § 42 Rn. 39 f.
[69] Der Begriff wurde in seiner erkenntnistheoretischen Verwendung geprägt durch *Thomas Samuel Kuhn*, Die Struktur wissenschaftlicher Revolutionen, 1962, der damit das paradigmatische Erkenntnismodell begründete.

deren Grenzen zurückwirken.[70] Diese Besonderheiten betreffen zunächst die prozessualen Rahmenbedingungen, unter denen Aufklärung stattfindet.

1. Zahl der Verfahrensbeteiligten

Jede Aufklärung von Sachverhalten in einem Strafverfahren stellt einen Erkenntnisprozess **44** dar, der durch Elemente der Intersubjektivität geprägt ist. Zu nennen ist hier zum einen das auf Komplementarität angelegte Zusammenwirken von Gericht, Staatsanwaltschaft und Verteidigung sowie ggf. Nebenbeteiligten, die alle von Amts wegen oder durch Wahrnehmung von Beteiligungsrechten auf den Gang der Wahrheitserforschung und ihr Ergebnis Einfluss nehmen. Zum anderen wird Intersubjektivität durch Verfahren der Konsensfindung in einem gerichtlichen Kollegialorgan und durch den Instanzenzug hergestellt. Die Pflicht des Gerichts zur substantiierten und nachvollziehbaren Begründung seiner Entscheidungen ist eine wesentliche Voraussetzung hierfür.

In Staatsschutzverfahren werden diese Strukturen der Wahrheitserforschung häufig in **45** besonderem Maße durch eine große Zahl von Verfahrensbeteiligten belastet. Gerichtsseitig sind die für schwere Staatsschutzdelikte zuständigen Senate an den Oberlandesgerichten[71] mit drei Berufsrichtern und, wenn der Umfang oder die Schwierigkeit der Sache es als notwendig erscheinen lässt, mit **fünf Berufsrichtern** einschließlich des Vorsitzenden besetzt (§ 122 GVG). Letzteres dürfte den praktischen Regelfall darstellen. Hinzu kommt in lange andauernden Umfangsverfahren die Einbindung von **Ergänzungsrichtern** (§ 192 Abs. 2 GVG).[72] Diese Mitwirkung einer Vielzahl von Mitgliedern des Gerichts macht bei der Vorbereitung von Entscheidungen, die nicht der Vorsitzende alleine treffen kann, aufwändige Abstimmungen erforderlich.

Ähnliche Rahmenbedingungen bestehen zumeist auf Seiten der Staatsanwaltschaft und **46** der **Verteidigung.** Für letztere ergibt sich dies in vielen Verfahren bereits aus einer Mehrzahl von Angeklagten. Zur Illustration: In dem prominenten Münchener NSU-Verfahren wirkten vier Vertreter der Bundesanwaltschaft und insgesamt 32 Verteidiger für die fünf Angeklagten mit; hinzu kamen in Summe 237 **Nebenklagevertreter** für 70 Nebenkläger. Bei dem etwa zeitgleich von einem anderen Senat des OLG München geführten Verfahren gegen Mitglieder der Türkisch-Kommunistischen Marxistisch-Leninistischen Partei (TKP-ML) waren neben drei Vertretern der Bundesanwaltschaft 33 Verteidiger für zehn Angeklagte tätig. Die reinen **Verfahrenskosten** (ohne Anwaltskosten), die eine gewisse Aussagekraft mit Blick auf die Zahl eingebundener Sachverständiger und Übersetzer entfalten, beliefen sich im ersten Verfahren auf über 2 Mio. und im zweiten auf rund 7 Mio. Euro. Dass bei einer solchen Vielzahl von Verfahrensbeteiligten zahlreiche unterschiedliche Interessen, Wahrnehmungen und Fähigkeiten zur Teilnahme an der Aufklärungspflicht des Tatgerichts miteinander konkurrieren und dies dem Gebot der Wahrheitserforschung nicht immer zuträglich ist, liegt auf der Hand.[73]

Unter den Bedingungen der **Corona-Pandemie** (Trennscheiben, Abstandsregelungen, **47** Masken) wurden die mit der Vielzahl an Verfahrensbeteiligten einhergehenden Probleme nochmals verschärft. Neben der dadurch verursachten Belastung der räumlichen Kapazitäten, Notwendigkeit zeitraubender sitzungspolizeilicher Maßnahmen[74] und Beeinträchtigungen der Kommunikation steigt mit der Zahl der Personen, ohne deren Anwesenheit nicht verhandelt werden darf (Angeklagte und Verteidiger, Vertreter der Staatsanwaltschaft und Mitglieder des Gerichts), auch die Wahrscheinlichkeit, dass Verhandlungstermine aus

---

[70] Zu den Besonderheiten des gerichtlichen Verfahrens in Staatsschutzsachen ausf. → § 43; zu den Besonderheiten des Ermittlungsverfahrens → § 42.
[71] Näher hierzu → § 43 Rn. 4 ff.
[72] Vgl. auch → § 43 Rn. 81 ff.
[73] Zur Problematik der „Konfliktverteidigung" ausf. → § 43 Rn. 105 ff.
[74] Infektionsschutzmaßnahmen wie das Einhalten von Abstandsgeboten und das Tragen von Masken im Sitzungssaal sind Gegenstand sitzungspolizeilicher Maßnahmen des Vorsitzenden gem. § 176 Abs. 1 GVG.

gesundheitlichen Gründen abgesetzt werden müssen, was zu beträchtlichen Verfahrensverzögerungen und wegen der im geltenden Recht gegebenen eng begrenzten Unterbrechungsmöglichkeiten (§ 229 StPO) sogar zur Aussetzung des Verfahrens führen kann. Die zur Entspannung dieser Problematik neu eingeführte Regelung des § 10 EGStPO[75] ist bislang bis 26.3.2022 befristet.[76]

2. Verfahrensumfang und -komplexität

48 Staatsschutzverfahren zeichnen sich häufig durch einen Verfahrensgegenstand aus, der sowohl durch einen außergewöhnlichen Umfang als auch hohen Komplexitätsgrad charakterisiert ist. Das aufzuklärende Handeln der Angeklagten erstreckt sich oft über längere Zeiträume, namentlich beim Vorwurf der Mitgliedschaft in einer terroristischen Vereinigung, und weist vielfältige strafrechtlich relevante Facetten auf, deren Konkurrenzverhältnis zueinander beträchtliche rechtliche Schwierigkeiten aufwerfen kann.[77] Beides führt zu der Notwendigkeit, im Strafverfahren große Mengen an tatsächlichen und rechtlichen Erkenntnissen zu verarbeiten. In den beiden erwähnten Münchener Verfahren umfassten die Verfahrensakten 1.156 Ordner im NSU- bzw. 440 Ordner (jeweils einschließlich Beiakten) im TKP-ML-Verfahren.

49 In erkenntnistheoretischer und psychologischer Hinsicht bereiten der Umfang und die Komplexität des Verfahrensgegenstands erhebliche Schwierigkeiten. Da die Verarbeitung dieser Erkenntnisse sowohl gerichtsseitig als auch auf Seiten von Staatsanwaltschaft und Verteidigung auf mehrere Personen verteilt werden muss, ist die Herstellung eines gemeinsamen Kenntnisstands aller Hauptverfahrensbeteiligten – also die Bildung gemeinsamer Vor-Urteile im hermeneutischen Sinne – nur schwer möglich, was die Anfälligkeit des Verfahrens für miteinander nicht harmonierende Prozesshandlungen erhöht. Mit steigender Komplexität steigt außerdem die Gefahr der Nutzung von **Wahrnehmungs- und Entscheidungsheuristiken,** dh komplexe Fragestellungen werden (unausgesprochen) durch einfacher zu bewältigende ersetzt.[78] Sachbezogene Aufklärung kann dadurch von sachfremdem Prozesshandeln wie zB Strategien der Konfliktverteidigung oder der Solidarisierung mit Tätern oder Opfern überlagert werden. Die durch Umfang und Komplexität generierte Überforderungssituation kann auch zu einem schädlichen (nicht-methodischen) Zweifel führen und damit das Ziel der Wahrheitserforschung unterminieren.[79]

50 Schließlich müssen in Umfangsverfahren zahlreiche Einzelerkenntnisse zu einem stimmigen Gesamtbild zusammengefügt werden, das einer revisionsgerichtlichen Überprüfung standhält. Mit zunehmendem Umfang und wachsender Komplexität des Verfahrensgegenstands erhöht sich das **Fehlerrisiko** bei der Beweiswürdigung. Wie anspruchsvoll diese sich in Staatsschutzverfahren darstellen kann, spiegelt der Umfang der **Urteilsgründe.** In den beiden erwähnten Verfahren umfassten diese über 3000 bzw. 660 Seiten. Dabei ist das Gericht nicht nur gehalten, seine in der Hauptverhandlung gewonnenen Erkenntnisse nachvollziehbar, ohne logische Brüche und wesentliche Lücken zu präsentieren, sondern muss zugleich darauf achten, nicht durch eine zu weitschweifige Darstellung den Blick auf das Wesentliche zu verstellen. Auch weil sie zu ausführlich waren, wurden Urteilsgründe bereits vom BGH beanstandet.[80]

---

[75] BGBl. 2020 I 569, verlängert durch G. v. 21.12.2020, BGBl. 2020 I 3229, 3254.
[76] Nach einer aktuellen Initiative des Bundesministeriums der Justiz soll die Geltung bis zum 30.6.2022 verlängert werden.
[77] Vgl. etwa zu den schwierigen Konkurrenzverhältnissen zwischen Dauerdelikten nach §§ 129a, 129b StGB und nach WaffG oder KrWaffKontrG und Zäsuren bildenden Einzeltaten etwa nach §§ 211, 212 StGB oder VStGB grundlegend BGHSt 60, 308 (319 ff.) = NJW 2016, 657.
[78] *Kahneman,* Schnelles Denken, langsames Denken, 2011, insbes. S. 105 ff., 127 ff.
[79] Zu überspannten Anforderungen an die Überzeugungsbildung etwa BGH NStZ-RR 2018, 151 (152); NStZ-RR 2018, 289; NStZ-RR 2019, 224 (226).
[80] Vgl. etwa BGH NStZ 2007, 720; NStZ 2009, 701; NStZ 2020, 102; BGH Beschl. v. 30.5.2018 – 3 StR 486/17, juris.

3. Auslandsbezug

Ein dritter Gesichtspunkt, der Aufklärung durch Strafverfahren in Staatsschutzsachen besonders erschwert, ist der oft gegebene Auslandsbezug des Sachverhalts. Anders als Nachrichtendienste verfügen die Strafverfolgungsorgane über keine unmittelbaren Befugnisse zu Informationserhebungen im Ausland, sondern müssen den umständlichen Weg von **Rechtshilfeersuchen** beschreiten. Dabei bereitet es mitunter schon unüberwindliche Hindernisse, Ansprechpartner im Ausland zu identifizieren, die zur Abwicklung von Rechtshilfeersuchen bereit und in der Lage sind, oder es fehlt an dortigen funktionierenden lokalen Verwaltungsstrukturen zu ihrer Bearbeitung.[81] Dabei können in allen Verfahrensstadien erhebliche Spannungen mit dem im Strafverfahren wichtigen **Beschleunigungsgebot** eintreten, zumal wenn sich Angeklagte in Untersuchungshaft befinden.[82]

Soweit es sich bei Angeklagten in Staatsschutzverfahren um ausländische Staatsangehörige handelt, ist das Bestreben um Aufklärung zusätzlich durch **sprachliche und kulturelle Barrieren** belastet. Dabei geht es zum Teil ganz profan um die Schwierigkeit der Übersetzung oder Übertragung aus seltenen Sprachen oder Dialekten, für die Übersetzer und Dolmetscher nur schwer zu finden bzw. aufgrund ihrer Beanspruchung in parallelen Verfahren beschränkt verfügbar sind. Aus diesem Mangel können neben Terminkollisionen heikle Konfliktfelder hinsichtlich der Richtigkeit oder Präzision der Übertragung entstehen. Neben ihrem umfassenden Anspruch auf Übertragung des in der Hauptverhandlung gesprochenen Worts und Übersetzung von wesentlichen Verfahrensdokumenten (§ 187 GVG) werden der deutschen Sprache nicht mächtigen Angeklagten und Nebenklägern (§ 187 Abs. 4 GVG) in Staatsschutzverfahren zur Gewährleistung einer effektiven Verteidigung bzw. Beteiligung nicht selten sog. **Vertrauensdolmetscher** zur Seite gestellt, die ausschließlich dem Austausch des Angeklagten mit seinen Verteidigern bzw. der Nebenkläger mit ihren Beiständen dienen.[83] Da solche Vertrauensdolmetscher aber zugleich in der Lage sind, die Übertragung der Verfahrensdolmetscher oder Übersetzer kritisch zu hinterfragen, können aus diesen unterschiedlichen prozessualen Rollen gravierende Konflikte entstehen.

Die Notwendigkeit der Übertragung und Übersetzung erschwert nicht nur wegen des dadurch entstehenden retardierenden Moments die gerichtliche Aufgabe der Wahrheitserforschung. Mit der sprachlichen Hürde geht nicht selten eine **paradigmatische Barriere** einher, welche die Möglichkeit der gebotenen Erforschung von Tat und Täter ungünstig beeinflusst. Werden zB junge Männer in Krisengebieten von ihren Familien angehalten, sich kriminellen oder terroristischen Vereinigungen anzuschließen, um das Überleben der Familie zu sichern, stellt sich aus dortiger Sicht ein solches Verhalten kaum als sozialethisch verwerflich (→ Rn. 9, 27) dar. Der durch die Strafwürdigkeit vermittelte Unrechtsgehalt wird so von seiner **ethisch-moralischen Fundierung** getrennt. Weil die anderen Verfahrensbeteiligten die maßgeblichen kulturellen und sozialen Rahmenbedingungen, unter denen eine Auslandstat begangen wurde, in der Regel nicht aus eigener Anschauung kennen, können sie die Tat nur schwer „in deren Lichte" würdigen.

Hinzu kommen besondere Schwierigkeiten im Umgang mit **Auslandszeugen**. Oft sind solche Zeugen gar nicht erreichbar oder es bestehen nur eingeschränkt Möglichkeiten, ihre Identität zu überprüfen. Außerdem begegnen ausländische Zeugen aufgrund der in ihrem Heimatland gemachten Erfahrungen mit dortiger Hoheitsgewalt deutschen Gerichten nicht selten mit Misstrauen oder folgt das Narrativ ihrer Aussage anderen besonderen **soziokulturellen Determinanten** (etwa Stellung in der dortigen Gesellschaft, traditionelles Rollenverhalten, Bewahrung des Ansehens der Familie, religiöse Gebote und Tabus, Bedeutung von für das Strafverfahren nebensächlichen Gesichtspunkten, Umgang mit Sexualität etc.). Zudem sind solche Zeugen und deren Angehörige gerade im Zusammen-

---
[81] Vgl. → § 42 Rn. 119.
[82] Vgl. etwa BVerfGE 120, 248 (273); 133, 168 (201) = NJW 2013, 1058.
[83] Dazu auch → § 43 Rn. 95 ff.

hang mit Verfahren gegen terroristische Vereinigungen in ihrem Heimatland aber auch in Deutschland **Repressalien** ausgesetzt. Solche Einschränkungen der Aufklärungsmöglichkeiten muss das Tatgericht im Rahmen seiner Beweiswürdigung berücksichtigen.

II. Besondere Mittel der Aufklärung

55 Grundsätzlich stehen in Staatsschutzverfahren den Strafverfolgungsbehörden dieselben Methoden der Wahrheitserforschung zur Verfügung wie bei der Aufklärung anderer Delikte. Dennoch verdienen hier einige Beweismittel der besonderen Beachtung.

1. Sachverständige

56 Um das Erkenntnisdefizit der Verfahrensbeteiligten bei Sachverhalten mit Auslandsbezug zu kompensieren, spielen politikwissenschaftliche, religionswissenschaftliche und geschichtswissenschaftliche **Sachverständigengutachten** in Staatsschutzverfahren eine bedeutende Rolle. Mit ihrer Hilfe kann sich das Gericht zB ein Bild davon machen, ob es sich bei einer ausländischen Organisation (nur) um eine extremistische, eine kriminelle oder eine terroristische Vereinigung handelt. Bei der gegebenen starken Zersplitterung solcher Vereinigungen, namentlich im Nahen und Mittleren Osten, ist diese Beurteilung ohne sachverständige Hilfe unmöglich.[84] Auf diesem Weg können auch Eskalationen von Konflikten und allgemeine Lebensbedingungen in einer bestimmten Region zu einem bestimmten Zeitpunkt in Erfahrung gebracht werden, was zB für die Beurteilung der Glaubwürdigkeit einer Einlassung unverzichtbar sein kann. In Verfahren gegen sog. IS-Heimkehrerinnen konnte mit sachverständiger Hilfe beleuchtet werden, welche Rollen und Funktionen Frauen bei der Terrororganisation „Islamischer Staat" (IS) einnehmen und welche Ansprüche die Organisation an die Erziehung von Kindern verfolgt, was für die Qualifizierung als mitgliedschaftliche Beteiligung von Bedeutung sein kann.[85] Auch die Behauptung von Foltererfahrungen, die ggf. im Rahmen der Strafzumessung Bedeutung erlangen können, kann durch die Anhörung eines Sachverständigen verifiziert werden.

57 Diese Einbeziehung sachverständiger Expertise ist aber nicht unproblematisch. Zum einen beruht sie – abhängig von der Zugänglichkeit der betreffenden Region – oftmals nur auf der systematischen Auswertung offen zugänglicher Quellen und nicht auf eigenen Feldforschungen der sachverständigen Person. Das erhöht die Möglichkeit von Fehleinschätzungen. Soweit Sachverständige außerdem in ihre Datenbasis Erkenntnisse aus anderen gerichtlichen Verfahren einbeziehen, können **verstärkende Effekte und Zirkelschlüsse** entstehen. So kann zB die Aussage eines Belastungszeugen in einem anderen Verfahren von der sachverständigen Person als Beleg ihrer Forschungen gewertet werden und stützt dann in Gestalt des Sachverständigengutachtens wiederum die Aussage des Zeugen in dem neuen Verfahren.[86]

58 Zum anderen darf das sachverständige Urteil nicht an die Stelle des gerichtlichen Urteils treten. Sachverständige sind funktional lediglich **Hilfsmittel,** deren sich das Gericht bedient, um zu einem eigenen Urteil zu finden.[87] Das setzt aber voraus, dass das sachverständige Urteil sowohl in seinen empirischen Grundlagen als auch seinen Schlussfolgerungen vom Gericht kritisch gewürdigt und hinterfragt werden kann. Diese Fähigkeit ist aus methodischen Gründen eingeschränkt, wenn die Würdigung einen Paradigmenwechsel

---

[84] Vgl. etwa BGH NStZ-RR 2020, 245 („Katiba Shuhada al-Ahwaz" und „Liwa Al-Izza Lillah"); BGH NStZ-RR 2018, 42 („Jabhat Fath al-Sham" und „Jabhat al-Nusra").
[85] Vgl. OLG München GSZ 2020, 278 (282); OLG Düsseldorf BeckRS 2020, 22133 Rn. 69 ff.; OLG Stuttgart Urt. v. 5.7.2019 – 5-2 StE 11/18, n.v.; → § 42 Rn. 78.
[86] In einem nachrichtendienstlichen Kontext werden solche Vorgänge als (unerwünschte) „Kreisläufer" bezeichnet, die zB durch eine strenge Handhabung der sog. Third Party Rule verhindert werden sollen, vgl. *Löffelmann/Zöller* NachrichtendienstR Rn. C.5.
[87] BGHSt 3, 27 (28) = NJW 1952, 899; BGHSt 13, 1 (4) = NJW 1959, 828; krit. *Schmitt* in Meyer-Goßner/Schmitt StPO Vor § 72 Rn. 8 mwN.

erfordert und das Gericht über keine eigene Anschauung des Untersuchungsgegenstands verfügt. Es besteht die Gefahr, dass sachverständige Einschätzungen unkritisch übernommen werden.

Eine weitere gehäuft in Staatsschutzverfahren anzutreffende Besonderheit ist die Einholung sachverständiger **Expertise zu Rechtsfragen.** Hintergrund ist, dass nach § 7 Abs. 2 StGB Auslandstaten außerhalb der Kataloge der §§ 5 und 6 StGB und des § 129b StGB nur dann der deutschen Strafgewalt unterfallen, wenn die Tat am Tatort mit Strafe bedroht ist oder der Tatort keiner Strafgewalt unterliegt. Außerdem ist bei Auslandstaten die Möglichkeit einer strafrechtlichen Rechtfertigung nach Maßgabe der ausländischen Rechtsordnung und des Völkerrechts zu prüfen.[88] Beides macht eine genaue Kenntnis der einschlägigen ausländischen Strafrechtsnormen durch das deutsche Gericht erforderlich. Aufgrund einer unzureichenden öffentlich zugänglichen Dokumentation der Rechtslage und ihrer Veränderungen in dem ausländischen Staat kann die Erstellung entsprechender Normengutachten große Schwierigkeiten bereiten. Auch hier ist dem Tatgericht eine eigene Überprüfung der sachverständigen Expertise kaum möglich.

2. Behördenerklärungen

Erkenntnisse werden in Staatsschutzverfahren gehäuft durch Behördengutachten oder Behördenzeugnisse eingeführt. Bei einem **behördlichen Gutachten** handelt es sich um eine sachverständige Äußerung einer anderen staatlichen Stelle, etwa einer Polizeibehörde oder eines Nachrichtendienstes. Hierfür gelten die Vorschriften für Sachverständige (§§ 72 ff. StPO). Beispiele sind waffentechnische (etwa Einordnung einer auf einem Lichtbild erkennbaren Waffe als Kriegswaffe), kryptografische (etwa Zuordnung einer Handschrift zu einem möglichen Verfasser), anthropologische (etwa Bestimmung des Alters einer Person), rechtsmedizinische (etwa Bestimmung der Todesursache), toxikologische (etwa Bestimmung der Gefährlichkeit einer Substanz) oder auch religionswissenschaftliche (etwa Erläuterung der Entwicklung einer bestimmten fundamentalistischen Gruppierung) Gutachten. Über eine entsprechende Expertise verfügen häufig die Landeskriminalämter und das Bundeskriminalamt sowie rechtsmedizinische Institute.

Ein behördliches Zeugnis gibt demgegenüber Auskunft über in amtlicher Eigenschaft festgestellte Tatsachen, eigene Wahrnehmungen von Behördenangehörigen, amtliche Vorgänge oder von der Zeugnis gebenden Behörde in Empfang genommene Mitteilungen anderer öffentlicher oder privater Stellen. Beispiele hierfür sind **Befragungen** von Angeklagten oder Zeugen durch Nachrichtendienste[89], Polizeibehörden oder die Staatsanwaltschaft im Ausland, dortige Wahrnehmungen über Haftbedingungen der befragten Personen[90], dort im Rahmen eigener Ermittlungen getätigte Beobachtungen oder Erkenntnisse, die die Behörde von Vertrauenspersonen oder anderen Informanten erlangt hat, deren Identität nicht offengelegt werden soll. Die Abgrenzung zwischen Behördenzeugnis und Behördengutachten ist dabei nicht immer einfach. Wenn zB durch einen Nachrichtendienst Informationen aus verschiedenen Quellen gesammelt und ausgewertet werden, ist die Darstellung der Ergebnisse grundsätzlich als Behördenzeugnis zu werten, denn es ist nicht Aufgabe der Nachrichtendienste, in einem Strafverfahren auf der Basis bereits vorhandenen Tatsachenmaterials oder angestellter Untersuchungen Bewertungen abzugeben, sondern den Inhalt und die Herkunft der festgestellten Tatsachen mitzuteilen.[91] Behördenzeugnisse spielen in Staatsschutzsachen oft schon im Ermittlungsverfahren eine bedeutende

---

[88] Vgl. etwa BGH BeckRS 2016, 20892 Rn. 24; OLG München BeckRS 2015, 13419 Rn. 449 ff.
[89] Vgl. etwa BT-Drs. 16/13400, 367 ff. zu BND und BfV, BT-Drs. 17/4600, 85 ff., 239 ff. zum MAD und BT-Drs. 17/11597 zum BND.
[90] Das ist für die Bestimmung des Faktors maßgeblich, mit dem im Ausland erlittene Haft angerechnet wird (§ 51 Abs. 3 S. 2 iVm Abs. 1, Abs. 4 S. 2 StGB), vgl. dazu etwa BVerfG NStZ 1994, 607; NStZ 1999, 477; BGHSt 43, 112 (116) = NJW 1997, 2392; BGH NStZ 1997, 385; BGH BeckRS 2014, 23680.
[91] Vgl. BGH NJW 2010, 385 (387).

Rolle, weil sie dazu beitragen können, einen **Anfangsverdacht** zu begründen, auf den dann weitere Aufklärungsmaßnahmen gestützt werden.[92]

62 Behördengutachten wie auch Behördenzeugnisse können als Behördenerklärungen gem. § 256 Abs. 1 Nr. 1 Buchst. a StPO in das **gerichtliche Verfahren durch Verlesung** eingeführt werden. Bei Behördenzeugnissen hat das gegenüber einer Einvernahme des Mitarbeiters der Behörde als Zeuge den Vorteil, dass das relevante Wissen mehrerer Zeugen in einer Erklärung gebündelt und Geheimschutzbedürfnissen der Behörde besser Rechnung getragen werden kann, indem geheimhaltungsbedürftige Anknüpfungspunkte von vornherein nicht in die Erklärung aufgenommen und folglich von Verfahrensbeteiligten auch nicht erfragt werden können. Auf der anderen Seite beeinträchtigt dies den Beweiswert von Behördenzeugnissen, was vom erkennenden Gericht im Wege seiner Beweiswürdigung zu berücksichtigen ist. Weil das Tatgericht gehalten ist, den Inhalt von Behördenzeugnissen nicht ungeprüft seiner Überzeugungsbildung zugrunde zu legen, kann es zB ergänzend einen Mitarbeiter der Behörde als **Zeugen zum Zustandekommen** der Behördenerklärung vernehmen. Dieser Zeuge kann dann weitere Angaben über Verfahren und Qualitätsstandards machen, die von der eigenen Behörde, etwa bei der Auswahl und Überprüfung von Quellen, beachtet werden.

63 Trotz ihres nur eingeschränkten Beweiswerts ist die prozessuale Bedeutung solcher Behördenzeugnisse nicht gering und in jüngerer Zeit aufgrund einer immer engeren Zusammenarbeit von Nachrichtendiensten und Strafverfolgungsbehörden im Zunehmen begriffen. Zwischen 2014 und 2020 hat sich etwa allein die Zahl der Behördenerklärungen der für die Aufklärung terroristischer Bestrebungen zuständigen Abteilung des BND auf rund 200 pro Jahr vervierfacht. Dabei ist zu berücksichtigen, dass die Erstellung solcher Erklärungen wegen des Erfordernisses einer sorgfältigen Abwägung zwischen Offenlegungs- und Geheimschutzbedürfnissen und der dadurch notwendigen Bereinigung (sog. „**Sanitarisierung**") der vorliegenden Erkenntnisse für gerichtliche Zwecke extrem aufwändig und ressourcenbindend ist.

3. Nichtregierungsorganisationen

64 Zivilgesellschaftliches Engagement und die Schwierigkeiten, die staatliche Stellen haben, im Ausland Sachverhalte aufzuklären und die gewonnenen Erkenntnisse unter Wahrung staatlicher Geheimhaltungsbedürfnisse gerichtsverwertbar zu präsentieren, haben in Staatsschutzverfahren in jüngerer Zeit zur Etablierung neuer Akteure und Formen der Aufklärung geführt. Angesprochen sind damit Nichtregierungsorganisationen, die auf den Feldern der Prävention und der Aufklärung insbesondere terroristischer und völkerstrafrechtlich relevanter Handlungen tätig sind. Solche Organisationen können wertvolle Informationen zur Aufklärung strafrechtlicher Sachverhalte beisteuern. Zu nennen sind hier einerseits Organisationen, deren Tätigkeit präventiv ausgerichtet ist, die etwa **Deradikalisierungsangebote** entwickeln und durchführen und in diesem Zusammenhang sowohl über sachverständige Expertise verfügen als auch in unmittelbarem Kontakt zu potenziellen Zeugen stehen.[93] Zum anderen gibt es Nichtregierungsorganisationen, deren Tätigkeit darauf zielt, repressive staatliche Reaktionen bei schwer wiegenden Straftaten herbeizuführen und zu unterstützen.

65 Ein prominenter Akteur in diesem Bereich ist die 2012 in den Niederlanden gegründete **Commission for International Justice and Accountability (CIJA)**. Die Organisation verfügt über ein Jahresbudget von rund 7 Mio. Euro und etwa 150 Mitarbeiter, welche in

---

[92] Vgl. etwa BGH NStZ 2016, 370 f. (Durchsuchung aufgrund Behördenzeugnis des BfV über Beiträge in Internetchats, auf Internetplattformen und Telefongespräche); BGH ZD 2018, 488; BGH NStZ 2019, 546 mwN (Durchsuchung aufgrund Behördenzeugnis des BfV über G 10-Maßnahmen); *Griesbaum/Wallenta* NStZ 2013, 369 (374).

[93] Vgl. zB das deutsche Violence Prevention Network, das bundesweit Beratungsstellen für rechtsextremistische und islamistische Gewalttäter und deren Angehörige unterhält, Präventionsarbeit leistet und eine Schriftenreihe und andere Publikationen zu Themen im Zusammenhang mit Extremismus herausgibt.

Krisenregionen Beweismittel sichern, die für eine spätere strafrechtliche Aufarbeitung dortiger Kriegsverbrechen und terroristischer Handlungen von Bedeutung sein können. Bisherige Tätigkeitsgebiete der CIJA waren Syrien, der Irak, Myanmar, Libyen und die Zentralafrikanische Republik. Unter anderem hat die Organisation in Syrien mehr als 1,3 Mio. Originaldokumente des Regimes und 11.000 des IS gesichert sowie über 500 Zeugen befragt. Im Irak wurden 8 Terrabyte digitaler Beweismittel und rund 12.000 Dokumente des IS gesichert sowie mehr als 700 Zeugen befragt. Auf diese Weise wurden mehr als 600 Tatverdächtige des Regimes und des IS identifiziert.[94] Diese Erkenntnisse übermittelt CIJA proaktiv oder auf Anfrage an nationale Strafverfolgungsbehörden. Darüber hinaus erstellt die Organisation Analysen zu bestimmten Aspekten der krisenhaften Entwicklungen in den Regionen (etwa Versklavung von Frauen und Kindern durch den IS). Die von CIJA erhobenen Erkenntnisse haben in Deutschland bislang in vier Staatsschutzverfahren zu Verurteilungen beigetragen.[95] Die Einführung ins gerichtliche Verfahren erfolgt dabei im Wege des Zeugenbeweises durch Vertreter der Organisation und durch Augenscheinnahme und Verlesung von Dokumenten und Lichtbildern. In zahlreichen anderen Fällen dienen die Erkenntnisse als Spurenansatz für weitere Ermittlungen, wodurch die Ressourcenallokation der Strafverfolgungsbehörden beträchtlich verbessert werden kann.

Da für die Verfolgung von Delikten nach dem Völkerstrafrecht zwar das Weltrechtspflegeprinzip[96] gilt, die die Strafverfolgung betreibenden Staaten aber in den Tatortregionen über keine Ermittlungsbefugnisse verfügen und auch nicht ohne weiteres mit dortigen Akteuren kooperieren können, stößt die Aufklärung solcher Verbrechen oft auf beträchtliche Hindernisse.[97] Die **stärkere Einbindung zivilgesellschaftlicher Akteure** in die Strafverfolgung kann einen (auch ökonomisch attraktiven) Ausweg aus diesem Dilemma weisen.[98] Hierfür sind perspektivisch drei Entwicklungen von Bedeutung: Zum einen müssten verstärkt regionale Organisationen (etwa örtliche Menschenrechtskommissionen) durch finanzielle Zuwendungen und Schulungen dabei unterstützt werden, Beweismittel zu sichern. Zum anderen bedarf es bestimmter **Standards der Beweismittelsicherung,** um den reibungslosen Transfer der Erkenntnisse ins gerichtliche Verfahren zu gewährleisten. Hierfür werden unter Beteiligung der Internationalen Akademie Nürnberger Prinzipien und von CIJA die „Nuremberg Guidelines for Non-Public Investigative Bodies in the field of International Criminal and Humanitarian Law" entwickelt.[99] Und drittens müssten zur Wahrung berechtigter Belange des **Quellenschutzes** Instrumentarien in das Verfahrensrecht implementiert werden, die in ihrer Wirkung der Sperrerklärung (→ Rn. 76 f.) im öffentlichen Bereich entsprechen.

---

[94] Vgl. Jahresberichte 2019/2020 und 2020/2021, abrufbar unter https://cijaonline.org/news/2020/9/11/cija-publishes-its-first-annual-report-2019–2020 bzw. https://cijaonline.org/news/2021/8/11/cija-publishes-its-2020–2021-annual-report.
[95] OLG München BeckRS 2015, 13419, Rn. 320 ff., 347 ff.; OLG München Urt. v. 21.3.2019 – 7 St 5/17 (10) (Zoher J.), n.v.; OLG Koblenz Urt. v. 24.2.2021 – 1 StE 3/21 (Eyad A.), vgl. becklink 2018990; OLG Koblenz Urt. v. 13.1.2022 – 1 StE 9/19 (Anwar R.), vgl. FD-StrafR 2022, 444788 und becklink 2021915; am 19.1.2022 begann vor dem OLG Frankfurt ein weiteres Verfahren (Alaa M.); vgl. auch die Jahresberichte unter Fn. 93.
[96] Dazu *Ipsen* in Ipsen VölkerR § 31 Rn. 5 ff.
[97] Vgl. dazu auch → § 42 Rn. 133 f.
[98] Ausf. hierzu und zum „CIJA-Modell" *Wiley* in Bergsmo/Stahn, Quality Control in Fact-Finding, 2. Aufl. 2020, 547 ff.; *Burgis-Kasthala* EJIL 2019, 1165 ff.; mit Blick auf das Office of the Prosecutor des International Criminal Court und die häufig fehlende Kooperation der Herkunftsstaaten Beschuldigter *Nwadikwa-Jonathan/Ortiz* in Heinze/Dittrich, The Past, Present and Future of the International Criminal Court, Nuremberg Academy Series No. 5, 2021, 279 ff.
[99] Vgl. https://www.nurembergacademy.org/projects/detail/9c75eeace0bd858dfdaeaca1ead42e55/private-investigations-in-international-criminal-justice-24/.

C. Einschränkung von Aufklärung durch Geheimnisschutz

I. Gründe für die Geheimhaltung von Beweismitteln

67 Strafverfahren finden grundsätzlich öffentlich statt (§ 169 GVG), und auch die daraus entstehenden Judikate müssen öffentlich zugänglich sein.[100] Soweit sie nicht von den Gerichten selbst oder in Fachzeitschriften publiziert werden, können sie in Rechtsprechungsdatenbanken abgerufen oder bei den Pressestellen der Gerichte angefordert werden. Belangen des Persönlichkeits- und Datenschutzes wird bei einer Veröffentlichung von Entscheidungen regelmäßig durch die Unkenntlichmachung von Namen Rechnung getragen. Diese Öffentlichkeit strafrechtlich relevanter Sachverhalte, die ein hohes Rechtsgut darstellt, und deren Verletzung im Hauptverfahren regelmäßig zu einer Aufhebung des Urteils führt (§ 338 Nr. 6 StPO), steht in einem **Spannungsverhältnis** zu den besonders in Staatsschutzverfahren immer wieder gegebenen Geheimschutzbedürfnissen. Vor diesem Hintergrund entspricht es gängiger Praxis, dass Nachrichtendienste häufig dem BKA Informationen zu Staatsschutzsachverhalten ausdrücklich nur für präventiv-polizeiliche und „nicht für Zwecke der Strafverfolgung" („nicht gerichtsverwertbar") übermitteln.[101]

68 Dabei können drei Quellen solcher Geheimhaltungsbedürfnisse unterschieden werden:

1. Wahrung des Zeugenschutzes

69 Die bedeutendste Rolle für die Geheimhaltung von Tatsachen in Strafverfahren und damit einer Einschränkung der gerichtlichen Aufklärungsmöglichkeiten stellt der Quellenschutz dar. Dabei geht es um die Wahrung der **Persönlichkeitsrechte** und des **Rechts auf Leben und körperliche Unversehrtheit** von Personen, die als Zeugen aussagen sollen.[102] Aufgrund der in Deutschland geltenden allgemeinen Zeugnispflicht[103] müssen solche Personen grundsätzlich vor Gericht aussagen. Andererseits ist der Staat gehalten, sich schützend vor sie zu stellen.[104] Hierzu können Zeugen in ein Zeugenschutzprogramm aufgenommen werden und sieht das Strafverfahrensrecht Möglichkeiten vor, ihre Identität geheim zu halten (→ Rn. 73). Ergreift das Tatgericht eine solche Möglichkeit, muss es die dadurch verursachte Einschränkung des Aufklärungsauftrags, der Verteidigungsrechte und des Informationsanspruchs der Öffentlichkeit gegen die für den Zeugen zu erwartenden Gefährdungen abwägen. Es gibt aber auch Konstellationen, in denen Zeugenschutzmaßnahmen eine bessere Aufklärung des Sachverhalts erwarten lassen, wenn der Zeuge etwa aus Angst vor Repressalien nicht oder falsch aussagen würde.

2. Wahrung des Staatswohls

70 Auch der Schutz des Staatswohls kann Einschränkungen bei der Aufklärung strafrechtlich relevanter Sachverhalte gebieten.[105] Das ist verallgemeinernd immer dann der Fall, wenn die Öffentlichkeit von Informationen genutzt werden könnte, um Belange des Staats zu beeinträchtigen. Hinter solchen Belangen steht die Idee der **„streitbaren Demokratie"** bzw. des „wehrhaften Staates", der sich dagegen zur Wehr setzen darf, wenn die von ihm

---

[100] BVerwGE 104, 105 ff. = NJW 1997, 2694.
[101] *Griesbaum/Wallenta* NStZ 2013, 369 (377).
[102] BVerfGE 57, 250 (284 f.) = NJW 1981, 1719; vgl. auch BVerfGE 67, 100 (142) = NJW 1984, 2271; BVerfGE 77, 1 (46) = NJW 1984, 2271; BVerfGE 143, 101 (144) = BeckRS 2016, 54271 zu parlamentarischen Untersuchungsausschüssen, für deren Tätigkeit strafprozessuale Maßstäbe gelten; ferner BVerfGE 124, 78 (125) = BeckRS 2009, 37695; BVerfGE 146, 1 (45 ff.) = BeckRS 2017, 117451; BVerfGE 147, 50 (138 ff.) = BeckRS 2017, 130229 zu parlamentarischen Fragerechten.
[103] BVerfGE 49, 280 (284) = NJW 1979, 32.
[104] BVerfGE 57, 250 (285) = NJW 1981, 1719.
[105] Vgl. BVerfGE 143, 101 (142 f.) = BeckRS 2016, 54271; BVerfGE 146, 1 (42 ff.) = BeckRS 2017, 117451; BVerfGE 147, 50 (146 ff.) = BeckRS 2017, 130229 mwN.

gewährten Rechte und Freiheiten gegen ihn eingesetzt werden.[106] Belange des Staatswohls sind namentlich betroffen, wenn von Nachrichtendiensten gewonnene Informationen in das Strafverfahren eingeführt werden sollen. Solche Informationen können selbst einem strengen strafrechtlichen Schutz unterliegen, wenn es sich dabei um Staatsgeheimnisse handelt (vgl. §§ 93 ff. StGB). Der Begriff des **Staatswohls** ist dabei ausgesprochen facettenreich. Er umfasst so verschiedene Belange wie die Preisgabe geheimer Methoden und Befähigungen, die Gefährdung der öffentlichen Sicherheit oder die weitere Verwendung geheimer Mitarbeiter. Quellenschutz (→ Rn. 69) besitzt deshalb meist auch eine staatswohlschützende Dimension. In den Nachrichtendienstgesetzen findet sich der Ausgleich von Transparenz- und Geheimschutzbedürfnissen an zahlreichen Stellen verwirklicht.[107] Im Strafverfahren enthalten eine prozessuale Ausprägung dieses Gedankens die **Opportunitätsregelungen** des § 153c Abs. 3 und 4 StPO und § 153d StPO, soweit dort von der Verfolgung abgesehen bzw. das Verfahren eingestellt werden kann, wenn die Durchführung des Verfahrens die Gefahr eines schweren Nachteils für die Bundesrepublik Deutschland herbeiführen würde.

3. Kernbereich exekutiver Eigenverantwortung

Geheimschutzbedürfnisse können sich schließlich aus der Wahrung des Kernbereichs exekutiver Eigenverantwortung ergeben. Das BVerfG anerkennt in ständiger Rechtsprechung einen solchen, grundsätzlich nicht ausforschbaren Initiativ-, Beratungs- und Handlungsbereich der Regierung gegenüber parlamentarischen Auskunftsansprüchen.[108] Hierdurch soll ein „Mitregieren Dritter" bei Entscheidungen, die in der alleinigen Kompetenz der Regierung liegen ausgeschlossen und damit die **Handlungsfähigkeit der Regierung** gewahrt werden. Für die justizielle Kontrolle der Exekutive gilt diese Einschränkung zwar nicht, sondern der Grundsatz lückenloser Justiziabilität (Art. 19 Abs. 4 GG), soweit Exekutivakten eine Außenwirkung zukommt. Da das Institut des Kernbereichs exekutiver Eigenverantwortung im Grundsatz der Gewaltenteilung wurzelt, muss es außerhalb einer verwaltungsgerichtlichen Überprüfung aber auch gegenüber sonstigen gerichtlichen Informationsansprüchen gelten. Prozessuale Komplemente zur Wahrung dieser Handlungsfähigkeit finden sich in den **Opportunitätsregelungen** des § 153c Abs. 3 und 4 StPO und § 153d StPO, soweit diese Normen an entgegenstehende „überwiegende öffentliche Interessen" anknüpfen. Das soll zB dann in Betracht kommen, wenn andernfalls eine Freilassungsaktion in einem anderen Machtbereich oder der Austausch von Spionen nicht erreicht werden kann.[109] Eine materiell-strafrechtliche Ausprägung des Vorrangs exekutiver Handlungsfähigkeit stellt die **Strafverfolgungsermächtigung** gem. § 129b Abs. 1 S. 3 StGB dar (vgl. auch → Rn. 41). Dadurch soll eine „(außen-)politisch sinnvolle Handhabung der Strafrechtspflege" gewährleistet werden.[110]

II. Mittel der Wahrung von Geheimschutzbedürfnissen

Das Strafverfahrensrecht sieht eine Reihe von Mitteln vor, durch welche Geheimschutzbedürfnissen Rechnung getragen werden kann.[111] Durch die meisten dieser Maßnahmen wird das Ziel der Wahrheitserforschung beeinträchtigt.

---

[106] BVerfGE 30, 1 (19 f.) = BeckRS 1970, 104640; vgl. auch BVerfGE 115, 320 (357 f.) = NJW 2006, 1939; BVerfGE 133, 277 (333 f.) = NJW 2013, 1499; grundlegend dazu *Isensee*, Das Grundrecht auf Sicherheit, 1983; *Thiel*, Die „Entgrenzung" der Gefahrenabwehr, 2011, 140 ff. mwN.
[107] Näher *Löffelmann/Zöller* NachrichtendienstR Rn. F.90 ff.
[108] Vgl. zuletzt BVerfGE 147, 50 (138 ff.) = BeckRS 2017, 130229; BVerfGE 146, 1 (42) = BeckRS 2017, 117451; BVerfGE 143, 101 (137) = BeckRS 2016, 54271.
[109] *Schmitt* in Meyer-Goßner/Schmitt StPO § 153c Rn. 15, § 153d Rn. 1.
[110] BT-Drs. 14/8893, 8; abl. hierzu *Zöller* TerrorismusstrafR 543 ff., 558: „sachlich unangemessene Möglichkeit außenpolitischer Einmischung in die Belange der Strafverfolgungsbehörden".
[111] Ausf., auch zu den Möglichkeiten des Geheimschutzes bei den Nachrichtendiensten, *Lang*, Geheimdienstinformationen im deutschen und amerikanischen Strafprozess, 2014, 134 ff.

1. Maßnahmen des Zeugenschutzes

73 Handelt es sich bei einem Zeugen zugleich um einen Verletzten, ist bei allen ihn betreffenden Prozesshandlungen seine besondere Schutzbedürftigkeit zu berücksichtigen (§ 48 Abs. 3 StPO). Darüber hinaus enthält das Strafverfahrensrecht besondere Steuerungsmöglichkeiten mit dem Ziel des Zeugenschutzes[112]:
- Nach § 68 Abs. 2 S. 1 StPO soll dem Zeugen gestattet werden, statt seines Wohnorts eine andere ladungsfähige **Anschrift** anzugeben, wenn ein begründeter Anlass zu der Besorgnis besteht, dass andernfalls Rechtsgüter des Zeugen oder einer anderen Person gefährdet werden oder dass auf den Zeugen oder eine andere Person in unlauterer Weise eingewirkt werden wird.
- Bei begründetem Anlass zu der Besorgnis, dass durch die Offenbarung der Identität oder des Wohn- oder Aufenthaltsorts des Zeugen Leben, Leib oder Freiheit des Zeugen oder einer anderen Person gefährdet wird, kann ihm nach § 68 Abs. 3 S. 1 StPO gestattet werden, **Angaben zur Person** nicht oder nur über eine frühere Identität zu machen.
- Nach § 247a StPO kann die Vernehmung eines Zeugen in der Hauptverhandlung durch eine **audiovisuelle Übertragung** seiner Vernehmung von einem anderen Ort ersetzt werden, wenn die dringende Gefahr eines schwerwiegenden Nachteils für das Wohl des Zeugen besteht. Im Rahmen der Videovernehmung ist zur Erhöhung des Schutzes auch eine zusätzliche optische oder akustische **Verfremdung** möglich.
- Unter engen Voraussetzungen kann in der Hauptverhandlung die **Aufzeichnung** einer früheren Vernehmung des Zeugen (vgl. § 58a StPO) vorgeführt werden
- Nach § 247 S. 2 StPO kann der Angeklagte während der Dauer der Vernehmung eines Zeugen aus dem Sitzungssaal **entfernt** werden, wenn andernfalls die dringende Gefahr eines schwerwiegenden Nachteils für die Gesundheit des Zeugen besteht.
- Kann es während der Hauptverhandlung zu einer Gefährdung des Lebens, Leibs oder der Freiheit eines Zeugen kommen, kann das Gericht die **Öffentlichkeit** von der Verhandlung ausschließen (§ 172 Nr. 1a GVG).

74 Alle diese Maßnahmen erfordern eine Abwägung mit der Pflicht des Gerichts zur Wahrheitserforschung. Fehler bei der Anordnung der Schutzmaßnahmen führen im Falle der Revision in der Regel zur Aufhebung des Urteils.

2. Beschränkung der Aussagegenehmigung

75 Richter, Beamte und andere Personen des öffentlichen Dienstes benötigen, wenn sie als Zeugen über Umstände aussagen sollen, auf die sich ihre Pflicht zur Amtsverschwiegenheit bezieht, eine Aussagegenehmigung, die durch die Leitung ihrer Dienststelle erteilt wird (§ 54 Abs. 1 StPO). Dahinter steht die **Verschwiegenheitspflicht,** die zu den Grundsätzen des Berufsbeamtentums zählt und in Art. 33 Abs. 5 GG verfassungsrechtlich bzw. für Bundesbeamte in § 67 BBG und für Landesbeamte in § 37 BeamtStG einfachrechtlich verankert ist. Nach § 68 Abs. 1 BBG und § 37 Abs. 4 BeamtStG darf die Genehmigung nur versagt werden, wenn die Aussage dem Wohl des Bundes oder eines Landes Nachteile bereiten oder die Erfüllung öffentlicher Aufgaben ernstlich gefährden oder erheblich erschweren würde. Eine solche Versagung kommt insbesondere in Betracht, wenn Informationen aus dem Tätigkeitsbereich anderer Sicherheitsbehörden in das Strafverfahren eingeführt werden sollen und dadurch zB **Methoden oder Befähigungen** der betroffenen Sicherheitsbehörden offengelegt werden müssten.[113] Auch die weitere Nutzung oder Gefährdung einer V-Person kann eine entsprechende Einschränkung der Aussagegenehmigung des Verbindungsführers begründen. Einer eigenen Aussagegenehmigung bedürfen V-

---

[112] Näher im Zusammenhang mit Zeugen aus dem Bereich der Nachrichtendienste *Greßmann* in Dietrich/Eiffler NachrichtendiensteR-HdB Teil IV § 3 Rn. 60 ff.
[113] Näher im Zusammenhang mit Zeugen aus dem Bereich der Nachrichtendienste *Greßmann* in Dietrich/Eiffler NachrichtendiensteR-HdB Teil IV § 3 Rn. 47 ff.

Personen jedoch nur, wenn sie selbst nach dem Verpflichtungsgesetz (wie in der Regel[114]) besonders zur Verschwiegenheit verpflichtet wurden.[115]

3. Sperrerklärung

In eine ähnliche Richtung weist die Möglichkeit der Sicherheitsbehörde, deren Erkenntnisse in das Strafverfahren eingeführt werden sollen, eine Sperrerklärung abzugeben. Diese Erklärung muss durch die jeweilige **oberste Dienstbehörde** erfolgen, idR also durch den zuständigen Fachminister, der aber durch Vertreter oder beauftragte Beamte handeln kann.[116] Die Rechtsgrundlage hierfür findet sich für polizeiliche Verdeckte Ermittler in § 110b Abs. 3 S. 3 StPO und im Übrigen für jegliche anderen Beweismittel – über den Wortlaut dieser Norm hinausgehend[117] – in § 96 StPO. Sollen zB geheime Mitarbeiter als Zeugen einvernommen werden, die nicht Mitarbeiter des öffentlichen Dienstes sind (etwa Informanten, Selbstanbieter, Beschaffungshelfer ua[118]), oder sind die Strafverfolgungsbehörden in den Besitz von geheimhaltungsbedürftigen sächlichen Beweismitteln gelangt, kann die zuständige Behörde sie auf dieser Grundlage sperren. Voraussetzung hierfür ist, dass das Bekanntwerden des Beweismittels dem Wohl des Bundes oder eines Landes **Nachteile bereiten** würde. Liegt lediglich eine **Vertraulichkeitsbitte** der betroffenen Behörde vor (vgl. RiStBV Anlage D[119]), so entfaltet diese nicht die Wirkung einer Sperrerklärung.[120] 76

Die Sperrerklärung muss eine plausible und nicht bloß formelhafte **Begründung** enthalten, die geeignet ist, dem Gericht die Gründe der Sperre verständlich zu machen.[121] Die Behörde muss darin eine **Abwägung** zwischen der Bedeutung des Beweismittels für die Strafverfolgung und der Erfüllung verfassungsrechtlich legitimierter Aufgaben, denen die Sperrerklärung dient, treffen und die Möglichkeit anderer Geheimschutzmöglichkeiten prüfen, die die Wahrheitserforschung weniger stark einschränken.[122] Da die Einflussnahme einer Behörde auf ein Strafverfahren mittels einer Sperrerklärung einen Eingriff in den Gang der Rechtspflege darstellt, muss sie auf **Ausnahmefälle** beschränkt bleiben und ist nur aus schwerwiegenden Gründen zulässig.[123] Eine Sperre kommt insbesondere in Betracht, wenn Staatsgeheimnisse betroffen sind, soweit durch die Bekanntgabe der Informationen das Leben oder die Freiheit von Zeugen oder die Aufklärung oder Verhütung anderer gewichtiger Straftaten konkret gefährdet würden oder andernfalls die Zusammenarbeit mit ausländischen Partnern beeinträchtigt würde.[124] Soweit der **Kernbereich der Verteidigung** betroffen ist, kommt eine Verweigerung der Auskunft nur bei Gefährdung überragend wichtiger Gemeinschaftsgüter in Betracht.[125] Die bloße weitere Verwendung von geheimen Mitarbeitern stellt idR – anders als bei polizeilichen Verdeckten Ermittlern (vgl. § 110b Abs. 3 S. 1 und 3 StPO) oder Verdeckten Mitarbeitern der Nachrichten- 77

---

[114] Zur Verpflichtung von V-Personen bei den Nachrichtendiensten näher *Dietrich* in Dietrich/Eiffler NachrichtendiensteR-HdB Teil VI § 2 Rn. 63 ff.
[115] *Schmitt* in Meyer-Goßner/Schmitt StPO § 54 Rn. 11 mwN; *Greßmann* in Dietrich/Eiffler NachrichtendiensteR-HdB Teil IV § 3 Rn. 84.
[116] BVerfGE 57, 250 (289) = NJW 1981, 1719; BGHR StPO § 96 Informant 4 = NJW 1989, 3294.
[117] BGHSt 30, 34 = NJW 1981, 357; BGHSt 38, 237 = NJW 1992, 1973; BGHSt 42, 175 = NJW 1996, 2738.
[118] Zu den verschiedenen Formen geheimer Mitarbeiter näher *Dietrich* in Dietrich/Eiffler NachrichtendiensteR-HdB Teil VI § 2 Rn. 13 ff.
[119] RiStBV Anlage D gilt allerdings nur für polizeiliche (nicht nachrichtendienstliche) V-Personen, *Greßmann* in Dietrich/Eiffler NachrichtendiensteR-HdB Teil IV § 3 Rn. 88.
[120] BGHSt 42, 71 = NJW 1996, 2171; anders noch BGHSt 35, 82 = NJW 1988, 2187: Bindung der Staatsanwaltschaft und der Polizeibehörden, nicht aber des Gerichts.
[121] BVerfGE 57, 250 (288) = NJW 1981, 1719; näher *Detter* StV 2006, 544 (545 f.).
[122] BVerfGE 57, 250 (285) = NJW 1981, 1719; BGHSt 32, 115 (123, 125) = NJW 1984, 247 (248); BGH NJW 2007, 3010 (3012).
[123] BGHSt 35, 82 (85) = NJW 1988, 2187 (2188); BGHSt 38, 237 (242) = NJW 1992, 1973 (1974); BGHR StPO § 96, Sperrerklärung 1 = StV 1989, 284; BGH NStZ 2005, 43.
[124] *Greven* in KK-StPO StPO § 96 Rn 18 f., 23; BVerwG DVBl. 2015, 901.
[125] BGH NJW 2007, 3010 (3012) zur Verweigerung der Aussagegenehmigung (§ 54).

dienste – keinen ausreichenden Grund für eine Sperre dar.[126] Andererseits kann der mit einer Offenbarung der Identität eines geheimen Mitarbeiters einhergehende Vertrauensverlust in die Vertraulichkeitszusicherung der Sicherheitsbehörde eine Sperrung rechtfertigen.[127]

4. Ausschluss der Öffentlichkeit

78 Gründe für den Ausschluss der Öffentlichkeit in der Hauptverhandlung nennt (neben den Gründen zum Schutz der Privatsphäre in § 171b StPO) § 172 GVG. Hervorzuheben sind darunter Nr. 1, der unter anderem an eine Gefährdung der Staatssicherheit anschließt, und Nr. 1a, der sich auf eine Gefährdung des Lebens, des Leibes oder der Freiheit eines Zeugen oder einer anderen Person bezieht. Bei einer Gefährdung der Staatssicherheit schreibt außerdem § 174 Abs. 2 GVG vor, dass Medien **keine Berichte** über die Verhandlung und den Inhalt eines die Sache betreffenden amtlichen Schriftstücks veröffentlichen dürfen. Dieses Verbot ist zudem in § 353d Nr. 1 StGB strafrechtlich abgesichert.

5. Verpflichtung der Verfahrensbeteiligten und Einstufung als Verschlusssache

79 Ebenfalls wegen einer Gefährdung der Staatssicherheit kann das Gericht nach § 174 Abs. 3 GVG die **anwesenden Personen** zur Geheimhaltung von Tatsachen verpflichten, die durch die Verhandlung oder durch ein die Sache betreffendes amtliches Schriftstück zu ihrer Kenntnis gelangen.[128] Ihrer Natur nach entspricht die Verpflichtung derjenigen nach dem Gesetz über die **förmliche Verpflichtung** nichtbeamteter Personen (VerpflG). Letztere kann auch durch die Staatsanwaltschaft herbeigeführt werden (Ziff. 213 Abs. 5 RiStBV). In § 353d Nr. 2 StGB ist die Verletzung des gerichtlichen Schweigegebots strafrechtlich sanktioniert. Für Verpflichtungen nach dem VerpflG gilt § 353b Abs. 2 StGB.

80 Darüber hinaus sind auch im Strafverfahren die Vorschriften der **Verschlusssachenanweisungen** des Bundes und der Länder zu beachten.[129] Ggf. können Erkenntnisse, die im Strafverfahren zutage treten und geheimschutzbedürftig sind, durch das Tatgericht selbst als Verschlusssache eingestuft werden, was dann auch für die entsprechenden Teile des Urteils gilt.[130] Ziff. 213 RiStBV enthält detaillierte Regelungen zum Umgang mit Verschlusssachen im Strafverfahren. Die berechtigten **Verteidigungsinteressen** dürfen hierdurch aber nicht beeinträchtigt werden, weshalb auf dieser Grundlage keine Beschränkung des Akteneinsichtsrechts erfolgen kann. Verfahrensbeteiligte müssen vielmehr durch das Gericht „eindringlich auf ihre Geheimhaltungspflicht" hingewiesen werden (Ziff. 213 Abs. 3 S. 1 RiStBV). Ggf. kann dem Verteidiger zugemutet werden, Akteneinsicht in besonders gesicherten Geschäftsräumen des Gerichts zu nehmen (Ziff. 213 Abs. 4 S. 2 Buchst. a RiStBV m. d. H.a. den mittlerweile aufgehobenen § 147 Abs. 4 StPO aF).

6. Sonstige Geheimschutzmaßnahmen

81 Keine zulässigen Maßnahmen zur Durchsetzung von Geheimschutzbedürfnissen sind im deutschen Strafverfahrensrecht die Beschränkung der Akteneinsicht für die Verteidigung und die Nichtbekanntgabe von Urteilsgründen.[131] Nach § 147 Abs. 1 StPO hat die Ver-

---

[126] BGHSt 31, 148 (156) = NJW 1983, 1005 (1006); BGHSt 31, 290 (294) = NJW 1983, 1572; *Lisken* NJW 1991, 1658 (1660); vgl. auch EGMR StV 1997, 617 (619) und dazu *Renzikowski* JZ 1999, 605 sowie BVerfGE 109, 279 (366 f.) = NJW 2004, 999 (1016); aA *Köhler* in Meyer-Goßner/Schmitt StPO § 96 Rn. 12b, der hierfür ebenfalls auf die Wertentscheidung des Gesetzgebers in § 110b Abs. 3 S. 3 StPO abstellt, dabei aber den unterschiedlichen Status von Verdeckten Mitarbeitern und V-Personen nicht berücksichtigt.
[127] Vgl. BVerfG NJW 2010, 925 (927).
[128] *Greßmann* in Dietrich/Eiffler NachrichtendiensteR-HdB Teil IV § 3 Rn. 110 ff.
[129] *Greßmann* in Dietrich/Eiffler NachrichtendiensteR-HdB Teil IV § 3 Rn. 106 ff.
[130] *Greßmann* in Dietrich/Eiffler NachrichtendiensteR-HdB Teil IV § 3 Rn. 121.
[131] Vgl. aber unter dem Regime der EMRK *Engelhart/Arslan*, Schutz von Staatsgeheimnissen im Strafverfahren, 2021, 87 ff. und 91 f.

teidigung Zugang zu allen Akten, die auch dem Gericht vorliegen. Die Verteidigung darf nicht durch Belange des Geheimschutzes beeinträchtigt werden.[132] Lediglich vor Abschluss der Ermittlungen kann die Einsichtnahme beschränkt werden, wenn der Erfolg der Ermittlungen andernfalls gefährdet würde (§ 147 Abs. 2 S. 1 StPO). Umgekehrt können die **Akteneinsicht** gewährenden Stellen bei der Bearbeitung von Akteneinsichtsgesuchen dritter Personen gehalten sein, zum Schutz von schutzwürdigen Interessen des Beschuldigten oder von Zeugen die Akteneinsicht – zB durch Aussonderung oder Schwärzung von Aktenbestandteilen – zu beschränken.[133] Dasselbe gilt bei der **Mitteilung von Urteilsgründen** an dritte Personen. Den Verfahrensbeteiligten müssen diese hingegen – schon zur Ermöglichung des Einlegens von Rechtsmitteln – in vollem Umfang mitgeteilt werden. Nur bei der mündlichen Urteilsbegründung ist das Gericht gehalten, auf die schutzwürdigen Interessen von Prozessbeteiligten, Zeugen oder Verletzten Rücksicht zu nehmen (§ 268 Abs. 2 S. 3 StPO) und kann auf dieser Grundlage von der Erörterung einzelner Gesichtspunkte absehen. Außerdem kann die Öffentlichkeit auch für die Verkündung der Entscheidungsgründe oder eines Teils davon von der Hauptverhandlung ausgeschlossen werden (§ 173 Abs. 2 GVG iVm §§ 171b, 172 GVG).

III. Praktische Durchsetzung der Aufklärungspflicht

Wird eine Aussagegenehmigung nur beschränkt erteilt (→ Rn. 75) oder eine Sperrerklärung abgegeben (→ Rn. 76), haben das Gericht und andere Verfahrensbeteiligte unterschiedliche Möglichkeiten, auf eine Beseitigung dieser Aufklärungshindernisse hinzuwirken. 82

1. Aufklärungsbemühungen des Tatgerichts

Da das Gericht zur umfassenden Aufklärung des Sachverhalts verpflichtet ist (§ 244 Abs. 2 StPO), muss es alle nach den Umständen des Falls gebotenen Bemühungen entfalten, um das der Einführung des Beweismittels entgegen stehende Hindernis zu beseitigen.[134] Dazu gehört, dass es sich nicht mit der Sperrerklärung einer untergeordneten Behörde begnügt, sondern eine Entscheidung der obersten Dienstbehörde herbeiführt, welche die für die Weigerung maßgeblichen Gründe im Einzelnen darlegt.[135] Auch kann die Erhebung einer **Gegenvorstellung** (insbesondere bei unzureichender Begründung der Sperrerklärung[136]) angezeigt sein.[137] Da die Sperrerklärung zur faktischen Unerreichbarkeit des Beweismittels führt,[138] darf das Tatgericht auf **Beweissurrogate** (etwa Vernehmungsniederschriften, Zeugen vom Hörensagen) ausweichen[139], soweit die Sperrung nicht willkürlich, offensichtlich rechtsfehlerhaft oder ganz ohne Angabe von Gründen ergangen ist.[140] Zulässig sind auch **eigene Ermittlungen** des Gerichts[141] oder die Entgegennahme der gesperrten 83

---
[132] BGHSt 18, 369 ff. = NJW 1963, 1627; BGHSt 49, 112 ff. = NJW 2004, 1259.
[133] Vgl. etwa BVerfG NJW 2003, 501; 2007, 1052; 2009, 2876; zur Möglichkeit der verfassungsgerichtlichen Beanstandung *Löffelmann* in Jahn/Krehl/Löffelmann/Güntge, Verfassungsbeschwerde in Strafsachen, 2. Aufl. 2017, Rn. 871 ff.
[134] *Greven* in KK-StPO StPO § 96 Rn 13 mwN zur Rspr.
[135] St. Rspr. BGHSt 36, 159 (161) = NJW 1989, 3291 mwN; vgl. BVerfGE 57, 250 (288 f.) = NJW 1981, 1719 (1725); BGH ZD 2018, 488 (489).
[136] BGHSt StPO § 96 Sperrerklärung 1 = StV 1989, 284.
[137] BGHSt 36, 159 (161 f.) = NJW 1989, 3291; BGHSt 32, 115 (126) = NJW 1984, 247 (248); BGHSt 33, 178 (180) = NJW 1985, 1789; vgl. auch BGHR StPO § 96 Sperrerklärung 5 = NJW 2000, 1661 (Unzulässigkeit des „in camera"-Verfahrens).
[138] BGHSt 36, 159 (161 f.) = NJW 1989, 3291.
[139] *Greven* in KK-StPO StPO § 96 Rn 12, 29 f.; vgl. BGHSt 31, 148 = NJW 1983, 1005; BGHSt 31, 290 (294) = NJW 1983, 1572; BGHSt 33, 70 = NJW 1985, 986; BGHSt 33, 83 = NJW 1985, 984; BGHSt 33, 178 = NJW 1985, 1789; BGHSt 36, 159 = NJW 1989, 3291: offen gelassen, ob anderes bei offensichtlicher Fehlerhaftigkeit oder Willkürlichkeit gilt; BGH NStZ 2002, 368.
[140] BVerfGE 57, 250 (290) = NJW 1981, 1719; BVerfG BeckRS 2007, 23976.
[141] BGHR StPO § 96 Informant 5 = NStZ 1993, 248.

Information aus anderen Quellen, denn die Sperrerklärung beinhaltet kein Beweiserhebungs- oder Beweisverwertungsverbot.[142] Ist etwa der gesperrte Zeuge dem Gericht bekannt, so muss er idR auch – ggf. unter Verwendung von Zeugenschutzmaßnahmen – vernommen werden.[143] Dabei hat das Gericht die der Sperrerklärung zugrunde liegenden schutzwürdigen Belange zu berücksichtigen.[144]

84 Halten Gericht und Staatsanwaltschaft die Versagung der Aussagegenehmigung für rechtswidrig, haben sie nach Ausschöpfen aller sonstigen Möglichkeiten zur Herbeiführung einer abweichenden Entscheidung die **oberste Justizbehörde** mit dem Ziel einzuschalten, an die oberste Innenbehörde eine Gegenvorstellung zu richten und, wenn diese erfolglos bleibt, eine **Entscheidung der Regierung** durch Kabinettsbeschluss herbeizuführen.[145] Zum Erreichen einer „sinnvollen Konkordanz zwischen Wahrheitsermittlung, Verteidigungsinteressen und Zeugenschutz"[146] ist das Gericht bei Bestehen der Sperre gehalten, auf **alternative Beweismethoden** mit geringerem Beweiswert auszuweichen, etwa auf eine audiovisuelle Vernehmung mit optischer und akustischer Verfremdung.[147] Erweisen sich alle Bemühungen nicht als erfolgreich, muss das Gericht bei der **Beweiswürdigung** – mit einem der Nähe des gesperrten Beweismittels zur Tat angemessenen argumentativen Aufwand – erörtern, inwiefern durch die Sperrerklärung die Sachaufklärung beeinträchtigt wurde, und berücksichtigen, dass die Verkürzung der Beweisgrundlage dem Angeklagten nicht zum Nachteil gereichen darf.[148] Gegebenenfalls sind die Grundsätze zur Einführung von Zeugen vom Hörensagen zu beachten.[149] Wird durch die Sperrerklärung der Kernbereich der Verteidigung des Angeklagten verletzt, und bleiben alle Bemühungen anderweitiger Sachaufklärung erfolglos, muss das Verfahren aufgrund eines verfassungsrechtlichen **Verfahrenshindernisses** eingestellt werden.[150]

2. Aufklärungsbemühungen anderer Verfahrensbeteiligter

85 Andere Verfahrensbeteiligte – entgegen der hM auch die Staatsanwaltschaft (nicht aber das Strafgericht)[151] – können eine Sperrerklärung auf dem **Verwaltungsrechtsweg** nach § 42 VwGO angreifen.[152] Da auch für den Verwaltungsprozess die Grundsätze der Öffentlichkeit und gerichtlichen Amtsaufklärungspflicht (§ 86 Abs. 1 VwGO) gelten und deshalb im dortigen Verfahren in der Regel ebenfalls eine Sperrerklärung abgegeben wird (§ 99 Abs. 1 S. 2 VwGO), sieht das Verwaltungsverfahrensrecht für die Überprüfung der Rechtmäßigkeit solcher Erklärungen ein besonderes Verfahren vor: das **in camera-Verfahren** nach § 99 Abs. 2 VwGO.[153] Die Verfahrensbeteiligten des verwaltungsgerichtlichen Haupt-

---

[142] *Greven* in KK-StPO StPO § 96 Rn 11, 30; BGHSt 35, 82 = NJW 1988, 2187; BGHSt 39, 141 (144) = NJW 1993, 1214.
[143] *Greven* in KK-StPO StPO § 96 Rn 22; BGHR StPO § 96 Informant 5 = NStZ 1993, 248; BGHSt 35, 82 = NJW 1988, 2187; BGHSt 39, 141 (144) = NJW 1993, 1214.
[144] BGHSt 39, 141 (145) = NJW 1993, 1214: Leib oder Leben des Zeugen.
[145] BGH NJW 2007, 3010 (3012 f.); krit. dazu *Greßmann* in Dietrich/Eiffler NachrichtendiensteR-HdB Teil IV § 3 Rn. 136.
[146] BGHSt 51, 232 = NJW 2007, 1475.
[147] BGH NStZ 2003, 274; 2005, 43; 2006, 648; BGHSt 51, 232 = NJW 2007, 1475.
[148] BGHSt 49, 112 = NJW 2004, 1259 mwN; BVerfG BeckRS 2007, 23976 mwN; *Greven* in KK-StPO StPO § 96 Rn 14 mwN.
[149] Vgl. insbesondere BGHSt 33, 178 (181 f.) = NJW 1985, 1789 (1790) = NJW 1986, 1766; BGHSt 36, 159 = NJW 1989, 3291; BGHSt 41, 42 (46) = NJW 1995, 2236 (2237); BGHSt 42, 15 = NJW 1996, 1547; BGHSt 45, 321 (340) = NJW 2000, 1123 (1128) jeweils mwN; kritisch mit Blick auf die Rechtsprechung des EGMR zu Art. 6 Abs. 3 Buchst. d MRK *Renzikowski* JZ 1999, 605 (612).
[150] BGH NJW 2007, 3010 (3012).
[151] *Ellbogen* NStZ 2007, 310 (312); offen gelassen von BGH NJW 2007, 3010 (3012) mwN; aA *Köhler* in Meyer-Goßner/Schmitt StPO § 96 Rn. 14; *Greven* KK-StPO StPO § 96 Rn. 32; *Greßmann* in Dietrich/Eiffler NachrichtendiensteR-HdB Teil IV § 3 Rn. 141.
[152] BGHSt 44, 107 = NJW 1998, 3577; BGH NJW 2007, 3010 (3012); BVerfGE 101, 106 (127) = NJW 2000, 1175; BVerfG BeckRS 2007, 23976; *Greven* in KK-StPO StPO § 96 Rn 33 ff.; *Lang*, Geheimdienstinformationen im deutschen und amerikanischen Strafprozess, 2014, 156 ff.; jew. mwN.
[153] Ausf. dazu *Wöckel* in Dietrich/Eiffler NachrichtendiensteR-HdB Teil VII § 3 Rn. 34 ff.

sacheverfahrens können darin nach § 99 Abs. 2 S. 1 VwGO einen Antrag auf Überprüfung der Rechtmäßigkeit der Sperrerklärung stellen. Das Gericht der Hauptsache gibt dann den Antrag und die Hauptsacheakten an einen Fachsenat beim Oberverwaltungsgericht bzw. Bundesverwaltungsgericht ab (§ 99 Abs. 2 S. 4 VwGO), der über die Rechtmäßigkeit der Sperrerklärung in einem Verfahren „hinter verschlossenen Türen" entscheidet, für das die Grundsätze des **materiellen Geheimschutzes** gelten (§ 99 Abs. 2 S. 7 VwGO). Ggf. müssen die maßgeblichen Beweismittel dem Fachsenat durch die zuständige oberste Aufsichtsbehörde in geeigneten Räumlichkeiten zur Besichtigung vorgelegt werden (§ 99 Abs. 2 S. 8 VwGO). Die Mitglieder des Gerichts sind zur Geheimhaltung verpflichtet, und die Entscheidungsgründe dürfen Art und Inhalt der geheim gehaltenen Urkunden, Akten, elektronischen Dokumente oder Auskünfte nicht erkennen lassen (§ 99 Abs. 2 S. 10 VwGO). Gegen den Beschluss des Fachsenats können Rechtsmittel eingelegt werden (§ 99 Abs. 2 S. 13, 14 VwGO). Nach einer rechtskräftigen Feststellung der Rechtswidrigkeit der Sperrerklärung leitet der Fachsenat die Verfahrensakten an das Gericht der Hauptsache und die geheimhaltungsbedürftigen Unterlagen an die betroffene Aufsichtsbehörde zurück, die sie dem Gericht der Hauptsache vorlegen muss.[154] Erst wenn das Gericht der Hauptsache, das hinsichtlich der Frage der Geheimhaltungsbedürftigkeit an die Entscheidung des Fachsenats gebunden ist[155], der Klage auf Herausgabe stattgegeben hat, stehen die Beweismittel auch im strafgerichtlichen Verfahren zur Verfügung. Möglich ist aber auch, dass die oberste Dienstbehörde im Falle einer rechtswidrigen Sperrerklärung diese nachbessert oder eine erneute Erklärung abgibt,[156] welche dann wiederum überprüft werden kann. Während der Dauer dieses langwierigen verwaltungsgerichtlichen Verfahrens ist in der Regel eine Aussetzung des Strafverfahrens geboten.[157]

Darüber hinaus kommt ein Vorgehen der Verfahrensbeteiligten im Rechtsmittelweg in **86** Betracht, um auf eine bessere Aufklärung hinzuwirken. Kommt das Tatgericht seiner Aufklärungspflicht nicht in dem gebotenen Umfang nach – zB indem es unterlässt, eine Gegenvorstellung zu erheben – so kann dies im Falle der Revision die **Aufklärungsrüge** (§ 244 Abs. 2 StPO) begründen.[158] Lehnt das Gericht aufgrund einer unwirksamen Sperrerklärung die Beiziehung eines Beweismittels als unerreichbar ab, so kann die Verletzung des § 244 Abs. 3 StPO gerügt werden.[159] Mit der Verfahrensrüge kann ferner die unzulässige Einführung eines Beweissurrogats (→ Rn. 83) angegriffen werden.[160] Die Verletzung des § 261 StPO kann gerügt werden, wenn das Gericht nicht die aufgrund der Sperrerklärung gebotene vorsichtige Beweiswürdigung (→ Rn. 84) vornimmt.[161]

IV. Problematik von Datenübermittlungen

Strafverfolgungsbehörden sind bei der Verfolgung von Staatsschutzdelikten aufgrund der **87** oben (→ Rn. 37 ff., 51 ff., 55 ff.) dargestellten systemischen Schwierigkeiten in hohem Maße darauf angewiesen, Informationen von Nachrichtendiensten und anderen Sicherheitsbehörden zur Verfügung gestellt zu bekommen.[162] Der **rechtliche Rahmen** hier-

---
[154] *Posser* in BeckOK VwGO VwGO § 99 Rn. 47.
[155] *Posser* in BeckOK VwGO VwGO § 99 Rn. 47 f. mwN.
[156] BVerwG DVBl. 2006, 1245 (1246); BVerwG NVwZ 2011, 880 (884); BVerwG NVwZ-RR 2011, 135 (137).
[157] BGH NJW 2007, 3010 (3012); *Greven* in KK-StPO StPO § 96 Rn. 36.
[158] BGHSt 36, 159 = NJW 1989, 3291; BGHR StPO § 96 Sperrerklärung 5 = NJW 2000, 1661; zu den Darlegungserfordernissen vgl. BGH NJW 2007, 3010 (3011).
[159] BGHSt 29, 390 = NJW 1981, 355; BGHSt 30, 34 = NJW 1981, 1052: BGHSt 35, 82 = NJW 1988, 2187; BGH NStZ 2001, 333.
[160] BGHSt 31, 148 = NJW 1983, 1005; BGHSt 31, 290 = NJW 1983, 1572.
[161] BGHSt 36, 159 (166 f.) = NJW 1989, 3291 (3293 f.); BGH NStZ 2000, 607; zu allen Rügen *Greven* in KK-StPO StPO § 96 Rn. 37 mwN.
[162] Aus der Perspektive der Bundesanwaltschaft mit anschaulichen Beispielen *Engelstätter*, Nachrichtendienstliche Erkenntnisse im Strafverfahren, in DGGGW Nachrichtendienste in vernetzter Sicherheitsarchitektur 98: „unverzichtbar".

für[163] stellt sich aber als **wenig ausgereift** dar. Die verfassungsrechtlichen Leitgedanken des „Doppeltürmodells" und Grundsatzes der „hypothetischen Datenneuerhebung" (→ Rn. 23) sind im Verhältnis der Sicherheitsbehörden zueinander bislang nicht konsequent umgesetzt.[164] Das Datentransferregime im Sicherheitsrecht stellt sich als unübersichtlich, zersplittert und wenig anwendungsfreundlich dar.[165] So ist Befugnisnorm für das Entgegennehmen von Daten durch die Strafverfolgungsbehörden die schlichte Befugnisgeneralklausel des § 161 Abs. 1 S. 1 StPO und für qualifizierte Maßnahmen die Ausprägung des hypothetischen Ersatzeingriffs in § 161 Abs. 3 StPO.[166] Dem steht in den Polizei- und Nachrichtendienstgesetzen eine Vielzahl hoch ausdifferenzierter Regelungen gegenüber, deren Anwendungsbereiche sich vielfach überschneiden und deren spezifische – und zugleich vehement umstrittene[167] – Voraussetzungen (vgl. etwa § 20 BVerfSchG) das Strafverfahrensrecht nicht spiegelt. Teilweise betreffen die fachspezifischen Übermittlungsnormen Maßnahmen, welche nach Strafverfahrensrecht gar nicht vorgesehen sind (vgl. etwa §§ 19 ff., 34 ff. BNDG, § 1 Abs. 1 Nr. 1 Alt. 2 G 10 iVm § 3 G 10, §§ 5 ff. G 10), weshalb § 161 Abs. 3 StPO nicht zur Anwendung kommt. Auch die informelle Zusammenarbeit der verschiedenen Sicherheitsbehörden in gemeinsamen Zentren (→ Rn. 24) ist aufgrund fehlender spezifischer Rechtsgrundlagen der Kritik ausgesetzt. Hinzu kommt die Problematik etwaiger **Verwertungsverbote**, die durch rechtswidriges Handeln anderer Sicherheitsbehörden bei der Datenerhebung entstehen können.[168] Die mit diesen Verwerfungen auftretenden Unsicherheiten bei der Prüfung der Zulässigkeit von Datenübermittlungen an die Strafverfolgungsbehörden sind geeignet, eine restriktive Kultur der Datentransfers zu begünstigen und können dadurch im Ergebnis Aufklärung durch Strafverfahren behindern.

D. Perspektiven

88 Der Staatsschutz ist eine übergreifende **„Gesamtaufgabe"**[169], die allen Sicherheitsbehörden gemeinsam anvertraut ist. Zu diesem Zweck bedarf es eines arbeitsteiligen Zusammenwirkens. Die Ordnung des Grundgesetzes und des einfachen Rechts geht dabei von komplementären, in Randbereichen sich auch überschneidenden Zuständigkeiten von Nachrichtendiensten, Polizeibehörden und Strafverfolgungsbehörden aus. Letztere können aufgrund der stark formalisierten Strukturen des Strafverfahrens bei der Aufklärung staatsgefährdender Handlungen weniger frei agieren als Nachrichtendienste und Polizeibehörden. Aufklärung ist dort zudem durch den in Rede stehenden Straftatbestand und den Bezug auf die beschuldigte Person determiniert. Andererseits erwachsen dem Staat im Falle einer strafgerichtlichen Verurteilung viel weitreichendere und nachhaltigere spezial- wie auch generalpräventive Steuerungsmöglichkeiten, weshalb auf den durch Strafrecht und

---

[163] Ausf. dazu → § 29 Rn. 38 ff.; *Greßmann* in Dietrich/Eiffler NachrichtendiensteR-HdB Teil IV § 3 Rn 9 ff.
[164] Grundlegend im Verhältnis zwischen Nachrichtendiensten und Strafverfolgungsbehörden *Gazeas* Nachrichtendienstliche Erkenntnisse insbes. S. 286 ff.
[165] Vgl. die Übersicht bei *Löffelmann/Zöller* NachrichtendienstR Rn. E.22.
[166] Vgl. dazu krit. *Gazeas* Nachrichtendienstliche Erkenntnisse 521 ff.; *Lang*, Geheimdienstinformationen im deutschen und amerikanischen Strafprozess, 2014, 127 ff.; *Brandt*, Das Bundesamt für Verfassungsschutz und das strafprozessuale Ermittlungsverfahren, 2015, 195 ff., 210 ff.; *Zöller*, Zusammenarbeit, in DGGGW Nachrichtendienste in vernetzter Sicherheitsarchitektur 92 f.; *Engelstätter*, Nachrichtendienstliche Erkenntnisse im Strafverfahren, in DGGGW Nachrichtendienste in vernetzter Sicherheitsarchitektur 102 f.
[167] Vgl. *Gazeas* Nachrichtendienstliche Erkenntnisse 291 ff. mwN.
[168] Dazu näher → § 43 Rn. 57 ff.; *Engelstätter*, Nachrichtendienstliche Erkenntnisse im Strafverfahren, in DGGGW Nachrichtendienste in vernetzter Sicherheitsarchitektur 100 f.; prominente Beispiele sind die Entscheidungen BGH NStZ 2019, 546 f. (Erkenntnisse als G 10-Maßnahme) mAnm *Löffelmann* JR 2019, 405 f. und BGHSt 54, 69 ff. = NJW 2009, 3448 (Erkenntnisse aus präventiv-polizeilicher Wohnraumüberwachung) mAnm *Löffelmann* JR 2010, 455 f.
[169] *Griesbaum/Wallenta* NStZ 2013, 369 (373); *Greßmann* in Dietrich/Eiffler NachrichtendiensteR-HdB Teil IV § 3 Rn. 1; *Lohse/Engelstätter* GSZ 2020, 156 (157 f.); → § 42 Rn. 46 ff.

Strafverfahren vermittelten Staatsschutz nicht verzichtet werden kann.[170] Sollen diese Instrumente wirksam genutzt werden, muss das Strafverfahrensrecht mehr als bisher auf die besonderen Herausforderungen in Staatsschutzsachen zugeschnitten werden. Zu denken wäre etwa an eine weitere **Konzentration von Beteiligungsrechten.** Mit dem Gesetz zur Modernisierung des Strafverfahrens vom 10.12.2019[171] wurde bereits in § 397b StPO die Möglichkeit für das Tatgericht geschaffen, einen gemeinsamen Vertreter für mehrere Nebenkläger zu bestimmen. Ein anderes Beispiel ist die durch dasselbe Gesetz ermöglichte vorgezogene Behandlung von Besetzungsrügen (§ 26 Abs. 1 S. 2 StPO). An diese Gedanken anknüpfend sind andere Verfahren zur effizienteren Behandlung von Antragsrechten denkbar, ohne dass dadurch Beteiligungsrechte materiell eingeschränkt werden müssten. Erwägenswert wäre etwa eine stärkere Konzentration im Zusammenhang mit der Teilung von Verrichtungen nach § 227 StPO oder der Wahrnehmung von Erklärungsrechten nach § 243 Abs. 5 S. 3 StPO und § 257 Abs. 3 StPO. Zu denken ist auch an eine stärkere Beteiligung und Mitverantwortlichkeit von Verteidigung und Staatsanwaltschaft bei der Planung des „Beweisprogramms" einer Hauptverhandlung, um diese von „Nebenschauplätzen" zu entlasten. Zudem wäre eine großzügigere Bemessung der Unterbrechungsfristen in Umfangsverfahren hilfreich. Weiter könnte über eine Vereinfachung des Umgangs mit **geheimhaltungsbedürftigen Informationen** im Strafverfahren nachgedacht werden. Das in camera-Verfahren der Verwaltungsgerichtsordnung ist zu umständlich und leidet am Fehlen konkreter materiell-rechtlicher Entscheidungsmaßstäbe, was die Praxis vor große Schwierigkeiten stellt.[172] Im Strafprozess hingegen kann das Tatgericht in Deutschland – anders als in anderen europäischen Staaten und beim Gericht der Europäischen Union[173] – eine unabhängige Überprüfung der Rechtmäßigkeit einer Sperrerklärung gar nicht erzwingen.[174] Das führt im Ergebnis zu einem Zurückhalten von Informationen und im gerichtlichen Verfahren zu einem Ausweichen des Tatgerichts auf alternative Beweiswürdigungsstrategien oder prozessuale Lösungen wie Teileinstellungen oder verfahrensbeendende Absprachen. Denkbar wäre hier die Etablierung eines eigenen strafprozessualen in camera-Verfahrens.[175] Schließlich besteht ein grundlegender Reformbedarf bei den **Übermittlungsregelungen,** die den Informationstransfer zwischen den Strafverfolgungsbehörden und anderen Sicherheitsbehörden steuern.[176]

---

[170] *Griesbaum/Wallenta* NStZ 2013, 369 (371); *Zöller* TerrorismusstrafR 289, 700 f.; *Lohse/Engelstätter* GSZ 2020, 156 (158).
[171] BGBl. 2019 I 2121.
[172] *Posser* in BeckOK VwGO VwGO Vor § 99.
[173] Vgl. zur entsprechenden Rspr. des EGMR *Vogel* ZIS 2017, 28 ff.
[174] Das hält für geboten *Lantermann* GSZ 2019, 220, der für eine Antragsbefugnis des Tatgerichts im Verfahren nach § 99 Abs. 2 VwGO plädiert; abl. *Engelstätter,* Nachrichtendienstliche Erkenntnisse im Strafverfahren, in DGGGW Nachrichtendienste in vernetzter Sicherheitsarchitektur 107.
[175] Das hat die verfassungsgerichtliche Rechtsprechung entgegen einer verbreiteten Meinung (vgl. *Lang,* Geheimdienstinformationen im deutschen und amerikanischen Strafprozess, 2014, 166 mwN) keineswegs ausgeschlossen, sondern lediglich die Einhaltung des Anspruchs auf rechtliches Gehör durch das *Tatgericht* eingefordert (BVerfGE 57, 250 [288] = NJW 1981, 1719) und auf die wegen des Grundsatzes in dubio pro reo im Strafverfahren *zugunsten* des Angeklagten eintretende Wirkung der Geheimhaltung von Beweismitteln abgestellt (BVerfGE 101, 106 [129 f.] = NJW 2000, 1175). Letzteres lässt außer Acht, dass die Amtspflicht zur Wahrheitserforschung ebenfalls zugunsten des Angeklagten wirkt und im Falle einer berechtigten Sperrerklärung dessen Rechtsschutzbelange durch die Nichtverwertung des Beweismittels gewahrt werden können.
[176] So auch *Zöller,* Zusammenarbeit, in DGGGW Nachrichtendienste in vernetzter Sicherheitsarchitektur 80, 93; → § 29 Rn. 127.

§ 18 Struktur und Prozesse der Inlandsaufklärung

Heiko Meiertöns

Übersicht

	Rn.
A. Einführung	1
I. Inlandsnachrichtendienstliche Tätigkeit	3
1. Definition von „Inlandsaufklärung"	4
2. Terminologische Unterscheidung „Nachrichtendienst" und „Geheimdienst"	8
II. Inlandsaufklärung unter dem Grundgesetz	11
1. Inlandsaufklärung als historischer Gegenentwurf	12
2. Konzeptionelle Grenzen: „Staatsschutz" und „Verfassungsschutz"	14
III. Abgrenzung von artverwandten Tätigkeiten	15
1. Abgrenzung von Inlandsaufklärung, Gefahrenabwehr und Strafverfolgung	16
2. Abgrenzung von Inlandsaufklärung und Auslandsaufklärung	24
B. Organisatorische verfassungsrechtliche Vorgaben	26
I. Verfassungsrechtliche Grundlagen	27
II. Gebot nachrichtendienstlichen Verfassungsschutzes	30
C. Organisationsstruktur	31
I. Föderale Struktur der Inlandsaufklärung	31
1. Zentralstellenfunktion	32
2. Verfassungsschutzverbund	34
II. Aufgabenzuweisungen	37
1. Bundesamt für Verfassungsschutz (BfV)	38
2. Bundesamt für den Militärischen Abschirmdienst (BAMAD)	41
3. Landesämter für Verfassungsschutz (LfV)	42
III. Interne Organisationsstrukturen	44
1. Binnenstruktur des BfV	45
2. Binnenstrukturen der Landesbehörden für Verfassungsschutz	52
IV. Nachrichtendienstliche Kooperationsformen	54
D. Prozess der Inlandsaufklärung	56
I. Steuerung der Inlandsaufklärung – Auftragsfestlegung	56
II. Informationssammlung – Beschaffung	65
1. Mittel zur Informationssammlung	66
2. Grundrechtsrelevanz nachrichtendienstlicher Aufklärungsmaßnahmen	67
III. Informationsanalyse und -aufbereitung – Auswertung	70
IV. Verteilung an die Abnehmer – Berichterstattung	72
E. Reformvorschläge	77
I. Umbenennung und Umstrukturierung des BfV	78
II. Auflösung des BAMAD	82
III. Änderung der Aufgabenverteilung zwischen Bund und Ländern	83
F. Fazit und Entwicklungsperspektiven	86

Wichtige Literatur:

Bundesministerium des Innern, Verfassungsschutz und Rechtsstaat 1981; *Bundesamt für Verfassungsschutz*, Verfassungsschutz in der Demokratie 1990; *Dietrich, J.-H./Eiffler, S.*, Handbuch des Rechts der Nachrichtendienste, 2017; *Dietrich, J.-H./Gärditz, K. F./Graulich, K./Gusy, C./Warg, G.*, Nachrichtendienste im demokratischen Rechtsstaat, 2018; *Droste, B.*, Handbuch des Verfassungsschutzrechts, 2007; *Emunds, D.*, Vom Republikschutz zum Verfassungsschutz? Der Reichskommissar für Überwachung der öffentlichen Ordnung in der Weimarer Republik, 2017; *Fremuth, M. L.*, Wächst zusammen, was zusammengehört? Das Trennungsgebot zwischen Polizeibehörden und Nachrichtendiensten im Lichte der Reform der deutschen Sicherheitsarchitektur, AöR 139 (2014), 33; *Goschler, C./Wala, M.*, „Keine neue Gestapo", 2015; *Gusy, C.*, Grundrechte und Verfassungsschutz, 2011; *Gusy, C.*, Rechtsgüterschutz als Staatsaufgabe, DÖV 1996, 573; *Gusy, C.*, Gefahraufklärung zum Schutz der öffentlichen Sicherheit und Ordnung, JA 2011, 641; *Lindner, J. F./*

Unterreitmeier, J., Beobachtung durch den Verfassungsschutz, DVBl. 13 (2019), 819; *Lindner, J. F./Unterreitmeier, J.*, Grundlagen einer Dogmatik des Nachrichtendienstrechts, DÖV 2019, 165; *Marschollek, G.*, Das Gesetz zur Verbesserung der Zusammenarbeit im Bereich des Verfassungsschutzes, NJW 2015, 3611; *Nehm, K.*, Das nachrichtendienstrechtliche Trennungsgebot und die neue Sicherheitsarchitektur, NJW 2004, 3289; *Wittmoser, U.*, Die Landesämter für Verfassungsschutz. Geschichte, Struktur, Aufgaben, 2012.

Rechtssprechungsauswahl:
BVerfGE 65, 1 = NJW 1984, 419 – Volkszählung; BVerfG NVwZ 2013, 1468; BVerfG NJW 2013, 1499 – Antiterrordatei ATD; BVerfGE 134, 141 = NVwZ 2013, 1468; BVerfG NVwZ 2017, 137; BVerfGE 141, 220 = NJW 2016, 1781 – BKAG-Urteil; BVerfGE 141, 220 = NJW 2016, 1781 – Ramelow; BVerfG NJW 2005, 2915 – Junge Freiheit; OVG Bremen NVwZ-RR 2018, 571 – Rote Hilfe; VG Köln, Beschl. v. 26.2.2019 – 13 L 202/19 = becklink 2012373 – Prüffall AfD.

Nützliche Internetadressen:
BfV: www.verfassungsschutz.de; Abschlussbericht der Taskforce Verfassungsschutz v. 13.5.2014, www.mi.niedersachsen/download/87237; Beschlussempfehlung und Bericht des 3. Untersuchungsausschusses gem. Art. 44 GG, BT-Drs. 18/12950, https://dip21.bundestag.de/dip21/btd/18/129/1812950.pdf.

Hinweis:
Alle Internetfundstellen wurden zuletzt am 10.4.2022 abgerufen.

A. Einführung

Eine Besonderheit nachrichtendienstlicher Inlandsaufklärung, im Unterschied zu präventiv- polizeilich und repressiv-strafrechtlicher Tätigkeit, liegt gerade in der Prozesshaftigkeit dieser Arbeitsweise.[1] Ein Strafverfahren endet mit einem rechtskräftigen, letztinstanzlichen Urteil,[2] eine Maßnahme zur Gefahrenabwehr mit Erledigung der Gefahr.[3] Ein **nachrichtendienstliches Lagebild** hingegen entwickelt sich *ad infinitum* weiter.[4] Nachrichtendienste arbeiten im Gegensatz zu Polizeibehörden weniger tat- oder täterbezogen, als vielmehr lagebezogen. Im Folgenden sollen insbesondere die **prozesshaften Aspekte und Strukturen dieser Arbeitsweise** in den Blick genommen werden. Dazu wird die auf Grundlage detaillierter Regelungen in nachrichtendienstlichen Fachgesetzen entwickelte Rechtspraxis und dazu umfassende Rechtsprechung[5] betrachtet und auf Erklärungsmodelle aus der bisher in der deutschen Rechtswissenschaft wenig rezipierten Literatur aus dem Feld der „Intelligence Studies" Bezug genommen. 1

Unter den zahlreichen Mechanismen der deutschen Rechtsordnung zur Gewährleistung von Sicherheit[6] ist die Inlandsaufklärung der **am weitesten vorgelagerte Schutz** gegen Bedrohungen der inneren Sicherheit und damit die erste Verteidigungslinie des demokratischen Rechtsstaates.[7] Nachrichtendiensten kommt hier eine **Frühwarnfunktion** zu.[8] Sie dienen dazu, bereits einer latenten Gefährdung von Sicherheit vorbeugen zu können. Dem hat der Gesetzgeber durch die Schaffung von Strukturen zur Inlandsaufklärung zum Zweck der frühzeitigen **Vorbeugung im Gefahrvorfeld** Rechnung getragen[9] und bezieht dabei auch **legales Verhalten** mit ein.[10] 2

---

1 *Marscholleck* NJW 2015, 3611 (3613 ff.); *Lindner/Unterreitmeier* DVBl 2019, 819 (823 ff.).
2 *Roxin/Schünemann*, Strafverfahrensrecht, 29. Aufl. 2019, § 52 S. 444 ff.
3 *Denninger* in Lisken/Denninger PolR-HdB D. Rn. 38–41; *Pils* DÖV 2008, 941 ff.
4 *Loewenthal*, Intelligence – From Secrets to Policy; 6. Aufl. 2017, 5–11; *P. Gill*, Policing Politics: Security Intelligence and the Liberal Democratic State, 2012.
5 *Tannenberger*, Die Sicherheitsverfassung, 2014, insbesondere 263 ff.
6 Sicherheit wird in diesem Beitrag im Sinne eines trad. Sicherheitsbegriffes verstanden. Zum Problemstand: *C. Daase*, Politische Vierteljahresschrift, 32.3 (1991), 425–451; zum Rechtsbegriff → § 6 Rn. 3.
7 *Badura*, Die Legitimation des Verfassungsschutzes, in BfV, Verfassungsschutz in der Demokratie, 27 (34). *Hecker* in Dietrich/Eiffler NachrichtendiensteR-HdB III § 2 Rn. 4.
8 BVerwG NVwZ 2014, 235 Rn. 24 mAnm *Gusy* 236.
9 *Masing* in DGGGW Nachrichtendienste im Rechtsstaat 1 ff. (9–10).
10 BVerwG NVwZ 2011, 161 (169).

I. Inlandsnachrichtendienstliche Tätigkeit

3 Inlandsaufklärung ist eine vorrangig den Inlandsnachrichtendiensten zugewiesene Tätigkeit. Stark verallgemeinernd gesprochen, befasst sich ein Inlandsnachrichtendienst mit **der Gewinnung von Erkenntnissen,** an denen die ihn beauftragende Regierung ein politisches oder wirtschaftliches Interesse hat. Diese Erkenntnisse betreffen ein weites Feld an Themen, wie extremistische Gruppierungen oder die Aktivitäten ausländischer Nachrichtendienste.[11]

1. Definition von „Inlandsaufklärung"

4 Der Begriff „Aufklärung" ist in der deutschen Sprache mit zahlreichen, sehr unterschiedlichen semantischen Bedeutungen besetzt. In einem sicherheitsrechtlichen Zusammenhang beschreibt „Aufklärung" die gezielte Erhebung von Informationen.[12] Im deutschen Inland werden sowohl Polizeibehörden, als auch Nachrichtendienste im Sinne einer sicherheitlichen „Aufklärung" tätig. Dies betrifft sowohl polizeiliches, als auch nachrichtendienstliches Handeln. Es existieren daher **unterschiedliche Formen der Inlandsaufklärung:** nachrichtendienstliche, präventivpolizeiliche und strafrechtliche. Im Gegensatz zu polizeilicher Aufklärungsarbeit zielt die Tätigkeit eines Inlandsnachrichtendienstes aber auf eine **von Einzelfällen losgelöste Informationsgewinnung** zum besseren Verständnis der inländischen Bedrohungslage ab. Dies erfordert ein proaktives, breit angelegtes Sammeln und Auswerten von Daten, um verfassungsfeindliche Bestrebungen[13] erkennen zu können.

5 Da die auf abstrakte Ideen beruhenden „Bestrebungen" rein logisch nur durch Personen handeln können, umfasst dies auch das **Sammeln und Auswerten von Daten** zu Individuen, welche diese Bestrebungen tragen.[14] Nur als sekundäre Funktion dient nachrichtendienstliche Inlandsaufklärung, neben dieser allgemeinen Warnfunktion zu verfassungsfeindlichen Strömungen, auch als Frühwarnsystem für konkrete verfassungsfeindliche Einzeltaten. Ab einem bestimmten Stadium kann und soll diesen Einzelhandlungen aber mit polizeilichen Mitteln begegnet werden. Dieser Möglichkeit wird durch umfassende **Übermittlungs- und Kooperationspflichten** Rechnung getragen.[15]

6 **Vorfeldaufklärung** ist ein Wesensmerkmal der wehrhaften Demokratie.[16] Diese bewegt sich weit entfernt von einer eigentlichen Schutzgutgefährdung und erfordert zwingend eine Bezugnahme auf die jeweilige Motivlage, um ansonsten rechtlich neutrale Handlungen im politischen Kontext bewerten zu können.

Fall: Prepper – Der Begriff „Prepper" (vom englischen „to prepare"-dt. „vorbereiten") bezeichnet Personen, die in einem weit über alltägliche Vorratshaltung hinausgehendem Maße, Vorbereitungen für den Fall eines Versagens oder Zerfalls von Staats- und Gesellschaftsfunktionen treffen. Da deren Handlungen isoliert keine strafrechtliche Relevanz aufweisen und keine „Gefahr" im polizeirechtlichen Sinne sind, können sie in diesem Stadium nicht Gegenstand entsprechender polizeilicher Aufklärungsmaßnahmen werden. Ebenso wie möglich ist, ein Kopftuch zu tragen, ohne dabei eine religiöse Aussage zu bezwecken,[17] kann diesen Handlungen *per se* keine politisch relevante Bedeutung beigemessen werden. Erst durch Einbeziehung der Motivlage ergibt sich ein möglicherweise sicherheitsrelevantes Verhalten. Im Fall der sehr heterogenen Gruppe sog. „Prepper" werden häufiger Nähe und Überschneidungen zu rechtsextremistischen Bestrebungen konstatiert, da solche Untergangserwartungen auf ausländer- und islamfeindlichen Ansichten basieren.[18] Um diese aufklären zu können, bietet allein ein nachrichtendienstliches Instrumentarium eine adäquate Handhabe. Dementsprechend

---

[11] *Lerner/Lerner,* Encyclopedia of Espionage, Intelligence & Security 2004, Bd. I, 357 f.
[12] Der alleinstehende Begriff „Aufklärung" kann – von einer historischen Epoche des 18. Jahrhunderts zur Information über ein einzelnes Geschehen, bis hin zur jugendlichen Sexualerziehung – sehr unterschiedliche sprachliche Bedeutungen haben. *Zeitner,* Einsatzlehre, 2015, 36.
[13] Eingehend zum Begriff der „Bestrebung" *Roth* in Schenke/Graulich/Ruthig BVerfSchG §§ 3, 4 Rn. 47–82.
[14] *Droste* VerfassungsschutzR-HdB 87 ff.
[15] *Bäcker* in Lisken/Denninger PolR-HdB B. Rn. 261–264.
[16] *Thiel,* Wehrhafte Demokratie, 2002, 1–24; *Droste* VerfassungsschutzR-HdB 5 ff. mwN; → § 2 Rn. 16.
[17] BVerfGE 108, 282 Rn. 4 = NJW 2003, 3111.
[18] *A. Sims,* Survival of the preppers: An exploration into the culture of prepping, 2017.

A. Einführung   § 18

erging 2017 ein Beschluss der IMK, zu untersuchen, inwieweit tatsächliche Anhaltspunkte für extremistische Bestrebungen der Prepper-Szene vorliegen, die eine Beobachtung durch die Verfassungsschutzbehörden rechtfertigen würden.[19]

Nachrichtendienstliche Inlandsaufklärung zielt darauf ab, ein **sicherheitliches Gesamtbild** zusammenzufügen, anstatt einen spezifischen Einzelvorgang näher zu betrachten und aufzuklären.[20]   7

2. Terminologische Unterscheidung „Nachrichtendienst" und „Geheimdienst"

Während ein *Geheim*dienst sich verschiedener Mittel (wie zB Desinformationskampagnen   8
und Sabotage) bedient, um unmittelbar das politische Geschehen zu beeinflussen,[21] beschränkt sich ein *Nachrichten*dienst auf das Sammeln und Auswerten von Informationen. Inlandsnachrichtendienste unter dem Grundgesetz fungieren im Gegensatz zu geheimdienstlich geprägten Organisationen anderer Staaten als **reine „analytische Informationsdienstleister".**[22] Das einzige Produkt eines Nachrichtendienstes sind Informationen, welche mittelbar zum **„Endprodukt" Sicherheit** beitragen.[23] Auf diesen Informationen basierende Handlungen zur politischen Gestaltung oder Gefahrenabwehr sind hingegen anderen Stellen, wie zB Staatsanwaltschaften, Polizeibehörden und politischen Entscheidungsträgern zugewiesen.[24]

Hinsichtlich dieser Differenzierung gibt es jedoch **Grenzfälle,** in denen eine solche   9
Unterscheidung nicht immer leicht fällt. Fraglich erscheint mitunter, ob der Einsatz eines nachrichtendienstlichen Mittels nicht mittelbar eine Wirkung haben kann, die neben der Wirkung zum reinen Aufklärungszweck dem einer politischen Beeinflussung gleichkommt.

Fall: Celler Loch – Am 25.7.1978 wurde auf Veranlassung des niedersächsischen LfV ein Loch in die Außenmauer der JVA Celle gesprengt, um einen Befreiungsversuch eines dort inhaftierten RAF-Terroristen zu fingieren. Dies sei mit dem Ziel geschehen, Personen Zugang und Glaubwürdigkeit aus Sicht des Aufklärungszieles (nachrichtendienstlich sog. „Bonität") zu verschaffen. BfV, Strafverfolgungs- und Polizeibehörden waren über dieses Vorgehen nicht informiert.[25] Fraglich ist, ob hierbei die Grenzen des nachrichtendienstlichen Mittels „Legende" überschritten wurden. Denn indem diese Handlung dem Aufklärungsziel RAF zugeschrieben wurde, war sie dazu geeignet, diese aus Sicht einer breiten Öffentlichkeit als noch gewaltbereiter erscheinen zu lassen, als sie ohnehin war. Ebenso hatte dies nachteilige Folgen für den konkret inhaftierten RAF-Terroristen als Teil des nachrichtendienstlichen Aufklärungsziels, da mit Verweis auf diesen vermeintlichen Befreiungsversuch in der Folgezeit Hafterleichterungen abgelehnt wurden.[26] Ein Untersuchungsausschuss des niedersächsischen Landtages kam 1989 zu dem Ergebnis, dass das LfV auf eine bestehende latente Bedrohungssituation mit den ihm zur Verfügung stehenden Mitteln angemessen reagiert habe.[27]

In solchen Fällen stellt sich die Frage, ob so nicht völlig außer Verhältnis zum Auf-   10
klärungszweck stehende, reflexive Wirkungen des Einsatzes nachrichtendienstlicher Mittel Grundrechtseingriffe „durch die Hintertür" ermöglichen. Hierbei sind aber tatsächlich mit grundrechtsbezogener Eingriffsqualität versehene Handlungen von dadurch lediglich indirekt zustande kommenden **mittelbaren Grundrechtsgefährdungen** zu unterscheiden.[28]

---

[19] Beschl. der 207. IMK v. 12.12.2017, TOP 13: Erkenntnisse zur „Prepper"-Szene; → § 42 Rn. 90.
[20] *L. K. Johnson,* Oxford Handbook of National Security Intelligence, 2010, 3 (5–6).
[21] *Dietrich* in Dietrich/Eiffler NachrichtendiensteR-HdB III § 3 Rn. 7; *Erxleben,* Agenten zwischen den Fronten, 2006, 24 ff.; *Albert* in Korte/Zoller, Informationsgewinnung mit nachrichtendienstlichen Mitteln, 2001, 101; insofern begrifflich unscharf: *Roggan* DÖV 2019, 425 ff.; *Lampe* NStZ 2015, 361 (363).
[22] BT-Drs. 18/4653, 33.
[23] *Omand,* Securing the State, 2010, 24–28.
[24] *Gusy* in Schenke/Graulich/Ruthig § 1 Rn. 23.
[25] *Evers* NJW 1987, 153 ff.
[26] *Peters,* Geschichte der RAF, 2004, 807 f.
[27] Bericht des 11. Parlamentarischen Untersuchungsausschusses der Nds LT (Drs. 11/4380, 309) v. 18.10.1989.
[28] *Calliess* in Merten/Papier, Handbuch der Grundrechte in Deutschland und Europa, 1. Aufl. 2003, I § 44 Rn. 12 ff.

II. Inlandsaufklärung unter dem Grundgesetz

11 Auch wenn der Begriff „Nachrichtendienst" im Grundgesetz nur an einer Stelle, nämlich in Art. 45d Abs. 1 GG zum Parlamentarischen Kontrollgremium erwähnt wird, so trifft es doch einige strukturelle Grundentscheidungen, die Art, Umfang und Organisation der nachrichtendienstlichen Inlandsaufklärung vorgeben.[29] Von der begrenzten Möglichkeit, vergleichbare Vorgaben in Landesverfassungen zu machen,[30] ist nur spärlich Gebrauch gemacht worden. Während die meisten Landesverfassungen zu dem Thema schweigen, findet sich eine explizite Erwähnung der parlamentarischen Kontrolle von damit implizit vorausgesetzten Verfassungsschutzbehörden in den Landesverfassungen von Berlin (Art. 45 Abs. 2 S. 4 BLNVerf, Art. 46a BLNVerf), Brandenburg (Art. 11 Abs. 3 BbgVerf), Sachsen (Art. 83 Abs. 3 SaVerf) und Thüringen (Art. 97 ThürVerf).

1. Inlandsaufklärung als historischer Gegenentwurf

12 Bei der Betrachtung inlandsnachrichtendienstlicher Tätigkeit in der Bundesrepublik Deutschland ist es erforderlich und hilfreich, stets die historische Entwicklung nachrichtendienstlicher Tätigkeit in Deutschland mit in Betracht zu ziehen: Die verbrecherische Organisation der **Geheimen Staatspolizei** (Gestapo) und der **Sicherheitsdienst des Reichsführers SS** (SD)[31] waren ebenfalls in der Inlandsaufklärung tätig.[32] Eine vergleichbar unkontrollierte Stütze eines Unrechtsregimes in der DDR war bis 1990 das auch für Inlandsaufklärung zuständige **Ministerium für Staatssicherheit** (MfS), die sog. Stasi. Diese Organisationen verfügten über extensive eigene Polizei- und Exekutivbefugnisse und waren keiner parlamentarischen oder judikativen Kontrolle unterworfen.[33] Inlandsaufklärung unter dem Grundgesetz kann nur als **Gegenentwurf** zu diesen, auf den Schutz eines totalitären und eines autoritären Regimes ausgelegten Strukturen der Inlandsaufklärung verstanden werden.

13 Als bewusste Abkehr von einer soweit „wertneutralen" Demokratie der Weimarer Reichsverfassung hat das Grundgesetz eine Entscheidung für eine **wehrhafte Demokratie** getroffen.[34] Es verhält sich aber nicht so, dass der Verfassungsschutz der Bundesrepublik Deutschland gänzlich ohne Beispiel in der deutschen Geschichte ist. Als zentraler Inlandsnachrichtendienst auf Reichsebene bestand in der Weimarer Republik von 1920 bis 1929 das Amt des **„Reichskommissar für Überwachung der öffentlichen Ordnung"**. Aufgrund von Kompetenzstreitigkeiten zwischen Reichs- und Landesbehörden konnte diese Institution mit nur geringem Personalbestand jedoch keine wirksame Verfassungsschutzfunktion, oder die noch enger gefasste Funktion des „Republikschutzes" entfalten.[35] Während der Herrenchiemseer Verfassungsentwurf vom August 1948 noch keine Aussage zu Fragen des Verfassungsschutzes enthielt,[36] ist der früheste Anknüpfungspunkt für die nachrichtendienstliche Inlandsaufklärung als Verfassungsschutz unter dem Grundgesetz der sog. **Alliierter Polizeibrief** vom 14.4.1949.[37]

---

[29] Näher dazu *Hecker* in Dietrich/Eiffler NachrichtendiensteR-HdB III § 2 Rn. 2 ff.
[30] *Wittmoser*, Die Landesämter für Verfassungsschutz, 2012, 40 f.
[31] *Kraus*, Das Urteil von Nürnberg, 1946, 154–155.
[32] § 1 Gesetz über die Geheime Staatspolizei (1936) § 1 Abs. 1 „... alle staatsgefährdenden Bestrebungen zu erforschen und zu bekämpfen, ... die Staatsregierung zu unterrichten und die übrigen Behörden über die für sie wichtigen Feststellungen auf dem Laufenden zu halten ..."
[33] *Graf*, Politische Polizei zwischen Demokratie und Diktatur, 1983, 128–158; *Marxen* in Engelmann/Vollnhals, Recht im Dienste der Parteiherrschaft, 2006, 15–24.
[34] *Krüper* in Dietrich/Eiffler NachrichtendiensteR-HdB § 1 Rn. 9 ff.; *Papier/Durner* AöR 2003, 340 ff.
[35] *Emunds*, Vom Republikschutz zum Verfassungsschutz? – Der Reichskommissar für Überwachung der öffentlichen Ordnung in der Weimarer Republik, 2017.
[36] *Bauer-Kirsch*, Herrenchiemsee – Der Verfassungskonvent von Herrenchiemsee, 2005, insbesondere Anhang I, XIV.
[37] Abgedruckt bei *Roewer* DVBl. 1986, 206.

2. Konzeptionelle Grenzen: „Staatsschutz" und „Verfassungsschutz"

Verfassungsschutz ist begrifflich zu unterscheiden vom reinen Staatsschutz. Es besteht **14** zwangsläufig eine Wechselwirkung zwischen der zu schützenden Freiheit und dem Schutz dieser Freiheit gegen deren Missbrauch mit dem Ziel ihrer Beseitigung. Auch wenn die beiden Begriffe „Staatsschutz" und „Verfassungsschutz" häufig synonym gebraucht werden und eng zusammenhängen,[38] so handelt es sich hierbei doch um **abweichende Schutzgegenstände und -formen.** „Staatsschutz" ist zu einem erheblichen Teil polizeilich organisiert. Während Staatsschutz auf die Sicherung des Staatsbestandes, also den bloßen Schutz der Existenz des Staates und seiner Institutionen abzielt, ist Verfassungsschutz auf die **Sicherung der besonderen Staatsform des Grundgesetzes** mit der Gewährung ihrer politischen Grundlagen gerichtet.[39] Damit trägt der Schutzgegenstand zugleich die Begrenzung des Tätigkeitsfeldes des Verfassungsschutzes und damit auch der Inlandsaufklärung in sich: Demokratisch legitimierter Verfassungsschutz baut auf materiell-rechtlich nicht disponiblen Grundwerten der Verfassung selbst auf und ist eben **auf diese Grundwerte beschränkt.** Soweit ein Anliegen im politischen Diskurs diese Grundwerte also nicht infrage stellt, darf diesem auch nicht mit Instrumenten des Verfassungsschutzes begegnet werden. Der Schutz der Verfassung darf nach Art und Umfang die in ihr zugrunde gelegten pluralistischen Grundwerte nicht selbst beschädigen.[40]

III. Abgrenzung von artverwandten Tätigkeiten

Im Sicherheitsrecht sind ähnliche und artverwandte Tätigkeiten zur Aufrechterhaltung der **15** Rechtsordnung angelegt, die es aber von der Inlandsaufklärung zu unterscheiden gilt.

1. Abgrenzung von Inlandsaufklärung, Gefahrenabwehr und Strafverfolgung

Der Aufklärungsauftrag der Inlandsnachrichtendienste geht über den der Polizeibehörden **16** weit hinaus, da er sich nicht allein auf mehr oder weniger konkrete Gefahrensituationen bezieht.[41] Kerngebiet einer fokussierten Aufklärungstätigkeit der Verfassungsschutzbehörden ist nicht allgemein „die öffentliche Sicherheit", wie sie Generalklauseln in Polizeigesetzen als Anknüpfungspunkt haben. Es handelt sich hierbei um ein *aliud* **zur Polizeiarbeit,** welches diese bestenfalls komplementär ergänzt. Im Folgenden wird daher aber nur derjenige Teilbereich behandelt, welcher sich auf **nachrichtendienstliche Inlandsaufklärung** bezieht. Nach dieser Grundentscheidung soll die Polizei nicht zur Aufklärung legaler Aktivitäten herangezogen werden. Akzeptiert man diese Prämisse, betrachtet aber zugleich die Aufklärung bestimmter Aktivitäten, solange sie nicht die Schwelle zur Illegalität überschritten haben, als notwendigen **Bestandteil der Konzeption wehrhafter Demokratie** wie sie das Grundgesetz vorsieht,[42] folgt daraus logisch das Erfordernis einer **Aufklärungsfunktionen wahrnehmenden Stelle neben der Polizei.** Diese Aufgabe kommt in der Bundesrepublik Deutschland den Verfassungsschutzbehörden zu.

Daraus ergibt sich ein Bereich überschneidender Aufgaben, gerade zu den Staatsschutz- **17** dienststellen der Polizeibehörden, der ein paralleles Tätigwerden von Polizei- und Verfassungsschutzbehörden zur Folge haben kann.[43] Diese **Arbeitsteilung der Aufklärungs-**

---

[38] Für begriffliche Identität: *Warg* in Dietrich/Eiffler NachrichtendiensteR-HdB V § 1 Rn. 95; *v. Lex* DÖV 1960, 281.
[39] *Herzog* in BMI, Verfassungsschutz und Rechtsstaat, 1981, 1 (7).
[40] *Scheuner* FS E. Kaufmann, 1950, 313–330 (321–322); *Gusy* DÖV 1996, 573.
[41] Dazu *Gusy* JA 2011, 641 (643).
[42] *Thrun* DÖV 2019, 65; → § 2 Rn. 15; diesbezüglich wohl aA *Steinke*, „Verfassungsschutz – Aus der Zeit gefallen", SZ v. 6.11.2018, dass Konsequenz die Schaffung einer politischen Polizei wäre, scheint keinen Eingang in diese Erwägungen gefunden zu haben.
[43] *Bergemann* in Lisken/Denninger PolR-HdB H. Rn. 33.

arbeit von **Polizei und Verfassungsschutz** hat zur Folge, dass zB politisch extremistische Aktivitäten stets in die Zuständigkeit des Verfassungsschutzes fallen und häufig – aber nicht immer – zugleich in die der Polizei.[44] Diese Behörden werden hier getrennt, aber doch gegenüber denselben Zielobjekten der Aufklärung tätig. Der so schon durch Kompetenzzuweisung notwendig werdenden Doppelarbeit wird durch gesetzlich verankerte **Informations- und Kooperationspflichten** Rechnung getragen.[45]

18 Ein zentrales Prinzip der Inlandsaufklärung stellt daher das **Trennungsgebot** dar. Unabhängig von der Frage nach dessen verfassungsrechtlicher Stellung (→ Rn. 18), ist dessen einfachgesetzliche Niederlegung unstreitig und umfassend. Das Trennungsgebot weist vier unterschiedliche Ausprägungen auf: einen funktionalen, einen organisatorischen, einen befugnisrechtlichen und einen informationell datenschutzrechtlichen Aspekt. Danach haben Polizeibehörden und Nachrichtendienste **funktional** unterschiedliche Aufgabenzuweisungen[46] und müssen **organisatorisch** unterschiedliche Behörden sein; keine Seite darf der jeweils anderen angegliedert werden.[47] Nachrichtendiensten und Polizeibehörden kommen **befugnisrechtlich unterschiedliche Kompetenzen** zu, wobei der wesentliche Unterschied darin liegt, dass den Nachrichtendiensten grundsätzlich polizeiliche Zwangsbefugnisse zur Strafverfolgung- und Gefahrenabwehr nicht zustehen. Den Verfassungsschutzbehörden ist es bewusst versagt, derartige Mittel selbst einzusetzen.[48] Die dazu zählenden Befugnisse wie Vernehmung, Durchsuchung und Verhaftung und einzelne vergleichbare Maßnahmen stehen allein der Polizei zu.[49]

19 Diese Beschränkung darf auch **nicht im Wege der Amtshilfe umgangen** werden,[50] etwa indem man einzelne Aufklärungsaufgaben von Polizeibehörden wahrnehmen lässt.[51] Ebenso wenig darf eine Umgehung mithilfe einer Polizeilegende erfolgen, indem der Anschein erweckt wird, der Behörde stünden solche Befugnisse zu.[52] Schließlich weist das Trennungsgebot einen **informationellen Aspekt** auf, wonach Nachrichtendienste und Polizeibehörden keine einheitliche Datenhaltung vornehmen dürfen.[53] Dies steht aber dem regulierten Informationsaustausch, der in zahlreichen Übermittlungsvorschriften geregelt ist, nicht im Weg.[54] Pointiert hat *Christoph Gusy* das **Trennungsgebot in einem Satz** zusammengefasst: „Wer (fast) alles weiß, soll nicht alles dürfen, und wer (fast) alles darf, soll nicht alles wissen."[55]

20 Dieser unterschiedlichen Aufgabenverteilung entsprechend, führen Nachrichtendienste auch **keine „Ermittlungen"** im eigentlichen Sinne durch, auch wenn dies – terminologisch unscharf – vereinzelt angenommen wird.[56] Nachrichtendienste arbeiten vielmehr lagebezogen. Dementsprechend geht der Vorwurf, nachrichtendienstliche Informationen wiesen die Schwäche auf, dass sie **nicht gerichtsverwertbar** oder sachaktenfähig seien,[57] fehl und verkennt den strukturellen Auftrag von Verfassungsschutzbehörden. Dies resultiert aus einer bewussten Entscheidung, eben keine geheimdienstlichen, ja geheimpolizeilichen

---

[44] *Gusy* in Dietrich/Eiffler NachrichtendiensteR-HdB V § 1 Rn. 28 ff.
[45] *Droste* VerfassungsschutzR-HdB 295 ff.; *Rose-Stahl* NachrichtendiensteR 121.
[46] § 3 BVerfSchG; § 1 Abs. 1 S. 1 BNDG; § 1 Abs. 1 MADG.
[47] § 2 Abs. 1 S. 3 BVerfSchG; § 1 Abs. 1 S. 2 BNDG; § 1 Abs. 5 MADG.
[48] *Porzner* DV 1993, 235; *Gusy* JURA 1986, 296; *Hetzer* ZRP 1999, 19.
[49] *Droste* VerfassungsschutzR-HdB 297 ff.
[50] *Roth* in Schenke/Graulich/Ruthig BVerfSchG § 8 Rn. 50 f.; *Riegel* JZ 1993, 442; *Borgs-Maciejewski* in Borgs-Maciejewski/Ebert Geheimdienste BVerfSchG § 3 Rn. 138.
[51] Prominentes Beispiel für eine Verletzung dieses befugnisrechtlichen Trennungsgebots ist die sog. Kießling-Affäre von 1984 (Einschaltung des LKA NRW durch BAMAD-Vorgänger zur Informationsbeschaffung). *Möllers*, Die Affäre Kießling, 2019.
[52] *Roewer* NachrichtendienstR BVerfSchG § 3 Rn. 200; *Gusy* Die Verwaltung 1991, 486; *Droste* VerfassungsschutzR-HdB 295.
[53] BVerfGE 133, 277 (329) = NJW 2013, 1499 – ATD.
[54] BVerfG NJW 2013, 1499 Rn. 97; *Siems* in Dietrich/Eiffler NachrichtendiensteR-HdB VI § 7; krit. *Unterreitmeier* AöR 2019, 234 ff.
[55] *Gusy*, Grundrechte und Verfassungsschutz, 2011, 3.
[56] *Roggan* GA 2016, 393 ff. (407); *Bull* ZRP 2012, 185; *Denkowski* NK 2009, 122 ff.
[57] *Töpfer*, Rechtsschutz im Staatsschutz?, 2015, 15 f.

Strukturen zu schaffen.[58] Auch bieten einzelne Prozessordnungen die Möglichkeit, im Wege der **Behördenerklärung** nachrichtendienstliche Erkenntnisse in straf- oder verwaltungsgerichtliche Verfahren einfließen zu lassen (§ 99 Abs. 1 VwGO, § 256 StPO) und zugleich dem Schutz der nachrichtendienstlichen Arbeitsweise Rechnung zu tragen.[59]

Die Frage, inwieweit dem **Trennungsgebot Verfassungsrang** zukommt, lässt sich aufgrund der Vielschichtigkeit des Prinzips nicht pauschal beantworten, sondern nur bezogen auf den jeweiligen Aspekt des Trennungsgebotes. Soweit dieses aus dem Recht auf informationelle Selbstbestimmung herzuleiten ist, wird man dem zweifellos Verfassungsrang zuerkennen können, ohne dass dies explizit im Verfassungstext erwähnt wird. In seinem Urteil zur Antiterrordatei (ATD) vom 23.4.2013 hat das BVerfG das Trennungsgebot insoweit jedenfalls als unmittelbar durch die Verfassung bedingt angesehen.[60]

21

Hinsichtlich der **übrigen Aspekte des Trennungsgebots** (funktional, organisatorisch, befugnisrechtlich) fehlt es an einer derart expliziten Erwähnung der verfassungsrechtlichen Herleitung.[61] Im Text des Grundgesetzes selbst findet sich der Begriff „Trennungsgebot" nicht.

22

Aus der bloßen Formulierung „Zentralstelle" ein verfassungsrechtliches Gebot der funktionalen Trennung herzuleiten,[62] überdehnt den Wortlaut des Art. 87 Abs. 1 S. 2 GG.[63] Ebenso kann das Genehmigungsschreiben der alliierten Militärgouverneure zum Grundgesetz vom 12.5.1949 nicht zur Begründung herangezogen werden, denn eine solche Verfassungsrechtsquelle außerhalb des GG existiert nicht[64] und ungeachtet einer historischen Bedeutung dieser Art, wäre diese in jedem Fall mit Wiedererlangung der vollen Souveränität Deutschlands, also spätestens zum 3.10.1990, gegenstandslos geworden.[65] Danach müssen diese Aspekte des Trennungsgebots als sehr nachvollziehbare **rechtspolitische Entscheidung des einfachen Gesetzgebers,** nicht aber als verfassungsrechtliches Gebot angesehen werden.[66] Allerdings hat das BVerfG wiederholt, wenn auch in *obiter dicta,* klargestellt, dass eine **übermäßige Machtkonzentration von polizeilichen und nachrichtendienstlichen Eingriffsbefugnissen** einem effektiven Grundrechtsschutz und damit rechtsstaatlichen Grundsätzen des Art. 20 Abs. 3 GG zuwiderliefe.[67]

23

2. Abgrenzung von Inlandsaufklärung und Auslandsaufklärung

Auch wenn § 3 Abs. 1 BVerfSchG teils eine räumliche Beschränkung auf Aktivitäten „… im Geltungsbereich dieses Gesetzes …" aufweist, so schließt dies doch nicht generell ein **Tätigwerden von Verfassungsschutzbehörden im Ausland** aus. Deren Tätigkeit wird so nicht auf reine Inlandstätigkeit begrenzt.[68] Dies Sammeln im Ausland kann dann nur keine Erkenntnisse über das Ausland, sondern im Ausland zu Bestrebungen im Inland zum Gegenstand haben.[69] In weiten Tätigkeitsfeldern (zB Rechts- und Linksextremismus) dürfte die Abgrenzung zumeist recht eindeutig ausfallen.

24

Gerade im Bereich der Spionageabwehr besteht aber ein natürliches **Spannungsfeld zur Gegenspionage.** Diese ist als auslandsbezogene Tätigkeit dem BND zugewiesen und

25

---

[58] Zum ähnlich gelagerten Problem der Verwertbarkeit trotz einheitlicher Behörde FBI, vgl. *Crumpton,* The Art of Intelligence, 2012, 115 f.
[59] BVerwG Beschl. v. 23.3.2009 – 20 F 11.08 = BeckRS 2009, 33448, Rn. 9; BVerwG BeckRS 2015, 46698 Rn. 8.
[60] BVerfG NJW 2013, 1499 (1505 f.).
[61] *Cremer* in Isensee/Krichhof StaatsR-HdB XII § 278 Rn. 25–28. *Droste* VerfassungsschutzR-HdB 14 f.
[62] *W. Schmidt* ZRP 1979, 185 (190).
[63] *Roewer* DVBl 1986, 205 ff.; *Roewer* NachrichtendienstR Rn. 188.
[64] *Ebert* in Borgs-Maciejewski/Ebert Geheimdienste Rn. 125; *Droste* VerfassungsschutzR-HdB 14.
[65] *Böckenförde* NJW 1978, 1881 ff.; *König,* Trennung und Zusammenarbeit von Polizei- und Nachrichtendiensten, 2005, 156 f.; *Singer,* Das Trennungsgebot, 2006, 89.
[66] *Graulich* in Schenke/Graulich/Ruthig BVerfSchG § 2 Rn. 8.
[67] BVerfG NVwZ 1998, 495 (497).
[68] *Gröpl* Nachrichtendienste 238; *Droste* VerfassungsschutzR-HdB 162 ff.; aA: *Meinel* NVwZ 2018, 852.
[69] *Gusy* in Dietrich/Eiffler NachrichtendiensteR-HdB IV § 1 Rn. 64; ebenso kann der BND auch im Inland zum Zweck der Auslandsaufklärung tätig werden.

betrifft die Aufklärung ausländischer geheim- und nachrichtendienstlicher Tätigkeiten im Ausland.⁷⁰ Nicht-deutsche nachrichtendienstliche Tätigkeiten auf dem Staatsgebiet der BRD dagegen sind eindeutig den Verfassungsschutzbehörden zugewiesen. Die **territoriale Verortung von Spionageaktivitäten** gestaltet sich jedoch zunehmend schwierig: Gerade im Bereich von Cyberangriffen, wie zB 2015 auf den deutschen Bundestag, welche der staatlich gesteuerten, in Russland ansässigen Hackergruppe „Fancybear" zugeschrieben wurden, finden diese grenzüberschreitenden Aktivitäten sowohl im Inland, als auch im Ausland statt.⁷¹ Der unter Spionageabwehr zu fassende Schutz deutscher Cyberinfrastruktur umfasst auch die Ausforschung gegnerischer Nachrichtendienste.⁷² Zu kurz griffe es, die Unterscheidung allein am Schwerpunkt der Auswirkungen fest zu machen, da diese logisch stets immer im Bundesgebiet liegen. Das würde die Spionageabwehr uferlos in den Bereich der Gegenspionage und damit in die Zuständigkeit des BND hinein ausdehnen. Zutreffender erscheint es daher, nach dem **Tätigkeitsschwerpunkt der ausländischen nachrichtendienstlichen Aktivität** (spezifisch gegen die BRD oder generell, zB im Verhältnis zu einem Drittstaat) zu fragen.⁷³ In jedem Fall kann eine effektive Aufklärung hier nur in enger Abstimmung von Inlands- und Auslandsaufklärung geschehen.

B. Organisatorische verfassungsrechtliche Vorgaben

26 Zur staatsorganisationsrechtlichen Einordnung der nachrichtendienstlichen Inlandsaufklärung enthalten das Grundgesetz und die 16 Landesverfassungen grundsätzliche Vorgaben. Die Vorgaben des Grundgesetzes wirken sich in diesem Feld auch auf die landesrechtliche Ebene aus.

I. Verfassungsrechtliche Grundlagen

27 Dem Bund wird in Art. 73 Abs. 1 Nr. 10b GG die **Gesetzgebungskompetenz** für die Zusammenarbeit des Bundes und der Länder „zum Schutze der freiheitlich demokratischen Grundordnung, des Bestandes des Bundes oder eines Landes (Verfassungsschutz)" zugewiesen; außerdem in Art. 73 Abs. 1 Nr. 10c GG „zum Schutze gegen Bestrebungen im Bundesgebiet, die ... auswärtige Belange der Bundesrepublik Deutschland gefährden." Dies umfasst die Kompetenz des Bundes zur Regelung der **Zusammenarbeit mit den Ländern** im Bereich des Verfassungsschutzes. Da diese Bestimmung voraussetzt, dass die Länder zu einer geregelten Zusammenarbeit in diesem Feld in der Lage sein müssen, folgt daraus auch die Kompetenz für den Bund, die Länder zu verpflichten, solche Stellen zu errichten.⁷⁴ Von dieser Kompetenz hat der Bund in § 2 Abs. 2 BVerfSchG Gebrauch gemacht und zugleich von der damit einhergehenden Kompetenz, die Aufgaben der Länder im Bereich der Zusammenarbeit zu umschreiben (§ 3 BVerfSchG).⁷⁵ Dies ermöglicht dem Bund auch, trotz der Annahme einer Primärzuständigkeit der Länder, das BfV mit eigenständigen Aufklärungsaufgaben zu betrauen, denn der Bund muss sich nicht auf die Festschreibung einer subsidiären Bundeszuständigkeit beschränken.⁷⁶

---

70 Zur Entwicklung des Problems: *Goschler/Wala,* „Keine neue Gestapo", 2015, 103 ff.
71 *Dornbusch,* Das Kampfführungsrecht im internationalen Cyberkrieg, 2018, 34 ff.
72 *Roewer* NachrichtendienstR § 3 Rn. 65 f.; *Brunst* in Dietrich/Eiffler NachrichtendiensteR-HdB V § 7 Rn. 4 ff.; *Warg* in Dietrich/Eiffler NachrichtendiensteR-HdB V § 4 Rn. 2.
73 *Warg* in Dietrich/Eiffler NachrichtendiensteR-HdB V § 2 Rn. 2 mit Bezug auf *Gröpl* Nachrichtendienste 251.
74 *Gusy* BayVBl. 1982, 201 (202); *Roewer* NachrichtendienstR Einl. Rn. 7; *Brenner,* BND im Rechtsstaat, 1990, 16; *Droste* VerfassungsschutzR-HdB 46.
75 *Friesenhahn* in BMI, Verfassungsschutz und Rechtsstaat, 1981, 87 (94 f.); *Borgs-Maciejewski* in Borgs-Maciejewski/Ebert Geheimdienste BVerfSchG § 3 Rn. 7 ff.
76 *Werthebach/Droste* in BK-GG, 130. EL Dez. 98, Art. 73 Nr. 10 Rn. 31; *Schwagerl,* Verfassungsschutz, 114 f.; *Krüger* DÖV 1960, 725 (729); aA wohl *Bäcker* GSZ 2018, 213 (215).

Die **Einrichtungskompetenz** des Bundes wiederum für ein Bundesamt für Verfassungsschutz fließt aus Art. 87 Abs. 1 S. 2 GG. Von diesen Kompetenzen hat der Bund im Bundesverfassungsschutzgesetz v. 27.9.1950[77] Gebrauch gemacht und mit Beschluss der Bundesregierung v. 7.11.1950[78] das BfV als dem BMI nachgeordnete Bundesoberbehörde (§ 2 Abs. 1 S. 2 BVerfSchG) eingerichtet. 28

Eine Besonderheit stellt insofern das BAMAD dar. Da dessen Auftrag speziell auf **Inlandsaufklärung innerhalb des Geschäftsbereichs des BMVg** bezogen ist, handelt es sich beim BAMAD um einen Inlandsnachrichtendienst.[79] Die Gesetzgebungskompetenz für dessen Einrichtung basiert aber auf Art. 73 Abs. 1 Nr. 1 GG und wird damit unter den Aspekt „Verteidigung", als Teil des Selbstschutzes der Streitkräfte gefasst.[80] Dessen Einrichtung wiederum basiert auf Art. 87a Abs. 1 S. 1 GG, aus dem die **Einrichtungskompetenz** des Bundes für die Wehrverwaltung hergeleitet wird[81] und Art. 65a GG als Einrichtungskompetenz für die Behörde BAMAD.[82] 29

II. Gebot nachrichtendienstlichen Verfassungsschutzes

Aus dem Grundgesetz lässt sich ein **verfassungsrechtliches Gebot zur Einrichtung eines nachrichtendienstlichen Verfassungsschutzes** entnehmen. Unmittelbarer Anknüpfungspunkt am Text des Grundgesetzes ist hierfür die Erwähnung des Verfassungsschutzes in Art. 73 Abs. 1 Nr. 10b, c GG und Art. 87 Abs. 1 S. 2 GG. Mit Bezug darauf kann von einer verfassungsvorgezeichneten Staatsaufgabe ausgegangen werden.[83] Daraus folgt wiederum eine institutionelle Garantie für einen nachrichtendienstlichen Verfassungsschutz.[84] Der Wortlaut ist insofern allerdings nicht zwingend, sondern räumt dem Bund lediglich eine Gesetzgebungs- und Einrichtungskompetenz, als Kann-Kompetenz (Art. 87 Abs. 1 GG: „… können eingerichtet werden.") ein. Aus dem in der Verfassung grundsätzlich angelegten Prinzip der wehrhaften Demokratie lässt sich allerdings ein **Regelungs- und Einrichtungsauftrag** für einen nachrichtendienstlichen Verfassungsschutz entnehmen.[85] Das Einräumen einer entsprechenden Kompetenz indiziert jedenfalls, dass hiermit auch ein entsprechendes Regelungsziel beabsichtigt ist und es nicht gänzlich ins Belieben des Gesetzgebers gestellt ist, inwieweit er dem darin enthaltenen Auftrag nachkommt.[86] Schon zur **Vermeidung eines strukturellen Sicherheitsdefizits** kann daher die Einrichtung eines nachrichtendienstlichen Verfassungsschutzes als verfassungsrechtlich geboten angesehen werden.[87] In einer Gesamtschau der einschlägigen Verfassungsnormen sind Nachrichtendienste der „Ausdruck der Grundentscheidung des Grundgesetzes für eine wehrhafte Demokratie".[88] Daraus folgt eine wiederholt durch den zweiten Senat des BVerfG beschriebene **institutionelle Garantie** der Nachrichtendienste.[89] Nur so kann der staatlichen Aufgabe des Rechtsgüterschutzes effektiv Rechnung getragen werden.[90] Zudem 30

---

[77] BGBl. 1950 I 682.
[78] Abgedruckt bei *Droste* VerfassungsschutzR-HdB Anh. 3.
[79] *Siems* DÖV 2012, 198; *Weisser* NZWehrR 2012, 198.
[80] BVerfG NJW 2013, 1499 (1502).
[81] *Droste* VerfassungsschutzR-HdB 678; *Gröpl* Nachrichtendienste 79.
[82] *Siems* DÖV 2012, 425 (426).
[83] *Ibler* in Maunz/Dürig, 64. EL Jan. 2012, GG Art. 87 Rn. 136.
[84] *Heintzen* in v. Mangoldt/Klein/Starck, 6. Aufl. 2010, Art. 73 Abs. 1 Nr. 10; ähnlich BVerfGE 107, 339 (390) = NJW 2003, 1577 – Sondervotum der Richter Sommer, Jentsch, Di Fabio und Mellinghoff.
[85] BVerfG NJW 1971, 275 (277); BVerfGE 30, 1 (19) = BeckRS 1970, 104640. Näher dazu *Thiel*, Wehrhafte Demokratie, 2002; → § 2 Rn. 15 ff.
[86] *Stettner*, Grundfragen der Kompetenzlehre, 1983, 332.
[87] So wohl auch: *Droste* VerfassungsschutzR-HdB 7, 11; ähnlich: *Fromme* in BMI, Sicherheit in der Demokratie. Die Gefährdung des Rechtsstaats durch den Extremismus, 1982, 19 ff.
[88] BVerfGE 146, 1 Rn. 110 = NVwZ 2017, 1364; BVerfGE 143, 101 Rn. 126 = NVwZ 2017, 137, im Anschluss an *Ebert* in Borgs-Maciejewski/Ebert Geheimdienste A Vorb § 1 Rn. 4.
[89] *Uhle* in Maunz/Düring, 84. EL Aug. 2018, GG Art. 73 Rn. 241 mwN; aA *Gärditz* AöR 2019, 82 (114).
[90] *Gusy* DÖV 1996, 573 (581).

wird im 2009 eingefügten Art. 45d GG eine „nachrichtendienstliche Tätigkeit" als Instrument der wehrhaften Demokratie schlicht vorausgesetzt.[91]

C. Organisationsstruktur

I. Föderale Struktur der Inlandsaufklärung

31 Die Inlandsaufklärung erfolgt in Deutschland als demokratischer Bundesstaat als **arbeitsteilige Organisation.** Insgesamt sind in Deutschland 18 Nachrichtendienste mit der Aufgabe betraut, vornehmlich „verfassungsfeindliche Bestrebungen" aufzuklären.[92] Den Ländern wird durch § 2 Abs. 2 BVerfSchG die Verpflichtung auferlegt, funktionsfähige **Verfassungsschutzeinrichtungen auf Landesebene** zu unterhalten, da nur so eine effektive Zusammenarbeit iSd Art. 73 Abs. 1 Nr. 10 GG, Art. 87 Abs. 1 S. 2 GG möglich ist.[93] Teils haben die Länder eigene Landesoberbehörden als **Landesämter für Verfassungsschutz** eingerichtet,[94] teils eigene Abteilungen in den jeweiligen Landesinnenministerien.[95] Landesrechtliche Regelungen zu Aufgaben, Organisation und Befugnisse dürfen nicht so stark verengt werden, dass der bundesrechtlichen Verpflichtung zur Zusammenarbeit nicht mehr nachgekommen werden kann. Anders verhält es sich dagegen bei **landesrechtlichen Kompetenzerweiterungen,** denn den Landesverfassungsschutzämtern können weitere Aufgaben und Befugnisse zugewiesen werden, solange nicht die bundesgesetzlich geregelten Aufgaben der Zusammenarbeit betroffen sind und die neu zugewiesenen Aufgaben einen sachlichen Zusammenhang mit den Verfassungsschutzbehörden aufweisen.[96]

1. Zentralstellenfunktion

32 Dem BfV kommt im Rahmen seiner Zentralstellenfunktion eine **Koordinierungsaufgabe** zu. Die dem Bund in Art. 87 Abs. 1 S. 2 GG eingeräumte Kompetenz, eine Zentralstelle zum Sammeln von Unterlagen zum Zweck des Verfassungsschutzes einzurichten, zwingt diesen aber nicht, sich auf eine solche zu beschränken.[97] Sofern eine rein koordinierende Funktion zur Erfüllung der Aufgaben nicht ausreicht, kann dieser gem. Art. 87 Abs. 3 S. 1 GG eine darüber hinaus aktive, **selbstständige Bundesoberbehörde** einrichten.[98] Von dieser Möglichkeit hat der Bund beim BfV Gebrauch gemacht, da es sich nicht um eine auf Koordinierungsaufgaben beschränkte Zentralstelle handelt. Das BfV entfaltet umfangreiche, **eigene nachrichtendienstliche Aktivitäten der Inlandsaufklärung** in der Auswertung und Beschaffung.[99] Zugleich ist das BfV aber an verschiedenen Stellen mit Koordinierungsaufgaben betraut (§ 5 Abs. 2–6 BVerfSchG, § 6 Abs. 2 BVerfSchG).

33 Zuletzt wurde 2015 die Zentralstellen- und Koordinierungsfunktion (§ 5 Abs. 3 BVerfSchG) des BfV gestärkt. Aus rechtspolitischen Gründen wurde dabei aufgrund des vehementen Widerstandes der Länder darauf verzichtet, trotz verfassungsrechtlicher Möglichkeit, eine Entscheidungskompetenz des BfV für Fälle, bei denen kein Einvernehmen erzielt werden kann, zu etablieren.[100]

---

[91] *Lindner/Unterreitmeier* DÖV 2019, 165 (167).
[92] *Warg* in Dietrich/Eiffler NachrichtendiensteR-HdB V § 1 Rn. 24 ff.
[93] *Stern* in Stern StaatsR I § 6 VI 3a; *Gröpl* Nachrichtendienste 88.
[94] Eigene Landesämter für Verfassungsschutz unterhalten Baden-Württemberg, Bayern, Bremen, Hamburg, Hessen, Niedersachsen, Sachsen, Thüringen.
[95] Eigene Abteilungen in den jeweiligen Innenministerien unterhalten Berlin, Brandenburg, Mecklenburg-Vorpommern, Nordrhein-Westfalen, Rheinland-Pfalz, Saarland, Sachsen-Anhalt, Schleswig-Holstein.
[96] *Droste* VerfassungsschutzR-HdB 52 f.; *Gusy* BayVBl. 1982, 201 ff.
[97] BVerfGE 110, 33 (50 f.) = NJW 2004, 2213; *Roth* in Schenke/Graulich/Ruthig BNDG § 2 Rn. 4 f.; *Gusy* in Dietrich/Eiffler NachrichtendiensteR-HdB IV § 1 Rn. 20 mwN.
[98] BVerfGE 110, 33 (55 ff.) = NJW 2004, 2213; *Werthebach/Droste* in BK-GG, 130. EL Dez. 1998, Art. 73 Nr. 10 Rn. 217–220; *Wischmeyer* in DGGGW Nachrichtendienste in vernetzter Sicherheitsarchitektur 35 ff. (37 ff.).
[99] *Unterreitmeier* GSZ 2018 1 (2).
[100] *Marscholleck* NJW 2015, 3611 (3612).

2. Verfassungsschutzverbund

Aus der in § 2 Abs. 2 BVerfSchG niedergelegten Verpflichtung der Bundesländer zum Unterhalt von Verfassungsschutzbehörden folgt eine **parallele Wahrnehmung von Aufgaben** der Landesämter und des Bundesamtes für Verfassungsschutz.[101] Von seiner Kompetenz, eine Aufgabenumschreibung der Bundesländer im Bereich der **Zusammenarbeitsregelung** vorzunehmen, hat der Bund in §§ 3, 4 BVerfSchG Gebrauch gemacht.[102] Nur so kann eine Kompatibilität der Zusammenarbeit überhaupt ermöglicht werden, denn hierfür ist eine Regelung erforderlich, die darlegt, worauf die Zusammenarbeit sich beziehen soll.[103]

Die Abstimmungs- und Informationspflichten der Verfassungsschutzbehörden sind in den §§ 5 ff. BVerfSchG näher geregelt. Neben der alltäglich erfolgenden Abstimmung sind die **halbjährlichen Amtsleitertagungen** ein wesentliches Forum zur Behandlung grundsätzlicher Fragen, wie Beobachtungsobjekten, Bearbeitungsschwerpunkten und der Intensität der Bearbeitung.[104] Daneben existieren gesetzlich nicht ausdrücklich geregelte Formen der Zusammenarbeit, wie **gemeinsame Aus- und Fortbildungen** an der Hochschule des Bundes für öffentliche Verwaltung, Fachbereich Nachrichtendienste (HSB, seit 2018), dem Zentrum für Nachrichtendienstliche Aus- und Fortbildung (seit 2019)[105] und der Akademie für Verfassungsschutz (AfV, seit 1955, ehem. Schule für Verfassungsschutz, SfV).[106]

Besonders hervorzuheben ist die Funktion des BfV als **zentraler IT-Dienstleister** des Verfassungsschutzverbundes nach § 6 Abs. 3 S. 1 BVerfSchG. Es stellt als zentrale Plattform für die Datenhaltung den Landesämtern das „Nachrichtendienstliche Informationswissensnetz" (**NADIS WN**) zu Verfügung.[107]

II. Aufgabenzuweisungen

Neben einer eingehenden Befassung mit Befugnissen zur nachrichtendienstlichen Inlandsaufklärung präzisieren BVerfSchG und LVerfSchG die sich aus verfassungsrechtlichen Vorgaben folgenden Aufgaben der Inlandsaufklärung.

1. Bundesamt für Verfassungsschutz (BfV)

Das **BfV als administrativ organisierte Verfassungsschutzbehörde** ist im Bund für die Aufgaben der nachrichtendienstlichen Inlandsaufklärung zuständig. Diese Aufgaben werden in den § 3 und 4 BVerfSchG näher umschrieben. Im § 3 Abs. 1 BVerfSchG ist die Rede von „Sammlung" und „Auswerten" von Informationen. „Sammeln von Informationen" umschreibt nur vage den **Gesamtvorgang der Informationsbeschaffung** (näher dazu → Rn. 56 ff.), der zusammengefasst als „Beobachtung" beschrieben werden kann. Zur Erfüllung dieser gesetzlich zugewiesenen Aufgabe genügt es nicht, bloß vorhandene Informationen zu registrieren, sondern dies verlangt auch ein „aktives Beschaffen" von Informationen mit den zugewiesenen Mitteln.[108] „**Sammeln**" meint das planvolle Beschaffen und Festhalten von Informationen, unabhängig davon in welcher Form diese Information erlangt wurde.[109] Der Begriff ist im datenschutzrechtlichen Sinne gleichbedeutend mit dem

---

[101] *Brenner*, Bundesnachrichtendienst im Rechtsstaat, 1990, 11.
[102] *Droste* VerfassungsschutzR-HdB 46.
[103] *Werthebach/Droste* in BK-GG, 130. EL Dez. 98, GG Art. 73 Nr. 10 Rn. 63 mwN.
[104] *Droste* VerfassungsschutzR-HdB 71.
[105] BfV Pressemitteilung v. 12.11.2019, Das ZNAF liefert die wichtigste Ressource für Nachrichtendienste: gut ausgebildeten Nachwuchs (online).
[106] Auf Grundlage eines Verwaltungsabkommens zwischen Bund und Ländern v. 22.6.1979, GVBl. NW 1981, 50; BMI-Errichtungserl. v. 9.2.1981, BAnz. 1981 Nr. 44.1.
[107] BT-Drs. 18/4654, 21; dazu: *Gusy* DVR 1982, 251 ff.; → § 30 Rn. 23.
[108] *Stern* in Stern StaatsR I § 6 VI 3.
[109] *Droste* VerfassungsschutzR-HdB 88 f.

"Erheben von Daten" iSv § 3 Abs. 3 BDSDG. **„Informationen"** wiederum beschreibt als Oberbegriff sowohl personen- als auch sachbezogene Vorgänge.[110]

39 Auch wenn der Wortlaut des Art. 87 Abs. 1 S. 2 GG lediglich das „Sammeln" von Informationen als Aufgabe des BfV niederlegt, so ist in dieses „Sammeln" doch logisch auch das Auswerten dieser Informationen als zwingende Annexaufgabe mit hineinzulesen. **„Auswerten"** wiederum beschreibt die analytische Sichtung, Aufarbeitung und sachkundige Bewertung der gewonnenen Informationen zu beobachteten Zielobjekten. Hierzu zählt der Abgleich neu gewonnener Erkenntnisse.[111] Für die Einbeziehung in den Vorgang genügt, dass diese Erkenntnisse „auch **nur als Mosaikstein irgendeine Relevanz**" haben können.[112] Der Vorgang der Auswertung ist darauf ausgerichtet, das nachrichtendienstlich verdichtete Auswertungsergebnis in verschiedenen Formaten der Berichterstattung (→ Rn. 72), den unterschiedlichen Informationsempfängern **bedarfsträgergerecht zugänglich** zu machen. Auswertung kann sowohl einen kontinuierlichen Regelvorgang umfassen als auch einzelfallbezogen durch Anfragen von Behörden außerhalb des Verfassungsschutzverbundes ausgelöst werden.[113]

40 Diese Vorgänge des Sammelns und Auswertens erfolgen zu gesetzlich vorgegebenen Themenfeldern, wobei § 3 Abs. 1 BVerfSchG diese verfassungsrechtlich vorgegebenen Aufgabenfelder wiederholt.[114] Im Zentrum der Auftragsbeschreibung steht der Begriff der **Bestrebungen** (§ 4 Abs. 1 BVerfSchG) als „politisch bestimmte, ziel- und zweckgerichtete Verhaltensweise". § 4 Abs. 1 S. 1 BVerfSchG enthält eine **Legaldefinition der Fallgruppen**, die in § 3 Abs. 1 Nr. 1 BVerfSchG enthalten sind. Die nähere **Bestimmung der Bestrebungen** als Beobachtungsobjekt wiederum ist ein zentraler Aspekt der Steuerung der Inlandsaufklärung (→ Rn. 56).

2. Bundesamt für den Militärischen Abschirmdienst (BAMAD)

41 Das Aufgabenspektrum des BAMAD gem. § 1 MADG entspricht im Wesentlichen dem des BfV,[115] allerdings mit Beschränkung auf den Geschäftsbereich des BMVg. Als Inlandsnachrichtendienst nimmt es daher die **Funktion des Verfassungsschutzes im BMVg** wahr.[116] Die Zuständigkeit des BAMAD erfordert gem. § 1 Abs. 1 Nr. 1 und 2 MADG einen **doppelten BMVg-Bezug,** nämlich, dass Bestrebungen oder Tätigkeiten sich zum einen gegen Einrichtungen des Geschäftsbereichs des BMVg richten und sie zudem von Personen ausgehen, die in diesem Geschäftsbereich tätig sind. Lediglich im Hinblick auf die Beurteilung der Sicherheitslage, die sog. **Abschirmlage,** zur Gefährdung von Dienststellen und Einrichtungen des BMVg ist dem BAMAD eine über den Auftrag des BfV hinausgehende Aufgabe zugewiesen, bei der auch Informationen über Personen außerhalb des Geschäftsbereichs ausgewertet werden (§ 1 Abs. 2 MADG). Allerdings ist es hier gem. § 4 Abs. 1 S. 2 MADG an einer selbstständigen Informationserhebung gehindert, um Zuständigkeitskonflikte mit zivilen Verfassungsschutzbehörden zu vermeiden.[117] Als originärer Inlandsnachrichtendienst entfaltet das BAMAD nur eine darüberhinausgehende, beschränkte Auslandstätigkeit im Zuge der **Einsatzbegleitung der Bundeswehr** nach § 14 Abs. 3 MADG.[118] Die Gewinnung von Erkenntnissen, die zum auslandsbezogenen Lagebild beitragen, kommt ihm hingegen nicht zu.[119]

---

[110] BT-Drs. 11/4306, 60.
[111] *Warg* in Dietrich/Eiffler NachrichtendiensteR-HdB V § 1 Rn. 4 f.
[112] BVerwG JZ 1984, 737 (738), mAnm *Bull* = BVerwG NJW 1984, 1636 (1637).
[113] *Droste* VerfassungsschutzR-HdB 89 ff.
[114] Eingehend dazu: *Roth* in Schenk/Graulich/Ruthig BVerfSchG §§ 3, 4 Rn. 47–82; *Warg* Dietrich/Eiffler in NachrichtendiensteR-HdB V § 1 Rn. 520–541.
[115] Einzige Ausnahme bilden Bestrebungen gem. § 3 Abs. 1 Nr. 3 BVerfSchG, die sich nicht in § 1 MADG wiederfinden.
[116] *Warg* in Dietrich/Eiffler NachrichtendiensteR-HdB V § 1 Rn. 78 f.
[117] *Siems* in Schenke/Graulich/Ruthig MADG § 1 Rn. 23.
[118] Näher dazu: *Bareinske* in Dietrich/Eiffler NachrichtendiensteR-HdB V § 9 Rn. 52 ff.
[119] *Meiertöns* NZWehrr 2019, 14 (15).

3. Landesämter für Verfassungsschutz (LfV)

Im Wesentlichen entsprechen die Aufgaben der Landesämter den in §§ 3 und 4 BVerfSchG 42
niedergelegten Aufgaben. Aufgrund der Kooperationsvorgabe des Grundgesetzes wiederholen die Landesverfassungsschutzgesetze, bis auf geringe Abweichungen nahezu wortgleich, die Definitionen des § 4[120] oder verweisen darauf (Art. 3 BayVSG).

§ 3 BVerfSchG ist nicht als vollständige Aufzählung möglicher Beobachtungsfelder an- 43
zusehen, sondern legt lediglich das **Mindestmaß an Beobachtungsfeldern** fest.[121] Über diesen Katalog hinaus, weisen die Verfassungsschutzgesetze einzelner Länder den Landesämtern zudem Aufgabenerweiterungen zu.[122] Auch wenn die Zulässigkeit der **Beobachtung der organisierten Kriminalität** teils angezweifelt wird,[123] ist diese Beobachtung mit Teil der originären Aufgaben des Verfassungsschutzes, so sie als Form des Schutzes vor Bestrebungen gegen die freiheitlich-demokratische Grundordnung beschränkt ist. Diese landesrechtliche Auftragserweiterung ist daher nicht zu beanstanden und genügt den Anforderungen des Trennungsgebotes.[124] Vor dem historischen Hintergrund des – völkerrechtlich als fehlgeschlagener Sezessionsversuch zu qualifizierenden – Untergangs der DDR,[125] die 1990 dem Geltungsbereich des Grundgesetzes beigetretenen Bundesländer den Aufgabenbereich ihre Landesämter teils auf fortwährende Strukturen und Tätigkeiten der **Aufklärungs- und Abwehrdienste der ehemaligen DDR** erweitert.[126]

III. Interne Organisationsstrukturen

Im BfV wie auch in den LfV wird die Inlandsaufklärung in verschiedenen, themenbezoge- 44
nen Fachabteilungen wahrgenommen. Die interne Abteilungsstruktur hat seit dem Bestehen des BfV 1950 wiederholt Anpassungen erfahren. Sie folgt nicht zentral rechtlichen, sondern tatsächlichen Anforderungen.[127] So wiesen die eigenen Aufklärungskapazitäten und **Beobachtungsfelder des BfV** von den 1950er bis zu den 1980er Jahren eine starke Ausrichtung auf Bestrebungen des Linksextremismus auf. Zu anfangs nachrangig behandelten Bestrebungen des Rechtsextremismus verschob sich ab den 1990er Jahren der Schwerpunkt. Mit zunehmenden Zuwanderungszahlen ab den 1960er Jahren kam der sog. Ausländerextremismus als Beobachtungsfeld hinzu.[128] Ab 2001 erfolgte wie insgesamt in der deutschen Sicherheitsarchitektur eine Ausrichtung auch auf militant islamistischen Extremismus und ab den 2010ern auf die Früherkennung einreisender und zurückreisender Gefährder.[129]

---

[120] § 3 BWLVSG; § 5 VSG Bln; § 3 BbgVerfSchG; § 3 BremVerfSchG; § 4 HmbVerfSchG; § 2 HessVerfSchG; § 5 MV VerfSchG; § 3 NVerfSchG; § 3 NRWVSG; § 5 RhPflVerfSchG; § 3 SVerfSchG; § 2 SächsVSG; § 4 LSAVerfSchG; § 5 SHLVerfSchG; § 4 ThürVerfSchG.
[121] BT-Drs. 11/4306, 60; *Borgs-Maciejewski* in Borgs-Maciejewski/Ebert Geheimdienste BVerfSchG § 3 Rn. 10.
[122] Art. 3 S. 2 BayVSG iVm Art. 4 Abs. 2 BayVSG; § 2 Abs. 2 Nr. 5 HessVerfSchG iVm § 3 Abs. 2 HessVerfSchG; § 3 Abs. 1 S. 1 Nr. 4 SVerfSchG iVm § 5 Abs. 1 S. 1 Nr. 4 SVerfSchG; bis 2006 auch Sachsen und bis 2014 auch Thüringen; *Warg* in Dietrich/Eiffler NachrichtendiensteR-HdB V § 1 Rn. 59.
[123] Für eine grundsätzlich Zulässigkeit *Warg* in Dietrich/Eiffler NachrichtendiensteR-HdB § 1 Rn. 59; weiter *Werthebach/Droste-Lehnen* ZRP 1994, 57; gegen eine Anwendbarkeit v. § 3 BVerfSchG *Denninger* KritV 1994, 232; diff.: *Gusy* StV 1995, 320 (323 ff.).
[124] SächsVerfGH NVwZ 2005, 1310 (1312).
[125] *Dolzer* in Isensee/Kirchhoff StaatsR-HdB I (3. Aufl., 2003) § 13 Rn. 12, S. 669 ff.; *Frowein* VVDStRL 1990, 8 (32).
[126] § 4 Abs. 1 Nr. 2 SächsLVerfSchG; § 4 Abs. 1 Nr. 2 LSAVerfSchG; § 4 Abs. 1 Nr. 5 ThürVerfSchG.
[127] *Gusy* in Dietrich/Eiffler NachrichtendiensteR-HdB IV § 1 Rn. 64 f.
[128] Zur Entw. d. Arbeitsschwerpunkte 1950–1990: *Boeden* in BMI, Verfassungsschutz in der Demokratie, 1 ff. (7 ff.); *Goschler/Wala*, „Keine neue Gestapo", 2015, 96–99.
[129] *Zöller* JZ 2006, 763 (766); *Goertz* in Freudenberg u.a., Terrorismus als hybride Bedrohung des 21. Jahrhunderts, 2019, 1–28.

§ 18

1. Binnenstruktur des BfV

45 Die Leitung des BfV obliegt dem **Präsidenten des BfV** mit zwei beigegebenen Vizepräsidenten. In den ersten 56 Jahren seines Bestehens hatte das BfV lediglich einen Vizepräsidenten. Dem personellen Aufwuchs und Aufgabenzuwachs geschuldet, verfügt das BfV seit April 2016 über einen zweiten Vizepräsidenten. Von November 2013 bis Dezember 2016 existierte, zunächst als Hilfskonstruktion, die Funktion des „Ständigen Vertreters des Vizepräsidenten".[130]

46 Eine **organisatorisch weitere Auffächerung** infolge des Zuwachses an Aufgaben und Personal erfolgte von acht Abteilungen 2017[131] auf vierzehn Abteilungen 2022. In der Organisationsstruktur 2022 weist das BfV fünf **thematisch organisierte Fachabteilungen** auf, die Abteilung 2: Rechtsextremismus/-terrorismus, Abteilung 4: Spionageabwehr, Proliferationsabwehr, Abteilung 5: Ausländerextremismus und Linksextremismus/-terrorismus, Abteilung 6: Islamismus und islamistischer Terrorismus, Abteilung C: Cyberabwehr.

47 Ohne thematische Limitierung, aber **zu eigentlichen Beobachtungsaufgaben** tätig, sind vier Abteilungen: Abteilung O: Observation, Abteilung 1: Fachunterstützung, Abteilung 3: Maßnahmen nach Art. 10 GG, Abteilung TA: Technische Analyse.

48 Den übrigen fünf Abteilungen wiederum sind **übergreifende Aufgaben** zugewiesen: Z: Zentrale Dienste, Abteilung TX: Technische Infrastruktur, Abteilung S: Interne Sicherheit, Geheim- und Sabotageschutz, Fachprüfung, Innenrevision, AfV: Akademie für Verfassungsschutz und das Zentrum für nachrichtendienstliche Aus- und Fortbildung (ZNAF).[132]

49 Die der nachrichtendienstlichen Aufgabe geschuldete, traditionelle **Trennung zwischen Beschaffung und Auswertung** innerhalb der Fachabteilungen verliert zunehmend an Bedeutung. Dieses Prinzip findet seine Stütze auch in der Verschlusssachenanweisung (VSA) und dem dort niedergelegten Grundsatz „Kenntnis nur wenn nötig", § 4 Abs. 1 VSA **(need-to-know-Prinzip).** Traditionell erfüllt die Abbildung dieser beiden Tätigkeiten in getrennten Organisationseinheiten verschiedene Funktionen: Neben einer Spezialisierung der Tätigkeiten soll sie eine objektive Bewertung der beschafften Informationen ermöglichen, ohne dass der Auswerter durch engen persönlichen Kontakt zur Vertrauensperson oder die Umstände der Beschaffung voreingenommen wäre. Durch diese interne Trennung, und mitunter sogar die Vermeidung von Personendaten der Vertrauensperson **(Klarkenntnis)** aufseiten der Auswertung, wird zudem eine Enttarnung der Vertrauensperson erschwert.[133]

50 Die strikte Trennung dieser Funktionen haben das BfV und einige LfV, insbesondere bei der Beobachtung des Rechtsextremismus, zumindest seit Anfang der 2000er Jahre aufgegeben.[134] Gerade im Bereich der Terrorismusaufklärung ist ein Paradigmenwechsel hin zum **need-to-share-Prinzip** zu beobachten.[135] Dieser findet seinen Ausdruck in der gemeinsamen Arbeit von Auswertung und Beschaffung, nicht in unterschiedliche Abteilungen oder Referaten, sondern in derselben Organisationseinheit nach dem sog. **Desk-Prinzip**.[136]

51 Beide Modelle bieten Vor- und Nachteile: Eine möglichst enge Verzahnung von Beschaffung und Auswertung bietet die Möglichkeit eines schnelleren und einheitlicheren Wissensstandes und größere Flexibilität im Personaleinsatz. Die traditionelle Funktionsteilung hat dagegen den Vorteil einer höheren Objektivität und internen Kontrolle, erfordert

---

[130] BfV Geschichte, Präsidenten des BfV (online).
[131] *Gusy* in Dietrich/Eiffler NachrichtendiensteR-HdB IV § 1 Rn. 65. Zur Binnenstruktur des BAMAD *Rachor/Rogan* in Lisken/Denninger PolR-HdB C. Rn. 112; MAD-Report 2019, 8–10 (online).
[132] BfV, Die Organisation (online).
[133] *Roewer* NachrichtendienstR 153 f.
[134] *Droste* VerfassungsschutzR-HdB 44.
[135] *Hildebrandt* in Foertsch/Lange, Islamistischer Terrorismus, 2005, 65 (67).
[136] *Brunst* in Dietrich/Eiffler NachrichtendiensteR-HdB V § 2 Rn. 89.

allerdings, um Schwerfälligkeiten zu vermeiden, eine enge und intensive Kommunikation zwischen Auswertung und Beschaffung.

2. Binnenstrukturen der Landesbehörden für Verfassungsschutz

Hinsichtlich ihrer personellen Ausstattung und Binnenorganisation unterscheiden sich, trotz weitestgehend identischen Aufgabenzuweisungen, die mit Inlandsaufklärung betrauten Landesbehörden erheblich. Am deutlichsten werden diese **Unterschiede bei der personellen Ausstattung,** die bei kleineren Landesämtern im zweistelligen Bereich liegt (zB Bremen mit 65,5 Vollzeiteinheiten (VZE) im Haushaltsjahr 2018[137] oder das Saarland mit 60 Stellen 2018[138]) und bei größeren Landesämtern bis zu mehreren hundert Stellen liegt[139] (zB Bayern: 575 Planstellen im Haushaltsjahr 2020;[140] Baden-Württemberg 404 Personalstellen im Jahr 2020;[141] Niedersachsen mit 343,13 VZE im Haushaltsjahr 2020[142]). Eine abweichende Größenordnung von gleichartigen Landesbehörden zwischen kleineren Bundesländern und größeren Bundesländern, Stadtstaaten und Flächenstaaten ist grundsätzlich nichts Ungewöhnliches und nicht zu beanstanden. Allerdings muss hinsichtlich der Komplexität und Breite der den Landesämtern zugewiesenen Aufgaben die Frage gestellt werden, inwieweit hier jeweils den **Mindestanforderungen an eine personelle Untergrenze** genügt wird, die eine sachgerechte Wahrnehmung der Aufgaben verfassungsrechtlich zwingend erfordern.[143] 52

Soweit Bundesländer die Aufgaben der Inlandsaufklärung als eigene Landesoberbehörden in Gestalt von Landesämtern für Verfassungsschutz organisiert haben (→ Rn. 31), bringt dies natürlich das Erfordernis mit sich, **zentrale Verwaltungsaufgaben,** wie Haushalt und Personal, in eigenen Organisationseinheiten zusammenzufassen. Soweit Inlandsaufklärung in eigene Abteilungen in den jeweiligen Landesinnenministerien organisiert ist, werden diese Aufgaben von der jeweiligen Stelle innerhalb des Ministeriums mit wahrgenommen. Grundsätzliche und übergreifende Aufgaben der nachrichtendienstlichen Arbeit (wie zB personalintensive Observationen) werden allerdings wiederum separat zentralisiert wahrgenommen, was allein schon dem organisatorischen Trennungsgebot geschuldet ist.[144] Dennoch weisen die Landesämter (Stand 2020) **große Abweichungen bei der Organisation nachrichtendienstlicher Kernaufgaben** auf: Großteils wird nachrichtendienstliche Informationsbeschaffung in organisatorisch streng getrennten, zentralen, eigenen Organisationseinheiten vorgenommen,[145] teils wird sie, als integrierte Beschaffung, in den jeweiligen themenbezogenen Abteilungen und Referaten wahrgenommen. Alle Landesämter haben auf einzelne **Beobachtungsbereiche** (Rechtsextremismus, Linksextremismus, Ausländerextremismus, militanter Islamismus, Spionageabwehr) bezogene Organisationseinheiten gebildet. Zum Teil werden hier größere Themenkomplexe von Beobachtungsobjekten zusammengefasst,[146] während idR eine eigene Organisationseinheit zur Spionageabwehr existiert. 53

---

[137] LfV Brem; https://www.verfassungsschutz.bremen.de/ueber_uns-1464.
[138] LfV Saarl, https://www.saarland.de/4489.htm.
[139] Übersicht bei *Wittmoser,* Die Landesämter für Verfassungsschutz, 2012, 56 ff.
[140] LfV Bay, Verfassungsschutzbericht 2020, 18.
[141] LfV BW, https://www.verfassungsschutz-bw.de/,Lde/Startseite/ueber+uns/Aufbau+und+Organisation.
[142] LfV Nds, https://www.verfassungsschutz.niedersachsen.de/startseite/wir_ueber_uns/daten_und_fakten/daten-und-fakten-54329.html.
[143] *Wittmoser,* Die Landesämter für Verfassungsschutz, 2012, 59 ff.; *Droste* VerfassungsschutzR-HdB 47.
[144] ZB HH Ref V 41 – Observation, konsp. Ermittlungen. Hess Dez 31 Observation.
[145] ZB Saarl Ref V 4 – Nachrichtendienstliche Informationsbeschaffung; Bln Ref II E-Beschaffung; RhPf Ref 361 Nachrichtenbeschaffung.
[146] ZB SchH Ref 74 – Auswertung Linksextremismus und Extremismus mit Auslandsbezug, Spionageabwehr und Wirtschaftsschutz.

IV. Nachrichtendienstliche Kooperationsformen

54 Die Zusammenarbeitsverpflichtungen im Verfassungsschutzverbund gehen weit über allgemeine, für alle Behörden geltenden, Amtshilfepflichten nach Art. 35 GG, §§ 4 ff. VwVfG hinaus.[147] Praktisch kommen in der Inlandsaufklärung sowohl auf der Beschaffungsseite, als auch auf der Auswertungsseite Kooperationen zwischen verschiedenen Bundes- und Landesverfassungsschutzbehörden vor,[148] die unterschiedliche Grade der Institutionalisierung aufweisen. Als **Kooperationsformen der Beschaffung** kommen in der HUMINT-Aufklärung vornehmlich sog. „joint operations" als gemeinsame Form der Quellenführung im Interesse einer Ressourcenbündelung und optimalen Quellennutzung in Betracht. Grenzen bilden hierbei uU in Nuancen abweichende Kompetenzzuweisungen der einzelnen LfV. Unproblematisch ist jedoch grundsätzlich die Tätigkeit eines LfV zur Datenerhebung in einem anderen Bundesland, da hinsichtlich der örtlichen Zuständigkeit auf den Anlass und Ort der betroffenen Person abzustellen ist.[149] Für **grenzüberschreitende Zusammenarbeit** ist nach § 5 Abs. 5 BVerfSchG seit 2015 zentral das BfV zuständig.[150]

55 Die generelle Zusammenarbeits- und Hilfeleistungspflicht aus § 1 Abs. 2 und Abs. 3 BVerfSchG begründet eine Pflicht zur **Kooperation im Bereich der Auswertung und Beschaffung.** Den institutionalisierten Ausdruck findet diese Kooperation in festen Austauschformaten, sog. **Fusion-Centers,** für die das Gemeinsame Terrorismusabwehrzentrum (GTAZ) von 2004 die organisatorische Vorlage bildet.[151] Die Arbeit der ständigen Austauschstrukturen erfolgt auf Grundlage der jeweiligen Fachgesetze, ohne eine eigenständige Behörde zu bilden.[152] Sie hat ihre weitere Verästelung in Plattformen, wie dem Gemeinsamen Internetzentrum (GIZ), Gemeinsamen Extremismus- und Terrorismusabwehrzentrum (GETZ) und Gemeinsamen Analyse und Strategiezentrum illegale Migration (GASIM) gefunden.[153]

D. Prozess der Inlandsaufklärung

I. Steuerung der Inlandsaufklärung – Auftragsfestlegung

56 Nach dem häufig zur Erklärung von nachrichtendienstlicher Steuerung herangezogenen Modell des „**Intelligence Cycle",**[154] wird diese in mehrere – idR vier bis fünf – Phasen eingeteilt. Dabei handelt es sich um die Phasen: 1. Auftragsfestlegung oder Planung und Anweisung (Planning and Direction), 2. Beschaffung oder auch Informationssammlung (Intelligence Collection), 3. Auswertung oder Bewertung und Verarbeitung (Intelligence Analysis and Processing) und 4. die Informationsverteilung und Berichterstattung (Intelligence Dissemination).[155] Nach diesen Kategorien der Intelligence Studies befasst sich die deutsche Rechtslage umfassend mit der ersten Phase des Intelligence Cycle, nämlich der **Auftragsfestlegung** als Teil der Planung und Anweisung. Allerdings beziehen sich diese gesetzlichen Vorgaben auf den initialen Start der Aufklärung, während der **Intelligence Cycle als Feedback-Loop** auch eine Korrektur des Aufklärungsbedarfs und Ressourcenansatzes zu bereits definierten Zielen betrifft.

57 Im Vergleich zum weiten und sehr allgemein gefassten Aufklärungsauftrag des BND, der eine große Änderungsflexibilität aufweist, um außenpolitischen Lageveränderungen begeg-

---

[147] BVerwG NWJ 1984, 1636 ff.; *Gusy* BayVBl. 1982, 201 (202); *Badura* in BfV 1990, 22 (23).
[148] *Gusy* in Dietrich/Eiffler NachrichtendiensteR-HdB IV § 2 Rn. 22 ff.
[149] *Droste* VerfassungsschutzR-HdB 67 f.; aA: *Ebert* in Borgs-Maciejewski/Ebert Geheimdienste A § 2 Rn. 10 ff.
[150] Näher dazu *Roth* in Schenke/Graulich/Ruthig BVerfSchG § 5 Rn. 29 f.
[151] S. zudem § 6 BVerfSchG; Näher dazu → § 7 Rn. 43, 44, → § 16 Rn. 55.
[152] BT-Drs. 17/14830; *Linke* DÖV 2015, 128 (134); krit. dazu: *Fremuth* AöR 2014, 33 (64).
[153] *Brunst* in Dietrich/Eiffler NachrichtendiensteR-HdB V § 2 Rn. 48 ff. → § 31 Rn. 34 f.
[154] Zu Kritik am Modell *Bareinske* in Dietrich/Eiffler NachrichtendiensteR-HdB V § 8 Rn. 13 Fn. 60 mwN.
[155] *Dover/Goodman/Hillebrand,* Routledge Companion to Intelligence Studies, 2014, VI 59 ff.

nen zu können,[156] weist die Steuerung der deutschen Inlandsaufklärung eine deutlich **stärkere rechtliche Einhegung als die Auslandsaufklärung** auf.

Voraussetzung für eine Beobachtung sind **tatsächliche Anhaltspunkte** (§ 4 Abs. 1 S. 3 BVerSchG) für das Bestehen einer Bestrebung iSv § 3 Abs. 1 Nr. 1, 3 oder 4 BVerfSchG. Da das Vorliegen „tatsächlicher Anhaltspunkte" die Grundvoraussetzung für ein Tätigwerden des Verfassungsschutzes bildet, ist der Begriff weit zu verstehen. Als tatsächliche Anhaltspunkte können alle Formen der **Kundgabe eines Gruppenwillens,** wie zB Parteiprogramme, Beschlüsse, Satzungen, öffentliche Äußerungen gelten, die repräsentativ einem Personenzusammenschluss zugerechnet werden können.[157] Auch ein **Nicht-Distanzieren** von extremistischen Äußerungen stellt dann einen tatsächlichen Anhaltspunkt dar, wenn die Öffentlichkeit nach den Umständen des Einzelfalls eine solche, zB aufgrund anderslautender offizieller Programme, erwarten konnte.[158] 58

Fall: Junge Freiheit – Die Wochenzeitung *Junge Freiheit* strengte aufgrund der Erwähnung als rechtsextremistische Publikation in den Landesverfassungsschutzberichten ab 1994 einen Rechtsstreit gegen das Land Nordrhein-Westfalen an. Das BVerfG gab der hierzu erhobenen Verfassungsbeschwerde statt. Zwar werde durch die Auswahl von Artikeln und Meinungsäußerungen Dritter eine inhaltliche Linie erkennbar von der sich die Redaktion nicht distanzierte, und auch Artikel Dritter, die Mitglieder der Redaktion nicht selbst verfasst haben, dürften bei der Bewertung, inwieweit Bestrebungen zur Beseitigung der freiheitlichen demokratischen Grundordnung vorliegen, einbezogen werden. Mit besonderem Blick auf die Pressefreiheit nach Art. 5 Abs. 1 S. 1 GG bedarf es aber besonderer Anhaltspunkte, warum daraus entsprechende Bestrebungen von Verlag und Redaktion selbst abgeleitet werden können. In dem Fall waren daher, das Vorliegen tatsächlicher Anhaltspunkte durch die Fachgerichtsbarkeit neu zu bewerten.[159]

Rein spekulative Vermutungen[160] oder die nur **hypothetische Möglichkeit** des Vorliegens einer Bestrebung,[161] genügen dagegen nicht, um ein nachrichtendienstliches Tätigwerden zu begründen. 59

Nachrichtendienstliche Beobachtung ist kein einmaliger, kurzfristig angelegter, in sich abgeschlossener Vorgang, sondern ein sich über einen längeren Zeitraum hinziehender Prozess. Dieser Prozess erfordert zunächst die **Festlegung von Beobachtungsobjekten,** um festzustellen, *ob* die Beobachtungspflicht greift. Diese Feststellung, folgt einem rechtlich vorgegebenen Schema und lässt sich in verschiedene Phasen einteilen, die allerdings nicht stets trennscharf voneinander abzugrenzen sind. Um ihrem Auftrag gerecht werden zu können, müssen Verfassungsschutzbehörden „mit wachsamem Auge"[162] gesellschaftliche **Entwicklungen des politischen Alltages** verfolgen, ohne dass bereits „tatsächliche Anhaltspunkte" für verfassungsfeindliche Bestrebungen vorliegen. Hierfür ist eine kontinuierliche Sichtung allgemein zugänglicher Erkenntnisquellen erforderlich **(1. Phase: Allgemeine Beobachtung).** Um diese gröbste Form der **Vorprüfung** vornehmen zu können, sind keine Grundrechtseingriffe mit Rückgriff auf spezifische Befugnisnormen erforderlich, sondern lediglich ein Informationsstand, wie er jedermann, wie etwa einem politisch gebildeten Zeitungsleser, zugänglich ist. Auch fehlt es in dieser Phase an einem konkreten Beobachtungsobjekt. 60

Sofern sich aus dieser allgemeinen Beobachtung erste Anhaltspunkte für dem Beobachtungsauftrag unterfallende Bestrebungen oder Tätigkeiten ergeben, ist zu prüfen **(2. Phase: Prüfphase),** ob tatsächliche Anhaltspunkte diese Einschätzung bestätigen. In diesem Stadium, in dem noch keine förmliche Entscheidung über die Beobachtung gefallen ist, wird das 61

---

[156] Dazu → § 19 Rn. 13.
[157] *Droste* VerfassungsschutzR-HdB 179 f.
[158] BVerfG Urt. v. 17.1.2017 – 2 BvB 1/13 Rn. 563 f.; *Warg* in Dietrich/Eiffler NachrichtendiensteR-HdB V § 1 Rn. 21.
[159] BVerfGE 113, 63 = NJW 2005, 2912; BVerfG NJW 2005, 2919 (2915); Anm. *Dörr* JuS 2006 (71), Krit. *Murswiek* NVwZ 2004, 769 (775).
[160] VGH München NJW 1994, 748 (749); BVerwG NVwZ 2011, 161, (164).
[161] BVerfGE 101, 313 (395) = NJW 2000, 347; VGH Mannheim DÖV 1994, 917 (918).
[162] Lindner/Unterreitmeier DVBl. 2019, 819 (823).

untersuchte gesellschaftliche Geschehen auch als **„Prüffall"** bezeichnet.[163] Während das BVerfSchG keine ausdrückliche Regelung zum Prüffall enthält, sehen einzelne Landesgesetze dieses Durchgangsstadium explizit vor.[164] Diese Phase ist schon rein logisch erforderlich und dient dazu, das Vorliegen tatsächlicher Anhaltspunkte zu überprüfen und gegebenenfalls zu verifizieren oder falsifizieren. Während einzelne Länder gesetzlich den Einsatz nachrichtendienstlicher Mittel in diesem Stadium ausgeschlossen haben,[165] ist **der Einsatz nachrichtendienstlicher Mittel in dieser Phase** nicht, wie teils vertreten wird,[166] aus Gründen der Verhältnismäßigkeit, verfassungsrechtlich generell unzulässig. Andernfalls würde für nachrichtendienstliche Aufklärung eine höhere Schwelle als für präventiv-polizeiliche Maßnahmen gelten.[167]

62 Als Vergleich für die **erforderliche Erkenntnisdichte für einen Prüffall** wird der strafprozessuale Anfangsverdacht (§ 152 Abs. 2 StPO, § 160 StPO) herangezogen,[168] der aber aufgrund der abweichenden Regelungsmaterie nur als Hilfskonstruktion *mutatis mutandis* dienen kann. Statt erforderlicher Anhaltspunkte, die es nach kriminalistischen Erfahrungen als möglich erscheinen lassen, dass eine verfolgbare Straftat begangen wurde,[169] können im Zusammenhang der Inlandsaufklärung nur Anhaltspunkte maßgebend sein, die es nach **nachrichtendienstlichem Erfahrungswissen** möglich erscheinen lassen, dass eine zu beobachtende Bestrebung oder Aktivität vorliegt.

63 Wenn diese Prüfung tatsächliche Anhaltspunkte für verfassungsfeindliche Bestrebungen ergibt, die Einordnung als verfassungsfeindlich aber noch nicht erhärtet wurde, so liegt ein sog. **Verdachtsfall (3. Phase)** vor.[170] Bei Verdachtsfällen handelt es sich um auftragsgemäße **„echte" Beobachtungsobjekte** iSv § 4 Abs. 1 BVerfSchG. Der Einsatz nachrichtendienstlicher Mittel ist in dieser Phase grundsätzlich nach Maßgabe der einzelnen Befugnisnormen zulässig.[171]

64 Darauf folgt die eigentliche **(4. Phase) Phase der Beobachtung.** Grundsätzlich ist diese zeitlich nicht beschränkt; diese Phase endet entweder mit dem Untergang der Bestrebung, etwa durch Selbstauflösung, Mitgliederschwund oder Bedeutungsverlust oder mit einer staatlichen Maßnahme zur Auflösung der Bestrebung, etwa einem Vereinsverbot (Art. 9 Abs. 2 GG) oder Parteiverbot (Art. 21 Abs. 1 GG). In diesen Fällen ist dann gegebenenfalls das Fortbestehen von **Ersatz- und Nachfolgeorganisationen** zu prüfen.[172] Auch nach einer förmlichen Einstufung als Beobachtungsobjekt ist aber **regelmäßig zu überprüfen,** ob die jeweilige Gruppierung oder Person weiterhin die Voraussetzungen für eine Beobachtung erfüllt.[173] Nach einer einmaligen Einstufung als Beobachtungsobjekt kann jedenfalls nicht ohne weiteres angenommen werden, dass einmal bestehende Anhaltspunkte für verfassungsfeindliche Bestrebungen dauerhaft fortbestehen.[174] Verwaltungsinterne **Arbeitspläne** regeln im BfV beobachtungsobjektbezogen Vermutungsregeln für die Annahme verfassungsfeindlicher Verhaltensweisen.[175]

---

[163] *Warg* in Dietrich/Eiffler NachrichtendiensteR-HdB § 1 Rn. 19a.
[164] § 8 NVerfSchG; § 7 Abs. 2 VSG Bln; §§ 4 Abs. 1, 6 Abs. 5 HessVerfSchG; § 4 Abs. 1 S. 5 ThürVerfSchG.
[165] § 7 Abs. 2 S. 1 VSG Bln; § 4 Abs. 1 HessVerfSchG; § 12 Abs. 1 S. 2 NVerfSchG; § 4 Abs. 1 S. 5 ThürVerfSchG (2015).
[166] So *Warg* in Dietrich/Eiffler NachrichtendiensteR-HdB § 1 Rn. 19.
[167] Vgl. BVerwGE 137, 275 Rn. 17 = BeckRS 2010, 52869.
[168] *Lindner/Unterreitmeier* DVBl. 2019, 819 (823) mit Bezug auf BVerfG NJW 2002, 2859 (2860).
[169] BVerfG 2002, 2859 (2860); BGH NJW 1989, 97.
[170] BVerwG NVwZ 2014, 233 f. – pro Köln.
[171] BfV Pressemitteilung v. 15.1.2019; *Warg* in Dietrich/Eiffler NachrichtendiensteR-HdB V § 1 Rn. 19; *Lindner/Unterreitmeier* DVBl. 2019, 819 (825).
[172] ZB „Mezopotamien Verlag und Vertrieb GmbH", „MIR Multimedia GmbH", als PKK-Nachfolgeorganisationen, Pressemitteilung d. BMI v. 12.2.2019, allg. dazu *Henke* DÖV 1974, 793 ff.
[173] § 6 Abs. 3 NVerfSchG sieht eine Überprüfung spätestens alle zwei Jahre vor.
[174] So das OVG NRW, zur 38 Jahre (1970–2018) andauernden Beobachtung des RA *Rolf Gössner* durch das BfV Urt. v. 13.3.2018 – 16 A 906/11.
[175] *Droste* VerfassungsschutzR-HdB 417.

II. Informationssammlung – Beschaffung

Ausgehend von der Festlegung von Beobachtungsobjekten und dem zu diesen bestehenden 65
Informationsbedarf erfolgt der Prozess der **Informationsgewinnung (Intelligence Collection)**. Für diese steht eine breite Palette an Aufklärungsmitteln zur Verfügung.[176] Hinsichtlich der Wahl der Mittel und der **Intensität der Beobachtung** steht den Verfassungsschutzbehörden ein weites Auswahlermessen zu.[177]

1. Mittel zur Informationssammlung

Während die deutsche Rechtsordnung den Begriff des „nachrichtendienstlichen Mittels" 66
ins Zentrum stellt, erfolgt in der nachrichtendienstlichen/Intelligence Studies Fachliteratur eine Einteilung der Mittel zur Informationsgewinnung nach einer Typisierung der sog. „ints". Bundesamt für Verfassungsschutz und den Landesämtern stehen zur Informationssammlung nachrichtendienstliche Mittel zur Verfügung. Diese lassen sich in einzelnen **Methoden der Informationsgewinnung** zusammenfassen und, einer englischsprachigen Terminologie folgend, als sog. „**-ints**" kategorisieren.[178] Die wesentlichen Kategorien sind danach OSINT – Open Source Intelligence, HUMINT – Human Intelligence und SIGINT – Signals Intelligence, wobei sich diese um zahlreiche spezifische Kategorien (wie zB MASINT-Measurement and Signature Intelligence oder SOCMINT – Social Media Intelligence) erweitern lässt.[179] Die Begriffe der jeweiligen „-ints", bündeln, wenn man sie in Kategorien „nachrichtendienstlicher Mittel" übersetzt, sehr unterschiedliche Formen von Informationseingriffen. Landesämtern stehen nach Maßgabe der jeweiligen Landesverfassungsschutzgesetze entsprechende Befugnisse zum Einsatz nachrichtendienstlicher Mittel zu. Hinsichtlich der Befugnisse besteht eine große **Heterogenität der landesrechtlichen Regelungen.** So sieht zB das Bayerische Verfassungsschutzgesetz das Mittel der Onlinedurchsuchung vor (Art. 13), während die entsprechende Befugnis des nordrhein-westfälischen Gesetzes vom BVerfG für verfassungswidrig erklärt wurde.[180] Hinsichtlich der Bewertung der Grundrechtsrelevanz nachrichtendienstlicher Mittel müssen die insofern bestehenden Besonderheiten berücksichtigt werden.

2. Grundrechtsrelevanz nachrichtendienstlicher Aufklärungsmaßnahmen

Vergleiche von polizeirechtlichen mit nachrichtendienstlichen Eingriffsschwellen taugen 67
nur sehr begrenzt, da ein nachrichtendienstlicher Eingriff nicht auf die Beeinflussung eines Kausalverlaufes zur Abwendung einer Gefahr, sondern allein auf Informationsgewinnung abzielt. Dementsprechend kann auch eine **Zielperson nicht als nachrichtendienstlicher „*quasi*-Störer"** angesehen werden. Maßgeblich ist nicht wie im Polizeirecht die Verantwortlichkeit für oder Nähe zu einer Gefahr,[181] sondern allein die **Nachrichtenfähigkeit,** also das Verfügen über Informationen.[182] Allerdings darf natürlich auch für nachrichtendienstliche Informationseingriffe der Adressatenkreis nicht willkürlich weit gewählt werden,[183] sondern die betreffende Person muss ein **Potential zur Informationsgewinnung** aufweisen,[184] ohne notwendigerweise selbst am Beobachtungsgegenstand beteiligt zu sein.

Grundsätzlich wird angenommen, dass die verfassungsrechtlichen Anforderungen an die 68
Eingriffsschwelle bei Überwachungsmaßnahmen von Polizei und Nachrichtendiensten mit

---
[176] *Schwagerl* Verfassungsschutz 130 ff. Näher dazu in diesem Band: → § 24 Rn. 42; → § 27 Rn. 48 f., → § 28 Rn. 38 f.; → § 25, → § 25 Rn. 27.
[177] *Roth* in Schenke/Graulich/Ruthig BVerfSchG §§ 3, 4 Rn. 133.
[178] *Gill/Phythian,* Intelligence in an Insecure World, 2. Aufl. 2012, 77 ff.
[179] *Dover/Goodman/Hillebrand,* Routledge Companion to Intelligence Studies, 2014, III 85 ff.
[180] BVerfG Urt. v. 27.2.2008 – 1 BvR 370/07 Rn. 185; BVerfGE 115, 166 = NJW 2006, 976.
[181] *Götz/Geis* PolR § 9 Rn. 4 ff.
[182] *Lindner/Unterreitmeier* DÖV 2019, 165 (173).
[183] BVerfGE 141, 220 Rn. 114 ff. = NJW 2016, 1781.
[184] BVerfGE 144, 20 Rn. 585 ff. = NJW 2017, 611; BVerfG NVwZ 2018, 1788 Rn. 109.

hoher Eingriffsintensität konvergieren (sog. **Konvergenztheorie**), also übereinstimmen.[185] Bei weniger eingriffsintensiven Maßnahmen hat sich das BVerfG aber dafür offen gezeigt, die funktionalen Besonderheiten nachrichtendienstlicher Tätigkeit auf der Ebene der Angemessenheit zu berücksichtigen.[186] Das Fehlen von polizeilich operativen Zwangsbefugnissen mindert jedoch die Eingriffsintensität. Daraus folgt, dass mit fehlenden polizeilichen Zwangsbefugnissen die Eingriffsschwelle sinkt und es verfassungsrechtlich nicht zu beanstanden ist, dass Nachrichtendienste (auch im eingriffsintensiven Bereich) über weiterreichende Befugnisse verfügen als Polizeibehörden.[187]

69 Strafprozessrechtliche Grenzen zu Präventivbefugnissen können zB nicht generell auf die legendierte HUMINT-Inlandsaufklärung übertragen werden, denn der *nemo-tenetur-***Grundsatz gilt hier nicht.**[188] Sofern eine Zielperson einer Vertrauensperson – im Glauben, es handele sich hierbei eben nicht um eine solche, – Informationen anvertraut, so ist diese zunächst einmal mit der Informationspreisgabe einverstanden. Anders als etwa bei einem (behördenangehörigen) verdeckten Ermittler kommt hier der Grundrechtseingriff erst nach dem eigentlichen Gespräch im Moment der Informationsweitergabe an die Behörde zustande. Im Gespräch selbst aber fehlt es bereits an einem zurechenbaren staatlichen Eingriff.[189] Eine eingriffsausschließende Einwilligung scheitert insofern auch nicht an der Fehlvorstellung der Zielperson.[190] Es handelt sich hierbei um **keinen rechtsgutsbezogenen Irrtum** sondern vielmehr um einen **Motivirrtum,** denn hier liegt lediglich ein Irrtum über die Vertrauenswürdigkeit des Gesprächspartners vor.[191] Durch das Grundrecht auf informationelle Selbstbestimmung wird die Vertraulich*keit* einzelner Informationen geschützt, nicht aber der Glaube an die Vertrauens*würdigkeit* des Kommunikationspartners hinsichtlich des späteren Umgangs mit einer Information.[192]

III. Informationsanalyse und -aufbereitung – Auswertung

70 Die durch verschiedene Methoden gewonnenen Erkenntnisse werden einer **Prüfung und Bewertung** hinsichtlich ihrer Zuverlässigkeit unterzogen. Wie auch bei Zeugenaussagen im Strafprozess können zB mittels Vertrauenspersonen gewonnene Erkenntnisse Wahrnehmungsverzerrungen oder Motive der Vertrauensperson jenseits der bloßen Informationsweitergabe (wie Gewinnstreben, Geltungsdrang, usw) zu inhaltlichen Verzerrungen führen.[193] Verfassungsschutzbehörden bedienen sich daher standardisierter **Schemata zur Bewertung,** sowohl der Zuverlässigkeit der Quelle als Person, wie auch der Einzelinformationen.[194]

71 § 5 BVerfSchG weist dem BfV unbeschadet der Auswertungsverpflichtungen der Landesbehörden die zentrale Kompetenz zur Auswertung zu. **Auswertung (Intelligence Analysis)** bezeichnet einen komplexen Vorgang,[195] der vereinfacht als analytische Sichtung, Bewertung und sachkundige Einordnung von Informationen mit dem Ziel der Erstellung von Lagebildern und anderen Informationsprodukten umschrieben werden kann.[196] Dieser

---

[185] So *Bäcker* in Liskens/Denninger PolR-HdB B. Rn. 249; *Roggan* DÖV 2019, 426; mit unterschiedlichen Begründungen eine nachrichtendienstliche Privillegierung ablehnend: BVerfGE 125, 260 (331 f.) = NJW 2010, 833; BVerfGE 120, 274 (329 ff.) = NJW 2008, 822.
[186] BVerfG NJW 2012, 1419 (1424); *Tannenberger*, Die Sicherheitsverfassung, 2014, 365 ff.
[187] *Lindner/Unterreitmeier* DÖV 2019, 165 (172 f.).
[188] BGHSt 62, 123 Rn. 32 = NJW 2017, 3173.
[189] *Unterreitmeier* GSZ 2019, 233 (235); mwN *Soiné* NStZ 2013, 83 (86); *Droste* VerfassungsschutzR-HdB 323.
[190] So aber *Hong* in Dietrich/Gärditz/Gusy/Warg, 2019, 45 ff. (50 ff.).
[191] *Unterreitmeier* GSZ 2019, 233 (236).
[192] Anders lediglich bei besonderen Vertrauensverhältnissen, *Di Fabio* in Maunz/Düring, 156. EL Juli 2001, Art. 2 I Rn. 156.
[193] *Scott* in Dover/Goodman/Hillebrand, Routledge Companion to Intelligence Studies, 2014, 96 ff.
[194] *Omand*, Securing the State, 2010 139 ff.; *Droste* VerfassungsschutzR-HdB 90, *Bareinske* in NachrichtendiensteR-HdB V § 8 Fn. 92 mwN.
[195] *Loewenthal*, Intelligence – From Secrets to Policy, 7. Aufl. 2017, 163 ff.
[196] *Warg* in Dietrich/Eiffler NachrichtendiensteR-HdB V § 1 Rn. 4.

Prozess erfolgt wiederum zum Zweck der **Berichterstattung,** aber auch zur erneuten Steuerung der Beschaffung, um entsprechenden Informationsbedarf erneut in den Intelligence Cycle einzuspeisen.

IV. Verteilung an die Abnehmer – Berichterstattung

Die fachliche **Information politischer Entscheidungsträger** erfolgt in verschiedenen Formaten.[197] Bereits 1951 begann das BfV damit, seine Erkenntnisse in sog. Monatsberichten zusammenzufassen und neben inländischen Bedarfsträgern auch ausländischen Partnern zur Verfügung zu stellen.[198] Neben der schriftlichen Regelberichterstattung an das BMI als aufsichtsführendes Ressort wie sie in § 16 Abs. 1 BVerfSchG normiert ist,[199] ist hierfür die in der Regel einmal wöchentlich im Bundeskanzleramt tagende **nachrichtendienstliche Lage (ND-Lage),** in welcher der Präsident BfV zu Aspekten der Sicherheitslage vorträgt, und die im Anschluss daran stattfindende **Präsidentenrunde (P-Runde)** von besonderer Relevanz.[200] Beide Runden dienen der Vorbereitung grundsätzlicher Entscheidungen zu Fragen der äußeren und inneren Sicherheit.[201] 72

Ebenso erfolgt nach § 6 Abs. 1 BVerfSchG eine **Information der Landesbehörden für Verfassungsschutz,** insbesondere durch Querschnittsauswertungen in Form von Struktur- und Methodikberichten, sowie regelmäßig durch bundesweite Lageberichte zu den wesentlichen Phänomenbereichen. Die Landesämter wiederum erstellen eigene Produkte für die Informationsweitergabe an die jeweiligen Bedarfsträger auf Landesebene und den Austausch im Rahmen des Verfassungsschutzverbundes. Explizit in § 5 Abs. 2 S. 2 BVerfSchG erwähnt sind **Landeslageberichte.** 73

Die Informationsweitergabe ist jedoch nicht auf diese, den eigentlichen Kernauftrag darstellende, Information politischer Entscheidungsträger beschränkt. Hinzu tritt die eingehend normierte (§§ 20–22 BVerfSchG) **Weitergabe an Strafverfolgungsbehörden.**[202] Dieser eigentliche Nebenaspekt der Berichterstattung wird oft als vermeintlicher Kernauftrag wahrgenommen. Verfassungsschutz war von Beginn an aber auch als Informationszulieferer für die Polizeibehörden vorgesehen, wie die 1954 beschlossenen Grundsätze über die Zusammenarbeit zwischen Polizei und Verfassungsschutz belegen.[203] 74

Der interne Vorgang der Berichterstattung innerhalb der Exekutive wird durch die Öffentlichkeitsarbeit des Verfassungsschutzes als **Verfassungsschutz durch Aufklärung** im Wege des jährlichen Verfassungsschutzberichts und gezielte Sensibilisierung von Wirtschaftsunternehmen als Wirtschaftsschutz ergänzt.[204] 75

In diesem Zusammenhang ist zu unterscheiden zwischen der Frage, ob die gesetzliche Beobachtungspflicht greift, und der Frage, ob und in welcher Phase eine **Information der Öffentlichkeit** über nachrichtendienstliche Tätigkeit zu einem Personenzusammenschluss erfolgen darf. Aufgrund der stigmatisierenden Wirkung der Erwähnung ist hierbei differenziert vorzugehen. So muss zB bei der **Erwähnung von Verdachtsfällen** im Verfassungsschutzbericht deutlich gemacht werden, dass es sich hierbei um eine Einbeziehung aufgrund eines (bis dahin nicht erwiesenen) Extremismusverdachts handelt.[205] Ebenso bedarf die Einordnung einer Gruppierung als „gewaltbereit" einer näheren Begrün- 76

---

[197] Dazu in diesem Band → § 16 Rn. 52.
[198] *Goschler/Wala,* „Keine neue Gestapo", 2015, 94.
[199] *Droste* VerfassungsschutzR-HdB 453; *Bergemann* in Lisken/Denninger PolR-HdB H. Rn. 15.
[200] *Eiffler* in Dietrich/Eiffler NachrichtendiensteR-HdB VII § 1 Rn. 53.
[201] BVerfGE 124, 78 = NVwZ 2009, 1353; *Fritsche* in *Röttgen/Wolff,* Parlamentarische Kontrolle, 2008, 77 ff. (78).
[202] Eingehend dazu *Gazeas,* Nachrichtendienstliche Erkenntnisse, 2014; *Bergemann* in Lisken/Denninger PolR-HdB H. Rn. 116 ff.
[203] Sog. „Unkelner Richtline", abgedruckt bei *Brückner/Schmitt,* Verfassungsschutz und Innere Sicherheit, 1977, 84.
[204] *Brandt* in Dietrich/Eiffler NachrichtendiensteR-HdB VIII → § 2 Rn. 4; in diesem Band → § 16 Rn. 52.
[205] BVerfG NJW 2005, 2912 (2915).

dung.²⁰⁶ Bereits eine öffentliche **Erwähnung der Behandlung als „Prüffall"** hat stigmatisierende Wirkung.

Fall: Öffentliche Bezeichnung der AfD als „Prüffall" – Der Präsident des BfV teilte auf einer Pressekonferenz vom 15.1.2019 mit, die Gesamtpartei AfD werde seitens des BfV als „Prüffall" bearbeitet, die Jugendorganisation „Junge Alternative" (JA) und die Teilorganisation der AfD „Der Flügel" würden zu „Verdachtsfällen" erklärt. Da lediglich „Verdachtssplitter" vorlägen, seien aber hinsichtlich der Gesamtpartei AfD die Voraussetzungen eines „Verdachtsfalls" nicht gegeben. Das VG Köln gab einem Eilantrag der AfD gegen diese in die Öffentlichkeit getragene Mitteilung, die AfD werde als „Prüffall" bearbeitet, statt. Gegenstand des Verfahrens war dabei allein die Frage, ob eine Rechtsgrundlage für das Vorgehen des Bundesamtes besteht. Das VG Köln sah für die Mitteilung, eine Partei werde als „Prüffall" bearbeitet, keine hinreichende Rechtsgrundlage in § 16 Abs. 1 BVerfSchG enthalten. Eine inhaltliche Bewertung der Positionen der AfD war nicht verfahrensrelevant.²⁰⁷ Das BfV verzichtete darauf, gegen dieses Urteil Rechtsbehelfe anzustrengen, mit der Begründung, die gerichtliche Klärung einzelner Rechtsfragen zur Reichweite der Öffentlichkeitsarbeit des BfV solle nicht weiter vom eigentlichen Thema ablenken.²⁰⁸

E. Reformvorschläge

77 Die rechtswissenschaftliche, politikwissenschaftliche und journalistische Literatur ist nicht arm an Reformvorschlägen zu Fragen der Inlandsaufklärung.²⁰⁹ Trotz dieser **Vielfalt an Reformvorschlägen** lassen sich doch einzelne, sich wiederholende Muster an Reformvorschlägen herausarbeiten. Zentral ist ein Spannungsfeld **zwischen Überregulierung und Regelungsdefizit**: Zum einen wird – teils apodiktisch und ohne nähere Belege – eine juristische Überregulierung beklagt, die einen Erdrosselungseffekt habe und die Nachrichtendienste lähme.²¹⁰ Ebenso wird aber gegenläufig ein vermeintliches Regelungsdefizit mit zu geringer Einhegung von Inlandsaufklärung konstatiert.²¹¹ Gerade im Nachgang zum NSU-Skandal (ab 2011)²¹² waren diese Stimmen besonders zahlreich.²¹³ Insofern fällt bereits die Problembeschreibung uneinheitlich aus.

I. Umbenennung und Umstrukturierung des BfV

78 Neben der als äußerste Zuspitzung vorgetragenen Forderung, den Verfassungsschutz insgesamt seiner Funktion nach als überflüssigen „Anachronismus" anzusehen,²¹⁴ was schon dem Gebot nachrichtendienstlichen Verfassungsschutzes zuwiderliefe, finden sich einige grundlegende Reformvorschläge zu Bezeichnung, Aufgabenzuschnitt und struktureller Einbindung des BfV in die deutsche Sicherheitsarchitektur: Im Sinne einer **funktionsgerechteren Bezeichnung** regt *Warg* eine Umfirmierung als *„Bundesamt für Terrorismus- und Extremismusabwehr"* an. Dies wird auch mit einer thematisch höheren Akzeptanz als der historisch eher willkürlich gewählte Begriff „Verfassungsschutz" begründet.²¹⁵

---

²⁰⁶ OVG Bremen NVwZ-RR 2018, 571 – Rote Hilfe.
²⁰⁷ VG Köln NVwZ 2019, 1060; Ebenso: VG Weimar Urt. v. 11.6.2021, Az. 8 K 1151/19 We; Ein zugleich vor dem EGMR angestrengtes Verfahren wurde mangels Rechtswegerschöpfung abgewiesen; EGMR Urt. v. 4.7.2019, Beschwerde-Nr. 57939/18.
²⁰⁸ Pressemitteilung des BfV v. 8.3.2019, Konzentration auf die Beobachtung der Verdachtsfälle „Der Flügel" und „Junge Alternative" (online); BfV, Fachinformation zu Teilorganisationen der Partei „Alternative für Deutschland" (AfD), (online) zur Gesamtpartei AfO: VG Köln Urt. v. 8.3.2022, Az. 13 K 326/21.
²⁰⁹ *Lange/Lanfer*, Verfassungsschutz – Reformperspektiven zwischen administrativer Effektivität und demokratischer Transparenz, 2016; *Leggewie/Meier*, Nach dem Verfassungsschutz. Plädoyer für eine neue Sicherheitsarchitektur der Berliner Republik, 2012, *Gitter/Marscholleck* GSZ 2021, 191 (196).
²¹⁰ *Grumke/Van Hüllen*, Der Verfassungsschutz, 2016, 221, deutlich differenziert *Dietrich* in Dietrich/Eiffler NachrichtendiensteR-HdB III § 3 Rn. 71.
²¹¹ *Aden/Lüders* Vorgänge 2018, 131 ff.
²¹² Zum Sachverhalt: BT-Drs. 17/14600; 18/12950.
²¹³ *v. Behrens* KJ 2017, 38 ff. mwN.
²¹⁴ *Leggwie/Meier*, Nach dem Verfassungsschutz, 2012, 63, 66 ff., 71; *Bull* RuP 2015, 2 (3).
²¹⁵ *Warg* in Dietrich/Eiffler NachrichtendiensteR-HdB V § 1 Rn. 97–98.

E. Reformvorschläge

Änderungsvorschläge zur grundsätzlichen **Umstrukturierung der Inlandsaufklärung** sehen beispielsweise eine Verteilung der Aufgaben des BfV auf verschiedene Behörden im Sinne der Zerschlagung eines einheitlichen Bundesamtes vor: Zum einen sollen dessen Aufgaben von einem *„Institut zum Schutz der Verfassung"* (ISV) als eigenständige Behörde, die allein für OSINT-Auswertung und allgemeine Gefahrenhinweise zuständig sein soll, wahrgenommen werden. Zum anderen soll ein *„Bundesamt zur Gefahrenerkennung und Spionageabwehr"* (BfGS) als verkleinerter Inlandsnachrichtendienst tätig werden, sofern Gefahrvorfeldaufklärung durch die Analyse offen zugänglicher Quellen nicht mehr geleistet werden kann.[216] In die entgegengesetzte Richtung weisen hingegen Ideen der Aufweichung, bis hin zur gänzlichen **Aufhebung des Trennungsgebotes,** die vornehmlich aus Polizeikreisen,[217] aber auch aus Nachrichtendienstkreisen vorgetragen werden.[218] Andererseits sind Vorschläge zur näheren Kodifikation des Trennungsgebotes[219] bisher abgelehnt worden.[220]

Zwei wesentliche Argumente sind diesen Überlegungen entgegenzuhalten: Auch wenn Aufgabenzuschnitte und Binnenstrukturen sicherlich der kontinuierlichen Überprüfung bedürfen, inwieweit sie den Anforderungen des Grundgesetzes an nachrichtendienstlichen Verfassungsschutz genügen, so scheinen drastische Reorganisationsargumente, weniger mit Blick auf Effizienz und effizientere Kontrolle der Inlandsaufklärung, als eher wegen des politischen Effekts vorgetragen zu werden. Bei einer im internationalen Vergleich einzigartigen Trennung auf zwei Behörden nach Beschaffungsmethoden (OSINT und andere -INTS) gemäß oben genanntem Muster (→ Rn. 79), müssten eine Reihe an Schnittstellenfragen geklärt werden. Nicht dargelegt wird, wie **Steuerungs- und Abstimmungsprozesse,** die bereits jetzt den neuralgischen Punkt der Inlandsaufklärung bilden, gestaltet werden sollen. Fraglich erscheint auch, inwieweit eine bloße Bezeichnungsänderung ohne eine weitergehende Funktionsanpassung allein akzeptanzsteigernd wirken kann.

Ebenso wie sich zahlreiche Problemstände der bestehenden Regelungslage erst bei genauerer Betrachtung der Details erschließen,[221] kann nur eine gleichzeitige Betrachtung, wie sich diese in die Systematik der Inlandsaufklärung einpassen oder das Gefüge verändern, eine Bewertung ermöglichen, inwieweit sie eine qualitative Verbesserung darstellen. Daher haben diese Reformanregungen gemeinsam, dass sich diese **Vorschläge als unterkomplex** darstellen.

II. Auflösung des BAMAD

Seltener geworden, aber keineswegs verstummt, sind wiederholt vorgetragene Forderungen, das BAMAD aufzulösen und dessen Aufgaben durch das BfV wahrnehmen zu lassen.[222] Zentrales Argument dabei ist, die Verteilung der nachrichtendienstlichen Tätigkeit des Bundes auf drei verschiedene Dienste führe zu überflüssigen Doppelstrukturen, darauf beruhender Intransparenz und zu der Gefahr doppelter Grundrechtseingriffe.[223] Auch wenn bereits die **Prämisse „unnötiger Doppelstrukturen",** die abweichenden Aufgabenzuweisungen (C I.–II.; → Rn. 38–41) verkennt, so erschiene eine daraus folgende Integration der Aufgaben des BAMAD in das BfV bereits **rein strukturell abwegig.** Dies hätte zur Folge, dass bereits bei den, seit 2017 nach § 37 Abs. 3 SG für das gesamte soldatische

---

[216] Bündnis90/Die Grünen, Ein Neustart für den Verfassungsschutz, BT-Drs. 19/8700.
[217] Deutschlandfunk v. 24.4.2013, *Wendt:* Trennungsgebot darf Terrorismusbekämpfung nicht behindern (online); *Baban,* Der innenpolitische Sicherheitsdiskurs in Deutschland, 2013, 245 f.
[218] *Warg* in Dietrich/Eiffler NachrichtendiensteR-HdB VI § 1 Rn. 98; *Albert* ZRP 1995, 105 ff.
[219] BT-Drs. 19/7424 v. 19.1.2019.
[220] Bundestag lehnt FDP-Antrag zur föderalen Sicherheitsarchitektur ab, /www.bundestag.de/dokumente/textarchiv/2019/kw51-de-terrorismus-673060.
[221] ZB *Blome/Sellmeier* GSZ 2019, 196 ff.
[222] BT-Drs. 19/17075; *Steinke,* „Götterdämmerung für den MAD", SZ v. 22.6.2020 (online).
[223] *Jungholt/Müller,* MAD – der geheimste aller Geheimdienste, Welt v. 26.5.2011; FDP-Politiker *Wolff* zur MAD-Affäre: „Der MAD ist ein Fremdkörper", SZ v. 13.9.2012 (online).

Personal erforderlichen,[224] Sicherheitsüberprüfungen ein ressortübergreifender Vorgang geschaffen würde. Ein solches „Veto-Recht" des BMI zu militärischen Personalfragen würde die Ressortleitungskompetenz des BMVg nach Art. 65 Abs. 2 GG ganz empfindlich einschränken und eine streitkräftetypische Aufgabe aus dem Ressort hinausverlagern.[225] Neben dem gesteigerten Umfang der Sicherheitsüberprüfungen hatte das BAMAD seit 2003 **kontinuierlich weitere Aufgabenzuwächse** zu verzeichnen. Dazu zählten insbesondere Aufgaben im Bereich Force Protection bei besonderen Auslandsverwendungen der Bundeswehr nach § 14 BAMAD,[226] die einem Inlandsnachrichtendienst wesensfremd wären.[227] Mit wachsendem Verständnis, dass der BND der militärische Auslandsnachrichtendienst Deutschlands ist und das BAMAD eine ressortbezogene Verfassungsschutzaufgabe wahrnimmt, kann auch die Akzeptanz dieser Behörde mit nachrichtendienstlicher **Scharnierfunktion zwischen Inlandsaufklärung und militärischer Auslandsaufklärung** wachsen, sofern ihr eine skandalfreie Abwicklung des Tagesgeschäfts gelingt.

III. Änderung der Aufgabenverteilung zwischen Bund und Ländern

83 Von beständiger Aktualität ist schließlich die Diskussion über die Vor- und Nachteile einer föderalistisch organisierten Sicherheitsarchitektur[228] mit paralleler Existenz von Bundesamt und Landesämtern für Verfassungsschutz. In der radikalsten Form geht dies bis hin zur Forderung der gänzlichen **Abschaffung der Landesämter für Verfassungsschutz** und einer zentralen Aufgabenwahrnehmung durch das BfV,[229] oder gar einer Zentralisierung in einem „*Bundesamt für öffentliche Sicherheit.*"[230]

84 Da das Grundgesetz selbst aber (in Art. 73 Abs. 1 Nr. 10b und Art. 87 Abs. 1 S. 2) von einer parallel bestehenden Struktur ausgeht, wirft eine solche Abschaffung die Frage nach den Grenzen dieses Kompetenztitels auf. Im Unterschied zu den Verfassungen anderer Staaten trifft das Grundgesetz eine Regelung zur nachrichtendienstlichen Organisation im Verfassungstext selbst.[231] Hierbei erscheint bereits fraglich, inwieweit es für Länder möglich ist, sich verfassungskonform eigener Verfassungsschutzbehörden durch Übertragung dieser Aufgaben zu entledigen.[232] Zielführender erscheint dagegen die Idee eines **Musterverfassungsschutzgesetzes,** das jedoch nicht zwingend zu einer Harmonisierung in allen Ländern führt, aber eine Einführung einheitlicher Befugnisnormen für Bund und Länder befördern kann.[233]

85 Neben den bereits jetzt im BVerfSchG enthaltenen umfassenden Regelungen zur Zusammenarbeit zwischen Bund und Ländern (§ 2 Abs. 1 BVerfSchG, § 3 Abs. 1 und 2 BVerfSchG; § 5 Abs. 3 BVerfSchG; §§ 6 und 7 BVerfSchG), räumt als moderatere Form der Zentralisierung § 2 Abs. 2 BVerfSchG auch die Möglichkeit der **Zusammenlegung mehrerer Landesämter** zu einer gemeinsamen Behörde ein.[234] Die Folge einer solchen Fusion wäre aber problematisch für die parlamentarische Kontrolle des Verfassungsschutzes durch das jeweilige Landesparlament.[235] Die Länderverfassungen weisen den jeweiligen Parlamenten eine umfassende Kontrolle exekutiven Handelns als Aufgabe zu.[236] Durch eine solche Zusammenlegung würde das Handeln und die Organisation einer gemeinsamen

---

[224] BT-Drs. 18/10009.
[225] *Weisser* NZWehrR 2012, 198 (201).
[226] *Bareinske* in Dietrich/Eiffler NachrichtendiensteR-HdB V § 9 Rn. 50 ff.
[227] *Warg* in Dietrich/Eiffler NachrichtendiensteR-HdB V § 1 Rn. 99, mit Bezug auf BT Drs. 11/4306, 66.
[228] FAZ v. 21.11.2011: Bosbach will kleinere Landesämter zusammenlegen.
[229] FAZ v. 3.1.2017: T. de Maiziere, Leitlinien für einen starken Staat in schwierigen Zeiten.
[230] *Werthebach* in *Weidenfeld,* Herausforderung Terrorismus, 2004, 222 ff. (238).
[231] *Uhle* in Mauz/Düring, 58. EL Feb. 2010, GG Art. 73 Rn. 245.
[232] Dies bejaht: *Gärditz* AöR 2019, 81 (116 f.).
[233] *Wischmeyer* in Dietrich/Gärditz/Gusy/Warg, 2020, 35 ff. (57 ff.).
[234] Eine solche Zusammenlegung regt bereits an: *Werthebach* in *Graulich/Simon,* Terrorismus und Rechtsstaatlichkeit, 2007, 123 ff. (131).
[235] *Wittmoser,* Die Landesämter für Verfassungsschutz, 2012, 96 ff.
[236] ZB Art. 7 NdsVerf; Art. 27 VerfBW.

Behörde im zentralen Handlungsfeld der inneren Sicherheit, den Landesparlamenten aber teilweise entzogen. Parlamentarische Kontrollgremien können nur die jeweils zugeordnete Regierung kontrollieren,[237] mit „Ausgründung" einer länderübergreifenden Behörde würde die Kontrolldichte zunächst reduziert. Eine solche Zusammenlegung würde also einen **Akt der partiellen Selbstentmachtung von Landesparlamenten** erfordern. Fraglich ist hierbei auch schon, inwieweit die Landesverfassungen eine solches „Entäußern" von staatlicher Kompetenz an eine übergreifende Behörde ermöglichen. Letztlich kommt man nicht umhin, die Frage zu stellen, ob es sich hierbei nicht um eine Scheindebatte, rechtlich kaum umzusetzender Alternativen handelt, da eine solche Zusammenlegung eher unwahrscheinlich erscheint.[238] Allerdings sind auch verstärkte Kooperationen in Einzelfeldern durch **Verwaltungsvereinbarung** zwischen den Landesämtern unterhalb der vollständigen Zusammenlegung denkbar, um eine verstärkte Kooperation unter den Landesämtern zu ermöglichen.[239]

F. Fazit und Entwicklungsperspektiven

Mit 18 verschiedenen Nachrichtendiensten, die 17 verschiedenen Hoheitsträgern zugeordnet sind, ist die **Struktur der deutschen Inlandsaufklärung vielschichtig und komplex**, es griffe aber zu kurz, aus der bloßen Zahl der Behörden auf eine inadäquate Aufgabenwahrnehmung zu schließen. Dem tragen umfassende Abstimmungsprozesse Rechnung, die nach Kategorien der Intelligence Studies in allen Phasen des „Intelligence Cycle" zum Tragen kommen (s. o. D.I. → Rn. 41). Gewichtige Argumente sprechen für eine stärkere Zentralisierung der Inlandsaufklärung, und es gibt einen **beständigen Trend in Richtung zentralisierter Aufgabenwahrnehmung,** die in dauerhaften Austauschstrukturen, wie Fusion-Centren und dem NADIS-WN, am augenfälligsten wird. Allerdings geht dies nicht so weit, dass die verfassungsrechtlich vorgegebene Struktur und Grundorganisation Änderungen erfahren hätte. Vor dem Hintergrund der geringen Änderungswahrscheinlichkeit dieser Grundprinzipien erscheinen daher allzu drastische Reformvorschläge, zwar als interessante rechtstheoretische Überlegungen, rechtspraktisch aber müßig. Fraglich ist auch, ob nicht durch eine vollständige Zentralisierung, die weniger gesehenen **Vorteile einer Präsenz des Verfassungsschutzes in der Fläche,** gemindert würden.[240] Neben einer größeren Ortsnähe und Kenntnis der lokalen Gegebenheiten, vermeidet diese Struktur auch Schwächen, wie die Gefahr eines einheitlichen „groupthink" in der Analyse und Lagebewertung.[241] Trotz der unwahrscheinlichen Änderung verfassungsrechtlich vorgegebener Strukturen ist zu erwarten, dass die einfachgesetzliche (und viel mehr noch behördeninterne) Regelungslage beständigen Änderungen unterworfen sein wird. In einem – nicht nur aber vornehmlich – durch Digitalisierung behördenseitig schnellere Aktionsfähigkeit erfordernden Arbeitsfeld, sind beständige Anpassungen der Arbeitsweisen erforderlich,[242] wie zB eine mögliche Digitalisierung einzelner Kontrollmechanismen.[243] Bei allem Reformeifer sollte aber nicht außer Acht gelassen werden, dass die Grundmerkmale, Prozesse und Arbeitsweisen von Inlandsaufklärung losgelöst, von der bundesrepublikanischen Rechtspraxis seit langem unverändert sind.[244] Es werden oft nur Erklärungen für bestimmte Mechanismen in einem aktuelleren Kontext entwickelt; so

86

---

[237] *Warg* NVwZ 2014, 1263 (1264).
[238] So schon *Schily*, Herbsttagung 2004, Netzwerk des Terrors- Netzwerke gegen den Terror, 5 (9), (online); *Dietrich* FS U. Sieber 2020, 1 (14–15).
[239] Vgl. zB Verwaltungsvereinbarung zw. Nds, Brem, LSA, zur gemeinsamen Bereitstellung und Nutzung von Aufzeichnungs- und Auswertetechnik im G10-Bereich, LT LSA, LT-Drs. 6/3374 v. 27.8.2014, 8.
[240] BfV-Präsident *Thomas Haldenwang* auf dem 22. Europäischen Polizeikongress am 20.2.2019; so schon 1991 der damalige BfV-Präsident *Werthebach*, Der Spiegel, 4.11.1991.
[241] *Loewenthal*, Intelligence – From Secrets to Policy; 6. Aufl. 2017, 202 f.
[242] *Marscholleck* NJW 2015, 3611 (3616).
[243] *Wetzling* in Pernice/Pohle, Privacy and Cybersecurity in the Books and on the Ground, 2018, 46–51.
[244] *Krieger*, Geschichte der Geheimdienste – Von den Pharaonen zur CIA, 2009, 14–19.

stammt der „Intelligence Cycle" als Erklärungsmodell aus den 1930er Jahren.[245] Geboten scheint daher eher eine **Optimierung statt Neuordnung.**[246] Das Recht der Nachrichtendienste bietet insofern einerseits hinreichend Raum für deutlich kleinteiligere Reformen, als die zuvor dargestellten Reformvorschläge, erfordert aber zugleich auch sehr viel grundsätzlichere Vorüberlegungen.

87 Wie das gesamte Recht der Nachrichtendienste, weist die rechtliche Regelung der Inlandsaufklärung eine unübersichtliche Zersplitterung und zunehmend höhere Regelungsdichte auf. Zu Recht wurde bisher eine **fehlende, übergreifende Ordnungsidee** im Recht der Nachrichtendienste beklagt.[247] Weniger vom Bestreben einer sachgerechten Regelung, als „mehr von bestimmten rechtspolitischen Überzeugungen geprägten"[248] Kontroversen waren dem sicherlich nicht zuträglich. Dennoch sind inzwischen Ansätze einer grundlegenden **Dogmatik des Rechts der Nachrichtendienste** entwickelt worden.[249]

88 Der bisherige Diskurs war sehr von deutscher Grundrechtsdogmatik, weniger von themenspezifischen Auseinandersetzungen im Bereich der „Intelligence Studies" geprägt. Häufig wurde Rückgriff auf das deutlich besser etablierte und erforschte Polizei- und Ordnungsrecht genommen, aber teils verkannt, dass mit Nachrichtendiensten ein Regelungsgegenstand betrachtet wird, der diesem zwar verwandt ist, aber eben doch ein *aliud* **zum Polizei- und Ordnungsrecht** darstellt. In einer arbeitsteiligen Struktur der Gefahrenvorbeugung und -abwehr kommt der nachrichtendienstlichen Inlandsaufklärung eine vom Grundgesetz anerkannte Frühwarnfunktion zu. Da bereits der bewusst geteilte Prozess von Inlandsaufklärung und exekutiven Gefahrabwehrmaßnahmen eine grundrechtsschützende Wirkung entfaltet, setzen nachrichtendienstliche Befugnisnormen niedrigere Eingriffsschwellen als polizeiliche Befugnisnormen. Für die Inlandsaufklärung wie sie im nachrichtendienstlichen Verfassungsschutz angelegt ist, besteht eine **verfassungsrechtlich verankerte, institutionelle Garantie** (→ Rn. 24); sie darf daher nicht durch kaum sachgerechte Übertragungen aus dem Polizeirecht ihrer Funktionsfähigkeit beraubt werden.

§ 19 Struktur und Prozesse der Auslandsaufklärung

Werner Ader

Übersicht

	Rn.
A. Einführung	1
I. Zum Begriff „Auslandsaufklärung"	1
II. Der BND als der Auslandsnachrichtendienst der Bundesrepublik Deutschland	4
III. Spezifische Herausforderungen und Risiken der Arbeit des Auslandsnachrichtendienstes	6
B. Die Aufgaben des BND	12
I. Die Aufgabenzuweisung des § 1 Abs. 2 S. 1 BNDG	12
II. Zuständigkeits- und Abgrenzungsfragen gegenüber Verfassungsschutz, BAMAD und militärischem Nachrichtenwesen	15
III. Der BND als Informationsdienstleister	24
IV. Einbindung des BND in den außen- und sicherheitspolitischen Informationsverbund der Bundesrepublik	27

---

[245] *Omand* in Dover ua, Routledge Companion to Intelligence Studies, 2014, VI, 59 ff. (61).
[246] Ebenso schon im Nachgang zum 11. September 2001: *Nehm* NJW 2002, 2665 (2671).
[247] *Dietrich* in Dietrich/Eiffler NachrichtendiensteR-HdB III § 3 Rn. 71.
[248] *Dorn*, Das Trennungsgebot, 2004, 192.
[249] *Lindner/Unterreitmeier* DÖV 2019, 165 ff.

	Rn.
V. Außen- und sicherheitspolitische Bedeutsamkeit	30
VI. Organisatorische Festlegungen für die deutsche Auslandsaufklärung	31
VII. Auslandsbegriff des § 1 BNDG	39
C. Die Befugnisse des BND	43
I. Allgemeine Fragen	43
1. Grundrechtsrelevanz	43
2. Extraterritoriale Reichweite der Grundrechte	45
a) Territoriale Grundrechtserstreckung ins Ausland	45
b) Personelle Grundrechtserstreckung	53
3. Heimlichkeit des Grundrechtseingriffs	63
4. Rechtfertigende Wirkung der BND-Befugnisnormen	64
5. Europäisches Unionsrecht, Europäische Menschenrechtskonvention	66
II. Die Befugnisse des BND im Einzelnen	70
1. § 2 BNDG als allgemeine Befugnisnorm	70
2. Übersicht spezielle BNDG-Befugnisnormen	81
3. Besondere Auskunftsverlangen nach §§ 3, 4 BNDG	82
4. Besonderheiten der HUMINT-Befugnisse (§ 5 BNDG)	84
a) Heimlichkeit	85
b) Szenetypische Delikte	90
c) Kulturelle oder finanzielle Sondersituationen im Ausland	92
d) Observationen	97
5. SIGINT	98
6. SOCMINT	101
7. IMINT, GEOINT	106
8. Polizeinahe Befugnisse	108
9. OSINT	111
D. Zusammenarbeit mit inländischen und ausländischen Nachrichtendiensten	112
I. Allgemeines	112
II. Zusammenarbeit mit inländischen Stellen	115
III. Zusammenarbeit mit ausländischen Stellen	123
1. Allgemeines zur internationalen nachrichtendienstlichen Zusammenarbeit	123
2. Problematik des alten Befugnisrahmens	127
3. BNDG-Novellierung 2021	131
4. Third Party Rule	133
E. BND-interne Prozesse als Ausfluss des gesetzlichen Aufgaben- und Befugnisrahmens	135
F. Externe Kontrollmechanismen	141
I. Multiplexe externe Kontrollstruktur	141
II. Externe behördliche Kontrollinstanzen	143
1. Bundeskanzleramt	143
2. BfDI, BRH	146
3. Neuartige SiGiNT-Kontrollorgane	149
III. Parlamentarische Kontrolle	154
1. Parlamentarisches Kontrollgremium	155
2. Vertrauensgremium	159
3. G10-Kommission	161
4. Kontrolle und Third Party Rule	163
IV. Gerichtliche Kontrolle	168
V. Medien	171
G. Perspektiven	172

Wichtige Literatur:

Bäcker, M., Erhebung, Bevorratung und Übermittlung von Telekommunikationsdaten durch die Nachrichtendienste des Bundes, Stellungnahme zur Anhörung des NSA-Untersuchungsausschusses am 22. Mai 2014, MAT A SV-2/3, www.bundestag.de/resource/blob/280844/ 35ec929cf03c4f60bc70fc8ef404c5cc/mat_a_sv-2–3-pdf-data.pdf; *Barczak, T.*, Vom rechtsfreien Raum zum raumlosen Recht? Anmerkungen zum BND-Urteil des Bundesverfassungsgerichts vom 19. Mai 2020, 1 BvR 2835/17, BayVBl. 2020, 685 ff.; *Bareinske,*

C., Auslandsaufklärung in Dietrich/Eiffler Nachrichtendiente-HdB V § 8; *Brenner, M.*, Bundesnachrichtendienst im Rechtsstaat: Zwischen geheimdienstlicher Effizienz und rechtsstaatlicher Kontrolle, 1990; *Dietrich, J.-H.*, Das Recht der Nachrichtendienste, in Dietrich/Eiffler, Nachrichtendienste-HdB, III § 3; *Gärditz, K.F.*, Anmerkung zum ATDG-Urteil des BVerfG, JZ 2013, 633 ff.; *Gärditz, K. F.*, Die Rechtsbindung des Bundesnachrichtendienstes bei Auslandstätigkeiten, Die Verwaltung 2015, 463 ff.; *Gärditz, K. F.*, Anmerkung zu BVerwG, Beschl. v. 29.4.2015 – 20 F 8.14 – Verweigerung der Vorlage von Geheimdienstakten, DVBl 2015, 903 ff.; *Gärditz, K. F.*, Die Reform des Nachrichtendienstrechts des Bundes: Ausland-Ausland-Fernmeldeaufklärung des Bundesnachrichtendienstes und Stärkung des Parlamentarischen Kontrollgremiums, DVBl 2017, 525 ff.; *Gärditz, K. F.*, Grundrechtliche Grenzen strategischer Ausland-Ausland-Telekommunikationsaufklärung, JZ 2020, 825 ff.; *Gröpl, C.*, Die Nachrichtendienste im Regelwerk der deutschen Sicherheitsverwaltung, 1993; *Gusy, C.*, Organisation und Aufbau der deutschen Nachrichtendienste, Nachrichtendienste-HdB, IV § 1; *Hochreiter, M.*, Die heimliche Überwachung internationaler Telekommunikation, 2001; *Hong, M.*, Der Einsatz von V-Leuten und verdeckten Mitarbeitern zwischen sicherheitspolitischer Notwendigkeit und verfassungsrechtlichen Grenzen, in DGGGW Nachrichtendienstereform, 2020, 45 ff.; *Huber, B.*, Das BVerfG und die Ausland-Ausland-Fernmeldeaufklärung des BND, NVwZ-Beilage 2020, 3 ff.; *Kahl, W.*, Aktuelle Herausforderungen für die äußere Sicherheit der Bundesrepublik Deutschland. Auswirkungen auf Arbeit und Aufgaben des Bundesnachrichtendienstes, in Sensburg, Sicherheit in einer digitalen Welt, 2017, 137 ff.; *Kreuter, D./Möbius, K.*, Verfassungsrechtliche Vorgaben für nachrichtendienstliches Handeln im Ausland: Extraterritoriale Geltung der Grundrechte? Bundeswehrverwaltung 2009, 146 ff.; *Lampe, J.*, Die Schwierigkeiten mit der Rechtfertigung nachrichtendienstlicher Tätigkeit, NStZ 2015, 361 ff.; *Meiertöns, H.*, Die nachrichtendienstliche Vermittlerrolle bei Entführungen – Grenzfälle der gesetzlichen Auftragszuweisung, GSZ 2018, 219 ff.; *Meinel, C.*, Nachrichtendienstliche Aufklärung als Kompetenzproblem, NVwZ 2018, 852 ff., 2019, 1739; *Möllers, C.*, Von der Kernbereichsgarantie zur exekutiven Notstandsprärogative: zum BND-Selektorenbeschluss des BVerfG, JZ 2017, 271 ff.; *Papier, H.-J.*, Beschränkungen der Telekommunikationsfreiheit durch den BND an Datenaustauschpunkten, NVwZ-Extra 15/2016, 1 ff.; *Proelß, A./Daum, O.*, Verfassungsrechtliche Grenzen der Routinefernmeldeaufklärung durch den Bundesnachrichtendienst, AöR 141 (2016), 373 ff.; *Rieger, T.*, Bundesnachrichtendienst und Rechtsstaat, ZRP 1985, 3 ff.; *Schmahl, S.*, Grundrechtsbindung der deutschen Staatsgewalt im Ausland, NJW 2020, 2221 ff.; *Schneider, B.*, Fernmeldegeheimnis und Fernmeldeaufklärung, 2020; *Schwander, T.*, Extraterritoriale Wirkungen von Grundrechten im Mehrebenensystem, 2019; *Sule, S.*, National Security and EU law restraints on Intelligence Activities, in Dietrich/Sule, Intelligence Law, S. 335 ff.; *Talmon, S.*, Der Begriff der „Hoheitsgewalt" in Zeiten der Überwachung des Internets und Telekommunikationsverkehrs durch ausländische Nachrichtendienste, JZ 2014, 783 ff.; *Warg, G.*, Der gesetzliche Auftrag der deutschen Nachrichtendienste, in Dietrich/Eiffler NachrichtendiensteR-HdB V § 1; *Warg, G.*, Den Verfassungsschutz im Ausland einsetzen...!, NVwZ 2019, 127 ff.; *Yousif, M.*, Die extraterritoriale Geltung der Grundrechte bei der Ausübung deutscher Staatsgewalt im Ausland, 2007.

Hinweis:
Alle Internetfundstellen wurden zuletzt am 13.4.2022 abgerufen.

A. Einführung

I. Zum Begriff „Auslandsaufklärung"

1 Der **Begriff** „Auslandsaufklärung" ist als Kurzchiffre für ein phänomenologisch komplexes und vielschichtiges Geschehen griffig und attraktiv.[1] Rechtlich leistet er aber, außer zur Abgrenzung von der Inlandsaufklärung,[2] wenig. Ausländische Sachverhalte zu erfassen, zu ergründen und darüber zu berichten gehört zu den Kernaufgaben vieler Akteure, darunter auf staatlicher Seite etwa das Auswärtige Amt mit seinen zahlreichen Auslandsvertretungen (einschließlich der dort oft mit eigenen Mitarbeitern vertretenen Ressorts), auf nichtstaatlicher Seite zB prominent die Auslandskorrespondenten größerer Medien. Zahlreiche (zumeist politik-)wissenschaftliche Auslandsexperten widmen sich dieser Aufgabe ebenfalls. Die deutsche Rechtsordnung verwendet den Begriff Auslandsaufklärung daher mit gutem Grund nicht.

2 Der vorliegende Beitrag konzentriert sich auf die *nachrichtendienstliche* Auslandsaufklärung[3] als eines der vielen in diesem Band behandelten Instrumente staatlicher Sicherheitsgewähr-

---

[1] Weshalb ihn der Bundesnachrichtendienst selbst ebenfalls gern verwendet, zB auf seiner Homepage, s. https://www.bnd.bund.de/DE/Service/FAQs/faq_node.html.
[2] S. dazu den Beitrag *Meiertöns* → § 18.
[3] In dieser spezifischen Kombination findet der Begriff auch in regierungsamtlichen Texten Verwendung, s. zB BR-Drs. 618/88, 183.

A. Einführung

leistung und damit auf denjenigen Behördenakteur, der praktisch vollständig auf die Funktionskombination Informationsdienstleister[4] plus Auslandszuständigkeit fokussiert ist: den **Bundesnachrichtendienst (BND)**.

Wenig überraschend hat in dessen praktischer Arbeit eine Einzelinformation nur selten dramatische Bedeutung (etwa wenn es gelingt, die Durchführungsdetails eines unmittelbar bevorstehenden Terroranschlags aufzuklären). Weitaus typischer besteht nachrichtendienstliche Auslandsaufklärung im geduldigen Sammeln vieler (auch vielfältiger) und nicht selten zunächst widersprüchlicher Einzelinformationen, aus denen methodisch aufwändig ein umfassendes und ständig fortzuschreibendes Lagebild destilliert wird.[5] Übrigens spielt gerade diese Kontinuität für die Akzeptanz der nachrichtendienstlichen Analyse eine erhebliche Rolle, kann sie doch fachkundig und nötigenfalls beharrlich für ein Lagebild werben, auch wenn dieses dem Abnehmer anfangs nicht einleuchtet oder anderen Informationen, über die er verfügt, widerspricht.

II. Der BND als *der* Auslandsnachrichtendienst der Bundesrepublik Deutschland

Mit seiner exklusiven gesetzgeberischen Aufgabeneinengung (→ Rn. 12 ff.) auf die nachrichtendienstliche Auslandsaufklärung ist der BND zugleich *der* **Auslandsnachrichtendienst** der Bundesrepublik Deutschland.

Gesetzessystematisch sind diese Besonderheiten gegenwärtig nur unvollkommen abgebildet. Insbesondere die BND-Befugnisregelungen für die Führung menschlicher Quellen (§ 5 BNDG) und die allgemeinen Übermittlungsregelungen (§ 11 BNDG) sind schon rechtsförmlich eng an die entsprechenden Regelungen für den Inlandsnachrichtendienst (§§ 9 ff., 19 ff. BVerfSchG) angebunden. Das führt zu Auslegungsproblemen eigener Art (→ Rn. 84 ff.), folgt aber der offensichtlichen Logik, dass es aus Sicht eines Betroffenen gleichgültig ist, welcher der Nachrichtendienste des Bundes in seine Grundrechte eingreift.

III. Spezifische Herausforderungen und Risiken der Arbeit des Auslandsnachrichtendienstes

Die Befähigung eines Nachrichtendienstes zur Auslandsaufklärung verlangt in der Praxis, sich fachlich ebenso heterogenen wie anspruchsvollen **Herausforderungen** zu stellen. So wird ein Personalkörper benötigt, der den regional, thematisch und erst recht methodisch weit aufgefächerten Aufgaben des BND (→ Rn. 12 ff.) gewachsen und multifunktional, also innerhalb der Behörde rotierend, einsetzbar ist – etwa dank entsprechender Sprach- und Regionalkenntnisse, technischer Expertise, Belastbarkeit, mitunter auch persönlicher Risikobereitschaft. Inhaltlich soll ambitionierte Auslandsaufklärung Informationen aus Bereichen gewinnen, die sich – sei es staatlich, sei es als Terrorgruppe, Proliferationsnetz oder Ähnliches – rigoros und ohne jede rechtliche Rücksichtnahmen gegen genau diese Ausspähungsversuche zur Wehr setzen. Strikte, manchmal geradezu obsessive Abschottung in Verbindung mit teils drakonischen Vergeltungsmaßnahmen für „Verräter" stellen jeden Penetrationsversuch von außen vor enorme Probleme.[6] Zwar hat die globale Digitalisierung

---

[4] *Meiertöns* GSZ 2018, 219 (223); *Bareinske* in Dietrich/Eiffler NachrichtendiensteR-HdB V § 8 Rn. 9. Andere sprechen vom BND als Informations*lieferant* (*Hecker* in Dietrich/Eiffler NachrichtendiensteR-HdB III § 2 Rn. 9) oder Informations*organ* (*Dietrich* in Dietrich/Eiffler NachrichtendiensteR-HdB III § 3 Rn. 5). Allgemein zu Nachrichtendiensten als bloßen Informationsdienstleistern s. *Unterreitmeier* GSZ 2018, 1 (3). *Dietrich* GSZ 2020, 174 (175) versteht das BVerfG-Urteil v. 19.5.2020 (→ Rn. 45) so, dass abweichend von früherer BVerfG-Rspr. der BND nicht mehr als Informationsdienstleister, sondern auch als Sicherheitsbehörde im Gefüge vernetzter Sicherheitsakteure konturiert wird. S. explizit dazu *Schneider* NVwZ 2021, 1646 (1648). S. im Übrigen → Rn. 24.
[5] Zur Darstellung des sog. *intelligence cycle* s. statt vieler *Bareinske* in Dietrich/Eiffler NachrichtendiensteR-HdB V § 8 Rn 12 ff. mwN.
[6] Vgl. BVerfG NVwZ 2021, 628 zu einem Fall aus dem islamistischen Umfeld (mAnm *Sachs* JuS 2021, 380 ff.).

Möglichkeiten geschaffen, ohne physische Gefährdung eigener hauptamtlicher Mitarbeiter Kontakte in Zielländer und -objekte zu knüpfen und zu pflegen. Diese digitalen Zugangsmöglichkeiten sind aber genauso gut *gegen* solche vom Inland aus geführten Operationsansätze zu kehren: Im Zeitalter digitaler Footprints (beispielsweise infolge biometrischer Erfassungen) sowie weit und tief reichender Internet-Recherchemöglichkeiten ist es potenten gegnerischen Diensten, aber auch nichtstaatlichen Akteuren heute in erstaunlichem Umfang möglich, aus der Ferne und ohne jedwedes eigenes Entdeckungsrisiko physische und virtuelle Identitäten, *cover stories* und Ähnliches nachzuprüfen. Gelingt es dabei, die tatsächliche Identität eines BND-Mitarbeiters aufzudecken, drohen konkrete Folgegefahren für dessen Leib und Leben (gegebenenfalls sogar für seine Familienangehörigen). Zudem wäre es bei einer derartigen Enttarnung unter Umständen möglich, das nachrichtendienstliche Kontakt- und Quellennetz des Mitarbeiters aufzurollen.

7 Grundsätzlich bestehen diese **Risiken** bei jedem Einsatz verdeckter Mitarbeiter, also auch bei den Inlandsbehörden. Für den BND als Auslandsnachrichtendienst sind diese Risiken jedoch regelrecht endemisch, weil er seine Methoden, Mitarbeiter und Quellen typischerweise in Szenarien einsetzen muss, in denen ein auf eigenem Boden agierender Gegner über willkürlich einsetzbare, umfassende und von keinerlei rechtlichen Beschränkungen gebremste Abwehrwerkzeuge verfügt.[7] Deshalb ist das nachrichtendienstliche Mittel des Tarnens und Täuschens für die operative Aufgabenerfüllung des BND zumeist die einzige Möglichkeit, zum Erfolg zu kommen. Es bildet daher auch für die Befugnisgestaltung und -interpretation (→ Rn. 43 ff.) die nicht hinweg zu denkende Hintergrundfolie.[8] Ohne sorgfältig arrangierte und konsequent durchgehaltene Tarnung und Täuschung ist die Aufgabenerfüllung des BND unmöglich. Vorwürfe, mit dem Auslandshandeln des BND „flüchte" der Grundrechtseingriffe verübende deutsche Staat „ins Ausland"[9], verkennen, dass genau dieses Auslandshandeln die funktionsnotwendige Kernaufgabe des BND ist.

8 Mutmaßungen, der BND verlege seinen Schwerpunkt angesichts solcher Sachzwänge bewusst auf die aus sicherer Distanz betreibbare Methode der Telekommunikationsüberwachung[10], treffen nicht zu. Zwar vermag die Aufkommensart SIGINT (*signal source intelligence* → Rn. 85), Informationen in hoher Aktualität und Authentizität bereitzustellen. Nahezu jedes ausschließlich aus einem derartigen Aufkommen entwickelte Lagebild kann jedoch erhebliche immanente Defizite haben, weil bei näherem Hinsehen zunächst nur authentisch ist, *dass* bestimmte Personen bestimmte Informationen kommuniziert haben. Ob diese Informationen überhaupt zutreffen, ob sie vollständig sind, ob ihre Urheber irrige Vorstellungen von dem haben, worüber sie kommunizieren oder ob die jeweiligen SIGINT-Sensoren die wirklich relevanten Kommunikationen erfassen, ist idR nur durch Abgleich mit Informationen aus anderen Quellen oder Quellenarten zu beantworten. Nicht selten sind äußere Abläufe, die sich mit technisch generiertem Aufkommen gut erkennen lassen (zB Truppenbewegungen oder Kommunikationsnetzwerke), inhaltlich erst interpretierbar, wenn aus anderem Aufkommen, etwa HUMINT (*human source intelligence*, also die Arbeit mit menschlichen Quellen → Rn. 84 ff.) zusätzliche Hinweise kommen, welche tatsächlichen Absichten hinter diesen Vorgängen stehen: Erfolgen Truppenverlegungen mit aggressiven oder defensiven Absichten? Bedeutet die technisch beobachtbare Bewegung eines Handys, welches bisher einem ausländischen Geheimdienstchef zuzuordnen war, aus einer umkämpften Hauptstadt Richtung Grenze die Flucht des *inner circle* des bisherigen Herrschers und damit den Erfolg der Aufständischen – oder setzt sich nur der infolge eines Machtkampfes in Ungnade gefallene bisherige Nutzer des Handys oder gar nur dessen Familie ab?

---

[7] Dies anerkennend BVerfG NJW 2020, 2235 Rn. 159.
[8] *Gärditz* Die Verwaltung 2015, 463 (475) spricht beim Auslandsagieren des BND von einer „Lage struktureller Machtlosigkeit".
[9] Vgl. die Ansätze in diese Richtung bei *Schwander,* Extraterritoriale Wirkungen von Grundrechten im Mehrebenensystem, 2019, 86,
[10] *Gusy* in Dietrich/Eiffler NachrichtendiensteR-HdB IV § 1 Rn. 90 nimmt deshalb an, es gelte im BND ein „Vorrang der technischen vor der ‚human ressource'".

Umgekehrt erlaubt es SIGINT-Aufkommen nicht selten, die Authentizität menschlicher 9
Quellen-Meldungen zu verifizieren. Der HUMINT-Quellenbestand kann damit auf jene
Zugänge konzentriert werden, deren Meldungen vom SIGINT-Aufkommen bestätigt
wurden. Oder HUMINT-Meldungen lenken den Blick auf eine beginnende und bisher
nicht erkannte Krisenentwicklung, die dank dorthin nachgeführter SIGINT-Ansätze nun
umso schneller und effektiver aufgeklärt werden kann.

Oft ermöglicht erst dieser **all-source-Ansatz** (der außer HUMINT und SIGINT noch 10
weitere Aufkommensarten berücksichtigt, s. dazu → Rn. 101 ff.) die Bildung eines belastbaren Lagebildes. Die Steuerung und Auswertung *aller* Aufkommensarten aus einer Hand
ist im nachrichtendienstlichen Prozess überaus effektiv, weil sie administrative Doppelstrukturen und konkurrierende Lagebilder (einschließlich damit eigentlich erforderlicher
Supra-Instanzen zur Aggregierung eines letztlich doch wieder benötigten einheitlichen
Lagebildes) vermeidet und, da innerbehördlich organisierbar, schnellere Umsteuerungen
und Lagebildanpassungen erlaubt. Das verschafft dem BND gegenüber ausländischen
Diensten, die – wie zB in Großbritannien im Government Communications Headquarters
(GCHQ) oder den USA in der National Security Agency (NSA) – als technische Beschaffung in eigenständigen Nachrichtendiensten organisiert sind, durchaus Effizienzvorteile.

Ein tatsächliches SIGINT-Alleinstellungsmerkmal besteht allerdings darin, dass in einem 11
neuen *trouble spot* technische Aufklärungsmaßnahmen uU schnell aufschaltbar sind und ad
hoc ein erstes genuines nachrichtendienstliches Aufkommen generieren können, was gerade
bei krisenhaften Entwicklungen für die Bundesregierung von größtem Wert ist (**„Kaltstartfähigkeit"**).[11]

B. Die Aufgaben des BND

I. Die Aufgabenzuweisung des § 1 Abs. 2 S. 1 BNDG

Die einfachgesetzliche Norm, in welcher der Gesetzgeber die Besonderheiten der nach- 12
richtendienstlichen Auslandsaufklärung verdichten will, ist **§ 1 Abs. 2 BNDG**.

Auftrag des BND ist es demnach, zur Gewinnung von Erkenntnissen über das Ausland, 13
die von außen- und sicherheitspolitischer Bedeutung für die Bundesrepublik Deutschland
sind, die erforderlichen Informationen zu sammeln und auszuwerten.[12] Das ist eine im
Vergleich zu den Aufgabennormen der § 3 BVerfSchG, § 1 MADG eher knapp gehaltene
und deshalb gelegentlich kritisierte[13] Formulierung. Da der normative Ausgangspunkt, die
Außen- und Sicherheitspolitik, seiner Natur nach denkbar weit ist, muss eine darauf
abzielende Zuständigkeitsregelung allerdings zwangsläufig ebenso weit ausgreifen.[14] Trotzdem enthält § 1 Abs. 2 S. 1 BNDG wichtige **Schranken:**

An erster Stelle steht das eindeutige[15] – und im Übrigen angesichts der Kompetenz- 14
ableitung des Bundes für den BND aus den auswärtigen Angelegenheiten in Art. 73 I Nr. 1
GG (→ Rn. 35) unmittelbar verfassungsrechtlich fundierte[16] – Verbot der **Inlandsaufklärung**.[17] Sodann darf sich der BND auch auf seinem eigentlichen Tätigkeitsfeld, dem

---

[11] *Gärditz* in Dietrich/Gärditz, Sicherheitsverfassung – Sicherheitsrecht, Tübingen 2019, 153 (159); vgl. den Vortrag der Bundesregierung im Verfahren NSA-Untersuchungsausschuss, BVerfGE 143, 101 (118) = NVwZ 2017, 137; *Gärditz* JZ 2020, 825 (829).
[12] Diese Aufgabenzuweisung stellt zugleich den ersten Schritt im *intelligence cycle* (Fn. 5) dar, vgl. *Bareinske* in Dietrich/Eiffler NachrichtendiensteR-HdB V § 8 Rn. 13.
[13] *Spitzer,* Die Nachrichtendienste Deutschland und die Geheimdienste Russlands, 2011, 96; *Gusy* in Schenke/Graulich/Ruthig BNDG Vorbem. Rn. 10 f.; *Bäcker* in DGGGW Nachrichtendienste im Rechtsstaat 137 (142, 145).
[14] s. *Meiertöns* GSZ 2018, 219 mwN; *Kahl* in Sensburg Sicherheit in einer digitalen Welt 137 (156).
[15] Der Text des ursprünglichen Regierungsentwurfs für das BNDG sah sogar die ausdrückliche Klarstellung vor, auf innenpolitischem Gebiet werde der BND nicht tätig, BT-Drs. 11/4306, 33.
[16] *Warg* in Dietrich/Eiffler NachrichtendiensteR-HdB V § 1 Rn. 83.
[17] *Gusy* in Schenke/Graulich/Ruthig BNDG § 1 Rn. 24; *Warg* in Dietrich/Eiffler NachrichtendiensteR-HdB V § 1 Rn. 83; *Kahl* in Sensburg Sicherheit in einer digitalen Welt 137 (149). Zur missbräuchlichen

Ausland, nicht selbst mandatieren. Da die Außen- und Sicherheitspolitik der Bundesrepublik Regierungsprärogative ist, müssen dem BND die Themen und Regionen, mit denen er sich nachrichtendienstlich beschäftigen soll, von der Bundesregierung vorgegeben werden.[18] Dies geschieht bereits seit langem[19] im sog. **Auftragsprofil der Bundesregierung (APB)**[20], das darüber hinaus auch Prioritätsabstufungen zwischen den verschiedenen Aufklärungszielen vorgibt und in seiner Gesamtheit den gesetzlichen Aufklärungsauftrag des BND in beträchtlicher Detaillierung konkretisiert.[21] Die Kenntnis dieses Dokumentes wäre vor allem wegen dieser Prioritätenfestlegungen – einschließlich der damit zugelassenen „weißen Flecken" – für ausländische Regierungen von größtem Interesse, weshalb das (regelmäßig aktualisierte) APB hoch eingestufte Verschlusssache ist.[22] Darin liegt keine Verletzung des Gesetzesvorbehaltes, weil das APB weder Aufgaben noch Befugnisse zuweist, sondern lediglich thematisch das „Jahresgeschäft" des BND auf konkrete Einzelpunkte und die dazu von der Bundesregierung verlangte Bearbeitungsintensität herunterbricht.

II. Zuständigkeits- und Abgrenzungsfragen gegenüber Verfassungsschutz, BAMAD und militärischem Nachrichtenwesen

15 Zugleich dient die Aufgabenzuweisung des § 1 Abs. 2 S. 1 BNDG der Klärung von **Zuständigkeits- und Abgrenzungsfragen,** insbesondere im Verhältnis zwischen dem BND und den Inlandsnachrichtendiensten.

16 Aus den zwar gern genutzten,[23] vom Gesetzgeber jedoch vermiedenen Begrifflichkeiten „Auslands-"/„Inlandsnachrichtendienst" lässt sich dabei nichts gewinnen, sind sie doch rein deskriptiv und nicht aus sich selbst heraus subsumtionsfähig.

17 Konsens besteht zunächst darüber, dass aufgrund des eindeutigen Wortlauts des § 1 Abs. 2 BNDG („*über* das Ausland") und erst recht aufgrund dessen Satz 2 der Auslandsnachrichtendienst BND auch **im Inland** tätig werden darf, solange dies der Erkenntnisgewinnung über das Ausland dient.[24] Die inländische Tätigkeitsplattform ist schon deshalb unverzichtbar, weil die Gewinnung und Abschöpfung von Quellen im Inland Mitarbeiter und Quellen sicherheitlich weit weniger exponiert als bei Treffen im Ausland. Weiter

---

Nutzung des BND zur Inlandsaufklärung unter dem ersten BND-Präsidenten *Gehlen* s. insbesondere *Henke,* Geheime Dienste. Die politische Inlandsspionage der Organisation Gehlen, 1946–1953, 2018.

[18] *Schluckebier* in DGGGW Nachrichtendienstereform 3 (7) verweist insoweit auf den Grundsatz organadäquater Funktionszuweisung, wonach die strategische Gesamtausrichtung des BND Sache der Bundesregierung ist (s. dazu auch → Rn. 154). Das schließt nicht aus, dass der BND von sich aus die Bundesregierung auf neue außen- und sicherheitspolitisch relevante Vorgänge im Ausland aufmerksam macht, die bisher nicht in deren Fokus standen, *Kahl* in Sensburg Sicherheit in einer digitalen Welt 137 (151 f.)

[19] Daher geht *Masings* Kritik, verlangt sei eine substantielle Rückkopplung der Dienste an die politisch verantwortliche Bundesregierung (in DGGGW Nachrichtendienste im Rechtsstaat 3 [12]), ins Leere.

[20] Zum APB (früher: Auftrags- und Interessenprofil der Bundesregierung/AIP) s. *Dietrich* GSZ 2020, 174 (177).

[21] BT-Drs. 18/9142, 5.

[22] Außerdem wäre es außenpolitisch nahezu unvertretbar, beispielsweise bestimmte Einzelstaaten per öffentlich verkündetem Gesetz offiziell zu nachrichtendienstlichen Aufklärungszielen zu machen.

[23] Vgl. zB *Kretschmer* JURA 2006, 336 (340); auch die Homepages der Dienste setzen diese Begrifflichkeiten ein.

[24] S. dazu ausführlich und mwN *Warg* in Dietrich/Eiffler NachrichtendiensteR-HdB V § 1 Rn. 88; *Warg* NVwZ 2019, 127 (128); *Gusy* in Schenke/Graulich/Ruthig BNDG § 1 Rn. 24 ff.; *Hölscheidt* JURA 2017, 148 (149); *Gärditz* Die Verwaltung 2015, 463 (464); *Gärditz* FG Graulich, 2019, 153 (160); wenn gelegentlich von einem Tätigkeitsverbot des BND im Inland gesprochen wird (so zB *Blancke,* Auslandsaufklärung als Risikoperzeption. Konkurrenzverhältnis Bundeswehr – BND?, 56 in Korte, Aspekte der nachrichtendienstlichen Sicherheitsarchitektur, 2005), übergeht das die notwendige Unterscheidung sachlicher und territorialer Zuständigkeit. Einzige Ausnahme iSv wirklicher Inlandsaufklärung des BND eröffnet die Befugnis nach § 2 I Nr. 1 BNDG (→ Rn. 75) zum Eigenschutz gegen (nicht notwendig aus dem Ausland drohende) sicherheitsgefährdende Tätigkeiten, *Kretschmer* JURA 2006, 336 (341) – eine bloße Annexkompetenz, die funktional unmittelbar und nur dem Erhalt der eigentlichen Auslandsaufklärungstätigkeit des Dienstes dient.

B. Die Aufgaben des BND   § 19

schließt diese Inlandsermächtigung notwendigerweise Informationen über Auslandssachverhalte ein, die sich im Inland (etwa als Gefährdungen der inneren Sicherheit der Bundesrepublik) auswirken.[25]

Wie eingangs angesprochen (→ Rn. 1) hat der BND keine exklusive Alleinzuständigkeit 18 für Informationsbeschaffung oder -auswertung über das Ausland.[26] Speziell zum **Bundesamt für Verfassungsschutz (BfV)**[27] wurde zwar argumentiert, wegen Wortlaut und Systematik des § 3 I BVerfSchG, der Schaffung des eigens für die Auslandsaufklärung zuständigen BND und einer generellen Vermutung gegen Doppelzuständigkeiten *dürfe* das BfV nicht im Ausland tätig werden.[28] Ein innerhalb der Verfassungsschutzaufgaben und damit inlandsbezogenes Tätigwerden des BfV im Ausland bleibt jedoch innerhalb der BfV-eigenen Sachmaterie, ist also keineswegs zuständigkeitsfremd.[29] Und die stringente Herleitung eines BND-Auslandsmonopols[30] aus der Systematik des Fachrechts der Nachrichtendienste überzeugt angesichts der – leider – wenig systematischen Entwicklung dieses Rechtsgebietes[31] kaum. Würde man das BfV in einschlägigen Fällen auf eine in genereller Form abgestimmte Amtshilfe des BND verweisen,[32] käme es in beiden Diensten zu erheblichem, teilweise redundantem Mehraufwand und entsprechenden Effizienzverlusten in der Auftragserfüllung.

Soweit es um die **Zusammenarbeit mit ausländischen Diensten**[33] (→ Rn. 123 ff.) 19 geht, hat der Gesetzgeber die partielle „Auslandsfähigkeit" des BfV in Vorschriften wie §§ 5 Abs. 5, 22b, 22c BVerfSchG rechtlich längst anerkannt. Praktisch spricht allerdings alles dafür, im Auftritt der deutschen Dienste im Ausland als „Team Deutschland" dem BND eine gewisse Federführung zu überlassen. Der wesentlich auslandspräsentere BND unterhält aktuell Kontakte zu ca. 450 Nachrichtendiensten in über 160 Ländern,[34] verfügt also von Haus aus über sehr große und meist auch lange zurückreichende Erfahrung sowie ein entsprechend weites, organisatorisch unterfüttertes Kontaktnetz. Es wäre wenig zweckmäßig, mit vergleichbarem Aufwand ein internationales Parallelnetz der Verfassungsschutzbehörden aufzubauen.

Für das Verhältnis des BND zum **Bundesamt für den Militärischen Abschirmdienst** 20 **(BAMAD)** ist 2004 wegen der wachsenden Zahl von Auslandseinsätzen der Bundeswehr eigens die Spezialregelung des **§ 14 MADG** geschaffen worden, die explizit an der Primärzuständigkeit des BND für Auslandsaufklärung festhält und die rechtliche Bewegungsfreiheit des BAMAD im Ausland auf die dortigen Bundeswehrliegenschaften sowie auf Auskunftsersuchen an andere Nachrichtendienste im Einsatzland beschränkt (Abs. 1). Gleichzeitig verpflichtet der Gesetzgeber pragmatisch BND und BAMAD auf enge

---

[25] *Gärditz* FG Graulich, 2019, 153 (160) mwN.
[26] *Gröpl* Nachrichtendienste 369 f.
[27] → § 18; *Brissa* DÖV 2011, 391 (392).
[28] *Meinel* NVwZ 2018, 852 (853 ff.); 2019, 1739.
[29] *Warg* NVwZ 2018, 127 ff.; → § 18 Rn. 24.
[30] *Gusy* in Schenke/Graulich/Ruthig BNDG § 1 Rn. 25: „nahezu ein Monopol".
[31] *Dietrich* in Dietrich/Eiffler NachrichtendiensteR-HdB III § 3 Rn. 71; *Dietrich* in Dietrich/Sule Intelligence Law 471 (515); *Dietrich* in Möllers/van Ooyen JBÖS 2018/2019, 107 (111): „fehlende Ordnungsidee"; *Löffelmann*, Bundestagsinnenausschuss, Ausschuss-Drs. 19(4)731 C, S. 27: „überaus sperrige, zerfaserte, unübersichtliche Regelungsmaterie mit zahlreichen Wertungswidersprüchen". Vgl. neuerdings Systematisierungsansätze bei *Lindner/Unterreitmeier* DÖV 2019, 165 ff.; *Blome/Sellmeier* NVwZ 2021, 1739 ff.; *Poscher/Kilchling/Landerer* GSZ 2021, 225 ff.; *Schneider* NVwZ 2021, 1646 ff.
[32] So die Überlegung *Meinels* NVwZ 2018, 852 (856 ff.); 2019, 1739. Auch *Meinel* erkennt durchaus an, dass angesichts hochkomplexer Gefährdungslagen „eine einfache Zuständigkeitsarithmetik (…) in Konfliktfällen regelmäßig fehlschlagen wird" (NVwZ 2019, 1739).
[33] Das BVerfSchG spricht teilweise ausdrücklich von „ausländischen Nachrichtendiensten", vgl. §§ 22b, 22c, wohingegen das BNDG – der älteren Vorschrift des § 19 III BVerfSchG folgend – den farbloseren Begriff „ausländischen öffentlichen Stellen" verwendet, weil es sich dabei nicht nur um Nachrichtendienste ieS handelt, sondern teils um Polizei- oder allgemeine Sicherheitsbehörden, die über eine nachrichtendienstliche Komponente verfügen.
[34] S. die Angaben auf der Homepage des BND www.bnd.bund.de/DE/Die_Arbeit/Kooperationen/kooperationen_node.html.

Zusammenarbeit (Abs. 6). Die an diesem – de lege lata eindeutigen und jüngst durch § 12 Abs. 1 Nr. 3 BNDG (gemeinsame Dateien) komplettierten – Regelungsmodell geübte Kritik, es schränke das BAMAD beim Schutz der Bundeswehr-Einsatzkontingente im Ausland *(force protection)* unsachgerecht ein und lasse Dunkelfelder (zB im operativ-taktischen Bereich) zu,[35] leuchtet nicht ein: § 14 Abs. 6 MADG verpflichtet beide Dienste auf enge Kooperation, sodass die beiderseitige Expertise optimal zur Ergänzung gebracht werden kann. Gesetzgeberischer Veränderungsbedarf besteht deshalb nicht.[36]

21 Entsprechendes gilt für die Zuständigkeitsabgrenzung zwischen BND und dem **Militärischen Nachrichtenwesen der Bundeswehr (MilNW)**[37]. Das MilNW hat die Aufgabe, zeitgerecht Informationen und Erkenntnisse zu gegnerischen Streitkräften anderer Staaten oder zu Absichten und Lageentwicklungen in Einsätzen zu erfassen, auszuwerten und auf allen Führungsebenen einschließlich der politischen Leitung des Verteidigungsressorts bereitzustellen.[38] Ein Nachrichtendienst ist das MilNW hingegen, auch nach eigenem Verständnis, nicht.[39] Dementsprechend bedarf es keiner dem § 1 Abs. 2 S. 1 BNDG oder § 3 BVerfSchG vergleichbaren gesetzlichen Aufgabenzuweisung an das MilNW; das Bundesverteidigungsministerium rekurriert vielmehr unmittelbar auf Art. 87a I GG, weil das MilNW Bestandteil der Streitkräfte ist.[40] Da das BNDG gegenüber der Bundeswehr ohnehin kein BND-Auslandsmonopol reklamiert,[41] würden bundeswehreigene Informationsbeschaffungen – unter Zuständigkeitsaspekten – erst dann rechtlich bedenklich, wenn die Bundeswehr sich um militärisch nicht relevante Auslandsinformationen bemühen oder Beschaffungsanstrengungen des BND im Ausland, zB in den Einsatzgebieten der Bundeswehr, vereiteln würde. Die Praxis ist ohnehin eine andere, stellt doch der BND dem Bedarfsträger Bundesverteidigungsministerium bzw. Bundeswehr arbeitstäglich in beträchtlicher Fülle Informationen in speziell auf den Bedarf der deutschen Streitkräfte zugeschnittener Form zur Verfügung (→ Rn. 27 f.). BND und MilNW stehen also in ihrer unterschiedlichen Funktionalität nebeneinander und ergänzen sich. Inhaltlich ist die eigene Informationsgewinnung des MilNW häufig eher auf konkret-taktisch nutzbare Informationen (etwa zur täglichen Gefährdungslage für die Auslandskontingente der Bundeswehr) ausgerichtet, während der BND mit seinem regional wie thematisch weitgespreizten Auftrag den Fokus zumeist auf eher strategische Fragen legt.[42] In wichtigen Themenbereichen wie zB der Aufklärung terroristischer Bedrohungen oder der *force protection* für die Bundeswehr ist diese Unterscheidung aber keineswegs trennscharf – und rechtlich auch nicht geboten.

Die weitere (Befugnis-)Frage, ob auch den Streitkräften der Einsatz nachrichtendienstlicher Mittel erlaubt ist, dürfte mangels entsprechender gesetzlicher Regelungen spätestens seit den deutlichen Worten des BVerfG zu den verfassungsrechtlichen Anforderungen an nachrichtendienstliche Grundrechtseingriffe im Ausland[43] obsolet geworden sein.

---

[35] *Hingott* GSZ 2018, 189 (193).
[36] *Hingott* GSZ 2018, 189 (193 f.) beschreibt außerdem Unzulänglichkeiten der aktuellen Gesetzesnorm, die sich zB aus einem den internationalen Einsatzgegebenheiten nicht mehr entsprechenden Liegenschaftsbegriff ergäben. Das hat jedoch mit der Zuständigkeitsabgrenzung BAMAD/BND nichts zu tun.
[37] S. dazu umfassend *Conradi* in DGGGW Nachrichtendienste in vernetzter Sicherheitsarchitektur 117 ff.; *Binder* in DGGGW Nachrichtendienste in vernetzter Sicherheitsarchitektur 127 ff.
[38] *Binder* in DGGGW Nachrichtendienste in vernetzter Sicherheitsarchitektur, 127 (128).
[39] *Conradi* in DGGGW Nachrichtendienste in vernetzter Sicherheitsarchitektur 117; *Dietrich* in Dietrich/Eiffler NachrichtendiensteR-HdB III § 3 Rn. 9.
[40] *Conradi* in DGGGW Nachrichtendienste in vernetzter Sicherheitsarchitektur 117 (118 f.); *Binder* in DGGGW 129, 133. Zu einem Vorstoß, auch das MilNW in den Rechtsrahmen der Nachrichtendienstgesetzgebung einzubeziehen, s. den Antrag der Fraktion B90/Grüne v. 27.1.2021, BT-Drs. 19/26221, 8, 11, sowie dagegen die Stellungnahme der Bundesregierung BT-Drs. 19/26114, 2.
[41] S. dazu bereits oben Rn. 18, 20 ff. sowie *Blancke,* Auslandsaufklärung als Risikoperzeption. Konkurrenzverhältnis Bundeswehr – BND?, in Korte, Aspekte der nachrichtendienstlichen Sicherheitsarchitektur, 2005, 55; *Gröpl* Nachrichtendienste 369 f.
[42] *Dietrich* in Dietrich/Eiffler NachrichtendiensteR-HdB III § 3 Rn. 9; *Dietrich* in Dietrich/Sule Intelligence Law 471 (481).
[43] BVerfG NJW 2020, 2235 Rn. 137 ff. → Rn. 48.

Praktisch kritischer wäre auch hier etwas anderes: Wenn die Bundeswehr als Bedarfsträger 22
den BND so eng und massiv steuern könnte, dass im BND für die Bedarfe anderer Ressorts
keine ausreichenden Ressourcen mehr verfügbar wären bzw. wenn Bundeswehr-Anfragen
an den BND verbindlich Priorität hätten, wäre der BND ein zwar nicht de iure, wohl aber
de facto dem Bundesverteidigungsministerium nachgeordneter Dienstleister. Rechtlicher
Schauplatz dieser **Priorisierungsdiskussion** sind die Festlegungen im APB (→ Rn. 14).

Weil sich der Bund im Rahmen seines ihm vom Staatsorganisationsrecht eingeräumten 23
weiten Ermessens[44] dafür entschieden hat, seinen einzigen Auslandsnachrichtendienst als
zivile Bundesoberbehörde aufzustellen (→ Rn. 34), ist der BND funktional auch **militärischer Nachrichtendienst**[45]. Vor dem Hintergrund der Ableitung der Gesetzgebungsbefugnis des Bundes für den BND aus Art. 73 I Nr. 1 GG, also auswärtige Angelegenheiten sowie Verteidigung (→ Rn. 35), ist dies verfassungsrechtlich stimmig.

III. Der BND als Informationsdienstleister

Wie umfassend die BND-Dienstleistungen eingefordert werden, ob es also um das reine 24
Zur-Verfügung-Stellen von Informationen oder um einen darüber hinaus gehenden Beratungsauftrag[46] (mit eventuell sogar eigeninitiativen Handlungsempfehlungen des BND[47])
geht, ist eine eher politische denn rechtliche Frage, denn außen- und sicherheitspolitischer
Akteur und damit Herr des Verfahrens bleibt die Bundesregierung – die in der Praxis
Beratungsleistungen immer öfter nachfragt.

In besonderen Fällen hat der BND ein **über die reine Informationsdienstleistung** 25
hinausgehendes Mandat erhalten, zB um aktiv bei Verhandlungen über die Freilassung
im Ausland entführter deutscher Staatsangehöriger mitzuwirken oder zwischen einzelnen
ausländischen Akteuren in diffizilen Fragen zu vermitteln.[48] Befugnisrechtlich bieten diese
Aktivitäten des BND abseits üblicher Pfade keine Schwierigkeiten, werden dabei Grundrechte doch nicht eingeschränkt, sondern geschützt. Wenn dabei nachrichtendienstliche
Befugnisse genutzt werden sollen, müssen ohnehin die Voraussetzungen der entsprechenden Einzelbefugnisse (insbesondere § 5 BNDG, § 8 G10 → Rn. 84 ff., 98 ff.) erfüllt sein.

In der reinen Zuständigkeitsfrage – beispielsweise ob Vermittlungsbemühungen im Aus- 26
land exklusiv dem Auswärtigen Dienst vorbehalten wären –, steht es der Bundesregierung
zwar kraft ihrer Organisationsgewalt (→ Rn. 34) frei, ad hoc auch den BND für die
Erfüllung bestimmter Sonderaufgaben heranzuziehen.[49] In praxi wird diese Frage jedoch
immer durch eine ressortübergreifende Abstimmung – meist über den im Auswärtigen Amt
eingerichteten Krisenstab, in Einzelfällen auch über das Bundeskanzleramt – gelöst. Es wäre
widersinnig, spezifisch nachrichtendienstliche Fähigkeiten (zB belastbare Kontakte zu bestimmten ausländischen Nachrichtendiensten oder die Fähigkeit, über einen längeren
Zeitraum in einem herkömmlicher Diplomatie versperrten Umfeld diskret hinter den
Kulissen zu agieren) ausgerechnet in kritischen Situationen nicht oder nur über den eher
umständlichen Weg der Amtshilfe zu nutzen. Grenze des BND-Einsatzes bleibt freilich
auch hier, dass der BND als Informationsdienstleister – im Unterschied zu Auslandsnach-

---

[44] *Ibler* in Maunz/Dürig GG Art. 86 Rn. 4.
[45] *Brissa* DÖV 2011, 391 (396); *Dietrich* ZRP 2014, 205 (208); *Dietrich* in Dietrich/Eiffler NachrichtendiensteR-HdB III § 3 Rn. 62.
[46] So *Dietrich* in Dietrich/Eiffler NachrichtendiensteR-HdB III § 3 Rn. 5, der den BND auch als Beratungsorgan bezeichnet.
[47] So *Warg* in Dietrich/Eiffler NachrichtendiensteR-HdB V § 1 Rn. 100.
[48] Dazu umfassend *Meiertöns* GSZ 2018, 219 ff. mwN; *Conrad* in DGGGW Nachrichtendienstereform 161 ff., der in prominenten Vermittlungsfällen im Nahen Osten als Unterhändler agierte. Zu früheren sehr spekulativen Überlegungen über „geheimdienstliche Aufträge" des BND vgl. *Rieger* ZRP 1985, 3 (4 f.); *Brenner*, BND im Rechtsstaat, 1990, 102 ff., 191 ff.
[49] Die frühere Dienstanweisung des Bundeskanzleramtes für den BND (→ Fn. 82) hielt dies auch ausdrücklich fest. S. dazu *Warg* in Dietrich/Eiffler NachrichtendiensteR-HdB V § 1 Rn. 84; *Gusy* in Schenke/Graulich/Ruthig BNDG § 1 Rn. 40. Diese Dienstanweisung als solche besteht immer noch, hat jedoch inzwischen einen völlig anderen Regelungsinhalt.

richtendiensten anderer demokratischer Länder wie etwa dem Vereinigten Königreich[50] oder Frankreich[51] – nicht die gesetzliche Aufgabe (und demzufolge auch nicht die Ausstattung) hat, im Ausland paramilitärisch eingesetzt zu werden, etwa um dort gewaltsam Geiseln zu befreien oder deutsche Staatsangehörige notfalls unter Zuhilfenahme militärischer Gewaltanwendung zu evakuieren.

Eine manipulative Einflussnahme des BND auf ausländische Akteure ginge zwar sicher über den Informationsauftrag des BND aus § 1 Abs. 2 S. 1 BNDG hinaus;[52] wenn der BND hingegen im Einklang mit den außenpolitischen Zielsetzungen der Bundesregierung Informationen zB an ausländische Nachrichtendienste „spielt", mit denen dortige Entscheidungsprozesse subtil beeinflusst werden sollen (etwa weil die Empfänger unmittelbar an ausländischem Regierungshandeln beteiligt sind), hält sich der BND innerhalb der Grenzen seines informationellen Mandats. Wann eine solche Beeinflussung unzulässig wird (etwa bei einer gezielten Desinformationskampagne, also der bewussten Übermittlung von Falschinformationen[53]), dürfte freilich im Einzelfall kaum mehr justitiabel sein. Geschicktes Lobbying zugunsten der Interessen der Bundesregierung ist dem BND genauso wenig wie beispielsweise dem Auswärtigen Amt verboten.

IV. Einbindung des BND in den außen- und sicherheitspolitischen Informationsverbund der Bundesrepublik

27 Logische Prozesskonsequenz dieser Rollenbeschränkung ist die enge **Einbindung des BND in den Informationsverbund**[54] der übrigen mit außen- und sicherheitspolitischen Fragestellungen befassten Stellen der Bundesregierung. Dementsprechend geht die weitaus meiste BND-Berichterstattung an Abnehmer wie Auswärtiges Amt, Bundesverteidigungsministerium bzw. Bundeswehr – hier vor allem das Kommando Cyber- und Informationsraum und das Einsatzführungskommando –, BMZ, Bundesministerium für Wirtschaft und Energie und Bundesinnenministerium bzw. deren nachgeordnete Bereiche. Die dabei gewählten Berichtsformate sind bedarfsspezifisch ausdifferenziert. So gibt es ausführliche Analysen ebenso wie ereignisinitiierte kürzere Formate oder in regelmäßiger Taktung (teilweise sogar täglich) abgesetzte Einzelinformationen.

28 Die Gesamtzahl dieser schriftlichen Produkte des BND belief sich im Jahr 2020 auf ca. 3.000. Hinzu kommen regelmäßig von den Ressorts oder dem Bundeskanzleramt einberufene Gesprächsrunden mit obligatorischem BND-Input sowie ad hoc abgerufene (mündliche) Briefings für Entscheidungsträger aus den Ressorts oder zB dem parlamentarischen Raum. „Bedeutung" für die Bundesregierung iSd § 1 Abs. 2 BNDG zu haben, heißt eben auch, gehört (oder meist: gelesen) zu werden und den Dialog mit allen außen- und sicherheitspolitischen Beteiligten in der Bundesregierung zu führen.

29 Dies erklärt auch eine gewisse personelle Verflechtung mit den anderen Akteuren dieses Verbundes in Gestalt eines (meist befristeten) **Personalaustausches** zwischen den an der Außen- und Sicherheitspolitik der Bundesregierung beteiligten Behörden (→ Rn. 38). Eine herausgehobene Rolle spielt dabei traditionell die Bundeswehr. Der militärische Sachverstand aus den Streitkräften ist für eine kompetente nachrichtendienstliche Bearbeitung vieler Auslandssachverhalte unverzichtbar; dementsprechend gibt es unter den ca. 700–800 im BND eingesetzten Soldaten solche, die auf Dauer zum BND wechseln, ebenso wie solche, die für eine bestimmte Zeit (meist drei bis fünf Jahre) Dienst im BND leisten. Selbstverständlich taucht ein aus anderen Behörden in den BND umgesetzter Mitarbeiter

---

50 *McKay/Walker* in DGGGW Nachrichtendienstereform 119 (120).
51 *Warusfel* in DGGGW Nachrichtendienstereform 129 (130).
52 *Meiertöns* GSZ 2018, 219 (223).
53 Gegenausnahme hierzu dürfte die Übermittlung von sog. Spielmaterial an gegnerische ausländische Nachrichtendienste sein. Solche Gegenspionage gehört zum klassischen Werkzeug zulässiger Eigenschutzmaßnahmen gem. § 2 I Nr. 1 BNDG (→ Rn. 75).
54 → § 16, insb. Rn. 47 ff.

V. Außen- *und* sicherheitspolitische Bedeutsamkeit

Die Formulierung des § 1 Abs. 2 S. 1 BNDG, die Arbeit des BND dürfe sich nur auf Erkenntnisse richten, die von außen- *und* sicherheitspolitischer Bedeutug für die Bundesrepublik seien, schafft keine kumulativen Tatbestandsvoraussetzungen.[56] Schon die Unterscheidung, was (nur) außen- und was (nur) sicherheitspolitisch bedeutsam ist, dürfte kaum möglich sein. Beide Sphären gehen vielmehr fließend ineinander über.[57] Dementsprechend kennt auch das APB (→ Rn. 14) diese begriffliche Differenzierung nicht, sondern subsumiert sicherheitspolitische Aufklärungsthemen unter die Rubrik Außenpolitik.

VI. Organisatorische Festlegungen für die deutsche Auslandsaufklärung

Lange Zeit unterschied das **Organigramm** des BND drei im eigentlichen nachrichtendienstlichen Sinne tätige Abteilungen (1: HUMINT-Beschaffung, 2: SIGINT-Beschaffung, 3: Auswertung) einerseits sowie unterstützende Bereiche (Verwaltung, interne IT und Technik, Schulungszentrum uä) andererseits. 2009 wurde diese methodikorientierte Trennung zugunsten einer Unterteilung in drei Geschäftsbereiche (jeweils unter Führung einer Vizepräsidentin oder eines Vizepräsidenten) aufgegeben, die sich ihrerseits nach funktionalen Kriterien in Abteilungen gliederten. Das vielleicht wesentlichste Teilelement dieser Reform bestand darin, die bis dahin relativ rigoros voneinander getrennten Bereiche Auswertung und HUMINT-Beschaffung unter *ein* (regional oder thematisch, etwa als Terrorismusaufklärung, definiertes) Abteilungsdach zu ziehen.[58] Diese Zusammenfassung erlaubte zunächst Effizienzgewinne, weil traditionelle Abschottungen wegfielen und so die nachrichtendienstliche Bearbeitung zB einer bestimmten Region oder Thematik unter einheitlicher, fachnah organisierter Führung stattfinden konnte.

Als wesentlicher Nachteil dieser ausgesprochen flachen Hierarchie stellte sich im Laufe der Zeit, heraus dass die zunehmend geforderte Bewältigung fachlich sehr komplexer Aufgaben (etwa weil regionale politische, militärische, aber auch *counter-terrorism-* oder proliferationstechnische Expertise zusammengeführt werden musste) enormen zeitintensiven Koordinierungsaufwand bzw häufige Leitungsentscheidungen verlangte, da hierarchisch erst dort die Entscheidungsstränge zusammenliefen. Da gleichzeitig die Anforderungen an die Aktualität der BND-Berichterstattung permanent wuchsen, erwies sich diese organisatorische Struktur als Leistungshemmnis. **2022** wird der BND daher nochmals **grundlegend umstrukturiert:**[59] Inhaltlich im Mittelpunkt stehen dann die beiden nachrichtendienstlichen Kernbereiche Auswertung und Beschaffung, die (erstmals im BND unter vollständiger Integration auch der SIGINT-Beschaffung) vielschichtig verschränkt werden, einschließlich eines dezidierten Compliance-Mechanismus, der die Anforderungen aus der BNDG-Novelle von 2021 (→ Rn. 131 f.) in einen konkreten *work flow* umsetzt. Hinzu kommen drei unterstützende Bereiche: Verwaltung, IT sowie ein weiterer Bereich, in dem bestimmte methodisch nachrichtendiensttypische, aber funktional nicht auf einzelne Aufklärungsregionen oder -themen beschränkte Fähigkeiten – zB Observation, Entzifferung, Zusammenarbeit mit in- und ausländischen Sicherheitsbehörden – zentral zur Verfügung gestellt werden.

Methodisch sollen mit dieser Neustruktur die einzelnen nachrichtendienstlichen Beschaffungsarten passgenauer angesteuert werden können (*all-source-*Ansatz → Rn. 10). Das dürfte

---

[55] *Gusy* in Schenke/Graulich/Ruthig BNDG § 1 Rn. 14.
[56] *Warg* in Dietrich/Eiffler NachrichtendiensteR-HdB V § 1 Rn. 85.
[57] Vgl. dazu *Kahl* in Sensburg Sicherheit in einer digitalen Welt 137 (152 f.).
[58] S. dazu das bei *Gusy* in Dietrich/Eiffler NachrichtendiensteR-HdB IV § 1 Rn. 90 wiedergegebene BND-Organigramm.
[59] Behörden-Spiegel v. 5.4.2022: BND mit neuer Organisation.

es auch erleichtern, die verfassungsrechtlich gestiegenen Anforderungen daran, unter welchen Umständen und mit welchem beschaffungsmethodischen Ansatz wie eingriffsintensiv aufgeklärt werden darf (→ Rn. 43 ff.), einzuhalten, also zB die Begründungen für die einzelne nachrichtendienstliche Aufklärungsmaßnahme nachvollziehbar zu dokumentieren. Soweit unterstellt wurde, Aufbau und Organisation des BND seien vielfach eher auf Verselbstständigung, Abschottung und Marginalisierung von Kontrollen angelegt gewesen,[60] findet sich dafür in der jetzigen und erst recht in der neuen Struktur des BND keinerlei Stütze mehr.

34 Gemäß unmittelbarer gesetzlicher Festlegung ist der BND nach **§ 1 Abs. 1 S. 1 BNDG** eine Bundesoberbehörde **im Geschäftsbereich des Bundeskanzleramtes.** Das Bundeskanzleramt unterhält hierfür eine eigene Abteilung (derzeit: Abteilung 7[61]). Dementsprechend werden Gesetzgebungsverfahren, die den BND betreffen, vom Bundeskanzleramt als Ressort betreut. Soweit die Nachrichtendienste des Bundes in Konkurrenz zueinander stehen, etwa bei der Klärung von Zuständigkeitsfragen, stehen sich also auf Ressortebene Bundeskanzleramt und Bundesinnenministerium (für das BfV) bzw. Bundesverteidigungsministerium (für das BAMAD) gegenüber. Funktionssystematisch wäre auch eine andere Zuordnung des BND denkbar, zB zum Auswärtigen Amt oder zum Bundesverteidigungsministerium. Die quasi ressort-neutrale Positionierung des BND unter dem Bundeskanzleramt hat vornehmlich historische Gründe,[62] dürfte aber im Hinblick darauf, dass der BND den außen- und sicherheitspolitischen Informationsbedarf der gesamten Bundesregierung abdecken soll, die politisch akzeptabelste und langfristig tragfähigste Lösung sein.

35 Auch, dass die **verfassungsrechtliche Kompetenzableitung** für die BND-Gesetzgebung (also nicht nur für das BNDG, sondern auch zB für die den BND betreffenden Teile des G10) aus **Art. 73 Abs. 1 Nr. 1 GG,** genauer aus der dortigen Bundeskompetenz für auswärtige Angelegenheiten, erfolgt,[63] verlangt keine zwingende Zuordnung des BND zum Auswärtigen Amt. Der Verfassungsgeber hat mit der Regelungssystematik der Abschnitte VII und VIII GG Gesetzgebungs- und Ausführungsbefugnis entkoppelt und für den Bereich des Art. 73 Abs. 1 Nr. 1 GG lediglich den „auswärtigen Dienst" in bundeseigener Verwaltung organisiert. Dazu gehört der BND jedoch, wie sich aus § 2 GAD ergibt, nicht.[64] Gemäß der nicht weiter eingeschränkten Regelung des Art. 87 Abs. 3 S. 1 GG durfte der Bund daher den BND als selbstständige Bundesoberbehörde einrichten[65] und ihn kraft seiner Organisationsgewalt auch einem anderen Ressort als dem Auswärtigen Amt unterstellen.

36 Weiter stellt **§ 1 Abs. 1 S. 2 BNDG** klar, dass der BND einer polizeilichen Dienststelle nicht angegliedert werden darf (ähnlich: § 2 Abs. 1 S. 3 BVerfSchG, § 1 Abs. 4 MADG). Diese einfachgesetzliche Ausprägung sichert das **Trennungsprinzip**[66] – klassisch zusammengefasst als „wer (fast) alles weiß, soll nicht alles dürfen; und wer (fast) alles darf, soll nicht alles wissen"[67] – organisatorisch ab. § 2 Abs. 3 S. 1 BNDG komplettiert dies auf der Befugnisebene, einschließlich eines Umgehungsverbotes in S. 2.

---

[60] *Gusy* in Dietrich/Eiffler NachrichtendiensteR-HdB IV § 1 Rn. 91.
[61] Bis 2018: Abteilung 6.
[62] S. dazu *Wolf,* Die Entstehung des BND. Aufbau, Finanzierung, Kontrolle, 2018, 273 ff. Eine entscheidende Rolle für die bereits 1951 erfolgte Festlegung Adenauers, den Dienst dem Bundeskanzleramt zu unterstellen, spielte die enge Verbindung Gehlens als Leiter der BND-Vorläuferorganisation zum damaligen Kanzleramtschef Globke, und der Wunsch, den Dienst unmittelbar an die Regierungsspitze anzubinden.
[63] BVerfGE 100, 313 (369) = NJW 2000, 55; BVerfGE 133, 277 (319) = NJW 2013, 1499; BVerfG NJW 2020, 2235 Rn. 123 ff.; *Gröpl* Nachrichtendienste 69 ff.; *Gärditz* FG Graulich, 2019, 153 (159) mwN; *Brenner,* Der BND im Rechtsstaat, 1990, 18 ff., 33 f. sah hingegen die primäre Gesetzgebungskompetenz in Art. 73 Nr. 10b und Art. 73 Nr. 1 GG nur als Auffangtatbestand für von Nr. 10b nicht erfasste Materien.
[64] *Gusy* in Schenke/Graulich/Ruthig BNDG § 1 Rn. 4.
[65] *Brenner,* BND im Rechtsstaat, 1990, 40; *Hölscheidt* JURA 2017, 148 (150); *Gärditz* FG Graulich, 2019, 153 (160).
[66] Zur historischen Herleitung dessen „dualer" Struktur aus dem britischen Vorbild s. *Lindner/Unterreitmeier* DÖV 2019, 165 (168).
[67] *Wolff* DVBl 2015, 1076 (1078); *Gusy* in Schenke/Graulich/Ruthig BNDG § 1 Rn. 13.

Ungeachtet der Frage, ob das Trennungsprinzip über seine einfachgesetzliche Ausprägung hinaus auch verfassungsrechtlich vorgegeben ist,[68] steht das Trennungsprinzip als solches nicht ernsthaft infrage.[69] Diskussionen drehen sich eher um jenen Teilaspekt, der üblicherweise als **informationelle Trennung** bezeichnet wird:[70] den Austausch von Informationen zwischen Nachrichtendiensten und Polizeibehörden bzw. der Nachrichtendienste untereinander (→ Rn. 115 ff.). 37

Soweit das Trennungsprinzip in seiner **personellen Ausprägung** verbietet, dass jemand gleichzeitig Mitarbeiter des BND und der Polizei ist,[71] handelt es sich um eine quasi verfassungsrechtliche Aufladung ohnehin selbstverständlicher allgemeiner organisations- und personalrechtlicher Grundsätze. Übliche Personalentwicklungsinstrumente wie Hospitationen oder Abordnungen in die eine oder die andere Richtung bleiben zulässig. Es darf freilich nicht unterschätzt werden, wie sehr sich polizeiliche und nachrichtendienstliche Arbeit, erst recht solche für einen Auslandsnachrichtendienst, methodisch unterscheiden und zu spürbar verschiedenen Arbeitskulturen führen. 38

VII. Auslandsbegriff des § 1 BNDG

Hinter der Formulierung des § 1 Abs. 2 S. 1 BNDG, den BND auf die Gewinnung von Erkenntnissen „über das Ausland" auszurichten, verbirgt sich eine erst in den letzten Jahren, besonders in Zusammenhang mit der Arbeit des 1. Untersuchungsausschusses der 18. Wahlperiode (sog. NSA-Untersuchungsausschuss[72]), virulent gewordene Frage, nämlich ob auch EU- oder NATO-Mitgliedstaaten in diesem Sinne **„Ausland"** sind. 39

Für die **NATO** wird man trotz der Bündnisverpflichtung (Art. 4, 5 des Nordatlantikvertrages) kein derartiges Intra-Spionageverbot annehmen können. Die Historie zeigt, dass selbst innerhalb der NATO beträchtliche politische Spannungen bis hin zu militärischen Eskalationen auftreten können,[73] auf deren Beobachtung mit allen einem souveränen Staat eigenen Instrumenten, also auch denjenigen des Auslandsnachrichtendienstes, kein Mitgliedstaat jemals hätte verzichten wollen. 40

Dasselbe gilt im Ergebnis auch für die **EU**. Trotz des supranationalen Charakters der Union und ihres enormen, von der Rechtsprechung des EuGH wesentlich befeuerten Zuständigkeitszuwachses auf allen Ebenen und Feldern der Gemeinschaft blieb es im völkerrechtlichen Grundverhältnis zwischen Mitgliedstaaten und Union unbestritten und primärrechtlich klargestellt (Art. 4, 5 Abs. 2 S. 2 EUV, Art. 72 AEUV, *compétence d'attribution*[74]) dabei, dass die Mitgliedstaaten als Herren der Verträge der Union auf Augenhöhe gegenüberstehen, insbesondere in nationalen Sicherheitsangelegenheiten.[75] Dies gilt erst recht für das Verhältnis der Mitgliedstaaten untereinander.[76] Art. 2 EUV (in Verbindung mit der prozeduralen Absicherung des Art. 7 EUV) kann dem schon deshalb nicht ent- 41

---

68 Dazu ausführlich *Gusy* in Schenke/Graulich/Ruthig BNDG § 1 Rn 12 ff. mwN; *Gusy* in Dietrich/Eiffler NachrichtendiensteR-HdB IV § 1 Rn. 29 mwN.
69 Zu einer kritischen Standortbestimmung s. *Lindner/Unterreitmeier* DÖV 2019, 165 (168 ff.).
70 Dazu BVerfGE 133, 277 (329) = NJW 2013, 1499; *Zöller* in DGGGW Nachrichtendienste im Rechtsstaat 185 (191) mwN; *Schluckebier* in DGGGW Nachrichtendienstereform 3 (12); *Gusy* GSZ 2021, 141 ff.
71 *Gusy* in Schenke/Graulich/Ruthig BNDG § 1 Rn. 14.
72 S. dazu Abschlussbericht des 1. Untersuchungsausschusses der 18. Wahlperiode, BT-Drs 18/12850.
73 S. die Spannungen zwischen Griechenland und der Türkei um Zypern während der 1960er und 1970er Jahre und nochmals 2020 in Zusammenhang mit der Exploration unterseeischer Gas- und Ölvorkommen in strittigen Gebieten des östlichen Mittelmeeres. Auch der Zwischenfall vom Juni 2020, als türkische Kriegsschiffe eine französische Fregatte feindselig konfrontierten (https://www.faz.net/aktuell/politik/ausland/tuerkei-frankreich-und-nato-konflikt-im-mittelmeer-16843219.html, zuletzt aufgerufen am 29.10.2020), belegt anschaulich, dass robuste Konfrontationen im Bündnis möglich sind, deren zutreffende Einordnung durch nachrichtendienstliche Erkenntnisse sogar deeskalierend wirken kann und daher – und zwar von allen Seiten – weiterhin als notwendig angesehen werden dürfte.
74 S. dazu Streinz/*Streinz* EUV Art. 4 Rn. 10, 5 Rn. 8 ff.
75 Zur unionsrechtlichen Klärung des Begriffs der „nationalen Sicherheit" s. ausführlich *Sule* in Dietrich/Sule Intelligence Law 335 (342 ff.).
76 S. dazu *Sule* in Dietrich/Sule Intelligence Law 335 (Rn. 78 ff.).

gegenstehen, weil die dort als für die EU grundlegend aufgezählten Werte als solche nichts darüber aussagen, in welcher konkreten Ausformung sie durch das mitgliedstaatliche Fachrecht der Nachrichtendienste geschützt werden müssen, insbesondere ob dies im Einzelfall auch durch eine nachrichtendienstliche Aufklärung anderer EU-Mitgliedstaaten erfolgen kann.[77] *Sedes materiae* wäre eher Art. 4 Abs. 3 EUV (Grundsatz der loyalen Zusammenarbeit der Mitgliedstaaten), dem jedoch die explizite Festlegung des Art. 4 Abs. 2 S. 3 EUV vorausgeht, wonach die nationale Sicherheit weiterhin in die alleinige Verantwortung der Mitgliedstaaten fällt. Nur soweit intra-mitgliedstaatliche Spionage sich – wie zB im Fall der Industriespionage – als Einmischung in die vom Unionsrecht gewährten Grundfreiheiten darstellt, kann sie daher gegen Unionsrecht und damit auch gegen die innerstaatliche Rechtsordnung verstoßen.[78] Wenn das BNDG Unionsbürger und EU-Institutionen bzw. -Mitgliedstaaten in §§ 20 Abs. 1, 23 Abs. 5 Nr. 1 BNDG unter besonderen Schutz stellt, ist dies unter Aufgabengesichtspunkten also eher Ausdruck politischer Freiwilligkeit und weniger Folge unionsrechtlicher Vorgaben (zu den befugnisrechtlichen Aspekten s. Rn. 66 ff.).

42 Selbstverständlich bliebe es der Bundesrepublik unbenommen, mit anderen Staaten regelrechte **No-spy-Abkommen** zu schließen, wie dies politisch auch durchaus gefordert wurde.[79] Ob sie angesichts des darin liegenden Souveränitätsverzichts mit den in diesem Kontext kritischen Staaten überhaupt erreichbar wären oder nur mit denjenigen Staaten geschlossen werden könnten, denen gegenüber angesichts bewährter vertrauensvoller Beziehungen nachrichtendienstliche Ausspähung ohnehin nicht stattfindet, sei dahingestellt.

C. Die Befugnisse des BND

I. Allgemeine Fragen

1. Grundrechtsrelevanz

43 Befugnisfragen aus dem Bereich der Nachrichtendienste sind insbesondere wegen der klandestinen Erhebungsmethodik (→ Rn. 63, 85 ff.) stets und vor allem Grundrechtsfragen. Dennoch war es bis zum Volkszählungsurteil des BVerfG 1983[80] durchaus gängige Auffassung, die auslandsbezogene und gerade nicht nach innen gerichtete Tätigkeit des BND *könne* gar nicht in deutsche Grundrechte eingreifen, vielmehr handele es sich um einen schon kraft Natur der Sache, vor allem aber aus Geheimhaltungsgründen, herkömmlicher Gesetzgebung entzogenen Bereich.[81] Dementsprechend wurde politisch über Jahrzehnte keine Notwendigkeit gesehen, die Tätigkeit des BND überhaupt gesetzlich[82] zu regeln –

---

[77] *Sule* in Dietrich/Sule Intelligence Law 335 (Rn. 85 ff.).
[78] So im Einzelnen auch *Sule* in Dietrich/Sule Intelligence Law 335 Rn. 111 ff., der vorsichtshalber den Begriff der „nationalen Sicherheit" aus Art. 4 Abs. 2 S. 3 EUV eng definieren will („only vital interests of the State"). Industriespionage ist dem BND ohnehin verboten, § 19 Abs. 9 BNDG.
[79] Insbesondere im Zuge der sog. NSA-Affäre, s. dazu *Matz-Lück* in Dietrich/Eiffler NachrichtendiensteR-HdB II § 2 Rn. 17.
[80] BVerfGE 65, 1 ff. = NJW 1984, 419.
[81] S. dazu mwN *Gärditz* Die Verwaltung 2015, 463 (467, 465: „gubernativer Arkanbereich"); in ihrer noch älteren Ausprägung wurde die Informationserhebung *aller* Nachrichtendienste wegen ihrer prinzipiellen Geheimhaltungsbedürftigkeit als einer gesetzlichen Regelung entzogen angesehen, s. dazu *Lampe* NStZ 2015, 361 (362) mwN. Zusammenfassend zum Diskussionsstand vor Schaffung des ersten BNDG *Rieger* ZRP 1985, 3 (6 ff.); *Gärditz* in Miller, Privacy and Power. A Transatlantic Dialogue in the Shadow of the NSA-Affair 2017, 401 (404 f.); *Brenner*, BND im Rechtsstaat, 1990, 111 ff. In den Anfangsjahren der Bundesrepublik, erst recht bei der Ausarbeitung des GG, dürfte ein Auslandshandeln eines deutschen „Geheimdienstes" ohnehin jenseits des politisch Vorstell- oder gar Regelbaren gelegen haben, vgl. *Gröpl* ZRP 1995, 13 (15).
[82] Vielmehr reichte nach damaligem Verständnis die Dienstanweisung des die Fach- und Dienstaufsicht führenden Bundeskanzleramtes v. 4.12.1968 aus (auszugsweise wiedergegeben in BT-Drs 7/3246, 46 f.). Dazu bereits kritisch *Rieger* ZRP 1985, 3 (6 ff.). Auch BVerfG NJW 2020, 2235 (Rn. 89) – s. dazu Rn. 48 ff. – konzediert, dass die Frage der Grundrechtsbindung von deutschem Auslandshandeln bei der Erarbeitung des GG noch „jenseits der damaligen Vorstellung" lag, zieht aus diesem entstehungsgeschichtlichen Schweigen aber den umgekehrten Schluss, daraus lasse sich keine Absicht des Verfassungsgebers ableiten, den Grundrechtsschutz an der Staatsgrenze enden zu lassen.

eventuell auch, weil ein offiziell in einem Parlamentsgesetz formulierter Anspruch, mit klandestiner Auslandsaufklärung fremde Rechtsordnungen zu brechen, politisch eher unschicklich erschien.[83] Die erste gesetzliche Befugnisregelung für den BND erfolgte denn auch nicht im später erlassenen BNDG, sondern 1968 im Gesetz zur Beschränkung des Brief-, Post- und Fernmeldegeheimnisses (G10), und auch dort konsequenterweise nur für inlandsbezogene Abhörmaßnahmen. Hier war der Grundrechtseingriff – in Art. 10 Abs. 1 GG – und damit die Notwendigkeit einer gesetzlichen Eingriffsbefugnis evident.

44 Spätestens mit dem Volkszählungsurteil stand jedoch die Grundrechtsrelevanz des nachrichtendienstlichen Kerngeschäfts, des Erhebens und Verarbeitens personenbezogener Daten, außer Frage. Einschlägige Grundrechte sind vor allem Art. 2 Abs. 1 GG iVm Art. 1 Abs. 1 GG – in allen inzwischen von der verfassungsgerichtlichen Rechtsprechung ausgeformten Einzelausprägungen, speziell dem Recht auf informationelle Selbstbestimmung[84] und dem Recht auf Vertraulichkeit und Integrität informationstechnischer Systeme (sog. Computergrundrecht)[85] – und Art. 10 Abs. 1 GG.

2. Extraterritoriale Reichweite der Grundrechte

45 **a) Territoriale Grundrechtserstreckung ins Ausland.** Eine nochmals langjährig verdichtete Diskussion[86] bereitete den Boden für die Lösung der sich logischerweise anschließenden Frage, ob auch **Ausländer im Ausland** sich gegenüber Maßnahmen des BND auf deutsche Grundrechte berufen können. Die Systematik des G10 folgte jahrzehntelang der verfassungsrechtlichen Grundannahme, nur Maßnahmen gegen inländische Anschlüsse bzw. gegen eine Telekommunikation, die wenigstens an einem Ende von Deutschland aus geführt werde, seien grundrechtsrelevant (s. die explizite gesetzgeberische Klarstellung in § 5 Abs. 2 S. 3 G10[87]). Dies war auch stets die Position der Bundesregierung.[88] Einen wesentlichen Anschub erfuhr die Diskussion auf einem ganz anderen Feld, den Auslandseinsätzen der Bundeswehr, weil ein robustes militärisches Agieren im Ausland besonders offensichtlich die Frage aufwarf, ob die deutschen Streitkräfte dabei an die Beachtung deutscher Grundrechte gebunden seien.[89] Die „unsichtbaren" Maßnahmen des BND entgingen dieser Aufmerksamkeit eine Zeitlang, rückten aber spätestens mit der Tätigkeit des sog. NSA-Untersuchungsausschusses (→ Rn. 39, 140) aus der rechtlichen Fachdiskussion intensiv in das Interesse der Öffentlichkeit.

46 Zwar wurde im Schrifttum gegen die Erstreckung des Grundrechtsschutzes auf Ausländer im Ausland eine ganze Reihe zumeist grundrechtssystematischer und teils abgestuft differenzierender Argumente vorgebracht.[90] Konsequenterweise stützte die Bundesregierung

---

[83] *Gärditz* Die Verwaltung 2015, 463 (470): „Eine gesetzliche Ermächtigung wäre hässlich, aber möglich"; *Kreuter/Möbius* BWV 2009, 146 (150): „Affront". S. auch oben Fn. 22.
[84] BVerfGE 65, 1 (43 ff.) = NJW 1984, 419; *Di Fabio* in Maunz/Dürig GG Art. 2 Abs. 1 Rn. 173 ff. mwN.
[85] BVerfGE 120, 274 (303 ff.) = NJW 2008, 822; *Dreier* in Dreier GG Art. 2 Abs. 1 Rn. 82 ff mwN.
[86] S. dazu die Nachw. bei *Möstl* DVBl 1999, 1394 in Fn. 27, 28; *Gärditz* Die Verwaltung 2015, 463 (463); *Schwander*, Extraterritoriale Wirkungen von Grundrechten im Mehrebenensystem 2019, 13 f.; *Schneider* Fernmeldegeheimnis und Fernmeldeaufklärung 2020, 153 ff.
[87] Konsequenterweise halten die Vertreter der Gegenansicht (→ Fn. 92) diese Vorschrift für verfassungswidrig, s. *Huber* NJW 2013, 2572 (2574); *Caspar* PinG 01/2014, 1 (5); *Papier* NVwZ-Extra 15/2016, 1 (7); *Durner* in Maunz/Dürig GG Art. 10 Rn. 186 jeweils mwN.
[88] Vgl. den Vortrag der Bundesregierung im ersten BVerfG-Verfahren zur strategischen Fernmeldeaufklärung, BVerfGE 100, 313 (338 f.) = NJW 2000, 55; BT-Drs. 12/5759, 5.
[89] Dazu umfassend → § 33 Rn. 90 ff.
[90] Vgl. *Isensee* VVDStRL 32 (1974), 49 (63); *Hochreiter*, Die heimliche Überwachung internationaler Telekommunikation, 2001, 126 ff.; *Schorkopf*, GG und Überstaatlichkeit, 2007, 119: Berufung eines Ausländers im Ausland auf Art. 10 I bzw. 2 I iVm 1 I GG „rechtlich kaum vorstellbar" (vgl. hingegen Schorkopf, Staatsrecht der internationalen Beziehungen, 2017, § 6 Rn. 142: „Grundrechte gelten im Grundsatz extraterritorial"); *Kreuter/Möbius* BWV 2009, 146 ff.; *Proelß/Daum* AöR 141 (2016), 373 ff.; *Talmon* Sachverständigengutachten, 1. Untersuchungsausschuss der 18. Wahlperiode des Deutschen Bundestages, MAT A SV-4/2 Rn. 11 ff.; *Talmon* JZ 2014, 783 (784 ff.); *Graulich* Nachrichtendienstliche Fernmeldeaufklärung mit Selektoren in einer transnationalen Kooperation, Bericht im Rahmen des 1. Untersuchungsausschusses der 18. Wahlperiode des Deutschen Bundestages v. 23.10.2015, S. 63; *Hecker* in

die SIGINT-Aufklärung rein ausländischer Telekommunikation allein auf die Aufgabenzuweisung in § 1 Abs. 2 S. 1 BNDG.[91]

47 Der weit überwiegende Teil der Fachliteratur ist diesen Argumenten jedoch nicht gefolgt und hat eine weltweite Bindung des Handelns der Bundesrepublik an die Grundrechte des GG bzw., weil dies die zumeist virulente Fallkonstellation war, an Art. 10 Abs. 1 GG – in dessen sachlichem Schutzbereich eine Unterscheidung In-/Ausland heute schon aus technisch-tatsächlichen Gründen besonders fraglich sei – bejaht.[92]

48 Für die Rechtsanwendung ist diese Diskussion spätestens seit dem „bahnbrechenden"[93] Urteil des BVerfG vom 19. Mai 2020[94] – im konkreten Fall für Art. 10 I GG, aber mit letztlich über dieses Einzelgrundrecht hinausreichender allgemeiner Logik[95] – entschieden und bereits Bestandteil nachfolgender Judikatur des Gerichts[96]. Das Urteil bejaht die prinzipielle extraterritoriale Bindung des BND an die deutschen Grundrechte auch gegenüber ausländischen Staatsangehörigen und lässt allenfalls in Details Modifizierungen aufgrund des ausländischen Umfelds zu[97]. Methodisch folgt das Verfassungsgericht, wie bereits

---

Dietrich/Eiffler NachrichtendiensteR-HdB III § 2 Rn. 46; *Karl/Soiné* NJW 2017, 919 (920); *Löffelmann* in Dietrich/Eiffler NachrichtendiensteR-HdB VI § 3 Rn. 14 ff. mwN; differenzierend *Gärditz* Die Verwaltung 2015, 463 (474 ff.); *Gärditz* DVBl 2017, 525 (526); *Gärditz* in Miller, Privacy and Power. A Transatlantic Dialogue in the Shadow of the NSA-Affair 2017, 401 (410 ff.); *Wolff* VVDStRL 75 (2016), 389.

[91] Antwort der Bundesregierung v. 11.5.2012 auf eine Kleine Anfrage, BT-Drs. 17/9640, 10; 18/9041, 1; *Gärditz* JZ 2020, 825 spricht von einer „präterlegalen Praxis".

[92] *Gröpl* ZRP 1995, 13 (15 ff.); *Müller-Terpitz* JURA 2000, 296 (302); *Merten* FS Schiedermair, 2001, 331 (345); *Yousif*, Die extraterritoriale Geltung der Grundrechte bei der Ausübung deutscher Staatsgewalt im Ausland, 2007, 70 ff.; *Vitzthum* FS Bothe, 2008, 1213 (1220 ff.); *Thym* DÖV 2010, 621 (629); *Krieger* in Röttgen/Wolff, Parlamentarische Kontrolle der Nachrichtendienste im demokratischen Rechtsstaat, 2008, 31 (33 ff.); *Kment*, Grenzüberschreitendes Verwaltungshandeln 2010, 719 f., der dazu allerdings eine extraterritoriale Geltung nicht nur des Grundrechts, sondern auch des BNDG annimmt (ohne § 1 Abs. 2 S. 2 BNDG zu beachten); *Huber* NJW 2013, 2572 (2574 f.); *Caspar* PinG 01/2014, 1 (4); *Hoffmann-Riem, W.*, Stellungnahme zur Anhörung des NSA-Untersuchungsausschusses am 22. 5.2014, MAT A SV-2/1, neu S. 11, 21; dserver.bundestag.de/btd/18/CD12850/D_II_Sachverstaendigengutachten/04%20Gutachten%20Dr.%Hoffmann-Riem.pdf; *Hoffmann-Riem* JZ 2014, 53 (55 f.); *Bäcker, M.*, Erhebung, Bevorratung und Übermittlung von Telekommunikationsdaten durch die Nachrichtendienste des Bundes, Stellungnahme zur Anhörung des NSA-Untersuchungsausschusses am 22. Mai 2014, MAT A SV-2/3, S. 19 ff.; www.bundestag.de/resource/blob/280844/35cec929cf03c4f60bc70fc8ef404c5cc/mat_a_sv-2-3-pdf-data.pdf; *Becker* NVwZ 2015, 1335 (1339); *Heidebach* DÖV 2015, 593 (596); *Papier* NVwZ-Extra 15/2016, 1 (5); *Lachenmann* DÖV 2016, 501 (505); *Payandeh* DVBl 2016, 1073 (1074); *Wegener* VVDStRL 75 (2016), 293 (320 ff.); *Brissa* DÖV 2017, 765 (771); *Hölscheidt* JURA 2017, 148 (151 f.); *Marxsen* DÖV 2018, 218 (226); *Sauer* DÖV 2019, 714 (716 f.); *Will* FG Graulich, 2019, 207 (214 ff., 219 f.); *Schwander*, Extraterritoriale Wirkungen von Grundrechten im Mehrebenensystem 2019, 243 ff., 268 ff.; *Dietrich* in Schenke/Graulich/Ruthig BNDG § 6 Rn. 8; *Schneider*, Fernmeldegeheimnis und Fernmeldeaufklärung 2020, 226 ff.; *Barczak* NJW 2020, 595 (600); *Hillgruber* in BeckOK GG, 50. Ed. 15.2.2022, GG Art. 1 Rn. 76; *Ogorek* in BeckOK GG, 50. Ed. 15.2.2022, GG Art. 10 Rn. 48; *Herdegen* in Maunz/Dürig GG Art. 1 Abs. 3 Rn. 79; *Durner* in Maunz/Dürig GG Art. 10 Rn. 65, 186; *Hermes* in Dreier GG Art. 10 Rn. 43; *Pagenkopf* in Sachs GG Art. 10 Rn. 15.

[93] *Schmahl* NJW 2020, 2221 (dort auch: „Meilenstein" [ebenso *Huber* NVwZ-Beilage 2020, 3 (9)], „in seiner Wirkmächtigkeit durchaus mit der berühmten Lüth-Entscheidung vergleichbar"); eher skeptisch gegenüber diesen Bewertungen *Barczak* BayVBl. 2020, 685 (692). Kritisch hingegen *Markard* Bundestagsinnenausschuss, Ausschuss-Drs. 19(4)731 D, S. 2: „formuliert nur das absolute grundrechtliche Mindestmaß".

[94] BVerfG NJW 2020, 2235 ff. (s. dazu *Schmahl* NJW 2020, 2221 ff.; *Huber* NVwZ-Beilage 2020, 3 ff.; *Gärditz* JZ 2020, 825 ff.; *Dietrich* GSZ 2020, 173 ff.; *Aust* DÖV 2020, 715 ff.; *Petri* ZD 2020, 409 ff.; *Muckel* JA 2020, 632 ff.; *Sachs* JuS 2020, 706 ff.; *Barczak* BayVBl. 2020, 685 ff. mit ausführl. Darstellung der Urteilsrezeption [686]). Zumindest skeptisch gegenüber *Meinel* NJW-Editorial 4.4.2020 gegenüber dem „avangardistischen Schluss [Anm.: des BVerfG] von den Grundrechtsproblemen der Globalisierung auf die Globalisierung der Grundrechte".

[95] S. bereits 2018 *Schluckebier* in DGGGW Nachrichtendienstereform 3 (15).

[96] BVerfG Beschl. der 2. Kammer des 2. Senats v. 18.11.2020 – 2 BvR 477/17 – Rn. 31 = BeckRS 2020, 35088; BVerfG NVwZ 2021, 951 Rn. 175; s. auch BVerwG NVwZ 2021, 800 (803).

[97] BVerfG NJW 2020, 2235 Rn. 104 (zB wenn eine ausländische Rechtsordnung Vertraulichkeitsbeziehungen wie etwa für Journalisten oder Rechtsanwälte anders gestaltet, Rn. 196; s. dazu *Gärditz* JZ 2020, 825 [831]). Auch hierbei knüpfte das Gericht an seine frühere Rspr. an (BVerfGE 100, 313 [363 Rn. 174 mwN] = NJW 2000, 55).

in seinem ersten Urteil zur Fernmeldeaufklärung des BND von 1999[98], dem auch in der Literatur weitgehend zugrunde gelegten Ansatz, Art. 1 Abs. 3 GG zum Ausgangs- und Fixpunkt der Argumentation zu machen: Die dort zu Verfassungsbeginn und veränderungsfest (Art. 79 Abs. 3 GG) angeordnete Bindungswirkung der Grundrechte für alle Staatsgewalt enthalte keine territoriale Beschränkung und gelte daher umfassend, also auch beim Einsatz deutscher Staatsgewalt im Ausland.[99] Gesetzessystematisch vermag dies zwar zunächst wenig zu überzeugen, weil die Fundamentalfrage nach der transnationalen Ausdehnung der Verfassung aus einer recht abstrakten[100] Norm wie dem Art. 1 Abs. 3 GG der Einzelauslegung dieser Vorschrift gedanklich vorgelagert ist.[101] Dementsprechend hat sich das BVerfG auch nicht mit dieser quasi negativen Wortlautinterpretation[102] begnügt, sondern teleologisch argumentiert, die universelle Grundrechtsbindung der deutschen Staatsgewalt zugunsten individueller Grundrechtsträger gehöre zum zentralen Gehalt des grundgesetzlichen Grundrechtsschutzes[103] bzw. angesichts des erweiterten Handlungsradius der Staatsgewalt auch jenseits der eigenen Grenzen drohe Grundrechtsschutz unterlaufen zu werden.[104] Erst nach Fixierung dieses Zielpunktes setzt sich das Gericht – gedanklich sozusagen wieder rückwärts – mit weiteren Einzelargumenten der Gegenauffassung auseinander und versucht diese, immer an der teleologischen Elle messend, auszuräumen.[105]

Eigentlich problematisch an dieser Argumentation ist nicht die rechtliche Wohltat einer Ausdehnung der Grundrechtsgeltung, die als Selbstbindungsakt rechtlich selbstverständlich nicht anstößig ist,[106] sondern die damit untrennbar verbundene Ausdehnung auch der Grundrechtsschranken, kennt doch das GG – nicht zuletzt nach der Rechtsprechung des BVerfG[107] – mit Ausnahme der Menschenwürde keine schrankenlosen Grundrechte. Erst die Befugnisanheischung im Geltungsbereich fremder Souveränität, also der Anspruch, national und einseitig wirksam Eingriffsrechte gegenüber fremden Staatsangehörigen in (!) deren Heimatländern statuieren zu dürfen, erscheint mit der völkerrechtsfreundlichen Verfassungsordnung des GG schwer vereinbar.[108] Deshalb sind Schlagworte von einem „Grundrechtsoctroi" oder gar „Grundrechtsimperialismus"[109] irreführend: „Oktroyiert" wird nicht der Grundrechtsschutz, sondern der Grundrechtseingriff. Das vom BVerfG bemühte Gegenargument, die deutsche Rechtsausweitung beschränke nur das Handeln *deutscher* Staatsgewalt und verletze daher nicht das völkerrechtliche Interventionsverbot,[110] kann die offene Rechtsanheischung gegenüber fremder Souveränität nicht ungeschehen machen, die zwangsläufig darin liegt, mit einem deutschen Rechtseingriff auf fremdes Territorium vorzustoßen.

49

---

[98] BVerfGE 100, 313 ff. = NJW 2000, 55.
[99] BVerfG NJW 2020, 2235 Rn. 88 ff.
[100] *Proelß/Daum* AöR 141 (2016), 373 (382).
[101] *Gröpl* ZRP 1995, 13 (16); *Hecker* in Dietrich/Eiffler NachrichtendiensteR-HdB III § 2 Rn. 44; *Löffelmann* in DGGGW Nachrichtendienstereform 33 (35); *Schneider*, Fernmeldegeheimnis und Fernmeldeaufklärung, 2020, 166 ff.; *Barczak* NJW 2020, 595 (599); *Barczak* BayVBl. 2020, 685 (687).
[102] Der reine Wortlaut des Art. 1 Abs. 3 GG betont die Bindungswirkung als solche sowie deren Adressaten, während die „exotische" extra-territoriale Geltung nicht aus dem positivierten Wortlaut, sondern dessen Schweigen zu dieser Sonderfrage abgeleitet wird.
[103] BVerfG NJW 2020, 2235 Rn. 92.
[104] BVerfG NJW 2020, 2235 Rn. 96.
[105] BVerfG NJW 2020, 2235 Rn. 100 ff.; kritisch zu diesem methodischen Vorgehen *Barczak* BayVBl. 2020, 685 (687 f., 692).
[106] S. dazu *Yousif*, Die extraterritoriale Geltung der Grundrechte bei der Ausübung deutscher Staatsgewalt im Ausland, 2007, 16 ff., 25 ff., 88 f.
[107] Vgl. die BVerfG-Rspr. zu verfassungsimmanenten Schranken seit BVerfGE 28, 243 (261) = NJW 1970, 1729; BVerfGE 32, 98 (107 f.) = NJW 1972, 327; BVerfGE 138, 296 (333 mwN) = NJW 2015, 1359.
[108] So im Prinzip auch *Schmahl* NJW 2020, 2221 (2223), die gleichwohl nur die Ausdehnung des Grund*rechtes* ins Ausland sehen will.
[109] So zB *Isensee* VVDStRL 32 (1974), 49 (63); weitere Nachw. bei *Hochreiter*, Die heimliche Überwachung internationaler Telekommunikation, 2001, 109; *Graulich* Nachrichtendienstliche Fernmeldeaufklärung mit Selektoren in einer transnationalen Kooperation, Bericht im Rahmen des 1. Untersuchungsausschusses der 18. Wahlperiode des Deutschen Bundestages v. 23.10.2015, S. 63.
[110] BVerfG NJW 2020 Rn. 101.

50 Bisher – auch mit der Neuregelung der Ausland-Ausland-FmA in §§ 6 ff. BNDG aF – hatte der Gesetzgeber völkerrechtskonform und in kluger legislativer Zurückhaltung[111] die Regelung deutscher Spionage bewusst auf Inlands- bzw. Inländereingriffe beschränkt (§ 1 Abs. 2 S. 2 BNDG, § 5 G10). Das respektierte die Grenze zwischen der zulässigen Ausübung deutscher Hoheitsgewalt (also dort, wo sie imperativ ausgeübt wird, dh zuvörderst auf eigenem Territorium und nur in seltenen Ausnahmefällen im Ausland, nämlich bei faktischer Hoheit über Räume jenseits des eigenen Staatsgebietes) einerseits und riskantem, weil jenseits eigener Souveränität erfolgenden Realhandeln andererseits. Das entsprach auch der bekannten und vom BVerfG geteilten völkerrechtlichen Bewertung der Spionage, die als solche zwar zulässig ist (und damit national geregelt werden darf), aber vom ausgekundschafteten Staat ebenso zulässig abgewehrt, also zB strafrechtlich geahndet werden darf.[112] Insofern steckt in der neuen BVerfG-Rspr. auch eine Neudefinition oder jedenfalls ausweitende Interpretation des Begriffs der Ausübung hoheitlicher Gewalt. Gleichzeitig zwingt das Gericht den Gesetzgeber jetzt gegen dessen bisherige Linie und Willen, sich Eingriffsrechte auf fremdem Territorium und unter Missachtung fremder Souveränität anzumaßen. Dieses Dilemma hatte der Gesetzgeber mit seiner bisherigen, internationalen Gepflogenheiten folgenden Politik, eigene Spionage nur für das eigene Territorium zu regeln, taktvoll vermieden.

51 Darüber hinaus setzt sich das BVerfG nicht damit auseinander, ob der von ihm in anderen Urteilen[113] befürchtete Einschüchterungseffekt *(chilling effect)* einer rechtsstaatlich defizitären Nachrichtendienstgesetzgebung – also die Abschreckungswirkung, die entsteht, wenn Grundrechtsträger nicht wissen können, wo genau die Grenzen eines staatlichen Eingriffs liegen, und deshalb vorsichtshalber ihr Grundrecht zurückhaltender ausüben als verfassungsrechtlich eigentlich geboten[114] – in den 2020 beurteilten Fallkonstellationen überhaupt greift. Wenn Ausländer, die sich in ihrem Heimatstaat mit repressiven politischen Regimen konfrontiert sehen, bei der Nutzung von Distanzmedien nur vorsichtig kommunizieren, liegt dies mit Sicherheit an den wesentlich einschneidenderen Kontroll- und Zugriffsmöglichkeiten der dortigen Dienste und nicht an den demgegenüber vergleichsweise moderaten und mit keinerlei Zwangseinwirkungen verbundenen Abhörmaßnahmen des fernen BND.[115] Die Grundannahme eines *chilling effect* deutscher Nachrichtendienstgesetze im Ausland dürfte Fiktion sein.[116]

52 Nachdem das BVerfG wegen der bisher gesetzlich nicht berücksichtigten vollständigen Auslandsgeltung der deutschen Grundrechtordnung mehrere Bestimmungen des erst 2016 reformierten BNDG für verfassungswidrig erklärt hat und zur Nachbesserung eine Frist bis zum 31.12.2021 setzte,[117] hat der Gesetzgeber unmittelbar reagiert und Anfang 2021 einen entsprechenden Reformentwurf vorgelegt,[118] der mit nur geringfügigen Änderungen am 25.3.2021 angenommen wurde.[119] Damit ist die Frage nach dem extraterritorialen Gel-

---

[111] „A thoroughly sensible solution", *Dietrich* in Dietrich/Sule Intelligence Law 471 (501).
[112] BVerfGE 92, 277 (328) = NStZ 1995, 383; *Soiné* NStZ 2013, 83 (85); *Talmon,* Sachverständigengutachten, 1. Untersuchungsausschuss der 18. Wahlperiode des Deutschen Bundestages, MAT A SV-4/2 Rn. 26 ff., 31 ff.; *Schmahl* in DGGGW Nachrichtendienste im Rechtsstaat 21 (23).
[113] BVerfGE 65, 1 (42 f.) = NJW 1984, 419; BVerfGE 100, 313 (359) = NJW 2000, 55; BVerfGE 109, 279 (354) = NJW 2004, 999.
[114] *Schwabenbauer,* Heimliche Grundrechtseingriffe, 2013, 143 verweist mit Recht darauf, dass dies dogmatisch eher ein Problem des Bestimmtheitsgebotes denn der tatsächlichen Verhaltenssteuerung ist.
[115] *Proelß/Daum* AöR 141 (2016), 373 (389 f.).
[116] Kritisch auch *Gärditz* in Miller Privacy and Power. A Transatlantic Dialogue in the Shadow of the NSA-Affair 2017, 401 (419); *Gärditz* EuGRZ 2018, 6 (13). Bezeichnenderweise hat das BVerfG in seiner Entscheidung 1999 die Verfassungsbeschwerde desjenigen Beschwerdeführers, der als Ausländer im Ausland „nur" den Fernmeldeverkehr im Büro einer der anderen Beschwerdeführer bediente, also insofern durchaus „in die Nähe" von BND-Überwachungsmaßnahmen hätte geraten können, mit dem Hinweis als unzulässig verworfen, eine Grundrechtsbetroffenheit durch die angegriffenen G10-Maßnahmen des BND sei nicht im erforderlichen Maße wahrscheinlich, BVerfGE 100, 313 (357) = NJW 2000, 55.
[117] BVerfG NJW 2020, 2235 Rn 329 ff.
[118] Gesetzentwurf v. 25.1.2021, BT-Drs. 19/26103.
[119] S. Sitzungsprotokoll des Deutschen Bundestages, 19. Wahlperiode, 2189. Sitzung, S. 27555 ff. (BGBl. 2021 I 771 ff.). Zu dieser Gesetzesnovellierung s. *Graulich* GSZ 2021, 121 ff.

tungsanspruch der deutschen Grundrechtsordnung rechtspraktisch erledigt. Die damit eigentlich naheliegende Änderung auch des § 1 Abs. 2 S. 2 BNDG[120] ist interessanterweise unterblieben.

b) Personelle Grundrechtserstreckung. Von erheblicher Bedeutung für die Anwendung der BND-Befugnisse ist nunmehr die Frage, *welche* Ausländer vom neuen Grundrechtsschutz profitieren können. 53

Ausländische Staaten treten der Bundesrepublik nicht als „Rechtsunterworfene" gegenüber und fallen damit von vornherein nicht unter deutschen Grundrechtsschutz.[121] Auch aus Art. 19 Abs. 3 GG folgt, dass fremde Staaten nicht Träger der Grundrechte des GG sein können.[122] 54

Gleiches muss für **deren Amtsträger** bzw. Personen, die in Erfüllung einer hoheitlichen Aufgabe eines ausländischen Staates agieren (zur sog. Funktionsträgertheorie → Rn. 58), gelten[123], weil auch ausländische Staaten letztlich nur durch ihre Organe handlungsfähig sind. Nicht auf die deutschen Grundrechte berufen dürfen sich also beispielsweise ausländische Streitkräfte und deren Angehörige, Regierungschefs, Minister, Bedienstete der staatlichen Apparate eines ausländischen Staates usw in ihrem staatlichen Handeln.[124] Genau hiergegen richten sich naturgemäß sehr häufig Aufklärungsmaßnahmen des BND, sodass diese klassische Form der Spionage nicht unter die deutschen Verfassungsschranken für Grundrechtseingriffe fällt. 55

Gleichwohl stellen sich Abgrenzungsprobleme. Sind Abhörmaßnahmen gegen einen ranghohen Offizier eines ausländischen Generalstabs an den Grundrechten der deutschen Verfassung zu messen, weil diese Maßnahmen zunächst ein privates Verhalten – beispielsweise private Auslandsreisen des Offiziers – aufklären sollen, um eine passende Gelegenheit für eine nachrichtendienstliche Ansprache aufzuspüren? Sind die privaten Teile eines aufgefangenen Telefonats zwischen zwei hochrangigen Mitarbeitern aus der Regierungszentrale eines ausländischen Staates grundrechtsgeschützt, weil es um persönliche Geschäfte geht – obwohl diese nur durch die korrupte Ausnutzung der Amtsstellung der beiden Gesprächsteilnehmer möglich sind und deren amtliches Handeln erst erklären? Oft sind die wirklichen Hintergründe des konkreten Agierens eines ausländischen Staates nur aufzudecken, wenn man bestimmte – formal als Privatpersonen agierende – „Strippenzieher" kennt und beobachtet, die gezielt aus ihrer privaten und dadurch intransparenten Funktion heraus staatliches Handeln steuern. In vielen Staaten, deren Aufklärung zum Auftrag des BND gehört, ist staatliches und privates Handeln keineswegs säuberlich zu trennen, im Gegenteil: Oft besetzt dort jemand eine staatliche Position (selbst oder durch Strohleute) just mit dem Ziel, private Interessen besser durchsetzen zu können. Solche Hintermänner können 56

---

[120] Vgl. *Dietrich* GSZ 2020, 173 (175); *Löffelmann* Bundestagsinnenausschuss, Ausschuss-Drs. 19(4)731 C, S. 2; s. auch bereits *Wolff* DVBl 2015, 1076 (1084).

[121] *Gröpl* ZRP 1995, 13 (15). Dafür braucht es keines Rückgriffs auf das sog. Konfusionsargument, wonach der deutsche (!) Staat grundrechtsverpflichtet ist und nicht grundrechtsberechtigt ist (dazu *Papier* NVwZ-Extra 15/2016, 1 [5] mwN), denn in dem hier diskutierten Zusammenhang treten sich ja unterschiedliche Rechtssubjekte – die Bundesrepublik und der betreffende ausländische Staat – gegenüber (*Gärditz* Die Verwaltung 2015, 463 [478]).

[122] *Kreuter/Möbius* BWV 2009, 146 (147); *Schneider*, Fernmeldeaufklärung und Fernmeldegeheimnis, 2020, 140.

[123] *Isensee* VVDStRL 32 (1974), 49 (69); *Vitzthum* i FS Bothe, 2008, 1213 (1220); *Kreuter/Möbius* BWV 2009, 146 (147); *Gärditz* Die Verwaltung 2015, 463 (478); *Gärditz* EuGRZ 2018, 6 (16); *Gärditz* JZ 2020, 825 (828); *Graulich*, Nachrichtendienstliche Fernmeldeaufklärung mit Selektoren in einer transnationalen Kooperation, Bericht im Rahmen des 1. Untersuchungsausschusses der 18. Wahlperiode des Deutschen Bundestages v. 23.10.2015, S. 50 f.; *Papier* NVwZ-Extra 15/2016, 1 (5); *Proeß/Daum* AöR 141 (2016), 373 (378); *Conradi* in DGGGW Nachrichtendienste in vernetzter Sicherheitsarchitektur 117 (123); *Dietrich* in Schenke/Graulich/Ruthig BNDG § 6 Rn. 8; aA mit dem pauschalen Hinweis darauf, Funktionsträger sei natürliche Person und damit Grundrechtsträger, *Schwander*, Extraterritoriale Wirkungen von Grundrechten im Mehrebenensystem 2019, 278.

[124] *Gusy* in Schenke/Graulich/Ruthig BNDG § 2 Rn. 13; *Dietrich* GSZ 2020, 174 (177) spricht vom „Betriebsverhältnis".

57 angesichts ihrer faktischen staatlichen Macht, so diese vom BND dargelegt ist, nicht unter den Schutz der deutschen Grundrechtsordnung fallen.

57 Das BVerfG hat in seinem Urteil vom 19.5.2020 zwar nur für **Personen „in unmittelbar staatspolitischen Funktionen des Auslands"** das öffentliche Interesse einer Überwachung grundsätzlich anerkannt.[125] Personen im Ausland, die dort lediglich – und sei es noch so massiv – mittelbar Einfluss auf staatliches Handeln nehmen, ohne selbst ein öffentliches Amt zu bekleiden, aber auch Angehörige nachrangiger, eventuell gar kommunaler ausländischer Behörden könnten also zunächst vom vollen Grundrechtsschutz profitieren, selbst wenn sie – zB im Rahmen regionaler Unabhängigkeitsbestrebungen – eine eindeutig politische, aber eben keine *staats*politische Rolle spielen. Dass das Gericht mit seiner Formulierung tatsächlich deutschen Grundrechtsschutz derartig weit in ausländische staatliche Akteurskreise hineinreichen lassen wollte, ist allerdings schon deshalb wenig wahrscheinlich, weil es umgekehrt *alle* deutsche staatliche Gewalt, also umfassend und unabhängig von bestimmten Funktionen, Handlungsformen oder Gegenständen staatlicher Aufgabenwahrnehmung, der Grundrechtsbindung unterwirft.[126] Insofern wird man davon ausgehen dürfen, dass auch alle ausländische staatliche Gewalt keinen deutschen Grundrechtsschutz in Anspruch nehmen kann.

58 Nicht-staatliche ausländische Organisationen, erst recht ausländische Unternehmen, fallen gem. Art. 19 Abs. 3 GG, jedenfalls soweit sie die Qualität einer juristischen Person aufweisen, ebenfalls nicht unter deutschen Grundrechtsschutz. Die vom BND früher vertretene **Funktionsträgertheorie,** wonach die organisationsbezogene Telekommunikation der (gegebenenfalls sogar deutschen) Mitarbeiter nicht selbst grundrechtsberechtigter ausländischer Organisationen gleichfalls vom Grundrechtsschutz ausgenommen bleibe, es sei denn, es handele sich um eindeutig private Kommunikation,[127] stieß zu Recht auf Ablehnung[128] und ist spätestens mit der neuen BVerfG-Rspr. hinfällig.[129] Allerdings können diese Funktionsträger nur eigene Grundrechte geltend machen und nicht (wegen Art. 19 Abs. 3 GG inexistente) Grundrechte der ausländischen Organisation, als deren Sachwalter sie tätig sind.[130]

59 Eine weitere Einschränkung der Grundrechtsgeltung hat die Rspr. für sog. **Personen des öffentlichen Lebens** oder Personen, die sich selbst in das Interesse der Öffentlichkeit rücken, entwickelt.[131] Dem liegt der allgemeine Rechtsgedanke zugrunde, dass sich widersprüchlich verhält, wer eigeninitiativ sein privates Verhalten in die Öffentlichkeit kehrt, aber zugleich Grundrechtsschutz für dieses Verhalten in Anspruch nimmt. Folgerichtig spielt die Rechtsfigur bisher vor allem in der Kollision zwischen dem Grundrecht eines „Prominenten" aus Art. 2 Abs. 1 GG iVm Art. 1 Abs. 1 GG und dem Interesse der darüber berichtenden Medien aus Art. 5 Abs. 1 GG eine Rolle.[132]

60 Lässt man – wie jetzt das BVerfG – eine Grundrechtsgeltung zugunsten von Ausländern im Ausland zu, gelten die gerade genannten Grundsätze auch dort. Spätestens der Rechtsgedanke widersprüchlichen Verhaltens spricht dann dafür, jenen Tätigkeiten ausländischer Akteure die Privilegierung deutschen Grundrechtsschutzes vorzuenthalten, die sich im Ausland offen als Einflussnehmer auf staatliches Handeln oder – man denke an den sogenannten Islamischen Staat – als eigene quasi-staatliche Herrschaft gerieren. Auch fallen örtliche *warlords* und zumindest prominente Führer von Terrororganisationen, Schleuserbanden oder anderen sichtbar agierenden Gruppen organisierter Kriminalität in diese Fall-

---

[125] BVerfG NJW 2020, 2235 Rn. 225.
[126] BVerfG NJW 2020, 2235 Rn. 91 mwN.
[127] S. dazu den Abschlussbericht des 1. Untersuchungsausschusses der 18. Wahlperiode, BT-Drs 18/12850, 755 ff. mwN; *Karl/Soiné* NJW 2017, 919 (920).
[128] S. *Hölscheidt* JURA 2017, 148 (153).
[129] BVerfG NJW 2020, 2235 Rn. 68 ff.; *Dietrich* GSZ 2020, 173 (176). Das muss auch für den – allerdings praktisch seltenen – Fall gelten, dass deutsche Staatsangehörige für ausländische Staaten handeln.
[130] BVerfG NJW 2020, 2235 Rn. 69.
[131] S. dazu *Teichmann* NJW 2007, 1917 ff.; *Müller* ZRP 2012, 125 ff.
[132] *Di Fabio* in Maunz/Dürig GG Art. 2 Abs. 1 Rn. 237 mwN.

gruppe.¹³³ Damit droht keine strafrechtlich orientierte Auslandsermittlung durch den BND; schon der gesetzliche Auftrag des BND (§ 1 Abs. 2 S. 1 BNDG, s dazu o. Rn. 12 ff., 30) verlangt für einen zulässigen nachrichtendienstlichen Ansatz eine außen- und sicherheitspolitische Dimension. Das wird bei Einzelakteuren unterer Ebenen kaum der Fall sein, wohl aber bei den Führungsfiguren vorgenannter Gruppierungen.

Der bisher nur über allgemeine Abwägungsklauseln und innerbehördliche Dienstvorschriften des BND gewährleistete, aber grundrechtlich (vor allem Art. 5 Abs. 1 S. 2 GG, Art. 12 Abs. 1 GG) gebotene Schutz von **Vertraulichkeitsbeziehungen** wird im novellierten BNDG nunmehr explizit in § 21 normiert. Auch wenn die Vorschrift gesetzessystematisch nur für Maßnahmen der Ausland-Ausland-FmA gilt (wozu die gleichzeitige inhaltliche Anbindung des Schutzstatus an die inländische Vorschrift des § 53 StPO nicht bündig passt¹³⁴), muss ihr Regelungsgehalt angesichts seiner grundrechtlichen Unterlegung für andere heimliche nachrichtendienstliche Mittel ebenfalls, und sei es in seinen Grundzügen, greifen. Die gleichwohl an diesem Vertraulichkeitsschutz geübte Kritik, er schütze ausländische Journalisten immer noch nicht hinreichend¹³⁵ bzw. entfalte mangels einer Definition des Rechtsbegriffs des Journalisten zu wenig Wirkung,¹³⁶ führte im Gesetzgebungsprozess immerhin dazu, dass die Verdachtsschwelle für zulässige Informationserhebungen angehoben¹³⁷ und eine Dokumentationspflicht für die Zugehörigkeit einer Person zu dem geschützten Personenkreis eingeführt wurde (§ 21 IV BNDG), um Rechtskontrollen auf etwaige Verstöße zu erleichtern.¹³⁸ **61**

Ein Totalverbot verlangt im Übrigen auch das BVerfG nicht, das nur Personen für grundrechtsgeschützt hält, die „tatsächlich schutzwürdig sind, deren Tätigkeit also durch die Freiheit und Unabhängigkeit gekennzeichnet ist, die den besonderen grundrechtlichen Schutz dieser Institutionen rechtfertigen" – was bei Unsicherheiten in der Bewertung „auf der Grundlage informierter Einschätzungen" zu beurteilen sei.¹³⁹ Das trägt – sachgerecht – der Tatsache Rechnung, dass im Ausland nicht selten Journalisten oder Anwälte gerade nicht Verteidiger von Menschenrechten, sondern Handlanger eines autoritären Regimes sind. Die Beweislast hierfür trägt freilich der BND.¹⁴⁰ **62**

3. Heimlichkeit des Grundrechtseingriffs

Methodisches Kernelement aller nachrichtendienstlichen Eingriffsbefugnisse des BND ist deren **Heimlichkeit** (dazu näher → Rn. 85 ff.). Die darin liegende politische Problematik („heimlich ist unheimlich", ein heimlich tätiger Nachrichtendienst sei im auf Transparenz angelegten demokratischen Rechtsstaat ein Fremdkörper¹⁴¹) mag Forderungen begüns- **63**

---

133 Vgl. *Gärditz* in Miller Privacy and Power. A Transatlantic Dialogue in the Shadow of the NSA-Affair, 2017, 401 (414), allerdings unter Berufung auf deren quasi-staatliche Rolle; *Schneider,* Fernmeldegeheimnis und Fernmeldeaufklärung 2020, 141 ff.
134 Dazu kritisch *Löffelmann* Bundestagsinnenausschuss, Ausschuss-Drs. 19(4)731 C, S. 11. Umgekehrt gilt § 21 BNDG, anders als der weiter ausgreifende § 53 StPO, nur zugunsten von Geistlichen, Verteidigern, Rechtsanwälten und Journalisten. Dazu kritisch *Dietrich* Bundestagsinnenausschuss, Ausschuss-Drs. 19(4) 731 G, S. 15.
135 Vgl. die Kritik von Reporter ohne Grenzen oder des Deutschen Journalisten-Verbands, https://www.tagesspiegel.de/politik/abstimmung-ueber-neues-bnd-gesetz-im-innenausschuss-auch-der-neue-entwurf-schuetzt-auslaendische-journalisten-nicht-besser/26962744.html; https://www.deutschlandfunkkultur.de/djv-vorsitzender-zum-geplanten-bnd-gesetz-mangelnder-100.html.
136 *Markard* Bundestagsinnenausschuss, Ausschuss-Drs. 19(4)731 D, S. 3.
137 Statt der ursprünglichen Schwelle in § 21 Abs. 2 S. 1 BNDG, wonach „tatsächliche Anhaltspunkte den Verdacht" auf das Vorliegen bestimmter Gefährdungstatbestände „begründen" mussten (BT-Drs. 19/ 26103, 14) – müssen jetzt „Tatsachen" eine solche „Annahme rechtfertigen" (BT-Drs. 19/27811, 9).
138 BT-Drs. 19/27811, 9 (17). Nach dem Willen des Gesetzgebers fallen auch Blogger unter diesen geschützten Personenkreis, BT-Drs. 19/27811, 17.
139 BVerfG NJW 2020, 2235 Rn. 196; zustimmend *Gärditz* Bundestagsinnenausschuss, Ausschuss-Drs. 19(4) 731 A, S. 5.
140 Dem *Dietrich* GSZ 2020, 174 (177) insoweit einen „Beurteilungsspielraum auf Tatbestandsebene" zubilligt.
141 *Gusy* argwöhnt, der BND handle bei der technischen Auslandsüberwachung im rechtsfreien Raum, www.golem.de/news/datenueberwachung-die-bnd-auslandsaufklaerung-im-rechtsfreien-raum-1309–

tigen, „Geheimdienste" ganz abzuschaffen.[142] Demgegenüber hat das BVerfG in stRspr verfassungsrechtlich bestätigt, dass sich ein demokratisches, transparentes Staatswesen hinreichend effektiv gegen Bedrohungen von innen oder außen zur Wehr setzen muss.[143] Wegen der typischerweise erhöhten Eingriffsintensität heimlicher nachrichtendienstlicher Überwachungsmaßnahmen besteht das Gericht allerdings darauf, dass diese nur zum Schutz entsprechend gewichtiger Rechtsgüter zulässig sind[144] – eine verfassungsrechtliche Selbstverständlichkeit.[145] Zugleich erkennt das BVerfG seit jeher an, dass gerade die Auslandsaufklärung prinzipiell auf strenge Abschirmung angewiesen ist, um Informationen erlangen zu können, ohne die eigenen Ressourcen und Quellen zu gefährden.[146]

4. Rechtfertigende Wirkung der BND-Befugnisnormen

64 Soweit Mitarbeiter bzw. – in der BND-Praxis der wichtigere Anwendungsfall – BND-Quellen rechtmäßig von amtlichen Befugnissen Gebrauch machen und dabei Straftatbestände verwirklichen, entfalten diese Befugnisnormen **rechtfertigende Wirkung**.[147] Dies gebietet schon der rechtsstaatliche Grundsatz der Einheit der Rechtsordnung – was einer Behörde gesetzlich gestattet wird, kann nicht zugleich für den handelnden Beschäftigten dieser Behörde strafbar sein.[148] Die dagegen formulierten Bedenken, die unter strafprozessualen Anleihen kritisieren, dass die eher allgemein gehaltenen nachrichtendienstlichen Befugnisvorschriften nicht dieselbe Bestimmtheitspräzision aufweisen wie vergleichbare Vorschriften des Strafprozessrechts, zB zu verdeckten Ermittlern (§§ 110a ff. StPO), und deshalb als strafrechtlicher Rechtfertigungsgrund für die ohnehin nicht zu exekutiven Zwangsmaßnahmen befugten Nachrichtendienste erst recht untauglich seien,[149] sind spätestens mit der detaillierten Neuregelung der – über § 5 BNDG für den BND entsprechend anwendbaren – §§ 9 ff. BVerfSchG (→ Rn. 84) hinfällig.

65 Typischerweise wirkt sich diese Wertung angesichts des Tatortsprinzips (§ 3 StGB) zwar nur bei inländischem nachrichtendienstlichen Handeln aus. Die Rechtfertigungswirkung greift aber auch bei im Ausland begangenen Straftaten, sofern sie nach deutschem Recht strafbar sind. § 5 Nr. 12 StGB schafft in diesem Zusammenhang keine Verschärfung speziell gegen den Auslandsdienst BND, weil die Norm die Rechtfertigungsfrage als solche unbe-

---

101324.html. *Masing* in DGGGW Nachrichtendienste im Rechtsstaat 3 f. skizziert „ein Netz intransparenter Machtapparate mit einem umfänglichen Geheimwissen über uns". *Lachenmann* DÖV 2016, 501 (510) befürchtet sogar, dass der „mühsam errungene Rechtsstaat zurück in einen Unrechtsstaat fällt". S. auch *Aden*, Nachrichtendienste – ein Fremdkörper in der Demokratie? Politikum 2015 Heft 4, S. 54 ff.; *Buermeyer*, Die Fremdkörper der Demokratie, https://www.deutschlandfunkkultur.de/gefaehrliche-geheimdienste-die-fremdkoerper-der-demokratie-100.html. Weitere Nachw. bei *Kahl* in Sensburg Sicherheit in einer digitalen Welt 137 (138).

[142] Vgl. zB den Antrag der Fraktion B90/Die Grünen v. 12.4.1996, den BND bis Ende 1998 aufzulösen, BT-Drs. 13/4374, oder den Antrag der Fraktion Die Linke v. 10.11.2015, BT-Drs. 18/6645, 1, wonach die schrittweise Abschaffung der Geheimdienste langfristig eine demokratische Aufgabe und Herausforderung ist; *Breyer* in DGGGW Nachrichtendienste im Rechtsstaat 225.

[143] S. BVerfGE 144, 20 (164) mwN = NJW 2017, 611; *Klein* in Maunz/Dürig GG Art. 21 Rn. 490 ff.

[144] BVerfGE 141, 220 (270) mwN = NJW 2016, 1781.

[145] Kritisch zur „Sonderdogmatik" des BVerfG für heimliche Überwachungsmaßnahmen der Nachrichtendienste *Gärditz* EuGRZ 2018, 6 (9).

[146] BVerfG NJW 2020, 2235 Rn. 138 mwN. – „Ein vollständig transparenter Geheimdienst wäre ein Widerspruch in sich", so *Gusy* in Röttgen/Wolff Parlamentarische Kontrolle der Nachrichtendienste im demokratischen Rechtsstaat, 2008, 14 (21); *Schwabenbauer*, Heimliche Grundrechtseingriffe, 2013, 124; *Lampe* NStZ 2015, 361 (364).

[147] BT-Drs 18/4654, 25; *Cornelius* JZ 2015, 693 (696) mwN; *Gärditz* Die Verwaltung 2015, 463 (491); für die Parallelwertung im Bereich der Verfassungsschutzbehörden s. jüngst *Unterreitmeier* ZRP 2021, 125; *Blome/Sellmeier* NVwZ 2021, 1739 (1740, 1742 f.); aA *Allewoldt/Roggan* NJW 2020, 3424 ff.

[148] Vgl. *Lampe* NStZ 2015, 361 (367); *Lischka/Graulich* in DGGGW Nachrichtendienste im Rechtsstaat 55 (59); differenzierend *Gusy* in Schenke/Graulich/Ruthig BNDG § 5 Rn. 30 ff. mit einer praktisch jedoch kaum mehr handhabbaren rechtlichen Abwägungsvielfalt.

[149] OLG Düsseldorf NStZ 2013, 590 ff.; *Hofmann/Ritzert* NStZ 2014, 177 (178 ff.).

5. Europäisches Unionsrecht, Europäische Menschenrechtskonvention

Umstritten ist die Frage, ob die Maßnahmen eines Auslandsnachrichtendienstes nicht nur am Maßstab der nationalen Verfassung, sondern darüber hinaus am Unionsrecht einschließlich der Charta der **Grundrechte der Europäischen Union** zu messen sind.[150] **66**

Das BVerfG hatte dies 2013 im ATDG-Urteil zunächst ebenso kurz wie klar mit der auch im Schrifttum geteilten[151] Begründung abgelehnt, der fragliche Sachkomplex, die Terrorbekämpfung, sei „nicht unionsrechtlich determiniert"[152], auch nicht in der EU-Grundrechtecharta.[153] Das neue Urteil vom 19.5.2020 gibt sich zurückhaltender.[154] Zwar falle die nationale Sicherheit gem. Art. 4 Abs. 2 S. 3 EUV weiterhin in die alleinige Verantwortung der Mitgliedstaaten, sodass eine Rechtsprüfung am Maßstab des Unionsrechts ausgeschlossen sein „könnte"; ob und inwieweit dies der Fall sei, sei jedoch – hier verweist das Gericht auf das damals beim EuGH anhängige Vorabentscheidungsverfahren *Privacy International* – auch unionsrechtlich „noch nicht geklärt".[155] In diesem Verfahren hat der EuGH nunmehr unterschieden:[156] Soweit eine nationale Sicherheitsgesetzgebung private Provider, also Träger von Freiheitsrechten der Union, verpflichtet (zB zur Datenausleitung an Sicherheitsbehörden), gilt Unionsrecht, weil – so die im Kern rein teleologische Begründung – die entsprechenden unionsrechtlichen Regelungen in diesem Bereich anderenfalls keinerlei praktische Wirkung entfalten könnten.[157] Wo hingegen Mitgliedstaaten unmittelbar, also ohne dafür Dritte in Anspruch zu nehmen, personenbezogene Daten zu Zwecken der nationalen Sicherheit erheben, gilt nationales Recht.[158] Freilich ist für die Gretchen-Frage, wer institutionell zur Prüfung dieser Abgrenzung befugt ist, davon auszugehen, dass der EuGH für sich umfassende Prüfungs- und damit implizit Unionszuständigkeit reklamiert. **67**

Ob der EuGH in *Privacy International* einen datenschutzrechtlich bedenklichen Steuerungsimpuls gesetzt hat, weil die Differenzierung des Gerichtshofs geradezu zur Entwicklung staatlicher, also diensteigener Erhebungstools ermuntert, bleibt abzuwarten. Immerhin schimmert im EuGH-Urteil die Anerkenntnis durch, dass den Mitgliedstaaten als Herren der Verträge ein Kernbereich staatlicher Souveränität nicht einfach mit nachfolgender Interpretation von Sekundärrecht aus der Hand gewunden werden kann, das – wie etwa das Datenschutzrecht – partiell[159] in den Bereich nationaler Sicherheitsfragen hineinragt.[160] Auf eigentlich nachrichtendienstlichen Handlungsfeldern ist insoweit an der primärrechtlichen Vorgabe festzuhalten, dass das Unionsrecht nur bei ausdrücklicher Kompetenzübertragung auf die EU Wirksamkeit entfalten kann.[161] Anders verhält es sich **68**

---

[150] S. hierzu umfassend und mwN *Sule* in Dietrich/Sule Intelligence Law 335 ff.
[151] *Kreuter/Möbius* BWV 2009, 146 (148, 152); *Gärditz* JZ 2013, 633 (635); *Gärditz* DVBl 2017, 525 (527); *Gusy* in DGGGW Nachrichtendienstereform 19 (25 f.).
[152] BVerfGE 133, 277 (313 f.) = NJW 2013, 1499; stärker differenzierend *Sule* in Dietrich/Sule Intelligence Law 335 (342 ff.).
[153] BVerfGE 133, 277 (315) = NJW 2013, 1499.
[154] Skeptisch gegenüber der abweisenden BVerfG-Haltung im ATDG-Urteil *Gärditz* JZ 2013, 633 (635 ff.).
[155] BVerfG NJW 2020, 2235 Rn. 65. In BVerfG NJW 2020, 2699 Rn. 87 hat sich das BVerfG bei „nicht vollständig determiniertem Unionsrecht" eine nationale Prüfungskompetenz vorbehalten.
[156] EuGH GSZ 2021, 36 Rn. 35 ff. (Investigatory Powers Tribunal); zur Entscheidung s. Deutscher Bundestag/Wissenschaftl. Dienste WD 3 – 3000 – 240/20 v. 6.11.2020; *Baumgartner* GSZ 2021, 42 ff.
[157] EuGH GSZ 2021, 36 Rn. 42, 44 (Investigatory Powers Tribunal). Skeptisch gegenüber dieser traditionellen Methodik des EuGH *Gärditz* EuGRZ 2018, 6 (15).
[158] EuGH GSZ 2021, 36 Rn. 48 (Investigatory Powers Tribunal).
[159] Vgl. die Übersicht bei *Dietrich* in Dietrich/Eiffler NachrichtendiensteR-HdB I § 3 Rn. 57.
[160] Weshalb *Gusy* in Schenke/Graulich/Ruthig BNDG Vorbem. Rn. 12 insofern durchaus eine „partielle Europäisierung" des deutschen Sicherheitsrechts sieht. Ähnlich *Schmahl* in DGGGW Nachrichtendienste im Rechtsstaat 21 (29); *Gärditz* EuGRZ 2018, 6 (15).
[161] *Gärditz* DVBl 2017, 525 (527); *Schneider*, Fernmeldegeheimnis und Fernmeldeaufklärung 2020, 149 ff.; andeutungsweise so auch Grabitz/Hilf/Nettesheim/*Röben* AEUV Art. 72 Rn. 10. Bisher ist diese Thematik vor allem in polizeirechtlichen Fragen relevant und dementsprechend zB in dem sorgsam ausbalan-

bei Regelungsfeldern, in denen Nachrichtendienste nicht anders als jede andere Behörde betroffen sind, zB als Arbeitgeber bei der Bindung an sekundärrechtliche Vorgaben zu Mindesturlaub oder Ähnlichem.

69 Neben dem Unionsrecht wird auch die **EMRK** absehbar auf das nationale Fachrecht der Nachrichtendienste einwirken: Die mit mehreren Individualbeschwerden gegen technische Aufklärungsmaßnahmen des britischen SIGINT-Dienstes GCHQ befasste 1. Kammer des Europäischen Gerichtshofs für Menschenrechte (EGMR) erkannte 2018 auf britische Verstöße gegen Art. 8 und 10 EMRK;[162] diese Bewertung ist inzwischen von der als Rechtsmittelinstanz angerufenen Großen Kammer des EGMR bestätigt worden.[163] Außerdem hat die 3. Kammer des EGMR zwei Beschwerden gegen BND-Aufklärungsmaßnahmen zur Entscheidung angenommen,[164] über die allerdings frühestens 2022 entschieden werden dürfte.

II. Die Befugnisse des BND im Einzelnen

1. § 2 BNDG als allgemeine Befugnisnorm

70 Vor die Einzelbefugnisse ist **§ 2 BNDG** geschaltet, dessen Abs. 1 – dort insbesondere die Nr. 4 – sich wie eine Befugnis-Generalklausel liest.[165] Die Vorschrift ist jedoch irreführend formuliert. Zunächst gehen schon nach deren Wortlaut die spezielleren Normen der §§ 3 ff. BNDG, aber auch anderenorts geregelte Befugnisse (explizit: BDSG, aber aus systematischen Gründen selbstverständlich auch andere Sonderregelungen wie beispielsweise G10) mit ihren detaillierten Regelungen als *leges speciales* vor. Rein praktisch dürfte sich der Anwendungsbereich des „reinen" § 2 Abs. 1 BNDG auf Fälle der Datenspeicherung und -verwendung beschränken; für Datenerhebungen ist hingegen kaum ein Fall vorstellbar, in dem für das nachrichtendienstliche Handeln des BND allein auf § 2 BNDG zurückgegriffen werden müsste.[166] Als befugnisrechtlicher Freibrief für Grundrechtseingriffe erheblicher Intensität – zB eine Online-Durchsuchung – taugt § 2 Abs. 1 BNDG in seiner generalklauselartigen Weite[167] ohnehin nicht.[168]

71 Mit Blick auf den gleichwohl eigenständigen Regelungsanspruch der Vorschrift (so bereits deren Titel) passt sie aber in die Gesetzessystematik, wenn man sie als allgemeine Schwelle eines *jeden* Grundrechtseingriffs durch den BND ansieht, sie also kumulativ zu den Einzelbefugnissen der §§ 3 ff. BNDG liest. Der entscheidende Regelungsgehalt der

---

cierten Normengeflecht zum Raum der Freiheit, der Sicherheit und des Rechts gem. Art. 67 ff. AEUV unionsrechtlich durchdekliniert.

[162] EGMR Urt. v. 13.9.2018 – 58170/13, 62322/14, 24960/15 – Big Brother ua vs. United Kingdom –, ECLI:CE:ECHR:2018:0913JUD005817013. Hierauf bezieht sich auch das BVerfG, wenngleich nur am Rande, in seiner Urteilsbegründung, NJW 2020, 2235 Rn. 97 f., 137. Zur inhaltlichen Verschränkung zwischen BVerfG- und EGMR-Rspr. *Aust* DÖV 2020, 715 (718 f.) mwN.

[163] EGMR (Große Kammer) Urt. v. 25.5.2021 – 58170/13, 62322/14, 24960/15 – ECLI:CE: ECHR:2021:0525JUD005817013. Gegen die Annahme einer Verletzung von EMRK-Grundrechten (insbesondere Art. 8 EMRK) durch ausländische SIGINT-Überwachung *Talmon* Sachverständigengutachten, 1. Untersuchungsausschuss der 18. Wahlperiode des Deutschen Bundestages, MAT A SV-4/2 Rn. 11 ff. unter Verweis auf die bisherige EGMR-Rspr. (s. auch *Talmon* JZ 2014, 783, 784 ff.); *Schneider*, Fernmeldefreiheit und Fernmeldeaufklärung, 2020, 195 ff.; anders *Schmahl* NJW 2020, 2221 (2223); s. dazu auch *Huber* NVwZ-Beilage 1/2021, 3 ff.

[164] EGMR Rs. 81993/17 – Reporter ohne Grenzen –, 81996/17 – Niko Härting – (hudoc.echr.coe.int/ eng#{%22itemid%22:[%22001-207526-522]}).

[165] *Gusy* in Schenke/Graulich/Ruthig BNDG § 2 Rn. 1; *Caspar* PinG 01.14 1 (3): „Auffangvorschrift".

[166] *Gusy* in Schenke/Graulich/Ruthig BNDG § 5 Rn. 3 sieht die Besonderheit des § 2 BNDG darin, dass dieser – anders als § 5 BNDG – nur Eingriffe in das Recht auf informationelle Selbstbestimmung zulasse.

[167] *Caspar* PinG 01.14, 1 (4).

[168] Vgl. *Barczak* NJW 2020, 595 (596) für die angedachte Befugnis zum sog. *hack back* (→ Rn. 175). Zur Paralleldiskussion über die Reichweite der ähnlich formulierten § 8 Abs. 1 BVerfSchG bzw. § 4 Abs. 1 MADG s. *Roth* in Schenke/Graulich/Ruthig BVerfSchG § 8 Rn. 1 bzw. *Siems* in Schenke/Graulich/ Ruthig MADG § 4 Rn. 1.

Vorschrift steckt in der Aufzählung der Nr. 1–4, die ausbuchstabieren, zu welchen **Zwecken** die spezielleren Befugnisse der §§ 3 ff. BNDG genutzt werden dürfen. Insoweit konkretisiert § 2 Abs. 1 BNDG auf Befugnisebene die Aufgabenzuweisung des § 1 Abs. 2 S. 1 BNDG. Das ist zwar systematisch wenig stringent, hätte man dies doch sogleich in der eigentlichen Aufgabenzuweisung regeln können.[169] Inhaltlich sind die Klarstellungen in den Nr. 1–4 aber durchaus sinnvoll:

Der Aufgabenzuweisung aus § 1 Abs. 2 S. 1 BNDG inhaltlich bis in den Wortlaut hinein ausgesprochen ähnlich ist die **Nr. 4**, die insofern als „Generalklausel in der Generalklausel" angesehen werden kann und die praktisch weitaus relevanteste Ziffer des Abs. 1 darstellt. **72**

Sprachlich missverständlich in Nr. 4 ist allerdings die Subsidiaritätsklausel, wonach der BND solche Informationen erst erheben darf, wenn sie „nur auf diese [*dh nachrichtendienstliche, Anm. d. Verf.*] Weise zu erlangen sind". Denn damit ist nicht gemeint, dass zu Sachverhalten, zu denen aus allgemein zugänglichen Quellen – heute also vor allem dem Internet – detaillierte Informationen recherchierbar sind, keine nachrichtendienstlichen Mittel mehr eingesetzt werden dürfen. *Irgendeine* Information findet sich im Internet zu nahezu jedem denkbaren Vorgang. Häufig, zB bei hybriden Angriffen, ist es für die außen- und sicherheitspolitische Bedeutung eines Sachverhaltes aber entscheidend, solche offen zugänglichen Informationen zu verifizieren oder falsifizieren, gegebenenfalls mit nachrichtendienstlichen Mitteln. **73**

Die übrigen drei Fälle des § 2 Abs. 1 BNDG stellen klar, dass die Kernaufgabe des BND, die Aufklärung von außen- und sicherheitspolitisch bedeutsamen Vorgängen, nur gelingen kann, wenn bestimmte komplettierende Einzelbefugnisse hinzukommen: **74**

So darf der BND gem. **Nr. 1** seine nachrichtendienstlichen Befugnisse auch zum **Eigenschutz** einsetzen. Aufgrund seiner intimen Eigenkenntnis hat der BND überlegene Möglichkeiten, sicherheitsgefährdende oder geheimdienstliche Tätigkeiten „in seinem Inneren" früher bzw. sensibler zu bemerken als eine (und sei es ihrerseits im Thema Spionageabwehr noch so kompetente) andere Behörde wie etwa das klassisch für Spionageabwehr zuständige BfV. Schon nach dem klaren Wortlaut der Nr. 1 ergeben sich aus der Vorschrift keine Zwangsmaßnahmen erlaubenden Befugnisse des BND; § 2 Abs. 3 BNDG stellt dies explizit klar (→ Rn. 36, 79). **75**

Nr. 2 überträgt die **Sicherheitsüberprüfung** von Personen, die für den BND tätig sind oder tätig werden sollen, dem BND selbst. Gem. Abs. 2 S. 2 ist für solche Sicherheitsüberprüfungen allerdings das SÜG anzuwenden (das in § 3 Abs. 3 SÜG die Zuständigkeit des BND für „Eigenüberprüfungen" nochmals bekräftigt). Letztlich dürfte das SÜG damit *lex specialis* auch für Sicherheitsüberprüfungen des BND sein und die gegenüber dem SÜG ältere Regelung des § 2 Abs. 1 Nr. 2 BNDG nur noch deklaratorische Bedeutung besitzen. Selbst wenn man in diese Vorschrift für den BND gleichwohl ein Befugnis-Plus gegenüber dem SÜG hineinliest[170], hätte dies kaum praktische Wirkung: Ergibt eine Sicherheitsüberprüfung nach SÜG Zweifel an der sicherheitlichen Zuverlässigkeit einer Person, wird deren Betrauung mit einer sicherheitsempfindlichen Tätigkeit unterbleiben statt eine Art Nachrecherche mit regelrechten nachrichtendienstlichen Mitteln einzuleiten. **76**

Nr. 3 zielt in erster Linie auf die nachrichtendienstlichen Quellen des BND. Deren **Zugänge** und damit Zuverlässigkeit ist eine zentrale Frage nahezu jeder nachrichtendienstlichen Operation. Gerade bei klar geführten Quellen (→ Rn. 87) kann immer wieder die Frage im Raum stehen, ob die Quelle, wissend dass ihr Auftraggeber der deutsche Auslandsnachrichtendienst ist, tatsächlich authentische Informationen liefert. Von einem nachrichtendienstlichen Gegner gegengesteuerte und deshalb „Spielmaterial" liefernde **77**

---

[169] Der ursprüngliche BNDG-Entwurf von 1989 fasste unter der Überschrift „Aufgaben und Befugnisse" beides ohne inhaltliche Trennung in einer Vorschrift (damaliger § 1 BNDG-Entwurf: „Der BND darf...") zusammen (BT-Drs. 11/4306, 32). Das schließlich in Kraft getretene erste BNDG (BGBl. 1990 I 2979) hatte aber bereits die bis heute gültige Fassung mit getrennten Aufgaben- und Befugnisnormen.

[170] S. *Gusy* in Schenke/Graulich/Ruthig BNDG § 2 Rn. 24; klar gegen die Zulässigkeit nachrichtendienstlicher Mittel bei Sicherheitsüberprüfungen des BfV *Warg* in Schenke/Graulich/Ruthig SÜG § 3 Rn. 15.

Quellen mögen die genretechnisch besonders spektakulären Anwendungsfälle der Nr. 3 bilden; praktisch häufiger dürften die Fälle sein, in denen eine Quelle eigeninitiativ aus monetären Gründen unzutreffende Informationen bringt. Beide Risiken sind äußerst ernst zu nehmen. Auf die Prüfung der Zugänge einer Quelle muss daher größte Sorgfalt verwendet werden, was methodisch den Einsatz nachrichtendienstlicher Mittel rechtfertigt.

78 § 2 Abs. 1 S. 2 bzw. Abs. 2 BNDG betrifft die praktisch häufige Situation, dass die Erhebung von personenbezogenen Daten mit dem **Einverständnis** des Betroffenen geschieht (sog. Klarführung), sodass der in der Informationserhebung liegende Grundrechtseingriff von vornherein ausgeschlossen ist.[171] Damit dieses Einverständnis rechtsfehlerfrei erfolgt, muss der Betroffene selbstverständlich wissen, zu welchem Zweck er seine Daten mitteilt (§ 2 Abs. 2 S. 1 BNDG). Weiß der Betroffene hingegen gar nicht, dass er mit dem BND spricht (also vor allem bei Legendenoperationen → Rn. 89), liegt ein Fall des Einsatzes heimlicher nachrichtendienstlicher Mittel gem. § 5 BNDG iVm §§ 9 Abs. 1, 8 Abs. 2 BVerfSchG vor, sodass § 2 Abs. 2 BNDG ohnehin nicht einschlägig ist.

79 § 2 Abs. 3 BNDG zieht, wie bereits dargestellt (→ Rn. 75), eine klare Grenze zwischen polizeilichen und nachrichtendienstlichen Methoden auch gegenüber dem BND, ist also eine der einfachgesetzlichen Fixierungen des Trennungsprinzips.

80 § 2 IV BNDG schließlich buchstabiert verfassungsrechtliche Selbstverständlichkeiten aus dem Bereich der Verhältnismäßigkeitsprüfung aus.[172] Die dogmatischen Überlegungen, die das BVerfG in seinem Urteil vom 19.5.2020 (dazu Rn. 48) auf Basis des verfassungsrechtlichen Verhältnismäßigkeitsgrundsatzes detailliert entwickelt hat, sind also bereits vom einfachen Gesetzgeber im BNDG ausdrücklich angelegt.

2. Übersicht spezielle BNDG-Befugnisnormen

81 Der Korpus der **speziellen BND-Befugnisregelungen** aus BNDG und G10 gliedert sich im Wesentlichen in drei Blöcke: Zunächst geht es um Auskunftsrechte des BND gegenüber anderen deutschen Behörden (§§ 2–4 BNDG), sodann und regelungstechnisch etwas unscheinbar um die zentrale HUMINT-Befugnis des BND (§ 5 BNDG iVm §§ 9 ff. BVerfSchG). Abschließend und methodenbedingt mit der aufwändigsten und detailreichsten Regelungstiefe regelt der Gesetzgeber die SIGINT-Befugnisse des BND (§§ 6 ff. BNDG, §§ 3 ff. G10). Diese Befugnisse sind jeweils Gegenstand ausführlicher eigener Darstellungen in diesem Band.[173] An dieser Stelle soll es lediglich darum gehen, Besonderheiten zu diskutieren, die sich aus dem Auslandsauftrag des BND ergeben.

3. Besondere Auskunftsverlangen nach §§ 3, 4 BNDG

82 Die Ausgestaltung der **besonderen Auskunftsverlangen** nach §§ 3, 4 BNDG[174] ist an Sperrigkeit kaum zu überbieten. So erklärt zB § 3 BNDG zunächst das BVerfSchG für anwendbar, allerdings mit der Maßgabe, die in Bezug genommenen BVerfSchG-Vorschriften durch einzelne Vorschriften aus dem G10 zu ersetzen. In einem *obiter dictum* hat das BVerfG erst kürzlich – erneut – vor „unübersichtlichen Verweisungskaskaden" als Verstößen gegen das Gebot der Normenklarheit gewarnt.[175]

83 Praktisch wichtig sind die besonderen Auskunftsverlangen für den BND zunächst in ihrem ursprünglichen Entstehungszusammenhang, der Terrorbekämpfung, hier wiederum vor allem in Gestalt der Möglichkeit, gemäß §§ 3 Abs. 1 BNDG, 8a Abs. 2 Nr. 2

---

[171] BVerfGE 85, 386 (398); 124, 43 (58); vgl. auch Art. 6 Abs. 1 lit. a, 7, 9 Abs. 2 lit. a DSGVO.
[172] S. dazu allerdings auch die deutliche Kritik am BND in Zusammenhang mit der sog. Journalisten-Affäre bei *Schäfer* Gutachten v. 26.5.2006, webarchiv.bundestag.de/archive/2010/0304/bundestag/ausschuesse/gremien/pkg/bnd_bericht.pdf (veröffentl. Fassung), S. 177; BT-Drs. 16/13400, 415.
[173] → §§ 24–31.
[174] → § 21 Rn. 85 ff.; *Gärditz* in Dietrich/Eiffler NachrichtendiensteR-HdB VI § 1; *Gusy* in Schenke/Graulich/Ruthig BNDG §§ 3–4.
[175] BVerfG NJW 2020, 2235 Rn. 215 mwN; kritisch auch *Hölscheidt* JURA 2017, 148 (156).

BVerfSchG zu Kontostammdaten und Geldbewegungen Auskunft einzuholen, beispielsweise wenn es um die Nachverfolgung von Finanzflüssen terrorunterstützender Organisationen oder Einzelpersonen geht. Gleichfalls praktisch bedeutsam ist diese Befugnis, um geschäftliche Umgehungen von EU- oder VN-verhängten Sanktionsregimen aufzuklären. Des Weiteren wird gelegentlich die 2016 neu eingeführte Befugnis genutzt, zum Eigenschutz (also in der Verfolgung des Zwecks nach § 2 Abs. 1 Nr. 1 BNDG → Rn. 75) Auskünfte gemäß §§ 3 Abs. 1 S. 1 Nr. 2 BNDG, 8a Abs. 2 Nr. 1 oder Nr. 2 BVerfSchG einzuholen. Diese Möglichkeit gibt dem BND bei Fällen, in denen BND-Mitarbeitern in Verdacht stehen, für einen fremden Nachrichtendienst zu arbeiten, ein milderes Mittel an die Hand als sogleich mit dem grundrechtsintensiveren Eingriff nach § 3 Abs. 1 Nr. 3 G10 regelrechte Abhörmaßnahmen zu beantragen. Die Möglichkeit, hier zunächst über Auskunftsverlangen Klarheit zu gewinnen, kann also durchaus eingriffsdämpfend wirken.[176]

4. Besonderheiten der HUMINT-Befugnisse (§ 5 BNDG)

Gesetzgeberisch geradezu dürftig scheint die Regelung der **HUMINT-Befugnisse** für den 84 BND auszufallen. Der knapp gehaltene Text des **§ 5 BNDG** verweist dazu im Grunde komplett auf die entsprechenden Befugnisse des BfV. Über diese Verweisung auf die §§ 8 Abs. 2, 9, 9a und 9b BVerfSchG wird jedoch auch für den BND ein seit der BVerfSchG-Novelle von 2015[177] sehr detailgesättigter und umfangreicher Regelungskomplex „angeschaltet". Eine nähere Betrachtung dieses Regelungswerkes[178] zeigt indes, dass es sich um einen sehr auf die operativen Handlungsparameter des Inlandsnachrichtendienstes BfV zugeschnittenen Normenkomplex handelt, dessen „entsprechende" Anwendung (§ 5 S. 2 BNDG) mehrfach für den Auslandsnachrichtendienst BND Anwendungsprobleme aufwirft.[179] Nur um diese Problempunkte soll es im Folgenden gehen.

a) Heimlichkeit. Wie bereits erläutert (→ Rn. 63) ist das zentrale Funktionselement der 85 HUMINT-Arbeit des BND deren Heimlichkeit. Heimliche Eingriffe betreffen primär das Recht auf freie Entfaltung der Persönlichkeit nach Art. 2 Abs. 1 iVm Art. 1 Abs. 1 GG, insbesondere das Recht auf informationelle Selbstbestimmung[180], und zwar in potentiell durchaus gravierender Weise.[181] Eingriffe in dieses Grundrecht können nach Maßgabe der §§ 5 BNDG iVm 8 Abs. 2, 9 Abs. 1 BVerfSchG auch für den BND zulässig sein. Die verfassungsrechtliche Privilegierung der Nachrichtendienste, also die Schwellenabsenkung für den Einsatz nachrichtendienstlicher Mittel, weil Nachrichtendienste keine exekutiven Zwangsbefugnisse haben[182], ist für die meisten HUMINT-Einsätze des BND schon deshalb sachgerecht, weil sie sich gegen ausländische Aufklärungsziele und damit gegen Akteure richtet, die ohnehin jedem deutschen hoheitlichen Zugriff entzogen sind.

Der BND darf seine Mitarbeiter und seine Quellen also im Grundsatz heimlich, dh 86 täuschend und tarnend einsetzen, wenn Tatsachen die Annahme rechtfertigen, dass dies zur

---

[176] Vgl. die Gesetzesbegründung zur Einführung der wortgleichen Vorgängervorschrift § 2a BNDG, BT-Drs 18/8702 S. 17 f.
[177] S. dazu den Überblick bei *Marscholleck* NJW 2015, 3611 ff.
[178] Allgemein zum Einsatz von verdeckten Ermittlern, V-Leuten usw. → §§ 27, 28; *Dietrich* in Dietrich/Eiffler NachrichtendiensteR-HdB VI § 2; *Graulich* in Schenke/Graulich/Ruthig BVerfSchG §§ 9a, 9b. Das jüngst ergangene BVerfG (NJW 2022, 1583 ff., Rn. 337 ff.) verlangt hier erhebliche gesetzgeberische Nachbesserungen. Bereits vorher kritisch an den HUMINT-Regeln der §§ 8 ff. BVerfSchG *Graulich* KriPoZ 2017, 43 (52); *Bäcker* in DGGGW Nachrichtendienste im Rechtsstaat 137 (146 f.).
[179] S. dazu auch *Dietrich* in Dietrich/Eiffler NachrichtendiensteR-HdB VI § 2 Rn. 23, 92 ff.
[180] *Dietrich* in Dietrich/Eiffler NachrichtendiensteR-HdB VI § 2 Rn. 97; *Gusy* in Schenke/Graulich/Ruthig BNDG § 5 Rn. 9; detaillierte Auflistung weiterer potentiell betroffener Grundrechte bei *Hong* in DGGGW Nachrichtendienstereform 45 (48).
[181] *Hong* in DGGGW Nachrichtendienstereform 45 (55 ff.) mwN. Das BVerfG spricht – allerdings beim Einsatz *polizeilicher* V-Leute und verdeckter Ermittler – von einem „sehr schwerwiegenden" Grundrechtseingriff, BVerfGE 141, 220 (290) = NJW 2016, 1781.
[182] S. dazu *Wegener* VVDStRL 75 (2016), 293 (312 ff.); *Hong* in DGGGW Nachrichtendienstereform 45 (61 f.), beide mwN.

Erfüllung der Aufgaben des BND erforderlich ist. Vor Anwendung heimlicher Mittel wird in der Regel BND-intern ein **Operationsplan** erstellt, der sich detailliert mit dem geplanten Vorhaben auseinandersetzt. Wichtig für das Verständnis der konspirativen Arbeit des BND ist, dass sich solche Operationsplanungen immer ausführlich damit auseinandersetzen, wie eine Quelle so angebahnt und geführt werden kann, dass dadurch weder ihr noch dem handelnden Fallführer des BND unvertretbare persönliche Risiken erwachsen. Daneben spielen weitere operativ-taktische Elemente eine große Rolle, etwa vorab die Frage, worin genau die (iSd § 1 Abs. 2 S. 1 BNDG) außen- oder sicherheitspolitisch bedeutsamen Nachrichtenzugänge einer potentiellen Quelle bestehen können, oder wie zuverlässig und belastbar die Quelle sein kann usw., aber auch, welche politische Risiken mit der konkret geplanten nachrichtendienstlichen Operation verbunden sein können. In der Sprache des allgemeinen Verwaltungsrechts geht es dabei um die Zweckmäßigkeit des (BND-)Verwaltungshandelns. Eine Operationsplanung, die diese vielen Zweckmäßigkeitsgesichtspunkte sorgfältig berücksichtigt, wird aller Erfahrung nach von nachrichtendienstlichen Mitteln nur vorsichtig und eher defensiv Gebrauch machen. Wer gegen einen taktisch alle Vorteile auf seiner Seite wissenden nachrichtendienstlichen Gegner operiert, kommt in einer verantwortungsvollen Planung gar nicht umhin, die angebahnten Personen durch den nachrichtendienstlichen Kontakt möglichst wenig zu exponieren und ihr äußerlich wahrnehmbares Verhalten, aber auch ihre persönlichen Absichten, Interessen und Prioritäten so wenig wie möglich anzutasten. Grob vereinfacht ausgedrückt, soll eine auslandsnachrichtendienstliche Quelle ihr bisheriges Leben möglichst unverändert weiterführen und lediglich im operativ geschützten Bereich ihres Kontaktes zum Fallführer den BND an ihrem natürlichen Wissen teilhaben lassen. Daher wird in der Fallführung tunlichst alles vermieden, womit sich die Quelle gegenüber den Abwehrdiensten ihres Heimatlandes oder den „Aufpassern" der terroristischen Organisation, die sie im nachrichtendienstlichen Auftrag ausspäht, verdächtig machen könnte – zB auffällige Neugier oder Diebstahl von Dokumenten. Der operative Eingriff bleibt deshalb von vornherein auf ein zweckdienliches Minimum beschränkt, der Ansatz als solcher ist insofern durchaus grundrechtsschonend angelegt.

87 Vielfach weiß eine Quelle, dass sie mit dem BND zusammenarbeitet (sog. **Klaransprache**). Ungeachtet der auch dann zu beachtenden Voraussetzungen des § 2 Abs. 2 BNDG (→ Rn. 78) beinhalten solche rechtlich auf den ersten Blick relativ unproblematischen Fallführungen de facto immer konspirativ-heimliche und damit unter § 5 BNDG, § 8 Abs. 2 BVerfSchG fallende Teilelemente, weil der BND-Kontakt gegenüber der Umgebung der Quelle konspirativ verborgen und damit heimlich stattfinden muss. Getäuscht werden in diesem Fall Dritte, also zB Personen aus dem persönlichen und beruflichen Umfeld der Quelle. Da auch solche Dritten auf diese Weise vor gegebenenfalls erheblichen Gefahren geschützt werden (viele Staaten im Aufklärungsauftrag des BND zögern nicht, die Familien enttarnter Quellen rigoros mit zu bestrafen), können gegenüber diesen Dritten Verhältnismäßigkeitserwägungen ebenfalls den Einsatz nachrichtendienstlicher Mittel rechtfertigen.

88 Zur Anwendung heimlicher Mittel der Informationsbeschaffung im HUMINT-Bereich hat der BND gem. § 5 S. 1 BNDG iVm § 8 Abs. 2 S. 4–5 BVerfSchG mit Zustimmung des Bundeskanzleramtes eine – wegen ihrer operativ-methodischen Inhalte eingestufte – interne Dienstvorschrift erlassen,[183] die sehr ausführlich die BND-eigenen Verfahren und auch die verfassungsrechtlichen Maßstäbe für HUMINT-Operationen regelt – einschließlich einer sehr ausführlichen Handreichung für die Prüfung der rechtlichen Zulässigkeit der jeweils geplanten Maßnahme.

89 Den umfassendsten Eingriff in die allgemeine Handlungsfreiheit Dritter aus Art. 2 Abs. 1 GG bedeutet vollständig unter einer **Legende,** also einem vorgetäuschten Sachverhalt,

---

[183] Zur Diskussion der rechtlichen Problematik, Eingriffsgrundlagen partiell auf geheim gehaltene Normen zu stützen, vgl. *Lampe* NStZ 2015, 361 (367) mwN.

geführte Operationen. Denn ein solcher Ansatz kann operativ nur verlässlich funktionieren, wenn die Legende konsequent durchgehalten, dh gegenüber jedermann im In- und Ausland eingesetzt wird. Für die meisten Legendenkontakte bedeutet dies zwar nur, dass die Betroffenen genauso kontaktiert werden, wie es ihrer üblichen eigenen Lebens- oder Berufsgestaltung entspricht. Anders wirkt die Legende gegenüber der eigentlichen Quelle. Zwar gilt auch dort, dass die angesprochene Person äußerlich nur zu etwas bewegt wird, was sie inhaltlich ohnehin – und meist gegen Bezahlung – zu tun bereit ist. Aber es fehlt ihr natürlich das für die freie Willensentscheidung, den unter Legende angebotenen Kontakt anzunehmen, entscheidende Wissen darum, es mit einem Auslandsnachrichtendienst zu tun zu haben. Zwar sind in der Praxis die Fälle nicht selten, dass eine Quelle jedenfalls nach einer gewissen Dauer der Fallführung sehr wohl begreift, dass sie in Wirklichkeit mit dem BND zusammenarbeitet. Oft genug ziehen es Quellen auch dann noch vor, die inkriminierenden „drei Buchstaben" nie auszusprechen und selbst im diskreten direkten Kontakt nicht von der Legende abzuweichen. Ob sich diese Art der Operationsführung bereits zu einer Klarführung und damit dem Einverständnis der Quelle mit dem nachrichtendienstlichen Kontakt verdichtet, ist Sachverhaltsfrage. Aber selbst wenn die Quelle die eingesetzte Legende nicht durchschaut, entscheidet sie aus freien Stücken darüber, welche Informationen sie dem unter Legende agierenden Fallführer anvertrauen will. Da das BNDG im Grundsatz solche heimlichen Erhebungsmethoden akzeptiert, bleibt der Einsatz solcher „Voll-Legenden" per se zulässig, freilich nur nach gründlicher Prüfung insbesondere der Verhältnismäßigkeit der Maßnahme.

b) Szenetypische Delikte. Kritischer für den BND ist die über § 5 BNDG gleichfalls in 90 die BND-Befugniswelt eingebundene Regelung aus § 9a Abs. 2 BVerfSchG, wonach sich hauptamtliche Mitarbeiter – Gleiches gilt für die in diesem Zusammenhang praxisrelevantere Fallgruppe der Vertrauensleute, § 9b Abs. 1 S. 1 BVerfSchG – nur sehr eingeschränkt an den Aktivitäten beispielsweise einer Terrorgruppe oder Miliz beteiligen, also insbesondere sog. szenetypische Delikte lediglich unter engsten Voraussetzungen begehen dürfen. Was im Inland wegen des Strafanspruchs des Staates logischerweise nur höchst restriktiv zugelassen werden darf, stellt sich im Ausland bei der Anwerbung oder Führung von Quellen[184] anders dar. Denn das Verbot von Individualrechtseingriffen (§ 9a Abs. 2 S. 3 Nr. 1 BVerfSchG hat hier wegen der allgemeinen und inhaltlich identischen Vorgabe in § 8 Abs. 2 S. 2 BVerfSchG nur klarstellende Bedeutung) verbietet nicht allein drastische szeneübliche Einzeltaten wie Mord oder Körperverletzung, sondern auch weit niederschwelligere Straftaten wie Beleidigung, Hausfriedensbruch oder das mit mehr als freundlicher Überredung betriebene Eintreiben von „Solidaritätsabgaben" oder „Steuern" (Nötigung) – was aufgrund der neuen Rspr. des BVerfG (→ Rn. 48) auch im Rahmen von reinen Auslandssachverhalten gelten könnte. Quellen in ausländischen Terrormilizen, Schleuserbanden oder Freischärlerbewegungen, die deutschen „Keuschheitsregeln" gehorchen, lassen sich jedoch nur auf unterster Ebene oder in Bereichen mit marginaler oder überhaupt keiner Einsicht in den Kern einer solchen Organisation anwerben. Und selbst die Anwerbung von Personen, die erst am Anfang einer terroristischen „Karriere" im Ausland stehen, von denen der BND aber aufgrund tatsächlicher Anhaltspunkte annehmen kann, dass sie in der Organisation aufsteigen und damit immer bessere, dh auftragskonformere Informationen beschaffen können, bleibt auf derzeitiger Rechtsgrundlage sinnlos,

---

[184] *Eigene* BND-Mitarbeiter bleiben selbstverständlich in vollem Umfang an den Verbotskatalog des § 9a BVerfSchG gebunden. Diese Einschränkung schadet der Auftragserfüllung des BND jedoch de facto wenig. Für die Aufklärung ausländischer Terrororganisationen oder ähnlicher ausländischer Gruppierungen stellt die Gewinnung von Innenquellen aus solchen Organisationen oder die Einschleusung geeigneter Quellen in solche Organisationen mit dem Mittel Vertrauensleute den praktisch weitaus bedeutsamsten Anwendungsfall dar, schon weil eigene hauptamtliche Mitarbeiter nur höchst selten nach Herkunft, Sprachkenntnissen, sozio-kultureller Prägung oder der Möglichkeit, sie in ihrer persönlichen Lebensführung nahezu vollständig aus ihrem familiären Umfeld in Deutschland herauszulösen, für einen derartigen *inside job* in Betracht kommen dürften.

denn ein derartiger „Aufstieg" wird immer mit einer parallel anwachsenden Beteiligung an kriminellen Aktivitäten der Organisation verbunden sein.

91 Die nach § 5 S. 1 BNDG gebotene entsprechende Anwendung des § 9a Abs. 2 BVerfSchG kann daher hier nur bedeuten, dass zumindest gegenüber Personen, die nicht der deutschen Strafrechtsordnung unterliegen, ein milieutypisches Verhalten von BND-Quellen dann gerechtfertigt sein kann, wenn dies nach sorgfältiger Einzelfallabwägung, dh unter Ausrichtung am allgemeinen Verhältnismäßigkeitsgrundsatz, vertretbar ist. Genau solche Überlegungen sind regelmäßig ausführlich Gegenstand der operativen Planung (→ Rn. 86). Auch in diesem Kontext sei erneut betont: Das Interesse des BND an einer langfristig erfolgreichen Quellenoperation erzwingt bereits auf der Zweckmäßigkeitsebene regelmäßig ein sehr behutsames, eher defensiv ausgerichtetes Vorgehen. Nichts fürchtet ein Auslandsnachrichtendienst mehr als unkontrollierbare, zu Verhaltensexzessen neigende Quellen.

92 **c) Kulturelle oder finanzielle Sondersituationen im Ausland.** Ebenfalls problematisch ist die Übertragung der Einsatzbeschränkungen aus § 9b Abs. 2 BVerfSchG auf den BND.

93 So setzt das **Anwerbungsverbot Minderjähriger** nach Nr. 1 voraus, dass die Minderjährigkeit der ausgewählten Zielperson durch den BND erkannt werden kann. Wann aber jemand in Staaten ohne Geburtsregister oder vergleichbare Personenstandsdokumentation „voll geschäftsfähig" ist, richtet sich nach regionalen oder kulturell-religiösen Maßstäben, die vor Ort durchaus bewährt sein mögen (beispielsweise ob jemand eine Familie ernähren kann, religiöse Initiationsriten absolviert hat oder mit der Waffe kämpfen kann), für den BND indes nur im Rahmen einer Einzelfallprüfung bewertbar sind. Ausländische Wertungen oder Praktiken, die mit unserem Menschenwürdebegriff inkompatibel sind (zB der Einsatz von Kindersoldaten), dürfen nicht übernommen werden. Schon nachrichtendienstliche Zweckmäßigkeitsüberlegungen sorgen dafür, dass zB angesichts komplexer operativer Sicherheitsmaßnahmen in der Quellenführung (etwa in der verdeckten Kommunikation Quelle – BND) keine Zielpersonen angebahnt werden, die nach Persönlichkeit und Reife für eine verantwortungsbewusste Operationsführung ungeeignet erscheinen.

94 Gemäß § 9b Abs. 2 Nr. 2 BVerfSchG darf niemand angeworben oder eingesetzt werden, der von den Geld- oder Sachzuwendungen des Dienstes für seine Tätigkeit auf Dauer als **alleinige Lebensgrundlage** abhängen würde. Wer unter den bereits mehrfach dargestellten besonderen Risiken im Ausland als Quelle für den BND arbeitet, geht häufig existentielle, teilweise buchstäblich lebensgefährliche Risiken ein – nicht selten nicht allein für sich selbst, sondern auch für seine Familie. Schon die aus dem (zivilrechtlichen) Vertragsverhältnis, das jeder nachrichtendienstlichen Zusammenarbeit einer Quelle mit dem BND zugrunde liegt,[185] folgende Fürsorgepflicht des Dienstes als Auftraggeber gebietet eine leistungs- und risikoangemessene Vergütung. Diese kann in manchen Weltregionen auch bei Entlohnungen im niedrigen fünf-, gegebenenfalls sogar vierstelligen Euro-Bereich, schnell eine dauerhafte alleinige Lebensgrundlage ermöglichen. Wollte man dies unter Hinweis auf § 5 BNDG, § 9b Abs. 2 Nr. 2 BVerfSchG als unzulässig ansehen, wäre eine Quellenanwerbung in bestimmten Ländern, bei denen niedriges Durchschnittseinkommen und Krisenentwicklung typischerweise Hand in Hand gehen, faktisch weitgehend unmöglich.

95 Auch hier wird man daher den Befehl des § 5 BNDG zur entsprechenden Anwendung so verstehen müssen, dass in sorgfältiger Einzelfallbetrachtung Aufwand und Risiko der Quelle gegen den Wert ihrer Arbeit für den BND abzuwägen sind. Aus rein operativen Zweckmäßigkeitserwägungen hat der Dienst kein Interesse daran, mit allzu großzügigen Zahlungen eine Quelle zu immer alarmierender klingenden oder gar völlig unzutreffenden Informationen zu ermuntern. Dies ist im Übrigen einer der Gründe dafür, mithilfe BND-

---

[185] BVerwG NVwZ-RR 2010, 682 (684); s. dazu *Dietrich* in Dietrich/Eiffler NachrichtendiensteR-HdB VI § 2 Rn. 69 ff.

interner Controlling-Verfahren Kosten und Ertrag einer Quellenführung permanent zu überprüfen.

Gemäß § 9b Abs. 2 Nr. 5 BVerfSchG dürfen wegen Verbrechen oder schwerer Vergehen **verurteilte Straftäter** nicht angeworben oder eingesetzt werden. Bereits die ausdrückliche Bezugnahme auf Straftaten, die „im Bundeszentralregister eingetragen" sind, verhindert die pauschale Anwendung auch auf ausländische Verurteilungen. Wer im Ausland unter rechtsstaatlich fragwürdigen Umständen verurteilt wurde, kann dem Anwerbeverbot nicht automatisch unterfallen. So kommt ein von einem Scharia-Gericht wegen Abfalls vom Islam Verurteilter rechtlich genauso für eine Anwerbung als V-Mann in Betracht wie jemand, der in einem repressiven Regime wegen Sympathie für Oppositionsanliegen verurteilt wurde.[186] Wer hingegen in einem Mitgliedstaat der EU wegen eines Verbrechens verurteilt wurde, wird – ohne dass diese Strafe formell im Bundeszentralregister eingetragen ist – sicher eher zu Fallgruppe der rechtlichen *intouchables* gehören.

d) Observationen. Ein auch für den BND praktisch sehr relevantes nachrichtendienstliches Mittel ist die Observation, die zu den – über § 5 BNDG für den BND zugelassenen – heimlichen Beschaffungsmethoden des § 8 Abs. 2 BVerfSchG zählt.[187] Zweifellos gehören Observationen zu den besonders intrusiven nachrichtendienstlichen Mitteln, weil sie ein detailliertes – wenngleich zeitlich beschränktes – Bewegungsbild des Observierten ermöglichen. Typische BND-Anwendungsfälle dienen beispielsweise der Klärung, ob an einer BND-Quelle beim Anlauf zu einem geplanten Treffen mit ihrem Fallführer eine gegenerische Observation oder – zB bei Treffen mit Quellen aus dem Terrormilieu – gefährliche Begleitung „hängt". Oder es geht darum, im Bewegungsablauf einer potentiellen Quelle Situationen zu finden, in denen eine sicherheitlich vertretbare Ansprache möglich ist. Schon aus reinen Kapazitätsgründen ist es dem BND unmöglich, parallel zahlreiche lang andauernde Observationen zu „fahren". Eine gekonnte Observation verlangt das koordinierte Zusammenwirken eines großen Teams, das häufig verschiedene Fortbewegungsmittel gleichzeitig und hochflexibel einsetzen und situativ schnell auf wechselnde Fallentwicklungen reagieren muss. Observationen sind daher ausgesprochen kostbare nachrichtendienstliche Ressourcen, die nur wohldosiert und fokussiert eingesetzt werden können. Da eine BND-Observation – erst recht im Ausland – nie auf exekutive Folgemaßnahmen abzielt, besteht keine Notwendigkeit, sie zusätzlich den strikten Vorgaben von Observationen für strafprozessuale Zwecke (§ 163f StPO) zu unterwerfen.[188]

5. SIGINT

Keine Beschaffungsmethode des BND hat politisch so viel Diskussionen ausgelöst wie die **Beschaffung mit technischen Mitteln (SIGINT),** also vor allem das „Abhören" von Telekommunikation.[189] Auch die bisherige BVerfG-Judikatur betraf durchgängig Fälle der technischen Aufklärung.[190] Der sogenannte NSA-Skandal fokussierte die öffentliche Diskussion um die Tätigkeiten des BND erneut auf die SIGINT-Methodik des Dienstes und

---

[186] Eine operativ-praktische Frage ist es hingegen, ob der BND jemanden, der zB als politischer Dissident in seinem Heimatland verfolgt und abgeurteilt wurde, zweckmäßigerweise als Quelle anwerben sollte. Der Betreffende könnte unter besonderer Beobachtung stehen, was seinen Zugang zu BND-auftragsrelevanten Informationen infrage stellt und eine Kontakthaltung überdurchschnittlichen Risiken unterwirft. Außerdem ist es ein vom BND sehr wohl zu beachtendes politisches Risiko, dass ein als Quelle angeworbener Dissident im Falle des Bekanntwerdens seiner Zusammenarbeit mit dem BND nicht nur persönlich extrem gefährdet ist, sondern die gesamte, von der Bundesrepublik möglicherweise politisch unterstützte Oppositionsbewegung in dem fraglichen Land wegen Spionage ihrer Angehörigen diskreditiert werden kann. Auch hier zeigt sich: Reine Zweckmäßigkeitserwägungen werden die rechtlichen Risiken einer nachrichtendienstlichen Maßnahme erheblich bremsen.
[187] speziell zum Einsatz technischer Observationsmittel s. *Löffelmann* in Dietrich/Eiffler NachrichtendiensteR-HdB VI § 3 Rn. 85 ff.; *Roth* in Schenke/Graulich/Ruthig BVerfSchG § 8 Rn. 34.
[188] *Gärditz* EuGRZ 2018, 6 (19 f.).
[189] Dazu umfassend → § 24; *Löffelmann* in Dietrich/Eiffler NachrichtendiensteR-HdB VI § 4.
[190] S. den Überblick bei *Gärditz* JZ 2020, 825.

nahm dabei zuvorderst Anstoß an dem Informationsaustausch mit anderen ausländischen Nachrichtendiensten (→ Rn. 123 ff.) und an der Tatsache, dass auch befreundete Staaten Ziel deutscher SIGINT-Maßnahmen wurden.[191]

99 Der Gesetzgeber reagierte noch vor Abschluss der Arbeit des Untersuchungsausschusses, indem er erstmals komplett und außerordentlich detailliert die SIGINT-Aufklärung auch jenseits der klassischen Bereiche Inlandskommunikation oder Inländerkommunikation im komplett neu in das BNDG eingefügten Abschnitt 2 durchregelte – ein Unterfangen, das im internationalen Vergleich überaus ambitioniert, weil völlig unüblich war[192] und im klaren damaligem Verständnis *extra obligo* erfolgte.[193] Dies fand ebenso wie der beträchtlich ausgebaute Abschnitt 4 des BNDG mit seiner ebenso detailliert ausgestalteten Regelung der Zusammenarbeit mit ausländischen Nachrichtendiensten[194] in der Fachliteratur gewissen Zuspruch.[195]

100 Dass dieser im internationalen Vergleich beachtliche Reformansatz gleichwohl dem Verdikt des BVerfG anheimfiel (→ Rn. 48), macht die BNDG-Novellierung von 2016 nicht weniger bemerkenswert. Erneut reagierte der Gesetzgeber, den die Fristsetzung des BVerfG für eine Neufassung der fraglichen BNDG-Passagen bis spätestens zum 31.12.2021[196] unter Zugzwang gesetzt hatte, rasch und radikal: Das am 20.4.2021 in Kraft getretene neue BNDG[197] gestaltet in enger Anlehnung an die Karlsruher Vorgaben die SIGINT-Aufklärung rein ausländischer Telekommunikation in den §§ 19 ff. BNDG nF nochmals völlig neu.[198]

6. SOCMINT

101 Eine Art Sonderfall zwischen HUMINT und SIGINT ist die Erhebung von Informationen aus sozialen Medien **(Social Media Intelligence/SOCMINT)**. Ziel ist es, an BND-auftragsrelevanten Kommunikationsplattformen und -techniken – nötigenfalls unter vorgetäuschter Identität – teilnehmen und dadurch außen- und sicherheitspolitisch bedeutsame Informationen erheben zu können. Praxisrelevant ist SOCMINT insbesondere für die Aufklärung substaatlicher Netzwerkstrukturen, zB im terroristischen oder extremistischen Spektrum, weil die dortigen Akteure sich in Ermangelung eigener staatlicher Strukturen (einschließlich gehärteter Regierungsnetze) besonders stark auf jedermann verfügbare Kommunikationswelten aus dem Internet abstützen. Darüber hinaus sind soziale Medien *der* Tummelplatz für hybride Einflussnahmeversuche von außen, etwa im Vorfeld von Wahlen.

---

[191] S. dazu Abschlussbericht des 1. Untersuchungsausschusses der 18. Wahlperiode, BT-Drs. 18/12850.
[192] Im Bewusstsein dieser internationalen Perzeption hatte die SPD-Fraktion in ihrem Eckpunkte-Papier vom Juni 2015 ausdrücklich gefordert, eine Regelung „mit internationaler Signalwirkung" bzw. auf „international vorbildgebender Grundlage" zu schaffen, www.sueddeutsche.de/politik/nsa-spaehaffaere-spd-fraktion-fordert-strengere-regeln-fuer-bnd-1.2523019.
[193] BT-Drs. 18/9041, 1 f.
[194] Diese wurden im Gesetz begrifflich neutral mit „ausländischen öffentlichen Stellen" bezeichnet, was theoretisch jede beliebige ausländische Behörde und nicht nur Nachrichtendienste einschließt. Hintergrund dieser Formulierung ist, dass die Funktion als Nachrichtendienst im Ausland nicht selten von Behörden wahrgenommen wird, die auch andere als nachrichtendienstliche Funktionen wahrnehmen, teilweise sogar ausgesprochen „unscheinbar" in Apparate wie beispielsweise das Büro eines Regierungschefs integriert sind. Auch die BNDG-Reform 2021 (→ Rn. 52) hält an dieser Terminologie fest, definiert den Begriff aber – in Anlehnung an Art. 73 AEUV – als ausländische Dienststellen, die zu einer für den Schutz der nationalen Sicherheit im Empfängerland verantwortlichen Verwaltung gehören (BT-Drs. 19/26103, 85).
[195] Vgl. *Gärditz* DVBl 2017, 525 (533 f.); *Graulich* KriPoZ 2017, 43 (44); vorsichtig zustimmend *Wolff* VVDStRL 75 (2016), 389.
[196] BVerfG NJW 2020, 2235 Rn. 329 ff.
[197] BGBl. 2021 I 771 ff. (→ Rn. 52). Diejenigen Abschnitte des BNDG, die sich auf die Umstellung der Befugnisse des BND zur Ausland-Ausland-Fernmeldeaufklärung beziehen, gelten erst ab 1.1.2022 (vgl. dazu BVerfG NJW 2020, 2235 Rn. 331).
[198] S. dazu im Einzelnen *Graulich* GSZ 2021, 121 ff. sowie zu Teilaspekten Rn. 131 f., 151 ff. des vorliegenden Beitrags.

Soweit in diesen Kommunikationsstrukturen nachrichtendienstlich geschaffene **Avatare** 102
zum Einsatz kommen, handelt es sich um nichts anderes als um Legendenoperationen, die
den dafür geltenden Voraussetzungen der § 5 BNDG, §§ 9 ff. BVerfSchG unterliegen.[199]
In der Anwendungspraxis spielen naturgemäß internettypische Handhabungsbesonderheiten die zentrale Rolle. Wer vorgibt, aus einem bestimmten Land heraus als Sympathisant
einer Terrorbewegung an der Kommunikation Gleichgesinnter in bestimmten sozialen
Medien, darunter wiederum bevorzugt in abgeschotteten, nur für authentische Unterstützer
geöffneten Foren, teilzunehmen, muss sich nach Sprache, Sprachduktus und „Fachjargon",
der Zeit des Einloggens, seiner technischen „Signatur" usw milieutypisch verhalten. Dieser
sehr aufwändige Prozess bedarf gründlicher Planung, kann aber genau deshalb, wie für ein
Vorgehen nach § 5 BNDG geboten, einzelfallbezogen sorgfältig abgewogen werden.

Wer sich – was für bestimmte Aufklärungsziele durchaus ausreichen kann – „nur" mit 103
irgendeinem *nickname* in einen nachrichtendienstlich interessanten Bereich des Internet
unter einer sofort als solcher erkennbaren und typischerweise in dieser Art auch von den
übrigen Teilnehmern verwendeten Allerwelts-Tarnidentität tummelt („captain_hook"),
ohne weitere Zugangsbarrieren zu überwinden, täuscht hingegen nicht, weil er von vornherein offenlegt, dass er seine tatsächliche Identität *nicht* offenlegen will. Damit fehlt es trotz
Nutzung einer Tarnidentität an einer *heimlichen* Informationsbeschaffung iSd § 8
BVerfSchG und damit auch an einem Grundrechtseingriff.[200]

Das bloße Surfen in jedermann frei zugänglichen Bereichen des Internet, zB in offenen 104
Diskussionsforen, durch den BND ist hingegen überhaupt kein Grundrechtseingriff – wer
seine personenbezogenen Daten im Internet offen legt, begibt sich selbst der Privatheit
über seine eigenen Daten.[201]

Betroffenes Grundrecht ist in all diesen Fällen immer Art. 2 Abs. 1 GG iVm Art. 1 105
Abs. 1 GG und nicht Art. 10 Abs. 1 GG, weil nicht in die Vertraulichkeit einer technisch
vermittelten Kommunikation, sondern in das Vertrauen des Betroffenen in die Identität
und Authentizität seiner Kommunikationspartner eingegriffen wird.[202]

7. IMINT, GEOINT

Ein weiteres technikgeprägtes Beschaffungsinstrument sind optische oder mit anderer 106
Sensorik arbeitende Plattformen, die aus dem Welt- (Satelliten) oder Luftraum (Flugzeuge,
Drohnen) Abbildungen anfertigen **(Imagery Intelligence/IMINT)**. Der BND wird
voraussichtlich 2022 erstmals eigene Satelliten in Betrieb nehmen.[203] Dank hochwertiger
bildgebender Verfahren können Satellitenaufnahmen detailreiche und vor allem sehr aktuelle Aufnahmen bieten und damit nachrichtendienstliche Lagebilder substantiell anreichern
oder sogar erst ermöglichen. Personenbezogene Daten können so in der Regel auflösungsbedingt trotzdem nicht gewonnen werden; sollte dies dennoch – zB bei bodennäheren
luftgestützten Systemen – der Fall sein, wird rechtlicher Maßstab dieser vom Betroffenen
nicht erkennbaren und insofern heimlichen Erfassungsmethodik § 5 BNDG sein.

Weniger eine Datenerfassungs- als eine Datenbearbeitungsmethode ist hingegen **Geo-** 107
spatial Intelligence (GEOINT). Ziel ist es dabei, mit einer systematischen und umfassenden Auswertung verschiedenster raumbezogener Daten (die ihrerseits aus allen verfügbaren
Beschaffungsarten stammen können) eigene nachrichtendienstliche Produkte zu erstellen.
In klassischer Form sind das beispielsweise Landkarten mit Angaben zu militärischen Kräfte-

---

[199] BVerfGE 120, 274 (345) = NJW 2008, 822; *Löffelmann* in Dietrich/Eiffler NachrichtendiensteR-HdB VI § 5 Rn. 57.
[200] BVerfGE 120, 274 (345 f.) = NJW 2008, 822; *Hong* in DGGGW Nachrichtendienstereform 45 (53); *Löffelmann* in Dietrich/Eiffler NachrichtendiensteR-HdB VI § 5 Rn. 57.
[201] BVerfGE 120, 274 (344 f.) = NJW 2008, 822; *Löffelmann* in Dietrich/Eiffler NachrichtendiensteR-HdB VI § 5 Rn. 55.
[202] *Unterreitmeier* GSZ 2019, 233 (234 f.).
[203] https://www.sueddeutsche.de/politik/nachrichtendienste-bnd-bekommt-eigene-spionage-satelliten-1.3243519.

dislozierungen in einer bestimmten Region; zunehmend werden solche Analyse-Ergebnisse äußerlich in elektronischer Form und inhaltlich in immer komplexeren Informationspaketen angefertigt. Rechtlich unterliegen GEOINT-Produkte keinen spezifischen Regimen, sondern müssen, soweit sie überhaupt personenbezogene Daten verwenden, den allgemein geltenden Regeln zur Datenverarbeitung durch den BND (§§ 2 ff. BNDG) genügen.

8. Polizeinahe Befugnisse

108 Neben den vorgenannten nachrichtendiensttypischen Beschaffungsmethoden räumt das BNDG dem BND in § 5 BNDG, § 9 Abs. 2, 4 BVerfSchG noch strikt fallbeschränkte Einzelbefugnisse ein, die ausgesprochen **polizeinah** wirken:

109 Gemäß § 5 BNDG, § 9 Abs. 2 BVerfSchG darf auch der BND unter engen Voraussetzungen das in einer Wohnung nicht öffentlich gesprochene Wort mit technischen Mitteln heimlich mithören oder aufzeichnen. Dieser sog **„große Lauschangriff"**[204] ist ein rechtspraktisch vom BND kaum nutzbares Instrument. Als *ultima ratio* für die Aufklärung „gegenwärtiger" Gefahren konzipiert (etwa wenn der BND von einer unmittelbar bevorstehenden „Einsatzbesprechung" von Personen, die einen Terroranschlag planen, erfährt), müsste der BND entsprechende Hinweise im Regelfall ohnehin gem. §§ 24 Abs. 3 BNDG, 20 Abs. 1 BVerfSchG an die zuständigen Polizeibehörden weitergeben – was auch sachgerecht wäre, da es in einer solchen Situation eindeutig um Gefahrenabwendung mit exekutiven Mitteln geht.[205] Die Subsidiarität dieser Befugnis gegenüber polizeilichem Einschreiten ist also systemgerecht, reduziert ihren tatsächlichen Anwendungsbereich für den BND aber praktisch auf null.[206] Für die Aufklärung von in Wohnungen ausgetauschten Informationen kann der BND nötigenfalls andere Beschaffungsmethoden versuchen, zB eine Abschöpfung von Teilnehmern der fraglichen Gespräche in der Wohnung. Denn schon ein Hinweis darauf, dass und wann in einer bestimmten Wohnung voraussichtlich wertvolle Informationen ausgetauscht werden, wird häufig über eine gut platzierte Quelle bekannt werden. Die Wahrscheinlichkeit, dass diese Quelle anschließend auch Insider-Informationen aus diesen Treffen erhält (oder im günstigsten Fall selbst daran teilnimmt), ist daher nicht gering.

110 Ein weiterer ausgesprochener Spezialfall ist die Befugnis, gem. § 5 BNDG, § 9 Abs. 4 BVerfSchG technische Mittel zur Ermittlung des Standortes eines aktiv geschalteten Mobilfunkgerätes oder zur Ermittlung der Geräte oder Kartennummer einzusetzen.[207] Der Einsatz der hier angesprochenen sog **IMSI-Catcher** ist bisher für den BND vor allem bei Observationen relevant. Kann man beispielsweise Parallelbewegungen zwischen der observierten Person und Mobiltelefonen erkennen, kann das im Einzelfall wertvolle Hinweise auf nachrichtendienstlich relevante Kontakte des Observierten mit getarnt agierenden Dritten erbringen.

9. OSINT

111 Dass auch in der Arbeit des BND – wie bei allen Auslandsnachrichtendiensten – die am häufigsten verarbeitete Informationsart das offen zugängliche Material (**OSINT** = *open source intelligence*) ist, sei hier nur der Vollständigkeit halber erwähnt. Diese OSINT-„Lastigkeit" hängt nur zT damit zusammen, dass es inzwischen zu nahezu allen für den BND relevanten Themen offen verfügbare Informationen in mehr oder weniger großer Zahl und Qualität gibt. Praktisch mindestens genauso bedeutsam ist, dass insbesondere die Medien mit ihrer Berichterstattung bzw. deren Akzentuierung erheblich mitprägen, welche Themen für die Bundesregierung – und indirekt damit für den BND – aktuell im Vordergrund stehen. Rechtliche Schwierigkeiten wirft der Umgang des BND mit OSINT nicht auf,

---

[204] Umfassend zur Wohnraumüberwachung → § 25.
[205] *Bäcker* in DGGGW Nachrichtendienste im Rechtsstaat 137 (148).
[206] *Dietrich* in Möllers/van Ooyen JBÖS 2018/2019, 107 (112).
[207] Zu den strafrechtlichen Parallelvorschriften → § 24 Rn. 102 f.

selbst wenn dabei personenbezogene Daten erhoben werden können;[208] darauf, dass die Verfügbarkeit von Informationen in OSINT kein juristisches Hindernis für eine nachrichtendienstliche Beschäftigung mit demselben Thema ist, wurde bereits hingewiesen (→ Rn. 73).

D. Zusammenarbeit mit inländischen und ausländischen Nachrichtendiensten

I. Allgemeines

112 Nachrichtendienstliche Zusammenarbeit bedeutet vor allem eines: Informationsübermittlung. Die dazu erlassenen Übermittlungsvorschriften sind daher der Schauplatz der eigentlichen rechtlichen Auseinandersetzung um das – informationelle – **Trennungsprinzip** (→ Rn. 36 ff.).[209] Selbstverständlich darf das Trennungsprinzip nicht dadurch umgangen werden, dass der BND dieselben Informationen, die er zuvor mit niedrigeren Zulässigkeitshürden als die Polizeibehörden erheben durfte, anschließend ungehindert just an diese Polizei oder andere Exekutivbehörden durchreicht. Nach dem vom BVerfG durchgesetzten Grundsatz der hypothetischen Datenneuerhebung ist eine Übermittlung nur zulässig, wenn die in der Datenübermittlung liegende Zweckänderung und der darin liegende neue Grundrechtseingriff ebenfalls die ursprüngliche Datenerhebung gerechtfertigt hätten.[210]

113 Auch wenn der Fokus der rechtlichen Diskussion auf den Übermittlungsschwellen liegt, darf nicht außer Acht bleiben, dass – selbst bei den Ermessensvorschriften (→ Rn. 118 ff.) – immer die Frage eine Rolle spielt, ob ein bekannt gewordener Vorgang mitgeteilt werden *muss*. Nachrichtendienste sollen sich eben nicht (zB mit Quellenschutzargumenten) hinter Übermittlungsschwellen „verschanzen", wenn dadurch die legitime Tätigkeit anderer Sicherheitsbehörden ins Leere zu laufen droht.[211] Insofern ist spiegelbildliche Seite des Trennungsprinzips immer auch die Frage nach einem Kooperationsgebot, und ist Sicherheitsrecht nicht nur Eingriffsrecht, sondern genauso Behördenkooperationsrecht.[212]

114 Wie bei den Befugnissen folgt auch im Bereich der allgemeinen Übermittlungsvorschriften das BNDG quasi-akzessorisch dem BVerfSchG, indem § 11 BNDG auf die entsprechenden Vorschriften der §§ 19, 20 BVerfSchG verweist (anders, sozusagen „BND-autonom", die Spezialfälle der neuen §§ 29, 30 BNDG).

II. Zusammenarbeit mit inländischen Stellen

115 § 11 Abs. 1 BNDG ist die zentrale allgemeine Vorschrift für BND-Übermittlungen an inländische Behörden.[213] Das in Hinblick auf das Trennungsprinzip „scharfe Ende" der Vorschrift ist deren Abs. 3, der eine Übermittlungs*pflicht* an **Staatsanwaltschaften** und **Polizeien** entsprechend § 20 BVerfSchG, also bei Staatsschutzdelikten (legaldefiniert als Delikte nach §§ 74a, 120 GVG), statuiert. In der Praxis des BND als Auslandsnachrichtendienst dürften die dort mit umfassten Straftaten nach §§ 93 ff., 129 ff. StGB und nach AWG sowie KWKG die größte Relevanz haben.

---

[208] BVerfGE 120, 274 (344) mwN = NJW 2008, 822. – Zu der überwiegend für die Arbeit von Inlandsdiensten und Polizeibehörden relevanten Frage, ob die algorithmen-gesteuerte Auswertung großer OSINT-Datenmengen einen Grundrechtseingriff darstellt, vgl. *Rademacher/Perkowski* JuS 2020, 713 ff. mwN.
[209] → § 29; *Gusy* in Schenke/Graulich/Ruthig BNDG § 1 Rn. 12 f.; *Gärditz* JZ 2013, 633 (634).
[210] BVerfGE 141, 220 (327 f.) = NJW 2016, 1781; s. jüngst BVerfG NVwZ 2021, 226 Rn. 99 ff.
[211] S. dazu *Dietrich* in Dietrich/Eiffler NachrichtendiensteR-HdB III § 3 Rn. 41 mwN.
[212] Vgl. *Gusy* in DGGGW Nachrichtendienstereform 19 (24, 27); kritisch dazu *Poscher/Rusteberg* in DGGGW Nachrichtendienstereform 145 ff. (speziell zum Kooperationsverhältnis Polizei – Verfassungsschutz); *Lindner/Unterreitmeier* DÖV 2019, 165 (169 f.).
[213] Gegenüber der Vorgängernorm des § 24 Abs. 1 BNDG aF wurde die neue Übermittlungsnorm nur redaktionell angepasst, s. Gesetzesbegründung in BT-Drs. 19/26103, 54.

116 Systematisch unglücklich platziert, aber letztlich in dieselbe Kategorie wie Abs. 3 gehört § 11 Abs. 1 S. 2 BNDG. Demnach gelten für die nach § 5 BNDG, also unter Einsatz heimlicher nachrichtendienstlicher Beschaffungsmethoden, erhobenen personenbezogenen Daten ebenfalls Einschränkungen, wenn die Informationen an Exekutivbehörden gehen sollten. Auch das ist vor dem Hintergrund des Trennungsprinzips nur konsequent.

117 Der neu geschaffene § 29 Abs. 3 BNDG (→ Rn. 121) beschränkt die Weitergabe von Daten aus der strategischen Fernmeldeaufklärung des BND an Strafverfolgungsbehörden auf die Fälle, in denen letzteren eine Online-Durchsuchung erlaubt ist (§ 100b StPO), sowie auf bestimmte Straftaten nach dem AWG; insoweit wird man abwarten müssen, ob der – 2021 unverändert gelassene – § 7 Abs. 4 G10 zukünftig hieran angeglichen wird.

118 Den Gegenpol bildet die Ermessensvorschrift des § 11 Abs. 1 S. 1 BNDG für Übermittlungen an (beliebige sonstige) **inländische öffentliche Stellen,** eingeschränkt nur durch eine sehr allgemein gehaltene Aufgabenbindung. Diese niedrige Übermittlungsschwelle rechtfertigt sich daraus, dass Übermittlungen an Strafverfolgungsbehörden gem. Abs. 3 bzw. Abs. 1 S. 2 spezialgesetzlich abgehandelt sind (→ Rn. 115 ff.) und daher Abs. 1 S. 1 nur Übermittlungen an solche Behörden umfassen kann, die (a) die empfangenen Informationen ausschließlich zu informatorischen Zwecken, also im Grunde genauso wie der BND selbst, verarbeiten dürfen und dabei (b) als inländische Behörden an das strenge deutsche Datenschutzrecht gebunden waren. Typische Behördenempfänger von BND-Daten iSd § 11 Abs. 1 S. 1 BNDG sind die Verfassungsschutzbehörden (zB bei der Zusammenarbeit zur Aufklärung von Aktivitäten ausländischer Nachrichtendienste), aber auch Gerichte (zB im Rahmen tatsächlicher Feststellungen zu fallrelevanten Auslandsinformationen[214]).

119 Weitere intrabehördliche Übermittlungsvorschriften für den BND finden sich in §§ 17, 18 BVerfSchG und § 14 Abs. 6 MADG.

120 Bei Übermittlungen an **„andere" Stellen,** also zB an deutsche Unternehmen oder Unternehmensverbände, greifen gem. § 11 Abs. 2 S. 1 BNDG die besonders engen Schranken des § 19 Abs. 4 BVerfSchG.

121 Soweit der BND die Übermittlung von SIGINT-basierten Informationen auf § 24 BNDG aF stützte, kritisierte das BVerfG, teils seien die Übermittlungsvoraussetzungen, teils der Kreis der Empfängerbehörden nicht hinreichend normenklar bestimmt, außerdem seien die mehrgliedrigen Verweisungsketten (BNDG – BVerfSchG – GVG – StGB) zweifelhaft.[215] Die BNDG-Novelle 2021 unternimmt in den jetzt 16 Absätzen des § 29 BNDG einen kompletten Neuansatz, der sorgfältig nach Erhebungs- sowie Übermittlungszweck, Empfängern und Schutzbedürftigkeit der Betroffenen unterscheidet und zudem sehr präzise Verfahrensvorgaben macht.[216] Anzunehmen ist allerdings, dass damit zugleich die Blaupause für eine entsprechende Gestaltung auch der allgemeinen Übermittlungsvorschrift (§ 11 BNDG) gezeichnet wurde.[217]

122 Die Übermittlungsvorschriften nach § 4 Abs. 4, §§ 7, 8 Abs. 6 **G10** spielen in der BND-Praxis seltener eine Rolle, sei es, weil die Verfassungsschutzbehörden eigene Erhebungsbefugnisse haben, sei es, weil die mit den Mitteln der strategischen Erhebung nach § 5 G10 erhobenen Informationen nur selten inhaltlich für die Arbeit inländischer Behörden relevant sind.

---

[214] Atypisch gelagert ist der Fall BVerwG NVwZ 2020, 167 ff., wo Informationen des BND mitursächlich dafür waren, einer Deutschen, die in Afghanistan eine private humanitäre Hilfsinitiative betrieb, mit passrechtlichen Mitteln die Ausreise dorthin zu verwehren, weil Hinweise auf eine drohende Entführung vorlagen. Hier hatten die BND-Informationen also durchaus mittelbare exekutive Wirkung, allerdings – auch, wenngleich nicht nur – zum Schutz der Passinhaberin.
[215] BVerfG NJW 2020, 2235 Rn. 311 ff.
[216] Deshalb greifen die Vorwürfe des BfDI, Bundestagsinnenausschuss, Ausschuss-Drs. 19(4)682, Abschn. 7, gegenüber dem neuen § 11 BNDG („Nichtanpassung") nicht – die Anpassung erfolgte durchaus, nur eben an der systematisch besser geeigneten Stelle des § 29 BNDG nF.
[217] Zu diesem Reformbedarf s. *Dietrich* Bundestagsinnenausschuss, Ausschuss-Drs. 19(4)731 G, S. 24.

III. Zusammenarbeit mit ausländischen Stellen

1. Allgemeines zur internationalen nachrichtendienstlichen Zusammenarbeit

Dass der BND seinen sehr weit gefassten (→ Rn. 13) Aufklärungsauftrag nicht vollständig aus eigener Kraft stemmen kann, sondern auf die Zusammenarbeit mit **ausländischen Nachrichtendiensten** angewiesen ist, bedarf hier keiner eigenen Darlegung. Die Bundesregierung hat zu diesem Punkt im Verfahren zur Zulässigkeit der Auslands-Fernmeldeaufklärung des BND vor dem BVerfG 2019 ausführlich vorgetragen.[218] Letztlich ist die internationale Vernetzung der deutschen Auslandsaufklärung nicht nur selbstverständliche Folge der gleichfalls internationalen Netzwerkstrukturen von Terroristen, Menschenschleusern oder Drogenhändlern, sondern zwangsläufiger Reflex des Aufklärungsgegenstandes als solchen: Wer Sachverhalte und Zusammenhänge in weit entfernten Regionen tiefgründig verstehen will, benötigt auf derartig vielen verschiedenen Fachgebieten hoch entwickelte Expertise, dass dies ein einzelner Dienst (ungeachtet seiner Größe) nicht mehr allein leisten kann. Die Kenntnis wenig verbreiteter, aber in einem bestimmten Konflikt dominierender Sprachen, kulturelles Hintergrundverständnis zu entlegenen *hot spots*, Zugänge zu Clanstrukturen, die sich hermetisch gegen alle Fremden verschließen oder Loyalitäten, die sich aus einer speziellen regionalen/ethnischen Verbundenheit ergeben und in ihrer spezifischen Ausprägung nicht durch außerregionale Akteure wie den BND erschließbar sind, verschaffen ausländischen Nachrichtendiensten vielfach Alleinstellungsfähigkeiten, ohne deren Nutzung ein rein deutscher Blick auf ein ausländisches Konfliktgeschehen von vornherein defizitär wäre. Es geht bei der internationalen Kooperation von Nachrichtendiensten also um mehr als die häufig – zB in der Arbeit des NSA-Untersuchungsausschusses (→ Rn. 45, 140) – thematisierten SIGINT-Kooperationen. 123

Dies klingt heute selbstverständlicher als es lange Zeit war. Ein „Ur-Reflex" aller nachrichtendienstlichen Arbeit ist deren Abschottung vor Dritten, droht bei einem Informationsabfluss an Dritte doch immer, dass Quellen gefährdet, mühsam im Geheimen aufgebaute technische Zugänge abgeschnitten oder eigene Methoden anderen Diensten bekannt und damit zukünftig wertlos werden. Trotzdem war auch – und sicher gerade – für den aus der Organisation Gehlen hervorgegangenen BND die Einbettung in NATO-Strukturen und hier wiederum primär die enge Anbindung an die US-amerikanischen Dienste lange Zeit geradezu Bestandteil des BND-Genoms. 124

Dem erwähnten „Ur-Reflex" folgend findet internationale nachrichtendienstliche Zusammenarbeit auch heute noch vielfach im strikt **bilateralen** Rahmen statt, der am ehesten Vertraulichkeit garantiert (→ Rn. 133). Speziell im Bereich von HUMINT-Operationen, die das Vertraulichkeitsprinzip in Gestalt ihrer menschlichen Quellen geradezu personifizieren, ist der bilaterale Ansatz bis heute dominierend. 125

Gleichwohl gewinnt die **multilaterale** Zusammenarbeit von Nachrichtendiensten immer größere Bedeutung. Auf Institutionen wie das INTCEN der EU[219], die Joint Intelligence and Security Division (JISD) und das NATO Intelligence Fusion Centre (NIFC) des Nordatlantischen Bündnisses[220], die berühmten „Five Eyes"[221], aber auch geheimnisumwitterte Kooperationen unter Schlagworten wie „Maximator"[222] oder „SIGINT Seniors 126

---

[218] In BVerfGE leider nicht wiedergegeben. S. aber BND-Präsident *Kahl* in DGGGW Nachrichtendienste in vernetzter Sicherheitsarchitektur 153 ff.; *Kahl* in www.heise.de/news/Nach-Karlsruher-Urteil-BND-muss-handlungsfaehig-sein-und-bleiben-4798641.html; *Huber* NVwZ-Beilage 2020, 3 (7). S. auch bereits BVerfGE 143, 101 (139 f., 153) = NVwZ 2017, 137.
[219] *Conrad* in DGGGW Nachrichtendienstereform 161 ff.
[220] Zu den nachrichtendienstlichen Strukturen der NATO umfassend *Freytag von Loringhoven* in DGGGW Nachrichtendienste in vernetzter Sicherheitsarchitektur 145 ff. S. auch *Masala/Scheffler Corvaja* in Dietrich/Sule Intelligence Law 175 ff.
[221] S. dazu den Abschluss des sog. NSA-Untersuchungsausschusses, BT-Drs 18/12850, 210 ff.
[222] S. dazu zB www.heise.de/newsticker/meldung/Geheimdienst-Kooperation-Maximator-Die-Five-Eyes-Europas-4700198.html.

Europe"²²³ sei beispielhaft verwiesen. Aus rechtlicher Perspektive interessiert weniger diese Form der intergouvernementalen Zusammenarbeit als solche – die vielfach auch auf nichtnachrichtendienstlichen Feldern stattfindet – als der dabei stattfindende Informationsaustausch. Dass auch solche Informationsübermittlungen, soweit es um personenbezogene Daten geht, einen neuen, eigenständigen Grundrechtseingriff neben der ursprünglichen Informationserhebung darstellen, steht außer Frage.²²⁴

2. Problematik des alten Befugnisrahmens

127 Allgemeine **Befugnisnorm** für diese Übermittlungen war bisher § 24 Abs. 2 BNDG aF iVm § 19 Abs. 3 BVerfSchG. Soweit Daten in Rede standen, die mit Mitteln der Ausland-Ausland-Fernmeldeaufklärung nach §§ 6 ff. BNDG aF erhoben worden waren, kamen als Spezialbefugnis die §§ 13–15 BNDG aF bzw. für nach dem G10 erhobene Daten § 4 Abs. 4, §§ 7a, 8 Abs. 5, 6 G10 hinzu.

128 Soweit diese Übermittlungsgrundlagen 2017 vor dem BVerfG angegriffen wurden, hat das Gericht gerügt, dass die Empfängerbehörden nicht hinreichend genau bestimmt seien, die Übermittlung nicht auf hinreichend qualifizierte Rechtsgüter beschränkt und eine Übermittlungsschwelle nicht vorgegeben sei.²²⁵ Außerdem verpflichte die Norm den BND nicht in normenklarer Weise zu der gebotenen Vergewisserung über den rechtsstaatlichen Umgang mit den übermittelten Daten; die dazu in § 19 Abs. 3 BVerfSchG angelegte Prüfung genüge den verfassungsrechtlichen Anforderungen nicht.²²⁶ Die §§ 13–15 BNDG aF fielen gleichfalls dem Verdikt des Gerichtes anheim: Formell fehlte es wegen des vom Gericht nunmehr angenommenen Grundrechtseingriffs auch bei Telekommunikationsmaßnahmen an der Beachtung des Zitiergebotes nach Art. 19 Abs. 1 S. 2 GG.²²⁷ Materiell monierte das BVerfG im Wesentlichen, dass bereits die Defizite der eigentlichen Erhebungsnorm (§ 6 BNDG aF) auf die Übermittlungsbefugnisse durchschlügen²²⁸ und die von ausländischen Diensten zugelieferten Suchbegriffe bzw. die infolgedessen erhobenen Daten nicht ausreichend kontrolliert würden.²²⁹ Die G10-Übermittlungsvorschriften waren nicht Gegenstand des Verfahrens vor dem BVerfG; zumindest für die mit Mitteln der strategischen FmA nach § 5 G10 erhobenen Informationen dürften die Bedenken des BVerfG jedoch in der Sache auch auf die speziellen Übermittlungsnormen der §§ 7a, 8 Abs. 6 G10 zutreffen.

129 Zugleich hat das BVerfG für den Bereich des Informationsaustausches mit ausländischen Nachrichtendiensten wichtige und relativ konkret ausformulierte rechtliche Schranken definiert, deren Begründung im Übrigen eindeutig über den an sich verfahrensgegenständlichen Bereich der Ausland-Ausland-FmA nach §§ 6 ff. BNDG aF hinausgreift. Eingangs betont zwar auch das Gericht, dass die völkerrechtsfreundliche Ordnung des GG für internationale nachrichtendienstliche Kooperationen nicht nur offen ist, sondern eine möglichst effektive Zusammenarbeit des BND mit den Sicherheitsbehörden anderer Staaten für die Gewährleistung der Sicherheit in der Bundesrepublik von besonderer Bedeutung sein kann.²³⁰ Das anschließende „Aber" des BVerfG weist zunächst auf Selbstverständlichkeiten wie zB darauf hin, dass der BND sich nicht mithilfe ausländischer Dienste Daten besorgen darf, die er – etwa wegen der strikten G10-Regelungen – nicht selbst erheben dürfte (sog. „Ringtausch", der bereits von §§ 14 II, 6 Abs. 4 BNDG verboten war), oder

---

²²³ Auch als „Fourteen Eyes" bezeichnet, s. die Anfrage des Abgeordneten des Europäischen Parlaments *Agnew*, www.europarl.europa.eu/doceo/document/E-8-2018-004794_EN.html.
²²⁴ StRspr des BVerfG seit BVerfGE 100, 313 (366 f.) = NJW 2000, 55; BVerfGE 125, 260 (310) = NJW 2010, 833; NJW 2020, 2699 Rn. 98.
²²⁵ BVerfG NJW 2020, 2235 Rn. 316.
²²⁶ BVerfG NJW 2020, 2235 Rn. 317 f.
²²⁷ BVerfG NJW 2020, 2235 Rn. 134 f.
²²⁸ BVerfG NJW 2020, 2235 Rn. 321.
²²⁹ BVerfG NJW 2020, 2235 Rn. 322.
²³⁰ BVerfG NJW 2020, 2235 Rn. 245 ff., insbesondere 246.

dass ein solcher Informationsaustausch als eigener Grundrechtseingriff einer detaillierten eigenen gesetzlichen Grundlage bedarf.[231] Sodann verlangt das Gericht jedoch speziell bei der Kooperation mit ausländischen Diensten eine **Rechtsstaatlichkeitsvergewisserung** über den Umgang der ausländischen Empfänger mit den ihnen übermittelten Daten.[232] Auch das ist an sich eine selbstverständliche Forderung, kann sich doch gerade der auslandskundige Auslandsnachrichtendienst BND nicht einfach damit zufrieden geben, dass ein Nachrichtendienst in einem Land mit autoritärem oder repressivem politischen Regime – das Gericht spricht dezent von „rechtsstaatlich nicht gefestigten Staaten"[233] – treuherzig versichert, beim Umgang mit den vom BND empfangenen Daten menschenrechtliche Standards zu beachten. Im Weiteren stellt das Gericht dann aber sehr deutlich heraus, dass der BND in den rechtsstaatlich kritischen Fällen erforderlichenfalls verbindliche Einzelgarantien einfordern muss und ungeachtet gewisser generalisierender Einschätzungen zur Lage im Empfängerstaat stets individuell für jede Person, zu der Daten übermittelt werden, geprüft werden muss, ob sie „in einer Gefahrenlage verfangen sind". Dieser Vergewisserungsprozess über das im Empfängerstaat bestehende Datenschutzniveau unterliegt, so das Gericht explizit, auch nicht der freien politischen Disposition. Sie muss sich vielmehr auf gehaltvolle, realitätsbezogene und aktuelle Informationen stützen, dokumentiert werden und einer unabhängigen Kontrolle zugänglich sein.[234]

Diese engen Zulässigkeitskriterien werden den weiteren Austausch mit ausländischen **130** Nachrichtendiensten vor beträchtliche praktische Schwierigkeiten stellen. Viele der beispielsweise für die Terrorismus-Aufklärung wichtigen ausländischen Dienste gehören zu Staaten, die in den meisten Fällen als autoritär, nicht selten als repressiv und diktatorisch gelten müssen. Ausländische Nachrichtendienste sind häufig Instrumente zur Machtsicherung von Autokraten. So naheliegend, ja selbstverständlich es ist, dass der BND durch seine Informationsübermittlungen an solche Empfänger nicht seine Hand zu Verletzungen der Menschenwürde reichen darf,[235] so sehr muss berücksichtigt werden, dass es zur Gewährleistung der Sicherheit in der Bundesrepublik und damit zur BND-Auftragserfüllung eben auch erforderlich ist, genau solchen Staaten Informationen anbieten zu können – nur dann wird der BND von dort im benötigten Ausmaß und in der benötigten Qualität selbst Informationen erhalten *("do ut des")*. Es ist eben kein praktisch gangbarer Ausweg, Informationen aus dem Ausland nur zu nehmen oder – etwa mit Unterstützung beim Aufbau oder der Verbesserung ausländischer nachrichtendienstlicher Kapazitäten – „zu kaufen", von der rechtsstaatlichen Fragwürdigkeit solcher „Deals" ganz abgesehen.

3. BNDG-Novellierung 2021

Die den BVerfG-Vorgaben „nachgerade buchstabengetreu"[236] folgende BNDG-Novellie- **131** rung 2021 hat zunächst die allgemeine Übermittlungsvorschrift des alten § 24 Abs. 2 BNDG – jetzt § 11 BNDG – redaktionell angepasst. Speziell für die vor dem Verfahren vor dem BVerfG eigentlich auf dem Prüfstand stehende SIGINT-Aufklärung des BND hat der Gesetzgeber – analog zur Reform der inländischen Weitergabe solcherart gewonnener Daten, § 29 BNDG – in § 30 BNDG eine ebenfalls sehr feingliedrig nach Erhebungs- und Übermittlungszweck sowie der individuellen Gefährdung des Betroffenen differenzierende Neuregelung erlassen. Herzstück dieser Reform ist Abs. 6, der mit einer ganzen Serie verfahrensrechtlicher Sicherungen vor allem die vom BVerfG verlangte Vergewisserungspflicht des BND (→ Rn. 129) eng kontextbezogen präzisiert.

---

[231] BVerfG NJW 2020, 2235 Rn. 248 ff.
[232] BVerfG NJW 2020, 2235 Rn. 233 ff.; in diesem Sinne bereits BVerfGE 141, 220 (345 f.) = NJW 2016, 1781.
[233] BVerfG NJW 2020, 2235 Rn. 237.
[234] BVerfG NJW 2020, 2235 Rn. 239 ff.
[235] So die vom BVerfG in stRspr verwendete Formulierung, vgl. BVerfG NJW 2020, 2235 Rn. 237 mwN.
[236] *Gärditz* Bundestagsinnenausschuss, Ausschuss-Drs. 19(4)731 A, S. 3.

132 In der SIGINT-Kooperation, die wegen der methodenbedingt besonders sensiblen Offenlegung technischer Leistungsfähigkeiten gegenüber ausländischen Diensten vielfach als Zusammenarbeit mit europäischen bzw. westlichen Diensten stattfindet, fallen generalisierende Vergewisserungen durch verlässliche Zusicherungen in Form von schriftlichen Erklärungen (*memorandum of understanding, letter of intent* oder Ähnliches[237]) leichter. Soweit dies faktisch nicht möglich ist, stellt § 30 Abs. 6 BNDG fallgenau darauf ab, was im Empfängerstaat mit den konkret übermittelten Daten geschieht, einschließlich der Frage, wie der Empfänger bisher mit übermittelten Daten umgegangen ist (§ 30 Abs. 6 S. 6 BNDG). Gerade Letzteres ist ein ausgesprochen feinfühliges Prüfkriterium, weil das beiderseitige Wissen um die andauernde Aufmerksamkeit des Kooperationspartners für das Schicksal der Zielpersonen eine beträchtliche und durchaus effektive tatsächliche Hürde dagegen bietet, dass der ausländische Empfänger von BND-Informationen absprachewidrig unter nachrichtendienstlicher Beobachtung stehende Personen einfach verhaftet, Repressalien unterwirft oder gar eliminiert, würde damit doch einer weiteren bilateralen Zusammenarbeit die Geschäftsgrundlage entzogen. Diese faktische Schutzwirkung durch fortlaufende gegenseitige Beobachtung wird im Übrigen verfahrensrechtlich über § 30 Abs. 8 BNDG abgesichert, der den BND über Zweckmäßigkeitsaspekte hinaus auch gesetzlich dazu verpflichtet, die Beachtung der schutzwürdigen Interessen der Betroffenen durch den ausländischen Kooperationspartner fortlaufend, also auch nach Beendigung der Übermittlung, zu beobachten.[238] Es sollte nicht unterschätzt werden, wie sehr gerade im Feld der nachrichtendienstlichen Kooperation, das von Haus aus weniger von rechtsverbindlichen Verpflichtungen als von dem Vertrauen in die Verlässlichkeit des Kooperationspartners lebt, einmal getroffene Absprachen de facto als verbindlich behandelt werden. Insofern trifft der neue § 30 Abs. 6, 8 BNDG auch für menschenrechtlich kritische Kooperationsverhältnisse sanktionsbewehrte und praktisch hinreichend belastbare Vorkehrungen im Sinne der vom BVerfG geforderten Rechtsstaatlichkeitsvergewisserung.

4. Third Party Rule

133 Die Third Party Rule[239] – also jene Vertraulichkeitsabsprache zwischen zwei Parteien, wonach die zwischen ihnen übermittelten Informationen keiner dritten Partei zugänglich gemacht werden, es sei denn, der ursprüngliche Inhaber der Information stimme dem zu[240] – bereitet im internationalen Informationsaustausch zwischen Nachrichtendiensten keine eigentlich rechtlichen Probleme. Die Third Party Rule ist im bilateralen Informationsaustausch nicht nur durchgängig geübtes Verhalten, sondern regelrechte Geschäftsgrundlage.[241] Dass es sich nicht um eine (völker-)rechtlich verbindliche Regel, sondern lediglich um eine – allerdings bemerkenswert konstant und gleichförmig geübte – Verwaltungspraxis handelt,[242] schadet ihrer tatsächlichen Beachtung nicht. Jedem Nachrichtendienst ist hinreichend bewusst, dass ein Bruch dieser Vertraulichkeitsabsprache in der extrem vertraulichkeitssensiblen intra-nachrichtendienstlichen Kooperation rasch und nachhaltig rufschädigend wirkt und

---

[237] Zur rechtlichen Einordnung solcher Erklärungen s. *Dietrich* in Schenke/Graulich/Ruthig BNDG § 13 Rn. 8. *Kment* Grenzüberschreitendes Verwaltungshandeln 707, 723 hält diese Handlungsformen allerdings für nicht ausreichend.
[238] Vgl. Gesetzesbegründung zu § 30 Abs. 8 BNDG, BT-Drs. 19/26103, 87.
[239] S. dazu insbesondere *Gärditz* DVBl 2015, 903 ff. mwN – Beispiel für eine übliche Formulierung: „No information or intelligence may be released to a third party without the prior written consent of the party providing such information."
[240] S. *Dietrich* GSZ 2020, 174 (181) mwN.
[241] S. dazu den Vortrag der Bundesregierung im Verfahren NSA-Untersuchungsausschuss BVerfGE 143, 101 (118): „‚fundamentale Grundregel' nachrichtendienstlicher Zusammenarbeit" = NVwZ 2017, 137, und die Zusammenfassung des rechtlichen Diskussionsstandes zur Third Party Rule BVerfGE 143, 101 (151 f. mwN).
[242] BVerfGE 143, 101 (151 f.) = NVwZ 2017, 137; BVerfG NJW 2020, 2235 Rn. 294 mwN. Der Schutz einer funktionierenden internationalen Kooperation unter Nachrichtendiensten ist durchaus ein rechtlich anzuerkennendes Schutzgut, *Gärditz* DVBl 2015, 903 (905 ff.); *Buchberger* in DGGGW Nachrichtendienste im Rechtsstaat 107 (119) mwN insbesondere aus der BVerwG-Rspr.

unverzichtbare internationale Zugänge verschließen kann, ohne dass dagegen, eben weil es sich um bloße Verwaltungspraxis handelt, rechtlich vorgegangen werden könnte. Eine Kernüberlegung vor jeder grenzüberschreitenden nachrichtendienstlichen Zusammenarbeit ist es daher, mit *welchem* ausländischen Dienst man am zweckmäßigsten wertvolle Informationen teilt. Auch die „Tarnung" einer fremdgenerierten Information als vermeintlich eigenes nachrichtendienstliches Produkt zwecks Weitergabe an andere Dienste wird in der Praxis gescheut: Jeder Nachrichtendienst kennt die fatalen Folgen, wenn eine – vielleicht besonderes Aufsehen erregende und deshalb „attraktive" – Einzelinformation als vermeintlich eigene Information eines Dienstes in der internationalen Kooperation „die Runde macht" (sog. „Kreisläufer"), sodass am Ende alle Informationsempfänger einschließlich des ursprünglichen Informationsgebers irrigerweise davon ausgehen, eine aus dem Kreis anderer Dienste und damit vermeintlich aus verschiedenen Quellen bestätigte Information in Händen zu halten, die in Wirklichkeit *single source* Aufkommen ist.

Ihre eigentliche rechtliche Bedeutung hat die Third Party Rule daher erst bei der Frage, ob bzw. an welche Empfänger die von einem ausländischen Nachrichtendienst erhaltenen Informationen innerstaatlich weitergegeben werden können (→ Rn. 163 ff.). 134

E. BND-interne Prozesse als Ausfluss des gesetzlichen Aufgaben- und Befugnisrahmens

Der Gesetzgeber selbst hat nur an wenigen Stellen innerbehördliche Vorgaben für die Entscheidungsprozesse des BND gemacht. Diese Vorgaben betreffen im Wesentlichen die Frage, wann die **Behördenleitung** selbst, also der Präsident des BND, Einzelfragen entscheiden muss. 135

Aktuell ist dies vorgeschrieben bei bestimmten 136

- besonderen Auskunftsverlangen (§ 3 BNDG, §§ 8a Abs. 2, 2a, 8b Abs. 1 BVerfSchG),
- heimlichen nachrichtendienstlichen Mitteln (§ 5 BNDG, §§ 8 Abs. 2, 9 Abs. 2, 9b Abs. 2 BVerfSchG) bzw. bei bestimmten kritischen Einsatzbedingungen (§ 5 BNDG, § 9a Abs. 2 S. 5 BVerfSchG),
- Maßnahmen der strategischen Auslands-Fernmeldeaufklärung (§§ 9 Abs. 1, 12 Abs. 2 BNDG, § 4 Abs. 3, 9 Abs. 2 G10).

Für den HUMINT- und SIGINT-Bereich hat der BND, wie gesetzlich vorgeschrieben[243] (§ 5 BNDG, § 8 Abs. 2 S. 4 BVerfSchG, § 6 Abs. 7 BNDG), interne **Dienstvorschriften** (DV)[244] erlassen, die als solche vom Bundeskanzleramt zu genehmigen sind und über die das Parlamentarische Kontrollgremium (PKGr) unterrichtet wurde. Dieses innerbehördliche Recht schreibt, über die gesetzlichen Vorgaben hinaus, für weitere Fallkonstellationen eine Zustimmung der BND-Leitungsebene vor; es handelt sich dabei im Sinne einer behördeninternen „Wesentlichkeitstheorie" typischerweise um Konstellationen, bei denen der Einsatz nachrichtendienstlicher Mittel über die rein fachliche Betrachtung hinaus dienst- bzw. außenpolitische Auswirkungen, ungewöhnlich hohe Risiken oder an Hand von Schwellenwerten definierte besonders hohe finanzielle Ausgaben nach sich ziehen kann. Daneben legen diese DV innerdienstliche Verfahren fest und konkretisieren die gesetzlichen Vorgaben für die innerbehördliche Anwendung (zB mit ausführlichen Regelungen über Operationspläne → Rn. 86). 137

Ansonsten haben im BND nach dessen interner Geschäftsordnung in der Regel die Referatsleiter Entscheidungsbefugnis. Je nach Fallbedeutung geht diese Entscheidungsbefugnis hierarchisch auf höhere Ebenen, gegebenenfalls den Präsidenten selbst, über. 138

---

[243] Dieses behördliche Binnenrecht will selbstverständlich keine Befugnisgrundlagen (→ Rn. 70 ff.) ersetzen. Es schafft aber eine auch für Kontrollzwecke (→ Rn. 141 ff.) wichtige Systematisierung der Fallhandhabung, gerade mit Blick auf den Gleichbehandlungsgrundsatz.

[244] S. die Aufzählung vier solcher DV in BVerfG NJW 2020, 2235 Rn. 14, die allein für den Bereich der strategischen Auslands-FmA BND-intern einschlägig sind.

139 Für das **BND-interne Controlling** werden – jenseits der selbstverständlichen Verantwortung der jeweiligen Entscheidungshierarchie – fachbezogen parallel prüfende Organisationseinheiten herangezogen, gegebenenfalls mit Vetorecht (in Form einer Mitzeichnung). Dies können Fachbereiche aus dem Haushalts-, Personal- oder Rechtsbereich sein; für die eigentlichen nachrichtendienstlichen Mittel besonders wichtig sind eigens spezialisierte Stellen, die zB ein operatives HUMINT-Vorhaben oder den Einsatz neuer SIGINT-Selektoren in der Art eines *advocatus diaboli* auf fachliche Schwachstellen, Vereinbarkeit mit den dienstinternen Regularien oder Auftragsgerechtigkeit, aber auch allgemein auf fachliche Zweckmäßigkeit abklopfen. Ungeachtet aller externen Kontrollmechanismen (→ Rn. 141 ff.) ist dieses *in house controlling* wahrscheinlich der praktisch anspruchsvollste und effektivste Filter, in dem neue nachrichtendienstliche Vorhaben arbeitstäglich durchleuchtet, modifiziert und – nicht selten – ausgesiebt werden.

140 Eine fachgesetzlich durch § 5 BDSG begründete Sonderstellung hat der auch im BND eingerichtete **behördliche Datenschutzbeauftragte,** faktisch ein Sachgebiet mit mehreren Juristen und datenschutzrechtlich geschultem weiteren Personal. Dass dieser interne Datenschutzbeauftragte Maßnahmen der BND-Leitung durchaus auch kritisch begleitet, zeigte sich in den Anhörungen des sog. NSA-Untersuchungsausschusses, als die damalige Leiterin dieses Bereiches der von der Dienstleitung vertretenen sog. Weltraumtheorie[245] datenschutzrechtlich eine Absage erteilte.[246]

F. Externe Kontrollmechanismen

I. Multiplexe externe Kontrollstruktur

141 Das nachrichtendienstliche Agieren des BND ist in eine **Vielzahl** externer Kontrollmechanismen integriert. Bereits deren schiere Menge ist Gegenstand von Kritik,[247] die moniert, der Dienst könne die Vielzahl seiner für jeweils spezielle Fachsegmente zuständigen Kontrollinstanzen dank seines überlegenen hauseigenen Wissens gegeneinander ausspielen und so effektive Kontrolle verhindern.

142 Eigentlicher Adressat dieser Kritik ist der Gesetzgeber, der das vielstimmige Kontrollkonzert neu strukturieren und gegebenenfalls organisatorisch reduzieren könnte, um wegen Kontrollüberzahl entstandene Kontrolldefizite zu beheben. Die jüngste Entscheidung des BVerfG mit erstaunlich kleinteiligen Vorgaben für eine neue, zweigeteilte Kontrollinstanz der strategischen Auslands-FmA[248] hat sicher nicht zu einer Verschlankung des Kontrollregimes ermuntert. Vielmehr hat der Gesetzgeber – verständlicherweise – „sicherheitshalber" die Karlsruher Vorgaben im neuen BNDG praktisch eins zu eins umgesetzt (§§ 40 ff. BNDG) und die Kontrolllandschaft damit (trotz Wegfall des erst 2016 aus der Taufe gehobenen Unabhängigen Gremiums) nochmals erweitert.[249] Zugleich hat das BVerfG-Urteil vom 19.5.2020 die derzeitige Kontrollpluralität verfassungsrechtlich nicht gerügt. Denn die jeweils an fachliche Aspekte anknüpfende Zuständigkeit der verschiedenen Kontrollinstanzen hat immerhin den Vorteil, dass sich in den betreffenden Gremien besondere Sachkunde für „ihren" Kontrollsektor konzentriert. Die Aufsplitte-

---

[245] Die „Weltraumtheorie" argumentierte, das Auffangen von Satellitenkommunikation durch BND-Anlagen in Bad Aibling erfolge nicht in Deutschland, sondern wegen der technischen Auslegung der Erfassungssysteme darauf, die Signalqualität an der Sendetechnik des Satelliten selbst zu erfassen, im Weltraum. Im Schrifttum stieß dies auf einhellige Ablehnung, vgl. *Gusy* in Schenke/Graulich/Ruthig BNDG § 1 Rn. 55 bzw. *Dietrich* BNDG § 6 Rn. 8 jeweils mwN.
[246] www.dw.com/de/nsa-affäre-datenschutz-à-la-bnd/a-17985403.
[247] Vgl. pointiert *Gusy* in Röttgen/Wolff, Parlamentarische Kontrolle der Nachrichtendienste im demokratischen Rechtsstaat, 2008, 14 (23): „ein im Detail unterschiedlich ausgestaltetes Gestrüpp von Gremien, Ausschüssen und Kommissionen", ,multa, non multum'".
[248] BVerfG NJW 2020, 2235 Rn. 272 ff.
[249] *Markard*, Bundestagsinnenausschuss, Ausschuss-Drs. 19(4)731 D, S. 8: „hoch diffuse und ineffiziente Kontrollarchitektur", „Verantwortungsdiffusion" durch Parallelstrukturen (S. 9).

II. Externe behördliche Kontrollinstanzen

1. Bundeskanzleramt

Die praktisch bedeutsamste Rolle unter den externen behördlichen Kontrollinstanzen 143
kommt naturgemäß der Fach- und Dienstaufsicht über den BND, also dem Bundeskanzleramt (§ 1 Abs. 1 S. 1 BNDG) zu. Das Bundeskanzleramt spielt, schon weil es beispielsweise die Ernennungsbehörde für das Personal des BND ist, aber auch wegen seiner Rolle bei der Zuweisung finanzieller Mittel an den BND eine enorme Rolle, für die es selbst bedeutende Ressourcen – gebündelt in der dortigen Abteilung 7 – aufwendet. Ferner läuft die ausgehende Berichterstattung des BND an die anderen Ressorts sämtlich über das Bundeskanzleramt, das auf diese Weise praktisch arbeitstäglich einen vollständigen Überblick über die Gesamtproduktion des BND hat.

Im BNDG selbst wird an 15 Stellen explizit eine Verfahrensbeteiligung des Bundeskanzleramtes, meist in Form der Zustimmungsbedürftigkeit[251] bestimmter BND-Maßnahmen, 144
festgeschrieben,[252] § 7a Abs. 1 S. 2 G10 sieht einen weiteren Zustimmungsfall vor. Im PKGrG ist das Bundeskanzleramt zwar nicht ausdrücklich genannt; soweit dort jedoch von der Bundesregierung die Rede ist,[253] ist selbstverständlich das Bundeskanzleramt kraft seiner Ressortzuständigkeit (§ 1 Abs. 1 S. 1 BNDG) die Schnittstelle auch zum PKGr.

Im behördlichen Alltag spielt die Kontrolle durch das Bundeskanzleramt schon deshalb 145
eine sehr große Rolle, weil die Einwirkung der Fach- und Dienstaufsicht außerordentlich vielschichtig angelegt ist[254] – von einer Vielzahl personeller, organisatorischer oder haushaltärer Einzelmaßnahmen bis hin zu Gesetzgebungsreformen, die den BND betreffen, und nicht zuletzt als Schnittstelle zur parlamentarischen Kontrolle der Dienste sowie schließlich der Koordinierungsfunktion des Chefs des Bundeskanzleramtes in seiner Zusatzfunktion als Beauftragter für die Nachrichtendienste des Bundes.

2. BfDI, BRH

Ebenfalls unmittelbar im BNDG verankert wurde die Beteiligung des **Bundesbeauftrag-** 146
ten für den Datenschutz und die Informationsfreiheit (BfDI) beim Erlass von Dateianordnungen für gemeinsame Dateien mit anderen inländischen Behörden (§ 25 Abs. 6 S. 3 BNDG) und mit ausländischen Diensten (§ 28 S. 3 BNDG).[255] Echte Kontrollrechte des BfDI im BND ergeben sich – neben der allgemeinen, nicht BND-spezifischen Aufgabenzuweisung in § 14 BDSG – vor allem aus § 10 Abs. 1 ATDG, da auch der BND zum Kreis der an der ATD teilnehmenden Sicherheitsbehörden gehört (§ 1 I

---

[250] Andere sprechen von einem „Flickenteppich", s. verfassungsblog.de/eine-kritische-wuerdigung-der-bnd-reform/.
[251] Die aus Sicht des BVerfG für besonders gewichtige oder rechtlich besonders schwierige Konstellationen unmittelbar von Verfassung wegen erforderlich sein kann, BVerfG NJW 2020, 2235 Rn. 241.
[252] BNDG idF v. 23.12.2016 (BGBl. 2016 I 3346 ff.): §§ 3 Abs. 1, 6 Abs. 1, 8 Abs. 2 S. 2, 9 Abs. 2 S. 2, 9 Abs. 4, 5, 13 Abs. 5, 15 Abs. 3, 21, 22, 24 Abs. 2 BNDG (iVm § 19 Abs. 4 BVerfSchG), §§ 25 Abs. 6, 26 Abs. 3, 30, 32 (iVm § 26a Abs. 3 S. 3 BVerfSchG).
[253] §§ 4 Abs. 1 S. 1, 4 Abs. 1 S. 2, 5 Abs. 1, 2, §§ 6 Abs. 1, 2, 7 Abs. 1, 8 Abs. 1 S. 3, 9 Abs. 2 S. 2, 11 Abs. 1, 14 PKGrG.
[254] S. umfassend dazu *Eiffler* in Dietrich/Eiffler NachrichtendiensteR-HdB VII § 1; *Fritsche* in Röttgen/Wolff, Parlamentarische Kontrolle der Nachrichtendienste im demokratischen Rechtsstaat, 2008, 77 ff. Dementsprechend finden sich für alle Aspekte der Tätigkeit des BND entsprechende Einzelreferate in der Abt. 7 Bundeskanzleramt, vgl. das Organigramm Bundeskanzleramt auf www.bundesregierung.de/resource/blob/974430/773044/38f1a42da351a74cc876c34b8d596456/druckversion-organigramm-Bundeskanzleramt-data.pdf?download=1.
[255] § 32 Nr. 1 lit. a BNDG enthält hingegen aus Geheimschutzgründen eine gewisse Einschränkung des nach allgemeinem Datenschutzrecht (§ 14 BDSG) bestehenden Rechts des BfDI, sich eigeninitiativ oder auf Anfrage an eine Vielzahl öffentlicher Stellen des Bundes wenden zu können.

ATDG).²⁵⁶ Soweit es um G10-Maßnahmen geht, beziehen die gesetzlichen Regelungen hingegen den BfDI nur am Rande mit ein, indem die G10-Kommission ihm Gelegenheit zur Stellungnahme in datenschutzrechtlichen Fragen geben kann (§ 15 Abs. 5 S. 4 G10). Daneben kann die G10-Kommission auf eigene Initiative den BfDI ersuchen, im BND Datenschutzkontrollen vorzunehmen und darüber ausschließlich an die G10-Kommission zu berichten (§ 63 BNDG, § 26a Abs. 2 S. 2 BVerfSchG).

147 Diese Zuständigkeitsverteilung ist rechtspolitisch umstritten, da der BfDI spätestens bei der Speicherung von G10-gewonnenen Daten seine eigene Zuständigkeit berührt sieht.²⁵⁷ Das BVerfG, das in seinem Urteil vom 19.5.2020 auch zu den Kontrollregelungen im BNDG Stellung nahm (→ Rn 142), hat jedoch offen gelassen, ob die administrative Fachkontrolle von BND-Datennutzungen und -übermittlungen durch den BfDI oder eine andere Kontrollinstanz gewährleistet sein sollte.²⁵⁸ Die BNDG-Novellierung 2021 weist dem BfDI keine neue Rolle zu.

148 Die Prüftätigkeit des **Bundesrechnungshofes (BRH)** ist auf die Haushalts- und Wirtschaftsführung des BND als Bundesbehörde im Geschäftsbereich des Bundeskanzleramtes, also im Geltungsbereich des Einzelplans 04 des Bundeshaushaltes, beschränkt. Aus Geheimhaltungsgründen dürfen die BRH-Prüfergebnisse nicht veröffentlicht werden; eigens für den Umgang mit Verschlusssachen ermächtigte BRH-Prüfer können aber die haushaltsrechtlich relevanten Unterlagen im BND einsehen. Die Prüfergebnisse werden dem BND als eingestufter Bericht übergeben, Beanstandungen und Empfehlungen sind darin im gleichen Umfang zulässig wie in den öffentlichen Berichten des BRH.

3. Neuartige SiGiNT-Kontrollorgane

149 Mit dem **Unabhängigen Gremium** (§ 16 BNDG aF) hatte der Gesetzgeber im Rahmen der 2016 erstmals erfolgten Kodifizierung der sog. Ausland-Ausland-Fernmeldeaufklärung für diese spezielle Aufkommensart ein eigenes Kontrollorgan geschaffen, dessen Zuständigkeit und Befugnisse erkennbar nach dem Vorbild der G10-Kommission modelliert waren, das aber bewusst neben die Kommission gestellt wurde, weil der Gesetzgeber diese Aufkommensart nicht als Grundrechtseingriff sah (→ Rn. 45).²⁵⁹

150 Das Urteil des BVerfG vom 19.5.2020 monierte nicht unmittelbar Struktur und Befugnisse dieses Gremiums, stellte aber mit detailsatten, allein aus dem Verhältnismäßigkeitsgrundsatz und den daraus abgeleiteten Transparenz- und Rechtsschutzvorgaben entwickelten²⁶⁰ Vorgaben neue Anforderungen an die zukünftige Kontrollgestaltung.²⁶¹

151 Diesem – sogar für eine selbstbewusste Verfassungsrechtsprechung ungewöhnlich engmaschigen²⁶² – Quasi-Gesetzentwurf folgt das neue BNDG mit der teilweise am britischen Kontrollmodell orientierten²⁶³ Einrichtung des **Unabhängigen Kontrollrates** (§§ 40 ff.

---

²⁵⁶ Im Verfahren vor dem BVerfG um die Rechtmäßigkeit der §§ 6 ff. BNDG aF hat der BfDI kritisiert, seine Kontrolltätigkeit werde unter Berufung auf Geheimhaltungsbedürfnisse der mit dem BND kooperierenden ausländischen Dienste und mit ihnen geschlossene Vertraulichkeitsvereinbarungen (Third Party Rule) praktisch eingeschränkt, BVerfG NJW 2020, 2235 Rn 32. Andererseits hat der BfDI bei früherer Gelegenheit die konstruktive Zusammenarbeit der BND-Datenschutzbeauftragten mit dem BfDI positiv hervorgehoben, s. den BfDI-Tätigkeitsbericht 2015–2016, S. 116 (www.bfdi.bund.de/SharedDocs/Downloads/Taetigkeitsberichte//26TB_15_16.html?nn=5217212).
²⁵⁷ Dementsprechend wollte bspw. der Reformvorschlag *Wetzling/Moßbrucker*, BND-Reform 2.0, Abschn. II.2.2., die administrative Rechtskontrolle über die Speicherung und Weitergabe von Daten aus der strategischen Auslands-FmA des BND dem BfDI federführend zuweisen (www.stiftung-nv.de/sites/default/files/bnd_reform_die_zweite_vorschlaege_zur_neustrukturierung.pdf).
²⁵⁸ BVerfG NJW 2020, 2235 Rn. 282.
²⁵⁹ Folgerichtig wurde kritisiert, statt des neuen Gremiums hätte diese Kontrollfunktion sogleich der insoweit zweifelsohne höchst sachkundigen G10-Kommission zugewiesen werden können, vgl. *Gärditz* DVBl 2017, 525 (532); *Gärditz* FG 2019, 153 (158).
²⁶⁰ BVerfG NJW 2020, 2235 Rn. 265.
²⁶¹ BVerfG NJW 2020, 2235 Rn. 272 ff.
²⁶² Zur Kritik an diesem Vorgehen des BVerfG → Fn. 310.
²⁶³ S. dazu *Gärditz* JZ 2020, 825 (833) mit bissiger Kritik: „Hier vergreift sich der Senat gründlich"; *Gärditz*, Bundestagsinnenausschuss, Ausschuss-Drs. 19(4)731 A, S. 10; *Barczak* BayVBl. 2020, 685 (686, 691).

BNDG). Dieser ist auf Rechtskontrolle beschränkt (kontrolliert also nicht die Zweckmäßigkeit der ihm vorgelegten Maßnahmen), übt diese Kontrolle aber (nur) für die technische Aufklärung des BND umfassend (s. den umfassenden Zuständigkeitskatalog in §§ 42, 51 BNDG)[264] und – wie vom BVerfG vorgegeben – zweigliedrig aus, nämlich als

- **gerichtsähnliche** Kontrolle durch ein sechsköpfiges, aus langjährig erfahrenen BGH- oder BVerwG-Richtern[265] zusammengesetztes Kontrollorgan (§ 43 Abs. 1 BNDG). Die auf zwölf Jahre, also für eine sehr lange Amtszeit gewählten Mitglieder werden vom Parlamentarischen Kontrollgremium (→ Rn 155 ff.) in ein Beamtenverhältnis auf Zeit berufen (§§ 43 Abs. 4, 44 Abs. 1, 45 Abs. 1 BNDG), sind trotz ihres Beamtenstatus nicht weisungsunterworfen (§§ 41 Abs. 1, 44 Abs. 1 BNDG) und gerichtsartig in Spruchkörpern organisiert (§ 49 BNDG).
- **administrative** Rechtskontrolle durch das administrative Kontrollorgan, das dem Präsidenten der gerichtsähnlichen Kontrolle unterstellt ist und dieses in der Durchführung dessen Kontrollbefugnisse unterstützt (§§ 50, 51 Abs. 1 BNDG). Insbesondere kann es das zentrale Steuerungsinstrument der SIGINT-Aufklärung des BND, die dort verwendeten Suchbegriffe, überprüfen (§ 51 Abs. 1 S. 2 BNDG).

152 Der Kontrollrat ist eine eigenständige, unabhängige oberste Bundesbehörde (§ 41 Abs. 1, 3 BNDG), steht also selbstständig neben dem BND und unterliegt keinen Weisungen des Bundeskanzleramtes. Vor allem zuständig für Vorabkontrollen der Rechtmäßigkeit aller wesentlichen BND-Maßnahmen im Bereich der strategischen Fernmeldeaufklärung (§ 42 BNDG), ist er mit quasi-justizförmiger Unabhängigkeit unmittelbar in die entsprechenden BND-Prozesse eingeschaltet. Ohne Zustimmung des Unabhängigen Kontrollrates findet also keine strategische Fernmeldeaufklärung des BND mehr statt. De facto steht diese Aufklärungsmethode des BND damit zukünftig unter Richtervorbehalt.[266] Der Unabhängige Kontrollrat ist insofern prozessual Element des nachrichtendienstlichen *work flow* und arbeitet damit „im" BND (weshalb seine Arbeit nicht mit der Third Party Rule kollidiert[267]), während er gleichzeitig institutionell als justizielles Organ außerhalb und – als oberste[268] Bundesbehörde – in gewisser Weise sogar über dem BND steht.

153 Schärfstes Schwert des neuen Kontrollorgans ist denn auch nicht sein Beanstandungsrecht gegenüber BND und Bundeskanzleramt (§ 52 BNDG), sondern die Verweigerung der verfahrenstechnisch notwendigen Bestätigung der Rechtmäßigkeit etlicher BND-Maßnahmen im Bereich der strategischen Fernmeldeaufklärung. Diese enge Eintaktung der Kontrolltätigkeit in die Geschehensabläufe des BND gibt dem Kontrollrat eine stärkere Stellung als der G10-Kommission, ganz zu schweigen vom BfDI.

---

[264] Trotz der bereits umfangreichen Zuständigkeitskataloge aus §§ 42, 51 BNDG plädiert *Wetzling*, Bundestagsinnenausschuss, Ausschuss-Drs. 19(4)731 F, S. 6 ff. für deren nochmalige Ausweitung.

[265] Ursprünglich war – in enger Anlehnung an die „etablierte und bewährte" Expertise des früheren Unabhängigen Gremiums – eine Zusammensetzung nur aus BGH-Richtern und Bundesanwälten vorgesehen, BT-Drs. 19/26103, 35 f., 106. Hieran im Gesetzgebungsverfahren geübte Kritik (*Gärditz*, Bundestagsinnenausschuss, Ausschuss-Drs. 19(4)731 A, S. 12: „völlig dysfunktional"; *Löffelmann*, Bundestagsinnenausschuss, Ausschuss-Drs. 19(4)731 C, S. 30 f.; *Dietrich*, Bundestagsinnenausschuss, Ausschuss-Drs. 19(4)731 G, S. 21 f.) führte zur jetzigen, offenkundig auf die BND-Sonderzuständigkeit (→ Rn. 168) und -erfahrung des BVerwG rekurrierenden Formulierung (BT-Drs. 19/27811, 10, 18).

[266] MdB *Thomae*: „eine Art Gerichtshof für die Nachrichtendienste", Deutscher Bundestag, 19. Wahlperiode, 218. Sitzung, Sitzungsprotokoll S. 27559. Kritisch gegenüber derartigen präventiv-richterlichen Kontrollstrukturen *Gärditz* EuGRZ 2018, 6 (18).

[267] *Meinel*, Bundestagsinnenausschuss, Ausschuss-Drs. 19(4)731 B, S. 4. Zur Third-Party-Rule → Rn. 133 f., 163 ff..

[268] Die Erhebung des Kontrollrates in den Rang einer „obersten" Bundesbehörde mag begrifflich zum Ausdruck bringen, dass sie der oberen Bundesbehörde BND (§ 1 Abs. 1 S. 1 BNDG) als Kontrollorgan übergeordnet ist und außerdem Rücksicht auf die Herkunft der Kontrollratsmitglieder aus einem obersten Bundesgericht, dem BGH (Art. 95 GG), bzw. der dortigen Generalbundesanwaltschaft nehmen. Wegen Art. 87 Abs. 3 GG kritisch zur Bezeichnung als „oberste" Bundesbehörde *Gärditz*, Bundestagsinnenausschuss, Ausschuss-Drs. 19(4)731 A, S. 10.

III. Parlamentarische Kontrolle

154 Unverändert blieben die bisherigen, im Grunde „klassischen" und teilweise verfassungsunmittelbaren (vgl. Art. 10 Abs. 2 S. 2, 45d GG)[269] **Kontrollorgane des Parlaments.**

1. Parlamentarisches Kontrollgreminum

155 Mittelpunkt und Anker[270] dieser parlamentarischen Kontrolle ist das aus neun Mitgliedern des Bundestages bestehende Parlamentarische Kontrollgremium (PKGr). Sowohl zu dessen rechtlicher Grundlage, Art. 45d GG bzw. dem PKGrG, als auch zum System der parlamentarischen Kontrolle der Nachrichtendienste liegen inzwischen ausführliche Spezialkommentierungen und Gesamtdarstellungen vor, auf die hier für alle Einzelfragen verwiesen werden soll.[271]

156 Kernstück der PKGrG-Reform von 2016[272] ist die Neueinrichtung eines funktionsstarken Arbeitsmuskels für das PKGr in Form des Ständigen Bevollmächtigten[273] (§§ 5a, 5b PKGrG). Eine weitere Neuerung verpflichtet die Bundesregierung, eine etwaig der Offenlegung von Informationen gegenüber dem PKGr entgegenstehende Third Party Rule (→ Rn. 133 f., 163 ff.) durch geeignete Maßnahmen zu überwinden (§ 6 Abs. 1 PKGrG), dh auf den Informationsurheber zuzugehen und um Zustimmung zur Weiterleitung der fraglichen Information an das Gremium zu bitten. Außerdem hält das PKGr nunmehr einmal jährlich eine öffentliche Anhörung der Leiter der Nachrichtendienste des Bundes ab (§ 10 Abs. 3 PKGrG).

157 Tiefenwirkung in den BND erzielt das PKGr primär mit seinen regelmäßigen, während der parlamentarischen Sitzungswochen mindestens einmal im Monat stattfindenden Sitzungen (§ 3 GeschO PKGr) und den Untersuchungsaufträgen, die es seinem Ständigen Bevollmächtigten erteilt (§ 5 Abs. 1, 2 PKGrG). Längst ist die Prüfung, ob Einzelvorgänge gem. § 4 Abs. 1 PKGrG Anlass zur Befassung des PKGr geben, ein BND-interner Reflex geworden, PKGr-Sitzungstermine werden im Regelfall von der Leitung des BND wahrgenommen. De facto dürften dabei aktuell die Themenanmeldungen des Dienstes für diese Termine die zeitlichen Kapazitäten des Gremiums übersteigen. Im Übrigen achtet auch das bei PKGr-Befassungen eng involvierte Bundeskanzleramt darauf, dass kontrollrelevante Sachverhalte in den PKGr-Sitzungen angeboten werden.

158 Die Zuständigkeit der G10-Kommission lässt das PKGrG unangetastet (§ 1 Abs. 2 PKGrG). Dass der Ständige Bevollmächtigte des PKGr an den Sitzungen der anderen beiden parlamentarischen Kontrollinstanzen, der G10-Kommission und dem Vertrauensgremium, teilnimmt (§ 5a Abs. 4 PKGrG), deutet jedoch an, dass nach den Vorstellungen des Gesetzgebers das PKGr zwar keinen rechtlichen Vorrang in der parlamentarischen Kontrollwelt innehat, aber kraft seiner inhaltlich weit gespannten Zuständigkeit und seiner Unterfütterung mit einem eigenen, leistungsfähigen Apparat (§ 12 PKGrG) durchaus derjenige Teil dieser Kontrollwelt ist, der den besten Gesamtüberblick hat und insofern als der einzige Generalist in diesem Konzert politisch eine gewisse Zentralfunktion wahrnimmt. Auch die BNDG-Novelle 2021 unterstreicht bewusst die zentrale Rolle des PKGr in der Kontrolle der Nachrichtendienste des Bundes[274] (vgl. § 43 Abs. 4 BNDG, §§ 55, 58 Abs. 1, 2 BNDG sowie den 2021 ebenfalls neu geschaffenen § 15 PKGrG[275]).

---

[269] *Lindner/Unterreitmeier* DÖV 2019, 165 (174) sehen darin zugleich eine verfassungsrechtliche Entscheidung für nachrichtendienst*spezifische* (also zB geheimhaltungsverpflichtete) Kontrollmechanismen.

[270] S. dazu *Dietrich* ZRP 2014, 205 ff.; *Brissa* DÖV 2017, 765 ff.; *Gärditz* DVBl 2017, 525 (532 f.)

[271] *Huber* PKGrG in Schenke/Graulich/Ruthig Sicherheitsrecht des Bundes; *Hörauf*, Die demokratische Kontrolle des Bundesnachrichtendienstes: Ein Rechtsvergleich vor und nach 9/11, 2011; *Singer* Praxiskommentar zum PKGrG 2016; *Bartodziej* in Dietrich/Eiffler NachrichtendiensteR-HdB VII § 2; *Dietrich* ZRP 2014, 205 ff.

[272] Gesetz v. 30.11.2016 (BGBl. 2016 I 2746).

[273] *Brissa* DÖV 2017, 765 (767, 770).

[274] BT-Drs. 19/27811, 20.

[275] BT-Drs. 19/27811, 13, 20.

2. Vertrauensgremium

Öffentlich wenig wahrgenommen, aber in seiner tatsächlichen Bedeutung für die Dienste überaus wichtig ist die Arbeit des Vertrauensgremiums (VGr).[276] Da die Wirtschaftspläne der Nachrichtendienste des Bundes in dessen öffentlichem Haushaltsplan nur mit ihren Gesamtbeträgen einsehbar sind (laut Regierungsentwurf ist für den BND 2021 ein Budget von 1,022 Mrd. EUR geplant[277]), hat der Bundestag gem. § 10a Abs. 2 BHO den Beschluss über die Wirtschaftspläne der Dienste einem eigenen Organ, eben dem Vertrauensgremium, übertragen. Sieht man das Budget als *die* klassische Entscheidungsdomäne des Parlaments an,[278] spielt hier für die Dienste die parlamentarische Musik. 159

Das aus zehn Abgeordneten des Bundestages bestehende und im Wesentlichen ohne eigenen Verwaltungsunterbau arbeitende Gremium konzentriert sich in der Praxis vor allem auf die großen Ausgabepositionen[279] im Haushalt des BND. Dabei versteht es sich ebenso sehr als Kontrolleur wie als parlamentarischer Ideengeber für den BND, der nicht lediglich das Ausgabeverhalten des Dienstes nachhält, sondern auch – meist in Ableitung aus übergeordneten Impulsen des allgemeinen Bundeshaushaltes – Anstöße für zukünftige Investitionsschwerpunkte gibt, aus jüngerer Zeit beispielsweise für Themen wie Digitalisierung, Cyber-Aufklärung, Modernisierung der SIGINT-Aufklärung, aber auch die Mehrung der Dienstpostenausstattung für die Bewältigung terroristischer Bedrohungen oder illegaler Migration nach Deutschland. 160

3. G10-Kommission

Ausgesprochen „klassisch" hingegen ist die Arbeit der auf einen Teilaspekt der SIGINT-Aufklärung des BND, nämlich die deutsche oder inländische Teilnehmer eine Telekommunikation erfassende Telekommunikationsaufklärung, ausgerichtete G10-Kommission.[280] Initiator und Gestalter von Eingriffen in die Telekommunikationsfreiheit bleibt in dem vom Gesetzgeber gewählten zweistufigen Modell die Exekutive, während die unmittelbar vom Parlament konstituierte Kommission diese Maßnahmen gutheißen muss (§§ 10, 11, 15 Abs. 6 G10) und gegebenenfalls darüber entscheidet, ob die Maßnahmen den Betroffenen nachträglich mitgeteilt werden (§ 12 G10). Diese Mitteilungspflicht stößt bei BND-Maßnahmen, von denen Personen mit Aufenthalt im Ausland betroffen waren, auf die prinzipielle Schwierigkeit, dass eine an sich (§ 12 Abs. 1 S. 1 G10) vorgeschriebene spätere Mitteilung des BND über die Durchführung solcher Maßnahmen ins Ausland versandt werden müsste, und das typischerweise in autoritär-repressive Staaten. Abgesehen von dem praktischen Problem, überhaupt eine mitteilungs- oder gar zustellfähige Anschrift eines Telekommunikationsteilnehmers im Ausland (zB in Staaten der Dritten Welt) zu finden oder gegebenenfalls erst – vor Ort Verdacht erregend – zu recherchieren, würde gerade die aus Rechtsschutzgründen (Ermöglichung rechtlichen Gehörs) erfolgende schriftliche Benachrichtigung einen Betroffenen, der Post vom deutschen Auslandsnachrichtendienst erhält, erheblich gefährden. Die Benachrichtigung kann daher – und wird dies auch häufig – zum Schutz des Betroffenen in dem von § 12 Abs. 1 S. 3 ff. G10 vorgesehenen Verfahren unterlassen. 161

Dass auch in der BNDG-Novellierung 2021 das **Nebeneinander** (→ Rn. 141 f.) dieser parlamentarischen Kontrollorgane, des BfDI und des neuen Kontrollrates bewusst aufrechterhalten und deren separate Zuständigkeiten nicht nur gewahrt, sondern ihr Austausch 162

---

[276] S. dazu *Bartodziej* in Dietrich/Eiffler NachrichtendiensteR-HdB VII § 2 Rn. 98 ff.
[277] Das Parlament, 5.10.2020.
[278] S. statt vieler *Kube* in Maunz/Dürig GG Art. 110 Rn. 35 mwN.
[279] Das budgetäre Mikromanagement kann nicht Aufgabe dieses parlamentarischen Gremiums sein, sondern findet durch die Fach- und Dienstaufsicht des Bundeskanzleramtes bzw. durch den BRH statt (→ Rn. 143 ff., 148).
[280] S. dazu ausführlich *Huber* GSZ 2017, 12 ff.; *Bantlin,* Die G10-Kommission zur Kontrolle der Nachrichtendienste, 2021.

untereinander auf „allgemeine Angelegenheiten ihrer Kontrolltätigkeit" begrenzt (§ 58 BNDG) bzw. kanalisiert wurde (s. § 55 BNDG zum Verhältnis Kontrollrat – PKGr), hat Kritik gefunden,[281] behält aber die bisherige Kontroll- und Zuständigkeitssystematik als solche bei.

4. Kontrolle und Third Party Rule

163 Von der **Third Party Rule** (→ Rn. 133 f.) ausgenommen hat das BVerfG 2020 zuvorderst die von ihm verlangte unabhängige objektivrechtliche Kontrolle,[282] dh den mittlerweile mit der BNDG-Novellierung 2021 eingerichteten Unabhängigen Kontrollrat. Das ist umso bemerkenswerter als das Gericht noch 2016 einem Auskunftsbegehren aus dem parlamentarischen Raum, nämlich eines Untersuchungsausschusses des Bundestages, das Interesse der Bundesregierung an funktionsgerechter und organadäquater Aufgabenwahrnehmung entgegengehalten und anerkannt hatte, der Wille der herausgebenden Stelle – damals die US-amerikanische NSA – sei maßgeblich, weil diese bestimme, wen sie als „Dritten" ansehe.[283] Die Herausgabe von NSA-Daten an den Ausschuss beeinträchtige die Funktions- und Kooperationsfähigkeit der Nachrichtendienste und damit auch die außen- und sicherheitspolitische Handlungsfähigkeit der Bundesregierung erheblich.[284]

164 Auch in seinem Urteil 2020 hielt das BVerfG daran fest, dass der Informationsfluss an und damit die Kontrollrechte im parlamentarischen Raum aus Geheimhaltungsgründen grundsätzlich begrenzt werden dürfen.[285] Die vom Gericht neu konturierte Kontrollinstanz – also der jetzige Unabhängige Kontrollrat – wird indes prospektiv von der Third Party Rule ausgenommen.[286] Insofern stellt die Entscheidung eine zeitliche Zäsur dar, ab der für den BND von vornherein andere Regeln gegenüber ausländischen Diensten gelten.[287] Rechtsförmlich kann der Vorrang von Kontrollrechten, wie auch vom Gericht verlangt[288], theoretisch relativ einfach dadurch erreicht werden, dass zwar vergangene Zusagen weiter beachtet werden, für die Zukunft jedoch mit ausländischen Diensten neu verhandelt und die Beteiligung des Unabhängigen Kontrollrates von der Third Party Rule ausgenommen wird.

165 Der BND könnte versuchen, hierzu jeweils eigene bilaterale Absprachen (MoU oder Ähnliches) zu treffen, die rechtlich neben die Absichtserklärungen nach § 31 Abs. 4 BNDG (oder Zusicherungen nach § 30 Abs. 6 S. 3 BNDG) träten oder in diese integriert würden. Ein solcher kautelar-juristischer Ansatz allein kann allerdings kaum eine gangbare Lösung für einen modernen, international konkurrenzfähigen Auslandsnachrichtendienst darstellen. Schon die schiere Zahl dann notwendiger bilateraler Abmachungen wird enorme praktische Probleme aufwerfen. Auch dürfte die Flut entsprechender Vorstöße gegenüber ausländischen Diensten dem BND international rasch den Ruf eines außergewöhnlich umständ-

---

[281] BfDI, Bundestagsinnenausschuss, Ausschuss-Drs. 19(4)682, Abschn. 11: „keine inhaltliche Kooperation mit den anderen Kontrollorganen möglich"; *Gärditz*, Bundestagsinnenausschuss, Ausschuss-Drs. 19(4)731 A, S. 13 ff.; *Löffelmann*, Bundestagsinnenausschuss, Ausschuss-Drs. 19(4)731 C, S. 26 mit dem Hinweis, dass mittlerweile die Kontrolle der Nachrichtendienste „weit über die Kontrolldichte in allen anderen Bereichen des Sicherheitsrechts hinausreicht"; *Dietrich*, Bundestagsinnenausschuss, Ausschuss-Drs. 19(4) 731 G, S. 25 f.
[282] BVerfG NJW 2020, 2235 Rn. 292 ff.; *Meinel*, Bundestagsinnenausschuss, Ausschuss-Drs. 19(4)731 B, S. 3 f. Diesem Ansatz folgt auch die Gesetzesbegründung nahtlos, BT-Drs. 19/26103, 100, weshalb auf eine ausdrückliche gesetzliche Regelung oder wenigstens Klarstellung bei der BNDG-Novelle verzichtet wurde.
[283] BVerfGE 143, 101 (149 ff.) = NVwZ 2017, 137; kritisch dazu *Möllers* JZ 2017, 271 ff.; *Rusteberg* DÖV 2017, 319 (321 ff.).
[284] BVerfGE 143, 101 (150) = NVwZ 2017, 137.
[285] BVerfG NJW 2020, 2235 Rn. 298.
[286] BVerfG NJW 2020, 2235 Rn. 292 ff.
[287] S. die ausdrückliche Unterscheidung in BVerfG NJW 2020, 2235 Rn. 294 zwischen in der Vergangenheit abgegebenen Vertraulichkeitszusagen und einer Neugestaltung „für die Zukunft"; *Aust* DÖV 2020, 715 (722).
[288] BVerfG NJW 2020, 2235 Rn. 294 f.

lichen, „justizförmigen" Auslandsnachrichtendienstes einbringen, mit dem bi- oder multilaterale Kooperationen eher wenig lohnen (→ Rn. 123, 125). Das wiederum kann langfristig die Leistungsfähigkeit des BND empfindlich schwächen.

Den – in sich natürlich stringenten – Ansatz, dass nachrichtendienstliche Zweckmäßigkeitsgesichtspunkte nicht die verfassungsrechtlich gebotene Kontrolle der Nachrichtendienste ausstechen dürfen,[289] versucht das BVerfG denn auch durch flankierende Maßnahmen abzusichern, vor allem durch strenge Regeln zur Geheimhaltung, die verlässlich garantieren sollen, dass der Informationsfluss zwischen Kontrollinstanzen und Nachrichtendienst in völliger Diskretion stattfinden kann[290] und damit kein Anlass für einen ausländischen Dienst besteht, eine Verletzung der Third Party Rule zu argwöhnen. Indirekt gesteht damit das BVerfG zu, dass nationale Instanzen im Heimatstaat einer der beiden ursprünglichen Parteien ebenfalls zur „dritten" Partei werden können. Das ist auch sachlogisch: Den Kern der Third Party Rule bildet nicht irgendein formelles Verständnis, wer „zweite" und wer „dritte" Partei sein kann, sondern das Vertrauen, dass jemand ein Geheimnis zu wahren vermag. So gesehen haben es die anderen Kontrollinstanzen selbst in der Hand, mit ihrer tatsächlichen Verschwiegenheit glaubwürdig zu machen, dass sie keine „third party" sind.[291] Da auf internationaler Ebene Vertrauen primär nicht durch nationale Rechtsetzung, sondern durch vertrauenswürdiges Verhalten erworben werden kann, ist die Reaktion anderer Dienste z.Zt. noch nicht abschließend einschätzbar. **166**

Dass das BVerfG im NSA-Selektoren-Beschluss die Third Party Rule als kein absolutes Weitergabeverbot bezeichnet, sondern als „ein Verbot mit Zustimmungsvorbehalt"[292], wird der Thematik nicht vollständig gerecht. Es ist eine von den ursprünglichen *two parties* wie selbstverständlich gehegte Grunderwartung, dass bilateral ausgetauschtes vertrauliches Wissen auch bilateral bleibt.[293] Wer mit zunehmender Häufigkeit seinen Partner des Vertrauens mit Anfragen konfrontiert, seinerzeit vertraulich geteilte Informationen jetzt einer dritten Seite zu offenbaren, wird in der bilateralen Wahrnehmung zum unsicheren Kantonisten – ein Rückkoppelungseffekt, der nicht zu unterschätzen ist und der faktisch durchaus dazu führen kann, einen anderen Nachrichtendienst im Zweifel bei Kooperationsüberlegungen nicht zu berücksichtigen, eben weil man anschließend mühsame Diskussionen um oder gar einseitige Verletzungen der Third Party Rule von vornherein ausschließen möchte.[294] Das legt es sogar nahe, die Beachtung der Third Party Rule insofern unter die von Art. 32 GG verfassungsunmittelbar geschützte außen- und sicherheitspolitische Handlungsfähigkeit der Bundesregierung zu fassen, als bei Nichtbeachtung international Zweifel an der Verlässlichkeit des Wortes der Bundesregierung drohen.[295] **167**

---

[289] BVerfG NJW 2020, 2235 Rn. 294.
[290] BVerfG NJW 2020, 2235 Rn. 296 ff.; s. auch das Plädoyer *Masings* (Berichterstatter in diesem Verfahren) in DGGGW Nachrichtendienste im Rechtsstaat 3 (13 f.) für die „Etablierung einer strikteren Geheimhaltungskultur", um dem „bedenklichen Missstand" zu begegnen, dass Geheimhaltung in Kontrollgremien kaum gelinge.
[291] So ist zB aus den Tagungen der G10-Kommission noch nie ein vertraulicher Vorgang an die Öffentlichkeit gelangt. Als vertraulich eingestufte Unterlagen, die dem sog. NSA-Untersuchungsausschuss des Bundestages vorgelegt worden waren, publiziert wurden, behielt sich das Bundeskanzleramt 2014 vor, Strafanzeige zu erstatten, s. das entsprechende Schreiben des Chefs Bundeskanzleramt an den Vorsitzenden des Ausschusses, abgedruckt bei netzpolitik.org/2014/drohung-des-bundeskanzleramtes-wir-veroeffentlichen-den-brief-in-dem-uns-altmaier-mit-strafanzeige-droht/.
[292] BVerfGE 143, 101 (151) = NVwZ 2017, 137; gegen eine Rechtsqualität der Third Party Rule *Möllers* JZ 2017, 271 (275 f.); *Aust* DÖV 2020, 715 (721): „verbreitete Gepflogenheit".
[293] *Gärditz* DVBl 2015, 903 (904 f.); dagegen *Möllers* JZ 2017, 271 (276) mit dem dogmatischen Argument, die Grenze zwischen Recht und Nicht-Recht drohe überspielt zu werden
[294] *Gärditz* DVBl 2015, 903 (904): „künftige Drosselung des (…) Informationsflusses als Druckmittel".
[295] *Lindner/Unterreitmeier* DÖV 2019, 165 (170); s. dazu auch das vom BVerfG aus dem GG entwickelte Gebot, fremde Rechtsordnungen und -anschauungen grundsätzlich zu achten, BVerfGE 108, 129 (137) mwN.

IV. Gerichtliche Kontrolle

168 Sieht man von den bisher wenigen Fällen ab, in denen das **BVerfG** unmittelbar über BNDG-Fachgesetzgebung entschied,[296] springt vor allem die Sonderzuständigkeit des **Bundesverwaltungsgerichts (BVerwG)** gem. § 50 Abs. 1 Nr. 4 VwGO als erst- und letztinstanzliches Gericht für Vorgänge „im Geschäftsbereich des Bundesnachrichtendienstes"[297] ins Auge – eine Zuständigkeit, die für die Verfassungsschutzämter nicht besteht.[298] Die Masse der auf diese Weise vor dem BVerwG zu verhandelnden[299] Fälle betrifft übliche verwaltungsrechtliche Vorgänge, zB aus dem Beamten- oder Disziplinarrecht[300] – was den BND bei anderen Behörden zu einem „beliebten" Beteiligten verwaltungsgerichtlicher Streitigkeiten macht, ist doch hier schnell vor dem BVerwG eine höchstrichterliche und damit richtungsweisende Entscheidung zu erwarten. In den letzten Jahren spielten Auskunftsverfahren[301] (einschließlich des presserechtlichen Auskunftsanspruchs[302]) und Einsichtnahmeverlangen in Archivunterlagen[303] gegen den BND eine größere Rolle; herauszuheben sind außerdem eine Entscheidung zu Pressehintergrundrunden[304] sowie – zum eigentlich nachrichtendienstlichen Bereich – Klageverfahren gegen die Telekommunikationsüberwachung und Datenverarbeitung durch den BND.[305] Wegen der besonderen Schutzbedürftigkeit BND-interner Vorgänge kommt dabei vergleichsweise häufig das sog In-camera-Verfahren nach § 99 Abs. 1 S. 2 VwGO zum Tragen.[306]

169 Zivil- oder arbeitsrechtliche Verfahren, zB zu Ansprüchen Tarifbeschäftigter gegen den Arbeitgeber BND, werden hingegen im normalen Instanzenzug der ordentlichen oder der Arbeitsgerichtsbarkeit geführt.

170 Insgesamt ist also auch der BND – zu Recht – in das inzwischen durchaus engmaschige richterliche Kontrollsystem des deutschen Nachrichtendienstrechts eingebunden und eine im Verständnis früherer Jahrzehnte wegen der Auslandsfokussierung des BND eventuell „gefühlte" Position außerhalb deutscher gerichtlicher Kontrolle obsolet.

V. Medien

171 Im Übrigen unterliegt auch der BND selbstredend einer intensiven Beobachtung durch die **Medien,** deren professioneller Aufklärungsanspruch – darin der Arbeit eines Nachrichtendienstes nicht unähnlich und insofern konkurrierend – sich nachvollziehbarerweise auch

---

[296] BVerfGE 100, 313 ff. = NJW 2000, 55; BVerfG NJW 2020, 2235 ff. Zu den mittelbaren Auswirkungen vgl. beispielsweise den Hinweis in BVerfG NJW 2020, 2235 Rn. 141, wonach die Ausführungen des BKAG-Urteils von 2016 (BVerfGE 141, 220 ff. = NJW 2016, 1781) zum Verhältnismäßigkeitsgrundsatz auch für geheime Überwachungsmaßnahmen der Nachrichtendienste gelten.
[297] Was bei Rechtsstreitigkeiten mit dem neuen Unabhängigen Kontrollrat (§§ 40 ff. BNDG) nicht der Fall ist, sodass dann kein Fall des § 50 I Nr. 4 VwGO mehr vorliegt, *Gärditz,* Bundestagsinnenausschuss, Ausschuss-Drs. 19(4)731 A, S. 11.
[298] Soweit dies mit Hinweis auf den für Verfassungsschutzvorgänge gleichermaßen zutreffenden Geheimschutzzweck des § 50 Abs. 1 Nr. 4 VwGO auch für die Verfassungsschutzbehörden gefordert wird (so *Redeker/von Oertzen* VwGO § 50 Rn. 4: „funktionelle Interpretation"), handelt es sich angesichts des klaren Wortlauts der Vorschrift um eine Forderung de lege ferenda.
[299] Zu den verwaltungsprozessualen Einzelheiten *Buchberger* in DGGGW Nachrichtendienste im Rechtsstaat 107 (112 ff.).
[300] Vgl. die aufgeführten Beispielsfälle bei *Berstermann* in BeckOK VwGO, 60. Ed. 1.10.2021, VwGO § 50 Rn. 8.
[301] Vgl. BVerwGE 146, 56 ff. (zum verfassungsunmittelbaren Auskunftsanspruch der Presse) = BeckRS 2013, 50930; BVerwG NVwZ 2010, 905 ff.; BVerwG NJW 2013, 2538 ff.; 2014, 1126 ff.; BVerwG NVwZ 2018, 590 ff.; BVerwG (GS) GSZ 2021, 211 ff.
[302] S. insbesondere BVerwG NVwZ 2013, 1006 ff. mAnm *Huber;* BVerwG NVwZ 2018, 414 ff. mAnm *Hofmann;* BVerwG NVwZ 2018, 902 ff. mAnm *Hofmann;* NVwZ 2019, 406 ff.
[303] BVerwG NVwZ 2013, 1285 ff.; NJW 2014, 1126 ff.; 2019, 2186 ff.; NVwZ 2020, 78 ff. mAnm *Hofmann.*
[304] BVerwG NVwZ 2020, 305 ff. mAnm *Hofmann* 310 ff. und *Rhein* GSZ 2020 36 ff.
[305] S. insbesondere BVerwGE 149, 359 ff. = NVwZ 2014, 1666 (dazu *Gärditz* JZ 2014, 998 ff.; *Schantz* NVwZ 2015, 873 ff.; *Buchberger* in DGGGW Nachrichtendienste im Rechtsstaat 107 [120 ff.]); BVerwG NVwZ 2018, 731 (dazu *Huber* NVwZ 2018, 735 f.; *Gärditz* GSZ 2018, 79 ff.).
[306] Dazu *Buchberger* in DGGGW Nachrichtendienste im Rechtsstaat 107 (116 ff.).

und gerade auf die Tätigkeit eines „Geheimdienstes" richtet. Auf diesem Feld verläuft sicher der publizistisch wirkmächtigste Konflikt zwischen nachrichtendienstlicher Konspiration und medialer Transparenz, allerdings ohne dass sich hier aus der Auslandsorientierung des BND Besonderheiten ergeben würden. Die gelegentliche Schärfe dieser Konflikte dürfte neben der thematischen Interessenkonkurrenz nicht zuletzt daraus folgen, dass der BND insbesondere mit unzulässigen Ausspähversuchen gegenüber deutschen Journalisten selbst Anlass zu Kritik gegeben hat (→ Rn. 80, bei Fn. 173).

G. Perspektiven

172 Zugespitzt könnte man formulieren: Nach dem BVerfG-Urteil v. 19.5.2020 (→ Rn. 48) ist nichts mehr wie vorher, hat doch das Gericht im Grunde beträchtliche Teile des BND-„Gesetzeshauses" eingerissen und zugleich den Grundriss für dessen Wiederaufbau neu gezogen sowie detaillierte Konstruktionspläne mitgeliefert. Immerhin hat das Gericht auch nachdrücklich das überragende öffentliche Interesse an einer wirksamen Auslandsaufklärung hervorgehoben und klargestellt, dass diese Art der Informationsversorgung der Bundesregierung hilft, sich im internationalen machtpolitischen Kräftefeld zu behaupten, sodass es bei der Tätigkeit des BND um die Bewahrung demokratischer Selbstbestimmung und den Schutz der verfassungsrechtlichen Ordnung – und damit um Verfassungsgüter von hohem Rang – geht.[307] Das setzt die verfassungsgerichtliche Linie fort, auch die Nachrichtendienste als Ausdruck der Grundentscheidung unserer Verfassung für eine wehrhafte Demokratie zu begreifen.[308]

173 Trotzdem wird man erwarten dürfen, dass nach den SIGINT- die **HUMINT-Befugnisse** des BND auf den Karlsruher Prüfstand kommen. Da das BVerfG seit dem ATDG-Urteil, zumindest im Sicherheitsrecht, seine Rolle als verfassungsrechtlicher Maßstabshalter auch darin sieht, sorgfältig kleinste Details zukünftiger Gesetzgebung auszuarbeiten und sie dem Gesetzgeber damit weitgehend fertig vor die Tür zu stellen,[309] ist durchaus offen, ob die HUMINT-Befugnisse der bundesdeutschen Nachrichtendienste trotz der 2015 neu eingeführten §§ 9a, 9b BVerfSchG dem sezierenden Blick des BVerfG standhält.[310] Immerhin: Während das BVerfG-Urteil zur Auslands-Auslands-Fernmeldeaufklärung des BND im Kern darauf abstellte, dass für diesen Grundrechtseingriff überhaupt keine Befugnisnorm bereitstand, kann jetzt darauf verwiesen werden, dass die Neugestaltung vor allem der §§ 9a, 9b BVerfSchG eine detaillierte Befugniswelt schuf, die der BND zukünftig eben auch auf seine reinen Auslandsoperationen, also soweit er zB Ausländer im Ausland anbahnt, anzuwenden hat. Ob das dem akribischen Maßstabshalter aus Karlsruhe reicht,

---

[307] BVerfG NJW 2020, 2235 Rn. 106 ff., 161 ff.
[308] BVerfGE 143, 101 (139) = NVwZ 2017, 137.
[309] Kritisch hierzu bereits die dissenting opinions *Eichberger* BVerfGE 141, 220 (353 [354 ff.]) = NJW 2016, 1781; *Schluckebier* BVerfGE 141, 220 (362, 363, 365); ferner *Gärditz* JZ 2013, 633; *Gärditz* EuGRZ 2018, 6 (7, 22); *Gärditz* JZ 2020, 825 (834); *Gärditz*, Bundestagsinnenausschuss, Ausschuss-Drs. 19(4)731 A, S. 16: „den Bogen überspannt"; *Lindner/Unterreitmeier* DÖV 2017, 90 (93): „Hypertrophie verfassungsgerichtlicher Determinierung; *Dietrich* GSZ 2020, 173 (181): „außergewöhnlich detailscharfe Vorgaben", „Mikromaßgaben"; *Muckel* JA 2020, 632 (635); *Graulich* GSZ 2021, 121 (122); skeptisch auch *Möstl* in Bruns ua, Terror – Von der (Ohn-)Macht des Staates und der Rechtmäßigkeit von Handlungsalternativen, 2019, 67 (70 f.) gegenüber einem überzogenen BVerfG-Selbstverständnis als „Verteidiger der Freiheit gegen einen vermeintlich aktionistisch gewordenen Gesetzgeber".
[310] Vgl. Süddeutsche Zeitung v. 17.12.2020: Spione der alten Schule, www.sueddeutsche.de/politik/bnd-gesetz-bnd-spionage-agenten-spionage-methoden-reform-geheimdienste-1.5149836?reduced=true; s. auch den Ruf nach Angleichung im Antrag der Fraktion B90/Die Grünen vom 27.1.2021, BT-Drs. 19/26221, 8, 12 f.; ferner *Löffelmann*, Bundestagsinnenausschuss, Ausschuss-Drs. 19(4)731 C, S. 330; *Markard*, Bundestagsinnenausschuss, Ausschuss-Drs. 19(4)731 D, S. 110; MdB *von Notz*, Deutscher Bundestag, 19. Wahlperiode, 218. Sitzung, Sitzungsprotokoll, S. 27561; *Zimmermann* → § 27 Rn. 52. S. auch oben Fn. 178. Die Argumentation des BVerfG in seinem Urteil zum bayerischen Verfassungsschutzgesetz (NJW 2022, 1583 ff., Rn. 337 ff., 349 ff.) lässt – auch wenn zunächst nur auf nachrichtendienstliche Befugnisse im Inland bezogen – erwarten, dass auch die einschlägigen, über § 5 BNDG vermittelten, BND-Befugnisse (→ Rn. 84 ff.) angepasst werden müssen.

wird man abwarten müssen. Der Gesetzgeber der BNDG-Reform 2021 hat es insbesondere bei den Übermittlungsbefugnissen für HUMINT-gewonnene Daten im Wesentlichen beim rechtlichen Altbestand (§ 11 BNDG nF/§ 24 BNDG aF) belassen, während für Daten aus der strategischen Fernmeldeaufklärung ein beeindruckend ausdifferenziertes Neuregime installiert wurde (§§ 29, 30 BNDG → Rn. 129 ff.).

174 Dass in diesem Zusammenhang das neue Kontrollmodell in Gestalt des Unabhängigen Kontrollrates (→ Rn. 151 ff.) auf andere Methoden der Informationserhebungen, also zB HUMINT, übertragbar ist, erscheint zweifelhaft. Was auf die anonym-heimliche und eben deshalb besonders grundrechtssensible Erhebungsmethode SIGINT passt, muss nicht für die sehr individuell gestaltete Einzelfallanbahnung menschlicher Quellen geeignet sein: Bei Klaransprachen (→ Rn. 87) arbeiten diese Quellen in voller Kenntnis aller Umstände mit dem BND zusammen, sodass von vornherein keine Notwendigkeit besteht, einen Ausgleichsmechanismus „dafür zu schaffen, dass übliche rechtsstaatliche Sicherungen in weitem Umfang ausfallen."[311] Und selbst Legendenkontakte (→ Rn. 89) geben ihre Informationen an sich wissentlich weiter, sodass die Informationsbeschaffung des BND, anders als bei SIGINT, auch hier auf eine informatorisch kooperative Quelle trifft. Im Übrigen können HUMINT-Anbahnungen leiden, wenn die Diskretionszusage des BND eine pauschale Ausnahme für ein BND-externes Kontrollorgan einräumen muss. Menschliche Quellen sorgen sich nachvollziehbarerweise und mit Recht weniger um Grundrechtseinhaltung als um Geheimhaltung.

175 So wie sich das Fachrecht der Nachrichtendienste in den letzten Jahren zu einer äußerst lebendigen Teildisziplin des besonderen Verwaltungsrechts entwickelt hat[312] – was nicht zuletzt an seinen besonders evidenten Schnittstellen einerseits zum Verfassungsrecht, andererseits zu hochaktuellen politischen Fragestellungen liegen dürfte –, kann mit Sicherheit prognostiziert werden, dass diese Diskussion zukünftig eher noch breiter, aber auch intensiver werden dürfte. Treiber dieser Entwicklung werden vor allem Aufklärungsimpulse sein, die aus der **digitalen Parallelwelt** kommen, wie etwa Cyber-Bedrohungen aus bestimmten, digital „hochgerüsteten" Staaten oder von international agierenden kriminellen Schattengruppen.[313] Der Gesetzgeber wird darauf mit neuen nachrichtendienstlichen Instrumenten, dh Befugnissen reagieren. Die Schlagworte, um die es gehen wird, liegen auf der Hand: Quellen-TKÜ[314], Online-Durchsuchung, Computer Network Operations (CNO) bzw. Counter Network Exploitation (CNE, vgl. dazu bereits den neuen § 34 BNDG), Cyber-Defence[315], *hack back*[316], Grundrecht auf Verschlüsselung vs. Nutzung von Zero-Day-Exploits[317] und andere mehr. Die grundrechtliche Sensibilität derartiger Instrumente ist beträchtlich – so wie es die zunehmenden Bedrohungen für die Integrität persönlicher wie gesellschaftlicher Teilhabe an einer längst ubiquitären digitalen Welt ebenfalls sind.

176 Für den BND wird die Schnittstellenproblematik zu anderen digitalen Sicherheitsakteuren eine größere Rolle spielen, vor allem zum Bundesamt für Sicherheit in der Informationstechnik (BSI) und zur Bundeswehr (dort wiederum primär dem Kommando Cyber- und Informationsraum). Dienstpolitisch dürfte das Heil jedoch weniger in einem steilen

---

[311] BVerfG NJW 2020, 2235 Rn. 273.
[312] Vgl. nur die seit 2017 erscheinende Zeitschrift für das gesamte Sicherheitsrecht (GSZ) oder die seit Ende 2016 regelmäßig gemeinsam von Bundeskanzleramt und BMI veranstalteten Symposien zum Nachrichtendienstrecht.
[313] *Hoffmann-Riem* JZ 2014, 53 spricht von einer „neuen Dimension von Freiheitsgefährdungen".
[314] S. dazu das vom Bundestag am 10.6.2021 beschlossene Gesetz zur Anpassung des Verfassungsschutzrechts, BGBl. 2021 I 2274 ff.
[315] Dazu hat der BND eigene Methoden entwickelt, die auf SIGINT-Aufklärungsfähigkeiten aufsetzen (daher der Begriff SIGINT Support to Cyber Defence/SSCD), s. dazu *Karl* in DGGGW Nachrichtendienste im Rechtsstaat 129 ff. Zum Thema Cyberabwehr allgemein s. auch *Amthor* GSZ 2020, 251 ff.
[316] Dazu *Barczak* NJW 2020, 595 ff.; *Kipker* GSZ 2020, 26 ff.
[317] s. dazu *Dietrich* GSZ 2021, 1 ff.; BVerfG Beschl. v. 8.6.2021, BeckRS 2021, 19234.

Befugnisausbau als darin liegen, die eigene Ressourcenausstattung auf Höhe der digitalen Herausforderungen zu halten – und sich im Übrigen weiter mit anderen intensiv zu vernetzen. Die vielbeschworene Datenkrake wird nicht der inzwischen (erst judikativ, dann legislativ) feinmaschig eingehegte BND sein.

Zunächst im Schatten dieses Ringens um Datenschutz und Cybersicherheit sind aber auch **klassische Bedrohungen** neu in den Fokus gerückt, besonders evident beim russischen Angriff auf den EU-Nachbarstaat Ukraine 2022. So wie die Bundeswehr wieder verstärkt auf ihre ursprüngliche Kernaufgabe **Landes- und Bündnisverteidigung** ausgerichtet wird,[318] wird sich auch der BND als Auslandsnachrichtendienst intensiver auf klassische Aufklärungsfelder wie Militär und Politik hin orientieren.[319] Es waren übrigens nach *nine eleven* große Nachrichtendienste aus NATO-Mitgliedstaaten, die solche Themen als altmodisch abtaten und in einem neuen *world public order* die Aufklärung des Terrorismus als die eindeutig dominierende Herausforderung der Zukunft proklamierten. Unter dem Strich bedeutet diese Renaissance klassischer auslandsnachrichtendienstlicher Fragestellungen für die Arbeit des BND, eher mehr denn weniger Themen bedienen zu müssen. Das ist auch an den Diskussionen über das APB (→ Rn. 14) zu spüren, bei denen die beteiligten Ressorts höchst zurückhaltend sind, Regionen oder Themen von ihrer Wunschliste zu streichen. 177

Regelungstechnisch wird der Gesetzgeber verstärkt in Rechnung stellen müssen, dass sich die Arbeit der Inlandsdienste von derjenigen des Auslandsnachrichtendienstes in wichtigen Aspekten unterscheidet und daher der 1990 durchaus naheliegende Ansatz des *one size fits all* immer weniger passt (→ Rn. 84 ff.).[320] Gerade in dieser **Differenzierung** kann ein wichtiges Moment im diskursiven Viereck Politik – Rechtswissenschaft – Verfassungsrechtsprechung – Dienste liegen, eben weil eine feingliedrigere Befugnislandschaft es auch erlaubt, Eingriffe schmaler und präziser zu fassen. 178

Wirklich konsequent wäre es, die hier befürwortete Differenzierung dergestalt vorzunehmen, dass für jedes auslandsbezogene nachrichtendienstliche Agieren, also unabhängig von der handelnden Behörde, dieselben Rechtsregeln gelten. Wenn Auslandsaufklärung besonderen Bedingungen, insbesondere rigide durchgehaltener Heimlichkeit (→ Rn. 85), gehorchen muss, sollte dies auch gelten, soweit BfV oder BAMAD gegen ausländische Zielobjekte (vor allem ausländischen Nachrichtendiensten) operieren.[321] 179

Bei einer solchen Neuregelung wäre ein weiteres Defizit in Angriff zu nehmen, nämlich die legislative Festlegung eines **auslandsnachrichtendienstlichen Gefahrenbegriffs**.[322] Erkenntnisleitendes Motiv der BND-Auslandsaufklärung ist das Interesse der Bundesregierung. Dieses Interesse richtet sich notwendigerweise auf alles, was für das zukünftige, außen- und sicherheitspolitische Handeln der Bundesregierung relevant sein könnte, ohne dass bei Interessenbeginn bereits klar wäre, ob sich daraus regelrechte Gefahren für die Bundesrepublik oder ihre Bevölkerung entwickeln werden. Die gelegentlich – auch in der BVerfG-Rspr.[323] – anzutreffende Fixierung auf besonders „spektakuläre" Handlungsfelder wie die Abwehr terroristischer Gefahren suggeriert – ungewollt und unglücklich – eine Aufgabenannäherung des BND an Polizeibehörden, die nicht der 180

---

[318] Bundesregierung, Weißbuch 2016 zur Sicherheitspolitik und zur Zukunft der Bundeswehr, 9, 49, 88, 138 f.; hierzu s. → § 52; *Graf von Kielmannsegg/Krieger/Sohm*, Die Wiederkehr der Landes- und Bündnisverteidigung, 2020.
[319] Worauf im Übrigen auch das BVerfG 2020 hingewiesen hat, BVerfG NJW 2020, 2235 Rn. 163 f.
[320] *Bäcker* in DGGGW Nachrichtendienste im Rechtsstaat 137 (149); *Dietrich*, Bundestagsinnenausschuss, Ausschuss-Drs. 19(4)731 G, S. 24; *Gärditz* JZ 2020, 825 (831) plädiert daher für ein BND-Fachgesetz, in dem *alle* Befugnisse des BND geregelt sind.
[321] In diese Richtung ebenfalls *Löffelmann*, Bundestagsinnenausschuss, Ausschuss-Drs. 19(4)731 C, S. 30; s. auch *M. H. W. Möllers* in Möllers/van Ooyen JBÖS 2020/2021, 752 (753).
[322] Zu Ansätzen für einen allgemeinen nachrichtendienstlichen Gefahrenbegriffs s. *Bäcker* in DGGGW Nachrichtendienste im Rechtsstaat 137 (140, 147); *Lindner/Unterreitmeier* DÖV 2019, 165 (171).
[323] S. die kriminalitätsnahen Gefahren, die das BVerfG 2020 als BND-Aufgabenschwerpunkte besonders hervorhebt, BVerfG NJW 2020, 2235 Rn. 7, 128, 160, 163.

Realität entspricht.[324] Das hintergründige Begreifen politisch-strategischer Zusammenhänge im Ausland wird vielfach nicht an unmittelbar drohende Schäden für Rechtsgüter der Allgemeinheit oder gar Einzelner anknüpfen. Stattdessen muss versucht werden, Planungen und Entwicklungen im Ausland sichtbar zu machen, die die Bundesrepublik wie auf einer schiefen Ebene langsam und möglicherweise anfangs wenig bemerkbar Handlungsfähigkeit verlieren lassen und damit deutsche Souveränität untergraben, obwohl der „Einsturz" erst wesentlich später droht. Anknüpfend an eine Formulierung des BVerfG[325] könnte ein solcher auslandsnachrichtendienstlicher Gefahrenbegriff „Gefahr" als einen Zustand definieren, aus dem sich aufgrund tatsächlicher Anhaltspunkte nachteilige Folgen für die Stellung der Bundesrepublik in der Staatengemeinschaft oder den Schutz ihrer Bevölkerung entwickeln können. Die Weite eines solchen Gefahrenbegriffs, die letztendlich funktionstypisch dem weiten Spielraum der Bundesregierung im Bereich auswärtiger Politik[326] entspricht, wäre grundrechtlich zunächst unschädlich, weil eine trichterförmige Regelungssystematik die BND-Befugnisse aufgabenadäquat immer enger führen müsste, je tiefer die konkret in Rede stehende nachrichtendienstliche Maßnahme in Rechte Betroffener eingreift. Rechtspolitisch wichtig ist jedenfalls das Verständnis, dass die langfristig wichtigste Funktion nachrichtendienstlicher Auslandsaufklärung nicht darauf reduziert werden kann, fallweise einzelne Terroranschlagsplanungen zu durchkreuzen.

181 Einen solchen Gefahrenbegriff kann (und soll) die Formulierung des § 1 Abs. 2 S. 1 BNDG – außen- und sicherheitspolitische „Bedeutsamkeit" – als bloß aufgabentechnische Rechtsgrundlage heimlicher Grundrechtseingriffe nicht ersetzen. Die Bedenken gegen ein solches befugnisnahes Verständnis der BND-Aufgabenzuweisung waren mitentscheidend für das BVerfG-Verdikt vom Mai 2020 und die darin entwickelte Unterscheidung zwischen bloßer Unterrichtung der Bundesregierung und Maßnahmen zur Gefahrenfrüherkennung.[327]

182 Schließlich wird es von beträchtlichem Interesse sein, in welchem Ausmaß sich das **Unionsrecht**, unterstützt durch die traditionell kompetenzexpansive Rspr. des EuGH, über das Vehikel des Datenschutzrechts im Fachrecht der nationalen Nachrichtendienste und damit auch des BND Geltung verschafft[328] (→ Rn. 66 ff.), gegebenenfalls sogar bis hin zu einem Binnen-Spionageverbot innerhalb der EU (→ Rn. 41). So sehr das in einer hinter gemeinsamen Werten vereinten EU rechtspolitisch erstrebenswert sein mag, so sehr kann vor dem aktuellen Hintergrund wachsender realpolitischer Spannungen innerhalb der 27 Mitgliedstaaten das Prinzip der begrenzten Einzelermächtigung eine Renaissance erleben.

---

[324] *Bäckers* Besorgnis, ohne Rekurs auf das Polizeirecht bleibe der nachrichtendienstliche Gefahrenbegriff konturenlos (*Bäcker* in DGGGW Nachrichtendienste im Rechtsstaat 137 [147]), geht insofern an den Spezifika jedenfalls des auslandsnachrichtendienstlichen Gefahrenbegriffs vorbei. Zur tatsächlichen Aufgabenverteilung im BND-Tätigkeitsspektrum s. *Kahl* in Sensburg Sicherheit in einer digitalen Welt 137 (141 ff.).
[325] BVerfG NJW 2020, 2235 Rn. 128.
[326] BVerfGE 143, 101 (140, 153) mwN = NVwZ 2017, 137; *Schluckebier* in DGGGW Nachrichtendienstereform 3 (7).
[327] BVerfG NJW 2020, 2235 Rn. 128, 157 ff.
[328] ZB über die neue sog. Whistleblower-Richtlinie der EU (Richtlinie (EU) 1937/2019). S. dazu *Schröder* ZRP 2020, 212 ff., der die Richtlinie auch auf nicht-unionale Rechtsakte erstrecken will (213).

§ 20 Grundrechtlicher Datenschutz und sicherheitsbehördliche Überwachung

Thomas Petri

Übersicht

	Rn.
A. Einleitung: Terminologie des Sicherheits- und des Datenschutzrechts	1
I. Vorbemerkung	1
II. Nachrichtendienstliche Informationssammlung	2
III. Datenverarbeitung der Polizei, insbesondere polizeilicher Staatsschutz	5
IV. Bundeswehr	10
V. Gerichtsbarkeit	11
B. Sicherheitsbehördliche Überwachung und informationeller Grundrechtsschutz	14
I. Schutzdimensionen des Persönlichkeitsrechts nach dem Grundgesetz und EU-Datenschutzrecht	16
1. Verhältnis des nationalen zum unionsrechtlichen Grundrechtsschutz	16
2. Schutzziele des Persönlichkeitsrechts bei der Verarbeitung personenbezogener Daten	18
II. Datenschutzgrundsätze als Grundrechtskonkretisierung	24
1. Vorbemerkung	24
2. Verarbeitung nach Treu und Glauben	25
3. Rechtmäßige Verarbeitung	27
4. Zweckbindung	30
5. Datenschutzrechtlicher Grundsatz der Erforderlichkeit	32
6. Grundsatz der Richtigkeit	34
7. Unterscheidung nach Personenkategorien	35
8. Gesteigerter Schutz sensibler personenbezogener Daten	36
9. Integrität und Vertraulichkeit	37
10. Wahrung der Betroffenenrechte	38
III. Datenschutzrechtlich relevante Gewährleistungen der EMRK	45
IV. Reichweite der Grundrechtsbindung; Geltung der Charta der Grundrechte der EU?	47
C. Verarbeitung personenbezogener Daten als Grundrechtseingriff	52
D. Mindestanforderungen an Eingriffe in das Persönlichkeitsrecht bzw. das Recht auf Privatleben	59
I. Eingriffsrechtfertigung nach dem Grundgesetz	59
1. Menschenwürde als Grenze sicherheitsbehördlicher Verarbeitung	59
2. Verhältnismäßigkeit als übergreifende Voraussetzung sicherheitsbehördlicher Datenverarbeitung	63
a) Legitimer Regelungszweck	66
b) Geeignetheit	67
3. Erforderlichkeit	69
4. Angemessenheit (Verhältnismäßigkeit im engeren Sinne)	70
5. Insbesondere: Grundrechtsschutz durch Verfahren	78
a) Verwaltungsinterne technisch-organisatorische Maßnahmen	78
b) Transparenz, insbesondere datenschutzrechtliches Auskunftsrecht	83
c) Insbesondere Auskunftsanspruch gegenüber Nachrichtendiensten	85
d) Rechtsschutz	91
e) Insbesondere Kontrolle der Nachrichtendienste	93
f) Nachträglicher gerichtlicher Rechtsschutz, Datenschutzaufsicht	96
6. Sonderfall nachrichtendienstliche Auslandsaufklärung	102
7. Berichtspflichten gegenüber dem Parlament	103
II. Anforderungen der EMRK an Eingriffsbefugnisse	104
1. Gesetzmäßigkeit	105
2. Rechtmäßiges Ziel	112

	Rn.
3. Notwendigkeit in einer demokratischen Gesellschaft/Verhältnismäßigkeit	113
4. Verfahrensrechtliche Sicherungen	116
5. Betroffenenrechte	119

Wichtige Literatur:

Albrecht, F., Polizeiliche Videobeobachtung öffentlich zugänglicher Orte, jurisPR-ITR 1/2021 Anm. 4; *Arndt, F./Betz, N./Farahat, A.* ua, Freiheit – Sicherheit – Öffentlichkeit, 2008; *Bäcker, M.,* Kriminalpräventionsrecht, 2015; *Bäcker, M.,* Terrorismusabwehr durch das Bundeskriminalamt, 2009; *Bäumler, H.,* Polizei und Datenschutz, 1999; *Barczak, T.,* Der nervöse Staat, 2. Aufl. 2021; *Baumgartner, A.,* Anmerkung zu EuGH, Urt. v. 6.10.2020 – C-623/17, GSZ 2021, 42; *Bayerischer Anwaltsverein,* Einwilligung – Allheilmittel mit schweren Nebenwirkungen, 2016; *Bayerischer Anwaltsverein,* Neue Vernehmungsmethoden. Polygraph, Hypnose, Hirnforschung, 2012; *Britz, G.,* Vertraulichkeit und Integrität informationstechnischer Systeme, DÖV 2008, 411 ff.; *Brodowski, D./Jahn, M./Schmitt-Leonardy, Ch.,* Gefahrenträchtiges Gefährderrecht, GSZ 2018, 7; *Brodowski, D.,* Verdeckte technische Überwachungsmaßnahmen im Polizei- und Strafverfahrensrecht, 2016; *Denninger, E.,* Recht in globaler Unordnung, 2005; *Derin, B./Golla, S. J.,,* Der Staat als Manipulant und Saboteur der IT-Sicherheit? NJW 2019, 1111; *Dieterle, Ch.,* Sanktionierung von Neugierabfragen im öffentlichen Dienst, ZD 2020, 135; *Dieterle, Ch./Kühn, T.,* Wiedereinführung der Regelanfrage für angehende Richter in Bayern, ZD 2017, 69; *Dietrich, J.-H.,* Der Einsatz von Verschlüsselungstechniken zwischen Grundrechtsschutz und staatlicher Sicherheitsgewährleistung, GSZ 2021, 1; *Fährmann, J./Aden, H./Bosch, A.,* Technologieentwicklung und Polizei, KrimJ 2020, 135; *Fahrner, M.,* Quis custodiet it ipsos custodes?, GSZ 2021, 6; *Fock, M./Möhle, J.-P.,* Viel Fahndung, wenig Strategie? – Verfassungsrechtliche Beurteilung der strategischen Fahndung in § 12a PolG NRW, GSZ 2021, 170; *Foschepoth, J.,* Überwachtes Deutschland, 3. Aufl. 2013; *FRA* ua, Handbuch zum europäischen Datenschutzrecht, 2018 (abrufbar: unter www.coe.int/en/web/data-protection/home); *Gärditz, K. F.,* Sicherheitsverfassungsrecht und technische Aufklärung durch Nachrichtendienste, EuGRZ 2018, 6; *Gazeas, N.,* Übermittlung nachrichtendienstlicher Erkenntnisse an Strafverfolgungsbehörden, 2014; *Genschel, C.,* Bespitzelung des Berliner Sozialforums, CILIP 2007, 086; *Golla, S.,* Algorithmen, die nach Terroristen schürfen – „Data Mining" zur Gefahrenabwehr und zur Strafverfolgung, NJW 2021, 667; *Golla, S./Skobel, E.,* Sie haben doch nichts zu verbergen?, GSZ 2019, 140; *Graulich, K.,* Bestandsdatenauskunft II – Doppeltüren-Modell und Verhältnismäßigkeitsgrundsatz, NVwZ-Beilage 2020, 47; *Graulich, K.,* Brauchen wir ein Musterpolizeigesetz?, GSZ 2019, 9; *Gusy, Ch.,* Grundrechte und Verfassungsschutz, 2011; *Haase, M. S.,* Datenschutzrechtliche Fragen des Personenbezugs, 2015; *Hauck, P.,* Heimliche Strafverfolgung und Schutz der Privatheit, 2014; *Hauser, M.,* Das IT-Grundrecht. Schnittfelder und Auswirkungen, 2015; *Heinemann, M.,* Grundrechtlicher Schutz informationstechnischer Systeme, 2015; *Herdegen, M./Masing, J./Poscher, R./Gärditz, K. F.,* Handbuch des Verfassungsrechts, 2021; *Hingott, J.,* Die Aufgabenerfüllung und Informationsgewinnung des Militärischen Abschirmdienstes (MAD) im Auslandseinsatz, GSZ 2018, 189; *Hömig, D.,* Neues Grundrecht, neue Fragen?, JURA 2009, 207; *Hoffmann-Riem, W.,* Der grundrechtliche Schutz der Vertraulichkeit und Integrität eigengenutzter informationstechnischer Systeme, JZ 2008, 1009 ff.; *Holzner, J.,* Die drohende Gefahr, DÖV 2018, 946; *Hornung, G.,* Grundrechtsinnovationen, 2015; *Huber, B.,* Geheime Überwachung von Mitarbeitern einer NGO ohne richterliche Genehmigung, NVwZ 2017, 1513; *Jarass, H./Kment, M.,* EU-Grundrechte, 2. Aufl. 2019; *Johannes, P. C./Weinhold, R.,* Das neue Datenschutzrecht bei Polizei und Justiz, 2018; *Kaspar, J.,* Verhältnismäßigkeit und Grundrechtsschutz im Präventionsstrafrecht, 2014; *Kipker, D.-K.,* Informationelle Freiheit und staatliche Sicherheit, 2016; *Knell, S. M.,* Der Einsatz von Drohnen zur Überwachung des Kontaktverbots in Zeiten der Corona-Pandemie, NVwZ 2020, 688; *Krumm, M.,* Hinweispflicht bei polizeilichem Drohneneinsatz anlässlich eines Fußballspiels (Urteilsanmerkung), ZD 2021, 335; *Leutheusser-Schnarrenberger, S.,* Vom Recht auf Menschenwürde, 2013; *Löffelmann, M.,* BVerfG – Automatisierte Kraftfahrzeugkennzeichenkontrollen gem. Art. 33 II 2 BayPAG (Anm.), GSZ 2019, 77; *Löffelmann, M.,* Die Umsetzung des Grundsatzes der hypothetischen Datenneuerhebung – Schema oder Struktur?, GSZ 2019, 16; *Löffelmann, M.,* Die Zukunft der deutschen Sicherheitsarchitektur – Vorbild Bayern?, GSZ 2018, 85; *Mansdörfer, M.,* Sicherheit und Strafverfahren, GSZ 2018, 45; *Matz-Lück, N./Hong, M.,* Grundrechte und Grundfreiheiten im Mehrebenensystem – Konkurrenzen und Interferenzen, 2011; *Marsch, N.,* Das europäische Datenschutzgrundrecht, 2018; *Merten, D./Papier, H.-J.,* Handbuch der Grundrechte, 2004; *Möstl, M.,* Rechtsstaatlicher Rahmen der Terrorabwehr – eine Stellungnahme zum Stand der Diskussion um Gefahr, Gefahrenvorfeld und drohende Gefahr, DVBl. 2020, 160; *Müller, M. W./Schwabenbauer, T.,* Unionsgrundrechte und Datenverarbeitung durch nationale Sicherheitsbehörden, NJW 2021, 2079; *Müller-ter Jung, M./Rexin, L.,* Datenschutz beim polizeilichen Drohneneinsatz, CR 2019, 643; *Neskovic, W.,* Die parlamentarische Kontrolle der Nachrichtendienste – ein makabrer Witz, Vorgänge 2016 Nr. 3, 21; *Neuhöfer, D./Schefer, L.,* Umfang der Einziehung bei Marktmanipulationen sowie Verwertbarkeit beim Provider gespeicherter E-Mails aus einer TKÜ, jurisPR-Compl 1/2021 Anm. 3; *Petri, T.,* Die Vorratsdatenspeicherung, ZD 2021, 493; *Petri, T.,* Bestandsdatenauskunft II (Entscheidungsanmerkung), ZD 2020, 588; *Petri, T.,* Biometrie in der polizeilichen Ermittlungsarbeit am Beispiel der automatisierten Gesichtserkennung, GSZ 2018, 144; *Petri, T.,* Wertewandel im Datenschutz und die Grundrechte, DuD 2010, 25; *Petzsche, A.,* Strafrecht und Terrorismusbekämpfung, 2013; *Pitschas, R./*

Aulehner, J., Informationelle Sicherheit oder „Sicherheitsstaat"?, NJW 1989, 2353; *Puschke, J./Singelnstein, T.*, Der Staat und die Sicherheitsgesellschaft, 2017; *Rath, C.*, Die Auswertung von DNA-Spuren auf äußerliche Merkmale, GSZ 2018, 67; *Rensen, H./Brink, S.*, Linien der Rechtsprechung des Bundesverfassungsgerichts, 2009; *Riekenbrauk, K.*, Das Gesetz zur Stärkung der Verfahrensrechte von Beschuldigten im Jugendstrafverfahren und seine datenschutzrechtlichen Implikationen für die Jugendgerichtshilfe/Jugendhilfe im Strafverfahren, ZJJ 2020, 50; *Roggan, F.*, Online-Durchsuchungen, 2008; *Roggenkamp, J./Braun, F.*, Der tiefe Blick ins ausgelagerte Gehirn, K&R 2020, 658; *Roßnagel, A./Schnabel, C.*, Das Grundrecht auf Gewährleistung der Vertraulichkeit und Integrität informationstechnischer Systeme und sein Einfluss auf das Privatrecht, NJW 2008, 3534; *Ruthig, J.*, Der Einsatz mobiler Videotechnik im Polizeirecht, GSZ 2018, 12; *Schaar, P.*, Das digitale Wir, 2015; *Schieder, A.*, Zur datenschutzrechtlichen Einwilligung in polizeiliche Zwangsmaßnahmen, GSZ 2021, 16; *Schiedermair, S.*, Der Schutz des Privaten als internationales Grundrecht, 2012; *Schneider, F.*, Wen beobachtet eigentlich der Verfassungsschutz? ZD 2021, 360; *Schnöckel, S.*, Die Auskunftserteilung des Bundesamts für Verfassungsschutz über personenbezogene Daten, die nicht in dem elektronischen Informationssystem NADIS gespeichert sind (Urteilsanmerkung), GSZ 2021, 86–88; *Schulz, G.*, Das neue IT-Grundrecht – staatliche Schutzpflicht und Infrastrukturverantwortung, DuD 2012, 395; *Schwabenbauer, T.*, Heimliche Grundrechtseingriffe, 2013; *Schwarze, J.*, EU-Kommentar, 4. Aufl. 2019; *Siemsen, A.*, Der Schutz personenbezogener Daten bei der Auslandsaufklärung durch Bundeswehrsoldaten, 2018; *Simitis, S./Dammann, U./Mallmann, O./Reh, H.-J.*, Kommentar zum Bundesdatenschutzgesetz, 3. Aufl. 1981; *Stief, M.*, Die Richtlinie (EU) 2016/680 zum Datenschutz in der Strafjustiz und die Zukunft der datenschutzrechtlichen Einwilligung im Strafverfahren, StV 2017, 470; *Suhr, D.*, Entfaltung der Menschen durch die Menschen, 1976; *Streinz, R.*, EUV/AEUV, 3. Aufl. 2018; *Tanneberger, S.*, Die Sicherheitsverfassung, 2014; *Tegethoff, C.*, Erteilung von Auskünften über nicht in NADIS gespeicherte personenbezogene Daten vom Bundesamt für Verfassungsschutz, jurisPR-BVerwG 8/2021 Anm. 5; *Tinnefeld, M.-T./Buchner, B./Petri, T./Hof, H.-J.*, Einführung in das Datenschutzrecht, 7. Aufl. 2020; *Uerpmann-Wittzack, R.*, Das neue Computergrundrecht, 2009; *Unterreitmeier, J.*, Funktion und Zweckbindung der Nachrichtendienste, JZ 2021, 175; *Unterreitmeier*, Überwachung durch Polizei oder Nachrichtendienste – kein Unterschied?, GSZ 2018, 1; *v. d. Groeben, H./Schwarze, J./Hatje, A.*, Europäisches Unionsrecht – EUV, AEUV, GRC, Bd. 1, 7. Aufl. 2015; *v. Lewinski, K.*, Die Matrix des Datenschutzes, 2014; *Walter, B.*, Schleierfahndung und Racial Profiling – eine Gratwanderung, Kriminalistik 2020, 240; *Weinrich, M.*, Die Novellierung des bayerischen Polizeiaufgabengesetzes, NVwZ 2018, 1680; *Weißenberger, B.*, Überwachungsmaßnahmen und Verfassungsrecht – Eine Leseanleitung zum jüngsten Rundumschlag des BVerfG, jurisPR-StrafR 4/2021 Anm. 2; *Westin, A.*, Privacy and Freedom, 1967 (zitiert nach der Ausgabe von Simon & Schuster Inc., New York); *Zaremba, U.*, Polizeiliche Befugnisse zum Einsatz der Bodycam – Eine Bestandsaufnahme mit Änderungsvorschlägen, LKV 2021, 193; *Zaremba, U.*, Die Entwicklungen polizeirelevanter datenschutzrechtlicher Bestimmungen, 2014; *Zöller, M. A.*, Möglichkeiten und Grenzen polizeilicher Videoüberwachung, NVwZ 2005, 1235; *Zöller, M. A./Ihwas, S. R.*, Rechtliche Rahmenbedingungen des polizeilichen Flugdrohneneinsatzes, NVwZ 2014, 408.

Hinweis:
Alle Internetfundstellen wurden zuletzt am 21.3.2022 abgerufen.

A. Einleitung: Terminologie des Sicherheits- und des Datenschutzrechts

I. Vorbemerkung

Für die innere und äußere Sicherheit der Bundesrepublik Deutschland und der Länder sorgen zahlreiche Behörden und sonstige Stellen: Für die äußere Sicherheit sammeln die Nachrichtendienste Informationen über Bestrebungen, die möglicherweise das Gemeinwesen gefährden könnten; als Instrument der deutschen Sicherheitspolitik sorgen die Streitkräfte längst nicht mehr nur für die Verteidigung der Bundesrepublik Deutschland, sondern wirken durch Auslandseinsätze an der Bewältigung von internationalen Konflikten mit. Polizeibehörden von Bund und Ländern sollen die innere Sicherheit gewährleisten, in dem sie eigenverantwortlich Maßnahmen zur Gefahrenabwehr treffen und als Hilfsorgane die Staatsanwaltschaft bei der Strafverfolgung unterstützen. Gerichte sorgen nicht nur für eine rechtsstaatliche Kontrolle der Sicherheitsbehörden, sondern wirken etwa durch Anordnungen heimlicher Ermittlungsmaßnahmen und Strafurteile an der Gefahrenabwehr und Straftatenbekämpfung mit. Strafrechtliche Verurteilungen werden durch Justizbehörden unter anderem des Strafvollzugs umgesetzt. Eine zunehmende Bedeutung für die **deutsche Sicherheitsarchitektur** entwickeln IT-Sicherheitsbehörden wie BSI und ZITIS. Weiterhin zu nennen wären Behörden der Ordnungsverwaltung, die besonders sicherheitsrelevante Bereiche wie insbesondere das Ausländer-, Ausweis-, Luftsicherheits-, Melde-, Versammlungs- und das Waffenrecht betreuen. Die Liste der relevanten Akteure ließe sich

1

zweifelsohne mühelos erweitern, etwa durch Stellen des Katastrophenschutzes oder der allgemeinen Verwaltung. Alle diese Stellen haben eines gemein: Sie verarbeiten personenbezogene Daten und greifen zur Gewährleistung der inneren und/oder äußeren Sicherheit in die Grundrechte der betroffenen Menschen ein. Der nachfolgende Beitrag konzentriert sich auf die Verarbeitung personenbezogener Daten durch Nachrichtendienste und Polizeibehörden als besonders relevante Akteure. Die Gerichte werden schwerpunktmäßig in ihrer zentralen Rolle als rechtsstaatliche Kontrolle von Sicherheitsbehörden gewürdigt.

II. Nachrichtendienstliche Informationssammlung

2 **Kernauftrag** der deutschen **Nachrichtendienste** ist die **Sammlung von Informationen,** sei es zur Wahrung von außen- und sicherheitspolitischen Interessen der Bundesrepublik Deutschland (vgl. § 1 Abs. 2 BNDG), sei es zum Schutz der freiheitlichen demokratischen Grundordnung, des Bestands und der Sicherheit des Bundes und der Länder (vgl. § 1 Abs. 1 BVerfSchG) oder sei es zur Sicherung der Einsatzbereitschaft der Verteidigungskräfte.[1] Nachrichtendienstliche Informationssammlung dient damit nicht in erster Linie der Überwachung von Individuen, sondern der Aufklärung von Entwicklungen, die im Zusammenhang mit der nationalen Sicherheit im weiteren Sinne stehen. Dieser Umstand schlägt sich auch im Wortlaut der gesetzlichen Befugnisse nieder, die in erster Linie auf die Sammlung bzw. Verarbeitung allgemein von „Informationen" abstellen. Insbesondere bilden (verfassungsfeindliche) „Bestrebungen" den gesetzlichen Hauptbezugspunkt des Verfassungsschutzrechts, die nach § 4 Abs. 1 BVerfSchG sowohl durch Verhaltensweisen von Einzelpersonen als auch durch Personenzusammenschlüsse zum Ausdruck kommen können.[2]

3 In die gesetzlichen Befugnisse sind allerdings punktuell auch klarstellende Hinweise eingefügt, wonach die nachrichtendienstliche Informationssammlung auch die Verarbeitung personenbezogener Daten umfasst.[3] Bisweilen verweist das geltende Gesetzesrecht dann auch auf gesondert zu beachtende Datenschutzregeln, vgl. etwa § 2 Abs. 1 BNDG (Einleitungshalbsatz). Der Gesetzgeber führt an solchen Stellen mit dem **personenbezogenen Datum** eine datenschutzrechtliche Begriffskategorie ein. Hierunter sind Informationen zu verstehen, die sich auf eine bestimmte oder bestimmbare natürliche Person beziehen.[4] Bestimmbar sind natürliche Personen, die direkt oder indirekt identifiziert werden können.[5] Der Begriff des personenbezogenen Datums ist dabei weit zu verstehen. Er ist nicht auf sensible oder private Informationen beschränkt, sondern umfasst potenziell alle Arten von Informationen sowohl objektiver als auch subjektiver Natur in Form von Stellungnahmen oder Beurteilungen, unter der Voraussetzung, dass es sich um Informationen über die in Rede stehende Person handelt. Die letztgenannte Voraussetzung ist erfüllt, wenn die Information aufgrund ihres Inhalts, ihres Zwecks oder ihrer Auswirkungen in irgendeiner Weise mit einer bestimmten Person verknüpft ist.[6] Nach den aktuellen Reformvorstellungen zum Datenschutz-Übereinkommen des Europarats von 1981 soll eine Person nicht identifizierbar sein, wenn zur Identifizierung bei Ansehung des Einzelfalls unverhält-

---

[1] Vgl. im Einzelnen § 1 MADG mit Überschneidungen mit den vorgenannten Verarbeitungszwecken, sowie *Hingott* GSZ 2018, 189 ff.
[2] Vgl. *Schneider* ZD 2021, 360.
[3] *Schneider* ZD 2021, 360 (362) weist insoweit in Bezug auf das BVerfSchG zutreffend und kritisch darauf hin, dass die Befugnisse mit wenigen Ausnahmen zum betroffenen Personenkreis schweigen. Ähnlich *Bergemann* in Lisken/Denninger PolR-HdB H Rn. 53 ff.
[4] Art. 2 lit. a Datenschutz-Übereinkommen 1981 des Europarats. Diese Definition bleibt laut Protokoll zur Änderung des Übereinkommens zum Schutz des Menschen bei der automatisierten Verarbeitung vom 10.10.2018 (Sammlung der Europaratsverträge Nr. 223) unverändert.
[5] Insoweit übertragbar die Legaldefinitionen in Art. 4 Nr. 1 DS-GVO, Art. 3 Nr. 1 JI-RL jeweils mit Regelbeispielen für die Identifizierbarkeit. S. auch Europarat, Erläuternder Report zum Änderungsprotokoll des Datenschutzübereinkommens 1981, CM (2018) 2-addfinal, v. 18.5.2018, Rn. 17 ff.
[6] Vgl. zB BGH NJW 2021, 2726 Rn. 26, mwN.

nismäßig viel Zeit, Aufwand oder Ressourcen aufgewendet werden müssten. Dabei soll die verfügbare Technologie zum Zeitpunkt der Verarbeitung und die technologische Entwicklung berücksichtigt werden.[7]

Für die datenschutzrechtliche Frage des Personenbezugs ist folglich die im Recht der Nachrichtendienste weithin übliche **Unterscheidung zwischen Personen- und Sachinformationen**[8] weitgehend ohne Belang. So enthalten nicht nur nachrichtendienstliche Personenakten, sondern auch Sachakten in aller Regel auch personenbezogene Daten, die nicht nur nach dem Recht der Nachrichtendienste, sondern auch datenschutzkonform zu verarbeiten sind. Für die datenschutzrechtliche Beurteilung einer Verarbeitung kommt es auch nicht unmittelbar darauf an, ob die Einzelperson etwa nach § 4 Abs. 1 S. 4 BVerfSchG oder vergleichbaren Regelungen Beobachtungsobjekt oder nur Teil eines Beobachtungsobjektes ist. 4

III. Datenverarbeitung der Polizei, insbesondere polizeilicher Staatsschutz

Im Unterschied zu den Nachrichtendiensten deutscher Prägung[9] verfügt der **polizeiliche Staatsschutz** über exekutive Befugnisse.[10] Während etwa der Verfassungsschutz bereits beobachtend tätig wird, wenn er „Bestrebungen" gegen die freiheitliche demokratische Grundordnung erkennt, ist die Polizei deshalb nach althergebrachten polizeilichen Grundsätzen erst bei Vorliegen einer konkreten Gefahr für die öffentliche Sicherheit und Ordnung zur eingriffsintensiven Erhebung und Weiterverarbeitung personenbezogener Daten befugt. 5

Freilich ist der **polizeirechtliche Begriff einer „Gefahr für die öffentliche Sicherheit und Ordnung"** auch und gerade im Zusammenhang mit der Erhebung und weiteren Verarbeitung personenbezogener Daten von einer erheblichen Flexibilität geprägt,[11] dehnbar und deswegen auch seit jeher der Kritik ausgesetzt gewesen.[12] Es trifft zwar zu, dass die Rechtsprechung auch seit dem Geltungsbeginn des Grundgesetzes sich mit polizeirechtlichen Begriff der konkreten Gefahr für die öffentliche Sicherheit und Ordnung im Sinne der Rechtsstaatlichkeit auseinandergesetzt hat.[13] Parallel zum Gefahrenbegriff entwickeln sich jedoch immer wieder regulative Ansätze, die auch der Polizei informationelle Grundrechtseingriffe bis weit in das Vorfeld einer Bedrohung für konkrete Rechtsgüter ermöglichen sollen – und die in der polizeilichen Vollzugspraxis auch rege genutzt werden. Ein Beispiel für die Handhabung eines solchen **Kriminalitätspräventionsrechts**[14] ist vor Allem der polizeiliche Staatsschutz, soweit er auch jenseits konkreter Gefahren für Individualrechtsgüter Strukturermittlungen vornimmt. Der Einsatz von Ver- 6

---

[7] Europarat, Erläuternder Report zum Änderungsprotokoll des Datenschutzübereinkommens 1981, CM (2018) 2-addfinal, v. 18.5.2018, Rn. 17, 19.
[8] S. dazu etwa den Wortlaut des Einleitungshalbsatzes von § 3 Abs. 1 BVerfSchG, der auf die Sammlung und Auswertung von Informationen, „insbesondere von sach- und personenbezogenen Auskünften" abstellt. Vgl. auch *Bergemann* in Lisken/Denninger PolR-HdB H Rn. 54 ff. und 108 ff.
[9] Ausführlich dazu *Gazeas* Nachrichtendienstliche Erkenntnisse 57 ff.
[10] Hieraus leitet *Unterreitmeier* GSZ 2021, 1 (4) seine Bewertung ab, dass Nachrichtendienste ein „grundrechtsschonendes Aufklärungsinstrument" seien.
[11] Vgl. dazu unter anderem *Dietrich* in Fischer/Hilgendorf Gefahr 69 ff., insbesondere 71.
[12] Allgemein bereits 1887 *Lorenz von Stein,* Handbuch der Verwaltungslehre (Erster Teil), 217. Vgl. dazu auch *Denninger,* Polizei in der freiheitlichen Demokratie, 1968, 13 ff. In jüngerer Zeit vgl. *Bäcker,* Kriminalpräventionsrecht, 2015, 80, wonach bereits der Prognosegegenstand „Schaden" ein Blankett sei.
[13] So auch die Einschätzung von *Dietrich* in Fischer/Hilgendorf Gefahr 73 mwN; ähnlich *Marsch/Rademacher* Die Verwaltung 2021, 1 (5), wonach die „polizeiliche Aufgabe der Gefahrenabwehr im Laufe der Jahrzehnte durch Rechtsprechung und Rechtswissenschaft in einem Maße konturiert worden" sei, „dass ihre Nennung in der Generalklausel einer tatbestandlichen Handlungsvoraussetzung gleichkommt."
[14] So die gleichnamige Grundlegung von *Matthias Bäcker,* 2015. Vgl. auch *Brunhöber* in Puschke/Singelnstein, Der Staat und die Sicherheitsgesellschaft, 2017, 193 ff. sowie zuvor bereits *Denninger,* Recht in globaler Unordnung, 2005, 223 ff., der eine Entwicklung „vom Rechtsstaat zum Präventionsstaat" diagnostiziert. Zur Problematik von internationalen und europäischen Tendenzen zur Vorfeldkriminalisierung s. Übersicht bei *Esser* in Hilgendorf/Kudlich/Valerius StrafR-HdB Bd. 1 § 13.

trauenspersonen[15] oder Verdeckten Ermittlern[16] etwa ist nahezu generell eine zielgerichtete, längerfristige und damit auch einzelfallübergreifende Maßnahme.[17] Eine Legitimationsgrundlage erhalten derartige Maßnahmen unter anderem durch Strafvorschriften, die als „Präventionsstrafrecht" insbesondere Verhaltensweisen im Vorfeld von konkreten Rechtsgutsbeeinträchtigungen sanktionieren.[18] Da das polizeiliche Schutzgut der öffentlichen Sicherheit auch die Unverletzlichkeit der Rechtsordnung umfasst und damit auch bei der drohenden Verwirklichung von Straftatbeständen gefährdet ist, liegt die Eingriffsschwelle für eine polizeiliche Datenerhebung gerade im Bereich der polizeilichen Extremismusbekämpfung ungeachtet des Erfordernisses eine „konkreten" Gefahr sehr niedrig. Der drohende Normverstoß als solcher kann für ein polizeiliches Handeln (und Verarbeitung von personenbezogenen Daten) sowohl als „Anfangsverdacht" im strafprozessualen Sinne als auch als „konkrete Gefahr" im Sinne des Polizeirechts genutzt werden – meist unabhängig davon, ob stets auch *in concreto* eine Gefährlichkeit besteht.[19]

7   Gleichwohl gibt es nach wie vor signifikante **Unterschiede bei der Verarbeitung personenbezogener Daten durch Nachrichtendienste und polizeilichen Staatsschutz**. Als „Frühwarnsystem der Demokratie"[20] mit der „Aufgabe politischer Vorfeldaufklärung"[21] haben die Nachrichtendienste weitreichende Befugnisse zur Sammlung personenbezogener Daten, die hinsichtlich konkreter Tätigkeitsfelder nicht spezifisch ausdefiniert sind und sich durch geringe Eingriffsschwellen auszeichnen.[22] Ihre Aufklärungstätigkeit soll sich auf „fundamentale Gefährdungen" beziehen, die das Gemeinwesen als Ganzes destabilisieren können.[23] Diesem Auftrag entsprechend dürfen Nachrichtendienste als „Informationsdienstleister der Sicherheit"[24] auch losgelöst von individuellem Rechtsgüterschutz und von der Strafbarkeit das Verhalten von natürlichen Personen sammeln und auswerten, soweit dies zu ihrer jeweiligen Aufgabenerfüllung erforderlich ist. Immerhin eine solche Verarbeitung ist den Polizeibehörden auch im Bereich des polizeilichen Staatsschutzes verwehrt. Mit anderen Worten kann ein erlaubtes Verhalten *als solches* in aller Regel für die Polizei keinen konkreten Erhebungs- und Speicheranlass bieten. Relevant ist diese Unterscheidung vor Allem im Zusammenhang mit der Wahrnehmung von Kommunikationsgrundrechten etwa aus Art. 5 und 8 GG. Unzulässig gewesen sein dürfte danach die sicherheitsbehördliche Erfassung der Mitglieder von Vereinigungen, die selbst nicht verboten sind, aber verbotenen Vereinigungen inhaltlich nahestehen. Beispielsweise wurde das Mitführen der Kennzeichen von PKK-sympathisierenden Vereinigungen (YPJ, YPG) bislang nicht als strafbar angesehen.[25] Es liegt nahe, dass der polizeiliche Staatsschutz deshalb das Mitführen derartiger Kennzeichnen nicht zum alleinigen Speicheranlass nehmen durfte.[26] Freilich hat der Bundesgesetzgeber diese „Überwachungslücke" mit einer

---

[15] Zum Begriff vgl. *Deutscher Richterbund*, Große Strafrechtskommission: Gutachten zum Thema Vertrauensperson und Tatprovokationen, 2017, 9. Danach sind im strafrechtlichen Sinne Vertrauenspersonen solche Privatpersonen zu verstehen, die zwar in keinem festen und dauerhaften Dienstverhältnis mit einer Strafverfolgungsbehörde steht, die aber bereit ist, die Strafverfolgungsbehörden für einen längeren Zeitraum vertraulich zu unterstützen und unter Anleitung und Führung der ermittlungsführenden Behörde tätig ist.
[16] Vgl. Legaldefinition in § 110a Abs. 2 StPO.
[17] Vgl. zB *Bäcker*, Kriminalpräventionsrecht, 2015, 452.
[18] Grundlegend zur Problematik die Arbeiten etwa von *Kaspar*, Verhältnismäßigkeit und Grundrechtsschutz im Präventionsstrafrecht, 2014 sowie rechtsvergleichend *Petzsche*, Strafrecht und Terrorismusbekämpfung, 2013 sowie – exemplarisch am Beispiel des § 89a StGB *Brodowski/Jahn/Schmitt-Leonardy* GSZ 2018, 7 ff.
[19] Zur damit verbundenen rechtsstaatlichen Problematik vgl. ausführlich *Brodowski*, Verdeckte technische Überwachungsmaßnahmen im Polizei- und Strafverfahrensrecht, 2016, § 12 (S. 257 ff.).
[20] BVerwG NVwZ 2014, 233 (235) Rn. 25.
[21] BVerfGE 156, 11 (51) Rn. 103 = BeckRS 2020, 34607.
[22] Vgl. zB BVerfGE 156, 11 (51) Rn. 103 = BeckRS 2020, 34607; BVerfGE 133, 277 (325 f.) Rn. 117–119 = NJW 2013, 1499.
[23] BVerfGE 133, 277 (326) Rn. 118 = NJW 2013, 1499.
[24] Vgl. *Unterreitmeier* GSZ 2021, 1 (3).
[25] Vgl. BayObLG StV 2021, 586 ff. Rn. 18 f.
[26] Anderes kann allerdings gelten, wenn weitere tatsächliche Umstände hinzutreten, die ihrerseits einen hinreichenden Speicheranlass bieten.

A. Einleitung: Terminologie des Sicherheits- und des Datenschutzrechts § 20

Reform des Strafrechts geschlossen – weiteres Anschauungsmaterial für die bereits angedeuteten Wechselbeziehungen von grundrechtsorientierter Rechtsprechung und polizeifreundlicher Sicherheitsgesetzgebung (→ Rn. 6).[27]

Vor diesem Hintergrund gibt es seit geraumer Zeit zudem nicht nur Entwicklungen zur „Entindividualisierung" des modernen Sicherheitsrechts durch Einführung von Instrumenten der Massenüberwachung (Schleierfahndung[28] („strategische Fahndung")[29], Rasterfahndung,[30] elektronische Kfz-Kennzeichenerfassung,[31] Vorratsdatenspeicherung (→ § 22), Videoüberwachung des öffentlichen Raums,[32] Predictive Policing[33] als automatisierte Zusammenführung öffentlich zugänglicher Daten mit bereits vorhandenen Fahndungsbeständen[34], Data Mining[35] usw.).[36] Ungeachtet des Begriffs der (konkreten) Gefahr als tradierten Kern des präventiven Sicherheitsrechts[37] ist auch eine Tendenz zu beobachten, den Gefahrenbegriff selbst de lege ferenda[38] zu verändern. Bereits vor geraumer Zeit hat Erhard Denninger diesen Prozess mit den Worten beschrieben, die an Freiheit und Autonomie des Einzelnen orientierte Funktionslogik des liberalen *Rechtsstaats* und die an Sicherheit und Effizienz orientierte Logik des Sicherheits- oder *Präventionsstaates* schlössen einander tendenziell aus. Es müsse dennoch eine beiden Logiken gerecht werdende, einigermaßen kohärente Sicherheitspolitik gefunden werden, die den (rechtsstaatlichen) Maßstäben des Grundgesetzes genüge. Seinerzeit prognostizierte Denninger, dazu müssten auch **neue Rechtsbegriffe des Sicherheitsrechts** gefunden werden, die jedoch die freiheitlichen Grundprinzipien des Grundgesetzes nicht über Bord werfen dürften.[39] In diesem Zusammenhang gewinnt der Grundrechtsschutz durch Verfahrensgestaltung zunehmend an Bedeutung. 8

Gegenwärtig stellt die Aufnahme der **drohenden Gefahr** in einige Polizeigesetze nur[40] ein Anwendungsbeispiel für diese „neue Begriffsbildung" dar.[41] Diese legislative Veränderung des Gefahrenbegriffs hatte das BVerfG – bislang nur im engen Zusammenhang mit der Terrorismusbekämpfung – angestoßen, sofern die diesbezüglichen Befugnisse auch weiterhin eine „hinreichend konkretisierte Gefahr" in dem Sinne verlangen, dass zumindest tatsächliche Anhaltspunkte für die Entstehung einer konkreten Gefahr für ein überragend wichtiges Rechtsgut hinweisen.[42] Es spricht einiges dafür, dass die verfassungsgerichtliche Rechtsprechung insoweit lediglich auf besonders gelagerte „Besorgniskonstellationen"[43] 9

---

[27] Mit Gesetz v. 14.9.2021 (BGBl. 2021 I 4250). S. nunmehr § 86 Abs. 3 S. 2 StGB nF.
[28] ZB § 111 StPO, § 23 Abs. 1 Nr. 3 BPolG.
[29] Zur Schleierfahndung nach nordrhein-westfälischem Polizeirecht vgl. *Fock/Möhle* GSZ 2021, 170.
[30] Statt vieler vgl. *Müller/Schwabenbauer* in Lisken/Denninger PolR-HdB G Rn. 947 ff.
[31] BVerfGE 150, 244 = NJW 2019, 827; BVerfGE 150, 309 = NJW 2019, 842 mAnm zB von *Löffelmann* GSZ 2019, 77 ff.
[32] Grundlegend VGH Mannheim NVwZ 2004, 498. Einen aktuellen Überblick bietet zB OVG Lüneburg ZD 2021, 114 ff. mAnm *Albrecht* jurisPR-ITR 1/2021 Anm. 4. Aus der umfangreichen Literatur vgl. ua *Zöller* NVwZ 2005, 1235 ff. Zu Spezialproblemen der Videoüberwachung durch Drohnen vgl. VG Sigmaringen ZD 2021, 333 mAnm *Krumm* ZD 2021, 335 sowie bereits *Zöller/Ihwas* NVwZ 2014, 408 ff.
[33] Dazu vgl. zB *Kuhlmann/Trute* GSZ 2021, 103.
[34] *Löffelmann* GSZ 2019, 77 (78).
[35] *Golla* NJW 2021, 667.
[36] Vgl. bereits *Lepsius* in Roggan, Online-Durchsuchungen, 2008, 21 (48).
[37] *Barczak*, Der nervöse Staat, 2. Aufl. 2021, 464, der in diesem Zusammenhang später auch von der Gefahr als Normalitätserwartung spricht (475, 477 ff.). Nach *Schwabenbauer* Grundrechtseingriffe 234 ist das Erfordernis der Gefahr zumindest „Regelvoraussetzung" für heimliche Grundrechtseingriffe.
[38] Zur de lege lata erfolgenden Relativierungen des Gefahrenbegriffs, etwa in Gestalt des „Gefahrenverdachts", vgl. *Bäcker*, Kriminalpräventionsrecht, 2015, 96 ff. sowie *Schwabenbauer* Grundrechtseingriffe 236 mwN.
[39] *Denninger*, Recht in globaler Unordnung, 2005, 223, 227.
[40] *Graulich* diagnostiziert eine „extreme Variierung zentraler polizeirechtlicher Kategorien" und spricht in diesem Zusammenhang von einer „Zerrüttung des Gefahrbegriffs, GSZ 2019, 9 (13).
[41] Weitgehend zB Art. 11a BayPAG.
[42] Vgl. BVerfGE 141, 220 (272) Rn. 112 = NJW 2016, 1781.
[43] So die treffende Charakterisierung von *Darnstädt* DVBl 2017, 88, iErg ähnlich *Dietrich* in Fischer/Hilgendorf Gefahr 78 und *Weinrich* NVwZ 2018, 1680, (1682).

abstellt, etwa in denen ein Terrorakt unzweifelhaft zu erwarten und der mutmaßliche Täter bekannt sind, Hinweise über die konkrete drohende Ausführung und den konkreten Zeitpunkt aber noch fehlen. In solchen Fallkonstellationen einer der Gefahr vorgelagerten Sachlage[44] lässt das BVerfG es genügen, wenn der Gesetzgeber kausalitätsunterbrechende Maßnahmen (und Datenverarbeitungen zu diesem Zweck) bereits dann erlaubt, wenn Tatsachen auf ein wenigstens seiner Art nach konkretisiertes und zeitlich absehbares Geschehen schließen lassen. Hingegen ist es zweifelhaft und deshalb auch umstritten, inwieweit der Gesetzgeber losgelöst vom Zusammenhang der Terrorismusbekämpfung das Erfordernis der drohenden Gefahr ab einer gewissen Erheblichkeit von Schutzgütern generell[45] für allgemeine *Standardmaßnahmen* und Datenerhebungsbefugnisse vorsehen kann.[46]

IV. Bundeswehr

10 Ähnlich wie die nachrichtendienstliche Verarbeitung personenbezogener Daten fällt auch die Verarbeitung durch die **Bundeswehr** nach Art. 2 Abs. 2 lit. a DS-GVO nicht in den Anwendungsbereich des EU-Datenschutzrechts, soweit sie verteidigungsspezifischen Aufgaben und damit Tätigkeiten der nationalen Sicherheit dient.[47] Für sie enthält § 85 BDSG besondere Datenverarbeitungsregelungen.[48] Unbeschadet hiervon bleiben grundrechtliche Anforderungen, die auch die Streitkräfte etwa im Auslandseinsatz zu beachten haben.[49]

V. Gerichtsbarkeit

11 Im Allgemeinen unterliegt auch die **Gerichtsbarkeit** der Datenschutz-Grundverordnung. Um die richterliche Unabhängigkeit zu wahren, sollen allerdings die Datenschutz-Aufsichtsbehörden nicht für die Gerichte im Rahmen ihrer justiziellen Tätigkeit zuständig sein, S. 2 EG 20 DS-GVO. Insoweit soll die Einhaltung datenschutzrechtlicher Bestimmungen durch eine gerichtsinterne Kontrolle sichergestellt werden.[50] Die allgemeine Datenschutzaufsicht ist allerdings weiterhin für Angelegenheiten der Gerichtsverwaltung zuständig, die nicht der Rechtspflege zuzuordnen sind, vgl. zB Art. 1 Abs. 1 S. 3 BayDSG, § 5 Abs. 4 DSG NRW. Gemeint sind damit alle Verarbeitungen personenbezogener Daten, für die nicht die sachliche und persönliche Unabhängigkeit des Richters iSd Art. 97 Abs. 1 GG in Anspruch genommen werden kann.[51] Typisches Beispiel für einen datenschutzbehördlich

---

[44] Vgl. dazu auch OLG München GSZ 2019, 169 (171), betreffend die Anordnung einer elektronischen Aufenthaltsüberwachung gegenüber einem radikal-islamistischen Gefährder, mit kritischer Anmerkung von *Kremer* GSZ 2019, 175 f. *Kremer* GSZ 2019, 175 f. sieht die die „drohende Gefahr" als Unterfall des Gefahrenverdachts an.
[45] Dass die konkrete Gefahr von Verfassung wegen nicht ausnahmslos erforderlich ist, stellt bereits BVerfGE 100, 313 (383) = NJW 2000, 55 klar. Vgl. dazu auch *Schwabenbauer* Grundrechtseingriffe 234 ff.
[46] Vgl. dazu *Bayerischer Landtag*, Anhörung zum Gesetzentwurf der Staatsregierung zur Änderung des Polizeiaufgabengesetzes und weiterer Rechtsvorschriften (Drs. 18/13716), 38. KI, 19.5.2021, insbesondere Anlagen 1–12. S. weiterhin *Dietrich* in Fischer/Hilgendorf Gefahr 78 ff.; ausführlich zur Problematik der drohenden Gefahr zB auch *Holzner* DÖV 2018, 946 ff.; *Löffelmann* GSZ 2018, 85 (86); *Möstl* DVBl 2020, 160 ff.; *Petri* ZD 2018, 453 ff.; *Weinrich* NVwZ 2018, 1680 (1682 f.).
[47] Vgl. zB EuGH GSZ 2021, 35 (37) Rn. 35; EuGH NJW 2019, 655 (656) Rn. 32; EuGH MMR 2004, 95 Rn. 43. Allgemein zur Frage der Verarbeitung außerhalb des Anwendungsbereichs des EU-Datenschutzrechts vgl. *Petri* in Tinnefeld/Buchner/Petri/Hof, Einführung in das Datenschutzrecht, 2019, 335 (Kapitel 3.2.) Rn. 8–16.
[48] Vgl. im Einzelnen ua *Schwichtenberg* in Kühling/Buchner BDSG § 85 sowie *Gaitzsch* in Auernhammer BDSG § 85.
[49] Ausführlich zum Datenschutz bei der Auslandsaufklärung durch Bundeswehrsoldaten: *Siemsen*, Der Schutz personenbezogener Daten bei der Auslandsaufklärung durch Bundeswehrsoldaten, 2018.
[50] Vgl. dazu auch *Kühling/Raab* in Kühling/Buchner DS-GVO Art. 2 Rn. 30.
[51] Vgl. dazu *Engelbrecht* in Schröder, Bayerisches Datenschutzgesetz, 2021, BayDSG Art. 1 BayDSG Rn. 84 f.

kontrollierbaren Justizverwaltungsakt ist die Entscheidung über die Gewährung von Zugang zu gerichtlichen Akten außerhalb eines anhängigen Verfahrens.[52]

Für die **Strafjustiz** gilt allerdings die DS-GVO nicht, soweit sie ihre Aufgabe der Bekämpfung von Straftaten erfüllt, vgl. Art. 2 Abs. 2 lit. d DS-GVO.[53] An ihre Stelle treten die Bestimmungen der JI-RL und die hierzu ergangenen nationalen Umsetzungsvorschriften. Vorschriften zur rechtsstaatlichen Kontrolle von sicherheitsbehördlichen Maßnahmen finden sich in den jeweiligen Fachgesetzen (zB Polizeigesetze, StPO); in Bezug auf Einzelheiten vgl. unten → Rn. 91 ff. 12

Außerhalb des Anwendungsbereichs des EU-Datenschutzrechts fällt die **Überprüfung von Richterinnen und Richter** auf ihre **Verfassungstreue,** weil und soweit sie eine Angelegenheit der nationalen Sicherheit darstellt, vgl. Art. 2 Abs. 2 lit. a DS-GVO. Die Verfassungstreue fordert von Richtern und Richterinnen, dass sie sich aktiv innerhalb und außerhalb des Dienstes für die Erhaltung dieser Grundordnung einsetzen. Die Treuepflicht ist nach Art. 33 GG mit Verfassungsrang ausgestattet. Ist sie nicht gewährleistet, fehlt es an einer erforderlichen charakterlichen Eignung eines Bewerbers. So wurde im Jahr 2016 ein Richter am bayerischen Amtsgericht Lichtenfels wegen extremistischer Gesinnung aus dem Dienst entfernt.[54] Umstritten ist allerdings insoweit der datenschutzrechtlich zulässige Umfang der Überprüfung, etwa im Hinblick auf eine Notwendigkeit der Wiedereinführung der **Regelanfrage,** die in Bayern wohl aus Anlass des angedeuteten Einzelfalls vorgenommen wurde.[55] 13

B. Sicherheitsbehördliche Überwachung und informationeller Grundrechtsschutz

Datenschutzvorschriften konkretisieren den **grundrechtlichen Schutz des Persönlichkeitsrechts im Zusammenhang mit der Verarbeitung personenbezogener Daten,** wie er insbesondere durch das Grundgesetz[56], die Charta der Grundrechte der Europäischen Union[57] und die Europäische Menschenrechtskonvention[58] gewährleistet wird. 14

Überwachen Sicherheitsbehörden wie Nachrichtendienste oder die Polizei die Kommunikation von Individuen, sind damit in aller Regel das allgemeine Persönlichkeitsrecht aus Art. 2 Abs. 1 GG, Art. 1 Abs. 1 GG und/oder die benannten Persönlichkeitsrechte etwa auf Wahrung des Telekommunikationsgeheimnisses (Art. 10 Abs. 1 GG)[59] oder der Unverletzlichkeit der Wohnung (Art. 13 Abs. 1 GG) berührt.[60] Je nach den Umständen können auch Kommunikationsgrundrechte aus Art. 5 Abs. 1 GG und Art. 8 GG oder die religiöse Bekenntnisfreiheit aus Art. 4 GG betroffen sein, die wesensmäßig ebenfalls einen besonderen Ausdruck des Persönlichkeitsrechts darstellen.[61] Dem Wortlaut des Grundgeset- 15

---

[52] Vgl. BayObLG BeckRS 2021, 704 Rn. 55 ff.; OLG Hamburg BeckRS 2018, 43207 Rn. 7 ff.
[53] Zu Einzelheiten der Abgrenzung vgl. ua *Kühling/Raab* in Kühling/Buchner DS-GVO Art. 2 Rn. 29 sowie *Petri* in Tinnefeld/Buchner/Petri/Hof, Einführung in das Datenschutzrecht, 2019, Abschnitt 3.3., S. 339 ff., jeweils mwN.
[54] Vgl. dazu *Dieterle/Kühn* ZD 2017, 69 (70).
[55] Vgl. *Dieterle/Kühn* ZD 2017, 69 ff. vs. *Fahrner* GSZ 2021, 6 (10 f.).
[56] Vgl. zB BVerfGE 65, 1, 45 = NJW 1984, 419 in Bezug auf das BDSG und die Landesdatenschutzgesetze; ausführlich zu grundrechtskonkretisierenden Sekundärrechtsakten der EU: BVerfGE 152, 216 (229 ff.) Rn. 33 ff. = NJW 2929, 314.
[57] Grundlegend zu Art. 7 GRCh und Art. 8 GRCh EuGH EuZW 2010, 939 (941 ff.) Rn. 45 ff.
[58] Vgl. grundlegend EGMR Urt. v. 16.2.2000 – 27798/95 (Amann/Schweiz) Rn. 65. Seither greift der EGMR bei datenschutzrelevanten Auslegungsfragen zu Art. 8 EMRK immer wieder auf das Datenschutzübereinkommen von 1981 (SEV 108) zurück, s. etwa EGMR Urt. v. 25.9.2001 – 44787/98 (P. G. und J.H./Großbritannien), Rn. 57; EGMR Urt. v. 4.12.2008 – 30562 (Marper/Großbritannien), Rn. 66.
[59] Zu aktuellen Entwicklungen der Telekommunikationsüberwachung aus grundrechtlicher Sicht s. zB *Roggenkamp/Braun* K&R 2020, 658 ff.
[60] Zum Verhältnis des allgemeinen Persönlichkeitsrechts als Recht auf informationelle Selbstbestimmung zu benannten Persönlichkeitsrechten vgl. zB *Gazeas* 2014, 235 ff., *Tanneberger,* Die Sicherheitsverfassung, 2014, 165 ff.
[61] So wird wohl bereits *Suhr,* Entfaltung der Menschen durch die Menschen, 1976, 104 zu verstehen sein.

zes nach haben die Grundrechtsgewährleistungen zwar unterschiedliche Eingriffsschranken; bei der Beurteilung von Grundrechtseingriffen verbietet sich insoweit jedoch eine allzu schematische Betrachtungsweise. So hat das BVerfG nicht zuletzt vor dem Hintergrund der konkurrierenden Menschenrechts-Rechtsprechung des EGMR und des EuGH in Bezug auf staatliche Überwachungs- und Ermittlungsbefugnisse **übergreifende Kriterien des Grundrechtsschutzes** entwickelt, die zwar jeweils in Abhängigkeit zum jeweils betroffenen Grundrecht stehen, aber auch am jeweiligen Eingriffsgewicht der Maßnahme zu bemessen sind.[62]

I. Schutzdimensionen des Persönlichkeitsrechts nach dem Grundgesetz und EU-Datenschutzrecht

1. Verhältnis des nationalen zum unionsrechtlichen Grundrechtsschutz

16 Gegenwärtig beurteilt das Bundesverfassungsgericht die ihm vorgelegten Fragen nach der Grundrechtskonformität hoheitlicher Überwachungsmaßnahmen am **Maßstab des Grundgesetzes,** sofern der nationale Gesetzgeber kein zwingendes Unionsrecht in deutsches Recht übersetzt.[63] Eine Überprüfung am Maßstab des Grundgesetzes durch das Bundesverfassungsgericht scheidet danach grundsätzlich aus, soweit es um zwingendes unionsrechtliches Fachrecht geht und solange die Unionsgrundrechte insoweit generell einen wirksamen Grundrechtsschutz bieten, der dem vom Grundgesetz jeweils als unabdingbar gebotenen Grundrechtsschutz im Wesentlich gleich zu erachten ist.[64]

17 Was die JI-RL als unionsrechtliches Fachrecht anbelangt, kommt es nach der Rechtsprechung des Bundesverfassungsgerichts für die Qualifizierung des Grundrechtsschutzes darauf an, inwieweit es **„zwingendes Unionsrecht"** enthält. Eine Kontrolle am Maßstab des Grundgesetzes scheidet auch für innerstaatliche Rechtsvorschriften aus, soweit sie nur zwingende Vorgaben in deutsches Recht umsetzen.[65] Eröffnen die unionsrechtlichen Bestimmungen hingegen Gestaltungsspielräume für den nationalen Gesetzgeber, bleibt es beim Maßstab des Grundgesetzes. Dabei sind allerdings die unionsrechtlichen Vorgaben zu berücksichtigen.[66] Dem ist schon deshalb zuzustimmen, weil und soweit die JI-RL die Mitgliedstaaten nicht daran hindert, zum Schutz der Rechte und Freiheiten der betroffenen Personen bei der Verarbeitung personenbezogener Daten strengere Garantien einzuführen oder beizubehalten, Art. 1 Abs. 3 JI-RL. Sieht mit anderen Worten das Grundgesetz einen höheren Schutzstandard als die JI-RL als unionsrechtliches Fachrecht vor, gilt es unabhängig von streitigen Fragen nach dem Anwendungsvorrang des Unionsrechts.[67]

2. Schutzziele des Persönlichkeitsrechts bei der Verarbeitung personenbezogener Daten

18 „Der Kreis der Persönlichkeitsrechte mit ihren Gehalten und Kräften, Gedanken und Gefühlen, Beziehungen und Strebungen, die den Eigenwert der Persönlichkeit ausmachen, entzieht sich einer typischen, schematischen und kasuistischen Festlegung." Entsprechend der mit diesem Zitat[68] charakterisierten **Entwicklungsoffenheit des allgemeinen Per-**

---

[62] Grundlegend zB BVerfGE 141, 220 (264 ff.) Rn. 90 ff. = NJW 2016, 1781.
[63] Vgl. zuletzt BVerfGE 156, 11 (35 f.) Rn. 64 = BeckRS 2020, 34607; BVerfGE 155, 119 (162 f.) Rn. 84 = NJW 2020, 2699 mwN.
[64] Vgl. zB BVerfGE 155, 119 (163 f.) Rn. 84 = NJW 2020, 2699.
[65] Vgl. BVerfGE 156, 11 (36) Rn. 64 = BeckRS 2020, 34607; BVerfGE 153, 310 (337) Rn. 65 = BeckRS 2020, 5226; BVerfGE 118, 79 (95 ff.) = BeckRS 2007, 23751.
[66] Vgl. zuletzt BVerfGE 156, 11 (36 f.) Rn. 65, 68 = BeckRS 2020, 34607.
[67] Vgl. dazu *Streinz* in Streinz, EUV/AEUV, 3. Aufl. 2018, EUV Art. 4 Rn. 35 ff.; Hatje in Schwarze, EU-Kommentar, 4. Aufl. 2019, EUV Art. 4 Rn. 44 ff. sowie *Obwexer* in von der Groeben/Schwarze/Hatje EUV Art. 4 Rn. 41 ff.
[68] Nipperdey, H. C., Die Grundrechte, Band IV 2, 1962, 836 f.

sönlichkeitsrechts[69] hat das BVerfG aus Art. 2 Abs. 1 GG, Art. 1 Abs. 1 GG immer wieder neue Facetten des Grundrechtsschutzes abgeleitet, die neuen Gefährdungen der menschlichen Persönlichkeitsentfaltung entgegenwirken sollen.[70] Aus datenschutzrechtlicher Hinsicht ergeben sich aus dem Persönlichkeitsrecht unter anderem folgende Schutzziele, die sukzessive entwickelt wurden:[71]

Die erste Generation datenschutzgesetzlicher Bestimmungen diente dazu, durch den **19** Schutz personenbezogener Daten vor **Missbrauch** bei ihrer Verarbeitung auch der Beeinträchtigung schutzwürdiger Belange der betroffenen Personen entgegenzuwirken (vgl. § 1 Abs. 1 BDSG 1977.[72] Mit dieser grundrechtlich begründeten Missbrauchsprävention korrespondiert der Grundsatz der Verarbeitung nach Treu und Glauben im allgemeinen Datenschutzrecht (vgl. Art. 5 Abs. 1 lit. a DS-GVO, Art. 4 Abs. 1 lit. a JI-RL). Er ist bereits in Art. 5 lit. a Datenschutz-Übereinkommen des Europarats von 1981[73] verankert. Der Sache nach verlangt er, dass der Verantwortliche einer Verarbeitung die Belange der betroffenen Personen nicht unangemessen berücksichtigt.[74] Insofern ist der ebenfalls geläufige Begriff der „Fairness" möglicherweise passender gewählt als der Begriff von Treu und Glauben in der deutschen Fassung.[75]

Früh anerkannt worden ist zudem der **Schutz der Privatheit.** Auch als Strukturelement **20** der freiheitlich-rechtsstaatlichen Demokratie[76] gewährleistet das allgemeine Persönlichkeitsrecht insoweit das Recht des Einzelnen, eigene Lebensräume frei von gesellschaftlicher und staatlicher Überwachung zu halten. Das Bundesverfassungsgericht hat dazu in seiner älteren Rechtsprechung – wohl vor Allem zu Zwecken der Veranschaulichung des Verhältnismäßigkeitsgrundsatzes – teilweise mehrere Schutzsphären entwickelt, die einen unterschiedlich starken Schutzbedarf indizieren. Grob vereinfacht betrifft die Individual- bzw. Sozialsphäre die persönliche Eigenart des Menschen in seinen Beziehungen zur Umwelt, seinem öffentlichen, wirtschaftlichen und beruflichen Wirken. Die Privatsphäre umfasst das Leben im häuslichen und Familienkreis und das sonstige Privatleben, während die Intimsphäre die innere Gedanken- und Gefühlswelt mit ihren äußeren Erscheinungsformen wie etwa vertraulichen Briefen, Tagebuchaufzeichnungen[77] sowie die vertrauliche Kommunikation unter Eheleuten[78] berührt. Während die Intimsphäre unbedingt geschützt sein soll, sind die Sozialsphäre und die Privatsphäre zu den Belangen in Beziehung zu setzen, die etwaige Eingriffe in die Privatheit rechtfertigen sollen.[79]

---

[69] Dazu vgl. *Eifert* in Herdegen/Masing/Poscher/Gärditz, Handbuch des Verfassungsrechts, 2021, § 18 Rn. 48–53; *Tanneberger,* Die Sicherheitsverfassung, 2014, 156.
[70] Vgl. *Kunig/Kämmerer* in v. Münch/Kunig GG Art. 2 Rn. 54, 56 ff.
[71] Eine Übersicht über die ältere verfassungsgerichtlichen Rechtsprechung, soweit sie für das Recht der Nachrichtendienste wesentlich ist, bietet zB *Gazeas* Nachrichtendienstliche Erkenntnisse 200 ff.
[72] Gesetz zum Schutz vor Missbrauch personenbezogener Daten bei der Datenverarbeitung (Bundesdatenschutzgesetz – BDSG), v. 27.1.1977 (BGBl. 1977 I 201). Zur Auslegung des Missbrauchsbegriffs vgl. *Reh* in Simitis/Dammann/Mallmann/Reh, Kommentar zum Bundesdatenschutzgesetz, 3. Aufl. 1981, BDSG § 1 Rn. 20, 21. Zur Entwicklung des grundrechtlichen Datenschutz speziell im Bereich des Sicherheitsrechts vgl. ua *Zaremba,* Die Entwicklung polizeirelevanter datenschutzrechtlicher Bestimmungen, 2014, 37 ff. sowie allgemein *Petri* DuD 2010, 25 ff. Zu den Ursprüngen: *v. Lewinski,* Die Matrix des Datenschutzes, 2014, 3 ff.; *v. Lewinski* in Arndt ua, Freiheit – Sicherheit – Öffentlichkeit, 2008, 196 ff.
[73] Übereinkommen des Europarats v. 28.1.1981 über den Schutz natürlicher Personen bei der automatisierten Verarbeitung personenbezogener Daten, SEV Nr. 108.
[74] So dürften *Dammann/Simitis,* EG-Datenschutzrichtlinie, 1997, DSRL Art. 6 Anm. 3 zu verstehen sein, wenn sie den Maßstab von Treu und Glauben „als eine Art Auffangklausel" ansehen, die zusätzlich erwähnt werde, „um eine als unklar zu beanstandende Datenverarbeitung auch bei Fehlen einer einschlägigen Regelung als rechtswidrig qualifizieren zu können."
[75] So jedenfalls tendenziell *Frenzel* in Paal/Pauly DS-GVO Art. 5 Rn. 18.
[76] Grundlegend zu diesem engen Zusammenhang zwischen freiheitlicher Demokratie und Gewährleistung von Privatheit *Westin,* Privacy and Freedom, 1967, 25 ff. Angedeutet auch in BVerfGE 65, 1 = NJW 1984, 419.
[77] Vgl. etwa BVerfGE 80, 367 = NJW 1990, 563.
[78] Vgl. bereits BVerfGE 27, 344 = NJW 1970, 555.
[79] Zur sog. Sphärentheorie ausführlich BVerfGE 90, 255 (260 f.) = NJW 1995, 1015. Vgl. auch *Kunig/Kämmerer* in v. Münch/Kunig GG Art. 2 Rn. 58 ff. mwN.

21 Unter den Bedingungen der modernen Datenverarbeitung beschränkt das Persönlichkeitsrecht sich allerdings nicht nur auf Missbrauchsprävention und den Schutz der Privatsphäre. In seiner Ausprägung als Recht auf **informationelle Selbstbestimmung** gewährleistet es auch das Recht des Einzelnen, grundsätzlich selbst über die Preisgabe und die Verwendung seiner persönlichen Daten zu bestimmen.[80] Ein Kernelement dieses Rechts ist der **Grundsatz der Zweckbindung,** wonach personenbezogene Daten nicht zu beliebigen Zwecken verarbeitet werden können. Vielmehr hängen die Nutzbarkeit und Verwendungsmöglichkeiten maßgeblich davon ab, ob sie zur Erfüllung eines legitimen Verarbeitungszwecks erforderlich sind. Diese legitimen Verarbeitungszwecke hat der Gesetzgeber normenklar und bestimmt festzulegen und für eine verhältnismäßige Ausgestaltung der Verarbeitungsbedingungen zu sorgen.[81] Das Recht auf informationelle Selbstbestimmung hat die zweite Generation der allgemeinen Datenschutzgesetze maßgeblich geprägt und führte erstmals auch zu bereichsspezifischen Datenschutzregeln etwa im BKAG, BVerfSchG, MADG und BNDG.[82] Sie enthalten unter anderem Vorschriften zur **Berichtigung, Verarbeitungseinschränkung und Löschung von personenbezogenen Daten,** vgl. zB §§ 12, 13 BVerfSchG.[83] Zugleich folgt aus dem Grundsatz der Zweckbindung, dass ein Datenaustausch zwischen Sicherheitsbehörden mit deutlich verschiedenen Aufgaben und Befugnissen ein erhöhtes Eingriffsgewicht hat.[84] Aus den Grundrechten ergibt sich deshalb ein **informationelles Trennungsprinzip,** wonach der Austausch von Daten der Polizeibehörden und Nachrichtendiensten nur ausnahmsweise zugelassen werden kann.[85] Auf der Vollzugsebene sollen **Errichtungsanordnungen**[86] bzw. **Dateianordnungen** als Verwaltungsvorschriften[87] unter anderem dafür sorgen, dass der Verantwortliche vor Beginn einer beabsichtigten Verarbeitung personenbezogener Daten den zulässigen Verarbeitungszweck festlegt, vgl. zB § 14 BVerfSchG.

22 Aufgrund der jüngeren Entwicklung der Informationstechnik sind informationstechnische Systeme allgegenwärtig. Ihre permanente Nutzung ist normaler Bestandteil der Lebensführung vieler Bürgerinnen und Bürger. Damit allerdings gehen auch neuartige Gefährdungen der Persönlichkeit einher. Vor diesem Hintergrund hat das BVerfG angesichts der Entwicklungsoffenheit des allgemeinen Persönlichkeitsrechts auch ein **Recht auf Gewährleistung der Vertraulichkeit und Integrität informationstechnischer Systeme** begründet.[88] In seiner Abwehrfunktion schützt dieses Recht insbesondere vor dem

---

[80] Vgl. zB BVerfGE 65, 1 (Ls. 1), 41 ff. = NJW 1984, 419, BVerfGE 141, 274 (312) mwN.
[81] BVerfGE 65, 1, 45 ff. = NJW 1984, 419. Umfassend zu den Anforderungen an die Zweckänderung zu repressiven oder präventiven Sicherheitszwecken *Zaremba,* Die Entwicklungen polizeirelevanter datenschutzrechtlicher Bestimmungen, 2014, 462 ff.
[82] Vgl. Gesetz zur Fortentwicklung der Datenverarbeitung und des Datenschutzes v. 20.12.1990 (BGBl. 1990 I 2954).
[83] Dazu vgl. ua *Mallmann* in Schenke/Graulich/Ruthig BVerfSchG § 12, § 13.
[84] Vgl. BVerfGE 133, 277 (323) Rn. 112, 113 = NJW 2013, 1499.
[85] Vgl. BVerfGE 133, 277 (329) Rn. 123 = NJW 2013, 1499 sowie BVerfGE 156, 11 (50 ff.) Rn. 101 ff. = BeckRS 2020, 34607 mkritAnm von *Löffelmann* GSZ 2021, 33–36. Zur Problematik s. auch *Bergemann* in Lisken/Denninger PolR-HdB H Rn. 9 mwN.
[86] Vgl. etwa § 12 BKAG.
[87] Einzelheiten bei *Müller/Schwabenbauer* in Lisken/Denninger PolR-HdB G Rn. 1045 ff. sowie *Arzt* in Schenke/Graulich/Ruthig BPolG § 36 und ATDG § 12.
[88] Erstmals BVerfGE 120, 274 (302) = NJW 2008, 822; vgl. jüngst: BVerfG NJW 2021, 3033 Rn. 29. Das BVerfG begründet diese neue Schutzdimension des allgemeinen Persönlichkeitsrechts mit Schutzlücken, welche die benannten Persönlichkeitsrechte aus Art. 10 und Art. 13 GG sowie die Auslegung des Rechts auf informationelle Selbstbestimmung aus Art. 2 Abs. 1 GG, Art. 1 Abs. 1 GG ließen. Aus der umfangreichen Literatur zur neuen Grundrechtsdimension vgl. ua *Britz* DÖV 2008, 411 (mit pointierter Kritik zur Schutzlückentheorie auf S. 413); *Eifert* NVwZ 2008, 521; *Hauser,* Das IT-Grundrecht. Schnittfelder und Auswirkungen, 2015; *Heinemann,* Grundrechtlicher Schutz informationstechnischer Systeme, 2015; *Petri* DuD 2008, 443 ff.; *Lepsius* in Roggan, Online-Durchsuchungen, 2008, 21 (22); *Tanneberger,* Die Sicherheitsverfassung, 2014, 181 ff.; diverse in *Uerpmann-Wittzack,* Das neue Computergrundrecht, 2009. Das Urteil in *allen* Facetten leidenschaftlich verteidigend der ehemalige Berichterstatter *Hoffmann-Riem* JZ 2008, 1009 ff. sowie *Bäcker* in Rensen/Brink, Linien der Rechtsprechung des Bundesverfassungsgerichts,

technischen Zugriff auf gesamte IT-Systeme etwa durch Sicherheitsbehörden.[89] Hauptsächlich findet das relativ neu aus dem Persönlichkeitsrecht abgeleitete Grundrecht auf die sog. Online-Durchsuchung Anwendung und beeinflusst auch die Reichweite der sog. Quellen-TKÜ.[90] Das besondere Eingriffsgewicht solcher Maßnahmen liegt darin begründet, dass sich die Behörden als Dritte einen potenziell äußerst großen und aussagekräftigen Datenbestand verschaffen, ohne noch auf weitere Datenerhebungs- und Datenverarbeitungsmaßnahmen angewiesen zu sein.[91] Vor diesem Hintergrund gebieten die Grundrechte nicht nur, dass der Staat selbst die berechtigten Erwartungen an die Integrität und Vertraulichkeit derartiger Systeme achtet.[92] Den Staat trifft auch die Pflicht, dazu beizutragen, dass die Integrität und Vertraulichkeit informationstechnischer Systeme gegen Angriffe durch Dritte geschützt werden.[93]

Im Rahmen seiner **grundrechtlichen Schutzpflichten** muss der Gesetzgeber insbesondere regeln, wie eine Sicherheitsbehörde bei ihrer Entscheidung über ein Offenhalten unerkannter Sicherheitslücken den Zielkonflikt zwischen dem notwendigen Schutz vor Infiltration durch Dritte einerseits und der Ermöglichung von Quellen-Telekommunikationsüberwachungen andererseits aufzulösen hat.[94] 23

II. Datenschutzgrundsätze als Grundrechtskonkretisierung

1. Vorbemerkung

Das grundrechtlich gewährleistete Persönlichkeitsrecht wird im Zusammenhang mit der Verarbeitung personenbezogener Daten durch allgemeine und bereichsspezifische Vorschriften des Datenschutzrechts konkretisiert. Die Verarbeitung personenbezogener Daten durch die Polizei, durch Nachrichtendienste ebenso wie durch die Bundeswehr wird überwiegend bereichsspezifisch in besonderen Gesetzen geregelt. Mit § 85 BDSG nF befasst sich nur eine Vorschrift des BDSG eingehender mit der sicherheitsbezogenen Verarbeitung personenbezogener Daten außerhalb der DS-GVO und der JI-RL, die jedoch nach § 27 Nr. 1 BVerfSchG auf die Nachrichtendienste ausdrücklich keine Anwendung findet. Unabhängig hiervon ist das Datenschutzrecht geprägt von **zentralen Datenschutzgrundsätzen,** die in verschiedenen Rechtsakten des Europarats und der EU, aber auch im nationalen Recht verankert sind.[95] So entsprechen die Datenschutzgrundsätze in Art. 4 JI-Datenschutzrichtlinie (EU) 2016/680[96] inhaltlich weitgehend den Grundsätzen des Art. 5 DsÜK 1981 und der Aufgabe zur Datensicherung nach Art. 7 DsÜK 1981. 24

2. Verarbeitung nach Treu und Glauben

Danach hat eine datenkonforme Verarbeitung zuvörderst nach dem **Grundsatz von Treu und Glauben** zu erfolgen. Dieser Grundsatz ist bereits in Art. 5 lit. a Datenschutz-Über- 25

2009, 100 (118 ff.). Überblick zum gegenwärtigen Diskussionsstand ua bei *Schwabenbauer* in Lisken/Denninger PolR-HdB G S. 862 ff. Rn. 76–82.
[89] BVerfGE 120, 274 (306 und 313) = NJW 2008, 822.
[90] Zur Abgrenzung der Gewährleistungsbereiche von Telekommunikationsgeheimnis und IT-Grundrecht vgl. zB *Roggenkamp/Braun* K&R 2020, 658 (660 ff.).
[91] BVerfGE 120, 274 (313) = NJW 2008, 822.
[92] BVerfGE 120, 274 (306) = NJW 2008, 822.
[93] BVerfG NJW 2021, 3033 Rn. 33. Zuvor bereits ua *Dix* in Roggan, Online-Durchsuchungen, 2008, 71 (73 f.); *Hömig* JURA 2009, 207 (212 f.); *Petri* DuD 2008, 443 (446 f.); *Roßnagel/Schnabel* NJW 2008, 3534 (3535); *Schulz* DuD 2012, 395 (396); Heinemann, Grundrechtlicher Schutz informationstechnischer Systeme, 2015, 209 ff.; *Derin/Golla* NJW 2019, 1111 (1114 f.); *Poscher/Lasahn* in Hornung/Schallbruch IT-SicherheitsR § 7 Rn. 40 ff.
[94] BVerfG NJW 2021, 3033 Rn. 44 sowie zuvor bereits *Dietrich* GSZ 2021, 1 (5), der von einem „Sicherheitslückendilemma" spricht, das „kluger gesetzlicher Konfliktschlichtungsformeln" bedürfe. Zur Problematik von Begleitmaßnahmen vgl. *Derin/Golla* NJW 2019, 1111 (1114 f.).
[95] Vgl. auch *Roßnagel* ZD 2018, 339 ff.
[96] Einführend *Schwichtenberg* DuD 2016, 605.

einkommen des Europarats von 1981[97] aber auch im EU-Datenschutzrecht[98] und im nationalen Recht verankert.[99] Der Sache nach verlangt er, dass der Verantwortliche einer Verarbeitung die Belange der betroffenen Personen nicht unangemessen berücksichtigt.[100] Insofern ist der in der englischen Fassung verwendete Begriff der „Fairness" möglicherweise passender gewählt als der Begriff von Treu und Glauben in der deutschen Fassung,[101] weil er insbesondere einen Mindestschutz vor missbräuchlicher Verarbeitung gewährleisten soll.[102]

26 Zur Fairness zählt allerdings auch ein **Mindestmaß an Transparenz der sicherheitsbehördlichen Verarbeitung:** Entsprechend Erwägungsgrund 38 der mittlerweile überholten EG-Datenschutzrichtlinie 95/46/EG setzt „Datenverarbeitung nach Treu und Glauben … voraus, dass die betroffenen Personen in der Lage sind, das Vorhandensein einer Verarbeitung zu erfahren und ordnungsgemäß und umfassend über die Bedingungen der Erhebung informiert zu werden, wenn Daten bei ihnen erhoben werden." Dieser Teilaspekt kann im Allgemeinen durchaus als eine wesentliche Konkretisierung des Grundsatzes der Verarbeitung nach Treu und Glauben angesehen werden.[103] Zwar lässt sich beispielsweise aus Erwägungsgrund 26 der JI-Datenschutzrichtlinie der Rechtsgedanke entnehmen, dass der Grundsatz der Verarbeitung nach Treu und Glauben einer gesetzlich geregelten heimlichen Überwachungsmaßnahme nicht entgegensteht. Dennoch ist ein Mindestmaß an Transparenz sicherheitsbehördlicher Verarbeitungen Ausdruck freiheitlich-demokratischer Gesellschaftssysteme. Sicherlich war es kein Zufall, dass das Bundesverfassungsgericht gerade im engen zeitlichen Umfeld des Inkrafttretens der DS-GVO und der JI-RL ausdrücklich auf die Frage eingegangen ist, welche Anforderungen der Verhältnismäßigkeitsgrundsatz unter anderem an die Transparenz von Überwachungsmaßnahmen stellt.[104] Vor diesem Hintergrund sind nicht nur die Polizeibehörden entsprechend den Regeln der Strafprozessordnung bzw. der Polizeigesetze,[105] sondern in bestimmten Fallkonstellationen auch die deutschen Nachrichtendienste zur Benachrichtigung bzw. zur Auskunft gegenüber den betroffenen Personen verpflichtet, vgl. zB § 12 G 10, § 15 BVerfSchG. In neuerer Zeit wird die Frage der Transparenz polizeilicher Datenverarbeitung beispielsweise beim Einsatz von Flugdrohnen diskutiert.[106] Wenn er als offene Maßnahme konzipiert ist, hat die Polizei zuverlässig dafür zu sorgen, dass die betroffenen Personen die **Videoüberwachung durch Drohnen** als polizeiliche Maßnahmen erkennen können.[107] Gelingt ihr das nicht, ist die Maßnahme insgesamt rechtswidrig.[108]

---

[97] Übereinkommen des Europarats v. 28.1.1981 über den Schutz natürlicher Personen bei der automatisierten Verarbeitung personenbezogener Daten, SEV Nr. 108.
[98] Vgl. zB Art. 5 Abs. 1 lit. a DS-GVO, Art. 4 Abs. 1 lit a JI-RL.
[99] S. auch *Roßnagel* ZD 2018, 339 (340).
[100] So dürften *Dammann/Simitis*, EG-Datenschutzrichtlinie, 1997, DSRL Art. 6 Anm. 3 zu verstehen sein, wenn sie den Maßstab von Treu und Glauben „als eine Art Auffangklausel" ansehen, die zusätzlich erwähnt werde, „um eine als unklar beanstandete Datenverarbeitung auch bei Fehlen einer einschlägigen Regelung als rechtswidrig qualifizieren zu können."
[101] So jedenfalls tendenziell *Frenzel* in Paal/Pauly DSGVO Art. 5 Rn. 18.
[102] *Roßnagel* ZD 2018, 339 (340) mwN.
[103] Zur Konkretisierung des Grundrechts auf Datenschutz durch die Bestimmungen der DSRL vgl. Erläuterungen zur Charta der Grundrechte, ABl. EU 2007 C 303/20, zu Art. 8 GRCh.
[104] Vgl. BVerfGE 141, 220 (282) Rn. 134, 135 = NJW 2016, 1781.
[105] Zu deren grundrechtlicher Fundierung zB *Brodowski*, Verdeckte technische Überwachungsmaßnahmen im Polizei- und Strafverfahrensrecht, 2016, 534 ff.; *Schwabenbauer* Grundrechtseingriffe 385 ff. sowie *Tanneberger*, Die Sicherheitsverfassung, 2014, 407, der in ihnen eine verfahrensrechtliche Kompensation zum heimlichkeitsbedingten Rechtsschutzdefizit sieht.
[106] Vgl. VG Sigmaringen ZD 2021, 333 mAnm *Krumm* ZD 2021, 335 sowie bereits *Zöller/Ihwas* NVwZ 2014, 408.
[107] Maßgeblich ist dabei das objektive Verhältnis zum Betroffenen, vgl. bereits *Zöller/Ihwas* NVwZ 2014, 408 (412): Eine polizeiliche Videoüberwachung durch Drohnen ist verdeckt, wenn sie vom Betroffenen nicht erkennbar ist.
[108] Vgl. VG Sigmaringen ZD 2021, 333 (335) Rn. 70.

3. Rechtmäßige Verarbeitung

Nach dem **Grundsatz der rechtmäßigen Verarbeitung** ist eine Verarbeitung personenbezogener Daten nur erlaubt, wenn sie auf eine Rechtsgrundlage gestützt werden kann (datenschutzrechtliches Verbot mit Erlaubnisvorbehalt).[109] Eine solche Rechtsgrundlage kann in der Einwilligung der betroffenen Person (s. allerdings → Rn. 34) oder aber in einer „gesetzlich geregelten legitimen Grundlage" bestehen, welche die Verarbeitung gestattet. Nach heutigem datenschutzrechtlichem Verständnis umfasst der Begriff der Verarbeitung auch die Beschaffung von Daten (Datenerhebung),[110] während Art. 5 lit. a DsÜK 1981 noch erkennbar zwischen Datenerhebung und Verarbeitung unterscheidet. Diese Entwicklung in der datenschutzrechtlichen Terminologie bildet letztlich die grundrechtliche Klassifizierung der heimlichen Datengewinnung als Eingriff[111] ab. Im Ergebnis konkretisiert der datenschutzrechtliche Grundsatz der rechtmäßigen Verarbeitung den Grundsatz des Gesetzesvorbehalts aus Art. 1 Abs. 3 GG, wonach letztlich jeder Grundrechtseingriff einer (gesetzlichen) Befugnis bedarf.[112]

Die Vielzahl spezialgesetzlicher Verarbeitungsbefugnisse ist in Umstand begründet, dass für eingriffsintensive Überwachungsmaßnahmen besondere verfassungsrechtliche Anforderungen an **Normbestimmtheit und Normenklarheit** zu beachten sind.[113] Ganz allgemein bedürfen sicherheitsbehördliche Eingriffe in informationelle Grundrechte einer gesetzlichen Grundlage, welche die Datenverwendung auf spezifische Zwecke hinreichend begrenzt und auch im Übrigen den Grundsatz der Verhältnismäßigkeit wahrt.[114] Gesteigerte Anforderungen der Normbestimmtheit und Normenklarheit an die gesetzliche Ausgestaltung stellt die Rechtsprechung insbesondere an heimliche Überwachungsmaßnahmen und die Weiterverarbeitung der durch sie gewonnenen personenbezogenen Daten. Sie dient der Vorhersehbarkeit von Eingriffen für die Bürgerinnen und Bürger, einer wirksamen Begrenzung der Befugnisse gegenüber der Verwaltung und effektiven Rechtsschutzmöglichkeiten.[115] Die Bestimmtheit einer gesetzlichen Befugnis soll den vollziehenden Staatsorganen steuernde und begrenzende Handlungsmaßstäbe vorgeben; zugleich soll sie Gerichten eine wirksame Rechtskontrolle ermöglichen. Dem Bestimmtheitserfordernis ist genügt, wenn die Auslegungsprobleme mit herkömmlichen juristischen Methoden bewältigt werden können.[116] Demgegenüber zielt die Normenklarheit auf eine inhaltliche Ver-

---

[109] Vgl. in Bezug auf die JI-RL *Schwichtenberg* DuD 2016, 605 (606 f.).
[110] Vgl. etwa Art. 4 Nr. 2 DS-GVO, Art. 3 Nr. 2 JI-RL, § 46 Nr. 2 BDSG sowie Europarat, Änderungsprotokoll zum DsÜK 108 v. 10.10.2018 (CETS No. 223), Art. 3 Ziffer 1. Zum Eingriffscharakter der Datenerhebung nach der Rspr. vgl. *Tanneberger*, Die Sicherheitsverfassung, 2014, 226 mwN.
[111] Speziell zur Problematik des Eingriffsbegriffs vgl. *Tanneberger*, Die Sicherheitsverfassung, 2014, 224 ff.; für den nachrichtendienstlichen Bereich *v. Bernstorff/Asche* in Dietrich/Eiffler NachrichtendiensteR-HdB II § 1 Rn. 9 ff.
[112] Statt vieler *Brodowski*, Verdeckte technische Überwachungsmaßnahmen im Polizei- und Strafverfahrensrecht, 2016, 494 ff. sowie für den nachrichtendienstlichen Bereich vgl. *v. Bernstorff/Asche* in Dietrich/Eiffler NachrichtendiensteR-HdB II § 1 Rn. 21 ff. Zur sog. Wesentlichkeitslehre des Bundesverfassungsgerichts, wonach der Gesetzgeber im Bereich der Grundrechtsausübung alle wesentlichen Entscheidungen selbst zu treffen hat, vgl. ua *Lepsius* in Herdegen/Masing/Poscher/Gärditz, Handbuch des Verfassungsrechts, 2021, § 12 Rn. 55 ff. sowie auch rechtsvergleichend bereits *Kokott* in Merten/Papier, Handbuch der Grundrechte in Deutschland und Europa, 2. Aufl. 2014, § 22 Rn. 18 ff.
[113] Ein grundsätzliches Plädoyer für die Aufwertung von datenschutzrechtlichen Generalklauseln halten *Marsch/Rademacher* Die Verwaltung 2021, 1 ff. Zur allgemeinen verfassungsrechtlichen Dogmatik der Grundsätze vgl. ua *Lepsius* in Herdegen/Masing/Poscher/Gärditz, Handbuch des Verfassungsrechts, 2021, § 12 Rn. 69 ff.
[114] Grundlegend BVerfGE 65, 1 (44) = NJW 1984, 419.
[115] StRspr, vgl. jüngst BVerfGE 156, 11 (44 f.) Rn. 85 = BeckRS 2020, 34607, BVerfGE 155, 119 (176 f.) Rn. 123 = NJW 2020, 2699; BVerfGE 141, 220 (265) Rn. 94 = NJW 2016, 1781 mwN; ähnlich EuGH NJW 2015, 3151 (3157) Rn. 91: Geboten seien „klare und präzise Regeln für die Tragweite und die Anwendung einer Maßnahme"; vgl. auch EGMR Urt. v. 4.12.2008 – Nr. 30562/04 Rn. 99.
[116] Vgl. BVerfGE 156, 11 (45) Rn. 86 = BeckRS 2020, 34607. Zur Abgrenzung zwischen Normbestimmtheit und Normenklarheit vgl. bereits *Denninger/Petri* in Bäumler, Polizei und Datenschutz, 1999, 13 ff.

ständlichkeit der Regelung ab. In sich widersprüchliche Regelungen oder lange und intransparente Normenketten werfen Bedenken hinsichtlich der Normenklarheit auf.[117]

29 Die Entwicklung der Dogmatik zur **Steuerungsfunktion gesetzlicher Verarbeitungsbefugnisse** im Sicherheitsrecht lässt sich unter anderem am **Beispiel der polizeilichen Videoüberwachung** veranschaulichen: Bis Anfang der 1990er Jahre war es umstritten, ob und inwiefern die Videoüberwachung einer eigenständigen polizeigesetzlichen bzw. strafverfahrensrechtlichen Regelung bedürfe.[118] So hatte zwar unter anderem der Bayerische Verfassungsgerichtshof bereits 1985 in Bezug auf das Führen von Kriminalakten sinngemäß festgestellt, dass die polizeirechtliche Generalklausel eine Verarbeitung personenbezogener Daten regelmäßig nicht mehr abdecken könne.[119] Gleichwohl erwog das Bundesverwaltungsgericht noch ernsthaft, ob die Aufgabenzuweisung in Polizei- und Verfassungsschutzgesetzen eine hinreichende gesetzliche Grundlage für die sicherheitsbehördliche Datensammlung und -verwendung darstellt.[120] Erst nach einer Entscheidung des BGH zur längerfristigen Videoüberwachung einer Haustür im Jahr 1991[121] setzte sich – auch vor dem Hintergrund der einsetzenden Sicherheitsgesetzgebung[122] – die Erkenntnis durch, dass die hoheitliche Videoüberwachung öffentlicher Plätze bereichsspezifischer Regelungen bedarf.[123] Gegenwärtig befasst sich die Dogmatik mit dem Umstand, dass die herkömmlichen Befugnisse zum Einsatz technischer Mittel zur offenen Anfertigung von Bildaufnahmen regelmäßig nur eine orts- oder objektgebunden Beobachtung[124] ermöglichen oder zumindest an eine konkrete Gefahr anknüpfen.[125] Das hat Auswirkungen auf die Legitimation neuer polizeilicher Einsatzmittel: Weder **Drohnen**[126] noch **Bodycams**[127] werden ortsgebunden eingesetzt; zudem weisen sie aufgrund ihrer flexiblen Einsatzmöglichkeiten jeweils potenziell eingriffserhöhende[128] Besonderheiten auf. Speziell Drohnen zeichnen sich dadurch aus, dass sie den Polizeikräften auch Aufnahmen von unübersehbaren Bereichen ermöglichen. Aufgrund der Beobachtung aus der Luft ergibt sich eine erhebliche Streubreite der Überwachung, der sich die betroffenen Personen nur schwerlich entziehen können.[129] Angesichts der nicht unerheblichen Eingriffsintensität dürften für den Einsatz solcher mobilen Kameras neue polizeigesetzliche Regelungen geboten sein, welche die präventivpolizeilichen Überwachungsvoraussetzungen normenklar beschreiben.[130] Der

---

[117] Vgl. BVerfGE 156, 11 (45 f.) Rn. 87 ff. = BeckRS 2020, 34607.
[118] Vgl. pars pro toto *Pitschas/Aulehner* NJW 1989, 2353 ff.
[119] BayVerfGH NJW 1986, 915 ff.
[120] BVerwG NJW 1990, 2761; 1990, 2765.
[121] Der BGH (NJW 1991, 2651) stellte seinerzeit sinngemäß fest, dass die polizeiliche Videoüberwachung im Lichte der Volkszählungsentscheidung BVerfGE 65, 1 = NJW 1984, 419 eine spezialgesetzliche Regelung in den Polizeigesetzen erfordere. Bis zu dieser Entscheidung habe zwar der allgemeinen Rechtsüberzeugung entsprochen, dass (gemeint: auch technikgestützte) Observationen durch den allgemeinen Gefahrenverhütungs- und Ermittlungsauftrag der Polizei und Staatsanwaltschaft gedeckt sein. Deshalb sei dem Gesetzgeber und den vollziehenden Behörden ein gewisser Übergangszeitraum zuzubilligen gewesen, der nun aber abgelaufen sei.
[122] Beispielsweise fügte der Bayerische Gesetzgeber mit G. v. 24.8.1990 (GVBl 1990, 329) die Art. 28c und Art. 28d in das BayPAG ein.
[123] Dies wurde erstmals durch einen Kammerbeschluss des Bundesverfassungsgerichts inhaltlich bestätigt, vgl. BVerfG NVwZ 2007, 688.
[124] Dazu – noch – aussagekräftig *Knell* NVwZ 2020, 688; *Müller-ter Jung/Rexin* CR 2019, 643 (646) Rn. 28.
[125] Anders Art. 33 Abs. 1 Nr. 1 PAG, der auch Videoüberwachung bei Vorliegen einer drohenden Gefahr für besonders schutzwürdige Rechtsgüter erlaubt.
[126] Vgl. etwa Art. 47 BayPAG.
[127] Mittlerweile verfügen die meisten Polizeigesetze der Länder über spezifische Befugnisnormen zum Einsatz der Bodycam, vgl. zB § 44 Abs. 5 BWPolG; Art. 33 Abs. 4 BayPAG; § 14 Abs. 6 HSOG. Auf Bundesebene vgl. § 27a BPolG.
[128] Hinsichtlich der Eingriffsintensität der Bodycam im öffentlichen Verkehrsraum besteht keine Einigkeit, vgl. etwa *Ruthig* GSZ 2018, 12 (14), *Petri* ZD 2018, 453 (458).
[129] Vgl. zB VG Sigmaringen ZD 2021, 333 f.
[130] Wohl hM. Ähnlich zB *Knell* NVwZ 2020, 688 (689); *Krumm* ZD 2021, 335 f.; *Müller-ter Jung/Rexin* CR 2019, 643 (647 f.) Rn. 34 mwN. Als erstes Bundesland hat der Bayerische Gesetzgeber bereits im Jahr 2018 eine neue Befugnis zum Einsatz von Drohnen verabschiedet, vgl. Art. 47 BayPAG.

Einsatz von körpernah getragenen Kameras (Bodycams) wirft insbesondere hinsichtlich der sogenannten Prerecording-Funktion (Vor-Aufnahme)[131] und hinsichtlich des Einsatzes in Wohnungen verfassungsrechtliche Fragen auf. Zwar ist der Einsatz von Body-Cams grundsätzlich eine offene Maßnahme, er greift gleichwohl in das Grundrecht auf Unverletzlichkeit der Wohnung ein. Anders als polizeiseitig häufig vertreten wird, unterfällt der Einsatz von Bodycams in Wohnungen nicht Art. 13 Abs. 7 GG.[132] Denn diese „Begleitmaßnahme" erschöpft sich nicht in einer Betretung und Besichtigung der Wohnung, sondern ermöglicht bereits in zeitlicher Hinsicht eine weitergehende Erfassung des geschützten Wohnraums. Zudem setzt der Schutzbereich des Art. 13 Abs. 1 GG seinem Wortlaut und auch seiner Zielsetzung nach keine heimliche Überwachung voraus,[133] sodass die Maßnahme nach Art. 13 Abs. 4 bzw. Abs. 5 GG zu beurteilen ist.[134] Zudem verfügen Bodycams regelmäßig über die technische Möglichkeit des Tonmittschnitts, etwa um verbale Entgleisungen der betroffenen Personen zu dokumentieren.[135] Für den Bereich der Strafverfolgung gestattet § 100h Abs. 1 StPO als technikneutrale Regelung den Einsatz technischer Observationsmittel außerhalb von Wohnungen auch mobile technische Überwachungsinstrumente.[136]

4. Zweckbindung

Weitere Voraussetzungen für eine grundrechtskonforme Verarbeitung personenbezogener 30 Daten ist eine Verarbeitung zu festgelegten Zwecken (**Grundsatz der Zweckbindung**). Zur Gewährleistung der Zweckbindung gibt es im Datenschutzrecht unterschiedliche Regelungsmodelle. Im Allgemeinen bedeutet Zweckbindung, dass personenbezogene Daten nur für festgelegte, eindeutige und legitime Zwecke erhoben werden dürfen. Eine weitere Verarbeitung darf nicht mit diesen legitimen Zwecken unvereinbar sein, vgl. Art. 5 lit. b DsÜK 1981, § 47 Nr. 2 BDSG. Die Vereinbarkeit mit ursprünglichen Erhebungszwecken kann im Allgemeinen durch die Einwilligung der betroffenen Person sichergestellt oder im Rahmen einer Vereinbarkeitsprüfung festgestellt werden, vgl. Art. 6 Abs. 4 DS-GVO. Anderes gilt für die Verarbeitung zur Erfüllung von Aufgaben, die wie die nachrichtendienstliche Informationssammlung oder die Datenerhebung zu polizeilichen Zwecken im öffentlichen Interesse liegen. Insoweit wird die Vereinbarkeit mit dem Erhebungszweck durch eine gesetzliche Befugnis hergestellt, die eine „in einer demokratischen Gesellschaft notwendige und verhältnismäßige Maßnahme zum Schutz" bestimmter legitimer Ziele darstellen muss, vgl. insoweit übertragbar Art. 9 Abs. 1 JI-RL. Dieses Regelungsmodell entspricht den verfassungsrechtlichen Vorgaben, die bereits das BVerfG in seinem Volkszählungsurteil von 1983 aus dem Persönlichkeitsrecht abgeleitet hat. Danach ist eine Weiterverarbeitung zu anderen Zwecken als dem ursprünglichen Erhebungszweck zwar möglich, bedarf aber einer neuen Rechtfertigung und damit regelmäßig auch einer neuen gesetzlichen Grundlage.[137] Eine solche Weiterverwendung von Daten zu anderen Zwecken als denen der ursprünglichen Datenerhebung folgt dem **Grundsatz der hypo-**

---

[131] Bei Bodycams zeichnet die körpernah getragene Kamera in der Regel das Geschehen laufend auf, die Aufzeichnungen werden nach kurzer Zeitspanne fortlaufend überschrieben. Eine längerfristige Speicherung erfolgt, wenn die Polizeikraft mithilfe eines Buttons eine Aufzeichnungsfunktion aktiviert. In diesem Fall werden die kurzfristigen Aufzeichnungen vor dem Aktivierungszeitpunkt in die dauerhafte Speicherung einbezogen. Je nach Modell erfolgt damit eine Vorauszeichnung von bis zu drei Minuten. Zumindest eine solche Vorlaufzeit geht regelmäßig weit hinter den Beginn eines gefahrenträchtigen Ereignisses zurück und stellt dann eine Speicherung von Personenbildnissen auf Vorrat dar. Zur rechtlichen Situation in Bayern vgl. *Petri* ZD 2018, 453 (458).
[132] So aber *Zaremba* LKV 2021, 193 (196).
[133] Wie hier zB *Ruthig* GSZ 2018, 12 (14).
[134] IErg ähnlich AG Reutlingen BeckRS 2021, 22374. Ausführlicher zur Problematik *Petri* ZD 2018, 453 (458 f.).
[135] Vgl. *Zaremba* LKV 2021, 193 (194).
[136] Ähnlich *Müller-ter Jung/Rexin* CR 2019, 643 (650) Rn. 56, 57.
[137] Vgl. bereits grundlegend BVerfGE 65, 1 (62 f.) = NJW 1984, 419.

thetischen Datenneuerhebung.[138] Danach muss die neue Verarbeitung dem Schutz von Rechtsgütern eines solchen Gewichts dienen, die verfassungsrechtlich ihre Neuerhebung mit vergleichbar schwerwiegenden Mitteln rechtfertigen.[139] Strengere Maßstäbe gelten für Daten aus Wohnraumüberwachungen und Online-Durchsuchungen.[140] Gesteigerten Anforderungen der Verhältnismäßigkeit unterliegt auch das Zusammenführen von Erkenntnissen aus unterschiedlichen Informationsquellen (Data Mining), jedenfalls soweit die Quellen unterschiedlichen Erhebungszwecken dienen.[141]

31 In aller Regel mit Zweckänderungen verbunden sind **Datenübermittlungen**. Auch hier gilt der Grundsatz der hypothetischen Datenneuerhebung.[142] Für die Übermittlung muss der Gesetzgeber – nach dem Bild einer Doppeltür – sowohl eine Weitergabebefugnis für übermittelnde Behörde als auch eine Erhebungs- bzw. Empfangsbefugnis seitens der empfangenden Stelle schaffen. Nur wenn beide Befugnisse hinreichend klar und bestimmt den Zweck des Datenaustauschs und die Eingriffsvoraussetzungen regeln, ist eine Übermittlung statthaft.[143] Das **Doppeltürmodell** ist auch zu beachten, wenn eine Behörde von privaten Stellen personenbezogene Daten erhebt.[144] Entscheidend ist, dass es sich bei der Übermittlung solcher Daten aufgrund der behördlichen Anfrage um zwei eigenständige, wenn auch ineinander greifende Grundrechtseingriffe handelt. Beispielsweise müssen deshalb Erhebungsbefugnisse der Nachrichtendienste zu Telekommunikationsverkehrsdaten mit passenden Übermittlungsbefugnissen der Diensteanbieter im Telekommunikationsrecht korrespondieren.[145] Bei der Übermittlung personenbezogener Daten durch Nachrichtendienste ist weiterhin zu bedenken, dass die nachrichtendienstliche Datenerhebung nicht an objektivierten Eingriffsschwellen gebunden ist, sondern im Wesentlichen final angeleitet wird. Das setzt in verfassungsrechtlicher Hinsicht voraus, dass gehaltvolle Eingriffsschwellen wenigstens für die Übermittlung der aus der Datenerhebung gezogenen Erkenntnisse gelten müssen, sofern der Adressat objektivierten Datenerhebungsregeln zu folgen hat.[146] So wird in Bezug auf § 20 BVerfSchG mit guten Gründen bezweifelt, ob sie dem Grundsatz der hypothetischen Datenneuerhebung bereits gerecht wird.[147] Zu beachten ist weiterhin, dass nicht nur Polizeibehörden, sondern auch Nachrichtendienste bei der **Übermittlung von Daten an staatliche Stellen im Ausland** sich darüber vergewissern müssen, dass im Empfängerstaat ein hinreichend rechtsstaatlicher Umgang mit den Daten zu erwarten ist.[148]

---

[138] Vgl. *Müller/Schwabenbauer* in Lisken/Denninger PolR-HdB G Rn. 822, 827 sowie in Bezug auf die Zusammenarbeit zwischen Nachrichtendiensten und Polizei *Bergemann* in Lisken/Denninger PolR-HdB H Rn. 14, 128 jeweils mwN.
[139] StRspr vgl. BVerfGE 154, 152 (266) Rn. 212 = NJW 2020, 2235; BVerfGE 141, 220 (221) (Ls.) sowie S. 326 ff., Rn. 284 ff. = NJW 2016, 1781; BVerfGE 100, 313 (389 f.) = NJW 2000, 55; BVerfGE 109, 279 (377) = NJW 2004, 999; BVerfGE 110, 33 (73) = NJW 2004, 2213; BVerfGE 120, 351 (369) = NJW 2008, 2099; BVerfGE 130, 1 (34) = NJW 2012, 907. Krit. dazu ua *Löffelmann* GSZ 2019, 16 ff.
[140] Vgl. BVerfGE 141, 220 (221) (Ls.) sowie S. 329 Rn. 291 mwN.
[141] So BVerfGE 156, 11 (55 ff.) Rn. 115 ff. = BeckRS 2020, 34607 in Bezug auf die Zusammenführung nachrichtendienstlicher und polizeilicher Informationen in der Antiterrordatei nach § 6a ATDG.
[142] So zB BVerfGE 156, 11 (49) Rn. 97 = BeckRS 2020, 34607; BVerfGE 141, 220 (327 f.) Rn. 287 = NJW 2016, 1781.
[143] Vgl. BVerfGE 155, 119 (142 f.) Rn. 17 ff.; S. 209 Rn. 198 ff. mit Besprechung zB von *Graulich* NVwZ-Beilage 2020, 47 und *Petri* ZD 2020, 588 ff.; BVerfGE 141, 220 (333 f.) Rn. 305 = NJW 2016, 1781; BVerfGE 100, 313, 360, 391 = NJW 2000, 55. Vgl. auch *Schwabenbauer* in Lisken/Denninger PolR-HdB G Rn. 232 ff.
[144] Vgl. BVerwG BeckRS 2021, 12619 Rn. 11.
[145] Insoweit übertragbar BVerwG BeckRS 2021, 12619 Rn. 12 ff.
[146] Vgl. BVerfGE 154, 152 (267 f.) Rn. 218 f. = NJW 2020, 2235.
[147] Bergemann in Lisken/Denninger PolR-HdB H Rn. 131, 134.
[148] Vgl. BVerfGE 154, 152 (273 ff.) Rn. 234 ff. = NJW 2020, 2235; BVerfGE 141, 220 (344 ff.) Rn. 333 ff. = NJW 2016, 1781.
Vgl. hierzu ua *Graulich* NVwZ-Beil. 2020, 47 ff.

5. Datenschutzrechtlicher Grundsatz der Erforderlichkeit

Die personenbezogene Datenverarbeitung muss für den jeweiligen Zweck erforderlich sein, 32
vgl. Art. 5 lit. c und e DsÜK 1981, § 47 Nr. 3 und 5 BDSG. Das **datenschutzrechtliche Erforderlichkeitsprinzip** gilt sowohl für den Umfang der gesammelten und weiterverarbeiteten Daten als auch in zeitlicher Hinsicht („Datenminimierung" und „Speicherbegrenzung"). Hinsichtlich des Umfangs besagt der Erforderlichkeitsgrundsatz, dass die Sammlung personenbezogener Daten für Sicherheitszwecke auf solche Daten beschränkt werden soll, die für die Abwehr von konkreten Gefahren oder die Verfolgung einer spezifischen Straftat erforderlich ist. Ausnahmen sind zwar denkbar, bedürfen aber einer gesteigerten Legitimation.[149] In Umsetzung des Grundsatzes der Speicherbegrenzung sieht beispielsweise § 10 Abs. 3 BVerfSchG vor, dass das Bundesamt für Verfassungsschutz die Speicherungsdauer auf das für seine Aufgabenerfüllung erforderliche Maß zu beschränken hat. Das datenschutzrechtliche Prinzip der Erforderlichkeit ähnelt dem europarechtlichen Verständnis von Erforderlichkeit oder dem deutschen **Verhältnismäßigkeitsgrundsatz**.[150] Im Anwendungsbereich des EU-Recht hat dies der EuGH wiederholt klargestellt,[151] dürfte aber ungeachtet unterschiedlicher Terminologie auch weitgehend der Rechtsprechung des EGMR entsprechen.[152] Die massenhafte Erhebung und Weiterverarbeitung personenbezogener Daten ohne konkreten Anlass – wie sie etwa im Rahmen der Vorratsspeicherung von Telekommunikationsverkehrsdaten erfolgt – stehen stets in einem erheblichen Spannungsverhältnis zum Grundsatz der Erforderlichkeit (→ § 22 Rn. 25 ff. zur **Vorratsdatenspeicherung**).

Um dem Erforderlichkeitsprinzip und den sicherheitsbehördlichen Bedürfnissen nach 33
praktischer Handhabbarkeit gleichermaßen Rechnung zu tragen, sind bei der Errichtung einer Datei zB nach § 14 Abs. 1 BVerfSchG, § 34 BKAG oder § 12 ATDG nicht nur die Speichervoraussetzungen zu regeln, sondern auch **„Überprüfungsfristen"** und die „Speicherungsdauer" festzulegen. Speicherprüffristen entlasten die Dienste von einer laufenden Erforderlichkeitsprüfung, wie sie in anderen Verwaltungszweigen nicht unüblich ist. In der Dateianordnung werden dabei feste Zeiträume festgelegt, nach deren Ablauf die Notwendigkeit der weiteren Speicherung und evtl. auch ein etwaiger Änderungsbedarf der Daten überprüft werden. Stellt der Nachrichtendienst allerdings bei anderer Angelegenheit die fehlende Erforderlichkeit fest, ist er unabhängig von der festgelegten Frist zur Löschung verpflichtet. Das gilt etwa, wenn sich eine betroffene Person erfolgreich gegen ihre Beobachtung gewehrt hat.[153]

6. Grundsatz der Richtigkeit

Besonderen Wert legt das DsÜK 1981 auf eine korrekte Verarbeitung personenbezogener 34
Daten, vgl. Art. 5 lit. d und Art. 8 lit. c des Übereinkommens (zum **Grundsatz der „Richtigkeit"** siehe auch § 47 Nr. 4 BDSG). Bei den Nachrichtendiensten erfasste personenbezogene Daten haben für die Betroffenen ein hohes Risikopotenzial auch im Hinblick auf den etwaigen Fall der Datenweitergabe an andere Behörden. Schon deshalb müssen personenbezogene Daten sachlich richtig und wenn nötig auf den neuesten Stand sein – und auch gehalten werden. Letztlich verpflichtet das Richtigkeitsprinzip den Verantwortlichen auf eine Qualitätssicherung hinsichtlich der von ihm verarbeiteten personenbezogenen Daten.[154]

---

[149] So bereits *Europarat* Empfehlung des Ministerkomitees R (87) 15 Grundsatz 2.1.
[150] S. dazu statt vieler *Hauck*, Heimliche Strafverfolgung und Schutz der Privatheit, 2014, 157 ff. auch mit rechtsvergleichender Perspektive.
[151] Insoweit übertragbar bereits EuGH NVwZ 2009, 379 (380) Rn. 46 in Bezug auf das Ausländerzentralregister.
[152] S. etwa die Rechtsprechungsnachweise bei *v. Bernstorff/Asche* in Dietrich/Eiffler NachrichtendiensteR-HdB II § 1 Rn. 29 ff.
[153] Vgl. zB BVerwG NJW 2021, 2818.
[154] Insoweit auf Sicherheitsbehörden übertragbar die Ausführungen von *Riekenbrauk* ZJJ 2020, 50.

7. Unterscheidung nach Personenkategorien

35 Nach den Polizeigesetzen hängt die Reichweite der Verarbeitungsbefugnisse unter anderem davon ab, in welcher Rolle die Person polizeilich erfasst werden soll.[155] Art. 6 JI-RL verpflichtet die Mitgliedstaaten dazu, in ihrem nationalen Recht zur Straftatenbekämpfung **Unterscheidungen nach Personenkategorien** in mindestens vier Kategorien (Verdächtige einer begangenen oder künftigen Straftat, verurteilte Straftäter, Opfer oder mögliche Opfer sowie sonstige Personen wie Zeugen oder Kontaktpersonen) vorzusehen. Die Unterscheidung zwischen Personen, die einen zurechenbaren Anlass für eine polizeiliche Erfassung gegeben haben und sonstigen Personen, war dem deutschen Polizeirecht bereits vor Geltungsbeginn der JI-RL geläufig.[156] Sie folgt letztlich aus dem Umstand, dass die Eingriffsintensität einer Datenerfassung unter anderem von der Frage abhängt, ob die betroffene Person selbst Anlass für eine Überwachung gegeben hat oder nicht.[157] Dementsprechend muss die Polizei ihre jeweilige Einstufung der Person auf eine hinreichend konkrete Tatsachenbasis stützen können.[158] Vor diesem rechtlichen Hintergrund ist es befremdlich und rechtsstaatlich bedenklich, dass die Unterscheidung nach Betroffenenkategorien im Recht und wohl auch weitgehend in der Vollzugspraxis einiger Nachrichtendienste offenbar kaum berücksichtigt wird.[159]

8. Gesteigerter Schutz sensibler personenbezogener Daten

36 Nach der Wertung des Art. 6 DsÜK 1981 gibt es personenbezogene Daten, die ihrem Wesen nach so sensibel sind, dass allein mit ihrer Verarbeitung typischerweise besondere Risiken für die Grundrechte der betroffenen Personen entstehen. Dementsprechend verlangt Art. 6 DsÜK 1981 für personenbezogene Daten, welche die rassische Herkunft, politische Anschauung oder religiöse oder andere Überzeugungen erkennen lassen ebenso einen besonderen Schutz wie für personenbezogene Daten, welche die Gesundheit oder das Sexualleben betreffen. Entsprechendes gilt für personenbezogene Angaben über Strafurteile (**geeigneter Schutz besonderer Kategorien personenbezogener Daten**). Das EU-Recht hat den rechtlichen Schutz auf weitere Datenkategorien[160] erweitert, vgl. Art. 10 Abs. 1 JI-RL, § 48 Abs. 1 BDSG. Typische Beispiele für Maßnahmen, in denen standardmäßig sensible Daten verarbeitet werden, sind die Sammlung und Auswertung genetischer Daten (zB die Erstellung eines DNA-Identifizierungsmusters nach § 81e Abs. 1 StPO, die molekulargenetische Untersuchung von Spurenmaterial nach § 81e Abs. 2 StPO, die DNA-Reihenuntersuchung nach § 81h StPO)[161] und die gezielte Erfassung biometrischer Merkmale durch ED-Behandlung zB nach § 81b StPO oder auch durch intelligente Videotechnik.[162] Was die sicherheitsbehördliche Erfassung von sensiblen Überzeugungen anbelangt, legen insbesondere die Kommunikationsgrundrechte sowie einfachgesetzlich das Versammlungsrecht und das Vereinsrecht spezifische Rahmenbedingungen fest. So be-

---

[155] S. zB Art. 30 Abs. 4 BayPAG, § 22 PolG NRW.
[156] Vgl. *Petri* in BeckOK PolR Bayern, 18. Ed. 1.3.2022, PAG Art. 30 Rn. 28.
[157] Grundlegend BVerfGE 113, 348 (375 ff.) = NJW 2005, 2603.
[158] Das gilt im Übrigen auch für Behörden, die entsprechende Erkenntnisse an die Polizei weiterleiten. Zum Beispiel der Einstufung als „Reichsbürger" im Rahmen der Erstellung eines Lagebildes zur sog. Reichsbürgerbewegung vgl. BayLfD, 28. Tätigkeitsbericht 2017/2018 Abschnitt 4.5.4.
[159] Ausführlich und zu Recht krit. *Bergemann* in Lisken/Denninger PolR-HdB H Rn. 54 ff.
[160] Ethnische Herkunft, Angaben über Gewerkschaftszugehörigkeit, genetische Daten und biometrische Daten zur eindeutigen Identifizierung einer natürlichen Person, Gesundheitsdaten sowie Daten zur sexuellen Orientierung.
[161] Vgl. *Mansdörfer* GSZ 2018, 45 (48 f.); speziell zur forensischen phänotypischen Auswertung von genetischem Spurenmaterial *Rath* GSZ 2018, 67 ff. Sie betrifft in mehrfacher Hinsicht sensible Daten: Es werden genetische Daten iSd Art. 3 Nr. 12 JI-RL zum Zwecke ausgewertet, Aussagen über das äußere Erscheinungsbild einer natürlichen Person zu treffen. Zumindest im Erfolgsfall liegt darin auch eine Verarbeitung biometrischer Daten zum Zwecke der Identifizierung iSd Art. 3 Nr. 13 JI-RL.
[162] S. *Petri* GSZ 2018, 144 ff. Zu Parallelen präventivpolizeilicher Videoüberwachungssysteme mit der automatisierten Kennzeichenerfassung aus verfassungsrechtlicher Sicht vgl. *Löffelmann* GSZ 2019, 77.

grenzt der gesteigerte Schutz sensibler Daten die Möglichkeiten von Sicherheitsbehörden, Einzelpersonen zu beobachten oder gar sich warnend über sie zu äußern.[163]

9. Integrität und Vertraulichkeit

Wie bereits aus dem Wortlaut des Art. 7 DsÜK 1981 hervorgeht, muss die zuständige Behörde eine angemessene Sicherheit der Verarbeitung gewährleisten, um die **Integrität und Vertraulichkeit** der personenbezogenen Daten zu sicherzustellen. Das bedingt, dass sie geeignete technische und organisatorische Maßnahmen zu treffen hat, dass Risiken eines unbeabsichtigten oder unbefugten Zugangs zu oder einer Vernichtung, eines Verlusts, der Verwendung, der Veränderung oder der Offenlegung von personenbezogenen Daten ausgeschlossen oder zumindest wirksam begrenzt werden.[164] Typische Schutzmaßnahmen werden – nicht abschließend – in § 48 Abs. 2 BDSG benannt. Im Zusammenhang mit den Maßnahmen zur Online-Durchsuchung und zur Quellen-TKÜ hat das Bundesverfassungsgericht festgestellt, dass aus dem **Grundrecht auf Gewährleistung der Integrität und Vertraulichkeit informationstechnischer Systeme** eine **Schutzpflicht des Staats** folgt. Wollen Sicherheitsbehörden noch nicht bekannte Schutzlücken ausnutzen, um Zielsysteme erfolgreich überwachen zu können, geraten sie danach in einen Zielkonflikt zwischen grundrechtlicher Schutzpflicht und sicherheitsrechtlichem Ermittlungsinteresse. Der Gesetzgeber ist von Verfassung wegen verpflichtet, diesen Zielkonflikt aufzulösen.[165]

37

10. Wahrung der Betroffenenrechte

Mit den Datenschutzgrundsätzen korrespondieren **Rechte der betroffenen Personen.** Regelmäßig können sie formlos wahrgenommen werden, dürften aber in der Vollzugspraxis zumeist nur Aussicht auf Erfolg haben, wenn sie mit einer nachvollziehbaren Begründung versehen werden. Die Rechte von Betroffenen können aufgrund gesetzlicher Bestimmungen **eingeschränkt oder im bestimmten Umfang auch ausgeschlossen** werden, vgl. Art. 9 DsÜK 1981, Art. 15 JI-RL sowie zB § 15 Abs. 2, Abs. 3 BVerfSchG. In aller Regel erfolgen derartige Beschränkungen, um die Erfüllung der wesentlichen sicherheitsbehördlichen Aufgaben nicht zu gefährden. Aus wohl ähnlichen Gründen sind bestimmte Arten von Betroffenenrechten etwa im Recht der Nachrichtendienste einfachgesetzlich nicht (oder noch nicht) vorgesehen. Das gilt etwa für das Recht der betroffenen Person auf Widerspruch[166] und ihr Recht, grundsätzlich nicht einer automatisierten Einzelfallentscheidung unterworfen zu werden.[167]

38

Strafverfolgungsbehörden und Gefahrenabwehrbehörden sind im Grundsatz verpflichtet, die betroffenen Personen jedenfalls von verdeckten Maßnahmen zu benachrichtigen, vgl. Art. 13 JI-RL[168] sowie zB § 101 StPO, §§ 74 ff. BKAG. Die **Benachrichtigungspflichten** folgen in erster Linie aus grundrechtlichen Vorgaben, etwa aus der Rechtsweggarantie aus Art. 19 Abs. 4 GG sowie dem Grundsatz der Verhältnismäßigkeit.[169] Sie dienen dazu, der betroffenen Person die Ausübung sonstiger Betroffenenrechte (Auskunftsrecht, Berichtigungs- und Löschungsrechte, Rechtsschutzgarantie) zu ermöglichen.[170] Die Benachrichtigung kann ausnahmsweise aufgeschoben, eingeschränkt und – unter strengen Verhältnismäßigkeitsanforderungen – auch unterlassen werden, soweit anderenfalls die Zweckerfül-

39

---

[163] Vgl. etwa BVerwG NJW 2021, 2818 ff.
[164] Vgl. dazu *Europarat*, Änderungsprotokoll zum DsÜK 108 v. 10.10.2018 (CETS No. 223), Art. 9 Ziffer 1.
[165] Vgl. dazu BVerfG NVwZ 2021, 1361 (1363) Rn. 34, 54 ff. Vgl. dazu im Einzelnen *Petri* in BeckOK PolR Bayern, 18. Ed. 1.3.2022, PAG Art. 45 PAG Rn. 5 und 17.
[166] Vgl. Art. 21 DS-GVO.
[167] Vgl. Art. 22 DS-GVO, Art. 11 JI-RL.
[168] Vgl. dazu *Johannes/Weinhold*, Das neue Datenschutzrecht bei Polizei und Justiz, 2018, § 1 Rn. 183–190.
[169] Vgl. BVerfGE 141, 220 (282), Rn. 134 ff. = NJW 2016, 1781.
[170] Vgl. bereits vor Inkrafttreten der JI-RL zB *Brodowski*, Verdeckte technische Überwachungsmaßnahmen im Polizei- und Strafverfahrensrecht, 2016, 534 ff.; *Tanneberger*, Die Sicherheitsverfassung, 2014, 219 ff., jeweils mwN zur verfassungsgerichtlichen Rechtsprechung.

lung, die öffentliche Sicherheit oder Rechtsgüter Dritter gefährdet würden und eine Interessenabwägung zwischen dem Informationsinteresse der betroffenen Person und dem Sicherheitsinteresse zulasten der betroffenen Person ausfällt.[171] In der Vollzugspraxis wirft die Benachrichtigung zahlreiche, aus Datenschutzsicht noch unbefriedigend gelöste Fragen auf.[172]

40 Das **Auskunftsrecht** ermöglicht es der betroffenen Person, bei einer Sicherheitsbehörde eine Information über die konkret verarbeiteten Daten einzuholen. Es ist eines der zentralen Betroffenenrechte, das aus dem Persönlichkeitsrecht in Verbindung mit dem Verhältnismäßigkeitsprinzip abgeleitet wird[173] und auch in Art. 8 lit. b DsÜK 1981 verankert ist. Das Recht setzt regelmäßig voraus, **dass die Auskunft suchende Person identisch mit der betroffenen Person ist.**[174] Im Grundsatz ist der Auskunftsanspruch an keine bestimmte Form geknüpft. Angesichts der Sensibilität der zu beauskunftenden Daten ist es bei Sicherheitsbehörden allerdings üblich, dass sie vor der Auskunftserteilung einen Identitätsnachweis etwa in Form einer Kopie des Personalausweises verlangen (vgl. Art. 12 Abs. 4 S. 2 JI-RL sowie § 15 BVerfSchG). Bei der Erhebung und Weiterverwendung der Ausweiskopien sind allerdings die Grundsätze der Datenminimierung und Speicherbegrenzung zu beachten.[175]

41 Insbesondere mit dem Grundsatz der Datenrichtigkeit (→ Rn. 34) korrespondiert das **Recht der betroffenen Person auf Berichtigung unrichtiger Daten.** Es gibt der betroffenen Person nach Art. 8 lit. c DsÜK 1981 das Recht, im eigenen Sinne an der Qualitätssicherung durch die zuständige Behörde mitzuwirken. Eine entsprechende Berichtigungspflicht ist beispielsweise in § 78 Abs. 1 S. 1 BKAG oder § 12 Abs. 1 BVerfSchG verankert. Ein erfolgreicher Berichtigungsantrag beseitigt das Risiko, dass die Sicherheitsbehörde insoweit auf Grundlage unrichtiger Daten Entscheidungen zulasten der betroffenen Person trifft. „Unrichtig" können dabei letztlich nur Tatsachenangaben sein – Werturteile sind vom Berichtigungsanspruch nicht mitumfasst.[176] Der Wortlaut lässt im Unklaren, ob das Recht auf Berichtigung auch ein Recht mitumfasst, von der zuständigen Behörde die Vervollständigung unvollständiger Daten – etwa mittels eigener Erklärung der betroffenen Person – zu verlangen. In diesem Sinne sind wohl die **Bestreitensvermerke** zu beurteilen: Stellt die betroffene Person einen Lösch- oder Berichtigungsanspruch, während die Behörde die von ihr erfassten personenbezogenen Daten für richtig hält, ist in nicht aufklärbaren Zweifelsfällen ein Bestreitensvermerk aufzunehmen. Auf diese Weise bleiben die Daten als Grundlage für eine weitere Sammlung und Auswertung erhalten (siehe zB § 78 Abs. 1 S. 2 BKAG, § 4 Abs. 1 S. 3 iVm § 3 Abs. 1 Nr. 1 und 2 BVerfSchG). Zugleich bilden sie eine Grundlage für das Votum, welches das Bundesamt zB als mitwirkende Behörde im Rahmen von Sicherheitsüberprüfungen (§ 3 Abs. 2 SÜG, § 3 Abs. 2 Nr. 1 BVerfSchG) gegenüber der zuständigen Stelle abzugeben hat (§ 5 Abs. 1 iVm § 14 Abs. 2 SÜG). Den Belangen des Betroffenen wird der Rechtsprechung zufolge durch den Bestreitensvermerk hinlänglich Rechnung getragen. Bei seiner eigenen künftigen Sammlung und Auswertung von Informationen müsse das Bundesamt das Bestreiten ohnehin berücksichtigen; es ist verpflichtet, von Amts wegen die Richtigkeit seiner Daten zu

---

[171] Einzelheiten bei BVerfGE 141, 220 (282 f.) Rn. 136 = NJW 2016, 1781; BVerfGE 125, 260 (336 f.) = NJW 2010, 833.
[172] Vgl. *Brodowski*, Verdeckte technische Überwachungsmaßnahmen im Polizei- und Strafverfahrensrecht, 2016, 534 ff., insbesondere auch zum Spezialproblem der strafverfahrensrechtlichen Inzidentkontrolle auf S. 536 ff.
[173] Vgl. zB BVerfGE 141, 220 (283) Rn. 137 = NJW 2016, 1781; BVerfGE 133, 277 (367 f.) Rn. 209 ff. = NJW 2013, 1499.
[174] Eine Ausnahme bilden Kinder, die analog zu den Grundsätzen der Grundrechtsmündigkeit durch Sorgeberechtigte vertreten werden können, vgl. dazu *Volkmann* in Herdegen/Masing/Poscher/Gärditz, Handbuch des Verfassungsrechts, 2021, § 16 Rn. 22 mwN.
[175] Vgl. *BayLfD*, 26. Tätigkeitsbericht 2013/2014, Nr. 3.7 zur Anfertigung von Ausweiskopien bei Auskunftsersuchen nach Art. 48 BayPAG.
[176] Insoweit übertragbar *Dix* in Simitis/Hornung/Spiecker gen. Döhmann, Datenschutzrecht, 2019, DSGVO Art. 16 Rn. 11, 14.

überprüfen und Anhaltspunkten für die Unrichtigkeit – vor allem natürlich einem ausdrücklichen Bestreiten durch den Betroffenen – nachzugehen.[177] Diese Feststellung dürfte auf andere Sicherheitsbehörden übertragbar sein.

Auch das **Recht auf Löschung** ist in Art. 8 lit. c DsÜK 1981 verankert. Unter Löschung wird herkömmlich das „Unkenntlichmachen" gespeicherter Daten verstanden.[178] Typischerweise besteht ein Löschanspruch, wenn personenbezogene Daten unzulässig gespeichert werden oder die Erforderlichkeit ihrer weiteren Verarbeitung nicht mehr gegeben ist (gemäß Grundsatz der Speicherbegrenzung),[179] vgl. dazu zB auch § 78 Abs. 2 S. 2 BKAG oder § 15 Abs. 2 BVerfSchG. Der Löschanspruch erfasst grundsätzlich auch Sicherungsdateien, die eine zuständige Behörde angelegt hat, um auf sie nach etwaigen Störfällen ihrer IT-Systeme zugreifen zu können. Jedenfalls bei heimlichen Maßnahmen ist die Datenlöschung zur Gewährleistung der Transparenz und der effektiven Kontrolle zu protokollieren.[180] 42

Eine **Verarbeitungseinschränkung** (früher „Sperrung") erfolgt in solchen Fällen, wenn eine Löschung aus Rechtsgründen nicht statthaft ist, etwa die betroffene Person ausnahmsweise ein schutzwürdiges Interesse an der weiteren Aufbewahrung der Daten hat, vgl. zB § 78 Abs. 2 S. 1, 3, 4, Abs. 3 BKAG. Dabei erfolgt nicht wie im Fall der Löschung eine Verkleinerung des Datenbestands, vielmehr wird die Verarbeitung nur noch in einem eng begrenzten Umfang zugelassen. Hierfür werden die einzuschränkenden Daten markiert, damit sie ausschließlich zu dem Zweck verwendet werden, für den die Einschränkung eingerichtet wurde.[181] In aller Regel wird die Verarbeitungseinschränkung auch technisch durch entsprechende Zugriffsbeschränkungen abzusichern sein. § 12 Abs. 2 S. 4 BVerfSchG stellt zB klar, dass eine Übermittlung der Daten durch das Bundesamt für Verfassungsschutz nur mit Einwilligung der betroffenen Person zulässig ist. Typisches Anwendungsbeispiel dürfte die Weitergabe der eingeschränkten Daten an ein Gericht im Falle einer Streitigkeit zwischen der betroffenen Person und dem Bundesamt sein. 43

Das **Recht auf Beschwerde bei einer Datenschutz-Aufsichtsbehörde** dient betroffenen Personen unter anderem der Durchsetzung ihrer Betroffenenrechte. Als „vorgezogener Rechtsschutz"[182] flankiert es die Rechtsweggarantie aus Art. 19 Abs. 4 GG gerade in Bezug auf verdeckte Datenerhebungen und -verarbeitungen. Mit der Beschwerde können Betroffene geltend machen, die zuständige Sicherheitsbehörde komme den Betroffenenrechten nicht oder nur unzureichend nach (zu Einzelheiten → Rn. 97 ff.).[183] Anders als in der DS-GVO sieht die JI-RL allerdings nicht ausdrücklich vor, dass die Mitgliedstaaten ihre Datenschutz-Aufsichtsbehörden mit Weisungs- oder Untersuchungsbefugnissen auszustatten haben. Das wirft jedenfalls in Einzelfällen Fragen nach der Wirksamkeit der Aufsicht auf.[184] 44

III. Datenschutzrechtlich relevante Gewährleistungen der EMRK

Datenschutzbelange werden auf der **Regelungsebene des Europarats** vor Allem durch das Recht auf Achtung des Privat- und Familienlebens, der Wohnung und der Korrespondenz (Art. 8 EMRK), durch das Recht auf Meinungsfreiheit (Art. 10 EMRK) sowie durch die Gedanken-, Gewissens- und Religionsfreiheit (Art. 9 EMRK) gewährleistet. 45

---

[177] Vgl. zB BVerwG NJW 2007, 789 (792) Rn. 34, 35; VG Frankfurt (Oder) Urt. v. 26.11.2010 – 3 K 1993/06 Rn. 62 = BeckRS 2011, 54463.
[178] Vgl. § 3 Abs. 4 BDSG 2001/2003. Zum gegenwärtigen Meinungsstand vgl. *Dix* in Simitis/Hornung/Spiecker gen. Döhmann, Datenschutzrecht, 2019, DSGVO Art. 17 Rn. 5; *Herbst* in Kühling/Buchner Art. 4 Nr. 2 Rn. 36 f.
[179] Vgl. auch VGH München BeckRS 2020, 6723 Rn. 28 in Bezug auf Art. 6 BayVSG sowie BVerfGE 141, 220 (285 f.) Rn. 144 = NJW 2016, 1781.
[180] Vgl. BVerfGE 141, 220 (286) Rn. 144 = NJW 2016, 1781.
[181] Vgl. Art. 3 Nr. 3 JI-RL.
[182] So bereits BVerfGE 65, 1 (46) = NJW 1984, 419.
[183] Zur Kontrolle von Nachrichtendiensten vgl. auch *Bergemann* in Lisken/Denninger PolR-HdB H Rn. 135 ff.
[184] Vgl. *Brodowski*, Verdeckte technische Überwachungsmaßnahmen im Polizei- und Strafverfahrensrecht, 2016, 541 f. mit dem Beispiel der sächsischen Funkzellenabfrage, SächsLT-Drs. 5/13033, 83 f.

Konkretisierende Maßstäbe insbesondere zu Art. 8 EMRK setzt das **Datenschutz-Übereinkommen des Europarats vom 28.1.1981** (SEV-Nr. 108, nachfolgend: **DsÜK 1981**).[185] Es soll zu einem Datenschutz-Übereinkommen „108+" weiterentwickelt werden. Das entsprechende Zusatzprotokoll (CETS-No. 223) wurde im Jahr 2018 zur Signatur freigegeben und von Deutschland bereits ratifiziert.[186] Speziell in Bezug auf den Datenschutz im Bereich der Telekommunikation hat der Ministerrat zudem Empfehlungen zu datenschutzrechtlichen Grundsätzen verabschiedet.[187]

46 Das **Recht auf Privat- und Familienleben** aus Art. 8 EMRK garantiert dem Einzelnen ein recht auf Identität und Entwicklung seiner Persönlichkeit sowie darauf, Beziehungen zu anderen Menschen und zur Außenwelt herzustellen und zu entwickeln.[188] Erfassen Sicherheitskräfte personenbezogene Daten in der Absicht, sie zu speichern oder anderweitig zu verwenden, liegt darin regelmäßig auch ein Eingriff in das Recht auf Privatleben.[189] Der Begriff des „Privatlebens" iSd Art. 8 EMRK ist im Zusammenhang mit der Verarbeitung personenbezogener Daten weit auszulegen.[190] Längst ist auch in der ständigen Rechtsprechung des EGMR anerkannt, dass wechselseitige Beziehungen zwischen Personen regelmäßig damit auch zum „Privatleben" gehören, wenn sie in den öffentlichen Raum hineinreichen.[191] Auch unter grundrechtlichen Aspekten wird hinsichtlich der Verwendung personenbezogenen Daten auf das DsÜK 1981 Bezug genommen und unter einem personenbezogenen Datum „jede Information über eine bestimmte oder bestimmbare natürliche Person" verstanden.[192] Maßnahmen der heimlichen Überwachung und Speicherung, Verarbeitung und Nutzung personenbezogener Daten fallen grundsätzlich in den Bereich des Begriffs des Privatlebens im Sinne von Artikel 8 EMRK.[193]

IV. Reichweite der Grundrechtsbindung; Geltung der Charta der Grundrechte der EU?

47 Die Menschenrechte insbesondere aus Art. 10 Abs. 1 GG und Art. 5 Abs. 1 GG binden die Nachrichtendienste unabhängig davon, ob sie im In- oder Ausland tätig sind.[194] Hintergrund ist die aus Art. 1 Abs. 3, Abs. 2 GG folgende **umfassende Bindung der deutschen Staatsgewalt** an die Grundrechte.[195] Entsprechendes gilt auch für die Bindung der deutschen Staatsgewalt an Art. 8 EMRK und Art. 10 EMRK.[196] Wenn Nachrichtendienste

---

[185] Zur deutschen Textfassung vgl. Gesetz zu dem Übereinkommen v. 28.1.1981 zum Schutz des Menschen bei der automatisierten Verarbeitung personenbezogener Daten vom 13.3.1985, BGBl 1985 II 538.
[186] Durch G. v. 12.11.2020 (BGBl. 2020 II 874). Zum Umsetzungsstand siehe Council of Europe – Treaty Office, Charts of signatures and ratifications of Treaty 223. Stand 19.7.2021 hatten 31 Mitgliedstaaten das Zusatzprotokoll signiert und 12 ratifiziert. Das Zusatzprotokoll muss allerdings bis 11.10.2023 von mindestens 38 Mitgliedstaaten ratifiziert worden sein, um in Kraft zu treten.
[187] Ministerrat, Empfehlung R (95) 4 v. 7.2.1995.
[188] EGMR NJW 2021, 999 (1001) Rn. 73 (Breyer/Deutschland).
[189] Vgl. iE EGMR NJW 2011, 1333 (1334 f.) (Uzun/Deutschland), Rn. 44–48 mit zahlreichen weiteren Rechtsprechungsnachweisen.
[190] Vgl. zB EGMR NJW 2021, 999 (1001) (Breyer/Deutschland), Rn. 73; stRspr, s. zB EGMR Urt. v. 25.9.2001 – 44787/98 (P. G. and J.H./Großbritannien), Rn. 56 mwN.
[191] Vgl. zB EGMR NJW 2021, 999 (1001) (Breyer/Deutschland), Rn. 73; EGMR NJW 2011, 1333 (Uzun/Deutschland), Rn. 43 mwN.
[192] Vgl. zB EGMR NJW 2021, 999 (1001) (Breyer/Deutschland), Rn. 74, EGMR Urt. v. 25.9.2001 – 44787/98 (P. G. and J.H./Großbritannien), Rn. 57 aE.
[193] So zuletzt pointiert EGMR, Urt. v. 20.7.2021 – 58361/12, 25592/16, 27176/16 (Varga/Slovakei), Rn. 144 mwN.
[194] Vgl. im Einzelnen BVerfGE 154, 152 (215) Rn. 86 ff. = NJW 2020, 2235; einen Überblick über den Streitstand bietet *Dietrich* in Schenke/Graulich/Ruthig BNDG § 6 Rn. 6–8.
[195] BVerfGE 154, 152 (217) Rn. 90 = NJW 2020, 2235; zuvor bereits *Denninger* in AK-GG, 2. Aufl. 1989, Art. 1 Abs. 2, 3 Rn. 17. Krit. zur Entscheidung *Unterreitmeier* JZ 2021, 175 ff.
[196] Vgl. etwa EGMR (GK) Urt. v. 25.5.2021 – 58170/13, 62322/14 und 24960/15, Rn. 324–331; zuvor bereits EGMR Urt. v. 13.9.2018 – 58170/13 (Big Brother Watch), Rn. 271 (nicht rechtskräftig); allgemein zur territorialen Reichweite der EMRK EGMR (GK) Urt. v. 55721/07 (Al Skeini), Rn. 132 ff. Zu den Einflüssen der EMRK auf das nationale Sicherheitsrecht vgl. zB *Schmahl* in Leutheusser-Schnarrenberger, Vom Recht auf Menschenwürde, 2013, 183 ff.

vom Ausland ausgehende Telefongespräche nach Maßgabe des G 10 mithilfe von in Deutschland gelegenen Überwachungseinrichtungen kontrollieren, greifen sie ohnehin weitgehend unstreitig in das Fernmeldegeheimnis aus Art. 10 Abs. 1 GG bzw. in das Recht auf Privatleben aus Art. 8 Abs. 1 EMRK ein.[197]

In Bezug auf die nachrichtendienstliche Informationssammlung liegt es aus zwei Gründen **48** nahe, dass die **Grundrechtsgewährleistungen der Charta der Grundrechte der Europäischen Union** sowie konkretisierende Sekundärrechtsakte allenfalls **mittelbar relevant** sein können. Zunächst bestimmt die Charta in Art. 51 Abs. 1 S. 1 GRCh selbst, dass ihre Grundrechte von den Mitgliedstaaten ausschließlich bei der Durchführung des Rechts der Europäischen Union zu beachten sind.[198] Zudem fällt die nationale Sicherheit gem. Art. 4 Abs. 2 S. 3 EUV in die alleinige Verantwortlichkeit der einzelnen EU-Mitgliedstaaten. Dementsprechend sieht auch der sekundärrechtliche Datenschutzrechtsrahmen der EU ausdrücklich vor, dass die Datenschutz-Grundverordnung (EU) 2016/679 (DS-GVO) nicht für Verarbeitungen „im Zusammenhang mit Tätigkeiten" gilt, „die nicht in den Anwendungsbereich des Unionsrechts fallen, wie etwa die nationale Sicherheit betreffende Tätigkeiten" des Mitgliedstaats.[199] Nach Art. 2 Abs. 3 lit. a JI-RL gilt entsprechendes für die JI-Datenschutz-Richtlinie. Die Informationssammlung von Nachrichtendiensten selbst unterliegt dementsprechend als **„spezifische staatliche Tätigkeit"** zur Wahrung der nationalen Sicherheit weitgehend nicht dem EU-Datenschutzrecht. Anderes kann allerdings für die Aufgabe der Beobachtung der organisierten Kriminalität gelten, wie sie vereinzelt vom Landesrecht den Nachrichtendiensten zugewiesen wird, vgl. etwa Art. 3 S. 2 BayVSG.[200]

Allerdings ist danach die Frage zu klären, wie weit die alleinige Verantwortlichkeit der **49** Mitgliedstaaten für die Gewährleistung ihrer nationalen Sicherheit reicht und wo konkret die „Durchführung des Unionsrechts" beginnt. Recht eindeutig richtet sich die Verarbeitung durch Verantwortliche, die mit Nachrichtendiensten kooperieren und ihnen zu diesem Zweck personenbezogene Daten weiterleiten, nach dem für sie geltenden Regelungsregime. Insbesondere haben **nichtöffentliche Stellen** in aller Regel die Vorgaben der DS-GVO zu beachten, auch wenn sie personenbezogene Daten **auf Anforderung von Nachrichtendiensten** an diese übermitteln.[201] Strafverfolgungsbehörden müssen dementsprechend ihre Verarbeitung nach den Regeln der JI-RL und der nationalen Umsetzungsgesetze (zB StPO, Polizeigesetze der Länder) ausrichten. Diese durchaus umstrittene[202] Auslegung des EuGH ist jedenfalls im Ergebnis überzeugend und steht vor Allem mit den Gesetzestexten der maßgeblichen EU-Sekundärrechtsakte im Einklang. Würde man etwa die Verarbeitung von privaten Kooperationspartnern der Nachrichtendienste aus dem Anwendungsbereich des EU-Datenschutzrechts ausklammern, würden beispielsweise Vorschriften der DS-GVO – Vorschriften keinen Sinn ergeben, die wie Art. 23 Abs. 1 lit. a und b DS-GVO sich ausdrücklich auf die Aspekte nationalen Sicherheit und der Landesverteidigung beziehen.

Deutlich unklarer, rechtlich und rechtspolitisch umstritten ist die Frage, ob nationale **50** Vorschriften der Durchführung von EU-Recht dienen, wenn und soweit sie den **Zugang der zuständigen Sicherheitsbehörden zu personenbezogenen Daten** regeln, **die von nichtöffentlichen Stellen gespeichert** werden. In seiner jüngeren Rechtsprechung zur Vorratsspeicherung von Telekommunikationsverkehrsdaten etwa hat der EuGH mehr-

---

[197] EGMR NJW 2007, 1433 (1434) (Weber u. Saravia/Deutschland), Rn. 79; vgl. auch EGMR Urt. v. 1.7.2008 – 58243/00 (Liberty u.a./UK). S. dazu auch BVerwG GSZ 2018, 205 f. Rn. 25, 26 mAnm *Gärditz* GSZ 2018, 210 ff.
[198] S. dazu allerdings auch *Marsch,* Das europäische Datenschutzgrundrecht, 2018, 287 ff. auch zum Folgenden.
[199] S. EG 16 DS-GVO. Der Sache nach ähnlich EG 14 der Richtlinie (EU) 2016/680 (Datenschutzrichtlinie für die Strafverfolgung – JI-RL).
[200] Vgl. dazu *Petri* in Tinnefeld/Buchner/Petri/Hof, Einführung in das Datenschutzrecht, 2019, Abschnitt 3.2, S. 336 (Rn. 8).
[201] Vgl. etwa in Bezug die Vorratsdatenspeicherung EuGH GSZ 2021, 36 (35 f.); EuGH NJW 2019, 655 (656) Rn. 32, 33.
[202] S. zB Urteilsanmerkung zu EuGH Urt. v. 6.10.2020 – C-623/17 von *Baumgartner* GSZ 2021, 42 ff.

fach festgestellt, dass Art. 15 Abs. 1 RL 2002/58/EG im Licht der Art. 7, 8 und 11 sowie von Art. 52 Abs. 1 GRCh es verlangten, dass eine nationale Regelung über den Zugang der zuständigen Behörden zu (bei Unternehmen) gespeicherten Verkehrs- und Standortdaten sich nicht darauf beschränken dürfe, dass der behördliche Zugang zu den Daten dem mit der Regelung verfolgten Zweck zu entsprechen habe. Sie müsse vielmehr auch die materiellen und prozeduralen Voraussetzungen für die Verwendung der Daten vorsehen.[203] Durchaus nicht fernliegend ist die Vermutung, der EuGH werde seine Feststellungen nicht nur auf den Zugang der zuständigen Behörden zu Vorratsdaten beschränken, sondern generell auf jeden behördlichen Zugang zu Telekommunikationsdaten beziehen, der eine Mitwirkung der Anbieter von Telekommunikationsdiensten erfordert.[204]

51 Die vorgenannte Rechtsprechung des EuGH ist unter dem **Gesichtspunkt der Subsidiarität** verschiedentlich angegriffen worden, wonach er im Bereich der nationalen Sicherheit die Kompetenzordnung überdehne.[205] Einzelne nationale Gerichte scheinen diese Rechtsprechungslinie vor diesem Hintergrund jedenfalls nicht uneingeschränkt mittragen zu wollen.[206] Diese Kritik mag durchaus nachvollziehbar sein. Allerdings ist auch zu berücksichtigen, dass die Rechtsprechung des EuGH grundsätzlich im Einklang mit der ständigen Rechtsprechung des EGMR steht, wonach die grundrechtliche Beurteilung von Übermittlungsregeln maßgeblich von ihren Auswirkungen für die Betroffenen abhängt. Unverzichtbar sind danach namentlich klare, detaillierte Vorschriften auch zum Zugang Dritter.[207] Auch das BVerfG hat – insbesondere im Rahmen seines Konzepts der hypothetischen Datenneuerhebung (→ Rn. 14) – wiederholt sinngemäß darauf hingewiesen, dass die Bestimmtheitsanforderungen an eine Datenübermittlung in einem engen Zusammenhang mit jenen der Datenerhebung auf Seiten der Datenempfänger stehen.[208]

C. Verarbeitung personenbezogener Daten als Grundrechtseingriff

52 Es entspricht der ständigen Rechtsprechung des BVerfG, des EGMR und des EuGH, dass eine Sicherheitsbehörde im Grundsatz **mit jedem Verarbeitungsschritt einen gesondert zu betrachtenden Grundrechtseingriff** vornimmt. Nach der Rechtsprechung des EGMR ist der Schutz personenbezogener Daten ein wichtiger Bestandteil des Rechts auf Achtung des Privatlebens aus Art. 8 EMRK. Bei Entscheidungen in Bezug auf das Vorliegen oder Nichtvorliegen eines Eingriffs in dieses Grundrecht orientiert sich der EGMR zunehmend an den Grundsätzen des DsÜK 1981.[209]

53 Das gilt zumindest dann, wenn die hiervon betroffene Person nicht wirksam – vor Allem freiwillig und informiert – in die sie betreffende Verarbeitung[210] eingewilligt hat. Im sicherheitsbehördlichen Bereich dürfte diese Ausnahme zwar nicht generell ausgeschlossen sein, wohl aber sehr selten zutreffen – zumal die systematische Einholung von **Einwilligungen** durch Sicherheitsbehörden in einem Spannungsverhältnis zum Vorbehalt des Gesetzes

---

[203] So EuGH NJW 2021, 2103 (2107) Rn. 49; EuGH Urt. v. 6.10.2020 – C-623/17 Rn. 77; EuGH Urt. v. 6.10.2020 – C-511/18 ua Rn. 176 mwN.
[204] So jüngst *Müller/Schwabenbauer* NJW 2021, 2079 (2081) Rn. 6, die diese These ua aus dem Wortlaut der Entscheidungsbegründung C-746/18 Rn. 35 ableiten.
[205] Vgl. erneut *Müller/Schwabenbauer* NJW 2021, 2079 (2081) Rn. 7; ähnlich *Baumgartner* GSZ 2021, 42 (43).
[206] S. zB Conseil d'Etat Urt. v. 21.4.2021 – 393099 ua, dem EuGH zwar wohl nicht ausdrücklich widerspricht, dessen Vorgaben aber nicht wirklich konsequent ins nationale Recht übersetzt; anders beispielsweise BelgVerfGH ZD 2015, 371 (374) Rn. B.10.3. Auch die hohe Anzahl von Vorabentscheidungsverfahren zu diesem Thema in Bezug auf die Vorratsdatenspeicherung deuten hierauf hin, vgl. die Verfahren C-746/18, C-623/17, C-511/18 ua.
[207] EGMR NJW 2021, 999 (1002) (Breyer/Deutschland), Rn. 83.
[208] Vgl. zB BVerfGE 154, 152 (267 ff.) Rn. 218 ff. = NJW 2020, 2235.
[209] Grundlegend EGMR Urt. v. 25.2.1997 – 22009/93 (Z/Finnland) Rn. 95; vgl. auch FRA, Handbuch zum europäischen Datenschutzrecht, 2018, 29.
[210] Eine Sonderproblematik der Einwilligung tritt zB bei DNA-Reihenuntersuchungen auf, bei der die Einwilligung der betroffenen Person Wirkungen zulasten Dritter erzeugt. Vgl. dazu *Petri* in Bayerischer Anwaltsverein, Einwilligung – Allheilmittel mit schweren Nebenwirkungen, 2016, 103 (104 ff.).

steht.²¹¹ Die datenschutzrechtliche Einwilligung als alleinige Legitimationsgrundlage einer Verarbeitung personenbezogener Daten wird in diesem Beitrag daher nicht näher behandelt.²¹² Hiervon unterschieden sind Fallkonstellationen, in denen der Gesetzgeber selbst ausdrücklich eine Verarbeitung unter dem Vorbehalt erlaubt, dass die betroffene Person eingewilligt hat.²¹³ Die JI-RL nennt in Erwägungsgrund 35 Satz 6 die Beispiele der Zustimmung für DNA-Tests oder in elektronische Fußfesseln²¹⁴. Unabhängig vom Anwendungsbereich der JI-RL ist eine gesetzlich vorgesehene Zustimmung auch in § 12 Abs. 2 S. 4 BVerfSchG enthalten, wonach das Bundesamt für Verfassungsschutz an und für sich zu löschende personenbezogene Daten nur übermitteln darf, wenn die betroffene Person hierin „einwilligt". In einem solchen Fall stellt die **Einwilligung ein Tatbestandsmerkmal der gesetzlichen Befugnis** dar.²¹⁵ Verwendet der Gesetzgeber den datenschutzrechtlichen Begriff der Einwilligung, verdeutlicht er zugleich, dass die verantwortliche Stelle die Bedingungen einer wirksamen Einwilligung zu erfüllen hat. Dabei liegt es nahe, insoweit auf den Inhalt der Legaldefinition in Art. 4 Nr. 11 DS-GVO zurückzugreifen, wie es § 27 Nr. 2 BVerfSchG über den Verweis auf § 46 Nr. 17 BDSG letztlich tut.²¹⁶ Was die weiteren Anforderungen der Einwilligung anbelangt, hat das Bundesamt die Vorgaben des § 51 BDSG zu beachten, die inhaltsgleich zu Art. 7 DS-GVO ausgestaltet worden sind.²¹⁷ Strengere datenschutzrechtliche Wirksamkeitsvoraussetzungen für eine Einwilligung überlagern die allgemeine grundrechtliche Frage nach der Möglichkeit eines Grundrechtsverzichts.²¹⁸

Mittlerweile gibt es zahlreiche **Beispiele sicherheitsbehördlicher Verarbeitungen,** 54 die durch die Rechtsprechung des EGMR und des BVerfG ausdrücklich als Eingriffe in das Persönlichkeit bzw. das Recht auf Achtung des Privatlebens gewertet worden sind. Als besonders schwerwiegende Eingriffe gelten Maßnahmen, die geeignet sind, die nichtöffentliche Kommunikation mit Personen des höchstpersönlichen Vertrauens zu erfassen, so etwa die akustische und optische Überwachung der Wohnung²¹⁹ sowie heimliche Zugriffe auf informationstechnische Systeme im Wege der sogenannten Online-Durchsuchung.²²⁰ Erhebliche Eingriffe sind unter anderem die Überwachung elektronischer Mitteilungen, von Telefongesprächen²²¹ oder der Internetnutzung²²². Auch die systematische, längerfristige

---

²¹¹ Dazu *Golla/Skobel* GSZ 2019, 140; *Schwabenbauer* Grundrechtseingriffe 161 ff. sowie *Stief* StV 2017, 470 ff., jeweils mwN. Zur Sonderproblematik von Einwilligungen in Vernehmungsmethoden, die wegen ihres unmittelbaren Menschenwürdebezugs gesetzlich nicht erlaubt sind, vgl. *Petri* in Bayerischer Anwaltsverein, Neue Vernehmungsmethoden. Polygraph, Hypnose, Hirnforschung, 2012, 176 (188 ff.) mwN auch aus der Rspr.
²¹² Die datenschutzrechtlichen Anforderungen an eine wirksame Einwilligung werden im EU-Recht in Art. 4 Nr. 11, Art. 7 und Art. 9 Abs. 2 lit. a DS-GVO beschrieben und dürften im Wesentlichen auch außerhalb des Anwendungsbereichs der DS-GVO anzuwenden sein. Zu den Anforderungen an die datenschutzrechtliche Einwilligung im Polizeibereich s. zB *Schwabenbauer* in Lisken/Denninger PolRHdB G Rn. 53 f. oder *Schieder* GSZ 2021, 16 ff. sowie die nachfolgend Zitierten.
²¹³ Vgl. dazu *Golla/Skobel* GSZ 2019, 140 (141 f.).
²¹⁴ Zur strafprozessualen Regelung als Maßnahme der Führungsaufsicht nach § 68b StGB iVm § 463a StPO vgl. BVerfGE 156, 63 = BeckRS 2020, 40592.
²¹⁵ So bereits *Stief* StV 2017, 470 (472) und wohl auch *Schieder* GSZ 2021, 16 (17).
²¹⁶ Zu den allgemeinen Anforderungen der Einwilligung nach DS-GVO s. BayLfD, Die Einwilligung nach der Datenschutz-Grundverordnung, Stand Oktober 2018; sowie Artikel 29 Datenschutzgruppe: Leitlinien in Bezug auf die Einwilligung gemäß Verordnung 2016/679, WP 259 rev. 01; Orientierungshilfe und Leitlinien sind abrufbar unter www.datenschutz-bayern.de.
²¹⁷ Vgl. auch *Mallmann* in Schenke/Graulich/Ruthig BVerfSchG § 12 Rn. 11.
²¹⁸ Vgl. dazu *Tanneberger*, Die Sicherheitsverfassung, 2014, 230 ff.; *Petri* in Bayerischer Anwaltsverband, Neue Vernehmungsmethoden. Polygraph, Hypnose, Hirnforschung, 2012, 176 (181 ff.).
²¹⁹ Grundlegend BVerfGE 109, 279 (313) = NJW 2004, 999; vgl. auch BVerfGE 141, 220, 270 Rn. 108 = NJW 2016, 1781.
²²⁰ Grundlegend BVerfGE 120, 274 (302 ff.) = NJW 2008, 822; vgl. auch BVerfGE 141, 220 (270) Rn. 108 = NJW 2016, 1781.
²²¹ Vgl. bereits EGMR (Plenum) Urt. v. 2.8.1984 – 8691/79 (Malone), EGMR-E 2, 452, 463 Rn. 64, zuvor bereits EGMR Urt. v. 6.9.1978 – 5029/71 (Klass), EGMR-E 1, 320, 332 f. Rn. 41.
²²² EGMR BeckRS 2016, 21495 (Szabo), Rn. 52, 53 mwN. Vgl. auch EGMR (GK) Urt. v. 25.5.2021 – 58170/13, 62322/14 und 24960/15, Rn. 325 und Folgende in Bezug auf die Erfassung, Analyse und

Erfassung von öffentlichen Daten in einer sicherheitsbehördlichen Datei (zB Extremistendatei[223]) stellt einen nicht unerheblichen Grundrechtseingriff dar. Denn sie hält auch Ereignisse fest, die in der Öffentlichkeit längst in Vergessenheit geraten sein können.[224] In der Rechtsprechung des EGMR noch nicht abschließend geklärt ist die Speicherung von Übersichtsaufnahmen über Demonstrationen. Werden „anonyme Fotos von Demonstrationen" nicht in ein automatisiertes Datenverarbeitungssystem übernommen und findet auch kein Versuch der Behörden statt, die fotografierten Personen durch Datenverarbeitung zu identifizieren, soll nach einer älteren Kommissionsentscheidung des EGMR kein Eingriff in das Recht auf Privatleben vorliegen,[225] nach einer im Eilverfahren getroffenen Entscheidung des BVerfG ist hingegen bei Übersichtsaufzeichnungen stets von einem Eingriff in die Versammlungsfreiheit aus Art. 8 Abs. 1 GG auszugehen.[226]

55 Dass grundsätzlich jede Kenntnisnahme, Aufzeichnung und Verwertung im Rahmen der nachrichtendienstlichen Informationssammlung einen Grundrechtseingriff darstellt,[227] gilt insbesondere auch in Bezug auf die **nachrichtendienstliche Massenüberwachung** des Telekommunikationsverkehrs. In seiner Entscheidung zur **Ausland-Ausland-Fernmeldeaufklärung** hat das BVerfG – nicht abschließend – die mit dieser Überwachung typischerweise einhergehenden Grundrechtseingriffe speziell im Zusammenhang mit nachrichtendienstlicher Tätigkeit ebenfalls einzeln aufgeführt: Datenerhebungen etwa zur Erfassung individueller Telekommunikationsverkehre sowie das Abfangen von Satellitensignalen und die Erfassung leitungsgebundener Datenströme. Auch Datenerhebungen im Wege der Kooperation mit ausländischen Nachrichtendiensten seien danach Grundrechtseingriffe auf Ebene der Datenerhebung.[228] Der EGMR hat jüngst in seiner Entscheidung „Big Brother Watch/United Kingdom" vom Mai 2021 folgende „Stadien" von Maßnahmen festgestellt, die jeweils – mit ansteigender Eingriffsintensität erfolgende – Eingriffe in das Recht auf Privatleben darstellen:

- Das Abhören (interception) und die erste Erfassung von Kommunikation und dazugehöriger Kommunikations(meta)daten;
- der automatisierte Einsatz von spezifischen „Selektoren", um die erfassten Daten zu durchsuchen;
- die Überprüfung der von Selektoren als möglicherweise relevant einzustufenden Daten durch Analysten und
- die anschließende dauerhafte Aufbewahrung und weitere Verwendung des „finalen Produkts".[229]

Weitergabe von Telekommunikationsdaten. Vgl. auch grundlegend BVerfGE 100, 313 (358 ff.) = NJW 2000, 55 zur breitenwirksamen Überwachung der elektronischen Kommunikation; BVerfGE 107, 299 (312 ff.) = NJW 2003, 1787 zur Erhebung von Telekommunikationsverkehrsdaten; BVerfGE 125, 260 ff. = NJW 2010, 833 zur Vorratsspeicherung von Telekommunikationsverkehrsdaten; BVerfGE 129, 208 (236 ff.) = NJW 2012, 833 zur Überwachung von Telekommunikationsinhalten.

[223] StRspr; vgl. zB EGMR NVwZ 2020, 377 (378) (Catt), Rn. 93 mwN; EGMR BeckRS 2009, 70321 Rn. 67 ff. in Bezug auf Fingerabdruckdaten, Zellproben und DNA-Profile. Vgl. zudem BVerfGE 133, 277 = NJW 2013, 1499 (ATDG I); BVerfGE 156, 11 = BeckRS 2020, 34607.

[224] EGMR Urt. v. 13.11.2012 – 24029/07 (M.M./Vereinigtes Königreich), Rn. 188; EGMR BeckRS 2000, 169884 (Rotaru), Rn. 43, 44.

[225] EKMR v. 31.1.1995 – 15225/89 (Friedl/Österreich); der Fall durch allerdings durch Vergleich beigelegt.

[226] BVerfGE 122, 343, 368.

[227] Grundlegend etwa BVerfGE 100, 313 (360 sowie 366) = NJW 2000, 55. Vgl. auch BVerfGE 154, 152 (229 ff.) Rn. 113 ff. = NJW 2020, 2235; BVerfGE 155, 119 (166 f.) Rn. 90 ff, insbes. Rn. 93 mwN = NJW 2020, 2699; vgl. auch BVerwG NVwZ 2014, 1666 (1668) Rn. 23; in Bezug auf Art. 8 EMRK grundlegend zB EGMR Urt. v. 26.3.1987 – 9248/81 (Leander/Schweden), EGMR-E 3, 430, 445, Rn. 48; EGMR Urt. v. 4.12.2008 – 30562/04 ua (Marper/UK), Rn. 67; ebenfalls stRspr, s. auch EGMR NJW 2021, 999 (1002) (Breyer), Rn. 81.

[228] BVerfGE 154, 152 (229) Rn. 114 = NJW 2020, 2235.

[229] S. EGMR (GK) Urt. v. 25.5.2021 – 58170, 62322/14 und 24960/15, Rn. 325 und 330. S. auch EGMR (GK) Urt. v. 25.5.2021 – 35252/08 – Centrum för Rättvisa/Schweden, Rn. 239, 244.

Diese Verwertung kann auch das Teilen der personenbezogenen Daten mit Dritten (etwa Partnerdiensten) beinhalten.

Eine solche **Datenweitergabe an Dritte** wird ohnehin als eigenständiger Eingriff gewertet, weil sich hierdurch der Kreis derer erweitert, die den überwachten Kommunikationsvorgang kennen und diese Kenntnis nutzen können.[230] Das gilt namentlich für die Übermittlung von personenbezogenen Daten an ausländische öffentliche Stellen, wie sie zB in § 15 Abs. 1 BNDG oder §§ 26[231], 27 BKAG vorgesehen ist (s. auch → Rn. 31).[232]

56

Insbesondere die grundrechtliche Relevanz des automatisierten **Einsatzes von Suchbegriffen (Selektoren)** war bereits Gegenstand der G 10-Entscheidung des BVerfG aus dem Jahr 1999.[233] Das Gericht wertete bereits die Erfassung selbst als Eingriff in das Fernmeldegeheimnis, sofern sie die Kommunikation für einen Nachrichtendienst verfügbar machte und damit die Basis für einen nachfolgenden Datenabgleich mithilfe von Selektoren ermöglichte. Es verneinte aber in dieser Entscheidung einen Grundrechtseingriff, sofern Fernmeldevorgänge zwischen den deutschen Anschlüssen „ungezielt und allein technikbedingt zunächst miterfasst, aber unmittelbar nach der Signalaufbereitung technisch wieder spurenlos ausgesondert" wurden.[234]

57

Später allerdings hat das BVerfG zur polizeilichen Kfz-Kennzeichenkontrolle festgestellt, dass die bereits die ursprüngliche Erhebung eines größeren Datenbestands einen Grundrechtseingriff darstellt, wenn die Erfassung letztlich nur ein Mittel zum Zweck für eine weitere Verkleinerung der Treffermenge bildet. Maßgeblich sei, ob sich bei einer Gesamtbetrachtung mit Blick auf den durch den Überwachungs- und dem Verwendungszweck bestimmten Zusammenhang das **behördliche Interesse an den betroffenen Daten** bereits derart **verdichtet** habe, dass ein Betroffensein in einer einen Grundrechtseingriff auslösenden Qualität zu bejahen sei.[235] Für die polizeiliche Kfz-Kennzeichenkontrolle bejahte das BVerfG einen solchen Eingriff. Denn auch im Nichttrefferfall würden Verkehrsteilnehmer einer Maßnahme unterzogen, mit der sich ein „**spezifisches Fahndungsinteresse**" zur Geltung bringe.[236] Eine solche Verdichtung ist beim Einsatz von Selektoren allerdings – jedenfalls regelmäßig – nicht anzunehmen, soweit die Daten deutscher Staatsangehöriger oder in Deutschland lebender Personen zwar zunächst erfasst, aber dann unmittelbar spurenlos wieder aussortiert werden. In Bezug auf § 6 Abs. 4 BNDG 2016 gegebenenfalls iVm § 14 Abs. 2 BNDG 2016[237] soll nämlich das behördliche Interesse an den erfassten Daten nicht derart verdichtet sein, dass ein Betroffensein ausgelöst werde.[238] Allerdings ist es sehr unklar, inwieweit diese Festlegung des BVerfG von Dauer ist. Ihre Differenzierung wurde bislang vom EGMR in jüngeren Entscheidungen nicht übernommen – obwohl sie dem EGMR zum Zeitpunkt seiner Entscheidung bereits bekannt gewesen ist.[239] An und für sich ist deshalb davon auszugehen, dass bereits der erste Datenabgleich mithilfe von Selektoren zwar (noch?) nicht nach dem Grundgesetz, sehr wohl aber nach Art. 8 der EMRK einen Grundrechtseingriff darstellen kann, auch wenn die hiervon betroffenen Personen als „Nichttreffer" unmittelbar nach dem Abgleich spurenlos wieder aussortiert werden.

58

---

[230] S. zB BVerfGE 100, 313 (367) = NJW 2000, 55; EGMR Urt. v. 26.3.1987 – 9248/81 (Leander/Schweden), EGMR-E 3, 430, 445, Rn. 48.
[231] Die Übermittlung an Stellen innerhalb der EU oder Schengenverbund ist dabei allerdings einer innerstaatlichen Übermittlung gleichzusetzen.
[232] BVerfGE 154, 119 (231) Rn. 119 = BeckRS 2020, 16236.
[233] Grundlegend zB BVerfGE 100, 313 (366 ff.) = NJW 2000, 55.
[234] Bestätigt in BVerfGE 154, 152 (229 f.) Rn. 115, 116 = NJW 2020, 2235.
[235] BVerfGE 150, 244 (266) Rn. 43 = NJW 2019, 827.
[236] BVerfGE 150, 244 (268) Rn. 51 = NJW 2019, 827.
[237] Die Vorschriften §§ 6, 14 BNDG 2016 wurden zwar für verfassungswidrig erklärt, gelten aber noch bis zum 31.12.2021 fort, vgl. BVerfGE 154, 152 (312) Rn. 331 = NJW 2020, 2235.
[238] BVerfGE 154, 152 (230) Rn. 116 = NJW 2020, 2235.
[239] EGMR (GK) Urt. v. 25.5.2021 – 58170/13, 62322/14 und 24960/15, Rn. 247 ff. setzt sich mit BVerfGE 154, 152 = NJW 2020, 2235 ausdrücklich auseinander.

D. Mindestanforderungen an Eingriffe in das Persönlichkeitsrecht bzw. das Recht auf Privatleben

I. Eingriffsrechtfertigung nach dem Grundgesetz

1. Menschenwürde als Grenze sicherheitsbehördlicher Verarbeitung

59 Die allgemeinen dogmatischen Anforderungen an die verfassungsrechtliche Rechtfertigung von Eingriffen in Freiheitsrechte sind bereits vielfach beschrieben worden und sollen an dieser Stelle nicht ausführlich wiederholt werden.[240] In seiner BKAG-Entscheidung hat das BVerfG seine bisherige **verfassungsgerichtliche Rechtsprechung zu heimlichen Überwachungsmaßnahmen** der Sicherheitsbehörden insbesondere zur Terrorismusabwehr zusammengeführt und erstmals auch maßnahmenübergreifend Voraussetzungen für die Durchführung solcher Maßnahmen definiert.[241]

60 Danach müssen insbesondere eingriffsintensive heimliche Überwachungsbefugnisse zunächst den **menschenwürderelevanten Kernbereich privater Lebensgestaltung** wahren.[242] Für sie sind besondere Anforderungen an den Schutz des Kernbereichs privater Lebensgestaltung vorzusehen,[243] die sicherstellen sollen, dass höchstpersönliche Äußerungen von Zielpersonen überwachungsfrei bleiben. Nicht nur die Polizeibehörden, sondern auch Nachrichtendienste müssen daher Vorkehrungen treffen, dass sie im Rahmen ihrer Überwachungsmaßnahmen menschenwürdegeneigte Gespräche nicht miterfassen. Abgrenzungsfragen werfen insoweit Gespräche auf, die Höchstpersönliches ebenso wie die Begehung von Straftaten zum Gegenstand haben. Die insoweit ergangene Rechtsprechung lässt sich dahingehend zusammenfassen, dass Gespräche überwacht werden können, wenn sie unmittelbar auf die Planung und Begehung einer Straftat gerichtet sind. Überwachungsfrei bleibt allerdings der Mensch, der sich – etwa aufgrund seelischer Nöte – mit einer begangenen Straftat auseinandersetzt.[244] Der Schutz der Menschenwürde verlangt Vorkehrungen auf der Ebene der Datenerhebung ebenso wie auf der Ebene der Auswertung und Verwertung,[245] dem beispielsweise § 3a G 10 oder § 11 BNDG Rechnung tragen sollen. Entsprechendes gilt für sonstige eingriffsintensive offene Überwachungsmaßnahmen, wobei die GPS-gestützte Überwachung des jeweiligen Aufenthaltsortes außerhalb der Wohnung im Wege der elektronischen Aufenthaltsüberwachung nach § 68b StPO, § 463a Abs. 4 StPO allein den Kernbereich privater Lebensgestaltung einer betroffenen Zielperson nicht berührt.[246]

61 Zudem müssen Sicherheitsbehörden nach ständiger Rechtsprechung des Bundesverfassungsgerichts auf der Vollzugsebene auch darauf achten, dass verschiedene Überwachungsmaßnahmen nicht in einer Weise zusammenwirken („additive Grundrechtseingriffe"), dass sie die betroffene Zielperson nahezu lückenlos in allen ihren Bewegungen und Lebens-

---

[240] Vgl. etwa Hesse, Grundzüge des Verfassungsrechts der Bundesrepublik Deutschland, Neudruck der 20. Aufl. 1999, § 10; *Hauck,* Heimliche Strafverfolgung und Schutz der Privatheit, 2014, 137 ff. sowie neuerdings *Bäcker* in Herdegen/Masing/Poscher/Gärditz, Handbuch des Verfassungsrechts, 2021, § 28 C Rn. 81 ff.
[241] Krit. dazu ua *Gärditz* EuGRZ 2018, 6 (10 f.).
[242] BVerfGE 141, 220 (276 ff.) Rn. 119 ff. = NJW 2016, 1781 mit zahlreichen Hinweisen zu vorangegangener Rspr. Bemerkenswert in diesem Zusammenhang ist der Umstand, dass die Rechtsprechung einerseits eine Abwägungsresistenz der Menschenwürde postuliert (zB BVerfGE 141, 220 [278] Rn. 124), sie andererseits durch ein mehrstufiges „Schutzkonzept" inklusive Handlungsanweisungen zum Umgang mit kernbereichsrelevanten Daten relativiert (zB BVerfGE 141, 220 [278 ff.] Rn. 126 ff.). Zur Problematik ausführlich bereits *Tanneberger,* Die Sicherheitsverfassung, 2014, 130 ff., der u.a. auf diesbezügliche Grundsatzentscheidungen BVerfGE 109, 279 ff. = NJW 2004, 999; BVerfGE 113, 348 ff. = NJW 2005, 2603; BVerfGE 120, 274 ff. = NJW 2008, 822 eingeht. Wohl ähnlichen Erwägungen liegt das Minderheitenvotum von *Jäger/Hohmann-Dennhardt* in BVerfGE 109, 279 (382 ff.) = NJW 2004, 999 zugrunde.
[243] Grundlegend BVerfGE 109, 279 (313 ff.) = NJW 2004, 999, vgl. auch BVerfGE 120, 274 (335) = NJW 2008, 822; BVerfGE 141, 220 (276 f.) Rn. 119 ff. = NJW 2016, 1781, auch zum Folgenden.
[244] Dazu vgl. insbesondere BVerfGE 141, 220 (277) Rn. 122 = NJW 2016, 1781.
[245] Ausführlich BVerfGE 120, 274 (338 ff.) = NJW 2008, 822 („Zweistufiges Schutzkonzept").
[246] BVerfGE 156, 63 (135) Rn. 246 = BeckRS 2020, 40592.

äußerungen erfasst und die Erstellung eines Persönlichkeitsprofils ermöglicht (**Verbot der Rundumüberwachung**).[247] Teilweise wird darauf hingewiesen, dass eine lückenlose Überwachung nahezu zwangsläufig höchstpersönliche Lebensäußerungen der Zielpersonen erfassen würde.[248] Nach der Rechtsprechung muss das Verbot der Rundumüberwachung nicht vom Gesetzgeber ausdrücklich geregelt werden, sondern ist bereits aus den allgemeinen verfahrensrechtlichen Sicherungen abzuleiten.[249]

Der verfassungsrechtliche Begriff des „**Persönlichkeitsprofils**" steht dabei für die Sammlung von Daten über eine bestimmte Zielperson, die sie möglichst umfassend abbildet. Nicht jedes Profiling iSd Art. 3 Nr. 4 JI-RL wird deshalb als zielgerichtete automationsgestützte Analyse und Bewertung menschlichen Verhaltens im verfassungsrechtlichen Sinne die Bildung eines Persönlichkeitsprofils darstellen. Unklar ist allerdings, ab welchem Umfang der Datensammlung und ab welcher Analysetiefe die Grenze zur verfassungsrechtlich unzulässigen Profilbildung überschritten wird. Ein nicht unproblematisches Beispiel für die Grenzziehung stellt eine kürzlich ergangene Entscheidung des BGH zum Zugriff der Strafverfolgungsbehörden auf beim Provider gelagerten E-Mails dar. Der BGH entschied dabei, der Eingriff nach § 100a Abs. 1 S. 1 StPO sei nicht auf E-Mails beschränkt, die ab dem Zeitpunkt der Anordnung der Maßnahme versandt oder empfangen wurden. Unter anderem stellte er darauf ab, dass der Gesetzgeber – anders als bei der Regelung zur Quellen-TKÜ in § 100a Abs. 5 S. 1 Nr. 1 lit. b StPO – für die herkömmliche Telekommunikationsüberwachung keine zeitliche Einschränkung vorsehe. Die Strafverfolgungsbehörden und Gerichte seien damit nicht gehindert, auch E-Mailverkehr auszuwerten, der zeitlich vor der gerichtlichen Anordnung liege.[250] Zwar hat der BGH ausdrücklich festgestellt, auch das Fernmeldegeheimnis könne eine zeitliche Eingrenzung der Maßnahme erfordern,[251] ließ aber die zeitliche Grenze hinsichtlich des Verbots der Profilbildung letztlich völlig offen.[252]

2. Verhältnismäßigkeit als übergreifende Voraussetzung sicherheitsbehördlicher Datenverarbeitung

Im Übrigen muss die gesetzliche Ausgestaltung solcher Befugnisse dem **Verhältnismäßigkeitsgrundsatz** genügen. Sie müssen einen legitimen Zweck verfolgen, zur Erreichung des Zwecks geeignet, erforderlich und im engeren Sinne verhältnismäßig sein.[253] Die Anforderungen an die Nutzung und Übermittlung staatlich erhobener Daten richten sich sodann nach den Grundsätzen der Zweckbindung und Zweckänderung. Besondere Anforderungen sind auch von Verfassung wegen bei der Übermittlung personenbezogener Daten ins Ausland zu beachten.[254] Weitgehend decken sich die soeben beschriebenen verfassungsrechtlichen Anforderungen der polizeilichen Datenverarbeitung mit den Voraussetzungen an eine nachrichtendienstliche Informationssammlung.[255]

Eingriffe in die Persönlichkeitsrechte etwa aus Art. 10 Abs. 1 GG, Art. 5 Abs. 1 GG oder aus Art. 2 Abs. 1 GG, Art. 1 Abs. 1 GG müssen danach zunächst auf einer **gesetzlichen Grundlage** beruhen, die dem **Gebot der Normenklarheit und dem Bestimmtheits-**

---

[247] Grundlegend BVerfGE 65, 1 (53) = NJW 1984, 419, stRspr; vgl. BVerfGE 109, 279 (323) = NJW 2004, 999; BVerfGE 112, 304 (319) = NJW 2005, 1338 sowie zuletzt BVerfGE 157, 63 (123) Rn. 210, (136) Rn. 251.
[248] BVerfGE 109, 279 (323) = NJW 2004, 999. Zum Hintergrund des Verbots der Rundumüberwachung vgl. auch BVerfGE 65, 1 (42 f.) = NJW 1984, 419.
[249] Grundlegend BVerfGE 112, 304 (319 f.) = NJW 2005, 1338, s. auch BVerfGE 130, 1 (24) = NJW 2012, 907.
[250] BGH NJW 2021, 1252 (1254 f.) Rn. 22–26.
[251] BGH NJW 2021, 1252 (1254 f.) Rn. 26 unter Hinweis auf BVerfGE 124, 43 (67 f.) = NJW 2009, 2431.
[252] *Neuhöfer/Schefer* jurisPR-Compl 1/2021, Anm. 3.
[253] Vgl. speziell in Bezug auf die nachrichtendienstliche Verarbeitung BVerfGE 67, 157 (173) = NJW 1985, 121; BVerfGE 120, 378 (427) = NJW 2008, 1505; BVerfGE 154, 152 (239) Rn. 141 = NJW 2020, 2235.
[254] BVerfGE 141, 220 ff. = NJW 2016, 1781.
[255] S. etwa BVerfGE 154, 152 (239) Rn. 141 = NJW 2020, 2235.

gebot genügt.²⁵⁶ Die für Nachrichtendienste und den polizeilichen Staatsschutz charakteristische heimliche Erhebung und Verarbeitung personenbezogener Daten wird von den Betroffenen typischerweise nicht bemerkt. Das sonst übliche Wechselspiel zwischen behördlicher Einzelanordnung und gerichtlicher Kontrolle findet daher nur sehr eingeschränkt statt. Vor diesem Hintergrund sind an die Normenklarheit und Bestimmung derartiger Befugnisse gesteigerte Anforderungen zu stellen.²⁵⁷ Nach der insoweit verbindlichen Einschätzung des BVerfG stellen diese rechtsstaatlichen Anforderungen an die gesetzlichen Befugnisse die Möglichkeit zur Geheimhaltung im Einzelfall nicht infrage.²⁵⁸

65 **Besonderen Anforderungen** unterliegt das Instrument der **strategischen Überwachung des Telekommunikationsverkehrs** nach dem G 10 als ein besonderes Mittel der nachrichtendienstlichen Auslandsaufklärung. Anders als andere staatliche Überwachungsmaßnamen ist sie nicht auf konkrete und objektiviert bestimmte Anlassfälle begrenzt, obwohl sie mit schweren Grundrechtseingriffen verbunden ist.²⁵⁹

66 **a) Legitimer Regelungszweck. Die im G 10, BNDG, BVerfSchG und MADG gesetzlich festgelegten Zwecke der nachrichtendienstlichen Aufklärung dienen legitimen Zwecken.** Das gilt namentlich für die Zielsetzung im G 10, wonach die strategische Telekommunikationsüberwachung Erkenntnisse über Vorgänge im Ausland erbringen soll, die von außen- und sicherheitspolitischer Bedeutung für die Bundesrepublik Deutschland sind. Als legitim anerkannt ist, dass sie damit einen Beitrag leisten sollen, die Handlungsfähigkeit der Bundesrepublik zu wahren und die Bundesregierung in außen- und sicherheitspolitischen Fragen mit Informationen zu versorgen.²⁶⁰ Auch kann die Auslandsaufklärung dazu beitragen, dass Gefahren für hochrangige Gemeinschaftsgüter erkannt werden, deren Verletzung schwere Schäden für den äußeren und inneren Frieden und die Rechtsgüter des Einzelnen zur Folge hätte. Während früher insoweit die Gefahr von bewaffneten Angriffen auf die Bundesrepublik Deutschland im Vordergrund gestanden haben mag,²⁶¹ gewinnt gegenwärtig das Risiko terroristischer Anschläge an Bedeutung. Entsprechendes gilt für die Schutzgüter der effektiven Bekämpfung von Straftaten durch die Polizei und Staatsanwaltschaft nach §§ 2 ff. BKAG, §§ 161 ff. StPO.²⁶²

67 **b) Geeignetheit.** Eine Verarbeitung personenbezogener Daten ist geeignet, wenn mit ihrer Hilfe der gewünschte Erfolg gefördert werden kann.²⁶³ In diesem Sinne fördert die **nachrichtendienstliche Informationssammlung** das gesetzliche Ziel. Dass sie zunächst im großen Umfang personenbezogener Daten miterfasst, die keinen inhaltlichen Zusammenhang mit dem gesetzlichen Beobachtungsauftrag aufweisen, ändert nichts an dem Umstand, dass die Maßnahme im Ergebnis bedeutsame Erkenntnisse erbringen kann. Dies hat das BVerfG in seiner Entscheidung zur Auslands-Auslands-Fernmeldeaufklärung ausdrücklich festgehalten,²⁶⁴ ist aber auch auf vergleichbare alltägliche Informationssammlungen etwa durch die Verfassungsschutzämter übertragbar. Ein nahezu klassisches Beispiel bietet die vor einigen Jahren erfolgte Beobachtung des Berliner Sozialforums (BSF) durch das Berliner Amt für Verfassungsschutz.²⁶⁵ Pressberichten zufolge verfolgte das BSF unstreitig keine verfassungsfeindlichen Ziele, das Berliner Landesamt für Verfassungsschutz

---

[256] StRspr seit BVerfGE 65, 1 (44) = NJW 1984, 419; in Bezug auf die nachrichtendienstliche Aufklärung vgl. zB BVerfGE 100, 313 (359 f.) = NJW 2000, 55; BVerfGE 154, 152 (238) Rn. 137 = NJW 2020, 2235.
[257] BVerfGE 154, 152 (238) Rn. 137 = NJW 2020, 2235.
[258] BVerfGE 154, 152 (239) Rn. 140 = NJW 2020, 2235.
[259] Vgl. BVerfGE 154, 152 (240) Rn. 143 = NJW 2020, 2235.
[260] Ausdrücklich BVerfGE 154, 152 (240) Rn. 144 = NJW 2020, 2235.
[261] Vgl. dazu noch BVerfGE 100, 313 (373) = NJW 2000, 55.
[262] Ausführlich zB BVerfGE 115, 166 (192 ff.) = NJW 2006, 976. Zur Legitimität verschiedener Varianten der Straftatenbekämpfung vgl. *Schwabenbauer* in Lisken/Denninger PolR-HdB G Rn. 185 mwN.
[263] Vgl. bereits BVerfGE 67, 157 (173) = NJW 1985, 121 mwN.
[264] So BVerfGE 154, 152 (240 f.) Rn. 144 = NJW 2020, 2235.
[265] Vgl. dazu *Genschel* CILIP 2007, 086.

machte allerdings geltend, dass es lediglich einzelne BSF-Teilnehmende aus der autonomen Szene beobachtet habe.[266] *Unabhängig* von der Beurteilung des konkreten, seinerzeit politisch extrem kontrovers diskutierten Falls liegt es nahe, dass die Beobachtung eines „verfassungskonform ausgerichteten" Kommunikationsforums dazu führt, dass der Verfassungsschutz ganz überwiegend Informationen zu Personen erlangt, die *keine* verfassungsfeindlichen Tendenzen verfolgen. Falls eine solche Beobachtung aufgrund der Umstände des Einzelfalls gleichwohl im Grundsatz rechtlich zulässig sein sollte, wird es bei der konkreten Handhabung durch den Nachrichtendienst darauf ankommen, welche personenbezogenen Daten konkret erfasst werden. Insofern kommt (nicht nur) in solchen Fällen der Erfassung der personenbezogenen Daten eine besondere Bedeutung zu, weil dann sie dann für den Nachrichtendienst verfügbar gemacht werden und hieran anknüpfende Auswertungen ermöglichen.[267] Eine datenschutzrechtliche Mindestanforderung an etwaige Protokollnotizen von Zusammenkünften könnte etwa darin bestehen, dass sie lediglich die eigentlichen Beobachtungsobjekte personenbezogen aufführen. Von diesen und etwaigen weiteren Anforderungen der Verhältnismäßigkeit abgesehen, steht die Geeignetheit der Beobachtung eines solchen Kommunikationsforums als Instrument der relevanten Erkenntnisgewinnung außer Frage: Denn ungeachtet der überschießenden Informationen ermöglicht sie Erkenntnisse über das konkrete Verhalten von verfassungsfeindlichen Beobachtungsobjekten, etwa welche Organisationen und Zusammenkünfte sie aufsuchen, ob und wie sie dort versuchen, ihre verfassungsfeindlichen Haltungen zu platzieren usw. Das vorliegende Beispiel veranschaulicht den bereits angesprochenen Unterschied zwischen einer Person als Beobachtungsobjekt und als datenschutzrechtlich betroffene Person (→ Rn. 3).

Was **polizeiliche Überwachungsmaßnahmen** anbelangt, ist die Geeignetheit bereits **68** zahlreicher Überwachungsinstrumente bezweifelt worden, jüngst etwa bei der molekularen Untersuchung von Spurenmaterial zu präventivpolizeilichen Zwecken.[268] Jedenfalls auf der abstrakten Ebene der Polizeigesetze und der StPO wird sie von der Rechtsprechung jedoch im Zweifelsfall mit der Begründung bejaht, die gesetzlich vorgesehene Maßnahme sei auch zur Erreichung des Ziels „nicht von vorneherein ungeeignet."[269] Bei eingriffsintensiven Maßnahmen mit Bedenken hinsichtlich der generellen Eignung verbindet die Rechtsprechung mit dem Hinweis auf eine besonderen **Beobachtungs- und gegebenenfalls Nachbesserungspflicht** – so etwa bei elektronischen Aufenthaltsüberwachung als Maßnahme der Führungsaufsicht[270] oder der GPS-Überwachung als strafprozessuale technische Observationsmaßnahme.[271]

3. Erforderlichkeit

Die Verarbeitung personenbezogener Daten ist nur erforderlich, **wenn weniger eingriffs- 69 intensive („mildere") Mittel nicht ausreichen,** um einen legitimen Zweck zu erreichen.[272] Angesichts der weiten Auslegung der Geeignetheit ist die Erforderlichkeitsprüfung im Polizeibereich häufig die erste ernstzunehmende grundrechtliche Hürde, die eine Überwachungsmaßnahme zu überwinden hat. So führt eine geringe Eignung bisweilen dazu, dass Maßnahme an der Erforderlichkeit scheitert.[273] Im Zusammenhang mit dem Sonderfall

---

[266] Zum Sachverhalt vgl. Spiegel v. 12.6.2006: Bespitzelter Professor: Verfassungsschutz räumt Fehler ein.
[267] Vgl. in Bezug auf die strategische Überwachung des Fernmeldeverkehrs BVerwG NVwZ 2014, 1666 (1668) Rn. 23 in Anlehnung an BVerfGE 100, 313 (366) = NJW 2000, 55.
[268] Vgl. etwa Bayerischer Landtag, Anhörung 38. KI 19.5.2021, Anlage 6 (Sachverständiger *Möstl*) S. 127; Anlage 8 (Sachverständiger *Poscher*) S. 181; Anlage 12 (Sachverständiger *Zöller*) S. 240. Generell für ein engeres Verständnis der Geeignetheit eintretend noch *Schwabenbauer* Grundrechtseingriffe 208 mwN. Ähnlich jüngst *Weißenberger* jurisPR-StrafR 4/2021 Anm. 2 unter C.
[269] S. jüngst BVerfGE 156, 63 (140 f.) Rn. 261 ff. = BeckRS 2020, 40592.
[270] Jüngst BVerfGE 156, 63 (141) Rn. 265 = BeckRS 2020, 40592.
[271] BVerfGE 112, 304 (316 f.) = NJW 2005, 1338.
[272] Vgl. BVerfGE 67, 157 (173) = NJW 1985, 121.
[273] Vgl. zB PAG-Kommission 2019, 48 sowie das Votum des Sachverständigen *Huber* in Bezug auf die molekulargenetische Untersuchung von Spurenmaterial nach Art. 32a BayPAG, vgl. Bayerischer Landtag, Anhörung 38. KI 19.5.2021, Anl. 96.

der strategischen Überwachung des Telekommunikationsverkehrs hat das BVerfG hingegen die Erforderlichkeit bejaht, weil „ohne die breit angelegte anlasslose Erfassung von Datenströmen und deren Auswertung ... entsprechende Informationen nicht gewonnen werden" könnten.[274] Hinsichtlich der nachrichtendienstlichen Gewinnung von personenbezogenen Daten ist diese Feststellung allerdings nicht verallgemeinerungsfähig in dem Sinne, dass die Erforderlichkeit oft eine eher leicht erfüllende Voraussetzung darstellen würde. Vielmehr bildet die Erforderlichkeit insbesondere ein maßgebliches Kriterium hinsichtlich der Auswahl aus verschiedenen Datenerhebungsformen, wie beispielsweise § 9 Abs. 1 S. 2 BVerfSchG für den nachrichtendienstlichen Bereich verdeutlicht. An Bedeutung kann die Erforderlichkeit zudem bei der weiteren Verarbeitung gewinnen, die sich an die Auswertung der erfassten Daten anschließt (s. auch → Rn. 16). Die Erforderlichkeit zur Aufgabenerfüllung begrenzt insbesondere die Speicherung personenbezogener Daten hinsichtlich des Umfangs und der Dauer der Aufbewahrung, vgl. etwa § 10 Abs. 1 Nr. 2, Abs. 3 BVerfSchG, § 19 Abs. 1 BNDG. Im Bereich heimlicher sicherbehördlichen Überwachungsmaßnahmen flankiert der Gesetzgeber das Erforderlichkeitsprinzip häufig mit **Subsidiaritätsklauseln,** um auf diese Weise eine sorgfältige grundrechtsfreundliche Auswahl zwischen verschiedenen Überwachungsinstrumenten sicherzustellen, vgl. zB § 100a Abs. 1 S. 1 Nr. 3 StPO, § 21 Abs. 3 S. 3 BPolG.[275]

4. Angemessenheit (Verhältnismäßigkeit im engeren Sinne)

70 Die Verhältnismäßigkeit im engeren Sinne verlangt, dass die **Maßnahmen in einem angemessenen Verhältnis zu dem Gewicht und der Bedeutung der betroffenen Grundrechte** stehen.[276] Die Klärung der Angemessenheitsfrage bildet häufig den Schwerpunkt gerichtlicher Entscheidungsbegründungen.

71 Dabei ist zunächst das **jeweilige Eingriffsgewicht der Überwachungsmaßnahme** zu festzustellen. Letztlich klärt das Eingriffsgewicht die Anforderungen an die Angemessenheit und die Normbestimmtheit.[277] Eine Überwachung mit extrem hohem Eingriffsgewicht kann bereits wegen drohender Verletzung der Menschenwürde von vornherein unzulässig sein (s. bereits → Rn. 59 ff.); im Übrigen müssen eingriffsintensive Maßnahmen auf hinreichend gewichtige Rechtsgüter gestützt werden.

72 Einen zusammenfassenden **Überblick über das Eingriffsgewicht der meisten heimlichen Überwachungsmaßnahmen** gibt die Entscheidung des BVerfG zum BKAG aus dem Jahr 2016.[278] Maßnahmen können eingriffsintensiv sein, weil sie spezifisch breitenwirksame Grundrechtsgefährdungspotenziale haben. Dazu zählen unter anderem Maßnahmen wie die strategische Auslands-Aufklärung,[279] die präventiv-polizeiliche Rasterfahndung,[280] die Pflicht zur Vorratsdatenspeicherung,[281] aber auch die potenziell massenhafte Erfassung personenbezogener Daten in Verbunddateien.[282] Eine besondere Eingriffsintensität erlangen einzelfallbezogene Maßnahmen vor Allem durch die Aussagekraft der erlangten Informationen. Als besonders eingriffsintensiv gelten die akustische und optische Wohnraumüberwachung[283] und die Onlinedurchsuchung von IT-Systemen, weil die Erkenntnisgewinnung tief in das Privatleben der jeweiligen Zielpersonen hineinreicht.[284] Auch

---

[274] Vgl. BVerfGE 154, 152 (241) Rn. 144 = NJW 2020, 2235.
[275] S. dazu *Schwabenbauer* in Lisken/Denninger PolR-HdB G Rn. 189 mwN.
[276] Vgl. bereits BVerfGE 67, 157, 173 = NJW 1985, 121 mwN.
[277] So ausdrücklich BVerfGE 141, 220, 269 Rn. 105 = NJW 2016, 1781.
[278] Vgl. BVerfGE 141, 220 ff. = NJW 2016, 1781, insbesondere S. 264 Rn. 90 ff.
[279] BVerfGE 154, 152, 241 Rn. 146 ff. = NJW 2020, 2235.
[280] BVerfGE 115, 320, 347 f. = NJW 2006, 1939.
[281] BVerfGE 125, 260, 316 ff. = NJW 2010, 833.
[282] So etwa die Antiterrordatei (ATD) und die Rechtsextremismusdatei (RED), vgl. BVerfGE 133, 277 (335 ff.) ab Rn. 138 = NJW 2013, 1499.
[283] BVerfGE 109, 279 (335 ff.) = NJW 2004, 999, BVerfGE 141, 220 (270) Rn. 107, 108 = NJW 2016, 1781.
[284] Grundlegend BVerfGE 120, 274 (328) = NJW 2008, 822; BVerfGE 141, 220 (270) Rn. 107, 108 = NJW 2016, 1781 vgl. jüngst BVerfG NJW 2021, 3033 Rn. 29.

Überwachungsmaßnahmen wie die der Telekommunikationsüberwachung[285] und der Telekommunikationsverkehrsdatenerhebung[286] haben eine hohe Eingriffsintensität, hinter der etwa die Observation durch einen GPS-Sender zurückbleibt.[287] Die strategische Überwachung des Telekommunikationsverkehrs weist insoweit Besonderheiten auf, weil sie einerseits eine extrem große Streubreite aufweist und tief in das Privatleben eindringt. Andererseits unterscheidet sie sich von einer gezielten Überwachung dadurch, dass sie mithilfe von Selektoren weniger zielgenau erfolgt.[288]

Mit dem Eingriffsgewicht der Maßnahme korrespondieren regelmäßig die **rechtsstaatlichen Anforderungen an die jeweiligen Befugnisse**. Im Grundsatz gilt auch für Nachrichtendienste das Erfordernis einer an konkrete Umstände anknüpfenden Eingriffsschwelle. Sie begrenzt Grundrechtseingriffe, bindet sie an objektivierbare Voraussetzungen und ermöglicht rechtsstaatliche Kontrollen anhand der gesetzlichen Kriterien.[289]

Wesentliche Voraussetzungen einer individualbezogenen Überwachung betreffen zunächst die **Eingriffsschwelle,** die auf den **Schutz hinreichend gewichtiger Rechtsgüter** begrenzt sein muss.[290] Zugleich muss der Gesetzgeber **Wahrscheinlichkeitsanforderungen** formulieren, unter denen eine eingriffsintensive heimliche Überwachungsmaßnahme gestattet ist. Ein Beispiel für eine derartige Befugnis gibt – jedenfalls im Grundsatz – § 3 Abs. 1 S. 1, Abs. 2 G 10: Eine Telekommunikationsüberwachung ist danach nur gestattet, wenn sie zur Bewehrung gegen Katalogstraftaten erfolgt. Zugleich müssen tatsächliche Anhaltspunkte für den Verdacht bestehen, dass die Zielpersonen der Maßnahme in die Planung oder Begehung einer solchen Straftat verstrickt ist. Vergleichbares erlaubt § 3 Abs. 1 S. 2 G 10 in Bezug auf Mitglieder von Vereinigungen, die sich gegen die freiheitliche demokratische Grundordnung, den Bestand oder die Sicherheit des Bundes oder eines Landes richten.[291] Mit erheblichen Grundrechtseingriffen einhergehen zudem **besondere Zweckbindungen**, wie sie etwa in § 4 oder § 6 G 10 vorgesehen sind. Zur Absicherung der Zweckbindung sehen diese Vorschriften eine **Kennzeichnung** solcher Daten vor, die aus heimlichen Überwachungsmaßnahmen gewonnen wurden. Das bayerische Polizeirecht ordnet die Kennzeichnung – unabhängig von einer heimlichen Erhebung – generell für die polizeiliche Verarbeitung sensibler Daten an, vgl. Art. 30 Abs. 2 BayPAG.

Aus dem Verhältnismäßigkeitsgrundsatz folgen zudem **verfahrensrechtliche Anforderungen** an die Maßnahmen.[292] Die Zulässigkeit eingriffsintensiver Maßnahmen ist hinreichend klar an eine vorherige Kontrolle durch eine unabhängige Instanz zu koppeln. Für präventivpolizeiliche und repressive Maßnahmen typisch ist die vorherige richterliche Anordnung,[293] wie sie für Eingriffe in die Unverletzlichkeit der Wohnung in Art. 13 Abs. 3 und 4 GG ausdrücklich vorgesehen ist. Das gilt beispielsweise auch für den polizeilichen Einsatz von sog. Bodycams, sofern Polizeikräfte mit ihnen grundrechtlich geschützten Wohnraum betreten.[294] Für die vorbeugende Kontrolle von nachrichtendienstlichen Überwachungsmaßnahmen haben sich die Gesetzgeber mit den parlamentarischen Kontrollgremien und G-10-Kommission bekanntlich für ein anderes Modell entschieden. Das akzeptiert die Rechtsprechung, soweit die Kontrollinstanz eine „gleiche Gewähr für ihre Unabhängigkeit und Neutralität bietet wie ein Richter."[295]

---

[285] BVerfGE 129, 208 (236 ff.) = NJW 2012, 833 bezogen auf die repressive TKÜ.
[286] BVerfGE 107, 299 (312 ff.) = NJW 2003, 1787.
[287] Vgl. BVerfGE 112, 304 (315 ff.) = NJW 2005, 1338, zur GPS-Überwachung s. auch EGMR NJW 2011, 1333 ff. (Uzun/Deutschland), zu Art. 8 EMRK.
[288] Vgl. iE BVerfGE 154, 152 (243 ff.) Rn. 146 ff. = NJW 2020, 2235.
[289] BVerfGE 154, 152 (245) Rn. 155, 156 = NJW 2020, 2235 mwN.
[290] Vgl. nur BVerfGE 141, 220 (270 f.) Rn. 106 ff. = NJW 2016, 1781 mwN.
[291] Zu Einzelheiten vgl. *Huber* in Schenke/Graulich/Ruthig G 10 § 3 Rn. 17, 18.
[292] Vgl. zB BVerfGE 120, 274 (331) = NJW 2008, 822; BVerfGE 118, 168 (202) = NJW 2007, 2464.
[293] Vgl. insbesondere BVerfGE 125, 260 (337 f.) = NJW 2010, 833; BVerfGE 141, 220 (275) Rn. 117 = NJW 2016, 1781.
[294] Vgl. *Ruthig* GSZ 2018, 12 (17) zu § 15c Abs. 5 POG NRW.
[295] So bereits BVerfGE 30, 1 (26 ff.) = NJW 1971, 275; BVerfGE 120, 274 (332) = NJW 2008, 822.

76 Einen gesteigerten Schutz vor heimlichen Überwachungsmaßnahmen beanspruchen **bestimmte Berufs- und Personengruppen,** deren Tätigkeit von Verfassung wegen eine besondere Vertraulichkeit voraussetzt.[296] Im Zusammenhang mit der strafprozessualen Regelung über den Schutz von Zeugnisverweigerungsberechtigten hat das BVerfG die differenzierten verfassungsrechtlichen Anforderungen an den Schutz solcher Gruppen vor Überwachungsmaßnahmen detailliert dargestellt.[297] § 3b G 10 bildet ein Beispiel, wie der Gesetzgeber versucht hat, diese Anforderungen im Bereich der nachrichtendienstlichen Überwachungsmaßnahmen umzusetzen. Einem gesteigerten Schutz unterliegen auch **Minderjährige,** wie sich u. a. aus strengeren Anforderungen an die Speicherung und Nutzung personenbezogener Daten ergibt, vgl. zB § 11 BVerfSchG, § 19 Abs. 2 BNDG.

77 Die Ausgestaltung sicherheitsbehördlicher Verarbeitung personenbezogener Daten muss bestimmte **Anforderungen an die Datensicherheit** erfüllen, deren Niveau vom jeweiligen Eingriffsgewicht der Verarbeitung abhängt.[298] Beispielsweise verweist § 27 Nr. 2 BVerfSchG insoweit auf die allgemeinen datenschutzrechtlichen Vorschriften im BDSG, insbesondere auf § 64 BDSG. Auf die einschlägige Fachliteratur sei hier nur verwiesen.[299]

5. Insbesondere: Grundrechtsschutz durch Verfahren

78 **a) Verwaltungsinterne technisch-organisatorische Maßnahmen.** Effektiver Grundrechtschutz beginnt bereits bei der **verwaltungsinternen Ausgestaltung der rechtmäßigen Vorgehensweise.** Grundrechtsschutz durch Verfahren setzt technische und organisatorische Maßnahmen voraus, welche die Einhaltung von rechtlichen Verarbeitungsvoraussetzungen unterstützen bzw. diese absichern, vgl. Art. 19 ff. JI-RL. Nach insoweit verbindlichem EU-Recht ist die zuständige Behörde als Verantwortliche für die Einhaltung der Datenschutzgrundsätze verantwortlich und muss deren Einhaltung nachweisen können, vgl. Art. 4 Abs. 4 JI-RL, Art. 19 Abs. 1 S. 1 JI-RL. Im Hinblick auf den technischen Datenschutz und die Sicherheit der Verarbeitung durch **Technikgestaltung** unterscheiden sich die für Sicherheitsbehörden geltenden Pflichten dabei nicht grundsätzlich von den Pflichten anderer Verantwortlichen, soweit sie dem EU-Datenschutzrecht unterliegen. Auch für Sicherheitsbehörden sind Vorschriften zum Datenschutz durch Technikgestaltung (Art. 20 JI-RL, zB § 71 BDSG), zu gemeinsam Verantwortlichen und Auftragsverarbeitern (Art. 21, 22 JI-RL, zB §§ 62, 63 BDSG), zum Verzeichnis von Verarbeitungstätigkeiten (Art. 24 JI-RL, zB § 70 BDSG), zur Kooperation mit Datenschutz-Aufsichtsbehörden (Art. 26 JI-RL, zB § 68 BDSG) zur Datenschutz-Folgenabschätzung (Art. 27 JI-RL, zB § 67 BDSG) und zur Sicherheit der Verarbeitung inklusive Meldepflichten bei Datenpannen (Art. 30 ff. JI-RL, zB §§ 64 ff. BDSG) vor. Zudem sind sie ebenfalls zur Benennung eines behördlichen Datenschutzbeauftragten verpflichtet (Art. 32 ff. JI-RL, zB §§ 5 ff. BDSG).

79 Einige Besonderheiten sieht die JI-RL für den sicherheitsbehördlichen Bereich vor. So enthält die JI-RL mit Art. 25 JI-RL[300] (auf Bundesebene umgesetzt zB durch § 64 BDSG sowie durch bereichsspezifische Regelungen wie etwa §§ 81, 82 BKAG) ausdrücklich eine Vorschrift, die sich ausschließlich mit der **Protokollierung** befasst, während diese im allgemeinen Datenschutzrecht als Maßnahme der Datensicherheit unter Art. 32 Abs. 1 lit. d DS-GVO zu subsumieren wäre,[301] aber nur in einem Erwägungsgrund beiläufig und nicht im Zusammenhang mit Art. 32 DS-GVO erwähnt wird (EG 30 DS-GVO). Die Protokollierung soll nach Art. 29 Abs. 2 JI-RL ausschließlich zur Überprüfung der Recht-

---

[296] StRspr, vgl. zB BVerfGE 141, 220 (281) Rn. 131–133 = NJW 2016, 1781.
[297] Vgl. iE BVerfGE 129, 208 (258 ff.) = NJW 2012, 833.
[298] StRspr, ausführlich etwa BVerfGE 125, 260 (325 ff.) = NJW 2010, 833.
[299] Vgl. zB *Kühling/Buchner,* DSGVO/BDSG, 3. Aufl. 2020; *Simitis/Hornung/Spiecker gen. Döhmann,* Datenschutzrecht, 2. Aufl. (im Erscheinen).
[300] Vgl. § 76 BDSG als Umsetzungsnorm.
[301] Vgl. etwa *Hansen* in Simitis/Hornung/Spiecker gen. Döhmann, Datenschutzrecht, 2019, DSGVO Art. 32 Rn. 71.

mäßigkeit der Datenverarbeitung, der Eigenüberwachung, der Sicherstellung der Integrität und Vertraulichkeit der personenbezogenen Daten sowie für Strafverfahren verwendet werden. Aus dem Normzusammenhang ergibt sich, dass mit der Verwendung für Strafverfahren nicht jedwede Nutzung der Daten zu Zwecken der Bekämpfung von Straftaten gemeint ist. Vielmehr sollen die Protokolldaten (nur) in Strafverfahren eingeführt werden können, die im Zusammenhang mit einem missbräuchlichen Datenzugriff stehen.[302] Derartige Protokollierungen nimmt insbesondere die Polizei mittlerweile auch aus Eigeninteresse vor, um sogenannte **„Neugierabfragen"** von einzelnen Bediensteten zu unterbinden. Dabei geht es allerdings nicht nur privat-persönliche Kontaktfragen,[303] sondern auch um Datendurchstechereien in kriminelle Milieus.[304] In den Medien thematisiert wurden dienstlich nicht veranlasste Datenabfragen aus polizeilichen Datenbanken etwa im Zusammenhang mit der hessischen „NSU 2.0"-Affäre.[305]

Von der Protokollierung zu unterscheiden sind **Dokumentationspflichten** der Sicherheitsbehörden. Sie betreffen weniger Aspekte der Datensicherheit, sondern dienen vielmehr der Erfüllung von Rechenschaftspflichten iSd Art. 4 Abs. 4 JI-RL, Art. 19 Abs. 1 S. 1 JI-RL. So können die zuständigen Behörden zwar nach Art. 15 Abs. 1–3 JI-RL zwar eine Auskunft gegenüber der betroffenen Person verweigern. In besonders Einzelfällen kann dies sogar ohne Begründung geschehen, wenn die Begründung der Auskunftsverweigerung den Zwecken zuwiderliefe, zu denen die Auskunft nicht erteilt wurde. In diesen Fällen sind die Gründe für diese Entscheidung zu dokumentieren. Ähnliche Dokumentationspflichten gelten beispielsweise für die Übermittlung an Drittländer ohne angemessenes Datenschutzniveau, Art. 37 Abs. 3 JI-RL, Art. 38 Abs. 3 JI-RL. Nach deutschem Recht zu dokumentieren ist auch die Löschung von kernbereichsrelevanten Daten der Dokumentationspflicht (vgl. zB § 34 Abs. 2 BKAG, § 79 Abs. 1 S. 2 BKAG) oder eine Begründung der Gefahr im Verzug bei grundsätzlich dem Richtervorbehalt unterliegenden Maßnahmen.[306] Dokumentationen dienen regelmäßig ausschließlich der internen Datenschutzkontrolle oder der externen Rechtmäßigkeitskontrolle etwa durch die Datenschutzaufsichtsbehörde oder durch ein Gericht.

Als Spezifikum der sicherheitsbehördlichen Verarbeitung hervorzuheben sind **Errichtungsanordnungen**[307] bzw. **Dateianordnungen.** Teilweise wurden sie in Polizeigesetzen durch die EU-rechtlich nach Art. 24 JI-RL vorgegebenen Verzeichnisse der Verarbeitungstätigkeiten ersetzt, teilweise auch ergänzt, vgl. zB § 80 BKAG. Als Verwaltungsvorschriften[308] legen sie für bestimmte Dateien ua konkret fest, welcher Anlass die Speicherung rechtfertigt, welche Personen datenschutzrechtlich betroffen sind, welche Kategorien personenbezogener Daten für wie lange erfasst dürfen. Zudem sorgt die Errichtungsanordnung rechtlich für eine Begrenzung der zugriffsberechtigten Personen. Insbesondere sollen Errichtungs- und Dateianordnungen unter anderem dafür sorgen, dass der Verantwortliche vor Beginn einer beabsichtigten Verarbeitung personenbezogener Daten den zulässigen Verarbeitungszweck festlegt und dafür sorgt, dass die Verarbeitung in diesem Rahmen bleibt, vgl. zB § 14 BVerfSchG.

Ungeachtet der rechtlichen Zulässigkeit als solcher dürfte vor der Einführung von polizeilichen Massendatenverarbeitungen (zB Rasterfahndung, Kennzeichenerfassung), ver-

---

[302] Zu Sanktionierung von Neugierabfragen vgl. *Dieterle* ZD 2020, 135.
[303] Vgl. zB VG Trier Beschl. v. 14.5.2013 – 3 L 388/13 Rn. 20, BeckRS 2013, 56504.
[304] Vgl. zB BlnBDI Jahresbericht 2018, Nr. 3.1 (S. 55 f.): Nutzung polizeilicher Daten zur Erstellung von Drohbriefen.
[305] Dazu vgl. beck-aktuell: Unklare Datenabfragen am Polizeirechner: Wie kann das passieren? Becklink 2017059. Danach sollen im Jahr 2018 mehr als 400 Ordnungswidrigkeiten, Strafverfahren oder Disziplinarverfahren wegen polizeidienstlich nicht veranlasster Abfragen durchgeführt worden sein.
[306] Ausführlich zB BVerfGE 103, 142 (159 ff.) = NJW 2001, 1121 zur Dokumentation einer nichtrichterlichen Durchsuchungsanordnung nach § 102 StPO.
[307] Vgl. etwa § 12 BKAG.
[308] Einzelheiten bei *Müller/Schwabenbauer* in Lisken/Denninger PolR-HdB G Rn. 1045 ff. sowie *Arzt* in Schenke/Graulich/Ruthig BPolG § 36 BPolG *und* Arzt in Schenke/Graulich/Ruthig ATDG § 12.

dachtsunabhängigen Kontrollen (Schleierfahndung, strategische Fahndung[309])[310] oder Maßnahmen der automatisierten Verdachtsgenerierung (zB Predictive Policing[311], Data Mining ebenso wie automatisierte Gesichtserkennung[312]) insbesondere die **Datenschutz-Folgenabschätzung** an Bedeutung gewinnen. Sie verlangt eine verwaltungsinterne Vorabkontrolle, welche Risiken für die grundrechtlichen Interessen etwaig betroffener Personen entstehen und wie sie wirksam begrenzt werden können, vgl. Art. 27 JI-RL, § 67 BDSG.[313] In einer jüngeren Entscheidung hat das Bundesverfassungsgericht ausführlich auf die mögliche Relevanz einer Datenschutz-Folgenabschätzung für die Beurteilung der Verfassungskonformität eingriffsintensiver Maßnahmen hingewiesen.[314]

83 **b) Transparenz, insbesondere datenschutzrechtliches Auskunftsrecht.** Schließlich sind aus dem Verhältnismäßigkeitsgrundsatz Anforderungen an die Transparenz der Erhebung und weiteren Verarbeitung personenbezogener Daten, an den individuellen Rechtsschutz und die aufsichtliche Kontrolle abzuleiten. Diese Grundanforderungen stehen in einer engen inhaltlichen Wechselbeziehung.[315] Will man nicht die Aufgabenerfüllung der Dienste infrage stellen, liegt es im Zusammenhang mit der nachrichtendienstlichen Informationssammlung allerdings auf der Hand, dass nur ein **Mindestmaß an Transparenz** gewährleistet werden kann. Für Nachrichtendienste gilt nicht der Grundsatz der offenen Datenerhebung, wie er überwiegend in den Polizeigesetzen ausdrücklich verankert ist.[316] Gleichwohl ist die betroffene Person nach den eingriffsintensiven heimlichen Maßnahmen (insbesondere Eingriffe in Art. 10 Abs. 1 GG, Art. 13 Abs. 1 GG) zu benachrichtigen, sobald der Zweck des Eingriffs durch die **Benachrichtigung** nicht mehr gefährdet wird, vgl. zB § 9 Abs. 3 Nr. 1 BVerfSchG. Ohne ihre Kenntnis ist ein Rechtsschutz gegen Überwachungsmaßnahmen praktisch erschwert oder gar nicht möglich. Etwaige Geheimhaltungsinteressen können es allenfalls rechtfertigen, dass Sicherheitsbehörden in besonders gelagerten Einzelfällen absehen können. Ausnahmen sind auf das unbedingt Erforderliche zu beschränken.[317]

84 Das **allgemeine Datenschutzrecht** konkretisiert das Persönlichkeitsrecht dahingehend, dass ein nahezu voraussetzungsloser **Auskunftsanspruch der betroffenen Person gegenüber dem Verantwortlichen** besteht, ohne dass dieses Informationsanliegen näher begründet werden müsste, vgl. Art. 15 DS-GVO. Nach Art. 14 JI-RL gilt dieser Grundsatz auch für den Bereich der Bekämpfung von Straftaten. Das Auskunftsrecht kann allerdings aus den sicherheitsrechtlichen Gründen zB des Art. 23 Abs. 1 lit. a–d DS-GVO iVm § 34 Abs. 1 BDSG, § 33 Abs. 1, 3 BDSG bzw. Art. 15 Abs. 1 JI-RL iVm § 84 BKAG iVm § 57 Abs. 3 BDSG, § 56 Abs. 2 BDSG bzw. den entsprechenden Landesdatenschutzvorschriften oder nach sonstigen Polizeigesetzen eingeschränkt werden. Dass Auskunftsrechte insbeson-

---

[309] Die strategische Fahndung beinhaltet Kontrollmaßnahmen auf Basis von Lageerkenntnissen gegenüber an bestimmten Orten angetroffenen Personen ohne Rücksicht auf eine individuelle Gefahrdiagnose, vgl. § 12a Abs. 1 PolG NRW. Zu verfassungsrechtlichen Problemen vgl. *Fock/Möhle* GSZ 2021, 170 ff.

[310] Ganz allgemein bergen verdachtsunabhängige Kontrollen ein gewisses Risiko, dass Polizeikräfte aufgrund ihres Vorverständnisses diskriminierungsgeneigt Personen kontrollieren. Zur Problematik und zu Lösungsansätzen vgl. *Walter* Kriminalistik 2020, 240 ff.

[311] In der von Algorithmen gesteuerten Verdachtsgenerierung dürfte ein datenschutzrechtliches Hauptproblem des Predictive Policing liegen, vgl. *Kuhlmann/Trute* GSZ 2021, 103 (110); Datenschutzkonferenz, Entschließung vom 18./19.3.2015: Big Data zu Gefahrenabwehr und Strafverfolgung: Risiken und Nebenwirkungen beachten! Zum Anwendungsbeispiel „Precobs" vgl. *Petri* in Tinnefeld/Buchner/Petri/Hof, Einführung in das Datenschutzrecht, 2019, Abschnitt 3.3, S. 355 ff. Rn. 65 ff.

[312] S. dazu VG Hamburg BeckRS 2019, 40195 mit zu Recht krit. Anmerkung von *Mysegades* NVwZ 2020, 852 (854). Zur Problematik der automatisierten Gesichtserkennung als Verarbeitung biometrischer Merkmale vgl. *Petri* GSZ 2018, 144.

[313] Einzelheiten zB bei *Schwichtenberg* in Kühling/Buchner BDSG § 67 Rn. 1 ff.

[314] BVerfG NVwZ 2021, 1361 (1365 f.) Rn. 56 ff.

[315] Vgl. dazu zB BVerfGE 125, 260 (334 f.) = NJW 2010, 833, BVerfGE 133, 277 (365 ff.) = NJW 2013, 1499; BVerfGE 141, 220 (282 ff.) Rn. 134 ff. = NJW 2016, 1781.

[316] Vgl. dazu BVerfGE 133, 277 (328) Rn. 121 = NJW 2013, 1499.

[317] Vgl. BVerfGE 141, 220 (283) Rn. 136 = NJW 2016, 1781 mwN.

dere im Zusammenhang mit der Terrorismusbekämpfung häufig auf Grundlage zB § 34 BDSG eingeschränkt werden, nimmt zwar dem Betroffenenrecht auf Auskunft in tatsächlicher Hinsicht die Wirksamkeit. Diese Beschränkung wurde aber gleichwohl für die frühere Rechtslage im Grundsatz gebilligt.[318]

c) Insbesondere Auskunftsanspruch gegenüber Nachrichtendiensten. Im Grundsatz muss eine betroffene Person ihr Auskunftsersuchen auch gegenüber Sicherheitsbehörden nicht näher begründen. Hiervon weicht allerdings das Auskunftsrecht der betroffenen Person gegenüber den Nachrichtendiensten nach § 15 BVerfSchG oder § 22 S. 1 BNDG iVm § 15 BVerfSchG ab. Diese Vorschriften machen eine Auskunftspflicht des Nachrichtendienstes generell davon abhängig, ob die betroffene Person auf einen konkreten Sachverhalt hinweist und ein besonderes Interesse an der Auskunft darlegt, § 15 Abs. 1 S. 1 BVerfSchG. Diese Darlegungslast führt dazu, dass die betroffenen Personen einen Auskunftsanspruch relativ selten erfolgreich begründen können. Was die **Darlegung eines konkreten Sachverhalts** anbelangt, setzt sie voraus, dass die betroffene Person bereits über bestimmte Informationen verfügt, um einen Sachverhalt darlegen zu können, der nicht als unspezifischer Ausforschungsantrag ausgelegt werden kann.[319] Der Sache nach läuft diese Voraussetzung auf eine grundrechtlich problematische Obliegenheit hinaus, selbstbelastende Tatsachen über sich gegenüber dem Nachrichtendienst zu offenbaren. Ein „**besonderes Interesse an der Auskunft**" kann etwa darin bestehen, dass die antragstellende Person eine Berufstätigkeit anstrebt, bei der eine Sicherheitsüberprüfung durch das zuständige Amt zu erwarten ist. Häufig werden die Betroffen allerdings nachvollziehbar darzulegen haben, dass der Nachrichtendienst sie erfasst haben könnte. Wie streng die Darlegungsanforderungen in der Auslegung durch die Nachrichtendienste und die Fachgerichtsbarkeit sind,[320] lässt sich an der Anzahl der der *erfolgreichen* Klagen erahnen: Soweit ersichtlich hat das BVerwG seit dem Jahr 1990[321] bis zum Jahr 2020 in nur zwei publizierten Fällen angenommen, dass der Kläger seine Darlegungslast erfüllt habe.[322] Erfüllt die betroffene Person die Darlegungsvoraussetzungen, steht ihr ein Anspruch auf Mitteilung der sie betreffenden gespeicherten personenbezogenen Daten zu, es sei denn, der Auskunftserteilung stehen Verweigerungsgründe nach § 15 Abs. 2 BVerfSchG entgegen. Abgesehen von § 15 Abs. 1 S. 2, Abs. 2 BVerfSchG ist es für den datenschutzrechtlichen Auskunftsanspruch dabei irrelevant, ob die Daten in Dateien oder Akten gespeichert sind. Entsprechendes gilt für die Frage, ob sich die Daten in einer Personenakte der betroffenen Person oder in einer Sachakte befinden.[323]

Umso größere Bedeutung kommt der Frage zu, wie ein Nachrichtendienst mit Auskunftsersuchen zu verfahren hat, welche die Anforderungen des § 15 Abs. 1 S. 1 BVerfSchG nicht erfüllen. Nach grundrechtskonformer Auslegung entfällt dann zwar die Auskunftspflicht, der Dienst hat aber nach Maßgabe des Zwecks der Regelung ein Ermessen fallbezogen auszuüben, ob und in welchem Umfang er gleichwohl Auskunft erteilt. Ein **Auskunftsantrag ohne nähere Darlegungen** kann also mitnichten pauschal oder mit floskelhafter Begründung als unzureichend begründet abgelehnt werden.[324]

Allerdings gibt es Fallkonstellationen, in denen das **behördliche Ermessen im Sinne einer Ablehnung vorgezeichnet** ist. Das gilt etwa für Auskunftsbegehren, die auf die **Herkunft oder die Empfänger von Daten** abzielen. Insoweit folgt aus § 15 Abs. 3 BVerfSchG die gesetzgeberische Wertung, dass die Offenlegung von Quellen und Daten-

---
[318] Vgl. BVerfGE 141, 220 (321) Rn. 264 = NJW 2016, 1781.
[319] Krit. auch *Bergemann* in Lisken/Denninger PolR-HdB H Rn. 181; sowie *Mast* NVwZ 2016, 1490 (1491) zur Darlegungslast bei Auskünften hinsichtlich der Datenherkunft.
[320] Entgegen dem Appell des Bundestags, *keine allzu strengen* Anforderungen zu stellen, BT-Drs. 12/4094, 3.
[321] § 15 Abs. 1 S. 1 BVerfSchG wurde mit Gesetz vom 20.12.1990 beschlossen, vgl. BGBl 1990 I 2954, und ist seither unverändert geblieben.
[322] BVerwG NVwZ 2018, 590 (591 Rn. 17); BVerwGE 130, 29 = BeckRS 2008, 32051.
[323] BVerwG NVwZ 2018, 590 (591 Rn. 18) mwN.
[324] BVerfG NVwZ 2001, 185 (185); vgl. BVerwG GSZ 2021, 83 (84) Rn. 9 mwN.

empfängern generell geeignet ist, die Erfüllung nachrichtendienstlicher Aufgaben zu gefährden. Die Mitteilung gespeicherter Daten würde dann dieser gesetzgeberischen Wertung widersprechen („intendiertes Ermessen").[325] In solchen Fällen muss der Dienst nur dann eine ergebnisoffene Ermessensabwägung vornehmen, wenn der Betroffene darlegt, dass ihm durch die Verweigerung der Auskunft gewichtige persönliche Nachteile entstehen.[326]

88 Ein solches **intendiertes Ermessen** ist gemäß der Rechtsprechung **im Hinblick auf § 15 Abs. 1 S. 2 BVerfSchG abzulehnen**. Diese Vorschrift erstreckt die Auskunftspflicht zu personenbezogenen Daten in Akten lediglich auf Daten, die über eine Speicherung gem. § 10 Abs. 1 BVerfSchG auffindbar sind. Die Gesetzesbegründung[327] zu § 15 Abs. 1 S. 2 BVerfSchG führt dazu aus:

> „Die Auskunft beschränkt sich nicht auf Daten in einer zur Person geführten Akte, sondern kann auch Informationen aus Sachakten betreffen. Insoweit ist aber Voraussetzung, dass diese Information durch einen gemäß § 10 Absatz 1 im NADIS gespeicherten Nachweis auffindbar ist. Diese Regelung findet einen angemessenen Ausgleich zwischen dem Auskunftsinteresse des Betroffenen, das sich im Wesentlichen auf die gezielte Speicherung zu seiner Person bezieht, und dem Aufwand des Bundesamtes für die Auskunftserteilung. Hinsichtlich der mit einer NADIS-Speicherung personenbezogen erfassten Informationen besteht die typische Gefahrenlage, der das Recht auf informationelle Selbstbestimmung begegnet. Das BfV ist in der Lage, auf diese Informationen kurzfristig zuzugreifen und sich mit ihrer Hilfe ein Bild von dieser Person zu machen. Einen diesbezüglichen Auskunftsanspruch zu erfüllen, ist für das BfV grundsätzlich mit keinem unverhältnismäßigen Verwaltungsaufwand verbunden. Hinsichtlich der Informationen, bei denen es an einer Verknüpfung mit der Person des Betroffenen über eine NADIS-Speicherung fehlt, ist die Interessenlage hingegen eine andere. Die Durchsicht der in Betracht kommenden Vorgänge zur Erfüllung des Auskunftsbegehrens würde in vielen Fällen einen erheblichen Aufwand erfordern, dem ein deutlich geringeres Interesse des Betroffenen an dieser Auskunft gegenübersteht, weil die aufgezeigte typische Gefahrenlage kaum gegeben ist."

Gut nachvollziehbar hat das BVerwG insoweit klargestellt, dass die Vorschrift letztlich nur der Arbeitsentlastung der Nachrichtendienste dient, die nicht existentiell für die Gewährleistung der nachrichtendienstlichen Aufgabenerfüllung sei. Ihr lasse sich dementsprechend nicht die Wertung entnehmen, die Nachrichtendienste könnten den betroffenen Personen nicht in NADIS aufgenommene Daten ohne Abwägung des Für und Wider vorzuenthalten.[328] Die hieran teilweise geübte Kritik aus der Ministerialverwaltung[329] verkennt, dass der Auskunftsanspruch für das Recht auf informationelle Selbstbestimmungsrecht von grundlegender Bedeutung ist und deshalb schon von Verfassung wegen jedenfalls nicht pauschal mit dem Argument der damit verbundenen Arbeitsbelastung abgelehnt werden *kann*.[330] Zudem kann der Nachrichtendienst das Auskunftsersuchen ermessensfehlerfrei ablehnen, wenn er nach Abwägung die Notwendigkeit eines aufwändigen, aber wenig erfolgversprechenden Verwaltungsaufwands darlegt. In diesem Sinne liegt eine Ablehnung nahe, wenn die betroffene Person ihr Anliegen nicht eingegrenzt hat, sondern ohne weitere Begründung sämtliche über sie gespeicherte Daten verlangt.[331]

89 Auskunftsersuchen zur Datenspeicherung in **Verbunddateien oder sonstigen gemeinsamen Dateien** haben ein weiteres Problem zu bewältigen. Soweit das Bundesamt für Verfassungsschutz projektbezogene gemeinsame Dateien errichtet, bestimmt § 22a Abs. 3 BVerfSchG, dass das Bundesamt – im Einvernehmen mit den jeweils datenschutzrechtlich verantwortlichen Behörden Auskunft erteilt. Anderes gilt hingegen für gemeinsame Dateien mit ausländischen Nachrichtendiensten: Selbst wenn das Bundesamt nach § 22b BVerfSchG die gemeinsame Datei errichtet, erteilt es nach Abs. 7 S. 3 ausschließlich zu den selbst eingegebenen Daten Auskunft. Entsprechendes gilt für gemeinsame Dateien,

---

[325] BVerwG GSZ 2021, 83 (84) Rn. 11.
[326] BVerwG GSZ 2021, 83 (84) Rn. 11, BVerwG NVwZ 2016, 1487 Rn. 22 f.
[327] BT-Drs. 18/46/54, 31.
[328] BVerwG GSZ 2021, 83 (85) Rn. 16, 17.
[329] Vgl. etwa *Schnöckel* GSZ 2021, 86 ff.
[330] Darauf weist das BVerwG GSZ 2021, 83, 86 Rn. 20 sinngemäß hin.
[331] Vgl. dazu *Tegethoff* jurisPR-BVerwG 8/2021, Anm. 5 unter D.

an denen das Bundesamt teilnimmt, vgl. § 22c S. 2 BVerfSchG. Der Sache nach laufen diese Vorschriften darauf hinaus, dass das Bundesamt die Auskunft erteilt, *von ihm* würden keine Daten gespeichert. Dieses Auskunftsverhalten ist von der Rechtsprechung gedeckt, wonach der Inhalt der Auskunft (nur) mit dem Inhalt der beim Nachrichtendienst gespeicherten Daten übereinstimmen muss.[332] Speicherungen anderer Behörden werden weder beauskunftet noch erhalten die Betroffenen einen Hinweis auf deren Existenz, weil der Auskunftsanspruch sich nicht auf Herkunft und Adressaten der Daten erstreckt. Mit anderen Worten entspricht die Auskunft zwar der Wahrheit, erzeugt bei den Auskunftsadressaten gleichwohl zumeist die Fehlvorstellung, dass über sie generell nichts erfasst sei. Eine ähnliche Problematik stellt sich vor dem Hintergrund des § 15 Abs. 3 BVerfSchG auch bei Auskünften zu Eintragungen im Verbundsystem NADIS: Soweit die Ämter selbst keine personenbezogenen Daten in NADIS eingespeichert haben, können sie aber die von anderen Diensten eingegebenen Daten jederzeit abrufen. Die Daten sind also für sie jederzeit verfügbar.[333] Auch wenn man akzeptiert, dass Nachrichtendienste ein schutzwürdiges Interesse an der Geheimhaltung ihrer Quellen und ihrer Kooperationspartner haben, ist nicht zu übersehen, die betroffene Person bei allen an NADIS beteiligten Nachrichtendiensten nachfragen muss – unter dem Gesichtspunkt des effektiven Grundrechtsschutzes eine unzumutbare Obliegenheit. Insofern wäre es de lege ferenda dringend zu befürworten, den Auskunftsanspruch nach § 15 BVerfSchG im Sinne einer Regelung der gemeinsamen Verantwortlichkeit nach Art. 21 JI-RL weiterzuentwickeln.

Unterbleibt eine Auskunft ganz oder teilweise, weil ihr überwiegende Geheimhaltungsgründe entgegenstehen, weisen Nachrichtendienste oft darauf hin, dass die Ablehnung der Auskunftserteilung keiner Begründung bedürfe. Das trifft allerdings nur zu, soweit durch die Auskunftserteilung der Zweck der Auskunftsverweigerung gefährdet würde, vgl. zB § 15 Abs. 4 S. 1 BVerfSchG. In einem solchen Fall ist auf die Möglichkeit hinzuweisen, die Datenschutz-Aufsichtsbehörde anzurufen, § 15 Abs. 4 S. 3 BVerfSchG. Unabhängig hiervon muss die Sicherheitsbehörde die Gründe für eine Auskunftsverweigerung aktenkundig machen, § 15 Abs. 4 S. 2 BVerfSchG. 90

d) Rechtsschutz. Die sicherheitsbehördliche heimliche Verarbeitung personenbezogener Daten entspricht nur dem Verhältnismäßigkeitsgrundsatz, wenn insbesondere hinsichtlich der zu erfassenden Daten und ihrer Nutzungsmöglichkeiten eine hinreichend qualifizierte Kontrolle gewährleistet ist.[334] Die verhältnismäßige Ausgestaltung von eingriffsintensiven heimlichen Überwachungsmaßnahmen setzt in aller Regel die Gewährleistung eines effektiven Rechtsschutzes und **adäquater Sanktionen für etwaiges Fehlverhalten**[335] voraus. Die grundrechtlichen Erfordernisse korrespondieren mit der Rechtsschutzgarantie aus Art. 19 Abs. 4 GG. 91

Allerdings genügt der allgemeine gerichtliche Rechtsschutz nicht, wenn die betroffenen Personen aufgrund der Heimlichkeit einer Maßnahme nicht von ihr erfahren und schon deshalb keine zureichende Möglichkeit erhalten, sie gerichtlich oder aufsichtsbehördlich überprüfen zu lassen. Für schwerwiegende, insbesondere **für heimliche Grundrechtseingriffe** verlangt die verfassungsgerichtliche Rechtsprechung daher die Einrichtung einer **vorbeugenden Kontrolle durch eine unabhängige Instanz**.[336] Solche Maßnahmen wie etwa Beschränkungen der Unverletzlichkeit der Wohnung aus Art. 13 GG oder des Telekommunikationsgeheimnisses aus Art. 10 Abs. 1 GG sind im Allgemeinen unter den Vorbehalt richterlicher Anordnung zu stellen. Das BVerfG schreibt den Gerichten die 92

---

[332] BVerwG NVwZ 2018, 590 (591) Rn. 19.
[333] Vgl. dazu BayLfD, https://www.datenschutz-bayern.de/faq/FAQ-verfassungsschutz.html.
[334] Vgl. zB BVerfGE 133, 277 (334) Rn. 134 = NJW 2013, 1499; BVerfGE 125, 260 (325) = NJW 2010, 833.
[335] Dazu vgl. zB BVerfGE 125, 260 (337) = NJW 2010, 833; zur Verhängung von Sanktionen wegen dienstwidriger Inanspruchnahme polizeilicher Auskunftssysteme s.ua OVG NRW (Disziplinarsenat), Urt. v. 11.9.2019 – 3d A 2395/17.O mwN.
[336] Vgl. BVerfGE 120, 274 (331) = NJW 2008, 822; BVerfGE 125, 260 (337) = NJW 2010, 833.

Fähigkeit zu, „aufgrund ihrer persönlichen und sachlichen Unabhängigkeit und ihrer ausschließlichen Bindung an das Gesetz" am ehesten die Betroffenenrechte im Einzelfall zu wahren.[337] Scheidet der individuelle Rechtsschutz aufgrund der Heimlichkeit der Maßnahme aus, sind die Gründe für eine hinausgeschobene Benachrichtigung regelmäßig gerichtlich zu überprüfen.[338]

93 **e) Insbesondere Kontrolle der Nachrichtendienste.** Allerdings hat der Gesetzgeber im Hinblick auf **nachrichtendienstliche Eingriffe** in Telekommunikationsgeheimnis mit den §§ 14–16 G 10 zum **parlamentarischen Kontrollgremium**[339] und der **G10-Kommission**[340] eine andere Lösung entwickelt. Diese gleichfalls spezifisch auf die jeweilige Maßnahme bezogene Kontrolle durch ein von der Volksvertretung bestelltes Organ oder Hilfsorgan hat das BVerfG bereits frühzeitig im Grundsatz akzeptiert.[341] Diese vorbeugende Kontrolle ist mit strengen verfassungsrechtlichen Anforderungen an Prüfung, Inhalt und Begründung der jeweiligen Anordnung zu verbinden.[342] Unabhängig von der verfassungsrechtlichen Beurteilung der Konzeption wird es – nicht zuletzt vor dem Hintergrund der NSU-Morde – kontrovers diskutiert, ob die gegenwärtige Ausgestaltung der Kontrolle durch G10-Kommissionen im Zusammenwirken mit dem parlamentarischen Kontrollgremium sowie anderen Kontrollorganen[343] noch zeitgemäß erscheint bzw. inwieweit sie weiterentwickelt werden kann.[344] Angeregt wurde unter anderem die ergänzende Einführung eines „Nachrichtendienstbeauftragten" bzw. die Ersetzung des Parlamentarischen Kontrollgremiums durch einen „ständigen Ausschuss für die Kontrolle der Nachrichtendienste".[345] Letztlich sind die auf *Ersetzung* der parlamentarischen Kontrolle abzielenden Reformansätze bislang verworfen worden, hauptsächlich mit der Erwägung, dass sich das Parlament damit seiner politischen Verantwortung begebe.[346]

94 Nach § 15 Abs. 5 S. 1 G 10 entscheidet die **G 10-Kommission** „auf Grund von Beschwerden" über die Zulässigkeit und Notwendigkeit von Beschränkungsmaßnahmen, die sich auf den Telekommunikationsverkehr beziehen. Der Fachliteratur entsprechend löst die Beschwerde eine Prüfung von Amts wegen durch die Kommission aus, ob entsprechende Beschränkungsmaßnahmen angeordnet sind oder waren.[347] Nach § 5 Abs. 2 S. 3 GeschO der G 10-Kommission[348] wird die beschwerdeführende Person schriftlich beschieden. Dabei hat die Kommission ihre Geheimhaltungspflichten nach § 15 Abs. 2 G 10 zu beachten. Falls in Bezug auf die betroffene Person keine Überwachungsmaßnahme stattgefunden hat oder wenn sie nach Einschätzung der G 10-Kommission

---

[337] Vgl. BVerfGE 77, 1 (51) = BeckRS 9998, 33986; BVerfGE 103, 142 (151) = NJW 2001, 1121; BVerfGE 120, 274 (332) = NJW 2008, 882; BVerfGE 125, 260 (338) = NJW 2010, 833.
[338] BVerfGE 141, 220 (283) Rn. 136 = NJW 2016, 1781.
[339] Vgl. dazu auch *Bergemann* in Lisken/Denninger PolR-HdB H Rn. 171 f.; *Bartodziej* in Dietrich/Eiffler NachrichtendiensteR-HdB 1558 ff. Rn. 45 ff.
[340] Vgl. dazu auch *Bergemann* in Lisken/Denninger PolR-HdB H Rn. 169 f.; *Bartodziej* in Dietrich/Eiffler NachrichtendiensteR-HdB 1588 ff., Rn. 103 ff.
[341] BVerfGE 30, 1 (21) = NJW 1971, 275; seither stRspr vgl. etwa BVerfGE 125, 260 (338) = NJW 2010, 833.
[342] Vgl. BVerfGE 109, 279 (358 f.) = NJW 2004, 999 zu Art. 13 GG; BVerfGE 125, 260 (338) = NJW 2010, 833 zu Art. 10 GG.
[343] Etwa dem Bundesbeauftragten für den Datenschutz und die Informationsfreiheit, vgl. zB Deutscher Bundestag, Beschlussempfehlung und Bericht des 2. Untersuchungsausschusses nach Art. 44 GG v. 22.8.2013, BT-Drs. 17/14600, 895, 1019.
[344] Vgl. zB Deutscher Bundestag, Beschlussempfehlung und Bericht des 2. Untersuchungsausschusses nach Art. 44 GG v. 22.8.2013, BT-Drs. 17/14600, 822, 897, 959 ff.,
[345] Vgl. zB Deutscher Bundestag, Beschlussempfehlung und Bericht des 2. Untersuchungsausschusses nach Art. 44 GG v. 22.8.2013, BT-Drs. 17/14600, 1020. Vgl. auch *Bartodziej* in Dietrich/Eiffler NachrichtendiensteR-HdB S. 1603 f., Rn. 130 ff.
[346] Vgl. zB Deutscher Bundestag, Beschlussempfehlung und Bericht des 2. Untersuchungsausschusses nach Art. 44 GG v. 22.8.2013, BT-Drs. 17/14600, 897. Pointiert auch *Neskovic*, Vorgänge 2016 Nr. 3, 21 (30 f.).
[347] Vgl. zB *Huber* NVwZ 2017, 1513.
[348] Vom 18.5.2018, abrufbar unter www.bundestag.de.

rechtmäßig durchgeführt wurde, dürfte der Tenor des Bescheids deshalb sehr allgemein gehalten sein.[349]

Typischerweise wird sich **der Bescheid** inhaltlich in der Mitteilung erschöpfen, dass die Kommission die Beschwerde geprüft habe; sie habe aber eine Verletzung der Rechte der beschwerdeführenden Person aus Art. 10 GG seien nicht festgestellt.[350] Das entspricht in etwa der Vorgehensweise der allgemeinen Datenschutzaufsicht in Fällen geheimhaltungspflichtiger Kontrollen, vgl. zB Art. 17 JI-RL, Erwägungsgrund 48 JI-RL. 95

f) Nachträglicher gerichtlicher Rechtsschutz, Datenschutzaufsicht. Aufgrund der Heimlichkeit der Maßnahmen werden Betroffene nur in seltenen Fällen präventiv gegen Maßnahmen wehren können. Dementsprechend kommt der **nachträglichen gerichtlichen Kontrolle** eine besondere Bedeutung zu.[351] Sie setzt freilich voraus, dass die betroffene Person nach Durchführung der Maßnahme von ihr erfährt (zur Benachrichtigung → Rn. 83). 96

Vor diesem Hintergrund ist die subjektivrechtliche gerichtliche Kontrolle durch eine allgemeine **Kontrolle durch unabhängige Datenschutzaufsichtsbehörden** zu ergänzen. Sie dient zunächst objektivrechtlich der Gewährleistung der Gesetzmäßigkeit der Verwaltung, schließt aber den Schutz subjektiver Rechte ein. Auch ihre effektive Ausgestaltung folgt aus den Anforderungen der Verhältnismäßigkeit.[352] Insbesondere für längerfristige verdeckte Überwachungsmaßnahmen und für die besonders eingriffsintensiven Extremismusdateien (Antiterrordatei, Rechtsextremismusdatei usw) verlangt das Bundesverfassungsgericht eine regelmäßige aufsichtliche Kontrolle in angemessenen Abständen, um den schwach ausgestalteten Individualrechtsschutz zu kompensieren.[353] 97

Soweit sie nicht im nachrichtendienstlichen Bereich durch das G 10 auf andere Kontrollgremien delegiert worden ist, nimmt der oder die **Bundesbeauftragte für den Datenschutz** die allgemeine Datenschutzaufsicht über die **Sicherheitsbehörden des Bundes** wahr, vgl. zB § 69 BKAG iVm § 14 Abs. 1 BDSG; § 26a BVerfSchG, § 32 BNDG. Der Bundesbeauftragte ist beispielsweise vor Erlass einer Dateianordnung anzuhören, § 14 Abs. 1 S. 2 BVerfSchG. Seine Kontrollbefugnis kann nach § 26a Abs. 3 S. 3 BVerfSchG nur eingeschränkt werden, wenn die oberste Bundesbehörde im Einzelfall feststellt, dass die Auskunft oder Einsicht die Sicherheit des Bundes oder eines Landes gefährden würde (Staatswohlklausel). Die Einstufung als Verschlusssache etwa aus Gründen des Quellenschutzes genügen hierfür nicht, wie sich neben den insoweit klaren gesetzlichen Vorschriften aus dem verfassungsrechtlichen Zweck der Datenschutzkontrolle ergibt.[354] 98

Neben die Datenschutzaufsicht tritt mit dem **Unabhängigen Kontrollrat** eine neue unabhängige Kontrollinstanz, welche künftig die Fernmeldeaufklärung des BND überwachen soll, vgl. §§ 41 ff. BNDG. Hintergrund ihrer Errichtung ist eine entsprechende Forderung des Bundesverfassungsgerichts, wonach neben die gerichtsähnlich ausgestaltete Kontrolle eine „unabhängige Rechtskontrolle administrativen Charakters" einzurichten sei.[355] 99

Die Datenschutzaufsicht über die **Sicherheitsbehörden der Länder** wird durch die **Landesbeauftragten für den Datenschutz** ausgeübt. Die Länderregeln entsprechen weitgehend der bundesgesetzlichen Ausgestaltung. Insbesondere die Kooperation von Sicherheitsbehörden auf Bundes- und Landesebene sowie von Sicherheitsbehörden mit 100

---

[349] Ähnlich *Huber* NVwZ 2017, 1513.
[350] Vgl. etwa VG Berlin BeckRS 2021, 19280 Rn. 2.
[351] Vgl. zB BVerfGE 125, 260 (339) = NJW 2010, 833.
[352] Vgl. im Einzelnen BVerfGE 133, 277 (366 ff.) Rn. 207 ff. = NJW 2013, 1499; sowie BVerfGE 100, 313 (361) = NJW 2000, 55; BVerfGE 30, 1 (23 f.) = NJW 1971, 275; BVerfGE 65, 1 (46) = NJW 1984, 419; BVerfGE 67, 157 (185) = NJW 1985, 121.
[353] Vgl. BVerfGE 141, 220 (285) Rn. 141 = NJW 2016, 1781; BVerfGE 133, 277 (370 f.) Rn. 217 = NJW 2013, 1499.
[354] Vgl. *Bergemann* in Lisken/Denninger PolR-HdB H Rn. 173.
[355] BVerfGE 154, 152 (191) Rn. 76 = NJW 2020, 2235.

anderen Landesbehörden oder nichtöffentlichen Stellen erfordert im Regelfall auch eine Kooperation zwischen den Datenschutz-Aufsichtsbehörden des Bundes und der Länder. Im Zusammenhang mit dem Antiterrordateigesetz hat das BVerfG darauf hingewiesen, dass bei Bund und Länder übergreifenden Verbunddateien dafür Sorge zu tragen ist, dass deren effektiven Kontrollen nicht aufgrund föderaler Zuständigkeitsunklarheiten hinter der Effektivierung des Datenaustauschs zurückbleiben dürfen.[356]

101 Die **Effektivität der externen Datenschutzaufsicht** wird in der Literatur infrage gestellt.[357] Art. 47 JI-RL sieht dazu zwar vor, dass jede Aufsichtsbehörde über wirksame Kontroll- und Abhilfebefugnisse verfügen soll. Hinsichtlich der Abhilfebefugnisse sehen die deutschen Umsetzungsvorschriften jedoch keine Anordnungs- oder Verbotsbefugnisse vor, die mit den Abhilfebefugnissen des Art. 58 Abs. 2 DS-GVO vergleichbar wären. Die schärfste „Sanktion" im sicherheitsbehördlichen Bereich stellt damit regelmäßig die „Warnung" nach Art. 47 Abs. 2 lit. a JI-RL oder nach wie vor die Beanstandung dar, soweit sie noch wie in § 16 Abs. 2 S. 1 BDSG gesetzlich verankert ist. Die Beanstandung ist wie nach alter Gesetzeslage[358] die missbilligende Feststellung einer rechtswidrigen Verarbeitung.[359] Ihrer Rechtsnatur nach ist sie weder eine rechtsverbindliche Weisung noch Verwaltungsakt.[360] Sie hat damit den Charakter einer politischen Sanktion,[361] die zudem den zuständigen Fachaufsichtsbehörden zur weiteren Veranlassung zur Kenntnis gegeben wird.[362] Aufgrund ihrer politischen Dimension können Beanstandungsverfahren durchaus ein wirksames Instrument sein, um über einen Einzelfall hinaus zur behördenübergreifenden, teilweisen landesweiten Hebung des Datenschutzniveaus beizutragen. Sie scheitert allerdings dann, wenn die beanstandete Stelle und deren Fachaufsicht gleichgültig reagieren.[363]

6. Sonderfall nachrichtendienstliche Auslandsaufklärung

102 **Eigenen verfassungsrechtlichen Anforderungen** unterliegt die **nachrichtendienstliche Auslandsaufklärung durch den BND,** soweit sie „auf die allgemeine Informationssammlung zur Unterrichtung der Bundesregierung oder – noch im Vorfeld von individual gerichteten Beschränkungen im Einzelfall – auf die Gefahrfrüherkennung zielt."[364] Ihre Eigenarten führen zu besonderen verfassungsrechtlichen Anforderungen, die sicherstellen sollen, dass auch insoweit eine „globale und pauschale Überwachung" nicht stattfindet.[365] Neben einer Begrenzung des Volumens von auszuleitenden Telekommunikationsdaten hat der Gesetzgeber insoweit auch das von der Überwachung abgedeckte geographische Gebiet zu begrenzen.[366] Ausgehend vom begrenzten gesetzlichen Auftrag des BND gehört dazu auch eine Regelung zur Aussonderung von Deutschen und Inländern als Kommunikationspartner.[367] Zudem hat er die Datenerhebung und -verarbeitung rechtsstaatlich näher einzuhegen.[368] Letztlich zielen die verfassungsrechtlichen Vorgaben an den Gesetzgeber allesamt darauf ab, die „final angeleitete" **weite Befugnis zur Datenerhebung und -erfas-**

---

[356] Dazu vgl. BVerfGE 133, 277 (370 f.) Rn. 216 ff. = NJW 2013, 1499.
[357] Ausführlich zur Datenschutzaufsicht im Strafverfahren zB *Gisch* KriPoZ 2020, 329 ff.; vgl. auch *Brodowski*, Verdeckte technische Überwachungsmaßnahmen in Polizei- und Strafverfahrensrecht, 2016, 541 f. mit dem Beispiel der sächsischen Funkzellenabfrage, SächsLT-Drs. 5/13033, 83 f.
[358] *Bange* in Kühling/Buchner BDSG § 16 Rn. 12 mwN.
[359] Zu Einzelheiten nach bayerischem Datenschutzrecht vgl. *Engelbrecht* in Schröder, Bayerisches Datenschutzgesetz, 2021, BayDSG Art. 16 Rn. 18 ff.
[360] So bereits BVerwG CR 1993, 242. Zuvor bereits BayVGH NJW 1989, 2643 f. für die Beanstandung nach BayDSG. Vgl. auch OVG NRW NVwZ-RR 1994, 25 f.
[361] So ist wohl OVG NRW NVwZ-RR 1994, 25 f. zu verstehen.
[362] *Bange* in Kühling/Buchner BDSG § 16 Rn. 15.
[363] Ähnlich *Engelbrecht* in Schröder, Bayerisches Datenschutzgesetz, 2021, BayDSG Art. 16 Rn. 20.
[364] BVerfGE 154, 152 (245) Rn. 157 = NJW 2020, 2235.
[365] BVerfGE 154, 152 (251) Rn. 168 = NJW 2020, 2235, vgl. zuvor bereits BVerfGE 100, 313 (376) = NJW 2000, 55.
[366] Vgl. dazu BVerfGE 154, 152 (251) Rn. 169 = NJW 2020, 2235 mwN.
[367] BVerfGE 154, 152 (252 f.) Rn. 171 ff. = NJW 2020, 2235.
[368] Vgl. im Einzelnen BVerfGE 154, 152 (251 ff.) Rn. 169 ff. = NJW 2020, 2235.

sung durch **enge Nutzungs- und Weiterverarbeitungsbefugnisse** auszugleichen. Die Eingrenzungen der Nutzung und Weiterverarbeitung betreffen dabei überwiegend Aspekte, die bei sonstigen heimlichen Überwachungsmaßnahmen zumeist bei der Datenerhebung zu beachten sind.[369] Zugleich fällt auf, dass die insoweit aufgestellten Kriterien in einigen erheblichen Punkten (siehe etwa Beschränkung der Überwachung auf bestimmte geographische Gebiete und auf bestimmte Überwachungszwecke) den Anforderungen gleichen, die der EuGH jüngst im Zusammenhang mit der Vorratsspeicherung von Telekommunikationsdaten und den damit korrespondierenden behördlichen Zugriffen formuliert hat (vgl. dazu → § 22 Rn. 44 ff.). Und schließlich hat der Gesetzgeber sicherzustellen, dass die strategische, anlasslose Überwachung nicht so ausgestaltet wird, dass sie nicht in eine individualisierte Überwachung des Telekommunikationsverkehrs umschlägt.[370] Maßnahmen, die sich gegen konkrete Personen (zB Gefährder) richten, unterliegen dementsprechend strengen Anforderungen.[371] Was die Auswertung anbelangt, ist die besondere Eingriffsintensität moderner Analysetools bei der Ausgestaltung der gesetzlichen Befugnisse zu berücksichtigen. So ist beispielsweise sicherzustellen, dass der Einsatz von Algorithmen nicht zu unerwünschten Diskriminierungen führt und für eine etwaige rechtsstaatliche Kontrolle nachvollziehbar bleibt.[372]

7. Berichtspflichten gegenüber dem Parlament

Die gerichtliche und aufsichtliche Kontrolle wird im Bereich der verdeckten Maßnahmen **103** durch Berichtspflichten der Sicherheitsbehörden gegenüber dem Parlament flankiert.[373] Sie sind so gehaltvoll auszugestalten, dass „eine öffentliche Diskussion" über die jeweilige Maßnahme ermöglicht und diese damit einer demokratischen Kontrolle und Überprüfung unterworfen wird.[374]

II. Anforderungen der EMRK an Eingriffsbefugnisse

Ein Eingriff verletzt das Recht auf Achtung des Privatlebens, es sei denn, dass er gesetzlich **104** vorgesehen ist, legitime Ziele iSd Art. 8 Abs. 2 EMRK verfolgt und dazu „in einer demokratischen Gesellschaft notwendig" ist.[375]

1. Gesetzmäßigkeit

Die Anforderung der **Gesetzmäßigkeit** nach der EMRK soll „einen gewissen Schutz **105** gegenüber willkürlichen Eingriffen der öffentlichen Gewalt gewähren". Das gilt namentlich für geheime Überwachungsmaßnahmen.[376] Mit anderen Worten muss die sicherheitsbehördliche Maßnahme eine Grundlage im staatlichen Recht haben.[377]

---

[369] Vgl. auch *Dietrich* in Schenke/Graulich/Ruthig BNDG § 6 Rn. 10, der insoweit nachvollziehbar erneut auf den beschränkten Auftrag zur außenpolitisch-strategischen Aufklärung abstellt, der regelmäßig konkrete Ermittlungen gegen Einzelpersonen ausschließt.
[370] BVerfGE 154, 152 (258) Rn. 189 = NJW 2020, 2235.
[371] BVerfGE 154, 152 (258) Rn. 187–188 = NJW 2020, 2235.
[372] BVerfGE 154, 152 (259 f.) Rn. 192 = NJW 2020, 2235 in Anlehnung an EGMR Urt. v. 13.9.2018 – 58170/13 (Big Brother/Großbritannien), Rn. 346, 347 sowie EGMR Urt. v. 19.6.2018 – 35252/08, Rn. 29.
[373] S. dazu auch *Bäcker* in Herdegen/Masing/Poscher/Gärditz, Handbuch des Verfassungsrechts, 2021, § 28 Rn. 121 ff.
[374] Vgl. zB BVerfGE 141, 220 (285) Rn. 142 f. = NJW 2016, 1781; BVerfGE 133, 277 (372) Rn. 222 = NJW 2013, 1499 zur Antiterrordatei.
[375] EGMR Urt. v. 16.2.2000 – 27798/95 (Amann), Rn. 71.
[376] Vgl. EGMR BeckRS 2009, 70321 (Marper), Rn. 99 („Gefahr von Missbrauch und Willkür"), EGMR (Plenum) Urt. v. 2.8.1984 – 8691/79 (Malone), EGMR-E 2, 452, 464 Rn. 67, vgl. auch EGMR (Plenum) NJW 1979, 1755 (1757) Rn. 49 f.
[377] EGMR NJW 2011, 1333 (1335) (Uzun/Deutschland) Rn. 60 mwN.

106 Art. 8 Abs. 2 EMRK verweist damit allerdings nicht nur auf das innerstaatliche Recht des jeweiligen Mitgliedstaats, sondern stellt **Mindestanforderungen an die Gesetzesqualität.**[378] Dazu gehört ein Mindestmaß an Transparenz. Das Recht muss für Betroffene zugänglich und in seinen Auswirkungen vorhersehbar sein.[379] Der Bürger muss danach – gegebenenfalls aufgrund entsprechender Beratung durch Fachkundige – in hinreichender Weise erkennen können, welche rechtlichen Vorschriften auf einen gegebenen Fall anwendbar sind und welche Folgen ein bestimmtes Verhalten nach sich ziehen kann.[380] Diese Vorgaben zielen naturgemäß nicht darauf ab, dass die betroffene Person jedem Fall vorweg erkennen kann, ob heimliche Überwachungsmaßnahmen gegen sie gerichtet werden. Es geht vielmehr darum, dass gesetzlich klar die Bedingungen und Umstände beschrieben werden, unter denen Sicherheitsbehörden befugt sind, Bürgerinnen und Bürger heimlich zu überwachen.[381]

107 **Heimliche Überwachungsmaßnahmen** sind der Kontrolle durch die betroffene Person, durch Gerichte und durch die Öffentlichkeit weitgehend entzogen. Allerdings darf der Gesetzgeber dem Umstand Rechnung tragen, dass die Geheimhaltungserfordernisse sich bis tief in die Organisation der Nachrichtendienste fortsetzen.[382] Dessen ungeachtet sind insoweit strengere Maßstäbe an die Präzision der gesetzlichen Befugnis anzulegen.[383] Während im Allgemeinen auch der Inhalt veröffentlichter Weisungen und Verwaltungspraxis berücksichtigt werden kann, muss hinsichtlich geheimer Maßnahmen das Gesetz selbst den Umfang des den zuständigen Behörden eingeräumten Ermessens hinreichend bestimmt festlegen.[384]

108 Bezogen auf die Verarbeitung personenbezogener Daten verlangt der EGMR dazu seit einigen Jahren **„klare, detaillierte Vorschriften"**, die „Mindestanforderungen unter anderem für die Dauer, Speicherung, Verwendung, den Zugang Dritter und das Verfahren zum Schutz der Integrität und Vertraulichkeit der Daten sowie zu ihrer Vernichtung."[385] Dabei ist durch angemessene und effektive rechtliche Vorgaben sicherzustellen, dass die heimliche Überwachung tatsächlich im Rahmen der gesetzlichen Bestimmungen bleibt.[386]

109 Bei der Entscheidung, *welche* Art von Überwachungssystem zum Schutz der nationalen Sicherheit notwendig ist, hat Deutschland auch unter dem Gesichtspunkt des europäischen Menschenrechtsschutzes grundsätzlich einen weiten **Gestaltungsspielraum.** Allerdings ist dieser Ermessensspielraum bei der *Durchführung* von Maßnahmen menschenrechtlich deutlich enger gefasst.[387] Zur strafverfahrensrechtlich begründeten heimlichen Überwachung der Kommunikation etwa stellt der EGMR **Mindestanforderungen** auf, die zur Verhinderung von Machtmissbrauch gesetzlich festgelegt werden sollten: die Natur der Straftaten, die eine Überwachungsanordnung bewirken können; eine Definition der Personenkategorien, deren Kommunikation überwacht werden kann; eine Begrenzung der Dauer der

---

[378] So bereits EGMR (Plenum) Urt. v. 2.8.1984 – 8691/79 (Malone), EGMR-E 2, 452, 464 Rn. 67, stRspr, zB EGMR NJW 2011, 1333, 1335 (Uzun/Deutschland) Rn. 60.
[379] EGMR NJW 2021, 999 (1003) (Breyer), Rn. 83; EGMR BeckRS 2008, 70321 Rn. 99, EGMR NJW 2007, 1433 (1435) (Weber u. Saravia/Deutschland), Rn. 84 und 93 jeweils mwN.
[380] So bereits EGMR (Plenum) Urt. v. 2.8.1984 – 8691/79 (Malone), EGMR-E 2, 452, 464 Rn. 66 mwN; stRspr, s. zB EGMR Urt. v. 13.11.2012 – 24029/07 (M.M./UK), Rn. 193 bezogen auf Strafregistereintragungen; EGMR Urt. v. 26.3.1987 – 9248/81, EGMR-E 3, 430, 445, Rn. 50.
[381] Vgl. etwa EGMR BeckRS 2016, 21495 (Szabo), Rn. 62.
[382] BVerfGE 154, 152 (238) Rn. 138 aE = NJW 2020, 2235.
[383] So bereits EGMR (Plenum) Urt. v. 2.8.1984 – 8691/79 (Malone), EGMR-E 2, 452, 465 Rn. 68; EGMR Urt. v. 13.9.2018 – 58170/13 (Big Brother Watch/Großbritannien), Rn. 306. Das gilt auch die grundgesetzlichen Anforderungen, vgl. zB BVerfGE 154, 152 (238) Rn. 137 = NJW 2020, 2235; BVerfGE 141, 220 (265) Rn. 94 = NJW 2016, 1781.
[384] EGMR Urt. v. 26.3.1987 – 9248/81 (Leander), EGMR-E 3, 430, 445, Rn. 51, vgl. zuvor bereits EGMR (Plenum) Urt. v. 2.8.1984 – 8691/79 (Malone), EGMR-E 2, 452, 465 Rn. 68 aE.
[385] Vgl. zB EGMR NJW 2021, 999 (1003) (Breyer), Rn. 83, EGMR BeckRS 2016, 21495 (Szabo), Rn. 59; EGMR BeckRS 2009, 70321 (Marper), Rn. 99.
[386] Vgl. zB EGMR BeckRS 2016, 21495 (Szabo), Rn. 59, EGMR Urt. v. 4.12.2015 – 47143/06 (Zakharov), Rn. 236.
[387] Vgl. zB EGMR NVwZ 2018, 1457 (1460) (Centrum för Rättvisa), Rn. 113.

D. Mindestanforderungen an Eingriffe in das Persönlichkeitsrecht § 20

Überwachung; das bei der Prüfung, Verwendung und Speicherung der erlangten Daten einzuhaltende Verfahren; die zu treffenden Vorkehrungen, wenn die Daten an Dritte mitgeteilt werden; und die Umstände, unter denen abgefangene Daten gelöscht oder zerstört werden können oder müssen.[388] Die Maßstäbe hat der EGMR im Wesentlichen auf die nachrichtendienstliche Tätigkeit übertragen.[389]

Wie konkret eine Befugnis auszugestalten ist, hängt auch bei heimlichen Maß- 110 nahmen von der jeweiligen Eingriffsintensität ab. So hat der EGMR im Jahr 2010 entschieden, dass die Befugnis aus § 100c Abs. 1 Nr. 1 lit. b StPO bestimmt genug gefasst sei, um den Einsatz eines GPS-Senders zur technikgestützten Observation zu rechtfertigen. Angesichts des Umstands, dass die GPS-Überwachung lediglich die Bewegungen in der Öffentlichkeit betrifft und zudem weder eine akustische oder visuelle Überwachung des Zielobjekts ermöglicht, hatte der EGMR dabei allerdings weniger strenge Maßstäbe als hinsichtlich eingriffsintensiverer Maßnahmen angelegt.[390]

Sensible Daten iSv Art. 6 DsÜK 1981 bzw. Art. 10 JI-RL genießen einen erhöhten 111 grundrechtlichen Schutz; dieser Umstand ist auch im Rahmen der festzulegenden Verarbeitung angemessen zu berücksichtigen.[391] Das gilt namentlich für Informationen über die Beteiligung an friedlichen politischen Aktionen, die mit den Worten des EGMR „vitaler Teil des demokratischen Lebens" sind.[392]

2. Rechtmäßiges Ziel

Zu welchen Zielen staatliche Überwachungsmaßnahmen gegen eine natürliche Person 112 eingesetzt werden können, ergibt sich auf der Regelungsebene des Europarats aus Art. 8 Abs. 2 EMRK. Die personenbezogene Informationssammlung durch Nachrichtendienste oder durch Staatsschutzabteilungen der Polizei dient nach Einschätzung des EGMR zumeist der **„nationalen Sicherheit",** das schon dem Wortlaut des Art. 8 Abs. 2 EMRK ein legitimes Ziel darstellt.[393] Jedenfalls das Schutzziel Bestand und Sicherheit des Bundes und der Länder, wie sie etwa in § 1 Abs. 1 Nr. 1 G 10, § 1 Abs. 1 BVerfSchG als Aufgaben der deutschen Nachrichtendienste beschrieben wird, fällt ebenso wie die Gewährleistung der öffentlichen Sicherheit unproblematisch unter die berechtigten Ziele iSd Art. 8 Abs. 2 EMRK.[394]

3. Notwendigkeit in einer demokratischen Gesellschaft/Verhältnismäßigkeit

Was die **Notwendigkeit** einer verdeckten Maßnahme in einer demokratischen Gesellschaft 113 anbelangt, muss der Eingriff „einem zwingenden gesellschaftlichen Bedürfnis entsprechen und im Hinblick auf das verfolgte legitime Ziel verhältnismäßig sein."[395] Die europarechtliche „Notwendigkeit" ist also nicht identisch mit dem verfassungsrechtlichen Begriff der Erforderlichkeit, sondern eher mit dem Verhältnismäßigkeitsprinzip insgesamt zu vergleichen. Typischerweise werden bei sicherheitsbehördlichen Maßnahmen das Interesse des

---

[388] Vgl. zB EGM Urt. v. 13.11.2012 – 24029/07 (M.M./Vereinigtes Königreich), Rn. 195; EGMR BeckRS 2009, 70321 (Marper), Rn. 99.
[389] Vgl. EGMR BeckRS 2016, 21495 (Szabo), Rn. 56 mwN; EGMR (GK) Urt. v. 4.12.2015 – 47143/06 (Zakharov), Rn. 231. Ähnlich bereits EGMR NJW 2007, 1433 (1436) (Weber u. Saravia/Deutschland), Rn. 95 mwN.
[390] EGMR NJW 2011, 1333 (1336) (Uzun/Deutschland), Rn. 64–68 mit dem Vergleich zur eingriffsintensiveren Telekommunikationsüberwachung.
[391] EGMR NVwZ 2020, 377 (379) (Catt), Rn. 112 in Bezug auf die Speicherdauer in kriminalpolizeilichen Dateien.
[392] EGMR NVwZ 2020, 377 (379) (Catt), Rn. 123; EGMR NVwZ 2006, 65 (Gorzelik).
[393] Vgl. zB EGMR Urt. v. 26.3.1987 – 9248/81 (Leander/Schweden), EGMR-E 3, 430, 445 Rn. 49.
[394] So bereits EGMR, Urt. v. 6.9.1978 – 5029/71 (Klass/Deutschland), EGMR-E 1, 320, 333 Rn. 46. Eine Entscheidung über die Aufgabe Schutz der freiheitlichen demokratischen Grundordnung hielt der EGMR deshalb nicht für notwendig.
[395] So bereits EGMR Urt. v. 26.3.1987 – 9248/81 (Leander/Schweden), EGMR-E 3, 430, 447, Rn. 58.

Staates am Schutz seiner nationalen Sicherheit gegen die Schwere des Eingriffs in das Recht auf Achtung des Privatlebens der betroffenen Person abzuwägen sein.[396]

114 Insoweit scheint sich die **jüngere Rechtsprechung des EGMR** angesichts immer weitergehender technischen Überwachungspotenziale den bislang strengeren Anforderungen anzunähern, die der EuGH wiederholt für Eingriffe in die Grundrechte aus Art. 7, 8 GRCh und Art. 11 GRCh festgestellt hat. Eine geheime Überwachung ist nur noch dann EMRK-konform, wenn sie zur Erhaltung der demokratischen Einrichtungen „unbedingt notwendig" ist und zudem „unbedingt notwendig" ist, um in einer konkreten Operation entscheidende Informationen zu erlangen.[397] Nicht zu Unrecht wird aus dieser neueren Maßgabe abgeleitet, dass Nachrichtendienste hierdurch einer gesteigerten Darlegungslast hinsichtlich der Erforderlichkeit einer heimlichen Überwachungsmaßnahme unterliegen.[398]

115 Im Bereich der sicherheitsbehördlichen Datenverarbeitung grundrechtlich problematisch sind namentlich auch **ursprünglich rechtmäßig erfolgte Speicherungen,** deren Notwendigkeit und Aktualität aber nicht mehr gegeben sind. Das gilt beispielsweise für die längerfristige Speicherung von Betroffenen in Kriminaldateien, ohne dass hierfür eine Höchstspeicherfrist vorgesehen ist.[399] Entsprechendes gilt für Überwachungsanordnungen, wenn für sie keine angemessenen Garantien gibt, wie etwa eine eindeutige gesetzliche Bestimmung der Frist, nach deren Ablauf sie erlischt, die Umstände, unter denen sie verlängert werden kann oder aufgehoben werden muss.[400] Gerade diese dritte Anforderung ist in der Vergangenheit von verschiedenen Mitgliedstaaten des Europarats nicht immer erfüllt worden. Das wäre allenfalls hinnehmbar, soweit die Maßnahmen ausschließlich zur Bekämpfung von Gefahren für die nationale Sicherheit erfolgen und die Maßnahmen von einer unabhängigen Instanz zumindest aufgehoben werden *können*.[401]

4. Verfahrensrechtliche Sicherungen

116 Bereits frühzeitig hat die Rechtsprechung darauf hingewiesen, dass ein staatliches System der geheimen Überwachung angemessene und wirksame Garantien enthalten muss, die einen Missbrauch staatlicher Gewalt verhindern **(Grundrechtsschutz durch Verfahren).** Solche Garantien hängen von allen Umständen der Überwachung ab. Soweit beispielsweise die Gefahrenabwehrbehörden bereits im Vorfeld der Entstehung konkreter Gefahren mutmaßlich gefährliche Personen überwachen und gegen sie auch Maßnahmen zur Gefahrenverhinderungen einsetzen, stellt sich in besonderer Weise die Frage, wie die Sicherheitsbehörde ihre Gefährlichkeitsprognose validiert bzw. wie der Gesetzgeber dafür zu sorgen hat, dass und wie die Sicherheitsbehörde ihre Gefährlichkeitsprognosen zu validieren hat.[402] Maßgebliche Kriterien sind die Art, der Umfang und die Dauer der möglichen Maßnahmen, die für ihre Anordnung erforderlichen Gründe, die für ihre Zulassung, Ausführung und Kontrolle zuständigen Instanzen und die Art des im nationalen Recht vorgesehenen Rechtsbehelfs.[403] Was die rechtsstaatliche Kontrolle anbelangt, ist hinsichtlich der Wirksamkeit der Kontrollmaßnahmen davon auszugehen, dass in einer demokratischen Gesellschaft die zuständigen **Kontrollbehörden die in Frage stehenden Vorschriften korrekt** anwenden. Das gilt jedenfalls solange, wie Beweise oder zumindest tatsächliche

---

[396] Vgl. EGMR Urt. v. 26.3.1987 – 9248/81 (Leander/Schweden), EGMR-E 3, 430, 447, Rn. 59.
[397] EGMR BeckRS 2016, 21495 (Szabo), Rn. 73.
[398] S. etwa *Huber* NVwZ 2017, 1513 (1514).
[399] Vgl. etwa EGMR NVwZ 2020, 377 (380) (Carr), Rn. 119 sowie 121 unter Verweis auf Empfehlung Nr. 4 der Resolution 74(29) des Ministerkomitees des Europarats über den Schutz personenbezogener Daten bei der automatisierten Verarbeitung von Datenbanken in den öffentlichen Diensten.
[400] Vgl. EGMR NVwZ 2018, 1457 (1460) (Centrum för Rättvisa), Rn. 127; EGMR Urt. v. 4.12.2015 – 47143/06 (Zakharov), Rn. 250.
[401] Vgl. zB EGMR NVwZ 2018, 1457 (1460) (Centrum för Rättvisa), Rn. 130.
[402] Vgl. in Bezug auf das Tatbestandsmerkmal der „drohenden Gefahr" zB *Wächter* NVwZ 2018, 458 (462).
[403] So bereits EGMR Urt. v. 6.9.1978 – 5029/71 (Klass), EGMR-E 1, 320, 335, Rn. 50; bereits EGMR (Plenum) Urt. v. 2.8.1984 – 8691/79 (Malone), EGMR-E 2, 452, 469 Rn. 81; EGMR Urt. v. 26.3.1987 – 9248/81 (Leander / Schweden), EGMR-E 3, 430, 447, Rn. 60.

Anhaltspunkte dafür bestehen, dass die tatsächlich verfolgte Praxis von den gesetzlichen Vorgaben abweicht.[404]

Bereits die Klass-Entscheidung des EGMR aus dem Jahr 1971 weist darauf hin, dass die **externe rechtsstaatliche Kontrolle** heimlicher Überwachungsmaßnahmen **in drei Phasen** erfolgen kann: während ihrer Anordnung, ihrer Durchführung sowie in der Phase nach ihrer Beendigung.[405] Aufgrund der Heimlichkeit der Maßnahmen kommt regelmäßig nur nach ihrer Beendigung in Betracht, dass die betroffene Person an dem Kontrollverfahren mitwirkt. Dementsprechend müssen die Kontrollmechanismen der ersten und zweiten Phase selbst den Schutz der Rechte des Einzelnen wirksam garantieren.[406] Damit korrespondiert das verfassungsrechtliche Gebot aus Art. 10 Abs. 2 S. 2 GG, Nachprüfungen normativ so auszugestalten, dass sie „materiell und verfahrensmäßig der gerichtlichen Kontrolle gleichwertig, insbesondere mindestens ebenso wirkungsvoll ist, auch wenn der Betroffene keine Gelegenheit hat, in diesem „Ersatzverfahren" mitzuwirken."[407]

117

Heimliche Überwachungsmaßnahmen müssen zunächst einem **Anordnungsvorbehalt** unterliegen. Unter dem Gesichtspunkt der Rechtsstaatlichkeit liegt dabei eine richterliche Anordnung nahe. Trotz ausdrücklicher Präferenz für ein richterliches Kontrollsystem hat der EGMR noch 1978 die durch das G 10 eingerichtete System der Kontrolle durch das **Parlamentarische Kontrollgremium und die G 10-Kommission** als EMRK-konform akzeptiert.[408] Wird die Anordnung von einer Behörde vorgenommen, ist sicherzustellen, dass sie ausreichend unabhängig von der Exekutive ist.[409] Allerdings scheint die jüngere Rechtsprechung eine solche Konstruktion zunehmend kritisch zu sehen, weil und soweit „die politische Natur der Genehmigung und Kontrolle" das Risiko von Missbrauchsfällen erhöhe. Dementsprechend scheint der EGMR mittlerweile dann eine **umfassende nachträgliche gerichtliche Kontrolle** für unabdingbar zu halten.[410]

118

5. Betroffenenrechte

Wie bereits vielfach angedeutet soll das allgemeine Persönlichkeitsrecht garantieren, dass die betroffenen Personen nicht zum bloßen „Objekt" einer sicherheitsbehördlichen Verarbeitung werden. Deshalb stellt das Datenschutzrecht den Betroffenen mehrere Rechte zur Verfügung, die etwas vereinfachend in Transparenz-, Mitgestaltungs- sowie Durchsetzungsrechte unterteilt werden können. Die Natur des Schutzziels der nationalen Sicherheit bringt es mit sich, dass eine nachträgliche Unterrichtung über heimliche Überwachungsmaßnahmen nicht immer möglich ist. Das gilt namentlich dann, wenn auch nach langer Zeit das Risiko besteht, dass aktuelle Arbeitsmethoden, Operationsfelder oder auch Quellen offengelegt werden. Sobald allerdings eine Unterrichtung durch den Nachrichtendienst möglich ist, ohne den Zweck der Überwachung nach ihrer Beendigung zu gefährden, verlangt Art. 8 EMRK nach gefestigter Rechtsprechung des EGMR die Unterrichtung der Betroffenen.[411]

119

---

[404] So sinngemäß bereits EGMR Urt. v. 6.9.1978 – 5029/71 (Klass), EGMR-E 1, 320, 339, Rn. 59.
[405] EGMR Urt. v. 6.9.1978 – 5029/71 (Klass), EGMR-E 1, 320, 339, 336 ff., Rn. 55–60.
[406] EGMR Urt. v. 6.9.1978 – 5029/71 (Klass), EGMR-E 1, 320, 339, 336 ff., Rn. 55.
[407] BVerfGE 143, 1, 12 Rn. 38 = BeckRS 2016, 52918.
[408] EGMR Urt. v. 6.9.1978 – 5029/71 (Klass), EGMR-E 1, 320, 339, 337, Rn. 56.
[409] Grundlegend: EGMR NJW 1979, 1755 (1758) (Klass), Rn. 56 in Bezug auf das Parlamentarische Kontrollgremium und die G 10-Kommission.
[410] Vgl. zB EGMR NVwZ 2018, 1457 (1461) (Centrum för Rättvisa), Rn. 133; EGMR BeckRS 2016, 21495 (Szabo), Rn. 77.
[411] Vgl. zB EGMR NVwZ 2018, 1457 (1462) (Centrum för Rättvisa), Rn. 164; EGMR Urt. v. 4.12.2015 – 47143/06 (Zakharov), Rn. 287. In Bezug auf Abhörmaßnahmen nach § 3 Abs. 8 G 10 vgl. EGMR NJW 2007, 1433 (1440) (Weber und Saravia), Rn. 136.

§ 21 Informationsbeschaffung von Unternehmen und nicht-staatlichen Dritten

Roland Broemel

Übersicht

	Rn.
A. Einleitung	1
B. Entwicklungslinien der Informationsbeschaffung durch Private	4
I. Informationsbeschaffung über Genehmigungspflichten	5
II. Informationsbeschaffung über Dritte	6
1. Pflichten zur Informationsbeschaffung als Folgen der Privatisierung und Liberalisierung	7
2. Informationsbeschaffung durch Private infolge der Digitalisierung	8
a) Zugriff auf konzentrierte Datenströme	9
b) Aufbau einer digitalen Wissensinfrastruktur	13
C. Bestandsdaten aus Telekommunikationsdiensten	18
I. Grundstruktur und Entwicklung der Regelungen, §§ 172 ff. TKG	19
II. Erhebung und Speicherung der Bestandsdaten, § 172 TKG	22
III. Übermittlung der Daten	29
1. Grundsätzliche Anforderungen an die Übermittlung von Vorratsdaten	30
2. Übermittlung im automatisierten Auskunftsverfahren, § 173 TKG	32
3. Manuelles Auskunftsverfahren, § 174 TKG	34
a) Auskünfte über Bestandsdaten	35
aa) Umfang der gespeicherten Bestandsdaten	35
bb) Voraussetzungen der Öffnung für den behördlichen Zugriff	37
b) Auskünfte über Zugangsdaten, § 174 Abs. 1 S. 2 TKG	47
c) Auskünfte anhand dynamischer IP-Adressen, § 174 Abs. 1 S. 3 TKG	48
d) Korrespondierende Abrufregelungen	50
D. Vorratsspeicherung von Telekommunikationsverkehrsdaten	64
I. Grundlinien	64
II. Verfassungs- und unionsrechtliche Anforderungen	67
III. Vorratsdatenspeicherung nach §§ 175 ff. TKG	70
E. Informationsbeschaffung durch Anbieter von Telemedien	75
I. Auskunftsverfahren nach den §§ 21 ff. TTDSG	77
1. Auskunftsverfahren bei Bestandsdaten, § 22 TTDSG	80
2. Auskunftsverfahren bei Passwörtern, § 23 TTDSG	82
3. Auskunftsverfahren für Nutzungsdaten, § 24 TTDSG	83
II. Besondere Auskunftsverlangen der Nachrichtendienste	85
F. Perspektiven	90

Wichtige Literatur:

Bäcker, M. in Rensen/Brink (Hrsg.), Linien der Rechtsprechung des Bundesverfassungsgerichts, 2009, 99; *Dietrich, J.-H./Eiffler, S.* (Hrsg.), Handbuch des Rechts der Nachrichtendienste, 2017; *Fremuth, M. L.,* Wächst zusammen, was zusammengehört?, AöR 139 (2014), 32; *Richter, H.,* Zugang des Staates zu Daten der Privatwirtschaft, ZRP 2020, 245; *Stohrer, K.,* Informationspflichten Privater gegenüber dem Staat in Zeiten von Privatisierung, Liberalisierung und Deregulierung, 2007.

Hinweis:
Alle Internetfundstellen wurden zuletzt am 25.3.2022 abgerufen.

A. Einleitung

1 Informationspflichten Privater gegenüber Behörden bestehen seit Langem zu unterschiedlichen Zwecken in verschiedenen Kontexten. Aus mehreren Gründen haben Informationspflichten mit Bezug zur elektronischen Kommunikation allerdings in den letzten zwei

Jahrzehnten insbesondere für die Gefahrenabwehr, für die Nachrichtendienste und für die Strafverfolgung an Bedeutung gewonnen. Zum einen sind durch die **Privatisierung** und Liberalisierung im Telekommunikationssektor Möglichkeiten der Behörden entfallen, Informationen über Kommunikationstätigkeiten, insbesondere Bestands- und Verkehrsdaten (→ Rn. 19 ff., → Rn. 64 ff.), selbst zu erheben oder im Wege der Amtshilfe erheben zu lassen. Zum anderen hat die Digitalisierung eine **digitale Transformation** bewirkt, in der elektronische Kommunikation sowohl für Geschäftsmodelle als auch für soziale Praktiken einen fundamental veränderten Stellenwert erhalten hat. Elektronische Bezahldienste, virtuelle Währungen, Kommunikation über soziale Netzwerke und Messenger-Dienste, das Internet of Things und nicht zuletzt die Bandbreite an online angebotenen oder vermittelten Produkten und Dienstleistungen bilden Schlaglichter dieser Transformation. Schließlich legen in mehreren Phasen erlassene Gesetze zur **Terrorismusbekämpfung** einen Akzent auf die Abschöpfung von Informationen von Unternehmen.[1]

Formen dieser Informationsbeschaffung durch Unternehmen variieren zwischen einer Übermittlung der im Rahmen des Vertragsverhältnisses gespeicherten Daten auf Anfrage[2] über die Mitwirkung beim Aufbau behördlicher, zentraler Wissensinfrastrukturen durch die laufende Übermittlung von Transaktionsdaten vor allem im Bereich der Marktaufsicht (→ Rn. 13 ff.) bis hin zur Schaffung systematischer Datenbestände zum Abruf für Zwecke der Gefahrenabwehr, der Strafverfolgung und für nachrichtendienstliche Zwecke (→ Rn. 64 ff.). 2

Mit dieser zunehmenden Breite und Tiefe einer Informationsbeschaffung durch Private steigen die **Risiken einer rechtswidrigen Verwendung** der Daten, sowohl durch Behörden als auch durch die privaten Unternehmen oder durch unberechtigte Dritte. In dem Maße, in dem elektronische Kommunikation nicht nur für die behördliche Informationsbeschaffung durch Private, sondern auch für die private Lebensführung an Bedeutung gewinnt, werden Pflichten zur Informationsübermittlung dadurch zugleich zu einem Thema des **Datenschutzes** und des **Grundrechtsschutzes,** sowohl auf nationaler Ebene wie auch auf der Ebene der Europäischen Union. 3

B. Entwicklungslinien der Informationsbeschaffung durch Private

Formen der Einbindung von Unternehmen und nicht-staatlichen Dritten in die Beschaffung von Informationen, insbesondere zu Zwecken der Gefahrenabwehr, sind vielfältig[3] und gehen auf **unterschiedliche Regelungsbedarfe** zurück. Normativ sind sie typischerweise als Pflichten der privaten Akteure gefasst, der Behörde auf die eine oder andere Art und Weise Informationen bereitzustellen oder bei der Erhebung von Informationen zu kooperieren. Solche **Kategorien der Informationspflichten** bestehen seit Langem.[4] Insbesondere im Zuge der Privatisierung sowie noch später der Digitalisierung sind allerdings neue Gründe und damit neue Kategorien oder Typen der Informationsbeschaffung hinzugekommen. 4

I. Informationsbeschaffung über Genehmigungspflichten

Im zweipoligen Verhältnis zwischen Behörde und Privatperson sind **Informationspflich-** 5
ten typischerweise Voraussetzung einer Begünstigung, etwa der Erteilung einer Genehmigung. Die Person, die den Antrag stellt, legt den Sachverhalt im eigenen Interesse so weit offen und beschafft die erforderlichen Informationen, dass die Behörde ohne eigene Informationserhebung prüfen kann, ob die Voraussetzungen für die Erteilung der Geneh-

---
1 *Gärditz* in Dietrich/Eiffler NachrichtendiensteR-HdB Kap. 6 § 1 Rn. 1; *Huber* NJW 2007, 881 ff.
2 Zu Daten über Telekommunikationsdienste → Rn. 19 ff., zu Daten über Telemediendienste → Rn. 75 ff.
3 *Stohrer,* Informationspflichten Privater gegenüber dem Staat in Zeiten von Privatisierung und Deregulierung, 203 ff.
4 Zum Gefahrenabwehrrecht *Herrmann,* Informationspflichten gegenüber der Verwaltung, 1997, 31 ff.

migung erfüllt sind.⁵ Eine solche zu einer Begünstigung akzessorischen Pflicht zur Informationsbeschaffung kann, wie etwa die Verfahren der Umweltverträglichkeitsprüfung zeigen, auch mit der Pflicht verbunden sein, die betreffenden Informationen zunächst überhaupt zu erheben und auf eine bestimmte Weise aufzubereiten.⁶ Die Ausgestaltung der Genehmigungsvorbehalte sind vor diesem Hintergrund maßgeblich durch Aspekte der Informationsbeschaffung für Behörden gekennzeichnet.⁷ In dem Kontinuum der Varianten zur Ausgestaltung von Formen der Regulierung oder Aufsicht *ex ante* und *ex post*, die einem Gesetzgeber zur Verfügung stehen, ist vor diesem Hintergrund die Informationsbeschaffung durch Private schon immer ein zentraler Aspekt.⁸

II. Informationsbeschaffung über Dritte

6 Die Akzente der Informationsbeschaffung verschieben sich, wenn der **private Akteur Informationen über Dritte zur Verfügung stellt.** Unternehmen und sonstige nichtstaatliche Akteure sind in diesem Fall in die behördliche Informationsbeschaffung aus spezifischen, typischerweise mit Informationsasymmetrien zusammenhängenden Gründen eingebunden.

1. Pflichten zur Informationsbeschaffung als Folgen der Privatisierung und Liberalisierung

7 Die Liberalisierung und Privatisierung der verschiedenen Sektoren in den Netzwirtschaften bilden ein bedeutsames Referenzgebiet, in dem die öffentliche Hand als Folge der Privatisierung Entwicklungen nicht mehr in gleicher Weise beobachten und Informationen nur noch eingeschränkt beobachten kann.⁹ Die dadurch entstehenden Informationsasymmetrien betreffen sowohl Aspekte der Marktentwicklung, etwa zu den für die Entgeltbemessung relevanten Kosten und Erlösen,¹⁰ als auch Aspekte der Gefahrenabwehr oder der Strafverfolgung, die sich auf das Verhalten Dritter beziehen. Für den Bereich der Marktregulierung bilden die **Informationsasymmetrien die Kehrseite der technologischen und ökonomischen Dynamik,** die durch die Liberalisierung und Privatisierung freigesetzt wird. Die Öffnung der Märkte schafft Raum für Wettbewerbsprozesse, die als Such- und Entdeckungsinstrument neues Wissen hervorbringen,¹¹ aber eben in erster Linie unter den Marktakteuren distribuieren.

---

5   Klassisch zum Baurecht etwa nur § 69 Abs. 2 S. 1 HBO; für die telekommunikationsrechtliche Entgeltgenehmigung § 40 Abs. 1 TKG.
6   Zur Konzeption der Umweltverträglichkeitsprüfung nur *Erbguth* ZUR 2014, 515 ff.; *Beckmann* ZUR 2014, 541 ff.
7   Zu den Anforderungen an die Unterlagen sowie die Folgen unvollständiger Unterlagen bei Antragstellung in der telekommunikationsrechtlichen Entgeltgenehmigung etwa §§ 40, 43 TKG; näher *Winzer* in Beck TKG TKG § 34 Rn. 9.
8   Pflichten zur Anzeige bestimmter Sachverhalte greifen schon wegen der geringeren Verzögerung gegenüber der Genehmigungspflicht typischerweise weniger intensiv in die grundrechtliche Freiheit ein. Sie reduzieren regelmäßig aber auch den Umfang der vorgelegten Informationen. Noch weniger Informationen liegen der Behörde vor, wenn ohne eine Anzeige- oder Mitteilungspflicht lediglich *ex post* eine Eingriffsbefugnis und andere Maßnahmen der Gefahrenabwehr vorgesehen sind; zu den Melde-, Anzeige- und Genehmigungspflichten im Telekommunikationsrecht nur *Schütz* in Beck TKG TKG § 6 Rn. 3, und *Kühling* in Beck TKG TKG § 30 Rn. 2.
9   *Stohrer*, Informationspflichten Privater gegenüber dem Staat in Zeiten von Privatisierung, Liberalisierung und Deregulierung, 2007, 111 ff.; zum Wegfall von Auskünften durch die Deutsche Bundespost im Wege der Amtshilfe *Eckhardt* in Beck TKG TKG § 112 Rn. 3; *Graulich* in Fetzer/Scherer/Graulich TKG § 111 Rn. 3; zu § 90 TKG 1996 bereits *Trute* in Trute/Spoerr/Bosch TKG § 90 Rn. 1.
10 Zu den Informationsasymmetrien hinsichtlich der entgeltrelevanten Informationen in den Netzwirtschaften siehe nur *Broemel* in Münkler, Dimensionen des Wissens im Recht, 2019, 139 (142 ff.); zum Telekommunikationsrecht *Winzer* in Beck TKG TKG § 34 Rn. 1; zum Energierecht *Broemel*, Strategisches Verfahren in der Regulierung, 2010, 244.
11 Zugleich zu den Konsequenzen für das Wettbewerbsrecht *Mestmäcker/Schweitzer* EuWettbR § 3 Rn. 19.

2. Informationsbeschaffung durch Private infolge der Digitalisierung

Durch die Erweiterung der Kommunikationsmöglichkeiten sowie die Möglichkeiten der algorithmenbasierten Auswertung großer Datenmengen haben sich im Zuge der **digitalen Transformation** unterschiedliche Anwendungsformen der Informationsbeschaffung durch Private herausgebildet. **8**

a) Zugriff auf konzentrierte Datenströme. Die digitale Transformation hat den Stellenwert der Überwachung elektronischer Kommunikation und der Einbindung Privater in die Informationsbeschaffung aus zwei Gründen erhöht. Zum einen nimmt der **Umfang elektronischer Kommunikation** über unterschiedliche Kommunikationswege infolge der Digitalisierung zu.[12] Die Digitalisierung vereinfacht bekanntermaßen die Übertragung von Informationen, auch über große Distanzen, schafft neue Kanäle und Formen sowohl der individuellen Kommunikation als auch öffentlicher Formen der Kommunikation wie Social Media Plattformen oder Plattformen audiovisueller Medien.[13] Die digitale Transformation erfasst dabei sowohl die sozialen Praktiken der Kommunikation[14] als auch den Kreis der vernetzten Geräte. Die Zunahme der Vernetzung von Geräten des Alltags im Internet of Things erhöht quantitativ das Volumen der übertragenen Daten als vor allen Dingen auch qualitativ die Bezugspunkte der digital verfügbaren Datenspuren. Kommunikation mit Maschinen als Mensch-zu-Maschine-Kommunikation oder als Maschine-zu-Maschine-Kommunikation[15] stellen schließlich eine Facette neuer Formen der Kommunikation dar, die auf die Zunahme an Daten, verbesserten Möglichkeiten algorithmenbasierten Verarbeitung und darauf beruhender sozialer Praktiken der Kommunikation zurückgehen. **9**

Zum anderen geht die **Ausdifferenzierung der Technologien sowie der Formen der Kommunikation** auf einer abstrakten Ebene mit einer **Tendenz zur Konzentration** einher, die durch ökonomische Faktoren verstärkt wird. Anwendungen der Kommunikation sind auf der Ebene der Endnutzerinnen und Endnutzer inzwischen oftmals system- und plattformübergreifend. Endnutzerinnen und Endnutzer können ein soziales Netzwerk, den Bezahldienst ihres Kreditinstituts, die von ihnen gebuchten Medienplattformen sowie die in ihrer Cloud gespeicherten Anwendungen und Daten über unterschiedliche Endgeräte und unterschiedliche Betriebssysteme, mobil oder an festen Standorten erreichen. Ausreichend und entscheidend ist typischerweise lediglich ein Zugang zum (offenen) Internet. Die Vorleistungen der Internet Access Provider, die Gewährleistung der Datenströme, bilden dadurch die abstrakte Grundlage für ganz unterschiedliche, in Qualität und Quantität beständig zunehmender Formen der Kommunikation. Die Abstraktion erhöht dabei die Effizienz und Leistungsfähigkeit der Datenübertragung, unter anderem weil die vorhandene Übertragungskapazität flexibler und intensiver genutzt werden kann. So werden Anwendungen, deren Signale traditionell nicht in digitaler Form übertragen worden sind, etwa die Sprachtelefonie, auf digitale, paketvermittelte Übertragungsformen (voice over ip) umgestellt. Zugleich verbessern die Abstraktion und Konzentration die Möglichkeit der Infrastrukturbetreiber, die Datenströme an den Schnittstellen und Knotenpunkten zu beobachten. Internet Access Provider haben auf diese Weise Zugang sowohl zu Inhaltsdaten als auch zu Metadaten, die sich im Rahmen des datenschutzrechtlich Zulässigen in verschiedenen Kontexten kommerziell verwerten lassen. **10**

Daneben werden diese Konzentrationstendenzen auf einzelnen Plattformen durch ökonomische Faktoren verstärkt. Die Möglichkeit, zwischen den einzelnen Nutzenden einer **11**

---

[12] So auch angenommen in BVerfGE 130, 151 (195 ff.) = NJW 2012, 1419; *Eckhardt* in Beck TKG TKG § 112 Rn. 4.
[13] Zu den Konsequenzen für die Konzeption der Kommunikationsgrundrechte nur *Schulz* CR 2008, 470 ff.; zur Regulierung der Medienintermediäre nach dem Medienstaatsvertrag *Dörr* WRP 2021, 168 ff.; *Frey/Rudolph/Frey/Radtke* CR 2021, 209 ff.
[14] *Stalder*, Kultur der Digitalität, 2016, 21 ff.
[15] Zur entsprechenden Reichweite der Pflicht zur Vorratsspeicherung von Bestandsdaten nach § 172 Abs. 1 TKG *Graulich* in Fetzer/Scherer/Graulich TKG § 111 Rn. 12.

Plattform produktiv zu vermitteln und zugleich die über das Nutzungsverhalten erhobenen personenbezogenen Daten zur Optimierung des Angebots sowie in anderen Kontexten kommerziell zu verwerten, bringt erhebliche direkte und vor allem indirekte **Netzwerkeffekte** hervor.[16] Digitale Märkte, die auf Plattformen beruhen, weisen dadurch branchenübergreifend erhebliche Tendenzen zur Marktkonzentration auf.[17] Die auf unterschiedlichen Faktoren beruhenden Konzentrationstendenzen machen den **Zugang zu den Informationen für Zwecke der Gefahrenabwehr, der Strafverfolgung sowie für die Nachrichtendienste relevant.**[18]

12 Zugleich und spiegelbildlich gewinnen das Datenschutzrecht und das Grundrecht auf Schutz personenbezogener Daten (Art. 8 GRCh) oder in der deutschen Terminologie das Grundrecht auf informationelle Selbstbestimmung an Relevanz – sowohl für die Grenzen der datenbasierten Geschäftsmodelle[19] als auch bei der Erfüllung öffentlicher Aufgaben.[20] Die Regelungen zur Informationsbeschaffung durch Private zu Zwecken der Gefahrenabwehr, der Strafverfolgung sowie für nachrichtendienstliche Zwecke befinden sich dabei oftmals an der Grenze des Anwendungsbereichs unionsrechtlicher Regelungen zum **Datenschutz.** Sowohl die Datenschutz-Grundverordnung (DS-GVO)[21] als auch die Datenschutzrichtlinie für elektronische Kommunikation (ePrivacy-RL)[22] sehen jeweils Ausnahmen vom Anwendungsbereich für Tätigkeiten der Mitgliedstaaten im Bereich der Gefahrenabwehr, des Staatsschutzes und der Strafverfolgung vor.[23] Gleichwohl zeigen Rechtsgrundlagen für spezifische Beschränkungen des Datenschutzes in diesen Bereichen, dass Datenverarbeitungen durch Private, die der Informationsbeschaffung dienen sollen, im Grundsatz in den Anwendungsbereich des unionsrechtlichen Datenschutzregimes sowie zum Schutz der Vertraulichkeit elektronischer Kommunikation fallen.[24] Die datenschutz-

---

[16] Aus der reichhaltigen Literatur siehe nur *Monopolkommission,* 23. Hauptgutachten, 2020, 29 ff. mwN.
[17] Auch zu den Erfahrungen mit den kartellrechtlichen Instrumenten *Monopolkommission,* 23. Hauptgutachten, 2020, 33 ff.
[18] Als Argument der Verhältnismäßigkeit einer Vorratsspeicherung von Bestandsdaten in BVerfGE 130, 151 (191) = NJW 2012, 1419: „Weil die unmittelbare Kommunikation nicht auf technische Kommunikationsmittel zurückgreift, die es erlauben, sich unter Ausschluss öffentlicher Wahrnehmung über jede beliebige Distanz in Echtzeit miteinander auszutauschen, zeigt sich dort weder ein vergleichbares Substrat noch eine vergleichbare Notwendigkeit für ein entsprechendes Register".
[19] Zudem ist umstritten, inwieweit Verstöße gegen datenschutzrechtliche Regelungen unmittelbar oder zumindest als ein Faktor der Wertung in der kartellrechtlichen Prüfung der Missbräuchlichkeit einer Verhaltensweise heranzuziehen sind, vgl. BGH GRUR 2020, 1318 Rn. 53 ff. – Facebook, sowie mit anderem Akzent die Vorinstanz OLG Düsseldorf BeckRS 2019, 18837 Rn. 42 ff.; näher *Körber* NZKart 2019, 187 ff. Das OLG Düsseldorf hat kürzlich Fragen zur Auslegung der DS-GVO dem EuGH vorgelegt, GRUR 2021, 874.
[20] Zur Vorratsspeicherung von Bestandsdaten BVerfGE 130, 151 (179 ff.) = NJW 2012, 1419.
[21] VO (EU) 2016/679 des Europäischen Parlaments und des Rates vom 27. April 2016 zum Schutz natürlicher Personen bei der Verarbeitung personenbezogener Daten, zum freien Datenverkehr und zur Aufhebung der Richtlinie (95/46/EG) (ABl. L 119, 1 ff.).
[22] RL 2002/58/EG vom 12.7.2002 über die Verarbeitung personenbezogener Daten und den Schutz der Privatsphäre in der elektronischen Kommunikation, ABl. L 201, 37 ff. v. 31.7.2002.
[23] Nach Art. 1 Abs. 3 RL 2002/58/EG gilt die Richtlinie unter anderem und vor allem („auf keinen Fall") nicht für Tätigkeiten betreffend die öffentliche Sicherheit, die Landesverteidigung, die Sicherheit des Staates und die Tätigkeiten des Staates im strafrechtlichen Bereich; vom Anwendungsbereich der DS-GVO ist nach Art. 2 Abs. 2 DS-GVO die Verarbeitung personenbezogener Daten unter anderem im Rahmen von Tätigkeiten, die nicht in den Anwendungsbereich des Unionsrechts fallen, von ihrem sachlichen Anwendungsbereich ausgenommen. Dazu zählen mit Blick auf die Regelung aus Art. 4 Abs. 2 S. 2 EUV insbesondere die der nationalen Sicherheit dienenden Tätigkeiten von Geheimdiensten, *Bäcker* in BeckOK Datenschutzrecht DS-GVO Art. 2 Rn. 9a. Ausgenommen sind zudem Datenverarbeitungen durch die zuständigen Behörden zum Zweck der Verhütung, Ermittlung, Aufdeckung oder Verfolgung von Straftaten oder der Strafvollstreckung, einschließlich des Schutzes vor und der Abwehr von Gefahren für die öffentliche Sicherheit.
[24] Art. 23 Abs. 1 lit. a–d und h DS-GVGVO: nationale Sicherheit, Landesverteidigung, öffentliche Sicherheit, Verhütung, Ermittlung, Aufdeckung und Verfolgung von Straftaten oder die Strafvollstreckung, einschließlich des Schutzes vor und der Abwehr von Gefahren für die öffentliche Sicherheit; Kontroll-, Überwachungs- und Ordnungsfunktionen, die dauernd oder zeitweise mit der Ausübung öffentlicher Gewalt für die vorhergehend genannten Zwecke verbunden sind; Art. 15 Abs. 1 RL 2002/58/EG,

rechtlichen Ausnahmebestimmungen bei der Informationsbeschaffung durch Private sind aus diesem Grund Gegenstand einer Reihe von Entscheidungen des EuGH, die das Spannungsfeld zwischen der Gewährleistung öffentlicher Sicherheit sowie einer effektiven Strafverfolgung einerseits und den Rechten auf Achtung des Privatlebens sowie des Schutzes personenbezogener Daten austarieren.[25]

b) Aufbau einer digitalen Wissensinfrastruktur. Neben der Überwachung elektronischer Kommunikation zeigt die digitale Transformation Wege auf, in bestimmten Bereichen Formen einer digitalen, von einzelnen Verwaltungsverfahren losgelösten Wissensinfrastruktur bereitzustellen, die unterschiedlichen Behörden jeweils aufgabenspezifische Informationen bereitstellt und zugleich den Marktteilnehmerinnen und Marktteilnehmern in einem komplexen Umfeld eine Orientierungsfunktion bietet.[26] Das übergreifende Prinzip einer solchen, oftmals auf unionsrechtlichen Vorgaben beruhenden[27] **digitalen Wissensinfrastruktur** lässt sich dahingehend beschreiben, dass Unternehmen oder andere nichtstaatliche Akteure bestimmte Informationen systematisch an eine **zentrale Stelle** übermitteln. Die Informationen werden dann in Echtzeit durch Algorithmen aufbereitet und ausgewertet. Den Marktakteuren kann auf diese Weise in aggregierter Form ein Wissen über Marktentwicklungen und Risiken verfügbar gemacht werden, das einzelne Marktakteure durch ihre individuelle Beobachtung kaum generieren können.[28] Die Behörden erhalten über die Wissensinfrastruktur zunächst ein detailliertes Abbild der Marktprozesse, das auf verdächtige Muster oder Anomalien untersucht werden kann. Das Abbild stellt dabei zunächst lediglich die Basis für eine weitergehende Analyse dar, bei der verdächtige Vorgänge ermittelt und punktuell an die jeweils zuständige Behörde, etwa zur Strafverfolgung oder der Marktaufsicht, übermittelt werden.

Im **Energiegroßhandel** (§§ 47a ff. GWB) liegt der Fokus des Meldesystems in der **systematischen Überwachung der Marktprozesse insbesondere auf Formen der Marktmanipulation,** die wegen der Komplexität der preisbildenden Faktoren und der Informationsdefizite der Aufsichtsbehörde andernfalls kaum nachvollziehbar wären.[29] Die einzelnen Meldungen betreffen dabei nicht nur verdächtige, sondern sämtliche Transaktionen und von ihnen alle potentiell relevanten Elemente. Die Meldungen zielen auf ein vollständiges Abbild. Demzufolge lassen sich die übertragungspflichtigen Informationen nicht konsequent danach trennen, ob es sich um eine Meldung in eigener Sache oder eine Meldung über Dritte handelt.[30] Die Meldungen beziehen sich jeweils auf Aspekte, in die der meldende Marktteilnehmer einbezogen war. Sie dient mittelbar aber der Aufsicht sowohl des eigenen Verhaltens als auch des Verhaltens Dritter.

---

entsprechend zum Anwendungsbereich und insbesondere zum Begriff der Tätigkeiten iSd Art. 1 Abs. 3 RL 2002/58/EG EuGH Urt. v. 6.10.2020, C-511/18, C-512/18 und C-520/18, Rn. 98 ff., NJW 2021, 531 – La Quadrature du Net; EuGH Urt. v. 21.12.2016, C-203/15 und C-698/15, EU:C:2016:970, Rn. 72 f. – Tele2; OVG Münster NVwZ-RR 2018, 43 (→ Rn. 44.).

[25] EuGH Urt. v. 6.10.2020, C-623/17, Rn. 58 ff., BeckRS 2020, 25341 – Privacy International; EuGH Urt. v. 6.10.2020 – C-511/18, C-512/18 und C-520/18 Rn. 110 ff., NJW 2021, 531 – La Quadrature du Net; EuGH Urt. v. 21.12.2016 – C-203/15 und C-698/15, EU:C:2016:970, Rn. 89 ff., NJW 2017, 717 – Tele2 (→ Rn. 68).

[26] *Broemel* in Münkler, Dimensionen des Wissens im Recht, 2019, 139 (154 ff.).

[27] Zur Meldepflicht von Gegenparteien und Zentralen Gegenparteien nach Art. 9 VO 648/2012 hinsichtlich der Derivatekontrakten bei einem Transaktionsregister *Hartenfels* in Assmann/Schneider/Mülbert, Wertpapierhandelsrecht, 7. Aufl. 2019, Art. 9 VO (EU) Nr. 648/2012 Rn. 1 ff.: Datenbeschaffungsfunktion, auch für den Gesetzgeber; zu den Erweiterungen der Melde und Transparenzpflichten bei Wertpapierfinanzierungsgeschäften im Nachgang der Finanzkrise *Weber/Zentis/Kleemann* DB 2016, 576 ff.

[28] Übersicht über die periodischen sowie die ad hoc durchgeführten Stresstests unter https://www.bankingsupervision.europa.eu/banking/tasks/comprehensive_assessment/html/index.en.html.

[29] Auch zur damit verbundenen Kooperation von BNetzA und BKartA *Monopolkommission,* 63. Sondergutachten, 2012, Rn. 139 ff.; *Monopolkommission,* 59. Sondergutachten, 2011, Rn. 640 ff.; *Lange* EnWZ 2013, 104 ff.; *Lüdemann/Lüdemann* WuW 2012, 917 ff.

[30] Zur Unterscheidung → Rn. 5 f.

15 Die weniger komplex angelegte **Markttransparenzstelle für Kraftstoffe**[31] dient zum einen der Übersicht für Verbraucherinnen und Verbraucher, zum anderen zur Prävention von abgestimmten Verhaltensweisen.[32] Die nicht auf unionsrechtliche Vorgaben zurückgehende und im Entstehungsprozess durchaus umstrittene Vorschrift[33] veranschaulicht die Grenzen, wenn es darum geht, durch systematische Informationspflichten der Marktakteure Korrekturen an Marktergebnissen (hier dem Benzinpreis) bewirken zu wollen.[34]

16 Im Bereich des **Bankenaufsichts- und Währungsrechts** wird dieser Ansatz einer verfahrensübergreifenden Wissensinfrastruktur durch Kooperationen innerhalb des Europäischen Systems der Zentralbanken noch weiter ausgebaut. Gemeinsam mit den Zentralbanken der Mitgliedstaaten baut die Europäische Zentralbank unter anderem aus den von Kreditinstituten in unterschiedlichen Kontexten übermittelten Daten eine Datenbank auf, die für Zwecke währungspolitischer Analyse sowie insbesondere der makroprudenziellen Aufsicht ausgewertet werden kann.[35] Daneben soll bei den **zentralen Meldepflichten im Bankensektor** im Rahmen der Durchführung von Stresstests durch die Übermittlung der Informationen zu Einzelheiten der Geschäftsmodelle und des verfügbaren Eigenkapitals abgeschätzt werden, welche Effekte sich aus der Vernetzung der Marktakteure im Fall einer raschen und unvorhergesehenen negativen wirtschaftlichen Entwicklung ergeben können.[36]

17 Informationsbeschaffung durch Unternehmen ändert in diesen Kontexten ihre Funktion. Statt der Erteilung spezifischer Auskünfte über Sachverhalte, die Unternehmen genauer oder einfacher aufklären können als die Behörde geht es um die **notwendige Mitwirkung an dem Aufbau einer abstrakten, zu mehreren Zwecken einsetzbaren Infrastruktur.**

C. Bestandsdaten aus Telekommunikationsdiensten

18 Die Informationsbeschaffung durch Anbieter von Diensten der elektronischen Kommunikation unterteilt sich in Bestands-, Zugangs- und Verkehrs- oder Nutzungsdaten,[37] die bei der Erbringung zum einen von Telekommunikations- und zum anderen von Telemediendiensten (→ Rn. 75 ff.) anfallen.

---

[31] § 47k GWB sowie die auf der Grundlage des § 47k Abs. 8 GWB erlassene MTSKVO.
[32] *Hofmann* WRP 2016, 1074 (1076 f.), *Knauff* NJW 2012, 2408 (2409 f.).
[33] Näher *Knauff* in Immenga/Mestmäcker, Wettbewerbsrecht, 6. Aufl. 2020, GWB § 47k Rn. 1 f.
[34] Zur Diskussion *Lüdemann/Lüdemann* WuW 2012, 917 (923); *Knauff* NJW 2012, 2408 (2410 ff.); zu den weitergehenden inhaltlichen Vorgaben im österreichischen Preistransparenzgesetz *Knauff* in Immenga/Mestmäcker, Wettbewerbsrecht, 6. Aufl. 2020, GWB § 47k Rn. 2.
[35] Überblick in *ECB*, The Eurosystem Integrated Reporting Framework, 2020.
[36] Die von den Marktakteuren übermittelten Informationen bilden eine zentrale Informationsgrundlage, die Muster und Zusammenhänge sichtbar macht, die aus der Beobachterperspektive eines einzelnen Marktakteurs oder der Aufsichtsbehörde kaum erkennbar sind. Auf der Grundlage der erfahrungsbasierten Annahmen zu den adversen Szenarien lässt sich zudem die Resilienz sowohl einzelner Kreditinstitute als auch der jeweiligen Finanzmärkte im Fall von Krisenereignissen abschätzen. Die auf der systematischen Übermittlung von Informationen durch die Marktakteure beruhende Wissensinfrastruktur dient damit zum einen der Aufsicht über die einzelnen Kreditinstitute, insbesondere hinsichtlich der Maßnahmen zur Vermeidung von Zahlungsausfällen. Zum anderen bietet sie den Marktteilnehmern eine Orientierung über den Zustand und die Resilienz bestimmter Märkte in unterschiedlichen Mitgliedstaaten. Die in aggregierter Form bereitgestellten Daten können die Qualität der Entscheidungen der Marktteilnehmer verbessern, wenn Investitionsentscheidungen in Abhängigkeit von dem individuellen Risikoappetit auf besser informierter Grundlage getroffen werden. Schließlich bieten sie für die makroprudenzielle Aufsicht einen zugleich breiten und detaillierten Blick über die Entwicklung zentraler Faktoren systemischer Risiken; Überblick über die makroökonomischen Methoden und Ansätze bei *Sorge*, Stress-testing financial systems, BIS Working Papers No 165; differenzierte Bewertung entsprechender Stresstests für den Versicherungssektor bei *Hein/Mayer-Wegelin* VW 2003, 908 ff.
[37] Zu den Verkehrsdaten über Telekommunikationsdienste → Rn. 64 ff.

I. Grundstruktur und Entwicklung der Regelungen, §§ 172 ff. TKG

Die Struktur der Regelungen zu Auskunftsersuchen über Bestandsdaten von Anbietern 19 von Telekommunikationsdiensten geht auf die Privatisierung zurück.[38] Dieser Hintergrund schlägt sich in einer mehrgliedrigen Struktur der Regelungen zur Auskunft über Bestandsdaten nieder, in der zum einen die privaten Diensteanbieter zur systematischen Erhebung und Speicherung der Daten verpflichtet und zum anderen Schnittstellen für einen automatisierten sowie einen manuellen Abruf der Daten im Einzelfall durch unterschiedliche Behörden des Bundes und der Länder geschaffen werden. Der zweite Schritt der automatisierten oder manuellen Auskunft beinhaltet auf der einen Seite die Berechtigung und Verpflichtung des privaten Unternehmens zur Übermittlung oder der BNetzA zur automatisierten Erhebung sowie auf der anderen Seite den Abruf durch die zur Abfrage berechtigten Behörde. Da beide Seiten, sowohl die **Übermittlung als auch der Abruf, jeweils für sich als Grundrechtseingriffe** eingeordnet werden, bedürfen sie nach dem in der verfassungsgerichtlichen Rechtsprechung formulierten sog. **Doppeltürenmodell**[39] jeweils einer gesetzlichen Grundlage, deren Regelungsdichte unter anderem davon abhängt, ob die Daten von der BNetzA automatisiert abgerufen oder von dem privaten Diensteanbieter übermittelt werden (→ Rn. 31) und welche Sensibilität den Daten jeweils zukommt.[40] In die Gesetzgebungszuständigkeit des Bundes (Art. 73 Abs. 1 Nr. 7 GG) für das Telekommunikationsrecht fallen dabei die Regelungen für die Erhebung und Speicherung der Daten durch den Anbieter sowie die Rechtsgrundlagen für die Übermittlung, während die korrespondierenden Rechtsgrundlagen für den Abruf insbesondere für Zwecke der Gefahrenabwehr und der Strafverfolgung den für die jeweiligen Aufgaben einschlägigen Gesetzgebungszuständigkeiten zuzuordnen sind.[41] Die telekommunikationsrechtlichen Regeln für Auskünfte zu Bestandsdaten legen damit die Grundlage für Abrufe durch die jeweils zuständigen Behörden und sind auf eine Verzahnung mit den entsprechenden Rechtsgrundlagen in den Fachgesetzen des Bundes und der Länder angelegt.

Die Erhebung und Speicherung der Bestandsdaten durch den Anbieter von Telekom- 20 munikationsdiensten sowie die Rechtsgrundlage für die Übermittlung im automatisierten und im manuellen Auskunftsverfahren sind in den §§ 172–174 TKG geregelt. Die mit der Neufassung verbundenen Änderungen in den §§ 172–174 TKG gegenüber den §§ 111–113 TKG aF gehen zum einen auf die Vorgaben des europäischen Kodex für die elektronische Kommunikation, vor allem zum Anwendungsbereich der telekommunikationsrechtlichen Regelungen, zurück.[42]

Zum anderen ergeben sich die inhaltlichen Anpassungen zudem aus einer jüngeren 21 Entscheidung des **Bundesverfassungsgerichts zur Bestandsdatenauskunft,**[43] deren Präzisierungen zu den Anforderungen des sog. Doppeltürmodells Anpassungen der Rechtsgrundlagen sowohl im TKG als der bundes- und landesgesetzlichen Regelungen für den

---

[38] *Stohrer*, Informationspflichten Privater gegenüber dem Staat in Zeiten von Privatisierung, Liberalisierung und Deregulierung, 111 ff., → Rn. 7; zur Relevanz der Abfragen für die effektive Aufgabenwahrnehmung der abfrageberechtigten Behörden zuletzt BVerfG NJW 2020, 2699, → Rn. 155, Rn. 11; neben den Aufgaben des Sicherheits- und Staatsschutzrechts ist die Möglichkeit zum Abruf von Bestandsdaten über Telekommunikationsdienste vor allem auch im Bereich der Wirtschaftsaufsicht von Bedeutung, etwa für die BaFin § 173 Abs. 4 Nr. 6 TKG; zur Relevanz für die effektive Durchsetzung des Kartellrechts BT-Drs. 19/26108, 368.
[39] BVerfGE 130, 151 (184) = NJW 2012, 1419; BVerfG NJW 2020, 2699 Rn. 93.
[40] Zu den verschiedenen Kategorien von Daten im manuellen Auskunftsverfahren → Rn. 35 ff.
[41] BVerfGE 130, 151 (192 f.) = NJW 2012, 1419; BVerfG NJW 2020, 2699 Rn. 105 und 108.
[42] Nach § 3 Nr. 61 TKG umfasst der Begriff der Telekommunikationsdienste in Umsetzung der Regelung in Art. 2 Nr. 4 RL (EU) 2018/1972 in der Regel gegen Entgelt über Telekommunikationsnetze erbrachte Dienste in Form von Internetzugangsdiensten, interpersonellen Telekommunikationsdiensten und Diensten, die ganz oder überwiegend in der Übertragung von Signalen bestehen, wie Übertragungsdienste, die für Maschine-Maschine-Kommunikation und für den Rundfunk genutzt werden. Ausgenommen sind dabei Dienste, die Inhalte anbieten oder eine redaktionelle Kontrolle über sie ausüben.
[43] BVerfG NJW 2020, 2699; näher → Rn. 39.

Abruf erforderlich machten.⁴⁴ Dieser Anpassungsbedarf war zugleich Anlass für einen weiteren Gesetzesentwurf, der sich auf sämtliche in der verfassungsgerichtlichen Entscheidung zur Bestandsdatenauskunft für verfassungswidrig erklärten Rechtsgrundlagen bezog.⁴⁵⁴⁶

II. Erhebung und Speicherung der Bestandsdaten, § 172 TKG

22 Für die erste Stufe der Speicherung der zu bevorratenden Daten sieht **§ 172 TKG eine Pflicht zur Speicherung bestimmter Daten und zum Teil auch ihrer Erhebung** sowie der Überprüfung ihrer inhaltlichen Richtigkeit vor.

23 Verpflichtet ist danach wer nummergebundene interpersonelle Telekommunikationsdienste, Internetzugangsdienste oder Dienste, die ganz oder überwiegend in der Übertragung von Signalen bestehen, erbringt. Der in § 3 Nr. 24 TKG definierte Begriff der interpersonellen Telekommunikationsdienste erfasst über die tradierten Telekommunikationsdienste hinaus auch funktionale Äquivalente aus Sicht der Endnutzerinnen und Endnutzer, die unabhängig davon angeboten werden, auf welcher Infrastruktur und von welchem Anbieter die Signale übertragen werden.⁴⁷ Der Begriff der interpersonellen Telekommunikationsdienste umfasst zudem auch Gruppen-Chats an eine große, aber endliche Zahl an Personen.⁴⁸ Nummerngebunden ist ein solcher interpersoneller Telekommunikationsdienst nach § 3 Nr. 37 TKG,⁴⁹ wenn er entweder eine Verbindung zu einer zugeteilten Nummer⁵⁰ herstellt oder die Telekommunikation mit der Nummer ermöglicht.⁵¹ Die Verpflichtung von Diensten, die ganz oder überwiegend in der Übertragung von Signalen bestehen, soll gewährleisten, dass Dienste der Kommunikation mit oder unter Maschinen weiterhin der Pflicht zur Speicherung von Bestandsdaten unterfallen, wenn sie eine Rufnummer vergeben.⁵²

24 Darüber hinaus setzt die Verpflichtung einen **Einfluss auf die Zuordnung eines Anschlusses** voraus,⁵³ alsodass der Anbieter der Telekommunikationsdienste entweder Rufnummern oder andere Anschlusskennungen vergibt⁵⁴ oder Telekommunikationsanschlüsse bereits vergebene Rufnummern oder sonstige Anschlusskennungen bereitstellt.⁵⁵

25 Inhaltlich bezieht sich die entschädigungslose⁵⁶ Pflicht auf die Erhebung und Speicherung der Bestandsdaten⁵⁷ von im Einzelnen aufgeführten **Merkmalen, die zur Identifikation**

---

⁴⁴ Zum Gegenstand des Verfahrens und dem darüber hinaus gehenden Anpassungsbedarf → Rn. 40 ff.
⁴⁵ Gesetzesentwurf der Fraktionen der CDU/CSU und SPD, Entwurf eines Gesetzes zur Anpassung der Regelungen über die Bestandsdatenauskunft an die Vorgaben aus der Entscheidung des Bundesverfassungsgerichts vom 27. Mai 2020, BT-Drs. 19/25294.
⁴⁶ BT-Drs. 19/26108, 236.
⁴⁷ BT-Drs. 19/26108, 231.
⁴⁸ BT-Drs. 19/26108, 231.
⁴⁹ Näher Erwägungsgrund 18 RL (EU) 2018/1972.
⁵⁰ Mit Nummer ist dabei eine öffentlich zugeteilte Nummerierungsressource im Sinne einer Nummer nationaler oder internationaler Nummernpläne gemeint, § 3 Nr. 37 TKG.
⁵¹ Für ein solches Ermöglichen der Telekommunikation mit einer Nummer soll allerdings nicht genügen, dass eine Nummer – wie es in Messengerdiensten zum Teil der Fall ist – lediglich als Kennung verwendet wird, BT-Drs. 19/26108, 233.
⁵² BT-Drs. 19/26108, 366.
⁵³ *Eckardt* in Beck TKG TKG § 111 Rn. 6: Verpflichteter stellt Zusammenhang zwischen einer Person und einer Rufnummer oder einer Anschlusskennung her.
⁵⁴ Vergabe meint dabei entsprechend des Sinns und Zwecks der Regelung die Zuordnung einer Anschlusskennung zu einem Teilnehmer, *Eckardt* in Beck TKG TKG § 111 Rn. 8.
⁵⁵ § 172 Abs. 1 TKG; näher zu den Begriffen des Bereitstellens und der Anschlusskennung *Eckardt* in Beck TKG TKG § 111 § 111 Rn. 8 und 13 sowie mit Beispielen *Graulich* in Fetzer/Scherer/Graulich TKG § 111 Rn. 13.
⁵⁶ § 172 Abs. 7 TKG.
⁵⁷ Die Verpflichtung der Anbieter von Diensten der elektronischen Post nach § 111 Abs. 2 TKG beschränkt sich auf die Speicherung der vorhandenen Daten, *Eckardt* in Beck TKG TKG § 111 Rn. 18; ebenso die zukünftig voraussichtlich an die Stelle tretende Pflicht von Anbietern nummernunabhängiger interpersoneller Telekommunikationsdienste zur Speicherung von Bestandsdaten, § 171 Abs. 3 TKG-E sowie ausdrücklich BT-Drs. 19/26108, 367.

der Person und dem zugeordneten Anschluss erforderlich sind.[58] Zu diesen Merkmalen zählt neben der Identität und Anschrift des Anschlussinhabers insbesondere die Rufnummer oder die Anschlusskennung. Der in § 3 Nr. 3 TKG definierte Oberbegriff der Anschlusskennung meint Zeichenfolgen, die der Inhaberin oder dem Inhaber eines Anschlusses dauerhaft zugeordnet sind und den Anschluss dauerhaft und gleichbleibend kennzeichnen. Dynamische IP-Adressen sind demnach wegen ihres nur vorübergehenden Charakters nicht erfasst,[59] können aber Anknüpfungspunkt einer Anfrage im manuellen Auskunftsverfahren nach § 174 Abs. 1 S. 3 und 4 TKG sein.[60] Die Regelung ergänzt zudem in § 172 Abs. 1 S. 2 TKG auch die Angabe über das Datum der Beendigung der Zuordnung der Rufnummer, um nachträglich die zeitliche Zuordnung zu erleichtern.[61]

Charakteristisch für die Pflicht ist, dass die Daten vor der Freischaltung zu erheben und unabhängig davon zu speichern sind, ob sie für die Durchführung des Vertrags erforderlich sind.[62] Sie sind **zudem nach Möglichkeit aktuell zu halten,** also bei Änderungen zu berichtigen.[63] **26**

Zudem ist bei **Prepaid-Mobilfunkdaten** vor der Ausgabe eine inhaltliche Überprüfung vorgesehen. Der Gesetzgeber reagierte mit der Einführung dieser Überprüfungspflicht, die auch nähere Vorgaben zum Verfahren und den zur Überprüfung geeigneten Dokumenten enthält,[64] auf Beobachtungen unter anderem der BNetzA, nach denen die Angaben bei der Ausgabe von Prepaid-Mobilfunkkarten im Durchschnitt so wenig belastbar waren, dass ihre Verwertbarkeit für Zwecke des Auskunftsverfahrens stark bezweifelt wurde.[65] Die damit faktisch verbundene Pflicht der Inhaber von Prepaid-Mobilfunkkarten, ihre Identität offen zu legen, ist vom EGMR als mit dem Recht auf Achtung des Privatlebens (Art. 8 Abs. 1 EMRK) vereinbar eingeordnet worden,[66] wobei die Entscheidung nicht einstimmig ergangen ist und die abweichende Meinung des Richters *Ranzoni* maßgeblich auf die gesellschaftliche Wirkung des nach § 111 TKG aF erstellten umfassenden Registers abstellt und die Schutzvorkehrungen als unzureichend einordnet.[67] Gegen die mittelbare Pflicht zur Angabe der personenbezogenen Daten beim Erwerb einer Prepaid-Mobilfunkkarte ist zudem eine Verfassungsbeschwerde anhängig.[68] **27**

In grundrechtlicher Hinsicht greifen die Erhebung und die Speicherung der Bestandsdaten nach § 172 Abs. 1 TKG in das Recht auf informationelle Selbstbestimmung,[69] nicht jedoch in das Fernmeldegeheimnis ein, da sie keine Informationen zu den konkreten Umständen einzelner Kommunikationsverbindungen oder Versuche der Kommunikation **28**

---

[58] Dazu zählen die Rufnummern und anderen Anschlusskennungen, der Name und die Anschrift des Anschlussinhabers, ggf. einschließlich des Geburtsdatums und der Anschrift des Festnetzanschlusses, bei zugleich überlassenen Mobilfunkendgeräten auch dessen Gerätenummer (IMEI) und schließlich das Datum des Vertragsbeginns, § 172 Abs. 1 S. 1 TKG.

[59] *Eckardt* in Beck TKG TKG § 111 Rn. 13; ihre Speicherung würde zudem wegen der notwendigen Auswertung einzelner Verbindungsdaten nicht nur in das Recht auf informationelle Selbstbestimmung, sondern auch in das Fernmeldegeheimnis eingreifen, BVerfGE 130, 151 (179, 181) = NJW 2012, 1419; zu § 113 Abs. 1 S. 3 TKG aF sowie den korrespondierenden Abrufregelungen BVerfG NJW 2020, 2699 (Rn. 97 ff.).

[60] Zu § 174 Abs. 1 S. 3 TKG → Rn. 48 ff.

[61] BT-Drs. 19/26108, 366.

[62] § 172 Abs. 1 S. 1 TKG; anders insoweit die Erhebung und Verwendung von Bestandsdaten nach § 3 Nr. 6 TKG, die ebenfalls Gegenstand eines manuellen Auskunftsverfahrens nach § 174 Abs. 1 S. 1 TKG sein können, → Rn. 36.

[63] § 172 Abs. 4; die nach § 111 Abs. 3 S. 2 aF noch bestehende Nacherhebungspflicht ist mit Blick auf die bereits aus § 172 Abs. 1 S. 1 TKG folgende Pflicht zur vorherigen und vollständigen Erhebung nicht übernommen worden, BT-Drs. 19/26108, 367.

[64] § 172 Abs. 2 TKG.

[65] BT-Drs. 18/8702, 22; im Anschluss daran *Graulich* in Fetzer/Scherer/Graulich TKG § 111 Rn. 24 f.

[66] EGMR ZD 2020, 250 (Rn. 88 ff.).

[67] EGMR Urt. v. 30.1.2020 – Breyer/Deutschland, Individualbeschwerde Nr. 50001/12, (= ZD 2020, 250), Abweichende Meinung des Richters *Ranzoni,* Rn. 7 f., Rn. 14 ff.

[68] 1 BvR 141/16 u. a.; die Beschwerde richtet sich zudem gegen die Speicherung von IP-Adressen durch den Provider bei Nutzung eines Internet-Zugangs.

[69] BVerfGE 130, 151 (183 ff.) = NJW 2012, 1419.

enthalten.[70] In der Sache handelt es sich bei der Vorratsspeicherung trotz der vorsorglichen, anlasslosen Erhebung und Speicherung der personenbezogenen Daten nicht um eine im Hinblick auf das Recht auf informationelle Selbstbestimmung prinzipiell unzulässige Vorratsdatenspeicherung, da die betroffenen Daten genau eingegrenzt und ausschließlich für spezifische definierte, wenn auch unterschiedliche Verwendungszwecke gespeichert werden.[71] Trotz der erheblichen Streubreite des Registers kommt dem mit der Erhebung und Speicherung verbundenen Eingriff nach der Einschätzung des Bundesverfassungsgerichts noch kein erhebliches Gewicht zu.[72] Dies liegt vor allem daran, dass die Bestandsdaten für sich genommen typischerweise nicht besonders sensibel[73] und Übermittlungen an spezifische Eingriffsschwellen gekoppelt sind. Durch diese Eingriffsschwellen wird der belastende Kontext, der zu intensiveren Belastungen der betroffenen Grundrechtsträgerinnen führen könnte, nicht durch die Auswertung der Bestandsdaten aufgedeckt, sondern bereits vorausgesetzt.[74]

III. Übermittlung der Daten

29 Hinsichtlich der **Übermittlung der Daten differenzieren** die Regelungen des TKG zwischen einem **automatisierten Auskunftsverfahren,** das über die BNetzA abgewickelt wird (§ 173 TKG), und einem **manuellen Auskunftsverfahren,** bei dem sich die Strafverfolgungs- und Sicherheitsbehörden sowie die Verfassungsschutzbehörden und Nachrichtendienste direkt an den Anbieter der Telekommunikationsdienste wenden (§ 174 TKG). Zur Gewährleistung des Rechts auf informationelle Selbstbestimmung hat das Bundesverfassungsgericht grundsätzliche Anforderungen an die Übermittlung von Daten aus Registern der Vorratsspeicherung formuliert, die eine eingehende Regelung sowohl für die übermittelnde Stelle als auch für die abrufende Stelle erforderlich machen (sog. Doppeltürmodell).[75] In einer zum manuellen Auskunftsverfahren ergangenen Entscheidung hat das Bundesverfassungsgericht diese Anforderungen insbesondere an die Eingriffsschwelle sowohl für die übermittelnde als auch für die abrufende Seite präzisiert.[76] Die sich daraus ergebende Notwendigkeit zur Überarbeitung der gesetzlichen Grundlagen bezog sich nach der Entscheidung auf die telekommunikationsrechtliche Regelung zum manuellen Auskunftsverfahren in § 113 TKG aF sowie spiegelbildliche Regelungen zum Abruf der Bestandsdaten im Bundespolizeigesetz,[77] im Zollfahndungsdienstgesetz,[78] im Bundesverfassungsschutzgesetz (§ 8d Abs. 1 S. 1 und Abs. 2 S. 1 BVerfSchG aF), im Gesetz über den Bundesnachrichtendienst,[79] im Gesetz über den Militärischen Abschirmdienst (§ 4b S. 1 MADG aF) sowie im Gesetz über das Bundeskriminalamt.[80] In der Sache dürfte der Anpassungsbedarf allerdings auch entsprechende Regelungen der Nachrichtendienste der Länder betreffen, die nicht Gegenstand des Verfahrens waren.[81]

---

[70] BVerfGE 130, 151 (179 ff.) = NJW 2012, 1419.
[71] BVerfGE 130, 151 (187) = NJW 2012, 1419.
[72] BVerfGE 130, 151 (188 ff.) = NJW 2012, 1419; andere Einschätzung durch die abweichende Meinung des Richters *Ranzoni*, EGMR, Urt. v. 30.1.2020, Breyer/Deutschland, Individualbeschwerde Nr. 50001/12, (= ZD 2020, 250), Rn. 7 f., Rn. 14 ff.
[73] BVerfGE 130, 151 (190) = NJW 2012, 1419.
[74] BVerfGE 130, 151 (190 f.) = NJW 2012, 1419.
[75] BVerfGE 130, 151 (184) = NJW 2012, 1419 sowie BVerfG NJW 2020, 2699 Rn. 93 f.
[76] BVerfG NJW 2020, 2699 Rn. 93 ff.
[77] § 22a Abs. 1 S. 1 BPolG aF (Erhebung von Telekommunikationsdaten).
[78] § 7 Abs. 5 S. 1, Abs. 6 sowie § 15 Abs. 2 S. 1 und Abs. 3 ZFdG aF (Datenerhebung und -verarbeitung der Zentralstelle sowie Erhebung und Sammlung personenbezogener Daten zur Erfüllung eigener Aufgaben).
[79] § 2b S. 1 und § 4 S. 1 BNDG aF, soweit dieser auf § 8d Abs. 1 S. 1 und Abs. 2 S. 1 BVerfSchG verweist.
[80] § 10 Abs. 1 S. 1 und Abs. 2, § 40 Abs. 1 S. 1 und Abs. 2 BKAG aF, sofern letzter nicht in Absatz 1 auf § 39 Abs. 2 Nr. 2 BKAG verweist.
[81] *Graulich* NVwZ-Beilage 2020, 47 (52 f.).

1. Grundsätzliche Anforderungen an die Übermittlung von Vorratsdaten

Die **grundsätzlichen, strukturellen Anforderungen an die Übermittlung von Vorratsdaten** ergeben sich im Ausgangspunkt daraus, dass – wie auch in anderen Kontexten – jeder Schritt der Erhebung, Speicherung, Übermittlung und Verwertung personenbezogener Daten jeweils **für sich einen Eingriff in das Recht auf informationelle Selbstbestimmung** darstellt,[82] und zwar auch dann, wenn die Bereitstellung und Übermittlung der Informationen durch Private erfolgt.[83] Die besonderen Anforderungen an die Übermittlung von Vorratsdaten folgen daraus, dass ein Register mit großer Streubreite zunächst anlasslos, aber für die Zwecke bestimmter Auskunftsersuchen von privater Seite erstellt und dann anlassbezogen einzelne Datensätze an abfragende Stellen unmittelbar oder mittelbar über die Bundesnetzagentur übermittelt werden. Diese flexible und mehrfache Verwendung des umfangreichen Datenbestands für unterschiedliche Arten von Anfragen beschränkt das Recht auf informationelle Selbstbestimmung nach dem verfassungsgerichtlichen Konzept der „Doppeltür" nur dann in verhältnismäßiger Weise, wenn der Filter bei der Übermittlung die Erforderlichkeit der Daten für den jeweiligen Zweck effektiv gewährleistet. Der Kern der verfassungsrechtlichen Anforderungen an die Übermittlung von Vorratsdaten liegt dabei darin, den Schritt der Datenübermittlung als zweifachen oder zweiseitigen, jeweils rechtfertigungsbedürftigen Eingriff zu konzipieren.[84] Für die Übernahme der Daten durch die abfragende Behörde liegt diese Notwendigkeit einer eingehenden gesetzlichen Regelung nahe. Zum einen wird die abfragende Behörde die Daten in der Regel speichern, auswerten und weitere Maßnahmen daran knüpfen. Zum anderen lassen sich die jeweiligen Eingriffsschwellen, die die Angemessenheit der Übermittlung gewährleisten,[85] nur in Abhängigkeit des jeweiligen Kontexts, also der Aufgabe und ihrer Rahmenbedingungen, bestimmen.[86]

Weniger offensichtlich sind die in der verfassungsgerichtlichen Rechtsprechung formulierten Anforderungen an die gesetzliche Grundlage für die übermittelnde Stelle, die sich aus den Eigenschaften und der Intensität des Eingriffs ergeben.[87] Dieser Eingriffscharakter ergibt sich aus der Vorstrukturierung und Vorbereitung der Übermittlung. „Schon die Bestimmung der Verwendungszwecke und die Befugnis zur Datenübermittlung als Teil der Verwendungsregelung begründen den Eingriffscharakter."[88] Infolge der Konzeption als mehrfacher Grundrechtseingriff können schließlich Defizite in der Rechtfertigung des einen Eingriffs nicht durch strengere gesetzliche Anforderungen an den anderen Eingriff kompensiert werden.[89] Mit anderen Worten müssen sowohl die Übermittlungs- als auch die Abrufregelungen jeweils für sich „die Verwendungszwecke der Daten hinreichend begrenzen, mithin die Datenverwendung an bestimmte Zwecke, tatbestandliche Eingriffsschwellen und einen hinreichend gewichtigen Rechtsgüterschutz binden".[90] Die Anforde-

---

[82] BVerfGE 130, 151 (184) = NJW 2012, 1419.
[83] BVerfGE 125, 260 (312) = NJW 2010, 833; BVerfG NJW 2020, 2699 Rn. 95.
[84] BVerfGE 130, 151 (185) = NJW 2012, 1419; BVerfG NJW 2020, 2699 Rn. 95 f., Rn. 190 ff.
[85] BVerfG NJW 2020, 2699 Rn. 194 ff.
[86] Zur Relevanz und Kontextabhängigkeit der Eingriffsschwellen zuletzt BVerfG NJW 2020, 2699 Rn. 144 ff., 197 ff.
[87] Im Hinblick darauf, dass der Gesetzgeber die in BVerfGE 130, 151 ff. = NJW 2012, 1419 formulierten Vorgaben zum Doppeltürmodell erkennbar umsetzen wollte liegt nahe, dass der Gesetzgeber erkennbar davon ausging, dass eine Regelung der Voraussetzungen zur Auskunftserteilung in den Regelungen über den Abruf ausreichten (Begründung Regierungsentwurf, BT-Drs. 17/12034, 20: Begrenzung der Auskunftserteilung könne mit Blick auf das Doppeltürmodell nicht (mehr) in § 113 TKG, sondern nur fachspezifisch (zweite Tür) geregelt werden. Zu diesem Missverständnis auch BVerfG NJW 2020, 2699, sowie *Graulich* NVwZ-Beilage 2020, 47 (50); zur beabsichtigten Anpassung des § 113 TKG an die Vorgaben eines Doppeltürmodells durch das TKGÄndG 2014 *Eckhardt* in Beck TKG TKG § 113 Rn. 17 ff.
[88] BVerfG NJW 2020, 2699 Rn. 95.
[89] Zu den Anforderungen an die Übermittlung von Zugangsdaten ausdrücklich und plastisch BVerfG NJW 2020, 2699 Rn. 162: „Defizite der ersten Tür können nicht durch eine – wie hier erfolgte – ‚Verstärkung' der zweiten Tür kompensiert werden (…)".
[90] BVerfG NJW 2020, 2699 aus dem 1. Leitsatz.

rungen an die eingrenzenden Voraussetzungen der Rechtsgrundlagen hängen dabei davon ab, ob die Übermittlung durch die BNetzA oder unmittelbar durch Private erfolgt.[91] Für die im Rahmen des automatisierten Verfahrens von der BNetzA erteilten Auskünfte[92] genügt es, dass die Rechtsgrundlage der Übermittlung ohne eine Festlegung näherer Eingriffsschwellen auf die Aufgaben der zum Abruf ermächtigten Behörden verweist[93] und dass die Rechtsgrundlage für den Abruf schlicht zur Datenerhebung ermächtigt.[94] Demgegenüber setzt die Übermittlung durch Private „begrenzender, spezifischer Eingriffsschwellen"[95] für die Übermittlung sowie „qualifizierte Abrufnormen" für die zum Abruf berechtigten Behörden voraus.[96]

2. Übermittlung im automatisierten Auskunftsverfahren, § 173 TKG

32   Der weitaus größte Teil der Übermittlung von Daten im Rahmen der Vorratsspeicherung von Bestandsdaten wird im Wege **des automatisierten Auskunftsverfahrens** abgewickelt.[97] Danach sind Anbieter öffentlich zugänglicher Telekommunikationsdienste[98] zur Speicherung der erhobenen Bestandsdaten (→ Rn. 25) in einer Datenbank verpflichtet, die für die BNetzA rund um die Uhr automatisiert abrufbar ist.[99] Der Bestand der in § 172 Abs. 1 S. 1 TKG bezeichneten Daten[100] wird zudem um Rufnummern erweitert, die als Vorleistung oder im Rahmen einer Portierung an andere Diensteanbieter abgegeben werden.[101] Auch zum Schutz des Rechts auf informationelle Selbstbestimmung ist der Abruf dabei technisch und organisatorisch so auszugestalten, dass der Diensteanbieter sowie ein etwaig von ihm beauftragter Dritter von dem Abruf keine Kenntnis erlangen (§ 173 Abs. 2 S. 2 TKG).

33   **Inhaltlich** kommen – jeweils nach Maßgabe der bereichsspezifischen gesetzlichen Grundlagen für den Abruf – vor allem Abrufe für Zwecke der Strafverfolgung, der

---

[91] BVerfGE 130, 151 (199 ff.) = NJW 2012, 1419; zu § 113 Abs. 1 TKG BVerfG NJW 2020, 2699 Rn. 145 ff.

[92] „(...) Übermittlung von Daten seitens einer Behörde (...)", BVerfGE 130, 151 (199 f.) = NJW 2012, 1419 unter Hinweis auf strukturell ähnliche Formen der Übermittlung beim automatisierten Abruf von Fahrzeug- und Halterdaten aus dem Fahrzeugregister und der Übermittlung von Daten aus dem Einwohnermelderegister.

[93] BVerfGE 130, 151 (196) = NJW 2012, 1419.

[94] BVerfGE 130, 151 (199 f.) = NJW 2012, 1419: „§ 112 TKG ist auch nicht deshalb unverhältnismäßig oder unbestimmt, weil er keine weiteren Konkretisierungsanforderungen an die Abrufnormen des Fachrechts stellt. Allerdings beschränkt § 112 TKG Auskünfte tatsächlich nicht auf Abfragen, die durch spezifische, auf das automatisierte Auskunftsverfahren bezogene Rechtsgrundlagen legitimiert sind, sondern lässt auch Ersuchen genügen, die auf schlichte Datenerhebungsbefugnisse gestützt werden können. Damit sind auf der Ebene des Fachrechts eine über § 112 Abs. 2 TKG hinausgehende ausdrückliche Konkretisierung der berechtigten Behörden und weitere zu beachtende Maßgaben für den Datenabruf nicht geboten. Verfassungsrechtlich ist dies jedoch nicht zu beanstanden. Dass es hier um die Übermittlung von Daten seitens einer Behörde geht und deren materielle Maßgaben auch gegenüber dem Datenbetroffenen abschließend und hinreichend klar durch § 112 TKG geregelt sind, ist unter Berücksichtigung des begrenzten Eingriffsgewichts der Vorschrift mit dem Verhältnismäßigkeitsgrundsatz vereinbar und entspricht der Regelungstechnik der Vorschriften über den automatisierten Abruf von Fahrzeug- und Halterdaten".

[95] BVerfG NJW 2020, 2699, Rn. 145; ähnlich bereits BVerfGE 130, 151 (202) = NJW 2012, 1419: Notwendigkeit spezifischer Rechtsgrundlagen.

[96] BVerfGE 130, 151 (202) = NJW 2012, 1419; BVerfG NJW 2020, 2699 Rn. 189 (→ Rn. 37 ff.).

[97] Vgl. BVerfGE 130, 151 (155) = NJW 2012, 1419 mit vergleichenden Hinweisen zur Zahl der Abrufe im automatisierten und manuellen Auskunftsverfahren.

[98] Zum Begriff der Telekommunikationsdienste → Rn. 23; nach § 173 Abs. 1 S. 1 TKG werden Anbieter nummerngebundener interpersoneller Telekommunikationsdienste, von Internetzugangsdiensten sowie von Diensten, die ganz oder überwiegend in der Übertragung von Signalen bestehen, verpflichtet, → Rn. 23.

[99] § 173 Abs. 1 S. 1 und Abs. 2 TKG; plastisch BVerfGE 130, 151 (194) = NJW 2012, 1419: technische Form der Nummernverwaltung durch die BNetzA und im Ergebnis ähnlich wie das Kraftfahrt-Bundesamt.

[100] § 173 Abs. 1 S. 1 TKG verweist auf § 172 Abs. 1, 2 und 4.

[101] § 173 Abs. 1 S. 1 und 4 TKG, im Fall der Portierung ist die Portierungskennung aufzunehmen.

Gefahrenabwehr und zur Erfüllung von Aufgaben der Nachrichtendienste und der Verfassungsschutzbehörden,[102] daneben aber auch für Zwecke der Wirtschaftsaufsicht,[103] in Betracht. Die Abrufe beim Diensteanbieter werden zwar auf Ersuchen von der BNetzA durchgeführt (§ 112 Abs. 4 S. 1 TKG, § 172 Abs. 7 S. 1 TKG-E). In der Sache fallen sie jedoch in den Verantwortungsbereich der ersuchenden Stelle (§ 112 Abs. 4 S. 3 TKG, § 172 Abs. 7 S. 2 TKG-E), die auch zur unverzüglichen Prüfung der Erforderlichkeit der übermittelten Daten und ggf. zur Löschung verpflichtet ist (§ 112 Abs. 1 S. 8 TKG, § 172 Abs. 3 S. 2 TKG-E). Die BNetzA prüft die Zulässigkeit der Übermittlung nur bei besonderem Anlass; im Übrigen protokolliert sie die Modalitäten des Abrufs als Maßnahme der Datenschutzkontrolle (§ 112 Abs. 4 S. 2 und 4–6 TKG, § 172 Abs. 8 TKG-E).

3. Manuelles Auskunftsverfahren, § 174 TKG

Ergänzend zu dem automatisierten Verfahren[104] ist in **§ 174 TKG manuelles Auskunfts-** 34
verfahren vorgesehen, bei dem Auskünfte im Grundsatz in Textform[105] von der abrufenden Stelle direkt an das Unternehmen gestellt werden, das geschäftsmäßig Telekommunikationsdienste erbringt.

a) Auskünfte über Bestandsdaten. aa) Umfang der gespeicherten Bestandsdaten. 35
Die manuelle Auskunft bezieht sich ebenfalls auf die nach § 172 erhobenen und gespeicherten Daten, geht allerdings **in einigen Punkten noch darüber hinaus.**

Zum einen berechtigt § 174 Abs. 1 S. 1 TKG den Anbieter der Telekommunikations- 36
dienste auch zur Übermittlung von Bestandsdaten aus Vertragsverhältnissen nach § 3 Nr. 6 TKG. Dazu zählen insbesondere Einzelheiten zur Leistungserbringung sowie rechnungsrelevante Daten.[106] Darin liegt insofern eine Erweiterung gegenüber den nach § 172 Abs. 1 TKG zu erhebenden Merkmalen als der Umfang der von § 3 Nr. 6 TKG erfassten Daten von der jeweiligen Ausgestaltung des Vertrags und der Notwendigkeit der Daten für dessen reibungslose Abwicklung abhängt.[107] Die in § 174 Abs. 1 S. 1 TKG enthaltene Regelung erstreckt die Ermächtigung zur Datenübermittlung im Ergebnis ebenso auf alle erhobene Bestandsdaten und damit nach § 3 Nr. 6 TKG **auf alle Daten eines Endnutzers, die für die Begründung, inhaltliche Ausgestaltung, Änderung oder Beendigung von Vertragsverhältnissen erforderlich** sind.

bb) Voraussetzungen der Öffnung für den behördlichen Zugriff. Hinsichtlich der 37
Anforderungen an die Übermittlung **beschränkt** § 174 Abs. 3 TKG den Kreis der **zum**

---

[102] § 173 Abs. 4 TKG nennt als Stellen, denen Auskünfte erteilt werden, die Gerichte und Strafverfolgungsbehörden, die Polizeivollzugsbehörden des Bundes und der Länder für Zwecke der Gefahrenabwehr, das Zollkriminalamt und die Zollfahndungsämter für Zwecke eines Strafverfahrens sowie im Rahmen von Maßnahmen nach § 72 ZfdG, die Verfassungsschutzbehörden des Bundes und der Länder, den MAD, den BND, die Notrufstellen einschließlich des Seenotrufs, die BaFin und die Behörden der Zollverwaltung sowie die nach Landesrecht zuständigen Behörden jeweils für bestimmte Maßnahmen zur Bekämpfung von Schwarzarbeit. Daneben darf die BNetzA in eigener Sache Daten zur Verfolgung von Ordnungswidrigkeiten oder Verstößen nach dem TKG und dem UWG abrufen. Schließlich erhalten gemäß § 172 Abs. 4 Nr. 9 die Kartellbehörden Auskunft zur Verfolgung und Ahndung kartellrechtlicher Ordnungswidrigkeiten.
[103] Nach § 173 Abs. 4 Nr. 6, 7, 8 TKG werden auch der BaFin sowie den Behörden der Zollverwaltung und den für die Verfolgung von Ordnungswidrigkeiten zuständigen Behörden für Zwecke der Schwarzarbeitsbekämpfung Auskünfte nach Abs. 1, Abs. 7 erteilt.
[104] Zu der Entscheidung, ob Daten im automatisierten oder im manuellen Verfahren abgerufen werden, treffen die Regelungen keine Vorgaben an die zum Abruf berechtigenden Stellen; Gründe der Verhältnismäßigkeit, sowohl hinsichtlich des Verwaltungsaufwands als auch der Intensität des Eingriffs in das Recht auf informationelle Selbstbestimmung, sprechen dafür, nach Möglichkeit das automatisierte Verfahren heranzuziehen.
[105] § 174 Abs. 2 S. 2 TKG; § 174 Abs. 2 S. 3 und 4 TKG sehen eine Ausnahme bei Gefahr im Verzug mit nachträglicher schriftlicher Bestätigung vor.
[106] *Büttgen* in Beck TKG TKG § 95 Rn. 3.
[107] *Büttgen* in Beck TKG TKG § 95 Rn. 3.

Abruf berechtigten Behörden auf den Bereich der Strafverfolgung,[108] der Gefahrenabwehr[109] sowie des Verfassungsschutzes und der Nachrichtendienste.[110]

38 Inhaltlich stellte § 113 Abs. 2 TKG aF neben der Benennung der abrufenden Stelle lediglich die Voraussetzung auf, dass die **Auskunft zum Zweck der Verfolgung von Straftaten oder Ordnungswidrigkeiten, zur Abwehr von Gefahren für die öffentliche Sicherheit und Ordnung oder für die Erfüllung der gesetzlichen Aufgaben der Nachrichtendienste oder Verfassungsschutzbehörden** erfolgt. Diese in der Sache über eine Aufgabenbeschreibung der abrufenden Stellen nicht hinauskommende Einschränkung ging auf die Annahme des Gesetzgebers zurück, die eigentliche inhaltliche Begrenzung der Übermittlung erfolge bereichsspezifisch über die jeweiligen Rechtsgrundlagen für den Abruf.[111] Gleichwohl setzt die Verhältnismäßigkeit des Eingriffs in das Recht auf informationelle Selbstbestimmung bereits bei der Öffnung der Datenbestände für den behördlichen Abruf die Festlegung begrenzender Eingriffsschwellen voraus.[112] Die in § 174 Abs. 3 TKG-E vorgesehene Regelung sieht deshalb ebenso wie § 113 Abs. 3 TKG in der Fassung des Anpassungsgesetzes für die Strafverfolgungsbehörden, für die Gefahrenabwehrbehörden, für das Bundeskriminalamt, für das Zollkriminalamt, für die Verfassungsschutzbehörden des Bundes und der Länder, für den MAD sowie für den BND jeweils differenzierte Anforderungen vor, die je nach Kontext die Eingriffsschwelle sowie das zu schützende Rechtsgut spezifisch definieren und sich dabei die an den im Beschluss zur Bestandsdatenauskunft formulierten Anforderungen weitgehend orientieren.[113]

39 Diese verfassungsgerichtliche Rechtsprechung ordnet Maßnahmen zur Beschaffung von Bestandsdaten durch Private in ein übergreifendes Raster ein, indem sie die Anforderungen an die Eingreifschwelle aus den Entscheidungen zu heimlichen Überwachungsmaßnahmen,[114] zu heimlichen Zugriffen auf informationstechnische Systeme[115] sowie zur Vorratsspeicherung von Verkehrsdaten[116] übernimmt und zur jeweiligen Eingriffsintensität und dem Stellenwert des geschützten Rechtsguts in Beziehung setzt.[117] Entsprechend stellt sie übergreifend ein **Wechselverhältnis zwischen den Anforderungen an die Konkretisierung der Gefahr und das Gewicht des geschützten Rechtsguts** heraus.[118]

40 Die **Gefahrenschwelle der konkreten Gefahr** bildet dabei entsprechend der Anforderungen aus den polizeirechtlichen Generalklauseln den Ausgangspunkt.[119] Mit Blick auf die Funktion der Auskunft als Gefahrerforschungsmaßnahme genügt für die Anforderungen an die konkrete Gefahr auch ein Gefahrenverdacht.[120] Im Gegensatz zu Maßnahmen nach der polizeirechtlichen Generalklausel soll zudem die Feststellung der Polizeipflichtigkeit der betroffenen Person nicht erforderlich sein. Bereits die mit der Feststellung einer konkreten

---

[108] Behörden, die für die Verfolgung von Straftaten und Ordnungswidrigkeiten zuständig sind, § 174 Abs. 3 Nr. 1 TKG.
[109] § 174 Abs. 3 Nr. 2 TKG nennt allgemein die für die Abwehr von Gefahren für die öffentliche Sicherheit und Ordnung zuständigen Behörden.
[110] Also der Verfassungsschutzbehörden des Bundes und der Länder, der MAD sowie der BND, § 174 Abs. 3 Nr. 5–7 TKG.
[111] BT-Drs. 17/12879, 10: durch die Änderungen werden die materiellen Grenzen der jeweils bereichsspezifisch zu schaffenden Befugnisnormen klargestellt; dazu BVerfG NJW 2020, 2699 Rn. 158: Missverständnis der verfassungsgerichtlichen Rechtsprechung.
[112] BVerfG NJW 2020, 2699 Rn. 145.
[113] Entsprechend verweist die Begründung zu den einzelnen Tatbeständen auf die jeweiligen Randnummern der verfassungsrechtlichen Entscheidung, Begründung Fraktionsentwurf des Anpassungsgesetzes, BT-Drs. 19/25294, 57 f.
[114] BVerfGE 113, 348 (386 f.) = NJW 2005, 2603.
[115] BVerfGE 120, 274 (329) = BVerfGE 120, 274.
[116] BVerfGE 125, 260 (330 f.) = NJW 2010, 833.
[117] BVerfG NJW 2020, 2699 Rn. 148 ff.; in der Sache ebenso bereits in der Entscheidung zum BKAG, BVerfGE 141, 220 (271 ff.) = NJW 2016, 1781.
[118] BVerfG NJW 2020, 2699 Rn. 150; BVerfGE 141, 220 (272 f.) = NJW 2016, 1781.
[119] BVerfG NJW 2020, 2699 Rn. 146: konkrete Gefahr als grundsätzliche Voraussetzung.
[120] BVerfG NJW 2020, 2699 Rn. 146; ebenso bereits BVerfGE 130, 151 (205 f.) = NJW 2012, 1419, umgesetzt in § 174 Abs. 3 Nr. 2a TKG.

Gefahr verbundene Konkretisierung der näheren Umstände führt dazu, dass der Abruf der Daten mit den Erfordernissen einer Situation in spezifischer Weise verknüpft ist.[121]

Für die **Gefahrenabwehr im Vorfeld einer konkreten Gefahr** ist nunmehr in 41 Anlehnung an den Beschluss zur Bestandsdatenspeicherung ein Raster aus vier Bausteinen zur Beschreibung des geschützten Rechtsguts vorgesehen, die mit zwei Bausteinen zur Konkretisierung der Eingriffsschwelle kombiniert werden.

Bei der **Beschreibung qualifizierter Schutzgüter** unterschied der Entwurf des An- 42 passungsgesetzes in der Fassung des Fraktionsentwurfs bei der Ermächtigung zur Auskunftserteilung für Zwecke der Gefahrenabwehr zwischen einem Rechtsgut von erheblichem Gewicht,[122] einem besonders gewichtigen Rechtsgut,[123] der Verhütung einer Straftat von erheblicher Bedeutung[124] und der Verhütung einer schweren Straftat nach § 100a Abs. 2 StPO.[125] Auf Empfehlung des Vermittlungsausschusses[126] sind die Begriffe des Rechtsguts von erheblichem Gewicht und des besonders gewichtigen Rechtsguts durch eine Aufzählung konkret bezeichneter Rechtsgüter ersetzt worden. Als Schutzgüter genannt sind jeweils Leib, Leben, Freiheit der Person, sexuelle Selbstbestimmung, der Bestand und die Sicherheit des Bundes oder eines Landes, die freiheitlich demokratische Grundordnung sowie Güter der Allgemeinheit, deren Bedrohung die Grundlagen der Existenz der Menschen berührt. An die Stelle des Rechtsguts von erheblichem Gewicht treten zudem zusätzlich nicht unerhebliche Sachwerte.

Hinsichtlich der **Eingriffsschwelle** stellen die auf das Vorfeld einer konkreten Gefahr 43 abzielenden Tatbestände darauf ab, dass Tatsachen den Schluss auf ein wenigstens seiner Art nach konkretisiertes sowie zeitlich absehbares Geschehen zulassen, an dem bestimmte Personen beteiligt sein werden[127] oder dass das individuelle Verhalten einer Person die konkrete Wahrscheinlichkeit begründet, dass sie in einem übersehbaren Zeitraum eine bestimmte Straftat begehen wird.[128]

---

[121] BVerfG NJW 2020, 2699 Rn. 146: Auskunft nicht als allgemeines Mittel der Verwaltung, sondern sicherheitsrechtlich geprägter Charakter der betreffenden Aufgabe; in der Sache ebenso bereits BVerfGE 130, 151 (206) = NJW 2012, 1419.

[122] Für die Gefahrenabwehrbehörden in § 173 Abs. 3 Nr. 2 lit. b TKG-E; für das Zollkriminalamt als Zentralstelle nach § 3 ZFdG in § 173 Abs. 3 Nr. 4 lit. b bb TKG-E. Ausweislich der Begründung des Fraktionsentwurfs liegt dem Entwurf die Annahme zugrunde, dass der Begriff des „Rechtsguts von erheblichem Gewicht" nach der verfassungsgerichtlichen Rechtsprechung die Rechtsgüter Leib, Leben, Freiheit der Person, den Bestand und die Sicherheit des Bundes und der Länder sowie nicht unerhebliche Sachwerte umfasst, Begründung Fraktionsentwurf des Anpassungsgesetzes, BT-Drs. 19/25294, 57 unter Hinweis auf BVerfG NJW 2020, 2699 Rn. 150, sowie auf BVerfGE 150, 244 (284 Rn. 99) = NJW 2019, 827. In diesem Beschluss ist der Katalog allerdings nicht abschließend formuliert.

[123] Für die Gefahrenabwehrbehörden in § 173 Abs. 3 Nr. 2 lit. c TKG-E; für das Zollkriminalamt als Zentralstelle nach § 3 ZFdG nach § 173 Abs. 3 Nr. 4 lit. b cc TKG-E. Als „besonders gewichtiges Rechtsgut" sieht die Begründung des Fraktionsentwurfs unter Hinweis auf die verfassungsgerichtliche Rechtsprechung (BVerfG NJW 2020, 2699 Rn. 150) die Rechtsgüter Leib, Leben, Freiheit der Person, den Bestand und die Sicherheit des Bundes und der Länder an, Begründung Fraktionsentwurf des Anpassungsgesetzes, BT-Drs. 19/25294, 57. Die zugleich unterstellte Annahme, die verfassungsgerichtliche Rechtsprechung verwendet die Begriffe der hochrangigen, überragend wichtigen und besonders gewichtigen Rechtsgüter synonym, lässt sich der zitierten Passage der Entscheidung, in der die Begriffe nebeneinander verwendet werden, nicht zwingend entnehmen.

[124] Für die Gefahrenabwehrbehörden nach § 173 Abs. 3 Nr. 2 lit. d TKG-E; für das Zollkriminalamt als Zentralstelle nach § 3 ZFdG in § 173 Abs. 3 Nr. 4 lit. b cc TKG-E; für das BKA als Zentralstelle nach § 2 BKAG in § 173 Abs. 3 Nr. 3 lit. d TKG-E.

[125] Für die Gefahrenabwehrbehörden in § 173 Abs. 3 Nr. 2 lit. e TKG-E; für das Zollkriminalamt als Zentralstelle nach § 3 ZFdG in § 173 Abs. 3 Nr. 4 lit. b ff TKG-E; für das BKA als Zentralstelle nach § 2 BKAG in § 173 Abs. 3 Nr. 3 lit. e TKG-E.

[126] BT-Drs. 19/27900, 28 ff.

[127] Für Gefahrenabwehrbehörden in § 174 Abs. 3 Nr. 2 lit. b und d TKG; für das Zollkriminalamt als Zentralstelle nach § 3 ZFdG in § 174 Abs. 3 Nr. 4 lit. bb und ee TKG und für das BKA als Zentralstelle nach § 2 BKAG in § 174 Abs. 3 Nr. 3 lit. d TKG.

[128] Für Gefahrenabwehrbehörden in § 174 Abs. 3 Nr. 2 lit. c und e TKG; für das Zollkriminalamt als Zentralstelle nach § 3 ZFdG in § 174 Abs. 3 Nr. 4 lit. b cc und ff TKG und für das BKA als Zentralstelle nach § 2 BKAG in § 174 Abs. 3 Nr. 3 lit. e TKG.

44 Ebenfalls entsprechend der in der Entscheidung zum BKA-Gesetz formulierten Grundsätze kann sich bei der **Prävention terroristischer Straftaten** die hinreichende Konkretisierung eines Geschehens, das sich bislang weder inhaltlich noch zeitlich abzeichnet, daraus ergeben, dass das Verhalten einer Person die im Einzelfall bestehende Wahrscheinlichkeit von Straftaten in überschaubarer Zukunft begründet.[129] Von den Ermächtigungen zur Datenübermittlung zur Verhütung von Straftaten knüpft § 174 Abs. 3 Nr. 2 lit. e TKG entsprechend der Formulierung in dem Beschluss zur Bestandsdatenauskunft an das individuelle Verhalten einer Person sowie an einen Katalog schwerer, wenn auch nicht auf den Bereich des Terrorismus begrenzten Straftaten.[130] Der Tatbestand aus § 174 Abs. 3 Nr. 2 lit. d TKG ist demgegenüber hinsichtlich des Kreises der zu verhütenden Straftaten und der Verdachtsmomente offener, setzt allerdings konkretisierende Anhaltspunkte zur Art der Tatbegehung voraus.[131]

45 Für den Bereich der **Verfassungsschutzbehörden** und der **Nachrichtendienste** genügen nach diesen Maßstäben bereits unterhalb der Schwelle einer konkreten Gefahr tatsächliche Anhaltspunkte, dass die bereitgestellten Informationen zur Aufklärung einer bestimmten, nachrichtendienstlich beobachtungsbedürftigen Situation wesentlich beitragen.[132] Der Aufgabenbereich der Nachrichtendienste bezieht die Abrufe bereits auf den Schutz hinreichend gewichtiger Rechtsgüter und die Ausrichtung auf eine konkret zu beobachtende Aktion oder Gruppierung grenzt die Abrufe inhaltlich ein.[133]

46 Die Bereitstellung von Bestandsdaten zu **Zwecken der Strafverfolgung** setzt zur Konkretisierung der Eingriffsschwelle den Anfangsverdacht einer Straftat voraus.[134] Die strafprozessualen Anforderungen an die Annahme eines solchen Anfangsverdachts[135] liegen im Hinblick auf die Konkretisierung eines angenommenen Kausalverlaufs ohnehin bereits unterhalb der Anforderungen an die Annahme einer konkreten Gefahr.[136] Entsprechend setzen die Rechtsgrundlagen zur Datenübermittlung zu Zwecken der Strafverfolgung jeweils zureichende tatsächliche Anhaltspunkte für eine Straftat oder Ordnungswidrigkeit voraus.

47 b) Auskünfte über Zugangsdaten, § 174 Abs. 1 S. 2 TKG. Daneben erstreckt § 174 Abs. 1 S. 2 TKG **die Auskunftspflicht auf sog. Zugangsdaten,** also auf Daten, mittels derer der Zugriff auf Endgeräte oder auf Speichereinrichtungen geschützt wird. Eine vergleichbare Regelung war bereits in § 113 Abs. 1 S. 2 TKG aF vorgesehen und in der ersten Entscheidung des Bundesverfassungsgerichts zur Bestandsdatenauskunft als unverhältnismäßigen Eingriff in das Recht auf informationelle Selbstbestimmung eingeordnet worden.[137] Der Hintergrund für diese Einschätzung liegt darin, dass die Verwendung der Zugangsdaten einen erheblich intensiveren Eingriff in das Recht auf informationelle Selbstbestimmung, das Fernmeldegeheimnis oder das Recht auf Vertraulichkeit und Integrität informationstechnischer Systeme begründen kann, wobei die Eingriffsintensität von dem

---

[129] BVerfG NJW 2020, 2699 Rn. 149, mit Hinweis auf BVerfGE 141, 220 Rn. 112, Rn. 164 = NJW 2016, 1781.
[130] Danach darf die Auskunft an die für die Gefahrenabwehr zuständigen Behörden erteilt werden, soweit dies im Einzelfall erforderlich ist, um eine schwere Straftat iSd § 110a Abs. 2 StPO zu verhüten, sofern das individuelle Verhalten einer Person die konkrete Wahrscheinlichkeit begründet, dass die Person innerhalb eines übersehbaren Zeitraums die Tat begehen wird.
[131] Danach, dass eine im Einzelfall erforderliche Auskunft erteilt wird, um eine Straftat von erheblicher Bedeutung zu verhüten, sofern Tatsachen die Annahme rechtfertigen, dass eine Person innerhalb eines übersehbaren Zeitraums auf eine ihrer Art nach konkretisierte Weise als Täter oder Teilnehmer an der Begehung der Tat beteiligt ist.
[132] BVerfG NJW 2020, 2699 Rn. 151 im Anschluss an BVerfGE 130, 151 (206) = NJW 2012, 1419.
[133] BVerfG NJW 2020, 2699 Rn. 151.
[134] BVerfGE 130, 151 (206) = NJW 2012, 1419.
[135] Ein solcher Anfangsverdacht nach § 152 Abs. 2 StPO setzt tatsächliche Anhaltspunkte, also konkrete Tatsachen, voraus, die für das Vorliegen einer Straftat in den betreffenden Lebenssachverhalt sprechen, aus der Literatur nur *Beukelmann* in BeckOK StPO StPO § 152 Rn. 4.
[136] Näher zum Vergleich BVerfG NJW 2020, 2699 Rn. 152.
[137] BVerfGE 130, 151 (208 f.) = NJW 2012, 1419.

Ziel und den Umständen der Verwendung der Zugangsdaten abhängt.[138] Entsprechend ordnet die verfassungsgerichtliche Rechtsprechung die Übermittlung der Zugangsdaten nur dann als erforderlich und verhältnismäßig ein, wenn im konkreten Fall die Voraussetzungen ihrer anschließenden Verwendung erfüllt sind.[139] Bereits die Rechtsgrundlage für die Übermittlung der Daten muss demnach zur Wahrung der Verhältnismäßigkeit auf die Zulässigkeit der anschließenden Verwendung im konkreten Fall Bezug nehmen.[140] An einem solchen Bezug fehlte es auch in der Nachfolgeregelung aus § 113 Abs. 1 S. 2 TKG, sodass die Regelung mit entsprechender Begründung als **unverhältnismäßig** eingestuft worden ist.[141] § 174 Abs. 4 TKG enthält nun eine entsprechende einschränkende Voraussetzung.

c) Auskünfte anhand dynamischer IP-Adressen, § 174 Abs. 1 S. 3 TKG. Besonderer Regelungsbedarf besteht für Auskunftsverlangen, die an dynamische, also nur temporär einem bestimmten Anschluss zugeordnete Internetprotokoll-Adressen (IP-Adressen). In der Praxis war eine Zeit vor allem umstritten, inwieweit § 113 Abs. 1 S. 1 TKG aF eine Abfrage anhand einer **dynamischen IP-Adresse** abdeckt oder ob es sich dabei um eine Abfrage von Verkehrsdaten nach § 100g Abs. 1 StPO handelt.[142] Zwar dient die IP-Adresse der Zuordnung eines Anschlusses zu einer Person, jedoch fehlt es ihr eben an der Dauerhaftigkeit, die etwa eine Rufnummer ausmacht (→ Rn. 25). Diese Flexibilität, die eine effizientere Nutzung begrenzter IP-Adressen für eine zunehmende Zahl an Anschlüssen ermöglicht, bildet den Hintergrund für die Einführung dynamischer IP-Adressen.[143] Die Flexibilität bewirkt bei der Zuordnung der IP-Adressen zu einer Person allerdings auch eine andere Qualität der Grundrechtseingriffe, da für die Zuordnung jeweils eine Auswertung der einzelnen Kommunikationsakte erforderlich ist.[144] Die Zuordnung erfolgt anhand der Verkehrsdaten, die nach § 9 TTDSG vor allem für die Erbringung und Abrechnung der Dienste gespeichert sind,[145] sowie anhand der nach §§ 175, 176 TKG auf Vorrat gespeicherten Verkehrsdaten.[146] Die Speicherung dynamischer IP-Adressen greift dadurch in das Fernmeldegeheimnis ein[147] und wäre auf der Grundlage des § 172 TKG wohl als unverhältnismäßiger Eingriff einzuordnen.[148]

Auch wenn die Verkehrsdaten für die Zuordnung einer dynamischen IP-Adresse zu einer Person durch den verpflichteten Anbieter der Telekommunikationsdienste ausgewertet werden, die übermittelte Auskunft lediglich das Ergebnis dieser Auswertung enthält und die Auswertung der Verkehrsdaten auf den Zweck der Zuordnung der IP-Adresse begrenzt

---

[138] In BVerfGE 130, 151 (208 f.) = NJW 2012, 1419 sind die Verwendung für die Durchführung einer Onlinedurchsuchung oder eine Überwachung noch nicht abgeschlossener Telekommunikationsvorgänge der Auswertung von Daten, die auf einem beschlagnahmten Datenträger gespeichert sind, gegenübergestellt.
[139] BVerfGE 130, 151 (209) = NJW 2012, 1419.
[140] BVerfGE 130, 151 (209) = NJW 2012, 1419.
[141] BVerfG NJW 2020, 2699 Rn. 160 ff., auch zu den Voraussetzungen, unter denen der Gesetzgeber eine vom Bundesverfassungsgericht als verfassungswidrig erklärte Norm durch eine Regelung gleichen Inhalts erlassen kann.
[142] *Bär* MMR 2005 626 f.
[143] Zu den Auswirkungen einer etwaigen Vergabe statischer IP-Adressen an einzelne Anschlussinhaber im Zuge der Umstellung auf sechsstellige IP-Adressen BVerfGE 130, 151 (190 und 198).
[144] BVerfG NJW 2020, 2699 Rn. 167.
[145] Nach § 9 Abs. 1 S. 2 sind Verkehrsdaten, die für die ausdrücklich aufgeführten Zwecke nicht erforderlich sind, unverzüglich zu löschen; zur Auslegung dieser Pflicht zur unverzüglichen Löschung *Braun* in Beck TKG TKG § 96 Rn. 19 ff.; Übersicht über „best practices" von Speicherdauern für die unterschiedlichen Speicherkategorien und Datenfelder bei *BfDI/BNetzA*, Leitfaden für eine datenschutzgerechte Speicherung von Verkehrsdaten, 19.12.2012; zur Suspendierung der Löschungspflicht bei offensichtlicher Urheberrechtsverletzungen zur Sicherung eines urheberrechtlichen Auskunftsanspruchs nach § 109 Abs. i UrhG BGH MMR 2018, 93 (94).
[146] § 177 Abs. 1 Nr. 3 TKG; von diesen umfangreichen Verkehrsdaten ist allerdings nur der sich auf die Anmeldung im Internet beziehende Teil erforderlich, BVerfG NJW 2020, 2699 Rn. 171; zur Aussetzung der Speicherung von Verkehrsdaten nach §§ 175, 176 TKG → Rn. 65.
[147] BVerfGE 130, 151 (181 f.) = NJW 2012, 1419; BVerfG NJW 2020, 2699 Rn. 165.
[148] BVerfGE 130, 151 (190) = NJW 2012, 1419.

bleibt,[149] setzt eine Auskunft anhand dynamischer IP-Adressen wegen ihrer höheren Eingriffsintensität Begrenzungen in der Rechtsgrundlage in Form **qualifizierter Eingriffsschwellen und der Ausrichtung auf Schutzgüter mit einem gewissen Gewicht** voraus.[150] Hinsichtlich der Eingriffsschwelle ist danach grundsätzlich für den Bereich der Gefahrenabwehr einschließlich der Nachrichtendienste eine konkrete Gefahr sowie für den Bereich der Strafverfolgung ein Anfangsverdacht erforderlich.[151] Den Anforderungen an ein hervorgehobenes Rechtsgut entsprechen jedenfalls die strafrechtlich geschützten Rechtsgüter,[152] darüber hinaus aber auch Ordnungswidrigkeiten oder sonstige Delikte von besonderem Gewicht, die jedoch vom Gesetzgeber im Hinblick auf das mit der Zuordnung dynamischer IP-Adressen verbundene Eingriffsgewicht ausdrücklich benannt werden müssen.[153] Ebenso wie bei der Auskunft über Bestandsdaten nach § 174 Abs. 1 S. 1 TKG können höhere Anforderungen an das Schutzgut eine Absenkung der Anforderungen an die Eingriffsschwelle rechtfertigen, kann also insbesondere zur Abwehr terroristischer Bedrohungen eine konkretisierte Gefahr oder eine an das individuelle Verhalten einer Person geknüpfte Wahrscheinlichkeit sich abzeichnender Straftaten genügen.[154] § 174 Abs. 5 TKG erhöht aus diesem Grund für die Abfrage von Bestandsdaten anhand dynamischer IP-Adressen die Anforderungen in den einzelnen Fallgruppen.

50 **d) Korrespondierende Abrufregelungen.** Als zweite Tür in dem Doppeltürenmodell ist jeweils eine korrespondierende Rechtsgrundlage erforderlich, die Behörden zum Abruf der Bestandsdaten einschließlich der Zugangsdaten sowie der anhand dynamischer IP-Adressen zugeordneter Daten ermächtigt und den Anbieter öffentlich zugänglicher Telekommunikationsdienste entsprechend verpflichtet.[155] Mit Blick darauf, dass es sich sowohl bei der Übermittlung als auch dem Abruf jeweils um eigenständige Grundrechtseingriffe handelt, müssen auch **die Rechtsgrundlagen zum Abruf der Bestandsdaten** den Anforderungen an die Rechtfertigung des jeweiligen Eingriffs Rechnung tragen.[156] In der Sache orientieren sich die Anforderungen an die Rechtsgrundlagen für den Abruf im Wesentlichen an den Anforderungen, die auch für die jeweilige Übermittlung gelten. Dabei wirken Einschränkungen, die der Gesetzgeber unter Umständen auch über das verfassungsrechtlich gebotene Maß hinaus auf der Ebene der Übermittlung getroffen hat, auf der Ebene des Abrufs fort.[157] Der Gesetzgeber kann zwar den Abruf durch eine bestimmte Behörde an strengere Voraussetzungen knüpfen. Er darf allerdings wegen der Anforderungen an die Normenklarheit auf der Ebene des Abrufs die Anforderungen an die Übermittlung auch dann nicht partiell und bezogen auf eine Abrufsituation absenken, wenn ihm zugleich auch die Gesetzgebungszuständigkeit zur Regelung der Übermittlung zukommt.[158]

51 Neben den landesrechtlichen Rechtsgrundlagen der Gefahrenabwehr- und Verfassungsschutzbehörden der Länder sind auf Bundesebene Abrufregeln vorgesehen in

---

[149] Zu den Auswirkungen dieser Begrenzungen auf die Intensität des Grundrechtseingriffs BVerfG NJW 2020, 2699 Rn. 169, Rn. 173.
[150] BVerfG NJW 2020, 2699 Rn. 175 ff.
[151] BVerfG NJW 2020, 2699 Rn. 176: konkrete Gefahr auf einzelfallbezogener Tatsachenbasis oder Anfangsverdacht.
[152] Ausdrücklich BVerfG NJW 2020, 2699 Rn. 178.
[153] BVerfG NJW 2020, 2699 Rn. 177 f., im Anschluss an BVerfGE 125, 260 (344) = NJW 2010, 833.
[154] BVerfG NJW 2020, 2699 Rn. 179 ff., auch zu den Anforderungen an die gesetzliche Festlegung der geschützten Rechtsgüter oder ihres Gewichts sowie der Straftaten, zu deren Verhütung eine Absenkung der Anforderungen zulässig ist; → Rn. 39.
[155] BVerfGE 130, 151 (184) = NJW 2012, 1419; BVerfG NJW 2020, 2699 Rn. 189 ff.
[156] BVerfG NJW 2020, 2699 Rn. 190; → Rn. 30 f.
[157] Bildlich BVerfG NJW 2020, 2699 Rn. 201: „(…) Diese erste Tür [die Tür zur Übermittlung der Daten] kann auch der Gesetzgeber der zweiten Tür nicht weiter öffnen. Er ist vielmehr insoweit an die in der Übermittlungsregelung getroffenen Verwendungsregeln gebunden."
[158] BVerfG NJW 2020, 2699 Rn. 201 f.; nach Einschätzung des BVerfG wäre ein Diensteanbieter in diesem Fall auch unter den restriktiveren Voraussetzungen der Rechtsgrundlage für die Übermittlung zur Auskunft weder berechtigt noch verpflichtet.

C. Bestandsdaten aus Telekommunikationsdiensten § 21

- § 10 Abs. 1, Abs. 2 BKAG für das BKA als Zentralstelle nach § 2 Abs. 2 Nr. 1, Abs. 6 BKAG zur Verhütung und Verfolgung von Straftaten mit länderübergreifender, internationaler oder erhebliche Bedeutung sowie zur Unterstützung der Polizeien des Bundes und der Länder bei der Verhütung und Verfolgung von Straftaten durch bestimmte, einzelfallübergreifende Beiträge, zum Schutz von Mitgliedern der Verfassungsorgane und der Leitung des Bundeskriminalamtes sowie zum Zeugenschutz;
- § 40 Abs. 1 BKAG für das BKA zur Erforschung des Sachverhalts oder zur Ermittlung 52 des Aufenthaltsorts einer Person im Rahmen der Abwehr von Gefahren des Terrorismus;
- § 22a BPolG für die Bundespolizei. § 22a Abs. 1 S. 2 BPolG spiegelt die Anforderungen 53 an die Eingriffsschwelle sowie das zu schützende Rechtsgut, wie sie in § 174 Abs. 3 Nr. 2a–c TKG als Rechtsgrundlage für die Übermittlung vorgesehen sind.[159] In § 22a Abs. 1 S. 1 Nr. 2 BPolG ist zudem eine Ermächtigung zum Abruf der nach § 2 Abs. 2 Nr. 2 TTDSG gespeicherten Bestandsdaten vorgesehen.[160]
- Nach § 7 Abs. 5 S. 1, Abs. 6 ZFdG in der bisherigen Fassung durfte das **ZKA** die zur 54 Erfüllung der Aufgaben als Zentralstelle nach § 3 ZFdG erforderlichen Bestandsdaten einschließlich der anhand dynamischer IP-Adressen ermittelten Bestandsdaten abrufen. Der Entwurf eines Gesetzes zur Neustrukturierung des ZFdG[161] sah im Zuge der Anpassung der Regelungen des ZFdG an die Vorgaben der Entscheidung des BVerfG zum BKAG[162] sowie der Umsetzung der RL 2016/680[163] eine Neufassung der Regelung zum Abruf in der Bestandsdatenauskunft in § 10 ZFdG-E vor, ohne dass damit über redaktionelle Anpassungen hinausgehende, inhaltliche Änderungen verbunden wären.[164] Die Neufassung der Regelung nach dem Anpassungsgesetz knüpft an diesen Entwurf an[165] und sieht zum einen eine Eingrenzung des Abrufs auf die für die Erfüllung einzelner Aufgaben aus dem Katalog des § 3 ZFdG[166] und zum anderen zwischen den einzelnen Zwecken der Auskunft differenzierende Anforderungen an die Eingriffsschwelle und das zu schützende Rechtsgut vor.[167] Zudem erweitert die im Anpassungsgesetz vorgesehene Regelung den Anwendungsbereich der Ermächtigung zum Abruf auf Bestandsdaten nach §§ 22 Abs. 1, 2 Abs. 2 Nr. 2 TTDSG.[168]

---

[159] → Rn. 42; auch insoweit sind Begriffe des Rechtsguts von erheblichem Gewicht und des besonders gewichtigen Rechtsguts auf Empfehlung des Vermittlungsausschusses durch eine Aufzählung konkreter Rechtsgüter ersetzt worden.
[160] Als Anwendungsfälle sind in der Begründung des Regierungsentwurfs Internetauktionshäuser, -tauschbörsen, Anbieter audiovisueller Medien sowie Suchmaschinen genannt, BT-Drs. 19/25294, 45.
[161] Gesetzesentwurf der Bundesregierung, Entwurf eines Gesetzes zur Neustrukturierung des Zollfahndungsdienstgesetzes, BT-Drs. 19/12088.
[162] BVerfGE 141, 220 ff. = NJW 2016, 1781 – BKAG.
[163] RL (EU) 2016/680 des Europäischen Parlaments und des Rates vom 27. April 2016 zum Schutz natürlicher Personen bei der Verarbeitung personenbezogener Daten durch die zuständigen Behörden zum Zwecke der Verhütung, Ermittlung, Aufdeckung oder Verfolgung von Straftaten oder der Strafvollstreckung sowie zum freien Datenverkehr und zur Aufhebung des Rahmenbeschlusses 2008/977/JI des Rates, ABl. 2016 L 119, 89.
[164] Die Begründung des Entwurfs begründet die Aufnahme der bislang in § 7 Abs. 5–7 ZFdG enthaltenen Regelungen als eigene Vorschrift mit systematischen Erwägungen, BT-Drs. 19/12088, 89.
[165] Der Fraktionsentwurf, BT-Drs. 19/25294, 21 f., sieht die Regelung als Neufassung des § 10 ZFdG vor.
[166] Erfasst sind Tätigkeiten des Zollkriminalamts bei der Koordination der Strafverfolgungsbehörden und bei der Erledigung von Auskunftsersuchen ausländischer Strafverfolgungsbehörden sowie Tätigkeiten zur Unterstützung im Rahmen der Finanzkontrolle Schwarzarbeit, näher auch in Abgrenzung zur Arbeitsweise des BKA, BT-Drs. 19/25294, 51.
[167] Zu den Differenzierungen → Rn. 42 f.
[168] Zur Begründung führt der Fraktionsentwurf unter anderem aus, dass sich die Kommunikation zunehmend in soziale Netzwerke und Internetforen verlagere, wo eine Vielzahl von Mitgliedern einer Gruppe zeitgleich informiert werden kann, BT-Drs. 19/25294, 50 f. Dieses geänderte Kommunikationsverhalten wird allerdings infolge der Neufassung des Begriffs der Telekommunikationsdienste im Zuge des Telekommunikationsmodernisierungsgesetzes bereits durch die Bestandsdatenabfrage nach § 174 TKG erfasst, → Rn. 23. Die Ausweitung des Anwendungsbereichs des TKG verringert insoweit den Anwendungsbereich der geplanten Regelungen zur Bestandsdatenabfrage nach dem TTDSG, vgl. *Bäcker*, Stellungnahme zu dem Entwurf eines Gesetzes zur Anpassung der Regelungen über die Bestandsdatenauskunft an

55 • Daneben ermächtigte § 15 Abs. 2 iVm § 4 Abs. 2–4 ZFdG in der bisherigen Fassung das ZKA zum Abruf der Bestandsdaten, soweit sie zur Erfüllung eigener Aufgaben nach § 4 Abs. 2–4 ZFdG, also zur Mitwirkung bei der Überwachung des Außenwirtschaftsverkehrs, des grenzüberschreitenden Warenverkehrs und der Bekämpfung der international organisierten Geldwäsche, erforderlich ist. Nach dem Gesetz zur Neustrukturierung des ZFdG[169] wird die Regelung in eine eigenständige Vorschrift zur Bestandsdatenauskunft in § 30 ZFdG überführt, die zugleich auch die entsprechenden Ermächtigungen der Zollfahndungsämter nach § 27 Abs. 3 ZFdG iVm § 7 Abs. 5–9 ZFdG mit umfasst. Neben redaktionellen Anpassungen sind mit dieser Zusammenfassung keine Änderungen verbunden.[170] Das Anpassungsgesetz knüpft an diese Neufassung des § 30 ZFdG an. Entsprechend der anderen Ermächtigungen zum Abruf zu Zwecken der Gefahrenabwehr sowie der Regelung in § 10 Abs. 1 S. 2 ZFdG knüpft er sowohl für das Zollkriminalamt als auch für die Zollfahndungsämter den Abruf an bestimmte Kombinationen der Eingriffsschwellen und der zu schützenden Rechtsgüter an.[171] Zudem umfasst der Anwendungsbereich manche Bestandsdaten nach §§ 12 Abs. 2 Nr. 2, 22 Abs. 1 S. 1 und 23 TTDSG.

56 • § 8d BVerfSchG für das BfV zur Aufklärung in dessen Aufgabenbereich nach § 3 Abs. 1 BVerfSchG. § 8d BVerfSchG erfordert zur Vermeidung von Erhebungen ins Blaue hinein[172] tatsächliche Anhaltspunkte für die Erforderlichkeit der Daten zur Aufklärung im Einzelfall. Auch hier sind Bestandsdaten von Anbietern von Telemedien gemäß § 2 Abs. 2 Nr. 2, §§ 22 f. TTDSG erfasst.[173]

57 • § 4b Abs. 1 S. 1 MADG für den MAD. Danach wird der Abruf an die Erforderlichkeit zur Aufklärung bestimmter Bestrebungen oder Tätigkeiten nach § 1 Abs. 1 MADG, zur Sicherung der Einsatzbereitschaft der Truppe oder zum Schutz der Angehörigen der Dienststellen und Einrichtungen im Geschäftsbereich des BMVg für den Aufgabenbereich der Einsatzabschirmung nach § 14 Abs. 1 MADG geknüpft, wobei die Erforderlichkeit ebenfalls anhand tatsächlicher Anhaltspunkte im Einzelfall festzumachen ist. Der Anwendungsbereich erfasst wiederum Bestandsdaten von Anbietern von Telemedien gemäß § 2 Abs. 2 Nr. 2, §§ 22 f. TTDSG.

58 • § 4 Abs. 1 BNDG sieht eine im Ausgangspunkt dem § 8d Abs. 1 BVerfSchG und § 3 Abs. 1 MADG entsprechende Rechtsgrundlage für den Abruf vor. Der Bezugspunkt für die im Einzelfall vorliegenden, tatsächlichen Anhaltspunkte hängt dabei nach § 4 Abs. 2 und 3 BNDG davon ab, ob das Auskunftsverlangen der politischen Unterrichtung und der Gefahrenfrüherkennung dient. Diese Differenzierung entspricht einschließlich der näheren Kriterien der für die strategische Ausland-Fernmeldeaufklärung vorgesehenen Regelung in § 19 Abs. 3 und 4 BNDG, die den verfassungsrechtlichen Vorgaben an die Ausgestaltung der Ausland-Ausland-Fernmeldeaufklärung des BND[174] Rechnung trägt.[175] Allerdings setzt der Abruf von Bestandsdaten im Gegensatz zur anlasslosen strategischen Ausland-Fernmeldeaufklärung voraus, dass die jeweils rechtfertigenden tatsächlichen Anhaltspunkte konkret im Einzelfall bestehen. Durch den Gleichlauf der übrigen materiellen

---

die Vorgaben aus der Entscheidung des Bundesverfassungsgerichts vom 27. Mai 2020, Ausschuss für Inneres und Heimat, Ausschussdrucks. 19(4)696 A, 6.
[169] BT-Drs. 19/12088, → Rn. 54, Fn. 201.
[170] BT-Drs. 19/12088, 98.
[171] BT-Drs. 19/12088, 52; die Begriffe des Rechtsgutes von erheblichem Gewicht und des besonders gewichtigen Rechtsgutes sind wiederum auf Beschlussempfehlung des Vermittlungsausschusses zum Anpassungsgesetz durch eine konkrete Aufzählung ersetzt worden, BT-Drs. 19/27900, 13 f.; zu den Kombinationen → Rn. 41 ff.
[172] BT-Drs. 19/25294, 40, in Umsetzung der Vorgaben aus BVerfG NJW 2020, 2699 Rn. 151.
[173] Zudem sieht § 8d Abs. 2 S. 2 BVerfSchG bei Abrufen, die auf einer Auswertung dynamischer IP-Adressen beruhen, die Dokumentation der Rechts- und Tatsachengrundlage vor; zur verfassungsrechtlichen Notwendigkeit BVerfG NJW 2020, 2699 Rn. 250.
[174] BVerfGE 154, 152 (Rn. 143 ff.) = NJW 2020, 2235.
[175] BT-Drs. 10/26103, 55 f.

C. Bestandsdaten aus Telekommunikationsdiensten § 21

Anforderungen an den Abruf von Bestandsdaten und Maßnahmen der strategischen Ausland-Fernmeldeaufklärung orientieren sich die Kriterien für den Abruf von Bestandsdaten an den Anforderungen für die Rechtfertigung von Eingriffen in das Grundrecht aus Art. 10 Abs. 1 GG,[176] obwohl der Bestandsdatenabruf lediglich in das Recht auf informationelle Selbstbestimmung eingreift, sofern die Zuordnung der Bestandsdaten nicht auf der Auswertung dynamischer IP-Adressen beruht.[177] In der Sache unterscheiden sich die Anforderungen je nach dem Zweck des Abrufs. Für Auskunftsverlangen zur politischen Unterrichtung, die typischerweise keine gegen die betroffenen Personen gerichteten Maßnahmen oder spezifisch sie betreffenden nachteiligen Auswirkungen nach sich ziehen,[178] genügen im Rahmen des jeweiligen Auftrags tatsächliche Anhaltspunkte im Einzelfall für die Gewinnung von Informationen mit außen- und sicherheitspolitischer Bedeutung (§ 4 Abs. 2 BNDG). Für Auskunftsverlangen zur Gefahrenfrüherkennung ist zusätzlich erforderlich, dass sich die tatsächlichen Anhaltspunkte im Einzelfall Erkenntnisse mit Bezug zu bestimmten Gefahrenbereichen oder zu bestimmten Rechtsgütern betreffen (§ 4 Abs. 3 BNDG). Diese sich überlappende Matrix aus Gefahrenbereichen und Rechtsgütern grenzt den Bereich der Abfrage von Bestandsdaten wie auch der strategischen Ausland-Fernmeldeaufklärung mit Blick darauf ein, dass die nachrichtendienstlichen Maßnahmen als Maßnahmen der Früherkennung im Vorfeld einer konkreten Gefahr erfolgen.[179]

- § 100j Abs. 1 und 2 StPO für Zwecke der Strafverfolgung. Das Anpassungsgesetz sieht **59** lediglich kleinere Ergänzungen vor. Auch hier bezieht sich die Ermächtigung zum Abruf auch auf Bestandsdaten nach §§ 22 Abs. 1 S. 1, 2 Abs. 2 Nr. 2 TTDSG (§ 100j Abs. 1 S. 1 Nr. 2 StPO). Für den Abruf von Zugangsdaten von Telemedien setzt § 100j Abs. 1 S. 2 und 3 StPO dabei über die Voraussetzungen ihrer Nutzung hinaus[180] voraus, dass die Nutzung der Verfolgung bestimmter Unterfälle der schweren Straftat nach § 100b Abs. 2 StPO dient.[181] Bei einem Abruf anhand einer dynamischen IP-Adresse ist das Vorliegen der tatsächlichen und rechtlichen Grundlagen zu dokumentieren.[182]
- Im Aufenthaltsrecht enthält § 48a Abs. 1 AufenthG eine punktuelle, auf eine spezifische **60** Situation zugeschnittene Ermächtigung zum Abruf von Zugangsdaten für die Auswertung von Endgeräten, die zudem voraussetzt, dass die Voraussetzungen für die Verwertung der Zugangsdaten vorliegen.[183]

Für Rechtsgrundlagen zum Abruf, die der Übermittlung von Bestandsdaten nach § 174 **61** Abs. 1 S. 1 TKG entsprechen, sind ebenso wie bei § 174 Abs. 1 S. 1 TKG begrenzende Eingriffsschwellen erforderlich.[184] Nicht ausreichend ist insoweit eine Eingrenzung allein durch die Erforderlichkeit für die jeweiligen Aufgaben der abrufenden Behörde.[185] Ein solcher allgemeiner Verweis definiert weder eine Eingriffsschwelle noch stellt er einen

---

[176] BT-Drs. 10/26103, 55, in Umsetzung der Vorgaben aus BVerfGE 154, 152 = NJW 2020, 2235 Rn. 143 ff.
[177] BVerfGE 154, 152 (Rn. 90 ff.) = NJW 2020, 2235; zum Abruf anhand dynamischer IP-Adressen sieht § 4 Abs. 4 BNDG eine gesonderte Grundlage vor.
[178] Vgl. zu Maßnahmen der Ausland-Ausland-Fernmeldeaufklärung BVerfGE 154, 152 (Rn. 157 ff.) = NJW 2020, 2235; zur Vorratsdatenspeicherung BVerfGE 125, 260 (Rn. 233).
[179] BT-Drs. 10/26103, 57.
[180] Zu dieser Voraussetzung als Kriterium der Verhältnismäßigkeit bereits des Abrufs → Rn. 47.
[181] Der Kreis der in Bezug genommenen schweren Straftaten aus dem Katalog des § 100b Abs. 2 StPO ist auf die Beschlussempfehlung des Vermittlungsausschusses näher eingegrenzt worden, BT-Drs. 19/27900, 7.
[182] § 100j Abs. 2 S. 2 StPO; vorausgesetzt in BVerfG NJW 2020, 2699 Rn. 244, 250.
[183] Die Zugangsdaten dienen der Auswertung der Datenträger zur Feststellung der Identität und Staatsangehörigkeit einer Person aus dem Ausland sowie der Feststellung und Geltendmachung einer Rückführungsmöglichkeit; zu den Voraussetzungen § 48 Abs. 3a AufenthG.
[184] BVerfG NJW 2020, 2699 Rn. 206 ff.
[185] So vormals für das BKA § 10 Abs. 1 S. 1 Nr. 1 BKAG aF, für das BfV § 8d Abs. 1 S. 1 BVerfSchG aF, für den MAD § 4b S. 1 MADG aF, für den BND § 2b S. 1 BNDG aF, für die Bundespolizei § 22a Abs. 1 S. 1 iVm § 21 Abs. 1 BPolG aF sowie für das Zollkriminalamt § 15 Abs. 2 S. 1 ZFdG aF; BVerfG NJW 2020, 2699 Rn. 208 ff., Rn. 214 ff., Rn. 218.

Bezug zu einem Einzelfall her.[186] Vielmehr bedarf es – entsprechend der Grundlagen für die Übermittlung (→ Rn. 40 ff.) – im Grundsatz einer im Einzelfall bestehenden, konkreten Gefahr. Absenkungen der Anforderungen im Sinne eines konkretisierten, absehbaren Geschehens oder einer auf ein individuelles Verhalten einer Person gegründeten Wahrscheinlichkeit erheblicher Straftaten in überschaubarer Zukunft,[187] setzen wiederum höhere Anforderungen an das Gewicht der geschützten Rechtsgüter voraus. Für den Bereich der Strafverfolgung ist ein Anfangsverdacht erforderlich.

62 Bei gesetzlichen Grundlagen für den Abruf von Zugangsdaten,[188] deren Übermittlung in § 174 Abs. 1 S. 2 TKG geregelt ist (→ Rn. 47), ist zudem erforderlich, dass zusätzlich die gesetzlichen Voraussetzungen für die Nutzung der Daten schon bei dem Abruf in Bezug genommen werden.[189]

63 Der Abruf von Bestandsdaten, deren Ermittlung auf einer Auswertung von dynamischen IP-Adressen nach § 174 Abs. 1 S. 3 TKG beruht,[190] ist wegen der gegenüber der allgemeinen Abfrage von Bestandsdaten erhöhten Eingriffsintensität **nur unter erhöhten Anforderungen** an das Gewicht des zu schützenden Rechtsguts verhältnismäßig.[191] Zu § 10 Abs. 2 BKAG aF, § 40 Abs. 2 iVm § 39 Abs. 1 und 2 Nr. 1 BKAG aF, § 22a Abs. 2 iVm § 21 Abs. 1 und 2 Nr. 1 BPolG aF, § 7 Abs. 6 und § 15 Abs. 3 ZFdG aF, § 8d Abs. 2 S. 1 BVerfSchG aF sowie § 2b S. 1 BNDG aF hatte das Bundesverfassungsgericht festgestellt, dass diese Voraussetzungen fehlen.[192] § 100j Abs. 2 StPO stellt zwar ebenfalls im Tatbestand keine ausdrücklichen, eingrenzenden Anforderungen das zu schützende Rechtsgut.[193] Da allerdings den strafrechtlich geschützten Rechtsgütern ein hervorgehobenes Gewicht zukommt,[194] erfüllt eine Verarbeitung der Daten zum Zweck der Strafverfolgung automatisch die erhöhten Anforderungen an den Rechtsgüterschutz. Im Hinblick auf die datenschutzrechtliche und verwaltungsgerichtliche Kontrolle setzt die Verhältnismäßigkeit des Abrufs von Bestandsdaten anhand dynamischer IP-Adressen allerdings eine **Dokumentation** sowohl der **rechtlichen als auch der tatsächlichen Grundlagen** der einzelnen Abrufe voraus, die in der gesetzlichen Grundlage festzuschreiben ist.[195]

D. Vorratsspeicherung von Telekommunikationsverkehrsdaten

I. Grundlinien

64 Die **Vorratsspeicherung von Verkehrsdaten** stellt eine besondere Form der Informationsbeschaffung durch Private dar. Im Ausgangspunkt werden private Betreiber öffentlich zugänglicher Telekommunikationsdienste **verpflichtet, bestimmte Meta-Daten** zu den einzelnen Kommunikationsaktivitäten im Grundsatz aller Teilnehmenden **anlasslos und für eine gewisse Zeit als eine Art Vorrat zu speichern,** der von den benannten Behörden unter bestimmten Voraussetzungen einzelfallbezogen abgerufen werden kann. Neben dieser Aufgabenteilung einer Vorratsdatenspeicherung durch Private und den punktuellen Abruf durch öffentliche Stellen sind auch weitere Ausgestaltungen denkbar, in

---

[186] Zu den Folgen für die Grenzen einer verfassungskonformen Auslegung BVerfG NJW 2020, 2699 Rn. 211.
[187] Vgl. zur Abfrage zur Verhütung von Straftaten nach §§ 40 Abs. 1 S. 1, 39 Abs. 2 Nr. 1 BKAG aF BVerfG NJW 2020, 2699 Rn. 225.
[188] Auf Bundesebene sind solche Befugnisse vorgesehen in § 100j Abs. 1 S. 2 StPO, § 10 Abs. 2, § 40 Abs. 3, § 63a Abs. 3 S. 1, § 66a Abs. 3 S. 1 BKAG, § 8d Abs. 3 BVerfSchG, § 4 Abs. 1 BNDG, § 4b Abs. 1 MADG, § 22a Abs. 2 S. 1 BPolG, § 10 Abs. 2 und § 30 Abs. 3 S. 1 ZFdG.
[189] BVerfGE 130, 151 (208 f.) = NJW 2012, 1419; BVerfG NJW 2020, 2699 Rn. 235.
[190] Zu § 174 Abs. 1 S. 3 TKG → Rn. 48 f.
[191] BVerfG NJW 2020, 2699 Rn. 238; zu § 113 Abs. 1 S. 3 TKG → Rn. 49.
[192] BVerfG NJW 2020, 2699 Rn. 239.
[193] Zu den Anforderungen des § 100j Abs. 2 StPO *Bruns* in KK-StPO StPO § 100j Rn. 4.
[194] BVerfG NJW 2020, 2699 Rn. 178.
[195] BVerfG NJW 2020, 2699 Rn. 250, auch in Abgrenzung zum Abruf sonstiger Bestandsdaten sowie von Zugangsdaten.

denen Private etwa zur algorithmenbasierten Analyse der Daten im Hinblick auf bestimmte Verdachtsmomente oder zur Übermittlung bestimmter Daten in Echtzeit verpflichtet werden.[196] Eine solche Dokumentation oder Registrierung der äußeren Merkmale der elektronischen Kommunikation lässt sich auf der einen Seite als Kompensation der Anonymität im Internet verstehen, die für eine effektive Abwehr von Gefahren des Terrorismus oder Bedrohungen der Staatssicherheit von wesentlicher Bedeutung ist.[197] Sie birgt auf der anderen Seite allerdings auch Gefahren einer systematischen, missbräuchlichen Auswertung der Verkehrsdaten, die zwar keinen unmittelbaren Rückschluss auf die Inhalte der jeweiligen Kommunikation zulassen, aber je nach Kontext ein genaues, tief in die Privatsphäre hereinreichendes Bild über örtliche Bewegungen und die individuelle Nutzung elektronischer Dienste oder Medien ergeben kann.[198] Die Gefahr eines Missbrauchs besteht dabei in mehrfacher Hinsicht. Missbräuchlich kann die Praxis des hoheitlichen Abrufs der auf Vorrat gespeicherten Daten sein. In dieser Hinsicht führt die Speicherung durch Private zu einer strukturellen Trennung zwischen der umfassenden, anlasslosen Speicherung und der punktuellen, anlassbezogenen Auswertung. Die Konzeption als Informationsbeschaffung durch Private verringert dadurch das Missbrauchspotential und damit die Schwere des Grundrechtseingriffs, insbesondere wenn die Datenbestände durch die Vielzahl privater Anbieter öffentlicher Telekommunikationsdienste dezentral verteilt sind.[199] Darüber hinaus kann sich eine missbräuchliche Verwendung der Daten durch den Betreiber der Telekommunikationsdienste oder durch unbefugte Dritte ergeben.[200]

Diese Ausgangslage macht die Rahmenbedingungen der Speicherung von Verkehrs- und Standortdaten auf Vorrat und ihres Abrufs zu einem gesellschaftlich sowie für die Gefahrenabwehr und Strafverfolgung relevanten, in Wissenschaft und Praxis kontrovers diskutierten Fragenkreis.[201] Im Laufe der Entwicklung sind die **verfassungs- und unionsrechtlichen Anforderungen** an die Speicherung sowie den Abruf der Verkehrsdaten sowie entsprechend an die Rechtsgrundlagen konkretisiert worden. Auf nationaler Ebene sind die zunächst in §§ 113a TKG aF vorgesehenen Regelungen in einer Entscheidung des Bundesverfassungsgerichts aus dem Jahr 2010 im Wesentlichen als mit Art. 10 GG nicht vereinbar eingeordnet worden.[202] Auf der Ebene der EU hat der EuGH die Vorratsdaten-Richtlinie[203] wegen Verstößen gegen Art. 7 und 8 GRC für ungültig erklärt.[204] Dabei war in der Folgezeit unklar, inwieweit der Grundsatz der Vertraulichkeit elektronischer Kommunikation nach Art. 15 Datenschutzrichtlinie für elektronische Kommunikation (ePrivacy-RL)[205]

---

[196] Zu beidem EuGH Urt. v. 6.10.2020 – C-511/18, C-512/18 und C-520/18, NJW 2021, 531 – La Quadrature du Net ua, Rn. 172 ff., Rn. 183 ff.
[197] Vgl. die Einschätzung im Verfahren des einstweiligen Rechtsschutzes gegen die Neuregelung der Vorratsdatenspeicherung BVerfG BeckRS 2016, 48517 (Rn. 2), sowie in der Begründung des Fraktionsentwurfs zur Neuregelung, BT-Drs. 18/5088, 21 f.
[198] BVerfGE 125, 260 (316 f.) = NJW 2010, 833 – Vorratsdatenspeicherung; EuGH Urt. v. 6.10.2020 – C-511/18, C-512/18 und C-520/18 = NJW 2021, 531 – La Quadrature du Net ua, Rn. 217.
[199] BVerfGE 125, 260 (321) = NJW 2010, 833 – Vorratsdatenspeicherung; weitergehend noch die abweichende Meinung des Richters *Eichberger* BVerfGE 125, 260 (380 f.) = NJW 2010, 833 (855).
[200] Vgl. zu den damit verbundenen, verfassungsrechtlich gebotenen Anforderungen an die Vermeidung solcher Missbräuche BVerfGE 125, 260 (325 ff.) = NJW 2010, 833 sowie EuGH Urt. v. 6.10.2020 – C-511/18, C-512/18 und C-520/18 Rn. 132, NJW 2021, 531 – La Quadrature du Net ua.
[201] Aus der umfangreichen Literatur nur *Priebe* EuZW 2017, 136; *Roßnagel* NJW 2017, 696; *Simitis* NJW 2014, 2158; *Ziebarth* ZUM 2017, 398; *Leutheusser-Schnarrenberger* ZRP 2007, 9; *Leutheusser-Schnarrenberger* DuD 2014, 589; *Breyer* MMR 2011, 573; *Gärtner/Kipker* DuD 2015, 593; *Eckhard/Schütze* CR 2010, 225; *Heißl* DÖV 2016, 588; *Ohler* JZ 2010, 626; *Spiecker gen. Döhmann* JZ 2014, 1109; *Albers/Reinhardt* ZJS 2010, 767.
[202] BVerfGE 125, 260 = NJW 2010, 833 – Vorratsdatenspeicherung.
[203] RL 2006/24/EG vom 15.3.2006 über die Vorratsspeicherung von Daten, die bei der Bereitstellung öffentlich zugänglicher elektronischer Kommunikationsdienste oder öffentlicher Kommunikationsnetze erzeugt oder verarbeitet werden, und zur Änderung der Richtlinie 2002/58/EG, ABl. 2006 L 105, 54.
[204] EuGH Urt. v. 8.4.2014 – C-293/12 und C-594/12, NJW 2014, 2169 – Digital Rights Ireland Ltd. ua.
[205] RL 2002/58/EG v. 12.7.2002 über die Verarbeitung personenbezogener Daten und für den Schutz der Privatsphäre in der elektronischen Kommunikation (Datenschutzrichtlinie für elektronische Kommunikation), ABl. 2002 L 201, 37.

nach der Rechtsprechung des EuGH²⁰⁶ einer anlasslosen Vorratsdatenspeicherung schon im Grundsatz entgegensteht oder welche Anforderungen im Hinblick auf Art. 7 und 8 GRC gestellt werden. Entsprechend sind dem EuGH in den letzten Jahren unter anderem aus Deutschland entsprechende Vorlagefragen zur Vereinbarkeit der nationalen Regelungen der Vorratsdatenspeicherung mit Art. 15 ePrivacy-RL vorgelegt worden.²⁰⁷

66 In mehreren Entscheidungen sind allerdings die unionsrechtlichen Fragen sowohl zum sachlichen Anwendungsbereich der Art. 5 und Art. 15 Abs. 1 ePrivacy-RL, auch im Bereich der Telemediendienste, sowie vor allem zu den Anforderungen an die Speicherung von Verkehrsdaten auf Vorrat und ihrem Abruf konkretisiert worden.²⁰⁸ Die unionsrechtlichen Anforderungen gehen dabei teilweise noch über die in der Entscheidung des Bundesverfassungsgerichts aufgestellten Voraussetzungen hinaus und dürften auch für die §§ 175 ff. TKG in der Fassung des Telekommunikationsmodernisierungsgesetzes **Anpassungen erforderlich** machen.

II. Verfassungs- und unionsrechtliche Anforderungen

67 Die **verfassungsrechtlichen Anforderungen** an Regelungen zur Speicherung von Telekommunikationsverkehrsdaten auf Vorrat und ihrem Abruf hat das Bundesverfassungsgericht in der Entscheidung zu §§ 113a und 113b TKG aF eingehend beschrieben.²⁰⁹ Danach ist eine Vorratsdatenspeicherung selbst über einen Zeitraum von sechs Monaten nicht schlechthin mit dem Fernmeldegeheimnis aus Art. 10 Abs. 1 GG unvereinbar;²¹⁰ insbesondere ist eine anlasslose Speicherung nicht gleichzusetzen mit einer unzulässigen Speicherung von Daten, die den Verwendungszweck bei der Speicherung offen lässt.²¹¹ Die Verhältnismäßigkeit einer Rechtsgrundlage zur Vorratsdatenspeicherung setzt allerdings klare und streng ausgestaltete Regelungen zur Datensicherheit,²¹² zu den Eingriffsschwellen unter Berücksichtigung des mit dem Abruf geschützten Rechtsguts²¹³ sowie zur Transparenz und zum Rechtsschutz voraus.²¹⁴ Der materielle Kern dieser Vorgaben, die Kriterien zur Bestimmung der Eingriffsschwelle in dem jeweiligen Kontext, nimmt dabei das bereits in der Entscheidung zu den Online-Durchsuchungen²¹⁵ herangezogene Raster zur Konkretisierung einer Gefahr auf.²¹⁶ Zugleich wird dieses Raster in späteren Entscheidungen, zuletzt zur Bestandsdatenauskunft sowie zum BKA-Gesetz, zugrunde gelegt.²¹⁷ Die verfassungsgerichtliche Rechtsprechung entwickelt dadurch eine instrumentenübergreifende Dogmatik der Anforderungen an heimliche, informationsbezogene Eingriffe zu Zwecken der Gefahrenabwehr sowie der Strafverfolgung.

68 Die **Rechtsprechung des EuGH** hat im Anschluss an die Entscheidung, in der die Vorratsdaten-Richtlinie für ungültig erklärt worden ist,²¹⁸ den in der ePrivacy-Richtlinie

---

²⁰⁶ EuGH Urt. v. 21.12.2016 – C-203/15 und 698/15, NJW 2017, 717 – Tele2 Sverige AB ua.
²⁰⁷ BVerwG NVwZ 2020, 1108; zuvor ist in dem korrespondierenden Verfahren des einstweiligen Rechtsschutzes die Verpflichtung der Antragstellung Speicherung der Vorratsdaten nach § 113b Abs. 3 TKG aF ausgesetzt worden; OVG Münster NVwZ-RR 2018, 43.
²⁰⁸ Vor allem EuGH Urt. v. 6.10.2020 – C-511/18, C-512/18 und C-5620/18, NJW 2021, 531 – La Quadrature du Net ua, zudem vom selben Tag EuGH Urt. v. 6.10.2020, C-623/17, BeckRS 2020, 25341 – Privacy International sowie EuGH Urt. v. 2.3.2021 – C-746/18 – H. K.
²⁰⁹ BVerfGE 125, 260 (316 ff.) – Vorratsdatenspeicherung; vgl. die Einschätzung des Richters *Eichberger* in der abweichenden Meinung, BVerfGE 125, 260 (381): Vorgaben über weite Strecken zu kleinteilig.
²¹⁰ BVerfGE 125, 260 (316 f.).
²¹¹ BVerfGE 125, 260 (317); zur Unzulässigkeit einer Speicherung auf Vorrat ohne Zweckbindung BVerfGE 65, 1 (45); 100, 313 (360).
²¹² BVerfGE 125, 260 (325 ff.).
²¹³ BVerfGE 125, 260 (327 ff.).
²¹⁴ BVerfGE 125, 260 (334 ff.).
²¹⁵ BVerfGE 120, 274 (328 f.).
²¹⁶ BVerfGE 125, 260 (330) unter Hinweis auf BVerfGE 120, 274 (328 f.) = NJW 2008, 822 – Online Durchsuchungen.
²¹⁷ BVerfG NJW 2020, 2699 (Rn. 148); BVerfGE 141, 220 (272) = NJW 2016, 1781.
²¹⁸ EuGH Urt. v. 8.4.2014 – C-293/12 und C-594/12, NJW 2014, 2169 – Digital Rights Ireland Ltd. ua.

ausdrücklich normierten **Grundsatz der Vertraulichkeit der Kommunikation**[219] weiter ausgebaut. Das gilt zum einen für den Anwendungsbereich der ePrivacy-Richtlinie und damit des Grundsatzes, der sich sowohl auf Daten für Zwecke der Kriminalitätsbekämpfung[220] und auf von Privaten gespeicherte Daten zum Schutz der nationalen Sicherheit erstreckt[221] als auch auf Hosting-Dienste sowie Internet-Zugangsdienste, die zugleich in den Anwendungsbereich der eCommerce-Richtlinie[222] fallen.[223] Zum anderen hat die Rechtsprechung inhaltlich betont, dass der Grundsatz der Vertraulichkeit der Kommunikation auch mit Blick auf die dahinter stehenden Anforderungen aus Art. 7 und 8 GRC die Regel darstellt, die nur einen engen Raum für Ausnahmen nach Art. 15 Abs. 1 ePrivacy-RL belässt.[224] Beschränkungen der Vertraulichkeit der elektronischen Kommunikation müssen in der Formulierung des EuGH auf das absolut Notwendige begrenzt bleiben.[225] Sie dürfen insbesondere keinen systematischen Charakter haben.[226]

Mit dieser Regel ist die Grundperspektive auf die Vorratsdatenspeicherung gesetzt. Eine **69** anlasslose, nahezu die gesamte Bevölkerung betreffende Speicherung der Verkehrsdaten würde die Ausnahme zur Regel machen[227] und ist daher weder zur Bekämpfung schwerer Kriminalität[228] noch für sicherheits- oder nachrichtendienstliche Zwecke[229] zulässig. Erforderlich ist danach vielmehr eine **Eingrenzung bereits der Speicherung der Verkehrsdaten,** die entweder darin liegen kann, dass sich der Mitgliedstaat insgesamt temporär in einer Ausnahmesituation befindet[230] oder dass die Speicherung im Hinblick auf den Zeitraum, auf das geografische Gebiet oder auf den Personenkreis beschränkt wird.[231] Zudem muss die Speicherung im letzten Fall dem Schutz eines qualifizierten Rechtsguts, nämlich dem Schutz der nationalen Sicherheit, der Bekämpfung schwerer Kriminalität oder der Verhütung schwerer Bedrohungen der öffentlichen Sicherheit dienen.[232]

---

[219] Art. 5 Abs. 1 und 3 RL 2002/58/EG.
[220] EuGH Urt. v. 21.12.2016 – C-203/15, Rn. 65 ff., NJW 2017, 717 – Tele2 Sverige AB.
[221] EuGH Urt. v. 2.10.2018 – C-207/16, EU:C:2018:788, Rn. 32 ff. – Ministerio Fiscal; EuGH Urt. v. 6.10.2020 – C-623/17, Rn. 34 ff., BeckRS 2020, 25341 – Privacy International; zur Speicherung durch Private bei einem hoheitlichen Zugang in Echtzeit EuGH Urt. v. 6.10.2020 – C-511/18, C-512/18 und C-5620/18, Rn. 87 ff., NJW 2021, 531 – La Quadrature du Net ua.
[222] RL 2000/31/EG v. 8.6.2000 über bestimmte rechtliche Aspekte der Dienste der Informationsgesellschaft, insbesondere des elektronischen Geschäftsverkehrs, im Binnenmarkt („Richtlinie über den elektronischen Geschäftsverkehr"), ABl. 2000 L 178, 1.
[223] EuGH Urt. v. 6.10.2020 – C-511/18, C-512/18 und C-5620/18, Rn. 193 ff., NJW 2021, 531 – La Quadrature du Net ua.
[224] EuGH Urt. v. 21.12.2016 – C-203/15, Rn. 89 und 104, NJW 2017, 717 – Tele2 Sverige AB: Vorratsdatenspeicherung der Verkehrs- und Standortdaten wäre die Regel, obwohl sie nach dem mit der ePrivacy-Richtlinie geschaffenen System die Ausnahme zu sein habe.
[225] EuGH Urt. v. 21.12.2016 – C-203/15, Rn. 107, NJW 2017, 717 – Tele2 Sverige AB; in zeitlicher Hinsicht EuGH Urt. v. 6.10.2020 – C-511/18, C-512/18 und C-5620/18, Rn. 138, NJW 2021, 531 – La Quadrature du Net ua.
[226] EuGH Urt. v. 6.10.2020 – C-511/18, C-512/18 und C-5620/18, Rn. 138, NJW 2021, 531 – La Quadrature du Net ua.
[227] EuGH Urt. v. 21.12.2016 – C-203/15, Rn. 103 f., NJW 2017, 717 – Tele2 Sverige AB; EuGH Urt. v. 6.10.2020 – C-623/17, Rn. 69, BeckRS 2020, 25341 – Privacy International; EuGH Urt. v. 6.10.2020 – C-511/18, C-512/18 und C-5620/18, Rn. 138, NJW 2021, 531 – La Quadrature du Net ua.
[228] EuGH Urt. v. 21.12.2016 – C-203/15, Rn. 103 f., NJW 2017, 717 – Tele2 Sverige AB; EuGH Urt. v. 6.10.2020 – C-511/18, C-512/18 und C-5620/18, Rn. 141, NJW 2021, 531 – La Quadrature du Net ua.
[229] EuGH Urt. v. 6.10.2020 – C-623/17, Rn. 69, BeckRS 2020, 25341 – Privacy International.
[230] EuGH Urt. v. 6.10.2020 – C-511/18, C-512/18 und C-5620/18, Rn. 137, NJW 2021, 531 – La Quadrature du Net ua: Speicherung der Verkehrs- und Standortdaten aller Nutzerinnen und Nutzer für begrenzte Zeit kommt in Betracht, wenn „hinreichend konkrete Umstände die Annahme zulassen, dass sich der betreffende Mitgliedstaat einer als real und aktuell oder vorhersehbar einzustufenden ernsten Bedrohung für die nationale Sicherheit (…) gegenübersieht".
[231] EuGH Urt. v. 8.4.2014 – C-293/12 und C-594/12, Rn. 59, NJW 2014, 2169 – Digital Rights Ireland Ltd. ua; EuGH Urt. v. 21.12.2016 – C-203/15, Rn. 106, NJW 2017, 717 – Tele2 Sverige AB; EuGH Urt. v. 6.10.2020 – C-511/18, C-512/18 und C-5620/18, Rn. 144, NJW 2021, 531 – La Quadrature du Net ua.
[232] Zusammenfassend EuGH Urt. v. 6.10.2020 – C-511/18, C-512/18 und C-5620/18, Rn. 168, NJW 2021, 531 – La Quadrature du Net ua.

III. Vorratsdatenspeicherung nach §§ 175 ff. TKG

70 Die Regelungen in §§ 113a, 113b TKG aF sind, neben den korrespondierenden Abrufregelungen in § 100g StPO, derzeit erneut **Gegenstand einer Verfassungsbeschwerde**[233] sowie Anlass für eine EuGH-Vorlage zur Auslegung des Art. 15 ePrivacy-Richtlinie.[234] Im Hinblick auf diese laufenden Verfahren sind die Regelungen der §§ 113a f. TKG aF in den §§ 175, 176 TKG im Wesentlichen ohne inhaltliche Veränderungen übernommen.[235]

71 Auf der Ebene der Speicherung der Daten sehen §§ 175, 176 TKG eine Pflicht der Erbringer öffentlich zugänglicher Telekommunikationsdienste[236] zur **anlasslosen und umfassenden Speicherung von Verkehrs- und Standortdaten** für einen Zeitraum von vier Wochen für Standortdaten und von zehn Wochen für sonstige Verkehrsdaten vor.[237] Von der Speicherung ausgenommen sind bestimmte Verbindungen zu Personen, Behörden und Organisationen in sozialen oder kirchlichen Bereichen, deren Beratungsangebote auf Anonymität angewiesen sind.[238] Die Verwendungszwecke der Daten sind § 177 TKG abschließend festgelegt. Erforderlich ist danach neben den Voraussetzungen der jeweils zum Abruf ermächtigenden Regelungen für Zwecke der Strafverfolgung eine besonders schwere Straftat und für Zwecke der Gefahrenabwehr eine konkrete Gefahr für Leib, Leben oder Freiheit einer Person oder für den Bestand des Bundes oder eines Landes. Schließlich ist eine Pflicht zur Protokollierung (§ 179 TKG) sowie zur Einhaltung eines besonders hohen Standards der Datensicherheit und Datenqualität, auch unter Berücksichtigung eines von der BNetzA erstellten Katalogs zu Anforderungen an technischen Vorkehrungen,[239] sowie ein erweitertes Sicherheitskonzept (§ 181 TKG) vorgesehen.

72 Die **für Zwecke der Strafverfolgung in § 100g Abs. 2 StPO** vorgesehene Regelung zum Abruf der auf Vorrat erhobenen Verkehrsdaten knüpft den Abruf darüber hinaus an strengere Voraussetzungen. In § 100g Abs. 2 S. 2 StPO sind die zum Abruf berechtigenden Straftaten im Katalog der schweren Straftaten abschließend aufgeführt. Zudem muss die Tat nach § 100g Abs. 2 S. 1 StPO auch im Einzelfall schwer wiegen sowie die Erhebung auch im Einzelfall zur Erforschung des Sachverhalts oder zur Ermittlung des Aufenthaltsorts des Beschuldigten alternativlos und der Abruf im Einzelfall verhältnismäßig sein. Soweit die Abfrage mit einem Zeugnisverweigerungsrecht nach § 53 Abs. 1 S. 1 Nr. 1–5 StPO konfligiert, ist sie unzulässig.

73 Dieses Regime der Speicherung von Telekommunikationsverkehrsdaten auf Vorrat und ihres Abrufs **dürfte den unionsrechtlichen Vorgaben** aus Art. 5 und 15 ePrivacy-Richtlinie, wie sie insbesondere in der Entscheidung vom 6.10.2020 konkretisiert worden sind,[240]

---

[233] In dem entsprechenden Verfahren des einstweiligen Rechtsschutzes hat das BVerfG den Antrag, die Vorratsdatenspeicherung einstweilen außer Kraft zu setzen, abgelehnt, BVerfG BeckRS 2016, 48517.
[234] BVerwG NVwZ 2020, 1108.
[235] Nach der Begründung des Regierungsentwurfs sind die Regelungen im Entwurf unverändert übernommen, da sie derzeit Gegenstand nationaler und unionsrechtlicher Überprüfung sind, BT-Drs. 19/26108, 369.
[236] Nach § 175 Abs. 1 TKG entsprechend dem sachlichen Anwendungsbereich des TKG (→ Rn. 23) von Anbietern öffentlich zugänglicher Telekommunikationsdienste für Endnutzer, bei denen es sich nicht um nummernunabhängige interpersonelle Telekommunikationsdienste handelt.
[237] Zu den zu speichernden Verkehrsdaten zählen die Rufnummer oder sonstige Anschlusskennung oder IP-Adressen, bei Mobilfunkendgeräten auch deren internationale Kennung, die Daten und Uhrzeiten von Beginn und Ende der Verbindungen, Angaben zu dem jeweils genutzten Sprachkommunikationsdienst, bei Internetzugangsdiensten die jeweils zugewiesene IP-Adresse, die Zeiträume der Internetnutzung sowie die Kennung des Internetanschlusses und ggf. die Benutzerkennung.
[238] § 176 Abs. 6 TKG; § 11 Abs. 5 TTDSG.
[239] § 180 Abs. 1 TKG; danach wird bei Erfüllung des Anforderungskatalogs die Einhaltung der gebotenen Standards vermutet.
[240] EuGH Urt. v. 6.10.2020 – C-511/18, C-512/18 und C-5620/18, Rn. 168, NJW 2021, 531 – La Quadrature du Net ua.

D. Vorratsspeicherung von Telekommunikationsverkehrsdaten § 21

nicht entsprechen.[241] Die Regelungen beschränken die Speicherung schon im Ausgangspunkt weder auf eine Situation, in der sich eine Bedrohung für die nationale Sicherheit abzeichnet, noch treffen sie persönliche, zeitliche oder örtliche Eingrenzungen. Dem Vorlagebeschluss des BVerwG liegt die Erwägung zugrunde, dass strengere Zugangsregelungen den Ausnahmecharakter einer anlasslosen Datenspeicherung möglicherweise zu rechtfertigen vermögen,[242] zumal das für die Gefahrenabwehr sowie die Strafverfolgung praktisch bedeutsame Grundkonzept der Vorratsdatenspeicherung mit Anforderungen zur personellen, räumlichen oder zeitlichen Konkretisierung bereits zum Zeitpunkt der Speicherung kaum in Einklang zu bringen sei.[243] Demgegenüber betont die Rechtsprechung des EuGH, dass der bereits in der Speicherung liegende Eingriff unabhängig von der Sensibilität der gespeicherten Daten oder von der späteren Verwendung ist[244] und stellt die hohen Anforderungen an den Ausnahmecharakter einer Vorratsdatenspeicherung bereits auf der Ebene der Speicherung.

Das im Rahmen der Verfassungsbeschwerde im Hinblick auf die Verhältnismäßigkeit als **74** weniger eingriffsintensive Alternative eingeforderte **Quick-Freeze-Verfahren**[245] sieht die EuGH-Rechtsprechung zur Bekämpfung schwerer Kriminalität sowie zum Schutz der nationalen Sicherheit als zulässig an, sofern die Speicherung auf die jeweils notwendigen Daten und zeitlich auf die notwendige Dauer beschränkt bleibt.[246] Nach der Rechtsprechung des EuGH bezieht sich diese umgehende Sicherung von Verkehrs- und Standortdaten allerdings nur auf solche Daten, die im Rahmen des nach Art. 5, 6, 9 und 15 ePrivacy-Richtlinie Zulässigen gespeichert sind.[247] Abgesehen von den Sondersituationen, in denen ohnehin eine begrenzte Vorratsdatenspeicherung zulässig ist (→ Rn. 69), wird damit im Wesentlichen die Speicherdauer der vertragserforderlichen Daten verlängert. Die Dauer und der Umfang der Daten, die für die umgehende Sicherung zur Verfügung stehen, hängt dadurch wesentlich von dem jeweiligen Geschäftsmodell und der Ausgestaltung der Kommunikationsdienste und der Vertragsbeziehungen ab.[248] So hängt die Eignung des Quick-Freeze-Verfahrens wesentlich von dem jeweiligen Kontext ab. Bei der Durchsetzung von Rechten des Geistigen Eigentums entsteht der qualifizierte Verdacht auf einen Rechtsverstoß typischerweise durch die Beobachtung eines Up- oder Downloads, bei der die dynamische IP-Adresse unmittelbar erhoben und zum Anknüpfungspunkt für die Sicherung der punktuell betroffenen Verkehrsdaten gemacht werden kann.[249] In dem Maße, in dem sich die Anhaltspunkte später und unabhängig von der Nutzung der elektronischen Kommunikationsdienste ergeben, sinkt tendenziell die Wahrscheinlichkeit, dass die für ein Quick-Freeze-Verfahren zur Sicherung verfügbaren Verkehrsdaten zur Aufgabenerfüllung beitragen, zumal wenn betroffene Personen gezielt Kommunikationsangebote wählen, bei denen Verkehrsdaten nicht erhoben oder nach kurzer Zeit gelöscht werden.

---

[241] Die rund ein Jahr zuvor vom BVerwG NVwZ 2020, 1108, vorgelegte Frage ist demnach dahingehend zu beantworten, dass Art. 15 ePrivacy-Richtlinie einem nationalen Regime der Vorratsdatenspeicherung, wie es in den §§ 113a f. aF TKG vorgesehen ist, entgegensteht.
[242] BVerwG NVwZ 2020, 1108 Rn. 34.
[243] BVerwG NVwZ 2020, 1108 Rn. 33.
[244] EuGH Urt. v. 6.10.2020, C-511/18, C-512/18 und C-5620/18, Rn. 115 f., NJW 2021, 531 – La Quadrature du Net ua.
[245] BVerfG BeckRS 2016, 48517 (Rn. 10).
[246] EuGH Urt. v. 6.10.2020, C-511/18, C-512/18 und C-5620/18, Rn. 164, NJW 2021, 531 – La Quadrature du Net ua.
[247] EuGH Urt. v. 6.10.2020, C-511/18, C-512/18 und C-5620/18, Rn. 160, NJW 2021, 531 – La Quadrature du Net ua.
[248] Zu Unterschieden in der Speicherpraxis der Erbringer öffentlich zugänglicher Telekommunikationsdienste Begründung Fraktionsentwurf eines Gesetzes zur Einführung einer Speicherpflicht und einer Höchstspeicherfrist für Verkehrsdaten, BT-Drs. 18/5088, 21; entsprechend zu den Schwächen einer lediglich auf die vertragserforderlichen Daten bezogenen Abfrage nach § 100g StPO BVerfG BeckRS 2016, 48517 (Rn. 2): Abrufbarkeit der Daten in erheblichem Umfang vom Zufall abhängig.
[249] Näher zum Verfahren bei der Durchsetzung von Urheberrechten *Moos/Gosche* CR 2010, 499.

E. Informationsbeschaffung durch Anbieter von Telemedien

75 Auch Anbieter von Telemedien tragen zunehmend zur Beschaffung von Informationen für Zwecke der Strafverfolgung, des Staatsschutzes und der Gefahrenabwehr bei; ihnen kommt zudem für die Durchsetzung von Rechten des geistigen Eigentums eine hervorgehobene Bedeutung zu. Im Unterschied zu Anbietern von Telekommunikationsdiensten sind **Anbieter von Telemedien** allerdings im Grundsatz lediglich zur Speicherung der Bestands- und Nutzungsdaten berechtigt, die im Rahmen des jeweiligen Vertragsverhältnisses erforderlich sind. Eine Berechtigung oder Pflicht zu einer von der Erforderlichkeit für das jeweilige Vertragsverhältnis unabhängigen Speicherung oder einer anlasslosen Speicherung auf Vorrat ist nicht vorgesehen.

76 Für Telemedien sind in den §§ 22–24 TTDSG eigenständige Rechtsgrundlagen für Auskunftsverfahren bei Bestandsdaten, für ein Auskunftsverfahren bei Passwörtern und anderen Zugangsdaten sowie ein Auskunftsverfahren bei Nutzungsdaten vorgesehen. Die Regelungen gehen mit kleineren redaktionellen Anpassungen auf die §§ 15a ff. TMG zurück, die zunächst durch das Gesetz zur Bekämpfung des Rechtsextremismus und der Hasskriminalität eingeführt werden sollten.[250] Infolge des Beschlusses des Bundesverfassungsgerichts zur Bestandsdatenauskunft[251] hat der Bundespräsident wegen möglicher Auswirkungen der Entscheidung[252] das beschlossene Gesetz zunächst nicht ausgefertigt. Die Regelungen sind dann durch das Gesetz zur Anpassung der Regelungen über die Bestandsdatenauskunft an die Vorgaben aus der Entscheidung des Bundesverfassungsgericht vom 27. Mai 2020 in modifizierter Form eingeführt worden.[253]

I. Auskunftsverfahren nach den §§ 21 ff. TTDSG

77 Die Zulässigkeit der Erhebung und der Speicherung von Bestandsdaten[254] sowie von Nutzungsdaten[255] richtet sich nach den allgemeinen Regelungen.

78 Die bisherige Regelung in § 14 Abs. 2 TMG aF sah eine **Ermächtigung der Diensteanbieter zur Übermittlung von Bestand an die in § 14 Abs. 2 TMG genannten Stellen** vor allem zu Zwecken der Strafverfolgung, der Gefahrenabwehr und für nachrichtendienstliche Zwecke, aber auch zur Durchsetzung von Rechten am geistigen Eigentum vor, die im Wesentlichen nur an die Erforderlichkeit der Daten zur Erfüllung der

---

[250] Gesetzesentwurf der Fraktionen CDU/CSU und SPD, Entwurf eines Gesetzes zur Bekämpfung des Rechtsextremismus und der Hasskriminalität, BT-Drucks. 19/20163; der Bundesrat hatte m 3. Juli 2020 beschlossen, von der Einberufung eines Vermittlungsausschusses nach Art. 77 Abs. 2 GG abzusehen, BR-Drs. 339/20.
[251] BVerfG NJW 2020, 2699.
[252] Vgl. die entsprechende Ausarbeitung des Wissenschaftlichen Dienstes des Deutschen Bundestags, Mögliche Auswirkungen des Beschlusses des Bundesverfassungsgerichts vom 27. Mai 2020, 1 BvR 1873/13 – Bestandsdatenauskunft II, auf das Gesetz zur Bekämpfung des Rechtsextremismus und der Hasskriminalität (BT-Drs. 19/17731 und 19/20163) und das Netzwerkdurchsetzungsgesetz, WD 10 – 3000 – 037/20.
[253] Gesetzesentwurf der Bundesregierung, Entwurf eines Gesetzes zur Regelung des Datenschutzes und des Schutzes der Privatsphäre in der Telekommunikation und bei Telemedien, BT-Drucks. 19/27441, S. 37.
[254] Bestandsdaten in diesem Sinn sind nach § 2 Abs. 2 Nr. 2 TTDSG personenbezogene Daten, deren Verarbeitung zum Zweck der Begründung, inhaltlichen Ausgestaltung oder Änderung eines Vertragsverhältnisses zwischen dem Anbieter von Telemedien und dem Nutzer über die Nutzung von Telemedien erforderlich ist.
[255] Nutzungsdaten sind nach § 2 Abs. 2 Nr. 3 TTDSG personenbezogene Daten eines Nutzers von Telemedien, deren Verarbeitung erforderlich ist, um die Inanspruchnahme von Telemedien zu ermöglichen und abzurechnen, insbesondere Merkmale zur Identifikation des Nutzers, Angaben über Beginn und Ende sowie Umfang der jeweiligen Nutzung und Angaben über die vom Nutzer in Anspruch genommenen Telemedien.

E. Informationsbeschaffung durch Anbieter von Telemedien § 21

gesetzlichen Aufgaben geknüpft war. Daneben enthielt § 14 Abs. 3 TMG aF eine von einer gerichtlichen Anordnung abhängige (§ 14 Abs. 4 TMG) Ermächtigung zur Auskunft über Bestandsdaten zur Durchsetzung von Verletzungen des Persönlichkeitsrechts wegen strafbarer Inhalte nach § 1 Abs. 3 NetzDG oder sonstiger, von § 10a TMG erfasster rechtswidriger Inhalte.[256]

Durch das Anpassungsgesetz ist § 14 Abs. 2 TMG aF auf Auskünfte über Bestandsdaten 79 zur Durchsetzung der Rechte am geistigen Eigentum beschränkt worden. Die Regelungen in § 14 Abs. 2–4 TKG sind mit kleineren Änderungen in die Regelung zur Auskunft über Bestandsdaten im Einzelfall in § 21 TTDSG überführt worden. Für die Übermittlung von Bestandsdaten, Passwörtern und Nutzungsdaten an Behörden sind mit den §§ 15a ff. TMG aF stattdessen neue Rechtsgrundlagen eingeführt worden, die in den §§ 22 ff. TTDSG übernommen worden sind.

1. Auskunftsverfahren bei Bestandsdaten, § 22 TTDSG

§ 22 TTDSG enthält eine § 174 TKG nachgebildete[257] Rechtsgrundlage für die Übermitt- 80 lung von Bestandsdaten. Entsprechend des **Doppeltürenmodells** (→ Rn. 19, 30 f.) ermächtigt § 22 Abs. 1 TTDSG die geschäftsmäßigen Erbringer von Telemediendiensten,[258] die erhobenen Bestandsdaten einschließlich der anhand einer dynamischen IP ermittelten Bestandsdaten zur Erfüllung von Auskunftspflichten zu verwenden. Ausdrücklich ausgenommen sind Passwörter und andere Zugangsdaten, für deren Übermittlung in § 23 TTDSG eine gesonderte Regelung vorgesehen ist.

§ 22 Abs. 2–4 TTDSG stellen **eingrenzende Anforderungen an die Übermitt-** 81 **lung.** Vor allem die in § 22 Abs. 3 TTDSG normierten Eingriffsschwellen und Schutzgüter sind mit Blick auf die im Bestandsdaten-Beschluss formulierten Anforderungen konkretisiert und verschärft worden.[259] Je nachdem, zu welchem Zweck die Auskunft erfolgt, werden dabei die Anforderungen an die Eingriffsschwelle und das zu schützende Rechtsgut kontextbezogen konkretisiert, wobei gegenüber der vergleichbaren Regelung zur Auskunft über Bestandsdaten von Telekommunikationsdiensten die typischerweise höhere Eingriffsintensität einer Übermittlung von Bestandsdaten zu Telemediendiensten berücksichtigt wird.[260] Die anhand einer dynamischen IP-Adresse ermittelten Bestandsdaten dürfen nur unter den engeren Voraussetzungen des § 22 Abs. 4 TTDSG übermittelt werden.

2. Auskunftsverfahren bei Passwörtern, § 23 TTDSG

§ 23 TTDSG sieht darüber hinaus eine Ermächtigung zur **Auskunft über Passwörter** 82 und andere Zugangsdaten für Endgeräte oder Speichereinrichtungen voraus, die gegenüber der Ermächtigung zur Übermittlung von Zugangsdaten durch Betreiber von Telekommunikationsdiensten[261] an engere Voraussetzungen geknüpft ist. Die auf den Entwurf

---

[256] Diese Ermächtigung zur Erteilung der Auskunft bezieht sich trotz des Verweises auf § 1 Abs. 3 NetzDG nicht lediglich auf die sozialen Netzwerke, die nach § 1 Abs. 1 NetzDG in dessen Anwendungsbereich fallen, sondern auf alle Diensteanbieter iSd § 2 Abs. 1 Nr. 1 TMG, BGH NJW 2020, 536 (542 Rn. 49 ff.).
[257] BT-Drs. 19/17741, 40 zu § 15a TMG aF.
[258] Adressat ist zudem, wer an der geschäftsmäßigen Erbringung der Telemediendienste mitwirkt oder den Zugang zur Nutzung daran vermittelt, § 22 Abs. 1 S. 1 TTDSG.
[259] BT-Drs. 19/27900, 16 ff.; zu § 174 Abs. 3 TKG → Rn. 42.
[260] So setzt etwa die Übermittlung zu Zwecken der Verfolgung von Ordnungswidrigkeiten eine Ordnungswidrigkeit voraus, die gegenüber einer natürlichen Person im Höchstmaß von mehr als fünfzehntausend Euro bedroht ist, § 22 Abs. 3 Nr. 1 TTDSG; vgl. zur Kritik noch an der Fassung des Fraktionsentwurfs, der jede Ordnungswidrigkeit genügen ließ, *Bäcker*, Stellungnahme zu dem Entwurf des Anpassungsgesetzes, Ausschuss für Inneres und Heimat, Ausschuss-Drs. 19(4)696 A, 10.
[261] § 174 Abs. 1 S. 2 TKG.

des Gesetzes zur Bekämpfung von Hasskriminalität zurückgehende, durch das Anpassungsgesetz inhaltlich nur punktuell veränderte[262] Regelung erlaubt eine Übermittlung sowohl zur Strafverfolgung als auch zur Abwehr von Gefahren für die öffentliche Sicherheit und Ordnung, stellt dabei allerdings jeweils qualifizierte Anforderungen an die Eingriffsschwelle sowie das Schutzgut[263] und setzt jeweils eine gerichtliche Anordnung voraus.

3. Auskunftsverfahren für Nutzungsdaten, § 24 TTDSG

83 Trotz des geplanten Gleichlaufs des manuellen Auskunftsverfahrens von Telekommunikationsdaten und der Datenabfrage nach den §§ 22 ff. TTDSG[264] liegt ein Unterschied darin, dass sich die Auskunft nach § 24 TTDSG **auch auf Nutzungsdaten** beziehen kann. Im Unterschied zu Bestandsdaten von Telekommunikationsdiensten, die im Wesentlichen in der Zuordnung einer Rufnummer oder einer anderen Form der Anschlusskennung zu einer bestimmten Person liegen, lassen Nutzungsdaten über Telemediendienste unter Umständen durchaus Rückschlüsse über die näheren Umstände der Kommunikation bis hin zu den Inhalten zu. Die Übermittlung von Nutzungsdaten wie die in § 2 Abs. 2 Nr. 3 TTDSG beispielhaft, aber nicht abschließend genannten Angaben über Beginn und Ende sowie des Umfangs der jeweiligen Nutzung und Angaben über die vom Nutzer in Anspruch genommenen Telemedien greifen dadurch bereits in das Recht aus Art. 10 Abs. 1 GG ein,[265] während die begrenzenden Voraussetzungen zu den Eingriffsschwellen und das zu schützende Rechtsgut mit Blick auf die Anforderungen an die Rechtfertigung eines Eingriffs in das Recht auf informationelle Selbstbestimmung konzipiert worden sind.[266]

84 Die Voraussetzungen zur Übermittlung der **Nutzungsdaten sind in § 24 TTDSG gesondert geregelt.** Die Regelung entspricht in der Struktur § 22 TTDSG sowie § 174 TKG, wobei die Voraussetzungen hinsichtlich der Eingriffsschwellen und der Schutzgüter zu den einzelnen Verwendungszwecken teilweise enger gefasst sind. Teilweise wird zudem der Kreis der Nutzungsdaten, die zur Erfüllung von Auskunftspflichten verwendet werden dürfen, auf Merkmale zur Identifikation des Nutzers beschränkt.[267]

II. Besondere Auskunftsverlangen der Nachrichtendienste

85 Für das BfV, den MAD sowie den BND sind zudem in §§ 8a, 8b BVerfSchG sowie in den auf die Regelungen des BVerfSchG verweisenden § 4a Abs. 1 MADG und § 3 BNDG besondere Auskunftsansprüche vorgesehen.

---

[262] Auf Empfehlung des Vermittlungsausschusses sind die in § 15b Abs. 2 Nr. 1 TMG aF (jetzt § 23 TTDSG) genannten schweren Straftaten nach § 100b Abs. 2 StPO näher eingegrenzt und die in § 15b Abs. 2 Nr. 2 TMG aF genannten Schutzgüter um die sexuelle Selbstbestimmung sowie die Güter der Allgemeinheit, deren Bedrohung die Existenz der Menschen bedroht, ergänzt worden; ähnlich in § 113 Abs. 3 TKG aF (jetzt § 174 TKG) → Rn. 42.

[263] Hinsichtlich der Strafverfolgung setzt § 23 Abs. 1 S. 1 Nr. 2 TTDSG eine besonders schwere Straftat nach § 100b Abs. 2 StPO, hinsichtlich der Gefahrenabwehr etwa eine konkrete Gefahr für Leib, Leben oder Freiheit einer Person oder für den Bestand des Bundes oder eines Landes voraus.

[264] So die Perspektive nach der Begründung des Fraktionsentwurfs, BT-Drs. 19/25294, 54 zu §§ 15a ff. TMG aF.

[265] So auch die Einschätzung des Gesetzgebers nach Art. 8 des Gesetzes zur Bekämpfung des Rechtsextremismus und der Hasskriminalität, die allerdings offenbar allein auf die Zuordnung anhand dynamischer IP-Adressen zurückgeht, Begründung Fraktionsentwurf, BT-Drs. 19/17741, 48.

[266] *Bäcker*, Stellungnahme zu dem Entwurf des Anpassungsgesetzes im Ausschuss für Inneres und Heimat, Ausschuss-Drs. 19(4)696 A, 11.

[267] In § 24 Abs. 3 Nr. 2 lit. a aa, Nr. 3 und Nr. 7 lit. b TTDSG ist die Auskunft auf Nutzungsdaten nach § 2 Abs. 2 Nr. 3 lit. a TTDSG beschränkt.

E. Informationsbeschaffung durch Anbieter von Telemedien   § 21

Die Auskunftsansprüche beziehen sich auf bestimmte Nutzungsdaten einschlägiger Anbieter zu Flügen, Finanzdiensten, Telekommunikationsdiensten und Telediensten (§ 8a Abs. 2 BVerfSchG aF; § 8a Abs. 1 BVerfSchG nF) sowie zum automatisierten Abruf von Kontoinformationen über das Bundeszentralamt für Steuern (§ 8a Abs. 2a BVerfSchG aF; § 8a Abs. 2 BVerfSchG nF).[268] In den letzten beiden Fällen erfolgt die Auskunftsanordnung nach § 8b Abs. 1 S. 2 BVerfSchG durch das BMI und unterliegt der im Grundsatz vorherigen Kontrolle der G 10-Kommission.[269] Die Rechtsgrundlagen für die Auskünfte setzen jeweils voraus, dass die Daten zur Sammlung und Auswertung von Informationen erforderlich ist und tatsächliche Anhaltspunkte für schwerwiegende Gefahren für die in § 3 Abs. 1 BVerfSchG genannten Schutzgüter vorliegen.[270]   86

Für Auskunftsverlangen des **MAD** verweist § 4a S. 1 MADG auf §§ 8a, 8b BVerfSchG mit entsprechender Anpassung der Schutzgüter, auf die sich die schwerwiegenden Gefahren beziehen.[271] Für Auskunftsverlangen des **BND** differenziert § 3 Abs. 1 und 2 BNDG die Voraussetzungen und Zwecke der Auskunftsverlangen aufgabenspezifisch aus.   87

Bei den Anordnungen nach § 8a Abs. 1 und 2 BVerfSchG (gegebenenfalls iVm § 4a Abs. 1 MADG oder § 3 BNDG) handelt es sich um Verwaltungsakte, die das betroffene Unternehmen zur Übermittlung der betreffenden Daten in datenschutzrechtlicher Hinsicht ermächtigen[272] und zugleich verpflichten (§ 8b Abs. 6 BVerfSchG). Als solche sind die **nach den allgemeinen Regeln durchsetzbar.**[273] Der Vollstreckung steht insbesondere die in § 8 Abs. 3 BVerfSchG vorgesehene Trennung zwischen den polizeilichen Befugnissen und Weisungsbefugnissen von den Befugnissen des BfV nicht entgegen.[274] Zwar geht die Begründung des Fraktionsentwurfs des Terrorismusbekämpfungsgesetzes aus dem Jahr 2001, mit dem in § 8 Abs. 5–8 BVerfSchG aF die Vorläuferregelung eingeführt worden ist, unter Hinweis auf § 8 Abs. 3 BVerfSchG davon aus, dass das Verwaltungsvollstreckungsgesetz keine Anwendung finde.[275] Jedoch ist in der zwischenzeitlich novellierten Fassung in § 8b Abs. 6 BVerfSchG die Verbindlichkeit der Anordnung ausdrücklich vorgesehen. Die hinter dem Fraktionsentwurf aus dem Jahr 2001 stehende Erwägung zur Durchsetzbarkeit hat dadurch in dem Gesetzestext, jedenfalls in der derzeit geltenden Fassung, keinen hinreichenden Ausdruck gefunden. Vor allem lässt sich die Vollstreckung einer Anordnung auch mit Blick auf den Sinn und Zweck der Regelung in § 8 Abs. 3 BVerfSchG nicht generell den polizeilichen Befugnissen zurechnen,[276] zumal wenn Anordnung zur Schaffung der Informationsgrundlage des BfV bei der Erfüllung von dessen gesetzlichen Aufgaben dient. Auch wenn Befragungen im Polizeirecht ein etabliertes Instrument insbe-   88

---

[268] Die bislang in § 8a Abs. 1 BVerfSchG vorgesehene Regelung zu Auskünften über Bestandsdaten von Telediensten bei geschäftsmäßigen Erbringern von Telediensten ist im Zuge der Einfügung der §§ 15a ff. TMG aufgehoben worden.
[269] § 8b Abs. 2 BVerfSchG; zudem wird nach § 8b Abs. 3 BVerfSchG das Parlamentarische Kontrollgremium regelmäßig unterrichtet. Kritisch zu einer zwischenzeitlichen Reduktion des Anwendungsbereichs einer Kontrolle durch die G 10-Kommission *Huber* NJW 2007, 881 (882).
[270] Näher *Gärditz* in Dietrich/Eiffler NachrichtendiensteR-HdB Kap. 6 § 1 Rn. 26 f. Für Anordnungen nach § 8a Abs. 2 BVerfSchG ist der Kreis der Schutzgüter in § 3 Abs. 1 Nr. 1 BVerfSchG zudem auf die Abwehr von Bestrebungen zu bestimmten Formen des Hasses, der Willkür und der Gewalt beschränkt, § 8a Abs. 1 S. 2 BVerfSchG, näher *Mallmann* in Schenke/Graulich/Ruthig BVerfSchG § 8a Rn. 17 ff.
[271] Gefordert sind nach § 4a S. 1 MADG schwerwiegende Gefahren für die in § 1 Abs. 1 MADG genannten Schutzgüter.
[272] *Gärditz* in Dietrich/Eiffler NachrichtendiensteR-HdB Kap. 6 § 1 Rn. 11.
[273] *Gärditz* in Dietrich/Eiffler NachrichtendiensteR-HdB Kap. 6 § 1 Rn. 14 ff.; anders *Mallmann* in Schenke/Graulich/Ruthig BVerfSchG § 8a Rn. 3, sowie *Siems* in Schenke/Graulich/Ruthig MADG § 4a Rn. 14, jeweils unter Hinweis auf die Begründung des Gesetzesentwurfs zum Terrorismusbekämpfungsgesetz aus dem Jahr 2001, BT-Drs. 14/7386, 39.
[274] *Gärditz* in Dietrich/Eiffler NachrichtendiensteR-HdB Kap. 6 § 1 Rn. 14 f., Rn. 19, anders *Mallmann* in Schenke/Graulich/Ruthig BVerfSchG § 8a Rn. 3.
[275] BT-Drs. 14/7386, 39.
[276] *Gärditz* in Dietrich/Eiffler NachrichtendiensteR-HdB Kap. 6 § 1 Rn. 14; anders *Fremuth* AöR 139 (2014), 32 (55).

sondere zur Gefahrerforschung darstellen, sind Auskunftsbefugnisse kein Proprium der Polizei,[277] sondern unter anderem auch ein Instrument im Umgang mit Informationsasymmetrien, die infolge der Privatisierung und Liberalisierung entstanden sind.[278] Entsprechend hängt die von dem Auskunftsverlangen ausgehende Belastung des verpflichteten Unternehmens nicht mit dem Inhalt der Auskunft, sondern mit dem technischen Aufwand zusammen. Für die nach § 8b Abs. 1 S. 2 BVerfSchG vom BMI erlassenen Anordnung kommt hinzu, dass sich § 8 Abs. 3 BVerfSchG lediglich auf die Trennung von den Befugnissen des BfV bezieht.[279]

89 Zum Schutz der Personen, auf die sich die Auskunft bezieht, sieht § 8b Abs. 5 S. 1 BVerfSchG zudem ein an die auskunftsverpflichteten Unternehmen gerichtetes Verbot jeglicher Benachteiligung vor, dessen Befolgung sich freilich in der Praxis regelmäßig kaum überprüfen lässt.[280]

F. Perspektiven

90 Die kürzlich abgeschlossenen Gesetzgebungsvorhaben zur Auskunft über Bestands- und Verkehrsdaten der Erbringer von Telekommunikations- und Telemediendiensten (→ Rn. 21, 78 ff.) und auch die kürzlich ergangenen sowie die noch ausstehenden Entscheidungen des Bundesverfassungsgerichts und des Europäischen Gerichtshofs zeigen deutlich, dass sich die dogmatischen Strukturen der Instrumente zur Informationsbeschaffung durch Unternehmen derzeit in einer **Phase der konzeptionellen Entwicklung** befinden. Trotz aller Unterschiede im Einzelnen, vor allem hinsichtlich der Rahmenbedingungen der Vorratsspeicherung von Telekommunikationsdaten (→ Rn. 67 f.), zeichnen sich übergreifende Perspektiven und Bausteine ab, sowohl in der Rechtsprechung des Bundesverfassungsgerichts zu unterschiedlichen Maßnahmen der Informationsbeschaffung (→ Rn. 39, 67) als auch im Verhältnis zum Schutz der Vertraulichkeit sowie zum Grundrechtsschutz auf der Ebene der Europäischen Union.

91 Mit neuen Fragen verbunden werden nicht zuletzt Maßnahmen sein, die sich auf Bestands- und Nutzungsdaten zu **Telemedien** beziehen. Bei ihnen fehlt es im Vergleich zur Sprachtelefonie sowohl begrifflich als auch inhaltlich an einem klaren Raster zur Einordnung der Relevanz der Daten,[281] zumal sich die einzelnen Dienste nicht unerheblich unterscheiden. Meta-Daten zur Nutzung von Telemedien lassen dadurch je nach Kontext typischerweise weitreichendere Schlüsse zu als solche über Dienste der klassischen Sprachtelefonie. Zugleich ist die konzeptionelle Erweiterung im Anwendungsbereich des europäischen und nationalen Telekommunikationsrechts (→ Rn. 23) Ausdruck eines Wandels der Geschäftsmodelle und Angebote privater Leistungserbringer weg von Diensten der reinen, infrastrukturgebundenen Übertragung von Signalen zu übergreifenden, infrastrukturunabhängigen Diensten. Ein solcher struktureller Wandel der von privaten Unternehmen erbrachten Leistungen im Bereich der elektronischen Kommunikation zieht zunächst einen Anpassungsbedarf des Telekommunikationsrechts,[282] mittelfristig aber auch der rechtlichen Instrumente zur Informationsbeschaffung durch Private nach sich.

---

[277] In diese Richtung *Fremuth* AöR 139 (2014), 32 (55).
[278] Zum Telekommunikationsrecht etwa § 203 Abs. 1 S. 1 und 2 TKG.
[279] *Gärditz* in Dietrich/Eiffler NachrichtendiensteR-HdB Kap. 6 § 1 Rn. 15; anders unter Hinweis auf die Grundsätze der Zurechnung im Fall der Amtshilfe *Fremuth* AöR 139 (2014), 32 (54).
[280] *Gärditz* in Dietrich/Eiffler NachrichtendiensteR-HdB Kap. 6 § 1 Rn. 62.
[281] *Bäcker*, Stellungnahme zu dem Entwurf des Anpassungsgesetzes, Ausschuss für Inneres und Heimat, Ausschuss-Drs. 19(4)696 A, 6 f.
[282] Zu Fragen der telekommunikationsrechtlichen Einordnung von OTT-Diensten *Kühling/Schall* CR 2015, 641 ff.; *Ludwigs/Huller* NVwZ 2019, 1099 ff.; *Gersdorf* K&R 2016, 91 ff.

§ 22 Vorratsdatenspeicherung

Thomas Petri

Übersicht

	Rn.
A. Vorbemerkungen	1
B. Rechtspolitische Grundlagen	5
C. EU-rechtliche Bewertung der Vorratsdatenspeicherung	8
I. Anwendbarkeit des EU-Rechts	9
II. Speicher- und Übermittlungspflichten als Grundrechtseingriffe	15
1. Rechtsprechung: Keine Beeinträchtigung der Wesensgehaltsgarantie	19
2. Sicherheitsbelange als legitime Zielsetzungen	20
3. Vorratsdatenspeicherung als gesetzlich vorgesehener Grundrechtseingriff	23
4. Verhältnismäßigkeit, insbesondere Erforderlichkeit	25
a) „Absolute Notwendigkeit" der Maßnahme	28
b) Aus dem Verhältnismäßigkeitsgrundsatz folgende differenzierende Anforderungen an die Vorratsdatenspeicherung	31
c) Klare und präzise Regelungen	40
d) Verfahrensrechtliche Vorkehrungen hinsichtlich des behördlichen Datenzugangs	44
e) Schutz vor missbräuchlicher Verwendung	47
III. Exkurs: Vorratsdatenspeicherung und Verarbeitung von Flugpassagierdaten (PNR-Daten)	48
D. Völkerrechtliche Einordnung	57
E. Vorratsdatenspeicherung von Verkehrs- und Standortdaten nach deutschem Recht	60
F. Entwicklung der Vorratsdatenspeicherung in der EU und in Deutschland	67
I. Entwicklung bis Juni 2021	67
II. Unklare Perspektiven für die weitere Entwicklung der Vorratsdatenspeicherung	76

Wichtige Literatur:

Albers, M./Weinzierl, R., Menschenrechtliche Standards in der Sicherheitspolitik: Beiträge zur rechtsstaatsorientierten Evaluierung von Sicherheitsgesetzen, 2010; *Albrecht, H.-J.,* Schutzlücken durch den Wegfall der Vorratsdatenspeicherung? MPI-Gutachten, 2. Aufl. 2011; *Alvaro, A.,* Vorratsdatenspeicherung – Schutz der Grundrechte durch Bruch des Europarechts?, RuP 2012, 206 f.; *Arning, M./Moos, F.,* Quick-Freeze als Alternative zur Vorratsdatenspeicherung? Auseinandersetzung mit dem Diskussionsentwurf des BMJ und der Stellungnahme des DAV, ZD 2012, 153 ff.; *Bäcker, M.,* Solange IIa oder Basta I?, EuR 2011, 103 ff.; *Bär, W.,* Telekommunikationsüberwachung und andere verdeckte Ermittlungsmaßnahmen – Gesetzliche Neuregelungen zum 1.1.2008, MMR 2008, 215 ff.; *Barczak, T.,* Der nervöse Staat, 2021; *Biesenbach, P./Hartmann, M.,* Zur strafrechtlichen Neubewertung der Verkehrsdatenspeicherung, RDV 2021, 91 ff.; *Boehm, F./Cole, D.,* Data Retention after the Judgement of the Court of Justice of the European Union, 2014; *Braum, S.,* „Parallelwertungen in der Laiensphäre": Der EuGH und die Vorratsdatenspeicherung, ZRP 2009, 174 ff.; *Britz, G.,* Schutz informationeller Selbstbestimmung gegen schwerwiegende Grundrechtseingriffe – Entwicklungen im Lichte des Vorratsdatenspeicherungsurteils, JA 2011, 81 ff.; *Dalby, J.,* Vorratsdatenspeicherung – Endlich?!, KriPoZ 2016, 113 ff.; *Dieterle, C.,* Neuer Zugriff des Verfassungsschutzes auf Vorratsdaten, ZD 2016, 517 ff.; *Dix, A./Kipker, D.-K./Schaar, P.,* Schnellschuss gegen die Grundrechte. Plädoyer für eine ausführliche öffentliche Debatte in Sachen Vorratsdatenspeicherung, ZD 2015, 300 ff.; *Dix, A./Petri, T. B.,* Das Fernmeldegeheimnis und die deutsche Verfassungsidentität. Zur Verfassungswidrigkeit der Vorratsdatenspeicherung; DuD 2009, 531 ff.; *Forgó, N./Krügel, T.,* Vorschriften zur Vorratsdatenspeicherung verfassungswidrig? Nach der Entscheidung ist vor der Entscheidung, K&R 2010, 217 ff.; *Gitter, R./Schnabel, C.,* Die Richtlinie zur Vorratsspeicherung und ihre Umsetzung in das nationale Recht, MMR 2007, 411 ff.; *Hammer, T./Müllmann, D.,* Der Wille zur Beibehaltung der Vorratsdatenspeicherung, K&R 2020, 103 ff.; *Hornung, G./Schnabel, C.,* Verfassungsrechtlich nicht schlechthin verboten – Das Urteil des Bundesverfassungsgerichts in Sachen Vorratsdatenspeicherung, DVBl 2010, 824 ff.; *Kindt, A.,* Die grundrechtliche Überprüfung der Vorratsdatenspeicherung, MMR 2009, 661 ff.; *Leutheusser-Schnarrenberger, S.,* Vorratsdatenspeicherung – Ein vorprogrammierter Verfassungskonflikt, ZRP

2007, 9 ff.; *Marsch, N.*, Das europäische Datenschutzgrundrecht, 2018; *Matz-Lück, N./Hong, M.*, Grundrechte und Grundfreiheiten im Mehrebenensystem – Konkurrenzen und Interferenzen, 2011; *Mersch, C.*, Österreich: Noch keine Lösung in Sachen Vorratsdatenspeicherung, MMR-Aktuell 2010, 307862 ff.; *Moser-Knierim, A.*, Vorratsdatenspeicherung: Zwischen Überwachungsstaat und Terrorabwehr, 2014; *Nelles, S.*, Quo vadis Vorratsdatenspeicherung?, 2014; *Ogorek, M.*, EuGH: Anlasslose Vorratsdatenspeicherung nur bei erheblicher Gefahrenlage (Urteilsanm.), NJW 2021, 547 f.; *Petri, T.*, EuGH: Richtlinie über die Vorratsdatenspeicherung ungültig (Urteilsanm.), ZD 2014, 296 (300 f.); *Petri, T.*, Die Richtlinie 2006/24/EG zur Vorratsspeicherung von Telekommunikationsverkehrsdaten – Ein Problem des europäischen Grundrechtsschutzes, DuD 2011, 607; *Petri, T.*, Verfassungskonforme Speicherung von Nutzerdaten – Gestaltungsanforderungen nach dem Urteil des Bundesverfassungsgerichts vom 2. März 2010, RDV 2010, 197; *Petri, T.*, Zur Rechtsgrundlage der Richtlinie 2006/24/EG – Anmerkung zu EuGH-Urteil vom 10.2.2009 (C-301/06), EuZW 2009, 212; *Petri, T.*, Unzulässige Vorratssammlungen nach dem Volkszählungsurteil? DuD 2008, 729; *Poscher, R./Kilchling, M./Landerer, L.*, Entwicklung eines periodischen Überwachungsbarometers für Deutschland, 2021; *Puschke, J./Singelnstein, T.*, Telekommunikationsüberwachung, Vorratsdatenspeicherung und (sonstige) heimliche Ermittlungsmaßnahmen der StPO nach der Neuregelung zum 1.1.2008, NJW 2008, 113 ff.; *Rößner, T.*, Zur Unionsrechtswidrigkeit der Vorratsdatenspeicherung in Deutschland, K&R 2017, 560; *Roßnagel, A.*, Vorratsdatenspeicherung vor dem Aus?, NJW 2017, 696 ff.; *Roßnagel, A.*, Die neue Vorratsdatenspeicherung, NJW 2016, 533 ff.; *Roßnagel, A.*, Neue Maßstäbe für den Datenschutz in Europa – Folgerungen aus dem EuGH-Urteil zur Vorratsdatenspeicherung, MMR 2014, 372 ff.; *Roßnagel, A./Moser-Knierim, A./Schweda, S.*, Interessenausgleich im Rahmen der Vorratsdatenspeicherung, 2013; *Sandhu, A.*, Die Tele2-Entscheidung des EuGH zur Vorratsdatenspeicherung in den Mitgliedstaaten und ihre Auswirkungen auf die Rechtslage in Deutschland und in der Europäischen Union, EuR 2017, 453 ff.; *Sandhu, A.*, EuGH: Anlasslose Vorratsdatenspeicherung nur bei erheblicher Gefahrenlage (Urteilsanm.), EuZW 2021, 221 ff.; *Schramm, M./Wegener, C.*, Neue Anforderungen an eine anlasslose Speicherung von Vorratsdaten – Umsetzungsmöglichkeiten der Vorgaben des Bundesverfassungsgerichts, MMR 2011, 9 ff.; *Schwabenbauer, T.*, Heimliche Grundrechtseingriffe, 2013; *Sieber, U.*, Straftaten und Strafverfolgung im Internet, NJW-Beil. 2012, 86; *Simitis, S.*, Die Vorratsspeicherung – ein unverändert zweifelhaftes Privileg, NJW 2014, 2158 ff.; *Simitis, S.*, Der EuGH und die Vorratsdatenspeicherung oder die verfehlte Kehrtwende bei der Kompetenzregelung, NJW 2009, 1782 ff.; *Szuba, D.*, Vorratsdatenspeicherung, Dissertation, 2011; *Westphal, D.*, Die neue EG-Richtlinie zur Vorratsdatenspeicherung – Privatsphäre und Unternehmensfreiheit unter Sicherheitsdruck, EuZW 2006, 555 ff.; *Wolff, H. A.*, Vorratsdatenspeicherung – Der Gesetzgeber gefangen zwischen Europarecht und Verfassung?, NVwZ 2010, 751 ff.; *Zeitzmann, S.*, Vorratsdatenspeicherung: Es tut sich nichts – oder doch? ZD-Aktuell 2013, 03540 ff.; *Zeitzmann, S.*, Vorratsdatenspeicherung: Die EU-Kommission verstößt selbst gegen EU-Recht, ZD-Aktuell 2012, 03005 ff.; *Zöller, M.*, Vorratsdatenspeicherung zwischen nationaler und europäischer Strafverfolgung, GA 2007, 393 ff.

Hinweis:
Alle Internetfundstellen wurden zuletzt am 21.3.2022 abgerufen.

A. Vorbemerkungen

1 Unter dem **Begriff „Vorratsdatenspeicherung"** wird üblicherweise die vorsorglich anlasslose Speicherung personenbezogener Daten verstanden.[1] Für sie ist charakteristisch, dass – oft massenhaft – personenbezogene Daten lediglich erfasst und aufbewahrt werden, um sie im Bedarfsfall für noch nicht konkretisierte Zwecke nutzen zu können oder Dritten zur Nutzung zu überlassen.[2] Aus Sicht des Verantwortlichen werden die personenbezogenen Daten also insoweit nur zu dem Zweck gespeichert, um sie später auf Anfrage zu übermitteln bzw. zur Nutzung freizugeben. Ob und wann ein solcher Bedarfsfall überhaupt eintritt, ist dabei zum Zeitpunkt der Datenspeicherung regelmäßig ungewiss.

2 Eine **enge Verwandtschaft** verbindet die Vorratsdatenspeicherung mit der Verarbeitung von personenbezogenen Daten, deren Zweck sich generell auf die Übermittlung an Dritte bzw. auf spätere Nutzungsmöglichkeiten beschränkt. Zu denken ist etwa an die **Erfassung von Meldedaten durch Meldebehörden** nach dem Bundesmeldegesetz, die

---

[1] Vgl. etwa BVerfGE 125, 260 = NJW 2010, 833; grundlegend zum verfassungsrechtlichen Verbot einer „Vorratsspeicherung" zu unbestimmten oder noch nicht bestimmbaren Sammlung personenbezogener Daten s. bereits BVerfGE 65, 1 (46 f.) = NJW 1984, 419.

[2] Ähnlich in Bezug auf die Vorratsspeicherung von Telekommunikationsverkehrsdaten, Wissenschaftliche Dienste des Deutschen Bundestags, Ausarbeitung WD 3-3000-240/20, S. 4.

letztlich nur erfolgt, um diese Meldedaten anderen Stellen unter den meldegesetzlichen Voraussetzungen zur Verfügung zu stellen. In einem solchen Fall dient die Datensammlung als Grundlage vielfältiger staatlicher Aufgabenwahrnehmung. Sie muss deshalb hinsichtlich ihrer Begründung als auch in Bezug auf ihre Ausgestaltung besonders strengen Anforderungen unterliegen.[3] Speziell im Bereich der sicherheitsbehördlichen Datenverarbeitung grundrechtlich problematisch sind namentlich auch Speicherungen, die ursprünglich zwar rechtmäßig erfolgt sind, deren Notwendigkeit und Aktualität für konkrete Zwecke jedoch nicht mehr gegeben sind. Das etwa gilt für die im Anschluss an konkrete sicherheitsbehördliche Maßnahmen erfolgende längerfristige Speicherung von Betroffenen in **Kriminaldateien,** ohne dass hierfür eine Höchstspeicherfrist vorgesehen ist.[4]

3 Rechtlich und rechtspolitisch umstritten sind insbesondere obligatorische Vorratsdatenspeicherungen als Maßnahme der **Strafverfolgungsvorsorge,**[5] wie etwa die generelle Erfassung von Telekommunikations-Verkehrsdaten durch private Diensteanbieter, die zum Fernzweck der Bekämpfung von Straftaten durch die Gefahrenabwehr- und Strafverfolgungsbehörden erfolgt. Im Wesentlichen werden im Rahmen dieser Vorratsdatenspeicherung Daten zur Quelle, zum Adressaten, zu Datum, Uhrzeit, Dauer und Art einer Nachrichtenübermittlung sowie zu Endeinrichtungen der Benutzer verarbeitet. Beim Mobilfunk wird zudem der jeweilige Standort des Mobilfunkgeräts erfasst. Je nach gesetzlichen Vorgaben variieren die Speicherdauer und der Umfang der auf Vorrat zu speichernden Daten.

4 Im Nachfolgenden wird der Begriff „Vorratsdatenspeicherung"[6] insbesondere auf diese spezielle Ausprägung der Verarbeitung personenbezogener Daten auf Vorrat bezogen, auch wenn es durchaus andere aktuelle Formen der Vorratsdatenspeicherung wie etwa die präventive **Erfassung von Finanzdaten zur Geldwäscheprävention** gibt, die ähnliche rechtliche Fragestellungen aufwerfen.[7] In der zur Vorratsdatenspeicherung ergangenen jüngeren Rechtsprechung des EuGH etwa fällt auf, dass sie des Öfteren auf seine Entscheidungen zur Erfassung[8] bzw. zur Übermittlung von **Fluggastdaten** Bezug nimmt.[9] Deshalb werden am Ende der EU-rechtlichen Einordnung kurz auch die Gemeinsamkeiten und Unterschiede der Vorratsdatenspeicherung und der Verarbeitung von Fluggastdaten herausgearbeitet, soweit sie für das Verständnis der Vorratsdatenspeicherung relevant sind (→ Rn. 48).

---

[3] Vgl. *Schwabenbauer* in Lisken/Denninger PolR-HdB G Rn. 123 mwN.
[4] Vgl. etwa EGMR NVwZ 2020, 377 (380 Rn. 119 sowie 121) unter Verweis auf Empfehlung Nr. 4 der Resolution 74(29) des Ministerkomitees des Europarats über den Schutz personenbezogener Daten bei der automatisierten Verarbeitung von Datenbanken in den öffentlichen Diensten.
[5] Zur Charakterisierung der Vorratsdatenspeicherung als Maßnahme der Verfolgungsvorsorge *Puschke/Singelnstein* NJW 2008, 113 (118).
[6] *Biesenbach/Hartmann* RDV 2021, 91 plädieren dafür, den Begriff durch „Verkehrsdatenspeicherung" zu ersetzen.
[7] Darauf weisen *Poscher/Kilchling/Landerer,* Entwicklung eines periodischen Überwachungsbarometers für Deutschland, 2021, 2 hin. Siehe auch Verfassungsgericht Brandenburg BeckRS 2021, 6929 zur längerfristigen Speicherung von Fahrzeugdaten durch die automatische Kennzeichenerfassung mit KESY.
[8] Zum gesetzlichen Rahmen s. insbesondere RL 2016/681 des Europäischen Parlaments und des Rates vom 27.4.2016 über die Verwendung von Fluggastdatensätzen (PNR-Daten) zur Verhütung, Aufdeckung, Ermittlung und Verfolgung von terroristischen Straftaten und schwerer Kriminalität, ABl. EU L 119, 132 sowie Fluggastdatengesetz (FlugDaG) vom 6.6.2017 (BGBl. 2017 I 1484).
[9] Vgl. etwa EuGH Urt. v. 6.10.2020 – C-511/18 ua, Rn. 115, 116, 130, 132 ff., insbesondere unter Bezugnahme auf EuGH Gutachten 1/15 v. 26.7.2017, ZD 2018, 23.

B. Rechtspolitische Grundlagen

5   Die rechtspolitische Diskussion um die Vorratsspeicherung von Telekommunikations-Verkehrsdaten im weiten Sinne dreht sich vor allem um die Fragen, ob und inwieweit sie einerseits notwendig ist, um die nationale Sicherheit bzw. die öffentliche Sicherheit effektiv zu schützen, andererseits inwieweit sie grundrechtskonform sein kann. **Befürworter der Maßnahme** verweisen darauf, dass kriminelle Strukturen oft erst erkennbar seien, wenn Ermittlungsbehörden das Kommunikationsverhalten bestimmter Personen über einen längeren Zeitraum auswerten könnten.[10] Deshalb sei es erforderlich, dass „historische Daten verfügbar sind."[11] Die Vorratsdatenspeicherung sei für die Strafverfolgungsbehörden, Justizbehörden und sonstige zuständige Behörden ein „wesentliches Instrument, um schwere Kriminalität im Sinne des nationalen Rechts, einschließlich Terrorismus und Cyberkriminalität, wirksam ermitteln und verfolgen zu können."[12] Das Fehlen einer vollziehbaren Regelung habe erhebliche Auswirkungen auf den Erfolg und die Effektivität der Strafverfolgung.[13]

6   Neben dem Hinweis auf hohe wirtschaftliche Kosten für die zur Vorratsspeicherung verpflichteten Unternehmen der Internetwirtschaft[14] werfen **Kritiker** den Sicherheitsbehörden „Datensammelwut"[15] vor, bezweifeln die Notwendigkeit der Maßnahme und beklagen angesichts der Erfassung nahezu der Gesamtbevölkerung die extrem hohe Eingriffsintensität der mit ihr verbundenen Grundrechtsbeeinträchtigung.[16] Im Kern wird der Vorwurf erhoben, Art. 7 und 8 GRCh begründeten das Recht der Nutzer, elektronische Kommunikationsmittel grundsätzlich anonym nutzen zu können. Grundrechtseinschränkungen seien die legitimationsbedürftige Ausnahme. Die Pflicht zu einer allgemeinen Vorratsdatenspeicherung verkehre dieses Regel-Ausnahme-Verhältnis in das Gegenteil.[17] Allgemein wird an den sicherheitspolitischen Bestrebungen zur Vorratsdatenspeicherung kritisiert, sie orientiere sich eher an der technischen Machbarkeit als an grundrechtlichen Rahmenbedingungen.[18] Zudem laufe die dem Verhältnismäßigkeitsgrundsatz eigene Zweck-Mittel-Kontrolle jedenfalls teilweise leer, weil ihr Zweck mitunter im Dunkeln bleibe. Auf der letzten Abwägungsstufe tue sich eine „Abwägungsfalle" auf, weil dem individuellen Freiheitsrecht kollektive Sicherheitsinteressen entgegengehalten würden.[19]

---

[10] Vgl. bereits BT-Drs. 17/3974 (Antwort der Bundesregierung zur Verfügbarkeit von TK-Verbindungsdaten seitens des BKA und Rückschlüsse auf eine „Schutzlücke" bei der Verbrechensbekämpfung); siehe auch *Braun*, Ein guter Ansatz, der noch nicht weit genug geht, v. 22.4.2015 (abrufbar unter www.bpb.de).

[11] Zitiert nach Kommission, Bewertungsbericht zur Richtlinie über die Vorratsdatenspeicherung (RL 2006/24/EG) v. 18.4.2011, KOM(2011) 225 endg., S. 6 (unter Nr. 3.3).

[12] Rat der Europäischen Union, Schlussfolgerungen des Rates der Europäischen Union über die Vorratsdatenspeicherung zum Zwecke der Kriminalitätsbekämpfung, v. 27.5.2019, Ratsdok. 9663/19, Überlegung 1. Ähnlich bereits Kommission, Legislativvorschlag für eine Richtlinie über die Vorratsspeicherung von Daten, die bei der Bereitstellung öffentlicher elektronischer Kommunikationsdienste verarbeitet werden, und zur Änderung der RL 2002/58/EG, v. 21.9.2005, KOM(2005) 0438 endg., S. 2/16, 4/16.

[13] So die Einschätzung zB bei Biesenbach/*Hartmann* RDV 2021, 91, allerdings ohne näheren Beleg.

[14] Vgl. ECO, Vorratsdatenspeicherung: eco fordert Grundsatzdebatte statt Blitzgesetz, Pressemitteilung v. 20.5.2015. Kommission, Legislativvorschlag für eine Richtlinie über die Vorratsspeicherung von Daten, die bei der Bereitstellung öffentlicher elektronischer Kommunikationsdienste verarbeitet werden, und zur Änderung der RL 2002/58/EG, v. 21.9.2005, KOM(2005) 0438 endg., S. 4/16.

[15] So ausdrücklich beispielsweise *Alvaro* RuP 2012, 206 (207).

[16] Vgl. statt vieler *Leutheusser-Schnarrenberger* ZRP 2007, 9 ff.; *Puschke/Singelnstein* NJW 2008, 113 (117 f.); *Zöller* GA 2007, 393 (405 ff.); *Breyer* MMR 2011, 531 ff. hält bereits die Vorratsspeicherung von sieben Tagen für grundrechtswidrig.

[17] Andeutungsweise hat auch der EuGH diese Kritik mehrfach aufgegriffen, vgl. etwa EuGH Urt. v. 6.10.2020 – C-511/18 ua, NJW 2021, 531 (535 Abs. 111); EuGH U. v. 6.10.2020 – C-623/17, GSZ 2021, 36 (39 Abs. 59); EuGH Urt. v. 21.12.2016 – C-203/15, C-698/15, NJW 2017, 717 (720 Abs. 89, 722 Rn. 104).

[18] Vgl. etwa *Simitis* NJW 2014, 2158 ff.; zuvor *Simitis* NJW 2009, 1782 (1785 f.); ähnlich wohl auch *Barczak*, Der nervöse Staat, 2021, 450, der im Zusammenhang mit der Vorratsdatenspeicherung von einer „sicherheitstechnischen Entgrenzung der Mittel" spricht.

[19] *Barczak*, Der nervöse Staat, 2021, 450 mwN.

Die wissenschaftliche **Einordnung**[20] **von tatsachenbasierten Argumenten** für und gegen die Notwendigkeit[21] der Vorratsdatenspeicherung fällt deshalb schwer, weil hierzu erstellte Evaluationsberichte und Studien oft interessengeleitet erstellt und veröffentlicht worden sind. Unter diesem Vorbehalt deutet eine jüngst von der EU-Kommission veröffentlichte Studie – im deutlichen Widerspruch zu früheren eigenen Stellungnahmen[22] – darauf hin, dass eine allgemeine und unterschiedslose Vorratsspeicherung von Verkehrsdaten einen nur begrenzten Mehrwert für Ermittlungsbehörden hat.[23] Differenzierter zu betrachten ist wohl die Erfassung von Daten auf Vorrat, die eine Zuordnung von dynamisch vergebenen IP-Adressen zu ihren jeweiligen Nutzerinnen und Nutzern ermöglichen. Ihnen wird wohl überwiegend eine nicht unerhebliche Bedeutung für die Aufklärung von Internetstraftaten beigemessen.[24] Das gilt zumindest für solche Straftaten, die auf dem internetbasierten Informations- und Datenaustausch beruhen.[25]

C. EU-rechtliche Bewertung der Vorratsdatenspeicherung

Bei der EU-rechtlichen Einordnung[26] der Vorratsdatenspeicherung ist zu beachten, dass 8 durch sie **informationelle Grundrechte in mehreren Verarbeitungsschritten beeinträchtigt** werden: zunächst bei der Verpflichtung von Anbietern zur anlasslosen Speicherung sowie später bei der anlassbezogenen Übermittlung der Vorratsdaten an die zuständigen Behörden. Mit dieser Übermittlung korrespondieren der Zugriff und die weitere Verwendung der Vorratsdaten durch die zuständigen Behörden. Gerade der Eingriffscharakter der Speicherpflicht erschwert die Suche nach „Interessenausgleichen",[27] die letztlich darauf hinauslaufen, die Vorratsdatenspeicherung als solche zu gestatten, um dann spätere Zugriffsmöglichkeiten streng zu regulieren.[28] [29]

---

[20] Zur Methodik der Evaluierung von Sicherheitsgesetzen vgl. unter anderem *Albers/Weinzierl*, Menschenrechtliche Standards in der Sicherheitspolitik: Beiträge zur rechtsstaatsorientierten Evaluierung von Sicherheitsgesetzen, 2010.
[21] Zur kaum bestreitbaren *Eignung* für kriminalistische Zwecke vgl. zB *Schwabenbauer*, Heimliche Grundrechteingriffe, 2013, 38 mwN.
[22] Siehe etwa Kommission, Bewertungsbericht zur Richtlinie über die Vorratsspeicherung (RL 2006/24/EG), v. 18.4.2011 – KOM(2011) 225 endg. (dort S. 1), wonach die Vorratsspeicherung „ein wertvolles Instrument für die Strafjustizsysteme und die Strafverfolgung in der EU" sei. Kritisch zu diesem Bericht zur Umsetzung des Art. 14 RL 2006/24/EG zB *Petri* DuD 2011, 607 (610).
[23] Vgl. Kommission, Study on the retention of electronic communications non-content data for law enforcement purposes (Final Report), 2020. Die Studie beinhaltet eine Untersuchung in zehn Mitgliedstaaten, bei denen in Deutschland, Österreich und Slowenien jedenfalls faktisch keine Vorratsspeicherung stattfindet, während in den übrigen untersuchten Mitgliedstaaten Estland, Frankreich, Irland, Italien, Polen, Portugal und Spanien noch praktizierte Regelungen zur Vorratsspeicherung existieren. Die breit angelegte Studie ergibt nur geringfügige Unterschiede hinsichtlich der Erfolgsquote von Auskunftsersuchen der jeweiligen Ermittlungsbehörden. Ähnliche Ergebnisse zeigt eine Studie des Europäischen Parlaments, Wissenschaftlicher Dienst (Voronova, Sofia), General Data Retention / effects on crime, Request Number 103906, v. 27.1.2020. Vgl. zuvor bereits *Albrecht*, Schutzlücken durch den Wegfall der Vorratsdatenspeicherung? MPI-Gutachten, 2. Aufl. 2011, 218 f., der noch auf eine unzureichende Datenbasis für werthaltige Evaluierungen aufmerksam macht. Die sicherheitspolitische Diskussion sei deshalb eher von Einzelfallschilderungen geprägt.
[24] Vgl. bereits *Sieber* NJW-Beil. 2012, 86 (90); zu grundrechtlichen Bedenken vgl. zB *Breyer* MMR 2011, 531 ff.
[25] Vgl. bereits BT-Drs. 17/3974, wonach das BKA im Zeitraum der ersten deutschen Vorratsdatenspeicherung etwa 85 % seiner statistisch erfassten Fälle zur Fallaufklärung lediglich die Zuordnung der IP-Adresse zu Bestandsdaten, nicht aber weitere Verkehrsdaten benötigte.
[26] Zur Konkurrenz und zu Wechselbeziehungen zwischen europäischem und nationalem Grundrecht auf Datenschutz vgl. *Hanschmann* in Matz-Lück/Hong, Grundrechte und Grundfreiheiten im Mehrebenensystem – Konkurrenzen und Interferenzen, 2011, 293 ff.
[27] Vgl. dazu etwa *Moser-Knierim*, Vorratsdatenspeicherung: Zwischen Überwachungsstaat und Terrorabwehr, 2014, 377 ff.; *Roßnagel/Moser-Knierim/Schweda*, Interessenausgleich im Rahmen der Vorratsdatenspeicherung, 2013.
[28] In diesem Sinne etwa ein Vorstoß von Europol, vgl. Rat der EU, Arbeitsdokument WK 9957/2017 INIT v. 21.9.2017: Proportionate data retention for law enforcement purposes. Ähnlich *Dalby* KriPoZ 2016, 113 ff.
[29] Siehe dazu ausführlich bereits EuGH GA, Schlussanträge zur Rechtssache v. 12.12.2013 C-293/12, C-594/12, Rn. 59 ff.; vgl. auch *Roßnagel* NJW 2010, 1238 (1239) mwN zur Entscheidung BVerfGE 125, 260 = NJW 2010, 833.

I. Anwendbarkeit des EU-Rechts

9 Vorschriften, die Anbieter von elektronischen Kommunikationsdiensten zu Sicherheitszwecken zu einer Vorratsdatenspeicherung verpflichten, fallen in den Anwendungsbereich des EU-Rechts. Das gilt für EU-Regelungen wie etwa die mittlerweile aufgehobene RL 2006/24/EG über die Vorratsdatenspeicherung[30] ebenso wie für nationale Vorschriften, welche die Betreiber elektronischer Kommunikationsdienste zum Schutz der nationalen Sicherheit und zur Bekämpfung der Kriminalität zur Vorratsspeicherung von Verkehrs- und Standortdaten verpflichten.[31]

10 Zwar dient die Verpflichtung von elektronischen Kommunikationsdiensten zur Vorratsdatenspeicherung auch den Fernzielen, die öffentliche und die nationale Sicherheit der Mitgliedstaaten zu gewährleisten. Nach Art. 4 Abs. 3 S. 1 EUV fällt insbesondere die **nationale Sicherheit** in die alleinige Verantwortung der Mitgliedstaaten. Jedoch ist die nationale Sicherheit wohl eng zu verstehen und bezieht sich allein auf das **fundamentale Bestandsinteresse eines Staats**.[32] Sie umfasst die Verhütung und Bekämpfung von Tätigkeiten, die geeignet sind, die tragenden Strukturen eines Landes im Bereich der Verfassung, Politik oder Wirtschaft oder im sozialen Bereich in schwerwiegender Weise zu destabilisieren und insbesondere die Gesellschaft, die Bevölkerung oder den Staat als solchen unmittelbar zu bedrohen. Beispielhaft führt der EuGH insoweit die Bekämpfung terroristischer Aktivitäten an.[33]

11 Bei der Beurteilung, ob eine Maßnahme auch in Ansehung des Art. 4 Abs. 2 EUV in den Anwendungsbereich des EU-Rechts fällt, ist zudem – im Einklang mit der herrschenden europäischen Grundrechtsdogmatik[34] – **jeder einzelne Verarbeitungsschritt gesondert zu betrachten**.[35] Die Verpflichtung von Anbietern elektronischer Kommunikationsdienste zur Vorratsdatenspeicherung nach der RL 2006/24/EG etwa regelte lediglich die Verpflichtung zur Vorratsdatenspeicherung sowie in Art. 4 S. 1 EUV die Voraussetzungen der Weitergabe. Hinsichtlich der Verfahren und Bedingungen des Datenzugangs durch Sicherheitsbehörden hingegen sah Art. 4 S. 2 lediglich eine Öffnungsklausel zugunsten der Mitgliedstaaten vor.

12 Diese Regelungslage bildet den **dogmatischen Ausgangspunkt der EuGH-Rechtsprechung zur Vorratsdatenspeicherung:** Nach Einschätzung des EuGH betraf (und betrifft) die Vorratsdatenspeicherung als solche in erster Linie die Speicher- und Übermittlungspflichten von Telekommunikationsanbietern. Auf das Fernziel der damit korrespondierenden Datenzugriffe durch Sicherheitsbehörden kommt es für die Bestimmung des Anwendungsbereichs nicht an.[36] Diese Unterscheidung nach jeweiligen Verarbeitungs-

---

[30] Vgl. EuGH Urt. v. 10.2.2009 – C-301/06, EuZW 2009, 212 Rn. 58 ff.
[31] EuGH Urt. v. 6.10.2020 – C-511/18 ua, BeckRS 2020, 25511 Rn. 87 ff.; EuGH Urt. v. 21.12.2016 – C-203/15, NJW 2017, 717 (718 Rn. 65 ff.).
[32] *Obwexer* in von der Groeben/Schwarze/Hatje, Europäisches Unionsrecht, 7. Aufl. 2015, Bd. 1, EUV Art. 4 Rn. 45 mwN.
[33] EuGH Urt. v. 6.10.2020 – C-511/18 ua, BeckRS 2020, 25511 Rn. 135.
[34] Grundlegend EGMR Urt. v. 26.3.1987 – Nr. 9248/81 (Leander/Schweden), EGMR-E 3, 430, 445 Rn. 48; seither stRspr des EGMR, s. zB EGMR(GK) Urt. v. 4.5.2000 – 28341/95 (Rotaru/RUM), BeckRS 2000, 169884 Rn. 45; EGMR Urt. v. 29.6.2006 – 54934 (Weber/Deutschland), NJW 2007, 1433 (1434 Rn. 79); EGMR Urt. v. 4.12.2008 – 30562, 30566/04 (Marper/UK), BeckRS 2009, 70321 Rn. 67; EGMR Urt. v. 29.4.2013 – 24029/07 Rn. 187, 188 (M.M./UK); EGMR Urt. v. 24.1.2019 – 43514/15 (Catt/UK), NVwZ 2020, 377 (378 Rn. 93); jüngst auch EGMR (GK) Urt. v. 25.5.2021 – Nr. 58170/13, 62322/14 und 24960/15 Rn. 330 (Big Brother Watch/UK). In Bezug auf das deutsche Verfassungsrecht vgl. BVerfGE 100, 313 (366 f.) = NJW 2000, 55; BVerfGE 107, 299 (313) = NJW 2003, 1787; BVerfGE 125, 260 (310) = NJW 2010, 833.
[35] Dies scheinen einige Mitgliedstaaten außer Acht zu lassen, vgl. Wissenschaftliche Dienste des Deutschen Bundestags, WD 3–3000-240/20, S. 6, der frz. Conseil d'État scheint insoweit dem EuGH zu folgen, s. EuGH Urt. v. 6.10.2020 – C-520/18, BeckRS 2020, 25511 Rn. 86.
[36] EuGH Urt. v. 10.2.2009 – C-301/06, EuZW 2009, 212 (213 Rn. 80 ff.).

schritten und ihren Akteuren ermöglichte es dem EuGH überhaupt, die RL 2006/24/EG der Binnenmarktkompetenz nach Art. 95 EGV zuzuordnen.[37]

Diese Betrachtungsweise hat der EuGH beibehalten, auch nachdem er die RL 2006/24/EG für ungültig erklärt hatte. Danach fallen auch heute noch nationale Regelungen zur Vorratsdatenspeicherung in den Anwendungsbereich der RL 2002/58/EG, selbst wenn damit Abrufbefugnisse von Sicherheitsbehörden (wie etwa Nachrichtendiensten) korrespondieren.[38] Die nach Art. 4 Abs. 2 EUV den Mitgliedstaaten zuzuordnende **nationale Sicherheit** betrifft **lediglich die durch** die zuständigen **Sicherheitsbehörden selbst vorgenommene Datenverarbeitung.** Wie der EuGH insbesondere aus dem Zusammenspiel von Art. 1 Abs. 3 und Art. 15 Abs. 1 der E-Privacy-RL 2002/58/EG ableitet, ist diese nicht auf eine Vorratsdatenspeicherung anzuwenden, wenn sie von Nachrichtendiensten **ohne Mitwirkung von Telekommunikationsdiensten** vorgenommen wird.[39] Ob und inwieweit eine solche nachrichtendienstliche Vorratsdatenspeicherung nach dem mitgliedstaatlichen Verfassungsrecht zulässig wäre, ist dabei für die Anwendbarkeit des EU-Rechts unmittelbar ohne Belang. Unter den Begriff der nationalen Sicherheit sind damit typischerweise nachrichtendienstliche Tätigkeiten zu subsumieren, wie sie etwa im G 10, BVerfSchG, MADG und BNDG festgelegt sind.[40]

Die vorstehende Differenzierung zwischen der Vorratsdatenspeicherung und der Übermittlung von Vorratsdaten durch Unternehmen einerseits und andererseits der behördlichen Datenzugriffe hat den EuGH allerdings nicht daran gehindert, den nationalen Gesetzgebern **Vorgaben für den behördlichen Datenzugriff** zu machen.[41] Dies leitet er aus dem Wortlaut des Art. 15 Abs. 1 RL 2002/58/EG ab, der ansonsten jegliche Wirksamkeit verlieren würde.[42] Dogmatisch ist dies unter dem Gesichtspunkt nachvollziehbar, dass der behördliche Datenzugriff typischerweise mit entsprechenden Übermittlungspflichten der Anbieter elektronischer Kommunikationsdienste korrespondiert.[43]

II. Speicher- und Übermittlungspflichten als Grundrechtseingriffe

Aus Vorgesagtem folgt, dass bereits die Verpflichtung von Diensteanbietern zur Vorratsspeicherung von Telekommunikationsverkehrsdaten in den grundrechtlichen Schutz der Vertraulichkeit der Telekommunikationsbeziehungen eingreift, wie sie jeweils durch Art. 7 und 8 GRCh (**Grundrecht auf Achtung des Privatlebens, Grundrecht auf Datenschutz**) und Art. 8 EMRK (Recht auf Achtung des Privatlebens) gewährleistet werden.[44] Nicht ausgeschlossen werden können auch unter anderem[45] Eingriffe in das **Recht auf**

---

[37] Kritisch dazu unter anderem *Braum* ZRP 2009, 174; *Petri* EuZW 2009, 213; *Simitis* NJW 2009, 1782 ff.; *Terhechte* EuZW 2009, 199 ff.
[38] Siehe zB EuGH Urt. v. 6.10.2020 – C-623/17, GSZ 2021, 36 ff. Rn. 30 ff.
[39] EuGH Urt. v. 6.10.2020 – C-623/17, GSZ 2021, 36 (38 Rn. 48).
[40] So dürften auch EGMR Urt. v. 30.1.2020 – 50001/12 (Breyer/Deutschland), NJW 2020, 999 (1002 Rn. 87, 88) zu verstehen sein. Zum G 10 aF vgl. ausdrücklich bereits EGMR Urt. v. 6.9.1978 – 5029/71 (Klass), EGMR-E 1, 320 (333 Rn. 46). Siehe auch BVerfGE 125, 260 (316) = NJW 2010, 833, wonach die Erfüllung der Aufgaben der Nachrichtendienste ein legitimer Zweck ist, der einen Eingriff in das Telekommunikationsgeheimnis aus Art. 10 Abs. 1 GG rechtfertigen kann.
[41] Vgl. EuGH Urt. v. 2.3.2021 – C-746/18, CR 2021, 243 (244 Rn. 29, 31), zuvor bereits EuGH Urt. v. 6.10.2020 – C-511/18 ua, BeckRS 2020, 25511 Rn. 166.
[42] Vgl. EuGH Urt. v. 21.12.2016 – C-203/15 NJW 2017, 717 (719 Rn. 73, 76).
[43] So ausdrücklich EuGH Urt. v. 2.10.2018 – C 207/16, NJW 2019, 655 (656 Rn. 37). Ähnlich EuGH Urt. v. 21.12.2016 – C-203/15, NJW 2017, 717 (719 Rn. 75, 78). Korrespondiert ein solcher behördlicher Zugriff hingegen nicht mit der Datenweitergabe eines Unternehmens, gilt das bereits Gesagte. S. 3 des elften Erwägungsgrund erwähnt hierzu das Beispiel des legalen heimlichen Abfangens elektronischer Nachrichten durch die Sicherheitsbehörden. Hierfür soll die E-Privacy-Richtlinie nicht gelten.
[44] EuGH Urt. v. 8.4.2014 – C-293, C-594/12 (Digital Rights Ireland), ZD 2014, 296 (297 Rn. 34). Im deutschen Verfassungsrecht schützt Art. 10 Abs. 1 GG die Vertraulichkeit des Fernmeldeverkehrs, unter dem Aspekt der Vorratsdatenspeicherung vgl. dazu BVerfGE 125, 260 ff. = NJW 2010, 833.
[45] Betroffen sind ferner wirtschaftliche Grundrechte der Diensteanbieter, vgl. etwa Deutscher Bundestag, Wissenschaftliche Dienste: Zulässigkeit der Vorratsdatenspeicherung nach europäischem und deutschem Recht, WD 3 – 282/06, S. 12 f.

freie Meinungsäußerung aus Art. 11 GRCh.[46] Der behördliche Datenzugriff im Bedarfsfall stellt einen gesonderten Grundrechtseingriff dar.[47] Die Zulässigkeit der unterschiedlichen Grundrechtseingriffe wird dabei von den verschiedenen Grundrechtsordnungen (EMRK, GRCh, nationales Verfassungsrecht) mittlerweile in ähnlicher Weise beschränkt. Der EMRK kommt hierbei der Charakter eines Mindestschutzstandards zu, auch wenn sie in Bezug auf die Vorratsdatenspeicherung punktuell im Schutzniveau gegenüber anderen Grundrechtsstandards abfallen mag.[48]

16 Der **Eingriffscharakter** gilt unter anderem für die **Speicherung** von sog. Bestandsdaten bzw. Teilnehmerdaten, wie sie etwa in § 111 TKG vorgesehen ist (wie etwa Rufnummer, Name, Anschrift, Geburtsdatum sowie Angaben zum Vertrag)[49] und die Zuordnung von dynamischen IP-Adressen zu Anschlussinhabern,[50] erst recht jedoch für Standortdaten und Verkehrsdaten, die Auskunft über die äußeren Umstände einer konkret durchgeführten oder versuchten Telekommunikation geben können. Insbesondere der allgemeinen und unterschiedslosen Erfassung von Verkehrsdaten und von Standortdaten auf Vorrat misst die Rechtsprechung ein besonders schweres Eingriffsgewicht bei,[51] weil sie sehr genaue Schlüsse auf das Privatleben der betroffenen Personen ermöglicht.[52]

17 Die an die Anbieter elektronischer Kommunikationsdienste gerichtete **staatliche Anordnung zur Datenweitergabe** vergrößert den Kreis der Stellen, die Kenntnis von den Vorratsdaten erlangen und erhöhen das Risiko weitergehender Ermittlungen gegen die betroffenen Personen.[53] Damit sind staatliche Anordnungen gegenüber Kommunikationsunternehmen, Telekommunikationsdaten zu erheben, zu speichern und an staatliche Stellen zu übermitteln, jeweils gesondert zu betrachtende Eingriffe in die genannten grundrechtlichen Gewährleistungen.[54]

18 Die staatliche Anordnung einer Vorratsdatenspeicherung bzw. der Weitergabe von Vorratsdaten **ist durch eine gesetzliche Vorschrift rechtsstaatlich zu legitimieren,** wenn sie die Grundrechte aus Art. 7 und 8 GRCh und Art. 8 EMRK nicht verletzen soll. Nach Art. 52 Abs. 1 GRCh muss jede Grundrechtsbeeinträchtigung den Wesensgehalt achten, gesetzlich vorgesehen sein und „unter Wahrung des Verhältnismäßigkeitsgrundsatzes" erforderlich sein, um den „von der Union anerkannten dem Gemeinwohl dienenden Zielsetzungen oder den Erfordernissen des Schutzes der Rechte und Freiheiten anderer" tatsächlich entsprechen. Dem ähnelt die Vorgabe des Art. 8 EMRK, wonach dieser Eingriff gesetzlich vorzusehen ist, ein legitimes Ziel iSd Art. 8 Abs. 2 EMRK zu verfolgen hat und zur Erreichung dieses Ziels „in einer demokratischen Gesellschaft notwendig" sein

---

[46] EuGH Urt. v. 8.4.2014 – C-293, C-594/12 (Digital Rights Ireland), ZD 2014, 296 (297 Rn. 28).
[47] EuGH Urt. v. 8.4.2014 – C-293, C-594/12 (Digital Rights Ireland), ZD 2014, 296 (297 Rn. 35); vgl. bereits EGMR Urt. v. 26.3.1987 – 9248/81 (Leander), EGMR-E 3, 430 (445 Rn. 48).
[48] Zum Verhältnis EMRK und GRCh ähnlich EuGH Urt. v. 6.10.2020 – C-511/18 ua, NJW 2021, 531 (536) Abs. 124, der zwar die Eigenständigkeit der in der Charta enthaltenen Rechte hervorhebt, gleichzeitig aber auf die „notwendige Kohärenz" zwischen den Grundrechtsordnungen abstellt.
[49] Vgl. dazu zB EGMR Urt. v. 30.1.2020 – 50001/12 (Breyer/Deutschland), NJW 2020, 999 (1002 Rn. 81), zum Eingriffscharakter von Speicherungen s. EGMR Urt. v. 26.3.1987 – 9248/81 (Leander/Schweden), EuGRZ EGMR-E 3, 430 Rn. 48.
[50] EuGH Urt. v. 2.3.2021 – C-746/18, Abs. 34, EuGH Urt. v. 6.10.2020 – C-511/18 ua, Abs. 157, 158 mwN; BVerfGE 130, 151 (Ls. 1) und S. 178 f. = NJW 2012, 1419. Die Zuordnung von Telefonnummern hingegen greift in das Recht auf informationelle Selbstbestimmung aus Art. 2 Abs. 1, Art. 1 GG ein, s. BVerfG NJW 2012, 1419, Ls. 1.
[51] Vgl. zB EuGH Urt. v. 8.4.2014 – C-293, C-594/12 (Digital Rights Ireland), ZD 2014, 296 (297 Rn. 37) (Eingriff „von großem Ausmaß und als besonders schwerwiegend anzusehen"); BVerfGE 125, 260 (318) = NJW 2010, 833 („besonders schwerer Eingriff mit einer Streubreite, wie sie die Rechtsordnung bisher nicht kennt").
[52] Detailliert dazu zB EuGH Urt. v. 6.10.2020 – C-511/18 ua, NJW 2021, 531 (536 Rn. 117).
[53] Vgl. dazu zB EGMR Urt. v. 29.6.2006 – 54934 (Weber/Deutschland), NJW 2007, 1433 (1434 Rn. 79 mwN).
[54] Vgl. BVerfGE 125, 260 (310) = NJW 2010, 833; BVerfGE 107, 299 (313) = NJW 2003, 1787 in Bezug auf Art. 10 GG. Zu Art. 8 EMRK vgl. bereits EGMR Urt. v. 26.3.1987 – 9248/81 (Leander), EGMR-E 3, 430 (445 Rn. 48).

muss.⁵⁵ Nach deutschem Recht materiell verfassungskonform können die durch die Vorratsdatenspeicherung bedingten Eingriffe in das Telekommunikationsgeheimnis aus Art. 10 GG nur sein, wenn sie legitimen Gemeinwohlzwecken dienen und im Übrigen dem Grundsatz der Verhältnismäßigkeit genügen.⁵⁶ Jedenfalls bei vordergründiger Betrachtung am strengsten scheint der Maßstab des EuGH zu sein, der speziell für Ausnahmen vom Schutz personenbezogener Daten und dessen Einschränkungen verlangt, dass sie sich auf das „absolut Notwendige" beschränken müssen.⁵⁷

1. Rechtsprechung: Keine Beeinträchtigung der Wesensgehaltsgarantie

Die Pflicht zur Vorratsspeicherung von Telekommunikationsverkehrsdaten verstößt der gefestigten Rechtsprechung zufolge nicht gegen den Wesensgehalt der informationellen Grundrechte. Das Tatbestandsmerkmal **„Wesensgehalt"** iSd Art. 52 Abs. 1 GRCh ist dabei noch nicht abschließend geklärt.⁵⁸ Er dürfte dann betroffen sein, wenn grundlegende Bestandteile von Freiheitsrechten missachtet werden.⁵⁹ Dass dies bei der Vorratsdatenspeicherung nicht so sei, begründet zB der EuGH in Bezug auf das Recht auf Privatleben mit dem Umstand, die Kenntnisnahme des Inhalts elektronischer Kommunikation werde ausgespart.⁶⁰ Das Grundrecht auf Datenschutz soll im Wesensgehalt gewahrt sein, wenn es insbesondere Regeln zu technisch-organisatorischen Maßnahmen zum Erhalt der Integrität und Vertraulichkeit gibt.⁶¹ Der Umstand, dass eine allgemeine und unterschiedslose Vorratsdatenspeicherung, wie sie die RL 2006/24/EG vorsah, heutzutage nahezu die gesamte Bevölkerung betrifft,⁶² soll hingegen nach durchaus kritisierbarer⁶³ Einschätzung der Gerichte nicht den Wesensgehalt berühren, sondern im Rahmen der Verhältnismäßigkeit berücksichtigt werden.⁶⁴

2. Sicherheitsbelange als legitime Zielsetzungen

Überspringt man wie die Rechtsprechung die Hürde der Wesensgehaltsgarantie, kommt es für die Grundrechtskonformität der Vorratsdatenspeicherung zunächst darauf an, ob und inwieweit sie **legitime Ziele** verfolgt. Das ist sowohl im Hinblick auf den Schutz der nationalen Sicherheit, der wirksamen Bekämpfung von Kriminalität sowie bei der Verhütung von sonstigen Bedrohungen für die öffentliche Sicherheit im Allgemeinen der Fall. So zählt Art. 8 Abs. 2 EMRK unter anderem ausdrücklich die Gewährleistung der nationalen oder öffentlichen Sicherheit als legitime Ziele auf, unter denen das Recht auf Privatheit iSd Art. 8 Abs. 1 EMRK eingeschränkt werden kann.

Nach deutschem Polizeirecht ist unter der **öffentlichen Sicherheit** in erster Linie die „Unverletzlichkeit der Rechtsordnung, der subjektiven Rechte und Einzelgüter des Einzelnen sowie der Einrichtungen und Veranstaltungen des Staates oder sonstiger Träger der

---

⁵⁵ Vgl. dazu zB EGMR Urt. v. 30.1.2020 – 50001/12, NJW 2020, 999 (1002 Rn. 82); EGMR Urt. v. 7.7.2015 – 28005/12, BeckRS 2015, 130352 Rn. 71.
⁵⁶ Vgl. BVerfGE 125, 260 (316 mwN) = NJW 2010, 833.
⁵⁷ EuGH Urt. v. 8.4.2014 – C-293, C-594/12, ZD 2014, 296 (298 Rn. 52).
⁵⁸ Zur Analyse der diesbezüglichen Rechtsprechung des EuGH vgl. *Marsch*, Das europäische Datenschutzgrundrecht, 2018, 184 ff.
⁵⁹ Siehe etwa *Becker* in Schwarze, EU-Kommentar, 4. Aufl. 2019, GRCh Art. 52 Rn. 7 mit Rechtsprechungsnachweisen in Fn. 23.
⁶⁰ Vgl. etwa EuGH Urt. v. 8.4.2014 – C-293, C-594/12, ZD 2014, 296 (297 Rn. 39); zuvor bereits BVerfGE 125, 260 (322) = NJW 2010, 833. In der Lit. wird teilweise darauf hingewiesen, dass eine saubere Trennung von Verkehrsdaten und Inhaltsdaten nicht möglich sei, vgl. etwa *Kindt* MMR 2009, 661.
⁶¹ So zumindest sinngemäß EuGH Urt. v. 8.4.2014 – C-293/12, C-594/12, ZD 2014, 296 (298 Rn. 40).
⁶² Vgl. zB EuGH Urt. v. 6.10.2020 – C-511/18 ua, NJW 2021, 531 (539 Rn. 143); ähnlich zuvor bereits EuGH Urt. v. 21.12.2016 – C-203/15, NJW 2017, 717 (722 Rn. 105 mwN).
⁶³ Für die Verletzung der Wesensgehaltsgarantie beispielsweise *Dix/Petri* DuD 2009, 531 (532) – allerdings zeitlich vor der nachfolgend zitierten Rspr.
⁶⁴ Siehe auch BVerfGE 125, 260 (322) = NJW 2010, 833.

Hoheitsgewalt"⁶⁵ zu verstehen. Es kann dahinstehen, ob der hier maßgebliche EU-rechtliche Begriff der öffentlichen Sicherheit ähnlich weit zu verstehen ist – jedenfalls wird die öffentliche Sicherheit auch nach dem hier maßgeblichen EU-rechtlichen Verständnis durch eine wirksame Bekämpfung von Straftaten gewährleistet.⁶⁶

22 Gemäß dem hier strikt anzuwendenden Grundsatz der **Zweckbindung** kann der **behördliche Zugang zu Vorratsdaten** nur mit dem gemeinwohlorientierten Ziel gerechtfertigt werden, zu dem die Speicherung den Betreibern elektronischer Kommunikationsdienste auferlegt wurden.⁶⁷

3. Vorratsdatenspeicherung als gesetzlich vorgesehener Grundrechtseingriff

23 Zur Rechtfertigung der Vorratsspeicherung personenbezogener Daten verlangt Art. 52 Abs. 1 GRCh, dass sie **gesetzlich vorzusehen** ist. In Anlehnung an die Rechtsprechung des EGMR wird man hierbei „klare, detaillierte Vorschriften" verlangen müssen, die „Mindestanforderungen unter anderem für die Dauer, Speicherung, Verwendung, den Zugang Dritter und das Verfahren zum Schutz der Integrität und Vertraulichkeit der Daten sowie zu ihrer Vernichtung" enthalten (vgl. auch → Rn. 44 ff.).⁶⁸ Nach der Rechtsprechung muss die gesetzliche Grundlage für den Grundrechtseingriff selbst den Umfang festlegen, in dem die Ausübung des betreffenden Rechts eingeschränkt wird.⁶⁹

24 Im EU-Recht setzt gegenwärtig die **E-Privacy-RL 2002/58/EG** die maßgeblichen Rahmenbedingungen für die Zulässigkeit einer Vorratsdatenspeicherung. Der Rechtsprechung des EuGH zufolge ist diese Richtlinie **auch auf nationale Regelungen anzuwenden**, die es den Betreibern elektronischer Kommunikationsdienste vorschreiben, zur Wahrung der nationalen Sicherheit den Sicherheits- und Nachrichtendiensten Verkehrs- und Standortdaten zu übermitteln. Zwar gilt die Richtlinie nach Art. 1 Abs. 3 nicht für sicherheitsrechtliche Tätigkeiten des Staates. Aus Art. 15 Abs. 1 ergibt sich jedoch, dass Vorschriften zur Vorratsdatenspeicherung durch Telekommunikationsdienste unter die E-Privacy-Richtlinie fallen.⁷⁰ Kritik⁷¹ an dieser Rechtsprechung ist nicht überzeugend, soweit sie nicht hinreichend berücksichtigt, dass die RL 2002/58/EG – ebenso wie früher auch die Richtlinie zur Vorratsdatenspeicherung (RL 2006/24/EG) – bewusst hauptsächlich die Vorratsdatenspeicherung selbst, und nur in diesem Zusammenhang die Zugriffsrechte der Sicherheitsbehörden regelt (vgl. allerdings → Rn. 13). Wenn der EuGH in Bezug auf die Auslegung der RL 2002/58/EG hauptsächlich auf die Verarbeitungstätigkeit der Kommunikationsdienste abstellt, so steht dies zumindest im Einklang mit seiner Entscheidung aus dem Jahr 2009 zur Rechtsgrundlage der EG-Richtlinie zur Vorratsdatenspeicherung (RL 2006/24/EG)⁷² und den zuvor ergangenen Entscheidungen zur Erfassung und Übermittlung von Flugpassagierdaten.⁷³ Es ist kaum vorstellbar, dass der Tenor dieser Recht-

---

⁶⁵ So ausdrücklich zB die Legaldefinition in § 2 Nr. 2 BremPolG.
⁶⁶ Vgl. bereits EuGH Urt. v. 8.4.2014 – C-293/12, C-594/12, ZD 2014, 296 (298 Rn. 41, 42, 51). Diese Bewertung lässt sich unter anderem auch den Wortlaut des Art. 15 Abs. 1 RL 2002/58/EG stützen, der die Grundrechte aus Art. 7 und 8 GRCh konkretisiert.
⁶⁷ Vgl. EuGH Urt. v. 2.3.2021 – 746/18, CR 2021, 243 (244 Rn. 31); EuGH Urt. v. 6.10.2020 – C-511/18 ua, BeckRS 2020, 25511 Rn. 166; EuGH Urt. v. 21.12.2016 – C-203/15, C-698/15, NJW 2017, 717 (723 Rn. 115).
⁶⁸ EGMR Urt. v. 30.1.2020 – 50001/12, NJW 2021, 999 (1003 Rn. 83); EGMR Urt. v. 4.12.2008 – 30562, 30566/04, BeckRS 2009, 70321 Rn. 99.
⁶⁹ EuGH Urt. v. 6.10.2020 – C-623/17, GSZ 2021, 36 (40 Rn. 66); EuGH Urt. v. 16.7.2020 – C-311/18 Rn. 175.
⁷⁰ Vgl. dazu EuGH Urt. v. 6.10.2020 – C-623/17, GSZ 2021, 36 (37 Rn. 37 ff.).
⁷¹ Vgl. zB *Baumgartner* GSZ 2021, 42 (43) sowie *Sandhu* EuZW 2021, 221 (222), die insoweit einseitig die Bedürfnisse der Sicherheitsbehörden in den Blick nehmen. Demgegenüber ziel(t)en die RL 2002/58/EG und RL 2006/24/EG in erster Linie auf eine Harmonisierung des Binnenmarktes ab, die auf die Verarbeitung durch die Anbieter elektronischer Kommunikationsmittel einwirkt.
⁷² EuGH Urt. v. 10.2.2009 – C-301/06, EuZW 2009, 212 mit insoweit krit. Anm. von *Petri* EuZW 2009, 214.
⁷³ EuGH Urt. v. 30.5.2006 – C-317, C-318/04, EuZW 2006, 403.

sprechung bei den Gesetzgebungsverfahren (an dem die Mitgliedstaaten maßgeblich beteiligt sind) zur Ausgestaltung der RL 2002/58/EG nicht berücksichtigt worden ist.[74]

4. Verhältnismäßigkeit, insbesondere Erforderlichkeit

Im Grundsatz verbieten Art. 5 Abs. 1, Art. 6 und Art 9 der E-Privacy-Richtlinie die Verarbeitung von Nachrichten, Verkehrsdaten und anderen Standortdaten, soweit sie nicht durch eine Einwilligung[75] der Nutzenden oder durch vertragliche Erfordernisse gerechtfertigt sind **(Grundsatz der Vertraulichkeit bei der elektronischen Kommunikation)**. Die Richtlinie konkretisiert mit diesem Grundsatz die in den Art. 7 und 8 GRCh verankerten Grundrechte auf Achtung des Privatlebens und auf Datenschutz. Dementsprechend können die Nutzer elektronischer Kommunikationsmittel grundsätzlich auch erwarten, dass ihre Nachrichten und die damit verbundenen Daten anonym bleiben und nicht gespeichert werden dürfen.[76]

Art. 15 Abs. 1 der Richtlinie gestattet es allerdings den Mitgliedstaaten, **Ausnahmen von der Regel der Vertraulichkeit** für Zwecke der Landesverteidigung, der öffentlichen und nationalen Sicherheit, der Bekämpfung von Straftaten sowie des unzulässigen Gebrauchs von elektronischen Kommunikationssystemen vorzusehen. Eine solche mitgliedstaatlich vorgesehene Beschränkung der Betroffenenrechte hat „in einer demokratischen Gesellschaft notwendig, angemessen und verhältnismäßig" zu sein.[77] Nach Art. 15 Abs. 1 S. 2 können mitgliedstaatliche Vorschriften vorsehen, dass zu den genannten Zwecken auch Verkehrsdaten „während einer begrenzten Zeit" aufzubewahren sind. Art. 15 Abs. 1 S. 3 legt den Mitgliedstaaten dabei die Pflicht auf, die allgemeinen Grundsätze des Gemeinschaftsrechts zu beachten und verweist ausdrücklich auf Art. 6 Abs. 1 und 2 EUV. Damit verpflichtet er die Mitgliedstaaten insbesondere dazu, die Verhältnismäßigkeit und die Charta der Grundrechte der Europäischen Union zu beachten.[78]

Insbesondere darf eine solche nationale Vorschrift nicht das **Regel-Ausnahme-Verhältnis** in dem Sinne umkehren, dass eine Vorratsdatenspeicherung die Regel und die Vertraulichkeit zur Ausnahme wird.[79] Die staatliche Anordnung einer allgemeinen und unterschiedslosen Vorratsdatenspeicherung würde dazu führen, dass die Abweichung vom Grundsatz der Vertraulichkeit zur Regel wird.[80]

a) „Absolute Notwendigkeit" der Maßnahme.
Nach Satz 4 des elften Erwägungsgrunds der RL 2002/58/EG muss die Vorratsdatenspeicherung in einem „strikt" angemessenen Verhältnis zum intendierten Zweck stehen. Der Schutz des Grundrechts auf Achtung des Privatlebens aus Art. 7 GRCh verlangt, dass die Ausnahmen vom Schutz personenbezogener Daten und dessen Einschränkungen sich auf das **absolut Notwendige** beschränken.[81] Außerdem kann auch eine legitime Zielsetzung nicht verfolgt werden, ohne den

---

[74] Dem entspricht es, dass beispielsweise in dem Verfahren C-203/15, C-698/15 die meisten Mitgliedstaaten die Auffassung des EuGH teilten, wonach auch der behördliche Zugriff in den Anwendungsbereich der RL 2002/58/EG falle, s. EuGH Urt. v. 21.12.2016 – C-203/15, C-698/15, NJW 2017, 717 (719 Rn. 65 f.).
[75] S. Art. 5 Abs. 1 S. 2, Art. 6 Abs. 3 S. 1, Art. 9 Abs. 1, 2 RL 2002/58/EG.
[76] EuGH Urt. v. 6.10.2020 – C-623/17, GSZ 2021, 36 (39 Rn. 57); EuGH Urt. v. 6.10.2020 – C-511/18 ua, BeckRS 2020, 25511 Rn. 109. Ausnahme: die Nutzer haben in die Verwendung der Daten eingewilligt.
[77] Ähnlich sind die Maßstäbe des Art. 8 EMRK, vgl. EGMR Urt. v. 30.1.2020 – 50001/12 (Breyer/Deutschland), NJW 2020, 999 (1002 Rn. 88).
[78] Vgl. zB EuGH Urt. v. 6.10.2020 – C-623/17, GSZ 2021, 36 (39 f. Rn. 60).
[79] EuGH Urt. v. 6.10.2020 – C-623/17, GSZ 2021, 36 (39 Rn. 59); EuGH Urt. v. 6.10.2020 – C-511/18 ua BeckRS 2020, 25511 Rn. 111; EuGH Urt. v. 21.12.2016 – C-203/15, C-698/15, NJW 2017, 717 (720 Rn. 89), 722 Rn. 104).
[80] EuGH Urt. v. 6.10.2020 – C-623/17 GSZ 2021, 36 (40 Rn. 69).
[81] StRspr des EuGH, vgl. zB EuGH Urt. v. 6.10.2020 – C-623/17, GSZ 2021, 36 (40 Rn. 67); EuGH, Gutachten 1/15 v. 26.7.2017 (PNR-Abkommen Kanada), Rn. 140 sowie bereits EuGH Urt. v. 16.12.2008 – C-73/07, EuZW 2009, 108 (110 Rn. 56).

Umstand zu berücksichtigen, dass sie mit den von der Maßnahme betroffenen Grundrechten in Einklang gebracht werden muss. Vorzunehmen ist also eine ausgewogene Gewichtung der Zielsetzung und der fraglichen Rechte und Pflichten.[82]

29 Die absolute Notwendigkeit der Vorratsdatenspeicherung bildet den Schwerpunkt der Überprüfung durch den EuGH. Ein Unionsrechtsakt könne nur dann als verhältnismäßig angesehen werden, wenn die von ihm eingesetzten Mittel zur Erreichung der mit ihm verfolgten Ziele geeignet sind und nicht über das dazu Erforderliche hinausgehen.[83] In deutlicher Anlehnung an die Marper-Rechtsprechung des EGMR[84] stellte der EuGH fest, so grundlegend die **Zielsetzungen der nationalen Sicherheit und der öffentlichen Sicherheit** für das Gemeinwohl auch sein mögen, sie **allein genügten nicht,** um die **Erforderlichkeit** einer allgemeinen und unterschiedslosen Vorratsdatenspeicherung zu begründen.[85]

30 Nach übereinstimmender Einschätzung des EuGH[86] und nationaler Verfassungsgerichte[87] sind die mit der allgemeinen und unterschiedslosen Vorratsdatenspeicherung verbundenen **Grundrechtseingriffe besonders schwerwiegend.** Das gilt zunächst für die Anordnung der Vorratsdatenspeicherung als solche, weil sie gleichsam das Kommunikationsverhalten nahezu der gesamten Bevölkerung erfasst. Besonders schwerwiegend ist allerdings auch der mit der Übermittlung der Verkehrs- und Standortdaten an Nachrichtendienste und Sicherheitsbehörden verbundene Eingriff. Die Schwere des Eingriffs hängt mit dem sensiblen Charakter von Kommunikationsdaten und ihrer Eignung zur Profilbildung (zB wer hat mit wem wann Kommunikationskontakte?) zusammen. Der EuGH charakterisiert das Eingriffsgewicht dahingehend, die Übermittlung sei „geeignet, bei den Betroffenen das Gefühl zu erzeugen, dass ihr Privatleben Gegenstand einer ständigen Überwachung" sei.[88] Das gelte umso mehr, als die Betroffenen nicht von den jeweiligen Übermittlungen informiert würden.[89] Dass die Übermittlung von Kommunikationsmetadaten auch erhebliche Auswirkungen auf die Freiheit der Meinungsäußerung oder auf Berufsgeheimnisträger haben kann,[90] liegt ebenfalls auf der Hand.

31 **b) Aus dem Verhältnismäßigkeitsgrundsatz folgende differenzierende Anforderungen an die Vorratsdatenspeicherung.** Aus Art. 15 Abs. 1 RL 2002/58/EG ist abzuleiten, dass eine **mitgliedstaatliche Vorschrift zur allgemeinen und unterschiedslosen Vorratsdatenspeicherung** in aller Regel mit dem Unionsrecht unvereinbar ist. Denn die mit ihr verbundenen Grundrechtseingriffe beschränken sich typischerweise nicht auf das absolut Notwendige.[91]

32 In seltenen **Ausnahmesituationen** bleibt ein **enger Spielraum** der Mitgliedstaaten für eine allgemeine und unterschiedslose Erfassung von Telekommunikationsverkehrsdaten, soweit dies durch eine **tatsächlich ernsthafte Bedrohung für die nationale Sicherheit**

---

[82] EuGH Urt. v. 6.10.2020 – C-623/17, GSZ 2021, 36 (40 Rn. 67).
[83] Vgl. zB EuGH Urt. v. 8.4.2014 – C-293/12, C-594/12, ZD 2014, 296 (298 Rn. 46 mwN); ausführlich zum Kriterium der Erforderlichkeit EuGH Urt. v. 9.11.2020 – C-92/09, C-93/09, MMR 2011, 122 Rn. 74 ff.
[84] EGMR Urt. v. 4.12.2008 – Nr. 30562/04 und 30566/04, BeckRS 2009, 70321.
[85] Vgl. zuerst EuGH Urt. v. 8.4.2014 – C-293/12, C-594/12, ZD 2014, 296 (298 Rn. 51).
[86] Vgl. zB EuGH Urt. v. 21.12.2016 – C-203/15, C-698/15, NJW 2017, 717 (721 Rn. 100), zuvor bereits EuGH Urt. v. 8.4.2014 – C-293/12, C-594/12, ZD 2014, 296 (297 Rn. 37).
[87] Vgl. zB BVerfGE 125, 260 (318) = NJW 2010, 833; zuvor bereits sowie der Sache nach auch Tschechischer Verfassungsgerichtshof Urt. v. 22.3.2011 – Pl.ÚS 24/10 – 94/2011 Coll., Rn. 45 ff. Curtea Constituțională României Urt. v. 8.10.2009 – E-Nr. 1258 und wohl auch Bulgarischer Oberster Verwaltungsgerichtshof in einer Entscheidung v. 11.12.2008, dazu vgl. unter anderem *Boehm/Cole,* Data Retention after the Judgement of the Court of Justice of the European Union, 2014, 20.
[88] Vgl. EuGH Urt. v. 6.10.2020 – C-623/17, GSZ 2021, 36 (41 Rn. 71); EuGH Urt. v. 8.4.2014 – C-293/12, C-594/12, ZD 2014, 296 (297 Rn. 27, 37).
[89] EuGH Urt. v. 8.4.2014 – C-293/12, C-594/12, ZD 2014, 296 (297 Rn. 37).
[90] EuGH Urt. v. 6.10.2020 – C-623/17, GSZ 2021, 36 (41 Rn. 72).
[91] Vgl. EuGH Urt. v. 6.10.2020 – C-623/17, GSZ 2021, 36 (41 Rn. 81 f.); EuGH Urt. v. 6.10.2020 – C-511/18 ua, NJW 2021, 533 (548 Rn. 228).

gerechtfertigt ist. Seiner Bedeutung nach übersteigt das Rechtsgut der nationalen Sicherheit die legitimen Zielsetzungen der öffentlichen Sicherheit ebenso wie die der Bekämpfung schwerer Straftaten. Das Ziel der nationalen Sicherheit kann daher auch besonders schwerwiegende Grundrechtseingriffe rechtfertigen.[92] Allerdings muss eine Bedrohung der nationalen Sicherheit real und gegenwärtig oder zumindest vorhersehbar sein. Grundrechtkonform kann eine solche Regelung allerdings auch nur dann sein, wenn sie zeitlich strikt auf das absolut Notwendige begrenzt wird und strengen Garantien unterliegt, die einen wirksamen Betroffenenschutz sicherstellen.[93]

Die nationalen Vorschriften müssen zudem durch materielle und verfahrensrechtliche **33** Voraussetzungen sicherstellen, dass der **behördliche Zugang zu den Vorratsdaten** nur dem mit der Regelung verfolgten Zweck zu entsprechen hat und nur im erforderlichen Umfang erfolgt.[94] Dazu gehört, dass die **Zugangsvoraussetzungen** auf „**objektive Kriterien**" zu stützen sind.[95] Im Allgemeinen kann der behördliche Zugang nur zu Daten von Personen gewährt werden, die im Verdacht stehen, auf irgendeine Weise in eine schwere Straftat verwickelt zu sein. Im Grundsatz gilt dies auch in Bezug auf die nationale Sicherheit, sodass eine nationale Regelung nicht den Betreiber elektronischer Kommunikationsdienste vorschreiben kann, zur Wahrung der nationalen Sicherheit den Sicherheitsbehörden und Nachrichtendiensten allgemein und unterschiedslos Verkehrs- und Standortdaten zu übermitteln. Denn in diesem Fall würde die Übermittlung einen grundrechtlich unzulässigen pauschalen behördlichen Datenzugriff ermöglichen.[96] Diese Anforderungen lockert die Rechtsprechung allerdings für solche Fälle, in denen terroristische Aktivitäten vitale Interessen der nationalen Sicherheit bedrohen. Dann soll der Zugang zu Daten auch anderer Personen gewährt werden können, wenn es objektive Anhaltspunkte dafür gibt, dass diese Daten in einem konkreten Fall einen wirksamen Beitrag zur Bekämpfung der terroristischen Aktivität leisten können.[97]

Zur Bekämpfung schwerer Straftaten oder zur Verhütung schwerwiegender Bedrohungen **34** für die öffentliche Sicherheit soll hingegen lediglich eine gezielte Vorratsspeicherung von Verkehrs- und Standortdaten möglich sein. Unter einer „gezielten" Vorratsdatenspeicherung scheint der EuGH eine Erfassung von Daten auf Vorrat zu verstehen, die durch bestimmte Kriterien begrenzt werden. Beispielsweise in seiner Entscheidung vom 21.12.2016 stellt der EuGH darauf ab, dass die Vorratsdatenspeicherung „stets objektiven Kriterien genügen" müsse, „die einen Zusammenhang zwischen den gespeicherten Daten und dem verfolgten Ziel herstellen" würden.[98] Solche Begrenzungskriterien können die Kategorien der zu erfassenden Daten, der Kommunikationsmittel, der betroffenen Personengruppen oder geografische Kriterien sein, sofern sie auf das absolut Notwendige begrenzt bleibt.[99] Allerdings muss auch die Vorschrift einer gezielten Vorratsdatenspeicherung klare und präzise Regeln über die Tragweite und die Anwendung der Maßnahme vorsehen. Sie muss überdies Mindestanforderungen aufstellen, sodass die von der Vorratsdatenspeicherung betroffenen Personen aufgrund von „ausreichenden Garantien" einen wirksamen Schutz ihrer personenbezogenen Daten vor Missbrauchsrisiken verfügen.[100]

---

[92] Vgl. EuGH Urt. v. 6.10.2020 – C-623/17, GSZ 2021, 36 (41 Rn. 75); EuGH Urt. v. 6.10.2020 – C-511/18 ua, NJW 2021, 533 (538 Rn. 136).
[93] EuGH Urt. v. 6.10.2020 – C-511/18 ua, NJW 2021, 533 (538 Rn. 138).
[94] Vgl. EuGH Urt. v. 6.10.2020 – C-623/17, GSZ 2021, 36 (41 Rn. 77); vgl. auch EuGH, Gutachten 1/15 v. 26.7.2017, ZD 2018, 23 (33 Rn. 192).
[95] Vgl. EuGH Urt. v. 6.10.2020 – C-623/17, GSZ 2021, 36 (41 Rn. 78), EuGH Urt. v. 21.12.2016 – C-203/15, C-698/15, NJW 2017, 717 (723 Rn. 119).
[96] Vgl. EuGH Urt. v. 6.10.2020 – C-623/17, GSZ 2021, 36 (41 Rn. 78 ff.).
[97] EuGH Urt. v. 21.12.2016 – C-203/15, C-698/15, NJW 2017, 717 (723 Rn. 119).
[98] EuGH Urt. v. 21.12.2016 – C-203/15, C-698/15, NJW 2017, 717 (722 Rn. 110).
[99] EuGH Urt. v. 6.10.2020 – C-511/18 ua, NJW 2021, 533 (538 Rn. 147); EuGH Urt. v. 21.12.2016 – C-203/15, C-698/15, NJW 2017, 717 (722 Rn. 108).
[100] EuGH Urt. v. 21.12.2016 – C-203/15, C-698/15, NJW 2017, 717 (722 Rn. 109) für nationale Regelungen, EuGH Urt. v. 8.4.2014 – C-293/12, ZD 2014, 296 (298 f. Rn. 54) noch in Bezug auf die RL 2006/24/EG. Ähnlich bereits EGMR Urt. v. 4.12.2008, Nr. 30562/04 ua Rn. 102.

35 Daraus folgt, dass die Vorratsdatenspeicherung sich nur auf **Personengruppen beziehen** kann, **die zumindest einen mittelbaren Zusammenhang zu schweren Straftaten** aufweisen.[101] Alternativ lässt sich eine solche Begrenzung auch durch ein **geografisches Kriterium** (etwa eine durch Kriminalität besonders belastete Region) herstellen.[102] Insoweit allerdings muss der Gesetzgeber darauf achten, dass die Wahl des geografischen Kriteriums nicht zu unangemessenen Diskriminierungen der dortigen Bevölkerung führt.

36 Der **behördliche Datenzugang** zur Bekämpfung schwerer Straftaten darf nur gestattet werden, wenn die betroffenen Personen im Verdacht stehen, in eine solche schwere Straftat verwickelt zu sein.[103]

37 Zu Zwecken der Bekämpfung schwerer Straftaten oder zur Verhütung schwerwiegender Bedrohungen für die öffentliche Sicherheit zulässig ist eine **allgemeine und unterschiedslose Vorratsspeicherung von IP-Adressen,** die der Quelle einer Verbindung zugewiesen sind.[104] Diese Möglichkeit dürfte insbesondere für die Bekämpfung des sexuellen Missbrauchs von Kindern sowie der Kinderpornografie bedeutsam sein. Die Möglichkeit des Datenzugangs ist von der strikten Einhaltung der materiellen und prozeduralen Voraussetzungen abhängig zu machen, die auch die Nutzung der Daten zu regeln haben.[105]

38 Die **Bekämpfung von Straftaten im Allgemeinen** kann nach Art. 15 Abs. 1 S. 1 RL 2002/58/EG nur Eingriffe in die Grundrechte aus Art. 7 und 8 GRCh legitimieren, die nicht als schwerwiegend zu charakterisieren sind.[106] Dazu zählen wohl nur Rechtsvorschriften, die eine Vorratsspeicherung von Daten anordnen, die allein dazu dienen und nur dazu geeignet sind, die Identität der Nutzer elektronischer Kommunikationsmittel aufzudecken, ohne dass die Daten mit Informationen über die erfolgten Kommunikationen in Verbindung gebracht werden können.[107] So hat der EuGH unter anderem einen Fall entschieden, in dem Behörden den Zugang zu Vorratsdaten begehrten, ausschließlich um die Identität der Inhaber von SIM-Karten festzustellen, die in einem Zeitraum von mehreren Tagen mit der IMEI des gestohlenen Mobiltelefons aktiviert wurden. Der Gerichtshof befand, soweit der Zugang **nur zu Identitätsdaten** erfolge und keine Schlüsse auf das Privatleben der betroffenen Personen möglich sei, liege kein „schwerer Eingriff" in die Grundrechte der Betroffenen vor. In einem solchen Fall müsse der Datenzugang auch nicht auf die Bekämpfung schwerer Kriminalität begrenzt werden.[108]

39 Die Anordnung eines **Quick-Freeze-Verfahrens** – also die behördliche Anordnung der Sicherung von Verkehrs- und Standortdaten im Einzelfall – ist von Art. 15 Abs. 1 RL 2002/58/EG abgedeckt, soweit es **zum Schutz der nationalen Sicherheit, zur Bekämpfung von schwerer Kriminalität oder zum Schutz der öffentlichen Sicherheit** erforderlich ist. Relevant kann das Quick-Freeze-Verfahren insbesondere sein, wenn bereits schwere Straftaten begangen wurden oder die zuständigen Behörden bereits nach einer objektiven Prüfung aller Umstände den begründeten Verdacht haben, dass eine entsprechende Straftat vorliegt.[109] Für diese Fälle kann das nationale Recht der Mitgliedstaaten den zuständigen staatlichen Behörden die Befugnis einräumen, in Einzelfallanordnungen den Betreibern elektronischer Kommunikationsdienste die umgehende Sicherung von verfügbaren Verkehrs- und Standortdaten aufzuerlegen. Die behördliche Anordnung muss dabei

---

[101] EuGH Urt. v. 6.10.2020 – C-511/18 ua, NJW 2021, 533 (538 Rn. 148 f.).
[102] EuGH Urt. v. 6.10.2020 – C-511/18 ua, NJW 2021, 533 (538 Rn. 150).
[103] Der EuGH Urt. v. 21.12.2016 – C-203/15, C-698/15, NJW 2017, 717 (723 Rn. 119) lehnt sich insoweit an die Rspr. des EGMR an, vgl. EGMR (GK) Urt. v. 4.12.2015 – 47143/06, BeckRS 2016, 21494 Rn. 260.
[104] EuGH Urt. v. 6.10.2020 – C-511/18 ua NJW 2021, 533 (540 Rn. 155).
[105] EuGH Urt. v. 6.10.2020 – C-511/18 ua BeckRS 2020, 25511 Rn. 155.
[106] EuGH Urt. v. 2.3.2021 – C-746/18, CR 2021, 243 (244 Rn. 33); EuGH Urt. v. 6.10.2020 – C-511/18, BeckRS 2020, 25511 Rn. 140, 146.
[107] EuGH Urt. v. 2.3.2021 – C-746/18, CR 2021, 243 (244 Rn. 34); EuGH Urt. v. 6.10.2020 – C-511/18, BeckRS 2020, 25511 Rn. 157 f.
[108] EuGH Urt. v. 2.10.2018 – C-207/16, NJW 2019, 655 (658 Rn. 60 ff.).
[109] EuGH Urt. v. 6.10.2020 – C-511/18, BeckRS 2020, 25511 Rn. 161.

einen bestimmten Zeitraum festlegen und sie muss einer wirksamen gerichtlichen Kontrolle unterliegen.[110]

c) Klare und präzise Regelungen. Für eine **grundrechtskonforme Ausgestaltung** 40 einer Vorratsdatenspeicherung stellt der EuGH sowohl für den Unionsgesetzgeber als auch für den nationalen Gesetzgeber folgende Voraussetzungen fest, wobei die Kriterien dogmatisch noch nicht eindeutig voneinander abgrenzbar zu sein scheinen:

Erstens muss eine Vorschrift zur Vorratsdatenspeicherung **klare und präzise Regeln** für 41 die Tragweite und die Anwendung der fraglichen Maßnahme vorsehen.[111] Mit anderen Worten sind die bereits beschriebenen materiellen Voraussetzungen der Datenerfassung und des späteren behördlichen Zugriffs festzulegen.

Zweitens müssen Mindestanforderungen einen **wirksamen Schutz** der betroffenen 42 Personen **vor Missbrauchsrisiken,** vor unberechtigtem Zugang und vor jeder unberechtigten Nutzung ermöglichen.[112] Diese Anforderungen sind umso bedeutsamer, je größer das Risiko des unberechtigten Zugangs zu Vorratsdaten ist. Beispielsweise soll es während des Verfahrens vor dem BVerfG zwischen 6.000 und 8.000 Unternehmen gegeben haben, die zur Vorratsdatenspeicherung verpflichtet waren und dementsprechend auch Zugang zu den Daten hatten.[113]

Drittens muss die **Regelung verbindlich** sein und insbesondere Angaben dazu enthal- 43 ten, unter welchen Umständen und unter welchen Voraussetzungen eine Vorratsdatenspeicherung angeordnet werden kann. Auch auf diese Weise soll der Gesetzgeber sicherstellen, dass sich der mit der Maßnahme verbundene Grundrechtseingriff auf das absolut Notwendige beschränkt.[114]

d) Verfahrensrechtliche Vorkehrungen hinsichtlich des behördlichen Daten- 44 **zugangs.** Abgesehen von Eilfällen unterliegt der behördliche Zugang zu Vorratsdaten der **vorherigen unabhängigen Kontrolle durch ein Gericht oder durch eine andere unabhängige Kontrollinstanz.**[115] Der EuGH verweist insoweit auf eine entsprechende Rechtsprechung des EGMR.[116] Sie wiederum fußt auf den Fall „Klass/Bundesrepublik Deutschland", der die grundsätzliche Konstruktion der G 10-Kommission als anordnende Behörde billigte.[117] Unabdingbar ist eine vorherige unabhängige Kontrolle, weil nur so verlässlich verhindert werden kann, dass die zuständigen Behörden einen über das absolut Notwendige hinausgehenden Datenzugang erlangen.[118]

Die den Datenzugang begehrende Behörde muss dieser Kontrollinstanz einen **be-** 45 **gründeten Antrag** vorlegen, damit sie Notwendigkeit des Datenzugangs beurteilen kann.[119]

Sobald eine Mitteilung an die jeweils betroffene Person die jeweiligen behördlichen 46 Ermittlungen nicht mehr beeinträchtigen kann, muss die zuständige Behörde nach Maßgabe des nationalen Rechts die betroffenen Personen über ihren Zugriff auf die Vorrats-

---
[110] EuGH Urt. v. 6.10.2020 – C-511/18, BeckRS 2020, 25511 Rn. 163.
[111] Ähnlich EuGH Urt. v. 8.4.2014 – C-293/12, C-594/12, ZD 2014, 296 (298 Rn. 54): „klare und präzise Regeln für die Tragweite und die Anwendung der fraglichen Maßnahme".
[112] Ähnlich EuGH Urt. v. 8.4.2014 – C-293/12, C-594/12, ZD 2014, 296 (298 Rn. 54): „klare und präzise Regeln für die Tragweite und die Anwendung der fraglichen Maßnahme".
[113] Vgl. *Roßnagel* NJW 2010, 1238 (1240.)
[114] EuGH Urt. v. 6.10.2020 – C-623/17, GSZ 2021, 36 (40 Rn. 68); EuGH Urt. v. 8.4.2014 – C-293/12, C-594/12, ZD 2014, 296 (298 f. Rn. 54 f.). Vgl. auch EGMR Urt. v. 4.12.2008 – 30562/04 und 30566/04 (Marper/UK), NJOZ 2010, 696 Rn. 99.
[115] EuGH Urt. v. 21.12.2016 – C-203/15, C-698/15, NJW 2017, 717 (723 Rn. 120); EuGH Urt. v. 8.4.2014 – C-293/12, C-594/12, ZD 2014, 296 (299 Rn. 62).
[116] EuGH Urt. v. 21.12.2016 – C-203/15, C-698/15, NJW 2017, 717 (723 Rn. 120) verweist auf den Fall Szabo/Ungarn, EGMR Urt. v. 1.12.2016 – 37138/14, BeckRS 2016, 21495.
[117] EGMR Urt. v. 6.9.1978 – 5029/71 (Klass), EGMR-E 1, 320 (335 Rn. 51 sowie S. 337 Rn. 56).
[118] EuGH Urt. v. 2.3.2021 – C-746/18, CR 2021, 243 (247 Rn. 58).
[119] EuGH Urt. v. 21.12.2016 – C-203/15, C-698/15, NJW 2017, 717 (723 Rn. 120). Vgl. auch EuGH, Gutachten 1/15 vom 26.7.2017, ZD 2018, 23 (unter anderem Ls. 3).

daten informieren.[120] Diese **Benachrichtigungspflicht** dient dazu, die betroffenen Personen in die Lage zu versetzen, die vormals heimliche Maßnahme rechtlich überprüfen zu lassen.[121]

47 e) **Schutz vor missbräuchlicher Verwendung.** In Bezug auf die zu treffenden **technischen und organisatorischen Maßnahmen** zum Schutz des Privatlebens und zum Datenschutz gelten auch im Rahmen der Vorratsdatenspeicherung die Vorgaben des Art. 4 Abs. 1 und Abs. 1a RL 2002/58/EG. Danach müssen die Anbieter elektronischer Kommunikationsdienste „geeignete" technische und organisatorische Maßnahmen ergreifen, um zu gewährleisten, dass die auf Vorrat gespeicherten Daten wirksam vor Missbrauchsrisiken geschützt werden. Der Schutz muss dem unbefugten Zugriff jedweder Art entgegenwirken. Der EuGH verlangt insoweit nationale Regelungen, die ein **besonders hohes Schutz- und Sicherheitsniveau** gewährleisten. Insbesondere müsse die nationale Regelung vorsehen, dass die Daten allein im Gebiet der Europäischen Union gespeichert und nach Ablauf der Speicherfrist unwiderruflich gelöscht werden.[122] Die Überwachung durch die Datenschutzbehörden sei ein „wesentlicher Bestandteil zur Wahrung des Schutzes der Betroffenen bei der Verarbeitung personenbezogener Daten."[123]

III. Exkurs: Vorratsdatenspeicherung und Verarbeitung von Flugpassagierdaten (PNR-Daten)

48 Der Vorratsdatenspeicherung ähnelt wesensmäßig die **Verwendung von Fluggastdatensätzen zu Zwecken der vorsorglichen Bekämpfung von Straftaten.** Für sie hat sich der Begriff der „PNR-Daten" (die Abkürzung PNR steht dabei für Passenger-Name-Records) eingebürgert. PNR-Daten enthalten Informationen über bestimmte natürliche Personen, die als Fluggäste in einem Luftfahrzeug befördert werden (neben Identitätsdaten, Buchungs- und Rechnungsdaten, Informationen über den Reiseverlauf usw[124]).

49 Die **Verwendung von PNR-Daten durch Sicherheitsbehörden der EU-Mitgliedstaaten** wurde 2016 durch die **RL (EU) 2016/681**[125] neu geregelt. Danach hat eine nationale zentrale Stelle für die Verarbeitung von Fluggastdaten („PNR-Zentralstelle") ein Fluggastdaten-Informationssystem zu unterhalten. Dieses Informationssystem soll die Bekämpfung terroristischer Straftaten[126] und schwerer Kriminalität[127] unterstützen.[128] Zweckänderungen im Sinne der Verwertung von Beifang sind allerdings nicht generell ausgeschlossen. Zu diesem Zweck sind Luftfahrtunternehmen zu verpflichten, bei sog. Drittstaatsflügen[129] rechtzeitig vor dem planmäßigen Abflug bestimmte Angaben über ihre Fluggäste im Wege der Push-Methode an das Fluggastdaten-Informationssystem der zuständigen nationalen Behörde zu übermitteln.[130] Die Richtlinie erlaubt es den Mitglied-

---

[120] EuGH Urt. v. 21.12.2016 – C-203/15, C-698/15, NJW 2017, 717 (723 Rn. 121).
[121] Vgl. EuGH Urt. v. 21.12.2016 – C-203/15, C-698/15, NJW 2017, 717 (723 Rn. 121) unter Bezugnahme auf EuGH Urt. v. 7.5.2009 – C-553/07, EuZW 2009, 546 Rn. 52.
[122] Vgl. EuGH Urt. v. 21.12.2016 – C-203/15, C-698/15, NJW 2017, 717 (723 Rn. 122), zuvor bereits EuGH Urt. v. 8.4.2014 – C-293/12, C-594/12, ZD 2014, 296 (299 Rn. 66 ff.).
[123] EuGH Urt. v. 21.12.2016 – C-203/15, C-698/15, NJW 2017, 717 (723 Rn. 123); EuGH Urt. v. 8.4.2014 – C-293/12, C-594/12, ZD 2014, 296 (299 Rn. 68).
[124] Vgl. im Einzelnen RL (EU) 2016/681 Anhang I.
[125] RL (EU) 2016/681 des Europäischen Parlaments und des Rats vom 27.4.2016 über die Verwendung von Fluggastdatensätzen (PNR-Daten) zur Verhütung, Aufdeckung, Ermittlung und Verfolgung von terroristischen Straftaten und schwerer Kriminalität, ABl. 2016 L 119/132.
[126] Zum Begriff vgl. Art. 3 Nr. 8 RL (EU) 2016/681 iVm Art. 1–4 RB 2002/475/JI.
[127] Zum Begriff vgl. Art. 3 Nr. 9 RL (EU) 2016/681 nebst Anhang II der Richtlinie. Als „schwer" gelten Straftaten bereits, wenn sie mit einem Höchststrafmaß von mindestens drei Jahren Haftstrafe bedroht sind. Die fehlende Definition im Entwurf eines FlugDaG wurde in der Anhörung vor dem Bundestag noch von Sachverständigen gerügt, vgl. etwa *Arzt*, Stellungnahme BT-Ausschussdrucksache 18 (4) 689 F, S. 4/17.
[128] Vgl. Art. 7 Abs. 5 RL (EU) 2016/681.
[129] Zum Begriff vgl. Art. 3 Nr. 2 RL (EU) 2016/681.
[130] RL 2004/82/EG des Rates vom 29. April 2004 über die Verpflichtung von Beförderungsunternehmen, Angaben über die beförderten Personen zu übermitteln (ABl. 2004 L 261, 24 v. 6.8.2004).

staaten, auch EU-Binnenflüge in das System einzubeziehen. Die Daten sind in dem Informationssystem fünf Jahre vorzuhalten, nach sechs Monaten werden sie allerdings in dem Sinne „depersonalisiert", dass die Identität nicht mehr unmittelbar dem Datensatz entnommen werden kann. Eine Aufhebung der Depersonalisierung ist allerdings unter bestimmten Voraussetzungen möglich.[131]

In Deutschland wird die RL (EU) 2016/681 durch das **Fluggastdatengesetz**[132] umge- 50 setzt. Die Funktion der nationalen PNR-Zentralstelle wird durch das BKA wahrgenommen, das auch das Fluggastdaten-Informationssystem führt. Von der Möglichkeit zur Erfassung von EU-Flügen hat Deutschland im Fluggastdatengesetz insofern Gebrauch gemacht, als alle nicht innerhalb Deutschlands durchgeführten Flüge eine Übermittlungspflicht auslösen, § 2 Abs. 3 FlugGDaG. Die Übermittlung von PNR-Daten ist dazu bestimmt, vor Abflug oder Ankunft eines Flugzeugs in einem EU-Mitgliedstaat durch automatisierte Verfahren systematisch analysiert zu werden. Sie beruhen auf im Voraus festgelegte Modelle und Kriterien. Die Daten werden teilweise auch automatisiert überprüft, indem sie mit anderen Datenbanken abgeglichen werden.[133]

Wie die Vorratsdatenspeicherung greifen auch die verschiedenen Verarbeitungsvorgänge 51 zur Erfassung von PNR-Daten in das Grundrecht auf Privatleben aus Art. 7 GRCh[134] und auf Datenschutz aus Art. 8 GRCh[135] ein. Seine **EU-Rechtskonformität** ist ebenfalls umstritten.[136] Im Unterschied zur Vorratsdatenspeicherung sind nicht die Luftfahrtunternehmen zur vorsorglichen Speicherung der PNR-Daten, sondern zu ihrer rechtzeitigen Übermittlung an die zuständige PNR-Zentralstelle verpflichtet. Gesonderte Grundrechtseingriffe bestehen dann in der Speicherung im Fluggastdaten-Informationssystem sowie den Datenzugang zu ihrer Verwendung durch die Behörden. Die Grundrechtseingriffe sind schon bei isolierter Betrachtung jeweils nicht unerheblich, weil bereits die übermittelten Daten als solche **bedeutsame Informationen über das Privatleben** der betreffenden Personen liefern.[137] So können die zuständigen Behörden anhand der Angaben einen gesamten Reiseverlauf, gewisse Reisegewohnheiten, Beziehungen zwischen zwei oder mehreren Personen (falls sie zusammen reisen) sowie Informationen über ihre finanzielle Situation nachvollziehen. Da die Daten über einen längeren Zeitraum zu speichern sind, ist bei Vielfliegern zudem die Erstellung von umfassenden **Bewegungsprofilen** möglich. Die vorgesehenen **Abgleiche von PNR-Daten** mit anderen Datenbanken erhöhen die Eingriffsintensität, weil die Behörden durch sie weitere Informationen über das Privatleben der Fluggäste erlangen können.[138] Im Ergebnis stellen die Übermittlung der PNR-Daten und ihre anschließende Erfassung bei der PNR-Zentralstelle wohl unstreitig erhebliche Grundrechtseingriffe dar.[139] Abrufe aus dem Fluggastdaten-Informationssystem stellen weitere Grundrechtseingriffe dar.

Die Anforderungen an eine grundrechtskonforme Verwendung von PNR-Daten ähneln 52 denen der Vorratsdatenspeicherung. Für die grundrechtliche Würdigung ist zunächst von Bedeutung, dass die **Übermittlung von PNR-Daten** eine **Zweckänderung** in dem

---

[131] Vgl. Art. 12 RL (EU) 2016/681.
[132] Gesetz über die Verarbeitung von Fluggastdaten zur Umsetzung der RL (EU) 2016/681 (Fluggastdatengesetz – FlugGDaG) v. 6.6.2017 (BGBl. 2017 I 1484).
[133] Vgl. zB EuGH, Gutachten 1/15 v. 26.7.2017, ZD 2018, 23 (28 Rn. 131).
[134] EuGH, Gutachten 1/15 v. 26.7.2017, ZD 2018, 23 (27 Rn. 122).
[135] EuGH, Gutachten 1/15 v. 26.7.2017, ZD 2018, 23 (27 Rn. 123).
[136] Siehe insbesondere BT-Ausschussdrucksachen 18 (4) 869, wobei zu beachten ist, dass die Gutachten vor Veröffentlichung des EuGH-Gutachtens 1/15 v. 26.7.2017 erstellt wurden.
[137] Vgl. dazu EuGH, Gutachten 1/15 v. 26.7.2017, ZD 2018, 23 (28 Rn. 128). Zu beachten ist dabei allerdings, der zwischen der EU und Kanada ausgehandelte Datensatz auch sensible Daten etwa zu Essgewohnheiten enthielt, die in RL (EU) 2016/681 nicht mehr vorgesehen sind.
[138] Vgl. dazu EuGH, Gutachten 1/15 v. 26.7.2017, ZD 2018, 23 (28 Rn. 131). Zuvor bereits der Sachverständige *Arzt*, Stellungnahme BT-Ausschussdrucksache 18 (4) 689, S. 5–6/17.
[139] Die hohe Eingriffsintensität wurde in der Anhörung zum Entwurf des FlugGDaG auch von Sachverständigen erkannt, die das Gesetz im Ergebnis stützten, vgl. zB Sachverständiger *Wollenschläger*, Stellungnahme BT-Ausschussdrucksache 18 (4) 869 E, S. 4.

Sinne verlangt, dass mit der Push-Übermittlung von PNR-Daten ein anderer Zweck als der verfolgt wird, für den die Luftfahrtunternehmen Daten ursprünglich erhoben haben.[140] Die Kontrollen durch die zuständigen Behörden und die Datenabgleiche aus Anlass des Grenzübertritts dienen der Sicherheits- und Grenzkontrolle und damit einem legitimen Zweck. Die weitere **Aufbewahrung der PNR-Daten durch die nationale PNR-Zentralstelle** über den Aufenthalt und die Reisedauer hinaus hingegen stellt eine „**klassische" Vorratsdatenspeicherung** dar. Umstritten ist, ob § 4 Abs. 5 FlugDaG als einheitliche Übermittlungs- und Abfragebefugnis verstanden werden kann, die allerdings wohl unstreitig aus Kompetenzgründen keinen Abruf durch Landesbehörden legitimieren kann.[141]

53 Für die **Verhältnismäßigkeitsprüfung** relevant ist zunächst der Umstand, dass PNR-Daten zwar durchaus aussagekräftige Informationen über das Privatleben offenbaren, sich aber immerhin auf bestimmte Aspekte des Privatlebens (nämlich Reisebewegungen mit dem Flugzeug) beschränken. Zudem sieht die RL (EU) 2016/681 eine gewisse Qualifizierung des legitimen Verwendungszweckes vor, indem der Datenzugang jedenfalls im Grundsatz auf die Bekämpfung terroristischer Straftaten und „schwerer" Kriminalität begrenzt ist. Unter anderem diese Aspekte sprechen für ein eher geringeres Eingriffsgewicht gegenüber der Vorratsdatenspeicherung. Andererseits ist zu bedenken, dass das vorgesehene Push-Verfahren dazu führt, dass die nationalen PNR-Zentralstellen einen unmittelbaren Zugriff auf die Daten erhalten und zudem automatisierte Datenabgleichverfahren durchgeführt werden. Solche Datenabgleiche, zumal wenn sie mit einer gewissen Fehlerquote verbunden sind, erhöhen das Risiko für die betroffenen Personen, teilweise auch ungerechtfertigten Folgemaßnahmen ausgesetzt zu werden.[142] Das ist bei der Ausgestaltung der jeweiligen Verfahren zur Auswertung von PNR-Daten zu berücksichtigen.

54 Auch für die Rechtfertigung der **Verwendung von PNR-Daten** ist zu verlangen, dass sie stets objektiven Kriterien genügen muss, die einen **Zusammenhang zwischen den gespeicherten Daten und dem verfolgten Ziel herstellen.**[143] Da PNR-Daten bei Drittstaatsflügen in der Regel vor allem Sicherheits- und Grenzkontrollen dienen, spricht deshalb vieles dafür, dass die RL (EU) 2016/681 Datenverarbeitungen vorsieht, die zumindest in zeitlicher Hinsicht weit über das unbedingt erforderliche Maß hinausgehen: Sie begrenzt die Aufbewahrungsdauer nicht auf die Zeitspanne, innerhalb der sich ein Fluggast im EU-Mitgliedstaat bzw. im Begriff ist, mithilfe eines Flugzeugs in die EU einzureisen oder aus der EU auszureisen. Schon deshalb verlässt sie den inhaltlichen Zusammenhang zwischen den personenbezogenen PNR-Daten und dem verfolgten Ziel. Denn üblicherweise werden Fluggäste vor ihrer Einreise und vor Abreise unter Sicherheitsaspekten kontrolliert.[144]

55 Für die Dauer eines Aufenthalts im EU-Mitgliedstaat bedarf es neuer, objektiver Anhaltspunkte, dass die Verwendung von PNR-Daten über die Kontrolle hinaus einen Beitrag zur Bekämpfung terroristischer Straftaten oder schwerer Straftaten erforderlich ist. Hierfür sind die Maßstäbe des behördlichen Zugriffs auf Vorratsdaten übertragbar, insbesondere bedarf der Zugriff einer vorherigen unabhängigen Kontrolle. Nach Art. 19 RL (EU) 2016/681 ist die Richtlinie zu überprüfen. Der dazu ergangene Bericht der EU-Kommission fällt vorsichtig positiv, allerdings auch sehr vage aus.[145] Ein etwaiger **Überarbeitungsbedarf** wird den **Ausgang mehrerer Vorabentscheidungsersuchen beim EuGH** geknüpft, welche die Grundrechtskonformität der Richtlinie betreffen.[146]

---

[140] Vgl. dazu EuGH, Gutachten 1/15 v. 26.7.2017, ZD 2018, 23 (29 Rn. 142).
[141] Vgl. bejahend Sachverständiger *Wollenschläger*, Stellungnahme BT-Ausschussdrucksache 18 (4) 869 E, S. 62. *Arzt*, Stellungnahme BT-Ausschussdrucksache 18 (4) 869 F, S. 14/17 sieht die Vorschrift als unbestimmt an.
[142] Vgl. dazu EuGH, Gutachten 1/15 v. 26.7.2017, ZD 2018, 23 (31 Rn. 169).
[143] Vgl. dazu EuGH, Gutachten 1/15 v. 26.7.2017, ZD 2018, 23 (33 Rn. 191).
[144] Vgl. dazu EuGH, Gutachten 1/15 v. 26.7.2017, ZD 2018, 23 (34 Rn. 204).
[145] Vgl. Kommission, Bericht v. 24.7.2020, COM(2020) 305 final.
[146] ZB Rechtssachen C-817/19, C-215/20, C-222/20, C-486/20 sowie verbundene Rechtssachen C-148/20, C-149/20, C-150/20.

Unabhängig von der RL (EU) 2016/681 existieren mehrere Abkommen der EU mit 56
Drittstaaten über die Verarbeitung von Fluggastdaten (**PNR-Abkommen**) vor allem mit
anglo-amerikanischen Drittstaaten.[147] Unter dem 21.9.2020 hat dazu die EU-Kommission
eine einheitliche EU-Außenstrategie zur Übermittlung von PNR-Daten angekündigt.[148]

D. Völkerrechtliche Einordnung

Im politischen Diskurs wird gelegentlich mit Verweis auf die **Cybercrime-Konvention** 57
des Europarats von 2001[149] die Auffassung vertreten, Deutschland sei auch aus völkerrechtlichen Gründen zur Vorratsdatenspeicherung verpflichtet.[150]

Bei näherer Betrachtung hält diese Auffassung einer rechtlichen Prüfung nicht stand. Die 58
Cybercrime-Konvention des Europarats verpflichtet gem. Art. 16 Abs. 1 dazu „die erforderlichen gesetzgeberischen und anderen Maßnahmen" zu ergreifen, „damit ihre zuständigen Behörden die umgehende Sicherung bestimmter Computerdaten einschließlich Verkehrsdaten, die mittels eines Computersystems gespeichert wurden, anordnen oder in
ähnlicher Weise bewirken können, insbesondere wenn Gründe zu der Annahme bestehen,
dass bei diesen Computerdaten eine besondere Gefahr des Verlusts oder der Veränderung
besteht." Nach Art. 20 haben die Vertragsstaaten sicherzustellen, dass die zuständigen
Behörden gegenüber Dienstanbieter anordnen können, Telekommunikations-Verkehrsdaten in Echtzeit zu speichern. Der Sache nach verpflichtet die Cybercrime-Convention
die Mitgliedstaaten also lediglich zur Einführung eines Quick-Freeze-Verfahrens, nicht
aber zur Vorratsdatenspeicherung.

Eine völkerrechtliche Verpflichtung der Bundesrepublik Deutschland zur Einführung 59
einer Vorratsdatenspeicherung besteht mithin nicht.

E. Vorratsdatenspeicherung von Verkehrs- und Standortdaten nach deutschem Recht

Deutschland ist der Mitgliedstaat der EU, der die Vorgaben der RL 2006/24/EG nicht 60
umgesetzt hatte, als der EuGH diese Richtlinie im Jahr 2014 für ungültig erklärte.[151] Dabei
hatte der Bundesgesetzgeber zunächst mit dem **Gesetz zur Neuregelung der Telekommunikationsüberwachung und anderer verdeckter Ermittlungsmaßnahmen sowie
zur Umsetzung der RL 2006/24/EG** ein Umsetzungsgesetz verabschiedet.[152]

Dieses **Gesetz** wurde allerdings **wegen Verstoßes gegen das Fernmeldegeheimnis** 61
aus Art. 10 Abs. 1 GG angegriffen[153] und vom BVerfG **für nichtig erklärt**.[154] Das
BVerfG stellte allerdings fest, die von der RL 2006/24/EG vorgesehene anlasslose und
allgemeine Vorratsspeicherung von Telekommunikations-Verkehrsdaten sei „nicht
schlechthin" mit Art. 10 Abs. 1 GG unvereinbar.[155] Ausgehend von einem erheblichen

---

[147] Siehe Abkommen EU-Australien v. 14.7.2012, ABl. 2012 L 186, 4; Abkommen EU-USA v. 11.8.2012, ABl. 2012 L 215, 5; vgl. auch Art. 63 Abs. 1 lit. g Abkommen über den Austritt des Vereinigten König-reichs Großbritannien und Nordirland aus der Europäischen Union und den Binnenmarkt v. 31.1.2020, ABl. 2020 L 029, 7.
[148] Kommission, Pressemitteilung v. 21.9.2020, IP /10/1150.
[149] Zur deutschsprachigen Fassung vgl. Gesetz zu dem Übereinkommen des Europarats v. 23.11.2001 über Computerkriminalität (BGBl. 2008 II 1242).
[150] So tendenziell auch Franosch, Stellungnahme vom 15.9.2015 zu BT-Drs. 6391, 21.
[151] Wissenschaftliche Dienste des Deutschen Bundestags, WD 3–3000-088/15, S. 3.
[152] Gesetz v. 21.12.2007 (BGBl. 2007 I 3198).
[153] Ähnliche Klagen wurden in Bulgarien, Irland, den Niederlanden, Österreich, Rumänien, der Slowakei, Tschechien, Ungarn und Zypern erhoben; vgl. unter anderem *Boehm/Cole*, Data Retention after the Judgement of the Court of Justice of the European Union, 2014, 19 ff.
[154] BVerfGE 125, 260 = NJW 2010, 833. Weitgehend zustimmende Besprechung etwa von *Schramm/Wegener* MMR 2011, 9 ff. Urteilsbesprechungen unter anderem von *Petri* RDV 2010, 197 ff. und *Roßnagel* NJW 2010, 1238 ff. sowie die nachfolgend Zitierten.
[155] Kritisch dazu *Forgó/Krügel* KR 2010, 217 (219), die unter anderem sinngemäß rügen, dass die Festlegung der Sechsmonatsfrist als Obergrenze der Verhältnismäßigkeit willkürlich sei.

Gestaltungsspielraum, den die RL 2006/24/EG der Bundesrepublik Deutschland belasse, könne die Richtlinie ohne Verstoß gegen die Grundrechte des Grundgesetzes umgesetzt werden. Deshalb komme es auf einen etwaigen Vorrang dieser Richtlinie gegenüber dem nationalen Verfassungsrecht nicht an. Das BVerfG sah vor diesem Hintergrund keine Veranlassung, die Frage der Vereinbarkeit der Richtlinie mit der Charta der Grundrechte der EU dem EuGH vorzulegen.[156] Die Erforderlichkeit der Vorratsdatenspeicherung wurde vom BVerfG mit nur knapper Begründung bejaht.[157] Insoweit beschränkte sich das BVerfG im Wesentlichen auf die Feststellung, das Quick-Freeze-Verfahren sei als milderes Mittel nicht ebenso wirksam wie eine kontinuierliche Speicherung, die das Vorhandensein eines vollständigen Datenbestands für die letzten sechs Monate gewährleiste.[158] Hingegen befasste sich das BVerfG nicht ausdrücklich mit der Frage, ob der vorgesehene Umfang der Vorratsdatenspeicherung für die Kriminalitätsbekämpfung notwendig sei. Stattdessen erklärte das Gericht das Umsetzungsgesetz für grundrechtswidrig, weil es angesichts der extrem hohen Eingriffsintensität[159] an einer angemessenen Ausgestaltung der Maßnahme gefehlt habe. Gerügt wurden Defizite hinsichtlich der Datensicherheit, des Umfangs der Datenverwendung, der Transparenz und des Rechtsschutzes.[160]

62 **Angesichts der überholenden Rechtsprechung** des EuGH (siehe ausführlich unter → Rn. 25 ff.) ist es allerdings zweifelhaft, inwieweit die Maßstäbe des BVerfG unmittelbar auf eine jetzt verfassungsrechtlich gebotene Gestaltung einer nationalen Regelung zur Vorratsdatenspeicherung übertragbar sind. Das gilt ungeachtet des Umstands, dass die Maßstäbe des BVerfG und der neueren Rechtsprechung des EuGH nicht weit auseinander zu liegen scheinen. In seinem zweiten Beschluss zur Bestandsdatenauskunft[161] etwa scheint das BVerfG zwar in weiten Teilen seine Rechtsprechung zur Vorratsdatenspeicherung zu bestätigen. Ungeachtet der parallelen Geltung der Grundrechte des Grundgesetzes und der Charta der Grundrechte bei nicht vollständig vereinheitlichtem EU-Recht[162] wird aber auch das Bemühen des BVerfG deutlich, seine verfassungsrechtlichen Maßstäbe in Einklang mit den grundrechtlichen Maßstäben des EuGH und des EGMR zu bringen.[163]

63 Gleichwohl enthält die Entscheidung zur Vorratsdatenspeicherung **für den nationalen Grundrechtsschutz besondere Akzente.** Das gilt namentlich für die Feststellung, dass eine Gesetzgebung, „die auf eine möglichst flächendeckende vorsorgliche Speicherung aller für die Strafverfolgung oder Gefahrenprävention nützlichen Daten zielte"[164], von vornherein mit der Verfassung unvereinbar wäre. „Dass die Freiheitswahrnehmung der Bürger nicht total erfasst und registriert werden darf, gehört zur verfassungsrechtlichen Identität der Bundesrepublik Deutschland, für deren Wahrung sich die Bundesrepublik in europäischen und internationalen Zusammenhängen einsetzen muss."[165] Aus diesem Identitätsmerkmal der deutschen Verfassung hat insbesondere *Roßnagel* das Erfordernis einer **„Überwachungs-Gesamtrechnung"** abgeleitet.[166] Unabhängig von der Begriffswahl führt nach

---

[156] BVerfGE 125, 260 (308 f.) = NJW 2010, 833. Die Entscheidung nicht vorzulegen, war Gegenstand heftiger Kritik der Fachliteratur, vgl. etwa *Bäcker* EuR 2011, 103; *Wolff* NVwZ 2010, 751 ff.; s. auch retrospektiv *Simitis* NJW 2014, 2158 (2159).
[157] Kritisch dazu zB *Petri* ZD 2014, 300.
[158] BVerfGE 125, 260 (318 unter C.IV.3.) = NJW 2010, 833. Kritisch zur Gesamtkonzeption des Urteils *Bäcker* EuR 2011, 103 ff.; aA noch Unabhängiges Landeszentrum für Datenschutz Schleswig-Holstein, Stellungnahme: Vorratsdatenspeicherung von Telefon- und Internetverbindungen, LT-Drs. (SH) 16/1267, 3; *Westphal* EuZW 2006, 555 (558). Die Cybercrime-Konvention von 23.11.2001 (BGBl. 2008 II 1242) sieht in Art. 16 Abs. 1 der Sache nach eine Verpflichtung der Mitgliedstaaten zur Einführung von Quick-Freeze-Verfahren vor.
[159] BVerfGE 125, 260 (318 ff.) = NJW 2010, 833.
[160] BVerfGE 125, 260 (347 ff.) = NJW 2010, 833.
[161] BVerfGE 155, 119 (162 ff.) = ZD 2020, 580 mAnm *Petri*.
[162] Dazu vgl. BVerfGE 155, 119 (165 Rn. 87 f.) = ZD 2020, 580 mAnm *Petri*.
[163] Sehr deutlich wird dies an den zahlreichen Bezugnahmen auf den EuGH und den EGMR in BVerfGE 155, 119 (176 ff.) = ZD 2020, 580 mAnm *Petri*.
[164] BVerfGE 125, 260 (323) = NJW 2010, 833.
[165] BVerfGE 125, 260 (324) = NJW 2010, 833.
[166] *Roßnagel* NJW 2010, 1238 ff.

der Rechtsprechung des BVerfG die Einführung einer Vorratsdatenspeicherung zu einer Verengung der Gestaltungsspielräume des deutschen Gesetzgebers hinsichtlich der Einführung neuer Massenüberwachungsmethoden.[167]

Ungeachtet des Vorstehenden und ohne hierzu noch EU-rechtlich verpflichtet zu sein, hat der deutsche Gesetzgeber erneut eine Vorratsspeicherung von Telekommunikations-Verkehrsdaten und Standortdaten eingeführt. Das **Gesetz zur Einführung einer Speicherpflicht und einer Höchstspeicherfrist für Verkehrsdaten**[168] sieht in § 113b TKG die Verpflichtung aller Erbringer öffentlich zugänglicher Telekommunikationsdienste für Endnutzer vor, alle Verkehrsdaten elektronischer Kommunikationsdienste ohne Anlass für zehn Wochen zu speichern. Bei mobilen TK-Geräten sind überdies die Standortdaten für vier Wochen auf Vorrat zu speichern. Die zu speichernden Daten unterliegen einer strengen Zweckbindung. Sie dürfen nach § 113c Abs. 1 TKG nur – bei entsprechendem Verlangen – an eine Strafverfolgungsbehörde zur Verfolgung von besonders schweren Straftaten iSd § 100g Abs. 2 StPO oder an eine Gefahrenabwehrbehörde zur Abwehr besonders qualifizierter Gefahren übermittelt werden. Weniger strenge Maßstäbe gelten für die Auskunft über die Zuordnung von IP-Adressen nach Maßgabe des § 113c Abs. 1 Nr. 3, § 113 Abs. 1 S. 3 TKG. 64

Nach wohl überwiegender Auffassung in der Fachliteratur dürfte die gegenwärtige Regelung zur Verkehrsdatenspeicherpflicht jedenfalls nicht in allen Punkten den unter → Rn. 25 ff. dargelegten EU-Vorgaben entsprechen.[169] Anträge auf **einstweilige Außerkraftsetzung** der Regelungen wurden vom BVerfG allerdings im Hinblick auf die strengen Zugriffsregelungen des § 100g StPO ebenso abgelehnt, wie auf die Vorlage beim EuGH gerichtete Hilfsanträge.[170] Demgegenüber hat das OVG Münster mit Beschluss vom 22.6.2017 die gesetzlich vorgesehene Pflicht der Telekommunikationsdienstleister zur Vorratsdatenspeicherung einstweilig ausgesetzt, weil sie nicht im Einklang mit Art. 15 Abs. 1 RL 2002/58/EG zu bringen sei.[171] 65

Die nach deutschem Gesetzesrecht vorgesehene Pflicht zur anlasslosen Speicherung von Telekommunikations-Verkehrsdaten ist **Gegenstand eines Vorabentscheidungsverfahrens beim EuGH,** über das noch nicht entschieden ist.[172] Kritisch zu beurteilen ist die Regelung, wonach die Speicherung dem Gesetzeswortlaut nach noch allgemein und unterschiedslos vorzunehmen ist, was den unter → Rn. 26 ff. dargestellten differenzierten EU-rechtlichen Anforderungen an eine nationale Regelung einer Vorratsdatenspeicherung wohl zuwiderläuft.[173] Es bleibt abzuwarten, ob der EuGH die deutsche Gesamtkonzeption mit einschränkenden Regelungen zu den erfassten Kommunikationsmitteln, Datenkategorien und Speicherzeiträumen, sowie zur technisch-organisatorischen Ausgestaltung und Datenabrufregeln noch von Art. 15 Abs. 1 RL 2002/58/EG abgedeckt sehen wird.[174] 66

---

[167] Vgl. dazu auch *Knierim* ZD 2011, 17 ff., die – ungeachtet der Frage der Justiziabilität – bereits in der Kumulation von Vorratsspeicherung von TK- und Fluggastdaten das Verbot einer umfassenden Überwachung verletzt sieht. Tendenziell wohl auch Sachverständiger *Arzt*, Stellungnahme Ausschussdrucksache 18 (4) 689, S. 11/17.
[168] Gesetz v. 10.12.2015 (BGBl. 2015 I 2218).
[169] So auch: Wissenschaftliche Dienste des Deutschen Bundestags, Ausarbeitung WD 3–3000-240/20, S. 10; Unterabteilung Europa, Fachbereich Europa des Deutschen Bundestags, Ausarbeitung PE 6 – 3000 – 167/16. Äußerst kritisch *Rößner* K&R 2017, 560 ff.
[170] Vgl. zB BVerfG ZD 2016, 433 (434 Rn. 11). Kritisch dazu *Rößner* K&R 2017, 560 ff.
[171] OVG Münster NVwZ-RR 2018, 43. Anders noch VG Köln BeckRS 2017, 102147.
[172] Vgl. BVerwG NVwZ 2020, 1108. Das Verfahren wird beim EuGH unter dem Aktenzeichen C-793/19 geführt. Kritisch zum Vorlagebeschluss *Hammer/Müllmann* K&R 2020, 103 (104).
[173] Ähnlich auch Wissenschaftliche Dienste des Deutschen Bundestags, WD 3–3000-240/20, S. 10 f.
[174] So tendenziell BVerwG NVwZ 2020, 1108, aA zB *Hammer/Müllmann* K&R 2020, 103 (104 ff.): Das BVerwG gehe von falschen Voraussetzungen aus, soweit es gegen ein vollständiges Verbot der Vorratsdatenspeicherung argumentiere. Demgegenüber wahre der EuGH auf Grundlage der GRCh die Grundrechtsstandards innerhalb der EU.

F. Entwicklung der Vorratsdatenspeicherung in der EU und in Deutschland

I. Entwicklung bis Juni 2021

67 Die **Geschichte der Vorratsspeicherung von Telekommunikations-Verkehrsdaten** beginnt in den 1990er Jahren mit der Liberalisierung des öffentlichen Sprachtelefondienstes und der Netzinfrastruktur. Bereits im Rahmen des Gesetzgebungsverfahrens zum Entwurf eines Telekommunikationsgesetzes (TKG) forderte der Bundesrat die Bundesregierung auf, Regelungen zur Gewährleistung einer wirksamen Strafverfolgung „Verfahren zur technischen Umsetzung von Überwachungsmaßnahmen in Telekommunikationsanlagen, die für den privaten Verkehr bestimmt sind", zu prüfen.[175]

68 Auf EU-Ebene sah zunächst die RL 97/66/EG[176] die Möglichkeit vor, dass Mitgliedstaaten gegebenenfalls Rechtsvorschriften zur Vorratsdatenspeicherung zum Schutz der öffentlichen Sicherheit und Ordnung, zur Landesverteidigung und zur Anwendung strafrechtlicher Bestimmungen erlassen. Die RL 97/66/EG wurde durch die sog. „E-Privacy"-RL 2002/58/EG[177] ersetzt. Auch diese Richtlinie sah im Grundsatz vor, dass Anbieter von elektronischen Kommunikationsdiensten Verkehrsdaten grundsätzlich zu löschen haben, sobald sie für die Übertragung von Nachrichten oder zu Abrechnungszwecken nicht mehr benötigt werden (Art. 6, 9) oder die betroffene Person nicht ausnahmsweise in eine andere Verwendung einwilligt. Ähnlich wie die Vorgängerrichtlinie 97/66/EG erlaubt auch die **E-Privacy-Richtlinie** es den Mitgliedstaaten in Art. 15 Abs. 1 S. 1, die Rechte und Pflichten nach der E-Privacy-Richtlinie zu beschränken, „sofern eine solche Beschränkung … für die nationale Sicherheit, die Landesverteidigung, die öffentliche Sicherheit sowie die Verhütung, Ermittlung, Feststellung und Verfolgung von Straftaten oder des unzulässigen Gebrauchs von elektronischen Kommunikationssystems in einer demokratischen Gesellschaft notwendig, angemessen und verhältnismäßig ist." Nach Art. 15 Abs. 1 S. 2 können die Mitgliedstaaten zu diesem Zweck Rechtsvorschriften vorsehen, dass Verkehrsdaten während einer begrenzten Zeit aufbewahrt werden. Die Kommission vertrat dazu im Jahr 2002 die Auffassung, „bestimmte Vorschriften zur Speicherung von Verkehrsdaten" und die Menschenrechte seien nicht automatisch inkompatibel.[178]

69 Angesichts der EU-rechtlichen Bestimmungen gingen vom **Bundesrat** mehrere **Initiativen zur Einführung einer Vorratsdatenspeicherung** aus. So schlug der Bundesrat 2002 im Rahmen einer Gesetzesinitiative „zur Verbesserung der Ermittlungsmaßnahmen wegen des Verdachts sexuellen Missbrauchs von Kindern und der Vollstreckung freiheitsentziehender Sanktionen" vor, in § 89 TKG die Einführung einer Mindestspeicherfrist zuzulassen und in einem § 6a TDDSG die Bundesregierung zum Erlass einer Verordnung mit Vorschriften über eine Vorratsdatenspeicherung zu ermächtigen.[179] Dieser Vorschlag hatte unter anderem wegen grundrechtlichen Bedenken zunächst keinen Erfolg.

70 Offenkundig unter dem Eindruck der Terroranschläge von Madrid im Jahr 2004 und von London im Jahr 2005 legten die EU-Mitgliedstaaten Frankreich, Großbritannien, Irland und Schweden einen gemeinsamen **Vorschlag für einen Rahmenbeschluss zur Vorratsspeicherung von Kommunikationsdaten** vor.[180] Vorgesehen war eine Spei-

---
[175] BT-Drs. 13/4438, 5 (Anlage 2).
[176] RL 97/66/EG des Europäischen Parlaments und des Rats vom 15. Dezember 1997 über die Verarbeitung personenbezogener Daten und den Schutz der Privatsphäre im Bereich der Telekommunikation, ABl. 1997 L 24, 1.
[177] RL 2002/58/EG des Europäischen Parlaments und des Rats vom 12. Juli 2002 über die Verarbeitung personenbezogener Daten und den Schutz der Privatsphäre in der elektronischen Kommunikation (Datenschutzrichtlinie für elektronische Kommunikation), ABl. 2002 L 201, 37.
[178] Stellungnahme Kommission v. 13.11.2002, ABl. 2003 C 222E, 13 f. v. 18.9.2003.
[179] Vgl. BT-Drs. 14/9801, 8.
[180] Vgl. etwa Rat der Europäischen Union v. 20.12.2004, Erläuternder Vermerk: Rahmenbeschluss über die Vorratsspeicherung von Kommunikationsdaten, Ratsdok. 8958/04. Der Vorstoß selbst stammt vom

cherdauer von mindestens 12 und maximal 36 Monaten. Der Vorschlag fand jedoch aufgrund der unterschiedlichen Vorstellungen der Mitgliedstaaten nicht die für die Verabschiedung eines Rahmenbeschlusses nach Art. 34 Abs. 2 lit. b EU-Vertrag erforderliche Einstimmigkeit. Auch stieß der Vorschlag im Europäischen Parlament unter dem Gesichtspunkt der Grundrechtskonformität auf Kritik.[181] Auch in Deutschland lehnte der Bundestag noch im Dezember 2004 mehrheitlich die Einführung einer Vorratsdatenspeicherung ab[182] und forderte wenig später die Bundesregierung auf, diese ablehnende Haltung auch auf EU-Ebene zu vertreten.[183] Erst nach der Bundestagswahl 2005 kam es zu einer Trendwende hin zu einem politischen Bekenntnis zur Vorratsdatenspeicherung.[184]

Vor diesem Hintergrund schlug die **EU-Kommission** vor, statt des ursprünglich ins Auge gefassten Rahmenbeschlusses eine **Richtlinie zur Vorratsdatenspeicherung** zu verabschieden.[185] Dieser Vorschlag mündete – angeblich im schnellsten Gesetzgebungsverfahren der EU-Geschichte[186] – in die Vorratsdatenspeicherungs-RL 2006/24/EG.[187] Sie wurde auf Art. 95 EGV gestützt,[188] der seinerzeit die Annahme von Maßnahmen ermöglichte, die die Errichtung und das Funktionieren des Binnenmarkts zum Gegenstand hatten. Die RL 2006/24/EG wurde also nicht unmittelbar mit der effektiven Bekämpfung von Terrorismus oder Schwerkriminalität begründet,[189] sondern mit der Harmonisierung der Pflichten für Diensteanbieter zur Vorratsspeicherung.[190] Betreiber in manchen Mitgliedstaaten müssten für die Vorratsdatenspeicherung Ausrüstungen kaufen und zum Abruf von Daten für Strafverfolgungsbehörden Personal vorhalten, während dies in anderen Mitgliedstaaten nicht der Fall wäre. Dies führe zu Wettbewerbsverzerrungen auf dem Kommunikationsmarkt.[191]

71

Neben dem Erlass der RL 2006/24/EG wurde die E-Privacy-RL 2002/58/EG durch einen Art. 15 Abs. 1a ergänzt, wonach die Begrenzungen des Art. 15 Abs. 1 nicht für die Vorratsspeicherung nach der RL 2006/24/EG gelten sollten. Nach deren Art. 3, 5, 6 hatten die Mitgliedstaaten eine **Verpflichtung von Diensteanbietern** vorzusehen, abweichend von Art. 5, 6 und 9 E-Privacy-Richtlinie näher bestimmte **Verkehrs- und Standortdaten für einen Zeitraum von sechs Monaten bis zwei Jahren auf Vorrat zu speichern.** Nach Art. 4 RL 2006/24/EG sollten die Mitgliedstaaten die Voraussetzungen für den Zugang der zuständigen Sicherheitsbehörden zu Vorratsdaten grundrechtskonform und verhältnismäßig regeln. Nähere inhaltliche Vorgaben dazu sah die RL 2006/24/EG aus den bereits angedeuteten Kompetenzgründen nicht vor. Eine gegen die gewählte Rechtsgrundlage gerichtete Klage Irlands gab der EuGH im Jahr 2009 – wohl in inhaltlicher Abweichung von seiner bisherigen Rechtsprechungslinie – nicht statt, weil sie weder

72

28.4.2004 und wurde jedenfalls im Wesentlichen mit den Erfordernissen einer effektiven Terrorismusbekämpfung begründet.
[181] Vgl. etwa Berichterstatter des EP Alvaro, Arbeitsdokument vom 21.1.2005, PE 353.459v02-00.
[182] Vgl. BT-Drs. 15/4597.
[183] Vgl. BT-Drs. 15/4748.
[184] Vgl. dazu *Szuba*, Vorratsdatenspeicherung, Dissertation, 2011, 117 f. mwN.
[185] Kommission, Legislativvorschlag für eine Richtlinie über die Vorratsspeicherung von Daten, die bei der Bereitstellung öffentlicher elektronischer Kommunikationsdienste verarbeitet werden, und zur Änderung der RL 2002/58/EG v. 21.9.2005, KOM(2005) 0438 endg.
[186] Vgl. *Gitter/Schnabel* MMR 2007, 411; vorsichtiger *Westphal* EuZW 2006, 555, der „nur" von rekordverdächtiger Schnelle spricht.
[187] RL v. 15.3.2006 über die Vorratsspeicherung von Daten, die bei der Bereitstellung öffentlich zugänglicher elektronischer Kommunikationsdienste oder öffentlicher Kommunikationsnetze erzeugt oder verarbeitet werden, und zur Änderung der RL 2002/58/EG, ABl. 2002 L 105, 54.
[188] An der Richtigkeit der Rechtsgrundlage noch zweifelnd zB *Gitter/Schnabel* MMR 2007, 411 (412 f.); *Simitis* NJW 2006, 2011 (2013); *Westphal* EuZW 2006, 555 (557).
[189] Hierfür gab es noch keine Kompetenz zum Erlass von EG-Richtlinien, das in Betracht kommende Rechtsinstrument wäre der gescheiterte Rahmenbeschluss gewesen.
[190] Vgl. EG 21 RL 2006/24/EG.
[191] Vgl. Kommission, Bewertungsbericht zur Richtlinie über die Vorratsdatenspeicherung (RL 2006/24/EG), KOM (2011) 225 endg., S. 4 (unter 3.2.).

den Zugang zu den Daten durch die zuständigen Behörden harmonisiere.[192] Daraus zog der EuGH die Schlussfolgerung, die RL 2006/24/EG erfasse im Wesentlichen die Tätigkeiten der Dienstleister im betroffenen Sektor des Binnenmarkts.[193] Angesichts des Klagegegenstands ließ der EuGH die Frage der Vereinbarkeit der Richtlinie mit den Grundrechten offen.

73 In der Folge leitete die Kommission gegen mehrere Mitgliedstaaten **Vertragsverletzungsverfahren** wegen Nichtumsetzung der RL 2006/24/EG ein. Deutschland versuchte zunächst, die Vorratsdatenspeicherungsrichtlinie mit dem „Gesetz zur Neuregelung der Telekommunikationsüberwachung und anderer verdeckter Ermittlungsmaßnahmen sowie zur Umsetzung der RL 2006/24/EG"[194] umzusetzen. Ein neuer § 113b TKG verpflichtete geschäftsmäßige Anbieter von Telekommunikationsdiensten zu einer sechsmonatigen Speicherung von Telekommunikations-Verkehrsdaten, ein § 113a Abs. 3 TKG ermöglichte die Übermittlung der Verkehrsdaten an Strafverfolgungs- und Gefahrenabwehrbehörden sowie an Nachrichtendienste. § 100g Abs. 1 S. 1 StPO begründete eine dieser Übermittlungsbefugnis spiegelbildliche Zugriffsbefugnis der Strafverfolgungsbehörden. Allerdings wurden diese Regelungen vom Bundesverfassungsgericht für unvereinbar mit dem Fernmeldegeheimnis und damit für nichtig erklärt (→ Rn. 60 ff.).[195]

74 Die Mitgliedstaaten Österreich[196] und Schweden[197] wurden hingegen antragsgemäß verurteilt. **Aus verfahrensrechtlichen Gründen** konnte jeweils die immer noch **offene Frage nach der Grundrechtskonformität** nicht beantwortet werden.[198] Deutschland entging einer Verurteilung und war Ende 2013 der letzte Mitgliedstaat, der die RL 2006/24/EG nicht umgesetzt hatte.[199]

75 Im Jahre 2014 erklärte der EuGH die **RL 2006/24/EG wegen fehlender Grundrechtskonformität für ungültig**,[200] ohne dabei eine Vorratsdatenspeicherung generell auszuschließen. Damit bestand auch für Deutschland keine Umsetzungsverpflichtung mehr. Gleichwohl hat der **Bundesgesetzgeber** im Jahr 2015 ein **„Gesetz zur Einführung einer Speicherpflicht und einer Höchstspeicherfrist für Verkehrsdaten"** beschlossen.[201] Das Gesetz sieht nun Pflichten zur Vorratsdatenspeicherung in den §§ 113a–g TKG vor. Erbringer öffentlich zugänglicher Telekommunikationsdienste für Endnutzer haben danach alle Verkehrsdaten öffentlich zugänglicher Telefon-, SMS-, MMS- oder ähnlicher Dienste ebenso wie Internetzugangsdienste von allen Teilnehmern ohne Anlass für eine Dauer von zehn Wochen zu speichern. In Bezug auf mobile TK-Dienste sind zudem die jeweiligen Standortdaten für vier Wochen zu erfassen. Die Dienstleister dürfen die Vorratsdaten nur erfassen, um sie nach Maßgabe des § 113c TKG an Sicherheitsbehörden zu

---

[192] Vgl. EuGH Urt. v. 10.2.2009 – C-301/06 Rn. 82 f. (Irland/Parlament). Vgl. dazu kritisch ua *Braum* ZRP 2009, 174: methodische und inhaltliche Unzulänglichkeiten"; *Simitis* NJW 2009, 1782 ff.; *Szuba*, Vorratsdatenspeicherung, Dissertation, 2011, 78 ff. mwN; *Petri* EuZW 2009, 214 f. sowie speziell zu kompetenzrechtlichen Fragestellungen *Terhechte* EuZW 2009, 199 ff.
[193] EuGH Urt. v. 10.2.2009 – C-301/06 Rn. 85.
[194] Gesetz vom 21.12.2007 (BGBl. 2007 I 3198). Dazu vgl. unter anderem *Bär* MMR 2008, 215 ff.; *Zöller* GA 2007, 393 ff.
[195] BVerfGE 125, 260 = NJW 2010, 833 mit Besprechungen unter anderem von *Bäcker* EuR 2011, 103; *Britz* JA 2011, 81; *Hornung/Schnabel* DVBl 2010, 824; *Knierim* ZD 2011, 17; *Petri* DuD 2011, 607; *Roßnagel* NJW 2010, 1238; *Wolff* NVwZ 2010, 751.
[196] EuGH Urt. v. 29.7.2020 – C-189/09, MMR 2010, 783. Zur Gesetzgebungsdebatte in Österreich nach der Verurteilung vgl. *Mersch* MMR-Aktuell 2010, 307862.
[197] EuGH Urt. v. 30.5.2013 – C-270/11, BeckRS 2013, 81096.
[198] Unter anderem dazu *Petri* RDV 2010, 197 f.
[199] Ein Vertragsverletzungsverfahren gegen die Bundesrepublik Deutschland war von der Kommission eingeleitet worden (Klage vom 31.5.2012 – Rs. C-329/12), kam aber ins Stocken.
[200] EuGH Urt. v. 8.4.2014 – C-293/12, C-594/12 – Digital Rights Ltd. Vorgelegt hatte im Vorabentscheidungsverfahren C-293/12 der High Court von Dublin und im Vorabentscheidungsverfahren C-594/12 der österreichische Verfassungsgerichtshof.
[201] Gesetz v. 10.12.2015 (BGBl. 2015 I 2218). Dazu kritisch *Roßnagel* NJW 2017, 696 (698): Der Gesetzgeber habe die Hauptkritik der EUGH-Entscheidung von 2014 ignoriert, indem er eine anlasslose, flächendeckende und undifferenzierende Vorratsdatenspeicherung eingeführt habe.

übermitteln; die Zugriffsbefugnisse ergeben sich aus dem Fachrecht, wie etwa aus § 100g Abs. 2 StPO für die Strafverfolgungsbehörde oder wie aus dem verfassungsrechtlich umstrittenen Art. 15 Abs. 3 BayVSG für das bayerische Landesamt für Verfassungsschutz.[202] Eine Ausnahme von Kommunikationsprozessen etwa im Hinblick auf Berufsgeheimnisträger sieht das Gesetz nicht vor.[203]

II. Unklare Perspektiven für die weitere Entwicklung der Vorratsdatenspeicherung

Die **weitere Entwicklung der Vorratsdatenspeicherung in Europa** ist gegenwärtig 76 noch nicht absehbar. Zunächst ist ein Verfahren vor dem EuGH anhängig, das sich auf die deutsche Gesetzeslage bezieht.[204] Ein Gesetzgebungsverfahren, das die Ablösung der E-Privacy-RL 2002/58/EG durch eine E-Privacy-Verordnung zum Gegenstand hat, ist im Sommer 2021 noch nicht abgeschlossen gewesen.[205] Der Rat der Europäischen Union vertritt hierzu eine Position, die in Bezug auf die Vorratsdatenspeicherung erkennbar auf eine Absenkung der bisherigen Anforderungen des Art. 15 Abs. 1 RL 2002/58/EG abzielt.[206] Zugleich hat die EU-Kommission in Bezug auf die Vorratsdatenspeicherung angekündigt, „die verfügbaren Optionen prüfen" zu wollen, „mit denen sichergestellt werden könnte, dass Terroristen und andere Straftäter identifiziert und verfolgt werden können, und dass dem EU-Recht in der Auslegung durch dem Gerichtshof Genüge getan wird."[207]

Was die **deutschen Vorschriften** der Strafprozessordnung (StPO) und des Telekom- 77 munikationsgesetzes (TKG) in der Fassung des Gesetzes zur Einführung einer Speicherpflicht und einer Höchstspeicherfrist für Verkehrsdaten anbelangt, läuft ein Vorabentscheidungsverfahren bei EuGH. Gleichzeitig sind mehrere Verfassungsbeschwerden anhängig,[208] die vom BVerfG bereits seit 2018 zur Erledigung ausgeschrieben sind.[209] Es liegt soweit nahe, dass das BVerfG die Entscheidung des EuGH abwarten wird.

§ 23 Erhebung von Daten aus Informationssystemen, insbes. Online-Durchsuchung

Felix Ruppert

Übersicht

	Rn.
A. Daten als Ermittlungsgrundlage	1
B. Rechtlicher Rahmen der Datenerhebung aus Informationssystemen	5
I. Verfassungsrechtlicher Rahmen	5
1. Grundrecht auf informationelle Selbstbestimmung	6

---

[202] Kritisch unter anderem *Dieterle* ZD 2016, 517 (519 ff.) die mit guten Gründen insoweit die Tragfähigkeit bereits der Übermittlungsbefugnis bezweifelt.
[203] Insoweit kritisch unter anderem *Deutscher Anwaltsverein*, Stellungnahme zum Referentenentwurf des BMJV, 2015, 13; *Dix/Kipker/Schaar* ZD 2015, 302; *Roßnagel* NJW 2017, 696 (698).
[204] Vgl. BVerwG, Vorlagebeschluss v. 25.9.2019 – 6 C 12/18, NVwZ 2020, 1108. Das Verfahren wird beim EuGH unter dem Aktenzeichen C-793/19 geführt.
[205] Vgl. EU-Kommission, Vorschlag für eine Verordnung des Europäischen Parlaments und des Rates über die Achtung des Privatlebens und den Schutz personenbezogener Daten in der elektronischen Kommunikation und zur Aufhebung der RL 2002/58/EG (Verordnung über Privatsphäre und elektronische Kommunikation), COM(2017) 010 final.
[206] Ratsdok. 6087/21, 59 (zu Art. 7 Abs. 4).
[207] EU-Kommission, Mitteilung: Eine EU-Agenda für Terrorismusbekämpfung: antizipieren, verhindern, schützen und reagieren, v. 9.12.2020, COM(2020) 795 final, S. 25.
[208] 1 BvR 141/16, 1 BvR 229/16, 1 BvR 2023/16, 1 BvR 2683/16.
[209] Vgl. www.bundesverfassungsgericht.de unter Verfahren / Jahresvorschau / Jahresvorschau 2018.

	Rn.
2. Grundrecht auf Gewährleistung der Vertraulichkeit und Integrität informationstechnischer Systeme	11
3. Grundrechtliche Relevanz der Datenerhebung	15
II. Einfachrechtlicher Rahmen	17
1. Offene Datenerhebung	18
a) Präventive, offene Datenerhebung	20
aa) Durchsuchung	20
bb) Sicherstellung und Beschlagnahme	23
b) Repressive, offene Datenerhebung	27
aa) Durchsuchung	27
bb) Sicherstellung und Beschlagnahme	30
2. Heimliche Datenerhebung – Online-Durchsuchung	31
a) Präventive Online-Durchsuchung	37
aa) Voraussetzungen	38
bb) Datenverwendung und Kernbereichsschutz	40
cc) Datenerhebung und Datengewinnung	48
dd) Subsidiarität	51
ee) Anordnungskompetenz	53
ff) Adressat	57
gg) Begleitmaßnahmen	59
b) Repressive Online-Durchsuchung	62
aa) Voraussetzungen	64
bb) Datenverwendung und Kernbereichsschutz	68
cc) Datenerhebung und Datengewinnung	73
dd) Subsidiarität	76
ee) Anordnungskompetenz	79
ff) Adressat	82
gg) Begleitmaßnahmen	84
C. Rechtsschutz und Kontrolle	85
I. Offene Datenerhebung	85
1. Präventive, offene Datenerhebung	85
2. Repressive, offene Datenerhebung	86
II. Heimliche Datenerhebung	88
1. Präventive Online-Durchsuchung	90
2. Repressive Online-Durchsuchung	92
III. Weiterreichende Schutzpflicht	95
D. Import im Ausland (massenhaft) erhobener Daten	97
I. Verwendung im Ausland erlangter Daten	101
II. Verwertung im Ausland erlangter Daten	108
E. Perspektiven	109
I. Weichen und Reformen	109
II. Reflexionen	112

Literatur:

Bantlin, F., Grundrechtsschutz bei Telekommunikationsüberwachung und Online-Durchsuchung, JuS 2019, 669; *Becker, F.*, Grundrechtliche Grenzen staatlicher Überwachung zur Gefahrenabwehr, NVwZ 2015, 1335; *Blechschmitt, L.*, Zur Einführung von Quellen-TKÜ und Online-Durchsuchung, StraFo 2017, 361; *Blechschmitt, L.*, Strafverfolgung im digitalen Zeitalter, MMR 2018, 361; *Britz, G.*, Vertraulichkeit und Integrität informationstechnischer Systeme, DÖV 2008, 411; *Böckenförde, T.*, Auf dem Weg zur elektronischen Privatsphäre, JZ 2008, 925; *Creemers, N./Guagnin D.*, Datenbanken in der Polizeipraxis: Zur computergestützten Konstruktion von Verdacht, KrimJ 2014, 134; *Egbert, S.*, Datafizierte Polizeiarbeit, in Hunold/Ruch, Polizeiarbeit zwischen Praxishandeln und Rechtsordnung, 2020, 77; *Derin, B./Singelnstein, T.*, „Encrochat" – Verwendung durch verdachtsunabhängige Massenüberwachung im Ausland erlangter Daten in deutschen Strafverfahren, StV 2022, 130; *Derin, B./Singelnstein, T.*, Verwendung und Verwertung von Daten aus massenhaften Eingriffen in informationstechnische Systeme aus dem Ausland (Encrochat), NStZ 2021, 499; *Ehrenberg, W./Frohne, W.*, Doppelfunktionale Maßnahmen der Vollzugspolizei, Kriminalistik 2003, 737; *Eifert, M.*, Informationelle Selbstbestimmung im Internet. Das BVerfG und die Online-Durchsuchungen, NVwZ 2008, 521; *Freiling, F./Safferling, C./Rückert, C.*, Quellen-TKÜ und Online-Durchsuchung als neue Maßnahmen für die Strafverfolgung: Rechtliche und technische Herausforderungen, JR 2018, 9; *Freimuth, C.*, Die Gewährleistung der IT-

Sicherheit Kritischer Infrastrukturen, 2018; *Jäger, C.*, Beweiserhebungs- und Beweisverwertungsverbote als prozessuale Regelungsinstrumente im strafverfolgenden Rechtsstaat, GA 2008, 473; *Johannes, P.*, Analyse offener Datenquellen durch die Polizei: Entgrenzte Internet- und Darknetaufklärung, in Roßnagel/Friedwald/Hansen (Hrsg.), Die Fortentwicklung des Datenschutzes, 2018, 151; *Gercke, M.*, Heimliche Online-Durchsuchung: Anspruch und Wirklichkeit, CR 2007, 245; *Großmann, S.*, Zur repressiven Online-Durchsuchung, GA 2018, 439; *Grözinger, A.*, Heimliche Zugriffe auf die Cloud?, StV 2019, 406; *Hauser, M.*, Das IT-Grundrecht, 2015; *Gurlit, E.*, Verfassungsrechtliche Rahmenbedingungen des Datenschutzes, NJW 2010, 1035; *Hebeler, T./Berg, K.*, Die Grundrechte im Lichte der Digitalisierung, JA 2021, 617; *Heinrich, J.*, Die Durchsuchung in Wirtschaftsstrafverfahren, wistra 2017, 219; *Heinrich, M.*, Surfen im Internet und Cloud Computing zwischen Telekommunikationsüberwachung und Online-Durchsuchung, ZIS 2020, 421; *Heuchemer, M.*, Die Praxis der Hausdurchsuchung und Beschlagnahme und die Wirksamkeit von Rechtsbehelfen im Wirtschaftsstrafrecht, NZWiSt 2012, 137; *Herrmann, D.*, Das Grundrecht auf Gewährleistung der Vertraulichkeit und Integrität informationstechnischer Systeme, 2010; *Hiéramente, M.*, „Räumliche" Grenzen von (IT-)Durchsuchungen in Unternehmen – ein Beitrag zur Abgrenzung zwischen § 102 StPO und § 103 StPO, NStZ 2021, 390; *Hoeren, T.*, Was ist das „Grundrecht auf Integrität und Vertraulichkeit informationstechnischer Systeme"?, MMR 2008, 365; *Hoffmann-Riem, W.*, Der grundrechtliche Schutz der Vertraulichkeit und Integrität eigengenutzter informationstechnischer Systeme, JZ 2008, 1009; *Hofmann, H./Lukosek, F./Schulte-Rudzio, F.*, Das Gewicht der Sicherheit als Herausforderung des liberalen Verfassungsstaates, GSZ 2020, 233; *Kochheim, D.*, Gemengelage und die legendierte Kontrolle, KriPoZ 2017, 316; *Kutscha, M.*, Mehr Schutz von Computerdaten durch ein neues Grundrecht?. NJW 2008, 1042; *Lenk, M.*, Läutet der BGH das Ende der Schwerpunkttheorie ein?, NVwZ 2018, 38; *Lenk, M.*, Vertrauen ist gut, legendierte Kontrollen sind besser…, StV 2017, 692; *Lepsius, O.*, Das Computer-Grundrecht: Herleitung, Funktion, Überzeugungskraft, in Roggan (Hrsg.), Online-Durchsuchungen, 2008, 21; *Löffelmann, M.*, Datenerhebung aus dem „Smart Home" im Sicherheitsrecht, GSZ 2020, 244; *Löffelmann, M.*, Die Zukunft der deutschen Sicherheitsarchitektur – Vorbild Bayern?, GSZ 2018, 85; *Mansdörfer, M.*, Sicherheit und Strafverfahren, GSZ 2018, 45; *Michl, F.*, Sicherstellung von Daten durch die Polizei, NVwZ 2019, 1631; *Mitsch, W.*, Strafverfolgung durch legendierte Verkehrskontrollen, NJW 2017, 3124; *Momsen, C./Bruckmann, P.*, Soziale Netzwerke als Ort der Kriminalität und Ort von Ermittlungen, KriPoZ 2019, 20; *Möstl, M.*, Das Bundesverfassungsgericht und das Polizeirecht, DBVl 2010, 808; *Müller, W./Römer, S.*, Legendierte Kontrollen, NStZ 2012, 543; *Münch, H.*, Polizeiarbeit im digitalen Zeitalter, in Frenz (Hrsg.), Handbuch Industrie 4.0: Recht, Technik, Gesellschaft, 2020, 25; *Nolte, M.*, Doppelfunktionale Maßnahmen in der polizeilichen Praxis, Kriminalistik 2007, 343; *Pauli, G.*, Zur Verwertbarkeit der Erkenntnisse ausländischer Ermittlungsbehörden – EncroChat, NStZ 2021, 146; *Petri, T.*, Das Gesetz zur Neuordnung des bayerischen Polizeirechts, ZD 2018, 453; *Reinbacher, T./Werkmeister, A.*, Zufallsfunde im Strafverfahren, ZStW 130 (2018), 1104; *Roggan, F.*, Das neue BKA-Gesetz – Zur weiteren Zentralisierung der deutschen Sicherheitsarchitektur, NJW 2009, 257; *Roggan, F.*, Die strafprozessuale Quellen-TKÜ und Online-Dursuchung: Elektronische Überwachungsmaßnahmen mit Risiken für Beschuldigte und die Allgemeinheit, StV 2017, 821; *Roggan, F.*, Doppelfunktionalität als polizeiliches Standardproblem, Die Polizei 2008, 112; *Roggan, F.*, Zur Doppelfunktionalität von heimlichen Ermittlungsmaßnahmen am Beispiel der Online-Durchsuchungen, GSZ 2018, 52; *Roth, A.*, EncroChat und kein Ende – Die Verwendung von „Fertig-Beweismitteln" ausländischer Herkunft im deutschen Strafprozess, GSZ 2021, 238; *Roßnagel, A./Schnabel, C.*, Das Grundrecht auf Gewährleistung der Vertraulichkeit und Integrität informationstechnischer Systeme und sein Einfluss auf das Privatrecht, NJW 2008, 3534; *Ruppert, F.*, Das Beweisverwertungsverbot in § 630c Abs. 2 Satz 3 BGB – Anwendungsbereich und Reichweite, HRRS 2015, 448; *Ruppert, F.*, Das Ende der Widerspruchslösung nach dem BGH, ZStW 133 (2021), 522; *Ruppert, F.*, Die moderne Klaviatur der Strafverfolgung im digitalen Zeitalter, Jura 2018, 994; *Ruppert, F.*, Die Neuregelung des strafrechtlichen Geheimnisschutzes, K&R 2017, 609; *Ruppert, F.*, Erheben ist Silber, Verwerten ist Gold?, NZWiSt 2022, 221; *Rux, J.*, Ausforschung privater Rechner durch die Polizei- und Sicherheitsbehörden, JZ 2007, 285; *Sachs, M./Krings, T.*, Das neue „Grundrecht auf Gewährleistung der Vertraulichkeit und Integrität informationstechnischer Systeme", JuS 2008, 481; *Schlegel, S.*, „Online-Durchsuchung light" – Die Änderung des § 110 StPO durch das Gesetz zur Neuregelung der Telekommunikationsüberwachung, HRRS 2008, 23; *Schneider, H.*, Zur Zulässigkeit strafprozessualer Begleitmaßnahmen im Zusammenhang mit dem Abhören des nicht öffentlich gesprochenen Wortes in Kraftfahrzeugen, NStZ 1999, 388; *Singelnstein, T./Derin, B.*, Das Gesetz zur effektiveren und praxistauglicheren Ausgestaltung des Strafverfahrens, NJW 2017, 2646; *Singelnstein, T.*, Predictive Policing, NStZ 2018, 1; *Singelnstein, T.*, Strafprozessuale Verwendungsregelungen zwischen Zweckbindungsgrundsatz und Verwertungsverboten, ZStW 120 (2008), 854; *Singelnstein, T.*, Die strafprozessuale Online-Durchsuchung, NStZ 2018, 497; *Soiné, M.*, Eingriffe in informationstechnische Systeme nach dem Polizeirecht des Bundes und der Länder, NVwZ 2012, 1585; *Sommer, U.*, EncroChat – ein Kapitel in der Geschichte des zerbröselnden europäischen Strafprozesses, 67; *Wahl, T.*, Verwertung von im Ausland überwachter Chatnachrichten im Strafverfahren, ZIS 2021, 452; *Warken, C.*, Elektronische Beweismittel im Strafprozessrecht – eine Momentaufnahme über den deutschen Tellerrand hinaus, Teil 2, NZWiSt 2017, 329; *Wegener, B./Muth, S.*, Das „neue Grundrecht" auf Gewährleistung der Vertraulichkeit und Integrität informationstechnischer Systeme, JuS 2010, 847; *Weinrich, M.*, Die Novellierung des bayerischen Polizeiaufgabengesetzes, NVwZ 2018, 1680; *Zöller, M.*, Möglichkeiten und Grenzen polizeilicher Videoüberwachung, NVwZ 2005, 1235; *Zöller, M.*, Verdachtslose Recherchen und Ermittlungen im Internet, GA 2000, 563.

Hinweis:
Alle Internetfundstellen wurden zuletzt am 20.7.2022 abgerufen.

A. Daten als Ermittlungsgrundlage

1 Informationen werden gemeinhin als Treibstoff polizeilicher Arbeit begriffen.[1] Ist es einerseits ratio essendi des modernen Staates, seinen Bürgern Sicherheit zu gewähren und erwarten diese Bürger andererseits zugleich, angstfrei und sicher leben zu können,[2] so erklärt sich, dass staatliche Intervention nicht einzig auf leicht erkennbare Krisensituationen beschränkt sein kann, sondern dass Instrumente einzusetzen sind, die eine möglichst frühe Aufklärung und Abwehr von sicherheitsrelevanten Gefahren ermöglichen.[3] Die präventive Unterbindung gefährdender Zustände erfordert aber – ebenso wie die Abwehr oder Verfolgung derartiger Zustände – zuvorderst eine ausreichende Informationsgrundlage, um fundierte Entscheidungen zu treffen und effektives polizeiliches Handeln zu ermöglichen.[4] Auch die Ahndung eines Rechtsverstoßes kann lediglich auf Grundlage eines ausreichenden Bestands an Informationen erfolgen.

2 Nicht zuletzt aufgrund der weiterhin fortschreitenden Digitalisierung, welche bereits bisher durch allzeit verfügbare Informations- und Kommunikationskanäle menschliche Daseinsformen, Lebensgewohnheiten und Kommunikation grundlegend umgestaltet hat,[5] wird dieser Treibstoff polizeilicher Arbeit in Gestalt notwendiger Informationen zunehmend aus Daten gewonnen.[6] Die herausragende Bedeutung von Informationssystemen für die menschliche Lebensführung hat für Gefahrenabwehr und Strafverfolgung essentielle Informationen bereits seit längerem kontinuierlich in digitale Sphären verlagert, in denen herkömmliche Ermittlungsmethoden nur wenig Erfolg versprechen.[7] Aber auch der Umstand, dass Täter über alle Kriminalitätsphänomene hinweg international vernetzt moderne Kommunikations- und Speichertechnologien nutzen, erfordert die zunehmende Informationsgewinnung aus dem digitalen Umfeld.[8] Insbesondere – aber nicht nur – im Bereich des internationalen Terrorismus ist zu beobachten, dass seit längerem junge Technologien verwendet werden, um Informationen schnell und anonym auch über Staatsgrenzen hinweg zu transferieren.[9] Die Datenerhebung durch Sicherheitsbehörden stellt damit einen Grundpfeiler moderner Gefahrenabwehr und Strafverfolgung dar, welcher im Zuge der rasanten Entwicklung im Bereich der Kommunikationstechnik noch immer kontinuierlich an Bedeutung gewinnt. Während die Polizei- und Strafverfolgungsbehörden bei der Auswertung frei zugänglicher Daten[10] vor der Aufgabe stehen, unüberschaubare und heterogene Daten gewinnbringend auszuwerten, birgt die gezielte Erhebung nicht öffentlich zugänglicher Daten zwar oftmals einen bedeutenden Erkenntnisgewinn, gestaltet sich in rechtlicher Hinsicht indes ungleich schwieriger.[11] Dieses Kapitel soll daher die rechtlichen Parameter aufzeigen, die es auf dem Weg zur modernen Datenerhebung aus Informationssystemen zu beachten gilt.

---

[1] So auch *Müller/Schwabenbauer* in Lisken/Denninger PolR-HdB G Rn. 1 f.; *Johannes* in Roßnagel/Friedwald/Hansen, Die Fortentwicklung des Datenschutzes, 2018, 151 (152).
[2] *Starck* in Isensee/Kirchhof StaatsR-HdB III § 33 Rn. 3; *Hofmann/Lukosek/Schulte-Rudzio* GSZ 2020, 233 ff.
[3] So bereits *Kreissl* in Hitzler/Peters, Inszenierung: Innere Sicherheit, 1998, 155 ff.
[4] *Müller/Schwabenbauer* in Lisken/Denninger PolR-HdB G Rn. 1.
[5] *Momsen/Bruckmann* KriPoZ 2019, 20 (20); dazu *Graf* in BeckOK StPO, 42. Ed. 1.1.2022, StPO § 100a Rn. 2 ff.; § 100b Rn. 7.
[6] *Johannes* in Roßnagel/Friedwald/Hansen, Die Fortentwicklung des Datenschutzes, 2018, 151 (152); zur Datafizierung der Polizeiarbeit *Egbert* in Hunold/Ruch, Polizeiarbeit zwischen Praxishandeln und Rechtsordnung, 2020, 77 ff.
[7] Näher auch *Soiné* NStZ 2018, 497 (497 f.).
[8] *Bär* in Wabnitz/Janovsky/Schmitt, Handbuch Wirtschafts- und Steuerstrafrecht, 2020, § 28 Rn. 152; *Münch* in Frenz, Handbuch Industrie 4.0, 2020, 25 (26); *Schenke* in Schenke/Graulich/Ruthig, BKAG § 49 Rn. 4; *Creemers/Guagnin* KrimJ 2014, 134 (134 f.).
[9] *Graulich* in Lisken/Denninger PolR-HdB E Rn. 794; vgl. auch BVerfGE 120, 274 = NJW 2008, 822.
[10] Zur Frage der Erforderlichkeit einer Rechtsgrundlage für die polizeiliche Datenerhebung aus allgemein zugänglichen Quellen *Schmidbauer* in Schmidbauer/Steiner PAG Art. 32 Rn. 3 ff. mwN.
[11] Einen Überblick gibt auch *Graulich* in Lisken/Denninger PolR-HdB E Rn. 668.

A. Daten als Ermittlungsgrundlage § 23

Eine Besonderheit der Datenerhebung aus Informationssystemen liegt – verglichen mit herkömmlicher Informationsbeschaffung – in der häufigen Heimlichkeit einer Maßnahme. Nachdem die offene Datenerhebung als Kennzeichen einer nach rechtsstaatlichen Grundsätzen agierenden Polizei gilt, stellt die heimliche Erhebung von Daten eine Besonderheit im Polizeirecht dar.[12] Dies unterstreichen gesetzessystematisch auch die Polizeigesetze zahlreicher Länder, die von dem rechtsstaatlichen Grundsatz der offenen Datenerhebung ausgehen.[13] Offene Eingriffe versprechen bezüglich Informationssystemen häufig allerdings nur wenig Erfolg.[14] Erfolgt ein Eingriff in ein informationstechnisches System verdeckt in Gestalt einer technischen Infiltration, um dessen Nutzung zu überwachen oder die zugehörigen Speichermedien zu durchsuchen, so wird er bisweilen als Online-Durchsuchung begriffen.[15] Dabei wird etwa über die Installation eines Spähprogramms oder das Ausnutzen von Sicherheitslücken des Zielsystems ermöglicht, dessen Nutzung zu überwachen oder Speichermedien einzusehen.[16] Der Begriff des Informationssystems entspricht § 2 Abs. 2 Nr. 1 BSIG und ist weit gefasst, um sämtliche informationstechnischen Systeme zu erfassen, die nach der insofern entwicklungsoffenen Rechtsprechung des Bundesverfassungsgerichts[17] schutzbedürftig sind, etwa Personalcomputer, Tablets oder Smartphones.[18] Im Rahmen einer Online-Durchsuchung wird demnach typischerweise durch das Einschleusen von Spionagesoftware oder das digitale Eindringen in das Zielsystem einmalig oder über einen längeren Zeitraum der Inhalt des Systems heimlich ausgeforscht und an Ermittlungsbehörden übermittelt.[19] Dazu können etwa manuell getätigte Tastatureingaben des Nutzers erfasst und direkt übermittelt (sog. Key-Logger), aber auch verschiedene Daten von den Speichermedien des Zielsystems elektronisch an die Ermittlungsbehörden übertragen werden.[20] Die inhaltliche Reichweite dieser Daten und Dateien erstreckt sich von E-Mails über WhatsApp-Nachrichten, Social-Media-Kontakte und Fotodateien auf sämtliche auf einem IT-System gespeicherten Inhalte.[21] Räumlich beschränkt sich diese Art der Datenerhebung in der Regel nicht auf lokale Speichermedien des Zielsystems, sondern umfasst auch Daten, die auf mit dem Zielsystem vernetzten Systemen gespeichert oder bearbeitet werden (zB auf einer sog. Cloud).[22] So können umfangreich und weitreichend Datenbestände heimlich ausgeforscht oder beschafft werden.

Rechtliche Befugnisse für diese Besonderheit heimlicher Datenerhebung in Gestalt der sog. Online-Durchsuchung finden sich mit präventiver Zielsetzung (etwa § 49 BKAG; Art. 45 BayPAG; Art. 10 BayVSG) sowie nunmehr[23] auch mit repressiver Zielsetzung in § 100b StPO. Damit bestehen seitdem umfangreiche Ermächtigungsgrundlagen zur heimlichen Datenerhebung[24], die aufgrund der Intensität des damit einhergehenden Eingriffs für

3

4

---

[12] Vgl. BVerfGE 133, 277 (328 Abs. 121) = NJW 2013, 1499 (1504 Rn. 121); *Graulich* in Lisken/Denninger PolR-HdB E Rn. 678; *Graulich* in Schenke/Graulich/Ruthig BKAG § 9 Rn. 41.
[13] So zB Art. 31 Abs. 3 Bay-PAG; näher *Petri* in BeckOK PolR Bayern, 17. Ed. 1.9.2021, PAG Art. 31 Rn. 24 ff.; vgl. ferner BVerfGE 133, 277 (328 Abs. 121) = NJW 2013, 1499 (1504 Rn. 121).
[14] *Soiné* NStZ 2018, 497 (497).
[15] So auch BR-Drs. 404/08, 35 und BT-Drs. 18/12785, 54. Auch wenn eine Durchsuchung ansonsten typischerweise offen erfolgt, sodass der Begriff missverständlich erscheint, vgl. *Mansdörfer* GSZ 2018, 45 (47).
[16] BVerfGE 120, 274 = NJW 2008, 822; *Graulich* in Lisken/Denninger PolR-HdB E Rn. 797.
[17] Namentlich jene zum IT-Grundrecht, dazu *Bäcker* in Uerpmann-Wittzack: Das neue Computergrundrecht, 2009, 9 ff.; *Grözinger* StV 2019, 406 (410); s. etwa BVerfGE 120, 274 = NJW 2008, 822; BVerfGE 141, 220 = NJW 2016, 1781. Kritisch zur offenen Umschreibung *Bantlin* JuS 2019, 669 (670).
[18] BR-Drs. 404/08, 70.; *Großmann* GA 2018, 439 (440). Maßgeblich ist, ob das entsprechende System von gewisser Komplexität und Kapazität der Datenverarbeitung ist und ob in ihm Nutzerdaten von nicht unerheblichem Umfang enthalten sind, *Wegener/Muth* JURA 2010, 847 (849).
[19] *Schwabenbauer* Grundrechtseingriffe 72 ff.; exemplarisch BT-Drs. 18/12785, 54.
[20] BR-Drs. 404/08, 80; *Graulich* in Lisken/Denninger PolR-HdB E Rn. 798.
[21] *Momsen/Bruckmann* KriPoZ 2019, 20 (24); *Roggan* StV 2017, 821 (825).
[22] BVerfGE 141, 220 = NJW 2016, 1794 (1781 Rn. 209).
[23] Seit dem 24.8.2017, BGBl. I 2017, S. 2302; dazu BT-Drs. 18/12785, S. 46 f. und *Ruppert* JURA 2018, 994 ff.
[24] Zur vorherigen Unzulässigkeit der repressiven Online-Durchsuchung mangels Ermächtigungsgrundlage etwa BGH NJW 2007, 930.

die Betroffenen als besonders schwerwiegend empfunden werden. So wird etwa § 100b StPO mitunter als schwerster Ermittlungseingriff der Strafprozessordnung begriffen.[25] Aufgrund der herausragenden praktischen Bedeutung sowie Eingriffstiefe der Online-Durchsuchung im Repertoire der Strafverfolgungsbehörden soll auf die Online-Durchsuchung als Hauptfall der Datenerhebung aus informationstechnischen Systemen besonders eingegangen werden.

B. Rechtlicher Rahmen der Datenerhebung aus Informationssystemen

I. Verfassungsrechtlicher Rahmen

5 Die Notwendigkeit der Datenerhebung aus Informationssystemen zu Präventionszwecken bzw. zur Strafverfolgung kollidiert zwangsläufig jedenfalls mit den Grundrechten des betroffenen Nutzers. Nachdem die Datenerhebung aber auf Daten zielt, die noch nicht, überhaupt nicht oder jedenfalls nicht mehr Gegenstand einer laufenden Telekommunikation sind, wird der Schutzbereich des Fernmeldegeheimnisses aus Art. 10 GG typischerweise nicht tangiert.[26] Auch die durch Art. 13 GG gewährte Unverletzlichkeit der Wohnung adressiert mit der räumlichen Sphäre, in der sich das Privatleben entfaltet,[27] gerade nicht das informationstechnische System als solches und schützt dieses damit selbst dann nicht per se vor einer Infiltration, wenn es sich in der geschützten Wohnung befindet.[28] Schließlich wäre der garantierte, raumbezogene Schutz ohnehin bereits aufgrund der Mobilität zahlreicher informationstechnischer Systeme nicht geeignet, eine Gefährdung des informationstechnischen Systems unabhängig der Zugriffsmodalitäten selbst zuverlässig abzuwehren.

1. Grundrecht auf informationelle Selbstbestimmung

6 Die Schutzrichtung hat sich daher nicht an räumlichen, sondern persönlichen Parametern zu orientieren, sodass ein Blick auf das allgemeine Persönlichkeitsrecht angezeigt ist.[29] Dieses gewährleistet in seiner Ausprägung als Schutz der Privatsphäre dem Einzelnen einen räumlich und thematisch bestimmten Bereich, der grundsätzlich frei von unerwünschter Einsichtnahme bleiben soll.[30]

7 Das Recht auf informationelle Selbstbestimmung konkretisiert den Schutz dahingehend, dass es dem Einzelnen die Befugnis gewährt, über die Preisgabe und Verwendung seiner persönlichen Daten grundsätzlich selbst zu bestimmen.[31] Der grundrechtliche Schutz von Verhaltensfreiheit und Privatheit wird bereits auf die Stufe der Persönlichkeitsgefährdung vorverlagert, etwa wenn personenbezogene Informationen in einer Art und Weise genutzt und verknüpft werden können, die der Betroffene weder einsehen, noch unterbinden kann. Dementsprechend beschränkt sich der durch das Recht auf informationelle Selbstbestim-

---

[25] So etwa *Gleizer* in Hilgendorf/Kusche/Valerius, Festgabe Forschungsstelle Robotrecht, 2020, 535 (537) und *Singelnstein/Derin* NJW 2017, 2646 (2647); *Graulich* in Lisken/Denninger PolR-HdB E Rn. 794 zählt sie zu den „allerschwersten Rechtseingriffen"; ebenso *Grözinger* in MAH Strafverteidigung § 50 Rn. 291.
[26] BVerfGE 120, 274 Rn. 190 = NJW 2008, 822 (826 Rn. 190).
[27] BVerfGE 89, 1 (12) = NJW 1993, 2035 (2036 f.); BVerfGE 103, 142 (150 f.) = NJW 2011, 1121 (1122); welche vor einem Einblick mittels akustischer oder optischer Hilfsmittel ebenso zu schützen ist wie vor einer Messung elektromagnetischer Abstrahlungen, mit denen die *Nutzung* eines informationstechnischen Systems innerhalb dieser Sphäre nachgewiesen werden kann, BVerfGE 120, 274 Rn. 192 = NJW 2008, 822 (826 Rn. 192).
[28] BVerfGE 120, 274 Rn. 192 = NJW 2008, 822 (826 Rn. 192); *Beulke/Meininghaus* StV 2007, 63 (64); *Gercke* CR 2007, 245 (250); aA *Rux* JZ 2007, 285 (292 ff.).
[29] Ferner steht der Schutz personenbezogener Daten nicht zwangsläufig im Zusammenhang mit der Meinungsbildung, sodass eine grundrechtliche Verortung in Art. 5 Abs. 1 S. 1 GG ausscheidet, BVerfGE 65, 1 (40 f.) = NJW 1984, 419; *Gersdorf* in Gersdorf/Paal, Informations- und Medienrecht, 2021, GG Art. 2 Rn. 16.
[30] BVerfGE 27, 344 (350 ff.) = NJW 1970, 555; BVerfGE 90, 255 (260) = NJW 1995, 1015; BVerfGE 101, 361 (382 f.) = NJW 2000, 1021.
[31] BVerfGE 65, 1 (43) = NJW 1984, 419; BVerfGE 84, 192 (194) = NJW 2004, 764; BVerfGE 113, 29 (46) = NJE 2005, 1917; BVerfGE 118, 168 (184) = NJW 2007, 2464 (2467 Rn. 97).

mung gewährte Schutz nicht auf ihrer Art nach sensible Daten, sondern auch auf personenbezogene Daten, die zwar per se von geringem Informationsgehalt sind, aber je nach Ziel der Verarbeitung oder Verknüpfung grundrechtserhebliche Auswirkungen auf die Privatheit und Verhaltensfreiheit haben.[32] Damit wird ein Schutzniveau etabliert, welches den vielfältigen Möglichkeiten des Staates und Privater zur Erhebung, Verarbeitung und Nutzung personenbezogener Daten Rechnung trägt. Schließlich können gerade im Wege der elektronischen Datenverarbeitung aus gegebenen Informationen weitere Informationen erzeugt und Schlussfolgerungen getroffen werden, die zum einen Eingriffe in die Verhaltensfreiheit mit sich bringen, zum anderen aber auch die grundrechtlich geschützten Geheimhaltungsinteressen des Betroffenen beeinträchtigen können.[33]

Entsprechend des allgemeinen Persönlichkeitsrechts gewährt das Recht auf informationelle Selbstbestimmung einen doppelten Schutz, ist also zugleich Ausdruck des Rechts auf Selbstbewahrung und des Rechts auf Selbstdarstellung.[34] Daher gewährt es, das dem allgemeinen Persönlichkeitsrecht immanente Recht auf Selbstbewahrung konkretisierend, ebenfalls einen räumlich und thematischen Bereich, der grundsätzlich frei von unerwünschter Einsichtnahme besteht.[35] Der Einzelne wird dementsprechend im Sinne einer klassischer Abwehrfunktion vor einer Kenntnisnahme seiner personenbezogenen Daten durch staatliche Stellen ebenso geschützt wie im horizontalen Verhältnis zwischen einzelnen Grundrechtsträgern im Wege staatlicher Schutzpflichten.[36] Die Ausprägung des Rechts auf Selbstdarstellung gewinnt demgegenüber insbesondere im Zusammenhang mit der Nutzung sozialer Netzwerke an Bedeutung, welche einen Paradigmenwechsel im Umgang mit persönlichen Daten hin zu einer freiwilligen, massenhaften Offenbarung persönlicher Daten durch den Betroffenen selbst mit sich brachte.[37] Die Entscheidung, eigene personenbezogene Daten zu offenbaren, stellt aber keinen völligen Grundrechtsverzicht dar, sondern bedeutet lediglich die Wahrnehmung der gewährten Befugnis, frei über die Preisgabe und Verwendung persönlicher Daten zu bestimmen.[38] Durch diese Entscheidung werden autonom offenbarte, frei im Internet zugängliche Daten des Einzelnen zwar dem unmittelbaren grundrechtlichen Schutz des Rechts auf informationelle Selbstbestimmung entlassen, sodass auch ein staatlicher Zugriff auf diese Daten möglich erscheint.[39] Der Schutz des Rechts auf informationelle Selbstbestimmung lebt aber wieder auf, sobald Informationen durch die Sichtung allgemein zugänglicher Inhalte gewonnen werden, indem diese gezielt zusammengetragen, gespeichert und mitunter ausgewertet werden und dadurch einen zusätzlichen Informationsgehalt erlangen bzw. in sich tragen.[40]

Der Schutz des Einzelnen erstreckt sich auch auf solche informationsbezogenen Maßnahmen, die für ihn weder überschaubar, noch beherrschbar sind. Derartige Maßnahmen drohen zumeist, wo Informationsbestände für eine Vielzahl von Zwecken genutzt oder miteinander verknüpft werden können. Um dem effektiv entgegenzutreten, ist bereits die

---

[32] BVerfG NJW 2007, 2464 (2466 Rn. 87); BVerfGE 120, 274 Rn. 201 = NJW 2008, 822 (826 f. Rn. 198).
[33] Vgl. BVerfGE 65, 1 (42) = NJW 1984, 419; BVerfGE 113, 29 (45 f.) = NJW 2005, 1917; BVerfGE 115, 320 (342) = NJW 2006, 1939; BVerfG NJW 2007, 2464 (2466 Rn. 87).
[34] BVerfGE 65, 1 (43) = NJW 1984, 419; BVerfGE 113, 29 (46) = NJE 2005, 1917; BVerfGE 118, 168 (184) = NJW 2007, 2464 (2467 Rn. 97); BVerfGE 120, 274 (312 Rn 167 ff.) = NJW 2008, 822; zur Differenzierung auch Roßnagel/Schnabel NJW 2008, 3534.
[35] Vgl. bereits für das allgemeine Persönlichkeitsrecht BVerfGE 27, 344 (250 ff.) = NJW 1070, 555; 44, 353 (372 f.) = NJW 1977, 1489; 90, 255 (260) = NJW 1995, 1015; s. zum Recht auf informationelle Selbstbestimmung BVerfGE 117, 202 (228 Rn. 59) = NJW 2007, 753; BVerfGE 120, 274 (312 Rn 167 ff.) = NJW 2008, 822.
[36] Näher Gersdorf in Gersdorf/Paal, Informations-und Medienrecht, 2021, GG Art. 2 Rn. 17.
[37] Gersdorf in Gersdorf/Paal, Informations-und Medienrecht, 2021, GG Art. 2 Rn. 17.
[38] Also „die Befugnis des Einzelnen, grundsätzlich selbst zu entscheiden, wann und innerhalb welcher Grenzen persönliche Lebenssachverhalte offenbart werden", so BVerfGE 147, 50 (142 Rn. 236) = NVwZ 2018, 51 unter Verweis auf BVerfGE 65, 1 (43) = NJW 1984, 419; BVerfGE 78, 77 (84) = NJW 1988, 2031; BVerfGE 83, 192 (194) = NJW 1991, 2411 u. v. W.
[39] BVerfGE 120, 274 (345 Rn. 308) = NJW 2008, 822; Zöller GA 2000, 563 (569).
[40] Vgl. BVerfGE 120, 274 (345 Rn. 309) = NJW 2008, 822; BVerfGE 142, 234 (251 f. Rn. 31) = NJOZ 2017, 599.

Sammlung der dem Grundrechtsschutz unterliegenden personenbezogenen Informationen auf Vorrat zu nicht näher bestimmten Zwecken mit dem Grundgesetz unvereinbar,[41] sodass der Gesetzgeber den Zweck einer Informationserhebung bereichsspezifisch sowie präzise zu definieren hat. Dementsprechend sind sowohl Informationserhebung, als auch Informationsverwendung auf das zu einem spezifischen Zweck erforderliche Maß begrenzt.[42]

10 Damit wird der Einzelne durch das Grundrecht auf informationelle Selbstbestimmung umfassend vor der (nicht spezifizierten bzw. limitierten) Erhebung, Speicherung, Verwendung sowie Weitergabe seiner persönlichen Daten geschützt. Sollen staatliche Behörden zum Umgang mit solchen Daten ermächtigt werden, so begründen demnach sowohl die Erhebung, als auch die Speicherung und die Verwendung der Daten jeweils eigenständige Eingriffe in das Grundrecht.[43] Nach der Rechtsprechung des Bundesverfassungsgerichts ist bereits die hier relevante Datenerhebung kritisch zu betrachten und darin selbst dann ein Grundrechtseingriff zu erblicken, wenn die Erfassung eines größeren Datenbestands letztlich nur Mittel zum Zweck für eine weitere Verkleinerung der Treffermenge darstellt und sich das behördliche Interesse an den Daten zuvor lediglich hinreichend verdichtet hatte.[44] Zuletzt wurde selbst dann ein Grundrechtseingriff angenommen, wenn ein kontrollbedingter Abgleich personenbezogener Daten zu Nichttreffern führt, sodass letztlich das durch die Kontrollmaßnahme vermittelte Gefühl ständiger Überwachung betont wird.[45] Die demgegenüber gezielt erfolgende Datenerhebung aus Informationssystemen ist daher erst recht an dem Grundrecht auf informationelle Selbstbestimmung zu messen.

2. Grundrecht auf Gewährleistung der Vertraulichkeit und Integrität informationstechnischer Systeme

11 Das durch das Recht auf informationelle Selbstbestimmung bereits erweiterte Schutzniveau soll nach Auffassung des Bundesverfassungsgerichts indes dort nicht ausreichen, wo der Einzelne zu seiner Persönlichkeitsentfaltung auf die Nutzung informationstechnischer Systeme angewiesen ist und einem solchen System persönliche Daten anvertraut oder durch dessen Nutzung zwangsläufig preisgibt.[46] Schließlich könne sich ein Dritter, der ein solches System infiltriert, auch ohne weitere Datenerhebungs- und Datenverarbeitungsmaßnahmen bereits einen potenziell riesigen sowie aussagekräftigen Datenbestand verschaffen. Der Zugriff auf diesen Datenbestand als solchen reiche daher in seinem Gewicht über die einzelne Datenerhebung (vor welcher das Recht auf informationelle Selbstbestimmung schütze) hinaus.[47] Soweit sich daher aus der Nutzung informationstechnischer Systeme Schutzlücken bezüglich Persönlichkeitsgefährdungen ergeben, sollen diese Lücken durch die Gewährleistung der Vertraulichkeit und Integrität informationstechnischer Systeme gefüllt werden, der Schutz mithin ergänzt werden.[48] Der grundrechtliche Schutz wird

---

[41] Vgl. BVerfGE 65, 1 (46) = NJW 1984, 419; BVerfGE 115, 320 (350) = NJW 2006, 1939.
[42] BVerfGE 65, 1 (46) = NJW 1984, 419; BVerfGE 83, 239 (279 f.) = NJW 1991, 2129; BVerfGE 113, 29 (57 f.) = NJW 2005, 1917; BVerfGE 118, 168 = NJW 2007, 2464 (2467 Rn. 97).
[43] BVerfGE 100, 313 (316 f.); 115, 320 (343 f.); 120, 378 (400 f.); BeckRS 2018, 37186 Rn. 43, 48.
[44] Vgl. BVerfGE 115, 320 (343 Rn. 74) = NJW 2006, 1939; 120, 378 (398 Rn. 65) = NJW 2008, 1505.
[45] So explizit BVerfG BeckRS 2018, 37186 Rn. 50.
[46] BVerfGE 120, 274 = NJW 2008, 822 (827 Rn. 200); dazu auch BT-Drs. 16/10121, S. 29 und *Hoeren* MMR 2008, 365 f. Zustimmung etwa *Herrmann*, Das Grundrecht auf Gewährleistung der Vertraulichkeit und Integrität informationstechnischer Systeme, 2010, 48, 85.
[47] BVerfGE 120, 274 = NJW 2008, 822 (827 Rn. 200); *Schenke* in Schenke/Graulich/Ruthig BKAG § 49 Rn. 4.
[48] BVerfGE 120, 274 = NJW 2008, 822 (827 Rn. 201); *Hoffmann-Riem* JZ 2008, 1009 (1012). In der Literatur ist intensiv umstritten, ob insofern wirklich Schutzlücken bestanden, oder ob das Grundrecht auf informationelle Selbstbestimmung auch vor der Ausspähung ganzer Datenbestände hätte schützen können, Schutzdefizite ablehnend etwa *Gersdorf* in Gersdorf/Paal, Informations-und Medienrecht, 2021, GG Art. 2 Rn. 23; *Lepsius* in Roggan, Online-Durchsuchungen, 2008, 21 (21 ff.); *Britz* DÖV 2008, 411 (413 f.); *Eifert* NVwZ 2008, 521 (521 ff.); *Gurlit* NJW 2010, 1035 (1037); *Sachs/Krings* JuS 2008, 481 (483 f.); *Volkmann* DVBl. 2008, 590 (592 f.); solche bejahend aber *Böckenförde* JZ 2008, 925 (928); *Herrmann*, Das Grundrecht auf Gewährleistung der Vertraulichkeit und Integrität informationstechnischer Systeme, 2010, 48, 85.

damit auf eine Phase ausgedehnt, die der unmittelbaren Datenerhebung vorgelagert ist: die Infiltration des Systems.

Dergestalt wird, ebenfalls auf Art. 2 Abs. 2 iVm Art. 1 Abs. 1 GG beruhend, der persönliche sowie private Lebensbereich der Nutzer informationstechnischer Systeme auch dahingehend vor staatlichem Zugriff geschützt, als das nicht nur auf einzelne Daten, sondern auf das informationstechnische System als solches zugegriffen wird.[49] So soll der herausragenden Bedeutung derartiger Informationssysteme für die Lebensführung zahlreicher Menschen Rechnung getragen werden[50] und das Vertrauen der Nutzer in die Integrität informationstechnischer Systeme grundrechtlich gespiegelt werden.[51]

Voraussetzung dieses Schutzes sei allerdings, dass es sich um Systeme handle, die allein oder in ihren technischen Vernetzungen personenbezogene Daten des Betroffenen in einem Umfang oder einer Vielfalt enthalten können, dass durch die Infiltration des Systems ein Einblick in wesentliche Teile der Lebensgestaltung oder ein aussagekräftiges Bild der Persönlichkeit erhalten werden kann.[52] Die Forderung nach einer gewissen Komplexität des Systems hebt das Grundrecht jedenfalls von jenem auf informationelle Selbstbestimmung ab und entbindet den Schutz von einer besonderen Qualität bzw. einem spezifischen Personenbezug der enthaltenen Daten.[53] Der großzügig anzulegende Maßstab zeigt sich aber daran, dass das Bundesverfassungsgericht selbst elektronische Terminkalender mit gewissem Funktionsumfang und der Fähigkeit zu entsprechender Datenerfassung und -speicherung einbezogen wissen will.[54]

Das Grundrecht gewährleistet die Vertraulichkeit und Integrität informationstechnischer Systeme. Die Vertraulichkeit informationstechnischer Systeme zielt dabei auf die Zugriffsberechtigung ab und soll gewährleisten, dass ausschließlich die berechtige Person auf in dem System verfügbare Daten zugreifen kann.[55] Dergestalt wird wiederum das auf dem allgemeinen Persönlichkeitsrecht fußende Recht auf Selbstbewahrung konkretisiert und dessen Schutz weiter nach vorne verlagert: geschützt wird nicht nur vor dem eigentlichen Zugriff auf ein Datum, sondern bereits vor dem notwendig vorgelagerten Zugriff auf das System selbst.[56] Demgegenüber bezieht sich die Integrität auf die inhaltliche Richtigkeit und Vollständigkeit des informationstechnischen Systems und schützt so die beinhalteten Daten vor Manipulation, Verfälschung, Ergänzung oder auch falscher Darstellung.[57]

3. Grundrechtliche Relevanz der Datenerhebung

Es zeigt sich, dass die Datenerhebung aus Informationssystemen in grundrechtlich empfindlichem Rahmen erfolgt. Insbesondere das Bundesverfassungsgericht hat nicht nur das allgemeine Persönlichkeitsrecht durch das eigenständig begriffene[58] Grundrecht auf informationelle Selbstbestimmung gestärkt, sondern darüber hinaus auch den Schutz informati-

---

[49] BVerfGE 120, 274 = NJW 2008, 822 (827 Rn. 201); vgl. auch *Bantlin* JuS 2019, 669 (670).
[50] *Soiné* NStZ 2018, 497 (497).
[51] BVerfGE 120, 274 = NJW 2008, 822 (827 Rn. 201 ff.); *Schwarz* in BeckOK PolR Bayern, 17. Ed. 1.9.2021, BayVSG Art. 12 Rn. 6.1 f.; *Sachs/Krings* JuS 2008, 481 (483).
[52] BVerfGE 120, 274 = NJW 2008, 822 (827 Rn. 202 f.); eingehend *Hauser*, Das IT-Grundrecht, 2015, 80 ff.
[53] *Hauser*, Das IT-Grundrecht, 2015, 81 f.; anders wohl *Herrmann*, Das Grundrecht auf Gewährleistung der Vertraulichkeit und Integrität informationstechnischer Systeme, 2010, 121, der einen Persönlichkeitsbezug der enthaltenen Daten fordert.
[54] BVerfGE 120, 274 = NJW 2008, 822 (827 Rn. 202 f.); kritisch ob der mangelnden klaren Konturen *Sachs/Krings* JuS 2008, 481 (484).
[55] *Gersdorf* in Gersdorf/Paal, Informations-und Medienrecht, 2021, GG Art. 2 Rn. 28; *Bantlin* JuS 2019, 669 (670); *Hoffmann-Riem* JZ 2008, 1009 (1012).
[56] BVerfGE 120, 274 = NJW 2008, 822 (827 Rn. 204) umschreibt dies als entscheidende Hürde für eine Ausspähung, Überwachung oder Manipulation des Systems und verlagert daher den grundrechtlichen Schutz auf das informationstechnische System selbst vor.
[57] *Bantlin* JuS 2019, 669 (670); *Hebeler/Berg* JA 2021, 617 (621); *Hauser*, Das IT-Grundrecht, 2015, 116 ff.
[58] Kritisch zur Eigenständigkeit weiterer Grundrechte *Sachs/Krings* JuS 2008, 481 (483); näher auch *Roßnagel/Schnabel* NJW 2008, 3534 (3534 f.).

onstechnischer Systeme durch das Grundrecht auf deren Vertraulichkeit und Integrität herausgearbeitet. Damit wirkt die Datenerhebung aus Informationssystemen in einem Feld, in dem die Judikatur den Grundrechtsschutz auf die Vorbereitungsphase der eigentlichen Datenerhebung – die Infiltration des Systems – ausgedehnt und so ein bedeutendes Schutzniveau etabliert hat. So wird ungeachtet aller Kritik jedenfalls für die Praxis ein weiter Schutz für die Nutzer von Informationssystemen geschaffen, der im Rahmen der Datenerhebung zu beachten ist.

16   Die besondere Grundrechtsrelevanz der Datenerhebung aus informationstechnischen Systemen ergibt sich aber nicht nur aus der fortgesetzten Entwicklung der Grundrechte, sondern auch aus der besonderen Eingriffsintensität entsprechender Datenerhebungen. So werden typischerweise bei einer solchen Datenerhebung zahlreiche Daten der Zielperson erfasst, mitunter aber auch bereits allein aufgrund technischer Modalitäten zahlreiche Daten über Kommunikationspartner, sodass der Eingriff eine beträchtliche „Streubreite"[59] mit sich bringt. Zudem wächst die mit einer Infiltration gewonnene Möglichkeit der Einsichtnahme von Daten mit der Bedeutung des Informationssystems für den Nutzer, sodass umfangreiche Rückschlüsse auf die Lebensgestaltung und Persönlichkeitsentfaltung des Einzelnen möglich werden. Schließlich beinhalten informationstechnische Geräte mittlerweile eine praktisch unübersehbare Datenmenge, die üblicherweise bewusst zum Speichern persönlicher Informationen von hoher Sensibilität genutzt werden, etwa in Gestalt privater Text-, Bild- und Tondateien oder detaillierter Bewegungs- und Kommunikationsprofile.[60] Ferner erweist sich der Grundrechtseingriff als besonders ausgeprägt, wenn die Maßnahme eine längerfristige Überwachung des Informationssystems ermöglicht oder einen umfangreichen Datenbestand betrifft – und so nicht zuletzt weitreichende Rückschlüsse auf die Lebensgestaltung oder Persönlichkeit des Einzelnen zulässt.[61] Dass das Gewicht des Grundrechts mit der Unverletzlichkeit der Wohnung vergleichbar ist,[62] scheint aufgrund der territorialen Loslösung und mit der zunehmenden Verlagerung des persönlichen Lebens in digitale Sphären steigenden Bedeutung für den Einzelnen eher eine Mindestfeststellung zu sein.

II. Einfachrechtlicher Rahmen

17   Als Fortentwicklung des allgemeinen Persönlichkeitsrechts sind die betroffenen Grundrechte gleichwohl nicht schrankenlos gewährt, sondern erlauben Eingriffe sowohl zu präventiven, als auch repressiven Zwecken.[63] Im Einklang mit der Rechtsprechung des Bundesverfassungsgerichts sind hinsichtlich der Schranken-Schranken sowohl das Gebot der Normenklarheit und der Normbestimmtheit[64], als auch der Verhältnismäßigkeitsgrundsatz sowie hinreichende Verfahrensvorkehrungen (etwa ein Richtervorbehalt) zu beachten, um Eingriffe in den geschützten Kernbereich privater Lebensgestaltung hinreichend zu legitimieren.[65] Aufgrund der mit einem heimlichen Eingriff einhergehenden besonderen Intensität des Grundrechtseingriffs soll im Folgenden zwischen dem gesetzlichen Regelfall der offenen Datenerhebung und dem in der Praxis besonders bedeutsamen heimlichen Eingriff unterschieden werden – und der heimlichen Datenerhebung besondere Aufmerksamkeit gewidmet werden.

---

[59] So BVerfGE 120, 274 = NJW 2008, 822 (830 Rn. 233) und *Kutscha* NJW 2008, 1042 (1043). Zur hohen Eingriffsintensität solcher Maßnahmen BVerfGE 150, 244 = NJW 2019, 827 (834 Rn. 98).
[60] BVerfGE 120, 274 = NJW 2008, 822 (824 Rn. 176), (829 Rn. 231); 141, 220 Rn. 238; *Soiné* NStZ 2018, 497 (497 f.).
[61] BVerfGE 120, 274 = NJW 2008, 822 (830 Rn. 232); BVerfGE 141, 220 = NJW 2016, 1781 (1795 Rn. 218), (1797 Rn. 238); *Soiné* NStZ 2018, 497 (497 f.); dazu auch *Eisenberg* BeweisR StPO Rn. 2541a.
[62] So BVerfGE 141, 220 = NJW 2016, 1781 (1794 Rn. 210).
[63] BVerfGE 100, 274 = NJW 2008, 822 (827 Rn. 207); zustimmend *Schenke* in Schenke/Graulich/Ruthig BKAG § 49 Rn. 4.
[64] Bzw. das Gebot der Normenklarheit, *Gersdorf* in BeckOK InfoMedienR, 35. Ed. 1.5.2021, GG Art. 2 Rn. 72 f.
[65] BVerfGE 120, 274 = NJW 2008, 822 (827 ff.); näher BVerfGE 141, 220; *Schenke* in Schenke/Graulich/Ruthig BKAG § 49 Rn. 4

B. Rechtlicher Rahmen der Datenerhebung aus Informationssystemen § 23

1. Offene Datenerhebung

Die offene Datenerhebung gilt als Kennzeichen einer nach rechtsstaatlichen Grundsätzen **18** agierenden Polizei, sodass die Polizeigesetze den Grundsatz der offenen Datenerhebung zugrunde legen.[66] Gleichwohl wird einem solchen Eingriff mitunter die Erfolgseignung abgesprochen,[67] bringt er doch jedenfalls den gravierenden Nachteil mit sich, den Betroffenen von entsprechenden Ermittlungen in Kenntnis zu setzen.[68] Jedenfalls ist er bedeutend weniger eingriffsintensiv, da die offene Datenerhebung zum einen naturgemäß nicht heimlich erfolgt, zum anderen aber auch keine technische Infiltration des Systems erlaubt, sodass letztlich die Vertraulichkeit und Integrität des Systems nicht ohne Wissen des Betroffenen verletzt wird.[69]

Nicht zur offenen Datenerhebung in diesem Sinne ist gleichwohl die Beobachtung des **19** Internets durch die Sicherheitsbehörden zu sehen, wenn dabei nur öffentlich zugängliche Kommunikationsvorgänge eingesehen werden, etwa im Falle von Webseiten, Mailinglisten, Chats ohne Zugangsbeschränkungen oder für alle Nutzer sichtbare Profile eines sozialen Netzwerks. Denn mit der Wahrnehmung solch öffentlich zugänglicher Kommunikationsvorgänge geht noch kein Grundrechtseingriff einher.[70] Die sog. Online Streife in allgemein zugänglichen Bereichen des Internets ohne gezielte Datenerhebung ist demnach zulässig.[71]

a) Präventive, offene Datenerhebung. aa) Durchsuchung. Die offene Datenerhebung **20** erfolgt im Bereich der Gefahrenabwehr grundsätzlich über die entsprechenden Regelungen betreffend die Durchsuchung von *Sachen*.[72] Der Bezugsgegenstand der Durchsuchung ist damit dem Wortlaut nach eng an die die Daten speichernde bzw. zum Abruf zur Verfügung stellende Sache, etwa das informationstechnische System oder das Speichermedium, gebunden.[73] Besonders deutlich wird dies etwa im Rahmen des bayerischen Polizeiaufgabengesetzes: so regelt Art. 22 Abs. 1 BayPAG allgemein die Zulässigkeit der Durchsuchung von Sachen, während Art. 22 Abs. 2 S. 1 BayPAG[74] zum einen klarstellt, dass sich die Durchsuchung inhaltlich auch auf Datenträger und Speichermedien bezieht, um Daten zu erheben,[75] zum anderen aber auch vorgibt, dass sich die Durchsuchung elektronischer Speichermedien auch auf räumlich getrennte Speichermedien erstreckt, wenn von dem Zielsystem auf diese zugegriffen werden kann.[76]

Damit tragen entsprechend strukturierte Polizeigesetze auch explizit der technischen **21** Entwicklung Rechnung, wonach Benutzer informationstechnischer Systeme ihren Datenbestand häufig nicht mehr auf dem benutzten (und durchsuchten) Endgerät selbst speichern, sondern diese lediglich über dieses Gerät abrufen.[77] Vorschriften wie Art. 22 Abs. 2

---

[66] So zB Art. 31 Abs. 3 Bay-PAG; näher *Petri* in BeckOK PolR Bayern, 17. Ed. 1.9.2021, PAG Art. 31 Rn. 24 ff.; vgl. BVerfGE 133, 277 (328 Abs. 121) = NJW 2013, 1499 (1504 Rn. 121); *Graulich* in Lisken/Denninger PolR-HdB E Rn. 678; *ders.,* in Schenke/Graulich/Ruthig BKAG § 9 Rn. 41.
[67] *Soiné* NStZ 2018, 497 (497).
[68] Was gleichwohl im Bereich der Gefahrenabwehr einen Vorteil mit sich bringen kann.
[69] *Grünewald* in BeckOK PolR Bayern, 17. Ed. 1.9.2021, PAG Art. 22 Rn. 22; *Schmidbauer* in Schmidbauer/Steiner BayPAG Art. 22 Rn. 37.
[70] BVerfGE 120, 274 = NJW 2008, 822 (836 Rn. 308); *Röcker* in BeckOK PolR BW, 24. Ed. 1.3.2022, BWPolG § 14 Rn. 16; *Graulich* in Lisken/Denninger PolR-HdB E Rn. 678 mwN; *Singelstein* NStZ 2012, 593 (599 f.); *Zöller* GA 2000, 563 (569).
[71] *Graulich* in Lisken/Denninger PolR-HdB E Rn. 678 mwN; *Singelstein* NStZ 2012, 593 (600).
[72] Vgl. statt vieler *Grünewald* in BeckOK PolR Bayern, 17. Ed. 1.9.2021, PAG Art. 22 Rn. 2; *Thiel* in BeckOK PolR NRW, 21. Ed. 1.3.2022, PolG NRW § 40 Rn. 9; *Neuhäuser* in BeckOK PolR Nds, 22. Ed. 1.2.2022, NPOG § 23 Rn. 10; *Kingreen/Poscher* POR § 17 Rn. 12.
[73] *Michl* NVwZ 2019, 1631 (1631 f.); *Petri* ZD 2018, 453 (455).
[74] In Anlehnung an § 110 Abs. 3 StPO, Bay LT-Drs. 17/20425, 44.
[75] Dazu auch *Grünewald* in BeckOK PolR Bayern, 17. Ed. 1.9.2021, PAG Art. 22 Rn. 22; *Schmidbauer* in Schmidbauer/Steiner BayPAG Art. 22 Rn. 4. Zu Besonderheiten der bayerischen Regelung *Petri* ZD 2018, 453 (455).
[76] *Grünewald* in BeckOK PolR Bayern, 17. Ed. 1.9.2021, PAG Art. 22 Rn. 22; *Schmidbauer* in Schmidbauer/Steiner BayPAG Art. 22 Rn. 4.
[77] Bay LT-Drs. 17/20425, 44; *Schmidbauer* in Schmidbauer/Steiner BayPAG Art. 22 Rn. 30; *Weinrich* NVwZ 2018, 1680 (1680).

BayPAG stellen mithin klar, dass die Durchsuchungsmöglichkeiten nicht an den Ort der Speicherung, sondern die Abrufbarkeit über das physisch erlangte Zielsystem gebunden sind, sodass letztlich auch Daten auf einer Cloud etc. eingesehen werden können – und reichen damit über anderen Polizeigesetzen durch die enge Bindung an die Sache selbst immanente Wortlautgrenze hinaus. Schließlich kennen nicht alle Polizeigesetze derart klarstellende Regelungen, wenngleich sie prinzipiell die offene Durchsuchung von entsprechenden Speichermedien gestatten,[78] sodass sich der Zugriff auf externe Speichermedien in diesem Falle über eine extensivere Auslegung der Norm begründen ließe. Voraussetzung wäre jedenfalls, dass die Durchsuchung externer bzw. ortsabwesender Speichermedien in Folge der Abrufbarkeit via der physisch verfügbaren Sache weiterhin als Durchsuchung eben dieser Sache verstanden würde, womit der Durchsuchungsbegriff selbst auf keine Speicherung, sondern eine reine Verfügbarkeit abstellen würde, was angesichts der weiten Definition der Durchsuchung als gezielte und planmäßige Suche *an und in Sachen* möglich erschiene.[79]

22 Entsprechende Ermächtigungsgrundlagen gestatten zwar die Durchsuchung, also das zielgerichtete Suchen und Auffinden bestimmter Daten auf den Systemen. Eine technische Infiltration des informationstechnischen Systems oder eine Veränderung des Datenbestands ist hingegen nicht gestattet.[80] Entsprechend wird bei einer offenen Datenerhebung in diesem Sinne auch nicht in die Vertraulichkeit und Integrität informationstechnischer Systeme eingegriffen, sodass die polizeirechtlichen Grundzüge der Durchsuchung bestehen bleiben.

23 **bb) Sicherstellung und Beschlagnahme.** Ferner gestattet die in den Polizeigesetzen beinhaltete Möglichkeit der Sicherstellung von Sachen auch die Sicherstellung von Datenträgern mitsamt der darauf befindlichen Daten.[81] Auch insofern geht Bayern jedoch in Gestalt des neuen Art. 25 Abs. 3 BayPAG voran und erlaubt explizit die Sicherstellung auch (nur) von Daten und Datenbeständen – unabhängig des Datenträgers bzw. Speichermediums.[82] Gleichwohl liegt darin im Verhältnis zu weiteren Polizeigesetzen keine Ausweitung der eigentlichen Maßnahme, sondern mitunter eine den Betroffenen schonende Konkretisierung derselben: schließlich wird derart ermöglicht, auch ohne die Sicherstellung der für den Betroffenen bedeutenden Sache (das informationstechnische System) die relevanten Daten sicherzustellen, sodass damit letztlich im Vergleich zur Sicherstellung der gesamten Sache eine eingriffsmildere Maßnahme geschaffen wird. Auch begründet Art. 25 Abs. 3 BayPAG keine Befugnis zur nachfolgenden Datenerhebung, welche sich für begrenzte Lebensbereiche nach Art. 32 BayPAG richten kann, bei einem umfassenden Einblick in die Lebensgestaltung des Betroffenen aber nach Art. 45 BayPAG richten muss und damit den strengen Voraussetzungen eines heimlichen Datenzugriffs unterfällt.[83]

24 Die Wahrung des Charakters der Maßnahme als offene Datenerhebung erfolgt in diesem Fall dergestalt, dass Art. 25 Abs. 3 S. 1 BayPAG die Polizei zunächst lediglich zum Erlass eines Verwaltungsakts ermächtigt, welcher den Inhaber der Daten zu deren Herausgabe verpflichtet (Herausgabeverfügung).[84] Der Zugriff auf die Daten ist auch im Rahmen der

---

[78] Vgl. etwa betreffend § 23 NPOG *Neuhäuser* in BeckOK PolR Nds, 22. Ed. 1.2.2022, NPOG § 23 Rn. 10; betreffend § 40 PolGNRW *Thiel* in BeckOK PolR NRW, 21. Ed. 1.3.2022, PolGNRW § 40 Rn. 9.
[79] Zur Definition *Thiel* in BeckOK PolR NRW, 21. Ed. 1.3.2022, PolG NRW § 40 Rn. 6; *Neuhäuser* in BeckOK PolR Nds, 22. Ed. 1.2.2022, NPOG § 22 Rn. 7, § 23 Rn. 5.
[80] *Grünewald* in BeckOK PolR Bayern, 17. Ed. 1.9.2021, PAG Art. 22 Rn. 22; *Schmidbauer* in Schmidbauer/Steiner BayPAG Art. 22 Rn. 37.
[81] *Senftl* in BeckOK PolR Bayern, 17. Ed. 1.9.2021, PAG Art. 25 Rn. 12; *Braun* in BeckOK PolR NRW, 21. Ed. 1.3.2022, PolG NRW § 43 Rn. 8a; *Müller/Schwabenbauer* in Lisken/Denninger PolR-HdB G Rn. 696; *Michl* NVwZ 2019, 1631 (1632).
[82] Dazu Bay LT-Drs. 17/20425, 45 zu Art. 25; *Senftl* in BeckOK PolR Bayern, 17. Ed. 1.9.2021, PAG Art. 25 Rn. 15; *Löffelmann* GSZ 2020, 244 (249); *Michl* NVwZ 2019, 1631 (1632); *Weinrich* NVwZ 2018, 1680 ff.
[83] *Schmidbauer* in Schmidbauer/Steiner BayPAG Art. 25 Rn. 70 ff. Siehe dazu → Rn. 31 ff., 73 ff.
[84] *Michl* NVwZ 2019, 1631 (1632).

Sicherstellung erst möglich, wenn der Adressat dem Verlangen der Polizei nachkommt (Vollzug), oder wenn diese unter den weiteren Voraussetzungen der Art. 70 ff. BayPAG den Widerstand gegen die Herausgabeverfügung durch die Anwendung von Zwang überwindet (Vollstreckung).[85] Gleichwohl erfordert die Anwendung der Sicherstellungstatbestände auf Daten konzeptionelle Modifikationen dahingehend, dass Adressat der Herausgabeverfügung nicht der Inhaber einer tatsächlichen Gewalt, sondern lediglich jener einer technisch-digitalen Faktizität in Gestalt digitaler Datenherrschaft sein kann.[86]

Aber auch soweit Polizeigesetze – und das ist derzeit der Regelfall – keine der bayerischen Regelung vergleichbare Befugnis zur Sicherstellung von Daten enthalten, ist zuvorderst einhellige Auffassung, dass jedenfalls *Datenträger* als Sachen sichergestellt bzw. beschlagnahmt werden können.[87] Darüber hinaus zeigt sich vereinzelt die Tendenz, auf jedwede Körperlichkeit der sicherstellungsfähigen Sachen zu verzichten und daher auch *Daten* dem Sachbegriff zu unterstellen,[88] was insbesondere angesichts der geringeren Eingriffstiefe im Vergleich zur Beschlagnahme bzw. Sicherstellung des gesamten Informationssystems jedenfalls im Ergebnis zu begrüßen ist. Auch jüngere Regelungen verschiedener Länder zur Bestandsdatenauskunft gehen selbst von einer Sicherstellungsmöglichkeit von Daten aus (so etwa § 180a Abs. 2 S. 1 Nr. 2 SchlHVwG und § 34e Abs. 1 S. 1 ThürPAG). Gleichwohl wird überwiegend aufgrund des notwendigen Körperlichkeitsbezugs des Begriffs *Sache* auch die derartige Loslösung von dem Sachbegriff des § 90 BGB noch abgelehnt, sodass die Beschlagnahmefähigkeit von Sachen als solchen abgelehnt wird.[89] Wer in der Sicherstellung der Daten selbst im Vergleich zu jener des gesamten Datenträgers keine a maiore ad minus zulässige Maßnahme erblicken möchte, dürfte daher angesichts des Wortlauts in den übrigen Polizeigesetzen die reine Sicherstellung nur der Daten als unzulässig einstufen.

In diesem Bereich obliegt es daher den jeweiligen Landesgesetzgebern, ihre bestehenden Normenstrukturen zu ergänzen und entsprechende, rein auf die Daten bezogene Befugnisse zu schaffen. Denn damit einher geht nicht etwa eine gänzlich neue, weitreichende Ermächtigungsgrundlage der Polizeibehörden, sondern eine, die ihrem Inhalt nach hinter der bestehenden Alternative zurückbleibt und die daher im Einzelfall auch den Betroffenen weitergehend schont.

b) Repressive, offene Datenerhebung. aa) Durchsuchung. Diesbezüglich gestaltet sich das Bild der repressiven, offenen Datenerhebung bereits als moderner.[90] Es findet seine Grundlagen in §§ 94 ff. StPO, welche insbesondere in Gestalt der Durchsuchung, Durchsicht und Beschlagnahme von Daten in den letzten Jahrzehnten vor allem in Wirtschaftsstrafverfahren von zunehmender Bedeutung sind.[91]

So erlaubt zuvorderst § 110 Abs. 3 StPO die Durchsicht von elektronischen Speichermedien eines von einer Durchsuchung Betroffenen, wobei § 110 Abs. 3 S. 2 StPO die Möglichkeit der Durchsicht auch auf von dem physisch vorhandenen Medium räumlich getrennte Speichermedien erstreckt, sofern auf diese von dem vorhandenen Medium aus zugegriffen werden kann. Dies soll dem Verlust beweiserheblicher Daten vorbeugen, die zwar von dem betreffenden Informationsmedium aus zugänglich, aber etwa bei einem

---

[85] Zur Systematik des BayPAG, nach der polizeiliche Verfügungen mit dem Vollstreckungsrecht der Art. 70 ff. BayPAG zu realisieren sind *Senftl* in BeckOK PolR Bayern, 17. Ed. 1.9.2021, PAG Art. 25 Rn. 10 f.; *Michl* NVwZ 2019, 1631 (1632).
[86] *Müller/Schwabenbauer* in Lisken/Denninger PolR-HdB G Rn. 700; *Michl* NVwZ 2019, 1631 (1632 ff.).
[87] Siehe nur BVerfG NJW 2005, 1917 (1919 f.); *Braun* in BeckOK PolR NRW, 21. Ed. 1.3.2022, PolG NRW § 43 Rn. 8a; *Müller/Schwabenbauer* in Lisken/Denninger PolR-HdB G Rn. 696; *Michl* NVwZ 2019, 1631 (1632).
[88] Für § 43 NRW *Braun* in BeckOK PolR NRW, 21. Ed. 1.3.2022, PolG NRW § 43 Rn. 8a; genereller *Löffelmann* GSZ 2020, 244 (249).
[89] Für § 37 BWPolG *Reinhardt* in BeckOK PolR BW, 24. Ed. 1.3.2022, BWPolG § 37 Rn. 5; generell *Müller/Schwabenbauer* in Lisken/Denninger PolR-HdB G Rn. 698; *Michl* NVwZ 2019, 1631 (1631).
[90] Was letztlich überraschend ist, sind die maßgeblichen Normen in Gestalt der §§ 94, 102 StPO doch um einiges älter als jene der Polizeigesetze.
[91] *Heinrich* wistra 2017, 219 (222 f.); *Hiéramente* NStZ 2021, 390 (394).

Cloud-Anbieter gespeichert sind.[92] Die entsprechende Durchsicht der Medien dient dabei der inhaltlichen Überprüfung der Dateien daraufhin, ob die richterliche Beschlagnahme zu beantragen ist und gilt als Teil der Durchsuchung.[93] Sie verfolgt das Ziel, Grundrechtseingriffe durch die offenen Maßnahmen der Durchsuchung und Beschlagnahme zu begrenzen, indem lediglich diejenigen Informationen einem dauerhaften und vertieften Eingriff zugeführt werden, die verfahrensrelevant und verwertbar sind. Daher müsse bei umfangreichen Datenbeständen zunächst versucht werden, die Maßnahmen im Rahmen einer Durchsuchung auf die Gewinnung der beweiserheblichen Daten zu beschränken oder die Daten zum Zwecke einer solchen Durchsicht vorläufig zu sichern.[94] Der dadurch zu erzielende Schutz des Betroffenen[95] wird gleichwohl zunehmend kritisch betrachtet.[96] Reicht die Durchsicht demgegenüber über die innerhalb des richterlichen Anordnungsbeschlusses getroffene Eingrenzung des Durchsuchungszwecks hinaus, so stellt sie einen eigenständigen sowie gesondert anzuordnenden Eingriff dar.[97] In jedem Falle kann sie – ebenso wie die Durchsuchung – von vornherein nur offen erfolgen und keinesfalls heimlich durchgeführt werden.

29   Anerkannt ist ferner, dass die nach § 102 StPO mögliche Durchsuchung von Gegenständen des Betroffenen auch die Durchsuchung dessen informationstechnischer Systeme umfasst, also etwa Computer, Datenträger oder gesamte EDV-Anlagen. Wenn es der Durchsuchungszweck erfordert, dürfen diese dazu auch zuvor eingeschaltet werden.[98] Entsprechend dem Verständnis der Durchsicht des § 110 StPO als Modalitäten der Durchsuchung regelnder Teil der Untersuchung[99] lassen sich die Erkenntnisse um die Durchsicht von Datenträgern ohne weiteres auf die Durchsuchung übertragen.

30   **bb) Sicherstellung und Beschlagnahme.** Zeigt sich während der Durchsicht der Datenträger ein beweiserheblicher Datenbestand, so kann jedenfalls der entsprechende Datenträger bzw. das Speichermedium via § 94 Abs. 1 StPO sichergestellt werden.[100] Anders als präventiv ausgerichtete Normen spricht diese Vorschrift nicht von *Sachen*, sondern von *Gegenständen*. Daraus wird bisweilen geschlussfolgert, dass nicht nur Speichermedien oder informationstechnische Systeme der Sicherstellung unterliegen können,[101] sondern darüber hinaus auch unkörperliche Gegenstände wie die digital gespeicherten Informationen und Daten selbst. Daher sollen auch sämtliche beweiserhebliche Daten, die auf einem entsprechenden Informationssystem gespeichert sind, der Sicherstellung unterliegen.[102]

---

[92] *Schlegel* HRRS 2008, 23 (28); *Singelnstein* NStZ 2012, 593 (598).
[93] BGHSt 44, 265 (273) = NJW 1999, 730; *Herrmann/Soiné* NJW 2011, 2922 (2925).
[94] BVerfGE 113, 29 (52) = NJW 2005, 1917; NJW 2009, 2431 ((2436); *Hegmann* in BeckOK StPO, 42. Ed. 1.1.2022, StPO § 110 Rn. 13.
[95] Vgl. BVerfG NJW 2005, 1917 (1921); *Hegmann* in BeckOK StPO, 42. Ed. 1.1.2022, StPO § 110 Rn. 4.
[96] *Park* in Park, Durchsuchung und Beschlagnahme, 2018, § 4 Rn. 817.
[97] BVerfG NJW 2003, 2669 (2770 f.).
[98] *Hegmann* in BeckOK StPO, 42. Ed. 1.1.2022, StPO § 110 Rn. 13; *Köhler* in Meyer-Goßner/Schmitt StPO § 110 Rn. 10a.
[99] S. BGHSt 44, 265 (273) = NJW 1999, 730; *Herrmann/Soiné* NJW 2011, 2922 (2925); *Hiéramente* NStZ 2021, 390 (394).
[100] S. BVerfG NJW 2005, 1917 (1920); *Greven* in KK-StPO StPO § 94 Rn. 3 f.; *Köhler* in Meyer-Goßner/Schmitt StPO § 94 Rn. 16b; *Blechschmitt* MMR 2018, 361 (364).
[101] Statt vieler BVerfG NJW 2005, 1917 (1920); *Gerhold* in BeckOK StPO, 42. Ed. 1.1.2022, StPO § 94 Rn. 3; *Köhler* in Meyer-Goßner/Schmitt StPO § 94 Rn. 16b; *Hauschild* in MüKoStPO StPO § 94 Rn. 13; *Blechschmitt* MMR 2018, 361 (364); insofern widersprüchlich *Greven* in KK-StPO StPO § 94 Rn. 3 ff., wonach unkörperliche Gegenstände nicht der Sicherstellung unterliegen, einzelne E-Mails aber sichergestellt werden können sollen (4a).
[102] *Gerhold* in BeckOK StPO, 42. Ed. 1.1.2022, StPO § 94 Rn. 3; *Köhler* in Meyer-Goßner/Schmitt StPO § 94 Rn. 16b; *Hauschild* in MüKoStPO StPO § 94 Rn. 13; *Park* in Park, Durchsuchung und Beschlagnahme 2018, § 4 Rn. 804; *Blechschmitt* MMR 2018, 361 (364); *Singelnstein* NStZ 2012, 593 (596 ff.).

2. Heimliche Datenerhebung – Online-Durchsuchung

Um die Datenerhebung vor den Augen des Betroffenen zu verbergen und so die noch 31 notwendigen Ermittlungen nicht zu gefährden,[103] aber zugleich mittels neuer Informationen voranzubringen, erfolgt die Datenerhebung oftmals heimlich in Gestalt einer sog. Online-Durchsuchung. Gleichwohl stellt die heimliche Datenerhebung – wie bereits einleitend skizziert – eine Besonderheit im Rahmen polizeilicher Aufgabenerfüllung dar.[104]

Während unter der Begrifflichkeit der Online-Durchsuchung vereinzelt sämtliche Methoden verdeckter Ausforschung von Daten auf Informationssystemen verstanden werden,[105] versteht die herrschende Auffassung in Übereinstimmung mit dem Bundesverfassungsgericht darunter die heimliche Infiltration eines informationstechnischen Systems, mittels derer die Nutzung des Systems überwacht und seine Speichermedien ausgelesen werden können.[106] So kann etwa mittels Spionagesoftware oder der Infiltration des Zielsystems dessen Inhalt einmalig oder über einen längeren Zeitraum unbemerkt ausgeforscht und an Ermittlungsbehörden übermittelt werden.[107] Unerheblich ist, ob dies mittels der Erfassung manuell getätigter Tastatureingaben durch sog. Key-Logger erfolgt, oder ob verschiedene Dateien unmittelbar an die Ermittlungsbehörden übertragen werden.[108]

Für die Ermittlungsarbeit können die Ergebnisse einer Online-Durchsuchung besonders 33 bedeutend sein. Schließlich können je nach Anzahl der Daten mitunter umfangreiche Persönlichkeits- und Bewegungsprofile des Betroffenen erstellt werden, die Rückschlüsse über dessen Lebensgestaltung und -gewohnheiten versprechen. Zudem können sensible Inhalte wie Text-, Bild- oder Tondateien einen weitreichenden Einblick in die Umstände des Betroffenen geben und so die Ermittlungen bedeutend voranbringen.[109] Aber auch die in dem Informationssystem möglicherweise gespeicherten Daten über Kommunikationspartner können die Ermittlungen entscheidend beeinflussen.[110] Insbesondere anhand verwendeter jüngerer (Kommunikations-)Medien wie Social-Media-Plattformen oder WhatsApp-Nachrichten lässt sich so häufig eine ganze Bandbreite relevanter Daten ermitteln.

Strukturell unterscheidet sich die Online-Durchsuchung von der ebenfalls möglichen 34 Quellen-Telekommunikationsüberwachung dergestalt, dass bei letzterer zwar ebenfalls ein fremdes informationstechnisches System infiltriert wird. Ziel des Eingriffs ist aber, mittels einer Überwachungssoftware die Kommunikation zwischen den Beteiligten mitzuverfolgen oder aufzuzeichnen, sodass es sich um eine technische Sonderform der Telekommunikationsüberwachung handelt. Damit zielt sie, anders als die Online-Durchsuchung, inhaltlich ausschließlich auf laufende Kommunikation oder ihr gleichgestellte Daten wie SMS, WhatsApp-Nachrichten, E-Mails oder Varianten der Telefonie.[111]

Ohne hier die Problematik um die rechtliche Behandlung sog. doppelfunktionaler Maß- 35 nahmen im Detail nachzuzeichnen,[112] soll lediglich festgehalten werden, dass auch Online-Durchsuchungen präventive wie repressive Zwecke erfüllen können und sollen. Dies gilt

---

[103] *Soiné* NStZ 2018, 497 (497).
[104] Vgl. BVerfGE 133, 277 (328 Abs. 121) = NJW 2013, 1499 (1504 Rn. 121); *Graulich* in Lisken/Denninger PolR-HdB E Rn. 678; *Graulich* in Schenke/Graulich/Ruthig BKAG § 9 Rn. 41.
[105] So *Kutscha* in Möllers Polizei-WB Online-Durchsuchung.
[106] BVerfGE 120, 274 = NJW 2008, 822 (826 ff. Rn. 180 ff.); 141, 220 = NJW 2016, 1781 (1795 Rn. 215 ff.); BR-Drs. 404/08, 35; BT-Drs. 18/12785, 54; *Kingreen/Poscher* POR § 13 Rn. 147. Kritisch zur Anlehnung an den Begriff der üblicherweise offen erfolgenden Durchsuchung *Müller/Schwabenbauer* in Lisken/Denninger PolR-HdB G Rn. 783 und *Mandörfer* GSZ 2018, 45 (47).
[107] *Schwabenbauer* Grundrechtseingriffe 72 f.; exemplarisch BT-Drs. 18/12785, 54.
[108] BR-Drs. 404/08, 80; *Graulich* in Lisken/Denninger PolR-HdB E Rn. 798.
[109] Zur inhaltlichen Reichweite der Daten etwa BVerfGE 120, 274 = NJW 2008, 822 (824 Rn. 176), (829 Rn. 231); 141, 220 Rn. 238; *Soiné* NStZ 2018, 497 (497 f.).
[110] Vgl. BVerfGE 120, 274 = NJW 2008, 822 (830 Rn. 233); *Kutscha* NJW 2008, 1042 (1043); mahnend ob der hohen Eingriffsintensität daher BVerfGE 150, 244 = NJW 2019, 827 (834 Rn. 98).
[111] *Bruns* in KK-StPO StPO § 100b Rn. 3; *Köhler* in Meyer-Goßner/Schmitt § 100a Rn. 6; *Ruppert* JURA 2018, 994 (996 f.).
[112] Dazu etwa *Ehrenberg/Frohne* Kriminalistik 2003, 737 (742); jünger *Lenk* NVwZ 2018, 38 anlässlich BGH NStZ 2017, 651.

allein deshalb, weil neben einer erkannten Gefahrenlage bereits der Verdacht einer Straftat (etwa eines Organisationsdelikts, §§ 129a, 129b StGB) bestehen kann.[113] Die überwiegende Auffassung bestimmt die einschlägige Rechtsgrundlage insofern generalisierend nach dem Schwerpunkt der jeweiligen Maßnahme, sodass sich die Ermächtigungsgrundlage für die Online-Durchsuchung bei präventivem Schwerpunkt der Maßnahme aus dem Polizeirecht, bei repressivem Schwerpunkt indes aus dem Strafverfahrensrecht ergeben soll.[114] Als Indikatoren dienen einerseits die Bedeutung der bedrohten Rechtsgüter sowie der Grad der ihnen drohenden Gefahr und die Anzahl bedrohter Rechtsgutsträger, andererseits die Stärke des Tatverdachts sowie des Delikts.[115] Nach anderer Auffassung sollte demgegenüber bei Bestehen eines Anfangsverdachts gegen den Betroffenen der Rückgriff auf das Gefahrenabwehrrecht ausgeschlossen sein.[116] Die jüngere Rechtsprechung des Bundesgerichtshofs stellt aber klar, dass das Bestehen eines Anfangsverdachts den Rückgriff auf das Gefahrenabwehrrecht nicht ausschließt, sondern vielmehr Strafverfolgung und Gefahrenabwehr auch nach der Einleitung eines Ermittlungsverfahrens parallel und gleichberechtigt nebeneinander betrieben werden können.[117] Gefahrenabwehr und Strafverfolgung bleiben damit von eigenständiger Bedeutung und ohne gegenseitiges Vorrangverhältnis, sodass auch ein Hinausschieben des repressiven Zugriffs auf Grundlage des Gefahrenabwehrrechts grundsätzlich möglich ist.[118] Gleichwohl entbindet auch diese Auffassung nicht prinzipiell von der Prüfung des Schwerpunkts der Maßnahme im Einzelfall,[119] sondern verdeutlicht im Grunde lediglich, dass ein Anfangsverdacht einer Maßnahme mit Schwerpunkt im Gefahrenabwehrrecht insbesondere im Grenzbereich zwischen Prävention und Repression nicht entgegensteht. Die relevante Entscheidung des BGH löst aber die vorzunehmende Maßnahme nicht pauschal von der spezifisch einschlägigen Eingriffsgrundlage und beinhaltet auch keinen generalisierbaren Vorzug des Gefahrenabwehrrechts vor der Strafverfolgung.[120] Auf die dieser (unglücklichen) Entscheidung gleichwohl innewohnende Gefahr der beliebigen Austauschbarkeit präventiver sowie repressiver Ermächtigungsgrundlagen wurde bereits andernorts umfassend hingewiesen.[121] Diese Befürchtung der Literatur dürfte sich wohl bestätigen, wenn in der Folge die gebotene Erörterung des Schwerpunkts einer Maßnahme durch die bloße Wiedergabe benannter Rechtsprechung ersetzt und damit doch weitreichend pauschalisiert wird.[122] Nicht zuletzt vor diesem Hintergrund bleibt

---

[113] Näher auch *Roggan* NJW 2009, 257 (259 f.).
[114] OVG Berlin NJW 1971, 637; OVG Münster NJW 1980, 855; VGH München NJW 1984, 2235; OLG Düsseldorf MDR 2016, 234 (235); *Günther* in MüKo StPO § 110c Rn. 47; *Holzner* in BeckOK PolR Bayern, 17. Ed. 1.9.2021, PAG Art. 2 Rn. 47; *Ehlers/Schneider* in Schoch/Schneider VwGO § 40 Rn. 606; *Ehrenberg/Frohne* Kriminalistik 2003, 737 (742); *Lenk* NVwZ 2018, 38 (40); *Roggan* NJW 2009, 257 (260); *Zöller* NVwZ 2005, 1235 (1239 f.); *Knemeyer* PolR SuP Rn. 121 f.; vgl. bereits BVerwGE 47, 255 (264 f.) = NJW 1975, 893.
[115] *Roggan* in Roggan, Online-Durchsuchungen, 2008, S. 97 (106); *Ehrenberg/Frohne* Kriminalistik 2003, 737 (742 f.); *Nolte* Kriminalistik 2007, 343 (345). Nach anderer Meinung soll die objektive Zwecksetzung nach dem Gesamteindruck der Maßnahme entscheidend sein, *Götz* JuS 1985, 869 (872).
[116] So *Gubitz* NStZ 2016, 128; *Lange-Bertalot/Aßmann* NVZ 2017, 566 (574); *Müller/Römer* NStZ 2012, 543 (547); *Roggan,* Die Polizei 2008, 112 (114 f.); eingehend zu daraus resultierenden Konsequenzen *Möstl* DVBl. 2010, 808 (815). Der Prävention dagegen den Vorzug gewährend *Kingreen/Poscher* POR § 2 Rn. 11, 14.
[117] BGH NStZ 2017, 651; 2018, 146; BeckRS 2021, 18075 Rn. 20; so auch LG Münster NStZ 2016, 126 (127); kritisch *Lange-Bertalot/Aßmann* NVZ 2017, 566 ff.
[118] BGH NStZ 2016, 651; zustimmend *Hegmann* in BeckOK StPO, 42. Ed. 1.1.2022, StPO § 105 Rn. 9; *Neuhäuser* in BeckOK PolR Nds, 22. Ed. 1.2.2022, NPOG § 22 Rn. 6c; *Mitsch* NJW 2017, 3124 (3125 f.).
[119] So aber *Neuhäuser* in BeckOK PolR Nds, 22. Ed. 1.2.2022, NPOG § 22 Rn. 6b und *Lenk* NVwZ 2018, 38 (39). BGH NStZ 2017, 651 (654) lehnt zwar einen Vorrang der Strafprozessordnung als auch einen solcher des Gefahrenabwehrrechts ab und geht von einer grundsätzlichen Anwendbarkeit der entsprechenden Ermächtigungsgrundlagen nebeneinander aus, beruft sich hierbei aber auf die fließenden Grenzen der Maßnahme, welche auch eine Schwerpunktsetzung erschweren.
[120] Zumal die Entscheidung in der Begründung zu knapp greift, *Schiemann* NStZ 2017, 651 (658).
[121] Statt vieler *Lenk* NVwZ 2018, 38 (39 f.); *Roggan* GSZ 2018, 52 ff.
[122] So gerade BGH BeckRS 2021, 18075 Rn. 20.

künftig zu fordern, dass strafprozessuale und gefahrenabwehrrechtliche Ermächtigungsgrundlagen nicht uneingeschränkt auf selber Stufe stehen können[123] und bei doppelfunktionalen Maßnahmen weiterhin nach dem Schwerpunkt der Maßnahme gefragt werden muss, um wesentliche Rechte des Betroffenen zu wahren.

Der Gefahr der Entwertung strafprozessualer Verfahrenssicherungen ist im Falle des **36** Rückgriffs auf das Gefahrenabwehrrecht bei bestehendem Anfangsverdacht grundsätzlich durch strikte Wahrung des Verhältnismäßigkeitsgrundsatzes zu begegnen.[124] Betreffend die Online-Durchsuchung besteht insofern zwar kaum Gefahr für eine Verkürzung des Verhältnismäßigkeitsmaßstabs im engeren Sinne, da die relevanten präventiven wie repressiven Befugnisnormen sich gleichermaßen eng an den Vorgaben des Bundesverfassungsgerichts orientieren – und damit einen ähnlichen Schutzmaßstab aufstellen. Gleichwohl begründet eine grenzenlose Wahlmöglichkeit aber eine angesichts des bedeutenden Grundrechtseingriffs schwerlich haltbare Austauschmöglichkeit hinsichtlich der Anordnungskompetenz (→ Rn. 79 ff.) und umgeht bzw. substituiert so jedenfalls formelle Schutzanforderungen.[125] Dem kann nur begegnet werden, indem die Rechtsprechung des BGH auf ihren Kern zurückgeführt wird. Dies kann dergestalt erfolgen, dass in schwer abgrenzbaren Gemengelagen eine Anwendbarkeit von Strafverfahrensrecht und Gefahrenabwehrrecht ausschließlich dann zugelassen wird, wenn die betreffende Maßnahme unter hohem temporärem Druck eine sichere Bestimmung ihres Schwerpunkts nicht zulässt. Bereits aufgrund dieses temporären Moments, welches einer eingehenden Prüfung im Einzelfall im Weg stehen könnte, zugleich aber für die Vorbereitung einer Online-Durchsuchung unbedingt erforderlich ist, ist der jüngeren Rechtsprechung um legendierte Kontrollen aber jedenfalls für die Online-Durchsuchung keine weitere Bedeutung beizumessen.

a) Präventive Online-Durchsuchung. Auch wenn die Polizeigesetze zahlreicher Länder **37** den Grundsatz der offenen Datenerhebung zugrunde legen,[126] beinhalten sie doch zunehmend Sondernormen, welche die heimliche Online-Durchsuchung unter bestimmten Umständen ermöglichen. So gestatten etwa Art. 45 BayPAG, § 39 RhPfPOG, § 33d NPOG oder Art. 10 BayVSG die Online-Durchsuchung mit präventiver Zielsetzung. Auch die bundesrechtliche Norm des § 49 BKAG erlaubt eine präventiv ausgerichtete Online-Durchsuchung.

aa) Voraussetzungen. Dieser schwerwiegende Grundrechtseingriff des heimlichen Zu- **38** griffs auf ein informationstechnisches System in Gestalt der Online-Durchsuchung ist zu präventiv-polizeilichen Zwecken lediglich gerechtfertigt, wenn er zum Schutz besonders gewichtiger Rechtsgüter erfolgt.[127] Dazu sind neben Leib, Leben und Freiheit der Person auch der Bestand oder die Sicherheit des Bundes oder der Länder zu zählen. Auch Güter der Allgemeinheit, welche die Existenz der Menschen berühren,[128] sind erfasst. Ein bloßer Sachwertschutz unterhalb der genannten Rechtsgüter ist damit nicht ausreichend.[129] Insofern stimmen die entsprechenden Ermächtigungsgrundlagen überein und orientieren sich unisono an der Rechtsprechung des Bundesverfassungsgerichts.

Zwar ist nicht zuletzt aufgrund der hohen Eingriffsintensität angesichts der möglichen **39** Infiltration des Kernbereichs privater Lebensgestaltung sowie der Grundsätze der Normenklarheit und -bestimmtheit besonderes Augenmerk auf die Verhältnismäßigkeit der Maßnahmen zu legen. Gleichwohl hat das Bundesverfassungsgericht selbst jedenfalls bezüglich der Abwehr terroristisch motivierter Rechtsgutbedrohungen die Anforderungen an die

---

[123] So auch *Park* in Park, Durchsuchung und Beschlagnahme, 2018, § 1 Rn. 27.
[124] *Hegmann* in BeckOK StPO, 42. Ed. 1.1.2022, StPO § 105 Rn. 9; *Löffelmann* JR 2017, 587 (599).
[125] Näher *Lenk* StV 2017, 692 ff.; Roggan GSZ 2018, 52 (55).
[126] So zB Art. 31 Abs. 3 Bay-PAG; näher *Petri* in BeckOK PolR, 17. Ed. 1.9.2021, Bayern PAG Art. 31 Rn. 24 ff.; vgl. ferner BVerfGE 133, 277 (328 Abs. 121) = NJW 2013, 1499 (1504 Rn. 121).
[127] BVerfGE 125, 260 = NJW 2010, 833 (852 f. Rn. 318 ff.); BVerfGE 141, 220 = NJW 2016, 1781 (1784 Rn. 108); *Petri* in BeckOK PolR Bayern, 17. Ed. 1.9.2021, PAG Art. 45 Rn. 4.
[128] Wie etwa Bahnhöfe oder Flughäfen, *Müller/Schwabenbauer* in Lisken/Denninger PolR-HdB G Rn. 786.
[129] Vgl. BVerfGE 141, 220 = NJW 2016, 1781 (1784 Rn. 108).

Wahrscheinlichkeit einer Gefahr für benannte Rechtsgüter auf den Maßstab einer drohenden Gefahr herabgesenkt[130], welcher etwa in Art. 11a BayPAG generell übernommen wurde[131] und so auch auf die Verhältnismäßigkeit einer Online-Durchsuchung ausstrahlen kann.[132] Danach bestehe eine ausreichend konkretisierte Gefahr bereits, wenn sich der zum Schaden führende Kausalverlauf zwar nicht mit hinreichender Wahrscheinlichkeit vorhersehen lässt, aber bestimmte Tatsachen auf eine im Einzelfall drohende Gefahr für ein überragend wichtiges Rechtsgut hinweisen. Erforderlich sei, dass die Tatsachen zum einen den Schluss auf ein wenigstens seiner Art nach konkretisiertes und zeitlich absehbares Geschehen zulassen, zum anderen auf die Beteiligung bestimmter Personen hindeuten, über die jedenfalls so viel bekannt sein muss, dass die Überwachungsmaßnahme gezielt gegen sie eingesetzt werden kann.[133]

40 bb) Datenverwendung und Kernbereichsschutz. Heimliche Überwachungsmaßnahmen durch staatliche Stellen erfordern Regelungen, die den unantastbaren Kernbereich privater Lebensgestaltung schützen und als solchen wahren.[134] Denn die Entfaltung der Persönlichkeit im Kernbereich privater Lebensgestaltungen erfordert die Möglichkeit, innere Vorgänge sowie Überlegungen und Ansichten höchstpersönlicher Art ohne Angst vor staatlicher Überwachung zum Ausdruck bringen zu können.[135] Selbst überwiegende Interessen der Allgemeinheit können einen Eingriff in diesen absolut geschützten Kernbereich der privaten Lebensgestaltung daher nicht rechtfertigen.[136] Nutzt der von einem Zugriff auf ein informationstechnisches System Betroffene dieses, um Daten höchstpersönlichen Inhalts wie Tagebuchaufzeichnungen oder privater Filmdokumente anzulegen und zu speichern, besteht folglich die Gefahr eines Eingriffs in diesen Kernbereich. Aber auch die in der berechtigten Annahme der Absenz von staatlicher Überwachung geführte Kommunikation mit Personen des höchstpersönlichen Vertrauens wie Ehegatten, Verwandten sowie Strafverteidigern, Ärzten oder engen persönlichen Freunden gehört mitunter zum Kernbereich privater Lebensgestaltung.[137] Entsprechende Daten können nicht nur bei der vollständigen Durchsuchung des Zielsystems, sondern auch bei der Durchsicht von Speichermedien zum Vorschein kommen. Insbesondere angesichts des technischen Fortschritts verlagern Bürger ihre persönlichen Angelegenheiten zunehmend in informationstechnische Systeme, welche die Entfaltungsmöglichkeiten im privaten Bereich erweitern.[138] Anders als bei einer offenen Durchsuchung hat der Betroffene aber keinerlei Möglichkeit, vor oder während der Maßnahme darauf hinzuwirken, dass sein persönlicher Kernbereich der Lebensgestaltung gewahrt wird. Dieser Kontrollverlust ist im Rahmen der heimlichen technischen Infiltration durch entsprechende technische Sicherungsmaßnahmen sowie Verfahrensvorkehrungen zu kompensieren.[139]

---

[130] BVerfGE 141, 220 = NJW 2016, 1781 (1785 Rn. 112).
[131] Kritisch *Löffelmann* GSZ 2018, 85 (86 ff.); zustimmend *Möstl* BayVBl. 2018, 153 ff.
[132] Insbesondere in Abkehr zur vorher (Art. 34d BayPAG aF) erforderlichen dringenden Gefahr, dazu auch *Müller/Schwabenbauer* in Lisken/Denninger PolR-HdB G Rn. 786 und *Schmidbauer* in Schmidbauer/Steiner BayPAG Art. 45 Rn. 37 f.
[133] BVerfGE 141, 220 (272) = NJW 2016, 1781 (1786 Rn. 115).
[134] BVerfGE 6, 32 (41) = NJW 1957, 297; BVerfGE 32, 373 (378 f.) = NJW 1972, 1123; BVerfGE 109, 279 (313) = NJW 2004, 999; BVerfGE 120, 274 = NJW 2008, 822 (833 Rn. 271).
[135] BVerfGE 109, 279 (314) = NJW 2004, 999; BVerfGE 141, 200 = NJW 2008, 822 (833 Rn. 271); BVerfGE 141, 220 = NJW 2016, 1781 (1786 Rn. 120).
[136] BVerfGE 34, 238 (245) = NJW 1973, 891; BVerfGE 109, 279 (319) = NJW 2004, 999; BVerfGE 141, 220 = NJW 2016, 1781 (1786 Rn. 120).
[137] Vgl. BVerfGE 109, 279 (321 ff.) = NJW 2004, 999; BVerfGE 141, 220 = NJW 2016, 1781 (1786 Rn. 121); die Qualifikation als höchstpersönlicher Inhalt geht auch nicht bereits dadurch verloren, dass sich im Rahmen des Gesprächs Alltägliches und Höchstpersönliches vermischen, BVerfGE 109, 279 (330) = NJW 2004, 999; BVerfGE 113, 348 (391 f.) = NJW 2005, 2603.
[138] BVerfGE 120, 274 = NJW 2008, 822 (833 Rn. 274).
[139] BVerfGE 120, 274 = NJW 2008, 822 (833 f. Rn. 275); BVerfGE 141, 220 = NJW 2016, 1781 (1788 Rn. 123 ff.).

Erschwert wird diese Sicherung im Rahmen des heimlichen Zugriffs auf ein informationstechnisches System aber bereits dadurch, dass die Datenerhebung aus dem Zielsystem technisch bedingt in der Regel automatisiert erfolgt. Dies erschwert mitunter die Unterscheidung von Daten mit bzw. ohne Kernbereichsbezug schon während der Datenerhebung, da technische Such- und Ausschlussmechanismen noch nicht hinreichend zuverlässig sind.[140] Selbiges gilt für einzusehende fremdsprachliche Dokumente oder Gespräche. Aber auch wenn bereits die Datenerhebung ohne vorherige technische Aufzeichnung erfolgt, ist nicht vorhersehbar, welchen Inhalt und damit welchen Kernbereichsbezug die entsprechenden Daten haben werden.[141] In derartigen Fällen, in denen das Risiko eines Kernbereichseingriffs nicht von vornherein auszuschließen ist, kann der verfassungsrechtlich gebotene Kernbereichsschutz aber nach Auffassung des Bundesverfassungsgerichts durch ein zweistufiges Schutzkonzept gewährleistet werden:

1. So hat die gesetzliche Regelung selbst auf erster Ebene darauf hinzuwirken, dass die Erhebung kernbereichsrelevanter Daten soweit wie informationstechnisch und ermittlungstechnisch möglich unterbleibt.[142] Dementsprechend sind nach dem Stand der Technik verfügbare informationstechnische Sicherungen einzusetzen. Ferner hat die Datenerhebung zu unterbleiben, wenn es im Einzelfall konkrete Anhaltspunkte dafür gibt, dass sie in den Kernbereich privater Lebensgestaltung hineinreichen wird.[143] Im Falle von Gesprächen mit Personen höchstpersönlichen Vertrauens kann dazu die gesetzliche Vermutung geboten sein, dass diese dem Kernbereichsschutz unterfallen und nicht überwacht werden dürfen.[144] In jedem Fall ist aber sicherzustellen, dass im Falle der Erkennbarkeit einer Verletzung des Kernbereichs privater Lebensgestaltung bereits die Erhebung der Daten abgebrochen wird.[145]

2. Nachdem sich die Kernbereichsrelevanz zu erhebender Daten vor oder während der Datenerhebung typischerweise nicht klären lassen wird, hat der Gesetzgeber auf zweiter Ebene sicherzustellen, dass in Fällen der Erhebung von Daten mit Kernbereichsbezug die Intensität der Kernbereichsverletzung sowie ihre Auswirkungen für die Persönlichkeit und Entfaltung des Betroffenen so gering wie möglich bleiben. Dazu ist für die Durchsicht der erhobenen Daten ein geeignetes Verfahren zu wählen, das den Belangen des Betroffenen hinreichend Rechnung trägt. Ferner sind erhobene Daten mit Kernbereichsbezug unverzüglich zu löschen und diesbezüglich jede Weitergabe oder Verwertung auszuschließen.[146]

In der Zusammenschau hat eine gesetzliche Ermächtigung zu einer heimlichen Überwachungsmaßnahme bestmöglich sicherzustellen, dass Daten mit Kernbereichsbezug überhaupt nicht erhoben werden. Insbesondere im Rahmen der Online-Durchsuchung erscheint es jedoch praktisch kaum vermeidbar, Informationen zur Kenntnis zu nehmen, bevor der Kernbereichsbezug überhaupt bewertet werden kann. Daher muss der Betroffene in der Auswertungsphase hinreichend geschützt sein, sodass aufgefundene Daten mit Kernbereichsbezug zum einen unverzüglich zu löschen, zum anderen aber unverwertbar sind

---

[140] BVerfGE 120, 274 = NJW 2008, 822 (834 Rn. 278); BVerfGE 141, 220 = NJW 2016, 1781 (1788 Rn. 124).
[141] So bereits zur Telekommunikationsüberwachung BVerfGE 113, 348 (392) = NJW 2005, 2603; zur Online-Durchsuchung BVerfGE 120, 274 = NJW 2008, 822 (834 Rn. 279).
[142] BVerfGE 120, 274 = NJW 2008, 822 (834 Rn. 281); BVerfGE 141, 220 = NJW 2016, 1781 (1788 Rn. 123, 126); in Übereinstimmung mit den Vorgaben zur Telekommunikationsüberwachung (BVerfGE 113, 348 [391 f.] = NJW 2005, 2603) sowie zur akustischen Wohnraumüberwachung (BVerfGE 109, 279 [318, 324] = NJW 2004, 999).
[143] BVerfGE 120, 274 = NJW 2008, 822 (834 f. Rn. 281).
[144] BVerfGE 120, 274 = NJW 2016, 1781 (1788 Rn. 128). Eine solche Vermutung ließe sich widerleglich ausgestalten und auf die im Einzelfall bestehenden Anhaltspunkte abstellen, vgl. BVerfGE 109, 279 (321 ff.) = NJW 2004, 999.
[145] BVerfGE 109, 279 (318, 324, 331) = NJW 2004, 999; BVerfGE 113, 348 (392) = NJW 2005, 2603; BVerfGE 120, 274 = NJW 2016, 1781 (1788 Rn. 128).
[146] BVerfGE 109, 279 (324) = NJW 2004, 999; BVerfGE 113, 348 (392) = NJW 2005, 2603; BVerfGE 120, 274 = NJW 2008, 822 (834. Rn. 282 f.); BVerfGE 141, 220 = NJW 2016, 1781 (1788 Rn. 125 f.).

und nicht weitergegeben werden dürfen.¹⁴⁷ Darüber hinaus gilt als mit der Menschenwürde unvereinbar, wenn sich die Überwachung über einen längeren Zeitraum erstreckt und nahezu lückenlos alle Bewegungen und Lebensäußerungen des Betroffenen registriert werden, sodass auch beim Einsatz moderner verborgener Ermittlungsmethoden das Ausmaß der Überwachung zu beachten bleibt.¹⁴⁸

43 Bezüglich der inhaltlichen Reichweite des Kernbereichs ist jedoch festzuhalten, dass erhobene Daten mit unmittelbarem Bezug zu den gesetzlich normierten Gefahrbegriffen nicht dem Kernbereich höchstpersönlicher Lebensgestaltung, sondern ausschließlich dem Sozialbereich zugeordnet werden können und dementsprechend nicht von dem besonders intensiven Schutz umfasst sind.¹⁴⁹ Allerdings entfällt ein höchstpersönliches Gespräch dem Kernbereich noch nicht per se, wenn es für die entsprechende Gefahr lediglich mittelbar hilfreiche Aufschlüsse in Gestalt genereller Motivlagen geben kann und solange es lediglich innere Eindrücke oder Gefühle beinhaltet, darüber hinaus aber noch keine konkreteren Hinweise auf die Gefahrenlage enthält.¹⁵⁰ Ferner können Situationen mit Gefahrenbezug, in denen es dem Betroffenen spezifisch ermöglicht werden soll, ein Fehlverhalten einzugestehen oder auf dessen potenzielle Folgen zu reagieren (wie etwa ein Beichtgespräch oder die vertrauliche Unterredung mit dem Strafverteidiger), im Kernbereich privater Lebensgestaltung verbleiben.¹⁵¹ Gleichwohl dürften derartige Gespräche bereits im Vorfeld einer begangenen Straftat, also im Bereich des Gefahrenabwehrrechts, die Ausnahme darstellen. Ein hinreichender Sozialbezug der Inhalte besteht aber jedenfalls dann, wenn Gespräche – selbst mit Vertrauenspersonen – unmittelbar Straftaten zum Gegenstand haben und näher auf diese eingehen.¹⁵² Dies gilt auch im Falle tagebuchartiger Aufzeichnungen über relevante, gefahrbegründende Umstände. Darin setzt sich medienübergreifend die Rechtsprechung zur Verwertbarkeit von Tagebuchaufzeichnungen fort,¹⁵³ da auch im Rahmen einer beabsichtigten Aufzeichnung der Gedanken auf einem informationstechnischen System diese bewusst aus dem beherrschbaren Innenbereich entlassen und der Gefahr des Zugriffs preisgegeben werden.¹⁵⁴

44 Die gegenwärtigen Ermächtigungsgrundlagen zur präventiven Online-Durchsuchung kommen diesen Anforderungen dadurch nach, dass sie in unmittelbarem Kontext zur Ermächtigungsgrundlage spezifische¹⁵⁵ Vorschriften zum Schutz des Kernbereichs privater Lebensgestaltung beinhalten. Diese halten mitunter programmatisch fest, dass verdeckte Maßnahmen der Datenerhebung, die in den Kernbereich privater Lebensgestaltung eingreifen, unzulässig sind (so etwa § 45 Abs. 1 S. 1 RhPfPOG). Andernorts soll bereits, soweit dies informations- und ermittlungstechnisch möglich ist, sichergestellt werden, dass die Erhebung von Kernbereichsdaten möglichst unterbleibt (Art. 49 Abs. 3 S. 5 BayPAG). Jedenfalls sehen die den Kernbereich schützenden Vorschriften vor, dass dennoch erlangte Kernbereichsdaten unverzüglich zu löschen sind (Art. 49 Abs. 6 S. 1, 3 BayPAG, § 45 Abs. 1 S. 2 RhPfPOG) und erlangte Erkenntnisse unverwertbar sind (Art. 49 Abs. 5 S. 1 BayPAG, § 45 Abs. 1 S. 3 RhPfPOG). Auch wird bisweilen festgehalten, dass die Anordnung der Maßnahme nur gestattet ist, soweit nicht aufgrund tatsächlicher Anhaltspunkte

---

¹⁴⁷ S. BVerfGE 109, 279 (318) = NJW 2004, 999; BVerfGE 113, 348 (391 f.) = NJW 2005, 2603; BVerfGE 120, 274 = NJW 2008, 822 (834. Rn. 277).
¹⁴⁸ BVerfGE 109, 279 (323) = NJW 2004, 999; BVerfGE 112, 304 (319) = NJW 2005, 1338; BVerfGE 120, 274 = NJW 2016, 1781 (1787 Rn. 130).
¹⁴⁹ Vgl. BVerfGE 80, 367 (375) = NJW 1990, 563; BVerfGE 109, 279 (319) = NJW 2004, 999; BVerfGE 141, 220 = NJW 2016, 1781 (1786 Rn. 122); *Soiné* NVwZ 2012, 1585 (1588).
¹⁵⁰ Vgl. BVerfGE 109, 279 (319) = NJW 2004, 999; BVerfGE 141, 220 = NJW 2016, 1781 (1786 Rn. 122).
¹⁵¹ Vgl. zu Situationen mit spezifischem Bezug zu einer Straftat BVerfGE 109, 279 (322) = NJW 2004, 999; BVerfGE 141, 220 = NJW 2016, 1781 (1786 Rn. 122).
¹⁵² BVerfGE 141, 220 = NJW 2016, 1781 (1786 Rn. 122); vgl. auch BVerfGE 109, 279 (319) = NJW 2004, 999.
¹⁵³ BVerfG NJW 1990, 563 (564); BGHSt 19, 325 (331) = NJW 1964, 1139; *Störmer* NStZ 1990, 397 (398); kritisch *Trüg* in MAH Strafverteidigung § 24 Rn. 106.
¹⁵⁴ Vgl. BVerfG NJW 1990, 563 (564).
¹⁵⁵ Und mitunter komplexe, vgl. *Bär* in BeckOK PolR Bayern, 17. Ed. 1.9.2021, PAG Art. 49 Einl.

anzunehmen ist, dass durch die Überwachung dem Kernbereich zugehörige Daten erlangt werden (§ 45 Abs. 2 S. 1 RhPfPOG). Liegen dagegen Anhaltspunkte vor, dass allein Erkenntnisse aus dem Kernbereich privater Lebensgestaltung erlangt werden, wird bereits die Anordnung der Datenerhebung als unzulässig eingestuft (Art. 49 Abs. 3 S. 1 BayPAG, § 45 Abs. 3 S. 1 RhPfPOG). Gleichwohl stehen aber angesichts der technischen Möglichkeiten nicht vor oder bei der Datenerhebung aussonderbare Kernbereichsdaten einer Infiltration des Systems nicht entgegen, wenn die Wahrscheinlichkeit besteht, dass bei der Infiltration lediglich in untergeordnetem Umfang höchstpersönliche Daten miterfasst werden (Art. 49 Abs. 3 S. 6 BayPAG). Während etwa für eine Datenerhebung durch den verdeckten Einsatz technischer Mittel in oder aus Wohnungen die Möglichkeit besteht, dass sich erst während der Datenerhebung tatsächliche Anhaltspunkte dafür ergeben, dass dem Kernbereich zugehörige Inhalte erfasst werden und in diesem Falle die Datenerhebung unverzüglich zu unterbrechen ist (§ 45 Abs. 4 S. 1 RhPfPOG), wobei diesbezüglich zweifelhafte Aufzeichnungen unverzüglich dem zuständigen Oberverwaltungsgericht vorzulegen sind (§ 45 Abs. 4 S. 3 RhPfPOG), sind im Falle der Online-Durchsuchung mitunter generell sämtliche erlangte Erkenntnisse dem Oberverwaltungsgericht zur Entscheidung über Verwertbarkeit oder Löschung der Daten vorzulegen (§ 45 Abs. 6 S. 1 RhPfPOG), sodass dadurch eine umfangreiche Kontrollinstanz etabliert wird. Betreffend verdeckter Datenerhebungen in einem durch ein Berufsgeheimnis geschützten Vertrauensverhältnis reichen die Vorgaben der Landespolizeigesetze mitunter über den verfassungsrechtlich gebotenen Schutz hinaus: während letzterer nicht generalisierend an Berufsgruppen anknüpft, wird ein solcher Schutz seitens zahlreicher Polizeigesetze unmittelbar gewährt und somit der unantastbare Kernbereich des Betroffenen erweitert, das Schutzniveau mithin über das erforderliche Maß hinaus erweitert (vgl. Art. 49 Abs. 1 BayPAG, § 46 RhPfPOG), was jedenfalls für zusätzliche Sicherheit sorgt.

Insbesondere weisen die jüngeren, den Kernbereich schützenden Vorschriften die Tendenz auf, zuvor über einzelne Befugnisnormen verstreute Vorschriften zum Schutz des Kernbereichs in einer Vorschrift bezüglich mehrerer Ermittlungsmethoden zu konzentrieren.[156] Dabei existieren Modelle, welche den Schutz von zeugnisverweigerungsberechtigten Berufsgeheimnisträgern und des Kernbereichs privater Lebensgestaltung in einer Vorschrift für mehrere Ermittlungsmethoden zusammenzufassen und damit einen zentralen Ausgangspunkt des Kernbereichsschutzes normieren. Exemplarisch weist die bayerische Norm des Art. 49 BayPAG eine an der Rechtsprechung des Bundesverfassungsgerichts orientierte Struktur auf, die in den Abs. 1 und 2 den Schutz von Berufsgeheimnisträgern auf der Ebene der Datenerhebung für verschiedene Einzelmaßnahmen regelt, während Abs. 3 den Kernbereichsschutz auf dieser Erhebungsebene regelt, bevor in Abs. 4 ein Verwertungsverbot normiert wird und Abs. 5 den Kernbereichsschutz der Berufsgeheimnisträger auf Auswertungsebene absichert. Flankiert wird dies durch die Löschungsverpflichtungen des Abs. 6, die in Abs. 7 konkretisiert werden, bevor dies in Abs. 8 noch formell durch Protokollierungsverpflichtungen ergänzt wird. Demgegenüber setzen etwa Rheinland-Pfalz via §§ 45, 46 RhPfPOG auf zwei Vorschriften, die den Kernbereichsschutz zeugnisverweigerungsberechtigter Berufsgeheimnisträger sowie privater Lebensgestaltung auch normativ trennen.

Schließlich ist angesichts der Grundsätze der Zweckbindung und Zweckänderung staatlich erhobener Daten zu beachten, dass die spezifische Nutzung der Daten durch die Ermächtigungsgrundlage vorgegeben sein muss. Der Gesetzgeber kann dabei eine Datennutzung grundsätzlich über das für die Datenerhebung maßgebende Verfahren hinaus als weitere Nutzung erlauben[157] und hat in der Eingriffsgrundlage Behörde, Zweck und Bedingungen der Datenerhebung niederzulegen. Dabei bleibt indes zu beachten, dass die

---

[156] Anders aber noch § 49 Abs. 7 BKAG, welcher ebenfalls an die Vorgaben des Bundesverfassungsgerichts angepasst wurde, BT-Drs. 16, 10121; 31; BT-Drs. 18/11163, 118.
[157] Was wiederum einen neuen Eingriff in das entsprechende Grundrecht bedeutet, vgl. BVerfGE 100, 313 (360) = NJW 2000, 55; BVerfGE 109, 279 (375) = NJW 2004, 999.

Datennutzung sich innerhalb des Schutzes der in der Rechtsgrundlage anvisierten Rechtsgüter zu bewegen hat und Zweckänderungen daher erneut an den für die Datenerhebung maßgeblichen Grundrechten zu messen sind.[158] Insbesondere bei Online-Durchsuchungen ist aufgrund des hohen Eingriffsgewichts daher jede weitere Nutzung der Daten nur zweckentsprechend, wenn sie auch aufgrund einer den Erhebungsvoraussetzungen entsprechenden Gefahr erforderlich ist.[159] Die besondere Eingriffstiefe spiegelt sich demnach in der besonders engen Bindung jeder weiteren Nutzung der erlangten Daten an die Voraussetzungen sowie Zwecke der ursprünglichen Datenerhebung. Eine Nutzung der Erkenntnisse als bloßer Spuren- oder Ermittlungsansatz unabhängig einer insofern drohenden Gefahr ist damit ausgeschlossen.

47 Entsprechend eng binden die Polizeigesetze daher die Speicherung, Veränderung oder Nutzung der gewonnenen Daten an den zugrundeliegenden Zweck (zB § 38 Abs. 1 NPOG), wobei die eigenständigen Regelungen der Landespolizeigesetze dabei auch für den Regelfall der Mischdateien Vorrang gegenüber Normen der Strafverfolgung genießen, § 483 Abs. 3 StPO.

48 **cc) Datenerhebung und Datengewinnung.** Nach der Rechtsprechung des Bundesverfassungsgerichts ist im Rahmen einer Online-Durchsuchung auch der Zugriff auf vernetzte fremde Computer, etwa in Gestalt von Cloud-Diensten, grundsätzlich zulässig.[160] In Übereinstimmung dazu gestattet beispielsweise Art. 45 Abs. 1 S. 2 BayPAG die Erstreckung der Online-Durchsuchung auf informationstechnische Systeme und Speichermedien, die räumlich von dem Zielsystem getrennt sind, soweit von dem Zielsystem aus auf diese zugegriffen werden kann oder diese für die Speicherung von Daten des Betroffenen genutzt werden.[161] Diese Extension der Online-Durchsuchung trägt der technischen Entwicklung Rechnung, wonach die Speicherung von Daten nicht ausschließlich auf dem von dem Betroffenen physisch genutzten Informationssystem erfolgt, sondern Daten auch auf räumlich getrennte informationstechnische Systeme und Speichermedien ausgelagert werden, wie dies etwa bei Cloud-Diensten der Fall ist.[162] Ob vernetzte Geräte wie Sprachassistenten (zB *Alexa* von *Amazon*) oder smarte Haushaltsgeräte, die etwa über Sprachsteuerung zu Internetrecherchen veranlasst werden können, informationstechnische Geräte darstellen, ist umstritten.[163] Dies ließe sich allenfalls im Hinblick darauf bestreiten, dass sie oftmals der Steuerung eines weiteren Hauptsystems dienen. Bedenkt man indes, dass nach dem Bundesverfassungsgericht selbst Terminkalender mit einigem Funktionsumfang informationstechnische Systeme darstellen sollen,[164] so stellen auch Sprachassistenten oder smarte Haushaltsgeräte, die einen nicht unbeachtlichen Funktions- und Leistungsumfang verfügen, informationstechnische Systeme dar.

49 Die relevanten Ermächtigungsgrundlagen gestatten den Zugriff auf Zugangsdaten und gespeicherte Daten (s. Art. 45 Abs. 1 S. 1, 2 BayPAG). Zugangsdaten sind dabei meist nicht in informationstechnischen Systemen abgelegt und dienen als Schlüssel, um den Zugang zu gespeicherten Daten zu eröffnen.[165] Gespeicherte Daten müssen ihrerseits temporär oder dauerhaft auf den Speichermedien des Zielsystems – oder auf durch dieses zugänglichen Speichermedien – abgelegt sein.[166] Daraus folgt – ebenso wie aus der Systematik der

---

[158] Näher BVerfGE 141, 220 = NJW 2016, 1781 (1800 Rn. 278 ff.); vgl. auch BVerfGE 109, 279 (375 f.) = NJW 2004, 999; BVerfGE 120, 351 (369) = NJW 2008, 2099.
[159] Vgl. BVerfGE 109, 279 (377, 379) = NJW 2004, 999; BVerfGE 141, 220 = NJW 2016, 1781 (1801 Rn. 283).
[160] S. etwa BVerfGE 141, 220 = NJW 2016, 1781 (1794 Rn. 209 f.).
[161] *Schmidbauer* in Schmidbauer/Steiner BayPAG Art. 45 Rn. 45 Rn. 64; s. auch LT-Drs. Bay 17/20425, 66.
[162] Zum strafrechtlichen Geheimnisschutz bei solchen Cloud-Diensten auch *Ruppert* K&R 2017, 609 ff.
[163] Dagegen *Graf* in BeckOK StPO, 42. Ed. 1.1.2022, StPO § 100b Rn. 11; dafür *Bruns* in KK-StPO StPO § 100b Rn. 4; *Blechschmitt* MMR 2018, 361 (362 f.).
[164] BVerfGE 120, 274 = NJW 2008, 822 (827 Rn. 202 f.).
[165] LT-Drs. Bay 15/10345, 6.
[166] S. LT- Drs. Bay 15/10345, 7 unter Verweis auf BVerfGE 141, 220 = NJW 2016, 1781 (1794 Rn. 210).

präventivpolizeilichen Befugnisnormen untereinander – dass die Überwachung von Daten aus einem noch laufenden Telekommunikationsvorgang nicht möglich ist.

Soweit vermehrt die Befürchtung geäußert wird, die Online-Durchsuchung erlaube die 50 Gewinnung neuer, weitreichender Informationen mittels des Systems, etwa durch die heimliche Inbetriebnahme der Kamera oder des Mikrofons des infiltrierten Systems,[167] kann dem nicht gefolgt werden. Auch eine etwaige Angleichung spezifischer Ermächtigungsgrundlagen an die akustische Wohnraumüberwachung[168] ändert daran nichts. Denn die präventiv ausgerichteten Befugnisnormen erlauben gerade keine Datengewinnung, sondern begrenzen ihre Reichweite ausweislich des Wortlauts mitunter auf bereits „gespeicherte Daten" (Art. 45 Abs. 1 S. 1 BayPAG) oder Daten, die „aus" dem informationstechnischen System erhoben werden sollen (§ 39 Abs. 1 S. 1 RhPfPOG). In Ansehung der mit einer Online-Durchsuchung einhergehenden Eingriffstiefe bleiben die Normen zudem restriktiv auszulegen. Die Daten müssen daher zum Zeitpunkt der Erhebung bereits gespeichert sein (so Art. 45 Abs. 1 S. 1 BayPAG) oder in dem System selbst zur Erhebung vorhanden sein (so § 39 Abs. 1 S. 1 RhPfPOG) – eine Erhebung *mittels* des Systems ist gerade nicht vorgesehen.[169] Für eine über den Wortlaut hinausreichende extensive Anwendung besteht weder Bedürfnis, noch Anlass: Insbesondere orientieren sich die relevanten Normen inhaltlich strikt an der Rechtsprechung des Bundesverfassungsgerichts zur Infiltration eines Systems zum Zwecke der Datenerhebung, sodass sie inhaltlich bereits nicht auf eine mögliche Datengewinnung abzielen. Wenn aber bereits die diesbezüglichen Grenzen besonders eng gezogen werden, so bedarf ein darüber noch hinausreichender Eingriff besonderer Legitimation, zumal damit auch der Eingriff in weitere Grundrechte einherginge, auf welche die Vorschriften zur Online-Durchsuchung aber nicht ausgerichtet sind. Daher erlauben die Normen zwar die Datenerhebung, aber keine staatlich initiierte Datengewinnung. Dass sich dies anders verhält, wenn der Betroffene freiwillig die Kamera aktiviert und damit eigenständig sowie freiwillig Daten aufzeichnet, stellt gerade keinen Wertungswiderspruch[170] dar, sondern nimmt dieser eigens initiierten Aufzeichnung den Eingriffscharakter und stellt damit einen sachlichen Unterschied dar.

dd) Subsidiarität. Eingriffe in informationstechnische Systeme sind nicht zuletzt aufgrund 51 der hohen Eingriffstiefe subsidiär, im Lichte des Verhältnismäßigkeitsgrundsatzes also erst dann zulässig, wenn die Erfüllung der polizeilichen Aufgabe auf andere Weise aussichtslos oder wesentlich erschwert wäre (s. etwa Art. 45 Abs. 1 S. 3 BayPAG, § 39 Abs. 1 S. 2 RhPfPOG).[171]

Angesichts der Häufigkeit derartiger Subsidiaritätsklauseln in den Polizeigesetzen der 52 Länder besteht gleichwohl die Gefahr eines Ringverweises zwischen denjenigen Normen, die über eine entsprechende Subsidiaritätsklausel verfügen.[172] Um diese Situation im Lichte des Verhältnismäßigkeitsgrundsatzes aufzulösen, muss diese Vorgabe freilich nach den Verhältnissen des Einzelfalls interpretiert werden, um eine möglichst eingriffsmilde Maßnahme zu wählen.[173] Dies wird nicht ohne genauen Blick auf Grund und Grenzen der spezifischen Online-Durchsuchung gelingen, welche im Einzelfall aufgrund der umfassenden Datenbestände zwar besonders eingriffsintensiv sein, mitunter aber auch etwa in Gestalt des Einsatzes eines Key-Loggers weit hinter dem Eingriff einer akustischen Wohnraumüberwachung zurückbleiben kann.

---

[167] *Buermeyer,* Stellungnahme zur Öffentlichen Anhörung zur Formulierungshilfe des BMJV zur Einführung von Rechtsgrundlagen für Online-Durchsuchung und Quellen-TKÜ im Strafprozess, 31. Mai 2017, S. 4; dahingehend auch *Bruns* in KK-StPO StPO § 100b Rn. 5.
[168] So für § 100b StPO *Bruns* in KK-StPO StPO § 100b Rn. 5.
[169] Ebenso zu § 100b StPO *Ruppert* JURA 2018, 994 (1002) und *Singelnstein/Derin* NJW 2017, 2646 (2647).
[170] So *Bruns* in KK-StPO StPO § 100b Rn. 5.
[171] BR-Drs. 404/08, 70; *Schmidbauer* in Schmidbauer/Steiner BayPAG Art. 45 Rn. 45; *Soiné* NVwZ 2012, 1585 (1587).
[172] *Petri* in BeckOK PolR Bayern, 17. Ed. 1.9.2021, PAG Art. 45 Rn. 16; *Schmidbauer* in Schmidbauer/Steiner BayPAG Art. 45 Rn. 65.
[173] *Petri* in BeckOK PolR Bayern, 17. Ed. 1.9.2021, PAG Art. 45 Rn. 16.

53 **ee) Anordnungskompetenz.** Der Eingriff in informationstechnische Systeme bedarf der Anordnung des zuständigen Richters (zB Art. 45 Abs. 1 S. 1, Abs. 2 S. 1 BayPAG, § 39 Abs. 4 S. 1, 2 RhPfPOG). Das Bundesverfassungsgericht misst dem Richtervorbehalt eine besondere Bedeutung zu und erblickt darin eine aufgrund des tiefgreifenden Grundrechtseingriffs verfassungsrechtlich gebotene unabhängige Kontrollinstanz zum Schutze des Betroffenen.[174] Um dem auch in Form und Inhalt gerecht zu werden, ist die Anordnung typischerweise schriftlich zu erlassen und zu begründen, wobei eine lediglich formelhafte Begründung nicht ausreicht (nach Art. 45 Abs. 3 S. 1 BayPAG bedarf es etwa der Schriftform, sodass die anordnende Person auch eigenständig zu unterschreiben hat).

54 Ferner sind sowohl Anordnungsadressat als auch Anordnungsgegenstand möglichst präzise zu bezeichnen, um die Identifizierung zu ermöglichen und die Maßnahme zugleich zu spezifizieren. Zudem sind Art, Umfang und Dauer der Maßnahme zu bestimmen (s. etwa Art. 45 Abs. 3 S. 3 BayPAG). Bisweilen wird der Schutz des Betroffenen in zeitlicher Hinsicht dadurch abgesichert, dass die erste Anordnung der Dauer auf drei Monate zu befristen ist und auch eine anschließende Verlängerung um bis zu drei Monate nicht vorweggenommen werden darf.[175]

55 Grundsätzlich kann von diesem Kontrollerfordernis eine Ausnahme für Eilfälle (etwa der Gefahr im Verzug) gesetzlich vorgesehen werden, wenn die Entscheidung im Anschluss durch eine neutrale Stelle überprüft wird. Auch die Annahme eines solchen Eilfalles ist aber in tatsächlicher und rechtlicher Hinsicht bezüglich ihrer Voraussetzungen verfassungsrechtlich derart geprägt, dass zum einen die verwendeten rechtlichen Begrifflichkeiten (wie gerade die Gefahr im Verzug) restriktiv auszulegen sind, zum anderen aber auch tatsächliche organisatorische Vorkehrungen zu treffen sind, welche die jederzeitige Erreichbarkeit eines Ermittlungsrichters absichern sollen.[176]

56 Zum Teil sehen die Gesetze der Länder solche Ausnahmen bei Gefahr im Verzug vor. So verlagert etwa § 33d Abs. 4 S. 1 NPOG die Anordnungskompetenz bei Gefahr im Verzug auf die Polizei, dort auf die Behördenleitung, §§ 33d Abs. 4 S. 3 iVm § 33a Abs. 6 S. 3 NPOG, wobei in diesem Falle unverzüglich die richterliche Bestätigung der Anordnung zu beantragen ist. Angesichts des Umstands, dass eine Online-Durchsuchung typischerweise aufwändig vorzubereiten ist, dürfte aber fraglich sein, wann wirklich von einer verhältnismäßigen Annahme der Gefahr im Verzuge ausgegangen werden kann, ohne dass dem bereits die zur Durchführung der Maßnahme erforderliche Zeitspanne in tatsächlicher Hinsicht entgegensteht. Es dürfte sich daher dabei eher um eine gesetzliche Regelung mit Blick in die Zukunft richten, die derzeit praktisch nur schwer denkbar erscheint.[177] Daher verzichten andere Polizeigesetze – anders als zuvor – auf die Regelung einer Eilkompetenz (vgl. Art. 45 Abs. 3 S. 1 BayPAG aF und nF). Angesichts der praktischen Schwierigkeiten sowie der verfassungsrechtlichen Anforderungen erscheint dies auch begrüßenswert.

57 **ff) Adressat.** Ferner dürfen sich Eingriffe in informationstechnische Systeme bereits aufgrund der damit einhergehenden Grundrechtsverletzung unmittelbar nur gegen diejenige Zielperson richten, welche für die drohende Gefahr auch verantwortlich ist.[178] Die vormals vorgesehene Inanspruchnahme von Nachrichtenmittlern und Kontaktpersonen ist nicht (mehr) möglich.[179]

58 Allerdings ist verfassungsrechtlich nicht zu beanstanden, wenn die gegen die Verantwortlichen angeordneten Maßnahmen in unvermeidbarer Weise auch Dritte miterfassen (dem

---

[174] BVerfGE 120, 274 = NJW 2008, 822 (832 Rn. 257 ff.); ferner *Petri* in BeckOK PolR Bayern, 17. Ed. 1.9.2021, PAG Art. 45 Rn. 29; *Roggan* NJW 2009, 257 (259).
[175] Für Bayern s. *Petri* in BeckOK PolR Bayern, 17. Ed. 1.9.2021, PAG Art. 45 Rn. 32 f.
[176] BVerfGE 103, 142 = NJW 2001, 1121; BVerfGE 120, 274 = NJW 2008, 822 (832 Rn. 261); dazu auch *Roggan* NJW 20009, 257 (259).
[177] So auch *Albrecht* in BeckOK PolR Nds, 22. Ed. 1.2.2022, NPOG § 33d Rn. 62.
[178] Im Sinne eines polizeirechtlichen Störers, vgl. etwa Art. 7, 8, 45 Abs. 1 S. 1 Nr. 1 BayPAG, *Petri* in BeckOK PolR Bayern, 17. Ed. 1.9.2021, PAG Art. 45 Rn. 12.
[179] *Petri* in BeckOK PolR Bayern, 17. Ed. 1.9.2021, PAG Art. 45 Rn. 14.

tragen etwa Art. 45 Abs. 1 S. 4 BayPAG und § 49 Abs. 3 S. 2 BKAG klarstellend Rechnung).[180] Als unvermeidbar gilt dies, wenn die Polizei vergeblich erhebliche technischorganisatorische Anstrengungen unternommen hat, nicht in die Rechte von unbeteiligten Dritten einzugreifen.[181] Trotz entsprechender Anstrengungen umfassen heimliche Ermittlungsmaßnahmen zuhauf Personen, die erkennbar in keiner Beziehung zum relevanten Sachverhalt stehen und gegen die sich die Maßnahme deshalb auch nicht richtet. Informationen über solche Dritte sind im Rahmen der präventiven Gefahrenabwehr in der Regel nicht erforderlich, sodass die entsprechende Datenerhebung insofern lediglich insoweit zulässig ist, als ansonsten der Zweck des Einsatzes gefährdet oder vereitelt würde.[182]

gg) Begleitmaßnahmen. Der polizeiliche Zugriff auf das Zielsystem erfolgt typischerweise durch das Aufspielen einer Überwachungssoftware auf das informationstechnische System des Betroffenen, welche sodann internetbasiert Daten aus dem Zielsystem an eine Überwachungskonsole der Polizei transferiert.[183] Die Installation der Software kann dabei online in Gestalt der technischen Infiltration des Systems über das Internet erfolgen, etwa durch Malware-Angriffe oder die Veranlassung des Betroffenen, die sich in einem Mail-Anhang befindliche Software selbst herunterzuladen. Gleichwohl kann die entsprechende Software auch physisch auf das Zielsystem übertragen werden. 59

Die relevanten Ermächtigungsgrundlagen umfassen jedoch lediglich die technische Infiltration des Zielsystems sowie die hierdurch ermöglichte Überwachung bzw. Speicherung der Daten. Womöglich erforderliche Begleitmaßnahmen wie das heimliche Betreten einer Wohnung zum Aufspielen der Software sind indes nicht erfasst und bedürfen daher gesonderter Ermächtigungsgrundlagen.[184] Aufgrund der damit einhergehenden weiteren Eingriffe in die Rechte des Betroffenen gewähren entsprechende Befugnisnormen auch keine Annexkompetenz zu zum Aufspielen der Software notwendigen Begleitmaßnahmen.[185] Denn zum einen ist etwa das heimliche Betreten der Wohnung mit der präventiven Online-Durchsuchung aufgrund der Möglichkeit rein technischer Infiltration bereits nicht typischerweise verbunden.[186] Zum anderen aber dürfen Begleiteingriffe grundrechtlich geschützte Interessen aufgrund des Vorbehalt des Gesetzes aus Art. 20 Abs. 3 GG nur verhältnismäßig geringfügig beeinträchtigen, die Wohnungsbetretung selbst greift indes bedeutend in den Schutzbereich des Art. 13 Abs. 1 GG ein.[187] 60

Je nach gesetzlicher Ausgestaltung ist aber eine Kombination mit der Befugnisnorm betreffend die Online-Durchsuchung denkbar. So sieht etwa Art. 45 Abs. 3 S. 4 BayPAG die Möglichkeit vor, die Anordnung der Online-Durchsuchung auf das nicht offene Durchsuchen von Sachen oder auf das verdeckte Betreten und Durchsuchen der Wohnung des Betroffenen zu erstrecken. Das bayerische PAG sieht dabei in Art. 45 Abs. 2 S. 1 zudem die Befugnis vor, zur Vorbereitung einer Maßnahme technische Mittel einzusetzen, um spezifische Kennungen (Nr. 1) und den Standort des informationstechnischen Systems (Nr. 2) zu ermitteln. Die Anbindung an die Befugnisnorm erscheint in diesem engen Kontext bereits deshalb als gelungen, weil so in Fällen der Online-Infiltration des Systems 61

---

[180] BVerfGE 141, 220 = NJW 2016, 1781 (1785 Rn. 115); *Graulich* in Lisken/Denninger PolR-HdB E Rn. 803, s. etwa Art. 45 Abs. 1 S. 4 BayPAG.
[181] *Petri* in BeckOK PolR Bayern, 17. Ed. 1.9.2021, PAG Art. 45 Rn. 15.
[182] *Graulich* in Lisken/Denninger PolR-HdB E Rn. 803.
[183] BVerfGE 141, 220 (276); *Petri* in BeckOK PolR Bayern, 17. Ed. 1.9.2021, PAG Art. 45 Rn. 20.
[184] *Müller/Schwabenbauer* in Lisken/Denninger PolR-HdB G Rn. 788; *Hoffmann-Riem* JZ 2008, 1009 (1021); vgl. BT-Drs. 17/1814. Zum besonderen Schutz des Art. 13 GG in diesem Kontext auch *Soiné* NVwZ 2012, 1585 (1589). Vgl. aus entsprechenden Diskussionen BR-Drs. 404/1/08 zu Art. 1 Nr. 5 (Entwurf zu § 20k BKAG) oder BT-Drs. 17/1814, 2.
[185] *Soiné* NVwZ 2012, 1585 (1589) mwN.
[186] Und aufgrund dieser Möglichkeit auch nicht zwingend erforderlich, s. *Hoffmann-Riem* JZ 2008, 1009 (1021); *Kutscha* NJW 2007, 1169 (1170).
[187] Zumal in diesem Falle auch auf das Zitiergebot zu achten wäre, nach welchem das Grundrecht im Gesetzestext ausdrücklich als eingeschränkt benannt werden müsste, BVerfGE 120, 274 = NJW 2008, 822 (836 Rn. 301).

dieses zuvor zuverlässig identifiziert werden kann und das Risiko eines Eingriffs auf ein falsches Zielsystem minimiert werden kann.

62 **b) Repressive Online-Durchsuchung.** Die Regelung des § 100b StPO ermöglicht seit dem Jahr 2017[188] die Online-Durchsuchung auch zu Zwecken der Strafverfolgung und wurde seitdem bereits mehrfach geändert[189]. Zuvor war die repressive Online-Durchsuchung jahrzehntelang politisch umstritten, mit den Mitteln der Strafprozessordnung aber nicht durchführbar.[190] Versuchen, eine Online-Durchsuchung mit zur Verfügung stehenden Mitteln der Strafprozessordnung dennoch zu legitimieren,[191] setzte der Bundesgerichtshof ein Ende: insbesondere gestatte die allgemeine Durchsuchungsermächtigung des § 102 StPO keine heimliche Ausführung, während § 100a StPO auf Fälle laufender Telekommunikation beschränkt sei und auch eine Kombination verschiedener Maßnahmen nicht in Betracht komme.[192] Daher entschied sich der Gesetzgeber zur Regelung der Online-Durchsuchung in der Strafprozessordnung, welche er inhaltlich an den Vorgaben des Bundesverfassungsgerichts sowie der zwischenzeitlich um Ermächtigungsgrundlagen ergänzten Polizeigesetze[193] anlehnte.[194]

63 Aufgrund des besonderen Spannungsfeldes der repressiven Online-Durchsuchung zwischen der Aufklärung von Straftaten und Eingriffen in den Schutzbereich des Grundrechts auf Integrität und Vertraulichkeit informationstechnischer Systeme sowie der mit einer Infiltration eines solchen Systems einhergehenden Reichweite des Eingriffs wird § 100b StPO mitunter als schwerster Ermittlungseingriff der Strafprozessordnung bezeichnet.[195]

64 **aa) Voraussetzungen.** Die Anordnungsvoraussetzungen der Online-Durchsuchung nach § 100b StPO orientieren sich nah an jenen einer akustischen Wohnraumüberwachung. Insbesondere erfordert eine Online-Durchsuchung ausweislich § 100b Abs. 1 Nr. 1 StPO zuvorderst den Verdacht einer besonders schweren Straftat, welche den mittleren Kriminalitätsbereich deutlich übersteigt. Dabei ist es ausreichend, wenn sich der Tatverdacht auf die Teilnahme an der besonders schweren Straftat oder die versuchte Begehung der Tat richtet.[196]

65 Dieser Verdacht muss auf bestimmten Tatsachen gründen und durch schlüssiges Tatsachenmaterial bereits ein gewisses Maß an Konkretisierung und Verdichtung erreicht haben,[197] welches sich auf eine hinreichende Tatsachenbasis zurückführen lässt.[198] Der geforderte Tatverdacht reicht zwar über einen bloßen Anfangsverdacht hinaus,[199] muss aber weder hinreichend im Sinne des § 203 StPO, noch dringend im Sinne von § 112 Abs. 1 S. 1 StPO sein,[200] sodass ein einfacher Tatverdacht grundsätzlich genügt.[201] In der Zusam-

---

[188] Seit dem Gesetz zur effektiveren und praxistauglicheren Ausgestaltung des Strafverfahrens v. 17.8.2017, BGBl 2017 I 3202; zum hektischen Gesetzgebungsverfahren *Freiling/Safferling/Rückert* JR 2018, 9 (9).
[189] So jüngst durch Art. 2 des Gesetzes zur Änderung des Strafgesetzbuches – Strafbarkeit des Betreibens krimineller Handelsplattformen im Internet vom 12.8.2021, BGBl. 2021 I 3544.
[190] Dazu eingehend BGH NJW 2007, 930 mwN zum damaligen Meinungsbild in der Literatur; ferner *Freiling/Safferling/Rückert* JR 2018, 9 (12).
[191] S. etwa BGH BeckRS 2006, 18459 und *Hofmann* NStZ 2005, 121 (124).
[192] BGH NJW 2007, 930 (931 f.); zur Telekommunikation bereits BVerfGE 120, 274 = NJW 2008, 822 (826 Rn. 190).
[193] Art. 34d BayPAG aF, BayGVBl. 2008, 365 oder § 20k BKAG aF, BGBl. 2008 I, 3083.
[194] Und welche erst nach Bestätigung der Online-Durchsuchung des BKAG durch das Bundesverfassungsgericht (BVerfGE 141, 220 = NJW 2016, 1781)verabschiedet wurde, s. Gesetz zur effektiveren und praxistauglicheren Ausgestaltung des Strafverfahrens v. 17.8.2017, BGBl. 2017 I 3202.
[195] So etwa *Gleizer* in Hilgendorf/Kusche/Valerius, Festgabe Forschungsstelle Robotrecht, 2020, 535 (537) und *Singelnstein/Derin* NJW 2017, 2646 (2647); *Graulich* in Lisken/Denninger PolR-HdB E Rn. 794 zählt sie zu den „allerschwersten Rechtseingriffen"; ebenso *Grözinger* in MAH Strafverteidigung § 50 Rn. 291.
[196] *Graf* in BeckOK StPO, 42. Ed. 1.1.2022, StPO § 100b Rn. 9.
[197] Vgl. BVerfGE 100, 313 (395) = NJW 2000, 55; BVerfG NStZ 2003, 441 (443); 2010, 711.
[198] BGH BeckRS 2016, 15673; s. auch BVerfG NJW 2007, 2752 (2752f. Rn. 19).
[199] BVerfG NJW 2004, 999 (1012).
[200] BGH BeckRS 2016, 15673; OLG Hamm NStZ 2003, 279.
[201] *Graf* in BeckOK StPO, 42. Ed. 1.1.2022, StPO § 100b Rn. 15.

menschau reichen damit bloße Mutmaßungen ebenso wenig wie nicht überprüfte Gerüchte oder reines Gerede. Vielmehr ist erforderlich, dass aufgrund der Lebenserfahrung oder der kriminalistischen Erfahrungen fallbezogen aus Zeugenaussagen, Observationen oder anderen sachlichen Beweisanzeichen auf das Vorliegen einer Katalogtat geschlossen werden kann.[202]

Auf einer ersten Stufe hat sich der Verdacht auf eine generell besonders schwere Straftat zu richten. Die in Betracht kommenden Straftaten werden im Anlasstatenkatalog des § 100b Abs. 2 StPO enumerativ aufgeführt, welcher in Abgrenzung zu den Anlasstaten des weniger eingriffsintensiven und daher nur eine schwere Straftat fordernden § 100a StPO dem Katalog *besonders* schwerer Straftaten entstammt, welcher bereits zuvor Voraussetzung der Anordnung der akustischen Wohnraumüberwachung des § 100c StPO war. Mit der Verweisung in § 100c Abs. 1 Nr. 1 StPO auf den Anlasstatenkatalog des § 100b Abs. 2 teilen sich die beiden besonders eingriffsintensiv empfundenen Maßnahmen nunmehr einen gemeinsamen Anlasstatenkatalog. Die Auswahl der Anlasstaten folgt dabei keinem eindeutigen Schema.[203] **66**

Auf zweiter Stufe erfordert die Online-Durchsuchung zudem nicht nur die abstrakte Klassifizierung der Anlasstat als besonders schwere Straftat, sondern auch, dass diese im Einzelfall besonders schwer wiegen muss, § 100b Abs. 1 S. 2 StPO. Durch diese Einzelfallabwägung sollen Sachverhalte ausgeschieden werden, die zwar prinzipiell dem Anlasstatenkatalog unterfallen, im konkreten Einzelfall aber nicht derart schwer wiegen, dass sie einen Eingriff in das Grundrecht auf Integrität und Vertraulichkeit informationstechnischer Systeme rechtfertigen.[204] **67**

bb) Datenverwendung und Kernbereichsschutz. Auch der Kernbereichsschutz gegenüber einer Online-Durchsuchung auf Ebene des Strafverfahrensrechts orientiert sich strikt an der bereits dargestellten (→ Rn. 11 ff.), verfassungsgerichtlichen Rechtsprechung[205] und bietet daher entsprechenden Schutz sowohl auf Erhebungs-, als auch auf Auswertungsebene. Dazu wurden die zuvor für die einzelnen Maßnahmen nach § 100a bis § 100c StPO gesondert geregelten Vorschriften zum Kernbereichsschutz durch die gemeinsame Vorschrift des § 100d StPO ersetzt. Diese regelt in ihren Absätzen 1 bis 4 den Schutz des Kernbereichs privater Lebensgestaltung, in ihrem Abs. 5 jenen der Zeugnisverweigerungsberechtigten. **68**

Entsprechend des Schutzes auf beiden Ebenen ordnet § 100d Abs. 1 StPO ein Erhebungsverbot an, soweit bereits vor Anordnung der Maßnahme aufgrund tatsächlicher Anhaltspunkte anzunehmen ist, dass allein dem Kernbereich zugehörige Daten erfasst werden. Bestehen daher Anhaltspunkte dafür, dass derart kernbereichsbezogene Daten bzw. Inhalte mit solchen Daten verknüpft werden, die dem Ermittlungsziel unterfallen, um eine Überwachung zu verhindern, erwächst gerade kein Erhebungsverbot.[206] Der Wortlaut der Vorschrift legt auch darüber hinaus nahe, dass die subjektive Tendenz einer Verknüpfung gänzlich irrelevant ist, sondern vielmehr bei jeder Verknüpfung eine Erhebung zulässig ist („allein Erkenntnisse aus dem Kernbereich"). Damit bleibt die Norm zwar im Ausgangsstadium hinter den Vorgaben des Bundesverfassungsgerichts zurück, welches von der Grundüberlegung ausgeht, dass die Erhebung kernbereichsrelevanter Daten wenn möglich zu unterbleiben hat und eine generelle Ausnahme davon nur bei entsprechender subjektiver **69**

---

[202] BVerfG NJW 2007, 2752 (2752 f. Rn. 19).
[203] Jedenfalls beträgt die Mindeststrafe der aufgeführten Delikte ein Jahr, die Mindesthöchststrafe zehn Jahre, während bei § 100a StPO die Mindesthöchststrafe fünf Jahre beträgt. Gleichwohl ist der Anlasstatenkatalog des § 100b StPO erheblich umfangreicher als der Katalog besonders schwerer Straftaten der Erhebung von Verkehrsdaten nach § 100g StPO.
[204] Vgl. zu den Vorgaben des Bundesverfassungsgerichts BVerfG NJW 2004, 999 (1011); NJW 2006, 976 (982); 2012, 833.
[205] Vgl. nur BVerfGE 109, 279 = NJW 2004, 999; BVerfGE 113, 348 = NJW 2005, 2603; BVerfGE 120, 274 = NJW 2008, 822.
[206] BVerfGE 109, 279 (313) = NJW 2004, 999; BVerfGE 120, 274 = NJW 2008, 822 (834 Rn. 281).

Tendenz bestehe.[207] Gleichwohl wird auf einem informationstechnischen System typischerweise Kernbereichsinhalt und ermittlungsrelevanter Inhalt nebeneinander bestehen, sodass § 100d Abs. 1 StPO der typischen Lebenssituation Rechnung trägt. Auch präzisiert § 100d Abs. 3 S. 1 StPO betreffend die Online-Durchsuchung die Norm nach dahingehend – und in Übereinstimmung mit den Vorgaben des Bundesverfassungsgerichts[208] – dass, soweit möglich, technisch sicherzustellen ist, dass Kernbereichsdaten nicht erhoben werden und entsprechende Erkenntnisse in jedem Falle unverwertbar wären. Im systematischen Zusammenspiel mit der § 100d Abs. 1 StPO spezifisch für die Online-Durchsuchung präzisierenden Norm des § 100d Abs. 3 StPO sichert die Vorschrift daher lediglich ab, dass von vornherein einzig auf den Kernbereich zielende Maßnahmen unzulässig sind, ohne darüber hinaus einen zu strengen, die Online-Durchsuchung faktisch ausschließenden Maßstab vorzugeben. Demnach beinhaltet Abs. 1 keine generelle Untersagung der Maßnahme, sondern einen punktuellen Kernbereichsschutz bei ausschließlicher Kernbereichsrelevanz spezifischer Daten.[209]

Ergeben sich Anhaltspunkte bezüglich kernbereichsrelevanter Daten erst während der Maßnahme (und damit auf zweiter Ebene), so wird ein Verwertungsverbot durch § 100d Abs. 2 S. 1 StPO statuiert und zugleich gemäß § 100d Abs. 2 S. 2 StPO die unverzügliche Löschung der Aufzeichnungen vorgegeben. Angesichts der typischen Verknüpfung bzw. des typischen Nebeneinanders von Daten auf informationstechnischen Systemen gewinnt diese Vorgabe im Rahmen der Online-Durchsuchung noch einmal an Bedeutung. Die Vorschrift trägt auch dem Umstand Rechnung, dass während der Datenerhebung eine Echtzeit-Überwachung auf Kernbereichsrelevanz hin kaum praktikabel ist.[210] Aus der temporären Vorgabe einer unverzüglichen Löschung ergibt sich zum einen, dass keine Technik eingesetzt werden darf, die eine unverzügliche Löschung nicht gestattet oder ermöglicht.[211] Zum anderen bedeutet dies aber, dass, sollte sich die Staatsanwaltschaft als Herrin des Ermittlungsverfahrens im Einzelfall oder generell die Entscheidung über die Löschung der Daten vorbehalten, dadurch jedenfalls keine relevante Verzögerung der Löschung begründet werden darf.[212] Unbesehen dessen kann gerade eine punktuelle Löschung im späteren Verfahren zu Beweisproblemen führen, etwa wenn eingewandt wird, gelöschte Daten hätten entlasten können oder die Unvollständigkeit der Daten stehe der Verständlichkeit der Gesamtzusammenhänge entgegen.[213] Um dem spezifisch im Rahmen der Online-Durchsuchung zu begegnen hält auch § 100d Abs. 3 S. 2 StPO fest, dass die Daten entweder unverzüglich zu löschen oder dem anordnenden Gericht zur Entscheidung über die Verwertbarkeit und Löschung der Daten vorzulegen sind. Diese Vorgabe an das anordnende Gericht als (vermeintlich neutrale, gleichwohl aber vorbefasste) Stelle steht mit der Rechtsprechung des Bundesverfassungsgerichts in Einklang. So sollen Daten bereits herausgefiltert werden, bevor sie den Sicherheitsbehörden offenbart werden.[214] Die resul-

---

[207] BVerfGE 120, 274 = NJW 2008, 822 (834 Rn. 281).
[208] BVerfGE 120, 274 = NJW 2008, 822 (833 Rn. 216).
[209] Dazu tendiert wohl auch *Bruns* in KK-StPO StPO § 100b Rn. 6: „Die Maßnahme darf nur angeordnet werden, soweit (nicht: wenn) auf Grund tatsächlicher Anhaltspunkte, insbesondere zu der Art der zu überwachenden Räumlichkeiten und dem Verhältnis der zu überwachenden Personen zueinander, anzunehmen ist, dass durch die Überwachung Äußerungen, die dem Kernbereich privater Lebensgestaltung zuzurechnen sind, *nicht* erfasst werden." (Klammerzusatz und Hervorhebung im Original), wenngleich im Folgenden der Blick doch dem *Wenn* der Maßnahme zugerichtet wird: „Soweit entsprechende Umstände für Ermittlungsbehörden erkennbar sind, dürfen Maßnahmen nicht durchgeführt werden".
[210] Siehe BT-Drs. 16/5846, 44; BVerfGE 113, 348 = NJW 2005, 2603 (2606, 2612).
[211] Auch wenn für die Löschung eine andere Soft- oder Hardware als für die Überwachung erforderlich ist, rechtfertigt dies keine längere Speicherzeit der geschützten Daten, *Graf* in BeckOK StPO, 42. Ed. 1.1.2022, StPO § 100b Rn. 15.
[212] BT-Drs. 16/5846, 45; *Graf* in BeckOK StPO, 42. Ed. 1.1.2022, StPO § 100b Rn. 14.
[213] Dazu *Bruns* in KK-StPO StPO § 100a Rn. 48 und *Graf* in BeckOK StPO, 42. Ed. 1.1.2022, StPO § 100b Rn. 14.
[214] Vgl. BVerfGE 120, 274 = NJW 2008, 822 (832 Rn. 258); BVerfGE 141, 220 = NJW 2016, 1781 (1796 Rn. 224).

tierende Entscheidung ist sodann für das weitere Verfahren bindend, § 100d Abs. 3 S. 2, 3 StPO.

Spezifisch für die Online-Durchsuchung wird zudem via § 100d Abs. 3 S. 1 StPO **70** vorgegeben, soweit technisch möglich sicherzustellen, dass kernbereichsrelevante Daten nicht erhoben werden. Diese den Kernbereichsschutz ergänzende Regelung knüpft, weitergehend als etwa § 100a StPO, an technischen Vorkehrungen zur Vermeidung der Erhebung kernbereichsrelevanter Informationen an, um entsprechende Daten möglichst frühzeitig herauszufiltern bzw. deren Erhebung zu verhindern. Insofern wird die erste Stufe des Kernbereichsschutz ergänzt. Wie dies im Einzelnen zu erfolgen hat, bleibt offen, da die Norm insofern entwicklungsoffen an die jeweiligen Möglichkeiten anknüpft, ohne diese konkret zu benennen.

Zudem ist in den Fällen zeugnisverweigerungsberechtigter Berufsgeheimnisträgers im **71** Sinne des § 53 StPO eine Online-Durchsuchung ausweislich § 100d Abs. 5 S. 1 StPO bereits unzulässig. Dieses Beweiserhebungsverbot betrifft vor allem die informationstechnischen Systeme des Berufsgeheimnisträgers. Anders als § 160a StPO erfolgt keine Differenzierung nach unterschiedlichen Gruppen von Berufsgeheimnisträgern, sodass ein breites Schutzniveau etabliert wird. Der Schutz des § 100d Abs. 5 S. 1 StPO greift indes nicht, wenn der Berufsgeheimnisträger selbst einer Katalogtat beschuldigt wird, von seiner Verschwiegenheitspflicht entbunden ist oder auf sein Zeugnisverweigerungsrecht verzichtet.[215] Anders als bei nach § 203 StGB strafbaren, gleichwohl aber in einem Verfahren verwertbaren[216] Aussagen des Berufsgeheimnisträgers lässt eine solch strafbare Aussage den Schutz des § 100d Abs. 5 StPO gerade nicht entfallen, da zwischen Aussage und darüber hinausreichendem Kernbereich des einzelnen sowie zugehörigen Daten zu differenzieren bleibt.

Sobald sich der spezifische Bezug zu Zeugnisverweigerungsberechtigten erst während **72** einer Maßnahme ergibt, sind die Daten gleichsam unverwertbar sowie unverzüglich zu löschen, §§ 100d Abs. 5 S. 1 Hs. 2, 100d Abs. 2 S. 1, 2 StPO. Handelt es sich bei den erhobenen Daten nicht um solche mit Bezügen zu unmittelbar zeugnisverweigerungsberechtigten Berufsgeheimnisträgern gemäß § 53 StPO, sondern zu dort mitwirkenden Personen gemäß § 53a StPO oder Angehörigen des Betroffenen im Sinne des § 52 StPO, so erfordert die Verwertung der Daten eine Abwägung unter Berücksichtigung der Bedeutung des zugrunde liegenden Vertrauensverhältnisses und des Interesses an der Sachverhaltsaufklärung bzw. Aufenthaltsortsermittlung, § 100d Abs. 5 S. 2 StPO.

cc) Datenerhebung und Datengewinnung. Ebenso wie im Rahmen der präventiven **73** Online-Durchsuchung ermöglicht auch § 100b StPO den Zugriff auf das Zielsystem über einen längeren Zeitraum hinweg, um so sämtliche gespeicherte Daten und das Nutzungsverhalten der Person über diesen Zeitraum zu erfassen.[217] Anders als etwa in Art. 45 Abs. 1 S. 2 BayPAG wird der nach der verfassungsgerichtlichen Rechtsprechung[218] zulässige Zugriff auf fremde vernetzte Systeme nicht explizit in der Befugnisnorm geregelt. Gleichwohl ist aber davon auszugehen, dass die Vorschrift auch die Datenerhebung aus solchen Systemen erlaubt, sofern der Zugriff darauf von den informationstechnischen Systemen selbst möglich ist, da auch dann die Daten aus dem infiltrierten Zielsystem erhoben werden können.

Wie im Rahmen präventiver Befugnisse ist umstritten, ob vernetzte Geräte wie Sprach- **74** assistenten (zB *Alexa* von *Amazon*) oder smarte Haushaltsgeräte, die etwa über Sprachsteuerung zu Internetrecherchen veranlasst werden können, informationstechnische Geräte darstellen.[219] Nicht zuletzt aufgrund der Annahme des Bundesverfassungsgerichts, wonach

---

[215] *Bruns* in KK-StPO StPO § 100b Rn. 21.
[216] BGH NStZ 2018, 362 = MedR 2018, 968 mAnm *Ruppert*.
[217] BT-Drs. 18/12785, 59; *Eschelbach* in Satzger/Schluckebier/Widmaier StPO § 100b Rn. 3.
[218] S. etwa BVerfGE 141, 220 = NJW 2016, 1781 (1794 Rn. 209).
[219] Dagegen *Graf* in BeckOK StPO, 42. Ed. 1.1.2022, StPO § 100b Rn. 11; dafür *Bruns* in KK-StPO StPO § 100b Rn. 4; *Blechschmitt* MMR 2018, 361 (362 f.).

bereits Terminkalender mit einigem Funktionsumfang informationstechnische Systeme darstellen,[220] dürften solche Sprachassistenten oder smarte Haushaltsgeräte mit zunehmendem Funktions- und Leistungsumfang informationstechnische Systeme darstellen. Solange die Geräte aber lediglich als Steuerung eines Hauptsystems fungieren, dürfte in der Regel die Infiltration des Hauptsystems ohnehin genügen, um die entsprechenden Daten zu erlangen.

75 Während präventive Ermächtigungsgrundlagen den Zugriff auf Zugangsdaten und gespeicherte Daten erlauben (s. Art. 45 Abs. 1 S. 1, 2 BayPAG), gestattet § 100b StPO schlicht die Erhebung von *Daten* aus dem System. Zwar wird damit der Anwendungsbereich nicht explizit auf gespeicherte Daten begrenzt, sodass mitunter befürchtet wird, die strafprozessuale Online-Durchsuchung erlaube die Gewinnung neuer, weitreichender Informationen mittels des Systems, etwa in Gestalt der heimlichen Aktivierung der Kamera oder des Mikrofons des infiltrierten Systems.[221] Gleichwohl steht dem der Wortlaut der Norm entgegen, welcher gerade keine Datenerhebung mittels des Systems zulässt, sondern die Erhebung von Daten aus dem System gestattet.[222] Die Daten müssen daher bereits in dem System selbst vorhanden sein. Daran ändert auch die Nähe der Ermächtigungsgrundlage zur strafprozessualen akustischen Wohnraumüberwachung nichts, können doch ähnliche Zugriffsvoraussetzungen nicht die unbeabsichtigte Erweiterung der Maßnahme legitimieren.[223] Im Gesetzgebungsverfahren finden sich aber keinerlei Anhaltspunkte, die auf eine solche Datengewinnung mittels des Zielsystems hindeuten. Der Schluss von ähnlichen Voraussetzungen auf eine gänzlich andere Zielrichtung würde aber den darin liegenden Eingriff nicht nur im Lichte des gebotenen Grundrechtsschutzes weit über dessen Ansinnen hinaus überdehnen, sondern zudem die Zielrichtung der Maßnahme über den Umweg deren Voraussetzungen entfremden und damit die Legitimationsgrundlage der Online-Durchsuchung verlassen. Daran ändert auch der Umstand nichts, dass seitens des Benutzers bewusst kreierte Daten (etwa durch bewusstes Aktivieren des Mikrofons und der Kamera) ausgeleitet werden dürfen. Denn das Vorgehen des Nutzers stellt jedenfalls eine bewusste Datengenerierung dar, sodass diese selbst gerade nicht staatlich initiiert ist und damit keinen Grundrechtseingriff darstellt. Darin liegt also kein Wertungswiderspruch,[224] sondern ein sachlich bedeutsamer Unterschied, der der Datengewinnung die Qualifikation als Grundrechtseingriff nimmt, sodass die bestehende Ermächtigungsgrundlage für die Datenerhebung ausreicht.

76 dd) Subsidiarität. Auch eine Online-Durchsuchung nach § 100b StPO ist nur zulässig, sofern die Erforschung des Sachverhalts oder die Ermittlung des Aufenthaltsorts des Beschuldigten ansonsten wesentlich erschwert oder aussichtslos wäre, § 100b Abs. 1 Nr. 3 StPO. Dabei gilt eine anderweitige Erforschung als aussichtslos, wenn andere Ermittlungsmethoden mit geringerer Eingriffstiefe nicht zur Verfügung stehen oder keine Erfolgsaussicht versprechen.[225] Eine wesentliche Erschwerung ist demgegenüber anzunehmen, wenn andere Ermittlungsmethoden zeitlich erheblich aufwändiger sind oder schlechtere, mithin nicht für eine schnelle Ermittlung erforderliche sowie ausreichende Erkenntnisse erwarten lassen.[226] Allerdings rechtfertigen weder höherer Ermittlungsaufwand oder damit einher-

---

[220] BVerfGE 120, 274 = NJW 2008, 822 (827 Rn. 202 f.).
[221] *Buermeyer*, Stellungnahme zur Öffentlichen Anhörung zur Formulierungshilfe des BMJV zur Einführung von Rechtsgrundlagen für Online-Durchsuchung und Quellen-TKÜ im Strafprozess, 31. Mai 2017, S. 4; dahingehend auch *Bruns* in KK-StPO StPO § 100b Rn. 5; ähnlich und kritisch *Blechschmitt* MMR 2018, 361 (362 f.).
[222] *Ruppert* JURA 2018, 994 (1002); *Singelnstein/Derin* NJW 2017, 2646 (2647).
[223] Anders aber *Bruns* in KK-StPO StPO § 100b Rn. 5: Angleichung an Zulässigkeitsvoraussetzungen dürfte Zulässigkeit des Aktivierens angeschlossener Mikrofone begründen.
[224] So *Bruns* in KK-StPO StPO § 100b Rn. 5.
[225] BT-Drs. 18/12785, 55; *Bruns* in KK-StPO StPO § 100b Rn. 9; *Graf* in BeckOK StPO, 42. Ed. 1.1.2022, StPO § 100b Rn. 19.
[226] *Graf* in BeckOK StPO, 42. Ed. 1.1.2022, StPO § 100b Rn. 19; vgl. auch *Köhler* in Meyer-Goßner/Schmitt StPO § 100b Rn. 6.

gehende höhere Kosten eine Online-Durchsuchung lediglich, wenn sie sich insgesamt als unvertretbar erweisen, etwa weil dadurch andere Ermittlungsverfahren zwingend vernachlässigt werden müssten.[227]

Anders als im Rahmen des § 100c Abs. 1 Nr. 3 StPO bedarf es aber ausweislich des Wortlauts für die Anordnung der Online-Durchsuchung keinerlei Wahrscheinlichkeit, dass durch die Maßnahme auch tatsächlich relevante Daten erfasst werden.[228] Gleichwohl dürfte bereits aus Gründen der Verhältnismäßigkeit nicht nur zu fordern sein, dass die Erforschung des Sachverhalts oder die Ermittlung des Aufenthaltsorts ohne die Maßnahme wesentlich erschwert oder aussichtslos wären, sondern – über den Wortlaut hinaus – dass gerade die Online-Durchsuchung auf Grund tatsächlicher Anhaltspunkte bedeutende Daten zu Tage bringen wird, erfordert der entsprechende Grundrechtseingriff doch eine enge Rückbindung an die beabsichtigte Maßnahme. **77**

Auch im Strafverfahrensrecht droht aufgrund verschiedener Subsidiaritätsklauseln in verschiedenen Normen die Gefahr eines Subsidiaritätskreisels. Allerdings soll als Ausweg darauf im Verhältnis der Online-Durchsuchung zur akustischen Wohnraumüberwachung des § 100c aufgrund deren strengerer Subsidiaritätsklausel („unverhältnismäßig erschwert oder aussichtslos") die Online-Durchsuchung vorrangig zum Einsatz gelangen.[229] Gleichwohl erscheint bereits aufgrund der Relativität einer „unverhältnismäßigen" Erschwerung und des offenen Bezugspunktes nicht zwingend ersichtlich, dass eine unverhältnismäßige Erschwerung stets einen strengeren Maßstab anlegt, als eine wesentliche Erschwerung. Dies gilt nur umso mehr vor dem Hintergrund, dass die (modalitätenäquivalente) Variante dazu in beiden benannten Klauseln die Aussichtslosigkeit darstellt. Daher dürfte es zweckdienlicher sein, die Grundrechtseingriffe im Hinblick auf den spezifischen Einzelfall und die mit diesem verbundene Eingriffstiefe gegenüberzustellen, ohne einen pauschalen Abgleich genügen zu lassen. Auf diese Weise ließe sich auch auf Subsidiaritätsebene die Zweistufigkeit der eigentlichen Voraussetzungen (besonders schwere Straftat im Allgemeinen sowie auch im Einzelfall) spiegeln, kann doch aufgrund der Variabilität der Online-Durchsuchung diese im Einzelfall schärfer, aber auch milder in die Rechte des Einzelnen eingreifen als die akustische Wohnraumüberwachung. **78**

ee) Anordnungskompetenz. Nach dem Bundesverfassungsgericht besteht die besondere Bedeutung des Richtervorbehalts in der damit begründeten unabhängigen Kontrollinstanz zum Schutze des Betroffenen, welche angesichts des tiefgreifenden Grundrechtseingriffs verfassungsrechtlich geboten ist.[230] Um dem auch im Strafverfahren gerecht zu werden, ordnet § 100e Abs. 2 S. 1 StPO an, dass eine Online-Durchsuchung nur auf Antrag der Staatsanwaltschaft durch die nach § 74a Abs. 4 GVG beim örtlich zuständigen Landgericht am Ort eines Oberlandesgerichts einzurichtende besondere Kammer (Staatsschutzkammer) durchgeführt werden darf. Diese Kammer ist anstelle des normalerweise zuständigen Ermittlungsrichters für den gesamten OLG-Bezirk zuständig. Diese Kammer darf ausweislich § 74a Abs. 4 GVG nicht mit strafprozessualen Hauptverfahren befasst sein, sodass die Eingriffsrichter jedenfalls funktional nicht mit den später entscheidenden Richtern identisch sein sollen.[231] **79**

Bei Gefahr im Verzug wegen Nichterreichbarkeit der Kammermitglieder oder ihrer Vertreter in angemessener Zeit kann die Entscheidung alleine durch den Vorsitzenden der Kammer erfolgen. Ergeht in diesem Falle die für die Zukunft wirkende Bestätigung durch die Kammer nicht innerhalb von drei Werktagen, so hat die Anordnung außer Kraft zu **80**

---

[227] *Graf* in BeckOK StPO, 42. Ed. 1.1.2022, StPO § 100b Rn. 19.
[228] *Köhler* in Meyer-Goßner/Schmitt StPO § 100b Rn. 6; kritisch *Roggan* StV 2017, 821 (825).
[229] *Bruns* in KK-StPO StPO § 100b Rn. 9; *Großmann* JA 2019, 241 (245); generell zu abgestuften Subsidiaritätsklauseln auch *Bruns* in KK-StPO StPO § 100b Rn. 15.
[230] BVerfGE 120, 274 = NJW 2008, 822 (832 Rn. 259); ferner *Petri* in BeckOK PolR Bayern, 17. Ed. 1.9.2021, PAG Art. 45 Rn. 29; *Roggan* NJW 2009, 257 (259).
[231] Kritisch ob des fehlenden weiteren Ausschlusstatbestands *Eschelbach* in Satzger/Schluckebier/Widmaier StPO § 100e Rn. 9.

treten. Aufgrund der bis zu dieser Entscheidung strafprozessrechtskonformen Grundlage sollen bis dahin erlangte Erkenntnisse allerdings verwertbar bleiben.[232]

81 Die besondere, an die Staatsschutzkammer übertragene Anordnungskompetenz der Maßnahme, welche im Vergleich zur ermittlungsrichterlichen Zuständigkeit in der Praxis auch dazu führen soll, dass die Zahl der Anträge begrenzt bleibt, weil sowohl Begründungsaufwand als auch Kontrolldichte erhöht sind,[233] stellt prozessual einen bedeutenden Unterschied zum präventiven Verfahren dar. Auch wenn die Voraussetzungen einer rechtmäßigen Online-Durchsuchung präventiver sowie repressiver Natur in ihrem Kern weitgehend übereinstimmen, lässt dieser formelle Unterschied doch erhebliche Zweifel daran aufkommen, ob die Rechtsprechung um legendierte Kontrollen (→ Rn. 35 f.) auf die Online-Durchsuchung übertragen werden kann. Denn während im präventiven Bereich für die Entscheidung über die Zulässigkeit einer Maßnahme mitunter *ein Richter* zuständig ist (Art. 45 Abs. 1 S. 1, Abs. 2 S. 1 BayPAG iVm Art. 96 Abs. 1 BayPAG; nach § 39 Abs. 4 S. 3 RhPfPOG jedoch das Oberverwaltungsgericht), ist für die strafprozessuale Maßnahme die Staatsschutzkammer beim Landgericht am Sitz eines Oberlandesgerichts zuständig, womit einem Kollegialgericht bei einem Gericht höherer Art die Entscheidung über diesen besonders intensiven Grundrechtseingriff bewusst überantwortet wird.[234] So werden nicht nur Erfahrungen und Erkenntnisse über den Bezirk einzelner Landgerichte und Staatsanwaltschaften hinaus bei einem spezifischen Spruchkörper gebündelt, welcher die Beurteilung der Eingriffsschwere daher auch vor diesem Hintergrund vornehmen kann, um eine erfahrene sowie gleichmäßige Rechtshandhabung abzusichern. Vielmehr wird so auch in personeller Hinsicht die Beurteilung durch die neutrale Stelle abgesichert und gestärkt.[235] Ein allzu voreiliges Nebeneinander von Gefahrenabwehrrecht und Strafverfolgungsrecht hat daher mit spezifischem Blick auf die Online-Durchsuchung die Aufweichung des qualifizierten Richtervorbehalts zur Folge, welche nicht zuletzt im Hinblick auf Art. 101 Abs. 1 S. 2 GG bedenklich erscheint und daher allenfalls im absoluten Ausnahmefall kaum möglicher Abgrenzung unter temporärem Druck möglich wäre – welcher wiederum aufgrund der technischen Parameter derzeit in tatsächlicher Hinsicht (noch) ausgeschlossen scheint.

82 **ff) Adressat.** Auch im Bereich der Strafverfolgung ist der Adressatenkreis (nach § 100b Abs. 3 StPO) beschränkt, sodass sich die Online-Durchsuchung im Grundsatz nur gegen Tatverdächtige richten darf.[236] Auf nicht beschuldigte Personen darf sie lediglich abzielen, wenn tatsächliche Anhaltspunkte dafür bestehen, dass die tatverdächtige Person auf deren IT-Systemen ermittlungsrelevante Informationen gespeichert hat und ohne den Eingriff das Ermittlungsziel nicht erreicht werden könnte, § 100b Abs. 3 S. 2 StPO. Voraussetzung eines Eingriffs in ein informationstechnisches System ist danach, dass die betreffende Person nicht Beschuldigter der Anlasstat ist, aber sine informationstechnischen Systeme dem Beschuldigten nur Nutzung zur Verfügung stellt. Daher können – unter diesen Voraussetzungen – auch Systeme von Familienangehörigen, Arbeitgebern oder Cloud-Dienstleistern zielgerichtet infiltriert werden.[237]

83 Im Lichte der verfassungsrichterlichen Rechtsprechung wird ferner festgehalten, dass die Maßnahme nach § 100b Abs. 3 S. 3 StPO auch dann angeordnet werden darf, wenn Dritte unvermeidbar betroffen sind. Aufgrund der Weite der Formulierung erfordert die Unvermeidbarkeitsprüfung die Beachtung des Verhältnismäßigkeitsgrundsatzes im Einzelfall.[238]

---

[232] *Eschelbach* in Satzger/Schluckebier/Widmaier StPO § 100b Rn. 11; *Graf* in BeckOK StPO, 42. Ed. 1.1.2022, StPO § 100e Rn. 6; *Großmann* JA 2019, 241 (245); vgl. BVerfG NJW 2004, 999 (1015).
[233] *Eschelbach* in Satzger/Schluckebier/Widmaier StPO § 100e Rn. 10.
[234] Vgl. zum qualifizierten Richtervorbehalt auch BVerfGE 109, 279 = NJW 2004, 999 (1014).
[235] Dazu auch *Roggan* GSZ 2018, 52 (56).
[236] S. dazu auch BVerfGE 141, 220 = NJW 2008, 822; *Freiling/Safferling/Rückert* JR 2018, 9 (13).
[237] *Soiné* NStZ 2018, 497 (499 f.). Möglich ist auch eine Infiltration des Zielsystems des Opfers einer Katalogtat, etwa einer Erpressung oder Geiselnahme, *Graf* in BeckOK StPO, 42. Ed. 1.1.2022, StPO § 100b Rn. 26.
[238] Vgl. auch *Hauck* in Löwe/Rosenberg StPO § 100a Rn. 110.

C. Rechtsschutz und Kontrolle § 23

gg) Begleitmaßnahmen. Ebenso wie präventive Online-Durchsuchungen gestattet auch 84 die strafprozessuale Online-Durchsuchung keine physischen Begleitmaßnahmen wie das Betreten der Wohnung zum Zwecke der technischen Infiltration des informationstechnischen Systems.[239] Gleichwohl ermächtigt die Vorschrift zum heimlichen Aufspielen der notwendigen Software außerhalb des durch Art. 13 Abs. 1 GG geschützten Bereichs, wenn insofern die Berechtigung besteht, dass Gerät an sich zu nehmen. So dürfen etwa Polizeibeamte, die im Rahmen von Sicherheitsüberprüfungen (zB bei Fluggast- oder Grenzkontrollen) rechtmäßig das IT-Gerät temporär an sich nehmen, entsprechende Überwachungssoftware aufspielen.[240]

C. Rechtsschutz und Kontrolle

I. Offene Datenerhebung

1. Präventive, offene Datenerhebung

Erblickt man in der Anordnung der Durchsuchung einen Verwaltungsakt,[241] so findet der 85 Rechtsschutz dagegen in Form der Anfechtungs- bzw. bei (in der Regel eingetretener) Erledigung der Durchsuchung in Gestalt der Fortsetzungsfeststellungsklage statt.[242] Begreift man die Durchsuchung selbst dagegen als Realakt, so ist die Feststellungsklage statthaft,[243] wenn dieser Realakt ohne vorherige Anordnung im Wege der unmittelbaren Ausführung erfolgt.

2. Repressive, offene Datenerhebung

Nachdem Durchsuchungen ebenso wie Beschlagnahmen nur durch das Gericht, bei Gefahr 86 im Verzug aber auch durch die Staatsanwaltschaft und ihre Ermittlungspersonen angeordnet werden dürfen (§§ 98 Abs. 1 S. 1, 105 Abs. 1 S. 1 StPO) und richterliche Anordnungen mit der Beschwerde nach § 304 StPO angreifbar sind, stellt die Beschwerde häufig das Angriffsmittel gegen die richterliche Anordnung der Durchsuchung bzw. Beschlagnahme sowie die Bestätigung nach § 304 Abs. 2 S. 1 StPO dar.[244] Ist die richterliche Durchsuchungs- bzw. Beschlagnahmeanordnung bereits erledigt, so bedarf die Überprüfung der Rechtmäßigkeit der erledigten Anordnung eines besonderen Rechtsschutzinteresses, was bei einem tiefgreifenden Eingriff in Grundrechte der Fall ist[245] und somit bei einem umfassenden Eingriff in persönliche Daten naheliegt.

Im Rahmen einer strafprozessual unzulässigen Sicherstellung gilt gemeinhin, dass die 87 Verwertung erlangter Erkenntnisse nur unzulässig ist, wenn es sich um einen besonders schwerwiegenden Verstoß gegen die Voraussetzungen handelt oder der Verstoß bewusst oder willkürlich begangen wurde.[246] Im Vergleich zu den strengen Anforderungen an eine heimliche Datenerhebung, verbunden mit dem zusätzlichen Eingriff in das Grundrecht auf Vertraulichkeit und Integrität informationstechnischer Systeme, dürfte aber stets ein stren-

---

[239] *Derin/Golla* NJW 2019, 1111 (1112); *Soiné* NStZ 2018, 497 (501); Art. 13 Abs. 1 GG wird nicht als eingeschränktes Grundrecht bezeichnet, s. BT-Drs. 18/12785, 52.
[240] *Blechschmitt* StraFo 2017, 361 (362); *Roggan* StV 2017, 821 (822).
[241] So VG Gießen BeckRS 2010, 56781; *Nachbaur* in BeckOK PolR BW, 24. Ed. 1.3.2022, BWPolG § 35 Rn. 45; *Grünewald* in BeckOK PolR Bayern, 17. Ed. 1.9.2021, BayPAG Art. 22 Rn. 31; *Graulich* in Lisken/Denninger PolR-HdB E Rn. 557.
[242] VG Bayreuth BeckRS 2013, 59744; *Grünewald* in BeckOK PolR Bayern, 17. Ed. 1.9.2021, PAG Art. 22 Rn. 31; *Neuhäuser* in BeckOK PolR NdS, 22. Ed. 1.2.2022, NPOG § 22 Rn. 79 f.; *Graulich* in Lisken/Denninger PolR-HdB E Rn. 557.
[243] *Graulich* in Lisken/Denninger PolR-HdB E Rn. 558.
[244] Gegen die nichtrichterlich angeordnete Beschlagnahme ist dagegen die Beantragung der richterlichen Entscheidung entsprechend § 98 Abs. 2 S. 2 StPO zu wählen.
[245] Dazu *Greven* in KK-StPO StPO § 98 Rn. 22 ff. mwN; *Frister* in Lisken/Denninger PolR-HdB K Rn. 148.
[246] Vgl. BVerfG NJW 1999, 273; 2009, 3225; *Gerhold* in BeckOK StPO, 42. Ed. 1.1.2022, StPO § 94 Rn. 32; strenger *Jäger* GA 2008, 473 (488): grundsätzliches Verwertungsverbot.

ger Maßstab anzulegen sein, wenn die offene Datenerhebung ihre Voraussetzungen in der faktischen Nähe zu einer Online-Durchsuchung verlässt.

II. Heimliche Datenerhebung

88 Um dem verfassungsgerichtlichen Auftrag hinsichtlich einer möglichen Kontrolle nachzukommen bzw. diese sachhaltig überprüfbar auszugestalten,[247] sieht der Gesetzgeber sowohl im präventiven als auch im repressiven Bereich verschiedene Dokumentationspflichten vor. So ordnen etwa Art. 51 Abs. 1 BayPAG, § 47 Abs. 1, 2 RhPfPOG eine umfassende Protokollierungspflicht für Online-Durchsuchungen an, während auch § 100b Abs. 4 StPO durch den Verweis auf § 100a Abs. 5 und 6 StPO sicherstellt, dass die Maßnahme hinreichend begrenzt sowie umfassend zu protokollieren ist. Dies dient letztlich auch der Wahrung der Rechtsschutzmöglichkeiten, welche hinsichtlich präventiver wie repressiver Maßnahmen zum Teil ähnlich ausgestaltet sind.

89 Damit wird die bereits dem Richtervorbehalt immanente Kontrolle vor Ausführung der Maßnahme auch in formeller Hinsicht abgesichert sowie gestärkt. Bereits vor Durchführung einer Online-Durchsuchung wird somit sichergestellt, dass eine neutrale Stelle sich mit der Thematik befasst und so den Grundrechtseingriff legitimiert. Die richterliche Vorbefassung bringt aber auch weitere Folgen mit sich.

1. Präventive Online-Durchsuchung

90 Die Ausgestaltung des Bundeslands Bayern zeigt den Rechtsschutz gegen eine Online-Durchsuchung mit präventiver Zielsetzung auf. So hält dort Art. 96 Abs. 1 BayPAG fest, dass die Vorschriften des Buches 1 des FamFG gelten, soweit Vorschriften des BayPAG eine gerichtliche Entscheidung vorsehen – wie dies gerade in Gestalt der richterlichen Anordnung der Online-Durchsuchung nach Art. 45 Abs. 1 S. 1 BayPAG der Fall ist. Darin ist keine Wahrnehmung der typischen Funktion als Instanz der Streitentscheidung zu sehen, sondern letztlich die Vornahme des eigenständigen Eingriffs, die im Interesse eines besonderen rechtsstaatlichen Schutzes nicht der Exekutive überlassen wird.[248] Die Norm verweist also hinsichtlich des Verfahrens auf das FamFG und beinhaltet damit eine abdrängende, die Zuständigkeit der Verwaltungsgerichte ausschließende Sonderzuweisung zu den Amtsgerichten, also der ordentlichen Gerichtsbarkeit.[249] Daher ist die Anordnung der Online-Durchsuchung im Wege der Beschwerde oder Rechtsbeschwerde nach dem FamFG zu überprüfen, sodass die richterliche Maßnahme unmittelbar zur weiteren gerichtlichen Überprüfung gebracht werden kann.[250] Dies gilt auch für Fälle der nachträglichen gerichtlichen Bestätigung der Maßnahme, die freilich im Rahmen der Online-Durchsuchung aus praktischen Gründen schwerlich denkbar sind.

91 Umstritten ist gleichwohl, welche gerichtliche Zuständigkeit im Falle der Beendigung der Maßnahme vor der Befassung des Amtsgerichts greift. Der bayerische Gesetzgeber wünscht im Falle der Beendigung einer Maßnahme, noch bevor eine gerichtliche Entscheidung herbeigeführt werden konnte, den Weg der (Fortsetzungs-)Feststellungsklage.[251] Das notwendige Feststellungsinteresse (auch im Fall einer vollzogenen Online-Durchsuchung) ergibt sich bereits im Hinblick auf den besonders schwerwiegenden Grundrechtseingriff. Nach herrschender Auffassung soll auch der nachträgliche Rechtsschutz über die

---

[247] Vgl. BVerfGE 141, 220 = NJW 2016, 1781 (1779 Rn. 265); BVerfGE 133, 270 = NJW 2013, 1499 (1516 Rn. 215).
[248] BVerfGE 107, 395 = NJW 2003, 1924 (1925); 103, 142 = NJW 2001, 1121; *Buchberger* in Lisken/Denninger PolR-HdB K Rn. 33.
[249] Bay LT-Drucks 18/13716, 38. Dies ist bei Ermittlungsmaßnahmen mit vorgesehenen Richtervorbehalten typisch, *Buchberger* in Lisken/Denninger PolR-HdB K Rn. 33.
[250] S. auch *Löffelmann* in BeckOK PolR Bayern, 17. Ed. 1.9.2021, PAG Art. 96 Rn. 2 f.; *Buchberger* in Lisken/Denninger PolR-HdB K Rn. 33.
[251] Bay LT-Drs. 18/13716, 39.

C. Rechtsschutz und Kontrolle

2. Repressive Online-Durchsuchung

Rechtsschutz gegenüber dem Vorliegen der formellen Voraussetzungen einer strafprozessualen Online-Durchsuchung kann mit der einfachen Beschwerde des § 304 StPO sowie nach § 98 Abs. 2 S. 2 StPO analog mit dem Antrag auf gerichtliche Entscheidung der Strafkammer bei Eilanordnungen des Vorsitzenden sowie bezogen auf die Art und Weise des Vollzugs begehrt werden.

Von besonderer Bedeutung für den Betroffenen ist aber in der Regel das Verbot der Verwertung erlangter Daten bzw. Beweismittel, welches greift, wenn die materiellen Anordnungsvoraussetzungen des § 100b StPO nicht vorlagen, aber bewusst die gesetzlichen Befugnisse überschritten wurden.[253] Auch wenn jeglicher auf Tatsachen gründende Verdacht einer Katalogtat fehlt, sind die gewonnenen Erkenntnisse in der Regel unverwertbar.[254] Anders ist dies im Falle eines Subsumtionsfehlers, wenn der Sachverhalt den Tatverdacht bezüglich einer anderen als der fälschlich angenommenen Katalogtat rechtfertigt.[255]

Ein Verwertungsverbot greift ferner für den Fall einer bewussten Umgehung der formellen Voraussetzungen des § 100e Abs. 2 StPO betreffend die Anordnung der Maßnahme.[256] Aber auch grundlegende Mängel bei der Anordnung der Maßnahme wie das Fehlen einer Anordnung durch die zuständige Kammer oder die unzulässige Anordnung wegen Gefahr im Verzug durch die Staatsanwaltschaft ziehen ein Verwertungsverbot nach sich.[257]

Zudem kann eine Revision in Gestalt der Verfahrensrüge im Sinne des § 344 Abs. 2 S. 2 StPO darauf gestützt werden, dass in der Hauptverhandlung unverwertbare Erkenntnisse verwendet wurden und deshalb die Beweiswürdigung rechtsfehlerhaft ist. Nach inhaltlich widersprüchlich begründeter, aber weiterhin angewandter Rechtsprechung des Bundesgerichtshofs[258] ist dabei bereits in der Hauptverhandlung ein (unmittelbar an die Beweiserhebung anschließender) Widerspruch gegen die entsprechende Verwertung zu fordern.[259] Auch wenn die Verbindung einer erfolgreichen Verfahrensrüge mit einem vorherigen, rechtzeitigen Widerspruch sich theoretisch nicht mehr aufrechterhalten lässt, bleibt in der Praxis unbedingt zu einem solchen Widerspruch zu raten. Dies gilt selbst angesichts der besonderen Eingriffstiefe der Online-Durchsuchung, welche das Widerspruchserfordernis für die betreffende Maßnahme nur umso mehr in Frage stellt.[260]

III. Weiterreichende Schutzpflicht

Über die rechtlichen Kontrollmöglichkeiten für den Einzelnen hinaus wird auch die Frage diskutiert, ob die zuständigen Behörden, welche im Rahmen der Online-Durchsuchung ein fremdes informationstechnisches System aufgrund einer dort vorhandenen Sicherheitslücke infiltrieren,[261] verpflichtet sind, die für diese Schutzlücke Zuständigen (Hersteller des

---

[252] Vgl. OLG München BeckRS 2018, 28663; 2019, 23869 Rn. 13; *Schwabenbauer* in BeckOK PolR Bayern, 17. Ed. 1.9.2021, PAG Art. 24 Rn. 43a f.
[253] *Eschelbach* in Satzger/Schluckebier/Widmaier StPO § 100b Rn. 45.
[254] Vgl. BGHSt 31, 304 (308) = NJW 1983, 1570; 47, 362 = NJW 2003, 368 (370).
[255] S. BGH NJW 2003, 1880 (1881).
[256] *Eschelbach* in Satzger/Schluckebier/Widmaier StPO § 100a Rn. 93 ff., § 100b Rn. 45.
[257] *Graf* in BeckOK StPO, 42. Ed. 1.1.2022, StPO § 100b Rn. 48; vgl. BGHSt 35, 32 (33) = NStZ 1988, 142; BGH NJW 1983, 1570 (1571).
[258] Eingehend *Ruppert* ZStW 133 (2021), 522 ff.
[259] *Graf* in BeckOK StPO, 42. Ed. 1.1.2022, StPO § 100b Rn. 55.
[260] *Köhler* in Meyer-Goßner/Schmitt StPO § 100b Rn. 16.
[261] Solche Sicherheitslücken vereinfachen die Online-Durchsuchung erheblich, *Roggan* StV 2017, 821 (828); *Warken* NZWiSt 2017, 329 (331).

Systems, Softwareanbieter, aber auch das Bundesamt für Sicherheit in der Informationstechnik oder die Zentrale Stelle für Informationstechnik im Sicherheitsbereich) über die Sicherheitslücke in Kenntnis zu setzen, um eine Schwachstelle des Systems in Ansehung künftiger Straftaten zu beheben.[262] Dergestalt soll keine Kontrollmöglichkeit für den Einzelnen geschaffen, aber Prävention für alle potenziell Betroffenen sowie vergleichbare informationstechnische Systeme geleistet werden.

96 Anknüpfungspunkt dieser Überlegungen ist nun nicht der einzelne Betroffene, sondern die seitens des Bundesverfassungsgerichts aufgestellten Überlegungen zum Grundrecht auf Schutz der Vertraulichkeit und Integrität informationstechnischer Systeme, welches in seiner objektiv-rechtlichen Dimension auch gewisse Schutzpflichten mit sich bringt.[263] Während die Ermittlungsbehörden aufgrund der damit einhergehenden, bedeutenden Arbeitserleichterung also einerseits ein Interesse an der Existenz verschiedener IT-Schutzlücken haben, trifft den Staat andererseits auch die Verpflichtung, die Vertraulichkeit und Integrität informationstechnischer Systeme zu schützen. Daher wird das bewusste Offenhalten bekannter IT-Lücken als mit der aus dem IT-Grundrecht stammenden Schutzpflicht mitunter als unvereinbar angesehen.[264] Gleichwohl mutet es ebenso widersinnig an, die Ermittlungsbehörden zwar Sicherheitslücken aufspüren zu lassen, gleichwohl aber deren umgehende Schließung gegenüber privat agierenden Dritten oder öffentlichen Stellen zu beauftragen, um so eine Sicherheitslücke zu beheben, die weder staatlich initiiert, noch begründet wurde. Daher dürfte die Forderung allenfalls auf eklatante Sicherheitslücken zu beziehen sein, die in ihrem Bestand für weitere Rechtsgüter Gefährdungen mit sich bringen können.

D. Import im Ausland (massenhaft) erhobener Daten

97 Seit dem Jahre 2020 steht aber mit dem Import im Ausland bereits erhobener Daten eine ganz andere Art und Weise der Datenerhebung im Fokus. Bei dieser werden die Daten so letztlich originär im Ausland durch ausländische Behörden erhoben, welche diese dann an die deutschen Behörden übermitteln, die daraufhin schließlich Strafverfahren einleiten. Die Besonderheit besteht bisweilen darin, dass Daten in einem deutschen Strafverfahren genutzt werden sollen, welche französische Behörden nach französischem Recht (auch) auf deutschem Boden vorgenommen haben – und welche so nach deutschem Recht nicht hätten erhoben werden können.

98 Besonders prominent ist in diesem Kontext die Datennutzung des Kommunikationsdiensts *Encrochat*.[265] Dieses Unternehmen war auf sichere Kommunikation spezialisiert und bot seinen Kunden vermeintlich besonders abhörsichere sowie durch Strafverfolgungsbehörden nicht zu entschlüsselnde Mobiltelefone an, auf denen auch ein ebenso sicherer Messenger-Dienst installiert war. Die französischen Ermittler vermuteten, dass entsprechende Mobiltelefone von *Encrochat* in erheblichem Umfang von Tätern aus dem Bereich organisierter Kriminalität genutzt würden und spielten daraufhin einen Trojaner auf die in Frankreich befindlichen Server des Unternehmens auf, von wo aus die Endgeräte sämtlicher Nutzer weltweit damit infiltriert werden konnten. Der genaue technische sowie tatsächliche Ablauf unterliegt jedoch der Geheimhaltung der französischen Behörden.[266] Jedenfalls

---

[262] Eine solche Pflicht annehmend *Blechschmitt* MRR 2018, 361 (265); *Derin/Golla* NJW 2019, 1111 (1114 f.); offenlassend *Großmann* JA 2019, 241 (248).
[263] Vgl. *Becker* NVwZ 2015, 1335 (1339 f.); *Derin/Golla* NJW 2019, 1111 (1114); *Hoffmann-Riem* JZ 2008, 1009 (1013 f.); *Kutscha* NJW 2008, 1042 (1044).
[264] *Blechschmitt* MRR 2018, 361 (265); *Derin/Golla* NJW 2019, 1111 (1114 f.).
[265] Der Sachverhalt beruht auf der gemeinsamen Pressemeldung von *Eurojust und Europol* vom 2.7.2020, abrufbar unter https://bit.ly/3umcy8Z, sowie entsprechenden Entscheidungen OLG Bremen NStZ-RR 2021, 158; OLG Celle BeckRS 2021, 24319; OLG Hamburg BeckRS 2021, 2226; OLG Rostock BeckRS 2021, 6824; 2021, 11981; KG Berlin NStZ-RR 2021, 353; instruktiv *Derin/Singelnstein* NStZ 2021, 449 ff.
[266] Vgl. auch *Derin/Singelnstein* NStZ 2021, 449 (450); *Labusga* NStZ 2021, 702.

ermöglichte dieses Vorgehen den französischen Ermittlern das Auslesen der auf den Mobiltelefonen insgesamt gespeicherten Daten mitsamt der gesamten über das Gerät geführten Kommunikation. So wurden über Monate hinweg mehr als 32.000 Mobiltelefone in über 120 Ländern überwacht – darunter auch Mobiltelefone von Nutzern auf deutschem Hoheitsgebiet. Die erlangten Daten wurden zum Teil direkt, zum Teil über Europol an nationale Strafverfolgungsbehörden verteilt, um nach der dortigen Auswertung der Ergebnisse nationale Strafverfahren einleiten zu können. Die resultierenden Verfahren beschäftigen deutsche Strafverfolgungsbehörden noch immer in erheblichem Maße[267] und haben auch die Rechtsprechung bereits erreicht.

Während das LG Berlin die Verwertbarkeit der erlangten Daten noch ablehnte,[268] scheint **99** die obergerichtliche Rechtsprechung prima facie auf einer Linie zu liegen und unisono eine Verwertung der Daten zuzulassen.[269] Die Verwertbarkeit der Daten stimmte jüngst auch der Bundesgerichtshof zu, sodass für die künftige Rechtspraxis wohl von einer Verwertbarkeit entsprechend erlangter Daten auszugehen ist.[270]

Gleichwohl ist die Thematik inhaltlich trotz der vordergründig einheitlichen oberge- **100** richtlichen Rechtsprechung noch nicht grundlegend geklärt.[271] Sinnbildlich dafür steht die Entscheidung des OLG Rostock, welches sich ohne eigene Begründung „zur Vermeidung von Wiederholungen" auf die Beschlussgründe des OLG Bremen und des OLG Hamburg verweist und sich diesen pauschal anschließt.[272] Dabei übersieht es allerdings, dass die in Bezug genommenen Entscheidungen ihr jeweiliges Ergebnis vollkommen unterschiedlich – und in der Sache gegensätzlich – begründen, namentlich einerseits über die Vorschriften der §§ 77h, 92b IRG[273] sowie andererseits über die entsprechende Anwendung des § 100e Abs. 6 Nr. 1 StPO.[274] Aber auch obergerichtliche Entscheidungen, die den Weg über § 100e Abs. 6 Nr. 1 StPO wählen, agieren hier unterschiedlich: während das OLG Celle die Norm direkt anwendet (auch wenn das Ausgangsverfahren nicht deutschem Recht unterliegt),[275] bedient sich das OLG Hamburg ebenso wie der BGH einer entsprechenden Anwendung der Vorschrift.[276] Unklar sowie zwischen den Gerichten umstritten bzw. offen gelassen ist auch, ob die Verwendungstransferregelung des § 100e Abs. 6 Nr. 1 StPO zugleich Grund und Grenze des Grundrechtseingriffs der Verwendung des im Ausland erlangten Beweismittels darstellt – oder auch die Beweisverwertbarkeit betrifft.[277] So einheitlich das Bild der obergerichtlichen Rechtsprechung damit im reinen Ergebnis aussehen mag, so weit driften die eigentlichen Ansichten doch auseinander und so unklar bleibt der eigentliche Weg dorthin.[278]

---

[267] Siehe etwa *Pauli* NStZ 2021, 146 (146); *Derin/Singelnstein* StV 2022, 130 (130).
[268] LG Berlin NStZ 2021, 696 (697); zustimmend etwa *Grözinger* in MAH Strafverteidigung § 50 Rn. 339 f.
[269] OLG Bremen NStZ-RR 2021, 158; OLG Celle BeckRS 2021, 24319; OLG Hamburg BeckRS 2021, 2226; OLG Rostock BeckRS 2021, 6824; OLG Celle 2021, 11981; KG Berlin NStZ-RR 2021, 353.
[270] BGH NJW 2022, 1539; zuvor bereits der sechste Senat in einem obiter dictum, BGH BeckRS 2022, 2981.
[271] Treffend *Immel* NStZ-RR 2021, 353 (355 f.); näher und aA als die obergerichtliche Rechtsprechung u. a. *Grözinger* in MAH Strafverteidigung § 50 Rn. 339 f.; *Derin/Singelnstein* NStZ 2021, 449 ff.; *Derin/Singelnstein* StV 2022, 130 (130); *Ruppert* NZWiSt 2022, 221 ff.; *Sommer* StV-S 2021, 67 ff.; *Wahl* ZIS 2021, 452 ff.
[272] OLG Rostock BeckRS 2021, 6824 Rn. 11.
[273] So OLG Bremen NStZ-RR 2021, 158 (160).
[274] So OLG Hamburg BeckRS 2021, 2226 Rn. 57 ff.
[275] OLG Celle BeckRS 2021, 24319 Rn. 22 f.; so auch das OLG Hamburg ohne nähere Darlegung der Rechtmäßigkeit der französischen Maßnahmen nach den Vorgaben des § 100c StPO, s. OLG Hamburg BeckRS 2021, 2226.
[276] OLG Hamburg BeckRS 2021, 2226 Rn. 58 ff.
[277] Siehe auch *Roth* GSZ 2021, 238 (240 f.).
[278] Die Feststellung bei *Roth* GSZ 2021, 238 (243), alle Gerichte kämen „zu demselben Ergebnis", ist daher inhaltlich unzutreffend. Auch die Behauptung, die Entscheidungen seien deshalb „offenbar" materiell richtig (ebenda), ist keine Konsequenz und übergeht die Gegenauffassung in der Literatur unbesehen, siehe zu dieser Gegenauffassung nur *Grözinger* in MAH Strafverteidigung § 50 Rn. 339 f.; *Derin/Singelnstein* NStZ 2021, 449 ff.; *Derin/Singelnstein* StV 2022, 130 (130); *Sommer* StV-S 2021, 67 ff.; *Wahl* ZIS 2021, 452 ff.

I. Verwendung im Ausland erlangter Daten

101 Im Lichte der bereits dargelegten (→ Rn. 46) Grundsätze der Zweckbindung und Zweckänderung staatlich erhobener Daten ist zunächst in Konstellationen wie der vorliegenden zu beachten, dass die spezifische Nutzung der Daten durch die Ermächtigungsgrundlage vorgegeben sein muss. Gestattet der Gesetzgeber eine Datennutzung über das für die Datenerhebung maßgebliche Verfahren hinaus, so liegt darin ein erneuter Eingriff in die betroffenen Grundrechte.[279] Dabei ist nach Auffassung des Bundesverfassungsgerichts zu beachten, dass die (erweiterte) Datennutzung sich innerhalb des Schutzes der in der Rechtsgrundlage anvisierten Rechtsgüter zu bewegen hat und Zweckänderungen daher erneut an den für die Datenerhebung maßgeblichen Grundrechten zu messen sind.[280] Insbesondere im Lichte des Grundrechts auf Schutz der Vertraulichkeit und Integrität informationstechnischer Systeme ist jede weitere Nutzung der Daten nur zweckentsprechend, wenn sie auch aufgrund einer den Erhebungsvoraussetzungen entsprechenden Gefahr erforderlich ist.[281]

102 Damit besteht von Verfassungs wegen die Notwendigkeit einer Rechtsgrundlage für die zweckändernde Verwendung[282] der Daten, die in spezifischen Verfahren erfolgen soll.[283] Unter welchen Voraussetzungen Daten zweckändernd in ein Strafverfahren überführt werden dürfen, wird durch ein dreistufiges System geregelt: So finden sich allgemeine, voraussetzungsarme Befugnisse für die zweckändernde Verwendung von Daten in Strafverfahren in §§ 161 Abs. 1, 474 Abs. 1 StPO, während für Daten aus qualifizierten, eingriffsintensiveren Maßnahmen die besonderen Voraussetzungen der §§ 479 Abs. 2 S. 1, 161 Abs. 3 StPO gelten. Wurden Erkenntnisse demgegenüber mit als besonders schwer eingestuften Maßnahmen erlangt (wie dies die Online-Durchsuchung und Quellen-TKÜ sind), so bedarf deren zweckändernde Veränderung spezifischer Vorschriften wie § 100e Abs. 6 StPO.[284] Darin spiegeln sich die Anforderungen des Bundesverfassungsgerichts hinsichtlich der engen Bindung an den ursprünglichen Erhebungseingriff wider, die auch im bundesverfassungsgerichtlichen Konzept der hypothetischen Datenneuerhebung aufscheinen. Dieses besagt, dass gegebene Informationen nur zur Verfolgung einer neuen Straftat genutzt werden dürfen, wenn sie aus einer Maßnahme stammen, die dafür auch neu hätte angeordnet werden dürfen.[285] Der neue Zweck muss also auch den für die Ausgangsmaßnahme geltenden Voraussetzungen hinsichtlich Rechtsgüterschutz und Eingriffsschwelle genügen.

103 Nachdem der Zugriff auf die EncroChat-Mobiltelefone über ein aufgespieltes Überwachungsprogramm erfolgte, welches nach den vorliegenden Informationen einen umfangreichen Zugriff auf das gesamte System ermöglichte und so neben Telekommunikationsdaten auch Standortdaten, Bilder und sonstige Daten umfasste,[286] handelte es sich bei der zugrundeliegenden Maßnahme um einen Eingriff in das Recht auf Gewährleistung der

---

[279] Vgl. BVerfGE 100, 313 (360) = NJW 2000, 55; BVerfGE 109, 279 (375) = NJW 2004, 999.
[280] Näher BVerfGE 141, 220 = NJW 2016, 1781 (1800 Rn. 278 ff.); vgl. auch BVerfGE 109, 279 (375 f.) = NJW 2004, 999; BVerfGE 120, 351 (369) = NJW 2008, 2099.
[281] Vgl. BVerfGE 109, 279 (377, 379) = NJW 2004, 999; BVerfGE 141, 220 = NJW 2016, 1781 (1801 Rn. 283).
[282] Wobei Verwendung als Oberbegriff jede Datennutzung erfasst (während Verwertung nur die spezifische Nutzung zu Beweiszwecken im Strafverfahren umschreibt, also einen Unterfall der Verwendung darstellt), *Singelnstein* in MK-StPO Vor § 474 Rn. 50 ff.; näher zum Ursprung des Begriffs der Verwendung *Singelnstein* in ZStW 120 (2008), 854 ff. und *Ruppert* HRRS 2015, 448 (450); vgl. auch entsprechende Gesetzesbegründungen, zB BT-Drs. 65/99, 1; 12/989, 33.
[283] Eingehend auch *Derin/Singelnstein* NStZ 2021, 449 (450); *Derin/Singelnstein* StV 2022, 130 (130 f.); *Reinbacher/Werkmeister* ZStW 130 (2018), 1104 (1113 f.).
[284] *Derin/Singelnstein* NStZ 2021, 449 (450); *Derin/Singelnstein* StV 2022, 130 (131); *Ruppert* NZWiSt 2022, 221 (222 ff.); vgl. ferner *Gebhard/Michalke* NJW 2022, 655 (658 ff.).
[285] BVerfGE 141, 220 = NJW 2016, 1781 (1800 Rn. 278 ff.); BVerfGE 150, 244 = NJW 2019, 827 (841 Rn. 165); *Wittig* in BeckOK StPO, 42. Ed. 1.1.2022, StPO § 477 Rn. 5; *Singelnstein* in MK-StPO § 477 Rn. 36; *Gieg* in KK-StPO StPO § 477 Rn. 3; *Reinbacher/Werkmeister* ZStW 130 (2018), 1104 (1114).
[286] Zu den vorhandenen Informationen über die Infiltration *Derin/Singelnstein* NStZ 2021, 449 (450 f.) mwN.

D. Import im Ausland (massenhaft) erhobener Daten § 23

Vertraulichkeit und Integrität informationstechnischer Systeme – und damit um einen Eingriff von erheblicher Intensität, der per se besonders schwer wiegt (eingehend bereits → Rn. 11 ff.). Schließlich wurden die gesamten EncroChat-Mobiltelefone umfassend ausgespäht, sodass ein komplexer und vielfältiger Datenbestand zugänglich und die längerfristige Überwachung der Betroffenen ermöglicht wurde. Die notwendige Rechtsgrundlage zur Zweckumwidmung dieser Daten hat sich daher an eben dieser hohen Eingriffsintensität zu bemessen.

Angesichts der Voraussetzungen scheidet § 92b IRG als Rechtsgrundlage der notwendigen Zweckumwidmung bereits aus.[287] Denn dabei handelt es sich um keine Ermächtigungsgrundlage für Zweckänderungen gegebener Daten, sondern lediglich um die Anordnung zusätzlicher Voraussetzungen für die Verwendung von Daten aus internationalem Rechtshilfeverkehr, welche die Gewährleistung der Interessen des übermittelnden Staates bei der Verwendung absichern soll[288] – und damit in eine gänzlich andere Richtung zielt. **104**

Zudem steht in § 100e Abs. 6 Nr. 1 StPO eine angesichts der abgestuften Systematik der Zweckänderungsbefugnisse (dazu bereits → Rn. 102) erforderliche spezielle Regelung für Daten aus den besonders eingriffsintensiven Maßnahmen der § 100b und § 100c StPO zur Verfügung,[289] die somit einen Rückgriff auf allgemeine Befugnisse ausschließt.[290] Damit im Ausland durch eine Infiltration des informationstechnischen Systems erlangte Daten in einem deutschen Strafverfahren verwendet werden können, müssen also die Voraussetzungen des § 100e Abs. 6 Nr. 1 StPO gewahrt sein. Diese sehen bei durch Maßnahmen nach den §§ 100b und 100c StPO erlangten Daten vor, dass die entsprechenden Daten in anderen Strafverfahren (ohne Einwilligung des Überwachten) nur zur Aufklärung einer Straftat verwendet werden dürfen, auf Grund derer Maßnahmen nach § 100b oder § 100c StPO angeordnet werden könnten. Ist dies nicht der Fall, so ist selbst eine Verwertung als Spurenansatz ausgeschlossen.[291] Freilich wendet sich der Wortlaut des § 100e Abs. 6 Nr. 1 StPO damit dem Grundgedanken einer hypothetischen Datenneuerhebung zu, indem er nicht darauf abstellt, ob die Maßnahme hätte angeordnet werden können, sondern ob diese – in der Gegenwart – angeordnet werden könnte. Gleichwohl aber schreibt die Vorschrift ihren eigenen Anwendungsbereich eng vor und setzt zur Eröffnung des eigentlichen Tatbestands zuvorderst voraus, dass die Daten durch Maßnahmen nach §§ 100b, 100c StPO erlangt wurden. Soweit die Gerichte dies unter Hinweis auf den Gedanken effektiver Strafverfolgung übergehen,[292] lassen sie damit aber die bundesverfassungsgerichtlichen Vorgaben zur Verwendungsumwidmung außer Acht und schreiben – unter Verzicht auf die Rechtmäßigkeitsprüfung der Ursprungsmaßnahme[293] – die unzureichende Berücksichtigung des Grundrechts (auf Gewährleistung der Vertraulichkeit und Integrität informationstechnischer Systeme) im Rahmen der Erhebungsmaßnahme in der Datenneuverwendung **105**

---

[287] Ebenso *Derin/Singelnstein* NStZ 2021, 449 (453); *Zeyher* NZWiSt 2022, 236 (237 f. 1); anders OLG Bremen NStZ-RR 2021, 158 (160). Auch soweit *Roth* GSZ 2021, 238 (244) vorbringt, § 91j Abs. 3 Nr. 2 IRG sei eine speziellere Rechtsgrundlage, bezieht er sich dabei auf lediglich auf eine Vorschrift betreffend die Formalia eines ausgehenden Ersuchens.
[288] *Trautmann* in Schmburg/Lagodny, Internationale Rechtshilfe in Strafsachen, IRG § 92b Rn. 2 f.; *Hackner* in Wabnitz/Janosky/Schmitt, Hdb Wirtschafts- und Steuerstrafrecht, § 25 Rn. 68e; Vgl. BT-Drs. 17/5096, 18, wonach der zugrundeliegende Rahmenbeschluss (2006/960/JI des Rates vom 18.12.2006) den rechtshilferechtlichen Datenaustausch nicht zu privilegieren, sondern lediglich an den innerstaatlichen anzupassen beabsichtigt.
[289] *Bruns* in KK-StPO StPO § 100e Rn. 23 ff.; *Eschelbach* in Satzger/Schluckebier/Widmaier StPO § 100e Rn. 2; *Park* in Park, Online-Durchsuchungen, 2008, § 4 Rn. 852; vgl. auch BT-Drs. 18/12785, 58. Soweit *Roth* GSZ 2021, 238 (244) vorbringt, diese Vorschrift sei im Rechtshilferecht unanwendbar, würde damit jede Ermächtigungsgrundlage aufgegeben werden.
[290] Vgl. auch *Singelnstein* in MüKoStPO StPO § 477 Rn. 29.
[291] *Graf* in BeckOK StPO, 42. Ed. 1.1.2022, StPO § 100e Rn. 34.
[292] So etwa OLG Hamburg BeckRS 2021, 2226 Rn. 58 ff.; OLG Schleswig NStZ 2021, 693 (696).; KG Berlin NStZ-RR 2021, 353 (354).
[293] Was zwar angesichts der zu beachtenden Souveränität des anderen Staates auch zutreffend ist, allerdings von der Frage der Zweckumwidmung zu trennen bleibt, dazu sogleich; dies ist auch bei *Immel* NStZ-RR 2021, 353 (355) vermengt.

fort, ohne die notwendige Orientierung an den Rechtmäßigkeitsvorgaben der ursprünglichen Maßnahme und der diesbezüglichen Ermächtigungsgrundlage.[294] Soll aber den Vorgaben des Bundesverfassungsgerichts zum Schutz des betroffenen Grundrechts genüge getan werden, so bleibt – auch bei einer Datenerhebung im Ausland – jedenfalls die Vergleichbarkeit der Maßnahmen hinsichtlich des aufgestellten Rechtsgüterschutzes sowie des Schutzniveaus für den Betroffenen zu wahren. Dies ergibt sich aber nicht nur aus den verfassungsgerichtlichen Vorgaben, sondern auch aus der abgestuften Systematik um die Verwendungsregelungen: wäre § 100e Abs. 6 Nr. 1 StPO derart voraussetzungsarm, dass einzig der Rekurs auf die hypothetische Datenneuerhebung eine weitere Verwendung der Daten zuließe, so käme darin nicht der spezifische Schutzzweck der Norm zugunsten der speziellen Voraussetzungen der §§ 100b, 100c StPO zum Ausdruck.

106 Für EncroChat-Verfahren bedeutet dies, dass die seitens der französischen Behörden durchgeführte Maßnahme jedenfalls im Hinblick auf die den Schutz des Grundrechts der Gewährleistung auf Vertraulichkeit und Integrität informationstechnischer Systeme gewährleistenden Voraussetzungen der Online-Durchsuchung vergleichbar sein müssten, damit § 100e Abs. 6 Nr. 1 StPO anwendbar wäre. Dies ist aber aus mehreren Gründen nicht der Fall: zum einen erfordert § 100b StPO einen qualifizierten konkretisierten Tatverdacht gegen den Beschuldigten (näher → Rn. 82 f.). Eine Online-Durchsuchung zum Zwecke der Generierung von Verdachtsmomenten ist dem deutschen Strafverfahrensrecht aber fremd. Eine Anwendung des § 100b StPO einzig aufgrund eines Generalverdachts ohne spezifischen Bezug auf Sachverhalt und konkrete Personen ist ebenso wenig möglich wie eine gezielte massenhafte Infiltration informationstechnischer Systeme von Unbekannten. Die Maßnahme der französischen Behörden wurde aber allein mit dem Ansinnen initiiert, gegen zahlreiche Unbekannte einzig aufgrund der Nutzung eines verschlüsselten IT-Systems Verdachtsmomente zu erzeugen und so zum Tatzeitpunkt die Systeme noch nicht hinreichend Verdächtiger[295] zu infiltrieren – zumal die Maßnahme nach der Infiltration des EncroChat-Servers erfolgte und damit zielgerichtet auch die einzelnen Nutzer erfasste. Angesichts der strengen Vorgaben, die das Bundesverfassungsgericht an den besonders schwerwiegenden Grundrechtseingriff des § 100b StPO stellt, sind die Maßnahmen damit in keinem Punkt vergleichbar, sodass weder die Voraussetzungen der Vorschrift des § 100e Abs. 6 Nr. 1 StPO vorliegen, noch besagte Vorschrift überhaupt den notwendigen Schutz des Grundrechts auf Gewährleistung der Vertraulichkeit und Integrität informationstechnischer Systeme schaffen könnte. Die Verwendung der Daten zur Strafverfolgung im Inland war bereits daher nicht möglich.

107 Soweit diesem Befund pauschal entgegengehalten wird, deutsche Gerichte dürften im Ausland durchgeführte Maßnahmen nach ausländischem Recht nur eingeschränkt überprüfen,[296] so bleibt dem im Ausgangspunkt zwar zuzustimmen. Allerdings steht in der vorliegenden Konstellation nicht die Rechtmäßigkeit der Maßnahme nach französischem Recht zur Debatte, sondern einzig und allein die Frage, unter welchen Voraussetzungen eine Verwendung der Daten in einem deutschen Strafverfahren rechtlich möglich ist.[297] Die Verwendung der Daten in einem deutschen Strafverfahren bleibt aber nach deutschem Recht zu beurteilen – was auch der Bundesgerichtshof klargestellt hat.[298] Damit richtet sich der Blickwinkel auf die Zulässigkeit allein der zweckändernden Verwendung, für welche

---

[294] So auch BGH Beschl. v. 2.3.2022 – 5 StR 457/21 Rn. 25 ff., wonach keine über § 162 tPO hinausreichende Rechtsgrundlage für die zweckändernde Verwendung der Daten gesucht wird, sondern lediglich die Grenzen der Verwertbarkeit eruiert werden.
[295] Wie alleine die Nutzung eines verschlüsselten Kommunikationsdienstes einen hinreichend konkreten Tatverdacht bezüglich einer Katalogtat des § 100b Abs. 2 StPO gegen eine bestimmte Person begründen soll (so KG Berlin NStZ-RR 2021, 353 [354]), bleibt offen.
[296] OLG Hamburg BeckRS 2021, 2226 Rn. 76 ff.; dazu grundlegend BGHSt 58, 32 (36 ff.) = NStZ 2013, 596.
[297] Treffend *Derin/Singelnstein* NStZ 2021, 449 (453).
[298] BGHSt 58, 32 (47 ff.) = NStZ 2013, 596; und das OLG Schleswig ebenfalls im Ausgangspunkt festhält, OLG Schleswig NStZ 2021, 693 (695 Rn. 28).

die entsprechende Ermächtigungsgrundlage aber nicht nur ausweislich ihres Wortlauts, sondern auch im Lichte der verfassungsgerichtlichen Rechtsprechung zwingend auf § 100b StPO rekurriert. Der Vorschrift des § 100e Abs. 6 Nr. 1 StPO kommt damit die Aufgabe zu, das Unterlaufen des Grundrechtsschutzes der Eingriffsvoraussetzungen durch die Umwidmung importierter Daten zu verhindern. Unbesehen dessen handelt es sich auch nicht um eine rein im Ausland durchgeführte Maßnahme, sondern um die technische Infiltration von informationstechnischen Systemen auf deutschem Terrain, sodass auch deshalb der gebotene Grundrechtsschutz hochzuhalten ist – und nicht allein zur Disposition des Staates steht.[299] Auch daher ist eine Verwendung der Daten in Deutschland ausgeschlossen.

II. Verwertung im Ausland erlangter Daten

Dementsprechend ist auch die Verwertung der Daten zu Beweiszwecken in Strafverfahren **108** als Unterfall der Verwendung nicht möglich.[300] Auch der Hinweis auf Zufallsfunde vermag daran nichts zu ändern, da die Bezeichnung als Zufallsfund nicht die rechtswidrige Verwendung der Daten zu überzeichnen vermag. Aber auch unbesehen dessen entstammen die seitens der französischen Behörden erlangten Maßnahmen keinen Zufallsfunden, sondern unmittelbar gegen die Betroffenen gerichteten Maßnahmen. Die Daten kamen damit nicht im Rahmen anderer Maßnahmen zufällig zum Vorschein, wie dies ein Zufallsfund voraussetzt, sondern entstammen der zweckgerichteten Suche nach Beweismitteln gegen den Betroffenen.[301] Eine Verwertung der Daten in deutschen Strafverfahren mag daher zwar rechtspolitisch wünschenswert sein,[302] erscheint aber de lege lata mangels ausreichender Ermächtigungsgrundlage nicht möglich – auch wenn die Praxis dies jedenfalls mit der Grundsatzentscheidung des BGH[303] anders sehen dürfte.

E. Perspektiven

I. Weichen und Reformen

Im Rahmen des Gefahrenabwehrrechts zeigt sich bislang ein noch uneinheitliches Bild. **109** Während einige Länder die Online-Durchsuchung bereits in das polizeirechtliche Repertoire überführt haben und insbesondere Bayern auch Vorschriften betreffend die Durchsuchung oder Sicherstellung angesichts des technischen Fortschritts bezüglich relevanter Daten präzisiert hat, verzichten andere Länder (ua Baden-Württemberg) derzeit noch immer auf entsprechende Vorschriften. Nun ist Polizei- und Sicherheitsrecht freilich Angelegenheit der Länder und bereits daher kaum zu vereinheitlichen. Allerdings wäre doch wünschenswert, wenn der derzeitige Fleckenteppich jedenfalls zu einer ähnlichen Rechtslage hin aufgelöst würde und weitere Länder sich für die bewusste Regelung entsprechender Konzepte entschieden. Zwar geht mit einer Online-Durchsuchung ein bedeutender Grundrechtseingriff einher – die Normierung deren Voraussetzungen würden aber nicht nur in Zeiten der Digitalisierung wichtige Maßnahmen ermöglichen, sondern auch Versuchen Vorschub leisten, derart intensive Eingriffe auf Generalklauseln zu stützen oder Gefahrensituationen abwarten zu müssen, um sodann repressiv durchsuchen zu müssen. Einen rechtssicheren Rahmen dafür zeigt jedenfalls das Bundesverfassungsgericht mit seinen Entscheidungen auf. Es ist daher auf dem Gebiet der Datenerhebung aus Informationssystemen in den nächsten Jahren mit viel Bewegung zu rechnen.

Auf dem Gebiet des Strafverfahrensrechts wurde die Norm des § 100b StPO zuletzt **110** zumeist punktuell verändert, um die Vorschrift der Lebenswirklichkeit anzupassen, etwa in

---

[299] Wie dies die Konsequenz von OLG Schleswig NStZ 2021, 693 (695) wäre.
[300] Vgl. *Singelnstein* in MüKoStPO Vor § 474 Rn. 50 ff.; *Singelnstein* ZStW 120 (2008), 854 ff.; *Ruppert* HRRS 2015, 448 (450); ferner BT-Drs. 65/99, 1; 12/989, 33.
[301] *Derin/Singelnstein* NStZ 2021, 449 (454); *Gebhard/Michalke* NJW 2022, 655 (658 f.).
[302] *Pauli* NStZ 2021, 146 (149) weist etwa auf das Gebot der Gerechtigkeit hin.
[303] BGH Beschl. v. 2.3.2022 – 5 StR 457/21.

Gestalt der Ersetzung des vormalig verwendeten strafrechtlichen Schriftenbegriffs durch das Wort *Inhalte* in § 100b Abs. 2 Nr. 1 lit. f StPO. Zwar werden in der Literatur und Rechtspraxis mitunter Einwände betreffend die Verfassungsmäßigkeit der Regelung vorgebracht,[304] angesichts der engen Orientierung an der verfassungsrichterlichen Rechtsprechung ist jedoch davon auszugehen, dass die Norm insgesamt Bestand haben wird und weiter punktuelle Veränderungen erfährt.

111 Soweit generell auf dem Gebiet des Richtervorbehalts verschiedener Maßnahmen praktische Defizite moniert werden, die den Richtervorbehalt „praktisch bedeutungslos"[305] werden lassen, liegt darin weniger eine Kritik rechtlicher Parameter denn praktischer Umsetzung begründet. Jedenfalls auf Ebene des Strafverfahrensrechts wird dieser Kritik indes für den Bereich der Online-Durchsuchungen derart begegnet, dass die Anordnung auf Ebene der Staatsschutzkammer bei einem Gericht höherer Art erfolgt und damit jedenfalls die Hoffnung besteht, dass der Anordnung der Maßnahme auch entsprechend viel Aufmerksamkeit gewidmet wird.

II. Reflexionen

112 Wie dargelegt stellt insbesondere die heimliche Online-Durchsuchung einen bedeutenden Eingriff in die Grundrechte des Betroffenen dar. Gleichwohl verbleibt aber mitunter ein Feld zwischen Durchsuchung, Beschlagnahme und Online-Durchsuchung, in welchem eine online durchgeführte Durchsuchung den Interessen des Betroffenen mehr entspricht, als die Durchsuchung und Beschlagnahme seiner EDV-Anlagen. Insbesondere bei großen Wirtschaftsunternehmen kann die vor Ort durchgeführte Durchsuchung und Beschlagnahme neben hohem Zeitaufwand und damit verbundenen Arbeitsausfall innerhalb des Unternehmens sowie der mangelnden Verfügbarkeit zahlreicher informationstechnischer Systeme auf unbestimmte Zeit auch ein nicht zu unterschätzendes Medien-Echo nach sich ziehen. In derartigen Fällen dürfte daher darüber nachzudenken sein, nach Absprache mit den Verfahrensbeteiligten auch die (damit nicht mehr heimliche) Online-Durchsuchung in Betracht zu ziehen, um so zwar die eigentlich eingriffsintensivere Maßnahme zu wählen, damit aber den Betroffenen vor weitreichenden negativen Folgen besser zu schützen.

§ 24 Überwachung von Kommunikation

Markus Thiel

Übersicht

	Rn.
A. Einführung	1
B. Kommunikation als Zugriffsobjekt der Sicherheitsbehörden	7
I. Begriff der „Kommunikation"	7
1. Definitionsansätze	8
2. Kommunikationsformen	9
3. Abgrenzungen	14
II. Bedeutung der Kommunikationsüberwachung für die Sicherheitsgewährleistung	16
III. Grundrechtliche Aspekte	17
1. Brief-, Post- und Fernmeldegeheimnis, Art. 10 Abs. 1 GG	18

---

[304] *Roggan* StV 2017, 821 (828); zu verschiedenen Verfahren gegen Varianten der Online-Durchsuchung auch https://freiheitsrechte.org/staatstrojaner-faelle/.
[305] So *Park* in Park, Online-Durchsuchungen, 2008, § 1 Rn. 5 ff.; vgl. auch *Heuchemer* NZWiSt 2012, 137 (137 f.).

	Rn.
2. Recht auf informationelle Selbstbestimmung, Art. 2 Abs. 1 GG iVm Art. 1 Abs. 1 GG	31
3. Weitere betroffene Grundrechte	34
4. Kernbereichsschutz	38
5. Schutz der Kommunikationspartner und unbeteiligter Dritter	41
C. Überwachung der laufenden Kommunikation	42
I. Grundlagen	42
II. Telekommunikationsüberwachung	43
1. Telekommunikationsüberwachung nach § 100a StPO	44
2. Präventivpolizeiliche Telekommunikationsüberwachung	54
III. Quellen-Telekommunikationsüberwachung	57
1. Quellen-Telekommunikationsüberwachung nach § 100a StPO	59
2. Präventivpolizeiliche Quellen-Telekommunikationsüberwachung	65
IV. Postbeschlagnahme und Auskunftsverlangen	67
1. Postbeschlagnahme und Auskunftsverlangen nach §§ 99, 100 StPO	68
2. Präventive Postbeschlagnahme und Auskunftsverlangen	75
V. Akustische Wohnraumüberwachung	83
VI. Sonstige Eingriffe	88
1. Observation, Einsatz technischer Mittel	89
2. Abfrage von Bestands-, Verkehrs- und Nutzungsdaten	95
3. Ermittlung von Geräte- und Kartennummern, Standortermittlung	102
4. Unterbrechung bzw. Verhinderung von Telekommunikationsverbindungen	104
D. Rechtsschutz	106
E. Perspektiven	108

Wichtige Literatur:

Abate, C., Online-Durchsuchung, Quellen-Telekommunikationsüberwachung und die Tücke im Detail. Einfluss rechtlicher und technischer Entwicklungen auf verdeckte Online-Ermittlungen zur Gewährleistung der Inneren Sicherheit, DuD 2011, 122; *Bär, W.,* Telekommunikationsüberwachung und andere verdeckte Ermittlungsmaßnahmen, MMR 2008, 215; *Becker, C./Meinicke, D.,* Die sog. Quellen-TKÜ und die StPO – Von einer „herrschenden Meinung" und ihrer fragwürdigen Entstehung, StV 2011, 50; *Benfer, J.,* Großer Lauschangriff – einmal ganz anders gesehen, NVwZ 1999, 237; *Braun, F.,* Der sogenannte „Lauschangriff" im präventivpolizeilichen Bereich, NVwZ 2000, 375; *ders./Albrecht, F.,* Der Freiheit eine Gasse? Anmerkungen zur „Überwachungsgesamtrechnung" des Bundesverfassungsgerichts, VR 2017, 151; *Bratke, B.,* Die Quellen-Telekommunikationsüberwachung im Strafverfahren. Grundlagen, Dogmatik, Lösungsmodelle, 2013; *Brodowski, D.,* Strafprozessualer Zugriff auf E-Mail-Kommunikation, JR 2009, 402; *Buermeyer, U.,* Zum Begriff der „laufenden Kommunikation" bei der Quellen-Telekommunikationsüberwachung („Quellen-TKÜ"), StV 2013, 470; *Cornelius, K.,* Strafrechtliche Verantwortlichkeiten bei der Strategischen Telekommunikationsüberwachung, JZ 2015, 693; *Denninger, E.,* Verfassungsrechtliche Grenzen des Lauschens. Der große Lauschangriff auf dem Prüfstand der Verfassung, ZRP 2004, 101; *Derin, B./Golla, S. J.,* Der Staat als Manipulant und Saboteur der IT-Sicherheit? Die Zulässigkeit von Begleitmaßnahmen zu „Online-Durchsuchung" und Quellen-TKÜ, NJW 2019, 1111; *Freiling, F./Safferling, C./Rückert, C.,* Quellen-TKÜ und Online-Durchsuchung als neue Maßnahmen für die Strafverfolgung: Rechtliche und technische Voraussetzungen, JR 2018, 9; *Großmann, S.,* Telekommunikationsüberwachung und Online-Durchsuchung: Voraussetzungen und Beweisverbote, JA 2019, 241; *Harnisch, S./Pohlmann, M.,* Der Einsatz des IMSI-Catchers zur Terrorismusbekämpfung durch das Bundeskriminalamt, NVwZ 2009, 1328; *Haverkamp, R.,* Die akustische Wohnraumüberwachung – ein unzulässiger Eingriff in den unantastbaren Kernbereich privater Lebensgestaltung?, JURA 2010, 492; *Henrichs, A.,* Zur rechtlichen Zulässigkeit der Quellen-TKÜ, Kriminalistik 2008, 438; *Hetzer, W.,* Akustische Wohnraumüberwachung. Oder – Wer rettet den Rechtsstaat?, Kriminalistik 1998, 546; *Kötter, M.,* Novellierung der präventiven Wohnraumüberwachung?, Konsequenzen aus der Lauschangriff-Entscheidung des BVerfG, DÖV 2005, 225; *Kress, S.,* Der „Große Lauschangriff" als Mittel internationaler Verbrechensbekämpfung: Zur Verwertbarkeit im Ausland gewonnener Beweise, 2009; *Löffelmann, M.,* Die Neuregelung der akustischen Wohnraumüberwachung, NJW 2005, 2033; *Machado, L. H.,* Telekommunikationsüberwachung in Strafsachen: ein deutsch-brasilianischer Rechtsvergleich unter Einbeziehung der Rechtshilfe, 2022; *Martini, M./Fröhlingsdorf, S.,* Catch me if you can: Quellen-Telekommunikationsüberwachung zwischen Recht und Technik, NVwZ 2020, 1803; *Merdian, J.,* Der Kernbereichsschutz im Rahmen der Quellen-Telekommunikationsüberwachung nach dem § 20c PolG NRW, GSZ 2021, 59; *Meyer-Wieck, H.,* Der Große Lauschangriff. Eine empirische Untersuchung zu Anwendung und Folgen des § 100c Abs. 1 Nr. 3 StPO, 2005; *Nachbaur, A.,* Standortfeststellung und Art. 10 GG – Der Kammerbeschluss des BVerfG zum Einsatz des IMSI-Catchers, NJW 2007, 335; *Pohlmann, K.,* Der Lauschangriff in NRW – eine verfassungsschützende Verfassungswidrigkeit?, NWVBl 2008, 132; *Rath, C.*, Quellen-TKÜ – praktisch irrelevant, DRiZ 2021, 448; *Raum, B./Palm, F.*, Zur verfassungsrechtlichen Problematik des „Großen Lauschangriffs", JZ 1994, 447; *Roggan, F.*, Der Schutz des Kernbereichs privater Lebensgestaltung bei strafprozessualer Telekommunikationsüberwachung, StV 2011, 762; *Rottmeier, C.*, Kernbereich privater Lebensgestaltung und strafprozessuale Lauschangriffe, 2017; *Ruan, S.*, Vorratsdatenspeicherung in Deutschland und in der Volksrepublik China. Eine Auseinandersetzung mit den einschlägigen Regelungen und den rechtlichen Anforderungen an die Speicherung von Vorratsdaten in Deutschland und China sowie Vorschläge für gesetzgeberische Anpassungen, 2019; *Schwabenbauer, T.*, Heimliche Grundrechtseingriffe. Ein Beitrag zu den Möglichkeiten und Grenzen sicherheitsbehördlicher Ausforschung, 2013; *Singelnstein, T.*, Verhältnismäßigkeitsanforderungen für strafprozessuale Ermittlungsmaßnahmen – am Beispiel der neueren Praxis der Funkzellenabfrage, JZ 2012, 601; *Störing, M.*, Strafprozessualer Zugriff auf E-Mailboxen. Zum Streitstand unter besonderer technischer Betrachtung, CR 2009, 475; *Warntjen, M.*, Der Kernbereich privater Lebensgestaltung und die Telekommunikationsüberwachung gemäß § 100a StPO, KJ 2005, 276; *Weisser, N.-F.*, Strafprozessuale Auskunftsersuchen über Postsendungen, wistra 2016, 387.

A. Einführung

1 Die **Erhebung von Informationen** schafft die zentrale Arbeitsgrundlage für die Aufgabenerfüllung der Sicherheitsbehörden.[1] In den jeweils einschlägigen gesetzlichen Regelwerken finden sich umfangreiche Bestimmungen zur Datengewinnung mit offenen und verdeckten Maßnahmen, durch die Nutzung technischer, vor allem akustischer oder optischer Mittel oder durch den Einsatz von Vertrauenspersonen[2] und verdeckten Ermittlern[3]. Einen praktisch bedeutsamen, zugleich aber rechtlich komplexen Ausschnitt bilden die verschiedenen Instrumente der **Überwachung von Kommunikation.** Die im Regelfall „heimlichen"[4] Maßnahmen dienen dazu, zum einen die Rahmenbedingungen der Kommunikation zu ermitteln, also – bei der Telekommunikation – beispielsweise Datum, Uhrzeit, Dauer eines Ferngesprächs, einschließlich der Standorte der Beteiligten, zum anderen Kenntnis über die Kommunikationsinhalte zu erlangen. So werden geplante oder bereits begangene Straftaten am Telefon oder über andere Dienste besprochen, Standortdaten von Mobilfunkgeräten können Aufschluss über den Aufenthaltsort von Verdächtigen geben.[5] Mit Maßnahmen der Kommunikationsüberwachung können damit wichtige Informationen gewonnen werden, zugleich sind sie aufgrund der Privatheit der Inhalte und Umstände der Kommunikation regelmäßig besonders „eingriffsintensiv"; die einschlägigen Ermächtigungsgrundlagen werden daher meist durch umfangreiche Vorgaben für die Anordnung und Durchführung sowie zum Schutz des Kernbereichs privater Lebensgestaltung ergänzt.

2 Eine Kommunikationsüberwachung kann auf unterschiedliche Weise erfolgen. Individualkommunikation „unter Anwesenden", also zB ein persönliches Gespräch in der Öffentlichkeit, kann durch eine **Observation** überwacht werden, die nicht nur ein „Beobachten", sondern auch ein „Zuhören" einschließt. Werden zu diesem Zweck **akustisch-technische Mittel** eingesetzt, etwa zur Verstärkung und Aufzeichnung, sind regelmäßig speziellere Ermächtigungsgrundlagen heranzuziehen. Ein Beispiel ist der „Kleine Lauschangriff" nach § 100f StPO, der es unter engen Voraussetzungen erlaubt, auch ohne Wissen des Beschuldigten sein nichtöffentlich gesprochenes Wort mit technischen Mitteln abzuhören und aufzuzeichnen. Eine Unterhaltung in einer Wohnung, die in besonderer Weise durch Art. 13 GG geschützt wird, kann mit der akustischen Wohnraumüberwachung nach

---

[1] Zu aktuellen Entwicklungen *Kreowski/Lye* Vorgänge 3/2019, 33 ff.; zur Informationsgewinnung mittels frei verfügbarer, digitaler Daten („Open Source Intelligence" – OSINT) *Ludewig/Epple* Kriminalistik 2020, 457 ff.; kritisch *Aden/Fährmann* Vorgänge 3/2019, 95 ff.
[2] Zum Einsatz durch die Nachrichtendienste *Sellmeier/Blome* GSZ 2019, 196 ff.
[3] Im Kontext der Verfolgung von Staatsschutzdelikten *Keller* Kriminalistik 2021, 154 ff.; zu den Befugnissen *Teichmann* Kriminalistik 2018, 327 ff.
[4] Zur eingriffsvertiefenden Wirkung dieses Umstands etwa BVerfGE 115, 166 (194) = NJW 2006, 976; BVerfGE 120, 274 (323, 325) = NJW 2008, 822; BVerfGE 154, 152 = NJW 2020, 2235; *Schwabenbauer*, Heimliche Grundrechtseingriffe. Ein Beitrag zu den Möglichkeiten und Grenzen sicherheitsbehördlicher Ausforschung, 2013, 165 ff.
[5] *Müller/Schwabenbauer* in Lisken/Denninger PolR-HdB Rn. G 710.

A. Einführung § 24

§ 100c StPO abgehört und aufgezeichnet werden („Großer Lauschangriff"). Die Polizeigesetze enthalten für das Handlungsfeld der Gefahrenabwehr vergleichbare Vorschriften (zB §§ 17 und 18 PolG NRW – Datenerhebung durch den verdeckten Einsatz technischer Mittel, gegebenenfalls in oder aus Wohnungen).

Die Überwachung der „verkörperten" Kommunikation „auf Distanz" erfolgt auf der **3** Grundlage anderer Ermächtigungsnormen. So ermöglicht § 99 StPO eine Beschlagnahme der an den Beschuldigten gerichteten Postsendungen und Telegramme aus dem Gewahrsam von Personen oder Unternehmen, die geschäftsmäßig Post- oder Telekommunikationsdienste erbringen oder daran mitwirken (Abs. 1 S. 1). Von dieser **Postbeschlagnahme** sind ferner solche Postsendungen erfasst, „bei denen aus vorliegenden Tatsachen zu schließen ist, daß sie von dem Beschuldigten herrühren oder für ihn bestimmt sind und daß ihr Inhalt für die Untersuchung Bedeutung hat" (Abs. 1 S. 2). Im Handlungsfeld der Gefahrenabwehr finden sich nur vereinzelt Bestimmungen zur Postbeschlagnahme. § 50 Abs. 1 BKAG zB erlaubt sie in vier verschiedenen Tatbestandsvarianten, zB nach Nr. 1, wenn die zu beschlagnahmenden Postsendungen oder Telegramme „an eine Person gerichtet sind (…), die entsprechend § 17 oder § 18 des Bundespolizeigesetzes verantwortlich ist und dies zur Abwehr einer dringenden Gefahr für den Bestand oder Sicherheit des Bundes oder eines Landes oder für Leib, Leben oder Freiheit einer Person oder Sachen von bedeutendem Wert, deren Erhaltung im öffentlichen Interesse liegt, geboten ist".

Besondere praktische Bedeutung insbesondere auch für den Staatsschutz haben die Maß- **4** nahmen der **Telekommunikationsüberwachung.** Dabei handelt es sich um einen verdeckten hoheitlichen Zugriff auf die „laufende" Telekommunikation, vor allem auf Telefongespräche, unverschlüsselte Messengernachrichten und Ähnliches. Neben den Umständen der Kommunikation, von denen vor allem die Identität des jeweiligen Gesprächspartners von Interesse sein wird, können damit auch Kommunikationsinhalte überwacht und ggf. aufgezeichnet werden, um wichtige Erkenntnisse für die sicherheitsbehördliche Aufgabenerfüllung zu erlangen.

Während der hoheitliche Zugriff auf die laufende „fernmündliche" Telekommunikation **5** ein seit vielen Jahrzehnten gängiges Mittel darstellt, erweist sich eine effektive Kommunikationsüberwachung angesichts der informations- und kommunikationstechnischen Entwicklungen und Fortschritte als zunehmend schwierig. Für die Kommunikation werden vermehrt Anwendungen genutzt, die die Kommunikationsinhalte vor der eigentlichen Übertragung über die Telekommunikationsnetze verschlüsseln und beim Empfänger wieder entschlüsseln. Ein Zugriff auf solche Informationen kann daher im Regelfall nur dann verwertbare Daten generieren, wenn vor der Ver- bzw. nach der Entschlüsselung „zugegriffen" wird; einen solchen Eingriff ermöglichen technische Mittel, die heimlich in die genutzten informationstechnischen Systeme „eingeschleust" werden. Dienen sie der Überwachung der Telekommunikation, handelt es sich um eine sog. **„Quellen-Telekommunikationsüberwachung",** deren rechtliche Zulässigkeit – auch in Abgrenzung zur „Online-Durchsuchung" – kontrovers diskutiert und die nicht in allen Landespolizeigesetzen gestattet wird.

Der Beitrag behandelt die Maßnahmen der Kommunikationsüberwachung im Über- **6** blick. Dargelegt werden zunächst Grundbegriffe, insbesondere die Bedeutung der Kommunikation als Zugriffsobjekt der Sicherheitsbehörden, sowie die grundrechtliche Perspektive (B., → Rn. 7 ff.). Einzelne bedeutsame Instrumente der Überwachung der laufenden Kommunikation werden im Anschluss behandelt (C., → Rn. 42 ff.), namentlich die Telekommunikationsüberwachung (II., → Rn. 44 ff.), die Quellen-Telekommunikationsüberwachung (III., → Rn. 57 ff.), die Postbeschlagnahme und Auskunftsverlangen gegenüber Postdienstleistern (IV., → Rn. 67 ff.) und die akustische Wohnraumüberwachung (V., → Rn. 83 ff.). Diese Maßnahmen werden durch weitere Instrumente ergänzt, die der Kommunikationsüberwachung dienen bzw. Bezüge zu ihr aufweisen (VI., → Rn. 88 ff.). Den Abschluss bilden Erwägungen zum Rechtsschutz (D., → Rn. 106 ff.) sowie perspektivische Überlegungen (E., → Rn. 108 ff.).

B. Kommunikation als Zugriffsobjekt der Sicherheitsbehörden

I. Begriff der „Kommunikation"

7   Der Begriff der „**Kommunikation**" bedarf der näheren Konturierung, bevor die gesetzlich geregelten Eingriffsbefugnisse im Überblick dargestellt werden sollen. Etymologisch ist er vom lateinischen Verb *communicare* abgeleitet, das wiederum eng mit *communio* (Gemeinschaft) verwandt ist und verschiedene Bedeutungen hat – so kann es mit etwas gemeinsam machen, etwas teilen, jemandem etwas mitteilen, sich mit jemandem besprechen bzw. beraten, jemanden an etwas teilnehmen lassen, mit jemandem verkehren usw übersetzt werden.

1. Definitionsansätze

8   In den Kommunikationswissenschaften sind zahlreiche **Definitionsansätze** entwickelt worden,[6] die allerdings für die rechtswissenschaftliche Bewertung regelmäßig wenig ertragreich sind und daher hier nicht nachgezeichnet werden sollen. Ganz grundlegend lässt sich Kommunikation als Verständigung, als Übertragung bzw. Austausch von Informationen durch die Verwendung von Sprache oder Zeichen zwischen einem Sender und einem bzw. mehreren Empfängern beschreiben. Aus grundrechtlichem Blickwinkel geht es also um einen spezifischen Aspekt der Persönlichkeitsentfaltung durch den interpersonellen Austausch; verschiedene Arten der Kommunikation sind daher auch jeweils durch eigene Freiheitsgrundrechte geschützt. Dass den sog. „Kommunikationsgrundrechten" und den ihnen verwandten Gewährleistungen eine besondere Bedeutung nicht nur für die individuelle Persönlichkeitsentfaltung, sondern auch bei der demokratischen Willensbildung beigemessen werden kann, verstärkt die Eingriffsintensität der Kommunikationsüberwachung.

2. Kommunikationsformen

9   Für die rechtswissenschaftliche Erfassung der sicherheitsbehördlichen Kommunikationsüberwachung erscheint es sachgerecht, nicht auf allgemeine kommunikationswissenschaftliche Definitionsansätze abzustellen, sondern nach denjenigen **Kommunikationsformen** zu differenzieren, die im Fokus des hoheitlichen Zugriffs stehen.

10   Ein Informationsaustausch findet bei einer **verbalen Kommunikation** zwischen einem Sender und einem oder mehreren Empfängern im Rahmen von Unterhaltungen unter Anwesenden statt. Zu solchen Kommunikationsvorgängen gehören auch nonverbale Elemente wie die Körpersprache oder nicht von sprachlichen Äußerungen begleitetes Handeln; für die Sicherheitsbehörden können auch diese von Interesse sein.

11   Kommunikation „über die Distanz" erfolgt bei der **Nutzung verkörperter Medien** wie Briefe, Postkarten, Telegramme usw. Der sicherheitsbehördliche Zugriff ist bei solchen Kommunikationsformen in der Praxis leichter zu bewerkstelligen, weil die Kommunikationsinhalte anders als bei der mündlichen Kommunikation und der Telekommunikation nicht „flüchtig" und meist auch nicht „verschlüsselt" sind.

12   Da der Zugriff auf **Telekommunikation** einen der Schwerpunkte der sicherheitsbehördlichen Überwachung von Kommunikation darstellt, ist auch dieser Begriff von besonderer praktischer Bedeutung. Ineinandergreifende Legaldefinitionen finden sich in § 3 TKG. Nach dessen Nr. 59 ist Telekommunikation „der technische Vorgang des Aussendens, Übermittelns und Empfangens von Signalen mittels Telekommunikationsanlagen". Telekommunikationsanlagen sind nach Nr. 60 „technische Einrichtungen, Systeme und Server, die als Nachrichten identifizierbare elektromagnetische oder optische Signale oder Daten im Rahmen der Erbringung eines Telekommunikationsdienstes senden, übertragen, vermitteln, empfangen, steuern oder kontrollieren können". In Nr. 61 werden sodann die „Telekommunikationsdienste" definiert als „in der Regel gegen Entgelt über

---

[6] Eingehend schon *Merten*, Kommunikation. Eine Begriffs- und Prozeßanalyse, 1977.

Telekommunikationsnetze erbrachte Dienste, die – mit der Ausnahme von Diensten, die Inhalte über Telekommunikationsnetze und -dienste anbieten oder eine redaktionelle Kontrolle über sie ausüben – folgende Dienste umfassen: a) Internetzugangsdienste, b) interpersonelle Telekommunikationsdienste und c) Dienste, die ganz oder überwiegend in der Übertragung von Signalen bestehen, wie Übertragungsdienste, die für Maschine-Maschine-Kommunikation und für den Rundfunk genutzt werden". Von Relevanz für die sicherheitsbehördliche Kommunikationsüberwachung sind dabei vor allem die interpersonellen Telekommunikationsdienste (Nr. 24), namentlich die Telefonie einschließlich der „Videofonie" sowie der Voice over Internet Protocol-Dienstleistungen, sowie die Internetzugangsdienste.[7] Im Falle einer Übertragung über ein Telekommunikationsnetz ist beispielsweise auch das Telefax hierzu zu rechnen, ebenso die SMS (Short Message Service), die MMS (Multimedia Messaging Service) und die RCS (Rich Communication Service).

Bei verschiedenen Formen der „digitalen" Kommunikation erweist sich die rechtliche Zuordnung allerdings als schwierig. Dies gilt namentlich für **E-Mails** und Anwendungen, die eine **Nachrichtenübermittlung** (Text, Dateien, Sprachnachrichten) **über Internetdienste** ermöglichen. Werden E-Mails auf dem Mailserver des Providers beschlagnahmt (auf der Grundlage der §§ 94 ff. StPO), handelt es sich um einen Eingriff in Art. 10 Abs. 1 GG; Gleiches gilt für die End- oder Zwischenspeicherung von E-Mails auf dem Server eines Host-Providers.[8] Hat die E-Mail den Empfänger erreicht, ist sie etwa auf seinem Endgerät angekommen, ist dagegen der Kommunikationsvorgang abgeschlossen; das Fernmeldegeheimnis ist nicht mehr einschlägig.

13

3. Abgrenzungen

Abzugrenzen sind die Maßnahmen der Kommunikationsüberwachung von solchen, die auf einen in einem informationstechnischen System vorhandenen **Datenbestand** zugreifen. Die entsprechenden Informationen können zwar im Wege etwa einer Telekommunikationsüberwachung erlangt worden sein; werden sie nach Abschluss des laufenden Kommunikationsvorgangs aber gespeichert, handelt es sich bei einem verdeckten „Auslesen" nicht mehr um eine Kommunikationsüberwachung im eigentlichen Sinne, sondern um eine „**Online-Durchsuchung**".[9] Grundrechtlich ist dann nicht Art. 10 Abs. 1 GG, sondern das Grundrecht auf Gewährleistung der Vertraulichkeit und Integrität informationstechnischer Systeme (Art. 2 Abs. 1 GG iVm Art. 1 Abs. 1 GG) einschlägig. Zu beachten ist allerdings, dass verschiedene Ermächtigungsgrundlagen für die Telekommunikationsüberwachung unter engen Voraussetzungen eine Informationsgewinnung auch hinsichtlich gespeicherter Daten zulassen – mitunter wird von einer „kleinen Online-Durchsuchung" gesprochen. Beispielhaft genannt werden kann § 100a Abs. 1 S. 3 StPO: „Auf dem informationstechnischen System des Betroffenen gespeicherte Inhalte und Umstände der Kommunikation dürfen überwacht und aufgezeichnet werden, wenn sie auch während des laufenden Übertragungsvorgangs im öffentlichen Kommunikationsnetz in verschlüsselter Form hätten überwacht und aufgezeichnet werden können". Allerdings ist nach § 100a Abs. 5 S. 1b StPO technisch sicherzustellen, dass nur solche Inhalte und Umstände der

14

---

[7] *Graulich* in Lisken/Denninger PolR-HdB Rn. E 778.
[8] *Meininghaus,* Der Zugriff auf E-Mails im strafrechtlichen Ermittlungsverfahren, 2007; *Störing,* Strafprozessuale Zugriffsmöglichkeiten auf E-Mail-Kommunikation, 2007; *Graulich* in Lisken/Denninger PolR-HdB Rn. E 792; *Lessner* AO-StB 2012, 252 ff.; *Kasiske* StraFo 2010, 228 ff.; *Härting* CR 2009, 581 ff.; *Brunst* CR 2009, 591 ff.
[9] *Stelzer,* Die repressive Online-Durchsuchung gemäß § 100b StPO, 2021; *Siebel,* Verdeckte Online-Durchsuchung in der Bundesrepublik Deutschland, 2019; *Bunzel,* Der strafprozessuale Zugriff auf IT-Systeme, 2015; *Liebig,* Der Zugriff auf Computerinhaltsdaten im Ermittlungsverfahren, 2015; *Birkenstock,* Zur Online-Durchsuchung. Zugang zu einem informationstechnischen System und Infiltration zur Datenerhebung im Strafverfahren, 2013; *Redler,* Die strafprozessuale Online-Durchsuchung, 2012; *Heinrich* ZIS 2020, 421 ff.; *Großmann* JA 2019, 241 ff.; *Ziegelmann/Schäfer* Kriminalistik 2018, 557 ff.; *Roggan* GSZ 2018, 52 ff.; *Soiné* NStZ 2018, 497 ff.; *Freiling/Safferling/Rückert* JR 2018, 9 ff.; *Blechschmitt* StraFo 2017, 361 ff.; *Roggan* StV 2017, 821 ff.

Kommunikation überwacht und aufgezeichnet werden können, die ab dem Zeitpunkt der Anordnung im Wege des Zugriffs auf die laufende Telekommunikation hätten erhoben werden können. Im präventivpolizeilichen Handlungsfeld enthält zB § 35 Abs. 2 S. 1 Nr. 1b SPolDVG eine vergleichbare Vorschrift.

15 In engem Zusammenhang mit der Überwachung der Telekommunikation steht die sog. **„Vorratsdatenspeicherung"** (eingehend *Petri* → § 22; *Broemel* → § 21 Rn. 64 ff.)[10] Dabei handelt es sich nicht um eine individuelle sicherheitsbehördliche Eingriffsmaßnahme, sondern um eine gesetzliche Verpflichtung der Anbieter von Telekommunikationsdienstleistungen zur Speicherung insbesondere von Verkehrsdaten für einen festgelegten Zeitraum. Diese gespeicherten Informationen können dann im Einzelfall unter bestimmten Voraussetzungen von den Sicherheitsbehörden abgerufen werden. Das Konzept der Vorratsdatenspeicherung hat eine wechselhafte, noch immer nicht zum Abschluss gekommene Geschichte. Ihren Ausgangspunkt nahm diese mit der unter dem Eindruck der Terroranschläge seit dem 11. September 2001 erlassenen Richtlinie 2006/24/EG des Europäischen Parlaments und des Rates vom 15.3.2006 über die Vorratsdatenspeicherung von Daten, die bei der Bereitstellung öffentlich zugänglicher elektronischer Kommunikationsdienste oder öffentlicher Kommunikationsnetze erzeugt oder verarbeitet werden, und zur Änderung der Richtlinie 2002/58/EG. Die Richtlinie verpflichtete die Mitgliedstaaten der Europäischen Union dazu, verpflichtend die Speicherung von Telekommunikationsdaten durch die Diensteanbieter für einen bestimmten Zeitraum vorzuschreiben, und war bis zum 15.9.2007 in nationales Recht umzusetzen. Deutschland hat die Vorgaben der Richtlinie mit dem Gesetz zur Neuregelung der Telekommunikationsüberwachung und anderer verdeckter Ermittlungsmaßnahmen sowie zur Umsetzung der Richtlinie 2006/24/EG[11] insbesondere durch die Neufassung einiger Bestimmungen des TKG umgesetzt. Aufgrund mehrerer Verfassungsbeschwerden hat das Bundesverfassungsgericht mit Urteil vom 2.3.2010[12] die konkrete Ausgestaltung der Vorratsdatenspeicherung in §§ 113a, 113b TKG aF wegen eines Verstoßes gegen Art. 10 Abs. 1 GG für nichtig erklärt. Im Mai 2012 leitete die Europäische Kommission gegen die Bundesrepublik Deutschland beim EuGH ein Vertragsverletzungsverfahren wegen Nichtumsetzung der Richtlinie ein.[13] Mit Urteil vom 8.4.2014 hat der EuGH die Richtlinie 2006/24/EG allerdings selbst aufgehoben;[14] nach Auffassung des Gerichtshofs verstieß sie gegen das Recht auf Achtung des Privat- und Familienlebens (Art. 7 GRCh), gegen das Recht auf Schutz der personenbezogenen Daten (Art. 8 GRCh) sowie gegen den Grundsatz der Verhältnismäßigkeit (Art. 52 GRCh). Das Vertragsverletzungsverfahren gegen Deutschland wurde daraufhin beendet. Gleichwohl erfolgt 2015 eine Neufassung der TKG-Vorschriften zur Vorratsdatenspeicherung im Gesetz zur Einführung einer Speicherpflicht und einer Höchstspeicherfrist für Verkehrsdaten vom 10.12.2015;[15] auch diese wurden mit Verfassungsbeschwerden angegriffen. Auf-

---

[10] *Ruan*, Vorratsdatenspeicherung in Deutschland und in der Volksrepublik China, 2021; *Lauda*, Vorratsdatenspeicherung, quo vadis?, 2017; *Kargl*, Vorratsdatenspeicherung: Vergangenheit – Gegenwart – Zukunft, 2016; *Breyer*, Die systematische Aufzeichnung und Vorhaltung von Telekommunikations-Verkehrsdaten für staatliche Zwecke in Deutschland, 2005; *Petri* ZD 2021, 493 ff.; *Riebe/Haunschild/Divo/Lang/Roitburd/Franken/Reuter* DuD 2020, 316 ff.; *Weichert* Vorgänge 3/2019, 59 ff.; *Schiedermair/Mrozek* DÖV 2016, 89 ff.; *Koshan* DuD 2016, 167 ff.; *Boehm/Andrees* CR 2016, 146 ff.; *Roßnagel* MMR 2014, 73 f.; *Bug* ZParl 2016, 670 ff.; *Simitis* NJW 2014, 2158 ff.; *Albrecht* VR 2013, 84 ff.; *Möstl* ZRP 2011, 225 ff.; *Braun* K&R 2009, 386 ff.; *Kindt* MMR 2009, 661 ff.; *Graulich* NVwZ 2008, 485 ff.; *Gietl* DuD 2008, 317 ff. – Zum „Quick Freeze" als Alternative *Arning/Moos* ZD 2012, 153 ff.
[11] BGBl. 2007 I 3198.
[12] BVerfGE 125, 260 ff. = NJW 2019, 833; dazu *Eckhardt/Schütze* CR 2010, 225 ff.; *Orantek* NJ 2010, 193 ff.; *Ohler* JZ 2010, 626 ff.; *Wolff* NVwZ 2010, 751 ff.
[13] Vgl. *Wehage* CR 2011, R75 f.
[14] EuGH NJW 2014, 2169 ff.; dazu *Boehm/Cole* ZD 2014, 553 ff.
[15] BGBl. 2015 I 2218; dazu *Roßnagel* NJW 2016, 533 ff.; *Heißl* DÖV 2016, 588 ff.; *Dieterle* ZD 2016, 517 ff.; *Hoeren* Kriminalistik 2015, 469 ff.; *Degenkolb* Kriminalistik 2015, 598 ff.; *Sensburg/Ullrich* DRiZ 2015, 172 ff.; *Gärtner/Kipker* DuD 2015, 593 ff.; *Nachbaur* ZRP 2015, 215 ff.; *Trimbach/Dietrich* NJ 2015, 461 ff.

grund einer Entscheidung des OVG Münster, das einem Eilantrag gegen die Speicherpflicht mit Beschluss vom 22.6.2017 stattgegeben hat,[16] setzte die Bundesnetzagentur die Sanktionen bei einem Verstoß gegen die gesetzliche Speicherfrist bis zur Entscheidung im Hauptsacheverfahren aus. Das Bundesverwaltungsgericht hat die Entscheidung über die maßgebliche Auslegung der Datenschutzrichtlinie für elektronische Kommunikation (2002/58/EG) mit Beschluss vom 25.9.2019 dem EuGH vorgelegt;[17] die Anwendung der Regelungen zur Vorratsdatenspeicherung ist damit nach wie vor ausgesetzt. Der EuGH hat sich in verschiedenen Entscheidungen äußerst kritisch zu der Maßnahme in anderen Mitgliedstaaten der Europäischen Union geäußert und sie nur unter sehr engen Voraussetzungen für zulässig erachtet.[18]

II. Bedeutung der Kommunikationsüberwachung für die Sicherheitsgewährleistung

Der **staatliche Zugriff auf Kommunikationsvorgänge** – historisch etwa durch die Öffnung von und die Einsichtnahme in Postsendungen, gegebenenfalls nach einer Beschlagnahme – gehört seit jeher zu den gängigen Maßnahmen staatlicher Sicherheitsgewährleistung.[19] Informationserhebungseingriffe sollen im Regelfall „offen" erfolgen und sind daher auf die Mitwirkung der Betroffenen bzw. der „Inhaber" der Information angewiesen. Im repressiven wie im präventiven Handlungsfeld muss die Datenerhebung allerdings häufig verdeckt erfolgen, damit die Adressaten nicht „gewarnt" sind und ihr Kommunikationsverhalten nicht entsprechend einstellen, einschränken oder anpassen. Die „heimliche" Überwachung der Kommunikation hinsichtlich ihrer Umstände und ihrer Inhalte ist damit ein bedeutsames sicherheitsbehördliches Instrument, das freilich in erheblicher Weise in verschiedene Grundrechte eingreift (→ Rn. 17 ff.). **16**

III. Grundrechtliche Aspekte

Sicherheitsbehördliche Maßnahmen zur Überwachung der Kommunikation sind einerseits aufgrund ihrer meist heimlichen Anwendung, andererseits aufgrund der **betroffenen Grundrechtspositionen** besonders eingriffsintensiv. Im Folgenden sollen die grundrechtlichen Aspekte der Kommunikationsüberwachung im Überblick dargestellt werden (vgl. auch *Petri* → § 20 Rn. 1 ff.). **17**

1. Brief-, Post- und Fernmeldegeheimnis, Art. 10 Abs. 1 GG

Je nach Kommunikationsform, auf die die sicherheitsbehördliche Überwachung abzielt, ist eine der Varianten der „Kommunikationsfreiheit" in Art. 10 Abs. 1 GG beeinträchtigt. Die Norm schützt verschiedene Formen der Distanzkommunikation und lautet: „Das Briefgeheimnis sowie das Post- und Fernmeldegeheimnis sind unverletzlich". Das in dieser Vorschrift gewährleistete **Brief-, Post- und Fernmeldegeheimnis,**[20] das in Bezug auf das Fernmeldewesen angesichts der technischen Weiterentwicklung als Telekommunikationsfreiheit zu verstehen ist, gewährleistet in seiner abwehrrechtlichen Schutzwirkung einen „privaten, vor der Öffentlichkeit verborgenen Austausch von Kommunikation"[21] und ist **18**

---

[16] OVG Münster NVwZ-RR 2018, 43 ff.
[17] BVerwG NVwZ 2020, 1108 ff.; s. dazu *Schmid-Petersen* IPRB 2021, 231; *Seegmüller* DRiZ 2020, 398 ff.; *Puschke* ZIS 2019, 308 ff.
[18] EuGH NJW 2021. 2103 ff. – Estland; NJW 2021, 531 ff. – Frankreich; NJW 2017, 717 ff. – Schweden, Vereinigtes Königreich; dazu *Priebe* EuZW 2017, 136 f.; allgemein *Ziebarth* ZUM 2017, 398 ff.; *Oehmichen/Mickler* NZWiSt 2017, 298 ff. – Zur kritischen Stellungnahme des Generalanwalts im Vorlageverfahren vgl. *Jäschke* CR 2022, R4 f.; s. auch *Ogorek* JA 2021, 438 ff.
[19] Vgl. BVerfGE 85, 386 (396) = NJW 1992, 1875; *Martini* in v. Münch/Kunig GG Art. 10 Rn. 5.
[20] Vgl. *Groß* JZ 1999, 326 ff.; *Gusy* JuS 1986, 89 ff.; *Seidel* DVBl 1967, 681 ff.; zu Unterrichtungspflichten bei Beschränkungen *Kaysers* AöR 129 (2004), 121 ff.
[21] BVerfGE 67, 157 (171) = NJW 1985, 121; BVerfGE 110, 33 (53) = NJW 2004, 2213.

daher in vielfältigen Konstellationen der sicherheitsbehördlichen Kommunikationsüberwachung einschlägig. Ist die individuelle Kommunikation aufgrund der räumlichen Distanz zwischen den Beteiligten auf eine Übermittlung durch Dritte angewiesen, ist sie in besonderer Weise anfällig für den Zugriff Unbefugter bzw. staatlicher Stellen.

19 Der verfassungsrechtliche Schutz „örtlich entkoppelter Kommunikation" kann auf eine lange **verfassungsrechtliche Tradition** zurückblicken.[22] Das in Art. 10 Abs. 1 GG des Grundgesetzes normierte Brief-, Post- und Fernmeldegeheimnis schützt mit einer besonderen Form der Kommunikation, der vertraulichen Kommunikation auf Distanz,[23] eine interaktionsbezogene Komponente der freien Entfaltung der Persönlichkeit.[24] Dazu tritt die spezifische Gefährdungssituation durch das Einschalten Dritter, wie auch das Bundesverfassungsgericht ausgeführt hat: „Gegenstand des Schutzes sind Kommunikationen, die wegen der räumlichen Distanz zwischen den Beteiligten auf Übermittlung durch Dritte, typischerweise die Post, angewiesen sind. Das Grundrecht soll jener Gefahr für die Vertraulichkeit der Mitteilung begegnen, die sich gerade aus der Einschaltung eines Übermittlers ergibt."[25] Diese Zugriffsmöglichkeiten auf nicht öffentliche Kommunikationsvorgänge bilden den Hintergrund der grundrechtlichen Gewährleistungen.[26]

20 In seiner Gewährleistungsvariante des **Briefgeheimnisses** schützt Art. 10 Abs. 1 GG die **Vertraulichkeit schriftlicher Mitteilungen** gegenüber einer (unbefugten) Kenntnisnahme durch Dritte. Vom Begriff des „Briefes" erfasst sind ohne weiteres alle schriftlichen, verkörperten und verschlossenen – also durch den Willen des Absenders dem Zugriff Dritter versperrte – Übertragungsformen, also der Brief im eigentlichen Sinne, aber auch Pakete, Päckchen und Telegramme. Entscheidend ist, dass die konkrete Sendung erkennbar individuelle schriftliche Mitteilungen (oder ihre Äquivalente) an den Empfänger befördern soll. Damit sind „reine Waren-, Bücher- und Postwurfsendungen, Zeitschriften und Zeitungen nicht vom Briefgeheimnis geschützt. Ob und inwieweit auch **unverschlossene Übertragungsformen** vom sachlichen Schutzbereich des Briefgeheimnisses erfasst sind, wird kontrovers diskutiert. Angesichts der Tatsache, dass insbesondere die hoheitliche Kenntnisnahme im Wege von Postbeschlagnahme und Auskunftsverlangen gegenüber den Diensteanbietern nicht allein auf den Inhalt von Briefsendungen bezogen ist, sondern dabei auch Informationen über die Umstände der Kommunikation gewonnen werden können und sollen, wird man auch „offene" Sendungen dem Schutzbereich der Vorschrift unterwerfen müssen.[27]

21 Das **Postgeheimnis** schützt die körperliche Übertragung von Nachrichten und Gütern auf dem Postweg durch einen Postdienstleister.[28] Das Grundgesetz spricht in Art. 73 Abs. 1 Nr. 7 GG und Art. 87f Abs. 1 GG von **„Postwesen"**; in Anlehnung an das dort zugrunde gelegte Begriffsverständnis lassen sich Postdienstleistungen als Kommunikationsvorgänge beschreiben, die durch eine Beförderung von körperlichen Nachrichten und Kleingütern durch Übermittlung in einem standardisierten und auf massenhaften Verkehr angelegten Transportnetz mit festgelegten Gewichtsgrenzen umgesetzt werden (zum Begriff der Postdienstleistung vgl. § 4 Nr. 1 PostG sowie → Rn. 70).[29] Hinsichtlich der Einbeziehung „offener" Postsendungen in den Schutzbereich gilt Entsprechendes wie für das Briefgeheimnis (→ Rn. 20). Die Einbeziehung auch **unverschlossener Sendungen** jedenfalls in die Maßnahme der Postbeschlagnahme ergibt sich einfachgesetzlich etwa aus § 50 Abs. 7 S. 1 BKAG, der bei der präventiven Beschlagnahme von Postsendungen verlangt, dass diese

---

[22] *Martini* in v. Münch/Kunig GG Art. 10 Rn. 1.
[23] *Martini* in v. Münch/Kunig GG Art. 10 Rn. 4.
[24] Zu dieser Dimension vgl. auch BVerfGE 67, 157 (171) = NJW 1985, 121; BVerfGE 85, 386 (395 f.) = NJW 1992, 1875; *Hermes* in Dreier Art. 10 Rn. 18.
[25] BVerfGE 85, 386 (396) = NJW 1992, 1875; s. auch *Hermes* in Dreier GG Art. 10 Rn. 15.
[26] Vgl. *Hermes* in Dreier GG Art. 10 Rn. 1.
[27] Vgl. BVerwGE 113, 208 (210) = BeckRS 9998, 170918; aA aber BVerwGE 6, 299 (300) = BeckRS 9998, 117781; *Groß* JZ 1999, 326 (332).
[28] *Vahle* DVP 2000, 271 ff.; *Gusy* JZ 1992, 1018 f.
[29] Vgl. BT-Drs. 12/7269, 4.

nach der Beschlagnahme „soweit sie verschlossen sind, ungeöffnet" dem Gericht vorzulegen sind. Eine inhaltsgleiche Regelung trifft § 100 Abs. 3 S. 4 StPO für die repressive Postbeschlagnahme.

Das **Verhältnis von Brief- und Postgeheimnis** wird unterschiedlich bewertet. Nach 22 verbreiteter Auffassung treten bei der Beförderung eines Briefs durch die Post beide grundrechtlichen Gewährleistungen nebeneinander, weil das Briefgeheimnis unabhängig vom Beförderer geschützt werde. Die Gegenauffassung will während der Beförderung allein das Postgeheimnis eingreifen lassen. Angesichts des grundrechtsdogmatischen „Gleichlaufs" der beiden Varianten ist dieser Meinungsstreit praktisch nicht von Bedeutung, da sich bei einer „parallelen" Anwendbarkeit die Schutzwirkung nicht „verdoppelt". Jedenfalls ist das Postgeheimnis nicht im Verlauf der historischen Entwicklungslinien obsolet geworden, denn es unterliegen Beförderungsleistungen dem Postgeheimnis, die nicht dem Brief- bzw. Fernmeldegeheimnis zuzuordnen sind, selbst wenn man den Begriff des „Briefes" weit versteht.

Mit dem **Fernmeldegeheimnis**[30] schützt das Grundgesetz die „unkörperliche Über- 23 mittlung von Informationen an individuelle Empfänger mithilfe des Telekommunikationsverkehrs"[31] und die Verfügungsbefugnis über diese Informationen einschließlich des Rechts, Vorkehrungen gegen eine unbefugte Kenntnisnahme durch Dritte zu treffen.[32] Das Bundesverfassungsgericht hat dazu ausgeführt:

„Der Schutz des Fernmeldegeheimnisses umfasst den Kommunikationsinhalt und die Kommunikationsumstände. Die öffentliche Gewalt soll grundsätzlich nicht die Möglichkeit haben, sich Kenntnis vom Inhalt der über Fernmeldeanlagen abgewickelten mündlichen oder schriftlichen Information zu verschaffen. Dabei bezieht sich der Grundrechtsschutz auf alle mittels der Fernmeldetechnik ausgetauschten Informationen."[33]

Damit wird **„Telekommunikation"** vom Schutzbereich umfasst, „einerlei, welche 24 Übermittlungsart (Kabel oder Funk, analoge oder digitale Vermittlung) und welche Ausdrucksformen (Sprache, Bilder, Töne, Zeichen oder sonstige Daten) genutzt werden."[34] Der Begriff der Telekommunikation ist damit grundsätzlich „entwicklungsoffen".[35] Er findet sich etwa in Art. 73 Abs. 1 Nr. 7 GG und in Art. 87f Abs. 1 GG, wird aber auch im TKG legaldefiniert (§ 3 Nr. 59 TKG; dazu → Rn. 12). In der Kompetenznorm wurde bis 1994 der Begriff „Fernmeldewesen" verwendet; mit der Nutzung des Begriffs „Telekommunikation" wurde die Formulierung an den internationalen Sprachgebrauch angepasst. Beide bezeichnen die nicht körperliche Übertragung von Nachrichten. Unter den Rahmenbedingungen der modernen Informations- und Kommunikationstechnik lässt sich das Fernmeldegeheimnis daher insgesamt im Sinne eines umfassenden „Telekommunikationsgeheimnisses" bzw. als „Telekommunikationsfreiheit" verstehen.

Die Schutzwirkung des Telekommunikationsgeheimnisses erstreckt sich vor allem auf die 25 **Vertraulichkeit der Kommunikationsinhalte**,[36] wobei es auf deren Zuordnung zum höchstpersönlichen, privaten, geschäftlichen oder politischen Bereich ebenso wenig ankommt wie auf ihre Qualität im Übrigen.[37] Ob die Kommunikation ihrerseits rechtmäßig ist (oder etwa den Straftatbestand von Vorbereitungshandlungen oder Ähnlichem erfüllt), ist für die Eröffnung des Schutzbereichs nicht relevant, gegebenenfalls aber im Rahmen der

---

[30] *Deusch/Eggendorfer* K&R 2017, 93 ff.; *Geuer* ZD 2012, 515 ff.
[31] Vgl. BVerfGE 106, 28 (35 f.) = NJW 2002, 3619; BVerfGE 115, 166 (182) = NJW 2006, 976; BVerfGE 120, 274 (306 f.) = NJW 2008, 822; vgl. *Martini* in v. Münch/Kunig GG Art. 10 Rn. 61.
[32] *Hermes* in Dreier GG Art. 10 Rn. 15 f.: „Selbstbestimmung über Informationen"; eingehend auch *Rauschenberger* Kriminalistik 2006, 328 ff.
[33] BVerfGE 113, 348 ff. Rn. 82 = NJW 2005, 2603; ferner BVerfGE 100, 313 (358) = NJW 2000, 55; BVerfGE 106, 28 (37) = NJW 2002, 3619; BVerfGE 107, 299 (313) = NJW 2003, 1787.
[34] BVerfGE 120, 274 (307) = NJW 2008, 822.
[35] *Martini* in v. Münch/Kunig GG Art. 10 Rn. 190, zu § 100a StPO; *Hermes* in Dreier GG Art. 10 Rn. 36.
[36] *Hermes* in Dreier GG Art. 10 Rn. 41; *Martini* in v. Münch/Kunig GG Art. 10 Rn. 28; s. auch Rn. 29: kein Schutz des Vertrauens in den Kommunikationspartner bzw. seiner Identität.
[37] Vgl. BVerfGE 67, 157 (172) = NJW 1985, 121; BVerfGE 100, 313 (358) = NJW 2000, 55; *Martini* in v. Münch/Kunig GG Art. 10 Rn. 34.

Eingriffsrechtfertigung zu berücksichtigen.[38] Allerdings muss es sich um **individuelle Kommunikationsvorgänge** handeln, sodass etwa der Rundfunk nicht von Art. 10 Abs. 1 GG erfasst wird;[39] für ihn ist gesondert die Rundfunkfreiheit in Art. 5 Abs. 1 S. 2 GG gewährleistet. Diese Vorgänge werden dann auch über ihre Inhalte hinaus geschützt, indem die Umstände der Kommunikation – die beteiligten Personen und Anschlüsse, Datum, Uhrzeit und Dauer – vom Schutzbereich des Grundrechts eingeschlossen sind.[40] Damit ist auch die interpersonale Kommunikationsbeziehung selbst grundrechtlich abgesichert. Die Telekommunikationsfreiheit schützt allerdings ausschließlich gegenüber einer Kenntnisnahme durch Dritte und wirkt nicht zwischen den Kommunikationsteilnehmern.[41]

26 Nimmt ein **Angehöriger der Sicherheitsbehörden** in dieser Eigenschaft, aber für den Kommunikationspartner nicht erkennbar – also beispielsweise **unter einer „Legende"** – an einem Telekommunikationsvorgang teil, wird das Vertrauen des Kommunikationspartners in die Tatsache, dass es sich bei seinem Gegenüber um eine Privatperson handelt, nicht vom Schutzbereich des Art. 10 Abs. 1 GG erfasst.[42] Berührt sein kann aber das Recht auf informationelle Selbstbestimmung gem. Art. 2 Abs. 1 GG iVm Art. 1 Abs. 1 GG. Das Bundesverfassungsgericht hat dazu ausgeführt:

> „Ein Eingriff in das Recht auf informationelle Selbstbestimmung liegt nicht schon dann vor, wenn eine staatliche Stelle sich unter einer Legende in eine Kommunikationsbeziehung zu einem Grundrechtsträger begibt, wohl aber, wenn sie dabei ein schutzwürdiges Vertrauen des Betroffenen in die Identität und die Motivation seines Kommunikationspartners ausnutzt, um persönliche Daten zu erheben, die sie ansonsten nicht erhalten würde."[43]

27 Auch die **Anbieter von Telekommunikationsdiensten** sind zur Wahrung des Fernmeldegeheimnisses verpflichtet; dies ergibt sich allerdings nicht unmittelbar aus Art. 10 Abs. 1 GG, sondern aus der einfachgesetzlichen Verpflichtung auf das Fernmeldegeheimnis in § 3 des Gesetzes über den Datenschutz und den Schutz der Privatsphäre in der Telekommunikation und bei Telemedien (TTDSG): diesem „unterliegen der Inhalt der Telekommunikation und ihre näheren Umstände, insbesondere die Tatsache, ob jemand an einem Telekommunikationsvorgang beteiligt ist oder war"; eingeschlossen sind die näheren Umstände erfolgloser Verbindungsversuche (Abs. 1 S. 1, 2 GG).[44]

28 In **zeitlicher Hinsicht** beschränkt sich der Schutz der Telekommunikationsfreiheit auf die Dauer des eigentlichen Kommunikations- bzw. Übertragungsvorgangs.[45] Bei Telefonaten erstreckt er sich über die gesamte Gesprächsdauer, beim Versand einzelner Mitteilungen beginnt der Schutz durch das Fernmeldegeheimnis mit dem „Aus-der-Hand-Geben" des Senders[46] und endet, sobald die Nachricht in den Herrschaftsbereich des Empfängers gelangt ist.[47] Dies ist vor allem für die Abgrenzung der Überwachung der „laufenden" Telekommunikation von anderen Maßnahmen von Bedeutung, etwa von der „Online-Durchsuchung" (→ Rn. 14).

29 Der **persönliche Schutzbereich** des Brief-, Post- und Fernmeldegeheimnisses erfasst alle natürlichen Personen, die an einem Kommunikationsvorgang beteiligt sind.[48] Zudem

---

[38] Vgl. *Martini* in v. Münch/Kunig GG Art. 10 Rn. 79; BVerfGE 85, 386 (397) = NJW 1992, 1875.
[39] *Hermes* in Dreier GG Art. 10 Rn. 39.
[40] Vgl. BVerfGE 67, 157 (172) = NJW 1985, 121; BVerfGE 85, 386 (396) = NJW 1992, 1875; BVerfGE 130, 151 (179) = NJW 2012, 1419; *Hermes* in Dreier GG Art. 10 Rn. 42; *Schwabenbauer* AöR 137 (2012), 1 (9 f.).
[41] Vgl. BVerfGE 106, 28 (43) = NJW 2002, 3619; *Graulich* in Lisken/Denninger PolR-HdB Rn. E 778.
[42] *Martini* in v. Münch/Kunig GG Art. 10 Rn. 29.
[43] BVerfGE 120, 274 (345) = NJW 2008, 822.
[44] Zur Unterscheidung von verfassungsrechtlichen und einfachgesetzlichen Bindungswirkungen *Martini* in v. Münch/Kunig GG Art. 10 Rn. 62.
[45] *Martini* in v. Münch/Kunig GG Art. 10 Rn. 39.
[46] *Hermes* in Dreier GG Art. 10 Rn. 38.
[47] *Martini* in v. Münch/Kunig GG Art. 10 Rn. 75; vgl. BVerfGE 115, 166 (181 ff.) = NJW 2006, 976; auf eine Kenntnisnahme kommt es damit nicht an, vgl. BVerfGE 124, 43 (56) = NJW 2009, 2431; *Hermes* in Dreier GG Art. 10 Rn. 38 Fn. 143.
[48] *Martini* in v. Münch/Kunig GG Art. 10 Rn. 78.

können sich auch inländische juristische Personen des Privatrechts auf die grundrechtlichen Gewährleistungen berufen, soweit diese ihrem Wesen nach auf sie anwendbar sind (Art. 19 Abs. 3 GG). Da auch privatrechtlich organisierte juristische Personen Absender oder Empfänger von Postsendungen sein können, die beispielsweise im Wege der Postbeschlagnahme bei den Dienstleistern dem Zugriff der Sicherheitsbehörden unterliegen, sind sie in den Schutzbereich des Brief- und Postgeheimnisses eingeschlossen. Aufgrund der Eigenschaft der Telekommunikation als Kommunikation zwischen natürlichen Personen kommt eine Anwendung des Fernmeldegeheimnisses auf juristische Personen des Privatrechts dagegen nur partiell in Betracht.

Ein **Eingriff** in das Telekommunikationsgeheimnis ist gegeben, wenn ein Hoheitsträger 30 Kenntnis von den Inhalten der vom Brief-, Post- und Fernmeldegeheimnis geschützten Mitteilungen erlangt, aber auch, wenn Informationen über die Umstände der Kommunikation gewonnen werden.

2. Recht auf informationelle Selbstbestimmung, Art. 2 Abs. 1 GG iVm Art. 1 Abs. 1 GG

Ein Zugriff auf Kommunikationsinhalte und -umstände führt dazu, dass die zugreifende 31 Stelle Informationen, im Regelfall **personenbezogene Daten** erlangt. Das Recht, selbst darüber zu entscheiden, wer Kenntnis von den eigenen personenbezogenen Daten erhalten und diese nutzen darf, ist vom Bundesverfassungsgericht als Ausprägung des allgemeinen Persönlichkeitsrechts nach Art. 2 Abs. 1 GG iVm Art. 1 Abs. 1 GG hergeleitet worden (**„Recht auf informationelle Selbstbestimmung")**.[49] Schon im „Mikrozensus"-Beschluss vom 16.6.1969 finden sich verfassungsrechtliche Anknüpfungen eines Rechts auf „Privatheit" an Menschenwürde und Persönlichkeitsrecht:

„Mit der Menschenwürde wäre es nicht zu vereinbaren, wenn der Staat das Recht für sich in Anspruch nehmen könnte, den Menschen zwangsweise in seiner ganzen Persönlichkeit zu registrieren und zu katalogisieren, sei es auch in der Anonymität einer statistischen Erhebung, und ihn damit wie eine Sache zu behandeln, die einer Bestandsaufnahme in jeder Beziehung zugänglich ist."[50]

Und weiter:

„Ein solches Eindringen in den Persönlichkeitsbereich durch eine umfassende Einsichtnahme in die persönlichen Verhältnisse seiner Bürger ist dem Staat auch deshalb versagt, weil dem Einzelnen um der freien und selbstverantwortlichen Entfaltung seiner Persönlichkeit willen ein ‚Innenraum' verbleiben muß, in dem er ‚sich selbst besitzt' und ‚in den er sich zurückziehen kann, zu dem die Umwelt keinen Zutritt hat, in dem man in Ruhe gelassen wird und ein Recht auf Einsamkeit genießt'".[51]

Im sog. „Volkszählungs"-Urteil vom 15.12.1983 hat das Bundesverfassungsgericht dann 32 explizit als grundrechtliche Ausprägung des allgemeinen Persönlichkeitsrechts formuliert:

„Unter den Bedingungen der modernen Datenverarbeitung wird der Schutz des Einzelnen gegen unbegrenzte Erhebung, Speicherung, Verwendung und Weitergabe seiner persönlichen Daten von dem allgemeinen Persönlichkeitsrecht des Art. 2 Abs. 1 GG in Verbindung mit Art. 1 Abs. 1 GG umfaßt. Das Grundrecht gewährleistet insoweit die Befugnis des Einzelnen, grundsätzlich selbst über die Preisgabe und Verwendung seiner persönlichen Daten zu bestimmen."[52]

Bei Maßnahmen zur Überwachung der Kommunikation, die auf einen **laufenden Vor-** 33 **gang** zugreifen, ist das Brief-, Post- und Fernmeldegeheimnis nach Art. 10 Abs. 1 GG einschlägig. Das Recht auf informationelle Selbstbestimmung tritt in einem solchen Fall zurück. Wird dagegen auf Daten zugegriffen, die **nach Abschluss eines Übertragungsvorgangs** gespeichert werden, sind diese nicht durch Art. 10 Abs. 1 GG, sondern durch

---
[49] *Dörr* JuS 2018, 922 ff.; *Franzius* ZJS 2015, 259 ff.; *Frenz* JA 2013, 840 ff.; *Ladeur* DÖV 2009, 45 ff.; *Hecker* DVBl 2009, 1239 ff.; *Schoch* JURA 2008, 352 ff.
[50] BVerfGE 27, 1 (6) = NJW 1969, 1707.
[51] BVerfGE 27, 1 (6) = NJW 1969, 1707.
[52] BVerfGE 65, 1 (Ls. 1) = NJW 1984, 419.

das Recht auf informationelle Selbstbestimmung nach Art. 2 Abs. 1 GG iVm Art. 1 Abs. 1 GG geschützt,[53] gegebenenfalls durch das Grundrecht auf Gewährleistung der Vertraulichkeit und Integrität informationstechnischer Systeme (→ Rn. 34 f.).

3. Weitere betroffene Grundrechte

34 Soweit gesetzliche Ermächtigungsgrundlagen den Zugriff auf solche Kommunikationsinhalte zulassen, die auf einem informationstechnischen System abgelegt sind, aber im Rahmen der Überwachung etwa der laufenden Telekommunikation hätten überwacht und aufgezeichnet werden dürfen, rücken diese Maßnahmen in die Nähe der sog. **„Online-Durchsuchung"** (und werden daher auch mitunter als „Kleine Online-Durchsuchung" bezeichnet). Aufgrund der besonderen Eingriffsintensität, des Zugriffs auf ein informationstechnisches System und der Vielzahl der möglicherweise zu erlangenden Informationen hat das Bundesverfassungsgericht bei der Online-Durchsuchung nicht das Recht auf informationelle Selbstbestimmung für einschlägig gehalten, sondern aus dem allgemeinen Persönlichkeitsrecht eine weitere Ausprägung abgeleitet: Das **Grundrecht auf Gewährleistung der Vertraulichkeit und Integrität informationstechnischer Systeme** (sog. „Computer"-Grundrecht; Art. 2 Abs. 1 GG iVm Art. 1 Abs. 1 GG).[54] Das Bundesverfassungsgericht hat dazu ausgeführt:

„Das Grundrecht auf Gewährleistung der Integrität und Vertraulichkeit informationstechnischer Systeme ist hingegen anzuwenden, wenn die Eingriffsermächtigung Systeme erfasst, die allein oder in ihren technischen Vernetzungen personenbezogene Daten des Betroffenen in einem Umfang und in einer Vielfalt enthalten können, dass ein Zugriff auf das System es ermöglicht, einen Einblick in wesentliche Teile der Lebensgestaltung einer Person zu gewinnen oder gar ein aussagekräftiges Bild der Persönlichkeit zu erhalten. Eine solche Möglichkeit besteht etwa beim Zugriff auf Personalcomputer, einerlei ob sie fest installiert oder mobil betrieben werden."[55]

35 Bei der Kommunikationsüberwachung kommt dieses Grundrecht allerdings nur dann zum Tragen, wenn – eingeschränkt – (auch) auf Inhalte zugegriffen werden darf, die **nach Beendigung des Kommunikationsvorgangs** auf einem informationstechnischen System (zB einem Computer oder Mobiltelefon) abgespeichert werden. Im Vergleich mit dem Grundrecht auf informationelle Selbstbestimmung setzt die grundrechtliche Gewährleistung des „Computer"-Grundrechts an der Tatsache an, dass eine Durchsuchung informationstechnischer Systeme eine Fülle an Informationen in die Hände der Sicherheitsbehörden bringen kann, die wiederum die Erstellung eines umfassenden Persönlichkeitsbildes ermöglichen. Darin (und in der „Infiltration" des Systems) liegt die besondere Eingriffsintensität derartiger Maßnahmen; sie reichen insoweit über „punktuelle" Eingriffe in das Recht auf informationelle Selbstbestimmung hinaus.

36 Erfolgt der Kommunikationsüberwachungseingriff in eine **Wohnung** hinein, wie etwa bei der akustischen Wohnraumüberwachung („Großer Lauschangriff", dazu → Rn. 83 ff.), ist das **Grundrecht auf Unverletzlichkeit der Wohnung** nach Art. 13 GG betroffen. Dieses Grundrecht schützt – unter Zugrundelegung eines weiten Wohnungsbegriffs – die räumliche Privatsphäre, in die auch durch ein „Hineinsehen" oder „Hineinhorchen" von außen eingegriffen werden kann. Art. 13 Abs. 3 GG regelt:

„Begründen bestimmte Tatsachen den Verdacht, daß jemand eine durch Gesetz einzeln bestimmte besonders schwere Straftat begangen hat, so dürfen zur Verfolgung der Tat auf Grund richterlicher Anordnung technische Mittel zur akustischen Überwachung von Wohnungen, in denen der Beschuldigte sich vermutlich aufhält, eingesetzt werden, wenn die Erforschung des Sachverhalts auf andere Weise unverhältnismäßig erschwert oder aussichtslos wäre. Die Maßnahme ist zu befristen. Die Anordnung erfolgt durch einen mit drei Richtern besetzten Spruchkörper. Bei Gefahr im Verzuge kann sie auch durch einen einzelnen Richter getroffen werden."

---

[53] BVerfGE 115, 116 (204).
[54] BVerfGE 120, 274 ff. = NJW 2008, 822; dazu *Gusy* DuD 2009, 33 ff.; *Heise* RuP 2009, 94 ff.; *Roßnagel/Schwabe* NJW 2008, 3534 ff.
[55] BVerfGE 120, 274 (314) = NJW 2008, 822.

In Abs. 4 findet sich eine Bestimmung für den Bereich der Gefahrenabwehr: 37

„Zur Abwehr dringender Gefahren für die öffentliche Sicherheit, insbesondere einer gemeinen Gefahr oder einer Lebensgefahr, dürfen technische Mittel zur Überwachung von Wohnungen nur auf Grund richterlicher Anordnung eingesetzt werden. Bei Gefahr im Verzuge kann die Maßnahme auch durch eine andere gesetzlich bestimmte Stelle angeordnet werden; eine richterliche Entscheidung ist unverzüglich nachzuholen."

4. Kernbereichsschutz

Der **Kernbereich privater Lebensgestaltung**[56] kann bei Eingriffen in das Telekommunikationsgeheimnis[57] ebenso betroffen sein wie bei solchen in das Recht auf informationelle Selbstbestimmung, das Grundrecht auf Gewährleistung der Vertraulichkeit und Integrität informationstechnischer Systeme und das Recht auf Unverletzlichkeit der Wohnung. Diesen Kernbereich hat das Bundesverfassungsgericht schon früh als unantastbar qualifiziert. Es hat in seiner „Elfes"-Entscheidung vom 16.1.1957 dazu ausgeführt, dass 38

„ein letzter unantastbarer Bereich menschlicher Freiheit besteht, der der Einwirkung der gesamten öffentlichen Gewalt entzogen ist. Ein Gesetz, das in ihn eingreifen würde, könnte nie Bestandteil der ‚verfassungsmäßigen Ordnung' sein; es müßte durch das Bundesverfassungsgericht für nichtig erklärt werden".[58]

Der Kernbereich privater Lebensgestaltung erfasst im Wesentlichen die Intimsphäre als absolut geschützter Bereich des allgemeinen Persönlichkeitsrechts, wobei er unabhängig von dieser schützenswert ist und über diese hinausreicht; er weist Bezüge zur Menschenwürdegarantie (Art. 1 Abs. 1 GG) sowie zur Wesensgehaltsgarantie auf (Art. 19 Abs. 2 GG).[59] 39

Die gesetzlichen Ermächtigungsgrundlagen zur Überwachung der Kommunikation enthalten jeweils **spezifische Vorgaben zum Kernbereichsschutz,** die teils in die Vorschrift selbst aufgenommen wurden (zB § 51 Abs. 7 und 8 BKAG), teils in allgemeinen Bestimmungen normiert sind (zB § 16 PolG NRW – Schutz des Kernbereichs privater Lebensgestaltung bei der Datenerhebung mit besonderen Mitteln; § 100d StPO – Kernbereich privater Lebensgestaltung bei Maßnahmen nach §§ 100a–c StPO). 40

5. Schutz der Kommunikationspartner und unbeteiligter Dritter

Vom Brief-, Post- und Fernmeldegeheimnis nach Art. 10 Abs. 1 GG geschützt werden zunächst die **an der jeweiligen Kommunikation** Beteiligten; dies gilt – selbstverständlich – auch dann, wenn sich die sicherheitsbehördliche Maßnahme (nur) gegen einen der Beteiligten richtet. Häufig sind von Überwachungsmaßnahmen allerdings auch unbeteiligte Dritte betroffen, mitunter zufällig und oftmals unvermeidbar. Soweit sie nicht selbst dem Schutz des Art. 10 Abs. 1 GG unterliegen, kann sich ein Eingriff in das Recht auf informationelle Selbstbestimmung (Art. 2 Abs. 1 GG iVm Art. 1 Abs. 1 GG) oder in andere Ausprägungen des allgemeinen Persönlichkeitsrechts ergeben; der Schutzbereich der allgemeinen Handlungsfreiheit nach Art. 2 Abs. 1 GG als „Auffanggrundrecht" ist daher meist nicht betroffen. Die gesetzlichen Ermächtigungsgrundlagen zur Überwachung der Kommunikation enthalten daher meist entsprechende „salvatorische Klauseln" etwa mit der Formulierung, dass die Maßnahme auch durchgeführt werden dürfe, wenn „andere Personen unvermeidbar betroffen" werden. Damit enthalten die Vorschriften Befugnisnormen für lediglich mittelbare Grundrechtseingriffe. 41

---

[56] Dazu *Rottmeier,* Kernbereich privater Lebensgestaltung und strafprozessuale Lauschangriffe, 2017; *Schneider* JuS 2021, 29 ff.; *Roggan* GSZ 2019, 111 ff.; *Gercke* GA 2015, 339 ff.; *Roggan* StV 2011, 762 ff.; *Baldus* JZ 2008, 218 ff.
[57] BVerfGE 113, 348 (390) = NJW 2005, 2603; *Martini* in v. Münch/Kunig GG Art. 10 Rn. 140.
[58] BVerfGE 6, 32 (41) = NJW 1957, 297.
[59] Vgl. etwa BVerfGE 109, 279 (313 f.) = NJW 2004, 999.

C. Überwachung der laufenden Kommunikation

I. Grundlagen

42 Die gesetzlichen Regelwerke für die Sicherheitsbehörden enthalten vielfältige **Ermächtigungsgrundlagen für die Überwachung der (laufenden) Kommunikation.** Von besonderer Bedeutung sind die Telekommunikationsüberwachung (→ Rn. 44 ff.), die Quellen-Telekommunikationsüberwachung (→ Rn. 57 ff.), die Postbeschlagnahme und Auskunftsverlangen gegenüber Postdienstleistern (→ Rn. 67 ff.) und die akustische Wohnraumüberwachung (→ Rn. 83 ff.). Diese Maßnahmen werden durch weitere Instrumente ergänzt, die der Kommunikationsüberwachung dienen bzw. Bezüge zu ihr aufweisen; sie können nur im Überblick dargestellt werden (→ Rn. 88 ff.).

II. Telekommunikationsüberwachung

43 Sowohl die StPO als auch die Polizeigesetze ermächtigen die Sicherheitsbehörden zu einer **Telekommunikationsüberwachung,** also zu einem „Abhören" bzw. Aufzeichnen der laufenden Telekommunikation.[60] Die Maßnahme erfolgt in der Praxis ohne Wissen des Betroffenen und seiner Kommunikationspartner, wenngleich die Ermächtigungsgrundlagen dies nicht zwingend voraussetzen. Das „Mithören" am Endgerät durch einen Dritten stellt keine Telekommunikationsüberwachung dar und betrifft nicht den Schutzbereich des Art. 10 Abs. 1 GG.[61] Mit den Regelungen in §§ 100a, 100b StPO hat der Bundesgesetzgeber von seiner Gesetzgebungsbefugnis gem. Art. 74 Abs. 1 Nr. 1 GG abschließend Gebrauch gemacht.[62] Dies sperrt aber nur die Normierung von Vorschriften, die die Verfolgung von Straftaten durch Maßnahmen der Telekommunikationsüberwachung zum Gegenstand haben; gefahrenabwehrrechtliche Bestimmungen dürfen von den Ländern getroffen werden.[63]

1. Telekommunikationsüberwachung nach § 100a StPO

44 § 100a StPO ermächtigt die Ermittlungsbehörden zur Überwachung und Aufzeichnung der Telekommunikation „auch ohne Wissen der Betroffenen".[64] Ziel der Maßnahme ist entweder die Erforschung des Sachverhalts (und die Gewinnung von Beweismitteln) oder die Ermittlung des Aufenthaltsortes des Beschuldigten. Der Begriff der „Telekommunikation" ist entsprechend der bereits dargestellten Begriffsbestimmung weit zu verstehen (→ Rn. 12) – insbesondere ist die Möglichkeit des sicherheitsbehördlichen Zugriffs unabhängig von der konkret genutzten Technik.

45 Nach § 100a Abs. 1 S. 1 Nr. 1 StPO ist dazu tatbestandlich erforderlich, dass bestimmte Tatsachen den Verdacht begründen, dass jemand als Täter oder Teilnehmer eine in Abs. 2 bezeichnete **schwere Straftat** begangen, in Fällen, in denen der Versuch strafbar ist, zu begehen versucht, oder durch eine Straftat vorbereitet hat. Einen Katalog derjenigen Straftaten, die der Gesetzgeber als „schwer" qualifiziert, enthält § 100a Abs. 2 StPO. Er ist im Laufe der Zeit erheblich ausgeweitet worden.[65] Genannt sind zahlreiche Straftatbestände aus dem StGB, der Abgabenordnung, dem Anti-Doping-Gesetz, dem Asylgesetz, dem Aufenthaltsgesetz, dem Ausgangsstoffgesetz, dem Außenwirtschaftsgesetz, dem Betäubungsmittelgesetz, dem Grundstoffüberwachungsgesetz, dem Gesetz über die Kontrolle von

---

[60] Zu nachrichtendienstlichen Maßnahmen *Schneider* K&R 2020, 500 ff.; allgemein *Großmann* JA 2019, 241 ff.; *Bär* MMR 2008, 215 ff.; zum Grundrechtsschutz *Bantlin* JuS 2019, 669 ff.
[61] *Müller/Schwabenbauer* in Lisken/Denninger PolR-HdB Rn. G 739 mwN.
[62] Vgl. *Müller/Schwabenbauer* in Lisken/Denninger PolR-HdB Rn. G 727.
[63] *Graulich* in Lisken/Denninger PolR-HdB Rn. E 779.
[64] *Martini* in v. Münch/Kunig GG Art. 10 Rn. 187 ff.; *Meyer-Mews* StraFo 2016, 133 ff., 177 ff.; *Cornelius* JZ 2015, 693 ff.; *Henrichs* Kriminalistik 2008, 169 ff.; *Warntjen* KJ 2005, 276 ff.
[65] *Müller/Schwabenbauer* in Lisken/Denninger PolR-HdB Rn. G 729.

Kriegswaffen, dem Neue-psychoaktive-Stoffe-Gesetz, dem Völkerstrafgesetzbuch und dem Waffengesetz. Die Vielfalt der aufgeführten Bestimmungen zeigt die große Bandbreite der als „schwer" bewerteten Delikte. Es muss ein Verdacht bestehen; dieser muss sich auf eine hinreichende Tatsachengrundlage stützen, sodass bloße Vermutungen oder vage Anhaltspunkte nicht genügen.[66]

Die „Katalogstraftaten" in § 100a Abs. 2 StPO weisen vielfältige Bezüge zum **Staatsschutz** auf. So nennt Nr. 1a etwa die Straftaten des Friedensverrats, des Hochverrats und der Gefährdung des demokratischen Rechtsstaates sowie des Landesverrats und der Gefährdung der äußeren Sicherheit (§§ 80a–82, 84–86, 87–89a, 89c Abs. 1–4, 94–100a StGB), Nr. 1b die Bestechlichkeit und Bestechung von Mandatsträgern (§ 108e StGB) und Nr. 1c Straftaten gegen die Landesverteidigung (§§ 109d–109h StGB). Die Straftaten gegen die öffentliche Ordnung nach § 127 Abs. 3 und 4 StGB sowie den §§ 129–130 StGB (Nr. 1d) schließen die Bildung krimineller Vereinigungen und die Bildung terroristischer Vereinigungen ein (§§ 129, 129a StGB); jedenfalls § 129a StGB kann dem Staatsschutz im weiteren Sinne zugeordnet werden.

Die Straftat muss nach Nr. 2 auch **im Einzelfall schwer wiegen.** Damit ist eine „doppelte" Erheblichkeitsprüfung vorzunehmen: Zum einen muss es sich abstrakt um eine schwere Straftat nach Abs. 2 handeln, zum anderen darf die konkrete Tatbegehung keinen Anlass dafür geben, sie lediglich als leichte oder mittlere Tat einzuordnen. Die Anforderung der Nr. 2 dient als Korrektiv für den weit gefassten Katalog des § 100a Abs. 2 StPO.[67] Dass die Tat im Einzelfall „besonders schwer wiegt", ist – anders als bei der Online-Durchsuchung nach § 100b StPO oder der akustischen Wohnraumüberwachung nach § 100c StPO (→ Rn. 83 ff.) – allerdings nicht erforderlich.

Gemäß Nr. 3 ist zudem erforderlich, dass die Erforschung des Sachverhalts oder die Ermittlung des Aufenthaltsortes des Beschuldigten **auf andere Weise wesentlich erschwert oder aussichtslos** wäre. Bei dieser Anforderung handelt es sich um Verhältnismäßigkeitsaspekte im Sinne einer strikten Subsidiaritätsklausel; die Telekommunikationsüberwachung wird damit zwar nicht als absolute „ultima ratio" charakterisiert, erforderlich ist allerdings eine sorgsame Erforderlichkeitsprüfung.

Die Telekommunikationsüberwachung darf sich nach § 100a Abs. 3 StGB nur gegen den **Beschuldigten** richten, also gegen denjenigen, demgegenüber Ermittlungsmaßnahmen eingeleitet worden sind. Ferner darf sie sich gegen Personen richten, von denen aufgrund bestimmter Tatsachen anzunehmen ist, dass sie für den Beschuldigten bestimmte oder von ihm herrührende Mitteilungen entgegennehmen oder weitergeben oder dass der Beschuldigte ihren Anschluss oder ihr informationstechnisches System benutzt. Zulässiger Adressat der Maßnahme ist neben dem Beschuldigten damit zum einen der sog. **„Nachrichtenmittler"**, zum anderen derjenige, dessen **technischer Infrastruktur** sich der Beschuldigte bedient – mit oder ohne Wissen des Berechtigten. Zu beachten ist allerdings § 160a StPO, der Ermittlungsmaßnahmen gegen sog. Berufsgeheimnisträger für unzulässig erklärt. Zudem darf die Maßnahme nicht auf alle Personen ausgeweitet werden, die in irgendeiner Weise Kontakt zum Beschuldigten hatten bzw. mit diesem Nachrichten ausgetauscht haben; es müssen besondere Anhaltspunkte für eine besondere Tatnähe gegeben sein,[68] wobei die Anforderungen angesichts der gesetzgeberischen Entscheidung für den Adressatenkreis aber auch nicht zu hoch zu setzen sind.

Flankierende **Mitwirkungspflichten der Telekommunikationsdienstleister** regelt § 100a Abs. 4 StPO. Aufgrund der Anordnung einer Überwachung und Aufzeichnung der Telekommunikation hat jeder, der Telekommunikationsdienste erbringt oder daran mitwirkt, dem Gericht, der Staatsanwaltschaft und ihren im Polizeidienst tätigen Ermittlungs-

---
[66] *Müller/Schwabenbauer* in Lisken/Denninger PolR-HdB Rn. G 729.
[67] Vgl. *Müller/Schwabenbauer* in Lisken/Denninger PolR-HdB Rn. G 729; s. auch BVerfGE 129, 208 (243) = NJW 2012, 833.
[68] BVerfGE 141, 220 (310 f.) = NJW 2016, 1781; *Müller/Schwabenbauer* in Lisken/Denninger PolR-HdB Rn. G 730.

personen iSv § 152 GVG diese Maßnahmen zu ermöglichen und die erforderlichen Auskünfte unverzüglich zu erteilen (Satz 1). Satz 2 verweist bezüglich der zu treffenden Vorkehrungen auf das Telekommunikationsgesetz (TKG) und die Telekommunikations-Überwachungsverordnung (TKÜV). Über den Verweis in Satz 3 auf § 95 Abs. 2 StPO kann die Erfüllung dieser Pflichten durch die in § 70 StPO bestimmten Ordnungs- und Zwangsmittel erzwungen werden, soweit es sich nicht um Personen handelt, die zur Verweigerung des Zeugnisses berechtigt sind.

51 Die StPO enthält an verschiedenen Stellen weitere Vorgaben für die Telekommunikationsüberwachung. § 100a Abs. 6 StPO regelt **Protokollierungspflichten** bei jedem Einsatz des technischen Mittels. Vorgaben zum Schutz des **Kernbereichs privater Lebensgestaltung** finden sich in § 100d StPO.[69] Gemäß § 100e Abs. 1 S. 1 StPO dürfen Maßnahmen nach § 100a StPO nur auf Antrag der Staatsanwaltschaft **durch das Gericht angeordnet** werden; die Maßnahme steht damit unter Richtervorbehalt bzw. dem Erfordernis nachträglicher richterlicher Bestätigung.[70] Bei Gefahr im Verzug darf die Anordnung auch durch die Staatsanwaltschaft getroffen werden (Satz 2); wird diese Anordnung nicht binnen drei Werktagen von dem Gericht bestätigt, tritt sie außer Kraft (Satz 3). Die Anordnung ergeht nach Abs. 3 S. 1 schriftlich; Satz 2 regelt, was in ihrer Entscheidungsformel anzugeben ist, Abs. 4 stellt weitere Anforderungen an die Begründung der Anordnung oder Verlängerung der Maßnahme.

52 Nach § 100e Abs. 1 S. 4 StPO ist die Anordnung der Telekommunikationsüberwachung auf höchstens drei Monate **zu befristen**. Eine Verlängerung (durch erneute richterliche Entscheidung) um jeweils nicht mehr als drei Monate ist nach Satz 5 zulässig, soweit die Voraussetzungen der Anordnung unter Berücksichtigung der gewonnenen Ermittlungsergebnisse fortbestehen. Eine absolute Höchstdauer sieht die StPO nicht vor, allerdings sind die aufgrund einer gerichtlichen Anordnung (oder Verlängerung) ergriffenen Maßnahmen unverzüglich zu beenden, wenn ihre Voraussetzungen nicht mehr vorliegen (Abs. 5 S. 1). Das Gericht hat nach Abs. 5 S. 4 in diesem Falle den Abbruch der Maßnahme anzuordnen, sofern der Abbruch nicht bereits durch die Staatsanwaltschaft veranlasst wurde. Um dem Gericht diese gesetzlich vorgesehene „enge" Kontrolle der Maßnahme zu ermöglichen, ist es nach Beendigung über deren Ergebnisse (Abs. 5 S. 2), aber auch über ihren Verlauf (Abs. 5 S. 3) zu unterrichten.

53 § 101 StPO normiert verschiedene **Verfahrensregelungen für verdeckte Maßnahmen.** So sind nach Abs. 3 personenbezogene Daten, die durch Maßnahmen nach Abs. 1 – in dem auch § 100a StPO genannt ist – erhoben wurden, entsprechend zu kennzeichnen; die Kennzeichnung ist nach einer Übermittlung an eine andere Stelle von dieser aufrechtzuerhalten. Nach Abs. 4 S. 1 Nr. 3 sind die Beteiligten der überwachten Telekommunikation von der Überwachung zu benachrichtigen. Die weiteren Bestimmungen der Norm (Abs. 4 S. 2 – Abs. 7) enthalten detaillierte Anforderungen und Regelungen hinsichtlich der Benachrichtigung, ihres Aufschubs und der gegebenenfalls über die weitere Zurückstellung der Unterrichtung zu treffenden gerichtlichen Entscheidungen. § 101 Abs. 8 StPO regelt schließlich die Löschung der Daten und die entsprechende Dokumentation.

2. Präventivpolizeiliche Telekommunikationsüberwachung

54 Die **Polizeigesetze des Bundes und der Länder** enthalten ebenfalls Ermächtigungsgrundlagen für eine Überwachung der laufenden Telekommunikation. Damit können – unter hohen Verhältnismäßigkeitsanforderungen – Erkenntnislücken bezüglich solcher Personen geschlossen werden, gegen die beispielsweise noch kein (qualifizierter) Tatverdacht besteht.[71] So kann gem. § 51 Abs. 1 S. 1 BKAG das Bundeskriminalamt ohne Wissen der betroffenen Person die Telekommunikation dieser Person überwachen und aufzeichnen.

---

[69] Vgl. *Roggan* StV 2011, 762 ff.
[70] *Müller/Schwabenbauer* in Lisken/Denninger PolR-HdB Rn. G 732.
[71] *Graulich* in Lisken/Denninger PolR-HdB Rn. E 781.

Ermöglicht wird dies bei Personen, die entsprechend §§ 17, 18 BPolG verantwortlich sind, und wenn der Einsatz des Instruments zur Abwehr einer dringenden Gefahr für den Bestand oder die Sicherheit des Bundes oder eines Landes oder für Leib, Leben oder Freiheit einer Person oder Sachen von bedeutendem Wert, deren Erhaltung im öffentlichen Interesse liegt, geboten ist (Nr. 1). Ferner kann die Maßnahme gegen eine Person gerichtet werden, bei der bestimmte Tatsachen die Annahme rechtfertigen, dass sie innerhalb eines übersehbaren Zeitraums auf eine zumindest ihrer Art nach konkretisierte Weise eine Straftat nach § 5 Abs. 1 S. 2 BKAG (Gefahren des internationalen Terrorismus) begehen wird (Nr. 2), oder deren individuelles Verhalten die konkrete Wahrscheinlichkeit begründet, dass sie innerhalb eines übersehbaren Zeitraums eine Straftat nach § 5 Abs. 1 S. 2 BKAG begehen wird (Nr. 3). Zulässige Adressaten sind schließlich Personen, bei denen bestimmte Tatsachen die Annahme rechtfertigen, dass sie für eine Person nach Nr. 1 bestimmte oder von dieser herrührende Mitteilungen entgegennehmen oder weitergeben („Nachrichtenmittler", Nr. 4), oder dass eine Person nach Nr. 1 deren Telekommunikationsanschluss oder Endgerät benutzen wird (Nr. 5). Zusätzlich ist erforderlich, dass die Abwehr der Gefahr oder Verhütung der Straftaten auf andere Weise aussichtslos oder wesentlich erschwert wäre; auch hier sind also Verhältnismäßigkeitserwägungen in den Tatbestand aufgenommen worden.

Gemäß § 51 Abs. 3 S. 1 BKAG darf die Maßnahme der Telekommunikationsüberwachung nur auf Antrag der Präsidentin oder des Präsidenten des Bundeskriminalamtes oder ihrer bzw. seiner Vertretung **durch das Gericht angeordnet** werden. Bei Gefahr im Verzug kann die Anordnung auch durch die Präsidentin bzw. den Präsidenten oder ihre bzw. seine Vertretung getroffen werden (Satz 2); die gerichtliche Entscheidung ist sodann unverzüglich nachzuholen (Satz 3). Wird die Anordnung nicht binnen drei Tagen durch das Gericht bestätigt, tritt sie nach Satz 4 außer Kraft. Weitere Vorgaben hinsichtlich des Antrags und der Anordnung finden sich in den Abs. 4 und 5 der Vorschrift, Mitwirkungspflichten der Diensteanbieter in Abs. 6, Regelungen zum Kernbereichsschutz in Abs. 7 und Abs. 8.

Weiteres Beispiel für die gefahrenabwehrrechtliche Regelung der Datenerhebung durch die Überwachung der laufenden Telekommunikation ist § 20c Abs. 1 PolG NRW (zur nachrichtendienstlichen Überwachung *Broemel* → § 15 Rn. 61 ff.). Die Bestimmungen entsprechen in den Grundzügen denjenigen in der StPO und dem BKAG. Auch § 72 Abs. 1 des Gesetzes über das Zollkriminalamt und die Zollfahndungsämter (ZFdG) erlaubt dem Zollkriminalamt die Telekommunikationsüberwachung.

III. Quellen-Telekommunikationsüberwachung

Nutzt etwa ein Beschuldigter ein informationstechnisches System, um die übermittelten Informationen zu verschlüsseln und erst dann auf den Weg zum Empfänger zu geben, können die Sicherheitsbehörden mit der „regulären" Überwachung der laufenden Telekommunikation die gewünschten Daten meist nicht erheben. Wollen sie in unverschlüsselter Form überwachen und aufzeichnen, müssen sie vor der Verschlüsselung oder nach der Entschlüsselung „zugreifen" können. Mit den überkommenen technischen Mitteln erhalten die Sicherheitsbehörden bei der Überwachung und der Aufzeichnung im öffentlichen Telekommunikationsnetz häufig nur verschlüsselte Daten; eine sodann erforderliche Entschlüsselung ist aufwändig und kostenintensiv oder gar nicht möglich.[72] Daher werden sie in einigen Gesetzen dazu ermächtigt, mit dem Instrument der **„Quellen-Telekommunikationsüberwachung"**[73] mithilfe technischer Mittel in informationstechnische Systeme – die „Endgeräte" und „Quellen" der Kommunikation[74] – einzugreifen, wobei auch bei dieser Variante – mit einer Ausnahme (→ Rn. 62 ff.) – ausschließlich der Zugriff auf die

---
[72] *Graulich* in Lisken/Denninger PolR-HdB Rn. E 788.
[73] Vgl. *Bratke,* Die Quellen-Telekommunikationsüberwachung im Strafverfahren, 2013; *Merdian* GSZ 2021, 59 ff.; *Martini/Fröhlingsdorf* NVwZ 2020, 1803 f.; *Buermeyer* StV 2013, 470 ff.; *Abate* DuD 2011, 122 ff.
[74] *Müller/Schwabenbauer* in Lisken/Denninger PolR-HdB Rn. G 743.

laufende⁷⁵ Telekommunikation ermöglicht ist. Ob sich die Maßnahme bei ihrem Einsatz tatsächlich nur auf diese beschränken lässt, hat das Bundesverfassungsgericht nicht als relevanten Aspekt gegen die Verfassungsgemäßheit der Ermächtigungsnorm (§ 20l BKAG aF) gelten lassen; die Frage betreffe die Anwendung der Befugnisnorm.[76] Gleichwohl hat das Gericht die Gefahr betont, dass durch die Maßnahme über die Inhalte und Umstände hinaus weitere persönlichkeitsrelevante Informationen erhoben werden können:

„Den dadurch bewirkten spezifischen Gefährdungen der Persönlichkeit kann durch Art. 10 Abs. 1 GG nicht oder nicht hinreichend begegnet werden. Art. 10 Abs. 1 GG ist hingegen der alleinige grundrechtliche Maßstab für die Beurteilung einer Ermächtigung zu einer ‚Quellen-Telekommunikationsüberwachung', wenn sich die Überwachung ausschließlich auf Daten aus einem laufenden Telekommunikationsvorgang beschränkt. Dies muss durch technische Vorkehrungen und rechtliche Vorgaben sichergestellt sein".[77]

58 Aufgrund des Zugriffs auf das genutzte technische Kommunikationssystem ist die Quellen-Telekommunikationsüberwachung **eingriffsintensiver** als die reguläre Telekommunikationsüberwachung.[78] Dies hat zu kritischen Kontroversen um das Instrument geführt. Einige Bundesländer haben bei den bisherigen Novellen ihrer Polizeigesetze auf die Normierung einer Eingriffsermächtigung für diese Maßnahme verzichtet. Mitunter wird allerdings angenommen, es bedürfe für die besondere Variante der Quellen-Telekommunikationsüberwachung keiner gesonderten Rechtsgrundlage.[79] Angesichts der besonderen Eingriffsintensität ist allerdings eine eigenständige Befugnisnorm zu fordern.[80] Kritisiert wird an dem Instrument – ähnlich wie bei der „Online-Durchsuchung" – vor allem, dass der Staat ein gewisses „Interesse an unsicherer IT-Infrastruktur"[81] entwickele, weil nur durch die Nutzung bestehender **Sicherheitslücken** überhaupt ein unbemerktes „Einschleusen" technischer Mittel – regelmäßig in Gestalt von Software – erfolgen könne. Es besteht damit ein Konflikt zwischen dem Gefahrenabwehr- und Strafverfolgungsinteresse und dem staatlichen Auftrag, die Sicherheit der Informationstechnik zu fördern.[82] Vor allem die staatliche Nutzung von Sicherheitslücken, die den Herstellern von Soft- und Hardware noch unbekannt sind (sog. „Zero-Day"-Schwachstellen) wird vor diesem Hintergrund als problematisch betrachtet. Eine Verfassungsbeschwerde zum Bundesverfassungsgericht gegen die entsprechenden Regelungen im baden-württembergischen Polizeigesetz wurde als unzulässig abgewiesen;[83] in der Sache ist damit allerdings (noch) keine abschließende verfassungsrechtliche Bewertung erfolgt. Weitere Verfassungsbeschwerden insbesondere gegen die landesrechtlichen Ermächtigungsgrundlagen sind noch anhängig.

1. Quellen-Telekommunikationsüberwachung nach § 100a StPO

59 § 100a StPO enthält neben der Eingriffsermächtigung für die „reguläre" Telekommunikationsüberwachung in Abs. 1 S. 2 auch eine Befugnisnorm für die **repressive Quellen-Telekommunikationsüberwachung**.[84] Die Überwachung und Aufzeichnung der Telekommunikation darf auch in der Weise erfolgen, dass mit technischen Mitteln in von dem Betroffenen genutzte informationstechnische Systeme eingegriffen wird.

---

[75] Dazu *Buermeyer* StV 2013, 470 ff.
[76] BVerfGE 141, 220 Rn. 228 = NJW 2016, 1781; *Graulich* in Lisken/Denninger PolR-HdB Rn. E 786.
[77] BVerfGE 120, 274 (309) = NJW 2008, 822; dazu *Müller/Schwabenbauer* in Lisken/Denninger PolR-HdB Rn. G 744.
[78] *Martini* in v. Münch/Kunig GG Art. 10 Rn. 194.
[79] Vgl. etwa AG Bayreuth MMR 2010, 26 ff.; s. auch LG Landshut NStZ 2011, 479 ff.
[80] *Müller/Schwabenbauer* in Lisken/Denninger PolR-HdB Rn. G 745.
[81] *Martini* in v. Münch/Kunig GG Art. 10 Rn. 193.
[82] *Martini* in v. Münch/Kunig GG Art. 10 Rn. 193; kritisch etwa *Derin/Golla* NJW 2019, 1111 ff.: Staat als „Manipulant und Saboteur der IT-Sicherheit"?; *Pöltl* NVwZ 2022, 45.
[83] BVerfG NJW 2021, 3033.
[84] *Bratke*, Die Quellen-Telekommunikationsüberwachung im Strafverfahren, 2013; *Martini/Fröhlingsdorf* NVwZ 2020, 1803 f.; *Becker/Meinicke* StV 2011, 50 ff.; zur (geringen) praktischen Bedeutung *Rath* DRiZ 2021, 448 f.

C. Überwachung der laufenden Kommunikation § 24

Die **tatbestandlichen Voraussetzungen** für diese Maßnahme ergeben sich zunächst 60 aus Abs. 1 S. 1; insoweit besteht normativer „Gleichlauf" mit der „regulären" Telekommunikationsüberwachung (→ Rn. 44 ff.). Darüber hinaus muss der Eingriff mit technischen Mitteln in das informationstechnische System notwendig sein, um die Überwachung und Aufzeichnung insbesondere in unverschlüsselter Form zu ermöglichen. Hinsichtlich des zulässigen Adressatenkreises gilt Abs. 3 (→ Rn. 49).

Weitere Anforderungen an die Durchführung der Quellen-Telekommunikationsüber- 61 wachung stellt Abs. 5. Es ist technisch sicherzustellen, dass ausschließlich die laufende Telekommunikation überwacht und aufgezeichnet werden kann (Nr. 1); dies dient der Abgrenzung zur weitaus eingriffsintensiveren Online-Durchsuchung (s. aber → Rn. 62 ff.). Darüber hinaus ist technisch sicherzustellen, dass an dem informationstechnischen System nur Veränderungen vorgenommen werden, die für die Datenerhebung unerlässlich sind (Nr. 2), und dass die vorgenommenen Veränderungen bei Beendigung der Maßnahme, soweit technisch möglich, automatisiert rückgängig gemacht werden (Nr. 3). Das eingesetzte Mittel muss gem. Satz 2 nach dem Stand der Technik gegen unbefugte Nutzung geschützt werden. Die Formulierungen „soweit technisch möglich" und „nach dem Stand der Technik" verpflichten die Sicherheitsbehörden zwar zum einen auf den jeweiligen Stand der technischen Entwicklung,[85] verhindern aber zum anderen zugleich, dass zu hohe Anforderungen an die eingesetzten Mittel gestellt werden – ist ein automatisiertes Rückgängigmachen der vorgenommenen Veränderungen technisch nicht oder nicht vollständig möglich, darf es unterbleiben. Für die Protokollierung gilt auch bei dieser Maßnahme § 100a Abs. 6 StPO. Zu den weiteren Verfahrensvorgaben kann auf die Ausführungen zur „regulären" Telekommunikationsüberwachung (→ Rn. 50 ff.) verwiesen werden.

Einen **Sonderfall** regelt § 100a Abs. 1 S. 3 StPO. Nach dieser Bestimmung dürfen 62 (auch) auf dem informationstechnischen System des Betroffenen **gespeicherte Inhalte und Umstände der Kommunikation** überwacht und aufgezeichnet werden. Erforderlich ist für diese in Richtung einer „Online-Durchsuchung" erweiterte Möglichkeit, dass die fraglichen Inhalte und Umstände auch während des laufenden Übertragungsvorgangs im öffentlichen Telekommunikationsnetz in verschlüsselter Form hätten überwacht und aufgezeichnet werden können. Die Vorschrift ist nur im Zusammenwirken mit Abs. 5 S. 1 Nr. 1b verständlich. Nach dieser Bestimmung ist **technisch sicherzustellen,** dass ausschließlich solche Inhalte und Umstände der Kommunikation überwacht und aufgezeichnet werden können, die ab dem Zeitpunkt der Anordnung nach § 100e Abs. 1 StPO auch während des laufenden Übertragungsvorgangs im öffentlichen Telekommunikationsnetz hätten überwacht und aufgezeichnet werden können. Kopierte Daten sind nach Abs. 5 S. 3 nach dem Stand der Technik gegen Veränderung, unbefugte Löschung und unbefugte Kenntnisnahme zu schützen.

Der Zugriff auf gespeicherte Inhalte und Umstände abgeschlossener Kommunikations- 63 vorgänge erscheint angesichts der Zielrichtung der Quellen-Telekommunikationsüberwachung als „Fremdkörper". Der Gesetzgeber geht von einem Eingriff allein in Art. 10 Abs. 1 GG aus, während im Schrifttum häufig das „Computer"-Grundrecht für einschlägig gehalten wird.[86] Mit dieser Maßnahmenvariante können auch solche Daten erhoben werden, die **im informationstechnischen System abgelegt** sind. Dies ist nicht im Sinne einer umfangreichen „Durchsuchung" des Systems zu verstehen, weil eben nur kommunikationsbezogene Informationen gewonnen werden dürfen. Auch dürfen nur solche Daten erhoben werden, die auch während des laufenden Übertragungsvorgangs in verschlüsselter Form hätten überwacht und aufgezeichnet werden können, die also insbesondere im Wege der Telekommunikationsüberwachung nach § 100a Abs. 1 S. 1 StPO zu erlangen gewesen wären. Nicht gestattet wird demgegenüber, das informationstechnische System wie bei der

---
[85] *Müller/Schwabenbauer* in Lisken/Denninger PolR-HdB Rn. G 747.
[86] *Martini* in v. Münch/Kunig GG Art. 10 Rn. 196; vgl. *Freiling/Safferling/Rückert* JR 2018, 9 (91); *Großmann* JA 2019, 241 (244); *Singelnstein/Derin* NJW 2017, 2646 (2648).

„Online-Durchsuchung" vollständig „unter die Lupe" nehmen zu können. Dies aber zu begrenzen ist der Kerngedanke der Gewährleistung des Rechts auf Gewährleistung der Vertraulichkeit und Integrität informationstechnischer Systeme als Ausprägung des allgemeinen Persönlichkeitsrechts nach Art. 2 Abs. 1 GG iVm Art. 1 Abs. 1 GG. Das Bundesverfassungsgericht hat ausgeführt:

„Soweit kein hinreichender Schutz vor Persönlichkeitsgefährdungen besteht, die sich daraus ergeben, dass der Einzelne zu seiner Persönlichkeitsentfaltung auf die Nutzung informationstechnischer Systeme angewiesen ist, trägt das allgemeine Persönlichkeitsrecht dem Schutzbedarf in seiner lückenfüllenden Funktion über seine bisher anerkannten Ausprägungen hinaus dadurch Rechnung, dass es die Integrität und Vertraulichkeit informationstechnischer Systeme gewährleistet. Dieses Recht fußt gleich dem Recht auf informationelle Selbstbestimmung auf Art. 2 Abs. 1 in Verbindung mit Art. 1 Abs. 1 GG; es bewahrt den persönlichen und privaten Lebensbereich der Grundrechtsträger vor staatlichem Zugriff im Bereich der Informationstechnik auch insoweit, als auf das informationstechnische System insgesamt zugegriffen wird und nicht nur auf einzelne Kommunikationsvorgänge oder gespeicherte Daten."[87]

Und weiter:

„Das allgemeine Persönlichkeitsrecht in der hier behandelten Ausprägung schützt insbesondere vor einem heimlichen Zugriff, durch den die auf dem System vorhandenen Daten ganz oder zu wesentlichen Teilen ausgespäht werden können."[88]

64   Bei der Ausübung der Ermächtigungsgrundlage in § 100a Abs. 1 S. 3 StPO geht es darum, nur punktuell solche Informationen zu gewinnen, die im Rahmen einer abgeschlossenen Telekommunikation ausgetauscht wurden und die auch im Wege der Telekommunikationsüberwachung hätten gewonnen werden können. Damit ist für jedes erhobene Datum eine hypothetische retrospektive Gewinnbarkeitsbewertung abzugeben. Die Ermittlungsbehörde darf sich nicht unbegrenzt im informationstechnischen System „umsehen", sondern bleibt auf Inhalt und Umstände der (Tele-)Kommunikation beschränkt. Dies dient keineswegs dazu, ihr die Erstellung eines umfassenden Persönlichkeitsprofils zu verschaffen. Damit zielt die Maßnahme schon nach der Intention des Gesetzgebers auf eine sehr eingeschränkte Erhebung von Daten im Wege der Überwachung und Aufzeichnung der abgeschlossenen und gespeicherten Kommunikation ab. Es liegt daher nahe davon auszugehen, dass schon der Schutzbereich des Grundrechts auf Gewährleistung der Vertraulichkeit und Integrität informationstechnischer Systeme jedenfalls nach der Konzeption des Bundesverfassungsgerichts nicht eröffnet ist. Dies spricht dafür, einen Eingriff in das Recht auf informationelle Selbstbestimmung nach Art. 2 Abs. 1 GG iVm Art. 1 Abs. 1 GG anzunehmen – Art. 10 Abs. 1 GG dürfte deshalb nicht einschlägig sein, weil es sich eben um gespeicherte Informationen handelt, die nur hypothetisch auch bei laufender Telekommunikation hätten erhoben werden können, aber eben tatsächlich nicht wurden, und der fragliche Kommunikationsvorgang abgeschlossen ist.

2. Präventivpolizeiliche Quellen-Telekommunikationsüberwachung

65   Die Konzeption der Quellen-Telekommunikationsüberwachung als besondere Ausführungsvariante der Telekommunikationsüberwachung in § 100a Abs. 1 StPO ist auch in den Regelungen der **Polizeigesetze in Bund und Ländern** vorzufinden. § 51 Abs. 2 S. 1 BKAG lautet etwa:

„Die Überwachung und Aufzeichnung der Telekommunikation darf ohne Wissen der betroffenen Person in der Weise erfolgen, dass mit technischen Mitteln in von der betroffenen Person genutzte informationstechnische Systeme eingegriffen wird, wenn
1. durch technische Maßnahmen sichergestellt ist, dass ausschließlich laufende Telekommunikation überwacht und aufgezeichnet wird und
2. der Eingriff in das informationstechnische System notwendig ist, um die Überwachung und Aufzeichnung der Telekommunikation insbesondere auch in unverschlüsselter Form zu ermöglichen."

---

[87] BVerfGE 120, 274 ff. Rn. 201 = NJW 2008, 822.
[88] BVerfGE 120, 274 ff. Rn. 205 = NJW 2008, 822.

C. Überwachung der laufenden Kommunikation § 24

Mit dem Verweis auf § 49 Abs. 2 BKAG in § 51 Abs. 2 S. 2 BKAG ergibt sich die Verpflichtung, technisch sicherzustellen, dass an dem informationstechnischen System nur Veränderungen vorgenommen werden, die für die Datenerhebung unerlässlich sind (S. 1 Nr. 1), und dass die vorgenommenen Veränderungen bei Beendigung der Maßnahme soweit technisch möglich automatisiert rückgängig gemacht werden (Nr. 2). Im Übrigen gelten die Bestimmungen des § 51 BKAG für die „reguläre" Telekommunikationsüberwachung.

In ähnlicher Weise finden sich auch in § 20c Abs. 2 PolG NRW Vorgaben für die präventive Quellen-Telekommunikationsüberwachung.[89] Abs. 3 ordnet an, dass bei Maßnahmen nach Abs. 2 die entsprechenden technischen Vorkehrungen zu treffen und sicherzustellen sind. Auch § 72 Abs. 3 ZFdG erlaubt dem Zollkriminalamt die Quellen-Telekommunikationsüberwachung.[90] **66**

IV. Postbeschlagnahme und Auskunftsverlangen

Als Maßnahme der Überwachung der Kommunikation ist ferner das Instrument der **Postbeschlagnahme** zu qualifizieren. Es wird durch gesetzliche Regelungen flankiert, die den Sicherheitsbehörden ein gegen die Diensteerbringer gerichtetes Auskunftsverlangen hinsichtlich der Postsendungen etc gestatten (und eine entsprechende Auskunftspflicht begründen). **67**

1. Postbeschlagnahme und Auskunftsverlangen nach §§ 99, 100 StPO

Für das **repressive Handlungsfeld** finden sich Ermächtigungsgrundlagen für die Postbeschlagnahme und gegenüber den Erbringern von bzw. Beteiligten an Postdienstleistungen bestehende Auskunftsansprüche in § 99 StPO. Die Vorschrift wird durch detaillierte Durchführungsbestimmungen in § 100 StPO ergänzt. Ferner sind die allgemeinen Verfahrensregelungen bei verdeckten Maßnahmen in § 101 StPO zu beachten.[91] Eine Beschlagnahme nach § 94 Abs. 1 und 2 StPO kommt regelmäßig nicht in Betracht, weil insbesondere bei verschlossenen Sendungen die Eigenschaft als für die Untersuchung bedeutsame Beweismittel regelmäßig nicht feststellbar ist. Die Maßnahmen nach § 99 StPO richten sich gegen die Erbringer von Post- bzw. Telekommunikationsdiensten, beziehen sich also auf verkörperte Kommunikationsvorgänge auf dem Übertragungsweg (wobei die gesetzlich normierte Befugnis, Auskunft über Postsendungen zu verlangen, schon vor bzw. nach dem Übertragungsvorgang ansetzt). **68**

Die tatbestandlichen Anforderungen an die **Postbeschlagnahme** nach § 99 Abs. 1 StPO sind vergleichsweise niedrigschwellig: Nach Satz 1 ist die Beschlagnahme der an den Beschuldigten gerichteten Postsendungen und Telegrammen zulässig, die sich im Gewahrsam von Personen oder Unternehmen befinden, die geschäftsmäßig Post- oder Telekommunikationsdienste erbringen oder daran mitwirken. Nach Satz 2 dürfen ebenso Postsendungen und Telegramme beschlagnahmt werden, bei denen aus vorliegenden Tatsachen zu schließen ist, dass sie von dem Beschuldigten herrühren oder für ihn bestimmt sind, und dass ihr Inhalt für die Untersuchung Bedeutung hat. Auch im Falle des Satzes 1 setzt allerdings der Verhältnismäßigkeitsgrundsatz der eingriffsintensiven Maßnahme Grenzen: Bei einem lediglich geringen Tatverdacht oder bei Tatvorwürfen unterhalb einer gewissen Erheblichkeitsschwelle und mit niedriger Straferwartung ist der in der Postbeschlagnahme liegende Eingriff in Art. 10 Abs. 1 GG häufig nicht angemessen. **69**

Postdienstleistungen im Sinne des Postgesetzes sind nach § 4 Nr. 1 PostG verschiedene gewerbsmäßig erbrachte Dienstleistungen, namentlich die Beförderung von Briefsendungen, die Beförderung von adressierten Paketen, deren Einzelgewicht 20 Kilogramm nicht **70**

---
[89] Zum Kernbereichsschutz *Merdian* GSZ 2021, 59 ff.
[90] *Graulich* in Lisken/Denninger PolR-HdB Rn. E 783.
[91] Vgl. *Schoene* NStZ 1993, 125 f.

Thiel 835

übersteigt, und die Beförderung von Büchern, Katalogen, Zeitungen oder Zeitschriften, soweit sie durch Unternehmen erfolgt, die die Beförderung von Briefsendungen und adressierten Paketen erbringen. „Beförderung" ist gem. § 4 Nr. 3 PostG das „Einsammeln, Weiterleiten oder Ausliefern von Postsendungen an den Empfänger". **Postsendungen** sind nach § 4 Nr. 5 PostG „Gegenstände im Sinne der Nummer 1, auch soweit sie geschäftsmäßig befördert werden". Auf **elektronische Postsendungen** (etwa E-Mails) sind §§ 99, 100 StPO nicht anwendbar; diesbezüglich ist § 100a StPO einschlägig.[92] Bei **Telegrammen** handelt es sich um telegrafisch übermittelte Nachrichten mithilfe akustischer, optischer oder elektrischer Geräte. **Telekommunikationsdienste** sind nach § 3 Nr. 61 TKG in der Regel gegen Entgelt über Telekommunikationsnetze erbrachte Dienste, die – mit der Ausnahme von Diensten, die Inhalt über Telekommunikationsnetze und -dienste anbieten oder eine redaktionelle Kontrolle über sie ausüben – Internetzugangsdienste, interpersonelle Telekommunikationsdienste und solche Dienste umfassen, die ganz überwiegend in der Übertragung von Signalen bestehen, wie Übertragungsdienste, die für Maschine-Maschine-Kommunikation und für den Rundfunk genutzt werden.

71 Gemäß § 99 Abs. 2 S. 1 StPO dürfen die Ermittlungsbehörden zudem unter den Voraussetzungen des Abs. 1 von Personen oder Unternehmen, die geschäftsmäßig Postdienste erbringen oder daran mitwirken, **Auskunft über Postsendungen** verlangen, die an den Beschuldigten gerichtet sind, von ihm herrühren oder für ihn bestimmt sind.[93] Gegenstand des Auskunftsverlangens können nach Satz 2 ausschließlich die aufgrund von Rechtsvorschriften außerhalb des Strafrechts erhobenen Daten, die Namen und Anschriften von Absendern, Empfängern, Einlieferern und Abholern (Nr. 1), die Art des in Anspruch genommenen Postdienstes (Nr. 2), Maße und Gewicht der jeweiligen Postsendung (Nr. 3), die Sendungsnummer bzw. die Postnummer eines Schließfachinhabers (Nr. 4), Zeit- und Ortsangaben zum Postsendungsverlauf (Nr. 5) und zu Zwecken der Erbringung der Postdienstleistung erstellte Bildaufnahmen von der Postsendung (Nr. 6) betreffen. Die Informationen müssen nach Satz 4 auch über solche Postsendungen erteilt werden, die sich noch nicht oder nicht mehr im Gewahrsam der Dienstleister befinden. Soweit über die genannten Angaben hinaus Auskunft über den Inhalt einer Postsendung verlangt wird, ist dies nur zulässig, wenn die jeweiligen Dienstleister auf rechtmäßige Weise Kenntnis von diesem erlangt haben.

72 Die **Anordnungsbefugnis** für Maßnahmen nach § 99 StPO – erfasst sind sowohl die Postbeschlagnahme als auch das Auskunftsverlangen – liegt nach § 100 Abs. 1 StPO beim nach § 98 StPO zuständigen Gericht (§ 100 Abs. 4 S. 1 StPO). Bei Gefahr im Verzug kann die Anordnung auch durch die Staatsanwaltschaft erfolgen. Nach Abs. 2 treten solche Anordnungen der Staatsanwaltschaft außer Kraft, wenn sie nicht binnen drei Werktagen gerichtlich bestätigt werden.

73 Die **Öffnung** der von den Dienstleistern ausgelieferten Postsendungen steht nach § 100 Abs. 3 S. 1 StPO dem Gericht zu; zuständig ist nach § 100 Abs. 4 S. 2 StPO das Gericht, das die Beschlagnahme angeordnet oder bestätigt hat. Es kann die Öffnungsbefugnis der Staatsanwaltschaft jederzeit widerruflich übertragen, soweit dies erforderlich ist, um den Untersuchungserfolg nicht durch Verzögerung zu gefährden (§ 100 Abs. 3 S. 2 StPO). Ist eine solche Übertragung (noch) nicht erfolgt, legt die Staatsanwaltschaft nach § 100 Abs. 3 S. 4 StPO die ihr ausgelieferten Postsendungen sofort und – sofern es sich um verschlossene Sendungen handelt – ungeöffnet dem Gericht vor. Wird eine Öffnung nicht angeordnet bzw. ist nach einer Öffnung eine Zurückbehaltung nicht erforderlich – etwa, weil die zur Kenntnis genommenen Kommunikationsinhalte für die weitere Untersuchung unergiebig sind –, müssen Postsendungen unverzüglich an den vorgesehenen Empfänger weitergeleitet werden (§ 100 Abs. 5 S. 1 und 2 StPO). Wird die Postsendung zurückbehalten und erscheint die Vorenthaltung ihrer Inhalte nicht mit Rücksicht auf die Untersuchung

---

[92] Vgl. *Brodowski* JR 2009, 402 ff.; *Klein* NJW 2009, 2996 ff.; *Störing* CR 2009, 475 ff.
[93] Vgl. *Weisser* wistra 2016, 387 ff.

C. Überwachung der laufenden Kommunikation § 24

geboten, ist sie ganz oder in Teilen dem vorgesehenen Empfänger „abschriftlich mitzuteilen" (§ 100 Abs. 6 StPO).

Weitere **Verfahrensvorgaben** für die Postbeschlagnahme finden sich in § 101 StPO, der Verfahrensregelungen bei verdeckten Maßnahmen trifft und nach § 101 Abs. 1 StPO auch für Maßnahmen nach § 99 StPO einschlägig ist. Nach § 101 Abs. 3 StPO sind etwa personenbezogene Daten zu kennzeichnen. Gemäß § 101 Abs. 4 Nr. 2 StPO sind der Absender und der Adressat der Postsendung von der Maßnahme zu benachrichtigen, wobei sich aus den sich anschließenden Bestimmungen weitere detaillierte Vorgaben für die Benachrichtigung, ihr Unterbleiben und ihre Nachholung ergeben. Anordnungen hinsichtlich der Löschung enthält Abs. 8 der Vorschrift. 74

2. Präventive Postbeschlagnahme und Auskunftsverlangen

Seit 2017 findet sich im BKAG eine Ermächtigungsgrundlage für die **präventive Postbeschlagnahme.** Hintergrund der Schaffung dieser Vorschrift war die Erkenntnis, dass sich terroristische Gruppierungen zur Kommunikation im Vergleich mit der bislang überwiegend praktizierten Überbringung durch Boten und Nachrichtenmittler verstärkt der traditionellen Wege wie der Postbeförderung bedienen.[94] § 50 Abs. 1 BKAG orientiert sich materiell an den repressiven Vorschriften der §§ 99, 100 StPO,[95] wobei die Vorgaben der Entscheidung des Bundesverfassungsgerichts vom 20.4.2016 zum BKAG berücksichtigt worden sind.[96] Beispielhaft genannt werden kann zudem die Ermächtigungsgrundlage für das Öffnen und Einsichtnahme in dem Brief- oder Postgeheimnis unterliegende Sendungen durch das Zollkriminalamt nach § 72 Abs. 1 ZFdG. 75

Gemäß **§ 50 Abs. 1 BKAG** kann das Bundeskriminalamt ohne Wissen der betroffenen Person **Postsendungen und Telegramme beschlagnahmen,** die sich im Gewahrsam von Personen oder Unternehmen befinden, die geschäftsmäßig Post- oder Telekommunikationsdienste erbringen oder daran mitwirken und die an eine Person gerichtet sind, die entsprechend § 17 oder § 18 des Bundespolizeigesetzes verantwortlich ist. Die Beschlagnahme muss zudem zur Abwehr einer dringenden Gefahr für den Bestand oder die Sicherheit des Bundes oder eines Landes oder für Leib, Leben oder Freiheit einer Person oder Sachen von bedeutendem Wert, deren Erhaltung im öffentlichen Interesse liegt, geboten sein (Nr. 1). Die Maßnahme ist ebenso zulässig bei Mitteilungen, die an eine Person gerichtet sind, bei der bestimmte Tatsachen die Annahme rechtfertigen, dass sie innerhalb eines übersehbaren Zeitraums auf eine zumindest ihrer Art nach konkretisierte Weise eine Straftat nach § 5 Abs. 1 S. 2 BKAG begehen wird (Nr. 2), oder deren individuelles Verhalten die konkrete Wahrscheinlichkeit begründet, dass sie innerhalb eines übersehbaren Zeitraums eine Straftat nach § 5 Abs. 1 S. 2 BKAG begehen wird (Nr. 3). Schließlich können an die sog. „Nachrichtenmittler" für eine Person nach Nr. 1 gerichtete Mitteilungen beschlagnahmt werden. Bei allen vier Varianten muss als weitere Voraussetzung hinzutreten, dass die Abwehr der Gefahr oder die Verhütung der Straftaten auf andere Weise aussichtslos oder wesentlich erschwert wäre. Wie bei anderen Maßnahmen der Kommunikationsüberwachung handelt es sich dabei um die Einbeziehung von Verhältnismäßigkeitsaspekten in den Tatbestand. 76

§ 50 Abs. 2 BKAG enthält eine Ermächtigungsgrundlage für **Auskunftsverlangen** gegenüber Personen und Unternehmen, die geschäftsmäßig Postdienste erbringen oder daran mitwirken. Auskunft verlangt werden kann nach § 50 Abs. 2 S. 3 BKAG – wie bei § 99 Abs. 2 S. 2 StPO – über aufgrund von Rechtsvorschriften außerhalb des BKAG erlangte Daten, die Namen und Anschriften von Absendern, Empfängern, Einlieferern und Abholern (Nr. 1), die Art des in Anspruch genommenen Postdienstes (Nr. 2), Maße und Gewicht der jeweiligen Postsendung (Nr. 3), die Sendungsnummer bzw. die Postnummer 77

---
[94] BT-Drs. 18/11163, 119.
[95] BT-Drs. 18/11163, 119.
[96] BVerfGE 141, 220 ff. = NJW 2016, 1781.

eines Schließfachinhabers (Nr. 4), Zeit- und Ortsangaben zum Postsendungsverlauf (Nr. 5) und zu Zwecken der Erbringung der Postdienstleistung erstellte Bildaufnahmen von der Postsendung (Nr. 6) betreffen. Die Auskunftspflicht erstreckt sich nach § 50 Abs. 2 S. 5 BKAG auch auf Postsendungen, die sich noch nicht oder nicht mehr im Gewahrsam des Diensterbringers befinden. Es handelt sich dabei im Wesentlichen um Angaben über die äußeren Umstände der Diensterbringung, wobei aus einzelnen Informationen auch Rückschlüsse auf den Inhalt gezogen werden können. Nach § 50 Abs. 2 S. 4 BKAG darf Auskunft über den Inhalt der Postsendung über die in § 50 Abs. 2 S. 3 BKAG aufgeführten Daten hinaus nur verlangt werden, wenn die Postdienstleister davon auf rechtmäßige Weise Kenntnis erlangt haben.

78 Angesichts der besonderen Eingriffsintensität der Maßnahme hat sich der Gesetzgeber für die Regelung einer **qualifizierten Anordnungsbefugnis** entschieden. Gemäß § 50 Abs. 3 S. 1 BKAG dürfen Maßnahmen nach den Abs. 1 und 2 nur auf Antrag der Präsidentin oder des Präsidenten des Bundeskriminalamtes oder ihrer bzw. seiner Vertretung durch das Gericht angeordnet werden. Bei Gefahr im Verzug erlaubt Satz 2 die Anordnung zunächst durch den Behördenleiter bzw. die Behördenleiterin oder seine bzw. ihre Vertretung; die gerichtliche Entscheidung ist sodann unverzüglich nachzuholen (Satz 3). Wird die Anordnung nicht binnen drei Tagen durch das Gericht bestätigt, tritt sie außer Kraft (Satz 4). Die Abs. 4 und 5 enthalten spezifische Anforderungen an den Antrag und die Anordnung; diese ist nach Abs. 5 S. 3 auf höchstens **drei Monate** zu befristen, wobei eine Verlängerung um jeweils bis zu drei Monaten möglich ist, sofern die Voraussetzungen weiterhin gegeben sind.

79 Gemäß Abs. 6 S. 1 stehen die **Öffnung** der ausgelieferten Postsendung und die **Entscheidung über die Verwertbarkeit der erlangten Erkenntnisse** dem Gericht zu. Diese Befugnisse kann das Gericht jederzeit widerruflich auf die Präsidentin bzw. den Präsidenten des Bundeskriminalamtes übertragen, soweit dies erforderlich ist, um die Abwehr der Gefahr nicht durch Verzögerung zu gefährden (Satz 2). Nach Satz 3 ist in diesem Falle der bzw. die Datenschutzbeauftragte des Bundeskriminalamtes zu beteiligen. Fehlt es an einer solchen Delegation, hat das Bundeskriminalamt nach Abs. 7 die ausgelieferten Postsendungen unverzüglich und – soweit verschlossen – ungeöffnet dem Gericht vorzulegen; dieses entscheidet unverzüglich über die Öffnung. Gemäß § 50 Abs. 8 BKAG iVm § 100 Abs. 5 StPO sind Postsendungen, deren Öffnung nicht durch das Gericht angeordnet worden sind, unverzüglich an den vorgesehenen Empfänger weiterzuleiten; dasselbe gilt, soweit nach der Öffnung die Zurückbehaltung nicht erforderlich ist – insbesondere wenn sich aus der Kenntnisnahme vom Inhalt der Sendung keine weiter verwertbaren Erkenntnisse ergeben. Ist die Vorenthaltung einer zurückbehaltenen Postsendung bzw. eines Teiles nicht mit Rücksicht auf die Untersuchung geboten, sind die entsprechenden Inhalte dem vorgesehenen Empfänger nach § 50 Abs. 8 BKAG iVm § 100 Abs. 6 StPO „abschriftlich mitzuteilen". In § 50 Abs. 9 BKAG finden sich schließlich die Vorgaben zum Schutz des **Kernbereichs privater Lebensgestaltung,** die im Wesentlichen den Bestimmungen bezüglich anderer Maßnahmen entsprechen (→ Rn. 38 ff.).

80 Gemäß § 1 Abs. 1 Nr. 1 des Gesetzes zur Beschränkung des Brief-, Post- und Fernmeldegeheimnisses **(Artikel 10-Gesetz – G 10)** sind die Verfassungsschutzbehörden des Bundes und der Länder, der Militärische Abschirmdienst und der Bundesnachrichtendienst zur Abwehr von drohenden Gefahren für die freiheitliche demokratische Grundordnung (*Thiel* → § 2 Rn. 18 ff.) oder den Bestand oder die Sicherheit des Bundes oder eines Landes einschließlich der Sicherheit der in der Bundesrepublik Deutschland stationierten Truppen der nichtdeutschen Vertragsstaaten des Nordatlantikvertrages berechtigt, neben der Überwachung und Aufzeichnung der Telekommunikation auch die dem Brief- oder Postgeheimnis unterliegenden Sendungen zu öffnen und einzusehen. Weitere Voraussetzungen regelt § 3 Abs. 1 S. 1 und 2 G 10: Danach dürfen die „Beschränkungen nach § 1 Abs. 1 Nr. 1" unter den dort bezeichneten Voraussetzungen angeordnet werden, wenn tatsächliche Anhaltspunkte für den Verdacht bestehen, dass jemand die in den Nr. 1–9 aufgeführ-

C. Überwachung der laufenden Kommunikation §24

ten Straftaten plant, begeht oder begangen hat. Beispiele sind Straftaten des Friedens- bzw. des Hochverrats nach §§ 80a–83 StGB (Nr. 1), Straftaten der Gefährdung des demokratischen Rechtsstaates (§§ 84–86, 87–89b, 89c Abs. 1–4 StGB, § 20 Abs. 1 Nr. 1–4 VereinsG; Nr. 2) sowie Straftaten des Landesverrats und der Gefährdung der äußeren Sicherheit (§§ 94–96, 97a–100a StGB; Nr. 3). Nach Satz 2 dürfen die Beschränkungen ferner angeordnet werden, wenn „tatsächliche Anhaltspunkte für den Verdacht bestehen, dass jemand Mitglied einer Vereinigung ist, deren Zwecke oder deren Tätigkeit darauf gerichtet sind, Straftaten zu begehen, die gegen die freiheitliche demokratische Grundordnung, den Bestand oder die Sicherheit des Bundes oder eines Landes gerichtet sind."

Aus § 2 Abs. 1 S. 1 G 10 ergibt sich ferner, dass derjenige, welcher geschäftsmäßig 81 Postdienste erbringt oder an der Erbringung solcher Dienste mitwirkt, der berechtigten Stelle auf Anordnung **Auskunft** über die näheren Umstände des Postverkehrs zu erteilen und Sendungen, die ihm zum Einsammeln, Weiterleiten oder Ausliefern anvertraut sind, auszuhändigen hat. Darüber hinaus hat der nach Satz 1 Verpflichtete gemäß Satz 2 der berechtigten Stelle auf Verlangen die zur Vorbereitung einer Anordnung erforderlichen Auskünfte zu Postfächern zu erteilen, ohne dass es hierzu einer gesonderten Anordnung bedarf.

Die Beschränkungsmaßnahmen nach dem Artikel 10-Gesetz unterliegen nach § 9 Abs. 1 82 G 10 einem **Antragserfordernis.** Antragsberechtigt sind nach Abs. 2 im Rahmen ihres Geschäftsbereichs das Bundesamt für Verfassungsschutz, die Verfassungsschutzbehörden der Länder, der Militärische Abschirmdienst und der Bundesnachrichtendienst, jeweils durch die Behördenleiterin bzw. den Behördenleiter oder die Stellvertretung. Regelungen zur Anordnung trifft § 10 G 10; zuständig für die Anordnung von Beschränkungsmaßnahmen ist bei Anträgen der Verfassungsschutzbehörden der Länder die zuständige oberste Landesbehörde, im Übrigen das „Bundesministerium des Innern, für Bau und Heimat" (derzeit: des Innern und für Heimat). Soweit diese Maßnahmen von Behörden des Bundes durchgeführt werden, unterliegen sie der Kontrolle durch das Parlamentarische Kontrollgremium (§ 14 G 10) und durch eine besondere Kommission (G 10-Kommission; § 15 G 10).

V. Akustische Wohnraumüberwachung

Besondere Ermächtigungsgrundlagen bestehen für die Überwachung der Kommunikation, 83 die in von Art. 13 GG geschützten Wohnungen stattfindet (eingehend *Löffelmann* → § 25 Rn. 1 ff.). Mit der Ergänzung der Abs. 3–6 in Art. 13 GG durch das Gesetz zur Änderung des Grundgesetzes vom 26.3.1998[97] wurden die verfassungsrechtlichen Voraussetzungen für derartige Maßnahmen, namentlich für den sog. **„Großen Lauschangriff"**, geschaffen.[98] Die im Anschluss erlassenen strafprozessualen Vorschriften zur akustischen Wohnraumüberwachung sind vom Bundesverfassungsgericht in seinem Urteil vom 3.3.2004[99] für nicht in vollem Umfang mit dem Schutz der Menschenwürde (Art. 1 Abs. 1 GG), dem Grundsatz der Verhältnismäßigkeit, der Gewährung effektiven Rechtsschutzes (Art. 19 Abs. 4 GG) und dem Anspruch auf rechtliches Gehör (Art. 103 Abs. 1 GG) vereinbar erklärt worden; zum 1.7.2005 erfolgte daher eine Neuregelung. Wenngleich die praktische Bedeutung des Instruments vergleichsweise gering ist, stellt es doch einen gravierenden Grundrechtseingriff in das Recht auf Unverletzlichkeit der Wohnung (Art. 13 GG) sowie das Recht auf informationelle Selbstbestimmung (Art. 2 Abs. 1 GG iVm Art. 1 Abs. 1 GG) dar; namentlich die Regelungen der StPO enthalten daher zahlreiche Vorgaben für die Maßnahme.

§ 100c Abs. 1 StPO erlaubt es, auch ohne Wissen der Betroffenen das in einer Wohnung 84 nichtöffentlich gesprochene Wort mit technischen Mitteln abzuhören und aufzuzeichnen

---

[97] BGBl. 1998 I 610.
[98] *Haverkamp* JURA 2010, 492 ff.; *Löffelmann* JR 2010, 455 f.; *Fehn* Kriminalistik 2008, 251 ff.
[99] BVerfGE 109, 279 ff. = NJW 2004, 999.

("akustische Wohnraumüberwachung").[100] Die Maßnahme ist unter vier Voraussetzungen zulässig, die kumulativ vorliegen müssen. Zunächst müssen bestimmte Tatsachen den Verdacht begründen, dass jemand als Täter und Teilnehmer eine in § 100b Abs. 2 StPO bezeichnete besonders schwere Straftat begangen oder in Fällen, in denen der Versuch strafbar ist, zu begehen versucht hat (Nr. 1). Erforderlich ist mithin ein konkretisierter, über einen bloßen Anfangsverdacht hinausgehender Tatverdacht bezüglich einer schwerwiegenden „Katalogstraftat" nach § 100b Abs. 2 StPO; einige der aufgeführten Straftaten sind namentlich für den Staatsschutz von besonderer Bedeutung, beispielsweise Nr. 1a (Straftaten des Hochverrats und der Gefährdung des demokratischen Rechtsstaates sowie des Landesverrats und der Gefährdung der äußeren Sicherheit). Die Tat muss auch im Einzelfall besonders schwer wiegen (Nr. 2); dies ist insbesondere bei Straftaten mit nur „leichten", „mittleren" oder (einfach) „schweren" Folgen nicht der Fall. Ferner muss aufgrund tatsächlicher Anhaltspunkte anzunehmen sein, dass durch die Überwachung Äußerungen des Beschuldigten erfasst werden, die für die Erforschung des Sachverhalts oder die Ermittlung des Aufenthaltsortes eines Mitbeschuldigten von Bedeutung sind (Nr. 3). Schließlich muss die Erforschung des Sachverhalts oder die Ermittlung des Aufenthaltsortes eines Mitbeschuldigten auf andere Weise unverhältnismäßig erschwert oder aussichtslos sein (Nr. 4); diese Subsidiaritätsklausel führt dazu, dass die akustische Wohnraumüberwachung lediglich als „ultima ratio" in Betracht kommen kann (zur Datenerhebung aus dem „Smart Home" *Löffelmann* → § 25 Rn. 46).

85 Die Maßnahme darf sich nach § 100c Abs. 2 S. 1 StPO **nur gegen den Beschuldigten** richten und nur in Wohnungen des Beschuldigten durchgeführt werden. Eine Ausnahme regelt Satz 2 – danach ist die akustische Wohnraumüberwachung in Wohnungen anderer Personen zulässig, wenn aufgrund bestimmter Tatsachen anzunehmen ist, dass der in der Anordnung nach § 100e Abs. 3 StPO bezeichnete Beschuldigte sich dort aufhält (Nr. 1) und die Maßnahme in Wohnungen des Beschuldigten allein nicht zur Erforschung des Sachverhalts oder zur Ermittlung des Aufenthaltsortes eines Mitbeschuldigten führen wird (Nr. 2). Die zur Einrichtung der technischen Anlagen erforderlichen Begleiteingriffe – wie etwa das heimliche Betreten der Wohnung zur Anbringung und Entfernung von Abhörvorrichtungen – sind von der Ermächtigungsgrundlage ebenfalls abgedeckt.

86 Detaillierte **Verfahrensregelungen** finden sich in § 100e StPO. Nach Abs. 2 S. 1 dürfen Maßnahmen nach § 100c StPO nur auf Antrag der Staatsanwaltschaft durch die in § 74a Abs. 4 GVG genannte Kammer des Landgerichts angeordnet werden, in dessen Bezirk die Staatsanwaltschaft ihren Sitz hat. Bei Gefahr im Verzug kann die Anordnung auch durch den Vorsitzenden der Kammer getroffen werden; sie ist dann aber binnen drei Werktagen von der Strafkammer zu bestätigen, sonst tritt sie außer Kraft (S. 2, 3). Die Maßnahme ist auf höchstens einen Monat zu befristen, kann aber um jeweils bis zu einem Monat verlängert werden (S. 5). Ist die Dauer der Anordnung auf insgesamt sechs Monate verlängert worden, entscheidet über weitere Verlängerungen nach Satz 6 das Oberlandesgericht. Die weiteren Absätze des § 100e StPO enthalten Bestimmungen über Form und Inhalt der Anordnung, über die erforderliche Begründung sowie über die zweckändernde Verwendung der erlangten Informationen. Zu beachten sind ferner § 100d Abs. 1–4 StPO hinsichtlich des Schutzes des Kernbereichs privater Lebensgestaltung (→ Rn. 38 ff.) sowie § 100d Abs. 5 StPO zum Schutz der sog. „Berufsgeheimnisträger". Auch die Verfahrensregelungen bei verdeckten Maßnahmen gem. § 101 StPO müssen berücksichtigt werden, etwa Abs. 4 S. 1 Nr. 5 zu den Benachrichtigungspflichten bezüglich des Beschuldigten,

---

[100] *Kress*, Der „Große Lauschangriff" als Mittel internationaler Verbrechensbekämpfung, 2009; *Meyer-Wieck*, Der Große Lauschangriff. Eine empirische Untersuchung zu Anwendung und Folgen des § 100c Abs. 1 Nr. 3 StPO, 2005; *Haverkamp* JURA 2010, 492 ff.; *Fehn* Kriminalistik 2008, 251 ff.; *Geis* CR 2007, 501 f.; *Rogall* ZG 2005, 164 ff.; *Büddefeld* Kriminalistik 2005, 204 ff.; *Löffelmann* NJW 2005, 2033 ff.; *Leutheusser-Schnarrenberger* DuD 2005, 323 ff.; *Denninger* ZRP 2004, 101 ff.; *Benfer* NVwZ 1999, 237 ff.; *Brodag* Kriminalistik 1999, 745 ff.; *Hetzer* Kriminalistik 1998, 546 ff.; *Momsen* ZRP 1998, 459 ff.; *Raum/Palm* JZ 1994, 447 ff.

gegen den sich die Maßnahme richtete, sonstige überwachte Personen und Personen, die die überwachte Wohnung zur Zeit der Durchführung der Maßnahme innehatten oder bewohnten, die weiteren Regelungen zur Benachrichtigung (Abs. 5–7) sowie diejenigen zur Löschung der erlangten Informationen (Abs. 8).

Auch im **präventiven Handlungsfeld** finden sich Ermächtigungsgrundlagen zum **verdeckten Einsatz technischer Mittel in bzw. aus Wohnungen** (zB § 18 PolG NRW).[101] Erfasst sind optisch- und akustisch-technische Mittel, sodass auch das nichtöffentlich gesprochene Wort, also die Individualkommunikation in einer Wohnung, überwacht und aufgezeichnet werden kann. Zur Abwehr einer dringenden Gefahr für den Bestand oder die Sicherheit des Bundes oder eines Landes oder für Leib, Leben oder Freiheit einer Person oder Sachen von bedeutendem Wert, deren Erhaltung im öffentlichen Interesse geboten ist, kann zB nach § 46 Abs. 1 BKAG das Bundeskriminalamt durch den verdeckten Einsatz technischer Mittel in oder aus Wohnungen das nichtöffentlich gesprochene Wort einer Person abhören und aufzeichnen, die entsprechend §§ 17 oder 18 BPolG verantwortlich ist, oder bei der konkrete Vorbereitungshandlungen für sich oder zusammen mit weiteren bestimmten Tatsachen die begründete Annahme rechtfertigen, dass sie Straftaten nach § 5 Abs. 1 S. 2 BKAG begehen wird (Gefahren des internationalen Terrorismus). Erforderlich ist zudem, dass die Abwehr der Gefahr auf andere Weise aussichtslos oder wesentlich erschwert wäre. Die weiteren Vorgaben, insbesondere zum Verfahren, sind an das Modell der strafprozessrechtlichen Ermächtigungsnormen angelegt.

VI. Sonstige Eingriffe

In den sicherheitsbehördlichen Regelwerken finden sich **weitere Maßnahmenermächtigungen,** die im Zusammenhang mit der Kommunikationsüberwachung stehen. Beispielhaft werden im Folgenden einige dieser Instrumente dargestellt; die Ausführungen erheben keinen Anspruch auf Vollständigkeit. Im Folgenden erörtert werden mit der Funktion einer Auswahl die Observation und der Einsatz technischer Mittel zur Erhebung personenbezogener Daten (1.), die Abfrage von Bestands-, Verkehrs- und Nutzungsdaten (2.), die Ermittlung von Geräte- und Kartennummern und die Standortermittlung (3.) sowie die Unterbrechung bzw. Verhinderung von Telekommunikationsverbindungen (4.).

1. Observation, Einsatz technischer Mittel

Vielfältig sind die gesetzlichen Ermächtigungsnormen zur **Observation** bzw. zum **Einsatz technischer Mittel** zur Erhebung personenbezogener Daten durch die offene bzw. verdeckte Anfertigung von Bild- und Tonaufzeichnungen. Namentlich soweit Tonaufnahmen und -aufzeichnungen gestattet werden, handelt es sich um Maßnahmen der Kommunikations-„Überwachung". Zielrichtung kann die Eigensicherung der handelnden Beamtinnen und Beamten sein, die Daten können aber auch zur polizeilichen Aufgabenerfüllung gewonnen werden. Mitunter werden derartige Maßnahmen unter dem Stichwort der „besonderen Mittel der Datenerhebung" zusammengeführt, so etwa in § 45 Abs. 2 BKAG.

Eine vergleichsweise wenig eingriffsintensive Maßnahme ist die **sicherheitsbehördliche Beobachtung** („Observation"), die nicht nur die optische Wahrnehmung, sondern auch das „Belauschen" einschließt und damit Kommunikationsüberwachung bezüglich Anwesender darstellen kann. Die StPO sieht eine spezielle Ermächtigungsnorm nur für die längerfristige Observation in § 163f StPO vor; eine Observation, die nicht als längerfristig, also nur als kurzzeitig zu gelten hat, ist auf der Grundlage der repressiven Befugnisgeneralklausel nach §§ 161, 163 Abs. 1 S. 2 StPO zulässig. Längerfristig ist eine planmäßig angelegte Beobachtung nach § 163f Abs. 1 S. 1 StPO dann, wenn sie durchgehend länger als 24 Stunden dauern oder an mehr als zwei Tagen stattfinden soll. Erforderlich ist, dass zureichende tatsächliche Anhaltspunkte dafür vorliegen, dass eine Straftat von erheblicher

---
[101] *Pohlmann* NWVBl 2008, 132 ff.; *Kötter* DÖV 2005, 225 ff.; *Braun* NVwZ 2000, 375 ff.

Bedeutung begangen worden ist. Zudem darf die Maßnahme nach Satz 2 nur angeordnet werden, wenn die Erforschung des Sachverhalts oder die Ermittlung des Aufenthaltsortes des Täters auf andere Weise erheblich weniger Erfolg versprechend oder wesentlich erschwert wäre. Observiert werden darf der Beschuldigte, aber auch eine Kontaktperson, also eine solche, bei der aufgrund bestimmter Tatsachen anzunehmen ist, dass sie mit dem Täter in Verbindung steht oder dass eine solche Verbindung hergestellt wird. Erforderlich ist in diesem Fall zudem, dass die Maßnahme zur Erforschung des Sachverhalts oder zur Ermittlung des Aufenthaltsortes des Täters führen wird und dies auf andere Weise erheblich weniger Erfolg versprechend oder wesentlich erschwert wäre. Die Maßnahme darf nach Abs. 3 S. 1 nur durch das Gericht, bei Gefahr im Verzug durch die Staatsanwaltschaft und ihre Ermittlungspersonen iSv § 152 GVG angeordnet werden; eine gerichtliche Bestätigung binnen drei Werktagen ist erforderlich, ansonsten tritt die Anordnung außer Kraft. Aufgrund des Verweises auf § 100e Abs. 1 S. 4 und 5 StPO in § 163f Abs. 3 S. 3 StPO ist auch die Anordnung einer längerfristigen Observation zunächst auf höchstens drei Monate zu befristen; Verlängerungen um jeweils bis zu drei Monaten sind möglich. Sollen für die Observation technische Mittel eingesetzt werden, sind zusätzlich die Anforderungen des § 100h StPO zu beachten. In den Polizeigesetzen finden sich ebenfalls Ermächtigungsgrundlagen für die kurz- und die längerfristige Observation (zB § 16a Abs. 4 PolG NRW für die kurzfristige, § 16a Abs. 1–3 PolG NRW für die längerfristige Variante).

91 Eine Ermächtigungsgrundlage für die akustische Überwachung außerhalb von Wohnungen enthält für das repressive Handlungsfeld etwa § 100f StPO (**„Kleiner Lauschangriff"**). Abs. 1 erlaubt es, auch ohne Wissen der betroffenen Person außerhalb von Wohnungen das nichtöffentlich gesprochene Wort mit technischen Mitteln abzuhören und aufzuzeichnen, wenn bestimmte Tatsachen den Verdacht begründen, dass jemand als Täter oder Teilnehmer einer in § 100a Abs. 2 StPO bezeichneten, auch im Einzelfall schwerwiegenden Straftat begangen oder in Fällen, in denen der Versuch strafbar ist, zu begehen versucht hat. Zudem muss die Erforschung des Sachverhalts oder die Ermittlung des Aufenthaltsortes eines Beschuldigten auf andere Weise aussichtslos oder wesentlich erschwert sein.

92 Nach Abs. 2 S. 1 darf sich der „Kleine Lauschangriff" nur gegen den **Beschuldigten** richten. Gegen andere Personen darf die Maßnahme angeordnet und eingesetzt werden, wenn aufgrund bestimmter Tatsachen anzunehmen ist, dass sie mit einem Beschuldigten in Verbindung stehen oder eine solche Verbindung hergestellt wird (sog. **„Kontaktpersonen"**), die Maßnahme zur Erforschung des Sachverhalts oder zur Ermittlung des Aufenthaltsortes eines Beschuldigten führen wird und dies auf andere Weise aussichtslos oder wesentlich erschwert wäre.

93 Abs. 4 verweist auf § 100d Abs. 1 und 2 StPO sowie auf § 100e Abs. 1, 3, 5 S. 1 StPO. Zu berücksichtigen sind damit die grundlegenden Vorgaben der StPO zum Schutz des Kernbereichs privater Lebensgestaltung, die Vorschriften zur Anordnungskompetenz (Gericht auf Antrag der Staatsanwaltschaft, bei Gefahr im Verzug – bestätigungspflichtig – auch die Staatsanwaltschaft), die Regelungen zur Anordnung und zur Beendigung der Maßnahme, wenn ihre Voraussetzungen nicht mehr vorliegen. Beachtet werden müssen ferner die für § 100f StPO einschlägigen Verfahrensregelungen bei verdeckten Maßnahmen in § 101 StPO.

94 Der **verdeckte Einsatz technischer Mittel** wird auch im präventivpolizeilichen Handlungsfeld durch Ermächtigungsnormen gestattet (zB § 17 PolG NRW). § 45 Abs. 1 BKAG erlaubt die Erhebung personenbezogener Daten mit den besonderen Mitteln nach Absatz 2 über die in Nr. 1–4 genannten potenziellen Adressaten, wenn die Abwehr der Gefahr oder die Verhütung der Straftaten auf andere Weise aussichtslos ist oder wesentlich erschwert wäre. Besondere Mittel der Datenerhebung sind etwa die längerfristige Observation (Nr. 1), der Einsatz technischer Mittel außerhalb von Wohnungen in einer für die betroffene Person nicht erkennbaren Weise unter anderem zum Abhören oder Aufzeichnen des außerhalb von Wohnungen nicht öffentlich gesprochenen Wortes (Nr. 2b) sowie der Einsatz von Vertrauenspersonen (Nr. 4) und Verdeckten Ermittlern (Nr. 5).

2. Abfrage von Bestands-, Verkehrs- und Nutzungsdaten

Keine Überwachung der „laufenden" Kommunikation, sondern die Erhebung von Daten zu den Umständen der Kommunikation stellen die **Abfragen von Bestands-, Verkehrs- und Nutzungsdaten** dar. Bestandsdaten sind nach § 3 Nr. 6 TKG „Daten eines Endnutzers, die erforderlich sind für die Begründung, inhaltliche Ausgestaltung, Änderung oder Beendigung eines Vertragsverhältnisses über Telekommunikationsdienste" (s. auch § 2 Abs. 2 Nr. 2 TTDSG); zur Erhebungs- und Speicherpflicht der Dienstanbieter vgl. etwa § 172 TKG. Gemäß § 3 Nr. 70 TKG sind „Verkehrsdaten" demgegenüber „Daten, deren Erhebung, Verarbeitung oder Nutzung bei der Erbringung eines Telekommunikationsdienstes erforderlich sind". Der Begriff der „Nutzungsdaten" findet sich nur im Kontext der sog. „Telemedien". „Telemedien" sind nach § 1 Abs. 1 S. 1 des Telemediengesetzes (TMG) „alle elektronischen Informations- und Kommunikationsdienste, soweit sie nicht Telekommunikationsdienste (…), telekommunikationsgestützte Dienste (…) oder Rundfunk (…) sind". „Nutzungsdaten" sind nach § 2 Abs. 2 Nr. 3 TTDSG „die personenbezogenen Daten eines Nutzers von Telemedien, deren Verarbeitung erforderlich ist, um die Inanspruchnahme von Telemedien zu ermöglichen und abzurechnen". Dazu gehören insbesondere Merkmale zur Identifikation des Nutzers, Angaben über Beginn und Ende sowie Umfang der jeweiligen Nutzung und Angaben über die vom Nutzer in Anspruch genommenen Telemedien.

95

Diese Typen sog. „Randdaten" betreffen **keine Inhalte des Telekommunikationsvorgangs**, sondern Informationen über den Nutzer bzw. über die Rahmenbedingungen eines Gesprächs. Die Verkehrsdaten etwa dürfen von den Diensteanbietern nur nach Maßgabe des § 9 TTDSG verarbeitet werden, insbesondere zum Aufbau und zur Aufrechterhaltung der Telekommunikation, zur Entgeltabrechnung oder zum Aufbau weiterer Verbindungen.

96

Zur **Bestandsdatenauskunft**[102] findet sich eine Ermächtigungsgrundlage in § 100j StPO. Über näher spezifizierte Bestandsdaten dürfen die Ermittlungsbehörden von den Diensteanbietern Auskunft verlangen, „soweit dies für die Erforschung des Sachverhalts oder Ermittlung des Aufenthaltsortes eines Beschuldigten erforderlich ist". Die Vorschrift enthält weitere detaillierte Vorgaben, insbesondere zu besonders qualifizierten Bestandsdaten und zum Verfahren. Die Anordnungsbefugnis ist in Abs. 3 differenziert ausgestaltet.

97

Die **Erhebung von Verkehrsdaten** ermöglicht § 100g StPO.[103] Erforderlich ist, dass bestimmte Tatsachen den Verdacht begründen, dass jemand als Täter oder Teilnehmer eine Straftat von auch im Einzelfall erheblicher Bedeutung, insbesondere eine in § 100a Abs. 2 StPO bezeichnete Straftat, begangen hat, in Fällen, in denen der Versuch strafbar ist, zu begehen versucht hat, oder durch eine Straftat vorbereitet hat (Abs. 1 S. 1 Nr. 1), oder eine Straftat mittels Telekommunikation begangen hat (Nr. 2). Die Verkehrsdaten dürfen unter diesen Voraussetzungen erhoben werden, soweit dies für die Erforschung des Sachverhalts erforderlich ist und die Erhebung der Daten in einem angemessenen Verhältnis zur Bedeutung der Sache steht. Besteht der Verdacht, dass der Täter oder Teilnehmer eine Straftat mittels Telekommunikation begangen hat, ist die Maßnahme nach Abs. 1 S. 2 nur zulässig, wenn die Erforschung des Sachverhalts auf andere Weise aussichtslos wäre. Für die Erhebung gespeicherter Standortdaten verweist Satz 3 auf die qualifizierten Anforderungen des Abs. 2. Andere Standortdaten dürfen nach Maßgabe der Voraussetzungen in Satz 4 erhoben werden.

98

Besonderheiten ergeben sich für Verkehrsdaten, die von den Anbietern öffentlich zugänglicher Telekommunikationsdienste nach den Vorgaben des **§ 176 TKG zu speichern** sind, also beispielsweise Verkehrsdaten der Nutzung von Sprachkommunikations-

99

---

[102] *Martini* in v. Münch/Kunig GG Art. 10 Rn. 211 f.; vgl. *Spittka/Adelberg* K&R 2020, 609 f.; zu verfassungsrechtlichen Anforderungen an Auskunftsverfahren BVerfGE 155, 119 ff. = BeckRS 2020, 16236.
[103] *Martini* in v. Münch/Kunig GG Art. 10 Rn. 198 ff.

diensten (Abs. 2) bzw. öffentlich zugänglicher Internetzugangsdienste (Abs. 3). So sind zB die Anbieter solcher Internetzugangsdienste dazu verpflichtet, die dem Endnutzer für eine Internetnutzung zugewiesene Internetprotokoll-Adresse („IP-Adresse"), eine eindeutige Kennung des Anschlusses, über den die Internetnutzung erfolgt, sowie eine zugewiesene Benutzerkennung sowie Datum und Uhrzeit von Beginn und Ende der Internetnutzung unter der zugewiesenen IP-Adresse unter Angabe der zugrunde liegenden Zeitzone zu speichern. Für die nach § 176 TKG der Speicherpflicht unterliegenden Daten normiert § 100g Abs. 2 StPO qualifizierte Anforderungen. Es muss aufgrund bestimmter Tatsachen der Verdacht bestehen, dass jemand als Täter oder Teilnehmer eine der in Satz 2 bezeichneten besonders schweren Straftaten begangen oder in Fällen, in denen der Versuch strafbar ist, eine solche Straftat zu begehen versucht hat. Darüber hinaus muss die Tat auch im Einzelfall besonders schwer wiegen. Auch in dieser Variante darf die Erhebung nur erfolgen, soweit die Erforschung des Sachverhalts oder die Ermittlung des Aufenthaltsortes des Beschuldigten auf andere Weise wesentlich erschwert oder aussichtslos wäre und die Erhebung der Daten in einem angemessenen Verhältnis zur Bedeutung der Sache steht. Auch § 100g StPO regelt sodann weitere Vorgaben für das Verfahren. Zu beachten sind ferner die detaillierten Vorschriften in § 101 StPO über die gerichtliche Entscheidung, die Datenkennzeichnung und -auswertung sowie Benachrichtigungspflichten.

100 § 100g Abs. 3 StPO erlaubt unter engen Voraussetzungen eine sog. **„Funkzellenabfrage"**[104], also die Erhebung aller in einer Funkzelle angefallenen Verkehrsdaten. Die Maßnahme ist nur zulässig, wenn die Voraussetzungen des § 100g Abs. 1 S. 1 Nr. 1 StPO erfüllt sind, soweit die Erhebung der Daten in einem angemessenen Verhältnis zur Bedeutung der Sache steht und soweit die Erforschung des Sachverhalts oder die Ermittlung des Aufenthaltsortes des Beschuldigten auf andere Weise aussichtslos oder wesentlich erschwert wäre. Handelt es sich um Informationen, die nach den Vorgaben der Speicherpflichten in § 176 TKG gespeichert sind, erfordert die Funkzellenabfrage zusätzlich das Vorliegen der Anforderungen in § 100g Abs. 2 StPO.

101 Eine „Parallelnorm" zu § 100g StPO ist die Ermächtigungsgrundlage für die Erhebung von **Nutzungsdaten bei Telemediendiensten** in § 100k StPO. Die tatbestandlichen Anforderungen und die Verfahrensvorgaben sind ähnlich ausgestaltet wie bei der Erhebung von Verkehrsdaten bei Telekommunikationsdiensten. Besonderheiten ergeben sich aus den technischen Unterschieden zwischen Telemedien- und Telekommunikationsdiensten.

3. Ermittlung von Geräte- und Kartennummern, Standortermittlung

102 Zur Kommunikationsüberwachung allenfalls in einem sehr weit verstandenen Sinne zu rechnen sind auch die Maßnahmen zur **Ermittlung der Gerätenummer eines Mobilfunkendgerätes** und der **Kartennummer** der darin verwendeten Karte sowie zur **Feststellung des Standortes** eines Mobilfunkendgerätes. § 100i Abs. 1 StPO erlaubt derartige technische Ermittlungsmaßnahmen bei Mobilfunkendgeräten, wenn bestimmte Tatsachen den Verdacht begründen, dass jemand als Täter oder Teilnehmer einer Straftat von auch im Einzelfall erheblicher Bedeutung, insbesondere eine in § 100a Abs. 2 StPO bezeichnete Straftat, begangen hat, in Fällen, in denen der Versuch strafbar ist, zu begehen versucht hat, oder durch eine Straftat vorbereitet hat. Erforderlich ist zudem, dass die Maßnahme für die Erforschung des Sachverhalts oder die Ermittlung eines Aufenthaltsortes des Beschuldigten erforderlich ist. Die weiteren Verfahrensvorgaben ergeben sich aus § 100i Abs. 2 und 3 StPO und den dort normierten Verweisen.

---

[104] *Martini* in v. Münch/Kunig GG Art. 10 Rn. 209 f.; *Müller/Schwabenbauer* in Lisken/Denninger PolR-HdB Rn. G 750; dort Rn. 749 auch zur auf § 100g Abs. 1 StPO zu stützenden sog „Zielwahlsuche"; eingehend *Singelnstein* JZ 2012, 601 ff.; *Beichel-Benedetti* StV 2005, 438 f.; *Danckwerts* CR 2002, 539 ff. – zu § 100h Abs. 1 S. 2 StPO.

Die Vorschrift erlaubt etwa den Einsatz eines sog. „IMSI"-Catchers.[105] Nach zutreffender 103
Auffassung stellt dies aber **keinen Eingriff in Art. 10 Abs. 1 GG** dar,[106] da die Maßnahme nicht an den eigentlichen Telekommunikationsvorgang anknüpft (und einen solchen technisch auch nicht voraussetzt), sondern an den Betrieb eines Mobilfunkendgerätes.[107] Die auf § 100i StPO gestützten Maßnahmen weisen daher lediglich aufgrund des Zugriffs auf Kommunikationsmittel einen Bezug zur Kommunikationsüberwachung auf, wobei ein Kommunikationsvorgang selbst nicht Zugriffsgegenstand ist.

4. Unterbrechung bzw. Verhinderung von Telekommunikationsverbindungen

Verschiedene Polizeigesetze erlauben die **Unterbrechung bzw. Verhinderung von** 104
Telekommunikationsverbindungen durch den Einsatz technischer Mittel.[108] Die nach den einschlägigen Vorschriften jeweils anzustellende Gefahrenprognose erfordert es im Regelfall, dass die Polizei Kenntnis von den Inhalten der konkreten Verbindung hat oder diese zumindest verlässlich abschätzen kann; häufig wird der Maßnahme daher eine Überwachung der laufenden Telekommunikation vorausgehen.

Die Maßnahme kann je nach Ausgestaltung der Ermächtigungsgrundlage zB durch die 105
Polizei **selbst vorgenommen** werden, oder diese kann die Unterbrechung oder Verhinderung von den Anbietern **von Telekommunikationsdiensten verlangen.** Beispielsweise kann die Polizei nach § 40 Abs. 1 RhPfPOG „durch den Einsatz technischer Mittel Telekommunikationsverbindungen zur Abwehr einer Gefahr für Leib, Leben oder Freiheit einer Person oder für solche Güter der Allgemeinheit, deren Bedrohung die Grundlagen oder den Bestand des Staates oder die Grundlagen der Existenz der Menschen berührt, unterbrechen oder verhindern". Zulässige Adressaten sind Verhaltens- oder Zustandsstörer, unter den engen Voraussetzungen der Inanspruchnahme nicht verantwortlicher Personen auch diese, ferner die sog. „Nachrichtenmittler" der Verantwortlichen. Die Unterbrechung oder Verhinderung kann nach Maßgabe des Abs. 2 „auch ohne Kenntnis der Rufnummer oder einer anderen Kennung des betreffenden Anschlusses oder des Endgeräts" erfolgen, „sofern anderenfalls die Erreichung des Zwecks der Maßnahme nach Absatz 1 erheblich erschwert wäre". Die Maßnahme bedarf der schriftlichen richterlichen Anordnung (Abs. 3 S. 1) durch das OVG Rheinland-Pfalz (Abs. 3 S. 3). § 37 Abs. 1 S. 1 SPolDVG ermächtigt die Vollzugspolizei dazu, „von jedem Anbieter von Telekommunikationsdiensten" zu „verlangen, Kommunikationsverbindungen zu unterbrechen oder zu verhindern, wenn dies zur Abwehr einer gegenwärtigen Gefahr für den Bestand oder die Sicherheit des Bundes oder eines Landes oder für Leib, Leben oder Freiheit einer Person erforderlich ist". Nach Satz 3 ist die Unterbrechung oder Verhinderung „unverzüglich herbeizuführen und für die Dauer der Anordnung aufrechtzuerhalten". Unter denselben Voraussetzungen darf die Vollzugspolizei nach Abs. 2 auch selbst technische Mittel einsetzen, um Kommunikationsverbindungen zu unterbrechen oder zu verhindern. In der saarländischen Bestimmung liegt die Anordnungskompetenz nach § 37 Abs. 3 S. 1 SPolDVG bei der Behördenleitung bzw. einer oder einem von ihr beauftragten Beamtin oder Beamten des höheren Polizeivollzugsdienstes. Eine richterliche Bestätigung über die Fortdauer der Kommunikationsverbindungsunterbrechung oder -verhinderung ist nach Satz 2 allerdings unverzüglich einzuholen; erfolgt dies nicht binnen drei Tagen, tritt die Anordnung außer Kraft.

---

[105] *Müller/Schwabenbauer* in Lisken/Denninger PolR-HdB Rn. G 753 ff.; allgemein *Harnisch/Pohlmann* NVwZ 2009, 3128 ff.; *Nachbaur* NJW 2007, 335 ff.; *Gercke* MMR 2003, 453 ff.; *von Denkowski* Kriminalistik 2002, 117 ff.
[106] *Martini* in v. Münch/Kunig GG Art. 10 Rn. 71.
[107] Vgl. BVerfGK 9, 62 (74).
[108] *Müller/Schwabenbauer* in Lisken/Denninger PolR-HdB Rn. G 741.

D. Rechtsschutz

106 Angesichts der Vielfalt der dargestellten Maßnahmen zur Überwachung der Kommunikation lassen sich zur Frage des **Rechtsschutzes** nur allgemeine Ausführungen tätigen. Da es sich weit überwiegend um verdeckte Maßnahmen handelt, kommt es für die Gewährleistung eines effektiven Rechtsschutzes nach den verfassungsrechtlichen Vorgaben des Art. 19 Abs. 3 GG vor allem auf sachgerechte Regelungen zur **Benachrichtigung** des bzw. der Betroffenen hinsichtlich der Überwachungsmaßnahme an.[109] Die Verfahrensvorgaben zu den jeweiligen Instrumenten, namentlich denjenigen der StPO, aber auch der Polizeigesetze bzw. der ergänzenden datenschutzrechtlichen Bestimmungen regeln die entsprechenden Mitteilungsanforderungen differenziert und unter Abwägung der zu berücksichtigenden unterschiedlichen Belange. Das Bundesverfassungsgericht hat zu den Anforderungen an die Benachrichtigung klare Vorgaben formuliert, etwa in der Entscheidung über die später „nachgebesserten" Vorschriften zum „Großen Lauschangriff".[110] Insbesondere die Voraussetzungen für eine (länger andauernde) Zurückstellung der Benachrichtigung müssen den Vorgaben etwa des Verhältnismäßigkeitsgrundsatzes und der Normenbestimmtheit und -klarheit genügen. Zudem ist der benachrichtigte Betroffene regelmäßig explizit auf die Möglichkeit der Inanspruchnahme nachträglichen Rechtsschutzes hinzuweisen.

107 Darüber hinaus finden sich im Kontext der detaillierten Vorschriften etwa solche hinsichtlich der Kennzeichnungs- und Protokollierungspflichten, auch nach einer Löschung der jeweils erhobenen Daten. Erst die Kenntnis von der Eingriffsmaßnahme und ihren Umständen versetzt den Betroffenen in die Lage, sich um einen **wirksamen nachgelagerten Rechtsschutz** zu bemühen. Welche Rechtsschutzmöglichkeiten eröffnet sind, richtet sich nach dem jeweiligen normativen Zusammenhang der sicherheitsbehördlichen Ermächtigungsgrundlagen.

E. Perspektiven

108 Angesichts des technischen Fortschritts im Bereich der Informations- und Kommunikationstechnologie und ihrer verstärkten Nutzung durch Kriminelle stellt die **Überwachung der Kommunikation** ein **zentrales** und praktisch bedeutsames **Instrument** der Sicherheitsbehörden dar; zu ihrer Aufgabenerfüllung im repressiven und präventiven Handlungsfeld sind diese zwingend auf entsprechende, aus Kommunikationsvorgängen bzw. ihren Umständen gewonnene Informationen angewiesen. Diese besondere Bedeutung zeigt sich an den vielfältigen gesetzlichen Ermächtigungsgrundlagen für die Kommunikationsüberwachung, von denen viele zudem in den zurückliegenden Jahrzehnten unter dem Eindruck eines sich stetig verändernden Kommunikationsverhaltens geschaffen wurden. Die Gesetzgeber in Bund und Ländern sehen sich vor die Herausforderung gestellt, zum einen ihre Sicherheitsbehörden mit einem effektiven und sachgerechten Instrumentarium zu versehen, zum anderen den komplexen verfassungsrechtlichen Anforderungen gerecht zu werden. Dass einzelne Instrumente dabei nur selten zum Einsatz gekommen sind, hat keine Auswirkungen auf die Fragen nach ihrer verfassungsrechtlichen Zulässigkeit und nach ihrer Zweckmäßigkeit für den „Ausnahmefall".

109 Die Verfassungsgerichte haben in zahlreichen Entscheidungen wesentliche Leitlinien vorgezeichnet, deren Umsetzung im Detail freilich nicht immer konfliktlos möglich gewesen ist. Beispielhaft genannt werden können die Vorgaben zum Schutz des **Kernbereichs privater Lebensgestaltung,** der namentlich bei der Kommunikationsüberwachung von besonderer Relevanz ist, weil Kommunikationsinhalte häufig eben diesen Kernbereich betreffen (→ Rn. 38 ff.). Dass Überwachungsmaßnahmen zu unterbrechen

---

[109] *Müller/Schwabenbauer* in Lisken/Denninger PolR-HdB Rn. G 733.
[110] BVerfGE 109, 279 ff. = NJW 2004, 999.

sind, sobald die wahrgenommenen Inhalte dem Kernbereich zugeordnet werden können, klingt zunächst plausibel – allerdings bleibt unklar, wann die Maßnahme fortgesetzt werden kann, wenn ein Zugriff nicht mehr erfolgt und die handelnden Akteure daher nicht beurteilen können, ob weiterhin kernbereichsrelevante Informationen ausgetauscht werden. Die vom Bundesverfassungsgericht konstruierte Kombination aus striktem Maßnahmenverbot bei vorher bekannter Kernbereichsrelevanz, Unterbrechungspflicht und nachträglicher Überprüfung durch qualifizierte Personen ist ein Kompromiss zwischen der Unverzichtbarkeit von Informationsgewinnungseingriffen auf der einen, dem mit dem Kernbereichsschutz geschützten Menschenwürdegehalt und der Wahrung der Intimsphäre auf der anderen Seite.

Die Überwachung der Individualkommunikation wird von Betroffenen, aber auch in der Bevölkerung allgemein als gravierender Grundrechtseingriff wahrgenommen; dies ist nicht nur im Hinblick auf den Kernbereichsschutz zutreffend – die Grundrechtsausübung hinsichtlich des Brief-, Post- und Fernmeldegeheimnisses, aber auch des Rechts auf informationelle Selbstbestimmung weist enge **Bezüge zum menschlichen Persönlichkeitskern** auf, wenngleich nicht jede Kommunikation den Informationsaustausch in der Intimsphäre betrifft. Vor diesem Hintergrund werden Ausweitungen und Ergänzungen des gesetzlichen Eingriffsarsenals insbesondere für den sicherheitsbehördlichen Zugriff auf Informations- und Kommunikationstechnik häufig als sehr problematisch wahrgenommen. Die teilweise nach wie vor noch nicht abgeschlossenen Kontroversen um den „Großen Lauschangriff", die Online-Durchsuchung und die Quellen-Telekommunikation einschließlich der Anzahl der erhobenen Verfassungsbeschwerden zeigen dies in anschaulicher Weise. Die Diskussionen und Gerichtsverfahren überraschen nicht: Allein die Verfügbarkeit heimlicher Überwachungsbefugnisse für die Sicherheitsbehörden kann ein „diffuses Gefühl des Überwachtwerdens" zur Folge haben.[111] Gleichwohl muss ein modernes Sicherheitsrecht[112] auch solche Maßnahmenermächtigungen vorhalten – mit der gesetzlichen Regelung ist ja noch nichts über die Häufigkeit des Einsatzes der fraglichen Instrumente gesagt. 110

Welche Grenzen der Schaffung weiterer Ermächtigungsnormen – vor allem bei weiteren technischen Fortschritten – künftig das Konzept der **„Überwachungsgesamtrechnung"**[113] ziehen wird, ist derzeit noch nicht abzuschätzen. Schon in seinem Urteil vom 12.4.2005 hat das Bundesverfassungsgericht ausgeführt: 111

„Beim Einsatz moderner, insbesondere dem Betroffenen verborgener, Ermittlungsmethoden müssen die Strafverfolgungsbehörden mit Rücksicht auf das dem ‚additiven' Grundrechtseingriff innewohnende Gefährdungspotential besondere Anforderungen an das Verfahren beachten.

Wegen des schnellen und für den Grundrechtsschutz riskanten informationstechnischen Wandels muss der Gesetzgeber die technischen Entwicklungen aufmerksam beobachten und notfalls durch ergänzende Rechtssetzung korrigierend eingreifen. Dies betrifft auch die Frage, ob die bestehenden verfahrensrechtlichen Vorkehrungen angesichts zukünftiger Entwicklungen geeignet sind, den Grundrechtsschutz effektiv zu sichern und unkoordinierte Ermittlungsmaßnahmen verschiedener Behörden verlässlich zu verhindern".[114]

Derartige Erwägungen sind uneingeschränkt zustimmungsfähig; an die fortlaufende Gesetzesevaluation[115] sind damit freilich besondere Anforderungen gestellt, zumal sich der Blick bei der Bewertung weiten müsste, um das gesamte Gefährdungspotenzial belastbar abschätzen zu können. Im rechtswissenschaftlichen Schrifttum wird seit jüngerer Zeit öfter der Vorschlag unterbreitet, durch eine unabhängige Kontrollinstanz einen Überblick über die Gesamtbelastung durch Überwachungsmaßnahmen erstellen und fortschreiben zu lassen. Im Bundestag gab es in der 19. Legislaturperiode einen Vorstoß der Fraktion der SPD 112

---

[111] Vgl. BVerfGE 120, 378 (402) = NJW 1008, 1505; BVerfGE 125, 260 (319, 332) = NJW 2019, 833.
[112] Dazu *Thiel* GSZ 2021, 97 ff.
[113] Dazu *Braun/Albrecht* VR 2017, 151 ff.; s. auch schon *Roßnagel* NJW 2010, 1238 ff.
[114] BVerfGE 112, 304 ff. (Ls. 2 und 3) = NJW 2005, 1338.
[115] Zur Gesetzesfolgenabschätzung im Sicherheitsrecht *Thiel* V&M 2019, 224 ff.; *Thiel* NWVBl 2018, 50 ff.

mit dem Antrag „Freiheit und Sicherheit schützen – Für eine Überwachungsgesamtrechnung statt weiterer Einschränkungen der Bürgerrechte".[116] Im Anschluss wurden verschiedene Konzepte entworfen, etwa ein periodisches Überwachungsbarometer;[117] vorgeschlagen wurde gar ein „Sicherheits-Moratorium"[118], also der Verzicht auf weitere Sicherheitsgesetzgebung, bis die vorhandenen Regelwerke überprüft und bewertet wurden. Ein derartiger „flächendeckender" Verzicht auf Normsetzung würde allerdings dem staatlichen Schutzauftrag nicht gerecht, wenn sich neuartige Bedrohungspotenziale zeigen, auf die durch eine Anpassung des sicherheitsbehördlichen Handlungsinstrumentariums reagiert werden muss.

§ 25 Überwachung von Wohnraum

Markus Löffelmann

Übersicht

	Rn.
A. Akustische und optische Wohnraumüberwachung	1
I. Funktionsweise und Relevanz	2
II. Verfassungsrechtliche Einordnung	4
III. Einfachrechtlicher Regelungsrahmen	7
1. Strafverfolgungsrecht	7
a) Ermächtigungsgrundlage	8
b) Besondere Beschränkungen	10
c) Rechtsschutz und Kontrolle	13
2. Polizeirecht	15
a) Ermächtigungsgrundlage	16
b) Besondere Beschränkungen	22
c) Rechtsschutz und Kontrolle	24
3. Nachrichtendiensterecht	27
a) Ermächtigungsgrundlage	28
b) Besondere Beschränkungen	31
c) Rechtsschutz und Kontrolle	32
B. Datenerhebung aus dem „Smart Home"	33
I. Funktionsweise und Relevanz	33
II. Verfassungsrechtliche Einordnung	36
1. Recht auf informationelle Selbstbestimmung	37
2. Recht auf Vertraulichkeit und Integrität informationstechnischer Systeme	38
3. Fernmeldegeheimnis	40
4. Wohnungsgrundrecht	41
5. Kernbereich privater Lebensgestaltung	42
6. Erstellung umfassender Profile	43
III. Einfachrechtlicher Regelungsrahmen	44
1. Strafverfahren	45
a) Ermächtigungsgrundlagen	45
aa) Akustische Wohnraumüberwachung	46
bb) Online-Durchsuchung	47
cc) Telekommunikationsüberwachung	48
dd) Beschlagnahme	49
b) Besondere Beschränkungen	51
c) Rechtsschutz und Kontrolle	53

---

[116] BT-Drs. 19/23695 v. 27.10.2020.
[117] Deutscher Bundestag, Ausschuss für Inneres und Heimat, Drs. 19(4)732 E: *Poscher* ua, Konzept für ein periodisches Überwachungsbarometer; *Poscher/Kilchling/Landerer* GSZ 2021, 225 ff.
[118] https://netzpolitik.org/tag/sicherheits-moratorium/.

	Rn.
2. Polizeirecht	55
a) Ermächtigungsgrundlagen	55
aa) Wohnraumüberwachung	56
bb) Online-Durchsuchung	57
cc) Telekommunikationsüberwachung	61
dd) Sicherstellung und Beschlagnahme	62
b) Besondere Beschränkungen	64
c) Rechtsschutz und Kontrolle	66
3. Nachrichtendienstrecht	67
a) Ermächtigungsgrundlagen	67
aa) Wohnraumüberwachung	67
bb) Online-Durchsuchung	68
cc) Telekommunikationsüberwachung	69
dd) Sicherstellung und Beschlagnahme	70
b) Besondere Beschränkungen	71
c) Rechtsschutz und Kontrolle	72
C. Andere Eingriffe in Wohnungen	73
I. Einsatz von Bodycams	73
1. Funktionsweise und Relevanz	73
2. Verfassungsrechtliche Einordung	74
3. Einfachrechtliche Ausgestaltung	77
II. Elektronische Aufenthaltsüberwachung	78
1. Funktionsweise und Relevanz	78
2. Verfassungsrechtliche Einordnung	79
3. Einfachrechtliche Ausgestaltung	80
III. Betretungsrechte für verdeckt ermittelnde Personen	81
1. Problematik und Relevanz	81
2. Verfassungsrechtliche Einordnung	82
3. Einfachrechtliche Ausgestaltung	85
IV. Eingriffe durch Luftbildaufnahmen	88
1. Problematik und Relevanz	88
2. Verfassungsrechtliche Einordnung	89
3. Einfachrechtliche Ausgestaltung	90
D. Perspektiven	91

Wichtige Literatur:

Albrecht, F./Schmid, A., Fliegende Augen für die Bundespolizei? Rechtliche Grundlagen des Einsatzes von Videodrohnen durch die Bundespolizei, VR 2017, 181; *Baldus, M.,* Präventive Wohnraumüberwachungen durch Verfassungsschutzbehörden der Länder. Ein gesetzestechnisch unausgegorenes und verfassungsrechtlich zweifelhaftes Mittel zur Terrorismusbekämpfung?, NVwZ 2003, 1289; *Baldus, M.,* Überwachungsrecht unter Novellierungsdruck, in Schaar, Folgerungen aus dem Urteil des Bundesverfassungsgerichts zur akustischen Wohnraumüberwachung: Staatliche Eingriffsbefugnisse auf dem Prüfstand?, 2005, 9; *Blechschmitt, L.,* Strafverfolgung im digitalen Zeitalter. Auswirkungen des stetigen Datenaustauschs auf das strafrechtliche Ermittlungsverfahren, MMR 2018, 361; *Bode, T. A.,* Verdeckte strafprozessuale Ermittlungsmaßnahmen, 2012; *Bou-Harb, E./Neshenko, N.,* Cyber Threat Intelligence for the Internet of Things, 2020; *Braun, F.,* Der so genannte „Lauschangriff" im präventivpolizeilichen Bereich. Die Neuregelung in Art. 13 IV–VI GG, NVwZ 2000, 375; *Braun, F.,* Datenschutz im Smart-Office. Gestaltung von Energiemanagementsystemen für vernetzte Gebäudeautomation, ZD 2018, 71; *Buckler, J.,* (Verfassungs-)Rechtliche Rahmenbedingungen für den polizeilichen Einsatz sog. „Drohnen", GSZ 2019, 23; *Cimiano, P./Herlitz, C.,* „Smart Wohnen!" Die „intelligente" Wohnung und rechtserhebliche Erklärungen über „Mieterportale", NZM 2016, 409; *Denninger, E.,* Verfassungsrechtliche Grenzen des Lauschens. Der „große Lauschangriff" auf dem Prüfstand der Verfassung, ZRP 2004, 101; *Dorf, Y.,* Luftbildaufnahmen und Unverletzlichkeit der Wohnung, NJW 2006, 951; *Eckhardt, J.,* Wann ist ein IoT-Gerät datenschutzrelevant?, DuD 2021, 107; *Eisenberg, U.,* Zur Unzulässigkeit optischer Ermittlungsmaßnahmen (Observation) betreffend eine Wohnung, NStZ 2002, 638; *Frau, R.,* Der nachrichtendienstliche Zugriff auf Smarthome-Geräte – Grundrechtseingriffe in Alexa, Google Home & Co, GSZ 2020, 149; *Glaser, M./Gedeon, B.,* Dissonante Harmonie – Zu einem zukünftigen „System" strafprozessualer verdeckter Ermittlungsmaßnahmen, GA 2007, 415; *Gless, S.,* Wenn das Haus mithört: Beweisverbote im digitalen Zeitalter, StV 2018, 671; *Greveler, U.,* Zwangsdigitalisierung der Stromverbraucher oder sinnvolle Regelung?, scilogs.spektrum.de v. 29.11.2015 (https://scilogs.spektrum.de/datentyp/zwangsdigitalisierung-stromverbraucher-regulierung/); *Greveler, U./Justus, B./Löhr, D.,* Identifikation von Videoinhalten über granulare Stromverbrauchsdaten, in Suri/Waidner, Sicherheit 2012. Sicherheit, Schutz und Zuverlässigkeit. Beiträge der 6. Jahrestagung des Fachbereichs Sicherheit der Gesellschaft für Informatik e. V. (GI), 2012 (https://dl.gi.de/bitstream/handle/20.500.12116/18280/lni-p-195-komplett.pdf?sequence=1&isAllowed=y), S. 35 ff.; *Gusy, C.*, Lauschangriff und Grundgesetz, JuS 2004, 457; *Gusy, C.*, Auswirkungen des Lauschangriffsurteils außerhalb der strafprozessualen Wohnungsüberwachung, in Schaar, Folgerungen aus dem Urteil des Bundesverfassungsgerichts zur akustischen Wohnraumüberwachung: Staatliche Eingriffsbefugnisse auf dem Prüfstand?, 2005; *Heinemann, M.*, Grundrechtlicher Schutz informationstechnischer Systeme. Unter besonderer Berücksichtigung des Grundrechts auf Gewährleistung der Vertraulichkeit und Integrität informationstechnischer Systeme, 2015; *Herrmann, K./Soiné, M.*, Durchsuchung persönlicher Datenspeicher und Grundrechtsschutz, NJW 2011, 2922; *Hoffmann-Riem, W.*, Der grundrechtliche Schutz der Vertraulichkeit und Integrität eigengenutzter informationstechnischer Systeme, JZ 2008, 1009; *Kipker, D.-K./Gärtner, H.*, Verfassungsrechtliche Anforderungen an den Einsatz polizeilicher „Body-Cams", NJW 2015, 296; *Kötter, M.*, Novellierung der präventiven Wohnraumüberwachung? Konsequenzen aus der Lauschangriff-Entscheidung des BVerfG, DÖV 2005, 225; *Kress, S.*, Der „Große Lauschangriff" als Mittel internationaler Verbrechensbekämpfung. Zur Verwertbarkeit im Ausland gewonnener Beweise, 2009; *Krey, V.* (Hrsg. Bundeskriminalamt), Rechtsprobleme des strafprozessualen Einsatzes Verdeckter Ermittler einschließlich des „Lauschangriffs" zu seiner Sicherung und als Instrument der Verbrechensaufklärung, 1993; *Kutscha, M.*, Der Lauschangriff im Polizeirecht der Länder, NJW 1994, 85; *Kutscha, M./Roggan, F.*, Große Lauschangriffe im Polizeirecht. Konsequenzen des Karlsruher Richterspruchs, in Roggan, Lauschen im Rechtsstaat, 2004, 25 ff.; *de Lazzer, D./Rohlf, D.*, Der „Lauschangriff". Ist nachrichtendienstliches Abhören der Privatwohnung zulässig?, JZ 1977, 207; *Löffelmann, M.*, Die Neuregelung der akustischen Wohnraumüberwachung, NJW 2005, 2033; *Löffelmann, M.*, Das Gesetz zur Umsetzung des Urteils des Bundesverfassungsgerichts vom 3. März 2004 (akustische Wohnraumüberwachung), ZIS 2006, 87; *Löffelmann, M.*, Die Übertragbarkeit der Judikatur des Bundesverfassungsgerichts zur akustischen Wohnraumüberwachung auf die Telekommunikationsüberwachung und andere verdeckte Ermittlungsmaßnahmen, ZStW 118 (2006), 358; *Löffelmann, M.*, Novellierung des Bayerischen Verfassungsschutzgesetzes, BayVBl. 2017, 253; *Löffelmann, M.*, Die Zukunft der deutschen Sicherheitsarchitektur – Vorbild Bayern?, GSZ 2018, 85; *Löffelmann, M.*, Das Gesetz zur effektiveren Überwachung gefährlicher Personen – Sicherheitsrecht am Rande der Verfassungsmäßigkeit und darüber hinaus, BayVBl. 2018, 145; *Löffelmann, M.*, Der Schutz grundrechtssensibler Bereiche im Sicherheitsrecht, GSZ 2019, 190; *Löffelmann, M.*, Das Gesetz zur Neuordnung des bayerischen Polizeirechts – Sicherheitsrecht am Rande der Verfassungsmäßigkeit und darüber hinaus Teil 2, BayVBl. 2019, 121; *Löffelmann, M.*, Datenerhebung aus dem „Smart Home" im Sicherheitsrecht, GSZ 2020, 244; *Marx, S.*, Der staatliche Zugriff auf die digitalen Sprachassistenten Alexa, Google Home und Co., DVBl. 2020, 488; *Meinicke, D.*, Anmerkung zu einer Entscheidung des AG Reutlingen, Beschluss vom 31.10.2011 (5 Ds 43 Js 18155/10 jug; StV 2012, 462) – Zur Beschlagnahme von (Facebook-)Nutzerkonten, StV 2012, 463; *Meyer-Wieck, H.*, Der Große Lauschangriff. Eine empirische Untersuchung zu Anwendung und Folgen des § 100c Abs. 1 Nr. 3 StPO, 2005; *Müller, M.*, Der sogenannte „Große Lauschangriff" Eine Untersuchung zu den Rechtsproblemen der Einführung der elektronischen Wohnraumüberwachung zur Beweismittelgewinnung, 2000; *Perne, V.*, Richterband und Kernbereichsschutz – Zur verfassungsrechtlichen Problematik des nachträglichen Lauschens und Spähens durch den Richter, DVBl. 2006, 1486; *Petri, T.*, Das Gesetz zur Neuordnung des bayerischen Polizeirechts. Ein rechtsstaatlich umstrittenes Mustergesetz für Bund und Länder, ZD 2018, 453; *Pohlmann, N.*, Chancen und Risiken von Smart Home, DuD 2021, 95; *Puschke, H./Singelnstein, T.*, Telekommunikationsüberwachung, Vorratsdatenspeicherung und (sonstige) heimliche Ermittlungsmaßnahmen der StPO nach der Neuregelung zum 1.1.2008, NJW 2008, 113; *Raabe, O./Weis, E.*, Datenschutz im „SmartHome", RDV 2014, 231; *Roggan, F.*, Lauschen im Rechtsstaat. Zu den Konsequenzen des Urteils des Bundesverfassungsgerichts zum großen Lauschangriff, GS Hans Lisken 2004; *Roßnagel, A./Geminn, C. L./Jandt, S./Richter, P.*, Datenschutzrecht 2016. „Smart" genug für die Zukunft? Ubiquitous Computing und Big Data als Herausforderungen des Datenschutzrechts, 2016; *Rüscher, D.*, Alexa, Siri und Google als digitale Spione im Auftrag der Ermittlungsbehörden? Zur Abgrenzung von Quellen-TKÜ, Onlinedurchsuchung und akustischer Wohnraumüberwachung, NStZ 2018, 687; *Ruthig, J.*, Der Einsatz mobiler Videotechnik im Polizeirecht, GSZ 2018, 12; *Schaar, P.*, Folgerungen aus dem Urteil des Bundesverfassungsgerichts zur akustischen Wohnraumüberwachung: Staatliche Eingriffsbefugnisse auf dem Prüfstand?, 2005; *Schlegel, S.*, Warum die Festplatte keine Wohnung ist – Art. 13 GG und die „Online-Durchsuchung", GA 2007, 648; *Singelnstein, T.*, Möglichkeiten und Grenzen neuerer strafprozessualer Ermittlungsmaßnahmen – Telekommunikation, Web 2.0, Datenbeschlagnahme, polizeiliche Datenverarbeitung & Co, NStZ 2012, 593; *Skistims, H.*, Smart Homes. Rechtsprobleme intelligenter Haussysteme unter besonderer Beachtung des Grundrechts auf Gewährleistung der Vertraulichkeit und Integrität informationstechnischer Systeme, 2016; *Soiné, M.*, Die Vertrauensperson im Polizeirecht, NJW 2020, 2850; *Tomerius, C.*, „Drohnen" zur Gefahrenabwehr – Darf die Berliner Polizei nach jetziger Rechtslage Drohnen präventiv-polizeilich nutzen?, LKV 2020, 481; *Unterreitmeier, J.*, Der Einsatz von V-Leuten und verdeckten Mitarbeitern zwischen sicherheitspolitischer Notwendigkeit und verfassungsrechtlichen Grenzen, GSZ 2019, 233; *Warntjen, M.*, Heimliche Zwangsmaßnahmen und der Kernbereich privater Lebensgestaltung, 2007; *Welsch, P.*, Der tendenzielle Fall der Freiheit, 2013; *Zerbes, I./El-Ghazi, M.*, Zugriff auf Computer: Von der gegenständlichen zur virtuellen Durchsuchung, NStZ 2015, 425; *Zimmermann, G.*, Staatliches Abhören, 2001; *Zöller, M.*, Heimlichkeit als System, StraFo 2008, 15.

Hinweis:
Alle Internetfundstellen wurden zuletzt am 23.3.2022 abgerufen.

A. Akustische und optische Wohnraumüberwachung

Unter dem Terminus „Lauschangriff" ist die Wohnraumüberwachung seit etwa Mitte der 1970er Jahre Gegenstand rechtspolitischer Auseinandersetzungen und wurde, zum Teil auch ohne spezialgesetzliche Ermächtigung, von Polizeien und Verfassungsschutzbehörden als Mittel der Gefahrenabwehr eingesetzt.[1] Für die Nachrichtendienste des Bundes wurde eine spezielle Befugnis durch das „Gesetz zur Fortentwicklung der Datenverarbeitung und des Datenschutzes" vom 20.12.1990[2] geschaffen. Breite gesellschaftliche Bedeutung erlangte die Debatte um den **„großen Lauschangriff"** im Zusammenhang mit der Einfügung der Befugnis in die StPO und die dadurch notwendig gewordene Änderung des Art. 13 GG (→ Rn. 7).[3] Mit Urteil vom 3.3.2004[4] legte das BVerfG Art. 13 Abs. 3 GG in verfassungskonformer Weise mit Blick auf die Menschenwürde- und Rechtsstaatsgarantie des Art. 79 Abs. 3 GG aus, beanstandete aber die Ausgestaltung der einfachrechtlichen Normen, was deren Novellierung zur Folge hatte. Im Polizeirecht und Recht der Nachrichtendienste wurden diese Änderungen nur zum Teil nachvollzogen, weshalb sich die Rechtslage in den verschiedenen Bereichen des Sicherheitsrechts ausgesprochen heterogen darstellt (→ Rn. 15 ff., 27 ff.). Heute kommt der „klassischen" Wohnraumüberwachung nur mehr marginale praktische Bedeutung zu. Mit der technischen Entwicklung entstehen jedoch **neue Möglichkeiten zur Überwachung** von Wohnraum und daraus resultierende Gefährdungen für das Wohnungsgrundrecht (→ Rn. 33 ff., 73 ff.).

I. Funktionsweise und Relevanz

Der heimliche Einsatz technischer Mittel zur Wohnraumüberwachung stellt eines der 2 eingriffsintensivsten Ermittlungs- und Aufklärungsinstrumente des Strafverfolgungs-, Gefahrenabwehr- und Nachrichtendiensterechts dar. Die Maßnahme kann technisch entweder durch das Anbringen von Überwachungstechnik („Wanzen", Miniaturkameras) in den zu überwachenden Räumen oder von außerhalb, etwa durch den Einsatz von Richtmikrofonen, Körperschallmikrofonen oder die Laserabtastung von Fensterscheiben bzw. durch bildgebende Techniken, etwa mittels Wärmebildkameras, erfolgen.[5] Befindet sich in den Räumen ein informationstechnisches System mit Internetverbindung, kann die Überwachung auch mittels Infiltration dieses Systems und Steuerung seiner Peripheriegeräte (Mikrofon, Webcam) realisiert werden.[6] Schließlich kann die Überwachung dergestalt durchgeführt werden, dass eine Person, die sich in den zu überwachenden Räumen aufhält, selbst die Überwachungsgerätschaften mit sich trägt und benutzt (→ Rn. 81 ff.).

Die rechtstatsächliche Relevanz der akustischen und optischen Überwachung von 3 Wohnraum ist – namentlich seit der einschlägigen Entscheidung des BVerfG vom

---

[1] Zur Herkunft dieses Terminus *Kutscha* NJW 1994, 85; *Roggan* in Roggan/Kutscha Recht der Inneren Sicherheit-HdB 107; zur damaligen Rechtslage in den Ländern im präventiv-polizeilichen Bereich BT-Drs. 13/4942, 39 ff., zum nachrichtendienstlichen Bereich *Zimmermann* Staatliches Abhören 23, 116 f.; *de Lazzer/Rohlf* JZ 1977, 207.
[2] BGBl. 1990 I 2954; die Einfügung der Maßnahme beruhte auf einer nicht näher begründeten Empfehlung des Innenausschusses, vgl. BT-Drs. 11/4306; BT-Drs. 11/7235, 58, 107.
[3] Vgl. etwa *Leutheuser-Schnarrenberger* ZRP 1998, 87; *Stümper* ZRP 1998, 463; *Schily* ZRP 1999, 129; *Denninger* StV 1998, *Lisken* KJ 1998, 106 (401); *Dittrich* NStZ 1998, 336; *Dombeck* NJ 1998, 119; *Ruthig* JuS 1998, 506; *Meyer/Hetzer* NJW 1998, 1017; *Bäumler* DuD 1998, 282; *Momsen* ZRP 1998, 459; *Vahle* Kriminalistik 1998, 378; *Brodag* Kriminalistik 1999, 745; *Müller*, Der sogenannte „Große Lauschangriff": Eine Untersuchung zu den Rechtsproblemen der Einführung der elektronischen Wohnraumüberwachung zur Beweismittelgewinnung, 2000; ausf. zu Rechtslage und Diskussionsstand vor der Änderung des Art. 13 GG *Krey* Rechtsprobleme Rn. 31 ff., 348 ff. mwN.
[4] BVerfGE 109, 279 = NJW 2004, 999; zu den Auswirkungen dieses „großen Urteils" (*Denninger* ZRP 2004, 101); auf andere verdeckte Ermittlungsmaßnahmen die Beiträge in *Schaar* Staatliche Eingriffsbefugnisse; *Löffelmann* ZStW 2006, 358; *Warntjen*, Heimliche Zwangsmaßnahmen und der Kernbereich privater Lebensgestaltung, 2007.
[5] Vgl. *Hauck* in Löwe/Rosenberg StPO § 100c Rn. 85 mit Beispielen für entsprechende technische Mittel.
[6] Vgl. BT-Drs. 18/2257, 5; BVerfGE 120, 274 (310) = NJW 2008, 822.

3.3.2004[7], mit der eine Neuregelung des „großen Lauschangriffs" im Strafverfahrensrecht ausgelöst wurde – gering.[8] In den gem. Art. 13 Abs. 6 GG jährlich dem Bundestag zu erstattenden Berichten[9] bewegen sich die Anwendungszahlen im Bereich der Strafverfolgung im einstelligen Bereich, für die Bereiche der Gefahrenabwehr und der Nachrichtendienste wurden entsprechende Maßnahmen auf Bundesebene bislang nicht erwähnt. Auch in den entsprechenden Berichten an die Länderparlamente hat die Maßnahme nur sehr geringe Bedeutung.[10] Die international ausgesprochen heterogene Rechtslage zur Zulässigkeit des „großen Lauschangriffs"[11] weckt zusätzliche Zweifel an der Eignung dieses Mittels für die Bekämpfung von typischerweise grenzüberschreitend auftretender Organisierter Kriminalität.

II. Verfassungsrechtliche Einordnung

4 Die akustische und optische Überwachung von Wohnungen greift in die durch Art. 13 Abs. 1 GG geschützte Unverletzlichkeit der Wohnung ein. Das Grundrecht verbürgt dem Einzelnen einen „elementaren Lebensraum" und gewährleistet das Recht, „in ihm in Ruhe gelassen zu werden."[12] Das beinhaltet ein grundsätzliches Verbot für Hoheitsträger, Wohnraum ohne oder gegen den Willen des Berechtigten zu betreten und Überwachungstechnologie in einer Wohnung zu installieren oder dort zu benutzen. Dazu zählt auch das Überwachen von Vorgängen in der Wohnung durch den Einsatz von ton- oder bildgebenden Techniken von außerhalb, soweit diese Vorgänge durch die räumliche Abschirmung der natürlichen Wahrnehmung entzogen sind.[13] Ein physisches Eindringen in den Wohnraum ist nicht erforderlich (→ Rn. 2).[14] Einen Eingriff in Art. 13 GG stellt auch das Betreten der Wohnung zum Anbringen von Überwachungstechnologie dar. Ausnahmen von dem grundsätzlichen Betretungs- und Überwachungsverbot enthalten Art. 13 Abs. 2–7 GG. Für technische Überwachungsmaßnahmen betrifft die Schranke des Abs. 3 den Bereich der Strafverfolgung, die des Abs. 4 den der Gefahrenabwehr und die des Abs. 5 übergreifend die Überwachung zum Zweck der Eigensicherung von in der Wohnung

---

[7] BVerfGE 109, 279 = NJW 2004, 999; dazu *Denninger* ZRP 2004, 101; *Gusy* JuS 2004, 457.

[8] Vgl. zu einer Gesamterhebung aller im Zeitraum von 1998 bis 2001 durchgeführten Maßnahmen *Meyer-Wieck*, Der Große Lauschangriff, 2005; *Meyer-Wieck* NJW 2005, 2037, der zu dem Ergebnis kommt, dass die Maßnahme lediglich in einem kleinen Teil der Verfahren unmittelbare Relevanz für die Beweisführung hatte und nur in rund der Hälfte der Fälle einen Bezug zu Delikten der Organisierten Kriminalität, zu deren besserer Bekämpfung die Befugnis eingeführt worden war, aufwies.

[9] Vgl. bisher BT-Drs. 19/32583 (2020); 19/22432 (2019); 19/13435 (2018); 19/4762 (2017); 18/13522 (2016); 18/9660 (2015); 18/5900 (2014); 18/2495 (2013); 17/14835 (2012); 17/10601 (2011); 17/7008 (2010); 17/3038 (2009); 16/14116 (2008); 16/10300 (2007); 16/6336 (2006); 16/3068 (2005); 15/5971 (2004); 15/3699 (2003); 15/1504 (2002); 14/9860 (2001); 14/6778 (2000); 14/3998 (1999); 14/2452 (1998).

[10] Vgl. etwa zum Bereich der Nachrichtendienste Nordrhein-Westfalen Landtag-Drs. 14/2211, 16 (keine Maßnahmen); zum Bereich der Gefahrenabwehr Bayerischer Landtag Drs. 12498, 7 (3 Maßnahmen); 14/9754, 1 (0); 15/3945, 7 (4); 15/1443, 8 (4); 15/10675, 1 (0); 15/6226, 4 (2); 16/1, 1 (0); 16/12870, 1 (0); 16/8368, 1 (0); 16/4833, 6 (1); 16/1388, 1 (0); 17/18179, 1 (0); 17/12096, 1 (0); 17/7152, 1 (0); 17/2180, 1 (0); deutlich höhere Zahlen nennt *Braun* NVwZ 2000, 375 (382) mit dem Hinweis auf BT-Drs. 13/4942, 43 f. zur alten Rechtslage vor Novellierung des Art. 13 GG; laut VerfGH Rheinland-Pfalz NVwZ-RR 2007, 721 (726 f.) hätten „in der Vergangenheit präventive Wohnraumüberwachungen zu wirksamen Gefahrenabwehrmaßnahmen geführt".

[11] Vgl. *Kress*, Der „Große Lauschangriff" als Mittel internationaler Verbrechensbekämpfung. Zur Verwertbarkeit im Ausland gewonnener Beweise, 2009, 143 ff. zu den Ländern Italien, Spanien, Frankreich, Polen, England, Türkei und USA; S. 227 ff. zur Problematik der internationalen Zusammenarbeit.

[12] BVerfGE 109, 279 (309) = NJW 2004, 999; mit dem Hinweis auf BVerfGE 32, 54 (75) = NJW 1971, 2299; BVerfGE 42, 212 (219) = NJW 1976, 1735; BVerfGE 51, 97 (110) = NJW 1979, 1539.

[13] BVerfGE 120, 274 (309 f.) = NJW 2008, 822; teilweise wird auch die gezielte und systematische Observation von außerhalb zum Zweck der Informationsgewinnung über Vorgänge in der Wohnung dem Schutzbereich des Art. 13 GG zugerechnet, vgl. *Eisenberg* NStZ 2002, 638 (639).

[14] So ausdrücklich BVerfGE 109, 279 (327) = NJW 2004, 999; anders noch BVerfGE 65, 1 (40) = NJW 1984, 419.

tätigen Personen.¹⁵ Der Tätigkeitsbereich der Nachrichtendienste ist in den Schranken nicht ausdrücklich erwähnt.¹⁶

Unter **Wohnung** iSd Art. 13 GG ist jeder nicht allgemein zugängliche feststehende, fahrende oder schwimmende Raum (objektives Element), der zur Stätte des Aufenthalts oder Wirkens von Menschen gemacht wird (subjektives Element), zu verstehen.¹⁷ Hierzu zählen die Privatwohnung, Zimmer in Wohnheimen, das Krankenzimmer,¹⁸ Gast- und Hotelzimmer,¹⁹ Wohnboote, Schlafwagenabteile, Campingzelte, Hausboote und Wohnwagen, nicht aber der Pkw, soweit er als bloßes Verkehrsmittel benutzt wird.²⁰ Zur Wohnung gehören alle mit ihr eine Einheit bildenden Räume und Flächen, wie Innenhof, Treppenhaus, Flur, Fahrstuhl, auch umzäunte Bereiche wie Gärten oder Vorgärten, soweit diese dem allgemeinen Zugang entzogen sind.²¹ Auch **Arbeits-, Betriebs- und Geschäftsräume** sind von Art. 13 GG erfasst,²² soweit sie nicht allgemein für die Öffentlichkeit zugänglich sind. Schließlich fallen in den Schutzbereich auch – was von gewisser praktischer Relevanz ist – Räume, die für einen begrenzten Teilnehmerkreis zu sozialen Zwecken genutzt werden, wie Vereinshäuser, Clubräume²³ oder nicht allgemein zugängliche Hinterzimmer in Gaststätten. Keine Wohnräume iSd Art. 13 GG sind zB solche, die von der Zielperson benutzt werden, ohne dass sie in ihnen wohnt, öffentlich zugängliche Räume und solche, die einem jederzeitigen hoheitlichen Zugangsrecht unterliegen.²⁴ **Grundrechtsträger** sind alle Personen, die die Wohnung tatsächlich innehaben, also darüber verfügen können. Dazu zählen alle Bewohner der Wohnung, Mieter bzw. Untermieter,²⁵ nicht aber der Eigentümer bzw. Vermieter einer vermieteten Wohnung, da er kein unbeschränktes Zutrittsrecht hat. Nicht zu den Grundrechtsträgern zählen ferner Personen, die mitüberwacht werden, weil sie sich während der Durchführung der Maßnahme in einer überwachten Wohnung aufhalten, ohne diese aber innezuhaben, wie zB vorübergehend anwesende Gäste. Bei Arbeits-, Betriebs- und Geschäftsräumen ist grundsätzlich der Unternehmer (auch wenn es sich um eine juristische Person handelt²⁶) Grundrechtsträger, nicht der Arbeitnehmer.²⁷

Die Unverletzlichkeit der Wohnung hat einen engen Bezug zu dem in Art. 1 Abs. 1 GG verankerten **Kernbereich privater Lebensgestaltung.** Dem Einzelnen soll das Recht, „in Ruhe gelassen zu werden", gerade in seinen Wohnräumen gesichert sein.²⁸ In diesen Kernbereich darf der Staat nicht in Verfolgung hoheitlicher Interessen eingreifen. Ob der

---

[15] Diese Einsatzweise wird als „kleiner Lauschangriff" bezeichnet (so *Krey* Rechtsprobleme Rn. 34 ff.; *Rachor/Graulich* in Lisken/Denninger PolR-HdB E Rn. 732; *Hauck* in Löwe/Rosenberg StPO § 100c Rn. 6); teilweise wird dieser Begriff aber auch auf das Abhören des gesprochenen Worts außerhalb von Wohnungen bezogen (zB *Roggan* in Roggan/Kutscha Recht der Inneren Sicherheit-HdB 106; *Günther* in MüKoStPO StPO § 100f Rn. 1; *Welsch*, Der tendenzielle Fall der Freiheit, 2013, 77).

[16] Nach *Baldus* NVwZ 2003, 1289 (1292) spreche die Entstehungsgeschichte des Art. 13 Abs. 4 GG dafür, dass für die Verfassungsschutzbehörden gar keine Befugnis zur akustischen Wohnraumüberwachung vorgesehen gewesen sei; zust. *Roggan* in Roggan/Kutscha Recht der Inneren Sicherheit-HdB 138; abl. mit überzeugender Begründung *Schwabenbauer* Grundrechtseingriffe 305 ff.

[17] *Papier* in Maunz/Dürig GG Art. 13 Rn. 10; *Kühne* in Sachs GG Art. 13 Rn. 2; eingehend zum Wohnungsbegriff *Dorf* NJW 2006, 951 (952 f.).

[18] BGHSt 50, 206 (211 f.) = NJW 2005, 3295.

[19] BGHZ 31, 285 (289) = NJW 1960, 526.

[20] *Wolff* in HK-GG GG Art. 13 Rn. 5 mwN; *Bruns* in KK-StPO StPO § 102 Rn. 8.

[21] BGH NJW 1997, 2189 f.; 1998, 3284; *Eisenberg* NStZ 2002, 638 (639 f.) mwN.

[22] BVerfGE 76, 83 (88) = NJW 1987, 2499; BVerfGE 96, 44 (51) = NJW 1997, 2165; BVerfGE 120, 274 (309) = NJW 2008, 822; BVerwGE 121, 345 (348) = NJW 2005, 454; krit. *Hauck* in Löwe/Rosenberg StPO § 100c Rn. 91 mwN; *Krey* Rechtsprobleme Rn. 376 ff.; abl. *Kühne* in Sachs GG Art. 13 Rn. 4.

[23] BGHSt 42, 372 (375) = NJW 1997, 1018.

[24] BVerfG NJW 2006, 2974; BGH NJW 2009, 2463 (2464).

[25] BVerfG NJW 2004, 999 (326) = NJW 2004, 999.

[26] Vgl. BVerfGE 42, 212 (219) = NJW 1976, 1735; BVerfGE 44, 353 (371) = NJW 1977, 1489; BVerfGE 76, 83 (88) = NJW 1987, 2499.

[27] BVerfG NVwZ 2009, 1281 f.

[28] BVerfGE 109, 279 (313) = NJW 2004, 999 mit dem Hinweis auf BVerfGE 75, 318 (328) = NJW 1987, 2500; BVerfGE 51, 97 (110) = NJW 1979, 1539; BVerfGE 130, 1 (22) = NJW 2012, 907.

Kernbereich betroffen ist, kann typischerweise nur im Einzelfall, „von der Verletzung her" festgestellt werden.²⁹ Dass die Maßnahme eine **Privatwohnung** betrifft, stellt insofern einen Indikator dar, der neben anderen Gesichtspunkten (etwa Anwesenheit von Personen des besonderen Vertrauens, situative Einbettung der Vorgänge, Gesprächsinhalte, insbesondere deren Bezug zu begangenen Straftaten) zu berücksichtigen ist.³⁰ Begründet das staatliche Handeln typischerweise eine Gefährdung des Kernbereichs, muss der Staat durch präventive Vorkehrungen sicherstellen, dass es zu einem Eingriff nicht kommt.³¹ Das ist bei der akustischen und optischen Überwachung von Wohnraum, bei der es sich um eine sog. **verletzungsgeneigte Maßnahme**³² handelt, der Fall. Erkenntnisse, die unter Verletzung des Kernbereichs gewonnen werden, unterliegen von Verfassung wegen einem absoluten Verwendungsverbot.³³

III. Einfachrechtlicher Regelungsrahmen

1. Strafverfolgungsrecht

7 Mit dem Gesetz vom 15.7.1992³⁴ wurde nach intensiven rechtspolitischen Debatten zunächst eine allgemeine, nicht zwischen der Anwendung innerhalb und außerhalb von Wohnungen unterscheidende, Ermächtigung zum Abhören des nichtöffentlich gesprochenen Worts mit technischen Mitteln in die Strafprozessordnung aufgenommen (§ 100c Abs. 1 Nr. 2 StPO aF). Aufgrund anhaltender Unsicherheit, ob diese Norm auch zur Überwachung von Wohnraum berechtige³⁵ sowie verfassungsrechtlicher Bedenken, insbesondere wegen der Beschränkung des Art. 13 Abs. 3 GG aF auf Maßnahmen zur Gefahrenabwehr, erfolgte durch das Gesetz zur Änderung des Grundgesetzes vom 26.3.1998³⁶ eine Änderung des Art. 13 GG und flankierend dazu durch das Gesetz zur Verbesserung der Bekämpfung der Organisierten Kriminalität vom 4.5.1998³⁷ eine Ermächtigung zur akustischen Wohnraumüberwachung in § 100c Abs. 1 Nr. 3 StPO aF.³⁸ Die zugrunde liegende Verfassungsänderung wurde durch das BVerfG mit dem Urteil vom 3.3.2004 bestätigt, die einfachrechtliche Ausgestaltung der Maßnahme hingegen unter verschiedenen Gesichtspunkten beanstandet, was zur Neuregelung durch das Gesetz vom 24.6.2005³⁹ führte.

---

²⁹ Vgl. *Herdegen* in Maunz/Dürig GG Art. 1 Rn. 36; näher zu dieser Problematik und dem kommunikativen Anteil der Menschenwürde *Gusy* JuS 2004, 457 ff.

³⁰ Ausf. *Löffelmann* in Dietrich/Eiffler Nachrichtendienste-HdB Teil VI § 3 Rn. 6 ff.; *Warntjen*, Heimliche Zwangsmaßnahmen und der Kernbereich privater Lebensgestaltung, 2007, 88 ff.; *Gercke* GA 2015, 339 (343 f.); *Hauck* in Löwe/Rosenberg StPO § 100d Rn. 2 ff. Soweit sich *Hauck* in Löwe/Rosenberg StPO § 100d Rn. 14 krit. mit Überlegungen d. Verf. zur Reichweite des Kernbereichsschutzes bei der Telekommunikationsüberwachung (ZStW 2006, 358 [375 ff.]) auseinandersetzt, ist darauf hinzuweisen, dass diese spezifisch auf die Situation der Fernkommunikation abzielen (und nicht auf jedwede zwischenmenschliche Kommunikation) und die entsprechende Rspr. des BVerfG zur Kernbereichsrelevanz von Telekommunikation erst später konsolidiert wurde. Das Problem fehlender inhaltlicher Kriterien für eine positive Bestimmung des Kernbereichs besteht freilich nach wie vor und lässt eine (wie vom Verf. vorgeschlagen) ontologische Fundierung, die – was *Hauck* missversteht – „durchaus in ‚kommunikativen Beziehungen zu anderen' denkbar" (*Löffelmann* ZStW 2006, 358 [384]) ist, notwendig erscheinen.

³¹ BVerfGE 109, 279 (318 f., 328) = NJW 2004, 999; BVerfGE 130, 1 (23) = NJW 2012, 907; BVerfGE 141, 220 (275 ff., 301 ff.) = NJW 2016, 1781.

³² BVerfGE 141, 220 (277, 279) = NJW 2016, 1781.

³³ BVerfGE 109, 279 (318, 320, 323, 328) = NJW 2004, 999; BVerfGE 129, 208 (246) = NJW 2012, 833; BGHSt 57, 71 = NJW 2012, 945.

³⁴ BGBl. 1992 I 1302.

³⁵ Vgl. zur Diskussion *Krey* Rechtsprobleme Rn. 329 ff., 357 ff. mwN.

³⁶ BGBl. 1998 I 610.

³⁷ BGBl. 1998 I 845.

³⁸ Ausf. Darstellung der parlamentarischen Debatten bei *Welsch*, Der tendenzielle Fall der Freiheit, 2013, 78 ff.; Überblick bei *Kress*, Der „Große Lauschangriff" als Mittel internationaler Verbrechensbekämpfung. Zur Verwertbarkeit im Ausland gewonnener Beweise, 2009, 32 ff.; *Hauck* in Löwe/Rosenberg § 100c Entstehungsgeschichte.

³⁹ BGBl. 2005 I 1841, bestätigt durch BVerfG NJW 2007, 2753. Eine nochmalige Änderung erfolgte durch das Gesetz zur Neuregelung der Telekommunikationsüberwachung und anderer verdeckter Ermittlungsmaßnahmen sowie zur Umsetzung der Richtlinie 2006/24/EG v. 21.12.2007 (BGBl. 2007 I 3198).

A. Akustische und optische Wohnraumüberwachung § 25

a) Ermächtigungsgrundlage. Entsprechend der qualifizierten Schranke des Art. 13 **8** Abs. 3 S. 1 GG erlaubt § 100c StPO **nur die akustische,** nicht auch die optische[40] oder sonstige technische Überwachung von Wohnungen.[41] Die Befugnis ist einfachrechtlich – nicht aber verfassungsrechtlich – außerdem begrenzt auf die Überwachung des nichtöffentlich gesprochenen Worts, dh anderweitige akustisch wahrnehmbare Signale dürfen nicht erfasst werden.[42] Die von der Grundrechtsschranke vorausgesetzten **besonders schweren Straftaten,** deren Aufklärung die Maßnahme dienen muss, hat der Gesetzgeber in § 100b Abs. 2 StPO, auf den § 100c Abs. 1 Nr. 1 StPO verweist, abschließend bestimmt.[43] Voraussetzung ist ferner, dass es sich auch im Einzelfall um eine besonders schwere Anlasstat handeln muss (§ 100c Abs. 1 Nr. 2 StPO), und dass ein auf bestimmten Tatsachen[44] beruhender Anfangsverdacht vorliegt. Die Maßnahme darf sich **nur gegen den Beschuldigten** richten, weshalb sie nur in seiner Wohnung oder in der Wohnung dritter Personen, in denen sich der Beschuldigte aufhält, durchgeführt werden darf (§ 100c Abs. 2 S. 1, Abs. 2 S. 1 und 2 StPO), wenn tatsächliche Anhaltspunkte für das dortige Erfassen beweisrelevanter Gespräche vorliegen (§ 100c Abs. 1 Nr. 3 StPO). Außerdem enthält die Befugnis eine **strenge Subsidiaritätsklausel,** dh die Maßnahme ist ultima ratio (§ 100c Abs. 1 Nr. 4 StPO).[45] Das Betreten der Wohnung zum Anbringen der Überwachungstechnologie ist im Wege der **Annexkompetenz** von der Ermächtigung mit umfasst.[46]

Die Zuständigkeit für die auf maximal einen Monat zu befristende (§ 100e Abs. 2 S. 4 **9** StPO), aber verlängerbare (§ 100e Abs. 2 S. 5 und 6 StPO) Anordnung liegt bei einer aus drei Berufsrichtern bestehenden Kammer des Landgerichts (§ 100e Abs. 2 S. 1 StPO iVm § 74a Abs. 4 GVG), in Eilfällen bei deren Vorsitzendem (§ 100e Abs. 2 S. 2 und 3 StPO). § 100e Abs. 3 und 4 StPO enthält für die Anordnung qualifizierte Begründungserfordernisse.

b) Besondere Beschränkungen. Die im Zentrum der Entscheidung des BVerfG vom **10** 3.3.2004 stehende Problematik des Kernbereichsschutzes hat der Gesetzgeber mit der Neuregelung von 2005 durch das Erfordernis einer sog. **negativen Kernbereichsprognose**[47] bewältigt. Danach muss die anordnende Stelle – anders als bei Maßnahmen der Telekommunikationsüberwachung und des Eingriffs in informationstechnische Systeme (vgl. aber zu diesen auch § 100d Abs. 3 S. 1 StPO), für die lediglich ein Erhebungsverbot besteht, wenn prognostisch ausschließlich („allein") kernbereichsrelevante Daten erhoben werden

---

[40] Dazu *Eisenberg* NStZ 2002, 638.
[41] Deshalb ist die Übermittlung von Erkenntnissen aus einer optischen oder anderweitigen (nicht akustischen) Wohnraumüberwachung an die Strafverfolgungsbehörden ausgeschlossen, BVerfGE 141, 220 (338) = NJW 2016, 1781.
[42] Vgl. *Hauck* in Löwe/Rosenberg StPO § 100c Rn. 84, der aber zurecht darauf hinweist, die Norm verlange nicht, anderweitige Signale „auszusondern".
[43] Es handelt sich um den ursprünglich in § 100c Abs. 2 StPO verorteten Anlasstatenkatalog, der mit dem Änderungsgesetz vom 17.8.2017 (BGBl. 2017 I 3202) auch auf die neu eingeführte Befugnis zum Eingriff in informationstechnische Systeme (sog. Online-Durchsuchung) erstreckt und nach § 100b Abs. 2 StPO verschoben wurde.
[44] Die sich daraus ergebenden besonderen Anforderungen an den Anfangsverdacht, insbesondere die Abgrenzung zu einem einfachen Verdacht, sind weitgehend ungeklärt, ausf. und krit. *Bode,* Verdeckte strafprozessuale Ermittlungsmaßnahmen, 2012, 251 ff. Überwiegend wird davon ausgegangen, es müsse sich um „konkrete und in gewissem Umfang verdichtete Umstände" (*Köhler* in Meyer-Goßner/Schmitt StPO § 100c Rn. 5, § 100a Rn. 9 mwN; vgl. bereits *Löffelmann* in AnwK-StPO StPO Vorb. zu §§ 94– 111 Rn. 4: konkrete, empirisch nachweisbare Fakten, die auf die Tat mit einiger Wahrscheinlichkeit schließen lassen; vgl. auch BVerfG NJW 2006, 2974 [2975]; 2007, 2752 f.) handeln.
[45] BT-Drs. 16/5846, 40 (42).
[46] Vgl. BT-Drs. 13/8651, 13; *Bruns* in KK-StPO StPO § 100c Rn. 4; *Hauck* in Löwe/Rosenberg StPO § 100c Rn. 8 ff., 97; BGHSt 46, 266 (273 f.) = NJW 2001, 1658; zum Polizeirecht etwa *Schwabenbauer* in BeckOK PolR Bayern, 8. Ed. 1.4.2018, PAG Art. 34 Rn. 49; nach *Roggan* in Roggan/Kutscha Recht der Inneren Sicherheit-HdB 107 müsse die Polizei im Zuge einer Maßnahme die betroffene Wohnung bis zu drei Mal betreten.
[47] Der Begriff wird erstmals verwendet vom Gesetzgeber in BT-Drs. 15/5486, 17; näher zur „negativen Kernbereichsprognose" *Löffelmann* NJW 2005, 2033 und ZIS 2006, 87 (89 ff.).

(§ 100d Abs. 1 StPO)[48] – aktiv Anstrengungen unternehmen, um die Überzeugung zu gewinnen, dass die Maßnahme voraussichtlich nicht in den Kernbereich eingreifen wird (§ 100d Abs. 4 S. 1 StPO)[49], wofür auch kriminalistische Erfahrungswerte ausreichen können.[50] Ergeben sich während des Abhörens Anhaltspunkte dafür, dass in den Kernbereich eingegriffen wird, muss die Maßnahme **unterbrochen** und darf erst nach neuerlicher negativer Prognose wieder fortgesetzt werden (§ 100d Abs. 4 S. 2 und 3 StPO), wobei in Zweifelsfällen eine gerichtliche Entscheidung einzuholen ist (§ 100d Abs. 4 S. 4 StPO). Diese Prognose kann auch durch bloßen Zeitablauf und Erfahrungswerte begründet sein.[51]

11 Unzulässig ist die Maßnahme nach § 100d Abs. 5 S. 2 StPO auch, soweit **Berufsgeheimnisträger** nach § 53 StPO von ihr betroffen sind, sei es als dritte Inhaber einer Wohnung (§ 100c Abs. 2 S. 1 und 2 StPO) oder sonst unvermeidbar drittbetroffene Personen (§ 100c Abs. 2 S. 3 StPO). Das bedeutet aber kein absolutes Abhörverbot bei Berufsgeheimnisträgern. Wegen der begrenzten Reichweite des Zeugnisverweigerungsrechts nach § 53 StPO ist deren Überwachung zulässig, wenn sie selbst Beschuldigte einer Anlasstat oder in eine solche verstrickt (§ 100d Abs. 5 S. 3 iVm § 160a Abs. 4 StPO) sind, soweit keine Information betroffen ist, auf die sich das Zeugnisverweigerungsrecht bezieht und soweit sie von ihrer Verschwiegenheitspflicht entbunden sind oder auf das Zeugnisverweigerungsrecht verzichten.[52] Für nahe Verwandte iSd § 52 StPO und Berufshelfer nach § 53a StPO gilt eine bloße Abwägungslösung auf der Verwertungsebene (§ 100d Abs. 5 S. 2 StPO). Die konkrete Ausgestaltung des Schutzes der Berufsgeheimnisträger, namentlich auch im Zusammenspiel mit der Generalklausel in § 160a StPO, ist vehementer Kritik ausgesetzt.[53]

12 Werden Daten entgegen des Erhebungsverbots nach § 100d Abs. 4 S. 1 und 2 oder § 100d Abs. 5 S. 1 StPO erlangt, dürfen sie nicht verwertet werden und sind unverzüglich zu löschen (§ 100d Abs. 2, auch iVm § 100d Abs. 5 S. 1 Hs. 2 StPO). Nur bei **Zweifeln über die Verwertbarkeit** kernbereichsrelevanter Daten ist eine bindende Entscheidung des anordnenden Gerichts herbeizuführen (§ 100d Abs. 4 S. 5 und 6 StPO). Über das einfachgesetzliche Verwertungsverbot hinaus unterliegen Kernbereichsdaten nach verfassungsrechtlichen Maßstäben einem umfassenden Verwendungsverbot und sind unverzüglich zu löschen. Sie dürfen also auch nicht als Ermittlungsansatz verwendet oder an andere hoheitliche Stellen weitergegeben werden.[54] Im Übrigen – also soweit keine Kernbereichsdaten betroffen sind – enthält § 100e Abs. 6 StPO detaillierte Verwendungsregelungen, die das Prinzip der hypothetischen Datenneuerhebung umsetzen.

13 **c) Rechtsschutz und Kontrolle.** Von der akustischen Wohnraumüberwachung sind betroffene Personen – also die beschuldigten und überwachten Personen sowie Inhaber des Wohnungsrechts (§ 101 Abs. 4 S. 1 Nr. 5 StPO) – zu **benachrichtigen,** sobald dies

---

[48] Krit. insoweit zurecht *Hauck* in Löwe/Rosenberg StPO § 100d Rn. 1, weil ein solcher Fall „kaum vorstellbar" sei; ebenso bereits *Löffelmann* in AnwK-StPO StPO § 100a Rn. 11 zur Vorgängerregelung des § 100a Abs. 4 StPO aF mit dem Hinweis auf den in der Gesetzesbegründung (BT-Drs. 16/5846, 45) genannten – nicht überzeugenden – Fall der durch die katholische und evangelische Kirche angebotenen Telefonseelsorge.
[49] Die bis zum 23.8.2017 geltende Vorschrift des § 100c Abs. 4 StPO aF lautete: „Die Maßnahme darf nur angeordnet werden, soweit aufgrund tatsächlicher Anhaltspunkte, insbesondere zu der Art der zu überwachenden Räumlichkeiten und dem Verhältnis der zu überwachenden Personen zueinander, anzunehmen ist, dass durch die Überwachung Äußerungen, die dem Kernbereich privater Lebensgestaltung zuzurechnen sind, nicht erfasst werden. Gespräche in Betriebs- oder Geschäftsräumen sind in der Regel nicht dem Kernbereich privater Lebensgestaltung zuzurechnen. Das Gleiche gilt für Gespräche über begangene Straftaten und Äußerungen, mittels derer Straftaten begangen werden." Mit dem Änderungsgesetz vom 17.8.2017 hat der Gesetzgeber die Regelung in § 100d Abs. 4 S. 1 StPO unter Aufgabe der Regelbeispielstechnik etwas verschlankt, vgl. dazu BT-Drs. 18/12785, 62.
[50] BT-Drs. 15/4533, 15; *Löffelmann* ZIS 2006, 87 (91); OLG Düsseldorf BeckRS 2008, 1725 Rn. 10.
[51] BT-Drs. 15/4533, 28; Plenarprotokoll 15/175, 16447.
[52] *Löffelmann* in AnwK-StPO StPO § 100c Rn. 13.
[53] Statt vieler *Hauck* in Löwe/Rosenberg StPO § 100d Rn. 51 ff. mwN.
[54] BVerfGE 109, 279 (331 f.) = NJW 2004, 999; BT-Drs. 15/4533, 15.

ohne Gefährdung des Untersuchungszwecks sowie anderer hochrangiger Rechtsgüter möglich ist (§ 101 Abs. 5 S. 1 StPO), wobei die Zurückstellung oder sogar das Absehen von der Benachrichtigung unter bestimmten Voraussetzungen zulässig ist (§ 101 Abs. 4 S. 3 und 4, Abs. 5 S. 2, Abs. 6 StPO). Mit der Benachrichtigung ist die betroffene Person auf die Möglichkeit hinzuweisen, die Rechtmäßigkeit der Maßnahme gerichtlich überprüfen zu lassen (§ 101 Abs. 4 S. 2 StPO). § 101 Abs. 7 S. 2–4 StPO sieht insoweit ein **spezielles Rechtsschutzregime** mit einer zweiwöchigen Antragsfrist vor. Ob daneben auch die allgemeine Beschwerde nach § 304 StPO zulässig ist, ist umstritten, aber wohl zu bejahen.[55] Über die Frage der Verwertbarkeit erlangter Daten entscheidet außerhalb der Fälle der Kernbereichsrelevanz (§ 100d Abs. 4 S. 4–6 StPO) das Tatgericht in der Hauptsache.

Der parlamentarischen Kontrolle und Unterrichtung der Öffentlichkeit dienen die **Berichte** nach Art. 13 Abs. 6 GG, deren notwendiger Inhalt in § 101b Abs. 4 näher bestimmt ist. Durch diese Berichte wird der Gesetzgeber in die Lage versetzt, seiner Gesetzesfolgenbeobachtungspflicht nachzukommen.[56] 14

2. Polizeirecht

Das BKA und alle Landespolizeien verfügen über die Befugnis zur Wohnraumüberwachung. Diese Befugnisse, die ursprünglich verfassungsrechtlich auf die Schranke des Art. 13 Abs. 3 GG aF (heute Art. 13 Abs. 7 GG) gestützt wurden, sind älter als die entsprechende strafprozessuale Ermächtigung. Erste höchstrichterliche Befassungen mit der Materie erfolgten durch mehrere Verfassungsgerichtshöfe der Länder.[57] Teilweise wurden die präventiv-polizeilichen Befugnisse infolge dieser Entscheidungen, der Einfügung der Schranke des Art. 13 Abs. 4 GG sowie der Entscheidung des BVerfG vom 3.3.2004[58] und der Entscheidung des BVerfG vom 20.4.2016, die sich unter anderem mit der Befugnis des BKA zur Wohnraumüberwachung befasste,[59] überarbeitet. Daraus resultiert eine ausgesprochen heterogene Rechtslage.[60] 15

a) Ermächtigungsgrundlage. Schon hinsichtlich der materiellen Anordnungsvoraussetzungen stehen ganz unterschiedliche Ansätze nebeneinander, die nur teilweise die bindende rechtsgüterbezogene verfassungsrechtliche Vorgabe in Art. 13 Abs. 4 GG („Abwehr dringender Gefahren für die öffentliche Sicherheit, insbesondere einer gemeinen Gefahr oder einer Lebensgefahr") widerspiegeln. Das Gewicht der rechtfertigenden Gründe ist dabei verfassungsrechtlich einerseits von der hohen Wertigkeit der beiden explizit genannten Rechtsgüter, andererseits vom impliziten Ausschluss der Abwehr von Gefahren für die öffentliche Ordnung und vom Ausschluss des Zwecks der bloßen Verhütung von Gefahren her zu bestimmen.[61] Der Gesichtspunkt der **Dringlichkeit** bezieht sich auf das Ausmaß 16

---

[55] BT-Drs. 16/5846, 62; *Löffelmann* StV 2009, 379; *Puschke/Singelnstein* NJW 2008, 113 (116); *Zöller* StraFo 2008, 15 (23); *Schmidt* NStZ 2009, 243 (246); *Meyer/Rettenmaier* NJW 2009, 1238 (1240 f.); krit. *Glaser/Gedeon* GA 2005, 415 (433 f.); diff. *Singelnstein* NStZ 2009, 481 (483); aA BGHSt 53, 1 = NJW 2009, 454; *Köhler* in Meyer-Goßner/Schmitt StPO § 101 Rn. 26a.
[56] Vgl. BT-Drs. 13/8650, 5; BVerfGE 109, 279 (373) = NJW 2004, 999.
[57] Vgl. BayVerfGH NVwZ 1996, 166; VerfGH Sachsen LKV 1996, 273; dazu *Paeffgen* NJ 1996, 454; *Lisken* ZRP 1996, 332; *Götz* JZ 1996, 969; *Schenke* DVBl 1996, 1393; VerfG Brandenburg LKV 1999, 450; LVerfG Mecklenburg-Vorpommern LKV 2000, 345; zu dieser Rspr. zusf. *Kutscha/Roggan* in Roggan, Lauschen im Rechtsstaat, 2004, 37 ff.
[58] Zu dem für das Polizeirecht aus dem Urteil folgenden Änderungsbedarf (insbesondere für den Kernbereichsschutz) *Kutscha/Roggan* in Roggan, Lauschen im Rechtsstaat, 2004, 25 ff.; *Baldus* in Schaar Staatliche Eingriffsbefugnisse 9, 19 ff.; *Gusy* in Schaar Staatliche Eingriffsbefugnisse 35, 36 ff.; *Kötter* DÖV 2005, 225; *Perne* DVBl 2006, 1486; VerfGH Rheinland-Pfalz NVwZ-RR 2007, 721.
[59] BVerfGE 141, 220 (295 ff.), 326, 328) = NJW 2016, 1781.
[60] Vgl. bereits *Kutscha* NJW 1994, 85; *Braun* NVwZ 2000, 375; *Graulich* NVwZ 2005, 271 (272).
[61] LVerfG Mecklenburg-Vorpommern LKV 2000, 345 (350); *Braun* NVwZ 2000, 375 (376 f.); *Gusy* in Schaar Staatliche Eingriffsbefugnisse 35, 43; Art. 13 Abs. 3 GG aF (Art. 13 Abs. 7 GG) bezieht sich sowohl auf die Gefahrverhütung als auch auf das Rechtsgut der öffentlichen Ordnung.

und die Wahrscheinlichkeit des abzuwehrenden Schadens und kennzeichnet damit eine gegenüber einer konkreten Gefahr höhere Schwelle.[62]

17 In der einfachrechtlichen Ausgestaltung dieser Vorgaben bestehen **bedeutende Unterschiede**. So ist in den Ländern Berlin (§ 25 Abs. 4 ASOG Bln), Bremen (§ 33 Abs. 2 BremPolG), Mecklenburg-Vorpommern (§ 33b SOG M-V) und Nordrhein-Westfalen (§ 18 Abs. 1 iVm § 17 Abs. 1 PolG NRW) die Maßnahme nur zur Abwehr einer *gegenwärtigen* Gefahr für Leib, Leben oder Freiheit einer Person zulässig.[63] Die Regelungen in Schleswig-Holstein (§ 185 Abs. 3 SchlHLVwG) und Sachsen-Anhalt (§ 17 Abs. 4 SOG LSA) verzichten auf das Rechtsgut Freiheit und in Baden-Württemberg (§ 50 iVm § 49 Abs. 2 Nr. 2 BWPolG) ist geschütztes Rechtsgut neben Leben, Gesundheit und Freiheit der Person der Bestand und die Sicherheit des Bundes oder eines Landes. *Dringende* Gefahren reichen in den Ländern Brandenburg, Bayern, Hamburg, Hessen, Niedersachsen, Rheinland-Pfalz, Saarland, Sachsen und Thüringen für die Anordnung aus, beziehen sich aber nicht auf denselben Katalog von Rechtsgütern. So verweist Art. 41 Abs. 1 S. 1 BayPAG auf die in Art. 11a Abs. 2 Nr. 1, 2 und 4 BayPAG bezeichneten „bedeutenden" Rechtsgüter (Bestand und Sicherheit des Bundes oder eines Landes, Leben, Gesundheit und Freiheit einer Person, Anlagen der kritischen Infrastruktur sowie Kulturgüter von mindestens überregionalem Rang), § 22 Abs. 1 PolDVG fordert eine dringende Gefahr für den Bestand oder die Sicherheit des Bundes oder eines Landes oder für Leib, Leben oder Freiheit einer Person, § 15 Abs. 4 HSOG und seit 1.1.2020 ähnlich § 65 Abs. 1 SächsPVDG nennen neben den personenbezogenen Schutzgütern „solche Güter der Allgemeinheit, deren Bedrohung die Grundlagen oder den Bestand des Bundes oder eines Landes oder die Grundlagen der Existenz der Menschen berührt" (weiter zuvor noch § 41 Abs. 1 S. 1 SächsPolG aF: „bedeutende Sach- und Vermögenswerte") und § 34 Abs. 1 S. 1 SPolDVG spricht allgemein von „Sachen von bedeutendem Wert, deren Erhaltung im öffentlichen Interesse geboten ist". Letztere Formulierung lässt sich mit Art. 13 Abs. 4 GG nur schwer vereinbaren, es sei denn, die Gefahr für Sach- oder Vermögenswerte komme einer gemeinen Gefahr gleich,[64] etwa im Zusammenhang mit der Abwehr terroristischer Gefahren.[65] § 35 RhPfPOG und § 35 ThürPAG lassen sogar dringende Gefahren für die öffentliche Sicherheit ausreichen und § 35a NPOG enthält sich jeder rechtsgutsbezogenen Spezifizierung der dringenden Gefahr. Hervorzuheben ist, dass die Regelungen in § 35 Abs. 1 S. 6 iVm § 34 Abs. 1 S. 1 Nr. 3 RhPfPOG und § 46 Abs. 1 Nr. 1 lit. b iVm § 5 Abs. 1 S. 2 BKAG die Maßnahme bezogen auf die Gefahr terroristischer Straftaten auch bereits im **Gefahrenvorfeld** zulassen.[66] Brandenburg knüpft als einziges Land in § 33a Abs. 1 Nr. 2 BbgPolG an einen Katalog schwerer Straftaten der organisierten Kriminalität an.[67] Die früher in einigen Gesetzen vorgesehene Anwendung zum Zweck der vorbeugenden Bekämpfung von Straftaten wurde wegen verfassungsrechtlicher Bedenken mit Blick auf Art. 13 Abs. 4 GG mittlerweile aufgehoben.[68]

---

[62] BVerfGE 130, 1 (32) = NJW 2012, 907; BVerfGE 141, 220 (271, 296) = NJW 2016, 1781; *Jarass* in Jarass/Pieroth GG Art. 13 Rn. 30; *Wolff* in HK-GG GG Art. 13 Rn. 21; vgl. auch BT-Drs. 13/8650, 4.
[63] Krit. hinsichtlich der Regelung in NRW *Gusy* in Schaar Staatliche Eingriffsbefugnisse 35, 44.
[64] Ähnl. *Gusy* in Schaar Staatliche Eingriffsbefugnisse 35, 45; zu § 34 SPolDVG *Zöller*, Stellungnahme zum Gesetzentwurf der Regierung des Saarlandes „Gesetz zur Neuregelung der polizeilichen Datenverarbeitung im Saarland" (LT-Drs. 16/1180) vom 24.4.2020, S. 25.
[65] So BVerfGE 141, 220 (295) = NJW 2016, 1781 mit dem Hinweis auf BVerfGE 133, 277 (365) = NJW 2013, 1499.
[66] Dazu bestätigend BVerfGE 141, 220 (298 f.) = NJW 2016, 1781.
[67] Die entsprechende Konstruktion in § 29 Abs. 2 RhPfPOG aF, bei der der Straftatenkatalog ins Leere ging, wurde mit dem Änderungsgesetz vom 23.9.2020 (GVBl. 2020, 516) beseitigt.
[68] Vgl. Art. 34 Abs. 1 Nr. 2 BayPAG aF (dazu bestätigend VerfGH Bayern NVwZ 1996, 166 [167]), § 33 Abs. 3 S. 1 Nr. 2, S. 5 BbgPolG aF (dazu bestätigend VerfG Brandenburg LKV 1999, 450 [462 ff.]), § 33 Abs. 4 SOG M-V aF (dazu LVerfG Mecklenburg-Vorpommern LKV 2000, 345 [349 f.]), § 25b Abs. 1 Nr. 2 RhPfPOG aF (bestätigend zur Folgeregelung in § 29 RhPfPOG aF, welche Elemente des Art. 13 Abs. 3 und 4 GG vereint, VerfGH Rheinland-Pfalz NVwZ-RR 2007, 721 [724 ff.]), § 40 Abs. 2 Nr. 2 SächsPolG aF (dazu VerfGH Sachsen LKV 1996, 273 [292]), § 35 Abs. 1 Nr. 2 ThürPAG aF; näher zur

A. Akustische und optische Wohnraumüberwachung § 25

Hinsichtlich der Reichweite der Befugnis bestehen bedeutende Unterschiede dahin, dass **18** in Bremen nur die akustische, in Brandenburg, Baden-Württemberg, Bayern, Hamburg, Niedersachsen, Nordrhein-Westfalen und Rheinland-Pfalz sowie nach BKAG die **akustische und optische** Überwachung – was mit einer wesentlich gesteigerten Eingriffsintensität einhergeht[69] – und in Hessen, Mecklenburg-Vorpommern, Schleswig-Holstein, Saarland und Thüringen allgemein die – nochmals intensivere – Datenerhebung mittels technischer Mittel (→ Rn. 56) zulässig ist. In Berlin und Sachsen-Anhalt sprechen § 25 Abs. 4 ASOG Bln bzw. § 17 Abs. 4 SOG LSA allgemein von der Datenerhebung aus Wohnungen und sehen § 25 Abs. 4a ASOG Bln hinsichtlich der akustischen Überwachung bzw. § 17 Abs. 4a–4d SOG LSA hinsichtlich der Observation und des Einsatzes technischer Mittel besondere Einschränkungen vor. Hervorzuheben ist, dass die Polizei in Bayern als einzige eine Befugnis zur Durchführung der Überwachung mittels Einsatzes von **Drohnen** besitzt (Art. 47 Abs. 1 Nr. 3 BayPAG).

Wichtige Unterschiede bestehen zudem bei der Zielrichtung der Maßnahme. Über- **19** wiegend darf diese – in Anlehnung an die Regelung in der StPO – in der Wohnung der für eine Gefahr verantwortlichen Person sowie in Wohnungen Dritter, in denen sie sich aufhält,[70] erfolgen. Manche Länder verzichten aber auf eine **wohnungsbezogene Regelung** und erlauben die Maßnahme gegen andere Personen als die für eine Gefahr Verantwortlichen (Notstandspflichtige, Nichtstörer)[71], sofern dies für die Gefahrenabwehr unerlässlich ist (§ 33a Abs. 2 S. 1 BbgPolG; § 50 Abs. 1 Satz 2 iVm § 9 Abs. 1 BWPolG; § 18 Abs. 1 Satz 1 iVm § 6 PolG NRW; § 33b Abs. 1 S. 2 iVm § 67a Abs. 1 SOG M-V), § 33a Abs. 2 S. 2 BbgPolG außerdem gegen die Kontakt- und Begleitpersonen der mit dem Katalog des § 33a Abs. 1 Nr. 2 BbgPolG in Bezug genommenen Straftäter, was angesichts der hohen Eingriffsintensität, die eine Begrenzung der Maßnahme „ausschließlich auf Gespräche der gefahrenverantwortlichen Zielperson selbst" erfordert,[72] verfassungswidrig ist. § 25 Abs. 2 ASOG Bln enthält keine absolute personale Beschränkung. Die Sonderregelung in § 33 Abs. 2 BremPolG aF, wonach die Maßnahme auch in der Wohnung, in der sich „die Person, der die Gefahr droht (…) aufhält", zulässig war, wurde durch die Novellierung 2020 abgeschafft (nun § 41 Abs. 2 Satz 1 BremPolG).

Die **Anordnungsdauer** variiert zwischen einem (BKAG, Brandenburg, Bayern, Ham- **20** burg, Niedersachsen, Nordrhein-Westfalen, Saarland, Sachsen, Thüringen), zwei (Mecklenburg-Vorpommern, Schleswig-Holstein, Sachsen-Anhalt) und drei Monaten (Berlin, Bremen, Baden-Württemberg, Hessen, Rheinland-Pfalz) mit Verlängerungsmöglichkeit. Das Fehlen einer absoluten zeitlichen Obergrenze ist zwar verfassungsrechtlich unbedenklich,[73] verträgt sich aber nur schwer mit dem Erfordernis einer dringenden oder gegenwärtigen Gefahr.[74] Für die **Anordnung zuständig** ist teils das Amtsgericht (BKAG, Berlin, Bayern, Hamburg, Hessen, Niedersachsen, Schleswig-Holstein, Saarland, Sachsen-Anhalt, Thüringen), teils – in Anlehnung an die Regelung in der StPO – das Landgericht (Brandenburg, Baden-Württemberg, Nordrhein-Westfalen) und in Rheinland-Pfalz das dortige OVG. Entsprechend der Schranke des Art. 13 Abs. 4 S. 2 GG sehen die Gesetze

---

Problematik *Kutscha/Roggan* in Roggan, Lauschen im Rechtsstaat, 2004, 36 ff.; *Roggan* in Roggan/Kutscha Recht der Inneren Sicherheit-HdB 133 ff., der die Zielrichtung einer solchen Maßnahme treffend als Abwehr der „Gefahr einer Gefahr" bezeichnet (S. 135).
[69] BVerfGE 141, 220 (297) = NJW 2016, 1781.
[70] Zu den hierfür gesteigerten Anforderungen an den Aufenthalt der Zielperson in Wohnungen Dritter und die Beweisbedeutung der zu erlangenden Informationen BVerfGE 141, 220 (297 f.) = NJW 2016, 1781; BVerfGE 109, 279 (356 f.) = NJW 2004, 999.
[71] Abl. insoweit bereits VerfGH Sachsen LKV 1996, 273 (291 f.); LVerfG Mecklenburg-Vorpommern LKV 2000, 345 (349 f.).
[72] BVerfGE 141, 220 (299 f.) = NJW 2016, 1781; *Gusy* in Schaar Staatliche Eingriffsbefugnisse 35, 46; aA für RP VerfGH Rheinland-Pfalz NVwZ-RR 2007, 721 (727 f.).
[73] BVerfGE 141, 220 (300) = NJW 2016, 1781.
[74] Zutr. *Roggan* in Roggan/Kutscha Recht der Inneren Sicherheit-HdB 129 f.

eine polizeiliche Zuständigkeit[75] mit nachträglicher richterlicher Entscheidung bei Gefahr im Verzug vor.

21 Mit Ausnahme von Mecklenburg-Vorpommern und des BKAG sehen die Polizeigesetze aller Länder außerdem unter niedrigeren formellen und teils auch materiellen Voraussetzungen eine auf der Schranke des Art. 13 Abs. 5 GG fußende Befugnis zur Wohnraumüberwachung zum Zwecke des **Eigenschutzes** der bei einem Einsatz in Wohnungen tätigen Personen vor (§ 33a Abs. 8 BbgPolG, § 25 Abs. 6 ASOG Bln, § 41 Abs. 3 BremPolG, § 50 Abs. 5 Satz 4 BWPolG, Art. 41 Abs. 6 BayPAG, § 22 Abs. 9 PolDVG, § 15 Abs. 6 HSOG, § 35a Abs. 5 NPOG, § 18 Abs. 5 PolG NRW, § 35 Abs. 4 RhPfPOG, § 186 Abs. 1 S. 6 SchlHLVwG, § 34 Abs. 3 SPolDVG, § 65 Abs. 3 SächsPVDG, § 17 Abs. 6 SOG LSA, § 35 Abs. 7 ThürPAG). Insoweit ist insbesondere an die technische Absicherung des Einsatzes von Verdeckten Ermittlern zu denken.

22 **b) Besondere Beschränkungen.** Ähnlich heterogen wie bei den materiellen Anordnungsvoraussetzungen und der Reichweite der Befugnis stellt sich in den Polizeigesetzen – trotz der eindeutigen verfassungsgerichtlichen Vorgaben[76] – die Rechtslage hinsichtlich der Regelungen zum Schutz grundrechtssensibler Bereiche dar. Hinsichtlich des **Kernbereichsschutzes** folgen die Vorschriften im BKAG und in den Ländern mittlerweile überwiegend dem Vorbild der StPO, teils in dessen früherer, teils in dessen aktueller Fassung. § 50 Abs. 6 BWPolG, § 26a Abs. 1 SOG M-V und § 186a Abs. 1 SchlHLVwG sehen jedoch eine Art umgekehrte oder positive – und deshalb präventiv wenig kernbereichsschützend wirkende – Kernbereichsprognose vor, der zufolge die Maßnahme nur angeordnet werden darf, „soweit nicht aufgrund tatsächlicher Anhaltspunkte anzunehmen ist, dass durch die Überwachung Daten erfasst werden, die dem Kernbereich privater Lebensgestaltung zuzurechnen sind."[77] Danach ist die Anordnung zwar unzulässig, wenn positive Anhaltspunkte für einen voraussichtlichen Eingriff in den Kernbereich vorliegen, aber nicht von der empirisch begründeten Überzeugung abhängig, dass es zu einem solchen Eingriff *nicht* kommen werde. Eine Verpflichtung zur aktiven Abklärung etwaiger Kernbereichsgefährdungen ergibt sich daraus also nicht. Art. 49 BayPAG und neuerdings auch § 76 SächsPVDG sehen einen maßnahmeübergreifenden retrograden Kernbereichsschutz vor, hinsichtlich der Wohnraumüberwachung aber nicht das darüber hinausgehende Erfordernis einer präventiv wirkenden negativen Kernbereichsprognose. Art. 41 Abs. 2 S. 2 BayPAG ergänzt dies für Fälle, in denen „begründete Zweifel" an einem Eingriff in den Kernbereich bestehen durch das Erfordernis einer ausschließlich automatisierten Aufzeichnung. Demgegenüber verbietet § 18 Abs. 1 S. 4 PolG NRW gerade eine ausschließlich automatisierte Datenerhebung. Angesichts der **Vielfalt unterschiedlicher Ausgestaltungen** des Kernbereichsschutzes stellt sich die Frage, ob im präventiv-polizeilichen Bereich wegen der dortigen besonderen Bedeutung des Rechtsgüterschutzes und gebotenen Reaktionsschnelligkeit des Handelns ein größerer Gestaltungsspielraum des Gesetzgebers besteht.[78] Fraglich ist in diesem Zusammenhang auch, ob die Wertung des BVerfG, dass Gespräche über begangene oder geplante strafbare Handlungen nicht dem Kernbereich zuzurechnen sind,[79] für das Gefahrenabwehrrecht auf solche Gespräche übertragen werden kann, die Anhaltspunkte für eine drohende Rechtsgutverletzung beinhalten.[80]

---

[75] Anders als teilweise im Schrifttum gefordert (*Braun* NVwZ 2000, 375 [378] mwN), aber nicht durchgängig einen Behördenleitervorbehalt (vgl. etwa § 25 Abs. 5 S. 3 ASOG Bln, § 33 Abs. 3 S. 7 BremPolG).
[76] BVerfGE 141, 220 (275 ff., 301 ff.) mwN = NJW 2016, 1781.
[77] Ähnlich noch § 28d Abs. 1 Nr. 1 SPolG aF, der durch Gesetz v. 6./7.2020 verfassungskonform durch § 41 Abs. 1 SPolDVG ersetzt wurde.
[78] Dazu *Perne* DVBl 2006, 1486 ff., der mit guten Gründen für das sog. „Richterband", also die zunächst automatische Aufzeichnung und anschließende richterliche Kontrolle auf kernbereichsrelevante Inhalte, plädiert.
[79] BVerfGE 109, 279 (319) = NJW 2004, 999; BVerfGE 113, 348 (391) = NJW 2005, 2603; vgl. auch BT-Drs. 15/5486, 17; BGH NJW 2009, 2463 (2465); krit. *Hauck* in Löwe/Rosenberg StPO § 100d Rn. 15 ff.
[80] So *Perne* DVBl 2006, 1486 (1487, 1489 f.) mit dem Hinweis auf die – mittlerweile aufgehobene – Regelung in § 29 Abs. 4 RhPfPOG aF (dazu Landtag Rheinland-Pfalz Drs. 14/3936, 7 ff.); BVerfGE

Noch verwirrender ist die Lage beim Schutz der **Berufsgeheimnisträger,** der durch- 23
gehend unter Verweis auf den Katalog der Berufsgeheimnisträger und Berufshelfer in
§§ 53, 53a StPO realisiert wird.[81] Abgesehen davon, dass der Katalog des § 53 StPO in
sich schon nicht homogen ist und gegen seine Bezugnahme im Polizeirecht grundsätzliche
dogmatische Einwände sprechen,[82] fehlt es länderübergreifend an einer stringenten Ordnungsidee. Teils wird – trotz unterschiedlicher verfassungsrechtlicher Fundierung (die sich
in einigen Bereichen, etwa beim seelsorgerischen Gespräch, freilich überschneidet) – der
Berufsgeheimnisträgerschutz mit dem Schutz des Kernbereichs privater Lebensgestaltung
gleichgesetzt (§ 16 Abs. 5, § 18 Abs. 3 S. 4 und 5 PolG NRW).[83] Teilweise wird pauschal
auf § 53 und § 53a StPO Bezug genommen (§ 33a Abs. 2 S. 5 und 6 BbgPolG, § 37
Abs. 1 BremPolG, § 10 BWPolG, Art. 41 Abs. 1 BayPAG, § 22 Abs. 2 PolDVG Hmb),
teilweise aber auch zwischen verschiedenen Gruppen von Berufsgeheimnisträgern differenziert (§ 18a Abs. 2 S. 1 ASOG Bln, § 15 Abs. 4 S. 4 iVm § 12 Abs. 2 HSOG, § 31a
Abs. 1 und 2 NPOG, § 77 Abs. 1 SPolDVG, § 62 Abs. 1 und 2 BKAG) oder nur auf § 53
StPO, nicht also die Berufshelfer, abgestellt (§ 41 Abs. 4 S. 1 SPolDVG). Der Verweis auf
§§ 53, § 53a StPO erfolgt überwiegend – wenngleich terminologisch nicht einheitlich –
unter Einbeziehung der Reichweite des Zeugnisverweigerungsrechts (→ Rn. 11), Vertrauensverhältnisses, der Auskunftspflicht oder des Berufsgeheimnisses (§ 33a Abs. 2 S. 5
BbgPolG, § 18a ASOG Bln, § 15 Abs. 4 S. 4 iVm § 12 Abs. 2 HSOG, § 46 RhPfPOG[84],
§ 186a Abs. 4 SchlHLVwG, § 17 Abs. 4d SOG LSA, § 35 Abs. 2, Abs. 6 S. 1 Nr. 2 und
3, § 36 Abs. 2 S. 1 Nr. 2 und 3 ThürPAG), setzt teilweise aber auch die hypothetische
Prüfung eines Zeugnisverweigerungsrechts voraus (§ 18a ASOG Bln, § 31a Abs. 1 S. 1
NPOG) oder auch nur pauschal das Bestehen eines Vertrauensverhältnisses (§ 33a Abs. 2
S. 6 BbgPolG). Überwiegend wird unter den jeweiligen Voraussetzungen die Maßnahme
als unzulässig erklärt. § 186a Abs. 4 SchlHLVwG erlaubt jedoch ausdrücklich die Über-
wachung von Berufsgeheimnisträgern wenn dies zur Abwehr einer gegenwärtigen Gefahr
für Leib oder Leben einer Person unerlässlich ist. § 18a Abs. 2 ASOG Bln und § 15 Abs. 4
S. 4 iVm § 12 Abs. 2 S. 4 HSOG sehen für bestimmte Berufsgruppen Ausnahmen bei der
Verwertbarkeit unzulässig erlangter Erkenntnisse vor, soweit dies zur Abwehr einer unmittelbar bevorstehenden Gefahr für Leben, Gesundheit oder Freiheit erforderlich ist. § 41
Abs. 4 S. 5 SPolDVG erstreckt für das Polizeirecht konsequent den Schutz auch darauf,
dass die Berufsgeheimnisträger nicht Zielpersonen sind, was aber nicht für Journalisten gilt.
Art. 41 Abs. 1, 3 S. 1 BayPAG enthält eine schon in die Anordnungsvoraussetzungen der
Wohnraumüberwachung eingebettete komplexe Regelung, die aus sich heraus kaum verständlich ist und durch die maßnahmeübergreifende Vorschrift des Art. 49 BayPAG
ergänzt wird.

c) Rechtsschutz und Kontrolle. Fast alle Polizeigesetze, nach denen die Wohnraum- 24
überwachung zulässig ist, enthalten **Benachrichtigungspflichten** gegenüber betroffenen
Personen mit unterschiedlich ausgeprägten Zurückstellungsmöglichkeiten (§ 33a Abs. 6
iVm § 29 Abs. 7 und 8 BbgPolG, 25 Abs. 7 ASOG Bln, § 33 Abs. 5 BremPolG, § 86
Abs. 1 Nr. 4 BWPolG, Art. 50 Abs. 1 Nr. 6 BayPAG, § 22 Abs. 7, § 68 PolDVG Hmb,
§ 29 HSOG, 46a Abs. 1 Nr. 3 SOG M-V, § 30 Abs. 4 bis 7 NPOG, § 33 PolG NRW,

---

141, 220 (276) = NJW 2016, 1781 verhält sich dazu nicht, sondern weist nur umgekehrt darauf hin, dass
ein höchstpersönliches Gespräch nicht schon dadurch aus dem Kernbereich falle, dass es „für die
Aufklärung von Straftaten oder Gefahren hilfreiche Aufschlüsse geben kann."

[81] Teilweise wird zusätzlich auf weitere Vorschriften verwiesen, vgl. etwa § 9a Abs. 2 S. 2 BWPolG, § 15
Abs. 4 S. 4 iVm § 12 Abs. 2 S. 2 HSOG.

[82] Näher *Löffelmann* BayVBl. 2017, 253 (255); *Löffelmann* GSZ 2019, 190 (193) ff.; *Zöller*, Stellungnahme
zum Gesetzentwurf der Regierung des Saarlandes „Gesetz zur Neuregelung der polizeilichen Datenverarbeitung im Saarland" (LT-Drs. 16/1180) vom 24.4.2020, S. 30 f.

[83] Ähnlich noch § 28d Abs. 1 Hs. 2 SPolG aF.

[84] Durch den ausdrücklichen Verweis nur auf Abs. 1 der §§ 53, 53a StPO sind hier die differenzierten
Ausnahmen des § 53 Abs. 2 StPO ausgenommen. Das gleiche gilt für § 33 Abs. 9 BremPolG.

§ 48 Abs. 1 Nr. 4 RhPfPOG[85], § 186 Abs. 4 SchlHLVwG, § 74 Abs. 1 Nr. 7 SPolDVG, § 74 Abs. 1 Nr. 7 SächsPVDG, § 17 Abs. 7 SOG LSA, § 36 Abs. 3 Nr. 9 ThürPAG, § 74 Abs. 1 S. 1 Nr. 3 BKAG).

25 Entsprechend der Vorgabe in Art. 13 Abs. 6 GG sehen – mit Ausnahme von Sachsen-Anhalt – alle Polizeigesetze entsprechende **Berichte** an das Parlament vor (§ 33a Abs. 9 BbgPolG, § 25 Abs. 10 ASOG Bln, § 38 BremPolG, § 90 BWPolG, Art. 52 Abs. 1 S. 1 Nr. 5 BayPAG, § 75 S. 1 PolDVG, § 17a HSOG, § 48h Abs. 1 Nr. 2 SOG M-V, § 37b NPOG, § 68 PolG NRW, § 49 S. 1 Nr. 2 RhPfPOG, § 186b SchlHLVwG, § 66 S. 1 Nr. 6 SPolDVG, § 107 SächsPVDG, § 36 Abs. 7 ThürPAG, § 88 BKAG). In Hamburg ist nach § 75 S. 3, 4 PolDVG die Kontrolle einem besonderen Gremium, in Rheinland-Pfalz ähnlich nach § 49 S. 3 RhPfPOG der Parlamentarischen Kontrollkommission übertragen.

26 Die gerichtliche Überprüfung von Wohnraumüberwachungsmaßnahmen ist im Polizeirecht nach den allgemeinen Regeln auf dem Verwaltungsrechtsweg möglich.

3. Nachrichtendiensterecht

27 Im Recht der Nachrichtendienste besteht auf Bundesebene erst seit der grundlegenden Novellierung des BVerfSchG durch das Gesetz vom 20.12.1990[86] eine Befugnis zur Wohnraumüberwachung, obwohl die Maßnahme zuvor – trotz unklarer rechtlicher Grundlage jedenfalls vereinzelt[87] – bereits praktiziert wurde. Die Ländergesetze sahen teilweise bereits früher spezifische Ermächtigungsgrundlagen vor, überwiegend wurde dort aber die neue Regelung des BVerfSchG nachgebildet.[88] Im Nachgang der Grundgesetzänderung von 1998 und sodann der Entscheidung des BVerfG vom 3.3.2004 wurden die Befugnisse in den Landesgesetzen zum Teil überarbeitet.[89] Übergreifend stellt sich die Rechtslage wie im Polizeirecht als wenig harmonisch dar. Der Umstand, dass Art. 13 GG keine spezifisch die nachrichtendienstliche Tätigkeit betreffende Schranke aufweist, wird zum Teil dahin gedeutet, dass die entsprechende Befugnis der Nachrichtendienste nicht verfassungsrechtlich legitimiert sei.[90]

28 **a) Ermächtigungsgrundlage.** Auch im Bereich des Rechts der Nachrichtendienste bestehen deutliche Divergenzen bei den Anordnungsvoraussetzungen der Wohnraumüberwachung auf Bundes- und Länderebene. Für das BfV ergibt sich die Befugnis zur **akustischen und optischen** Überwachung aus § 9 Abs. 2 S. 1 und 2 BVerfSchG. Wie bei § 100c StPO ist die akustische Überwachung auf das heimliche Mithören und Aufzeichnen

---

[85] Mit der Schaffung der Norm durch das Gesetz vom 23.9.2020 (GVBl. 2020, 516) wurde der vormalige verfassungswidrige Zustand (bloßes Auskunftsrecht Betroffener nach § 40 RhPfPOG aF) beseitigt.
[86] BGBl. 1990 I 2954.
[87] Vgl. BT-Drs. VIII/3835, 35 ff.; dazu *Zimmermann* Staatliches Abhören 116 f.; *de Lazzer/Rohlf* JZ 1977, 207 ff.; nach *Roewer*, Nachrichtendienstrecht der Bundesrepublik Deutschland, 1987, BVerfSchG § 3 Rn. 168 ff. sei die Zulässigkeit des Lauschangriffs auf Wohnungen umstritten. *Roewer* (Rn. 171) sah hierfür eine verfassungsunmittelbare Befugnis in Art. 13 Abs. 1 Alt. 2 GG aF zB zur Abwehr terroristischer Gefahren; ebenso *Borgs/Ebert*, Das Recht der Geheimdienste, 1986, BVerfSchG § 3 Rn. 170; zurecht dezidiert abl. bereits *Evers*, Privatsphäre und Ämter für Verfassungsschutz, 1960, 199 ff. mit dem zutreffenden Hinweis, dass das Abwehren von (konkreten) Gefahren Aufgabe der Polizei sei; ähnl. *de Lazzer/Rohlf* JZ 1977, 207 (209, 211).
[88] Näher *Zimmermann* Staatliches Abhören 279 ff.
[89] Zu den Folgen der Änderung des Art. 13 GG *Zimmermann* Staatliches Abhören 312 ff.; zu dem aus dem Urteil des BVerfG folgendem Änderungsbedarf *Baldus* in Schaar Staatliche Eingriffsbefugnisse 9, 26; zur damaligen Rechtslage für NRW *Pohlmann* NWVBl. 2008, 132 (134 ff.); zu Sachsen bestätigend VerfGH Sachsen NVwZ 2005, 1310 (1313 ff.).
[90] Ausf. Darstellung der Genese des Art. 13 Abs. 4 GG, der in einer Entwurfsfassung eine auf die Verfassungsschutzbehörden bezogene Regelung enthielt („Für Maßnahmen der Verfassungsschutzbehörden kann das Gesetz bestimmen, dass an die Stelle der richterlichen Entscheidung die Genehmigung durch von der Volksvertretung bestellte Organe und Hilfsorgane tritt.") bei *Baldus* in Schaar Staatliche Eingriffsbefugnisse 9, 24 f. mit dem Hinweis auf BT-Drs. 13/8650, 2 und BT-Drs. 13/9660, 4.; *Baldus* NVwZ 2003, 1289 (1292); *Roggan* DÖV 2019, 425; *Roggan* in Roggan/Kutscha Recht der Inneren Sicherheit-HdB 138 f.; *Droste* VerfassungsschutzR-HdB 311 f. Fn. 1021.

des nicht öffentlich gesprochenen Worts beschränkt, anderweitige akustische Signale dürfen also nicht erfasst werden. Beide Zielrichtungen setzen eine **gegenwärtige gemeine Gefahr** oder **gegenwärtige Lebensgefahr** voraus. Diese hohe Hürde, die dem langfristig angelegten proaktiven und informationellen Wirken der nachrichtendienstlichen Tätigkeit tendenziell widerspricht,[91] dürfte neben der zusätzlichen materiellen Voraussetzung, dass polizeiliche Hilfe nicht rechtzeitig erlangt werden kann, ausschlaggebend dafür sein, dass die Maßnahme von den Nachrichtendiensten des Bundes noch niemals angewendet wurde. In welchen Situationen diese Voraussetzungen mit dem nachrichtendienstlichen Aufklärungsauftrag zusammentreffen können, lässt sich schon abstrakt nicht bestimmen.[92] Dasselbe gilt für die mit § 9 Abs. 2 BVerfSchG übereinstimmenden Regelungen in den Landesverfassungsschutzgesetzen von Baden-Württemberg, Saarland, Sachsen-Anhalt und Thüringen (§ 6 Abs. 1 BWLVSG, § 8 Abs. 3 SVerfSchG, § 8 Abs. 2 VerfSchG LSA, § 11 Abs. 2 ThürVerfSchG). Die verfassungsrechtlichen Vorgaben des Art. 13 Abs. 4 S. 1 GG (Abwehr dringender Gefahren für die öffentliche Sicherheit, insbesondere einer gemeinen Gefahr oder einer Lebensgefahr) übernimmt die Regelung in Rheinland-Pfalz und bezieht sie auf die spezifischen Aufgaben der Verfassungsschutzbehörde (§ 18 Abs. 1 S. 1 LVerfSchG RhPf). Konsequent erstreckt § 18 Abs. 1 S. 2 LVerfSchG RhPf die Befugnis nun auch auf das **Gefahrenvorfeld.** Ähnlich nachrichtendienstspezifisch ausgestaltet ist die Regelung in Berlin, welche die Maßnahme auf die Wahrnehmung der Aufgaben auf dem Gebiet der Spionageabwehr und des gewaltbereiten politischen Extremismus beschränkt (§ 9 Abs. 1 S. 1 VSG Bln). In Bayern knüpft die Befugnis an eine dringende Gefahr für den Bestand oder die Sicherheit des Bundes oder eines Landes, für Leib, Leben oder Freiheit einer Person oder für Sachen, deren Erhaltung im besonderen öffentlichen Interesse geboten ist, an (Art. 9 Abs. 1 S. 1 BayVSG), ähnlich – und nunmehr verfassungsrechtlich nicht mehr bedenklich, wie noch § 5a HessVerfSchG[93] – die Regelung in Hessen (§ 5 Abs. 2 Nr. 2, § 7 Abs. 1 S. 1 HVSG). Die Länder Bremen, Hamburg und Sachsen orientieren sich hingegen an den Voraussetzungen für eine Individualüberwachung nach G 10 – also einen Anlasstatenkatalog – in Verbindung mit einer strengen Subsidiaritätsklausel (§ 9 BremVerfSchG, § 8 Abs. 2 S. 1 Nr. 7, Abs. 3 HmbVerfSchG, § 5a Abs. 1 SächsVSG), was nicht der Schranke des Art. 13 Abs. 4 GG entspricht.[94]

Darüber hinaus erlauben die Gesetze in Berlin (§ 9 Abs. 3 VSG Bln), Baden-Württemberg (§ 6 Abs. 1 S. 6 BWLVSG), Bayern (Art. 11 Abs. 3 BayVSG), Hamburg (§ 8 Abs. 7 HmbVerfSchG), Hessen (§ 8 Abs. 7 HVSG), Rheinland-Pfalz (§ 18 Abs. 2 LVerfSchG RP), Saarland (§ 8 Abs. 6 SVerfSchG), Sachsen (§ 5a Abs. 11 SächsVSG) und Sachsen-Anhalt (§ 8 Abs. 3 VerfSchG LSA), nicht aber in Bremen, Rheinland-Pfalz und Thüringen und nach BVerfSchG[95] die Wohnraumüberwachung zum Zwecke der **Eigensicherung** iSd Art. 13 Abs. 5 GG. **29**

Wie in den Bereichen des Strafverfolgungs- und Polizeirechts ist ein Betreten der Wohnungen zum Anbringen von Überwachungstechnologie als Annexkompetenz zulässig.[96] Die Landesverfassungsschutzämter in Brandenburg, Mecklenburg-Vorpommern, Niedersachsen, Nordrhein-Westfalen und Schleswig-Holstein verfügen über keine Befugnis zur Wohnraumüberwachung. In Niedersachsen bestand nach §§ 6a, 6b NVerfSchG eine bis 31.1.2015 befristete Regelung, die nicht verlängert und nicht durch die Novellierung des Gesetzes 2016 erneuert wurde.[97] In Nordrhein-Westfalen wurde die Regelung in § 7 **30**

---
[91] Ähnlich *Roggan* DÖV 2019, 425 (426): „Fremdkörper".
[92] Näher *Löffelmann* in Dietrich/Eiffler Nachrichtendienste-HdB Teil VI § 3 Rn. 43.
[93] Dazu näher *Löffelmann* in Dietrich/Eiffler Nachrichtendienste-HdB Teil VI § 3 Rn. 53.
[94] Krit. insoweit bereits zu § 7 Abs. 2 VSG NW aF *Pohlmann* NWVBl. 2008, 132 (135); zu Sachsen bereits *Zimmermann* Staatliches Abhören 295.
[95] Die entsprechende durch das Terrorismusbekämpfungsgesetz v. 9.1.2002 geschaffene Ermächtigung wurde durch das Gesetz v. 7.12.2011 (BGBl. 2011 I 2576) wieder gestrichen, da die Maßnahme nie genutzt wurde (vgl. BT-Drs. 17/6925, 17); dazu *Roggan* DÖV 2019, 425 (431).
[96] Vgl. die Nachweise zu Fn. 46; abl. *Roggan* DÖV 2019, 425 (428).
[97] Vgl. Nds. Landtags-Drs. 17/2161, 26 f.

Abs. 2 S. 1 VSG NRW aF mit dem Gesetz vom 21.6.2013 gestrichen, weil nicht zu erwarten sei, dass sie künftig zur Anwendung komme.[98]

31 **b) Besondere Beschränkungen.** Die Ermächtigung in § 9 Abs. 2 BVerfSchG sieht keinerlei Vorkehrungen zum Schutz des Kernbereichs privater Lebensgestaltung und keine Regelungen zum Umgang mit kernbereichsrelevanten Daten vor und dürfte deshalb verfassungswidrig sein.[99] Dasselbe gilt für die entsprechende Regelung in Baden-Württemberg, nicht aber in Saarland, Sachsen-Anhalt und Thüringen wo **kernbereichsschützende Vorschriften** in § 8 Abs. 3 S. 2–8 SVerfSchG, § 8 Abs. 3a und 3b VerfSchG LSA und § 10 Abs. 6 ThürVerfSchG – zum Teil nachträglich – eingefügt wurden. In Berlin sieht § 9 VSG Bln solche Regelungen nicht vor, in Hamburg wurde die defizitäre Regelung in § 8 Abs. 3 S. 4 HmbVerfSchG aF mit dem Änderungsgesetz 2020 gestrichen, so dass dort nun auch für Wohnraumüberwachungen die umfassende Regelung in § 7 Abs. 1a HmbVerfSchG neben dem bereichsspezifischen Unterbrechungsgebot in § 8 Abs. 5 S. 3–8 HmbVerfSchG maßgeblich ist. In Bremen, Rheinland-Pfalz und Hessen sind den Kernbereich und **Berufsgeheimnisträger** schützende Regelungen vorhanden (§ 9 Abs. 2–4 BremVerfSchG, § 18 Abs. 6, 7 LVerfSchG RP, § 7 Abs. 4, 5 HVSG). Art. 8a BayVSG zieht solche Regelungen allgemein für die Anwendung nachrichtendienstlicher Mittel „vor die Klammer".

32 **c) Rechtsschutz und Kontrolle.** Betroffene einer Wohnraumüberwachung sind gem. § 9 Abs. 3 Nr. 1 BVerfSchG nach deren Beendigung und sobald eine Gefährdung des Zwecks der Maßnahme ausgeschlossen werden kann, zu **benachrichtigen.** Betroffene sind die Zielperson, gegen die sich die Maßnahme richtet, sonstige überwachte Personen sowie solche, die die überwachte Wohnung zur Zeit der Überwachung innehatten oder bewohnten.[100] In den LVerfSchG finden sich – teilweise unter Verweis auf das G 10[101] (vgl. § 10 Abs. 3 BremVerfSchG, § 8 Abs. 6 S. 3 HmbVerfSchG, § 5a Abs. 6 HessVerfSchG, § 8 Abs. 8 SVerfSchG) – dementsprechende Regelungen. Außerdem ist gem. § 9 Abs. 3 Nr. 2 BVerfSchG das **Parlamentarische Kontrollgremium** zu unterrichten. Maßnahmen der Wohnraumüberwachung unterliegen der nachträglichen verwaltungsgerichtlichen Überprüfung nach allgemeinen Grundsätzen. Eine besondere Möglichkeit der nachträglichen gerichtlichen Kontrolle sieht in Anlehnung an § 101 Abs. 7 S. 2 StPO § 5a Abs. 12 SächsVSG vor.

B. Datenerhebung aus dem „Smart Home"[102]

I. Funktionsweise und Relevanz

33 Unter dem Begriff Smart Home werden der Einsatz und die Vernetzung informationstechnischer Systeme in Wohnräumen verstanden. Die Bandbreite denkbarer Smart Home-Anwendungen ist groß. Sie reicht vom digitalen Erfassen des Energieverbrauchs (sog. Smart Meetering) über interaktive Informations- und Kommunikationstechnologie (etwa digitale Sprachassistenzsysteme wie Amazons Alexa) und „intelligente" Haushaltstechnik bis hin zu vernetzter Sicherheitstechnologie.[103] Smart Home-Anwendungen werden deshalb auch mit den Begriffen Ubiquitous Computing, Pervasive Computing und **Internet der Dinge** (Internet of Things – IoT) assoziiert. Die bei Smart Home-Anwendungen anfallenden Daten lassen weitreichende Rückschlüsse auf das Verhalten der Bewohner und dritter Personen zu. Dabei ist die Leistungsfähigkeit solcher Anwendungen einem hoch dyna-

---

[98] GV. NRW S. 367; Landtag Nordrhein-Westfalen Drs. 16/2148, 60.
[99] Vgl. bereits *Löffelmann* in Dietrich/Eiffler Nachrichtendienste-HdB Teil VI § 3 Rn. 44.
[100] Vgl. BVerfGE 109, 279 (364 f.) = NJW 2004, 999.
[101] Näher dazu *Löffelmann* in Dietrich/Eiffler Nachrichtendienste-HdB Teil VI § 4 Rn. 79 ff.
[102] S. hierzu bereits *Löffelmann* GSZ 2020, 244 ff.
[103] Vgl. näher zu den Besonderheiten von Informationstechnik und Informationssicherheit in privaten Haushalten *Hansen* in Hornung/Schallbruch IT-SicherheitsR § 26 Rn. 12 ff.

mischen, technologischen Wandel unterworfen. „Während aktuell noch die Automatisierung etwa der Heizungssteuerung oder der Lüftung und damit Aspekte des Energiemanagements im Vordergrund stehen, wird sich das Smart Home immer mehr zu einem umfassenden Assistenzsystem entwickeln, das letztlich die Funktionen von Concierge, Haushälter, Butler, Personal Assistant, Putzkraft und mehr in sich vereint. Dennoch ist zu betonen, dass auch die Auswertung ausschließlich von Energiedaten bereits tiefe Einblicke in die private Lebensgestaltung ermöglicht."[104]

Unter dem Vorzeichen des Energiesparens und der Telearbeit ist die Förderung von Smart Home-Anwendungen Teil der **digitalen Agenda** der Bundesregierung.[105] Diesem ambitionierten Anspruch steht eine höchst defizitäre gesetzliche Ausgestaltung gegenüber. Lediglich das Smart Metering ist bislang Gegenstand gesetzgeberischer Bemühungen gewesen.[106] Aspekte des Datenschutzes – etwa durch eine Regelung technischer Sicherheitsstandards (Privacy by Design) oder von Anforderungen an eine Einwilligung und Kennzeichnungspflichten – sind bisher kaum in das Blickfeld der Gesetzgebung gerückt.[107] Anders als im Bereich der Fahrzeugmobilität (Connected Driving, Dashcams)[108] ist die datenschutzrechtliche Problematik von Smart Home-Anwendungen – obwohl sich vergleichbare Probleme stellen – auch im rechtswissenschaftlichen Schrifttum und in der Rechtsprechung bis dato kaum thematisiert worden.[109] Dabei sind gerade informationstechnische Systeme aus dem Internet der Dinge in besonderer Weise anfällig für Eingriffe von außen[110] und eröffnen ein sehr hohes und mit dem technologischen Wandel rapide wachsendes Risiko für die IT-Sicherheit generell[111] und für die Privatsphäre der Grundrechtsträger im Be-

34

---

[104] *Roßnagel/Geminn/Jandt/Richter,* Datenschutzrecht 2016. „Smart" genug für die Zukunft? Ubiquitous Computing und Big Data als Herausforderungen des Datenschutzrechts, 2016, 114. So konnten zB bereits 2011 in einer experimentellen Anordnung aus den von elektronischen Stromzählern produzierten Daten Rückschlüsse auf abgespielte Entertainment-Inhalte gezogen werden, vgl. *Greveler/Justus/Löhr,* Identifikation von Videoinhalten über granulare Stromverbrauchsdaten, in Suri/Waidner, Sicherheit 2012. Sicherheit, Schutz und Zuverlässigkeit. Beiträge der 6. Jahrestagung des Fachbereichs Sicherheit der Gesellschaft für Informatik e. V. (GI), 2012, 35 ff. (https://dl.gi.de/bitstream/handle/20.500.12116/18280/lni-p-195-komplett.pdf?sequence=1&isAllowed=y); *Greveler,* Zwangsdigitalisierung der Stromverbraucher oder sinnvolle Regelung?, scilogs.spektrum.de v. 29.11.2015 (https://scilogs.spektrum.de/datentyp/zwangsdigitalisierung-stromverbraucher-regulierung/); nach *Raabe/Weis* RDV 2014, 231 (238) können Diensteanbieter aus den erhobenen Daten einen virtuellen Grundriss der Wohnung und detaillierte Verhaltensmuster der Anwesenden ableiten.
[105] Bundesregierung, Digitale Agenda 2014–2017, S. 9, 14.
[106] Vgl. dazu *Eder/vom Wegge* IR 2008, 50; *Braun* ZD 2018, 71.
[107] Vgl. die Kritik von *Roßnagel/Geminn/Jandt/Richter,* Datenschutzrecht 2016. „Smart" genug für die Zukunft? Ubiquitous Computing und Big Data als Herausforderungen des Datenschutzrechts, 2016, 114 ff., 142 ff.
[108] Vgl. etwa *Balzer/Nugel* NJW 2014, 1622; *Balzer/Nugel* NJW 2016, 193; *Atzert/Franck* RDV 2014, 136; *Buchner* DuD 2015, 372; *Fuchs* ZD 2015, 212; *Hornung* DuD 2015, 359; *Knyrim/Trieb* ZD 2014, 547; *Lüdemann* ZD 2015, 247; *Roßnagel* SVR 2014, 281; *Roßnagel* DuD 2015, 345 sowie die Beiträge im Sammelband des 52. Verkehrsgerichtstags 2014; vgl. ferner zur Rspr. OLG Stuttgart NJW 2016, 2280 mAnm *Löffelmann* JR 2016, 661 ff. sowie BGHZ 218, 348 ff. = NJW 2018, 2883 mAnm *Löffelmann* JR 2018, 639 f., jew. mwN.
[109] S. aber die umfassende Monografie von *Skistims;* ferner *Cimiano/Herlitz* NZM 2016, 409. Zu den Anforderungen an das Smart Metering nach dem Messstellenbetriebsgesetz vom 29.8.2016 (BGBl. 2016 I 2034) ausf. *Singler* in Hornung/Schallbruch IT-SicherheitsR § 24; zur informationstechnischen Gefährdung privater Haushalte *Hansen* in Hornung/Schallbruch IT-SicherheitsR § 26.
[110] *Bou-Harb/Neshenko,* Cyber Threat Intelligence for the Internet of Things, 2020, 13 ff. identifizieren neun verschiedene Arten der spezifischen Verletzlichkeit von Anwendungen aus dem Internet der Dinge: 1. ihr Vorkommen in einer regelmäßig unüberwachten physischen Umgebung, 2. ihre anfällige Energieversorgung, 3. ihre geringe Rechenleistung und damit einhergehende unzureichende Authentifizierungs- sowie 4. Verschlüsselungsmechanismen, 5. unnötig offene Ports, 6. unzureichende technische Passwortanforderungen, 7. unzureichende informationstechnische Wartung durch die Hersteller, 8. defizitäre Softwareentwicklung und 9. unzureichende Logging-Verfahren. Nach Art der Geräte sind im privaten Bereich häufig von Angriffen betroffen digitale Videorecorder, Webcams, über Bluetooth eingebundene Geräte und Thermostate. Besonders gefährdete Gebiete für Angriffe auf IoT-Systeme sind China und die USA (S. 67 ff.). Vgl. auch *Pohlmann* DuD 2021, 95 (98 ff.).
[111] Vgl. etwa die Medienberichte (zB https://t3n.de/news/mega-ddos-angriff-totalausfall-758183/) über einen DDoS-Angriff (Distributed Denial of Service) mittels infiltrierter smarter Haushaltsgeräte auf die

sonderen. Dass solche Anwendungen auch für staatliche Stellen, insbesondere Sicherheitsbehörden von großem Interesse sein können, liegt auf der Hand.

35 Vor diesem Hintergrund hatte sich die Innenministerkonferenz am 12.9.2019 mit einer Beschlussvorlage zur Prüfung der Verwendungsmöglichkeiten von **Datenspuren aus Smart Home-Geräten als Beweismittel** vor Gericht befasst, was eine rege mediale und rechtspolitische Debatte zur Folge hatte.[112] Wenig im Blick stand dabei, dass die Sicherheitsbehörden bereits nach geltendem Recht weitreichenden Zugriff auf Daten aus Smart Home-Anwendungen haben, diese Befugnisse aber kaum den aus der Verfassung abgeleiteten datenschutzrechtlichen Mindestanforderungen genügen dürften. Perspektivisch sind sowohl der sicherheitspolitische Anspruch auf Daten aus Smart Home-Anwendungen zugreifen zu dürfen, als auch dessen rechtsstaatliche Ausgestaltung und Absicherung unverzichtbare Gegenstände der vertieften rechtswissenschaftlichen Befassung, die erst in Ansätzen begonnen hat.[113]

II. Verfassungsrechtliche Einordnung

36 Das Erheben von Daten aus Smart Home-Anwendungen kann in mehrerlei Hinsicht Grundrechte berühren.

1. Recht auf informationelle Selbstbestimmung

37 Soweit solche Daten einer identifizierbaren Person zugeordnet werden können und es sich damit um personenbezogene Daten iSd § 46 Nr. 1 BDSG handelt, ist das aus Art. 2 Abs. 1 iVm Art. 1 Abs. 1 GG abgeleitete Recht auf informationelle Selbstbestimmung[114] betroffen. Am Merkmal der Zuordenbarkeit zu einer Person kann es etwa bei dem Erheben von Daten aus einem unbewohnten und auch sonst von Personen ungenutzten Wohnraum fehlen. Das Recht auf informationelle Selbstbestimmung ist auch einschlägig, wenn hoheitliche Stellen Daten aus Smart Home-Anwendungen von Dienstleistern beziehen, die diese Daten kommerziell verarbeiten.

2. Recht auf Vertraulichkeit und Integrität informationstechnischer Systeme

38 Greifen hoheitliche Stellen aktiv in Hardware oder Software von Smart Home-Applikationen ein, um zB per Fernzugriff Betriebsdaten aufzuzeichnen und auszulesen, stellt dies einen Eingriff in das ebenfalls aus Art. 2 Abs. 1 iVm Art. 1 Abs. 1 GG abgeleitete Recht auf Vertraulichkeit und Integrität informationstechnischer Systeme (sog. „Computergrundrecht")[115] dar, und zwar sowohl in seiner vor Integritätsverletzungen als auch vor Vertraulichkeitseinbußen schützenden Dimension. Voraussetzung hierfür ist allerdings, dass der Eingriff in Haussteuerungstechnik über eine lediglich **punktuelle Datenerhebung** hinausgeht. „Soweit ein derartiges System nach seiner technischen Konstruktion lediglich Daten mit punktuellem Bezug zu einem bestimmten Lebensbereich des Betroffenen enthält – zum Beispiel nicht vernetzte elektronische Steuerungsanlagen der Haustechnik –, unterscheidet sich ein staatlicher Zugriff auf den vorhandenen Datenbestand qualitativ nicht von anderen Datenerhebungen. In einem solchen Fall reicht der Schutz durch das Recht auf

---

von der Infrastruktur-Firma Dyn verwaltete und von zahlreichen großen Internetplattformen genutzte DNS-Infrastruktur im Oktober 2016.

[112] Vgl. etwa ZD-Aktuell 2019, 06669 und 06671; becklink 2013306; spiegel-online v. 14.6.2019: „Polizei soll keine neuen Zugriffsrechte auf Alexa-Gespräche bekommen"; BT-Drs. 19/11478; Bayerischer Landtag, Drs. 18/2554 und 18/3433.

[113] Vgl. *Schlegel* GA 2007, 648 (658 f.); *Singelnstein* NStZ 2012, 593 (602 ff.); *Blechschmitt* MMR 2018, 361; *Rüscher* NStZ 2018, 687; *Gless* StV 2018, 671; *Frau* GSZ 2020, 149; *Marx* DVBl 2020, 488.

[114] BVerfGE 65, 1 = NJW 1984, 419; zur Abgrenzung von Personen- und Sachdaten im Zusammenhang mit dem Internet of Things *Eckhardt* DuD 2021, 107 ff.

[115] BVerfGE 120, 274 = NJW 2008, 822.

informationelle Selbstbestimmung aus, um die berechtigten Geheimhaltungsinteressen des Betroffenen zu wahren."[116] Diese Einschränkung dürfte so zu verstehen sein, dass sie sich nur auf den zum Zeitpunkt der Erhebung in einem unvernetzten System vorhandenen („enthält") Datenbestand bezieht – also etwa auf den aktuellen Stand eines Verbrauchszählers. Ein **dauerhaftes Erfassen** der Daten in Echtzeit mittels einer Remote Forensic Software (RFS) dürfte hingegen selbst dann einen Eingriff in die Integrität und Vertraulichkeit eines informationstechnischen Systems darstellen, wenn es sich um ein im Übrigen unvernetztes System handelt, in dem nur eine bestimmte Art von Daten – etwa der Elektrizitätsverbrauch – verarbeitet wird. Denn auch aus einer solchen Datenerfassung lassen sich, wie gezeigt, über einen „bestimmten Lebensbereich" weit hinausgehende Rückschlüsse auf das Verhalten betroffener Personen ziehen. Das BVerfG hat konsequent einen Eingriff auch angenommen, „wenn die Eingriffsermächtigung Systeme erfasst, die *allein oder in ihren technischen Vernetzungen* personenbezogene Daten des Betroffenen in einem Umfang und in einer Vielfalt enthalten können, dass ein Zugriff auf das System es ermöglicht, einen Einblick in wesentliche Teile der Lebensgestaltung einer Person zu gewinnen oder gar ein aussagekräftiges Bild der Persönlichkeit zu erhalten."[117] Außerdem ist mit dem Aufspielen einer Software – anders als bei einem bloßen Ablesen oder Auslesen über eine ordnungsgemäß verwendete Schnittstelle – stets ein physikalischer Eingriff in die Integrität des Systems verbunden. Im Einzelfall können sich hier je nach Art des technischen Zugriffs schwierige Abgrenzungsfragen auftun.

39 Das betrifft namentlich auch den Fall der physischen **Beschlagnahme** von Smart Home-Hardware. Der Schutzbereich des Computergrundrechts ist nicht auf heimliche Eingriffe beschränkt. Während die Beschlagnahme von Datenträgern als solche zunächst nur Art. 14 GG berührt, kann ihr Auslesen einen Eingriff in die Vertraulichkeit und/oder Integrität eines informationstechnischen Systems darstellen. Diese – eminent praxisrelevante – Problematik wird bislang im Zusammenhang mit der Beschlagnahme von IT-Systemen allerdings kaum thematisiert.[118] Teilweise wird der Schutz von Datenträgern auch dahin eingeschränkt, dass der Schutzbereich des Computergrundrechts nur „komplexe" Systeme schütze.[119] Eine solche Begrenzung lässt sich der Entscheidung des BVerfG aber nicht entnehmen. Soweit das Gericht Systeme aus dem Schutzbereich ausnimmt, welche „lediglich Daten mit punktuellem Bezug zu einem bestimmten Lebensbereich des Betroffenen" verarbeiten, kann man allenfalls von einer erforderlichen Komplexität des Datenbestands, also von informationeller, nicht aber technischer Komplexität sprechen. Ob der vom BVerfG angesprochene Gesichtspunkt der selbsttätigen Datenerhebung durch das System[120] eine zwingende Voraussetzung für die Eröffnung des Schutzbereichs darstellt oder nur – wie die Vernetzung des Systems, insbesondere über das Internet[121] – ein den Eingriff vertiefendes Merkmal, ist ungeklärt. Im Ergebnis bejahen die meisten der Autoren, die auf das Merkmal der Komplexität abstellen, dass auch ein mit dem Computer verbundener USB-Stick oder eine **externe Festplatte** dem Schutzbereich unterfallen.[122] Warum der

---

[116] BVerfGE 120, 274 (313 f.) = NJW 2008, 822.
[117] BVerfGE 120, 274 (314) = NJW 2008, 822 – Hervorh. durch den Verf.
[118] Vgl. aber *Meinicke* StV 2012, 463.
[119] So *Hoffmann-Riem* JZ 2008, 1009 (1012); *Bäcker* in Uerpmann-Wittzack, Das neue Computergrundrecht, 2009, 1, 11; *Hauser*, Das IT-Grundrecht. Schnittfelder und Auswirkungen, 2015, 80 ff.; *Heinemann*, Grundrechtlicher Schutz informationstechnischer Systeme. Unter besonderer Berücksichtigung des Grundrechts auf Gewährleistung der Vertraulichkeit und Integrität informationstechnischer Systeme, 2015, 151 f.; *Skistims*, Smart Homes. Rechtsprobleme intelligenter Haussysteme unter besonderer Beachtung des Grundrechts auf Gewährleistung der Vertraulichkeit und Integrität informationstechnischer Systeme, 2016, 186 ff.
[120] BVerfGE 120, 274 (305) = NJW 2008, 822.
[121] Vgl. BVerfGE 120, 274 (305 f., 314) = NJW 2008, 822.
[122] *Heinemann*, Grundrechtlicher Schutz informationstechnischer Systeme. Unter besonderer Berücksichtigung des Grundrechts auf Gewährleistung der Vertraulichkeit und Integrität informationstechnischer Systeme, 2015, 157 stellt einerseits darauf ab, ob mobile Speichermedien „im Verbund mit fremden informationstechnischen Systemen zumindest temporär ein verbundenes informationstechnisches Gesamt-

Schutzbereich nicht mehr eröffnet sein sollte, sobald das Speichermedium von dem System getrennt ist, erschließt sich jedenfalls nicht ohne weiteres und würde dem Schutz der Privatsphäre Betroffener nicht gerecht, zumal, wenn man das Computergrundrecht nicht als Schutz eines technischen Systems, sondern – wohl richtiger – als vorverlagerten Schutz von Persönlichkeitsrechten vor Gefährdungen versteht.[123] Soweit man zu dem Ergebnis käme, dass auf die von einem System getrennt gespeicherten Daten nicht das Computergrundrecht, sondern „nur" das Recht auf informationelle Selbstbestimmung Anwendung findet, dürfte es – wie bei der Beschlagnahme gespeicherter Telekommunikationsdaten[124] – erforderlich sein, bei der Verhältnismäßigkeitsprüfung den Schutzgehalt des Computergrundrechts mit zu berücksichtigen.

3. Fernmeldegeheimnis

40 Vernetzte Smart Home-Systeme senden über das Internet Daten an Telemediendienste und andere Dienstleister wie zB Versandunternehmen. Werden die Daten auf dem Übertragungsweg erhoben, stellt sich die Frage, ob der Schutzbereich des Art. 10 GG eröffnet ist. Das ist differenziert zu beurteilen. Das Fernmeldegeheimnis hat die spezifische Schutzrichtung, Personen bei der Abwicklung von Fernkommunikation unter notwendiger Einbindung Dritter – der Telekommunikationsdiensteanbieter –, durch welche eine besondere Gefährdungslage für die Vertraulichkeit der Kommunikation geschaffen wird, so zu stellen wie bei einer Kommunikation unter Anwesenden.[125] Telekommunikation in diesem Sinne ist auch das Surfen im Internet.[126] Beim Generieren und Übertragen von Smart Home-Anwendungen fehlt es hingegen häufig an einer Kommunikation unter Beteiligung von Personen. Das bloße **technische „Kommunizieren" von Geräten,** wie die automatisierte Übertragung von Zählerständen, fällt nicht in den Schutzbereich des Art. 10 GG.[127] Stellt allerdings ein natürlicher Kommunikationsakt den Ausgangspunkt der Datenverarbeitung dar, ist Art. 10 GG betroffen, etwa bei einer verbal geäußerten Internetsuchanfrage oder Abgabe einer Bestellung unter Einbindung eines digitalen Sprachassistenzsystems oder bei der manuellen Auswahl aus einem Mediathek-Angebot. Technisch durchführbar ist zudem ein Zugriff auf Datenübertragungswege innerhalb des Smart Home, wenn die einzelnen Geräte über ein **Intranet** miteinander vernetzt werden. Ob in einem solchen Fall Art. 10 GG einschlägig ist, wurde bislang, soweit ersichtlich, in Rechtsprechung und Schrifttum nicht beleuchtet. Kommunikationsvorgänge in einem Intranet lassen sich zwar unter die Legaldefinition von Telekommunikation in § 3 Nr. 22 TKG subsumieren. Auch erstreckt sich die einfachrechtliche Mitwirkungspflicht zur Ermöglichung der Überwachung teilweise gezielt auf die Betreiber von geschlossenen Systemen.[128] Allerdings fehlt es in einer solchen Konstellation an der für die verfassungsrechtliche Zuordnung zum Schutzbereich des Art. 10 GG maßgeblichen notwendigen Einbindung eines Dritten. Richtigerweise dürfte der Schutzbereich des Art. 10 GG nur bei solchen Telekommunikationsnetzen eröffnet sein, die – wie etwa bei großen Unternehmen oder Behörden – von einem hausinternen Anbieter bereitgestellt werden und in ihrer technischen Struktur mit

---

system darstellen", fordert aber andererseits, dass solche Medien über eigene Prozessorleistungen verfügen müssen, was CD-ROMs oder DVDs vom Schutzbereich ausschließe.

[123] So *Poscher/Lassahn* in Hornung/Schallbruch IT-SicherheitsR § 7 Rn. 31 ff.
[124] BVerfGE 115, 166 = NJW 2006, 976; BVerfG NJW 2007, 3343 (3344); 2008, 822 (825); 2009, 2516 (2518).
[125] BVerfGE 115, 166 (182) = NJW 2006, 976; BVerfGK 9, 62.
[126] BVerfGE 120, 274 (307) = NJW 2008, 822; BVerfG NJW 2016, 3508; *Bär* in KMR-StPO StPO § 100a Rn. 14 f.
[127] BVerfGK 9, 62 (74) ff.; BVerfG NJW 2016, 3508 (3509 f.) mwN.
[128] Vgl. § 100a Abs. 4 StPO, wo die Voraussetzung des geschäftsmäßigen Erbringens der Dienste mit der Novelle von 2007 gestrichen wurde, um Betreiber nichtöffentlicher Netze zu erfassen (vgl. BT-Drs. 16/5846, 47 [77 f.]; *Bär* in KMR-StPO StPO § 100a Rn. 19). In § 2 Abs. 1 S. 3 G 10 ist dieses Merkmal hingegen erhalten, weshalb die Nachrichtendienste zB nicht Unternehmen verpflichten können, an der Überwachung ihres Intranets mitzuwirken (näher *Huber* in Schenke/Graulich/Ruthig G 10 § 2 Rn. 10).

einem öffentlichen Netz vergleichbar sind. Auf ein gewöhnliches, von den Bewohnern oder Betreibern eines Smart Home selbst installiertes Intranet trifft das nicht zu. Als Netzstruktur, in die die einzelnen Geräte und Anwendungen des Smart Home eingebettet sind, ist das Intranet dort Teil eines komplexen informationstechnischen Systems und als solcher gegen Eingriffe durch das Computergrundrecht geschützt.

4. Wohnungsgrundrecht

Das Wohnungsgrundrecht des Art. 13 GG kann betroffen sein, wenn „staatliche Stellen sich mit besonderen Hilfsmitteln einen Einblick in Vorgänge innerhalb der Wohnung verschaffen, die der natürlichen Wahrnehmung von außerhalb des geschützten Bereichs entzogen sind."[129] Das BVerfG sieht Anwendungsfälle neben der „klassischen" akustischen oder optischen Wohnraumüberwachung zB in der Messung elektromagnetischer Abstrahlungen, mit der die Nutzung eines – auch offline arbeitenden – informationstechnischen Systems in der Wohnung überwacht werden kann. Darüber hinaus könne eine staatliche Maßnahme, die mit dem heimlichen technischen Zugriff auf ein informationstechnisches System im Zusammenhang steht, an Art. 13 Abs. 1 GG zu messen sein, so beispielsweise, wenn und soweit Mitarbeiter der Ermittlungsbehörde in eine als Wohnung geschützte Räumlichkeit eindringen, um ein dort befindliches informationstechnisches System physisch zu manipulieren.[130] Als weiteren Anwendungsfall des Art. 13 Abs. 1 GG nennt das BVerfG die „Infiltration eines informationstechnischen Systems, das sich in einer Wohnung befindet, um mithilfe dessen bestimmte Vorgänge innerhalb der Wohnung zu überwachen, etwa indem die an das System angeschlossenen Peripheriegeräte wie ein Mikrofon oder eine Kamera dazu genutzt werden."[131] Da in den beiden letztgenannten Fällen auch das informationstechnische System manipuliert wird, ist neben dem Wohnungsgrundrecht das Recht auf Vertraulichkeit und Integrität informationstechnischer Systeme berührt. Fraglich ist, wie Datenerhebungen aus dem Smart Home zu beurteilen sind, aus denen **Rückschlüsse auf das Verhalten in den Räumlichkeiten** gezogen werden können. Ist es zB möglich, mithilfe der Daten ein Bewegungs- und Nutzungsprofil der Bewohner zu erstellen, liegt nahe, den Schutzbereich des Art. 13 GG als eröffnet anzusehen. Lassen die Daten zB nur Rückschlüsse auf die Frequentierung der Wohnung zu, auf Erkenntnisse also, die auch durch Maßnahmen erlangt werden können, die nicht in Art. 13 GG eingreifen (etwa durch Observieren der Zugänge), dürfte ein Eingriff in dieses Grundrecht ausscheiden. Es kommt also im Einzelnen auf die technische Ausgestaltung und Leistungsfähigkeit der Datenerhebung an. Generell gilt: Je intensiver der Zugriff auf Smart Home-Anwendungen ist, desto eher ist von einem Eingriff in Art. 13 GG auszugehen.

5. Kernbereich privater Lebensgestaltung

Schließlich ist auch beim Zugriff auf Smart Home-Anwendungen der absolute Schutz des Kernbereichs privater Lebensgestaltung zu berücksichtigen. Fraglich ist in diesem Zusammenhang, ob es sich dabei – wie bei der akustischen oder optischen Wohnraumüberwachung – um sog. verletzungsgeneigte Maßnahmen handelt, welche präventive grundrechtsschützende gesetzliche Vorkehrungen erforderlich machen.[132] Berücksichtigt man, dass das Verhalten in Wohnungen nicht per se kernbereichsrelevant ist, sondern nur der Privatwohnung als „letztes Refugium", in dem der Einzelne das Recht hat, „in Ruhe

---
[129] BVerfGE 120, 274 (309 f.) = NJW 2008, 822.
[130] *Schlegel* GA 2007, 648 (654); *Roggan*, Vorgänge 3/2019 (Nr. 227), 147.
[131] BVerfGE 120, 274 (310) = NJW 2008, 822; zuvor bereits *Schlegel* GA 2007, 648 (656); zur technischen Möglichkeit des Umfunktionierens eines Smart Speakers in eine Abhöreinrichtung *Marx* DVBl 2020, 488 (489).
[132] BVerfGE 109, 279 (318 f., 328) = NJW 2004, 999; BVerfGE 130, 1 (23) = NJW 2012, 907; BVerfGE 141, 220 (277, 295) = NJW 2016, 1781.

gelassen zu werden"[133], eine lediglich indizielle Bedeutung für eine Gefährdung des Kernbereichs zukommt, ist bei der Einordnung der Verletzungsneigung grundsätzlich Zurückhaltung angezeigt. Weitere wichtige **Indizien** wie das Verhältnis der Zielperson zu anderen anwesenden Personen, deren besondere Vertrauenseigenschaft und insbesondere der Inhalt etwaiger Äußerungen sind bei einem Zugriff auf Smart Home-Daten, der nicht zugleich eine akustische und/oder optische Wohnraumüberwachung darstellt, regelmäßig nicht gegeben. Kann andererseits durch die Datenauswertung zB auf den Konsum bestimmter Medieninhalte (etwa pornografische Angebote) geschlossen werden, kann im Einzelfall der Kernbereich privater Lebensgestaltung durchaus betroffen sein und daraus ein verfassungsrechtliches Datenverwendungsverbot und -löschungsgebot folgen.[134]

6. Erstellung umfassender Profile

43 Wichtiger erscheint im Zusammenhang mit dem Zugriff auf Smart Home-Daten und Art. 1 Abs. 1 GG der Aspekt des lückenlosen Überwachens. In seiner jüngeren Rechtsprechung hat das BVerfG wiederholt betont, das Erstellen umfassender Persönlichkeitsprofile oder Bewegungsbilder von Zielpersonen sei mit der Achtung der Menschenwürde nicht vereinbar.[135] Bislang fehlt in der Rechtsprechung freilich jede Zuschreibung, unter welchen Umständen von einer umfassenden Profilbildung auszugehen sei. Nahe liegt das jedenfalls bei einer Kumulierung der Erfassung von Daten eines Smart Home mit anderen Maßnahmen wie der Überwachung von Telekommunikation, der Bestimmung von Standortdaten und der Observation einer Zielperson in der Realwelt und in sozialen Netzwerken.[136]

III. Einfachrechtlicher Regelungsrahmen

44 Auf einfachrechtlicher Ebene stellt sich die Rechtslage zum Zugriff auf Daten aus dem Smart Home in den einzelnen Bereichen des Sicherheitsrechts höchst heterogen dar.

1. Strafverfahren

45 a) **Ermächtigungsgrundlagen.** Welche Ermächtigungsgrundlagen für den repressiven Zugriff auf Daten aus dem Smart Home zur Verfügung stehen, hängt von der Zielrichtung und technischen Umsetzung der Maßnahme ab.

46 aa) **Akustische Wohnraumüberwachung.** Zielt die Maßnahme auf eine Überwachung des in Wohnungen nichtöffentlich gesprochenen Worts, kommt als Befugnisnorm § 100c StPO in Betracht. Technisch kann dieser Zweck durch einen Zugriff auf im Smart Home verbaute Mikrofone mittels RFS erfolgen. Ungeklärt ist, ob § 100c StPO auch die Infiltration von technischen Systemen des Beschuldigten erlaubt, oder lediglich das **Anbringen eigener Überwachungssysteme** durch die Strafverfolgungsbehörden. Von letzterem ist offenbar der Gesetzgeber ausgegangen,[137] dem Wortlaut der Norm lässt sich eine solche Beschränkung jedoch nicht entnehmen. Andererseits ist zu berücksichtigen, dass durch den Zugriff auf Smart Home-Systeme zugleich ein Eingriff in das Grundrecht auf Vertraulichkeit und Integrität informationstechnischer Systeme erfolgt. Das spricht dagegen, allein in § 100c

---

[133] BVerfGE 89, 1 (12) = NJW 1993, 2035; BVerfGE 109, 279, 314 = NJW 2004, 999.
[134] BVerfGE 109, 279, 318, 320, 323, 328 ff. = NJW 2004, 999; BVerfGE 113, 348 (390) = NJW 2005, 2603; BVerfGE 120, 274 (335 ff.) = NJW 2008, 822; BVerfGE 129, 208 (245 ff.) = NJW 2012, 833.
[135] BVerfGE 65, 1 (43) = NJW 1984, 419; BVerfGE 109, 279 (323) = NJW 2004, 999; BVerfGE 112, 304 (319) = NJW 2005, 1338; BVerfGE 120, 274 (344 f.) = NJW 2008, 822; BVerfGE 130, 1 (24) = NJW 2012, 907; BVerfGE 141, 220 (280) = NJW 2016, 1781.
[136] Zur Kumulierungsproblematik vgl. BVerfGE 112, 304 (319 f.) = NJW 2005, 1338; BVerfGE 141, 220 (280) = NJW 2016, 1781.
[137] Vgl. BT-Drs. 13/8651, 13; 15/4533, 10; im Schrifttum wurde die Problematik bislang – soweit ersichtlich – lediglich von *Rüscher* NStZ 2018, 687 (690) thematisiert, demzufolge es bei dem Begriff des technischen Mittels in §§ 100a ff. StPO immer um eigene Mittel der Strafverfolgungsbehörden gehe.

StPO eine ausreichende Rechtsgrundlage zu sehen.[138] Auch der Wortlaut des Art. 13 Abs. 3 S. 1 GG deutet eher in die Richtung, dass es sich um technische Mittel der Strafverfolgungsbehörden handeln muss („dürfen … technische Mittel … eingesetzt werden"). Ob § 100b StPO für sich das Aktivieren des Mikrofons eines in der Wohnung befindlichen informationstechnischen Systems erlaubt, ist ebenfalls zweifelhaft.[139] Denkbar wäre jedoch eine **kumulative Anwendung** von §§ 100b und 100c StPO,[140] was eine strengere Verhältnismäßigkeitsprüfung im Einzelfall erforderlich macht. Zu berücksichtigen ist ferner, dass § 100c StPO – entsprechend der qualifizierten Schranke des Art. 13 Abs. 3 S. 1 GG[141] – nur die akustische und nicht die optische oder sonstige Überwachung der Wohnung erlaubt.

bb) Online-Durchsuchung. Die Datenerhebung aus Smart Home-Geräten oder dem sie verbindenden Netzwerk mittels RFS ist zu repressiven Zwecken im Übrigen nach § 100b StPO nur zulässig, soweit nicht der Schutzbereich des Art. 13 GG betroffen ist, da Art. 13 Abs. 3 GG im Bereich der Strafverfolgung nur die akustische Wohnraumüberwachung erlaubt. Eine verfassungsrechtliche Rechtfertigung repressiver Eingriffe in Art. 13 GG wäre darüber hinaus allenfalls durch **kollidierendes Verfassungsrecht** möglich.[142] Nach den vom BVerfG entwickelten Maßstäben wäre hierfür aber eine spezifische einfachgesetzliche Ermächtigung erforderlich.[143] Eine solche stellt § 100b StPO nicht dar. Unter welchen Umständen der Zugriff auf Daten aus Smart Home-Anwendungen keinen Eingriff in das Wohnungsgrundrecht bewirkt, ist bislang ungeklärt.

47

cc) Telekommunikationsüberwachung. Die Befugnis zur Telekommunikationsüberwachung nach § 100a StPO ist einschlägig, soweit durch Smart Home-Anwendungen vermittelte Telekommunikation des Beschuldigten oder von Nachrichtenmittlern (vgl. § 100a Abs. 3 StPO) auf dem Übertragungsweg überwacht und aufgezeichnet wird. Auch hier gilt, dass Eingriffe in das Wohnungsgrundrecht auf dieser Grundlage nicht zulässig sind.

48

dd) Beschlagnahme. Praktisch am bedeutsamsten ist die Beschlagnahme von Smart Home-Geräten oder Datenträgern mit darauf gespeicherten Daten aus Smart Home-Anwendungen. Die Beschlagnahme ist nach § 94 StPO grundsätzlich zulässig, wenn der **Anfangsverdacht** einer Straftat vorliegt und die zu beschlagnahmenden Gegenstände **Beweisbedeutung** besitzen. Die Auswertung digitaler Datenträger wird auf dieselbe Rechtsgrundlage gestützt.[144] Die Beschlagnahme kann bei der beschuldigten Person oder

49

---

[138] Ähnl. zu § 46 BKAG *Marx* DVBl 2020, 488 (492).
[139] Abl. *Singelnstein/Derin* NJW 2017, 2646 (2647), nach denen aus dem Wortlaut („dürfen Daten daraus erhoben werden") folge, dass die Befugnis „eine Erhebung *aus* dem System, nicht aber dessen manipulative Nutzung und Erhebung von Daten *mittels* desselben" gestatte; ebenso *Rüscher* NStZ 2018, 687 (691). Zwingend erscheint diese Auslegung jedoch nicht, vgl. *Eschelbach* in Satzger/Schluckebier/Widmaier StPO § 100b Rn. 4. Die Gesetzesbegründung (BT-Drs. 18/12785, 54 f.) gibt zu dieser Frage nichts her.
[140] Abl. zur Kombinierung mehrerer Ermächtigungsgrundlagen *Rüscher* NStZ 2018, 687 (692).
[141] Dass der Verzicht auf die optische Überwachung zu Zwecken der Strafverfolgung seinen zwingenden Grund in der Fassung dieser Grundrechtsnorm hat, wird im strafprozessualen Schrifttum häufig übersehen, vgl. etwa *Hauck* in Löwe/Rosenberg StPO § 100c Rn. 11.
[142] Das rührt an die fundamentale Frage, ob das Prinzip der praktischen Konkordanz auch für nicht vorbehaltlos gewährte Grundrechte wie Art. 13 GG gilt. Während nach BVerwGE 87, 37 (46) = NJW 1991, 1766 die Grundsätze der praktischen Konkordanz „nicht nur für vorbehaltlos gewährleistete Grundrechte" gelten, hat das BVerfG dies bislang lediglich für Art. 5 Abs. 2 GG (vgl. BVerfGE 7, 198 [209] = BeckRS 1958, 869) und Art. 12 Abs. 1 S. 1 GG (vgl. BVerfGE 7, 377 [405] = NJW 1958, 1035; BVerfGE 97, 169 [176] = NJW 1998, 1475; BVerfGE 134, 204 [223] = NJW 2014, 46) angenommen. Die Konsequenz wäre, dass zahlreiche einfachrechtliche Eingriffsbefugnisse in Art. 13 GG, die nicht den Schranken der Abs. 2–7 zugeordnet werden können, wie insbesondere Betretungs- und Besichtigungsrechte, als verfassungswidrig angesehen werden müssten, vgl. dazu *Papier* in Maunz/Dürig GG Art. 13 Rn. 137. Das Meinungsbild dazu, ob Eingriffe in Art. 13 GG über die Schranken der Abs. 2–7 hinaus auch durch kollidierendes Verfassungsrecht gerechtfertigt werden können, ist uneinheitlich (zurecht befürwortend etwa *Jarass* in Jarass/Pieroth GG Art. 13 Rn. 12 mwN).
[143] So bereits BVerfGE 32, 54 (76) = NJW 1971, 2299 zu Betretungsrechten.
[144] Näher dazu *Herrmann/Soiné* NJW 2011, 2922; *Singelnstein* NStZ 2012, 593 (596 ff.); *Zerbes/El-Ghazi* NStZ 2015, 425.

aber bei Dritten erfolgen, auch bei kommerziellen Datenverarbeitern. Handelt es sich bei den dritten Personen um nahe Verwandte des Beschuldigten oder Berufsgeheimnisträger, sind die Beschlagnahmebeschränkungen des § 97 StPO zu beachten. Die materiellen Voraussetzungen der Beschlagnahme sind damit denkbar niedrig, was durch die Verhältnismäßigkeitsabwägung im Einzelfall und den grundsätzlich vorgesehenen Richtervorbehalt (vgl. § 98 Abs. 1 S. 1 StPO) nur zum Teil kompensiert werden kann.

50 Hoch problematisch ist hier zudem die Frage, ob durch die Beschlagnahme und Auswertung von Smart Home-Daten in Art. 13 GG eingegriffen wird und § 94 StPO hierfür eine ausreichende Grundlage darstellt. Im analogen Kontext differenziert die Rechtsanwendung nicht zwischen der Durchsuchung von Wohnraum, die in §§ 102–107 StPO eine einfachrechtliche und in Art. 13 Abs. 2 GG eine verfassungsrechtliche Grundlage findet, und der Beschlagnahme dort aufgefundener Gegenstände. Für die Beschlagnahme von Beweisgegenständen, die in einem Wohnraum aufgefunden werden, ist § 94 StPO eine ausreichende Rechtsgrundlage. Handelt es sich bei den beschlagnahmten Gegenständen um Daten aus einer Smart Home-Anwendung, liegt deren Beweisbedeutung jedoch gerade darin, dass sie **Auskunft über Vorkommnisse in der Wohnung** geben. Daher liegt in der Beschlagnahme und Auswertung der Daten ein zusätzlicher Eingriff in den Schutzbereich des Art. 13 GG, ohne dass dem eine qualifizierte Schranke entspräche.[145] Werden die Daten bei Dritten beschlagnahmt, sind zudem verschiedene Grundrechtsträger betroffen. Obwohl sich auch außerhalb von Smart Home-Anwendungen eine vergleichbare Problematik stellen kann – etwa bei der Beschlagnahme von Aufzeichnungen einer von den Inhabern der Wohnung betriebenen Überwachungskamera – wurde sie bislang in Rechtsprechung und Schrifttum nicht thematisiert.

51 **b) Besondere Beschränkungen.** Die Ausgestaltung des Schutzes grundrechtssensibler Bereiche stellt sich im Strafverfahrensrecht heterogen und lückenhaft dar.[146] Dezidiert kernbereichsschützende Vorschriften enthält nun gebündelt für Maßnahmen nach § 100a, § 100b und § 100c StPO – jedoch in unterschiedlicher Ausprägung – § 100d StPO. Für die Beschlagnahme und Auswertung von Datenträgern mit sensiblen Daten existiert keine vergleichbare Regelung. Der Schutz von Berufsgeheimnisträgern ist in § 97, § 100d Abs. 5 und § 160a StPO unterschiedlich und sich überschneidend (vgl. § 160a Abs. 5 StPO) ausgestaltet.

52 Besondere Verwendungsbeschränkungen hinsichtlich der nach § 100b und § 100c StPO gewonnenen Daten finden sich in § 100e Abs. 6 StPO und § 101 Abs. 3 und 8 StPO sowie hinsichtlich kernbereichsrelevanter Daten in § 100d Abs. 2 StPO. Im Übrigen gelten die allgemeinen Regeln nach §§ 474 ff. StPO, insbesondere hinsichtlich der zweckändernden Datenverwendung § 477 Abs. 2 S. 2 und § 481 StPO.

53 **c) Rechtsschutz und Kontrolle.** Bei der Beschlagnahme nach § 94 StPO handelt es sich grundsätzlich um eine **offene Maßnahme,** die der betroffenen Person bekannt zu geben ist (§ 33 Abs. 2, § 35 Abs. 2 StPO). Nach § 98 Abs. 2 S. 2 StPO kann die betroffene Person gegen eine staatsanwaltliche oder polizeiliche Beschlagnahme die gerichtliche Entscheidung beantragen. Über diese Möglichkeit ist nach § 98 Abs. 2 S. 5 StPO zu belehren. Gegen eine gerichtliche Entscheidung kann Beschwerde (§ 304 StPO) eingelegt werden, die nicht fristgebunden ist. Über die Verwertbarkeit erlangter Beweismittel entscheidet im Hauptverfahren das Tatgericht.

54 Demgegenüber stellen Datenerhebungen nach §§ 100a, 100b und 100c StPO **verdeckte Maßnahmen** dar. Über sie ist die betroffene Person nachträglich zu benachrichtigen, sofern keine Gründe für eine Zurückstellung der Benachrichtigung gegeben sind (§ 101 Abs. 4–6 StPO). Nach der Benachrichtigung können betroffene Personen binnen zwei

---

[145] Art. 13 Abs. 2 GG bezieht sich nur auf Durchsuchungen. Eine verfassungsrechtliche Rechtfertigung der Beschlagnahme und Auswertung von Wohnungsdaten wäre demnach nur durch kollidierendes Verfassungsrecht möglich, vgl. Fn. 142.
[146] Vgl. bereits die Kritik bei *Löffelmann* GSZ 2019, 190 ff.

Wochen die gerichtliche Überprüfung der Maßnahme verlangen (§ 101 Abs. 7 S. 2 StPO) und gegen diese Entscheidung mit der sofortigen Beschwerde vorgehen (§ 101 Abs. 7 S. 3 StPO). Ob daneben die allgemeine Beschwerde zulässig ist, ist umstritten.[147]

2. Polizeirecht

a) Ermächtigungsgrundlagen. Auch im Polizeirecht existieren bislang keine auf Smart Home-Anwendungen unmittelbar zugeschnittene Rechtsgrundlagen, sondern kommen je nach Zielrichtung und technischer Umsetzung der Datenerhebung verschiedene Befugnisse in Betracht. 55

aa) Wohnraumüberwachung. Die Gesetzeslage bei der Wohnraumüberwachung stellt sich in den Polizeirechten von Bund und Ländern, wie oben (→ Rn. 15 ff.) dargestellt, sehr heterogen dar. Hervorzuheben ist im Zusammenhang mit der Überwachung des Smart Home, dass – entsprechend der weiten Formulierung der Schranke des Art. 13 Abs. 4 GG („technische Mittel zur Überwachung von Wohnungen") – in den Ländern Hessen (§ 15 Abs. 4 HSOG), Mecklenburg-Vorpommern (§ 33b SOG M-V), Schleswig-Holstein (§ 185 Abs. 3 LVwG), Saarland (§ 34 Abs. 1 S. 1 iVm § 31 Abs. 2 Nr. 2 SPolDVG), Sachsen-Anhalt (§ 17 Abs. 4 SOG LSA) und Thüringen (§ 35 ThürPAG) allgemeine oder auf den Einsatz technischer Mittel außerhalb von Wohnraum (zB zu Observationszwecken) verweisende Befugnisse zur verdeckten Überwachung von Wohnraum durch den **Einsatz technischer Mittel** vorgesehen sind.[148] Das eröffnet einen weiteren Spielraum bei der Auslegung dieser Normen und erlaubt jedenfalls die Implementierung eigener technischer Mittel durch die Polizeibehörden in den zu überwachenden Wohnräumen zum Zweck der Datenerhebung. In Berlin differenziert das ASOG sogar explizit zwischen der akustischen Wohnraumüberwachung (§ 25 Abs. 4a ASOG Bln) und der sonstigen Datenerhebung aus Wohnraum (§ 25 Abs. 4 ASOG Bln), was mit Blick auf die besondere Eingriffsintensität der akustischen Überwachung durchaus Sinn ergibt. Das Infiltrieren von technischen Mitteln der Zielperson dürfte hingegen nur unter den Voraussetzungen der Online-Durchsuchung zulässig sein. 56

bb) Online-Durchsuchung. Der Fernzugriff auf informationstechnische Systeme der Zielperson ist auf Bundesebene zulässig für das BKA zur Bekämpfung von Gefahren der terroristischen Kriminalität (§ 49 BKAG) und auf Landesebene für die Polizeien in Bayern (Art. 45 BayPAG), Hessen (§ 15c HSOG), Mecklenburg-Vorpommern (§ 33c SOG M-V), Niedersachsen (§ 33d NPOG) und Rheinland-Pfalz (§ 39 RhPfPOG). Die Polizeien in Baden-Württemberg (§ 54 Abs. 2, 3 BWPolG), Hamburg (§ 24 PolDVG Hmb), Nordrhein-Westfalen (§ 20c Abs. 2 PolG NRW), Saarland (§ 35 Abs. 2 SPolDVG) und Thüringen (§ 34a Abs. 2 ThürPAG) verfügen – neben den zuvor genannten Landespolizeien – für den Zugriff auf informationstechnische Systeme lediglich über die Befugnis zur Quellentelekommunikationsüberwachung. In den anderen Ländern und für die Bundespolizei gibt es (bislang) keine entsprechenden Befugnisse.[149] In den Ländern, die über die Befugnis zur „Online-Durchsuchung" verfügen, unterscheiden sich die Anordnungsvoraussetzungen hinsichtlich der zu schützenden Rechtsgüter und des Grads der abzuwehrenden Gefahr erheblich. Hervorzuheben ist, dass das BKA (§ 49 Abs. 1 S. 2 BKAG) und die Landespolizeien von Bayern (Art. 45 Abs. 1 S. 1 iVm Art. 11a Abs. 2 Nr. 1, 2 BayPAG), Niedersachsen (§ 33d Abs. 1 S. 1 Nr. 2 und 3 NPOG) und Rheinland-Pfalz (§ 39 Abs. 1 S. 3 57

---

[147] Vgl. Fn. 55.
[148] In Bayern wurde die entsprechende allgemeine Fassung im Rahmen der Polizeirechtsreform von 2018 durch Einfügen des Art. 41 Abs. 1 S. 3 BayPAG („Die Daten können erhoben werden, indem das nichtöffentlich gesprochene Wort abgehört oder aufgezeichnet oder Bildaufnahmen oder -aufzeichnungen, auch unter Verwendung von Systemen zur automatischen Steuerung, angefertigt werden.") wieder eingeschränkt.
[149] Die entsprechende Befugnis in § 17c SOG LSA aF wurde mit Gesetz v. 27.10.2015 aufgehoben, nachdem LVerfG Sachsen-Anhalt LKV 2015, 33 (36 f.) sie für verfassungswidrig erklärt hatte.

RhPfPOG) die Maßnahme – unter ähnlichen, im Detail aber voneinander abweichenden Voraussetzungen – bereits im Gefahrenvorfeld durchführen dürfen.[150]

58 Hoch problematisch ist die Frage, ob die genannten Befugnisse auch zur Erhebung von Smart Home-Daten ermächtigen, soweit damit ein Eingriff in Art. 13 GG verbunden ist. Der in den Befugnissen verwendete Wortlaut „aus ihnen Daten erheben" spricht eher gegen die einfachrechtliche Zulässigkeit des **Zugriffs auf fremde Mittel** zum Zweck der Überwachung.[151] Verfassungsrechtlich schließt Art. 13 Abs. 4 GG diese Möglichkeit aber nicht aus. Materiell können die Befugnisse zur polizeilichen Online-Durchsuchung eine ausreichende einfachrechtliche Grundlage hierfür darstellen, soweit sie den weiteren qualifizierten Schranken des Art. 13 Abs. 4 GG, namentlich den Anforderungen an den Grad der abzuwehrenden Gefahr und die **Wertigkeit des zu schützenden Rechtsguts** genügen. Die Befugnisse zur Abwehr von konkreten Gefahren des internationalen Terrorismus (§ 49 Abs. 1 S. 2 BKAG) und von konkreten oder dringenden Gefahren für die Rechtsgüter Leben, Leib, Freiheit der Person sowie Bestand und Sicherheit des Staates und versorgungskritischer Infrastruktur (Art. 11a Abs. 2 Nr. 1, 2 Alt. 1 und 3 BayPAG, § 15c Abs. 1 HSOG, § 39 Abs. 1 S. 1 RhPfPOG) dürften insoweit nicht zu beanstanden sein. Zweifelhaft erscheint, ob eine konkrete Gefahr für das in Art. 11a Abs. 2 Nr. 2 Alt. 2 BayPAG genannte Rechtsgut Gesundheit mit einer „dringenden Gefahr für die öffentliche Sicherheit, insbesondere einer gemeinen Gefahr oder einer Lebensgefahr" vergleichbar ist. Auch die in § 33d Abs. 1 S. 1 Nr. 1 NPOG genannte dringende Gefahr für ein beliebiges Rechtsgut ist zu unspezifisch.

59 Umstritten ist ferner, ob zum Zwecke der Manipulation eines IT-Systems das **Betreten und Durchsuchen der Wohnung** zulässig ist. Eine solche heimliche Durchsuchung fällt nicht unter die Schranke des Art. 13 Abs. 2 GG, sofern man, wie die wohl hM, als Durchsuchung im Sinne der Norm nur offene Maßnahmen ansieht.[152] Als Annexkompetenz (wie bei der herkömmlichen Wohnraumüberwachung) lässt sich eine solche Befugnis nur begründen, wenn auch die Hauptmaßnahme nach Art. 13 Abs. 4 GG gerechtfertigt werden kann. Die generellen einfachrechtlichen Betretungsbefugnisse zum Zweck der Infiltration des IT-Systems nach Art. 44 Abs. 1 S. 5 und Art. 45 Abs. 3 S. 5 BayPAG werden deshalb zum Teil als verfassungswidrig angesehen.[153]

60 Noch schwieriger zu beantworten ist die Frage, ob Eingriffe in Art. 13 GG bereits im **Gefahrenvorfeld** gerechtfertigt werden können. Entgegen dem natürlichen Sprachgebrauch bezeichnet der Begriff „dringend" in Art. 13 Abs. 4 GG zwar keine allein zeitliche Dimension der Gefahr, sondern – insbesondere auch mit Blick auf den Rang des zu schützenden Rechtsguts – den erhöhten Grad von dessen Schutzwürdigkeit und -bedürftigkeit.[154] Mit dem zeitlichen Abstand der möglichen Rechtsgutsverletzung steigt aber andererseits das Prognoserisiko, weshalb höhere Anforderungen an die Rechtfertigung von Grundrechtseingriffen zu stellen sind.[155] Das spricht allgemein dafür, Eingriffe in Art. 13 GG durch eine Online-Durchsuchung im Gefahrenvorfeld nur zur Abwehr dringender Gefahren für höchstrangige Rechtsgüter zuzulassen. Soweit § 49 Abs. 1 S. 2 iVm § 5 BKAG an durch internationalen Terrorismus vermittelte Gefahren für Leib, Leben und Freiheit der Person, den Bestand des Staates und versorgungskritische Infrastruktur anknüpft

---

[150] Vgl. zur Verlagerung polizeilicher Befugnisse ins Gefahrenvorfeld BVerfGE 100, 313 (392) = NJW 2000, 55; BVerfGE 110, 33 (56) = NJW 2004, 2213; BVerfGE 113, 348 (385 f.) = NJW 2005, 2603; BVerfGE 115, 320 (361) = NJW 2006, 1939; BVerfGE 120, 274 (329) = NJW 2008, 822; BVerfGE 125, 260 (330) = NJW 2010, 833; BVerfGE 141, 220 (272 f., 290 f., 305) = NJW 2016, 1781 sowie Löffelmann GSZ 2018, 85 (86 f.).

[151] So Marx DVBl 2020, 488 (492), die die Schaffung einer eigenen Ermächtigungsgrundlage für das BKA vorschlägt (494); vgl. ferner zur Parallelproblematik bei § 100b StPO die Nachweise zu Fn. 139; BT-Drs. 16/10121, 28 weist zu § 20k BKAG aF ausdrücklich darauf hin, dass mit der Schaffung der Befugnis „(n)icht ermöglicht werden soll der Zugriff auf am Computer angeschlossene Kameras oder Mikrofone".

[152] So etwa Wölff in HK-GG GG Art. 13 Rn. 9; vgl. auch BVerfGE 133, 277 (328) = NJW 2013, 1499.

[153] So Roggan, Vorgänge 3/2019 (Nr. 227), 147, 150.

[154] Vgl. ausf. Papier in Maunz/Dürig GG Art. 13 Rn. 94, 125 ff.

[155] Vgl. BVerfGE 110, 33 (60) = NJW 2004, 2213 mit dem Hinweis auf BVerfGE 100, 313 (392) = NJW 2000, 55.

und § 33d Abs. 1 S. 1 Nr. 2 und 3 NPOG sowie § 39 Abs. 1 S. 3 iVm § 34 Abs. 1 S. 1 Nr. 3 POG Rheinland-Pfalz an die präsumptive Gefahr terroristischer Straftaten, dürften die jeweiligen Befugnisse diesen Anforderungen genügen. **Terroristische Akte** begründen in aller Regel die Gefahr einer tiefgreifenden Verletzung höchstrangiger Rechtsgüter für eine Vielzahl von Rechtsgutsträgern. Die nicht an solches oder vergleichbares Gefährdungspotenzial anknüpfende Regelung zum Gefahrenvorfeld in Art. 45 Abs. 1 S. 1 BayPAG („drohende Gefahr") dürfte hingegen kritisch zu sehen sein. Das gilt dann auch für die Befugnis zum heimlichen Betreten und Durchsuchen der Wohnung gem. Art. 45 Abs. 3 S. 5 BayPAG zum Zwecke der Durchführung der Online-Durchsuchung; eine besondere Befugnis zum Online-Zugriff auf Wohnungsdaten kann daraus – trotz des insoweit auslegungsfähigen Wortlauts[156] – nicht abgeleitet werden.

cc) Telekommunikationsüberwachung. Mit Ausnahme der Bundespolizei verfügen 61 nach den Reformen der vergangenen Jahre mittlerweile alle Polizeien in Bund und Ländern über eine Befugnis zur inhaltsbezogenen Telekommunikationsüberwachung (vgl. § 51 BKAG, § 33b BbgPolG, § 25a ASOG Bln, § 42 BremPolG, §§ 53, 54 BWPolG, Art. 42 BayPAG, § 23 PolDVG Hmb, §§ 15a, 15b HSOG, § 33d SOG M-V, § 33a NPOG, § 20c PolG NRW, § 36 RhPfPOG, § 185a SchlHLVwG, § 35 SPolDVG, § 66 SächsPVDG, § 17b SOG LSA, § 34a ThürPAG). Hinsichtlich ihrer Reichweite und Ausgestaltung im Übrigen unterscheiden sich die Befugnisse zum Teil erheblich voneinander. Wie im repressiven Bereich kommt der Rückgriff auf die Befugnis zur Telekommunikationsüberwachung in Betracht, wenn kommunikatives, über Smart Home-Anwendungen vermitteltes Handeln auf dem Übertragungsweg überwacht wird.

dd) Sicherstellung und Beschlagnahme. Alle Polizeigesetze von Bund und Ländern 62 enthalten Regelungen zur Sicherstellung und Beschlagnahme von Sachen. Anders als im Bereich der Strafverfolgung eignen sich diese Vorschriften aber nicht ohne weiteres für die Beschlagnahme von Datenträgern und Auswertung der darauf gespeicherten Daten aus Smart Home-Anwendungen. Das liegt an der spezifischen Zielrichtung der meisten präventiv-polizeilichen Sicherstellungs- und Beschlagnahmebefugnisse. Ganz überwiegend knüpfen diese an drei **Kategorien von Anlässen** an, nämlich 1. die Abwehr einer gegenwärtigen oder unmittelbaren Gefahr oder Störung der öffentlichen Ordnung, 2. die Abwehr der Beschädigung oder des Verlusts der sicherzustellenden Sache und 3. die Abwehr von Störungen oder Gefahren, die von der Sache selbst oder ihrer missbräuchlichen Verwendung ausgehen (vgl. § 60 BKAG, § 47 BPolG, § 25 BbgPolG, § 38 ASOG Bln, § 23 BremPolG, §§ 38, 39 BWPolG, § 14 HmbSOG, § 40 HSOG, § 61 SOG M-V, § 26 NPOG, § 43 PolG NRW, § 22 RhPfPOG, § 210 SchlHLVwG, § 21 SPolG, §§ 31, 32 SächsPVDG, § 45 SOG LSA, § 27 ThürPAG). Dass Daten aus Smart Home-Anwendungen vor Beschädigung oder Verlust geschützt werden müssen oder solche Daten Verwendung im Zusammenhang mit dem Hervorrufen von Gefahren oder Störungen der öffentlichen Ordnung finden können, ist schwer vorstellbar. Ihre Eignung zur **Abwehr gegenwärtiger oder unmittelbarer Gefahren** erscheint ebenfalls stark eingeschränkt, da die Notwendigkeit der Auswertung solcher Daten mit einem zeitlichen Verzug einhergeht, der in einem deutlichen Spannungsverhältnis zu der bei solchen Gefahren gebotenen Reaktionsschnelligkeit des polizeilichen Handelns steht. Andererseits gehen die Polizeigesetze einiger Länder im Zusammenhang mit neueren Regelungen zum Zugriff auf Zugangsdaten gem. § 113 Abs. 1 S. 2 TKG explizit davon aus, dass in Endgeräten oder Datenspeichern abgelegte Daten als Sachen angesehen werden, die sichergestellt oder beschlagnahmt werden können (vgl. § 180a Abs. 2 Nr. 2 SchlHLVwG, § 34e Abs. 1 S. 2 Nr. 2 ThürPAG). Unter den engen Voraussetzungen der Sicherstellungs- oder Beschlag-

---

[156] Die Vorschrift lautet: „Die Anordnung darf auch zur nicht offenen Durchsuchung von Sachen sowie zum verdeckten Betreten und Durchsuchen der Wohnung des Betroffenen ermächtigen, soweit dies zur Durchführung von Maßnahmen nach Abs. 1 oder Abs. 2 erforderlich ist."

nahmebefugnisse (Eignung zur Abwehr einer gegenwärtigen oder unmittelbaren Gefahr) ist die präventiv-polizeiliche Sicherstellung oder Beschlagnahme von Daten aus Smart Home-Anwendungen daher einfachrechtlich grundsätzlich zulässig. Allerdings stellt sich dann auch hier – wie im Bereich der Strafverfolgung – die bislang ungeklärte verfassungsrechtliche Frage, ob die einfachen Sicherstellungs- und Beschlagnahmebefugnisse den Anforderungen des Art. 13 GG genügen, soweit Daten aus Smart Home-Anwendungen durch das Wohnungsgrundrecht geschützt sind.

63 Eine Sonderrolle nimmt hinsichtlich der Sicherstellung von Daten das bayerische Polizeirecht ein. Art. 25 BayPAG knüpft zwar ebenfalls an die drei oben genannten Kategorien von Abwehrzwecken an, erlaubt nach Art. 25 Abs. 1 Nr. 1 lit. b die Sicherstellung von Sachen aber auch bei einer einfachen oder nur **drohenden Gefahr** für ein bedeutendes Rechtsgut. Der Anwendungsbereich der Sicherstellung wird damit erheblich in den Bereich der allgemeinen Gefahrenabwehr und des Gefahrenvorfelds erweitert. Hinzu kommt, dass Art. 25 Abs. 3 BayPAG eine differenzierte Regelung zur Sicherstellung und sogar Sperrung von Daten enthält, auch von solchen, die auf einem von dem Objekt der Sicherstellung **räumlich getrennten Speichermedium** aufbewahrt werden.[157] Damit verfügt die bayerische Polizei über eine sehr weitreichende Befugnis zur Sicherstellung von Daten, selbst wenn diese dezentral, etwa in der Cloud, gespeichert sind und eine physische Sicherstellung der Datenträger gar nicht möglich wäre.[158] Durch die vergleichsweise niedrigen Anforderungen an das Vorliegen einer einfachen oder auch nur „drohenden" Gefahr für ein bedeutendes Rechtsgut ermöglicht die Befugnis zudem ein planerisches und sogar proaktives Vorgehen beim Beschaffen und Auswerten der Daten. Denkbar wäre zB die physische Sicherstellung des zentralen Gateway eines Smart Home-Systems und von dort der Abruf und die Sicherung der lokal in den einzelnen Sensoren und Aktoren oder in der Cloud gespeicherten Daten. Aufgrund der Zulässigkeit der Maßnahme bereits im Gefahrenvorfeld ist auch die Auswertung großer Datenmengen technisch gut zu bewältigen. Verfassungsrechtlich ist diese Befugnis freilich nicht nur unter dem Blickwinkel des Art. 13 GG, sondern auch unter Verhältnismäßigkeitsgesichtspunkten ausgesprochen bedenklich.[159]

64 b) Besondere Beschränkungen. Der Schutz grundrechtssensibler Bereiche ist im Polizeirecht – wie generell im gesamten Sicherheitsrecht[160] – höchst heterogen ausgestaltet. Annähernd gemeinsame Standards existieren lediglich aufgrund der entsprechend detaillierten verfassungsgerichtlichen Vorgaben für den Schutz des Kernbereichs privater Lebensgestaltung bei der Wohnraumüberwachung (→ Rn. 10, 22). Im Übrigen unterscheiden sich die Schutznormen gravierend hinsichtlich Anlass, Reichweite und Regelungstechnik. Letztere reicht von durchgehend maßnahmespezifischen Regelungen (etwa im PolDVG Hmb, HSOG, SOG M-V und ThürPAG), über die Kombination von maßnahmespezifischen und maßnahmeübergreifenden Normen (vgl. etwa § 62 BKAG, § 29 Abs. 6 BbgPolG, § 10 BWPolG, Art. 49 BayPAG, § 16 PolG NRW, § 41 SPolDVG) bis hin zu

---

[157] Art. 25 Abs. 3 BayPAG lautet: „Unter den Voraussetzungen des Abs. 1 kann die Polizei auch Daten sicherstellen und erforderlichenfalls den weiteren Zugriff auf diese ausschließen, wenn andernfalls die Abwehr der Gefahr, der Schutz vor Verlust oder die Verhinderung der Verwendung aussichtslos oder wesentlich erschwert wäre. Art. 22 Abs. 2 Satz 1 sowie Art. 48 Abs. 5 bis 7 und Art. 49 Abs. 5 gelten entsprechend. Daten, die nach diesen Vorschriften nicht weiterverarbeitet werden dürfen, sind zu löschen, soweit es sich nicht um Daten handelt, die zusammen mit dem Datenträger sichergestellt wurden, auf dem sie gespeichert sind; Löschungen sind zu dokumentieren. Die Bestimmungen in den Art. 26, 27 Abs. 4 und Art. 28 Abs. 2 hinsichtlich Verwahrung, Benachrichtigung, Vernichtung und Herausgabe gelten unter Berücksichtigung der unkörperlichen Natur von Daten sinngemäß."
Art. 22 Abs. 2 S. 1 BayPAG lautet: „Betrifft die Durchsuchung ein elektronisches Speichermedium, können auch vom Durchsuchungsobjekt räumlich getrennte Speichermedien durchsucht werden, soweit von diesem aus auf sie zugegriffen werden kann."
[158] Vgl. aber auch BVerfGE 141, 220 (303) = NJW 2016, 1781, wo § 20k Abs. 1 BKAG aF in dem Sinne ausgelegt wird, dass die Norm den Zugriff auf in der Cloud gespeicherte Daten erlaube.
[159] Vgl. zu einer ausf. Kritik bereits *Löffelmann* BayVBl. 2019, 121 (123 f.).
[160] Vgl. zu Kritik und mit Lösungsvorschlägen *Löffelmann* GSZ 2019, 190 ff.

generalklauselartigen Regelungen (vgl. etwa § 31a NPOG, §§ 45, 46 RhPfPOG). In den Ländern, in denen die Online-Durchsuchung und Telekommunikationsüberwachung zulässig ist, existieren auch bezüglich dieser Maßnahmen Regelungen zum Schutz des Kernbereichs privater Lebensgestaltung und (überwiegend) von Berufsgeheimnisträgern (§ 33b Abs. 2 S. 3 BbgPolG, §§ 9a, 23b Abs. 9, § 54 Abs. 9 BWPolG, Art. 42 Abs. 1 S. 1 Nr. 2, Abs. 7, Art. 49 BayPAG, § 15a Abs. 1 S. 4, § 15b Abs. 3 S. 1, § 15c Abs. 3 S. 2, jeweils iVm § 15 Abs. 4 S. 4, 6, 7 HSOG, § § 33d Abs. 8 SOG M-V, §§ 31a, 33 NPOG, §§ 16, 20c Abs. 8 PolG NRW, §§ 45, 46 RhPfPOG, § 186a Abs. 1–4 SchlHLVwG, § 41 SPolDVG, § 17b Abs. 5 SOG LSA, § 34a Abs. 1 S. 3, 4, Abs. 4 S. 1 ThürPAG, sowie § 49 Abs. 7, § 51 Abs. 7, § 62 BKAG). Die Datenerhebung durch Sicherstellung oder Beschlagnahme ist nur in den Gesetzen vom Regelungsgehalt der dem Schutz grundrechtssensibler Bereiche dienenden Normen umfasst, in denen diese allgemein ausgestaltet sind (§ 29 Abs. 6 BbgPolG, § 10 Abs. 1 BWPolG bzgl. Beschlagnahme, § 31a NPOG; § 16 PolG NRW dürfte systematisch nur Datenerhebungen nach den dortigen §§ 16a–21 betreffen, §§ 45, 46 POG RhPf beziehen sich nur auf verdeckte Datenerhebungen), sowie in Bayern (nur für die Sicherstellung der Daten, nicht für deren Durchsuchung) gem. Art. 25 Abs. 3 S. 2 iVm Art. 49 Abs. 5 BayPAG. Angesichts der hohen Sensibilität von sichergestellten oder beschlagnahmten Daten aus Smart Home-Anwendungen erscheint der Schutz grundrechtssensibler Bereiche insoweit allgemein **unzureichend ausgeprägt**.

Hinsichtlich der datenschutzrechtlichen Anforderungen an den Umgang mit Daten, die 65 aus einer Wohnraumüberwachung stammen, siehe → Rn. 12 f. Im Übrigen verlangt das BVerfG bei Daten aus einer Telekommunikationsüberwachung und Online-Durchsuchung eine einfachgesetzliche Kennzeichnungspflicht. Auf die zweckändernde Verwendung, insbesondere die Übermittlung der Daten an andere Behörden, sind die Grundsätze der hypothetischen Datenneuerhebung anzuwenden, die bislang nicht in allen Polizeigesetzen umgesetzt wurden. Für sichergestellte oder beschlagnahmte Daten gibt es in der Rechtsprechung des BVerfG keine entsprechenden Vorgaben. Insoweit finden die allgemeinen datenschutzrechtlichen Regelungen der Polizeigesetze Anwendung. Ob das angesichts der Sensibilität von Daten aus Smart Home-Anwendungen auch in diesem Zusammenhang angemessen ist, erscheint fraglich.

c) Rechtsschutz und Kontrolle. Soweit die Polizeigesetze Befugnisse zur Wohnraum- 66 überwachung (→ Rn. 15 ff.), zur Online-Durchsuchung oder Telekommunikationsüberwachung vorsehen, enthalten die Regelungen grundsätzlich auch die Pflicht zur nachträglichen Benachrichtigung Betroffener. Die gerichtliche Überprüfung sämtlicher Maßnahmen ist im Polizeirecht nach den allgemeinen Regeln auf dem Verwaltungsrechtsweg möglich. Für den präventiven Rechtsschutz gelten überwiegend die Regeln über das Verfahren in Familiensachen und in Angelegenheiten der freiwilligen Gerichtsbarkeit (FamFG).

3. Nachrichtendienstrecht

a) Ermächtigungsgrundlagen. aa) Wohnraumüberwachung. Auf die Darstellung un- 67 ter → Rn. 27 ff. wird Bezug genommen. Im Zusammenhang mit der Überwachung des Smart Home ist hervorzuheben, dass – wie im Polizeirecht, wenngleich binnenrechtlich in den jeweiligen Ländern keineswegs homogen – einige Gesetze allgemein den **„Einsatz von technischen Mitteln zur Informationsgewinnung"** in Wohnungen regeln (vgl. § 9 BremVerfSchG, § 8 Abs. 3 SVerfSchG, § 5a SächsVSG), was einen breiteren Einsatz von Smart Home-Anwendungen zur Überwachung von Wohnraum zulässt. Hervorzuheben ist außerdem die Formulierung in § 8 Abs. 2 S. 1 Nr. 7 HmbVerfSchG, der neben der verdeckten Überwachung des gesprochenen Worts das verdeckte „Aufzeichnen (…) sonstiger Signale unter Einsatz technischer Mittel" nennt. Das erlaubt die Datenerhebung unter Einsatz von Smart Home-Anwendungen. Eine Infiltration von Systemen der Zielperson dürfte jedoch auch hier nicht zulässig sein.

68 bb) Online-Durchsuchung. Eine nachrichtendienstliche Befugnis zum Zugriff auf ein informationstechnisches System findet sich derzeit nur für das Bayerische LfV in Art. 10 BayVSG, sowie für den BND gegenüber Ausländern im Ausland in §§ 34 ff. BNDG. Zulässig ist die Maßnahme nach Art. 10 Abs. 1 iVm Art. 9 S. 1 BayVSG bei Vorliegen einer **dringenden Gefahr** für den Bestand oder die Sicherheit des Bundes oder eines Landes, für Leib, Leben oder Freiheit einer Person oder für Sachen, deren Erhaltung im besonderen öffentlichen Interesse geboten ist. Ob es sich bei dem zuletzt genannten Rechtsgut um ein solches von „überragender Bedeutung" handelt, wie es vom BVerfG für diese hoch eingriffsintensive Maßnahme gefordert wird,[161] ist fraglich. Zugleich passt der dem Polizeirecht entlehnte Begriff der dringenden Gefahr und die teilweise Ausrichtung auf den Individualgüterschutz (Leib, Leben, Freiheit) kaum zum Aufgabenbereich eines Nachrichtendienstes.[162] Die ursprünglich in Art. 6g S. 1 BayVSG aF als vorbereitende Maßnahme vorgesehene Betretens- und Durchsuchungsbefugnis für Wohnungen, in denen sich informationstechnische Systeme befinden, wurde mit Wirkung vom 1.9.2009 wieder aufgehoben, sodass sich hier die Problematik der Annexkompetenz nicht stellt. Außerdem findet sich in mehreren Nachrichtendienstgesetzen mittlerweile eine Befugnis zur Quellentelekommunikationsüberwachung (§ 11 Abs. 1a G 10-Gesetz, Art. 13 BayVSG § 5d Abs. 1 BWLVSG, § 8 Abs. 12 HmbVerfSchG).[163]

69 cc) Telekommunikationsüberwachung. Die Befugnis zur Telekommunikationsüberwachung (Individualkontrolle) ergibt sich übergreifend für alle Nachrichtendienste aus § 3 G 10, lediglich § 5 Abs. 2 Nr. 10 iVm § 7a VSG NRW sieht eine eigenständige landesrechtliche Regelung vor, sowie § 5d BWLVSG und Art. 13 BayVSG für die sog. Quellen-Telekommunikationsüberwachung.[164]

70 dd) Sicherstellung und Beschlagnahme. Die Nachrichtendienstgesetze von Bund und Ländern enthalten keine Befugnisse zur Sicherstellung und Beschlagnahme von Datenträgern.

71 b) Besondere Beschränkungen. Soweit die Nachrichtendienstgesetze Befugnisse zur Wohnraumüberwachung enthalten, sehen sie nur zum Teil Regelungen zum Schutz des Kernbereichs privater Lebensgestaltung und von Berufsgeheimnisträgern vor (→ Rn. 31). Für die Telekommunikationsüberwachung gelten §§ 3a, 3b G 10,[165] auf die auch das BayVSG für die Online-Durchsuchung verweist.[166]

72 c) Rechtsschutz und Kontrolle. Benachrichtigungspflichten bestehen neben den Regelungen betreffend die Wohnraumüberwachung (→ Rn. 32) auch für Maßnahmen der Telekommunikationsüberwachung nach § 12 G 10[167] sowie für die Online-Durchsuchung nach Art. 11 Abs. 2 S. 3 BayVSG iVm § 12 G 10. G 10-Maßnahmen können erst nach Mitteilung an die Betroffenen gerichtlich überprüft werden (§ 13 G 10). Als Kompensation für diesen partiellen Rechtswegausschluss (vgl. Art. 10 Abs. 2 S. 2 GG) muss die G 10-Kommission in das Anordnungsverfahren eingebunden werden und kann diese auch formlos von Betroffenen angerufen werden. Außerdem muss das Parlamentarische Kontrollgremium umfassend von der Regierung in Abständen von höchstens sechs Monaten über durchgeführte Maßnahmen unterrichtet werden (§ 14 Abs. 1 S. 1 G 10).[168] Gegen die

---
[161] BVerfGE 120, 274 (328) = NJW 2008, 822.
[162] Ausf. zu den Voraussetzungen der Maßnahme und weiteren Kritikpunkten *Löffelmann* in Dietrich/Eiffler Nachrichtendienste-HdB Teil VI § 5 Rn. 33 ff.
[163] § 5 Abs. 2 Nr. 11 VSG NRW aF, der erstmals in Deutschland der Online-Durchsuchung erlaubte, wurde durch das BVerfG für nichtig erklärt (BVerfGE 120, 274 = NJW 2008, 822).
[164] Ausf. *Löffelmann* in Dietrich/Eiffler Nachrichtendienste-HdB Teil VI § 4 Rn. 15 ff.
[165] Ausf. *Löffelmann* in Dietrich/Eiffler Nachrichtendienste-HdB Teil VI § 4 Rn. 51 ff.
[166] Näher *Löffelmann* in Dietrich/Eiffler Nachrichtendienste-HdB Teil VI § 5 Rn. 39 f.
[167] Ausf. *Löffelmann* in Dietrich/Eiffler Nachrichtendienste-HdB Teil VI § 4 Rn. 79 ff.
[168] Ausf. zum Kontrollsystem bei G 10-Maßnahmen *Löffelmann* in Dietrich/Eiffler Nachrichtendienste-HdB Teil VI § 4 Rn. 90 ff.

Anordnung und Durchführung einer Online-Durchsuchung kann Beschwerde nach den Vorschriften des FamFG eingelegt werden (Art. 11 Abs. 4 S. 2 BayVSG). Außerdem ist dort eine Unterrichtung des Bayerischen Landtags und des Parlamentarischen Kontrollgremiums vorgesehen (Art. 20 Abs. 1 S. 1 Nr. 1, S. 2 BayVSG). Im Übrigen richtet sich der nachträgliche verwaltungsrechtliche Rechtsschutz gegen nachrichtendienstliche Maßnahmen nach den allgemeinen Regeln.[169]

C. Andere Eingriffe in Wohnungen

I. Einsatz von Bodycams

1. Funktionsweise und Relevanz

Sogenannte „körpernah getragenen Aufnahmegeräte" (auch: Bodycams, Schulterkameras, Head cameras[170]) finden zunehmend Einsatz im präventiv-polizeilichen Bereich. Ihnen wird beim Umgang von Polizisten mit Betroffenen eine **deeskalierende Wirkung** zugeschrieben,[171] die aber zum Teil auch infrage gestellt wird.[172] Ein Mehrwert ihres Einsatzes wird außerdem in der **Dokumentation des polizeilichen Verhaltens** gesehen, das dadurch besser einer späteren gerichtlichen oder disziplinarrechtlichen Überprüfung offen stehe. Ferner dienen sie der Beweissicherung und damit der **Strafverfolgungsvorsorge,** was unter kompetenzrechtlichen Gesichtspunkten erheblichen verfassungsrechtlichen Bedenken begegnet.[173] Werden Bodycams von Polizisten getragen, wenn diese eine Wohnung betreten – etwa wenn sie zu Fällen häuslicher Gewalt hinzugerufen werden –, wird dadurch eine akustische und optische Überwachung von Wohnraum eröffnet. Dabei ist zwischen zwei technischen Varianten zu unterscheiden. Befinden sich Bodycams beim Betreten der Wohnung in einem Standby-Modus und muss die Aufzeichnung erst anlassabhängig durch den Polizeibeamten aktiviert werden, kommt es auch erst in diesem Moment zu einem Grundrechtseingriff. Anders bei der sog. **Pre-Recording-Funktion,** bei der – ähnlich wie bei Dashcams[174] – die Körperkamera ständig aufzeichnet und die Aufzeichnungen in bestimmten Intervallen, die üblicherweise von 30 Sekunden bis zu mehreren Minuten reichen, überschrieben werden (sog. Ringaufzeichnung oder Loop-Funktion), wenn nicht ihre dauerhafte Speicherung ausgelöst wird. Hier kommt es unmittelbar bei Betreten der Wohnung zu einem Grundrechtseingriff.

73

---

[169] Ausf. *Wöckel* in Dietrich/Eiffler Nachrichtendienste-HdB Teil VII § 3 Rn. 28 ff.
[170] Zu Technik, Begrifflichkeit und Verwendungsmöglichkeiten näher *Kipker/Gärtner* NJW 2015, 296; *Zander,* Body-Cams im Polizeieinsatz. Grundlagen und eine Meta-Evaluation zur Wirksamkeit, 2016, 14 ff.; zu datenschutzrechtlichen Anforderungen an den Einsatz von Bodycams *Lachenmann* NVwZ 2017, 1424.
[171] Davon geht auch das BVerfG aus, vgl. BVerfG NVwZ 2007, 688 (690) mit dem Hinweis auf *Geiger,* Verfassungsfragen zur polizeilichen Anwendung der Video-Überwachungstechnologie bei der Straftatbekämpfung, 1994, 52 ff.; *Söllner* in Pewestorf/Söllner/Tölle, Polizei- und Ordnungsrecht, 2. Aufl. 2017, § 24 Rn. 2; *Kipker/Gärtner* NJW 2015, 296 (297 f.); Landtag Nordrhein-Westfalen Drs. 16/12361, 2; *Ogorek* DÖV 2018, 688 (694); *Ruthig* GSZ 2018, 12; differenzierend *Petri* in Lisken/Denninger PolR-HdB 6. Aufl. G Rn. 773 f. mwN.
[172] Vgl. *Petri,* Stellungnahme zum Gesetz zur Neuordnung des Bayerischen Polizeirechts vom 21.12.2017, S. 1 f., abrufbar unter: https://www.datenschutz-bayern.de/1/PAG-Stellungnahme.pdf., S. 25 mit dem Hinweis auf die fehlende Repräsentativität aktueller Studien und die stark eingeschränkte Lenkungsfähigkeit von Personen, die unter Alkohol- oder Drogeneinfluss stehen; *Zander,* Body-Cams im Polizeieinsatz. Grundlagen und eine Meta-Evaluation zur Wirksamkeit, 2016, 65 ff.; *Böhme,* Ist der Einsatz von „Body-Cams" ein adäquates Mittel zur Bekämpfung der Gewalt gegen Polizeibeamte?, 2015; *Kipker/Gärtner* NJW 2015, 296 (297); *Arzt* in BeckOK PolR NRW, 16. Ed. 1.12.2020, PolG NRW § 15c Rn. 18; vorsichtig auch Landtag Nordrhein-Westfalen Drs. 16/12361, 2.
[173] Näher *Arzt* in BeckOK PolR NRW, 16. Ed. 1.12.2020, PolG NRW § 15c Rn. 7 ff., 15, 51 mwN.
[174] Vgl. dazu näher *Löffelmann* JR 2016, 661 ff.

2. Verfassungsrechtliche Einordnung

74 Dass eine Verwendung von Bodycams in Wohnungen einen Eingriff in Art. 13 GG darstellt, steht außer Frage. Problematisch ist, auf welche **Grundrechtsschranke** die Rechtfertigung eines solchen Eingriffs gestützt werden kann. Soweit hierfür auf Art. 13 Abs. 7 GG abgestellt wird,[175] ist darauf hinzuweisen, dass diese Schranke als Auffangtatbestand lediglich Eingriffe in das Wohnungsgrundrecht erfasst, die nicht eine Durchsuchung darstellen oder durch den Einsatz technischer Mittel erfolgen.[176] Einschlägig sind vielmehr die Schranken des Art. 13 Abs. 4 und 5 GG. Art. 13 Abs. 4 GG ist nicht auf einen heimlichen Einsatz technischer Überwachungsinstrumente beschränkt,[177] setzt aber eine dringende Gefahr vom Gewicht einer gemeinen Gefahr oder Lebensgefahr voraus und sieht einen Richtervorbehalt vor, bei Gefahr im Verzug die Anordnung durch eine „andere gesetzlich bestimmte Stelle". Letzteres gilt auch für Art. 13 Abs. 5 GG. Zudem müsste nach der dortigen spezifischen Schranke der Einsatz streng auf den Schutz der in der Wohnung tätigen Polizeibeamten beschränkt sein.[178] Hinzu kommt, dass Art. 13 Abs. 5 GG in erster Linie auf den Schutz verdeckt eingesetzter Personen zielt und nicht auf ein offenes Tätigwerden.[179] Die Voraussetzungen von Art. 13 Abs. 4 und 5 GG sind für den Einsatz von Bodycams in Wohnungen nur eingeschränkt praxisgerecht, denn weder liegen beim Betreten der Wohnung in der Regel die anspruchsvollen materiellen Eingriffsschwellen vor, noch ist eine Anordnung durch einen Richter oder eine **gesetzlich bestimmte Stelle** ohne weiteres verfügbar. Der konkret vor Ort eingesetzte Beamte kann nicht als solche angesehen werden, da der polizeiliche Einsatzplan nicht gesetzlich bestimmt ist.[180] Der Beamte müsste also stets zunächst bei der zuständigen Stelle eine Anordnung für den Einsatz der Bodycam in der Wohnung einholen.

75 Kein Fall des Art. 13 GG ist hingegen gegeben, wenn Bodycams in privaten der allgemeinen Öffentlichkeit zugänglich gemachten Räumen wie etwa Ausstellungsräumen, Einkaufszentren oder Treppenhäusern eingesetzt werden; in diesen Fällen ist schon der Schutzbereich des Wohnungsgrundrechts nicht eröffnet.[181]

76 Soweit der Einsatz von Bodycams die Verwendung einer Pre-Recording-Funktion beinhaltet, dürfte dies eine nach der gefestigten Rechtsprechung des BVerfG grundsätzlich unzulässige – möglicherweise sogar verdeckte[182] – **anlasslose und nicht zweckgebundene Speicherung** personenbezogener Daten „auf Vorrat" für eine etwaige spätere dauerhafte Speicherung und Verwendung darstellen.[183] Daran ändert auch die Tatsache nichts, dass der Datenvorrat lediglich kurzzeitig vorgehalten wird. Unter Verhältnismäßigkeitsgesichtspunkten dürfte die Pre-Recording-Funktion daher nur unter erhöhten Eingriffsschwellen zulässig sein und müsste eine strenge Zweckbindung – etwa auf die Verwendung zu Zwecken der Strafverfolgung, der gerichtlichen Überprüfung des Polizeihandelns und disziplinarrechtliche Zwecke – voraussetzen. Darüber hinaus kann sich gerade aus der Pre-

---

[175] So Bayerischer Landtag Drs. 17/20425, 51 f.; Landtag Nordrhein-Westfalen Drs. 16/12361, 12 ff.; *Schmidbauer* in Schmidbauer/Steiner BayPAG Art. 33 Rn. 51 mit dem Argument, es durchbreche „die offene Aufzeichnung in Gegenwart der Polizei den speziell geschützten Bereich nicht, sondern dokumentiert lediglich das Geschehen in dem durch die Polizeipräsenz bereits durchbrochenen Rahmen".
[176] So auch *Petri* ZD 2018, 453 (458); *Ruthig* GSZ 2018, 12 (14); *Papier* in Maunz/Dürig Art. 13 Rn. 117; *Jarass* in Jarass/Pieroth GG Art. 13 Rn. 34.
[177] So aber Bayerischer Landtag Drs. 17/20425, 52.
[178] Ebenso *Zöller*, Der Einsatz von Bodycams zur polizeilichen Gefahrenabwehr. Rechtliche Möglichkeiten und Grenzen am Beispiel des rheinland-pfälzischen Pilotprojekts, 2017, 68 ff.
[179] BT-Drs. 13/9660, 4 f.
[180] Zulässig dürfte aber wohl die gesetzliche Bestimmung des Einsatzleiters sein wie in § 15c Abs. 2 S. 2 PolG NRW; krit. hierzu aber mit praktischen Bedenken *Arzt* in BeckOK PolR NRW, 16. Ed. 1.12.2020, PolG NRW § 15c Rn. 43 f.
[181] AA aber *Ruthig* GSZ 2018, 12 (14 f.).
[182] Dies ist dann der Fall, wenn kein allgemeiner Hinweis auf das Pre-Recording erfolgt.
[183] Ebenso *Zöller* (Fn. 178), 64; *Parma* DÖV 2016, 809 (810); *Petri* ZD 2018, 453 (458); *Arzt* in BeckOK PolR NRW, 16. Ed. 1.12.2020, PolG NRW § 15c Rn. 11; vorsichtig die Eingriffsqualität des Pre-Recording verneinend hingegen *Ruthig* GSZ 2018, 12 (18).

3. Einfachrechtliche Ausgestaltung

Der Einsatz von Bodycams wurde in jüngerer Zeit in zahlreichen Polizeigesetzen auf Bundes- und Länderebene durch die Schaffung neuer spezifischer Ermächtigungsgrundlagen legitimiert – allerdings mit im Einzelnen signifikanten Unterschieden. § 27a Abs. 1 BPolG beschränkt den Einsatz von Bodycams auf die Zwecke des Schutzes von Beamten oder Dritten gegen eine Gefahr für Leib, Leben, Freiheit oder Eigentum oder auf die Verfolgung von Straftaten oder Ordnungswidrigkeiten von erheblicher Bedeutung. Eine Regelung zum Einsatz in Wohnungen enthält die Norm nicht, dort ist die Verwendung also unzulässig. Im BKAG ist der Einsatz von Bodycams nicht geregelt. In Brandenburg verbietet § 31a Abs. 2 S. 2 BbgPolG zwar den Einsatz in Wohn- und Nebenräumen, die Verwendung in – ebenfalls Art. 13 GG unterfallenden – Arbeits-, Betriebs- und Geschäftsräumen ist nach S. 3 jedoch zum Schutz von Beamten gegen eine dringende Gefahr für Leib, Leben oder Freiheit erlaubt, einschließlich eines 60-sekündigen Pre-Recording (S. 5, 6). § 44 Abs. 5 BWPolG und § 30 Abs. 1, 4 RhPfPOG gestatten Aufzeichnungen nur an öffentlich zugänglichen Orten, nicht also in Wohnungen. Nach Art. 33 Abs. 4 S. 3 BayPAG dürfen Bodycams zur Abwehr einer dringenden Gefahr für Leben, Gesundheit oder Freiheit einer Person auch in einer Wohnung eingesetzt werden, „sofern damit nicht die Überwachung der Wohnung verbunden ist." Nach S. 4 und 5 ist in Wohnungen zudem die Pre-Recording-Funktion dergestalt eingeschränkt, dass Daten, an deren Erhebung sich keine „unverzügliche Fertigung verarbeitungsfähiger Aufzeichnungen" (also keine dauerhafte Speicherung) anschließt, unverzüglich gelöscht werden müssen.[185] § 32a Abs. 3 SOG M-V erlaubt den Einsatz von Bodycams in Wohn- und Geschäftsräumen sowie auf einem befriedeten Besitztum, einschließlich 60 Sekunden Pre-Recording, die dauerhafte Speicherung aber nur zum Schutz von Personen gegen eine gegenwärtige Gefahr für Leib oder Leben.[186] Nach § 15c Abs. 2 PolG NRW ist in Nordrhein-Westfalen der Einsatz von Bodycams in Wohnungen im Zusammenhang mit Maßnahmen der Gefahrenabwehr und der Strafverfolgung zulässig zum Schutz von Personen gegen eine dringende Gefahr für Leib oder Leben.[187] Dasselbe gilt seit dem Änderungsgesetz vom 6./7.10.2020 gem. § 32 Abs. 3 S. 2 und 3 SPolDVG im Saarland, dort aber nicht für die dem Art. 13 GG unterfallenden Arbeits-, Betriebs- und Geschäftsräume.[188] In Nordrhein-Westfalen muss, außer bei Gefahr im Verzug, in Saarland „darf" der leitende Einsatzbeamte die Aufzeichnung anordnen. Vorschriften zum Schutz des Kernbereichs privater Lebensgestaltung und von Berufsgeheimnisträgern sehen die genannten Regelungen, die den Einsatz von Bodycams in Wohnungen erlauben, nur teilweise vor (Art. 49 Abs. 1 Nr. 1 BayPAG, § 32a Abs. 4 S. 3–7 SOG M-V, § 15c Abs. 3 S. 2, Abs. 5 PolG NRW, § 32 Abs. 3 S. 6

---

[184] Zöller (Fn. 178), S. 41; Lachenmann NVwZ 2017, 1424 (1427); zum Topos der Einschüchterung als Abwägungskriterium vgl. BVerfGE 65, 1 (42) = NJW 1984, 419; BVerfGE 107, 299 (328) = NJW 2003, 1787; BVerfGE 113, 29 (46) = NJW 2005, 1917; BVerfGE 115, 320 (354 f.) = NJW 2006, 1939; BVerfGE 120, 378 (402) = NJW 2008, 1505; BVerfGE 125, 260 (319, 332) = NJW 2010, 833.
[185] Diese seltsame Regelung reflektiert, dass der Einsatz in Wohnungen im Gesetzgebungsverfahren stark kritisiert worden ist, vgl. Bayerischer Landtag Drs. 17/21515 und 17/21886.
[186] Es ist unklar, wie eine Aufzeichnung einen Schutz vor einer gegenwärtigen Leibes- oder Lebensgefahr vermitteln soll.
[187] Näher Arzt in BeckOK PolR NRW, 16. Ed. 1.12.2020, PolG NRW § 15c Rn. 31 ff., der die Regelung nicht für mit Art. 13 GG vereinbar hält; ebenso Zöller, Anhörung Innenausschuss, Ausschussprotokoll 16/1440, 44.
[188] Krit. zur dortigen Neuregelung Zöller, Stellungnahme zum Gesetzentwurf der Regierung des Saarlandes „Gesetz zur Neuregelung der polizeilichen Datenverarbeitung im Saarland" (LT-Drs. 16/1180, 20 ff.) v. 24.4.2020.

SPolDVG). Die Länder Berlin, Bremen, Hamburg, Hessen, Niedersachsen, Schleswig-Holstein, Sachsen, Sachsen-Anhalt und Thüringen verfügen bislang über keine speziellen Regelungen zum Einsatz von Bodycams, allerdings lässt sich deren Verwendung zum Teil unter die Befugnisse zur Videoüberwachung von besonders gefährdeten oder öffentlichen Räumen fassen.

II. Elektronische Aufenthaltsüberwachung

1. Funktionsweise und Relevanz

78 Die Aufenthaltsüberwachung von Personen mittels einer „elektronischen Fußfessel" ist ursprünglich ein Instrument der strafprozessualen Führungsaufsicht,[189] dient dort also der **Überwachung verurteilter Straftäter,** namentlich der Kontrolle des Einhaltens von Annäherungs- und Betretungsverboten als Weisungen der Führungsaufsicht. Diese Anwendung hat das BVerfG für verfassungskonform erklärt.[190] Im Zuge der Polizeirechtsreformen der vergangenen Jahre wurde die elektronische Aufenthaltsüberwachung auch als **Instrument der Gefahrenabwehr** in mehrere Polizeigesetze eingefügt. Der Bayerische Gesetzgeber führt hierzu exemplarisch aus, die „aktuelle Terrorgefahr" erfordere „gerade auch die Einführung einer – präventivpolizeilichen – (offenen) elektronischen Aufenthaltsüberwachung (…) und bestimmter flankierender Bestimmungen. Durch eine präventivpolizeiliche elektronische Fußfessel wird ein Instrument geschaffen, das bei entsprechender Gefahrenlage im Einzelfall die umfassende Überwachung deutlich erleichtern kann, da sie im Einzelfall personalintensive Rund-um-die-Uhr-Überwachungen verringern kann, zugleich aber auch eine Mindermaßnahme zu einem Präventivgewahrsam darstellt."[191] Außerdem wurde die Maßnahme im Aufenthaltsrecht zur besseren **Durchsetzung der Ausreisepflicht** verankert.[192] Die Wirksamkeit der Maßnahme wird bereits im Bereich der Führungsaufsicht kritisch eingeschätzt;[193] auf ihren präventiv-polizeilichen Einsatz, namentlich im Bereich Terrorismus, dürfte das erst recht zutreffen.[194] Hinzu kommen häufige technische Probleme wie Fehlalarme aufgrund einer unsachgemäßen Handhabung der technischen Geräte durch die Betroffenen.

2. Verfassungsrechtliche Einordnung

79 In verfassungsrechtlicher Hinsicht ist die elektronische Aufenthaltsüberwachung in erster Linie an Art. 2 Abs. 1 GG und am allgemeinen Persönlichkeitsrecht nach Art. 2 Abs. 1 iVm Art. 1 Abs. 1 GG sowie am Recht auf informationelle Selbstbestimmung zu messen, gegebenenfalls auch an Art. 2 Abs. 2 S. 1 GG, soweit die Maßnahme Auswirkungen auf die Gesundheit der betroffenen Person haben kann.[195] Soweit die Überwachung auch die

---

[189] Eingeführt durch das Änderungsgesetz vom 22.12.2010 (BGBl. 2010 I 2300) in § 68b Abs. 1 S. 1 Nr. 12, S. 3 StGB für Straftaten nach §§ 174–174c, 176, 177 Abs. 2 Nr. 1, Abs. 3 und 6, §§ 180, 182, 224, 225 Abs. 1 und 2, 323a StGB.
[190] BVerfGE 156, 63 = BeckRS 2020, 40592 mAnm Löffelmann GSZ 2021, 177 ff.
[191] Bayerischer Landtag Drs. 17/16299, 1.
[192] Vgl. den durch Gesetz v. 20.7.2017 (BGBl. 2017 I 2780) eingefügten § 56a AufenthG; dazu BT-Drs. 18/11546.
[193] Vgl. *Bräuchle/Kinzig,* Die elektronische Aufenthaltsüberwachung im Rahmen der Führungsaufsicht. Kurzbericht über die wesentlichen Befunde einer bundesweiten Studie mit rechtspolitischen Schlussfolgerungen, 2015, denen zufolge bei allen beteiligten Akteuren Einigkeit darüber bestehe, „dass eine Aufenthaltsüberwachung die Begehung neuer Straftaten letztlich nicht verhindern" könne (S. 16). Die elektronische Aufenthaltsüberwachung sei daher „keinesfalls ein Allheilmittel zur Verhinderung schwerer Straftaten von aus dem Straf- oder Maßregelvollzug entlassener, als gefährlich eingeschätzter Personen" (S. 20). Näher zur Geeignetheit der Maßnahme im Zusammenhang mit der Führungsaufsicht BVerfG BeckRS 2020, 40592 Rn. 261 ff.
[194] Vgl. *Löffelmann* BayVBl. 2018, 145 (150 f.).
[195] BVerfG BeckRS 2020, 40592 Rn. 191 ff., 198 ff., 220 ff., 315 ff. Im Bereich der Führungsaufsicht sieht das BVerfG außerdem das allgemeine Persönlichkeitsrecht in seiner Dimension als Recht auf Resozialisierung als tangiert an (Rn. 194 ff.). Die Maßnahme stellt hingegen nach Auffassung des BVerfG

Bestimmung des Standorts einer Person innerhalb einer Wohnung ermöglicht, ist weiter Art. 13 GG betroffen.[196] Auch hier folgt aus dem qualifizierten Schrankenvorbehalt gem. Art. 13 Abs. 4 GG, dass ein Einsatz der Maßnahme in Wohnungen zu präventiv-polizeilichen Zwecken nur zur Abwehr dringender Gefahren iSd Art. 13 Abs. 4 S. 1 GG zulässig ist und Art. 13 Abs. 7 GG insoweit nicht zum Tragen kommt, da sich die Schranke nicht auf den Einsatz technischer Mittel bezieht. Art. 13 GG ist dabei nicht nur berührt, wenn sich Betroffene in ihrer eigenen, sondern auch, wenn sie sich in einer **fremden Wohnung** aufhalten.[197] Das Wohnungsgrundrecht schützt den Grundrechtsinhaber davor, dass der Staat mit technischen Mitteln Kenntnisse aus der Wohnung erlangt, die der natürlichen Wahrnehmung von außen entzogen sind.[198] Dazu zählt, ob und wo sich eine andere (dh die überwachte) Person in der Wohnung des Grundrechtsberechtigten aufhält.

3. Einfachrechtliche Ausgestaltung

Befugnisse zur elektronischen Aufenthaltsüberwachung finden sich im Polizeirecht in § 56   **80** BKAG, § 32 BWPolG (nur zur Verhütung terroristischer Straftaten), Art. 34 BayPAG, § 30 PolDVG, § 31a HSOG, § 67a SOG M-V, § 17c NPOG, § 34c PolG NRW, § 38 SPolDVG, § 61 SächsPVDG und § 36c SOG LSA. Nach § 56 Abs. 2 S. 2 BKAG (ebenso § 32 Abs. 2 S. 2 BWPolG, Art. 34 Abs. 2 S. 2 BayPAG, § 30 Abs. 2 S. 2 PolDVG Hmb, § 31a Abs. 5 S. 3 HSOG, § 67a Abs. 3 S. 2 SOG M-V, § 17c Abs. 2 S. 3 NPOG, § 34c Abs. 3 S. 2 PolG NRW, § 38 Abs. 2 S. 3 SPolDVG, § 61 Abs. 3 Satz 3 SächsPVDG, § 36c Abs. 2 S. 2 SOG LSA) ist, soweit dies **technisch möglich** ist, „sicherzustellen, dass innerhalb der Wohnung der betroffenen Person keine über den Umstand ihrer Anwesenheit hinausgehenden Aufenthaltsdaten erhoben werden." Das beinhaltet eine Befugnis zur Datenerhebung innerhalb einer Wohnung, soweit eine Beschränkung technisch nicht sichergestellt werden kann. Dem soll das **Verwendungsverbot und Löschungsgebot** hinsichtlich solcher Daten in § 56 Abs. 2 S. 6–8 BKAG (ebenso § 32 Abs. 2 S. 7–10 BWPolG, § 30 Abs. 5 S. 4–7 PolDVG Hmb, § 31a Abs. 5 S. 9–12 HSOG, § 67a Abs. 4 S. 5 und 6 SOG M-V, § 17c Abs. 2 S. 8–11 NPOG, § 34c Abs. 3 S. 3, 4–8 PolG NRW, § 38 Abs. 4 S. 4–7 SPolDVG, § 36c Abs. 3 S. 4–7 SOG LSA) entgegenwirken, was eine verfassungskonforme Ausgestaltung darstellt.[199] Nicht ausgeschlossen und auch nicht mit einem Verwendungsverbot flankiert ist allerdings die Datenerhebung in **Wohnungen dritter Personen**. Diese dürfte mit den Schrankenregelungen des Art. 13 GG nicht konform sein.[200] Nur § 34c Abs. 3 S. 5 PolG NRW sieht eine explizite Regelung zum Schutz des Kernbereichs privater Lebensgestaltung vor.[201] Die materiellen Anordnungsvoraussetzungen beinhalten überwiegend nach dem Vorbild des BKAG den Bezug auf die Bekämpfung **terroristischer Gefahren**. In Bayern und Sachsen-Anhalt knüpft die Anordnung an bestehende Aufenthaltsgebote, Aufenthaltsverbote oder Kontaktverbote an, die auf diese Weise durchgesetzt werden sollen.

(Rn. 320 ff.) keinen Eingriff in das Freiheitsgrundrecht des Art. 2 Abs. 2 S. 2 GG und das Recht auf Freizügigkeit nach Art. 11 GG dar, da das Tragen der Fußfessel selbst keine entsprechende Beschränkung vermittle, sondern nur der Überwachung anderweitiger Beschränkungen (durch Aufenthaltsgebote oder -verbote) diene. Auch einen Eingriff in Art. 12 GG lehnt das BVerfG ab (Rn. 325 ff.).

[196] BVerfG BeckRS 2020, 40592 Rn. 228 f., 330 ff.
[197] Zur Problematik der Überwachung von Wohnungen Dritter BVerfGE 109, 279 (353, 355 f.) = NJW 2004, 999; BVerfGE 141, 220 (273 f.) = NJW 2016, 1781.
[198] BVerfGE 120, 274 (310) = NJW 2008, 822.
[199] BVerfG BeckRS 2020, 40592 Rn. 243 ff., 330 ff.
[200] Diese Problematik wird vom BVerfG nicht thematisiert.
[201] Nach BVerfG BeckRS 2020, 40592 Rn. 246 führt die elektronische Aufenthaltsüberwachung nicht zu einem Eingriff in den Kernbereich, da das Handeln des Betroffenen weder optischer noch akustischer Kontrolle unterliege. Danach sind kernbereichsschützende Regelungen entbehrlich.

III. Betretungsrechte für verdeckt ermittelnde Personen

1. Problematik und Relevanz

81 Die Frage, ob verdeckt ermittelnde Personen („Verdeckte Ermittler", „Verdeckte Mitarbeiter", „Geheime Mitarbeiter", „Vertrauensleute") Wohnungen von Zielpersonen betreten dürfen, zählt zu den „Klassikern" dieses Teilbereichs des Sicherheitsrechts. Inmitten steht dabei die Frage, ob ein wirksames Einverständnis des Wohnungsinhabers gegeben ist, wenn dieser keine Kenntnis von dem hoheitlichen Hintergrund der verdeckt ermittelnden Person hat. Dabei liegt auf der Hand, dass die Wirksamkeit des Handelns verdeckt ermittelnder Personen stark eingeschränkt ist, wenn damit keine Befugnis zum Betreten von Wohnungen einhergeht. Zugleich steigt mit einem dadurch veranlassten Abbruch der Tätigkeit das Risiko der Enttarnung, was Folgen nicht nur für die Operation, sondern auch für Leib und Leben der verdeckt ermittelnden Person und Dritter haben kann.

2. Verfassungsrechtliche Einordnung

82 Das Erheben von Daten durch eine verdeckt ermittelnde Person aus einer durch Art. 13 GG geschützten Räumlichkeit stellt in der Regel einen Eingriff in dieses Grundrecht dar. Anders kann das zu beurteilen sein, wenn ein Wohnungsinhaber gar keine Vorkehrungen zur Herstellung von Privatheit in seiner Wohnung trifft. Denn der **Schutzbereich** des Art. 13 GG ist erst eröffnet, wenn die Räume der allgemeinen Zugänglichkeit durch eine räumliche Abschirmung entzogen *und* zur Stätte privaten Lebens und Wirkens gemacht sind. Schutzgut des Art. 13 GG ist die räumliche Sphäre, in der sich Privatheit entfaltet.[202] Daran kann es zB bei Versammlungen einer Mehrzahl von Personen in einer Wohnung fehlen, über deren Herkunft und Motivation der Wohnungsinhaber sich gar keine Gedanken macht. Fraglich ist weiter, ob der Umstand, dass der durch Art. 13 GG vermittelte Schutz ua ein grundsätzliches „Verbot, *gegen den Willen* des Wohnungsinhabers in die Wohnung einzudringen und darin zu verweilen"[203] umfasst, ein einschränkendes Verständnis dahin erlaubt, ein **Betreten mit dem Willen** der berechtigten Person – unabhängig davon, ob dieser durch Täuschung herbeigeführt wurde oder nicht – liege stets außerhalb des Schutzbereichs. Teilweise wird hierfür angeführt, dass auch eine Strafbarkeit wegen Hausfriedensbruchs nach § 123 StGB nach herrschender Meinung ein Eindringen oder Verweilen gegen den tatsächlichen – und nicht den „richtigen" – Willen des Berechtigten voraussetze.[204] Außerdem wird auf die einfachrechtliche Unterscheidung von Inhalts- und bloßem (unbeachtlichen) Motivirrtum abgestellt.[205] Beides ist für eine verfassungsrechtliche Einordnung nicht zielführend, denn das einfache Recht erfasst – wie auch beim strafrechtlichen Schutz des Rechts am eigenen Wort (§ 201 StGB) und am eigenen Bild (§ 201a StGB, § 33 Abs. 1 iVm §§ 22, 23 KunstUrhG) – nur einen Ausschnitt des grundrechtlichen Schutzbereichs (was gerade im Strafrecht wegen dessen ultima ratio-Funktion durchweg schlüssig erscheint), und eine Irrtumsproblematik spielt nur auf Eingriffsebene eine Rolle (→ Rn. 83). Auch die bis zur Verletzung des Grundsatzes der Selbstbelastungsfreiheit und der im einfachen Recht (§ 136 Abs. 1 S. 2, § 136a StPO) definierten Grenzen anerkannte – wenngleich umstrittene[206] – Zulässigkeit kriminalistischer List gibt für eine Einschränkung des Schutzbereichs nichts her, weil Art. 1 Abs. 1 GG, in dem der nemo tenetur-

---

[202] BVerfGE 89, 1 (12) = NJW 1993, 2035; BVerfGE 109, 279 (327) = NJW 2004, 999; *Wolff* in HK-GG Art. 13 Rn. 1; *Kühne* in Sachs GG Art. 13 Rn. 7: „selbstbestimmbare, räumlich-formalisierte Umwallung des Privatbereichs".
[203] BVerfGE 109, 179 (309) = NJW 2004, 999 (Hervorhebung durch d. Verf.).
[204] Vgl. *Fischer* StGB § 123 Rn. 24.
[205] So *Unterreitmeier* GSZ 2019, 233 (236), der in der Konsequenz mdHa BVerfG NStZ 2000, 489 (490) auch einen Eingriff in das Recht auf informationelle Selbstbestimmung verneint, soweit die Informationserhebung nicht durch gezieltes Nachfragen oder systematisches Zusammenführen von Einzelinformationen erfolgt; daran anschließend *Soiné* NJW 2020, 2850 (2851).
[206] Meyer-Goßner/*Schmitt* StPO § 136a Rn. 12 ff.; daran anknüpfend *Unterreitmeier* GSZ 2019, 233 (235).

C. Andere Eingriffe in Wohnungen § 25

Grundsatz verankert ist[207], viel engere und „vom Eingriff her" zu bestimmende Grenzen aufweist als Art. 13 GG.

83 Bejaht man eine Eröffnung des Schutzbereichs des Art. 13 GG ist weiter fraglich, ob und unter welchen Voraussetzungen das Betreten einer Wohnung durch eine verdeckt ermittelnde Person Eingriffsqualität besitzt. Grundsätzlich kann das einvernehmliche Hereinlassen der Person in die Wohnung ein stillschweigendes einen Eingriff ausschließendes **Einverständnis** oder einen Grundrechtsverzicht darstellen. Beides setzt aber nach ganz herrschender Meinung eine von Willensmängeln und Kenntnisdefiziten freie Willensbildung seitens des Grundrechtsberechtigten voraus, zu deren Ermöglichung die Hoheitsträger uU durch Informationspflichten sogar beitragen müssen.[208] Da die *Identität* der in die Wohnung eingelassenen Person meist für die entsprechende Willensbildung des Grundrechtsberechtigten von zentraler Bedeutung ist, fehlt es bei einer Täuschung darüber in der Regel an einer solchen Mängelfreiheit und damit einem verfassungsrechtlich relevanten Einverständnis oder Grundrechtsverzicht.[209] Das zeigt sich schon daran, dass man im Regelfall davon wird ausgehen können, die Zielperson hätte die verdeckt ermittelnde Person nicht eingelassen, wenn diese ihre Herkunft und Motivation offenbart hätte. Fälle, in denen es dem Grundrechtsinhaber nicht auf die Identität der anderen Person ankommt, schließt das ebenso wenig aus wie Fälle, in denen sich das schutzwürdige und für die Willensbildung relevante Vertrauen auf die *Integrität* der anderen Person erstreckt. Entsprechend hat das BVerfG im Zusammenhang mit der Aufklärung von und durch Internetkommunikation einen Eingriff in das Recht auf informationelle Selbstbestimmung zwar nicht schon dann angenommen, „wenn eine staatliche Stelle sich unter einer Legende in eine Kommunikationsbeziehung zu einem Grundrechtsträger begibt, wohl aber, wenn sie dabei ein schutzwürdiges Vertrauen des Betroffenen in die Identität und die Motivation seines Kommunikationspartners ausnutzt, um persönliche Daten zu erheben, die sie ansonsten nicht erhalten würde."[210] Schließlich kann die Verneinung eines Eingriffs auch nicht mit der vom BVerfG vorgenommenen Differenzierung hinsichtlich der Eingriffsintensität von heimlicher Wohnraumüberwachung und auf Täuschung beruhender Informationserlangung durch einen verdeckten Ermittler[211] oder dem gezielten Verzicht auf einen Richtervorbehalt in Art. 13 Abs. 5 GG begründet werden.[212] Daraus lassen sich nur niedrigere formelle und materielle Eingriffsschwellen für den Einsatz verdeckter Mitarbeiter und die Wohnraumüberwachung zur Eigensicherung ableiten.

84 Damit ist für das Betreten der Wohnung einer Zielperson durch eine verdeckt ermittelnde Person grundsätzlich eine rechtfertigende Befugnis erforderlich. Auch hier ergibt sich aber wieder ein **Konflikt mit den Schranken** des Art. 13 GG. Art. 13 Abs. 2 GG erlaubt als offene Maßnahme nur die Durchsuchung, Art. 13 Abs. 3, 4 und 5 GG die Überwachung mit technischen Mitteln. Art. 13 Abs. 7 GG wird zwar als Schranke für Betretungsrechte auch verdeckt ermittelnder Personen herangezogen.[213] Einerseits sind aber auch die Betretungsrechte verfassungsrechtlich hoch umstritten.[214] Andererseits sieht die Schranke als verfassungsunmittelbare Ermächtigung eine enge Begrenzung auf gemeine Gefahren und Lebensgefahren (Alt. 1) und im Übrigen als Zweck einer gesetzlichen Ermächtigung

---

[207] BVerfGE 56, 37 (42, 49) = NJW 1981, 1431; BVerfGE 80, 109 (121) = NJW 1989, 2679 (2680).
[208] Vgl. BVerfGE 106, 28 (45 f.) = NJW 2002, 3619; BVerfG ZIP 2008, 2029; BGH NJW 1997, 1517; *Wolff* in HK-GG Art. 13 Rn. 8; *Jarass* in Jarass/Pieroth GG Art. 13 Rn. 10; *Kunig/Berger* in von Münch/Kunig GG Art. 13 Rn. 33; *Fischinger* JuS 2007, 808.
[209] Statt vieler *Hong* in DGGGW Nachrichtendienste im Rechtsstaat 45, 50 ff. mwN; aA noch *Krey* Rechtsprobleme Rn. 250 ff. auf der Grundlage eines engeren Eingriffsverständnisses bzw. einer analogen Anwendung des Art. 13 Abs. 2 GG (Rn. 262 ff.).
[210] BVerfGE 120, 274 (345) = NJW 2008, 822.
[211] BVerfGE 109, 179 (344 f.) = NJW 2004, 999.
[212] So aber *Unterreitmeier* GSZ 2019, 233 (234).
[213] So *Kühne* in Sachs Art. 13 Rn. 50; *Wolff* in HK-GG GG Art. 13 Rn. 24 (Abs. 2 oder 7).
[214] Vgl. BVerfGE 32, 54 (75) = NJW 1971, 2299; BVerfGE 37, 132 (147) = NJW 1974, 1499; *Kühne* in Sachs GG Art. 13 Rn. 51 f.; *Wolff* in HK-GG GG Art. 13 Rn. 26 f.

die Verhütung dringender Gefahren (Alt. 2) vor. Diese Schranken passen nicht in jedem Fall, in dem ein Betreten der Wohnung durch eine verdeckt ermittelnde Person in Betracht kommt. Schließlich lässt sich eine Rechtfertigung über die grundrechtsspezifischen Schranken des Art. 13 GG hinaus aus **kollidierendem Verfassungsrecht** herleiten. Die rechtfertigenden Belange müssten dann in der Verfassung verankert, entsprechend gewichtig und einfachgesetzlich ausgeformt sein. Weil durch die verdeckt ermittelnde Person belastende Äußerungen provoziert werden können, wird dieser Eingriff in Art. 13 GG teilweise als intensiver als der durch technische Überwachungsmethoden vermittelte angesehen[215], was sich dann einfachrechtlich in qualifizierten Anordnungsvoraussetzungen niederschlagen müsste.

3. Einfachrechtliche Ausgestaltung

85 Im repressiven Bereich enthält § 110c StPO eine ausdrückliche Befugnis für Verdeckte Ermittler, unter Verwendung ihrer Legende eine Wohnung mit dem Einverständnis des Berechtigten zu betreten. Allerdings darf das Einverständnis nicht durch ein über die Nutzung der Legende hinausgehendes **Vortäuschen eines Zutrittsrechts** herbeigeführt werden.

86 Dem § 110c StPO nachgebildete[216] Vorschriften finden sich im Polizeirecht – ungeachtet der Frage, ob der Einsatz verdeckt ermittelnder Personen überhaupt ein für die Gefahrenabwehr taugliches Mittel darstellt[217] – in verschiedenen Ausprägungen in § 28 Abs. 6 S. 1 Nr. 2 BPolG, § 45 Abs. 6 S. 1 Nr. 2 BKAG, § 35 Abs. 3 BbgPolG, § 26 Abs. 3 ASOG Bln (zusätzlich Verbot der heimlichen Durchsuchung), § 47 Abs. 1 BremPolG, § 49 Abs. 2 Nr. 4, Abs. 4 Nr. 5 BWPolG, Art. 37 Abs. 4 S. 2 BayPAG, § 29 Abs. 3 PolDVG Hmb, § 33 Abs. 1 Nr. 4 SOG M-V, § 36a Abs. 2 NPOG, § 20 Abs. 3 PolG NRW, § 34 Abs. 6 S. 2 RhPfPOG, § 64 Abs. 3 SächsPVDG, § 18 Abs. 4 SOG LSA und § 34 Abs. 6 S. 3 ThürPAG. Das Erfordernis einer **gerichtlichen Anordnung** zum Betreten einer Wohnung (respektive bei Gefahr im Verzug einen Behördenleitervorbehalt) sehen § 28 Abs. 3a BPolG, § 45 Abs. 3 S. 1 Nr. 5 BKAG und Art. 37 Abs. 2 BayPAG (dort in Art. 38 Abs. 2 auch für Vertrauenspersonen) vor. Hinzu kommt nach § 28 Abs. 7 S. 1 Nr. 3, Abs. 8 und 9 BPolG eine **Benachrichtigungspflicht** gegenüber allen Grundrechtsbetroffenen. In § 45 Abs. 7 S. 1 und 2 BKAG finden sich ferner spezifische kernbereichsschützende Regelungen.[218] § 28a Abs. 2 SPolG aF sah – methodisch durchaus konsequent – eine allgemeine Regelung zur Datenerhebung aus Wohnungen vor und bezog sich auch auf den Einsatz von Verdeckten Ermittlern und Vertrauenspersonen nach § 28 Abs. 2 Nr. 3 und 4 SPolG aF, wurde aber mit Gesetz v. 6./7.10.2020[219] durch § 34 SPolDVG ersetzt, der nur noch den Einsatz technischer Mittel regelt.

87 Obwohl im Recht der **Nachrichtendienste** in jüngerer Zeit die Befugnisse von Verdeckten Mitarbeitern und V-Leuten vielfach umfänglich und detailliert neu gefasst worden sind, wurde die Problematik des Betretens von Wohnungen hier weiträumig umgangen. Konsequenterweise besitzen dort verdeckt aufklärende Personen **keine Betretungsrechte** für Wohnungen.[220] Ein entsprechendes Recht kann sich auch nicht – schon aufgrund der

---

[215] So *Hauck* in Löwe/Rosenberg StPO § 100c Rn. 13; hiergegen spricht andererseits, dass die Gefahr eines Eingriffs in den Kernbereich in Anwesenheit einer anderen Person geringer ist.
[216] Vgl. BT-Drs. 18/8702, 18.
[217] Vgl. *Löffelmann*, Stellungnahme zum Gesetzentwurf der Bayerischen Staatsregierung für ein Gesetz zur Neuordnung des bayerischen Polizeirechts (PAG-Neuordnungsgesetz) vom 30.1.2018, S. 35 f.; *Zöller*, Stellungnahme zum Gesetzentwurf der Regierung des Saarlandes „Gesetz zur Neuregelung der polizeilichen Datenverarbeitung im Saarland" (LT-Drs. 16/1180, 16) v. 24.4.2020.
[218] Hintergrund hierfür sind die Ausführungen in BVerfGE 141, 220 (295) = NJW 2016, 1781; vgl. auch *Schenke* in Schenke/Graulich/Ruthig BKAG § 45 Rn. 43 f. mwN.
[219] Amtsblatt I 1133; Landtag Saarland Drs. 16/1180.
[220] So auch für den Bereich des Rechts der Nachrichtendienste *Dietrich* in Dietrich/Eiffler Nachrichtendienste-HdB Teil VI § 2 Rn. 106; *Hong* in DGGGW Nachrichtendienste im Rechtsstaat 63 f.; *Friedrichs*, Der Einsatz von „V-Leuten" durch die Ämter für Verfassungsschutz, 1981, 121 ff.; *Roggan* DÖV 2019,

C. Andere Eingriffe in Wohnungen § 25

spezifischen Grundrechtsschranken des Art. 13 GG – aus einer Annexbefugnis zum Einsatz geheimer Mitarbeiter ergeben.[221] Zum Teil wird das gebotene Verhalten in solchen Situationen in internen Dienstvorschriften näher reglementiert.

IV. Eingriffe durch Luftbildaufnahmen

1. Problematik und Relevanz

Mit den sich zunehmend weiter entwickelnden technischen Möglichkeiten, hochauflösende Bildaufnahmen unter Einsatz von Satelliten oder Drohnen anzufertigen, entsteht für den Schutz von Wohnraum eine neue Gefährdungsdimension durch Luftbildaufnahmen. Während Drohnen von der Polizei zum Schutz von Versammlungen[222] und zur Dokumentation und Vermessung von Tatorten und Verkehrsunfällen schon seit längerem eingesetzt werden, ist die Möglichkeit ihrer breiteren Verwendung zu informationellen Zwecken im Bereich der Gefahrenabwehr erst in jüngerer Zeit in den Fokus der rechtspolitischen und rechtswissenschaftlichen Aufmerksamkeit gerückt.[223] Ausgestattet mit wärme- oder infrarotbildgebenden Sensoren können drohnengetragene Kamerasysteme auch **Informationserhebungen aus umbauten Räumen** ermöglichen. Hinzu kommt, dass bereits durch hochauflösende optische Systeme detaillierte **Einblicke in nicht überdachte Räume** möglich sind, die dem Schutz des Wohnungsgrundrechts unterfallen.[224] Im Bereich der Nachrichtendienste und des militärischen Aufklärungswesens zählt die satelliten- oder drohnengestützte bildgebende Aufklärung seit langem zum Handwerkszeug und stellt einen eigenen Aufklärungsansatz dar (IMINT – Imagery Intelligence). 88

2. Verfassungsrechtliche Einordnung

Der Schutzbereich des Art. 13 GG umfasst nicht nur nach jeder Seite hin fest umbauten Wohnraum, sondern erstreckt sich auf jeglichen Raum, der gegen öffentlichen Einblick abgeschirmt und zur Stätte privaten Lebens und Wirkens gemacht ist. Dazu zählen unter anderem Innenhöfe, Balkone, Dachterrassen, glasbedachte Räume aber auch Gärten, soweit auf sie die beiden genannten Voraussetzungen zutreffen.[225] Luftbildaufnahmen von solchen nach oben einsehbaren Räumen stellen deshalb einen Eingriff in Art. 13 GG dar.[226] Sind Drohnen mit Sensoren ausgestattet, die von außen einen Einblick in Wohnraum erlauben, der über die natürliche Wahrnehmung hinausgeht, liegt auch darin ein Eingriff in das Wohnungsgrundrecht.[227] Das dürfte bereits dann der Fall sein, wenn mittels Drohnen an für natürliche Personen unzugänglichen Stellen eines Gebäudes (etwa im Obergeschoss) Einblick in sein Inneres genommen wird.[228] 89

---

425 (429 f.), der die Möglichkeit der Schaffung von Wohnungsbetretungsrechten für Mitarbeiter der Nachrichtendienste im Zusammenhang mit strafprozessualen oder polizeilichen Wohnungsdurchsuchungen (vgl. RiStBV Nr. 205 Abs. 5), zur Ermöglichung von Maßnahmen der Quellen-Telekommunikationsüberwachung und im Zusammenhang mit dem Einsatz geheimer Mitarbeiter erörtert (431 ff.).

[221] Vgl. BT-Drs. 18/4654, 26. Die Schaffung einer Befugnis wurde im Gesetzgebungsverfahren thematisiert [BT-Innenausschuss Drs. 18(4)328 D, S. 47], aber letztlich verworfen.
[222] Zur damit verbundenen rechtlichen Problematik *Roggan* NVwZ 2011, 590; *Martini* DÖV 2019, 732.
[223] *Tomerius* LKV 2020, 481; *Buckler* GSZ 2019, 23; *Müller-ter Jung/Rexin* CR 2019, 643; *Albrecht/Schmid* VR 2017, 181; *Bischof* DuD 2017, 142; *Zöller/Ihwas* NVwZ 2014, 408; *Gusy*, Die Kriminalpolizei 2014, 1; *Weichert* ZD 2012, 501; der Bayerische Gesetzgeber hat mit der Novelle des BayPAG im Jahr 2018 in Art. 47 eigens eine Befugnis zum „Einsatz von unbemannten Luftfahrtsystemen" geschaffen.
[224] Vgl. näher zum tatsächlichen Nutzen unbemannter Luftfahrtsysteme für die Polizei *Buckler* in BeckOK PolR Bayern, 15. Ed. 1.11.2020, PAG Art. 47 Rn. 1 ff.
[225] Vgl. *Papier* in Maunz/Dürig GG Art. 13 Rn. 11; BGH NJW 1997, 2189 f.
[226] *Tomerius* LKV 2020, 481 (483); *Gusy*, Die Kriminalpolizei 2014, 1 (2) mwN; *Dorf* NJW 2006, 951 ff.
[227] Vgl. BVerfGE 120, 274 (310) = NJW 2008, 822.
[228] So *Müller-ter Jung/Rexin* CR 2019, 643 (649).

3. Einfachrechtliche Ausgestaltung

90 Ob für das satelliten- oder drohnengestützte Erstellen von Luftbildaufnahmen von Wohnraum eine besondere Befugnis erforderlich ist, ist weitgehend ungeklärt.[229] In Bayern wurde hierfür mit Art. 47 Abs. 1 Nr. 3 iVm Art. 41 Abs. 1 BayPAG eine eigene Rechtsgrundlage geschaffen, die nach Vorstellung des Gesetzgebers aber – trotz der „nicht unerheblichen (zusätzlichen) Eingriffsqualität" – nur eine klarstellende Funktion habe.[230] Eine weitgehend gleichlautende Vorschrift wurde in Mecklenburg-Vorpommern mit § 34 SOG M-V geschaffen.[231] Angesichts der hohen verfassungsrechtlichen Voraussetzungen für eine Wohnraumüberwachung dürften die hierzu ermächtigenden einfachrechtlichen Befugnisnormen ausreichen. Soweit diese aber lediglich eine akustische Überwachung erlauben, kommt die Erstellung von Luftbildaufnahmen nicht in Betracht. Der Einsatz von Wärmebild- und Infrarotkameras lässt sich unter die Befugnis zur optischen Überwachung fassen, nicht aber die Verwendung sonstiger, nicht bildgebender Sensortechnik.

D. Perspektiven

91 Die Thematik der Wohnraumüberwachung ist stark durch die technische Entwicklung geprägt. Die verfassungsrechtliche Grundlage für die entsprechenden Befugnisse wurde erst mit dem Gesetz zur Änderung des Grundgesetzes vom 26.3.1998 geschaffen.[232] Mittlerweile sind durch den weiteren **technologischen Fortschritt** neue Problemlagen (→ Rn. 33 ff., 73 ff., 78 ff. und 88 ff.) hinzugekommen, welche verfassungsrechtlich und einfachrechtlich noch keinen befriedigenden Lösungen zugeführt wurden. Hinzu kommt, dass sich trotz der detaillierten verfassungsgerichtlichen Vorgaben die Rechtslage auf Bundes- und Länderebene und die einzelnen Bereiche des Sicherheitsrechts übergreifend als ausgesprochen zerfasert darstellt. Darunter leidet auch der Datentransfer zwischen den verschiedenen Behörden. Hinsichtlich des verwirklichten Schutzniveaus zeigen sich außerdem zwischen offenen und verdeckten Maßnahmen der Wohnraumüberwachung erhebliche und sachlich nicht gerechtfertigte Unterschiede. Mit Blick auf die neue Problematik der Datenerhebung aus **Smart Home-Anwendungen** ist ungeklärt, ob und unter welchen Voraussetzungen Behörden verdeckt auf solche Applikationen zugreifen dürfen. Maßnahmenspezifische Regelungen existieren insoweit bislang nicht. Die Intensität, mit der durch eine Überwachung von Smart Home-Anwendungen in den persönlichen und intimsten Lebensbereich eingegriffen werden kann, korrespondiert nicht mit den gegebenen grundrechtsschützenden einfachrechtlichen Absicherungen. Das betrifft insbesondere die Beschlagnahme solcher Daten, die im repressiven und präventiv-polizeilichen Bereich sehr niedrigschwellig zulässig und von keinerlei persönlichkeitsschützenden Regelungen, namentlich nicht von solchen zum Schutz des Kernbereichs privater Lebensgestaltung, flankiert sind. Diese Problemlagen werden sich in Zukunft mit der zunehmenden Ver-

---

[229] Vgl. – nicht spezifisch im Kontext der Wohnraumüberwachung – *Weiner* in BeckOK PolR Nds, 18. Ed. 1.2.2021, NPOG § 31 Rn. 22; *Albrecht* in BeckOK PolR Nds, 18. Ed. 1.2.2021, NPOG § 32 Rn. 15 ff.; für die Notwendigkeit spezifischer Eingriffsbefugnisse aufgrund der erhöhten Eingriffsintensität *Tomerius* LKV 2020, 481 (487 f.); *Martini* DÖV 2019, 732; für eine Berücksichtigung der gesteigerten Eingriffsintensität im Rahmen der Verhältnismäßigkeitsprüfung bei einem verdeckten Einsatz *Buckler* in BeckOK PolR Bayern, 18. Ed. 1.3.2022, PAG Art. 47 Rn. 7 ff.; *Buckler* GSZ 2019, 23 (26 f.); *Albrecht/Schmid* VR 2017, 181 (185); *Bischof* DuD 2017, 142 (143); *Dorf* NJW 2006, 951 (954 f.) differenziert bereits auf der Ebene des Eingriffs danach, ob aus den Aufnahmen persönlichkeitsrelevante Informationen über den Betroffenen ableitbar sind.
[230] Bayerischer Landtag Drs. 17/20425, 68; nach *Schmidbauer* in Schmidbauer/Steiner BayPAG Art. 47 Rn. 1 bedürfe es der zusätzlichen gesetzlichen Regelung, da der Einsatz von Drohnen zur Datenerhebung einen „zusätzlichen Rechtseingriff darstellt". Das verträgt sich freilich nicht mit einer bloß klarstellenden Funktion der Norm.
[231] Vgl. Landtag Mecklenburg Vorpommern Drs. 7/3694, 190: „klarstellende Norm".
[232] BGBl. 1998 I 610; eine einfachrechtliche Befugnis bestand für das BfV allerdings zuvor schon seit dem Gesetz zur Fortentwicklung der Datenverarbeitung und des Datenschutzes vom 20.12.1990 (BGBl. 1990 I 2954) und wurde damals auf Art. 13 Abs. 3 GG aF (heute Art. 13 Abs. 7 GG) gestützt.

breitung und Vernetzung von „intelligenter" Haustechnik weiter verschärfen. Die „klassische" Wohnraumüberwachung, die schon bislang nur eine geringe rechtstatsächliche Relevanz aufweist, wird aufgrund des mit ihr verbundenen Durchführungsaufwands weiter an Bedeutung verlieren. Schon heute ist fraglich, ob sie als Instrument der polizeilichen Gefahrenabwehr und der nachrichtendienstlichen Aufklärung angesichts der hohen rechtlichen Hürden überhapt praktikabel und notwendig ist. Vor diesem Hintergrund erscheint eine **Neubewertung der Überwachung von Wohnraum** als Mittel des Sicherheitsrechts erforderlich. Dabei ist einerseits zu berücksichtigen, dass sich privates Leben aus dem räumlichen Schutzbereich der Wohnung heraus mehr und mehr in den digitalen Raum verlagert und auch dort adäquaten Schutz beansprucht. Auch Gesichtspunkte der IT-Sicherheit spielen dabei eine Rolle.[233] Andererseits wird die Privatwohnung als konspirativer Treffpunkt zur Planung, Verabredung und Begehung von Straftaten oder verfassungsfeindlichen Handlungen ebenfalls zunehmend durch **virtuelle Treffpunkte** abgelöst. Dass es weder im analogen noch im digitalen Bereich vollkommen rechtsfreie Räume, die hoheitlichen Maßnahmen der Sicherheitsgewährleistung schlechthin entzogen sind, geben sollte, dürfte weitgehend konsensfähig sein. Die große Herausforderung für die Zukunft liegt darin, das Verhältnis von Freiheit und Sicherheit in diesen Räumen frei von Wertungswidersprüchen, einheitlich und praktikabel neu zu bestimmen.

§ 26 Sonstige technische Überwachung (IMSI-Catcher, stille SMS usw.)

Felix Ruppert

Übersicht

	Rn.
A. Technische Überwachung in Zeiten der Datafizierung	1
B. Maßnahmen technischer Überwachung	4
I. Maßnahmen zur Aufenthaltsbestimmung	5
1. Standortdatenabfrage	8
a) Grundkonzeption	10
b) Präventive Verkehrsdatenerhebung	13
c) Repressive Verkehrsdatenerhebung	18
2. Funkzellen- und Verkehrsdatenabfrage	26
a) Technische Konzeption	28
b) Präventive Funkzellenabfrage	31
aa) Rechtsgrundlagen und Voraussetzungen	32
bb) Rechtsschutz und Kontrolle	38
c) Repressive Funkzellenabfrage	39
aa) Voraussetzungen	40
bb) Rechtsschutz und Kontrolle	45
3. IMSI-Catcher	47
a) Technische Konzeption	48
b) Präventiver IMSI-Catcher-Einsatz	52
aa) Rechtsgrundlagen und Voraussetzungen	53
bb) Rechtsschutz und Kontrolle	57
c) Repressiver IMSI-Catcher-Einsatz	58
aa) Rechtsgrundlage und Voraussetzungen	59
bb) Rechtsschutz und Kontrolle	61
4. Stille SMS	62
a) Technische Konzeption	63

---

[233] Näher zur Gewährleistung von IT-Sicherheit als Staatsaufgabe *Poscher/Lassahn* in Hornung/Schallbruch IT-SicherheitsR § 7 Rn. 48 ff.; insbesondere mit Bezug zu den informationstechnisch besonders vulnerablen privaten Haushalten *Hansen* in Hornung/Schallbruch IT-SicherheitsR § 26 Rn. 18 ff.

	Rn.
b) Stille SMS mit präventiver Zielrichtung	67
aa) Rechtsgrundlagen und Voraussetzungen	68
bb) Rechtsschutz und Kontrolle	70
c) Stille SMS mit repressiver Zielrichtung	71
aa) Rechtsgrundlage und Voraussetzungen	71
bb) Rechtsschutz und Kontrolle	73
5. GPS-Sender, GPS-Daten, Peilsender und sonstige Mittel	74
a) Konzeption	76
b) Präventiver Einsatz solch technischer Mittel	78
aa) Rechtsgrundlagen und Voraussetzungen	79
bb) Rechtsschutz und Kontrolle	83
c) Repressiver Einsatz solch technischer Mittel	84
aa) Rechtsgrundlage und Voraussetzungen	85
bb) Rechtsschutz und Kontrolle	93
II. Maßnahmen zur Identifikation und Observation	95
1. Bestandsdatenauskunft	97
a) Konzeption	98
b) Präventive Bestandsdatenauskunft	102
c) Repressive Bestandsdatenauskunft	105
2. IMSI-Catcher	107
a) Technische Konzeption	108
b) Präventiver IMSI-Catcher-Einsatz	109
c) Repressiver IMSI-Catcher-Einsatz	112
3. Bildaufnahmen und technisch unterstützte Observation	113
a) Präventive Aufnahmen und technisch unterstützte Observation	116
b) Repressive Aufnahmen und technisch unterstützte Observation	120
aa) Rechtsgrundlage und Voraussetzungen	121
bb) Rechtsschutz und Kontrolle	127
4. Akustische Überwachung außerhalb von Wohnungen	128
a) Technische Mittel	131
b) Präventive Überwachung	132
c) Repressive Überwachung	136
aa) Rechtsgrundlage und Voraussetzungen	137
bb) Rechtsschutz und Kontrolle	143
C. Perspektiven und Reflexionen	147

Literatur:

Arzt, C., Informationsverarbeitung im Polizei- und Strafverfahrensrecht, in Lisken/Denninger PolR-Hdb G; *Bantlin, F.*, Grundrechtsschutz bei Telekommunikationsüberwachung und Online-Durchsuchung, JuS 2019, 669; *Bär, W.*, Die Neuregelung des § 100j StPO zur Bestandsdatenauskunft, MMR 2013, 700; *Bär, W.*, Die Neuregelung zur Erhebung von Verkehrsdaten (§ 100g StPO) – Inhalt und Auswirkungen, NZWiSt 2017, 81; *Beukelmann, S.*, Neues von der Vorratsdatenspeicherung, NJW-Spez 2020, 696; *Blechschmitt, L.*, Strafverfolgung im digitalen Zeitalter, MMR 2018, 361; *Bode, T.*, Verdeckte strafprozessuale Ermittlungsmaßnahmen, 2012; *Brodowski, D.*, Verdeckte technische Überwachungsmaßnahmen im Polizei- und Strafverfahrensrecht, 2016; *Busch, R.*, Vorratsdatenspeicherung – noch nicht am Ende!, ZRP 2014, 41; *Ceffinato, T.*, Aktuelles Internetstrafrecht, JuS 2021, 311; *Creemers, N.*, Maschinen und Polizei, in Gutzpalk (Hrsg.), Polizeiliches Wissen, 2016, 99; *Denninger, E.*, Verfassungsrechtliche Grenzen des Lauschens – Der „große Lauschangriff" auf dem Prüfstand der Verfassung, ZRP 2004, 101; *Eisenberg, U./Puschke, J./Singelnstein, T.*, Überwachung mittels RFID-Technologie, ZRP 2005, 9; *Eisenberg, U./Singelnstein, T.*, Zur Unzulässigkeit der heimlichen Ortung per „stiller SMS", NStZ 2005, 62; *Ferguson, A.*, Big Data and Preditce Reasonable Suspicion, Univ PA Law Rev 2015 (163), 327; *Fox, D.*, Der IMSI-Catcher, DuD 2002, 212; *Gercke, B.*, Rechtliche Probleme durch den Einsatz des IMSI-Catchers, MMR 2003, 453; *Graulich, K.*, Bestandsdatenauskunft II – Doppeltüren-Modell und Verhältnismäßigkeitsgrundsatz, NVwZ-Bei 2020, 47; *Günter, R.*, Zur strafprozessualen Erhebung von Telekommunikationsdaten – Verpflichtung zur Sachverhaltsaufklärung oder verfassungsrechtlich unkalkulierbares Wagnis?, NStZ 2005, 485; *Harnisch, S./Pohlmann, M.*, Bild- und Videoaufzeichnungen im Bereich der polizeilichen Verkehrskontrolle, NZV 2010, 380; *Harnisch, S./Pohlmann, M.*, Strafprozessuale Maßnahmen bei Mobilfunkendgeräten, HRRS 2009, 202; *Hofmann, H.*, Predictive Policing, 2020; *Krüger, C.*, Die sogenannte „stille SMS" im strafprozessualen Ermittlungsverfahren, ZJS 2012, 606; *Kudlich, H.*, Mitteilung der Bewegungsdaten eines Mobiltelefons als Überwachung der Telekommunikation – BGH NJW 2001, 1587, JuS 2001, 1165; *Mayer-Schönberger, V./Cukier, K.*, Big Data: A Revolution That

Will Transform How We Live, Work and Think, 2013; *Martini, M./Hohmann, M.,* Der gläserne Patient: Dystopie oder Zukunftsrealität?, NJW 2020, 3573; *Merbach, L./Seidensticker, K.,* Bitship Troopers – Big Data und informationsgeleitete Polizeiarbeit in Deutschland, in Kühne (Hrsg.), Die Zukunft der Polizeiarbeit, 2019, 143; *Möstl, M.,* Vorratsdatenspeicherung – wie geht es weiter?, ZRP 2011, 225; *Müller, S.,* Internetermittlungen und der Umgang mit digitalen Beweismitteln im (Wirtschafts-)Strafverfahren, NZWiSt 2020, 96; *Müller, M./Schwabenbauer, T.,* Unionsgrundrechte und Datenverarbeitung durch nationale Sicherheitsbehörden, NJW 2021, 2079; *Müller-ter Jung, M./Rexin, L.,* Datenschutz beim polizeilichen Drohneneinsatz, CR 2019, 643; *Oehmichen, A./Mickler, C.,* Die Vorratsdatenspeicherung – Eine never ending story?, NZWiSt 2017, 298; *Paal, B./Hennemann, M.,* Big Data im Recht, NJW 2017, 1697; *Petri, T.,* Die Vorratsdatenspeicherung, ZD 2021, 493; *Priebe, R.,* Vorratsdatenspeicherung und kein Ende, EuZW 2017, 136; *Puschke, J./Singelnstein, T.,* Telekommunikationsüberwachung, Vorratsdatenspeicherung und (sonstige) heimliche Ermittlungsmaßnahmen der StPO nach der Neuregelung zum 1.1.2008, NJW 2008, 113; *Rebler, A.,* Polizeiliche Messverfahren für Geschwindigkeit und Abstand im Straßenverkehr, SVR 2013, 208; *Ruhmannseder, F.,* Strafprozessuale Zulässigkeit von Standortermittlungen im Mobilfunkverkehr, JA 2007, 47; *Ruppert, F.,* Big Data und Algorithmen im Rahmen der Kriminalitätsbegegnung, in Beyerl/Rüdiger, Handbuch Cyberkriminologie, 2022; *Ruppert, F.,* Die moderne Klaviatur der Strafverfolgung im digitalen Zeitalter. Zur Einführung der Quellen-TKÜ und Online-Durchsuchung in Zeiten von WhatsApp, Skype & Social Media, JURA 2018, 994; *Schmitz, H./Jastro, S.,* Das Informationsfreiheitsgesetz des Bundes, NVwZ 2005, 984; *Schneider, H.,* Zur Zulässigkeit strafprozessualer Begleitmaßnahmen im Zusammenhang mit dem Abhören des nicht öffentlich gesprochenen Wortes in Kraftfahrzeugen, NStZ 1999, 388; *Singelnstein, T.,* Bildaufnahmen, Orte, Abhören – Entwicklungen und Streitfragen beim Einsatz technischer Mittel zur Strafverfolgung, NStZ 2014, 305; *Singelnstein, T.,* Verhältnismäßigkeitsanforderungen für strafprozessuale Ermittlungsmaßnahmen – am Beispiel der neueren Praxis der Funkzellenabfrage, JZ 2012, 601; *Tiedemann, J.,* Die stille SMS – Überwachung im Mobilfunk, K&R 2004, 63; *Tomerius, C.,* „Drohnen" zur Gefahrenabwehr – Darf die Berliner Polizei nach nun jetziger Rechtslage Drohnen präventiv-polizeilich nutzen?, LKV 2020, 481; *Westin, A.,* Privacy and Freedom, 1967; *Wysk, P.,* Tausche Freiheit gegen Sicherheit? Die polizeiliche Videoüberwachung im Visier des Datenschutzes, VerwArch 2018, 141; *Zöller, M./Ihwas, S.,* Rechtliche Rahmenbedingungen des polizeilichen Flugdrohneneinsatzes, NVwZ 2014, 408.

A. Technische Überwachung in Zeiten der Datafizierung

Polizeiarbeit gilt als Wissensarbeit und gründet mitunter auf umfangreichen Erfahrungs-, Informations- und Datenschätzen.[1] Daher wird der gezielten Sammlung von Informationen ebenso wie deren computergestützter Auswertung für die Polizeiarbeit bereits seit mehr als fünfzig Jahren eine besondere Bedeutung beigemessen, die seitdem erheblich angestiegen ist – und nicht zuletzt angesichts der zunehmenden Leistungsfähigkeit von Rechnersystemen weiterhin stark ansteigt.[2] Nach wie vor verdoppelt sich die in sämtlichen Lebensbereichen produzierte Datenmenge mindestens alle zwei Jahre – wobei entsprechende Feststellungen noch aus Zeiten vor der die Digitalisierung noch einmal erheblich beschleunigenden Corona-Pandemie stammen.[3] In einer Welt, in der sich die Rechnerkapazitäten nicht nur in Büros und Rechenzentren permanent vervielfachen, sondern auch die Datengenerierung in jedem einzelnen Haushalt fortwährend zunimmt, werden technische Instrumente wie Mobile Devices oder smarte Geräte zum alltäglichen Wegbegleiter.[4] Selbst Alltagsgegenstände wie Kühlschränke, die jahrzehntelang nicht mit Computern oder Informationstechnik in Verbindung gebracht wurden, werden zunehmend mit Chips ausgestattet, welche die Geräte – bisweilen im Hintergrund – unter Zuhilfenahme von Vernetzungs- oder Internet-Technologien kommunizieren und Daten erstellen sowie verwalten lassen.[5] Bereits ein Blick in den privaten PKW genügt, um festzustellen, wie minutiös Bewegungsprotokolle mittels all der erhobenen Daten erstellt werden können – und wie weitreichend ein Einblick in diese für die Ermittlungsbehörden sein kann.[6]

1

---

[1] *Arzt* in Lisken/Denninger PolR-HdB G Rn. 1108.
[2] *Creemers* in Grutzpalk, Polizeiliches Wissen, 2016, 99 (101 ff.); *Merbach/Seidensticker* in Kühne, Die Zukunft der Polizeiarbeit, 2019, 143 (150 ff.).
[3] Siehe nur *Ferguson* Univ PA Law Rev 2015 (163), 327 (352 ff.).
[4] *Hofmann*, Predictive Policing, 2020, 22 ff.; zu damit einhergehender Big Data *Ruppert* in Beyerl/Rüdiger, HdB Cyberkriminologie, 2022, im Erscheinen.
[5] Zum sog. Internet of Things als „unerschöpfliche Datenquelle" *Müller* NZWiSt 2020, 96 (96).
[6] Zum Zugriff der Strafverfolgungsbehörden auf die Navigationsdaten eines Kraftfahrzeugs *Ruppert* StV-Spezial 2022, 66 ff.

2   Schon früh mehrte sich daher die Befürchtung eines für den Staat gläsernen Bürgers,[7] die heute mehr denn je auf einem umfangreichen Datenbestand gründen könnte. Der Begriff der *Datafizierung* umschreibt dementsprechend die zunehmende Nachvollziehbarkeit menschlichen Verhaltens anhand der durch oder für ihn generierten Daten.[8] Mit den technischen Möglichkeiten des Einzelnen wächst aber auch das Repertoire des für die Ermittlungsbehörden technisch Möglichen – und des Notwendigen, um weiterhin Polizeiarbeit auf umfangreicher Wissensbasis betreiben zu können. Dieser Beitrag soll daher einen Einblick in technische Überwachungsmöglichkeiten[9] des Staates geben, die diesem einen Zugang zu den relevanten Daten über den Einzelnen eröffnen könnten.

3   Die praktische Bedeutung der einzelnen Maßnahmen ist schon jetzt aufgrund ihrer häufigen Alternativlosigkeit, aber auch des sich davon versprochenen Aufklärungsvorsprungs[10] als überragend einzuschätzen. So werden zB die verschiedenen Methoden der Standortbestimmung eines genutzten Mobilfunkgeräts seit Jahren alltäglich durch Ermittlungsbehörden bemüht.[11] Selbst ohne entsprechende Rechtsgrundlage im Strafverfahrensrecht galt etwa die Standortbestimmung per stiller SMS bereits im Jahr 2003 als „unverzichtbares Hilfsmittel" für Ermittlungen.[12] Auch wenn beispielsweise im Rahmen eines Ermittlungsverfahrens die Rufnummer oder IP-Adresse eines Anschlusses bekannt ist, mittels welchem Straftaten begangen oder vorbereitet wurden, lässt sich die hinter dieser Nummer bzw. Kennung stehende Person in der Regel ausschließlich über die Bestandsdatenauskunft ermitteln.[13] Von großer praktischer Bedeutung ist zudem die Verkehrsdatenauskunft, die es ermöglicht, nachzuvollziehen sowie zu belegen, wer wann mit wem und von welchem Standort aus miteinander kommuniziert hat.[14] Das Repertoire technischer Überwachungsmöglichkeiten endet aber nicht an den Grenzen der Bestandsdaten oder Standortdaten, sondern erstreckt sich auch auf Kommunikationsinhalte: so bedingt die akustische Überwachung außerhalb von Wohnräumen[15] nicht nur zahlreiche Ermittlungserfolge, sondern ist überdies regelmäßig Gegenstand gerichtlicher Auseinandersetzungen um ihre Reichweite und setzt so in wiederkehrenden Abständen bedeutende Maßstäbe für die Ermittlungspraxis,[16] in der sie im Vergleich zu der Wohnraumüberwachung des § 100c StPO aufgrund der dortigen hohen Hürden weitaus häufiger zum Einsatz gelangt.[17] Die folgenden Methoden technischer Überwachung sind daher zum unverzichtbaren Ermittlungsrepertoire zu zählen, welches mit fortlaufendem technischen Fortschritt nur umso mehr Bedeutung erlangt.

---

[7] Exemplarisch bereits früh *Westin*, Privacy and Freedom, 1967, 299 ff.; die Metapher wird daher zuletzt auf sämtliche Lebensbereiche ausgedehnt, vgl. für das Strafrecht *Blechschmitt* MMR 2018, 361 (361); für die gläserne Akte *Schmitz/Jastrow* NVwZ 2005, 984 (995); für den Patienten *Martini/Hohmann* NJW 2020, 3573 (3573).

[8] *Paal/Hennemann* NJW 2017, 1697 (1697 f.); *Mayer-Schönberger/Cukier*, Big Data, 2013, 23 f.

[9] Zu den speziellen Maßnahmen der Telekommunikationsüberwachung *Thiel* → § 24, zur Erhebung von Daten aus informationstechnischen Systemen, insbesondere im Wege der Online-Durchsuchung *Ruppert* → § 23, zur akustischen und optischen Wohnraumüberwachung *Löffelmann* → § 25.

[10] *Schlothauer* in MAH Strafverteidigung MAH Strafverteidigung § 3 Rn. 189.

[11] Siehe etwa *Puschke* NJW 2018, 2809 (2812) zur Standortbestimmung per stiller SMS, welche bereits vor Schaffung einer Rechtsgrundlage zuhauf zu Ermittlungszwecken benutzt wurde. Zur zunehmenden Bedeutung des Einsatzes satellitengestützter Ortungssysteme etwa *Bär* in Satzger/Schluckebier/Widmaier StPO § 100h Rn. 2, zur weiteren Technik zur Lokalisierung von Mobiltelefonen *Bär* in Satzger/Schluckebier/Widmaier StPO § 100i Rn. 2.

[12] So die Antwort der Bundesregierung auf eine kleine Anfrage verschiedener Abgeordneter und der FDP-Fraktion, s. BT-Drs. 15/1448, 2; zu entsprechenden Zahlen bereits *Krüger* ZJS 2012, 606 (607 ff.).

[13] *Graf* in BeckOK StPO, 42. Ed. 1.1.2022, StPO § 100j Rn. 11; *Bär* in Wabnitz/Janovsky/Schmitt, Handbuch Wirtschafts- und Steuerstrafrecht, 5. Aufl. 2020, § 28 Rn. 93; *Bär* MMR 2013, 700 (700 f.).

[14] Vgl. auch BT-Drs. 16/8434, 50 ff.

[15] Zur akustischen und optischen Wohnraumüberwachung siehe dagegen *Löffelmann* → § 25.

[16] Siehe nur BVerfG NJW 2006, 2975; BGH NStZ 1989, 32; 1993, 47; 1995, 557; 1996, 511; 2009, 519; 2012, 277.

[17] *Bär* in Satzger/Schluckebier/Widmaier StPO § 100f Rn. 2.

B. Maßnahmen technischer Überwachung

Die Maßnahmen technischer Überwachung lassen sich anhand der zugrundeliegenden 4
Ermächtigungsgrundlagen untergliedern. Im Folgenden sollen jedoch rechtsgebietsübergreifend die Zielrichtungen der Maßnahmen im Vordergrund stehen, sodass mit den Maßnahmen zur Aufenthaltsbestimmung im weiteren Sinne begonnen wird, bevor sodann Methoden der Identifizierung sowie Observationsmethoden dargelegt werden.

I. Maßnahmen zur Aufenthaltsbestimmung

Die technischen Methoden der Aufenthaltsbestimmung im weiteren Sinne sind in der 5
Praxis von herausragender Bedeutung. Insbesondere versprechen sie, den Aufenthaltsort einer Zielperson ohne dessen Kenntnis zu ermitteln und verschaffen den Behörden damit einen nicht zu unterschätzenden Wissensvorsprung.[18] Dementsprechend überrascht es kaum, dass die verschiedenen Methoden der Aufenthalts- oder Standortbestimmung seit Jahren zu den in der Praxis wichtigsten Ermittlungsmaßnahmen zu zählen sind.[19]

Zugleich stellen sie ein Feld dar, welches im Zuge des technischen Fortschritts vermehrt 6
angepasst wurde, um den Ermittlungsbehörden ausreichende sowie moderne Mittel an die Hand zu geben, ebenfalls an dem technischen Fortschritt zu partizipieren und so die Zielperson effektiv sowie zeitnah aufzuspüren – oder aber den Kreis potenzieller Täter zu begrenzen. Exemplarisch hierfür stehen die Verfahren des Versands stiller SMS (→ Rn. 62 ff.) sowie des Einsatzes von IMSI-Catchern (→ Rn. 47 ff.), die sich den Einsatz mobiler Devices auf Seiten des Betroffenen zunutze machen und so eine präzise sowie schnelle Standortbestimmung ermöglichen.

Der vorliegend verwendete Begriff der Maßnahmen zur Aufenthaltsbestimmung ist in 7
einem weiten Sinne zu verstehen, sodass nicht nur Verfahren darunterfallen, die tatsächlich punktgerichtet feststellen, wo sich die gesuchte Person zur entsprechenden Zeit aufhält oder aufgehalten hat, sondern auch solche Maßnahmen, die unabhängig von einem einzelnen Kommunikationsvorgang die Erhebung aller in einem räumlichen Gebiet anfallenden Verkehrsdaten ermöglichen sollen, also nicht den Aufenthaltsort einer Person ermitteln, sondern von dem Aufenthaltsort auf die Person schließen lassen.[20]

1. Standortdatenabfrage

Besonders prominent zeigt sich im Rahmen der Maßnahmen zur Aufenthaltsbestimmung 8
die Standortdatenabfrage, in welcher Funkzelle sich eine bestimmte Person aufhält oder aufgehalten hat. Mit der zunehmenden Bedeutung von Telekommunikation über alle Kriminalitätsformen hinweg ist auch die Relevanz der Standortdatenabfrage kontinuierlich sowie bedeutend gestiegen.[21] Sie ermöglicht nicht nur das Aufspüren bestimmter (etwa gefährdeter) Zielpersonen, sondern auch die Rekonstruktion von Reisebewegungen und Treffpunkten, etwa von organisiert handelnden Tätern.[22] Für die Ermittlungspraxis ist sie daher bedeutend. Möglich ist eine solche Standortdatenabfrage im Rahmen einer Verkehrsdatenabfrage.

---

[18] *Schlothauer* in MAH Strafverteidigung § 3 Rn. 189.
[19] Vgl. bereits für die stille SMS BT-Drs. 15/1448 und *Krüger* ZJS 2012, 606 (607 ff.); *Puschke* NJW 2018, 2809 (2812) sowie genereller *Bär* in Satzger/Schluckebier/Widmaier StPO § 100h Rn. 2, § 100i Rn. 2.
[20] Dies kann zwar auch als Maßnahme der Identifizierung begriffen werden. Aufgrund der identischen Wirkweise soll sie aber bereits hier erörtert werden, zumal eine derartige Interpretation etwa dem Strafverfahrensrecht selbst nicht fremd ist. So regelt etwa § 100g StPO in Abs. 1 und Abs. 2 die personengerichtete Datenerhebung, während § 100g Abs. 3 StPO die Erhebung aller in einer Funkzelle angefallenen Daten normiert.
[21] *Bär* NZWiSt 2017, 81 (81).
[22] *Von der Grün* in BeckOK PolR BW, 24. Ed. 1.3.2022, BWPolG § 53 Rn. 15.

9 Verkehrsdaten sind gem. § 3 Nr. 70 TKG Daten, deren Erhebung, Verarbeitung oder Nutzung bei der Erbringung eines Telekommunikationsdienstes erforderlich sind. Im Unterschied zu Bestandsdaten, die sich auf das Vertragsverhältnis als solches beziehen (→ Rn. 97 ff.), betreffen Verkehrsdaten die technischen Vorgänge um die Telekommunikationsdienstleistung.[23] Daher zählen dazu unter anderem die Rufnummern und Anschlusskennungen, personenbezogene Berechtigungskennungen wie etwa PIN-Nummern, Standortkennungen, Zeitpunkt und Dauer einer Verbindung sowie übermittelte Datenmengen.[24] Somit fallen im Vergleich zu Bestandsdaten weitaus mehr sowie sensiblere Daten an.[25]

10 a) Grundkonzeption. Grundlegend für eine Standortdatenabfrage im Wege der Verkehrsdatenabfrage ist, dass die Ermittlungsbehörden ihr Auskunftsverlangen an die Telekommunikationsdienste stellen. Damit dieses erfolgreich sein kann, ist daher zuvorderst ein Datenbestand seitens der Telekommunikationsdienste erforderlich, ohne welchen eine Abfrage mangels vorhandener Daten nicht erfolgreich sein kann. Die Verkehrsdatenabfrage ist somit eng verbunden mit der Berechtigung bzw. Verpflichtung der Telekommunikationsdienste, Verkehrsdaten zu erheben bzw. zu speichern.[26]

11 Ursächlich für die Möglichkeit einer gezielten Standortdatenabfrage ist dabei der Umstand, dass bei einem konkreten Kommunikationsvorgang im Mobilfunknetz die benutzten Funkzellen als Verkehrsdaten anfallen – und solche Verkehrsdaten der unterschiedlichen Speicherung nach § 9 TTDSG (zuvor § 96 TKG), 176 TKG unterfallen.[27] So dürfen verschiedene Anbieter von Telekommunikationsdiensten oder Betreiber von Telekommunikationsnetzen oder bestimmten -anlagen (§ 3 Abs. 2 S. 1 TTDSG) Verkehrsdaten für Abrechnungszwecke auf Grundlage des § 9 TTDSG freiwillig speichern, soweit dies zum Aufbau und zur Aufrechterhaltung der Telekommunikation, zur Entgeltabrechnung oder zum Aufbau weiterer Verbindungen erforderlich ist. Demgegenüber findet sich nunmehr in § 176 Abs. 1 TKG die Pflicht der Anbieter von Telekommunikationsdiensten (gem. § 175 Abs. 1 TKG) zur anlasslosen Speicherung von Verkehrsdaten für einen Zeitraum von 10 Wochen bzw. von spezifischen Standortdaten für vier Wochen. Diese Pflicht war in jüngerer Vergangenheit heftig umstritten, was nicht zuletzt für ein Defizit an gespeicherten Daten sorgte.[28] Sie war – und ist auch weiterhin – gleich mehrfach Gegenstand verfassungsgerichtlicher Entscheidungen, welche die Anforderungen an die Vertragsdatenabfrage stetig heraufsetzten oder sie bisweilen als verfassungswidrig einstuften – und dieses Feld damit auch für die Gesetzgebung schwer einschätzbar machten.[29] Die Geschichte der Vorratsdatenspeicherung gilt daher nicht umsonst als chaotisch.[30] Die Verkehrsdatenerhebung pendelt also zwischen einem hohen Bedarf in der Praxis, hohen Anforderungen sowie hoher Rechtsunsicherheit.

12 Nach den Entscheidungen des Bundesverfassungsgerichts setzt die Erhebung von Telekommunikations-Bestanddaten durch Sicherheitsbehörden jedenfalls zweierlei im Sinne eines sog. Doppeltürmodells voraus. So ist zunächst eine gesetzliche Regelung erforderlich, welche der auskunftserteilenden Stelle die Übermittlung der Vertragsdaten an die Sicherheitsbehörden erlaubt (1. Norm zur Datenübermittlung). Diese hat die Verwendung der

---

[23] OLG Hamburg BeckRS 2010, 8656; *Tinnefeld/Buchner* in BeckOK DatenschutzR, 39. Ed. 1.11.2021, Syst. I Rn. 119.
[24] Eine detaillierte Auflistung findet sich in § 9 TTDSG.
[25] *Tinnefeld/Buchner* in BeckOK DatenschutzR, 39. Ed. 1.11.2021, Syst. I Rn. 119; *Eckhardt* in Spindler/Schuster, Recht der elektronischen Medien, 4. Aufl. 2019, TKG § 96 Rn. 58.
[26] Zu einem zwischenzeitlichen Defizit an Datenspeicherung aufgrund der Nichtigkeit der vorangegangen Regelungen zur Vorratsdatenspeicherung *Bär* in BeckOK PolR Bayern, 17. Ed. 1.9.20921, BayPAG Art. 42 Rn. 11 ff.; *Grözinger* in MAH Strafverteidigung § 50 Rn. 307.
[27] *Graulich* in Lisken/Denninger PolR-HdB E Rn. 821.
[28] *Bär* in BeckOK PolR Bayern, 17. Ed. 1.9.2021, BayPAG Art. 42 Rn. 11 ff.; *Grözinger* in MAH Strafverteidigung § 50 Rn. 307; eingehend insbesondere *Petri* ZD 2021, 493 ff.
[29] S. nur BVerfG BeckRS 2012, 47556; 2020, 16236; s. aber auch EuGH BeckRS 2021, 3003; zu verfassungsrechtlichen Fragen *von der Grün* in BeckOK PolR BW, 24. Ed. 1.3.2022, BWPolG § 52 Rn. 5.
[30] *Beukelmann* NJW-Spez 2020, 696 (696); *Oehmichen/Mickler* NZWiSt 2017, 298 (298 f.).

Daten auch hinreichend zu begrenzen, mithin die Datenverwendung an bestimmte Zwecke, tatbestandliche Eingriffsschwellen und einen gewichtigen Rechtsgüterschutz zu binden.[31] Sodann muss eine eigenständige Norm den Abruf dieser Daten durch die auskunftsersuchende Stelle gestatten (2. Norm zum Datenabruf).[32] Eine solche Befugnis zum Datenabruf hat nicht nur für sich genommen verhältnismäßig zu sein, sondern ist zudem an die in der Übermittlungsregelung begrenzten Verwendungszwecke gebunden, erfordert tatbestandliche Eingriffsschwellen und muss wiederum angemessenen Rechtsgüterschutz schaffen.[33] Ein Zugriff der Ermittlungsbehörden auf die entsprechenden Daten ist damit nur möglich, wenn beide Rechtsgrundlagen gewahrt sind, mithin beide Türen offen stehen.[34] Wenn bereits im Jahre 2017 schon ermüdet davon die Rede war, dass kein Ende der Streitfragen um die Vorratsdatenspeicherung abzusehen ist,[35] so dürfte dies angesichts der jüngsten[36] sowie noch zu erwartender Entscheidungen[37] nur umso mehr gelten, denen zwar bisweilen bereits mit der Neufassung des TKG begegnet wurde, welcher die Länder indes überwiegend noch nicht nachgefolgt sind, sodass auch hier künftig weitreichende Änderungen zu erwarten sind – die einer belastbaren Beurteilung der derzeitigen Rechtslage entgegenstehen.

b) Präventive Verkehrsdatenerhebung. Schon zuvor zeigten sich einige Landesgesetzgeber mitunter zurückhaltend im Hinblick auf die Verkehrsdatenabfrage.[38] Dies erscheint jedenfalls angesichts der Rechtsprechung des EuGH verständlich, die am Beispiel schwedischer und britischer Vorschriften zur Vorratsdatenspeicherung eine allgemeine und unterschiedslose Verpflichtung zur Vorratsdatenspeicherung von Verkehrs- und Standortdaten als gegen EU-Recht verstoßend begreift, sodass eine solche Speicherung nur ausnahmsweise zulässig sei.[39] Eine solche Ausnahme sei etwa zur gezielten Bekämpfung schwerer Straftaten möglich, sofern die Datenspeicherung auf das absolut Notwendige beschränkt werde.[40] Insbesondere sei die anlasslose Speicherung und Übermittlung von Verbindungsdaten zu präventiven Zwecken unzulässig, sofern es sich nicht um die Bekämpfung konkreter und erheblicher Gefahren für die öffentliche Sicherheit handle und der zeitliche Rahmen einer Maßnahme strikt begrenzt werde.[41] 13

Dementsprechend sind auch zahlreiche Befugnisnormen noch nicht an die neue Rechtslage um § 9 TTDSG und § 176 TKG angepasst. So verweist etwa Art. 43 Abs. 2 S. 1 Nr. 1 BayPAG noch auf § 96 Abs. 1 TKG, womit die Bezugsnorm für die Datenübermittlung falsch bestimmt wird. Zwar weist Art. 43 Abs. 3 eine eigene Definition der Telekommunikationsverkehrsdaten auf und nennt klare Beispiele (unter Verweis auf § 113b TKG aF), allerdings wird diese Definition jedenfalls in Art. 43 Abs. 2 S. 1 Nr. 1 BayPAG zumindest „im Sinn von" § 96 Abs. 1 TKG konkretisiert, sodass die Fassung jedenfalls (noch) als unglücklich zu bezeichnen ist. Auch § 53 Abs. 1 S. 1 BWPolG rekurriert noch auf § 96 Abs. 1 TKG – und damit die nach aktueller Rechtslage unzutreffende Norm. 14

Ob auf dieser Grundlage des Art. 43 Abs. 2 S. 1 Nr. 1 BayPAG bzw. § 53 Abs. 1 S. 1 BWPolG weiterhin retrograde, also vorhandene, in der Vergangenheit gespeicherte Verkehrsdaten übermittelt werden können, erscheint fraglich. Denn nach der Rechtsprechung 15

---

[31] BVerfG BeckRS 2020, 16236 Rn. 130, 133 f.; dazu *Graulich* NVwZ-Bei 2020, 47 ff.
[32] BVerfG BeckRS 2012, 47556; dazu insgesamt auch *von der Grün* in BeckOK PolR BW, 24. Ed. 1.3.2022, BWPolG § 52 Rn. 5 ff.; *Graulich* in Lisken/Denninger PolR-HdB E Rn. 834 ff.
[33] BVerfG BeckRS 2020, 16236 Rn. 130, 198 ff.
[34] Vgl. BVerfG BeckRS 2012, 47556 Rn. 123; 2020, 16236 Rn. 17.
[35] *Priebe* EuZW 2017, 136 (136, 139); ähnlich bereits zuvor *Möstl* ZRP 2011, 225 (225) und *Busch* ZRP 2014, 41 (41).
[36] EuGH NJW 2017, 717; NJW 2021, 531 mAnm *Ogorek*; dazu auch *Beukelmann* NJW-Spez 2020, 696.
[37] Eine Übersicht findet sich bei *Bär* in BeckOK StPO, 42. Ed. 1.1.2022, StPO § 100g Rn. 68.
[38] Exemplarisch BaWü LT-Drs. 15/2434, 31.
[39] EuGH NJW 2017, 717 hinsichtlich der Richtlinie 2002/58/EG; bestätigt durch EuGH BeckRS 2020, 25341.
[40] EuGH NJW 2017, 717 (722 Rn. 108 ff.).
[41] EuGH BeckRS 2020, 25341 Rn. 45 ff.

des Bundesverfassungsgerichts zum Doppeltürmodell ist neben einer Rechtsgrundlage, welche die Datenübermittlung an die Sicherheitsbehörden erlaubt auch eine solche zu fordern, welche den Abruf dieser Daten durch eine Ermittlungsbehörde zulässt.[42] Angesichts der strengen Herausforderungen dürfte der unklare Bezug der ersten Tür insofern einem sicheren Passieren der Doppeltür entgegenstehen, zeigen beide Türen damit doch nicht zielsicher in dieselbe Richtung. Zwar unterliegt der Begriff der *Telekommunikationsverkehrsdaten* per se der Auslegung, der veraltete Verweis auf § 96 TKG lässt in einem solch empfindlichen Grundrechtsbereich aber doch jedenfalls die hinreichende Normbestimmtheit verschwimmen.

16 Anders zeigen sich insofern Art. 43 Abs. 2 S. 1 Nr. 2 und 3 BayPAG, die unabhängig von einer konkreten Bezugsnorm auf zukünftige Telekommunikationsverkehrsdaten bzw. auf zu übermittelnde Inhalte abstellen und damit gerade keine Rückkopplung an eine alte Norm aufweisen. Betrachtet man diese Normen isoliert und gerade in Unterscheidung zu Art. 43 Abs. 2 S. 1 Nr. 1 BayPAG, der die spezifische Verbindung zu Art. 96 TKG aF aufweist, so ließe dies durchaus den Schluss zu, die Echtzeiterhebung von Verkehrsdaten sei möglich. Nachdem auch der Inhalt der Verkehrsdaten zum Zeitpunkt der Normierung der Regelungen mit den jetzigen Inhalten weitgehend übereinstimmen, dürfte es auch möglich sein, den Begriff der *zukünftigen Telekommunikationsverkehrsdaten* insofern zukunftsoffen in Übereinstimmung mit dessen aktueller Bedeutung zu interpretieren. Die dadurch entstehenden Unstimmigkeiten innerhalb der Norm selbst sind durch den Gesetzgeber zu korrigieren.

17 Aufgrund der elementaren Bedeutung der Standortdatenermittlung im Speziellen sowie der Verkehrsdatenabfrage im Allgemeinen ist davon auszugehen, aber auch zu fordern, dass die Landesgesetzgeber schnell reagieren. Schließlich findet sich in den jüngeren Vorschriften des TKG der neueste Versuch, eine Vorratsdatenspeicherung in den aufgezeichneten Grenzen zu etablieren – und so eine Verkehrsdatenabfrage rechtssicher zu ermöglichen. Angesichts dessen überrascht der (noch) defizitäre Zustand der meisten Polizeigesetze.

18 **c) Repressive Verkehrsdatenerhebung.** Reagiert hat jedenfalls der Strafgesetzgeber und in § 100g StPO eine Ermächtigungsgrundlage für die Standortdatenerhebung sowie die repressive Verkehrsdatenerhebung geschaffen. Die Vorschrift enthält anstelle von zuletzt einer nunmehr drei unterschiedliche Befugnisnormen für den Zugriff auf Verkehrsdaten. Während § 100g Abs. 1 StPO den Rückritt auf retrograd nach §§ 9, 12 TTDSG erfasste Verkehrsdaten und eine Echtzeiterhebung von Verkehrsdaten erlaubt, normiert § 100g Abs. 2 StPO den Abruf von auf der Grundlage des § 176 TKG anlasslos gespeicherten Verkehrsdaten – unter Berücksichtigung der verfassungsgerichtlichen Vorgaben. Abschließend gestattet § 100g Abs. 3 StPO die Funkzellenabfrage (→ Rn. 26 ff.).

19 Die Erhebung angefallener Verkehrsdaten nach § 9 TTDSG (zuvor § 96 TKG) im Wege der Funkzellenabfrage ist nach § 100g Abs. 1 Nr. 1 StPO gestattet, wenn ein durch Tatsachen konkretisierter Verdacht einer Straftat von auch im Einzelfall erheblicher Bedeutung besteht, die Datenerhebung in einem angemessenen Verhältnis zur Bedeutung der Sache steht und die Erforschung des Sachverhalts oder die Ermittlung des Aufenthaltsorts des Beschuldigten auf andere Weise aussichtslos oder wesentlich erschwert wäre. Im Vergleich zur vormaligen Fassung der Ermächtigungsgrundlage soll es sich nunmehr um eine möglichst offene Maßnahme handeln.[43] Hinsichtlich des notwendigen Tatverdachts orientiert sich der Gesetzgeber an anderen Eingriffsbefugnissen – wie etwa der Telekommunikationsüberwachung des § 100a StPO und fordert weder einen hinreichenden (§ 203 StPO), noch einen dringenden Tatverdacht (§ 112 StPO), sondern lässt einen einfachen Tatverdacht genügen, der auf hinreichend sicherer Tatsachenbasis beruht. Bloße Vermutungen

---

[42] BVerfG BeckRS 2012, 47556; BeckRS 2020, 16236; dazu insgesamt auch *von der Grün* in BeckOK PolR BW,, 24. Ed. 1.3.2022, BWPolG § 52 Rn. 5 ff.; *Graulich* in Lisken/Denninger PolR-HdB E Rn. 834 ff. Dazu auch → Rn. 101.

[43] BT-Drs. 16/5088, 31; dazu wurde die Formulierung *auch ohne Wissen des Betroffenen* gestrichen.

oder Verdachtsmomente können damit nicht ausreichen. Der entsprechende Verdacht hat sich auf eine Straftat von erheblicher Bedeutung zu beziehen,[44] welche aus dem Katalog des § 100a Abs. 2 StPO stammen kann – aber bereits ausweislich des Wortlauts nicht muss. Eine solche Straftat ist typischerweise anzunehmen, wenn der Gesetzgeber ihr ein besonderes Gewicht beimisst und sie mindestens dem mittleren Kriminalitätsbereich zuzuordnen ist, sie den Rechtsfrieden empfindlich stört sowie dazu geeignet ist, das Gefühl der Rechtssicherheit der Bevölkerung erheblich zu beeinträchtigen.[45]

Eine Verkehrsdatenerhebung nach § 100g Abs. 1 Nr. 2 StPO ist möglich, wenn eine Straftat mittels Telekommunikation begangen wurde. Auf die Voraussetzung einer erheblichen Straftat wird insofern verzichtet. Erfasst sind daher alle Delikte, bei denen Telekommunikationsmittel als notwendiges oder hilfreiches Mittel der Tatausführung verwendet werden und nicht nur das eigentliche Angriffsobjekt darstellen. Typische Anwendungsfälle sind damit u. a. die bekannten Internetstraftaten wie § 202a StGB, § 263a StGB oder §§ 303a, 303b StGB. 20

Für eine Klarstellung sorgt nunmehr § 100g Abs. 1 Nr. 3 StPO, wonach die Erhebung gespeicherter (also retrograder) Standortdaten nach Abs. 1 nur unter den Voraussetzungen des § 100g Abs. 2 StPO möglich ist. 21

Ferner zeigt § 100g Abs. 1 S. 4 StPO auf, dass § 100g Abs. 1 S. 1 StPO nicht (mehr) lediglich einen Auskunftsanspruch gegenüber Telekommunikationsanbietern enthält, sondern auch die eigenständige *Erhebung* von Verkehrsdaten für künftig anfallende Verkehrsdaten oder in Echtzeit erlaubt. Dies ist möglich, soweit dies für die Erforschung des Sachverhalts oder die Ermittlung des Beschuldigten erforderlich ist. Allerdings besteht diese Befugnis ausweislich § 100g Abs. 4 S. 1 StPO lediglich im tatbestandlichen Anwendungsbereich des § 100g Abs. 1 S. 1 Nr. 1 StPO – eine solche Datenerhebung ist daher bei einer (lediglich) mittels Telekommunikation begangenen Straftat nicht möglich. 22

Während § 101 Abs. 1 S. 1, 4 StPO damit eine in die Zukunft gerichtete Echtzeiterhebung von Verkehrsdaten ermöglichen, sind die engen Voraussetzungen des § 100g Abs. 2 StPO (→ Rn. 24) maßgeblich für alle retrograd und anlassunabhängig gespeicherten Verkehrsdaten, was im Hinblick auf die in der Rechtsprechung aufgestellten Prämissen[46] jedenfalls Rechtssicherheit verspricht und dem der anlasslosen Verkehrsdatenspeicherung zugeschriebenen Grundrechtseingriff gerecht wird. 23

Die Ermächtigungsgrundlage des § 100g Abs. 2 StPO erlaubt auch generell den Abruf von auf der Grundlage des § 176 TKG anlasslos gespeicherten Verkehrsdaten. Aufgrund des Eingriffsgewichts der ursprünglichen, anlasslosen Speicherung der Daten ist dies allerdings nur zulässig bei bestimmten, besonders schweren Straftaten,[47] die in dem Katalog des § 100g Abs. 2 S. 2 StPO abschließend aufgezählt sind. Im Rahmen des § 100g Abs. 2 StPO dürfen sowohl anterograde, als auch gespeicherte retrograde Standortdaten erhoben werden, wie sich aus dem Verweis auf alle nach § 176 TKG gespeicherten Daten ergibt. Aus diesem Verweis (auf § 176 Abs. 4 TKG) ergibt sich auch die Speicherdauer für Standortdaten von vier Wochen, sodass Daten in diesem Umfang abgerufen werden können. 24

Die formellen Voraussetzungen der Verkehrsdatenauskunft finden sich in § 101a StPO, wonach insbesondere gem. § 101a Abs. 1 iVm § 100e Abs. 1 StPO ein grundsätzlicher Richtervorbehalt besteht. Ferner besteht eine Eilkompetenz der Staatsanwaltschaft bei Gefahr im Verzug sowie das Außerkrafttreten einer solchen Anordnung, wenn diese nicht binnen drei Tagen erfolgt.[48] Diese Eilkompetenz gilt aber nicht für § 100g Abs. 2 StPO, § 101a Abs. 1 S. 2 StPO, sodass insofern ein absoluter Richtervorbehalt greift. Dieser 25

---

[44] Zur verfassungsrechtlichen Zulässigkeit etwa BVerfGE 109, 279 (344) = NJW 2004, 999.
[45] BVerfGE 103, 21 (34) = NJW 2001, 879; BVerfGE 107, 299 (322) = NJW 2003, 1787.
[46] S. BVerfG BeckRS 2012, 47556; 2020, 16236; EuGH NJW 2017, 717; BeckRS 2020, 25341 Rn. 45 ff.
[47] Damit kommt der Gesetzgeber den Vorgaben des Bundesverfassungsgerichts sowie des Europäischen Gerichtshofs nach, s. BVerfG BeckRS 2012, 47556; 2020, 16236; EuGH NJW 2017, 717; BeckRS 2020, 25341 Rn. 45 ff.
[48] *Bär* in BeckOK StPO, 42. Ed. 1.10.2021, StPO § 101a Rn. 7 f.

erscheint nicht nur deshalb stimmig, da auch bei einer Speicherung der Standortdaten für vier Wochen kein schneller Datenverlust droht, sondern auch, weil damit der im Vergleich zu § 100g Abs. 1 StPO höhere Grundrechtseingriff bereits durch die vorherige Datenspeicherung durch höhere Anforderungen auf Datenerhebungsebene kompensiert werden kann.

2. Funkzellen- und Verkehrsdatenabfrage

26 Während die Standortdatenabfrage also ermitteln soll, wo sich eine bestimmte Zielperson zu einer bestimmten Zeit aufgehalten hat oder aufhält, wendet die Funkzellen- bzw. Verkehrsdatenabfrage den Blick von dem einzelnen Individuum weg auf ein konkretes räumliches Gebiet. Dies ist etwa erforderlich, wenn zwar keine Rufnummer oder Kennung der verdächtigen Person bekannt ist, jedoch Anhaltspunkte dafür vorliegen, dass sie sich in einem bestimmten Zeitraum in einem bestimmten räumlichen Gebiet aufgehalten habe.[49] Dementsprechend ist es das Ziel der Funkzellenabfrage, unabhängig von einem Einzelkommunikationsvorgang alle Verkehrsdaten zu ermitteln, die zu einer bestimmten Zeit der entsprechenden Funkzelle zugeordnet waren.[50] Dazu werden die Daten *aller* sich in diesem Bereich der durch die entsprechenden Sendeanlagen eingrenzbaren Funkzelle eingeloggten Mobiltelefone zur Identifizierung bzw. zum Nachweis der Anwesenheit abgefragt,[51] wodurch die Maßnahme von beträchtlicher Streubreite sein kann[52].

27 Nachdem also mit der Maßnahme zwangsläufig überwiegend unverdächtige Personen erfasst werden, bedarf eine solche Funkzellenabfrage einer erhöhten Erforderlichkeitsprüfung.[53] Auch angesichts der damit einhergehend steigenden Anforderungen an den Verhältnismäßigkeitsgrundsatz sind damit jedenfalls hinreichende konkrete sowie tatsächliche Anhaltspunkte für die Geeignetheit und Erforderlichkeit der Maßnahme darzulegen.[54]

28 **a) Technische Konzeption.** Die Funkzellenabfrage ist technisch möglich, weil jedes Mobiltelefon zur ständigen Erreichbarkeit im Mobilfunknetz eine Verbindung zur nächstgelegenen Funkzelle als Standort des Endgeräts im Sinne des § 7 Nr. 7 TKÜV aufbauen muss, um seine Empfangsbereitschaft hinsichtlich ein- oder ausgehender Anrufe zu signalisieren.[55] Dazu loggt sich das Mobiltelefon automatisch bei der in der Nähe liegenden, freien Funkzelle ein, was von dem Provider registriert und jedenfalls zeitweise gespeichert wird. Eine Funkzelle ist dabei derjenige Bereich eines Mobilfunknetzes, in welchem das von einer Sendeeinrichtung gesendete Signal empfangen und (fehlerfrei) decodiert werden kann. Jedes Mobilfunknetz besteht aus vielen aneinandergrenzenden, solchen Bereichen. Die Größe einer Funkzelle ist dabei abhängig von mehreren Gegebenheiten[56] und variiert stark: der Durchmesser der Zellen reicht von unter 100 Metern in Innenstädten (sog. small cells), wo ggf. nur wenige Häuser oder ein Bahnhof versorgt werden, bis zu mehreren Kilometern im ländlichen Raum. Jede Funkzelle wird von einer festinstallierten Sende- und Empfangsanlage, der sog. Mobilfunkbasisstation, versorgt. Jeder Sendemast einer Funkzelle wird durch eine Cell-ID und den Location Area Code (LAC) identifiziert, welcher mehrere Funkzellen zusammenfasst.

---

[49] *Eisenberg* BeweisR StPO Rn. 2478; es handelt sich daher um eine nicht-individualisierte Maßnahme, *Singelnstein* JZ 2012 (602).
[50] *Graf* in BeckOK StPO, 42. Ed. 1.1.2022, StPO § 100a Rn. 240; *von der Grün* in BeckOK PolR BW, 24. Ed. 1.3.2022, BWPolG § 53 Rn. 33.
[51] *Graf* in BeckOK StPO, 42. Ed. 1.1.2022, StPO § 100a Rn. 240; *Eisenberg* BeweisR StPO Rn. 2478.
[52] Kritisch daher LG Magdeburg BeckRS 2005, 585 zu einer Abfrage, die sich auf das gesamte Stadtgebiet der Landeshauptstadt Magdeburg erstreckt.
[53] LG Dortmund BeckRS 2016, 117114; LG Rostock BeckRS 2009, 7011; *Eisenberg* BeweisR StPO Rn. 2478; *Singelnstein* JZ 2012, 601 (604 f.).
[54] *Eisenberg* BeweisR StPO Rn. 2478; *Singelnstein* JZ 2012, 601 (604 f.).
[55] Zum technischen Hintergrund insgesamt *Bär* in BeckOK StPO, 42. Ed. 1.1.2022, StPO § 100g Rn. 48; *Bär* in KMR-StPO StPO § 100g Rn. 46; *Graulich* in Lisken/Denninger PolR-HdB E Rn. 819 ff.; *Ruhmannseder* JA 2007, 47 (48).
[56] Geografischer Natur, aber auch der Zahl der Teilnehmer sowie der Charakteristik des Netzes.

Mobiltelefone kommunizieren dementsprechend auch nicht untereinander, sondern über 29
die Basisstation. Ist für das Mobiltelefon keine Funkzelle erreichbar, verfügt dieses über
keinen Empfang. Damit dies möglichst selten der Fall ist, sind Funkzellen überlappend
angeordnet, wobei Mobiltelefone stets versuchen, sich mit der nächstgelegenen Funkzelle
zu verbinden. Die Provider erfassen und speichern dabei die Daten aller Mobilfunkgeräte,
die während eines bestimmten Zeitpunkts einer Funkzelle zuzuordnen sind. Die Funkzellenabfrage dient also dem Abruf dieser gespeicherten Daten bei dem jeweiligen Netzbetreiber.

Aufgrund der technischen Konzeption der Funkzellen ist die Identifizierung der für den 30
jeweiligen Tatort maßgeblichen Sendemasten von elementarer Bedeutung für den Erfolg
einer Funkzellenabfrage. Schwierigkeiten ergeben sich insbesondere daraus, dass bei Funkzellen mit großer Reichweite Provider zwar Daten vorzuhalten haben, aus denen sich die
geografische Lage sowie Hauptstrahlrichtungen der relevanten Funkantennen ergeben. Aus
diesen Daten ergibt sich aber nicht zwangsläufig auch die tatsächliche Reichweite der
einzelnen Funkzellen. Daher haben verschiedene Landeskriminalämter begonnen, vorhandene Funkzellen tatsächlich selbst zu vermessen und die Ergebnisse in Datenbanken festzuhalten (zB Funkzelleninformationssystem FIS), sodass GPS-Daten mit Funkzellenmessungen kombiniert werden können.[57] Dementsprechend können Anfragen der Behörden
an die Netzbetreiber bereits mit einer konkreten Cell-ID und LAC versehen werden, was
die Abfrage für die Ermittlungsbehörden deutlich vergünstigt.[58] Dennoch ist der verbleibende Aufwand hoch, da entsprechende Auskünfte bei allen Mobilfunkbetreibern zu in
Frage kommenden Funkzellen sowie den verschiedenen offerierten Netzen (GSM, UMTS,
LTE) einzuholen sind.

b) Präventive Funkzellenabfrage. Die Funkzellenabfrage hat überwiegend als Sonderfall 31
der Verkehrsdatenerhebung Einzug in die Polizeigesetze der Länder gehalten, um präventiv
ausgerichtet die Ermittlung der Gerätekennungen aller Mobiltelefone zu erlauben, die zu
einem bestimmten Zeitpunkt im Einzugsbereich einer bestimmten Funkzelle eingeloggt
sind. Mittels dieser Gerätekennungen (IMEI-Nummern) lässt sich sodann in einem nachfolgenden Schritt die Identität der Handybesitzer feststellen. Erforderlich ist natürlich, dass
die relevante Person ihr Mobiltelefon einsatzbereit mit sich geführt hat und sich auch im
entsprechenden Zielgebiet aufgehalten hat.

aa) Rechtsgrundlagen und Voraussetzungen. Die Funkzellenabfrage mit präventiver 32
Zielsetzung wird etwa von § 53 Abs. 3 S. 2 BWPolG ermöglicht. Dazu sieht die Regelung
abweichend zu der in § 53 Abs. 1 BWPolG geregelten Verkehrsdatenabfrage vor, dass –
denknotwendig – keine konkrete Nummer des zu überwachenden Anschlusses anzugeben
ist, sondern vielmehr die Telekommunikation oder Telemediennutzung räumlich und
zeitlich hinreichend zu bezeichnen ist. Ähnlich agiert Art. 44 Abs. 1 S. 3, 4 BayPAG,
welche allerdings nur auf die Konkretisierung der Telekommunikation abstellt – und so
Art. 42 BayPAG modifiziert. Während § 53 Abs. 3 S. 2 BWPolG bisweilen als formelle
Vorgabe umschrieben wird,[59] findet sich die Besonderheit der Funkzellenabfrage im bayerischen Recht bereits unter der Gesetzesüberschrift „Besondere Verfahrensregelungen"
und ist damit ebenfalls formeller Natur. Gleichwohl knüpfen die damit inhaltlich einhergehenden Konkretisierungen die Maßnahme aber auch in materieller Hinsicht an den
Umstand der Telekommunikation bzw. Telemediennutzung und verengen den Anwendungsbereich der Funkzellenabfrage damit jedenfalls auf den Verdacht einer Telemediennutzung (oder in Bayern: Telekommunikation) durch die Zielperson am konkreten Ort.
Zugrunde liegen dürfte diesem Verständnis damit eine Konzeption, die früher auch im
Strafverfahrensrecht verankert war und jedenfalls eine Tatsachengrundlage (auch) dafür

---

[57] Näher *Bär* in KMR-StPO StPO § 100g Rn. 52.
[58] Vgl. Nr. 306 und 310 der Anlage 3 zu § 23 JVEG.
[59] So *von der Grün* in BeckOK PolR BW, 24. Ed. 1.3.2022, BWPolG § 53 Rn. 37.

forderte, dass die Telemedien in dem spezifischen räumlichen Bereich genutzt wurden bzw. dort Telekommunikation stattfand.[60] Nachdem diese Forderung im strafverfahrensrechtlichen Bereich nunmehr aber aufgegeben wurde,[61] scheint das Gefahrenabwehrrecht hier noch restriktiver ausgestaltet zu sein – was im Lichte effektiver Gefahrenabwehr nicht unmittelbar überzeugt.

33 Gleichwohl findet diese einschränkende Handhabung ihrerseits eine Stütze in dem Wegfall der vormals geltenden materiellen Einschränkung, dass die Funkzellenabfrage nur zulässig für den Fall einer unmittelbar bevorstehenden Gefahr für die abschließend aufgezählten Rechtsgüter Leben, Gesundheit oder Freiheit der Person war. Der Ausweitung des Anwendungsbereichs der Funkzellenabfrage wird also durch restriktivere Kriterien begegnet. Zulässig ist die Funkzellenabfrage nunmehr ebenso wie eine Verkehrsdatenabfrage nach § 53 Abs. 1 BWPolG bei Vorliegen einer konkreten Gefahr für die genannten hochrangigen Rechtsgüter, aber auch einer solchen für den Bestand oder die Sicherheit des Bundes oder eines Landes sowie Sachen von bedeutendem Wert, deren Erhalt im öffentlichen Interesse geboten ist.[62] Eine konkrete Gefahr ist anzunehmen, wenn im Einzelfall bei ungehindertem Fortgang des Geschehens der zeitnahe Eintritt eines Schadens mit hinreichender Wahrscheinlichkeit zu erwarten ist.[63] Ausreichend ist aber nach § 53 Abs. 1 S. 1 BWPolG auch eine gemeine Gefahr, also eine drohende Gefahr für eine unbestimmte Vielzahl von Personen und Sachen.[64] Erforderlich sind jedoch ausweislich des Wortlauts bestimmte Tatsachen, welche die Annahme der konkreten Gefahr rechtfertigen – bloße Mutmaßungen reichen also nicht aus.

34 Zulässig ist die Funkzellenabfrage zudem ausweislich § 53 Abs. 1 S. 1 Nr. 2 und 3 BWPolG bereits dann, wenn bestimmte Tatsachen die Annahme rechtfertigen, dass bestimmte Personen innerhalb eines überschaubaren Zeitraums auf eine zumindest ihrer Art nach konkretisierte Weise eine Straftat begehen werden, die sich gegen die bereits aufgezählten Rechtsgüter richtet. Diese auf den ersten Blick weite Ausdehnung des Anwendungsbereich wird aber für beide Varianten dadurch begrenzt, dass eine Eingrenzung auf terroristisch motivierte Straftaten erfolgt.[65] Damit werden zwar der Sache nach die Anforderungen an eine konkrete Gefahr herabgesetzt – inhaltlich wird in der Praxis damit aber wenig verändert: Schließlich kann eine konkrete Gefahr für die benannten hochwertigen Rechtsgüter (des § 53 Abs. 1 S. 1 BWPolG) ohnehin schneller bejaht werden als bei anderen Rechtsgütern.[66] Auch insofern modifiziert die Vorschrift des § 53 Abs. 3 S. 2 BWPolG die materiellen Voraussetzungen indes notwendigerweise, kann sich bei der Funkzellenabfrage der Verdacht doch noch nicht auf eine spezifische Person richten. Die Anbindung an § 53 Abs. 1 BWPolG erscheint insofern unglücklich, da ohne die (nicht normierte) Anpassung auch der materiellen Voraussetzungen die Vorschrift inhaltlich leerliefe. Zu fordern bleibt daher ein entsprechender Verdachtsmoment im Hinblick auf die

---

[60] Vgl. LG Magdeburg BeckRS 2006, 585; LG Stade StV 2005, 434 (435) mzustAnm *Rentzel-Rothe/Wesemann*.
[61] Da der Wortlaut des § 100g Abs. 3 StPO nicht mehr an eine mittels Telekommunikationsmedien begangene Tat anknüpft, vgl. auch *Bär* in KMR-StPO StPO § 100g Rn. 48.
[62] BW LT-Drs. 16/8484, 153; s. auch Bay LT-Drs. 17/20425, 65. In Bayern ist die Funkzellenabfrage bei einer Gefahr oder drohenden Gefahr für den Bestand oder die Sicherheit des Bundes oder eines Landes, Leben, Gesundheit oder Freiheit der Person sowie Anlagen der kritischen Infrastruktur sowie Kulturgütern von mindestens überregionalem Rang möglich, Art. 42 Abs. 1 S. 1 Nr. 1, 11a Abs. 2 Nr. 1, 2, 4 BayPAG.
[63] VGH Mannheim BeckRS 2012, 49495; BeckRS 2014, 52255.
[64] Vgl. *Trurnit* in BeckOK PolR BW, 24. Ed. 1.3.2022, BWPolG § 1 Rn. 30.1; *von der Grün* in BeckOK PolR BW, 24. Ed. 1.3.2022, BWPolG § 53 Rn. 19; *Maunz/Dürig* GG Art. 13 Rn. 123.
[65] BW LT-Drs. 16/8484, 154; *von der Grün* in BeckOK PolR BW, 24. Ed. 1.3.2022, BWPolG § 53 Rn. 20 f.
[66] Schließlich sind umso niedrigere Anforderungen an die Wahrscheinlichkeit eines Schadenseintritts zu stellen, desto höher das Rechtsgut und der ihm drohende Schaden sind, s. VGH Mannheim BeckRS 2012, 59495; VBlBW 2013, 178; *von der Grün* in BeckOK PolR BW, 24. Ed. 1.3.2022, BWPolG § 53 Rn. 20.1; *Schenke* PolR § 77.

geschützten Rechtsgüter, der zwar nicht an eine konkrete Person, aber auf eine unbekannte Person in einem konkreten räumlich-zeitlich konturierten Areal anknüpft.

Festzuhalten bleibt zudem an dem Erfordernis der § 53 Abs. 1 S. 2 BWPolG, Art. 42 Abs. 1 S. 3 BayPAG, wonach (auch) die Funkzellenabfrage nur durchgeführt werden darf, wenn sonst die Erfüllung der polizeilichen Aufgabe gefährdet oder wesentlich erschwert würde. Die besondere Erforderlichkeitsprüfung gerade der Funkzellenabfrage wird zudem in spezifischen Erforderlichkeitsklauseln festgehalten, wonach die Funkzellenabfrage nur möglich ist, sofern andernfalls die Erreichung des Zwecks der Maßnahme aussichtslos oder wesentlich erschwert wäre, § 53 Abs. 3 S. 2 BWPolG, Art. 44 Abs. 1 S. 3 BayPAG. Zudem ist im Lichte des Verhältnismäßigkeitsgrundsatzes und der hohen Streubreite der Maßnahme darauf zu achten, dass die Verhältnismäßigkeit der Maßnahme auch im Einzelfall sorgfältig geprüft wird, insbesondere aber dass mögliche Beeinträchtigungen dadurch vermindert werden, dass die räumlich-zeitlichen Grenzen der Abfrage bestmöglich punktualisiert werden[67] und so die Streubreite der Maßnahme bestmöglich verringert wird. **35**

In formeller Hinsicht ist zuvorderst der Richtervorbehalt der § 53 Abs. 2 S. 1 BWPolG, Art. 42 Abs. 1 S. 1 BayPAG zu beachten, wobei der hierfür notwendige Antrag (§ 53 Abs. 2 S. 2 BWPolG, Art. 44 Abs. 1 S. 1 BayPAG) schriftlich und teilweise sogar durch die Leitung eines regionalen Polizeipräsidiums oder des Landeskriminalamts zu stellen und zu begründen ist (§ 53 Abs. 2 S. 3 BWPolG).[68] Bei Gefahr im Verzug kann die Maßnahme in einigen Ländern allerdings auch von der Leitung eines regionalen Polizeipräsidiums oder des Landeskriminalamts selbst angeordnet werden (zB § 53 Abs. 5 S. 1 BWPolG), wobei die Anordnungsbefugnis auf besonders beauftragte Beamte des höheren Dienstes übertragen werden darf (§ 53 Abs. 5 S. 2 BWPolG). Die eigenständige Anordnung ist jedoch in diesem Falle unverzüglich durch das Gericht zu bestätigen (§ 53 Abs. 5 S. 3, 4 BWPoLG). **36**

Insgesamt überzeugt die gelebte Praxis, die Funkzellenabfrage als formelle Norm auszugestalten oder als solche zu interpretieren, nur bedingt. Zuvorderst wird so der Gehalt des (bedeutenden sowie streubreiten) Grundrechtseingriffs hinter Formvorschriften verschleiert. Zudem sind so die Voraussetzungen der eigentlichen Ermächtigungsgrundlage über den Wortlaut der Normen hinaus zu modifizieren, um eine Maßnahme auch wirklich durchführen zu können. Daher ist eine Regelung auch der materiell-rechtlichen Bedingungen wünschenswert, die idealerweise als eigenständige Ermächtigungsgrundlage konzipiert ist und ihre Bedingungen rechtssicher regelt. **37**

bb) Rechtsschutz und Kontrolle. Nachdem die Funkzellenabfrage unter dem Vorbehalt richterlicher Anordnung steht, hat das zuständige Amtsgericht die Anordnung der Funkzellenabfrage zu erlassen, welche auf dem Beschlussweg ergeht. Richtet sich das Begehren gegen diese Anordnung, so gelten dementsprechend die Vorschriften des FamFG,[69] sodass gegen die Entscheidung des Gerichts die Beschwerde gem. §§ 58 ff. FamFG statthaft ist. Dies gilt auch, wenn ein Betroffener im Nachhinein gegen die Funkzellenabfrage vorgehen möchte, wobei der Antrag in diesem Falle dahingehend lautet, die Rechtswidrigkeit der Funkzellenabfrage festzustellen.[70] Sieht das Polizeigesetz eine Ausnahme von der Anordnungsbefugnis vor (etwa bei Gefahr im Verzug, § 53 Abs. 5 S. 1 BWPolG), so richtet sich die Beschwerde gegen die gerichtliche Bestätigung der Eil-Anordnung. **38**

---

[67] Art. 44 Abs. 1 S. 4 BayPAG trägt dem durch die geforderte Bestimmung von Art, Umfang und Dauer der Maßnahme Rechnung.
[68] In Bayern besteht diese Möglichkeit, die Art. 43 Abs. 8 aF BayPAG vorsah, nun nicht mehr.
[69] In Gestalt einer abdrängenden Sonderzuweisung der Zuständigkeit an die ordentliche Gerichtsbarkeit, vgl. auch generell *Buchberger* in Lisken/Danninger PolR-HdB K Rn. 33.
[70] *Von der Grün* in BeckOK PolR BW, 24. Ed. 1.3.2022, BWPolG § 53 Rn. 49 f. Nachdem diese Möglichkeit in Bayern nicht besteht, ist der seitens des bayerischen Gesetzgebers gewünschte Weg über die Fortsetzungsfeststellungsklage insofern irrelevant, vgl. Bay LT-Drs. 18/13716, 39.

39 c) Repressive Funkzellenabfrage. Das Strafverfahrensrecht wählt mit der erstmals in § 100g Abs. 3 StPO eigenständig normierten Sonderregelung[71] zur Funkzellenabfrage einen anderen Ansatz und bietet mit der Norm nicht nur eine Legaldefinition an, sondern bildet auch die Eingriffsvoraussetzungen explizit ab und schafft so eine eindeutige Ermächtigungsgrundlage ohne inhaltlich zu modifizierende Querverweise.[72] Zugleich wurden dabei die Voraussetzungen der Zulässigkeit der Funkzellenabfrage verschärft.

40 aa) Voraussetzungen. Die Funkzellenabfrage nach § 100g Abs. 3 StPO erfordert das Vorliegen der in Nr. 1 bis Nr. 3 normierten Voraussetzungen. Demnach ist die Erhebung aller in einer Funkzelle angefallenen Verkehrsdaten zulässig, wenn bestimmte Tatsachen den Verdacht begründen, dass jemand als Täter oder Teilnehmer eine Straftat von auch im Einzelfall erheblicher Bedeutung begangen hat (Nr. 1),[73] soweit die Erhebung der Daten in einem angemessenen Verhältnis zur Bedeutung der Sache steht (Nr. 2) und soweit die Erforschung des Sachverhalts oder die Ermittlung des Aufenthaltsorts des Beschuldigten auf andere Weise aussichtslos oder wesentlich erschwert wäre (Nr. 3).

41 Die Norm folgt damit den Vorgaben an eine besondere Prüfung der Erforderlichkeit bzw. Verhältnismäßigkeit der Funkzellenabfrage.[74] Während der nicht abschließende Verweis auf den Straftatenkatalog des § 100a Abs. 2 StPO zur Einordnung der Bedeutung der Straftat hilfreich ist, betont auch § 100g Abs. 3 S. 1 Nr. 1 StPO zuvorderst, dass die Straftat auch im Einzelfall bedeutend sein muss und legt so viel Wert auf die Erforderlichkeitsprüfung. Dies unterstreicht § 100g Abs. 3 S. 1 Nr. 2 StPO, indem die Erhebung der Daten auch mit der Bedeutung der Sache in ein angemessenes Verhältnis zu setzen ist, bevor sodann § 100g Abs. 3 S. 1 Nr. 3 StPO erhöhte Anforderungen an die Erforderlichkeit stellt. Im Rahmen dieser Verhältnismäßigkeitsprüfung ist auch die Frage zu berücksichtigen, inwiefern unbeteiligte Dritte von der Maßnahme betroffen sind.[75]

42 Soweit die Funkzellenabfrage bislang aufgrund der mit ihr einhergehenden Streubreite eine Tatsachengrundlage erforderte, die den Rückschluss zuließ, dass die noch nicht ermittelten Täter Telekommunikationsverbindungen in dem räumlichen Bereich genutzt haben,[76] ist dies nun nicht mehr erforderlich. Denn nach der Neufassung der strafverfahrensrechtlichen Vorschrift des § 100g Abs. 3 S. 1 Nr. 1 StPO ist nunmehr unerheblich, ob Anhaltspunkte für eine Benutzung des Telefons vorliegen, da nunmehr auch irrelevant ist, ob die Tat mittels Telekommunikationsmedien begangen wurde oder nicht.[77] Dieser Herabsetzung der Voraussetzungen wird jedoch über eine größere Betonung des räumlich-zeitlichen Kontextes begegnet, um den Grundsatz der Verhältnismäßigkeit auch weiterhin zu wahren.[78] So soll die Funkzellenabfrage jedenfalls unverhältnismäßig sein, wenn davon auszugehen ist, dass in dem abzufragenden Zeitraum Mobilfunkverkehr von zahlreichen tatunbeteiligten Dritten in erheblichem Umfang stattgefunden hat und so in deren grundrechtlichen Schutz des Fernmeldegeheimnisses eingegriffen werden müsste.[79] Dies sei der

---

[71] Auch nach § 100g Abs. 2 S. 2 aF StPO konnten jedoch Funkzellendaten erhoben werden, ohne dass die Vorschrift explizit darauf zugeschnitten war und ohne dass der Funkzellenabfrage ähnliche Begriffe verwendet wurden, vgl. *Singelnstein* JZ 2012, 602 (603).
[72] Zur Neuregelung *Bär* NZWiSt 2017, 81 (84 f.).
[73] Wobei die Vorschrift hier (nicht abschließend, „insbesondere") auf den in § 100a Abs. 2 StPO enthaltenen Straftatenkatalog verweist.
[74] Vgl. schon LG Dortmund BeckRS 2016, 117114; LG Rostock BeckRS 2009, 7011; *Eisenberg* BeweisR StPO Rn. 2478; *Singelnstein* JZ 2012, 601 (604 f.).
[75] Vgl. BT-Drs. 18/5088, 32; 16/5846, 55 (zur vormaligen Fassung); *Eschelbach* in Satzger/Schluckebier/Widmaier StPO § 100g Rn. 40.
[76] Vgl. LG Magdeburg BeckRS 2006, 585; LG Stade StV 2005, 434 (435) mzustAnm *Rentzel-Rothe/Wesemann*.
[77] LG Dortmund BeckRS 2016, 117114; *Bär* NZWiSt 2017, 81 (85); aA noch nach alter Rechtslage *Eisenberg* BeweisR StPO Rn. 2478. Problematisch erscheint zwar, dass § 101a Abs. 1 S. 3 StPO zur Konkretisierung des Eingriffs wiederum doch auf eine Telekommunikation abstellt, dies dürfte aber angesichts der Änderung der eigentlichen Ermächtigungsgrundlage unbeabsichtigt und daher ohne Auswirkungen sein.
[78] *Bär* in KMR-StPO StPO § 100g Rn. 48.
[79] LG Magdeburg BeckRS 2005, 585.

B. Maßnahmen technischer Überwachung § 26

Fall, wenn eine Vielzahl von Verbindungsdaten offenbart werden müsste, wie dies etwa für einen Zeitraum von einer Stunde auf einer Fläche der Landeshauptstadt Magdeburg der Fall sein soll.[80] Anders verhält es sich, wenn damit zu rechnen ist, dass die Auskünfte des Netzbetreibers eine so geringe Anzahl an Verbindungsdaten enthalten werden, dass jeder davon betroffene Teilnehmer als Tatverdächtiger in Betracht komme.[81] Daher bleibt die Funkzellenabfrage zeitlich und räumlich bestmöglich zu begrenzen. Dies unterstreicht auch § 101a Abs. 1 S. 3 StPO, wonach die anvisierte Telekommunikation räumlich und zeitlich eng begrenzt und hinreichend zu bestimmen ist.

Die Funkzellenabfrage beschränkt sich nicht auf die anterograde Datenerhebung, sondern **43** erlaubt auch die Erhebung retrograder Standortdaten,[82] wie nunmehr auch § 100g Abs. 3 S. 2 StPO bezüglich Funkzellenabfragen, bei denen auf nach § 113b TKG (nunmehr § 176 TKG) gespeicherte Daten zugegriffen werden soll, unter der Wahrung der Voraussetzungen des § 100g Abs. 2 StPO klarstellt. Dies erscheint auch stimmig, handelt es sich bei der Funkzellenabfrage nach § 100g Abs. 3 StPO doch gerade nicht um eine lineare Standortdatenerhebung, welche die Erstellung eines spezifischen Bewegungsprofils ermöglicht, sondern besteht die besondere grundrechtliche Gefahr vielmehr in der Erhebung von Verkehrsdaten Dritter. Erscheint diese Gefahr aber durch die aufmerksame Bestimmung von Raum und Zeit einer Maßnahme gebannt, so scheint die Erhebung retrograder Daten deutlich unbedenklicher als im Rahmen der spezifischen Standortdatenabfrage.[83] In der Praxis dürfte dies allerdings wenig Bedeutung mit sich bringen, unterliegen die Funkzellendaten ohnehin nicht der Vorratsdatenspeicherung und werden sie daher nur für kurze Zeit von den Telekommunikationsanbietern vorgehalten.[84]

Nach § 101a Abs. 1 S. 1 StPO obliegt die Anordnung der Funkzellenabfrage grund- **44** sätzlich dem Richter, wobei nach § 101a Abs. 1 S. 2 StPO eine Eilkompetenz der Staatsanwaltschaft bei Gefahr im Verzug besteht. In diesem Falle muss die Eilanordnung nach drei Werktagen richterlich bestätigt werden. Ausgeschlossen ist diese Eil-Anordnungskompetenz aber nach § 101a Abs. 1 S. 2 StPO in den Fällen des § 100g Abs. 3 S. 2 StPO bei einem Zugriff auf eine mit Vorratsdaten verbundene Funkzellenabfrage, sodass es insofern bei einem absoluten Richtervorbehalt[85] bleibt – was angesichts der in § 176 Abs. 1 Nr. 1 TKG vorgesehenen Speicherfrist von zehn Wochen für die Daten[86] auch stimmig erscheint.

bb) Rechtsschutz und Kontrolle. Nachdem der Betroffene einer strafverfahrensrecht- **45** licher Funkzellenabfrage nach § 101a Abs. 6 S. 1 StPO von der Funkzellenabfrage zu benachrichtigen ist, ist diese nunmehr grundsätzlich als offene Maßnahme ausgestaltet,[87] sodass das mit einem Antrag befasste Gericht dem Adressaten vor der Entscheidung rechtliches Gehör zu gewähren hat, § 33 StPO. Eine heimliche Verwendung der Daten ist nur möglich, wenn sie im Einzelfall erforderlich und selbst richterlich angeordnet wird.

Gegen die richterliche Anordnung – oder deren Bestätigung bei Eilanordnungen – kann **46** Beschwerde nach § 304 Abs. 1 StPO eingelegt werden. Die Revision kann mit einer den Anforderungen des § 344 Abs. 2 S. 2 StPO entsprechenden Verfahrensrüge nur auf eine

---

[80] LG Magdeburg BeckRS 2005, 585; s. auch *Eschelbach* in Satzger/Schluckebier/Widmaier StPO § 100g Rn. 40.
[81] LG Magdeburg BeckRS 2005, 585; vgl. BGH NStZ 2002, 107 (108).
[82] BGH BeckRS 2017, 120267; LG Stade BeckRS 2018, 27043; *Graulich* in Lisken/Danninger PolR-HdB E Rn. 821; aA BGH-ER NStZ 2018, 47.
[83] BGH BeckRS 2017, 120267; LG Stade BeckRS 2018, 27043; auch der Gesetzgeber erblickt in § 100g Abs. 3 StPO keine klassische Standortdatenabfrage, vgl. BT-Drs. 18/5088, 24.
[84] *Eschelbach* in Satzger/Schluckebier/Widmaier StPO § 100g Rn. 40; *Bär* in BeckOK StPO, 42. Ed. 1.1.2022, StPO § 100g Rn. 52; *Bär* in KMR-StPO StPO § 100g Rn. 51; zu Anforderungen an die Vorratsdatenspeicherung von Telekommunikationsverkehrsdaten im Allgemeinen *Müller/Schwabenbauer* NJW 2021, 2079.
[85] *Köhler* in Meyer-Goßner/Schmitt StPO § 101a Rn. 6.
[86] Bei denen es sich gerade nicht um Standortdaten im Sinne des § 176 Abs. 1 Nr. 2 TKG handelt.
[87] S. BT-Drs. 18/5088, 33 f.

fehlerhafte Beweiswürdigung bei Berücksichtigung unverwertbarer Erkenntnisse und damit auf eine Verletzung des § 261 StPO gestützt werden.[88]

3. IMSI-Catcher

47 Sog. IMSI-Catcher werden zur Bestimmung des Standorts von Mobiltelefonen, aber auch zur Feststellung unbekannter IMEI- oder IMSI-Nummern von Mobilfunktelefonen eingesetzt. IMEI (International Mobile Equipment Identity) ist dabei der international verwendete Begriff der einmaligen Gerätenummer eines Mobilfunkgeräts, welche aus 15 bis 17 Ziffern besteht und die Hardwarekennung des Mobiltelefons darstellt. IMSI (International Mobile Subscriber Identity) bezeichnet die ebenfalls einmalige Kartennummer, die auf der – austauschbaren – SIM-Karte gespeichert ist und die Teilnehmerkennung darstellt, mit der ein Mobilfunkteilnehmer in den weltweiten Funknetzen eindeutig zu identifizieren ist.[89] Die Kenntnis einer dieser Nummern ist etwa Voraussetzung für die Anordnung einer Telekommunikationsüberwachung.[90] Damit ist der Einsatz eines IMSI-Catchers in der Praxis nicht nur als Methode der Standortbestimmung, sondern auch als vorbereitende Maßnahme bedeutend. Nicht zuletzt im Angesicht der zunehmenden Verbreitung von Smartphones oder Tablets steigt die praktische Relevanz der Maßnahme, welche darüber hinaus im Bereich der Gefahrenabwehr einen wichtigen Ermittlungsansatz ohne Beteiligung der Mobilfunkbetreiber darstellt.[91]

48 **a) Technische Konzeption.** IMSI-Catcher[92] simulieren gegenüber in der Nähe befindlichen Mobiltelefonen[93] eine feste Basisstation eines Mobilfunknetzes und damit eine Funkzelle.[94] Sie arbeiten allerdings mit einer stärkeren Leistung als die Funkzelle des Netzbetreibers, sodass sich jedes eingeschaltete Mobiltelefon auch im Stand-by-Betrieb automatisch statt in die Basisstation bei dem IMSI-Catcher einbucht – und seine Kommunikation über den IMSI-Catcher abwickelt. Daraufhin löst dieser einen automatisierten Identifizierungsprozess bei dem eingebuchten Mobiltelefon aus, welches daraufhin die IMEI und die IMSI übermittelt. War früher noch die Simulation sämtlicher vier inländischen Funknetze mit dem IMSI-Catcher nacheinander nötig, können jüngere Geräte nunmehr alle Netze gleichzeitig simulieren.[95]

49 Voraussetzung für den IMSI-Catcher-Einsatz ist damit, dass der IMSI-Catcher zuvor in die Nähe des Zielgeräts verbracht wird – und somit die grobe Kenntnis des Aufenthaltsorts der gesuchten Person.[96] Diese grobe Kenntnis wird häufig durch eine Standortabfrage an den Mobilfunkanbieter erlangt, wodurch sich deren Genauigkeit nach der Größe der betreffenden Funkzelle richtet.[97] Die genauere Standortbestimmung innerhalb dieser Funkzelle ist sodann mittels des IMSI-Catchers möglich, indem von verschiedenen Standorten[98] aus verschieden starke Peilungen eingesetzt werden, um zu überwachen, bei welchen Peilungen und Standorten sich das Gerät (nicht) einloggt.[99]

---

[88] *Bär* in KMR-StPO StPO § 100g Rn. 80.
[89] *Hegmann* in BeckOK StPO, 42. Ed. 1.10.2021, StPO § 100i Rn. 1; *Bruns* in KK-StPO StPO § 100a Rn. 12, § 100i Rn. 5.
[90] *Hegmann* in BeckOK StPO, 42. Ed. 1.10.2021, StPO § 100i Rn. 1; *Eschelbach* in Satzger/Schluckebier/Widmaier StPO § 100i Rn. 1; *Gercke* MMR 2003, 453 (454); *Harnisch/Pohlmann* HRRS 2009, 202 (203).
[91] Näher *Bär* in BeckOK PolR Bayern, 19. Ed. 1.7.2022, BayPAG Art. 42 Rn. 94.
[92] Typischerweise bestehend aus Steuerungsrechner, Antenne und Messgeräten, *Eschelbach* in Satzger/Schluckebier/Widmaier StPO § 100i Rn. 3; *Harnisch/Pohlmann* HRRS 2009, 202 (202 f.).
[93] Zu damit verbundenen Nachteilen auch *Ruppert* JR 2019, 297 (300).
[94] *Bruns* in KK-StPO StPO § 100i Rn. 5; *Harnisch/Pohlmann* HRRS 2009, 202 (203); *Ruppert* JR 2019, 297 (300); dazu → Rn. 28 f.
[95] *Bär* in KMR-StPO StPO § 100i Rn. 5.
[96] *Fox* DuD 2002, 212 (213); *Harnisch/Pohlmann* HRRS 2009, 202 (203 f.).
[97] *Harnisch/Pohlmann* HRRS 2009, 202 (203 f.); *Gercke* MMR 2003, 453 (454) betont den Vorteil gegenüber einer mitunter sehr ungenauen Funkzellenabfrage; dazu bereits→ Rn. 28 ff.
[98] Zur Zulässigkeit des Einsatzes des IMSI-Catchers von einer Drohne aus *Tomerius* LKV 2020, 481.
[99] *Bär* in KMR-StPO StPO § 100i Rn. 5; *Fox* DuD 2002, 212 (213); *Harnisch/Pohlmann* HRRS 2009, 202 (203 f.).

Nach Auffassung des Bundesverfassungsgerichts ist der IMSI-Catcher-Einsatz nicht an 50
dem Grundrecht des Art. 10 Abs. 1 GG zu messen, da es beim Einsatz eines IMSI-Catchers
an menschlich veranlasstem Informationsaustausch fehlt, sondern ausschließlich technische
Geräte miteinander kommunizieren.[100] Dem bleibt zuzustimmen, erfolgt doch der Einsatz
des IMSI-Catchers in Unkenntnis des Betroffenen und beschränkt er sich auf den Austausch
technischer Gegebenheiten, ohne dass der Betroffene dies auch nur im Ansatz veranlasst
und ohne dass er zumindest versucht, einen Kommunikationsvorgang zu initiieren.[101]

Nachdem beim Einsatz eines IMSI-Catchers auch die Kommunikation über diesen abge- 51
wickelt wird, ist es technisch zudem möglich, die Inhalte der Telekommunikation durch
den Einsatz des IMSI-Catchers zu überwachen.[102] Nachdem darin aber ein weiterer Grundrechtseingriff liegt, der gerade doch in Art. 10 Abs. 1 GG eingreift, sind diesbezüglich
weitere Ermächtigungsgrundlagen erforderlich. Die Rechtsgrundlagen zum Einsatz eines
IMSI-Catchers decken die Überwachung der Kommunikation nicht ab.

b) Präventiver IMSI-Catcher-Einsatz. Der Einsatz eines IMSI-Catchers ist in den 52
Polizeigesetzen der Länder zumeist in spezifischen Normen normiert, welche gleichermaßen den Einsatz technischer Mittel zur Standortermittlung eines Mobilfunkendgeräts sowie
zur Ermittlung der Kennung eines Telekommunikationsanschlusses oder Endgeräts regeln –
und damit die gesamte Funktionsbreite des IMSI-Catcher-Einsatzes abdecken[103].

aa) Rechtsgrundlagen und Voraussetzungen. Entsprechend erlauben etwa § 55 Abs. 1 53
S. 1 Nr. 1 BWPolG, § 33b Abs. 1 S. 1 Var. 2 NPOG den Einsatz eines IMSI-Catchers zur
Ermittlung des Standorts eines Mobilfunkgeräts, während § 55 Abs. 1 S. 1 Nr. 2 BWPolG,
§ 33b Abs. 1 S. 1 Var. 1 NPOG die Ermittlung einer entsprechenden Kennung erlauben.
In Bayern ist die Ermächtigungsgrundlage zum IMSI-Catcher-Einsatz dagegen den Eingriffen in den Telekommunikationsbereich angefügt und findet sich daher in Art. 42 Abs. 3
S. 1 BayPAG. Auch diese Grundlage unterscheidet aber nach der Ermittlung von spezifischen Kennungen gem. Art. 42 Abs. 3 S. 1 Nr. 1 BayPAG und des Standorts eines
Mobilfunkendgeräts nach Art. 42 Abs. 3 S. 1 Nr. 2 BayPAG.

Allerdings sind die Ermächtigungsgrundlagen zum Einsatz eines IMSI-Catchers im Rah- 54
men der Gefahrenabwehr uneinheitlich ausgestaltet. Während in Baden-Württemberg die
materiell-rechtlichen Voraussetzungen etwa auf jene der Verkehrsdatenerhebung nach § 53
BWPolG verweisen und damit der IMSI-Catcher-Einsatz der Abwehr einer konkreten
Gefahr für ein hochrangiges Rechtsgut zu dienen hat (näher → Rn. 11 ff.), beziehen sich
etwa Bayern und Niedersachsen auf die Voraussetzungen der Telekommunikationsüberwachung (Art. 43 Abs. 3 S. 1, 43 Abs. 1 S. 1 BayPAG, §§ 33b Abs. 1, 33a Abs. 1
NPOG).[104] Inhaltlich nähert sich dies zwar mitunter an, da auch Art. 43 Abs. 1 S. 1
BayPAG eine Gefahr oder drohende Gefahr für bedeutende Rechtsgüter voraussetzt,
wenngleich etwa § 33a NPOG eine dringende Gefahr voraussetzt, die Anforderungen also
heraufsetzt[105]. Allerdings erscheint der Sache nach fraglich, weshalb der IMSI-Catcher-Einsatz, der nach herrschender Auffassung gerade nicht in laufende Kommunikationsvorgänge eingreift und daher nicht an Art. 10 GG zu messen ist,[106] sich an entsprechende

---

[100] BVerfG NJW 2007, 351 (353); zustimmend *Hegmann* in BeckOK StPO, 42. Ed. 1.10.2021, StPO § 100i Rn. 3; *Bruns* in KK-StPO StPO § 100i Rn. 5; *Martini* in v. Münch/Kunig GG Art. 10 Rn. 71.
[101] *Von der Grün* in BeckOK PolR BW, 24. Ed. 1.3.2022, BWPolG § 55 Rn. 12; *Günther* NStZ 2005, 285 (491); *Kudlich* JuS 2011, 1165 (1168).
[102] *Bär* in KMR-StPO StPO § 100i Rn. 4; *Fox* DuD 2002, 212 (213); *Harnisch/Pohlmann* HRRS 2009, 202 (203 f.).
[103] Freilich ohne die ebenfalls mögliche Überwachung der Telekommunikation.
[104] Dazu näher → § 24.
[105] Nds LT-Drs. 18/850, 58; BVerfG NJW 2016, 1781 (1791); *Albrecht* in BeckOK PolR Nds, 22. Ed. 1.2.2022, NPOG § 33a Rn. 31.
[106] BVerfG NJW 2007, 351 (353); zustimmend *Hegmann* in BeckOK StPO, 42. Ed. 1.10.2021, StPO § 100i Rn. 3; *Bruns* in KK-StPO StPO § 100i Rn. 5; *Martini* in v. Münch/Kunig GG Art. 10 Rn. 71; *Bantlin* JuS 2019, 669 (671).

Normen zur Telekommunikationsüberwachung anlehnen sollte, was jedenfalls die Unterschiede verschleiert und die Betrachtung des Einsatzes als solchem verwässert.

55 Gemeinsam haben die Ausgestaltungen der Länder indes den Richtervorbehalt, der in einigen Normen trotz des Verweises hinsichtlich der Anforderungen an die Maßnahme noch einmal besonders betont wird (zB Art. 42 Abs. 3 S. 1 BayPAG, § 33b Abs. 3 S. 1 NPOG). Andernorts ergibt sich der Richtervorbehalt (nunmehr) jedenfalls aus einer expliziten Verweisung auf die in Bezug genommenen Vorschriften, so etwa in Baden-Württemberg mittels §§ 55 Abs. 1 S. 3, 53 Abs. 2 BWPolG iVm § 142 Abs. 1 BWPolG, wonach das Amtsgericht anordnungsbefugt ist, in dessen Bezirk die zuständige Polizeidienststelle ihren Sitz hat.

56 Zugleich sehen die Ausgestaltungen eine Eilanordnungskompetenz bei Gefahr im Verzug vor, die sodann zum Teil unter Behördenleitervorbehalt steht (§§ 55 Abs. 1 S. 3, 53 Abs. 5 BWPolG, §§ 33b Abs. 3, 33a Abs. 5, 6 NPOG), zum Teil unter der zusätzlichen Voraussetzung der Gefährdung der überwachten Person dem Leiter des Landeskriminalamtes oder eines Präsidiums der Landespolizei oder einem durch diese Personen bestellten Beauftragten der Behörde oder dem verantwortlichen Einsatzleiter obliegt (Art. 42 Abs. 4 S. 1, 2, 36 Abs. 5 S. 2 BayPAG).

57 **bb) Rechtsschutz und Kontrolle.** Gegen die Anordnung durch das Gericht findet die Beschwerde gem. §§ 58 ff. FamFG statt.[107] Für die darüber hinausreichende richterliche Kontrolle erledigter Überwachungsmaßnahmen soll der Verwaltungsrechtsweg eröffnet sein,[108] wobei dies zu gekreuzter Rechtswegzuständigkeit führen würde.

58 **c) Repressiver IMSI-Catcher-Einsatz.** Das Strafverfahrensrecht kennt mit § 100i StPO eine spezielle Norm[109] zum Einsatz technischer Ermittlungsmaßnahmen bei Mobilfunkendgeräten, deren Zwecke (Ermittlung der Geräte- oder Kartennummer, § 100i Abs. 1 Nr. 1 StPO, sowie des Standorts eines Mobilfunkendgerätes, § 100i Abs. 1 Nr. 2 StPO) einzig durch den IMSI-Catcher vollumfänglich bedient werden können.[110] Die praktische Bedeutung der Vorschrift ist nicht zuletzt im Angesicht der zunehmenden Digitalisierung insgesamt bereits deshalb enorm, weil sie auch zur Ermittlung der IMSI- sowie IMEI-Nummern berechtigt, sodass die Maßnahme selbst im Vorfeld der §§ 100a, 100g StPO zuhauf stattfindet.[111] Rein auf die Standortdatenermittlung bezogen gewinnen aber auch weitere Verfahren wie die stille SMS zunehmend an Bedeutung (→ Rn. 62 ff.).

59 **aa) Rechtsgrundlage und Voraussetzungen.** Nach § 100i Abs. 1 Nr. 2 StPO erfordert die Standortbestimmung mittels eines IMSI-Catchers einen qualifizierten Verdacht einer[112] Straftat von auch im Einzelfall erheblicher Bedeutung, wozu wiederum nicht abschließend und indiziell auf den Straftatenkatalog des § 100a Abs. 2 StPO verwiesen wird. Damit ist die Eingriffsschwelle im Hinblick auf die gegenüber § 100a StPO geringere Eingriffsintensität an die vergleichbaren Maßnahmen der §§ 100g, 100h StPO angeglichen.[113] Darüber hinaus darf sich die Maßnahme nach § 100i Abs. 3 S. 1 StPO iVm § 100a Abs. 3 StPO nur gegen Beschuldigte und Nachrichtenmittler richten; ein Einsatz gegen Zeugen ist daher unzulässig. Personenbezogene Daten Dritter stehen einem Einsatz nicht generell entgegen, dürfen allerdings nur erhoben werden, soweit dies unvermeidbar ist, § 100i Abs. 2 StPO.

60 In formeller Hinsicht bedarf die Maßnahme der Anordnung durch einen Richter nach § 100i Abs. 3 S. 1 StPO iVm § 100e Abs. 1 StPO, wobei die Anordnung der Schriftform bedarf. Bei Gefahr im Verzug ergibt sich aus § 100i Abs. 3 S. 1 iVm § 100e Abs. 1 S. 2

---

[107] *Von der Grün* in BeckOK PolR BW, 24. Ed. 1.3.2022, BWPolG § 55 Rn. 26.
[108] *Albrecht* in BeckOK PolR Nds, 22. Ed. 1.2.2022, NPOG § 33b Rn. 14, § 33a Rn. 143.
[109] Zum Meinungsstand vor der Einführung der Norm *Harnisch/Pohlmann* HRRS 2009, 202 (205 f.).
[110] *Hegmann* in BeckOK StPO, 42. Ed. 1.10.2021, StPO § 100i Rn. 1; *Bär* in KMR-StPO StPO § 100i Rn. 1.
[111] *Bär* in KMR-StPO StPO § 100i Rn. 1.
[112] Vollendeten, in strafbarer Weise versuchten oder durch eine Straftat vorbereiteten.
[113] *Bär* in KMR-StPO StPO § 100i Rn. 7; kritisch *Puschke/Singelnstein* NJW 2008, 113 (114).

B. Maßnahmen technischer Überwachung   § 26

StPO ferner eine Eilkompetenz der Staatsanwaltschaft, wobei die Eilanordnung binnen dreier Werktage durch den Richter zu bestätigen ist. In der Praxis soll häufig von dieser Eilkompetenz Gebrauch gemacht werden.[114]

bb) Rechtsschutz und Kontrolle. Die richterliche Anordnung oder bei Eilanordnung Bestätigung ist mit der Beschwerde gem. § 304 Abs. 1 StPO angreifbar,[115] wobei sowohl die Rechtmäßigkeit der Anordnung als auch die Art und Weise des Vollzugs nach § 101 Abs. 7 S. 2 StPO auch nach der Beendigung der Maßnahme zur gerichtlichen Überprüfung gebracht werden können.[116] Bei staatsanwaltschaftlichen Eilanordnungen auf Grundlage des § 100i Abs. 3 S. 1 iVm § 100e Abs. 1 S. 2 StPO ist der Antrag auf gerichtliche Entscheidung gem. § 98 Abs. 2 S. 2 StPO analog zulässig, falls die Maßnahme nicht bereits zuvor gerichtlich bestätigt wurde.[117] 61

4. Stille SMS

Als besonders prominent hat sich im Repertoire der polizeilichen Standortermittlung in den letzten Jahren die Ermittlungsmaßnahme der sogenannten stillen SMS (auch stealth SMS oder verdeckte SMS) erwiesen,[118] die von der Bundesregierung seit längerem als unverzichtbares Hilfsmittel[119] jedenfalls der Strafverfolgungspraxis begriffen wird. Im Vergleich zu einer Ortung über den Einsatz eines IMSI-Catchers wurde bereits im Jahre 2014 die fünffache Personenzahl via verdeckter SMS geortet.[120] Allein im ersten Halbjahr des Jahres 2018 versendete etwa das Bundesamt für Verfassungsschutz 103.224 solch stiller SMS.[121] Die Bedeutung für die Praxis der Ermittlungsbehörden ist damit immens. 62

a) Technische Konzeption. Bei stillen SMS handelt es sich um Signale, die von den Beamten mittels eines Computerprogramms gezielt an eine bestimmte Mobilfunk-Rufnummer versendet werden. Anders als bei herkömmlichen Nachrichten wird der Empfänger über den Eingang des Signals jedoch nicht benachrichtigt. Ferner kann er den Eingang weder sehen, noch wahrnehmen.[122] Wie im Rahmen gewöhnlicher Kommunikation wird dabei beim Mobilfunkbetreiber aber ein Datensatz mit den Verbindungsdaten erzeugt, sofern das Zielgerät eingeschaltet ist oder wird. Dieser beinhaltet neben der Rufnummer auch die Information, in welcher Funkzelle sich das Gerät befindet.[123] 63

In einem zweiten Schritt kann dann über eine Abfrage beim Netzbetreiber die bestimmte Funkzelle abgefragt werden.[124] Damit handelt es sich insgesamt um ein zweistufiges Vorgehen. Erforderlich dafür ist aber eine Rechtsgrundlage, die den Abruf der Daten erlaubt.[125] 64

Auch durch diese Maßnahme wird daher in keinen Akt menschlicher Kommunikation eingegriffen, sondern lediglich ein technisches Signal erzeugt, sodass die Maßnahme nicht 65

---

[114] *Hegmann* in BeckOK StPO, 42. Ed. 1.10.2021, StPO § 100i Rn. 13; *Bär* in KMR-StPO StPO § 100i Rn. 15.
[115] *Bruns* in KK-StPO StPO § 100i Rn. 15; *Bär* in KMR-StPO StPO § 100i Rn. 19.
[116] *Hegmann* in BeckOK StPO, 42. Ed. 1.1.2022, StPO § 101 Rn. 48; *Bruns* in KK-StPO StPO § 100i Rn. 15.
[117] Vgl. BGHSt 28, 57 (58) = NJW 1978, 1815; *Bär* in KMR-StPO StPO § 100i Rn. 19.
[118] *Graf* in BeckOK StPO, 42. Ed. 1.1.2022, StPO § 100a Rn. 250; *Eisenberg/Singelnstein* NStZ 2005, 62 (62); *Ruppert* JR 2019, 297 (300); *Rückert* NStZ 2018, 611 (613) spricht daher von einer der „praktisch bedeutsamsten technischen Ermittlungsmaßnahmen zur Standortbestimmung von Personen".
[119] BT-Drs. 15/1448, 2.
[120] BT-Drs. 18/2257, 3, 9.
[121] Die Bundespolizei zudem 38.990 sowie das Bundeskriminalamt 30.998 solcher SMS, BT-Drs. 19/3678, 9.
[122] *Hegmann* in BeckOK StPO, 42. Ed. 1.10.2021, StPO § 100i Rn. 6; *Ruppert* JR 2019, 297 (300); *Singelnstein* NStZ 2014, 305 (308).
[123] *Müller/Schwabenbauer* in Lisken/Denninger PolR-HdB G Rn. 755; *Eisenberg/Singelnstein* NStZ 2005, 62 (62); vgl. zum Radius auch → Rn. 28.
[124] *Müller/Schwabenbauer* in Lisken/Denninger PolR-HdB G Rn. 755; *Rückert* NStZ 2018, 611 (613).
[125] *Hegmann* in BeckOK StPO, 42. Ed. 1.10.2021, StPO § 100i Rn. 6; *Bär* in KMR-StPO StPO § 100i Rn. 10a. Zur Datenabfrage bereits → Rn. 12.

an Art. 10 Abs. 1 GG zu messen ist.[126] Die Möglichkeit, durch den vermehrten Versand stiller SMS ein Bewegungsprofil zu erstellen berührt jedoch das Grundrecht auf informationelle Selbstbestimmung, sodass die Ermittlungsgeneralklauseln keine ausreichenden Rechtsgrundlagen darstellen.[127]

66 Der Vorteil der stillen SMS im Vergleich zu einem IMSI-Catcher liegt darin, dass einfach, unmittelbar und ressourcensparend der Aufenthaltsort ermittelt werden kann. Insbesondere können auch dort Standortdaten erzeugt werden, wo dies im Stand-By-Betrieb nicht der Fall wäre, etwa weil kein Standortwechsel vorgenommen wird und nicht aktiv kommuniziert wird.[128] Zudem können durch den Versand mehrerer solcher SMS Bewegungsbilder erstellt werden, ohne dass die Zielperson das Mobilfunktelefon bewusst benutzen und so Verbindungsdaten erzeugen muss.[129] Auch wenn die gesuchte Person aus Vorsicht die Kommunikation nur über WLAN-Verbindungen abwickelt, sodass das Mobilfunkgerät keine Rückmeldung an den Netzbetreiber gibt und ein IMSI-Catcher daher nutzlos wäre, schafft der Versand stiller SMS hinreichende Rückmeldungen, um den Standort dennoch ermitteln zu können.[130] Häufig dient der Einsatz solcher Nachrichten daher auch der Unterstützung bei Observationen.[131]

67 **b) Stille SMS mit präventiver Zielrichtung.** Der Versand stiller SMS zu Zwecken der Gefahrenabwehr ist in einzelnen Bundesländern durch Spezialbefugnisse in den Polizeigesetzen vorgesehen und ist in praktischer Hinsicht aufgrund der technisch weitaus einfacheren Ausgestaltung im Vergleich zu IMSI-Catchern beliebt sowie vielversprechend.

68 **aa) Rechtsgrundlagen und Voraussetzungen.** Aufgrund der technikoffen ausgestalteten Polizeigesetze, die zumeist den Einsatz technischer Mittel regeln, finden die Befugnisnormen betreffend den IMSI-Catcher-Einsatz auf stille SMS gleichsam Anwendung, da auch der Versand der stillen SMS als Einsatz eines technischen Mittels zu verstehen ist.[132] Daher sind etwa Art. 42 Abs. 3 S. 1 Nr. 2 BayPAG, § 55 Abs. 1 S. 1 Nr. 1 BWPolG, § 20b S. 1 Var. 1 PolG NRW taugliche Ermächtigungsgrundlagen.[133] Sofern dies etwa für § 33b Abs. 1. S. 1 NPOG nicht gelten soll, da die Vorschrift die Datenabsendung an eine Stelle außerhalb des Telekommunikationsnetzes erfordere, der Versand einer stillen SMS aber lediglich eine Datenübermittlung innerhalb des Telekommunikationsnetzes hervorrufe,[134] so liegt dem jedenfalls eine besonders enge Auslegung des Wortlauts zugrunde: denn der Mobilfunkbetreiber, etwa als juristische Person organisiert, ist nicht zwangsläufig lediglich eine Stelle innerhalb des Mobilfunknetzes, sondern sammelt etwa anfallende Daten bereits aus organisatorischen Gründen außerhalb des Netzes auf eigenen Servern etc., sodass die Beschränkung der Norm nicht zwangsläufig überzeugt.

69 Ein Stufenverhältnis zwischen dem IMSI-Catcher-Einsatz sowie dem Versand stiller SMS hat sich dabei noch nicht herauskristallisiert.[135] Zu beachten ist aber, dass dem der stillen SMS immanenten Vorwurf der Möglichkeit der Erstellung eines Bewegungsprofils hinreichend vorgebeugt werden kann, wenn die Anordnung zeitlich oder hinsichtlich einer maximal zulässigen Anzahl solcher SMS begrenzt ist. Dann dürfte sich der Versand stiller

---

[126] BGH NJW 2018, 2809 (2810); *Graf* in BeckOK StPO, 42. Ed. 1.1.2022, StPO § 100a Rn. 250; *Müller/Schwabenbauer* in Lisken/Denninger PolR-HdB G Rn. 755; aA *Rückert* NStZ 2018, 611 (613).
[127] BGH NJW 2018, 2809 (2810); *Rückert* NStZ 2018, 611 (613).
[128] *Graf* in BeckOK StPO, 42. Ed. 1.1.2022, StPO § 100a Rn. 250; *Ruppert* JR 2019, 297 (300).
[129] *Graf* in BeckOK StPO, 42. Ed. 1.1.2022, StPO § 100a Rn. 250; *Eisenberg/Singelnstein* NStZ 2005, 62 (62).
[130] *Ruppert* JR 2019, 297 (300).
[131] *Graulich* in Lisken/Denninger PolR-HdB E Rn. 816; *Eisenberg/Singelnstein* NStZ 2005, 62 (62).
[132] Statt vieler *Bär* in BeckOK PolR Bayern, 17. Ed. 1.9.2021, BayPAG Art. 42 Rn. 100; *Schwarz* in BeckOK PolR Bayern, 17. Ed. 1.9.2021, BayVSG Art. 12 Rn. 23; *Kamp* in BeckOK PolR NRW, 21. Ed. 1.3.2021, PolG NRW § 20b Rn. 8.
[133] Zu deren Voraussetzungen → Rn. 53 ff.
[134] *Albrecht* in BeckOK PolR Nds, 22. Ed. 1.2.2022, NPOG § 33b Rn. 20.
[135] *Schwarz* in BeckOK PolR Bayern, 17. Ed. 1.9.2021, BayVSG Art. 12 Rn. 23.4.

SMS häufig sogar als milderes Mittel darstellen, kann doch die dem IMSI-Catcher immanente Streubreite[136] des Eingriffs damit zielgerichtet vermieden werden.

bb) Rechtsschutz und Kontrolle. Der Rechtsschutz verhält sich parallel zu jenem 70 bezüglich des Einsatzes eines IMSI-Catchers → Rn. 57.

c) Stille SMS mit repressiver Zielrichtung. aa) Rechtsgrundlage und Voraussetzungen. Nachdem die Rechtsgrundlage des Versands stiller SMS im Strafverfahren lange Zeit umstritten war, entschied sich der BGH zurecht dafür, diese in § 100i Abs. 1 Nr. 2 StPO zu verorten.[137] Der Sache nach überzeugt dies vollends, da § 100a StPO lediglich die passive Überwachung und Aufzeichnung einer (im Rahmen der stillen SMS ohnehin nicht vorkommenden) Telekommunikation gestattet, nicht jedoch die aktive Einflussnahme auf einen Telekommunikationsvorgang.[138] Zudem kann auch via § 100b StPO lediglich die Datenerhebung aus einem System, nicht mittels des Systems ermöglicht werden.[139] Ferner ist § 100g Abs. 1 StPO als rein passive Überwachungsmaßnahme lediglich Grundlage für die Erhebung bereits erhobener Daten. Im Verhältnis zu § 100h Abs. 1 S. 1 Nr. 2 StPO stellt § 100i Abs. 1 Nr. 2 StPO jedenfalls die speziellere Norm dar, da letztere spezifisch auf die Ermittlung des Standorts eines Mobiltelefons zugeschnitten ist. Damit teilt sich der Einsatz der stillen SMS die Voraussetzungen mit dem Einsatz des IMSI-Catchers → Rn. 60 f.

Auch im Rahmen des repressiven Versands stiller SMS hat sich noch kein Stufenverhältnis herauskristallisiert, wobei gerade aufgrund der Möglichkeit der zielgerichteten Standortbestimmung ohne die Miterfassung Dritter die Streubreite des IMSI-Catchers vermieden wird und so von vornherein die Möglichkeit umgangen wird, unschuldige Dritte als Beschuldigte zu behandeln.

bb) Rechtsschutz und Kontrolle. Die Rechtsschutzmöglichkeiten entsprechen jenen 73 des IMSI-Catcher-Einsatzes → Rn. 61.

5. GPS-Sender, GPS-Daten, Peilsender und sonstige Mittel

Aufgrund der weitreichenden technischen Möglichkeiten gibt es aber auch weitere tech- 74 nische Mittel, die eine Standortbestimmung ermöglichen. Das Bestimmtheitsgebot verlangt dabei keine gesetzliche Formulierung der Vorschriften, welche einer Subsumtion kriminaltechnischer Neuerungen unter bekannte Normen entgegenstünde.[140] Gleichwohl besteht die Pflicht des Gesetzgebers, technische Entwicklungen aufmerksam zu beobachten und notfalls im Wege ergänzender Rechtssetzung einzugreifen, um unkoordinierte Ermittlungsmaßnahmen zu verhindern und den Grundrechtsschutz effektiv zu sichern.[141] Bekannte Mittel aus dem polizeilichen Repertoire sind etwa Peil- und Personenschutzsender, Satellitenbilder oder auch GPS-Sender.[142]

---

[136] Vgl. zu dieser aus technischen Gründen nicht zu verhindernden Folge des IMSI-Catcher-Einsatzes BVerfG NJW 2007, 351 (355 f.). Wenn sich dies aber technisch verhindern lässt, so kann die stille SMS als mildere Maßnahme angesehen werden.
[137] BGH NJW 2018, 2809 mzustAnm *Bär* MMR 2018, 824; mzustAnm *Ruppert* JR 2019, 297; mablAnm *Rückert* NStZ 2018, 611; zustimmend auch *Hegmann* in BeckOK StPO, 42. Ed. 1.10.2021, StPO § 100i Rn. 6 und *Köhler* in Meyer-Goßner/Schmitt StPO § 100i Rn. 4.
[138] *Hauck* in Löwe/Rosenberg StPO § 100a Rn. 70; *Eisenberg/Singelnstein* NStZ 2005, 62 (63); *Ruppert* JR 2019, 297 (301).
[139] *Ruppert* JURA 2018, 994 (1002) sowie *Ruppert* → § 23.
[140] BVerfG NJW 2005, 1338 (1339 f.); NJW 1984, 419; *Hegmann* in BeckOK StPO, 42. Ed. 1.10.2021, StPO § 100h Rn. 5.
[141] BVerfG NJW 2005, 1338 (1339 f.).
[142] Vgl. BVerfG NJW 2005, 1338; *Hegmann* in BeckOK StPO, 42. Ed. 1.10.2021, StPO § 100h Rn. 5; *Bruns* in KK-StPO StPO § 100h Rn. 5; *Köhler* in Meyer-Goßner/Schmitt StPO § 100h Rn. 2; *Kochheim* in Kochheim, Cybercrime und Strafrecht in der Informations- und Kommunikationstechnik, 2. Aufl. 2018, Rn. 2089; *Singelnstein* NStZ 2014, 305 (308); näher zur technischen Konzeption etwa des GPS-Systems *Bär* in KMR-StPO StPO § 100h Rn. 10 ff.

75 Neben neuen technischen Mitteln sind aber mit zunehmendem technischen Fortschritt auch neue Versuche zu beobachten, als Ermittlungsbehörde an diesem Fortschritt zu partizipieren und etwa auf Daten zuzugreifen, welche bei der Nutzung verschiedener Telemediendienste anfallen. Im Feld der Strafverfolgung wurde dazu jüngst eine Ermächtigungsgrundlage geschaffen, die erstmals den Zugriff auf Nutzungsdaten bei Telemedien gestattet.[143] Umstritten ist aber, ob in diesem Rahmen auch der Zugriff etwa auf die GPS-Positionsdaten des Navigationssystems eines Kraftfahrzeugs zulässig ist.[144]

76 **a) Konzeption.** Zu unterscheiden sind technische Mittel, die eine Aufenthaltsbestimmung als solche erleichtern und dergestalt die Observation des Betroffenen ermöglichen, von Daten, die der Betroffene freiwillig generiert und die sodann dem Zugriff unterliegen sollen. Zu ersteren Maßnahmen bzw. Mitteln sind GPS-Sender ebenso zu zählen wie Peilsender, welche unmittelbar den Standort des Betroffenen übermitteln.[145] Ferner sollen Satellitenaufnahmen dazu zu zählen sein.[146] Aber auch technische Maßnahmen, die entsprechend zielgerichtet eingesetzt werden können, wie bestimmte Punkte überwachende Bewegungsmelder, Alarmkoffer oder Sender zur Lokalisierung oder Ortung können als solche zielgerichteten Maßnahmen verstanden werden.[147]

77 Zu unterscheiden bleiben solch zweckgerichtet eingesetzte Mitteln von dem bloßen Zugriff auf freiwillig generierte GPS-Daten des Nutzers. Gleichwohl versuchen Ermittlungsbehörden aber zunehmend, auch auf im Rahmen der Kfz-Nutzung anfallende GPS-Positionsdaten zuzugreifen und sich diese somit zueigen zu machen.[148] Die Generierung solcher Datensätze durch den Betroffenen kann nicht als gezielter Einsatz technischer Mittel begriffen werden, da hier zwar ebenfalls GPS-Daten im Raum stehen, diese allerdings bereits nicht mit staatlichen Maßnahmen generiert werden, sondern allenfalls der Zugriff darauf umstritten ist.

78 **b) Präventiver Einsatz solch technischer Mittel.** Viele Polizeigesetze kennen eine weit gefasste Befugnisnorm zur Feststellung des Standorts oder der Bewegungen einer Zielperson, ohne die Norm in technischer Hinsicht auf eine bestimmte Maßnahme festzulegen. Die Ermächtigungsgrundlagen verwenden zumeist die entwicklungsoffene Begrifflichkeit des Einsatzes *technischer Mittel*.

79 **aa) Rechtsgrundlagen und Voraussetzungen.** Exemplarisch lässt sich insofern Art. 36 Abs. 1 Nr. 2 lit. b BayPAG anführen, wonach der verdeckte Einsatz technischer Mittel zur Feststellung des Standortes oder der Bewegungen einer Person oder Sache als besonderes Mittel der Datenerhebung zulässig ist. Aber auch § 49 Abs. 2 Nr. 3, Abs. 1 BWPolG gestattet den verdeckten Einsatz technischer Mittel zur Feststellung des Aufenthaltsortes oder der Bewegungen einer Person oder Sache. Aufgrund der weiten Formulierungen, die aber jedenfalls hinreichend umschreiben, dass ein technisches Mittel zur Standortbestimmung eingesetzt werden muss,[149] wird so eine Ermächtigungsgrundlage etabliert, die den gezielten Einsatz technischer Geräte zur Standortbestimmung gestattet, soweit diese nicht aufgrund ihrer besonderen Eingriffstiefe besonders geregelt sind. Praktisch gestattet die Norm daher den Einsatz von Peilsendern oder GPS-Empfängern.[150] Nicht erlaubt ist dem-

---

[143] BGBl. 2021 I 448; näher *Bär* in BeckOK StPO, 42. Ed. 1.1.2022, § 100k Rn. 6 f.
[144] Dies bejahend OLG Frankfurt a. M. MMR 2022, 141; aA *Ruppert* StV-Spezial 2022, 66 (70 ff.).
[145] Dazu BGH NStZ 2001, 386 mAnm *Steinmetz* NStZ 2001, 344; *Köhler* in Meyer-Goßner/Schmitt StPO § 100h Rn. 2.
[146] *Hauck* in Löwe/Rosenberg StPO § 100h Rn. 74.
[147] *Bär* in KMR-StPO StPO § 100h Rn. 10.
[148] Exemplarisch OLG Frankfurt a. M. MMR 2022, 141.
[149] *Rosch/Müller-Eiselt* in BeckOK PolR Bayern, 17. Ed. 1.9.2021, BayPAG Art. 36 Rn. 34; *Schmidbauer* in Schmidbauer/Steiner PAG Art. 36 Rn. 25 f.; vgl. dazu BVerfG NJW 2005, 1338 (1339 f.); ferner *Eisenberg/Puschke/Singelnstein* ZRP 2005, 9 (12).
[150] *Rosch/Müller-Eiselt* in BeckOK PolR Bayern, 17. Ed. 1.9.2021, BayPAG Art. 36 Rn. 35; *Schmidbauer* in Schmidbauer/Steiner PAG Art. 36 Rn. 26. Aber auch der Einsatz ähnlicher Systeme wie Galileo ist umfasst, s. BW LT-Drs. 14/3165, 44. Zur Zulässigkeit von RFID-Technologie, bei der auf kleinen

gegenüber der Einsatz von Mitteln, die zwar den Standort feststellen lassen, darüber hinaus aber weitere Daten beinhalten, wie dies etwa beim Einsatz von IMSI-Catchern oder Kennzeichenerfassungssystemen der Fall ist.[151] Die Rechtsgrundlage deckt also lediglich die ausschließliche Standortermittlung und keine Begleiterhebungen, wohl aber Vorbereitungs- und Begleitmaßnahmen wie die Anbringung des eigentlichen Senders[152].

80 Nach Art. 36 Abs. 2 S. 1 BayPAG erfordert die Verwendung der technischen Mittel eine konkrete oder drohende Gefahr für ein bedeutendes Rechtsgut nach Art. 11a Abs. 2 BayPAG, also den Bestand oder die Sicherheit des Bundes oder eines Landes, Leben, Gesundheit oder Freiheit, die sexuelle Selbstbestimmung, soweit sie durch Straftatbestände geschützt ist, die im Mindestmaß mit wenigstens drei Monaten Freiheitsstrafe bedroht sind oder Anlagen der kritischen Infrastruktur sowie Kulturgüter von mindestens überregionalem Rang. Darüber hinaus muss andernfalls die Erfüllung polizeilicher Aufgaben gefährdet oder wesentlich erschwert werden, wobei ersteres der Fall ist, wenn andere Mittel (zB der offene Einsatz von entsprechender Technik) mit hinreichender Wahrscheinlichkeit den Zweck der Maßnahme vereiteln würden, während eine erhebliche Erschwerung anzunehmen ist, wenn zwar alternative Maßnahmen oder Mittel zur Verfügung stehen, diese aber einen unverhältnismäßig hohen Aufwand zur Zweckerreichung bedingen würden, da sie mehr Zeit, Geld oder Personal erfordern würden.[153] Auch § 49 Abs. 1 BWPolG knüpft den Einsatz technischer Mittel zur Aufenthaltsbestimmung oder von Bewegungen einer Person an verschiedene Gefährdungslagen, etwa die konkrete Gefahr für Leib, Leben oder Freiheit einer Person bzw. den Bestand oder die Sicherheit des Bundes oder eines Landes oder für Sachen von bedeutendem Wert, deren Erhaltung im öffentlichen Interesse geboten ist (Abs. 1 S. 1 Nr. 1) oder aber Umstände, die die Annahme rechtfertigen, dass die Zielperson innerhalb eines überschaubaren Zeitraums auf eine zumindest ihrer Art nach konkretisierte Weise eine Straftat mit erheblicher Bedeutung begehen wird (Abs. 1 S. 1 Nr. 2). Dergestalt wird der Anwendungsbereich der Norm faktisch erweitert.

81 Beide Ausgestaltungen sehen aber grundsätzlich einen Richtervorbehalt vor (Art. 36 Abs. 3 BayPAG[154], § 49 Abs. 4 S. 1 Nr. 4 BWPolG). Im Falle der bayerischen Ausgestaltung wurde zwar die Ausnahme bei Gefahr im Verzug aus Art. 36 BayPAG gestrichen, jedoch ohne inhaltliche Änderung in den neunten Abschnitt des BayPAG überführt, sodass nach Art. 95 Abs. 1 S. 1 BayPAG bei Gefahr im Verzug eine Anordnungsbefugnis für den Leiter des Landeskriminalamts oder eines Präsidiums der Landespolizei besteht und auch eine Übertragung der Anordnungsbefugnis nach Art. 95 Abs. 2 S. 1 BayPAG auf Polizeivollzugsbeamte, die die Ausbildungsqualifizierung für Ämter ab der vierten Qualifikationsebene absolviert haben oder Beamte mit der Befähigung zum Richteramt, die in Ämter ab der vierten Qualifikationsebene, fachlicher Schwerpunkt Polizeivollzugsdienst gewechselt sind, möglich ist.[155] Dagegen greift der Richtervorbehalt in Baden-Württemberg nur, wenn technische Mittel zur Feststellung des Aufenthaltsorts oder der Bewegungen einer Person oder einer beweglichen Sache durchgehend länger als 24 Stunden oder an mehr als zwei Tagen zum Einsatz gelangen und stellt so zusätzliche Anforderungen an die Maßnahme, § 49 Abs. 4 S. 1 Nr. 4 BWPolG. Darüber hinaus sind auch hier Eilanordnungskompetenzen vorgesehen.

82 In anderen Bundesländern finden sich dagegen andere systematische Ansätze, welche die besonderen Mittel der Datenerhebung in speziellen Normen spezifischer untergliedern und

---

Transponderchips gespeicherte Daten ausgelesen oder verändert werden, ohne dass hierfür eine direkte Verbindung erforderlich wäre, *Eisenberg/Puschke/Singelnstein* ZRP 2005, 9 ff.

[151] *Rosch/Müller-Eiselt* in BeckOK PolR Bayern, 17. Ed. 1.9.2021, BayPAG Art. 36 Rn. 35.
[152] Vgl. BGH NJW 2001, 1638; *Nusser* in BeckOK PolR BW, 24. Ed. 1.3.2022, BWPolG § 49 Rn. 50.
[153] *Rosch/Müller-Eiselt* in BeckOK PolR Bayern, 17. Ed. 1.9.2021, BayPAG Art. 36 Rn. 49 f.
[154] Auch wenn BayVGH NVwZ 1996, 166 (169) dies nicht als verfassungsrechtlich erforderlich erachtete. Damit wird wohl BVerfG NJW 2016, 1781 (1791 f.) Beachtung geschenkt, wonach gerade längerfristige Observationen tief in die Grundrechte des Betroffenen eingreifen können.
[155] Näher *Rosch/Müller-Eiselt* in BeckOK PolR Bayern, 17. Ed. 1.9.2021, BayPAG Art. 36 Rn. 58 f.

so mitunter einzelne Mittel nach Einsatzgebiet aufsplitten. Exemplarisch dafür steht etwa Niedersachsen, wo mit § 34 NPOG die Datenerhebung durch längerfristige Observation geregelt wird, während § 35 NPOG die Datenerhebung durch den verdeckten Einsatz technischer Mitteln außerhalb von Wohnungen, § 35a NPOG einen solchen in Wohnungen, § 36 NPOG die Datenerhebung durch die Verwendung von Vertrauenspersonen und § 36a NPOG die Datenerhebung durch den Einsatz verdeckter Ermittler regelt.

83 **bb) Rechtsschutz und Kontrolle.** In der Hauptsache kann der Einsatz technischer Mittel zur Standortbestimmung im Falle deren Erledigung mit einer Feststellungsklage, im Falle drohender künftiger Maßnahmen mit einer allgemeinen Leistungsklage in Gestalt der Unterlassungsklage angegriffen werden (was allerdings aufgrund der Unkenntnis der Betroffenen in der Praxis kaum vorkommen dürfte).[156] Der Einsatz der technischen Mittel selbst dient der reinen Informationsgewinnung und ist weder unmittelbar auf die Herbeiführung einer Rechtsfolge gerichtet, noch wird er bekanntgegeben und stellt somit keinen Verwaltungsakt, sondern einen Realakt dar.[157]

84 **c) Repressiver Einsatz solch technischer Mittel.** Auch das Strafverfahrensrecht kennt mit § 100h StPO eine Vorschrift, welche die entwicklungsoffene Verwendung von technischen Mittel zu Observationszwecken regelt (§ 100h Abs. 1 Nr. 2 StPO) und dazu als Art Generalklausel für den Technikeinsatz bei der Observation fungiert.[158] Aus systematischen Gründen wurde diese der bisherigen Regelung zur akustischen Wohnraumüberwachung außerhalb von Wohnungen entkoppelt, die weiterhin in § 100f StPO normiert ist. In der Praxis ist die Vorschrift gerade durch die jüngeren Ermittlungsmethoden wie den Einsatz von GPS-Systemen bedeutend.[159]

85 **aa) Rechtsgrundlage und Voraussetzungen.** Die Vorschrift des § 100h Abs. 1 Nr. 2 StPO erlaubt den repressiven Einsatz sonstiger besonderer für Observationszwecke bestimmter technischer Mittel außerhalb von Wohnungen. Damit verwendet die Norm eine Formulierung, welche die Einbeziehung kriminaltechnischer Neuerungen ermöglicht, zugleich aber die Anforderungen des Bestimmtheitsgebots wahrt.[160] Aus der systematischen Gegenüberstellung zu § 100h Abs. 1 Nr. 1 StPO ergibt sich bereits, dass die Herstellung von Lichtbildern oder Bildaufzeichnungen ebenso wenig in den Anwendungsbereich zu zählen ist (→ Rn. 120 ff.), wie die in § 100f Abs. 1 StPO geregelte Überwachung und Aufzeichnung des gesprochenen Wortes außerhalb von Wohnungen.[161]

86 Umfasst ist neben Bewegungsmeldern, die bestimmte Punkte überwachen, Alarmkoffern und Peilsendern aller Art[162] insbesondere ein Einsatz von GPS-Diensten, welcher den Standort des Observierungsobjektes oder auch dessen Geschwindigkeit bestimmen kann, ohne dass dabei Bilder oder ähnliches angefertigt werden.[163]

87 Die Vorschrift erlaubt dabei nach herrschender Auffassung auch die zum Einbau des Empfängers und der Datenerhebung notwendigen Begleitmaßnahmen wie den Einbau eines Senders, auch unter heimlicher Öffnung des Pkws und kurzfristiger Verbringung in

---

[156] *Rosch/Müller-Eiselt* in BeckOK PolR Bayern, 17. Ed. 1.9.2021, BayPAG Art. 36 Rn. 68; *Nusser* in BeckOK PolR BW, 24. Ed. 1.3.2022, BWPolG § 49 Rn. 104.
[157] S. VGH Mannheim BeckRS 2014, 52255; VG Freiburg VBlBW 2011, 239; *Rosch/Müller-Eiselt* in BeckOK PolR Bayern, 17. Ed. 1.9.2021, BayPAG Art. 36 Rn. 68; *Nusser* in BeckOK PolR BW, 24. Ed. 1.3.2022, BWPolG § 49 Rn. 50.
[158] *Eschelbach* in Satzger/Schluckebier/Widmaier StPO § 100h Rn. 4; *Singelnstein* NStZ 2014, 305 (308); *Bode,* Verdeckte strafprozessuale Ermittlungsmaßnahmen, 2012, 395.
[159] *Hauck* in Löwe/Rosenberg StPO § 100h Rn. 8; *Bär* in KMR-StPO StPO § 100h Rn. 2; vgl. BGHSt 46, 266 (271 ff.) = NJW 2001, 386.
[160] *Bär* in KMR-StPO StPO § 100h Rn. 10; *Köhler* in Meyer-Goßner/Schmitt StPO § 100h Rn. 3.
[161] Vgl. BT-Drs. 12/989, 39; *Rudolphi/Wolter* in SK-StPO StPO § 100c Rn. 7.
[162] *Köhler* in Meyer-Goßner/Schmitt StPO § 100h Rn. 2; *Eschelbach* in Satzger/Schluckebier/Widmaier StPO § 100h Rn. 6; *Bruns* in KK-StPO StPO § 100h Rn. 5; *Bär* in KMR-StPO StPO § 100h Rn. 10; *Hilger* NStZ 1992, 457 (461).
[163] S. auch BGHSt 46, 266 (271 f.) = NJW 2001, 386; *Bär* in KMR-StPO StPO § 100h Rn. 12; *Deckers* StraFo 2002, 116.

B. Maßnahmen technischer Überwachung § 26

eine Werkstatt.[164] Möglich sein soll auch die Benutzung fremder Stromquellen zur Energieversorgung des technischen Mittels, etwa der Betrieb des Peilsenders mittels der Autobatterie.[165] Die Ermächtigungsgrundlage gestattet ferner nicht nur den Betrieb der notwendigen Technik, sondern auch die zugehörige Erhebung der Daten.[166]

Umstritten und bislang wenig konturiert ist der Einsatz von Drohnen zur Standortermittlung im Lichte des § 100h Abs. 1 Nr. 2 StPO. Ein solcher verspricht etwa in Kombination mit einem IMSI-Catcher (→ Rn. 47 ff.) aufgrund der hohen Mobilität des Catchers einen höheren und schnelleren Ermittlungserfolg der Grundmaßnahme. Der Wortlaut des § 100h Abs. 1 Nr. 2 StPO steht einer solchen Verwendung von Flugdrohnen nicht entgegen, wobei bisweilen aufgrund datenschutzrechtlicher Aspekte höhere Anforderungen an die Verhältnismäßigkeit gestellt werden.[167] Zu beachten ist aber, dass ein solcher Drohnen-Einsatz die Auswirkungen der ursprünglichen Maßnahme potenzieren kann, etwa durch eine weitaus höhere Streubreite.[168] Daher dürfte ein Drohneneinsatz (etwa zur Unterstützung eines IMSI-Catcher-Einsatzes) nicht isoliert zu betrachten sein, sondern lediglich unter Beachtung der Rückwirkung auf die Ursprungsmaßnahme und der damit einhergehenden Auswirkungen auf deren Eingriffstiefe. Denn § 100h Abs. 1 Nr. 2 StPO kann als voraussetzungsarme, technikoffene Maßnahme nicht dazu dienen, die an den spezifisch grundrechtlichen Schutz angepassten Einzelbefugnisse ohne weitere Sicherung wie etwa einen Richtervorbehalt weiter auszudehnen und so die Grundrechtsverstöße an den spezifischen Rechtsnormen vorbei zu intensivieren. Um dem zu entgehen, wäre wünschenswert, einen Flugdrohneneinsatz in Verbindung mit einer spezifischen Ermittlungsmaßnahme bereits in deren Anordnung vorzusehen. **88**

Nicht erfasst sind aber Eingriffe in grundrechtliche Positionen des Betroffenen, die für das Strafverfahrensrecht speziell geregelt sind – oder über entsprechende Eingriffe hinausreichen. So kann etwa der Einsatz von Trojanern[169] oder eine Online-Durchsuchung, mittels denen Zugriff auf ein informationstechnisches System erlangt werden soll, aufgrund des damit einhergehenden Eingriffs in das Grundrecht auf Gewährleistung der Vertraulichkeit und Integrität informationstechnischer Systeme nicht nach § 100h Abs. 1 Nr. 2 StPO legitimiert werden.[170] Selbiges gilt für das Aufspielen einer Software auf ein Mobiltelefon, mittels derer ein eingebauter GPS-Empfänger zur Standortermittlung aktiviert werden soll.[171] **89**

Voraussetzung des Einsatzes technischer Mittel ist jedenfalls, dass die Erforschung des Sachverhalts oder die Ermittlung des Aufenthaltsorts eines Beschuldigten auf andere Weise weniger erfolgversprechend oder erschwert wäre, sodass die niedrigsten Anforderungen einer Subsidiaritätsklausel greifen.[172] In der Praxis ergeben sich daher kaum Einschränkungen des Anwendungsbereichs. Zudem ist der Mitteleinsatz nur zulässig, sofern Gegenstand der Untersuchung eine Straftat von erheblicher Bedeutung ist (§ 100h Abs. 1 S. 2 StPO), ohne dass diese einem spezifischen Katalog zugehörig sein muss. Auch hat die Straftat nicht im Einzelfall ebenfalls erheblich schwer zu wiegen. Nach verfassungsrechtlichen Maßgaben hat sie zumindest dem Bereich mittlerer Kriminalität zu entspringen und muss darüber **90**

---

[164] BGHSt 46, 266 (273) = NJW 2001, 386; *Hegmann* in BeckOK StPO, 42. Ed. 1.10.2021, StPO § 100h Rn. 9; *Bruns* in KK-StPO StPO § 100h Rn. 8 f.; *Bär* in KMR-StPO StPO § 100h Rn. 12.
[165] *Bruns* in KK-StPO StPO § 100h Rn. 9; *Bär* in KMR-StPO StPO § 100h Rn. 12; *Eschelbach* in Satzger/Schluckebier/Widmaier StPO § 100h Rn. 18.
[166] *Bär* in KMR-StPO StPO § 100h Rn. 12; aA *Eschelbach* in Satzger/Schluckebier/Widmaier StPO § 100h Rn. 18.
[167] *Müller-ter Jung/Rexin* CR 2019, 643 (650); *Singelnstein* NStZ 2014, 305 (306, 309); zustimmend *Bär* in KMR-StPO StPO § 100h Rn. 17; ohne Konkretisierung befürwortend *Bruns* in KK-StPO StPO § 100h Rn. 5.
[168] *Singelnstein* NStZ 2014, 305 (309).
[169] Anders für die Schweiz zu *technischen Geräten* Bundesgericht, Urt. v. 18.6.2020, 1B_132/2020 und 1B_184/2020.
[170] Zur Online-Durchsuchung des § 100b *Ruppert* → § 23.
[171] So bereits aufgrund des damit ebenso verbundenen Eingriffs in das IT-Grundrecht zutreffend *Bär* in KMR-StPO StPO § 100h Rn. 15.
[172] *Bär* in KMR-StPO StPO § 100h Rn. 19; *Köhler* in Meyer-Goßner/Schmitt StPO § 100h Rn. 3.

91 Einen Richtervorbehalt kennt die Norm nicht. Dieser soll auch verfassungsrechtlich nicht unbedingt erforderlich sein.[173] Bedenklich ist ferner, dass § 100h StPO per se keine Befristung kennt. Daraus ergibt sich aber eine – wenn auch fließende – immanente Grenze der Maßnahmen: denn sobald die Maßnahme derart lang durchgeführt wird, dass die Erstellung eines Persönlichkeitsprofils möglich wird, begibt sie sich in einen Bereich, der besonders in Grundrechte eingreift und daher nicht nur in temporärer Hinsicht klar zu bestimmen wäre, sondern auch einer Anordnung durch eine neutrale Stelle bedarf.[174]

92 Der bewusste Einsatz technischer Mittel zur Standortermittlung ist abschließend strikt von dem Abruf bereits bestehender GPS-Daten zu unterscheiden. So häufen sich in jüngerer Vergangenheit Versuche, für Zwecke des Strafverfahrens Auskunftsverlangen gegen Kraftfahrzeughersteller oder deren Dienstleister zu stellen, um so ohne eigene Ermittlungsmaßnahmen auf ein umfassendes Bewegungsprofil zugreifen zu können.[175] Die Einholung solcher Datensätze kann nicht als gezielter Einsatz technischer Mittel begriffen werden, da hier zwar ebenfalls GPS-Daten im Raum stehen, diese allerdings bereits nicht mit staatlichen Maßnahmen generiert werden, sondern lediglich der Zugriff darauf umstritten ist. Eine solche Konstellation regelt § 100h Abs. 1 S. 1 Nr. 2 StPO gerade nicht. Aber auch der in der Rechtsprechung dazu angeführte § 100k StPO, der den Zugriff auf Nutzungsdaten im Sinne des § 2 Abs. 2 Nr. 3 TT-DSG gestattet, ist keine taugliche Ermächtigungsgrundlage. Zwar sind darunter jene Daten zu fassen, die erforderlich sind, um die Inanspruchnahme von Telemedien zu ermöglichen und abzurechnen (so § 2 Abs. 2 Nr. 3 TT-DSG sowie dessen Vorläufer § 15 TMG aF). Allerdings erfordert weder die Ermöglichung der Inanspruchnahme des Navigationsdienstes, noch dessen Abrechnung, in einem solchen Falle die Erhebung von Standortdaten, die damit einzig die Verwendung des Dienstes ermöglichen.[176] Daher ist ein Abruf solcher GPS-Standortdaten auch nicht nach § 100k StPO möglich.

93 bb) **Rechtsschutz und Kontrolle.** Die Benachrichtigung der betroffenen Beschuldigten und erheblich mitbetroffenen Dritten richtet sich nach § 101 Abs. 4 bis 7 StPO. Nachträglicher Rechtsschutz ist daher durch Antrag auf gerichtliche Entscheidung nach § 101 Abs. 7 S. 2 StPO zu suchen.[177]

94 Eine Revision ist mit der Verfahrensrüge auf eine fehlerhafte Beweiswürdigung durch die Berücksichtigung unverwertbarer Erkenntnisse bei der Entscheidung zu stützen.[178]

II. Maßnahmen zur Identifikation und Observation

95 Wenngleich sie auch keine klassischen Mittel technischer Überwachung darstellen, sind Maßnahmen zur Identifikation eines Betroffenen im Rahmen technischer Überwachungsmaßnahmen doch gleichwohl von elementarer Bedeutung. Dies zeigt sich etwa, wenn Personen hinter Telekommunikationsinhalten identifiziert werden sollen.[179] So bedeutet die Ermittlung einer Telefonnummer ohne weitere Datenabfrage noch nicht automatisch die Kenntnis des Anschlussinhabers.[180] Aber auch die Kenntnis der IMSI- oder IMEI-

---

[173] BVerfGE 112, 304 = NJW 2005, 1338 (1341).
[174] *Bruns* in KK-StPO StPO § 100h Rn. 5 sieht darin lediglich einen Verstoß gegen die Verhältnismäßigkeit.
[175] Was insbesondere deshalb möglich ist, weil entsprechende Multimediasysteme des Fahrzeugs permanent GPS-Standortdaten an unternehmenseigene Server übertragen, exemplarisch OLG Frankfurt a. M. MMR 2022, 141.
[176] Ausführlich *Ruppert* StV 2022, im Erscheinen.
[177] *Bär* in KMR-StPO StPO § 100h Rn. 29; *Eschelbach* in Satzger/Schluckebier/Widmaier StPO § 100h Rn. 25.
[178] *Bär* in KMR-StPO StPO § 100h Rn. 30; s. OLG Bamberg DAR 2010, 391; OLG Hamm NJW 2009, 242 (243).
[179] *Graulich* in Lisken/Denninger PolR-HdB E Rn. 830.
[180] *Von der Grün* in BeckOK PolR BW, 24. Ed. 1.3.2022, BWPolG § 52 Rn. 3.

Nummer eines Betroffenen ist bereits Voraussetzung für die Anordnung einer Telekommunikationsüberwachung.[181] Damit ist der Einsatz eines IMSI-Catchers in der Praxis nicht nur als Methode der Standortbestimmung (dazu bereits → Rn. 47 ff.), sondern auch als vorbereitende Maßnahme bedeutend. Daher sollen jedenfalls die Bestandsdatenauskunft und der IMSI-Catcher-Einsatz als bedeutende Maßnahmen der technischen Identifikation kurz skizziert werden.

Ferner finden sich zahlreiche Möglichkeiten der technischen Observation einer Zielperson, die teils technikoffen der weiteren Ermittlung zugänglich sind. Von besonderer Bedeutung ist in der Praxis dabei nicht nur der Einsatz technischer Mittel zu Observationszwecken, sondern auch die akustische Überwachung des Betroffenen außerhalb dessen Wohnraums. **96**

1. Bestandsdatenauskunft

Die Bestandsdatenauskunft stellt das wichtigste Ermittlungsinstrument zur Deanonymisierung von Personen im Netz dar.[182] Bestandsdaten sind letztlich Vertragsdaten, die Telekommunikationsdiensteanbieter anlässlich der Begründung, inhaltlichen Ausgestaltung, Änderung oder Beendigung eines Vertragsverhältnisses über ihre Kunden erheben (s. auch § 3 Nr. 6 TKG). Dazu zählen insbesondere individualisierende Angaben wie der Name, die Anschrift und die Rufnummer des Kunden, wobei bei Mobilfunknutzern auch die Geräte-Nummern deren Mobiltelefone erfasst werden.[183] **97**

a) Konzeption. Diesbezüglich erlaubte § 95 TKG aF den Diensteanbietern die freiwillige Erhebung solcher Daten, sofern dies zur Abwicklung des Vertrags notwendig war. Im Gegensatz dazu begründete § 111 TKG aF – und begründet nunmehr § 172 TKG eine Pflicht der Diensteanbieters zur Datenerhebung, wonach verschiedene Daten auf Vorrat zu speichern sind, wozu nach § 172 Abs. 1 S. 1 TKG die Rufnummer und andere Anschlusskennungen, der Name und die Anschrift des Anschlussinhabers, bei natürlichen Personen deren Geburtsdatum sowie bei Festnetzanschlüssen die Anschrift des Anschlusses, in Fällen, in denen neben einem Mobilfunkanschluss auch ein Mobilfunkendgerät überlassen wird auch dessen IMEI-Nummer sowie das Datum des Vertragsbeginns. **98**

Um nunmehr ausgehend von einer ermittelten Telefonnummer auch den Anschlussinhaber feststellen zu können[184], bedarf es einer Abfrage der Vertragsdaten aus den Beständen der Diensteanbieter, welche bei der Bundesnetzagentur hinterlegt werden. Die Abfrage der nach § 172 TKG gespeicherten Daten ist mittels einer automatisierten Abfrage gem. § 173 TKG (zuvor § 112 TKG) möglich. Dies geschieht ohne Einbindung sowie Kenntnis des Diensteanbieters, da die Daten direkt bei der Bundesnetzagentur abgerufen werden. Damit ist die Datenabfrage – anders als der Einsatz eines IMSI-Catchers zur Feststellung der IMEI-Nummer eines bestimmten Mobiltelefons – ortsungebunden möglich. **99**

Sollte früher in alle nach § 95 TKG aF gespeicherten Daten Einsicht genommen werden, so war ein manuelles Auskunftsverfahren nötig. Dieses wurde demnach ursprünglich als Ergänzung des automatisierten Verfahrens konzipiert und schaffte die Möglichkeit einer direkten Anfrage bei dem jeweiligen Telekommunikationsdienstleister. Da bereits nach alter Rechtslage der Zugriff auf sämtliche freiwillig gespeicherte Daten möglich war und der Umfang der Auskunft daher über das automatisierte Verfahren hinausreichte, war das manuelle Auskunftsverfahren bereits deshalb sehr beliebt.[185] Nachdem auch § 174 TKG nF den Zugriff auf sämtliche Bestandsdaten vorsieht und damit über den Umfang der auto- **100**

---

[181] *Hegmann* in BeckOK StPO, 42. Ed. 1.10.2021, § 100i Rn. 1; *Eschelbach* in Satzger/Schluckebier/Widmaier StPO § 100i Rn. 1; *Gercke* MMR 2003, 453 (454); *Harnisch/Pohlmann* HRRS 2009, 202 (203).
[182] So *Grözinger* in MAH Strafverteidigung § 50 Rn. 316.
[183] *Von der Grün* in BeckOK-PolR BW, 24. Ed. 1.3.2022, BWPolG § 52 Rn. 1; *Graulich* NVwZ-Bei 2020, 47 (47 f.).
[184] Oder umgekehrt die Anschlüsse einer gesuchten Person festzustellen etc.
[185] *Ferner* in BeckOK StPO, 42. Ed. 1.1.2022, TKG § 174 Einl.

matisierten Auskunft auch weiterhin hinausreicht, dürfte die praktische Bedeutung weiterhin hoch bleiben.[186] Soll also in alle nach § 172 TKG erhobene Daten Einblick genommen werden, wird üblicherweise ein manuelles Auskunftsverfahren nach § 174 TKG durchgeführt, womit Rufnummern, Anschlusskennungen sowie Name und Anschrift des Anschlusskenners abgerufen werden können. Aber auch die Rechnungsanschrift oder Kontoverbindungen sind so einsehbar. Ein manuelles Auskunftsverfahren ist ferner unerlässlich, wenn dynamische IP-Adressen oder Zugangssicherungscodes abgefragt werden sollen.[187]

101 Die Vertragsdatenabfrage war zuletzt mehrfach Gegenstand verfassungsgerichtlicher Entscheidungen.[188] Nach diesen setzt die Erhebung von Telekommunikations-Bestanddaten durch Sicherheitsbehörden zweierlei voraus. So ist zunächst eine gesetzliche Regelung erforderlich, welche der auskunftserteilenden Stelle die Übermittlung der Vertragsdaten an die Sicherheitsbehörden erlaubt (1. Norm zur Datenübermittlung). Eine solche Übermittlungsnorm hat die Verwendungszwecke der Daten hinreichend normenklar zu begrenzen, mithin die Datenverwendung an bestimmte Zwecke, tatbestandliche Eingriffsschwellen und einen hinreichend gewichtigen Rechtsgüterschutz binden.[189] Sodann muss der Abruf dieser Daten durch eine eigenständige Norm gestattet sein, sodass auch der Datenabruf durch die auskunftsersuchende Stelle einer speziellen gesetzlichen Regelung bedarf (2. Norm zum Datenabruf).[190] Daraus ergibt sich, dass der Bestandsdatenabruf spezifischer Datenabrufregelungen bedarf, die sich in verschiedenen Regelungen finden, so etwa auf Bundesebene in §§ 10, 40 BKAG oder § 22a BPolG, auf strafprozessualer Ebene in § 100j StPO oder auf Ebene der einzelnen Länder, etwa in § 52 Abs. 1 S. 2 BWPolG, § 33c BbgPolG. Eine solche Befugnis zum Datenabruf hat nicht nur für sich genommen verhältnismäßig zu sein, sondern ist zudem an die in der Übermittlungsregelung begrenzten Verwendungszwecke gebunden, erfordert tatbestandliche Eingriffsschwellen und hat einen angemessenen Rechtsgüterschutz zu schaffen.[191] Einzig beide Rechtsgrundlagen ermächtigen zu einem Austausch der Bestandsdaten (sog. Doppeltürmodell).[192] Aufgrund der jüngeren, strengen Rechtsprechung um dieses Doppeltürmodell wurden und werden die Normen zum Datenabruf überarbeitet, sodass hier eine gewisse Fluktuation besteht bzw. weiterhin zu erwarten ist.

102 **b) Präventive Bestandsdatenauskunft.** Die präventive Erhebung von Verkehrsdaten prägt den Ermittlungsalltag. Gleichwohl wurde sie durch die jüngeren Entscheidungen des Bundesverfassungsgerichts zur teilweisen Verfassungswidrigkeit der bisherigen Bestandsdatenauskunft[193] auf den Prüfstein gestellt, sodass hier weitere Änderungen zu erwarten sind.[194]

103 Eine spezifische Rechtsgrundlage für die Bestandsdatenauskunft findet sich etwa in § 52 Abs. 1 S. 2 BWPolG, wobei diese Vorschrift die Erhebung von Bestandsdaten bereits an unterschiedliche Voraussetzungen knüpft – je nachdem, welche Bestandsdaten im Einzelfall abgefragt werden sollen. Auch in Bayern wurde die bisherige Fassung der Grundlage zum Datenabruf reformiert, sodass sich die Bestandsdatenauskunft nun in Art. 43 Abs. 5 BayPAG findet.

---

[186] *Ferner* in BeckOK StPO, 42. Ed. 1.1.2022, TKG § 174 Einl.
[187] Da solche Informationen nicht dem Katalog des § 172 TKG entspringen, s. *von der Grün* in BeckOK-PolR BW, 24. Ed. 1.3.2022, BWPolG § 52 Rn. 4; *Graulich* NVwZ-Bei 2020, 47 (47 f.).
[188] S. nur BVerfG BeckRS 2012, 47556; 2020, 16236; zu verfassungsrechtlichen Fragen *von der Grün* in BeckOK PolR BW, 24. Ed. 1.3.2022, BWPolG § 52 Rn. 5.
[189] BVerfG BeckRS 2020, 16236 Rn. 130, 133 f.; dazu *Graulich* NVwZ-Bei 2020, 47 ff.
[190] BVerfG BeckRS 2012, 47556; dazu insgesamt auch *von der Grün* in BeckOK PolR BW, 24. Ed. 1.3.2022, BWPolG § 52 Rn. 5 ff.; *Graulich* in Lisken/Denninger PolR-HdB E Rn. 834 ff.
[191] BVerfG BeckRS 2020, 16236 Rn. 130, 198 f.
[192] Vgl. BVerfG BeckRS 2012, 47556 Rn. 123; 2020, 16236 Rn. 17.
[193] BVerfG BeckRS 2020, 16236.
[194] Näher *von der Grün* in BeckOK PolR BW, 24. Ed. 1.3.2022, BWPolG § 52 Rn. 5 ff.; zu den Auswirkungen *Graulich* NVwZ-Bei 2020, 47 (49 ff.).

Nachdem die Anordnung der Bestandsdatenauskunft den Diensteanbieter zu einem 104
Handeln verpflichtet, ist sie als Verwaltungsakt (mit Drittwirkung für die betroffenen
Personen) zu qualifizieren. Die Rechtmäßigkeit einer erledigten Verfügung ist daher im
Wege der Fortsetzungsfeststellungsklage zur Überprüfung zu bringen.[195]

c) Repressive Bestandsdatenauskunft. Für das Strafverfahrensrecht regelt § 100j Abs. 1 105
S. 1 Nr. 1 StPO iVm § 172 TKG die Bestandsdatenauskunft gegenüber Telekommunikationsdiensteanbietern, § 100j Abs. 1 S. 1 Nr. 2 StPO iVm § 2 Abs. 2 Nr. 2 TT-DSG jene
gegenüber Telemediendiensteanbietern. In materieller Hinsicht setzt die Geltendmachung
des Auskunftsanspruchs lediglich voraus, dass die entsprechenden Informationen für die
Ermittlung des Aufenthaltsortes eines Beschuldigten oder zur Erforschung des Sachverhalts
erforderlich sind, sodass sich ein Verfahrensbezug ergibt, nach welchem die Bestandsdatenauskunft für die weitere Verfolgung einer Straftat oder Ordnungswidrigkeit benötigt
wird.[196] Dies ist jedenfalls der Fall, sofern ein Anfangsverdacht einer Straftat besteht und zur
Sachverhaltsermittlung eine Rufnummer, Mail-Adresse, IMEI etc. zugeordnet werden
muss.[197]

In formeller Hinsicht kennt § 100j StPO zwar einen Richtervorbehalt – dieser be- 106
schränkt sich aber ausschließlich auf § 100j Abs. 1 S. 2 StPO und ist damit auf die Bestandsdatenauskunft nicht anwendbar. Das Auskunftsverlangen kann also durch polizeiliche oder
staatsanwaltschaftliche Anordnung gegenüber dem Provider gestellt werden.[198]

2. IMSI-Catcher

Die bereits erörterten (→ Rn. 47 ff.) IMSI-Catcher werden nicht nur zur Bestimmung des 107
Standorts von Mobiltelefonen, sondern auch zur Feststellung unbekannter IMEI- oder
IMSI-Nummern von Mobilfunktelefonen eingesetzt. Die IMEI (International Mobile
Equipment Identity) umschreibt die einmalige Gerätenummer eines Mobilfunkgeräts als
Hardwarekennung, die aus 15 bis 17 Ziffern besteht. Die IMSI (International Mobile
Subscriber Identity) ist dagegen die ebenfalls einmalige SIM-Kartennummer und stellt die
Teilnehmerkennung dar, mit der ein Mobilfunkteilnehmer in den weltweiten Funknetzen
eindeutig identifiziert werden kann.[199] Nachdem die Kenntnis einer dieser Nummern etwa
Voraussetzung für die Anordnung einer Telekommunikationsüberwachung ist,[200] ist der
IMSI-Catcher-Einsatz in der Praxis nicht nur als Methode der Standortbestimmung,
sondern auch als vorbereitende Maßnahme zur Identifikation des Betroffenen bedeutend,
die im Anschluss mit einer Bestandsdatenauskunft finalisiert werden kann.

a) Technische Konzeption. Zur technischen Konzeption bereits → Rn. 48 ff. 108

b) Präventiver IMSI-Catcher-Einsatz. Die Normen der Länder regeln nicht nur den 109
IMSI-Catcher-Einsatz zur Standortbestimmung, sondern – angepasst an den tatsächlichen
Funktionsumfangs eines solchen Geräts – auch dessen Einsatz zur Ermittlung der Kennung
eines Telekommunikationsanschlusses oder Endgeräts.

So gestatten etwa § 55 Abs. 1 S. 1 Nr. 2 BWPolG, § 33b Abs. 1 S. 1 Var. 1 NPOG die 110
Ermittlung einer entsprechenden Kennung durch den Einsatz technischer Mittel, wozu
gerade IMSI-Catcher zu zählen sind. Auch Regelungen, die den IMSI-Catcher-Einsatz
etwa Eingriffen in den Telekommunikationsbereich eingliedern, sehen die Ermittlung

---

[195] *Von der Grün* in BeckOK PolR BW, 24. Ed. 1.3.2022, BWPolG § 52 Rn. 29.
[196] *Graf* in BeckOK StPO, 42. Ed. 1.1.2022, StPO § 100j Rn. 15; *Bär* in KMR-StPO StPO § 100j Rn. 9.
[197] *Bär* in KMR-StPO StPO § 100j Rn. 9.
[198] *Graf* in BeckOK StPO, 42. Ed. 1.1.2022, StPO § 100j Rn. 15; *Bär* in KMR-StPO StPO § 100j Rn. 11 sowie bereits zuvor *Bär* MMR 2013, 700 (702).
[199] *Hegmann* in BeckOK StPO, 42. Ed. 1.10.2021, StPO § 100i Rn. 1; *Bruns* in KK-StPO StPO § 100a Rn. 12, § 100i Rn. 5.
[200] *Hegmann* in BeckOK StPO, 42. Ed. 1.10.2021, StPO § 100i Rn. 1; *Eschelbach* in Satzger/Schluckebier/Widmaier StPO § 100i Rn. 1; *Gercke* MMR 2003, 453 (454); *Harnisch/Pohlmann* HRRS 2009, 202 (203).

spezifischer Kennungen mittels solch technischer Geräte vor, so etwa Art. 42 Abs. 3 S. 1 Nr. 1 BayPAG.

111 Die Voraussetzungen, aber auch der Rechtsschutz entsprechen dabei jenen des IMSI-Catcher-Einsatzes zur Standortermittlung → Rn. 57.

112 **c) Repressiver IMSI-Catcher-Einsatz.** Der strafverfahrensrechtliche IMSI-Catcher-Einsatz ist, nicht zuletzt da er häufig den Maßnahmen der §§ 100a, 100g StPO das Feld bereitet, in der Praxis bedeutend.[201] Die entsprechende Rechtsgrundlage findet sich in § 100i Abs. 1 Nr. 1 StPO und gestattet die Ermittlung der Gerätenummer eines Mobilfunkendgerätes sowie die Kartennummer der darin verwendeten Karte durch technische Mittel. Auch insofern verhalten sich Voraussetzungen, Rechtsgrundlage aber auch Rechtsschutz wie beim Einsatz eines IMSI-Catchers zur Standortbestimmung → Rn. 59 ff.

3. Bildaufnahmen und technisch unterstützte Observation

113 Häufig erfordert die Observation einer Zielperson, aber auch eine Lichtvorlage gegenüber Zeugen oder zu Fahndungszwecken, das Anfertigen von Bild- oder Videoaufnahmen. Daher gestatten die Regelungswerke auch die entsprechende Anfertigung solcher Aufnahmen, ohne diesbezüglich technische Beschränkungen aufzustellen. Dementsprechend ist etwa das Anfertigen von Bildaufnahmen auch mittels des Einsatzes einer Drohne möglich.[202]

114 Ferner erlauben spezifische Ermächtigungsgrundlagen den Einsatz technischer Mittel zu Observationszwecken. Der Einsatz solcher Mittel ist dabei nicht auf die Standortbestimmung begrenzt,[203] sondern erlaubt generell die technische Unterstützung einer Observation. Um jedoch nicht in den Schutzbereich des Art. 13 Abs. 1 GG einzugreifen, sind Bildaufnahmen sowie der Einsatz technischer Mittel nur außerhalb von Wohnungen zulässig, wobei der Standort der observierten Person oder des observierten Objekts maßgeblich ist.[204]

115 Umstritten ist aber, ob bloße Hilfsmittel wie technische Sehhilfen, Ferngläser, Markierungssysteme oder die technische Präparation von Gegenständen (Diebesfallen) als technische Mittel den Ermächtigungsgrundlagen unterfallen – oder ob diese bereits aufgrund der Generalklauseln zulässig sind.[205] Der keine Erheblichkeitsschwelle oder eine Differenzierung vorsehende Wortlaut der Norm lässt dies ohne weiteres zu, zumal der Übergang zu Maßnahmen mit Eingriffscharakter fließend ist.[206] Dafür soll auch der Umstand sprechen, dass es nach den Maßstäben des Bundesverfassungsgerichts kein belangloses Datum gebe.[207] Allerdings geht es bei dem Einsatz der Hilfsmittel nicht um die Preisgabe eines Datums im Sinne des Rechts auf informationelle Selbstbestimmung, sondern um die bloße Unterstützung eines möglichen Ermittlungsvorgangs, der daher keine eigene Eingriffsqualität zukommt. Ändert daher das Hilfsmittel weder die Zugänglichkeit, noch den Inhalt eines Datums, sondern erlaubt nur eine vereinfachte Wahrnehmung[208], liegt darin noch kein Eingriff begründet, sodass insofern die Ermittlungsgeneralklauseln ausreichen.

---

[201] *Bär* in KMR-StPO StPO § 100i Rn. 1.
[202] *Hegmann* in BeckOK StPO, 42. Ed. 1.10.2021, StPO § 100h Rn. 1; *Hauck* in Löwe/Rosenberg StPO § 100h Rn. 6; *Singelstein* NStZ 2014, 305 (306); *Zöller/Ihwas* NVwZ 2014, 408 (414).
[203] Zu standortbestimmenden Maßnahmen bereits → Rn. 74 ff.
[204] BGH NJW 1997, 2189; *Bär* in KMR-StPO StPO § 100h Rn. 10; *Günther* in MüKoStPO StPO § 100h Rn. 8.
[205] Für eine Anwendung der spezifischen Normen *Eschelbach* in Satzger/Schluckebier/Widmaier StPO § 100h Rn. 7; für die Anwendung der Generalklauseln *Hegmann* in BeckOK StPO, 42. Ed. 1.10.2021, StPO § 100h Rn. 8; *Bruns* in KK-StPO StPO § 100h Rn. 5 f.; *Bär* in KMR-StPO StPO § 100h Rn. 4.
[206] Die Frage bejahend daher *Eschelbach* in Satzger/Schluckebier/Widmaier StPO § 100h Rn. 7.
[207] So *Eschelbach* in Satzger/Schluckebier/Widmaier StPO § 100h Rn. 7 unter Verweis auf u. a. BVerfGE 65, 1 (45) = NJW 1984, 419; 120, 378 (399) = NJW 2008, 1505.
[208] Sofern *Bär* in KMR-StPO StPO § 100h Rn. 4 hier zwischen einfachen Sichthilfen wie einem Fernglas und speziellen Sichthilfen wie Nachtsichtgeräten unterscheidet, müsste eine solche Unterscheidung nach hiesiger Handhabung aufgegeben werden, oder aber um die ansonsten bestehende Wahrnehmungsmöglichkeit ergänzt werden.

B. Maßnahmen technischer Überwachung § 26

a) Präventive Aufnahmen und technisch unterstützte Observation. In den Polizei- 116
gesetzen finden sich umfangreiche sowie vielgestaltige Befugnisse zur Anfertigung von
Bild- und Tonaufnahmen sowie zum Einsatz technischer Mittel zur Observationsunterstützung. So bestehen neben Befugnisnormen, welche die offene Anfertigung von Bild- und
Tonaufnahmen bzw. -aufzeichnungen regeln (zB Art. 33 BayPAG, § 44 BWPolG), auch
spezifische Ermächtigungsgrundlagen für den Einsatz sog. Bodycams (Art. 33 Abs. 4 S. 1
BayPAG, § 15c PolG NRW).

Darüber hinaus ermächtigen die Polizeigesetze zum verdeckten Einsatz von technischen 117
Mitteln zur Anfertigung von Bildaufnahmen oder -aufzeichnungen außerhalb der Wohnung. Da die verdeckte Überwachung aber keinen Abschreckungseffekt erzielen kann, ist
sie präventiv-polizeilich nur denkbar, wenn die gewonnene Information zur Gefahrenabwehr beitragen soll und die offene Datenerhebung hierfür nicht ausreicht.[209] Solche
Grundlagen sind ua Art. 36 Abs. 1 Nr. 2 BayPAG oder § 49 Abs. 1, Abs. 2 BWPolG.

Der breite Katalog des Art. 36 Abs. 1 Nr. 2 lit. d BayPAG erlaubt etwa den verdeckten 118
Einsatz technischer Mittel zur Anfertigung von Bildaufzeichnungen außerhalb von Wohnungen, auch unter Verwendung von Systemen zur automatischen Erkennung und Auswertung von Mustern im Sinn von Art. 33 Abs. 5 BayPAG und zum automatischen Datenabgleich. Art. 36 Abs. 1 Nr. 2 lit. e StGB gestattet demgegenüber entsprechende Bildaufnahmen. Eine technische Beschränkung enthält die Vorschrift dabei nicht, sodass sie
technikneutral und entwicklungsoffen ausgestaltet ist.[210]

Die formellen Anforderungen an den verdeckten Einsatz technischer Mittel unterschei- 119
den sich stark. So sieht etwa § 63 Abs. 3 S. 1 SächsPVDG bezüglich der Anfertigung von
Bildaufnahmen stets einen Richtervorbehalt vor, während andere Gesetze einen solchen an
eine gewisse Dauer der Maßnahme knüpfen (zB § 34 Abs. 4 Nr. 2 RhPfPOG: Bildaufzeichnungen durchgehend länger als 24 Stunden oder über einen Zeitraum von mehr als
einer Woche). Anderorts greift der Richtervorbehalt zwar für Abhörmaßnahmen, nicht
aber für Bildaufnahmen (§ 17 Abs. 2 S. 1, 3 PolGNRW). Zum Teil besteht aber auch
überhaupt kein Richtervorbehalt.[211]

b) Repressive Aufnahmen und technisch unterstützte Observation. Das Strafverfah- 120
rensrecht kennt mit § 100h StPO eine Ermächtigungsgrundlage, die sowohl die Anfertigung von Bild- und Videoaufnahmen als auch den Einsatz technischer Mittel zu Observationszwecken gestattet und damit einen breiten, technikoffenen Anwendungsbereich hat.

aa) Rechtsgrundlage und Voraussetzungen. Die Herstellung von Bildaufnahmen ist 121
gem. § 100h Abs. 1 S. 1 Nr. 1 StPO bereits bei einfachem, tatsachenbasierten Anfangsverdacht einer beliebigen Straftat zulässig.[212] Aufgrund der geringen Eingriffstiefe ist eine
weiterreichende Beschränkung (etwa auf schwere Straftaten) nicht vorgesehen,[213] was u. a.
auf die Überlegung zurückgeführt wird, dass niemand in der Öffentlichkeit vor den Blicke
Anderer geschützt sei.[214]

Sollen bei der Observation über Bildaufnahmen hinausreichende Mittel eingesetzt wer- 122
den, so hat die Anlasstat eine Straftat von erheblicher Bedeutung zu sein, ohne einem
Katalog zugehörig zu sein, § 100h Abs. 1 S. 2 StPO. Zulässig ist dann die Verwendung von
technischen Mitteln außerhalb von Wohnungen, welche keine Aufnahme oder Aufzeichnung von Wort und Bild ermöglichen, sondern lediglich Signale aussenden oder der
Observation sonst in technischem Sinne dienen.

---

[209] Zum mangelnden Abschreckungseffekt *Kingreen/Poscher* POR § 13 Rn. 104; *Wysk* VerwArch 2018, 141 (151).
[210] *Rosch/Müller-Eiselt* in BeckOK-PolR Bayern, 17. Ed. 1.9.2021, BayPAG Art. 36 Rn. 39 f.
[211] Was nach BVerfG jedenfalls hinsichtlich der Anfertigung von Bildaufnahmen zulässig ist, s. BVerfGE 141, 220 = NJW 2016, 1781 (1791 Rn. 174).
[212] *Wolter/Greco* in SK-StPO StPO § 100h Rn. 6.
[213] *Günther* in MüKoStPO StPO § 100h Rn. 14; kritisch *Bode*, Verdeckte strafprozessuale Ermittlungsmaßnahmen, 2012, 399 f.
[214] *Köhler* in Meyer-Goßner/Schmitt StPO § 100h Rn. 1.

123 Die Vorschrift verengt die Anfertigung von Bildaufnahmen nicht einzig auf die Nutzung einer Kamera, sondern ermöglicht durch ihre offene Formulierung etwa auch den Einsatz einer Drohne zur Erstellung der betreffenden Aufnahmen.[215] Maßgeblich ist jedoch die Zweckbestimmung der Aufnahmen. So erfolgen etwa Foto- und Videodokumentation einzig zur Spurensicherung am Tatort und nicht im Hinblick auf eine Observation, sodass für diese Aufnahmen (lediglich) die Ermittlungsgeneralklausel gilt.[216]

124 Aber auch die längerfristige Videoüberwachung des Wohnungseingangsbereichs zum Zwecke des Erkennens von Kontaktpersonen, der Feststellung von Anwesenheitszeiträumen des Beschuldigten sowie zur Identifizierung von Mittätern ist gestattet.[217] Die Observation hat sich dann allerdings auf Erkenntnisse rund um das Betreten der Wohnung zu beschränken und darf nicht auf den Gewinn von Erkenntnissen aus der Wohnung selbst gerichtet sein, da andernfalls Art. 13 Abs. 1 GG tangiert wäre. Dennoch kann auch die Observation des Eingangsbereichs in Art. 13 Abs. 1 GG eingreifen, wenn sich bereits die zu überwachende Wohnungstür innerhalb des geschützten Bereichs befindet, etwa innerhalb des privat genutzten Vorgartens eines Einfamilienhauses.[218]

125 Ferner ist nach herrschender Auffassung die Anwendung von § 100h Abs. 1 S. 1 Nr. 1 StPO iVm § 46 Abs. 1 OWiG für das Anfertigen von Bild- oder Videoaufnahmen zur Verfolgung von Ordnungswidrigkeiten im Straßenverkehr zulässig.[219] Damit einher geht ein breites Anwendungsfeld der optischen Verkehrsüberwachung sowie bei Geschwindigkeits- und Abstandsmessungen.[220] So darf auch aus der von § 100h Abs. 3 StPO gedeckten Abbildung des Beifahrers auf die Identität des Fahrzeugführers geschlossen werden.[221]

126 Hinsichtlich des grundsätzlich ohne eigenständige Ermächtigungsgrundlage möglichen, gleichzeitigen Einsatzes mehrerer Observationsmaßnahmen oder heimlicher Ermittlungsmaßnahmen ist allerdings zu bedenken, dass eine Überwachung, die letztlich die Erstellung eines umfassenden Persönlichkeitsprofils zulässt, aufgrund der damit einhergehenden Eingriffstiefe nicht möglich ist.[222] Daher ist darauf zu beachten, dass eine Kombination verschiedener Maßnahmen jedenfalls zu keiner Rundumüberwachung umfunktioniert wird und so grundrechtliche Schranken einreißt.

127 bb) Rechtsschutz und Kontrolle. Die nachträgliche gerichtliche Überprüfung der Rechtmäßigkeit der Art und Weise der Maßnahme richtet sich nach § 101 Abs. 7 StPO.

4. Akustische Überwachung außerhalb von Wohnungen

128 Während die akustische Überwachung von Wohnraum seit der eine Neuregelung bedingenden Entscheidung des Bundesverfassungsgerichts[223] aufgrund der nunmehr hohen Voraussetzungen in der Praxis nur noch selten durchgeführt wird,[224] erweist sich die akustische Überwachung von Wohnraum in der Praxis als umso bedeutender.[225] Denn nachdem dort der Schutz des Art. 13 Abs. 1 GG nicht greift, sind die Anforderungen bedeutend geringer.

129 Im Einzelfall kann jedoch umstritten sein, welcher Bereich als Wohnung zu begreifen ist. Grundsätzlich fällt darunter jeder objektiv nicht allgemein zugängliche, feststehende, fah-

---

[215] *Hegmann* in BeckOK StPO, 42. Ed. 1.10.2021, StPO § 100h Rn. 1; *Hauck* in Löwe/Rosenberg StPO § 100h Rn. 6.
[216] *Hauck* in Löwe/Rosenberg StPO § 100h Rn. 3; *Eschelbach* in Satzger/Schluckebier/Widmaier StPO § 100h Rn. 3.
[217] BGH NStZ 1989, 629; *Bruns* in KK-StPO StPO § 100h Rn. 3; *Amelung* NStZ 1998, 629 (631).
[218] BGH NJW 1997, 2189 (2189 f.); *Papier* in Dürig/Herzog/Scholz GG Art. 13 Rn. 11; *Singelnstein* NStZ 2014, 305 (309).
[219] Vgl. BVerfG NJW 2010, 2717 f.; *Harnisch/Pohlmann* NZV 2010, 380 (384); *Rebler* SVR 2013, 208 (210).
[220] *Bär* in KMR-StPO StPO § 100h Rn. 8.
[221] OLG Oldenburg NJW 2015, 1398.
[222] Vgl. BVerfGE 112, 304 = NJW 2005, 1338 (1340); *Hegmann* in BeckOK StPO, 42. Ed. 1.10.2021, StPO § 100h Rn. 10; ferner BVerfGE 65, 1 (43) = NJW 1984, 419.
[223] BVerfGE 109, 279 = NJW 2004, 999; eingehend *Denninger* ZRP 2004, 101.
[224] S. etwa BT-Drs. 19/22432; 19/13435 Bay LT-Drs. 14/12498, 7; eingehend → § 24 Rn. 3 mwN.
[225] *Bär* in KMR-StPO StPO § 100f Rn. 2.

rende oder schwimmende Raum, der subjektiv zur Stätte des Aufenthalts oder Wirkens von Menschen gemacht wird.[226] Das Bundesverfassungsgericht betont dabei auch den Zusammenhang mit der Menschenwürdegarantie,[227] sodass unter den Begriff der Wohnung die privaten Wohnzwecken gewidmeten Räumlichkeiten fallen, in denen der Mensch das Recht hat, in Ruhe gelassen zu werden.[228] Maßgeblich ist also, ob sich der jeweilige Raum oder die jeweilige Fläche als Bereich der individuellen Lebensgestaltung und des privaten Rückzugs begreifen lässt und damit auch der Öffentlichkeit nicht frei zugänglich ist.[229] Daher kann sich der Schutzbereich einer Wohnung auch auf der Öffentlichkeit entzogene Bereiche wie Gärten oder Vorgärten beziehen.[230] Darüber hinaus können auch nicht allgemein zugängliche Geschäfts- oder Büroräume, Personalaufenthaltsräume, Werkstätten etc. darunter fallen.[231]

130 Nachdem der Besuchsraum einer Haftanstalt den Gefangenen aber von vornherein keine Privatsphäre gewährt und dort aufgrund der möglichen Überwachung durch Anstaltsbedienstete oder gar Kriminalbeamte keinerlei Privatheit besteht, unterfällt ein solcher Besuchsraum auch nicht dem Wohnungsbegriff.[232] Selbst der Haftraum in einer Haftanstalt bietet zwar häufig die einzig verbleibende Möglichkeit, sich eine gewisse Privatsphäre zu verschaffen.[233] Gleichwohl besteht bereits aufgrund des Hausrechts der Anstalt die grundsätzliche Befugnis der Mitarbeiter, auch Hafträume jederzeit unabhängig des Einverständnisses der untergebrachten Gefangenen zu betreten und so die Privatheit zu nehmen, sodass der Schutzbereich des Art. 13 Abs. 1 GG keine Hafträume einer Haftanstalt umfasst.[234]

a) Technische Mittel. Unter den technischen Mitteln erfreuen sich vor allem sog. (draht- 131 gebundene oder kabellose) Wanzen, versteckte Mikrofone und Aufzeichnungsgeräte großer Beliebtheit.[235] Aber auch Richtmikrofone kommen zum Einsatz.[236] Gleichwohl ist die Vorschrift technikoffen gestaltet und auch neuen Mitteln gegenüber offen. Einer Kombination der Abhörmaßnahme mit einem Flugdrohneneinsatz steht sie daher nicht konzeptionell entgegen.

b) Präventive Überwachung. Im Rahmen der Gefahrenabwehr ist die Befugnis zum 132 Einsatz verdeckter Mittel zum Abhören oder Aufzeichnen des außerhalb von Wohnungen nichtöffentlich gesprochenen Wortes zumeist in umfassenderen Vorschriften normieren, welche besondere Mittel der Datenerhebung oder den Einsatz technischer Mittel regeln. Im Vergleich zur strafprozessualen Regelung geht damit bisweilen eine gewisse Unübersichtlichkeit einher.

Befugnisse zum Einsatz verdeckter Mittel zum Abhören oder zur Aufzeichnung des 133 außerhalb von Wohnungen nichtöffentlich gesprochenen Wortes finden sich sind u.a. in Art. 36 Abs. 1 Nr. 2 lit. a BayPAG oder § 49 Abs. 1, Abs. 2 Nr. 2 lit. b BWPolG, § 63 Abs. 1 Nr. 2 SächsPVDG, § 34 Abs. 1, Abs. 2 Nr. 3 RhPfPOG.

---

[226] BGHSt 50, 206 (211 f.) = NJW 2005, 3295; *Papier* in Dürig/Herzog/Scholz GG Art. 13 Rn. 10.
[227] In Gestalt der im Hinblick auf die Menschenwürde und im Interesse der freien Entfaltung der Persönlichkeit notwendigen Gewährleistung eines elementaren Lebensraums, BVerfGE 129, 245 = NJW 2015, 2787 (2788 Rn. 56); BVerfGE 151, 67 = NJW 2019, 1428 (1429 Rn. 52).
[228] BVerfGE 75, 318 (328) = NJW 1987, 2500 (2500 f.); BVerfGE 130, 1 (22) = NJW 2012, 907; *Kluckert* in BeckOK GG, 50. Ed. 15.2.2022, GG Art. 13 Rn. 1 f.
[229] *Papier* in Dürig/Herzog/Scholz GG Art. 13 Rn. 10 f. mwN.
[230] BGH NJW 1997, 2189 (2189 f.); BGH NJW 1998, 3284 (3285); *Papier* in Dürig/Herzog/Scholz GG Art. 13 Rn. 11; *Singelnstein* NStZ 2014, 305 (309).
[231] BVerfGE 32, 54 (69 ff.) = NJW 1971, 2299 = NJW 1976, 1735; BVerfGE 44, 353 = NJW 1977, 1498 (1490).
[232] BGH NJW 1998, 3284 (3285); *Jarass* in Jarass/Pieroth GG Art. 13 Rn. 4; *Köhler* in Meyer-Goßner/Schmitt StPO § 100f Rn. 2.
[233] Vgl. BGHSt 37, 380 (382) = NJW 1991, 2652.
[234] BVerfG NJW 1996, 2643 (2643); *Kluckert* in BeckOK GG, 50. Ed. 15.2.2022, GG Art. Rn. 13 Rn. 2; *Köhler* in Meyer-Goßner/Schmitt StPO § 100f Rn. 2.
[235] *Hegmann* in BeckOK StPO, 42. Ed. 1.10.2021, StPO § 100f Rn. 5; *Köhler* in Meyer-Goßner/Schmitt § 100f Rn. 3.
[236] *Hegmann* in BeckOK StPO, 42. Ed. 1.10.2021, StPO § 100f Rn. 5.

134 Die Voraussetzungen entsprechen in materieller Hinsicht damit überwiegend jenen des Einsatzes technischer Mittel betreffend Bildaufnahmen → Rn. 116 ff.

135 Während sich die materiellen Voraussetzungen im präventiven Bereich sehr ähneln, nähern sich die formellen Anforderungen an und setzen gemeinhin auf den Richtervorbehalt. So sehen etwa § 63 Abs. 3 S. 1 SächsPVDG, § 34 Abs. 4 S. 1 Nr. 3 RhPfPOG betreffend das Abhören oder Aufzeichnen des außerhalb von Wohnungen nichtöffentlich gesprochenen Wortes stets einen Richtervorbehalt vor. Auch in Ländern mit weitgehenden Behördenleitervorbehalten hinsichtlich besonderer Mittel der Datenerhebung untersteht der verdeckte Einsatz zum Abhören und Aufzeichnen des nichtöffentlich außerhalb von Wohnungen gesprochenen Wortes dem Richtervorbehalt, s. Art. 36 Abs. 3 BayPAG.

136 c) Repressive Überwachung. Die Befugnis zur akustischen Überwachung außerhalb von Wohnungen findet sich nunmehr in § 100f StPO speziell geregelt, sodass auf Ebene des Strafverfahrensrechts nunmehr – und anders als in den meisten Polizeigesetzen – eine eindeutige systematische Trennung zum Einsatz sonstiger technischer Mittel etwa zur Standortfeststellung oder Anfertigung von Bildaufnahmen besteht.

137 aa) Rechtsgrundlage und Voraussetzungen. Die Vorschrift des § 100f StPO gestattet das Abhören und Aufzeichnen des nichtöffentlich gesprochenen Wortes mit technischen Mitteln außerhalb von Wohnungen. Wie dem Wort Abhören immanent ist, handelt es sich dabei um eine heimliche Maßnahme, die sich auf das nicht zur Kenntnis des Abhörenden bestimmte nichtöffentlich gesprochene Wort bezieht.[237] Erfasst ist das Abhören und Aufzeichnen aber lediglich, wenn es mittels technischer Mittel erfolgt. Daher richtet sich das Mithören durch einen Polizeibeamten auch dann nicht nach § 100f StPO, wenn er über das Mitgehörte Aufzeichnungen fertigt.[238]

138 Aufgrund des Schutzbereichs des Art. 13 Abs. 1 GG ist maßgeblich, wo das Wort gesprochen wird – nicht, von wo aus es aufgezeichnet werden soll. Führt die Zielperson aber ein Telefonat aus einer Wohnung heraus mit einem Dritten, so kann nach § 100f StPO das übertragene Telefongespräch an dem Gerät des Dritten aufgenommen werden, wenn dieser darin einwilligt.[239]

139 Ferner sind typische Begleitmaßnahmen zum Anbringen der technischen Mittel im Rahmen der Vorschrift zulässig,[240] solange deren Intensität nicht weit über den Mitteleinsatz hinausgeht und weitere Grundrechte betrifft – wie etwa beim Anbringen eines Mikrofons an einer sich in der Wohnung des Betroffenen befindenden Jacke für ein Abhören des außerhalb der Wohnung gesprochenen Wortes. Auch der Einsatz von freiwillig agierenden Gehilfen wie Stromablesern oder Schornsteinfegern soll dann zulässig sein.[241] Selbst die kurzfristige heimliche Wegnahme eines PKW, um ein technisches Mittel in einer Werkstatt einzubauen, soll möglich sein.[242] Nachdem für derartige Begleitmaßnahmen aber keine gesonderte Ermächtigungsgrundlage besteht, ist eine enge Auslegung der Typizität der Begleitmaßnahme zu fordern, um nicht ohne mangelnde Grundlage tief in weitere Grundrechte einzugreifen.

140 Die Anordnung der akustischen Überwachung außerhalb von Wohnungen ist bei einer Katalogtat nach § 100a Abs. 2 StPO zulässig, die auch im Einzelfall schwer wiegt, wenn bestimmte Tatsachen den Verdacht der Begehung dieser Tat begründen. Damit fordert die Regelung einen einfachen Verdacht, der jedoch durch schlüssiges Tatsachenmaterial gestützt

---

[237] BT-Drs. 12/989, 39; *Bruns* in KK-StPO StPO § 100f Rn. 2; *Bär* in KMR-StPO StPO § 100f Rn. 4.
[238] *Bruns* in KK-StPO StPO § 100f Rn. 2; *Bär* in KMR-StPO StPO § 100f Rn. 7; vgl. auch BGH NStZ 1993, 47; anders wohl *Köhler* in Meyer-Goßner/Schmitt StPO § 100f Rn. 3, der dies im Rahmen des § 100f als zulässig erachtet.
[239] *Bruns* in KK-StPO StPO § 100f Rn. 3; *Bär* in KMR-StPO StPO § 100f Rn. 4.
[240] *Köhler* in Meyer-Goßner/Schmitt StPO § 100f Rn. 4; eingehend *Schneider* NStZ 199, 388 (388 ff.).
[241] *Köhler* in Meyer-Goßner/Schmitt StPO § 100f Rn. 4.
[242] BGHSt 46, 266 (274) mzustAnm *Steinmetz* NStZ 2001, 344; zustimmend auch *Bär* in KMR-StPO StPO § 100f Rn. 9; aA *Bernsmann* StV 2001, 385; *Kühne* JZ 2001, 1148.

wird, hinreichend konkretisiert ist und von erheblicher Stärke sein muss.[243] Darüber hinaus ist erforderlich, dass die Erforschung des Sachverhalts oder die Ermittlung des Aufenthaltsorts des Täters auf andere Weise aussichtslos oder wesentlich erschwert wäre, womit eine strenge Subsidiaritätsklausel greift, die jener der Telekommunikationsüberwachung gleicht.[244]

Die Anordnung ist nach § 100f Abs. 4 StPO iVm § 100e Abs. 1 StPO grundsätzlich **141** dem Richter vorbehalten, kann bei Gefahr im Verzug aber auch durch die Staatsanwaltschaft, nicht aber deren Ermittlungspersonen, ergehen. Sofern die Staatsanwaltschaft von der Eilanordnungskompetenz Gebrauch macht, so ist unverzüglich die richterliche Bestätigung der Anordnung zu beantragen, § 100f Abs. 4 iVm § 100e Abs. 1 S. 3 StPO.

Nunmehr[245] verweist § 100f Abs. 4 StPO auch auf § 100d Abs. 1, 2 StPO, sodass die **142** Vorschriften zum Kernbereichsschutz auch für § 100f StPO Geltung beanspruchen. So besteht nunmehr nach §§ 100f Abs. 4, 100d Abs. 1 StPO ein Beweiserhebungsverbot, das bereits bei der Anordnung zu berücksichtigen ist und der Anordnung einer Maßnahme entgegensteht, wenn durch den Eingriff allein Erkenntnisse aus dem Kernbereich privater Lebensgestaltung erlangt würden. Anders als im Rahmen des § 100a StPO wird der Anwendungsbereich dieser Einschränkung aber geringer sein, da außerhalb der eigenen Wohnung bereits seltener ein ausschließlicher Kernbereichsbezug der geführten Gespräche anzunehmen sein wird. Ist ein solch ausschließlicher Kernbereichsbezug – wie regelmäßig – nicht festzustellen, so bleiben dennoch erlangte Erkenntnisse aus dem Kernbereich privater Lebensgestaltung nach §§ 100f Abs. 4, 100d Abs. 2 StPO unverwertbar.

bb) Rechtsschutz und Kontrolle. Zwar ist die Aufzeichnung des nichtöffentlich gespro- **143** chenen Wortes aus Gefängnisräumen grundsätzlich möglich, sodass sich dort durchgeführte Überwachungsmaßnahmen nach § 100f StPO richten.[246] Soweit hier allerdings Gespräche der Zielperson mit Dritten aufgezeichnet werden, kann ein Beweisverbot in Betracht kommen, wenn die überwachte Befragung der Zielperson gegen § 136a StPO verstößt.[247] Maßgeblich dafür ist vor allem, ob es sich um eine freiwillig agierende Privatperson handelt, oder ob die Gespräche einer strafprozessualen, staatlich initiierten Vernehmung gleichen.[248] Die heimliche Überwachung von Gesprächen zwischen Ehegatten in einem auf Initiative der Ermittlungsbehörden in der Untersuchungshaft dafür zugewiesenen separaten Besuchsraum, ohne dass die übliche Überwachung erkennbar ist, soll zwar noch nicht die Qualität einer Täuschung nach § 136a StPO erlangen, wohl aber gegen den nemo-tenetur-Grundsatz und den Grundsatz des fairen Verfahrens verstoßen können.[249]

Zu beachten sind ferner die Grenzen des Kernbereichsschutzes aus Art. 2 Abs. 1 GG **144** iVm Art. 1 Abs. 1 GG, wonach etwa das in einem Kraftfahrzeug aufgezeichnete Selbstgespräch eines sich unbeobachtet fühlenden Beschuldigten im Strafverfahren unverwertbar ist.[250] Maßgeblich ist dann aber, ob die Inhalte des Gesprächs lediglich kernbereichsbezogen sind, etwa weil das Gespräch eindimensional mit sich selbst geführt wird, ohne sich bewusst gegenüber der Öffentlichkeit zu entäußern. Weitere Kriterien sind etwa die Flüchtigkeit des gesprochenen Wortes sowie die mögliche Unbewusstheit der Äußerungen aufgrund ihrer Identität mit inneren Gedanken.[251]

---
[243] *Hegmann* in BeckOK StPO, 42. Ed. 1.10.2021, StPO § 100f Rn. 7 ff., § 100a Rn. 102 ff.; *Bruns* in KK-StPO StPO § 100f Rn. 15.
[244] Vgl. *Bruns* in KK-StPO StPO § 100f Rn. 16; *Köhler* in Meyer-Goßner/Schmitt StPO § 100f Rn. 8.
[245] Seit dem Reformgesetz zur Anpassung datenschutzrechtlicher Bestimmungen vom 20.11.2019, BGBl. 2019 I 1724.
[246] BVerfG NJW 1996, 2643 (2643); BGH NJW 1998, 3284 (3285); *Kluckert* in BeckOK GG, 50. Ed. 15.2.2022, GG Art. Rn. 13 Rn. 2; *Jarass* in Jarass/Pieroth GG Art. 13 Rn. 4; *Bruns* in KK-StPO StPO § 100f Rn. 5.
[247] BGH NStZ 1989, 32.
[248] Vgl. BGH NStZ-RR 2019, 186; *Hegmann* in BeckOK StPO, 42. Ed. 1.10.2021, StPO § 100f Rn. 24.
[249] BGHSt 53, 294 (310) = NStZ 2009, 519 (520 f.).
[250] BGH NStZ 2012, 277 mAnm *Allgayer*; *Köhler* in Meyer-Goßner/Schmitt StPO § 100f Rn. 20.
[251] Eingehend anhand der Rechtsprechung *Hegmann* in BeckOK StPO, 42. Ed. 1.10.2021, StPO § 100f Rn. 25; zusammenfassend auch *Köhler* in Meyer-Goßner/Schmitt StPO § 100f Rn. 20.

145 Die richterliche Entscheidung ist bis zu ihrer Erledigung mit der Beschwerde nach § 304 Abs. 1 StPO angreifbar. Auch die von dem Oberlandesgericht oder dem Ermittlungsrichter des BGH getroffene Entscheidung ist mit der Beschwerde anfechtbar.[252] Bei staatsanwaltschaftlichen Eilanordnungen besteht die Möglichkeit des Antrags auf gerichtliche Entscheidung nach § 98 Abs. 2 S. 2 StPO analog. Die nachträgliche gerichtliche Überprüfung der Rechtmäßigkeit sowie der Art und Weise der Maßnahme richtet sich nach § 101 Abs. 7 StPO.

146 In der Revision kann die Verfahrensrüge auf die Verwertung unverwertbarer Erkenntnisse gestützt werden,[253] wobei der BGH bei Vorliegen der Voraussetzungen eines hypothetischen Ersatzeingriffes die Verwertbarkeit bejaht.[254]

C. Perspektiven und Reflexionen

147 Die vorgestellten Mittel technischer Überwachung sind zwar weit überwiegend technikoffen formuliert, erfordern aber fortwährender Beobachtung.[255] Nicht zuletzt der technische Fortschritt ermöglicht insofern durch ungebremste Innovationen und damit einhergehend neuen Methoden der Überwachung eine zunehmende Eingriffstiefe, sodass zu beobachten bleibt, ob Befugnisse die ihnen zugedachten Bahnen noch wahren. Dies gilt insbesondere für technische Mittel, die weitgehend voraussetzungsarm zu Observations- oder Identifikationszwecken eingesetzt werden, gleichwohl aber bei excessivem Einsatz durch mögliche Bewegungsprofile o.ä. tiefergreifende Grundrechtseingriffe befürchten lassen. Insofern könnte es sich zwar anbieten, ähnlich der Vorschriften zum Kernbereichsschutz eine feste Grenze zu normieren, die sämtliche Maßnahmen beträfe. Allerdings ergeben sich die jeweiligen Grenzen einer Maßnahme aus ihrer spezifischen Zielrichtung, ihren konkreten Voraussetzungen sowie der durch sie grundsätzlich tangierten Grundrechte, sodass ein solches Unterfangen weit mehr Generalklausel denn tatsächlich praktikabel wäre. Insofern ist erfreulich, dass die Judikatur, nicht zuletzt das Bundesverfassungsgericht, im Rahmen relevanter Entscheidungen grundlegende Leitplanken aufstellt, die es auch über den Einzelfall hinaus zu beachten gilt. In dieser Form der Konkretisierung relevanter Grundrechte liegt dementsprechend auch weitaus mehr Erkenntnisgewinn, als es eine Generalklausel zu leisten vermöchte. Das Gebiet der technischen Überwachungsmaßnahmen ist dadurch in besonderem Maße geprägt von offen formulierten, technikoffenen Befugnisnormen, die im Zuge der technischen Entwicklung aber der konkreten Eingrenzung durch die Rechtsprechung bedürfen. Dabei bleibt die technikoffene Formulierung angesichts der rasanten außerrechtlichen Entwicklung auch weiterhin zu begrüßen, um Ermittlungsbehörden die notwendigen modernen Mittel an die Hand zu geben. Unabdingbar ist aber neben der Beobachtung durch den Gesetzgeber auch die weitere Konturierung und strenge Begleitung durch die Rechtsprechung. Insbesondere das Strafverfahrensrecht hat hier gezeigt, wie auf neue Entwicklungen reagiert werden kann.

148 Darüber hinaus dürften auch die zunehmenden Möglichkeiten der Kombination verschiedener Maßnahmen eine neuartige Eingriffstiefe in sich bergen, etwa wenn aufwändige IMSI-Catcher-Einsätze durch die Kombination mit Drohnen vereinfacht und beschleunigt werden, sodass auch damit ein umfangreiches Bewegungsprofil erstellt werden kann. Dem möglichen schnelleren Ermittlungserfolg (durch die höhere Mobilität des Catchers) mitsamt der damit einhergehenden niedrigeren Grundrechtsbeeinträchtigung Dritter (durch die schnellere Präzisierung der Maßnahme) dürfte damit ein umso intensiverer Eingriff für den Betroffenen gegenüberstehen, welcher mitunter die Grenzen der Ursprungsmaßnahme verlässt. Die bloße Kombination zweier voraussetzungsarmer Ermächtigungsgrundlagen für den getrennten Einsatz wird dem angesichts des Grundrechtseingriffs häufig nicht gerecht.

---

[252] *Bruns* in KK-StPO StPO § 100f Rn. 26.
[253] BGH NStZ 1999, 200 (202); 2001, 386 (387 f.).
[254] BGH NStZ 2003, 668 (669 f.).
[255] Siehe nur BVerfG NJW 2005, 1338 (1339 f.).

So wünschenswert der technische Fortschritt auch ist, so steht doch zu befürchten, dass einige Maßnahmen in ihrer Natur so umgestaltet werden, dass damit weitere Grundrechtseingriffe einhergehen, als ihre Rechtsgrundlagen ursprünglich vorsahen. Insofern dürfte künftig auch der Blick darauf zu richten sein, wie einer grenzenlosen Kombination verschiedener Maßnahmen auf Grundlage deren isolierter Voraussetzungen in rechtlicher Hinsicht gerecht werden kann, ohne neuartige, intensive Grundrechtseingriffe zu evozieren. Denkbar wäre hier etwa, eine Kombination verschiedener Maßnahmen bereits in die Anordnung der Grundmaßnahme aufzunehmen, um so jedenfalls eine Prüfung durch eine unabhängige Stelle zu etablieren.

Aber auch im Speziellen betrachtet ist davon auszugehen, dass die Methoden technischer Überwachung die Gesetzgebung und Gerichte weiterhin in hoher Frequenz beschäftigen werden. Exemplarisch dafür steht neben der bedenklichen Ausdehnung des Zugriffs auf GPS-Nutzungsdaten der Fahrzeughersteller im Rahmen des Strafverfahrens[256] die noch ungeklärte Situation um die Standortdatenabfrage im Sinne der Verkehrsdatenabfrage, welche auf die Streitigkeiten um die anlasslose Vorratsdatenspeicherung zurückzuführen ist (→ Rn. 10 ff.). Es ist und bleibt daher die besondere Aufgabe auch des Gesetzgebers, den Ermittlungsbehörden hier stetig angepasst an grundrechtliche Erfordernisse moderne Ermittlungsmethoden an die Hand zu geben, um mit dem technischen Fortschritt Schritt zu halten. **149**

§ 27 Inkognito eingesetzte Behördenmitarbeiter (insbesondere Verdeckte Ermittler)

Till Zimmermann

Übersicht

	Rn.
A. Einführung	1
I. Phänomenbeschreibung	1
II. Terminologisches	5
1. Uneinheitlichkeit der Terminologie	5
2. Verdeckter Ermittler (VE) / Verdeckter Mitarbeiter (VM)	6
3. Nicht offen ermittelnder Polizeibeamter (NoeP)	8
4. Virtueller Verdeckter Ermittler (VVE) / Virtueller nicht offen ermittelnder Polizeibeamter (VNoeP)	9
5. (Geheim-)Agent; Spion	10
6. Counterman (Doppelagent)	11
7. Under Cover Agent	12
8. Agent provocateur (Lockspitzel)	13
III. Historie und rechtspolitische Entwicklung	16
1. Rechtspolitisches Begründungsnarrativ	16
2. Übersicht zur rechtlichen Entwicklung	19
B. Allgemeine Rechtsgrundlagen und -probleme	23
I. Übersicht zu den Rechtsproblemen	23
II. Verfassungs- und menschenrechtliche Grundfragen	25
1. Generelle Zulässigkeit des Einsatzes verdeckt agierender Staatsdiener	25
2. Grundrechtsbeeinträchtigung durch verdeckte personale Ermittlungen	28
3. Eingriffsausschluss durch Einwilligung (Grundrechtsausübungsverzicht)	34
4. Eingriffsintensität und Anforderungen an die gesetzlichen Befugnisse	43
C. Die Befugnisse der Sicherheitsbehörden de lege lata	47
I. Allgemeines; Begrifflichkeiten	48
1. Recht der Nachrichtendienste	48

---

[256] OLG Frankfurt a. M. MMR 2022, 141 mkritAnm *Ruppert* StV-Spezial 2022, 66 ff.

	Rn.
2. Polizeirecht	53
a) Verdeckte Ermittler (VE)	54
b) Abgrenzung zwischen VE und NoeP	56
c) Sonderfall: VVE und VNoeP	60
3. Strafverfahrensrecht	64
II. Einsatzvoraussetzungen	68
1. Eingriffsschwelle	68
a) Recht der Nachrichtendienste	68
b) Polizeirecht	70
aa) BKAG	70
bb) BPolG	71
cc) ZFdG	72
c) Strafverfahrensrecht	73
d) Problemfall: Präventiv-repressive Gemengelage	74
2. Einsatzdauer	78
a) Recht der Nachrichtendienste	78
b) Polizeirecht	79
c) Strafverfahrensrecht	83
3. Kernbereichsschutz	84
a) Recht der Nachrichtendienste	85
b) Polizeirecht	86
c) Strafverfahrensrecht	87
III. Anordnungskompetenzen	88
1. Recht der Nachrichtendienste	88
2. Polizeirecht	90
3. Strafverfahrensrecht	92
IV. VM/VE-Befugnisse	97
1. Legendierung	97
a) Recht der Nachrichtendienste	98
b) Polizeirecht	101
c) Strafverfahrensrecht	103
d) Spezialfall: Legendierte Kontrolle	106
2. Betreten von Wohnungen	109
a) Recht der Nachrichtendienste	110
b) Polizeirecht	113
c) Strafverfahrensrecht	116
3. Maßnahmen zur Eigensicherung	121
a) Recht der Nachrichtendienste	121
b) Polizeirecht	122
c) Strafverfahrensrecht	123
4. Begehung einsatzbezogener Straftaten	124
a) Recht der Nachrichtendienste	125
aa) Allgemeines	125
bb) Maßnahmeinhärente Straftatbestandsverwirklichungen	127
cc) Sonstige Straftaten im Einsatz	129
b) Polizeirecht	136
aa) Allgemeines	136
bb) Maßnahmeinhärente Tatbestandsverwirklichungen	137
cc) Sonstige einsatzbezogene Tatbestandsverwirklichungen	139
c) Strafverfahrensrecht	141
aa) Allgemeines	141
bb) Maßnahmeinhärente Delikte	142
cc) Sonstige einsatzbezogene Tatbestandsverwirklichungen	144
5. Befugnisse von VM/VE-Schwundformen (insbesondere NoeP)	146
a) Recht der Nachrichtendienste	146
b) Polizeirecht	147
c) Strafverfahrensrecht	150

	Rn.
V. Besonderheiten grenzüberschreitender Einsätze	151
1. Recht der Nachrichtendienste	151
2. Polizeirecht	153
3. Strafverfahrensrecht	154
VI. Transparenz, nachträgliche Kontrolle und Rechtsschutz	157
1. Einsatzdokumentation	158
a) Recht der Nachrichtendienste	158
b) Polizeirecht	159
c) Strafverfahrensrecht	160
2. Aufsichtliche Kontrolle	161
a) Recht der Nachrichtendienste	162
b) Polizeirecht	164
c) Strafverfahrensrecht	166
3. Mitteilung gegenüber Betroffenen	167
a) Recht der Nachrichtendienste	168
b) Polizeirecht	169
c) Strafverfahrensrecht	170
4. Rechtsschutz	171
a) Recht der Nachrichtendienste	171
b) Polizeirecht	172
c) Strafverfahrensrecht	173
VII. Strafprozessuale Folgen	176
1. Allgemeines	176
2. Berücksichtigung von Geheimhaltungsinteressen	177
a) Allgemeines	177
b) Sperrerklärung	178
c) Zeugenschutz	181
3. Interessen des Beschuldigten (Verfahrensfairness)	183
a) Konfrontationsrecht	183
b) Sonstige Verteidigungsinteressen	184
c) Tatprovokation	186
4. Verdeckt ermittelnde Personen als Beschuldigte	189
a) Grundproblematik	189
b) Erlaubnis zur Begehung von Straftaten	190
c) Prozessuale Erledigung	191
D. Ausblick/Perspektiven	194

Wichtige Literatur (zu § 27 und § 28):

Alleweldt, R./Roggan, F., Geheimdienstliches Handeln als Gefahr für die öffentliche Sicherheit – Betrachtungen zu einem gesetzgeberisch verursachten Dilemma, NJW 2020, 3424; *Amelung, K.,* Probleme der Einwilligung in strafprozessuale Grundrechtsbeeinträchtigungen, StV 1985, 257 (263); *Anonymus,* Die Verbrecherwelt von Berlin (Teil 2), ZStW 6 (1886), 522; *Antikorruptions-Compliance,* hrsg. von Markus Busch, Elisa Hoven, Mark Pieth, Markus Rübenstahl, 2020; *Arndt, A.,* Umwelt und Recht, NJW 1963, 432; *Bader, J.,* Zum Einsatz von Verdeckten Mitarbeitern und von Vertrauensleuten auf Grundlage der neu geschaffenen §§ 9a und 9b BVerfSchG, HRRS 2016, 293; *Bäcker, M.,* Kriminalpräventionsrecht. Eine rechtsgutsorientierte Studie zum Polizeirecht, zum Strafrecht und zum Strafverfahrensrecht, 2015; *Barczak, T.,* Der verdeckte Einsatz ausländischer Polizisten in Deutschland – Rechtsrahmen, Rechtsprobleme und Reformbedarf, StV 2012, 182; *Baron, R.,* Zur Frage der grundsätzlichen Zulässigkeit des Einsatzes verdeckt ermittelnder Personen und Vorschlag einer umfassenden gesetzlichen Regelung, 2002; *Barrot, J./Faeser, N.,* Zeugenvernehmungen von V-Leuten in parlamentarischen Untersuchungsausschüssen, NVwZ 2016, 1205; *Bernsmann, K./Jansen, K.,* Heimliche Ermittlungsmethoden und ihre Kontrolle – Ein systematischer Überblick, StV 1998, 217 (223); *Blechschmitt, L.,* Strafverfolgung im digitalen Zeitalter, MMR 2018, 361; *Blome, T./Sellmeier, D.,* Die neuen Regeln für den Einsatz von Vertrauensleuten durch das Bundesamt für Verfassungsschutz, DÖV 2016, 881; *Braun, F.,* Der so genannte „Lauschangriff" im präventivpolizeilichen Bereich, NVwZ 2000, 375; *Buermeyer, U.,* Neue AGB für das Bundeskriminalamt, K&R 2016, 401; *Caesar, P.,* Noch stärkerer Schutz für Zeugen und andere nicht beschuldigte Personen im Strafprozeß?, NJW 1998, 2313; *Caspar, J.,* Klarnamenpflicht versus Recht auf pseudonyme Nutzung, ZRP 2015, 233; *Conen, S.,* Neues von verdeckt ermittelnden Personen – ein Ende des staatlich gesteuerten V-Mannes in Sicht?, StraFo 2013, 140; *Decker, A. L.,* Der V-Mann-Einsatz durch Polizei und Verfassungsschutz, 2018; *Dencker, F.,* Über Heimlichkeit, Offenheit und Täuschung bei der Beweisgewinnung im Strafverfahren – Anmerkungen aus Anlaß zweier Entscheidungen des BGH, StV 1994, 667; *Denninger, E./Hoffmann-Riem, W./Schneider, H.-P./Stein, E.*, Kommentar zum Grundgesetz für die Bundesrepublik Deutschland, Reihe Alternativkommentare, Gesamthrsg.: Wassermann, R., Losebl.; *Diehl, J./Lehberger, R./Schmid, F.*, Under Cover – Ein V-Mann packt aus, 2020; *Dreher, E.*, Die Behandlung der Bagatellkriminalität, FS Welzel, 1974, 917; *Dürr, M.*, Der Schutz des allgemeinen Persönlichkeitsrechts nach dem Urteil zum Bundeskriminalamtsgesetz – wie viel Sicherheit ist zum Wohle der Freiheit notwendig?, JA 2019, 432; *Durner, W.*, Anmerkung zu einer Entscheidung des BVerfG – Urteil vom 20.4.2016, Az. 1 BvR 966/09; 1 BvR 1140/09 – Zur Verfassungswidrigkeit einzelner Ermittlungsbefugnisse des BKA zur Terrorismusbekämpfung, DVBl 2016, 780; *Duttge, G.*, Strafprozessualer Einsatz von V-Personen und Vorbehalt des Gesetzes, JZ 1996, 556; *Eisenberg, U.*, Straf(verfahrens-)rechtliche Maßnahmen gegenüber „Organisiertem Verbrechen", NJW 1993, 1033; *El-Ghazi, M.*, Die Einwilligung in strafprozessuale Zwangsmaßnahmen nach der Umsetzung der Richtlinie (EU) 2016/680 – das Ende der freiwilligen Atemalkoholkontrolle?, ZIS 2019, 110; *El-Ghazi, M./Zerbes, I.*, Geschichten von staatlicher Komplizenschaft und evidenten Rechtsbrüchen, HRRS 2014, 209; *Engländer, A.*, Examens-Repetitorium Strafprozessrecht, 10. Aufl. 2020; *Engländer, A.*, Das nemo-tenetur-Prinzip als Schranke verdeckter Ermittlungen, ZIS 2008, 163; *Engländer, A.*, Die Rechtsbehelfe gegen strafprozessuale Zwangsmaßnahmen, JURA 2010, 414; *Engländer, A./Zimmermann, T.*, Whistleblowing als strafbarer Verrat von Geschäfts- und Betriebsgeheimnissen? – Zur Bedeutung des juristisch-ökonomischen Vermögensbegriffs für den Schutz illegaler Geheimnisse bei § 17 UWG, NZWiSt 2012, 328; *Ehrenberg, W./Frohne, W.*, Doppelfunktionale Maßnahmen der Vollzugspolizei, Problematik der rechtlichen Einordnung, Kriminalistik 2003, 737; *Erfurth, C.*, Verdeckte Ermittlungen – Problemlösung durch das OrgKG?, 1997; *Esser, R.*, Auf dem Weg zu einem europäischen Strafverfahrensrecht: Die Grundlagen im Spiegel der Rechtsprechung des Europäischen Gerichtshofs für Menschenrechte (EGMR) in Straßburg, 2002; *Eschelbach, R.*, Rechtsfragen zum Einsatz von V-Leuten StV, 2000, 390; *Eschelbach, R.*, Staatliche Selbstbelastungs-, Fremdbelastungs- und Tatprovokation, GA 2015, 545; *Evers, H.-U.*, Sprengung an der Celler Gefängnismauer: Darf der Verfassungsschutz andere Behörden und die Öffentlichkeit täuschen?, NJW 1987, 153; *Frenzel, A.*, Kommissarische Vernehmung eines V-Mannes, NStZ 1984, 36; *Fichte, J. G.*, Grundlage des Naturrechts nach Principien der Wissenschaftslehre, 2. Theil: Angewandtes Naturrecht, 1796; *Fischer, T./Maul, H.*, Tatprovozierendes Verhalten als polizeiliche Ermittlungsmaßnahme, NStZ 1992, 7; *v. Freeden, A.*, Die Rechtsstellung von Vertrauenspersonen, Die Polizei 1958, 69; *Frisch, P.*, V-Leute im Strafverfahren und im Verbotsverfahren, DRiZ 2003, 199; *Frister, H.*, Zur Frage der Vereinbarkeit verdeckter Ermittlungen in Privatwohnungen mit Art. 13 GG, StV 1993, 151; *Frister, H.*, Zur Zulässigkeit des Betretens von Wohnungen durch einen einmalig verdeckt auftretenden Polizeibeamten, JZ 1997, 1130; *Förster, H.-J.*, Zwischenruf Verfassungsschutz „vor Gericht"!, ZRP 2012, 123; *Gärditz, K. F.*, Sicherheitsverfassungsrecht und technische Aufklärung durch Nachrichtendienste, EuGRZ 2018, 6; *Gaede, K./Buermeyer, U.*, Beweisverwertungsverbote und „Beweislastumkehr" bei unzulässigen Tatprovokationen nach der jüngsten Rechtsprechung des EGMR, HRRS 2008, 279; *Gercke, B.*, Gesetzliche Regelung des Einsatzes von V-Leuten im Rahmen der Strafverfolgung? Von Verfassungs wegen geboten, StV 2017, 615; *Gillich, I.*, Neuere Tendenzen in der Rechtsprechung zur parlamentarischen Kontrolle der Nachrichtendienste, JZ 2021, 829; *Gleß, S.*, Zur Verwertung von Erkenntnissen aus verdeckter Ermittlung im Ausland im inländischen Strafverfahren, NStZ 2000, 57; *Gribbohm, G.*, Der Gewährsmann als Zeuge im Strafprozeß – Wege der neueren Rechtsprechung zur V-Mann-Problematik, NJW 1981, 305; *Golla, S./Skobel, E.*, „Sie haben doch nichts zu verbergen?" – Zur Möglichkeit einer Einwilligung in die Datenverarbeitung im Geltungsbereich der Richtlinie (EU) 2016/680, GSZ 2019, 140; *Graulich, F.*, Die Zusammenarbeit von Generalbundesanwalt und Bundeskriminalamt bei dem Vorgehen gegen den internationalen Terrorismus, 2013; *Graulich, K.* Reform des Zollfahndungsdienstgesetzes, GSZ 2019, 221; *Graulich, K.*, Reform des Gesetzes über den Bundesnachrichtendienst – Ausland-Ausland-Fernmeldeaufklärung und internationale Datenkooperation, KriPoZ 2017, 43; *Gusy, C.*, Befugnisse des Verfassungsschutzes zur Informationserhebung, DVBl 1991, 1288; *Gusy, C.*, Rechtsstellung und Betätigung von V-Leuten durch Nachrichtendienste, RiA 1982, 101; *Gubitz, M.*, Doppelfunktionale Durchsuchung, NStZ 2016, 126; *Gusy, C.*, Das Trennungsprinzip zwischen Informationen von Nachrichtendiensten und Polizei, GSZ 2019, 141; *Hannover, H./ Hannover-Drück, E.*, Politische Justiz 1918–1933, Neuaufl. 2019; *Hefendehl, R.*, Die Rechtsgutslehre und der Besondere Teil des Strafrechts, ZIS 2012, 506; *Henrichs, A.*, Verdeckte personale Ermittlungen im Internet, Kriminalistik 2012, 632; *Hertel, F.*, Virtuelle verdeckte personale Ermittlungen – Rechtliche Möglichkeiten und Abgrenzung der Instrumente Kriminalistik, 2019, 162; *Hilger, H.*, Verdeckte Ermittler, V-Leute, FS Hanack, 1999, 207; *Hilger, H.*, Neues Strafverfahrensrecht durch das OrgKG – 2. Teil, NStZ 1992, 523; *Hilger, H.*, Verwertbarkeit der Aussage eines ohne richterliche Zustimmung als Scheinkäufer eingesetzten Polizeibeamten, NStZ 1997, 448; *Hilgendorf, E./Kudlich, H./Valerius, B.*, Handbuch des Strafrechts, Band 2, 2020; *Hofmann, M.*, Die Online-Durchsuchung – staatliches „Hacken" oder zulässige Ermittlungsmaßnahme?, NStZ 2005, 121; *Hofmann, M./Ritzert, S.*, Zur Strafbarkeit des Einsatzes nachrichtendienstlicher V-Personen in terroristischen Vereinigungen, extremistischen Organisationen und verbotenen Gruppierungen, NStZ 2014, 177; *Hohnerlein, J.*, Verdeckte Ermittler – verdeckter Rechtsstaat?, NVwZ 2016, 511; *Hong, M.*, Der Einsatz von V-Leuten und verdeckten Mitarbeitern zwischen sicherheitspolitischer Notwendigkeit und verfassungsrechtlichen Grenzen, in DGGGW Nachrichtendienstereform, 45; *Hund, H.*, Verdeckte Ermittlungen – ein gelöstes Problem?, StV 1993, 379; *Hund, H.*, Beteiligung Verdeckter Ermittler am unerlaubten Glücksspiel, NStZ 1993, 571; *Ignor, A.*, Der rechtliche Schutz des Vertrauensverhältnisses zwischen Rechtsanwalt und Mandant im Visier des Gesetzgebers, NJW 2007, 3403; *Jahn, M.*, Strafrecht des Staatsnotstands,

2004, 377; *Jahn, M.* Beweisverwertungsverbot bei verdecktem Verhör, JuS 2010, 832; *Keller, C.,* Verdeckte personale Ermittlungen, 2017; *Keller, R./Griesbaum, R.,* Das Phänomen der vorbeugenden Bekämpfung von Straftaten, NStZ 1990, 416; *Keller, C./Wolf, N.,* Verdeckte personale Ermittlungen aus kriminalistischer und rechtlicher Sicht, Kriminalistik 2013, 349; *Kirkpatrick, D. R.,* Der Einsatz von Verdeckten Ermittlern in Wirtschaftsstrafverfahren, NStZ 2019, 177; *Kniesel, M./Vahle, J.,* VE ME PolG. Musterentwurf eines einheitlichen Polizeigesetzes in der Fassung des Vorentwurfs zur Änderung des ME PolG – Text und amtliche Begründung, 1990; *Kniesel, M.,* Neue Polizeigesetze contra StPO? Zum Regelungsstandort der vorbeugenden Bekämpfung von Straftaten und zur Verfassungsmäßigkeit polizeilicher Vorfeldaktivitäten, ZRP 1987, 377; *Kniesel, M.,* Verdeckte Ermittlungen zur Gefahrenabwehr?, Kriminalistik 1987, 315; *Kochheim, D.,* Cybercrime und Strafrecht in der Informations- und Kommunikationstechnik, 2. Aufl. 2018; *Kohlrausch, E.,* Tagesfragen, ZStW 33 (1912), 688; *Koranyi, J./Singelnstein, T.,* Rechtliche Grenzen für polizeiliche Bildaufnahmen von Versammlungen, NJW 2011, 124; *Kölbel, R.,* Zur Verwertbarkeit privat-deliktisch beschaffter Bankdaten – Ein Kommentar zur causa „Kieber" –, NStZ 2008, 241; *Krach, T.,* Rechtsschutz gegen strafprozessuale Zwangsmaßnahmen, JURA 2001, 737 (741); *Krause, B.,* Ermittlungen im Darknet – Mythos und Realität, NJW 2018, 678; *Krey, V.,* Rechtsprobleme beim Einsatz Verdeckter Ermittler einschließlich der elektronischen Überwachung (Lauschangriff) zu ihrem Schutz und als Instrument der Strafverfolgung in Deutschland, JR 1998, 1; *Krey, V.,* Kriminalitätsbekämpfung um jeden Preis?, 2003; *Krey, V.,* Kriminalitätsbekämpfung um jeden Preis? – Zur kontinuierlichen Ausweitung des Bereichs verdeckter Ermittlungen –, FS Kohlmann, 2003, 627; *Krey, V./Dierlamm, A./Endrulat, B./Haubrich, E./Weber, J./Jaeger, S./Liebelt, M./Eckloff, L./Funke, F./Brandt, K./Lorbacher, C./Dawson, C./Bauer, A.,* Rechtsprobleme des strafprozessualen Einsatzes Verdeckter Ermittler einschließlich des „Lauschangriffs" zu seiner Sicherung und als Instrument der Verbrechensaufklärung, 1993; *Krey, V./Haubrich, E.,* Zeugenschutz, Rasterfahndung, Lauschangriff, Verdeckte Ermittler – Kritische Stellungnahme zu den strafprozessualen Reformvorschlägen im Gesetzentwurf des Bundesrates zur Bekämpfung des illegalen Rauschgifthandels und anderer Erscheinungsformen der Organisierten Kriminalität (OrgKG), JR 1992, 309; *Krey, V./Heinrich, M.,* Deutsches Strafverfahrensrecht, 2. Aufl. 2019; *Krey, V./Jaeger, S.,* Einsatz eines verdeckten Ermittlers, NStZ 1995, 516; *Krüger, R.,* Verfassungsrechtliche Grundlagen polizeilicher V-Mann-Arbeit, NJW 1982, 855; *Krüger, R.,* Das OrgKG – Ein Gesetz unter falscher Flagge, Eine erste Bilanz des „Gesetzes zu Bekämpfung des illegalen Rauschgifthandels und anderer Erscheinungsformen der Organisierten Kriminalität", Kriminalistik 1992, 594; *Kubiciel, H.,* Rechtsextremistische Musik von und mit V-Leuten – Sozialadäquanz und Rechtfertigung im Normbereich der §§ 86, 86a, 130 StGB, NStZ 2003, 57; *Kutscha, M.,* Der Lauschangriff im Polizeirecht der Länder, NJW 1994, 85; *Kühne, H.-H.,* Strafprozessrecht, 9. Aufl. 2015; *Lagodny, O.,* Verdeckte Ermittler und V-Leute im Spiegel von § 136a StPO als „angewandtem Verfassungsrecht", Zugleich eine Analyse neuerer BGH-Entscheidungen, StV 1996, 167; *Lampe, J.,* Die Schwierigkeiten mit der Rechtfertigung nachrichtendienstlicher Tätigkeit, NStZ 2015, 361; *Lenk, M.,* Vertrauen ist gut, legendierte Kontrollen sind besser ... – zugleich Anmerkung zum Urteil des BGH v. 26.4.2017 – 2 StR 247/16, StV 2017, 642 –, StV 2017, 692; *Lesch, H.,* Zu den Rechtsgrundlagen des V-Mann-Einsatzes und der Observation im Strafverfahren, JA 2000, 725; *Lesch, H.,* Soll die Begehung „milieutypischer" Straftaten durch verdeckte Ermittler erlaubt werden?, StV 1993, 94; *Lesch, H.,* Zur heimlichen Befragung einer Aussageperson, JR 2000, 334; *Lilie, H./Rudolph, M.,* Einsatz von Vertrauenspersonen der Polizei, NStZ 1995, 513; *Löffelmann, M.,* Der Schutz grundrechtssensibler Bereiche im Sicherheitsrecht, GSZ 2019, 190; *Löffelmann, M.,* Novellierung des Bayerischen Verfassungsschutzgesetzes, BayVBl. 2017, 253; *Löffelmann, M.,* Anmerkung zu einer Entscheidung des BGH, Urteil vom 26.4.2017 (2 StR 247/16) – Zur Frage der Rechtmäßigkeit legendierter Kontrollen, JR 2017, 596; *Löffelmann, M.,* Zum Übergang der Zuständigkeit zur Entscheidung über Rechtsbehelfe gegen Ermittlungsmaßnahmen auf das erkennende Gericht und anderen Absonderlichkeiten des Rechtsschutzsystems im Ermittlungsverfahren, ZIS 2009, 495; *Löffelmann, M.,* Der Rechtsschutz gegen Ermittlungsmaßnahmen, Zugleich Besprechung von BGH, Beschl. v. 8.10.2008 – StB 12 – 15/08 –, StV 2009, 3, StV 2009, 379 (382); *Lorenz, M.,* Die Zulässigkeit der Vertraulichkeitszusage gegenüber Vertrauenspersonen und Informanten sowie deren Auswirkung auf das Strafverfahren, StraFo 2016, 316; *Lüderssen, K.,* V-Leute – Die Falle im Rechtsstaat, 1985; *Mahlstedt, M.,* Die Verdeckte Befragung des Beschuldigten im Auftrag der Polizei – Informelle Informationserhebung und Selbstbelastungsfreiheit, 2011; *Makrutzki, P.,* Verdeckte Ermittlungen im Strafprozeß. Rechtswissenschaftliche Analyse – Rechtsvergleichende Studie mit dem U.S.-amerikanischen Prozeßrecht, 2000; *Matt, H./Renzikowski, J.,* Strafgesetzbuch Kommentar, 2. Aufl. 2020; *Marscholleck, D.,* Das Gesetz zur Verbesserung der Zusammenarbeit im Bereich des Verfassungsschutzes, NJW 2015, 3611; *Martini, M.,* Das allgemeine Persönlichkeitsrecht im Spiegel der jüngeren Rechtsprechung des Bundesverfassungsgerichts, JA 2009, 839; *Masing, J.,* Überwachung durch Polizei oder Nachrichtendienst – Stellungnahme zum Beitrag von Johannes Unterreitmeier, GSZ 2018, 6; *Matkey, T.,* Das Verpflichtungsgesetz – Prophylaxe gegen Geheimnisverrat und Korruption?, Kriminalistik 2014, 31; *Mayr, A.,* Der Kronzeuge als „neuer" Akteur des Wirtschaftsstrafverfahrens?, NZWiSt 2021, 340; *Meilicke, H.,* Der vom Staatsgeheimnis verhüllte V-Mann – Belastungszeuge?, NJW 1963, 425; *Meyer, F.,* Die Stellung des § 101 Abs. 7 StPO innerhalb der strafprozessualen Rechtsbehelfe – zugleich Besprechung von BGH, Beschluss v. 8.10.2008 – StB 12–15/08, JR 2009, 318; *Meyer, F.,* Die Fortsetzungsfeststellungsklage im Strafprozessrecht, HRRS-FS Fezer, 2008, 131; *Meyer, J./Hölscheidt, S.,* Charta der Grundrechte der Europäischen Union, 5. Aufl. 2019; *Meyer-Mews, H.,* Selbstbelastungsfreiheit und vernehmungsähnliche Befragung durch Verdeckten Ermittler, NJW 2007, 3138; *Michl, F.,* Sicherstellung von Daten durch die Polizei, NVwZ 2019, 1631; *Mitsch, W.,* Strafverfolgung durch legendierte Verkehrskontrollen, NJW 2017, 3124; *Mitsch, W.,* Das Unternehmensdelikt, JURA 2012, 526;

§ 27 § 27 Inkognito eingesetzte Behördenmitarbeiter (insbesondere Verdeckte Ermittler)

Mühlhoff, U./Pfeiffer, C., Der Kronzeuge – Sündenfall des Rechtsstaats oder unverzichtbares Mittel der Strafverfolgung?, ZRP 2000, 121; *Müller, W./Römer, S.,* Legendierte Kontrollen – Die gezielte Suche nach dem Zufallsfund, NStZ 2012, 543; *Nehm, K.,* Das nachrichtendienstrechtliche Trennungsgebot und die neue Sicherheitsarchitektur, NJW 2004, 3289; *Nowrousian, B.,* Repression, Prävention und Rechtsstaat – Zur Zulässigkeit und zu Folgefragen legendierter Kontrollen, NStZ 2018, 254; *Nomos Kommentar zum Strafgesetzbuch,* hrsg. von Urs Kindhäuser, Ulfrid Neumann und Hans-Ullrich Paeffgen, Band 1, 5. Aufl. 2018; *Peglau, J.,* Neues zur „Kronzeugenregelung" – Beschränkung auf Zusammenhangstaten, NJW 2013, 1910; *Posch, L.,* Strafprozessuale Ermittlungsmaßnahmen in Sozialen Netzwerken, BRJ-Sonderausgabe 1/2017, 30; *Poscher, R./Kilchling, M./Landerer, L.,* Ein Überwachungsbarometer für Deutschland – Entwicklung eines Konzeptes zur periodischen Erfassung staatlicher Überwachungsmaßnahmen, GSZ 2021, 225; *Posser, D.,* Anwalt im Kalten Krieg, 2000; *Rengier, R.,* Strafrecht Allgemeiner Teil, 12. Aufl. 2020; *Rebmann, K.,* Der Einsatz verdeckt ermittelnder Polizeibeamter im Bereich der Strafverfolgung, NJW 1985, 1; *Roewer, H./Höhn, H.,* Verfassungsschutz – Ein Beitrag zu den verfassungswahrenden Konstruktionsprinzipien des deutschen Bundesstaates und des Freistaats Thüringen und zu den Verfassungsschutzbehörden, ThürVBl. 1997, 193; *Rogall, K.,* Strafprozessuale Grundlagen und legislative Probleme des Einsatzes Verdeckter Ermittler im Strafverfahren, JZ 1987, 847; *Roggan, F.,* Die (deutschen) Geheimdienste und das Grundrecht auf Unverletzlichkeit der Wohnung, DÖV 2019, 425; *Roggan, F.,* Der nicht-überwachungsbezogene Schutz des Kernbereichs privater Lebensgestaltung – Überlegungen zur Notwendigkeit einer konzeptionellen Fortschreibung, GSZ 2019, 111; *Roggan, F.,* Straf- und strafprozessrechtliche Aspekte des Einsatzes von Verdeckten Mitarbeitern und V-Leuten nach dem neuen Bundesverfassungsschutzgesetz – Über die Privilegierung geheimdienstlicher Tätigkeit gegenüber strafverfolgender Aufgabenerfüllung, GA 2016, 393; *Roggan, F./Hammer, T.,* Das Gesetz zum besseren Informationsaustausch bei der Bekämpfung des internationalen Terrorismus – Ein Anti-Terror-Paket ohne unmittelbar terrorabwehrspezifische Inhalte, NJW 2016, 3063; *Ronge, M.,* Kriegs- und Industrie-Spionage – Zwölf Jahre Kundschaftsdienst, 1930; *Rosengarten, C./Römer, S.,* Der „virtuelle verdeckte Ermittler" in sozialen Netzwerken und Internetboards, NJW 2012, 1764; *Roxin, K.,* Zum Einschleichen polizeilicher Scheinaufkäufer in Privatwohnungen (BGH, StV 1997, 233), StV 1998, 43; *Roxin, K.,* Nemo tenetur: die Rechtsprechung am Scheideweg, NStZ 1995, 465; *Rönnau, T.,* Grundwissen – Strafrecht: Agent provocateur, JuS 2015, 19; *Rückert, C./Goger, T.,* Neue Waffe im Kampf gegen Kinderpornografie im Darknet – Neuregelung von § 184b Abs. 5 S. 2 StGB und § 100d StPO, MMR 2020, 373; *Rüscher, D.,* Alexa, Siri und Google als digitale Spione im Auftrag der Ermittlungsbehörden? – Zur Abgrenzung von Quellen-TKÜ, Onlinedurchsuchung und akustischer Wohnraumüberwachung, NStZ 2018, 687; *Satzger, H./Schluckebier, W./Widmaier, G.,* Strafgesetzbuch Kommentar, 5. Aufl. 2020; *Satzger, H./Schluckebier, W./Widmaier, G.,* Strafprozessordnung Kommentar, 4. Aufl. 2020; *Scharmer, S.,* Die Neuregelungen des Bundesverfassungsschutzgesetzes und ihre Auswirkungen auf den Strafprozess: Eine kritische Übersicht, StV 2016, 323; *Scheffczyk, F./Wolff, H. A.,* Das Recht auf Auskunftserteilung gegenüber den Nachrichtendiensten, NVwZ 2008, 1316; *Schmidt, C.,* Kompensation der unzulässigen staatlichen Tatprovokation. Zu den Auswirkungen der Rechtsprechung des EGMR in Deutschland und Österreich, ZIS 2017, 56; *Schmitz, M.,* Rechtliche Probleme des Einsatzes Verdeckter Ermittler, 1996; *Schneider, H.,* Ausgewählte Rechtsprobleme des Einsatzes verdeckter Ermittler – Eine Zwischenbilanz, NStZ 2004, 359; *Schneider, H.,* Verdeckte Ermittlungen in Haftanstalten, NStZ 2001, 8; *Schneider, F.,* Kernbereich privater Lebensgestaltung, JuS 2021, 29; *Schomburg/Lagodny,* Internationale Rechtshilfe in Strafsachen, 6. Aufl. 2020; *Schreiber, M.,* Das neue Gesetz zum Schutz von Geschäftsgeheimnissen – ein „Freifahrtschein" für Whistleblower, NZWiSt 2019, 332; *Schwabenbauer, T.,* Heimliche Grundrechtseingriffe. Ein Beitrag zu den Möglichkeiten und Grenzen sicherheitsbehördlicher Ausforschung, 2013; *Schwarzburg, P.,* Einsatzbedingte Straftaten Verdeckter Ermittler, NStZ 1995, 469; *Sellmeier, D./Blome, T.,* Der Einsatz nachrichtendienstlicher Mittel durch Vertrauensleute der Nachrichtendienste des Bundes oder: Der Einsatz nachrichtendienstlichen Mittels durch ein nachrichtendienstliches Mittel?, GSZ 2019, 196; *Sellmeier, D./Warg, G.,* Verwaltungsrechtliche Befugnis und strafrechtliche Rechtfertigung des V-Mann-Einsatzes? – zugleich Besprechung von OLG Düsseldorf, Urt. v. 6.9.2011 – 5 Sts 5/10, NWVBl. 2015, 135; *Siems, T.,* Erwiderung auf den Beitrag Unterreitmeier, NWVBl. 2018, 227 ff., NWVBl. 2018, 231; *Siems, T.,* Folgewirkungen des BVerfG-Urteils zum BKAG für die Sicherheitsbehörden – eine erste Bilanz, NWVBl. 2018, 1; *Singelnstein,* Folgen des neuen Datenschutzrechts für die Praxis des Strafverfahrens und die Beweisverbote, NStZ 2020, 639; *Singelnstein, T.,* Bildaufnahmen, Orten, Abhören – Entwicklungen und Streitfragen beim Einsatz technischer Mittel zur Strafverfolgung, NStZ 2014, 305; *Singelnstein, T.,* Rechtsschutz gegen heimliche Ermittlungsmaßnahmen nach Einführung des § 101 Abs. 7 S. 2–4 StPO, NStZ 2009, 481; *Singer, J.,* Das Trennungsgebot (Teil 1), Kriminalpolizei 2006, 87; *Soiné, M.,* Der Einsatz von V-Personen im Ermittlungsverfahren. Plädoyer für die Schaffung einer normenklaren Regelung in der StPO, ZRP 2021, 47; *Soiné, M.,* Die Vertrauensperson im Polizeirecht, NJW 2020, 2850; *Soiné, M.,* Staftatbegehung bei gleichzeitiger Betätigung als nachrichtendienstliche Quelle – Zugleich Besprechung von OLG Düsseldorf, Urteil vom 6.9.2011, GA 2014, 527; *Soiné, M.,* Personale verdeckte Ermittlungen in sozialen Netzwerken zur Strafverfolgung, NStZ 2014, 248; *Soiné, M.,* Personale verdeckte Ermittlungen in Strafverfahren – Ermittlungszwecke und -formen, Einsatz technischer Mittel, grenzüberschreitendes Tätigwerden, Kriminalistik 2013, 507; *Soiné, M.,* Zulässigkeit und Grenzen heimlicher Informationsbeschaffung durch Vertrauensleute der Nachrichtendienste, NStZ 2013, 83; *Soiné, M.,* Erkenntnisverwertung von Informanten und V-Personen der Nachrichtendienste im Strafverfahren, NStZ 2007, 247; *Soiné, M.,* Verdeckte Ermittler als Instrument zur Bekämpfung von Kinderpornographie im Internet, NStZ 2003, 225; *Soiné, M.,* Kriminalistische List im Ermittlungsverfahren, NStZ 2010, 596; *Soiné, M.,* Aufklärung der Organisierten Kriminalität –

(k)eine Aufgabe für Nachrichtendienste?, ZRP 2008, 108; *Soiné, M.*, Die strafprozessuale Online-Durchsuchung, NStZ 2018, 497; *Soiné, M./Engelke, H.-G.*, Das Gesetz zur Harmonisierung des Schutzes gefährdeter Zeugen (Zeugenschutz-Harmonisierungsgesetz – ZSHG), NJW 2002, 470; *Soiné, M./Soukup, O.*, „Identitätsänderung", Anfertigung und Verwendung von „Tarnpapieren" – Möglichkeiten der Strafverfolgungsorgane zum Schutz gefährdeter Zeugen vor kriminellen Organisationen, ZRP 1994, 466; *Strohs, M.*, Der Einsatz jugendlicher Testkäufer zur Überwachung des Verbots der Abgabe alkoholischer Getränke an Minderjährige nach § 9 des Jugendschutzgesetzes, GewArch 2014, 342; *Unterreitmeier, J.*, V-Personen als „Gefahr für die öffentliche Sicherheit"?, ZRP 2021, 125; *Unterreitmeier, J.*, Der Einsatz von V-Leuten und verdeckten Mitarbeitern zwischen sicherheitspolitischer Notwendigkeit und verfassungsrechtlichen Grenzen, GSZ 2019, 233; *Unterreitmeier, J.*, Das Gesetz zur Änderung des Bayerischen Verfassungsschutzgesetzes 2018 – ein Update zum BKAG-Urteil des BVerfG, BayVBl. 2019, 37; *Unterreitmeier, J.*, Folgewirkungen des BKAG-Urteils für die Nachrichtendienste? – Eine Erwiderung auf Siems, NWVBl. 2018, 1 ff., NWVBl. 2018, 227; *Unterreitmeier, J.*, Überwachung durch Polizei oder Nachrichtendienst – kein Unterschied?, GSZ 2018, 1; *Velten, P.*, Transparenz staatlichen Handelns und Demokratie. Zur Zulässigkeit verdeckter Polizeitätigkeit, 1996; *Volk, K./Engländer, A.*, Grundkurs StPO, 9. Aufl. 2018; *Wabnitz, H.-B./Janovsky, T./Schmitt, L.*, Handbuch für das Wirtschafts- und Steuerstrafrecht, 5. Aufl. 2020; *Wagner, M.*, Polizeiliche „Keuschheitsproben" im dark web – Überlegungen zu § 110d StPO, § 184b Abs. 6 StGB, ZStW 133 (2021), 1025; *Warg, G.*, Der Begriff der Akte und ihre Vorlage im Strafverfahren, NJW 2015, 3195; *Weber, Klaus*, Betäubungsmittelgesetz, Kommentar, 5. Aufl. 2017; *Wehner, B.*, V-Mann = „Verbindungsmann"?, Kriminalistik 1985, 154; *Wegener, B. W.*, Der geheime Staat, 2006; *Weigend, T.*, Unzulässige Tatprovokation durch staatliche Ermittler – Voraussetzungen und Folgen. Anmerkung zu BGH, Urt. v. 16.12.2021 – 1 StR 197/21, KriPoZ 2022, 131; *Weil, S.*, Verdeckte Ermittlungen im Strafverfahren und die Unverletzlichkeit der Wohnung, ZRP 1992, 243; *Weisser, N.-F.*, Zum Betretungsrecht von Wohnungen durch heimlich bzw. nicht offen ermittelnden Polizeibeamten (noeP), NZWiSt 2018, 59; *Weßlau, E.*, Ablehnung eines Beweisverwertungsverbotes nach heimlicher Ausforschung zeugnisverweigerungsberechtigter Angehöriger / Hörfallen-Entscheidung, StV 2000, 468; *Willer, R.*, Die Onlineauktion unter falschem Namen und der Straftatbestand der Fälschung beweiserheblicher Daten i. S. d. § 269 StGB, NStZ 2010, 553; *Wolter, J.*, Freiheitlicher Strafprozeß, vorbeugende Straftatenbekämpfung und Verfassungsschutz – zugleich Besprechung des Entwurfs eines StVÄG 1988, StV 1989, 358; *Zabel, B.*, Terrorgefahr und Gesetzgebung, Zugleich eine kritische Auseinandersetzung mit der Neufassung des Bundeskriminalamtsgesetzes und deren Bedeutung für die straf- und polizeirechtliche Praxis, JR 2009, 453; *Zaczyk, R.*, Prozeßsubjekte oder Störer? Die Strafprozeßordnung nach dem OrgKG – dargestellt an der Regelung des Verdeckten Ermittlers, StV 1993, 490; *Zeyher, L.*, Das Verfahrenshindernis als strafprozessuale Folge einer rechtsstaatswidrigen Tatprovokation und seine Konsequenzen, NZWiSt 2022, 197; *Zimmermann, T.*, Das Unrecht der Korruption – Eine strafrechtliche Theorie, 2018; *Zimmermann, T.*, Das Selbstgespräch und der Kernbereich privater Lebensgestaltung – Zugleich Besprechung von BGH, Urteile vom 10.8.2005 und 22.12.2011, GA 2013, 162; *Zimmermann, T.*, Das „Eigentümliche der Spionage" – oder: Das Recht und ein ethisches Paradoxon, in: Dörr/Zimmermann, Die Nachrichtendienste der Bundesrepublik Deutschland, 2007, 109; *Zimmermann, T.*, Setzt ein „rechtswidriger Angriff" iSv § 32 II StGB ein straftatbestandsmäßiges Verhalten voraus?, GA 2020, 532; *Zimmermann, T.*, Referendarexamensklausur – Strafrecht: Hinter Gittern, JuS 2011, 629; *Zöller, M. A.*, Verdachtslose Recherchen und Ermittlungen im Internet, GA 2000, 563; *Zöller, M. A.*, Heimlichkeit als System, StraFo 2008, 15.

Hinweis:
Alle Internetfundstellen wurden zuletzt am 12.4.2022 abgerufen.

A. Einführung

I. Phänomenbeschreibung

Der Einsatz menschlicher Aufklärungsmittel (sog. HUMINT – human intelligence) wird auf allen Ebenen der Sicherheitsarchitektur praktiziert (nachrichtendienstlich, präventivpolizeilich und repressiv-strafrechtlich). Erfolgt der Einsatz offen (durch nachrichtendienstliche Befrager,[1] polizeiliche Ermittlungspersonen oder Staatsanwälte), sind die Regeln über die nachrichtendienstliche (zB § 8 Abs. 4 BVerfSchG) oder polizeiliche Befragung (zB § 22 BPolG) bzw. die strafprozessuale Beschuldigten- oder Zeugenvernehmung (§ 161a Abs. 1 StPO, § 163 Abs. 3 StPO, § 163a StPO) einschlägig. Im Fokus dieses Abschnitts steht aber die nicht offen erfolgende personale Aufklärung. Diese Form des **Personaleinsatzes** ist von besonderer rechtlicher Brisanz, weil sie im Zeitpunkt ihrer Vornahme in spezifischer Weise **ohne Wissen der davon betroffenen Person** stattfindet. Gemeint ist Folgendes:

1

---

[1] Zu Begriff und Funktion *Droste* VerfassungsschutzR-HdB 228 ff. und 262. Befrager agieren zB im Kontext einer Sicherheitsprüfung nach den SÜG. Zu sog. Klaransprachen durch Bedienstete des BND s. *Ader* → § 19 Rn. 87.

Anders als etwa bei einer Observation oder akustischen Überwachung bleibt dem Betroffenen bei den hier interessierenden Maßnahmen die Informationsaufnahme durch einen anderen (zB einen Gesprächspartner) nicht generell verborgen. Es mangelt dem Betroffenen lediglich an der Kenntnis, dass sein Gegenüber auf staatliche Veranlassung zuhört.[2]

2   In terminologischer Hinsicht wird diesem Spezifikum auf zweierlei Weise begegnet. Zum einen wird der erwähnte Unterschied hinsichtlich der Art des Nichtwissens des Betroffenen über die Maßnahme durch eine technische **Differenzierung zwischen** (gänzlich) **„heimlicher" und** (lediglich) **„verdeckter" Informationserhebungen** zum Ausdruck gebracht.[3] Die Unterscheidung ist sinnvoll und wird im Folgenden zugrunde gelegt. Der Gesetzgeber fühlt sich dieser Terminologie allerdings nicht verpflichtet; die Gesetze verwenden teils das Adjektiv „verdeckt", teils die Bezeichnung „heimlich" als Oberbegriff für beiderlei Maßnahmen.[4]

3   Zum anderen wird die verdeckte personale Informationsgewinnung aufgrund ihrer eigentümlichen „Halboffenheit" und dem damit einhergehenden Täuschungselement mit dem normativ aufgeladenen Begriff des **„Vertrauensbruchs"** belegt.

4   Eine sowohl theoretisch als auch für das positive Recht bedeutsame Differenzierung betrifft des Weiteren die Frage, ob die verdeckt eingesetzte Person als Mitarbeiter oder Mitarbeiterin einer Sicherheitsbehörde agiert, oder ob es sich lediglich um eine auf staatliche Veranlassung tätige Privatperson handelt.[5] Dieses Kapitel handelt ausschließlich von den verdeckt eingesetzten Behördenmitarbeitern; für den verdeckten Einsatz von **staatlich gelenkten Privatpersonen** wird auf → § 28 verwiesen.

II. Terminologisches

1. Uneinheitlichkeit der Terminologie

5   Für die Figur des als menschliche Informationsquelle verdeckt agierenden Mitarbeiters einer Sicherheitsbehörde gibt es **keine einheitliche Terminologie.** Tatsächlich variiert die Nomenklatur beträchtlich, und zwar sowohl in Abhängigkeit vom Rechtsgebiet als auch im Hinblick auf die konkrete Ausgestaltung des jeweiligen Einsatzes. Folgende Begrifflichkeiten sind gebräuchlich und auseinanderzuhalten:

2. Verdeckter Ermittler (VE) / Verdeckter Mitarbeiter (VM)

6   Der **Begriff des Verdeckten Ermittlers** (VE) wird in den zentralen Polizeigesetzen des Bundes (§ 28 Abs. 2 Nr. 4 BPolG, § 45 Abs. 2 Nr. 5 BKAG, § 47 Abs. 2 Nr. 4 ZFdG) und der Länder[6] sowie im Strafprozessrecht (§ 110a Abs. 2 S. 1 StPO) mit nur geringfügigen Abweichungen im Detail legaldefiniert. Gemeinsames Kernelement der Definitionen ist der Einsatz eines Polizeibeamten unter einer auf Dauer angelegten Legende. Eine sehr ähnliche **Definition** findet sich auch im Bundesrecht der Nachrichtendienste (§ 9a

---

[2] *Schwabenbauer* Grundrechtseingriffe 5; *Droste* VerfassungsschutzR-HdB 264 f.; *Gazeas* Nachrichtendienstliche Erkenntnisse 98 f.
[3] Exemplarisch *Gusy* in Schenke/Graulich/Ruthig BNDG § 5 Rn. 8. Häufig werden die Begriffe „heimlich" und „verdeckt" indes auch synonym verwendet, s. zB *Koranyi/Singelnstein* NJW 2011, 124 (127).
[4] ZB einerseits § 101 StPO („verdeckt" als Oberbegriff), andererseits § 8 Abs. 2 BVerfSchG („heimlich" als Oberbegriff).
[5] Der teilweise im Bereich der Nachrichtendienste als Oberbegriff für alle im Verborgenen für die Nachrichtendienste als Informationsquelle tätigen Personen verwendete Terminus „geheimer Mitarbeiter" (vgl. *Gazeas* Nachrichtendienstliche Erkenntnisse S. 100) ist daher unglücklich gewählt, vgl. *Dietrich* in Dietrich/Eiffler NachrichtendiensteR-HdB § 2 Rn. 15. Auf europäischer Ebene ist die Differenzierung nicht geläufig, vgl. *DRB Große Strafrechtskommission,* Vertrauenspersonen und Tatprovokation, 2017, 26, https://bit.ly/3gwBGnZ.
[6] § 49 Abs. 2 Nr. 1 BWPolG; Art. 37 BayPAG; § 26 Abs. 1 Nr. 2 ASOG Bln; § 35 BbgPolG; § 47 BremPolG; § 29 HmbPolDVG; § 16 II HSOG; § 33 Abs. 1 Nr. 4 SOG M-V; § 36a NPOG; § 20 NRWPolG; § 34 Abs. 2 Nr. 4 RhPfPOG; § 31 Abs. 2 Nr. 4 SPolDVG; § 64 Abs. 1 Nr. 1 SächsPVDG; § 18 Abs. 2 SOG LSA; § 185 Abs. 1 Nr. 3 SchlHVwG; § 34 Abs. 2 Nr. 3 ThürPAG.

BVerfSchG)[7] sowie in den Verfassungsschutzgesetzen der Länder,[8] wobei es hierbei auf die Beamteneigenschaft des Bediensteten in den Bundes- und den meisten Länderregelungen nicht ankommt. Zudem spricht das Gesetz im Bereich der Nachrichtendienste zumeist vom verdeckten „Mitarbeiter",[9] da mit dem Begriff der „Ermittlung" üblicherweise (nur) die staatsanwaltschaftliche bzw. polizeiliche Untersuchung bezeichnet wird.[10]

Von allen Erscheinungsformen verdeckt agierender Bediensteter von Sicherheitsbehörden ist der Verdeckte Ermittler bzw. Mitarbeiter die einzige, für die die Gesetze detaillierte gesetzliche Anforderungen hinsichtlich der Einsatzvoraussetzungen und der konkreten Befugnisse aufstellen. Daher sind diese Figuren (ungeachtet der verhältnismäßig geringen Praxisrelevanz des Verdeckten Ermittlers bzw. Mitarbeiters)[11] als **normativer Prototyp und** als **gesetzliches Leitbild** eines verdeckt agierenden Staatsbediensteten anzusehen.

3. Nicht offen ermittelnder Polizeibeamter (NoeP)

Als nicht offen ermittelnde Polizeibeamte (NoeP)[12] werden Polizeibeamte bezeichnet, die nur einzelfallbezogen und kurzfristig verdeckt tätig werden, beispielsweise als sog. **Scheinaufkäufer** (SK) zur Aufklärung von Btm-Kriminalität.[13] Der NoeP ist als **„Gelegenheits-VE"**[14] gewissermaßen der „kleine Bruder" des echten VE: Seine Einsatzvoraussetzungen sind (wesentlich) niedriger, dafür sind aber auch seine Kompetenzen begrenzter. Die Figur des NoeP ist weitgehend ungeregelt, lediglich in § 34 Abs. 2 Nr. 4 ThürPAG sowie in Nr. II 2.9 RiStBV Anl. D[15] findet sich eine rudimentäre Regelung. Sowohl im Polizei- als auch im Strafprozessrecht wird der Einsatz eines NoeP auf die jeweiligen Generalklauseln gestützt. Im Detail schwierig und umstritten ist die Abgrenzung zum VE (näher dazu

---

[7] Die Vorschrift findet für BND und MAD entsprechende Anwendung.
[8] § 6a Abs. 1 Nr. 2 BWLVSG; Art. 18 BayVSG; § 8 Abs. 2 S. 1 Nr. 4 und 8 VSG Bln; § 4 Abs. 5 BbgVerfSchG iVm § 6 Abs. 3 S. 1 Nr. 4 und 8 BbgVerfSchG; § 6a BbgVerfSchG; § 8 Abs. 1 Nr. 2 BremVerfSchG; § 8 Abs. 2 S. 1 Nr. 1 HmbVerfSchG iVm § 8a Abs. 1 HmbVerfSchG; § 12 Hess-VerfSchG; § 10a Abs. 1 S. 1 Nr. 2 MV VerfSchG; § 14 Abs. 1 S. 1 Nr. 1 NVerfSchG iVm § 18 NVerfSchG; § 5 Abs. 2 Nr. 1 und 8 NRWVSG iVm § 7 NRWVSG; § 10 RhPflVerfSchG; § 8 Abs. 2 S. 3 Nr. 1 SchlHVerfSchG; § 10 Abs. 1 Nr. 1 ThürVerfSchG iVm § 12 Abs. 1 Nr. 4 ThürVerfSchG. SVerfSchG, SächsVSG und LSAVerfSchG enthalten keine spezielle Erwähnung von VM.
[9] Teilweise finden sich auch von „Bediensteten" die Rede, *Dietrich* in Dietrich/Eiffler NachrichtendiensteR-HdB § 2 Rn. 30.
[10] *Graulich* in Schenke/Graulich/Ruthig BVerfSchG § 9a Rn. 7; *Dietrich* in Dietrich/Eiffler Nachrichtendienste-R-HdB § 2 Rn. 30. Dieser weist (Rn. 35) darauf hin, dass der VM „im praktischen Sprachgebrauch des BND keine Verwendung [findet]".
[11] Für VE *Krey* JR 1998, 1 (3), für VM *Dietrich* in Dietrich/Eiffler NachrichtendiensteR-HdB § 2 Rn. 32; *Marscholleck* NJW 2015, 3611 (3614). Die seltene Anwendung dieser Maßnahmen wird zumeist mit dem hohen Zeit- und Kostenaufwand begründet, *Droste* VerfassungsschutzR-HdB 279 mit Fn. 899; *Hilger* FS Hanack, 1999, 207 (208). In finanzieller Hinsicht veranschlagt der Gesetzgeber in Bezug auf nach dem ZFdG eingesetzte VE einen Aufwand von 26.600 EUR pro Fall, BT-Drs. 19/12088, 79.
[12] Teilweise finden sich auch die Bezeichnungen NoeB (für nicht offen ermittelnder Beamter, vgl. *Hertel* Kriminalistik 2019, 162) sowie – im älteren Schrifttum – VaB (für verdeckt auftretender Beamter, exemplarisch *Hund* StV 1993, 379 (381)) oder NOP (= nicht offen operierender Polizeibeamter, zB *Krey/Jaeger* NStZ 1995, 517 Fn. 2).
[13] In der Lit. wird der SK zutr. als „Sonderfall des NoeP" bezeichnet, *Keller* Ermittlungen 19. Im älteren, ganz auf die Btm-Kriminalität fixierten Schrifttum werden die Bezeichnungen aber teilweise synonym verwendet; hierbei wurde ferner zwischen „schlichten" und „qualifizierten") SK unterschieden, also danach, ob der NoeP lediglich verdeckt oder zusätzlich unter Verwendung einer Legende tätig wird, *Rogall* NStZ 1996, 451; *Schneider* NStZ 2004, 359 Fn. 3.
[14] So *Krey/Jaeger* NStZ 1995, 517.
[15] Bei den RiStBV handelt es sich um eine von den Justizverwaltungen des Bundes und der Länder 1977 gemeinsam und bundeseinheitlich in Kraft gesetzte Verwaltungsvorschrift ohne Gesetzeskraft, die sich an die Staatsanwaltschaften richtet. Die Anlage D wurde 1986 beschlossen und (nur) von den Ländern in Kraft gesetzt (mit einigen Abweichungen im Detail); sie ist nicht eigentlicher Bestandteil der RiStBV, sondern lediglich redaktionell dort veröffentlicht. Für den Bereich der Gefahrenabwehr ist die RiStBV Anl. D entsprechend anwendbar, *Fischl/Greifenstein* in BeckOK PolR Bayern, 18. Ed. 1.3.2022, PAG Art. 37 Rn. 39.

→ Rn. 56–59). Im Bereich der Nachrichtendienste findet die Figur des NoeP ein funktionales Äquivalent, das als **verdeckter Befrager** bezeichnet wird.[16]

4. Virtueller Verdeckter Ermittler (VVE) / Virtueller nicht offen ermittelnder Polizeibeamter (VNoeP)

9 Mit dem Attribut der Virtualität versehen wird in der Literatur die nicht offen erfolgende, auf Kommunikation im Internet und insbesondere in den **sozialen Netzwerken** angelegte personale Ermittlung durch Behördenmitarbeiter. Insoweit wird vom „Virtuellen Verdeckten Ermittler"[17] (VVE) sowie vom „Virtuellen nicht offen ermittelnden Polizeibeamten (VNoeP)"[18] gesprochen. Eine gesetzliche Spezialregelung hierzu findet sich auf Bundesebene[19] ausschließlich im Bereich der Strafverfolgung beim **Umgang mit kinderpornographischem Material** (§ 110d StPO).[20] Infolge der geminderten Vertraulichkeitserwartung gegenüber ausschließlich virtuellen Kommunikationspartnern (→ Rn. 61) ist umstritten, ob die rechtlichen Anforderungen an den virtuellen verdeckten Einsatz von Behördenmitarbeitern gegenüber denen eines klassischen verdeckten Einsatzes gemindert sind.

5. (Geheim-)Agent; Spion

10 Der Rechtsbegriff des (Geheim-)Agenten ist Personen vorbehalten, die verdeckt für **ausländische Nachrichtendienste** tätig sind. Er findet sich vornehmlich in den strafrechtlichen Vorschriften über verbotene Agententätigkeit für eine fremde Macht (§§ 98 f. StGB). Im humanitären Völkerrecht ist zudem der Begriff des Spions gebräuchlich.[21]

Sofern ausländische Agenten befreundeter Mächte mit Zustimmung deutscher Behörden im Inland operieren, wird dieser Einsatz den für Vertrauenspersonen geltenden Regeln unterworfen (näher → § 28 Rn. 11).

6. Counterman (Doppelagent)

11 Als Counterman bzw. Doppelagent[22] werden zum Zwecke der **Spionageabwehr** überworbene (Geheim-)Agenten gegnerischer Nachrichtendienste bezeichnet. Der Einsatz von Countermen wird als „eine selbstverständliche Arbeitsmethode jedes geheimen Nachrichtendienstes" betrachtet,[23] ist aber nur in einigen Landesverfassungsschutzgesetzen ausdrücklich vorgesehen;[24] auf Bundesebene wird hierfür die Generalklausel des § 8 Abs. 2 S. 1 BVerfSchG iVm § 9 BVerfSchG bzw. § 5 BNDG herangezogen.[25]

---

[16] Vgl. § 10 Abs. 1 Nr. 5 MV VerfSchG. Zur Zulässigkeit einer auf die Generalklausel des § 8 Abs. 2 S. 1 BVerfSchG iVm § 9 BVerfSchG gestützten „verdeckten Befragung" OVG Münster DVBl 1995, 373; *Roth* in Schenke/Graulich/Ruthig BVerfSchG § 8 Rn. 33; *Unkroth* in BeckOK PolR Bayern, 18. Ed. 1.3.2022, VSG Art. 18 Rn. 11.5. S. auch BT-Drs. 18/4654, 26. Eine Spezialregel für im Internet verdeckt Informationen erhebende Mitarbeiter, die nicht unter einer auf Dauer angelegten Legende tätig werden, enthält Art. 18 Abs. 4 BayVSG.
[17] *Hauck* in Löwe/Rosenberg StPO § 110a Rn. 26, 26a.
[18] *Soiné* Kriminalistik 2013, 507.
[19] Auf Landesebene existieren teilweise Spezialregelungen, s. Art. 18 Abs. 4 BayVSG und Art. 37 Abs. 4 S. 4 Nr. 1 BayPAG.
[20] Näher → Rn. 144.
[21] Art. 29 Abs. 1 HLKO: „Als Spion gilt [...], wer heimlich oder unter falschem Vorwand in dem Operationsgebiet eines Kriegführenden Nachrichten einzieht oder einzuziehen sucht in der Absicht, sie der Gegenpartei mitzuteilen." S. auch Art. 46 GK-ZP I (BGBl. 1990 II 1550, [1551]).
[22] Vgl. BT-Drs. 18/4654, 26.
[23] BT-Drs. 7/3246, 48.
[24] Nachw. bei *Dietrich* in Dietrich/Eiffler NachrichtendiensteR-HdB § 2 Rn. 29.
[25] Zur Frage, ob Countermen als VP betrachtet werden können, *Blome/Sellmeier* DÖV 2016, 881 (883). Die Gesetzesbegr. verneint dies ausdrücklich, BT-Drs. 18/4654, 26.

A. Einführung § 27

7. Under Cover Agent

Der Begriff des Under Cover Agenten (UCA) ist kein terminus technicus. Im Bereich der Nachrichtendienste wird er teilweise als Synonym für einen „Verdeckten Mitarbeiter" im obigen Sinne (→ Rn. 6) gebraucht.[26] Demgegenüber bezeichnet der Begriff im Polizei- und im Strafprozessrecht den „wilden", dh ungeregelten Einsatz eines unter falscher Identität langfristig und ohne konkreten Anfangsverdacht ins kriminelle Milieu abtauchenden Ermittlers.[27] Der Einsatz eines UCA im zuletzt erwähnten Sinne ist als Umgehung der Vorschriften über den Einsatz Verdeckter Ermittler **nach allgemeiner Ansicht unzulässig.**[28]

8. Agent provocateur (Lockspitzel)

Die Bezeichnung agent provocateur bzw. Lockspitzel ist kein Rechtsbegriff, aber im Bereich der strafrechtlichen Beteiligungslehre sowie im Strafprozessrecht gebräuchlich. Gemeint ist damit eine **Person, die einen anderen zu einer Straftat anstiftet,** aber in Wahrheit verdeckt und auf staatliche Veranlassung agiert, um den Angestifteten letztlich überführen zu können. Da es für den Begriff des agent provocateur nicht darauf ankommt, welcher Kategorie einer verdeckt agierenden Person der Lockspitzel zuzurechnen ist, können davon beispielsweise VE/VM, NoeP oder Vertrauenspersonen (VP, dazu → § 28) gleichermaßen erfasst sein.[29] Der Einsatz von Lockspitzeln ist gesetzlich nicht ausdrücklich geregelt, wird aber von Rspr. und hL nicht (mehr) als kategorisch verboten betrachtet.[30]

Die Figur des agent provocateur hat zunächst Bedeutung für die Strafbarkeit des Lockspitzels selbst, da sich uU bereits aus der allgemeinen Beteiligungslehre eine **Straflosigkeit des verdeckten Anstifters** ergibt (näher → Rn. 190). Strafprozessrechtlich ist äußerst umstritten, ob und unter welchen Voraussetzungen der angestiftete Haupttäter trotz der staatlichen Tatprovokation ohne Verstoß gegen den fair trial-Grundsatz verfolgt werden kann (näher → Rn. 186).

Im Bereich der Nachrichtendienste existiert das analoge Problem der **steuernden Einflussnahme auf beobachtete Organisationen** dergestalt, dass (zB über einen VM oder eine VP) gezielt auf Fakten hingewirkt wird, die eine weitere Beobachtung der jeweiligen Organisation nötig machen. Dass eine solche Vorgehensweise unzulässig ist,[31] wird (indirekt) durch das Verbot der steuernden Einflussnahme nach § 9a Abs. 2 S. 1 BVerfSchG (→ Rn. 130) bestätigt.

III. Historie und rechtspolitische Entwicklung

1. Rechtspolitisches Begründungsnarrativ

Die Geschichte des Einsatzes verdeckt agierender Staatsdiener ist diejenige einer allmählichen rechtlichen Einhegung. Zu allen Ebenen des Sicherheitsrechts wird berichtet, dass der verdeckte Einsatz von Behördenmitarbeitern seit jeher üblich und sicherheitspolitisch auch notwendig gewesen sei.[32] Als zentrales sicherheitspolitisches Argument wird dabei die

---

[26] *Dietrich* in Dietrich/Eiffler NachrichtendiensteR-HdB § 2 Rn. 30; *Droste* VerfassungsschutzR-HdB 266 Fn. 856; *Blome/Sellmeier* DÖV 2016, 881 (882). Krit. dazu *Unkroth* in BeckOK PolR Bayern, 18. Ed. 1.8.2022, VSG Art. 18 Rn. 31.
[27] *Hauck* in Löwe/Rosenberg StPO § 110a Rn. 25.
[28] Statt Vieler *Barczak* StV 2012, 182 (186); *Frister* in Lisken/Denninger PolR-HdB Kap. F Rn. 330.
[29] *Zeyher* NZWiSt 2022, 197.
[30] Für eine Unzulässigkeit „unter allen Umständen" (in Bezug auf den Lockspitzel-Einsatz einer NoeP) noch RG, bei *Kohlrausch* ZStW 33 (1912), 688 (629 f.); teilweise finden sich in den heutigen Polizeirecht ausdrückliche Verbote (zB in Art. 38 Abs. 4 Nr. 1 und 2 BayPAG). Strafprozessuale Regelungsvorschläge unterbreiten *Hübner*, Rechtsstaatswidrig, aber straflos?, 2020, 264 ff.; *Jahn*, Stellungnahme für den BT-Rechtsausschuss v. 24.3.2021, 25 f., https://bit.ly/3x0atzJ.
[31] Näher *Droste* VerfassungsschutzR-HdB 271 f.
[32] *Anonymus* ZStW 6 (1886), 522 (536) (zu „Kriminal-Schutzleuten" in Zivilkleidung); *Graulich* in Lisken/Denninger PolR-HdB Kap. E Rn. 679 Fn. 1616; *Hilger* FS Hanack, 1999, 207 (213 Fn. 44). Zur

Abgeschottetheit und die professionell-**konspirative Vorgehensweise gefährlicher Gruppierungen** angeführt, deren Akteuren und insbesondere Hintermännern mit herkömmlichen Aufklärungsmethoden nicht hinreichend beizukommen sei. Erforderlich seien daher personale Täuschungen bis hin zur Infiltration solcher Gruppierungen.

17 Gegenwärtig wird jene sicherheitspolitische Notwendigkeit im nachrichtendienstlichen Bereich vornehmlich mit verfassungsfeindlichen Bestrebungen des **extremistischen Islamismus** begründet,[33] während im Bereich der Gefahrenabwehr neben dem (vorwiegend islamistischen) **Terrorismus**[34] insbesondere sog. **Schleuserbanden**[35] im Fokus stehen. Im repressiven Bereich wird die Erforderlichkeit verdeckter personaler Ermittlungen generell mit der Bekämpfung der **Organisierten Kriminalität** (OK) begründet,[36] wobei speziell die **Betäubungsmittelkriminalität**[37] und – neuerdings – Formen der **Cyberkriminalität** (näher dazu → Rn. 144) und die Verbreitung von kinderpornografischem Material[38] im Vordergrund stehen. Einsätze zur Aufklärung von Gefährdungen bzw. Straftaten durch Einzelpersonen werden in diesem Zusammenhang hingegen nur selten erwähnt, obwohl auch dies in der polizeilichen Praxis einen Anwendungsfall verdeckter personaler Ausforschung darstellt (→ Rn. 73).

18 Generell ist zu konstatieren, dass das skizzierte Notwendigkeitsnarrativ im Hinblick auf verdeckt agierende Staatsdiener[39] sowohl in der Literatur[40] als auch in der Rspr.[41] breiten Zuspruch erfährt, nennenswerten Widerspruch hingegen keinen.[42] **Empirisches Material zur Häufigkeit** derartiger Einsätze ist allerdings nicht verfügbar.[43]

2. Übersicht zur rechtlichen Entwicklung

19 In rechtlicher Hinsicht waren verdeckte personale Einsätze lange Zeit weitgehend ungeregelt. Erst seit den 1980er Jahren ist eine bis heute anhaltende Entwicklung hin zu einer Verrechtlichung und Vergesetzlichung zu beobachten. Die wesentlichen Impulse für diesen Trend gehen auf unterschiedliche Bereiche des Sicherheitsrechts zurück. Als Ausgangspunkt kann das **Volkszählungsurteil** des BVerfG **aus dem Jahr 1983** gelten, dessen programmatische Aussagen zu einem Grundrecht auf informationelle Selbstbestimmung[44] auf einen intensiv geführten Diskurs zum Für und Wider der Zulässigkeit verdeckter personaler Ermittlungen im Bereich der Strafverfolgung[45] befruchtend wirkten.

---

nachrichtendienstlichen Spionage s. die zeitgenössische Schilderung von *Ronge,* Kriegs- und Industrie-Spionage, 1930, 13 ff. Aus neuerer Zeit zusammenfassend für den Bereich der Nachrichtendienste BVerfGE 146, 1 (49 Rn. 110) = BeckRS 2017, 117451, für das Strafverfahrensrecht BVerfGE 109, 13 (34) = NJW 2004, 141.

[33] *Löffelmann* BayVBl. 2017, 253.
[34] BT-Drs. 16/10121, 25 (zum BKAG).
[35] BT-Drs. 18/8702, 18 (zum BPolG).
[36] Vgl. *Engelstätter* in BeckOK StPO, 43. Ed. 1.4.2022, RiStBV Anl. D Rn. 1 f. Näher dazu und zum Begriff der OK *Hauck* in Löwe/Rosenberg StPO § 110a Rn. 1.
[37] BT-Drs. 12/989, 41 (zur StPO).
[38] Dazu *Soiné* NStZ 2003, 225 ff.
[39] Anderes gilt im Hinblick auf verdeckt agierende Privatpersonen, insbesondere Vertrauenspersonen (VPs), → § 28 Rn. 24.
[40] Exemplarisch *Hong* in DGGGW Nachrichtendienstereform, 45; *Roth* in Schenke/Graulich/Ruthig BVerfSchG § 8 Rn. 21; *Schneider* NStZ 2001, 8 f.
[41] In Bezug auf die Nachrichtendienste BVerfGE 146, 1 (49 ff., insbesondere Rn. 111) = BeckRS 2017, 117451, in Bezug auf die Strafverfolgung BVerfGE 129, 208 (256) = NJW 2012, 833.
[42] *Eschelbach* StV 2000, 390 (392). Abl. zu VE-Befugnissen im Bereich des Gefahrenabwehrrechts allerdings Bay. LT-Drs. 18/16369 v. 27.5.2021 (SPD-Gegenentwurf für ein neues BayPAG), 142 f.
[43] *Dietrich* in Dietrich/Eiffler NachrichtendiensteR-HdB § 2 Rn. 2.
[44] BVerfGE 65, 1 (43) = NJW 1984, 419. Zur Bedeutung der Entscheidung für verdeckte personale Ermittlungen *Hong* in Dietrich ua, Reform der Nachrichtendienste zwischen Vergesetzlichung und Internationalisierung, 2019, 57.
[45] S. exemplarisch einerseits der in seiner Stoßrichtung liberale Sammelband von *Lüderssen,* V-Leute – Die Falle im Rechtsstaat, 1985 und andererseits die kriminalistischen Notwendigkeiten in den Vordergrund stellenden Studien von *Krey ua,* Rechtsprobleme des strafprozessualen Einsatzes Verdeckter Ermitt-

A. Einführung

Diese Debatte fand ihren vorläufigen Abschluss mit dem Inkrafttreten des Gesetzes zur Bekämpfung des illegalen Rauschgifthandels und anderer Erscheinungsformen der Organisierten Kriminalität **(OrgKG) im Jahr 1992**,[46] durch das erstmalig eine spezielle Ermächtigungsgrundlage zum VE-Einsatz in die StPO aufgenommen wurde.[47] Bemerkenswerterweise ging diese Normierung allerdings insoweit an der vorherigen Debatte vorbei, als diese primär um die (in der StPO weiterhin gesetzlich ungeregelte) Figur der V-Person kreiste, während der VE – seiner geringeren praktischen Bedeutung und der vergleichsweise minderen rechtsethischen Fragwürdigkeit entsprechend – lediglich als eine Randfigur der Problematik behandelt worden war. Die Positivierung des VE in den §§ 110a ff. StPO war aber gleichwohl für sämtliche Formen verdeckter personaler Ermittlungen in mehrfacher Hinsicht von großer Bedeutung für die weitere Rechtsentwicklung. 20

Zum einen hatte der Gesetzgeber des OrgKG insbesondere mit der durch Richtervorbehalt abgesicherten VE-Befugnis zum Betreten von Wohnungen (§ 110c StPO) zum Ausdruck gebracht, in derartigen verdeckten Einsätzen (nur, aber immerhin) einen spezialgesetzlich zu regelnden **Eingriff in Privatheitsgrundrechte** zu erblicken.[48] Konsequenterweise entschied das **OLG Düsseldorf 2011** in einer strafrechtlichen Entscheidung zu einem zur Infiltration einer terroristischen Vereinigung eingesetzten nachrichtendienstlichen V-Mann, dieser könne sich mangels einer dem § 110c StPO vergleichbaren Befugnisnorm im Verfassungsschutzrecht nicht auf die Rechtmäßigkeit seines Einsatzes berufen.[49] Die Entscheidung hatte erhebliche rechtspolitische Konsequenzen. Sie führte 2015 – in Verbindung mit den Unzulänglichkeiten beim Einsatz verdeckt agierender Personen, die die **Aufarbeitung des NSU-Komplexes im Jahr 2013** zu Tage gefördert hatte –[50] zu einer detaillierten Regelung des VM- und VP-Einsatzes im Recht der Nachrichtendienste (insbesondere §§ 9a, 9b BVerfSchG). 21

Zum anderen hatte der Gesetzgeber des OrgKG mit der konkreten Ausgestaltung des § 110c StPO und der ausdrücklichen Nicht-Regelung von VP-Einsätzen implizit deutlich gemacht, in verdeckten personalen Ermittlungsmaßnahmen jedenfalls keinen *gravierenden* Grundrechtseingriff (etwa in das Grundrecht aus Art. 13 Abs. 1 GG) zu erblicken. Im Anschluss daran etablierte sich auch in den Polizeigesetzen (und häufig nach dem Vorbild der strafprozessualen Regelung)[51] der VE als Standardmaßnahme, welcher allenfalls mittlere Eingriffsintensität zukomme.[52] Allerdings bezeichnete das BVerfG **im Jahr 2016** in seinem kontroversen **Urteil zum BKAG**[53] das Ausnutzen von Vertrauen durch polizeiliche VE 22

[ ] ler, 1993; *Rebmann* NJW 1985, 1 (4); eine vermittelnde Position findet sich etwa bei *Rogall* JZ 1987, 847 (850 ff.).
[46] BGBl. 1992 I 1302. Zu vorangegangenen Gesetzesentwürfen *Wolter* StV 1989, 358 f.
[47] Zeitgenössische Einschätzung bei *Hilger* NStZ 1992, 523 ff.
[48] Vgl. BT-Drs. 12/989, 41: „Der Einsatz eines Verdeckten Ermittlers ist für sich allein meist von geringerer Eingriffsintensität als die Überwachung des Fernmeldeverkehrs oder der Einsatz technischer Überwachungsgeräte. Die Eingriffstiefe nimmt aber beträchtlich zu, wenn der Verdeckte Ermittler Wohnungen betritt."
[49] OLG Düsseldorf NStZ 2013, 590.
[50] S. dazu BT-Drs. 17/14600, Beschlussempfehlung und Bericht des NSU-Untersuchungsausschusses, 257 ff., 856 ff.; *BLKR*, Abschlussbericht v. 30.4.2013, insbesondere S. 277 ff., https://bit.ly/2SF7w8M.
[51] Erwähnung des präventiv-polizeilichen Einsatzes eines Verdeckten Ermittlers allerdings bereits in § 8c Abs. 2 Nr. 3 [Alternativentwurf] des VE/ME PolG 1986, abgedruckt in *Kniesel/Vahle* in Clages, VE/ME PolG, Musterentwurf eines einheitlichen Polizeigesetzes in der Fassung des Vorentwurfs zur Änderung des ME PolG – Text und amtliche Begründung, 1990, 8. In der Begründung zu diesem Vorschlag auf S. 55 f. wird speziell die VE-Regel jedoch mit keinem Wort erwähnt.
[52] Vielfach sind die Einsatzvoraussetzungen dabei geringer als diejenigen nach der StPO, s. *Frister* in Lisken/Denninger PolR-HdB Kap. F Rn. 328.
[53] BVerfGE 141, 220 = NJW 2016, 1781; von *Gärditz* EuGRZ 2018, 6 (7) als „sicherheitsverfassungsrechtlicher Wasserstand" bezeichnet; zsf. *Dürr* JA 2019, 432 ff. Das Urteil wird begrüßt zB von *Petri* ZD 2016, 374; abl. etwa *Wiemers* NVwZ 2016, 839 (841) (der das Urteil als Ausdruck eines „Übergewichts von Juraprofessoren gegenüber Praktikern in den Spruchkörpern des Gerichts" kritisiert); *Durner* DVBl 2016, 780 (784) („gesetzgebungsartiger Aktionismus").

oder VP als einen „sehr schwerwiegenden Grundrechtseingriff"[54] – woraufhin der Bundesgesetzgeber ab dem Jahr 2017 mit nochmals grundrechtssensibler ausgestalteten Befugnisnormen zum VE-Einsatz reagierte (§ 45 BKAG; § 28 BPolG; § 47 ZFdG). Infolgedessen sehen sich einige aus der Zeit davor stammenden Polizeigesetze und vor allem die alten StPO-Regeln der Kritik ausgesetzt, hinter den aktuellen grundrechtlichen Minimalerfordernissen für derartige Eingriffsbefugnisse zurückzubleiben.[55] Es steht zu erwarten, dass insbesondere die grundrechtsdogmatisch inzwischen überholten strafprozessualen Vorschriften in Bälde einer Überarbeitung unterzogen werden (müssen).

22a Dringender Reformbedarf besteht nach dem **BVerfG-Urteil zum BayVSG im Jahr 2022** auch im Bereich des Nachrichtendienstrechts.[56] Darin hat das Gericht zwar die umstrittene Frage (→ Rn. 194), inwieweit die im BKAG-Urteil gesetzten strengen Maßstäbe für polizeiliche VE- und VP-Einsätze auch im Recht der Nachrichtendienste gelten, weder umfassend noch eindeutig beantwortet.[57] Allerdings hat das BVerfG die Nichtigerklärung der VE-/VP-Einsatzbefugnisse im BayVSG auf das Fehlen von die Eingriffsintensität der Maßnahme hinreichend berücksichtigende Anordnungsvoraussetzungen (Eingriffsschwelle; Anordnungskompetenz) gestützt;[58] diese Defizitfeststellung dürfte sich gegenwärtig auch auf alle anderen nachrichtendienstlichen Regelungen derartiger Einsätze im Bundes- und Landesrecht übertragen lassen.

B. Allgemeine Rechtsgrundlagen und -probleme

I. Übersicht zu den Rechtsproblemen

23 Obwohl sich insbesondere der Einsatz von VE inzwischen auf **allen Ebenen des Sicherheitsrechts** zu einer **Standardmaßnahme** entwickelt hat, bestehen nach wie vor eine Reihe im Detail noch ungeklärter Fragen. Von eher akademischer Natur ist die grundlegende Frage nach der generellen verfassungsrechtlichen Zulässigkeit verdeckter personaler Ermittlungen im Rechtsstaat (→ Rn. 25). Von hoher praktischer Relevanz sind hingegen diejenigen Fragen, die sich aus dem Verständnis der verdeckten Ausforschung als Grundrechtseingriff ergeben. Nach wie vor im Streit steht dabei zunächst die Kardinalfrage, ob bzw. inwieweit die zwar täuschungsbedingt, im Übrigen aber freiwillig erfolgende Informationspreisgabe der ausgeforschten Person einen Verzicht auf das beeinträchtigte Grundrecht bedeutet (→ Rn. 34).

24 Des Weiteren stellen sich Rechtsgebiets-übergreifend Folgefragen in Bezug auf die **verfassungsrechtlichen Vorgaben zur** konkreten **Ausgestaltung der Ermächtigungsgrundlagen,** namentlich im Hinblick auf die Geltung des Zitiergebots, die Regelung der Anordnungsbefugnis, die Ausgestaltung des Kernbereichsschutzes sowie die erforderlichen

---

[54] BVerfGE 141, 220 (Rn. 160) = NJW 2016, 1781, aufgegriffen in BVerfG BeckRS 2020, 40468 (Rn. 100) („Der Einsatz [...] zählt zu den schwersten denkbaren informationellen Eingriffen"); BVerfG BeckRS 2022, 8427 (Rn. 340); ähnlich bereits BT-Drs. 14/1484, 29 („tiefgehender Eingriff in Grundrechte"); BGH NJW 1996, 2108 (2109) („erhebliche Beeinträchtigung der Rechte von Betroffenen durch schwerwiegende Täuschung"); zur Eingriffsqualität des VE-Einsatzes s. auch BVerwG NJW 1997, 2534 f.
[55] Eine verfassungsgerichtliche Übertragung der Maßstäbe aus der BKAG-Entscheidung auf das Strafverfahrensrecht steht noch aus. Daran, dass dies früher oder später geschehen wird, bestehen aber keine ernsthaften Zweifel, vgl. *BT-Wiss. Dienst,* Der Einsatz von Vertrauensleuten, WD 3 – 3000 – 252/19, 21; zurückhaltender *Engelstätter* in BeckOK StPO, 43. Ed. 1.4.2022, RiStBV Anl. D Rn. 2 aE („offen").
[56] BVerfG BeckRS 2022, 8427.
[57] Insbesondere im Hinblick auf Transparenzpflichten verhält sich die Entscheidung aus prozessualen Gründen nicht, BVerfG BeckRS 2022, 8427 (Rn. 140 f.). Hinsichtlich der Frage nach der Vergleichbarkeit der Eingriffsintensität von polizeilichen Eingriffsbefugnissen einerseits und entsprechenden nachrichtendienstlichen Befugnissen andererseits geht das Gericht zwar im Ansatz von einer differenzierenden Betrachtung aus (Rn. 156 ff.); es lässt aber nicht klar erkennen, welche prinzipiellen Konsequenzen daraus gerade für das Instrument des VE-/VP-Einsatzes folgen (Rn. 191, 219). Auch die bedeutsame Frage, ob solche Einsätze einen Eingriff in Art. 13 GG darstellen können (→ Rn. 40 ff.), wird in der Entscheidung ausdrücklich offengelassen (Rn. 339).
[58] BVerfG BeckRS 2022, 8427 (Rn. 337–355).

B. Allgemeine Rechtsgrundlagen und -probleme

§ 27

Rechtsschutzmöglichkeiten. Für die Detail-Gestaltung der Befugnisnormen und der Begleitregelungen spielen aber auch die spezifischen Bedingungen des jeweilgen Sicherheitsrechtsgebiets eine Rolle, sodass im Folgenden zumeist eine getrennte Darstellung der gebietsspezifischen Regelungen und ihrer wesentlichen Eigenheiten erfolgt.

II. Verfassungs- und menschenrechtliche Grundfragen

1. Generelle Zulässigkeit des Einsatzes verdeckt agierender Staatsdiener

Die Frage, ob der Staat überhaupt ohne Wissen des Betroffenen Informationen erheben darf, wird nur selten ausdrücklich gestellt und daher zumeist auch nur implizit beantwortet. Jedenfalls die generelle Legitimation des Staates, seine Akteure im Bereich des Sicherheitsrechts auch mit Befugnissen zur heimlichen Informationserhebung auszustatten, wird praktisch nicht in Zweifel gezogen.[59] Entsprechend finden sich sowohl im Recht der Nachrichtendienste (exemplarisch § 8 Abs. 2 BVerfSchG) als auch in den Polizeigesetzen (etwa § 28 Abs. 1, 2 BPolG; § 45 Abs. 1, 2 BKAG) generalklauselartige Befugnisse zur heimlichen Informationserhebung. Im Strafverfahrensrecht gibt es keine solchermaßen ausdrückliche Vorschrift, aber es ist anerkannt, dass die Vornahme heimlicher Ermittlungen nicht per se unzulässig ist: „Ein ‚**Grundsatz der Offenheit staatlichen Handelns**' läßt sich den das Ermittlungsverfahren regelnden Vorschriften des Gesetzes nicht entnehmen."[60]

25

Andererseits wird aus Rechtsstaats- und Demokratieprinzip eine grundsätzliche Verpflichtung der Staatsgewalt abgeleitet, insbesondere bei der Kommunikation mit den Bürgern mit offenem Visier zu agieren, dh die **Erkennbarkeit staatlichen Handelns** als solches zu gewährleisten.[61] Das ist auch vor dem Hintergrund eine plausible Forderung, dass der Einsatz von verdeckt ermittelnden Personen das Vertrauen sowohl zwischen den Bürgern untereinander als auch in die Ehrlichkeit staatlichen Verhaltens zu erschüttern geeignet ist,[62] das Vertrauen der Bürger aber eine Ressource ist, ohne die ein angstfreies friedliches Miteinander und eine gedeihliche Staatsverwaltung nicht bestehen können.[63]

26

Vor diesem Hintergrund erscheint es folgerichtig, das **Prinzip der offenen Datenerhebung** als rechtsstaatlichen Normalfall auszuweisen (vgl. § 21 Abs. 3 BPolG, § 9 Abs. 2 S. 2 BKAG iVm § 39 Abs. 3 BKAG), die heimliche oder verdeckte Informationsbeschaffung hingegen als begründungsbedürftige Ausnahme zu konzipieren.[64] Insgesamt folgt hieraus, dass aufseiten des Bürgers generell eine berechtigte Erwartungshaltung dahin-

27

---

[59] In Bezug auf das Nachrichtendienstwesen ergebe sich dies implizit aus Art. 87 Abs. 1 S. 2 GG, *Roth* in Schenke/Graulich/Ruthig BVerfSchG § 8 Rn. 23. Der EGMR betont in stRspr die generelle Zulässigkeit des Einsatzes verdeckter personaler Ermittlungen im Strafverfahren, s. nur EGMR NJW 2009, 3565 (3566 Tz. 53); 2015, 3631 (3632 f. Tz. 47).

[60] BGHSt 42, 139 (150) = BeckRS 9998, 167033; ebenso BVerfG NJW 2009, 1405 (1407 Rn. 28); *Hofmann* NStZ 2005, 121 (123 f. mwN).

[61] Grdl. *Velten,* Transparenz staatlichen Handelns und Demokratie – Zur Zulässigkeit verdeckter Polizeitätigkeit, 1996; *Wegener,* Der geheime Staat, 2006, insbesondere S. 391 ff. (jew. unter Betonung des Demokratieprinzips); s. auch *Graulich* in Schenke/Graulich/Ruthig BPolG § 21 Rn. 11, 13; *Lampe* NStZ 2015, 361 (362).

[62] Grdl. BVerfGE 65, 1 (43) = NJW 1984, 419; BVerfGE 125, 260 (332 Rn. 233) = NJW 2010, 833, ferner anerkannt von EuGH NJW 2014, 2168 (2170 Rn. 37); NVwZ 2017, 1025 (1029 Rn. 100); näher zum sog. chilling effect *Hong* in Dietrich ua, Reform der Nachrichtendienste zwischen Vergesetzlichung und Internationalisierung, 2019, 45, 57; *Schwabenbauer* Grundrechtseingriffe 140 ff.; *Denninger* in Lisken/Denninger PolR-HdB Kap. B Rn. 87 ff.; krit. *Gärditz* EuGRZ 2018, 6 (14); scharf abl. *Unterreitmeier* NWVBl. 2018, 227 (228) (Annahme basiere auf „alternative facts").

[63] Vgl. *Denninger* in Lisken/Denninger PolR-HdB Kap. B Rn. 93; *Zimmermann,* Das Unrecht der Korruption, 2018, 207 ff.

[64] Vgl. *Graulich* in Lisken/Denninger PolR-HdB Kap. E Rn. 678 f. (zum Polizeirecht); *Hund* StV 1993, 379; *Dencker* StV 1994, 667 (678) (jew. zum Strafverfahrensrecht). Im Bereich der Nachrichtendienste kommt dies in den Befugnisnormen nur andeutungsweise zum Ausdruck (vgl. § 8 Abs. 1 S. 1 Hs. 2 BVerfSchG), da hier die heimliche Datenerhebung den normativen Regelfall bildet und insoweit der Grundsatz der Offenheit der Datenerhebung „nicht gilt" (so BVerfGE 133, 277 (326 Rn. 117) = NJW 2013, 1499).

gehend besteht, dass der mit ihm in Kommunikation tretende Staat sich auch als solcher zu erkennen gibt. Umgekehrt ist es nicht plausibel, die durch verdeckt ermittelnde Staatsdiener ausgelöste Enttäuschung dieser Erwartung, also den „Vertrauensbruch", als normatives Nullum zu betrachten.[65]

2. Grundrechtsbeeinträchtigung durch verdeckte personale Ermittlungen

28 Die verdeckte Informationserhebung durch Staatsdiener stellt potenziell einen Eingriff in Grund- und Menschenrechte dar.[66] Betroffen sind namentlich diejenigen Rechte, die ausdrücklich den Schutz der Privatheit des Bürgers zum Gegenstand haben. Durch den Einsatz eines verdeckten Ermittlers, der bereits durch Sinneswahrnehmung Daten in Bezug auf die von ihm beobachteten Personen erhebt, wird zuvörderst in das Allgemeine Persönlichkeitsrecht in Gestalt des **Rechts auf informationelle Selbstbestimmung** eingegriffen,[67] nach teilweise vertretener Ansicht zudem (zusätzlich oder alternativ) in das **Recht am eigenen Wort oder Bild**.[68] Einschlägig sind insoweit zudem die **Rechte auf die Achtung des Privatlebens** nach Art. 8 Abs. 1 EMRK und Art. 7 Abs. 1 GRCh, die sowohl das vertraulich gesprochene Wort[69] als auch generell den Schutz personenbezogener Daten als Aspekte des Privatlebens gewährleisten.[70]

29 Betritt ein verdeckt ermittelnder Staatsdiener, ohne sich als solcher erkennen zu geben, eine **Wohnung,** berührt dies zusätzlich die Schutzbereiche von Art. 13 Abs. 1 GG (→ Rn. 40), Art. 8 Abs. 1 EMRK sowie Art. 7 Abs. 1 GRCh.[71]

30 Erhält die verdeckt agierende Person im Rahmen einer tieferen zwischenmenschlichen Beziehung zu dem Betroffenen Informationen höchstpersönlichen Inhalts (etwa durch Schilderung intimer Gedanken im vertraulichen Zwiegespräch[72] oder durch mit technischen Mitteln zur Eigensicherung erstellte Bildaufnahmen iSv § 201a Abs. 1 Nr. 1 StGB), evtl. sogar Einblicke in Ausdrucksformen der Sexualität (insbesondere bei einer sexuellen Beziehung zwischen VE und Betroffenem – als „taktische Liebesbeziehung" oder auch als „Romeo-Fälle" bezeichnet[73]), kann zudem der von Art. 1 Abs. 1 GG geschützte **Kernbereich privater Lebensgestaltung**[74] berührt sein. Jedenfalls im Rahmen eines dauerhaften Einsatzes verdeckter personaler Ermittlungen sowie dann, wenn der Einsatz mit dem Betreten von Wohnungen verbunden ist, weist die Datenerhebung typischerweise eine erhöhte Kernbereichsrelevanz auf.[75]

31 Inwieweit bei der Teilnahme einer verdeckt ermittelnden Person an einer unter dem Schutz von Art. 8 Abs. 1 GG stehenden **Versammlung** der Schutzbereich dieses Grundrechts berührt sein kann, hängt von der Frage ab, ob auch dieses Grundrecht als Vehikel der

---

[65] So aber *Schneider* NStZ 2001, 8 (10) („normativ irrelevant", da „allgemeines Lebensrisiko"); aA *Roxin* NStZ 1995, 465 (467).
[66] AA noch *Krey/Haubrich* JR 1992, 309 (315); *Krey* JR 1998, 1 (2 f.).
[67] BVerfGE 120, 274 (Rn. 310) = NJW 2008, 822; BVerfGE 129, 208 (255 f. Rn. 238) = NJW 2012, 833; *Graulich* in Schenke/Graulich/Ruthig BVerfSchG § 9a Rn. 5; *Hong* in Dietrich ua, Reform der Nachrichtendienste zwischen Vergesetzlichung und Internationalisierung, 2019, 45, 48; *Di Fabio* in Dürig/Herzog/Scholz GG, Lfg. 39 (7/2001), Art. 2 Abs. 1 Rn. 176; *BT-Wiss. Dienst,* Der Einsatz von Vertrauensleuten – Verfassungsrechtliche Aspekte, WD 3 – 3000 – 252/19, 10.12.2019, 6.
[68] *Hauck* in Löwe/Rosenberg StPO § 110a Rn. 12; *Hong* in Dietrich ua, Reform der Nachrichtendienste zwischen Vergesetzlichung und Internationalisierung, 2019, 45, 48.
[69] Näher *Gaede* in MüKoStPO EMRK Art. 8 Rn. 10 m. Nachw. aus der Rspr.
[70] EGMR NJW 2013, 3013 (3081 Rn. 39); *Esser* in Löwe/Rosenberg EMRK Art. 8 Rn. 85 ff.; *Hauck* in Löwe/Rosenberg StPO § 110a Rn. 15 f.; *Bernsdorff* in Meyer/Hölscheidt GRCh Art. 8 [sic!] Rn. 13.
[71] *Bernsdorff* in Meyer/Hölscheidt GRCh Art. 7 Rn. 18.
[72] Vgl. BVerfGE 109, 279 (318 f.).
[73] Vgl. BGHSt 42, 139 = BeckRS 9998, 167033; OVG Hamburg NVwZ-RR 2018, 886; *Soiné* Kriminalistik 2013, 507 (508).
[74] Dazu *Löffelmann* GSZ 2019, 190 ff.; *Zimmermann* GA 2013, 162 ff.; instruktiver Kurzüberblick bei *F. Schneider* JuS 2021, 29 ff. Dazu, dass der Kernbereichsschutz nicht nur die eigentliche Informationserhebung, sondern auch deren Umstände und Vorbereitung betrifft, *Roggan* GSZ 2019, 111 (113).
[75] Abw. *Dietrich* in Dietrich/Eiffler NachrichtendiensteR-HdB § 2 Rn. 122 („nur beim längerfristigen Einsatz").

Transparenzerwartung gegenüber staatlichen Akteuren zu verstehen ist.[76] Die Rspr. des BVerfG legt dies zumindest nahe.[77]

Keine Rolle spielt für die hiesige Fragestellung das **Fernmeldegeheimnis** nach Art. 10 **32** Abs. 1 GG bzw. das Recht auf die Achtung der Korrespondenz (Art. 8 Abs. 1 EMRK) bzw. Kommunikation (Art. 7 Abs. 1 GRCh). Denn diese Rechte schützen nicht vor einer Identitätstäuschung durch den Gesprächspartner (*verdecktes* Mithören; Beispiel: Telefonat mit einem VE), sondern nur vor dem *heimlichen Abhören durch einen Dritten* (Beispiel: Telekommunikationsüberwachung).[78]

Speziell im Hinblick auf das Strafverfahren kann der Einsatz verdeckt agierender Personen **33** zudem das **fair trial-Prinzip** (Art. 2 Abs. 1 GG iVm Art. 20 Abs. 3 GG; Art. 6 EMRK; Art. 47 Abs. 2 S. 1 GRCh) in seinen verschiedenen Ausprägungen beeinträchtigen, etwa hinsichtlich der **Selbstbelastungsfreiheit** (nemo tenetur se ipsum accusare), des **Tatprovokationsverbots** sowie verschiedener Ausprägungen der Verteidigungsrechte (Recht auf umfassende Sachverhaltserforschung; Konfrontationsrecht; Grundsatz der Aktenwahrheit).

3. Eingriffsausschluss durch Einwilligung (Grundrechtsausübungsverzicht)

Die verfassungs- bzw. menschenrechtlichen Anforderungen an die Ermächtigungsgrund- **34** lagen zum Einsatz verdeckt agierender Ermittlungspersonen hängen davon ab, ob es sich bei diesen Einsätzen um *Eingriffe*[79] in die berührten Grundrechte handelt. Streit herrscht vor allem darum, ob die partielle **Freiwilligkeit der Informationspreisgabe** gegenüber einem verdeckten Ermittler – der Bürger weiß, *dass* er Informationen preisgibt; er irrt lediglich über die Eigenschaft des Gegenübers als ermittelnder Staatsdiener (→ Rn. 2) – der Ausforschung die Eingriffsqualität nimmt. Die Frage wird – insbesondere im Hinblick auf das Betreten von Wohnungen – intensiv diskutiert, da von der Antwort namentlich abhängt, ob einige strafprozessuale Befugnisse verfassungswidrig sind. Der BGH hat die Problematik anlässlich eines repressiven NoeP-Einsatzes in einem obiter dictum ausführlich beleuchtet, aber im Ergebnis dahinstehen gelassen.[80]

Das Kernargument der Befürworter eines Eingriffsausschlusses bzw. Grundrechtsverzichts **35** qua Einwilligung[81] besteht in der Annahme, es gehöre zum **allgemeinen Lebensrisiko,** dass sich eine ins Vertrauen gezogene Person später als nicht vertrauenswürdig erweist.[82] Daraus folge: Wer freiwillig andere in seine Wohnung einlässt, erleidet auch dann keinen Eingriff in sein Grundrecht aus Art. 13 Abs. 1 GG, wenn der Eingelassene ein VM/VE (oder eine VP) ist;[83] wer freiwillig mit anderen kommuniziert, erleidet keinen Eingriff in sein Recht auf informationelle Selbstbestimmung, wenn der Kommunikationspartner die Information verdeckt im staatlichen Auftrag erhebt.[84] Lediglich in Bezug auf einige Garan-

---

[76] Dafür *Dietrich* in Dietrich/Eiffler NachrichtendiensteR-HdB § 2 Rn. 98; *Hong* in DGGGW Nachrichtendienstereform, 45, 55; aA *Unterreitmeier* GSZ 2019, 233 f.
[77] Vgl. BVerfG NVwZ 2017, 1453 (1454 Rn. 11).
[78] S. nur *Henrichs* Kriminalistik 2012, 632 (633); *Unterreitmeier* GSZ 2019, 233 (234); aA *Hong* in Dietrich ua, Reform der Nachrichtendienste zwischen Vergesetzlichung und Internationalisierung, 2019, 48 (jew. zu Art. 10 Abs. 1 GG).
[79] Zum Streit darüber, ob in Bezug auf die hiesige Thematik auf den „modernen" Eingriffsbegriff oder auf die Figur des funktionalen Eingriffsäquivalents abzustellen ist, s. exemplarisch die Kontroverse zwischen *Hong* in DGGGW Nachrichtendienstereform, 45, 48 f. und *Unterreitmeier* GSZ 2019, 233 (236) sowie *Eschelbach* StV 2000, 390 (393).
[80] BGH NJW 1997, 1516.
[81] Generell zur Möglichkeit des Grundrechtsverzichts durch Einwilligung *Hong* in DGGGW Nachrichtendienstereform, 45, 50 f.; *El-Ghazi* ZIS 2019, 110 f.; krit. zu diesem Ansatz in Bezug auf Art. 13 GG *Duttge* JZ 1996, 556 (561 f.), der im (täuschungsbedingten) Einlassen gerade einen Grundrechts*gebrauch* sieht.
[82] IdS etwa *Unterreitmeier* GSZ 2019, 233 (235 f.); *Droste* VerfassungsschutzR-HdB 323; *Krüger* NJW 1982, 855 (857).
[83] So ausdr. *Soiné* NStZ 2013, 83 (86); *Soiné* NJW 2020, 2850 (2851); *Blome/Sellmeier* GSZ 2019, 196 (199).
[84] Vgl. *Roewer/Höhn* ThürVBl. 1997, 193 (199); *Unterreitmeier* GSZ 2019, 233 (235 f.) (mit der Einschränkung, bei einer „systematischen" bzw. „gezielten" Erhebung freiwillig preisgegebener Informationen liege dennoch ein RiS-Eingriff vor).

tien des fair trial-Prinzips (insbesondere Selbstbelastungsfreiheit) komme eine Einwilligung nicht in Betracht, da insoweit ausdrückliche Belehrungspflichten (vgl. § 163a Abs. 4 S. 2 StPO iVm § 136 Abs. 1 S. 2 StPO) und ein spezifisches Täuschungsverbot (§ 136a Abs. 1 S. 1 StPO) bestehen.

36   Der Einwilligungs-Ansatz trifft insoweit zu, als **Vertrauensbrüche durch Mitbürger** grundsätzlich rechtlich irrelevant (also erlaubt) und allenfalls bei Vorliegen besonderer Umstände (vgl. §§ 201–204 StGB) verboten sind. Indes verkennt diese Ansicht, dass der rein private Vertrauensbruch durch einen Mitbürger in Gestalt der Weitergabe oder Verwertung einer im Vertrauen überlassenen Information nicht mit dem Vertrauensbruch gleichzusetzen ist, der darin liegt, dass der Informationssammler über seinen staatlichen Ausforschungsauftrag täuscht.[85] Grund dafür ist der beschriebene Grundsatz der Transparenz staatlichen Handelns und die damit verbundene grundsätzlich berechtigte Vertraulichkeitserwartung gegenüber der Offenheit staatlicher Informationserhebung (→ Rn. 27). Entsprechend beruht die vom Ausgeforschten erteilte Zustimmung zum Betreten seiner Wohnung, zur Wahrnehmung des von ihm gesprochenen Wortes usw auf einem **täuschungsbedingten Irrtum**. Sie ist daher infolge eines Willensmangels unwirksam, sodass von einer im normativen Sinne freiwilligen Zustimmung keine Rede sein kann.[86]

37   Soweit hiergegen (in Bezug auf das täuschungsbedingte Einlassen eines VE in eine Wohnung) die strafrechtlichen Grundsätze zum Hausfriedensbruch gem. § 123 StGB ins Feld geführt werden[87] – nach hM gilt auch die infolge einer Identitätstäuschung erschlichene Zustimmung zum Betreten als **tatbestandsausschließendes Einverständnis**[88] –, geht dies fehl. Zum einen ist bereits die Frage der (Un-)Wirksamkeit des durch Identitätstäuschung erschlichenen Einverständnisses beim Hausfriedensbruch auch innerhalb der Strafrechtsdogmatik umstritten.[89] Zum anderen folgt aus der etwaigen Straflosigkeit eines Verhaltens keineswegs eo ipso dessen Grundrechtsneutralität.[90]

38   Teilweise wird eine Differenzierung dahingehend vorschlagen, ein Grundrechtseingriff läge (nur) dann nicht vor, wenn sich der verdeckt agierende Staatsdiener auf eine rein passive Informationserlangung (zB durch Zuhören oder Zusehen) beschränke, während das **gezielte Nachfragen** einen Eingriff darstelle.[91] In Bezug auf das Betreten einer Wohnung sei entsprechend ein bloßes Mitgehen in die Wohnung nach Einladung durch den Berechtigten kein Eingriff in das Wohnungsgrundrecht; ein solcher liege erst vor beim zielgerichteten Betreten zB nach dem Provozieren einer Einladung oder dem Vortäuschen einer Berechtigung.

39   Diese Unterscheidung entspringt dem Strafprozessrecht und dient dort zur Abgrenzung einer unzulässigen Beschränkung der Selbstbelastungsfreiheit bei einer Vernehmung und einer noch zulässigen Informationsgewinnung, etwa in den Fällen einer sog. Spontanäußerung ohne vorherige Belehrungsmöglichkeit oder einer noch nicht als Täuschung iSv § 136a StPO anzusehenden kriminalistischen List durch bloße **Ausnutzung eines**

---

[85] Betritt ein VE unter seiner Legende eine fremde Wohnung, handelt er insoweit hoheitlich, nicht als Privatmensch. Die entgegengesetzte Ansicht von *Hilger* NStZ 1997, 449 f.; *Hilger* FS Hanack, 1999, 207 (217); *Hegmann* in BeckOK StPO, 43. Ed. 1.4.2022, StPO § 110c Rn. 1 hat zu Recht keine weitere Anhängerschaft gefunden; abl. auch *Hauck* in Löwe/Rosenberg StPO § 110c Rn. 13a.
[86] *Amelung* StV 1985, 257 (263); *Weil* ZRP 1992, 243 (245); *Frister* StV 1993, 151; *Frister* JZ 1997, 1130 (1131); *Roxin* StV 1998, 43; *Roggan/Hammer* NJW 2016, 3063 (3066); *Gercke* StV 2017, 615 (620); *Wolter/Jäger* in SK-StPO StPO § 110c Rn. 4; *Hong* in Dietrich ua, Reform der Nachrichtendienste zwischen Vergesetzlichung und Internationalisierung, 2019, 45, 50 ff.
[87] *Krey ua*, Rechtsprobleme des strafprozessualen Einsatzes Verdeckter Ermittler, 1993, Rn. 226 ff.; *Hilger* NStZ 1992, 255 Fn. 159 f.
[88] *Fischer* StGB § 123 Rn. 23 f.; *Wessels/Hettinger/Engländer* StrafR BT I Rn. 593.
[89] Die Beachtlichkeit des Willensmangels wird zB angenommen von OLG München NJW 1972, 2275; *Kindhäuser/Zimmermann* StrafR AT § 12 Rn. 54; *Roggan* GA 2016, 393 (403); *Bader* in KK-StPO StPO Vor § 48 Rn. 89.
[90] *Amelung* StV 1985, 257 (263); *Frister* StV 1993, 151 (152).
[91] Vgl. *Unterreitmeier* GSZ 2019, 233 (235).

nicht forcierten Irrtums.[92] Indes lässt sich diese Differenzierung allenfalls bedingt auf die Frage nach dem Ob eines Grundrechtseingriffs durch täuschendes Verhalten jenseits der nemo tenetur-Problematik übertragen.[93] In Bezug auf die Selbstbelastungsfreiheit bei Vernehmungen, deren Missachtung ein striktes Verwertungsverbot zur Folge hat (vgl. § 136a Abs. 3 S. 2 StPO), sind derartige Grenzziehungen notwendig, da es hier keine Beschränkungsmöglichkeit in Ausnahmefällen gibt. Im Bereich der informationellen Selbstbestimmung oder des Wohnungsgrundrechts sind Eingriffe hingegen rechtfertigbar, sodass die Annahme eines Eingriffs auch bei passiver Informationserhebung durch einen verdeckt agierenden Ermittler entsprechende Maßnahmen nicht per se unmöglich macht.

Maßgeblich für die Unwirksamkeit der täuschungsbedingten Einwilligung gerade im praxisrelevanten Fall des Betretens einer Wohnung durch VM/VE spricht Folgendes: Das Wohnungsgrundrecht aus Art. 13 Abs. 1 GG, Art. 8 Abs. 1 EMRK ist (auch) ein Privatheitsgrundrecht. Es schützt die Wohnung als eine besondere Form der räumlichen Privatsphäre nicht bloß im Sinne des Rechtsguts „Hausfrieden" vor einem physischen Eindringen (wie etwa bei einer Haussuchung), sondern auch vor der bloßen staatlichen Einblicknahme, beispielsweise durch außerhalb der Wohnung postierte Richtmikrofone[94] oder die Fernsteuerung technischer Aufzeichnungsgeräte[95] (Computermikrofon, Sprachassistenten usw).[96] Art. 13 GG ist insoweit lex specialis gegenüber dem APR/RiS hinsichtlich spezifischer Eingriffe in diese räumliche Privatsphäre.[97] Mithin ist eine derartige **Ausforschung der Wohnung** (auch) als informationeller Eingriff zu bewerten[98] und deshalb an den für Datenerhebungseingriffe relevanten Maßstäben zu messen. Einschlägig ist mit anderen Worten das (europäische) Datenschutzrecht in Gestalt der **JI-Richtlinie**[99] bzw. ihre (in Bezug auf das Recht der Nachrichtendienste überschießende) Umsetzung in den §§ 45 ff. BDSG. Dieses entzieht der Annahme eines Grundrechtsverzichts infolge einer erschlichenen Einwilligung die Grundlage.

Besagtes Datenschutzrechtsregime gilt nach der Generalklausel des § 45 BDSG für präventiv-polizeilich und repressiv agierende Sicherheitsbehörden; daneben finden sich (deklaratorische) Bestimmungen über seine Anwendbarkeit etwa in § 500 StPO sowie über das zugrundeliegende Unionsrecht hinausgehende Erstreckungen auch auf die datenverarbeitende Tätigkeit der Nachrichtendienste (etwa in § 27 Nr. 2 BVerfSchG).[100] Nach § 51 Abs. 1 BDSG setzt die Erhebung und **Verarbeitung personenbezogener Daten** die Einwilligung der betroffenen Person voraus.[101] Der Begriff der (wirksamen) Einwilligung wiederum setzt nach §§ 46 Nr. 17, 51 Abs. 4 BDSG eine „in informierter Weise" abgegebene Einverständniserklärung voraus. Eine auf Täuschung beruhende Einverständniserklärung ist nicht in diesem Sinne „informiert", mithin fehlerhaft und nichtig.[102]

---

[92] Dazu *Soiné* NStZ 2010, 596 ff.
[93] Zutr. *Unterreitmeier* GSZ 2019, 233 (235).
[94] BGH NJW 1997, 2189 (2190); *Eschelbach* in Satzger/Schluckebier/Widmaier StPO § 100c Rn. 3.
[95] BVerfGE 120, 274 (310) = NJW 2008, 882; näher dazu *Blechschmitt* MMR 2018, 361; *Frau* GSZ 2020, 149 (153); *Löffelmann* GSZ 2020, 244 (246); *Rüscher* NStZ 2018, 687.
[96] AA *Droste* VerfassungsschutzR-HdB S. 323 ff.
[97] BVerfGE 115, 166 (187 f.) = NJW 2006, 976; BVerfGE 109, 279 (325 f.); *Papier* in Dürig/Herzog/Scholz GG Art. 13 Rn. 1; aA *Droste* VerfassungsschutzR-HdB 326.
[98] *Hermes* in Dreier GG Art. 13 Rn. 12.
[99] RL (EU) 2016/680. Diese gilt für alle Sicherheitsbehörden mit Ausnahme der Nachrichtendienste, *W.-R. Schenke* in Schenke/Graulich/Ruthig BVerfSchG Einf. Rn. 23.
[100] Vgl. BT-Drs. 18/11325, 69; *Roth* in Schenke/Graulich/Ruthig BVerfSchG § 8 Rn. 4. Der Hinweis von *Unterreitmeier* BayVBl. 2019, 37 (40), wonach die zugrunde liegende EU-Richtlinie für das Recht der Nachrichtendienste keine Anwendung finde, verfängt daher nicht.
[101] Zum noch weitergehenden Erfordernis einer *gesetzlich vorgesehenen* Einwilligungsmöglichkeit (die insbesondere in der StPO vielerorts fehlt) *El-Ghazi* ZIS 2019, 110 (114 ff.); *Singelnstein* NStZ 2020, 639 (640 ff.); *Golla/Skobel* GSZ 2019, 140 (141 f.).
[102] Vgl. *Gusy* in Schenke/Graulich/Ruthig BNDG § 5 Rn. 9; *Golla/Skobel* GSZ 2019, 140 (144); s. auch *Denninger* in Lisken/Denninger PolR-HdB Kap. B Rn. 59a; *Hauck* in Löwe/Rosenberg StPO § 110a Rn. 17.

42 Zusammenfassend gilt, dass einer täuschungsbedingten Einwilligung **nicht die Wirkung eines Grundrechtsverzichts** zukommt, mithin es sich bei der Informationsgewinnung durch verdeckt agierende Staatsdiener prinzipiell um rechtfertigungsbedürftige informationelle Grundrechtseingriffe handelt. Diese Ansicht entspricht auch der jüngsten verfassungsgerichtlichen Rspr. (→ Rn. 44).

4. Eingriffsintensität und Anforderungen an die gesetzlichen Befugnisse

43 Versteht man die verdeckte Informationserhebung durch Staatsdiener prinzipiell als Grundrechtseingriff (→ Rn. 42), bedürfen entsprechende Befugnisse einer gesetzlichen **Ermächtigungsgrundlage**. Im Hinblick auf das jeweils betroffene Grundrecht (→ Rn. 28 ff.) ist dabei gegebenenfalls das Zitiergebot des Art. 19 Abs. 1 S. 2 GG zu beachten. In Abhängigkeit von der Intensität des jeweiligen Eingriffs steigen zudem die Anforderungen in Bezug auf die Konkretheit der Befugnisnorm. Bereits bei nicht lediglich geringfügigen Eingriffen reicht eine unspezifische **Informationserhebungsgeneralklausel** nicht aus, sodass es einer gesetzlich geregelten Spezialbefugnis bedarf. Bei schwerwiegenderen Eingriffen sind erhöhte Anforderungen an die tatbestandliche Bestimmtheit zu richten. Zudem sind gesetzliche Vorkehrungen zum Kernbereichsschutz zu treffen, wenn der Einsatz typischerweise zur Erhebung kernbereichsrelevanter Daten führen kann (etwa beim Einsatz technischer Mittel zur Eigensicherung eines VE beim Betreten einer Wohnung).[103] Ferner können sich erhöhte Anforderungen hinsichtlich der Anordnungsbefugnis der Maßnahme ergeben; so hat das BVerfG in Bezug auf den polizeilichen Einsatz von VP, den es dem eines VE von der Eingriffsintensität gleichstellt, die Übertragung der Anordnung auf eine „unabhängige Instanz, etwa ein Gericht" angemahnt.[104] Erforderlich ist schließlich auch ein gewisses Maß an (nachträglicher) **Transparenz,** aufsichtlicher Kontrolle und effektiver individueller **Rechtsschutzmöglichkeit.**[105]

44 Hinsichtlich der **Eingriffsintensität** geht das BVerfG davon aus, dass es sich bei der verdeckten Informationserhebung prinzipiell um einen besonders schwerwiegenden Eingriff handelt.[106] Das ist schon deshalb plausibel, weil ein ohne Wissen des Betroffenen erfolgender Grundrechtseingriff schwerer wiegt als ein mit dem Wissen erfolgender.[107] Zudem kann eine verdeckt agierende Person durch gezieltes Veranlassen, Nachfragen, Hingucken usw die Privatheit des Betroffenen wesentlich intensiver und gezielter aufbrechen als durch rein passive heimliche Maßnahmen (Observation, TKÜ etc).[108] Zu Recht wird die verdeckte personale Ermittlung daher als eine der eingriffsintensivsten Datenerhebungsmethoden überhaupt angesehen.[109] Wie schwer der konkrete Eingriff durch den verdeckt agierenden Staatsdiener im Einzelfall tatsächlich wiegt, hängt aber von verschiedenen Faktoren ab, namentlich von der Dauer der Maßnahme, ihrer Zielgerichtetheit (Ausforschung bestimmter Personen),[110] der Intensität der Täuschung, von Art und Ausmaß der (Mit-)Betroffenheit von Art. 13 GG sowie von der Tiefe des zum Betroffenen aufgebauten Vertrauensverhältnisses.[111]

---

[103] Vgl. BVerfGE 141, 220 (Rn. 123), 175 f. in Bezug auf § 20g aF BKAG; dazu, dass diese Grundsätze auch für das Recht der Nachrichtendienste gelten, *Mallmann* in Schenke/Graulich/Ruthig BVerfSchG § 9 Rn. 19.
[104] BVerfGE 141, 220 (Rn. 174) = NJW 2016, 1781.
[105] Vgl. BVerfGE 141, 220 (282 Rn. 134 ff.) = NJW 2016, 1781.
[106] BVerfGE 125, 260 (332) = NJW 2010, 833; ebenso BGH BeckRS 2020, 36910 (Rn. 21).
[107] BVerfGE 120, 274 (Rn. 322) = NJW 2008, 822; *Siems* NVwBl. 2018, 1 (2).
[108] *Hund* StV 1993, 379; *Bergemann* NVwZ 2015, 1705 (1707); *Eschelbach* GA 2015, 545 (549); vgl. auch BT-Drs. 19/12088, 102.
[109] BVerfG BeckRS 2020, 40468 (Rn. 100); *Roxin* StV 1998, 43 (44); *Roggan* GA 2016, 393 (395); *Roggan* GSZ 2019, 111; *Hong* in Dietrich ua, Reform der Nachrichtendienste zwischen Vergesetzlichung und Internationalisierung, 2019, 45, 55; aA BT-Drs. 12/989, 41; *Blome/Sellmeier* DÖV 2016, 881 (885) (milderes Mittel gegenüber G10-Maßnahme).
[110] Vgl. BVerfG BeckRS 2020, 40468 (Rn. 100); BVerfG BeckRS 2022, 8427 (Rn. 191, 341).
[111] Ausf. *Bäcker*, Kriminalpräventionsrecht, 2015, 463 ff.

Teilweise wird angenommen, die Intensität eines Grundrechtseingriffs durch verdeckte **45** Informationserhebung bestimme sich überdies **in Abhängigkeit zu den Zwangsbefugnissen der** jeweiligen **Behörde.** Entsprechend wiege derselbe Grundrechtseingriff weniger schwer, wenn er nicht von der Polizei, sondern von einem Nachrichtendienst ohne imperative Befugnisse durchgeführt werde.[112] Es handelt sich bei dieser Annahme um das Hauptargument derjenigen Autoren, die die vom BVerfG in der BKAG-Entscheidung präzisierten Maßstäbe für nicht-offene präventiv-polizeiliche Überwachungsmaßnahmen auf nachrichtendienstliches Handeln nicht übertragen wollen.[113] Aber das Argument überzeugt nicht, da es hinsichtlich des konkreten Eingriffs in das Privatleben für den Betroffenen (zunächst) keinen Unterschied macht, welches Auge des Staates Einblick in sein Privatleben erhält.[114] Pointiert: Die hoheitliche Abhöreinrichtung im Wohnzimmer wiegt sub specie Art. 13 Abs. 1 GG immer gleich schwer.[115] Etwaige Folgeeingriffe durch dieselbe oder durch eine andere Behörde, der die Daten übermittelt worden sind, sind separat zu gewichten und zu rechtfertigen – und haben folglich keine Auswirkung auf die **Eingriffstiefe des Primäreingriffs.**[116] Ergo ist dieselbe Maßnahme unter dem Gesichtspunkt der Eingriffsintensität unabhängig von der sie veranlassenden Behörde stets gleich zu gewichten. Daraus ergibt sich eine Übertragbarkeit der verfassungsgerichtlichen Maßstäbe für präventiv-polizeiliches Handeln auf dasjenige der Nachrichtendienste (und erst recht auf dasjenige der Strafverfolgungsbehörden) jedenfalls insoweit, als für eine konkrete verfassungsrechtliche Schlussfolgerung die Schwere des Grundrechtseingriffs maßgeblich ist.

Richtig ist aber das mit dieser Argumentation angestrebte Ergebnis, nämlich dass ein und **46** derselbe Eingriff einer Polizei erst beim Vorliegen einer konkreteren Gefahr, einem Nachrichtendienst die Befugnis hierzu aber bereits weit im Vorfeld einer solchen erlaubt sein kann. Grund hierfür ist aber nicht die **unterschiedliche Eingriffsintensität** der konkreten Maßnahme, sondern die im Rahmen der Verhältnismäßigkeitsprüfung bei der Rechtfertigung des Eingriffs bedeutsame **Wertigkeit des** dadurch **beschützten Rechtsguts.** Daher kann eine nachrichtendienstliche Maßnahme zur Verhinderung von Bedrohungen *für den Staat* als Ganzes bereits weit im Vorfeld einer Konkretisierung dieser Gefahr gerechtfertigt sein,[117] während derselbe Eingriff als polizeiliche Gefahrenabwehrmaßnahme zum Schutz eines einzelnen individualisierbaren (und damit idR weit weniger gewichtigen) Rechtsguts nur unter der Voraussetzung einer Gefahrenkonkretisierung erlaubt ist.[118]

C. Die Befugnisse der Sicherheitsbehörden de lege lata

Dieser Abschnitt erläutert die **Befugnisse der verschiedenen Sicherheitsbehörden** zum **47** Einsatz verdeckt agierender Behördenmitarbeiter und setzt exemplarisch vorwiegend die bundesrechtlichen Regelungen zu den unter → B. dargestellten allgemeinen Rechtsgrund-

---

[112] *Lindner/Unterreitmeier* in BeckOK PolR Bayern, 18. Ed. 1.3.2022, VSG Systematische Vorbem. Rn. 41 ff.; *Bäcker* in Lisken/Denninger PolR-HdB Kap. B Rn. 245a ff. (aber mit Einschränkungen bei Maßnahmen mit höher Eingriffsintensität); BLKR, Abschlussbericht v. 30.4.2013, 289 Rn. 662, https://bit.ly/2SF7w8M; IMK-Bericht, Zusammenarbeit der Verfassungsschutzbehörden der Länder – Schaffung eines harmonisierten Rechtsrahmens mit wirksamen Befugnissen v. 29.8.2017, 5, https://bit.ly/3h8SLUf; BMI-Referentenentwurf eines Gesetzes zur Harmonisierung des Verfassungsschutzrechts 2019, Begr. BT, zu Art. 1, Nr. 4, §§ 9 ff., https://bit.ly/3cYMol6; *Unterreitmeier* NWVBl. 2018, 227 (229); *Unterreitmeier* BayVBl. 2019, 37 (39 f.); in diese Richtung argumentierend auch BVerfG NJW 2020, 2235 (2248 Rn. 149); diff. BVerfG BeckRS 2022, 8427 (Rn. 157, 165 f.).
[113] Insbesondere *Gärditz* EuGRZ 2018, 6 (9 ff.); *Unterreitmeier* GSZ 2018, 1 (4 f.).
[114] BVerfGE 120, 274 (329 f. Rn. 254) = NJW 2008, 822; BVerfGE 125, 260 (331 Rn. 232) = NJW 2010, 833; *Siems* NWVBl. 2018, 231 (232); *Gärditz* EuGRZ 2018, 6 (9); *Gazeas* Stellungnahme für den BT-Rechtsausschuss, 22.3.2021, 9, https://bit.ly/3x3JbZm.
[115] AA *Unterreitmeier* GSZ 2018, 1 (5). Im Ergebnis wie hier BVerfG BeckRS 2022, 8427 (Rn. 169).
[116] Vgl. BVerfGE 130, 151 (190 f. Rn. 140) = NJW 2012, 1419.
[117] Vgl. BVerfGE 100, 313 (383) = NJW 2000, 55; nach BVerfGE 141, 220 (339 Rn. 320) = NJW 2016, 1781 dient die nachrichtendienstliche Tätigkeit „dem Schutz besonders gewichtiger Rechtsgüter"; ebenso *Unterreitmeier* BayVBl. 2019, 37 (41); *Gusy* GSZ 2021, 141 (142).
[118] So BVerfGE 120, 274 (330) = NJW 2008, 822 (ua in Bezug auf den Einsatz von Vertrauenspersonen).

lagen in Beziehung. Obzwar sich die Strukturen und die damit verbundenen Problematiken der einzelnen Befugnisnormen rechtsgebietsübergreifend ähneln, wird im Folgenden aus Gründen der Übersichtlichkeit abschnittsweise nach dem Recht der Nachrichtendienste, dem polizeilichen Gefahrenabwehrrecht und dem Recht der Strafverfolgung differenziert. Lediglich in Bezug auf die strafprozessualen Auswirkungen – sowohl für die die Maßnahme durchführenden Behördenmitarbeiter als auch für die von der Überwachungsmaßnahme betroffenen Bürger – erfolgt eine einheitliche Erläuterung.

I. Allgemeines; Begrifflichkeiten

1. Recht der Nachrichtendienste

48 Im Recht der Nachrichtendienste ist die **Figur des Verdeckten Mitarbeiters** (→ Rn. 6) auf Bundes-[119] und auf Länderebene[120] ausdrücklich geregelt. Im Folgenden wird exemplarisch auf die Regelungen im BVerfSchG Bezug genommen.

49 Gemäß § 8 Abs. 2 S. 1 BVerfSchG dürfen unter den Voraussetzungen des § 9 Abs. 1 BVerfSchG Methoden zur heimlichen Informationsbeschaffung angewendet werden, wobei es nach § 8 Abs. 2 S. 2 BVerfSchG beim Eingriff in Individualrechte aber einer besonderen Befugnis bedarf. Eine solche Spezialbefugnis enthält § 9a BVerfSchG, der den Einsatz von VM ausdrücklich legitimiert; diese Vorschrift, die auf die Tätigkeit von BND und MAD entsprechende Anwendung findet,[121] definiert VM als „eigene Mitarbeiter" des Bundesamts für Verfassungsschutz, die „unter einer ihnen verliehenen und auf Dauer angelegten Legende zur Aufklärung von Bestrebungen" eingesetzt werden.

50 Der **Begriff des „Mitarbeiters"** setzt ein gewisses Maß an organisatorischer Eingliederung in die Behörde voraus. Daraus folgt, dass als VM lediglich bei der jeweiligen Behörde Bedienstete in Frage kommen, also ein Outsourcing an „freie Mitarbeiter"[122] bzw. die Inanspruchnahme der Dienste privater Unternehmen[123] insoweit unzulässig ist (in Betracht kommt aber eine Befugnis nach § 9b BVerfSchG). Im Unterschied zum polizeilichen VE (→ Rn. 54) können als VM aber auch nicht-verbeamtete Mitarbeiter eingesetzt werden.[124]

51 Kennzeichnend für die Figur des VM ist dessen **Tätigwerden unter einer „Legende"**, dh unter einer veränderten (fiktiven) Identität (→ Rn. 98). Die dem Mitarbeiter verliehene Legende muss ungeachtet der Dauerhaftigkeit des konkreten Einsatzes (→ Rn. 69) ihrerseits auf Dauer, also auf einen längeren unbestimmten Zeitraum angelegt sein. Erfolgt die verdeckte Aufklärung unter Gebrauch einer lediglich einmalig bzw. kurzfristig angenommenen Tarnidentität, handelt es sich bloß um den Einsatz eines sonstigen nicht offen aufklärenden Mitarbeiters, der – analog zum polizeilichen NoeP (→ Rn. 8) – auf die nachrichtendienstliche Aufklärungsgeneralklausel gestützt werden kann. Andererseits liegt auch dann ein an den Voraussetzungen des § 9a BVerfSchG zu messender VM-Einsatz vor, wenn die dauerhaft verliehene Legende im Rahmen eines kurzfristigen Einsatzes lediglich punktuell verwendet wird (vgl. → Rn. 59).

---

[119] Zur Gesetzgebungskompetenz *Graulich* in Schenke/Graulich/Ruthig BVerfSchG § 9a Rn. 2.
[120] § 6a Abs. 1 Nr. 2 BWLVSG; Art. 18 BayVSG; § 8 Abs. 2 S. 1 iVm § 8 BlnVSG; § 4 Abs. 5 iVm § 6 Abs. 3 S. 1 Nr. 4 und 8 iVm § 6a BbgVerfSchG; § 8 Abs. 1 Nr. 2 BremVerfSchG; § 8 Abs. 2 S. 1 Nr. 1 iVm § 8a Abs. 1 HmbVerfSchG; § 12 HessVSG; § 10a Abs. 1 S. 1 Nr. 2 MVLVerfSchG; § 14 Abs. 1 S. 1 Nr. 1 iVm § 18 NdsVerfSchG; § 5 Abs. 2 Nr. 1 und 8 iVm § 7 NRWVSG; § 10 RhPflVerfSchG; § 8 Abs. 2 S. 3 Nr. 1 SchlHLVerfSchG; § 10 Abs. 1 Nr. 1 iVm § 12 Abs. 1 Nr. 4 ThürVerfSchG. SaarlVerfSchG, SächsVSG und LSAVerfSchG enthalten keine spezielle Erwähnung von VM.
[121] § 5 Hs. 2 MADG nimmt allerdings nur auf § 9 Abs. 2 und 3 BVerfSchG Bezug.
[122] Vgl. *Dietrich* in Dietrich/Eiffler NachrichtendiensteR-HdB § 2 Rn. 19.
[123] Beispiel nach *Droste* VerfassungsschutzR-HdB 277: Einschaltung einer Detektei.
[124] Gründe für den Verzicht auf diese Restriktion im Bereich der Nachrichtendienste nennt der Gesetzgeber keine. Im Landesrecht der Nachrichtendienste finden sich zT auch abweichende Regelungen, die ein Beamtenverhältnis voraussetzen, vgl. § 8 Abs. 1 Nr. 2 BremVerfSchG.

C. Die Befugnisse der Sicherheitsbehörden de lege lata   § 27

Ungeklärt ist, ob der Einsatz verdeckt agierender Behördenmitarbeiter auch dann an den 52
(strengen) Voraussetzungen des § 9a BVerfSchG zu messen ist, wenn dieser im Ausland
stattfindet und gegen Ausländer zur Anwendung kommt, etwa bei der **nachrichtendienstlichen Auslandsaufklärung** durch Residenten des BND. Im Schrifttum wird bislang
überwiegend davon ausgegangen, dass es insoweit keiner speziellen Befugnisnorm bedürfe.[125] Hintergrund ist die überkommene Ansicht, wonach die Abwehrdimension der
Grundrechte die deutsche Staatsgewalt nur gegenüber Inländern oder bei Tätigwerden im
Inland bindet (vgl. auch § 1 Abs. 2 S. 2 BNDG). Dieser Ansicht dürfte indes durch die
BVerfG-Entscheidung zur Ausland-Ausland-Fernmeldeaufklärung[126] der Boden entzogen
worden sein. Die darin gemachte Aussage, dass die Bindung an die Grundrechte nach
Art. 1 Abs. 3 GG nicht auf das deutsche Staatsgebiet begrenzt ist und sich auch im Ausland
überwachte Ausländer grundsätzlich auf diese berufen können, bezieht sich zwar ausdrücklich nur auf die Art. 5 Abs. 1 S. 2 und Art. 10 Abs. 1 GG. Indes ist nicht ersichtlich,
weshalb die Kernaussage nicht prinzipiell auch auf andere Grundrechte bzw. massive Beeinträchtigungen derselben übertragbar sein sollte. Insoweit dürfte also auch der Auslandseinsatz von VM an § 9a BVerfSchG zu messen sein.

2. Polizeirecht

Der Einsatz Verdeckter Ermittler (VE) ist auf Bundes- und auf Länderebene[127] eine **Stan-** 53
dardmaßnahme. Diesbezüglich werden im Folgenden exemplarisch die Regelungen in
BKAG, BPolG und ZFdG in Bezug genommen. Die vom VE abzugrenzende Figur des
nicht offen ermittelnden Polizeibeamten (NoeP) ist dagegen nur vereinzelt im Landesrecht
ausdrücklich geregelt.[128]

a) Verdeckte Ermittler (VE). § 45 Abs. 2 Nr. 5 BKAG definiert den VE als Polizeivoll- 54
zugsbeamten, der unter einer ihm verliehenen und auf Dauer angelegten Legende eingesetzt wird.[129] Im Unterschied zum nachrichtendienstlichen VM muss es sich dabei zwingend um einen **Beamten** (vgl. § 3 BeamtStG, § 4 BBG) handeln.[130] Gerechtfertigt wird
dieses einschränkende Erfordernis (zumindest im Bereich des Strafverfahrensrechts) üblicherweise mit dem Hinweis, nur so die „notwendige straffe Führung und wirksame
disziplinarrechtliche Dienstaufsicht" gewährleisten zu können.[131] Teilweise wird in diesem
Zusammenhang auch auf die Gefahr des Abgleitens des VE in die Kriminalität hingewiesen.[132]

Der Begriff der **verliehenen Legende** ist hier nicht anders zu verstehen als im Recht der 55
Nachrichtendienste (→ Rn. 51), also als Tätigwerden unter einer fiktiven Tarnidentität,
beispielsweise durch die „Verwendung fingierter biografischer, beruflicher oder gewerblicher Angaben".[133] Eine **Legendierung als Berufsgeheimnisträger** (etwa als Arzt, RA

---

[125] *Lampe* NStZ 2015, 361 (371 f.).
[126] BVerfG NJW 2020, 2235 mAnm *Dietrich* GSZ 2020, 173; → § 19 Rn. 45 ff.
[127] § 49 Abs. 2 Nr. 1 BWPolG; Art. 37 BayPAG; § 26 Abs. 1 Nr. 2 BlnASOG; § 35 BbgPolG; § 47 BremPolG; § 29 HmbPolDVG; § 16 II HessSOG; § 33 Abs. 1 Nr. 4 MVSOG; § 36a NdsPOG; § 20 NRWPolG; § 34 Abs. 2 Nr. 4 RhPfPOG; § 31 Abs. 2 Nr. 4 SaarlPolDVG; § 64 Abs. 1 Nr. 1 SächsPVDG; § 18 Abs. 2 LSASOG; § 185 Abs. 1 Nr. 3 SchlHLVwG; § 34 Abs. 2 Nr. 3 ThürPAG. Die landesrechtlichen Definitionen stimmen zumeist mit den bundesrechtlichen Regelungen weitgehend überein. Eine Ausnahme bildet insoweit die vage gehaltene § 49 Abs. 2 Nr. 4 BWPolG („Einsatz von Polizeibeamten unter Geheimhaltung ihrer wahren Identität").
[128] § 34 Abs. 2 Nr. 4 ThürPAG.
[129] Nahezu wortgleich § 47 Abs. 2 Nr. 4 ZFdG. Die Legaldefinition in § 28 Abs. 2 S. 4 BPolG weicht davon sprachlich geringfügig ab, ohne dass damit ein Unterschied in der Sache verbunden wäre: „Einsatz von Polizeivollzugsbeamten unter einer ihnen auf Dauer angelegten Legende.".
[130] Zu den informellen Auswahlkriterien (familiärer Hintergrund, Einsatzbereitschaft ua) *Hilger* FS Hanack, 1999, 207 (208 mit Fn. 9).
[131] *Bader* HRRS 2016, 293 (295 Fn. 15). Näher zu den Aufgaben des VE-Führers *Keller* Ermittlungen 194 f.
[132] *Zaczyk* StV 1993, 490 (493); *Krey* JR 1998, 1 (3); *Barczak* StV 2012, 182 (187).
[133] Diese Auflistung findet sich bspw. in § 8 Abs. 2 Nr. 8 VSG Bln und § 5 Abs. 2 Nr. 8 NRWVSG.

oder geistlicher Seelsorger) kommt bereits aufgrund der dadurch zu erwartenden Erhebung kernbereichsrelevanter Informationen (→ Rn. 30) nicht in Betracht.[134]

56 **b) Abgrenzung zwischen VE und NoeP.** Die Abgrenzung zwischen VE und NoeP ist bedeutsam, da die **Einsatzvoraussetzungen unterschiedlich ausgestaltet** sind: Während der VE-Einsatz regelmäßig qualifizierten Einsatzvoraussetzungen unterliegt (insbesondere Richtervorbehalt, → Rn. 90), ist der NoeP-Einsatz lediglich an den deutlich geringeren Anforderungen der polizeilichen Generalklauseln (§ 38 BKAG, § 14 BPolG, § 39 ZFdG) zu messen.[135] Unklar ist, nach welchen Kriterien die Abgrenzung zu bewerkstelligen ist.

57 In Anlehnung an die BGH-Rspr. zur strafprozessualen Parallelproblematik[136] (→ Rn. 66) wird im polizeirechtlichen Schrifttum die Ansicht vertreten, maßgeblich sei eine **Gesamtwürdigung aller Umstände,** bei der die Art der Ermittlungshandlungen und vor allem die Dauer und Streubreite des Auftretens unter der fiktiven Identität im Rahmen des konkreten Einsatzes von entscheidender Bedeutung sei.[137] Für einen bloßen NoeP-Einsatz spreche demnach das bloß kurzfristige oder spontane Gebrauchmachen von einer anlassbezogenen Tarnidentität durch einzelne Täuschungshandlungen (etwa: rasch abgewickelter Btm-Scheinaufkauf; kurzes Vorzeigen einer falschen Visitenkarte, einmaliges Anmieten eines Hotelzimmers unter falschem Namen durch einen VE-Führer[138]). Für das Vorliegen eines VE-Einsatzes spreche demgegenüber ein längerfristig geplantes oder aufwendigeres Vorgehen (beispielsweise unter Verwendung echter Tarnpapiere), bei dem eine Vielzahl von Personen über die Identität getäuscht wird. Indiz für einen VE-Einsatz kann demnach auch das Betreten einer Wohnung sein,[139] während der polizei-internen Bezeichnung des Einsatzes keine Bedeutung beizumessen sei.[140] Konsequenz dieser Ansicht ist, dass das wiederholte, aber stets bloß punktuell eingesetzte Gebrauchmachen von einer dauerhaft verliehenen Tarnidentität – also das „Recycling" einer auf Dauer angelegten Grundlegende – lediglich als (wiederholter) NoeP-Einsatz zu qualifizieren ist. Die hM ist damit auf die Bedürfnisse der Praxis nach flexiblen und ohne prozedurale Kautelen durchführbaren Kurzeinsätzen zugeschnitten.[141]

58 Zu Recht wird aber insbesondere im strafrechtlichen Schrifttum angemerkt, dass die maßgeblich auf die konkrete Einsatzdauer und -intensität abstellende Gesamtabwägungslösung des BGH mit dem Wortlaut der VE-Definition in § 110a Abs. 2 S. 1 StPO, die insoweit mit den daran angelehnten polizeirechtlichen Definitionen übereinstimmt, unvereinbar ist: Das Gesetz unterscheidet nicht zwischen kurzfristigen oder begrenzten Einsätzen einerseits und dauerhaft bzw. umfangreich angelegten Einsätzen andererseits, sondern stellt

---

[134] Einige Landespolizeigesetze statuieren ausdrückliche Verbote, zB § 14 Abs. 2 S. 1 Nr. 1 NVerfSchG; § 10 Abs. 1 Nr. 9 MV VerfSchG (wobei allerdings der darin in Bezug genommene „Satz 3", der auf Berufsgeheimnisträger nach den §§ 53, 53a StPO verwies, 2016 aus dem Gesetz gestrichen worden ist – Redaktionsversehen).
[135] *Schmidbauer* in Schmidbauer/Steiner BayPAG Art. 37 Rn. 6; *Kamp* in BeckOK PolR NRW PolG NRW § 20 Rn. 4.
[136] BGHSt 41, 64 (65) = NJW 1995, 2237; BGH NJW 1996, 2108; 1997, 1516 (1517).
[137] IdS *Fischl/Greifenstein* in BeckOK PolR Bayern, 18. Ed. 1.3.2022, PAG Art. 37 Rn. 7; *Kamp* in BeckOK PolR, 21. Ed. 1.3.2021, NRW PolG NRW § 20 Rn. 3; *Nusser* in BeckOK PolR BW, 21. Ed. 1.1.2021, BWPolG § 22 Rn. 27; restriktiver *Bäuerle* in BeckOK PolR Hessen, 25. Ed. 1.4.2022, HSOG § 16 Rn. 26 ff.: bei Legendierung ieS stets VE; krit. zu einer überkommenen, der StA Berlin zugeschriebenen Ansicht (vgl. *Schneider* NStZ 2004, 359 [360 f.]), wonach die qualitative Zäsur zwischen NoeP und VE bei drei Außenkontakten liege, *Wellhausen* in BeckOK PolR Nds, 22. Ed. 1.2.2022, NPOG § 36a Rn. 12.
[138] Beispiel nach *Schmidbauer* in Schmidbauer/Steiner BayPAG Art. 37 Rn. 41 (in Bezug auf die VE-Führer-Spezialregel in Art. 37 Abs. 4 S. 4 Nr. 2 BayPAG). Regelmäßig dürfte der gelegentlich unter einer Tarnidentität auftretende VE-Führer aber lediglich als NoeP einzustufen sein, vgl. *Bruns* in KK-StPO StPO § 110a Rn. 8; aA *Keller* Ermittlungen 195 (Legendierung nur gem. § 5 ZSHG zulässig).
[139] BGH NJW 1997, 1516 (1517).
[140] BGH NJW 1996, 2108 (2109).
[141] *Hauck* in Löwe/Rosenberg StPO § 110a Rn. 22.

allein darauf ab, ob die verwendete Legende als solche auf Dauer verliehen worden ist (**dauerhafte Grundlegende vs. anlassbezogene ad hoc-Legende**).[142]

Demgegenüber sind weder die **Dauerhaftigkeit des konkreten Einsatzes** unter einer auf Dauer verliehenen Grundlegende noch die konkrete Eingriffsintensität der verdeckten Ermittlungstätigkeit für die Figur des VE konstitutiv; vielmehr nutzt das Gesetz beide Kriterien erst für weitere Einsatzvoraussetzungs-Abstufungen *innerhalb* dieser Maßnahme.[143] Entsprechend liegt stets ein VE-Einsatz vor, wenn die dabei – und sei es auch nur kurzfristig – verwendete Legende ihrerseits auf Dauer (beispielsweise zum wiederholten Gebrauch) angelegt worden ist. Die hier favorisierte Ansicht entspricht dem Gesetzeswortlaut, dem Willen des Gesetzgebers der „Ur-Vorschrift" § 110a Abs. 2 StPO[144] und trägt überdies dem Umstand Rechnung, dass die gegenüber dem NoeP-Einsatz qualifizierten Voraussetzungen des VE-Einsatzes nicht nur den Schutz der konkreten Zielperson bezwecken, sondern auch vor dem abstrakten Gefahrenpotenzial für die rechtsstaatlichen Verhältnisse, das generell mit dem Tätigwerden von systematisch getarnten „Geheim-Polizisten" einhergeht, schützen soll.[145] 59

c) Sonderfall: VVE und VNoeP. Besondere Abgrenzungsschwierigkeiten zwischen den Einsatzformen VVE und VNoeP ergeben sich bei verdeckten personalen **Ermittlungen im Cyberspace,** also insbesondere in sozialen Netzwerken, auf Internetboards und vergleichbaren Kommunikationsplattformen. Auch in diesem Bereich sind Täuschungen über die Identität von Ermittlungspersonen in unterschiedlicher Art und Intensität möglich – von der einmaligen anonymen oder pseudonymen Kommunikationsteilnahme in einem offenen Chatforum, über das dauerhafte Unterhalten eines Accounts in einem Sozialen Netzwerk mit fiktiver Darstellung der betreibenden Person bis hin zur Fortführung eines übergeordneten Benutzerprofils (Moderator oder Administrator) in einem geschlossenen Forum oder Board, das von einem identifizierten Verdächtigen übernommen worden ist.[146] 60

Theoretisch ist es ohne weiteres möglich, die zur analogen Welt entwickelten Abgrenzungskriterien (→ Rn. 57–59) auf verdeckte virtuelle Datenerhebungen durch Polizeibeamte zu übertragen.[147] In der Literatur wird indes vielfach vor einer unmodifizierten Übertragung gewarnt.[148] Hintergrund ist die Rspr. des BVerfG zur **geminderten Schutzwürdigkeit** des Vertrauens in die Identität des Gegenübers **bei Internetkommunikation.**[149] Teilweise wird daraus eine „Nach unten-Verschiebung" der Eingriffsvoraussetzun- 61

---

[142] *Hauck* in Löwe/Rosenberg StPO § 110a Rn. 24; *Günther* in MüKoStPO StPO § 110a Rn. 16 f.; *Krey/Jaeger* NStZ 1995, 517 (519); *Rogall* NStZ 1996, 451; *Hund* StV 1993, 379 (381); *Schneider* NStZ 2004, 359 (361 f.); *Hilger* FS Hanack, 1999, 207 (210 f.).
[143] Vgl. § 9a Abs. 1 BVerfSchG, der einen *dauerhaften* VM-Einsatz (im Gegensatz zu einem kurzfristigen, → Rn. 69) nur unter erhöhten Voraussetzungen zulässt. Die konkrete Eingriffsidentität ist für die Frage des Richtervorbehalts bedeutsam, vgl. § 45 Abs. 3 S. 1 Nr. 5 BKAG; § 110b Abs. 2 S. 1 StPO.
[144] Vgl. die Gesetzesbegr. zu § 110a Abs. 2 S. 1 StPO, BT-Drs. 12/989, 42: „Für den Verdeckten Ermittler ist wesentlich, daß er unter einer auf Dauer angelegten veränderten Identität (Legende) ermittelt. Dies unterscheidet ihn von dem Beamten, der nur gelegentlich verdeckt auftritt und seine Funktion nicht offenlegt (zB einem Scheinaufkäufer)."
[145] *Hauck* in Löwe/Rosenberg StPO § 110a Rn. 24; vgl. auch *Kochheim,* Cybercrime und Strafrecht in der Informations- und Kommunikationstechnik, 2018, Rn. 2060.
[146] Vgl. *Rückert/Goger* MMR 2020, 373 (374).
[147] Krit. aber *Zöller* GA 2000, 563 (571), der (jedenfalls in Bezug auf die Strafverfolgung) eine eigene Ermächtigungsgrundlage für VVE für erforderlich hält. Den – berechtigten – Bedenken dürfte indes durch die zumindest implizite Anerkennung von virtuell agierenden VE in § 110d StPO die Grundlage entzogen worden sein.
[148] Exemplarisch *Fischl/Greifenstein* in BeckOK PolR Bayern, 18. Ed. 1.3.2022, PAG Art. 37 Rn. 8; *Hauck* in Löwe/Rosenberg StPO § 110a Rn. 26, 26a; *Hertel* Kriminalistik 2019, 162 (163); *Rosengarten/Römer* NJW 2012, 1764 (1765 f.) (in Bezug auf § 110a StPO).
[149] BVerfGE 120, 274 (Rn. 310 f.) = NJW 2008, 822: „Ein Eingriff in das Recht auf informationelle Selbstbestimmung liegt nicht schon dann vor, wenn eine staatliche Stelle sich unter einer Legende in eine Kommunikationsbeziehung zu einem Grundrechtsträger begibt, wohl aber, wenn sie dabei ein schutzwürdiges Vertrauen des Betroffenen in die Identität und die Motivation seines Kommunikationspartners ausnutzt, um persönliche Daten zu erheben, die sie ansonsten nicht erhalten würde. Danach wird die reine Internetaufklärung in aller Regel keinen Grundrechtseingriff bewirken. Die Kommunikationsdienste des

gen dergestalt abgeleitet, dass ein Agieren, das in der analogen Welt als NoeP-Einsatz zu qualifizieren wäre, im Cyberspace als Nicht-Eingriff anzusehen sei (und für den deshalb das bloße Bestehen einer Aufgabennorm ausreiche, beispielsweise § 5 BKAG oder im Strafverfahren § 163 Abs. 1 S. 1 StPO) und dass ein in der realen Welt als VE-Einsatz einzustufendes Verhalten im virtuellen Raum als bloßer NoeP-Einsatz (auf der Basis einer Generalklausel) zu qualifizieren sei; einen virtuellen VE, der sich an den Voraussetzungen der speziellen VE-Befugnisse (etwa § 45 Abs. 2 Nr. 5 BKAG bzw. im Strafverfahren § 110a StPO) messen lassen müsste, gibt es nach dieser Ansicht nicht.[150]

62 Indes sprechen die besseren Argumente dafür, auch im virtuell-unpersönlichen Bereich prinzipiell **dieselben Maßstäbe wie in der analogen Welt** anzulegen und damit insbesondere auch die Existenz eines VVE im technischen Sinne anzuerkennen.[151] Richtig ist zwar, dass bei bestimmten, geradezu auf Anonymität abzielenden Kommunikationsformen im Internet (vgl. § 13 Abs. 6 TMG) kein (schutzwürdiges) Vertrauen in die behauptete Identität der Kommunikationspartner besteht, etwa bei der typischen Verwendung sog. Nicknames (zB PrinzPoldi_85).[152] Jedoch ginge es an der Realität vorbei, das Vorhandensein schutzwürdigen Vertrauens in die Identität des virtuellen Kommunikationspartners gänzlich oder auch nur im Regelfall in Abrede zu stellen. Eine Vielzahl von virtuellen Kommunikationsplattformen „lebt" geradezu vom Vertrauen in die Richtigkeit der gemachten Identitätsangaben (E-Mails mit Absendersignatur, SNS-Profile zu privaten oder beruflichen Zwecken, wissenschaftliche Videokonferenzen etc);[153] selbst der erkennbar pseudonym agierende Avatar genießt schutzwürdiges Vertrauen in seine (fiktive) Identität, wenn mit dieser eine besondere Form der virtuellen Reputation verbunden ist (Verlässlichkeit von Online-Händlern usw).[154]

63 Vor diesem Hintergrund wird man nur bei **geringfügigen und sozialadäquaten Täuschungshandlungen im Internet** bereits den Eingriffscharakter einer virtuell-personalen verdeckten Ermittlung verneinen können.[155] Demgegenüber dürfte eine zur Qualifikation als NoeP-Einsatz führende RiS-Beeinträchtigung trotz gemindertem Vertrauensschutzes bereits dann vorliegen, wenn die verdeckt ermittelnde Person über ihre Identität täuscht indem sie beispielsweise gegenüber einer Zielperson auf Befragen in einem Chat wahrheitswidrig angibt, kein Polizeibeamter zu sein.[156] Die weitere Abgrenzung zwischen VNoeP und VVE verläuft entlang der unter → Rn. 59 skizzierten Trennlinien. Folgerichtig entspricht es der (strafverfahrensrechtlichen) Praxis, zB den auf wenige, unter falscher Identität verschickte Nachrichten beschränkten E-Mail-Kontakt als bloßen VNoeP-Einsatz zu qualifizieren,[157] während das längerfristige Unterhalten von elaborierten SNS-Profilen als VVE-

---

Internet ermöglichen in weitem Umfang den Aufbau von Kommunikationsbeziehungen, in deren Rahmen das Vertrauen eines Kommunikationsteilnehmers in die Identität und Wahrhaftigkeit seiner Kommunikationspartner nicht schutzwürdig ist, da hierfür keinerlei Überprüfungsmechanismen bereitstehen. Dies gilt selbst dann, wenn bestimmte Personen – etwa im Rahmen eines Diskussionsforums – über einen längeren Zeitraum an der Kommunikation teilnehmen und sich auf diese Weise eine Art ‚elektronische Gemeinschaft' gebildet hat. Auch im Rahmen einer solchen Kommunikationsbeziehung ist jedem Teilnehmer bewusst, dass er die Identität seiner Partner nicht kennt oder deren Angaben über sich jedenfalls nicht überprüfen kann. Sein Vertrauen darauf, dass er nicht mit einer staatlichen Stelle kommuniziert, ist in der Folge nicht schutzwürdig.".

[150] *Kamp* in BeckOK PolR NRW, 21. Ed. 1.3.2021, PolG NRW § 20 Rn. 48, ebenso *Henrichs* Kriminalistik 2012, 632 (633 f.); *Posch* BRJ-Sonderausgabe 1/2017, 30 (34) (jew. zur StPO).
[151] Auch der Gesetzgeber qualifiziert bestimmte Formen der virtuell-personalen verdeckten Ermittlung inzwischen ausdrücklich als VE-Einsatz, BT-Drs. 19/13836, 15 f.
[152] Näher zum Recht auf pseudonyme Social media-Nutzung *Caspar* ZRP 2015, 233.
[153] Vgl. *Fischl/Greifenstein* in BeckOK PolR Bayern, 18. Ed. 1.3.2022, PAG Art. 37 Rn. 8.
[154] *Rosengarten/Römer* NJW 2012, 1764 (1767), vgl. auch *Willer* NStZ 2010, 553 (557); aA für Darknet-Händler *Krause* NJW 2018, 678 (680).
[155] Beispiel nach *Rosengarten/Römer* NJW 2012, 1764 (1767): „Ein Beamter [betritt] nur kurzfristig einen Chatroom ohne Beteiligung am Chat und muss zur Anmeldung nur seine (fiktiven) Personalien (gegebenenfalls mit GMX-E-Mail-Adresse) angeben.".
[156] *Soiné* NStZ 2014, 248 (249).
[157] BGH BeckRS 2010, 143592 (Rn. 3).

C. Die Befugnisse der Sicherheitsbehörden de lege lata §27

Einsatz bewertet wird.[158] Zur letztgenannten Einsatzkategorie gehört nach der hier vertretenen Ansicht auch der wiederholte punktuelle Gebrauch einer auf Dauer und Wiederverwendung angelegten virtuellen Grundlegende (→ Rn. 59).

3. Strafverfahrensrecht

Der VE-Einsatz ist in der StPO seit 1992 in einem eigenen Normkomplex geregelt **64** (§§ 110a–110d StPO)[159] und wird durch Verwaltungsinnenrecht (Nr. II Anl. D RiStBV)[160] konkretisiert. Über die (vermutlich äußerst geringe) **Praxisrelevanz** von repressiven VE-Einsätzen ist wenig bekannt.[161]

Eine den polizeirechtlichen Vorschriften (→ Rn. 54) entsprechende **Legaldefinition 65** des VE findet sich in § 110a Abs. 2 StPO: „Beamte des Polizeidienstes, die unter einer ihnen verliehenen, auf Dauer angelegten, veränderten Identität (Legende) ermitteln." Das Erfordernis der Beamteneigenschaft ist vom Gesetzgeber für unabdingbar gehalten worden, weil nur die Bindung der Beamten an Recht und Gesetz und ihre Gehorsamspflicht die erforderliche straffe Führung sowie eine wirksame Dienstaufsicht gewährleisten.[162] **Ausländische in Deutschland eingesetzte VE** sind nach hM trotz Beamtenstellung nach ausländischem Recht bei Ermangelung gesetzlicher Gleichstellungsvorschriften nicht als VE iSd §§ 110a ff. StPO, sondern rechtlich als Vertrauensperson (→ § 28 Rn. 11) zu qualifizieren.[163] Ob für den unionalen Bereich in der maßgeblichen Vorschrift Art. 29 Abs. 4 RL-EEA[164] eine solche gesetzliche Gleichstellungsnorm zu sehen ist, ist noch ungeklärt.[165]

Die Figur des NoeP (dazu → Rn. 8) ist in der StPO nicht geregelt; sie wird lediglich in **66** Nr. II 1.2 RiStBV Anl. D beiläufig erwähnt.[166] In Übereinstimmung mit der Auffassung des Gesetzgebers[167] geht die ganz hM davon aus, der Einsatz von NoeP finde in den strafprozessualen **Ermittlungsgeneralklauseln** der §§ 161, 163 StPO **eine ausreichende Grundlage;**[168] eine analoge Anwendung der §§ 110a ff. StPO kommt trotz der Nichtgeltung des strengen Analogieverbots im Strafprozessrecht nicht in Betracht.[169] Die insbesondere im Hinblick auf den in § 110b Abs. 2 StPO enthaltenen Richtervorbehalt relevante Abgrenzung zwischen NoeP und VE richtet sich nach den unter → Rn. 59 beschriebenen (überwiegend zum Strafprozessrecht entwickelten) Kriterien.

---

[158] Vgl. BT-Drs. 17/6587, 5; *Wellhausen* in BeckOK PolR Nds, 22. Ed. 1.2.2022, NPOG § 36a Rn. 26 f.; *Wolter/Jäger* in SK-StPO StPO § 110a Rn. 13 f.; *Hertel* Kriminalistik 2019, 162 (165).
[159] Zur Gesetzgebungshistorie *Hauck* in Löwe/Rosenberg StPO § 110a Rn. 6 ff. Die in den ursprünglichen §§ 110d, 110e StPO geregelten Übermittlungsbefugnissen und Benachrichtigungspflichten sind inzwischen in anderen Vorschriften der StPO zu finden (näher *Wolter/Jäger* in SK-StPO StPO § 110a Rn. 1a). § 110d StPO in der heutigen Fassung gilt erst seit 2020.
[160] Abgedruckt in *Hauck* in Löwe/Rosenberg StPO § 110a Rn. 84. Für den Bund gilt dieser Teil der RiStBV nicht. Zur Inkraftsetzung in den einzelnen Bundesländern s. *Hauck* in Löwe/Rosenberg StPO § 110a Rn. 4 Fn. 17.
[161] Vgl. *Hauck* in Löwe/Rosenberg StPO § 110a Rn. 3 mwN.
[162] BT-Drs. 12/989, 42.
[163] BGH NStZ 2007, 713 f.; *Bruns* in KK-StPO StPO § 110a Rn. 5; *Hund* StV 1993, 379 (380); aA *Hackner* in Schomburg/Lagodny IRG Vor § 68 Rn. 44; *Weber* in Weber/Komprobst/Maier, Betäubungsmittelgesetz: BtMG, 6. Aufl. 2021, BtMG § 4 Rn. 141, wonach auf rechtshilferechtlich genehmigte Einsätze ausländischer VE in Deutschland sinngemäß (§ 77 Abs. 1 IRG) die §§ 110a ff. StPO anzuwenden seien.
[164] RL (EU) 2014/41 über die Ermittlungsanordnung in Strafsachen.
[165] Dafür *Aden* in Lisken/Denninger PolR-HdB Kap. M Rn. 266; offen gelassen in BT-Drs. 18/9757, 41.
[166] Bis 2007 fand der NoeP in der Benachrichtigungsvorschrift § 101 Abs. 1 StPO aF Erwähnung (allerdings als VE einschließender Oberbegriff).
[167] BT-Drs. 14/1484, 23; vgl. auch bereits BT-Drs. 12/989, 42.
[168] BVerfGE 129, 208 (Rn. 240) = NJW 2012, 833; BGH NJW 1997, 1616 (1518); *Günther* in MüKoStPO StPO § 110a Rn. 24; *Kölbel* in MüKoStPO StPO § 163 Rn. 18; *Weisser* NZWiSt 2018, 59 (61); *Rogall* NStZ 2000, 490 (492 f.); krit. *Conen* StraFo 2013, 140 (141) („unzulässig"); *Hauck* in Löwe/Rosenberg StPO § 110a Rn. 14 mit Fn. 61 („unhaltbare Rechtslage"); *Kühne*, Strafprozessrecht, 9. Aufl. 2015, Rn. 534.1 („Notlösung"); zw. BGHSt 55, 138 (Rn. 18) = NJW 2010, 3670.
[169] *Jahn* JuS 2010, 832 (833); aA *Bruns* in KK-StPO StPO § 110c Rn. 4.

67 Aus dem im Jahr 2020 eingefügten § 110d StPO und dessen Gesetzesbegründung geht die gesetzgeberische Akzeptanz der Figur des VVE bzw. VNoeP (näher dazu → Rn. 60) hervor.

II. Einsatzvoraussetzungen

1. Eingriffsschwelle

68 **a) Recht der Nachrichtendienste.** Der VM-Einsatz nach § 9a Abs. 1 S. 1 BVerfSchG ist nur unter den Voraussetzungen des § 9 Abs. 1 BVerfSchG zulässig.[170] Erforderlich ist demnach eine **auf Tatsachen gestützte Prognose**[171] dahingehend, mit dem Einsatz entweder Erkenntnisse über verfassungsfeindliche Bestrebungen bzw. Tätigkeiten nach § 3 Abs. 1 BVerfSchG gewinnen zu können (§ 9 Abs. 1 S. 1 Nr. 1 BVerfSchG)[172] oder aber, dass der Einsatz zum Schutz bestimmter Personen und Gegenstände des BfV erforderlich ist (§ 9 Abs. 1 S. 1 Nr. 2 BVerfSchG).[173] Kompetenzen zur Ausforschung der OK bestehen auf Bundesebene nicht.[174] Überdies kommt der VM-Einsatz nur **als ultima ratio** (§ 9 Abs. 1 S. 2 BVerfSchG)[175] sowie unter einer näher spezifizierten Beachtung des Verhältnismäßigkeitsgrundsatzes (§ 9 Abs. 1 S. 3 BVerfSchG) in Betracht.

69 Soweit es sich um einen **dauerhaften VM-Einsatz** handelt, ist dieser bei der Aufklärung von Bestrebungen nach § 3 Abs. 1 Nr. 1 (hochverräterische Bestrebungen) und Nr. 4 (gegen den Gedanken der Völkerverständigung gerichtete Bestrebungen) BVerfSchG gem. § 9a Abs. 1 S. 2 BVerfSchG nur unter der zusätzlichen Voraussetzung zulässig, dass es sich um eine auf Gewaltanwendung ausgerichtete oder anderweitig erheblich bedeutsame Bestrebung handelt.[176] Diese Beschränkung ist verfassungsrechtlich notwendig,[177] da einerseits die von nicht-gewalttätigen Bestrebungen ausgehende Gefahr tendenziell geringer ist und andererseits die Intensität des Grundrechtseingriffs mit zunehmender Beobachtungsdauer ansteigt (→ Rn. 44). Darüber, wann von einem dauerhaften Einsatz auszugehen ist,

---

[170] Dies gilt gem. § 5 S. 2 BNDG auch für den Einsatz von BND-VM. Für den MAD gelten hingegen lediglich die Voraussetzungen des § 5 Hs. 1 MADG, da dessen Hs. 2 nicht auf Abs. 1, sondern nur auf Abs. 2 von § 9a BVerfSchG Bezug nimmt. Die Reichweite des damit verbundenen Dispenses gegenüber den Zulässigkeitsvoraussetzungen des § 9a Abs. 1 BVerfSchG ist indes unklar, da sowohl § 9a Abs. 1 BVerfSchG als auch § 5 Hs. 1 MADG jeweils auf § 9 BVerfSchG verweisen. Die Gesetzesbegründung dazu (BT-Drs. 18/4654, 36) ist wenig erhellend.

[171] Näher zur – auch verfassungsrechtlich – erforderlichen Tatsachenverdichtung und zum geforderten Wahrscheinlichkeitsgrad *Dietrich* in Dietrich/Eiffler NachrichtendiensteR-HdB § 2 Rn. 114, 119; *Gazeas* Nachrichtendienstliche Erkenntnisse 84 ff.; *Mallmann* in Schenke/Graulich/Ruthig BVerfSchG § 9 Rn. 6; *Gärditz* EuGRZ 2018, 6 (8 f.).

[172] Bzw. gem. § 5 BNDG Erkenntnisse nach § 1 Abs. 2 S. 1 BNDG oder gem. § 5 Hs. 1 Nr. 1 MADG solche zur Erfüllung der Aufgaben des MAD nach §§ 1 Abs. 1, 2 Abs. 1 MADG.

[173] Entsprechendes gilt in Bezug auf den MAD (§ 5 Hs. 1 Nr. 2 MADG) und BND (§ 5 S. 2 BNDG iVm §§ 1 Abs. 2, 9 Abs. 1 BVerfSchG).

[174] Zu entsprechenden landesverfassungsschutzrechtlichen Kompetenzen *Soiné* ZRP 2008, 108; *Löffelmann* BayVBl. 2017, 253 (255 f.); *Gazeas* Nachrichtendienstliche Erkenntnisse 81 ff., 123 ff., 134 f., 157 f.

[175] Obwohl sich die ultima ratio-Klausel auf alle besonderen Formen der Datenerhebung (dh auf sämtliche Mittel gem. § 8 Abs. 2 BVerfSchG) gleichermaßen bezieht, sind die dort genannten Methoden sub specie Verhältnismäßigkeitsprinzip nicht gleichrangig (→ Rn. 44). Bspw. ist eine Observation gegenüber einem VM-Einsatz stets als milderes Mittel zu betrachten. Insoweit ist die allgemeinere Vorschrift § 8 Abs. 5 S. 1 BVerfSchG entsprechend anzuwenden.

[176] Die Gesetzgebungsmaterialien verweisen in Bezug auf legalistische Bestrebungen nach den Nr. 1 und 4 zudem auf das Erfordernis einer „Gesamtwürdigung der Gefährlichkeit – insbesondere im Hinblick auf Größe, Einfluss und Abschottung". Ob dies lediglich erläuternd gemeint ist (idS *Marscholleck* NJW 2015, 3611 [3615]) oder aber eine zusätzliche Voraussetzung meint, ist unklar. Zum Begriff der „legalistischen Bestrebung" *Dietrich* in Dietrich/Eiffler NachrichtendiensteR-HdB § 2 Rn. 149 Fn. 328.

[177] Krit. aber *Roggan* GA 2016, 393 (395), der die Ermächtigung trotz der Beschränkung für zu unbestimmt und daher verfassungswidrig hält. Umgekehrt verzichtet etwa die bayerische Regelung auf diese Einschränkung, vgl. *Löffelmann* BayVBl. 2017, 253 (261).

schweigt das Gesetz allerdings. Dies ist jedenfalls bei einem bis auf Weiteres (dh unbefristet) angelegten Einsatz anzunehmen.[178]

b) Polizeirecht. aa) BKAG. VE-Einsätze sind unter den in § 45 Abs. 1 S. 1 BKAG **70** genannten Voraussetzungen möglich. Als Datenerhebungszwecke kommen vier Varianten in Betracht: Nach Nr. 1 die **Abwehr von Gefahren für hochwertige Rechtsgüter** (namentlich Bestand oder Sicherheit des Staates, Leib, Leben oder Freiheit einer Person sowie Sachen von bedeutendem Wert,[179] deren Erhaltung im öffentlichen Interesse geboten ist), wobei die Gefahr gem. § 38 Abs. 2 BKAG konkret sein[180] und durch die Begehung einer in § 5 Abs. 1 S. 2 BKAG genannten terroristischen Straftat drohen muss.[181] Der Adressatenkreis wird durch Verweis auf die §§ 17, 18 und 20 Abs. 1 BPolG bestimmt. Nr. 2 erlaubt den VE-Einsatz im **Vorfeld terroristischer Straftaten,** namentlich gegen Personen, bei denen bestimmte Tatsachen die Annahme rechtfertigen, dass sie innerhalb eines übersehbaren Zeitraums auf eine zumindest ihrer Art nach konkretisierte Weise eine Straftat nach § 5 Abs. 1 S. 2 BKAG begehen werden.[182] Nr. 3 erlaubt den Einsatz gegenüber Personen, deren individuelles Verhalten die konkrete Wahrscheinlichkeit begründet, dass sie innerhalb eines übersehbaren Zeitraums eine Straftat nach § 5 Abs. 1 S. 2 BKAG begehen werden.[183] Nr. 4 schließlich erweitert den Kreis der VE-Zielpersonen durch Inbezugnahme von § 39 Abs. 2 Nr. 2 BKAG auf (gegebenenfalls gutgläubige)[184] **qualifizierte Kontakt- und Begleitpersonen** der in Nr. 1–3 genannten Personen.[185] In allen Varianten kommt der VE-Einsatz nur als ultima ratio (§ 45 Abs. 1 S. 1 aE BKAG) sowie unter Beachtung verschiedener Ausprägungen des Verhältnismäßigkeitsgrundsatzes (§ 38 Abs. 1 S. 2 BKAG iVm § 15 BPolG) in Betracht.

bb) BPolG. Nach dem 2021 geänderten BPolG sind VE-Einsätze zulässig unter den in **71** § 28 Abs. 1 BPolG genannten Voraussetzungen. Dessen Satz 1 Nr. 1 (Gefahrenabwehr) stimmt inhaltlich mit § 45 Abs. 1 S. 1 Nr. 1 BKAG (→ Rn. 70) überein,[186] wobei allerdings die dortige Beschränkung auf bestimmte Gefahrenquellen für § 28 Abs. 1 BPolG nicht gilt. Nach § 28 Abs. 1 S. 1 Nr. 2 BPolG sind VE-Einsätze ferner gegenüber potenziellen Straftätern zulässig, bei denen eine tatsachenbasierte Prognose die Verwirklichung von ihrer Art nach konkretisierten **Straftaten** iSv § 12 Abs. 1 BPolG **mit erheblicher Bedeutung**[187] in einer von der Begehungsart auf **Organisierte Kriminalität**[188] hindeu-

---

[178] So *Blome/Sellmeier* DÖV 2016, 881 (886).
[179] Der Begriff ist tendenziell eng auszulegen und erfasst bspw. die wesentlichen Infrastruktureinrichtungen, BVerfGE 141, 220 (Rn. 155) = NJW 2016, 1781; etwas großzügiger zuvor VerfGH Sachsen LKV 1996, 273 (280).
[180] Zum Begriff der konkreten Gefahr idS *W.-R. Schenke* in Schenke/Graulich/Ruthig BKAG § 38 Rn. 8 ff.
[181] Vgl. auch BVerfGE 141, 220 (Rn. 156) = NJW 2016, 1781.
[182] Die verschraubte Formulierung soll die Erfüllung der in BVerfGE 141, 220 (Rn. 164 f.) = NJW 2016, 1781 geforderten gehaltvollen Prognoseanforderungen gewährleisten. Näher dazu *R. P. Schenke* in Schenke/Graulich/Ruthig BKAG § 45 Rn. 9–12.
[183] Diese Einsatzvoraussetzung ist wörtlich übernommen aus BVerfGE 141, 220 (Rn. 165) = NJW 2016, 1781; näher dazu *R. P. Schenke* in Schenke/Graulich/Ruthig BKAG § 45 Rn. 13 ff.
[184] Vgl. BVerfGE 141, 220 (Rn. 169) = NJW 2016, 1781.
[185] Die (bei einem VE-Einsatz praktisch stets gegebene) unvermeidliche Betroffenheit weiterer Personen steht dem Einsatz nicht per se entgegen, § 45 Abs. 1 S. 2 BKAG. Das ist verfassungsrechtlich unbedenklich, vgl. BVerfG BeckRS 2022, 8427 (Rn. 346).
[186] Die erforderliche Konkretheit der Gefahr ergibt sich hier aus § 14 Abs. 2 S. 1 BPolG.
[187] Ausweislich der Gesetzesbegründung ist damit eine Straftat gemeint, die „in bestimmten qualifizierten Formen begangen werden soll, die von einem besonders hohem Maß an krimineller Energie geprägt sind", BR-Drs. 418/94, 59. Beispielhaft genannt werden dort „Kriminalitätsbereiche des illegalen Handelns und Schmuggels mit Rauschgift und Waffen, der grenzüberschreitenden Kraftfahrzeugverschiebung und der Einschleusung von Ausländern, Ladungsdiebstähle im Bereich der Bahn sowie gefährliche Eingriffe in den Bahnverkehr", BR-Drs. 418/94, 60.
[188] Zum Begriff der Organisierten Kriminalität → Rn. 17.

tenden Weise (namentlich gewerbs-,[189] gewohnheits-,[190] bandenmäßig[191] oder von einer kriminellen Vereinigung[192]) vermuten lässt. Vor dem Hintergrund verfassungsgerichtlicher Rspr. ist die Regelung des § 28 Abs. 1 S. 1 Nr. 2 BPolG problematisch. Denn die mit dem unbestimmten Rechtsbegriff der „Erheblichkeit" verbundene Bezugnahme auf den seinerseits äußerst vage gehaltenen Straftatenkatalog des § 12 Abs. 1 BPolG wird den Bestimmtheitsanforderungen[193] kaum gerecht.[194] Schließlich erlaubt § 28 Abs. 1 S. 1 Nr. 3 BPolG **VE-Einsätze gegen qualifizierte Kontaktpersonen** iSv § 21 Abs. 2 S. 2 BPolG[195] von potenziellen Straftätern nach § 28 Abs. 1 S. 1 Nr. 2 BPolG.[196] In allen drei Varianten kommt der VE-Einsatz nur als ultima ratio (§ 28 Abs. 1 S. 1 aE BPolG) sowie unter Beachtung verschiedener Ausprägungen des Verhältnismäßigkeitsgrundsatzes (§ 15 BPolG) in Betracht.

72 cc) ZFdG. VE-Einsätze sind nach der Reform des ZFdG im Jahr 2021[197] zulässig **zur Straftatverhütung**[198] bei Vorliegen der Voraussetzung von § 47 Abs. 1 ZFdG, dessen Wortlaut eine Kombination aus Elementen der Parallelvorschriften in BKAG und BPolG enthält. Nach Satz 1 Nr. 1 kann sich der VE-**Einsatz** richten **gegen potenzielle OK-Täter** (→ Rn. 71) von erheblichen Straftaten im Zuständigkeitsbereich der Zollverwaltung.[199] Auch hier ist, ähnlich wie bei § 28 Abs. 1 S. 1 Nr. 2 BPolG iVm § 12 S. 1 BPolG (→ Rn. 71), der Kreis der in Betracht kommenden Straftaten und damit der tatsächliche Anwendungsbereich der Norm schwer zu bestimmen; im Übrigen orientiert sich die Norm hinsichtlich der Konkretisierung der Eingriffsvoraussetzungen allerdings an dem verfassungsrechtlich nicht zu beanstandenden § 45 Abs. 1 BKAG. Nach § 47 Abs. 1 S. 1 Nr. 2 ZFdG können VE überdies gegen (hinreichend bestimmte) **qualifizierte Kontaktper-**

---

[189] BGHSt 49, 177 (181) = BeckRS 2004, 6967: „Gewerbsmäßig handelt, wer sich durch wiederholte Tatbegehung eine nicht nur vorübergehende Einnahmequelle von einigem Umfang und einiger Dauer verschaffen will. Liegt diese Absicht vor, ist bereits die erste Tat als gewerbsmäßig begangen einzustufen, auch wenn es entgegen den ursprünglichen Intentionen des Täters zu weiteren Taten nicht kommt." Näher dazu *Sternberg-Lieben/Bosch* in Schönke/Schröder StGB Vor § 52 ff. Rn. 95 f.

[190] Gewohnheitsmäßig meint einen durch wiederholte Begehung erzeugten, eingewurzelten und selbständig fortwirkenden Hang zur Tatbegehung, vgl. BGHSt 15, 377 = NJW 1961, 1031; OLG Köln BeckRS 2015, 21051 (Rn. 10); *Sternberg-Lieben/Bosch* in Schönke/Schröder StGB Vor §§ 52 ff. Rn. 98 ff.

[191] BGHSt 46, 321 = BeckRS 2001, 4982: „Der Begriff der Bande setzt den Zusammenschluss von mindestens drei Personen voraus, die sich mit dem Willen verbunden haben, künftig für eine gewisse Dauer mehrere selbständige, im Einzelnen noch ungewisse Straftaten des im Gesetz genannten Deliktstyps zu begehen. Ein „gefestigter Bandenwille" oder ein „Tätigwerden in einem übergeordneten Bandeninteresse" ist nicht erforderlich." Umfassend *Schmitz* in MüKoStGB StGB § 244 Rn. 39 ff.

[192] Der Begriff der Vereinigung ist seit 2017 in § 129 Abs. 2 StGB legaldefiniert: „Eine Vereinigung ist ein auf längere Dauer angelegter, von einer Festlegung von Rollen der Mitglieder, der Kontinuität der Mitgliedschaft und der Ausprägung der Struktur unabhängiger organisierter Zusammenschluss von mehr als zwei Personen zur Verfolgung eines übergeordneten gemeinsamen Interesses." (Abs. 2). Kriminell sind nach § 129 Abs. 1 S. 1 StGB Vereinigungen, „deren Zweck oder Tätigkeit auf die Begehung von Straftaten gerichtet ist, die im Höchstmaß mit Freiheitsstrafe von mindestens zwei Jahren bedroht sind." Näher zur Handhabung dieser Kriterien BGH NJW 2021, 2813 (Rn. 19 ff.).

[193] Zu den Erfordernissen vgl. BVerfGE 113, 348 (375 ff.) = NJW 2005, 2603.

[194] Für zu unbestimmt gehalten wird die (ebenso unpräzise) Vorgängerregelung von Nomos-BR/*Wehr* BPolG § 28 Rn. 11. Nach VerfGH Thüringen BeckRS 2012, 59609, ist eine Bezugnahme auf einen Katalog von Strafrechtsnormen unter dem Gesichtspunkt der Normenklarheit grundsätzlich keine geeignete Regelungstechnik, um heimliche Datenerhebungen zur Verhütung von Straftaten zu rechtfertigen.

[195] Die Vorschrift entspricht § 39 Abs. 2 Nr. 2 BKAG und beseitigt die verfassungswidrige Erstreckung auf auch einfache Kontakt- und Begleitpersonen in der Vorgängervorschrift (zur Kritik an dieser s. *R. P. Schenke* in Schenke/Graulich/Ruthig BPolG § 28 Rn. 24).

[196] Die (bei einem VE-Einsatz praktisch stets gegebene) unvermeidliche Betroffenheit weiterer Personen steht dem Einsatz nicht per se entgegen, § 28 Abs. 1 S. 2 BPolG.

[197] BGBl. 2021 I 402.

[198] Zuvor waren dem ZKA VE-Einsätze lediglich im Rahmen seiner Zentralstellenfunktion als Einsatzunterstützung anderer Behörden (Zollfahndungsämter) möglich, vgl. § 3 Abs. 8 Nr. 3 ZFdG aF (nunmehr § 3 Abs. 6 Nr. 3 ZFdG).

[199] Näher dazu *K. Graulich* GSZ 2019, 221.

sonen eingesetzt werden.[200] Auch nach dem ZFdG kommt der VE-Einsatz nur als ultima ratio (§ 47 Abs. 1 S. 1 ZFdG aE) sowie unter Beachtung verschiedener Ausprägungen des Verhältnismäßigkeitsgrundsatzes (§ 39 S. 2 ZFdG iVm § 15 BPolG) in Betracht.

c) Strafverfahrensrecht. Voraussetzung eines repressiven VE-Einsatzes[201] ist zunächst das Bestehen eines **Anfangsverdachts** iSv § 152 Abs. 2 StPO[202] in Bezug auf die in § 110a Abs. 1 StPO näher bestimmten Straftaten von erheblicher Bedeutung.[203] Die Regelung der Einsatzvoraussetzungen besteht dabei aus einer unübersichtlichen Mischung aus Tatkatalog und Generalklauseln.[204] Erfasst sind neben besonderen Formen der Bereicherungskriminalität (Satz 1 Nr. 1: Btm- und Waffenhandel sowie Fälschungsdelikte) und Staatsschutzdelikten (Nr. 2) sämtliche Delikte bei auf **Organisierte Kriminalität** hindeutender Begehungsweise (Nr. 3 f.: gewerbs-,[205] gewohnheits-[206] oder bandenmäßig[207] bzw. in anderer Weise organisiert[208]). In Bezug auf (sämtliche) Verbrechen iSv § 12 Abs. 1 StGB reicht auch eine tatsachenbasierte Wiederholungsgefahr (Satz 2) oder die besondere Bedeutung der Tat (Satz 4). Die Befugnis zum VE-Einsatz ist dabei, je nach Deliktsgruppe, mit unterschiedlich strengen Subsidiaritätsklauseln versehen.[209] Insgesamt ist die Eingriffsschwelle für den repressiven VE-Einsatz infolge der pseudo-exakten, in Wahrheit aber vagen und interpretationsbedürftigen Einsatzvoraussetzungen[210] eher niedrig angesetzt. Bemerkenswert ist, dass der im Rahmen der kriminalpolitischen Diskussion ganz im Vordergrund stehende Topos der Infiltration abgeschotteter krimineller Gruppen (→ Rn. 16) sich in den Einsatzvoraussetzungen nur bedingt widerspiegelt. In praxi werden VE dementsprechend auch gegen Einzeltäter eingesetzt, und zwar vor allem als **Cold Case-Ermittlungsmethode**.[211]

73

d) Problemfall: Präventiv-repressive Gemengelage. Insbesondere im Kontext des sog. Präventionsstrafrechts (zB bei der strafbaren Vorbereitung von Terroranschlägen, Btm-Handel oder Schleuserkriminalität) werden mit VE-Einsätzen häufig zugleich **präventive und repressive Zwecke** verfolgt. Da aber Gefahrenabwehr- und Strafverfahrensrecht hinsichtlich der VE-Einsatzvoraussetzungen und -Befugnisse teilweise unterschiedlich ausgestaltet sind, stellt sich im Falle einer solchen **doppelfunktionalen Gemengelage** die Frage nach der maßgeblichen Rechtsgrundlage.[212]

74

---

[200] Die (bei einem VE-Einsatz praktisch stets gegebene) unvermeidliche Betroffenheit weiterer Personen steht dem Einsatz nicht per se entgegen, § 47 Abs. 1 S. 2 ZFdG.

[201] Zu „Mischkonstellationen" → Rn. 74. Im Übrigen können die bei einem Einsatz nach § 110a StPO erhobenen Daten unter der Voraussetzung von § 479 Abs. 2 S. 2 StPO zu präventiv-polizeilichen Zwecken verwendet werden.

[202] Zur (geringfügigen) Erhöhung der Voraussetzungen an den erforderlichen Verdachtsgrad bei qualifizierten Einsätzen nach § 110b Abs. 2 StPO *Hauck* in Löwe/Rosenberg StPO 110a Rn. 43. Zur Zulässigkeit von VE-Einsätzen im Rahmen von Vorfeld- oder Strukturermittlungen s. einerseits *Hauck* in Löwe/Rosenberg StPO § 110a Rn. 44, andererseits *F. Graulich*, Die Zusammenarbeit von Generalbundesanwalt und Bundeskriminalamt bei dem Vorgehen gegen den internationalen Terrorismus, 2013, 318 f. Zur Erforderlichkeit eines qualifizierten Anfangsverdachts beim VE-Einsatz gegen Strafverteidiger *Engelstätter* in BeckOK StPO, 43. Ed. 1.4.2022, RiStBV Anl. D Rn. 12.

[203] → Rn. 71.

[204] *Hauck* in Löwe/Rosenberg StPO § 110a Rn. 31; Kurzüberblick bei *Wolter/Jäger* in SK-StPO StPO § 110a Rn. 6–11.

[205] Zu den Voraussetzungen BGHSt 49, 177 (181).

[206] Vgl. BGHSt 15, 377; → Rn. 71.

[207] Vgl. BGHSt 46, 321; → Rn. 71.

[208] Vgl. dazu Nr. 2 RiStBV Anl. E, abgedruckt bei *Hauck* in Löwe/Rosenberg StPO § 110a Rn. 85.

[209] Näher dazu *Hauck* in Löwe/Rosenberg StPO § 110a Rn. 41.

[210] *Bernsmann* StV 1998, 217 (223).

[211] Vgl. exemplarisch die Sachverhalte in BGH NJW 2007, 3138; NStZ 2009, 343; OLG Jena StV 2020, 455; OLG Zweibrücken NStZ 2011, 113; näher *Keller* Ermittlungen 175 ff.; *Keller/Wolf* Kriminalistik 2013, 349 (354 f.).

[212] Allg. dazu *Keller/Griesbaum* NStZ 1990, 416; *Kniesel* ZRP 1987, 377; *F. Graulich*, Die Zusammenarbeit von Generalbundesanwalt und Bundeskriminalamt bei dem Vorgehen gegen den internationalen Terrorismus, 2013, 350 ff.

75 Teilweise wird unter Hinweis auf die ansonsten drohende Gefahr eines „Befugnisshoppings" die Ansicht vertreten, dass ab dem Zeitpunkt des Vorliegens eines strafprozessualen Anfangsverdachts nach § 152 Abs. 2 StPO gegen eine konkrete Person Maßnahmen nicht mehr polizeirechtlich, sondern nur noch strafprozessual begründet werden können.[213] Die Annahme eines solchermaßen radikalen **Vorrangs des Strafverfahrensrechts** steht allerdings nicht mit dem Gesetz in Einklang, da ansonsten beispielsweise die polizeirechtliche Durchsuchungsbefugnis in § 10 Abs. 3 ZollVG, die gerade einen strafprozessualen Anfangsverdacht in Bezug auf eine Zollstraftat voraussetzt, keinen Anwendungsbereich mehr hätte.

76 Eine andere Ansicht überträgt die für die Bestimmung der Rechtswegzuständigkeit entwickelte **Schwerpunkttheorie**[214] und stellt für die Beurteilung, ob eine Maßnahme an Ermächtigungsgrundlagen aus dem Gefahrenabwehrrecht oder aus der StPO zu messen ist, darauf ab, wo aus Sicht der handelnden Polizeibeamten oder (subsidiär) aus der Sicht eines objektiven Beobachters der Schwerpunkt des polizeilichen Eingreifens liegt.[215] Dieser Ansicht liegt die theoretische Vorstellung eines Exklusivitätsverhältnisses („entweder-oder") zugrunde. Unklar und umstritten ist allerdings, welchem Rechtsgebiet in Zweifelsfällen der Vorzug gebührt.[216] Jedenfalls dann, wenn ein VE als Lockspitzel agiert (→ Rn. 13), nimmt der BGH bislang zwingend eine ausschließliche Anwendbarkeit der StPO an.[217]

77 In der neueren Rspr. wird der Polizei indes praktisch ein **Wahlrecht** eingeräumt, welcher der grundsätzlich gleichberechtigt nebeneinanderstehenden Ermächtigungsgrundlagen sie sich bedienen möchte (**„Rosinentheorie"**).[218] Etwaig gezielt missbräuchliches Ausweichen auf die mit niedrigerer Eingriffsschwelle ausgestattete Befugnisnorm ist nach dieser Ansicht erst auf der Ebene der strafprozessualen Verwertbarkeit von Beweisen beachtlich.[219] Diese Sichtweise ist jedenfalls insofern plausibel, als sich im Rahmen eines einheitlichen VE-Einsatzes die Gewichtung zwischen präventiver und repressiver Zwecksetzung je nach Informationslage verändern kann und somit der VE im Rahmen des Einsatzes einen (gegebenenfalls mehrfachen) „Rollenwechsel" vornimmt.[220]

2. Einsatzdauer

78 **a) Recht der Nachrichtendienste.** Nachrichtendienstliche VM-Einsätze müssen **nicht befristet** werden. Von vornherein auf Dauer angelegte Einsätze müssen allerdings qualifizierte Einsatzvoraussetzungen erfüllen (→ Rn. 69). Im Falle der Begehung einer Straftat

---

[213] AG Kiel Urt. v. 2.9.2013 – 36 Ls 599 Js 63059/11 – unveröff.; *Gubitz* NStZ 2016, 128; *Müller/Römer* NStZ 2012, 543 (547); *F. Graulich*, Die Zusammenarbeit von Generalbundesanwalt und Bundeskriminalamt bei dem Vorgehen gegen den internationalen Terrorismus, 2013, 518.
[214] Vgl. BVerwG NVwZ 2001, 1285 (1286); VG Schleswig BeckRS 2004, 23211 (Rn. 5).
[215] *Ehrenberg/Frohne* Kriminalistik 2003, 737 (749 f.); *Hauck* in Löwe/Rosenberg StPO § 110a Rn. 9.
[216] Für einen Vorrang des Gefahrenabwehrrechts *Kniesel* Kriminalistik 1987, 316, für denjenigen des Strafverfahrensrechts *F. Meyer* HRRS-FS Fezer, 2008, 131 (145); *Krach* JURA 2001, 737 (741).
[217] BGHSt 41, 64 (68) = NJW 1995, 2237 mzustAnm *Krey/Jaeger* NStZ 1995, 517 (519); ebenso bei als agent provocateur agierender VP BGHSt 45, 321 (337) = NJW 2000, 1123; *Fischer/Maul* NStZ 1992, 7 (8 f.).
[218] BGHSt 62, 123 (Rn. 24) = NJW 2017, 3173; BGH NStZ 2018, 296 (297); NStZ-RR 2016, 176; LG Münster NStZ 2016, 126; ebenso *Nowrousian* NStZ 2018, 254 f.; *Bruns* in KK-StPO StPO § 110a Rn. 14.
[219] BGHSt 62, 123 (Rn. 32) = NJW 2017, 3173, wonach für eine strafprozessuale Verwertung präventivpolizeilicher erlangter Beweismittel neben den Voraussetzungen des hypothetischen Ersatzeingriffs gem. § 161 Abs. 3 StPO das Fehlen eines missbräuchlichen Ausweichens auf das Polizeirecht erforderlich ist; iE ähnlich die sog. Kumulationstheorie, wonach kein allgemeiner oder situativer Vorrang eines Rechtsgebiets besteht, indes die Verwertung von Beweismitteln innerhalb eines Rechtsgebietes voraussetzt, dass auch seine jeweiligen Eingriffsvoraussetzungen erfüllt sind (*Löffelmann* JR 2017, 588 [599]); *Lenk* StV 2017, 692 [696]).
[220] Vgl. BT-Drs. 12/2720, 46; *Graulich* in Lisken/Denninger PolR-HdB Kap. E Rn. 742 („Eine eindeutige Zuordnung verdeckter Ermittlungen zu entweder präventiven oder repressiven Zielsetzungen ist im Allgemeinen nicht möglich.").

von erheblicher Bedeutung durch den VM soll der Einsatz nach § 9a Abs. 2 S. 4 BVerfSchG unverzüglich beendet werden.[221]

b) Polizeirecht. Der polizeirechtliche VE-Einsatz ist, anders als der VM-Einsatz im Recht der Nachrichtendienste (→ Rn. 78), **stets zu befristen,** wobei das Bundesrecht im Regelfall eine Dreimonatsbefristung als Obergrenze vorsieht.[222] Im Detail weichen die bundesrechtlichen Regelungen wie folgt voneinander ab: 79

§ 45 Abs. 5 S. 3 Hs. 2 **BKAG** sieht für jede Erstanordnung eines VE-Einsatzes eine Befristung auf höchstens drei Monate vor.[223] Eine Verlängerung ist (theoretisch unbegrenzt häufig)[224] durch neuerliche Anordnung möglich, für die wiederum mangels abweichender Regelung die allgemeine **Dreimonats-Obergrenze** gilt. 80

§ 28 **BPolG** differenziert zwischen einfachen und qualifizierten VE-Einsätzen. Für Letztere, dh für Einsätze, die sich gegen eine bestimmte Person richten oder bei denen der VE eine Wohnung betritt, gilt nach Abs. 5 ebenfalls eine Höchstdauer von drei Monaten (Satz 3 Hs. 2), die durch (gegebenenfalls wiederholte) erneute Anordnung verlängert werden kann (Satz 4). Für einfache VE-Einsätze gilt hingegen die allgemeine (aber insoweit unpraktische) Regelung, wonach die Maßnahme auf höchstens einen Monat zu befristen ist (Abs. 5 Satz 3 Hs. 1), diese aber durch neuerliche Anordnung ebenfalls verlängert werden kann (Satz 4). 81

Ähnlich wie das BPolG differenziert das **ZFdG** zwischen einfachen und qualifizierten VE-Einsätzen. Während für die zuletzt genannten in § 48 Abs. 3 ZFdG eine Befristung auf höchstens drei Monate (Satz 3) mit Verlängerungsmöglichkeit (Satz 4) vorgesehen ist, besteht für einfache VE-Einsätze gar keine Regelung.[225] Das ist aus rechtsstaatlichen Gründen bedenklich und durch eine entsprechende Anwendung von § 48 Abs. 3 S. 3 und 4 ZFdG zu korrigieren. 82

c) Strafverfahrensrecht. Nach § 110b Abs. 1 S. 3 StPO ist der Einsatz von vornherein zu befristen, wobei **keine gesetzliche Höchstfrist** vorgesehen ist. In der Praxis hat sich bei erstmaliger Anordnung – wohl in Orientierung an der für andere eingriffsintensive Maßnahmen geltenden Regelung in § 100e Abs. 1 S. 4 StPO[226] – eine Drei-Monats-Befristung etabliert.[227] Aus verfassungsrechtlichen Gründen darf jedenfalls eine Neun-Monats-Frist nicht überschritten werden.[228] Eine (gegebenenfalls auch mehrfache) **Verlängerung** der Maßnahme ist aber möglich, § 110b Abs. 1 S. 4 StPO. 83

3. Kernbereichsschutz

Die **gezielte Erhebung kernbereichsrelevanter Informationen** ist unzulässig (→ Rn. 30). Daraus folgt, dass VM/VE solche Handlungen nicht gestattet sind, die wahr- 84

---

[221] Die Kompetenz zur ausnahmsweisen Fortführung des Einsatzes kommt der (stellvertretenden) Behördenleitung zu, § 9a Abs. 2 S. 5 BVerfSchG; näher zur Ausfüllung des Entscheidungsspielraums *Blome/Sellmeier* DÖV 2016, 881 (889).

[222] In landesrechtlichen Vorschriften ist teilweise eine Befristung auf höchstens sechs (vgl. Art. 37 Abs. 2 S. 3 BayPAG) oder gar neun Monate (vgl. § 29 Abs. 4 S. 2 HambPolDVG) vorgesehen. Der Bundesgesetzgeber begründet die drei-Monats-Höchstgrenze bei der Erstanordnung einerseits mit den erforderlichen intensiven Vorbereitungsmaßnahmen (vgl. BT-Drs. 16/10121, 26 – zur 2-Monatsgrenze in § 20g Abs. 3 BKAG aF) sowie mit einer entsprechenden strafverfahrensrechtlichen Befristungspraxis, BT-Drs. 18/8702, 18 (zu § 28 BPolG).

[223] Dies gilt auch für VE-Einsätze, die keiner richterlichen Anordnung bedürfen (näher dazu → Rn. 91), da auch diese gem. § 45 Abs. 3 S. 5 BKAG „angeordnet" werden und die Befristungsregelung nach Abs. 5 S. 3 nicht zwischen richterlicher und sonstiger Anordnung unterscheidet.

[224] Das Fehlen einer gesetzlich normierten Gesamtdauer-Obergrenze ist verfassungsrechtlich nicht zu beanstanden; eine Obergrenze kann sich im Einzelfall aus dem allgemeinen Verhältnismäßigkeitsgrundsatz ergeben, BVerfGE 141, 220 (293 Rn. 171) = NJW 2016, 1781.

[225] § 48 ZFdG ist ausweislich der Überschrift nur auf die *gerichtliche* Anordnung bezogen.

[226] Vgl. *Bruns* in KK-StPO StPO § 110b Rn. 10.

[227] → Rn. 79.

[228] Vgl. *Günther* in MüKoStPO StPO § 110b Rn. 23.

scheinlich oder gar zwangsläufig mit einer Erhebung kernbereichsrelevanter Informationen verbunden sind. Dazu gehören beispielsweise der Aufbau besonders enger Vertrauensverhältnisse zu[229] oder **sexuelle Kontakte mit Zielpersonen**[230].

85 **a) Recht der Nachrichtendienste.** Der Einsatz nach § 9a BVerfSchG steht weder unter dem gesetzlichen Vorbehalt einer negativen Kernbereichsprognose noch sind sonstige Restriktionen im Hinblick auf die Gewährleistung des Kernbereichs der privaten Lebensgestaltung gesetzlich geregelt. Nach der insoweit auch für das Recht der Nachrichtendienste maßgeblichen[231] Entscheidung des BVerfG zu § 20g BKAG aF sind Befugnisse zu Überwachungsmaßnahmen auch außerhalb der Wohnung, die tief in die Privatsphäre eindringen können, verfassungswidrig, sofern es diesbezüglich an einer gesetzlichen Regelung zum Schutz des Kernbereichs fehlt.[232] Obwohl das Urteil dabei nicht ausdrücklich auf verdeckte personale Ermittlungen Bezug nimmt, macht der Gesamtzusammenhang deutlich, dass Einsätze von VE bzw. VM mitgemeint sind.[233] Konsequenterweise sehen neuere VM- bzw. VE-Befugnisse entsprechende Kernbereichsschutzinstrumentarien vor (zB § 45 Abs. 7 BKAG, § 45 RhPfPOG, Art. 8a BayVSG, § 110a Abs. 1 S. 5 StPO). Da § 9a BVerfSchG einer entsprechenden Regelung entbehrt, ist die Befugnis aus diesem Grund nicht verfassungskonform[234] und daher dringend ergänzungsbedürftig.[235] Einstweilen muss man sich mit einer **analogen Anwendung von § 3a G10** behelfen.[236] Von Nachrichtendiensten erhobene Kernbereichs-Informationen unterliegen einem absoluten Verwertungsverbot.[237]

86 **b) Polizeirecht.** Alle bundesrechtlich normierten präventiv-polizeilichen Befugnisse zum VE-Einsatz verfügen inzwischen über die verfassungsrechtlich gebotenen (→ Rn. 85) gesetzlichen Regelungen von Mechanismen zum Schutz des Kernbereichs privater Lebensgestaltung. Dazu gehören insbesondere ein **Einsatzverbot** bei positiver Kernbereichsprognose,[238] eine unter dem Vorbehalt der VE-Gefährdung stehende Pflicht zur **Unterbrechung der Maßnahme** bei plötzlich auftretender Kernbereichsrelevanz[239] sowie ein **Verwertungsverbot** von Kernbereichserkenntnissen.[240]

87 **c) Strafverfahrensrecht.** Der Schutz des Kernbereichs privater Lebensgestaltung wird durch § 110a Abs. 1 S. 5 StPO gewährleistet. Die dort in Bezug genommene Regelung in

---

[229] Vgl. *Meyer-Mews* NJW 2007, 3142.
[230] *BT-Wiss. Dienst*, Ausarbeitung WD-3-3000-292/15 v. 25.11.2015, Einsatz Verdeckter Ermittler – Grenzen ermittlungstaktischer Maßnahmen, 6 ff. (Eingriff in den absolut geschützten Kernbereich privater Lebensgestaltung und in das Recht aus Art. 8 Abs. 1 EMKR); *Roggan* GSZ 2019, 111 (113); *Wiese*, Interview in: LTO v. 2.3.2021; aA OVG Hamburg NVwZ-RR 2018, 886 (887) mit der Begr., es handele sich beim Geschlechtsverkehr eines polizeilichen VE mit der Zielperson um eine private, nicht um eine rechtliche Beziehung. Dagegen spricht allerdings, dass der VE die sexuelle Beziehung unter seiner dienstlichen Legende eingeht. Ein ausdrückliches Verbot enthält § 47 Abs. 2 S. 4 BremPolG.
[231] Zutr. *Siems* NWVBl. 2018, 1 (3 f.); aA *Unterreitmeier* NWVBl. 2018, 227, der meint, das BVerfG habe etwaige Folgewirkungen des Urteils zum BKAG auf das Recht der Nachrichtendienste „bewusst offen gelassen".
[232] BVerfGE 141, 220 (Rn. 176) = NJW 2016, 1781.
[233] Dies ergibt sich ua daraus, dass das Gericht in Rn. 177 des Urteils § 20g Abs. 2 BKAG aF, dessen Nummern 4 und 5 den Einsatz von Vertrauenspersonen und Verdeckten Ermittlern erlaubten, pauschal für verfassungswidrig erklärt hat.
[234] So auch *Dietrich* in Dietrich/Eiffler NachrichtendiensteR-HdB § 2 Rn. 124, der aber annimmt, bis zu einer Nachbesserung durch den Gesetzgeber dürfe der Einsatz von VM gleichwohl fortgesetzt werden, sofern der Kernbereichsschutz auf der Grundlage behördeninterner Vorschriften sichergestellt sei. Das verfehlt indes das Erfordernis eines *gesetzlichen* Kernbereichsschutzes.
[235] Einen Abhilfe schaffenden § 9a BVerfSchG-E enthielt ein (nicht realisierte) BMI-Referentenentwurf aus dem Jahr 2019, https://bit.ly/3cYMol6.
[236] Dafür *Marscholleck* NJW 2015, 3611 (3615 Fn. 34).
[237] *Sellmeier/Blome* GSZ 2019, 196 (200 f.).
[238] § 45 Abs. 7 S. 1 BKAG; § 28 Abs. 7 S. 1 BPolG; § 49 Abs. 1 S. 1 ZFdG.
[239] § 45 Abs. 7 S. 2 BKAG; § 28 Abs. 7 S. 2 BPolG; § 49 Abs. 1 S. 2 ZFdG.
[240] § 45 Abs. 7 S. 8 BKAG; § 28 Abs. 7 S. 8 BPolG; § 49 Abs. 1 S. 8 ZFdG. Ob es sich dabei auch für den Bereich der Gefahrenabwehr um ein *absolutes* Verwertungsverbot handelt, ist unklar. IdS wohl BVerfGE 113, 348 (392) = NJW 2005, 2603; aA *Soiné* NJW 2020, 2850 (2854 Rn. 44) (unter Verweis auf § 36 Abs. 2 S. 2 ThürPAG); offen gelassen in BGHSt 50, 206 (216) = NJW 2005, 3295.

§ 100d StPO beschränkt sich allerdings auf ein **Verbot** der Maßnahme **bei positiver Kernbereichsprognose** (Abs. 1) und ein **Verwertungsverbot** unbeabsichtigt erhobener Kernbereichsdaten (Abs. 2); das in § 100d Abs. 4 S. 2 StPO geregelte Gebot der unverzüglichen Maßnahmeunterbrechung bei plötzlich auftretender Kernbereichsrelevanz ist vom Verweis hingegen nicht umfasst. Insoweit bleibt der Kernbereichsschutz bei repressiven VE-Einsätzen hinter dem durch die (Bundes-)Polizeigesetze gewährleisteten (→ Rn. 86) zurück. Als aus der Menschenwürde abgeleitete ungeschriebene Regel erheischt das **Unterbrechungsgebot** gleichwohl auch im Strafverfahrensrecht Beachtung.

III. Anordnungskompetenzen

1. Recht der Nachrichtendienste

Der VM-Einsatz **kann vom BfV selbst angeordnet werden.**[241] Eine vorbeugende Kontrolle[242] in Gestalt eines Abteilungsleiter-, Behördenleiter-[243] oder gar Richtervorbehalts[244] ist ebenso wenig vorgesehen wie die Zustimmung des Parlamentarischen Kontrollgremiums[245] oder eines anderen unabhängigen Gremiums[246].

Ob das Vorsehen einer besonderen Anordnungskompetenz beim Einsatz verdeckt agierender Mitarbeiter der Nachrichtendienste unter verfassungsrechtlichen Gesichtspunkten zwingend ist, wird uneinheitlich beurteilt; teilweise wird die Frage verneint,[247] teilweise wird ein Richtervorbehalt für erforderlich gehalten.[248] In Bezug auf § 20g BKAG aF hat das BVerfG jedenfalls entschieden, dass besonders eingriffsintensive Maßnahmen der „Anordnung einer unabhängigen Instanz, etwa einem Gericht" vorbehalten bleiben müssen.[249] Geht man von der (zutreffenden) Ansicht aus, wonach nachrichtendienstliche und polizeilich-präventive Eingriffe prinzipiell gleich zu gewichten sind (→ Rn. 45), folgt aus dem BVerfG-Urteil das Erfordernis einer **unabhängigen Vorabkontrolle** durch eine parlamentarische und/oder justizielle Instanz jedenfalls in den Fällen einer dauerhaften oder einer Art. 13 Abs. 1 GG tangierenden Maßnahme.[250] Die insoweit defizitär ausgestaltete Befugnis aus § 9a BVerfSchG dürfte daher (auch)[251] aus diesem Grunde verfassungswidrig sein.[252]

2. Polizeirecht

Für qualifizierte VE-Einsätze (→ Rn. 81) sehen die bundesrechtlichen Polizeigesetze jeweils eine **verfahrensrechtliche Doppelsicherung** vor, wonach auf Antrag[253] der (gegebenen-

88

89

90

---

[241] *Bader* HRRS 2016, 293 (295 Fn. 16).
[242] Zur (psychologischen) Funktionsweise einer solchen institutionellen Vorabkontrolle *Schwabenbauer* Heimliche Grundrechtseingriffe S. 310 f.; *Dietrich* in Dietrich/Eiffler NachrichtendiensteR-HdB § 2 Rn. 115.
[243] Vgl. § 9b Abs. 2 S. 1 BVerfSchG in Bezug auf VP.
[244] Exemplarisch § 28 Abs. 3a S. 1 BPolG.
[245] Eine derartige Voraussetzung enthält § 8b Abs. 5 S. 3 BremVerfSchG. Mit Fug krit. zur vorbeugenden Kontrolle durch parlamentarische Gremien *Dietrich* in Dietrich/Eiffler NachrichtendiensteR-HdB § 2 Rn. 116.
[246] Vgl. § 16 BNDG.
[247] BLKR, Abschlussbericht v. 30.4.2013, 290 ff. Rn. 665 ff., https://bit.ly/2SF7w8M; *Unkroth* in BeckOK PolR Bayern, 18. Ed. 1.3.2022, VSG Art. 18 Rn. 28; *Blome/Sellmeier* DÖV 2016, 881 (883); *Gärditz* EuGRZ 2018, 6 (18). *Unterreitmeier* BayVBl. 2019, 37 (44) plädiert für einen Behördenleitervorbehalt.
[248] *Förster* ZRP 2012, 123; *Graulich* in Schenke/Graulich/Ruthig BVerfSchG § 9a Rn. 3; tendenziell auch *Siems* NWVBl. 2018, 1 (5); *Dietrich* in Dietrich/Eiffler NachrichtendiensteR-HdB § 2 Rn. 115 f., der aber zurt. auf die praktischen Schwierigkeiten einer detaillierten Vorab-Beschreibung einer geplanten Maßnahme hinweist.
[249] BVerfGE 141, 220 (Rn. 174) = NJW 2016, 1781; abl. *Unterreitmeier* GSZ 2019, 233 (237), der meint, das BVerfG verstoße damit „gegen die Wertentscheidung des Art. 13 Abs. 5 GG." Eine (schlüssigere) gegenläufige Interpretation von Art. 13 Abs. 5 GG findet sich indes bei *Braun* NVwZ 2000, 375 (379).
[250] So im Ergebnis auch BVerfG BeckRS 2022, 8427 (Rn. 348).
[251] Zum fehlenden Kernbereichsschutz → Rn. 85.
[252] Vgl. *K. Graulich* KriPoZ 2017, 43 (52); *Graulich* in Schenke/Graulich/Ruthig BVerfSchG § 9a Rn. 3 aE.
[253] Der erforderliche Antragsinhalt ist in den § 45 Abs. 4 S. 1 u. S. 2 BKAG, § 28 Abs. 4 BPolG, § 48 Abs. 2 ZFdG geregelt; näher zu (landesrechtlichen) Begründungsanforderungen VG Karlsruhe BeckRS 2015, 54093.

falls stellvertretenden) Abteilungs- bzw. Behördenleitung eine schriftliche richterliche Anordnung[254] erforderlich ist,[255] die – praktisch irrelevant[256] – bei Gefahr im Verzug auch nachträglich eingeholt werden darf.[257] Damit gehen die Bundesgesetze über die (lediglich) einen Richtervorbehalt fordernden bundesverfassungsgerichtlichen Vorgaben (näher dazu → Rn. 89) hinaus.

91 Zweifelhaft ist die Verfassungskonformität der Regelungen in Bezug auf die Anordnung einfacher VE-Einsätze. Für diese ist in BKAG und BPolG lediglich ein Behörden- bzw. Abteilungsleitervorbehalt (mit Gefahr im Verzug-Ausnahme) vorgesehen,[258] während das ZFdG dazu gar keine Regelung trifft. Die BKAG-Entscheidung des BVerfG verhält sich zwar nicht ausdrücklich dazu, ob auch für diese VE-Einsätze mit geringerer Eingriffsintensität ein **Richtervorbehalt** erforderlich ist. Da dort vom Richtervorbehaltserfordernis aber lediglich (zeitlich) begrenzte Maßnahmen ausgenommen werden, während für die Erfassung nichtöffentlicher Gespräche sowie (pauschal) den Einsatz von VP eine unabhängige Kontrolle für „verfassungsrechtlich unverzichtbar" angesehen wird,[259] spricht vieles für die Verfassungswidrigkeit der erwähnten Regelungen; denn von der Eingriffsintensität her ist auch ein einfacher VE-Einsatz eher mit einem VP-Einsatz als mit einer kurzfristigen Observation vergleichbar.

3. Strafverfahrensrecht

92 Bei der Anordnungskompetenz differenziert auch das Strafverfahrensrecht zwischen **einfachen** und iSv § 110b Abs. 2 StPO, § 110d StPO **qualifizierten VE-Einsätzen**.[260]

93 Bei einfachen Einsätzen liegt die **Anordnungskompetenz** – für eine strafverfahrensrechtliche Ermittlungsmaßnahme ungewöhnlich – allein **bei der Polizei**;[261] dort soll die Einsatzentscheidung gem. Nr. II 2.4 RiStBV Anl. D möglichst hoch, „mindestens auf der Ebene des Leiters der sachbearbeitenden Organisationseinheit" angesiedelt sein. Der Staatsanwaltschaft kommt trotz ihrer rechtlichen Verfahrensherrschaft im Ermittlungsverfahren lediglich ein unter dem Vorbehalt der Gefahr im Verzug[262] stehendes **Zustimmungsrecht** zu, § 110b Abs. 1 S. 1 und S. 2 StPO. Die Auswahl des konkret einzusetzenden Beamten trifft allein die Polizei;[263] der StA, die trotz prinzipieller Geheimhaltung der Identität des VE ein Recht auf (vorherige) Offenbarung von dessen Identität hat (§ 110b Abs. 3 S. 2 StPO), kommt aber ein **Ablehnungsrecht** zu.[264]

94 Nach Nr. II 2.9 RiStBV Anl. D ist die **Zustimmung der StA** auch **bei NoeP-Einsätzen** einzuholen, wenn sich die Notwendigkeit ergibt, die Identität des Beamten auch im Strafverfahren geheimzuhalten.

95 Qualifizierte VE-Einsätze bedürfen hingegen der schriftlichen (§ 110b Abs. 2 S. 5 StPO)[265] und begründeten (§ 34 StPO)[266] **Zustimmung des Ermittlungsrichters**,

---

[254] Zum notwendigen Anordnungsinhalt s. § 45 Abs. 5 BKAG, § 28 Abs. 5 S. 2 BPolG, § 48 Abs. 3 S. 1 ZFdG.
[255] § 45 Abs. 3 S. 1 Nr. 5 BKAG, § 28 Abs. 3 S. 2 BPolG, § 48 Abs. 1 S. 1 Nr. 4 ZFdG.
[256] Angesichts der regelmäßig langen „Aufbauzeit" eines VE-Einsatzes (vgl. *Fischl/Greifenstein* in BeckOK PolR Bayern, 18. Ed. 1.3.2022, PAG Art. 37 Rn. 16) verbleibt für die gesetzliche Eilkompetenz praktisch kein Anwendungsspielraum, krit. daher *Zabel* JR 2009, 453 (459); *R. P. Schenke* in Schenke/Graulich/Ruthig BPolG § 28 Rn. 45.
[257] § 45 Abs. 3 S. 2–4 BKAG, § 28 Abs. 3 S. 3–5 BPolG, § 48 Abs. 1 S. 2–4 ZFdG.
[258] § 45 Abs. 3 S. 5 BKAG, § 28 Abs. 3 S. 6 BPolG.
[259] BVerfGE 141, 220 (Rn. 174) = NJW 2016, 1781.
[260] Der Begriff des Einsatzes bezieht sich dabei nicht auf Einzelmaßnahmen im Rahmen einer VE-Tätigkeit sondern auf die Ermittlungsmaßnahme insgesamt, *Zaczyk* StV 1993, 490 (494).
[261] Zur Begründung wird angeführt, die Polizei dürfe nicht von dritter Seite gezwungen werden, gegen ihren Willen einen Beamten den besonderen Gefahren eines VE-Einsatzes auszusetzen, *Hauck* in Löwe/Rosenberg StPO § 110b Rn. 6.
[262] Näher dazu *Hauck* in Löwe/Rosenberg StPO § 110b Rn. 7 f.
[263] *Hilger* NStZ 1992, 523 (524 Fn. 145).
[264] *Wolter/Jäger* in SK-StPO StPO § 110b Rn. 2.
[265] Zu den Fehlerfolgen einer bloß mündlich erteilten richterlichen Anordnung BGH NStZ 1996, 48.
[266] Zu den inhaltlichen Anforderungen an die Begründung BGHSt 42, 103 = NJW 1996, 2518; *Bruns* in KK-StPO StPO § 110b Rn. 8.

C. Die Befugnisse der Sicherheitsbehörden de lege lata   § 27

§ 110b Abs. 2 StPO.[267] Das Gericht kann dabei verlangen, dass ihm gegenüber die Identität des VE offenbart wird, § 110a Abs. 3 S. 2 StPO.[268] Der Richtervorbehalt wird gem. Nr. 1 zunächst dadurch aktiviert, dass sich der Einsatz gegen einen[269] bestimmten Beschuldigten[270] richtet. Ein qualifizierter VE-Einsatz liegt nach Nr. 2 außerdem vor, wenn der VE eine (nicht allgemein zugängliche)[271] Wohnung betritt (zur zweifelhaften Verfassungsmäßigkeit dieser Variante → Rn. 117). Das Procedere bei Gefahr im Verzug beschreibt § 110b Abs. 2 S. 2 StPO; danach kann uU auch der VE selbst über den Einsatz bzw. dessen qualifizierte Ausweitung entscheiden.[272] Inhaltsgleiche Anordnungsvoraussetzungen gelten zudem für Einsätze von VVE (oder VNoeP), bei denen (artifizielle) kinderpornographische Inhalte verbreitet werden sollen, § 110d StPO.

Verstöße gegen die Vorschriften über die Anordnungskompetenz können strafprozessuale **Beweisverbote** nach sich ziehen.[273]   96

IV. VM/VE-Befugnisse

1. Legendierung

Die Informationserhebung durch VM/VE erfolgt nicht durch autoritative Befragung, Zwang oder Heimlichkeit ieS (zum Begriff → Rn. 2), sondern durch offene Beobachtung, Kommunikation und Interaktion, die durch ein **täuschendes Auftreten als vermeintliche Privatperson** ermöglicht werden. Zu diesem Zweck operieren VM/VE unter einer auf Dauer angelegten Legende, also unter einer fiktiven Identität. Hinsichtlich der Legendierungsbefugnisse herrscht in den verschiedenen Gebieten des Sicherheitsrechts eine im Detail uneinheitliche Regelungsweise und -tiefe.   97

a) Recht der Nachrichtendienste. § 9a Abs. 1 S. 1 BVerfSchG erwähnt die Legende bei der VM-Definition. Weitergehende Hinweise zur Gestaltung der Legende und der zulässigen Mittel zu ihrer Erschaffung und Aufrechterhaltung enthält das BVerfSchG nicht. Aus der Natur der Sache ergibt sich, dass jedenfalls die in § 111 Abs. 1 OWiG erwähnten Daten verändert werden und zu diesem Zweck auch nachrichtendienstliche Hilfsmittel gem. § 8 Abs. 2 S. 1 BVerfSchG (insbesondere **Tarnpapiere und Tarnkennzeichen**[274]) hergestellt[275] und gebraucht werden dürfen.[276]   98

Eine **Teilnahme am Rechtsverkehr unter der Legende,** also insbesondere ein rechtsgeschäftlicher Gebrauch der Tarnpapiere, ist dem VM nicht gestattet.[277] Dies ergibt sich   99

---

[267] Der Richtervorbehalt entspricht den verfassungsrechtlichen Vorgaben. *Krey/Haubrich* JR 1992, 309 (315) halten den Richtervorbehalt indes für „übertrieben".
[268] Dazu *Hauck* in Löwe/Rosenberg StPO § 110b Rn. 21; krit. zu dieser Regelung unter dem Gesichtspunkt eines erhöhten Sicherheitsrisikos *Krüger* Kriminalistik 1992, 594 (597).
[269] Bei der Erweiterung des Tatverdachts gegen weitere bestimmte Beschuldigte ist eine Erweiterung der gerichtlichen Zustimmung erforderlich, BGH NStZ-RR 1999, 340; näher dazu *Schneider* NStZ 2004, 359 (363).
[270] Die Beschuldigteneigenschaft ist in analoger Anwendung von § 397 Abs. 1 AO zu bestimmen, vgl. BGH NJW 1997, 1591; *Hauck* in Löwe/Rosenberg StPO § 110b Rn. 4.
[271] Diese Beschränkung ist überflüssig, weil allgemein zugängliche Wohnungen keine Wohnungen iSd Art. 13 Abs. 1 GG sind, *Hauck* in Löwe/Rosenberg StPO § 110b Rn. 5a. Gemeint ist wohl, dass jedenfalls Geschäftsräume (Restaurants, Spielhallen usw) keine Wohnungen sind, vgl. *Bruns* in KK-StPO StPO § 110b Rn. 6; bei Hotels ist zu differenzieren: Das Betreten der Lobby ist ohne richterliche Zustimmung möglich, das des Hotelzimmers nicht.
[272] *Wolter/Jäger* in SK-StPO StPO § 110a Rn. 5; *Hilger* NStZ 1992, 523 (524 Fn. 146).
[273] Ausf. *Hauck* in Löwe/Rosenberg StPO § 110a Rn. 56 ff.
[274] Tarnkennzeichen sind Kfz-Kennzeichen, für die eine besondere Übermittlungssperre besteht (vgl. § 41 StVG, § 43 FZV). Zur Reichweite berechtigter Auskunftsinteressen BVerwGE 74, 115 = BeckRS 9998, 164036.
[275] Die Herstellung der „echten" Tarnpapiere erfolgt nicht wie bei der Legendierung polizeilicher VE (dazu → Rn. 101) durch die dafür zuständigen (Landes-)Behörden auf Anweisung der Nachrichtendienste, sondern durch die nachrichtendienstlichen Behörden selbst, *Droste* VerfassungsschutzR-HdB 283 f. mwN.
[276] Näher *Roth* in Schenke/Graulich/Ruthig BVerfSchG § 8 Rn. 41 ff.; *Dietrich* in Dietrich/Eiffler Nachrichtendiensteα-HdB § 2 Rn. 32.
[277] *Roggan* GA 2016, 393 (403); diff. *Droste* VerfassungsschutzR-HdB 284 f.

zwar nicht ausdrücklich aus den Vorschriften des BVerfSchG, wohl aber aus einem Umkehrschluss, nämlich dem Fehlen einer in anderen Bundesgesetzen[278] ausdrücklich geregelten Erlaubnis hierzu. Damit ist etwa der Betrieb einer Scheinfirma zum Zweck der Legendenpflege[279] nur insofern erlaubt, als damit eine rein faktische Täuschung bewirkt wird (etwa: Einrichten von Pseudo-Geschäftsräumen); eine rechtsgeschäftliche Betätigung (beispielsweise durch Gewerbeanmeldung oder Vertragsabschlüsse) ist hingegen verboten und gegebenenfalls auch sanktionsbewehrt (→ Rn. 128). Rechtspolitisch ist diese Beschränkung wenig sinnvoll. Die auf bloße Außenwirkung abzielende Ausstattung mit die Glaubwürdigkeit der Tarnidentität fördernden „Lifestyle-Accessoires" ist hingegen rechtlich unkritisch.

100 Unzulässig ist das Auftreten unter einer **Behördenlegende,** mit der das Bestehen von gem. § 8 Abs. 3 BVerfSchG ausgeschlossenen exekutiven Befugnissen suggeriert werden könnte.[280] Ausgeschlossen (und gegebenenfalls nach § 132a Abs. 1 Nr. 2 StGB strafbar) ist zudem eine **Legendierung als Berufsgeheimnisträger** (Arzt, Rechtsanwalt, Geistlicher usw),[281] denn dann würde die Maßnahme auf die absolut verbotene (und gegebenenfalls strafbare)[282] Erlangung von kernbereichsgleicher vertraulicher Kommunikation abzielen.[283]

101 b) Polizeirecht. Zum Zwecke einer überzeugenden Täuschung über die Polizisteneigenschaft operieren auch VE unter einer **Tarnidentität.** Die Täuschung kann sich dabei jedenfalls auf die in § 111 Abs. 1 OWiG genannten Daten (Name, Geburtsort und -tag, Familienstand, Beruf,[284] Wohnort, Nationalität[285]) beziehen, wobei die bundesrechtlichen Polizeigesetze als notfalls (nämlich nur bei „Unerlässlichkeit") einzusetzende Mittel der Irreführung lediglich **Tarnpapiere** („entsprechende Urkunden") vorsehen.[286] Bei diesen handelt es sich etwa um Pässe, Personalausweise, Führerscheine, Zulassungsscheine, Meldebescheinigungen, Qualifikationsnachweise, Versicherungsbestätigungen oder Kreditkarten,[287] die diskret herzustellen die dafür vorgesehenen fachbehördlichen (Gemeinden, Zulassungsstellen usw) oder privatrechtlichen Stellen (Banken, Versicherer etc) trotz Fehlens einer ausdrücklichen Norm[288] verpflichtet sind.[289] Eine (nachträgliche) Änderung von öffentlichen Büchern oder Registern wird infolge der Entstehungsgeschichte der „Muttervorschrift" § 110a Abs. 3 StPO zutreffend für unzulässig gehalten.[290]

102 Im Unterschied zum nachrichtendienstlich agierenden VM (→ Rn. 99) dürfen polizeiliche VE zur Erfüllung des Auftrags auch **unter der Legende am Rechtsverkehr teil-**

---

[278] ZB § 45 Abs. 6 S. 1 Nr. 1, S. 2 BKAG; § 110a Abs. 2 S. 2 StPO.
[279] Vgl. Dazu *Roth* in Schenke/Graulich/Ruthig BVerfSchG § 8 Rn. 42; *Roewer/Höhn* ThürVBl. 1997, 193 (199).
[280] *Singer* Kriminalpolizei 2006, 85 (87) (mit dem Hinweis auf eine Strafbarkeit wegen Amtsanmaßung nach § 132 StGB); *Roth* in Schenke/Graulich/Ruthig BVerfSchG § 8 Rn. 43; diff. *Graulich* in Schenke/Graulich/Ruthig BVerfSchG § 9a Rn. 8 (in Bezug auf eine „Aussteigerlegende").
[281] Kataloge der relevanten Berufsgruppen finden sich bspw. in § 203 Abs. 1 StGB und § 53 Abs. 1 S. 1 StPO.
[282] § 203 StGB findet nach hM auch Anwendung auf Personen, die ihre Eigenschaft als Berufsgeheimnisträger lediglich vortäuschen, *Kargl* in NK-StGB StGB § 203 Rn. 29; *Cierniak/Niehaus* in MüKoStGB StGB § 203 Rn. 31.
[283] Zur Kernbereichsäquivalenz der vertraulichen Kommunikation mit Berufsgeheimnisträgern BVerfGE 109, 279 (328 Rn. 172) = NJW 2004, 999; *Eschelbach* GA 2015, 545 (555); *Ignor* NJW 2007, 3403 (3404). Diese ist inzwischen auf allen Ebenen der Sicherheitsarchitektur vielfach gesetzlich anerkannt, vgl. exemplarisch Art. 8a Abs. 1 S. 1 Nr. 2 BayVSG, § 16 Abs. 5 NRWPolG, § 100d Abs. 5 StPO.
[284] Unzulässig ist allerdings eine Legendierung als Berufsgeheimnisträger (→ Rn. 100).
[285] *Soiné* Kriminalistik 2013, 507 (509).
[286] § 45 Abs. 6 S. 2 BKAG, § 28 Abs. 6 S. 2 BPolG, § 47 Abs. 3 S. 2 ZFdG.
[287] Vgl. *Fischl/Greifenstein* in BeckOK PolR Bayern, 16. Ed. 1.11.2020, PAG Art. 37 Rn. 25; *Schmidbauer* in Schmidbauer/Steiner BayPAG Art. 37 Rn. 3.
[288] Eine solche enthält § 5 Abs. 2 ZSHG.
[289] *Schmidbauer* in Schmidbauer/Steiner BayPAG Art. 37 Rn. 26; abw. *Hilger* NStZ 1992, 523 Fn. 143; *Soiné/Soukup* ZRP 1994, 466 (467 f.): Genuine Zuständigkeit der Polizei zur Herstellung der Papiere.
[290] *Fischl/Greifenstein* in BeckOK PolR Bayern, 16. Ed. 1.11.2020, PAG Art. 37 Rn. 27; näher *Hilger* NStZ 1992, 523 f. mit Fn. 144.

nehmen,[291] also insbesondere privatrechtliche Verträge schließen (zB Kauf, Ehe[292]) oder andere Amtsträger über die wahre Identität täuschen. Erst recht zulässig ist auch hier die auf bloße Außenwirkung abzielende Ausstattung mit die Glaubwürdigkeit der Tarnidentität befördernden „Lifestyle-Accessoires".

c) **Strafverfahrensrecht.** In Bezug auf die mit der Legendierung verbundenen Befugnisse bestehen grundsätzlich **keine Unterschiede zum präventiv-polizeilichen VE-Einsatz;** auf die dortigen Ausführungen wird verwiesen (→ Rn. 101). Insbesondere ist auch im Strafverfahrensrecht eine Legendierung als Berufsgeheimnisträger unzulässig. 103

Hervorzuheben ist, dass der VE-Einsatz nicht zur missbräuchlichen Vornahme einer verdeckten Befragung, dh zu einer gezielten **Umgehung des nemo tenetur-Grundsatzes,** genutzt werden darf. Jedenfalls wenn der Beschuldigte bereits von seinem Schweigerecht Gebrauch gemacht hat, hat ein von einem VE durchgeführtes beharrliches Verhör die Unverwertbarkeit der selbstbelastenden Äußerungen des Beschuldigten zur Folge.[293] 104

Nicht gestattet ist überdies die Nutzung einer Legendierung, um auf diese Weise Erkenntnisse zu gewinnen, die bereits im Wege einer offenen Erhebung nicht erlangt werden dürften. Aus diesem Grund ist etwa die in den USA gebräuchliche Cold Case-Ermittlungsmethode der **legendierten Abfrage aus privaten Biobanken**[294] unzulässig.[295] 105

d) **Spezialfall: Legendierte Kontrolle.** Eine besondere Form der Identitätstäuschung durch repressiv tätige Polizeibeamte, die allerdings nicht auf § 110a StPO gestützt wird, ist die sog. legendierte Kontrolle (im Gegensatz zu dem Normalfall der offenen Kontrolle). Bei dieser Ermittlungsmaßnahme **gibt sich die Kriminalpolizei** gegenüber einem Beschuldigten **als Schutzpolizei** aus.[296] 106

Der **ermittlungstaktische Vorteil** dieser Vorgehensweise besteht unter anderem darin, auf polizeirechtlicher Basis (→ Rn. 77) einen partiellen Zugriff durchführen zu können, ohne dabei gegenüber dem Betroffenen die Existenz eines bereits laufenden (regelmäßig komplexen) Ermittlungsverfahrens offenbaren zu müssen. Standardfall ist eine **inszenierte Verkehrskontrolle** durch die Autobahnpolizei etwa wegen eines geringfügigen Verkehrsverstoßes, bei der vermeintlich zufällig im kontrollierten Fahrzeug transportierte Betäubungsmittel aufgefunden und beschlagnahmt werden. Aus Sicht der Hintermänner des organisierten Betäubungsmittelhandels handelt es sich dann lediglich um einen ärgerlichen Zwischenfall, durch den keine weiteren Vorsichtsmaßnahmen gegen polizeiliche Ermittlungen veranlasst erscheinen. Ferner können dann in einer etwaigen Hauptverhandlung diejenigen Polizisten vernommen werden, die offen an der Kontrolle beteiligt gewesen sind, während bei der Informationsgewinnung im Vorfeld der Schmuggelfahrt etwaig involvierte VE und VP im Strafprozess nicht aufzutreten brauchen.[297] 107

Rechtsstaatliche Nachteile dieser Maßnahme sind neben einer möglichen Umgehung des Richtervorbehalts (insbesondere nach § 105 Abs. 1 StPO) eine situativ eingeschränkte 108

---
[291] § 45 Abs. 6 S. 1 Nr. 1 BKAG, § 28 Abs. 6 S. 1 Nr. 1 BPolG, § 47 Abs. 3 S. 1 Nr. 1 ZFdG.
[292] *Hauck* in Löwe/Rosenberg StPO § 110a Rn. 29.
[293] Vgl. BGHSt 55, 138 = NJW 2010, 3670; OLG Jena StV 2020, 455 (Rn. 25 ff.) mzustAnm *Jäger* JA 2020, 231 (Vorspiegelung eines krebskranken Dritten, der die Tat des Beschuldigten auf sich nehme, sofern dieser den Tathergang schildere); ausf. zur Problematik *Engländer* ZIS 2008, 163 ff.
[294] Bei dieser Methode wird DNA-Spurenmaterial eines unbekannten Verdächtigen vermeintlich durch den DNA-Inhaber zur privaten Stammbaumforschung in eine zu Ahnenforschungszwecken kommerziell betriebene Gendatenbank eingespeist; Datenbanktreffer führen zu Verwandten des Verdächtigen und damit mittelbar zu diesem selbst. Näher zu Effektivität und Verbreitung dieser Methode *Drösser*, Fahndung im Stammbaum, in: Zeit 33/2018, https://bit.ly/35kZVPL.
[295] Zur Unzulässigkeit des offenen Zugriffs auf private Biobanken *Bosch* in KMR-StPO StPO § 81e Rn. 7; *Hadamitzky* in KK-StPO StPO § 81e Rn. 8.
[296] In der Praxis bedient sich Kriminalpolizei einer nicht (vollständig) über die Hintergründe informierten Schutzpolizei.
[297] Zu diesem Vorteil *Hauck* in Löwe/Rosenberg StPO § 110a Rn. 30b.

Verteidigungsfähigkeit (fehlende Belehrung nach § 163a Abs. 4 S. 2 StPO iVm § 136 Abs. 1 S. 1 und 2 StPO über das wahre Ausmaß des Tatvorwurfs) und Unwahrheiten in der Ermittlungsakte.[298] Der BGH hält legendierte Kontrollen **prinzipiell** für **nicht rechtsmissbräuchlich** und daher zulässig.[299]

2. Betreten von Wohnungen

109 Fraglich ist, ob VM/VE zum Betreten einer Wohnung iSv Art. 13 GG befugt sind. Die Frage ist schon deshalb von **großer praktischer Bedeutung,** weil das Betreten von Wohnungen letztlich „in der Logik der Maßnahme" liegt: Ein VM/VE, „der jede Einladung ausschlägt, verrät sich."[300] Auch in dieser Frage weichen die Regelungen in den verschiedenen Sicherheitsgesetzen erheblich voneinander ab:

110 a) **Recht der Nachrichtendienste.** Unklar ist, ob ein VM-Einsatz in Wohnungen verfassungsrechtlich überhaupt möglich ist. Betritt ein VM unter seiner Legende eine Wohnung, liegt darin trotz des (täuschungsbedingten) Einverständnisses des Wohnungsinhabers nach zutr. Ansicht (→ Rn. 40) ein **Eingriff in Art. 13 Abs. 1 GG.** Ein solcher Eingriff ist verfassungsrechtlich grundsätzlich **legitimierbar.**

111 Zunächst wird die prinzipielle Zulässigkeit des Einsatzes von verdeckt operierenden Mitarbeitern der Sicherheitsbehörden in der Schrankenbestimmung des Art. 13 Abs. 5 S. 1 GG – Einsatz von technischen Mitteln „zum Schutze der bei einem Einsatz in Wohnungen tätigen Personen" – implizit vorausgesetzt,[301] wobei der Einsatz der verdeckt agierenden Person selbst allerdings **an den (engen) Voraussetzungen des Art. 13 Abs. 7 GG zu messen** ist.[302] Dass die typischen Umstände des nachrichtendienstlichen VM-Einsatzes – Aufklärung „im Vorfeldstadium einer konkreten Gefahr"[303] – jene strengen Voraussetzungen zu erfüllen geeignet sind (insbesondere Handeln zur Verhütung einer „dringenden Gefahr" für die öffentliche Sicherheit gem. Art. 13 Abs. 7 Var. 2 GG), erscheint möglich,[304] da sich die Dringlichkeit primär nach der Wichtigkeit des geschützten Rechtsguts bestimmt und das Bestehen einer abstrakten Gefahr ausreicht.

112 Ungeachtet der verfassungsrechtlichen Problematik schweigt das BVerfSchG zur Frage der Betretungsbefugnis,[305] während die Gesetzesbegründung sie in verklausulierter Form

---

[298] Dazu *Löffelmann* JR 2017, 588 (602); *Lenk* StV 2017, 692 (699).
[299] BGHSt 62, 123 (138 Rn. 41 ff.) = NJW 2017, 3173 mzustAnm *Brodowski* JZ 2017, 1124 (1128); BGH NStZ 2018, 296, (297); aA *Lenk* StV 2017, 692 (697); *Mitsch* NJW 2017, 3124 (3126); *Schiemann* NStZ 2017, 651 (652); für eine gesetzliche Klarstellung *Hauck* in Löwe/Rosenberg StPO § 110a Rn. 30c.
[300] So *Hohnerlein* NVwZ 2016, 511 (513); *Dietrich* in Dietrich/Eiffler NachrichtendiensteR-HdB § 2 Rn. 106.
[301] Vgl. BT-Drs. 13/9660, 4; *Papier* in Dürig/Herzog/Scholz GG Art. 13 Rn. 106; *Hermes* in Dreier GG Art. 13 Rn. 90; *Frister* in Lisken/Denninger PolR-HdB Kap. F Rn. 343; *Braun* NVwZ 2000, 375 (379); *Unterreitmeier* GSZ 2019, 233 (237). Die Vorschrift betrifft nach hM auch (verdeckt eingesetzte) Mitarbeiter der Nachrichtendienste, *Papier* in Dürig/Herzog/Scholz GG Art. 13 Rn. 105. *Roggan/Hammer* NJW 2016, 3063 (3066) weisen allerdings zutr. darauf hin, dass Art. 13 Abs. 5 GG jedenfalls keine Aussage dazu trifft, ob lediglich einmalige verdeckte Einsätze (etwa durch NoeP) als prinzipiell zulässig anzusehen sind, oder ob darüber hinaus auch systematisch-längerfristige Einsätze (also durch VE/VM) erlaubt sein können.
[302] *Kluckert* in BeckOK GG, 50. Ed. 15.2.2022, GG Art. 13 Rn. 22; *Kühne* in Sachs GG Art. 13 Rn. 50; *Wolter/Jäger* in SK-StPO StPO § 110c Rn. 5; *Hohnerlein* NVwZ 2016, 511 (513 f.); ähnl. *Ziekow/Guckelberger* in BerlKommK, 12. Erg.-Lfg. (5/2005), Art. 13 Rn. 5; aA *Berkemeier* in AK-GG GG Art. 13 (2001) Rn. 176; *Hermes* in Dreier GG Art. 13 Rn. 92, wonach Art. 13 Abs. 5 GG selbst die Legitimationsnorm sei, die Einsatzvoraussetzungen aber Art. 13 Abs. 2 GG analog zu entnehmen seien. Die Parallele zur Durchsuchung überzeugt aber nicht, da diese als offene Maßnahme gegenüber der verdeckten Maßnahme des VE-Einsatzes in der Wohnung weniger eingriffsintensiv ist.
[303] So prägnant *Dietrich* in Dietrich/Eiffler NachrichtendiensteR-HdB § 2 Rn. 114.
[304] Vgl. *Mallmann* in Schenke/Graulich/Ruthig BVerfSchG § 9 Rn. 20; aA *Dietrich* in Dietrich/Eiffler NachrichtendiensteR-HdB § 2 Rn. 109; *Roggan* DÖV 2019, 425 (433).
[305] Die Vorschrift über die Informationserhebung in einer Wohnung (§ 9 Abs. 2 BVerfSchG) bezieht sich ausschließlich auf den Einsatz technischer Mittel; sie wird auch von § 9a BVerfSchG nicht in Bezug genommen.

(und mit wenig klarer Begründung) zu verneinen scheint.[306] § 9a Abs. 1 BVerfSchG ist daher keine einfachgesetzliche Eingriffsgrundlage iSv Art. 13 Abs. 7 Var. 2 GG.[307] Im Ergebnis ist daher davon auszugehen, dass nach § 9a Abs. 1 BVerfSchG eingesetzte **VM fremde Wohnungen nicht betreten dürfen.**[308] Dass dies an den Bedürfnissen und auch der Realität der Praxis vorbeigeht, zeigt nicht zuletzt der BMI-Referentenentwurf eines Gesetzes zur Harmonisierung des Verfassungsschutzrechts, der in Umsetzung einer Empfehlung eines IMK-Berichts die Einführung einer Befugnis zum Einsatz technischer Eigenschutzmittel für in Wohnungen eingesetzte VM vorsah.[309]

b) Polizeirecht. Die Polizeigesetze des Bundes sehen in Anlehnung an § 110c StPO eine Befugnis für VE zum Betreten von Wohnungen vor, sofern der Wohnungsinhaber hierzu sein – täuschungsbedingtes – Einverständnis erteilt und der VE nicht ein über seine Legende hinausgehendes Zutrittsrecht (etwa als vermeintlicher Schornsteinfeger) vorgetäuscht hat.[310] Dabei muss sich der Aufenthalt allerdings im Rahmen des ertäuschten Einverständnisses bewegen, sodass eine **heimliche Durchsuchung** der Wohnung nach allg. Ansicht unzulässig ist.[311] 113

Geht man mit der hier vertretenen Ansicht davon aus, dass auch der durch Identitätstäuschung erschlichene Wohnungszutritt einen Eingriff in das Wohnungsgrundrecht darstellt (→ Rn. 40), sind die entsprechenden Rechtfertigungsvoraussetzungen zu beachten.[312] Namentlich sind die **Betretungsbefugnisse an Art. 13 Abs. 7 GG zu messen.** Dessen Voraussetzungen (insbesondere Tätigwerden zur Abwehr einer konkreten Lebensgefahr für einzelne Personen oder zwecks Verhütung einer dringenden Gefahr für die öffentliche Sicherheit) mögen zwar nicht in jedem Fall eines iÜ zulässigen präventiv-polizeilichen VE-Einsatzes gegeben sein. Angesichts der hohen Eingriffsschwellen in den Bundes-Polizeigesetzen (→ Rn. 70–72), die jeweils auf eine konkretisierte Gefahr der Begehung erheblicher Straftaten abstellen, dürfte der Schrankentatbestand des Art. 13 Abs. 7 GG indes im Regelfall erfüllt sein.[313] 114

Zusätzlich erheischt nach hiesiger Ansicht das **Zitiergebot** aus Art. 19 Abs. 1 S. 2 GG Beachtung (→ Rn. 43). Obzwar die Anforderungen an die Form des Grundrechtszitats im Einzelnen strittig sind,[314] dürften die pauschalen Sammelnormen § 89 BKAG und § 104 ZFdG nach allen vertretenen Ansichten noch als hinreichend anzusehen sein. Im Hinblick 115

---

[306] In BT-Drs. 18/4654, 26 aE heißt es: „Eine generalklauselartige Öffnung auch zu Begleiteingriffen in andere Grundrechte enthält die Befugnis [scil. § 9 Abs. 1 BVerfSchG iVm § 9a Abs. 1 BVerfSchG] ausdrücklich nicht. Solche Begleiteingriffe gehören nicht zum planmäßigen Vorgehen des BfV bei der Auftragssteuerung von verdeckten Ermittlungen.". Zur Interpretation dieser Passage im Kontext der Entstehungsgeschichte des Gesetzes s. auch *Roggan* GA 2016, 393 (403).
[307] Kein Hindernis bildet indes das Zitiergebot aus Art. 19 Abs. 1 S. 2 GG, da § 29 BVerfSchG (seit 2021) Art. 13 GG als eingeschränktes Gesetz erwähnt.
[308] *Roggan* GA 2016, 393 (403); *Roggan* DÖV 2019, 425 (430); *Hong* in DGGGW Nachrichtendienstereform, 45, 63; *Löffelmann* → § 25 Rn. 87 iE auch *Dietrich* in Dietrich/Eiffler NachrichtendiensteR-HdB § 2 Rn. 106, der es indes mit einer notstandsähnlichen Argumentation für „nachvollziehbar" hält, weiterhin solange illegalerweise VM in Wohnungen einzusetzen, „bis verfassungsgerichtlich die Notwendigkeit einer gesetzlichen Regelung festgestellt wird".
[309] BMI-Referentenentwurf eines Gesetzes zur Harmonisierung des Verfassungsschutzrechts 2019, § 9e Abs. 5, 6 BVerfSchG-E, https://bit.ly/3cYMol6 in Anlehnung an IMK-Bericht, Zusammenarbeit der Verfassungsschutzbehörden der Länder – Schaffung eines harmonisierten Rechtsrahmens mit wirksamen Befugnissen v. 29.8.2017, 5, 36 f., https://bit.ly/3h8SLUf.
[310] § 45 Abs. 6 S. 1 Nr. 2 BKAG, § 28 Abs. 6 S. 1 Nr. 2 BPolG, § 47 Abs. 3 S. 1 Nr. 2 ZFdG.
[311] Eine entsprechende gesetzliche Klarstellung enthält bspw. § 16 Abs. 4 S. 3 HSOG. Die Ansicht von *Soiné* Kriminalistik 2013, 507 (510), VE dürften sich in fremden Wohnungen Kenntnis von Passwörtern verschaffen, ist damit nur schwerlich vereinbar.
[312] Es handelt sich bei der Frage der Eingriffsqualität des Betretens von Wohnungen mitnichten um einen „bloßen akademischen Streit", der aus Praktikersicht offen bleiben könne (so aber *Kamp* in BeckOK PolR NRW, 21. Ed. 1.3.2021, PolG NRW § 20 Rn. 24.1.).
[313] Skeptischer (in Bezug auf das Landespolizeirecht) indes *Nusser* in BeckOK PolR BW, 21. Ed. 1.1.2021, BWPolG § 24 Rn. 17.
[314] Näher *Remmert* in Dürig/Scholz/Herzog GG Art. 19 Abs. 1 Rn. 43 ff.; *Huber* in Mangoldt/Klein/Starck GG Art. 94–97; *Heinickel* in Schenke/Graulich/Ruthig BPolG § 70 Rn. 3 ff.

auf den qualifizierten VE-Einsatz nach § 28 Abs. 2 Nr. 4 BPolG iVm Abs. 3 S. 1 Nr. 4 BPolG fehlt es indes an einer entsprechenden Zitierung, da die Zitiernorm § 70 S. 2 BPolG lediglich auf § 28a, nicht hingegen auf § 28 BPolG verweist.[315] Vor diesem Hintergrund ist die VE-Wohnungsbetretungsbefugnis in § 28 **BPolG** als **formell verfassungswidrig** und daher unanwendbar zu betrachten.[316]

116 **c) Strafverfahrensrecht.** § 110c S. 1 und 2 StPO sieht für VE eine Befugnis zum offenen Betreten von Wohnungen vor, sofern das Einverständnis des Berechtigten unter Nutzung der Legende und ohne Vortäuschung eines Zutrittsrechts erlangt worden ist. Eine **heimliche Durchsuchung** kommt auch nach dieser Vorschrift nicht in Betracht.[317]

117 Die Verfassungskonformität der Betretungsbefugnis sub specie Art. 13 GG wird indes von einem wesentlichen Teil der Lehre mit beachtlichen Argumenten bestritten. Dreh- und Angelpunkt der Debatte ist dabei die vom historischen Gesetzgeber widersprüchlich-verklemmt behandelte[318] und vom BGH bislang ausdrücklich offen gelassene[319] **Frage nach der Eingriffsqualität** des qua Identitätstäuschung erschlichenen Betretendürfens (näher dazu → Rn. 34).

118 Bejaht man die Frage mit der hier favorisierten Ansicht,[320] muss § **110c StPO** gleich **aus mehreren Gründen** als **verfassungswidrig** betrachtet werden. Zum einen wird die repressive VE-Regelung dem Zitiergebot aus Art. 19 Abs. 1 S. 2 GG nicht gerecht und ist daher bereits formell verfassungswidrig;[321] denn der noch in einem Entwurf zum OrgKG vorgesehene Hinweis auf eine Beschränkung von Art. 13 GG wurde im Lauf des Gesetzgebungsverfahrens (ohne klare Begründung) wieder getilgt.[322]

119 Zum anderen würde aber auch eine ordnungsgemäße Zitierung von Art. 13 GG nichts an dem Umstand ändern, dass das Wohnungsgrundrecht eine Beschränkung durch *strafprozessuale* VE-Einsätze gar nicht vorsieht. Art. 13 Abs. 2 GG erlaubt lediglich Durchsuchungen, also eine vollständig offen, dh durch sich als solche zu erkennen gebende Mitarbeiter der Strafverfolgungsbehörden durchgeführte Maßnahme.[323] Repressive VE-Einsätze lassen sich aber auch nicht als Gefahrenabwehr iSv Art. 13 Abs. 7 GG verstehen.[324] Nicht in Betracht kommt schließlich die Annahme einer in Art. 13 Abs. 5 GG implizit enthaltenen (→ Rn. 111) oder einer gänzlich ungeschriebenen Schranke des Wohnungsgrundrechts[325]. Zur Herbeiführung der Verfassungskonformität des § 110c StPO bedürfte

---

[315] Vgl. Nomos-BR/*Wehr* BPolG § 70 Rn. 4.
[316] Vgl. *R. P. Schenke* in Schenke/Graulich/Ruthig BPolG § 28 Rn. 12. Auch eine Anwendbarkeit für einen Übergangszeitraum kommt nicht (mehr) in Betracht. Der Gesetzgeber hat es versäumt, bei der 2021 erfolgten Anpassung des BPolG an die BKAG-Entscheidung des BVerfG die richtigen Schlüsse – scil. die Aufgabe der Theorie vom Wirksamkeit des täuschungsbedingten Grundrechtsausübungsverzichts (→ Rn. 40) – aus der dortigen Qualifikation des VE-Einsatzes als „sehr schwerwiegenden Grundrechtseingriff" (BVerfGE 141, 220 [290 Rn. 160] = NJW 2016, 1781) zu ziehen.
[317] Zur prinzipiellen Offenheit der strafverfahrensrechtlichen Durchsuchung BGH NStZ 2015, 704; s. aber nunmehr § 95a StPO, der faktisch eine heimliche Beschlagnahme vorsieht; krit. dazu *Ignor*, Geheimsache Ermittlungsverfahren, LTO v. 1.3.2021, https://bit.ly/2TZY8gq.
[318] Dazu BGH NJW 1997, 1516 (1517); *Frister* StV 1993, 151 f. („eigenartig ‚verräterischer' Kompromißcharakter").
[319] BGH NJW 1997, 1516 (1517).
[320] Eingriffsqualität wird auch angenommen von *Günther* in MüKoStPO StPO § 110c Rn. 13; *Roxin* StV 1998, 43 (44); *Eisenberg* NJW 1993, 1033 (103); *Frister* StV 1993, 151; *Schneider* NStZ 2004, 359 (365 ff.); aA *Duttge* JZ 1996, 556 (562); *Kühne*, Strafprozessrecht, 9. Aufl. 2015, Rn. 535; *Krey ua*, Rechtsprobleme des strafprozessualen Einsatzes Verdeckter Ermittler, 1993, Rn. 242 ff.; *Bockemühl* in KMR-StPO StPO § 110c Rn. 7; *Weisser* NZWiSt 2018, 59 (61 f.); *Kirkpatrick* NStZ 2019, 177 (178).
[321] *Frister* StV 1993, 151 (153); *Roxin* StV 1998, 43 (44); *Schneider* NStZ 2004, 359 (367); *Hauck* in Löwe/Rosenberg StPO § 110a Rn. 18; *Wolter/Jäger* in SK-StPO StPO § 110c Rn. 6.
[322] Vgl. BT-Drs. 12/2720, 37 (Art. 15).
[323] *Wolter/Jäger* in SK-StPO StPO § 110c Rn. 5; *Hauck* in Löwe/Rosenberg StPO § 110c Rn. 20; *Weil* ZRP 1992, 243 (245); aA BGHSt 42, 103 (104) = NJW 1996, 2518.
[324] *Wolter/Jäger* in SK-StPO StPO § 110c Rn. 5; *Hauck* in Löwe/Rosenberg StPO § 110c Rn. 20.
[325] Ausf. *Hauck* in Löwe/Rosenberg StPO § 110c Rn. 21; *Wolter/Jäger* in SK-StPO StPO § 110c Rn. 5; *Günther* in MüKoStPO StPO § 110c Rn. 15.

es daher zunächst einer **Grundgesetzänderung**.[326] Bis dahin dürfen repressiv eingesetzte VE keine Wohnungen betreten.

Diese Situation ist **kriminalpolitisch unbefriedigend** und führt dazu, dass ein nach **120** Polizeirecht befugt in einer Wohnung eingesetzter VE diese beim Umschlagen der Maßnahme in einen repressiven Einsatz wieder verlassen müsste. Immerhin kann diese missliche Konsequenz zumindest teilweise durch die im Zusammenhang mit legendierten Kontrollen vom BGH eröffnete Möglichkeit eines Wahlrechts zwischen gefahrenabwehr- und strafverfahrensrechtlicher Eingriffsbefugnis (→ Rn. 77) wieder aufgefangen werden.

3. Maßnahmen zur Eigensicherung

a) Recht der Nachrichtendienste. Im BVerfSchG existiert seit der Streichung von § 9 **121** Abs. 2 S. 8 BVerfSchG im Jahr 2012 **keine spezielle Vorschrift** mehr über die Anwendung technischer Maßnahmen zur Eigensicherung des VM. Zur Möglichkeit der Kombination des VM mit anderen nachrichtendienstlichen Mitteln → § 28 Rn. 68.

b) Polizeirecht. Zum Zweck der praktisch notwendigen[327] Absicherung des präventiv- **122** polizeilich eingesetzten VE können in dessen Beisein oder in unmittelbarem zeitlichen Zusammenhang mit dem Einsatz heimlich **technische (audio-visuelle) Überwachungsmittel**[328] eingesetzt werden, § 45 Abs. 6 S. 4 BKAG iVm § 34 Abs. 1 BKAG, § 28a Abs. 1 BPolG, § 62 Abs. 2 ZFdG. Diese Begleitmaßnahme ist, wie in Art. 13 Abs. 5 GG ausdrücklich vorgesehen, auch in der Wohnung des Betroffenen[329] statthaft (in bildhaft-polizeirechtlicher Diktion: „kleiner Lausch- und Spähangriff",[330] in derjenigen des Strafprozessrechts: „großer Lausch- und Spähangriff"[331]). Die Funktion der Maßnahme besteht darin, einen sofortigen (Not-)Zugriff zum Schutz der Person des VE zu ermöglichen.[332] Zu beachten sind strenge Kautelen, namentlich ein abgestuftes Konzept zum Schutz des Kernbereichs persönlicher Lebensgestaltung,[333] ein (in Art. 13 Abs. 5 S. 1 GG angelegter)[334] Behördenleitervorbehalt bezüglich der Anordnung,[335] sowie eine strikte Zweckbindung der Datenverwendung.[336]

c) Strafverfahrensrecht. Maßnahmen zur Eigensicherung des VE sind in der StPO nicht **123** vorgesehen. Diese sind aber, da materiell trotz repressiver Grundlage des VE-Einsatzes als Schutz der eingesetzten Beamten (dh als Gefahrenabwehr) betrachtet,[337] **in den** meisten **Polizeigesetzen** auch für repressive Einsätze vorgesehen, beispielsweise in § 34 Abs. 1 BKAG, § 28a Abs. 1 BPolG, § 62 Abs. 2 ZFdG.

---

[326] *Hauck* in Löwe/Rosenberg StPO § 110c Rn. 20 aE.
[327] Vgl. *Graulich* in Schenke/Graulich/Ruthig BPolG § 28a Rn. 2 f.
[328] Zur Heranziehung Dritter bei der Anbringung der technischen Mittel *Graulich* in Schenke/Graulich/Ruthig BKAG § 34 Rn. 7.
[329] Dies gilt jedoch nur, sofern der Grund-Eingriff, dh das Betreten der Wohnung, seinerseits zulässig ist. In Bezug auf präventiv-polizeiliche VE-Einsätze nach dem BPolG ist dies nicht der Fall (→ Rn. 115).
[330] Vgl. *Hermes* in Dreier GG Art. 13 Rn. 90; *Kutscha* NJW 1994, 85 Fn. 4; *Graulich* in Schenke/Graulich/Ruthig BPolG § 28a Rn. 1. Das Adjektiv „klein" bezieht sich auf die Zwecksetzung der Eigensicherung.
[331] Als „klein" wird in der strafprozessrechtlichen Terminologie lediglich der außerhalb der Wohnung erfolgende Eingriff bezeichnet, vgl. *Beulke/Swoboda* StrafProzR Rn. 414; *Singelnstein* NStZ 2014, 305 (309).
[332] Vgl. BT-Drs. 18/8702, 20.
[333] § 34 Abs. 2 BKAG, § 28a Abs. 2 BPolG, § 62 Abs. 3 ZFdG.
[334] Dazu Dreier/*Hermes* GG Art. 13 Rn. 95.
[335] § 34 Abs. 3 BKAG, § 28a Abs. 3 BPolG, § 62 Abs. 4 ZFdG.
[336] § 34 Abs. 4 BKAG, § 28a Abs. 4 BPolG, § 62 Abs. 5 ZFdG. Die Zulässigkeit zur repressiven Datennutzung ergibt sich aus § 161 Abs. 3, 4 StPO. Soweit die gewonnen Daten in Wohnungen erhoben worden sind, sehen alle genannten Befugnisse die in Art. 13 Abs. 5 S. 2 GG geforderte nachträgliche gerichtliche Kontrolle vor.
[337] *Graulich* in Schenke/Graulich/Ruthig BKAG § 34 Rn. 4; *Graulich* in Lisken/Denninger PolR-HdB Kap. E Rn. 738; *Krey/Haubrich* JR 1992, 309 (314); nach *Ziekow/Guckelberger* in BerlKommGG, 12. Erg.-Lfg. (5/2005), GG Art. 13 Rn. 109 sei allerdings nur der Bundesgesetzgeber regelungsbefugt, da ein Sachzusammenhang zum Strafrecht besteht.

4. Begehung einsatzbezogener Straftaten

124 Die Effektivität eines VM/VE-Einsatzes hängt u. a. von der Qualität der Legendierung sowie davon ab, inwiefern es dem VM/VE gelingt, sich in dem auszuforschenden Umfeld glaubwürdig als Gleichgesinnter zu präsentieren. Ein erfolgreicher Einsatz kann daher die **Begehung verschiedener Straftaten erforderlich** machen.[338] Problematisch ist, ob insoweit eine Befugnis besteht. Diesbezüglich unterscheiden sich die unterschiedlichen Gebiete des Sicherheitsrechts erheblich.

125 **a) Recht der Nachrichtendienste. aa) Allgemeines.** Einer tradierten Auffassung zufolge enthalten die nachrichtendienstlichen Regelungen (insbesondere § 8 Abs. 2 BVerfSchG iVm § 9 Abs. 1 BVerfSchG) konkludent die Befugnis zur Begehung von Straftaten.[339] Diese Ansicht hat sich jedoch zu Recht nicht durchsetzen können. Die Ausübung hoheitlicher Gewalt stellt nämlich per se noch keinen Rechtfertigungsgrund dar;[340] vielmehr **bedarf es** nach Art. 20 Abs. 3 GG **einer konkreten Ermächtigungsgrundlage.**[341] Auch ein Rückgriff auf das generalklauselartige allgemeine Notstandsrecht nach § 34 StGB kommt aus mehreren Gründen nicht in Betracht.[342] § 9a BVerfSchG setzt das Gesagte insoweit voraus, als dessen Abs. 2 S. 4 sogar ausdrücklich anordnet, dass im Falle eines Anfangsverdachts (vgl. § 152 Abs. 2 StPO) einer vom VM begangenen Straftat von erheblicher Bedeutung[343] der Einsatz unverzüglich beendet und die Strafverfolgungsbehörde unterrichtet werden soll.[344]

126 Allerdings beinhaltet das BVerfSchG eine Reihe von Befugnisnormen, die vor dem Hintergrund der Widerspruchsfreiheit der Rechtsordnung im strafrechtlichen Kontext die Funktion eines **Rechtfertigungs- oder sonstigen Unrechtsausschließungsgrundes** haben.[345] Beim Vorliegen eines solchen handelt nicht bloß der Täter (also der VM) rechtmäßig; infolge des Unrechtsausschlusses entfällt zugleich die akzessorische Strafbarkeit von Teilnehmern (vgl. §§ 26, 27, 357 StGB, die jeweils eine rechtswidrige Haupttat voraussetzen), beispielsweise des die Maßnahme anordnenden oder das konkrete Verhalten billigenden Dienstvorgesetzten.

127 **bb) Maßnahmeinhärente Straftatbestandsverwirklichungen.** Wird der VM-Einsatz vom gem. § 8 Abs. 2 iVm BVerfSchG § 9 Abs. 1 BVerfSchG gestatteten Einsatz tech-

---

[338] Ausf. *Dietrich* in Dietrich/Eiffler NachrichtendiensteR-HdB § 2 Rn. 158 ff.
[339] Vgl. *Frisch* DRiZ 2003, 199 (201); *Evers* NJW 1987, 153 (155 ff.); *Sellmeier/Warg* NWVBl. 2015, 135 ff., die iE auf eine dem § 34 StGB vergleichbare Güterabwägung abstellen.
[340] Statt Vieler *Sternberg-Lieben* in Schönke/Schröder StGB Vor §§ 32 ff. Rn. 83. Anderes gilt nur in Bezug auf Straftatbestände, die ausdrücklich einen Tatbestandsausschluss bei der rechtmäßigen Erfüllung von Amtspflichten vorsehen; Beispiel: § 202d Abs. 3 S. 2 Nr. 1 StGB (etwa hinsichtlich des Ankaufs einer sog. Steuer-CD durch BND-Mitarbeiter).
[341] So OLG Düsseldorf NStZ 2013, 590 (591); *Hofmann/Ritzert* NStZ 2014, 177 (178 f.).
[342] OLG Düsseldorf NStZ 2013, 590 (593); aA *Kubiciel* NStZ 2003, 57 (59 ff.). Zum Streit darüber, ob die Vorschrift überhaupt auf hoheitliches Handeln Anwendung findet, *Engländer* in Matt/Renzikowski StGB § 34 Rn. 43; *Erb* in MüKoStGB StGB § 34 Rn. 49 ff.
[343] Zur Auslegung kann etwa auf die zu §§ 81g Abs. 1 S. 1, 110a Abs. 1 S. 1, 163e Abs. 1 S. 1 StPO entwickelten Maßstäbe (dazu BVerfGE 103, 21 (34) = NJW 2001, 879) oder auf den Katalog in § 8 Abs. 3 NRWPolG zurückgegriffen werden iÜ → Rn. 71.
[344] Zur Handhabung der Vorschrift und dem Verhältnis der Unterrichtungspflicht zu den §§ 20, 23 BVerfSchG *Blome/Sellmeier* DÖV 2016, 881 (889 f.); *Bader* HRRS 2016, 293 (297); *Roggan* GA 2016, 393 (406 f.).
[345] Zur (straf-)unrechtsausschließenden Wirkung öffentlich-rechtlicher Befugnisnormen im Strafrecht *Zimmermann* in Hilgendorf/Kudlich/Valerius StrafR-HdB Bd. 2, § 37 Rn. 38 ff. Unter Hinweis auf das Konzept unterschiedlicher Rechtswidrigkeiten wird teilweise die Ansicht vertreten, dass eine nachrichtendienstliche Befugnis zu einem Verhalten nicht zwingend zum Ausschluss der Strafbarkeit dieses Verhaltens führt, so etwa *Gusy* in Schenke/Graulich/Ruthig BNDG § 5 Rn. 30 f.). Diese Ansicht ist jedoch rechtstheoretisch unhaltbar, s. *Lampe* NStZ 2015, 361 (367 f.); *Zimmermann* GA 2020, 532 (541 f.) mwN. Im Bereich des Polizeirechts führt die Rechtfertigung des VM-Handelns in Verbindung mit dem Grundsatz der Widerspruchsfreiheit der Rechtsordnung zum Wegfall der Störereigenschaft (aA *Alleweldt/Roggan* NJW 2020, 3424 [Rn. 27 ff.]; dagegen zutr. *Unterreitmeier* ZRP 2021, 125 [126]).

nischer Mittel zur heimlichen Aufzeichnung von Wort und Bild begleitet,³⁴⁶ liegt darin zugleich eine Rechtfertigung der **Verletzung der Vertraulichkeit des Wortes** nach § 201 Abs. 3 StGB.³⁴⁷ Die mit dem Einsatz verbundene wiederholte Annäherung, Beobachtung und Kontaktierung der Zielperson erfolgt aufgrund der gesetzlichen Befugnis auch nicht unbefugt iSv § 238 StGB.³⁴⁸

Hinsichtlich der Herstellung von Tarnpapieren iSv § 8 Abs. 2 BVerfSchG als Hilfsmittel **128** zur Legendierung nach § 9a Abs. 1 BVerfSchG sind damit etwaig verbundene Verwirklichungen von Straf- und Ordnungswidrigkeitatbeständen insoweit gerechtfertigt. Dies gilt allerdings nicht für die **Urkundendelikte** der §§ 267, 269, 273, 275–276a StGB, da diese Tatbestände ein Handeln *zur Täuschung im Rechtsverkehr* voraussetzen, dem VM eine Teilnahme am Rechtsverkehr unter seiner Legende aber gerade nicht gestattet ist (→ Rn. 99).³⁴⁹ Bei der Verwendung von Tarnkennzeichen ist das Unrecht der §§ 22, 22a StVG ausgeschlossen.³⁵⁰

cc) Sonstige Straftaten im Einsatz. § 9a Abs. 2 BVerfSchG enthält (nur) in Bezug auf **129** die Nachrichtendienste³⁵¹ des Bundes³⁵² eine Erlaubnis zur Verwirklichung spezifischer milieutypischer Straftatbestände. Gestattet, dh im strafrechtlichen Sinne gerechtfertigt,³⁵³ sind danach bestimmte Formen der **Beteiligung an Bestrebungen** iSv § 3 Abs. 1 Nr. 1, 3 und 4 BVerfSchG. Ein darüber hinausgehender Rückgriff auf den generalklauselartigen Rechtfertigungsgrund § 34 StGB kommt, von Fällen der Abwehr gravierender Eigengefahr abgesehen, nicht in Betracht.³⁵⁴

Nach § 9a Abs. 2 S. 2 BVerfSchG ist zu Aufklärungszwecken zunächst das Tätig- **130** werden in oder für verfassungsfeindlich agierende Personenzusammenschlüsse „einschließlich strafbare[r] Vereinigungen" zulässig. Hierdurch sind die mit einer Infiltration notwendig verbundenen Straftatbestände der Beteiligung an illegalen Organisationen (insbesondere §§ 84, 85, 127, 129, 129a, 129b StGB;³⁵⁵ § 20 VereinsG; § 95 Abs. 1 Nr. 8 AufenthG) gerechtfertigt. Eine praktisch bedeutsame und aus rechtsstaatlichen Gründen zwingend erforderliche³⁵⁶ Einschränkung enthält indes § 9a Abs. 2 S. 1 BVerfSchG, der einen VM-Einsatz zur Gründung von oder zur **steuernden Einflussnahme** auf derartige Bestrebungen verbietet.³⁵⁷ Nicht in Betracht kommt daher eine Rechtfertigung von Organisationsdelikten, soweit es um die Gründung eines solchen Zusammenschlusses³⁵⁸ oder um die Beteiligung an diesem als Rädelsführer³⁵⁹ oder

---

³⁴⁶ Eine solche Maßnahmenkombination ist zulässig, vgl. *Sellmeier/Blome* GSZ 2019, 196 (201).
³⁴⁷ *Kargl* in NK-StGB StGB § 201 Rn. 29; *Sellmeier/Warg* NWVBl. 2015, 135 (139).
³⁴⁸ Vgl. *Zimmermann* in Leipold/Tsambikakis/Zöller StGB § 238 Rn. 6.
³⁴⁹ AA *Sellmeier/Warg* NWVBl. 2015, 135 (139).
³⁵⁰ *Gusy* DVBl 1991, 1288 (1290).
³⁵¹ Ein polizei- oder strafverfahrensrechtliches Pendant zu dieser Vorschrift besteht auf Bundesebene nicht; für *diese Bereiche* hat die Vorschrift daher keine rechtfertigende Wirkung; kritisch zur rechtsethischen Legitimation einer derartigen Privilegierung der Nachrichtendienste *Roggan* GA 2016, 393 (404).
³⁵² Zur fehlenden Übertragbarkeit der Befugnis auf die Landesbehörden *Bader* HRRS 2016, 293 (295) mit Fn. 13.
³⁵³ Ausdr. idS BT-Drs. 18, 4654, 27; *Bader* HRRS 2016, 293 (296); *Roggan* GA 2016, 393 (396 u. 398 f.).
³⁵⁴ *Lampe* NStZ 2015, 361 (368).
³⁵⁵ *Bader* HRRS 2016, 293 (296); *Steinmetz* in MüKoStGB StGB § 85 Rn. 24.
³⁵⁶ Vgl. dazu *Gazeas* Nachrichtendienstliche Erkenntnisse 111.
³⁵⁷ Hintergrund der Vorschrift sind insbesondere die Erfahrungen aus dem NPD-Verbotsverfahren (BVerfGE 107, 339 = NJW 2003, 1577), *Dietrich* in Dietrich/Eiffler NachrichtendiensteR-HdB § 2 Rn. 151 sowie *Droste* VerfassungsschutzR-HdB 270 ff.
³⁵⁸ Gründen umfasst das führende und richtungsweisende Mitwirken bei dem Zustandekommen der Vereinigung (vgl. BGHSt 27, 325 (327) = NJW 1978, 433) sowie jede Handlung, die die Gründung wesentlich fördert (BGH NJW 2006, 1603); näher *Schäfer/Anstötz* in MüKoStGB StGB § 129 Rn. 77–81; *Gazeas* in Leipold/Tsambikakis/Zöller StGB § 129 Rn. 33; *Sternberg-Lieben/Schittenhelm* in Schönke/Schröder StGB § 129 Rn. 12a.
³⁵⁹ Rädelsführer ist nach BGH NStZ-RR 2016, 170 (171), „wer in der Vereinigung dadurch eine führende Rolle spielt, dass er sich in besonders maßgebender Weise für sie betätigt. Dies ist dann der Fall, wenn die Tätigkeit von Einfluss ist auf die Führung der Vereinigung im Ganzen oder in wesentlichen Teilen, wenn

Hintermann[360] geht. Rechtfertigbar sind also nur Beteiligungsformen wie einfache mitgliedschaftliche Beteiligung (vgl. § 84 Abs. 2 StGB, § 85 Abs. 2 StGB, § 129 Abs. 1 S. 1 StGB), unterstützende Betätigung (vgl. § 84 Abs. 2 StGB, § 85 Abs. 2 StGB, § 129 Abs. 1 S. 2 StGB, § 129a Abs. 5 S. 1 StGB; § 20 Abs. 1 S. 1 Nr. 3 VereinsG) oder das Sich-Anschließen (vgl. § 127 StGB).

131 Überwiegend wird § 9a Abs. 2 S. 1 BVerfSchG aufgrund der verwendeten Präposition „zur" einschränkend dahingehend verstanden, er untersage lediglich die Anordnung des VM-Einsatzes mit einer spezifischen **Gründungs- bzw. Steuerungs*absicht;*** komme es im Verlauf des ohne entsprechende Intention angeordneten Einsatzes dennoch zu einem entsprechenden Verhalten des VM, sei auch dies nach Satz 2 gerechtfertigt.[361] Diese Sehweise ist zwar mit dem Normwortlaut vereinbar, aber sie widerspricht, gerade auch vor dem Hintergrund der Normgenese, der Intention des Gesetzgebers, wonach es aus grundsätzlichen Erwägungen heraus ausgeschlossen sein soll, dass das BfV strafbare Vereinigungen überhaupt erst gründet oder deren Agieren maßgeblich beherrscht.[362]

132 Eine Regelung für **milieutypische Begleitdelikte** enthält § 9a Abs. 2 S. 3 BVerfSchG. Die etwas kryptisch formulierte Regelung[363] erlaubt beim kumulativen Vorliegen dreier Voraussetzungen eine sonstige „Beteiligung an Bestrebungen". Gemeint ist die Begehung solcher einsatzbezogenen Straftaten, die dem VM ein szenetypisches Auftreten innerhalb des aufzuklärenden Personenzusammenschlusses ermöglicht.

133 Als (deklaratorische) Ausprägung des Verhältnismäßigkeitsgrundsatzes kann die Straftat nur dann gerechtfertigt sein, wenn das Verhalten seitens der Zielpersonen vom VM „derart erwartet wird, dass die Tat zur Gewinnung und Sicherung der Informationszugänge unumgänglich ist" (Nr. 2) und sie zudem „nicht außer Verhältnis zur Bedeutung des aufzuklärenden Sachverhalts steht". Eine erhebliche Einschränkung enthält indes die Nr. 1, wonach es dem VM verboten bleibt, in Individualrechte einzugreifen. „Übersetzt" man dies in strafrechtsdogmatische Kategorien,[364] kommt eine Erlaubnis nur bezüglich der Begehung von Straftaten zulasten von Kollektivrechtsgütern (also regelmäßig abstrakte Gefährdungsdelikte), nicht hingegen bei der Verwirklichung von individualschützenden Delikten in Betracht.[365] Gerechtfertigt werden können daher etwa **Propaganda- und Kommunikationsdelikte** wie §§ 86, 86a, 109d, 130 StGB,[366] ferner strafbewehrte Verstöße gegen das Vermummungsverbot nach § 27 Abs. 2 VersG iVm § 17a VersG.[367]

134 Unzulässig ist hingegen die strafbewehrte **Beeinträchtigung von Individualrechtsgütern**[368], und zwar unabhängig vom erreichten Stadium der Deliktsverwirklichung (bloße

---

also der Täter, falls er nicht schon selbst zu den Führungskräften gehört, doch durch sein Tun gleichsam an der Führung mitwirkt.".

[360] Kennzeichen eines Hintermanns ist nach BGHSt 20, 121 (123) = NJW 1965, 451, „daß er zwar nicht Mitglied ist, sein Einfluß daher nicht auf Weisungsbefugnissen beruht, daß er aber dennoch geistig oder wirtschaftlich maßgebenden Einfluß auf die Führung der Vereinigung hat.".

[361] So *Blome/Sellmeier* DÖV 2016, 881 (887); *Roggan* GA 2016, 393 (396); wohl auch *Dietrich* in Dietrich/Eiffler NachrichtendiensteR-HdB § 2 Rn. 152; abl. *Unkroth* in BeckOK PolR Bayern, 18. Ed. 1.3.2022, VSG Art. 18 Rn. 40.

[362] Vgl. BT-Drs. 18/4654, 26.

[363] Vgl. *Bergemann* in Lisken/Denninger PolR-HdB Kap. H Rn. 100. Wesentlich klarer demgegenüber etwa Art. 18 Abs. 2 S. 2 BayVSG. Vereinzelt finden sich enumerativ aufgezählte Delikte, deren Begehung durch VM gerechtfertigt ist, vgl. § 18 Abs. 2 S. 2 NVerfSchG iVm § 16 Abs. 4 NVerfSchG.

[364] Für den Bereich des zivilrechtlichen Deliktsrechts ist § 823 Abs. 2 BGB maßgeblich, *Marscholleck* NJW 2015, 3611 (3615 Fn. 33).

[365] Zu dieser Unterscheidung *Hassemer/Neumann* in NK-StGB StGB Vor § 1 Rn. 126 ff.; *Kindhäuser/Zimmermann* StrafR AT § 2 Rn. 6.

[366] Vgl. BT-Drs. 18/4654, 26; zum Streit, ob bzgl. der genannten Delikte bereits der Tatbestandsausschließungsgrund § 86 Abs. 3 StGB („Abwehr verfassungswidriger Bestrebungen") eingreifen kann, s. die Nachw. bei *Blome/Sellmeier* DÖV 2016, 881 (888 Fn. 70).

[367] Vgl. BT-Drs. 18/4654, 26; *Blome/Sellmeier* DÖV 2016, 881 (888).

[368] Die wichtigsten Individualrechtsgüter sind aufgezählt in § 34 S. 1 StGB.

Vorbereitung, Versuch oder gar Vollendung).[369] Dies führt zu dem rechtspolitisch wenig einleuchtenden Ergebnis, dass selbst bagatellhafte Privatklagedelikte wie Beleidigung oder Sachbeschädigung auch dann nicht begangen werden dürfen, wenn dies – etwa zum Bestehen einer sog. Keuschheitsprobe – unerlässlich sein sollte.[370] In diesem Fall bleibt lediglich der unbefriedigende (→ Rn. 193) Rückgriff auf die prozessuale Privilegierung nach § 9a Abs. 3 BVerfSchG.

Zuzugeben ist, dass § 9a Abs. 2 BVerfSchG auch jenseits des generalklauselartigen Charakters[371] wenig klar formuliert ist; die darin enthaltene Befugnis zur Verwirklichung von Organisationsdelikten und sonstigen Straftatbeständen ist nicht ohne Weiteres zu erkennen.[372] Soweit allerdings infolge dieser **Unschärfe der Eingriffsbefugnis** ein Verstoß gegen Art. 103 Abs. 2 GG angenommen wird,[373] geht dies bereits aus grundsätzlichen Erwägungen fehl. Denn in Bezug auf Rechtfertigungsgründe ist das strafrechtliche Bestimmtheitsgebot nur höchst eingeschränkt anwendbar.[374] Es erlaubt ein erhebliches Maß an Vagheit, das in Bezug auf § 9a Abs. 2 BVerfSchG nicht überschritten ist. 135

b) Polizeirecht. aa) Allgemeines. Zu einer überzeugenden Legendierung bzw. ihrer Aufrechterhaltung kann die Begehung von Straftaten durch den VE bzw. die VE-Führungsperson (etwa als Anstifter oder gem. § 357 StGB verantwortlicher Vorgesetzter) erforderlich sein (näher → Rn. 124). Unrichtig ist die gelegentlich zu lesende Behauptung, dass die Begehung von **Straftaten zur Aufrechterhaltung der Legende** rechtlich per se unzulässig sei.[375] Die diesbezüglichen Regelungen in den Polizeigesetzen werden den berechtigten Interessen der Praxis aber nur teilweise gerecht. 136

bb) Maßnahmeinhärente Tatbestandsverwirklichungen. Die Befugnis zu Herstellung, Veränderung und Gebrauch von Urkunden zur Legendenabsicherung ist in Verbindung mit der Befugnis zur Teilnahme am Rechtsverkehr unter dieser Legende strafrechtsdogmatisch eine Rechtfertigung für die tatbestandliche Verwirklichung entsprechender **Urkundendelikte** (§§ 267–281 StGB)[376] sowie für die Begehung von Ordnungswidrigkeiten, die tatbestandlich auf die Verletzung einer Pflicht zur wahrheitsshy;gemäßen Identitätsangabe abstellen (zB § 111 Abs. 1 OWiG, § 379 Abs. 2 Nr. 2 AO). Ebenfalls gerechtfertigt ist ein mit derartigen Taten etwaig einhergehender Betrug (beispielsweise ein Anstellungsbetrug bei Vorlage gefälschter Zeugnisse). Beim befugten Betreten fremder Wohnungen unter der Legende (→ Rn. 113) liegt, je nach Sichtweise (→ Rn. 37), ein Tatbestandsausschluss qua Einverständnis oder jedenfalls eine öffentlich-rechtliche Rechtfertigung des **Hausfriedensbruchs** nach § 123 StGB vor. Werden technische Mittel zur Eigensicherung des VE eingesetzt, fungiert die öffentlich-rechtliche Befugnis hierzu (→ Rn. 122) als Rechtfertigungsgrund in Bezug auf damit verbundene Geheimbereichsverletzungen (§§ 201, 201a StGB). Schließlich ist zu beachten, dass das 137

---

[369] Auch ein auf Individualrechtsgüter abzielendes Delikt im Vorbereitungs- oder Versuchsstadium (§ 30 bzw. § 22 StGB) ist gegen das angegriffene Individualrechtsgut gerichtet, OLG Koblenz NStZ 2012, 655; *Hilger* in Löwe/Rosenberg StPO Vor §§ 374 ff. Rn. 20c–20e; *Hefendehl* ZIS 2012, 506 (507); aA *Blome/Sellmeier* DÖV 2016, 881 (888).
[370] Krit. dazu *Lampe* NStZ 2015, 361 (368).
[371] Zum Alternativmodell einer abschließenden Aufzählung rechtfertigungsfähiger Tatbestände (vgl. § 16 Abs. 4 S. 1 NVerfSchG) *Dietrich* in Dietrich/Eiffler NachrichtendiensteR-HdB § 2 Rn. 173.
[372] Ua weist *Roggan* GA 2016, 393 (398) zutr. darauf hin, dass der Begriff der „strafbaren Vereinigung" schief ist, da das deutsche Recht nur eine Strafbarkeit natürlicher Personen kennt.
[373] *Roggan* GA 2016, 393 (397 u. 399 f.).
[374] Ausf. und mwN *Zimmermann* in Hilgendorf/Kudlich/Valerius StrafR-HdB Bd. 2, § 37 Rn. 93 ff.
[375] So aber *Schmidbauer* in Schmidbauer/Steiner BayPAG Art. 37 Rn. 44.
[376] *Ralf P. Schenke* in Schenke/Graulich/Ruthig BKAG § 45 Rn. 41. Sofern die Herstellung der Urkunden nicht in polizeilicher Eigenregie erfolgt, sondern die für die Herstellung echter Dokumente befugten Institutionen herangezogen werden (zu dieser Möglichkeit → Rn. 101), handelt es sich bei den Produkten ungeachtet der inhaltlichen Unrichtigkeit allerdings um „echte" Urkunden iSd StGB, vgl. BGHSt 26, 9 (10) = NJW 1975, 176; *Rebmann* NJW 1985, 1 (5). In diesen Fällen kommen lediglich die Verbote zur Herstellung sog. „schriftlicher Lügen" in Betracht (§§ 271, 278, 348 StGB), wobei diesbezüglich die Heranziehung durch die ihrerseits dazu befugte Polizeibehörde als Rechtfertigungsgrund fungiert.

auch für präventiv-polizeiliche VE geltende Legalitätsprinzip (§ 163 Abs. 1 StPO)[377] bei der Wahrnehmung strafbarer Handlungen Flexibilität bzw. ein ermittlungstaktisches Zurückstellen der Strafverfolgungspflicht erlaubt[378] – was sich faktisch als eine Reduktion des Straftatbestands der **Strafvereitelung im Amt** durch Unterlassen (§ 258a StGB iVm § 13 StGB) auswirkt.[379]

138 Soweit beim Agieren eines VE als Lockspitzel mangels Tatvollendungswillens eine Strafbarkeit wegen **Anstiftung** (§ 26 StGB) ausgeschlossen sein kann (→ Rn. 190), spielt dies bei präventiv-polizeilichen VE-Einsätzen allerdings keine Rolle; insoweit liegt nach der BGH-Rspr. nämlich stets ein *repressiver* VE-Einsatz vor (→ Rn. 76).

139 **cc) Sonstige einsatzbezogene Tatbestandsverwirklichungen.** Eine allgemeine Befugnis zur Begehung milieutypischer Straftaten besteht nicht. Selbst die Begehung von Bagatelldelikten zwecks Bestehens sog. „Keuschheitsproben" ist misslicherweise nicht zu rechtfertigen. Ein **Rückgriff auf die allgemeine Notstandsvorschrift** des § 34 StGB scheidet jenseits der Fälle einer Straftatbegehung zur Abwehr gravierender Eigengefahr nach ganz herrschender Ansicht richtigerweise aus.[380] Die Befugnisse der nachrichtendienstlichen VM zur Begehung bestimmter Organisationsdelikte (→ Rn. 130) sind auf polizeiliche VE nicht (analog) anwendbar. Dasselbe gilt hinsichtlich der ausdrücklich nur auf repressives Handeln anwendbaren Erlaubnis für (virtuelle) VE zur Verbreitung kinderpornographischen Materials nach § 184b Abs. 6 StGB („im Rahmen von strafrechtlichen Ermittlungsverfahren"), selbst wenn dies im Einzelfall unter dem Gesichtspunkt der Gefahrenabwehr (Verhinderung weiteren Kindesmissbrauchs) als probates Mittel erscheint.[381]

140 Wenig geklärt ist, inwieweit sich ein VE durch die **Nichtverhinderung einer Straftat** wegen Beteiligung an dieser Tat durch Unterlassen strafbar machen kann.[382] Grundsätzlich sind Polizeibeamte aufgrund der gefahrenabwehrrechtlichen Generalklauseln nach hM jedenfalls dann iSv § 13 StGB zum Einschreiten verpflichtet, wenn das polizeirechtliche Entschließungsermessen auf Null reduziert ist.[383] Eine Handlungspflicht ist daher zumindest bei schwerwiegenden Gefahren für Leib oder Leben sowie bei der Gefährdung bedeutender Vermögenswerte anzunehmen.[384] VE sind von dieser Pflicht nicht entbunden,[385] auch wenn ein tätiges Eingreifen den Übergang zum offenen Handeln und damit faktisch ein Scheitern des VE-Einsatzes bedeutet. Allerdings bleibt Raum, die Bedeutung des Einsatzes in die **Ermessensentscheidung** einzustellen, sodass es zulässig ist, dass der VE bis zu einer

---

[377] Dies ergibt sich in Bezug auf das BKA aus den allgemeinen Grundsätzen (vgl. *Graulich* in Schenke/Graulich/Ruthig BKAG § 4 Rn. 3), während sich in Bezug auf die Bundespolizei- (vgl. § 12 Abs. 1 S. 1 und Abs. 5 BPolG) und einige Landespolizei-VE ausdrückliche Klarstellungen finden, vgl. Art. 37 Abs. 4 S. 5 BayPAG.
[378] Vgl. auch Nr. II 2.6.1 f. RiStBV Anl. D, die für präventiv-polizeiliche Einsätze entsprechend anwendbar ist. Auf die nachrichtendienstliche Tätigkeit sind die RiStBV hingegen nicht anwendbar, *Dietrich* in Dietrich/Eiffler NachrichtendiensteR-HdB § 2 Rn. 22.
[379] Vgl. *Schmidbauer* in Schmidbauer/Steiner BayPAG Art. 37 Rn. 44; *Hecker* in Schönke/Schröder StGB § 258 Rn. 11; *Altenhain* in NK-StGB StGB § 258a Rn. 8; *Krey* FS Kohlmann, 2003, 627 (640); ausf. *Schwarzburg* NStZ 1995, 469 (471 f.); krit. *Jahn* in Satzger/Schluckebier/Widmaier StGB § 258a Rn. 8.
[380] Die dogmatische Begründung für dieses Ergebnis divergiert. Eine Ansicht im Schrifttum hält § 34 StGB auf hoheitliches Handeln prinzipiell für unanwendbar (*Engländer* in Matt/Renzikowski StGB § 34 Rn. 43); iE übereinstimmend verneint die wohl überwiegende Auffassung die Anwendbarkeit des § 34 StGB in den hier interessierenden Fällen jedenfalls deshalb, weil der Gesetzgeber die Frage abschließend in dem Sinne geregelt hat, dass er sich bewusst gegen eine VE-Befugnis zur Begehung von Straftaten entschieden hat, *Schwarzburg* NStZ 1995, 469 (472 f.).
[381] Nach der neueren „Rosinentheorie" der Rspr. (→ Rn. 77) kommt aber uU ein direkter Rückgriff auf das Strafverfahrensrecht (§ 110d StPO) in Betracht.
[382] Zur Frage der einschlägigen Beteiligungsform (Nebentäterschaft oder Beihilfe) in derartigen Konstellationen *Rengier* AT § 51 Rn. 11 ff.; *Zimmermann* JuS 2011, 629 (632).
[383] Vgl. BVerfG NJW 2003, 1030 (1031); BGHSt 38, 388 (389 f.) = NJW 1993, 544 mablAnm *Mitsch* NStZ 1993, 384, mwN (472 f.); BGH NStZ 2001, 199; *Bosch* in Schönke/Schröder StGB § 13 Rn. 52; *Kindhäuser/Zimmermann* StrafR AT § 36 Rn. 83.
[384] *Krey ua*, Rechtsprobleme des strafprozessualen Einsatzes Verdeckter Ermittler, 1993, Rn. 505.
[385] Vgl. *Graulich* in Lisken/Denninger PolR-HdB Kap. E Rn. 742; *Schmidbauer* in Schmidbauer/Steiner BayPAG Art. 37 Rn. 43.

gewissen Grenze Delikte geschehen lässt, um die weiteren verdeckten Ermittlungen nicht zu gefährden.[386] Das Geschehenlassen schwerer Straftaten, insbesondere bei konkreter Leibes- und Lebensgefahr für das Tatopfer, die ohne erhebliche Eigengefahr durch den VE verhindert werden könnten,[387] bleibt aber stets unzulässig.[388] Die Ansicht von *Krey,* wonach der in einen Zuhälterring eingeschleuste VE bei einer Massenvergewaltigung tatenlos zusehen dürfe,[389] ist daher zu weitgehend.

c) Strafverfahrensrecht. aa) Allgemeines. Eine **generelle Erlaubnisvorschrift** zur Verwirklichung von Deliktstatbeständen besteht auch in der StPO nicht. In Bezug auf bestimmte Tatbestände kommen jedoch ein Tatbestandsausschluss bzw. eine Rechtfertigung in Betracht. **141**

bb) Maßnahmeinhärente Delikte. In Bezug auf die maßnahmeinhärente Verwirklichung von Deliktstatbeständen (insbesondere §§ 201, 201a StGB) gilt das zu präventiv eingesetzten VE Gesagte (→ Rn. 137) entsprechend; diese Taten sind durch §§ 110a ff. StGB gerechtfertigt. Dasselbe gilt in Bezug auf Delikte im Zusammenhang mit der in § 110a Abs. 3 StPO vorgesehenen Befugnis zu Herstellung, Veränderung und Gebrauch von Urkunden zur Legendenabsicherung und der nach § 110a Abs. 2 S. 2 StPO gestatteten Teilnahme am Rechtsverkehr unter dieser Legende (insbesondere **Urkundendelikte und Betrugstaten**). Sofern das ertäuschte Einverständnis nicht ohnehin mit der hM als Tatbestandsausschluss verstanden wird (→ Rn. 37), rechtfertigt § 110c StPO zudem das Betreten von befriedeten Besitztümern iSv § 123 StGB.[390] **142**

Ferner ist zu beachten, dass das für repressive VE geltende Legalitätsprinzip (§ 110c S. 3 StPO iVm § 163 Abs. 1 StPO; Nr. II 2.6 RiStBV Anl. D) bei der Wahrnehmung strafbarer Handlungen Flexibilität bzw. ein ermittlungstaktisches **Zurückstellen der Strafverfolgungspflicht** erlaubt – was sich faktisch als eine Reduktion des Straftatbestands der Strafvereitelung im Amt durch Unterlassen (§ 258a StGB iVm § 13 StGB) auswirkt (→ Rn. 137). **143**

cc) Sonstige einsatzbezogene Tatbestandsverwirklichungen. § 110d StPO gestattet iVm § 184b Abs. 6 StGB die **Verbreitung von artifiziellen pornographischen Inhalten,** um auf diese Weise (virtuellen) Zugang zu Kinderpornographie-Netzwerken zu erhalten. Weitergehende Befugnisse zur Begehung legendenerhaltender bzw. milieutypischer Straftaten – als relevante Delikte genannt werden etwa die Beteiligung an einer kriminellen Vereinigung nach § 129 StGB,[391] Teilnahme an unerlaubtem Glücksspiel,[392] Umgang mit **Falschgeld**,[393] Geldwäsche[394] sowie **Betäubungsmitteldelikte**[395] – bestehen nicht.[396] Auch ein Rückgriff auf die allgemeine Notstandsvorschrift des § 34 StGB scheidet jenseits der Fälle einer Straftatbegehung zur Abwehr gravierender Eigengefahr **144**

---

[386] *Krey ua,* Rechtsprobleme des strafprozessualen Einsatzes Verdeckter Ermittler, 1993, Rn. 503 f.; *Schwarzburg* NStZ 1995, 469 (472).
[387] Bei erheblicher Eigengefahr besteht infolge Unzumutbarkeit keine Handlungspflicht; näher dazu *Kindhäuser/Zimmermann* StrafR AT § 36 Rn. 11b.
[388] *Schwarzburg* NStZ 1995, 469 (472); vgl. auch *Keller* Ermittlungen 123.
[389] *Krey ua,* Rechtsprobleme des strafprozessualen Einsatzes Verdeckter Ermittler, 1993, Rn. 511; wie hier *Schwarzburg* NStZ 1995, 469 (472).
[390] Auch wenn der Wortlaut des § 110c StPO lediglich das Betreten von Wohnungen rechtfertigt, so gilt dies erst recht auch für sonstige befriedete Besitztümer (zB Geschäftsräume).
[391] *Lesch* StV 1993, 94; *Kirkpatrick* NStZ 2019, 177 (180 f.).
[392] *Hund* NStZ 1993, 571.
[393] *Schwarzburg* NStZ 1995, 469 (470).
[394] *Kirkpatrick* NStZ 2019, 177 (179).
[395] Eine begrenzte Erlaubnis zum Umgang mit Btm ergibt sich gegebenenfalls aus § 4 Abs. 2 BtMG (vgl. BGH NStZ 1988, 558; *Patzak* in Patzak/Volkmer/Fabricius BtMG § 4 Rn. 34, 37; *Günther* in MüKoStPO StPO § 110c Rn. 40) und aus allgemeinen Regeln zur vorverlagerten Strafbarkeit (vgl. OLG Oldenburg NJW 1999, 2751; offen gelassen in BGH NJW 1998, 767).
[396] *Günther* in MüKoStPO StPO § 110c Rn. 39; *Schmitt* in Meyer-Goßner/Schmitt StPO § 110c Rn. 4; *Bruns* in KK-StPO StPO § 110c Rn. 6.

nach ganz herrschender Ansicht aus (vgl. Nr. II 2.2 RiStBV Anl. D).[397] Die Befugnisse nachrichtendienstlicher VM zur Begehung bestimmter Straftaten zulasten der Allgemeinheit (→ Rn. 133) sind auf VE nicht (analog) anwendbar.[398]

Aus § 110c S. 3 StPO folgt, dass repressiv eingesetzten VE stets auch die gefahrenabwehrrechtlichen Befugnisse und Pflichten zukommen.[399] In Bezug auf Unterlassungstaten (§ 13 StGB) durch die **Nichtverhinderung von Straftaten** gilt daher das bei → Rn. 140 Gesagte entsprechend.

145 Agiert ein VE als Lockspitzel, kann mangels Tatvollendungswillens eine **Strafbarkeit wegen Anstiftung** (§ 26 StGB) ausgeschlossen sein (→ Rn. 190).

5. Befugnisse von VM/VE-Schwundformen (insbesondere NoeP)

146 **a) Recht der Nachrichtendienste.** Im Bereich der Nachrichtendienste spielt der kurzfristige Einsatz **ad hoc-legendierter verdeckter Mitarbeiter** (jedenfalls als Rechtsproblem) praktisch keine Rolle (zur theoretischen Möglichkeit → Rn. 8).

147 **b) Polizeirecht.** Die Befugnisse von NoeP leiten sich aus den polizeilichen Generalklauseln ab (→ Rn. 56) und sind demzufolge nicht konkret geregelt. Aufgrund der vagen gesetzlichen Grundlage können NoeP bereits aus systematischen Gründen im Vergleich zu VE nur lediglich (deutlich) weniger eingriffsintensive Befugnisse zustehen. Als Faustformel gilt, dass ein NoeP weniger darf als ein VE und dass ihm erst recht keine weitergehenden Befugnisse zustehen.[400]

148 Unbestritten steht NoeP die Befugnis zu, ihre **Polizisteneigenschaft** zu **verschweigen** oder zu leugnen, etwa bei einem Auftritt als Scheinaufkäufer eines inkriminierten Guts[401] oder dem Betreten einer Bar als vermeintlicher Gast. Darüber hinaus sind auch punktuelle Täuschungshandlungen gestattet, beispielsweise die schlichte Verwendung eines Tarnnamens[402] oder das Vorzeigen einer falschen Visitenkarte.[403] Die Unterfütterung der Täuschung durch den **Gebrauch von** unechten oder unrichtigen amtlichen **Urkunden** ist unzulässig.[404]

149 Umstritten ist, ob der über seine Identität täuschende NoeP zum **Betreten von Wohnungen** befugt ist. In Bezug auf VE-Einsätze nach der StPO hat der BGH die Frage bislang offen gelassen.[405] Geht man mit der hier vertretenen Ansicht davon aus, dass das infolge polizeilicher Identitätstäuschung erschlichene Einverständnis zum Betreten einer Wohnung in das Wohnungsgrundrecht eingreift,[406] sprechen alle Argumente gegen eine solche Befugnis des NoeP: Zum einen käme eine solche Befugnis einer Umgehung des Richtervorbehalts für qualifizierte VE-Einsätze gleich.[407] Zum anderen dürfen verdeckte Eingriffe in das Recht auf Achtung des Privatlebens und der Wohnung nach Art. 8 Abs. 1 EMRK nicht auf eine Generalklausel gestützt werden, da es ansonsten an der nach Abs. 2 erforderlichen gesetzlich vorgeschriebenen Grundlage fehlt.[408]

---

[397] → Rn. 139.
[398] *Engelstätter* in BeckOK StPO, 43. Ed. 1.4.2022, RiStBV Anl. D Rn. 2.
[399] Vgl. *Köhler* in Meyer-Goßner/Schmitt StPO § 110c Rn. 3.
[400] Vgl. *Kamp* in BeckOK PolR NRW, 21. Ed. 1.3.2021, PolG NRW § 20 Rn. 4; *Kölbel* in MüKoStPO StPO § 161 Rn. 8.
[401] *Schmidbauer* in Schmidbauer/Steiner BayPAG Art. 37 Rn. 6.
[402] *Wellhausen* in BeckOK PolR Nds, 22. Ed. 1.2.2022, NPOG § 36a Rn. 12.
[403] *Kamp* in BeckOK PolR NRW PolG NRW, 21. Ed. 1.3.2021, § 20 Rn. 3.1; *Weisser* NZWiSt 2018, 59.
[404] *Schmidbauer* in Schmidbauer/Steiner BayPAG Art. 37 Rn. 5.
[405] BGH NJW 1997, 1516. *Bruns* in KK-StPO StPO § 110c Rn. 4 spricht sich für eine analoge Anwendung von § 110c StPO aus.
[406] → Rn. 40; auf der Basis der Gegenansicht konsequent *Weisser* NZWiSt 2018, 59 (62).
[407] Vgl. *Roxin* StV 1998, 43 (44); dagegen *Weisser* NZWiSt 2018, 59 (62 f.).
[408] Vgl. *Esser* EurStrafR § 9 Rn. 312; *Hauck* in Löwe/Rosenberg StPO § 110a Rn. 15 f. m. Nachw. aus der Rspr. des EGMR.

c) **Strafverfahrensrecht.** Der Einsatz von NoeP im Strafverfahren wird auf die Ermitt- **150** lungsgeneralklauseln gestützt (→ Rn. 66). Dementsprechend gilt für die Befugnisse repressiv eigesetzter NoeP dasselbe wie für entsprechende Einsätze nach dem Polizeirecht (→ Rn. 147): Erlaubt sind **lediglich geringfügige Grundrechtseingriffe**;[409] das Arsenal der dem NoeP erlaubten Verhaltensweisen bleibt hinter demjenigen eines VE deutlich zurück. Das Betreten von Wohnungen ist NoeP daher (erst recht) nicht gestattet.[410] § 110d StPO gilt aber auch für NoeP.[411] Für die Erstellung und Nutzung von Tarnpapieren besteht auch im Strafverfahrensrecht keine ausreichende Grundlage.[412]

V. Besonderheiten grenzüberschreitender Einsätze

1. Recht der Nachrichtendienste

In Bezug auf den VM-Einsatz im Ausland stellt sich insbesondere die Frage nach der **151** Grundrechtsbindung und dementsprechend nach der Einschlägigkeit der Einsatzvoraussetzungen in § 9a BVerfSchG (näher zu diesen → Rn. 68). Rechtsprobleme im Zusammenhang mit der Kooperation ausländischer Dienste stellen sich jedenfalls nicht in derselben Dringlichkeit wie im Bereich polizeilicher Kooperation, da Einsätze auf „gegnerischem" Territorium naturgemäß ohne das Wissen der ausländischen Regierung erfolgen.[413] In Deutschland mit Zustimmung staatlicher Stellen eingesetzte **VM ausländischer Nachrichtendienste** sind als Verwaltungshelfer zu qualifizieren und üben nur abgeleitete Hoheitsgewalt aus, deren Voraussetzungen und Grenzen sich nach dem deutschen Recht bemessen.[414]

Fraglich ist ferner, unter welchen Voraussetzungen nach Landesrecht eingesetzte **VM auf** **152** **dem Gebiet eines anderen Bundeslandes** eingesetzt werden dürfen. Nach dem föderalen Prinzip der Gebietshoheit ist die Verwaltungshoheit der Länder analog zum völkerrechtlichen Souveränitätsprinzip grundsätzlich auf ihr Territorium beschränkt.[415] VM-Einsätze außerhalb des jeweiligen Landesgebiets richten sich daher im Grundsatz zusätzlich[416] nach den „ausländischen" Regeln und bedürfen überdies der Zustimmung des dortigen Innenministeriums (vgl. Art. 2 Abs. 2 BayVSG, § 2 Abs. 2 NRWVSG). Umstritten ist dabei, ob das Bundesland, auf dessen Gebiet der Einsatz stattfindet, lediglich (analog § 5 Abs. 1 S. 1 BVerfSchG) ins Benehmen gesetzt werden muss,[417] oder aber, ob für den Einsatz die Erteilung eines (bundesfreundlich auszuübenden) Einvernehmens erforderlich ist.[418] Ist eine vorherige Zustimmung etwa wegen der besonderen Eilbedürftigkeit des Tätigwerdens oder wegen besonderer Geheimhaltungsinteressen nicht möglich, bedarf es jedenfalls einer nachträglichen Unterrichtung.[419]

---

[409] *Kölbel* in MüKoStPO StPO § 163 Rn. 18.
[410] *Wolter/Jäger* in SK-StPO StPO § 110c Rn. 6; aA *Krey/Jaeger* NStZ 1995, 517 (518) (unter der Prämisse, das Wohnungsbetreten unter einer Legende sei kein Grundrechtseingriff).
[411] *Rückert/Goger* MMR 2020, 373 (377).
[412] AA *Soiné* Kriminalistik 2013, 507 (509) (Generalklausel).
[413] Zu den völkerrechtlichen und rechtsethischen Legitimationsfragen *Soiné* NStZ 2013, 83 (85); *Zimmermann* in Dörr/Zimmermann, Die Nachrichtendienste der Bundesrepublik Deutschland, 2007, 109 ff. Zur Praxis der Geheimschutz- und sonstigen Abkommen zur Zusammenarbeit zwischen den Geheimdiensten von Partnerstaaten vgl. BVerfGE 143, 101 (Rn. 128 ff.) = BeckRS 2016, 54271.
[414] *Gazeas* Nachrichtendienstliche Erkenntnisse 165 f.
[415] Näher *Michl* NVwZ 2019, 1631 (1636 f. mwN); vgl. auch *Unterreitmeier* in BeckOK PolR Bayern, 18. Ed. 1.3.2022, BayVSG Art. 2 Rn. 28.
[416] Zum Erfordernis der kumulativen Befugnisvoraussetzungen *Unterreitmeier* in BeckOK PolR Bayern, 18. Ed. 1.3.2022, BayVSG Art. 2 Rn. 30, 30.1.
[417] So *Roth* in Schenke/Graulich/Ruthig BVerfSchG § 5 Rn. 7 f.
[418] Dafür *Unterreitmeier* in BeckOK PolR Bayern, 18. Ed. 1.3.2022, BayVSG Art. 2 Rn. 28.1, 29.
[419] *Droste* VerfassungsschutzR-HdB 72; *Roth* in Schenke/Graulich/Ruthig BVerfSchG § 5 Rn. 7.

2. Polizeirecht

153 Auch im Polizeirecht ergeben sich infolge der territorialen Verwaltungshoheit besondere (landesrechtliche) Probleme bei interföderalen Konstellationen, also dem Tätigwerden eines nach Landespolizeirecht eingesetzten VE auf dem Gebiet eines anderen Bundeslandes.[420] Komplizierte Rechtsfragen ergeben sich zudem beim **transnationalen VE-Einsatz** zur Gefahrenabwehr.[421]

3. Strafverfahrensrecht

154 Schwierige Rechtsfragen hinsichtlich der Kompetenzen und des für die Befugnisse maßgeblichen Rechtsregimes ergeben sich beim transnationalen Einsatz von repressiven VE. Bei diesem handelt es sich um eine **rechtshilferechtliche Angelegenheit,** sodass es grundsätzlich einer Zustimmung der beteiligten Staaten[422] und einer Zulässigkeit der Maßnahme nach deren jeweiligem Recht bedarf.[423] Vielfach finden sich dazu spezielle Regelungen insbesondere in multilateralen (Rahmen-)Vereinbarungen, beispielsweise in Art. 14 RHÜ 1959,[424] Art. 29 ZP II-RHÜ 1959,[425] Art. 23 Neapel II (für den Bereich der Zollfahndung in der EU)[426] und Art. 29 EEA[427] sowie in diversen bilateralen Abkommen.[428] Teilweise finden sich auch Regelungen in Deliktsbereichs-spezifischen Abkommen, namentlich in Art. 20 UNTOC[429] und für Korruptionsermittlungen in Art. 50 UNCAC[430].

155 Mögliche Konstellationen betreffen zum einen den **Einsatz deutscher VE im Ausland** für ein deutsches[431] oder ausländisches Ermittlungsverfahren[432] sowie den **Einsatz ausländischer VE**[433] **in Deutschland** innerhalb eines deutschen[434] oder ausländischen[435] Ermittlungsverfahrens.

---

[420] VE-Einsätze außerhalb des jeweiligen Landesgebiets richten sich daher im Grundsatz zusätzlich nach den „ausländischen" Regeln (*Schmidbauer* in Schmidbauer/Steiner POG Art. 10 Rn. 9) und bedürfen der Zustimmung des dortigen Innenministeriums (vgl. *Gliwitzky/Schmid* in BeckOK PolR Bayern, 18. Ed. 1.3.2022, POG Art. 10 Rn. 8 f. und Art. 11 Rn. 19; krit. *Schmidbauer* in Schmidbauer/Steiner BayPAG Art. 37 Rn. 49). Die Zustimmung kann dabei nach vorherrschender Ansicht auch allgemein für eine unbestimmte Zahl gleichartiger Fälle ergehen, dh vorweggenommen werden (vgl. *Schmidbauer* in Schmidbauer/Steiner POG Art. 11 Rn. 4 mwN). Einige Bundesländer erklären ihr Recht jedoch für die VE anderer Bundesländer für unanwendbar (vgl. § 36a Abs. 5 NPOG), sodass es insoweit nur auf die Einsatzvoraussetzungen des „Heimatrechts" ankommt.

[421] Näher dazu *Aden* in Lisken/Denninger PolR-HdB Kap. M Rn. 269 f.

[422] Für die deutsche Seite vgl. Nr. 140–142 RiVASt. Zur Möglichkeit zeitlich begrenzter Agreements *Barczak* StV 2012, 182 (183).

[423] Näher dazu *Hackner* in Schomburg/Lagodny IRG Vor § 68 Rn. 41 f.; *BT-Wiss. Dienst,* Ausarbeitung Einsatz ausländischer Verdeckter Ermittler – WD7-3000-005/18, 10 f.; speziell in Bezug auf den vertragslosen Rechtshilfeverkehr *Trautmann/Zimmermann* in Schomburg/Lagodny IRG § 59 Rn. 110 f.

[424] BGBl. 2005 II 650. Nach dieser Vorschrift soll für den VE-Einsatz das Recht des EU-Staates maßgeblich sein, in dessen Hoheitsgebiet die Maßnahme stattfindet; näher *Gleß/Wahl* in Schomburg/Lagodny EuRhÜbk Art. 14 Rn. 2 ff.; *Günther* in MüKoStPO StPO § 110a Rn. 39.

[425] Dazu *Schierholt* in Schomburg/Lagodny 2. ZP-EuRhÜbk Art. 19 Rn. 1–6.

[426] Dazu *Günther* in MüKoStPO StPO § 110a Rn. 41.

[427] Umgesetzt in den § 91c Abs. 2 Nr. 2 lit. c cc IRG, § 91e Abs. 1 Nr. 5 IRG; näher *Trautmann* in Schomburg/Lagodny IRG § 91c Rn. 14; *Schierholt* in Schomburg/Lagodny IRG § 91e Rn. 7; *Aden* in Lisken/Denninger PolR-HdB Kap. M Rn. 267 ff.

[428] Näher BT-Drs. 17/4333, 3 f.; *Hackner* in Wabnitz/Janovsky/Schmitt WirtschaftsStrafR-HdB 25. Kap. Rn. 89.

[429] Dazu *Günther* in MüKoStPO StPO § 110a Rn. 41.

[430] Näher *Chrysikos* in Rose/Kubiciel/Landwehr UNCAC Art. 50 S. 504.

[431] *Soiné* Kriminalistik 2013, 507 (512).

[432] *Aden* in Lisken/Denninger PolR-HdB Kap. M Rn. 267.

[433] Zu deren Rechtsposition als quasi-VP → § 28 Rn. 11.

[434] In diesem sowie im umgekehrten Falle (Einsatz eines deutschen VE im Ausland im Rahmen eines dort geführten Ermittlungsverfahrens) handelt es sich um den Sonderfall einer Organleihe auf rechtshilferechtlicher Grundlage, *Barczak* StV 2012, 182 (188); ähnlich *Gless* NStZ 2000, 57.

[435] Dazu *Hackner* in Schomburg/Lagodny IRG Vor § 68 Rn. 44.

C. Die Befugnisse der Sicherheitsbehörden de lege lata   § 27

Hinsichtlich innerdeutscher, aber **Bundesländergrenzen-überschreitender Einsätze** 156
gilt das zum Polizeirecht Gesagte entsprechend, dh es bedarf der Zustimmung des Landes,
in dem der VE-Einsatz stattfindet.[436] Da es insoweit um den Vollzug von Bundesrecht geht,
ist die Zustimmungserfordernis allerdings bundesfreundlich zu handhaben, sodass die Erteilung im Regelfall nicht verweigert werden darf.[437]

VI. Transparenz, nachträgliche Kontrolle und Rechtsschutz

Bei eingriffsintensiven nicht-offenen Überwachungsmaßnahmen stellt der **Verhältnis-** 157
mäßigkeitsgrundsatz besondere Anforderungen an Transparenz, aufsichtliche Kontrolle
und (nachträglichen) individuellen Rechtsschutz.[438] Dabei gelten die im Hinblick auf das
Strafverfahrens- und das Polizeirecht entwickelten verfassungsrechtlichen Anforderungen
prinzipiell[439] auch für die nachrichtendienstliche Überwachung.[440]

1. Einsatzdokumentation

a) Recht der Nachrichtendienste. Eine speziell geregelte **Dokumentationspflicht** in 158
Bezug auf dem VM-Einsatz enthält das Bundesrecht, im Unterschied zu einigen landesrechtlichen Regelungen,[441] nicht.[442] Sie ergibt sich aber bereits **aus allgemeinen rechts-**
staatlichen Grundsätzen[443] und entspricht im Übrigen auch der nachrichtendienstlichen
Praxis.[444] Eine nachträgliche Manipulation der Einsatzdokumentation, wie sie insbesondere
aus dem Bereich polizeilicher VP-Einsätze berichtet wird,[445] ist rechtswidrig und zumindest
als schweres Dienstvergehen ahndbar.[446]

b) Polizeirecht. Die Dokumentierung von VE-Einsätzen ist bundesgesetzlich näher ge- 159
regelt in den § 82 Abs. 1, 2 Nr. 2 **BKAG**, § 35f Abs. 1, 2 Nr. 3 und 4 **BPolG**, § 92
Abs. 1, 2 Nr. 4–6 **ZFdG**. Danach sind mindestens zu dokumentieren der Zeitpunkt des
VE-Einsatzes und die die Maßnahme durchführende Organisationseinheit, Angaben, die
die Feststellung der erhobenen Daten ermöglichen sowie die davon betroffenen Personen
(Ziel- und erheblich mitbetroffene Personen sowie Inhaber einer vom VE betretenen
Wohnung). Für NoeP-Einsätze gelten die strengen Dokumentationspflichten nicht.

c) Strafverfahrensrecht. Explizite Dokumentationspflichten sind in der StPO nicht vor- 160
gesehen, aber bereits aus verfassungsrechtlichen Gründen[447] sowie im Hinblick auf die
angeordneten Benachrichtigungspflichten (→ Rn. 170) zwingend geboten.[448] Darüber hinaus enthält Nr. II 2.7 RiStBV Anl. D Anweisungen an die StA zur Fertigung von Ver-
merken über den VE-Einsatz, namentlich über die Gespräche mit der Polizei, die Mit-

---

[436] Vgl. *Gliwitzky/Schmid* in BeckOK PolR Bayern, 18. Ed. 1.3.2022, POG Art. 11 Rn. 19.
[437] Vgl. BVerwG NVwZ 2002, 984 (986); *Roth* in Schenke/Graulich/Ruthig BVerfSchG § 5 Rn. 8.
[438] BVerfGE 141, 220 (282 Rn. 134, 284 f. Rn. 141 und 321 f. Rn. 267) = NJW 2016, 1781; BVerfGE 133,
    277 (370 Rn. 215) = NJW 2013, 1499; s. dazu auch *Hohnerlein* NVwZ 2016, 511 (514).
[439] Zur streitigen Frage der Übertragbarkeit der BKAG-Entscheidung auf den Bereich des Nachrichtendienst-
    wesens → Rn. 194.
[440] Vgl. *Schwabenbauer* Grundrechtseingriffe 385 ff.
[441] ZB § 7 Abs. 2 S. 4 NRWVSG; § 18 Abs. 2 S. 1 NVerfSchG.
[442] *Bader* HRRS 2016, 293 (299).
[443] BVerfGE 141, 220 (284 Rn. 141) = NJW 2016, 1781; allg. zur Aktenführungspflicht *Warg* NJW 2015,
    3195.
[444] *Dietrich* in Dietrich/Eiffler NachrichtendiensteR-HdB § 2 Rn. 154.
[445] Vgl. *Müller*, Forster fühlt sich verraten, Zeit-Magazin 27/2014 (s. dazu auch BGH NStZ-RR 2021,
    175 m. Bespr. *Hübner* HRRS 2021, 464); Weitere Manipulationen an Akte Amri, ZEIT-online Meldung
    v. 21.5.2017, https://bit.ly/2RYt3ZW.
[446] Vgl. VG München BeckRS 2007, 35965.
[447] Dazu *Bär* in KMR-StPO StPO § 101 Rn. 3 f.
[448] Zu dokumentieren sind daher sämtliche Kontakte mit potenziell benachrichtigungsberechtigten Personen
    sowie eine Darstellung der Kontaktsituation, *Günther* in MüKoStPO StPO § 101 Rn. 37; *Köhler* in
    Meyer-Goßner/Schmitt StPO § 101 Rn. 13.

wirkung des VE und über die getroffenen Entscheidungen. Ferner ordnet § 101 Abs. 2 StPO eine **getrennte Aktenführung** an, sodass Aktenvermerke des VE oder Vermerke der Polizei über Informationen, die von einem VE stammen, getrennt von den Ermittlungsakten zu verwahren sind.[449]

2. Aufsichtliche Kontrolle

161 Das BVerfG leitet aus dem Verhältnismäßigkeitsgrundsatz in Bezug auf besonders eingriffsintensive nicht-offene Überwachungsmaßnahmen die Notwendigkeit der **Gewährleistung einer wirksamen aufsichtlichen Kontrolle** her, die wiederum eine gesetzliche Regelung von Berichtspflichten gegenüber dem Parlament mit sich bringt.[450]

162 a) **Recht der Nachrichtendienste.** Teilweise finden sich in Bezug auf den VM-Einsatz landesgesetzliche Regelungen, die diese verfassungsgerichtlichen Vorgaben durch eine **Berichtspflicht** gegenüber dem parlamentarischen Kontrollgremium umsetzen.[451] Das BVerfSchG statuiert eine ausdrückliche Berichtspflicht jedoch nur in Bezug auf den Einsatz von Vertrauensleuten, § 9b Abs. 1 S. 2 (jährlicher „Lagebericht zum Einsatz von Vertrauensleuten"), während eine Parallelvorschrift zum VM-Einsatz fehlt.

163 Allerdings sieht § 9 Abs. 3 Nr. 2 BVerfSchG für Erhebungen nach § 9 Abs. 1 BVerfSchG, zu denen der Einsatz von Mitteln nach § 8 Abs. 2 BVerfSchG und somit auch von VM gehört, eine **Unterrichtungspflicht gegenüber dem Parlamentarischen Kontrollgremium** vor, wenn die Erhebung in ihrer Art und Schwere einer Beschränkung des Brief-, Post und Fernmeldegeheimnisses gleichkommt, etwa beim Abhören und Aufzeichnen des nicht öffentlich gesprochenen Wortes mit dem verdeckten Einsatz technischer Mittel.[452] Fraglich ist, ob diese Vorschrift auch den VM-Einsatz nach § 9a BVerfSchG erfasst. In der Literatur wird dies teilweise mit dem Argument verneint, die Unterrichtungspflicht könne nur durch den verdeckten Einsatz eines technischen (nicht: personalen) Mittels ausgelöst werden.[453] Das ist aber wenig überzeugend, da das Gesetz den verdeckten Einsatz technischer Mittel zur Aufzeichnung des gesprochenen Wortes lediglich beispielhaft anführt („insbesondere") und damit andere verdeckte Maßnahmen derselben Eingriffsintensität gerade nicht ausschließt. Berücksichtigt man, dass VM-Einsätze Art. 10 GG-Eingriffen in ihrer „Art" gleichkommen (Nicht-Offenheit der Maßnahme) und sub specie Eingriffsintensität („Schwere") sogar als noch gravierender anzusehen sind (→ Rn. 44), muss die Vorschrift auch auf § 9a BVerfSchG-Maßnahmen angewendet werden.[454] Es besteht daher eine Unterrichtungspflicht des Parlamentarischen Kontrollgremiums nach dieser Vorschrift.

164 b) **Polizeirecht.** Das BVerfG hat in seiner Entscheidung zum BKAG in Bezug auf nicht-offene Maßnahmen eine gesetzliche **Regelung von Berichtspflichten gegenüber dem Parlament und der Öffentlichkeit** für **notwendig** erachtet.[455] Dazu, ob sich diese Unterrichtungspflicht zwingend auch auf VE-Einsätze bezieht, verhält sich die Entscheidung nicht ausdrücklich. Der Kontext der Entscheidung legt dies aber zumindest nahe;

---

[449] Näher *Bär* in KMR-StPO StPO § 101 Rn. 8.
[450] BVerfGE 133, 277 (372 Rn. 221 ff.) = NJW 2013, 1499; BVerfGE 141, 220 (285 Rn. 142 f.) = NJW 2016, 1781.
[451] Vgl. § 7 Abs. 4 BbgVerfSchG iVm Abs. 3 S. 3 BbgVerfSchG; § 10 Abs. 5 RhPflVerfSchG.
[452] Ausdr. auf VE-Einsätze bezogene landesrechtliche Parallelvorschriften sind etwa Art. 20 Abs. 1 S. 1 Nr. 2 lit. b BayVSG; § 12 Abs. 5 BbgVerfSchG, § 25 Abs. 2 BbgVerfSchG; § 3 Abs. 3 Nr. 2 lit. b VerfSchKontG.
[453] *Mallmann* in Schenke/Graulich/Ruthig BVerfSchG § 9 Rn. 34; *Droste* VerfassungsschutzR-HdB 322 (der dortige Schluss aus § 7 Abs. 3 G10 ist unverständlich); iE ebenso *Dietrich* in Dietrich/Eiffler NachrichtendiensteR-HdB § 2 Rn. 156.
[454] So iE wohl auch *Schwabenbauer* Grundrechtseingriffe 400 f.; *Gusy* DVBl 1991, 1288 (1294 f.); *Gusy* in Schenke/Graulich/Ruthig BNDG § 5 Rn. 13.
[455] BVerfGE 141, 220 (Rn. 143, 268) = NJW 2016, 1781; zuvor bereits BVerfGE 133, 277 (Rn. 221 f.) = NJW 2013, 1499.

dafür spricht auch, dass das Gericht gerade auch den VE-Einsatz als besonders gravierenden Grundrechtseingriff betrachtet.[456]

Konsequenterweise sieht der Bundesgesetzgeber in Umsetzung dieser Vorgaben gegenüber dem Bundestag eine **Berichtspflicht** auch **über VE-Einsätze** des BKA[457] und der Bundespolizei[458] vor. Demgegenüber bezieht sich die Neufassung des § 80 ZFdG lediglich auf Maßnahmen der heimlichen Telekommunikationsüberwachung und nimmt damit VE-Einsätze von der Unterrichtungspflicht aus; das **ZFdG** ist damit nach der hier vertretenen Ansicht defizitär und insoweit **verfassungswidrig**. **165**

c) Strafverfahrensrecht. VE-Einsätze sind von der Berichtspflicht gegenüber dem Bundesamt der Justiz und der Öffentlichkeit nach § 101b Abs. 1 StPO ausgenommen. Die Vorschrift ist **aus verfassungsrechtlichen Gründen** dringend **ergänzungsbedürftig**. **166**

3. Mitteilung gegenüber Betroffenen

Art. 19 Abs. 4 GG gebietet in allen Bereichen des Sicherheitsrechts die Gewährleistung individuellen (nachträglichen) Rechtsschutzes gegen nicht-offene Überwachungsmaßnahmen.[459] Da die betroffene natürliche (oder juristische)[460] Person von einer solchen gegen sie gerichteten Maßnahme regelmäßig nichts weiß und daher auch weder von etwaig bestehenden **Auskunftsansprüchen** (zB § 15 Abs. 1 BVerfSchG, § 22 BNDG)[461] Gebrauch machen[462] noch Rechtsbehelfe gegen die Überwachungsmaßnahme einlegen kann, ist eine nachträgliche Bekanntgabe Voraussetzung dafür, „daß die Rechtsschutzgarantie des Art. 19 Abs. 4 GG nicht bloß auf dem Papier steht".[463] Infolgedessen geht mit der Durchführung einer eingriffsintensiven nicht-offenen Überwachungsmaßnahme grundsätzlich die Verpflichtung des Staates einher, den Eingriff nachträglich gegenüber Ziel- und erheblich mitbetroffenen Personen offenzulegen.[464] Ein pauschaler Ausschluss jeglicher Bekanntgabe der Maßnahme auch nach ihrer Beendigung wäre mit dem GG unvereinbar.[465] Die **Unterrichtungspflicht** gilt andererseits aber auch nicht absolut und darf im begründeten Einzelfall auch längerfristig **zurückgestellt** werden (insbesondere bei andauernder Gefährdung des Untersuchungszwecks) oder sogar dauerhaft (zB bei einem nur geringfügig mitbetroffenen Dritten) unterbleiben.[466] **167**

a) Recht der Nachrichtendienste. Eine speziell auf den VM-Einsatz gemünzte nachträgliche Bekanntgabe der Maßnahme enthält das Bundesrecht nicht.[467] Allerdings enthält § 9 Abs. 3 Nr. 1 BVerfSchG eine allgemein gehaltene **Mitteilungspflicht** gegenüber dem Betroffenen, die richtiger Ansicht nach (zur Diskussion → Rn. 163) auch auf den VM- **168**

---

[456] IdS auch BT-Drs. 19/26541 (in Bezug auf § 71 BPolG).
[457] § 88 BKAG (zweijährliche Berichtspflicht).
[458] § 71 BPolG. Zur prinzipiellen Erforderlichkeit dieser Regelung *Ralf P. Schenke* in Schenke/Graulich/Ruthig BPolG § 28 Rn. 4.
[459] *Schwabenbauer* Grundrechtseingriffe 398.
[460] Möglich etwa beim Betreten von Wohnungen, s. *Günther* in MüKoStPO StPO § 110c Rn. 5; vgl. auch BVerfG NJW 2021, 1452.
[461] Zur Relevanz und (eingeschränkten) Leistungsfähigkeit von bloßen Auskunftsansprüchen *Scheffczyk/Wolff* NVwZ 2008, 1316; *Kornblum* Rechtsschutz 122 ff.; *Schwabenbauer* Grundrechtseingriffe 387 f.; zur Beschränkung des § 15 BVerfSchG auf personenbezogene Daten *Gusy* DVBl 1991, 1288 (1294 Fn. 59).
[462] Der Auskunftsanspruch nach § 15 BVerfSchG setzt die Darlegung eines konkreten Sachverhalts voraus, bezüglich dessen Daten erhoben worden sein sollen, BVerwG NVwZ 2018, 590 (591 Rn. 16).
[463] *Gusy* DVBl 1991, 1288 (1294); ähnl. *Paal* in Paal/Pauly BDSG § 56 Rn. 2.
[464] BVerfGE 100, 313 (361) = NJW 2000, 55; BVerfGE 109, 279 (363 f.) = NJW 2004, 999; BVerfGE 141, 220 (Rn. 136) = NJW 2016, 1781; LVerfG Mecklenburg-Vorpommern LKV 2000, 345 (355); *Schwabenbauer* Grundrechtseingriffe 397; vgl. ferner BVerfGE 125, 260 (336 f.) = NJW 2010, 833.
[465] *Gusy* DVBl 1991, 1288 (1294) unter Verweis auf BVerfGE 30, 1 (20 f. und 31 f.) = BeckRS 1970, 104640.
[466] Vgl. BVerfGE 142, 220 (282 f. Rn. 136) = NJW 2016, 1781; ausf. *Schwabenbauer* Grundrechtseingriffe 389 ff.
[467] Landesgesetzliche Mitteilungspflichten finden sich etwa in § 5 Abs. 5 S. 1 NRWVSG.

Einsatz anzuwenden ist.[468] Hinsichtlich des **Benachrichtigungsinhalts** findet § 56 Abs. 1 BDSG (Mindestangaben) allerdings gem. § 27 Nr. 2 BVerfSchG keine Anwendung.

169 b) **Polizeirecht.** Die Bundesgesetze sehen – verfassungsrechtlich notwendig[469] – eine grundsätzliche Pflicht zur nachträglichen Benachrichtigung der von einem VE-Einsatz Betroffenen (Zielperson, erheblich Mitbetroffene und Inhaber der von einem VE betretenen Wohnung) voraus.[470] Der Mindestinhalt der Benachrichtigung richtet sich nach § 56 Abs. 1 BDSG. Die Benachrichtigung kann im Falle bestimmter Gefährdungstatbestände vorübergehend zurückgestellt werden; unter bestimmten Umständen ist sogar ein dauerhafter Verzicht möglich.

170 c) **Strafverfahrensrecht.** Eine Benachrichtigung des Betroffenen im Vorfeld des VE-Einsatzes würde diesen kriminaltaktisch ad absurdum führen, sodass die grundsätzlich erforderliche vorherige Anhörung nach § 33 Abs. 4 S. 1 StPO entfällt.[471] Jedoch sieht § 101 Abs. 4 S. 1 Nr. 9 StPO eine **nachträgliche Benachrichtigungspflicht** vor gegenüber Ziel- und erheblich mitbetroffenen Personen sowie gegenüber Personen, deren Wohnung der VE betreten hat. Die Benachrichtigung kann aber aus in der Norm genannten Gründen unterbleiben oder zumindest vorläufig zurückgestellt werden; als **Zurückstellungsgrund** weist § 101 Abs. 5 S. 1 StPO ausdrücklich auf die Möglichkeit der weiteren Verwendung des VE hin.[472]

4. Rechtsschutz

171 a) **Recht der Nachrichtendienste.** Der von einem VM-Einsatz Betroffene kann den Rechtsweg zu den Verwaltungsgerichten beschreiten, um die Rechtmäßigkeit der Ausforschungsmaßnahme überprüfen zu lassen. Statthafte Klageart ist die **Feststellungsklage** nach § 43 Abs. 1 VwGO, weil die verdeckte Ausforschung durch den VM grundsätzlich ein Realakt ist.[473] Wegen der regelmäßigen Beendigung der Maßnahme im Zeitpunkt der Klage handelt es sich bei dem Feststellungsgegenstand zwar um ein vergangenes Rechtsverhältnis. Das steht einer zulässigen Feststellungsklage jedoch nicht entgegen, da angesichts der Eingriffsintensität eines verdeckten Grundrechtseingriffs ein Rehabilitationsinteresse zu bejahen sein wird.[474] Das qualifizierte Feststellungsinteresse entfällt auch nicht deshalb, weil die Mitteilung erst viele Jahre nach Beendigung der Maßnahme erfolgt.[475]

172 b) **Polizeirecht.** Betroffene können gegen nach Polizeirecht durchgeführte[476] VE-Einsätze grundsätzlich den Rechtsweg zu den Verwaltungsgerichten beschreiten, um die Rechtmäßigkeit der Maßnahme überprüfen zu lassen.[477] Statthafte Klageart ist auch hier die allgemeine **Feststellungsklage** nach § 43 Abs. 1 VwGO (→ Rn. 171).

173 c) **Strafverfahrensrecht.** Das System der Rechtsbehelfe gegen strafprozessuale[478] VE-Einsätze ist unübersichtlich. Zunächst sieht § 101 Abs. 7 S. 2 StPO einen auf zwei Wochen nach der Benachrichtigung über die Maßnahme **befristeten Rechtsbehelf** vor, mit dem

---

[468] Vgl. auch *Siems* NWVBl. 2018, 1 (6).
[469] Vgl. *Ralf P. Schenke* in Schenke/Graulich/Ruthig BPolG § 28 Rn. 62.
[470] § 74 Abs. 1 S. 1 Nr. 2 BKAG; § 35c Abs. 1 S. 1 Nr. 4 BPolG; § 93 Abs. 1 S. 1 Nr. 3–5 ZFdG.
[471] *Valerius* in MüKoStPO StPO § 33 Rn. 32; *Schmitt* in Meyer-Goßner/Schmitt StPO § 33 Rn. 15.
[472] Die Vorschrift wird aber teilweise als verfassungswidrig eingestuft, s. *Wolter/Jäger* in SK-StPO StPO § 110a Rn. 1b.
[473] Vgl. BVerwG NJW 1997, 2534; VG Freiburg NVwZ-RR 2006, 322 (323) (jew. zu präventiv-polizeilichem VE-Einsatz); *Schwabenbauer* Grundrechtseingriffe 402 f.
[474] Vgl. BVerwG NJW 1997, 2534; OVG Weimar NVwZ-RR 2011, 323 f. (zum Einsatz eines sog. Sozialdetektivs).
[475] *Schwabenbauer* Grundrechtseingriffe 404 unter Verweis auf BVerwGE 87, 23 ff. = NJW 1991, 581.
[476] Zur Problematik der Abgrenzung zwischen präventiven und repressiven VE-Einsätzen → Rn. 74 ff.
[477] Ausf. *Schwabenbauer* Heimliche Grundrechtseingriffe 402 ff.
[478] Zur Rechtswegbestimmung bei doppelfunktionalen VE-Einsätzen → Rn. 76.

ohne Nachweis eines besonderen Rechtsschutzinteresses die Rechtmäßigkeit des Einsatzes sowie Art und Weise seines Vollzuges gerichtlich überprüft werden können.[479]

Sehr umstritten ist das Konkurrenzverhältnis dieses Rechtsbehelfs zu den sonstigen (unbefristeten) Rechtsbehelfen der StPO. Dabei ist zu differenzieren: Ist der VE-Einsatz noch nicht beendet, kann der Betroffene, der von dem Einsatz (zufällig) anderweitig Kenntnis erlangt hat, nach § 98 Abs. 2 StPO analog[480] bzw. bei richterlicher Anordnung des Einsatzes (→ Rn. 95) mit der **Beschwerde nach § 304 StPO**[481] gegen den VE-Einsatz vorgehen; § 101 Abs. 7 S. 2 StPO ist in diesen Fällen trotz seines ambivalenten Wortlauts („*auch* nach Beendigung") nach überwiegend vertretener Ansicht nicht einschlägig.[482] Geht es hingegen um nachträglichen Rechtsschutz, ist streitig, ob § 101 Abs. 7 S. 2 StPO eine abschließende Spezialregelung darstellt,[483] oder ob daneben die (unbefristeten, aber unter dem Vorbehalt der Darlegung eines Rechtsschutzbedürfnisses stehenden) og Rechtsbehelfe statthaft sind.[484]

Werden Dritte durch die Teilnahme des VE am Rechtsverkehr unter der Legende geschädigt, kommen **staatshaftungsrechtliche Ansprüche** in Frage.[485]

VII. Strafprozessuale Folgen

1. Allgemeines

Es besteht im Grundsatz sowohl eine verfassungsrechtliche Verpflichtung zur effektiven Strafverfolgung[486] als auch ein verfassungs-, europa- (Art. 47 Abs. 2 GRCh) und menschenrechtlich (Art. 6 Abs. 1, 3 EMRK) abgesichertes **Beschuldigtenrecht auf ein faires Strafverfahren.**[487] Die mit beidem zusammenhängende Pflicht zur Erforschung der materiellen Wahrheit[488] wird einfachgesetzlich durch eine **Pflicht zur umfassenden Sachverhaltsaufklärung** im Erkenntnisverfahren flankiert (§§ 160, 244 Abs. 2 StPO). Im Zusammenhang mit VM-/VE-Einsätzen stehen den Pflichten zur möglichst umfassenden Sachverhaltsaufklärung und der gerechten Bestrafung von Delinquenten sowie dem Grundsatz der Verfahrensfairness allerdings gegenläufige Interessen von Verfassungsrang gegenüber, namentlich die **Funktionsfähigkeit der Behörden mit Aufklärungsauftrag** und die **Grundrechte der verdeckt handelnden Personen.**[489] Innerhalb dieses Spannungsfeldes sind eine Reihe von Detailproblemen zu den Aus- und Nachwirkungen des VM-/VE-Einsatzes in Bezug auf das Strafverfahren zu klären. Die Darstellung folgt einer thematischen Dreiteilung, bei der spezifische Regelungen hervorgehoben werden in Bezug auf staatliche Geheimhaltungsinteressen (dazu 2.), die Interessen eines Beschuldigten, der durch das Verhalten eines VM/VE belastet wird (3.), und die Interessen eines VM/VE, der einer einsatzbedingten Straftatbegehung verdächtigt wird (4.).

---

[479] Gegen den richterlichen Beschluss ist zudem nach § 101 Abs. 7 S. 3 StPO sofortige Beschwerde möglich. Zur gerichtlichen Zuständigkeit *Löffelmann* ZIS 2006, 495 ff.
[480] BT-Drs. 16/5864, 62; *Hegmann* in BeckOK StPO, 43. Ed. 1.4.2022, StPO § 101 Rn. 49; *Wolter/Jäger* in SK-StPO StPO § 101 Rn. 39.
[481] *Kühne* StPO Rn. 562.1 mwN.
[482] *Wolter/Jäger* in SK-StPO StPO § 101 Rn. 39; *Engländer* JURA 2010, 414 (417 f.); *Singelnstein* NStZ 2009, 481 (482); aA *Zöller* StraFo 2008, 23; *Bär* in KMR-StPO StPO § 101 Rn. 34b.
[483] So BGHSt 53, 1 (Rn. 11) = NJW 2009, 454; ebenso *Engländer* JURA 2010, 414 (417).
[484] Dafür *F. Meyer* JR 2009, 318 (322 f.); *Löffelmann* StV 2009, 379 (382).
[485] Näher dazu *Bruns* in KK-StPO StPO § 110a Rn. 12.
[486] BVerfG NJW 2015, 150 (Rn. 11, 14); 3500 (3501 Rn. 20); AG Tiergarten ZUM-RD 2006, 82 (86 f.).
[487] Dazu VerfGH Saarland NJW 2019, 2456; *Grabenwarter/Pabel* in Dörr/Grote/Marauhn EMRK/GG Kap. 14 Rn. 93–112.
[488] BVerfGE 133, 168 (Rn. 59) = NJW 2013, 1058.
[489] Vgl. BVerfGE 146, 1 (Rn. 100 ff.) = BeckRS 2017, 117451; BVerfG BeckRS 2020, 40468 (Rn. 103 ff.) (jew. in Bezug auf die Abwägung zwischen parlamentarischen Aufklärungsinteressen und nachrichtendienstlichem Interesse an der Geheimhaltung der Identität von V-Personen); vgl. auch → § 17 Rn. 68 ff.

2. Berücksichtigung von Geheimhaltungsinteressen

177 **a) Allgemeines.** VM/VE oder deren **Führungspersonen** können im Strafverfahren als **Zeugen** gehört werden. Damit ist jedoch grundsätzlich die Preisgabe der Identität des VM/VE verbunden (vgl. § 68 Abs. 1 StPO, § 168c Abs. 2 StPO, § 222 Abs. 2 StPO, § 169 GVG), sodass damit einerseits die Gefahr etwaiger Racheakte seitens der Zielpersonen verbunden ist, und andererseits der nunmehr als VM/VE bekannte Behördenmitarbeiter für weitere verdeckte Einsätze „verbrannt" sein kann. Aus diesem Grund besteht prinzipiell ein berechtigtes Interesse an der Geheimhaltung der Person bzw. der Identität des VM/VE.

178 **b) Sperrerklärung.** Vor diesem Hintergrund bestimmt § 110b Abs. 3 S. 1 StPO in Bezug auf repressiv eingesetzte VE, dass dessen Identität auch nach Einsatzbeendigung geheim gehalten werden kann. Satz 3 dieser Vorschrift stellt klar, dass der Identitätsschutz dabei über das Instrument der **Sperrerklärung** nach § 96 StPO (und nicht etwa nur über dasjenige einer **Verweigerung der Aussagegenehmigung** nach § 54 StPO iVm § 68 BBG/§ 37 BeamtStG) zu erfolgen hat.[490] Voraussetzung ist ein Anlass zu der Besorgnis, dass die Offenbarung der Identität Leben, Leib oder Freiheit des VE oder einer anderen Person oder die Möglichkeit der weiteren Verwendung des VE gefährden würde.[491] Zuständig für die Sperrerklärung ist die oberste Dienstbehörde, dh der Innenminister[492] bzw. bei zollfahndungsrechtlichen Einsätzen der Finanzminister[493]. Die Sperrerklärung führt nach vorzugswürdiger Ansicht dazu, dass es sich bei dem VE um ein iSv § 244 Abs. 3 S. 2 StPO **unzulässiges Beweismittel** handelt,[494] der daher selbst dann nicht als Zeuge vernommen werden darf, wenn dem Gericht dessen Identität aus anderweitiger Quelle bekannt ist. In Betracht kommt dann lediglich eine Vernehmung des VE-Führers als Zeuge vom Hörensagen[495] oder eine Protokollverlesung.[496]

179 § 110b Abs. 3 StPO gilt allerdings weder für **NoeP** noch für **nachrichtendienstliche VM** oder **gefahrenabwehrrechtlich eingesetzte VE**. In Bezug auf diese Figuren ist allerdings anerkannt, dass unter denselben Voraussetzungen wie bei kriminalpolizeilichen VE eine Sperrerklärung analog § 96 StPO abgegeben werden kann.[497]

180 Sperrerklärungen nach § 96 StPO können von den Strafverfolgungsbehörden nicht gerichtlich angefochten werden,[498] wohl aber von dem Beschuldigten mit dem Mittel der verwaltungsrechtlichen **Anfechtungsklage**.[499] Ein Strafgericht kann infolge seiner Aufklärungspflicht aus § 244 Abs. 2 StPO dazu verpflichtet sein, einer Sperrerklärung mit einer **Gegenvorstellung** zu begegnen.[500]

181 **c) Zeugenschutz.** Wird die verdeckt agierende Person dennoch als Zeuge vernommen (weil entweder eine Sperrerklärung nicht abgegeben worden ist oder wenn die Person trotz

---

[490] Zur Wirkung von Sperrerklärungen im Verwaltungsprozess nach § 99 Abs. 1 S. 2 VwGO OVG Lüneburg NVwZ-RR 2016, 303.
[491] Zur erforderlichen Begründungstiefe → § 17 Rn. 77.
[492] BGHSt 41, 36 = NJW 1995, 2569.
[493] *Günther* in MüKoStPO § 110b Rn. 26.
[494] *Trüg/Habetha* in MüKoStPO StPO § 244 Rn. 314; *Frister* in SK-StPO StPO § 244 Rn. 162; aA BGHSt 30, 34 (35) = NJW 1981, 1052; *Erfurth* Verdeckte Ermittlungen 203 ff. (Rechtlich unerreichbares Beweismittel iSv § 244 Abs. 3 S. 3 Nr. 5 StPO).
[495] BVerfG NJW 1992, 168.
[496] Näher dazu → § 28 Rn. 98.
[497] *Hauschild* in MüKoStPO § 96 Rn. 8; *Beulke/Swoboda* StrafProzR Rn. 653; *Krey/Jaeger* NStZ 1995, 517 (518); vgl. auch BGH StV 2012, 5 (in Bezug auf einen Informanten). Für nach der StPO eingesetzte NoeP klarstellend auch Nr. II 2.9 RiStBV Anl. D.
[498] BGH NJW 2007, 3010 (3012).
[499] BVerfG BeckRS 2007, 23976; BVerwG BeckRS 2009, 35992; näher *Greven* in KK-StPO StPO § 96 Rn. 33 ff. Die Anhängigkeit der verwaltungsgerichtlichen Klage steht der Durchführung des Strafprozesses allerdings nicht im Weg, BGH NStZ 2021, 63.
[500] Vgl. OLG Nürnberg NStZ-RR 2015, 251; *Bader* in KK-StPO StPO Vor § 48 Rn. 62 (jew. zu Sperrerklärungen bei VPs). Näher → § 17 Rn. 83 ff.

Vorliegens einer solchen unter der Legende als Zeuge auftritt[501]), kann dabei unter den Voraussetzungen von § 68 Abs. 3 StPO auch die **Identität des Aussagenden geheim gehalten** und dieser nach Satz 3 dieser Vorschrift auch durch optische und akustische Maßnahmen abgeschirmt werden.[502] § 68 Abs. 3 S. 2 StPO verpflichtet den VM/VE/NoeP allerdings, (erst) in der Hauptverhandlung auf Befragen anzugeben, dass seine Erkenntnisse im Rahmen einer verdeckten personalen Ermittlung gewonnen worden sind. Beabsichtigte Geheimhaltungen nach § 68 Abs. 3 StPO sind gem. § 200 Abs. 1 S. 5 StPO bereits in der Anklageschrift anzugeben. Nach § 68 Abs. 5 StPO ist der Identitätsschutz über die Hauptverhandlung hinaus aufrechtzuerhalten; bei Akteneinsichten sind daher die entsprechenden Informationen zuvor zu entfernen oder es müssen geschwärzte Zweitakten überlassen werden.[503]

Möglich ist ferner (auch bei ansonsten nach § 96 StPO gesperrten Zeugen) eine **audio-** **182** **visuelle Zeugenvernehmung** in der Hauptverhandlung nach § 247a StPO,[504] bei der sich der Zeuge an einem anderen (gegebenenfalls auch dem Gericht unbekannten)[505] Ort aufhält und nach ganz hA auch eine zusätzliche **optische und akustische Abschirmung** zulässig ist.[506] Prinzipiell möglich sind ferner im Ermittlungsverfahren eine von den anderen Verfahrensbeteiligten getrennt erfolgende, audio-visuell übertragene richterliche Zeugenvernehmung nach § 168e StPO[507] sowie eine vorherige Aufzeichnung der (gegebenenfalls auch nicht-richterlichen) Vernehmung in Bild und Ton gem. § 58a StPO[508] (jew. gegebenenfalls iVm § 168e StPO).

3. Interessen des Beschuldigten (Verfahrensfairness)

a) Konfrontationsrecht. Die Fairness des Strafverfahrens kann durch die Beteiligung **183** eines VM/VE/NoeP in erheblicher Weise beeinträchtigt sein. Problematisch ist es zunächst, wenn die Quelle einer belastenden Information durch die unter → Rn. 178 erwähnten Schutzmaßnahmen, insbesondere eine Sperrerklärung nach § 96 StPO, für das Gericht unzugänglich gemacht und auf diese Weise das Konfrontationsrecht des Art. 6 Abs. 3 lit. d EMRK beeinträchtigt wird. Die Rspr.[509] hat hierzu als „Kompromisslösung"[510] eine sog. **Stufentheorie** entwickelt, der zufolge beim Vorliegen guter Geheimhaltungsgründe auf eine direkte Konfrontation verzichtet werden darf und diese nach Möglichkeit durch Ausgleichsmaßnahmen (indirekte Konfrontation oder notfalls äußerst zurückhaltende Beweiswürdigung) kompensiert werden kann.[511]

b) Sonstige Verteidigungsinteressen. Weitere typischerweise mit verdeckten personalen **184** Ermittlungen einhergehende Beeinträchtigungen der Verfahrensfairness betreffen die

---

[501] Zu dieser Möglichkeit *Hauck* in Löwe/Rosenberg StPO § 110b Rn. 20.
[502] Näher dazu *Bader* in KK-StPO StPO Vor §§ 48 ff. Rn. 71. Theoretisch stehen als mildere Mittel auch das bloße Geheimhalten des Wohnortes (§ 68 Abs. 2 StPO) oder der Ausschluss der Öffentlichkeit (§ 172 Nr. 1a GVG; vgl. BGH NStZ-RR 2004, 116 [118] zu einem ehemaligen V-Mann) zur Verfügung. Näher → § 17 Rn. 78 ff.
[503] *Slawik* in KK-StPO StPO § 68 Rn. 11a.
[504] Vgl. BGHSt 51, 232 = NJW 2007, 1475; VGH Kassel NJW 2014, 240; *Engelstätter* in BeckOK StPO, 43. Ed. 1.4.2022, RiStBV Anl. D Rn. 36.
[505] *Caesar* NJW 1998, 2313 (2315).
[506] BVerfGK 16, 275 (Rn. 12) = NJW 2010, 925; *Diemer* in KK-StPO StPO § 247a Rn. 14.
[507] *Schmitt* in Meyer-Goßner/Schmitt StPO § 168e Rn. 9; s. aber einschränkend *Griesbaum* in KK-StPO StPO § 168e Rn. 4.
[508] Vgl. *Huber* in BeckOK StPO, 43. Ed. 1.4.2022, StPO § 58a Rn. 2; *Schmitt* in Meyer-Goßner/Schmitt StPO § 58a Rn. 1a.
[509] EGMR NLMR 2014, 509 (511 Rn. 56 ff.); BVerfGK 16, 275 = NJW 2010, 925; BGHSt 55, 70 (74) = NJW 2010, 2224.
[510] *Hauck* in Löwe/Rosenberg StPO § 110b Rn. 22.
[511] Ausführlich zur Drei-Stufen-Theorie *Gaede* in MüKoStPO EMRK Art. 6 Rn. 252 ff. Zur jüngsten (Beschuldigten-unfreundlichen) Modifikation dieser Theorie durch die Rspr. s. EGMR NJOZ 2017, 544; BGH NStZ 2017, 602 mAnm *Esser*; BGH NStZ 2018, 51 mAnm *Arnoldi*; *Lohse/Jakobs* in KK-StPO EMRK Art. 6 Rn. 98.

Selbstbelastungsfreiheit: Wer, hartnäckig befragt (sog. vernehmungsähnlichen Situation), zuvor weder nach § 136 Abs. 1 StPO belehrt worden ist noch überhaupt weiß, es beim Gegenüber mit einem Staatsdiener zu tun zu haben, kann von seinem Schweigerecht nicht sinnvoll Gebrauch machen. Darin steckt zwar zu einem Gutteil gerade der kriminaltaktische Witz verdeckter Ermittlungen – gleichzeitig aber auch ein Hauch von verpönter Täuschung (vgl. § 136a Abs. 1 S. 1 StPO) sowie ein gewisses Potenzial zur gezielten Umgehung des Schweigerechts. Entsprechend greift nach der Rspr. in bestimmten Konstellationen einer gezielten **Umgehung der Selbstbelastungsfreiheit,** namentlich beim VE-Einsatz gegenüber einem Beschuldigten, der zuvor von seinem Schweigerecht Gebrauch gemacht hat, ein **Beweisverwertungsverbot** ein.[512] Da dies aber nicht gelten soll, wenn sich der Beschuldigte gegenüber den Strafverfolgungsorganen noch nicht auf sein Schweigerecht berufen hat,[513] liegt in dieser Rspr. geradezu eine Einladung, „sicherheitshalber" auf einen vorherigen Vernehmungsversuch zu verzichten und sogleich den VE einzusetzen.[514] Eine solche Vorgehensweise ist zwar von § 163a Abs. 1 S. 1 StPO prinzipiell gedeckt; uU entfällt dann aber die für den (repressiven) VE-Einsatz notwendige Voraussetzung des Ultima ratio-Charakters (→ Rn. 73) der Maßnahme, da ein milderes Mittel zur Informationsgewinnung (nämlich die Vernehmung) existiert.

185 In der besonderen Konstellation der legendierten Kontrolle (→ Rn. 106) kann sich überdies unter dem Gesichtspunkt des **Gebots der Aktenwahrheit** ein Fairnessverstoß ergeben.[515] Die Konsequenzen dessen sind bislang noch ungeklärt.[516]

186 c) Tatprovokation. Ein massives Fairnessproblem ergibt sich ferner, wenn VM/VE/NoeP die nunmehr verfolgte Straftat durch ihr (gegebenenfalls drängendes) Verhalten als sog. Lockspitzel (agent provocateur) überhaupt erst initiiert haben. Nach dem Rechtsgedanken des Verbots des venire contra factum proprium liegt es nahe, dass der **staatliche Strafanspruch** zumindest in bestimmten Konstellationen als **verwirkt** zu betrachten ist.[517] Die Rspr. zu dieser Frage ist unübersichtlich.[518]

187 Umstritten ist zum einen, ob es überhaupt eine Form der zulässigen Tatprovokation gibt, zum anderen, welche Rechtsfolge aus einer unzulässigen Provokation zu ziehen ist. Generell ist die Rspr. des EGMR zu dieser Frage Beschuldigten-freundlicher als diejenige der deutschen Gerichte. Im Hinblick auf die Frage der **(Un-)Zulässigkeit der Tatprovokation** erachtet der EGMR praktisch jede Form der Anstiftung für unzulässig,[519] während der BGH erst **bei einer nachhaltigen Fremdsteuerung des Täters** durch die verdeckt operierende Person von einer unzulässigen Provokation ausgeht.[520]

188 Hinsichtlich der prozessualen Folge einer unzulässigen Provokation postuliert der EGMR in ständiger Rspr. ein Verfahrenshindernis oder wenigstens ein Beweisverbot hinsichtlich der mit der Tatprovokation im Zusammenhang stehenden Beweismittel.[521] Demgegenüber

---

[512] BGHSt 52, 11 = NJW 2007, 3138; ferner *Wolter/Jäger* in SK-StPO StPO § 110a Rn. 3b, 4.
[513] Vgl. BGH NStZ 2011, 596.
[514] *Volk/Engländer,* Grundkurs StPO, 10. Aufl. 2021, § 9 Rn. 20; *Wolter/Jäger* in SK-StPO StPO § 110a Rn. 4 Fn. 27.
[515] BGHSt 62, 123 (Rn. 53) = NJW 2017, 3173.
[516] *Mitsch* NJW 2017, 3124 (3126) plädiert für ein Beweisverwertungsverbot.
[517] *Weigend* KriPoZ 2022, 131.
[518] Kurzüberblicke bei *Beulke/Swoboda* StrafProzR Rn. 444; *Engländer,* Examens-Repetitorium Strafprozessrecht, 11. Aufl. 2022, Rn. 166.
[519] Exemplarisch EGMR NJW 2015, 3631.
[520] Vgl. BGHSt 45, 321 = NJW 2000, 1123; BGH BeckRS 2021, 42005; NStZ 2018, 355; 2016, 232; ausf. *Patzak* in Patzak/Volkmer/Fabricius BtMG Vor §§ 29 ff. 156 f.
[521] EGMR BeckRS 2020, 28627 mAnm *Payandeh* JuS 2021, 185; NJW 2009, 3565 m. zust. Bespr. *Gaede/Buermeyer* HRRS 2008, 279 (285 f.); zust. auch *El-Ghazi/Zerbes* HRRS 2014, 209 (213 ff.). Im Schrifttum wird neben einer Beweisverbotslösung (so etwa *Volk/Engländer,* Grundkurs StPO, 10. Aufl. 2021, § 14 Rn. 28) teilweise auch einer materiellen Straffreistellung das Wort geredet, vgl. *Beulke/Swoboda* StrafProzR Rn. 444 (Strafausschließungsgrund); *C. Schmidt* ZIS 2017, 56 (63 f.); für eine Kombinationslösung aus Strafausschließungsgrund und Beweisverbot plädieren *Wolter/Jäger* in SK-StPO StPO § 110c Rn. 11.

ist die nationale Rspr. äußerst uneinheitlich: Während BVerfG[522] und BGH[523] in früheren Entscheidungen ebenfalls von einem **Verfahrenshindernis** ausgegangen waren, befürworteten beide Gerichte später – im offenen Widerspruch zum EGMR – eine Strafzumessungslösung (Tatprovokation als **Strafmilderungsgrund**).[524] Inzwischen haben sich der 1. und der 2. Strafsenat des BGH wieder für eine Verfahrenshindernislösung ausgesprochen,[525] während der 5. Senat[526] dies nach wie vor ablehnt.

4. Verdeckt ermittelnde Personen als Beschuldigte

a) Grundproblematik. Der effektive Einsatz verdeckter personaler Ermittlungen birgt das 189 Risiko der Notwendigkeit einer **Straftatbestandsverwirklichung durch** die **Behördenmitarbeiter** (→ Rn. 124). Insoweit haben die mit der Ermittlungsaufgabe betrauten Staatsdiener ein berechtigtes Interesse, von einer diesbezüglichen Strafverfolgung verschont zu bleiben.

b) Erlaubnis zur Begehung von Straftaten. Hoheitliches Handeln ist zwar per se kein 190 strafrechtlicher Rechtfertigungsgrund.[527] Zur partiellen Entschärfung der Problematik finden sich aber einerseits im Besonderen Teil des Strafrechts einsatzbezogene Tatbestandsausschließungsgründe (vgl. exemplarisch § 91 Abs. 2 Nr. 2 StGB, § 184b Abs. 6 StGB); andererseits fungieren die jeweiligen Einsatzbefugnisse als Rechtfertigungsgründe für bestimmte Straftaten (→ Rn. 127, 137 und 142). Zudem ergibt sich aus dem (ungeschriebenen) Erfordernis des Tatvollendungswillens bei bestimmten Beteiligungsformen (Anstiftung,[528] aber auch bei täterschaftlich vertypten Formen notwendiger Teilnahme[529] und bei bestimmten vorverlagerten Delikten[530]) eine **Straflosigkeit des agent provocateur.**

c) Prozessuale Erledigung. Als (aus Sicht des beschuldigten Ermittlers) unbefriedigen- 191 de, da in ihrer Anwendung schwer vorhersehbare Notlösung besteht prinzipiell auch die Möglichkeit einer prozessualen Lösung (Nichtverfolgung der rechtswidrigen Tat). Eine Generalklausel zur prozessualen Erledigung von einsatzbedingten, aber dennoch rechtswidrigen Deliktsverwirklichungen besteht aber (nur) für den Bereich des **Ordnungswidrigkeitenrechts.** Hier ermöglichen die §§ 47, 53 OWiG ein weitgehendes, auch an Opportunitätsgründen ausrichtbares Ermessen in Bezug auf die Erforschung oder Einstellung von Ordnungswidrigkeiten, das auch in Bezug auf verdeckte Ermittlungstätigkeit aktiviert werden kann.[531] Im Strafrecht fehlt es an einer solchen Generalklausel.

Für den Bereich **nachrichtendienstlicher VM** sieht § 9a Abs. 3 BVerfSchG eine 192 **privilegierende Spezialregelung** für diese und ihre Quellenführer[532] vor. Nach dieser (gemäß Satz 5 auch auf die Landesverfassungsschutzbehörden anwendbaren) Vorschrift kann die Staatsanwaltschaft unter eng begrenzten Bedingungen im Rahmen einer Gesamtabwägung[533] von der Verfolgung von im Einsatz begangenen Vergehen (§ 12 Abs. 2 StGB)

---

[522] BVerfG NJW 1995, 651 (bzgl. VP).
[523] BGH NJW 1981, 1626.
[524] BVerfG NJW 2015, 1083; BGHSt 45, 321 (325 ff.) = NJW 2000, 1123; BGH NStZ 1999, 47; ausf. *Schmitt* in Meyer-Goßner/Schmitt StPO Einl. Rn. 148a.
[525] BGH BeckRS 2021, 42005 (unter Aufgabe von BGHSt 60, 238 = BeckRS 2015, 13047); BGHSt 60, 276 = NJW 2016, 91.
[526] BGH BeckRS 2018, 17767.
[527] → Rn. 125.
[528] *Kindhäuser/Zimmermann* StrafR AT § 41 Rn. 25 f.; *Rönnau* JuS 2015, 19 ff.
[529] ZB bei Bestechungsdelikten, näher *Zimmermann*, Das Unrecht der Korruption, 2018, 586 f.
[530] Vgl. OLG Oldenburg NJW 1999, 2751; *Kudlich* in BeckOK StGB, 52. Ed. 1.2.2022, StGB § 26 Rn. 23; *Mitsch* JURA 2012, 526 (529).
[531] Vgl. *Schmidbauer* in Schmidbauer/Steiner BayPAG Art. 37 Rn. 45.
[532] *Blome/Sellmeier* DÖV 2016, 881 (890).
[533] Nach § 9a Abs. 3 S. 2 BVerfSchG ist dabei das Verhältnis der Bedeutung der Aufklärung der Bestrebungen zur Schwere der begangenen Straftat und Schuld des Täters zu berücksichtigen.

absehen oder in Durchbrechung der Grundregel nach § 156 StPO eine bereits erhobene Klage in jeder Lage des Verfahrens zurücknehmen und das Verfahren einstellen. Voraussetzung ist neben einer geringen Straferwartung,[534] dass die Straftat bei der Aufklärung einer qualifiziert gefährlichen Bestrebung[535] deshalb begangen worden ist, weil die Tat von an den Bestrebungen Beteiligten derart erwartet wurde, dass sie zur Gewinnung und Sicherung der Informationszugänge unumgänglich war.

193 § 9a Abs. 3 BVerfSchG ist in verschiedener Hinsicht misslungen. Zum einen wird zu Recht moniert, dass infolge der zentralen Bedeutung, die dem nachrichtendienstlichen Einsatzzusammenhang bei der Entscheidung zugeschrieben wird,[536] der allein entscheidungsbefugten StA eine Einschätzung abverlangt wird, für die sie weder fachliche Kompetenz noch Zuständigkeit reklamieren kann.[537] Darüber hinaus ist die Vorschrift aber bereits von ihrer dogmatischen Konstruktion her inkonsistent: Wenn der Gesetzgeber einerseits ihren **Anwendungsbereich auf Bagatellen beschränkt** und andererseits die Norm als Rücksichtnahme auf die Belange einer menschlichen Quelle ausgibt, die sich im Einsatz der Tatbegehung unter dynamischem Gruppendruck nicht entziehen und von der eine „Aufopferung" nicht verlangt werden kann,[538] dann ist allein eine verbindliche materiell-rechtliche Auflösung (Rechtfertigung oder zumindest Entschuldigung) der Notstandslage des VM die angemessen rechtssichere Regelung.[539]

D. Ausblick/Perspektiven

194 Insbesondere infolge der BKAG-Entscheidung BVerfGE 141, 220 ist das Recht der Inkognito-Einsätze von Sicherheitsbehördenmitarbeitern trotz einer Vielzahl ergänzender Detailregelungen im Verfassungsschutz-, Polizei- und Strafverfahrensrecht aus jüngerer Zeit weiterhin „ein ‚work in progress'"[540]. Speziell für das Recht der Nachrichtendienste dürfte gerade auch mit Blick auf den HUMINT-Einsatz die größte sicherheitspolitische „Sprengkraft" in der verfassungsgerichtlich bislang nur partiell entschiedenen Frage (→ Rn. 22a) liegen, inwieweit die Vorgaben aus der erwähnten **BKAG-Entscheidung auf nachrichtendienstliche Eingriffsbefugnisse übertragbar** sind.[541]

Aktuell von besonderer (Praxis-)Relevanz ist auf allen Ebenen des Sicherheitsrechts ferner die verfassungsgerichtlich (immer) noch nicht ausdrücklich entschiedene Frage, ob es sich bei dem durch Identitätstäuschung erschlichenen **Wohnungszutritt** um einen Eingriff in das Wohnungsgrundrecht handelt (näher → Rn. 40).

Gesetzliche **Neuregelungen** und Nachbesserungen stehen nach dem Vorgesagten zu erwarten. Hierbei erscheint es dringend angeraten, dass die **Befugnisse** zu vergleichbaren Maßnahmen auf den unterschiedlichen Ebenen des Sicherheitsrechts (auch gesetzestextlich) **harmonisiert werden.** Diese Notwendigkeit ergibt sich nicht zuletzt aus der stets drohenden „Umkehrschluss-Gefahr" aus beredtem Schweigen: Die ausdrückliche Normierung von Befugnissen hier (Betreten von Wohnungen, Begehung von Straftaten, Teilnahme am Rechtsverkehr unter einer Legende usw) ist im Zweifel die Bestätigung des Nichtdürfens

---

[534] § 9a Abs. 3 S. 3 und S. 4 BVerfSchG beschränkt die Einstellung auf Straferwartungen, die eine zur Bewährung ausgesetzte einjährige Freiheitsstrafe nicht überschreiten.
[535] Nach § 9a Abs. 3 S. 1 Nr. 1 BVerfSchG muss die aufzuklärende Bestrebung auf die Begehung einer Katalogtat iSd § 3 S. 1 G 10 gerichtet gewesen sein.
[536] Vgl. BT-Drs. 18/4654, 27.
[537] *Dietrich* in Dietrich/Eiffler NachrichtendiensteR-HdB § 2 Rn. 188.
[538] BT-Drs. 18/4654, 27.
[539] Ähnlich *Lampe* NStZ 2015, 361 (370).
[540] So *Hong* in DGGGW Nachrichtendienstereform, 45, 46 in ähnlichem Zusammenhang.
[541] Tendenziell für eine Übertragbarkeit *Masing* GSZ 2018, 6; *Buermeyer* K&R 2016, 401 (403); *Graulich* KriPoZ 2017, 43 (52); *Hong* in DGGGW Nachrichtendienstereform, 45, 58 ff.; *Bergemann* in Lisken/Denninger PolR-HdB Kap. H Rn. 99, dagegen *Gärditz* EuGRZ 2018, 6 (7 ff.); *Unterreitmeier* GSZ 2018, 1 ff.; *Unterreitmeier* NWVBl. 2018, 227; *Siems* NWVBl. 2018, 231 (232).

dort.⁵⁴² Mit anderen Worten: Bereichsspezifische Ergänzungen, Erweiterungen und selbst bloße (vermeintliche) Klarstellungen bergen stets die Gefahr von neuem Nachjustierungsbedarf an anderer Stelle.

§ 28 Inkognito agierende Privatpersonen (insbesondere V-Leute)

Till Zimmermann

Übersicht

	Rn.
A. Einführung	1
I. Phänomenbeschreibung	1
II. Begriffliches	6
1. Terminologische Unübersichtlichkeit	6
2. Vertrauenspersonen (VP)	7
3. Informant / Gewährsperson	13
4. Operativer Zeuge / Augenblickshelfer	17
5. Kronzeuge	18
6. Whistleblower	20
7. Lockspitzel (agent provocateur)	21
III. Rechtshistorische und -politische Entwicklung	22
B. Allgemeine Rechtsgrundlagen und -probleme	28
I. Verfassungs- und menschenrechtliche Grundfragen	28
1. Grundsätzliche Zulässigkeit von verdeckt eingesetzten Privatpersonen	28
2. Eingriffsintensität von VP-Einsätzen	31
3. Anforderungen an die gesetzlichen Befugnisse	36
C. Befugnisse der Sicherheitsbehörden de lege lata	38
I. Allgemeines; Grundlagen VP-Einsätze	38
1. Erforderlichkeit einer gesetzlichen Regelung	39
2. Rechtsverhältnis VP–Behörde	42
3. VP-Personalauswahl und -Führung	45
a) Ausschlussgründe (VP-Anwerbungsverbote)	46
b) Anwerbungsverbote bei VP-Schwundformen	53
c) Einsatzführung	55
II. Einsatzvoraussetzungen	56
1. Eingriffsschwellen	56
2. Einsatzdauer	58
3. Kernbereichsschutz	61
III. Anordnungskompetenzen	64
IV. Befugnisse	67
1. Allgemeines	67
2. Legendierung	69
3. Betreten von Wohnungen	73
4. Maßnahmen zur Eigensicherung	77
5. Verwirklichung von Deliktstatbeständen	81
6. Sonstige Befugnisgrenzen	85
7. Befugnisse von VP-Schwundformen	87
V. Grenzüberschreitende Einsätze	89
1. Transnationale Einsätze	89
2. Bundesländergrenzen überschreitende Einsätze	90
VI. Transparenz und Kontrolle	91

---

⁵⁴² Vgl. BGH NStZ 2014, 277 (280 Rn. 38), worin das Gericht mühevoll (und wenig überzeugend) begründen muss, weshalb aus der VP-Regelung im BKAG kein Umkehrschluss hinsichtlich des Nicht-Bestehens einer entsprechenden strafprozessualen Befugnis geschlossen werden könne.

	Rn.
VII. Strafprozessuale Folgen	94
1. Problematik	94
2. Geheimhaltung der VP-Identität	95
3. Fairnessgrundsatz und Beschuldigtenrechte	99
4. Strafprozessuale Privilegierung von beschuldigten VPs	100

Wichtige Literatur:
S. Verzeichnis bei → § 27.

Hinweis:
Alle Internetfundstellen wurden zuletzt am 12.4.2022 abgerufen.

A. Einführung

I. Phänomenbeschreibung

1 Die Regelungen über verdeckt[1] agierende menschliche Aufklärungsmittel sind in erster Linie auf den Einsatz von Behördenmitarbeitern zugeschnitten (→ § 27 Rn. 7). In der Praxis spielen derartige verdeckte Ermittler aber nur eine untergeordnete Rolle. In weit größerem Umfang bedient sich der Staat bei verdeckten personalen Aufklärungen in allen Bereichen des Sicherheitsrechts (nachrichtendienstlich, präventivpolizeilich und repressiv-strafrechtlich) der Hilfe Privater. Die Gründe für diese **Form des Outsourcings** sind praktischer Natur: Im Gegensatz zu den für die Behördenmitarbeiter aufwändigen und risikoreichen sowie personal- und kostenintensiven VM-/VE-Einsätzen, ist der Einsatz „freier Mitarbeiter" verhältnismäßig kostengünstig und das Reservoir an potenziellen Kooperationspartnern unerschöpflich. Hinzu kommt, dass das gezielte Anwerben und „Umdrehen" von Personen, die im zu beobachtenden Milieu bereits etabliert sind, es ermöglicht, ohne mühseliges (wenn nicht gar ohnehin aussichtsloses) Einschleusen verdeckt ermittelnder Personen „fertige" Quellen im Objekt platzieren zu können.

2 Hinsichtlich der Art der Informationserhebung unterscheiden sich verdeckt agierende freie Mitarbeiter der Sicherheitsbehörden grundsätzlich nicht von verdeckt ermittelnden hauptamtlichen Staatsdienern. Die rechtlichen Problematiken beider Datenerhebungsmethoden sind daher im Ausgangspunkt identisch. Dieser Umstand legitimiert auch – der umgekehrten tatsächlichen Bedeutung zum Trotz – die übliche legislative Herangehensweise, „reguläre" verdeckte Ermittler als normativen Standardfall und das korrespondierende Outsourcing lediglich im Wege der **(modifizierenden) Verweisung** zu regeln.

3 Trotz dieses prinzipiellen rechtstechnischen Gleichlaufs von VM/VE- und Vertrauensperson-Einsätzen ist nicht zu übersehen, dass die Auslagerung der verdeckten personalen Ausforschung auf Private unter **sozialethischen Gesichtspunkten** gegenüber verdeckter Ermittlung durch Staatsdiener eine andere Qualität bzw. Legitimationsbedürftigkeit aufweist. Pointiert: Die Vertrauensperson (VP) ist in bestimmter Hinsicht der „dunkle Zwilling" des VM/VE. Die Eignung von Privatpersonen zur verdeckten Ausforschung verfassungsfeindlicher oder krimineller Milieus beruht regelmäßig auf ihrer Verwurzelung in dieser Szene; mit anderen Worten es handelt sich um delinquente Charaktere, etwa Zuhälter,[2] Drogenhändler,[3] Islamisten, Linksautonome oder Rechtsextremisten[4]. Ähnlich dubios sind die Motive hinter deren Bereitschaft zum „Seitenwechsel": Häufig Bereicherungsabsicht und Geltungsdrang, selten echte Läuterung und rechtsstaatlicher Idealismus.[5] Entsprechend gehen derartige Einsätze freier Mitarbeiter oft einher mit deren Begehung

---

[1] Zum Begriff → § 27 Rn. 2.
[2] *Krey* Rechtsprobleme Rn. 13.
[3] Vgl. die Schilderungen in *Diehl/Lehberger/Schmid*, Undercover, 2020, 37 ff.
[4] BT-Drs. 17/14600, 857 ff.
[5] *Soiné* NStZ 2013, 83 (84); eine Motivationsanalyse polizeilicher VPs findet sich bei *Makrutzki*, Verdeckte Ermittlungen im Strafprozeß, 2000, 43 ff.

A. Einführung

von weiteren Straftaten bzw. der Unterstützung verfassungsfeindlicher Bestrebungen, nicht selten unter den Augen und mit notgedrungener Billigung der behördlichen Quellenführer. Nach einer bestimmten gesellschaftlichen Wahrnehmung macht sich der Staat auf diese Weise nicht nur mit Straftätern und Verfassungsfeinden gemein, sondern belohnt diese obendrein mit Honoraren aus Steuergeldern und der Gewährung strafrechtlicher Privilegien. Zusammengefasst lässt sich festhalten, dass die Möglichkeit der Auslagerung von verdeckten personalen Ermittlungen den Staat in eine **ethische Zwickmühle** bringt: Er spart dadurch zwar Ressourcen und erschließt ansonsten unerreichbare Erkenntnismöglichkeiten, erkauft dies aber durch eine empfindliche Beeinträchtigung des allgemeinen Rechtsempfindens.

Hinzu tritt eine **historische Dimension:** Wie in kaum einem anderen Land hat die deutsche Bevölkerung in ihrer Vergangenheit leidvolle Erfahrungen mit organisierter Spitzelei und bezahltem Denunziantentum durch Unrechtsregime gemacht: Die Nationalsozialisten bedienten sich über Gestapo und SD rund 30.000 Vertrauensleuten, das DDR-Ministerium für Staatssicherheit beschäftigte zuletzt fast 180.000 Personen als inoffizielle Mitarbeiter.[6] 2022 wurde zudem bekannt, dass die Regierung Adenauer jahrelang in missbräuchlicher Weise mithilfe von BND-geführten VPs in erheblichem Umfang die politische Opposition ausspioniert hatte.[7]

Der geschilderte Hintergrund verdeutlicht zumindest die Gründe für die – auch in der **juristischen Debatte** zu beobachtende – **Sensitivität** in Bezug auf den Einsatz verdeckt agierender freier Mitarbeiter.

II. Begriffliches

1. Terminologische Unübersichtlichkeit

Die **Nomenklatur** für den Einsatz verdeckt ermittelnder Privatpersonen[8] ist insgesamt verwirrend **uneinheitlich** und unterscheidet sich teilweise auch in den verschiedenen Bereichen des Sicherheitsrechts. Folgende Begrifflichkeiten sind gebräuchlich und auseinanderzuhalten:

2. Vertrauenspersonen (VP)

Die VP ist von der Einsatzweise her das **Pendant zu einem Verdeckten Mitarbeiter** (VM) bzw. Verdeckten Ermittler (VE). Es handelt sich dabei idR um eine Privatperson, die – als „freier Mitarbeiter"[9] – gegen Bezahlung planmäßig (dh auftragsgesteuert) und auf längere Zeit für eine Sicherheitsbehörde Aufklärung betreibt, ohne dass die staatliche Veranlassung Dritten gegenüber bekannt ist. Mit anderen Worten, VPs geben sich als Privatperson aus und täuschen darüber, in staatlichem Auftrag zu handeln. Phänomenologisch wird dabei weiter differenziert zwischen sog. **Warm- oder Umfeld-VPs,** die aufgrund ihrer Positionierung innerhalb eines auszuforschenden Umfelds als Informationsquelle „im Objekt" gewonnen werden („Anwerben von Arrivierten"), und sog. **Kaltstart-VPs,** die an das auszuforschende Umfeld erst herangeführt werden müssen („begleitetes Hineinwachsen").[10]

Im Unterschied zum VE ist bei der VP eine Legendierung zwar möglich, aber nicht zwingend erforderlich, da es sich bei der VP ohnehin um eine Privatperson handelt;

---

[6] *Dietrich* in Dietrich/Eiffler NachrichtendiensteR-HdB § 2 Rn. 1 f.; *Hong* in DGGGW Nachrichtendienstereform, 45, 57.
[7] *Winkler,* Das deutsche Watergate – Wie Adenauer die SPD ausspionieren ließ, SZ v. 9.4.2022.
[8] Zu den Staatsbediensteten → § 27 Rn. 5 ff.
[9] *Dietrich* in Dietrich/Eiffler NachrichtendiensteR-HdB § 2 Rn. 19; *Köhler* in Meyer-Goßner/Schmitt StPO § 110a Rn. 4a.
[10] Näher zu dieser Unterscheidung *Conen* StraFo 2013, 140 (143); *DRB Große Strafrechtskommission,* Vertrauenspersonen und Tatprovokation, 2017, 13, https://bit.ly/3gwBGnZ; *Droste* VerfassungsschutzR-HdB 267 f.

insoweit reicht es uU (insbesondere bei den Umfeld-VPs) aus, dass die Zusammenarbeit mit einer Behörde sowohl von der VP als auch seitens der Behörde geheim gehalten wird.[11] Die **Geheimhaltung der Identität** einer VP reicht in der Regel über den konkreten Einsatz hinaus, sodass VPs vor Gericht allenfalls eingeschränkt als Zeugen in Betracht kommen (→ Rn. 94 ff.).

9 Sowohl im Recht der Nachrichtendienste[12] als auch im Polizeirecht[13] finden sich einander ähnelnde **Legaldefinitionen** der VP. Einzig im Strafverfahrensrecht gibt es keine gesetzliche Regelung; jedoch findet sich in den RiStBV Anl. D konkretisierendes Verwaltungsinnenrecht, das ebenfalls eine Legaldefinition enthält.[14] Auffällig ist, dass sämtliche Legaldefinitionen den Aspekt der Entlohnung der VP unerwähnt lassen.[15]

10 Der ursprünglich häufig auch als terminus technicus (zB in den RiStBV Anl. D) verwendete abkürzende Begriff der V-Person (auch: V-Mann[16] oder V-Leute) war hinsichtlich der **Bedeutung des Buchstabens „V"** nicht klar. Teilweise wurde spekuliert, das V spiele auf den Begriff des Vigilanten an[17] – eine historische Bezeichnung für bezahlte Hinweisgeber.[18] Andere gingen davon aus, V-Mann bedeute „Verbindungsmann".[19] Inzwischen hat sich in den meisten polizeirechtlichen[20] und nachrichtendienstlichen Legaldefinitionen die bereits in der RiStBV Anl. D-Definition angelegte Ansicht durchgesetzt, die Bezeichnung stehe für „Vertrauensperson" – wobei das „Vertrauen" nicht, wie bei anderen gesetzlich so bezeichneten „Vertrauenspersonen"[21], auf die bei den in Rede stehenden Personen (häufig gerade zweifelhafte) Vertrauenswürdigkeit der VP abstellt, sondern auf die ihr seitens der Behörde zugesicherte Vertraulichkeit (Geheimhaltung) in Bezug auf die

---

[11] *Engelstätter* in BeckOK StPO, 43. Ed. 1.4.2022, RiStBV Anl. D Rn. 5.
[12] Exemplarisch § 9b Abs. 1 S. 1 BVerfSchG: „Privatpersonen, deren planmäßige, dauerhafte Zusammenarbeit mit dem Bundesamt für Verfassungsschutz Dritten nicht bekannt ist". Regelungen in den Landesverfassungsschutzgesetzen: § 5a Abs. 1 S. 1 BWLVSG iVm § 6a Abs. 1 Nr. 1 BWLVSG; Art. 19 BayVSG; § 8 Abs. 2 Nr. 1 VSG Bln; § 6 Abs. 3 Nr. 1 iVm § 6b BbgVerfSchG (als „verdeckt Informationsgebende" bezeichnet); § 8 Abs. 1 Nr. 1 BremVerfSchG; § 8 Abs. 2 S. 1 Nr. 2 HmbVerfSchG iVm § 8a Abs. 2 HmbVerfSchG; § 5 Abs. 2 Nr. 6 HessVerfSchG iVm § 13 HessVerfSchG; § 10 Abs. 1 Nr. 1 MV VerfSchG; § 14 Abs. 1 S. 1 Nr. 6 lit. a NVerfSchG iVm § 16 NVerfSchG; § 5 Abs. 2 Nr. 1 NRWVSG iVm § 7 NRWVSG; § 11 RhPflVerfSchG; § 8 Abs. 1 S. 2 SVerfSchG; § 5 Abs. 1 S. 1 SächsVSG; § 7 Abs. 3 S. 1 LSAVerfSchG; § 8 Abs. 2 S. 3 Nr. 1, Abs. 6 SchlHLVerfSchG; § 10 Abs. 1 Nr. 1 ThürVerfSchG iVm § 12 Abs. 1 Nr. 1 ThürVerfSchG.
[13] § 45 Abs. 2 Nr. 4 BKAG: „Privatpersonen, deren Zusammenarbeit mit dem Bundeskriminalamt Dritten nicht bekannt ist."; § 28 Abs. 2 Nr. 4 BPolG: „Personen, die nicht der Bundespolizei angehören und deren Zusammenarbeit mit der Bundespolizei Dritten nicht bekannt ist."; § 47 Abs. 2 Nr. 3 ZfdG: „Privatpersonen, deren Zusammenarbeit mit den Behörden des Zollfahndungsdienstes Dritten nicht bekannt ist.". Regelungen in den Landespolizeigesetzen: § 22 Abs. 1 Nr. 5 BWPolG; Art. 38 BayPAG; § 26 Abs. 1 Nr. 1 ASOG Bln; § 34 BbgPolG; § 46 BremPolG; § 28 PolDVG; § 16 Abs. 1 HSOG; § 33 Abs. 1 Nr. 3 SOG M-V; § 36 NPOG; § 19 PolG NRW; § 34 Abs. 2 Nr. 5 RhPflPOG; § 31 Abs. 2 Nr. 3 SPolDVG; § 64 Abs. 1 Nr. 2 SächsPVDG; § 18 Abs. 1 SOG LSA; § 185c SchlHLVwG; § 34 Abs. 2 Nr. 5 ThürPAG.
[14] Nr. I 2.2 RiStBV Anl. D: „Person, die, ohne einer Strafverfolgungsbehörde anzugehören, bereit ist, diese bei der Aufklärung von Straftaten auf längere Zeit vertraulich zu unterstützen, und deren Identität geheimgehalten wird.".
[15] Krit. dazu *Conen* StraFo 2013, 140 (144); nach *Kölbel* NStZ 2008, 241 (244 Fn. 28) ergibt sich die Entlohnungsbefugnis im nachrichtendienstlichen Bereich aus der Generalklausel § 8 Abs. 2 BVerfSchG. Jedenfalls setzt § 9b Abs. 2 S. 1 Nr. 2 BVerfSchG Geld- und Sachzuwendungen für die VP-Tätigkeit voraus.
[16] ZB BGHSt 32, 115 = NJW 1984, 247.
[17] *Droste* VerfassungsschutzR-HdB 266 f.; ferner *Dietrich* in Dietrich/Eiffler NachrichtendiensteR-HdB § 2 Rn. 18; *Lüderssen* in Lüderssen, V-Leute – Die Falle im Rechtsstaat, 1985, IX.
[18] Zum Begriff des Vigilanten und anderen überkommenen Bezeichnungen für private Polizeihelfer *Baron*, Zur Frage der grundsätzlichen Zulässigkeit des Einsatzes verdeckt ermittelnder Personen und Vorschlag einer umfassenden gesetzlichen Regelung, 2002, 23 ff.
[19] Vgl. *Lüderssen* in Lüderssen, V-Leute – Die Falle im Rechtsstaat, 1985, 6; *Gercke* StV 2017, 615; *Wehner* Kriminalistik 1985, 154.
[20] Eine Ausnahme auf Bundesebene bildet § 28 Abs. 2 Nr. 3 BPolG, der sich für die definierte Personengruppe einer Kurzbezeichnung enthält.
[21] Vgl. § 40 Abs. 3 GVG, § 22 BWahlG, § 39 Abs. 2 Nr. 3 SGB IV.

Kooperationsbeziehung.[22] „Vertrauensperson" ist mithin der moderne terminus technicus hinter der Abkürzung VP. Dies gilt auch für den BND (vgl. § 5 S. 2 BNDG iVm § 9b BVerfSchG), nach dessen internem Sprachgebrauch allerdings nicht von VPs, sondern von „nachrichtendienstlichen Verbindungen" (NDV)[23] bzw. „angebahnten und geführten Personen"[24] die Rede ist.

VPs sind per definitionem **keine festen Mitarbeiter der Behörden,** für die sie verdeckt 11 tätig sind. Regelmäßig handelt es sich daher, wie in einigen Legaldefinitionen ausdrücklich hervorgehoben, um Privatpersonen. Eine Ausnahme gilt allerdings für Personen, die neben ihrer verdeckten freien Zuarbeit für eine deutsche Behörde fest im Dienst einer ausländischen Behörde stehen, beispielsweise in einem deutschen Strafverfahren mitwirkende ausländische VE (→ Rn. 42) oder Countermen (→ § 27 Rn. 11). Auch diese Personen werden mangels hoheitlicher Befugnisse bei ihrem Agieren in Deutschland nach hM als VPs betrachtet.[25]

Sofern VPs im Rahmen ihres Einsatzes anonym oder **pseudonym im Internet** auf- 12 treten,[26] ließe sich – analog zum Virtuellen VE (VVE; → § 27 Rn. 9) – von einer **Virtuellen VP** (VVP) sprechen. Diese Bezeichnung ist aber (bislang) nicht gebräuchlich.

3. Informant / Gewährsperson

In allen Bereichen des Sicherheitsrechts ist der Begriff des Informanten etabliert. Das damit 13 Bezeichnete variiert indes. Nach der Definition in Nr. I 2.1 **RiStBV** Anl. D ist der **Informant** „eine Person, die im Einzelfall bereit ist, gegen Zusicherung der Vertraulichkeit der Strafverfolgungsbehörde Informationen zu geben". Der Unterschied zur VP ist ein zweifacher: Zum einen ist die Zusammenarbeit des Informanten mit der Behörde nur kurzfristig bzw. punktuell. Zum anderen findet beim Informanten kein operativer Einsatz statt; im Unterschied zur VP gelangt der Informant nämlich unabhängig von einer behördlichen Veranlassung zu den Informationen, die er dann, vergleichbar mit einem Anzeigeerstatter (vgl. § 158 Abs. 1 StPO), als „Tippgeber" an die Polizei weiterreicht.[27] Mithin handelt es sich beim Informanten um einen gewöhnlichen Zeugen (**„Hinweisgeber"**), der aber im Verfahren aus Furcht vor Nachteilen **anonym bleiben** will.[28] Die Tätigkeit eines Informanten als solche greift daher, im Unterschied zu derjenigen der VP (dazu → Rn. 29), nicht in Grundrechte ein.[29]

In den **Polizeigesetzen** hingegen ist die Figur des Informanten zumeist nicht definiert.[30] 14 Sie wird im Polizeirecht aber allgemein anerkannt und prinzipiell genauso verstanden wie im Strafverfahrensrecht.[31] Obwohl die meisten polizeigesetzlichen Legaldefinitionen der VP so weit gefasst sind, dass diese eigentlich auch Informanten erfassen (→ Rn. 9), wird die

---

[22] *Graulich* in Lisken/Denninger PolR-HdB Kap. E Rn. 746.
[23] BT-Drs. 17/12470, 2; *Dietrich* in Dietrich/Eiffler NachrichtendiensteR-HdB § 2 Rn. 23; vgl. auch BVerwGE 130, 29 f. = BeckRS 2008, 32051.
[24] Vgl. Ref-E eines Gesetzes zur Harmonisierung des Verfassungsschutzrechts 2019, zit. nach *Meister/Biselli*, Seehofer will Staatstrojaner für den Verfassungsschutz, netzpolitik.org v. 28.3.2019, https://bit.ly/3cYMol6, zu Art. 3, zu § 5a BNDG-E.
[25] Näher dazu → § 27 Rn. 65; aA zu Countermen *Blome/Sellmeier* DÖV 2016, 881 (883).
[26] Dazu *Hertel* Kriminalistik 2019, 162 (164); *Soiné* NStZ 2014, 248 (251).
[27] *Makrutzki,* Verdeckte Ermittlungen im Strafprozeß, 2000, 34; *Schneider* NStZ 2001, 8 (11); zur damit vergleichbaren Figur des „Tipp- oder Hinweisgebers" im Recht der Nachrichtendienste *Droste* VerfassungsschutzR-HdB 275.
[28] Vgl. *Keller/Wolf* Kriminalistik 2013, 349; in der Praxis ist die Trennlinie zwischen Informanten und VPs aber oft unscharf, *Gercke* StV 2017, 615 (616). Es wird daher auch diskutiert, ob das regelmäßige Abschöpfen eines (bloßen) Informanten ab einer bestimmten Wiederholungsfrequenz in einen VP-Einsatz umschlägt, s. *Schneider* NStZ 2001, 8 (11 mwN in Fn. 27).
[29] Erst die (nachgelagerte) behördliche Datenerhebung beim Informanten greift in das Recht auf informationelle Selbstbestimmung ein. Zudem betrifft eine etwaige Geheimhaltung des Informanten im Strafprozess das Konfrontationsrecht aus Art. 6 Abs. 3 EMRK.
[30] S. aber Art. 38 Abs. 1 S. 2 BayPAG.
[31] Vgl. *Graulich* in Lisken/Denninger PolR-HdB Kap. E Rn. 749; *Ralf P. Schenke* in Schenke/Graulich/ Ruthig/ BPolG § 28 Rn. 40; *Schmidbauer* in Schmidbauer/Steiner BayPAG Art. 38 Rn. 7.

Datenerhebung bei Informanten nicht auf die Vorschriften über den VP-Einsatz, sondern auf die **Datenerhebungsgeneralklauseln** gestützt.[32] Das erscheint sachgerecht, weil die VP-Vorschriften auf einen besonders eingriffsintensiven Einsatz zugeschnitten sind (→ Rn. 29) und damit auf die grundrechtsneutrale oder jedenfalls wenig eingriffsintensive Informantenabschöpfung nicht passen.

15 Im Recht der **Nachrichtendienste** ist die Figur des „(geheimen) Informanten" ebenfalls anerkannt.[33] Unklar ist aber, wer als Informant zu qualifizieren ist. Die Abgrenzungsschwierigkeiten rühren dabei maßgeblich aus der im Nachrichtendienstrecht üblichen **Unterscheidung des Informanten vom Gewährsmann** her.[34] Nach einer älteren Auffassung handelt es sich bei Informanten um Hinweisgeber, die nicht wissen, dass sie ihre Informationen an einen Nachrichtendienst übermitteln[35] – mithin um geschwätzige Personen, die ihrerseits von einem VM (→ § 27 Rn. 6) oder verdeckten Befrager (→ § 27 Rn. 8) getäuscht werden. Demgegenüber sei der Gewährsmann[36] ein Hinweisgebender im klassischen Sinne, dh eine Person, die nach polizei- und strafverfahrensrechtlicher Diktion als Informant bezeichnet würde.

16 In jüngerer Zeit wird zwischen nachrichtendienstlichen Informanten und Gewährsmann allerdings zumeist wie folgt differenziert: Während der Informant analog zum Polizei- und Strafprozessrecht zu verstehen sei, leiste der Gewährsmann gelegentlich eine über die bloße Informationsübermittlung hinausgehende „logistische oder sonstige Hilfe".[37] Damit komme der Gewährsperson – im Unterschied zum bloßen Informanten – eine operative, behördlich gesteuerte Rolle bei der Informationsbeschaffung zu; sie sei aber deshalb nur eine Schwundform der VP, da die Gewährsperson, anders als die VP, nicht dauerhaft, sondern nur „von Fall zu Fall" mit einem Nachrichtendienst kooperiert und ferner nicht „im Objekt" agiert, sondern lediglich in deren nahem Umfeld.[38] Insgesamt bleibt die **operative Rolle einer Gewährsperson** (und die Grenze zur VP) nach dieser Ansicht aber vage; insbesondere ist wenig klar, welche Art „logistischer Tätigkeit" von ihr in praxi übernommen werden darf. In der strafverfahrensrechtlichen Diktion wäre eine Gewährsperson je nach Steuerungsintensität entweder als VP oder als verdeckter operativer Zeuge bzw. Augenblickshelfer (→ Rn. 17) zu bezeichnen.

4. Operativer Zeuge / Augenblickshelfer

17 In der Strafverfolgungspraxis kommt es vor, dass Privatleute zur Beweiserlangung in einem konkreten Fall (dh einmalig) verdeckt operativ eingesetzt werden. Es geht dabei etwa um **mit der Polizei kooperierende Kontaktpersonen eines Beschuldigten**, die, nunmehr ausgestattet mit Überwachungsequipment, ihre „Rolle" im Kontext einer Straftat weiter-

---

[32] *Ralf P. Schenke* in Schenke/Graulich/Ruthig BPolG § 28 Rn. 41; *Greifenstein* in BeckOK PolR Bayern, 16. Ed. 1.11.2020, PAG Art. 38 Rn. 19.

[33] Legaldefinitionen finden sich (nur) in Landesgesetzen, etwa in § 12 Abs. 1 Nr. 2 ThürVerfSchG, § 6 Abs. 3 S. 1 Nr. 1 BbgVerfSchG (als Oberbegriff für „verdeckt Informationsgebende"); § 14 Abs. 1 S. 1 Nr. 6 lit. b NdsVerfSchG; § 5 Abs. 2 Nr. 1 NRWVSG.

[34] BVerfG NVwZ 2017, 1369 Rn. 111 differenziert zwischen Informanten und Gewährspersonen, ohne materielle Unterscheidungskriterien anzuführen. Im (vorwiegend älteren) strafrechtlichen Schrifttum ist die Figur des Gewährsmanns ebenfalls gebräuchlich, wird dort aber regelmäßig als Synonym entweder für VPs (so *Griesbaum* in KK-StPO StPO § 161 Rn. 11; *Frenzel* NStZ 1984, 39 ff.) oder für Informanten im strafverfahrensrechtlichen Sinne (→ Rn. 13) verwendet (idS *Gribbohm* NJW 1981, 305).

[35] IdS *Droste* VerfassungsschutzR-HdB 275; *Roewer/Höhn* ThürVBl. 1997, 193 (199); *Gazeas* Nachrichtendienstliche Erkenntnisse 104.

[36] Als nachrichtendienstliches Mittel erwähnt zB in § 8 Abs. 2 S. 1 BVerfSchG, § 7 Abs. 3 S. 1 LSA-VerfSchG, § 8 Abs. 1 S. 1 SaarlVerfSchG.

[37] Vgl. § 12 Abs. 1 und 3 ThürVerfSchG; § 14 Abs. 1 S. 2 Nr. 6 lit. b und d NdsVerfSchG; idS auch *BLKR*, Abschlussbericht v. 30.4.2013, 94 Rn. 190 f., https://bit.ly/2SF7w8M; *Dietrich* in Dietrich/Eiffler NachrichtendiensteR-HdB § 2 Rn. 27; *Unkroth* in BeckOK PolR Bayern, 18. Ed. 1.3.2022, VSG Art. 18 Rn. 11.2.

[38] Genannt werden Personen, deren Informationszugänge beruflicher Natur sind, etwa Kneipenwirte von Szenelokalen, vgl. *Dietrich* in Dietrich/Eiffler NachrichtendiensteR-HdB § 2 Rn. 25.

A. Einführung   § 28

spielen.³⁹ Die Kategorie des Informanten greift hier nicht, weil die verdeckt agierende Privatperson Informationen im konkreten Auftrag der Strafverfolgungsbehörde erhebt. Aber auch eine VP-Eigenschaft kommt infolge der Einmaligkeit des Einsatzes⁴⁰ sowie der fehlenden Geheimhaltung der Identität⁴¹ nicht in Betracht. Von der Funktionalität entspricht diese Form des Einsatzes von Privatpersonen der Figur des NoeP (→ § 27 Rn. 8). Eine etablierte Terminologie existiert für diese Art des Einsatzes ebenso wenig wie eine spezielle Ermächtigungsgrundlage. In der Literatur wird unspezifisch von sonstigen verdeckt ermittelnden Privatpersonen (SVEP)⁴² gesprochen oder – präziser – von operativen Zeugen⁴³ oder Augenblickshelfern⁴⁴. Als Rechtsgrundlage wird die Ermittlungsgeneralklausel der §§ 161, 163 StPO herangezogen.⁴⁵

5. Kronzeuge

Als Kronzeugen werden im Strafprozessrecht ihrerseits als Beschuldigte geführte **Haupt-** 18
belastungszeugen bezeichnet, die sich im Austausch für eine Strafmilderung oder ein Absehen von Strafe zu einer belastenden Aussage gegen weitere Verdächtige motivieren lassen. Die Figur des Kronzeugen ist unter anderem in § 46b StGB geregelt.⁴⁶ Kronzeugen sind in verschiedener Hinsicht und insbesondere mit Blick auf die rechtsstaatliche Bedenklichkeit dieses Instruments mit VPs vergleichbar: Sie entstammen zumeist einem kriminogenen Milieu, wechseln für die Gewährung von Vorteilen die Seite, werden als effektives Mittel zur Aufklärung abgeschotteter krimineller Strukturen betrachtet und im Gegenzug strafrechtlich privilegiert.⁴⁷ Kronzeugen werden daher oft mit VPs in einem Atemzug genannt („informeller V-Mann").⁴⁸

Gleichwohl bestehen Unterschiede zwischen den Figuren. Zum einen erlangt der Kron- 19
zeuge sein Wissen nicht im staatlichen Auftrag, sondern gibt dieses lediglich nachträglich gegenüber den Behörden preis; er ist daher eher mit dem Informanten zu vergleichen. Zum anderen besteht die Rolle des Kronzeugen zumeist gerade in seinem Auftritt als Zeuge im Strafprozess; im Unterschied zur VP wird seine Identität daher gerade nicht (vollständig) geheim gehalten⁴⁹ bzw. wird erst **nachträglicher Zeugenschutz** gewährt (vgl. § 1 Abs. 1 ZSHG). Soweit die Rolle des Wissen offenbarenden Kronzeugen im Einzelfall mit einer polizeilich veranlassten verdeckten Ermittlungsmaßnahme durch diesen kombiniert wird,⁵⁰ kann es sich theoretisch um eine VP-Tätigkeit handeln; praktisch wird aber regelmäßig „nur" ein Einsatz als operativer (Kron-)Zeuge (→ Rn. 17) vorliegen.

---

³⁹ Beispiele: EGMR NJW 2010, 213 (Verhandlung mit vermeintlichem Lohnkiller); BGHSt 42, 139 = NJW 1996, 502; BGHSt 39, 335 = NJW 1994, 596 (jew. forciertes Geständnis bei überwachtem Telefonat mit Privatperson); vgl. auch OLG Bremen NStZ 2012, 220 mkritAnm *Waßmer* NZWiSt 2012, 465; OLG Naumburg BeckRS 2012, 21446 (jew. Einsatz jugendlicher Testkäufer zum Nachweis einer Ordnungswidrigkeit nach § 9 Abs. 1 JuSchG, § 28 Abs. 1 Nr. 10 JuSchG); zum gefahrenabwehrrechtlichen Einsatz jugendlicher Testkäufer *Strohs* GewA 2014, 342 ff.
⁴⁰ Etwas anders kann im Einzelfall für die Fälle jugendlicher Testkäufer gelten, vgl. OLG Bremen NStZ 2012, 220; OLG Naumburg BeckRS 2012, 21446.
⁴¹ Vgl. *Soiné* ZRP 2021, 47 (48 Fn. 26).
⁴² *Baron*, Zur Frage der grundsätzlichen Zulässigkeit des Einsatzes verdeckt ermittelnder Personen und Vorschlag einer umfassenden gesetzlichen Regelung, 2002, 15.
⁴³ So *Günther* in MüKoStPO StPO § 110a Rn. 26.
⁴⁴ *Bruns* in KK-StPO StPO § 110a Rn. 9; *Hermes* in Dreier GG Art. 13 Rn. 93; *Soiné* NStZ 2018, 497 (501).
⁴⁵ BGHSt 42, 139 (151) = NJW 1996, 2940; *Günther* in MüKoStPO StPO § 110a Rn. 27.
⁴⁶ Weitere deliktsspezifische Regelungen finden sich in § 129 Abs. 7 StGB, § 129a Abs. 7 StGB (kriminelle und terroristische Vereinigungen), § 261 Abs. 8 StGB (Geldwäsche), § 153e StPO (Staatsschutzdelikte), § 31 BtMG (Btm-Delikte).
⁴⁷ Zusf. *Streng* in NK-StGB StGB § 46b Rn. 2–7; *Mayr* NZWiSt 2021, 340.
⁴⁸ *Peglau* NJW 2013, 1910 (1912); *Mühlhoff/Pfeiffer* ZRP 2000, 121 (122).
⁴⁹ Theoretisch steht allerdings auch bei Kronzeugen das gesamte Instrumentarium zur Geheimhaltung der Identität – von der audio-visuellen Vernehmung bis hin zur Sperrerklärung gem. § 96 StPO analog zur Verfügung, näher *Maier* in MüKoStGB BtMG § 31 Rn. 25 f.
⁵⁰ Exemplarisch BGH NStZ 2006, 177; OLG Hamm NStZ 1988, 515 mablAnm *Amelung* (jew. Durchführung eines Drogendeals unter polizeilicher Beobachtung); vgl. auch *Maier* in MüKoStGB BtMG § 31 Rn. 55.

6. Whistleblower

20 Whistleblower sind **Insider, die** gegebenenfalls gegen Entlohnung **geheime Informationen weitergeben,** um damit auf gesetzeswidrige bzw. unethische Praktiken in einem Unternehmen oder einer staatlichen Einrichtung aufmerksam zu machen.[51] Es handelt sich zumeist um anonym anzeigende Hinweisgeber (§ 158 Abs. 1 StPO iVm Nr. 8 RiStBV),[52] die in straf- und arbeitsrechtlicher Hinsicht durch § 5 Nr. 2 GeschGehG vor dem Vorwurf des illegalen Geheimnisverrats geschützt sind.[53] Soweit Whistleblower die „Flucht an die Öffentlichkeit" antreten,[54] liegen sie außerhalb der hiesigen Thematik. Machen sie hingegen von Anonymität garantierenden polizeilichen Meldesystemen Gebrauch oder bestehen sie auf der Vertraulichkeit ihrer Anzeige,[55] handelt es sich regelmäßig um Informanten im obigen Sinne (dazu → Rn. 13).

7. Lockspitzel (agent provocateur)

21 Lockspitzel sind verdeckt agierende **Personen, die andere zur Begehung von Straftaten animieren.** Neben VE und NoeP (→ § 27 Rn. 6 ff.) können insbesondere VPs und operative Zeugen als Lockspitzel agieren. Lockspitzeleinsätze bergen Strafbarkeitsrisiken für die verdeckt eingesetzte Person (→ § 27 Rn. 13) und stellen eine Gefährdung für die Fairness des Strafverfahrens dar (→ Rn. 99).

III. Rechtshistorische und -politische Entwicklung

22 Die rechtliche und rechtspolitische Entwicklung der Normierung des verdeckten Einsatzes von Privatpersonen verlief weitgehend parallel zu derjenigen von verdeckt eingesetzten Behördenmitarbeitern. Auf die dazu gemachten detaillierteren Ausführungen wird daher grundsätzlich verwiesen (→ § 27 Rn. 16 ff.).[56] Generell gilt auch in Bezug auf den verdeckten Einsatz Privater, dass von diesem Instrument seit jeher Gebrauch gemacht worden ist.[57] Als **rechtspolitisches Begründungsnarrativ** wird dabei, auch seitens der Rspr., vor allem die Effektivität und Alternativlosigkeit des Einsatzes von bezahlten Polizeispitzeln[58] bzw. nachrichtendienstlichen Informationszuträgern[59] zur Erlangung von Informationen aus abgeschotteten Milieus hervorgehoben.

23 Belastbare Angaben über die **Häufigkeit des Einsatzes** verdeckt agierender Privatpersonen sind nicht verfügbar.[60] Es ist aber aufgrund der Vielzahl von BGH-Entscheidungen

---

[51] Vgl. *Engländer/Zimmermann* NZWiSt 2012, 328.
[52] Näher zur Möglichkeit pseudo- und anonymer Strafanzeigen *Kölbel* in MüKoStPO StPO § 158 Rn. 29.
[53] Vgl. OLG Oldenburg NZWiSt 2021, 30; *Schreiber* NZWiSt 2019, 332; → § 13 Rn. 54 ff.
[54] Dazu *Grabenwarter* in Dürig/Herzog/Scholz GG Art. 5 Abs. 1, Abs. 2 Rn. 183 ff.
[55] Näher dazu *Kölbel* in MüKoStPO StPO § 158 Rn. 30–32.
[56] Ausf. *DRB Große Strafrechtskommission,* Vertrauenspersonen und Tatprovokation, 2017, 15 ff., https://bit.ly/3gwBGnZ.
[57] S. bereits *Fichte,* Grundlage des Naturrechts nach Principien der Wissenschaftslehre, 2. Theil: Angewandtes Naturrecht, 1796, 155 f.; *Anonymus* ZStW 6 (1886), 522 (537 f.) („das Mittel [ist] absolut nicht zu entbehren"); *Baron,* Zur Frage der grundsätzlichen Zulässigkeit des Einsatzes verdeckt ermittelnder Personen und Vorschlag einer umfassenden gesetzlichen Regelung, 2002, 21; s. aber zum vormaligen Verbot im gemeinen Recht *Eschelbach* StV 2000, 390 (391 m. Fn. 18). Auch das RG hielt repressive VP-Einsätze für zulässig (Nachw. bei *Gribbohm* NJW 1981, 305 [Fn. 2]), wiewohl es durch den Gebrauch dieses Instruments bei der Aufklärung vermeintlicher politischer Straftaten Linksgerichteter u. a. in dem Fall Bullerjahn (vgl. *Hüfner* LZ 1929, Sp. 755) zu dramatischen Fehlurteilen kam (näher dazu *Hannover/Hannover-Drück* Politische Justiz 217 ff.).
[58] Vgl. EGMR NJW 2009, 3565 (Rn. 53 f.); BVerfG NJW 1992, 168; *Hilger* NStZ 1992, 523.
[59] Vgl. BVerfGE 156, 170 (Rn. 104); BVerfGE 146, 1 (Rn. 110 ff.) = BeckRS 2017, 117451; BVerfGE 57, 250 (284) = NJW 1981, 1719; BGHSt 32, 115 (120 f.) = NJW 1984, 247; BGHSt 17, 382 (388) = NJW 1962, 1876; BGH Urt. v. 9.1.1957 – 2 St E 14/56, Rn. 52; VG Berlin BeckRS 2012, 51002; *Roth* in Schenke/Graulich/Ruthig BVerfSchG § 8 Rn. 27; *Barrot/Faeser* NVwZ 2016, 1205 (1206); *Blome/Sellmeier* DÖV 2016, 881 (882).
[60] *Gercke* StV 2017, 615 (616); *Dietrich* in Dietrich/Eiffler NachrichtendiensteR-HdB § 2 Rn. 2.

A. Einführung

§ 28

zu diesem Thema und entsprechenden Äußerungen von Praktikern davon auszugehen, dass es sich nicht nur beim Abschöpfen von Informanten, sondern auch beim Einsatz von VPs um ein sehr häufig gebrauchtes Instrument handelt. Das gilt sowohl für die Nachrichtendienste („Routine")[61] als auch für die Polizei („Schlüsselinstrument"),[62] die VPs vornehmlich zur **Aufklärung von Btm-Kriminalität** einsetzt.[63]

Im Unterschied zum Einsatz von VE und VM wird der rechtsethisch problematischere VP-Einsatz (→ Rn. 3) bereits seit längerem teilweise sehr kritisch beurteilt.[64] Insbesondere infolge der Einstellung des ersten **NPD-Verbotsverfahrens im Jahr 2003,** die maßgeblich mit der übermäßigen Durchsetzung der Partei mit nachrichtendienstlichen VPs begründet worden war,[65] sowie infolge der Unzulänglichkeiten beim nachrichtendienstlichen und polizeilichen Einsatz von VPs, die im Zusammenhang mit dem **NSU-Komplex** zutage getreten waren, haben die kritischen bzw. ablehnenden Stimmen sowohl im juristischen Schrifttum[66] als auch im politischen Diskurs[67] nochmals zugenommen. 24

In Bezug auf die bundesrepublikanische Rechtsentwicklung sind verschiedene Phasen zu beobachten. Spezielle Vorschriften über den Einsatz Privater als verdeckt agierende menschliche Quellen bestanden zunächst nicht. Bereits in den 1950er Jahren wurde aber der Einsatz von VPs als (bewältigbares) strafprozessuales Problem thematisiert.[68] Mit dem **Volkszählungsurteil**[69] wurde die Debatte um die generelle Zulässigkeit oder zumindest die Notwendigkeit einer VP-Regelung im **Strafverfahrensrecht** intensiviert.[70] Insbesondere wurde dabei um die grundlegende Frage nach der Eingriffsqualität von VP-Einsätzen gestritten.[71] Die Reaktion des Gesetzgebers auf diese Debatte war zwiespältig: Während im **Polizeirecht** der zuerst im (Alternativ-)Entwurf eines neuen § 8c Abs. 2 Nr. 4 ME PolG[72] formulierte „Einsatz sonstiger Personen, deren Zusammenarbeit mit der Polizei Dritten nicht bekannt ist" (1986) sich in der Folgezeit zu einer Standardmaßnahme in den Landes- und Bundespolizeigesetzen etablierte, hielt es der Bundesgesetzgeber bei der Verabschiedung des OrgKG[73] (1992) für unnötig, den repressiven VP-Einsatz in Gesetzesform zu gießen;[74] im Bereich des Strafverfahrensrechts begnügt man sich daher als Rechtsgrundlage (bis heute) mit der 1986 beschlossenen Verwaltungsvorschrift Nr. I RiStBV Anl. D[75] in Verbindung mit der strafprozessualen Ermittlungsgeneralklausel. Im (Bundes-)**Recht der Nachrichtendienste** ist indes im Jahr 2015 mit § 9b BVerfSchG eine spezielle Befugnisnorm für den VP-Einsatz geschaffen worden; ausschlaggebend hierfür war neben entsprechenden Empfehlungen des NSU-Untersuchungsausschusses des Bundestags[76] und der Bund-Länder-Kommission Rechtsextre- 25

---

61 *Unterreitmeier* GSZ 2018, 1 (5).
62 *Soiné* NJW 2020, 2850; *Gercke* StV 2017, 615 (616).
63 *Bäcker,* Kriminalpräventionsrecht, 2015, 452.
64 S. exemplarisch die Beiträge in dem von *Lüderssen* herausgegebene Sammelband V-Leute – Die Falle im Rechtsstaat, 1985.
65 BVerfGE 107, 339 (365 ff.) = NJW 2003, 1577.
66 Etwa *Scharmer* StV 2016, 323 (327 f.).
67 Vgl. Grüne wollen V-Leute komplett abschaffen, Spiegel-online v. 27.4.2013; zu vergleichbaren früheren Initiativen innerhalb der SPD sowie durch den Strafverteidigertag s. die Nachw. bei *Krüger* NJW 1982, 855 (856).
68 Vgl. BGH Urt. v. 9.1.1957 – 2 St E 14/56; BGHSt 17, 382 mablAnm *Meilicke* NJW 1963, 425; BGHSt 22, 311 = NJW 1969, 669; *Arndt* NJW 1963, 432; *Posser* Anwalt im Kalten Krieg, 230 ff.
69 BVerfGE 65, 1 = NJW 1984, 419; ausf. zu den Konsequenzen der Entscheidung für VP-Einsätze *Schmitz,* Rechtliche Probleme des Einsatzes Verdeckter Ermittler, 1996, 17 ff.
70 Näher *Gercke* StV 2017, 615 (617 f. mwN).
71 Nachweise zur zeitgenössischen Diskussion bei *Krey ua* Rechtsprobleme des strafprozessualen Einsatzes Verdeckter Ermittler Rn. 102 ff.
72 *Kniesel/Vahle* in Clages, VE/ME PolG, Musterentwurf eines einheitlichen Polizeigesetzes in der Fassung des Vorentwurfs zur Änderung des ME PolG – Text und amtliche Begründung, 1990, 8 f.
73 BGBl. 1992 I 1302.
74 BT-Drs. 12/989, 41; krit. *Krey* FS Kohlmann, 2003, 19.
75 Abgedruckt bei *Hauck* in Löwe/Rosenberg StPO § 110a Rn. 84; Meyer-Goßner/Schmitt StPO Anh. 12; näher zur Rechtsnatur der RiStBV Anl. D → § 27 Rn. 8 Fn. 15.
76 BT-Drs. 17/14600, 858.

mismus (BLKR)[77] eine strafrechtliche Entscheidung des OLG Düsseldorf, mit der eine VP des BND nach § 129b StGB verurteilt worden war, da es an einer den Einsatz (strafrechtlich) rechtfertigenden speziellen Befugnisnorm mangelte.[78]

26 (Auch) in der **Rspr. des BVerfG** hat sich inzwischen die Ansicht durchgesetzt, dass dem VP-Einsatz erhebliche Eingriffsqualität zukommt. Bereits im Jahr 2000 hält das BVerfG in einer Kammerentscheidung obiter dicta fest, dass der Befragung einer Aussageperson durch eine repressiv eingesetzte VP Eingriffscharakter zukomme und sich „als eine Maßnahme dar [stellt], die jedenfalls ohne spezielle gesetzliche Ermächtigungsgrundlage nicht zulässig [ist]."[79] In der 2016er-Entscheidung zum BKAG findet sich Vergleichbares in den tragenden Erwägungen zur präventiv-polizeilichen VP.[80] Speziell mit Blick auf den Einsatz nachrichtendienstlicher VP heißt es in einer Entscheidung aus dem Jahr 2020: „Der Einsatz von V-Personen zählt zu den **schwersten denkbaren informationellen Eingriffen**."[81]

27 **Aus rechtspolitischem Blickwinkel** sind gegenwärtig zwei Aspekte von zentraler Bedeutung: Zum einen muss sich noch zeigen, inwieweit die **vom BVerfG formulierten** strengen **Anforderungen an präventiv-polizeiliche VP-Einsätze** auch **auf das Recht der Nachrichtendienste übertragbar** sind.[82] Nach der hier vertretenen Ansicht ist diese kruziale Frage im Wesentlichen zu bejahen (→ § 27 Rn. 45).[83] Des Weiteren kann bei seriöser Betrachtung der Dinge eigentlich nicht mehr bezweifelt werden, dass die bisherige strafprozessuale Praxis des VP-Einsatzes auf der Basis einer Generalklausel die verfassungsrechtlichen Anforderungen (weit) verfehlt.[84] Nachdem sich zuletzt auch mehrere Expertenkommissionen für eine **VP-Normierung in der StPO** ausgesprochen haben und auch die Regierungskoalition der 20. Legislaturperiode des Bundestages eine gesetzliche Regelung angekündigt hat,[85] ist mit einer baldigen Gesetzeserweiterung zu rechnen.[86]

B. Allgemeine Rechtsgrundlagen und -probleme

I. Verfassungs- und menschenrechtliche Grundfragen

1. Grundsätzliche Zulässigkeit von verdeckt eingesetzten Privatpersonen

28 Die prinzipielle **verfassungs- und menschenrechtliche Zulässigkeit** des Einsatzes verdeckt agierender Privatpersonen durch die Sicherheitsbehörden wird ganz überwiegend nicht in Zweifel gezogen (→ Rn. 22 ff.). Allerdings folgt bereits aus dem verfassungsrechtlich fundierten Grundsatz der Offenheit der Datenerhebung (→ § 27 Rn. 25 ff.), dass die verdeckte Informationsbeschaffung als begründungsbedürftige Ausnahme gehandhabt werden muss.

29 Darüber hinaus betrachtet das BVerfG VP-Einsätze als **besonders schwerwiegenden Grundrechtseingriff** (→ Rn. 26). Um welches Grundrecht es sich dabei handelt, präzisiert das Gericht nicht; mit der Bezeichnung „informationeller Eingriff" dürfen jedenfalls

---

[77] *BLKR*, Abschlussbericht v. 30.4.2013, 357 f., https://bit.ly/2SF7w8M.
[78] OLG Düsseldorf NStZ 2013, 590 (591 f.).
[79] BVerfG NStZ 2000, 489 (490) mAnm *Rogall; Lesch* JR 2000, 333; *Weßlau* StV 2000, 466.
[80] BVerfGE 141, 220 (Rn. 160) = NJW 2016, 1781; ähnlich zuvor bereits VerfG Brandenburg LKV 1999, 450 (464 f.).
[81] BVerfG BeckRS 2020, 40468 (Rn. 100); vgl. auch BVerfG BeckRS 2022, 8427 (Rn. 191).
[82] Zur Übertragbarkeit auf den repressiven Bereich → § 27 Rn. 194.
[83] Die jüngste bundesverfassungsgerichtliche Rspr. weist grundsätzlich in dieselbe Richtung, vgl. BVerfG BeckRS 2022, 8427 (Rn. 351 ff.).
[84] AA *Schmitt* in Meyer-Goßner/Schmitt StPO § 163 Rn. 34a.
[85] Vgl. Koalitionsvertrag „Mehr Fortschritt wagen – Bündnis für Freiheit, Gerechtigkeit und Nachhaltigkeit", 24.11.2021, S. 110; *BMJV*, Bericht der Expertenkommission zur effektiveren und praxistauglicheren Ausgestaltung des allgemeinen Strafverfahrens und des jugendgerichtlichen Verfahrens, 2015, 83, https://bit.ly/3gN5JGX; *DRB Große Strafrechtskommission*, Vertrauenspersonen und Tatprovokation, 2017, 63, https://bit.ly/3gwBGnZ.
[86] Vgl. *Beulke/Swoboda* StrafProzR Rn. 651; *Soiné* ZRP 2021, 47 (48), ferner BT-Drs. 19/25248 (Entschließungsantrag v. 15.12.2020: Einsatz von Vertrauenspersonen konsequent gesetzlich regeln).

das allgemeine Persönlichkeitsrecht aus Art. 2 Abs. 1 GG iVm Art. 1 Abs. 1 GG in seinen verschiedenen Ausprägungen (Recht auf informationelle Selbstbestimmung, Recht am eigenen Wort und Bild, Kernbereich privater Lebensgestaltung; Selbstbelastungsfreiheit)[87] bzw. die vergleichbaren Privatheitsgrundrechte aus Art. 8 Abs. 1 EMRK und Art. 7 Abs. 1 GRCh gemeint sein. Nach bestrittener, aber zutreffender Auffassung ist zudem das Wohnungsgrundrecht (Art. 13 Abs. 1 GG, Art. 8 Abs. 1 EMRK) betroffen, sofern eine VP (oder eine ihrer Schwundformen)[88] mit einem täuschungsbedingt erlangten Einverständnis eine Privatwohnung betritt;[89] die erteilte Zustimmung des Wohnungsinhabers ist nämlich im datenschutzrechtlichen Sinne unfrei (vgl. § 51 Abs. 4 BDSG) und daher nichtig. Ggf. kann auch die Versammlungsfreiheit (→ § 27 Rn. 31) sowie das Fairnessprinzip im Strafprozess (→ § 27 Rn. 183 ff.) betroffen sein.

Im Hinblick auf Privatpersonen, die Informationen **ohne staatlichen Auftrag** erlangt 30 haben und diese lediglich unter der Zusicherung von Vertraulichkeit an die Behörden weiterleiten (insbesondere Informanten, → Rn. 13), bestehen Zweifel an der Zulässigkeit der Informationsabschöpfung bei diesen Personen lediglich unter dem Gesichtspunkt der Verfahrensfairness in einem Strafprozess (ausf. → Rn. 99).

2. Eingriffsintensität von VP-Einsätzen

Hinsichtlich der Intensität des Eingriffs in die Privatheitsgrundrechte durch einen VP- 31 Einsatz geht die verfassungsgerichtliche Rspr. zutr. von einem besonders schwerwiegenden Grundrechtseingriff aus.[90] Da der Einsatz einer **VP funktional mit** demjenigen eines **VM/VE vergleichbar** ist (→ Rn. 2), lassen sich die dazu angestellten Erwägungen, auch in Bezug auf die maßgeblichen Parameter der Eingriffsintensität hinsichtlich der Einsatzmodalitäten (→ § 27 Rn. 43 ff.), im Prinzip auf den VP-Einsatz übertragen.

Auch das BVerfG nennt im Kontext der Frage nach der Eingriffsintensität beide Formen 32 verdeckter personaler Ausforschung in einem Atemzug.[91] Fraglich – und hinsichtlich der rechtsstaatlichen Anforderungen an die Befugnisnormen für den VP-Einsatz auch von praktischer Bedeutung – ist aber, ob VP- und VM/VE-Einsätze mit Blick auf die **Eingriffstiefe** wirklich vollständig **vergleichbar** sind. Teilweise werden beide Maßnahmen insoweit ausdrücklich als identisch eingestuft.[92] Manche betrachten hingegen VP-Einsätze als die schwerwiegendere Maßnahme,[93] andere sehen es genau umgekehrt.[94]

Hinter der Meinungsverschiedenheit dürfte Folgendes stecken: Soweit verdeckt einge- 33 setzte Personen denknotwendig das ihnen von den Betroffenen entgegengebrachte Vertrauen missbrauchen, dürften VPs regelmäßig als die eingriffsintensivere Maßnahme anzusehen sein.[95] Dies gilt zumindest für sog. Warm- oder Umfeld-VPs (→ Rn. 7), da diese häufig ein gewachsenes Vertrauen in langjährige Weggefährten ausnutzen. Die Erschütterung über den **Vertrauensbruch** dürfte in derartigen Fällen vom Betroffenen als besonders schwerwiegende Enttäuschung empfunden werden und von der Intensität her nicht mit dem „Hereinfallen" auf einen von vornherein mit „falschen Karten spielenden" Staats-

---

[87] Überblick bei *Martini* JA 2009, 839.
[88] Dazu gehören nachrichtendienstliche Gewährspersonen (→ Rn. 15) und operative Zeugen im Strafverfahren (→ Rn. 17).
[89] Ausf. Diskussion in → § 27 Rn. 34 ff.
[90] → Rn. 26; ebenso *Bergemann* in Lisken/Denninger PolR-HdB Kap. H Rn. 97.
[91] BVerfGE 141, 220 (Rn. 160) = NJW 2016, 1781; vgl. auch BVerfG BeckRS 2022, 8427 (Rn. 352).
[92] *Conen* StraFo 2013, 140 (146); *Lilie/Rudolph* NStZ 1995, 514; *Graulich* in Lisken/Denninger PolR-HdB Kap. E Rn. 720.
[93] *Schmidbauer* in Schmidbauer/Steiner BayPAG Art. 37 Rn. 9, der die dubiose Motivation von VPs hervorhebt.
[94] *Graulich* in Schenke/Graulich/Ruthig BVerfSchG § 9b Rn. 3 („mangels eines Beschäftigungsverhältnisses"); ähnlich *Unterreitmeier* GSZ 2019, 233 (237 f.) (unter Hinweis auf die geringere Steuerbarkeit von VPs); *Unkroth* in BeckOK PolR Bayern, 18. Ed. 1.3.2022, VSG Art. 18 Rn. 22; *Blome/Sellmeier* DÖV 2016, 881 (883); *Soiné* NStZ 2010, 596 (597) und wohl auch BGHSt 41, 42 (44 f.) = NJW 1995, 2236.
[95] *Gercke* StV 2017, 615 (622).

diener (VE/VM) vergleichbar sein. Da eine freiheitliche Gesellschaft für ihr Funktionieren zwingend auf ein systemisches Grundvertrauen der Bürger untereinander angewiesen ist,[96] erträgt sie ohne Schaden auch nur ein bestimmtes Maß an Durchsetzung mit „Spitzeln". Daher ist die von *Hong* erhobene Forderung nach einer **„Maximalzahl geheimer Mitarbeiter pro Einwohner"** im Prinzip berechtigt.[97]

34 In die umgekehrte Richtung (scil. geringere Eingriffstiefe als ein VM-/VE-Einsatz) weisen jedoch **Unterschiede bei Informationsgewinnung und Wissenstransfer:** VP-Handlungen und -Erkenntnisse können nämlich dem Staat nur bedingt unmittelbar zugerechnet werden; sie werden gewissermaßen durch die Privatperson, die die VP ist, gefiltert. Gemeint ist Folgendes: Während verdeckt operierende Staatsbedienstete bereits aus dienstrechtlichen Gründen ganz gezielt gesteuert werden können, sind VPs aus den dargelegten Gründen (→ Rn. 3) oftmals unsichere Kantonisten, die sich konkreten Aufträgen widersetzen oder diese eigenmächtig uminterpretieren.[98] Hinsichtlich der im Einsatz gewonnenen Informationen ist das Wissen eines VM/VE dem Staat unmittelbar zuzurechnen; was der VE weiß, weiß der Staat. Bei VP hingegen ist der Staat für die Datennutzung faktisch auf deren Auskunftsbereitschaft gegenüber der VP-Führung angewiesen; ein vollständiger oder wahrheitsgemäßer Wissenstransfer ist dabei schon deshalb nicht gewährleistet, weil die VP ein Eigeninteresse an der Unterschlagung oder Übertreibung bestimmter Informationen haben kann – was bei der VP-Führung regelmäßig auch in Gestalt von Glaubwürdigkeitsvorbehalten und einer damit verbundenen eingeschränkten Nutzbarkeit der so gewonnen Informationen „eingepreist" ist (vgl. exemplarisch Art. 38 Abs 6 BayPAG; Art. 19 Abs. 2 S. 5 BayVSG). Daraus lässt sich der Schluss ziehen, dass die Datenerhebung durch VPs eine insoweit etwas weniger einschneidende Maßnahme ist als diejenige durch VM/VE.

35 Zu weitgehend ist indes der von *Unterreitmeier* aus dem Vorgesagten gezogene Schluss, die Informationsaufnahme durch eine VP sei nicht als **Erhebungseingriff** anzusehen, sondern erst die Weitergabe der Information an die Sicherheitsbehörde.[99] Richtig ist zwar, dass VPs nicht iSe Beliehenen hoheitlich tätig werden.[100] Aber das auftragsgemäße Handeln der VP macht diese – im Unterschied zum bloßen Informanten (→ Rn. 13) – gleichwohl zum „verlängerten Arm der Behörde"[101] und ihr Handeln damit dem Staat nach allen für die Eingriffszuschreibung in Betracht kommenden Maßstäben zurechenbar: Verwaltungsrechtlich agieren VPs als Verwaltungshelfer – mit der Folge, dass im Außenverhältnis zum betroffenen Bürger die Behörde handelt.[102] Strafrechtlich ist die (regelmäßig nach § 1 VerpflG förmlich verpflichtete) VP nach § 11 Abs. 1 Nr. 4 StGB bei ihrem Handeln Amtsträgern gleichgestellt[103] und auch strafprozessual findet eine Zurechnung statt.[104] Ausforschungen durch VPs im Auftrag der Behörde stellen daher Erhebungseingriffe dar.[105] Die sich daraus ergebenden Konsequenzen für die Einsatzgrenzen bei Kernbereichsrelevanz werden erörtert bei → Rn. 61.

---

[96] *Lüderssen* in Lüderssen, V-Leute – Die Falle im Rechtsstaat, 1985, 1; ausf. *Zimmermann,* Unrecht der Korruption, 2018, 207 ff.
[97] *Hong* in DGGGW Nachrichtendienstereform, 45, 57; ähnlich *Droste* VerfassungsschutzR-HdB 290. Eine solche Zahl ist schwer zu definieren und als gesetzliche Obergrenze nur schwer vorstellbar. Das *Hong*'sche Postulat trägt aber zumindest als starkes Argument für Transparenzpflichten gegenüber den Volksvertretungen auch in Bezug auf die Häufigkeit von VP-Einsätzen. Zu Überlegungen in Bezug auf die Schaffung eines „Überwachungsbarometers" s. *Poscher/Kilchling/Landerer* GSZ 2021, 225.
[98] S. exemplarisch die Schilderungen bei BGH NStZ-RR 2021, 175 (Rn. 6).
[99] *Unterreitmeier* GSZ 2019, 233 (236 f.).
[100] BVerwG NVwZ-RR 2010, 682 (683).
[101] Vgl. *Hong* in DGGGW Nachrichtendienstereform, 45, 50; *Bäuerle* in BeckOK PolR Hessen, 25. Ed. 1.4.2022, HSOG § 16 Rn. 17.
[102] *Sellmeier/Blome* GSZ 2019, 196 (198); vgl. auch BGH NJW 2006, 1804 (1805).
[103] Dazu *Conen* StraFo 2013, 140 (144 f.); *Zimmermann* in Busch/Hoven/Pieth/Rübenstahl, Antikorruptions-Compliance, 2020, Kap. 1 Rn. 26.
[104] Statt Vieler *Eschelbach* GA 2015, 545 (546).
[105] *Keller* Ermittlungen 83. Dies wird bspw. vorausgesetzt in Art. 49 Abs. 3 S. 2 Nr. 1 BayPAG, wonach bereits der VP-Einsatz als solcher eine „laufende Datenerhebung" darstellt.

3. Anforderungen an die gesetzlichen Befugnisse

Die verdeckte Informationserhebung durch staatlich beauftragte Privatpersonen **bedarf** als 36 Grundrechtseingriff (→ Rn. 29) **einer Ermächtigungsgrundlage**. Da die Anforderungen an eine verfassungsmäßige Befugnisnorm in Abhängigkeit von der Eingriffsintensität ansteigen, sind Abstufungen hinsichtlich der konkreten Ausgestaltung des Einsatzes der verdeckt agierenden Person insbesondere unter dem Aspekt der Einsatzdauer (Gewährsmann bzw. operativer Zeuge einerseits, VP andererseits), der Zielgerichtetheit der Maßnahme gegen bestimmte Personen sowie der Betroffenheit spezieller Grundrechte (Betreten von Wohnungen) möglich und geboten (→ § 27 Rn. 44).

Maßgeblich sind insoweit die nach zutr. Ansicht grundsätzlich für alle Sicherheitsbehörden gleichermaßen geltenden (→ § 27 Rn. 194) Vorgaben aus der **Entscheidung des BVerfG zum BKAG** (BVerfGE 141, 220 = NJW 2016, 1781). Zu berücksichtigen sind danach insbesondere Mindestanforderungen an die Bestimmtheit der Eingriffsschwelle, die Gewährleistung des Schutzes des Kernbereichs privater Lebensgestaltung, Anforderungen an die Anordnungskompetenz sowie ein hinreichendes Maß an (nachträglichen) Kontrollmöglichkeiten. Für Einzelheiten wird auf die Darstellung der Parallelproblematik in → § 30 verwiesen.

C. Befugnisse der Sicherheitsbehörden de lege lata

I. Allgemeines; Grundlagen VP-Einsätze

In allen Bereichen des Sicherheitsrechts finden sich inzwischen **detaillierte (unter-)** 38 **gesetzliche Regelungen** zum Einsatz von VPs (→ Rn. 9). Demgegenüber sind Schwundformen wie die nachrichtendienstliche Gewährsperson (→ Rn. 15) und der operative Zeuge im Strafverfahrensrecht (→ Rn. 17) allenfalls rudimentär geregelt. Im Fokus der nachstehenden Ausführungen steht die besonders eingriffsintensive Maßnahme des VP-Einsatzes.

1. Erforderlichkeit einer gesetzlichen Regelung

Angesichts der erheblichen Eingriffstiefe von VP-Einsätzen (→ Rn. 29) herrscht in Bezug 39 auf die Erforderlichkeit einer gesetzlichen Befugnisnorm inzwischen weitgehender Konsens.[106] Nicht endgültig geklärt ist aber die Frage, ob es dafür zwingend einer **Spezialregelung** bedarf, **oder** ob VP-Einsätze auch auf eine **Eingriffsgeneralklausel** gestützt werden können.

Im Hinblick auf das Recht der **Nachrichtendienste** hat sich diese Frage praktisch 40 dadurch erledigt, dass sowohl das Bundesrecht[107] als auch die Ländergesetze[108] inzwischen entsprechende spezielle Ermächtigungsgrundlagen vorsehen. Dasselbe gilt für die **Polizeigesetze** des Bundes[109] und der Länder[110]. Anders verhält es sich aber im **Strafprozess-**

---

[106] Statt Vieler *Eschelbach* in Satzger/Schluckebier/Widmaier StPO § 110a Rn. 11; *Bockemühl* in KMR StPO § 110a Rn. 5; *Krey/Heinrich*, Deutsches Strafverfahrensrecht, 2. Aufl. 2018, Rn. 946 ff.; anders noch zB *Krey ua*, Rechtsprobleme des strafprozessualen Einsatzes Verdeckter Ermittler, 1993, Rn. 106; *Rebmann* NJW 1985, 1 (3).
[107] § 9b Abs. 1 S. 1 BVerfSchG.
[108] § 5a Abs. 1 iVm § 6a Abs. 1 Nr. 1 BWLVSG; Art. 19 BayVSG; § 8 Abs. 2 Nr. 1 BlnVSG; § 6 Abs. 3 Nr. 1 iVm § 6b BbgVerfSchG; § 8 Abs. 1 Nr. 1 BremVerfSchG; § 8 Abs. 2 S. 1 Nr. 2 iVm § 8a Abs. 2 HmbVerfSchG; § 5 Abs. 2 Nr. 6 iVm § 13 HessVSG; § 10a Abs. 1 Nr. 1 MVLVerfSchG; § 14 Abs. 1 S. 1 Nr. 6 lit. a iVm § 16 NdsVerfSchG; § 5 Abs. 2 Nr. 1 iVm § 7 NRWVSG; § 11 RhPflVerfSchG; § 8 Abs. 1 S. 2 SaarlVerfSchG; § 5 Abs. 1 S. 1 SächsVSG; § 7 Abs. 3 S. 1 LSAVerfSchG; § 8 Abs. 2 S. 3 Nr. 1, Abs. 6 SchlHLVerfSchG; § 10 Abs. 1 iVm § 12 ThürVerfSchG.
[109] § 45 Abs. 2 Nr. 4 BKAG; § 28 Abs. 2 Nr. 4 BPolG; § 47 Abs. 2 Nr. 3 ZFdG.
[110] § 22 Abs. 1 Nr. 5 BWPolG; Art. 38 BayPAG; § 26 Abs. 1 Nr. 1 BlnASOG; § 34 BbgPolG; § 46 BremPolG; § 28 HmbPolDVG; § 16 Abs. 1 HessSOG; § 33 Abs. 1 Nr. 3 MVSOG; § 36 NdsPOG; § 19 NRWPolG; § 34 Abs. 2 Nr. 5 RhPflPOG; § 31 Abs. 2 Nr. 3 SaarlPolDVG; § 64 Abs. 1 Nr. 2 SächsPVDG; § 18 Abs. 1 LSASOG; § 185c SchlHLVwG; § 34 Abs. 2 Nr. 5 ThürPAG.

recht, für das sich detaillierte Regelungen zu Einsatz-Voraussetzungen und -Verfahren nur auf der Ebene des Verwaltungsinnenrechts (Nr. I RiStBV Anl. D) finden. Da auch eine analoge Anwendung der Vorschriften über Verdeckte Ermittler (§§ 110a ff. StPO) ausscheidet,[111] kann als gesetzliche Befugnisnorm de lege lata nur auf die strafverfahrensrechtliche Ermittlungsgeneralklausel (§§ 161 Abs. 1, 163 Abs. 1 S. 2 StPO) zurückgegriffen werden.[112] Insbesondere im praxisnahen Schrifttum wird diese Vorgehensweise unter Verweis auf die zumeist jahrzehntealte Rspr. von BVerfG[113] und BGH[114] für verfassungskonform gehalten.[115] Auffällig ist dabei jedoch, dass dabei die neuere, deutlich Grundrechtssensitivere Entwicklung der verfassungsrechtlichen bzw. menschenrechtlichen Rspr. zur Eingriffsintensität nicht-offener Überwachungsmaßnahmen praktisch nicht zur Kenntnis genommen wird. Bei realistischer Sicht der Dinge kommt man nicht umhin zuzugestehen, dass nach besagter Rspr. VP-Einsätze auf der Basis einer vagen Generalklausel weder mit dem grundgesetzlichen Parlamentsvorbehalt noch mit dem Gesetzlichkeitserfordernis des Art. 8 Abs. 2 EMRK in Einklang zu bringen sind.

41   Vor diesem Hintergrund ist der (wohl inzwischen herrschenden) Auffassung im Schrifttum beizupflichten, wonach **repressive VP-Einsätze** infolge des Fehlens einer gesetzlichen Spezialbefugnis derzeit rechtlich **unzulässig** sind.[116] In Betracht kommt daher bis zu einer gesetzlichen Normierung in der StPO[117] für die Strafverfolgung lediglich ein präventivpolizeilicher Einsatz bei doppelt-funktionalen Gemengelagen, sofern ein Agieren als Lockspitzel ausgeschlossen ist (→ Rn. 76) oder der zulässigerweise auf die Generalklausel stützbare (einmalige) Einsatz operativer Zeugen. Entsprechend stehen die weiteren Ausführungen zu den rechtlichen Voraussetzungen des strafverfahrensrechtlichen VP-Einsatzes unter dem Vorbehalt mangelnder Verfassungskonformität der gegenwärtigen (Nicht-)Regelung.

2. Rechtsverhältnis VP–Behörde

42   Angeworbene[118] VPs werden in behördlichem Auftrag tätig und sind als Verwaltungshelfer zu qualifizieren (→ Rn. 35). Die zugrundeliegende Vereinbarung im Innenverhältnis, also der Vertrag zwischen der einsetzenden Behörde und der VP, wird hingegen nach inzwischen ganz hM als zivilrechtlicher Kontrakt angesehen.[119] Vertragsinhalt ist dabei die auftragsgemäße Bemühung zur Beschaffung von Erkenntnissen, für welche die VP als **freier Mitarbeiter auf Honorarbasis** entlohnt wird. Behördenseitig ist die Vereinbarung als

---

[111] BGHSt 41, 42 = NJW 1995, 2236; BGH NJW 1996, 2108 (2109); zuvor erwogen von *Zaczyk* StV 1993, 490 (493). Für nachrichtendienstliche VPs offen gelassen von BGH NStZ 2011, 153 (mit dem unverständlichen Zusatz, die Analogie komme allenfalls unter den Voraussetzungen des § 34 StGB in Betracht).
[112] Ein Abstellen auf § 34 StGB kommt nicht in Betracht, *Jahn*, Strafrecht des Staatsnotstands, 2004, 377 f.; *Kölbel* in MüKoStPO StPO § 163 Rn. 21.
[113] BVerfGE 57, 250 (284) = NJW 1981, 1719; BVerfG NJW 1996, 448 (449).
[114] BGHSt 41, 42 = NJW 1995, 2236; BGHSt 32, 115 (121) = NJW 1984, 247.
[115] *Bader* in KK-StPO StPO Vor §§ 48 ff. Rn. 55; *Schmitt* in Meyer-Goßner/Schmitt StPO § 163 Rn. 34a; ferner *Lesch* JA 2000, 725 (727); *Krey* FS Kohlmann, 2003, 627 (649).
[116] So *Bockemühl* in KMR-StPO StPO § 110a Rn. 5; *Hauck* in Löwe/Rosenberg StPO § 110a Rn. 14 mit Fn. 61; *Günther* in MüKoStPO StPO § 110a Rn. 29; *Wolter/Jäger* in SK-StPO StPO § 110a Rn. 3, 3a; *Hund* StV 1993, 379 (380); *Lagodny* StV 1996, 167 (172); *Rogall* NStZ 2000, 490 (492); *Gercke* StV 2017, 615 (622, 625); *Lilie/Rudolph* NStZ 1995, 514 (515); *Soiné* ZRP 2021, 47 (48); *Decker*, Der V-Mann-Einsatz durch Polizei und Verfassungsschutz, 2018, 145, 213; *Esser* Auf dem Weg zu einem europäischen Strafverfahrensrecht 180 f.; diff. *Kölbel* in MüKoStPO StPO § 163 Rn. 22 f. (VP darf nur zur passiven Entgegennahme von Informationen eingesetzt werden).
[117] Konkrete Regelungsvorschläge bei *Soiné* ZRP 2021, 47 (49 f.); *Duttge* JZ 1996, 556 (564 f.); *Baron*, Zur Frage der grundsätzlichen Zulässigkeit des Einsatzes verdeckt ermittelnder Personen und Vorschlag einer umfassenden gesetzlichen Regelung, 2002, 233 ff.
[118] Zur praktischen Vorgehensweise bei der nachrichtendienstlichen VP-Anwerbung *Droste* VerfassungsschutzR-HdB 275; *BLKR*, Abschlussbericht v. 30.4.2013, 95 Rn. 193 ff., https://bit.ly/2SF7w8M; *Dietrich* in Dietrich/Eiffler NachrichtendiensteR-HdB § 2 Rn. 55; zur polizeilichen Vorgehensweise *Keller* Ermittlungen 119.
[119] BVerwG NVwZ-RR 2010, 682 (683); einen öffentlich-rechtlichen Vertrag nimmt an *Gusy* RiA 1982, 101 (103).

essentiale negotii mit einer Vertraulichkeits- bzw. Geheimhaltungszusage verbunden.[120] Demgegenüber sind VPs ihrerseits nur im Falle einer vorherigen **förmlichen Verpflichtung** nach dem VerpflG[121] zur Verschwiegenheit (einschl. Erfordernis einer Aussagegenehmigung bei gerichtlicher Ladung) verpflichtet.[122] In der polizeilichen Praxis erfolgt die Abgabe der Verpflichtungserklärung durch die VP regelmäßig quasi „Zug um Zug" gegen die Vertraulichkeitszusage der Ermittlungsbehörde gegenüber der VP.[123] Eine rückwirkende Verpflichtung kommt, auch bei noch bestehender Tätigkeit, nicht in Betracht.[124]

Ein **dauerhaftes Beschäftigungsverhältnis** der VP wird durch den Vertrag ebenso wenig begründet[125] wie eine Disziplinargewalt der Behörde über die VP. Als informelle **Sanktionsmöglichkeit bei Schlechtleistung** stehen aber eine Abmahnung durch die VP-Führung mit der Androhung der Beendigung des Vertragsverhältnisses[126] sowie im Bereich polizeilicher VPs die (Androhung der) Rücknahme der Vertraulichkeitszusage (Nr. I 4 S. 2 RiStBV Anl. D) zur Verfügung. Bei Bestehen einer Verpflichtung nach dem VerpflG (→ Rn. 42) wirkt überdies eine Strafdrohung wegen bestimmter Amtsdelikte (insbesondere Korruptionsdelikte nach den §§ 331 ff. StGB sowie Verletzung der Geheimhaltungspflicht gem. § 353b Abs. 1 S. 1 Nr. 2 StGB[127]) verhaltenslenkend. **43**

Fragen der **Aufwandsentschädigung und Honorierung** werden vom Gesetzgeber nicht ausdrücklich thematisiert (→ Rn. 9) und in der Praxis als Geheimsache behandelt.[128] Es ist aber davon auszugehen, dass bei den VPs einsetzenden Behörden entsprechende „Tarifordnungen" bestehen, die insbesondere im strafprozessualen Bereich in Form von Erfolgsprämien (etwa in Bezug auf beschlagnahmte Btm-Mengen oder den Wert wiedererlangter Diebesbeute) gestaltet sind.[129] Eine ehemalige polizeiliche VP berichtet davon, für **44**

---

[120] Vgl. *Gillich* JZ 2021, 820 (822). Ausdrücklich geregelt ist dies (nur) für das Strafverfahrensrecht in Nr. I 3–5 RiStBV Anl. D, wobei der Begriff der „Vertraulichkeitszusage" allerdings für Informanten (→ Rn. 13) reserviert ist; in Bezug auf VPs spricht die Vorschrift von einer „Geheimhaltungszusage" (vgl. Nr. I 2 RiStBV Anl. D). In Bezug auf das Nachrichtendienste- und Polizeirecht ergibt sich das für ein VP-Verhältnis konstitutive Element der Vertraulichkeitszusage jedenfalls aus den jeweiligen Legaldefinitionen (→ Rn. 9). Die Ansicht, wonach in Deutschland eingesetzte ausländische VE automatisch als VP zu qualifizieren seien (→ Rn. 11), ist daher jedenfalls dann unrichtig, wenn eine entsprechende Vertraulichkeitszusage nicht ergangen ist, *Conen* StraFo 2013, 140 Fn. 5. In der Praxis sind Vertraulichkeitszusagen gegenüber ausländischen in Deutschland eingesetzten VE aber üblich, *Barczak* StV 2012, 182 (188).
[121] Musterformular einer solchen Verpflichtungserklärung bei *Matkey* Kriminalistik 2014, 31 (35).
[122] Zu den Argumenten pro und contra Verpflichtungserklärung aus polizeilicher bzw. staatsanwaltschaftlicher Sicht *Keller* Ermittlungen 87 ff.; *Engelstätter* in BeckOK StPO, 43. Ed. 1.4.2022, RiStBV Anl. D Rn. 6.
[123] *Gercke* StV 2017, 615 (616).
[124] *BT-Wiss. Dienst*, Ausarbeitung „Zulässigkeit einer nachträglichen Verpflichtung nach dem Verpflichtungsgesetz" v. 25.8.2020, WD 3 – 3000 – 193/20, 5 f.
[125] *Soiné* NStZ 2013, 83 (84); wohl aA *Bader* in KK-StPO StPO Vor § 48 Rn. 9 (für „hauptberuflich angestellte V-Leute"); *v. Freeden* Die Polizei 1958, 69 (71).
[126] *Marscholleck* NJW 2015, 3611 (3616).
[127] Zur Frage, inwieweit die Verschwiegenheitspflicht reicht, wenn sich eine VP als Beschuldigter in einem Strafverfahren über ihre VP-Tätigkeit einlässt, OLG Düsseldorf NStZ 2013, 590 f. m. zust. Bespr. *Soiné* GA 2014, 527 (528 f.).
[128] Vgl. BT-Drs. 17/12470, 3: „Generell können V-Leute bzw. V-Personen und nachrichtendienstliche Verbindungen Entgelte, Prämien, Honorare, Auslagenerstattungen (Kostenersatz), Anerkennungen und Zuwendungen erhalten." Die Anfrage in Bezug auf die Höhe der eingesetzten Haushaltsmittel wird dort so beantwortet: „Die Höhe der Zahlungen von Prämien an V-Leute wird für das BfV durch die „Bestimmungen über die Bewirtschaftung des Titels 532 04 (für Zwecke des Verfassungsschutzes) geregelt, die insgesamt als „VS – Vertraulich" eingestuft sind. Die Zahlungen erfolgen im Kapitel 06 09 aus dem Titel 532 04, der Bestandteil des als „VS – Geheim" eingestuften Wirtschaftsplanes des BfV gemäß § 10a der Bundeshaushaltsordnung (BHO) ist. [...] Eine VS – Vertraulich eingestufte Übersicht über die seit dem Jahr 2000 insgesamt sowie der davon im Bereich Rechtsextremismus gezahlten Prämien wird parallel in der Geheimschutzstelle des Deutschen Bundestages zur Einsichtnahme hinterlegt." Vgl. auch den autobiographischen Bericht einer ehemaligen VP bei *Diehl/Lehberger/Schmid*, Undercover, 2020, 131 in Bezug auf Spesenzahlungen („Exzesse mit bezahlten Frauen, Alkohol und Koks auf Kosten der Polizei").
[129] Nach *Mathes*, Was verdienen Polizei-Spitzel?, stern-online v. 22.1.2007, https://bit.ly/3zCDAuH, existiert(e) beim BKA eine 25-seitige Liste mit der Bezeichnung „Allgemeine Grundsätze zur Bezahlung von V-Personen und Informanten"; vgl. auch *Fröhlich*, V-Mann verklagt Polizeidirektion, Hannoverscher Allgemeine-online v. 17.3.2011, https://bit.ly/37JvO8M.

die Aufklärung eines Mordes mit 17.000 EUR honoriert worden zu sein.[130] Teilweise wird auch von festen Stundensätzen (zw. 15 und 30 EUR) berichtet.[131] Die Bezahlung erfolgt regelmäßig in bar, wobei eine **Pauschalversteuerung** iHv 10% durch die auszahlende Stelle erfolgt.[132]

3. VP-Personalauswahl und -Führung

45 Da es sich bei VPs oftmals um **Personen mit dubioser Motivation** und zweifelhaftem Leumund handelt (→ Rn. 3), wird das Erfordernis einer sorgfältigen Personalauswahl und Einsatzführung betont.[133]

46 a) **Ausschlussgründe (VP-Anwerbungsverbote).** Normierungen finden sich insbesondere in Gestalt von **personalen Ausschlusskriterien.** Im Bundesrecht der Nachrichtendienste findet sich eine entsprechende Regelung in § 9b Abs. 2 S. 2 BVerfSchG, die fünf Ausschlussgründe aufzählt.[134] Ähnliche Regelungen finden sich teilweise in den Landespolizeigesetzen (beispielsweise in Art. 38 Abs. 5 BayPAG)[135] sowie für das Strafverfahrensrecht in der RiStBV Anl. D.[136] Die mit den Ausschlussgründen verfolgten Zwecke sind heterogen.

47 Primär dem Schutz der Integrität des behördlichen Handelns selbst dienen Vorschriften, die einem Einsatz potenziell unehrlicher VPs entgegenwirken sollen. Dazu gehört neben generellen **Unzuverlässigkeitsklauseln** (zB RiStBV Anl. D Nr. I 4 Abs. 1 Satz 2 lit. b) das Verbot der Werbung von Personen, die maßgeblich, dh „allein" (so § 9b Abs. 2 S. 2 Nr. 2 BVerfSchG) oder zumindest „überwiegend" (zB Art. 38 Abs. 6 S. 4 Nr. 1 BayPAG), von den Zuwendungen für die VP-Tätigkeit ihren Lebensunterhalt bestreiten würden.[137] In diesem Fall wäre nämlich gegebenenfalls mit der Mitteilung erfundener oder aufgebauschter Sachverhalte zu rechnen, um damit das Zusammenarbeitsinteresse der Behörde aufrechtzuerhalten.[138] Vielfach wird die konkrete Ausgestaltung dieses Ausschlussgrundes allerdings als missraten kritisiert, da einerseits beim inländischen VP-Einsatz jedenfalls ein „alleiniges" Abhängen der finanziellen Lebensgrundlage aufgrund der regelmäßig gegebenen Bezugsmöglichkeiten nach SGB II oder AsylbLG praktisch nicht vorkommt,[139] andererseits bei VP-Einsätzen in wirtschaftlich ärmeren Krisenländern die Gewinnung von Quellen durch ein kategorisches Verbot weitgehend unmöglich gemacht werde.[140]

---

[130] *Diehl/Lehberger/Schmid,* Undercover, 2020, 78. Besoldungsbeispiele nachrichtendienstlicher VPs bei *Jüttner,* Nebenjob V-Mann, Spiegel-online v. 7.2.2013, https://bit.ly/3iV6HDA.
[131] *Baumgärtner/Schindler* Der Spiegel 47/2015, 52.
[132] BT-Drs. 17/12470, 3 f.; *Droste* VerfassungsschutzR-HdB 266 Fn. 855.
[133] Exemplarisch *Keller* Ermittlungen 194 f.
[134] Die Regelung war zuvor bereits Gegenstand von inhaltsgleichem Verwaltungsinnenrecht, vgl. BT-Drs. 18/4654, 28. Vergleichbare Regelungen sind auch im Landesrecht enthalten, etwa in § 6b Abs. 2 BbgVerfSchG, § 11 Abs. 2 RhPflVerfSchG, § 7 Abs. 1 VSG NRW.
[135] In den Bundespolizeigesetzen fehlt es an solchen Regelungen.
[136] Nr. I 3.4 (Minderjährigkeit) und I 4 (Unzuverlässigkeitsgründe). Die zuletzt genannte Regelung ist zwar formell als Widerrufsgrund der Vertraulichkeitszusage ausgestaltet. Der Sache nach handelt es sich aber (auch) um von Anfang an zu berücksichtigende Kriterien der Personalauswahl, sodass bspw. eine als notorisch unzuverlässig bekannte Person gar nicht erst als VP eingesetzt werden darf.
[137] Im Strafverfahrensrecht findet sich keine Entsprechung.
[138] *Graulich* in Schenke/Graulich/Ruthig BVerfSchG § 9b Rn. 11; *Dietrich* in Dietrich/Eiffler NachrichtendiensteR-HdB § 2 Rn. 57; *Droste* VerfassungsschutzR-HdB 269 Fn. 865; teilweise wird der Normzweck auch darin gesehen, zu verhindern, dass die der VP zugewendeten Mittel einer aufzuklärenden Organisation zufließen und der Staat letztlich seine Feinde finanziert, vgl. *Blome/Sellmeier* DÖV 2016, 881 (884).
[139] *Blome/Sellmeier* DÖV 2016, 881 (884); *Scharmer* StV 2016, 323 (326).
[140] Vgl. Ref-E eines Gesetzes zur Harmonisierung des Verfassungsschutzrechts 2019, zit. nach *Meister/Biselli,* Seehofer will Staatstrojaner für den Verfassungsschutz, netzpolitik.org v. 28.3.2019, https://bit.ly/3cY-Mol6, Begr. zu Art. 3, zu § 5 BNDG-E; für eine entsprechende teleologische Reduktion des § 9b Abs. 2 S. 2 Nr. 2 BVerfSchG *Graulich* in Schenke/Graulich/Ruthig BVerfSchG § 9b Rn. 11; → § 19 Rn. 94.

C. Befugnisse der Sicherheitsbehörden de lege lata   § 28

Ebenfalls mit dem Schutz vor Nachrichtenunehrlichkeit bzw. sonstiger Unzuverlässigkeit 48
begründet[141] werden die im Detail unterschiedlich strikt ausgestalteten Anwerbungsverbote
bei **vorbestraften Personen**.[142] Hinsichtlich des absoluten Anwerbungsverbots von (Völker-)Mördern, Totschlägern und Menschlichkeitsverbrechern dürften allerdings primär
Gründe des Ansehens des Staates ausschlaggebend sein.

Andere Anwerbungsverbote haben primär das Wohl der dadurch gesperrten Privatperson 49
im Blick. Dies gilt zum einen für das kategorische Verbot der **Werbung Minderjähriger**
als VP,[143] zum anderen für dasjenige zur Werbung von Personen, die an einem Aussteigerprogramm teilnehmen.[144]

Weitere, teilweise ungeschriebene Ausschlussgründe ergeben sich aus übergeordneten 50
Prinzipien. Einige nachrichtendienst- und polizeirechtliche Regelungen verbieten ausdrücklich die **Anwerbung von Parlamentariern** oberhalb der kommunalen Ebene und
von deren Mitarbeitern.[145] Sinn und Zweck dieses vermeintlich „selbstverständlichen"[146]
Verbots sind nicht ganz klar: Teils wird eine Gefährdung der Unabhängigkeit parlamentarischer Kontrolle befürchtet (da theoretisch VPs in parlamentarischen Kontrollgremien
Aufsicht über ihren eigenen Einsatz führen könnten),[147] teils wird darin eine Absicherung
der generellen Unabhängigkeit der Legislative gesehen.[148] Jedenfalls gründet die Unzulässigkeit der Werbung von Parlamentariern auch in dem (nach zutr. Ansicht: absoluten)
Verbot, zeugnisverweigerungsberechtigte **Berufsgeheimnisträger** – dazu zählen neben
Parlamentariern (vgl. § 53 Abs. 1 S. 1 Nr. 4 StPO) unter anderem Geistliche, Ärzte,
Rechtsanwälte und Journalisten[149] – als VP zu gewinnen.[150] Eng damit verwandt ist das in
den Sicherheitsgesetzen nicht ausdrücklich geregelte, aber verfassungsrechtlich zwingende

---

[141] Vgl. BT-Drs. 18/4654, 28 („Die rechtskräftige Verurteilung wegen eines Verbrechens oder eine Verurteilung zu einer nicht zur Bewährung ausgesetzten Freiheitsstrafe indizieren die Ungeeignetheit der Person.").

[142] Bspw. sieht § 16 Abs. 1 S. 1, Abs. 6 Nr. 1 NVerfSchG ein striktes Werbungsverbot unter anderem für Personen vor, die wegen eines Verbrechens oder der Bildung einer kriminellen Vereinigung (§ 129 StGB) verurteilt worden sind (krit. *Dietrich* in Dietrich/Eiffler NachrichtendiensteR-HdB § 2 Rn. 16: „lebensfremd und sicherheitspolitisch bedenklich"). Demgegenüber lässt § 9b Abs. 2 S. 3 BVerfSchG unter bestimmten Voraussetzungen (unter anderem Behördenleitervorbehalt) bei wegen eines Verbrechens oder zu einer nicht zur Bewährung ausgesetzten Freiheitsstrafe Verurteilten für die Aufklärung besonders gefährlicher Bestrebungen Ausnahmen zu, sofern nicht eine Verurteilung wegen Mord, Totschlag oder bestimmter Taten nach dem VStGB vorliegt; Art. 38 Abs. 5 Nr. 4 BayPAG beschränkt das Anwerbungsverbot von vornherein nur auf diese absoluten Ausschlussgründe. Zum Strafverfahrensrecht *Engelstätter* in BeckOK StPO, 43. Ed. 1.4.2022, RiStBV Anl. D Rn. 15 ff. Zum Umgang mit ausländischen Verurteilungen → § 19 Rn. 96.

[143] § 9b Abs. 2 S. 1 Nr. 1 BVerfSchG; Art. 38 Abs. 5 Nr. 1 BayPAG; Nr. I 3.4 RiStBV Anl. D; zur Zwecksetzung *Schmidbauer* in Schmidbauer/Steiner BayPAG Art. 38 Rn. 40; krit. Ref-E eines Gesetzes zur Harmonisierung des Verfassungsschutzrechts 2019, zit. nach *Meister/Biselli*, Seehofer will Staatstrojaner für den Verfassungsschutz, netzpolitik.org v. 28.3.2019, https://bit.ly/3cYMol6, Begr. zu Art. 3, zu § 5 BNDG-E (in Bezug auf die „gelebte Tradition und Wirklichkeit" in Zielregionen, in denen Personen bereits ab Vollendung des 16. Lebensjahres als „vollwertige Akteure zB in militärischen Auseinandersetzungen" fungieren).

[144] § 9b Abs. 2 S. 1 Nr. 3 BVerfSchG; Art. 38 Abs. 5 Nr. 2 BayPAG; weitergehend § 16 Abs. 1 S. 1 Nr. 4 NVerfSchG (Anwerbeverbot bereits bei beabsichtigter Teilnahme an Aussteigerprogramm) sowie § 6b Abs. 2 S. 4 BbgVerfSchG (turnusmäßige Kontrollpflicht der VP-Führung in Bezug auf die Entstehung von Ausstiegsabsichten); die RiStBV Anl. D enthält keinen solchen Ausschlussgrund.

[145] § 9b Abs. 2 S. 1 Nr. 4 BVerfSchG; Art. 38 Abs. 5 Nr. 3 BayPAG.

[146] *Blome/Sellmeier* DÖV 2016, 881 (885).

[147] IdS *Graulich* in Schenke/Graulich/Ruthig BVerfSchG § 9b Rn. 13.

[148] *Schmidbauer* in Schmidbauer/Steiner BayPAG Art. 38 Rn. 42; *Soiné* NJW 2020, 2850 Rn. 34.

[149] Zum Verbot, Journalisten als nachrichtendienstliche bzw. polizeiliche VPs anzuwerben, *Droste* VerfassungsschutzR-HdB 269; *Soiné* NJW 2020, 2850 (2853 Rn. 31).

[150] Zur Absolutheit des Verbots *Barrot/Faeser* NVwZ 2016, 1205 (1207); *Graulich* in Lisken/Denninger PolR-HdB Kap. E Rn. 751; teilw. wird die Anwerbung von Berufsgeheimnisträgern allerdings für zulässig gehalten, wenn sich Berufsgeheimnisträger freiwillig als VP angeboten haben und/oder keine Sachverhalte betroffen sind, auf die sich das Zeugnisverweigerungsrecht bezieht, *Soiné* NJW 2020, 2850 Rn. 33; Einschränkungen idS sind auch angedeutet in den Anwerbungsverbotstatbeständen in § 34 Abs. 1 S. 6 BbgPolG, § 46 S. 3 BremPolG, § 36 Abs. 2 S. 3 NPOG, § 64 Abs. 5 Nr. 2 SächsPVDG.

Verbot, durch die Gewinnung von der Zielperson nahestehenden Personen als VP sehenden Auges kernbereichsrelevante Informationen abzuschöpfen.[151] Insbesondere ist es ausnahmslos unzulässig, VPs auf enge **Familienangehörige** anzusetzen.[152]

51 Nach dem Vorgesagten sind auch für VPs[153] **taktische Liebesbeziehungen** aufgrund ihrer Kernbereichsrelevanz als Verletzung der Menschenwürde unzulässig.[154] Weitgehend ungeklärt ist aber die mit dem Verbot des Eindringens in kernbereichsrelevante Intimität zusammenhängende Frage, inwieweit die Praxis der Gewinnung von **Prostituierten** als VPs oder Gewährspersonen zur Ausforschung von Freiern zulässig ist.[155] Zwar gehören „Ausdrucksformen der Sexualität" prinzipiell dem Kernbereich der privaten Lebensgestaltung an,[156] sodass die Erhebung kernbereichsrelevanter Informationen zu erwarten steht und damit ein Anwerbungsverbot naheliegt. Allerdings ist ebenfalls anerkannt, dass auch das Intim- und Sexualleben betreffende Informationen, wie sie von einer entsprechend eingesetzten VP erhoben werden können, nicht per se dem absolut tabuisierten Kernbereich zuzurechnen sind (vgl. § 68a Abs. 1 StPO)[157] und Prostituierte auch nicht als zeugnisverweigerungsberechtigte Berufsgeheimnisträger angesehen werden. Die besseren Argumente sprechen daher gegen ein Anwerbungsverbot von Prostituierten.

52 Schließlich ergibt sich aus dem verfassungsrechtlichen Gebot, nachrichtendienstliche und polizeiliche Behörden in ihrer Tätigkeit voneinander getrennt zu halten,[158] dass eine VP nicht gleichzeitig sowohl nachrichtendienstlich als auch polizeilich geführt werden darf.[159] Ein zeitlich gestaffelter **„Behördenwechsel"** ist jedoch möglich, wobei umstritten ist, ob die VP-Führung in ein und derselben Angelegenheit im Rahmen eines Amtshilfeersuchens von einem Nachrichtendienst an die Polizei „übergeben" und von dieser „übernommen" werden kann,[160] oder ob nur ein anschließendes Tätigwerden in einem anderen Verfahren möglich ist.[161]

53 **b) Anwerbungsverbote bei VP-Schwundformen.** Fraglich ist, ob die VP-Anwerbungsverbote auch auf Schwundformen wie nachrichtendienstliche Gewährspersonen oder operative Zeugen im Strafverfahren übertragbar sind. In praktischer Hinsicht hängt davon beispielsweise ab, ob Jugendliche als **Testkäufer** eingesetzt werden dürfen[162] oder ob **Familienangehörige** bzw. **Berufsgeheimnisträger** zumindest punktuell gegenüber einer Zielperson eingesetzt werden dürfen.

54 Die Frage ist generell zu bejahen für diejenigen Gesetze, die sich einer Regelungstechnik bedienen, bei der sich die positivierten Ausschlussgründe ausdrücklich auf alle Formen verdeckt eingesetzter Personen beziehen.[163] Fehlt es, wie meist, an konkreten Regelungen in Bezug auf VP-Schwundformen, dürfte entsprechend dem **Schutzzweck des Anwer-**

---

[151] Zur Kernbereichsrelevanz von Gesprächen innerhalb enger vertraulicher Beziehungen BVerfGE 109, 279 (321 f.); *Decker*, Der V-Mann-Einsatz durch Polizei und Verfassungsschutz, 2018, 70 ff.
[152] Vgl. *Graulich* in Lisken/Denninger PolR-HdB Kap. E Rn. 751; *Roggan* GSZ 2019, 111 (113).
[153] Zur Rechtslage bei VM-/VE-Einsätzen → § 27 Rn. 84.
[154] So bereits AG Heidenheim NJW 1981, 1628 und wohl auch BGHSt 42, 139 = NJW 1996, 2940 (Beispiel für „rechtsstaatliche Grenze" des VP-Einsatzes), ebenso *Decker*, Der V-Mann-Einsatz durch Polizei und Verfassungsschutz, 2018, 72 f. S. demgegenüber aber § 47 Abs. 2 S. 4 BremPolG, der das Verbot, bei under cover-Einsätzen sexuelle Handlungen vorzunehmen, auf VE beschränkt, während VPs davon ausgenommen sind.
[155] Hinweis auf diese Praxis bei *Krey ua*, Rechtsprobleme des strafprozessualen Einsatzes Verdeckter Ermittler, 1993, Rn. 13.
[156] BVerfGE 109, 279 (313 f.) = NJW 2004, 999; BVerfGE 119, 1 (20 f.) = NJW 2008, 39; BGHZ 207, 163 = NJW 2016, 1094 (Rn. 33 ff.).
[157] Dazu BGH NJW 2005, 1519.
[158] Dazu etwa *Bäcker* in Lisken/Denninger PolR-HdB Kap. B Rn. 244 ff.; *Roth* in Schenke/Graulich/Ruthig BVerfSchG § 2 Rn. 7 ff.; *Nehm* NJW 2004, 3289.
[159] *Köhler* in Meyer-Goßner/Schmitt StPO § 110a Rn. 4a.
[160] So *Soiné* NStZ 2007, 247 (250 mit Fn. 50).
[161] IdS *Engelstätter* in BeckOK StPO, 43. Ed. 1.4.2022, RiStBV Anl. D Rn. 10.
[162] → Rn. 49; nach *Soiné* Kriminalistik 2013, 507 dürfen Jugendliche jedenfalls als Informanten (→ Rn. 13) gewonnen werden.
[163] Bspw. § 7 Abs. 1 iVm § 5 Abs. 2 Nr. 2 VSG NRW.

bungsverbots zu differenzieren sein: Während Ausschlüsse aus übergeordneten verfassungsrechtlichen Gründen (qualifizierter Geheimnisschutz bei Kernbereichsrelevanz und zeugnisverweigerungsberechtigten Berufsgeheimnisträgern; nachrichtendienstliches Trennungsgebot) für VPs und deren Schwundformen gleichermaßen gelten müssen, bestehen bei Ausschlussgründen zum Zweck des Schutzes der gesperrten Person oder bei der Gefahr von Nachrichtenunehrlichkeit Abwägungsspielräume. Plastisch: Während Journalisten oder Bundestagsabgeordnete weder als VP noch als Gewährsperson eingesetzt werden dürfen, verbietet sich bei Jugendlichen oder Mördern nur der Einsatz als VP kategorisch.[164]

c) **Einsatzführung.** Der behördliche Kontakt zu einer VP ist dem sog. VP-Führer vorbehalten, der sich proaktiv um die Gewinnung von VPs bemüht[165] und der ihnen nach erfolgreicher Werbung als „fester Ansprechpartner" zur Verfügung steht. Praxisnahe Autoren umschreiben das **Anforderungsprofil an geeignetes Führungspersonal** mit den Schlagworten: hohe persönliche Integrität, gute Rechts- und Menschenkenntnisse sowie Fingerspitzengefühl im Umgang mit „problematischen" Charakteren.[166] In rechtlicher Hinsicht finden sich zur VP-Führung aber nur sehr wenige Regelungen, namentlich die Pflicht, die Zuverlässigkeit einer VP und die Qualität und den Wahrheitsgehalt der gelieferten Informationen fortlaufend zu überprüfen.[167] Einige Gesetze enthalten auch die Pflicht zur regelmäßigen **Personalrotation** aufseiten der VP-Führung.[168] 55

II. Einsatzvoraussetzungen

1. Eingriffsschwellen

Im nachrichtendienstlichen sowie im präventiv-polizeilichen Bereich sind VP-Einsätze trotz unterschiedlicher Regelungstechnik – entweder qua Verweis[169] oder aufgrund gemeinsamer Regelung[170] – regelmäßig unter denselben Voraussetzungen statthaft wie VM-/VE-Einsätze. Insoweit wird auf die entsprechenden Ausführungen in → § 27 verwiesen.[171] Hinsichtlich des **Subsidiaritätsgrundsatzes** (im Bundesrecht: § 9b Abs. 1 S. 1 BVerfSchG iVm § 9a Abs. 1 S. 1 BVerfSchG iVm § 9 Abs. 1 S. 2 BVerfSchG) ist zudem die beim BfV geführte sog. **V-Leute-Datei** zu beachten, mithilfe derer überflüssige Einsätze von Parallelquellen in demselben Beobachtungsobjekt durch verschiedene Nachrichtendienste verhindert werden sollen.[172] 56

Anders verhält es sich im **Strafverfahrensrecht**, das keine gesetzliche Regelung zum VP-Einsatz enthält (näher → Rn. 9) und in dem die Vorschriften über VE-Einsätze hinsichtlich der Einsatzvoraussetzungen nach allgemeiner Ansicht nicht auf VP-Einsätze entsprechend anwendbar sind. Allerdings finden sich in Nr. I 3 RiStBV Anl. D Verwaltungsvorschriften über die „Voraussetzungen der Zusicherung der Vertraulichkeit", bei denen es sich iVm den §§ 161 Abs. 1, 163 Abs. 1 S. 2 StPO de facto um VP-Einsatzvoraussetzungen handelt. Nach Nr. I 3.2 RiStBV Anl. D kommen VP-Einsätze nur als ultima ratio in Betracht. Im Übrigen ist nach Nr. I 3.1 wie folgt zu differenzieren: 57

---

[164] Abw. *Scharmer* StV 2016, 323 (326), demzufolge die Anwerbungsverbote „für Informanten und Gewährspersonen nicht gelten".
[165] Näher dazu *Keller* Ermittlungen 118 f.
[166] Näher *Keller* Ermittlungen 116 ff.; *Engelstätter* in BeckOK StPO, 43. Ed. 1.4.2022, RiStBV Anl. D Rn. 9; *Droste* VerfassungsschutzR-HdB 273 f.
[167] Exemplarisch § 9b Abs. 2 S. 5 BVerfSchG, Art. 38 Abs. 6 S. 1 f. BayPAG; zur Praxis der Bewertung der Informationsqualität *Keller* Ermittlungen 31 ff.
[168] ZB § 16 Abs. 3 S. 3 NVerfSchG (Wechsel des VP-Führers spätestens nach fünf Jahren).
[169] Exemplarisch § 9b Abs. 1 S. 1 iVm § 9a BVerfSchG.
[170] So § 45 BKAG, § 28 BPolG, § 47 ZfDG, Art. 36 Abs. 2 BayPAG (auf den sowohl Art. 37 als auch Art. 38 BayPAG jeweils verweisen).
[171] → § 27 Rn. 68–72.
[172] Näher *Dietrich* in Dietrich/Eiffler NachrichtendiensteR-HdB § 2 Rn. 88–91; *Unkroth* in BeckOK PolR Bayern, 18. Ed. 1.3.2022, VSG Art. 19 Rn. 2; zur Sinnhaftigkeit von Parallelbeobachtungen s. aber *Droste* VerfassungsschutzR-HdB 29.

Kategorisch ausgeschlossen sind VP-Einsätze zur Aufklärung von **„Bagatellkriminalität"**.[173] Generell zulässig sind VP-Einsätze hingegen beim Bestehen eines Anfangsverdachts (§ 152 Abs. 2 StPO)[174] von **„Schwerkriminalität**, organisierter Kriminalität,[175] illegalem Betäubungsmittel- und Waffenhandel, Falschgeldkriminalität und **Staatsschutzdelikten"**. Im Bereich der **„mittleren Kriminalität"** kommen VP-Einsätze nur „ausnahmsweise" in Betracht, namentlich bei der „Massierung gleichartiger Straftaten".[176] Nähere Hinweise zur Auslegung dieser unscharfen Begriffe („Schwerkriminalität"; „mittlere Kriminalität" usw) enthält die Vorschrift nicht, sodass es der Regelung neben der fehlenden Gesetzesqualität (→ Rn. § 27 Rn. 8 Fn. 15) an der verfassungsrechtlich erforderlichen Bestimmtheit (→ § 27 Rn. 43) mangelt.[177]

2. Einsatzdauer

58 Das Recht der **Nachrichtendienste** sieht im Regelfall **keine zeitliche Befristung** vor, sodass VP-Einsätze, der nachrichtendienstlichen Aufgabenstellung entsprechend,[178] grundsätzlich als langfristige bzw. unbefristete Maßnahme konzipiert sind.[179] Allerdings ist ein dauerhafter (im Gegensatz zu einem zeitlich limitierten bzw. „vorübergehenden"[180]) VP-Einsatz nach Bundesrecht nur zur Aufklärung von besonders gefährlichen Bestrebungen zulässig, § 9b Abs. 1 S. 1 iVm § 9a Abs. 1 S. 2 BVerfSchG.[181] Unter Beachtung dieser Voraussetzung sind theoretisch auch „lebenslange" VP-Einsätze denkbar.[182] Begrenzungen ergeben sich im Einzelfall allerdings aus dem Grundsatz der Verhältnismäßigkeit.[183] Bspw. hat das VG Köln die Unverhältnismäßigkeit einer 38 Jahre andauernden (aber fruchtlosen) Dauerbeobachtung festgestellt.[184] Darüber hinaus enthält das BVerfSchG zwei besondere **Gründe zur Einsatzbeendigung** (im Jargon: Abschaltung der VP): Der hinreichende Verdacht der Begehung einer Straftat von erheblicher Bedeutung durch die VP (§ 9b Abs. 1 S. 1 iVm § 9a Abs. 2 S. 4)[185] sowie der Ablauf einer 6-Monats-Frist beim ertraglosen Einsatz eines verurteilten Verbrechers als VP (§ 9b Abs. 2 S. 4).[186]

---

[173] Der Begriff ist gebräuchlich (vgl. BayObLG BeckRS 2020, 16389; *Beukelmann* in BeckOK StPO, 43. Ed. 1.4.2022, StPO § 153 Vor Rn. 1; *Dreher* FS Welzel, 1974, 917 f.), aber kein terminus technicus. Gemeint sind vor allem Vergehen iSv § 12 Abs. 2 StGB, bei denen die Schuld des Täters als gering anzusehen wäre (vgl. § 153 Abs. 1 StPO) oder die im Wege der Privatklage zu verfolgen wären (vgl. § 374 Abs. 1 StPO).

[174] Das Anfangsverdachtserfordernis ergibt sich aus den „zu diesem Zweck"-Verweisungen der Ermittlungsgeneralklausel, BVerfGE 113, 29 (52) = NJW 2005, 1917; *Kölbel* in MüKoStPO StPO § 163 Rn. 7; zum Erfordernis eines qualifizierten Verdachtsgrades bei Ermittlungen gegen Strafverteidiger *Engelstätter* in BeckOK StPO, 43. Ed. 1.4.2022, RiStBV Anl. D Rn. 12.

[175] Zum Begriff → § 27 Rn. 17.

[176] *Engelstätter* in BeckOK StPO, 43. Ed. 1.4.2022, RiStBV Anl. D Rn. 12 nennt als Beispiel „Einbruchsserien"; vgl. auch *Keller/Wolf* Kriminalistik 2013, 349 (350); in der Praxis werden darunter offenbar zunehmend auch Fälle der Wirtschaftskriminalität subsumiert, vgl. *Kirkpatrick* NStZ 2019, 177; *Lorenz* StraFo 2016, 316.

[177] *Soiné* ZRP 2021, 47 (49) schlägt vor, den Einsatz künftig an das Vorliegen einer „Straftat von erheblicher Bedeutung" zu knüpfen. Auch dies erscheint indes zu vage und niedrigschwellig; wenigstens müsste angesichts der Eingriffsintensitätsäquivalenz dieselbe (etwas engere → § 27 Rn. 73) Schwelle wie bei VE-Einsätzen in § 110a StPO normiert werden. Wirklich konsequent wäre es freilich, zumindest dieselben Voraussetzungen wie bei der akustischen Wohnraumüberwachung nach § 100c Abs. 1 StPO zu verlangen.

[178] Vgl. *Droste* VerfassungsschutzR-HdB 267.

[179] Eine Ausnahme bildet § 7 Abs. 2 S. 2 VSG NRW, der eine (nicht näher konkretisierte) Befristung vorsieht.

[180] Diese Terminologie findet sich in § 16 Abs. 2 S. 2 NVerfSchG.

[181] Für eine nähere Erläuterung s. die Ausführungen in → § 27 Rn. 69.

[182] *BT-Wiss. Dienst,* Der Einsatz von Vertrauensleuten, WD 3 – 3000 – 252/19, 14.

[183] *Dietrich* in Dietrich/Eiffler NachrichtendiensteR-HdB § 2 Rn. 147 ff.

[184] VG Köln BeckRS 2011, 49572; vgl. auch BVerwG NJW 2021, 2818 (Rn. 56, 66), wo eine fruchtlose Dauerbeobachtung über einen Zeitraum von 35 Jahren als „in handgreiflicher Weise unangemessen" bezeichnet wird. Zu den Grenzen der Dauerbeobachtung einer politischen Partei BVerwGE 110, 126 (138) = NJW 2000, 824.

[185] Näher dazu → § 27 Rn. 78.

[186] Dieselbe Regelung findet sich in Art. 19 Abs. 2 S. 4 BayVSG.

C. Befugnisse der Sicherheitsbehörden de lege lata § 28

Demgegenüber sind **präventiv-polizeiliche VP-Einsätze** analog der Regeln zu VE- 59
Einsätzen **stets zu befristen**. Auf die diesbezüglichen Ausführungen wird verwiesen
(→ § 27 Rn. 79–82).

Das **Strafverfahrensrecht** enthält in der RiStBV Anl. D keine Hinweise auf **zeitliche** 60
Grenzen. Die Vorschrift ist daher (auch) aus diesem Grunde in verfassungsrechtlicher
Hinsicht defizitär, da besonders eingriffsintensive strafprozessuale Maßnahmen einer gesetzlichen Befristung bedürfen. Jedenfalls ergibt sich eine einzelfallbezogene Befristungsnotwendigkeit aus dem Verhältnismäßigkeitsgrundsatz,[187] wobei eine Orientierung an der etwa
für TKÜ und akustische Überwachungen außerhalb von Wohnungen geltenden **drei-**
Monats-Frist mit Verlängerungsmöglichkeit durch neuerliche Anordnung (§ 100e Abs. 1
S. 4 f. StPO) angemessen erscheint.[188]

3. Kernbereichsschutz

Aus verfassungsrechtlichen Gründen müssen Regeln zum VP-Einsatz durch gesetzliche 61
Vorkehrungen zum Schutz des Kernbereichs der privaten Lebensgestaltung versehen
sein.[189] Das erforderliche **Schutzniveau** ist dabei prinzipiell **dasselbe wie bei VE-Ein-**
sätzen. Die Ansicht von *Unterreitmeier*, wonach der Kernbereichsschutz bei VP-Einsätzen
nicht bereits bei der Anordnung des Einsatzes, sondern erst bei der Abschöpfung der
Quelle, dh der Weitergabe der bereits erhobenen Information von der VP an den Einsatzführer, anzusetzen habe, geht aus den genannten Gründen fehl (→ Rn. 35).

Im Bundes- und Landesrecht der **Nachrichtendienste** wird der Kernbereichsschutz 62
teilweise durch Anwerbungsverbote gewährleistet (→ Rn. 50 f.). Darüber hinaus verfügen
die meisten Landesverfassungsschutzgesetze über umfassende gesetzliche Schutzvorkehrungen, die insbesondere **Einsatzverbote** bei positiver Kernbereichsprognose, **Unterbre-**
chungsgebote bei ad hoc auftretender Kernbereichsrelevanz[190] und **Verwertungsver-**
bote enthalten.[191] Demgegenüber fehlt es im BVerfSchG an einer umfassenden Kernbereichsschutznorm, sodass § 9b BVerfSchG insoweit nicht verfassungskonform ist.[192]
Einstweilen wird man sich daher mit einer analogen Anwendung von § 3a G10 behelfen
müssen.[193]

Soweit sich im **Polizeirecht** Regelungen zum Kernbereichsschutz bei verdeckten per- 63
sonalen Ermittlungen finden (beispielsweise in § 45 Abs. 7 BKAG und § 49 ZFdG, nicht
hingegen im BPolG), gelten diese für VE- und VP-Einsätze gleichermaßen. Insoweit wird
auf die dortigen Ausführungen in Bezug genommen (→ § 27 Rn. 86). Das **Strafverfah-**
rensrecht enthält weder in der StPO noch in den RiStBV Anl. D Kernbereichsschutzvorschriften für VP-Einsätze und ist daher auch aus diesem Grunde nicht verfassungskonform.[194]

III. Anordnungskompetenzen

Die verfassungsgerichtliche Rspr. postuliert zumindest im Hinblick auf absehbar besonders 64
eingriffsintensive VP-Einsätze (insbesondere bei gegen konkrete Personen gerichteten Ein-

---

[187] BT-Drs. 17/4333, 7.
[188] Abw. *Soiné* ZRP 2021, 47 (50), der de lege ferenda – wohl in Anlehnung an die Regelung des bayerischen Polizeirechts (Art. 38 Abs. 3 S. 2 iVm Art. 37 Abs. 3 S. 3 BayPAG) – für eine sechs-Monats-Frist votiert.
[189] S. die insoweit übertragbaren Ausführungen zum VE-Einsatz in → § 27 Rn. 84 ff.
[190] Krit. zur praktischen Durchführbarkeit *Gercke* StV 2017, 615 (620 f.).
[191] Vgl. § 10 NVerfSchG, § 5a VSG NRW, Art. 8a BayVSG.
[192] Näher dazu → § 27 Rn. 85. Ungeachtet des Fehlens einer gesetzlichen Regelung besteht bei nachrichtendienstlichen Eingriffen in den Kernbereich ein absolutes Verwertungsverbot hinsichtlich der gewonnenen Informationen, *Sellmeier/Blome* GSZ 2019, 196 (200 f.).
[193] *Marscholleck* NJW 2015, 3611 (3615 Fn. 34).
[194] *Soiné* ZRP 2021, 47 (49) schlägt mit § 110e Abs. 2 S. 2 StPO-E einen Verweis auf § 100d Abs. 1, Abs. 2 StPO vor. Zu ergänzen wäre noch ein Unterbrechungsgebot bei unerwartet auftretender Kernbereichsrelevanz.

sätzen sowie beim Betreten von Wohnungen) eine Notwendigkeit, die **Anordnungskompetenz einer unabhängigen Stelle** zu übertragen.[195]

65 Für das Recht der **Nachrichtendienste** folgt daraus, dass eine verfassungskonforme Regelung zumindest für qualifizierte VP-Einsätze einen Richtervorbehalt[196] oder einen vergleichbaren Vorabkontrollmechanismus vorsehen muss.[197] Ein bloßer Behördenleitervorbehalt, wie er etwa in § 9b Abs. 2 S. 1 BVerfSchG und Art. 19 Abs. 2 S. 1 BayVSG vorgesehen ist,[198] wird diesen Anforderungen nicht gerecht, da es der anordnenden Stelle an der notwendigen Unabhängigkeit fehlt. Zwar fürchtet *Unterreitmeier* bei der Notwendigkeit der Einschaltung eines unabhängigen Dritten eine Gefährdung der für die VP-Rekrutierung unabdingbaren Geheimhaltung und dadurch „existenzbedrohende Folgen für die Nachrichtendienste". Angesichts der verbreiteten Richtervorbehalts-**Praxis auf Polizeiebene** (vgl. nur § 45 Abs. 3 S. 1 Nr. 5 BKAG, § 36 Abs. 4 NdsPOG)[199] dürfte diese Annahme jedoch unbegründet sein.[200]

66 Im **Strafverfahrensrecht** findet sich ebenfalls lediglich eine verfassungsrechtlich unzureichende[201] (differenzierte) Behördenleitervorbehaltsregelung in Nr. I 5 RiStBV Anl. D. Danach trifft die gemeinsame (vgl. Nr. I 5.3) Entscheidung (vorbehaltlich einer Gefahr im Verzug-Situation) im Bereich der Staatsanwaltschaft der Behördenleiter oder ein von ihm besonders bezeichneter Staatsanwalt, während im Polizeibereich die Entscheidungskompetenz mindestens auf der Ebene des Leiters der sachbearbeitenden Organisationseinheit anzusiedeln ist (Nr. I 5.1).[202] Dabei wird der Staatsanwaltschaft die Identität der VP allerdings nur „in begründeten Ausnahmefällen" mitgeteilt (Nr. I 5.4).[203]

IV. Befugnisse

1. Allgemeines

67 Da die VP-Eigenschaft kein Dienstverhältnis begründet (→ Rn. 43), verfügen VPs – im Unterschied zu VE[204] – grundsätzlich über keine Rechte (scil. **Eingriffsbefugnisse**)[205] und Pflichten[206], die über diejenigen einer Zivilperson hinausgehen. Als dem Staat zu-

---

[195] BVerfGE 141, 220 (Rn. 174) = NJW 2016, 1781; näher dazu → § 27 Rn. 43.
[196] Bsp. bei *Dietrich* in Dietrich/Eiffler NachrichtendiensteR-HdB § 2 Rn. 146.
[197] BVerfG BeckRS 2022, 8427 (Rn. 354); aA *Graulich* in Schenke/Graulich/Ruthig BVerfSchG § 9b Rn. 3 unter Hinweis auf die gegenüber VM-Einsätzen geringere Eingriffsintensität von VP-Einsätzen. Tatsächlich sind beide Maßnahmen prinzipiell gleichermaßen eingriffsintensiv (→ Rn. 31 ff.).
[198] Beide Vorschriften sind missverständlich formuliert, da sich der Behördenleitervorbehalt jeweils auf die Entscheidung „über die Verpflichtung von VP" bezieht. Damit ist aber nicht die Entscheidung über eine förmliche Verpflichtung nach dem VerpflG (→ Rn. 42) gemeint, sondern über den VP-Einsatz als solchen, vgl. *Dietrich* in Dietrich/Eiffler NachrichtendiensteR-HdB § 2 Rn. 64.
[199] Im Polizeirecht besteht grds. ein Gleichlauf der Anordnungsbefugnisse bei VE- und VP-Einsätzen. Daher sei insoweit verwiesen auf → § 27 Rn. 90 f.; ergänzend zur nordrhein-westfälischen Rechtslage, die ebenfalls nur einen Behördenleitervorbehalt enthält, s. *Keller* Ermittlungen 198 f. Das Fehlen eines Richtervorbehalts bei qualifizierten VP-Einsätzen ist allerdings verfassungswidrig, *Soiné* NJW 2020, 2580 (2852 Rn. 19).
[200] Die gegen eine Vergleichbarkeit gerichtete Annahme von *Unterreitmeier* GSZ 2018, 1 (5), im Gegensatz zur nachrichtendienstlichen Praxis würden polizeiliche VPs „nur in Ausnahmefällen" eingesetzt, geht an der Wirklichkeit vorbei (→ Rn. 23).
[201] So zutr. *Soiné* ZRP 2021, 47 (48 f.), der daher vorschlägt, einen Richtervorbehalt für VP-Einsätze in die StPO aufzunehmen.
[202] Näher *Engelstätter* in BeckOK StPO, 43. Ed. 1.4.2022, RiStBV Anl. D Rn. 14.
[203] Die Vorschrift ist aufgrund der Verfahrensherrschaft der StA aber so zu verstehen, dass die Polizei die Identität auf Verlangen der StA mitzuteilen verpflichtet ist, *Erb* in Löwe/Rosenberg StPO § 163 Rn. 66 Fn. 177.
[204] Für das Strafverfahrensrecht geregelt in § 110c S. 3 StPO, für das Polizeirecht s. *Rachor/Graulich* in Lisken/Denninger PolR-HdB Kap. E Rn. 742.
[205] Unzulässig ist etwa das (heimliche) Durchsuchen der Habe einer Zielperson durch eine nachrichtendienstliche VP, *Droste* VerfassungsschutzR-HdB 288 f.
[206] Die Pflicht zur Anzeige geplanter schwerer Straftaten aus § 138 StGB gilt auch für VPs, da diese in der Ausnahmevorschrift § 139 StGB nicht aufgeführt sind.

rechenbare Eingriffshandlung bedarf der VP-Einsatz als solcher aber einer gesetzlich geregelten Befugnis (dazu → Rn. 36). Die entsprechenden Normen gestatten der VP insbesondere, Ziel- und mitbetroffene Personen über den staatlichen Ausforschungsauftrag zu täuschen.

Ferner ist es auf der Basis weiterer Befugnisnormen zulässig, VP-Einsätze **mit heimlichen Maßnahmen** zu **kombinieren,** etwa eine nachrichtendienstlich[207] oder repressivpolizeilich eingesetzte VP[208] unter den Voraussetzungen der jeweiligen Ermächtigungsgrundlagen (etwa gem. § 9 Abs. 1 iVm § 8 Abs. 2 BVerfSchG bzw. § 100f StPO) mit verborgenen Aufzeichnungsgeräten auszustatten. Vereinzelt sind dabei aber spezifische Verbote zu beachten, zB die Unzulässigkeit des Einsatzes von Drohnen durch VPs gem. § 34 S. 2 MVSOG. 68

2. Legendierung

Ähnlich wie bei VM/VE (→ § 27 Rn. 97) kann der Erfolg eines VP-Einsatzes von der Überzeugungskraft einer verwendeten Legende (Tarnidentität) abhängen, unter der die VP an die Zielperson herantritt.[209] Es ist daher allgemein anerkannt, dass VPs unter einer **fiktiven Identität** an Zielpersonen herantreten dürfen, soweit dabei bestimmte Grenzen eingehalten werden.[210] Ohne Zweifel dürfen VPs mit entsprechenden „**Lifestyle-Accessoires**" ausgestattet werden (Beispiel:[211] Harley-Davidson-Motorrad für VPs in der Rocker-Szene). Fraglich ist aber, inwieweit die VP zu diesem Zweck auch mit **Tarnpapieren** ausgestattet werden kann und ob sie gegebenenfalls auch befugt ist, unter der Legende am Rechtsverkehr teilzunehmen. Ausdrückliche Befugnisse hierzu, wie sie (teilweise) für VM und (umfänglich) für VE vorgesehen sind (→ § 27 Rn. 101 ff.), bestehen nicht. Die daraus folgenden rechtlichen Konsequenzen werden im Schrifttum nur selten thematisiert. 69

Nachrichtendienstliche VPs können nach der erwähnten „Kombinationsmethode" (→ Rn. 68) mit anderen nachrichtendienstlichen Mitteln verbunden und somit auch mit den beispielsweise in § 8 Abs. 2 S. 1 BVerfSchG genannten „Tarnpapieren und Tarnkennzeichen" ausgestattet werden. Eine Teilnahme am Rechtsverkehr unter der Legende ist aber unzulässig.[212] 70

Beim **präventiv-polizeilichen VP-Einsatz** wird die – in der Praxis offenbar gebräuchliche[213] – Absicherung einer Legende mittels Tarnpapieren (also insbesondere Personalausweis, Reisepass und Führerschein), sofern es an einer (landes-)polizeigesetzlichen Grundlage fehlt,[214] teilweise für unzulässig gehalten.[215] Dem ist zu widersprechen. Richtig ist zwar, dass einige landespolizeirechtliche **Zeugenschutzvorschriften,** die auch Herstellung und Gebrauch von Tarnpapieren einschließen (beispielsweise § 48a LSASOG, § 94 BayPAG), erst nach Abschluss eines etwaigen Strafverfahrens greifen und somit jedenfalls nicht auf laufende VP-Einsätze Anwendung finden können.[216] Allerdings kommt eine einsatzbezogene Verleihung einer vorübergehenden Tarnidentität nach § 5 ZSHG oder 71

---

[207] Näher *Sellmeier/Blome* GSZ 2019, 196 (198).
[208] Vgl. BGH NStZ 2011, 596 (heimliche Aufzeichnung durch operativen Zeugen); *Duttge* JZ 1996, 556 (561); *Soiné* Kriminalistik 2013, 507 (511); *Engelstätter* in BeckOK StPO, 43. Ed. 1.4.2022, RiStBV Anl. D Rn. 27 aE; *Kölbel* in MüKoStPO StPO § 163 Rn. 22.
[209] Anders als bei VM/VE ist die Verwendung einer Legende aber kein konstitutives Merkmal der VP-Eigenschaft, → Rn. 8.
[210] Hierzu zählen namentlich das Verbot, nachrichtendienstliche VPs mit einer Behördenidentität zu versehen (→ § 27 Rn. 100) sowie das – für alle VPs gleichermaßen geltende – Verbot einer Legendierung als Berufsgeheimnisträger (→ Rn. 50).
[211] Vgl. *Baumgärtner/Schindler* Der Spiegel 47/2015, 52.
[212] Insoweit gilt das zu VM Gesagte entsprechend, → § 27 Rn. 99.
[213] Vgl. *Diehl/Lehberger/Schmid,* Undercover, 2020, 178.
[214] Einige Länder sehen ausdrücklich einen Gleichlauf mit der VE-Befugnis (→ § 27 Rn. 101 f.) vor, s. § 26 Abs. 2 S. 1 ASOG Bln, § 34 Abs. 4 RhPfPOG, § 18 Abs. 3 S. 1 SOG LSA.
[215] *Schmidbauer* in Schmidbauer/Steiner BayPAG Art. 38 Rn. 50.
[216] Vgl. *Schmidbauer* in Schmidbauer/Steiner BayPAG Art. 38 Rn. 51.

(bereichsspezifisch) § 66 Abs. 1 S. 1 iVm § 7 BKAG in Betracht.[217] Die dafür erforderliche Gefahr für die VP bei Bekanntwerden ihrer Identität dürfte angesichts des Einsatzumfeldes häufig gegeben sein. Auch der Anwendungsbereich des ZSHG steht der hier vertretenen Sichtweise nicht entgegen. Zwar findet sich teilweise die Ansicht, Maßnahmen nach dem ZSHG seien auf Personen beschränkt, die willens und in der Lage sind, *vor Gericht* zu erscheinen und dort eine Zeugenaussage zu machen[218] – was auf VPs nicht zutrifft, da deren Zeugenaussagen regelmäßig allenfalls durch ein Substitut (Protokollverlesung; Aussage des VP-Führers als Zeuge vom Hörensagen) in die Verhandlung eingeführt wird (näher → Rn. 98). Allerdings setzt der Wortlaut von § 1 Abs. 1 ZSHG lediglich voraus, dass die Person „Angaben in einem Strafverfahren" macht, ohne die die Erforschung des Sachverhalts wesentlich erschwert wäre. Mithin gilt die Vorschrift auch für polizeirechtlich eingesetzte VPs, die im Rahmen eines doppelt-funktionalen Einsatzes im Ermittlungsverfahren gegenüber der VP-Führung Angaben machen. Werden Tarnpapiere nach dem ZSHG erstellt, berechtigt dessen § 5 Abs. 3 die VP, unter der Tarnidentität auch am Rechtsverkehr teilzunehmen.

72 Das **Strafverfahrensrecht** enthält keine Vorschrift über Legendierungsmaßnahmen. Erst recht kommt hier jedoch eine Anwendung von § 5 ZSHG in Betracht (vgl. → Rn. 71).

3. Betreten von Wohnungen

73 Geht man mit der hier vertretenen Ansicht davon aus, dass das Betreten einer Wohnung unter Verheimlichung des staatlichen Ausforschungsauftrags einen **Eingriff in das Wohnungsgrundrecht** aus Art. 13 Abs. 1 GG bzw. Art. 8 Abs. 1 EMRK darstellt (→ Rn. 29) und ferner, dass bereits das auftragsgemäße Handeln einer VP dem Staat zurechenbar ist (→ Rn. 35), so bedarf es für VP-Einsätze in Wohnungen sowohl einer verfassungsrechtlichen Grundlage als auch einer speziellen Ermächtigungsgrundlage.[219]

74 **Nachrichtendienstliche VP-Einsätze** können im Einzelfall der Schranke des Art. 13 Abs. 7 GG unterfallen (→ § 27 Rn. 111). Allerdings fehlt es den Bundes- und Ländergesetzen misslicherweise an entsprechenden speziell geregelten Befugnissen, sodass VP-Einsätze nur außerhalb grund- und menschenrechtlich geschützter Wohnungen zulässig sind.[220]

75 Demgegenüber thematisieren einige **Polizeigesetze** im Kontext der Befugnis zum VP-Einsatz ausdrücklich das nach Art. 13 Abs. 7 GG prinzipiell rechtfertigbare Betreten von Wohnungen, meist im Zusammenhang mit einem Richtervorbehalt.[221] Insoweit sind VP-Einsätze auch in Wohnungen zulässig. Andere Polizeigesetze beziehen die Befugnis zum Betreten von Wohnungen hingegen ausdrücklich auf VE-Einsätze,[222] sodass – bereits im Umkehrschluss – eine entsprechende Befugnis für VPs nicht angenommen werden kann.

76 **Strafprozessuale VP-Einsätze** in Wohnungen sind nach inzwischen wohl hM unzulässig. Dies ergibt sich nach der hier vertretenen Ansicht bereits aus der generellen Unzulässigkeit von VP-Einsätzen in Wohnungen de lege bzw. constitutione lata (→ Rn. 41 sowie → § 27 Rn. 119). Aber auch diejenigen Autoren, die strafverfahrensrechtliche VP-Einsätze grundsätzlich für zulässig erachten und auch das Betreten von Wohnungen unter Verschweigen des staatlichen Ausforschungsauftrags nicht als Eingriff in das Wohnungsgrund-

---

[217] Für das Strafverfahrensrecht wird dies für zulässig erachtet von *Engelstätter* in BeckOK StPO, 43. Ed. 1.4.2022, RiStBV Anl. D Rn. 5; *Köhler* in Meyer-Goßner/Schmitt StPO § 110a Rn. 4a; iE auch *Bader* in KK-StPO StPO Vor § 48 Rn. 87 (ohne Nennung einer Rechtsgrundlage). Die Verleihung einer *auf Dauer* angelegten Legende, wie sie bei VM/VE-Einsätzen erfolgt (→ § 27 Rn. 57 f.), ist aber nach dem eindeutigen Wortlaut („vorübergehend") unzulässig.
[218] *Soiné/Engelke* NJW 2002, 470 (472); *Roggan* in MüKoStPO ZSHG § 1 Rn. 7.
[219] Die Ausführungen in → § 27 Rn. 109 ff. gelten entsprechend.
[220] *Hong* in DGGGW Nachrichtendienstereform, 45, 63; aA konsequenterweise diejenigen Autoren, die einen Grundrechtseingriff verneinen, etwa *Sellmeier/Blome* GSZ 2019, 196 (199).
[221] Exemplarisch § 45 Abs. 3 S. 1 Nr. 5 iVm § 89 BKAG; Art. 38 Abs. 2 S. 1 iVm Art. 91 BayPAG.
[222] ZB § 28 Abs. 3a BPolG, § 16 Abs. 4 HessSOG.

recht bewerten, gelangen über einen Umkehrschluss aus dem für VE reservierten § 110c S. 1 StPO zu demselben Ergebnis.[223]

4. Maßnahmen zur Eigensicherung

Das Recht der **Nachrichtendienste** adressiert die Frage von technischen Eigenschutzmaßnahmen nicht. Theoretisch möglich ist aber auch hier eine Kombination des VP-Einsatzes mit anderen nachrichtendienstlichen Mitteln, etwa Abhöreinrichtungen.[224] Möglich ist auch die Durchführung sog. **Schutzobservationen.**[225] 77

Das **Polizeirecht** enthält teilweise ausdrückliche Befugnisse zum flankierenden Einsatz technischer Mittel (zB Mikrofone, Kameras oder Personenschutzsender) zur Sicherung von präventiv-polizeilich eingesetzten Personen,[226] worunter auch VPs verstanden werden.[227] 78

Das **Strafverfahrensrecht** sieht diesbezüglich keine Regelungen vor, was sich auch daraus erklärt, dass es sich beim Einsatz von technischen Maßnahmen zur Sicherung von verdeckt eingesetzten Personen um eine Frage des Gefahrenabwehrrechts handelt (→ § 27 Rn. 123). Allerdings enthält das Polizeirecht oftmals besondere Vorschriften für technische Sicherungsmaßnahmen zugunsten repressiv-polizeilich eingesetzter VPs.[228] 79

Ob sich VPs darüber hinaus bei **einsatzbezogenen Defensivmaßnahmen** auf die allgemeinen Notrechte (insbesondere §§ 32, 34 StGB) berufen können, ist wenig geklärt. Zumindest im Hinblick auf Maßnahmen der unmittelbaren Selbstverteidigung dürfte die Frage aber zu bejahen sein;[229] insbesondere kann hier, im Unterschied zum Einsatz von VE (vgl. § 110c S. 3 StPO), nicht auf eine abschließende polizeirechtliche Befugnis zur Gewaltanwendung abgestellt werden. 80

5. Verwirklichung von Deliktstatbeständen

Der Ertragsreichtum eines VP-Einsatzes hängt uU von der Bereitschaft der VP zur Verwirklichung von zivil-, ordnungswidrigkeits- oder gar strafrechtlichen Deliktstatbeständen ab. Insoweit gilt das zu VM-/VE-Einsätzen Gesagte entsprechend (→ § 27 Rn. 124). Fraglich ist allerdings, ob insbesondere die **einsatzbedingte Begehung von Straftaten ausnahmsweise erlaubt** ist. Da ein Tätigwerden im Auftrag des Staates per se noch keinen Erlaubnisgrund enthält, kommt es insoweit in aller Regel auf das Vorliegen einer speziell geregelten Befugnis (strafrechtsdogmatisch: eines Erlaubnistatbestands) an.[230] 81

Das (Bundes-)Recht der **Nachrichtendienste** verweist in § 9b Abs. 1 S. 1 BVerfSchG auf die für VM geltende Vorschrift § 9a Abs. 2 BVerfSchG, wonach die **Begehung bestimmter Delikte** zulasten der Allgemeinheit **gerechtfertigt** ist (→ § 27 Rn. 129 ff.). Die Verwirklichung von individualschützenden Deliktstatbeständen[231] ist indes nicht zulässig, selbst wenn es sich um bagatellarische Rechtsverstöße handelt (Sachbeschädigungen, Beleidigungen, geringfügige Körperverletzungen). 82

---

[223] *Hegmann* in BeckOK StPO, 43. Ed. 1.4.2022, StPO § 110a Rn. 7; *Bruns* in KK-StPO StPO § 110a Rn. 9; *Soiné/Soukup* ZRP 1994, 466; nach *Bader* in KK-StPO StPO Vor § 48 Rn. 89 soll sich allerdings in (nicht näher konkretisierten) seltenen Ausnahmefällen aus § 34 StGB eine Befugnis ergeben können.
[224] *Droste* VerfassungsschutzR-HdB 289.
[225] *Droste* VerfassungsschutzR-HdB 281.
[226] Bspw. § 62 Abs. 2 ZFdG, Art. 36 Abs. 3 S. 2 BayPAG; anders aber § 28a BPolG sowie § 45 Abs. 6 S. 4, die ausdrücklich nur für VE-Einsätze gelten.
[227] *Graulich* in Schenke/Graulich/Ruthig BKAG § 34 Rn. 3; *Schmidbauer* in Schmidbauer/Steiner BayPAG Art. 36 Rn. 33.
[228] ZB § 34 Abs. 1 BKAG, § 62 Abs. 2 ZFdG.
[229] So auch *Sellmeier/Blome* GSZ 2019, 196 (199 Fn. 39) in Bezug auf nachrichtendienstliche VPs.
[230] Teilweise ergeben sich Straffreistellungsgründe allerdings bereits aus speziellen Tatbestandsausschließungsgründen oder folgen aus den Regeln des Allgemeinen Teils, etwa im Bereich der Teilnahme (näher dazu → § 27 Rn. 190); zur Straflosigkeit von sog. Probe- und Vertrauenskäufen BGH NStZ 1988, 558; KG BeckRS 2015, 02997 (Rn. 25 f.); *Bader* in KK-StPO StPO Vor § 48 Rn. 90.
[231] Zur Konkretisierung kann § 823 Abs. 2 S. 1 BGB herangezogen werden; iÜ → § 27 Rn. 134.

83 Das **Polizeirecht** kennt demgegenüber keinen speziellen Erlaubnistatbestand zur Begehung von Straftaten durch VPs. Gleichwohl ist es unrichtig, wenn im Schrifttum pauschal angenommen wird, VPs dürften zur Informationsgewinnung keine Straftaten begehen.[232] Deliktsverwirklichungen, die mit der Maßnahme typischerweise einhergehen, sind durch die zugrundeliegenden Einsatzbefugnisse gerechtfertigt. Dies gilt etwa für die Begehung von Geheimbereichsverletzungen gem. §§ 201, 201a StGB, wenn der VP-Einsatz von technischen Eigensicherungsmaßnahmen begleitet wird (→ Rn. 78)[233] oder wenn die VP nach § 5 ZSHG unter einer Tarnpapier-gestützten Legende am Rechtsverkehr teilnimmt (→ Rn. 71) und dadurch gegebenenfalls **Urkunden- und Betrugsdelikte** begeht[234] oder ordnungswidrig falsche Namensangaben macht (zB gem. § 111 OWiG, § 379 Abs. 2 Nr. 2 AO). Darüber hinaus besteht aber in der Tat keine Befugnis zur Begehung von einsatzbedingten Straftaten.[235] Dieser Regelungszustand ist freilich dermaßen realitätsfern, dass er in der Praxis nicht selten zu einem (nach § 258a StGB iVm § 13 StGB strafbaren) bewussten „Wegsehen" der VP-Führung und gegebenenfalls auch einem (nach §§ 133, 267 ff. StGB strafbaren) „Frisieren" der Einsatzdokumentation führen dürfte.[236]

84 Für **repressiv-polizeilich eingesetzte VPs** gilt, sofern man diese Ermittlungsmaßnahme überhaupt für zulässig erachtet (→ Rn. 41), das zu gefahrenabwehrrechtlich eingesetzten VPs Gesagte (→ Rn. 81) entsprechend.

6. Sonstige Befugnisgrenzen

85 VP-Einsätze sind, auch wenn sich diese prinzipiell innerhalb der zuvor skizzierten Grenzen halten, unzulässig, sofern durch sie in missbräuchlicher Weise spezifische Verbote oder Voraussetzungen anderer Befugnisnormen umgangen werden. Daraus folgt für polizeiliche VP-Einsätze, dass VPs nicht eingesetzt werden dürfen, um Daten mit Mitteln oder Methoden zu erheben, die die Polizei nicht einsetzen dürfte (so ausdrücklich Art. 38 Abs. 4 Nr. 3 BayPAG). Genannt wird etwa das (sehr theoretische) Beispiel der Anwendung von Folter,[237] die nach teilweise vertretener Ansicht[238] Privatpersonen als Nothilfemaßnahme (sog. Rettungsfolter) gem. § 32 StGB durchaus erlaubt sein kann. Problematischer ist die Annahme, eine VP müsse sich auch aller sonstigen verbotenen Vernehmungsmethoden enthalten.[239] Denn § 136a Abs. 1 StPO erklärt auch eine „Täuschung" ausdrücklich für unzulässig, was ja aber gerade zum Grundrepertoire des VP-Einsatzes gehört. Insoweit herrscht im strafprozessualen Schrifttum und in der Rspr. auch weitgehende Einigkeit, dass § 136a StPO auf verdeckte Befragungen durch VPs (mangels förmlicher Vernehmung) zumindest keine unmittelbare Anwendung findet.[240] Vielmehr wird erst dann von einer unfairen und deshalb unzulässigen **Umgehung des Schweigerechts** ausgegangen, wenn dieses gezielt unterlaufen wird; dies ist namentlich anzunehmen, wenn der Betroffene zuvor

---

[232] So *Kamp* in BeckOK PolR NRW, 21. Ed. 1.3.2021, PolG NRW § 19 Rn. 32; *Schmidbauer* in Schmidbauer/Steiner BayPAG Art. 38 Rn. 49; *Greifenstein* in BeckOK PolR Bayern, 18. Ed. 1.3.2022, PAG Art. 38 Rn. 12.
[233] Vgl. *Sellmeier/Blome* GSZ 2019, 196 (199) (zur nachrichtendienstlichen VP); aA *Graulich* in Lisken/Denninger PolR-HdB Kap. E Rn. 748.
[234] Vgl. *Roggan* in MüKoStPO ZSHG § 5 Rn. 20 f.
[235] Insbes. für BtMG-Verstöße infolge von „Keuschheitsproben" kommt allenfalls eine prozessuale (vgl. *Kamp* in BeckOK PolR NRW, 21. Ed. 1.3.2021, PolG NRW § 19 Rn. 32.1) oder strafzumessungsrechtliche (vgl. *Patzak* in Patzak/Volkmer/Fabricius BtMG Vor §§ 29 ff. Rn. 166) Privilegierung in Betracht.
[236] Vgl. die ausführlichen Berichte bei *Müller*, Forster fühlt sich verraten, Zeit-Magazin 27/2014 (dazu BGH NStZ-RR 2021, 175 m. Bespr. *Hübner* HRRS 2021, 464); *Diehl/Lehberger/Schmid*, Undercover, 2020, insbesondere 68 f.; vgl. auch *Barczak* StV 2012, 182 (185).
[237] *Greifenstein* in BeckOK PolR Bayern, 18. Ed. 1.3.2022, PAG Art. 38 Rn. 43; weiteres Bsp. in → § 27 Rn. 105.
[238] Zur Diskussion *Engländer* in Matt/Renzikowski StGB § 32 Rn. 59 mwN.
[239] So *Schmidbauer* in Schmidbauer/Steiner BayPAG Art. 38 Rn. 38.
[240] BGH NStZ 2011, 596; NJW 1994, 2904; *Roxin* NStZ 1995, 465; *Mahlstedt*, Die Verdeckte Befragung des Beschuldigten im Auftrag der Polizei – Informelle Informationserhebung und Selbstbelastungsfreiheit, 2011, 139.

C. Befugnisse der Sicherheitsbehörden de lege lata § 28

im Rahmen einer förmlichen Vernehmung von der Aussagefreiheit Gebrauch gemacht hat.[241]

Unzulässige Umgehungen (etwa eines Richtervorbehalts) können sich im Einzelfall auch bei der **Beweismittelbeschaffung** ergeben, beispielsweise wenn eine VP zum nicht gesondert angeordneten Mitschneiden eines Telefongesprächs[242] oder der auftragsgemäßen Beschaffung eines beschlagnahmefreien Gegenstandes eingesetzt wird.[243] 86

7. Befugnisse von VP-Schwundformen

Wenig geklärt ist, welche Befugnisse den VP-Schwundformen zukommen. Dies betrifft insbesondere die nachrichtendienstliche Gewährsperson (→ Rn. 15) sowie den **operativen Zeugen im Strafverfahren** (→ Rn. 17). Für Informanten (→ Rn. 13) ist die Fragestellung hingegen nicht bedeutsam, da diesen ohnehin keine über die einem gewöhnlichen Zeugen zukommenden Befugnisse zustehen. 87

Gesetzliche Regelungen hierzu finden sich nur selten[244] und im Bundesrecht gar nicht. Generell gilt das zum Verhältnis VE/NoeP Gesagte (→ § 27 Rn. 147 ff.) entsprechend, nämlich dass der (gesetzlich weniger konkret geregelten) VP-Schwundstufe bereits aus prinzipiellen Erwägungen nur geringere und keineswegs weitergehende Befugnisse zustehen können als einer VP. Konkret folgt daraus, dass das in § 9b Abs. 1 S. 1 iVm § 9a Abs. 2 S. 1 BVerfSchG statuierte Verbot, VPs zur **steuernden Einflussnahme** auf verfassungsfeindliche Bestrebungen einzusetzen, nicht dadurch umgangen werden kann, indem Personen aus dem Führungszirkel einer solchen Bestrebung stattdessen „nur" als Gewährsmänner eingesetzt werden.[245] 88

V. Grenzüberschreitende Einsätze

1. Transnationale Einsätze

Prinzipiell stellen sich in Bezug auf VPs dieselben Probleme wie bei grenzüberschreitenden VM-/VE-Einsätzen (→ § 27 Rn. 151 ff.). Da auftragsgemäße VP-Handlungen der einsatzführenden Behörde zurechenbar sind (→ Rn. 35), besteht auf völkerrechtlicher Ebene die Zurechenbarkeit zu dem Staat, dessen Behörden den VP-Einsatz initiiert haben.[246] Daraus folgt, dass der **Auslandseinsatz einer VP** erst nach der Bewilligung eines entsprechenden **Rechtshilfeersuchens** durchgeführt werden darf.[247] Die für VE-Einsätze geltenden europarechtlichen Vereinbarungen, namentlich Art. 29 RL-EEA (bzw. § 91c Abs. 2 Nr. 2 IRG, § 91e Abs. 1 Nr. 5 IRG) finden allerdings ausweislich des eindeutigen Wortlauts („handelnde Beamte") auf VP-Einsätze keine Anwendung.[248] Ersuchen um Vermittlung eines Kontakts zu als VP für ein inländisches Verfahren geeigneten Personen können ebenfalls Gegenstand der (vertragslosen) Rechtshilfe sein.[249] 89

2. Bundesländergrenzen überschreitende Einsätze

Werden VP-Einsätze von einer Landesbehörde **auf dem Gebiet eines anderen Bundeslandes** durchgeführt (etwa wenn die VP einer Zielperson als Fahrer dient), ist dies nach 90

---

[241] EGMR BeckRS 2003, 05512; *Engelstätter* in BeckOK StPO, 43. Ed. 1.4.2022, RiStBV Anl. D Rn. 28 f.; zu Beweisverwertungsverboten bei Verstößen → § 27 Rn. 104.
[242] Vgl. BGH NJW 1983, 1570 mAnm *J. Meyer* NStZ 1983, 467.
[243] Näher *Engelstätter* in BeckOK StPO, 43. Ed. 1.4.2022, RiStBV Anl. D Rn. 30.
[244] ZB § 7 Abs. 3 NRWVSG.
[245] So aber wohl *Scharmer* StV 2016, 323 (325).
[246] BVerfG NJW 2004, 141 (143).
[247] *Engelstätter* in BeckOK StPO, 43. Ed. 1.4.2022, RiStBV Anl. D Rn. 32; *Keller* Ermittlungen 116.
[248] So auch *Soiné* Kriminalistik 2013, 507 (513); *Keller* Ermittlungen 116 (jew. zur insoweit übereinstimmenden Vorgängervorschrift Art. 14 Abs. 1 EuRhÜbk); zum vertragslosen Rechtshilfeverkehr in Bezug auf VP-Einsätze näher *Trautmann/F. Zimmermann* in Schomburg/Lagodny IRG § 59 Rn. 109 f.
[249] *Hackner* in Schomburg/Lagodny IRG Vor § 68 Rn. 45.

den Grundsätzen der territorialen Verwaltungshoheit grundsätzlich nur mit der Zustimmung des Innenministeriums des Einsatzgebietes zulässig.[250] Das zu VM-/VE-Einsätzen Gesagte (→ § 27 Rn. 152) gilt insoweit entsprechend.

VI. Transparenz und Kontrolle

91 Wirkungsweise und Eingriffsintensität verdeckter personaler Ermittlungen gebieten aus verfassungsrechtlichen Gründen, dass derartige Eingriffsbefugnisse durch nachträgliche Kontroll- und Aufsichtsmöglichkeiten flankiert sind, namentlich Vorgaben zur **Einsatzdokumentation** und **aufsichtlichen Kontrolle** sowie einer **Mitteilungspflicht** gegenüber Betroffenen. Hierdurch sollen Betroffene in die Möglichkeit versetzt werden, um individuellen (nachträglichen) Rechtsschutz nachzusuchen, und politischen Entscheidungsträgern die Möglichkeit eröffnet werden, etwaigen Fehlsteuerungen entgegenzuwirken. Da sich VP-Einsätze hinsichtlich der insoweit maßgeblichen Parameter nicht von VM-/VE-Einsätzen unterscheiden, gelten die hierfür entwickelten verfassungsrechtlichen Maßgaben gleichermaßen. Insoweit wird auf die diesbezüglichen Ausführungen verwiesen (→ § 27 Rn. 157). Hinsichtlich der konkreten bzw. einfachgesetzlichen Ausgestaltung dieser Vorgaben besteht ebenfalls in vielerlei Hinsicht ein Gleichlauf mit den für VM-/VE-Einsätze geltenden Vorschriften, sodass auch insoweit – insbesondere hinsichtlich der Rechtsschutzmöglichkeiten – auf das dazugehörige Kapitel verwiesen wird. Folgende Abweichungen und Besonderheiten sind aber zu beachten:

92 Während im nachrichtendienstlichen und präventiv-polizeilichen Bereich die Regeln über die VP-Einsatzdokumentation denjenigen bei VM-/VE-Einsätzen entsprechen, enthält das Strafverfahrensrecht in Nr. I 5.6 RiStBV Anl. D lediglich einige basale Spezialvorschriften für VP-Einsätze. Im Übrigen gelten die **allgemeinen Grundsätze der Aktenführung**.[251]

93 Hinsichtlich der **parlamentarischen Kontrolle** enthält § 9b Abs. 1 S. 2 BVerfSchG eine Sondervorschrift (lex specialis gegenüber § 9 Abs. 3 Nr. 2 BVerfSchG), wonach die Bundesregierung dem PKGr mindestens einmal im Jahr einen Lagebericht zu VP-Einsätzen vortragen muss. Die Unterrichtungspflicht gegenüber dem von VP-Einsätzen Betroffenen nach § 9 Abs. 3 Nr. 1 BVerfSchG[252] bleibt davon aber unberührt. Das Strafverfahrensrecht enthält weder eine allgemeine Berichts- noch eine individuelle Unterrichtungspflicht gegenüber dem Betroffenen, sodass repressive VP-Einsätze auch aus diesem Grund de lege lata unzulässig sind. Sofern man, entgegen der hier vertretenen Ansicht, strafverfahrensrechtliche VP-Einsätze auf der Basis der Generalklausel für zulässig erachtet, ist zumindest eine nachträgliche Benachrichtigung analog § 101 Abs. 4 Nr. 9, Abs. 5 StPO erforderlich.

VII. Strafprozessuale Folgen

1. Problematik

94 VPs kommen in der strafrechtlichen Hauptverhandlung grundsätzlich als Zeugen in Betracht.[253] Die verfassungsrechtlich fundierte gerichtliche Aufklärungspflicht[254] sowie der Fairnessgrundsatz in Gestalt des Konfrontationsrechts des Beschuldigten aus Art. 6 Abs. 3

---

[250] *Droste* VerfassungsschutzR-HdB 270 Fn. 871; teilweise finden sich ausdrückliche Regelungen hierzu, vgl. zum Recht der Nachrichtendienste Art. 2 Abs. 2 BayVSG, § 2 Abs. 2 NRWVSG sowie auf dem Gebiet des Polizeirechts Art. 10 Abs. 2, 11 Abs. 3, Abs. 4 BayPOG.
[251] Näher *Conen* StraFo 2013, 140 (143 f.).
[252] Zum – umstrittenen – Vorliegen der Voraussetzungen dieser Vorschrift bei verdeckten personalen Ermittlungen → § 27 Rn. 169.
[253] Zu den Besonderheiten der VP-Zeugenvernehmung vor parlamentarischen Untersuchungsausschüssen nach den §§ 20 ff. PUAG *Barrot/Faeser* NVwZ 2016, 1205.
[254] Näher → § 27 Rn. 176 und – speziell in Bezug auf nachrichtendienstliche VPs – VG Schwerin NVwZ 2007, 852 f.

C. Befugnisse der Sicherheitsbehörden de lege lata   § 28

EMRK (→ § 27 Rn. 183) und seines Anspruchs auf materielle Beweisteilhabe[255] gebieten es, dass sich das Gericht um die Vernehmung der **VP als unmittelbaren Zeugen** bemüht.[256] Andererseits gibt es gewichtige Gründe von Verfassungsrang, die eine gerichtliche Vernehmung von VPs untunlich erscheinen lassen. Dazu gehören neben dem Schutz der VP vor etwaigen Racheaktionen aus dem von ihr „betrogenen" Milieu Interessen des Staates, namentlich die Möglichkeit, die betreffende VP nicht zu „verbrennen" und für weitere Einsätze nutzen zu können (→ § 27 Rn. 177). Ferner betont das BVerfG die Bedeutung der Erfüllung einer gegenüber der VP abgegebenen Vertraulichkeitszusage, und zwar sowohl aus Gründen des individuellen Vertrauensschutzes,[257] als auch unter dem Gesichtspunkt der Funktionsfähigkeit der VP-einsetzenden Sicherheitsbehörde.[258]

2. Geheimhaltung der VP-Identität

Für eine sachgerechte Auflösung des skizzierten Spannungsverhältnisses gegenläufiger Interessen steht im Strafverfahren ein abgestuftes Instrumentarium an Möglichkeiten zur Verfügung, wie (stark) die **Identität der VP in der Hauptverhandlung geheim** zu halten ist.[259] Welche der nachfolgend genannten Möglichkeiten dabei im Einzelfall gewählt wird, bestimmt sich vor allem nach dem Grad der persönlichen Gefahr für die VP im Falle des Bekanntwerdens ihrer Identität.[260] 95

Als milde **Formen des Identitätsschutzes** kommen eine Aussage unter Geheimhaltung des Wohnortes (§ 68 Abs. 2 StPO), eine Entfernung des Angeklagten während der Zeugenaussage gem. § 247 S. 2 Alt. 2 StPO oder der Ausschluss der Öffentlichkeit gem. § 172 Nr. 2a GVG in Betracht.[261] Weitergehenden Schutz bieten eine Geheimhaltung der Personalien nach § 68 Abs. 3 StPO, gegebenenfalls in Verbindung mit optischer und akustischer Verfremdung der Aussageperson (→ § 27 Rn. 182), sowie eine audio-visuelle (live-) Vernehmung nach § 247a StPO[262] in Gestalt des sog. Englischen Modells[263] oder das Abspielen einer (voraufgezeichneten) Vernehmung nach § 255a iVm § 58a StPO.[264] Für ermittlungsrichterliche Vernehmungen gelten die § 168a Abs. 1 S. 2 StPO, § 168e StPO. 96

Als ultima ratio[265] können VPs analog § 96 StPO durch die oberste Dienstbehörde der einsatzführenden Behörde gesperrt werden.[266] Dies erlaubt es der Behörde, das auf Mitteilung der Identität und ladungsfähigen Anschrift der als Zeuge in Betracht kommenden Person gerichtete Ersuchen des Gerichts abzulehnen. Durch die – mit Rechtsbehelfen 97

---

[255] Dazu BVerfG NJW 2001, 2245 (2246); *Lorenz* StraFo 2016, 316 (317).
[256] BGHSt 32, 115 (125 f.) = NJW 1984, 247; BGH NStZ-RR 2018, 21 (23).
[257] BVerfGE 156, 270 (Rn. 106) = BeckRS 2020, 40468.
[258] BVerfGE 156, 270 (Rn. 112) = BeckRS 2020, 40468: „Bereits der subjektive Eindruck, die Vertraulichkeit sei nicht gesichert, kann ausreichen, um auch andere aktive Quellen, deren Einsatz von den bekannt gewordenen Informationen nicht unmittelbar betroffen ist, von einer weiteren Zusammenarbeit abzuhalten und die Gewinnung neuer Quellen zu erschweren." Krit. zu den vom BVerfG daraus gezogenen Folgen *Gillich* JZ 2021, 820 (826).
[259] Zu Möglichkeiten des Identitätsschutzes vor parlamentarischen Untersuchungsausschüssen *Roggan* in MüKoStPO ZSHG § 10 Rn. 9 ff. *Gillich* JZ 2021, 820 (824).
[260] Ins Gewicht fällt dabei auch der Umstand, ob die VP unter ihrem Klarnamen oder einer Legende eingesetzt worden ist, vgl. OVG Münster NJW 2015, 1977 (1978).
[261] Näher zu alledem *Soiné* NStZ 2007, 247 (251): → § 17 Rn. 78 ff.
[262] Dazu *Engelstätter* in BeckOK StPO, 43. Ed. 1.4.2022, RiStBV Anl. D Rn. 35; → § 27 Rn. 182. § 247a StPO kann auch mit § 68 Abs. 3 StPO kombiniert werden, vgl. BGH NJW 2003, 74.
[263] Dh der die Vernehmung durchführende Richter muss sich im Sitzungssaal befinden. Eine audio-visuell übertragene Vernehmung dergestalt, dass der Vorsitzende Richter sich mit dem Zeugen außerhalb des Sitzungszimmers befindet und diesen dort befragt (sog. Mainzer Modell), ist unzulässig, BGH NJW 2017, 181; näher zum Ganzen *Beulke/Swoboda* StrafProzR Rn. 658 ff.
[264] Näher dazu *Keller* Ermittlungen 57 ff.
[265] BGH NStZ 2005, 43 mAnm *Ellbogen* JA 2005, 334; *Engelstätter* in BeckOK StPO, 43. Ed. 1.4.2022, RiStBV Anl. D Rn. 35; *Bader* in KK-StPO StPO Vor § 48 Rn. 74. Ebenso für parlamentarische Untersuchungsausschüsse *Singer* NVwZ 2021, 635 (637).
[266] OVG Münster NJW 2015, 1977; *Soiné* NStZ 2007, 247 (250); *Engelstätter* in BeckOK StPO, 43. Ed. 1.4.2022, RiStBV Anl. D Rn. 34; (nur dogmatisch abw. *Krey* JR 1998, 1 (4 Fn. 32) (§ 110b Abs. 3 S. 3 StPO analog).

angreifbare (→ § 27 Rn. 180) – **Sperrerklärung** wird die VP nach zutreffender Ansicht zu einem unzulässigen Beweismittel iSv § 244 Abs. 3 S. 2 StPO, sodass diese vom Gericht gar nicht geladen werden darf.[267] Inwieweit daneben § 54 Abs. 1 StPO auf VPs Anwendung findet (mit der Folge, dass die Behörde die Aussagegenehmigung verweigern kann), ist nicht abschließend geklärt. Teilweise werden jedenfalls „hauptberufliche" VPs[268] sowie solche VPs, die förmlich nach dem VerpflG verpflichtet worden sind,[269] als „Personen des öffentlichen Dienstes" iSv § 54 Abs. 1 StPO betrachtet. Das erscheint jedoch bei Betrachtung von Normzweck und -wortlaut wenig überzeugend.[270] Der BGH hat diese Frage bislang bewusst offengelassen.[271]

98 Kommt die VP infolge der vorgenannten Schutzmaßnahmen als unmittelbarer Zeuge nicht in Betracht, kann ihre **Aussage** nur **surrogationsweise in die Verhandlung eingeführt** werden. Möglich ist zunächst die Vornahme einer kommissarischen (richterlichen) Vernehmung nach § 223 Abs. 1 StPO (gegebenenfalls iVm §§ 247, 247a StPO[272] oder § 58a StPO[273]), die dann im Wege der Protokollverlesung (§ 251 Abs. 2 Nr. 1 StPO) bzw. Video-Vorführung (§ 255a StPO) in die Hauptverhandlung eingeführt wird. Sofern diese Vorgehensweise – insbesondere aufgrund des grundsätzlich bestehenden Anwesenheitsrechts bei richterlichen Vernehmungen – als zu riskant erachtet wird, besteht darüber hinaus die Möglichkeit der Verlesung eines polizeilichen Vernehmungsprotokolls des anonym befragten Zeugen (§ 251 Abs. 1 Nr. 3 StPO). Dem Protokoll kommt aber nur eine stark geminderte Beweiskraft zu.[274] Alternativ kommt auch eine Vernehmung des VP-Führers als Zeuge vom Hörensagen in Betracht,[275] wobei der Aussage allerdings nur ein äußerst **geminderter Beweiswert** zukommt.[276] Dies setzt allerdings eine Aussagegenehmigung der VP-Führung voraus (§ 54 Abs. 1 StPO), die insbesondere im Falle nachrichtendienstlicher VP-Führer aus Geheimschutzgründen versagt werden darf.[277] Für diesen Fall wird erwogen, die VP-Aussage zumindest im Wege der Verlesung eines Behördenzeugnisses nach § 256 Abs. 1 Nr. 1 lit. a StPO in die Verhandlung einzuführen; dass einem solchen Behördenzeugnis aber substanzieller Beweiswert zukommt, ist sehr zweifelhaft.[278]

3. Fairnessgrundsatz und Beschuldigtenrechte

99 Jenseits der Spezialproblematik des allenfalls eingeschränkt wahrnehmbaren **Konfrontationsrechts** in der strafrechtlichen Hauptverhandlung (→ Rn. 94) stehen VP-Einsätze bereits aufgrund ihrer Funktionsweise im Ruch des Unfairen („Falle im Rechtsstaat"[279]). Dies gilt insbesondere im Hinblick auf solche Einsätze, bei denen die VP als Lockspitzel fungiert

---

[267] Näher dazu → § 27 Rn. 178; die herrschende Gegenansicht (BGH NJW NStZ 2003, 610; *Beulke/Swoboda* StrafProzR Rn. 656; *Lorenz* StraFo 2016, 316 (324)) geht lediglich von einem nach § 244 Abs. 3 S. 3 Nr. 5 StPO unerreichbaren Beweismittel aus – mit der Folge, dass das Gericht, dem die Identität der VP trotz rechtmäßiger Sperrung bekannt wird (zB durch die Verteidigung), die VP als Zeuge laden und vernehmen muss.
[268] So *Huber* in BeckOK StPO, 43. Ed. 1.4.2022, StPO § 54 Rn. 8; *Bader* in KK-StPO StPO § 54 Rn. 9. Was mit „hauptberuflichen" VPs gemeint ist, ist aber unklar, da insoweit regelmäßig ein Anwerbungsverbot greifen wird (→ Rn. 47).
[269] Vgl. BGH NStZ 1981, 70; OLG Hamburg NStZ 1994, 98; *Soiné* NStZ 2007, 247 (250); *Engelstätter* in BeckOK StPO, 43. Ed. 1.4.2022, RiStBV Anl. D Rn. 6.
[270] Daher abl. *Barrot/Faeser* NVwZ 2016, 1205 (1211).
[271] BGH NJW 2006, 785 (787); 1980, 846.
[272] *Ritscher* in KK-StPO StPO § 223 Rn. 15; *Schmitt* in Meyer-Goßner/Schmitt StPO § 223 Rn. 20.
[273] *Grube* in Satzger/Schluckebier/Widmaier StPO § 223 Rn. 27; dabei ist umstritten, ob die Vernehmung analog § 168e StPO getrennt von den Anwesenheitsberechtigten durchgeführt werden kann (dafür *Erb* in Löwe/Rosenberg StPO § 168e Rn. 6, dagegen *Schmitt* in Meyer-Goßner/Schmitt StPO § 223 Rn. 20).
[274] BGH NJW 1985, 984 (985); *Soiné* NStZ 2007, 247 (252).
[275] BGHSt 17, 382 = NJW 1962, 1876; *Schmitt* in Meyer-Goßner/Schmitt StPO § 250 Rn. 5.
[276] BVerfGE 57, 250 (292) = NJW 1981, 1719; BGH StV 2016, 774; NStZ 2000, 265; *Bader* in KK-StPO StPO Vor § 48 Rn. 77.
[277] Vgl. BVerfG BeckRS 2020, 40468 (Rn. 105 ff.).
[278] Vgl. *Soiné* NStZ 2007, 247 (252).
[279] So der Titel des Sammelbandes von *Lüderssen* (Hrsg.), 1985.

oder mit denen ein bereits ausgeübtes Schweigerecht gezielt umgangen werden soll. In diesen Fällen kommen jeweils Beweisverwertungsverbote oder gar die Annahme eines Verfahrenshindernisses in Betracht. Insoweit wird auf die Ausführungen in § 27 zum **Schweigerecht** (→ Rn. 134) und zum **Lockspitzeleinsatz** (→ Rn. 186 ff.) verwiesen.

4. Strafprozessuale Privilegierung von beschuldigten VPs

VPs dürfen nur in gewissem Umfang Straftaten begehen (→ Rn. 81 ff.). Sofern einsatz- **100** bedingte Deliktsverwirklichungen rechtswidrig erfolgt sind, können **strafprozessuale Privilegierungen** greifen. Für VPs der Nachrichtendienste des Bundes und der Länder sieht § 9b Abs. 1 S. 1 iVm § 9a Abs. 3 BVerfSchG unter engen Voraussetzungen die Möglichkeit des Absehens von der Strafverfolgung vor.[280] Für polizeiliche VPs existiert keine solche Spezialregel. In Betracht kommt aber, im Rahmen der Einstellungsvorschriften nach den §§ 153, 153a StPO das Handeln als VP in Anschlag zu bringen.[281]

Eine etwaige Verschwiegenheitpflicht aus § 1 VerpflG iVm § 67 Abs. 1 BBG/§ 37 **101** Abs. 1 BeamtStG gilt im Falle der **Einlassung einer beschuldigten VP** allenfalls eingeschränkt (vgl. § 68 Abs. 2 BBG/§ 37 Abs. 5 BeamtStG).[282]

§ 29 Datenüberführungen durch Staatsschutzbehörden[1]

Matthias Bäcker

Übersicht

	Rn.
A. Einführung	1
B. Grundlagen	4
I. Die zweigliedrige Struktur von Datenüberführungen	4
II. Quellen höherrangigen Rechts und ihr Verhältnis zueinander	11
III. Unions- und verfassungsrechtliche Anforderungen an Datenüberführungen	18
1. Materielle Anforderungen an die Zweckänderung oder Datenübermittlung	18
2. Prozedurale und organisatorische Anforderungen an die Zweckänderung oder Datenübermittlung	25
3. Anforderungen an die Datenweiterverarbeitung	28
4. Datenübermittlungen an ausländische Empfänger	31
C. Datenüberführungsermächtigungen im geltenden Staatsschutzrecht	38
I. Ermächtigungen zu Datenüberführungen innerhalb einer behördlichen Aufgabe	39
1. Datenüberführungen im Polizeirecht	40
2. Datenüberführungen im Strafverfahrensrecht	43
3. Datenüberführungen im Nachrichtendienstrecht	46
II. Ermächtigungen zu zweckändernden Datenüberführungen durch den polizeilichen Staatsschutz	52
1. Überführung präventivpolizeilich erlangter Daten in strafprozessuale Verfahren	53
2. Überführung strafprozessual erlangter Daten in präventivpolizeiliche Verfahren	60

---

[280] Näher zu den Voraussetzungen → § 27 Rn. 192 f.
[281] Exemplarisch LG Cottbus NJ 2005, 377; bei Straftaten nach den §§ 129 ff. StGB kommen überdies Einstellungen gem. § 153c Abs. 1 Nr. 3, § 153d Abs. 1 StPO in Betracht, *Hofmann/Ritzert* NStZ 2014, 177 (182).
[282] S. dazu die Nachweise in *Soiné* GA 2014, 527 (528 ff.).
[1] Der Beitrag befindet sich auf dem Rechtsstand vom 1.4.2022. Das Urteil des BVerfG zum BayVSG vom 26.4.2022 (Az. 1 BvR 1619/17) konnte noch eingearbeitet werden.

	Rn.
III. Ermächtigungen zu Datenübermittlungen zwischen Staatsschutzbehörden	64
1. Übermittlung strafprozessual erlangter Daten	65
a) Übermittlung zu Strafverfolgungszwecken	65
b) Übermittlung zu präventivpolizeilichen Zwecken	67
c) Übermittlung zu nachrichtendienstlichen Zwecken	70
2. Übermittlung präventivpolizeilich erlangter Daten	78
a) Übermittlung zu Strafverfolgungszwecken	78
b) Übermittlung zu präventivpolizeilichen Zwecken	84
c) Übermittlung zu nachrichtendienstlichen Zwecken	86
3. Übermittlung nachrichtendienstlich erlangter Daten	92
a) Übermittlung zu Strafverfolgungszwecken	93
b) Übermittlung zu präventivpolizeilichen Zwecken	106
c) Übermittlung zu nachrichtendienstlichen Zwecken	111
IV. Ermächtigungen zu Datenübermittlungen an ausländische Behörden und internationale Organisationen	117
1. Übermittlung präventivpolizeilich erlangter Daten	118
2. Übermittlung nachrichtendienstlich erlangter Daten	125
D. Fazit	127

Wichtige Literatur:

Albers, M., Informationelle Selbstbestimmung, 2005; *Allgayer, P.,* Die Verwendung von Zufallserkenntnissen aus Überwachungen der Telekommunikation gem. §§ 100a f. StPO (und anderen Ermittlungsmaßnahmen) – Zugleich eine Anmerkung zu den Entscheidungen des BVerfG vom 3.3.2004 (NJW 2004, 999) und vom 29.6.2005 (NJW 2005, 2766) sowie des OLG Karlsruhe vom 3.6.2004 (NStZ 2004, 2687), NStZ 2006, 603; *Bäcker, M.,* Grundrechtlicher Informationsschutz gegen Private, Der Staat 2012, 91; *Bäcker, M.,* Erhebung, Bevorratung und Übermittlung von Telekommunikationsdaten durch die Nachrichtendienste des Bundes – Stellungnahme zur Anhörung des NSA-Untersuchungsausschusses am 22.5.2014; *Bäcker, M.,* Kriminalpräventionsrecht, 2015; *Bäcker, M.,* Big Data und Sicherheitsrecht, in Hoffmann-Riem, W., Big Data – Regulative Herausforderungen, 2018, S. 167; *Bäcker, M.,* Zur Reform der Eingriffstatbestände im Nachrichtendienst, in Dietrich, J.-H./Gärditz, K. F./Graulich, K./Gusy, Ch./Warg, G., Nachrichtendienste im demokratischen Rechtsstaat, 2018, 137; *Bäcker, M./Hornung, G.,* EU-Richtlinie für die Datenverarbeitung bei Polizei und Justiz in Europa – Einfluss des Kommissionsentwurfs auf das nationale Strafprozess- und Polizeirecht, ZD 2012, 147; *Baldus, M.,* Entgrenzungen des Sicherheitsrechts – Neue Polizeirechtsdogmatik, Die Verwaltung 2014, 1; *Ehmann, E./Selmayr, M.,* DSGVO, 2. Aufl. 2018; *Gärditz, K. F.,* Sicherheitsverfassungsrecht und technische Aufklärung durch Nachrichtendienste, EuGRZ 2018, 6; *Gusy, Ch.,* Grundrechte und Verfassungsschutz, 2011; *Johannes, P. C./Weinhold, R.,* Das neue Datenschutzrecht bei Polizei und Justiz, 2018; *Knauer, Ch.,* Münchener Kommentar zur Strafprozessordnung, 2019; *Lindner, J. F./Unterreitmeier, J.,* Grundlagen einer Dogmatik des Nachrichtendienstrechts, DÖV 2019, 165; *Löffelmann, M.,* Die Zukunft der deutschen Sicherheitsarchitektur – Vorbild Bayern?, GSZ 2018, 85; *Löffelmann, M.,* Die Umsetzung des Grundsatzes der hypothetischen Datenneuerhebung – Schema oder Struktur?, GSZ 2019, 16; *Lohse, K./Engelstätter, T.,* Die Bekämpfung staatsgefährdender rechtsextremistischer Gewalt durch den Generalbundesanwalt beim Bundesgerichtshof, GSZ 2020, 156; *Möstl, M./Trurnit, Ch.,* Beck'scher Onlinekommentar Polizeirecht Baden-Württemberg; *Müllmann, D.,* Zweckkonforme und zweckändernde Weiternutzung, in NVwZ 2016, 1692; *Poscher, R./Rusteberg, B.,* Die Aufgabe des Verfassungsschutzes, Zur funktionalen Trennung von Polizei und Nachrichtendiensten, KJ 2014, 57; *Puschke, J./Singelnstein, T.,* Telekommunikationsüberwachung, Vorratsdatenspeicherung und (sonstige) heimliche Ermittlungsmaßnahmen der StPO nach der Neuregelung zum 1.1.2008, NJW 2008, 113; *Reinbacher, T./Werkmeister, A.,* Zufallsfunde im Strafverfahren, Zugleich ein Beitrag zur Lehre von den Verwendungs- und Verwertungsverboten, ZStW 2018, 1104; *Schantz, P./Wolff, H. A.,* Das neue Datenschutzrecht, 2017; *Simitis, S./Hornung, G./Spiecker gen. Döhmann, I.,* Datenschutzrecht, 2019; *Singelnstein, T.,* Strafprozessuale Verwendungsregelungen zwischen Zweckbindungsgrundsatz und Verwertungsverboten – Voraussetzungen der Verwertung von Zufallsfunden und sonstiger zweckentfremdender Nutzung personenbezogener Daten im Strafverfahren seit dem 1. Januar 2008, ZStW 2008, 854; *Singelnstein, T.,* Folgen des neuen Datenschutzrechts für die Praxis des Strafverfahrens und die Beweisverbotslehre, NStZ 2020, 639; *Walden, M.,* Zweckbindung und -änderung präventiv und repressiv erhobener Daten im Bereich der Polizei, 1996; *Zöller, M.,* Die zweckändernde Nutzung von personenbezogenen Daten im Strafverfahren – Gedanken zu Gegenwart und Zukunft von § 161 StPO, StV 2019, 419.

A. Einführung

1 Der Staatsschutz ist eine Querschnittsaufgabe, die zwischen mehreren Behörden und Rechtsregimen aufgeteilt ist. Zentrale Beiträge leisten die nachrichtendienstliche Aufklä-

B. Grundlagen

§ 29

rung, die präventivpolizeiliche Gefahrenabwehr und die repressive Strafverfolgung (→ § 7 Rn. 4 ff.). Diese Beiträge schließen funktional aneinander an und sind faktisch eng miteinander verzahnt. Staatsschutzrecht ist darum für die beteiligten Behörden maßgeblich auch **Kooperationsrecht**. Wesentliche Bedeutung hat insbesondere der wechselseitige **Austausch von Daten**.[2] Denn Daten können typischerweise multifunktional genutzt werden und darum in unterschiedlichen Verwendungszusammenhängen als Informationsgrundlagen dienen.[3]

Der Beitrag befasst sich mit der rechtlichen Regulierung von Datenüberführungen durch die bedeutsamsten Staatsschutzbehörden. Als **Datenüberführung** wird hier die Weiterverarbeitung von Daten bezeichnet, die in einem bestimmten, rechtlich definierten Verfahrenszusammenhang erhoben wurden und nun in einem davon abweichenden neuen Verfahrenszusammenhang genutzt werden. Hierunter fallen drei Weiterverarbeitungskonstellationen: erstens die Weiterverarbeitung von Daten, die für ein bestimmtes behördliches Verfahren erhoben wurden, in einem weiteren Verfahren derselben Behörde im Rahmen derselben Aufgabe; zweitens die Weiterverarbeitung von Daten durch dieselbe Behörde im Rahmen einer anderen Aufgabe; drittens die Übermittlung von Daten an eine andere Behörde sowie die Weiterverarbeitung der übermittelten Daten durch die Empfangsbehörde. Regulierungsbedürftig sind diese Vorgänge, wenn die überführten Daten einen **Personenbezug** aufweisen, da die Datenüberführung dann verfassungsrechtlichen und datenschutzrechtlichen Anforderungen genügen muss. Nicht Gegenstand dieses Abschnitts sind zum einen die Bevorratung von personenbezogenen Daten für noch nicht konkret absehbare behördliche Verfahren, zum anderen längerfristige behördliche Kooperationen, in deren Rahmen laufend personenbezogene Daten ausgetauscht werden. Diese Vorgänge beinhalten zwar Datenüberführungen. Sie begründen jedoch aufgrund ihres quantitativen und zeitlichen Ausmaßes einen erheblichen zusätzlichen Regulierungsbedarf, der eigenständig zu erörtern ist (→ §§ 30 und 31).

Im Folgenden wird der Regulierungsbedarf, den Datenüberführungen durch Staatsschutzbehörden auslösen, anhand der verfassungsrechtlichen und datenschutzrechtlichen Vorgaben konturiert (→ Rn. 4). Auf dieser Grundlage werden die Datenüberführungsermächtigungen im geltenden Staatsschutzrecht – beschränkt auf die informationellen Beziehungen der zentralen Akteure Nachrichtendienste, Polizei und Strafverfolgungsbehörden – vorgestellt und auf ihre Vereinbarkeit mit höherrangigem Recht untersucht (→ Rn. 38). Das Fazit dieser Untersuchung fällt ernüchternd aus (→ Rn. 127).

B. Grundlagen

I. Die zweigliedrige Struktur von Datenüberführungen

Wenn eine Behörde Daten, die sie im Rahmen eines bestimmten Verfahrens erhoben hat, für andere Verfahren weiterverarbeitet oder Daten an eine andere Behörde zur Weiterverarbeitung übermittelt, liegt darin eine **Zäsur im Prozess der behördlichen Datenverarbeitung**. Um die Anforderungen, die an solche Vorgänge bestehen, zu konkretisieren, muss ihre rechtliche Strukturierung präzise erfasst werden. Strukturierende Vorgaben ergeben sich zum einen aus dem **Datenschutzrecht**, zum anderen aus dem **Verfassungsrecht**, das die datenschutzrechtliche Strukturierung aufgreift und schärft.

Das **Datenschutzrecht** reguliert behördliche Datenverarbeitungen, indem es sie einerseits zergliedert und andererseits die einzelnen Glieder miteinander verknüpft. Hierzu werden Datenverarbeitungsprozesse in einzelne **Datenverarbeitungshandlungen** (wie die Erhebung, Speicherung, Verknüpfung, Auswertung, Nutzung oder Übermittlung von Daten) aufgespalten. Jede dieser Handlungen bedarf einer Rechtsgrundlage. Zugleich

---
[2] *Lohse/Engelstätter* GSZ 2020, 156 (158).
[3] Vgl. zu der analytisch nützlichen, im geltenden Recht allerdings nicht abgebildeten Unterscheidung zwischen Daten und Informationen *Albers*, Informationelle Selbstbestimmung, 2005, 87 ff.

werden die einzelnen Datenverarbeitungshandlungen durch einen übergreifenden **Verarbeitungszweck** auch rechtlich zu einem zusammengehörigen Prozess verbunden. Bei Datenverarbeitungen durch Behörden bestimmt sich der Verarbeitungszweck sowohl nach der jeweiligen behördlichen Aufgabe als auch nach dem einzelnen behördlichen Verfahren.[4] Beispielsweise besteht der Zweck einer Datenverarbeitung im strafrechtlichen Ermittlungsverfahren darin, eine bestimmte Tat aufzuklären. Bei der präventivpolizeilichen Gefahrenabwehr ist der Zweck die Abwehr einer bestimmten konkreten Gefahr. Sollen die Daten zu einem anderen Zweck weiterverarbeitet werden, so bedarf es über die stets erforderliche Verarbeitungserlaubnis hinaus einer Erlaubnis zu der **Zweckänderung**. So liegt es beispielsweise, wenn Daten, die zur Abwehr einer Gefahr erhoben wurden, nun zur Verfolgung einer Straftat verarbeitet werden sollen.

6   Aus diesem datenschutzrechtlichen Regulierungsansatz ergibt sich, dass die zweckändernde Weiterverarbeitung durch eine Behörde ebenso wie die Übermittlung von Daten an eine andere Behörde zur Weiterverarbeitung rechtlich als **zweigliedriger Vorgang** strukturiert ist.[5] Diese Struktur hat vor allem das BVerfG in seiner jüngeren Rechtsprechung herausgearbeitet und mit dem Bild einer **Doppeltür** veranschaulicht.[6] Das erste Glied bildet die Zweckänderung oder Übermittlung der Daten. Hiermit werden die Daten aus ihrem bisherigen Verfahrenszusammenhang bzw. von der bisher datenschutzrechtlich verantwortlichen Behörde gelöst. Als Grundlage bedarf es einer gesetzlichen **Zweckänderungs- bzw. Übermittlungsermächtigung**. Diese Ermächtigung öffnet die Daten für eine Weiterverarbeitung zu einem neuen Zweck bzw. durch eine andere Behörde als bisher. Sie gehört zum Fachrecht, das für den bisherigen Zweck bzw. die bisher verantwortliche Behörde maßgeblich ist. Von der Zweckänderung oder Übermittlung ist die nachfolgende Weiterverarbeitung zu dem neuen Verarbeitungszweck zu unterscheiden. Diese bildet das zweite Glied des Vorgangs und bedarf einer **Weiterverarbeitungsermächtigung**. Diese Ermächtigung gehört dem Fachrecht des neuen Verarbeitungszwecks bzw. der nunmehr verantwortlichen Behörde an.

7   Um die zweigliedrige Struktur begrifflich abzubilden, wird im Folgenden der zweigliedrige Gesamtvorgang als **Datenüberführung** bezeichnet, der sich aus den beiden Gliedern **Zweckänderung bzw. Datenübermittlung** und **Weiterverarbeitung** zusammensetzt.

8   Das **Verfassungsrecht** greift die datenschutzrechtliche zweigliedrige Struktur von Datenüberführungen auf und verfeinert sie. Zusätzliche strukturierende Vorgaben ergeben sich zum einen aus der bundesstaatlichen Ordnung der **Gesetzgebungskompetenzen,** zum anderen aus den **Grundrechten,** in die eine Zweckänderung oder Übermittlung eingreift.

9   Die **Gesetzgebungskompetenz** für die **Zweckänderungs- bzw. Übermittlungsermächtigung** liegt bei dem Gesetzgeber, der für das Fachrecht des bisherigen Zwecks bzw. der bisher verantwortlichen Behörde zuständig ist.[7] Seine Kompetenz umfasst zum einen die materiellen Voraussetzungen der Zweckänderung oder Übermittlung. Zum anderen erstreckt sie sich auf prozedurale Vorgaben, die gewährleisten, dass besondere Verarbeitungsbeschränkungen auch nach der Zweckänderung oder Übermittlung eingehalten bleiben. Die Gesetzgebungskompetenz für die **Weiterverarbeitungsermächtigung** liegt bei dem Gesetzgeber, der für das Fachrecht des neuen Zwecks bzw. der neu verantwortlichen Behörde zuständig ist.[8] Diese Kompetenz

---

[4] *Schwabenbauer* in Lisken/Denninger PolR-HdB G Rn. 27 ff.; im Ansatz auch BVerfGE 141, 220 (324) = NJW 2016, 1781.
[5] Näher zum Folgenden *Bäcker,* Kriminalpräventionsrecht, 2015, 482 ff.
[6] Vgl. zu Datenübermittlungen BVerfGE 130, 151 (184) = NJW 2012, 1419; BVerfGE 141, 220 (333 f.) = NJW 2016, 1781; BVerfGE 150, 244 (278) = NJW 2019, 827; BVerfG BeckRS 2020, 16236 Rn. 93.
[7] BVerfGE 125, 260 (314 f.) = NJW 2010, 833; BVerfGE 130, 151 (184 und 185 f.) = NJW 2012, 1419; BVerfGE 150, 244 (278) = NJW 2019, 827; BVerfG NJW 2020, 2235 (2246).
[8] BVerfGE 125, 260 (314 f.) = NJW 2010, 833; BVerfGE 130, 151 (185 f.) = NJW 2012, 1419; BVerfGE 141, 220 (333 f.) = NJW 2016, 1781; BVerfGE 150, 244 (278) = NJW 2019, 827; BVerfG BeckRS 2020, 16236 Rn. 108.

umfasst zum einen die materiellen Voraussetzungen der Weiterverarbeitung. Zum anderen erstreckt sie sich auf prozedurale und institutionelle Vorgaben, die gewährleisten, dass bei der Weiterverarbeitung ein hinreichendes Datenschutzniveau besteht. Wenn derselbe Gesetzgeber für die Zweckänderungs- bzw. Übermittlungsermächtigung und für die Weiterverarbeitungsermächtigung zuständig ist, kann er beide Ermächtigungen in einer **gemeinsamen Regelung** zusammenfassen.[9] Aus einer solchen gebündelten Ermächtigung muss allerdings klar hervorgehen, dass sie beide Glieder des Gesamtvorgangs abdeckt.[10]

Wegen der Trennung von Zweckänderungs- bzw. Übermittlungsermächtigung einerseits und Weiterverarbeitungsermächtigung andererseits gibt es bei jeder Zweckänderung oder Datenübermittlung zwei (gegebenenfalls zusammengefasste) Normen, die materielle Voraussetzungen an die jeweilige Datenverarbeitung errichten. Dabei trägt der **Gesetzgeber der Zweckänderungs- bzw. Übermittlungsermächtigung** eine materielle **grundrechtliche Regelungsverantwortung** für den gesamten Vorgang. Dieser Gesetzgeber muss die Zweckänderung oder Übermittlung an normenklare Voraussetzungen knüpfen, die gewährleisten, dass die Grundrechte der betroffenen Person gewahrt bleiben.[11] Unzureichende materielle Vorgaben in der Zweckänderungs- bzw. Übermittlungsermächtigung können nicht durch die Weiterverarbeitungsermächtigung kompensiert werden.[12]

10

II. Quellen höherrangigen Rechts und ihr Verhältnis zueinander

Die Rechtsgrundlagen für Datenüberführungen im Staatsschutzrecht und ihre Anwendung im Einzelfall sind an höherrangigem Recht zu messen. Dabei sind vor allem Vorgaben aus **drei Rechtsquellen** zu beachten.

11

Erstens sind die im **Grundgesetz** verankerten Gewährleistungen der **Privatheit** und der **informationellen Selbstbestimmung** zu nennen.[13] Die Überführung erhobener Daten in ein neues Verfahren greift (erneut) in das Grundrecht ein, an dem bereits die Datenerhebung zu messen war.[14] Sie bedarf daher gesetzlicher Grundlagen, die durch materielle und prozedurale Anforderungen gewährleisten, dass der **Verhältnismäßigkeitsgrundsatz** gewahrt wird.

12

Zweitens sind Datenüberführungen durch Staatsschutzbehörden an der Garantie des Privat- und Familienlebens und der Korrespondenz aus **Art. 8 EMRK** zu messen. Der EGMR legt diese Garantie weit aus, sodass sie sich einem Datenschutzgrundrecht zumindest annähert.[15] Aus Art. 8 EMRK ergeben sich insbesondere auch Vorgaben für die Zweckbindung erhobener Daten.[16]

13

Drittens bestehen zumindest partiell **unionsrechtliche Vorgaben** für Datenüberführungen durch Staatsschutzbehörden. Diese Vorgaben ergeben sich sowohl aus sekundärem als auch aus primärem Unionsrecht.

14

---

[9] *Schwabenbauer* in Lisken/Denninger PolR-HdB G Rn. 234.
[10] BVerfGE 130, 151 (184) = NJW 2012, 1419; BVerfG BeckRS 2020, 16236 Rn. 134.
[11] BVerfGE 125, 260 (314 f.) = NJW 2010, 833; BVerfGE 130, 151 (184 und 185 f.) = NJW 2012, 1419; BVerfGE 150, 244 (278) = NJW 2019, 827; BVerfG NJW 2020, 2235 (2256); BVerfG BeckRS 2020, 16236 Rn. 130; in der Sache gleichläufig EuGH NJW 2014, 2169 (2172 f.); EuGH ZD 2018, 23 (30 ff.).
[12] BVerfG BeckRS 2020, 16236 Rn. 162.
[13] Vgl. zu den verschiedenen Gewährleistungen und ihrem Verhältnis zueinander *Bäcker* Der Staat 2012, 91 (94 ff.).
[14] BVerfGE 100, 313 (367) = NJW 2000, 55; BVerfGE 141, 220 (334) = NJW 2016, 1781; BVerfG NJW 2020, 2235 (2255).
[15] Vgl. etwa EGMR Urt. v. 4.5.2000 – Nr. 28341/95 (Rotaru/Rumänien), Rn. 42 ff.; Urt. v. 4.12.2008 – Nr. 30562/04 und 30566/04 (S. und Marper/Vereinigtes Königreich), Rn. 66 ff.; BeckRS 2020, 477 Rn. 73 ff.
[16] Vgl. EGMR Urt. v. 7.6.2016 – Nr. 30083/10 (Karabeyoğlu/Türkei), Rn. 112 ff.

15 **Sekundärrechtlich** errichtet die **RL (EU) 2016/680**[17] Mindestanforderungen[18] an den Datenschutz unter anderem bei der Verhütung und Verfolgung von Straftaten.[19] Sie erfasst damit zumindest den **präventivpolizeilichen und strafprozessualen Staatsschutz.** Hingegen ist die Richtlinie gemäß ihrem Art. 2 Abs. 3 lit. a nicht auf Datenverarbeitungen im Rahmen von Tätigkeiten anzuwenden, die nicht in den Anwendungsbereich des Unionsrechts fallen. Wegen der in Art. 4 Abs. 2 S. 3 EUV hervorgehobenen alleinigen Zuständigkeit der Mitgliedstaaten für den Schutz der nationalen Sicherheit wird angenommen, dass die Richtlinie nicht für Datenverarbeitungen durch **Nachrichtendienste** gilt.[20] Der unionsrechtliche Begriff der nationalen Sicherheit beschränkt sich allerdings auf den Schutz „wesentlicher Funktionen des Staates" und „grundlegender Interessen der Gesellschaft".[21] Dass die Beobachtungsaufträge der deutschen Nachrichtendienste vollumfänglich unter ihn fallen, versteht sich zumindest nicht von selbst. So umfasst der Beobachtungsauftrag der Verfassungsschutzbehörden auch Bestrebungen, die nicht gewaltbereit sind. Ob solche Bestrebungen das Gemeinwesen durchweg „in schwerwiegender Weise destabilisieren"[22] können, erscheint offen. Zudem besteht die Aufgabe der Nachrichtendienste nach gängiger Auffassung nicht allein darin, politische Informationen zu generieren. Die Dienste werden vielmehr – mittlerweile mit ausdrücklicher Billigung des BVerfG – auch als informationelle Dienstleister für operativ tätige Polizei- und Strafverfolgungsbehörden tätig.[23] Hierdurch rücken polizeilicher und nachrichtendienstlicher Staatsschutz funktional so eng zusammen, dass eine Anwendung der Richtlinie zumindest diskutabel erscheint.

16 Die RL (EU) 2016/680 eröffnet primärrechtlich gem. Art. 51 Abs. 1 GRCh den Anwendungsbereich der **Unionsgrundrechte** für die zur Umsetzung verpflichteten Mitgliedstaaten.[24] Grundrechtliche Anforderungen an Zweckänderungen und Datenübermittlungen ergeben sich zum einen aus Art. 7 GRCh, der Art. 8 EMRK entspricht, zum anderen aus dem Datenschutzgrundrecht des Art. 8 GRCh. Der EuGH greift in seiner Rechtsprechung zum Datenschutzrecht durchweg auf beide Gewährleistungen zurück, ohne ihr Verhältnis zueinander näher zu erörtern.[25]

17 Die Vorgaben höherrangigen Rechts sind **nebeneinander anwendbar.** Insbesondere werden die Grundrechte des Grundgesetzes nicht durch die RL (EU) 2016/680 und die Unionsgrundrechte verdrängt. Denn die Richtlinie errichtet lediglich Mindestvorgaben und belässt den Mitgliedstaaten ansonsten Regelungsspielräume, die im Einklang mit dem Grundgesetz auszufüllen sind.[26] Allerdings lässt sich eine zunehmende inhaltliche **Konvergenz der Grundrechtsordnungen** beobachten, die teilweise durch rechtliche Inter-

---

[17] RL (EU) 2016/680 des Europäischen Parlaments und des Rates v. 27.4.2016 zum Schutz natürlicher Personen bei der Verarbeitung personenbezogener Daten durch die zuständigen Behörden zum Zwecke der Verhütung, Ermittlung, Aufdeckung oder Verfolgung von Straftaten oder der Strafvollstreckung sowie zum freien Datenverkehr und zur Aufhebung des Rahmenbeschlusses 2008/977/JI des Rates (ABl. 2016 L 119, 89 v. 4.5.2016).
[18] Vgl. Art. 1 Abs. 3 RL (EU) 2016/680.
[19] Art. 1 Abs. 1 iVm Art. 2 Abs. 1 RL (EU) 2016/680.
[20] *Herbst* in Auernhammer DSGVO/BDSG RL (EU) 2016/680 Rn. 10; *Johannes/Weinhold*, Das neue Datenschutzrecht bei Polizei und Justiz, 2018, Rn. 19; vgl. zu dem gleichlautenden Art. 2 Abs. 2 lit. a DSGVO *Zerdick* in Ehmann/Selmayr DSGVO Art. 2 Rn. 8; *Bäcker* in BeckOK DatenschutzR, 33. Ed. 1.8.2020, DSGVO Art. 2 Rn. 9d.
[21] EuGH NJW 2021, 531 (538).
[22] Vgl. EuGH NJW 2021, 531 (538).
[23] Vgl. zur Früherkennung von Gefahren bezogen auf die Ausland-Ausland-Fernmeldeaufklärung des BND BVerfG NJW 2020, 2235 (2246), sowie allgemein *Warg* in Dietrich/Eiffler NachrichtendiensteR-HdB V § 1 Rn. 7 f.; vgl. demgegenüber aber auch *Poscher/Rusteberg* KJ 2014, 57 ff.
[24] *Bäcker/Hornung* ZD 2012, 147 (152); *Johannes/Weinhold*, Das neue Datenschutzrecht bei Polizei und Justiz, 2018, Rn. 28 ff. Hieran ist nichts, dass die Richtlinie den Mitgliedstaaten lediglich einen Mindeststandard auferlegt und ansonsten weite Regelungsspielräume offenlässt, da die Mitgliedstaaten auch bei der Ausfüllung solcher Spielräume an die Unionsgrundrechte gebunden sind, vgl. EuGH NJW 2019, 2913 (2917).
[25] Vgl. etwa EuGH EuZW 2010, 939 (941); NJW 2017, 717 (721); GRUR-RS 2020, 16082 Rn. 170; NJW 2021, 531 (535).
[26] Vgl. zuletzt BVerfG NJW 2020, 300; BVerfG Urt. v. 26.4.2022 – 1 BvR 1619/17, Rn. 142 f.

pretationsregeln vorgeprägt wird.[27] Im Folgenden werden dementsprechend die Anforderungen an Datenüberführungen durch Staatsschutzbehörden einheitlich bestimmt. Dabei wird primär auf das Unionsrecht und das deutsche Verfassungsrecht zurückgegriffen, da sich aus diesen Ordnungen derzeit die dichtesten Anforderungen ergeben.

III. Unions- und verfassungsrechtliche Anforderungen an Datenüberführungen

1. Materielle Anforderungen an die Zweckänderung oder Datenübermittlung

Da den **Gesetzgeber der Zweckänderungs- bzw. Datenübermittlungsermächtigung** eine materielle **Regelungsverantwortung** für die Datenüberführung trifft (→ Rn. 10), muss diese Ermächtigung einen Eingriffstatbestand enthalten, der den gesamten Vorgang rechtfertigt. Dieser Tatbestand muss sich an den Regelungsmustern orientieren, die für das Rechtsregime der Datenweiterverarbeitung, also für das Zielregime der Datenüberführung maßgeblich sind. Er muss so restriktiv gefasst sein, dass die Weiterverarbeitung den Verhältnismäßigkeitsgrundsatz wahrt. 18

Grundsätzlich keine Regelungsprobleme wirft die **Weiterverarbeitung erhobener Daten im Rahmen des Erhebungszwecks,** also im selben behördlichen Verfahren auf. Eine verfassungskonforme Ermächtigung zur Datenerhebung rechtfertigt prinzipiell auch die zweckgemäße Weiterverarbeitung der erhobenen Daten.[28] Eine eigenständige Rechtsgrundlage wird allerdings aus Gründen der Normenklarheit benötigt, wenn eine Behörde Daten im Rahmen des Erhebungszwecks **übermitteln** soll. Ein Beispiel bildet die Übermittlung von Identifikationsdaten, um ein Auskunftsersuchen an eine andere Behörde zu konkretisieren, mit dem verfahrensrelevante Informationen erlangt werden sollen. Die Übermittlungsermächtigung kann sich darauf beschränken, auf den Erhebungszweck zu verweisen.[29] Zumindest nicht durchweg ausreichend ist hingegen ein pauschaler Verweis auf die Aufgaben der übermittelnden Behörde, da ein solcher Verweis auch weitere Verfahren einschließt, als Ermächtigung für eine zweckändernde Weiterverarbeitung jedoch zu weit gefasst ist.[30] 19

Spezifische Regelungsmuster für die Datenüberführung werden hingegen benötigt, wenn eine Behörde erhobene Daten **zweckändernd** (also im Rahmen eines anderen Verfahrens oder einer anderen Aufgabe) weiterverarbeiten oder sie an eine andere Behörde zur zweckändernden Weiterverarbeitung übermitteln soll. Das europäische Datenschutzrecht verlangt in Art. 4 Abs. 1 lit. b RL (EU) 2016/680, dass Erhebungszweck und Weiterverarbeitungszweck miteinander **vereinbar** sein müssen. Zudem bindet Art. 4 Abs. 2 RL (EU) 2016/680 Zweckänderungen an eine **Verhältnismäßigkeitsprüfung.** Diese Vorgaben werden jedoch nicht spezifiziert.[31] Demgegenüber hat das BVerfG in seinem BKAG-Urteil und seinem Urteil zum BayVSG konkretere **grundrechtliche Anforderungen an Zweckänderungen** entwickelt. Allerdings sind die Urteile in diesem Punkt weniger klar geraten, als es wünschenswert wäre. 20

---

[27] Vgl. zur Interpretation von Art. 7 GRCh im Lichte von Art. 8 EMRK EuGH EuZW 2010, 939 (941 f.); NJW 2014, 2169 (2170); BeckRS 2020, 12790 Rn. 122 f.; zur Bedeutung der EMRK und der GRCh als Rechtserkenntnisquellen für das Grundgesetz BVerfGE 111, 307 (317 ff.) = NJW 2004, 3407; BVerfGE 128, 326 (366 ff.) = NStZ 2011, 450; BVerfGE 148, 296 (350 ff.) = NJW 2018, 2695; BVerfG NJW 2020, 300 (303 f.).
[28] BVerfGE 150, 244 (287 f.) = NJW 2019, 827; vgl. auch BVerfGE 141, 220 (324) = NJW 2016, 1781; kritisch für komplexe Datenanalysen *Bäcker* in Hoffmann-Riem, Big Data, 2018, 167 (169 ff.); dieses Problem ansatzweise aufgreifend BVerfG NJW 2020, 2235 (2253); ferner zum intensitätssteigernden Einsatz von *data mining*-Technik im Rahmen der Antiterrordatei BVerfG NVwZ 2021, 226 (232 f.).
[29] Vgl. zu einer Datenübermittlung zur Koordinierung der Gefahrenabwehr durch mehrere zuständige Behörden BVerfGE 141, 220 (334 f.) = NJW 2016, 1781; zu einer Datenübermittlung durch den BND zur politischen Information der Bundesregierung BVerfG NJW 2020, 2257).
[30] Vgl. BVerfG NJW 2020, 2235 (2267).
[31] Vgl. demgegenüber zur Zweckvereinbarkeit den detaillierten Kriterienkatalog in Art. 6 Abs. 4 DSGVO. Ob und inwieweit sich dieser Katalog im Anwendungsbereich der RL (EU) 2016/680 fruchtbar machen lässt, ist in der Rechtsprechung noch nicht geklärt.

21 Nach dem BKAG-Urteil sind zweckändernde Weiterverarbeitungen verfassungsrechtlich gerechtfertigt, wenn sie dem Kriterium einer **hypothetischen Datenneuerhebung** genügen. Hierzu muss die Weiterverarbeitung „dem **Schutz von Rechtsgütern** oder der **Aufdeckung von Straftaten** eines solchen Gewichts dien[en], die verfassungsrechtlich ihre Neuerhebung mit vergleichbar schwerwiegenden Mitteln rechtfertigen könnten". Hingegen sollen für den tatsächlichen Anlass der Weiterverarbeitung grundsätzlich niedrigere Anforderungen gelten als für eine Datenerhebung. Ausreichend ist, dass sich aus den Daten ein **„konkreter Ermittlungsansatz"** ergibt. Wenn die Daten hingegen mit Wohnraumüberwachungen oder Online-Durchsuchungen als Überwachungsmaßnahmen höchster Eingriffsintensität gewonnen wurden, gelten für die Weiterverarbeitung in tatsächlicher Hinsicht dieselben Anforderungen wie für die Datenerhebung.[32] Dieser strengere Maßstab gilt zudem generell für Datenübermittlungen von Nachrichtendiensten an operativ tätige Behörden, da sonst die strengeren operativen Eingriffsschwellen umgangen werden könnten.[33]

22 Die Rechtsfigur der hypothetischen Datenneuerhebung krankt vor allem[34] daran, dass das BVerfG nicht klärt, was ein „konkreter Ermittlungsansatz" ist.[35] Insbesondere wird nicht deutlich, worin der Unterschied zu den Eingriffsschwellen besteht, die für die Datenerhebung maßgeblich sind. Dieses Kriterium bewirkt daher – zumindest bis auf Weiteres – beträchtliche **Rechtsunsicherheit.**

23 Darüber hinaus führte das BKAG-Urteil neben der Zweckänderung eine weitere Kategorie ein, die dem Datenschutzrecht und dem Sicherheitsrecht bislang fremd war. Der Zweck einer Datenerhebung bestimmt sich danach zwar – entsprechend dem bislang gängigen Verständnis – nach dem konkreten behördlichen Verfahren, in dem die Daten erhoben werden (→ Rn. 5). Eine Weiterverarbeitung in einem anderen Verfahren durch dieselbe Behörde im Rahmen derselben Aufgabe und zum Schutz gleichwertiger Rechtsgüter soll gleichwohl keine Zweckänderung sein.[36] Stattdessen soll sie sich als **„weitere Nutzung"** im Rahmen des Erhebungszwecks halten. Es soll daher verfassungsrechtlich zulässig sein, die Weiterverarbeitung „unabhängig von weiteren gesetzlichen Voraussetzungen als bloßer **Spurenansatz"** zu erlauben. Allerdings bedarf die weitere Nutzung einer ausdrücklichen gesetzlichen Ermächtigung. Die weitere Nutzung von Daten, die durch Wohnraumüberwachungen und Online-Durchsuchungen gewonnen wurden, muss zudem wegen der besonderen Eingriffsintensität dieser Überwachungsmaßnahmen wiederum an einen tatsächlichen Eingriffsanlass gebunden werden, der den Anforderungen an die Datenerhebung entspricht. Insoweit besteht also kein Unterschied zwischen weiterer Nutzung und Zweckänderung.[37]

24 Der für die weitere Nutzung zentrale **Begriff des Spurenansatzes** ist wiederum unklar. Er ist zwar aus dem Strafverfahrensrecht bekannt, wo zwischen einer Datenverwendung zu Beweiszwecken in der gerichtlichen Hauptverhandlung und einer Datenverwendung als Spurenansatz für weitere Ermittlungen im Ermittlungsverfahren differenziert wird (→ Rn. 44). Diese strafprozessuale Differenzierung lässt sich jedoch nicht auf Weiterverarbeitungen im einstufigen polizei- oder nachrichtendienstrechtlichen Verfahren übertragen. Möglicherweise handelt es sich überhaupt nicht um eine tatsächliche Voraussetzung der Weiterverarbeitung. Sollte gemeint sein, dass eine Behörde einmal erhobene Daten im

---

[32] BVerfGE 141, 220 (328 f.) = NJW 2016, 1781; aufgegriffen in BVerfGE 150, 309 (342 f.) = NJW 2019, 842; BVerfG NVwZ 2021, 226 (232).
[33] BVerfG Urt. v. 26.4.2022 – 1 BvR 1619/17, Rn. 245 ff., 252 f., 258; ebenso für die Ausland-Ausland-Fernmeldeaufklärung BVerfG NJW 2020, 2235 (2256).
[34] Zu weiteren, konzeptionell abweichenden Kritikpunkten *Bäcker,* Kriminalpräventionsrecht, 2015, 486 ff.
[35] *Schwabenbauer* in Lisken/Denninger PolR-HdB G Rn. 253 ff.; *Gärditz* EuGRZ 2018, 6 (21); *Zöller* StV 2019, 419 (423).
[36] Dass eine solche Weiterverarbeitung nach bisherigem Verständnis als Zweckänderung einzustufen ist, betont zutreffend *Müllmann* NVwZ 2016, 1692 (1694 f.).
[37] BVerfGE 141, 220 (324 ff.) = NJW 2016, 1781.

Rahmen derselben Aufgabe anlasslos weiterverarbeiten darf, so wäre ein annähernd uferloses Informationswesen eröffnet.[38]

2. Prozedurale und organisatorische Anforderungen an die Zweckänderung oder Datenübermittlung

Zweckänderungs- bzw. Übermittlungsermächtigungen müssen durch **prozedurale und organisatorische Vorkehrungen** gewährleisten, dass die Grundrechte der betroffenen Person wirksam geschützt sind. Die RL (EU) 2016/680 prägt eine Reihe solcher Vorkehrungen vor. Teilweise lassen sie sich auch aus den Grundrechten des Grundgesetzes ableiten. Dies ist insbesondere für Zweckänderungen und Übermittlungen bedeutsam, die nicht in den Anwendungsbereich des europäischen Datenschutzrechts fallen (→ Rn. 15). Die prozeduralen und organisatorischen Anforderungen lassen sich in zwei Gruppen einteilen: 25

Die Anforderungen der ersten Gruppe gewährleisten die **Transparenz und Überprüfbarkeit von Datenüberführungen.** In das nach Art. 24 Abs. 1 RL (EU) 2016/680 zu führende Verfahrensverzeichnis sind die Kategorien von Datenempfängern aufzunehmen. Gemäß Art. 25 Abs. 1 RL (EU) 2016/680 müssen Datenübermittlungen aus automatisierten Verarbeitungssystemen im Einzelfall protokolliert werden.[39] Zumindest in besonderen Fällen müssen die Kategorien von Datenempfängern gem. Art. 13 Abs. 2 RL (EU) 2016/680 der betroffenen Person mitgeteilt werden. Diese spezifischen Anforderungen beschränken sich auf Übermittlungsermächtigungen. Für Zweckänderungsermächtigungen ergibt sich jedoch zumindest ein faktisches Dokumentationserfordernis aus der allgemeinen Nachweispflicht des Art. 4 Abs. 4 RL (EU) 2016/680.[40] 26

Die Anforderungen der zweiten Gruppe entspringen der Regelungsverantwortung des Gesetzgebers der Zweckänderungs- bzw. Übermittlungsermächtigung für die Datenüberführung. Sie dienen dazu, die **Qualität der überführten Daten** und die **Rechtmäßigkeit der Weiterverarbeitung** fortlaufend zu gewährleisten. Bereits bei der Datenerhebung sind Daten zu kennzeichnen, die mit eingriffsintensiven Überwachungsmaßnahmen gewonnen wurden. Die Kennzeichnung soll gewährleisten, dass die besonderen Grenzen der Weiterverarbeitung im gesamten Verarbeitungsprozess – insbesondere auch nach einer Zweckänderung oder Übermittlung – erkennbar bleiben.[41] Dementsprechend muss bei einer Datenübermittlung die Übermittlungsbehörde gem. Art. 9 Abs. 3 RL (EU) 2016/680 die Empfangsbehörde auf besondere Verarbeitungsbedingungen hinweisen. Vor einer Übermittlung muss die Übermittlungsbehörde zudem gem. Art. 7 Abs. 2 RL (EU) 2016/680 prinzipiell verpflichtet sein, die Datenqualität zu überprüfen. Den übermittelten Daten sind überdies nach Möglichkeit Informationen beizufügen, mit deren Hilfe die Empfangsbehörde Richtigkeit, Vollständigkeit, Aktualität und Qualität eigenständig nachvollziehen kann. Stellt sich nach einer Übermittlung heraus, dass unrichtige Daten übermittelt wurden oder die Übermittlung rechtswidrig war, so muss die Übermittlungsbehörde dies der Empfangsbehörde nach Art. 7 Abs. 3 RL (EU) 2016/680 mitteilen. Darüber hinaus muss die Übermittlungsbehörde die Empfangsbehörde gem. Art. 16 Abs. 6 RL (EU) 2016/680 informieren, wenn sie die übermittelten Daten nach der Übermittlung berichtigt, gelöscht oder ihre Verarbeitung eingeschränkt hat. 27

---

[38] *Löffelmann* GSZ 2019, 16 (17 f.).
[39] Vgl. zu dem gleichläufigen verfassungsrechtlichen Protokollierungserfordernis BVerfGE 133, 277 (370) = NJW 2013, 1499; BVerfGE 141, 220 (341) = NJW 2016, 1781; BVerfG NJW 2020, 2235 (2257).
[40] Vgl. zu dem gleichlautenden Art. 5 Abs. 2 DSGVO *Roßnagel* in Simitis/Hornung/Spiecker genannt Döhmann, Datenschutzrecht, 2019, DSGVO Art. 5 Rn. 183; *Herbst* in Kühling/Buchner DSGVO Art. 5 Rn. 80.
[41] BVerfGE 109, 279 (379 f.) = NJW 2004, 999; BVerfGE 130, 1 (34) = NJW 2012, 907; BVerfGE 133, 277 (373) = NJW 2013, 1499.

3. Anforderungen an die Datenweiterverarbeitung

28 Die **Weiterverarbeitungsermächtigung** muss hinreichende **materielle Voraussetzungen** für die Weiterverarbeitung errichten. Zwar muss bereits der Gesetzgeber der Zweckänderungs- oder Übermittlungsermächtigung aufgrund seiner grundrechtlichen Regelungsverantwortung die Datenüberführung materiell legitimieren. Wenn jedoch die Tatbestandsvoraussetzungen der Weiterverarbeitungsermächtigung hinter den Voraussetzungen der Zweckänderungs- oder Übermittlungsermächtigung zurückbleiben, kommt es zu einem **Normwiderspruch**. Eine solche Ermächtigung erweckt den Anschein, dass die Datenüberführung unter zu niedrigen Voraussetzungen zulässig ist. Dies steht nicht mit dem Gebot der Normenklarheit und teils – wenn nämlich unterschiedliche Gesetzgeber für beide Ermächtigungen zuständig sind – auch nicht mit der Kompetenzordnung in Einklang.[42] Hingegen darf der Gesetzgeber der Weiterverarbeitungsermächtigung eine Eingriffsschwelle errichten, die strenger ist als die Zweckänderungs- bzw. Übermittlungsermächtigung.[43]

29 Darüber hinaus muss der Gesetzgeber der Weiterverarbeitungsermächtigung bei Datenübermittlungen Vorkehrungen schaffen, um die **Qualität der übermittelten Daten** zu gewährleisten und **Fehler bei der Datenüberführung** zu beheben. Werden unrichtige Daten übermittelt oder ist die Datenübermittlung rechtswidrig, so muss die Empfangsbehörde im Anschluss an die gebotene Mitteilung durch die Übermittlungsbehörde (→ Rn. 27) gem. Art. 7 Abs. 3 iVm Art. 16 RL (EU) 2016/680 verpflichtet werden, die Daten zu berichtigen, zu löschen oder ihre Verarbeitung einzuschränken. Das Gleiche gilt gem. Art. 16 Abs. 6 RL (EU) 2016/680, wenn die Übermittlungsbehörde die Daten nach der Übermittlung berichtigt, löscht oder ihre Verarbeitung einschränkt und dies der Empfangsbehörde mitteilt. Umgekehrt muss die Empfangsbehörde gem. Art. 16 Abs. 5 RL (EU) 2016/680 die Übermittlungsbehörde informieren, wenn sie die übermittelten Daten berichtigt.

30 Im Übrigen werden die Daten mit der Weiterverarbeitung **in das neue Verfahren eingegliedert**. Für die weitere Verarbeitung gelten die datenschutzrechtlichen Regelungen, die für dieses Verfahren maßgeblich sind. Dies betrifft etwa die Rechte und den Rechtsschutz der betroffenen Person, objektiv-rechtliche Vorgaben wie Rechenschafts- oder Löschpflichten oder die aufsichtsbehördliche Kontrolle.

4. Datenübermittlungen an ausländische Empfänger

31 Besonderen Regelungsbedarf werfen Datenübermittlungen an **ausländische Empfangsbehörden** sowie an **Organe internationaler Organisationen** auf. Anders als inländische Empfänger unterliegen solche Stellen nicht oder zumindest nicht vollständig den im Inland geltenden verfassungsrechtlichen Anforderungen an die Weiterverarbeitung der übermittelten Daten. Die Datenübermittlung begründet darum ein gesteigertes Risiko, das die grundrechtliche Regelungsverantwortung des Gesetzgebers der Übermittlungsermächtigung verschärft und zusätzliche Sicherungen erfordert. Vorgaben hierfür ergeben sich neben dem deutschen Verfassungsrecht teilweise auch aus dem Unionsrecht und dem Völkerrecht. Diese Vorgaben sind aufeinander abzustimmen. In der Folge ist zwischen vier Übermittlungskonstellationen zu differenzieren.

32 Erstens ist vor allem der internationale Austausch von Informationen, die aus Strafverfahren stammen, seit langem besonders weitgehend verrechtlicht. Hierbei handelt es sich um einen Bestandteil des **Rechtshilferechts**, der wegen dieses Sachzusammenhangs gesondert darzustellen ist (→ § 47).

---

[42] BVerfG BeckRS 2020, 16236 Rn. 198 ff. Inkonsequent ist daher BVerfGE 130, 1 (34) = NJW 2012, 907.
[43] BVerfGE 130, 1 (34) = NJW 2012, 907; BVerfGE 130, 151 (195) = NJW 2012, 1419; BVerfG BeckRS 2020, 16236 Rn. 201.

Zweitens ergeben sich **außerhalb des Anwendungsbereichs der RL (EU) 2018/680** 33
die grundrechtlichen Maßstäbe für Datenübermittlungen an ausländische Empfänger vor allem[44] aus dem Grundgesetz. Nach der Rechtsprechung des BVerfG müssen solche Übermittlungen in zweierlei Hinsicht durch normenklare gesetzliche Vorgaben gebunden werden: Zum einen bedarf es einer **Übermittlungsermächtigung,** welche die Übermittlung auf ein hinreichend gewichtiges Ziel beschränkt und an eine hinreichende tatsächliche Übermittlungsschwelle bindet. Ausgangspunkt ist wie bei innerstaatlichen Datenübermittlungen das Kriterium einer hypothetischen Datenneuerhebung. Der Gesetzgeber darf allerdings der Eigenständigkeit ausländischer Rechtsordnungen Rechnung tragen, die von anderen Begriffen und Differenzierungen ausgehen können als das deutsche Recht. Er muss jedoch das materielle Schutzniveau gewährleisten, das dieses Kriterium errichtet.[45] Zum anderen ist das **besondere Risiko der Auslandsübermittlung** durch **materielle und prozedurale Vorgaben** einzuhegen. Die Datenübermittlung darf nur zugelassen werden, wenn ein hinreichend rechtsstaatlicher Umgang mit den Daten im Empfängerstaat zu erwarten ist. Insbesondere muss dort ein angemessenes materielles **Datenschutzniveau** bestehen, während im Vergleich zum Inland Abstriche bei den institutionellen und formellen Sicherungen des Datenschutzrechts hinnehmbar sind. Erforderlich sind danach insbesondere Vorgaben zur Zweckbindung und Datenlöschung sowie grundlegende Mechanismen zur Datenschutzkontrolle und Datensicherheit. Zudem muss gewährleistet erscheinen, dass die Daten nicht zu **Verletzungen elementarer menschenrechtlicher Standards** verwendet werden, etwa zu politischer Verfolgung oder unmenschlicher Bestrafung. Die deutsche Übermittlungsbehörde muss sich darüber **vergewissern,** dass diese materiellen Standards im Empfängerstaat eingehalten werden. Dabei sind einzelfallübergreifende generalisierende Beurteilungen zulässig. Sie müssen aber regelmäßig aktualisiert werden und einer Revision auch im Einzelfall zugänglich sein. Gegebenenfalls müssen Garantien für den Umgang mit den übermittelten Daten im konkreten Fall eingefordert werden.[46]

Drittens gewährleistet die **RL (EU) 2016/680,** dass in den an sie gebundenen **Mitgliedstaaten der EU** ein hinreichendes Datenschutzniveau besteht, um Datenübermittlungen prinzipiell zu ermöglichen. Liegen im Anwendungsbereich der Richtlinie die Voraussetzungen einer Datenübermittlung an eine Behörde eines anderen Mitgliedstaats vor, so darf gem. Art. 1 Abs. 2 lit. b RL (EU) 2016/680 die Übermittlung nicht mit der Begründung verweigert werden, im Empfangsstaat herrsche ein zu niedriges Datenschutzniveau. Hingegen überlässt die Richtlinie den Mitgliedstaaten die Entscheidung, inwieweit sie überhaupt Datenübermittlungen ermöglichen. 34

Viertens errichten Art. 35 ff. RL (EU) 2016/680 Vorgaben für Datenübermittlungen an **Behörden von Drittstaaten** und an **internationale Organisationen.** Diese Vorgaben treten zu dem stets zu beachtenden Erfordernis einer materiellen Übermittlungsermächtigung hinzu und schirmen das besondere Risiko der Auslandsübermittlung ab. Die Richtlinie sieht hierzu mehrere Instrumente vor: Die EU-Kommission kann durch einen – regelmäßig zu überprüfenden und gegebenenfalls zu revidierenden – Beschluss feststellen, dass der Drittstaat oder die internationale Organisation ein angemessenes Schutzniveau bietet. Liegt kein **Angemessenheitsbeschluss** vor, so ist eine Übermittlung auf der Grundlage **geeigneter Garantien** zulässig. Hierzu bedarf es entweder eines rechtsverbindlichen Instruments, dem sich der Drittstaat oder die internationale Organisation unterwirft, oder einer umfassenden Prüfung aller für die Übermittlung relevanten Umstände durch den übermittelnden Mitgliedstaat. Nach der Rechtsprechung des EuGH bestehen geeig- 35

---

[44] Die Rechtsprechung zu Art. 8 EMRK, der auf solche Übermittlungen gleichfalls anzuwenden ist, ist bislang weniger ergiebig.
[45] BVerfGE 141, 220 (342 f.) = NJW 2016, 1781; BVerfG NJW 2020, 2235 (2258); BVerfG Urt. v. 26.4.2022 – 1 BvR 1619/17, Rn. 261 ff.
[46] BVerfGE 141, 220 (344 ff.) = NJW 2016, 1781; BVerfG NJW 2020, 2235 (2258 f.); BVerfG Urt. v. 26.4.2022 – 1 BvR 1619/17, Rn. 264 ff.

nete Garantien in diesem Sinne wiederum nur, wenn bei dem Datenempfänger ein angemessenes Schutzniveau für die übermittelten Daten gewährleistet ist.[47] Das einheitlich zu bestimmende **angemessene Schutzniveau** ist nur gegeben, wenn der Drittstaat oder die internationale Organisation einen Schutzstandard für die Rechte und Freiheiten betroffener Personen bietet, der dem in der EU bestehenden Standard gleichwertig ist.[48] Fehlt es sowohl an einem Angemessenheitsbeschluss als auch an angemessenen Garantien, so ist eine Auslandsübermittlung aus besonderem Grund gleichwohl ausnahmsweise zulässig. Die Richtlinie enthält einen Katalog von **besonderen Übermittlungsgründen,** wobei einerseits bestimmte herausgehobene Zwecke Auslandsübermittlungen generell legitimieren, andererseits solche Übermittlungen im Einzelfall im gesamten Anwendungsbereich der Richtlinie nach Maßgabe einer Einzelfallabwägung zulässig sind. Nur bei den einzelfallbasierten Übermittlungsgründen ist darüber hinaus eine Abwägung zwischen dem öffentlichen Interesse an der Übermittlung und den gegenläufigen Interessen der betroffenen Person vorgesehen. Dieser Katalog ist insgesamt so weit gefasst, dass er das Schutzniveau der allgemeinen Anforderungen an Auslandsübermittlungen zu erodieren droht.[49]

36 Ungeklärt ist bislang, ob und inwieweit Art. 35 ff. RL (EU) 2016/680 den Mitgliedstaaten **Regelungsspielräume** belassen. Bedeutsam ist dies auch deshalb, weil die Vorgaben für Auslandsübermittlungen, die das BVerfG aus den **deutschen Grundrechten** abgeleitet hat, nur im Rahmen solcher Spielräume anwendbar sind. Es liegt nahe, dass diese Frage differenziert zu beantworten ist. Dabei erscheinen zunächst zwei Punkte eindeutig: Zum einen ergibt sich aus der Richtlinie **keine Vollharmonisierung der materiellen Übermittlungsermächtigungen,** sondern lediglich ein Mindeststandard. Dies gilt für Übermittlungen innerhalb der EU ebenso wie für Übermittlungen an Drittstaaten. Es ist daher Sache der Mitgliedstaaten, unter Beachtung des unionsrechtlichen Mindeststandards solche Ermächtigungen zu schaffen. Die deutschen Gesetzgeber haben hierbei auch die Grundrechte des Grundgesetzes zu beachten. Zum anderen dürfen **Auslandsübermittlungen innerhalb der EU** im Anwendungsbereich der Richtlinie nicht deshalb unterbleiben, weil das Datenschutzniveau im Empfangsstaat Defizite aufweist, da ansonsten der durch die Richtlinie gewährleistete freie Datenverkehr behindert würde. Die besonderen Anforderungen an Auslandsübermittlungen, die das BVerfG aus den deutschen Grundrechten abgeleitet hat, können darum nicht auf solche Übermittlungen angewandt werden.

37 Problematisch und derzeit offen ist hingegen, ob Art. 35 ff. RL (EU) 2016/680 Raum für Einschränkungen oder zumindest **Konkretisierungen der besonderen Übermittlungsvoraussetzungen** durch mitgliedstaatliches Recht lassen. Diese Frage entscheidet auch darüber, ob und inwieweit die besonderen Anforderungen des deutschen Verfassungsrechts an Auslandsübermittlungen im Anwendungsbereich der Richtlinie gelten. Insbesondere ist zum einen fraglich, ob sich die Mitgliedstaaten über **Angemessenheitsbeschlüsse** der EU-Kommission hinwegsetzen können, wenn ihrer Auffassung nach das Datenschutzniveau in einem bestimmten Drittstaat trotz eines solchen Beschlusses nicht für eine Übermittlung ausreicht. Auf diese Weise könnten deutsche Behörden dem verfassungsrechtlichen Gebot Rechnung tragen, das Datenschutzniveau bei dem Datenempfänger nicht nur generell, sondern zumindest bei gegebenem Anlass auch im Einzelfall zu beurteilen. Zum anderen ist der Status der weit formulierten **Ausnahmeregelung** des Art. 38 RL (EU) 2016/680 klärungsbedürftig. Diese Regelung droht die Anforderungen an Auslandsübermittlungen erheblich zu verwässern. In der Rechtsprechung des BVerfG findet sie keine Parallele.[50] Wird hingegen davon ausgegangen, dass die Art. 35 ff. RL (EU) 2016/680

---

[47] Vgl. zu Art. 46 DSGVO EuGH GRUR-RS 2020, 16082, Rn. 92.
[48] Vgl. zu Art. 25 RL 95/46/EG bzw. zu Art. 44 ff. DSGVO EuGH NJW 2015, 3151 (3155); GRUR-RS 2020, 16082, Rn. 94.
[49] Vgl. zum ursprünglichen Richtlinienentwurf der Kommission, der bereits dasselbe Defizit aufwies, *Bäcker/Hornung* ZD 2012, 147 (151).
[50] Wie hier *Schantz* in Schantz/Wolff, Das neue Datenschutzrecht, 2017, Rn. 808.

abschließend sind, so sind die vom BVerfG konturierten besonderen verfassungsrechtlichen Vorgaben nur noch für Datenübermittlungen außerhalb des Anwendungsbereichs der Richtlinie bedeutsam.

C. Datenüberführungsermächtigungen im geltenden Staatsschutzrecht

Im Folgenden werden die Datenüberführungsregelungen des geltenden Staatsschutzrechts systematisch geordnet dargestellt und ihre Vereinbarkeit mit höherrangigem Recht untersucht. Da das geltende Recht den formellen und prozeduralen Vorgaben des höherrangigen Rechts im Wesentlichen entspricht, konzentriert sich die Darstellung auf die **materiellen Anforderungen an Datenüberführungen**. Entsprechend der am Anfang des Beitrags vorgestellten Systematik von Datenüberführungen (→ Rn. 2) befasst sich die Untersuchung mit der Weiterverarbeitung erhobener Daten durch dieselbe Behörde für ein weiteres Verfahren im Rahmen derselben Aufgabe (→ Rn. 39), mit der Weiterverarbeitung von Daten durch dieselbe Behörde im Rahmen einer anderen Aufgabe (→ Rn. 52) sowie mit der Übermittlung von Daten an eine andere Behörde (→ Rn. 64). Abschließend ist auf die besonders regelungsbedürftigen Datenübermittlungen an ausländische Empfangsbehörden einzugehen (→ Rn. 117). 38

I. Ermächtigungen zu Datenüberführungen innerhalb einer behördlichen Aufgabe

Innerhalb einer Aufgabe werden Daten überführt, wenn eine Staatsschutzbehörde diese Daten aus dem Verfahren löst, für das sie die Daten erhoben hat, und in einem anderen Verfahren weiterverarbeitet, das derselben behördlichen Aufgabe unterfällt. Hierbei geht es insbesondere um **Zufallsfunde**. So liegt es beispielsweise, wenn eine Polizeibehörde Daten zur Verhinderung eines terroristischen Anschlags erhoben hat und diese Daten nun zur Verhinderung eines Tötungsdelikts im persönlichen Nahbereich nutzen will. Eine solche Datenüberführung bedarf als **weitere Nutzung** einer gesetzlichen Ermächtigung. Sie muss dem Schutz gleichwertiger Rechtsgüter oder der Verfolgung vergleichbar schwerer Straftaten wie die Datenerhebung dienen, darf aber grundsätzlich ohne tatsächliche Eingriffsschwelle zugelassen werden (→ Rn. 23). 39

1. Datenüberführungen im Polizeirecht

Die Datenüberführungsermächtigungen in den Polizeigesetzen lassen sich in **zwei Gruppen** einteilen. Die Ermächtigungen der **ersten Gruppe** greifen die vom BVerfG konturierte neue Kategorie der **weiteren Nutzung** auf und erlauben der Polizei Weiterverarbeitungen im Rahmen derselben Aufgabe zum Schutz vergleichbarer Rechtsgüter, ohne Anforderungen an den tatsächlichen Eingriffsanlass zu errichten. Ausnahmen bestehen – entsprechend den verfassungsrechtlichen Vorgaben – für Daten, die durch Wohnraumüberwachungen oder Online-Durchsuchungen gewonnen wurden.[51] 40

Die Ermächtigungen der **zweiten Gruppe** behandeln hingegen Datenüberführungen innerhalb einer polizeilichen Aufgabe als **Zweckänderungen,** wie es der hergebrachten Einordnung entspricht. Überwiegend findet sich eine allgemeine Zweckänderungsermächtigung, welche die Zweckänderung an eine hypothetische Datenneuerhebung bindet.[52] Die meisten Gesetze aus dieser Gruppe enthalten darüber hinaus Sonderregelungen für Daten, die durch eingriffsintensive Datenerhebungsmaßnahmen gewonnen 41

---

[51] § 12 Abs. 1 BKAG; § 15 Abs. 2 BWPolG; Art. 48 Abs. 1, Abs. 4 S. 2 Nr. 1 BayPAG; § 50 Abs. 1 BremPolG; § 20 Abs. 1 HSOG; § 36 Abs. 1 SOG M-V; § 23 Abs. 1 PolG NRW; § 23 Abs. 1 SPolDVG; § 79 Abs. 1 SächsPVDG; § 13b Abs. 1 SOG LSA; § 188a Abs. 1 SchlHLVwG; nur auf Daten, die durch eingriffsintensive Maßnahmen erlangt wurden, bezieht sich § 51 Abs. 1 RhPfPOG.
[52] § 42 Abs. 2 S. 2 ASOG Bln; § 38 Abs. 1 S. 2 BbgPolG; § 34 Abs. 1 S. 1 Nr. 2 Hmb PolDVG; § 39 Abs. 1 S. 1 Nr. 1 NPOG.

wurden.⁵³ Diese Regelungen gehen allerdings inhaltlich nicht immer über das ohnehin zu beachtende Erfordernis einer hypothetischen Datenneuerhebung hinaus.

42 Einen Sonderfall innerhalb der zweiten Regelungsgruppe bildet **Thüringen**. Dort wird eine hypothetische Datenneuerhebung in § 36 Abs. 1 S. 4 ThürPAG nur für Daten vorgegeben, die aus bestimmten verdeckten Erhebungsmaßnahmen stammen. Ansonsten ist die (auch zweckändernde) Weiterverarbeitung erhobener Daten gemäß § 40 Abs. 1 ThürPAG unter anderem zulässig, wenn sie zur Erfüllung einer polizeilichen Aufgabe erforderlich ist. Jedoch können auch offene Datenerhebungen eine beträchtliche Eingriffsintensität aufweisen und müssen darum von Verfassungs wegen an den Schutz qualifizierter Rechtsgüter gebunden werden.⁵⁴ Dementsprechend muss auch die weitere Nutzung solcher Daten dem Schutz vergleichbarer Rechtsgüter dienen. Die allgemeine Weiterverarbeitungsermächtigung im Thüringer Recht ist daher partiell zu weit gefasst und insoweit verfassungswidrig.

2. Datenüberführungen im Strafverfahrensrecht

43 Im Strafprozessrecht ist die Datenüberführung in ein anderes Strafverfahren, das eine andere prozessuale Tat zum Gegenstand hat, nur teilweise ausdrücklich geregelt. Nach § 477 Abs. 1 StPO können Daten, die im Rahmen eines strafrechtlichen Ermittlungsverfahrens erhoben wurden, an andere Strafverfolgungsbehörden und Strafgerichte für Zwecke der Strafverfolgung **übermittelt** werden. Für eine Datenüberführung durch dieselbe Behörde gibt es hingegen keine ausdrückliche Ermächtigung. Daher wird vorgeschlagen, diese Ermächtigung der Übermittlungsermächtigung als **Minus** zu entnehmen.⁵⁵

44 Eine allgemeine Grenze der Datenüberführung regelt § 479 Abs. 2 S. 1 StPO iVm § 161 Abs. 3 S. 1 StPO. Diese Vorschrift gilt für Datenerhebungsmaßnahmen, die nur bei **Verdacht bestimmter Taten** zulässig sind. Hierunter fallen sowohl Datenerhebungsermächtigungen, die – wie etwa § 100a Abs. 2 StPO – einen abschließenden Katalog von Anlasstaten enthalten, als auch Ermächtigungen, die den Kreis der Anlasstaten durch allgemeine Formulierungen – etwa den Verdacht einer Straftat von erheblicher Bedeutung in § 100g Abs. 1 S. 1 Nr. 1 StPO – eingrenzen.⁵⁶ Die mit solchen Maßnahmen gewonnenen Daten dürfen **zu Beweiszwecken** in einem anderen Strafverfahren nur verwendet werden, wenn zur Aufklärung der dort gegenständlichen Tat eine derartige Maßnahme gleichfalls zulässig wäre oder wenn die betroffene Person einwilligt. Der Ausschluss einer Verwendung „zu Beweiszwecken" beschränkt sich auf die unmittelbare Verwendung als Beweismittel. Zulässig soll dagegen eine Datenverwendung sein, die aus den Daten Anhaltspunkte für weitere Ermittlungen gewinnt (sog. **Spurenansatz**).⁵⁷ Diese Differenzierung ist jedoch **verfassungsrechtlich nicht haltbar**, da die weitere Nutzung erhobener Daten generell nur zulässig ist, wenn sie dazu dient, vergleichbar schwere Straftaten zu verfolgen wie sie der Datenerhebung zugrunde lagen.⁵⁸ Die gesetzliche Verwendungsbeschränkung greift daher zu kurz.

45 Verfassungskonforme **Sonderregelungen** finden sich hingegen für die Überführung von Daten aus **Wohnraumüberwachungen** und **Online-Durchsuchungen** in § 100e Abs. 6 Nr. 1 StPO und von Daten, die durch den Abruf der gemäß §§ 176 ff. TKG **bevorrateten Telekommunikations-Verkehrsdaten** gewonnen wurden, in § 101a

---

⁵³ § 25 Abs. 5a S. 3 Nr. 2 ASOG Bln; § 33a Abs. 7 S. 2 BbgPolG, § 33b Abs. 9 S. 2 BbgPolG; § 34 Abs. 4 S. 1 Hmb PolDVG; § 39 Abs. 4 und 5 NPOG.

⁵⁴ Vgl. zu offen durchgeführten automatisierten Kfz-Kennzeichenkontrollen BVerfGE 150, 309 (336) = NJW 2019, 842. Eine Ermächtigung hierzu findet sich in § 33 Abs. 7 ThürPAG, auf den § 36 Abs. 1 S. 4 ThürPAG nicht verweist.

⁵⁵ *Singelnstein* ZStW 2008, 854 (872); ähnlich *Reinbacher/Werkmeister* ZStW 2018, 1104 (1128 ff.).

⁵⁶ MüKoStPO/*Singelnstein* § 477 Rn. 26; *Wittig* in BeckOK StPO, 37. Ed. 1.7.2020, StPO § 479 Rn. 5.

⁵⁷ *Allgayer* NStZ 2006, 603 (604 ff.); *Wittig* in BeckOK StPO, 37. Ed. 1.7.2020, StPO § 479 Rn. 5; differenzierend *Reinbacher/Werkmeister* ZStW 2018, 1104 (1142 f.).

⁵⁸ Vgl. BVerfGE 141, 220 (326) = NJW 2016, 1781; kritisch auch *Zöller* StV 2019, 419 (422); *Singelnstein* NStZ 2020, 639 (642).

C. Datenüberführungsermächtigungen im geltenden Staatsschutzrecht § 29

Abs. 4 S. 1 Nr. 1 StPO. Diese Regelungen machen jede Datenüberführung davon abhängig, dass die Voraussetzungen der Datenerhebung auch im Zielverfahren vorliegen.[59] Weitere Sonderregelungen enthalten § 100i Abs. 2 S. 2 StPO für den Einsatz von **IMSI-Catchern** und § 108 Abs. 2 und Abs. 3 StPO für **Durchsuchungen**.

3. Datenüberführungen im Nachrichtendienstrecht

Die Nachrichtendienstgesetze des Bundes und der meisten Länder regeln aufgabeninterne Datenüberführungen nicht explizit, sondern erlauben den Nachrichtendiensten grundsätzlich pauschal, erhobene Daten **im Rahmen ihrer Aufgaben weiterzuverarbeiten**.[60] Die Zweckbindung der erhobenen Daten kommt erst zum Tragen, wenn diese Daten an andere Behörden übermittelt werden sollen (→ Rn. 92 ff.). Für **eingriffsintensivere Datenerhebungen** bestimmt § 4 Abs. 2 S. 3 G 10, auf den zahlreiche Regelungen verweisen,[61] dass die Dienste die erhobenen Daten nur verarbeiten dürfen, um die in § 1 Abs. 1 Nr. 1 G 10 aufgezählten Rechtsgüter (freiheitliche demokratische Grundordnung, Bestand oder Sicherheit des Bundes oder eines Landes, Sicherheit der in Deutschland stationierten ausländischen Truppen) vor drohenden Gefahren zu schützen. Diese Rechtsgüter decken sich allerdings weitgehend mit den allgemeinen Schutzgütern zumindest der nachrichtendienstlichen Inlandsaufklärung. Zudem setzt § 1 Abs. 1 Nr. 1 G 10 trotz seines missverständlichen Wortlauts in tatsächlicher Hinsicht nicht voraus, dass bereits eine konkrete Gefahr für diese Schutzgüter eingetreten ist.[62] Ob diese Regelung die Weiterverarbeitung der erhobenen Daten wirklich enger begrenzt als die allgemeinen Verarbeitungsermächtigungen, erscheint daher zweifelhaft. Restriktivere Weiterverarbeitungsbeschränkungen finden sich hingegen insbesondere für Daten aus **Wohnraumüberwachungen**.[63]

46

Auf den ersten Blick erscheint dieser Regelungsansatz plausibel. Die Aufgaben der Nachrichtendienste bestehen jeweils darin, fortlaufend Informationen zu bestimmten Themenbereichen zu sammeln und auszuwerten. Die unmittelbare Bewältigung konkreter sozialer Konflikte ist hiervon nicht umfasst. Dementsprechend haben **nachrichtendienstliche Verfahren kein klar definiertes Ziel,** das den Verarbeitungszweck der erhobenen Daten in vergleichbarer Weise eingrenzen könnte wie eine strafprozessuale Tat oder eine präventivpolizeiliche konkrete Gefahr.

47

Allerdings definiert auch das Nachrichtendienstrecht – wenngleich weniger trennscharfe – **Verfahrenszusammenhänge,** in die sich Datenerhebungen der Nachrichtendienste einpassen lassen. In der jüngeren Rechtsprechung des BVerfG finden sich Vorgaben für solche Datenerhebungen, die darauf hinwirken, diese verfahrensrechtliche Strukturierung zu verdichten. Danach muss sich die **Inlandsaufklärung** durch die Verfassungsschutz-

48

---

[59] *Graf* in BeckOK StPO, 37. Ed. 1.7.2020, StPO § 100e Rn. 33 f.; *Bär* in BeckOK StPO, 37. Ed. 1.7.2020, StPO § 101a Rn. 24.
[60] § 10 Abs. 1 BVerfSchG; § 6 Abs. 1 BNDG; § 6 Abs. 1 S. 1 MADG; § 7 Abs. 1 BWLVSG; § 11 Abs. 1 VSG Bln; § 16 Abs. 1 HVSG; § 8 Abs. 1 VSG NRW; § 7 Abs. 1, § 10 Abs. 1 SVerfSchG; § 6 Abs. 1 SächsVSG; § 9 Abs. 1 LSAVerfSchG; § 13 Abs. 1 ThürVerfSchG; ähnlich § 8 Abs. 1 S. 3, § 9 Abs. 1 S. 1 HmbVerfSchG; § 10 Abs. 3 S. 4, § 15 Abs. 1 MV VerfSchG; § 8 Abs. 3 S. 3, § 11 Abs. 1 SchlHLVerfSchG.
[61] § 8b Abs. 2 S. 7, § 9 Abs. 4 S. 4 BVerfSchG; § 3 Abs. 1 S. 3, § 5 S. 2 BNDG; § 4a S. 1, § 5 MADG; Art. 8b Abs. 3 BayVSG; § 5a Abs. 4 S. 3, § 5d Abs. 3 S. 1, § 6 Abs. 3 BWLVSG; § 9 Abs. 6 S. 2, § 9a Abs. 3, § 27a Abs. 5, § 9 VSG Bln; § 7 Abs. 2 S. 3, § 14a Abs. 6 S. 1 BbgVerSchG; § 10 Abs. 1 BremVerfSchG; § 7a Abs. 5 S. 2, § 8 Abs. 10 S. 7 HmbVerfSchG; § 6 Abs. 1 S. 1 HessVerfSchG; § 13 Abs. 8, § 14 Abs. 3 S. 4, § 15 Abs. 3, § 17 Abs. 7 S. 2, § 20 Abs. 3 RhPflVerfSchG; § 10 Abs. 7 S. 4 LVerfSchG M-V; § 15a Abs. 3 S. 1 SVerfSchG; § 17a Abs. 5 S. 7, Abs. 6 S. 4 LSAVerfSchG; § 8 Abs. 7 S. 6, Abs. 8 S. 8, § 8a Abs. 7 S. 5 SchlHLVerfSchG; § 8 Abs. 5 S. 1, § 9 Abs. 2 S. 2, § 11 Abs. 4 S. 3 ThürVerfSchG.
[62] *Huber* in Schenke/Graulich/Ruthig G 10 § 1 Rn. 33.
[63] § 9 Abs. 2 S. 7 BVerfSchG; § 5 S. 2 BNDG; § 5 MADG; § 8 Abs. 6 S. 1, Abs. 7 S. 2 HmbVerfSchG; § 8 Abs. 6 HessVerfSchG; § 19 Abs. 2 RhPflVerfSchG; § 8 Abs. 8 S. 1 SVerfSchG; § 8 Abs. 3 S. 2 LSAVerfSchG; § 5a Abs. 6 S. 2 SächsVSG. Eine weiter gefasste Sonderregelung für Daten, die durch Maßnahmen von besonderer Eingriffsintensität gewonnen wurden, findet sich in § 5c Abs. 2 VSG NRW.

behörden stets auf bestimmte beobachtungsbedürftige Aktionen oder Gruppierungen beziehen.[64] Eingriffsintensive Datenerhebungen dürfen darüber hinaus nur zugelassen werden, wenn für die Aktion oder Gruppierung eine gesteigerte Beobachtungsbedürftigkeit besteht, was insbesondere eine Beobachtung „legalistischer" Bestrebungen mit eingriffsintensiven nachrichtendienstlichen Mitteln in der Regel ausschließt.[65] Für die **Auslandsaufklärung** des BND hat das BVerfG eine Strukturierung in Überwachungsprojekte verlangt, die einen Verfahrenszusammenhang definieren und so etwa die Auswahl der Selektoren für die strategische Telekommunikationsüberwachung anleiten.[66]

49 Die verfassungsrechtlichen Vorgaben für die **Strukturierung und Begrenzung nachrichtendienstlicher Datenerhebungen** beeinflussen auch die **Weiterverarbeitung** der erhobenen Daten. Kein besonderer Regulierungsbedarf besteht bei Datenweiterverarbeitungen, die sich im Verfahrenszusammenhang der Datenerhebung halten, also sich etwa gerade auf die Aktion oder Gruppierung beziehen, die den Anlass der Datenerhebung gebildet hat. Datenweiterverarbeitungen innerhalb der jeweiligen nachrichtendienstlichen Aufgabe, aber in einem anderen Verfahrenszusammenhang können hingegen durch besondere gesetzliche Regelung als **weitere Nutzung** zugelassen werden. Wenn Daten durch eingriffsintensive nachrichtendienstliche Mittel erhoben wurden, sind die gesteigerten Anforderungen an die Datenerhebung auch bei der weiteren Nutzung zu beachten. Hat etwa eine Verfassungsschutzbehörde ein nachrichtendienstliches Mittel eingesetzt, das verfassungsrechtlich nur gegen Bestrebungen mit einer gesteigerten Beobachtungsbedürftigkeit zugelassen werden darf, so muss sich auch die weitere Nutzung der hierdurch erlangten Daten auf solche Bestrebungen beschränken.[67]

50 Angesichts dessen sind zwar die **allgemeinen Weiterverarbeitungsermächtigungen** in den Nachrichtendienstgesetzen insoweit nicht zu beanstanden, als sie die weitere Nutzung von Daten erlauben, die mit weniger eingriffsintensiven Maßnahmen gewonnen wurden. Die weitere Nutzung von Daten, deren Erhebung intensiv in Grundrechte eingreift, darf hingegen nur zur Aufklärung **besonders beobachtungsbedürftiger Vorgänge** zugelassen werden. Die allgemeinen Weiterverarbeitungsermächtigungen gewährleisten dies ebenso wenig[68] wie die gleichfalls sehr weit gefasste Weiterverarbeitungsermächtigung in § 4 Abs. 2 S. 3 G 10.

51 In einigen **Landesverfassungsschutzgesetzen** finden sich hingegen Regelungen zu Datenüberführungen innerhalb der Aufgaben des Verfassungsschutzes, die zumindest im Regulierungsansatz tragfähig sind. Allein das rheinland-pfälzische Recht greift die Rechtsfigur der **weiteren Nutzung** auf.[69] Zumeist werden hingegen Weiterverarbeitungen, die nicht dem Erhebungsanlass dienen, generell als **Zweckänderungen** behandelt. Die Zweckänderung wird prinzipiell an eine **hypothetische Datenneuerhebung** geknüpft,[70] daneben finden sich teils maßnahmespezifische Sonderregelungen.[71] Die meisten dieser Gesetze verweisen für die Weiterverarbeitung von Daten aus bestimmten Maßnahmen zudem nach wie vor auf § 4 Abs. 2 S. 3 G 10 und verwässern hierdurch die grundsätzliche Zweckbindung in beträchtlichem Maße.[72] Nur das niedersächsische Recht hält in § 27 S. 1 NVerfSchG konsequent am Grundsatz der hypothetischen Datenneuerhebung fest.

---

[64] BVerfGE 130, 151 (206) = NJW 2012, 1419; BVerfGE 155, 119 (189) = NJW 2020, 2699; BVerfG Urt. v. 26.4.2022 – 1 BvR 1619/17, Rn. 164.
[65] BVerfG Urt. v. 26.4.2022 – 1 BvR 1619/17, Rn. 192 ff.
[66] BVerfG NJW 2020, 2235 (2252).
[67] Undeutlich insoweit BVerfG Urt. v. 26.4.2022 – 1 BvR 1619/17, Rn. 227, 270.
[68] Vgl. zur Weiterverarbeitung von Daten aus der Ausland-Ausland-Fernmeldeaufklärung des BND BVerfG NJW 2020, 2235 (2266).
[69] § 23 Abs. 1 S. 4 RhPflVerfSchG.
[70] Art. 8b Abs. 1 S. 2 BayVSG; § 7 Abs. 2 S. 2 BbgVerfSchG; § 10 Abs. 2 S. 2 BremVerfSchG; § 27 S. 1 NVerfSchG; § 23 Abs. 4 RhPflVerfSchG.
[71] Art. 8b Abs. 2 S. 1 BayVSG; § 7 Abs. 3 S. 4 BbgVerfSchG.
[72] Art. 8b Abs. 3 BayVSG; § 7 Abs. 2 S. 3, § 14a Abs. 6 S. 1 BbgVerfSchG; § 10 Abs. 1 BremVerfSchG; § 13 Abs. 8, § 14 Abs. 3 S. 4, § 15 Abs. 3, § 17 Abs. 2, § 20 Abs. 3 RhPflVerfSchG.

II. Ermächtigungen zu zweckändernden Datenüberführungen durch den polizeilichen Staatsschutz

Der polizeiliche Staatsschutz nimmt – wie die Polizei insgesamt – die Aufgaben der **Gefahrenabwehr** und der **Strafverfolgung** wahr. Daraus ergibt sich die Frage, unter welchen Voraussetzungen Daten aus einem Verfahren, das sich nach der einen Aufgabe richtet, zweckändernd in ein Verfahren derselben Polizeibehörde überführt werden dürfen, das der anderen Aufgabe unterfällt. Da auch zweckändernde Weiterverarbeitungen durch dieselbe Behörde eine zweigliedrige Struktur aufweisen (→ Rn. 4 ff.), werden hierfür Ermächtigungen in beiden Fachrechtsordnungen benötigt.

52

1. Überführung präventivpolizeilich erlangter Daten in strafprozessuale Verfahren

Damit eine Polizeibehörde präventivpolizeilich erlangte Daten in ein strafprozessuales Verfahren überführen kann, benötigt sie zunächst eine **polizeirechtliche Zweckänderungsermächtigung.** Die Regelungslage in Bund und Ländern ist insoweit disparat und überwiegend unbefriedigend.

53

Die **klarste Regelung** findet sich in § 39 Abs. 6 NPOG. Diese Vorschrift erlaubt eine Zweckänderung zur Verfolgung von Straftaten, wenn die Daten mit einer entsprechenden Maßnahme nach der StPO hätten erhoben werden dürfen. Die Regelung setzt damit das verfassungsrechtlich vorgegebene Kriterium einer **hypothetischen Datenneuerhebung** um. Der dynamische Verweis auf das Strafverfahrensrecht erscheint hinsichtlich der Frage, welche Straftaten mithilfe der Zweckänderung verfolgt werden dürfen, hinnehmbar.[73] Es ist Sache des Strafprozessgesetzgebers, für die strafprozessualen Eingriffsmaßnahmen rechtsstaatlich angemessene und kriminalistisch sinnvolle Straftatkataloge zusammenzustellen. Die Formulierung des § 39 Abs. 6 NPOG macht auch noch hinreichend deutlich, dass die Zweckänderung auf einem konkreten Ermittlungsansatz beruhen muss.

54

Die Polizeigesetze von **Bayern** und **Rheinland-Pfalz** ordnen die Prüfung einer hypothetischen Datenneuerhebung nur für einen abschließenden **Katalog eingriffsintensiver verdeckter Datenerhebungsmaßnahmen** an.[74] Ansonsten wird die Zweckänderung mit strafprozessualem Zielverfahren generell zugelassen.[75] Dieser Ansatz kann verfassungsrechtlich tragfähig ausgearbeitet werden, die geltenden Regelungen leisten dies jedoch nicht. Zum einen müssen Zweckänderungen auch dann, wenn die Daten aus weniger eingriffsintensiven Maßnahmen stammen und darum zur Verfolgung jeglicher Straftaten genutzt werden dürfen, in tatsächlicher Hinsicht zumindest an einen konkreten Ermittlungsansatz gebunden werden.[76] Dieses Erfordernis fehlt in Rheinland-Pfalz. Zum anderen genügt die Katalogmethode in materieller Hinsicht den verfassungsrechtlichen Anforderungen nur, wenn sichergestellt ist, dass der Katalog alle Datenerhebungsmaßnahmen aufführt, für die bei einer Zweckänderung qualifizierte Anforderungen an die verfolgten Straftaten bestehen. Die gesetzlichen Zweckänderungsermächtigungen beider Länder gewährleisten dies nicht durchweg. So fehlt in beiden Katalogen die Ausschreibung zur polizeilichen Beobachtung (Art. 40 BayPAG, § 43 RhPfPOG), obwohl die entsprechende strafprozessuale Maßnahme nach § 163e Abs. 1 S. 1 StPO nur zur Verfolgung von Straftaten von erheblicher Bedeutung zulässig ist.

55

Andere Gesetze regeln den Grundsatz der hypothetischen Datenneuerhebung wohl der Sache nach, ohne allerdings ausdrücklich auf die StPO Bezug zu nehmen. Danach ist eine Zweckänderung präventivpolizeilich erhobener Daten unter anderem zulässig, um „**mindestens vergleichbar schwerwiegende Straftaten**" oder „entsprechend schwerwie-

56

---

[73] Anders nunmehr jedoch BVerfG Urt. v. 26.4.2022 – 1 BvR 1619/17 Rn. 386.
[74] Art. 48 Abs. 3 Nr. 2, Abs. 4 S. 2 Nr. 2 BayPAG; § 51 Abs. 1 S. 1, Abs. 3 S. 1 RhPfPOG.
[75] Art. 48 Abs. 3 Nr. 2 BayPAG; § 52 Abs. 3 RhPfPOG.
[76] BVerfGE 141, 220 (328 f.) = NJW 2016, 1781.

gende Straftaten" zu verfolgen.⁷⁷ Diese Formulierung ist unter dem Gesichtspunkt der **Normenklarheit** zumindest problematisch, da sie den Maßstab für den angeordneten Vergleich nicht beschreibt. Befremdlicherweise erlauben diese Gesetze zudem überwiegend die Zweckänderung von Daten, die mit Online-Durchsuchungen und Wohnraumüberwachungen gewonnen wurden, dem Wortlaut nach nur für präventive Zwecke.⁷⁸ Die einzige Ausnahme bildet das Saarland, wo sich in § 23 Abs. 3 S. 2 SPolDVG eine spezifische Rechtsgrundlage für die Zweckänderung von Daten, die durch eine akustische Wohnraumüberwachung gewonnen wurden, mit strafprozessualem Zielverfahren findet. Soweit es um Zweckänderungen durch das BKA geht, mag noch § 100e Abs. 6 Nr. 3 StPO als einheitliche Überführungsermächtigung (→ Rn. 9) verstanden werden.⁷⁹ Für die Landespolizeibehörden ist diese Norminterpretation nicht möglich, da dem Bund die Regelungskompetenz für die Zweckänderung fehlt. In den betroffenen Landespolizeigesetzen fehlt es damit an der zwingend gebotenen Zweckänderungsermächtigung, sodass diese Daten nicht für strafprozessuale Zwecke genutzt werden dürfen.

57 Viele Polizeigesetze enthalten **keine ausdrückliche Ermächtigung,** präventivpolizeilich erhobene Daten für eine strafprozessuale Weiterverarbeitung zu öffnen. Teilweise wird allerdings generell eine zweckändernde Weiterverarbeitung zu einem anderen Zweck oder einem anderen polizeilichen Zweck erlaubt und an eine hypothetische Datenneuerhebung gebunden.⁸⁰ Für eine Zweckänderung mit strafprozessualem Zielverfahren reichen diese Ermächtigungen aus, wenn als **polizeilicher Zweck** auch die Strafverfolgung begriffen wird.⁸¹ Unter dem Gesichtspunkt der Normenklarheit wäre es allerdings zumindest vorzugswürdig, diese in der polizeilichen Praxis alltägliche Zweckänderung ausdrücklich zu regeln. Teils finden sich in diesen Gesetzen auch auf eine strafprozessuale Zweckänderung zugeschnittene Zweckänderungsbeschränkungen für Daten, die mit bestimmten eingriffsintensiven Maßnahmen erhoben wurden.⁸²

58 Die Polizeigesetze von **Bremen, Hessen, Nordrhein-Westfalen** und **Schleswig-Holstein** enthalten schließlich **keine Ermächtigung** dazu, präventivpolizeiliche Daten für eine strafprozessuale Weiterverarbeitung zu öffnen. Diese Gesetze regeln zwar ausdrücklich Zweckänderungen und knüpfen sie an hypothetische Datenneuerhebungen. Geregelt werden jedoch ausschließlich Zweckänderungen mit präventivem Zielverfahren.⁸³ Der denkbare Rückgriff auf das allgemeine Datenschutzrecht dieser Länder führt nicht weiter, da die dort geregelten Zweckänderungsermächtigungen⁸⁴ lediglich eine allgemeine Verhältnismäßigkeitsprüfung erfordern und damit das verfassungsrechtlich zwingende Kriterium der

---

77 § 12 Abs. 2 BKAG; § 15 Abs. 3 S. 1 BWPolG; § 36 Abs. 2 SOG M-V; § 23 Abs. 2 S. 1 SPolDVG; § 79 Abs. 2 SächsPVDG; § 13b Abs. 2 SOG LSA.
78 § 12 Abs. 2 BKAG; § 36 Abs. 3 SOG M-V; § 79 Abs. 3 SächsPVDG; § 13b Abs. 3 SOG LSA. Unklar ist § 15 Abs. 3 S. 3 BWPolG, der sich im Zusammenwirken mit S. 1 so verstehen lässt, dass die Weiterverarbeitung von Daten, die durch eine Wohnraumüberwachung gewonnen wurden, zu strafprozessualen Zwecken aufgrund eines konkreten Ermittlungsansatzes zulässig ist. Verfassungsrechtlich wäre dies nur tragfähig, wenn entgegen dem BVerfG (vgl. BVerfGE 141, 220 [328 f.] = NJW 2016, 1781) konkreter Ermittlungsansatz und strafprozessualer Tatverdacht gleichgesetzt werden.
79 Mit guten Gründen kritisch zu dieser Konstruktion jedoch *Schwabenbauer* in Lisken/Denninger PolR-HdB G Rn. 247 mit Fn. 774.
80 § 42 Abs. 1 S. 1, Abs. 2 S. 2 ASOG Bln; § 38 Abs. 1 S. 2 BbgPolG. Nur für bestimmte verdeckte Maßnahmen verlangt eine hypothetische Datenneuerhebung § 36 Abs. 1 S. 4 ThürPAG, ansonsten ist die Zweckänderung gemäß § 40 Abs. 1 ThürPAG voraussetzungslos zulässig, womit wiederum das Erfordernis eines konkreten Ermittlungsansatzes verfehlt wird (→ Rn. 42).
81 Dafür etwa *Walden,* Zweckbindung und -änderung präventiv und repressiv erhobener Daten im Bereich der Polizei, 1996, 294 f.; stattdessen für einen Rückgriff auf das allgemeine Datenschutzrecht etwa *von der Grün* in BeckOK PolR BW, 19. Ed. 1.7.2020, PolG § 37 Rn. 35 ff.
82 § 25 Abs. 5a S. 3 Nr. 1 ASOG Bln; § 33a Abs. 1 S. 2, § 33b Abs. 9 S. 2 BbgPolG.
83 § 50 Abs. 2 BremPolG; § 20 Abs. 2 und 3 HSOG; § 23 Abs. 2 PolG NRW; § 188a Abs. 2 SchlHLVwG.
84 § 44 S. 1 HDSIG; § 39 S. 1 DSG NRW. Die Zweckänderungsregelung in § 25 SHDSG ermächtigt selbst nicht zu Zweckänderungen, sondern verweist auf sonstige gesetzliche Regelungen. In Bremen findet sich keine auf den polizeilichen Staatsschutz anwendbare Zweckänderungsermächtigung außerhalb des Polizeigesetzes.

C. Datenüberführungsermächtigungen im geltenden Staatsschutzrecht § 29

hypothetischen Datenneuerhebung nicht umsetzen. In diesen Ländern besteht darum derzeit eine **Regelungslücke,** die zur Absicherung einer prinzipiell unbedenklichen polizeilichen Zweckänderungspraxis dringend geschlossen werden sollte. Dasselbe gilt partiell für **Hamburg.** Dort findet sich zwar eine allgemeine Ermächtigung zu strafprozessual ausgerichteten Zweckänderungen in § 34 Abs. 2 Nr. 3 HmbPolDVG. Die Sonderregelung in § 34 Abs. 4 HmbPolDVG für die Überführung von Daten, die durch eingriffsintensive Maßnahmen erlangt wurden, stellt jedoch allein auf eine hypothetische Datenneuerhebung nach dem Polizeirecht ab und bezieht sich darum nicht auf eine Datenüberführung mit strafprozessualem Zielverfahren. Für die Zweckänderung solcher Daten fehlt es damit wiederum an einer Rechtsgrundlage.

Für die **strafprozessuale Weiterverarbeitung** der Daten bedarf es einer Ermächtigung 59 im Strafverfahrensrecht. Eine ausdrückliche allgemeine Weiterverarbeitungsermächtigung findet sich in der StPO allerdings nicht. Die Weiterverarbeitung wird grundsätzlich auf § 161 Abs. 1 und § 163 Abs. 1 StPO gestützt.[85] Diese Regelungen begründen ausdrücklich lediglich eine **allgemeine Ermittlungsbefugnis** der Strafverfolgungsbehörden und erlauben diesen Behörden, Auskunftsersuchen an andere Behörden zu richten. Als Weiterverarbeitungsermächtigung können sie nur angesehen werden, wenn die Weiterverarbeitung von Daten, über welche die Polizei bereits verfügt, als **Minusmaßnahme** zu außengerichteten Ermittlungen angesehen wird. Für Daten, die durch **eingriffsintensive präventivpolizeiliche Datenerhebungsmaßnahmen** gewonnen wurden, findet sich eine allgemeine Weiterverarbeitungsschranke in § 161 Abs. 3 S. 1 StPO. Diese Regelung knüpft die Weiterverarbeitung an eine hypothetische Datenneuerhebung, beschränkt sich jedoch – verfassungsrechtlich unzureichend – auf Weiterverarbeitungen zu Beweiszwecken (→ Rn. 44). Eine verfassungskonforme besondere Weiterverarbeitungsermächtigung findet sich hingegen für Daten, die durch Wohnraumüberwachungen oder Online-Durchsuchungen erlangt wurden, in § 100e Abs. 6 Nr. 3 StPO.

2. Überführung strafprozessual erlangter Daten in präventivpolizeiliche Verfahren

Die erforderliche **Zweckänderungsermächtigung,** die eine Überführung strafprozessual 60 erlangter Daten in präventivpolizeiliche Verfahren ermöglicht, findet sich in § 481 Abs. 1 S. 1 StPO. Diese Vorschrift verweist allerdings lediglich **blankettartig** auf die Polizeigesetze, ohne eigenständige Tatbestandsvoraussetzungen zu errichten. Sie verfehlt damit die grundrechtliche Regelungsverantwortung des Strafprozessgesetzgebers. Zumindest hätte festgelegt werden müssen, dass die Übermittlung zur Gefahrenabwehr dienen muss und in tatsächlicher Hinsicht einen konkreten Ermittlungsansatz voraussetzt. Gerade für die Zweckänderung mit präventivpolizeilichem Zielverfahren ist dieses Erfordernis bedeutsam, da die Polizei in weitem Umfang bereits im Vorfeld konkreter Gefahren und auch konkreter Ermittlungsansätze tätig werden kann. Eine **Sonderregelung** findet sich in § 479 Abs. 2 Satz 1 Nr. 1 und 2 StPO für Maßnahmen, die nach der StPO an eine materiell qualifizierte Eingriffsschwelle gebunden sind. Daten aus solchen Maßnahmen dürfen nur präventivpolizeilich umgewidmet werden, wenn entweder das Erfordernis einer hypothetischen Datenneuerhebung erfüllt ist oder sich aus den Daten ein konkreter Ansatz für die Abwehr einer Gefahr für ein herausgehobenes Rechtsgut erkennen lässt. Nochmals strengere Zweckänderungsermächtigungen finden sich für Daten aus Wohnraumüberwachungen, Online-Durchsuchungen und dem Abruf bevorrateter Telekommunikations-Verkehrsdaten in § 100e Abs. 6 Nr. 2 und § 101a Abs. 4 S. 1 Nr. 2 StPO. Diese Ermächtigungen setzen überwiegend – verfassungsrechtlich hinreichend – eine konkrete Gefahr für ein überragend bedeutsames Rechtsgut voraus. Verfassungswidrig ist allerdings die Ermächtigung in § 100e Abs. 6 Nr. 2 S. 2 StPO, nach der die Zweckänderung zur Abwehr einer dringenden Gefahr für (beliebige) bedeutende Vermögenswerte zulässig ist. Diese Vor-

---

[85] *Singelnstein* ZStW 2008, 854 (871 ff.).

schrift lässt sich auch nicht teleologisch auf Gefahren für Vermögenswerte reduzieren, deren Verletzung schwere Folgeschäden für herausragend bedeutsame Rechtsgüter verursachen würde.[86] Soweit es sich um Sachen handelt, sind solche Vermögenswerte bereits in der Zweckänderungsermächtigung in § 100e Abs. 6 Nr. 2 S. 1 StPO aufgeführt. Andere Vermögenswerte von infrastruktureller Bedeutung hätten in vergleichbarer Weise in der Zweckänderungsermächtigung näher beschrieben werden können und müssen.

61 Für die **präventivpolizeiliche Weiterverarbeitung** der Daten bedarf es einer Weiterverarbeitungsermächtigung im Polizeirecht. Die Regelungslage in Bund und Ländern ist uneinheitlich. Zwar enthalten fast alle Polizeigesetze Regelungen, die sich spezifisch mit der Weiterverarbeitung von Daten aus strafprozessualen Ermittlungsverfahren für präventivpolizeiliche Zwecke befassen. Diese Vorschriften eignen sich jedoch nicht durchweg dazu, punktuelle Datenweiterverarbeitungen anzulegen. Insoweit lassen sich **zwei Gruppen** von Weiterverarbeitungsermächtigungen unterscheiden.

62 Die Weiterverarbeitungsermächtigungen der **ersten Gruppe** sind so allgemein formuliert, dass sie auch die **punktuelle Überführung von Daten** aus einem einzelnen Ermittlungsverfahren in ein einzelnes präventivpolizeiliches Verfahren erfassen. Diese Vorschriften setzen tatbestandlich lediglich voraus, dass die strafprozessual erlangten Daten erforderlich sind, um präventivpolizeiliche Aufgaben zu erfüllen, Gefahren abzuwehren, Straftaten zu verhüten oder sie vorbeugend zu bekämpfen.[87] Nur teilweise normieren sie ausdrücklich gerade für diese Datenüberführungskonstellation das Erfordernis einer hypothetischen Datenneuerhebung.[88] Die anderen Weiterverarbeitungsermächtigungen müssen durch die allgemeinen Zweckänderungsermächtigungen ergänzt werden, die dieses Erfordernis enthalten,[89] um den verfassungsrechtlichen Anforderungen zu genügen.

63 Die Weiterverarbeitungsermächtigungen der **zweiten Gruppe** knüpfen die Weiterverarbeitung an eine **personenbezogene Kriminal- oder Gefährdungsprognose**.[90] Diese Vorschriften dienen allein dazu, **langfristige Datenbevorratungen** zu ermöglichen (→ § 30 Rn. 33 ff.). Auf punktuelle Datenüberführungen lassen sie sich nicht anwenden. In den betroffenen Gesetzen muss die Überführung von Daten aus einem einzelnen Ermittlungsverfahren in ein einzelnes präventivpolizeiliches Verfahren darum auf die **allgemeinen Zweckänderungsermächtigungen** gestützt werden.[91] Die allgemeine Zweckänderungsermächtigung des § 15 Abs. 3 BWPolG muss auch in **Baden-Württemberg** angewandt werden, wo sich überhaupt keine spezifische Regelung zur Weiterverarbeitung strafprozessual erlangter Daten findet. Diese Ermächtigungen binden die Zweckänderung überwiegend[92] an eine hypothetische Datenneuerhebung[93] und genügen daher materiell den verfassungsrechtlichen Anforderungen. Unter dem Gesichtspunkt der Normenklarheit erscheint es allerdings zumindest problematisch, sie für die präventivpolizeiliche Weiterver-

---

[86] Vgl. BVerfGE 141, 220 (287 f.) = NJW 2016, 1781.
[87] § 50 Abs. 4 S. 1 Alt. 1 BremPolG; Art. 54 Abs. 2 S. 1 BayPAG; § 42 Abs. 3 ASOG Bln; § 39 Abs. 2 S. 1 BbgPolG; § 36 Abs. 2 S. 1 Hmb PolDVG; § 20 Abs. 6 S. 1 HSOG; § 39 Abs. 3 S. 1 NPOG; § 23 Abs. 6 S. 1 PolG NRW; § 23 Abs. 4 und 5 SPolDVG.
[88] § 50 Abs. 4 S. 3 BremPolG; § 36 Abs. 2 S. 2 Hmb PolDVG; § 39 Abs. 3 S. 3 NPOG; § 23 Abs. 2, Abs. 6 S. 1 PolG NRW; § 23 Abs. 2, Abs. 3 S. 1, Abs. 4 S. 1 SPolDVG.
[89] Art. 53 Abs. 2 S. 2 BayPAG; § 42 Abs. 2 S. 2 ASOG Bln; § 38 Abs. 1 S. 2 BbgPolG; § 20 Abs. 2 und 3 HSOG.
[90] § 37 Abs. 1 S. 1 SOG M-V; § 52 Abs. 2, Abs. 4 S. 1 RhPfPOG; § 80 Abs. 2 SächsPVDG; § 23 Abs. 1 SOG LSA; § 189 Abs. 1 S. 1 SchlHLVwG; § 40 Abs. 2 ThürPAG; für die – möglicherweise aber nur für eine verfahrensübergreifende Datenbevorratung bezogene – Straftatenverhütung auch § 50 Abs. 4 S. 1 Alt. 2, S. 2 BremPolG; vgl. ferner die konsequent auf die Zentralstellenfunktion des BKA beschränkte und insoweit schlüssige Ermächtigung in § 18 BKAG.
[91] Versperrt ist dieser Weg für § 36 Abs. 2 SOG M-V und § 51 Abs. 1 RhPfPOG, die ausdrücklich nur die zweckändernde Weiterverarbeitung präventivpolizeilich erlangter Daten regeln. In diesen Gesetzen fehlt eine inhaltlich passende und normenklare Weiterverarbeitungsermächtigung.
[92] Zu weit gefasst und darum als Ermächtigung zur Weiterverarbeitung von Daten aus eingriffsintensiveren Maßnahmen ungeeignet ist § 40 Abs. 1 ThürPAG (→ Rn. 42).
[93] § 22 Abs. 1 S. 1, Abs. 2 S. 2 SOG LSA; im Ansatz auch, wenngleich weniger klar § 12 Abs. 2 BKAG; § 15 Abs. 3 BWPolG; § 79 Abs. 2 SächsPVDG; § 188a Abs. 2 SchlHLVwG (→ Rn. 56).

C. Datenüberführungsermächtigungen im geltenden Staatsschutzrecht   § 29

arbeitung strafprozessualer Daten heranzuziehen. Zusätzliche Anwendungsprobleme bergen Regelungen, die bestimmte zweckändernde Weiterverarbeitungen nur für präventivpolizeilich erhobene Daten zulassen.[94] In den betroffenen Gesetzen fehlt es für bestimmte strafprozessual erlangte Daten an der erforderlichen Weiterverarbeitungsermächtigung, ohne dass es dafür einen einleuchtenden verfassungsrechtlichen oder rechtspolitischen Grund gäbe.

III. Ermächtigungen zu Datenübermittlungen zwischen Staatsschutzbehörden

Alle Regelungswerke des Staatsschutzrechts enthalten Ermächtigungen zu **Datenübermittlungen zwischen den zentralen Staatsschutzbehörden**. Allerdings weisen diese Ermächtigungen **vielfältige verfassungsrechtliche Defizite** auf. 64

1. Übermittlung strafprozessual erlangter Daten

a) Übermittlung zu Strafverfolgungszwecken. Ermächtigungen zur **Übermittlung strafprozessual erlangter Daten an Strafverfolgungsbehörden** finden sich für Übermittlungen von Amts wegen in § 477 Abs. 1 StPO und für die Gewährung von Akteneinsicht auf Ersuchen der Empfangsbehörde in § 474 Abs. 1 StPO. Für Daten, die durch eingriffsintensive Überwachungsmaßnahmen erlangt wurden, finden sich Übermittlungsschranken allgemein in § 479 Abs. 2 S. 1 iVm § 161 Abs. 3 S. 1 StPO sowie maßnahmespezifisch für Wohnraumüberwachungen und Online-Durchsuchungen in § 100e Abs. 6 Nr. 1 StPO, für den Einsatz von IMSI-Catchern in § 100i Abs. 2 S. 2 StPO und für die Verarbeitung bevorrateter Telekommunikations-Verkehrsdaten in § 101a Abs. 4 S. 1 Nr. 1 StPO. 65

Die Ermächtigung der Strafverfolgungsbehörden aus § 161 Abs. 1 und § 163 Abs. 1 StPO, Übermittlungsersuchen an andere Behörden zu richten, deckt grundsätzlich auch die **Weiterverarbeitung der übermittelten Daten**. Auf diese Regelung ist zudem als Minusmaßnahme die Weiterverarbeitung von Daten zu stützen, die ohne Ersuchen übermittelt wurden. Bei der Weiterverarbeitung sind die – allerdings zu kurz greifende und darum verfassungsrechtlich unzureichende – allgemeine Verwendungsbeschränkung aus § 479 Abs. 2 S. 1 iVm § 161 Abs. 3 S. 1 StPO (→ Rn. 44) sowie die speziellen Verwendungsbeschränkungen für Durchsuchungen aus § 108 Abs. 2 und Abs. 3 StPO zu beachten. 66

b) Übermittlung zu präventivpolizeilichen Zwecken. Nach § 481 Abs. 1 S. 2 StPO dürfen Strafverfolgungsbehörden und Gerichte strafprozessual erlangte Daten **zu präventivpolizeilichen Zwecken** an Polizeibehörden übermitteln. Die Ermächtigung umfasst Datenübermittlungen von Amts wegen wie auch Übermittlungen auf Ersuchen der Empfangsbehörde.[95] Sie errichtet keine eigenständige Eingriffsschwelle, sondern verweist wegen der Übermittlungsvoraussetzungen auf die Polizeigesetze. Damit verfehlt die Norm die grundrechtliche Regelungsverantwortung des Strafprozessgesetzgebers. Spezifische, verfassungsrechtlich weitgehend tragfähige Übermittlungsschranken finden sich hingegen in § 481 Abs. 2 StPO iVm § 479 Abs. 2 S. 2 Nr. 1 und 2 StPO für Maßnahmen, die nach der StPO an eine materiell qualifizierte Eingriffsschwelle gebunden sind, sowie in § 481 Abs. 2 StPO iVm § 100e Abs. 6 Nr. 2 und § 101a Abs. 4 S. 1 Nr. 2 StPO für Daten aus Wohnraumüberwachungen, Online-Durchsuchungen und der Nutzung bevorrateter Telekommunikations-Verkehrsdaten (→ Rn. 60). 67

---

[94] So zu Daten aus Wohnraumüberwachungen und Online-Durchsuchungen § 36 Abs. 3 SOG M-V; § 79 Abs. 3 SächsPVDG. Hinsichtlich des gleichlautenden § 12 Abs. 3 BKAG lässt sich diese Regelungslücke schließen, indem § 100e Abs. 6 Nr. 2 StPO als einheitliche Überführungsermächtigung verstanden wird (→ Rn. 56). Für die Landespolizeigesetze ist dieser Weg nicht gangbar, da der Bund keine Regelungsbefugnis für die präventivpolizeiliche Weiterverarbeitung der Daten hat.
[95] *Wittig* in BeckOK StPO, 37. Ed. 1.7.2020, StPO § 481 Rn. 3.1.

68 Nur eine Minderheit der Polizeigesetze enthält Ermächtigungen, andere Behörden um Auskunft zu **ersuchen,** auf die dann auch die Weiterverarbeitung der übermittelten Daten gestützt werden kann.[96] Diese Regelungen machen ein Ersuchen davon abhängig, dass die Polizei die Daten erheben darf. Offen bleibt damit jedoch, nach welcher Norm sich die Datenerhebung richtet. Problematisch ist dies insbesondere für ein Ersuchen um die Übermittlung von Daten aus einer **eingriffsintensiven Datenerhebungsmaßnahme,** für die sich im jeweiligen Polizeigesetz eine besondere Ermächtigung findet. Ob das Ersuchen sich dann nach dieser Ermächtigung richtet, obwohl die Polizei die Daten selbst nicht mit der eingriffsintensiven Maßnahme erhebt, ist fragwürdig. Diese Regelungstechnik verfehlt daher das Gebot der Normenklarheit.

69 In den anderen Ländern sowie generell für die Weiterverarbeitung von Daten, um deren Übermittlung die Polizei nicht ersucht hat, **fehlt es an speziellen Weiterverarbeitungsermächtigungen** für Daten, die in einem strafprozessualen Verfahren erhoben wurden. Denkbar erscheint, die Regelungen zur präventivpolizeilichen Weiterverarbeitung von Daten aus strafprozessualen Ermittlungsverfahren (→ Rn. 61 ff.) auch auf diese Weiterverarbeitungskonstellation anzuwenden. Viele dieser Ermächtigungen regeln allerdings ausdrücklich oder implizit nur die Weiterverarbeitung von Daten, welche die jeweilige Polizeibehörde selbst erhoben hat.[97] Unter dem Gesichtspunkt der Normenklarheit ist es zumindest problematisch, sie auch auf die Weiterverarbeitung übermittelter Daten anzuwenden. Erst recht lässt sich auf diese Vorschriften kein Ersuchen der Polizei um eine Datenübermittlung stützen. Stattdessen liegt es näher, als Rechtsgrundlage der Weiterverarbeitung die **allgemeinen Ermächtigungen zur Datenerhebung** heranzuziehen, die sich in allen Polizeigesetzen finden.[98] Allerdings fehlt in diesen Ermächtigungen durchweg eine hinreichend qualifizierte Eingriffsschwelle für die Weiterverarbeitung von Daten, die mit eingriffsintensiven Maßnahmen erlangt wurden. Verfassungskonforme Weiterverarbeitungsermächtigungen lassen sich auf diesem Weg nur konstruieren, wenn das Erfordernis einer hypothetischen Datenneuerhebung aus den Zweckänderungsermächtigungen der Polizeigesetze (→ Rn. 63) in systematisch fragwürdiger Weise auf die Datenerhebungsermächtigungen erstreckt wird.

70 c) **Übermittlung zu nachrichtendienstlichen Zwecken.** Für die **Übermittlung strafprozessual erlangter Daten an Nachrichtendienste** enthält die StPO keine eigene Ermächtigung. Stattdessen verweist § 474 Abs. 2 S. 2 StPO auf die **Nachrichtendienstgesetze** von Bund und Ländern. Mit diesem Verweis hat der Bund als Strafprozessgesetzgeber seine grundrechtliche Regelungsverantwortung insoweit verfehlt, als Landesrecht in Bezug genommen wird. Allerdings enthält die StPO immerhin für Daten, die aus eingriffsintensiven Überwachungsmaßnahmen stammen, besondere Übermittlungsregelungen. Im Übrigen richten sich die meisten Datenübermittlungen ohnehin nach dem Bundesrecht, da die landesrechtlichen Übermittlungsermächtigungen nur für Übermittlungen zwischen Behörden desselben Landes gelten.[99]

71 Die Nachrichtendienstgesetze regeln **zwei Typen** von Datenübermittlungen durch Strafverfolgungsbehörden an Nachrichtendienste: Erstens müssen die Strafverfolgungsbehörden **von Amts wegen** Daten an Nachrichtendienste übermitteln. Voraussetzung sind

---

[96] Art. 60 Abs. 2 S. 1 BayPAG; § 45 Abs. 2 S. 1 BbgPolG; § 30 Abs. 2 S. 1 PolG NRW; § 41 Abs. 3 S. 2 ThürPAG; die Möglichkeit eines Ersuchens setzt voraus, ohne es klar zu regeln § 9 Abs. 4 S. 4 BKAG.
[97] § 50 Abs. 4 S. 1 BremPolG; Art. 54 Abs. 2 S. 1 BayPAG; § 42 Abs. 3 ASOG Bln; § 39 Abs. 2 S. 1 BbgPolG; § 20 Abs. 6 S. 1 HSOG; § 39 Abs. 3 S. 1 NPOG; § 51 Abs. 3 S. 1 RhPfPOG; § 23 Abs. 4 S. 1, Abs. 5 S. 1 SPolDVG; § 22 Abs. 1 S. 1 SOG LSA; § 40 Abs. 1 ThürPAG. Offener formuliert sind § 12 Abs. 2 BKAG; § 15 Abs. 3 BWPolG; § 36 Abs. 2 S. 1 Hmb PolDVG; § 23 Abs. 6 S. 1 PolG NRW; § 79 Abs. 2 SächsPVDG; § 188a Abs. 2 SchlHLVwG.
[98] § 39 BKAG; § 43 Abs. 2 BWPolG; Art. 32 BayPAG; § 18 ASOG Bln; § 30 BbgPolG; § 26 BremPolG; § 11 Hmb PolDVG; § 13 HSOG; § 27 SOG M-V; § 31 NPOG; § 9 PolG NRW; § 29 RhPfPOG; § 18 SPolDVG; § 56 SächsPVDG; § 15 SOG LSA; § 32 ThürPAG.
[99] Vgl. § 18 Abs. 1b S. 2, Abs. 3 S. 2 BVerfSchG.

C. Datenüberführungsermächtigungen im geltenden Staatsschutzrecht § 29

zumeist[100] (lediglich) tatsächliche Anhaltspunkte dafür, dass die Übermittlung für die Erfüllung der Aufgaben des jeweiligen Dienstes erforderlich ist.[101] Zweitens können die Nachrichtendienste **Übermittlungsersuchen** an Strafverfolgungsbehörden richten, wenn sie bestimmte Daten zur Aufgabenerfüllung benötigen.[102] Nur teilweise regeln die Nachrichtendienstgesetze ausdrücklich eine korrespondierende Übermittlungspflicht,[103] ansonsten ist sie der Ermächtigung zum Ersuchen implizit zu entnehmen.

Diese Übermittlungsvoraussetzungen sind für sich genommen **verfassungsrechtlich in weitem Umfang defizitär.** Zum einen setzen sie nicht durchweg normenklar voraus, dass die Übermittlung in tatsächlicher Hinsicht zumindest aufgrund hinreichender tatsächlicher Anhaltspunkte zur Aufklärung einer bestimmten **beobachtungsbedürftigen Aktion oder Gruppierung** im Einzelfall erforderlich ist.[104] Zum anderen verfehlen zumindest die meisten von ihnen die Anforderungen an die Übermittlung von Daten, die durch **eingriffsintensive Erhebungsmaßnahmen** erlangt wurden. Da auch die Nachrichtendienste selbst solche Maßnahmen nur durchführen dürfen, wenn eine **gesteigerte Beobachtungsbedürftigkeit** besteht (→ Rn. 48), muss dasselbe für die Datenübermittlung gelten. Es bedarf daher für derartige Daten zusätzlicher Übermittlungsschranken. Solche Schranken ergeben sich sowohl aus den Nachrichtendienstgesetzen als auch aus der StPO. Beide Regime stehen damit in einem **komplexen Ergänzungsverhältnis,** das mit dem Gebot der Normenklarheit kaum vereinbar ist. Zudem verbleiben auch dann, wenn die Schrankenregelungen einbezogen werden, materielle verfassungsrechtliche Defizite. 72

Nach allen Nachrichtendienstgesetzen ist eine Datenübermittlung unzulässig, wenn ihr ein **besonderes Übermittlungsverbot** entgegensteht.[105] Für strafprozessual erlangte Daten ergeben sich Übermittlungsschranken aus § 479 StPO und maßnahmespezifischen Sonderregelungen: 73

Nach der allgemeinen Regelung in § 479 Abs. 2 S. 2 Nr. 3 StPO dürfen Daten, die aus **eingriffsintensiven Maßnahmen** stammen, grundsätzlich für die Zwecke des § 18 BVerfSchG übermittelt werden. Die Vorschrift enthält für solche Daten also eine **prinzipielle Übermittlungserlaubnis,** welche der Regelungsverantwortung des Strafprozessgesetzgebers nicht gerecht wird. Problematisch ist zudem ihr **Anwendungsbereich.** Nahe liegt noch, § 479 Abs. 2 S. 2 Nr. 3 StPO auch auf Datenübermittlungen an **Landesverfassungsschutzbehörden** nach dem jeweiligen Landesverfassungsschutzgesetz anzuwen- 74

---

[100] Enger gefasst ist § 10 Abs. 2 S. 2 BNDG, der sich auf die in § 5 Abs. 1 S. 3 G 10 genannten Gefahrenbereiche beschränkt. Lediglich beispielhaft verweist hingegen auf herausgehobene strafbare Handlungen § 19 Abs. 1 ThürVerfSchG.
[101] § 18 Abs. 1b S. 1, § 22 BVerfSchG; § 10 Abs. 1 MADG; § 9 Abs. 1 BWLVSG; Art. 24 Abs. 1 S. 1 BayVSG; § 27 Abs. 1 S. 2 VSG Bln; § 14 Abs. 2 BbgVerfSchG; § 18 Abs. 2 BremVerfSchG; § 19 Abs. 2 S. 1 HmbVerfSchG; § 18 Abs. 1 HVSG; § 24 Abs. 3 S. 2 LVerfSchG M-V; § 16 Abs. 1 S. 2 VSG NRW; § 25 Abs. 1 RhPfLVerfSchG; § 15 Abs. 2 S. 1 SVerfSchG; § 10 Abs. 2 SächsVSG; § 17 Abs. 2 LSAVerfSchG; § 23 Abs. 3 S. 2 SchlHLVerfSchG; § 19 Abs. 1 ThürVerfSchG; aufgrund einer besonderen Terminologie und Systematik teils abweichend gefasst ist § 25 Abs. 2 S. 1 NVerfSchG.
[102] § 18 Abs. 3, § 22 BVerfSchG; § 10 Abs. 2 MADG; § 10 Abs. 3 S. 1 BNDG; § 9 Abs. 3 S. 1 BWLVSG; Art. 24 Abs. 1 S. 1 BayVSG; § 27 Abs. 2 S. 1 VSG Bln; § 14 Abs. 3 BbgVerfSchG; § 18 Abs. 3 BremVerfSchG; § 7 Abs. 2 S. 1 HmbVerfSchG; § 4 Abs. 1 HVSG; § 24 Abs. 1 S. 1 LVerfSchG M-V; § 16 Abs. 2 S. 1 VSG NRW; § 15 Abs. 3 S. 1 SVerfSchG; § 11 Abs. 1 S. 1 SächsVSG; § 17 Abs. 3 S. 1 LSAVerfSchG; § 23 Abs. 1 S. 1 SchlHLVerfSchG; § 20 Abs. 1 S. 1 ThürVerfSchG; aufgrund einer besonderen Terminologie und Systematik teils abweichend gefasst ist § 23 Abs. 1 S. 1 NVerfSchG; zwischen allgemeinen und konkreten Anhaltspunkten differenziert § 25 Abs. 2 und 3 RhPfLVerfSchG.
[103] § 9 Abs. 3 S. 1 BWLVSG; § 27 Abs. 2 S. 1 VSG Bln; § 19 Abs. 1 HmbVerfSchG; § 18 Abs. 4 S. 1 HVSG; § 23 Abs. 3 S. 1 NVerfSchG; § 15 Abs. 3 S. 1 SVerfSchG; § 11 Abs. 1 S. 1 SächsVSG; § 17 Abs. 3 S. 1 LSAVerfSchG; § 20 Abs. 1 S. 1 ThürVerfSchG.
[104] Vgl. BVerfG Urt. v. 26.4.2022 – 1 BvR 1619/17, Rn. 258.
[105] § 23 Nr. 3 BVerfSchG; § 12 MADG; § 18 BNDG; § 11 Abs. 1 Nr. 3 BWLVSG; Art. 27 Abs. 1 Nr. 3 BayVSG; § 28 Nr. 4 VSG Bln; § 19 Abs. 1 Nr. 4 BbgVerfSchG; § 23 Abs. 1 Nr. 5 BremVerfSchG; § 21 Abs. 2 HmbVerfSchG; § 23 Abs. 1 Nr. 3 HVSG; § 25 Abs. 1 Nr. 6 LVerfSchG M-V; § 19 Nr. 3 VSG NRW; § 27 Nr. 3 RhPfLVerfSchG; § 19 Abs. 1 Nr. 3 SVerfSchG; § 13 Abs. 1 S. 1 Nr. 3 SächsVSG; § 20 S. 1 Nr. 3 LSAVerfSchG; § 24 Abs. 1 Nr. 4 SchlHLVerfSchG; § 19 Abs. 3, § 20 Abs. 4 ThürVerfSchG.

den, soweit die dort geregelten Übermittlungszwecke den Zwecken des § 18 BVerfSchG entsprechen. Unklar ist allerdings, ob die Norm auch auf Übermittlungen an den **MAD** und an den **BND** anwendbar ist. Wäre dies zu verneinen, so wäre die Übermittlung von Daten aus eingriffsintensiven strafprozessualen Überwachungsmaßnahmen an diese Dienste – unsinnigerweise – grundsätzlich unzulässig. Andererseits sprengt zumindest eine Anwendung von § 479 Abs. 2 S. 2 Nr. 3 StPO auf Übermittlungen an den BND den Wortlaut der Norm. Solche Übermittlungen dienen wegen der unterschiedlichen Aufklärungsaufträge der Dienste deutlich anderen Zwecken als Übermittlungen an die Verfassungsschutzbehörden. Die misslungene Regelung bedarf insgesamt dringend einer Korrektur.

75 Darüber hinaus finden sich für Daten, die durch Wohnraumüberwachungen, Online-Durchsuchungen oder die Verarbeitung bevorrateter Telekommunikations-Verkehrsdaten gewonnen wurden, weitgehend verfassungskonforme **Sonderregelungen** in § 100e Abs. 6 Nr. 2 und § 101a Abs. 4 S. 1 Nr. 2 StPO (→ Rn. 60). Da diese Regelungen an konkrete Gefahren anknüpfen und den Übermittlungszweck auf die Gefahrenabwehr beschränken, dürften sie allerdings für Datenübermittlungen an Nachrichtendienste allenfalls in Sonderfällen bedeutsam sein.

76 Weitere Übermittlungsschranken finden sich in den Nachrichtendienstgesetzen. So machen die meisten Gesetze die Übermittlung von Daten aus strafprozessualen **Telekommunikationsüberwachungen** davon abhängig, dass die Voraussetzungen einer Telekommunikationsüberwachung im Einzelfall nach § 3 G 10 vorliegen.[106] Teilweise finden sich weitere **Sonderregelungen** für Daten, die aus anderen eingriffsintensiven Maßnahmen stammen.[107] Ansonsten sind Übermittlungen nach fast allen Nachrichtendienstgesetzen unzulässig, wenn die schutzwürdigen Interessen der betroffenen Person das Allgemeininteresse an der Übermittlung überwiegen.[108] Diese unspezifische Abwägungsklausel kann allerdings eine normenklare Regulierung auf der Grundlage des Erfordernisses einer hypothetischen Datenneuerhebung nicht ersetzen.[109]

77 Die **Weiterverarbeitung der übermittelten** Daten kann bei Übermittlungen auf Ersuchen auf die Ersuchensermächtigungen gestützt werden. Für Übermittlungen von Amts wegen sind die allgemeinen Ermächtigungen zur Erhebung und Weiterverarbeitung von Daten heranzuziehen.[110] In beiden Konstellationen fehlt es hinsichtlich von Daten aus eingriffsintensiven Maßnahmen an tragfähigen Weiterverarbeitungsvoraussetzungen.

---

[106] § 18 Abs. 6 S. 1 BVerfSchG; § 10 Abs. 4 BNDG; § 9 Abs. 5 S. 1 BWLVSG; § 27 Abs. 4 S. 1 VSG Bln; § 14 Abs. 4 S. 1 BbgVerfSchG; § 18 Abs. 4 S. 1 BremVerfSchG; § 19 Abs. 4 S. 3 HmbVerfSchG; § 18 Abs. 3 S. 1 HVSG; § 24 Abs. 3 S. 3 LVerfSchG M-V; § 16 Abs. 5 S. 1 VSG NRW; § 25 Abs. 4 S. 1 RhPflVerfSchG; § 15 Abs. 2 S. 2 SVerfSchG; § 11 Abs. 3 S. 1 SächsVSG; § 17 Abs. 6 S. 1 LSA-VerfSchG; § 23 Abs. 3 S. 3 SchlHLVerfSchG. Allerdings bestehen gegen § 3 G 10 selbst erhebliche verfassungsrechtliche Bedenken, näher *Bäcker* Erhebung, Bevorratung und Übermittlung von Telekommunikationsdaten durch die Nachrichtendienste des Bundes, Stellungnahme zur Anhörung des NSA-Untersuchungsausschusses am 22.5.2014, unter II. 1. a).

[107] Vgl. – mit beträchtlichen Unterschieden im Detail und nicht durchweg ausreichend – § 18 Abs. 5 S. 1 BremVerfSchG; § 19 Abs. 4 S. 1, 2 und 4 HmbVerfSchG; § 24 Abs. 3 S. 4 LVerfSchG M-V; § 23 Abs. 4 und 5, § 25 Abs. 2 S. 2 und 3 NVerfSchG; § 23 Abs. 3 S. 4 SchlHLVerfSchG.

[108] § 23 Nr. 1 BVerfSchG; § 12 MADG; § 18 BNDG; § 11 Abs. 1 Nr. 1 BWLVSG; Art. 27 Abs. 1 Nr. 1 BayVSG; § 28 Nr. 3 VSG Bln; § 19 Abs. 1 Nr. 2 BbgVerfSchG; § 23 Abs. 1 Nr. 3 BremVerfSchG; § 21 Abs. 1 Nr. 3 HmbVerfSchG; § 21 Abs. 1 Nr. 1 HVSG; § 25 Abs. 1 Nr. 3 LVerfSchG M-V; § 19 Nr. 1 VSG NRW; § 27 Nr. 1 RhPflVerfSchG; § 19 Abs. 1 Nr. 1 SVerfSchG; § 13 Abs. 1 S. 1 Nr. 1 SächsVSG; § 20 S. 1 Nr. 1 LSAVerfSchG; § 24 Abs. 1 Nr. 3 SchlHLVerfSchG; § 22 Abs. 1 Nr. 1 ThürVerfSchG.

[109] Vgl. BVerfG NJW 2020, 2235 (2268).

[110] § 8 Abs. 1, § 10 BVerfSchG; § 4 Abs. 1, § 6 MADG; § 2 Abs. 1, § 6 BNDG; § 5 Abs. 1, § 7 BWLVSG; Art. 5 Abs. 1 BayVSG; § 8 Abs. 1, § 11 VSG Bln; § 8 Abs. 2, § 8 BbgVerfSchG; § 6 Abs. 1, § 11 BremVerfSchG; § 7 Abs. 1, § 9 HmbVerfSchG; § 4 Abs. 1, § 16 HVSG; § 9, § 15 LVerfSchG M-V; § 12 Abs. 1, § 26 NVerfSchG; § 5 Abs. 1, § 8 VSG NRW; § 9 Abs. 1, § 23 RhPflVerfSchG; § 7 Abs. 1, § 10 SVerfSchG; § 4 Abs. 1, 6 Abs. 1 SächsVSG; § 7 Abs. 1, § 9 LSAVerfSchG; § 8 Abs. 1, § 11 SchlHLVerfSchG; § 7 Abs. 1, § 13 ThürVerfSchG.

2. Übermittlung präventivpolizeilich erlangter Daten

a) Übermittlung zu Strafverfolgungszwecken. Die Übermittlung präventivpolizeilich 78 erlangter Daten zu Strafverfolgungszwecken ist in den Polizeigesetzen **differenziert nach der Empfangsbehörde** geregelt.

In fast allen Polizeigesetzen findet sich eine Ermächtigung für die Polizei, Daten **an** 79 **andere Polizeibehörden** zur Erfüllung polizeilicher Aufgaben zu übermitteln. Hierunter lässt sich auch die Strafverfolgung fassen (vgl. zu zweckändernden Datenweiterverarbeitungen durch dieselbe Behörde → Rn. 57). Voraussetzung der Datenübermittlung ist durchweg lediglich, dass die Daten **zur Aufgabenerfüllung** der übermittelnden oder der Empfangsbehörde erforderlich sind.[111] Neben diesen für sich genommen sehr breit formulierten Übermittlungsermächtigungen sind weitere allgemeine und/oder maßnahmespezifische **Zweckänderungsschranken** anzuwenden,[112] sodass sich die Voraussetzungen der Übermittlung erst aus einer Zusammenschau mehrerer Normen ergeben. Jedoch sind diese Zweckänderungsschranken ihrerseits in weitem Umfang unzulänglich (→ Rn. 55 ff.).

Disparat und überwiegend unbefriedigend ist die Rechtslage für **Datenübermittlungen** 80 **an sonstige Strafverfolgungsbehörden**.[113] Nur eine Minderheit der Polizeigesetze enthält **ausdrückliche Ermächtigungen**, präventivpolizeilich erlangte Daten zu Strafverfolgungszwecken zu übermitteln.[114] In den anderen Ländern finden sich zumindest ganz überwiegend auch **keine passenden allgemeinen Übermittlungsermächtigungen**. Teilweise werden Übermittlungen an polizeiexterne öffentliche Stellen nur zu präventiven Zwecken zugelassen.[115] Die meisten Gesetze erlauben zusätzlich eine Datenübermittlung zur Erfüllung polizeilicher Aufgaben.[116] Es ist jedoch unter dem Gesichtspunkt der Normenklarheit zumindest problematisch, diese Ermächtigungen auf Übermittlungen an sonstige Strafverfolgungsbehörden anzuwenden, da diese Behörden selbst keine polizeilichen Aufgaben wahrnehmen.

Dysfunktionale Sonderfälle stellen schließlich Bremen, Niedersachsen und das Saarland 81 dar. In **Niedersachsen** und dem **Saarland** erlauben § 41 NPOG und § 44 SPolDVG eine Datenübermittlung an Polizeibehörden nur zu präventiven Zwecken. Die Ermächtigungen zu Datenübermittlungen an andere öffentliche Stellen in § 43 Abs. 1 NPOG und in § 45 S. 1, S. 2 Nr. 2 sind gleichfalls rein präventiv ausgerichtet. Es fehlt darum dort insgesamt an tauglichen Rechtsgrundlagen für die Übermittlung präventivpolizeilich erlangter Daten zu

---

[111] § 25 Abs. 1 BKAG; § 59 Abs. 1 und 2 BWPolG; Art. 56 Abs. 1 Nr. 1 BayPAG; § 44 Abs. 1 S. 1 ASOG Bln; § 42 Abs. 1 S. 1 BbgPolG; § 55 Abs. 1 S. 1 BremPolG; § 40 Hmb PolDVG; § 22 Abs. 1 HSOG; § 39b Abs. 1 S. 1 SOG M-V; § 27 Abs. 1 S. 1 PolG NRW; § 57 Abs. 1 RhPfPOG; § 84 Abs. 1 SächsPVDG; § 27 Abs. 1 S. 5, Abs. 2 S. 1 Nr. 1 SOG LSA; § 192 Abs. 1 S. 1, Abs. 2 SchlHLVwG; § 41 Abs. 1 S. 1 ThürPAG.
[112] § 25 Abs. 1 iVm § 12 Abs. 2 und 3 BKAG; § 59 Abs. 1 und 2 iVm § 15 Abs. 3 BWPolG; Art. 48 Abs. 3, Abs. 4 S. 2 Nr. 2, Art. 53 Abs. 2 S. 2 BayPAG; § 44 Abs. 1 S. 2 iVm § 42 Abs. 2 S. 2, § 25 Abs. 5a S. 3 Nr. 1 ASOG Bln; § 33a Abs. 7 S. 2, § 33b Abs. 9 S. 2, § 42 Abs. 1 S. 2 BbgPolG; § 53 Abs. 1 iVm § 50 Abs. 2 BremPolG; § 34 Abs. 1 S. 1 Nr. 2, § 38 Abs. 1 S. 2 iVm § 34 Abs. 4 S. 1 Hmb PolDVG; § 21 Abs. 1 S. 1 iVm § 20 Abs. 2 und 3 HSOG; § 36 Abs. 3 und 3 SOG M-V; § 26 Abs. 1 iVm § 23 Abs. 1 und 2 PolG NRW; § 57 Abs. 1 iVm § 51 Abs. 2 RhPfPOG; § 84 Abs. 1 und 2 iVm § 79 Abs. 2 und 3 SächsPVDG; § 13b Abs. 2 und 3 SOG LSA; § 192 Abs. 1 S. 1 iVm § 188a Abs. 2 und 3 SchlHLVwG; § 36 Abs. 1 S. 4 ThürPAG.
[113] Zum gleichen Fazit gelangt *Schwabenbauer* in Lisken/Denninger PolR-HdB G Rn. 241.
[114] § 25 Abs. 2 Nr. 2 lit. b BKAG; § 39b Abs. 3 S. 1 Nr. 2 lit. b SOG M-V; § 84 Abs. 2 Nr. 2 lit. b SächsPVDG; nur auf Daten, die durch eingriffsintensive Maßnahmen erlangt wurden, bezieht sich Art. 48 Abs. 3, Abs. 4 S. 2 Nr. 2 BayPAG. In Rheinland-Pfalz sind mehrere Übermittlungsermächtigungen einschlägig: Für die Übermittlung von Daten, die durch eingriffsintensive Maßnahmen erlangt wurden, gilt § 51 Abs. 3 S. 1 RhPfPOG. Die Übermittlung sonstiger Daten auf Ersuchen der Empfangsbehörde richtet sich nach § 57 Abs. 3 Nr. 2 RhPfPOG. Ansonsten ist § 57 Abs. 2 RhPfPOG anzuwenden, der eine Übermittlung zur Erfüllung der Aufgaben der Empfangsbehörde zulässt. In den beiden zuletzt genannten Ermächtigungen fehlt jedoch das Erfordernis eines konkreten Ermittlungsansatzes.
[115] § 43 Abs. 2 und 3 BbgPolG; § 43 Abs. 1 NPOG; § 193 Abs. 1 SchlHLVwG.
[116] § 59 Abs. 3 Nr. 2 lit. a BWPolG; Art. 56 Abs. 1 Nr. 2 BayPAG; § 44 Abs. 2 Nr. 1 ASOG Bln; § 41 Abs. 1 S. 1 Nr. 1 Hmb PolDVG; § 22 Abs. 2 S. 1 Nr. 1 HSOG; § 27 Abs. 2 Nr. 2 lit. a PolG NRW; § 27 Abs. 2 S. 1 Nr. 2 SOG LSA; § 41 Abs. 2 Nr. 2 lit. a ThürPAG.

Strafverfolgungszwecken. Die Zweckänderungsregelungen in § 40 Abs. 1 S. 1 iVm § 39 Abs. 6 NPOG (→ Rn. 54) und in § 23 Abs. 2 S. 1 SPolDVG laufen dementsprechend für strafprozessual ausgerichtete Datenübermittlungen leer. Umgekehrt findet sich in **Bremen** zwar eine ausdrückliche Ermächtigung zur Übermittlung präventivpolizeilich erlangter Daten an Strafverfolgungsbehörden in § 55 Abs. 1 S. 2 BremPolG. Zugleich ist jedoch nach § 53 Abs. 1 BremPolG die ausschließlich auf präventive Ziele zugeschnittene und darum nicht passende Zweckänderungsregelung in § 53 Abs. 2 BremPolG anzuwenden. Dieser Normwiderspruch hat zur Folge, dass die Übermittlungsermächtigung insgesamt das Gebot der Normenklarheit verfehlt.

82 Wo eine taugliche Übermittlungsermächtigung ganz oder teilweise fehlt, ist vorstellbar, die Gesetzeslücke durch eine **der Übermittlung vorangehende Zweckänderung** zu schließen. Die übermittelnde Polizeibehörde kann hierzu ein strafprozessuales Ermittlungsverfahren einleiten, die präventivpolizeilich erlangten Daten in dieses Verfahren überführen (→ Rn. 53 ff.) und sie sodann als strafprozessuale Daten übermitteln (→ Rn. 65 f.). Ob dieser Weg stets gangbar ist, steht allerdings zu bezweifeln. Jedenfalls wäre eine klare gesetzliche Ermächtigung vorzugswürdig, wie sie sich in einigen Gesetzen findet.

83 Die Ermächtigung der Strafverfolgungsbehörden aus § 161 Abs. 1 und § 163 Abs. 1 StPO, Übermittlungsersuchen an andere Behörden zu richten, deckt grundsätzlich die **Weiterverarbeitung der übermittelten Daten.** Auf diese Regelung ist als Minus auch die Weiterverarbeitung von Daten zu stützen, die ohne Ersuchen übermittelt wurden. Bei der Weiterverarbeitung sind die – allerdings zu kurz greifende und darum verfassungsrechtlich unzureichende – allgemeine Verwendungsbeschränkung aus § 479 Abs. 2 S. 1 StPO iVm § 161 Abs. 3 S. 1 StPO (→ Rn. 44) sowie die speziellen Verwendungsbeschränkungen für Durchsuchungen aus § 108 Abs. 2 und Abs. 3 StPO zu beachten.

84 b) Übermittlung zu präventivpolizeilichen Zwecken. Alle Polizeigesetze erlauben **Datenübermittlungen an andere Polizeibehörden,** wenn die Daten zur **Erfüllung polizeilicher Aufgaben** erforderlich sind.[117] Zu diesem für sich genommen zu weit gefassten Übermittlungstatbestand treten **Zweckänderungsschranken** hinzu, sodass sich die Übermittlungsvoraussetzungen erst aus einer Gesamtschau mehrerer Normen ergeben. Die meisten Gesetze[118] enthalten allgemeine Zweckänderungsschranken, die an eine hypothetische Datenneuerhebung anknüpfen.[119] Überwiegend gibt es zudem Sonderregelungen für Daten, die mit eingriffsintensiven Maßnahmen erlangt wurden.[120] Diese Regelungen gehen allerdings inhaltlich nicht immer über das ohnehin zu beachtende Erfordernis einer hypothetischen Datenneuerhebung hinaus.

---

[117] § 25 Abs. 1 BKAG; § 59 Abs. 1 und 2 BWPolG; Art. 56 Abs. 1 Nr. 1 BayPAG; § 44 Abs. 1 S. 1 ASOG Bln; § 42 Abs. 1 S. 1 BbgPolG; § 55 Abs. 1 S. 1 BremPolG; § 40 Hmb PolDVG; § 22 Abs. 1 HSOG; § 39b Abs. 1 S. 1 SOG M-V; § 41 NPOG; § 27 Abs. 1 S. 1 PolG NRW; § 57 Abs. 1 RhPfPOG; § 44 SPolDVG; § 84 Abs. 1 SächsPVDG; § 27 Abs. 1 S. 5, Abs. 2 S. 1 Nr. 1 SOG LSA; § 192 Abs. 1 S. 1, Abs. 2 SchlHLVwG; § 41 Abs. 1 ThürPAG.

[118] Keine allgemeinen Zweckänderungsbeschränkungen im Zusammenhang mit Datenübermittlungen findet sich in Rheinland-Pfalz und Thüringen. Die dortigen Polizeigesetze gewährleisten daher nicht generell, dass Datenübermittlungen auf einem konkreten Ermittlungsansatz beruhen, wie es verfassungsrechtlich geboten ist.

[119] § 25 Abs. 1 iVm § 12 Abs. 2 BKAG; § 59 Abs. 1 und 2 iVm § 15 Abs. 3 S. 1 BWPolG; Art. 53 Abs. 2 S. 2 BayPAG; § 44 Abs. 1 S. 2 iVm § 42 Abs. 2 S. 2 ASOG Bln; § 42 Abs. 1 S. 1 iVm § 53 Abs. 2 BbgPolG; § 55 Abs. 1 S. 1 iVm § 50 Abs. 2 S. 1 BremPolG; § 34 Abs. 1 S. 1 Nr. 2 Hmb PolDVG; § 21 Abs. 1 S. 1 iVm § 20 Abs. 2 HSOG; § 36 Abs. 2 und 3 SOG M-V; § 40 Abs. 1 S. 1 iVm § 39 Abs. 1 S. 1 Nr. 1, Abs. 2 NPOG; § 26 Abs. 1 iVm § 23 Abs. 2 S. 1 PolG NRW; § 44 Abs. 2 iVm § 23 Abs. 2 SPolDVG; § 84 Abs. 1 iVm § 79 Abs. 2 SächsPVDG; § 13b Abs. 2 SOG LSA; § 192 Abs. 1 S. 1 iVm § 188a Abs. 2 und 3 SchlHLVwG.

[120] § 25 Abs. 1 iVm § 12 Abs. 2 BKAG; § 15 Abs. 3 S. 1 BWPolG; § 25 Abs. 1 S. 1 Nr. 2 ASOG Bln; § 33a Abs. 7 S. 2, § 33b Abs. 9 S. 2 BbgPolG; § 53 Abs. 1 iVm § 50 Abs. 2 S. 2 BremPolG; § 38 Abs. 1 S. 2 iVm § 34 Abs. 4 S. 1 Hmb PolDVG; § 21 Abs. 1 S. 1 iVm § 20 Abs. 3 HSOG; § 26 Abs. 1 iVm § 23 Abs. 2 S. 5 PolG NRW; § 57 Abs. 5 iVm § 51 Abs. 2 RhPfPOG; § 44 Abs. 2 iVm § 23 Abs. 3 S. 1 SPolDVG; § 84 Abs. 1 iVm § 79 Abs. 3 SächsPVDG; § 13b Abs. 3 SOG LSA; § 36 Abs. 1 S. 4 ThürPAG.

C. Datenüberführungsermächtigungen im geltenden Staatsschutzrecht § 29

Die **Weiterverarbeitung der übermittelten Daten** kann teilweise auf besondere 85
Ermächtigungen zu Übermittlungsersuchen gestützt werden. Im Übrigen sind die allgemeinen Ermächtigungen zur Datenweiterverarbeitung oder – sachlich näherliegend – zur Datenerhebung in den Polizeigesetzen heranzuziehen. Diese Ermächtigungen sind allerdings durchweg zu weit gefasst (→ Rn. 68 f.).

c) Übermittlung zu nachrichtendienstlichen Zwecken. Die Ermächtigungen zur 86
Übermittlung präventivpolizeilich erlangter Daten an Nachrichtendienste finden sich fast durchweg[121] nicht im Polizeirecht, sondern in den **Nachrichtendienstgesetzen.** Übermittlungen an die Nachrichtendienste des Bundes sowie an die Verfassungsschutzbehörden anderer Länder sind in den Nachrichtendienstgesetzen des Bundes geregelt. Für Übermittlungen an die Verfassungsschutzbehörde des jeweils selben Landes enthalten die Landesverfassungsschutzgesetze Ermächtigungen, auf die einige Polizeigesetze ausdrücklich verweisen.[122]

Indem das Bundesrecht Datenübermittlungen (auch) durch Landespolizeibehörden regelt, wird die **grundrechtliche Regelungsverantwortung der Landesgesetzgeber** 87 durchbrochen. Hinsichtlich von Übermittlungen an die **Verfassungsschutzbehörden** von Bund und Ländern ist diese Durchbrechung gerechtfertigt. Die Gesetzgebungskompetenz des Bundes für die **Zusammenarbeit von Bund und Ländern** im Bereich des Verfassungsschutzes aus Art. 73 Abs. 1 Nr. 10 lit. b GG umfasst landesübergreifende Übermittlungsbefugnisse zu diesem Zweck.[123] Hinsichtlich von Übermittlungen an den **MAD** und an den **BND** ist hingegen kein Grund ersichtlich, von der Regelungsverantwortung der Landesgesetzgeber abzurücken. Der Kompetenztitel aus Art. 73 Abs. 1 Nr. 1 GG, auf dem die Rechtsgrundlagen dieser Dienste beruhen,[124] erstreckt sich nicht auf informationelle Befugnisse anderer Behörden.[125]

Die Nachrichtendienstgesetze verpflichten weitgehend übereinstimmend die Polizei zur 88 Übermittlung präventivpolizeilich erlangter Daten **von Amts wegen**[126] und auf **Ersuchen** des Nachrichtendienstes,[127] wenn die Übermittlung **zur Aufgabenerfüllung** des jeweiligen Dienstes erforderlich ist.[128] Diese Ermächtigungen gewährleisten in tatsächlicher Hinsicht nicht, dass die Übermittlung zumindest aufgrund hinreichender tatsächlicher Anhaltspunkte zur Aufklärung einer bestimmten **beobachtungsbedürftigen Aktion oder**

---

[121] Ermächtigungen zu Datenübermittlungen an die Nachrichtendienste von Bund und Ländern finden sich in Art. 56 Abs. 1 Nr. 4 BayPAG und § 57 Abs. 4 RhPfPOG. Soweit diese Normen Datenübermittlungen an das BfV und an die Verfassungsschutzbehörden anderer Länder regeln, verletzen sie allerdings die Kompetenzordnung, da der Bund insoweit eine Regelungskompetenz aus Art. 73 Abs. 1 Nr. 10 GG hat, von der er auch Gebrauch gemacht hat.
[122] § 53 Abs. 11 BremPolG; § 39b Abs. 3 S. 3 SOG M-V; § 40 Abs. 3 NPOG; § 193 Abs. 4 SchlHLVwG; § 41 Abs. 1 S. 2 ThürPAG.
[123] Vgl. zur Antiterrordatei BVerfGE 133, 277 (317 f.) = NJW 2013, 1499; BVerfG NVwZ 2021, 226 (230).
[124] Näher *Bäcker* in Lisken/Denninger PolR-HdB B Rn. 236 f. und 238 ff.; für den BND teils differenzierend BVerfG NJW 2020, 2235 (2245 f.).
[125] Vgl. zur spiegelbildlichen Kompetenzrechtslage für Datenabrufe aus der Antiterrordatei, die sich auf von diesen Diensten gespeicherte Daten beziehen, durch Landespolizeibehörden BVerfGE 133, 277 (320) = NJW 2013, 1499; BVerfG NVwZ 2021, 226 (230).
[126] § 18 Abs. 1b S. 1, § 22 BVerfSchG; § 10 Abs. 1 MADG; § 9 Abs. 1 BWLVSG; Art. 24 Abs. 1 S. 1 BayVSG; § 27 Abs. 1 S. 2 VSG Bln; § 14 Abs. 2 BbgVerfSchG; § 18 Abs. 2 BremVerfSchG; § 19 Abs. 2 S. 1 HmbVerfSchG; § 18 Abs. 1 S. 1 HVSG; § 24 Abs. 3 S. 2 LVerfSchG M-V; § 25 Abs. 2 S. 1 NVerfSchG; § 16 Abs. 1 S. 2 VSG NRW; § 25 Abs. 1 RhPfLVerfSchG; § 15 Abs. 2 S. 1 SVerfSchG; § 10 Abs. 3 S. 1 SächsVSG; § 17 Abs. 2 VerfSchG-LSA; § 23 Abs. 3 S. 2 SchlHLVerfSchG; § 19 Abs. 1 ThürVerfSchG.
[127] § 18 Abs. 3, § 22 BVerfSchG; § 10 Abs. 2 S. 1 MADG; § 10 Abs. 3 S. 1 BNDG; § 9 Abs. 3 S. 1 BWLVSG; Art. 24 Abs. 1 S. 1 BayVSG; § 27 Abs. 2 S. 1 VSG Bln; § 14 Abs. 3 BbgVerfSchG; § 18 Abs. 3 BremVerfSchG; § 7 Abs. 2 S. 1 HmbVerfSchG; § 4 Abs. 3 HVSG; § 24 Abs. 1 S. 1 LVerfSchG M-V; § 23 Abs. 1 S. 1 NVerfSchG; § 16 Abs. 2 S. 1 VSG NRW; § 25 Abs. 2 und 3 RhPfLVerfSchG; § 15 Abs. 3 S. 1 SVerfSchG; § 11 Abs. 1 S. 1 SächsVSG; § 17 Abs. 3 S. 1 VerfSchG-LSA; § 23 Abs. 1 S. 1 SchlHLVerfSchG; § 20 Abs. 1 S. 1 ThürVerfSchG.
[128] Enger gefasst ist allein § 10 Abs. 2 S. 2 BNDG, der die Pflicht zur Übermittlung von Amts wegen auf Informationen über die Gefahrenbereiche des § 5 Abs. 1 S. 3 G 10 beschränkt.

Gruppierung im Einzelfall erforderlich ist. Zudem errichten sie für die Übermittlung von Daten aus eingriffsintensiven Maßnahmen keine hinreichenden Anforderungen an die **gesteigerte Beobachtungsbedürftigkeit** der Beobachtungsobjekte. Sie bedürfen daher ergänzender Übermittlungsbeschränkungen, um die verfassungsrechtlichen Anforderungen zu wahren. Insoweit ist die Rechtslage noch unbefriedigender als bei der Übermittlung strafprozessual erlangter Daten (vgl. → Rn. 70 ff.).

89 Alle Nachrichtendienstgesetze verweisen auf **Übermittlungsbeschränkungen,** die sich aus sonstigen gesetzlichen Regelungen ergeben.[129] Insoweit erscheint denkbar, die allgemeinen Übermittlungsbeschränkungen der **Polizeigesetze** anzuwenden, die Datenübermittlungen an eine hypothetische Datenneuerhebung binden.[130] Diese Beschränkungsregelungen sind allerdings mit den Übermittlungsermächtigungen der Polizeigesetze verknüpft. Insbesondere für die Polizeigesetze, die Datenübermittlungen an Nachrichtendienste überhaupt nicht erwähnen, erscheint fragwürdig, ob diese Beschränkungen auf solche Übermittlungen anzuwenden sind.[131] Näher liegt hingegen die Anwendung **maßnahmespezifischer Vorschriften,** die hinsichtlich bestimmter Daten jegliche Zweckänderung abschließend regeln und sich dabei nicht nur auf die polizeiliche Aufgabenerfüllung beziehen.[132]

90 Darüber hinaus enthalten die Nachrichtendienstgesetze weitere Übermittlungsbeschränkungen für Daten, die durch **eingriffsintensive Maßnahmen** erhoben wurden. Diese Beschränkungen erstrecken sich jedoch nicht immer auf präventivpolizeilich erlangte Daten. So beziehen sich die Übermittlungsbeschränkungen für Daten aus Telekommunikationsüberwachungen fast durchweg[133] nur auf strafprozessuale Ausgangsmaßnahmen und lassen die Übermittlung präventivpolizeilich erlangter Telekommunikationsinhalte anscheinend einschränkungslos zu.[134] Dies erscheint wertungswidersprüchlich und steht mit dem verfassungsrechtlichen Erfordernis einer hypothetischen Datenneuerhebung nicht in Einklang. Auch die weiteren maßnahmespezifischen Übermittlungsbeschränkungen in einigen Landesverfassungsschutzgesetzen erstrecken sich nur teilweise auf präventivpolizeilich erlangte Daten.[135]

91 Soweit die Übermittlung auf einem Ersuchen des Nachrichtendienstes beruht, ist die **Weiterverarbeitung der übermittelten Daten** auf die Ermächtigung zu diesem Er-

---

[129] § 23 Nr. 3 BVerfSchG; § 12 MADG; § 18 BNDG; § 11 Abs. 1 Nr. 3 BWLVSG; Art. 27 Abs. 1 Nr. 3 BayVSG; § 28 Nr. 4 VSG Bln; § 19 Abs. 1 Nr. 4 BbgVerfSchG; § 23 Abs. 1 Nr. 5 BremVerfSchG; § 21 Abs. 2 HmbVerfSchG; § 23 Abs. 1 Nr. 3 HVSG; § 25 Abs. 1 Nr. 6 LVerfSchG M-V; § 19 Nr. 3 VSG NRW; § 27 Nr. 3 RhPflVerfSchG; § 19 Abs. 1 Nr. 3 SVerfSchG; § 13 Abs. 1 S. 1 Nr. 3 SächsVSG; § 20 S. 1 Nr. 3 LSAVerfSchG; § 24 Abs. 1 Nr. 4 SchlHLVerfSchG; § 19 Abs. 3, § 20 Abs. 4 ThürVerfSchG.

[130] § 25 Abs. 1 iVm § 12 Abs. 2 BKAG; § 59 Abs. 3 Nr. 1 iVm § 15 Abs. 3 BWPolG; Art. 53 Abs. 2 S. 2 BayPAG; § 44 Abs. 1 S. 2 iVm § 42 Abs. 2 S. 2 ASOG Bln; § 42 Abs. 1 S. 2 BbgPolG; § 53 Abs. 1 iVm § 50 Abs. 2 BremPolG; § 34 Abs. 1 S. 1 Nr. 2 Hmb PolDVG; § 21 Abs. 1 S. 1 iVm § 20 Abs. 2 HSOG; § 36 Abs. 2 und 3 SOG M-V; § 40 Abs. 1 S. 1 iVm § 39 Abs. 1 S. 1 Nr. 1, Abs. 2 NPOG; § 26 Abs. 1 iVm § 23 Abs. 2 PolG NRW; § 57 Abs. 5 iVm § 51 Abs. 2 S. 1 RhPfPOG; § 45 S. 1 iVm § 44 S. 2 und § 23 Abs. 2 SPolDVG; § 84 Abs. 1 iVm § 79 Abs. 2 SächsPVDG; § 13b Abs. 2 SOG LSA; § 192 Abs. 1 S. 1 iVm § 188a Abs. 2 und 3 SchlHLVwG.

[131] Nach dem Normwortlaut ausgeschlossen wird eine solche Übertragung durch § 193 Abs. 4 SchlHLVwG.

[132] § 25 Abs. 5a S. 3 Nr. 2 ASOG Bln; § 33a Abs. 7 S. 2, § 33b Abs. 9 S. 2 BbgPolG. Zweifelhaft erscheint wiederum eine Anwendung der auf die Aufgaben der jeweiligen Polizeibehörde bezogenen maßnahmespezifischen Zweckänderungsregelungen in § 12 Abs. 3 BKAG; § 15 Abs. 3 S. 4 BWPolG; § 50 Abs. 2 S. 3 BremPolG; § 34 Abs. 4 S. 1 Hmb PolDVG; § 20 Abs. 3 HSOG; § 23 Abs. 1 S. 4 PolG NRW; § 23 Abs. 3 SPolDVG; § 79 Abs. 3 SächsPVDG; § 13b Abs. 3 SOG LSA; § 36 Abs. 1 S. 4 ThürPAG.

[133] Präventivpolizeiliche Telekommunikationsüberwachungen schließt ein § 19 Abs. 4 S. 3 HmbVerfSchG.

[134] § 18 Abs. 6 S. 1 BVerfSchG; § 10 Abs. 4 BNDG; § 9 Abs. 5 S. 1 BWLVSG; § 27 Abs. 4 S. 1 VSG Bln; § 14 Abs. 4 S. 1 BbgVerfSchG; § 18 Abs. 4 S. 1 BremVerfSchG; § 18 Abs. 3 S. 1 HVSG; § 24 Abs. 3 S. 3 LVerfSchG M-V; § 16 Abs. 5 S. 1 VSG NRW; § 25 Abs. 4 S. 1 RhPflVerfSchG; § 15 Abs. 2 S. 2 SVerfSchG; § 11 Abs. 3 S. 1 SächsVSG; § 17 Abs. 6 S. 1 LSAVerfSchG; § 23 Abs. 3 S. 3 SchlHLVerfSchG.

[135] So § 19 Abs. 4 S. 1, 2 und 4 HmbVerfSchG; § 23 Abs. 4 und 5, § 25 Abs. 2 S. 2 und 3 NVerfSchG; auf strafprozessual erlangte Daten beschränken sich § 18 Abs. 5 S. 1 BremVerfSchG; § 24 Abs. 3 S. 4 LVerfSchG M-V; § 23 Abs. 3 S. 4 SchlHLVerfSchG.

C. Datenüberführungsermächtigungen im geltenden Staatsschutzrecht § 29

suchen zu stützen. Ansonsten sind die allgemeinen Ermächtigungen zur Erhebung und Weiterverarbeitung von Daten heranzuziehen (→ Rn. 77). Für Daten aus eingriffsintensiven Maßnahmen fehlt es allerdings durchweg an tragfähigen Weiterverarbeitungsvoraussetzungen.

3. Übermittlung nachrichtendienstlich erlangter Daten

Die **Übermittlung nachrichtendienstlich erlangter Daten** ist weitgehend im **Bundesrecht** geregelt. Dieses ermächtigt nicht nur die Nachrichtendienste des Bundes zu Datenübermittlungen, sondern enthält auch Rechtsgrundlagen für Datenübermittlungen durch die Landesverfassungsschutzbehörden, soweit die Empfangsbehörde dem Bund oder einem anderen Land angehört. Lediglich **landesinterne Übermittlungen** sind in den Landesverfassungsschutzgesetzen geregelt. Damit wird die Regelungsverantwortung der Länder für die Weiterverarbeitung der Daten, die aufgrund landesrechtlicher Ermächtigungen erhoben wurden, partiell durchbrochen. Diese Durchbrechung rechtfertigt sich jedoch aus der **Gesetzgebungskompetenz** des Bundes für die Zusammenarbeit von Bund und Ländern im Verfassungsschutz aus Art. 73 Abs. 1 Nr. 10 GG.[136] Zudem sehen die bundesrechtlichen Regelungswerke durchweg vor, dass besondere gesetzliche Übermittlungsschranken zu beachten sind.[137] Hierzu gehören landesrechtliche Regelungen. Die Länder bleiben damit zuständig und sind grundrechtlich auch verpflichtet, durch hinreichend restriktive Sonderregelungen zu gewährleisten, dass die Übermittlung von Daten aus eingriffsintensiven Überwachungsmaßnahmen den Verhältnismäßigkeitsgrundsatz wahrt. 92

a) Übermittlung zu Strafverfolgungszwecken. Fast alle Nachrichtendienstgesetze enthalten (mindestens) **zwei getrennte Ermächtigungen** zu Datenübermittlungen an Strafverfolgungsbehörden. Zum einen werden den Nachrichtendiensten nahezu durchweg[138] **fakultative Übermittlungen** ermöglicht, die im behördlichen Ermessen stehen, wenn kein Ersuchen einer Strafverfolgungsbehörde vorliegt.[139] Zum anderen sind die Nachrichtendienste in bestimmten Fällen zu Datenübermittlungen an Strafverfolgungsbehörden **von Amts wegen** verpflichtet. Im Einzelnen finden sich in den Nachrichtendienstgesetzen insbesondere für fakultative Datenübermittlungen sehr unterschiedliche Regelungen. 93

Am weitesten gehen für **fakultative Datenübermittlungen** die Regelungen, die dem jeweiligen Nachrichtendienst Datenübermittlungen an jede öffentliche Stelle erlauben, wenn die Empfangsbehörde die Daten für Zwecke der **Strafverfolgung**[140] oder der **öffentlichen Sicherheit**[141] benötigt. Dabei entspricht es einer langjährigen Auslegungstradition, auch die Strafverfolgung als Zweck der öffentlichen Sicherheit zu begreifen, wenn sie als Übermittlungszweck nicht ausdrücklich genannt wird.[142] Diese Übermittlungstatbestände sind verfassungsrechtlich nicht zu halten.[143] Sie lassen schon die möglichen **Empfangsbehörden** nicht klar genug erkennen. Zudem gewährleisten sie nicht, dass eine Übermittlung zu Strafverfolgungszwecken auf einem **strafprozessualen Verdacht** beruht.[144] Soweit es schließlich um Daten geht, die durch Maßnahmen von mehr als gering- 94

---

[136] Allgemein hierzu *Bäcker* in Lisken/Denninger PolR-HdB B Rn. 230 ff.; vgl. zur Reichweite der Zusammenarbeitskompetenz mit Blick auf Datenweiterverarbeitungen auch BVerfGE 133, 277 (317 f.) = NJW 2013, 1499.
[137] § 23 Nr. 3 BVerfSchG; § 12 MADG; § 18 BNDG.
[138] Eine Ausnahme bildet § 31 Abs. 1 S. 1 NVerfSchG, der nur obligatorische Übermittlungen von Amts wegen regelt.
[139] Näher zum Umfang der Auskunftspflicht bei einem solchen Ersuchen *Gazeas* Nachrichtendienstliche Erkenntnisse 506 ff.
[140] § 22 Abs. 2 VSG Bln; § 20 Abs. 1 S. 1 BremVerfSchG; § 17 Abs. 2 SVerfSchG.
[141] § 12 Abs. 1 S. 1 SächsVSG; für Datenübermittlungen an Staatsanwaltschaften wohl auch § 21 Abs. 1 S. 2 Nr. 2 ThürVerfSchG.
[142] Näher *Gazeas* Nachrichtendienstliche Erkenntnisse, 400 ff., mwN auch zur Gegenauffassung.
[143] BVerfG NJW 2020, 2235 (2267); BVerfG Urt. v. 26.4.2022 – 1 BvR 1619/17, Rn. 363 ff.; gleichläufig bereits *Gazeas* Nachrichtendienstliche Erkenntnisse, 409 ff.
[144] Vgl. BVerfG Urt. v. 26.4.2022 – 1 BvR 1619/17, Rn. 252 f.

fügiger Eingriffsintensität erlangt wurden, sind diese Übermittlungstatbestände auch **materiell** nicht eng genug begrenzt. Insbesondere Daten, die durch nachrichtendienstliche Mittel erlangt wurden, dürfen an Strafverfolgungsbehörden generell nur zur Verfolgung besonders schwerer Straftaten übermittelt werden.[145]

95 Die Ermächtigungen zu fakultativen Datenübermittlungen in vielen Nachrichtendienstgesetzen sind heute – nach dem Vorbild des 2015 überarbeiteten Bundesrechts – restriktiver ausgestaltet. Zwar erlauben diese Gesetze den Nachrichtendiensten zumeist weiterhin Übermittlungen für (erhebliche) Zwecke der öffentlichen Sicherheit.[146] Diese weit gefasste Übermittlungsermächtigung erstreckt sich jedoch nicht mehr auf Daten, die mit nachrichtendienstlichen Mitteln gewonnen wurden, jedenfalls soweit sie **an Polizei- und Strafverfolgungsbehörden übermittelt** werden sollen.[147] Solche Übermittlungen sind vielmehr nur noch zur Verfolgung von **Straftaten von erheblicher Bedeutung** zulässig.[148] Auch dieser engere Übermittlungstatbestand reicht verfassungsrechtlich jedoch nicht aus, da er die Übermittlung nicht auf die Verfolgung von besonders schweren Straftaten beschränkt.[149] Noch am nächsten kommt den verfassungsrechtlichen Anforderungen § 19 Abs. 2 S. 1 Nr. 2 SchlHLVerfSchG, der Datenübermittlungen zu Strafverfolgungszwecken nur zur Verfolgung von Katalogtaten nach § 100a Abs. 2 StPO zulässt.[150] Allerdings steht die in dieser Vorschrift enthaltene dynamische Verweisung nicht im Einklang mit der Regelungsverantwortung des Landesgesetzgebers.[151]

96 Darüber hinaus sind alle Nachrichtendienste zu **Datenübermittlungen von Amts wegen** verpflichtet, wenn tatsächliche Anhaltspunkte auf ein Staatsschutzdelikt hindeuten. Für die Nachrichtendienste des Bundes[152] und für länderübergreifende Datenübermittlungen durch die Landesverfassungsschutzbehörden[153] ergibt sich diese Pflicht aus dem Bundesrecht. Die meisten Länder[154] haben sie in ihren Verfassungsschutzgesetzen für landesinterne Datenübermittlungen nachgezeichnet.[155] **Staatsschutzdelikte** sind zum einen die in § 74a und § 120 GVG genannten Straftaten, zum anderen sonstige Straftaten, die nach ihrer Zielsetzung, dem Motiv des Täters oder dessen Verbindung zu einer

---

[145] BVerfG Urt. v. 26.4.2022 – 1 BvR 1619/17, Rn. 251.
[146] § 19 Abs. 1 S. 3 BVerfSchG; § 11 Abs. 1 S. 1 MADG; § 11 Abs. 1 S. 1 BNDG; § 10 Abs. 3 S. 1 BWLVSG; Art. 25 Abs. 1 Nr. 1 BayVSG; § 21 Abs. 2 S. 1 HmbVerfSchG; § 20 Abs. 1 Nr. 1 HVSG; § 17 Abs. 2 S. 3 VSG NRW; § 18 Abs. 1 S. 4 VerfSchG-LSA. Restriktiver gefasst sind § 20 Abs. 3 Nr. 1 LVerfSchG M-V; § 16 Abs. 1 S. 1 BbgVerfSchG.
[147] Eine Übermittlung von Daten, die mit nachrichtendienstlichen Mitteln erlangt wurden, an sonstige öffentliche Stellen ohne qualifizierte Eingriffsschwelle erlauben – verfassungsrechtlich nicht tragfähig – § 19 Abs. 1 S. 3 BVerfSchG; § 11 Abs. 1 S. 1 MADG; § 11 Abs. 1 S. 1 BNDG; § 10 Abs. 3 S. 1 BWLVSG; Art. 25 Abs. 1 BayVSG; § 21 Abs. 2 S. 1 HmbVerfSchG; § 20 Abs. 1 HVSG; § 17 Abs. 2 S. 3 VSG NRW. Hingegen erlaubt die Übermittlung solcher Daten generell nur unter qualifizierten Voraussetzungen § 26 Abs. 2 S. 1 RhPfLVerfSchG.
[148] § 19 Abs. 1 S. 1 Nr. 4 BVerfSchG; § 11 Abs. 1 S. 1 MADG; § 11 Abs. 1 S. 2 BNDG; § 10 Abs. 1 S. 1 Nr. 4 BWLVSG; Art. 25 Abs. 2 S. 1 Nr. 2 BayVSG; § 16 Abs. 1 S. 1 BbgVerfSchG; § 20 Abs. 2 S. 1 Nr. 2 HVSG; § 20 Abs. 4 Nr. 4 LVerfSchG M-V; § 17 Abs. 2 S. 1 Nr. 4 VSG NRW; § 18 Abs. 1 S. 1 Nr. 3 VerfSchG-LSA. Zusätzlich verlangt die Prüfung einer hypothetischen Datenneuerhebung § 14 Abs. 1 Nr. 4 HmbVerfSchG.
[149] BVerfG Urt. v. 26.4.2022 – 1 BvR 1619/17, Rn. 377.
[150] Weiter geht § 26 Abs. 2 S. 1 Nr. 2 RhPfLVerfSchG, der Datenübermittlungen auch zur Verfolgung von Staatsschutzdelikten zulässt, dazu sogleich im Text.
[151] Vgl. BVerfG Urt. v. 26.4.2022 – 1 BvR 1619/17, Rn. 383 ff.
[152] § 20 Abs. 1 S. 1 BVerfSchG; § 11 Abs. 2 MADG; § 11 Abs. 3 BNDG.
[153] § 21 Abs. 1 S. 1 iVm § 20 Abs. 1 S. 1 BVerfSchG.
[154] Informationen über sämtliche Straftaten, die im Zusammenhang mit verfassungsfeindlichen Bestrebungen oder Tätigkeiten stehen, sind zu übermitteln nach § 21 VSG Bln. Nur eine fakultative Datenübermittlungsbefugnis bei Staatsschutzdelikten findet sich in § 26 Abs. 2 S. 1 Nr. 2 RhPfLVerfSchG. Weder eine obligatorische noch eine fakultative Übermittlungsbefugnis zur Verfolgung von Staatsschutzdelikten enthält § 19 SchlHLVerfSchG.
[155] § 10 Abs. 2 BWLVSG; Art. 25 Abs. 2 S. 2 BayVSG; § 17 Abs. 1 S. 1 BbgVerfSchG; § 21 Abs. 1 BremVerfSchG; § 14 Abs. 3 HmbVerfSchG; § 20 Abs. 2 S. 3 HVSG; § 20 Abs. 2 S. 1 LVerfSchG M-V; § 18 Abs. 2 S. 1 VSG NRW; § 17 Abs. 3 S. 1 SVerfSchG; § 12 Abs. 2 S. 1 Nr. 1 SächsVSG; § 19 Abs. 1 LSAVerfSchG; § 21 Abs. 2 S. 1 ThürVerfSchG.

Organisation gegen die Schutzgüter des Verfassungsschutzes gerichtet sind.[156] Diese Verweisungstechnik begegnet unter dem Gesichtspunkt der **Normenklarheit** Bedenken.[157] Darüber hinaus ist der Begriff des Staatsschutzdelikts viel **zu weit definiert,** um die Übermittlung von Daten aus eingriffsintensiveren Maßnahmen zu rechtfertigen.[158] Die Straftatkataloge in § 74a und § 120 GVG dienen dazu, ein bestimmtes Themenfeld bestimmten richterlichen Spruchkörpern zuzuweisen. Sie orientieren sich nicht an dem andersartigen Ziel, die Verhältnismäßigkeit bestimmter Grundrechtseingriffe zu gewährleisten. Dementsprechend finden sich in diesen Katalogen neben Verbrechen und sonstigen schweren Straftaten auch Delikte von deutlich geringerem Gewicht, etwa das Verbreiten von Propagandamitteln verfassungswidriger Organisationen (§ 86 StGB) oder die Zuwiderhandlung gegen ein sofort vollziehbares, aber noch nicht bestandskräftiges Vereinsverbot (§ 20 Abs. 1 VereinsG). Darüber hinaus sind bei entsprechender Motivation des Täters beliebige andere Straftaten als Staatsschutzdelikte anzusehen. Dies schließt Bagatelldelikte wie eine Beleidigung oder eine einfache Sachbeschädigung ein.

Verfassungsrechtlich nicht zu beanstanden, rechtspolitisch allerdings befremdlich ist zudem, dass eine **Übermittlungspflicht von Amts wegen** nach dem Bundesrecht[159] zwar für Staatsschutzdelikte aller Art besteht, nicht aber für **sonstige besonders schwere Straftaten.** Selbst bei Tötungsverbrechen steht die Datenübermittlung im Ermessen des Nachrichtendienstes, wenn sie nicht in einem Staatsschutzzusammenhang begangen werden, sondern es sich etwa um Beziehungstaten handelt. 97

Die inhaltlich restriktivste, gleichwohl verfassungsrechtlich nicht vollständig tragfähige Übermittlungsermächtigung zu Strafverfolgungszwecken findet sich in **Niedersachsen.** Die Verfassungsschutzbehörde ist gemäß § 31 Abs. 1 S. 1 NVerfSchG zur Datenübermittlung verpflichtet, wenn die Übermittlung zur Verfolgung einer besonders schweren Straftat aus dem Katalog des § 100b Abs. 2 StPO oder eines Sabotagedelikts nach §§ 87–89 StGB erforderlich ist. Zudem ist die Übermittlung nach § 31 Abs. 1 S. 3 NVerfSchG an die Prüfung einer hypothetischen Datenneuerhebung geknüpft. Eine fakultative Übermittlungsbefugnis ist daneben nicht vorgesehen. Diese Regelung gewährleistet, dass die Übermittlung stets auf einem Tatverdacht beruht und zur Verfolgung einer hinreichend gewichtigen Straftat dient. Sie geht materiell über das verfassungsrechtlich gebotene Mindestmaß sogar hinaus. Jedoch verfehlt die **dynamische Verweisung** auf das Strafverfahrensrecht die Regelungsverantwortung des Landesgesetzgebers.[160] 98

Zu den allgemeinen Übermittlungsermächtigungen treten in nahezu allen Nachrichtendienstgesetzen[161] **besondere Übermittlungsschranken** für Daten hinzu, die durch **eingriffsintensive nachrichtendienstliche Maßnahmen** gewonnen wurden. Diese Regelungen können die verfassungsrechtlichen Defizite der allgemeinen Übermittlungsermächtigungen allerdings schon deshalb nicht kompensieren, weil nach dem Urteil des BVerfG zum BayVSG Daten, die mit nachrichtendienstlichen Mitteln gewonnen wurden, generell nur zur Verfolgung **besonders schwerer Straftaten** an Strafverfolgungsbehörden übermittelt werden dürfen.[162] Selbst wenn man von diesem grundlegenden konzeptionellen 99

---

[156] § 20 Abs. 1 S. 2 BVerfSchG; § 11 Abs. 2 MADG; § 11 Abs. 3 BNDG; § 10 Abs. 2 BWLVSG; Art. 25 Abs. 2 S. 2 BayVSG; § 17 Abs. 1 S. 2 BbgVerfSchG; § 21 Abs. 1 BremVerfSchG; § 14 Abs. 3 HmbVerfSchG; § 20 Abs. 2 S. 3 HVSG; § 20 Abs. 2 S. 2 LVerfSchG M-V; § 18 Abs. 2 S. 2 VSG NRW; § 26 Abs. 2 S. 1 Nr. 2 RhPflVerfSchG; § 17 Abs. 3 S. 2 SVerfSchG; § 12 Abs. 2 S. 1 Nr. 1 SächsVSG; § 19 Abs. 2 VerfSchG-LSA; § 21 Abs. 1 S. 2 Nr. 1 ThürVerfSchG.
[157] BVerfG NJW 2020, 2235 (2267).
[158] BVerfG NJW 2020, 2235 (2267); eingehend zum Folgenden *Gazeas* Nachrichtendienstliche Erkenntnisse 317 ff.
[159] Weitere Straftaten als Anlasstaten für eine obligatorische Datenübermittlung führen auf § 10 Abs. 2 BWLVSG; § 18 Abs. 2 S. 1 VSG NRW; § 12 Abs. 2 S. 1 Nr. 2 SächsVSG; § 21 Abs. 2 S. 1 ThürVerfSchG.
[160] Vgl. BVerfG Urt. v. 26.4.2022 – 1 BvR 1619/17, Rn. 383 ff.
[161] In Niedersachsen ist eine solche Sonderregelung wegen der bereits sehr strengen allgemeinen Übermittlungsermächtigung nicht erforderlich und findet sich dementsprechend auch nicht.
[162] BVerfG Urt. v. 26.4.2022 – 1 BvR 1619/17, Rn. 251.

Defizit absieht, enthalten die maßnahmespezifischen Sonderregelungen diverse Mängel im Detail.

100 Erstens erstrecken sich die Sonderregelungen zumindest überwiegend[163] nicht auf alle **Daten aus eingriffsintensiven Überwachungsmaßnahmen.** So enthält kein Nachrichtendienstgesetz eine besondere Übermittlungsschranke für Daten, die ein Verdeckter Mitarbeiter gewonnen hat, obwohl der Einsatz eines solchen Mitarbeiters eine hohe Eingriffsintensität aufweisen kann.[164]

101 Zweitens ist der **Anwendungsbereich der Sonderregelungen** teils nicht hinreichend **normenklar** geregelt. Unzulänglich sind die Übermittlungsschranken für Daten aus Maßnahmen, die in ihrer Art und Schwere einer Beschränkung des Brief-, Post- und Fernmeldegeheimnisses gleichkommen.[165] Diese salvatorische Regelungstechnik macht die Anwendung der betroffenen Regelungen in zu weitem Umfang von einer normativ nicht angeleiteten Bewertung durch den Nachrichtendienst abhängig.[166]

102 Drittens errichten auch die Sonderregelungen vielfach nur schwach gesteigerte **materielle Übermittlungsvoraussetzungen.** Unzureichend ist insbesondere die mit Abstand bedeutsamste Regelung in § 4 Abs. 4 S. 1 Nr. 2 G 10. Diese Vorschrift hat unmittelbar die Übermittlung von Telekommunikationsinhalten zum Gegenstand, die durch eine Einzelfallüberwachung nach § 3 G 10 erlangt wurden. Mittelbar ist sie auf diverse weitere Überwachungsmaßnahmen anzuwenden, da zahlreiche Regelungen auf sie verweisen.[167] Nach § 4 Abs. 4 S. 1 Nr. 2 G 10 dürfen Daten zu Strafverfolgungszwecken übermittelt werden, wenn der Verdacht einer der in § 3 Abs. 1 oder Abs. 1a oder § 7 Abs. 4 G 10 aufgeführten Straftaten besteht. Die Straftatkataloge in diesen Vorschriften führen jedoch unter anderem eine Reihe von minderschweren Straftaten auf, zu deren Verfolgung eine Übermittlung von Daten aus Maßnahmen hoher Eingriffsintensität selbst dann nicht angemessen ist, wenn der sehr strenge Maßstab des Urteils zum BayVSG gelockert wird. Beispiele bilden wiederum die oben genannten Staatsschutzdelikte nach § 86 StGB und § 20 Abs. 1 VereinsG. Ebenso unzureichend ist die für Daten, die aus strategischen Telekommunikationsüberwachungen gemäß § 5 G 10 stammen, maßgebliche Übermittlungsregelung in § 7 Abs. 4 S. 2 G 10. Inhaltlich verfassungskonform sind hingegen die Sonderregelungen in einigen Landesverfassungsschutzgesetzen, welche die Übermittlung von Daten aus Wohnraumüber-

---

[163] Unklar ist, ob § 10 Abs. 2 S. 2 BremVerfSchG, der für alle mit nachrichtendienstlichen Mitteln erhobenen Daten Zweckänderungen an das Erfordernis einer hypothetischen Datenneuerhebung knüpft, für Datenübermittlungen gilt. Der Normwortlaut legt dies zwar nahe, dies führt allerdings zu Wertungswidersprüchen, da die in diesem Gesetz enthaltenen Sonderregelungen für Daten aus besonders eingriffsintensiven Maßnahmen teils niedrigere Voraussetzungen errichten.

[164] BVerfGE 141, 220 (290); BVerfG, Urt. v. 26.4.2022 – 1 BvR 1619/17, Rn. 340 f.; für „möglicherweise […] – nach der akustischen Wohnraumüberwachung – das eingriffsintensivste Mittel überhaupt" hält den verdeckten Einsatz menschlicher Quellen Bergemann in Lisken/Denninger PolR-HdB H Rn. 97.

[165] § 5a Abs. 4 S. 1 BWLVSG; § 9a Abs. 3 iVm § 9 Abs. 6 VSG Bln; § 7 Abs. 3 S. 1 und 4 BbgVerfSchG; § 10 Abs. 2 S. 5 BremVerfSchG.

[166] Vgl. BVerfGE 120, 274 (317) = NJW 2008, 822.

[167] So für Wohnraumüberwachungen § 9 Abs. 7 BVerfSchG; § 5 Hs. 2 MADG; § 5 S. 2 BNDG; § 9 Abs. 6 S. 2 VSG Bln; § 8 Abs. 6 S. 1 HmbVerfSchG; § 8 Abs. 8 S. 1 SVerfSchG; für den Einsatz von IMSI-Catchern § 9 Abs. 4 S. 4 BVerfSchG; § 5 Hs. 2 MADG; § 5 S. 2 BNDG; § 10 Abs. 1 BremVerfSchG; § 8 Abs. 10 S. 7 iVm § 7a Abs. 2 S. 2 HmbVerfSchG; § 10 Abs. 7 S. 4 LVerfSchG M-V; § 15 Abs. 3 iVm § 14 Abs. 3 S. 3 RhPfLVerfSchG; § 8 Abs. 8 S. 1 SVerfSchG; § 17a Abs. 6 S. 4 VerfSchG-LSA; § 8 Abs. 7 S. 5 SchlHLVerfSchG; § 11 Abs. 4 S. 3 ThürVerfSchG; für den Abruf bestimmter Kommunikations- und Transaktionsdaten § 8b Abs. 2 S. 7 BVerfSchG; § 4a MADG; § 3 Abs. 1 S. 3 BNDG; Art. 8b Abs. 3 BayVSG; § 7 Abs. 2 S. 3 BbgVerfSchG; § 10 Abs. 1 BremVerfSchG; § 7a Abs. 2 S. 2 HmbVerfSchG; § 10 Abs. 6 S. 1 HVSG; § 24a Abs. 5 S. 7 LVerfSchG M-V; § 13 Abs. 8 RhPfLVerfSchG; § 15a Abs. 3 S. 1 SVerfSchG; § 11a Abs. 9 S. 1 SächsVSG; § 17a Abs. 5 S. 7 VerfSchG-LSA; § 8a Abs. 7 S. 5 SchlHLVerfSchG; § 8 Abs. 5 S. 1 ThürVerfSchG; für Abhörmaßnahmen außerhalb von Wohnungen § 10 Abs. 7 S. 4 LVerfSchG M-V; § 17 Abs. 2 iVm § 14 Abs. 3 S. 3 RhPfLVerfSchG; § 8 Abs. 7 S. 5 SchlHLVerfSchG; für Funkzellenabfragen § 14 Abs. 3 S. 3 RhPfLVerfSchG; für Eingriffe in Art. 10 GG und vergleichbar schwerwiegende Maßnahmen § 5a Abs. 4 S. 3 BWLVSG; § 9a Abs. 1 und 3 iVm § 9 Abs. 6 S. 2 VSG Bln; § 10 Abs. 2 S. 5 BremVerfSchG.

C. Datenüberführungsermächtigungen im geltenden Staatsschutzrecht § 29

wachungen davon abhängig machen, dass der Verdacht einer Straftat aus dem hierfür maßgeblichen Katalog des § 100b Abs. 2 StPO besteht.[168] Allerdings verfehlt die in diesen Regelungen enthaltene dynamische Verweisung die Regelungsverantwortung der Landesgesetzgeber.[169] Vereinzelt finden sich im Landesrecht ferner Sonderregelungen mit eigenständig zusammengestellten Straftatkatalogen.[170] Eine verfassungskonforme Sonderregelung enthält schließlich § 29 Abs. 3 BNDG für die Übermittlung von Daten, die durch eine strategische Ausland-Fernmeldeaufklärung zur Gefahrenfrüherkennung gewonnen wurden. Die dynamische Verweisung in dieser Vorschrift ist hinnehmbar, da das BNDG und die StPO vom selben Gesetzgeber stammen.

Die zu weit geratenen Übermittlungsermächtigungen lassen sich schließlich nicht dadurch rechtfertigen, dass nach fast allen Nachrichtendienstgesetzen Datenübermittlungen unzulässig sind, wenn die **schutzwürdigen Interessen** der betroffenen Person das Allgemeininteresse an der Übermittlung überwiegen.[171] Diese unspezifische Abwägungsklausel kann eine normenklare Regulierung auf der Grundlage des Erfordernisses einer hypothetischen Datenneuerhebung nicht ersetzen.[172] **103**

Vor allem für die Übermittlung nachrichtendienstlich erlangter Daten an operativ tätige Staatsschutzbehörden ist daneben das in allen Nachrichtendienstgesetzen enthaltene Übermittlungsverbot zum Schutz **überwiegender Sicherheitsinteressen** bedeutsam.[173] Diese Regelung dient insbesondere dazu, **Arbeitsweise und Quellen** der Nachrichtendienste zu schützen. Dieses Ziel ist grundsätzlich anzuerkennen und auch verfassungsrechtlich fundiert.[174] Der sehr unspezifische und wertungsabhängige Begriff der überwiegenden Sicherheitsinteressen begünstigt jedoch eine **überzogene Handhabung,** die gegenläufigen Belangen der operativen Sicherheitsgewähr zu wenig Raum gewährt. Dies ist keine theoretische Besorgnis, sondern in der Vergangenheit immer wieder vorgekommen.[175] Um diesem Risiko zu begegnen, regeln einige Landesverfassungsschutzgesetze, dass überwiegende Sicherheitsbelange unter anderem dann grundsätzlich nicht bestehen, wenn die Datenübermittlung erforderlich ist, um eine **besonders schwere Straftat** zu verfolgen. Eine Ausnahme hiervon besteht nur, wenn die Übermittlung eine unmittelbare, nicht anders abwendbare Gefährdung von Leib oder Leben einer Person verursachen würde. In solchen Fällen wird zudem die Entscheidung über die Übermittlung politisch hochgezont, indem sie der Behördenleitung anvertraut wird. Darüber hinaus sind teilweise das zuständige Ministerium und das Parlamentarische Kontrollgremium zu **104**

---

[168] Art. 8b Abs. 2 S. 1 Nr. 3, S. 2 BayVSG; § 10 Abs. 2 S. 4 BremVerfSchG; § 8 Abs. 6 S. 1 Nr. 2, S. 2 HVSG; § 19 Abs. 5 S. 1 Nr. 2, S. 2 RhPflVerfSchG; § 12a Abs. 2 SächsVSG.
[169] Vgl. BVerfG Urt. v. 26.4.2022 – 1 BvR 1619/17, Rn. 383 ff.
[170] § 7 Abs. 3 S. 4 BbgVerfSchG; § 5c Abs. 4 S. 2 Nr. 2 VSG NRW.
[171] § 23 Nr. 1 BVerfSchG; § 12 MADG; § 18 BNDG; § 11 Abs. 1 Nr. 1 BWLVSG; Art. 27 Abs. 1 Nr. 1 BayVSG; § 28 Nr. 3 VSG Bln; § 19 Abs. 1 Nr. 2 BbgVerfSchG; § 23 Abs. 1 Nr. 3 BremVerfSchG; § 21 Abs. 1 Nr. 3 HmbVerfSchG; § 23 Abs. 1 Nr. 1 HVSG; § 25 Abs. 1 Nr. 3 LVerfSchG M-V; § 19 Nr. 1 VSG NRW; § 27 Nr. 1 RhPflVerfSchG; § 19 Abs. 1 Nr. 1 SVerfSchG; § 13 Abs. 1 S. 1 Nr. 1 SächsVSG; § 20 S. 1 Nr. 1 LSAVerfSchG; § 24 Abs. 1 Nr. 3 SchlHLVerfSchG; § 22 Abs. 1 Nr. 2 ThürVerfSchG.
[172] Vgl. BVerfG NJW 2020, 2235 (2268); BVerfG Urt. v. 26.4.2022 – 1 BvR 1619/17, Rn. 367.
[173] § 23 Nr. 2 BVerfSchG; § 12 MADG; § 18 BNDG; § 11 Abs. 1 Nr. 2 BWLVSG; Art. 27 Abs. 1 Nr. 2 BayVSG; § 28 Nr. 2 VSG Bln; § 19 Abs. 1 Nr. 3 BbgVerfSchG; § 23 Abs. 1 Nr. 4 BremVerfSchG; § 21 Abs. 1 Nr. 2 HmbVerfSchG; § 23 Abs. 1 Nr. 2 HVSG; § 25 Abs. 1 Nr. 2 LVerfSchG M-V; § 31 Abs. 1 S. 6 NVerfSchG; § 19 Nr. 2 VSG NRW; § 27 Nr. 2 RhPflVerfSchG; § 19 Abs. 1 Nr. 2 SVerfSchG; § 13 Abs. 1 Nr. 2 SächsVSG; § 20 S. 1 Nr. 2 LSAVerfSchG; § 24 Abs. 1 Nr. 2 SchlHLVerfSchG; § 22 Abs. 1 Nr. 2 ThürVerfSchG.
[174] Vgl. zum Quellenschutz als Schranke parlamentarischer Informationsbegehren BVerfGE 146, 1 (49 ff.) = NVwZ 2017, 1364 sowie – in den Schlussfolgerungen sehr weitgehend – BVerfG NVwZ 2021, 628 (631 ff.) mit Sondervotum des Richters *Müller* (in der Fundstelle nicht mit abgedruckt).
[175] Das drastische Beispiel bildet die Mordserie des sog. Nationalsozialistischen Untergrunds, deren Aufklärung nach weitgehend anerkannter Auffassung durch einen überzogenen Quellenschutz bei einigen Verfassungsschutzbehörden über lange Zeit erheblich behindert wurde, hierzu die – insoweit von allen Fraktionen getragenen – Ausführungen des ersten NSU-Untersuchungsausschusses des Bundestags, BT-Drs. 17/14600, 856 ff.

unterrichten.¹⁷⁶ Diese Kombination materieller und prozeduraler Vorgaben macht den Quellenschutz rechtssicher handhabbar, schafft klare Verantwortlichkeiten und unterstreicht den Rang der operativen Belange, die dem Quellenschutz gegenüberstehen. Rechtspolitisch ist sehr zu wünschen, dass der Bund und die übrigen Länder diesen Impuls aufgreifen und vergleichbare Regelungen schaffen.¹⁷⁷

105 Die Ermächtigung der Strafverfolgungsbehörden aus § 161 Abs. 1 und § 163 Abs. 1 StPO, Übermittlungsersuchen an andere Behörden zu richten, deckt grundsätzlich die **Weiterverarbeitung der übermittelten Daten**. Auf diese Regelung ist als Minusmaßnahme auch die Weiterverarbeitung von Daten zu stützen, die ohne Ersuchen übermittelt wurden. Bei der Weiterverarbeitung sind die – allerdings zu kurz greifende und darum verfassungsrechtlich unzureichende – allgemeine Verwendungsbeschränkung aus § 479 Abs. 2 S. 1 StPO iVm § 161 Abs. 3 S. 1 StPO (→ Rn. 44) sowie die speziellen Verwendungsbeschränkungen für Durchsuchungen aus § 108 Abs. 2 und Abs. 3 StPO zu beachten.

106 **b) Übermittlung zu präventivpolizeilichen Zwecken.** Die **Übermittlung nachrichtendienstlicher Daten zu präventivpolizeilichen Zwecken** ist im Ansatz gleich geregelt wie die Übermittlung zu Strafverfolgungszwecken. Insbesondere ist auch insoweit zwischen fakultativen und obligatorischen Übermittlungen zu unterscheiden (→ Rn. 93). Die Übermittlungsermächtigungen weisen jedoch zusätzliche und teils noch schwerer wiegende Defizite auf.

107 Einige Landesverfassungsschutzgesetze erlauben **fakultative Übermittlungen** generell zu Zwecken der **öffentlichen Sicherheit**.¹⁷⁸ Dieser Übermittlungstatbestand ist jedenfalls für Daten, die mit nachrichtendienstlichen Mitteln erlangt wurden, nicht tragfähig (→ Rn. 94). Das 2015 überarbeitete Bundesrecht und die diesem nachgebildeten landesrechtlichen Regelungen errichten hingegen für die Übermittlung solcher Daten spezifischere und strengere Voraussetzungen. Danach ist eine Übermittlung zum einen zulässig zur Abwehr einer im Einzelfall bestehenden **Gefahr für ein überragend wichtiges Rechtsgut** aus einem abschließenden Katalog.¹⁷⁹ Dieser Übermittlungstatbestand ist verfassungsrechtlich tragfähig.¹⁸⁰ Zum anderen wird eine Übermittlung zugelassen, um **Straftaten von erheblicher Bedeutung zu verhindern oder zu verhüten**.¹⁸¹ Dieser Übermittlungstatbestand ist in zweierlei Hinsicht defizitär. Erstens muss eine Übermittlung von

---

¹⁷⁶ Vgl. – mit Unterschieden insbesondere in den prozeduralen Vorgaben – Art. 27 Abs. 2 BayVSG; § 19 Abs. 2 BbgVerfSchG; § 23 Abs. 2 HVSG; eine noch deutlich weitergehende Vorrangbestimmung zugunsten der Strafverfolgung findet sich in § 22 Abs. 2 ThürVerfSchG; eine weniger präzise Abwägungsklausel ohne prozedurale Absicherung enthält § 31 Abs. 5 NVerfSchG.
¹⁷⁷ Vgl. zu unterschiedlichen Regelungsmöglichkeiten den Abschlussbericht der Bund-Länder-Kommission Rechtsterrorismus v. 30.4.2013, 302 ff., und *Gazeas* Nachrichtendienstliche Erkenntnisse 594 ff.
¹⁷⁸ § 22 Abs. 2 VSG Bln; § 20 Abs. 1 S. 1 BremVerfSchG; § 17 Abs. 2 SVerfSchG; § 12 Abs. 1 S. 1 SächsVSG.
¹⁷⁹ § 19 Abs. 1 S. 1 Nr. 2 BVerfSchG; § 11 Abs. 1 S. 1 MADG; § 11 Abs. 1 S. 2 BNDG; § 10 Abs. 1 S. 1 Nr. 2 BWLVSG; Art. 25 Abs. 2 S. 1 Nr. 2 BayVSG; § 20 Abs. 2 S. 1 Nr. 2 HVSG; § 20 Abs. 4 Nr. 2 LVerfSchG M-V; § 31 Abs. 1 S. 2 Nr. 2 NVerfSchG; § 17 Abs. 2 S. 1 Nr. 2 VSG NRW; § 18 Abs. 1 S. 1 Nr. 1 VerfSchG-LSA. Zusätzlich verlangt die Prüfung einer hypothetischen Datenneuerhebung § 14 Abs. 1 Nr. 2 HmbVerfSchG. Weiter gefasst und darum nicht für alle Datenkategorien ausreichend sind § 16 Abs. 1 S. 1 BbgVerfSchG, § 26 Abs. 1 S. 1 Nr. 3 Alt. 1 RhPfLVerfSchG und § 21 Abs. 1 Nr. 1 Alt. 1 ThürVerfSchG, die eine erhebliche Gefahr für die öffentliche Sicherheit voraussetzen.
¹⁸⁰ Vgl. zu den Anforderungen BVerfG Urt. v. 26.4.2022 – 1 BvR 1619/17, Rn. 235 ff.
¹⁸¹ § 19 Abs. 1 S. 1 Nr. 3 BVerfSchG; § 11 Abs. 1 S. 1 MADG; § 11 Abs. 1 S. 2 BNDG; § 10 Abs. 1 S. 1 Nr. 3 BWLVSG; Art. 25 Abs. 2 S. 1 Nr. 2 BayVSG; § 20 Abs. 2 S. 1 Nr. 2 HVSG; § 20 Abs. 4 Nr. 3 LVerfSchG M-V; § 17 Abs. 2 S. 1 Nr. 3 VSG NRW; § 26 Abs. 1 S. 1 Nr. 3 Alt. 2 RhPfLVerfSchG; § 18 Abs. 1 S. 1 Nr. 2 VerfSchG-LSA. Zusätzlich verlangt die Prüfung einer hypothetischen Datenneuerhebung § 14 Abs. 1 Nr. 3 HmbVerfSchG. Auf die Verhütung von Straftaten aus einem abschließenden Katalog stellt ab § 31 Abs. 1 S. 2 Nr. 2 NVerfSchG. Die Planung einer Straftat aus dem Katalog des § 100a Abs. 2 StPO setzt voraus § 19 Abs. 2 S. 1 Nr. 1 SchlHLVerfSchG. Zur vorbeugenden Bekämpfung von Staatsschutzdelikten und Verbrechen erlaubt eine Datenübermittlung § 21 Abs. 1 Nr. 1 Alt. 2 ThürVerfSchG.

C. Datenüberführungsermächtigungen im geltenden Staatsschutzrecht § 29

Daten, die mit nachrichtendienstlichen Mitteln erlangt wurden, auch bei präventiver Zielsetzung der Bekämpfung besonders schwerer, nicht lediglich erheblicher Straftaten dienen. Zweitens fehlt es an einer hinreichenden tatsächlichen Übermittlungsschwelle, da die Übermittlung an eine zumindest konkretisierte Gefahr zu binden ist.[182]

Das Bundesrecht und die meisten Landesverfassungsschutzgesetze verpflichten die Nachrichtendienste zudem dazu, Daten zur **Verhinderung von Staatsschutzdelikten** zu übermitteln.[183] Der Begriff des Staatsschutzdelikts umfasst jedoch auch weniger schwerwiegende Straftaten, deren Verhinderung eine Datenübermittlung nicht rechtfertigen kann (→ Rn. 96). Überdies enthalten die in Bezug genommenen Straftatkataloge in § 74a und § 120 GVG unter anderem **strafrechtliche Vorfeldtatbestände** wie die Vorbereitung einer schweren staatsgefährdenden Gewalttat (§ 89a StGB), die das ansonsten straffreie Vorbereitungsstadium kriminalisieren. In Verbindung mit einer präventiv ausgerichteten Übermittlungsermächtigung lassen diese Tatbestände den Übermittlungsanlass in tatsächlicher Hinsicht entgrenzen.[184] Die Übermittlungsermächtigungen gewährleisten insoweit nicht, dass die Übermittlung auf der erforderlichen konkretisierten Gefahr beruht.[185]

108

Die zahlreichen **Sonderregelungen** zur Übermittlung von Daten aus eingriffsintensiven Maßnahmen sind gleichfalls überwiegend unzulänglich. Da diese Normen durchweg Übermittlungen zu Strafverfolgungszwecken wie zu präventivpolizeilichen Zwecken erfassen, ergeben sich zunächst die bereits dargelegten Defizite, dass für manche Maßnahmen die erforderlichen Sonderregelungen fehlen und manche Regelungen ihren Anwendungsbereich nicht klar genug beschreiben (→ Rn. 100 f.). Auch die materiellen Übermittlungsvoraussetzungen verfehlen überwiegend die verfassungsrechtlichen Anforderungen. Insbesondere gilt dies für die zentrale Übermittlungsregelung in § 4 Abs. 4 Nr. 1 G 10, die unmittelbar oder mittelbar auf zahlreiche Datenkategorien anwendbar ist.[186] Diese Vorschrift erlaubt eine Übermittlung zur Verhinderung von Straftaten, wenn Anhaltspunkte auf die Planung oder Begehung einer Straftat aus den Katalogen in § 3 Abs. 1 und Abs. 1a sowie § 7 Abs. 4 S. 1 G 10 hindeuten. Diese Kataloge beschränken sich nicht durchweg auf hinreichend gewichtige Straftaten (→ Rn. 102). Darüber hinaus gewährleistet das Tatbestandsmerkmal der Planung nicht, dass der Übermittlung durchweg eine konkretisierte Gefahr zugrunde liegt. Dies gilt umso mehr, als die in Bezug genommenen Straftatkataloge auch zahlreiche strafrechtliche Vorfeldtatbestände enthalten. Ebenso unzureichend ist die für Daten, die aus strategischen Telekommunikationsüberwachungen gemäß § 5 G 10 stammen, maßgebliche Übermittlungsregelung in § 7 Abs. 4 S. 1 G 10. Verfassungskonform sind hingegen die Sonderregelungen in einigen Landesverfassungsschutzgesetzen, welche die Übermittlung von Daten aus Wohnraumüberwachungen nur zur Abwehr von Gefahren für näher bezeichnete überragend wichtige Rechtsgüter zulassen.[187] Vereinzelt enthält das Landesrecht ferner eigenständig gestaltete, verfassungsrechtlich jedoch wiederum

109

---

[182] BVerfG Urt. v. 26.4.2022 – 1 BvR 1619/17, Rn. 374 f.
[183] § 20 Abs. 1 S. 1, § 21 Abs. 1 S. 1 BVerfSchG; § 11 Abs. 2 MADG; § 11 Abs. 3 BNDG; § 10 Abs. 2 BWLVSG; Art. 25 Abs. 2 S. 2 BayVSG; § 17 Abs. 1 S. 1 BbgVerfSchG; § 21 Abs. 1 BremVerfSchG; § 14 Abs. 3 HmbVerfSchG; § 20 Abs. 2 S. 3 HVSG; § 20 Abs. 2 S. 1 LVerfSchG M-V; § 18 Abs. 2 S. 1 VSG NRW; § 17 Abs. 3 S. 1 SVerfSchG; § 12 Abs. 2 S. 1 Nr. 1 SächsVSG; § 19 Abs. 1 LSAVerfSchG; § 21 Abs. 2 S. 1 ThürVerfSchG. Informationen zur Verhinderung sämtlicher Straftaten, die im Zusammenhang mit verfassungsfeindlichen Bestrebungen oder Tätigkeiten stehen, sind zu übermitteln nach § 21 VSG Bln. Weder eine obligatorische noch eine fakultative Übermittlungsbefugnis zur Verhinderung von Staatsschutzdelikten enthalten § 26 RhPfLVerfSchG und § 19 SchlHLVerfSchG.
[184] Näher *Bäcker*, Kriminalpräventionsrecht, 2015, 355 f.
[185] BVerfG NJW 2020, 2235 (2267); andeutungsweise auch BVerfG Urt. v. 26.4.2022 – 1 BvR 1619/17, Rn. 376.
[186] Siehe die Aufzählung der Verweise im Bundes- und Landesrecht in Fn. 167.
[187] § 10 Abs. 2 S. 4 BremVerfSchG; § 8 Abs. 6 S. 1 HVSG; § 19 Abs. 5 S. 1 Nr. 1 RhPfLVerfSchG; § 12a Abs. 2 S. 1 SächsVSG. Auf den strafprozessualen Straftatkatalog des § 100b Abs. 2 StPO, der wiederum strafrechtliche Vorfeldtatbestände enthält und sich darum für eine präventiv ausgerichtete Eingriffsermächtigung nicht eignet, verweisen hingegen Art. 8b Abs. 2 S. 1 Nr. 2 BayVSG; § 8 Abs. 6 S. 1 Nr. 2 HVSG.

unzureichende Sonderregelungen.[188] Verfassungskonforme Sonderregelungen finden sich schließlich in § 29 Abs. 4 Nr. 2 und Abs. 7 BNDG für die Übermittlung von Daten, die durch die strategische Ausland-Fernmeldeaufklärung gewonnen wurden. Zu unbestimmt und materiell unzureichend ist hingegen die Blankettregelung in § 29 Abs. 4 Nr. 1 BNDG, die eine Datenübermittlung auch zulässt, wenn sie in (irgendwelchen) anderen Rechtsvorschriften vorgesehen ist.

110 Die **Weiterverarbeitung der übermittelten Daten** kann teilweise auf besondere Ermächtigungen zu Übermittlungsersuchen gestützt werden. Im Übrigen sind die allgemeinen Ermächtigungen zur Datenweiterverarbeitung oder – sachlich näherliegend – zur Datenerhebung in den Polizeigesetzen heranzuziehen. Diese Ermächtigungen sind allerdings durchweg zu weit gefasst (→ Rn. 68 f.).

111 **c) Übermittlung zu nachrichtendienstlichen Zwecken.** Die **Verfassungsschutzbehörden** des Bundes und der Länder unterhalten nach § 6 BVerfSchG ein **gemeinsames nachrichtendienstliches Informationssystem.** Sie müssen sich wechselseitig laufend die für ihre Aufgaben erforderlichen Informationen mittels gemeinsamer Dateien übermitteln. Eine laufende Unterrichtungspflicht besteht gemäß § 3 Abs. 3 S. 1 MADG auch im Verhältnis zwischen den Verfassungsschutzbehörden und dem MAD. Fakultativ kann der MAD auch an dem nachrichtendienstlichen Informationssystem teilnehmen. Diese ständigen informationellen Kooperationen gehen über punktuelle Datenübermittlungen weit hinaus und sind gesondert darzustellen (→ § 30 Rn. 23 ff.). Die folgenden Ausführungen beschränken sich daher auf **Datenübermittlungen zwischen den Verfassungsschutzbehörden** einschließlich des MAD einerseits **und dem BND** andererseits.

112 Die Rechtsgrundlagen für diese Übermittlungen differenzieren nach der **Richtung des Informationsflusses.** Die Verfassungsschutzbehörden und der MAD sind zur Übermittlung an den BND von Amts wegen verpflichtet, wenn der BND die übermittelten Daten benötigt, um seine Aufgaben zu erfüllen.[189] Zudem kann der BND um eine Übermittlung ersuchen.[190] Dieselben Vorgaben gelten für den BND hinsichtlich von Übermittlungen an den MAD.[191] Hingegen ist der BND zu (Spontan-)Übermittlungen an die Verfassungsschutzbehörden grundsätzlich nicht verpflichtet, sondern lediglich befugt. Voraussetzung ist wiederum, dass die Empfangsbehörde die übermittelten Daten benötigt, um ihre Aufgaben zu erfüllen.[192]

113 Die in allen Übermittlungsvorschriften enthaltene Voraussetzung der **Erforderlichkeit zur Aufgabenerfüllung** kann eine Datenübermittlung jedenfalls dann nicht rechtfertigen, wenn die übermittelten Daten mit nachrichtendienstlichen Mitteln erlangt wurden. Die geregelten Datenübermittlungen ändern den Verarbeitungszweck (vgl. zu Datenüberführungen innerhalb eines Nachrichtendienstes → Rn. 49) und müssen darum dem verfassungsrechtlichen Erfordernis einer **hypothetischen Datenneuerhebung** genügen. Die gesetzlichen Übermittlungsermächtigungen leisten dies nicht annähernd. Sie gewährleisten nicht, dass der Übermittlung ein hinreichender tatsächlicher Anlass in Gestalt einer beobachtungsbedürftigen Aktion oder Gruppierung zugrunde liegt.[193] Soweit die übermittelten Daten aus eingriffsintensiven Maßnahmen stammen, fehlt es zudem an Vorgaben zur gesteigerten Beobachtungsbedürftigkeit der betreffenden Aktion oder Gruppierung.[194] Die allgemeine Vorgabe, dass bei der Übermittlung das Übermittlungsinteresse und die gegen-

---

[188] § 7 Abs. 3 S. 4 BbgVerfSchG, der eine Übermittlung zur „Erforschung" einer Vereinigungsstraftat nach § 129a StGB zulässt und damit keinen klaren tatsächlichen Eingriffsanlass beschreibt; § 5c Abs. 4 S. 2 Nr. 1 VSG NRW, der eine Übermittlung zur Verhinderung einer Straftat aus einem Katalog zulässt, welcher wiederum zahlreiche Vorfeldstraftaten enthält.
[189] § 20 Abs. 1 S. 3, § 21 Abs. 2 BVerfSchG; § 11 Abs. 2 MADG.
[190] § 20 Abs. 2 S. 2, § 21 Abs. 2 BVerfSchG; § 11 Abs. 2 MADG.
[191] § 11 Abs. 3 BNDG iVm § 20 Abs. 1 S. 3, Abs. 2 S. 2 BVerfSchG.
[192] § 18 Abs. 2 BVerfSchG.
[193] Vgl. BVerfG Urt. v. 26.4.2022 – 1 BvR 1619/17, Rn. 258, 371.
[194] Vgl. im Umkehrschluss BVerfG BeckRS 2020, 16236, Rn. 151.

C. Datenüberführungsermächtigungen im geltenden Staatsschutzrecht § 29

läufigen schutzwürdigen Interessen der betroffenen Person gegeneinander abzuwägen sind,[195] kann normenklare und hinreichend strenge Übermittlungstatbestände nicht ersetzen.

Die **Sonderregelungen** für Daten aus bestimmten eingriffsintensiven Maßnahmen gleichen die verfassungsrechtlichen Defizite der allgemeinen Übermittlungsermächtigungen nicht aus. Insbesondere die – ohnehin in mehrfacher Hinsicht unzulängliche – zentrale Vorschrift des § 4 Abs. 4 G 10, auf die viele Regelungen im Bundes- und im Landesrecht verweisen,[196] hilft nicht weiter. Diese Norm gilt nur für Übermittlungen an Behörden mit operativen Befugnissen, nicht aber – wie seit 2018 einleitend ausdrücklich klargestellt ist – für Übermittlungen an Nachrichtendienste. Solche Übermittlungen richten sich vielmehr nach § 4 Abs. 2 S. 3 G 10,[197] der auf § 1 Abs. 1 Nr. 1 G 10 verweist. Sie sind danach generell zum Schutz der freiheitlichen demokratischen Grundordnung sowie des Bestands und der Sicherheit von Bund und Ländern zulässig. Ob damit überhaupt höhere Anforderungen errichtet werden, als sie die allgemeinen Übermittlungsermächtigungen enthalten, lässt sich bezweifeln. Jedenfalls knüpft die Übermittlung wiederum weder an einen hinreichenden tatsächlichen Anlass an noch enthält sie Vorgaben zum Ausmaß der Beobachtungsbedürftigkeit. 114

Verfassungskonforme Übermittlungsbeschränkungen finden sich hingegen in den Sonderregelungen, die eine Übermittlung von einer **Gefahr für ein überragend wichtiges Rechtsgut** abhängig machen (→ Rn. 109). Diese Regelungen dienen allerdings primär dazu, Datenübermittlungen an operativ tätige Behörden anzuleiten, und dürften für Übermittlungen zwischen Nachrichtendiensten nur geringe Bedeutung haben. Qualifizierte Übermittlungsvoraussetzungen ergeben sich zudem aus § 7 Abs. 2 G 10 für Daten, die der BND durch eine **strategische Telekommunikationsüberwachung** nach § 5 G 10 erlangt hat. Diese Vorschrift begrenzt die Übermittlung an die Verfassungsschutzbehörden und an den MAD auf Informationen über gewaltbereite Bestrebungen, sicherheitsgefährdende oder geheimdienstliche Tätigkeiten für eine fremde Macht sowie Cyberangriffe durch verfassungsfeindliche Bestrebungen. Trotz ihrer geringen Bestimmtheit wohl noch ausreichend sind zudem die in § 29 Abs. 1 BNDG enthaltenen Ermächtigungen zur Übermittlung von Daten, die der BND durch eine **strategische Ausland-Fernmeldeaufklärung** erlangt hat. 115

Soweit die Übermittlung auf einem Ersuchen des Nachrichtendienstes beruht, ist die **Weiterverarbeitung der übermittelten Daten** auf die Ermächtigung zu diesem Ersuchen zu stützen. Ansonsten sind die allgemeinen Ermächtigungen zur Erhebung und Weiterverarbeitung von Daten heranzuziehen (→ Rn. 77). Für Daten aus eingriffsintensiven Maßnahmen fehlt es allerdings durchweg an tragfähigen Weiterverarbeitungsvoraussetzungen. 116

---

[195] § 23 Nr. 1 BVerfSchG; § 12 MADG; § 18 BNDG.
[196] So für Wohnraumüberwachungen § 9 Abs. 2 S. 7 BVerfSchG; § 5 Hs. 2 MADG; § 5 S. 2 BNDG; § 9 Abs. 6 S. 2 VSG Bln; § 8 Abs. 1 HmbVerfSchG; § 8 Abs. 8 S. 1 SVerfSchG; für den Einsatz von IMSI-Catchern § 9 Abs. 4 S. 4 BVerfSchG; § 5 Hs. 2 MADG; § 5 S. 2 BNDG; § 10 Abs. 1 BremVerfSchG; § 8 Abs. 10 S. 7 iVm § 7a Abs. 2 S. 2 HmbVerfSchG; § 10 Abs. 7 S. 4 LVerfSchG M-V; § 15 Abs. 3 iVm § 14 Abs. 3 S. 3 RhPflVerfSchG; § 8 Abs. 8 S. 1 SVerfSchG; § 17a Abs. 6 S. 4 VerfSchG-LSA; § 8 Abs. 8 S. 8 SchlHLVerfSchG; § 11 Abs. 4 S. 3 ThürVerfSchG; für den Abruf bestimmter Kommunikations- und Transaktionsdaten § 8b Abs. 2 S. 7 BVerfSchG; § 4a MADG; § 3 Abs. 1 S. 3 BNDG; Art. 8b Abs. 3 BayVSG; § 7 Abs. 2 S. 3 BbgVerfSchG; § 10 Abs. 1 BremVerfSchG; § 7a Abs. 2 S. 2 HmbVerfSchG; § 10 Abs. 6 S. 1 HVSG; § 24a Abs. 5 S. 7 LVerfSchG M-V; § 13 Abs. 8 RhPflVerfSchG; § 15a Abs. 3 S. 1 SVerfSchG; § 11a Abs. 9 S. 1 SächsVSG; § 17 Abs. 5 S. 7 VerfSchG-LSA; § 8a Abs. 7 S. 5 SchlHLVerfSchG; § 8 Abs. 5 S. 1 ThürVerfSchG; für Abhörmaßnahmen außerhalb von Wohnungen § 9 Abs. 6 S. 2 LVerfSchG M-V; § 14 Abs. 3 S. 3 RhPflVerfSchG; § 8 Abs. 7 S. 5 SchlHLVerfSchG; für Funkzellenabfragen § 14 Abs. 3 S. 3 RhPflVerfSchG; für Eingriffe in Art. 10 GG und vergleichbar schwerwiegende Maßnahmen § 5a Abs. 4 S. 3 BWLVSG; § 9a Abs. 1 und 3 iVm § 9 Abs. 6 S. 2 VSG Bln; § 10 Abs. 2 S. 5 BremVerfSchG..
[197] So die Begründung der klarstellenden Regelung, BT-Drs. 18/11325, 127.

IV. Ermächtigungen zu Datenübermittlungen an ausländische Behörden und internationale Organisationen

117 Die folgende Darstellung zu Datenübermittlungen an ausländische Behörden und internationale Organisationen beschränkt sich auf die **allgemeinen Rechtsgrundlagen** für solche Übermittlungen im **Polizei- und Nachrichtendienstrecht**. Die gesondert darzustellende informationelle Rechtshilfe in Strafsachen (→ § 47) bleibt ebenso außer Betracht wie besondere Übermittlungsregelungen auf der Grundlage supranationalen oder internationalen Rechts.

1. Übermittlung präventivpolizeilich erlangter Daten

118 Bei der Übermittlung präventivpolizeilich erlangter Daten an ausländische Behörden ist zwischen Übermittlungen an **Behörden von EU-Mitgliedstaaten** und von **Drittstaaten** zu differenzieren, da das höherrangige Recht unterschiedliche Vorgaben macht (→ Rn. 34 f.).

119 Die meisten Polizeigesetze enthalten besondere Ermächtigungen zu **Datenübermittlungen an Behörden von EU-Mitgliedstaaten**. Diese lassen die Datenübermittlung überwiegend unter denselben materiellen Voraussetzungen zu, die für Übermittlungen an inländische Behörden gelten, wobei teilweise besondere Verfahrensregelungen zu beachten sind.[198] Die anderen Gesetze regeln Übermittlungen an ausländische Behörden einheitlich.[199] Dies ist unionsrechtlich unschädlich, da die materiellen Übermittlungsermächtigungen von den Mitgliedstaaten zu bestimmen sind (→ Rn. 36). Mit Art. 1 Abs. 2 lit. b RL (EU) 2016/680 unvereinbar ist hingegen § 43 Abs. 4 NPOG, der Datenübermittlungen (auch) an Behörden von EU-Mitgliedstaaten von einer **Prüfung des Datenschutzniveaus** bei der Empfangsbehörde abhängig macht. Diese Regelung ist unanwendbar, soweit sie sich auf solche Übermittlungen bezieht. Unionsrechtlichen Zweifeln unterliegt daneben § 62 Abs. 2 S. 1 Nr. 4 BWPolG, der auch bei Datenübermittlungen innerhalb der Union eine Prüfung des grundrechtlichen Schutzniveaus im Empfängerstaat erfordert.

120 Für **Datenübermittlungen an Behörden von Drittstaaten** und an **internationale Organisationen** bedarf es neben der materiellen Übermittlungsermächtigung **besonderer Schutzregelungen** (→ Rn. 35). Das geltende Recht bildet diese zweigliedrige Struktur überwiegend ab.

121 Die meisten Polizeigesetze enthalten materielle **Ermächtigungen zu Datenübermittlungen** an ausländische Behörden.[200] Zumeist finden sich zwei, in der Regel weit formulierte Übermittlungstatbestände. Eine Übermittlung wird zum einen erlaubt, wenn sie erforderlich ist, damit die übermittelnde Behörde ihre Aufgaben erfüllen kann. Zum anderen ist eine Übermittlung zulässig, wenn die ausländische Empfangsbehörde sie zur Aufgabenerfüllung oder zur Abwehr einer (vielfach: erheblichen) Gefahr benötigt. Teilweise findet sich zudem ein gesonderter Übermittlungstatbestand zur Verhinderung oder Verhütung von Straftaten. Zu diesen niedrigschwelligen, hinsichtlich des Kreises der möglichen Empfangsbehörden sehr offen formulierten und darum für sich genommen verfassungsrechtlich nicht durchweg hinreichenden Übermittlungsvoraussetzungen treten wie im innerstaatlichen Bereich Sonderregelungen für Daten hinzu, die mit eingriffsintensiven Maßnahmen gewonnen wurden (→ Rn. 84).

---

[198] § 26 Abs. 1 S. 1 BKAG; § 60 BWPolG; Art. 57 BayPAG; § 55 Abs. 7 BremPolG; § 41 Abs. 3 Hmb PolDVG; § 22 Abs. 5 HSOG; § 39c Abs. 1 S. 1 SOG M-V; § 28 Abs. 1 Nr. 2 PolG NRW; § 58 Abs. 1 RhPfPOG; § 48 Abs. 1 SPolDVG; § 89 Abs. 1 S. 1 SächsPVDG; § 41b Abs. 1 ThürPAG; nur für Staaten, die dem Schengenverbund angehören, § 192 Abs. 3 SchlHLVwG; differenzierend, im Ergebnis aber wohl gleichläufig § 27a SOG LSA.

[199] § 44 Abs. 3 S. 1 ASOG Bln; § 43 Abs. 4 S. 1 BbgPolG; § 43 Abs. 2 Nr. 2 NPOG.

[200] § 27 Abs. 1 BKAG; § 61 Abs. 1 BWPolG; Art. 58 Abs. 1 S. 1 BayPAG; § 44 Abs. 3 S. 1 ASOG Bln; § 43 Abs. 4 S. 1 BbgPolG; § 23 Abs. 1 HSOG; § 39d Abs. 1 S. 1 SOG M-V; § 43 Abs. 2 Nr. 2 NPOG; § 29 Abs. 1 S. 1 und 2 PolG NRW; § 59 Abs. 1 RhPfPOG; § 90 Abs. 1 SächsPVDG; § 27 Abs. 3 SOG LSA; § 193 Abs. 2 SchlHLVwG; § 41c ThürPAG. Lediglich besondere Schutzregelungen finden sich unter Verweis auf die „übrigen für Datenübermittlungen geltenden Voraussetzungen" in §§ 66 ff. BremPolG; §§ 43 ff. Hmb PolDVG; §§ 49 ff. SPolDVG.

Der Bund und fast alle Länder[201] haben zudem die **besonderen Übermittlungsvoraus-** 122
setzungen der Art. 35 ff. RL (EU) 2016/680 teils in den Datenschutzgesetzen, teils in den
Polizeigesetzen in innerstaatliches Recht umgesetzt.[202] Dabei finden sich allerdings zwei
Abweichungen von den unionsrechtlichen Vorgaben (vgl. → Rn. 37):

Erstens ist nach allen Gesetzen eine Auslandsübermittlung trotz eines **Angemessen-** 123
heitsbeschlusses der EU-Kommission unzulässig, wenn im Einzelfall das Datenschutzniveau bei dem Übermittlungsempfänger nicht ausreicht, Menschenrechtsverletzungen
drohen oder sonst überwiegende Interessen der betroffenen Person der Übermittlung
entgegenstehen.[203] Das BKA führt gemäß § 28 Abs. 3 BKAG eine fortlaufend aktualisierte
Aufstellung über die Schutzstandards in Drittstaaten. Das hinter diesen Regelungen stehende Anliegen, das pauschale Instrument des Angemessenheitsbeschlusses zu flexibilisieren,
leuchtet rechtspolitisch ein. Gleichwohl ermöglichen diese Regelungen mitgliedstaatlichen
Behörden, sich über **bindende Unionsrechtsakte** hinwegzusetzen, ohne dass sich hierfür
ein Anknüpfungspunkt in der Richtlinie fände.[204] Zwar normiert die Richtlinie allgemein
nur ein Mindestniveau des Datenschutzes (→ Rn. 17).[205] Gerade die Regelungen zu
Auslandsübermittlungen gehen hierüber jedoch ersichtlich hinaus. Sie lehnen sich strukturell eng an die Vorgaben in Art. 44 ff. DSGVO an, die den Mitgliedstaaten keine Regelungsspielräume belassen, und enthalten ein differenziertes Gefüge von Schutzvorkehrungen, das durch mitgliedstaatliche Abweichungen erheblich gestört werden könnte. Auch
der Wortlaut der Art. 35 ff. RL (EU) 2016/680 ist durchgängig imperativ gehalten und
enthält keinen Anhaltspunkt dafür, dass die Mitgliedstaaten von diesen Regelungen abweichen dürfen. Insbesondere ergibt sich kein solcher Anhaltspunkt aus Art. 35 Abs. 3 RL
(EU) 2016/680, demzufolge bei der Anwendung der Vorschriften über Auslandsübermittlungen sicherzustellen ist, dass das Schutzniveau der Richtlinie nicht untergraben wird.[206]
Diese Regelung richtet sich, soweit es um Angemessenheitsbeschlüsse geht, an die Kommission und nicht an die Mitgliedstaaten, die am Zustandekommen solcher Beschlüsse
gerade nicht beteiligt sind. Auch die Erwägung, dass es lediglich um eine Abweichung im
Einzelfall geht und der Angemessenheitsbeschluss nicht generell infrage gestellt wird,[207] hilft
mangels einer Öffnungsklausel in der Richtlinie nicht weiter. Schließlich geht der Verweis
auf die Rechtsprechung des BVerfG[208] fehl. Die besonderen Anforderungen an Auslandsübermittlungen, die sich aus den Grundrechten des Grundgesetzes ergeben, sind nämlich
im Anwendungsbereich der Richtlinie mangels eines Regelungsspielraums der Mitgliedstaaten nicht anwendbar. Diese Vorschriften sind daher **unionsrechtswidrig** und unanwendbar.[209] Stattdessen sind **Defizite eines Angemessenheitsbeschlusses** unions-

---

[201] Von vornherein keine ordnungsgemäße Richtlinienumsetzung ist die allgemein gehaltene, das differenzierte Gefüge von Schutzvorkehrungen der Art. 35 ff. RL (EU) 2016/680 nicht ansatzweise aufgreifende
Regelung in § 43 Abs. 4 S. 2 BbgPolG. Im brandenburgischen Datenschutzgesetz finden sich gleichfalls
keine Umsetzungsregelungen zu Art. 35 ff. RL (EU) 2016/680.
[202] §§ 78 ff. BDSG; § 61 BWPolG; Art. 58 Abs. 1 S. 1 BayPAG; §§ 64 ff. BlnDSG; §§ 66 ff. BremPolG;
§§ 43 ff. Hmb PolDVG; §§ 73 ff. HDSIG; §§ 39e ff. SOG M-V; §§ 46 ff. NDSG; §§ 62 ff. DSG NRW;
§ 59 RhPfPOG; §§ 66 ff. RhPfLDSG; §§ 49 ff. SPolDVG; §§ 42 ff. SächsDSUG; §§ 34 ff. DSUG LSA;
§ 54 ff. SchlHLDSG; §§ 57 ff. ThürDSG.
[203] § 78 Abs. 2 BDSG; § 61 Abs. 2 S. 2 BWPolG; Art. 58 Abs. 1 S. 3 BayPAG; § 64 Abs. 2 BlnDSG; § 66
Abs. 2 BremPolG; § 43 Abs. 2 Hmb PolDVG; § 73 Abs. 2 HDSIG; § 39e Abs. 2 SOG M-V; § 46 Abs. 1
S. 2 und 3 NDSG; § 62 Abs. 2 DSG NRW; § 66 Abs. 2 RhPfLDSG; § 49 Abs. 2 SPolDVG; § 42 Abs. 2
SächsDSUG; § 34 Abs. 2 DSUG LSA; § 54 Abs. 2 SchlHLDSG; § 57 Abs. 2 ThürDSG.
[204] Kaum haltbar erscheint daher die Auffassung von *Schantz* in Schantz/Wolff, Das neue Datenschutzrecht,
2017, Rn. 807, ein Angemessenheitsbeschluss sei lediglich ein „Faktor, [der] bei der Beurteilung des
Datenschutzniveaus im Empfängerstaat zu berücksichtigen [ist]".
[205] Hierauf verweist *Schantz* in Schantz/Wolff, Das neue Datenschutzrecht, 2017, Rn. 803.
[206] So jedoch *Gaitzsch* in Auernhammer DSGVO/BDSG BDSG § 78 Rn. 11.
[207] So *Schantz* in Schantz/Wolff, Das neue Datenschutzrecht, 2017, Rn. 775.
[208] So bezogen zu § 78 BDSG die Gesetzesbegründung, BT-Drs. 18/11325, 120.
[209] Für eine – angesichts der Pflicht zur fortlaufenden Aktualisierung von Angemessenheitsbeschlüssen nicht
ausreichende – Begrenzung der Regelung auf neue Umstände, die nach dem jeweiligen Angemessenheitsbeschluss eingetreten sind, *Frenzel* in Paal/Pauly DS-GVO/BDSG BDSG § 78 Rn. 10.

rechtlich zu korrigieren: Reicht ein Angemessenheitsbeschluss zu weit, so ist er durch ein geeignetes Verfahren dem EuGH zu einer Prüfung anhand unionsrechtlicher Maßstäbe vorzulegen.[210] Zudem können und sollten Angemessenheitsbeschlüsse flexibilisiert werden, indem sie Einzelfallprüfungen durch die übermittelnde mitgliedstaatliche Behörde ausdrücklich erlauben. Hinsichtlich solcher Beschlüsse bleiben die entsprechenden deutschen Regelungen anwendbar.

124 Zweitens sehen fast alle Gesetze vor, dass bei einer Auslandsübermittlung, der weder ein Angemessenheitsbeschluss noch geeignete Garantien zugrunde liegen, in jedem Fall zu prüfen ist, ob die **Grundrechte der betroffenen Person** das öffentliche Interesse an der Übermittlung überwiegen.[211] Hingegen gibt Art. 38 Abs. 2 RL (EU) 2016/680 eine solche Abwägung nur für die am weitesten formulierten Ausnahmetatbestände in Art. 38 Abs. 1 lit. d und e RL (EU) 2016/680 vor. Die teilweisende **überschießende Richtlinienumsetzung** lässt sich jedoch damit rechtfertigen, dass die Bestimmungen, welche die Richtlinie umsetzen, in jedem Fall im Einklang mit den Unionsgrundrechten ausgelegt und angewandt werden müssen. Da die Ausnahmetatbestände des Art. 38 Abs. 1 RL (EU) 2016/680 sich allein an die Mitgliedstaaten richten, ermöglichen die gesetzlichen Regelungen der Polizei – anders als die Regelungen zu Angemessenheitsbeschlüssen – auch nicht, von verbindlichen Unionsrechtsakten abzuweichen. Im Übrigen sind die deutschen Regelungen, die Art. 38 RL (EU) 2016/680 umsetzen, als Fremdkörper im Gefüge der Schutzvorkehrungen bei Auslandsübermittlungen im Licht der Unionsgrundrechte eng auszulegen und auf außergewöhnliche Fälle zu beschränken.[212]

2. Übermittlung nachrichtendienstlich erlangter Daten

125 Alle Nachrichtendienstgesetze enthalten **Ermächtigungen zu Datenübermittlungen** an ausländische Behörden. Zumeist wird der Kreis der Empfangsbehörden nicht näher eingegrenzt, was dem Gebot der Normenklarheit widerspricht.[213] Auch materiell verfehlen nahezu alle Übermittlungsermächtigungen die verfassungsrechtlichen Anforderungen zumindest in Teilen. Die meisten von ihnen lassen eine Übermittlung pauschal zu, wenn sie zur Erfüllung der Aufgaben des übermittelnden Nachrichtendienstes[214] oder zur Wahrung erheblicher Sicherheitsinteressen des Empfängers[215] erforderlich ist. Beide Übermittlungs-

---

[210] Vgl. zu Art. 25 RL 95/46/EG EuGH NJW 2015, 3151 (3152 ff.).
[211] § 80 Abs. 2 BDSG; § 61 Abs. 4 S. 2 BWPolG; § 66 Abs. 2 BlnDSG; § 45 Abs. 2 Hmb PolDVG; § 75 Abs. 2 HDSIG; § 39g Abs. 2 SOG M-V; § 48 Abs. 2 NDSG; § 64 Abs. 2 DSG NRW; § 44 Abs. 2 SächsDSUG; § 36 Abs. 2 DSUG LSA; § 56 Abs. 2 SchlHLDSG; § 59 Abs. 2 ThürDSG. Auf unspezifische „schutzwürdige Belange" der betroffenen Person verweist § 51 Abs. 1 S. 2 SPolVG iVm § 43 Abs. 9 SPolDVG. Eine insgesamt enger gefasste, unionsrechtlich problematische Regelung findet sich in Art. 58 Abs. 1 S. 1 Nr. 3, S. 3 BayPAG. Den Richtlinienwortlaut übernimmt hingegen § 68 Abs. 2 RhPfLDSG.
[212] Vgl. zu Art. 49 DSGVO, der ähnliche Interpretations- und Anwendungsprobleme birgt, *Schantz* in Simitis/Hornung/Spiecker genannt Döhmann, Datenschutzrecht, 2019, DSGVO Art. 49 Rn. 7 ff.
[213] Vgl. zu § 24 Abs. 2 S. 1 BNDG aF (heute: § 11 Abs. 2 S. 1 BNDG) iVm § 19 Abs. 3 BVerfSchG BVerfG NJW 2020, 2235 (2268).
[214] § 19 Abs. 3 S. 1 BVerfSchG; § 11 Abs. 1 S. 1 MADG; § 11 Abs. 2 S. 1 BNDG; § 10 Abs. 6 S. 1 BWLVSG; § 25 S. 1 VSG Bln; § 16 Abs. 2 S. 1 Alt. 2 BbgVerfSchG; § 20 Abs. 3 S. 2 Nr. 2 BremVerfSchG; § 16 S. 1 HmbVerfSchG; § 21 S. 2 Nr. 2 LVerfSchG M-V; § 17 Abs. 4 S. 1 VSG NRW; § 26 Abs. 5 S. 1 RhPflVerfSchG; § 17 Abs. 5 S. 1 SVerfSchG; § 12 Abs. 4 S. 1 SächsVSG; § 18 Abs. 3 S. 1 LSAVerfSchG; § 21 Abs. 4 S. 1 ThürVerfSchG; für Übermittlungen an bestimmte Nachrichtendienste innerhalb Europas auch § 20 S. 3 Nr. 1 SchlHLVerfSchG. Auf den Schutz vor verfassungsfeindlichen Bestrebungen beschränkt sich die Ermächtigung zu Übermittlungen an sonstige Nachrichtendienste in § 20 S. 2 iVm § 19 Abs. 2 S. 1 Nr. 5 SchlHLVerfSchG. Auf Rechtsakte außerhalb des Verfassungsschutzgesetzes verweist (unter Verstoß gegen das Gebot der Normenklarheit) § 32 Abs. 3 S. 1 NVerfSchG.
[215] § 19 Abs. 3 S. 1 BVerfSchG; § 11 Abs. 1 S. 1 MADG; § 11 Abs. 2 S. 1 BNDG; § 10 Abs. 6 S. 1 BWLVSG; § 25 S. 1 VSG Bln; § 16 S. 1 HmbVerfSchG; § 21 Abs. 2 HVSG; § 26 Abs. 5 S. 1 RhPflVerfSchG; § 17 Abs. 5 S. 1 SVerfSchG; § 12 Abs. 4 S. 1 SächsVSG; § 18 Abs. 3 S. 1 LSAVerfSchG; § 21 Abs. 4 S. 1 ThürVerfSchG; für Übermittlungen an bestimmte europäische Nachrichtendienste ebenso § 20 S. 3 Nr. 2 SchlHLVerfSchG; für Übermittlungen an Empfangsbehörden in Drittstaaten auch Art. 25 Abs. 3 S. 1 Nr. 2 BayVSG. Noch weitergehend lässt eine Übermittlung zur Erfüllung

tatbestände beschränken die Übermittlung nicht auf den Schutz hinreichend gewichtiger Rechtsgüter und errichten keine ausreichende tatsächliche Übermittlungsschwelle.[216] Für Daten, die durch eingriffsintensive Maßnahmen gewonnen wurden, finden sich zwar Sonderregelungen, die jedoch gleichfalls in weitem Ausmaß verfassungsrechtlich unzureichend sind (→ Rn. 109, 114 f.).

Die für eine Auslandsübermittlung zusätzlich erforderlichen **besonderen Schutzregelungen,** welche die besonderen Risiken von Auslandsübermittlungen einhegen sollen, finden sich gleichfalls in nahezu allen Nachrichtendienstgesetzen.[217] Dabei greift kein Gesetz das mehrstufige Schutzmodell der Art. 35 ff. RL (EU) 2016/680 auf.[218] Auf der Grundlage der Prämisse, dass der Anwendungsbereich der Richtlinie sich nicht auf die nachrichtendienstliche Aufklärung erstreckt (→ Rn. 15), steht diese Regelungsentscheidung mit höherrangigem Recht in Einklang. Die meisten besonderen Schutzregelungen im geltenden Nachrichtendienstrecht verfehlen jedoch die Anforderungen, die sich aus den Grundrechten des Grundgesetzes ergeben (→ Rn. 33). Zahlreiche von ihnen verweisen lediglich unspezifisch auf die **schutzwürdigen Interessen** der betroffenen Person. Es fehlt eine ausdrückliche Verpflichtung der Dienste, das **Datenschutzniveau bei der Empfangsbehörde** und die **absehbare Nutzung der übermittelten Daten** zu evaluieren.[219] Damit ist kein hinreichend normenklares Kontrollprogramm für den übermittelnden Nachrichtendienst beschrieben.[220] Einige Schutzregelungen beziehen sich nur auf das Datenschutzniveau[221] oder nur auf die Gefahr rechtsstaatswidriger Verfolgung[222] und lassen den jeweils anderen Gesichtspunkt außer Acht. Nur eine Minderheit der Schutzregelungen enthält ein vollständiges und verfassungsrechtlich hinreichendes Kontrollprogramm.[223]

D. Fazit

Das Fazit fällt ernüchternd aus. Die gegenwärtigen Regelungen über Datenüberführungen durch die wichtigsten Staatsschutzbehörden verfehlen in weitem Ausmaß die unions- und

---

der Aufgaben der Empfangsbehörden bei Empfangsbehörden innerhalb der EU zu Art. 25 Abs. 1 Nr. 3, Abs. 1a BayVSG; zur Verfassungswidrigkeit dieser Norm nunmehr BVerfG Urt. v. 26.4.2022 – 1 BvR 1619/17, Rn. 372. Immer noch zu weitgehend erlaubt eine Übermittlung zur Abwehr einer erheblichen Gefahr durch den Empfänger § 17 Abs. 4 S. 1 VSG NRW. Verfassungsrechtlich tragfähig auf den Schutz von Leib und Leben durch den Empfänger beschränken sich hingegen die Übermittlungsermächtigungen in § 16 Abs. 2 S. 1 Alt. 1 BbgVerfSchG; § 20 Abs. 3 S. 2 Nr. 1 BremVerfSchG; § 21 S. 2 Nr. 1 LVerfSchG M-V; § 32 Abs. 3 S. 2 NVerfSchG.

[216] Vgl. zu § 24 Abs. 2 S. 1 BNDG aF (heute: § 11 Abs. 2 S. 1 BNDG) iVm § 19 Abs. 3 BVerfSchG BVerfG NJW 2020, 2235 (2268); zu Art. 25 Abs. 3 S. 1 Nr. 2 BayVSG BVerfG Urt. v. 26.4.2022 – 1 BvR 1619/17, Rn. 379 f.

[217] Die einzige Ausnahme bildet Schleswig-Holstein, wo folglich nur die allgemeine Abwägungsklausel des § 24 Abs. 1 Nr. 3 SchlHLVerfSchG anwendbar ist. Diese Regelung kann jedoch eine normenklare Regulierung der besonderen Übermittlungsvoraussetzungen von vornherein nicht ersetzen, vgl. BVerfG NJW 2020, 2235 (2268).

[218] Vgl. zur begrenzten Anwendbarkeit der allgemeinen Datenschutzgesetze von Bund und Ländern auf Nachrichtendienste § 27 BVerfSchG; § 13 MADG; § 64 BNDG; § 18 BWLVSG; Art. 28 BayVSG; § 38 VSG Bln; § 27 BbgVerfSchG; § 31 BremVerfSchG; § 23c HmbVerfSchG; § 15 HVSG; § 30 LVerfSchG M-V; § 31 VSG NRW; § 39 RhPfLVerfSchG; § 30 SächsVSG; § 30 LSAVerfSchG; § 2 Abs. 7 SchlHLDSG; § 36 ThürVerfSchG. Nicht ganz klar ist die Rechtslage in Niedersachsen und im Saarland, da § 2 Nr. 2 lit. c NDSG und § 3 Abs. 1 SaarlDSG für Landesbehörden die DSGVO grundsätzlich auch außerhalb ihres Anwendungsbereichs für anwendbar erklären, ohne dass sich ausdrückliche Rückausnahmen für Auslandsübermittlungen durch die Landesverfassungsschutzbehörde fänden.

[219] § 19 Abs. 3 S. 2 BVerfSchG; § 11 Abs. 1 S. 1 MADG; § 11 Abs. 2 S. 1 BNDG; § 10 Abs. 6 S. 2 BWLVSG; § 25 S. 2 VSG Bln; § 26 Abs. 5 S. 3 RhPfLVerfSchG; § 12 Abs. 4 S. 2 SächsVSG; § 21 Abs. 4 S. 2 ThürVerfSchG.

[220] Vgl. zu § 24 Abs. 2 S. 1 BNDG aF (heute: § 11 Abs. 2 S. 1 BNDG) iVm § 19 Abs. 3 BVerfSchG BVerfG NJW 2020, 2235 (2268).

[221] § 16 S. 4 HmbVerfSchG; ansatzweise auch § 17 Abs. 4 S. 3 VSG NRW.

[222] Art. 25 Abs. 3 S. 2 BayVSG; § 16 Abs. 2 S. 2 BbgVerfSchG; § 18 Abs. 3 S. 2 VerfSchG LSA.

[223] § 20 Abs. 3 S. 2 Nr. 2, S. 3 BremVerfSchG; § 21 Abs. 3 HVSG; § 21 S. 2 Nr. 2, S. 3 LVerfSchG M-V; § 32 Abs. 3 S. 2 und 3 NVerfSchG; § 17 Abs. 5 S. 2 und 3 SVerfSchG.

verfassungsrechtlichen Anforderungen. Sie beruhen zu erheblichen Teilen auf Regelungsmustern, die in früheren Phasen der Diskussion zum grundrechtlichen Datenschutz herausgebildet wurden und nach heutigem Stand ein hinreichendes Schutzniveau nicht gewährleisten können. Der sehr weitreichende Reformbedarf geht insbesondere aus der jüngeren Rechtsprechung des BVerfG deutlich hervor. Es ist zu hoffen, dass die Gesetzgeber von Bund und Ländern ihn bald abarbeiten.

§ 30 Kooperative Informationsressourcen

Sebastian Golla

Übersicht

	Rn.
A. Einführung	1
B. Entwicklung und Bedeutung der informationellen Zusammenarbeit	1a
C. Rechtsrahmen	6
I. Verfassungsrecht	7
1. Grundrechtliche Gewährleistungen	8
2. Kompetenzordnung	14
3. Trennungsgebot und informationelles Trennungsprinzip	15
II. Einfachgesetzliche Vorgaben	18
D. Kooperative Datei- und Informationssysteme	21
I. Nachrichtendienstliches Informationssystem (NADIS)	23
1. Entstehung, Funktionsweise und Praxis	24
2. Errichtung von Dateien und Speicherung von Daten	28
3. Abruf und Auswertung von Daten	31
II. Informationsverbund der Polizei	33
1. Entstehung und Funktionsweise	34
2. Voraussetzungen der Datenverarbeitung und Kritik	38
III. Gemeinsame Dateien von Polizei und Nachrichtendiensten	43
1. Antiterrordatei und Rechtsextremismus-Datei	44
a) Entstehung	45
b) Praxis	48
c) Ziele und Teilnehmer	50
d) Speicherpflicht	52
e) Weitere Verarbeitung	61
f) Sonstige Regelungen	71
2. Projektdateien	77
E. Perspektiven von Datenspeicherung und Datenauswertung	85
I. Datenspeicherung	87
II. Datenauswertung	91
F. Rechtsschutz und Kontrolle	94
G. Fazit	98

Wichtige Literatur:

Aden, H., Besserer Datenschutz – auch für Polizei und Strafjustiz?, vorgänge 2018, 93 ff.; *Albers, M.,* Informationelle Selbstbestimmung, 2005; *Albers, M.,* Sicherheitsbehördliche Vernetzung und Datenschutz, in Seckelmann, Digitalisierte Verwaltung, Vernetztes E-Government, 2. Aufl. 2019, 509 ff.; *Arzt, C.,* Antiterrordatei verfassungsgemäß – Trennungsgebot tot?, NVwZ 2013, 1328 ff.; *Bäcker, M.,* Der Umsturz kommt zu früh: Anmerkungen zur polizeilichen Informationsordnung nach dem neuen BKA-Gesetz, VerfBlog, 2017/6/08, abrufbar im Internet unter https://verfassungsblog.de/der-umsturz-kommt-zu-frueh-anmerkungen-zur-polizeilichen-informationsordnung-nach-dem-neuen-bka-gesetz/; *Bäcker, M.,* Die Datenschutzrichtlinie für Polizei und Strafjustiz und das deutsche Eingriffsrecht, in Hill/Kugelmann/Martini, Perspektiven der digitalen Lebenswelt, 2017, 63 ff.; *Bäcker, M.,* Weitere Zentralisierung der Terrorismusbekämpfung?, GSZ 2018, 213 ff.; *Bäcker, M./Hornung, G.,* EU-Richtlinie für die Datenverarbeitung bei Polizei und Justiz in Europa – Einfluss des Kommissionsentwurfs auf das nationale Strafprozess- und Polizeirecht, ZD 2012, 147 ff.; *Baumann* Vernetzte Terrorismusbekämpfung oder Trennungsgebot?, DVBl 2005, 798 ff.; *Benda, E.,* Das

Recht auf informationelle Selbstbestimmung und die Rechtsprechung des Bundesverfassungsgerichts zum Datenschutz, DuD 1984, 86 ff.; *Bergemann, N.*, Die Freiheit im Kopf? – Neue Befugnisse für die Nachrichtendienste, NVwZ 2015, 1705 ff.; *Britz, G.*, Europäisierung des grundrechtlichen Datenschutzes?, EuGRZ 2009, 1 ff.; *Bundesbeauftragter für den Datenschutz und die Informationsfreiheit*, 27. Tätigkeitsbericht zum Datenschutz 2017 – 2018, 2019; *Bundesbeauftragter für den Datenschutz und die Informationsfreiheit*, 28. Tätigkeitsbericht zum Datenschutz 2019, 2020; *Bundeskriminalamt*, Bericht an den Deutschen Bundestag: Datenbestand und Nutzung der Antiterrordatei (ATD) und der Rechtsextremismus-Datei (RED) in den Jahren 2014–2017, 2017; *Bundesministerium des Inneren*, Polizei 2020 – White Paper, 2016; *Busch, H.*, INPOL-neu, Informatisierung des polizeilichen Alltags, Bürgerrechte & Polizei/CILIP 76 (3/2003), 12 ff.; *Darnstädt, T.*, Ein personenbezogener Gefahrbegriff – Analyse der Bedingungen des Bundesverfassungsgerichts an Vorfeld-Ermächtigungen im BKA-Gesetz, DVBl 2017, 88 ff.; *Dietrich, J.-H./Eiffler, S.-R.*, Handbuch des Rechts der Nachrichtendienste, 2017; *Feldkamp, M. F.*, Der Parlamentarische Rat 1948–1949, Bd. 8, 2009; *Gadorosi, H.*, INPOL-neu, Überführung in den Wirkbetrieb ab Mitte August 2003, Kriminalistik 2003, 402 ff.; *Gärditz, K. F.*, Anmerkung zu BVerfG, 24.4.2013 – 1 BvR 1215/07, JZ 2013, 633 ff.; *Golla, S. J.*, Datenschutzrechtliche Schattengewächse in den Ländern, Herausforderungen bei der Umsetzung der JI-Richtlinie für die Polizei, KriPoZ 2019, 238 ff.; *Graulich, K.*, Aufgaben und Befugnisse des Bundeskriminalamts im digitalen Rechtsraum – Das Gesetz zur Neugestaltung des BKAG im Jahr 2017, KriPoZ 2017, 278 ff.; *Grutzpalk, J.*, Die Erforschung des Wissensmanagements in Sicherheitsbehörden mit Hilfe der Akteurs-Netzwerk-Theorie, in Grutzpalk, Polizeiliches Wissen, Formen, Austausch, Hierarchien, 2016, 15 ff.; *Gusy, C.*, Reform der Sicherheitsbehörden, ZRP 2012, 230 ff.; *Hilbrans, S.*, Mit Bits und Bytes gegen Rechts? Anti-Terror-Datei gegen Rechtsextremisten, Bürgerrechte & Polizei/CILIP 101–102 (1–2/2012), 44 ff.; *Höräuf, D.*, Das neue Antiterrordateigesetz, NVwZ 2015, 181 ff.; *Imle, W.*, Zwischen Vorbehalt und Erfordernis, 1984; *Kaufmann, S.*, Das Themenfeld „Zivile Sicherheit", in Gusy/Kugelmann/Würtenberger, Rechtshandbuch Zivile Sicherheit, 2017, 3 ff.; *Kirchberg, C.*, „… die elektronisch erzeugte Schuldvermutung"? Die Auseinandersetzung um das „Nachrichtendienstliche Informationssystem" des Bundesamtes für Verfassungsschutz, in Großbölting/Kittel, Welche »Wirklichkeit« und wessen »Wahrheit«?, 2019, 125 ff.; *Marsch, N.*, Das europäische Datenschutzgrundrecht, Grundlagen – Dimensionen – Verflechtungen, 2018; *Marscholleck, D.*, Das Gesetz zur Verbesserung der Zusammenarbeit im Bereich des Verfassungsschutzes, NJW 2015, 3611 ff.; *Mehde, V.*, Terrorismusbekämpfung durch Organisationsrecht, JZ 2005, 815 ff.; *Nehm, K.*, Das nachrichtendienstrechtliche Trennungsgebot und die neue Sicherheitsarchitektur, NJW 2004, 3289 ff.; *Petri, T.*, Die Antiterrordatei, ZD 2013, 3 ff.; *Petri, T.*, Das Gesetz zur Änderung des Antiterrordateigesetzes – rechtsstaatliche Korrektur gelungen?, ZD 2014, 597 f.; *Poscher, R.*, Eingriffsschwellen im Recht der Inneren Sicherheit, Die Verwaltung 2008, 345 ff.; *Prügel, J.-W.*, Entscheidungsanmerkung zu BVerfG, Urt. v. 24.4.2013 – 1 BvR 1215/07, ZIS 2013, 529 ff.; *Roggan, F.*, Legislative Entgrenzungen im Bereich der „Terrorismusbekämpfung", ZRP 2017, 208 ff.; *Roggan, F./Bergemann, N.*, Die „neue Sicherheitsarchitektur" der Bundesrepublik Deutschland – Anti-Terror-Datei, gemeinsame Projektdateien und Terrorismusbekämpfungsergänzungsgesetz, NJW 2007, 876 ff.; *Rublack, S.*, INPOL-neu aus datenschutzrechtlicher Sicht, DuD 1999, 437 ff.; *Schoch, F.*, Das Recht auf informationelle Selbstbestimmung, JURA 2008, 352 ff.; *Sehr, P.*, INPOL-neu: System mit Merkmalen eines extremen Wandels, Zum Entwicklungsstand des Informationssystems der Polizei, Kriminalistik 1999, 532 ff.; *Weinhold, R./Johannes, P. C.*, Europäischer Datenschutz in Strafverfolgung und Gefahrenabwehr – Die neue Datenschutz-Richtlinie im Bereich Polizei und Justiz sowie deren Konsequenzen für deutsche Gesetzgebung und Praxis, DVBl 2016, 1501 ff.; *Wolff, H. A.*, Der EU-Richtlinienentwurf zum Datenschutz in Polizei und Justiz – Gehalt und Auswirkungen auf das Strafprozess- und Polizeirecht, in Kugelmann/Rackow, Prävention und Repression im Raum der Freiheit, der Sicherheit und des Rechts, Belastbarkeit der Konzepte von Strafe und Gefahrenabwehr zwischen Staat und EU, 2014, 61 ff.; *Wolff, H. A./Scheffczyk, F.*, Verfassungsrechtliche Fragen der gemeinsamen Antiterrordatei von Polizei und Nachrichtendiensten, JA 2008, 81 ff.; *Zöller, M. A.*, Informationssysteme und Vorfeldmaßnahmen von Polizei, Staatsanwaltschaft und Nachrichtendiensten, Zur Vernetzung von Strafverfolgung und Kriminalitätsverhütung im Zeitalter von multimedialer Kommunikation und Persönlichkeitsschutz, 2002; *Zöller, M. A.*, Der Rechtsrahmen der Nachrichtendienste bei der „Bekämpfung" des internationalen Terrorismus, JZ 2007, 763 ff.

Hinweis:
Alle Internetfundstellen wurden zuletzt am 25.3.2022 abgerufen.

A. Einführung

Das Dateiwesen von Polizei und Nachrichtendiensten ist ein wichtiges Element der bundesdeutschen Sicherheitsarchitektur und seine Bedeutung hierfür steigt kontinuierlich.[1] Unter den sicherheitsrelevanten Informationsressourcen lässt sich grob zwischen Ressourcen einzelner Behörden, kooperativen Ressourcen und privaten Informationsressourcen[2] unter-

1

---

[1] Vgl. *Roggan/Bergemann* NJW 2007, 876 ff.
[2] Hierzu lassen sich etwa die Datenbestände von Betreibern sozialer Netzwerke oder Telekommunikationsdienste zählen.

scheiden. Nur die zweite Gruppe ist Gegenstand dieses Beitrags: Dateisysteme und andere Informationsressourcen, die in Zusammenarbeit mehrerer Sicherheitsbehörden betrieben werden. Dabei liegt der Schwerpunkt auf den Informationsverbünden sowie gemeinsamen Dateien von Polizei und Nachrichtendiensten. Der Fokus auf den kooperativen Informationsressourcen folgt aus dem maßgeblich kooperativen Vorgehen mehrerer Behörden bei der Erfüllung der Querschnittsaufgabe Staatsschutz. Nicht Gegenstand des Beitrags sind gemeinsame Dateien deutscher Staatsschutzbehörden mit ausländischen Nachrichtendiensten.

Der Beitrag betrachtet zunächst die Entwicklung und Bedeutung dieser Form der informationellen Zusammenarbeit (→ Rn. 1 ff.). Nach einem Überblick über die einschlägigen Rechtsquellen (→ Rn. 6 ff.) werden die relevanten Datei- und Informationssysteme kritisch untersucht (→ Rn. 21 ff.). Auf dieser Grundlage werden die Voraussetzungen und aktuellen Herausforderungen der Speicherung, des Abrufs und der Auswertung von Daten in und aus den betrachteten Systemen erörtert (→ Rn. 85 ff.). Schließlich wird auf Möglichkeiten des Rechtsschutzes und der Kontrolle eingegangen (→ Rn. 94 ff.) sowie ein Fazit gezogen (→ Rn. 98 ff.).

B. Entwicklung und Bedeutung der informationellen Zusammenarbeit

1a Elektronische Dateisysteme werden in Deutschland seit etwa fünfzig Jahren zur Sicherheitsgewährleistung eingesetzt. Der Einsatz der modernen Datenverarbeitung hat dabei informationsverarbeitende Tätigkeiten von Polizei und Sicherheitsbehörden grundlegend verändert.[3] Die ersten wichtigen Informationsressourcen wurden am Anfang der 1970er-Jahre in Betrieb genommen: Das Informationssystem der Polizei (INPOL) und das nachrichtendienstliche Informationssystem (NADIS). Diese als Informationsverbünde[4] organisierten Systeme lösten seinerzeit ein im Wesentlichen auf Karteikarten und anderen Druckerzeugnissen beruhendes Informationswesen ab.[5] NADIS wie auch INPOL gehören bis heute nach zahlreichen Ergänzungen und technischen Umstellungen zu den wichtigsten informationellen Instrumenten von Verfassungsschutzbehörden und Polizei.

2 Anstelle des ursprünglichen NADIS wurde im Juni 2012 das Nachrichtendienstliche Informationssystem Wissensnetz (NADIS WN) eingeführt, um die Speicher- und Analysemöglichkeiten der Informationsordnung zu verbessern. Für die Polizei wurde nach mehreren gescheiterten Anläufen[6] im Jahr 2003 INPOL-neu eingeführt.[7] Sein Versprechen, einen gemeinsamen „Datenpool" von BKA und Landespolizeien zu etablieren und eine bessere Verknüpfung von Informationen zu ermöglichen,[8] konnte INPOL-neu aber nicht einlösen. Aktuell steht die polizeiliche Informationsordnung erneut vor einem Umbruch.[9] Ende November 2016 einigten sich die Innenminister des Bundes und der Länder darauf, das Informationsmanagement der Polizei grundlegend zu modernisieren und zu vereinheitlichen.[10] Sie brachten das Programm Polizei 2020 auf den Weg, das unter anderem die polizeiliche Informationsordnung neu strukturieren soll.

3 INPOL soll einem neuen „gemeinsamen Datenhaus der Polizei" weichen.[11] Eine themenbezogene Ordnung soll die bisherige Ordnung in Verbunddateien ersetzen. Die Funk-

---

[3] Vgl. aus rechtlicher Sicht *Poscher* Die Verwaltung 2008, 345 (347); aus tatsächlicher Sicht *Grutzpalk*, Die Erforschung des Wissensmanagements in Sicherheitsbehörden mit Hilfe der Akteurs-Netzwerk-Theorie, in Grutzpalk, Polizeiliches Wissen, Formen, Austausch, Hierarchien, 2016, 15 (18).
[4] An NADIS sind die Verfassungsschutzbehörden des Bundes und der Länder beteiligt, an INPOL die Polizeibehörden von Bund und Ländern.
[5] Vgl. im nachrichtendienstlichen Kontext *Kirchberg* in Großbölting/Kittel, Welche »Wirklichkeit« und wessen »Wahrheit«?, 2019, 125 (128).
[6] Vgl. *Gadorosi* Kriminalistik 2003, 402; *Rublack* DuD 1999, 437 (438).
[7] Vgl. *Busch* Bürgerrechte & Polizei/CILIP 76 (3/2003), 12.
[8] Vgl. *Petri* in Lisken/Denninger PolR-HdB Kap. G Rn. 120; *Sehr* Kriminalistik 1999, 532 (534); *Zöller* Informationssysteme 152.
[9] Mit grundlegender Kritik hierzu *Bäcker* VerfBlog, 2017/6/08.
[10] *Bundesministerium des Inneren* Polizei 2020, 2.
[11] *Bundesministerium des Inneren* Polizei 2020, 11.

B. Entwicklung und Bedeutung der informationellen Zusammenarbeit § 30

tionsweise des Systems soll auf dem vom Bundesverfassungsgericht in seinem Urteil zum BKAG[12] beschriebenen Grundsatz der hypothetischen Datenneuerhebung beruhen. Statt durch eine Trennung in Dateien soll der Datenschutz durch ein abgestuftes System von Zugriffsrechten gewährleistet werden.[13] Zentrale Ziele der Umstellung sind die Verbesserung der Verfügbarkeit und Verknüpfbarkeit polizeilicher Informationen.[14] Ziele und Funktionsweise des Systems erinnern damit in mancher Hinsicht an die ursprünglichen Pläne für INPOL-neu. Obwohl die rechtlichen Grundlagen für die neue polizeiliche Informationsordnung bereits geschaffen sind, wird INPOL-neu mittelfristig von praktischer Bedeutung bleiben. Die neue Informationsordnung soll in einem schrittweisen Transformationsprozess eingeführt und das alte System zumindest solange aufrechterhalten werden, wie dies zur Sicherung der Funktionsfähigkeit der Polizei erforderlich ist.[15]

Die Bedeutung der informationellen Zusammenarbeit von Sicherheitsbehörden im Rahmen von gemeinsamen Dateisystemen und anderen Informationsressourcen ist in den letzten Jahren gestiegen. Hierzu trugen unter anderem die Terroranschläge vom 11. September 2001 bei, die ein Schlaglicht auf Defizite der Informationsordnungen von Sicherheitsbehörden warfen und dem Einsatz neuer Sicherheitstechnologien insgesamt einen Schub gaben.[16] Mit dem Ziel der Terrorismusbekämpfung wurden staatliche Informationssysteme ausgebaut.[17] Mit dem Gemeinsame-Dateien-Gesetz vom 22. Dezember 2006[18] wurde erstmals eine gesetzliche Grundlage für die Errichtung von gemeinsamen Dateien von Polizei und Nachrichtendiensten geschaffen und die Antiterrordatei (ATD) eingeführt (→ Rn. 44 ff.). Diese soll zugleich zur (nachrichtendienstlichen) Aufklärung wie zur (polizeilichen Bekämpfung) des internationalen Terrorismus dienen (§ 1 Abs. 1 ATDG).[19]

Auch in jüngerer Zeit rückten mehrfach sicherheitsrelevante Ereignisse die Informationsordnung der Sicherheitsbehörden in den Fokus: Die Aufdeckung der NSU-Terrorzelle in Zwickau im November 2011 offenbarte strukturelle Defizite speziell bei den Verfassungsschutzbehörden.[20] Forderungen nach der weiteren Vernetzung und Zentralisierung der Sicherheitsbehörden mündeten im November 2012 in der Errichtung des Gemeinsamen Terrorismus- und Extremismusabwehrzentrums (GETZ)[21] (dazu näher → § 31 Rn. 5) und der Rechtsextremismus-Datei (RED) (→ Rn. 44 ff.).[22] Des Weiteren wurde das Bundesamt für Verfassungsschutz mit neuen Befugnissen zur zentralen Datenauswertung (§ 5 Abs. 2 S. 1 BVerfSchG) und Einführung von Datenbanksystemen (§ 6 BVerfSchG) ausgestattet sowie seine Stellung gegenüber den Ländern gestärkt.[23] Zuletzt hat die Diskussion um die informationelle Sicherheitsarchitektur in der Bundesrepublik unter anderem durch die rechtsterroristischen Aktivitäten des Nationalsozialistischen Untergrunds (NSU) und den Anschlag auf den Berliner Breitscheidplatz im Jahr 2016 Antrieb erhalten.[24]

---

[12] BVerfGE 141, 220 = NJW 2016, 1781.
[13] *Bundesministerium des Inneren* Polizei 2020, 11; vgl. auch BT-Drs. 18/11163, 76.
[14] *Bundesministerium des Inneren* Polizei 2020, 8.
[15] *Bundesministerium des Inneren* Polizei 2020, 16.
[16] Vgl. mit zahlreichen Beispielen *Kaufmann* in Gusy/Kugelmann/Würtenberger Zivile Sicherh-HdB 3 (15 f.).
[17] Vgl. BVerfGE 120, 378 (410 f.) = NJW 2008, 1505; *Zöller* JZ 2007, 763 (767 ff.).
[18] BGBl. 2006 I 3409.
[19] Vgl. zur Abgrenzung dieser Zwecke *Arzt* in Schenke/Graulich/Ruthig ATDG § 1 Rn. 22 ff.
[20] Vgl. *Gusy* ZRP 2012, 230.
[21] *Bundesamt für Verfassungsschutz*, Presseinformation zum Start des Gemeinsamen Extremismus- und Terrorismusabwehrzentrums zur Bekämpfung des Rechtsextremismus/-terrorismus, des Linksextremismus/-terrorismus, des Ausländerextremismus/-terrorismus und der Spionage/Proliferation vom 15. November 2012.
[22] Vgl. zum Zusammenhang zwischen NSU und RED *Arzt* in Schenke/Graulich/Ruthig Einleitung RED-G Rn. 4; *Hilbrans* Bürgerrechte & Polizei/CILIP 101–102 (1–2/2012), 44 ff.
[23] Durch das Gesetz zur Verbesserung der Zusammenarbeit im Bereich des Verfassungsschutzes v. 17.11.2015; (BGBl. 2015 I 1938); vgl. dazu *Bergemann* NVwZ 2015, 1705 ff.; *Marscholleck* NJW 2015, 3611 ff.
[24] Vgl. etwa BT-Drs. 19/7424.

C. Rechtsrahmen

6 Im Folgenden wird ein Überblick über die wichtigsten verfassungsrechtlichen (→ Rn. 7 ff.) und einfachgesetzlichen Vorgaben (→ Rn. 18 ff.) für die informationelle Zusammenarbeit gegeben.

I. Verfassungsrecht

7 Auf verfassungsrechtlicher Ebene sind einerseits grundrechtliche Gewährleistungen (→ Rn. 8 ff.) und andererseits kompetenzrechtliche Vorgaben (→ Rn. 14) zu beachten. Ein besonderes Augenmerk ist auf die Frage zu legen, inwiefern diese es Polizei und Nachrichtendiensten gebieten, ihre Informationsbestände zu trennen (→ Rn. 15 ff.).

1. Grundrechtliche Gewährleistungen

8 Im Zusammenhang mit der Speicherung, dem Abruf und der Auswertung von Daten in bzw. aus kooperativen Dateisystemen sind neben dem Grundgesetz (GG) auch die Gewährleistungen der EU-Grundrechtecharta (GRCh) und der Europäischen Menschenrechtskonvention (EMRK) zu beachten. Aus dem Grundgesetz sind besonders das Recht auf informationelle Selbstbestimmung (Art. 2 Abs. 1 GG iVm Art. 1 Abs. 1 GG) sowie zusätzlich das Fernmeldegeheimnis (Art. 10 Abs. 1 GG) und das Wohnungsgrundrecht (Art. 13 Abs. 1 GG) zu berücksichtigen.

9 Das Recht auf informationelle Selbstbestimmung schützt im Ausgangspunkt die „Befugnis des Einzelnen, grundsätzlich selbst über die Preisgabe und Verwendung seiner persönlichen Daten zu bestimmen"[25]. In seinem Volkszählungsurteil folgerte das Bundesverfassungsgericht aus dem allgemeinen Persönlichkeitsrecht (Art. 2 Abs. 1 GG iVm Art. 1 Abs. 1 GG) und dem Gedanken der Selbstbestimmung, dass jeder Einzelne grundsätzlich selbst darüber entscheiden dürfe, „wann und innerhalb welcher Grenzen persönliche Lebenssachverhalte offenbart werden."[26] Dazu gehöre es auch, dass die Bürger wissen können müssten, „wer was wann und bei welcher Gelegenheit über sie weiß."[27] Dieser Schutz knüpft unmittelbar an den Umgang mit jeder Art von personenbezogenen Daten an, wobei unter diesem Begriff mit den einfachgesetzlichen Definitionen in Art. 4 Nr. 1 DSGVO, § 46 Nr. 1 BDSG „alle Informationen, die sich auf eine identifizierte oder identifizierbare natürliche Person [...] beziehen" verstanden werden können. Hinsichtlich der betreffenden Daten ist es unerheblich, welcher Aussagegehalt ihnen zukommt, solange ein Personenbezug vorhanden ist.[28] Der weite Schutzumfang des informationellen Selbstbestimmungsrechts ist einer durch die moderne Datenverarbeitung geschaffenen besonders abstrakten Gefährdungslage geschuldet.[29] Diese Gefährdungslage kann nach dem Bundesverfassungsgericht „bereits im Vorfeld konkreter Bedrohungen benennbarer Rechtsgüter entstehen, insbesondere wenn personenbezogene Informationen in einer Art und Weise genutzt und verknüpft werden können, die der Betroffene weder überschauen noch verhindern kann."[30]

10 Einen Eingriff in das Recht auf informationelle Selbstbestimmung begründet grundsätzlich jede Form des Umgangs mit den vom Schutzbereich erfassten personenbezogenen Daten. Darunter fallen ihre Speicherung, ihr Abruf und ihre Auswertung. Dabei stellt jede Phase der Verarbeitung einen eigenständigen Eingriff dar, der für sich genommen rechtfertigungsbedürftig ist.[31] Dies bedeutet etwa, dass auch die erneute Speicherung von bereits

---

[25] BVerfGE 65, 1 (43) = NJW 1984, 419.
[26] BVerfGE 65, 1 (42) = NJW 1984, 419.
[27] BVerfGE 65, 1 (43) = NJW 1984, 419.
[28] Vgl. BVerfGE 65, 1 (45) = NJW 1984, 419.
[29] Vgl. *Benda* DuD 1984, 86 (88).
[30] BVerfGE 120, 274 (312) = NJW 2008, 822.
[31] Vgl. *Petri* in Lisken/Denninger PolR-HdB Kap. G Rn. 21; *Schoch* JURA 2008, 352 (356 f.).

in einer anderen Ressource vorhandenen Daten in einer Datei zu einem neuen rechtfertigungsbedürftigem Eingriff führt. Zur Beurteilung der Schwere des Eingriffs haben sich in der Rechtsprechung verschiedene Kriterien herausgebildet. Neben der Anzahl der betroffenen Personen[32] sind unter anderem der Anlass für den Eingriff[33], die Erfassung besonders persönlichkeitsrelevanter Informationen[34] und mögliche Folgen für die Betroffenen[35] zu berücksichtigen. In diesem Zusammenhang ist es auch zu berücksichtigen, welche Stellen Zugriff auf gespeicherte Daten haben, wobei eine Beteiligung mehrerer Behörden die Intensität tendenziell erhöht.[36] Heimliche bzw. verdeckte Maßnahmen sind dabei aus Sicht des Betroffenen eingriffsintensiver als solche, die offen stattfinden,[37] da bei ersteren die Möglichkeiten des Betroffenen, Rechtsschutz zu erlangen und Einfluss auf die Ermittlungen zu nehmen, stark eingeschränkt sind. Auch die mittelbare Erhebung ist gegenüber der unmittelbaren Erhebung, bei der die Betroffenen in die Erhebung aktiv mit einbezogen werden, als intensiverer Eingriff zu werten, da die Erhebung für die Betroffenen intransparent bleibt. Als die Eingriffsintensität mindernde Faktoren sind solche Umstände zu berücksichtigen, die den genannten Kriterien entgegenstehen.

Ein besonderer grundrechtlicher Schutz gilt für Daten, die durch Überwachungen unter Eingriff in das Grundrecht auf Unverletzlichkeit der Wohnung (Art. 13 Abs. 1 GG) und das Grundrecht auf Gewährleistung der Vertraulichkeit und Integrität informationstechnischer Systeme (Art. 2 Abs. 1 GG iVm Art. 1 Abs. 1 GG) gewonnen wurden. Die gesteigerten Anforderungen für die Erhebung dieser Daten gelten auch für ihre Weiterverarbeitung.[38] **11**

Auch das Fernmeldegeheimnis aus Art. 10 Abs. 1 GG ist durch die Speicherung, den Abruf und die Auswertung personenbezogener Daten berührt, sofern diese zuvor durch einen Eingriff in Art. 10 Abs. 1 GG erlangt wurden – so etwa Daten aus Telekommunikationsüberwachungen. Art. 10 Abs. 1 GG schützt die freie Entfaltung der Persönlichkeit durch einen privaten, vor der Öffentlichkeit verborgenen Austausch von Informationen im Wege der Fernkommunikation.[39] Die Schutzwirkung des Grundrechts erstreckt sich „auch auf den Informations- und Datenverarbeitungsprozess, der sich an die Kenntnisnahme von geschützten Kommunikationsvorgängen anschließt, und den Gebrauch, der von den erlangten Kenntnissen gemacht wird".[40] Die Auswertung der von Art. 10 Abs. 1 GG geschützten Daten muss dabei besonderen Rechtfertigungsanforderungen genügen. Für die Verwendung von Daten aus Telekommunikationsüberwachungen sind die Voraussetzungen zwar weniger streng als für aus verdeckten Wohnraumüberwachungen oder „Online-Durchsuchungen" gewonnene Daten, es ist für den Anlass jedoch zumindest eine Ausrichtung an schweren Straftaten bzw. der Gefährdung hochrangiger Rechtsgüter geboten.[41] **12**

Einen etwas anderen Schutzgehalt als das informationelle Selbstbestimmungsrecht[42] weist das Recht auf Achtung des Privatlebens in Art. 8 Abs. 1 EMRK auf, auf das der EGMR seine Rechtsprechung zum Datenschutzrecht stützt. Auf Ebene der Europäischen Union ergibt sich ein Recht auf den Schutz personenbezogener Daten aus Art. 8 GRCh und Art. 16 Abs. 1 AEUV.[43] Der eigenständige Schutz personenbezogener Daten nach dem **13**

---

[32] BVerfGE 115, 320 (347) = NJW 2006, 1939.
[33] BVerfGE 115, 320 (347) = NJW 2006, 1939; vgl. auch BVerfGE 100, 313 (376) = NJW 2000, 55; BVerfGE 107, 299 (318 ff.) = NJW 2003, 1787.
[34] BVerfGE 115, 320 (347 f.) = NJW 2006, 1939; vgl. auch BVerfGE 100, 313 (376) = NJW 2000, 55; BVerfGE 109, 279 (353) = NJW 2004, 999.
[35] BVerfGE 115, 320 (351) = NJW 2006, 1939.
[36] Vgl. *Arzt* in Schenke/Graulich/Ruthig ATDG § 1 Rn. 33.
[37] BVerfGE 124, 43 (62) mwN insbesondere zu Art. 10 Abs. 1 GG = NJW 2009, 2431.
[38] BVerfGE 109, 279 (377 f.) = NJW 2004, 999; BVerfGE 133, 277 (372 ff.) = NJW 2013, 1499.
[39] BVerfGE 115, 166 (182) = NJW 2006, 976.
[40] BVerfGE 100, 313 = NJW 2000, 55.
[41] Vgl. BVerfGE 141, 220 (338) = NJW 2016, 1781.
[42] *Albers*, Informationelle Selbstbestimmung, 2005, 297; *Marsch*, Das europäische Datenschutzgrundrecht, Grundlagen – Dimensionen – Verflechtungen, 2018, 14 ff. mwN.
[43] Vgl. dazu nur *Britz* EuGRZ 2009, 1 ff.; *Marsch*, Das europäische Datenschutzgrundrecht, Grundlagen – Dimensionen – Verflechtungen, 2018, passim.

Primärrecht der Europäischen Union ist zumindest für den polizeilichen Kontext spätestens seit Mai 2018 verstärkt zu beachten. Mit Geltung der Richtlinie (EU) 2016/680[44] (JI-RL) wurde der Rechtsrahmen für den Umgang mit personenbezogenen Daten für den präventivpolizeilichen und strafprozessualen Staatsschutz unionsrechtlich harmonisiert.[45] Zwar lässt die JI-RL den Mitgliedstaaten einen weiten Umsetzungsspielraum, dennoch sind im Rahmen ihrer Umsetzung auch die Unionsgrundrechte anwendbar. Hierfür sprechen die Kompetenzregelung in Art. 16 AEUV, auf die sich die JI-RL stützt,[46] die expansive Rechtsprechung des EuGH zum Anwendungsbereich des europäischen Grundrechtsschutzes[47] sowie die jüngste Rechtsprechung des Bundesverfassungsgerichts.[48] Die Gewährleistung aus Art. 8 GRCh ist damit neben dem Recht auf informationelle Selbstbestimmung zu beachten. Jedenfalls für den nachrichtendienstlichen Bereich bleiben allerdings allein die Gewährleistungen des Grundgesetzes maßgeblich, wobei auch für diesen Bereich eine Anwendung der JI-RL mit den genannten Implikationen bereits ansatzweise diskutiert wird.

2. Kompetenzordnung

14 Kompetenzrechtlich beruht die Regelung der informationellen Zusammenarbeit zwischen Polizei und Sicherheitsbehörden im Wesentlichen auf der ausschließlichen Gesetzgebungskompetenz des Bundes über die Zusammenarbeit des Bundes und der Länder in der Kriminalpolizei, zum Schutze der freiheitlichen demokratischen Grundordnung, des Bestandes und der Sicherheit des Bundes oder eines Landes und zum Schutze gegen Bestrebungen im Bundesgebiet, die durch Anwendung von Gewalt oder darauf gerichtete Vorbereitungshandlungen auswärtige Belange der Bundesrepublik Deutschland gefährden (Art. 73 Abs. 1 Nr. 10a–c GG). Der durch gemeinsame Dateien erfolgende Informationsaustausch fällt unter diesen Begriff einer Zusammenarbeit, die auch fachübergreifend ausfallen kann.[49] Bei einer Einbeziehung von Bundespolizei und Zollkriminalamt ist zusätzlich Art. 73 Abs. 1 Nr. 5 GG, im Zusammenhang mit dem Militärischen Abschirmdienst Art. 73 Abs. 1 Nr. 1 GG heranzuziehen.

3. Trennungsgebot und informationelles Trennungsprinzip

15 Es ist eine der am meisten diskutierten rechtlichen Fragen der informationellen Zusammenarbeit zwischen Polizei und Nachrichtendiensten, ob sich bereits aus der Verfassung herleiten lässt, dass diese ihre Datenbestände getrennt halten müssen. Als Anknüpfungspunkte für eine informationelle Trennung kommen einerseits der grundrechtliche Schutz und andererseits kompetenz- und organisationsrechtliche Vorgaben in Betracht.

16 Das Bundesverfassungsgericht hat in seiner Entscheidung zur Antiterrordatei (ATD) ein informationelles Trennungsprinzip zwischen polizeilichen und nachrichtendienstlichen Datenbeständen aus dem Recht auf informationelle Selbstbestimmung hergeleitet, wonach personenbezogene Daten zwischen diesen Stellen grundsätzlich nicht ausgetauscht werden dürfen.[50] Dies kann allerdings ausnahmsweise zulässig sein, wenn es einem herausragenden

---

[44] Richtlinie (EU) 2016/680 des Europäischen Parlaments und des Rates v. 27. April 2016 zum Schutz natürlicher Personen bei der Verarbeitung personenbezogener Daten durch die zuständigen Behörden zum Zwecke der Verhütung, Ermittlung, Aufdeckung oder Verfolgung von Straftaten oder der Strafvollstreckung, ABl. L 119/89 v. 4.5.2016.
[45] Dazu näher *Bäcker/Hornung* ZD 2012, 147 (151 f.).
[46] Diese Regelung enthält auch das Datenschutzgrundrecht (Art. 16 Abs. 1 AEUV ist wortlautgleich mit Art. 8 Abs. 1 GRCh), was dafürspricht „die Rechtsakte, die auf der Grundlage dieses Kompetenztitels ergehen, so auszulegen, dass dieses Grundrecht möglichst weitgehend zur Geltung kommt" (*Bäcker/Hornung* ZD 2012, 147 (150)).
[47] *Bäcker/Hornung* ZD 2012, 147 (150); *Weinhold/Johannes* DVBl 2016, 1501 (1503 f.) jeweils mwN.
[48] BVerfG NJW 2020, 300 (301).
[49] BVerfGE 133, 277 (318 f.) = NJW 2013, 1499; *Bäcker* GSZ 2018, 213 (216); *Uhle* in Maunz/Dürig, 90. EL Februar 2020, GG Art. 73 Rn. 231.
[50] BVerfGE 133, 277 (329) = NJW 2013, 1499.

öffentlichen Interesse dient.[51] Diese Position verdient aufgrund der hohen Eingriffsintensität, mit der der Austausch von personenbezogenen Daten zwischen polizeilichen und nachrichtendienstlichen Stellen verbunden ist, Zustimmung.

Nicht beantwortet hat das Bundesverfassungsgericht bislang die Frage, ob sich auch organisationsrechtlich aus der Verfassung ein Gebot zur Trennung der Informationsbestände von Polizei und Nachrichtendiensten ergibt.[52] Diese Vorgabe ließe sich gewissermaßen als „strengste Stufe"[53] eines verfassungsrechtlichen Gebotes der organisatorischen Trennung der Tätigkeiten von Polizei und Nachrichtendiensten verstehen. Ein solch allgemeines Trennungsgebot lässt sich in erster Linie aus Art. 87 Abs. 1 S. 2 GG herleiten, wonach durch Bundesgesetz Bundesgrenzschutzbehörden, Zentralstellen für das polizeiliche Auskunfts- und Nachrichtenwesen, für die Kriminalpolizei und zur Sammlung von Unterlagen für Zwecke des Verfassungsschutzes und des Schutzes gegen Bestrebungen im Bundesgebiet, die durch Anwendung von Gewalt oder darauf gerichtete Vorbereitungshandlungen auswärtige Belange der Bundesrepublik Deutschland gefährden, eingerichtet werden können.[54] Dass polizeiliche und nachrichtendienstliche Stellen sowie ihre Befugnisse nicht vermengt werden sollen, ergibt sich insbesondere aus einer historischen Auslegung von Art. 87 Abs. 1 S. 2 GG im Zusammenhang mit dem „Polizeibrief" der westalliierten Militärgouverneure an den Parlamentarischen Rat v. 14.4.1949,[55] in dem es unter anderem heißt: „Der Bundesregierung wird es ebenfalls gestattet, eine Stelle zur Sammlung und Verbreitung von Auskünften über umstürzlerische, gegen die Bundesregierung gerichtete Tätigkeiten einzurichten. Diese Stelle soll keine Polizeibefugnis haben." Für die informationelle Zusammenarbeit der Behörden hat dieses Dokument jedoch nur wenige Implikationen, da die Entwicklung der elektronischen Datenverarbeitung in ihrer Bedeutung für die Sicherheitsbehörden bei Schaffung des Grundgesetzes nicht absehbar war und diese sich auch nicht mit der grundsätzlichen Behördenorganisation und der Ausübung klassischer Befugnisse vergleichen lässt. Die Herleitung eines informationellen Trennungsgebots aus organisationsrechtlichen Vorgaben der Verfassung überzeugt daher im Ergebnis nicht.[56]

II. Einfachgesetzliche Vorgaben

Einfachgesetzliche Vorgaben für die informationelle Zusammenarbeit von Polizei und Nachrichtendiensten folgen zunächst aus Spezialgesetzen. So legen das Gesetz zur Errichtung einer standardisierten zentralen Antiterrordatei von Polizeibehörden und Nachrichtendiensten von Bund und Ländern (ATDG) und das Gesetz zur Errichtung einer standardisierten zentralen Datei von Polizeibehörden und Nachrichtendiensten von Bund und Ländern zur Bekämpfung des gewaltbezogenen Rechtsextremismus (RED-G) die Rahmenbedingungen für die Verarbeitung personenbezogener Daten im Zusammenhang mit der ATD und der RED fest.

Regelungen zur Verarbeitung von Daten im Informationsverbund der Verfassungsschutzbehörden finden sich in den Verfassungsschutzgesetzen des Bundes und der Länder. Im Zusammenhang mit dem polizeilichen Informationsverbund finden sich die relevanten Regelungen im Gesetz über das Bundeskriminalamt und die Zusammenarbeit des Bundes und der Länder in kriminalpolizeilichen Angelegenheiten (BKAG) und den auf die weiteren speichernden Polizeistellen anwendbaren Polizeigesetzen.

---

[51] BVerfGE 133, 277 (329) = NJW 2013, 1499.
[52] Vgl. BVerfGE 97, 198 (217) = NVwZ 1998, 495; BVerfGE 100, 313 (369 f.) = NJW 2000, 55.
[53] *Wolff/Scheffczyk* JA 2008, 81 (83).
[54] Vgl. nur *Nehm* NJW 2004, 3289 (3290 f.); *Roggan/Bergemann* NJW 2007, 876; zur Herleitung auch aus Art. 73 Abs. 1 Nr. 9a und 10 GG *Gärditz* JZ 2013, 633 (634); *Wolff/Scheffczyk* JA 2008, 81 (83 f.) jeweils mwN; den Verfassungsrang eines Trennungsgebots verneinend *Baumann* DVBl 2005, 798 (803).
[55] Abgedruckt etwa bei *Feldkamp*, Der Parlamentarische Rat 1948–1949, Bd. 8, 2009, 230 f.; zur Entstehung *Imle*, Zwischen Vorbehalt und Erfordernis, 1984, 126 ff.
[56] So auch *Gärditz* JZ 2013, 633 (634); *Wolff/Scheffczyk* JA 2008, 81 (84); anders *Petri* ZD 2013, 3 (5).

§ 30

20   Die Regelungen zur Datenverarbeitung durch die Polizei sind dabei mittlerweile durch die Richtlinie (EU) 2016/680 des Europäischen Parlaments und des Rates v. 27.4.2016 (JI-RL) und ihre Umsetzung[57] unionsrechtlich überformt.[58] Die JI-RL enthält umfassende Vorgaben für die Verarbeitung von personenbezogenen Daten zum Zwecke der Verhütung, Ermittlung, Aufdeckung oder Verfolgung von Straftaten oder der Strafvollstreckung, einschließlich des Schutzes vor und der Abwehr von Gefahren für die öffentliche Sicherheit, durch die hierfür zuständigen Behörden (Art. 2 Abs. 1 JI-RL iVm Art. 1 Abs. 1 JI-RL). Damit erfasst sie unter anderem die polizeiliche Datenverarbeitung zu präventiven und repressiven Zwecken einschließlich ihrer Speicherung und Ordnung in Informationssystemen.[59] Die Vorgaben der JI-RL für informationsordnende Befugnisse sind zwar sehr unspezifisch,[60] von besonderem Interesse für die polizeiliche Informationsordnung sind aber die strukturellen Vorgaben der Richtlinie für Informationssysteme.[61]

D. Kooperative Datei- und Informationssysteme

21   Neben Dateisystemen, die einzelne Behörden zu internen Zwecken betreiben und die in diesem Beitrag nicht behandelt werden, existiert eine Reihe von Informationsressourcen, an denen sich mehrere Staatsschutzbehörden beteiligen. Mehrere Behörden verbindende Systeme sind bislang in Verbunddateien und Zentraldateien organisiert. Verbunddateien sind „von einer Zentralstelle geführte Dateien, in die die Teilnehmer selbst auf Stromwegen unmittelbar einspeichern und aus denen sie Daten unmittelbar abrufen können"[62]. INPOL (mit dem BKA als Zentralstelle) und NADIS (mit dem BfV als Zentralstelle) sind in Verbunddateien organisiert. Zentraldateien unterscheiden sich zu Verbunddateien dadurch, dass die Zentralstelle selbst die Daten eingibt.[63] Es kann sich hierbei um Daten handeln, die die Zentralstelle selbst erhoben hat oder die zunächst von Teilnehmern der Dateien erhoben und dann an die Zentralstelle übermittelt wurden.[64]

22   Als wichtige Informationsressourcen sind hier zunächst im Überblick NADIS (→ Rn. 23 ff.) sowie der Informationsverbund der Polizei (→ Rn. 33 ff.) zu behandeln. Genauer sind die gemeinsamen Dateien von Polizei und Nachrichtendiensten als besondere Formen der informationellen Kooperation im Sicherheitsbereich zu betrachten (→ Rn. 43 ff.), die einerseits in gesetzlich speziell geregelten Fällen und andererseits in der Form von Projektdateien existieren.

I. Nachrichtendienstliches Informationssystem (NADIS)

23   Die Grundlagen von NADIS sowie die Rahmenbedingungen für die Verarbeitung von Daten in dem System werden im Folgenden in Grundzügen dargestellt.

---

[57] Vgl. hierzu auf Bundesebene *Aden* vorgänge 2018, 93 (98 ff.) sowie auf Landesebene *Golla* KriPoZ 2019, 238 ff.

[58] Vgl. *Albers* in Seckelmann, Digitalisierte Verwaltung, Vernetztes E-Government, 2. Aufl. 2019, 509 (518); *Bäcker* in Hill/Kugelmann/Martini, Perspektiven der digitalen Lebenswelt, 2017, 63 (64).

[59] Nicht von der JI-RL erfasst erscheint hingegen die sonderordnungsbehördliche Gefahrenabwehr. Der Zusatz „einschließlich des Schutzes vor und der Abwehr von Gefahren für die öffentliche Sicherheit" lässt sich so verstehen, dass Datenverarbeitungen zu diesen Zwecken nur dann vom Anwendungsbereich der JI-RL erfasst sind, wenn ein Bezug zu den zuvor genannten „Zwecken der Verhütung, Ermittlung, Aufdeckung oder Verfolgung von Straftaten oder der Strafvollstreckung" besteht; vgl. *Bäcker* in Hill/Kugelmann/Martini, Perspektiven der digitalen Lebenswelt, 2017, 63 (66 f.); *Schwabenbauer* in Lisken/Denninger PolR-HdB Kap. G Rn. 376.

[60] *Bäcker* in Hill/Kugelmann/Martini, Perspektiven der digitalen Lebenswelt, 2017, 63 (69); vgl. kritisch hierzu *Wolff* in Kugelmann/Rackow, Prävention und Repression im Raum der Freiheit, der Sicherheit und des Rechts, Belastbarkeit der Konzepte von Strafe und Gefahrenabwehr zwischen Staat und EU, 2014, 61 (92).

[61] Vgl. etwa die spezifischen Anforderungen an die Datenqualität in Art. 6 f. JI-RL.

[62] *Petri* in Lisken/Denninger PolR-HdB Kap. G Rn. 391.

[63] Vgl. BT-Drs. 13/1550, 24; *Petri* in Lisken/Denninger PolR-HdB Kap. G Rn. 391.

[64] *Petri* in Lisken/Denninger PolR-HdB Kap. G Rn. 391.

1. Entstehung, Funktionsweise und Praxis

NADIS wurde Anfang der 1970er-Jahre als Informationsverbund der Verfassungsschutzbehörden von Bund und Ländern in Betrieb genommen.[65] Das System diente in seiner Anfangszeit vor allem als Datenbank zur Personensuche.[66] Über die Jahre wurden die Funktionen des Systems deutlich erweitert.[67] Während die Anschaffung eines neuen Systems (NADIS-neu) im Jahr 2008 aus Finanzierungsgründen vorläufig scheiterte,[68] wurde im Juni 2012 das Nachrichtendienstliche Informationssystem Wissensnetz (NADIS WN) eingeführt und trat an die Stelle des bisherigen Systems, um seine Speicher- und Analysemöglichkeiten zu verbessern.[69]

Die rechtlichen Grundlagen von NADIS wurden entsprechend dieses Ziels durch das Gesetz zur Verbesserung der Zusammenarbeit im Bereich des Verfassungsschutzes v. 17.11.2015[70] angepasst.[71] Die Reform soll im Rahmen von NADIS unter anderem die Auswertung von Volltexten, Bildern und anderen Medien ermöglichen.[72] Während NADIS nach der zuvor geltenden Fassung von § 6 S. 2 BVerfSchG[73] ausdrücklich auf die Funktion als Hinweisdatei beschränkt war, ist dies nach der Reform gesetzlich nicht mehr der Fall. § 6 Abs. 2 S. 8 BVerfSchG sieht durch einen beschränkten Personenkreis die Möglichkeit vor, Daten zu verarbeiten, die nicht zum Auffinden von Akten und der dazu notwendigen Identifizierung von Personen erforderlich sind. Welche Möglichkeiten zur Auswertung und Analyse NADIS genau vorsieht und ob diese Tätigkeiten einen Ausnahme- oder Regelfall der Datenverarbeitung durch das System darstellen, ist im Einzelnen unklar.[74] Die Charakterisierung des Systems als Hinweisdatei, die „zur Identifizierung einer Person, Organisation oder eines Sachverhaltes und dem Auffinden von Aktenfundstellen" dient,[75] erscheint jedoch aufgrund der erweiterten Möglichkeiten, der Anpassung der Rechtsgrundlagen und seiner erklärten Ziele als zumindest irreführend.

NADIS soll es den Verfassungsschutzbehörden ermöglichen, ihre aus § 6 Abs. 1 BVerfSchG folgende Pflicht zur gegenseitigen Übermittlung von zur Erfüllung ihrer Aufgaben relevanter Informationen zu erfüllen,[76] die wiederum für die Erfüllung der Aufgaben aus § 3 BVerfSchG erforderlich ist.[77] Die wesentlichen rechtlichen Anforderungen an das System finden sich in § 6 Abs. 2 BVerfSchG. Nach Satz 1 der Vorschrift verarbeiten [die Verfassungsschutzbehörden] zur Erfüllung ihrer Unterrichtungspflichten nach Absatz 1 Informationen im gemeinsamen nachrichtendienstlichen Informationssystem.

Zum Umfang der gespeicherten Daten machten die beteiligten Behörden in der Anfangszeit von NADIS keine Angaben.[78] Heute ist dieser in den Verfassungsschutzberichten nachvollziehbar. Anfang 2019 enthielt NADIS 2.256.041 personenbezogene Eintragungen.[79] In den letzten zwanzig Jahren hat sich die Anzahl der Eintragungen dabei mehr als

---

65 Vgl. zur Entstehung von NADIS DER SPIEGEL 20/1979, 38 ff.
66 *Kirchberg* in Großbölting/Kittel, Welche »Wirklichkeit« und wessen »Wahrheit«?, 2019, 125 (135).
67 Vgl. *Roth* in Schenke/Graulich/Ruthig BVerfSchG § 6 Rn. 21.
68 DER SPIEGEL 17/2008, 26.
69 *Ministerium für Inneres und Sport Mecklenburg-Vorpommern* Pressemitteilung Nr. 168 v. 20.11.2012.
70 BGBl. 2015 I 1938.
71 Vgl. zu den Zielen, die Analysefähigkeit des BfV sowie die Zusammenarbeit der Sicherheitsbehörden zu verbessern BT-Drs. 18/4654, 18.
72 BT-Drs. 18/4654, 23.
73 Dieser lautete: „Diese Dateien enthalten nur die Daten, die zum Auffinden von Akten und der dazu notwendigen Identifizierung von Personen erforderlich sind."
74 Vgl. BT-Drs. 18/2384, 4 f.
75 So die Beschreibung im Glossar auf der Website des BfV unter https://www.verfassungsschutz.de/de/service/glossar/nadis.
76 Vgl. hierzu im Einzelnen *Roth* in Schenke/Graulich/Ruthig BVerfSchG § 6 Rn. 5 ff.
77 *Roth* in Schenke/Graulich/Ruthig BVerfSchG § 6 Rn. 22.
78 DER SPIEGEL 20/1979, 36.
79 *Bundesministerium des Innern* Verfassungsschutzbericht 2018, 15.

verdoppelt. Der größte Anteil (Anfang 2019: 80,8%[80]) der Eintragungen stammt dabei aus Sicherheitsüberprüfungen oder Zuverlässigkeitsprüfungen.

2. Errichtung von Dateien und Speicherung von Daten

28 Voraussetzung für die Errichtung einer automatisierten Datei im Rahmen von § 6 BVerfSchG ist der Erlass einer Dateianordnung nach § 14 BVerfSchG, die der Zustimmung des Bundesministeriums des Innern, für Bau und Heimat bedarf. Hierin sind unter anderem die Bezeichnung der Datei, Zweck, Voraussetzungen der Datenverarbeitung, Zugangsberechtigungen, Überprüfungsfristen, Speicherdauern und Regelungen zur Protokollierung festzuhalten (§ 14 Abs. 1 BVerfSchG). Der Bundesbeauftragte für den Datenschutz und die Informationsfreiheit ist vor Erlass der Anordnung anzuhören (§ 14 Abs. 1 S. 2 BVerfSchG) und kann in der Folge von seinen allgemeinen Aufsichtsbefugnissen Gebrauch machen.

29 Die Speicherung personenbezogener Daten in NADIS durch den Verfassungsschutz richtet sich gem. § 6 Abs. 2 S. 4 BVerfSchG nach den allgemeinen Voraussetzungen in §§ 10, 11 BVerfSchG.[81] Nach § 10 Abs. 1 BVerfSchG ist die Speicherung von Daten durch das BfV zur Erfüllung seiner Aufgaben zulässig, wenn tatsächliche Anhaltspunkte für Bestrebungen oder Tätigkeiten nach § 3 Abs. 1 BVerfSchG vorliegen, dies für die Erforschung und Bewertung von Bestrebungen oder Tätigkeiten nach § 3 Abs. 1 BVerfSchG erforderlich ist oder das BfV nach § 3 Abs. 2 BVerfSchG bei Sicherheitsüberprüfungen, technischen Sicherheitsmaßnahmen sowie der Geheimschutzbetreuung tätig wird. Dabei ist die Speicherdauer auf das zur Aufgabenerfüllung erforderliche Maß zu beschränken (§ 10 Abs. 3 BVerfSchG).

30 Die datenschutzrechtliche Verantwortung für die Speicherung von Daten in NADIS liegt ebenso wie die Befugnis diese zu ändern, zu löschen und ihre Verarbeitung einzuschränken, grundsätzlich bei der jeweils speichernden Stelle (§ 6 Abs. 2 S. 5 BVerfSchG). Diese ist auch für die Wahrung von Betroffenenrechten sowie gegenüber der Datenschutzaufsicht verantwortlich.[82]

3. Abruf und Auswertung von Daten

31 Der Abruf von personenbezogenen Daten aus NADIS im automatisierten Verfahren ist für die Verfassungsschutzbehörden zur Erfüllung ihrer Aufgaben nach § 6 Abs. 2 S. 1, S. 7 BVerfSchG grundsätzlich umfassend zulässig; andere Stellen sind hiervon ausgeschlossen (vgl. § 6 Abs. 2 S. 3 Hs. 1 BVerfSchG). Dem MAD kann ein solcher Abruf jedoch gem. § 3 Abs. 3 S. 2 MADG ermöglicht werden. Zudem bestehen die allgemeinen Möglichkeiten zur Übermittlung der Informationen an andere Stellen. Die Erforderlichkeit des Abrufs von Daten ist an dem im Einzelfall verfolgten Aufklärungsziel zu messen.[83] § 6 Abs. 2 S. 8 und S. 9 enthalten zudem Einschränkungen hinsichtlich der Personen, die den Abruf bestimmter Daten vornehmen dürfen. Der Zugriff auf Informationen, die nicht zum Auffinden von Akten oder zur Identifizierung von Personen dienen, ist auf Personen zu beschränken, die mit der Erfassung von Daten oder Analysen betraut sind (Satz 7). Die Zugriffsberechtigung auf Unterlagen, die gespeicherte Angaben belegen (Ursprungsdokumente), ist auf Personen zu beschränken, die unmittelbar mit Arbeiten in diesem Anwendungsgebiet betraut sind (Satz 8).[84]

32 Für die Auswertung der Daten wurde durch das Gesetz zur Verbesserung der Zusammenarbeit im Bereich des Verfassungsschutzes v. 17.11.2015 in § 5 Abs. 2 S. 1 BVerfSchG eine neue Befugnis eingeführt. Demnach wertet das BfV unbeschadet der Auswertungs-

---

[80] *Bundesministerium des Inneren* Verfassungsschutzbericht 2018, 15.
[81] Zu den Voraussetzungen der Datenspeicherung → Rn. 87 ff.
[82] *Roth* in Schenke/Graulich/Ruthig BVerfSchG § 6 Rn. 24.
[83] Vgl. BT-Drs. 18/4654, 23; *Roth* in Schenke/Graulich/Ruthig BVerfSchG § 6 Rn. 28.
[84] Vgl. hierzu im Einzelnen *Roth* in Schenke/Graulich/Ruthig BVerfSchG § 6 Rn. 33.

verpflichtungen der Landesämter zentral alle Erkenntnisse über Bestrebungen und Tätigkeiten iSd § 3 Abs. 1 BVerfSchG aus. Systematisch irritierend ist, dass diese Befugnis innerhalb einer Aufgabennorm geregelt wurde. Wie weit die Auswertung gehen soll und mit welchen technischen Mitteln sie erfolgen soll, ist unklar.[85] Die Gesetzesbegründung deutet jedenfalls an, dass komplexe Auswertungen von Daten aus NADIS erfolgen sollen.[86] § 5 Abs. 2 S. 1 BVerfSchG, der ohne tatbestandliche Einschränkungen daher kommt, ist indes nicht bestimmt genug, um den Einsatz moderner technischer Hilfsmittel bei der Auswertung zu rechtfertigen.[87] Zudem ist die Regelung aufgrund ihres kompetenzrechtlichen Rahmens einschränkend zu interpretieren. Art. 73 Abs. 1 Nr. 10b und c GG räumen dem Bund eine Gesetzgebungskompetenz nur für die Zusammenarbeit von Bund und Ländern im Verfassungsschutz ein. Für das BfV steht dabei die Koordination und Unterstützung des Handelns der Landesämter im Vordergrund.[88] Es darf eine zentrale Auswertung zwar als technische Dienstleistung vornehmen, nicht aber aufgrund eigener Erkenntnisziele.[89]

II. Informationsverbund der Polizei

Die Grundlagen des neuen, noch nicht in die Praxis umgesetzten, Informationsverbundes der Polizei sollen im Folgenden kurz skizziert werden. **33**

1. Entstehung und Funktionsweise

Das polizeiliche Informationswesen beruhte lange Zeit auf dem 1972 in Betrieb genommenen INPOL und seinem seit 2003 aktiven Nachfolgersystem INPOL-neu. Mit dem Gesetz zur Neugestaltung des Bundeskriminalamtgesetzes v. 8.6.2017[90] hat der Bundesgesetzgeber das polizeiliche Informationswesen rechtlich auf neue Füße gestellt, ohne dass das neue System technisch bereits umgesetzt und in Betrieb genommen wurde. Die Länder haben sich diesem Regelungskonzept teilweise bereits angeschlossen. Die neue Informationsordnung besteht aus zwei Teilen: Einem einheitlichen Informationssystem des BKA zur Erfüllung seiner eigenen Aufgaben (§ 13 BKAG) und einem allgemeinen Informationsverbund der Polizeien der Länder (§ 29 BKAG). Nach § 13 Abs. 3 BKAG nimmt das BKA mit seinem eigenen Informationssystem auch an dem allgemeinen polizeilichen Informationsverbund nach § 29 BKAG teil. **34**

Für den Informationsverbund stellt das BKA als Zentralstelle nach § 29 Abs. 1 BKAG ein Verbundsystem zur Verfügung. Damit sollen ein einheitlicher technischer Standard gewährleistet und bisherige Kompatibilitätsprobleme überwunden werden.[91] Nach § 29 Abs. 2 S. 1 BKAG hat das Verbundsystem dabei die gleichen Grundfunktionen zu erfüllen, die nach § 13 Abs. 2 BKAG auch für das einheitliche Informationssystem des BKAG vorgesehen sind. Die hier aufgezählten Funktionen sind als „regelbeispielhaft zu verstehen"[92]. Die Teilnehmer an dem Informationsverbund und ihre Rechte sind in § 29 Abs. 3 BKAG näher geregelt. Weitere Regelungen zu den Berechtigungen finden sich in § 29 Abs. 5 BKAG. Dieser regelt auch die gemeinhin als „Datenbesitz" bezeichnete ausschließliche Berechtigung der die Daten eingebenden Stelle, diese Daten zu ändern, zu berichtigen und zu löschen. Damit geht auch die Verantwortlichkeit der eingebenden Stellen für die Verarbeitung dieser Daten einher.[93] **35**

---

[85] Vgl. kritisch hierzu *Bergemann* NVwZ 2015, 1705 f.
[86] Vgl. BT-Drs. 18/4654, 23 f.
[87] Zu dieser Problematik im Einzelnen → Rn. 91 ff.
[88] Vgl. *Uhle* in Maunz/Dürig, 90. EL Februar 2020, GG Art. 73 Rn. 231.
[89] Kritisch zu der Regelung in kompetenzrechtlicher Hinsicht auch *Bergemann* NVwZ 2015, 1705 (1706).
[90] BGBl. 2017 I 1354 ff.
[91] Vgl. *Graulich* KriPoZ 2017, 278 (279).
[92] BT-Drs. 18/11163, 109.
[93] Vgl. BT-Drs. 18/11163, 2.

36 Für die Teilnehmer, deren Systeme an den Informationsverbund angeschlossen sind, ist zwischen zwei Kategorien von Daten zu unterscheiden: Einerseits verbundrelevanten Daten, auf die alle anderen Teilnehmer des Verbundes zugreifen können und andererseits Daten ohne Verbundrelevanz.[94] In dem Verbund sollen die Daten im Wesentlichen nach Themen geordnet werden.[95] Auf die aus der bisherigen Informationsordnung bekannte Strukturierung in Dateien soll der Verbund verzichten. Dies soll die Verknüpfbarkeit verschiedener Informationen (zB Informationen zu einer einzelnen Person, die bislang in verschiedenen Dateien gespeichert sind) erleichtern.[96] Es soll auch die redundante Speicherung von Daten überflüssig machen.[97]

37 Um den Zugriff auf verbundrelevante Daten zu regeln, soll der Informationsverbund ein abgestuftes System von Zugriffsrechten enthalten, die sich an dem Grundsatz der hypothetischen Datenneuerhebung orientieren, wie ihn das Bundesverfassungsgericht in seinem Urteil zum BKAG[98] formuliert hat.[99] Dabei sollen je nach Tiefe des Eingriffs durch den Zugriff auf die Daten unterschiedliche Anforderungen gelten. Der Grundsatz der hypothetischen Datenneuerhebung bildet damit gewissermaßen das Herzstück der neuen Informationsordnung.

2. Voraussetzungen der Datenverarbeitung und Kritik

38 Einfachgesetzlich sind die allgemeinen Voraussetzungen für die Verarbeitung von Daten im polizeilichen Informationsverbund nach dem Grundsatz der hypothetischen Datenneuerhebung in § 12 BKAG und ersten entsprechenden Vorschriften der Polizeigesetze der Länder[100] umgesetzt. § 12 BKAG regelt Rahmenbedingungen für sämtliche Verwendungen personenbezogener Daten nach ihrer erstmaligen Erhebung durch das BKA, insbesondere ihre Speicherung und Auswertung. Um Daten zu anderen Zwecken als denjenigen, zu denen sie erhoben worden sind, weiterzuverarbeiten, muss das BKA nach § 12 Abs. 2 BKAG

- zur Erfüllung einer seiner Aufgaben tätig werden;
- je nach einschlägiger Aufgabe mindestens vergleichbar schwerwiegende Straftaten verhüten, aufdecken oder verfolgen oder vergleichbar bedeutsame Rechtsgüter oder sonstige Rechte schützen wollen und es müssen;
- sich im Einzelfall Anhaltspunkte zur Verhütung, Aufdeckung oder Verfolgung solcher Straftaten ergeben oder zur Abwehr einer innerhalb eines absehbaren Zeitraums drohenden Gefahr für mindestens vergleichbar bedeutsame Rechtsgüter oder sonstige Rechte erkennen lassen.

39 Die damit erfolgte Übertragung des vom Bundesverfassungsgericht formulierten Grundsatzes der hypothetischen Datenneuerhebung auf die polizeiliche Datenverarbeitung ist dabei wenig sachgerecht und war auch nicht notwendig.[101] Das Bundesverfassungsgericht hat diesen Grundsatz für die Weiterverarbeitung von aus besonders eingriffsintensiven verdeckten Maßnahmen gewonnenen Daten formuliert.[102] Bezogen auf die polizeiliche Informationsordnung und aus anderen Quellen gewonnene Daten führt die Anwendung des Grundsatzes der hypothetischen Datenneuerhebung zu erheblichen Hürden für die

---

[94] *Bundesministerium des Inneren* Polizei 2020, 11.
[95] BT-Drs. 18/11163, 109.
[96] *Bundesministerium des Inneren* Polizei 2020, 5.
[97] BT-Drs. 18/11163, 75.
[98] BVerfGE 141, 220 (327 ff.) = NJW 2016, 1781.
[99] *Bundesministerium des Inneren* Polizei 2020, 11.
[100] § 20 HSOG; § 23 PolG NRW; § 13b SOG LSA.
[101] So auch *Bäcker*, Stellungnahme zu dem Entwurf eines Gesetzes zur Neustrukturierung des Bundeskriminalamtgesetzes vom 16. März 2017, Ausschussdrucksache 18(4)806 D, 10; *BfDI*, Stellungnahme zum Entwurf eines Gesetzes zur Neustrukturierung des Bundeskriminalamtgesetzes vom 10. März 2017, Ausschussdrucksache 18(4)806 A, 2.
[102] BVerfGE 141, 220 (327) = NJW 2016, 1781.

D. Kooperative Datei- und Informationssysteme § 30

Speicherung und sonstige Weiterverarbeitung von Daten im Rahmen des Informationsverbundes. Denn sobald eine Speicherung als Zweckänderung anzusehen ist, verlangt § 12 Abs. 2 BKAG im Einzelfall vorliegende konkrete Ermittlungsansätze für ein weiteres Tätigwerden. Diese Voraussetzung wird aber nur schwer zu erfüllen sein, wenn Daten etwa zur Vorbereitung auf die künftige Gefahrenabwehr gespeichert werden sollen.

Den Zugriff auf Daten und ihre Speicherung an die Voraussetzungen der hypothetischen 40 Datenneuerhebung zu knüpfen, erfordert auch ihre Kennzeichnung und Kategorisierung. Nur durch die Kennzeichnung der Zwecke und Umstände, zu und unter denen Daten gespeichert wurden, kann die Rechtmäßigkeit ihrer Weiterverarbeitung überprüft werden. Die Kennzeichnung dient damit in Verbindung mit der Vorgabe der Errichtung eines Verarbeitungsverzeichnisses weitgehend zur Sicherstellung der Funktionen, die bisher die Errichtungsanordnung erfüllte. § 14 Abs. 1 BKAG regelt die notwendige inhaltliche Kennzeichnung, Abs. 2 der Vorschrift sieht eine Suspendierung der Weiterverarbeitung von nicht gekennzeichneten Daten vor. Die Funktionsfähigkeit des neuen Systems wird es auch in einem erheblichen Maße erfordern, bereits bestehende „Altdaten" zu kennzeichnen. Dies dürfte die Polizeien auch ressourcenmäßig vor Herausforderungen stellen.

Spezifische Vorgaben für die Speicherung von Informationen im Informationssystem des 41 BKA enthalten §§ 16, 18 und 19 BKAG. § 16 BKAG stellt allgemeine Voraussetzungen für die Weiterverarbeitung von Daten im Informationssystem des BKA auf. Nach Abs. 1 der Vorschrift kann das BKA „personenbezogene Daten nach Maßgabe des § 12 im Informationssystem weiterverarbeiten, soweit dies zur Erfüllung seiner Aufgaben erforderlich ist und soweit dieses Gesetz keine zusätzlichen besonderen Voraussetzungen vorsieht." § 16 Abs. 2 BKAG trifft eine besondere Regelung zur Weiterverarbeitung von Daten in einer Personenfahndungsdatei. Danach ist die Weiterverarbeitung von personenbezogenen Daten im Informationssystem zulässig, „soweit dies erforderlich ist zur Fahndung und polizeilichen Beobachtung oder gezielten Kontrolle, wenn das Bundeskriminalamt oder die die Ausschreibung veranlassende Stelle nach dem für sie geltenden Recht befugt ist, die mit der Ausschreibung für Zwecke der Strafverfolgung, des Strafvollzugs, der Strafvollstreckung oder der Abwehr erheblicher Gefahren vorgesehene Maßnahme vorzunehmen oder durch eine Polizeibehörde vornehmen zu lassen." Nach § 16 Abs. 3 BKAG kann das Bundeskriminalamt „personenbezogene Daten, die es bei der Wahrnehmung seiner Aufgaben auf dem Gebiet der Strafverfolgung erlangt hat, unter den Voraussetzungen der §§ 18 und 19 BKAG im Informationssystem für Zwecke künftiger Strafverfahren weiterverarbeiten." § 18 BKAG trifft eine Regelung zur Zulässigkeit der Weiterverarbeitung von Daten zu Verurteilten, Beschuldigten, Tatverdächtigen und sonstigen Anlasspersonen. § 19 BKAG regelt die zulässige Weiterverarbeitung von Daten anderer Personen.

Im Ergebnis erscheint die neue polizeiliche Informationsordnung nicht nur hinsichtlich 42 der rechtlichen Grundlagen für die Datenverarbeitung, sondern in ihrer Konzeption insgesamt zweifelhaft. Es ist unklar, wie der Datenschutz im Rahmen dieser Ordnung gewährleistet werden soll. Da die bisherige Ordnung in Dateien wegfällt ist fraglich, ob deren schützende Funktion – etwa durch ein Verfahrensverzeichnis nach § 80 BKAG iVm § 70 BDSG – aufgefangen werden kann.[103]

III. Gemeinsame Dateien von Polizei und Nachrichtendiensten

Als gemeinsame Dateien mehrerer Staatsschutzbehörden existieren als gesetzlich speziell 43 geregelte Fälle die Antiterrordatei (ATD) und die Rechtsextremismus-Datei (RED) (→ Rn. 44 ff.). Daneben sehen § 22a BVerfSchG, § 12 BNDG und § 17 BKAG die Einrichtung projektbezogener gemeinsamer Dateien vor (→ Rn. 77 ff.).

---

[103] Zweifelnd *Petri* in Lisken/Denninger PolR-HdB Kap. G Rn. 458.

§ 30

1. Antiterrordatei und Rechtsextremismus-Datei[104]

44 Die Antiterrordatei und die Rechtsextremismus-Datei werden im Folgenden aufgrund ihrer weitgehend parallelen rechtlichen Regelung gemeinsam behandelt.

45 **a) Entstehung.** Die Antiterrordatei (ATD) wurde durch das Gemeinsame-Dateien-Gesetz v. 22.12.2006[105] eingeführt, um auf Bedrohungen des internationalen Terrorismus zu reagieren.[106] Durch die erstmalige Regelung der Errichtung von gemeinsamen Dateien von Polizei und Nachrichtendiensten sollten deren Möglichkeiten jenseits der klassischen Übermittlung von Daten erweitert werden. Eine der ATD ähnliche Struktur und rechtliche Regelung weist die mit dem Gesetz zur Verbesserung der Bekämpfung des Rechtsextremismus v. 20.8.2012[107] eingeführte Rechtsextremismus-Datei (RED) auf, die zur Bekämpfung des gewaltbezogenen Rechtsextremismus dienen soll.[108] Ihre gesetzlichen Grundlagen können daher mit jenen der ATD gemeinsam erörtert werden. Die Errichtung der RED ist im Zusammenhang mit der Aufdeckung der NSU-Terrorzelle im Jahr 2011 zu sehen, die auch Defizite bei der sicherheitsbehördlichen Datenverarbeitung aufzeigte.

46 Mit Urteil v. 24.4.2013 erklärte das Bundesverfassungsgericht die Regelungen zur Antiterrordatei in ihren Grundstrukturen mit dem Grundgesetz vereinbar, die Ausgestaltung im Detail jedoch für verfassungswidrig.[109] Den durch die ATD vorgesehenen Austausch von personenbezogenen Daten zwischen Polizei und Nachrichtendiensten sah das Gericht als besonders schweren Eingriff in das Recht auf informationelle Selbstbestimmung an, der nur ausnahmsweise zulässig sei und einem besonderen öffentlichen Interesse dienen müsse.[110] Gemindert sah das Gericht das Eingriffsgewicht jedoch durch die Ausgestaltung der ATD als Verbunddatei und das mit ihr verbundene Ziel der Informationsanbahnung, bei dem im Vordergrund steht, zu ermitteln, ob bei anderen Behörden Erkenntnisse zu bestimmten Personen vorliegen, um gegebenenfalls in der Folge eine Übermittlung dieser zu erwirken.[111] Ob sich nach der Reform des ATDG noch mit dem auf die Informationsanbahnung beschränkten Ziel argumentieren ließe ist zweifelhaft, da die neu eingeführte Befugnis in § 6a ATDG Volltextrecherchen ermöglicht.[112]

47 Aus dem Urteil des Bundesverfassungsgerichts ergab sich eine Notwendigkeit zur Änderung sowohl des ATDG als auch des RED-G. Eine Anpassung erfolgte darauf durch das Gesetz zur Änderung des Antiterrordateigesetzes und anderer Gesetze vom 18. Dezember 2014.[113] Die Anpassung erfolgte jedoch nur auf die notwendigsten Aspekte beschränkt.[114] Anstatt die Regelungen zur Datenverarbeitung grundlegend zu überdenken, wurde mit der neuen Befugnis zur Auswertung von Daten im Zusammenhang mit einzelfallbezogenen Projekten in § 6a ATDG eine neue unter verfassungsrechtlichen Aspekten heikle Regelung eingeführt. Weitere Möglichkeiten zu einer Weiterentwicklung von ATD und RED werden aktuell von der Bundesregierung geprüft.[115]

48 **b) Praxis.** Im Juli 2017 waren Daten zu 11.853 Personen in der ATD gespeichert, wobei die meisten Speicherungen durch Bundesbehörden erfolgten.[116] Zwischen Anfang 2017

---

[104] Siehe zu der nach Einrichtung des Beitrags ergangenen Entscheidung des Bundesverfassungsgerichts zu den Befugnissen zur Auswertung der ATD (BVerfGE 156, 11 = NJW 2021, 690) *Golla* NJW 2021, 667 ff.
[105] BGBl. 2006 I 3409.
[106] BT-Drs. 16/2950, 12; vgl. zur Entstehungsgeschichte BVerfGE 133, 277 (293 f.) = NJW 2013, 1499; *Prügel* ZIS 2013, 529 f.
[107] BGBl. 2012 I 1798.
[108] BT-Drs. 17/8672, 10.
[109] BVerfGE 133, 277 = NJW 2013, 1499.
[110] BVerfGE 133, 277 (323 ff.) = NJW 2013, 1499.
[111] BVerfGE 133, 277 (321, 329 ff.) = NJW 2013, 1499.
[112] Dazu näher → Rn. 61 ff.
[113] BGBl. 2014 I 2138; Berichtigung in BGBl. 2016 I 48.
[114] Kritisch hierzu *Arzt* in Schenke/Graulich/Ruthig ATDG § 1 Rn. 2.
[115] BT-Drs. 19/11031, 5.
[116] *Bundeskriminalamt*, Bericht an den Deutschen Bundestag: Datenbestand und Nutzung der Antiterrordatei (ATD) und der Rechtsextremismus-Datei (RED) in den Jahren 2014–2017, 7.

und Juni 2019 wurden 14.070 Personen neu in der ATD erfasst.[117] In der RED waren im Juli 2017 Daten zu 9.503 Personen gespeichert; auch hier erfolgten die meisten Speicherungen durch Bundesbehörden.[118] Zwischen Anfang 2017 und Juni 2019 wurden 5.679 Personen neu in der RED erfasst.[119] Die Anzahl der Informationsabrufe aus der ATD bewegte sich in den Jahren 2015 bis 2018 im mittleren bis hohen fünfstelligen Bereich.[120] Für die RED bewegten sie sich im hohen vier- bis niedrigen fünfstelligen Bereich.[121]

Die praktische Bedeutung von ATD und RED wird auf dieser Grundlage unterschiedlich beurteilt. Der erste Bericht zur Evaluierung des ATDG für den Zeitraum vom 1.8.2007 bis zum 1.8.2011 sah den „Einsatz der ATD im Arbeitsalltag in den Sicherheitsbehörden […] angesichts des konstanten Niveaus an Belegungsdaten und Suchabfragen" als „mittlerweile gut etabliert" an.[122] Der Bericht zur Evaluierung des RED-G gelangte hinsichtlich der RED zu einer anderen Bewertung: Etwa die Hälfte der befragten Nutzer gab an, dass die Datei den Informationsaustausch nicht verbessere und zur Bekämpfung des gewaltbezogenen Rechtsextremismus (eher) unwichtig sei.[123] Insgesamt wurde die Wirksamkeit der RED im Verhältnis zum betriebenen Aufwand „eher als gering"[124] eingeschätzt. Auch aktuell fallen die Beurteilungen der Wirksamkeit beider Dateien uneinheitlich aus.[125] Mögliche Gründe für eine mangelnde Wirksamkeit der Dateien sind neben dem hohen notwendigen Aufwand für ihren Betrieb fehlende Flexibilität und Akzeptanz. 49

c) Ziele und Teilnehmer. Die ATD dient Polizei und Nachrichtendiensten des Bundes und der Länder zur Vernetzung von Erkenntnissen aus dem Bereich des internationalen Terrorismus. Sie wird als Verbunddatei beim BKA geführt (§ 1 Abs. 1 S. 1 ATDG). An ihr beteiligt sind das Bundeskriminalamt, die Bundespolizei, das Bundesamt für Verfassungsschutz, der Bundesnachrichtendienst, der Militärische Abschirmdienst, das Zollkriminalamt, die Landeskriminalämter sowie die Landesämter für Verfassungsschutz (vgl. § 1 Abs. 1 S. 1 ATDG iVm § 1 Abs. 3 Nr. 1 lit. d BPolZV). Der Bundesminister des Inneren hat die Möglichkeit, durch Rechtsverordnung weitere Polizeivollzugsbehörden zu beteiligen (§ 1 Abs. 2 ATDG). Die Regelung wurde aufgrund des Urteils des Bundesverfassungsgerichts zur ATD eingeführt, das die Möglichkeit zur Beteiligung weiterer Behörden auf Grundlage einer bloßen Verwaltungsvorschrift als mit dem Bestimmtheitsgebot unvereinbar erachtete.[126] Hierauf beruhend sind nach der Verordnung über die Benennung weiterer zur Teilnahme an der Antiterrordatei berechtigter Polizeivollzugsbehörden (ATDTeilnV) 16 weitere Polizeivollzugsbehörden der Länder an der ATD beteiligt. 50

Die RED dient zur Aufklärung und Bekämpfung des gewaltbezogenen Rechtsextremismus,[127] insbesondere zur Verhinderung und Verfolgung von Straftaten mit derartigem Hintergrund (§ 1 Abs. 1 RED-G). Die beteiligten Behörden überschneiden sich weitgehend mit jenen, die an der ATD beteiligt sind. Mangels einer Zuständigkeit für den gewaltbezogenen Extremismus in Deutschland ist der BND allerdings nicht an der RED beteiligt,[128] ebenso wenig das Zollkriminalamt. Über die § 1 Abs. 2 ATDG entsprechende 51

---

[117] BT-Drs. 19/11031, 2.
[118] *Bundeskriminalamt*, Bericht an den Deutschen Bundestag: Datenbestand und Nutzung der Antiterrordatei (ATD) und der Rechtsextremismus-Datei (RED) in den Jahren 2014–2017, 27.
[119] BT-Drs. 19/11031, 3.
[120] BT-Drs. 19/11031, 4.
[121] BT-Drs. 19/11031, 3.
[122] BT-Drs. 17/12665 (neu), 5.
[123] BT-Drs. 18/8060, 63 (71).
[124] BT-Drs. 18/8060, 85.
[125] Vgl. kritisch Bundesbeauftragter für den Datenschutz und die Informationsfreiheit; 27. Tätigkeitsbericht zum Datenschutz 2017–2018, 78 f.; Bundesbeauftragter für den Datenschutz und die Informationsfreiheit; 28. Tätigkeitsbericht zum Datenschutz 2019, 52 f.; anders Maurer Sachverständigengutachten im 1. Untersuchungsausschuss der 19. Wahlperiode, Ausschuss-Drs. 19(25)238.
[126] BVerfGE 133, 277 (336 ff.) = NJW 2013, 1499.
[127] Kritisch zu diesem Rechtsbegriff *Arzt* in Schenke/Graulich/Ruthig RED-G § 1 Rn. 8.
[128] Vgl. BT-Drs. 17/8672, 1.

Möglichkeit zur Beteiligung weiterer Polizeivollzugsbehörden per Rechtsverordnung in § 1 Abs. 2 RED-G sind nach der Verordnung über die Benennung weiterer zur Teilnahme an der Rechtsextremismus-Datei berechtigter Polizeivollzugsbehörden (REDTeilnV) 24 Landesbehörden an der RED beteiligt.

52 **d) Speicherpflicht.** Die an der ATD beteiligten Behörden trifft nach § 2 S. 1 ATDG eine weitreichende Pflicht zur Speicherung von ihnen bereits erhobener Daten, wenn ihre Kenntnis für die Aufklärung oder Bekämpfung des internationalen Terrorismus mit Bezug zur Bundesrepublik Deutschland erforderlich ist. Rechte oder Pflichten zur Erhebung neuer Daten zur Einspeisung in die ATD enthält das ATDG hingegen nicht.[129] Voraussetzung für die Speicherung ist, dass die speichernde Stelle über Erkenntnisse verfügt, aus denen sich tatsächliche Anhaltspunkte für die Erforderlichkeit der Speicherung ergeben. Dies bedeutet, dass die Stelle eine Prognose zur Relevanz der Daten treffen muss, die sich aus einer objektiven Tatsachengrundlage sowie einer subjektiven Einschätzung zusammensetzt.[130]

53 Zu speichern sind nach § 2 ATDG solche Daten, die sich auf potentiell relevante Personen beziehen (§ 2 S. 1 Nr. 1 und Nr. 2 ATDG), Daten, die sich auf potentiell relevante Organisationen (Vereinigungen, Gruppierungen, Stiftungen oder Unternehmen) beziehen (§ 2 S. 1 Nr. 3a ATDG) und Daten, die sich auf potentiell relevante Gegenstände (Sachen, Bankverbindungen, Anschriften, Telekommunikationsanschlüsse, Telekommunikationsendgeräte, Internetseiten oder Adressen für elektronische Post) beziehen (§ 2 S. 1 Nr. 3b ATDG).[131] Der Kreis der erfassten Personen wurde dabei nach dem Urteil des Bundesverfassungsgerichts zur ATD angepasst.[132]

54 Die Vorgaben zur Speicherung von Daten in der RED entsprechen jenen zur ATD weitgehend. Bezugspunkt der Speicherpflichten in § 2 RED-G sind hierbei rechtsextremistische Bestrebungen und Gewalttaten. Die tatbestandlichen Voraussetzungen für eine Speicherung sind geringfügig abweichend formuliert, wobei unklar ist, ob sich hieraus ein Unterschied in den Voraussetzungen ergibt.[133] Während § 2 S. 1 ATDG polizeiliche oder nachrichtendienstliche Erkenntnisse verlangt, aus denen sich tatsächliche Anhaltspunkte dafür ergeben, verlangt § 2 S. 1 RED-G schlicht polizeiliche oder nachrichtendienstliche Erkenntnisse. Letztlich ist auch für die Speicherung von Daten in der RED schon aufgrund einer verfassungskonformen Auslegung der Vorschrift eine Tatsachengrundlage zu fordern.

55 Welche Daten zu Personen, Organisationen und Gegenständen im Einzelnen zu speichern sind, legen § 3 ATDG und § 3 RED-G fest. Weitere Einzelheiten hierzu enthalten die nicht-öffentlichen Errichtungsanordnungen (§ 12 S. 1 Nr. 3 ATDG, § 13 S. 1 Nr. 3 RED-G), durch die die möglichen Eingaben in die Dateien weitgehend standardisiert werden.[134] Hierbei wird im Zusammenhang mit Personen zwischen zu deren Identifizierung dienenden Grunddaten (§ 3 Abs. 1 Nr. 1a ATDG, § 3 Abs. 1 Nr. 1a RED-G) und erweiterten Grunddaten (§ 3 Abs. 1 Nr. 1b ATDG, § 3 Abs. 1 Nr. 1b RED-G) unterschieden. Aufgrund dieser Kombination identifizierender Grunddaten und weiterer umfangreicher Datenbestände sind ATD und RED als erweiterte Indexdateien zu charakterisieren.[135]

56 Die Grunddaten nach § 3 Abs. 1 Nr. 1a) ATDG erfassen allerdings auch Informationen wie frühere Anschriften, besondere körperliche Merkmale und Dialekte, die über die zur Identifizierung üblichen Personaldaten hinausgehen.[136] Dies wird mit besonderen Schwie-

---

[129] Vgl. BT-Drs. 16/2950, 15.
[130] Dazu näher → Rn. 87 ff.
[131] Vgl. hierzu näher *Arzt* in Schenke/Graulich/Ruthig ATDG § 2 Rn. 10 ff.
[132] BVerfGE 133, 277 (339 ff.) = NJW 2013, 1499.
[133] *Arzt* in Schenke/Graulich/Ruthig RED-G § 2 Rn. 6.
[134] Vgl. zur ATD BVerfGE 133, 277 (296) = NJW 2013, 1499.
[135] *Arzt* in Schenke/Graulich/Ruthig ATDG § 1 Rn. 8.
[136] Vgl. hierzu *Arzt* in Schenke/Graulich/Ruthig ATDG § 3 Rn. 6.

rigkeiten bei der Identifizierung von Personen im terroristischen Kontext begründet.[137] In § 3 Abs. 1 Nr. 1a) RED-G wurde dieser Katalog von Grunddaten bis auf einzelne Abweichungen[138] übernommen. Während die Grunddaten bei einem Abruf der Dateien durch die abfragende Behörde unmittelbar eingesehen werden können (§ 5 Abs. 1 S. 2 ATDG; § 5 Abs. 1 S. 2 RED-G), ist der Zugriff auf die erweiterten Grunddaten durch die Behörde, die diese eingegeben hat, grundsätzlich im Einzelfall auf Ersuchen zu gewähren (§ 5 Abs. 1 S. 3 ATDG; § 5 Abs. 1 S. 3 RED-G).

Hinsichtlich der erfassten erweiterten Grunddaten ergeben sich deutliche Unterschiede zwischen § 3 Abs. 1 Nr. 1b ATDG und § 3 Abs. 1 Nr. 1b RED-G. So ist in der ATD anders als in der RED die Erfassung von Angaben zu Volkszugehörigkeit (§ 3 Abs. 1 Nr. 1b gg ATDG) und Religionszugehörigkeit (§ 3 Abs. 1 Nr. 1b hh ATDG) vorgesehen.[139] Diese sind unter anderem aufgrund der Wertungen aus Art. 3 Abs. 3 und Art. 4 GG besonders schützenswert, was die Intensität eines Eingriffs in das informationelle Selbstbestimmungsrecht durch ihre Speicherung und ihren Abruf steigert.[140] § 3 Abs. 1 Nr. 1 qq–uu RED-G regelt indes für die RED spezifisch erweiterte Grunddaten. Hierunter fallen Angaben über den Besuch rechtsextremistischer Veranstaltungen, den Besitz rechtsextremistischer Medien, Sprachkenntnisse sowie Mitgliedschaften und Zugehörigkeiten in rechtsextremistischen Vereinigungen und Gruppierungen. Im Zusammenhang mit diesen Angaben und bei der Auslegung des Begriffs rechtsextremistisch sind die besondere Schutzbedürftigkeit von Daten über politische Meinungen (vgl. Art. 5 Abs. 1 S. 1 GG, Art. 10 JI-RL) sowie die Wertung aus Art. 8 Abs. 1 GG zu berücksichtigen. Die Speicherung von Informationen über die Teilnahme an nicht verbotenen oder rechtmäßig aufgelösten Veranstaltungen nach § 3 Abs. 1 Nr. 1qq RED-G erscheint hiermit nicht vereinbar.[141] Die Vorschrift ist insofern zumindest verfassungskonform auszulegen.

Für mehrere unspezifisch gefasste Arten erweiterter Grunddaten hat das Bundesverfassungsgericht eine weitere Konkretisierung durch die Verwaltung verlangt, welche diese veröffentlichen muss, um dem rechtsstaatlichen Bestimmtheitsgebot zu genügen.[142] Dies wurde mit der Vorgabe veröffentlichungspflichtiger Verwaltungsvorschriften in § 3 Abs. 4 ATDG und § 3 Abs. 4 REDG umgesetzt.

Aufgrund der Möglichkeiten, nach § 3 Abs. 1 Nr. 1b rr ATDG und § 3 Abs. 1 Nr. 1b oo RED-G auf tatsächlichen Anhaltspunkten (im Falle der ATD) bzw. Tatsachen (im Falle der RED) „beruhende zusammenfassende besondere Bemerkungen, ergänzende Hinweise und Bewertungen zu Grunddaten und erweiterten Grunddaten, die bereits in Dateisystemen der beteiligten Behörden gespeichert sind", zu speichern, ist die Möglichkeit zur Speicherung erweiterter Grunddaten inhaltlich im Ergebnis kaum begrenzt.[143] Diese Regelungen ermöglichen das Vorsehen eines Freitextfeldes für erweiterte Grunddaten. Das Bundesverfassungsgericht hat die Regelung im ATDG mit dem Übermaßverbot vereinbar erklärt, sofern sie dazu diene, die Datei für Hinweise und Bewertungen zu öffnen, die durch die Standardisierung und Katalogisierung der Eingaben sonst nicht abgebildet werden.[144] In der Praxis wird von der Möglichkeit von Eingaben im Freitextfeld nur wenig Gebrauch gemacht.[145]

---

[137] BT-Drs. 16/2950, 16.
[138] So sind zB Sprachen und Dialekte von den in der RED zu speichernden Grunddaten nicht erfasst.
[139] Des Weiteren sieht § 3 Abs. 1 Nr. 1b pp ATDG die Angabe von Namen terroristischer Vereinigungen und solche unterstützender Vereinigungen vor.
[140] Vgl. BVerfGE 133, 277 (359 f.) = NJW 2013, 1499.
[141] *Arzt* in Schenke/Graulich/Ruthig RED-G § 3 Rn. 19.
[142] BVerfGE 133, 277 (354 ff.) = NJW 2013, 1499; vgl. auch *Arzt* in Schenke/Graulich/Ruthig ATDG § 3 Rn. 4.
[143] Vgl. im Zusammenhang mit der ATD *Roggan/Bergemann* NJW 2007, 875 (878); *Wolff/Scheffczyk* JA 2008, 81 (82).
[144] BVerfGE 133, 277 (360) = NJW 2013, 1499.
[145] Vgl. zur ATD BVerfGE 133, 277 (306) = NJW 2013, 1499.

60 § 4 Abs. 1 ATDG und § 4 Abs. 1 RED-G sehen in Ausnahme von den Speicherpflichten aus § 2 ATDG und § 2 RED-G eine Möglichkeit vor, aufgrund besonderer Geheimhaltungsinteressen oder besonders schutzwürdiger Interessen des Betroffenen von einer Speicherung der erweiterten Grunddaten abzusehen oder die für die abfragenden Stellen verdeckt zu speichern. Absatz 3 der Vorschriften sieht dabei vor, dass Daten, die aus eingriffsintensiven Maßnahmen wie Telekommunikationsüberwachungen, „Online-Durchsuchungen" oder akustischen Wohnraumüberwachungen stammen, verdeckt zu speichern sind.[146] Diese Regelung beruht auf den vom Bundesverfassungsgericht im Urteil zur ATD formulierten Vorgaben zum Schutz von Art. 10 Abs. 1 und Art. 13 Abs. 1 GG.[147] Im Fall der verdeckten Speicherung erhält die abfragende Behörde keine Kenntnis von dem Umstand der Speicherung, die speichernde Behörde ist allerdings grundsätzlich zu einer Kontaktaufnahme mit ihr verpflichtet (§ 4 Abs. 2 ATDG; § 4 Abs. 2 RED-G). Dies erfolgt, um zu prüfen, ob die Erkenntnisse übermittelt werden können.

61 **e) Weitere Verarbeitung.** §§ 5 ff. ATDG und §§ 5 ff. RED-G regeln die weitere Verwendung von Daten nach ihrer erstmaligen Speicherung in den Dateien. § 5 ATDG und § 5 RED-G regeln den Zugriff auf Daten im automatisierten Verfahren. Hierbei stellt die abrufende Stelle eine Anfrage (in Form der Suche nach einer bestimmten Person), worauf gegebenenfalls ein Treffer ausgegeben wird.[148] Dieser Zugriff bedeutet einen Abgleich personenbezogener Daten, auf den eine Übermittlung durch die verantwortliche an die abrufende Stelle folgt. Eine Prüfung der Voraussetzungen durch die verantwortliche Stelle erfolgt dabei aufgrund des automatisierten Verfahrens nicht.[149] Der Zugriff ist im Wesentlichen an die weite Voraussetzung geknüpft, dass er für die Erfüllung der Aufgaben der abrufenden Stelle zur Aufklärung oder Bekämpfung des internationalen Terrorismus erforderlich ist. § 5 ATDG gestattet jedoch ebenso wie § 5 RED-G nur Einzelabrufe aus einem konkreten Ermittlungsanlass.[150]

62 Der Zugriff bezieht sich dabei grundsätzlich nur auf die Grunddaten, wenn nicht auf Ersuchen ein erweiterter Zugriff gewährt wird (§ 5 Abs. 1 S. 3 ATDG, § 5 Abs. 1 S. 3 RED-G). Die abrufende Stelle erfährt dabei lediglich von der Existenz erweiterter Grunddaten, falls vorhanden, kann diese aber nicht einsehen.[151] Die Gewährung des Zugriffs auf Ersuchen ist dabei als Übermittlung einzuordnen, die einer eigenen Rechtfertigung bedarf. In der Praxis wird der Zugriff auf die erweiterten Grunddaten auf Ersuchen allerdings regelmäßig gewährt, wenn er ausnahmsweise verlangt wird.[152]

63 Die in § 5 Abs. 1 S. 2 Nr. 1a ATDG aF vorgesehene Möglichkeit merkmalbezogener Recherchen in erweiterten Grunddaten (Inverssuche)[153] hat das Bundesverfassungsgericht wegen Verstoßes gegen das Übermaßverbot für verfassungswidrig erklärt.[154] Dies erscheint plausibel, da eine derartige Funktion über das die Eingriffsintensität mildernde Ziel der Informationsanbahnung deutlich hinausgeht.

64 Im Eilfall ist in § 5 Abs. 2 ATDG und § 5 Abs. 2 RED-G ein direkter Zugriff auf die erweiterten Grunddaten vorgesehen. Voraussetzung hierfür ist, dass der direkte Zugriff aufgrund bestimmter Tatsachen zur Abwehr einer gegenwärtigen Gefahr für Leib, Leben, Gesundheit oder Freiheit einer Person oder für Sachen von erheblichem Wert, deren Erhaltung im öffentlichen Interesse geboten ist, unerlässlich ist und die Datenübermittlung aufgrund eines Ersuchens nicht rechtzeitig erfolgen kann. In diesem Fall soll das Interesse

---

[146] Vgl. kritisch hinsichtlich der Bestimmtheit *Arzt* in Schenke/Graulich/Ruthig ATDG § 4 Rn. 9 f.
[147] BVerfGE 133, 277 (374 f.) = NJW 2013, 1499.
[148] Vgl. *Arzt* in Schenke/Graulich/Ruthig ATDG § 5 Rn. 2.
[149] *Roggan/Bergemann* NJW 2007, 876 (878).
[150] BVerfGE 133, 277 (361) = NJW 2013, 1499; *Arzt* in Schenke/Graulich/Ruthig ATDG § 5 Rn. 8 (jeweils zu § 5 ATDG).
[151] Vgl. BT-Drs. 16/2950, 20.
[152] BT-Drs. 17/12665 (neu), 46; BT-Drs. 18/8060, 45.
[153] Hierbei konnten die einfachen Grunddaten von Personen abgefragt werden, auf die bestimmte, den erweiterten Grunddaten zugehörigen Merkmale zutrafen.
[154] BVerfGE 133, 277 (363 f.) = NJW 2013, 1499.

an der Gefahrenabwehr dem Interesse des Betroffenen am Schutz seiner Daten überwiegen.[155] Zu Zugriffen in Eilfällen kam es in der Praxis bislang nur überaus selten.[156]

Die weitere Verwendung der abgerufenen Daten durch die zugreifende Behörde regeln § 6 ATDG und § 6 RED-G. § 6 Abs. 1 S. 1 Var. 1 ATDG und § 6 Abs. 1 S. 1 Var. 1 RED-G gestatten die Verarbeitung der Daten zur Überprüfung eines Treffers. Hierdurch können beispielsweise fehlerhafte Treffer eliminiert werden, wenn bei einer Recherche nach einer Person Daten zu anderen Personen gefunden werden.[157] § 6 Abs. 1 S. 1 Var. 2 ATDG und § 6 Abs. 1 S. 1 Var. 2 RED-G ermöglichen es, die Daten zu verwenden, um ein Ersuchen um Übermittlung von weiteren Erkenntnissen zu stellen. § 6 Abs. 1 S. 1 Var. 3 ATDG und § 6 Abs. 1 S. 1 Var. 3 RED-G erlauben eine weitere Verwendung zur erweiterten projektbezogenen Datennutzung nach § 6a ATDG bzw. § 7 RED-G. 65

Eine darüber hinausgehende und damit zweckändernde Verwendung ist nach § 6 Abs. 1 S. 2 ATDG und § 6 Abs. 1 S. 2 RED-G nur zulässig, wenn diese zur Verfolgung einer besonders schweren Straftat oder zur Abwehr einer Gefahr für Leib, Leben, Gesundheit oder Freiheit einer Person erforderlich ist und die Behörde, die die Daten eingegeben hat, der Verwendung zustimmt. Trotz ihrer engen Voraussetzungen sind diese Regelungen verfassungsrechtlich besonders heikel, weil sie die Verwendung nachrichtendienstlich gewonnener Daten für polizeiliche Zwecke ermöglicht. Sie sind daher eng auszulegen.[158] 66

§ 6 Abs. 2 ATDG und § 6 Abs. 2 RED-G gestatten darüber hinaus im Eilfall die weitere Verwendung der Daten, wenn dies zur Abwehr einer gegenwärtigen Gefahr für Leib, Leben, Gesundheit oder Freiheit einer Person oder für Sachen von erheblichem Wert, deren Erhaltung im öffentlichen Interesse geboten ist, unerlässlich ist. Werden die Daten nach § 6 Abs. 1 S. 2, Abs. 2 ATDG oder § 6 Abs. 1 S. 2, Abs. 2 RED-G verwendet, sind sie zu kennzeichnen (§ 6 Abs. 3 ATDG, § 6 Abs. 3 RED-G). 67

Der durch das Gesetz zur Änderung des Antiterrordateigesetzes und anderer Gesetze v. 18.12.2014[159] neu eingeführte § 6a ATDG ermöglicht ebenfalls eine weitergehende Datenverarbeitung im Zusammenhang mit einzelfallbezogenen Projekten zur Sammlung und Auswertung von Informationen über internationale terroristische Bestrebungen (Abs. 1) sowie für die Verfolgung (Abs. 2) und Verhinderung (Abs. 3) qualifizierter Straftaten des internationalen Terrorismus. Als Vorbild für die Regelung diente § 7 RED-G aF, der bereits mit Einführung des RED-G im Jahr 2012 eine Befugnis zur erweiterten projektbezogenen Datennutzung vorsah und mit der Reform im Jahr 2014 in Gleichklang mit dem neu eingeführten § 6a ATDG gebracht wurde. Der Vorbildcharakter von § 7 RED-G ist allerdings angesichts der Tatsache zweifelhaft, als dass die Befugnis in der Evaluierung des RED-G von November 2015 von der Mehrheit der beteiligten Sicherheitsbehörden als (eher) unwichtig bewertet wurde.[160] 68

§ 6a Abs. 4 ATDG und § 7 Abs. 4 RED-G definieren den Begriff des Projekts als „eine gegenständlich abgrenzbare und auf bestimmte Zeiträume bezogene Aufgabe, der durch die Gefahr oder den drohenden Schaden, die am Sachverhalt beteiligten Personen, die Zielsetzung der Aufgabe oder deren Folgewirkungen eine besondere Bedeutung zukommt."[161] § 6a Abs. 6 ATDG und § 7 Abs. 6 RED-G sehen dabei Beschränkungen hinsichtlich der Zugriffsberechtigungen (Satz 1) sowie der Dauer (Satz 2 und 3) erweiterter projektbezogener Datennutzungen vor. Unter der durch die Vorschrift legitimierten erweiterten Nutzung von Daten ist nach § 6a Abs. 5 S. 1 ATDG und § 7 Abs. 5 S. 1 RED-G „das Herstellen von Zusammenhängen zwischen Personen, Personengruppierungen, Institutionen, Objek- 69

---

[155] BT-Drs. 16/2950, 20; kritisch hierzu *Arzt* in Schenke/Graulich/Ruthig BKAG § 5 Rn. 16; *Roggan/Bergemann* NJW 2007, 876 (878).
[156] Vgl. BT-Drs. 17/12665 (neu), 5; BT-Drs. 18/8060, 44.
[157] Vgl. BT-Drs. 16/2950, 21; BT-Drs. 17/8672, 18; *Arzt* in Schenke/Graulich/Ruthig BKAG § 6 Rn. 3.
[158] *Arzt* in Schenke/Graulich/Ruthig BKAG § 6 Rn. 5.
[159] BGBl. 2014 I 2138; Berichtigung in BGBl. 2016 I 48.
[160] BT-Drs. 18/8060, 57 f.
[161] Kritisch hierzu speziell hinsichtlich der Normenklarheit *Arzt* in Schenke/Graulich/Ruthig BKAG § 6a Rn. 24 f.

ten und Sachen, der Ausschluss von unbedeutenden Informationen und Erkenntnissen, die Zuordnung eingehender Informationen zu bekannten Sachverhalten sowie die statistische Auswertung der gespeicherten Daten" zu verstehen.

70 § 6a ATDG und § 7 RED-G sollen damit komplexe Auswertungen der erweiterten Datenbestände der Dateien ermöglichen.[162] Die Vorschriften gestatten es den teilnehmenden Behörden, aus den – teilweise nachrichtendienstlich erlangten – Datenbeständen neue Informationen zu gewinnen.[163] Die Möglichkeiten gehen hierbei über diejenigen hinaus, die durch eine einzelfallbezogene Übermittlung von Daten und den darauf folgenden Abgleich bestünden, da § 6a ATDG und § 7 RED-G es den teilnehmenden Behörden erlauben, mit direktem Zugriff auf die ATD Datenauswertungen stärker tentativ vorzunehmen.[164] Zu einer Speicherung von Daten oder gar einer Errichtung neuer projektbezogener Dateien ermächtigen die Regelungen hingegen nicht.[165] Dass mit § 6a ATDG ausgerechnet nach der Entscheidung des Bundesverfassungsgerichts zur ATD eine erweiterte Befugnis zur Verwendung von Daten aus der ATD geschaffen wurde, ist aus verfassungsrechtlicher Sicht unverständlich.[166] Die vorgesehene Datenverarbeitung entspricht nicht mehr dem vom Bundesverfassungsgericht beschriebenen Ansatz der „Informationsanbahnung".[167] Die Grenzen des Übermaßverbots dürften angesichts der ohnehin schon hohen Eingriffsintensität durch die Verknüpfung polizeilicher und nachrichtendienstlicher Daten überschritten sein.[168]

71 **f) Sonstige Regelungen.** Sonstige Regelungen zu ATD und RED betreffen unter anderem die datenschutzrechtliche Verantwortung für die Dateien, technische und organisatorische Schutzmaßnahmen, die Sicherung der Datenqualität sowie Errichtungsanordnungen.

72 Die datenschutzrechtliche Verantwortung für die Speicherung liegt grundsätzlich bei der Behörde, die die Daten eingegeben hat (§ 8 Abs. 1 S. 1 ATDG; § 9 Abs. 1 S. 1 RED-G). Bei ihr liegt auch die Befugnis zur Änderung, Löschung sowie Einschränkung der Verarbeitung von Daten (§ 8 Abs. 2 ATDG; § 9 Abs. 2 RED-G).

73 § 9 ATDG und § 10 RED-G sehen technische und organisatorische Maßnahmen zum Schutz der in den Dateien gespeicherten Daten vor. Neben den allgemeinen Anforderungen an die Datensicherheit (§ 9 Abs. 2 ATDG und § 10 Abs. 2 RED-G iVm § 64 BDSG) zählt hierzu ein Erfordernis der zugriffsgenauen Protokollierung zum Zweck der Datenschutzkontrolle (§ 9 Abs. 1 S. 1 ATDG; § 10 Abs. 1 S. 1 RED-G). Zudem ist in § 9 Abs. 3 ATDG, § 10 Abs. 3 RED-G die Pflicht des BKA vorgesehen, dem Bundestag alle drei Jahre über den Datenbestand und die Nutzung der ATD und der RED zu berichten. Die Vorschriften wurden infolge des Urteils des Bundesverfassungsgerichts über die ATD eingefügt, in dem das Gericht zur Gewährleistung von Transparenz und Kontrolle eine gesetzlichen Regelung von Berichtspflichten verlangte.[169] Einen ersten Bericht legte das BKA im Jahr 2017 vor.[170] Der für das Jahr 2020 fällige Bericht steht noch aus.

74 § 11 ATDG und § 12 RED-G sehen zur Sicherung der Datenqualität und Beschränkung auf die erforderlichen Verarbeitungen Pflichten zur Berichtigung unrichtiger Daten (Abs. 1) sowie zur Löschung nicht mehr benötigter Daten (Abs. 2) vor.

---

[162] Vgl. *Hörauf* NVwZ 2015, 181 (183).
[163] *Arzt* in Schenke/Graulich/Ruthig BKAG § 6a Rn. 7.
[164] Vgl. *Arzt* in Schenke/Graulich/Ruthig BKAG § 6a Rn. 7.
[165] *Arzt* in Schenke/Graulich/Ruthig BKAG § 6a Rn. 13.
[166] *Arzt* in Schenke/Graulich/Ruthig BKAG § 6a Rn. 3 spricht von einem „Affront gegen die Entscheidung des BVerfG"; vgl. auch *Petri* ZD 2014, 597 (598).
[167] So auch die Stellungnahme des Bundesrats in BT-Drs. 18/1565, 25 f.; *Arzt* in Schenke/Graulich/Ruthig BKAG § 6a Rn. 9; *Roggan* ZRP 2017, 208 (210).
[168] Ähnlich *Hörauf* NVwZ 2015, 181 (184 f.).
[169] BVerfGE 133, 277 (372) = NJW 2013, 1499.
[170] *Bundeskriminalamt* Bericht an den Deutschen Bundestag: Datenbestand und Nutzung der Antiterrordatei (ATD) und der Rechtsextremismus-Datei (RED) in den Jahren 2014–2017; kritisch ob der fehlenden inhaltlichen Analyse der vorgelegten Daten *Arzt* in Schenke/Graulich/Ruthig ATDG § 1 Rn. 3.

D. Kooperative Datei- und Informationssysteme   § 30

Nach § 12 ATDG und § 13 RED-G hat das BKA im Einvernehmen mit den beteiligten 75
Behörden Einzelheiten zu den in der ATD und der RED erfassten Bereichen des internationalen Terrorismus bzw. Rechtsextremismus, den nach § 1 Abs. 2 ATDG und § 1 Abs. 2 RED-G weiteren beteiligten Polizeivollzugsbehörden, der Art und Eingabe der zu speichernden Daten, den zugriffsberechtigten Organisationseinheiten der beteiligten Behörden, den Einteilungen der Zwecke und der Dringlichkeit einer Abfrage und der Protokollierung festzulegen. § 13 S. 1 Nr. 7 RED-G sieht über § 12 ATDG hinaus gehend eine Festlegung zu Umfang und Verfahren der erweiterten Datennutzung nach § 7 RED-G vor. Gerade angesichts der Weite der Befugnisnorm wäre eine solche Regelung auch hinsichtlich der entsprechenden Befugnis in § 6a ATDG wünschenswert gewesen.

Die Festlegungen nach § 12 ATDG und § 13 RED-G bedürfen der Zustimmung des 76
Bundesministeriums des Innern, des Bundesministeriums der Verteidigung, des Bundesministeriums der Finanzen, der für die beteiligten Behörden der Länder zuständigen obersten Landesbehörden und im Falle der ATD aufgrund der Beteiligung des BND zusätzlich des Bundeskanzleramts (§ 12 S. 2 ATDG; § 13 S. 2 RED-G). Die Bundesbeauftragte für den Datenschutz und die Informationsfreiheit ist vor den Festlegungen anzuhören (§ 12 S. 3 ATDG; § 13 S. 3 RED-G). Die als Verwaltungsvorschrift erlassene Errichtungsanordnung soll dabei sowohl eine interne als auch eine externe Kontrolle der Datei erleichtern.[171]

2. Projektdateien

Mit dem Gemeinsame-Dateien-Gesetz v. 22.12.2006[172] wurde neben der Antiterrordatei 77
für das BfV, den BND und das BKAG die Möglichkeit geschaffen, für die Dauer einer befristeten projektbezogenen Zusammenarbeit, gemeinsame Dateien mit anderen Sicherheitsbehörden[173] zu errichten. Damit sollten die Möglichkeiten einer gemeinsamen Analyse von Informationen über die bestehenden Möglichkeiten zur Datenübermittlung hinaus erweitert werden und besonders die Notwendigkeit einer Errichtung separater und sich asynchron entwickelnder Analysedateien bei den einzelnen Stellen überwunden werden.[174] § 22a BVerfSchG, § 12 BNDG und § 17 BKAG ermächtigen die genannten Stellen dementsprechend zur Errichtung und Verwendung von Volltextdateien.[175]

Die praktische Relevanz dieser Form der Zusammenarbeit erscheint gering. Die Existenz 78
einer auf den genannten Grundlagen errichteten projektbezogenen Datei ist öffentlich nicht bekannt. Da einer Veröffentlichung der Errichtungsanordnungen oder anderweitige Berichtspflicht über die Errichtung der Dateien nicht vorgesehen ist, ist damit zwar nicht auszuschließen, dass gemeinsame projektbezogene Dateien existieren. Die hohen rechtlichen Hürden für eine Errichtung[176] und die Ergebnisse bisheriger parlamentarischer Anfragen[177] sprechen aber dagegen, dass die gemeinsamen projektbezogenen Dateien erhöhte praktische Relevanz erlangt haben.

Die Voraussetzungen der Vorschriften, die die Behörden zur Errichtung der Dateien 79
ermächtigen, ähneln sich dabei weitgehend. Voraussetzung ist zunächst eine befristete projektbezogene Zusammenarbeit. Dies erfordert zumindest eine Vereinbarung von Projektauftrag, Projektzielen und Verfahrensweisen der beteiligten Stellen vor Errichtung der Datei.[178] Wie weit Projektauftrag und -ziele generell gefasst werden können, lassen die Regelungen allerdings offen.[179] Die Zwecke, die für die Zulässigkeit der Einrichtung der

---

[171] Vgl. *Arzt* in Schenke/Graulich/Ruthig ATDG § 12 Rn. 1.
[172] BGBl. 2006 I 3409.
[173] BfV, Landesbehörden für Verfassungsschutz, MAD, BND, Polizeibehörden des Bundes und der Länder und Zollkriminalamt.
[174] Vgl. BT-Drs. 16/2950, 13; *Kutzschbach* in Dietrich/Eiffler NachrichtendiensteR-HdB VI § 6 Rn. 103.
[175] Vgl. *Graulich* in Schenke/Graulich/Ruthig BKAG § 17 Rn. 4.
[176] Vgl. *Kutzschbach* in Dietrich/Eiffler NachrichtendiensteR-HdB VI § 6 Rn. 107.
[177] Vgl. BT-Drs. 19/3840, 5.
[178] BT-Drs. 16/2950, 23.
[179] Kritisch hierzu *Roggan/Bergemann* NJW 2007, 876 (878 f.).

Dateien maßgeblich sind, sind für die jeweiligen Behörden spezifisch geregelt. Für das BfV ist der maßgebliche Zweck der Austausch und die gemeinsame Auswertung von Erkenntnissen zu Bestrebungen, die durch Anwendung von Gewalt oder darauf gerichtete Vorbereitungshandlungen gegen die in § 3 Abs. 1 Nr. 1–4 BVerfSchG genannten Schutzgüter gerichtet sind (§ 22a Abs. 1 S. 2 BVerfSchG). Für den BND ist der maßgebliche Zweck der Austausch und die gemeinsame Auswertung von Erkenntnissen im Hinblick auf die in § 5 Abs. 1 S. 3 Nr. 1–3 G 10 genannten Gefahrenbereiche (von außen drohende kriegerische bzw. terroristische Gefahren) und die in § 5 Abs. 1 S. 3 Nr. 4–8 G 10 genannten Gefahrenbereiche (internationale organisierte Kriminalität), soweit deren Aufklärung Bezüge zum internationalen Terrorismus aufweist[180] (§ 12 Abs. 1 S. 2 BNDG). Für das BKA ist der maßgebliche Zweck der Austausch und die gemeinsame Auswertung von polizeilichen oder nachrichtendienstlichen Erkenntnissen zu Straftaten nach §§ 94–96, 97a–100a und 129a StGB, §§ 17 f. AWG in Fällen von besonderer Bedeutung und Straftaten, die mit derartigen Taten in einem unmittelbaren Zusammenhang stehen.

80 Je mehr Behörden mit unterschiedlichen Aufgaben, an einer projektbezogenen Datei beteiligt sind, desto anspruchsvoller ist deren Rechtfertigung, da der Zweck der Datei zur Erfüllung der Aufgaben aller Behörden dienen muss.[181] Die beteiligten Behörden dürfen die in den gemeinsamen Dateien gespeicherten personenbezogenen Daten jeweils im Rahmen ihrer Befugnisse verwenden, soweit dies in diesem Zusammenhang zur Erfüllung ihrer Aufgaben erforderlich ist (§ 22a Abs. 1 S. 3 BVerfSchG, § 12 Abs. 1 S. 3 BNDG, § 17 Abs. 1 S. 3 BKAG).

81 Die Zulässigkeit der Eingabe von Daten in die gemeinsamen Dateien richtet sich nach den Vorschriften, die für die Übermittlung von Daten an die Behörden gelten, die an den Dateien beteiligt sind. Zu beachten ist die Voraussetzung, dass die Daten an alle an der Zusammenarbeit beteiligten Behörden übermittelt werden dürfen (§ 22a Abs. 2 S. 1 BVerfSchG, § 12 Abs. 2 S. 1 BNDG, § 17 Abs. 2 S. 1 BKAG). Auch dies erhöht die Anforderungen an die Verwendung der Datei, je größer die Anzahl der beteiligten Behörden ist.[182] Letztlich müssen die Daten jeweils für die Aufgabenerfüllung der unterschiedlichen Behörden erforderlich sein, was im Einzelnen schwer zu beurteilen ist. Zusätzlich müsste die eingebende Behörde die Daten auch in eigenen Dateien speichern dürfen (§ 22a Abs. 2 S. 2 BVerfSchG, § 12 Abs. 2 S. 2 BNDG, § 17 Abs. 2 S. 2 BKAG). Sie muss diese außerdem kennzeichnen (§ 22a Abs. 2 S. 3 BVerfSchG, § 12 Abs. 2 S. 3 BNDG, § 17 Abs. 2 S. 3 BKAG).

82 Hinsichtlich der datenschutzrechtlichen Verantwortlichkeit für die Speicherung von Daten gelten für die projektbezogenen Dateien die allgemeinen Vorschriften entsprechend (§ 22a Abs. 3 S. 1 BVerfSchG iVm § 12 Abs. 3 S. 1 BNDG, § 6 Abs. 2 S. 5 und 6 BVerfSchG; § 17 Abs. 3 S. 1 BKAG iVm § 29 Abs. 5 S. 1, § 31 Abs. 2 BKAG), wonach die Verantwortlichkeit bei der jeweils speichernden Stelle liegt. Es sind auch technische und organisatorische Maßnahmen zum Schutz der Dateien zu treffen (§ 22a Abs. 3 S. 1 BVerfSchG iVm § 12 Abs. 3 S. 1 BNDG, § 6 Abs. 3 S. 1 BVerfSchG).

83 Gemeinsame Dateien sind auf höchstens zwei Jahre zu befristen (§ 22a Abs. 4 S. 1 BVerfSchG; § 12 Abs. 4 S. 1 BNDG; § 17 Abs. 4 S. 1 BKAG), wobei eine Möglichkeit zur Verlängerung der Frist um zwei Jahre und darauf ein weiteres Jahr besteht, wenn das Ziel der projektbezogenen Zusammenarbeit bei Projektende noch nicht erreicht worden ist und die Datei weiterhin für die Erreichung des Ziels erforderlich ist (§ 22a Abs. 4 S. 2 BVerfSchG; § 12 Abs. 4 S. 3 BNDG; § 17 Abs. 4 S. 2 BKAG).

84 Für die projektbezogenen Dateien gelten schließlich hinsichtlich der notwendigen Errichtungsanordnungen über die allgemeinen Anforderungen[183] hinaus strengere bzw. präzi-

---

[180] Hierunter dürfte vor allem Kriminalität zur Terrorismusfinanzierung fallen; *Kutzschbach* in Dietrich/Eiffler NachrichtendiensteR-HdB VI § 6 Rn. 108.
[181] *Kutzschbach* in Dietrich/Eiffler NachrichtendiensteR-HdB VI § 6 Rn. 107.
[182] *Kutzschbach* in Dietrich/Eiffler NachrichtendiensteR-HdB VI § 6 Rn. 107.
[183] Vgl. hierzu → Rn. 28.

sere Voraussetzungen. So sind neben Bezeichnung, Zweck, Voraussetzungen der Datenverarbeitung, Zugangsberechtigungen, Überprüfungsfristen, Speicherdauern und allgemeinen Regelungen zur Protokollierung (§ 14 Abs. 1 BVerfSchG) auch die Rechtsgrundlage der Datei, die Art der zu speichernden personenbezogenen Daten, die Arten der personenbezogenen Daten, die der Erschließung der Datei dienen, die Voraussetzungen zur Übermittlung der gespeicherten Daten, die zu Eingabe und Abruf befugten Organisationseinheiten der teilnehmenden Behörden, den Umgang mit mutmaßlich falschen Daten, die Möglichkeit zur Eingabe ergänzender Daten, genauere Vorgaben zur Protokollierung sowie die Zuständigkeit für Schadensersatzansprüche Betroffener festzulegen (§ 22a Abs. 6 BVerfSchG; § 12 Abs. 6 BNDG; etwas weniger differenziert § 17 Abs. 6 BKAG).

E. Perspektiven von Datenspeicherung und Datenauswertung

Seit elektronische Informationsressourcen zu Zwecken des Staatsschutzes eingesetzt werden, haben sich die Möglichkeiten zur Speicherung und Auswertung von Daten erheblich verändert. Besonders die Informationsverbünde von Verfassungsschutz und Polizei haben in den letzten Jahren Umbrüche erlebt bzw. befinden sich in einem solchen. Ein gemeinsamer Nenner ist das Ziel, Daten besser verknüpfbar und leichter verfügbar zu machen. Die Rahmenbedingungen für die Speicherung und Auswertung von Daten in und aus den betrachteten Systemen bedürfen vor dem Hintergrund der aktuellen Entwicklungen einer besonderen Betrachtung, die über die Darstellung der aktuellen einfachgesetzlichen Rahmenbedingungen hinausgeht. 85

Die rechtlichen Grundlagen für die Speicherung und weitere Verarbeitung personenbezogener Daten stehen dabei in einem direkten Zusammenhang. Bundesverfassungsgericht und Europäischer Gerichtshof erkennen ein Kompensationsverhältnis zwischen den Voraussetzungen für Datenspeicherung und weitere Verarbeitung an. Nach dem Bundesverfassungsgericht entscheidet die verhältnismäßige Ausgestaltung der Verwendungsregeln „nicht nur über die Verfassungsmäßigkeit dieser einen eigenen Eingriff begründenden Bestimmungen selbst, sondern wirkt auf die Verfassungsmäßigkeit schon der Speicherung als solcher zurück."[184] Hohe Schwellen für den Zugang zu Daten und deren Auswertung können in einem gewissen Maße fehlende Einschränkungen bei der Speicherung kompensieren und umgekehrt. 86

I. Datenspeicherung

Die Zulässigkeit der Speicherung von Daten in Informationsressourcen hängt einfachgesetzlich im Wesentlichen davon ab, ob sie aufgrund tatsächlicher Anhaltspunkte für die Erfüllung der Aufgaben der speichernden Stelle bzw. die Zwecke der Datei erforderlich ist (vgl. § 10 Abs. 1 BVerfSchG; §§ 18, 19 BKAG; § 2 S. 1 ATDG; § 2 S. 1 RED-G). Dies liegt auf der Linie der höchstrichterlichen Rechtsprechung zum Datenschutzrecht, wonach die Speicherung von personenbezogenen Daten in den einschlägigen Informationsressourcen geeignet sein muss, zu der Erfüllung des Zweckes der jeweiligen Datensammlung beizutragen. Dies erfordert mit den Worten des Bundesverfassungsgerichts „eine auf die Eignung der Daten für den Sammlungszweck bezogene Prognoseentscheidung der speichernden Behörde zum Zeitpunkt der Datenspeicherung."[185] Die Prognoseentscheidung erfordert objektive Grundlagen und eine darauf beruhende Wertung.[186] In diesem Sinne sind auch die einfachgesetzlichen Voraussetzungen für die Speicherung von personenbezogenen Daten in den beschriebenen Dateisystemen zu interpretieren. 87

---
[184] BVerfGE 125, 260 (327 f.) = NJW 2010, 833; ähnlich EuGH Urt. v. 8.4.2014 – Rs. C–293/12 und C–594/12 – Digital Rights, Rn. 60.
[185] BVerfGE 120, 351 (367) = NJW 2008, 2099.
[186] Vgl. zur Prognose als „gedankliche[r] Verknüpfung von Informationen über Tatsachen mit Erwartungen über künftige Ereignisse" *Darnstädt* DVBl. 2017, 88.

88 Als objektive Grundlage für eine Speicherung können schon vage Erkenntnisse ausreichen, nicht aber bloße Vermutungen oder ein „Bauchgefühl".[187] Auf dieser objektiven Grundlage muss eine individuelle Einschätzung folgen, dass die Speicherung von Daten erforderlich ist. Hierbei besteht ein weitgehender Prognosespielraum der speichernden Stelle.[188] Sie hat eine vorausschauende Beurteilung hinsichtlich der Relevanz der Daten vorzunehmen, in die Erfahrungswissen einfließen kann.[189] Im Rahmen der Prüfung der Erforderlichkeit sind auch die einer Speicherung entgegenstehenden Interessen der betroffenen Person zu berücksichtigen.[190] Hierbei sind das Recht auf informationelle Selbstbestimmung bzw. Datenschutz, aber auch der Schutz vor Diskriminierung und – zumindest wertungsmäßig – die Unschuldsvermutung zu berücksichtigen.

89 Die Voraussetzungen für die Speicherung personenbezogener Daten in sicherheitsbehördlichen Informationsressourcen lassen dabei grundsätzlich einen erheblichen Interpretationsspielraum. Eine gewisse Sonderstellung nehmen für den Informationsverbund die Polizei die Voraussetzungen des Grundsatzes der hypothetischen Datenneuerhebung nach dem Bundesverfassungsgericht ein, die in § 12 BKAG und entsprechenden Normen des Landesrechts für die Speicherung von Daten gelten. Durch diese Voraussetzungen werden die Möglichkeiten zur Speicherung wiederum stark eingeengt, auch wenn dieses Prinzip der hypothetischen Datenneuerhebung an dieser Stelle kaum sachgerecht erscheint.[191]

90 Angesichts der im Übrigen weichen Voraussetzungen erscheint es geboten, die Speicherung von Daten in sicherheitsbehördlichen Informationsressourcen mehr als bisher auch prozedural zu steuern. So sollten verstärkt Mechanismen zur Sicherung der Datenqualität vorgesehen werden. Strengere Speicherungsfristen, Kontrollmechanismen und transparenzschaffende Maßnahmen wie verstärkte Betroffenenrechte könnten die Offenheit der Befugnisse kompensieren. Derartige Schutzvorkehrungen auf der Ebene der Datenspeicherung könnten zum Teil auch Defizite der Regelungen zur Auswertung abfedern.

II. Datenauswertung

91 Auch die Voraussetzungen für die Auswertung der Informationsressourcen sind in den entsprechenden Befugnisnormen überaus weich formuliert. Den Regelungen zur Auswertung liegt oftmals ein Verständnis zugrunde, das diese im Vergleich zur Datenerhebung nur als zweitrangigen Eingriff in das Recht auf informationelle Selbstbestimmung ansieht. Durch die heutigen komplexen Möglichkeiten für Abgleich und Auswertung von Daten erscheint dieses Verständnis aber als überholt. Gerade die in den letzten Jahren immer wieder betonten Ziele der besseren Analysefähigkeit der Informationsressourcen und Verknüpfbarkeit von Daten zeigen, dass die Auswertungen für die Sicherheitsbehörden von wachsender Bedeutung sind. Aus der – im kooperativen Bereich besonders wichtigen – Verknüpfung von Informationsbeständen mehrerer Stellen erwachsen für die Betroffenen auch neue Risiken. Perspektivisch ist zu erwarten, dass die Tragweite von Datenauswertungen mit dem zunehmenden Einsatz von Methoden künstlicher Intelligenz, der sich momentan vor allem auf den Feldern von Textauswertung und intelligenter Videoüberwachung realisiert, noch einmal zunehmen wird.

92 Das Bundesverfassungsgericht hat in seiner Rechtsprechung die Notwendigkeit betont, für den Einsatz von eingriffsintensiven Methoden der Datenauswertungen – auch mit Blick auf den Einsatz von Algorithmen – eigenständige Regelungen vorzusehen.[192] In seiner

---

[187] *Rachor/Graulich* in Lisken/Denninger PolR-HdB Kap. E Rn. 149.
[188] Vgl. im polizeilichen Kontext VGH Mannheim ZD 2015, 542 (544); im Zusammenhang mit der ATD BVerfGE 133, 277 (339 f.) = NJW 2013, 1499; *Arzt* in Schenke/Graulich/Ruthig ATDG § 2 Rn. 6.
[189] Vgl. VGH Mannheim NVwZ-RR 2000, 287 (288); ZD 2015, 542 (544); OVG Saarlouis BeckRS 2012, 58861.
[190] Vgl. OLG Dresden MMR 2003, 592 (593); OLG Frankfurt aM NStZ-RR 2008, 183 (184); 2010, 350 (351); OLG Hamburg NStZ 2009, 707 (708).
[191] Dazu → Rn. 42.
[192] BVerfG NJW 2020, 2235 (2253).

Entscheidung zur Antiterrordatei stellte es klar, dass die allgemein gefasste Befugnis in § 5 Abs. 1 S. 1 ATDG zur Nutzung der in der ATD gespeicherten Daten zur Erfüllung ihrer Aufgaben nicht ausreicht, um etwa den Einsatz einer automatischen Bilderkennung oder die Verwendung von ähnlichen Funktionen zu rechtfertigen.[193] Strenge Maßstäbe hat das Gericht für automatisierte Datenanalysen in seinem Urteil zur Rasterfahndung aufgestellt, in der es unter anderem aufgrund der Menge und Vielfalt der einbezogenen Daten sowie ihrer Verknüpfung mit neuen technologischen Hilfsmitteln einen besonders intensiven Grundrechtseingriff sah.[194]

Vor diesem Hintergrund sind speziellere Befugnisse zu regeln, wenn etwa komplexe KI-gestützte Methoden zur Datenauswertung zum Einsatz kommen sollen. Auch die – vor dem Hintergrund der Dateizwecke ohnehin fragwürdigen – Regelungen zur erweiterten projektbezogenen Datennutzung in § 6a ATDG und § 7 RED-G erscheinen dafür in der Allgemeinheit ihrer Voraussetzungen nicht ausreichend. Auch die im Polizeirecht aufkommenden neuen Regelungen für komplexe Datenabgleiche (§ 25a HSOG, § 49 HmbPolDVG) erweisen sich als ausbaufähig. Ihnen fehlt es an prozeduralen Vorkehrungen, die etwa verhindern, dass fehlerhafte Daten in die Analyse einfließen, sowie an Eingriffsschwellen, die den Kriterien des Bundesverfassungsgerichts zur Rasterfahndung entsprechen. 93

F. Rechtsschutz und Kontrolle

Um gegen die Speicherung und Weiterverarbeitung von Daten in den genannten Systemen vorzugehen, stehen den Betroffenen zunächst ihre datenschutzrechtlichen Betroffenenrechte zur Verfügung. Hierbei nimmt das – unter anderem in Art. 8 Abs. 2 S. 2 GRCh verankerte – Recht auf Auskunft eine herausgehobene Stellung ein. Es ist als Betroffenenrecht gegenüber Verfassungsschutz (§ 15 BVerfSchG), Polizei[195] sowie spezialgesetzlich bezüglich besonderer Dateien[196] verankert. Gegenüber der polizeilichen Datenverarbeitung gelten dazu die Rechte auf Berichtigung, Löschung und Einschränkung der Verarbeitung nach § 58 BDSG. Benachrichtigungspflichten über Datenspeicherungen und -auswertungen in kooperativen Informationsressourcen sind hingegen grundsätzlich nicht vorgesehen.[197] Gerichtlich können die Betroffenenrechte gegenüber der datenschutzrechtlich verantwortlichen Stelle geltend gemacht werden. 94

Die Ausgestaltung des Rechts auf Auskunft im Einzelnen schränkt seine praktische Wahrnehmung stark ein. Während Art. 15 JI-RL eine entsprechende Ausgestaltung für den polizeilichen Bereich verhindert, macht § 15 Abs. 1 S. 1 BVerfSchG die Auskunft von der Darlegung eines besonderen Interesses abhängig. Dazu sind die Regelungen zum Auskunftsrecht davon geprägt, dass sie zahlreiche Ausnahmetatbestände vorsehen. So können Auskünfte etwa unterbleiben, wenn sie die Aufgabenerfüllung einer Behörde gefährden[198] oder Rechte Dritter entgegenstehen.[199] Dazu sind Möglichkeiten vorgesehen, bei der Ablehnung einer Auskunft auf eine Begründung hierzu zu verzichten.[200] Schließlich besteht für die Auskunft über Daten aus dem polizeilichen Informationsverbund und gemeinsamen Dateien jeweils ein Erfordernis des Einvernehmens der für die Datenverarbeitung verantwortlichen Stelle.[201] 95

---
[193] BVerfGE 133, 277 (361) = NJW 2013, 1499.
[194] BVerfGE 115, 320 (350 ff.) = NJW 2006, 1939.
[195] Für die Auskunftserteilung des BKA gelten § 84 BKAG, § 57 BDSG.
[196] § 10 Abs. 3 ATDG iVm § 57 BDSG; § 11 Abs. 3 RED-G iVm § 57 BDSG.
[197] Kritisch hierzu im Zusammenhang mit der ATD *Arzt* NVwZ 2013, 1328 (1332).
[198] § 15 Abs. 2 Nr. 1 BVerfSchG; § 57 Abs. 4 S. 1 BDSG iVm § 56 Abs. 2 Nr. 1 BDSG.
[199] § 15 Abs. 2 Nr. 2 BVerfSchG; § 57 Abs. 4 S. 1 BDSG iVm § 56 Abs. 2 Nr. 3 BDSG.
[200] § 15 Abs. 4 BVerfSchG; § 57 Abs. 6 S. 3 BDSG.
[201] § 84 Abs. 1 S. 1 BKAG; § 10 Abs. 3 S. 1 ATDG; § 11 Abs. 3 S. 1 RED-G; § 22a Abs. 3 S. 2 BVerfSchG iVm § 15 BVerfSchG; § 12 Abs. 3 S. 2 BNDG iVm § 22 BNDG; § 17 Abs. 3 S. 3 BKAG iVm § 84 Abs. 1 S. 1 und 2 BKAG.

96 Ein wichtiger Bestandteil der Kontrolle der rechtmäßigen Nutzung der Dateien ist die Datenschutzaufsicht des Bundes und der Länder, da die hier erfolgenden Eingriffe in das informationelle Selbstbestimmungsrecht für die Betroffenen nicht unmittelbar wahrnehmbar sind.[202] Die Betroffenen müssen sich hier in einem erhöhten Maße auf die Wahrnehmung ihrer Interessen durch die Datenschutzaufsicht verlassen, die sie im Übrigen auch bei der Wahrnehmung ihrer Betroffenenrechte unterstützen kann.[203] Insofern erscheint es konsequent, dass das Bundesverfassungsgericht für die Antiterrordatei angenommen hat, dass eine turnusmäßige Kontrolle der Datei durch die Datenschutzaufsicht verpflichtend ist.[204] Entsprechendes müsste allerdings auch für andere sicherheitsbehördliche Informationssysteme gelten, die besonders schutzwürdige Daten enthalten, auch wenn keine Kooperation von Polizei und Nachrichtendiensten vorgesehen ist.

97 Für die Kontrolle von Datenverarbeitungen, die in der Verantwortlichkeit der Bundesbehörden durchgeführt werden, ist dabei die Bundesbeauftragte für den Datenschutz und die Informationsfreiheit zuständig. Die von den Behörden der Länder vorgenommenen Datenverarbeitungen liegen im Zuständigkeitsbereich der Landesbeauftragten für den Datenschutz. Eine klare Abgrenzung der Kontrollen wird dabei nicht in jedem Fall möglich sein. Eine Zusammenarbeit der Bundes- und Landesaufsicht dürfte regelmäßig geboten sein (vgl. § 10 Abs. 1 S. 3 ATDG).

G. Fazit

98 Die kooperativen Informationsressourcen zu Zwecken des Staatsschutzes werfen zahlreiche Fragen auf und geben an vielen Stellen Anlass zur Kritik. Während die praktische Bedeutung von NADIS-WN und INPOL-neu nicht infrage steht, wird die Relevanz von Antiterrordatei, Rechtsextremismus-Datei und gemeinsamen Projektdateien bezweifelt. Diese Instrumente haben ihre Sinnhaftigkeit jedenfalls der Fachöffentlichkeit gegenüber noch nicht unter Beweis stellen können. Das ist angesichts der mit ihrem Einsatz verbundenen intensiven rechtlichen Eingriffe problematisch.

99 Erheblicher rechtlicher Nachbesserungsbedarf besteht bei den Befugnissen zur Speicherung und Auswertung von Daten, die in einem logischen Zusammenhang stehen. Für die Speicherung im polizeilichen Informationsverbund erscheinen die Kriterien der hypothetischen Datenneuerhebung als wenig sachgerecht. Stärkere prozedurale Eingrenzungen der ansonsten weich ausgestalteten Befugnisse erschienen wünschenswert. Die Befugnisse zur Datenauswertung werden den in der technischen Realität bestehenden Möglichkeiten komplexer Datenabgleiche sowie den Vorhaben der Sicherheitsbehörden, die Analysefähigkeit ihrer Datenbestände zu verbessern, nicht gerecht. Perspektivisch werden unter anderem spezifischere Regelungen für den Einsatz von Methoden künstlicher Intelligenz zu diskutieren sein. Die Regelungen zur erweiterten projektbezogenen Datennutzung in § 6a ATDG und § 7 RED-G können in ihrer Unbestimmtheit keine komplexen Datenauswertungen rechtfertigen und sind zudem mit dem Charakter der primär auf die Informationsanbahnung ausgerichteten gemeinsamen Dateien nicht vereinbar.

100 Effektiver Rechtsschutz und Kontrolle stehen bezüglich der Informationsressourcen unter anderem aufgrund der Intransparenz der Datenverarbeitungen vor besonderen Hürden. Die datenschutzrechtlichen Betroffenenrechte – in erster Linie das Recht auf Auskunft – unterliegen trotz ihrer starken grundrechtlichen Verankerung erheblichen Einschränkungen. Die Datenschutzaufsicht als wichtiger Akteur in der Kontrolle muss angesichts verschiedener Zuständigkeiten von Bundes- und Landesbehörden Herausforderungen in der Kooperation bewältigen und ist – zumindest auf Landesebene – personell mangelhaft aufgestellt.

---

[202] BVerfGE 133, 277 (366 f.) = NJW 2013, 1499.
[203] Vgl. zum Auskunftsrecht § 15 Abs. 4 S. 2 ff. BVerfSchG; § 57 Abs. 7 BDSG.
[204] Diese Kontrollpflicht wurde in § 10 Abs. 2 ATDG umgesetzt.

§ 31 Besondere Einrichtungen und Zentren, GTAZ u. a.

Johannes Dimroth

Übersicht

	Rn.
A. Einführung	1
B. Gemeinsame Zentren	4
I. GTAZ	4
1. Funktion und Arbeitsweise	4
a) Ursprung/Gründungsakt	4
b) Organisation	6
c) Arbeitsweise	7
d) Weiterentwicklung	18
2. Rechtsform	20
a) Behörde	21
b) Agentur sui generis	22
c) Netzwerk	23
3. Rechtmäßigkeit	24
a) Erforderlichkeit einer eigenständigen Rechtsgrundlage	24
b) Trennungsgebot	26
c) Kontrolle	30
d) Transparenz	31
e) Gebot des effektiven Rechtsschutzes	32
f) Fazit	33
II. Weitere gemeinsame Zentren	34
1. GETZ	35
2. GIZ	36
3. Cyber-AZ	37
4. GASIM	39

Wichtige Literatur:

Bundesministerium des Innern/Bundesministerium der Justiz, Bericht der Regierungskommission zur Überprüfung der Sicherheitsgesetzgebung in Deutschland vom 28.8.2013; *Bader, J./Ronellenfitsch, M.,* BeckOK VwVfG, 50. Ed. 2021; *Bäcker, M.,* Sicherheitsarchitektur und Terrorismusbekämpfung; Anhörung im 1. Untersuchungsausschuss der 19 WP am 17. Mai 2018, Ausschussdrucksache 19(25)249; *Boysen, S./Bühring, F./Franzius, C./Herbst, T./Kötter, M./Kreutz, A./v. Lewinski, K./Meinel, F./Nolte, J./Schönrock, S.,* Netzwerke, 2007, 289 ff.; *Catano, V./Gauger, J.,* Information Fusion: Intelligence Centers and Intelligence Analysis, in Goldenberg/Soeters/Waylon, Information Sharing in Military Operations, 2017; *Dietrich, J.-H./Eiffler, S.-R.,* Handbuch des Rechts der Nachrichtendienste, 2017; *Dombert, M./Räuker, K.,* Am Beispiel der deutschen Sicherheitsarchitektur: Zum Grundrechtsschutz durch Organisation, DÖV 2014, 414 ff.; *Dreksler, O.,* Föderale Sicherheitsarchitektur, Anhörung im 1. Untersuchungsausschuss der 19 WP am 17. Mai 2018, Ausschussdrucksache 19(25)255; *Droste, B.,* Handbuch des Verfassungsschutzrechts, 2007; *Fischer-Appelt, D.,* Agenturen der Europäischen Gemeinschaft – Eine Studie zu Rechtsproblemen, Legitimation und Kontrolle europäischer Agenturen mit interdisziplinären und rechtsvergleichenden Bezügen, 1999; *Fremuth, M. L.,* Wächst zusammen, was zusammengehört?, AöR 139 (2014), 32 ff.; *Frevel, B.,* Plural Policing – Sicherheitsarbeit durch Kooperation, in Stierle/Wehe/Stiller, Handbuch Polizeimanagement, 2017; *Fromm, H.,* Föderale Sicherheitsarchitektur, Anhörung im 1. Untersuchungsausschuss der 19 WP am 17. Mai 2018, Ausschussdrucksache 19 (25)241; *Gazeas, N.,* Föderale Sicherheitsarchitektur, Anhörung im 1. Untersuchungsausschuss der 19 WP am 17. Mai 2018, Ausschussdrucksache 19(25)252; *Goertz, S.,* Terrorismusabwehr – Zur aktuellen Bedrohung durch den islamistischen Terrorismus in Deutschland und Europa, 3. Aufl. 2020; *Hofmann, H.,* Status und Reformoptionen in der föderalen Sicherheitsarchitektur, in Knüpling/Kölling/Kropp/Scheller, Reformbaustelle Bundesstaat, 2020, 407 ff.; *Lisken, H./Denninger, E.,* Handbuch des Polizeirechts, 6. Aufl. 2018; *Linke, T.,* Rechtsfragen der Einrichtung und des Betriebs eines Nationalen Cyber-Abwehrzentrums als informelle institutionalisierte Sicherheitskooperation, DÖV 2015, 128 ff.; *Maurer, J.,* Föderale Sicherheitsarchitektur, Anhörung im 1. Untersuchungsausschuss der 19 WP am 17. Mai 2018, Ausschussdrucksache 19(25)238; *Möllers, M.,* Wörterbuch der Polizei, 3. Aufl. 2018; *Möstl, M./Schwabenbauer, T.,* BeckOK Polizei- und Sicherheitsrecht Bayern, 15. Ed. 2020; *Nehm, K.,* Das nachrichtendienstrechtliche Trennungsgebot und die neue Sicherheitsarchitektur, NJW 2004, 3289 ff.; *Papier, H.-J.,* Rechtsstaatlichkeit und Grundrechtsschutz in der digitalen Gesellschaft, NJW 2017, 3025 ff.; *Persson, G.*, Fusion Centers – Lessons Learned, Center for Asymmetric Threat Studies at the Swedish National Defence College, 2013; *Rathgeber, C.*, Terrorismusbekämpfung durch Organisationsrecht, DVBl 2016, 1010 ff.; *Roggan, F.*, Legislative Entgrenzungen im Bereich der „Terrorismusbekämpfung", ZRP 2017; *Rusteberg, B.*, Föderale Sicherheitsarchitektur, Anhörung im 1. Untersuchungsausschuss der 19 WP am 17. Mai 2018, Ausschussdrucksache 19(25)239; *Schenke, W.-R./Graulich, K./Ruthig, J.*, Sicherheitsrecht des Bundes, 2019; *Schröter, E.*, Gemeinsame Zentren, getrennte Kontrolle?, ZMV 25 (2019), 237 ff.; *Sensburg, P. E.*, Sicherheit in einer digitalen Welt,, 2017; *Sommerfeld, A.*, Verwaltungsnetzwerke am Beispiel des Gemeinsamen Terrorismusabwehrzentrums des Bundes und der Länder (GTAZ), 2015; *Stegmaier, P./Feltes, T.*, Vernetzung als neuer Effektivitätsmythos für die innere Sicherheit, APUZ 2007, 18 ff.; *Stelkens, P./Bonk, J./Sachs, M.*, Verwaltungsverfahrensgesetz – Kommentar, 9. Aufl. 2018; *Süß, S.*, Die Zusammenarbeit von Polizei und Nachrichtendiensten im GASIM und ihre Verfassungsmäßigkeit, in Sensburg, Sicherheit in einer digitalen Welt, 2017; *Weisser, N.-F.*, Das Gemeinsame Terrorismusabwehrzentrum (GTAZ) – Rechtsprobleme, Rechtsform und Rechtsgrundlage, NVwZ 2011, 142 ff.; *Widmaier, G.*, Münchener Anwaltshandbuch Strafverteidigung, 2006; *Wissenschaftliche Dienste des Deutschen Bundestages*, Gemeinsames Terrorismusabwehrzentrum (GTAZ) – Rechtsgrundlagen und Vergleichbarkeit mit anderen Kooperationsplattformen, 2018; *Wolff, H. A.*, Überblick über die föderale Sicherheitsarchitektur, Anhörung im 1. Untersuchungsausschuss der 19. WP am 17. Mai 2018, Ausschussdrucksache 19(25)240.

Hinweis:
Alle Internetfundstellen wurden zuletzt am 1.4.2022 abgerufen.

A. Einführung

1 Die Terroranschläge vom 11. September 2001, verübt durch Mitglieder der islamistischen Terrororganisation Al Qaida, stellten eine Zäsur für die Bewertung der Sicherheitslage weltweit dar. In der Folge musste die Sicherheitsarchitektur auch in Deutschland grundsätzlich infrage gestellt werden. Dies galt umso mehr, als die Spur der Täter vom 11. September auch nach Deutschland führte. Drei der Attentäter lebten in Hamburg. Von Deutschland aus fanden Teile der Anschlagsplanungen statt, ohne dass dies die deutschen Sicherheitsbehörden rechtzeitig erkannt hatten.

2 Als Reaktion hierauf wurde im Rahmen von zwei sog. Anti-Terror-Paketen die materielle Ausstattung vor allem der Nachrichtendienste des Bundes, der Bundeswehr, dem Bundesgrenzschutz (heute Bundespolizei), dem BKA und dem GBA erheblich verbessert.[1] Daneben enthielten die Pakete eine Reihe materiell-rechtlicher Verschärfungen. Mit dem ersten Anti-Terror-Paket wurde insbesondere das Religionsprivileg aus § 2 Abs. 2 Nr. 3 VereinsG aF aufgehoben[2] und die Strafbarkeit im Bereich terroristischer Vereinigungen durch eine Erweiterung des Täterkreises von bisher nationalen terroristischen Vereinigungen in §§ 129, 129a StGB auf ausländische Vereinigungen in § 129a StGB ausgeweitet.[3] Das auch als Sicherheitspaket II bezeichnete zweite Anti-Terror-Paket[4] zielte hingegen auf die Erweiterung der präventiven Möglichkeiten zur Terrorismusbekämpfung ab.[5]

3 Die Analyse der Ursachen für fehlende Erkenntnisse zu den Attentätern ergab aber vor allem einen Schluss: Die Zusammenarbeit zwischen den verschiedenen Sicherheitsbehörden musste erheblich verbessert werden. Bestehende Vorbehalte zwischen Bundes- und Landesbehörden waren abzubauen. Teilweise bestehende Abschottungstendenzen zwischen Polizei und Nachrichtendiensten galt es aufzubrechen. Als Konsequenz und in Fortführung bereits früher im Rahmen der Terrorismusbekämpfung ergriffener Maßnahmen zur verbesserten Koordination der Akteure[6] wurde im Bundesministerium des Innern dazu an

---

[1] Im Rahmen des Gesetzes zur Finanzierung der Terrorbekämpfung v. 10.12.2001 (BGBl. 2001 I 3436) wurde die Grundlage für eine Aufstockung der finanziellen Ausstattung der genannten Behörden erreicht (insgesamt im Umfang von drei Milliarden D-Mark).
[2] BGBl. 2001 I 3319.
[3] BGBl. 2002 I 3390.
[4] BGBl. 2002 I 361.
[5] Vgl. zu den Einzelheiten *BMI/BMJ* Bericht der Regierungskommission zur Überprüfung der Sicherheitsgesetzgebung in Deutschland 16 ff.
[6] *Sommerfeld* GTAZ 154 f.; *Rathgeber* DVBl 2016, 1010.

einem Konzept zur Einrichtung von zwei Informations- und Analysezentren des Bundeskriminalamts und des Bundesamts für Verfassungsschutz und deren Kooperation gearbeitet. Eine wesentliche staatliche Reaktion auf die verschärfte terroristische Gefahr lag damit entgegen der etablierten Gegenmaßnahmen nicht in einer weiteren Kompetenzerweiterung der Sicherheitsbehörden, sondern in einer organisationsrechtlichen Kooperation.[7]

B. Gemeinsame Zentren

I. GTAZ

1. Funktion und Arbeitsweise

a) Ursprung/Gründungsakt. Als Reaktion auf die Anschläge vom 11. September 2001 billigte Bundesinnenminister Otto Schily das im BMI entstandene Konzept zur Verbesserung der Zusammenarbeit der Sicherheitsbehörden im Bereich des islamistischen Terrorismus auf der Grundlage einer Ministervorlage vom 14.6.2004. Das Konzept sah vor, ein polizeiliches Analysezentrum „Islamistischer Terrorismus" beim BKA und ein nachrichtendienstliches Analysezentrum „Islamistischer Terrorismus" beim BfV aufzubauen und beide Zentren in unmittelbarer räumlicher Nähe zueinander in Berlin-Treptow einzurichten.[8] Auch die Bundesländer trugen die Idee einer zentral organisierten Zusammenarbeit mit. So beschloss die Innenministerkonferenz am 8.7.2004 in Kiel die Einrichtung eines zentralen Lage- und Analysezentrums zur Terrorismusbekämpfung in Berlin, in welchem Bundeskriminalamt, Bundesnachrichtendienst und Bundesamt für Verfassungsschutz zusammenarbeiten sollten. 4

Im Rahmen einer Behördentagung am 28.10.2004 wurde zwischen BKA, BfV und BND unter Beteiligung von BMI und Bundeskanzleramt Einigkeit darüber erzielt, dass diese Kooperation durch die Einrichtung fester institutioneller Strukturen in Gestalt eines polizeilichen sowie eines nachrichtendienstlichen Informations- und Analysezentrums weiter intensiviert werden und eine funktionale Verknüpfung der beiden Analysezentren erreicht werden soll. Die Verknüpfung erfolgte mit dem Ziel einer behördenübergreifenden Kooperation bei der Bekämpfung des islamistischen Terrorismus, die sich innerhalb des differenzierten Systems gesetzlicher Aufgaben- und Befugniszuteilung vollzieht und die die Funktionsbedingungen der einzelnen Akteure wahrt.[9] Die behördenübergreifende Zusammenarbeit sollte durch neue, mehrsträngige Kommunikationswege gestärkt werden, indem Informationen ausgetauscht, gebündelt und bewertet werden, um jeweils operative Maßnahmen der beteiligten Behörden im eigenen Zuständigkeitsbereich vorzubereiten.[10] Details wurden im Weiteren im Rahmen weiterer Abstimmungen zwischen den beteiligten Behörden und hinsichtlich der Einbindung der Länderbehörden im Kamingespräch der Innenministerkonferenz in Lübeck am 18.11.2004 erarbeitet.[11] Es existiert keine Organisationsgrundlage durch Gesetz oder öffentlich-rechtliche Vereinbarung.[12] Am 14.12.2004 nahm mit dem Gemeinsamen Terrorismusabwehrzentrum (GTAZ) schließlich das erste gemeinsame Zentrum im Zuständigkeitsbereich der deutschen Sicherheitsbehörden seine Arbeit auf.[13] Die endgültige Namensgebung „Gemeinsames Terrorismusabwehrzentrum (GTAZ)" erfolgte mit Erlass des BMI vom 10.1.2005. Eine spezifische Rechtsgrundlage für 5

---

[7] *Weisser* NVwZ 2011, 142.
[8] Leitungsvorlage betreffend die Verbesserung der Zusammenarbeit der Sicherheitsbehörden im Bereich islamistischer Terrorismus v. 14.6.2004.
[9] Protokoll der Behördentagung zur Einrichtung von Informations- und Analysezentren zum islamistischen Terrorismus in Berlin am 28.10.2004.
[10] *BMI/BMJ* Bericht der Regierungskommission zur Überprüfung der Sicherheitsgesetzgebung in Deutschland 166.
[11] Wissenschaftliche Dienste des Deutschen Bundestages, Gemeinsames Terrorismusabwehrzentrum (GTAZ) – Rechtsgrundlagen und Vergleichbarkeit mit anderen Kooperationsplattformen, 2018, 4 f.
[12] *Dombert/Räuker* DÖV 2014, 414.
[13] BT-Drs. 17/14830, 4.

das GTAZ existiert nicht. Ob eine solche rechtlich notwendig wäre, ist streitig und wird unter 3.a. → Rn. 24–33 tiefergehend untersucht.

6 b) Organisation. Am GTAZ sind insgesamt 40 Behörden beteiligt: Die jeweils 16 Verfassungsschutzbehörden und Landeskriminalämter der Bundesländer, das Bundeskriminalamt, die Bundespolizei, das Zollkriminalamt, das Bundesamt für Verfassungsschutz, der Bundesnachrichtendienst, der Militärische Abschirmdienst, der Generalbundesanwalt und das Bundesamt für Migration und Flüchtlinge.[14] Mit rund 230 Mitarbeitern[15] ist das GTAZ europaweit eine der größten Analyseeinheiten für die Bekämpfung des islamistischen Terrorismus.[16] Die Beamtinnen und Beamten, die von diesen Behörden auf dienstrechtlicher Basis ins GTAZ entsandt werden, entstammen jeweils den unterschiedlichen, fachlich zuständigen Organisationseinheiten der beteiligten Behörden, unterstehen weiterhin den jeweiligen Aufsichtsstellen ihrer Entsendebehörden und verfügen in dieser Eigenschaft auch ausschließlich über die jeweils fachgesetzlich normierten Befugnisse.[17] In Folge dieser Struktur gibt es keine formale „Leitung" des GTAZ, sondern die Vertreter der Behörden kooperieren „auf Augenhöhe".[18] Das GTAZ ist beim BKA am Standort Berlin eingerichtet. Die Geschäftsführung wird von BKA und BfV gemeinsam wahrgenommen.[19] Als Folge der sehr klar auf die fortbestehende Zuordnung der Mitarbeiter zu ihren Entsendebehörden fokussierte Organisation des GTAZ und die auch damit einhergehende Beschränkung auf die der jeweiligen vertretenen Behörde spezifischen Befugnisse ist hinreichend gesichert, dass die den vertretenen Behörden zugewiesenen Aufgaben eigenverantwortlich mit eigenem Personal, eigenen Sachmitteln und eigener Organisation wahrgenommen werden und somit keine Form der nach dem Normgefüge der Art. 83 ff. GG unzulässigen Mischverwaltung[20] vorliegt.

7 c) Arbeitsweise. In diversen Kooperationsformen erfolgt eine intensive und kontinuierliche Zusammenarbeit zum Zweck der Gefährdungsbewertung, des operativen Informationsaustauschs, der Fallauswertung, der Erstellung von Strukturanalysen sowie zur Aufklärung des islamistisch-terroristischen Personenpotenzials. Dabei wird vorhandenes Wissen zusammengeführt, um es für Analysen, Einschätzungen und Prognosen auf der Grundlage der einschlägigen gesetzlichen Rahmen zur Aufgabenerfüllung der beteiligten Behörden nutzbar zu machen.[21] Die Behörden sollen so in die Lage versetzt werden, sich schnell auszutauschen, die verfügbaren und relevanten Informationen zügig zu analysieren und Entwicklungen frühzeitig erkennen zu können, um ihnen mit strategisch ausgerichteten und fundierten Maßnahmen entgegentreten zu können.[22] Das GTAZ trifft dabei keine eigenen verbindlichen Entscheidungen. Die Zusammenarbeit dort dient vielmehr der Koordination und Information bei den durch die jeweiligen Behörden eigenverantwortlich zu treffenden Entscheidungen.[23] Durch die permanente und frühzeitige Einbeziehung des GBA wird sichergestellt, dass Ermittlungserfordernisse rechtzeitig und umfänglich bei der Entscheidungsfindung berücksichtigt werden können.[24]

---

14 *Goertz* Terrorismusabwehr 136.
15 BT-Drs. 16/10007, 5.
16 *Weisser* NVwZ 2011, 142 (143); *Rusteberg,* Föderale Sicherheitsarchitektur, Anhörung im 1. Untersuchungsausschuss der 19 WP am 17. Mai 2018, Ausschussdrucksache 19(25)239, 85.
17 *Sommerfeld* GTAZ 224.
18 *Bundesamt für Verfassungsschutz,* Gemeinsames Terrorismusabwehrzentrum, abrufbar unter https://www.verfassungsschutz.de/de/verfassungsschutz/auftrag/zusammenarbeit-im-in-und-ausland/gemeinsames-terrorismusabwehrzentrum-gtaz_node.html.
19 BT-Drs. 17/14830, 6.
20 BVerfGE 119, 331 (367) = NVwZ 2008, 183.
21 *Hofmann* in Knüpling/Kölling/Kropp/Scheller, Reformbaustelle Bundesstaat, 2020, 417 f.
22 BT-Drs. 17/14830, 5.
23 Wissenschaftliche Dienste des Deutschen Bundestages, Gemeinsames Terrorismusabwehrzentrum (GTAZ) – Rechtsgrundlagen und Vergleichbarkeit mit anderen Kooperationsplattformen, 2018, 10.
24 *Maurer,* Föderale Sicherheitsarchitektur, Anhörung im 1. Untersuchungsausschuss der 19 WP am 17. Mai 2018, Ausschussdrucksache 19(25)238, 12; beispielhafte Darstellung der Zusammenarbeit im GTAZ bei *Fromm,* Föderale Sicherheitsarchitektur, Anhörung im 1. Untersuchungsausschuss der 19 WP am 17. Mai 2018, Ausschussdrucksache 19(25)241, 11.

B. Gemeinsame Zentren

§ 31

Das GTAZ besteht aus zwei getrennten Auswertungs- und Analysesäulen: der Nachrichtendienstlichen Informations- und Analysestelle (NIAS) und der Polizeilichen Informations- und Analysestelle (PIAS), in denen sich die Behörden von Bund und Ländern regelmäßig innerhalb ihres Verbundes (Verfassungsschutz und Polizei) getrennt austauschen.[25] Beide befinden sich auf dem Gelände des BKA, zwischen beiden ist dabei jedoch eine strikte räumliche und inhaltliche Trennung etabliert.[26] Mitglieder beider Säulen arbeiten in verschiedenen Arbeitsgruppen zusammen, die unterschiedlichen Zwecken dienen: Aktuelle Fallbearbeitung, Gefahrenprognosen und mittel- und langfristige Analysen.[27] Eine besondere Funktion kommt dabei der Arbeitsgruppe „Tägliche Lagebesprechung", an der sämtliche Behörden teilnehmen und in deren Ablauf aktuelle Sachverhalte besprochen, aktuelle Lageerkenntnisse ausgetauscht und länder- bzw. behördenübergreifende Sachzusammenhänge erkannt werden sollen, zu.[28] Ziel der Arbeitsgruppe ist eine möglichst umfassende und präzise Darstellung der aktuellen Lage durch Bündelung phänomenrelevanter Informationen, um mögliche behördenübergreifende Verbindungen oder Bezüge in andere Bundesländer festzustellen und mit entsprechenden Maßnahmen, dann in der ausschließlichen Verantwortlichkeit der jeweils agierenden Behörde, reagieren zu können. Im Anschluss an die Sitzungen wird durch die Geschäftsführung (BKA) ein Protokoll gefertigt, welches allen vertretenden Behörden übermittelt wird und die mitgeteilten Erkenntnisse und gegebenenfalls abgestimmte Maßnahmen, Aufträge und Anregungen abbildet.

Zusätzlich können anlassbezogen weitere Arbeitsgruppen mit unterschiedlichen Zielsetzungen und unterschiedlicher Besetzung eingerichtet werden. Derzeit umfasst das GTAZ zusätzlich zur AG „Tägliche Lagebesprechung" folgende weitere sieben Arbeitsgruppen,[29] welche überwiegend anlassbezogen zusammentreten:

Die Besprechungen der Arbeitsgruppe „Risikomanagement" dienen der Durchführung von Fallkonferenzen auf Grundlage der Bewertungen durch das Instrument RADAR-iTE.[30]

Mit der Arbeitsgruppe „Operativer Informationsaustausch" soll das operative bzw. maßnahmenbezogene Vorgehen zwischen betroffenen Behörden in relevanten Einzelfällen, die in aller Regel ein Gefährdungsmoment aufweisen, abgestimmt werden. Ziel dabei ist die schnelle und adäquate Einsatzplanung.

Die Arbeitsgruppe „Fälle und Analyse" befasst sich mit fallübergreifenden Aspekten der Terrorismusbekämpfung in Deutschland, um aus der Analyse Maßnahmen und Präventionsansätze zu erarbeiten.

Die Arbeitsgruppe „Islamistisch-terroristisches Personenpotenzial" bündelt die Erkenntnisse zum islamistisch-terroristischen Personenpotenzial einschließlich relevanter Personengruppen und potentieller Rekrutierungs- und Unterstützungsstrukturen in Deutschland.

Im Rahmen der Arbeitsgruppe „Statusrechtliche Begleitmaßnahmen" erfolgt ein Datenabgleich und eine Analyse der ausländerrechtlichen Melderegister zum frühzeitigen Erkennen rechtlich möglicher Präventionsmaßnahmen wie Aufenthaltsbeendigungen, ausländerrechtlicher Auflagen, Einreise- oder Wiedereinreiseverhinderung und den hierzu erforderlichen statusrechtlichen Maßnahmen bei Personen mit islamistisch-terroristischem Hintergrund.

Die Arbeitsgruppe „Deradikalisierung" dient dem Erfahrungs- und Informationsaustausch über geeignete sicherheitspolitische Maßnahmen und Handlungsansätze zur Bekämpfung von Radikalisierungen im islamistischen Milieu.

---

[25] BT-Drs. 19/3530, 2; Drucksache Hamburger Bürgerschaft 21/13684, 2; *Bundeskriminalamt*, Gemeinsames Terrorismusabwehrzentrum, abrufbar unter https://www.bka.de/DE/UnsereAufgaben/Kooperationen/GTAZ/gtaz_node.html.
[26] BT-Drs. 17/14830, 6; 19/3530, 2; *Weisser* NVwZ 2011, 142 (143).
[27] *Goertz* Terrorismusabwehr 137.
[28] *BMI/BMJ* Bericht der Regierungskommission zur Überprüfung der Sicherheitsgesetzgebung in Deutschland 169.
[29] Vgl. zu den Arbeitsgruppen insgesamt: *BMI/BMJ* Bericht der Regierungskommission zur Überprüfung der Sicherheitsgesetzgebung in Deutschland 169 ff.
[30] RADAR-iTE: Regelbasierte Analyse potentiell destruktiver Täter zur Einschätzung des akuten Risikos – islamistischer Terrorismus/Extremismus.

16 Die Arbeitsgruppe „Transnationale Aspekte des islamistischen Terrorismus" dient dem Informationsaustausch zu grenzüberschreitenden Aspekten des islamistischen Terrorismus und soll so frühzeitig Auswirkungen auf deutsche Interessen identifizieren.

17 Der Informationsaustausch innerhalb der AG „Tägliche Lagebesprechung" wird durch den Versand der vorläufigen Tagesordnung dokumentiert, die im Nachgang durch die Besprechungsergebnisse ergänzt wird. Die Ergebnisse der Sitzungen der übrigen Arbeitsgruppen wird in Protokollen festgehalten.[31] Das GTAZ verfügt über keinen eigenen Datenbestand[32] und es wurden für das GTAZ auch keine eigenen informationstechnischen Systeme eingerichtet.[33]

18 **d) Weiterentwicklung.** Die Struktur des GTAZ, welche auf den Fortbestand der Einzelverantwortlichkeiten der dort zusammenarbeitenden Behörden fußt, führt zwangsläufig dazu, dass dort gefundene Einschätzungen, Empfehlungen und Analysen für die beteiligten Behörden keine Verbindlichkeit generieren. Insbesondere deutlich wird dies im Wechselspiel zwischen Behörden bei der Wahrnehmung der Aufgabe der Gefahrenabwehr zwischen nachrichtendienstlicher und polizeilicher Ebene und zwischen Behörden der Bundes- und der Landesebene. Spätestens der terroristische Anschlag von Anis Amri am 19.12.2016 in Berlin hat diese Problemstellung in ein grelles Licht gerückt,[34] nachdem bekannt wurde, dass sich auch das GTAZ vor dem Anschlag mit der Person Amri befasst hatte.[35] Bemängelt wurde insbesondere, dass die Zuständigkeit für die angemessene Fallbearbeitung zwischen den Behörden des Bundes und der Länder hin- und hergeschoben worden sei.

19 Unter anderem als Reaktion auf die Kritik im Zusammenhang mit dem Anschlag von Anis Amri wurde im Juli 2017 mit dem „Risikomanagement – Rima" ein neuer Arbeitsschwerpunkt eingerichtet und in dessen Rahmen das Risikobewertungsinstrument RADAR-iTE[36] (so) angewendet. Dabei werden Fallkonferenzen durchgeführt, Handlungsoptionen und Maßnahmenplanungen abgestimmt sowie eine Evaluierung der erörterten Maßnahmen durchgeführt, um eine verbesserte Risikoeinschätzung von Gefährdern, relevanten und sonstigen Personen zu erreichen. Hierzu findet eine Risikoeinstufung als moderat, auffällig oder hoch statt, auf deren Grundlage polizeiliche Maßnahmen geplant und umgesetzt werden können.[37]

2. Rechtsform

20 Nach Auffassung der an der Gründung des GTAZ beteiligten Vertreter von BKA, BfV, BND, Bundeskanzleramt und BMI handelt es sich beim GTAZ um die „Einrichtung fester institutioneller Strukturen in Gestalt eines polizeilichen sowie eines nachrichtendienstlichen Informations- und Analysezentrums".[38] Wenn dabei auch offenbleibt, um welche klassische verwaltungsorganisatorische Rechtsform es sich beim GTAZ handeln soll, so erfolgt jedenfalls eine Negativbestimmung, wonach es sich nicht um eine „eigenständige

---

[31] BT-Drs. 17/14830, 10.
[32] BT-Drs. 19/1811, 7.
[33] BT-Drs. 17/14830, 11.
[34] *Dreksler*, Föderale Sicherheitsarchitektur, Anhörung im 1. Untersuchungsausschuss der 19 WP am 17. Mai 2018, Ausschussdrucksache 19(25)255, 10; *Gazeas*, Föderale Sicherheitsarchitektur, Anhörung im 1. Untersuchungsausschuss der 19 WP am 17. Mai 2018, Ausschussdrucksache 19(25)252, 32; *Goertz* Terrorismusabwehr 137 f.
[35] Behördenhandeln um die Person des Attentäters vom Breitscheidplatz Anis AMRI des BMI abrufbar unter https://www.bmi.bund.de/SharedDocs/downloads/DE/veroeffentlichungen/themen/sicherheit/chronologie-amri.pdf?__blob=publicationFile&v=2.
[36] RADAR-iTE: Regelbasierte Analyse potentiell destruktiver Täter zur Einschätzung des akuten Risikos – islamistischer Terrorismus/Extremismus.
[37] *Maurer*, Föderale Sicherheitsarchitektur, Anhörung im 1. Untersuchungsausschuss der 19 WP am 17. Mai 2018, Ausschussdrucksache 19(25)238, 11.
[38] Protokoll der Behördentagung zur Einrichtung von Informations- und Analysezentren zum islamistischen Terrorismus in Berlin am 28.10.2004.

Behörde" handele.[39] Da die Frage der verwaltungsrechtlichen Organisationsform aber konstitutiv an materiellen Kriterien und nicht an der Benennung zu messen ist, bedarf die Einordnung des GTAZ in eingeführte verwaltungsorganisatorische Kategorien einer vertieften Betrachtung.

a) Behörde. Nach der Legaldefinition aus § 1 Abs. 4 VwVfG ist eine Behörde jede Stelle, 21 die Aufgaben der öffentlichen Verwaltung wahrnimmt. Dieser organisationsrechtliche Behördenbegriff erfordert eine gewisse organisatorische Eigenständigkeit, die sich in der Unabhängigkeit vom Wechsel des Amtsinhabers, der Selbstständigkeit der Aufgabenerledigung und in der Möglichkeit der Eigengestaltung der Angelegenheiten innerhalb des zugeordneten Zuständigkeitsbereichs ausdrückt.[40] Behörde ist danach das Organ eines Verwaltungsträgers, das berechtigt ist, mit Außenwirkung Aufgaben öffentlicher Verwaltung wahrzunehmen.[41] Eben an dieser Außenwirkung fehlt es beim Handeln des GTAZ. Zwar werden dort unzweifelhaft Aufgaben der öffentlichen Verwaltung wahrgenommen. Die Aufgabe beschränkt sich jedoch auf die Koordination der Handlungen unterschiedlicher Behörden, ohne ihrerseits nach außen hin Wirkung zu entfalten. Das jeweilige auf der Grundlage der erfolgten Koordination folgende rechtserhebliche Verwaltungshandeln ist nicht eine Handlung des GTAZ, sondern der jeweils konkret zuständigen Behörde.[42] Der erfolgende Austausch von Daten ist dabei gerade nicht von einer das GTAZ als solches legitimierenden Rechtsgrundlage gedeckt, sondern erfolgt auf Grundlage der spezifischen, das Handeln der beteiligten Behörden legitimierenden Rechtsgrundlagen und damit auch in deren Namen.[43]

b) Agentur sui generis. Diskutiert wird weiterhin, ob es sich beim GTAZ um eine, an 22 das europäische Vorbild der „Europäischen Agentur", angelehnte Form einer Agentur sui generis handeln könnte. Aufgrund der großen Unterschiedlichkeit der bisher etablierten Europäischen Agenturen stellt sich dabei schon die Frage, ob es überhaupt ein einheitliches Vorbild gibt, an welchem sich orientiert werden könnte.[44] Bei allen Unterschieden gehören folgende Merkmale jedoch grundsätzlich zu jeder Europäischen Agentur: Eigene Rechtspersönlichkeit, eigene vollständige und organisatorisch unabhängige Binnenstruktur, Personalhoheit und finanzielle Autonomie.[45] In Ermangelung dieser insbesondere auf Selbstständigkeit ausgerichteten Merkmale scheidet die Einordnung des GTAZ als „Deutsche Agentur" ebenfalls aus.

c) Netzwerk. Da die Einstufung als Zentralstelle iSv Art. 87 Abs. 1 S. 2 GG in Erman- 23 gelung einer dafür erforderlichen gesetzlichen Grundlage ebenso ausscheidet[46] und auch der Rückgriff auf das Institut der Amtshilfe iSv § 4 Abs. 1 VwVfG, welcher wegen Qualität und Quantität der Zusammenarbeit im GTAZ, die weit über das für das Institut der Amtshilfe konstituierende Merkmal der Hilfestellung im Einzelfall hinausgeht, verstellt ist, scheidet eine Einordnung unter etablierte organisationsrechtliche Rechtsformen aus. Im

---

[39] BT-Drs. 19/3530, 2; 17/14830, 5.
[40] *Ronellenfitsch* in BeckOK VwVfG. 54. Ed. 1.10.2020, VwVfG § 1 Rn. 66.
[41] BVerwG DVBl 1985, 57 (59); BVerwGE 141, 122 (124) = ZUR 2012, 183; OVG Bremen NJW 2011, 3802.
[42] *Sommerfeld* GTAZ 226; *Weisser* NVwZ 2011, 142 (145); *Dombert/Räuker* DÖV 2014, 416; aA wohl *Dreksler*, Föderale Sicherheitsarchitektur, Anhörung im 1. Untersuchungsausschuss der 19 WP am 17. Mai 2018, Ausschussdrucksache 19(25)255, 10 und *Wolff*, Überblick über die föderale Sicherheitsarchitektur, Anhörung im 1. Untersuchungsausschuss der 19. WP am 17. Mai 2018, Ausschussdrucksache 19(25)240, 48 die davon ausgehen, dass das GTAZ als gehobene Stabsstelle im Bereich der inneren Sicherheit mit eigenen Räumlichkeiten und dauerhaft angestelltem Personal eine behördenähnliche Struktur aufweise.
[43] *Weisser* NVwZ 2011, 142 (145); *Schmitz* in Stelkens/Bonk/Sachs VwVfG § 1 Rn. 240.
[44] *Sommerfeld* GTAZ 221.
[45] *Fischer-Appelt,* Agenturen der Europäischen Gemeinschaft – Eine Studie zu Rechtsproblemen, Legitimation und Kontrolle europäischer Agenturen mit interdisziplinären und rechtsvergleichenden Bezügen, 1999, 38; KOM(2002) 718, 2 endg. v. 11.12.2002.
[46] *Rathgeber* DVBl 2016, 1010 (1012).

Ergebnis ist der Einordnung der Bundesregierung als Kooperationsplattform[47] grundsätzlich zu folgen. Da der Begriff der Kooperationsplattform jedoch verwaltungsorganisationsrechtlich nicht etabliert ist, bedarf es einer weiteren Konkretisierung. Die Kooperation im GTAZ soll die zusammenarbeitenden Behörden dazu in die Lage versetzen, sich schnell auszutauschen, die verfügbaren und relevanten Informationen zügig zu analysieren und Entwicklungen frühzeitig erkennen zu können, um ihnen mit strategisch ausgerichteten und fundierten Maßnahmen entgegentreten zu können.[48] Die Zusammenarbeit in Zentren wie dem GTAZ wird als „transinstitutionales Polizieren" bezeichnet, welches dadurch gekennzeichnet sei, dass auf mehreren Ebenen polyarchisch und polyzentrisch mithilfe der Mischung dezentraler und zentraler, vertikaler und horizontaler, regionaler und nationaler Organisationen gearbeitet werde.[49] Der Definition von *Sommerfeld* folgend, wonach Verwaltungsnetzwerke Organisationsstrukturen sind, die über eine polyzentrische Grundstruktur verfügen, sich durch Akteursdiversität sowie Interessenpluralität auszeichnen und aufgrund ihrer Hybridität und Flexibilität optimierte, da problem-individuelle Lösungsmöglichkeiten bieten, indem sie für eine Verringerung von Informationsasymmetrien durch Wissensaustausch und -umverteilung sorgen,[50] ist somit davon auszugehen, dass es sich beim GTAZ um ein solches Verwaltungsnetzwerk handelt.[51] Das GTAZ steht damit wie die anderen gemeinsamen Zentren (→ Rn. 34–39) auch den ursprünglich in den USA entwickelten, international verbreiteten „fusion centers"[52] nahe, die das Ziel haben, sicherheitsrelevante Maßnahmen insbesondere im Bereich der Bekämpfung des internationalen Terrorismus zwischen Polizeien, Nachrichtendiensten und teilweise auch militärischen Einrichtungen zu erörtern und abzustimmen.[53]

3. Rechtmäßigkeit

24 **a) Erforderlichkeit einer eigenständigen Rechtsgrundlage.** Nach Auffassung der Bundesregierung ist eine eigenständige Rechtsgrundlage für die Legitimation der Arbeit im GTAZ nicht erforderlich, weil der die Arbeit im GTAZ prägende Informationsaustausch ausreichend von den Übermittlungsvorschriften in den jeweils einschlägigen Fachgesetzen der handelnden Behörden abgedeckt sei.[54] Einige Stimmen in der Literatur sehen das anders. Eine eigenständige Rechtsgrundlage sei erforderlich, da die einschlägigen Übermittlungsbefugnisse die verdichtete Zusammenarbeit der unterschiedlichen Akteure nicht legitimieren könne, da diese zu Zeitpunkten geschaffen worden seien, zu denen diese Art der Zusammenarbeit noch nicht bekannt war,[55] das Zentrum als dauerhafte Einrichtung mit fest angestelltem Personal ausgestattet sei und damit eine behördenähnliche Struktur besitze,[56] das Risiko bestehe, dass der Datenfluss nicht mehr im Einzelfall anhand der jeweils einschlägigen Übermittlungsbefugnis geprüft werde,[57] der direkte Austausch wegen der Möglichkeit von Rückfragen und Hinweisen ein qualitatives Mehr zum

---

[47] BT-Drs. 17/14830, 2; 19/3530, 2.
[48] BT-Drs. 17/14380, 5.
[49] *Stegemaier/Feltes* APUZ 2007, 20; *Frevel* in Stierle/Wehe/Stiller, Handbuch Polizeimanagement, 2017, 1082 f.
[50] *Sommerfeld* GTAZ 147.
[51] *Sommerfeld* GTAZ 226 f.; wohl auch: *Weisser* NVwZ 2011, 142 (143).
[52] Ausführlich zum Institut der „Fusion Center": Catano/Gauger in Goldenberg/Soeters/Waylon, Information Sharing in Military Operations, 2017, 17 ff.; *Persson,* Fusion Centers – Lessons Learned, CATS 2013.
[53] *Schröter* ZMV 25 (2019), 238.
[54] BT-DRs. 17/14380, 5; 19/3530, 2; vgl. Übersicht der einschlägigen Rechtsgrundlagen bei *Wolff,* Überblick über die föderale Sicherheitsarchitektur, Anhörung im 1. Untersuchungsausschuss der 19. WP am 17. Mai 2018, Ausschussdrucksache 19(25)240, 51 ff.
[55] *Roggan* ZRP 2017, 210.
[56] *Wolff,* Überblick über die föderale Sicherheitsarchitektur, Anhörung im 1. Untersuchungsausschuss der 19. WP am 17. Mai 2018, Ausschussdrucksache 19(25)240, 48.
[57] Ansicht der Kommissionsmitglieder *Bäcker, Giesler, Hirsch* und *Wolff* in BMI/BMJ Bericht der Regierungskommission zur Überprüfung der Sicherheitsgesetzgebung in Deutschland 175.

Datenaustausch in Form einer Datei darstelle[58] oder spezifische Kontrollmechanismen erforderlich seien.[59]

Sämtliche Argumente vermögen im Ergebnis nicht zu überzeugen. Eine Befugniserweiterung, welche unstreitig mit der Notwendigkeit einer eigenständigen Rechtsgrundlage einhergegangen wäre, ist mit dem GTAZ gerade nicht verbunden. Der der jeweiligen Behörde durch Einzelgesetz überlassene Entscheidungsspielraum zur Erfüllung ihrer jeweiligen Aufgabe reicht vielmehr für die Kooperation im GTAZ aus.[60] Überdies erscheint die Annahme, dass es auch außerhalb gemeinsamer Zentren auf der Grundlage und im Rahmen der geltenden spezifischen Übermittlungsvorschriften informellen Austausch zwischen den im GTAZ handelnden Behörden gibt und nur durch die räumliche Nähe im Zentrum eine qualitativ neuartige Zusammenarbeit ermöglicht werde, sachfremd.[61] Die Annahme, dass allein die Art der Zusammenarbeit im GTAZ eine derartige Gefährdung der Einhaltung gesetzlicher Vorgaben erzeuge, lässt sich jedenfalls nicht anhand festgestellter entsprechender Verstöße belegen. Weder Bundesrechnungshof noch der Bundesbeauftragte für den Datenschutz und die Informationsfreiheit hatten bei ihren intensiven Prüfungen des GTAZ Beanstandungen, die nicht kurzfristig durch die Behörden abgestellt werden konnten.[62] Dienstaufsichtsrechtliche Verstöße scheiden als Beleg für diese Annahme ebenso aus.[63] Der Umfang des Datenaustauschs erreicht auch nicht das Ausmaß und die Dichte, die anhand der Bezeichnung „Gemeinsame Zentren" vermutet werden mag.[64] Überdies ist umgekehrt zu berücksichtigen, dass ein effektiver, schneller Informationsaustausch auf Grundlage der einschlägigen Übermittlungsvorschriften dazu beitragen kann, dass es im Rahmen einer Gesamtschau insgesamt zu einer besseren Koordination und damit auch zu weniger Grundrechtseingriffen kommt, da als Ergebnis der Abstimmung alle relevanten Behörden Bescheid wissen, aber nur eine handelt. Es fehlt wie oben dargestellt gerade auch an Personalhoheit und Eigenständigkeit und damit an konstitutiven Merkmalen für eine Behörde. Es ist auch nicht ersichtlich, dass im Rahmen der Kooperation im GTAZ zunächst isolierte Erkenntnisse durch Eingriffskumulation zu substanziell erweiterten personenbezogenen Profilen zusammengeführt werden, was eine spezifische gesetzliche Grundlage erforderlich machen könnte.[65] Eigenständige Dateien oder sonstige Verstetigungen gemeinsam getroffener Einschätzungen oder Entscheidungen existieren ja gerade nicht. Weiter ist zu berücksichtigen, dass jedenfalls einige der einschlägigen Übermittlungsregime von einer allgemein bestehenden[66] oder jedenfalls unter bestimmten Voraussetzungen[67] ausgelösten Übermittlungspflicht ausgehen und somit von vornherein eine über die durch die jeweiligen Tatbestandsmerkmale erreichte quantitative Beschränkung nicht kennen. Schließlich vermag auch der Hinweis auf ein erforderliches spezifisches Kontrollregime im Lichte der umfassenden Kontrollmöglichkeiten durch mehr als 125 Aufsichts-

---

[58] *Gazeas,* Föderale Sicherheitsarchitektur, Anhörung im 1. Untersuchungsausschuss der 19 WP am 17. Mai 2018, Ausschussdrucksache 19(25)252, 31; *Bäcker,* Sicherheitsarchitektur und Terrorismusbekämpfung; Anhörung im 1. Untersuchungsausschuss der 19 WP am 17. Mai 2018, Ausschussdrucksache 19(25)249, 32.
[59] *Bäcker* in Lisken/Denninger PolR-HdB Rn. 265.
[60] *Weisser* NVwZ 2011, 142 (146); *Goertz* Terrorismusabwehr 136; *Rathgeber* DVBl 2016, 1010 (1013).
[61] Kommissionsmitglieder *Harms* und *Kaller* in BMI/BMJ Bericht der Regierungskommission zur Überprüfung der Sicherheitsgesetzgebung in Deutschland 181.
[62] Kommissionsmitglied *Harms* in BMI/BMJ Bericht der Regierungskommission zur Überprüfung der Sicherheitsgesetzgebung in Deutschland 185; 21. Tätigkeitsbericht des BfDI, BT-Drs. 16/4950, 65.
[63] BT-Drs. 17/14830, 11.
[64] *BMI/BMJ* Bericht der Regierungskommission zur Überprüfung der Sicherheitsgesetzgebung in Deutschland 181.
[65] BVerfGE 112, 304 (319 f.) = NJW 2005, 1338; BVerfGE 123, 186 (265) = NJW 2009, 2033.
[66] So ist als Ausfluss der Zusammenarbeitspflicht im Verfassungsschutzverbund von einer uneingeschränkten Informationspflicht der Landesämter für Verfassungsschutz gegenüber dem BfV auszugehen – vgl. Droste, Handbuch des Verfassungsschutzrechts, 2007, 65 ff.
[67] Bspw. Auskunftspflicht aufgrund einer Anfrage nach § 18 IIIa BVerfSchG der Finanzämter an das BfV oder nach § 162 StPO aller Behörden an die Staatsanwaltschaften.

behörden⁶⁸ [sic!] bezüglich aller teilnehmenden Behörden als Argument für eine eigenständige Rechtsgrundlage keine Überzeugungskraft zu entfalten. In Ermangelung eigener Datenbestände besteht darüber hinaus eben auch gerade keine Schutzlücke.

26 **b) Trennungsgebot.** Der Ursprung des Trennungsgebots als funktionaler Befugnisabgrenzung fußt auf dem sog. Polizeibrief der Militärgouverneure der westlichen Besatzungszonen an den Parlamentarischen Rat vom 14.4.1949, der unter anderem die Vorgabe enthielt, dass eine Verfassungsschutzbehörde des Bundes keine Polizeibefugnisse haben solle (befugnisorientierte oder funktionale Dimension des Trennungsgebots)⁶⁹. Gleichzeitig verbietet das Trennungsgebot eine organisatorische Vermengung oder gar Zusammenlegung polizeilicher und nachrichtendienstlicher Behörden (organisatorische Dimension des Trennungsgebots)⁷⁰. Verboten ist danach, Sicherheitsbehörden derart miteinander zu verschmelzen, dass sie mit Aufgaben befasst werden, die mit ihrer verfassungsrechtlichen Stellung unvereinbar wären.⁷¹

27 Die Frage nach der verfassungsrechtlichen Bindungswirkung des Trennungsgebots ist zwar nach wie vor umstritten,⁷² kann aber hier jedenfalls in Bezug auf die organisatorische und befugnisorientierte Dimension des Trennungsgebots offen bleiben, da wegen der strikten organisatorischen Beibehaltung der jeweiligen Behördenzugehörigkeit (2-Säulen-Aufbau) konsequent zwischen nachrichtendienstlichem und polizeilichem Teil getrennt wird und sich Maßnahmen ausschließlich auf die jeweils spezifischen fachgesetzlichen Befugnisse stützen, stellt die Kooperation im GTAZ keinen Verstoß gegen diese Dimensionen des Trennungsgebots dar.⁷³

28 Eine weitere Dimension entfaltet das Trennungsgebot auf informationsrechtlicher Ebene. Auch wenn in der Literatur streitig ist, ob und inwieweit diese Dimension tatsächlich verfassungsrechtlich ausgeprägt ist,⁷⁴ dürfte diese Frage mit der Entscheidung des Bundesverfassungsgerichts zur Antiterrordatei⁷⁵ endgültig entschieden und zu bejahen sein. Hiernach unterliegen Regelungen, die den Austausch von Daten zwischen Polizeibehörden und Nachrichtendiensten ermöglichen, besonderen verfassungsrechtlichen Anforderungen.⁷⁶ Ein absolutes Verbot des Informationsaustausches ist dabei aber weder aus dem Trennungsgebot noch aus dem Mischverwaltungsverbot abzuleiten. Der Informationsaustausch stellt sich vielmehr als „Kehrseite" der organisatorischen und befugnisrechtlichen Eigenständigkeit der unterschiedlichen Behörden dar. Wo ein und dieselbe Staatsaufgabe von verschiedenen Stellen wahrgenommen wird, da ist ein Informationsaustausch notwendig.⁷⁷ Es bleibt dabei, dass jede grundrechtsbeschränkende Maßnahme durch eine passende Rechtsgrundlage legitimiert sein muss. Grundrechtlich geschützte Daten dürfen zwischen den Nachrichtendiensten und den Polizeibehörden zu operativen Zwecken nur ausgetauscht werden, wenn und soweit dieser Austausch einem „herausragenden öffentlichen Interesse" dient, „das den Zugriff auf Informationen unter den erleichterten Bedingungen, wie sie den Nachrichtendiensten zu Gebote stehen, rechtfertigt".⁷⁸ Die für die Polizei und andere Sicherheitsbehörden geltenden Eingriffsschwellen für die Erlangung der Daten dürfen über einen Datenaustausch nicht unterlaufen werden.⁷⁹ Bezüglich des GTAZ ist hierbei wesent-

---

68 *BMI/BMJ* Bericht der Regierungskommission zur Überprüfung der Sicherheitsgesetzgebung in Deutschland 184.
69 *Nehm* NJW 2004, 3289 (3290).
70 *Sommerfeld* GTAZ 234.
71 BVerfGE 97, 198 (217) = NVwZ 1998, 495.
72 *Fremuth* AöR 139 (2014), 46; *Süss* in Sensburg, Sicherheit in einer digitalen Welt, 2017, 91 f.
73 *Goertz* Terrorismusabwehr 141; *Weisser* NVwZ 2011, 142 ff.; *Brunst* in Dietrich/Eiffler NachrichtendiensteR-HdB 604; *Fremuth* AöR 139 (2014), 66.
74 *Sommerfeld* GTAZ 235.
75 BVerfG NJW 2013, 1499.
76 BVerfG NJW 2021, 690.
77 *Dombert/Räuker* DÖV 2014, 414 (416).
78 BVerfGE 133, 277 = NJW 2013, 1499.
79 *Papier* NJW 2017, 3025 (3029).

lich zu beachten, dass im Rahmen der Zusammenarbeit eine strikte Trennung zwischen nachrichtendienstlicher und polizeilicher Säule etabliert und durchgehalten wird. Weder sind Mitarbeiter gleichzeitig in beiden Säulen tätig, Informationserhebung und -verarbeitung von Polizei und Nachrichtendiensten erfolgen strikt getrennt und auch eine Vermischung von Aufgaben und Befugnissen findet nicht statt.[80]

Da die grundrechtstangierende Tätigkeit des GTAZ, der Austausch von teilweise auch personenbezogenen Daten, auf die dafür jeweils einschlägigen Übermittlungsbefugnisse zu stützen und damit zu legitimieren ist, bleibt eine Verletzung des Trennungsgebots unter Hinweis auf „netzwerktypische" Gefahren letztlich ohne Substanz.[81]

c) Kontrolle. Kontrovers diskutiert wird ebenfalls die Frage, ob es neben der umfangreichen Kontrollmöglichkeiten der unterschiedlichen „Kontrolleure" auf Bundes- und Landesebene einer weiteren, spezifisch auf das GTAZ ausgerichteten Kontrollinstanz bedarf. Für die Erforderlichkeit einer solchen eigenständigen Kontrollinstanz wird ins Feld geführt, dass die derzeitige Kontrollinfrastruktur nicht in der Lage sei, die das GTAZ letztlich prägende Zusammenarbeit hinreichend zu kontrollieren, da die jeweiligen Kontrollen immer nur parallel auf das Handeln der jeweiligen Behörde, nicht aber auf das kollusive Zusammenwirken gerichtet sei und ohne spezifische darauf gerichtete Kontrollmöglichkeiten die Gefahr der unkontrollierten Informationsweitergabe bestehe.[82] Teilweise wird unter Offenlassung der Frage rechtlicher Gebotenheit die Einrichtung einer solchen Kontrollinstanz jedenfalls zur Erhöhung der Transparenz und damit einhergehend der demokratischen Legitimation als wünschenswert erachtet[83] bzw. unter dem Gesichtspunkt des Grundrechtsschutzes durch Organisation wegen der Betroffenheit des Grundrechts auf informationelle Selbstbestimmung für geboten gehalten.[84] Die für diese Position konstitutive Annahme, dass es sich bei der Kooperation im GTAZ um einen eigenständigen, sich des aktuellen Kontrollregimes strukturell entziehenden, grundrechtsrelevanten Austausch handele, ist hiesigen Erachtens noch an keiner Stelle hinreichend belegt. Auch ist nicht hinreichend begründet, wie eine solche Instanz gerade auch im föderalen Gefüge konzipiert sein sollte, um einen Mehrwert im Vergleich zum status quo zu generieren. Die existierende Kontrolltiefe beschränkt sich nicht ausschließlich auf autonome Vorgänge innerhalb der jeweiligen Behörde, sondern erfasst gerade über die Prüfung, ob eine Information den Bereich einer der an einer Informationsweitergabe beteiligten Behörde in Richtung der jeweils anderen an diesem Vorgang beteiligten Behörde verlassen bzw. erhoben werden durfte, den gesamten Weitergabeprozess.[85] Das zeigt sich im Ergebnis auch anhand der durch den BfDI im Rahmen seiner Kontrolle aufgezeigten Datenschutzverstöße,[86] die sich eben nicht auf eine solitäre Betrachtung des Handelns einer der beteiligten Behörden, sondern gerade auf deren Zusammenspiel stützen. Um die bestehende Expertise der einzelnen Kontrollinstanzen zusammenzubinden erscheint es daher naheliegend, die Organisation eines kontrollorganübergreifenden Austauschs, unterhalb der Schwelle einer institutionellen Ausprägung, der sich spiegelbildlich an der Struktur des GTAZ orientieren kann, zu etablieren.

d) Transparenz. Aus dem Rechtsstaats- und Demokratieprinzip folgt, dass jede Form staatlicher Organisation ein Mindestmaß an transparenten und nachvollziehbaren Zustän-

---

[80] BT-Drs. 17/14830, 2; 19/3530, 2.
[81] *Stock* in Widmaier, Münchener Anwaltshandbuch Strafverteidigung, 2006, § 83 Rn. 63; *Dombert/Räuker* DÖV 2014, 414 (416); *Weisser* NVwZ 2011, 142 (144); aA *Fremuth* AöR 139 (2014), 66; wohl auch *Sommerfeld* GTAZ 243, *Schröter* ZMV 25 (2019), 243 und *Rathgeber* DVBl 2016, 1010 (1015).
[82] BMI/BMJ Bericht der Regierungskommission zur Überprüfung der Sicherheitsgesetzgebung in Deutschland 175.
[83] *Sommerfeld* GTAZ 253.
[84] *Dombert/Räuker* DÖV 2014, 414 (419).
[85] BMI/BMJ Bericht der Regierungskommission zur Überprüfung der Sicherheitsgesetzgebung in Deutschland 184.
[86] BT-Drs. 16/4950.

digkeitsstrukturen bedarf, um neben der Nachvollziehbarkeit demokratischer Legitimation und Verantwortungsklarheit auch effektiven Rechtsschutz zu gewährleisten.[87] Das daraus abgeleitete Transparenzgebot bezieht sich bei Netzwerken insbesondere auf die Organisation des jeweiligen Kooperationsverfahrens, die Standards und die am Netzwerk Beteiligten und nicht auf den Inhalt des Austausches.[88] Mag jedenfalls in der Gründungsphase und in den Anfangsjahren die Vorhaltung, dass das GTAZ so intern und so inoffiziell wir irgend möglich bleiben sollte[89] gerechtfertigt gewesen sein, so ist dem Transparenzgebot jedenfalls zwischenzeitlich über die Beantwortung einer Vielzahl parlamentarischer Anfragen und über die Artikel auf den Webseiten von BKA und BfV hinreichend Genüge getan worden.[90]

32 e) Gebot des effektiven Rechtsschutzes. Art. 19 Abs. 4 S. 1 GG gewährleistet Rechtsschutz gegen Akte der deutschen öffentlichen Gewalt. Danach unterliegt jeder belastende, in die Rechte des Betroffenen eingreifende Hoheitsakt der gerichtlichen Kontrolle und Überprüfbarkeit. Da das GTAZ in Ermangelung einer eigenständigen Persönlichkeit und in der Folge fehlender spezifischer Befugnisse nicht mit Außenwirkung tätig wird, fehlt es für eine Betroffenheit der Rechtsweggarantie an einem belastenden Hoheitsakt des GTAZ. Gegen grundrechtsrelevante Maßnahmen der am GTAZ beteiligten Behörden besteht wiederum in jedem Fall die Möglichkeit des gerichtlichen Rechtsschutzes. Eine eigenständige Rechtswegeröffnung ist daher auch nicht problematisch iSd Art. 19 Abs. 4 S. 1 GG.[91]

33 f) Fazit. Die Zusammenarbeit im GTAZ und den weiteren gemeinsamen Zentren sind für eine effektive und sachgerechte Sicherheitsgewährleistung als zentraler Baustein der föderalen Sicherheitsarchitektur unverzichtbar. Die den Zentren zugrunde liegende Struktur entspricht auch dem internationalen Trend zu einer stärken unterinstitutionellen Vernetzung von Behörden insbesondere im Bereich der inneren Sicherheit. Ob und inwieweit eine die Arbeit der Zentren ausdrücklich legitimierende gegebenenfalls auch begrenzende Rechtsgrundlage geboten ist, ist keine Frage der rechtlichen Notwendigkeit, sondern beschränkt sich allenfalls auf die Frage der rechtspolitischen Gewünschtheit.

II. Weitere gemeinsame Zentren

34 Das GTAZ gilt als Prototyp, nach dessen Vorbild die weiteren gemeinsamen Zentren konzipiert und eingerichtet wurden.[92] Zu nennen sind hier das Gemeinsame Extremismus- und Terrorismusabwehrzentrum (GETZ)[93], das Gemeinsame Internetzentrum (GIZ)[94], das Nationale Cyber-Abwehrzentrum (Cyber-AZ)[95] und das Gemeinsame Analyse- und Strategiezentrum Illegale Migration (GASIM)[96]. Als Teil einer geplanten Neuausrichtung des BBK ist überdies der Aufbau eines Gemeinsames Kompetenzzentrum Bevölkerungsschutz vorgesehen, welches sich ebenfalls am GTAZ orientieren soll[97]. Im Einzelnen:

---

[87] *Weisser* NVwZ 2011, 142 (144); *Dombert/Räuker* DÖV 2014, 414 (419).
[88] Boysen et al., Netzwerke, 2007, 166.
[89] *BMI/BMJ* Bericht der Regierungskommission zur Überprüfung der Sicherheitsgesetzgebung in Deutschland 166.
[90] *Weisser* NVwZ 2011, 142 (145); aA offenbar *Sommerfeld* GTAZ 244.
[91] *Rathgeber* DVBl 2016, 1010 (1016).
[92] *Dombert/Räuker* DÖV 2014, 414; *BMI/BMJ* Bericht der Regierungskommission zur Überprüfung der Sicherheitsgesetzgebung in Deutschland 171.
[93] Möllers, Wörterbuch der Polizei, 3. Aufl. 2018; *Unterreitmeier* in Möstl/Schwabenbauer, BeckOK Polizei- und Sicherheitsrecht Bayern, 15. Ed. 2020, Art. 25 Rn. 19.2. Information des BfV, online abrufbar unter https://www.verfassungsschutz.de/DE/Verfassungsschutz/Auftrag/Zusammenarbeit-im-Inland-und-Ausland/GETZ/getz_artikel.html (zuletzt aufgerufen am 14.3.2021).
[94] BT-Drs. 17/5557, 1.
[95] BT-Drs. 17/5694, 2 f.
[96] *Hofmann* in Knüpling/Kölling/Kropp/Scheller, Reformbaustelle Bundesstaat, 2020, 418.
[97] https://www.bmi.bund.de/SharedDocs/pressemitteilungen/DE/2021/03/neuausrichtung-bbk.html.

B. Gemeinsame Zentren § 31

1. GETZ

Waren initial für die Einrichtung des GTAZ vor allem die im Rahmen der Aufarbeitung 35
der Terroranschläge vom 11. September 2001 und die dabei offenkundig gewordenen
Deutschlandbezüge und Reformbedarfe, so wurde als Reaktion auf die Ermittlungsergebnisse zu den Morden des „Nationalsozialistischen Untergrunds" im Jahr 2011 zunächst das
Gemeinsame Abwehrzentrum gegen Rechtsextremismus gegründet, welches am
15.11.2012 wegen des zunehmenden Herausforderungen in Bezug auch auf andere Arten
des Extremismus vom GETZ abgelöst wurde.[98] Es soll als Kommunikationsplattform für
Polizei und Nachrichtendienste auf Bundes- und Länderebene bei der Bekämpfung des
Rechts-, Links- und Ausländerextremismus/-terrorismus sowie der Spionageabwehr einschließlich proliferationsrelevanter Aspekte dienen[99] und die Kooperation und Koordination der beteiligten Behörden bei der Bekämpfung von Rechtsextremismus/-terrorismus,
Linksextremismus/-terrorismus, Ausländerextremismus/-terrorismus sowie Spionage einschließlich proliferationsrelevanter Aspekte nachhaltig verbessern.[100] An der Plattform beteiligen sich Vertreterinnen und Vertreter von insgesamt 40 Behörden aus Polizei und
Nachrichtendiensten. Im Einzelnen sind dies das Bundeskriminalamt, das Bundesamt für
Verfassungsschutz, der Bundesnachrichtendienst, die Bundespolizei, das Zollkriminalamt,
der Militärische Abschirmdienst, das Bundesamt für Migration und Flüchtlinge, der Generalbundesanwalt, 16 Landeskriminalämter und 16 Landesämter für Verfassungsschutz.
Ebenso wie beim GTAZ erfolgt die Zusammenarbeit über Lagebesprechungen und Arbeitsgruppen,[101] welche sich zu Entwicklungen und Trends in den verschiedenen Phänomenbereichen austauschen. Wegen der konsequenten Orientierung bei Konzeption und
Betrieb der Arbeit im GETZ an seinem Vorbild dem GTAZ sind die unter I. dargestellten
Befunde zum GTAZ auf das GETZ übertragbar.

2. GIZ

Im Januar 2007 wurde das GIZ auf dem Gelände des GTAZ in Berlin errichtet. Wie das 36
GTAZ dient auch das GIZ der Abwehr vom islamistischen Terrorismus ausgehenden
Gefahren.[102] In Abgrenzung zum GTAZ ist die Aufgabe des GIZ auf über das Internet
transportierte Inhalte beschränkt. Die am GIZ beteiligten Mitarbeiterinnen und Mitarbeiter
von BfV, BKA, BND, MAD und GBA sollen islamistische und jihadistische Internetinhalte
mit Deutschlandbezug sichten, auswerten und analysieren und darüber Bericht erstatten.[103]
Ziel der Arbeiten im GIZ ist es somit frühzeitig extremistische und terroristische Aktivitäten im Internet zu erkennen, Anschlagsvorbereitungen aufzudecken sowie internetgestützte
Rekrutierungs- und Radikalisierungsbemühungen extremistischer Muslime nachzuvollziehen.[104] Wie beim GTAZ handeln auch die am GIZ beteiligten Behörden selbstständig auf
der Grundlage ihres jeweiligen gesetzlichen Auftrags, die Zusammenarbeit erfolgt auf
Grundlage der jeweiligen Fachgesetze und den dort enthaltenen Übermittlungsvorschriften
und auch das GIZ ist daher keine eigenständige Behörde.[105] Dem Deutschen Bundestag ist
es möglich, sich fortlaufend über die Arbeit des GIZ zu informieren. Die Dienstaufsicht

---

[98] *Dombert/Räuker* DÖV 2014, 414 (415); BT-Drs. 19/3530, 3.
[99] *Bundesamt für Verfassungsschutz*, Gemeinsames Terrorismusabwehrzentrum, abrufbar unter https://www.verfassungsschutz.de/DE/verfassungsschutz/auftrag/zusammenarbeit-im-in-und-ausland/getz/getz_node.html.
[100] BT-Drs. 19/3530, 3; 17/14830.
[101] Im GETZ sind dies die AG Lagebesprechung, die AG Gefährdungsbewertung, die AG Operativer Informationsaustausch, die AG Fallanalyse, die AG Analyse, die AG Personenpotenziale und die AG Organisationsverbote (vgl. BT-Drs. 17/14830, 10).
[102] *Brunst* in Dietrich/Eiffler, NachrichtendiensteR-HdB, 608; BT-Drs. 17/5695.
[103] BT-Drs. 17/5695, 3.
[104] *Bundesamt für Verfassungsschutz*, Gemeinsames Internetzentrum, abrufbar unter https://www.verfassungsschutz.de/DE/verfassungsschutz/auftrag/zusammenarbeit-im-in-und-ausland/gemeinsames-internetzentrum-giz/gemeinsames-internetzentrum-giz_artikel.html.
[105] BT-Drs. 17/5695, 3.

obliegt den jeweiligen am GIZ beteiligten Behörden, die Fachaufsicht den jeweils übergeordneten Ministerien.[106] Wegen des vergleichbaren Aufbaus und der vergleichbaren Funktion gelten die unter I. dargestellten Befunde zum GTAZ für das GIZ gleichermaßen beziehungsweise bei Zugrundelegung der Annahme, dass im GIZ weniger personenbezogene Daten Gegenstand der Arbeiten sind, erst Recht.[107]

3. Cyber-AZ

37 Die Eröffnung des Cyber-AZ am 16.6.2011 geht auf eine entsprechende Festlegung in der Cybersicherheitsstrategie von 2011 zurück, welche sich einerseits als Fortentwicklung der bisherigen IT-Sicherheitspolitik verstand und zugleich eine Reaktion auf neue Herausforderungen darstellen sollte.[108] So liegt der Einrichtung unter anderem die eher banal anmutende Erkenntnis zugrunde, dass sich hochkomplexe Angriffe nicht entlang von Behördenzuständigkeiten orientieren und daher ein intensiverer Informationsaustausch zwischen den Behörden erforderlich ist.[109] Infolge der platzgreifenden Erkenntnis, dass innere und äußere Sicherheit im Cyber-Raum nicht trennscharf voneinander abzugrenzen sind und die Wahrung der Cyber-Sicherheit und die Verteidigung gegen Cyber-Angriffe so zu einer gesamtstaatlichen Aufgabe wurden, die gemeinsam zu bewältigen ist, wurde die Cybersicherheitsstrategie der Bundesregierung 2016 neu aufgesetzt[110] und das Cyber-AZ von einer reinen Informationsdrehscheibe hin zu einer zentralen Kooperationsplattform nach dem Vorbild des GTAZ weiterentwickelt.[111] Zielsetzung der Arbeiten im Cyber-AZ ist der Informationsaustausch zu Cyber-Vorfällen sowie die Abstimmung von Maßnahmen der Behörden bei Cyber-Vorfällen.[112] Ebenso wie das GTAZ ist auch das Cyber-AZ keine eigenständige Behörde und es existiert auch keine spezifische gesetzliche Grundlage. Die Zusammenarbeit der beteiligten Behörden basiert vielmehr auf Kooperationsvereinbarungen, wobei die Behörden unter strikter Wahrung ihrer Aufgaben und gesetzlichen Befugnisse zusammenarbeiten.[113]

38 Derzeit sind am Cyber-AZ das Bundesamt für Bevölkerungsschutz und Katastrophenhilfe (BBK), das Bundesamt für den Militärischen Abschirmdienst (BAMAD), das Bundesamt für Sicherheit in der Informationstechnik (BSI), das Bundesamt für Verfassungsschutz (BfV), das Bundeskriminalamt (BKA), der Bundesnachrichtendienst (BND), das Bundespolizeipräsidium (BPOLP) und das Kommando Cyber- und Informationsraum (KdoCIR) als Kernbehörden sowie das Zollkriminalamt (ZKA) und die Bundesanstalt für Finanzdienstleistungsaufsicht (BaFin) als assoziierte Stellen beteiligt.[114] Wegen des zum GTAZ analogen Aufbaus und Betriebs des Cyber-AZ und dem im Vergleich dazu geringfügigeren Umgang mit personenbezogenen Daten, bestehen weder wegen des fehlenden Errichtungsgesetzes noch in Bezug auf die weiteren zum GTAZ untersuchten Rechtsfragen rechtliche Bedenken.[115]

---

[106] *Graulich* in Schenke/Graulich/Ruthig BKAG § 2 Rn. 21.
[107] Wissenschaftliche Dienste des Deutschen Bundestages, Gemeinsames Terrorismusabwehrzentrum (GTAZ) – Rechtsgrundlagen und Vergleichbarkeit mit anderen Kooperationsplattformen, 2018, 30.
[108] *BSI*, Das nationale Cyber-Abwehrzentrum; abrufbar unter https://www.bsi.bund.de/DE/Themen/Unternehmen-und-Organisationen/Cyber-Sicherheitslage/Reaktion/Nationales-IT-Lagezentrum/Nationales-Cyber-Abwehrzentrum/nationales-cyber-abwehrzentrum_node.html (zuletzt aufgerufen am 4.7.2021).
[109] BT-Drs. 17/5694, 2.
[110] BT-Drs. 19/2645, 1.
[111] *BSI*, Das nationale Cyber-Abwehrzentrum; abrufbar unter https://www.bsi.bund.de/DE/Themen/Unternehmen-und-Organisationen/Cyber-Sicherheitslage/Reaktion/Nationales-IT-Lagezentrum/Nationales-Cyber-Abwehrzentrum/nationales-cyber-abwehrzentrum_node.html.
[112] BT-Drs. 19/21675; 6.
[113] BT-Drs. 17/5694, 2.
[114] *BSI*, Das nationale Cyber-Abwehrzentrum; abrufbar unter https://www.bsi.bund.de/DE/Themen/Unternehmen-und-Organisationen/Cyber-Sicherheitslage/Reaktion/Nationales-IT-Lagezentrum/Nationales-Cyber-Abwehrzentrum/nationales-cyber-abwehrzentrum_node.html.
[115] *Linke* DÜV 2015, 139.

B. Gemeinsame Zentren § 31

4. GASIM

Als Weiterentwicklung des Gemeinsamen Analyse- und Strategiezentrums Schleusungs- 39
kriminalität wurde am 2.5.2006 das GASIM in Betrieb genommen.[116] Im GASIM arbeiten Mitarbeiter der Bundespolizei, des BKA, des BAMF, des BND, der Finanzkontrolle Schwarzarbeit zusammen. Das Auswärtige Amt und das BfV sind im GASIM anlassbezogen vertreten.[117] Aufgaben des GASIM, welches ebenfalls als behördenübergreifendes Informations- und Kooperationszentrum betrieben wird, sind die Sammlung aller verfügbaren Erkenntnisse auf dem Gebiet der illegalen Migration, deren Auswertung und Analyse, die Erstellung von Lagebildern, die internationale Zusammenarbeit, die Analyse von Zusammenhängen der illegalen Migration mit allgemeiner und organisierter Kriminalität, illegaler Beschäftigung und Missbrauch von Sozialleistungen, die Initiierung und Unterstützung von Ermittlungsverfahren sowie der Aufbau und die Wahrnehmung einer Frühwarnfunktion.[118] Ebenso wie beim GTAZ erfolgt der Informationsaustausch zwischen den beteiligten Behörden und Stellen auf der Grundlage der jeweils geltenden Übermittlungsvorschriften.[119] Personenbezogene Daten werden durch die Mitarbeitenden nicht erhoben.[120] Zwar können die Arbeitsergebnisse des GASIM bei Maßnahmen anderer Behörden Verwendung finden, eigene operative Maßnahmen führt das GASIM jedoch nicht durch.[121] Auch das GASIM orientiert sich in Aufbau und Funktionsweise eng am GTAZ, sodass die unter I. dargestellten Befunde ebenfalls übertragbar sind und keine (verfassungs-)rechtlichen Bedenken gegen das GASIM und seine Tätigkeit bestehen.[122]

---

[116] *Süss* in Sensburg, Sicherheit in einer digitalen Welt, 2017, 70.
[117] BT-Drs. 17/6720, 3.
[118] Graulich in Schenke/Graulich/Ruthig BKAG § 2 Rn. 23.
[119] BT-Drs. 16/8482, 2.
[120] BT-Drs. 16/8482, 4.
[121] Graulich in Schenke/Graulich/Ruthig BKAG § 2 Rn. 24; BT-Drs. 16/8482, 5.
[122] *Süss* in Sensburg, Sicherheit in einer digitalen Welt, 2017, 95.

4. Teil: Sicherheitsgewährleistung durch Sanktionierung und Abwehr

§ 32 Verfassungsunmittelbare Instrumente des Staatsschutzes

Klaus Ferdinand Gärditz

Übersicht

	Rn.
A. Einführung	1
B. Parteiverbot	4
I. Funktion	8
II. Verfahren	10
III. Materielle Verbotsanforderungen	11
1. Freiheitliche demokratische Grundordnung	12
2. Verfassungsfeindliche Agitation	14
3. Potentialität	15
4. Finanzierungsausschluss als Minusmaßnahme	16
IV. Verhältnis zum Dienstrecht	19
C. Präsidentenanklage	22
I. Hintergrund	23
II. Verfahren	26
III. Vorsätzliche Rechtsverletzung	27
IV. Rechtsfolge	32
D. Richteranklage	35
I. Hintergrund	38
II. Verhältnis zum Richterdisziplinarrecht	41
III. Fehlverhalten	43
IV. Verfahren und Rechtsfolge	45
E. Grundrechtsverwirkung	46
I. Tatbestand	48
II. Verfahren	50
III. Rechtsfolgen	51
F. Anklage gegen Mitglieder von Landesregierungen und Landtagen	52
G. Perspektiven	56

A. Einführung

Die Entstehung des Grundgesetzes war geprägt von **Vulnerabilitätserfahrungen mit** 1 **der Weimarer Verfassung,** hinter deren vermeintlichen Schwächen gerade auch die Stärken des Verfassungs- und Staatsschutzrechts[1] meist in den Hintergrund geriet. Teils aus älteren Verfassungstraditionen, teils aus dem Trauma von 1933 heraus enthielt das Grundgesetz mit Parteiverbot (→ Rn. 4 ff.), Präsidentenanklage (→ Rn. 22 ff.), Richteranklage (→ Rn. 35 ff.) und Grundrechtsverwirkung (→ Rn. 46 ff.) von Anfang an ein Setting verfassungsunmittelbarer Staatsschutzinstrumente, die teils durch landesverfassungsrechtliche Instrumente (→ Rn. 52 ff.) ergänzt werden. Allen verfassungsunmittelbaren Instrumenten des Verfassungs- und Staatsschutzes ist gemein, dass ihre praktische Bedeutung sehr gering bzw. nicht vorhanden ist. Im Parlamentarischen Rat war aus Erfahrungen mit der Weimarer Republik ein konstantes Leitmotiv, dass es selbstmörderisch wäre, wenn sich die Demokratie ihren Feinden ausliefere.[2] Damit korrespondierte ein Fokus auf spezifische Umsturz-

---

[1] Vgl. *Gusy,* Weimar – die wehrlose Republik?, 1991.
[2] Vgl. *Löwer* in Hillgruber/Waldhof, 60 Jahre Grundgesetz, 2010, 65 (79 f.).

szenarien nach dem Modell der „Machtergreifung" der NSDAP, also auf die scheinlegale Machtübernahme[3] durch Demagogen und politische Kampfverbände, die letztlich mehr oder weniger offen den Putsch oder kategorialen Systemwechsel anstrebten. Das **Szenario Staatsstreich** hat jedoch in der Nachkriegszeit weltweit an Bedeutung abgenommen.[4] Gerade liberale Rechtsstaaten gleiten typischerweise iterativ und mit kleinen Veränderungen – insbesondere durch eine Übernahme rechtsstaatlicher Institutionen durch Linientreue – langsam in einen autoritäreren Modus, ohne dass es zu offenen Diskontinuitäten in der Verfassungsarchitektur kommt.[5] Praktisch relevant hiergegen sind daher gänzlich andere Instrumente, namentlich solche des präventiven Verfassungsschutzes, änderungsresistenter Wahlverfahren, einer gegenüber Missbrauch resilienten Richterbestellung, der Sicherung unabhängiger Medien oder des Kommunikationsstrafrechts.

2   Verfassungsunmittelbare Instrumente des Staats- und Verfassungsschutzes gründen demokratietheoretisch auf dem Konzept der *militant democracy*,[6] welches in der politischen Theorie nicht zufällig gerade als Reaktion auf das Scheitern der Weimarer Republik von deutschen Exilanten maßgeblich mitgeprägt wurde. **Streitbare Demokratie** richtet sich im Sinne eines **materiellen Verfassungsschutzes**[7] bereits gegen die sozialkommunikative Agenda politischer Ordnungsentwürfe, die mit tragenden Strukturen der Verfassungsordnung inkompatibel sind, indem diese als illegitime Meinungsangebote aus dem demokratischen Verfahren gleichsam a limine ausgesondert werden.[8] Es geht also um einen präventiven Zugriff weit im Vorfeld klassischer Staatsstreiche und ihrer Vorbereitung, die schon immer vom politischen Strafrecht (namentlich Hochverratsdelikten) erfasst wurden, das aber oft zu spät greift und friedliche Umstürze durch eine feindliche Übernahme demokratischer Institutionen durch verfassungsfeindliche Mehrheiten nicht abzubilden vermag. Diese präventive Bekämpfung von Verfassungsfeinden wird auf demokratietheoretischer Ebene verbreitet als ein Dilemma wahrgenommen,[9] weil die Freiheit der politischen Willensbildung gerade um ihrer Freiheitlichkeit willen beschränkt wird. Dies ist letztlich ein Grundproblem abstrakter Demokratietheorie. Notwendige Prämisse demokratischer Selbstbestimmung ist zunächst immer ein **demokratischer Relativismus.** Politische Ideen werden als grundsätzlich gleichwertig behandelt, die Bewertung und Aussonderung von Irrwegen wird dem öffentlichen Diskurs anvertraut.[10] Ohne einen solchen Relativismus, der die gleiche politische Urteilsfähigkeit aller als Konsequenz einer fiktiven Selbstbestimmungsfähigkeit voraussetzt,[11] wäre praktische Selbstbestimmung nicht denkbar. Konsequenter Relativismus würde dann aber auch bedeuten, die Demokratie selbst nicht gegen einen Mehrheitswillen behaupten zu können.[12]

3   Diese Perspektive bleibt – wie letztlich jedes auf strikter Konsequenz gründende Modell politischer Theoriebildung – zwar notwendiger Ankerpunkt demokratietheoretischer Modellbildung, für die praktischen Wirkungsbedingungen eines Verfassungsstaates und seiner auf Funktionstüchtigkeit angewiesenen Institutionen aber unterkomplex. Konkrete Verfassungsgebung sowie das positive Verfassungsrecht sind stets parteiische Produkte politi-

---

[3] Korrigierende Analyse *Strenge*, Machtübernahme 1933 – Alles auf legalem Weg?, 2002.
[4] *Ginsburg/Huq*, How to Save a Constitutional Democracy, 2018.
[5] Die Entwicklungen in Ungarn, Polen, der Türkei und – mit sehr begrenzter Vergleichbarkeit – der USA unter Trump bilden Blaupausen für autoritäre Wenden ohne Staatsstreich.
[6] *Loewenstein* APSR 31 (1937), 417 (430 ff.).
[7] Vgl. *Murswiek*, Verfassungsschutz und Demokratie, 2020, 17.
[8] Vgl. *Papier/Durner* AöR 128 (2003), 340 (343 f.).
[9] Vgl. *Morlok* NJW 2001, 2931 (2932); *Morlok/Merten*, Parteienrecht, 2018, 155; *Möllers*, Demokratie – Zumutungen und Versprechen, 2008, 112; *Volkmann* DÖV 2007, 577 (584); *Volp* NJW 2016, 459 (459 f.).
[10] *Kelsen*, Vom Wert und Wesen der Demokratie, 2. Aufl. 1929, 53 ff., 99 ff.
[11] Instruktiv hierzu *Möllers*, Demokratie – Zumutungen und Versprechen, 2008, 15 ff.
[12] So klassisch *Kelsen* in Jestaedt/Lepsius, Verteidigung der Demokratie, 2006 (1932), 229 (237), wonach sich in einen „verhängnisvollen Widerspruch verstricken" lasse, wer meint, Gegenwehr gegen antidemokratische Mehrheiten leisten zu müssen. Man müsse „der Fahne treu" bleiben, auch wenn das Schiff der Demokratie sinke.

A. Einführung

scher Ideen, die kein demokratietheoretisches Modell abbilden, sondern praktische Lösungsangebote für eine demokratische Selbstorganisation machen wollen, die immer nur aus historischen, sozialen und kulturellen Kontexten sowie Erfahrungshorizonten heraus sinnvoll zu strukturieren sind. Demokratische Rechtsstaatlichkeit ist stets daher mehr als ein Setting formaler Verfahren; sie gründet immer auch auf (zumindest graduell kontingenten) **materiellen Werten,** die sich nicht friktionslos in ein rein prozedurales Modell der Willensbildung einfügen.[13] Ein radikaler Relativismus lässt sich aus diesem Grund nicht durchhalten, ohne seinerseits die **freiheitlichen Prämissen demokratischer Verfahren und Herrschaft** zu untergraben,[14] zu denen sich eine demokratische Rechtsordnung gerade nicht neutral verhalten kann.[15] Bereits die formalen Funktionsbedingungen demokratischer Willensbildung sind materiell voraussetzungsvoll. Demokratie setzt demokratische Öffentlichkeit und einen störungsfreien demokratischen Prozess voraus. Beide Voraussetzungen sind fragil, vulnerabel; es bedarf daher ihres aktiven Schutzes.[16] Zu den Funktionsbedingungen freier demokratischer Verfahren gehören auch die **politischen Freiheitsrechte,** die notwendig sind, gleichberechtigt an der Willensbildung mitzuwirken.[17] Freiheitsschutz gegen potentielle Mehrheiten ist daher auch Selbstschutz der Demokratie. Nicht minder wichtig ist es aber auch, dass Verfassungen liberaler Demokratien nicht allein auf demokratischer Selbstbestimmung gründen, sondern zugleich auf dem Versprechen, liberale – nicht zwingend nur politische – Freiheits- und Gleichheitsrechte als Grundlage eines **egalitären und freien Miteinanders** praktisch wirksam sichern zu können, und zwar gerade auch gegen einen demokratischen Mehrheitswillen. Nicht zuletzt das Grundgesetz verdeutlicht dies. Es fußt nicht originär auf dem demokratischen Mehrheitswillen und seinem Impetus kollektiver Selbstbestimmung (Art. 20 Abs. 2 S. 1 GG), sondern gerade auf der **Menschenwürde** (Art. 1 Abs. 1 S. 1 GG), deren egalitäres Freiheitsversprechen[18] an jeden einzelnen Menschen wiederum den verfassungstheoretischen Ankerpunkt der Demokratie bildet.[19] Hierin ist auch ein verfassungstheoretischer Legitimationsgrund angelegt, die Freiheit innerhalb des Systems insoweit zu beschränken, als **Angriffe gegen dieses materiale Legitimierungsmodell** nicht beliebig geduldet werden. Das gilt für Positionen, deren **zukünftige Ordnungsentwürfe** darauf gerichtet sind, eine Gewalt- oder Willkürherrschaft zu errichten, die den Menschen oder einzelnen Menschengruppen – mit welchem Ziel auch immer – ein Miteinander in gleicher Freiheit und Würde abspricht. Das gilt aber auch für eine Agitation, die bereits in der **Gegenwart** gleiche Teilhabe beeinträchtigt, indem Menschen faktisch (zB durch Einschüchterung, sozialkommunikative Diskriminierung[20] oder Herabwürdigung) vom politischen Prozess ausgegrenzt werden, was die Mechaniken einer auf egalitärer Selbstbestimmung gründenden Legitimation aushebelt. Vor dem Hintergrund dieser Matrix sind dann auch – bei allen Problemen im Detail – verfassungsunmittelbare Verfassungs- und Staatsschutzinstrumente als Mittel der Freiheitssicherung zu deuten.

---

[13] Vgl. bereits *Loewenstein* APSR 31 (1937), 417 (424).
[14] S. zur Diskursentwicklung *Dreier,* Rechtslehre, Staatssoziologie und Demokratietheorie bei Hans Kelsen, 2. Aufl. 1990, 263 ff.
[15] Vgl. allgemein *Schlaich,* Neutralität als verfassungsrechtliches Prinzip, 1972, 264. Allgemein gegen eine verfassungsethische Neutralität, die die Voraussetzungen von Freiheit nicht bewerten will, BVerfGE 93, 1 (22) = NJW 1995, 2477; *Britz,* Kulturelle Rechte und Verfassung, 2000, 233; *Gärditz* in Depenheuer/Grabenwarter, Verfassungstheorie, 2010, § 5 Rn. 38 ff.; *Grimm* VVDStRL 42 (1984), 46 (63); *Schlaich,* Neutralität als verfassungsrechtliches Prinzip, 1972, 253 f.
[16] Insoweit hat auch *Kelsen* seine relativistischen Prämissen seinerseits später relativiert. Vgl. *Kelsen* in Jestaedt/Lepsius, Verteidigung der Demokratie, 2006 (1955), 248 (284 ff., 303 ff.).
[17] *Möllers,* Demokratie – Zumutungen und Versprechen, 2008, 73.
[18] Vgl. BVerfGE 144, 20 (206 f.) = NJW 2017, 611.
[19] BVerfGE 123, 267 (341) = NJW 2009, 2267; BVerfGE 129, 124 (169) = BeckRS 2011, 53837; BVerfGE 135, 317 (386) = NJW 2014, 1505; BVerfGE 142, 123 (189) = NJW 2016, 2473; BVerfGE 144, 20 (208) = NJW 2017, 611; *Häberle* in Isensee/Kirchhof StaatsR-HdB II § 22 Rn. 61 ff.; *Unger,* Das Verfassungsprinzip der Demokratie, 2008, 252 ff.
[20] Vgl. verfassungstheoretisch *Mangold,* Demokratische Inklusion durch Recht, 2021, 347–426.

B. Parteiverbot

4 Das Konzept des Parteiverbots ist bereits aus Debatten der Weimar Republik bekannt.[21] Als „Vorverlagerung der Verteidigungslinie"[22] gegen Extremisten, die nach der Macht greifen, sieht das Grundgesetz die spezifische Option eines Parteiverbots vor. Parteien, die nach ihren Zielen oder nach dem Verhalten ihrer Anhänger darauf ausgehen, die freiheitliche demokratische Grundordnung zu beeinträchtigen oder zu beseitigen oder den Bestand der Bundesrepublik Deutschland zu gefährden, sind nach Art. 21 Abs. 2 GG **verfassungswidrig**. Über die Frage der Verfassungswidrigkeit entscheidet nach Art. 21 Abs. 4 GG das BVerfG **(Verbotsmonopol)**.[23] Aus der materiellen Verfassungswidrigkeit einer nicht verbotenen Partei dürfen daher keine unmittelbaren Rechtsfolgen für die Partei gezogen werden **(Anknüpfungsverbot),** solange keine Verbotsentscheidung ergangen ist.[24] Staatliche Organe müssen also materiell verfassungswidrige, aber nicht vom BVerfG verbotenen Parteien grundsätzlich wie verfassungskonforme behandeln. Insoweit entfaltet Art. 21 Abs. 4 GG auch eine indirekte Schutzfunktion („Parteienprivileg").[25]

5 Das Parteiverbotsverfahren hat in den weltanschaulichen Konflikten der jungen Bundesrepublik – zwischen einer Bekämpfung von NSDAP-Widergängern einer extremen Rechten einerseits und der stalinistischen Bedrohung eines Frontstaates im Kalten Krieg[26] – die Funktion übernommen, die noch labile Verfassungsordnung gegen Extremismus von rechts wie von links zu verteidigen und einen anti-totalitären Comment zu stabilisieren.[27] Zunächst wurde 1952 die **Sozialistische Reichspartei** (SRP) verboten,[28] die sich in der Sache als NSDAP-Nachfolgeorganisation positioniert hatte.[29] Im Jahr 1956 folgte dann das – bis heute politisch kontroverse – Verbot der **Kommunistischen Partei Deutschlands** (KPD).[30]

6 Zu einem neuen Anlauf eines Parteiverbotsverfahrens kam es erst im Jahr 2001, als Bundesregierung, Bundestag und Bundesrat als Reaktion auf immer weiter eskalierende rechtsextreme Gewalt beantragten, die rechtsextremistische Szenepartei **Nationaldemokratische Partei Deutschlands** (NPD) verbieten zu lassen. Dieser war es in einer aufgeheizten Stimmung vor allem mit rassistischer Agitation vereinzelt gelungen, auf Kommunal- und Landtagsebene einzelne Mandate zu erringen. Der Verbotsantrag scheiterte jedoch, weil eine Sperrminorität (vgl. § 14 Abs. 4 S. 1 BVerfGG) von drei Mitgliedern des BVerfG ein Verfahrenshindernis annahm, da es die Führungsfunktionärsebene der Partei von V-Leuten des Verfassungsschutzes unterwandert sah.[31] In einer Prozessentscheidung wurde festgestellt, dass ein staatlicher Einfluss auf die Willensbildung der Partei und damit auf die Formation derjenigen politischen Agenda, auf die sich der Verbotsantrag stützt, nicht hinreichend auszuschließen sei, zumal sich vom Verfassungsschutz angeworbene Funktionäre in einem Loyalitätskonflikt befänden.[32]

---

[21] Vgl. *Grünthaler,* Parteiverbote in der Weimarer Republik, 1995; *Gusy,* Die Weimarer Verfassung, 1997, 121 ff.; *Kersten* NJ 2001, 1 ff.; *Klein* in Maunz/Dürig GG Art. 21 Rn. 497 ff. *Morlok/Merten,* Parteienrecht, 2018, 157 f.; *Stein,* Parteiverbote in der Weimarer Republik, 1999.
[22] *Bryde/Jentsch* EuGRZ 2006, 617 (624).
[23] Vgl. *Klein* in Maunz/Dürig GG Art. 21 Rn. 541 f.
[24] BVerfGE 39, 334 (357) = NJW 1975, 1641; *Morlok* JURA 2013, 317 (318).
[25] BVerfGE 12, 296 (304 f.) = NJW 1961, 723; BVerfGE 40, 287 (291) = NJW 1976, 38; BVerfGE 47, 198 (227 f.) = BeckRS 1978, 663; BVerfGE 107, 339 (362) = NJW 2003, 1577; *Lindner* ZBR 2006, 402 ff.; *Schmidt* DÖV 1978, 468 ff.
[26] Zu den ideologischen Debatten bis zur Wiedervereinigung *Rigoll,* Staatsschutz in Westdeutschland, 2013.
[27] S. *Morlok* NJW 2001, 2931 (2933 ff.).
[28] BVerfGE 2, 1 ff. = NJW 1952, 1407.
[29] S. *Büsch* in Büsch/Fürth, Rechtsradikalismus im Nachkriegsdeutschland, 1957, 7 (24 ff.).
[30] BVerfGE 5, 85 ff. = NJW 1956, 1393.
[31] BVerfGE 107, 339 (356 ff.) = NJW 2003, 1577. Dazu *Fromme* RuP 2003, 178 ff.; *Ipsen* JZ 2003, 485 ff.; *Volkmann* DVBl 2003, 605 ff.
[32] BVerfGE 107, 339 (366 ff.) = NJW 2003, 1577.

Ein erneuter **NPD-Verbotsantrag** im Jahr 2017, als die Partei oberhalb punktueller 7
Mandate auf Gemeindeebene bereits auf ein Niveau politischer Bedeutungslosigkeit zusammengeschmolzen war, blieb wieder erfolglos, diesmal allerdings nicht aus prozessualen Gründen. Das BVerfG kam zu einer abweisenden Sachentscheidung. Zwar wurde die Verfassungsfeindlichkeit festgestellt, aber eine konkrete Potentialität, die freiheitliche demokratische Grundordnung zu beseitigen, aufgrund der Bedeutungslosigkeit der Partei verneint.[33] Ein **Antrag auf Ausschluss von der Finanzierung** nach dem im Nachgang eigens hierfür geschaffenen Art. 21 Abs. 3 GG ist weiterhin anhängig.

I. Funktion

Parteiverbote sind zuvörderst ein Instrument zum **Schutz der Demokratie** dagegen, dass 8
situative Mehrheiten ihre Position nutzen, die Voraussetzungen des demokratischen Prozesses abzuschaffen. Parteiverbote dienen darüber hinaus dem Schutz der Menschen und ihrer Rechte, die unter einer gemeinsamen Herrschaftsordnung leben müssen und deren Ansprüche auf Würde, Freiheit und Gleichheit auch demokratischen Mehrheiten entgegengehalten werden können. Dass ein Verbot auch materielle **Repräsentation von Ideen** im institutionalisierten Raum demokratischer Willensbildung beseitigt,[34] ist ein notwendiges Übel, das aber besser nicht abstrakt, sondern kontextbezogen danach zu bewerten ist, welche konkreten Ideen hierdurch eigentlich aus dem Wettbewerb um Teilhabe an der Herrschaft (notabene: nicht aus der nach Art. 5 Abs. 1 S. 1 GG hiervon unberührten politischen Kommunikation) herausgefiltert werden und welchen Wert diese für den demokratischen Prozess haben.[35] Weil Parteiverbote jedoch wegen des Risikos, gegen politische Gegner eingesetzt zu werden, nicht um Kernstrukturen der Verfassung zu verteidigen, sondern um politische Konkurrenz auszuschalten, ein **gefährliches Instrument** sind,[36] bedürfen sie einer engen rechtsstaatlichen Einhegung (**prozedurale Missbrauchssicherung**[37]).

Parteiverbotsverfahren sind in der Anwendung **intertemporal prekär,** weil einerseits – 9
will man eine **demokratieinadäquate Vorabfilterung der politischen Willensbildung** verhindern – eine Partei ein ernsthaftes Risiko für die freiheitliche demokratische Grundordnung darstellen muss, damit ein Verbot plausibel ist. Andererseits darf ein (aufwändiges und langwieriges) Verbotsverfahren aber auch nicht so spät kommen, dass eine Verteidigung der Verfassungsordnung praktisch nicht mehr wirksam möglich ist.[38]

II. Verfahren

Die **Einleitung eines Verbotsverfahrens** (§§ 43 ff. BVerfGG) steht im Ermessen der 10
antragsberechtigten Organe Bundestag, Bundesrat und Bundesregierung (§ 43 BVerfGG).[39]
Dies eröffnet stets die Möglichkeit, extremistische Parteien statt mittels eines Verbotsverfahrens mit politischen Argumenten in öffentlicher Auseinandersetzung im Meinungskampf zu stellen,[40] wenn dies für demokratiepolitisch klüger erachtet wird. Es handelt sich um ein **politisches Ermessen,**[41] das einzelfallbezogen nach **politischer Opportunität**

---

[33] BVerfGE 144, 20 ff. = NJW 2017, 611. Weiterführend *Gusy* NJW 2017, 601 ff.; *Hillgruber* JA 2017, 398 ff.; *Ipsen* RuP 2017, 3 ff.; *Kingreen* JURA 2017, 499 ff.; *Linke* DÖV 2017, 483 ff.; *Shirvani* DÖV 2017, 477 ff.
[34] *Shirvani,* Das Parteienrecht und der Strukturwandel im Parteiensystem, 2010, 291.
[35] *Gärditz* in Stern/Sodan/Möstl, Staatsrecht der Bundesrepublik Deutschland, 2022, § 19 Rn. 121.
[36] *Morlok* JURA 2013, 317 (318).
[37] *Morlok/Merten,* Parteienrecht, 2018, 160 ff.
[38] Vgl. *Stollberg,* Die verfassungsrechtlichen Grundlagen des Parteiverbots, 1976, 27.
[39] BVerfGE 39, 334 (359) = NJW 1975, 1641; *Morlok* JURA 2013, 317 (319).
[40] BVerfGE 40, 287 (291 f.) = NJW 1976, 38.
[41] BVerfGE 5, 85 (113, 129) = NJW 1956, 1393; BVerfGE 39, 334 (359 f.) = NJW 1975, 1641; BVerfGE 40, 287 (291 f.) = NJW 1976, 38; *Morlok* in Dreier GG Art. 21 Rn. 160; *Rixen* in Kersten/Rixen PartG

ausgeübt werden kann und nicht an die Grenzen des administrativen Ermessens (vgl. § 40 VwVfG) gebunden ist, allerdings rechtsstaatliche Grenzen der Fairness zu beachten hat.[42] Namentlich ein instrumenteller Einsatz, politische Opposition ohne Ansehung ihrer praktischen Gefährlichkeit für das demokratische System zu drangsalieren, wäre ermessensfehlerhaft, was aber bereits das materielle Kriterium der Potentialität (→ Rn. 15) ausschließt.[43]

III. Materielle Verbotsanforderungen

11 Die Anforderungen an ein Parteiverbot haben sich als Konsequenz einer zwischenzeitlich ausdifferenzierten **Rechtsprechung des EGMR** zu Parteiverboten am **Maßstab des Art. 11 EMRK** fortentwickelt, weil der Gerichtshof namentlich die – in den Verbotsverfahren gegen SRP und KPD in den 1950er Jahren noch unbekannten – materiellen Anforderungen an die demokratische Gebotenheit sukzessive nachkonturiert hat.[44] Die Anlassfälle, die zum EGMR gelangten, waren vor allem türkische Islamisten- und spanische Separatistenparteien.[45] Der Gerichtshof hatte in seiner Rechtsprechung zwar einerseits die Möglichkeit präventiver Parteiverbote anerkannt, andererseits aber von qualifizierten Anforderungen an die Erforderlichkeit in einer demokratischen Gesellschaft abhängig gemacht. Das BVerfG hat auch hier – wie allgemein[46] – versucht, die gemeineuropäischen grundrechtlichen Anforderungen mit denen des Grundgesetzes im Gleichklang zu halten,[47] was auch deshalb bruchlos gelungen ist, weil die letzten Sachentscheidungen aus den 1950er Jahren stammten und eine offene sowie unverkrampfte Überprüfung der damaligen Aussagen möglich war.

1. Freiheitliche demokratische Grundordnung

12 Die freiheitliche demokratische Grundordnung iSv Art. 21 Abs. 2 GG, die eine Partei zu beeinträchtigen oder zu beseitigen versucht, umfasst nur die für den freiheitlichen Verfassungsstaat **schlechthin unentbehrlichen Grundprinzipien**.[48] Insoweit hatte das BVerfG bereits in seiner SRP-Entscheidung einen materialen Bündelungsbegriff formuliert: „So läßt sich die freiheitliche demokratische Grundordnung als eine Ordnung bestimmen, die unter Ausschluß jeglicher Gewalt- und Willkürherrschaft eine rechtsstaatliche Herrschaftsordnung auf der Grundlage der Selbstbestimmung des Volkes nach dem Willen der jeweiligen Mehrheit und der Freiheit und Gleichheit darstellt. Zu den grundlegenden Prinzipien dieser Ordnung sind mindestens zu rechnen: die Achtung vor den im Grundgesetz konkretisierten Menschenrechten, vor allem vor dem Recht der Persönlichkeit auf Leben und freie Entfaltung, die Volkssouveränität, die Gewaltenteilung, die Verantwort-

---

§ 32 Rn. 10; *Streinz* in v. Mangoldt/Klein/Starck GG Art. 21 Rn. 244; *Volkmann* in BerlKommGG Art. 21 Rn. 98; *Waldhoff* in Herdegen/Masing/Poscher/Gärditz VerfassungsR-HdB § 6 Rn. 52.
[42] *Klein* in Maunz/Dürig GG Art. 21 Rn. 547.
[43] *Gärditz* in Stern/Sodan/Möstl, Staatsrecht der Bundesrepublik Deutschland, 2022, § 19 Rn. 122.
[44] Eingehende Analyse *Eißler* KJ 2003, 218 ff.; *Emek*, Parteiverbote und Europäische Menschenrechtskonvention, 2007; *Kontopodi*, Die Rechtsprechung des Europäischen Gerichtshofs für Menschenrechte zum Verbot politischer Parteien, 2007; *Kugelmann* EuGRZ 2003, 533 ff.; *Pabel* ZaöRV 63 (2003), 921 ff.; *Schaefer* AöR 141 (2016), 594 ff.; *Wolter* EuGRZ 2016, 92 ff.
[45] EGMR ECHR 1998-I, 2 – United Communist Party of Turkey and Others v. Turkey; EGMR ECHR 1998-III, 1234 – Socialist Party and Others v. Turkey; EGMR ECHR 2002-II, 397 – Halkın Emek Partisi; EGMR ECHR 2003-II, 269 – Refah Partisi and Others v. Turkey; EGMR Urt. v. 30.6.2009 – Nr. 25803/04 ua – Herri Batasuna and Batasuna v. Spain; EGMR Urt. v. 14.12.2010 – Nr. 28003/03 – HADEP and Demir v. Turkey; EGMR Urt. v. 15.1.2013 – Nr. 40959/09 – Eusko Abertzale Ekintza – Acción Nacionalista Vasca.
[46] BVerfGE 111, 307 (316 f., 329) = NJW 2004, 3407; BVerfGE 120, 180 (200 f.) = NJW 2008, 1793; BVerfGE 128, 326 (367 f.) = NStZ 2011, 450; BVerfGE 148, 296 (350 ff.) = NJW 2018, 2695.
[47] BVerfGE 144, 20 (234 ff.) = NJW 2017, 611.
[48] BVerfGE 144, 20 (205) = NJW 2017, 611.

lichkeit der Regierung, die Gesetzmäßigkeit der Verwaltung, die Unabhängigkeit der Gerichte, das Mehrparteienprinzip und die Chancengleichheit für alle politischen Parteien mit dem Recht auf verfassungsmäßige Bildung und Ausübung einer Opposition".[49] Die Definition fällt durch eine erhebliche Heterogenität und durch Ungenauigkeiten auf,[50] weil sie letztlich stark dem Zeitkontext zwischen unmittelbarer Unrechtserfahrung im NS-Staat, Kaltem Krieg, entstehender totalitärer Ordnung auf dem Gebiet der DDR sowie einer daraus folgenden Vulnerabilität[51] verhaftet blieb.[52] Ungeachtet der eher schillernden Breite der zusammengestellten Essentialia lag aber schon hierin der das Verfassungsdenken heute prägende Abschied von überkommenen Homogenitätsvorstellungen und eine Hinwendung zu einem modernen, **pluralistischen Demokratiekonzept.**[53] Die Formel wurde später wiederholt aufgegriffen oder jedenfalls als Matrix des verfassungsrechtlichen Grundkonsenses in verschiedenen Kontexten zitiert.[54] Im **NPD-Urteil** konkretisiert das Gericht den Begriff weniger durch eine formelhafte Topik im Stil des weiterhin als Referenz dienenden[55] SRP-Urteils, sondern durch eine Rückanbindung an konkrete Verfassungsstrukturen.[56] Letztlich wird aus der weiter gefassten Verfassungsidentität des Art. 79 Abs. 3 GG ein Kern des Unverzichtbaren herausdestilliert.[57]

Anker- und Ausgangspunkt der freiheitlichen demokratischen Grundordnung ist die **13 Würde des Menschen** (Art. 1 Abs. 1 GG), die insbesondere die Wahrung personaler Individualität, Identität und Integrität sowie die elementare Rechtsgleichheit einschließt.[58] Auch das **Demokratieprinzip** (Art. 20 Abs. 2 S. 1 GG), das die Möglichkeit gleichberechtigter Teilnahme aller Bürgerinnen und Bürger am Prozess der politischen Willensbildung als Ausdruck kollektiver Selbstbestimmung voraussetzt, ist Kernbestandteil der freiheitlichen demokratischen Grundordnung.[59] Schließlich gehört hierzu die im Rechtsstaatsprinzip wurzelnde Rechtsbindung der öffentlichen Gewalt (Art. 20 Abs. 3 GG), die Kontrolle dieser Bindung durch unabhängige Gerichte und das rechtsstaatlich eingehegte Gewaltmonopol.[60] Durch diese Vereinfachung, Verdichtung und Verkopplung mit den fundamentalen Staatsstrukturprinzipien wird die Formel juristisch besser handhabbar, auch weil nicht mehr auf abstrakte Großformeln der politischen Theorie („Gewalt- und Willkürherrschaft", „Volkssouveränität") ausgewichen wird, die keine originär verfassungsrechtliche Kontur haben, sondern Anleihen aus der politischen Theorie sind.

2. Verfassungsfeindliche Agitation

Das Parteiverbot dient nicht dazu, Ideen oder Überzeugungen zu unterbinden und ist **kein 14 Gesinnungs- oder Weltanschauungsverbot,**[61] es soll also nicht ein „falsches" politisches Weltbild sanktionieren, sondern einen gezielten Angriff auf die freiheitliche demokratische Grundordnung abwehren. Eine rein gesellschaftlich-intellektuelle Auseinandersetzung über die politische Legitimität der legalen Verfassungsordnung und über alternative Herrschafts-

---

[49] BVerfGE 2, 1 (12 f.) = NJW 1952, 1407.
[50] S. *Murswiek*, Verfassungsschutz und Demokratie, 2020, 32.
[51] *Issacharoff*, Fragile Democracies, 2015, 106.
[52] *Gärditz* in Stern/Sodan/Möstl, Staatsrecht der Bundesrepublik Deutschland, 2022, § 19 Rn. 125.
[53] *Maier*, Deutschland – Wegmarken seiner Geschichte, 2021, 171. Völlig überzeichnete Kritik jüngst bei *Schulz*, Die freiheitliche demokratische Grundordnung, 2019, 121 ff., 263–270.
[54] BVerfGE 5, 85 (198 ff., 230) = NJW 1956, 1393; BVerfGE 20, 56 (97) = NJW 1966, 1499; BVerfGE 27, 195 (201) = BeckRS 2015, 47607; BVerfGE 44, 125 (145) = NJW 1977, 751; BVerfGE 107, 339 (360) = NJW 2003, 1577.
[55] BVerfGE 144, 20 (203) = NJW 2017, 611.
[56] Vgl. *Uhle* NVwZ 2017, 583 (586).
[57] Vgl. dazu *Waldhoff* in Herdegen/Masing/Poscher/Gärditz VerfassungsR-HdB § 6 Rn. 49.
[58] BVerfGE 144, 20 (206 f.) = NJW 2017, 611.
[59] BVerfGE 144, 20 (208 f.) = NJW 2017, 611.
[60] BVerfGE 144, 20 (210 f.) = NJW 2017, 611.
[61] BVerfGE 144, 20 (220) = NJW 2017, 611.

modelle soll also nicht unterbunden werden, und zwar auch dann nicht, wenn der Diskurs nicht nur individuell im Rahmen der inhaltlich offenen[62] Meinungsfreiheit (Art. 5 Abs. 1 S. 1 GG) als Instrument der „Machtkritik"[63], sondern auch in einer parteipolitischen Organisationsform geführt wird. Notwendig ist daher ein – planvolles[64] – Überschreiten der Schwelle zur Bekämpfung der freiheitlichen demokratischen Grundordnung durch eine Partei.[65] **Beseitigen iSd** Art. 21 Abs. 2 GG der freiheitlichen demokratischen Grundordnung meint „die Abschaffung zumindest eines ihrer Wesenselemente oder deren Ersetzung durch eine andere Verfassungsordnung oder ein anderes Regierungssystem".[66] Von einem **Beeinträchtigen** ist auszugehen, wenn eine Partei nach ihrem politischen Konzept mit hinreichender Intensität eine spürbare Gefährdung der freiheitlichen demokratischen Grundordnung bewirkt.[67] Dies muss sich aus ihren Zielen oder dem Verhalten ihrer Anhänger ergeben.[68] Eine gegen die freiheitliche demokratische Grundordnung gerichtete **Zielsetzung einer Partei** reicht für die Anordnung eines Parteiverbots allein nicht aus, die Partei muss vielmehr auf die Beeinträchtigung oder Beseitigung der freiheitlichen demokratischen Grundordnung ausgehen,[69] was ein **proaktives Handeln** voraussetzt.[70]

3. Potentialität

15 Eine **konkrete Gefahr** für die durch Art. 21 Abs. 2 GG geschützten Rechtsgüter ist nach der Rechtsprechung des BVerfG nicht erforderlich,[71] weil Art. 21 Abs. 2 GG darauf abzielt, „nach der Maxime ‚Wehret den Anfängen' frühzeitig die Möglichkeit des Vorgehens gegen verfassungsfeindliche Parteien zu eröffnen".[72] Parteiverbote sind Verfassungsschutz im Vorfeld, weshalb die Vorbereitung eines Verbotsverfahrens nicht nur, aber doch hauptsächlich in den Händen der nachrichtendienstlichen Verfassungsschutzbehörden liegt und deren Aufklärungsergebnisse entscheidend für die iRd Art. 21 Abs. 2 GG zu treffenden Bewertungen sind.[73] Obgleich hiernach keine konkrete Gefahr erforderlich ist, bedarf es nach dem BVerfG konkreter, gewichtiger Anhaltspunkte, die einen Erfolg des Handelns zumindest möglich erscheinen lassen **(Potentialität)**.[74] Die Wesensverwandtschaft einer Partei mit dem Nationalsozialismus rechtfertigt für sich genommen die Anordnung eines Parteiverbots nicht. Allerdings kommt ihr erhebliche indizielle Bedeutung hinsichtlich der Verfolgung verfassungsfeindlicher Ziele zu.[75] Weil die Verbotsanforderungen verfassungsunmittelbar Art. 21 Abs. 2 GG entnommen werden, soll es bei deren Vorliegen keiner zusätzlichen Prüfung der **Verhältnismäßigkeit** mehr bedürfen.[76]

---

[62] Zum Schutz verfassungsfeindlicher Positionen nur BVerfGE 124, 300 (320) = NJW 2010, 47.
[63] BVerfGE 93, 266 (293) = NJW 1995, 3303; Şahin KJ 53 (2020), 256 (257).
[64] BVerfGE 144, 20 (221) = NJW 2017, 611.
[65] BVerfGE 144, 20 (221 ff.) = NJW 2017, 611.
[66] BVerfGE 144, 20 (211) = NJW 2017, 611. Vgl. in diesem Sinne Sichert DÖV 2001, 671 (675); *Gelberg*, Das Parteiverbotsverfahren nach Art. 21 Abs. 2 GG am Beispiel des NPD-Verbotsverfahrens, 2009, 202; *Ipsen* in Sachs Art. 21 Rn. 164; *Morlok* in Dreier GG Art. 21 Rn. 153.
[67] BVerfGE 144, 20 (213) = NJW 2017, 611.
[68] BVerfGE 144, 20 (214 f.) = NJW 2017, 611.
[69] BVerfGE 144, 20 (219) = NJW 2017, 611.
[70] BVerfGE 144, 20 (219 f.) = NJW 2017, 611.
[71] BVerfGE 144, 20 (223 f.) = NJW 2017, 611. Abw. *Alter* AöR 140 (215), 571 (583 ff.); *Groh* ZRP 2000, 500 (505); *Emek/Meier* RuP 2013, 74 (77 ff.).
[72] BVerfGE 144, 20 (224) = NJW 2017, 611.
[73] *Gärditz* in Stern/Sodan/Möstl, Staatsrecht der Bundesrepublik Deutschland, 2022, § 19 Rn. 128.
[74] BVerfGE 144, 20 (224 f.) = NJW 2017, 611.
[75] BVerfGE 144, 20 (227 f., 232) = NJW 2017, 611.
[76] BVerfGE 144, 20 (233 f.) = NJW 2017, 611. Abw. *Pforr* ThürVBl 2002, 149 (153); *Kumpf* DVBl 2012, 1344 (1346 f.); *Shirvani* JZ 2014, 1074 (1082).

4. Finanzierungsausschluss als Minusmaßnahme

Die hohen Hürden des Parteiverbots sind sachlich gut begründet, lösen aber nicht das **16** Problem, dass eine legale Partei aus Staatsmitteln egalitär nach Maßgabe der verfassungsrechtlichen Vorgaben zur Parteienfinanzierung[77] mitfinanziert wird. Der verfassungsändernde Gesetzgeber hat daher mit Art. 21 Abs. 3 GG im Rahmen des **60. Gesetzes zur Änderung des Grundgesetzes** v. 20.7.2017[78] Abhilfe geschaffen. Die Neuregelung wurde auf eine Andeutung des BVerfG in seinem NPD-Urteil[79] hin, die als verfassungspolitische Ermutigung aufgefasst worden war, eingefügt, um im Sinne einer gestuften Sanktionierung[80] ein unterschwelliges Instrument zur Verfügung zu haben, gegen verfassungsfeindliche Parteien vorzugehen, die zu bedeutungslos sind, nach Maßgabe des Potentialitätskriteriums (→ Rn. 16) ein Verbot zu rechtfertigen.

Parteien, die nach ihren Zielen oder dem Verhalten ihrer Anhänger darauf ausgerichtet **17** sind, die freiheitliche demokratische Grundordnung zu beeinträchtigen oder zu beseitigen oder den Bestand der Bundesrepublik Deutschland zu gefährden, sind nach Art. 21 Abs. 3 S. 1 GG **von staatlicher Finanzierung** ausgeschlossen. Wird der Ausschluss festgestellt, so entfällt nach Art. 21 Abs. 3 S. 2 GG auch eine steuerliche Begünstigung dieser Parteien und von Zuwendungen an diese. Hier wird ein einfachgesetzliches Privileg im Steuerrecht schlicht vorausgesetzt, das nicht einmal unmittelbar verfassungsrechtlich gewährleistet ist, sondern nur nach Art. 3 Abs. 1 GG gleichheitskonform ausgestaltet werden muss,[81] was wieder einmal einen dysfunktionalen Overspill einfachgesetzlicher Momentaufnahmen in Verfassungsrecht bedeutet.[82]

Über den Ausschluss von staatlicher Finanzierung entscheidet nach Art. 21 Abs. 4 GG **18** ebenfalls das BVerfG, dem insoweit ein zum Parteiverbot analoges **Entscheidungsmonopol** zugewiesen wird. Die Bestimmung des Art. 21 Abs. 3 GG dient nicht dem politischen Meinungskampf, indem einer verfassungsfeindlichen Partei die Ressourcen zur Mitwirkung an der politischen Willensbildung des Volkes (Art. 21 Abs. 1 S. 1 GG) entzogen werden. Vielmehr soll durch den Ausschluss der staatlichen Finanzierung der Wertungskonflikt vermieden werden, dass der Staat aus **staatlichen Haushaltsmitteln** den Kampf gegen die freiheitliche demokratische Grundordnung mitfinanziert.[83]

IV. Verhältnis zum Dienstrecht

Parteiverbotsverfahren haben keine direkten Bezüge zum Recht des Öffentlichen Dienstes. **19** Beamtinnen und Beamten obliegt allerdings eine durch Art. 33 Abs. 5 GG abgesicherte **allgemeine politische Treuepflicht**.[84] „Der Beamte kann nicht zugleich in der organisierten Staatlichkeit wirken und die damit verbundenen persönlichen Sicherungen und Vorteile in Anspruch nehmen und aus dieser Stellung heraus die Grundlage seines Handelns zerstören wollen. Der freiheitliche demokratische Rechtsstaat kann und darf sich nicht in die Hand seiner Zerstörer geben".[85] Die Treuepflicht verpflichtet Beamtinnen und Beamte,

---

[77] S. BVerfGE 85, 264 ff. = NJW 1992, 2545; BVerfGE 111, 382 ff. = BeckRS 2004, 149716; *Waldhoff* in Herdegen/Masing/Poscher/Gärditz VerfassungsR-HdB § 6 Rn. 56–60.
[78] BGBl. 2017 I 2446.
[79] BVerfGE 144, 20 (202) = NJW 2017, 611: „Eine Modifizierung dieses Regelungskonzepts, etwa hinsichtlich der Schaffung von Möglichkeiten gesonderter Sanktionierung im Fall der Erfüllung einzelner Tatbestandsmerkmale des Art. 21 Abs. 2 GG unterhalb der Schwelle des Parteiverbots, ist dem verfassungsändernden Gesetzgeber vorbehalten".
[80] *Waldhoff* in Herdegen/Masing/Poscher/Gärditz VerfassungsR-HdB § 6 Rn. 55.
[81] *Waldhoff* in Herdegen/Masing/Poscher/Gärditz VerfassungsR-HdB § 6 Rn. 61–64.
[82] Die Nachteile liegen auf der Hand. So könnte sich künftig die Frage stellen, ob Art. 21 Abs. 3 GG mittelbar Steuerbegünstigungen garantiert, die früher einfach hätten gestrichen werden können.
[83] *Linck* DÖV 2006, 939 (939), sprach insoweit plastisch von einer „Pervertierung der wehrhaften Demokratie".
[84] BVerfGE 39, 334 (347) = NJW 1975, 1641.
[85] BVerfGE 39, 334 (349) = NJW 1975, 1641.

sich im ganzen – auch außerdienstlichen[86] – Verhalten zur freiheitlichen demokratischen Grundordnung positiv zu bekennen und sich mit der Verfassung zu identifizieren, nicht lediglich passiv verfassungsfeindliche Bestrebungen zu unterlassen.[87] Hieraus können verfassungskonform im Rahmen der Verhältnismäßigkeit auch **dienstrechtliche Konsequenzen** gezogen werden.[88] Bewerberinnen und Bewerber auf ein Amt, die nicht die hinreichende Gewähr für die politische Treue bieten, sind **ungeeignet** iSd Art. 33 Abs. 2 GG und können daher abgelehnt werden.[89] Eine Verletzung der politischen Treuepflicht ist ein **Dienstvergehen**,[90] das nach Maßgabe des Disziplinarrechts sanktioniert werden kann.[91]

20 Die **Zugehörigkeit zu einer verfassungsfeindlichen (nicht verbotenen) Partei** ist nach Maßgabe dieses allgemeinen Rahmens dann eine Verletzung der politischen Treuepflicht eines Beamten, wenn sie mit der Übernahme von Parteiämtern oder von Kandidaturen verbunden ist.[92] Die politische Treuepflicht steht nicht im Widerspruch zu Art. 21 Abs. 2 GG, wenn die verfassungsfeindliche Betätigung im Rahmen parteipolitischer Ausrichtung stattfindet, weil das Parteienprivileg die Aktivitäten der Bürgerinnen und Bürger schützt, Art. 33 Abs. 5 GG jedoch die dienstlichen Pflichten der Beamtinnen und Beamten adressiert,[93] die insoweit eine weitergehende Loyalität einfordern als gegenüber beliebigen Dritten, denen es im Rahmen ihrer Meinungsfreiheit frei steht, sich gegen die freiheitliche demokratische Grundordnung zu positionieren. Von dieser besonderen Loyalität, der ihrerseits Fürsorgeverpflichtungen des Dienstherrn korrespondieren, können keine Abstriche hingenommen werden, nur weil meinungsbildende Aktivitäten in einem parteipolitischen Kontext entfaltet werden.[94]

21 Der **EGMR** hat das Erfordernis der Verfassungstreue zwar gebilligt, eine Sanktionierung allein wegen der Mitgliedschaft in einer verfassungsfeindlichen Partei aber als **Verletzung des Art. 10 EMRK** erachtet, wenn das dienstliche Verhalten beanstandungsfrei sei.[95] Die zugrunde liegenden Entscheidungen sind allerdings nicht pauschal zu verallgemeinern. Letztlich hat der EGMR dienstrechtliche Maßnahmen zum Schutz der Verfassung aus den konkreten Funktionserfordernissen der betroffenen Ämter als unverhältnismäßig bewertet.[96] Hierbei ging es um Lehrberufe an staatlichen Schulen. Dies schließt nicht aus, für andere Ämter, mit denen legitimerweise eine größere Verantwortung für Hoheitsaufgaben einhergeht bzw. die staatsrechtlich sensibler sind, strengere Loyalitätsanforderungen zu formulieren.

C. Präsidentenanklage

22 Der Deutsche Bundestag oder der Bundesrat können den Bundespräsidenten wegen vorsätzlicher Verletzung des Grundgesetzes oder eines anderen Bundesgesetzes nach Art. 61 Abs. 1 S. 1 GG vor dem BVerfG anklagen. Überwiegend wird davon ausgegangen, dass auch die Präsidentin oder der Präsident des Bundesrates – nach Art. 52 Abs. 1

---

[86] BVerwG NJW 1987, 2691 (2691 f.).
[87] BVerfGE 39, 334 (348) = NJW 1975, 1641.
[88] Eingehend *Siems* DÖV 2014, 338 ff.
[89] BVerfGE 39, 334 (352) = NJW 1975, 1641; BVerfG-K NJW 2008, 2568 (2569); BVerwGE 61, 176 ff. = NJW 1981, 1386. Dies gilt ungeachtet der Berufsfreiheit grundsätzlich auch für die Zulassung zum Vorbereitungsdienst: OVG Weimar BeckRS 2020, 42875.
[90] BVerfGE 39, 334 (350) = NJW 1975, 1641. Vgl. OVG Berlin-Brandenburg BeckRS 2014, 51960: Teilnahme von Polizisten an rechtsextremer Versammlung.
[91] BVerfG-K NJW 2008, 2568 (2569); BVerwGE 73, 263 ff. = BeckRS 1981, 31325242; BVerwGE 76, 157 ff. = BeckRS 9998, 45237. Anschaulich BVerwGE 160, 370 ff. = NJW 2018, 1185: Tätowierungen mit verfassungsfeindlichen Symbolen.
[92] BVerwGE 86, 99 ff. = NJW 1989, 2554; BVerwG NJW 1987, 2691 (2692).
[93] BVerfGE 39, 334 (358 f.) = NJW 1975, 1641.
[94] BVerfGE 39, 334 (359) = NJW 1975, 1641.
[95] EGMR EuGRZ 1995, 590 – Vogt; EuGRZ 1986, 509 – Kosiek.
[96] Vgl. *Klein* in Maunz/Dürig GG Art. 21 Rn. 584.

GG auf ein Jahr gewählt – als **Stellvertreterin** oder **Stellvertreter** (Art. 57 GG)[97] nach Art. 61 GG zur Verantwortung gezogen werden kann.[98] Ein **Ausscheiden aus dem Amt** soll einer Anklage nach § 51 BVerfGG nicht entgegenstehen. Diese Regelung geht jedoch über eine prozessuale Umsetzung des Art. 61 GG hinaus, der allein der Prävention künftiger Verfassungsverstöße dient,[99] die aber nach Ausscheiden aus dem Amt von der angeklagten Person nicht mehr drohen können. Die einfach-gesetzliche Norm des § 51 BVerfGG ist gleichwohl nicht verfassungswidrig,[100] weil Art. 61 GG nur das Verhältnis zwischen Verfassungsorganen regelt, zu denen eine frühere Bundespräsidentin oder ein früherer Bundespräsident aber nicht zählt. Die Ausgestaltung des Folgerechts (zB der Ruhestandsbezüge, der Nachhaftung) obliegt mithin dem einfachen Gesetzgeber, der akzessorisch auch dem BVerfG zusätzliche Zuständigkeiten zuweisen kann (Art. 93 Abs. 2 GG).

I. Hintergrund

Anklagen gegen Exekutivspitzen sind – dem Modell des *impeachment*[101] folgend[102] – sowohl **traditionsreich** als auch weit verbreitet.[103] Eine **Vorläufernorm** enthielt Art. 59 WRV;[104] insoweit verlief die Übernahme ins GG unkontrovers.[105] Analoge Bestimmung, die eine Anklage der Ministerpräsidentin oder des Ministerpräsidenten vor dem Landesverfassungsgericht zulassen, sind einigen Landesverfassungen bekannt (→ Rn. 52 ff.).[106] Die Absetzbarkeit des Staatsoberhaupts ist ein typisches **Element republikanischer Verfassungen**.[107] Hierdurch wird Verantwortlichkeit institutionalisiert.[108] Anders als teils einige Landesverfassungen und noch in Art. 59 WRV ist eine Anklage von einzelnen Regierungsmitgliedern[109] nicht vorgesehen, was letztlich mit der ohnehin bestehenden parlamentari-

23

---

[97] Hierzu BVerwG LKV 2009, 522 (522 f.); *Meiertöns/Ehrhardt* JURA 2011, 166 ff.; *Pitschas* Der Staat 12 (1973), 183 ff.; *Schaefer* DÖV 2012, 417 ff.
[98] *Fink* in v. Mangoldt/Klein/Starck Art. 61 Rn. 8; *Nierhaus/Brinktrine* in Sachs GG Art. 61 Rn. 6; *Wiemers* VR 2012, 223 (223). Hiergegen aber *Herzog* in Maunz/Dürig GG Art. 61 Rn. 14; *Heun* in Dreier GG Art. 61 Rn. 8.
[99] *Fink* in v. Mangoldt/Klein/Starck GG Art. 61 Rn. 9.
[100] Wie hier *Fink* in v. Mangoldt/Klein/Starck GG Art. 61 Rn. 9; *Heun* in Dreier GG Art. 61 Rn. 7.
[101] Zum US-amerikanischen Vorbild *Black* in Black/Bobbitt, Impeachment, 2018, 3 ff.; *Engel* in Meacham/Naftali/Baker/Engel, Impeachment: An American History, 2018, 3 ff.; *Healy*, Indispensable Remedy: The Broad Scope of the Constitution's Impeachment Power, 2018; *Tribe/Matz*, To End a Presidency: The Power of Impeachment, 2019. Zu den Differenzen im Maßstab aber auch *Kühne* FS Dimitris Tsatsos, 2003, 279 (286 f.).
[102] Vgl. *Fink* in v. Mangoldt/Klein/Starck GG Art. 61 Rn. 2; *Herzog* in Maunz/Dürig GG Art. 61 Rn. 4.
[103] Vergleichend *Steinbarth*, Das Institut der Präsidenten- und Ministeranklage in rechtshistorischer und rechtsvergleichender Perspektive, 2011; vgl. ferner die Hinweise bei *Butzer* in Schmidt-Bleibtreu/Hofmann/Henneke GG Art. 61 Rn. 1.
[104] Dieser lautete: „Der Reichstag ist berechtigt, den Reichspräsidenten, den Reichskanzler und die Reichsminister vor dem Staatsgerichtshof für das Deutsche Reich anzuklagen, daß sie schuldhafterweise die Reichsverfassung oder ein Reichsgesetz verletzt haben. Der Antrag auf Erhebung der Anklage muß von mindestens hundert Mitgliedern des Reichstags unterzeichnet sein und bedarf der Zustimmung der für Verfassungsänderungen vorgeschriebenen Mehrheit. Das Nähere regelt das Reichsgesetz über den Staatsgerichtshof". Auf dieser Grundlage wurde iÜ erwogen, *Hindenburg* wegen des „Preußenschlags" 1932 und des darin liegenden Missbrauchs des Art. 48 WRV anzuklagen, was aber letztlich aus taktischen Gründen unterblieb, weil man den Reichspräsidenten nicht beschädigen und dadurch *Hitler* weiteren Auftrieb verschaffen wollte. Dazu *Kühne* FS Dimitris Tsatsos, 2003, 279 (284 mit Nachw. 280, Fn. 6).
[105] S. *Füßlein* JöR 1 (1951), 420 (421).
[106] Art. 57 BWVerf; Art. 59, 61 BayVerf; Art. 111 BremVerf; Art. 115 HV; Art. 40 NdsVerf; Art. 131 RhPfVerf; Art. 94 SLVerf; Art. 118 SächsVerf. Art. 63 NRWVerf wurde 2006 aufgehoben.
[107] *Nierhaus/Brinktrine* in Sachs GG Art. 61 Rn. 1.
[108] *Herzog* in Maunz/Dürig GG Art. 61 Rn. 2; *Heun* in Dreier GG Art. 61 Rn. 6.
[109] Gegen einzelne Ministerinnen und Minister finden nach § 8 BMinG auch keine Disziplinarverfahren statt. Sie können vielmehr jederzeit entlassen werden (Art. 64 Abs. 1 GG iVm § 9 Abs. 2 BMinG), wofür es keiner spezifischer Gründe bedarf.

schen Verantwortlichkeit der Bundesregierung (vgl. Art. 67, 68 GG) zu erklären ist.[110] Weil die Bundespräsidentin oder der Bundespräsident den alltäglichen politischen Auseinandersetzungen entrückt ist und mangels regulärer politischer Entscheidungsfunktionen auch keine Mehrheiten hinter sich sammeln muss, kommt der strikten Rechtsbindung entscheidende Bedeutung zu, deren Korrelat dann die Absetzbarkeit ist.[111]

24 Das Verfahren der Amtsenthebung dient nicht der Pönalisierung des vergangenen Rechtsverstoßes[112] und gründet daher auch nicht auf individueller Schuld.[113] Es dient allein dem **präventiven Schutz der verfassungsmäßigen Ordnung**.[114]

25 Die Bestimmung hatte bislang noch **keinen Anwendungsfall**. Gleichwohl ist sie damit noch nicht zwingend auch **funktionslos**. Zum einen wird so latent sichtbar gemacht, dass es auch für das Staatsoberhaupt eine **institutionalisierte Verantwortlichkeit** für amtliches Handeln gibt. Zum anderen verfügt der Deutsche Bundestag so über ein **Kontrollinstrument** als Gegengewicht zu den empfindlichen Blockadeoptionen des ansonsten weitgehend politisch machtlosen Verfassungsorgans (insbesondere bei der Ausfertigung von Gesetzen nach Art. 82 Abs. 1 S. 1 GG).[115] Holt man im intertemporalen Rechtsvergleich weiter aus, zeigt sich zudem, dass solche Verfahren nicht völlig bedeutungslos bleiben müssen.[116] Sie können sich gerade in einer Verfassungskrise bewähren, idealerweise eine solche aber auch präventiv vermeiden helfen.

II. Verfahren

26 Die Verfassung stellt **hohe formale Hürden** an eine Anklagerhebung. Der Antrag auf Erhebung der Anklage muss nach Art. 61 Abs. 1 S. 2 GG von mindestens einem Viertel der Mitglieder des Bundestages oder einem Viertel der Stimmen des Bundesrates gestellt werden. Der **Beschluss auf Erhebung der Anklage** bedarf nach Art. 61 Abs. 1 S. 3 GG der Mehrheit von zwei Dritteln der Mitglieder des Bundestages oder von zwei Dritteln der Stimmen des Bundesrates. Für das Parlament besteht keine Verpflichtung, Anklage zu erheben. Das insoweit bestehende **politische Ermessen** macht zugleich das Instrument einer Präsidentenanklage zum Politikum.[117] Das Verfahren vor dem BVerfG, dem letztlich die Kompetenz über die Enthebung zufällt, ist als Verfassungsprozessrecht nach Art. 94 Abs. 2 S. 1 GG in den §§ 49 ff. BVerfGG näher ausgestaltet.[118]

III. Vorsätzliche Rechtsverletzung

27 Eine grundsätzlich notwendige **Gegenzeichnung** nach Art. 58 S. 1 GG seitens der Bundesregierung schließt eine Verantwortlichkeit der Bundespräsidentin oder des Bundes-

---

[110] *Heun* in Dreier GG Art. 61 Rn. 3; *Nierhaus/Brinktrine* in Sachs GG Art. 61 Rn. 2. Skeptisch aber *Herzog* in Maunz/Dürig GG Art. 61 Rn. 7, der insoweit darauf hinweist, dass dies auch unter der WRV bereits so gewesen sei. Im Übrigen hat sich seit den Zeiten der Konstitutionellen Monarchie, die das Verfahren als parlamentarisches Abwehrrecht gegen monarchische Regierungswillkür hervorgebracht hatte, das Setting der Kontrollinstrumente unter einer modernen Verfassungsgerichtsbarkeit aufgefächert. S. *Kühne* FS Dimitris Tsatsos, 2003, 279 (282 f.).
[111] *Nettesheim* in Isensee/Kirchhof StaatsR-HdB III § 61 Rn. 66; *Nierhaus/Brinktrine* in Sachs GG Art. 61 Rn. 4.
[112] *Herzog* in Maunz/Dürig GG Art. 61 Rn. 10.
[113] Abw. *Herzog* in Maunz/Dürig GG Art. 61 Rn. 25 f., der strafrechtsanaloge Schuldausschließungsgründe und Irrtumsregeln gelten lassen will.
[114] *Butzer* in Schmidt-Bleibtreu/Hofmann/Henneke GG Art. 61 Rn. 4; *Nettesheim* in Isensee/Kirchhof StaatsR-HdB III § 61 Rn. 67; *Nierhaus/Brinktrine* in Sachs GG Art. 61 Rn. 5.
[115] *Butzer* in Schmidt-Bleibtreu/Hofmann/Henneke GG Art. 61 Rn. 3; *Herzog* in Maunz/Dürig GG Art. 61 Rn. 8.
[116] *Kühne* FS Dimitris Tsatsos, 2003, 279 ff.
[117] *Kühne* FS Dimitris Tsatsos, 2003, 279 (283).
[118] Dazu *Butzer* in Schmidt-Bleibtreu/Hofmann/Henneke GG Art. 61 Rn. 13–24; *Herzog* in Maunz/Dürig GG Art. 61 Rn. 33–71.

präsidenten nicht aus. Hierin liegt freilich eine Inkonsequenz der Regelung, weil insoweit eine Mitwirkung der Bundesregierung erforderlich ist, deren Anklage aber die Verfassung nicht ermöglicht.[119] So werden die beteiligten Verfassungsorgane bei kollusiven Rechtsverstößen von Bundesregierung und Bundespräsidentin bzw. Bundespräsident auf sehr unterschiedliche Instrumente zurückgeworfen, Verantwortlichkeit sichtbar zu aktualisieren.

Verfassungsrecht meint die jeweils geltende Verfassung in derjenigen Gestalt, wie sie 28 vor allem durch die Verfassungsrechtsprechung ausgeformt wurde.[120] **Ungeschriebenes Verfassungsrecht** ist hiervon eingeschlossen.[121] **Bundesgesetz** meint ein **formelles Gesetz**. Die Verletzung eines Landesgesetzes oder einer Rechtsverordnung soll dementsprechend nicht ausreichen.[122] Abweichendes wird man aber dann anzunehmen haben, wenn ein förmliches Bundesgesetz (zB in einer Sanktionsnorm) auf Verordnungsrecht verweist, sodass dessen Verletzung zugleich gegen ein formelles Bundesgesetz verstößt. Dass die Bundespräsidentin oder der Bundespräsident stets die allgemeine Gesetzesbindung (Art. 20 Abs. 3 GG)[123] verletzt, selbst wenn es um untergesetzliches Bundesrecht geht, dürfte bei einer teleologischen Auslegung des Art. 61 Abs. 1 S. 1 GG unbeachtlich sein, dessen limitierende Fassung durch die allgemeine Gesetzlichkeit der Exekutive als Maßstab unterlaufen würde. Auch **Unionsrecht** ist kein Bundesrecht, nach Art. 59 Abs. 2 GG umgesetzte **völkerrechtliche Verträge** sowie **Völkergewohnheitsrecht** nach Art. 25 GG hingegen schon.[124]

Vorsatz schließt nach allgemeiner Auffassung *dolus eventualis* ein.[125] Am Vorsatz kann es 29 allerdings fehlen, wenn die Bundespräsidentin oder der Bundespräsident das fragliche Verhalten auf eine **vertretbare Rechtsauffassung** stützt.[126] Jenseits der begrenzten Bindung nach § 31 Abs. 1, Abs. 2 S. 1 BVerfGG ist die Bundespräsidentin oder der Bundespräsident nicht verpflichtet, sich die in den Entscheidungsgründen niedergelegte **Rechtsauffassung des BVerfG** zu eigen zu machen. Erst recht gilt dies für die Anwendung einfachen Gesetzesrechts im Lichte der fachgerichtlichen Rechtsprechung. Geboten ist aber eine fundierte Auseinandersetzung mit entgegenstehender Rechtsprechung und die Darbietung solide begründeter Argumente für eine Gegenposition. Das Fehlen einer solchen qualifizierten Berücksichtigung bei der Bildung der eigenen Rechtsauffassung indiziert (zumindest bedingten) Vorsatz für einen Rechtsbruch.[127]

Amtsenthebungsgrund nach Art. 61 GG sollen nur **dienstliche**, nicht hingegen „**pri-** 30 **vate**" Rechtsverletzungen sein.[128] Man wird dies präzisieren müssen. Die Verfassung enthält ohnehin grundsätzlich keine Ge- und Verbote, die unmittelbar Private adressieren. Bei einfachgesetzlichen Sanktionen wird man differenzieren müssen. Zwar schützt Art. 61 GG allein die Integrität der Verfassungsordnung, die grundsätzlich nur durch amtliche Rechtsverletzungen (einschließlich etwaiger Amtsdelikte) des Verfassungsorgans beeinträchtigt werden kann. Analog dem Beamtenrecht kann es jedoch **Rechtsverstöße im außerdienstlichen Bereich** geben, die geeignet sind, die Amtsautorität bzw. das öffent-

---

[119] *Fink* in v. Mangoldt/Klein/Starck GG Art. 61 Rn. 5.
[120] *Wiemers* VR 2012, 223 (224).
[121] *Herzog* in Maunz/Dürig GG Art. 61 Rn. 17.
[122] *Fink* in v. Mangoldt/Klein/Starck GG Art. 61 Rn. 10; *Heun* in Dreier GG Art. 61 Rn. 9; *Nierhaus/Brinktrine* in Sachs GG Art. 61 Rn. 8. Auch „Bockigkeit" ist ein Anklagegrund, so plastisch *Butzer* NJW 2017, 210 (213).
[123] Vgl. *Herzog* in Maunz/Dürig GG Art. 61 Rn. 16.
[124] *Heun* in Dreier GG Art. 61 Rn. 9.
[125] *Butzer* in Schmidt-Bleibtreu/Hofmann/Henneke GG Art. 61 Rn. 11; *Fink* in v. Mangoldt/Klein/Starck GG Art. 61 Rn. 14; *Heun* in Dreier GG Art. 61 Rn. 11.
[126] *Butzer* NJW 2017, 210 (213).
[127] Wer sich über die Rechtslage nicht angemessen informiert oder die eigene Auffassung bildet, ohne sich mit gegenläufigen Argumenten auseinanderzusetzen, nimmt billigend in Kauf, dem eigenen Handeln eine fehlerhafte Rechtsansicht zugrunde zu legen.
[128] *Fink* in v. Mangoldt/Klein/Starck GG Art. 61 Rn. 12; *Herzog* in Maunz/Dürig GG Art. 61 Rn. 18; *Heun* in Dreier GG Art. 61 Rn. 10; *Nierhaus/Brinktrine* in Sachs GG Art. 61 Rn. 8.

liche Vertrauen in die Gesetzlichkeit, Unvoreingenommenheit und Integrität der Amtsführung zu beeinträchtigen. Das gilt namentlich für (vorsätzliche) Kriminalstraftaten, deren Sanktionierung ebenfalls im Allgemeininteresse liegt und der Rehabilitierung der verletzten Rechtsordnung dient, also von vornherein keine „Privatangelegenheit" ist.[129]

31 Art. 61 GG qualifiziert Gesetzesverletzungen nicht näher, setzt aber voraus, dass es nur um solche geht, die von solcher Qualität sind, dass ein Verbleib im Amt **staatspolitisch untragbar** geworden ist.[130] Dies festzustellen, wird jedoch in die Hände des BVerfG und in dessen Rechtsfolgenermessen[131] verlagert (→ Rn. 33).[132]

IV. Rechtsfolge

32 Stellt das BVerfG fest, dass die Bundespräsidentin oder der Bundespräsident einer vorsätzlichen Verletzung des Grundgesetzes oder eines anderen Bundesgesetzes schuldig ist, so kann es sie oder ihn nach Art. 61 Abs. 2 S. 1 GG des **Amtes für verlustig erklären.** Durch **einstweilige Anordnung** kann das Gericht nach Art. 61 Abs. 2 S. 2 GG iVm § 53 BVerfGG – insoweit *lex specialis* zu § 32 BVerfGG[133] – nach der Erhebung der Anklage bestimmen, dass sie oder er an der Ausübung des Amtes verhindert ist. Ein Urteil des BVerfG hat im Falle einer Verurteilung **konstitutive Wirkung.**[134]

33 Da es sich nicht um eine individuelle Sanktion, sondern um ein rein staatsorganisationsrechtliches Verfahren handelt, das gegen das Verfassungsorgan (und trotz faktischer Nachteile nicht gegen die Organwalterin oder den Organwalter persönlich) gerichtet ist, gilt **kein Gebot der Verhältnismäßigkeit.**[135] Die Rechtsfolge ist also nach **objektiven Kriterien** zu dosieren. Hierbei ist einerseits das Interesse an Stabilität und Kontinuität der Staatsleitung in Rechnung zu stellen, andererseits die Bedeutung der Integrität sowie Autorität des besonderen Amtes, das vor einer Beschädigung durch Fehlverhalten seiner Amtswalterinnen und Amtswalter bewehrt werden muss. Letztlich ist daher die Frage zu beantworten, ob eine Amtsenthebung erforderlich ist, um einen **dem Staatswohl in erheblichem Maße abträglichen Zustand** zu beseitigen.[136] Das wird bei der Verletzung einfachen Gesetzesrechts mit Blick auf die materielle Staatsschutzrelevanz des Art. 61 GG grundsätzlich nur bei amtsspezifischen Pflichten oder bei der Verletzung von Strafgesetzen der Fall sein.

34 Da das Anklageverfahren keinen Haftungs- oder Strafzwecken dient, sondern allein Verfassungsschutzcharakter hat, schließt eine Sachentscheidung über eine Präsidentenanklage auch eine weitergehende **zivil- oder strafrechtliche Verantwortlichkeit** nicht aus.[137] Ebenso wenig ausgeschlossen ist es, anstatt oder neben einer Präsidentenanklage unter den entsprechenden Voraussetzungen ein **Organstreitverfahren** wegen eines Verfassungsverstoßes (Art. 93 Abs. 1 Nr. 1 GG iVm § 13 Nr. 5 BVerfGG, §§ 63 ff. BVerfGG) einzuleiten.

D. Richteranklage

35 Mit der Richteranklage enthält das Grundgesetz ein weiteres **Instrument des Verfassungsschutzes,** das bislang keine Bedeutung erlangt hat und vor allem aus einem – notabene: unter den seinerzeit obwaltenden Umständen berechtigten – Misstrauen in die

---

[129] Abw. *Herzog* in Maunz/Dürig GG Art. 61 Rn. 18.
[130] *Nierhaus/Brinktrine* in Sachs GG Art. 61 Rn. 14; abw. zB *Heun* in Dreier GG Art. 61 Rn. 11.
[131] *Fink* in v. Mangoldt/Klein/Starck GG Art. 61 Rn. 29; *Heun* in Dreier GG Art. 61 Rn. 16.
[132] Wie hier *Fink* in v. Mangoldt/Klein/Starck GG Art. 61 Rn. 13.
[133] *Nierhaus/Brinktrine* in Sachs GG Art. 61 Rn. 17.
[134] *Detterbeck* in Sachs GG Art. 98 Rn. 18.
[135] Abw. *Herzog* in Maunz/Dürig GG Art. 61 Rn. 20; *Heun* in Dreier GG Art. 61 Rn. 16.
[136] So (freilich als Tatbestandsmerkmal) auch *Nierhaus/Brinktrine* in Sachs GG Art. 61 Rn. 14.
[137] *Butzer* in Schmidt-Bleibtreu/Hofmann/Henneke GG Art. 61 Rn. 4.

politische Loyalität der Richterschaft im Parlamentarischen Rat[138] zu erklären ist.[139] Wenn eine Bundesrichterin oder ein Bundesrichter im Amte oder außerhalb des Amtes gegen die Grundsätze des Grundgesetzes oder gegen die verfassungsmäßige Ordnung eines Landes verstößt, so kann das BVerfG nach Art. 98 Abs. 2 S. 1 GG mit Zweidrittelmehrheit auf Antrag des Deutschen Bundestages anordnen, dass die Richterin oder der Richter in ein anderes Amt oder in den Ruhestand zu versetzen ist. Im Falle eines vorsätzlichen Verstoßes kann nach Art. 98 Abs. 2 S. 2 GG auf Entlassung erkannt werden.

Die Länder können für **Richterinnen und Richter im Landesdienst** nach Art. 98 36 Abs. 5 S. 1 GG eine entsprechende Regelung treffen. Geltendes Landesverfassungsrecht bleibt unberührt. Die Entscheidung über eine Richteranklage steht auch in diesem Fall dem BVerfG zu (Art. 98 Abs. 5 S. 2 GG). Länder dürfen die Richteranklage iRd Art. 98 Abs. 5 S. 1 GG nicht gegenüber Abs. 2 **erweitern,** also zB weitere – strukturell abweichende – Entlassungsgründe schaffen.[140] Eine **Erhöhung der Anforderungen** an eine Richteranklage soll hingegen zulässig sein,[141] was schlüssig ist, weil Art. 95 Abs. 5 GG lediglich eine Option eröffnet, ein Land also auch auf das Institut der Richteranklage gänzlich verzichten kann. Erhöhte Anforderungen sind dann als Minus von der Regelungsermächtigung umfasst. Die meisten Länder haben eine Richteranklage auf Landesverfassungsebene verankert.[142] Da das Entscheidungsmonopol beim BVerfG liegt (Art. 98 Abs. 5 S. 3 GG),[143] muss dieses – wie früher iRd Art. 99 GG – gegebenenfalls auf der Grundlage von **Landesrecht** entscheiden.[144]

Einhellig wird vertreten, dass **Richterinnen und Richter des BVerfG** nicht nach 37 Art. 98 Abs. 2 GG angeklagt werden könnten.[145] Diese könnten nicht in eigener Sache über sich selbst entscheiden.[146] Dies überzeugt nur im Ergebnis, nicht jedoch in der Begründung.[147] Auch bei einem Befangenheitsantrag muss der Rest der Richterbank über das abgelehnte Mitglied entscheiden (§ 19 Abs. 1 BVerfGG); das wäre bei einer Richteranklage ebenfalls möglich, der daraus zwangsläufig folgende kollegiale Zwiespalt wäre schlicht auszuhalten. Gegen eine – im Parlamentarischen Rat nicht thematisierte – Anwendbarkeit auf Mitglieder des BVerfG (Art. 94 Abs. 1 S. 2 GG) spricht aber Folgendes: Nach Art. 94 Abs. 1 S. 1 GG sind die Mitglieder des BVerfG als solche nicht Bundesrichter im Sinne des GG, sondern rekrutieren sich nur zum Teil aus „Bundesrichtern" sowie aus anderen Mitgliedern, was dann dafür spricht, dass sie nicht von Art. 98 Abs. 2 GG mitgemeint sind. Vor allem zeigt die Systematik, dass Regelungen über das BVerfG, sein Verfahren und seine Mitglieder nach Art. 94 Abs. 2 S. 1 GG zu treffen sind, wohingegen Art. 98 GG die sonstigen Richterdienstverhältnisse betrifft, was die davon abgesetzte Regelungskompetenz (Abs. 1, Abs. 3) unter-

---

[138] Vgl. etwa die Äußerungen der Abgeordneten *Greve, Katz, Renner, Schönfelder, Selbert, Stock* und *Zinn*, wiedergegeben in JöR 1 (1951), 704 f., 720.
[139] Für die zeitgenössische Polemik hiergegen etwa der erste Präsident des OVG NW *Paulus van Husen* (AöR 78 [1952], 49 [54]): „unter Hinnahme des neuen Gifttropfens der Richteranklage"; ferner *Ruscheweyh* MDR 1949, 258 (259 f.), der sich zudem gegen die Zuständigkeit des BVerfG wandte, weil dieses – anders als ein Disziplinargericht – politisch besetzt sei.
[140] *Burmeister* DRiZ 1998, 518 (523); *Schulze-Fielitz* in Dreier GG Art. 98 Rn. 36.
[141] *Heusch* in Schmidt-Bleibtreu/Hofmann/Henneke GG Art. 98 Rn. 6; *Hillgruber* in Maunz/Dürig GG Art. 98 Rn. 45.
[142] Art. 66 Abs. 2 BWVerf; Art. 111 BbgVerf; Art 136 Abs. 3, 138 BremVerf; Art. 63 Abs. 3 HmbVerf; Art. 127 Abs. 3 HV; Art. 77 MVVerf; Art. 52 NdsVerf; Art. 73 NRWVerf; Art. 132 RhPfVerf; Art. 80 SächsVerf; Art. 84 LSAVerf; Art. 43 Abs. 4 SHVerf; Art. 89 Abs. 3 ThürVerf.
[143] Zur Derogation von Zuständigkeiten der Landesverfassungsgerichtsbarkeit StGH Hessen BeckRS 1992, 121056; 1993, 123310.
[144] *Classen* in v. Mangoldt/Klein/Starck GG Art. 98 Rn. 19. Schief daher *Bettermann* in Bettermann/Nipperdey/Scheuner, Die Grundrechte, Bd. III/2, 1959, 523 (585), der hierin einen Sonderfall der „Bundesaufsicht" erblickte.
[145] *Hillgruber* in Maunz/Dürig GG Art. 98 Rn. 42; *Schulze-Fielitz* in Dreier GG Art. 98 Rn. 35.
[146] *Schulze-Fielitz* in Dreier GG Art. 98 Rn. 35.
[147] Eine andere Begründung ist hingegen durchaus schlüssig: Ein Antragsrecht des Deutschen Bundestags wäre dysfunktional, weil er als typischer Adressat der Entscheidungen des Gerichts ein Eigeninteresse hat, das missbrauchsanfällig wäre. So *Hillgruber* in Maunz/Dürig GG Art. 98 Rn. 42.

streicht. In der Zusammenschau zeigt dies, dass statusrechtliche Fragen der Mitglieder des BVerfG kein Thema des Art. 98 GG sind. Für Mitglieder des BVerfG verbleibt daher nur das – bislang nicht relevant gewordene – Verfahren des § 105 BVerfGG.[148]

I. Hintergrund

38 Die Richteranklage ist ein weiterer Baustein im Setting der **wehrhaften Demokratie,**[149] wurde (vorgrundgesetzlichen) landesverfassungsrechtlichen Vorbildern entnommen[150] und gelangte durch eine Initiative der SPD in den Parlamentarischen Rat. Wer nicht mehr die Gewähr biete, ein Richteramt im Sinne des demokratischen Geistes der Verfassung und ihres sozialen Sinns anzuwenden, solle aus dem Amt entfernt werden können.[151] Über die Einführung einer Richteranklage bestand letztlich weitgehende Einigkeit, Debatten gab es lediglich über Details der Ausgestaltung[152] und – wie häufig – über kontroverse[153] föderale Zuständigkeitsfragen.[154]

39 Die Richteranklage soll verhindern, dass die **richterliche Unabhängigkeit** im Kampf gegen die freiheitliche demokratische Grundordnung **missbraucht** wird.[155] Es geht um den Schutz der Verfassung, nicht um eine persönliche Sanktionierung.[156] Anders als im Disziplinarrecht[157] kommt es daher auch auf persönliche **Schuld** nicht an.[158] Extremisten im Justizdienst sind eine sehr kleine Minderheit,[159] jedoch kann eine verfassungsfeindliche Grundhaltung gerade in der Hand von Organen der rechtsprechenden Gewalt wegen der damit verbundenen besonderen Entscheidungsmacht erheblichen Schaden anrichten sowie das Vertrauen in die Rechtsstaatlichkeit und Neutralität der Rechtsprechung nachhaltig untergraben.[160] Umgekehrt geht mit der in Unabhängigkeit übertragenen Hoheitsmacht auch eine **besondere Verantwortung** einher, eine, die Art. 98 Abs. 2 GG institutionalisiert.[161] Hierbei geht es freilich um eine rechtsstaatliche, nicht um eine parlamentarische Verantwortlichkeit;[162] das Anklagemonopol des Parlaments aktualisiert nicht politische Verantwortung, sondern initiiert lediglich ein gerichtliches Kontrollverfahren. Vor diesem Hintergrund sind zumindest die Motive, die hinter der Schaffung einer Richteranklage stehen, keineswegs obsolet.

---

[148] So iE auch BVerfGE 46, 34 (41 f.) = NJW 1978, 37, freilich mit der unklaren Begründung, der Gesetzgeber habe „für die Verfassungsrichter zwar nicht den materiellen Tatbestand des Art. 98 Abs. 2 GG beseitigt, aber die für die Bundesrichter geltende verfahrensmäßige Verfolgung des Tatbestandes ersetzt durch das besondere Verfahren nach § 105 BVerfGG". Würde Art. 98 Abs. 2 GG gelten, könnte der einfache Gesetzgeber das Verfahren aber nicht durch ein anderes ersetzen. Näher zum Verfahren *Lademann* DÖV 1960, 685 ff.
[149] *Detterbeck* in Sachs GG Art. 98 Rn. 12; *Heusch* in Schmidt-Bleibtreu/Hofmann/Henneke GG Art. 98 Rn. 4; *Hillgruber* in Maunz/Dürig GG Art. 98 Rn. 33.
[150] Vgl. Art. 111 Verf Baden; Art. 127 Abs. 4 HV; Art. 88 Verf Württemberg-Baden; Art. 132 RhPfVerf. Zu den Entstehungshintergründen und zum interessengeleiteten Widerstand der Richterschaft hiergegen *Wrobel* DRiZ 1995, 199 ff.
[151] Vgl. *v. Doemming* JöR 1 (1951), 719 (723).
[152] Dazu *Burmeister* DRiZ 1998, 518 (520 f.).
[153] Charakteristisch die Debatte in der 10. Sitzung des Ausschusses für Verfassungsgerichtshof und Rechtspflege v. 11.1.1949 in Der Parlamentarische Rat 1948–1949, Bd. 13/II, 2002, 1512 (1546 f.).
[154] S. iE *v. Doemming* JöR 1 (1951), 719 (723 ff.).
[155] *Hillgruber* in Maunz/Dürig GG Art. 98 Rn. 34.
[156] *Bettermann* in Bettermann/Nipperdey/Scheuner, Die Grundrechte, Bd. III/2, 1959, 523 (585); *Detterbeck* in Sachs GG Art. 98 Rn. 13.
[157] BVerfGK 4, 243 ff.; 13, 205 ff.; BVerfG-K NVwZ 2003, 1504 ff.; EuGRZ 2008, 75 f.; BVerfG-K BeckRS 2015, 52558.
[158] So schon im Parlamentarischen Rat gesehen. S. die Aussprache in der 10. Sitzung des Ausschusses für Verfassungsgerichtshof und Rechtspflege v. 11.1.1949 in Der Parlamentarische Rat 1948–1949, Bd. 13/II, 2002, 1512 (1541 f.). Vgl. dazu auch *v. Doemming* JöR 1 (1951), 719 (726).
[159] Zu Beispielsfällen dokumentarisch *Wagner*, Rechte Richter, 2021.
[160] Vgl. *Wassermann* NJW 1995, 303: Instrument gegen Machtmissbrauch.
[161] *Carlo Schmid* FS Adolf Arndt, 1969, 405 (413).
[162] So aber *Bettermann* in Bettermann/Nipperdey/Scheuner, Die Grundrechte, Bd. III/2, 1959, 523 (585).

D. Richteranklage

§ 32

Die Schwerfälligkeit des Verfahrens nach Art. 98 Abs. 2, 5 GG hat dieses jedoch hinter **40** dem Richterdisziplinarrecht weitgehend bedeutungslos werden lassen (→ Rn. 42). Bislang hat es noch **keinen Anwendungsfall** der Richteranklage gegeben.[163] Die Regelung hat also praktisch allenfalls eine **symbolische Funktion**.[164]

II. Verhältnis zum Richterdisziplinarrecht

Das Verhältnis der Richteranklage zum Richterdisziplinarrecht ist gesetzlich nicht abge- **41** stimmt.[165] **Art. 97 Abs. 2 S. 1 GG** sieht eine Versetzung oder Amtsenthebung von Richterinnen und Richtern ebenfalls vor. Die Bestimmung setzt die Möglichkeit einer Amtsenthebung voraus und unterwirft diese nur den Vorbehalten der richterlichen Entscheidung nach gesetzlich definierten Voraussetzungen und Formen.[166] Amtsausübung und Amtsverlust sollen insoweit nicht von Entscheidungen der Exekutive abhängen.[167] Insoweit wird aber implizit auf die regulären **Disziplinarverfahren** verwiesen, die auch im Richterdienst grundsätzlich möglich sind.[168] Diese unterscheiden sich einerseits wiederum nicht grundsätzlich vom allgemeinen Beamtenrecht, erlauben aber andererseits zum Schutz der richterlichen Unabhängigkeit (Art. 97 Abs. 1 GG) gerade keine Amtsenthebung wegen inhaltlicher Richterspruchtätigkeit. Hier setzt die Richteranklage an. Deren Verhältnis zum Disziplinarrecht ist mangels geeigneter Anwendungsfälle bislang opak geblieben. Im Parlamentarischen Rat war klar, dass es nicht um Rechtsbeugung gehen kann, sondern um die **„Vertrauensfrage"**, ob ein Richter oder eine Richterin nicht mehr als „Repräsentant einer verfassungsmäßigen Justiz" akzeptiert werden könne.[169] Daher war man sich einig, dass die Richteranklage kein Disziplinarverfahren wegen einer Dienstpflichtverletzung ist, sondern ein Instrument, auf persönliche Vertrauensverluste zu reagieren, die in der Person des Richters bzw. der Richterin liegen.[170] Insoweit sollte die Richteranklage ein Disziplinarverfahren nicht ausschließen.[171] Auch § 58 Abs. 2 BVerfGG geht von der Anwendbarkeit nebeneinander aus. Die Richteranklage deckt also diejenigen Fälle ab, in denen es nicht um Fehlverhalten im Sinne eines Dienstvergehens, sondern um eine manifestierte verfassungsfeindliche Gesinnung geht. Diese kann sich dann auch – obgleich nicht zwingend – in der Wahrnehmung von Rechtsprechungsaufgaben manifestieren, weil Art. 98 Abs. 2 GG die richterliche Unabhängigkeit nach Art. 97 Abs. 1 GG insoweit durchbricht. Insoweit stehen die Verfahren nach Art. 97 Abs. 2 S. 1 und nach Art. 98 Abs. 2 GG

---

[163] Seine Anwendung wurde – soweit ersichtlich – in den letzten Dekaden überhaupt nur in einem Fall (mit negativem Ergebnis) ernsthaft in Erwägung gezogen. 1994 hatte eine Strafkammer des LG Mannheim in einem Prozess wegen Volksverhetzung gegen den damaligen NPD-Vorsitzenden und Holocaust-Leugner *Deckert* ostentativ dessen Charakterfestigkeit sowie dessen Engagement gegen „jüdische Ansprüche aus dem Holocaust" gelobt. Der Berichterstatter *Rainer Orlet* äußerte sich später sogar in Interviews und bekräftigte seine positive Haltung zum Angeklagten. Daraufhin wurde debattiert, ob man ein Verfahren der Richteranklage einleiten solle. Zum Fall *Rath* taz v. 6.5.1995, 2. Zur juristischen Diskussion *Lamprecht* DRiZ 1995, 333 ff.; *Marqua* DRiZ 1995, 70; *Reissenberger* DRiZ 1995, 74; *Seidel* RuP 2002, 98 f.; *Wassermann* NJW 1995, 303 f.; *Wrobel* DRiZ 1995, 199 (203).
[164] *Hillgruber* in Maunz/Dürig GG Art. 98 Rn. 47: „Sie soll die verfassungsrechtliche Entschlossenheit zur Abwehr von Verfassungsfeinden in der Richterschaft demonstrieren". Ferner *Schulze-Fielitz* in Dreier GG Art. 98 Rn. 40.
[165] *Fischer*, Disziplinarrecht und Richteramt, 2012, 226.
[166] Vgl. BVerfG NJW 1996, 2149 (2150).
[167] *Schulze-Fielitz* in Dreier GG Art. 97 Rn. 54.
[168] Vgl. stellvertretend BVerfG NJW 1996, 2149 ff.; BGH (Dienstgericht des Bundes) NJW 1992, 188 f.; 2002, 834 ff.; 2004, 2910 ff.; *Achterberg* NJW 1985, 3041 (3046 f.). Vgl. bereits Art. 104 Abs. 1 S. 2 WRV; *Gülland*, Die Dienstaufsicht über die Richter und die Unabhängigkeit der Gerichte, 1932, 149 ff.
[169] So der Vorsitzende *Zinn* in der 10. Sitzung des Ausschusses für Verfassungsgerichtshof und Rechtspflege v. 11.1.1949 in Der Parlamentarische Rat 1948–1949, Bd. 13/II, 2002, 1512 (1542) unter Bezugnahme auf einen Kommentar von *Eberhard Schmidt*.
[170] S. die Abg. *Zinn, Schmid* und *Greve* in der 10. Sitzung des Ausschusses für Verfassungsgerichtshof und Rechtspflege v. 11.1.1949 in Der Parlamentarische Rat 1948–1949, Bd. 13/II, 2002, 1512 (1548 f.).
[171] Vgl. zusammenfassend den Abg. *Greve* in der 10. Sitzung des Ausschusses für Verfassungsgerichtshof und Rechtspflege v. 11.1.1949 in Der Parlamentarische Rat 1948–1949, Bd. 13/II, 2002, 1512 (1549).

nebeneinander und können auch unabhängig voneinander angewendet werden,[172] wovon auch § 60 BVerfGG ausgeht.[173] Auch Verfahren nach §§ 31, 35 DRiG kommen neben einer Richteranklage in Betracht.

42 Gleichwohl ist der **praktische Anwendungsbereich** der Richteranklage vor diesem Hintergrund schmal. Denn auch für Richterinnen und Richter gilt nach Art. 33 Abs. 5 GG die **allgemeine politische Treuepflicht,**[174] was im Übrigen Art. 98 Abs. 2 GG gerade voraussetzt.[175] Diese fordert sogar ein positives Bekenntnis zur verfassungsmäßigen Ordnung, nicht lediglich eine Hinnahme in Passivität oder ein bloßes Unterlassen verfassungsfeindlicher Bestrebungen.[176] Die politische Treuepflicht erstreckt sich auch auf das **außerdienstliche Verhalten.**[177] Eine Verletzung der politischen Treuepflicht ist ein **Dienstvergehen,**[178] das nach Maßgabe des Disziplinarrechts sanktioniert werden und im Extremfall zur Entfernung aus dem Dienst führen kann.[179] Gerade wegen der **Unabhängigkeit im Richterdienst** sind hier anerkanntermaßen qualifizierte Anforderungen an die Verfassungstreue zu stellen.[180] Da sich eine verfassungsfeindliche Einstellung in objektivierbaren Handlungen manifestiert haben muss, also mehr sein muss als eine bloße innere Haltung oder „Gesinnung", wird ein Verhalten, das die hohen Hürden des Art. 98 Abs. 2 GG (→ Rn. 44) nimmt, durchweg auch ein Dienstvergehen begründen,[181] das nach Maßgabe des Richterdisziplinarrechts im Einklang mit Art. 97 Abs. 2 GG sanktioniert werden kann.[182] Entsprechende Verfahren, über die Richterdienstgerichte entscheiden müssen (vgl. für den Bund §§ 61 ff. DRiG), sind deutlich einfacher zu führen als eine Richteranklage vor dem BVerfG. Der einzige praktische Anwendungsbereich, der für eine Richteranklage verbleibt, ist im Wesentlichen eine verfassungsfeindliche Agitation, die sich in der Rechtsprechungstätigkeit (zB den Urteilsbegründungen) manifestiert, aber unterhalb der Schwelle der Rechtsbeugung (§ 339 StGB) verbleibt.

III. Fehlverhalten

43 Die Verhaltensweise, die Grund zur Besorgnis politischer Illoyalität bietet, muss nicht zwingend im Rahmen der amtlichen Richtertätigkeit auftreten.[183] Gerade **privates Engagement** für extremistische Parteien oder Positionen kann die Voraussetzungen des Art. 98 Abs. 2 GG erfüllen. Fehlverhalten muss gegen die in Art. 98 Abs. 2 GG bezeichneten Verfassungsgrundsätze verstoßen. **Grundsätze des Grundgesetzes,** über deren Gehalt im Parlamentarischen Rat noch keine Klarheit bestand,[184] sind nicht beliebige Verfassungsbestimmungen.[185] Gemeint ist die **freiheitliche demokratische Grundord-**

---

[172] *Heusch* in Schmidt-Bleibtreu/Hofmann/Henneke GG Art. 98 Rn. 5. Anders *Schulze-Fielitz* in Dreier GG Art. 98 Rn. 47, der Abs. 2, 5 GG als *lex specialis* qualifiziert. Das hätte die merkwürdige Konsequenz, dass der verfassungsfeindlich agitierende Richter besser geschützt wäre als Richter, die sich nur unpolitisch fehlverhalten.
[173] Vgl. *Hillgruber* in Maunz/Dürig GG Art. 98 Rn. 44.
[174] *Priepke* DRiZ 1991, 4 ff. Zu dieser Pflicht BVerfGE 39, 334 (347) = NJW 1975, 1641; BVerwGE 73, 263 ff. = BeckRS 1981, 31325242; BVerwGE 76, 157 ff. = BeckRS 9998, 45237; *Baßlsperger* PersV 2019, 204 ff.; *Loebel* RiA 2021, 4 ff.; *Zwirner*, Politische Treupflicht des Beamten, 1987; kritisch zB *Meier/Wollenteit* KJ 1983, 22 ff.
[175] *Hillgruber* in Maunz/Dürig GG Art. 98 Rn. 34; *Schulze-Fielitz* in Dreier GG Art. 98 Rn. 32.
[176] BVerfGE 39, 334 (348) = NJW 1975, 1641.
[177] BVerwG NJW 1987, 2691 (2691 f.).
[178] BVerfGE 39, 334 (350) = NJW 1975, 1641.
[179] BVerfG-K NJW 2008, 2568 (2569); BVerwGE 73, 263 ff. = BeckRS 1981, 31325242; BVerwGE 76, 157 ff. = BeckRS 9998, 45237; BVerwGE 160, 370 ff. = NJW 2018, 1185.
[180] Vgl. BVerfG-K NJW 2008, 2568 (2569).
[181] Für eine Parallelführung *Fischer*, Disziplinarrecht und Richteramt, 2012, 228 ff.
[182] Anderenfalls müsste man die Anforderungen – auf Kosten der Unabhängigkeit – niedriger hängen als im Dienstrecht. So *Classen* in v. Mangoldt/Klein/Starck GG Art. 98 Rn. 7.
[183] *Fischer*, Disziplinarrecht und Richteramt, 2012, 229.
[184] Vgl. *Hillgruber* in Maunz/Dürig GG Art. 98 Rn. 35.
[185] *Detterbeck* in Sachs GG Art. 98 Rn. 14.

E. Grundrechtsverwirkung § 32

nung,[186] deren Definition dann der iRd Art. 21 Abs. 2 GG entspricht.[187] Verfassungsmäßige Ordnung eines Landes meint die im Rahmen der Homogenitätsklausel des Art. 28 Abs. 1 S. 1 GG niedergelegten Strukturanforderungen,[188] die ihrerseits kongruent zu Art. 20 Abs. 1–3 GG sind.

Verbreitet wird vertreten, dass gegen diese Grundordnung eine **aggressiv-kämpferische Haltung** an den Tag gelegt werden muss.[189] Das überzeugt nicht,[190] denn schon nach allgemeinen dienstrechtlichen Anforderungen wird von Beamtinnen und Beamten (Richterinnen und Richter eingeschlossen) eine positive Grundhaltung zur Verfassungsordnung verlangt (→ Rn. 42). Von Richterinnen und Richtern kann gerade in besonderer Weise Verfassungstreue gefordert werden.[191] Daher lassen sich auch die strengen Anforderungen an ein Parteiverbot nach Art. 21 Abs. 2 GG nicht auf die Richteranklage übertragen, weil eine Partei als gesellschaftliche Gliederung grundsätzlich keiner gesteigerten Loyalitätspflicht gegenüber dem Staat und seinen Verfassungsstrukturen unterliegt. Die Forderung nach einer aggressiv-kämpferischen Betätigung führt das gegenüber dem Disziplinarrecht zusätzliche Instrument, politische Loyalität einzufordern, ad absurdum, weil dann eine Richterin oder ein Richter mehr Freiheit zu verfassungsfeindlicher Betätigung hätte als normale Beamtinnen und Beamten. Daher reicht es richtigerweise aus, dass eine Richterin oder ein Richter nach einer **Gesamtwürdigung des dienstlichen und außerdienstlichen Verhaltens** keine **hinreichende Gewähr** bietet, vorbehaltlos für die freiheitliche demokratische Grundordnung einzutreten. 44

IV. Verfahren und Rechtsfolge

Das Verfahren der Richteranklage ist in den §§ 58 ff. BVerfGG geregelt und dem der Präsidentenanklage nachgebildet,[192] auf die § 58 Abs. 1 BVerfGG abschließend und selektiv verweist. Die in Art. 98 Abs. 2 Sätze 1–2 GG enthaltenen **Entscheidungsoptionen** erlauben eine **verhältnismäßige Abstufung:**[193] Ist ein Fehlverhalten festgestellt, muss das BVerfG eine Ermessensentscheidung treffen, ob es eine Reaktion überhaupt für geboten erachtet. Hierbei hat es sich an der Schwere der Rechtsverletzung und an dem Präventionsinteresse, namentlich der Wahrscheinlichkeit fortwirkenden Vertrauensverlustes in die Integrität der Amtsführung, auszurichten. Wenn eine Reaktion geboten ist, kann das BVerfG Angeklagte in den Ruhestand versetzen, bei einer vorsätzlichen Rechtsverletzung auch die Entlassung anordnen.[194] 45

E. Grundrechtsverwirkung

Ein besonderes, heute anachronistisch wirkendes Instrument des Staatsschutzes stellt die Grundrechtsverwirkung nach Art. 18 GG dar. Diese enthält ebenfalls **keine Sanktion** wegen eines vergangenen Verhaltens, sondern dient allein der **Prävention** künftiger Gefährdungen der freiheitlichen demokratischen Grundordnung.[195] Art. 18 GG gehört als 46

---

[186] Classen in v. Mangoldt/Klein/Starck GG Art. 98 Rn. 7; Fischer, Disziplinarrecht und Richteramt, 2012, 228 f.; Schulze-Fielitz in Dreier GG Art. 98 Rn. 37.
[187] Hillgruber in Maunz/Dürig GG Art. 98 Rn. 35.
[188] Heusch in Schmidt-Bleibtreu/Hofmann/Henneke GG Art. 98 Rn. 6; Hillgruber in Maunz/Dürig GG Art. 98 Rn. 37.
[189] Detterbeck in Sachs GG Art. 98 Rn. 14; Schulze-Fielitz in Dreier GG Art. 38.
[190] Wie hier Heusch in Schmidt-Bleibtreu/Hofmann/Henneke GG Art. 98 Rn. 4; Hillgruber in Maunz/Dürig GG Art. 98 Rn. 36.
[191] Heusch in Schmidt-Bleibtreu/Hofmann/Henneke GG Art. 98 Rn. 4.
[192] Hillgruber in Maunz/Dürig GG Art. 98 Rn. 43.
[193] Heusch in Schmidt-Bleibtreu/Hofmann/Henneke GG Art. 98 Rn. 5.
[194] Mit einer Entlassung fallen auch Versorgungsansprüche aus dem Amt weg, die bei einer Versetzung in den Ruhestand erhalten bleiben.
[195] Butzer/Clever DÖV 1994, 637 (639); Hillgruber in Maunz/Dürig GG Art. 18 Rn. 47.

weitere Verfassungsnorm zu den materialen **Verfassungsschutzbestimmungen,**[196] die das Modell der wehrhaften Demokratie ausbuchstabieren,[197] und gründet die Verwirkungsoption auf historischen **Vulnerabilitätserfahrungen,** namentlich auf solchen mit dem **Scheitern der Weimarer Republik.**[198] Art. 18 GG kommt keine praktische Bedeutung zu[199] und hat in der über 70jährigen Geschichte des Grundgesetzes bislang **keinen Anwendungsfall** gefunden. Die bisherigen vier Anträge scheiterten, ohne dass das BVerfG überhaupt in eine nähere Auseinandersetzung mit den Sachfragen eingestiegen ist.[200] Die Bedeutungslosigkeit hat ihre Gründe darin, dass einerseits die verfahrensrechtlichen Hürden extrem hoch liegen und damit einen erheblichen Aufwand verursachen, andererseits die anderen – vor allem: einfachgesetzlichen – Instrumente des materiellen Staats- und Verfassungsschutzes wesentlich wirksamer sind.[201] Der Anwendungsbereich des Art. 18 GG wird zusätzlich auch dadurch geschmälert, dass eine Verwirkung der deutschen Grundrechte keine direkten Folgen für die **Grundrechte der EMRK** und – iRd Art. 51 Abs. 1 GRCh – der **EU-Grundrechtecharta** hat, deren Geltungsgrund von vornherein von den deutschen Grundrechten unabhängig ist.[202]

47 Indem Art. 18 S. 2 GG die Verwirkung von Grundrechten beim BVerfG in einem besonderen Antragsverfahren monopolisiert, sind **Umgehungen** dieser Bestimmung unzulässig, die in ihren Folgen der Verwirkung eines bezeichneten Grundrechts oder eines anderen Grundrechts, das nicht einmal unter den Voraussetzungen des Art. 18 GG verwirkt werden könnte, gleichstehen **(faktische Verwirkung).**[203] Zu einer Konkurrenz mit Art. 18 GG kommt es nur dann, wenn **Sanktionsgrund und Sanktionsfolge** weitgehend **strukturgleich** sind.[204] Art. 18 GG verdrängt als Bestimmung des präventiven Verfassungsschutzes keine Regelungen, die lediglich reaktiv der **Pönalisierung vergangenen Fehlverhaltens** dienen.[205] Die Bestrafung verfassungsfeindlichen Verhaltens durch Äußerungs- oder Staatsschutzdelikte konkurriert daher von vornherein nicht mit Art. 18 GG, sondern ist hiervon unabhängig möglich.[206]

I. Tatbestand

48 Wer nach Art. 18 S. 1 GG die Freiheit der Meinungsäußerung, insbesondere die Pressefreiheit (Art. 5 Abs. 1 GG), die Lehrfreiheit (Art. 5 Abs. 3 S. 1 GG), die Versammlungsfreiheit

---

[196] *Bethge* in Isensee/Kirchhof StaatsR-HdB IX § 203 Rn. 157; *Bickenbach* DVBl 2017, 149 ff.; *Butzer* in BeckOK GG GG Art. 18 Rn. 1; *Hillgruber* in Maunz/Dürig GG Art. 18 Rn. 48; *Pagenkopf* in Sachs GG Art. 18 Rn. 8; *Stettner* DVBl 1975, 801 (807).
[197] BVerfGE 13, 46 (50) = BeckRS 1961, 385; BVerfGE 25, 88 (100) = NJW 1969, 742; *Brenner* in v. Mangoldt/Klein/Starck GG Art. 18 Rn. 7; *Butzer/Clever* DÖV 1994, 637 (638); *Dreier* JZ 1994, 741 (750); *Jarass* in Jarass/Pieroth GG Art. 18 Rn. 1; *Krebs/Kotzur* in v. Münch/Kunig GG Art. 18 Rn. 4; *Löwer* in Hillgruber/Waldhof, 60 Jahre Grundgesetz, 2010, 65 (66 f.); *Seiters* in Umbach/Clemens GG Art. 18 Rn. 14.
[198] *Brenner* in v. Mangoldt/Klein/Starck GG Art. 18 Rn. 2; *Butzer/Clever* DÖV 1994, 637 (638); *Isensee* FS Karin Graßhof, 1998, 289 (291 f.); *Pagenkopf* in Sachs GG Art. 18 Rn. 4; *Schmidt Glaeser* in Merten/Papier, Handbuch der Grundrechte in Deutschland und Europa, Bd. III, 2009, § 74 Rn. 3 f.; *Schnelle*, Freiheitsmissbrauch und Grundrechtsverwirkung, 2014, 33 ff.; *Seiters* in Umbach/Clemens GG Art. 18 Rn. 13.
[199] *Brenner* in v. Mangoldt/Klein/Starck GG Art. 18 Rn. 12; *Friesenhahn* JURA 1982, 505 (512); *Pagenkopf* in Sachs GG Art. 18 Rn. 7; *Schwabe* ZRP 1991, 361 (362); *Volkmann* JZ 2010, 209 (210); *Wittreck* in Dreier GG Art. 18 Rn. 29 („Netto-Kampfwert gleich Null"). Bedenken bestanden insoweit bereits im Parlamentarischen Rat, s. Abg. *Mangoldt,* nach *Matz* JöR 1 (1951), 171 (173, 174). S. auch *Pagenkopf* in Sachs GG Art. 18 Rn. 17.
[200] BVerfGE 11, 282 (283) = BeckRS 1960, 103953 – Otto Ernst Remer; BVerfGE 38, 23 (25) = BeckRS 1974, 467 – Gerhard Frey; BVerfG Beschl. v. 18.7.1996 – 2 BvA 1/92, 2 BvA 2/92 – Thomas Dienel/ Heinz R isz.
[201] *Brenner* in Mangoldt/Klein/Starck GG Art. 18 Rn. 13.
[202] *Wittreck* in L eier GG Art. 18 Rn. 12–17.
[203] BVerfGE 10, 118 (121 ff.) = BeckRS 9998, 117184.
[204] S. idS BVerfGE 25, 88 (96) = NJW 1969, 742; *Jarass* in Jarass/Pieroth GG Art. 18 Rn. 3.
[205] *Butzer/Clever* DÖV 1994, 637 (639).
[206] BVerfGE 25, 79 (86) = NJW 1969, 737; BVerfGE 25, 88 (100) = NJW 1969, 742.

E. Grundrechtsverwirkung § 32

(Art. 8 Abs. 1 GG), die Vereinigungsfreiheit (Art. 9 Abs. 1 GG), das Brief-, Post- und Fernmeldegeheimnis (Art. 10 Abs. 1 GG), das Eigentum (Art. 14 Abs. 1 GG) oder das Asylrecht (Art. 16a Abs. 1 GG) zum Kampf gegen die freiheitliche demokratische Grundordnung missbraucht, verwirkt diese Grundrechte. Der Grundrechtskatalog des Art. 18 GG ist **abschließend.**[207] Der Kreis der verwirkbaren Grundrechte verdeutlicht, dass es vornehmlich darum geht, Verfassungsfeinde davon abzuhalten, am **politischen Prozess** teilzunehmen.[208] **Adressaten** einer Verwirkungsentscheidung können – abhängig vom persönlichen Schutzbereich des verwirkten Grundrechts – Deutsche wie Nichtdeutsche sein.[209]

Der Begriff der **freiheitlichen demokratischen Grundordnung** in Art. 18 S. 1 GG **49** ist identisch mit dem des Art. 21 Abs. 2 GG.[210] Geschützt ist nur die **deutsche Verfassungsordnung.** Wer gegen eine ausländische Verfassungsordnung agitiert, sich aber gegenüber dem Grundgesetz loyal oder zumindest indifferent verhält, verwirkt kein Grundrecht nach Art. 18 GG.[211] Der **Missbrauch** eines Grundrechts setzt voraus, dass aktiv,[212] damit vorsätzlich[213] und **aggressiv-kämpferisch** gegen die freiheitliche demokratische Grundordnung agitiert wird.[214] Das Verhalten muss **zweckgerichtet** sein, also gerade erfolgen, um die freiheitliche demokratische Grundordnung zu beeinträchtigen.[215] Da Art. 18 GG eine Präventivbestimmung ist, muss zudem objektiv eine noch **anhaltende Gefährlichkeit** bestehen.[216] Demgegenüber kommt es auf individuelle **Schuld** nicht an.[217] Auch ein nicht persönlich verantwortlicher Psychopath kann also Adressat einer Maßnahme nach Art. 18 GG sein. Ein praktischer **Erfolg** der Agitation muss jedenfalls **möglich** erscheinen,[218] wobei hieran richtigerweise geringere Anforderungen als bei politischen Parteien iRd Art. 21 Abs. 2 GG[219] zu stellen sind, weil Individuen nur ausnahmsweise einen realistischen Zugriff auf den staatlichen Machtapparat haben werden, sofern sie nicht eine Partei effektiv führen. Art. 18 GG erfasst vornehmlich Propaganda und Agitation, die auch dann Erfolgsaussichten hat, wenn sich andere ihrer bedienen können.[220] Wer zB ideologische Hetz- und Kampfschriften für eine Bewegung oder eine Partei formuliert, kann auch als machtloser Schreibtischtäter zum realen Gefahrenpotential beitragen.

---

[207] *Bethge* in Isensee/Kirchhof StaatsR-HdB IX § 203 Rn. 169; *Jarass* in Jarass/Pieroth GG Art. 18 Rn. 4; *Krebs/Kotzur* in v. Münch/Kunig GG Art. 18 Rn. 12; *Seiters* in Umbach/Clemens GG Art. 18 Rn. 18; *Wittreck* in Dreier GG Art. 18 Rn. 38.
[208] *Klein* in Maunz/Dürig GG Art. 18 Rn. 21.
[209] *Bethge* in Isensee/Kirchhof StaatsR-HdB IX § 203 Rn. 160, 166; *Brenner* in v. Mangoldt/Klein/Starck GG Art. 18 Rn. 26; *Butzer* in BeckOK GG Art. 18 Rn. 6; *Krebs/Kotzur* in v. Münch/Kunig GG Art. 18 Rn. 11; *Pagenkopf* in Sachs GG Art. 18 Rn. 9; *Seiters* in Umbach/Clemens GG Art. 18 Rn. 17.
[210] *Butzer* in BeckOK GG GG Art. 18 Rn. 8; *Butzer/Clever* DÖV 1994, 637 (641); *Jarass* in Jarass/Pieroth GG Art. 18 Rn. 6; *Krebs/Kotzur* in v. Münch/Kunig GG Art. 18 Rn. 16; *Maunz* FS Lerche, 1993, 281 (286); *Seiters* in Umbach/Clemens GG Art. 18 Rn. 22.
[211] *Butzer* in BeckOK GG Art. 18 Rn. 6.
[212] Vgl. BVerfGE 144, 20 (219 f.) = NJW 2017, 611.
[213] *Seiters* in Umbach/Clemens GG Art. 18 Rn. 21.
[214] *Jarass* in Jarass/Pieroth GG Art. 18 Rn. 6; *Maunz* FS Lerche 1993, 281 (286 f.); *Wittreck* in Dreier GG Art. 18 Rn. 46.
[215] *Klein* in Maunz/Dürig GG Art. 18 Rn. 44.
[216] BVerfGE 38, 23 (24 f.) = BeckRS 1974, 467.
[217] *Brenner* in v. Mangoldt/Klein/Starck GG Art. 18 Rn. 35; *Klein* in Maunz/Dürig GG Art. 18 Rn. 46; *Seiters* in Umbach/Clemens GG Art. 18 Rn. 21.
[218] *Jarass* in Jarass/Pieroth GG Art. 18 Rn. 6.
[219] Dazu BVerfGE 144, 20 (224 f.) = NJW 2017, 611.
[220] Plastisch *Schmitt Glaeser,* Mißbrauch und Verwirkung von Grundrechten im politischen Meinungskampf, 1968, 278: „Schleichwerbung für eine Gewalt- und Willkürherrschaft".

II. Verfahren

50 Art. 18 S. 2 GG regelt das **Entscheidungsmonopol** des BVerfG. Das in der Verfassung ungeregelte Verfahren[221] ist in den §§ 36 ff. BVerfGG näher ausgeformt.[222] Das Entscheidungsmonopol soll zum einen den exzeptionellen Charakter der Verwirkung[223] betonen, zum anderen die Entscheidung prozedural qualifiziert absichern.[224] Die **Argumentationslast** (und damit auch die Beweislast) liegt bei den staatlichen Organen, die einen Antrag stellen.[225] Das BVerfG hat nach Untersuchungsgrundsatz aufgrund einer eigenen, beweisgestützten (§§ 26 ff., 37 BVerfGG) **Überzeugungsbildung** zu prüfen, ob ein Antrag begründet ist. Ungeregelt geblieben ist aber, wie die Informationen in einem – implizit vorausgesetzten – **Ermittlungsverfahren** gesammelt werden, um einen Antrag überhaupt erst begründen zu können. Da die Sammlung personenbezogener Daten einen Grundrechtseingriff darstellt,[226] bedarf es hierfür geeigneter **Ermächtigungen**. Mangels Ausführungsgesetzes zu Art. 18 GG müssen sich die antragsberechtigten Verfassungsorgane nach § 36 BVerfGG auf anderweitige Ermächtigungen stützen, die eine Aufklärung verfassungsfeindlichen Individualverhaltens zulassen (namentlich BVerfSchG, MADG).

III. Rechtsfolgen

51 Eine Verwirkungsentscheidung nach Art. 18 GG führt dazu, dass dem Antragsgegner das aberkannte Grundrecht im Rahmen der Tenorierung nicht mehr zusteht.[227] Ungeachtet des Wortlauts („verwirkt diese Grundrechte"), der suggerieren könnte, dass die Rechtsfolge von Verfassungs wegen (eo ipso und ex tunc) eintritt, erfolgt nach Art. 18 S. 2 GG eine **Aberkennung** durch Richterspruch,[228] die – wie im Parteiverbotsverfahren[229] – **konstitutiv** wirkt,[230] mithin auch Rechtsfolgen ex nunc bewirkt[231] (vgl. § 39 Abs. 1 S. 1 BVerfGG). Im Rahmen des individualgerichteten Art. 18 GG wird man – anders als bei Parteiverboten[232] – das allgemeine **Verhältnismäßigkeitsgebot** zu beachten haben,[233] an das nach Art. 1 Abs. 3 GG auch das BVerfG gebunden ist. **Einfachgesetzlich gewährleistete Freiheit** bleibt von vornherein von der verfassungsrechtlichen Grundrechtsgeltung unberührt.[234] Eine Verwirkung entbindet zudem nicht von den allgemeinen Anforderungen an die **Gesetzlichkeit der Verwaltung** (Art. 20 Abs. 3 GG).[235] Die fehlende Fähigkeit, sich auf ein Grundrecht zu berufen, kann dort eine Rolle spielen, wo im Rahmen bestehender Ermächtigungsgrundlagen Abwägungen vorzunehmen sind. Im Übrigen bedarf es besonderer Rechtsgrundlagen, um aus einem Verwirkungsurteil überhaupt unmittelbare Konsequenzen ziehen zu können. § 39 Abs. 1 S. 4 BVerfGG genügt dem – auch

---

[221] *Schmitt Glaeser*, Mißbrauch und Verwirkung von Grundrechten im politischen Meinungskampf, 1968, 224.
[222] Zur Struktur detailliert *Schnelle*, Freiheitsmissbrauch und Grundrechtsverwirkung, 2014, 80 ff.
[223] *Brenner* in v. Mangoldt/Klein/Starck GG Art. 18 Rn. 11.
[224] BVerfGE 10, 118 (123) = BeckRS 9998, 117184; BGHZ 12, 197 (201); *Butzer* in BeckOK GG GG Art. 18 Rn. 4; *Gusy* AöR 105 (1980), 279 (281); *Krebs/Kotzur* in v. Münch/Kunig GG Art. 18 Rn. 20; *Seiters* in Umbach/Clemens GG Art. 18 Rn. 11. Vgl. für die Debatten im Parlamentarischen Rat *Matz* JöR 1 (1951), 171 (174).
[225] *Klein* in Maunz/Dürig GG Art. 18 Rn. 22.
[226] S. nur BVerfGE 65, 1 (41 ff.) = NJW 1984, 419.
[227] Unklar *Butzer/Clever* DÖV 1994, 637 (641 f.).
[228] *Klein* in Maunz/Dürig GG Art. 18 Rn. 22.
[229] BVerfGE 12, 296 (304 f.) = NJW 1961, 723.
[230] BGHZ 12, 197 (200 f.); *Hartmann* AöR 95 (1980), 567 (576); *Maunz* FS Lerche 1993, 281 (284).
[231] *Butzer/Clever* DÖV 1994, 637 (641).
[232] Vgl. BVerfGE 144, 20 (233 f.) = NJW 2017, 611.
[233] *Brenner* in v. Mangoldt/Klein/Starck GG Art. 18 Rn. 11; *Butzer* in BeckOK GG GG Art. 18 Rn. 13; *Dürig* JZ 1952, 513 (517); *Klein* in Maunz/Dürig GG Art. 18 Rn. 52; *Jarass* in Jarass/Pieroth GG Art. 18 Rn. 7; *Pagenkopf* in Sachs GG Art. 18 Rn. 15.
[234] *Höfling/Krings* in BerlKommGG GG Art. 18 Rn. 51; *Rupp* FS Günther Küchenhoff, 1972, 653 (661).
[235] *Klein* in Maunz/Dürig GG Art. 18 Rn. 105; *Stettner* DVBl 1975, 801 (808).

hier geltenden[236] – **Vorbehalt des Gesetzes** aufgrund seiner Konturenlosigkeit und Pauschalität nicht und vermag daher keine rechtsstaatliche Ermächtigung zu ersetzen.[237]

F. Anklage gegen Mitglieder von Landesregierungen und Landtagen

Zahlreiche Landesverfassungen sehen es vor, Mitglieder der Landesregierung vor dem Landesverfassungsgericht wegen Verfassungs- oder Gesetzesverletzungen anzuklagen.[238] Vereinzelt ist auch die Anklage von Landtagsabgeordneten vorgesehen. Solche Bestimmungen bewegen sich innerhalb der von Art. 28 Abs. 1 S. 1 GG abgesteckten **Verfassungsautonomie der Länder,**[239] die es den Ländern unter Wahrung der rahmenartigen **Homogenitätsanforderungen** erlaubt, ihr Landesstaatsrecht (einschließlich Verfassungsprozessrecht[240]) autonom auszugestalten.[241] Die Bestimmungen hatten bislang ebenfalls keine praktische Relevanz.[242] Die Ausgestaltungen im Einzelnen erscheinen heterogen, die konkreten Ziele der Regelungen sind nicht immer gänzlich deutlich, das meiste ist eher versteinerter Traditionsbestand denn lebendiges Verfassungsrecht. Exemplarisch soll hier auf die Rechtslage ausgewählter Verfassungen eingegangen werden.

52

Eine strukturtypische Bestimmung findet sich etwa in **Rheinland-Pfalz.** Jedes Mitglied der Landesregierung von Rheinland-Pfalz, das in oder bei seiner Amtsführung die Verfassung oder ein Gesetz vorsätzlich oder grob fahrlässig verletzt oder die öffentliche Sicherheit und Wohlfahrt des Landes schuldhaft schwer gefährdet hat, kann nach Art. 131 Abs. 1 RhPfVerf während seiner Amtszeit und innerhalb von zehn Jahren nach seinem Ausscheiden aus dem Amt vom Landtag angeklagt werden. Es ist Korrelat zum Ausschluss eines Disziplinarverfahrens gegen Regierungsmitglieder nach § 8 RhPfMinG.[243] Diese und vergleichbare Bestimmungen dienen dem materiellen Verfassungsschutz, insoweit sie die **Gesetzlichkeit**[244] der Ämter innerhalb des Verfassungsorgans Landesregierung sicherstellen sollen.

53

Der **Bayerische Landtag** ist nach Art. 59, 61 BayVerf berechtigt, den Ministerpräsidenten, jeden Staatsminister und Staatssekretär vor dem BayVerfGH anzuklagen, dass sie vorsätzlich die Verfassung oder ein Gesetz verletzt haben. Sie ist auch keine originäre Staatsschutzklausel, sondern vor allem Kompensation dafür, dass die Landesverfassung kein Misstrauensvotum kennt.[245] Die Anklage gegen ein **Mitglied des Landtags** ist nach Art. 61 Abs. 3 BayVerf darauf gerichtet, dass es in gewinnsüchtiger Absicht seinen Einfluss oder sein Wissen als Mitglied des Vertretungskörpers in einer das Ansehen der

54

---

[236] *Huber* in Merten/Papier, Handbuch der Grundrechte, Bd. II, 2006, § 49 Rn. 61; *Krebs/Kotzur* in v. Münch/Kunig GG Art. 18 Rn. 26; *Schmitt Glaeser*, Mißbrauch und Verwirkung von Grundrechten im politischen Meinungskampf, 1968, 232. Anders *Klein* in Maunz/Dürig GG Art. 18 Rn. 107; *Peterek* in Burkiczak/Dollinger/Schorkopf BVerfGG § 39 Rn. 12; *Wittreck* in Dreier GG Art. 18 Rn. 49.
[237] *Höfling/Krings* in BerlKommGG GG Art. 18 Rn. 48 ff.; *Rupp* FS Günther Küchenhoff, 1972, 653 (657 ff.); *Stettner* DVBl 1975, 801 (808).
[238] Art. 57 BWVerf; Art. 59, 61 BayVerf; Art. 111 BremVerf; Art. 115 HV; Art. 40 NdsVerf; Art. 131 RhPfVerf; Art. 94 SLVerf; Art. 118 SächsVerf. Zu den Verfahren vor den Landesverfassungsgerichten eingehend *Dauster* GS Wilhelm Karl Geck, 1989, 123 ff.; *Freund* in Starck/Stern, Landesverfassungsgerichtsbarkeit, Bd. 2, 1983, 307 ff.; *Menzel*, Landesverfassungsrecht, 2002, 540 f.
[239] Zu dieser BVerfGE 99, 1 (7 ff.) = NJW 1999, 43; BVerfGE 103, 332 (347, 357) = BeckRS 9998, 171335; BVerfGE 147, 185 (210) = BeckRS 2017, 131817; VerfGH NRW NVwZ 2018, 159 (172); ThürVerfGH BeckRS 2021, 11498 Rn. 77, 108 f.; *Graf Vitzthum* VVDStRL 46 (1988), 7 (21 ff.); *Hestermeyer*, Eigenständigkeit und Homogenität in föderalen Systemen, 2019, 195 ff.; *Huber* NdsVBl 2011, 233 ff.; *Ley* VR 1985, 312 ff.; *Möstl* AöR 130 (2005), 350 (385 ff.).
[240] BVerfGE 96, 342 (368 f.); BVerfGE 147, 185 (210) = BeckRS 2017, 131817; *Krieger* NdsVBl 2010, 134 (135); *Menzel*, Landesverfassungsrecht, 2002, 285; *Voßkuhle* JöR 59 (2011), 215 (216).
[241] BVerfGE 147, 185 (210 f.) = BeckRS 2017, 131817.
[242] Harsche Kritik bei *Clostermeyer* in Haug, Verfassung des Landes Baden-Württemberg, 2018, Art. 57 Rn. 1: „eine verfassungsrechtliche Antiquität von fast gar musealer Bedeutung, wenn nicht gar [...] Anachronismus".
[243] *Jutzi* in Brocker/Droege/Jutzi, Verfassung für Rheinland-Pfalz, 2014, Art. 131 Rn. 3.
[244] *Jutzi* in Brocker/Droege/Jutzi, Verfassung für Rheinland-Pfalz, 2014, Art. 131 Rn. 1.
[245] *Lindner* in Linder/Möstl/Wolff, Verfassung des Freistaats Bayern, 2. Aufl. 2017, Art. 59 Rn. 1.

Volksvertretung gröblich gefährdenden Weise missbraucht hat oder dass es vorsätzlich Mitteilungen, deren Geheimhaltung in einer Sitzung des Landtags oder einer seiner Ausschüsse beschlossen worden ist, in der Voraussicht, dass sie öffentlich bekannt werden, einem anderen zur Kenntnis gebracht hat. Sie sind rein präventiver Natur und wollen künftige Pflichtverletzungen bzw. Mandatsmissbrauch verhindern.[246] Bei Mandatsmissbrauch geht es tatbestandlich jedenfalls in erster Linie um die Integrität und das Ansehen des Landtags und seiner Mitglieder, weniger um Verfassungsschutzbelange. Die Sanktionierbarkeit von „Geheimnisverrat" dient generalpräventiv auch **Sicherheitsbelangen** des Landes.

55 Eine besondere Regelung besteht in **Sachsen,** die auf den Verdacht schwerwiegenden Fehlverhaltens vor der Wahl abstellt und zudem auch Landtagsabgeordnete erfasst. Besteht der **dringende Verdacht,** dass ein Mitglied des Landtages oder der Staatsregierung vor seiner Wahl oder Berufung gegen die Grundsätze der Menschlichkeit oder Rechtsstaatlichkeit verstoßen hat oder für das frühere Ministerium für Staatssicherheit/Amt für nationale Sicherheit der DDR tätig war, und erscheint deshalb die fortdauernde Innehabung von Mandat oder Mitgliedschaft in der Staatsregierung als untragbar, kann mindestens ein Drittel der Mitglieder des Landtags (Art. 118 Abs. 2 SächsVerf) nach Art. 118 Abs. 1 SächsVerf ein Verfahren beim VerfGH Sachsen mit dem Ziel der Aberkennung von Mandat oder Amt beantragen. Diese Bestimmung ist **transitionsrechtlichen Ursprungs,** sollte namentlich personale Übergangsprobleme von der Diktatur in den demokratischen Rechtsstaat bewältigen;[247] sie trägt also der Transition[248] als iterativem Prozess[249] Rechnung und ist insoweit weniger staats- oder verfassungsschutzorientiert. Einerseits wird der Blick auf die Zukunft gerichtet, andererseits aktive Vergangenheitspolitik durch Recht betrieben.[250]

G. Perspektiven

56 Die verfassungsunmittelbaren Instrumente des Staatsschutzes wirken teils wie aus der Zeit gefallen, sind durchweg schwerfällig und hierdurch den heutigen Problemen nicht immer angemessen. Sie haben eher **Urängsten der Nachkriegsgeschichte** musealisiert. Oft sind sie „eine Überreaktion des Verfassungsgebers auf die bekannten Weimarer Fehlentwicklungen".[251] Es wurde mit Umsturzszenarien kalkuliert, die sich glücklicherweise als nicht realistisch erwiesen haben. Nicht immer war dies vorhersehbar, jedoch hat auch die – im Parlamentarischen Rat durchweg nicht unerkannt gebliebene – verfahrensrechtliche Schwerfälligkeit der dargestellten Instrumente dazu beigetragen, diese als potentieller Beitrag zur wirksamen Extremismusabwehr von Anfang an kaltzustellen. Die Entwicklung des Staats- und Verfassungsschutzrechts ist daher überwiegend über die verfassungsunmittelbaren Instrumente hinweggegangen und hat **einfachgesetzlich** niederschwellige, weniger kategoriale, dafür aber präzisere und wirksamere Techniken gefunden. Diese werden auch den gegenwärtigen – durchaus greifbaren – Herausforderungen eines verfassungsfeindlichen Extremismus besser gerecht, auch weil sie sich nach Maßgabe der Verhältnismäßigkeit besser dosieren lassen.

57 Sachgerecht erscheint daher vor allem ein **Verzicht auf nutzlose Symbolik.** Instrumente symbolischer Kommunikation nutzen sich gerade dadurch ab, dass zur demonstrativen Vermittlung politischer Botschaften Anträge gestellt werden, die zum Scheitern verurteilt sind. Der Symbolwert einer Norm folgt noch nicht aus den abstrahierten Werten,

---

[246] *Müller* in Meder/Brechmann, Die Verfassung des Freistaates Bayern, 5. Aufl. 2014, Art. 61 Rn. 1.
[247] Vgl. *von Mangoldt* in Degenhart/Meissner, Handbuch der Verfassung des Freistaats Sachsen, 1997, § 2 Rn. 22; ferner *Menzel,* Landesverfassungsrecht, 2002, 541.
[248] Begrifflich (auch zur Transformation) *Vest* JZ 2019, 26 f.; *Werle/Vormbaum,* Transitional Justice, 2018, 12.
[249] *Harms,* Verfassungsrecht in Umbruchsituationen, 1999, 232 ff.
[250] S. *Eser/Arnold,* Transitionsstrafrecht, 2012; *Vest* JZ 2019, 26 (28 ff.).
[251] *Herzog* in Maunz/Dürig GG Art. 61 Rn. 8.

G. Perspektiven

die hinter einem normativen Regelungskonzept stehen. Symbolik hängt vielmehr entscheidend auch von ihrer institutionellen Sichtbarkeit und ihrem praktischen Einsatzpotential ab. Symbolisch wirksam ist am Ende vor allem das, was sich im Konfliktfall auch praktisch wirksam durchsetzen lässt. Es bedarf daher einer differenzierten Betrachtung, welche Instrumente des präventiven Verfassungsschutzes eine Fortführung und welche eine Reform oder Abschaffung verdienen.

Das **Parteiverbotsverfahren** ist mit Blick auf die Abwehr extremistischer Zugriffe auf die politische Macht gewiss beizubehalten. Der dortige Aufwand korrespondiert der Tragweite der Entscheidung. Das Verfahren ist aber weiterhin ein geeignetes Instrument, die Entstehung einer handfesten Verfassungskrise zu verhindern, wenn es rechtzeitig eingesetzt wird. Die **Präsidentenanklage** war bislang bedeutungslos, kann aber relevant werden, insbesondere wenn sich eine Amtsinhaberin oder ein Amtsinhaber renitent weigert, die durchaus bedeutenden Pflichten im formalisierten Verfassungsleben wahrzunehmen, insbesondere Gesetze auszufertigen. 58

Untauglich und anachronistisch ist demgegenüber die **Grundrechtsverwirkung,** die ersatzlos gestrichen werden kann. Man mag eine latente **Reservefunktion** betonen,[252] weil der entscheidende Anwendungsfall vielleicht noch kommen könnte. Gerade in solchen Krisenfällen wäre das Instrument aber viel zu schwerfällig. Immer noch bester Ansatzpunkt, individuellem Extremismus jenseits der politischen Auseinandersetzung wirksam zu begegnen, ist neben dem „Frühwarnsystem"[253] des Verfassungsschutzes das Staatsschutzstrafrecht. Gerade im Bereich der Äußerungsdelikte – namentlich §§ 86, 86a, 90a–90c, 130, 185 StGB – hat die Verfassungsrechtsprechung ein brauchbares Gerüst errichtet, in Konformität mit der Meinungsfreiheit angemessen auf kommunikative Angriffe gegen die freiheitliche demokratische Grundordnung zu reagieren.[254] Die eigentliche Dysbalance liegt eher darin, dass im Bereich der Rechtsanwendung – zumal durch die Staatsanwaltschaften – sehr häufig die voreilige Flucht in die Meinungsfreiheit und damit die Verfahrenseinstellung angetreten wird.[255] 59

Die **Richteranklage** ist zwar nicht per se bedeutungslos, aber gegenüber den Instrumenten des Dienstrechts zur Durchsetzung der politischen Loyalitätspflicht zu sperrig und zu schwerfällig. Das Disziplinarrecht ist zwar ungeeignet, extremistische Tendenzen zu sanktionieren, die sich innerhalb der richterlichen Spruchpraxis manifestieren. Hier erscheint es jedoch sinnvoller, den dysfunktional verengten Tatbestand der **Rechtsbeugung** (§ 339 StGB) neu zu tarieren, dessen restriktive Auslegung[256] zu einer weitgehenden Immunisierung der Richterschaft geführt hat.[257] Im Übrigen wäre gerade bei den für die Rechtsstaatlichkeit besonders sensiblen Justizämtern eine **Regelanfrage beim Verfassungsschutz** vor einer Einstellung[258] sachgerecht. 60

Soweit mit Recht in jüngerer Zeit verstärkt das Augenmerk darauf gerichtet wird, die **Resilienz der Verfassung** in einer Krise präventiv zu stärken,[259] muss das Gesamtsetting des Grundgesetzes in den Blick genommen werden. Die verfassungsunmittelbaren Instru- 61

---

[252] *Butzer* in BeckOK GG GG Art. 18 Rn. 3.1; *Pagenkopf* in Sachs GG Art. 18 Rn. 7.
[253] BVerwG NVwZ 2014, 233 (235); OVG Berlin-Brandenburg NVwZ-RR 2021, 39 (41).
[254] Konsolidiert BVerfG-K NJW 2021, 297 f.
[255] Kritisch *Fischer/Gärditz* StV 2018, 491 ff.
[256] BGHSt 44, 258 ff. = BeckRS 1998, 30036882; BGHSt 59, 144 ff.; BGHSt 62, 312 ff. = NJW 2018, 322; BGH NStZ-RR 2001, 243 (244); NStZ 2013, 648 ff.; StV 2014, 16 ff.; NJW 2019, 789 (791). Zu den Eigeninteressen der Justiz in der Nachkriegszeit, durch eine restriktive Deutung eigener Verfolgung wegen der Richtertätigkeit unter NS-Herrschaft vorzubeugen, s. *Quasten*, Die Judikatur des Bundesgerichtshofs zur Rechtsbeugung im NS-Staat und in der DDR, 2003, 96 ff., 150 ff., 273 f.
[257] Vgl. *Lamprecht* DRiZ 1995, 333 (334). Zu den zusätzlichen Problemen bei Kollegialentscheidungen *Einsiedler* NJ 2014, 6 ff.; *Michel* DRiZ 1992, 263 ff.; *Putzke*, Rechtsbeugung in Kollegialgerichten, 2012, S. 42 ff.; *Strecker* Betrifft Justiz 2008, 377 ff.
[258] Vgl. zur Diskussion *Dieterle/Kühn* ZD 2017, 69 ff.; allgemein *Förster* PersV 2021, 308 ff.
[259] *Choudhry* VerfBlog 2018/12/11; *Ginsburg/Huq*, Constitutional Democracy, 2018, 164 ff.; *Koncewicz* VerfBlog 2018/12/18; *Lindner/Unterreitmeier* Rechtstheorie 51 (2020), 129 ff.; *v. Notz* VerfBlog 2018/12/10.

mente des Staatsschutzes fokussieren jeweils Verfassungsfeinde, die aktiv-kämpferisch gegen die freiheitliche demokratische Grundordnung als verbindende Matrix essentieller Minima agitieren.[260] Dabei wird durchweg vorausgesetzt, dass die Institutionen des demokratischen Rechtsstaats – nicht zuletzt die Verfassungsgerichtsbarkeit – weiterhin intakt sind und die ihnen anvertrauten Aufgaben erfüllen können. Dies ist aber nicht garantiert. Im Vergleich politischer Übernahmeszenarien hat sich gezeigt, dass eine unabhängige Gerichtsbarkeit erste Beute autoritärer Mehrheiten ist.[261] Gerade das BVerfG, auf dessen Rolle es entscheidend ankommen würde,[262] wäre – namentlich hinsichtlich Richterwahlverfahren, Amtsdauer und Größe – ein Spielball parlamentarischer Mehrheiten, weil die für seine Absicherung kardinalen Regeln nicht im Grundgesetz niedergelegt (vgl. Art. 94 GG), sondern ein Produkt des einfachen Gesetzesrechts sind. Hier bedürfte es einer verfassungsrechtlichen Absicherung.[263] Vergleichbar regelungsarm ist zB das Wahlrecht (vgl. Art. 38 GG). Auch autoritäre Wenden, bei denen illiberale oder verfassungsfeindliche Kräfte Mehrheiten oder Machtbeteiligung erlangen, können gegebenenfalls aufgefangen werden, wenn die entscheidenden Institutionen des demokratischen Rechtsstaats intakt bleiben, die Verfassung gegen die Willkür aktueller Mehrheiten sichern und eine friedliche Abwahloption aufrecht erhalten.[264] Eine krisenresiliente Verfassung sollte daher stärker Übernahmeszenarien durch autoritäre Mehrheiten in den Blick nehmen, die erst dann offen extremistisch agieren, wenn sie ihre Herrschaft institutionell abgesichert haben.

§ 33 Der strafrechtliche Schutz des Staates und seiner Kernfunktionen

Matthias Fahrner

Übersicht

	Rn.
A. Einleitung: Der Staat und seine Kernfunktionen als Strafrechtsaufgabe	1
I. Theoretische und historische Grundlagen	1
II. Frieden, Freiheit, Rechtsstaat, Demokratie	4
III. Freiheitlich demokratische Grundordnung, streitbare und wehrhafte Demokratie	7
B. Strafrechtsdogmatik und Staatsschutz	10
I. Gegenmodelle zur liberal-rechtsstaatlichen Rechtsgutslehre	11
1. Nationalsozialistische „Straf-Gewalt"	11
2. Täterstrafrecht	12
3. Feindstrafrecht	13

---

[260] Irrlichternde Kritik bei *Schulz*, Die freiheitliche demokratische Grundordnung, 2019, 121 ff., 263–270, die bemängelt, dass die Formel entgegen einem „antifaschistischen" Konsens der Nachkriegszeit auch gegen linke Gewalt- und Willkürherrschaft gerichtet gewesen sei. Neben der in diesem Genre überraschungsfreien Systemkritik im antikapitalistischen Vokabular versteigt sich die – politikwissenschaftliche, im Juristischen oft sehr ungenaue – Untersuchung immerhin zu dem ehrlichen Bekenntnis, dass ihre Vorstellungen von politischer Systemüberwindung „nicht unbedingt ein gewaltloser Prozess" sein müsse (366). Dafür vermisst die Verfasserin verfassungsrechtlich gesicherte Handlungsspielräume.

[261] *Arato* in Landfried, Judicial Power, 2019, 318 (319 ff.); *Frankenberg*, Autoritatismus, 2020, 165 ff.; *Ginsburg/Huq*, How to Save a Constitutional Democracy, 2018, 186; *Hailbronner* VerfBlog 2018/12/08.

[262] Dazu *Gärditz* DRiZ 2018, 20 ff.; *Grimm* VerfBlog 2018/12/13; *Hong* VerfBlog 2018/12/09; *Issacharoff*, Fragile Democracies, 2015; *Huber* Der Staat 56 (2017), 389 ff.; *v. Achenbach* VerfBlog 2018/12/12.

[263] *Gärditz* NJW-aktuell 22/2019, 12 f.; *Steinbeis* APuZ 16–17/2009, 4 ff.

[264] Hierfür sprechen einerseits die positiven Erfahrungen mit den USA, in denen es der Trump-Administration aufgrund der wirksamen *checks and balances* bis zum Ende nicht gelungen war, entscheidende Institutionen der Machtkontrolle (wie Rechtsprechung, unabhängige Medien, Wahlkommissionen) auszuhebeln, andererseits aber auch die negativen Erfahrungen mit Ungarn und Polen, in denen sich illiberale Mehrheiten zielgerichtet sogleich derjenigen Institutionen bemächtigt, auf denen eine freiheitliche Verfassungsordnung ruht: zuvörderst auf einer funktionierenden, unparteischen Gerichtsbarkeit, dann auf unabhängigen Medien und kritischen Einrichtungen der Wissenschaft.

	Rn.
II. Personale Rechtsguts-, Tabu- und Gefühlschutztheorie	15
III. Grundlage einer kritischen freiheitlich-demokratischen Rechtsgutstheorie des Staatsschutzstrafrechts	19
C. Strafrechtlicher Schutz des Staates nach außen	23
I. Schutz des Volkes?	23
II. Grundlagen der Staatlichkeit und Bestand als staatlich-einheitliche Selbstorganisation des Volks	29
1. Schutzgut Bestand der Bundesrepublik	30
2. Bestandshochverrat	33
3. Weitere Schutznormen	34
III. Strafrechtlicher Schutz von Sicherheit und „informationeller Souveränität"	35
1. Schutz der Sicherheit im Strafrecht	35
2. Landesverrat und informationelle Souveränität	39
a) Landesverrat im eigentlichen Sinn	41
b) Vorfelddelikte	43
c) Weitere Delikte zum Schutz der informationellen Souveränität	44
IV. Schutz der Friedlichkeit nach außen	46
1. Grundlagen und Rahmen	46
2. Systematik	47
a) Unmittelbare Verletzungen	48
b) Gefährdungs-/Vorfelddelikte	49
c) Nebenstrafrecht	50
D. Binnenschutz des freiheitlich demokratischen Gemeinwesens	51
I. Grundlagen	51
II. Formaler Schutz der Verfassungsordnung	56
1. Schutz der Verfassungsordnung und ihrer Änderungsverfahren	56
2. Verfassungshochverrat	58
III. Schutz der rechtsstaatlich-demokratischen Entscheidungsfindung	60
1. Schutz der repräsentativen und demokratisch mittelbar legitimierten Entscheidungen	61
a) Äußerer Schutz der obersten Verfassungsorgane gegen Nötigung	61
aa) Schutz des Hausrechts	62
bb) Nötigungsdelikte	63
b) Korruptionsstrafrecht	65
c) Begleitender Schutz der Funktion der repräsentativen Entscheidung	66
2. Schutz der unmittelbaren demokratischen Entscheidungs- und Bestellungsakte	67
a) Schutz der konkreten Einzelstimmabgabe	69
b) Schutz vor Korruption des Abstimmenden	70
c) Schutz des Abstimmungsgeheimnisses	72
d) Schutz des Abstimmungsvorgangs insgesamt	73
e) Gefährliche Schutzlücken	74
IV. Schutz der Öffentlichkeit	76
1. Schutz des öffentlichen Friedens	78
2. Schutz vor „positiv werbender" Propaganda	79
3. Schutz vor Verunglimpfung	80
E. Schutz der Europäischen Integration?	81
F. Perspektiven	87

Wichtige Literatur:

Aliabasi, N., Die staatsgefährdende Gewalttat 2017; *Appel,* I., Verfassung und Strafe, 1998; *Arendt, H.,* Elemente und Ursprünge totaler Herrschaft, 1955; *Boventer,* G. P., Grenzen politischer Freiheit im demokratischen Staat, 1985; *Brüning,* J., Beihilfe zum Geheimnisverrat durch Journalisten und die strafprozessualen Folgen, NStZ 2006, 253; *Busch,* A. K., Ist die strafwürdige Beeinflussung u. Beeinflussbarkeit von BT-Abgeordneten hinreichend geregelt?, 2017; *Bützler,* V., Staatsschutz mittels Vorfeldkriminalisierung, 2017; *Effinowicz,* R., Aktuelles Gesetzgebungsvorhaben: Neufassung des Verbrechens der Aggression, JuS 2017, 24; *Ewer,* W./*Thienel,* T., Völker-, unions- und verfassungsrechtliche Aspekte des NSA-Datenskandals, NJW 2014, 30; *Fahl,* Chr., Der Sturm auf das Kapitol – zum dogmatischen Verhältnis von § 26 StGB zu § 111

StGB, JA 2021, 273; *Fischer, T.*, Die Eignung, den öffentlichen Frieden zu stören, NStZ 1988, 159; *Fischer, T.*, Öffentlicher Friede und Gedankenäußerung, 1986; *Frankel, E.*, Deutschland und die westlichen Demokratien, 3. Aufl. 2015; *Frankenberg G.*, Staatstechnik, 2010; *Galtung, J.*, Frieden mit friedlichen Mitteln, 1998; *Geilen, G.*, Der Tatbestand der Parlamentsnötigung, 1957; *Großmann, S.*, Liberales Strafrecht in der komplexen Gesellschaft, 2017; *Habermas, J.*, Faktizität und Geltung, 1990; *Hartmann, A.*, Majestätsbeleidigung und Verunglimpfung des Staatsoberhauptes, 2006; *Hassemer, W.*, Freiheitliches Strafrecht, 2001; *Hassemer W.*, Theorie und Soziologie des Verbrechens, 1980; *Hawickhorst, K.*, § 129a StGB – Ein feindstrafrechtlicher Irrweg zur Terrorismusbekämpfung, 2011; *Höffe, O.*, Kritik der Freiheit, 2. Aufl. 2021; *Hoffmann-Riem, W.*, Die Spiegel-Affäre 1962 – ein Versagen der Justiz, ZRP 2012, 225; *Hörnle, T.*, Deskriptive und normative Dimensionen des Begriffs „Feindstrafrecht", GA 2006, 80; *Hörnle, T.*, Grob anstößiges Verhalten, 2005; *Hoven, E.*, Auslandsbestechung, 2019; *Jakobs G.*, Bürgerstrafrecht und Feindstrafrecht, HRRS 5 (2004), 88; *Jakobs, G.*, Feindstrafrecht? – Eine Untersuchung zu den Bedingungen von Rechtlichkeit, HRRS 7 (2006), 289; *Jakobs, G.*, Kriminalisierung im Vorfeld einer Rechtsgutverletzung, ZStW 97 (1985), 751; *Jakobs, G.*, Kriminalisierung im Vorfeld einer Rechtsgutverletzung, ZStW 97 (1985), 751; *Johannsen, O.*, Straftatbestände zum Schutz mehrerer Rechtsgüter, 2019; *Krieger, H.*, Die Umsetzung des völkerrechtlichen Aggressionsverbrechens in das deutsche Recht im Lichte von Art. 26 Abs. 1 GG, DÖV 2012, 449; *Lagodny, O.*, Strafrecht vor den Schranken der Grundrechte, 1996; *Le Bon, G.*, La psychologie politique, 1910; *Lenk, M.*, Staatliche Macht und Ohnmacht, ZStW 2020, 56; *Levitsky, S. / Ziblatt, D.*, How Democracies Die, 2018; *Loewenstein, K.*, Militant Democracy and Fundamental Rights, American Political Science Review (APSR) 31 (1937), 417; *Louis, J./Glinder, P./Waßmer, M. P.*, Korruptionsprävention in der öffentlichen Verwaltung, 2020; *Marzahn, Th.*, Das Feindstrafrecht als Komponente des Präventionsstaats?, 2011; *Maurach, R./Schroeder, F.-Chr./Maiwald, M.*, Strafrecht Besonderer Teil. Teilband 2: Straftaten gegen Gemeinschaftswerte, 10. Aufl. 201; *Muñoz Conde, F.*, Über das „Feindesstrafrecht", 2007; *Niermann, J.*, Der Whistleblower im Beamtenrecht, 2019; *Papier, H.-J./Durner, W.*, Streitbare Demokratie, AöR 128 (2003), 340; *Peters, K.*, Korruption in Volksvertretungen, 2017; *Raap, Chr.*, Urheberrechtlicher Schutz behördlicher Dokumente gegenüber der Presse?, VR 2021, 7; *Schick, S.*, Feindstrafrecht als regulative Idee, ZIS 2012, 46; *Schmahl, S.*, Effektiver Rechtsschutz gegen Überwachungsmaßnahmen ausländischer Geheimdienste?, JZ 2014, 220; *Schmidt-De Caluwe, R.*, Pressefreiheit und Beihilfe zum Geheimnisverrat i. S. des § 353b StGB, NVwZ 2007, 640; *Schroeder, F.-Chr.*, Straftaten gegen das Strafrecht, 1985; *Schroeder, F.-Chr.*, Der Schutz von Staat und Verfassung, 1970; *Schwab, A.*, Die Beendigung der Bestechungsdelikte, 2019; *Sixt, M.*, Whistleblowing im Spannungsfeld von Macht, Geheimnis und Information, 2020; *Soppa, M.*, Die Strafbarkeit des Whistleblowers, 2020; *Stampf, S.*, Das Delikt des Hochverrats im NS-Staat, in der DDR und in der Bundesrepublik Deutschland, 2016; *Trentmann, Chr.*, Der Fall netzpolitik.org – Lehrstück für den Rechtsstaat, ZRP 2015, 198; *v. Heintschel-Heinegg, B.*, Gewalt als Nötigungsmittel im Strafrecht, 1975; *Vogel, J.*, Strafrechtsgüter und Rechtsgüterschutz im Spiegel der Rechtsprechung des Bundesverfassungsgerichts, StV 1996, 110; *Wachter, M.*, Das unerlaubte Verhalten bei den klassischen KorruptionstatbeständenZugleich eine Kritik am Rechtsgutdenken, GA 2019, 735; *Weber, M.*, Reichsbürger – ein Irrsinn aus rechtlicher Sicht, jM 2021, 37; *Zimmermann, T.*, Das Unrecht der Korruption, 2018; *Zimmermann, T.*, Die Wahlfälschung (§§ 107a f. StGB) im Gefüge des strafrechtlichen Schutzes der Volkssouveränität, ZIS 2011, 991.

Hinweis:
Alle Internetfundstellen wurden zuletzt am 25.3.2022 abgerufen.

A. Einleitung: Der Staat und seine Kernfunktionen als Strafrechtsaufgabe

I. Theoretische und historische Grundlagen

1 Eine zeitgemäße dogmatisch überzeugende Durchdringung des strafrechtlichen Schutzes gegen Angriffe auf den Staat und seine Kernfunktionen steht, 50 Jahre nach der Habilitationsschrift von *Schroeder*,[1] weiterhin aus. Neben zahlreichen bereichsspezifischen Abhandlungen sehen sich Interessierte vor allem auf die gängigen allgemeinen Kommentierungen zu §§ 80a ff. StGB verwiesen.[2]

2 Der Selbstschutz der politischen Ordnung durch das von ihr gesetzte Strafrecht durchzieht die Geschichte; beide spiegeln sich jeweils ineinander: „*Der Begriff des Staatsverbrechens bestimmt sich nach dem jeweils geltenden Staatsbegriff*".[3] Das Staatsschutzstrafrecht des StGB ist das Ergebnis einer langen Tradition. Trotz zahlreicher Erweiterungen und Reformen und der vollständigen Neunormierung 1951 reichen die Wurzeln weit über unterschiedliche politische Systeme im deutschen Kernsiedlungsraum und vor allem in germanisches, rö-

---
[1] *Schroeder*, Der Schutz von Staat und Verfassung, 1970.
[2] Vgl. daneben nunmehr auch *Fahrner* StaatsschutzR.
[3] *v. Liszt/Schmidt*, Lehrbuch des Deutschen Strafrechts, 25. Aufl. 1927, 755.

A. Einleitung: Der Staat und seine Kernfunktionen als Strafrechtsaufgabe **§ 33**

misches und kanonisches Recht zurück, ohne dass dies hier zu vertiefen ist.[4] Zentrale Bedeutung erlangte dabei das Majestätsverbrechen, zurückreichend in das hochantike römische Recht: „*Maiestatis autem crimen illud est, quod adversus populum Romanum vel adversus securitatem eius committitur*".[5]

Mit Einsetzen der neuzeitlichen politischen Philosophie erscheint das politische Gemeinwesen nicht mehr als metaphysisch orientierte Ordnung und Mittel zur Orientierung seiner Glieder auf ein ethisches Leben, dh als Kultgemeinschaft von *polis* bis *imperium*, bzw. Reich, oder sonst einer *civitas dei saecularis*. Vielmehr entsteht, beginnend bei *Machiavelli*, sowie *Bodin* und vor allem *Hobbes*, der neuzeitliche „*stato*". Er schichtet mit seiner Doppelwirkung nach „außen" und „innen" beide Sphären ab und führt in Europa aus der mittelalterlichen überspannenden Lehnswelt heraus.[6] Dadurch trägt er zu einer erheblichen politischen Komplexitätsreduzierung und Systemstabilisierung durch Abschichtung und Abstraktion bei. Im Sinne *Bodins* ist der Staat die „*summa potestate ac ratione moderata*",[7] die oberste Gewalt und Vernunft, welche im jeweiligen Gemeinwesen die Mitglieder und ihre Ressourcen lenkt. Der Staat muss dazu die oberste und damit prinzipiell uneingeschränkte „regulative" Gewalt **(„Souveränität")** haben, und er muss **„rational"** handeln. 3

II. Frieden, Freiheit, Rechtsstaat, Demokratie

Der Staat ist dabei vor allem anderen zunächst als politische Ordnung Garant des innerstaatlichen **Friedens**.[8] Es handelt sich um jenen historischen Prozess der frühen Neuzeit in Europa, den *Hobbes* mit der Entstehungsformel des Staats als *Leviathan* umschrieben hat: Gegen immer größere und verheerende verbundene Parteiungen, zB religiöse oder wirtschaftliche Allianzen, erscheint am Ende das Monopol der Gewalt durch den – allen überlegenen – Staat als einzige rationale Lösung.[9] Der Staat trennt eine innere und äußere Sphäre mit unterschiedlichen Rechtsprinzipien, und damit einen „*bellum publicum*" vom „*privatum*", dh den zunächst weiter nach alten Regeln möglichen Krieg zwischen Staaten gegenüber der unterdrückten privaten Selbsthilfe und Eigenmacht innerhalb des jeweiligen staatlichen Herrschaftsbereichs.[10] Aus den völkerrechtlichen Kriterien der Souveränität und Gebiets- und Personalhoheit, des Interventions- und Subversionsverbots entwickelt sich so das völkerrechtlich anerkannte und erwartete strafrechtliche Instrumentarium des Staates zum unmittelbaren Selbstschutz mit effektivem Gewaltmonopol gegen Angriffe auf das Gemeinwesen und seine Individuen (→ Rn. 29 ff.). 4

Versteht man Frieden weiterführend (auch im Hinblick auf offene Staatlichkeit) als Abwesenheit nicht nur von Gewalt,[11] sondern von Ohnmacht, dh hilfloser Unterlegenheit gegen fremde Macht,[12] lässt sich von der äußeren Souveränität der weitere Weg zum inneren **Rechtsstaat und Demokratie** erklären: Als Ordnungs- und Friedensgarant, ver- 5

---

[4] Vgl. zur Geschichte insbesondere *Fahrner* StaatsschutzR § 2 Rn. 1 ff. mwN; *Hartmann*, Majestätsbeleidigung und Verunglimpfung des Staatsoberhauptes, 2006; *Schroeder*, Der Schutz von Staat und Verfassung, 1970, 7 ff.
[5] D. 48.4.pr.
[6] Vgl. etwa auch *Grotius*, De jure belli ac pacis libri tres, 1625, introd.
[7] *Bodin*, De re publica libri VI, 1586, cap. I, 1.
[8] Vgl. *Sternberger*, Begriff des Politischen, 1961, 18.
[9] *Hobbes*, De cive, cap. IV, 3; *Hobbes*, Leviathan, cap. II, 17; denn die Menge und damit Macht möglicher Vergeltung von An- und Übergriffen müsse unübersehbar sein, damit nicht mit ihr und ihrer Antwortstärke hinsichtlich eines Angriffs kalkuliert werde.
[10] *Grotius* De jure cap. I, 3; vgl. zum Ganzen *Dickmann*, Friedensrecht und Friedenssicherung, 1971, 79 ff.; *Fahrner*, Der Landfrieden im Elsass, 2007, 1 ff. mwN.
[11] Vgl. *Galtung*, Frieden mit friedlichen Mitteln, 1998, 32; dazu *Fahrner*, Aufklärung zur globalen Gewaltlosigkeit – Weg und Grenzen, in *Fahrner*, Logik der Kommunikation, Rationalität des Rechts, Kalkül der Macht, 2009, 247 (250 ff.).
[12] Vgl. ähnlich etwa im Ansatz *Spinoza*, Politischer Traktat, 1677 (übers. Bartuschat, 2010), S. 65; *Luther King jr.*, When Peace Becomes Obnoxious, in Carson ua (Hrsg.), The Papers of Martin Luther King, Jr., Bd. 6 2007, S. 257 (258); *Einstein*, Einstein on Peace, 1960, 371.

wirklicht der Staat es mit seinem Strafrecht, gegen gewaltsame und willkürliche private Eigenmacht und zur Begrenzung der Selbsthilfe und ihrer Reproduktion und Eskalation vorzugehen und so friedliche Konfliktlösung und -prävention durchzusetzen.[13] Daraus folgt die Aufgabe als politische Ordnung, verbindliche und durchsetzbare Entscheidungen im Hinblick auf zu beachtende Verhaltensnormen und die Verteilung von Gütern zu treffen.[14] Gegen die Ohnmacht des unterworfenen Untertanen (den *Hobbes* in seiner *Thukydides*-Rezeption einbezogen hat) in der so geschaffenen absoluten Herrschaft entwickelt sich historisch zuerst der liberale Rechtsstaat, sodann demokratische Partizipation und Repräsentation gemeinsam mit den Grundrechten, welche alle gemeinsam **individuelle Freiheit** gewährleisten (→ § 4 Rn. 5 f.).

6   Die Freiheit jedes Einzelnen und die demokratische Selbstbestimmung des Volkes im Gemeinwesen stehen in einem wohl bekannten Spannungsverhältnis.[15] Aus seiner (historisch-gewachsenen) friedlichen Grundordnung ist es dem Staat **untersagt,** sich mit einer bestimmten Religion oder weltanschaulichen Sicht zu identifizieren[16] und materielle Gemeinwohlziele präzise *a priori,* heteronom und absolut bestimmen zu wollen;[17] sogar jede uniforme Rechtsinterpretation ist abzulehnen.[18] Er hat vielmehr, auch um Fortschritt zu ermöglichen,[19] die dynamische **Pluralität** im Gemeinwesen zu akzeptieren und aufzunehmen, mithin auch gerade aktuelle und strukturelle Minderheiten mit ihrer Würde und ihren Grundrechten zu schützen. Die Verwirklichung von sozialer Gerechtigkeit sowie weiterer politischer Gemeinwohlziele ist den demokratischen politischen Prozessen innerhalb des Gemeinwesens zu überlassen. Umso mehr müssen diese **Prozesse** allerdings, um Friedlichkeit zu gewährleisten, auf den Prinzipien der **Freiheit und formalen Gleichheit** aller Beteiligten und **verfassungsrechtlich verankerten Regeln** gründen. Diese sind allerdings von allen Beteiligten zu beachten und dies wiederum durch den Staat auch, soweit geboten, mit den **Mitteln des Strafrechts** nach außen wie innen durchzusetzen.[20]

III. Freiheitlich demokratische Grundordnung, streitbare und wehrhafte Demokratie

7   Die zentrale Lehre des Grundgesetzes aus der Zerstörung der Weimarer Republik durch den Nationalsozialismus und die eigenen deutschen Erfahrungen bis 1990 ist die Erkenntnis, dass der so beschriebene prozessual-werthafte Nukleus der Verfassungsordnung nicht nur gegen Zwang und Gewalt geschützt werden muss.[21] In Abkehr von einer „selbstmordgefährdenden" relativistischen Demokratie mit ungebundenen, leicht manipulierbaren Mehrheiten umfasst dies die dauerhafte Erhaltung der werthaften **freiheitlich demokratischen Grundordnung** als absolutem Kern des friedlichen, pluralen und fortschrittsoffenen Gemeinwesens, mithin insbesondere des Rechtsrahmens zur **friedlichen („revolutions-/**

---

[13] Ausführlich *Fahrner,* Der Landfrieden im Elsass, 2007, 1 ff.
[14] Vgl. etwa *Isensee* in Isensee/Kirchhof StaatsR-HdB IX § 190 Rn. 140; *Schubert/Klein,* Art. Staat, Das Politiklexikon, 7. Aufl. 2018; *Genschel/Zangl,* Leviathan 36 (2008), 430 (431 f.).
[15] Vgl. *Constant,* De la liberté des Anciens comparée à celle des Modernes, 1819; *Berlin,* Four Essays on Liberty, 1969, XXXIX ff., 131 ff.; *Frankel,* Der Pluralismus als Strukturelement der freiheitlich-rechtsstaatlichen Demokratie, 1964, B29; *Frankel,* Deutschland und die westlichen Demokratien, 3. Aufl. 2015, 329 ff.; *Höffe,* Kritik der Freiheit, 2015, 296 ff.
[16] Vgl. nur BVerfGE 19, 1 (8) = NJW 1965, 1427; BVerfGE 30, 415 (422) = NJW 1971, 931; BVerfGE 93, 1 (16 f.) = NJW 1995, 2477; BVerfGE 108, 282 (300) = NJW 2003, 3111; BVerfGE 143, 161 (195 f.) = NVwZ 2017, 461.
[17] BVerfGE 5, 85 (206) = NJW 1956, 1393.
[18] Vgl. hier nur *Böckenförde,* Die historische Rechtsschule und das Problem der Geschichtlichkeit des Rechts, in Bockenförde, Staat, Gesellschaft, Freiheit, 1976, 9 ff.; daneben etwa BVerfGE 19, 1 (8) = NJW 1965, 1427.
[19] Vgl. Präambel Verfassung des Deutschen Reiches von 1919 (Weimarer Reichsverfassung).
[20] Vgl. etwa *Fraenkel,* Deutschland und die westlichen Demokratien, 3. Aufl. 2015, 300.
[21] Vgl. bereits zu den Beratungen im Konvent von Herrenchiemsee vgl. bereits im UA I, ParlRAkt II Nr. 6 (227 ff.) sowie VA-MPK, Bericht, 1948, 32.

A. Einleitung: Der Staat und seine Kernfunktionen als Strafrechtsaufgabe § 33

bürgerkriegsfreien") Rückholbarkeit partiell missbrauchter Macht in die Mechanismen von Menschenwürde, Demokratie und Rechtsstaat.[22]

Prägend für die Ausformung im Grundgesetz waren dabei die Analysen bereits während des NS-Unrechtsstaats über die **Techniken faschistischer Machteroberung und -erhaltung,** die vor allem im Abwehrkonzept der *militant democracy* von *Löwenstein* ihren Ausdruck finden. Darin wird erkennbar, dass das Erwecken, Führen und Verwenden des Emotionalismus in seiner gröbsten und raffiniertesten Form die Essenz der faschistischen Technik darstellt.[23] Geradezu wissenschaftlich-kalkuliert soll der rationale demokratische Diskurs über Irrationalität in den „*Selbstmord*" getrieben werden; der Faschismus erscheint damit als das wahre Kind des Zeitalters der technischen Wunder und der emotionalen Massen im Sinne *Le Bons* und *Freuds*.[24] So sollen rationale Unterschiede zwischen den demokratisch-rechtsstaatlichen Angeboten so eingeebnet werden, dass die Wähler nicht mehr danach entscheiden und populistische „*Alternativen*" nicht mehr völlig unattraktiv wirken.[25] Mittel dazu sind gerade die Verunglimpfung der demokratischen Institutionen, aber auch Demonstration ihrer Machtlosigkeit, inneren Frieden und öffentliche Sicherheit zu gewährleisten. Es soll eine allgemeine Unzufriedenheit geschürt, verschiedene Teile des Volkes gegeneinander ausgespielt und Furcht, Frustration und Aggression auf besonders als verdächtig angreifbare Ziele (wie „*Juden und Kapitalisten*") konzentriert werden.[26] Die oft unter dem Vorwand der Selbstverteidigung betriebene Uniformierung und Paramilitarisierung dient(e) der Einschüchterung von Gegnern, Destabilisierung und „*Entfriedung*" der öffentlichen Auseinandersetzung sowie dem Einüben von Befehl und Gehorsam, einer monopolisierenden und homogenisierenden „*Verschworenheit*" gegen das übrige Gemeinwesen und die auf Gewalt gerichtete Emotionalisierung der Erfassten; zudem schuf sie die Machtressource – weniger zum offenen Putsch, als zur Durchsetzung der schon ergriffenen Macht.

Wie bereits diese Lehren ausdrücken, liegen die durch das Staatsschutzstrafrecht zu bekämpfenden Bedrohungen folglich **nicht alleine in offener „Unfriedlichkeit"** und gewaltsam-willkürlicher Missachtung der staatlichen Grundregeln des Gemeinwesens, welche dieses selbst bedrohen. Es sind ebenso Bestrebungen, welche mit **politisch-manipulativen Mitteln** die freiheitlich demokratische Grundordnung ganz oder teilweise gegebenenfalls auch auf anderen Wegen beseitigen wollen. Der Staat ist daher in allen Funktionen, Organen und Amtsträgern verpflichtet, **als vereint wehrhafte Demokratie** den dazu offenen und verdeckt feindlichen Bestrebungen **streitbar** entgegen zu treten (→ § 2 Rn. 15 ff.), um seinen friedlichen, freiheitlichen, rechtsstaatlichen und demokratischen Kern auch gegen die Eigendynamik politischer Angriffe, egal von welcher Seite, zu bewahren. Neben verfassungsunmittelbaren Mitteln, wie sie sich aus Art. 9 Abs. 2, Art. 18, 21 Abs. 2–4, Art. 33, 98 Abs. 2 S. 2 GG uvm ergeben (→ § 32 Rn. 1 ff.), ist dies **zentrale Aufgabe und Maßgabe des deutschen Staatsschutzstrafrechts (→ Rn. 51 ff.)**.[27]

---

[22] Da dieser Schutz in Einheitsstaaten, parlamentarischen Monarchien und unterschiedlich großen politischen Einheiten realisiert sein kann, gehören die dahingehenden Festlegungen der Bundesrepublik nicht zu jenem absoluten Kern; vgl. etwa *Papier/Durner* AöR 128 (2003), 340 (346).

[23] Vgl. hierzu und zum Folgenden *Loewenstein* APSR 31 (1937), 417 (422 ff.); zur Propaganda insbesondere auch *Loewenstein* APSR 31 (1937), 638 (652 ff.); vgl. dazu auch *Boventer*, Grenzen politischer Freiheit, 1985, 36 ff.

[24] *Le Bon*, La psychologie politique, 1910; *Le Bon*, Psychologie der Massen, 1961, nach: *Le Bon*, Psychologie des foules*, 1895; *Freud*, Massenpsychologie und Ich-Analyse, London 1921; vgl. auch *Klingemann/Kaase*, Politische Psychologie, 1981, 9 f.; *Arendt*, Elemente und Ursprünge totaler Herrschaft, 1955, 559.

[25] Vgl. zur Modellierung der Wirkungsweise aus Sicht einer ökonomisch-psychologischen Demokratietheorie vgl. etwa *Fahrner*, Präferenzoptimierung und Irrationalität politischer Akteure, in: Fahrner, Logik der Kommunikation, Rationalität des Rechts, Kalkül der Macht, 2009, 133 (134 ff.).

[26] Vgl. hierzu und zum Folgenden *Loewenstein* APSR 31 (1937), 417 (424 ff.), 638 (648 ff.); *Loewenstein* ColLR 38 (1938), 725 (731 ff.) mwN.

[27] Die freiheitlich demokratische Grundordnung liegt als Schutzgut auch dem materiellen und organisatorischen Verfassungsschutz zugrunde, vgl. etwa Art. 73 Abs. 1 Nr. 10 lit. b GG, § 3 Abs. 1 Nr. 1 Var. 1 BVerfSchG, → § 7 Rn. 19). Ihre Bedrohungen, die aus dem Ausland, sei es von staatlicher Seite oder allein

B. Strafrechtsdogmatik und Staatsschutz

10 Als problematisch erweist sich, wie weit auch im Bereich des Staatsschutzes die ansonsten ganz hM zugrunde gelegt werden kann, das Strafrecht legitimiere seine Sanktionen und sonstigen Freiheitseingriffe durch die Aufgabe, **Rechtsgüter** zu schützen.[28] Das StGB verweist an einzelnen Stellen wörtlich auf individuelle Rechtsgüter, etwa in § 34.[29] Als dogmatisches Konstrukt erfüllt das Rechtsgut vielfältige dogmatische Aufgaben,[30] es dient der Einteilung und Systematisierung, welche sich in der des Besonderen Teils des StGB andeutet,[31] sowie der Konkurrenzlehre.[32] Die Rechtsgutswissenschaft soll die gesetzliche Bestrafbarkeitsanordnung rational begründen, und vor allem nach den kritischen Theorien, diese beschränken.[33] Eine solche Aufgabe scheint von besonderer Bedeutung im Bereich des Selbstschutzes des Staates, welcher historisch zahlreiche Belege von Übermaß und Willkür hervorgebracht hat.[34]

I. Gegenmodelle zur liberal-rechtsstaatlichen Rechtsgutslehre

1. Nationalsozialistische „Straf-Gewalt"

11 Zuvorderst die **nationalsozialistische „Straf-Gewalt"** berief sich, wo sie nicht in der schlichten Vernichtung ihrer Gegner wegen einer aus deren Verhalten oder bloßer Existenz folgender angeblichen Gefahr stehen bleiben wollte, statt „jeder liberalen Rechtsgutstheorie" allein auf die Verletzung von behaupteten **Pflichten** des „*Volksgenossen*" gegenüber „*seinem*" Volk, Staat, Führer oder Bewegung,[35] die letztlich beliebig willkürlich setzbar waren, zumal in „*das Volk*" jeder Inhalt hineinprojiziert werden konnte.[36] Maßgeblich waren jene „zur **Treue**",[37] die bereits durch einen **auflehnenden Willen** gebrochen wurden.[38] Dem folgend wurde versucht, „*Volks-*", Hoch- oder Landesverrat[39] und praktisch alle Staatsschutzdelikte von Volksgenossen als Treuebruch zu konstruieren.[40] Die

---

von privaten Personen und Gruppen (mit)getragen werden, gehören auch zum Beobachtungsbereich der Auslandsaufklärung (→ § 6 Rn. 46 ff.; § 19 Rn. 12 ff.).

[28] Vgl. nur *Jescheck/Weigend* StrafR § 1 III 1; *Roxin* StrafR AT 1 § 2 Rn. 1; *Otto*, Grundkurs Strafrecht – Allgemeine Strafrechtslehre, 7Auflage2004, § 1 Rn. 22 ff. ganz hM.

[29] Namentlich §§ 6, 57 Abs. 1 S. 2, § 184h Nr. 1 StGB.

[30] Vgl. etwa *Johannsen*, Straftatbestände zum Schutz mehrerer Rechtsgüter, 2019, 29 ff. mwN; *Jescheck/Weigend* StrafR § 26 I 3.

[31] Vgl. etwa *Rengier* StrafR AT § 3 Rn. 3 f.; *Jescheck/Weigend* StrafR § 26 I 3b; zur historischen Entwicklung *Oehler*, Wurzel, Wandel und Wert der strafrechtlichen Legalordnung, 1950, 2 ff.

[32] Vgl. etwa *Kühl* in Lackner/Kühl StGB vor § 52 Rn. 3; *Stree* in Schönke/Schröder StGB Vor § 52 Rn. 17; *Sternberg-Lieben/Bosch* in Schönke/Schröder StGB § 52 Rn. 25, 26; *v. Heintschel-Heinegg* in MüKoStGB StGB § 52 Rn. 53.

[33] Vgl. maßgebend *Hassemer* Theorie 115; *Hassemer/Neumann* in NK-StGB StGB vor § 1 Rn. 110 ff.; Dies gilt sowohl für eine Rechtsgutslehre, die sich lediglich systematisch versteht und jene, die kritisch die Legitimität oder verfassungsmäßige Legalität von Tatbeständen anhand der durch sie geschützten Rechtsgüter an weiteren Kriterien messen möchte.

[34] Vgl. *Fahrner* StaatsschutzR § 2 Rn. 1 ff.; zur Aufgabe der Rechtsgutslehre als Willkürbegrenzung vgl. etwa *Sina*, Die Dogmengeschichte des strafrechtlichen Begriffs „Rechtsgut", 1962, 89; *Marx* Rechtsgut 17, *Seher*, Liberalismus und Strafe, 2000, 71; *Hassemer/Neumann* in NK-StGB StGB vor § 1 Rn. 110 ff.

[35] Vgl. *Hitler*, Mein Kampf, Bd. II, 1. Aufl. 1926, 433; *Schaffstein* DtStrR NF 2 (1935), 97 (105); DStR 1937, 336 ff.

[36] Vgl. etwa nur für die aA *Fraenkel*, Deutschland und die westlichen Demokratien, 2015, 329 ff.

[37] Vgl. *Schaffstein* DStR 1937, 336 f.; *Dahm*, Nationalsozialistisches und faschistisches Strafrecht, 1935, 29; *Dahm* ZStaatsW 95 (1935), 283 ff.; *Ritter* JW 1934, 2213 (2215); *Schultz*, Staatsauffassung und Staatsverbrechen, 1940, 333 ff.

[38] Vgl. *Freisler* in Gürtner, Das kommende Strafrecht, 1934, 22 f., 31; *v. Gemmingen* JW 1933, 2872; *Gemmingen* DtStrR NF 2 (1935), 105 (109 ff.); *Schaffstein* DtStrR NF 2 (1935), 97 (102); *Wieacker* DJZ 1934, 1446.

[39] Vgl. *Dahm*, Rasseverrat, Volksverrat, Treubruch, Dt. Juristentag (1936), 121 ff.; *Schaffstein* DtStrR NF 2 (1935), 97 (104); sowie → unten Rn. 24.

[40] Vgl. *Paeffgen* in NK-StGB StGB vor §§ 93 ff. Rn. 1 Fn. 7 mwN.

absolut vorrangige Absicherung der „*Volksgemeinschaft*" gegen Gefährdungen durch den Einzelnen rechtfertigte die Sanktion, jenseits konkreter Verhaltensschuld, aus Wesen, Charakter oder Existenz des Täters folgenden Sozialschädlichkeit, etwa als „*Asozialer*" und „*Gewohnheitsverbrecher*".[41] Nicht nur faktisch in der unterworfenen Justiz, sondern ebenso theoretisch erwies sich die Verhängung von Strafsanktionen als unbegrenz- und unkontrollierbar, mithin **Inbegriff der NS-Willkür- und Gewaltherrschaft.**

2. Täterstrafrecht

Für ein konsequent rechtsstaatlich-menschenwürdiges Strafrecht hat sich die **Aktunwertlehre,**[42] als enge Fortführung der Pflichtverletzungs- und Willensdogmatik als ebenso unbrauchbar erwiesen,[43] wie **alle Formen eines Täterstrafrechts,** die sich von der konkreten objektivierbaren Tatschuld lösen wollen.[44] Auch die **hegelianische Lehre** von der Straftat als „Negation des allgemeinen Willens",[45] widerspricht mit der vorausgesetzten „*sittlichen Homogenität*" dem Gebot des pluralistischen Gemeinwesens unter dem Grundgesetz. 12

3. Feindstrafrecht

Zuletzt erscheint die Theorie des **Feindstrafrechts** von *Jakobs* unter den Alternativansätzen besonders auf den Staatsschutz und die Terroristenbekämpfung ausgerichtet.[46] Nach dem 9.11.2001 herausragend beachtet,[47] will es in einer Tradition des Zivil- und Kriegszustandes nach *Hobbes*[48] erneut nach der Person des **Täters** trennen. Es soll als ein ausnahmsweise geltendes Notwehr- und Notstandsstrafrecht der Gemeinschaft gegen den Außenstehenden legitimierbar sein,[49] während nur der Bürger, „*der zumindest einigermaßen verlässlich Rechtstreue verspricht, …, als Person im Recht behandelt zu werden,*,,, beanspruchen kann.[50] Darunter fiele so wenig der „*Gewohnheits-*," wie „*organisierte Kriminelle*", der „*sich selbst zu einem Teil verfestigter krimineller Strukturen gemacht hat*",[51] wie der Terrorist bzw. gefährliche Feind, denen nicht nur der Schutz privater geschützter Sphären, sondern auch die rechtsstaatlichen Eigenschaften des Bürgers vorzuenthalten wären.[52] 13

Bereits in der Herleitung von *Hobbes* auf den nur situativen Rechtfertigungsgrund *Ciceros* „*silent enim leges inter arma*" irrig,[53] erweist sich der Ansatz als **mit den Fundamental-** 14

---

[41] Vgl. RGBl. I Nr. 133 v. 27.11.1933, S. 995 ff.; *Ayaß* (Bearb.), „Gemeinschaftsfremde". Quellen zur Verfolgung von „Asozialen" 1933–1945, 1998, Nr. 50; BT WD (Hrsg.): „Asoziale" im Nationalsozialismus, WD 1–3000 -026/16; *Müller*, Das Gewohnheitsverbrecherrecht vom 24. November 1933, 1997.

[42] *Welzel*, Strafrecht, 11. Aufl., 1969, 1; *Welzel*, Über den Substantiellen Begriff des Strafrechts, 1944, 110 ff.; *Welzel* ZStW 58 (1939), 222; *Welzel* FS Gierke, 1950, 290 f.; zu den Kontinuitätslinien über 1945 hinaus vgl. bei *Mayer*, Das Strafrecht des Deutschen Volkes, 1936, 195 ebenso wie *Mayer*, Strafrecht, 1. Aufl. 1953, 54; *Gallas* GA 1957, 315 f.; *Bruns* FS Metzer, 1954, 335 f.

[43] Vgl. insgesamt etwa die berechtigte Ablehnung unter anderem von *Jäger*, Strafgesetzgebung und Rechtsgüterschutz bei Sittlichkeitsdelikten, 1957, 24 ff.; methodisch bereits gewichtig *Sax*, Grundsätze der Strafrechtspflege, in Bettermann/Nipperdey/Scheuner (Hrsg.), Die Grundrechte, Bd. III/2 1959, 909 (917 f.); *Sina*, Die Dogmengeschichte des strafrechtlichen Begriffs „Rechtsgut", 1962, 87 ff.; *Amelung*, Rechtsgüterschutz und Schutz der Gesellschaft, 1972, 227, 259, 274 ff. mwN; *Roxin* AT 1 § 2 Rn. 107 f.; *Müssig*, Schutz abstrakter Rechtsgüter und abstrakter Rechtsgüterschutz, 1994, 32 ff. mwN auch mit grundlegender Kritik an der Herleitung aus materieller Wertphilosophie.

[44] Vgl. insbesondere etwa *Großmann*, Liberales Strafrecht in der komplexen Gesellschaft, 2017, 78.

[45] *Hegel*, Grundlinien der Philosophie des Rechts, 1820, §§ 95 ff.

[46] Zuerst *Jakobs* ZStW 97 (1985), 751 ff.

[47] Vgl. etwa *Hörnle* GA 2006, 80 (81 ff.); *Schick* ZIS 2012, 46 (51 ff.); *Kreß* FS Jakobs, 2019, 49 Fn. 265; zur verfassungsrechtlichen Rezeption vgl. *Gärditz* FS Jakobs, 2019, 709 (726 ff.) mwN in Fn. 128.

[48] Vgl. etwa *Hobbes*, De Cive, cap. V 2, VI passim.

[49] *Jakobs* ZStW 97 (1985), 751 (784); *Jakobs* HRRS 5 (2004), 88 (92); 7 (2006), 289 (292).

[50] *Jakobs* HRRS 7 (2006), 289 (293).

[51] *Jakobs* HRRS 7 (2006), 289 (293).

[52] So die implizite Folgerung sowie deskriptive Beschreibung von *Jakobs* HRRS 5 (2004), 88 (92 f.).

[53] *Cicero*, Pro T. Annio Milone, vgl. dazu *Fahrner*, Der Landfrieden im Elsass, 2007, 1, 91 ff., 437 ff., 621 ff.; *Hobbes*, De Cive, cap. V 2; vgl. insbesondere die Ausführungen zur internationalen Dimension *Jakobs*, HRRS 5 (2004), 88 (94 f.).

prinzipien des Grundgesetzes nicht vereinbar: Die Rechtszugehörigkeit als durch Zuerkennung verliehenen und willkürlich[54] aberkannten Verdiensts mag sogar an die Ausbürgerungen, die Nürnberger Gesetze und die Rechtloserklärungen des Volksgerichtshofs erinnern.[55] Der „Andere" wird mit hoher emotionaler Konnotation und propagandistischem Potential zum „Fremden".[56] Erkennbar widerspricht die Abtrennung elementarer gleicher Rechtsfähigkeit jedenfalls dem Kern der Menschenwürde sowie der Rechtsstaatlichkeit.[57] Wie Jakobs bereits früh selbst bemerkte, ist das Feindstrafrecht Signal dafür, wo der freiheitliche Staat nicht gilt.[58] Vielmehr soll nicht nur ein vermeintlicher Ausnahme- sondern verfassungswidriger Zustand legalisiert und (im doppelten Sinn:) normalisiert werden.[59]

II. Personale Rechtsguts-, Tabu- und Gefühlschutztheorie

15 Besondere Probleme mit den Staatsschutzdelikten wirft die sich als **„personal"** bezeichnende formal-individualistische Strömung der **Rechtsgutstheorie** auf. Um die legitime Strafbarkeit gegenüber beliebiger Schutzgutfindung abzugrenzen, verlangt sie einen unmittelbaren Rückbezug des jeweiligen Rechtsguts auf das Individuum. Legitimiert seien nur kollektive Güter, wenn sie der personalen Entfaltung des Individuums dienten, dh „*deren der Mensch zu seiner Selbstverwirklichung bedarf*".[60] Ansonsten, so die Prämisse, würde der Staat seine dienende Funktion verlieren, wenn er sich auf andere Rechtsgüter beriefe, um Ziele und Zustände zu sichern, die kein nachweisbares menschliches Interesse zur Basis hätten. Während dies *Marx* am Ursprung noch dahingehend weit verstand, dass der Staat ebenso wie die Rechtsordnung selbst Rechtsgut des Einzelnen sein könnten, soweit ihre *Tätigkeit* als solche darauf gerichtet sei, die Bedingungen freier menschlichen Entfaltung *zu fördern*,[61] verlangt die spätere, auf *Hassemer* aufbauende formale Theorie, um Missbrauch gerade in dieser Vermittlung vorzubeugen, das konkrete Rechtsgut *als solches* müsse selbst zumindest zugleich dem Schutz des Einzelnen dienen.[62]

16 Dadurch verliert sich die nun formal-individualistische Theorie weithin in einer Suche nach vermeintlichen *„hypostasierten kollektiven Zwischenrechtsgütern"*, die auf eigentliche in

---

[54] Vgl. zur Vagheit etwa *Conde,* Über das „Feindesstrafrecht", 2007, 43; *Kindhäuser* FS Schröder, 2006, 81 (95).
[55] Vgl. *Merkel* in FS Jakobs, 2019, 327 (340 ff.) mwN; *Greco,* Feindesstrafrecht, 2010, 15 ff.
[56] Vgl. *Cancio Maliá* ZStW 117 (2005), 267 (280 f.); *Kreß* FS Jakobs, 2019, 50 f.; zur Verknüpfung des Feindbegriffs mit einer wahrgenommenen „Migrationsproblematik" in der Tendenz einer „Fremden-Feindheit" vgl. auch bei *Hörnle* ZStW 29 (2017), 593 (595).
[57] Vgl. auch *Roxin* StrafR AT 1 § 2 Rn. 129; *Albrecht* ZStW 117 (2005), 852 ff.; *Sauer* NJW 2005, 1703 (1704 f.); *Hawickhorst,* § 129a StGB – Ein feindstrafrechtlicher Irrweg zur Terrorismusbekämpfung, 2011, 237; *Marzahn,* Das Feindstrafrecht, 2011, 53 ff.; hingegen wohl den rechtsaberkennenden Teil verkennend und zu sehr auf andere Kriterien abstellend *Gärditz* FS Jakobs, 2019, 709 (726 ff.).
[58] *Jakobs* ZStW 97 (1985), 751 (783 f.); vgl. *Gropp* ZStW 97 (1985), 929; *Greco,* Feindesstrafrecht, 2010, 14; *Kreß* FS Jakobs, 2019, 49.
[59] Vgl. auch *Frankenberg,* Staatstechnik, 2010, 260; *Gärditz* FS Jakobs, 2019, 709 (729); Die späte Relativierung einer nur partiellen Exklusion in *Jakobs* in Kim/Rosenau (Hrsg.), Straftheorie und Strafgerechtigkeit, 2010, 167 ff. erscheint demgegenüber inkonsistent, auch die Apologie von *Kreß* FS Jakobs, 2019, 51 kann insoweit nicht überzeugen.
[60] Hierzu und zum Folgenden *Marx* Rechtsgut 79 ff., 81, insbesondere in Ablehnung der hL an dualistischen Rechtsgutslehren, die den Kollektivschutz unabhängig neben den Individualschutz stellen (s. dazu unten → Rn. 22.
[61] *Marx* Rechtsgut 80; dies erscheint in gewisser Weise als Wiederanknüpfung an die aufklärerischen Beschränkungen staatlicher „subjektiver" Rechte durch die Staatszwecke am Beginn der aufklärerischen Straflehre, vgl. *Feuerbach,* Lehrbuch des gemeinen in Deutschland geltenden Peinlichen Rechts, 1801, § 23.
[62] *Hassemer* Theorie 225 ff.; *Hassemer,* Darf es Straftaten geben, die ein strafrechtliches Rechtsgut nicht in Mitleidenschaft ziehen?, in Hefendehl/Hirsch/Wohlers (Hrsg.), Die Rechtsgutstheorie, 2003, 57 (60); auch *Hassemer* ZRP 1992, 378 (379, 383); vgl. dazu auch *Hefendehl,* Kollektive Rechtsgüter im Strafrecht, 2002, 59 ff., der insgesamt mit seinen ökonomischen Kollektivguttheorien letztlich an dieselben ansatzimmanenten Grenzen stößt, wenn es um Phänomene streitbarer Demokratie und die Zurechnungsfrage geht.

B. Strafrechtsdogmatik und Staatsschutz § 33

ihnen zusammengefassten Individualrechtsgüter zurückgeführt werden sollen,[63] wodurch allerdings erhebliche Folgeprobleme der dadurch erweiterten Zurechnung im weitesten Sinn entstehen:[64] Nach dem Verdikt der „Straftaten gegen das Strafrecht" von *Schroeder*[65] und von *Fischer* gegen den öffentlichen Frieden[66] hat die Delegitimierung von *Hassemer* mittels des als metaphorisches Transportvehikel zur Liberalisierung des Strafrechts *de lege ferenda* verstandenen **Tabus,**[67] wie *„Verfolgungswahn"*, *„Furcht vor dämonischen Mächten"* und *„Überzärtlichkeit"* nach *Freud,*[68] am weitesten *Hörnle* fortgeführt. Danach sollen etwa die **Verunglimpfungsdelikte** der §§ 90 ff. StGB – ohne Beachtung vor allem ihrer historischen Bedeutung in der Weimarer Republik und der bereits in den 1930ern bekannten faschistischen Machtergreifungstechniken (→ Rn. 8) – als **irrationaler Gefühlsschutz** einzuordnen sein.[69] Ebenso wären **§§ 86, 86a und § 130 Abs. 3, 4 StGB abzuschaffen,** weil der Modellansatz für sie keine rationale Erklärung außer den Schutz der höchstpersönlichen Gefühle vor allem der Opfer nationalsozialistischer Verfolgung bzw. als *„Tabu des Völkermordes"* findet: *„Allerdings kann das verständliche Anliegen, auf diese Gefühle Rücksicht nehmen zu wollen, nicht auf ein entsprechendes* Recht *der Betroffenen gestützt werden"*.[70] In diesem Gefühlsschutz würde über den Strafrecht legitimierenden individualistisch-zweckrationalen Kern hinausgeschossen, denn rationalen Bedarf für die Normen gäbe es mangels realer Gefahr im und für das Gemeinwesen nicht.[71] Die Täter könnten doch als *„Wirrköpfe"* und *„'extremistische Spinner' eingeordnet werden"*,[72] es handelten *„Jugendliche"* meist aus *„Lust am Provozieren"*.[73]

Bereits die (letzte) Prämisse des Gefühlverdikts, subjektive Empfindungen könnten kein **17** tauglicher Schutzgegenstand für ein modernes Strafrecht sein,[74] erscheint im Widerspruch zu etablierten Normen, etwa §§ 223 ff. StGB,[75] wenn nicht §§ 185 ff. StGB.[76] In Anlehnung an die **gänzlich andere angloamerikanische Tradition** und (neo-)liberale Dogmatik der *harm* und *offence principles* von *Mill* und *Feinberg*[77] soll dagegen als *„echt"* postulierte Staatsschutzdelikte ohne nähere Prüfung die Legitimierung zugesprochen werden, seien sie doch in irgendwie schützenswerte (individuelle) *„vernünftig, verallgemeinerbar und gewichtigen*

---

[63] Vgl. etwa *Hefendehl,* Kollektive Rechtsgüter im Strafrecht, 2002, 82 f., 142 ff., 287; *Hörnle* Verhalten 88; *Amelung,* Der Begriff des Rechtsguts in der Lehre vom strafrechtlichen Rechtsgüterschutz, in Hefendehl/Hirsch/Wohlers Rechtsgutstheorie, 2003, 155 (171 ff.).

[64] Vgl. eindrucksvoll die Beispiele von *Lagodny,* Strafrecht vor den Schranken der Grundrechte, 1996, 145 f. mwN; „*Jedes Universalrechtsgut lässt sich auf einem entsprechenden Argumentationsniveau … personal-funktional deuten.*"; daneben hier nur etwa *Müssig,* Schutz abstrakter Rechtsgüter und abstrakter Rechtsgüterschutz, 1994, 188, 206 f.

[65] *Schroeder,* Straftaten gegen das Strafrecht, 1985, 5 ff.; Ähnlich *Jakobs* ZStW 97 (1985), 751 (781 ff.) §§ 86a, 130, 131 und 140 StGB ablehnend als „Klimadelikte" ohne soziale Funktionalisierung.

[66] *Fischer,* Öffentlicher Friede und Gedankenäußerung, 1986, 635 ff. et passim; *Fischer* NStZ 1988, 159 (163) zur gefolgerten Tautologie.

[67] *Hassemer* Theorie 160 ff., 202 ff.

[68] Vgl. *Hörnle* Verhalten 110 ff., 266; unter anderem durchaus selbstzweifelnd berufend in Tradition von *Hassemer* Theorie 162 ff.; unter anderem auf *Freud,* Totem und Tabu, 1913, 28 ff. zur „Völkerpsychologie".

[69] Vgl. *Hörnle* Verhalten 254 ff.; *Hassemer* Theorie 162 ff. spricht hier noch vom „Herrschertabu".

[70] *Hörnle* Verhalten 113, 267 ff., Zitat S. 278, umgekehrt kursiv im Original.

[71] Vgl. *Hörnle* Verhalten 270 ff.; vgl. auch ähnlich *Hörnle* ZRP 2015, 62 zu § 166 StGB mit der Prämisse, der öffentliche Frieden sei nicht bei Beschimpfung des Christentums, sondern nur fundamentalistischer Religionen, dh des Islam, real gefährdet.

[72] *Hörnle* Verhalten 264, ähnlich S. 308 f. zu § 130 Abs. 1 StGB.

[73] *Hörnle* Verhalten 269; vgl. hierzu gewisse Ähnlichkeiten etwa mit ThürLT-Drs. 5/5810, 511 f.

[74] *Hörnle* Verhalten 78 ff., 81; ebenso *Hörnle* in MüKoStGB, 3. Aufl. 2017, StGB § 166 Rn. 1.

[75] Vgl. nur BGHSt 14, 269 (271) = NJW 1960, 1477; NJW 1996, 1069; OLG Celle NJW 2008, 2202, stRspr; *Fischer* StGB § 223 Rn. 4, 6.

[76] So zum zT vertretenen subjektiven Ehrbegriff, vgl. Nachw. bei *Kühl* in Lackner/Kühl StGB vor § 185 Rn. 1.

[77] Vgl. etwa *Hörnle* Verhalten 78 ff., sowie exemplarisch 255 ff. unter Berufung auf *Mill,* On Liberty, 1859, Kap. 4; *Feinberg,* The Moral Limits of Criminal Law, 1984 ff., namentlich Bd. 2 Offense to Others, 1985, 1 ff.

Sicherheitsinteressen" gegründet,[78] eine Reihung höchst subjektiv hermeneutischer Projektion unterliegender vager Attribute, die selbst keine rationale Begrenzung erlauben und dem deutschen Recht fremd sind. Vermischt noch mit einer historisch nicht verankerten[79] diffusen „*Sicherheits"-*Deutung von § 92 Abs. 3 Nr. 2, Alt. 2 StGB,[80] wird ein solches Interesse oder Gut des „Bestands der rechtsstaatlich verfassten Demokratie" formuliert,[81] nach einer vom BVerfG lediglich einmaligen *faktischen* Beschreibung eines konkreten Sachverhalts in einer Einzelentscheidung.[82]

18 Damit gelangt diese Strömung – jenseits der neueren Erkenntnisse zur **Verharmlosung rechtsextremistischer Gewalt und Viktimisierung der Opfer** etwa des „NSU" – zu Folgerungen, die weit von den tatsächlichen Bedingtheiten des Staatsschutzstrafrechts entfernt liegen – sowohl in dessen faktischer Notwendigkeit gegen Angriffe auf die freiheitlich demokratische Grundordnung, als auch in der daraus folgenden verfassungsrechtlich verankerten Schutzpflicht der streitbaren Demokratie und zurück in einem relativistischen Zustand vor 1933 (→ Rn. 11). Vor allem **verkennt** die Lehre, dass es eine von ihr vorgenommene *„willkürliche"* Setzung ist, dass nur bei unmittelbarer Verankerung jedes Rechtsguts im Individuum eine kritische Theorie möglich wäre.[83] Denn, wie im sogleich und anderweitig ausführlicher zu zeigen ist,[84] können ohne weiteres andere, angemessen und gleichwohl den Voraussetzungen des Pluralismus, der Freiheitlichkeit und rationalen Deduktion genügende Ableitung von Rechtsgütern für den Staatsschutz begründet werden, die willkürliche Übergriffe delegitimieren und die Rechtsprechung des BVerfG ebenso zu spiegeln vermögen wie den Wortlaut des StGB, etwa § 92, was die formal-individualistische Lehre bei weitem verfehlt.

III. Grundlage einer kritischen freiheitlich-demokratischen Rechtsgutstheorie des Staatsschutzstrafrechts

19 Das BVerfG verwirft – von daher zu Recht – jede (verfassungs-)rechtliche Relevanz der formal-individualistischen Rechtsgutlehren für die Geltung von Straftatbeständen.[85] Wie auch ein Teil der ihr darin weit überwiegend folgenden Literatur,[86] misst es letztere lediglich an den verfassungsrechtlichen Kategorien, namentlich als Handlungs- und Bestrafungsnormen an den entsprechenden Grundrechtseingriffen und damit den Schranken-Schranken, vor allem der verfassungsrechtlichen Verhältnismäßigkeit. Dahinter steht das demokratische Selbstbestimmungsrecht durch die legitimierten repräsentativen Gesetzgeber auf Bundes- und Landesebene auch im Bereich der Kriminalisierung.[87] Hinzu treten im Bereich des Staatsschutzstrafrechts unmittelbar verfassungsrechtlich zu schützende Güter, wie ausdrücklich die Menschenwürde gem. Art. 1 GG sowie die Friedlichkeit nach außen gem. Art. 26 GG.

20 Während das BVerfG und die verfassungsmäßige Rechtsgutlehre sich alleine an den bereits genannten Kriterien der grundrechtlichen Schranken-Schranken der Strafe der konstitutionell legalen Kriminalisierung ausrichten, scheint eine **kritische Rechtsgutslehre** als rational-legitimierende und hinterfragende Wissenschaft nicht obsolet. Vielmehr

---

[78] *Hörnle* Verhalten 87 ff. aufbauend auf *Feinberg*, Bd. 1 Harm to Others, 37; vgl. ähnlich im Ergebnis *Hassemer* Theorie 171 f.
[79] → Rn. 35.
[80] *Hörnle* Verhalten 254 ff.
[81] *Hörnle* Verhalten 258 f.
[82] BVerfG NJW 2001, 596 (597).
[83] Vgl. etwa *Hassemer/Neumann* in NK-StGB StGB vor § 1 Rn. 133: „Nur eine personale Rechtsgutslehre kann sich auf eine liberale Staatskonzeption berufen".
[84] S. u. → Rn. 19 ff.; vgl. dazu auch die anstehende Schrift zur Habilitation des Verfassers.
[85] Apodiktisch BVerfGE 120, 224 (239 ff.) = NJW 2008, 1137 mwN.
[86] Vgl. etwa *Appel*, Verfassung und Strafe, 1998, 459 ff.; *Lagodny*, Strafrecht vor den Schranken der Grundrechte, 1996, 145 ff.; *Vogel* StV 1996, 112 f.; vgl. etwa auch *Wohlers* FS Jakobs, 2019, 307 (318 ff.) mwN.
[87] Vgl. Art. 20 Abs. 2, Art. 28, 30 GG.

zeigt sie sich als eigentliche Erbin der Beratungen des Grundgesetzes, wonach dessen **Demokratie zwingend eine freiheitlich-rechtsstaatliche** sein muss und eben keine identitär-plebiszitäre „*Volksdemokratie*" in der Tradition *Rousseaus*, *Schmitts* oder bis heute noch totale Herrschaft rechtfertigender kommunistischer Ideologie sein darf.[88] Dies wiederum setzt voraus, auch auf Rechtsgutsebene zu expansiver Kriminalisierung durch den Gesetzgeber zumindest die Mahnung kritischer Wissenschaft entgegenhalten zu können, ausgehend vom Paradigma der Freiheitlichkeit.[89] Aus dieser Wurzel bleibt es der Strafrechtsdogmatik geboten, vom Kern individueller Rechtsgüter auszugehen, welche letztlich auf individuelle Freiheit im weiten Sinn (von ihren negativen bis sittlichen Dimensionen) zurückgeführt werden können. Dadurch können diese als allgemeine *topoi* legitimierter horizontal gleicher „*parzellierter*" Freiheitssphären im Recht,[90] orientiert etwa an den vertikalen Grundrechten, abgegrenzt werden von jenen (bloß) demokratisch „*a posteriori*" gesetzten weiteren inhaltlichen Rechtsgütern des Gemeinwesens, wie zB einem nicht anthropozentrischer Umwelt- oder Tierschutz. So können gerade letztere kritisch nach ihrer Legitimität und Legalität etwa gegen Vorwürfe von Staatsmoralität und anhand der Grundrechte hinterfragt werden. Damit wird zurückgegangen hinter die – wohl auch in der Reaktion auf die Französische Revolution – Überdeckung durch den bekannten „panoptischen" Rechtsguts-Eklektizismus *Birnbaums*,[91] die Normativität *Bindings*,[92] sowie die Konzentration auf die Rechtsgutsgenese und ihre möglichen Rückbindungen auf außerrechtliche Bedingtheiten – etwa als Lebensbedingungen des Einzelnen bzw. der Gemeinschaft durch v. *Liszt*,[93] neo-kantianischer Vernunfttheorie,[94] Verankerungen in Volksgeist/-kultur und Staatsidee[95] und zuletzt diskursiv verankerten sozialen Genese.[96] Die pluralistisch-prozedurale Struktur kann indes auch *deduktiv* erhalten werden, wenn, insoweit zurückgehend bis zu *Beccaria* und *Feuerbach*. Die als notwendig anerkannten „*Staatsverbrechen*"[97] sind danach anhand einer dritten Wurzel der Rechtsgüter begreifbar, welche neben bloßen Ergebnissen demokratischer Entscheidung und Wirksamkeit individueller Freiheit, gerade die Sicherung der Wirksamkeit der Prozesse

---

[88] Vgl. im Parlamentarischer Rat Abg. *Heuss* im Grundsatzausschuss 30.11.1948, ParlRAkt V.2 Nr. 33 S. 712 (759 f.) und 11.1.1949, ParlRAkt V.2 Nr. 42 (950 f.) sowie Abg. *Schmied* und *Mangold*, zu Art. 108 HChE, ParlRAkt V.1 Nr. 11 S. 226 (228 f.); → § 4 Rn. 4 ff.

[89] Dies wiederum im Sinn auch von *Hassemer* Theorie 76 ff.; vgl. auch *Stratenwerth*, Kriminalisierung bei Delikten gegen Kollektivrechtsgüter, in Hefendehl/Hirsch/Wohlers, Die Rechtsgutstheorie, 2003, 255 (256 ff.).

[90] Vgl. *Beccaria*, Dei delitti e delle pene, 1764, §§ 2, 15; *von Humboldt*, Ideen zu einem Versuch, die Gränzen der Wirksamkeit des Staates zu bestimmen, 1792, 156, 178 f.; *Feuerbach*, Kritik des natürlichen Rechts als Propädeutik zu einer Wissenschaft der natürlichen Rechte, 1796 (ND 1963), 244; *Kant*, Die Metaphysik der Sitten, 1797, § B Was ist Recht? abgedr. Vormbaum (Hrsg.), Moderne deutsche Strafrechtsdenker, 2011, 40; *Radbruch*, Einführung in die Rechtswissenschaft, 7. Aufl. 1929, 103 ff.; *Sina*, Die Dogmengeschichte des strafrechtlichen Begriffs „Rechtsgut", 1962, 9 ff.; *Amelung*, Rechtsgüterschutz und Schutz der Gesellschaft, 1972, 30 ff., 57, 248; *Marx* Rechtsgut 54; *Calliess*, Theorie der Strafe im demokratischen und sozialen Rechtsstaat, 1974, 83 f.; *Kahlo*, Über den Zusammenhang von Rechtsgutsbegriff und objektiver Zurechnung im Strafrecht in Hefendehl/Hirsch/Wohlers, Die Rechtsgutstheorie, 2003, 26 (27).

[91] *Birnbaum* AfC 15 (1834), 149 (177 ff.); vgl. dazu auch *Sina*, Die Dogmengeschichte des strafrechtlichen Begriffs „Rechtsgut", 1962, 19 ff.

[92] *Binding*, Die Normen und ihre Übertretung, Bd. 1 1872, 339, 344, 353 ff.

[93] *v. Liszt*, Der Zweckgedanke im Strafrecht, 1882, 8, 19;*v. Liszt* ZStW 6 (1886), 663 (676) zu Binding; vgl. *Amelung*, Rechtsgüterschutz und Schutz der Gesellschaft, 1972, 82 ff. mwN.

[94] Vgl. *Honig*, Die Geschichte des Einwilligungsproblems und die Methodenfrage, 1919, 83 ff.; *Schwinge*, Teleologische Begriffsbildung im Strafrecht, 1930, 22 ff.; vgl. dazu jeweils mwN nur *Jäger*, Strafgesetzgebung und Rechtsgüterschutz bei Sittlichkeitsdelikten, 1957, 9 ff.; *Sina*, Die Dogmengeschichte des strafrechtlichen Begriffs „Rechtsgut", 1962, 17 ff., 54 ff.; *Amelung*, Rechtsgüterschutz und Schutz der Gesellschaft, 1972, 52 ff., 130 ff.

[95] Vgl. *Wolf*, Strafrechtliche Schuldlehre, 1928, 115 f.; *Würtenberger*, Die geistige Situation der deutschen Strafrechtswissenschaft, 1957, 5.

[96] Vgl. namentlich erneut *Hassemer* Theorie 170 zur gesellschaftlichen Verständigung.

[97] *Beccaria*, Dei delitti e delle pene, 1764, § 23; *Feuerbach*, Philosophisch-juristische Untersuchung über das Verbrechen des Hochverrats, 1798 (ND 2016, passim).

und Mechanismen demokratischer staatlicher Autonomie als solcher selbst erfasst.[98] Ähnlich verstehen dies bereits *v. Liszt/Schmidt*, indem sie Verbrechen gegen den Staat, seine Gewalt und Verwaltung als eigene Kategorie[99] neben jene Rechtsgüter zB der Verkehrs-/Infrastruktur-, Geld- und Urkundendelikte setzen, die heute als die typischen kollektiven fokussiert werden, jedoch von ihnen als gesellschaftliche Individualrechtsgüter aufgefasst werden. Diese bereits erkannten wesensmäßigen Unterschiede wiederum zu überspielen, indem der menschenwürdige demokratische Rechtsstaat mit seinem nötigen Fundament an Grundwerten unter dem Primat ökonomischer Modelle lediglich unter der Theorie öffentlicher Güter erfasst werden soll,[100] greift daher erkennbar ebenfalls zu kurz.

21 Vielmehr lassen sich vom verfassungsmäßig ausgeformten Staat und seinen Kernfunktionen, namentlich den friedens-, freiheits- und fortschrittsichernden demokratischen und rechtsstaatlichen Entscheidungsmodi (→ Rn. 5) **unmittelbar die Grundlagen legitimer prozedural-pluralistischer Staatsschutzrechtsgüter kritisch formulieren.** Sie können allgemein legitimiert gelten, wenn es darum geht, neben der Menschenwürde und individueller Freiheit gerade die **Prozesse der friedlichen, demokratischen und rechtsstaatlichen Entscheidung und ihres Vollzugs** zu schützen. Dazu lassen sich – ohne Rückgriff auf zu recht überholte anthropomorphe Organismustheorien etc – in rein *„prozeduraler Analogie"* an jene individuelle Freiheit die Dimensionen der Autonomie („regulativ") vor Zwang (vgl. die negative Freiheit), der Rationalität der Entscheidungen gegen Manipulation, der zugeordneten und nötigen (zB finanziellen und personellen) Ressourcen sowie vorgelagert der informationellen Autonomie, dh des Schutzes vor Ausspähung und Analyse als Vorbereitung von Angriffen auf die anderen Dimensionen, trennen. Damit können Verletzungen und Gefährdungen der abgeleiteten Rechtsgüter als (drohende) Beeinträchtigungen in den genannten Dimensionen erkannt und vermittelt werden, ohne zu alten Problemen der Ver- oder Entstofflichung zurückzukehren. Ein solcher Schutz gilt, gerade in einer offenen Weltordnung, sowohl nach innen wie außen. Aus dieser Matrix kann durch Kombination die **Legitimation der Staatschutzdelikte im weiteren Sinne** abgeleitet und entsprechende Rechtsgüter zur Erfüllung der systematischen Funktionen (→ Rn. 10) gebildet werden:[101]

- So kann zB der Bestand des Staates iSv § 92 Abs. 1 StGB (→ Rn. 30) verstanden werden als **regulatorischer** und ressourcenmäßiger Gesamtschutz der genannten Komponenten, mithin gegen den erzwungenen Entzug des Staatsgebiets, der demokratischen Einheit oder Selbstbestimmung gegen Botmäßigkeit als Grundlage der entsprechenden Delikte.[102] Die regulative Autonomie schützen partiell weiterhin §§ 105–107, 108 StGB für die demokratische Entscheidungsfindung (→ Rn. 60), sowie §§ 113 ff. StGB für die Vollstreckung von demokratischen und rechtsstaatlichen Entscheidungen.

- Staatliche **Ressourcen** erscheinen nicht nur seit *Birnbaum* verwischt in einem allgemeinen Vermögensbegriff (noch erkennbar in Art. 4 Abs. 3 EGStGB)[103]; daneben die Infrastruktur zur Sicherheit und Daseinsvorsorge etwa in den §§ 88, 109e, 316b, 317f StGB (→ Rn. 35 ff.). Die ansonsten rechtmäßig legitimierte Zugriffsmöglichkeit auf fremde Ressourcen begleitet etwa das Abgabenstrafrecht und die Wehrpflicht in §§ 109 f. StGB. Die Einsatzfähigkeit und -bereitschaft der Bediensteten gegenüber Störungen Dritter schützen zB §§ 89, 109d StGB sowie etwa §§ 15–18 WStrG, ebenso wie ihre Arbeitszeit in § 145 StGB.

---

[98] Vgl. etwa auch insoweit *Hefendehl*, Kollektive Rechtsgüter im Strafrecht, 2002, 81 ff.
[99] *v. Liszt/Schmidt*, Lehrbuch des Deutschen Strafrechts, 25. Aufl. 1927, § 79 III (S. 457) zurückgehend auf die Konzeption *v. Liszt* vor 1919.
[100] Wie vor allem *Hefendehl*, Kollektive Rechtsgüter im Strafrecht, 2002, 119 ff., 284 ff., 381 aufbauend auf *Olson*, Die Logik des kollektiven Handelns, 1968.
[101] Wobei auf die „Öffentlichkeitdelikte" gesondert einzugehen ist, → Rn. 76.
[102] Vgl. *Fahrner* StaatsschutzR § 6 Rn. 10 ff.
[103] Vgl. *Fahrner* VBlBW 2021, 139; vgl. ausführlich dazu *Putzke* in MüKoStGB EGStGB Art. 4 III Rn. 6 ff.

- Hier ergibt sich, wie im Betrugsstrafrecht, bereits der Übergang zur spezifischen **Rationalität** von demokratisch-rechtsstaatlichen Entscheidungen,[104] etwa auch bei §§ 145d, 153ff., 264 StGB, speziell §§ 107a f., 108a f. StGB (→ Rn. 67ff., 74) sowie den Korruptionsdelikten.
- **Informationellem Schutz** dienen neben den Vorschriften des Landesverrats etwa §§ 107c, 353b, 353d und 355 StGB (→ Rn. 39ff.).

Für die **eigentliche Rechtsgutsbildung für das Kernstaatsschutzstrafrecht** schwan- 22 ken die Ebenen, an denen diese festgemacht werden: An den Seiten stehen sich jene Auffassungen gegenüber, die den Staat oder die Rechtsordnung als Rechtsgut *per se* sehen[105] – sich dann allerdings die Gefahr der Konturlosigkeit vorhalten müssen,[106] und jene, die in Fortführung der Eklektik seit *Birnbaum* wenig mehr als nach dem Sinn und Zweck der einzelnen Tatbestände induziert eine Vielzahl von Rechtsgütern gewinnen wollen, die oft zudem als reine Spiegelung aus der „gesellschaftlich-individualistischen Welt" erscheinen.[107] Am engsten am Gesetz und nicht von vornherein unbrauchbar erscheint, sich mit der hM jedenfalls in der Abstraktionshöhe an den Kernbegriffen des § 92 StGB, namentlich der Trias von Bestand, Sicherheit und „Verfassung" zu orientieren[108] sowie weitere genannte oder angedeutete, wie den öffentlichen Frieden oder die Landesverteidigung hinzuzuzählen,[109] auf die im Folgenden bereichsspezifisch einzugehen ist.

C. Strafrechtlicher Schutz des Staates nach außen

I. Schutz des Volkes?

Aus der Verankerung in der friedlichen Selbstbestimmung des Volkes könnte geschlossen 23 werden, dass dieses selbst das eigentliche Substrat oder gar Rechtsgut des politischen Strafrechts darstellte. Eine solche „völkische" Verankerung war der Kern der Legitimierungsbegründung des nationalsozialistischen Strafrechts, ist jedoch zu Recht diametral der deutschen Verfassungsordnung fremd, sodass der „Volksschutz" gerade keine Rolle (bis auf eine wesentliche Ausnahme, → Rn. 28) spielt.

Das nationalsozialistische Regime berief sich (wie heute weiterhin als ihr Kennzeichen 24 rechtsextreme Bestrebungen) vor allem vor und kurz nach der Machteroberung auf den Schutz *„des Volkes"*, vor allem gegen *„Volksverräter"* gegen die *„Lebensinteressen des deutschen Volkes"*.[110] Diskutiert wurden Ausprägungen der *„Volksverleumdung"*,[111] der *„Volkstod"*,[112] aber ebenso der *„Rassenschande"* als *„Volksverrat"*. Die letztgenannten „Verbrechen" zeigen bereits die Abkehr von einer (bloß verstärkten) Tradition als Kulturnation durch die wahnhafte rassenbiologische Unterlegung des Volksbegriffs. Ein solches „absolutes" Verständnis des Volks als biologisch bestimmbare Besonderheit war nicht nur faktisch bereits

---

[104] Vgl. zur modellhaften Erfassung der politischen Rationalität und ihrer Beeinträchtigungen vgl. bereits ausführlich *Fahrner*, Präferenzoptimierung und Irrationalität politischer Akteure, in Fahrner, Logik der Kommunikation, Rationalität des Rechts, Kalkül der Macht, 2009, 133 (134 ff.).
[105] Vgl. etwa zuletzt wohl namentlich *Marx* Rechtsgut 80.
[106] Vgl. ablehnend bereits *Binding* Normen Bd. 1 S. 351 ff.
[107] Vgl. etwa *Schroeder*, Der Schutz von Staat und Verfassung, 1970, 366 ff.
[108] Vgl. etwa *Sternberg-Lieben* in Schönke/Schröder Vorbem 1./2. Abschnitt Rn. 1; auf die darunter liegenden Komponenten bezogen etwa *Paeffgen* in MüKoStGB StGB Rn. 12 Vorbem §§ 80 ff.; im Kern wohl nur für Bestand und Verfassung *Lampe/Hegmann* in MüKoStGB StGB vor § 81 Rn. 8.
[109] Insoweit weiterführend *Schroeder* in Maurach/Schroeder/Maiwald StrafR BT 2 § 82 Rn. 9 ff.
[110] Vgl. Antrag der NSDAP-Fraktion 1928 zur allgemeinen Todesstrafe an „Volksverrätern", RT-Drs. IV 1928/1741; nach Machteroberung die Verordnungen des Reichspräsidenten „zum Schutze des Deutschen Volkes" v. 4.2.1933 (RGBl. 1933 I 35), „zum Schutz von Volk und Staat" („Reichstagsbrandverordnung") v. 28.2.1933 (RGBl. 1933 I 83), „gegen Verrat am Deutschen Volke und hochverräterische Umtriebe" v. 28.2.1933 (RGBl. 1933 I 85); vgl. dazu hier nur *Schroeder*, Der Schutz von Staat und Verfassung, 1970, 148 ff.; → oben Fn. 1.
[111] Vgl. zB *Schreiber*, Angriffe auf Volk und Staat durch Volksverrat und Verleumdung, 1935.
[112] Vgl. exemplarisch *Hartnacke*, Volkstod! Vortrag gehalten am 17. Februar 1932 im Auditorium Maximum der Universität München für die Deutsche Gesellschaft für Rassenhygiene, 1932.

damals wissenschaftlich widerlegt,[113] sondern läuft diametral der allgemeinen Menschenwürde zuwider. Auch im Übrigen ist der freiheitlich demokratischen Grundordnung des Grundgesetzes ein Volksschutz wesensfremd, der in Exklusivität, vermeintlicher Identität und Homogenität wurzelt. Menschenwürde und Menschenrechte, Rechtsstaat und Rechtsgewährung sind universell verankert und nicht an die Volkszugehörigkeit gebunden, jede(r) Betroffene ist unabhängig davon zu schützen.

25 Auch einige Tatbestände sichern nur **vermeintlich** das Volk als solches. So ist allgemein anerkannt, dass angesichts der Freizügigkeit und individueller Freiheit die **Verschleppung und Verdächtigung** (§§ 234a, 241a StGB) rein individualschützend zu deuten sind.[114] Ein strafrechtlicher individueller Schutz der formalen Staatsangehörigkeit iSd Art. 16 GG besteht nur partiell zB gegen erzwungene Aufgabe und im Rahmen der allgemeinen Strafgesetze, etwa § 240 StGB. Ebenso ist im Vergehen des **Anwerbens (nur) Deutscher für fremden Wehrdienst** gem. § 109h StGB richtigerweise eine internationale Zuständigkeitsbeschränkung eines Deliktes zur Wahrung außenpolitischer Neutralität zu erkennen.[115] Er entspricht damit der Beschränkung der Pönalisierung bloß (Inlands-)Deutscher in § 100 StGB im heutigen Verständnis.[116] Beides fügt sich in die Kompetenznormen des internationalen Strafrechts gem. § 7 StGB und letztlich der kooperativen Abgrenzung von Strafkompetenz nach dem Personalitätsprinzip.[117] Auch beim **Erschleichen der Einbürgerung** § 42 StAG geht es keinesfalls um den Schutz eines „Volksbestandes", sondern der Rationalität des Statusverfahrens mit dem Hintergrund möglicher finanziellen Auswirkungen gegen unrichtige Angaben.[118]

26 Schließlich kann auch richtigerweise das Delikt der **Volksverhetzung** nach § 130 StGB nicht als **Ehrschutzdelikt „des deutschen Volkes"** missdeutet werden, vielmehr schützt es gezielt Minderheiten, deren Menschenwürde und/oder den öffentlichen Frieden (→ § 37 Rn. 67 ff.). Angesichts des Pluralismus und der damit völlig divergierenden zugeschriebenen sittlichen Lebensvorstellungen stellt hier das Volk als solches ebenso wenig einen tauglichen Bezugspunkt wie bei der Kollektivbeleidigung dar.[119]

27 Das **deutsche Volk wird wie andere nationale bzw. ethnische Gruppen** gem. § 6 VStGB gegen Völkermord und dahin bezogene weitere völkerstrafrechtliche Verbrechen geschützt, die außerhalb des engeren Staatsschutzstrafrechts stehen und auf transformierten völkerrechtlichen Verpflichtungen beruhen.[120]

28 Die spezifische Besonderheit des Volkes, sein **demokratisches Selbstorganisations- und bestimmungsrecht** (vgl. Präambel, Art. 20 Abs. 2, 28, Art. 146 GG), kann und muss indes als solches auch Gegenstand strafrechtlichen Schutzes sowohl nach innen wie nach außen gerade in der Abschirmung der Staatlichkeit sein.

---

[113] Vgl. namentlich *Montagu*, Man's Most Dangerous Myth: The Fallacy of Race, 1942 (2. Aufl. 1945); Widerlegung anhand biologischer DNA-Studien etwa *Reich*, Who We Are and How We Got Here, 2018; vgl. auch *Lipphardt*, Das „schwarze Schaf" der Biowissenschaften, in Rupnow, ua (Hrsg.): Pseudowissenschaft, 2008, 223 ff.; *United Nations Educational, Scientific and Cultural Organization* (Hrsg.): Erklärung der wissenschaftlichen Arbeitsgruppe der UNESCO-Konferenz „Gegen Rassismus, Gewalt und Diskriminierung" am 8. und 9. Juni 1995 zum Begriff „Rasse", 1995.
[114] Vgl. bereits *Schroeder*, Der Schutz von Staat und Verfassung, 1970, 371 ff. (378); sowie nur *Valerius* in BeckOK StGB, 46. Ed. 1.5.2020, StGB § 234a Rn. 1, § 241a Rn. 1; *Fischer* StGB § 234a Rn. 1, § 241a Rn. 1.
[115] Vgl. *Fahrner* StaatsschutzR § 25 Rn. 1 ff. mwN.
[116] Vgl. *Fahrner* StaatsschutzR § 21 Rn. 88 mwN; → § 36 Rn. 4.
[117] BGH NStZ-RR 2007, 16 (17); *Heintschel-Heinegg* in BeckOK StGB, 46. Ed. 1.5.2020, StGB § 7 Rn. 3; *Ambos* in MüKoStGB StGB § 7 Rn. 1.
[118] Wie in der Vorbildnorm § 98 BVFG, vgl. dort die amtliche Überschrift „Erschleichung von Vergünstigungen"; dazu auch die amtliche Begründung von § 42 StAG in BT-Drs. 16/10528, 11 f.; ferner BGHSt 62, 1 (7 ff.) = NJW 2017, 899 mAnm Kretschmer NJW 2017, 901 KG InfAuslR 2012, 114; OLGSt StAG § 42 Nr. 1.
[119] Vgl. BVerfGE 93, 266 (301 f.) = NStZ 1996, 26; BayVBl 2016, 807; *Fahrner* StaatsschutzR § 6 Rn. 83 mwN.
[120] Wie aus Art. 96 Abs. 5 GG hervorgeht; daher ist hier auf die Spezialliteratur zum Völkerstrafrecht zu verweisen, vgl. etwa Lit. vor *Kreß* in MüKoStGB VStGB § 6 Rn. 1.

II. Grundlagen der Staatlichkeit und Bestand als staatlich-einheitliche Selbstorganisation des Volks

Der Ausgangspunkt des konkreten Strafrechts zum Schutz der Bundesrepublik Deutschland 29 nach außen liegt in ihrer Staatlichkeit, wie sie sich als historisch gewachsen und in der Ordnung des Grundgesetzes auskonturiert darstellt (→ Rn. 2 ff.). Sowohl auf verfassungs-[121] wie völkerrechtlicher[122] Ebene korrespondierend vorgegeben, versteht sich die Bundesrepublik Deutschland als ein **Staat**, mithin als *inter pares* anzuerkennendes **Völkerrechtssubjekt** mit grundsätzlich souveräner **Staatsgewalt** über ein **Gebiet** und **Volk** sowie Akteur in den internationalen Beziehungen.[123] Ihre Verpflichtung zur friedlichen Koexistenz und Kooperation sowie Offenheit bis hin zur supranationalen Integration setzt jenen Schutz voraus, welcher ein Staat wesensmäßig seinen Angehörigen und Gästen nach dem Völkerrecht gegen fremde Mächte zu gewährleisten hat. Wie der Vergleich mit eroberten Völkern, zerschlagenen und *failed states* zeigt,[124] stellt die Existenz und Funktionsfähigkeit des Staates selbst das erste Schutzgut für sein Staatsvolk und seine Bevölkerung dar.[125]

1. Schutzgut Bestand der Bundesrepublik

Vor allem das strafrechtliche **Schutzgut** des **Bestandes der Bundesrepublik** iSv § 92 30 Abs. 1 StGB verkörpert den durch die Existenz und Wirksamkeit des Staates vermittelten Schutz der Bevölkerung. Dieser besteht, wie in der Präambel des Grundgesetzes bereits völkerrechtlich in Anspruch genommen, in der souveränen staatlichen Einheit des Volkes gegenüber fremden Mächten sowie seines Staatsgebiets als eine seiner wesentlichen Ressourcen. In dieser Zuordnung von Staatsgewalt und -gebiet zum Staatsvolk kann die Staatsdefinition *Jellineks*, aufbauend von letzterem (und damit im Sinn der Menschenwürde den Einzelnen) erkannt werden.[126] Die genannten drei Komponenten der **Einheit, Freiheit von fremder Botmäßigkeit und des Staatsgebiets** müssen danach ausgelegt werden.

Dabei ergibt sich die Parallelität zu den Schutzgütern des Verfassungsschutzrechts 31 (→ Rn. 51 ff.), während das allgemeine Polizeirecht in seinem Schutzgut der öffentlichen Sicherheit diese Grundlagen viel weitergehend im Hinblick auf die objektive Rechtsordnung und den verschiedenen Ausprägungen des Staates mitumfasst (→ § 6 Rn. 61 ff.). Erst recht viel weitergehend sind Bedrohungen des Bestandes „*Erkenntnisse über das Ausland*", die von außen- und sicherheitspolitischer Bedeutung und damit von der Auslandsaufklärung umfasst sind (→ § 19 Rn. 1 ff.).

Die drei **Elemente des Bestandes** sind vor dem Hintergrund des Selbstbestimmungs- 32 rechts, aber auch dessen Bindung an die verfassungsmäßigen Verfahren friedlich-rechtsstaatlicher Änderung und deren Begrenzungen **auszulegen**.[127] Das **Staatsgebiet** ist nicht sakrosankt, sondern völkerrechtliche Verfügungsverträge sind zulässig, soweit nicht die Staatlichkeit und ihr Schutz infrage gestellt ist.[128] Ebenso stellt bereits sprachlich keine fremde **Botmäßigkeit** die demokratisch rückholbare Integration in supranationale Entscheidungsstrukturen dar, die selbst die Wesensmerkmale der freiheitlich demokratischen Grundordnung gewährleisten.[129] Am problematischsten erweist sich zB die Idee, das Volk

---

[121] Vgl. etwa Präambel, Art. 20 Abs. 1, 2; 23 ff., 59 GG
[122] Namentlich für die zahlreichen internationalen Instrumente nur Art. 2, 3 UNCh.
[123] Vgl. *Epping* in Ipsen VölkerR § 7 Rn. 1 ff.; *Zippelius* AStL §§ 9 ff.; *Doehring* AStL § 2 Rn. 1 ff.
[124] Zu failed states vgl. etwa *Geiß*, Failed States, 2005, 165 ff.; *Schiedermair* JA 1984, 638 sowie die Beiträge in *Thürer/Herdegen/Holoch*, Der Wegfall effektiver Staatsgewalt, 1996 (BDGVR 34).
[125] Vgl. auch *Zippelius* AStL § 9; *Kriele*, Einführung in die Staatslehre, 6. Aufl. 2003, §§ 16, 18; sowie oben allg. → Fn. 29.
[126] Vgl. *Jellinek* AStL, 2.Aufl. 1905, 393 ff.
[127] Vgl. zum Ganzen ausführlich im Einzelnen *Fahmer* StaatsschutzR § 6 Rn. 14 ff.
[128] Vgl. nur BT-Drs. IV/650, 570.
[129] Vgl. BT-Drs. IV/650, 570; BVerfGE 123, 267 (344) = NJW 2009, 2267; *Böse* ZIS 2010, 76 (79 f.); *Sternberg-Lieben* in Schönke/Schröder StGB § 92 Rn. 5 (an sich wohl gehörend zu Rn. 3).

in einem vereinten Europa in diesem aufzulösen, am deutlichsten im Abschaffen des Bundes als Zwischenebene zur Einbeziehung der Länder in einen europäischen Bundesstaat. In einem (namentlich europa-)offenen Staat kann **Einheit** keine dauerhaft abschließende Formation bedeuten, wie auch aus Art. 28 Abs. 1 S. 3 GG deutlich wird.[130] Die Einschränkungen bereits auf dieser Ebene sind ebenso deduktiv begründet wie notwendig, aber auch hinreichend, um Anwendungsprobleme in den (gewaltfreien) Staatsgefährdungstatbeständen zu lösen.[131] So ist eine politische Bewegung für einen zweigliedrigen europäischen Föderalstaat ohne deutsche Bundesebene ebenso wenig eine bestandsfeindliche Bestrebung iSd § 92 Abs. 3 Nr. 1 StGB, wie etwa eine Werbung für einen vertraglichen Staatsgebietstausch.

2. Bestandshochverrat

33 In dieser Weise schützt der **Bestandshochverrat** in § 81 Abs. 1 Nr. 1; § 82 Abs. 1 Nr. 1 StGB die Staatlichkeit von Bund und Ländern gegen Gewalt und Drohung mit Gewalt, die eine hinreichend konkrete Gefährlichkeit für das (Gesamt-)Rechtsgut bergen. Bedeutsam ist hierbei vor allem die **Gewaltschwelle,** die nach Ausprägung der Staatsgefährdungsdelikte nach 1951 die Hürden für eine Anwendung auf Ausnahmefälle reduziert hat.[132] Die spezielle allgemeine Vorbereitungsstrafbarkeit gem. § 83 StGB wird zusätzlich beschränkt durch eine objektive Gefährlichkeit sowie, zurückkehrend zu einer früheren Rspr. des RG, dem bereits hinreichend konkreten Bezug auf ein bestimmtes Hochverratsunternehmen.[133]

3. Weitere Schutznormen

34 Daneben ist dieser Bestand auch Schutzgut der **engeren Staatsgefährdung,** welche sich unterschiedlicher Mittel bedient und daher im jeweiligen Zusammenhang weiter erörtert ist, namentlich

- der Störung der Infrastruktur durch Sabotage und dahin gerichtete Agententätigkeit, §§ 87 f. StGB;[134]
- der dazu „benachbarten" Einwirkung auf Sicherheitsorgane, § 89 StGB;[135]
- der Verunglimpfung, §§ 90–90b StGB;[136]
- und neuerdings der Vorbereitung schwerer staatsgefährdender Straftaten, §§ 89a, 89b.[137]

III. Strafrechtlicher Schutz von Sicherheit und „informationeller Souveränität"

1. Schutz der Sicherheit im Strafrecht

35 Anders als verschiedene präventive Sicherheitsbegriffe (→ § 6 Rn. 3 ff.) ist der strafrechtliche, in § 92 Abs. 3 Nr. 2 StGB aus den Komponenten der äußeren und inneren angedeu-

---

[130] Vgl. *Fahrner* StaatsschutzR § 6 Rn. 20 f.
[131] Vgl. zu solchen Problemen stellvertretend nur *Schroeder,* Der Schutz von Staat und Verfassung, 1970, 369 ff.
[132] Grdl. BGHSt 32, 165 (171) = NJW 1984, 931; daneben bereits zur Gewalt gegen öffentliches Handeln als aggressives Handeln BGHSt 23, 46 (50) = NJW 1969, 1770; NStZ 1981, 218; vgl. hier nur *Wolter* NStZ 1985, 193 (194); *Fischer* StGB § 81 Rn. 6a; *Heintschel-Heinegg* in BeckOK StGB, 46. Ed. 1.5.2020, StGB § 81 Rn. 16 mwN; *Kühl* in Lackner/Kühl StGB § 81 Rn. 5; weiter ausführlich *Fahrner* StaatsschutzR § 9 Rn. 8, 15 ff.
[133] Vgl. RGSt 16, 165 (167 ff.); BGHSt 6, 336 (341); BGHSt 7, 11 = NJW 1955, 110; Urt. v. 24.2.1954 – 2 StR 431/53, JurionRS 1954, 12305; vgl. *Fischer* StGB § 83 Rn. 3; *Laufhütte/Kuschel* in LK-StGB StGB § 83 Rn. 9; *Rudolphi* in SK-StGB StGB § 83 Rn. 7; *Kühl* in Lackner/Kühl StGB § 83 Rn. 3; *Ruhrmann* NJW 1957, 281 (283); *Schroeder* in Maurach/Schroeder/Maiwald StrafR BT 2 § 83 Rn. 11.
[134] → § 34 Rn. 3 ff.
[135] → § 52 Rn. 100.
[136] → § 37 Rn. 24 ff.
[137] → § 36 Rn. 32 ff., 94 ff.

C. Strafrechtlicher Schutz des Staates nach außen § 33

tete, eng und präziser zu verstehen:[138] Er umfasst die Fähigkeit der Bundesrepublik Deutschland, sich gegen Angriffe zur Wehr zu setzen, also ihre Verteidigungsfähigkeit, herkommend in der historischen Abwehrfähigkeit nach außen und gegen fremde Waffengewalt.[139] Die Erweiterung um die „innere Sicherheit" war vor allem gegen Agieren der DDR gerichtet, die man (noch) nicht als Ausland anerkennen wollte. Geschützt sind damit die fundamentalen Grundfunktionen des Staates, namentlich sein tatsächliches Gewalt- und Machtmonopol als demokratische, rechtstaatliche, würdebewahrende Friedensordnung gegen Angriffe von innen wie außen, die dieses tatsächlich gefährden können. Es handelt sich also um Schutz der „Sicherheit des Staates", nicht der Betroffenen vor dem Staat und allenfalls mittelbar der Bevölkerung durch den Staat.[140] Die Wiedereinführung des Merkmals ins StGB nach 1945 ist verbunden mit der Landesverteidigung und der NATO.[141] Anders als beim Frieden geht es hier um die unabdingbaren Mittel der eigenen Selbstverteidigung, letztlich von Bestand und Verfassungsordnung.[142]

Zur Sicherheit zählen, solange es um ihre Fähigkeiten zur effektiven Abwehr von entsprechenden Bedrohungen geht: **36**

- die tatsächliche Sicherheit der zentralen Verfassungsorgane, sodass überhaupt staatliche Funktionen ausgeübt werden können;[143]
- die staatlichen Streitkräfte als „letzte" Basis der staatlichen Vollziehungsmacht und staatliches Verteidigungsmittel;[144]
- Polizeien und Nachrichtendienste in der genannten (engen) Bedrohungsabwehr;[145]
- die dazu nötige staatliche Kerninfrastruktur, wie Verteidigungs- und Sicherungseinrichtungen, Ausweichliegenschaften, kritische Telekommunikation und Informationssysteme.

Während das Strafrecht nur innere und äußere Sicherheit des Gesamtstaates trennt, korrespondiert damit die Sicherheit des Bundes und der Länder im Nachrichtendienstrecht (→ § 6 Rn. 65 ff.). Soweit gerade Bestrebungen im Sinn des Verfassungsschutzrechts, auf Gefährdung bzw. Verletzung des strafrechtlichen Schutzguts, also die Begehung einer der diesbezüglichen Straftat ausgehen, sind sie vom Sammlungs- und Auswertungsauftrag des Verfassungsschutzes umfasst, während für die Auslandsaufklärung von BND und MAD diese Einschränkung gerade nicht gilt (→ § 19 Rn. 1 ff.). **37**

Strafrechtlich schützen die §§ 87–89b, 109e ff. StGB diese Sicherheit, tatbestandlich konkretisiert meist als (erfolgskupierendes Absichts-)**Merkmal**.[146] Eine Besonderheit stellt hier § 303b Abs. 4 Nr. 4 StGB als Regelbeispiel der besonders schweren Computersabotage dar. Prozessual relevant wird das Merkmal der äußeren Sicherheit bei der Zuständigkeit des GBA,[147] der Nichtöffentlichkeit[148] und kleineren Modifikationen im Verfahrens- **38**

---

[138] *Steinmetz* in MüKoStGB StGB § 92 Rn. 12.
[139] Vgl. hierzu und im Folgenden zunächst die Definitionsansätze zur Verteidigungsfähigkeit bei BT-Drs. 16/12428, 12; insbesondere auch die Diskussion, dass „auswärtige Belange" nicht ausreichen, BT-Drs. 6/3192, 2; BGHSt 28, 312 = NJW 1979, 1556; NStZ 1988, 215, *Tröndle* in Dreher StGB, 47. Aufl. 1995, § 92 Rn. 13 mwN; vgl. zum Ganzen, auch folgenden, ausführlich *Fahrner* StaatsschutzR § 6 Rn. 31 ff. mwN; *Fahrner* ZStW 132 (2020), 84 ff. mwN.
[140] Auch auf das „Sicherheitsvertrauen der Bevölkerung" kann, entgegen einer wohl starken Ansicht, vgl. *Steinmetz* in MüKoStGB StGB § 92 Rn. 12 Fn. 24 mwN richtigerweise nicht ohne Bezug zur objektiven Verteidigungsfähigkeit abgestellt werden, vgl. BGH NStZ 2010, 468; ausführlich *Fahrner* StaatsschutzR § 6 Rn. 58.
[141] In § 109b durch das 4. StRÄG (BGBl. 1957 I 597) vgl. BT-Drs. II/3039, 11, sodann auch Art. VII Abs. 2 NATS; vgl. dazu *Fahrner* StaatsschutzR § 6 Rn. 41 mwN.
[142] Vgl. auch die Diskussionen im Rechtsausschuss des Bundestags, BT-Drs. 6/3192, 2.
[143] Vgl. BGHSt 59, 218 = NJW 2014, 3459 (3464).
[144] Vgl. BT-Drs. V/1879, 12 f.; BGH NStZ 1988, 215.
[145] Vgl. § 89 Abs. 1 StGB; *Steinmetz* in MüKoStGB StGB § 89 Rn. 5; *Ellbogen* in BeckOK StGB, 46. Ed. 1.5.2020, StGB § 89 Rn. 1 ff.
[146] Auch hier eng verbunden mit dem Bestand, vgl. etwa *Lampe/Hegmann* in MüKoStGB StGB vor § 81 Rn. 8.
[147] § 120 Abs. 1 Nr. 3, Abs. 2 S. 1 Nr. 4 GVG.
[148] § 172 Nr. 1, 1. Var. GVG; vgl. → § 5 Rn. 108 ff.; vgl. *Fahrner* StaatsschutzR § 35 Rn. 1 ff.

recht.¹⁴⁹ Auch die Landesverratsdelikte iwS werden durch die Abschnittsüberschrift mit der äußeren Sicherheit verbunden, wobei tatbestandlich stattdessen als Konnex das Staatsgeheimnis steht (→ Rn. 41). Eine Ausnahme bildet die **landesverräterische Fälschung** gem. § 100a StGB. Sie sucht das Schaffen von Gefahren für die äußere Sicherheit (und alternativ die Beziehungen der Bundesrepublik Deutschland zu einer fremden Macht) durch qualifizierte Formen der politischen Verleumdung und gezielte Diffamierung zu bestrafen.¹⁵⁰ Beachtenswert ist auch hier, dass die Gefahr auf eine fremde Macht und „*das Konzert der Staaten*" bezogen sein muss, was nach dem sozialen Konstrukt transnational-globaler Öffentlichkeiten gegenüber den §§ 267 ff. StGB zunehmend als überkommen angesehen werden könnte.

2. Landesverrat und informationelle Souveränität

39 Die Delikte der §§ 93 ff. StGB sind als **„informationelle Gefährdungsdelikte"** im Sinne einer (weiteren) Vorverlagerung des Schutzes der (äußeren) Sicherheit im oben genannten Sinne zu verstehen, die bereits in der Überschrift des Abschnitts ausgedrückt ist. Sie stehen damit neben den §§ 109f ff. StGB, die alternativ die „Schlagkraft der Truppe" schützen (→ § 52 Rn. 100). Weiterhin wird die informationelle Souveränität vor allem durch den Geheimschutz (→ § 11 Rn. 1 f.), im Umfeld des Schutzes kritischer Infrastrukturen (→ § 14 Rn. 23 ff.) und informationstechnischer Systeme (→ § 15 Rn. 6, 19 f.) sichergestellt.

40 Nach dem Motto „*Wissen ist Macht*" soll verhindert werden, dass fremde Mächte von Sachverhalten Kenntnis erlangen, die sie zu Angriffen namentlich auf die Sicherheit nutzen könnten. Auf diese „informationelle Souveränität" bezieht sich im Abschnitt auch § 99 StGB, jedoch nur noch sehr schwach und vor allem in der Genese, nicht dem Anwendungsbereich, auf die Sicherheit.¹⁵¹ Der Leitbegriff des **Landesverrats** im Abschnittstitel ist vor allem historisch, keinesfalls aber als „Verrat" im Sinne eines Treue- oder Verpflichtungsbruchs zu verstehen.¹⁵² Unabhängig von der nach 1945 zu Recht überwundenen Treuebruch-Konstruktion würde eine solche auch nicht die ohne weiteres vorhandene Strafbarkeit von Ausländern tragen.¹⁵³

41 **a) Landesverrat im eigentlichen Sinn.** Dieser **Landesverrat im eigentlichen Sinn** knüpft an das gegenständlich möglichst weit zu verstehende, in § 93 StGB legaldefinierte **Staatsgeheimnis** an. Trotz großer Überdeckungen ist dieses nicht mit der Verschlusssache identisch (→ § 11 Rn. 23 ff.). Die Delikte der §§ 94–98 StGB sichern strafrechtlich den zur Sicherheit gebotenen Geheimschutz ab, auf den hier zu verweisen ist. Als Erfolg ist die zuvor nicht vorhandene (potentielle) Kenntnis einer fremden Macht festzustellen. Die Handlung dazu kann bestehen (qualifiziert) unmittelbar im vorsätzlichen Mitteilen oder sonstigen Offenbaren mit einem auf Benachteiligung der BRD oder Begünstigung einer fremden Macht gerichteten Vorsatz (§ 94 StGB), sonstigem, hinsichtlich der Gefahr vorsätzlichen, Offenbaren (§ 95 StGB) oder fahrlässiger entsprechender Gefahrschaffung bei vorsätzlicher oder leichtfertiger Preisgabe (§ 97 StGB).¹⁵⁴ Der (eng zu verstehende: End-) Empfang ist straflos,¹⁵⁵ sonst ist nach hM eine Beteiligung ausländischer Agenten ohne

---

¹⁴⁹ Etwa § 53 Abs. 2 Nr. 1, § 100a Abs. 2 Nr. 1 lit. a, § 100c Abs. 2 Nr. 1 lit. a, § 100g Abs. 2 S. 2 StPO.
¹⁵⁰ Vgl. weiterführend *Fahrner* StaatsschutzR § 21 Rn. 93 ff.; *Paeffgen* in NK-StGB StGB § 100a Rn. 1 ff.
¹⁵¹ Vgl. *Fahrner* StaatsschutzR § 21 Rn. 61.
¹⁵² Vgl. *Lampe/Hegmann* in MüKoStGB StGB vor § 93 Rn. 5; *Fahrner* StaatsschutzR § 21 Rn. 1; *Schroeder* in Maurach/Schroeder/Maiwald StrafR BT 2 § 82 Rn. 18, § 85 Rn. 2 ff.; vgl. hingegen noch die ausgiebigen anderweitigen Begründungsbemühungen *Schroeder*, Der Schutz von Staat und Verfassung, 1970, 336 ff.
¹⁵³ Vgl. auch die Materialien BT-Drs. V/102, V/989, V/2860.
¹⁵⁴ Vgl. zum Ganzen ausführlich *Schroeder* in Maurach/Schroeder/Maiwald StrafR BT 2 § 85 Rn. 1 ff., 35 ff.
¹⁵⁵ BayObLGSt 1991, 127 = NStZ 1992, 281; BayObLGSt 1992, 24 = NStZ 1992, 543; *Schroeder* in Maurach/Schroeder/Maiwald StrafR BT 2 § 85 Rn. 37; *Loos/Radtke* StV 1994, 565; *Ignor/Müller* StV 1991, 573 (574 f.); *Schroeder* JR 1995, 445.

weiteres möglich.[156] Alleine für ehemalige DDR-Bedienstete ist die Verhältnismäßigkeit der Bestrafung gesondert zu beurteilen.[157]

Besondere Bedeutung kann dem Problem von **Whistleblowern** zukommen, wobei das 42 aktuelle Unionsrecht weiterhin die nationale Sicherheit und Verschlusssachen von der Privilegierung von Hinweisgebern ausklammert.[158] Daher bleiben einerseits mögliche allgemeine Rechtfertigungs- und Entschuldigungsgründe, verbunden mit entsprechenden Irrtümern, wobei diese durch Vorkehrungen wie die Remonstrations- und Petitionspflichten[159] sehr eingegrenzt werden; alleine Art. 5 Abs. 1 GG genügt zur Rechtfertigung jedenfalls nicht.[160] Hingegen haben die Vorwürfe **publizistischen Landesverrats** – von der Ponton-,[161] Weltbühne-,[162] Spiegel-[163] bis zur netzpolitik.org[164]-„Affäre"[165] – in Rspr.,[166] Dogmatik sowie vor allem dem Institut des **„illegalen Staatsgeheimnisses"** (§ 93 Abs. 2 StGB) einen normativen Widerhall und Anker gefunden.[167] Letztgenannte, die den Zielen und Prinzipien der internationalen Friedlichkeit und freiheitlich demokratischen Grundordnung nach innen nicht genügen, dürfen nur nicht mit der Gefahr der Sicherheitsgefährdung fremden Mächten mitgeteilt, allerdings, anders als „legale" (§ 95 StGB), der Öffentlichkeit offenbart werden (§§ 97a f. StGB). Daraus folgen ausgefeilte Regelungen und Probleme bei Irrtümern der mutmaßlichen Tatbeteiligten.[168]

b) Vorfelddelikte. Mit dem **Verschaffen** eines Staatsgeheimnisses zum Verrat (§ 96 43 StGB) und der auf **Erlangen** dessen gerichteten **Agententätigkeiten** (§ 98 StGB) bestraft das (eng auszulegende) Gesetz eine noch weiter ins Vorfeld verlagerte **Vorbereitung**.[169]

c) Weitere Delikte zum Schutz der informationellen Souveränität. Die verbleiben- 44 den Delikte (§§ 99–100a StGB) weisen eine noch erkennbare historische, jedoch deutlich geringere legitimierende Verbindung zur informationellen Souveränität auf.[170] Gerade in einer globalen Informationsgesellschaft über freiheitliche Gemeinwesen hinweg wäre jede Deutung auf ein auswärtiges staatliches Informationsmonopol unvereinbar.[171] Der systematische Bezug betont nicht zuletzt den *ultima ratio* Charakter der Tatbestände, die sich vor allem den nationalen und internationalen Kommunikationsfreiheiten und Menschenrechten gegenüber rechtfertigen müssen.

---

[156] BGHSt 39, 260 = NJW 1993, 3147; *Fischer* StGB § 94 Rn. 3; *Lampe/Hegmann* in MüKoStGB StGB vor § 94 Rn. 6 mwN; *Schmidt* in LK-StGB StGB § 94 Rn. 2; *Rudolphi* in SK-StGB StGB § 94 Rn. 5c; *Kühl* in Lackner/Kühl StGB § 94 Rn. 2; *Träger* NStZ 1994, 282.
[157] BVerfGE 92, 277 = NJW 1995, 1811; dagegen kritisch etwa *Classen* NStZ 1995, 371 (374); *Doehring* ZRP 1995, 293; *Hillenkamp* JZ 1996, 179; *Heselhaus* JA 1996, 9; *Schroeder* JR 1995, 441; *Volk* NStZ 1995, 367.
[158] Art. 3 Abs. 2, 3 lit. a RL (EU) 2019/1937 sowie dort Erwägungsgrund 24, 25; im Übrigen bereits *Fahrner* StaatsschutzR § 21 Rn. 11 ff.
[159] Vgl. hier nur BVerfGE 28, 191 = NJW 1970, 1498; BGHSt 20, 342 = NJW 1966, 1227; *Niermann*, Der Whistleblower im Beamtenrecht, 2019, 52 ff., 125 ff.; *Soppa*, Die Strafbarkeit des Whistleblowers, 2018, 73 ff.; *Franck/Steigert* CR 2011, 380 (381 ff.).
[160] Vgl. etwa BVerfGE 21, 239 = BGHSt 20, 342 = NJW 1966, 1227; zusammenfassend *Fischer* StGB § 93 Rn. 18 mwN.
[161] RGSt 62, 65.
[162] Das Urteil ist weiter geheim eingestuft, vgl. daher etwa nur den Abdruck im Wortlaut bei Auswärtiges Amt, Akten der Rechtsabteilung, Rechtssachen geheim, spec. Kreiser und Ossietzky, Bände 1–3, K 520 469-97; sowie zur Ablehnung der Wiederaufnahme durch BGHSt 39, 75 = NJW 1993, 1481, vorgehend KG NJW 1991, 2505.
[163] Vgl. nur BVerfGE 20, 162 = NJW 1966, 1603; BGH NJW 1965, 1187; *Hoffmann-Riem* ZRP 2012, 225.
[164] Vgl. hier nur *Trentmann* ZRP 2015, 198 mwN.
[165] Sowie weiterhin wichtig die Affären „Pätsch" (1963) und „Cicero" (2005), vgl. *Hilgendorf* in AWHH StrafR BT § 43 Rn. 7 ff. mwN; *Brüning* NStZ 2006, 253 ff.; *Schmidt-De Caluwe* NVwZ 2007, 640 ff.
[166] Vgl. hier noch BVerfGE 28, 191 = NJW 1970, 1498; 2007, 1117 und BGHSt 20, 342 = NJW 1966, 1227.
[167] Vgl. allgemein *Schroeder* in Maurach/Schroeder/Maiwald StrafR BT 2 § 85 Rn. 19 ff. mwN; *Fahrner* StaatsschutzR § 21 Rn. 26 ff.
[168] Vgl. hier nur systematisch *Fahrner* StaatsschutzR § 21 Rn. 42 ff. mwN.
[169] Vgl. hier BVerfGE 28, 175 = BeckRS 2010, 49397; BGHSt 25, 145 (149) = NJW 1973, 1288; *Lackner* ZStW 78 (1966), 695; *Schroeder* NJW 1981, 2278; *Fahrner* StaatsschutzR § 21 Rn. 50 ff., 59 ff.
[170] Vgl. dazu namentlich *Ewer/Thienel* NJW 2014, 30 mwN.
[171] Vgl. auch zu Art. 5 lit. c WÜK *Ellbogen* in BeckOK StGB, 46. Ed. 1.5.2020, StGB § 99 Rn. 1.1.

45 Der **geheimdienstlichen Agententätigkeit** (§ 99 StGB) kommt (jenseits von aktueller Aufmerksamkeit wie dem „NSA-Skandal")[172] noch die größte praktische Bedeutung innerhalb des ganzen Abschnittes zu.[173] Sie kann als Annex von § 98 StGB verstanden werden. Tatobjekt sind jedoch beliebige Informationen und -träger. Die daher nötige strafbegründende Besonderheit besteht einerseits in der geheimdienstlichen Weise der Tätigkeit zu ihrer Gewinnung und Übermittlung bis zu der fremden Macht, für deren Geheimdienst gehandelt oder dem gegenüber Bereitschaft erklärt wird.[174] Andererseits muss diese Handlung gegen die Bundesrepublik Deutschland gerichtet sein, also nicht (auch) ihren Interessen dienen, namentlich in Fallkonstellationen, wenn außerhalb der vereinbarten Informationszusammenarbeit und Amts- und Rechtshilfe amtliche Daten gewonnen oder Asylberechtigte oder andere Ausländer im Inland ausgespäht werden.[175] Daraus wird man als Mindestrelevanz für die Sicherheit gerade noch das Agieren fremder Geheimdienste im Inland ansehen können, sofern auch im Übrigen eine enge Auslegung erfolgt.[176]

IV. Schutz der Friedlichkeit nach außen

1. Grundlagen und Rahmen

46 Die Selbstverpflichtung *„dem Frieden in der Welt zu dienen"* ist in der Präambel, Art. 1 Abs. 2, Art. 24 Abs. 2 GG, und auch Art. 79 Abs. 1 S. 2 GG verankert. Um sie zu erfüllen, begründet Art. 26 GG ausdrücklich die einzige **explizite Kriminalisierungspflicht** in der Verfassung.[177] Darin spiegeln sich die völkerrechtlichen Pflichten, etwa nach Art. 1 Nr. 1; Art. 2 Nr. 3, 6 UNCh, Art. 1 ff. NATO, Art. 3 Abs. 1, 5 EUV oder der Schlussakte von Helsinki, schließlich die über den *Brian-Kellogg*-Pakt[178] lange dahinter stehende historische Tradition des *ius ad bellum iustum*.[179] Das moderne internationale Friedensrecht baut Normen der Konfliktvermeidung und friedlichen -lösung sowie des Konfliktaustragsrecht *(ius in bello)*[180] (mit den Ausnahmen der gerechtfertigten, grundsätzlich kollektiven Verteidigung und Intervention)[181] auf dem **Gewalt-**[182] **und Interventionsverbot**[183] auf. Während Letzteres Eingriffe in die Souveränität sozusagen im Durchgriff durch den Schutzschild des Staates verbietet,[184] umfasst ersteres offene militärische bzw. vergleichbare *„bewaffnete"*, nicht aber rein wirtschaftliche, individuelle oder strukturelle Gewalt iwS.[185] Aus dem wirksamen Schutz und Sanktionierung von Verletzungen durch Individuen folgt die völkerrechtliche staatliche Verpflichtung zur internationalen Kooperation bis zur Auslieferung oder eigenen Bestrafung *(aut dedere aut iudicare).*[186]

---

[172] Vgl. hier nur BT-Drs. 18/12850; *Ewer/Thienel* NJW 2014, 30 mwN; *Schmahl* JZ 2014, 220.
[173] Vgl. allerdings auch die geringen Zahlen bei *Ellbogen* in BeckOK StGB, 46. Ed. 1.5.2020, StGB § 99 Rn. 3a.
[174] Vgl. BGHSt 24, 369 = NJW 1972, 1957; BGHSt 31, 318 = NJW 1984, 184; BGHSt 54, 275 = NJOZ 2010, 1274; NStZ-RR 2005, 305 (306); NStZ 2007, 93; *Fischer* StGB § 99 Rn. 5 mwN; *Schmidt/Wolff* NStZ 2006, 161.
[175] BVerfGE 57, 250 (267 ff.) = NJW 1981, 1719; BVerfGE 92, 277 (317) = NJW 1995, 1811; BGHSt 29, 325 (331) = NJW 1980, 2653; BGHSt 60, 158 = NJW 2015, 2053; *Fahrner* StaatsschutzR § 21 Rn. 76 ff. mwN.
[176] Vgl. auch BVerfGE 57, 250 (262 ff.) = NJW 1981, 1719; *Lampe/Schneider* GA 1999, 105.
[177] Vgl. *Wollenschläger* in Dreier GG Art. 26 Rn. 1.
[178] Vgl. zum Ganzen *Heintschel von Heinegg* in Ipsen VölkerR § 55 Rn. 1 ff.; zu letzterem s. RGBl. 1929 II 97.
[179] Vgl. dazu *Cicero*, De re publica, 54 v. Chr., cap. III 23, 34, 97 f.; *Augustinus*, Questiones in Heptateuchum, 419, cap. IV, 10; *Grotius*, De jure, II 13, 23.
[180] Vgl. insbesondere auch Art. 33 ff. UNCh; Art. 39 ff., 65 ff. IGHSt.
[181] Vgl. va Art. 39, 51 ff., UNCh; *Heintschel von Heinegg* in Ipsen VölkerR § 56 Rn. 1 ff. mit Überblick über die weiteren zT str. Rechtfertigungsgründe wie Einladung, Rettung eigener Staatsangehöriger und humanitäre Intervention.
[182] Art. 2 Nr. 4 UNCh.
[183] Art. 2 Nr. 1 UNCh.
[184] Vgl. IGH Rep. 1986, 107 ff. – Nicaragua; *Heintschel von Heinegg* in Ipsen VölkerR § 55 Rn. 41 ff. mwN.
[185] *Heintschel von Heinegg* in Ipsen VölkerR § 55 Rn. 16 ff. mwN.
[186] Vgl. etwa *Stegner*, Aut dedere aut iudicare, 2017, 75 ff.; *Maierhöfer*, Aut dedere – aut iudicare, 2006; *Bringmann*, Völkerfriede durch Strafbewehrung, 2004.

2. Systematik

Das **deutsche Strafrecht als Teil des Staatsschutzes** orientiert sich an diesen beiden 47
Ebenen, indem es den unmittelbaren Friedensauftrag ebenso wie in der Verbindung mit
dem Schutz vor möglichen ausländischen Reaktionen zur Grundlage von Delikten vor
allem im Vorfeld der Friedensverletzung bestimmt.[187] Bestrebungen, die in den genannten
Straftaten bestehen oder ihnen vorgelagert sind, sind von den Aufträgen zur Sammlung und
Auswertung sowohl des Verfassungsschutzverbunds (vgl. § 3 Abs. 1 Nr. 4 BVerfSchG,
→ § 18 Rn. 6 f.) wie grundsätzlich der Auslandsaufklärung (vgl. § 1 Abs. 2 BNDG → § 19
Rn. 3, 12 ff.) umfasst.

a) Unmittelbare Verletzungen. Die **unmittelbaren Verletzungen** des internatio- 48
nalen Friedensrechts sind im VStGB auf Grundlage vor allem des neueren Völkerstrafrechts
pönalisiert.[188] Hierzu zählt auch – nach langem internationalen Ringen um eine allgemein akzeptable Definition – die **Aggression** als Verstoß gegen das Gewaltverbot in
§ 13 VStGB.[189] § 80a StGB knüpft hieran als eigenes propagandistisches Vorbereitungsdelikt (→ § 37 Rn. 3, vgl. auch → § 39 Rn. 10 ff.) an, welches neben andere allgemeinere Strafbarkeiten treten kann.[190] Wie zuvor § 80 StGB aF handelt es sich, wie in der
Gesetzgebung verdeutlicht, um eine eher nicht umfassende Umsetzung von Art. 26
Abs. 1 GG.[191]

b) Gefährdungs-/Vorfelddelikte. In einem **weiteren Verständnis** des Friedens bzw. 49
als Gefährdungs-/Vorfelddelikte einzuordnen sind einige weitere Tatbestände, die internationale Spannungen vermeiden sollen.[192] In diesem Kontext gehören namentlich:
- das Anwerben für fremden Wehrdienst (§ 109h StGB),[193]
- Übergriffe gegen ausländische Repräsentationen im Inland (§§ 102 ff. StGB),[194] und
- friedensgefährdende Beziehungen (§ 100 StGB).

Die Delikte zum Schutz der Selbst- und Bündnisverteidigung, die hier ebenfalls einzuordnen sind, werden gesondert besprochen (→ §§ 52 f., v. a. → § 52 Rn. 100). Noch
weiter nach innen wirken die Vorschriften des Organisationsstrafrechts nach § 129 StGB
und §§ 84 ff. StGB auf die Wahrung der Friedlichkeit und die Umsetzung des Schutzes der
Völkerverständigung iSd Art. 9 Abs. 2 GG ein.

c) Nebenstrafrecht. Der strafrechtlichen Sanktionierung des verfassungsmäßigen vorver- 50
lagerten Friedens- und Aggressionsschutzes des **Kriegswaffenkontrollrechts** gem. Art. 26
Abs. 2 GG iwS dienen vor allem §§ 19 ff. KrWaffKontrG. Ergänzend wirken §§ 17 ff.
AWG zur Einhaltung international, unionsweit oder national verhängter Sanktionen sowie
die allgemeineren Normen des Wirtschaftsnebenstrafrechts. Nach §§ 120 Abs. 2 S. 1 Nr. 4;
142a Abs. 1 GVG in möglicher Bundesjustizzuständigkeit, gehören diese allerdings wohl
nicht mehr zum Kernbereich des Staatsschutzstrafrechts, sodass hier auf die entsprechende
Spezialliteratur zu verweisen ist.[195]

---

[187] Vgl. *Fahrner* StaatsschutzR § 23 Rn. 1 ff.
[188] Vgl. etwa *Ambos*, Internationales Strafrecht, 5. Aufl. 2018, §§ 5 ff.; *Satzger* IntStrafR 372 ff.; *Schramm*, Internationales Strafrecht, 2. Aufl. 2018, 43 ff.
[189] Vgl. *Safferling* in MüKoStGB VStGB § 13 Rn. 1 ff.; *Satzger* IntStrafR 436 ff.; *Esser* EurStrafR 415 ff.; *Greßmann/Staudigl* ZIS 2016, 798; *Jeßberger* ZIS 2015, 514.
[190] Vgl. *Heintschel-Heinegg* in BeckOK StGB, 46. Ed. 1.5.2020, StGB § 80a Rn. 4, 24 f.
[191] Vgl. etwa BT-Drs. 18/8621, 17; 18/10509, 12; *Effinowicz* JuS 2017, 24; *Krieger* DÖV 2012, 449; insoweit weiter gültig zu § 80 StGB aF *Classen* in MüKoStGB StGB § 80 Rn. 7 f. mwN.
[192] Vgl. hierzu im Einzelnen *Fahrner* StaatsschutzR § 20 Rn. 1 ff.
[193] Vgl. hierzu ebenfalls *Fahrner* StaatsschutzStrafR § 25 Rn. 1 ff.
[194] → § 43 Rn. 25; *Fahrner* StaatsschutzStrafR § 24 Rn. 1 ff.
[195] Vgl. etwa *Lampe* in Erbs/Kohlhaas vor § 1 Rn. 11 mwN; *Steindorf*, Waffenrecht, 10. Aufl. 2015.

D. Binnenschutz des freiheitlich demokratischen Gemeinwesens

I. Grundlagen

51 Die verfassungsmäßige Ordnung stellt die rechtliche Grundlage des politischen Gemeinwesens dar. Das Strafrecht hat allgemein (allerdings weiter fragmentarisch) *erstens* die darin enthaltenen **demokratisch-rechtsstaatlichen Verfahren zur Entscheidungsfindung und -durchsetzung,** *zweitens* auch solche zur Veränderung der Regeln selbst, wie auch *drittens* dauerhaft und *„ewig"* den Kern der freiheitlich demokratischen Grundordnung zu schützen.

52 So gehören zur Entscheidungsfindung und -vollstreckung im Gemeinwesen die Handlungen aller Staatsgewalten iSv Art. 20 Abs. 2, 3 GG. Dabei kommt in der Legislative der unmittelbaren **demokratischen Legitimation,** formalisiert durch regelmäßige freie und gleiche Wahlen der Volksvertretungen in Bund und Land (vgl. Art. 28 Abs. 1 S. 2, Art. 38 GG), besonderes Gewicht zu, ebenso wie die davon ausstrahlenden weiteren „Legitimationsketten" in die Regierungen und weitere Exekutive sowie Justiz, die allerdings teilweise bzw. überwiegend durch die Gesetzesbindung (Art. 20 Abs. 3 GG) und weiteren **Mechanismen des Rechtsstaats** (→ § 6 Rn. 17 ff.) legitimiert sind.

53 Wie bereits ähnlich zB bei *v. Liszt,*[196] lassen sich aus der Friedensaufgabe des Staates nach innen die Dimensionen seines notwendigen Schutzes, die fragmentarisch durch das Staatsschutzstrafrecht geleistet werden, ableiten: Der engere Bereich des Staatsschutzrechts hin zum allgemeinen Strafrecht wird mit den Delikten zum **Schutz der Vollstreckung und Wirksamkeit getroffener Entscheidungen** verlassen, etwa generell der §§ 113 ff. StGB bezüglich des Widerstands und körperlicher Angriffe, im Besonderen bezüglich Gefangener (§§ 120 f. StGB), Amts- und Amts-/Dienstbezeichnungsanmaßung (§§ 132, 132a StGB), Verletzung amtlicher Bekanntmachung (§ 134), Bruch amtlicher Verwahrung (§ 133 StGB) sowie Verstrickung (§ 136 StGB) und etwa der §§ 145 ff., 164 f. StGB.

54 Der **Schutz der Verfassung ieS** verteilt sich einerseits auf die Ahndung gewaltsamer Übergriffunternehmen jenseits der friedlichen demokratischen und rechtsstaatlichen Verfahren, wie etwa geregelt in Art. 79, 146 GG und darunter der Normsetzung in Art. 70 ff. GG. Andererseits müssen im Rahmen der streitbaren Demokratie ansonsten legalistisch auftretende Bestrebungen gegen die freiheitlich demokratische Grundordnung strafrechtlich bekämpft werden.

55 Der Garantie der Verfassungsordnung selbst und ihrer anerkannten legitimen Abänderbarkeit kommt die erste Bedeutung zu, die sich in Delikten wie dem Verfassungshochverrat gegenüber Bund und Land konkretisiert **(II.).** Zweitens setzen die Kernaufgaben des Staates die konkrete Funktionsfähigkeit der dazu vorgesehenen Mechanismen – vor allem jene demokratisch-politischer und rechtsstaatlicher Art – voraus, auf die vertieft gesondert einzugehen ist **(III.).** Als deren Grundlage und Resonanzfläche kommt der Öffentlichkeit im Hinblick auf ihre Pluralität und Friedlichkeit eine besondere Bedeutung zu **(IV.).** Gerade die Entscheidungen des Aktivvolkes erweisen sich als anfällig für vielfältigste Manipulationen aus politischen Motiven, welche aus der Mitte der Gesellschaft, von außen oder durch politische Machteliten in Regierung und Opposition ausgehen können und, wie vor allem internationale Erfahrungen zeigen, nicht zuletzt die Befriedungswirkung der demokratischen Prozesse empfindlich infrage stellen können.

II. Formaler Schutz der Verfassungsordnung

1. Schutz der Verfassungsordnung und ihrer Änderungsverfahren

56 Die **Verfassungsgrundsätze in § 92 Abs. 2 StGB** erscheinen als Spiegel jener Definition, die das BVerfG in seiner enumerativen Bestimmung der freiheitlich demokratischen

---

[196] *v. Liszt/Schmidt,* Lehrbuch des Deutschen Strafrechts, 25. Aufl. 1927, 457 ff.

D. Binnenschutz des freiheitlich demokratischen Gemeinwesens   § 33

Grundordnung neben der Negation von Gewalt- und Willkürherrschaft aus den drei Grundprinzipien der Menschenwürde, des Rechtsstaats und der Demokratie zugrunde gelegt hat: *„Zu den grundlegenden Prinzipien dieser Ordnung sind mindestens zu rechnen: die Achtung vor den im Grundgesetz konkretisierten Menschenrechten, vor allem vor dem Recht der Persönlichkeit auf Leben und freie Entfaltung, die Volkssouveränität, die Gewaltenteilung, die Verantwortlichkeit der Regierung, die Gesetzmäßigkeit der Verwaltung, die Unabhängigkeit der Gerichte, das Mehrparteienprinzip und die Chancengleichheit für alle politischen Parteien mit dem Recht auf verfassungsmäßige Bildung und Ausübung einer Opposition."*[197] Allerdings legt § 92 Abs. 2 Nr. 3, 4 StGB enger das zu schützende politische System auf die *parlamentarische* Demokratie mit dahin gerichteter Regierungsverantwortlichkeit und Opposition fest. Bewegungen zB zur Einführung eines Präsidialsystems können indes nicht alleine deshalb als kriminell eingeordnet werden, sodass vor einer gebotenen Anpassung eine entsprechende verfassungskonforme Auslegung Not tut.[198] Hingegen ist die vielerorts übernommene Behauptung *Schroeders,* die Grundsätze der unmittelbaren Wahl seien verzichtbar, nicht nachvollziehbar.[199] Die *parlamentarische* Opposition ist richtigerweise nur ein *minus* und *pars pro toto,* ihre Beseitigung selbstverständlich jedenfalls demokratiewidrig. Weiterhin ist es unbedenklich, wenn § 92 Abs. 2 Nr. 6 StGB zusätzlich eine generalklauselartige Auffangvariante enthält.[200] Diese Verfassungsgrundsätze finden vor allem in subjektiven bzw. erfolgskupierenden Tatbeständen (§§ 87 ff., § 89 a Abs. 1 S. 2, § 90 Abs. 3, § 90 a Abs. 3, § 90 b Abs. 1 StGB) und dabei oft in der Form der Bestrebungen (vgl. § 92 Abs. 3 StGB sowie im Verfassungsschutzrecht → § 7 Rn. 19 ff.) Anwendung.

Die **verfassungsmäßige Ordnung** wird demgegenüber regelmäßig als objektiver **57** Schutzgegenstand etwa des Hochverrats, der Vereinigungen gem. §§ 84 ff. StGB sowie als unmittelbares eigenständiges Schutzobjekt gegen Verunglimpfungen in § 90 a Abs. 2 Nr. 1, Var. 3 verwendet. Noch am deutlichsten erscheinen diese getrennten Wurzeln bei § 89 StGB, bei dem die zu beeinflussenden Sicherheitsorgane auf die gesamte verfassungsmäßige Ordnung verpflichtet sind, die Absicht der Täters sich jedoch auf die Abschaffung etc. mindestens eines Verfassungsgrundsatzes (wenn nicht Bestand oder Sicherheit) erstrecken muss. Sowohl aufgrund dieser planvollen Systematik wie des Wortlauts scheidet eine Gleichsetzung beider Merkmale und Schutzgüter aus und muss die verfassungsmäßige Ordnung weiter als ihre Grundlage,[201] jedoch ebenfalls im **Kontext ihrer (Friedens-) Garantiefunktion** (→ Rn. 5, 51) verstanden werden.[202] Im System der Art. 79 Abs. 1, 3, Art. 146 GG wird man statt statischer Auseinandersetzungen, ob die weiteren Prinzipien des Art. 79 Abs. 3 GG oder noch weitere Staatsstrukturprinzipien und konstitutionelle Schutzgüter umfasst sind, einen Verstoß entweder gegen die verfassungsmäßigen Verfahren oder ein anvisiertes Ergebnis jenseits der FDGO als Inhalt zu setzen haben, während bei den Verfassungsgrundsätzen alleine letztere entscheiden. Keinesfalls umfasst ist „die Verfassung" als Text oder rein formelle Verfassungsnormen, Verfassungseinrichtungen und -funktionen dagegen nur, soweit die genannten *strukturellen* Maßgaben selbst verletzt werden.[203]

---

[197] BVerfGE 2, 1 (13) = NJW 1952, 1407 (1408); BVerfGE 144, 20 (203) = NJW 2017, 611.
[198] Vgl. etwa, wohl am weitesten *Paeffgen* in NK-StGB StGB § 92 Rn. 3 f. mwN.
[199] Vgl. *Schroeder* in Maurach/Schroeder/Maiwald StrafR BT 2 § 82 Rn. 14; vgl. die Rezeption bei *Steinmetz* in MüKoStGB StGB § 92 Rn. 7 Fn. 9; der vermittelte Bezug zu den USA als Beispiel (wohl im Hinblick auf das Wahlmännergremium der *Exekutive* und ursprünglich der Bestimmung des *Senats,* jedoch nie des *Repräsentantenhauses* als engste „Volksvertretung", vgl. Art. 1 s. 2 c. 1) geht angesichts der notwendigen Legitimationskette und den historisch erwiesenen fraglichen Befriedungswirkungen prädemokratischer mittelbarer „Volksvertretungen" erkennbar fehl.
[200] Vgl. etwa BGHSt 13, 32 = BGH NJW 1959, 1593; *Paeffgen* in NK-StGB StGB § 92 Rn. 9.
[201] *Heintschel-Heinegg* in BeckOK StGB, 46. Ed. 1.5.2020, StGB § 81 Rn. 7 ff.; *Laufhütte/Kuschel* in LK-StGB StGB § 81 Rn. 10 ff.; *Zöller* in SK-StGB StGB § 81 Rn. 11; *Fischer* StGB § 81 Rn. 4 f.; aA *Lampe/Hegmann* in MüKoStGB StGB § 81 Rn. 18 ff.
[202] Vgl. hierzu und zum Folgenden *Fahrner* StaatsschutzR § 6 Rn. 60 ff.; im Ansatz auch *Lampe/Hegmann* in MüKoStGB StGB § 81 Rn. 18 ff.
[203] Vgl. *Fahrner* StaatsschutzR § 6 Rn. 69 ff. mwN; *Paeffgen* in NK-StGB StGB § 81 Rn. 14 f.; *Sternberg-Lieben* in Schönke/Schröder StGB § 81 Rn. 8.

2. Verfassungshochverrat

58 Angriffe gegen die **verfassungsmäßige Ordnung insgesamt** gelten der Grundlage des staatlich so konstituierten Gemeinwesens und werden daher jedenfalls in **hochverräterischen Unternehmen** und ihrer Vorbereitung gemeinsam mit dem Bestand strafrechtlich gem. § 81 Abs. 1 Nr. 2, § 82 Abs. 1 Nr. 2, § 83 StGB geahndet.

59 Auch hier bewirken die **hohen Hürden, namentlich der angewendeten oder angedrohten Gewalt sowie der Gefährlichkeit und Bestimmtheit** der Vorbereitung (→ Rn. 33), dass die Vorschriften bei Stabilität des Gemeinwesens praktisch nicht zur Anwendung kommen.[204] Der Absenkung auf die Schwelle der „Widerrechtlichkeit", die zuletzt in der NS-Zeit erwogen wurde, hat der Gesetzgeber in weiser Erkenntnis des funktionalen Wechselverhältnisses mit dem weiten Schutzgut anderen Prinzipien der FDGO, insbesondere der gebotenen Fortschrittlichkeit, des Pluralismus, des Minderheitenschutzes und des Parteienprivilegs, widerstanden.[205] Letzteres gilt allerdings für die gewalttätigen Angriffe und namentlich den Hochverrat gerade nicht.[206] Das Erstreben einer im Verfahren und Ergebnis grundgesetzkonformen Verfassungsänderung (dh gem. Art. 79 Abs. 3 GG nie, wenn die FDGO zumindest teilweise beseitigt werden soll) indes kann kein Unternehmen gegen die verfassungsmäßige Ordnung darstellen.

III. Schutz der rechtsstaatlich-demokratischen Entscheidungsfindung

60 Als „*minus*" vor allem zum Verfassungshochverrat können die Delikte verstanden werden, bei denen Strafanlass illegitime Einflussnahmen auf konkrete Entscheidungen sind, welche die Verfassungsprinzipien als solche (noch) nicht infrage stellen. Daraus lassen sich, soweit man dessen bedarf, entsprechende eigene Rechtsgüter konstruieren (→ Rn. 21).

1. Schutz der repräsentativen und demokratisch mittelbar legitimierten Entscheidungen

61 **a) Äußerer Schutz der obersten Verfassungsorgane gegen Nötigung.** Die Delikte zum **äußeren Schutz der obersten Verfassungsorgane gegen Nötigung** in §§ 105 ff. StGB sind zwischen dem Hochverrat gegen die Verfassung als Ganzes und den Störungen einzelner Verfahren und Funktionen angesiedelt. Bemerkenswerterweise sind von ihrem Schutz nur die Verfassungsgerichte, nicht sonst die Judikative umfasst; die Gerichte sind auf allgemeinen Schutz nach §§ 123, 240 StGB verwiesen, die sonst als *leges generales* zurücktreten könnten.[207]

62 **aa) Schutz des Hausrechts.** Die verfassungsmäßige Blankettnorm[208] **§ 106b StGB** erweitert, in Verbindung mit dem jeweiligen Hausrecht,[209] den vorgelagerten Schutz der Gesetzgebungsorgane gegenüber **äußeren Störungen.** Einzelne Abgeordnete oder Beauftragte (vgl. Art. 43 GG) etc können sich danach nicht strafbar machen, wohl aber Mitarbeiter und namentlich Zuhörer. Störungen „von innen" ist – nicht zuletzt zur Verhinderung von Übergriffen in Autonomie und Gewaltenteilung – durch das jeweilige Parlamentsrecht bzw. Recht des Bundesrats zu begegnen.[210] Damit ergibt sich die Verbindung

---

[204] Vgl. auch *Fahrner* StaatsschutzR § 9 Rn. 1 ff.
[205] Vgl. ausführlich *Stampf,* Das Delikt des Hochverrats im NS-Staat, in der DDR und in der Bundesrepublik Deutschland, 2016, 326 ff. mwN.
[206] Vgl. BVerfGE 9, 162 = NJW 1959, 571; *Fahrner* StaatsschutzR § 7 Rn. 8 ff. (11).
[207] Die hM sieht § 106b StGB zu §§ 123, 240 StGB in Tateinheit, ersteres bestr. vgl. *Kargl* in NK-StGB StGB § 106b Rn. 6.
[208] Vgl. OLG Hamburg NStZ-RR 2007, 233 (234); *Fischer* StGB § 106b Rn. 1.
[209] Vgl. zur Problematik des ausfüllenden allgemeinen Hausrechts OLG Celle NStZ 1986, 410; OLG Hamburg NStZ-RR 2007, 233; das Hausrecht selbst ist kein Rechtsgut, worauf zutr. auch etwa *Kargl* in NK-StGB StGB § 106b Rn. 1 mwN hinweist.
[210] § 106b Abs. 2 StGB; vgl. dazu etwa § 36 Abs. 1 S. 2, Abs. 2; §§ 37 ff. GO-BT; dagegen § 22 Abs. 1 GO-BR.

mit dem entsprechenden Abwehrrecht namentlich durch das Bannmeilen- und allgemeine Versammlungsrecht (→ § 48 Rn. 19), in denen ebenso die konkrete Störungs- und Gefahrenabwehr vorrangig vor dem ergänzenden allgemeinen Polizeirecht ihren Ausdruck findet (→ § 10 Rn. 8 ff., 63 ff.).

bb) Nötigungsdelikte. Von §§ 105 f. StGB geschützt ist die jeweilige Organautonomie 63 *per se*, und damit auch die Gewaltenteilung. Adressaten der Nötigung können folglich einerseits nur die Organe selbst (§§ 105, 106 Abs. 1 Nr. 1 StGB) oder die Organteile dh die Mitglieder (§ 106 Abs. 1 Nr. 2 StGB) sein,[211] die Zuordnung ist funktional vorzunehmen.[212] Andererseits muss der erstrebte Erfolg innerhalb der Befugnisse der Organe (also ihrem *„Können"*, nicht *„Dürfen"*) liegen.[213] Die kriminalisierten Verbote wenden sich damit namentlich auch gegen Übergriffe der Organe untereinander, vor allem seitens bzw. im Auftrag der Exekutive gegen Parlamente und Verfassungsgerichte, und können durch die jeweiligen Organmitglieder durch die genannten Tatmittel begangen werden.

Namentlich hier wirkt sich erneut die Rspr. zur **Gewaltschwelle begrenzend** aus: 64 Zwar kann das Übel auch nahestehenden Dritten zugefügt werden, muss aber physische Gewalt in ihrem engeren Sinn sein.[214] Vor allem aber muss der davon ausgehende Druck einen solchen Grad erreichen, dass sich ein verantwortungsbewusstes Verfassungsorgan zur Kapitulation vor der Forderung der Gewalttäter gezwungen sehen kann, um schwerwiegende Schäden für das Gemeinwesen oder einzelne Bürger abzuwenden.[215] Besonderes Augenmerk verdient hier weiterhin die Abgrenzung zum Streikrecht.[216]

b) Korruptionsstrafrecht. Das in der Praxis überaus bedeutsame **Korruptionsstrafrecht** 65 kann als Begleit- und Randproblem des eigentlichen Staatsschutzrechts hier nicht vertieft werden, sodass auf die umfangreiche Literatur zu verweisen ist.[217] Die, nach intensivstem Ringen etwas verschärfte Sonderregelung des § 108e StGB wird auch von internationalen Experten weiterhin als deutlich zu eng, etwa gemessen an weltweiten Standards, bemängelt, wiewohl vom Gesetzgeber aus einer nach deren eigenem Urteil nötigen Interaktionen der Parlamentarier mit partiellen politischen Interessen im gegenseitigen Nutzen verteidigt.[218] Die allgemeinen Regelungen für Amtsträger allgemein und Richter im Besonderen in §§ 331 ff. StGB nehmen hingegen die internationalen Standards und den zunehmend internationalisierten Schutz auf.

c) Begleitender Schutz der Funktion der repräsentativen Entscheidung. Der beglei- 66 tende **Schutz der Funktion** der repräsentativen Entscheidung, namentlich der **Informationszugänge** auch durch vertrauliche Quellen, sowie die **Transparenz der Entscheidungen** wird vor allem durch strafbegrenzende Normen und daraus die Rechtswidrigkeit und gegebenenfalls nach allgemeinen Delikten wie § 240 StGB strafbaren Übergriffunterneh-

---

[211] OLG Düsseldorf NJW 1978, 2562.
[212] *Valerius* in BeckOK StGB, 46. Ed. 1.5.2020, StGB § 106 Rn. 3 mwN.
[213] BGH NStZ-RR 2012, 76; *Bauer/Gmel* in LK-StGB StGB § 105 Rn. 5 f.; *Müller* in MüKoStGB StGB § 105 Rn. 12.
[214] KG NStZ 2017, 94; aA *Sax* NJW 1953, 370; *v. Heintschel-Heinegg*, Gewalt als Nötigungsmittel im Strafrecht, 1975, 279 ff. und 291 ff.
[215] BGHSt 32, 165 = NJW 1984, 931 mAnm *Arzt* JZ 1984, 428, stRspr, aA; vgl. *Müller* in MüKoStGB StGB § 105 Rn. 17 f.; *Eser* in Schönke/Schröder StGB § 105 Rn. 6.
[216] Vgl. *Fahrner* StaatsschutzR § 7 Rn. 10 ff., § 10 Rn. 47; *Fischer* StGB § 81 Rn. 6a mwN; *Geilen*, Der Tatbestand der Parlamentsnötigung, 1957, 87 f.
[217] Vgl. etwa *Louis/Glinder/Paul*, Korruptionsprävention in der öffentlichen Verwaltung, 2020; *Sommer*, Korruptionsstrafrecht, 2010; *Zimmermann*, Zum Unrecht der Korruption, 2018; *Peters*, Korruption in Volksvertretungen, 2017; *Schwab*, Die Beendigung der Bestechungsdelikte, 2019; *Hoven*, Auslandsbestechung, 2019; *Wachter* GA 2019, 735.
[218] Vgl. BT-Drs. 18/476, 18/607; Sachverständigenanhörung: BT-Rechtsausschuss Protokoll 18/7; *Busch*, Ist die strafrechtliche Beeinflussung u. Beeinflussbarkeit von BT-Abgeordneten hinreichend geregelt?, 2017; *Francuski* HRRS 2014, 220; *Haak* ZWH 2015, 175; *Hartmann*, Reformmodelle zur Abgeordnetenbestechung, 2013; *Heinrich* ZIS 2016, 382; *Hoven* NStZ 2015, 553; zum Ganzen auch *Fahrner* StaatsschutzR § 10 Rn. 54 ff. mwN.

men geregelt. Hierzu zählen **Immunität,**[219] **Indemnität,**[220] das Recht zur Mitteilung der Erörterungen[221] und das Zeugnisverweigerungsrecht,[222] dem allerdings keine strafbewehrte Geheimhaltungspflicht der Abgeordneten und ihrer Mitarbeiter in § 203 StGB entspricht.[223]

2. Schutz der unmittelbaren demokratischen Entscheidungs- und Bestellungsakte

67 Das Strafrecht schützt einheitlich in §§ 107 ff. StGB die unmittelbaren demokratischen Entscheidungs- und Bestellungsakte (Wahlen)[224] des Volkes auf Ebene des Bundes, der Länder und kommunalen Gebietskörperschaften sowie der – damit als allgemeingesellschaftlich gleichgestellten – Urwahl der Sozialversicherung, § 108d S. 1 StGB. Nicht umfasst sind etwa Wahlen in andere Körperschaften in öffentlichen Angelegenheiten oder gar private Institutionen. Für Betriebsräte und zugeordnete Vertretungen gilt immerhin der, leider aufgrund Antragserfordernisses oft gänzlich wirkungslose, Schutz in § 119 BetrVG.

68 Die Systematik des Schutzes ist transparent:

69 a) **Schutz der konkreten Einzelstimmabgabe.** §§ 108 ff. StGB bestrafen die (potentielle) Beeinflussung des Entscheidungsakts über die **konkrete Einzelstimmabgabe.** Dabei erscheint der Abstimmende grundsätzlich im Fokus, nämlich Opfer einer **Nötigung** (§ 108 StGB)[225] oder **Täuschung** (§ 108a StGB)[226] oder als Adressat einer Bestechung (§ 108b Abs. 1 StGB).

70 b) **Schutz vor Korruption des Abstimmenden.** Bei der **Korruption des Abstimmenden** gem. (§ 108b StGB) soll die „*Lauterkeit und Sachlichkeit der Wahl*" in der Person des Abstimmungsberechtigten selbst bedroht sein.[227] Systemkonformer kann dies (wie bei den weiteren Abstimmungsdelikten) als Angriff auf die „*Rationalität*" der demokratischen Entscheidung (→ s.o. Rn. 21) und damit ihre befriedende Legitimität gedeutet werden, was über ein reines Kumulationsdelikt hinausreicht. Wie bei den Bestechungsdelikten sonst, ist ein Erfolg nicht erforderlich. Hinsichtlich der Elemente der Vorteile, der Handlungsmodalitäten sowie der „Unrechtsvereinbarung" kann auf die Erkenntnisse zu §§ 331 ff. StGB zurückgegriffen werden.[228]

71 Noch mehr als bei § 108e StGB taucht hier das **Problem sozialadäquater Nutzenerwartungen** bei der Stimmabgabe auf:[229] Der Abstimmende trifft geradezu erwartbar seine Entscheidung nicht altruistisch für das Gemeinwesen, sondern danach, welche Entscheidung *ihm* aufgrund von Versprechungen den größten persönlichen Vorteil zu bringen scheint, etwa im Bereich von Abgabenbelastung, Zuwendungen oder höherer moralischer

---

[219] Art. 46 Abs. 2–4 GG sowie entsprechend die Landesverfassungen iVm § 6 II Nr. 1 EGStPO, § 152a StPO; vgl. StGH Bremen MDR 1968, 24; vgl. weiter *Walter* JZ 1999, 981; *Friesenhahn* DÖV 1981, 512 (517); *Fahrner* StaatsschutzR § 7 Rn. 6.
[220] Art. 46 Abs. 1 GG sowie entsprechend die Landesverfassungen iVm § 36 StGB; vgl. BVerfGE 104, 310 = NJW 2002, 1111; *Klein* in Maunz/Dürig GG Art. 46 Rn. 45; *Schulze-Fielitz* in Dreier GG Art. 46 Rn. 18; *Wiefelspütz* DVBl 2002, 1229; *Trute* JZ 2003, 148 ff.; *Fahrner* StaatsschutzR § 7 Rn. 4 f.
[221] Art. 42 Abs. 3 GG sowie entsprechend die Landesverfassungen iVm § 37 StGB; vgl. BGH NJW 1980, 781; OLG Braunschweig NJW 1953, 516; *Fahrner* StaatsschutzR § 7 Rn. 7.
[222] Art. 47 GG sowie entsprechend die Landesverfassungen; § 53 Abs. 1 Nr. 4, §§ 53a, 54, § 97 Abs. 4, § 160a Abs. 1 StPO; § 44d AbgG.
[223] § 203 Abs. 1, 2 StGB nimmt Abgeordnete ausdrücklich aus, sodass Abs. 4 auch für die Mitarbeiter nicht greift.
[224] Zum Begriff der Wahlen vgl. missverständlich RGSt 64, 298 im Hinblick darauf, dass nicht zwingend mehrere Vorschläge vorliegen müssen
[225] Vgl. zur Nötigungshandlung str. BVerfGE 66, 369 (384) = NJW 1984, 2201; *Fischer* StGB § 108 Rn. 3 mwN.
[226] Beachte BGHSt 9, 338 = NJW 1956, 1485; *Wohlers/Kargl* in NK-StGB § 108a Rn. 2; *Sinn/Rudolphi* in SK-StGB StGB § 108a Rn. 2.
[227] Vgl. BGHSt 33, 336 = NJW 1986, 859.
[228] Vgl. *Fischer* StGB § 108b Rn. 2; *Kühl* in Lackner/Kühl StGB § 108b Rn. 2.
[229] Vgl. zum ganzen Folgenden *Fahrner* StaatsschutzR § 10 Rn. 37.

D. Binnenschutz des freiheitlich demokratischen Gemeinwesens　　　　　　　§ 33

Bedürfnisse. Andererseits besteht ein vitales Interesse der Gemeinschaft darin, ihre Aushöhlung durch „*Klientelismus*" vor allem in großen Klientelverbänden bzw. die Delegitimierung von Entscheidungen durch einen entsprechenden Eindruck zu unterbinden. Insoweit sind wenige bessere Alternativen zum Ansatz des BGH erkennbar, wonach für die Wählerbestechung maßgebend ist, dass zwischen dem Bestechenden und dem zu beeinflussenden Wähler *„eine personale Beziehung besteht oder hergestellt wird, die zu einer – wenn auch nur gefühlsmäßigen – Verpflichtung des Wählers, in der vom Bestechenden gewünschten Weise abzustimmen, führt oder führen kann."*[230]

c) Schutz des Abstimmungsgeheimnisses. Da § 107c StGB das **Abstimmungs-** 72 **geheimnis** einerseits als Vorfeld konkreter Einschüchterungseffekte auf die individuelle Abstimmungsentscheidung, andererseits aber auch den Gesamtvorgang der Abstimmung bis zur offiziellen Feststellung des Ergebnisses schützen soll, nimmt er eine Zwitterstellung ein.[231] Als verfassungsrechtlich noch zulässige Blankettnorm verweist er, ergänzt durch § 203 StGB für beteiligte Amtsträger sowie § 49a Abs. 1 Nr. 2 BWahlG, auf das allgemeine Wahlrecht.[232] Solange dort die elektronische Stimmabgabe weiterhin ausgeschlossen ist, ergibt sich ebenso noch kein Anpassungsbedarf der Strafrechtsnormen.

d) Schutz des Abstimmungsvorgangs insgesamt. Demgegenüber komplementierend, 73 schützen §§ 107 ff. StGB den **Abstimmungsvorgang insgesamt:**

- § 107 StGB – vor **nötigenden Einflüssen,**[233] nach hM (aufgrund der zusätzlichen Stellung von § 108 StGB) nur solche, die so erheblich sind, dass sie den Vorgang insgesamt „als solchen" betreffen.[234]
- § 107a StGB – vor **täuschenden Manipulationen,** soweit sie nicht durch den vorrangigen § 108a StGB erfasst sind und an dem Entscheidungsakt bis zur Ergebnisverkündung anknüpfen.[235] Ausdrücklich wird hierbei auf die Friedensfunktion des amtlich verkündeten Ergebnisses abgestellt.[236] Hinzutreten können allgemeine Delikte der Urkundenfälschung und der falschen Versicherungen an Eides statt gem. § 156 StGB.
- § 107b StGB – Täuschungen in der Abstimmungsvorbereitung.[237]

e) Gefährliche Schutzlücken. Insgesamt erweist sich der **Schutz der demokratischen** 74 **Urentscheidungen als fragmentarisch** und spiegelt die formal-demokratische Auffassung des BVerfG.[238] Zwar sieht § 108 S. 2 StGB eine Ausdehnung der Strafbarkeit ins Vorfeld vor, aber eben nur für das Unterschreiben eines Wahlvorschlags oder das Unterschreiben für ein Volksbegehren. Ähnlich schützt § 107b StGB nur einzelne mutmaßlich besonders gefährdete Vorbereitungshandlungen bei den Wahlen.

Insbesondere die **Wahllisten- und Einzelkandidatenaufstellung** bleibt der formalen 75 Autonomie der Parteien überlassen und in diesem Rahmen lediglich dem allgemeinen Strafrecht, welches sich allerdings im Wesentlichen auf einen Nötigungs- und den Authen-

---

[230] BGHSt 33, 338 = NJW 1986, 859 mAnm *Dölling* NStZ 1987, 68 und *Geerds* JR 1986, 253; vgl. auch bereits RGSt 17, 296; 47, 71; BVerfGE 66, 369 = NJW 1984, 2201; zum Ganzen *Härtl,* Wahlstraftaten, 2006, 151.
[231] Beachte zur begrenzten Reichweite zB im Vorfeld der Stimmabgabe *Fischer* StGB § 107c Rn. 3 f.; *Beining* JURA 2018, 29.
[232] Insbesondere § 33 Abs. 1 BWahlG und § 6 Abs. 3, §§ 45, 46, 50 Abs. 1, §§ 51, 89 BWO.
[233] Vgl. nur BayObLG NStZ 1981, 30; LG Braunschweig NStZ-RR 2000, 93; *Bauer/Gmel* in LK-StGB StGB § 107 Rn. 3; *Zimmermann* ZIS 2011, 991.
[234] Dabei gestaltet sich die Abgrenzung schwierig, während teilweise eine wertende Gesamtbetrachtung wie vorgenannt erfolgt, wollen andere danach unterscheiden, dass sich die Tat nicht gegen einzelne Wahlberechtigte, sondern gegen die Ausübung des Wahlrechts durch mehrere bzw. eine Anzahl individuell gerade nicht feststehender Personen richte (vgl. *Müller* in MüKoStGB StGB § 107 Rn. 10; *Wohlers* in NK-StGB StGB § 107 Rn. 2; *Eser* in Schönke/Schröder StGB § 107 Rn. 4.
[235] Vgl. RGSt 56, 387; 63, 382; *Müller* in MüKoStGB StGB § 107a Rn. 18.
[236] Vgl. *Fahrner* StaatsschutzR § 10 Rn. 18.
[237] Vgl. nur *Fahrner* StaatsschutzR § 10 Rn. 22 ff.
[238] Vgl. auch zur „Staatsfreiheit" der Willensbildung BVerfGE 20, 56 (99 ff.) = NJW 1966, 1499; BVerfGE 85, 264 (287) = NJW 1992, 2545; BVerfG NVwZ 2002, 70; NJW 2002, 2227.

tizitätsschutz der Urkundendelikte nach §§ 240, 267 ff. StGB reduziert. Dabei gelten hier nicht nur die gleichen (verfassungs-)rechtlichen Vorgaben bei innerparteilichen Wahlen,[239] sondern eine besondere Anfälligkeit, da einerseits private Gegenwehr illegal Benachteiligter wegen zukünftiger Maßregelungsangst in der Organisation (und die „politische Karriere") kaum zu erwarten ist, gleichzeitig die wesentlichen materiellen Voraussetzungen für die Wahlvorschläge und damit die Wahl, vor allem bei strukturell dominierten Wählerschaften, gestellt werden. Verbunden ist dies, wie die Erfahrungen in „kontrollierten Demokratien" weltweit zeigen, mit einer heute regelmäßig nicht mehr simplen staatlichen, sondern indirekten privatwirtschaftlichen Dominanz der **massenmedialen Öffentlichkeit**.[240] In der Übernahme dieser Öffentlichkeit und daraus folgender massiver Benachteiligungen der Opposition bei Wahlen und Abstimmungen mittels anerkannten (zB nach *Loewenstein* faschistischen → Rn. 8) Techniken der Massenmanipulation kann der erste Schritt zum „*Töten der Demokratie*" ergeben.[241] Das Recht gegen unlauteren Wettbewerb und marktbeherrschende Stellungen, soweit überhaupt in Medienmärkten anwendbar,[242] würde im deutschen Recht versagen, da die demokratischen Rechtsgüter für seine Beurteilung ohne Belang sind. Insoweit spiegelt sich auch hier das Problem, dass die Außenpluralität der Medien weder als Grundrecht noch objektives Verfassungsgut hinreichend anerkannt scheinen, trotz gewisser Überlegungen auf europäischer Ebene.[243]

IV. Schutz der Öffentlichkeit

76 Vor allem **massive politische Kampagnen** in sozialen Netzwerken und neuen Medien illustrieren die besondere Anfälligkeit freiheitlicher Demokratien für Manipulationen bis zu ihrer Zerstörung durch Irrationalisierung und autokratisch-populistische Machtformen. Gleichzeitig darf das Gemeinwesen (etwa durch eine europäisch indirekte Einführung einer Vorzensur entgegen Art. 5 Abs. 1 S. 3 GG)[244] nicht seinen freiheitlichen Charakter verlieren. Individualstrafrechtlichen Sanktionierungen von Lügen zB über §§ 164, 185 ff. StGB hinaus erweisen sich vor allem gemessen an Art. 5 GG als problematisch.[245] Umso bedenklicher sind die Behauptungen formal-individualistische Rechtsgutstheorien des „*Gefühlsschutzes*" die ein Ignorieren der staatsschutzrechtlichen Verankerung zu einer Delegitimierung zahlreicher Tatbestände zum Schutz der Öffentlichkeit, namentlich §§ 86 ff., 90 ff., 130 StGB zur Folge haben sollen (→ Rn. 16).

77 Die friedliche Öffentlichkeit, auch im Tatbestandsmerkmal und Rechtsgut des **öffentlichen Friedens** ist allerdings weder tautologischer Selbstzweck noch völlig unbeschränkte Leerformel mit freier Einfallmöglichkeit staatlicher Willkür, wie teilweise behauptet.[246] Einerseits sind die Friedlichkeit, plurale Freiheitlichkeit und daraus folgende Fortschrittsmöglichkeit zentralste prozedural allgemeingültige Zielfunktion des Staates (→ Rn. 4 ff.; → § 4 Rn. 9), andererseits sind sie unabdingbare Voraussetzung für dessen Funktionsfähigkeit. Vor allem demokratische Legitimation und Rückkopplung erfordert einen **gesicherten friedlichen Diskurs,** den geduldete undemokratische oder gar unfriedliche „Machtträume" dominiert von gewaltsamen und -bereiten Minderheiten verletzen.[247]

---

[239] Vgl. BGHZ 106, 67 = NJW 1989, 1212.
[240] Vgl. nur zB *Brunner*, Die Transformation der russischen Massenmedien von 1985 bis 2004, 2004; *Ungvari*, Die Entwicklung der Pressefreiheit in Ungarn seit Inkrafttreten des Mediengesetzes von 2011, 2020; *Urbán/Giegold*, https://bit.ly/2G8X7Mf; *Yesil*, Media in New Turkey, 2016.
[241] Vgl. auch weiterhin aktuell aus amerikanischer Sicht *Levitsky/Ziblatt*, How Democracies Die, 2018.
[242] Vgl. § 30 GWB.
[243] Vgl. insbesondere die Auseinandersetzungen um Art. 11 GRCh, *Jarass* GRCh Art. 11 Rn. 29 f., 38; *Sachs* in Stern GRCh Art. 11 Rn. 39 f.
[244] Vgl. *Fahrner* BJ 139 (2019), 105.
[245] Vgl. hier nur etwa BVerfGE 7, 198 = NJW 1958, 257; BVerfGE 93, 266 = NJW 1995, 3303; 2020, 2629.
[246] *Fischer*, Öffentlicher Friede und Gedankenäußerung, 1986, 635 ff. et passim; *Fischer* NStZ 1988, 159 (163) zur gefolgerten Tautologie.
[247] Vgl. *Habermas*, Faktizität und Geltung, 1990, 70, 98 ff., 138 ff.

1. Schutz des öffentlichen Friedens

Vor diesem Hintergrund sind die **Delikte zum Schutz des öffentlichen Friedens,** oft 78 neben individuellen Rechtsgütern, wie der Menschenwürde oder der sittlichen Freiheit individueller Lebenskonzepte, Selbstwahrnehmung und Selbstverwirklichung staatsschutzrelevant, namentlich in §§ 130, 166 ff. StGB, der öffentliche Friede grenzt hier gerade die, auch provokante, Teilnahme am friedlichen Diskurs unter Anerkenntnis der Regeln und der Würde des Gegenübers aus der Strafbarkeit aus. Gleiches gilt für Delikte gegen offene Gewalt, wie in den §§ 123 ff. StGB, sowie die weiteren Organisationsdelikte der §§ 128 ff. StGB bereits ohne ihre terroristische Qualifikation in §§ 129, 129a StGB (→ § 36 Rn. 62 ff.).

2. Schutz vor „positiv werbender" Propaganda

Dem gewissermaßen vorgelagert sind die **„positiv werbenden" organisatorische Propagandadelikte** in §§ 86, 86a StGB (→ § 37 Rn. 43 ff.) sowie der strafbare **Ungehorsam** gegen Auflösungsentscheidungen gem. §§ 84, 85 StGB und § 20 PartG im Hinblick auf (Ersatz-)Vereinigungen sowie § 84 Abs. 3 S. 2 StGB im Hinblick auf die Grundrechtverwirkung, der den Gesamtkontext zum Schutz der FDGO nochmals verdeutlicht. 79

3. Schutz vor Verunglimpfung

Schließlich sind auch die **Verunglimpfungsdelikte** (§§ 90 ff. StGB) hier einzuordnen 80 (→ § 37 Rn. 24 ff.), die aus Geschichte, Systematik und Sinn und Zweck richtigerweise weder irgendwelche Gefühlswelten noch allgemein gerade das Ansehen des Staates oder gar dessen „Ehre", sondern vielmehr dessen eng verstandene unabdingbare Autorität für und in der demokratisch-diskursiven Öffentlichkeit schützen.

E. Schutz der Europäischen Integration?

Während Art. 26 GG die Sicherung des Staatsziels der internationalen Friedlichkeit pönalisiert, fehlt eine vergleichbare Vorschrift für die europäische Integration, die letztlich davon eine besondere Konkretisierung darstellt.[248] In Erfüllung von Verpflichtungen gegenüber und im Unionsrecht, das selbst keine originäre Strafbegründungs- wohl aber eine Strafnormfindungskompetenz hat, sind die Delikte mit Schutzbezug zum Unionsrecht seit dem schrittweisen Entstehen der Union aus den Europäischen Gemeinschaften nach der deutschen Wiedervereinigung entstanden und gewachsen. 81

Der früheste Schutz der **Rationalität rechtsstaatlicher Entscheidungen** durch Erstreckung der Aussagedelikte vor Gerichten der Union, wurde erst 2008 ausdrücklich in § 162 Abs. 1 StGB verankert,[249] nachdem er entsprechend dem Assimilationsprinzip bereits anderweitig entsprechend erstreckt worden war.[250] War das Unionsrecht bereits von Beginn an als, namentlich durch die Grundfreiheiten, strafeinschränkend und im Nebenwirtschaftsstrafrecht relevant, stand vor allem seit Mitte der 1990er Jahre der ausdrückliche Schutz der **Ressourcen** bzw. finanziellen Interessen der Union im Fokus.[251] Dazu tritt jener des Euro als gesetzlicher Währung namentlich durch §§ 146 ff. StGB 82

---

[248] Vgl. auch *Fahrner* ZIS 2021, 365.
[249] Vgl. ausführlich *Sinn* NJW 2008, 3526; *Satzger,* Die Europäisierung des Strafrechts, 2001, 390 f.; *Hecker,* Europäisches Strafrecht, 2015, § 7 Rn. 7 ff.
[250] Art. 30 des Protokolls über die Satzung des Gerichtshofs der Europäischen Gemeinschaften v. 26.2.2001 (BGBl. 2001 II 1687); Art. EUGVFO Artikel 72 der Verfahrensordnung des Gerichts erster Instanz der Europäischen Gemeinschaften v. 2.5.1991 (ABl. EG L 136, 1 v. 30.5.1991).
[251] Namentlich in § 264 Abs. 8 Nr. 2 StGB, mittlerweile erweitert um das EUFinSchStG; BGBl. 2019 I 844 ff. zur Umsetzung der Richtlinie (EU) 2017/1371.

hinzu.²⁵² Die strafrechtliche Sicherung bürokratischer Entscheidungen und Vollzug des Unionsrechts kann als Zusammenfluss aus diesen Quellen betrachtet werden. Seit 2015 ist er im Begriff des **Europäischen Amtsträgers** gem. § 11 Abs. 1 Nr. 2a StGB gebündelt, an den unter anderem die Pflicht zum Schutz von Dienst- und Privatgeheimnissen und vor allem die Korruptionsdelikte und zT Vermögens- und Urkundendelikte gebunden sind.²⁵³

83 Die **demokratische Entscheidungsfindung durch Wahl** des Europäischen Parlaments gegen Korruption ist ebenfalls formal dem der Volksvertretungen innerhalb der Bundesrepublik gleichgestellt. Dem Assimilierungsprinzip ohne unmittelbare unionsrechtliche Verpflichtung folgend, erstrecken §§ 108d, 108e StGB den Schutz demokratischer Entscheidungsfindung auf die Ebene des Europäischen Parlaments und seiner Wahl. Hingegen fehlen den §§ 102 ff. StGB entsprechende Vorschriften gegen äußere Einwirkungen durch Gewalt und Zwang. Ebenso wenig von § 108d S. 2 StGB umfasst werden bislang europäische Bürgerbegehren, die ohnehin nur eine verbindliche Entscheidung vorbereiten, nicht aber treffen, da es keine Abstimmungen gibt, auf die sie sich beziehen könnten. Echte *transnationale* Wahlstraftaten bezüglich des Europaparlaments – also auch bezüglich der nicht in Deutschland gewählten Abgeordneten – sind weder durch den Wortlaut noch zwingend durch den Sinn der Vorschrift ausgeschlossen; angesichts des Ziels einer demokratisch unverfälschten Wahl zur Legitimierung des Parlaments und Verhinderung möglicher dafür wichtiger Strafbarkeitslücken kann die tradierte Gegenauffassung nicht mehr durchdringen, die auf unterschiedliche Wahlsystem und -durchführungszuständigkeiten rekurrieren will.²⁵⁴ Sie steht zudem in Widerspruch zur Einbeziehung *aller* Abgeordneten des Europaparlaments in § 108e Abs. 3 Nr. 4 StGB.²⁵⁵ Warum die Beeinflussung der demokratischen verbindlichen (Mit-)Entscheidungen des Parlaments nur korruptiv in diesem und nicht außerhalb durch Wahlen in anderen Mitgliedsstaaten strafbar sein sollte, erschließt sich unter den Zwecken der demokratischen Legitimation und ihrer Friedensfunktion jedenfalls bei der heutigen Bedeutung der Institution als regelmäßig gleichrangige Unionslegislative unmittelbar geltender Normen mit Gesetzescharakter nicht.

84 Die Bekämpfung „schwerer staatsgefährdender Gewalttaten" in §§ 89a ff. StGB greift in (überschießender) Umsetzung der internationalen und daraus europäischen **Terrorismusbekämpfung** der Richtline 2017/541 in den supranationalen Bereich hinaus, indem sie *„Bestand und Sicherheit einer internationalen Organisation"* neben die von Staaten in den Schutzbereich mit einbeziehen will. Dabei kann, um den Schutz nicht unbestimmt und unverhältnismäßig weit zu ziehen, nur die Europäische Union, wenn nicht auch die NATO verstanden als Gemeinschaft ihrer Mitglieder, erfasst sein.²⁵⁶ Gerade im Terrorismusstrafrecht ist auch das Gebiet der Mitgliedsstaaten der Union insgesamt Bezugsrahmen.²⁵⁷

85 Mit § 90c StGB nF schließlich werden über die Flagge und Hymne der Union nunmehr ihre **zentralen Symbole** analog zu denen von Bund und Ländern bei § 90a Abs. 1 Nr. 2, Abs. 2 StGB zu Schutzobjekten. Darin liegt allerdings zwingend die *ratio* des Schutzes des

---

²⁵² Vgl. nur *Heger* in Lackner/Kühl StGB § 146 Rn. 2; *Fischer* StGB vor § 146 Rn. 1; *Vogel* ZRP 2002, 7 (9).
²⁵³ § 203 Abs. 1 Nr. 1, §§ 331 ff., 353b Abs. 1 Nr. 4, Abs. 4 S. 2 Nr. 3 StGB; daneben die Strafbegründung und -schärfung im Hinblick auf individuelles oder öffentliches Vermögen und Urkundenfälschungen (§ 263 Abs. 3 S. 2 Nr. 4; § 264 Abs. 2 S. 2 Nr. 2, 3; § 267 Abs. 3 S. 2 Nr. 4 StGB).
²⁵⁴ Ebenso überzeugend *Zimmermann* ZIS 2011, 982 (983), aA etwa *Müller* in MüKoStGB StGB § 108d Rn. 2; *Eser* in Schönke/Schröder StGB § 108d Rn. 2 sämtlich aufbauend auf einer durch die weitere Integration wohl richtigerweise überholten Entscheidungen des BGH NJW 1993, 1019 (1021) zu Kommunalwahlen in der DDR; den Unterschied in der demokratischen Legitimationskette – ebenfalls nicht schlüssig – differenzierend hingegen *Eser* in Schönke/Schröder StGB § 108e Rn. 10.
²⁵⁵ Vgl. etwa *Fischer* StGB § 108e Rn. 12; *Müller* in MüKoStGB StGB § 108e Rn. 20.
²⁵⁶ Vgl. *Fahrner* StaatsschutzR § 26 Rn. 6, § 27 Rn. 5; aA → § 36 Rn. 9 f.
²⁵⁷ § 89a Abs. 3, 4, § 89b Abs. 3, 4 Nr. 2, § 89c Abs. 3, 4, § 129b StGB.

demokratischen Rechtsstaats vor Gefährdungen, mithin seines Bestands und seiner Verfassungsordnung vor allem vor Beschädigungen der demokratischen Öffentlichkeit.[258] Legitimation erhielt dies im Gesetzgebungsverfahren vor allem durch Verweis auf die **unmittelbaren Hoheitsausübungen** der Union und ihre demokratischen und rechtsstaatlichen Funktionsweisen. Damit wird sie allerdings immer weiter, entgegen der Entscheidung im Lissabon-Vertrag gegen jede Staatlichkeitssymbolik, im Sinne der Staatslehre einem solchen angenähert.

Einen eigenen **EU-Hochverrat** im deutschen Staatsschutzrecht gibt es, dem Assimilierungsgebot ungeachtet, indes (noch?) nicht. Bedenkenswert erscheint allerdings, ob die **Union mittlerweile zur deutschen verfassungsmäßigen Ordnung zu zählen** ist. Diese hätte zur Folge, dass nicht nur gewaltsame Unternehmungen, Deutschland aus der Union zu lösen, unter § 81 Abs. 1 Nr. 2 StGB fallen, sondern auch im Vorfeld namentlich § 85 Abs. 1 Nr. 2, § 90a Abs. 1 Nr. 1 StGB eingreifen könnten, soweit nicht alleine ein verfahrenskonformer Austritt angestrebt wäre. Für jene, die lediglich die Grundsätze des § 92 Abs. 2 StGB oder des Art. 79 Abs. 3 GG darin geschützt sehen wollen (→ s. o. Rn. 57), ist dies auszuschließen, wenn nicht zugleich etwa das Demokratieprinzip dadurch verletzt wäre. Allerdings erscheint angesichts der demokratisch-rechtsstaatlich und nach außen abschirmend staatsähnlichen Funktion der Union durchaus fraglich, ob ihr nicht eine solche Qualität zukommen kann bzw. muss. Weshalb der gewaltsame Angriff auf den Bestand „*von der Union her gedacht*" durch § 89a StGB etc geschützt ist, „*von innen*" hingegen nicht, erscheint angesichts der Fülle des erreichten strafrechtlichen Schutzes der Union als Spiegel ihrer Bedeutung für die deutsche Verfassungsordnung durchaus zu hinterfragen, auch wenn etwa Repräsentanten und Organe der Union gegen Nötigung und Ehrangriffe weiterhin nur durch das allgemeine Strafrecht geschützt werden. 86

F. Perspektiven

De lege ferenda sieht sich das Kernstaatsschutzstrafrecht unter wellenförmigem Expansionsdruck seitens eines nationalen Gesetzgebers, der aus konkreten Anlässen etwa bei terroristischen Anschlägen oder im „*Symbolschutz/-verbot*" von Flaggen etc gegen „*schlimme Bilder*" auch symbolhaft motiviert scheint.[259] Entsprechend gering wirken entsprechende anlassbezogenen (Ent-)Kriminalisierungen, etwa in §§ 89a ff., 90 ff., 102 ff. StGB, systematisch, nachhaltig und belastbar. Dies war allerdings stets ein Kennzeichen des Vorfeld-Staatsschutzstrafrechts. Auch über internationale und europäische Normsetzungen werden einseitige Sicherheitsinteressen unter Prozessen der *Securitization* (→ s. § 6 Rn. 13) transportiert, welche die innere demokratische Freiheitlichkeit des rechtsstaatlichen Gemeinwesens herausfordern. Dessen ungeachtet, erweist sich der Kern des Staatsschutzrechts als langfristig weitgehend konstant, sieht man vor allem von seinem wohl noch nicht ganz abgeschlossenen andauernden Prozess der Europäisierung ab. Bemerkenswert scheint indes, dass der Gesetzgeber, trotz wahrnehmbarer europäischer und internationaler Problemlagen weiterhin lediglich mit Regulierungsversuchen an den Grenzen der Kommunikationsfreiheit reagiert. Gleichzeitig scheint er vor der strafrechtlichen Absicherung der eigentlichen demokratischen Rückkopplungsprozesse – namentlich gegenüber Medienmacht und Manipulationen im Vorfeld von Wahlen durch „Eliteakteure", zB bei „Vorwahlen" in den Parteien – gänzlich zurückzuschrecken. Gerade dadurch scheint die Resilienz, wenn nicht potentiell Akzeptanz der streitbaren Demokratie ebenso latent gefährlich wie vermeidbar vermindert. 87

---

[258] Vgl. *Fahrner* ZIS 2021, 365.
[259] Vgl. *Fahrner* ZIS 2021, 365.

§ 34 Angriffe auf Verkehr und Infrastruktur

David Albrecht

Übersicht

	Rn.
A. Einführung	1
B. Die Straftatbestände im Einzelnen	2
I. Delikte gegen Anlagen und Betriebe	2
1. Störung öffentlicher Betriebe, § 316b StGB	3
a) Tatobjekte	5
b) Tathandlungen	9
c) Tatererfolg	12
d) Subjektiver Tatbestand	13
e) Besonders schwere Fälle, § 316b Abs. 3 StGB	14
f) Konkurrenzen	16
2. Zerstörung wichtiger Arbeitsmittel, § 305a StGB	17
a) Tatobjekte	18
b) Tathandlung	23
c) Subjektiver Tatbestand	24
d) Konkurrenzen	25
3. Störung von Telekommunikationsanlagen, § 317 StGB	26
a) Tatobjekt	28
b) Tathandlungen	32
c) Tatererfolg	33
d) Subjektiver Tatbestand	34
e) Konkurrenzen	36
4. Beschädigung wichtiger Anlagen, § 318 StGB	37
a) Tatobjekte	38
b) Tathandlungen	41
c) Tatererfolg	42
d) Subjektiver Tatbestand	43
e) Erfolgsqualifikationen, § 318 Abs. 3 und 4 StGB	45
f) Tätige Reue, § 320 StGB	47
g) Konkurrenzen	48
II. Delikte gegen die digitale Infrastruktur	49
1. Ausspähen von Daten, § 202a StGB	51
a) Tatobjekt	52
b) Tathandlung	57
c) Subjektiver Tatbestand	60
d) Konkurrenzen	61
e) Prozessuales	62
2. Abfangen von Daten, § 202b StGB	63
a) Tatobjekt	64
b) Tathandlung	68
c) Subjektiver Tatbestand	70
d) Konkurrenzen	71
e) Prozessuales	72
3. Datenveränderung, § 303a StGB	73
a) Tatobjekt	74
b) Tathandlungen	75
c) Subjektiver Tatbestand	82
d) Konkurrenzen	83
e) Prozessuales	84
4. Computersabotage, § 303b StGB	85
a) Tatobjekt	86

	Rn.
b) Tathandlung	89
c) Tatcrfolg	92
d) Subjektiver Tatbestand	93
e) Besonders schwere Fälle, § 303b Abs. 4 StGB	94
f) Konkurrenzen	95
g) Prozessuales	96
5. Vorbereitungstaten, § 202c StGB	97
III. Verkehrsdelikte	104
1. Gefährliche Eingriffe in den Verkehr, §§ 315, 315b	106
a) Geschützte Verkehrsarten	110
b) Tathandlungen	112
c) Taterfolg	117
d) Subjektiver Tatbestand	118
e) Qualifikationstatbestände, § 315 Abs. 3 StGB, § 315b Abs. 3 StGB	121
f) Konkurrenzen	122
2. Angriffe auf den Luft- und Seeverkehr, § 316c StGB	123
a) Tatobjekte	125
b) Tathandlungen	128
c) Subjektiver Tatbestand	130
d) Erfolgsqualifikation, § 316c Abs. 3 StGB	134
e) Strafbare Vorbereitungshandlungen, § 316c Abs. 4 StGB	135
f) Konkurrenzen	136

Wichtige Literatur:
Bernstein, F., § 316b – Störung öffentlicher Betriebe, 1990; *Dann, M./Gastell, R.,* Geheime Mitarbeiterkontrollen: Straf- und arbeitsrechtliche Risiken bei unternehmensinterner Aufklärung, NJW 2008, 2945; *Ellbogen, K./Schneider, F.,* Blendattacken mit Laserpointern, NZV 2011, 63; *Ernst, S.,* Hacker und Computerviren im Strafrecht, NJW 2003, 3233; *Fahrner, M.,* Staatsschutzstrafrecht, 2019; *Geppert, K.,* Der gefährliche Eingriff in den Straßenverkehr (§ 315b StGB), JURA 1996, 639; *Geppert, K.,* Die Brandstiftungsdelikte (§§ 306 bis 306f StGB) nach dem Sechsten Strafrechtsreformgesetz, JURA 1998, 597; *v. Gravenreuth, G. W.,* Computerviren, Hacker, Datenspione, Crasher und Cracker – Überblick und rechtliche Einordnung, NStZ 1989, 201; *Gröseling, N./Höfinger, F. M.,* Hacking und Computerspionage – Auswirkungen des 41. StrÄndG zur Bekämpfung der Computerkriminalität, MMR 2007, 549; *Hahn, B.,* Telefon als öffentliche Einrichtung – Anm. zu BGH Urt. v. 10.8.1993 – 1 StR 168/93, NStZ 1994, 190; *Herzog, W.,* Telefonterror (fast) straflos?, GA 1975, 257; *Hilgendorf, E.,* Grundfälle zum Computerstrafrecht, JuS 1996, 702; *Hilgendorf, E./Valerius, B.,* Computer- und Internetstrafrecht, 2. Aufl. 2012; *Hruschka, J.,* Die Blockade einer Autobahn durch Demonstranten – eine Nötigung?, NJW 1996, 160; *Krause, F.-W.,* Gefährdung des Fernmeldebetriebs durch Störung eines privaten Anschlusses – Anm. zu BGHSt 25, 370, JR 1975, 380; *Kretschmer, J.,* Strafrechtliche Zahlenrätsel: Auf der Suche nach großen und anderen Zahlen, FS Herzberg, 2008, 827; *Kunert, K. H./Bernsmann, K.,* Neue Sicherheitsgesetze – mehr Rechtssicherheit? – Zu dem Gesetz zur Änderung des Strafgesetzbuches, der Strafprozeßordnung und des Versammlungsgesetzes und zur Einführung einer Kronzeugenregelung bei terroristischen Straftaten vom 9.6.1989 (BGBl I, 1059), NStZ 1989, 449; *Lenckner, T./Winkelbauer, W.,* Computerkriminalität – Möglichkeiten und Grenzen des 2. WiKG (Teil I), CR 1986, 483; *Marberth-Kubicki, A.,* Internet und Strafrecht, DRiZ 2007, 212; *Möhrenschlager, M.,* Das neue Computerstrafrecht, wistra 1986, 128; *Mühlenbrock, T./Sesing, A.,* Anmerkung zum Urteil des LG Mannheim vom 16.5.2008 (1 S 189/07, MMR 2008, 765) – Anscheinsbeweis bei Phishing-Attacken, MMR 2008, 765; *Radtke, H.,* Das Brandstiftungsstrafrecht des 6 Strafrechtsreformgesetzes – eine Annäherung, ZStW 110, 848; *Rübenstahl, M./Debus, S.,* Strafbarkeit verdachtsabhängiger E-Mail- und EDV-Kontrollen bei Internal Investigations?, NZWiSt 2012, 129; *Schlüchter, E.,* Zweckentfremdung von Geldspielgeräten durch Computermanipulationen, NStZ 1988, 53; *Schmid, R.,* Die Verkehrsbeeinträchtigungen der §§ 315, 315a StGB aus der Sicht des Luftverkehrs, NZV 1988, 125; *Schmittmann, J. M.,* Telefon als öffentliche Einrichtung – Anm. zu BGH, Urt. v. 10.8.1993 – 1 StR 168/93, NStZ 1994, 587; *Schmitz, R.,* Ausspähen von Daten, § 202a StGB, JA 1995, 478; *Schumann, K. H.,* Das 41. StrÄndG zur Bekämpfung der Computerkriminalität, NStZ 2007, 675; *Schuster, F. P.,* IT-gestützte interne Ermittlungen in Unternehmen – Strafbarkeitsrisiken nach den §§ 202a, 206 StGB, ZIS 2010, 68; *Sittig, M./Brünjes, N.,* Zur Strafbarkeit beim Einsatz von Trojanern, StRR 2012, 127; *Weißgerber, M.,* Das Einsehen kennwortgeschützter Privatdaten des Arbeitnehmers durch den Arbeitgeber, NZA 2003, 1005; *Wille, J.,* Die Verfolgung strafbarer Handlungen an Bord von Schiffen und Luftfahrzeugen, 1974.

A. Einführung

1 Wirksamer Staatsschutz bedingt stets auch den Schutz der zur Gewährleistung der staatlichen Aufgabenerfüllung notwendigen Infrastruktur. Hierzu zählen neben versorgungs- und sicherheitsrelevanten baulichen Anlagen insbesondere Telekommunikationsmittel, informationstechnische Systeme und Verkehrsmittel. Das Strafrecht stellt Angriffe gegen in dieser Hinsicht bedeutsame Infrastruktur nicht durch einen einheitlichen, dem Staatsschutzstrafrecht[1] zuzuordnenden Tatbestand unter Strafe. Stattdessen enthält das StGB in unterschiedlichen Abschnitten Strafnormen, die dem Schutz bestimmter Elemente öffentlicher und/oder privater Infrastruktur dienen. Angesprochen sind damit insbesondere die im Nachfolgenden näher erläuterten Tatbestände, die sich in Delikte gegen Anlagen und Betriebe, Delikte gegen die digitale Infrastruktur sowie Verkehrsdelikte unterteilen lassen. Die hier vorgenommene Auswahl an Straftatbeständen bildet freilich nicht das gesamte Spektrum denkbarer Arten von Angriffen gegen staatsschutzrelevante Infrastruktur ab, sie erfasst aber typische Fälle, in denen ein Täter den Bestand, die Sicherheit und/oder die Funktionsfähigkeit derartiger Infrastruktur zu beeinträchtigen sucht.

B. Die Straftatbestände im Einzelnen

I. Delikte gegen Anlagen und Betriebe

2 Anlagen, Betriebe und Arbeitsmittel, die der öffentlichen Versorgung und/oder Sicherheit zu dienen bestimmt sind, stehen aufgrund ihrer Bedeutung für die Allgemeinheit strafrechtlich unter besonderem Schutz. Das StGB enthält in diesem Zusammenhang im 28. Abschnitt (Gemeingefährliche Straftaten) die Straftatbestände der Störung öffentlicher Betriebe gem. § 316b StGB, der Störung von Telekommunikationsanlagen nach § 317 StGB und der Beschädigung wichtiger Anlagen nach § 318 StGB. Gesetzessystematisch den Sachbeschädigungsdelikten zugeordnet, ihrem Sinn und Zweck nach jedoch ebenfalls eine Allgemeininteressen schützende Vorschrift ist der Tatbestand der Zerstörung wichtiger Arbeitsmittel nach § 305a StGB.[2] Gemeinsames Schutzgut dieser Tatbestände ist die Funktionsfähigkeit der öffentlichen Daseinsvorsorge in ihrer jeweiligen spezifischen Ausprägung.[3] Darüber hinaus dienen die Tatbestände jeweils dem Schutz weiterer Rechtsgüter wie der öffentlichen Sicherheit und Ordnung (§§ 305a, 316b StGB) oder dem Leben und der Gesundheit von Menschen (§ 318 StGB).[4] Der Gesetzgeber hat davon abgesehen, einen allgemeinen Straftatbestand der Betriebssabotage zu schaffen und stattdessen spezifische Angriffsarten durch eine Reihe von Sondertatbeständen erfasst. Diese stellen mitunter auch eine Reaktion auf bestimmte erkannte Kriminalitätsphänomene im Bereich des Terrorismus dar.[5] Die Bedeutung dieser Strafvorschriften in der justiziellen Praxis ist indes vergleichsweise gering.[6]

1. Störung öffentlicher Betriebe, § 316b StGB

3 Wegen Störung öffentlicher Betriebe macht sich nach § 316b Abs. 1 StGB strafbar, wer den Betrieb

1. von Unternehmen oder Anlagen, die der öffentlichen Versorgung mit Postdienstleistungen oder dem öffentlichen Verkehr dienen,

---

[1] Zur Begrifflichkeit s. *Fahrner* StaatsschutzStrafR 31 ff.
[2] *Wieck-Noodt* in MüKoStGB StGB § 305a Rn. 1.
[3] Vgl. BGH NJW 1983, 1437; *Wieck-Noodt* in MüKoStGB StGB § 318 Rn. 1.
[4] BGH NJW 1983, 1437; *Hecker* in Schönke/Schröder StGB § 305a Rn. 1; *Wolters* in SK-StGB StGB § 316b Rn. 2; *Heger* in Lackner/Kühl StGB § 317 Rn. 1; *Wieck-Noodt* in MüKoStGB StGB § 318a Rn. 1.
[5] Vgl. etwa zu § 305a StGB: *Wieck-Noodt* in MüKoStGB StGB § 305a Rn. 7.
[6] Vgl. *Wieck-Noodt* in MüKoStGB StGB § 305a Rn. 3, § 316b Rn. 3.

2. einer der öffentlichen Versorgung mit Wasser, Licht, Wärme oder Kraft dienenden Anlage oder eines für die Versorgung der Bevölkerung lebenswichtigen Unternehmens oder
3. einer der öffentlichen Ordnung oder Sicherheit dienenden Einrichtung oder Anlage

dadurch verhindert oder stört, dass er eine dem Betrieb dienende Sache zerstört, beschädigt, beseitigt, verändert oder unbrauchbar macht oder die für den Betrieb bestimmte elektrische Kraft entzieht.

§ 316b Abs. 2 StGB stellt die versuchte Tatbegehung unter Strafe. In besonders schweren 4 Fällen sieht § 316b Abs. 3 StGB eine Erhöhung des Strafrahmens vor und benennt als Regelbeispiel eine Tat, durch die die Versorgung der Bevölkerung mit lebenswichtigen Gütern, insbesondere mit Wasser, Licht, Wärme oder Kraft, beeinträchtigt wird.

a) Tatobjekte. Der öffentlichen Versorgung mit Postdienstleistungen iSv § 316b Abs. 1 5 Nr. 1 StGB dienen Unternehmen und Anlagen, wenn sie eine Funktion im Zusammenhang mit der Versendung, dem Transport oder der Zustellung von Briefen und Paketen haben.[7] Nicht erfasst sind dagegen der Telekommunikationsverkehr (E-Mail, Chat-Verkehr, Telefonie) oder der Postbankverkehr.[8] Der öffentliche Verkehr im Sinne der Vorschrift umfasst den für die Allgemeinheit zugänglichen Straßen-, Luft-, Schienen- und Schiffsverkehr.[9]

Die Postdienstleistungen müssen der öffentlichen Versorgung dienen und der Verkehr 6 muss öffentlich, dh für jedermann zugänglich, sein. Ersteres ist etwa bei der Hauspost von Unternehmen nicht der Fall. Dem öffentlichen Verkehr dienen Unternehmen und Anlagen, wenn sie grundsätzlich der Allgemeinheit zur Verfügung stehen und zwar nach zutreffender Auffassung auch dann, wenn sie zum Tatzeitpunkt vorübergehend ganz oder teilweise nur für einen bestimmten Verkehrsvorgang verwendet werden, etwa zum Transport von radioaktivem Abfall durch sog. Castor-Transporte.[10] Unerheblich ist es, ob der Leistungserbringer öffentlich-rechtlich oder privatrechtlich organisiert ist und ob er im Eigentum der öffentlichen Hand steht.[11] Zu den Verkehrsunternehmen zählen beispielsweise die Bahngesellschaften, Busunternehmen und Schifffahrtsunternehmen. Verkehrsanlagen sind etwa Gleisanlagen, Signalanlagen und Schleusen.[12]

§ 316b Abs. 1 Nr. 2 StGB der Vorschrift schützt Anlagen und Unternehmen, die der 7 öffentlichen Versorgung mit Energien wie Wasser, Licht, Wärme oder Kraft dienen und Versorgungsunternehmen, die die Bevölkerung mit lebenswichtigen Gütern versorgen. Erfasst werden wiederum sowohl öffentliche als auch im Privateigentum stehende Anlagen und Unternehmen, sofern sie der öffentlichen Versorgung dienen. Für die Versorgung der Bevölkerung lebenswichtig ist ein Unternehmen, wenn seine Stilllegung die Lebensinteressen der Allgemeinheit in Gefahr bringt. Das ist beispielsweise der Fall bei Krankenhäusern, Pharmaherstellern oder Blut-, Organ- und Gewebebanken.[13] Darüber hinaus zählt die hM etwa auch Großmarkthallen, Milchhofzentralen und Schlachthofbetriebe hierzu.[14]

Der öffentlichen Ordnung oder Sicherheit dienende Einrichtungen oder Anlagen iSd 8 Nr. 3 sind solche, die zumindest auch die Gefahrenabwehr bezwecken. Sie müssen, auch wenn dies die Regel darstellt, nicht zwingend in öffentlicher Trägerschaft stehen, weshalb neben staatlichen und kommunalen Einrichtungen und Anlagen etwa der Polizei, Ord-

---

[7] *Hecker* in Schönke/Schröder StGB § 316b Rn. 2.
[8] *Wolters* in SK-StGB StGB § 316b Rn. 6.
[9] *Wolters* in SK-StGB StGB § 316b Rn. 7.
[10] OLG Celle NStZ 2013, 720 (722); vgl. auch BVerfG NVwZ 2006, 583 (584); *Wolters* in SK-StGB StGB § 316b Rn. 4; *Fischer* StGB § 316b Rn. 3; aA *Hecker* in Schönke/Schröder StGB § 316b Rn. 3; *Zieschang* in NK-StGB StGB § 316b Rn. 17.
[11] *Ernemann* in Satzger/Schluckebier/Widmaier StGB § 316b Rn. 3.
[12] *Wieck-Noodt* in MüKoStGB § 316b Rn. 11 f.
[13] *Hecker* in Schönke/Schröder StGB § 303a Rn. 4.
[14] *Ernemann* in Satzger/Schluckebier/Widmaier StGB § 316b Rn. 4.

nungsbehörden, des Technischen Hilfswerks oder der Berufsfeuerwehren auch solche des Roten Kreuzes und der freiwilligen Feuerwehren umfasst sind.[15]

9 **b) Tathandlungen.** Der Täter muss eine dem Betrieb dienende Sache zerstören, beschädigen, beseitigen, verändern oder unbrauchbar machen oder die für den Betrieb bestimmte elektrische Kraft entziehen.

10 Die Tathandlungen des Zerstörens und Beschädigens sind gleichbedeutend mit denjenigen der Sachbeschädigung nach § 303 Abs. 1 StGB. Eine Sache ist zerstört, wenn infolge der unmittelbaren Einwirkung des Täters entweder ihre Substanz vernichtet oder ihre bestimmungsgemäße Brauchbarkeit vollständig aufgehoben wird.[16] Eine Beschädigung liegt in jeder Substanzverletzung oder Minderung der Brauchbarkeit einer Sache durch körperliche Einwirkung auf diese.[17] Eine Sache beseitigt, wer sie der Gebrauchsmöglichkeit des Berechtigten entzieht.[18] Verändern bedeutet das Herbeiführen eines vom bisherigen Zustand abweichenden Zustands. Unbrauchbarmachen meint jede wesentliche Minderung der bestimmungsgemäßen Funktionsfähigkeit durch Einwirken auf die Sachsubstanz.[19]

11 Die Tathandlung der Entziehung der für den Betrieb bestimmten elektrischen Kraft betrifft nur die Versorgung eines Betriebs mit Strom, nicht auch mit anderen Energieträgern.[20] Die elektrische Kraft wird entzogen, wenn die Stromzufuhr – sei es durch Ableiten oder Unterbrechen – soweit vermindert wird, dass der noch fließende Strom für den (uneingeschränkten) Betrieb nicht mehr ausreicht.[21]

12 **c) Taterfolg.** Taterfolg ist das Verhindern oder Stören des Betriebs. Verhindern bedeutet, dass der mit dem Betrieb verfolgte Zweck dauerhaft oder vorübergehend überhaupt nicht mehr verwirklicht werden kann, indem beispielsweise die Turbinen eines Kraftwerks zerstört werden. Ein Stören liegt vor, wenn die ordnungsgemäße Fortführung des Betriebs nicht unerheblich beeinträchtigt ist.[22] Wann eine Beeinträchtigung erheblich ist, hängt von der Ausstattung und Organisation der Einrichtung ab.[23] Nach der Rechtsprechung führt etwa die Beschädigung eines Polizeifahrzeugs, selbst wenn sie eine zweitägige Reparatur erfordert, nicht zwingend zu einer Störung des Betriebs.[24] Werden Waffen einer Dienststelle der Polizei zerstört, soll die Erheblichkeitsschwelle dagegen überschritten sein.[25]

13 **d) Subjektiver Tatbestand.** Der Tatbestand des § 316b Abs. 1 StGB erfordert zumindest bedingten Vorsatz (§ 15 StGB). Der Täter muss also die Umstände, die den objektiven Tatbestand erfüllen, für möglich halten und in Kauf nehmen.[26] Der Vorsatz muss sich auf sämtliche verwirklichte Elemente des objektiven Tatbestands erstrecken, insbesondere auch auf den Eintritt des Taterfolgs, die Verhinderung oder Störung des Betriebs. Dies gilt auch dann, wenn die Tathandlung lediglich im Zerstören oder Beschädigen eines Hilfsmittels besteht. Es genügen Tatsachenkenntnis und, soweit Tatbestandsmerkmale eine Wertung erfordern, deren laienhafte wertungsmäßige Erfassung durch den Täter. Dies gilt namentlich in Bezug auf die Tatobjekte und deren Zwecksetzung.[27] Nicht erforderlich ist es dagegen, dass der Täter den Sachverhalt zutreffend unter die Tatbestandsvoraussetzungen subsumiert. Nimmt er insoweit eine fehlerhafte rechtliche Wertung vor, handelt er bei-

---

[15] *Hecker* in Schönke/Schröder StGB § 303a Rn. 5; BGH StraFo 2021, 258 ff. (Geschwindigkeitsmessvorrichtungen).
[16] *Zaczyk* in NK-StGB StGB § 303 Rn. 9.
[17] *Saliger* in Satzger/Schluckebier/Widmaier StGB § 303 Rn. 5.
[18] OLG Koblenz VRS 46, 33 (35).
[19] BGHSt 58, 253 (260 f.) = NJW 2013, 2916.
[20] *Hecker* in Schönke/Schröder StGB § 303a Rn. 8.
[21] *Ernemann* in Satzger/Schluckebier/Widmaier StGB § 316b Rn. 6.
[22] BT-Drs. IV/650, 512.
[23] BGHSt 31, 185 (188 f.) = NJW 1983, 1437.
[24] BGHSt 31, 185 (188) = NJW 1983, 1437.
[25] BGHSt 31, 1 (3) = NJW 1982, 1655.
[26] OLG Koblenz VRS 46, 33 (35).
[27] *Wieck-Noodt* in MüKoStGB StGB § 316b Rn. 32.

spielsweise in der Vorstellung, dass Unternehmen, die dem öffentlichen Verkehr iSd § 316b Abs. 1 Nr. 1 StGB dienen, nur solche, die im Eigentum der öffentlichen Hand stehen, steht dies als bloßer Verbotsirrtum (§ 17 StGB) der Annahme von Vorsatz nicht entgegen.

e) Besonders schwere Fälle, § 316b Abs. 3 StGB. § 316b Abs. 3 StGB sieht eine 14 Strafschärfung bei besonders schweren Fällen vor. Ein solcher ist in der Regel anzunehmen, wenn der Täter durch die Tat die Versorgung der Bevölkerung mit lebenswichtigen Gütern, insbesondere mit Wasser, Licht, Wärme oder Kraft, beeinträchtigt. Das Regelbeispiel wiederholt die Tatbestandsmerkmale des § 316b Abs. 1 Nr. 2 StGB und erweitert diese um das Merkmal „beeinträchtigt" und setzt damit zusätzlich den Eintritt einer tatsächlichen Gefährdung der Versorgungslage der Bevölkerung voraus. Die Strafnorm erhält dadurch auf Strafzumessungsebene das Gepräge eines konkreten Gefährdungsdelikts. Die vorausgesetzte Beeinträchtigung muss nach der gesetzlichen Formulierung nicht besonders schwerwiegend sein oder gar eine regelrechte Versorgungskrise bei der Bevölkerung mit lebenswichtigen Gütern zur Folge haben.[28] Nach der Gesetzesbegründung liegt eine Beeinträchtigung der Versorgungssituation der Bevölkerung im Sinne des Regelbeispiels etwa beim Ausfall der Strom-, Wärme- oder Wasserversorgung in einem Stadtteil, einer Gemeinde, in einem Krankenhaus oder in ähnlich lebenswichtigen Einrichtungen vor.[29]

Über dieses vom Gesetz benannte Regelbeispiel hinaus kann eine Strafschärfung auch in 15 anderen, in ihrer Schwere vergleichbaren Fällen angezeigt sein. So etwa, wenn die Tat anders geartete, jedoch vergleichbar gravierende Folgen für die tatsächliche Versorgungslage der Bevölkerung mit lebenswichtigen Gütern oder Dienstleistungen hat.[30]

f) Konkurrenzen. Tateinheit ist mit einer Reihe von Straftatbeständen möglich, zB Verfassungsfeindlicher Sabotage (§ 88 StGB), Nötigung von Verfassungsorganen (§ 105 StGB), Nötigungs-, Diebstahl- und Sachbeschädigungsdelikten sowie den verkehrsbezogenen Tatbeständen der §§ 315, 315b, § 316c StGB. Auch mit § 317 StGB kann § 316b StGB in Tateinheit stehen.[31] § 316b StGB verdrängt die Tatbestände der §§ 87, 304 und 305a StGB[32] im Wege der Gesetzeskonkurrenz. § 316b StGB hingegen wird verdrängt von § 109e StGB.[33]

2. Zerstörung wichtiger Arbeitsmittel, § 305a StGB

Wegen Zerstörung wichtiger Arbeitsmittel nach § 305a Abs. 1 StGB macht sich strafbar, 17 wer rechtswidrig
1. ein fremdes technisches Arbeitsmittel von bedeutendem Wert, das für die Errichtung einer Anlage oder eines Unternehmens iSd § 316b Abs. 1 Nr. 1 oder 2 oder einer Anlage, die dem Betrieb oder der Entsorgung einer solchen Anlage oder eines solchen Unternehmens dient, von wesentlicher Bedeutung ist, oder
2. ein für den Einsatz wesentliches technisches Arbeitsmittel der Polizei, der Bundeswehr, der Feuerwehr, des Katastrophenschutzes oder eines Rettungsdiensts, das von bedeutendem Wert ist, oder
3. ein Kraftfahrzeug der Polizei, der Bundeswehr, der Feuerwehr, des Katastrophenschutzes oder eines Rettungsdienstes

ganz oder teilweise zerstört. § 305a Abs. 2 StGB ordnet die Strafbarkeit des Versuchs an.

---

[28] Vgl. dazu *Kunert/Bernsmann* NStZ 1989, 449 (452).
[29] BT-Drs. 11/2834, 10; krit. *Kunert/Bernsmann* NStZ 1989, 449 (452).
[30] Vgl. BR-Drs. 563/86, 13 f.
[31] *Bernstein*, § 316b – Störung öffentlicher Betriebe, 1990, 158 ff.; differenzierend *König* in LK-StGB StGB § 316b Rn. 38.
[32] *Wolters* in SK-StGB StGB § 316b Rn. 17.
[33] *Hecker* in Schönke/Schröder StGB § 316b Rn. 11; für Tateinheit dagegen *Zieschang* in NK-StGB StGB § 316b Rn. 27.

18 **a) Tatobjekte.** Die Tatvariante des § 305a Abs. 1 Nr. 1 StGB knüpft an den Tatbestand der Störung öffentlicher Betriebe gem. § 316b Abs. 1 StGB an und stellt diesbezügliche Vorfeldhandlungen unter Strafe.[34] Tatbestandsmäßig ist die Zerstörung eines fremden, dh zumindest im Miteigentum einer anderen Person als dem Täter stehenden,[35] technischen Arbeitsmittels von bedeutendem Wert, das für die Errichtung einer Anlage oder eines Unternehmens iSd § 316b Abs. 1 Nr. 1 oder 2 StGB oder einer Anlage, die dem Betrieb oder der Entsorgung einer solchen Anlage oder eines solchen Unternehmens dient, von wesentlicher Bedeutung ist.

19 Der Gesetzgeber hat den Begriff des technischen Arbeitsmittels aus § 2 Abs. 1 S. 1 des Gerätesicherheitsgesetzes vom 24.6.1968[36] übernommen, der das Merkmal definiert als jeden aufgrund technischer Erfahrungen hergestellten Gegenstand, der geeignet und dazu bestimmt ist, die Arbeitsvorgänge bei der Errichtung von Anlagen und Unternehmen zu ermöglichen oder zu erleichtern, vor allem Werkzeuge, Arbeitsgeräte, Arbeits- und Kraftmaschinen, Hebe- und Fördereinrichtungen sowie Beförderungsmittel.[37] Wann ein technisches Arbeitsmittel von bedeutendem Wert ist, ist umstritten. Weitgehend Einigkeit bestand allerdings darüber, dass es maßgeblich auf den wirtschaftlichen Verkehrswert der Sache ankommt, dh weder auf den (ohnehin kaum zu beziffernden) funktionellen Wert des Arbeitsmittels für den Eigentümer oder die Allgemeinheit, noch auf die Kosten einer infolge der Tat erforderlichen Reparatur.[38] Die Untergrenze eines „bedeutenden" Werts wird vielfach innerhalb der Spanne von 1.000 bis 1.500 EUR angesetzt.[39] Zum Teil wird angenommen, dass der hälftige Betrag „eines durchschnittlichen monatlichen Nettoeinkommens" maßgeblich sein soll.[40]

20 Von wesentlicher Bedeutung für die Errichtung einer Anlage oder eines Unternehmens sind solche Arbeitsmittel, die bei ihrem Ausfall den störungsfreien Ablauf der Errichtungsmaßnahmen insgesamt beeinträchtigen und so dazu führen würden, dass die Anlage bzw. das Unternehmen gar nicht, mit nicht unerheblicher zeitlicher Verzögerung und/oder mit erhöhten Kosten fertiggestellt werden kann.[41] Dienen Arbeitsmittel nicht der Errichtung, sondern dem Betrieb bereits fertiggestellter Anlagen oder Unternehmen, werden sie nicht von § 305a StGB, sondern von § 303 StGB und gegebenenfalls von §§ 304, 316b StGB erfasst.

21 Die durch das 44. StrÄG mit Wirkung zum 5.11.2011 eingefügte Variante des § 305a Abs. 1 Nr. 2 StGB schützt die technischen Arbeitsmittel der genannten Organisationen, unabhängig davon, ob diese in öffentlicher oder privater Trägerschaft sind.[42] Hinsichtlich der Merkmale der technischen Arbeitsmittel und des bedeutenden Werts gilt das zu § 305a Abs. 1 Nr. 1 StGB Gesagte. Die Eigentumsverhältnisse der Arbeitsmittel sind unerheblich; es kommt lediglich darauf an, dass diese für dienstliche Zwecke der Organisation verwendet werden.[43] Das Arbeitsmittel muss für den Einsatz wesentlich sein, darf also nicht nur von untergeordneter Bedeutung für die dienstlichen Abläufe der Organisation sein.

22 Ebenfalls durch das 44. StrÄG neu geschaffen wurde § 305a Abs. 1 Nr. 3 StGB, der Kraftfahrzeuge der Polizei, Bundeswehr, Feuerwehr sowie des Katastrophenschutzes oder eines Rettungsdienstes besonderem strafrechtlichen Schutz unterstellt. § 1 Abs. 2 Nr. 10 NTSG erweitert den Tatbestand auf Kraftfahrzeuge der in Deutschland stationierten NATO-Truppen. Zu den Kraftfahrzeugen im Sinne der Vorschrift zählen nur solche, die

---

[34] *Heger* in Lackner/Kühl StGB § 305a Rn. 1.
[35] *Schmitz* in MüKoStGB StGB § 242 Rn. 31 mwN.
[36] BGBl. 1968 I 717.
[37] BT-Drs. 10/6635, 14.
[38] *Wieck-Noodt* in MüKoStGB StGB § 305a Rn. 12 mwN.
[39] *Fischer* StGB § 305a Rn. 6; *Wolff* in LK-StGB StGB § 305a Rn. 9; *Saliger* in Satzger/Schluckebier/Widmaier StGB § 305a Rn. 2.
[40] *Wieck-Noodt* in MüKoStGB StGB § 305a Rn. 12; *Hoyer* in SK-StGB StGB § 305a Rn. 5.
[41] *Heger* in Lackner/Kühl StGB § 305a Rn. 12, *Wieck-Noodt* in MüKoStGB StGB § 305a Rn. 16.
[42] *Fischer* StGB § 305a Rn. 8.
[43] BT-Drs. 17/443, 8.

nicht an Schienen gebunden sind. Erfasst sind damit beispielsweise Streifen- und Mannschaftswagen, Rettungsfahrzeuge, Motorräder, Panzer, Hubschrauber, Flugzeuge und Wasserschutzboote.[44] Im Gegensatz zu den Tatvarianten nach § 305a Abs. 1 Nr. 1 und 2 StGB muss das Tatobjekt weder von bedeutendem Wert noch von wesentlicher Bedeutung für die jeweilige Organisation sein.

b) Tathandlung. Der Täter muss das Tatobjekt ganz oder teilweise zerstören. Die Zerstörung einer Sache setzt, gleichbedeutend mit dem Merkmal in § 316b StGB, die vollständige Beseitigung ihrer bestimmungsgemäßen Verwendbarkeit für eine nicht unbeträchtliche Dauer voraus. Ein teilweises Zerstören liegt vor, wenn einzelne Teile des Tatobjekts, die für seine bestimmungsgemäße Verwendbarkeit wesentlich sind, mittels Substanzeinwirkung unbrauchbar gemacht werden oder wenn infolge des Eingriffs eine von mehreren Zweckbestimmungen des Tatobjekts aufgehoben wird.[45] Ein bloßes Beschädigen genügt nicht, weshalb beispielsweise das Heraustreten der Seitenscheiben eines Polizeifahrzeugs den Tatbestand nicht erfüllt und lediglich eine einfache Sachbeschädigung (§ 303 StGB) darstellt.[46] 23

c) Subjektiver Tatbestand. Der subjektive Tatbestand setzt mindestens bedingten Vorsatz hinsichtlich aller Tatbestandsmerkmale voraus. Bei den Tatbestandsvarianten des § 305a Abs. 1 Nr. 1 und 2 StGB muss sich der Vorsatz mithin auch auf die Funktion, die wesentliche Bedeutung und den bedeutenden Wert des Arbeitsmittels erstrecken.[47] In Bezug auf § 305a Abs. 1 Nr. 3 StGB muss der Täter die dienstliche Verwendung des Fahrzeugs in sein Vorstellungsbild aufgenommen haben. Hält der Täter ein dienstliches Einsatzfahrzeug irrig für ein privates Fahrzeug, schließt dies Tatvorsatz in Bezug auf § 305a Abs. 1 Nr. 3 StGB aus mit der Folge, dass der Täter lediglich wegen Sachbeschädigung nach § 303 StGB strafbar ist.[48] Ein fehlerhaftes rechtliches Verständnis von Tatbestandsmerkmalen lässt den Vorsatz als bloßen Subsumtionsirrtum wiederum unberührt. Geht der Täter beispielsweise davon aus, dass unter den Begriff des Kraftfahrzeugs lediglich Landfahrzeuge fallen, liegt darin kein Tatumstandsirrtum iSd § 16 Abs. 1 StGB.[49] 24

d) Konkurrenzen. § 305a StGB geht § 303 StGB als der speziellere Tatbestand vor. § 305a Abs. 1 Nr. 1 StGB kann in Tateinheit stehen unter anderem mit § 88 StGB (Verfassungsfeindliche Sabotage), § 113 StGB (Widerstand gegen Vollstreckungsbeamte), § 304 StGB (Gemeinschädliche Sachbeschädigung), § 305 StGB (Zerstörung von Bauwerken), Brandstiftungsdelikten (§§ 306, 306a StGB), § 308 StGB (Herbeiführen einer Sprengstoffexplosion).[50] Soweit der Täter zugleich auch auf eine andere, bereits fertiggestellte Anlage einwirkt und dadurch eine Tat nach § 316b StGB begeht, besteht Tateinheit.[51] Hinsichtlich derselben Anlage schließen sich § 305a Abs. 1 Nr. 1 StGB und § 316b StGB gegenseitig aus.[52] Bewirkt die Zerstörung eines Kraftfahrzeugs einer der in § 305a Abs. 1 Nr. 3 StGB genannten Organisationen zugleich auch eine Verhinderung oder Störung von deren Betriebsabläufen gem. § 316b Abs. 1 Nr. 3 StGB, so tritt die Tat nach § 305a Abs. 1 Nr. 3 StGB als subsidiär zurück.[53] 25

---

[44] *Hecker* in Schönke/Schröder StGB § 303a Rn. 10.
[45] Vgl. BGH NJW 2012, 693 (694); *Fischer* StGB § 305 Rn. 5.
[46] OLG Oldenburg NStZ-RR 2011, 338.
[47] *Wieck-Noodt* in MüKoStGB StGB § 303b Rn. 23.
[48] *Wieck-Noodt* in MüKoStGB StGB § 303b Rn. 24.
[49] *Saliger* in Satzger/Schluckebier/Widmaier StGB § 305a Rn. 7.
[50] *Wieck-Noodt* in MüKoStGB StGB § 303b Rn. 30.
[51] *Heger* in Lackner/Kühl StGB § 305a Rn. 6; *Wieck-Noodt* in MüKoStGB StGB § 303b Rn. 30; aA *Hecker* in Schönke/Schröder StGB § 305a Rn. 16; *Zaczyk* in NK-StGB StGB § 305a Rn. 15 (§ 305a StGB tritt im Wege der Subsidiarität zurück).
[52] *Wieck-Noodt* in MüKoStGB StGB § 303b Rn. 30; aA *Fischer* StGB § 305a Rn. 17 (Tateinheit).
[53] *Hecker* in Schönke/Schröder StGB § 305a Rn. 10.

3. Störung von Telekommunikationsanlagen, § 317 StGB

26 Die Vorschrift des § 317 Abs. 1 StGB stellt die Verhinderung oder Gefährdung des Betriebs einer öffentlichen Zwecken dienenden Telekommunikationsanlage unter Strafe, die der Täter dadurch bewirkt, dass er eine dem Betrieb dienende Sache zerstört, beschädigt, beseitigt, verändert oder unbrauchbar macht oder die für den Betrieb bestimmte elektrische Kraft entzieht. Strafbar sind sowohl der Versuch (§ 317 Abs. 2 StGB, als auch die fahrlässige Tatbegehung (§ 317 Abs. 3 StGB).

27 § 317 StGB stellt eine Parallelvorschrift zu § 316b StGB (Störung öffentlicher Betriebe) dar und schützt das Interesse der Allgemeinheit an der Funktionsfähigkeit öffentlichen Zwecken dienender Kommunikationsanlagen und dient, ebenso wie § 317 StGB, der Gewährleistung der Integrität der öffentlichen Daseinsvorsorge.[54]

28 a) Tatobjekt. Tatgegenstand sind öffentlichen Zwecken dienende Telekommunikationsanlagen. Der Begriff wird in Übereinstimmung mit der Legaldefinition in § 3 Nr. 23 Telekommunikationsgesetz (TKG) verstanden als technische Einrichtungen oder Systeme, die als Nachrichten identifizierbare elektromagnetische oder optische Signale senden, übertragen, vermitteln, empfangen, steuern oder kontrollieren können. Hierzu zählen etwa Mobilfunknetze, Funkrufnetze, Einrichtungen des Hörfunks und des Fernsehens, Telekommunikationsnetze (Telefon, Telefax) sowie Anlagen zur elektronischen Datenübermittlung, insbesondere das Internet.[55] Der Tatbestand schützt Telekommunikationsanlagen umfassend, dh in ihren Sende-, Übermittlungs- und Empfangsteilen.

29 Die Anlagen müssen öffentlichen Zwecken dienen, dh ganz oder zumindest überwiegend im Interesse der Allgemeinheit betrieben werden.[56] Diese Voraussetzung ist jedenfalls bei Anlagen, die der Allgemeinheit zur Nutzung zur Verfügung stehen, wie beispielsweise öffentliche W-LAN-Hotspots, erfüllt. Ausschließlich im privaten Bereich betriebene Anlagen, wie zB hausinterne Sprechanlagen, unterfallen dagegen nicht dem Schutzbereich der Vorschrift.[57]

30 Die geschützten Telekommunikationsanlagen müssen nicht zwingend im Eigentum der öffentlichen Hand stehen, sondern können auch von Privaten betrieben werden, sofern sie öffentlichen Zwecken dienen. So zählen etwa Anlagen privater Rundfunk- und Fernsehsender sowie privater Telekommunikationsanbieter zu den tauglichen Tatobjekten, nicht dagegen private Rundfunk- und Fernsehempfangsgeräte.[58] Nach zutreffender herrschender Meinung in der Literatur unterfallen auch privat genutzte Telekommunikationsendgeräte, wie zB Telefone, PCs, Smartphones usw, nicht dem Anwendungsbereich des Tatbestands.[59] Die vom BGH in Bezug auf Telefongeräte geäußerte gegenteilige Rechtsauffassung[60] führt angesichts der erhöhten Strafandrohung des § 317 StGB gegenüber der Sachbeschädigung nach § 303 StGB und der Fahrlässigkeitsstrafbarkeit nach § 317 Abs. 3 StGB zu einer Überkriminalisierung in Fällen, in denen Interessen der Allgemeinheit nicht tangiert sind.[61]

31 Nicht erforderlich ist, dass eine Anlage, die öffentlichen Zwecken dient, jedermann, dh nicht nur einem begrenzten Benutzerkreis zugänglich ist. Dementsprechend sind beispielsweise auch interne Kommunikationsnetze von Behörden, Verkehrsbetrieben, Gesundheits-

---

[54] *Wieck-Noodt* in MüKoStGB StGB § 317 Rn. 1.
[55] *Zieschang* in NK-StGB StGB § 317 Rn. 10; *Wieck-Noodt* in MüKoStGB StGB § 317 Rn. 7; *Hecker* in Schönke/Schröder StGB § 317 Rn. 2 f.
[56] *Wolters* in SK-StGB StGB § 317 Rn. 5; *Hecker* in Schönke/Schröder StGB § 317 Rn. 3.
[57] *Wieck-Noodt* in MüKoStGB StGB § 317 Rn. 9.
[58] *Wolters* in SK-StGB StGB § 317 Rn. 5.
[59] *Wieck-Noodt* in MüKoStGB StGB § 317 Rn. 12 ff.; *Hecker* in Schönke/Schröder StGB § 317 Rn. 3; *Zieschang* in NK-StGB StGB § 317 Rn. 11; *Hahn* NStZ 1994, 190 (191); *Schmittmann* NStZ 1994, 587 f.; ebenso BayObLGSt 1992, 127 ff.
[60] BGHSt 25, 370 = NJW 1974, 2013; BGHSt 39, 288 = NJW 1993, 2946; ebenso *Krause* JR 1975, 380.
[61] *Hecker* in Schönke/Schröder StGB § 317 Rn. 3.

organisationen und sonstiger, im öffentlichen Interesse betriebener Einrichtungen, geschützt, obwohl die Kommunikationsmittel nicht öffentlich zugänglich sind.[62]

b) Tathandlungen. Die Tathandlungen des Zerstörens, Beschädigens, Beseitigens, Veränderns und Unbrauchbarmachens einer dem Betrieb der Telekommunikationsanlage dienenden Sache sowie die Entziehung der für den Betrieb bestimmten elektrischen Kraft sind gleichbedeutend mit den entsprechenden Tatbestandsmerkmalen des § 316b StGB. Es wird insofern auf die dortigen Erläuterungen verwiesen (→ Rn. 9 ff.). Zerstörungen und Beschädigungen setzen stets eine physische Einwirkung auf die Sache voraus. Keine tauglichen Tathandlungen sind daher etwa das Nichtbeenden einer bestehenden Telefonverbindung, um anderweitige Anrufe zu verhindern,[63] das technisch ordnungsgemäße, aber unbefugte Benutzen einer Telekommunikationsanlage, zB durch Auslösen eines Fehlalarms bei einem Feuermelder,[64] oder das bloße Herausziehen des Telefonsteckers aus der Telefonanschlussdose.[65] Demgegenüber stellt das Durchtrennen eines zur Telekommunikation verwendeten Kabels eine Beschädigung dar.[66]

c) Taterfolg. Der Täter muss den Betrieb der Telekommunikationsanlage durch eine der in § 317 Abs. 1 StGB genannten Tathandlungen verhindern oder gefährden. Der Betrieb einer Anlage ist verhindert, wenn deren bestimmungsgemäße Benutzung ausgeschlossen ist.[67] Anders als § 316b StGB, erfordert der Tatbestand nicht eine Störung des Betriebs, sondern lässt dessen Gefährdung ausreichen. Diese tritt ein, wenn die (funktionsfähige) Anlage in einen Zustand versetzt wird, der nach den Umständen den Eintritt einer Funktionsstörung wahrscheinlich macht.[68] Im Einklang mit der inzwischen gängigen Auslegung des Begriffs der (konkreten) Gefährdung etwa in den §§ 315 ff. StGB wird darüber hinausgehend zu fordern sein, dass der Täter eine Situation schafft, in der es letztlich nur noch vom Zufall abhängt, ob an der Anlage tatsächlich ein Schaden entsteht oder nicht.[69]

d) Subjektiver Tatbestand. Die Tat nach § 317 StGB kann sowohl vorsätzlich als auch fahrlässig begangen werden. Der (zumindest bedingte) Vorsatz muss sich auf sämtliche Merkmale des objektiven Tatbestands erstrecken; der Täter muss also sowohl das Tatobjekt (wobei die Funktion der Telekommunikationsanlage und deren öffentliche Zwecksetzung laienhaft erfasst werden müssen), seine Tathandlung und den Eintritt des Taterfolgs in sein Vorstellungsbild aufgenommen haben.[70]

Fahrlässigkeit liegt vor, wenn der Täter sorgfaltswidrig eine der in § 317 Abs. 1 StGB genannten Tathandlungen begeht und dadurch zurechenbar und für ihn erkennbar den Betrieb einer öffentlichen Zwecken dienenden Telekommunikationsanlage verhindert oder gefährdet. Der Sorgfaltspflichtverstoß kann auch in der Missachtung von Straßenverkehrsregeln liegen, sofern der Täter vorhersehen konnte, dass sein Verkehrsverstoß zu einer Verhinderung oder Gefährdung des Betriebs einer Anlage iSd § 317 Abs. 1 StGB führen würde.[71]

e) Konkurrenzen. Vorsätzliche Taten nach § 317 Abs. 1 StGB gehen Sachbeschädigungsdelikten nach den §§ 303, 304 StGB und Taten nach § 87 StGB (Agententätigkeit zu Sabotagezwecken) im Wege der Gesetzeskonkurrenz vor.[72] Fahrlässig begangene Taten

---
[62] Wieck-Noodt in MüKoStGB StGB § 317 Rn. 10.
[63] Herzog GA 1975, 257 (259).
[64] Vgl. RGSt 65, 133.
[65] Vgl. BGHSt 39, 288 = NJW 1993, 2946.
[66] Wieck-Noodt in MüKoStGB StGB § 317 Rn. 17.
[67] Wieck-Noodt in MüKoStGB StGB § 317 Rn. 20.
[68] OLG Düsseldorf MDR 1984, 1040.
[69] Ebenso Zieschang in NK-StGB StGB § 317 Rn. 9.
[70] Zieschang in NK-StGB StGB § 317 Rn. 12; Heger in Lackner/Kühl StGB § 317 Rn. 4.
[71] Vgl. BGHSt 15, 110 ff. = NJW 1960, 2200; BayObLGSt 1972, 7 ff.
[72] Wieck-Noodt in MüKoStGB StGB § 317 Rn. 27.

nach § 317 Abs. 1 und 3 StGB stehen demgegenüber in Tateinheit zu den §§ 303, 304, 305 StGB.[73]

4. Beschädigung wichtiger Anlagen, § 318 StGB

37 Nach § 318 Abs. 1 StGB macht sich strafbar, wer Wasserleitungen, Schleusen, Wehre, Deiche, Dämme oder andere Wasserbauten oder Brücken, Fähren, Wege oder Schutzwehre oder dem Bergwerksbetrieb dienende Vorrichtungen zur Wasserhaltung, zur Wetterführung oder zum Ein- und Ausfahren der Beschäftigten beschädigt oder zerstört und dadurch Leib oder Leben eines anderen Menschen gefährdet.

38 **a) Tatobjekte.** Der Tatbestand des § 318 Abs. 1 StGB beschreibt eine Reihe von Tatobjekten. Erstgenannt sind **Wasserbauten,** von denen einige, nämlich Wasserleitungen, Schleusen, Wehre, Deiche und Dämme beispielhaft genannt sind. Unter Wasserbauten sind sämtliche Bauwerke zu verstehen, die der Regulierung, Speicherung, Leitung oder Abdämmung von Wasser, sei es aus Flüssen, Seen, Meeren oder Grundwasser, dienen.[74] Erfasst werden damit sowohl geschlossene als auch offene Wasserleitungen wie Wasserzuleitungen zu Häusern, Kanäle oder Schifffahrtswege.[75] Entsprechend der Schutzrichtung der Strafvorschrift und ihrer systematischen Stellung im Gesetz müssen die Leitungen im öffentlichen Bereich liegen, dürfen sich also nicht etwa in Privathäusern befinden.[76]

39 Die des Weiteren genannten Brücken, Fähren, Wege und Schutzwehre müssen sich auf Gewässer beziehen und dem Schutz vor den Gefahren des Wassers dienen.[77] **Brücken** im Sinne der Vorschrift sind, anders als einfache Stege, Bauwerke von einiger Größe, Tragkraft und innerer Festigkeit, die der Überquerung von Wasser dienen, wozu auch Schiffsbrücken zählen.[78] Zum Oberbegriff Fähren gehören neben dem Fährschiff auch alle Fähranlagen wie Landungsbrücken, Anlegevorrichtungen und Fährseile.[79] **Wege** sind zur Begehung geeignete und der Überquerung von Gewässern dienende – öffentliche oder private – Flächen.[80] Hierzu zählt beispielsweise auch ein Trampelpfad über die Eisdecke eines zugefrorenen Sees.[81] **Schutzwehre** sind Wasserbauten zur Befestigung und Eindämmung eines Gewässers oder zur Verringerung der Wassergeschwindigkeit.[82]

40 Dem **Bergwerksbetrieb dienende Vorrichtungen** zur Wasserhaltung, zur Wetterführung oder zum Ein- und Ausfahren der Beschäftigten sind Einrichtungen des Bergbaus, die der Eindämmung der durch Wasser entstehenden Gefahren dienen sollen, da diese die im Bergwerksbetrieb Beschäftigten in besonderem Maße bedrohen.[83] Vorrichtungen zur Wetterführung betreffen die Frischluftzufuhr und die Abluftableitung unter Tage. Unter Vorrichtungen zum Ein- und Ausfahren der Beschäftigten versteht man sämtliche Anlagen, die den Zutritt oder die Zufahrt in das Bergwerk bzw. das Verlassen des Bergwerksbetriebes betreffen.[84]

41 **b) Tathandlungen.** Die Tathandlung liegt in dem Beschädigen oder Zerstören des Tatobjekts. Hinsichtlich der Bedeutung der beiden Begriffe wird auf die Erläuterungen zu den

---

[73] *Wolff* in LK-StGB StGB § 317 Rn. 17.
[74] *Wolters* in SK-StGB StGB § 318 Rn. 4.
[75] *Wieck-Noodt* in MüKoStGB StGB § 318 Rn. 6.
[76] *Fischer* StGB § 318 Rn. 3; *Wolff* in LK-StGB StGB § 318 Rn. 4; *Hecker* in Schönke/Schröder StGB § 318 Rn. 2.
[77] *Wieck-Noodt* in MüKoStGB StGB § 318 Rn. 8; *Zieschang* in NK-StGB StGB § 318 Rn. 9; *Fischer* StGB § 318 Rn. 4; anders *Wolters* in SK-StGB StGB § 318 Rn. 4.
[78] RGSt 24, 26; *Hecker* in Schönke/Schröder StGB § 318 Rn. 3; *Fischer* StGB § 318 Rn. 4; *Wolff* in LK-StGB StGB § 318 Rn. 5.
[79] *Wieck-Noodt* in MüKoStGB StGB § 318 Rn. 8.
[80] *Zieschang* in NK-StGB StGB § 318 Rn. 9; *Wieck-Noodt* in MüKoStGB StGB § 318 Rn. 9.
[81] *Wolff* in LK-StGB StGB § 318 Rn. 5.
[82] *Wieck-Noodt* in MüKoStGB StGB § 318 Rn. 9.
[83] *Wieck-Noodt* in MüKoStGB StGB § 318 Rn. 10.
[84] *Zieschang* in NK-StGB StGB § 318 Rn. 10; *Wolters* in SK-StGB StGB § 318 Rn. 10.

inhaltsgleichen Merkmalen in § 316b StGB verwiesen (→ Rn. 10). Es ist auch insoweit stets eine Einwirkung auf die Sachsubstanz des Tatgegenstands erforderlich, weshalb weder eine fehlerhafte oder unzulässige Bedienung der Anlage, wie etwa das unbefugte Öffnen einer Schleuse,[85] noch das Abschalten der Energiezufuhr[86] oder das Bereiten von Hindernissen[87] vom Tatbestand erfasst sind.[88]

c) Taterfolg. Die Tathandlung muss eine konkrete Gefahr für das Leben oder die Gesundheit (zumindest) eines Menschen verursacht haben. Unter einer konkreten Gefahr ist ein Zustand zu verstehen, in dem der Eintritt eines Schadens naheliegt, wobei es nur noch vom Zufall abhängt, ob das geschützte Rechtsgut Schaden nimmt.[89] Eine Gefahr für Sachen reicht nicht aus.[90]

d) Subjektiver Tatbestand. Der subjektive Tatbestand setzt Vorsatz voraus. Der Täter muss es also zumindest für möglich halten und in Kauf nehmen, dass sein Handeln für die Beschädigung oder Zerstörung einer im Tatbestand genannten wichtigen Anlage und den Eintritt einer konkreten Gefahr für Leib oder Leben ursächlich wird.[91]

§ 318 Abs. 6 Nr. 1 StGB stellt eine Kombination aus Vorsatz und Fahrlässigkeit unter Strafe, bei der der Täter hinsichtlich des Beschädigens oder Zerstörens des Tatobjekts vorsätzlich, bezüglich der Verursachung einer konkreten Gefahr für Leib oder Leben dagegen nur fahrlässig handelt. § 318 Abs. 6 Nr. 2 StGB erfasst als reines Fahrlässigkeitsdelikt sorgfaltswidriges Handeln, das erkennbar und zurechenbar die vom Tatbestand vorausgesetzten Erfolge der Beschädigung oder Zerstörung einer wichtigen und der Gefährdung von Menschen verursacht.

e) Erfolgsqualifikationen, § 318 Abs. 3 und 4 StGB. § 318 Abs. 3 StGB enthält eine Erfolgsqualifikation in Fällen, in denen der Täter durch die Tat eine schwere Gesundheitsschädigung eines anderen Menschen oder eine Gesundheitsschädigung einer großen Zahl von Menschen verursacht. Die erhebliche Strafschärfung gegenüber dem Grundtatbestand (Freiheitsstrafe von einem Jahr bis zu zehn Jahren, dh Verbrechen iSd § 12 Abs. 1 StGB) erfordert eine restriktive Auslegung des Begriffs der schweren Gesundheitsbeschädigung im Sinne einer langwierigen ernsthaften Erkrankung oder einer erheblichen Einschränkung der geistigen und/oder körperlichen Fähigkeiten.[92] Die Untergrenze einer großen Zahl von Menschen wird nach verbreiteter Auffassung bei 10–20 Personen gezogen.[93] Psychische Beeinträchtigungen stellen nur dann eine Gesundheitsschädigung dar, wenn sie in ihrer Intensität über bloße Furcht, Erschrecken oder Panik hinausgehen und eine gewisse Verstetigung erfahren.[94] Verursacht der Täter durch die Tat den Tod eines anderen Menschen, droht § 318 Abs. 4 StGB Freiheitsstrafe nicht unter drei Jahren an.

In Bezug auf die schwere Tatfolge genügt nach § 18 StGB Fahrlässigkeit. Des Weiteren muss sich gerade die tatbestandsspezifische Gefahr der Handlung iSd § 318 Abs. 1 StGB in der schweren Folge realisiert haben.[95] Dies setzt voraus, dass die vom Grundtatbestand des

---

[85] *Wieck-Noodt* in MüKoStGB StGB § 318 Rn. 11; es kommt gegebenenfalls eine Strafbarkeit wegen Herbeiführens einer Überschwemmung nach § 313 StGB in Betracht.
[86] *Hecker* in Schönke/Schröder StGB § 318 Rn. 5.
[87] *Wolters* in SK-StGB StGB § 318 Rn. 5; *Hecker* in Schönke/Schröder StGB § 318 Rn. 5; beim Bereiten eines Hindernisses im Straßenverkehr kommt aber eine Strafbarkeit wegen gefährlichen Eingriffs in den Straßenverkehr gem. § 315b Abs. 1 Nr. 2 StGB in Betracht.
[88] *Fischer* StGB § 318 Rn. 6; *Wolters* in SK-StGB StGB § 318 Rn. 5; aA *Zieschang* in NK-StGB StGB § 318 Rn. 7.
[89] Der Begriff ist gleichbedeutend mit dem Gefahrenbegriff in den §§ 315 ff. StGB; vgl. hierzu BGH NStZ-RR 2012, 123 (124); BGH StV 2016, 286 (287).
[90] *Wolters* in SK-StGB StGB § 318 Rn. 9.
[91] *Heger* in Lackner/Kühl StGB § 318 Rn. 3; *Hecker* in Schönke/Schröder StGB § 318 Rn. 7.
[92] Vgl. BT-Drs. 12/192, 28; 13/8587, 28.
[93] *Geppert* JURA 1998, 597 (603); *Radtke* ZStW 110, 848 (876); *Wieck-Noodt* in MüKoStGB StGB § 318 Rn. 17.
[94] *Wieck-Noodt* in MüKoStGB StGB § 318 Rn. 17.
[95] Vgl. allgemein zum spezifischen Gefahrzusammenhang BGHSt 39, 100 ff. = NJW 1993, 1662.

§ 318 Abs. 1 StGB vorausgesetzte Beschädigung oder Zerstörung vollendet wurde; eine versuchte Tat begründet nicht die spezifische Gefahr des Tatbestands.[96] Der Gefahrzusammenhang ist in der Regel etwa gegeben, wenn anlässlich der Tat zur Hilfe gerufene Rettungspersonen geschädigt werden, nicht jedoch bei einer Verletzung von Schaulustigen.[97]

47 **f) Tätige Reue, § 320 StGB.** § 320 Abs. 2 Nr. 3, Abs. 3 Nr. 1 lit. c StGB ermöglichen es dem Täter, im Fall einer vollendeten Tat nach § 318 Abs. 1 oder Abs. 6 StGB (ausgenommen sind damit die Qualifikationen gem. § 318 Abs. 3 und 4 StGB) Straffreiheit oder eine Strafmilderung zu erlangen. Vor dem Zeitpunkt der Tatvollendung, dh dem Eintritt der vom Täter herbeigeführten konkreten Gefahr, finden die Rücktrittsregelungen des § 24 StGB Anwendung. Voraussetzung der tätigen Reue ist, dass der Täter freiwillig die Gefahr abwendet, bevor ein erheblicher Schaden entsteht. Hat der Täter den Vorsatztatbestand des § 318 Abs. 1 StGB oder die Vorsatz-Fahrlässigkeits-Kombination gem. § 318 Abs. 6 Nr. 1 StGB verwirklicht, kann das Gericht die Strafe gem. § 49 Abs. 2 StGB nach seinem Ermessen mildern oder von Strafe absehen. Erfüllt der Täter lediglich den reinen Fahrlässigkeittatbestand des § 318 Abs. 6 Nr. 2 StGB, führt die tätige Reue zwingend zur Straflosigkeit. Angesichts der doppelten Schutzrichtung des § 318 StGB (Unversehrtheit und Funktionsfähigkeit wichtiger Anlagen sowie Gesundheitsschutz von Menschen), kann die Schadensabwendung des Täters sowohl in dem Bewahren einer beschädigten Anlage vor völliger Zerstörung als auch in der Verhinderung eines Schadenseintritts bei gefährdeten Personen liegen.[98]

48 **g) Konkurrenzen.** Tateinheit ist möglich mit Tötungs- und Körperverletzungsdelikten (§§ 211, 212 StGB bzw. §§ 223 ff. StGB), mit § 304 StGB (Gemeinschädliche Sachbeschädigung), § 305 StGB (Zerstörung von Bauwerken), und den Verkehrsdelikten der §§ 315, 315b, 316a StGB. Gleiches gilt in Bezug auf Taten nach § 316b Abs. 1 Nr. 2 StGB. Fahrlässigkeitstaten gem. § 318 Abs. 6 Nr. 1 und 2 StGB stehen in Tateinheit zu § 222 StGB (Fahrlässige Tötung) und § 229 StGB (Fahrlässige Körperverletzung). Die einfache Sachbeschädigung nach § 303 StGB tritt hinter § 318 StGB zurück.[99] Verursacht der Täter eine schwere Folge nach § 318 Abs. 3 oder Abs. 4 StGB, werden die ebenfalls verwirklichten Tatbestände der §§ 222 bzw. 229 StGB verdrängt.

II. Delikte gegen die digitale Infrastruktur

49 Von zunehmender praktischer Bedeutung sind Angriffe auf informationstechnische Systeme mit dem Ziel, Einrichtungen und Prozesse im Bereich der öffentlichen Daseinsvorsorge bzw. der öffentlichen Sicherheit zu sabotieren oder unbefugt Zugriff auf sensible Daten zu nehmen. Diese Form des Angriffs ist für die Handelnden besonders attraktiv, weil schädigende Eingriffe von beliebigen Orten auf der Welt über das Internet möglich sind und eine Identifizierung des Angreifers durch technische Maßnahmen verhindert oder zumindest erheblich erschwert werden kann. Zugleich steigt mit zunehmender Digitalisierung der Arbeitsabläufe der öffentlichen Verwaltung deren Anfälligkeit für Cyber-Attacken. So ist es bereits jetzt möglich, dass Schadsoftware wie Computerviren, Späh-Programme etc die Funktionsfähigkeit ganzer Einrichtungen aufzuheben oder geheim zu haltende Informationen in großem Umfang abzuschöpfen.

50 Das Strafrecht erfasst derartige Angriffe in erster Linie durch die Datendelikte der §§ 202a, 202b StGB und der §§ 303a, 303b StGB. § 202a StGB stellt das Ausspähen von Daten, § 202b StGB das Abfangen von Daten unter Strafe. Die Vorschriften dienen dem

---

[96] *Wieck-Noodt* in MüKoStGB StGB § 318 Rn. 18.
[97] *Hecker* in Schönke/Schröder StGB § 318 Rn. 9.
[98] *Wieck-Noodt* in MüKoStGB StGB § 318 Rn. 21; *Hecker* in Schönke/Schröder StGB § 318 Rn. 8.
[99] *Wolff* in LK-StGB StGB § 318 Rn. 17; *Hecker* in Schönke/Schröder StGB § 318 Rn. 10.

Schutz des Berechtigten an Geheimhaltung seiner Daten gegenüber Unbefugten.[100] Systematisch folgerichtig hat sie der Gesetzgeber daher dem 15. Abschnitt des StGB (Verletzung des persönlichen Lebens- und Geheimbereichs) zugeordnet. Demgegenüber schützen die Tatbestände der Datenveränderung (§ 303a StGB) und der Computersabotage (§ 303b StGB) die Integrität und Nutzbarkeit von Daten bzw. von Datenverarbeitungsanlagen[101] und stehen damit den Sachbeschädigungsdelikten nahe. Eine erhebliche Vorverlagerung der Strafbarkeit bewirkt der Tatbestand des § 202c StGB, der bestimmte Vorbereitungshandlungen in Bezug auf die Straftaten sowohl nach den §§ 202a, 202b StGB, als auch nach den §§ 303a, 303b StGB (über die Verweise in § 303a Abs. 3 und § 303b Abs. 5 StGB) pönalisiert.

1. Ausspähen von Daten, § 202a StGB

Wegen Ausspähen von Daten nach § 202a Abs. 1 StGB macht sich strafbar, wer unbefugt sich oder einem anderen Zugang zu Daten, die nicht für ihn bestimmt und die gegen unberechtigten Zugang besonders gesichert sind, unter Überwindung der Zugangssicherung verschafft. **51**

a) Tatobjekt. Die Tat muss sich auf nicht für den Täter bestimmte und gegen unberechtigten Zugang besonders gesicherte Daten beziehen. **52**

Unter den Begriff der **Daten** fallen zunächst in einem allgemeinen Sinne sämtliche Informationen, unabhängig davon, ob sie einen Personenbezug aufweisen oder zur weiteren Verarbeitung bestimmt sind.[102] Nicht erforderlich ist, dass die Informationen geheim, wirtschaftlich werthaltig oder in besonderem Maße sensibel sind. § 202a Abs. 2 StGB schränkt den Datenbegriff iSd § 202a Abs. 1 StGB allerdings dahingehend ein, dass die von der Strafvorschrift geschützten Daten nur solche sind, die elektronisch, magnetisch oder sonst nicht unmittelbar wahrnehmbar gespeichert sind oder übermittelt werden. Nicht unmittelbar wahrnehmbar sind Daten, wenn sie erst nach einer entsprechenden technischen Umformung einer sinnlichen Wahrnehmung zugänglich sind. Ausgenommen sind damit nach dem Willen des Gesetzgebers manuell erstellte Datensammlungen.[103] Zu den tauglichen Tatgegenständen des § 202a StGB zählen beispielsweise Daten auf Computer-Festplatten, Solid-State-Drives (SSD), USB-Sticks, Memory-Sticks, Chipkarten, Magnetbändern, CD-ROMs, DVDs, Disketten.[104] **53**

Nicht für den Täter bestimmt sind Daten, wenn sie nicht seinem Verfügungsrecht unterliegen.[105] Die Frage der Zuordnung des Verfügungsrechts an Daten ist seit Einführung des § 202a StGB umstritten. Einigkeit besteht lediglich insoweit, als es nicht auf die faktische Verfügungsmacht über die betreffenden Daten ankommt. Das Bestimmtsein iSd § 202a Abs. 1 StGB ist ein normatives Merkmal, das unabhängig von den Eigentumsverhältnissen des Datenträgers ist.[106] Werden Daten erstmals gespeichert, ist verfügungsberechtigt der Skribent, dh diejenige Person, dem die Speicherung zuzurechnen ist. Dies ist nicht notwendigerweise derjenige, der die Speicherung eigenhändig vornimmt. Speichert beispielsweise ein Amtsträger oder ein Arbeitnehmer Daten in Ausübung seiner dienstlichen oder beruflichen Tätigkeit ab, sind diese dem Dienstherrn bzw. Arbeitgeber zuzurechnen, da die Speicherung auf dessen Veranlassung und Weisung erfolgt.[107] Anders liegt es bei **54**

---

[100] *Graf* in MüKoStGB StGB § 202b Rn. 2; vgl. auch *Bosch* in Satzger/Schluckebier/Widmaier StGB § 202a Rn. 1.
[101] *Hoyer* in SK-StGB StGB § 303a Rn. 2; *Heger* in Lackner/Kühl StGB § 303b Rn. 1.
[102] *Graf* in MüKoStGB StGB § 202a Rn. 12; *Eisele* in Schönke/Schröder StGB § 202a Rn. 3.
[103] BT-Drs. 10/5058, 29.
[104] *Graf* in MüKoStGB StGB § 202a Rn. 17 f. mit weiteren Beispielen.
[105] BT-Drs. 10/5058, 29; *Weißgerber* NZA 2003, 1005 (1007); *Lenckner/Winkelbauer* CR 1986, 483 (486); *Möhrenschlager* wistra 1986, 128 (140).
[106] *Weißgerber* NZA 2003, 1005 (1008).
[107] *Eisele* in Schönke/Schröder StGB § 202a Rn. 9; *Weißgerber* NZA 2003, 1005 (1008).

privaten Daten, selbst wenn der Dienstherr bzw. Arbeitgeber die private Nutzung dienstlicher Datenträger untersagt hat.[108]

55 Werden Daten übermittelt, erhält der bestimmungsgemäße Empfänger die Verfügungsbefugnis über sie. Auch insoweit kommt es nicht maßgeblich darauf an, in wessen Eigentum das Speichermedium steht, auf das die übermittelten Daten gelangen.[109] In einem dienstlichen oder beruflichen Kontext übermittelte Daten sind in aller Regel für den Dienstherrn bzw. den Arbeitgeber bestimmt, dies auch dann, wenn die Daten (auch) auf einem privaten Endgerät eines Amtsträgers/Arbeitnehmers gespeichert werden.[110] Umgekehrt gelangen für einen Amtsträger bzw. Arbeitnehmer bestimmte Daten nicht dadurch in die Verfügungsbefugnis des Dienstherrn bzw. Arbeitgebers, dass sie auf dessen Server übermittelt werden.[111]

56 Die Daten müssen des Weiteren **gegen unberechtigten Zugang besonders gesichert** sein. Eine besondere Zugangssicherung in diesem Sinne setzt Vorkehrungen voraus, die objektiv geeignet und subjektiv nach dem Willen des Berechtigten dazu bestimmt sind, den Zugriff auf die Daten auszuschließen oder wenigstens nicht unerheblich zu erschweren.[112] Die Sicherung muss nach dem Willen des Gesetzgebers Ausdruck des Geheimhaltungsinteresses des Berechtigten in Bezug auf die Daten sein.[113] Typische Zugangssicherungen sind Passwörter, PINs, biometrische Sicherungen, Firewalls und Antivirensoftware, soweit diese gerade vor unbefugtem Zugriff durch Spähprogramme schützen soll.[114] Die Sicherung kann auch physischer Natur sein wie etwa gesicherte Behältnisse für Datenträger, Tastaturschlösser oder bauliche Vorkehrungen, sofern sie konkret dem Schutz vor Datenspionage dient (zB Eingangsschleuse zum Rechnerraum).[115] Die Überwindung der Zugangssicherung darf nicht ohne weiteres möglich sein, sondern muss einen „nicht unerheblichen zeitlichen oder technischen Aufwand" erfordern.[116] Dies bedeutet jedoch nicht, dass vom Berechtigten gesetzte Passwörter einen gewissen Grad an Komplexität erreichen müssen, um als Zugangssicherung im Sinne des Tatbestands qualifiziert werden zu können. Es genügen vielmehr auch einfache Buchstaben- und Zahlenfolgen sowie leicht zu erratende Bezeichnungen, da auch diese das Interesse an der Geheimhaltung dokumentieren.[117] Der Zugangsschutz muss schließlich gerade im Zeitpunkt der Tathandlung bestehen.[118]

57 **b) Tathandlung.** Die Tathandlung besteht darin, dass der Täter sich oder einem anderen zu den geschützten Daten unter Überwindung der Zugangssicherung Zugang verschafft.

58 Der Täter verschafft sich oder einem anderen **Zugang zu Daten,** wenn er oder ein Dritter ohne weiteres Hindernis im nächsten Schritt auf diese zugreifen kann.[119] Erfasst ist damit insbesondere das Eindringen in geschützte Datenverarbeitungssysteme, wobei es nicht erforderlich ist, dass der Täter sich die Daten verschafft oder Kenntnis von ihnen nimmt. Seit Inkrafttreten des 41. StRÄndG zum 11.8.2007 setzt § 202a StGB nicht mehr voraus, dass sich der Täter „Zugang zu Daten" verschafft, wodurch der Gesetzgeber klargestellt hat, dass namentlich auch das Hacking unter den Tatbestand fällt.[120] Weitere taugliche Tathandlungen sind nach der Intention des Gesetzgebers Angriffsformen wie der Einsatz von Key-Loggern (Hard- oder Software zur Protokollierung der Tastatureingaben

---

[108] *Weißgerber* NZA 2003, 1005 (1008).
[109] *Graf* in MüKoStGB StGB § 202a Rn. 22; *Möhrenschläger* wistra 1986, 123 (140).
[110] *Eisele* in Schönke/Schröder StGB § 202a Rn. 10; *Rübenstahl/Debus* NZWiSt 2012, 129 (130).
[111] *Schuster* ZIS 2010, 68 (70); *Dann/Gastell* NJW 2008, 2945 (2947); *Weißgerber* NZA 2003, 1005 (1008).
[112] BT-Drs. 16/3656, 10, BGH NStZ 2011, 154; 2016, 339 (340).
[113] BT-Drs. 10/5058, 29; 16/3656, 10.
[114] BGH NStZ 2016, 339 (340); *Eisele* in Schönke/Schröder StGB § 202a Rn. 14.
[115] *Graf* in MüKoStGB StGB § 202a Rn. 41 ff. mit weiteren Beispielen; *Heger* in Lackner/Kühl StGB § 202a Rn. 4.
[116] BT-Drs. 16/3656, 10.
[117] *Ernst* NJW 2003, 3233 (3236), enger *v. Gravenreuth* NStZ 1989, 201 (206).
[118] *Graf* in MüKoStGB StGB § 202a Rn. 20.
[119] *Gröseling/Höfinger* MMR 2007, 549 (551); *Graf* in MüKoStGB StGB § 202a Rn. 62.
[120] BT-Drs. 16/3656, 9.

eines Nutzers), Sniffern (Software, die den Datenverkehr eines Netzwerks auswertet) und Backdoor-Programmen (Softwareteile, die es ermöglichen, unter Umgehung bestehender Zugriffssicherungen Zugang zu einem Computersystem zu erlangen).[121] Auch das Port-Scanning (Suche nach Anwendungsschnittstellen in einem System, um dessen Beschaffenheit zu ermitteln) sowie der Einsatz von Trojanern (Programme, die als nützliche Anwendung getarnt unerkannt andere, schädliche Funktion erfüllen) werden erfasst.[122]

Der Zugang zu den Daten muss unter **Überwindung der Zugangssicherung** erfolgen. Der Tatbestand setzt mithin voraus, dass der Täter einen Angriffsweg wählt, der durch die Zugangssicherung ausgeschlossen werden soll.[123] 59

c) Subjektiver Tatbestand. Der Täter muss (bedingt) vorsätzlich handeln, dh die Umstände zumindest für möglich halten und in Kauf nehmen, die den objektiven Tatbestand erfüllen. Ein Tatbestandsirrtum liegt vor, wenn der Täter fälschlich davon ausgeht, dass die Daten, zu denen er sich Zugang verschafft, für ihn bestimmt seien.[124] Dagegen unterliegt der Täter lediglich einem Subsumtionsirrtum (Verbotsirrtum gem. § 17 StGB), wenn er meint, dass ein Zugangverschaffen im Sinne des Tatbestands erst dann gegeben ist, wenn er die betreffenden Daten inhaltlich zur Kenntnis genommen hat. 60

d) Konkurrenzen. Taten nach § 202a StGB stehen zu den Datendelikten der §§ 303a, 303b StGB in Idealkonkurrenz. Gleiches gilt im Verhältnis zum Tatbestand der Verletzung von Geschäftsgeheimnissen gem. § 23 GeschGehG (früher: § 17 UWG).[125] Sofern es sich bei dem Verfügungsberechtigten und dem von den Daten Betroffenen um unterschiedliche Personen handelt, besteht auch Tateinheit mit Straftaten nach § 44 BDSG, da in diesem Fall unterschiedliche Rechtsgüter betroffen sind.[126] Bei urheberrechtlich geschützten Programmen kann Tateinheit zu § 106 UrhG bestehen,[127] ebenso beim Verschaffen von Staatsgeheimnissen nach § 96 StGB[128]. Tateinheit kommt ferner in Betracht im Verhältnis zu den Eigentumsdelikten nach den §§ 242, 246 StGB, der Sachbeschädigung gem. § 303 StGB und dem Hausfriedensbruch nach § 123 StGB.[129] 61

e) Prozessuales. Taten nach § 202a StGB werden gem. § 205 Abs. 1 S. 2 StGB im Grundsatz nur dann verfolgt, wenn ein wirksamer, insbesondere fristgemäßer (§ 77b StGB: drei Monate ab Kenntnis des Berechtigten von Tat und Täter), Strafantrag vorliegt. Antragsberechtigt ist der Verletzte (§ 77 Abs. 1 StGB), dh der Inhaber des Verfügungsrechts über die betroffenen Daten.[130] Ohne wirksamen Strafantrag ist eine Strafverfolgung nur zulässig, wenn die Staatsanwaltschaft ein besonderes öffentliches Interesse an der Strafverfolgung bejaht. 62

2. Abfangen von Daten, § 202b StGB

Wegen Abfangens von Daten wird nach § 202b StGB bestraft, wer unbefugt sich oder einem anderen unter Anwendung von technischen Mitteln nicht für ihn bestimmte Daten iSd § 202a Abs. 2 StGB aus einer nichtöffentlichen Datenübermittlung oder aus der elektromagnetischen Abstrahlung einer Datenverarbeitungsanlage verschafft. 63

---
[121] BT-Drs. 16/3656, 9.
[122] *Marberth-Kubicki* DRiZ 2007, 212 (213 f.); *Sittig/Brünjes* StRR 2012, 127; *Mühlenbrock/Sesing* MMR 2008, 765 (767); *Wolff* in LK-StGB StGB § 303a Rn. 32.
[123] Vgl. *Eisele* in Schönke/Schröder StGB § 202a Rn. 20.
[124] *Hilgendorf* JuS 1996, 702 (705).
[125] *Schlüchter* NStZ 1988, 53 (59 f.).
[126] *Kargl* in NK-StGB StGB § 202a Rn. 18; *Samson* in SK-StGB StGB§ 202a Rn. 14; *Graf* in MüKoStGB StGB § 202a Rn. 110; aA *Heger* in Lackner/Kühl StGB § 202a Rn. 8.
[127] *Kargl* in NK-StGB StGB § 202a Rn. 18.
[128] *Graf* in MüKoStGB StGB § 202a Rn. 110; *Eisele* in Schönke/Schröder StGB § 202a Rn. 13.
[129] *Hilgendorf* JuS 1996, 702 (705); *Schmitz* JA 1995, 478 (484); *Eisele* in Schönke/Schröder StGB Rn. 13.
[130] BGH NStZ 2005, 566.

64 **a) Tatobjekt.** Der Tatbestand knüpft an den Datenbegriff des § 202a Abs. 2 StGB an, weshalb insofern auf die Erläuterungen unter → Rn. 53 verwiesen wird. Die Daten dürfen nicht für den Täter bestimmt sein, was bei fehlender Verfügungsbefugnis der Fall ist (s. auch insofern die Ausführungen zum inhaltsgleichen Merkmal des § 202a Abs. 1 StGB → Rn. 54 f.).

65 Die Daten müssen im Zeitpunkt der Tathandlung nichtöffentlich übermittelt (1. Var.) oder aus einer Datenverarbeitungsanlage elektromagnetisch abgestrahlt werden (2. Var.).

66 Zu den Datenübermittlungen im Sinne der 1. Variante zählen sowohl analoge Übertragungen, etwa per Telefon oder Telefax, als auch digitale Übertragungen, beispielsweise im Internet („Surfen", E-Mail, Internettelefonie), in einem Virtual Private Network (VPN) oder im Intranet einer Organisation.[131] Die Datenübermittlung kann drahtgebunden oder drahtlos (WiFi, WLAN) sein.[132] Nichtöffentlich ist eine Datenübertragung, wenn sie sich an einen nach Zahl und Individualität bestimmten oder durch persönliche oder sachliche Beziehungen miteinander verbundenen Personenkreis richtet und für diesen bestimmt ist.[133] Entscheidend sind dabei nicht Art oder Inhalt der Daten, sondern die Art des Übertragungsvorgangs, weshalb auch die Übermittlung allgemein bekannter oder zugänglicher Informationen nichtöffentlich ist, sofern sie sich an einen bestimmten Adressatenkreis richtet.[134]

67 Mit der 2. Variante, der Daten aus der elektromagnetischen Abstrahlung einer Datenverarbeitungsanlage, sollen Fälle erfasst werden, in denen aus Abstrahlungen beispielsweise eines Computers, eines WLAN-Routers oder drahtloser Monitore, Drucker, Tastaturen etc, die selbst keine Daten iSd § 202a Abs. 2 StGB übermitteln, Daten wiederhergestellt und lesbar gemacht werden.[135]

68 **b) Tathandlung.** Der Täter muss die Daten sich oder einem anderen **verschaffen**. Anders als bei § 202a StGB genügt die bloße Zugangsverschaffung nicht, weshalb es erforderlich ist, dass der Täter die Herrschaft über die Daten" erlangt,[136] was namentlich der Fall ist beim Kopieren auf ein eigenes Speichermedium oder einer andersartigen Aufzeichnung der Daten, dem Mithören eines Telefongesprächs, dem Lesen von E-Mails oder einer sonstigen Kenntnisnahme der Daten.[137] Sind die Daten verschlüsselt, verschafft sie sich der Täter erst dann, wenn er den Zugriffsschutz aufgehoben oder umgangen hat.[138]

69 Des Weiteren setzt der Tatbestand voraus, dass der Täter die Daten sich oder einem anderen **unter Anwendung technischer Mittel** verschafft. Dieses Merkmal, das der Gesetzgeber eingefügt hat, um eine Überkriminalisierung durch die Strafnorm zu vermeiden,[139] hat praktisch kaum eine einschränkende Wirkung, da Fälle, in denen sich der Täter keiner technischen Hilfsmittel bedient, um sich Daten iSd § 202a Abs. 2 StGB zu verschaffen, praktisch schwer denkbar sind.[140] Dies gilt umso mehr, als das Merkmal nach der Gesetzesbegründung weit auszulegen ist und neben Vorrichtungen zur Erfassung und Aufzeichnung drahtloser Kommunikation auch Software, Codes und Passwörter umfasst.[141]

70 **c) Subjektiver Tatbestand.** Der Tatbestand erfordert zumindest Eventualvorsatz in Bezug auf sämtliche Merkmale des objektiven Tatbestands, insbesondere auch hinsichtlich der

---

[131] *Kargl* in NK-StGB StGB § 202b Rn. 5; *Graf* in MüKoStGB StGB § 202b Rn. 5; *Hoyer* in SK-StGB StGB § 202b Rn. 7.
[132] *Hoyer* in SK-StGB StGB § 202b Rn. 7.
[133] *Gröseling/Höfinger* MMR 2007, 549 (552); *Hilgendorf* in LK-StGB StGB § 202b Rn. 9; *Hoyer* in SK-StGB StGB § 202b Rn. 2.
[134] *Eisele* in Schönke/Schröder StGB § 202b Rn. 4a.
[135] BT-Drs. 16/3656, 11; *Gröseling/Höfinger* MMR 2007, 549 (553).
[136] BT-Drs. 16/3656, 11.
[137] BT-Drs. 16/3656, 17; *Graf* in MüKoStGB StGB § 202b Rn. 16.
[138] *Eisele* in Schönke/Schröder StGB § 202b Rn. 7.
[139] BT-Drs. 16/3656, 11.
[140] Ebenso *Ernst* NJW 2007, 2661 (2662), *Fischer* StGB § 202b Rn. 6.
[141] BT-Drs. 16/3656, 11.

fehlenden Bestimmtheit der Daten für den Täter. Es wird insoweit auf Ausführungen zu § 202a StGB verwiesen (→ Rn. 60).

d) Konkurrenzen. § 202b StGB enthält eine Subsidiaritätsklausel, der zufolge die Strafnorm nur dann zur Anwendung kommt, wenn die Tat nicht in anderen Vorschriften mit schwererer Strafe bedroht ist. Die Vorschrift tritt deshalb insbesondere hinter § 202a StGB und § 201 StGB (Verletzung der Vertraulichkeit des Wortes) zurück.[142] Im Verhältnis zu dem mit gleicher Strafe bedrohten unerlaubten Abhören von mittels Funkanlagen übertragenen Nachrichten nach § 148 Abs. 1 Nr. 1 TKG, § 89 TKG tritt § 202b StGB als lex generalis zurück.[143] Tateinheit ist dagegen möglich mit § 203 StGB (Verletzung von Privatgeheimnissen). 71

e) Prozessuales. Auch bei § 202b StGB handelt es sich um ein bedingtes Antragsdelikt. Taten werden gem. § 205 Abs. 1 S. 2 StGB nur auf Antrag verfolgt, es sei denn, dass die Strafverfolgungsbehörde wegen des besonderen öffentlichen Interesses ein Einschreiten von Amts wegen für geboten hält. 72

3. Datenveränderung, § 303a StGB

Der Tatbestand des § 303a Abs. 1 StGB stellt das rechtswidrige Löschen, Unterdrücken, Unbrauchbarmachen oder Verändern von Daten unter Strafe. Der Versuch ist strafbar (§ 303a Abs. 2 StGB). 73

a) Tatobjekt. Bei dem Datenbegriff handelt es sich um denjenigen des § 202a Abs. 2 StGB. Anders als die § 202a Abs. 1 StGB, § 202b Abs. 1 StGB enthält § 303a StGB keine weitergehenden Beschränkungen des Tatgegenstands. Insbesondere ist es nach dem Wortlaut der Vorschrift nicht erforderlich, dass es sich um für den Täter fremde Daten handeln muss. Es besteht allerdings Einigkeit darüber, dass die Einwirkung auf Daten, die allein dem Täter „gehören", nicht strafwürdig ist, weshalb eine entsprechende Restriktion des Tatbestands geboten ist.[144] Diese ist unter Rückgriff auf die Auslegung des Merkmals der fehlenden Bestimmtheit der Daten für den Täter in § 202a Abs. 1 StGB vorzunehmen und hat zur Folge, dass § 303a StGB nur solche Daten schützt, die der **Verfügungsbefugnis** (auch) einer anderen Person als dem Täter unterliegen (vgl. hierzu näher → Rn. 54 f.) Die Daten müssen allerdings nicht durch einen besonderen Zugangsschutz gesichert sein.[145] 74

b) Tathandlungen. Als Tathandlungen benennt das Gesetz das rechtswidrige Löschen, Unterdrücken, Unbrauchbarmachen und Verändern von Daten. Die Handlungsvarianten überschneiden sich inhaltlich, weshalb ein tatbestandsmäßiges Verhalten häufig mehrere Merkmale erfüllt. 75

Der Täter **löscht** Daten, wenn er diese „unwiederbringlich vollständig unkenntlich macht".[146] Dies kann sowohl elektronisch, etwa durch Überschreiben mit anderen Daten, als auch physisch durch Zerstörung des Datenträgers erfolgen.[147] 76

Daten werden **unterdrückt,** wenn sie dem Zugriff des Berechtigten entzogen und deshalb von diesem nicht mehr verwendet werden können.[148] Dies kann beispielsweise durch Vorenthalten des Datenträgers,[149] durch Ändern des Zugangspassworts;[150] oder sog. 77

---

[142] BT-Drs. 16/3656, 11.
[143] *Hilgendorf* in LK-StGB StGB § 202b Rn. 21; *Gröseling/Höfinger* MMR 2007, 549 (552); aA *Eisele* in Schönke/Schröder StGB § 202b Rn. 12; *Graf* in MüKoStGB StGB § 202b Rn. 28: § 202b geht als lex specialis vor.
[144] *Fischer* StGB § 303a Rn. 4; *Hecker* in Schönke/Schröder § 303a Rn. 3; *Wieck-Noodt* in MüKoStGB StGB § 303a Rn. 9; *Lenckner/Winkelbauer* CR 1986, 824 (829).
[145] *Hoyer* in SK-StGB StGB § 303a Rn. 3.
[146] BT-Drs. 10/5058, 34; *von Gravenreuth* NStZ 1989, 201 (206).
[147] *Hecker* in Schönke/Schröder StGB § 303a Rn. 5.
[148] BT-Drs. 10/5058, 34 f.
[149] *Hilgendorf* JuS 1996, 890 (891).
[150] *Fischer* StGB § 303a Rn. 10; *Hecker* in Schönke/Schröder StGB § 303a Rn. 6.

Denial of Service-Angriffe, die zu einer Überlastung des Servers führen und dadurch einen Zugriff des Berechtigten verhindern[151].

78 Ein **Unbrauchbarmachen** liegt vor, wenn die Daten in ihrer Gebrauchsfähigkeit so beeinträchtigt werden, dass sie nicht mehr ordnungsgemäß verwendet werden und damit ihren Zweck nicht mehr erfüllen können.[152] Dies kann etwa durch Teillöschungen, Einfügen zusätzlicher Programmbefehle[153] oder auch Beschädigungen des Datenträgers[154] geschehen.

79 **Verändern** von Daten bedeutet jede Form der inhaltlichen Umgestaltung, die eine Bedeutungsveränderung der Daten in ihrem Informationsgehalt oder Aussagewert und somit eine Funktionsbeeinträchtigung zur Folge hat.[155] Hierunter fallen zB das Übersetzen in eine andere Programmiersprache,[156] das Ändern der Verknüpfung mit anderen Daten[157] oder Teillöschungen[158]. Unerheblich ist, ob die Veränderung eine Verbesserung der Daten- oder Programmqualität zur Folge hat; maßgeblich ist allein, ob ein vom bisherigen abweichender Zustand hergestellt wird.[159]

80 Die vorgenannten Tathandlungen werden nicht dadurch ausgeschlossen, dass eine Sicherungskopie der Daten auf einem anderen Datenträger vorhanden ist, weil sich die Handlungen stets auf die geschützten Daten in ihrer konkret gespeicherten Version beziehen.[160]

81 Die **Rechtswidrigkeit** ist nach hM ein einschränkendes Tatbestandsmerkmal und beschreibt nicht nur die allgemeine Strafbarkeitsvoraussetzung im dreistufigen Verbrechensaufbau, weshalb insbesondere ein Einverständnis des Berechtigten mit dem Täterverhalten bereits die Tatbestandsmäßigkeit entfallen lässt.[161]

82 c) **Subjektiver Tatbestand.** Der subjektive Tatbestand erfordert zumindest bedingten Vorsatz in Bezug auf sämtliche Tatbestandsmerkmale, insbesondere auch das Tatbestandsmerkmal der Rechtswidrigkeit und die ungeschriebene Voraussetzung der „Fremdheit" der Daten. Der Täter muss insoweit in der Vorstellung handeln, dass ihm nicht das alleinige Verfügungsrecht an den betroffenen Daten zusteht und die dafür erforderlichen Wertungen laienhaft nachvollziehen.[162] Geht der Täter irrtümlich davon aus, zur Datenänderung befugt zu sein, liegt ein Tatbestandsirrtum (§ 16 Abs. 1 StGB) vor.

83 d) **Konkurrenzen.** Tateinheit kommt aufgrund der unterschiedlichen Schutzrichtung der Tatbestände in Betracht mit § 202a StGB, mit § 263a StGB (Computerbetrug), § 269 StGB (Fälschung beweiserheblicher Daten) und mit den Straftatbeständen des § 42 BDSG.[163] Zur Sachbeschädigung (§ 303 StGB) besteht ebenfalls Idealkonkurrenz, wenn zugleich der Datenträger beschädigt wird.[164]

84 e) **Prozessuales.** Für die Verfolgung der Tat ist ein Strafantrag des Nutzungsberechtigten erforderlich, es sei denn die Strafverfolgungsbehörde hält aufgrund eines besonderen öffentlichen Interesses ein Einschreiten von Amts wegen für geboten (§ 303c SGB).

[151] *Hilgendorf/Valerius* Computer- und Internetstrafrecht, 2. Aufl. 2012, Rn. 592.
[152] BT-Drs. 10/5058, 35; *Hilgendorf* in Satzger/Schluckebier/Widmaier StGB § 303a Rn. 10.
[153] *Zaczyk* in NK-StGB StGB § 303a Rn. 9.
[154] *Wieck-Noodt* in MüKoStGB StGB § 303a Rn. 14.
[155] BT-Drs. 10/5058, 35.
[156] *Fischer* StGB § 303a Rn. 12; *Wolff* in LK-StGB StGB § 303a Rn. 27.
[157] BayObLG JR 1994, 476 (477).
[158] *Wieck-Noodt* in MüKoStGB StGB § 303a Rn. 15.
[159] BGH NStZ 2018, 401 (403).
[160] *Zaczyk* in NK-StGB StGB § 303a Rn. 7; *Lenckner/Winkelbauer* CR 1986, 824 (829).
[161] *Hoyer* in SK-StGB StGB § 303a Rn. 12; *Heger* in Lackner/Kühl StGB § 303a Rn. 4; *Wieck-Noodt* in MüKoStGB StGB § 303a Rn. 17; *Wolff* in LK-StGB StGB § 303a Rn. 9; *Hilgendorf* in Satzger/Schluckebier/Widmaier StGB § 303a Rn. 12; aA, jedoch ohne abweichende Ergebnisse für die Frage der Strafbarkeit, *Fischer* StGB § 303a Rn. 13; *Hecker* in Schönke/Schröder StGB § 303a Rn. 10; *Lenckner/Winkelbauer* CR 1986, 824 (829).
[162] *Hecker* in Schönke/Schröder StGB § 303a Rn. 9; *Wieck-Noodt* in MüKoStGB StGB § 303a Rn. 16.
[163] BayObLG wistra 1993, 304 (306); *Zaczyk* in NK-StGB StGB § 303a Rn. 15; *Wieck-Noodt* in MüKoStGB StGB § 303a Rn. 22.
[164] *Wieck-Noodt* in MüKoStGB StGB § 303a Rn. 22.

B. Die Straftatbestände im Einzelnen   § 34

4. Computersabotage, § 303b StGB

Wegen Computersabotage macht sich nach § 303b Abs. 1 StGB strafbar, wer eine Daten- **85** verarbeitung, die für einen anderen von wesentlicher Bedeutung ist, dadurch erheblich stört, dass er
1. eine Tat nach § 303a Abs. 1 StGB begeht,
2. Daten iSv § 202a Abs. 2 StGB in der Absicht, einem anderen Nachteil zuzufügen, eingibt oder übermittelt oder
3. eine Datenverarbeitungsanlage oder einen Datenträger zerstört, beschädigt, unbrauchbar macht, beseitigt oder verändert.

§ 303b Abs. 2 StGB enthält einen Qualifikationstatbestand, der greift, wenn die Datenverarbeitung, für einen fremden Betrieb, ein fremdes Unternehmen oder eine Behörde von wesentlicher Bedeutung ist. Der Versuch sowohl des Grund-, als auch des Qualifikationstatbestands ist nach § 303b Abs. 3 StGB mit Strafe bedroht.

a) Tatobjekt. Tatgegenstand des § 303b Abs. 1 StGB ist eine Datenverarbeitung, die für **86** einen anderen von wesentlicher Bedeutung ist.

Der Begriff der **Datenverarbeitung** ist nach der Gesetzesbegründung weit auszulegen **87** und umfasst „nicht nur den einzelnen Datenverarbeitungsvorgang, sondern auch den weiteren Umgang mit Daten und deren Verwertung".[165] In Anlehnung an die Legaldefinition der DSGVO lässt sich hierunter das Erheben, das Erfassen, die Organisation, das Ordnen, die Speicherung, die Anpassung oder Veränderung, das Auslesen, das Abfragen, die Verwendung, die Offenlegung durch Übermittlung, Verbreitung oder eine andere Form der Bereitstellung, den Abgleich oder die Verknüpfung, die Einschränkung, das Löschen oder die Vernichtung von Daten subsumieren (vgl. Art. 4 Nr. 2 DSGVO).

Durch die Beschränkung auf Datenverarbeitungen von **wesentlicher Bedeutung** sollen **88** Bagatellfälle aus dem Tatbestand ausgeschieden werden.[166] § 303b Abs. 1 StGB erfasst Taten zum Nachteil von Privatpersonen („für einen anderen") und setzt voraus, dass die Datenverarbeitung für die Lebensgestaltung der Person eine zentrale Funktion einnimmt.[167] Für den Bereich des Sicherheits- und Staatsschutzes von größerer Bedeutung ist der Qualifikationstatbestand des § 303b Abs. 2 StGB, der Angriffe auf Datenverarbeitungen, die für einen fremden Betrieb, ein fremdes Unternehmen oder eine Behörde von wesentlicher Bedeutung sind, erfasst. Insoweit ist es erforderlich, dass die Datenverarbeitung für die Funktionsfähigkeit der betroffenen Einrichtung derart zentrale Informationen enthält, dass diese nach ihrer konkreten Arbeitsweise, Ausstattung und Organisation ganz oder zu einem wesentlichen Teil von dem einwandfreien Funktionieren der Datenverarbeitung abhängt.[168] Eine solche Abhängigkeit besteht nicht erst dann, wenn der geschäftliche bzw. behördliche Betrieb ohne die Datenverarbeitung nicht fortgesetzt werden könnte. Eine wesentliche Bedeutung hat die Datenverarbeitung bereits dann, wenn sich ohne sie die betriebliche Tätigkeit nur mit nicht unerheblichem Mehraufwand (zB Überstunden, Zusatzkräften, Einsatz weiterer Mittel) oder beträchtlicher Zeitverzögerung aufrechterhalten ließe.[169]

b) Tathandlung. § 303b Abs. 1 StGB enthält drei Handlungsvarianten, von denen die **89** erste die Begehung einer Datenveränderung nach § 303a Abs. 1 StGB ist. Hierzu muss der Täter sämtliche Tatbestandsmerkmale der Vorschrift erfüllen, dh rechtswidrig fremde Daten löschen, unterdrücken, unbrauchbar machen oder verändern (→ Rn. 73 ff.).

---
[165] BT-Drs. 10/5058, 35.
[166] BT-Drs. 16/3656, 13.
[167] BT-Drs. 16/3656, 13.
[168] BT-Drs. 10/5058, 35; *Lenckner/Winkelbauer* CR 1986, 824 (830), *Heger* in Lackner/Kühl StGB § 303b Rn. 2; *Hilgendorf* in Satzger/Schluckebier/Widmaier StGB § 303b Rn. 6; *Hecker* in Schönke/Schröder StGB § 303b Rn. 13; *Wolff* in LK-StGB StGB § 303b Rn. 10.
[169] *Lenckner/Winkelbauer* CR 1986, 824 (830), *Wieck-Noodt* in MüKoStGB StGB § 303a Rn. 24.

90 Der Tatbestand kann des Weiteren dadurch verwirklicht werden, dass der Täter Daten iSd § 202a Abs. 2 StGB in der Absicht, einem anderen Nachteil zuzufügen, eingibt oder übermittelt. Der Gesetzgeber hielt die Einführung dieser Handlungsvariante für geboten, weil „auch an sich neutrale Handlungen wie das ‚Eingeben' und ‚Übermitteln' von Daten in ein Computersystem bei unbefugter oder missbräuchlicher Begehungsweise geeignet sein können, erhebliche Störungen zu verursachen."[170] Erfasst werden sollen damit namentlich sog. „Denial-of-Service-Attacken" (DoS-Attacken), dh die planmäßige Überlastung eines Servers mittels einer Vielzahl von idR automatisierten Anfragen.[171] Um der Weite der Tatbestandsvariante des § 302b Abs. 1 Nr. 2 StGB entgegenzuwirken und auszuschließen, dass „in der Netzwerkgestaltung begründete gängige Aktivitäten oder andere zulässige Maßnahmen der Betreiber oder Unternehmen"[172] erfasst werden, ist weitere Voraussetzung, dass die Handlung in der Absicht begangen wird, einem anderen Nachteil zuzufügen. Unter den Begriff des Nachteils fällt jede Beeinträchtigung; sie muss nicht notwendigerweise wirtschaftlicher Natur sein.[173]

91 Schließlich kann die Tathandlung darin liegen, dass der Täter eine Datenverarbeitungsanlage oder einen Datenträger zerstört, beschädigt, unbrauchbar macht, beseitigt oder verändert. Eine Datenverarbeitungsanlage ist eine Funktionseinheit technischer Geräte, die die Verarbeitung von Daten iSv § 202a Abs. 2 StGB ermöglicht. Hierzu zählen neben Prozessoren auch Eingabegeräte, Bildschirme, Drucker und sonstige Peripheriegeräte.[174] Datenträger sind Speichermedien wie Festplatten, CDs, DVDs, Memory- oder USB-Sticks.[175] Hinsichtlich der Merkmale des Zerstörens, Beschädigens, Unbrauchbarmachens, Beseitigens und Veränderns wird auf die Ausführungen zu den gleichlautenden Handlungsvarianten des § 316b StGB verwiesen (→ Rn. 10).

92 c) Taterfolg. Der tatbestandliche Erfolg liegt in der, durch eine der bezeichneten Tathandlungen verursachten, erheblichen Störung einer Datenverarbeitungsanlage. Eine solche ist dann gegeben, wenn der reibungslose Ablauf der Anlage nicht unerheblich beeinträchtigt ist, was bereits dann der Fall ist, wenn ein einziger konkreter Datenverarbeitungsvorgang infolge der Tat nicht in bisheriger Form durchgeführt werden kann, es sei denn, die Wiederherstellung des vorherigen Zustands gelingt ohne großen Aufwand.[176] Beispiele sind die Unterbrechung der Verbindung zwischen Rechner und Ein- oder Ausgabegeräten, das Ändern oder Löschen zu verarbeitender Daten oder die Beschädigung von Hardware, durch die deren Funktionsfähigkeit beeinträchtigt wird.[177]

93 d) Subjektiver Tatbestand. Der Tatbestand setzt zumindest bedingten Vorsatz voraus. Die wesentliche Bedeutung der Datenverarbeitung für den Betrieb, das Unternehmen oder die Behörde muss der Täter wertungsmäßig erfasst haben (sog. „Parallelwertung in der Laiensphäre"). Die Tatvariante des § 303b Abs. 1 Nr. 2 StGB enthält als besonderes subjektives Merkmal die Nachteilszufügungsabsicht (→ Rn. 90).

94 e) Besonders schwere Fälle, § 303b Abs. 4 StGB. § 303b Abs. 4 StGB sieht die Möglichkeit der Strafschärfung in besonders schweren Fällen der Computersabotage nach § 303b Abs. 2 StGB vor und benennt Beispiele, in denen ein solcher in der Regel anzunehmen ist. Ein durch die Tat herbeigeführter **Vermögensverlust großen Ausmaßes** (Nr. 1) wird unter Rückgriff auf die gefestigte Rechtsprechung zum gleichlauten-

---
[170] BT-Drs. 16/3656, 13.
[171] BT-Drs. 16/3656, 13; vgl. *Schumann* NStZ 2007, 675 (679); *Fischer* StGB § 303b Rn. 12.
[172] BT-Drs. 16/3656, 13.
[173] BT-Drs. 16/3656, 13; *Hecker* in Schönke/Schröder StGB § 303b Rn. 7; *Wolff* in LK-StGB StGB § 303b Rn. 28.
[174] *Wolff* in LK-StGB StGB § 303b Rn. 17; *Wieck-Noodt* in MüKoStGB StGB § 303b Rn. 13.
[175] *Hoyer* in SK-StGB StGB § 303b Rn. 19; *Fischer* StGB § 303b Rn. 13.
[176] BT-Drs. 10/5058, 35; *Wolff* in LK-StGB StGB § 303b Rn. 26; *Fischer* StGB § 303b Rn. 9; *Wolters* in SK-StGB StGB § 303b Rn. 7 f.
[177] *Wieck-Noodt* in MüKoStGB StGB § 303b Rn. 19.

den Merkmal in § 263 Abs. 3 S. 2 Nr. 2 StGB ab einer Schadenssumme von 50.000 EUR angenommen.[178] Auch die Regelbeispiele der **gewerbs- und der bandenmäßigen Begehung** nach Nr. 2 sind gleichbedeutend mit den entsprechenden, in § 263 Abs. 3 S. 2 Nr. 1 StGB genannten. Gewerbsmäßigkeit liegt danach vor, wenn der Täter in der Absicht handelt, sich durch wiederholte Tatbegehung eine fortlaufende Einnahmequelle von einiger Dauer und einigem Umfang zu verschaffen.[179] Unter einer Bande iSd § 303b Abs. 4 S. 2 Nr. 2 StGB ist der Zusammenschluss von mindestens drei Personen zu verstehen, die sich mit dem Willen verbunden haben, künftig fortgesetzt Computersabotage zu begehen, wobei die einzelnen Taten noch nicht im Einzelnen feststehen müssen.[180] Nicht erforderlich ist, dass die Bandenmitglieder tatsächlich bereits mehrere Taten begangen haben.[181] § 303b Abs. 4 S. 2 Nr. 3 StGB setzt voraus, dass durch die Tat die **Versorgung der Bevölkerung mit lebenswichtigen Gütern oder Dienstleistungen** oder die **Sicherheit der Bundesrepublik Deutschland** beeinträchtigt wird. Hinsichtlich der ersten Alternative nimmt die Gesetzesbegründung ausdrücklich auf die Auslegung des entsprechenden Merkmals in § 316b Abs. 3 S. 2 StGB Bezug,[182] auf die verwiesen wird (→ Rn. 14). Unter die Sicherheit der Bundesrepublik Deutschland fällt in Anlehnung an § 92 Abs. 3 Nr. 2 StGB sowohl die äußere als auch die innere.[183] Das Merkmal ist nach zutreffender Auffassung einschränkend auszulegen und setzt voraus, dass die Computersabotage einen Zustand schafft, in dem der Bestand der Bundesrepublik nicht mehr geschützt werden kann (äußere Sicherheit) oder eine relevante Sicherheitslücke für die Rechte der Bürger auf Freiheit und/oder körperliche Unversehrtheit bewirkt (innere Sicherheit).[184]

f) Konkurrenzen. Erfüllt der Täter durch dieselbe Handlung sowohl Nr. 1 als auch Nr. 3 des § 303b Abs. 1 StGB, liegt nur eine Tat (und nicht Tateinheit) vor.[185] Die Tatvariante des § 303b Abs. 1 Nr. 1 StGB verdrängt als Qualifikation den Tatbestand des § 303a StGB. § 303b StGB steht insgesamt in Tateinheit zu § 303 StGB.[186] Gleiches gilt nach hM auch im Verhältnis zu den Sabotagetatbeständen der §§ 316b, 317 StGB.[187] Tateinheit ist ferner möglich mit Taten nach den §§ 202a, 240, 253, 263a, 268 und 269 StGB.[188]

95

g) Prozessuales. Die Strafverfolgung wegen Taten nach § 303b Abs. 1–3 StGB setzt einen Antrag des Verletzten voraus, es sei denn, dass die Strafverfolgungsbehörde wegen des besonderen öffentlichen Interesses an der Strafverfolgung ein Einschreiten von Amts wegen für geboten hält (§ 303c StGB). Verletzte einer Computersabotage können neben den in § 303b Abs. 2 StGB genannten Betrieben, Unternehmen und Behörden auch Privatpersonen, deren Datenverarbeitung von der Tat betroffen sind, sein.[189] Von dem grundsätzlichen Erfordernis eines Strafantrags nimmt § 303c StGB besonders schwere Fälle der Computersabotage nach § 303b Abs. 4 StGB aus; es handelt sich insoweit also um Offizialdelikte.

96

---

[178] *Hecker* in Schönke/Schröder StGB § 303b Rn. 18; *Weidemann* in BeckOK StGB, 52. Ed. 1.2.2022, StGB § 303b Rn. 27; einschränkend *Zaczyk* in NK-StGB StGB § 303b Rn. 24.
[179] Vgl. BGH NStZ-RR 2011, 373.
[180] Vgl. BGH NJW 2001, 2266.
[181] Vgl. BGH NStZ-RR 2006, 106.
[182] BT-Drs. 16/3656, 25; s. auch *Ernst* NJW 2007, 2661 (2665).
[183] BT-Drs. 16/3656, 25.
[184] Vgl. auch *Zaczyk* in NK-StGB StGB § 303b Rn. 27; *Fischer* StGB § 303b Rn. 25a.
[185] *Zaczyk* in NK-StGB StGB § 303b Rn. 29; *Hecker* in Schönke/Schröder StGB § 303b Rn. 23.
[186] *Hecker* in Schönke/Schröder StGB § 303b Rn. 23; *Möhrenschlager* wistra 1986, 128 (142); differenzierend *Heger* in Lackner/Kühl StGB § 303b Rn. 10; *Fischer* StGB § 303b Rn. 27.
[187] *Heger* in Lackner/Kühl StGB § 303b Rn. 8; *Fischer* StGB § 303b Rn. 27; *Hecker* in Schönke/Schröder StGB § 303b Rn. 23; aA *Zaczyk* in NK-StGB StGB § 303b Rn. 30 (§ 303b StGB tritt als *lex generalis* zurück).
[188] *Hecker* in Schönke/Schröder StGB § 303b Rn. 23.
[189] *Weidemann* in BeckOK-StGB, 52. Ed. 1.2.2022, StGB § 303c Rn. 10.

5. Vorbereitungstaten, § 202c StGB

97 § 202c StGB enthält einen Vorbereitungstatbestand in Bezug auf die Delikte der §§ 202a und 202b StGB sowie der §§ 303a und 303b StGB (über die Verweisungen in § 303a Abs. 3 StGB bzw. § 303b Abs. 5 StGB). Der Gesetzgeber hat durch die Vorschrift die entsprechende Vorgabe in Art. 6 Abs. 1 lit. a des am 1.7.2004 in Kraft getretenen Übereinkommens des Europarats über Computerkriminalität (Cybercrime-Konvention) umgesetzt.

98 Nach § 202c Abs. 1 StGB macht sich strafbar, wer eine der genannten Bezugstaten vorbereitet, indem er

1. Passwörter oder sonstige Sicherungscodes, die den Zugang zu Daten iSd § 202a Abs. 2 StGB ermöglichen, oder
2. Computerprogramme, deren Zweck die Begehung einer solchen Tat ist,

herstellt, sich oder einem anderen verschafft, verkauft, einem anderen überlässt, verbreitet oder sonst zugänglich macht.

99 Unter die in § 202c Abs. 1 Nr. 1 StGB genannten **Sicherungscodes,** von denen Passwörter einen Unterfall bilden, fallen beispielsweise PINs von Mobiltelefonen oder für das Onlinebanking, aber auch sonstige Sicherungssysteme wie biometrische Zugangsschranken oder Code-Karten.[190] Durch die Einschränkung der tauglichen Tatobjekte auf solche Sicherungscodes, die den Zugang zu Daten nach § 202a Abs. 2 StGB ermöglichen, scheiden insbesondere Zugangssicherungen für physische Räume wie etwa Wohnungen, Geschäftsräume oder Werksgebäude, weil diese noch keinen unmittelbaren Datenzugang ermöglichen.[191]

100 Mit der 2. Tatvariante sollen nach dem Willen des Gesetzgebers solche **Computerprogramme** erfasst werden, die bereits nach der Art und Weise ihres Aufbaus darauf angelegt sind, illegalen Zwecken zu dienen.[192] In Bezug auf die Straftaten der §§ 202, 202b StGB zählen hierzu namentlich sog. „Hacker-Tools" wie beispielsweise Keylogger, Passwort-Generatoren, Backdoor-Programme und sonstige Spionage-Software.[193] Programme, die Taten nach den §§ 303a, 303b StGB bezwecken, sind zB solche, die DDoS-Attacken ermöglichen (sog. DDoS-Tools) oder auch Trojaner und andere Viren, mittels derer Daten im Zielsystem unbefugt gelöscht oder verändert werden können; hierunter fällt insbesondere auch sog. „Ransomware", dh Schadsoftware, die fremde Daten verschlüsselt, und deren Entschlüsselung von der Zahlung eines „Lösegelds" abhängig gemacht wird.

101 Als **Tathandlungen** zählt § 202c Abs. 1 StGB das Herstellen, sich oder einem anderen Verschaffen, Verkaufen, einem anderen Überlassen, Verbreiten und das sonst Zugänglichmachen. Vom Tatbestand ist damit nahezu jeglicher Umgang mit den bezeichneten Tatobjekten umfasst mit Ausnahme des bloßen Besitzes, eine Einschränkung die freilich kaum praktische Bedeutung hat, weil sich der Täter den Sicherungscode oder das Computerprogramm zuvor hergestellt oder in irgendeiner Weise verschafft haben muss.[194]

102 Auf der **inneren Tatseite** ist zumindest bedingter Vorsatz in Bezug auf Tatobjekt und Tathandlung erforderlich.[195] Weitere subjektive Voraussetzung ist, dass die Tathandlung der Vorbereitung einer Tat nach den §§ 202a, 202b, 303a oder 303b StGB dient. Hierzu muss der Täter nach den Gesetzesmotiven eine eigene oder fremde Computerstraftat „in Aussicht genommen" haben,[196] wobei es genügt, dass er die Tat in ihren Grundzügen, dh ihrer Art nach, in sein Vorstellungsbild aufgenommen hat. Eine weitergehende Individualisierung

---
[190] *Kargl* in NK-StGB StGB § 202c Rn. 4; *Graf* in MüKoStGB StGB § 202c Rn. 9.
[191] *Graf* in MüKoStGB StGB § 202c Rn. 9.
[192] BT-Drs. 16/3656, 12.
[193] *Graf* in MüKoStGB StGB § 202c Rn. 12.
[194] *Kargl* in NK-StGB StGB § 202c Rn. 11; *Ernst* NJW 2007, 2661 (2663).
[195] *Heger* in Lackner/Kühl StGB § 202c Rn. 5; krit. *Kargl* in NK-StGB StGB § 202c Rn. 14.
[196] BT-Drs. 16/3656, 19.

hinsichtlich Tatzeit, Tatort und konkreter Tatausführung ist dagegen nicht notwendig, weshalb auch etwa der Verkauf von Hacker-Tools an nicht näher bekannte Kunden über das Internet in aller Regel tatbestandsmäßig ist.[197]

Durch den Verweis in § 202c Abs. 2 StGB finden die Vorschriften über die **tätige Reue** 103 nach § 149 Abs. 2 und 3 StGB entsprechend Anwendung. Der Täter wird mithin straffrei, wenn er die Ausführung der vorbereiteten Tat aufgibt und eine verursachte Gefahr abwendet oder zumindest ein ernsthaftes und freiwilliges Bemühen zeigt, die Gefahr zu verhindern, falls diese aus anderen Gründen abgewendet oder die Vollendung der Tat anderweitig verhindert worden ist.

III. Verkehrsdelikte

Der Straßen-, Bahn-, Schiffs- und Luftverkehr ist von zentraler Bedeutung nicht nur für 104 die Fortbewegungsfreiheit des Einzelnen, sondern auch für den schnellen und reibungslosen Austausch von Waren und Dienstleistungen und damit für die Funktionsfähigkeit der Gesamtwirtschaft. Angriffe auf diese Verkehrsarten haben mithin das Potential, sowohl die ökonomische Infrastruktur eines Staates zu beeinträchtigen als auch das Leben und die körperliche Unversehrtheit der Verkehrsteilnehmer zu gefährden. Verkehrsbezogene Straftaten können darüber hinaus auch dadurch motiviert sein, dass der Täter den konkreten Zweck des Verkehrsmittels zu behindern sucht, um politische oder zivilgesellschaftliche Ziele zu erreichen – man denke beispielsweise an Sabotageakte gegen Atommüll-Transporte.

In diesem Sinne sicherheits- und staatsschutzrelevante Angriffe auf den Verkehr werden 105 strafrechtlich zum einen durch die Tatbestände der gefährlichen Eingriffe in den Bahn-, Schiffs- und Luftverkehr (§ 315 StGB) sowie in den Straßenverkehr (§ 315b StGB) und zum anderen durch den Tatbestand der Angriffe auf den Luft- und Seeverkehr (§ 316c StGB) erfasst. Die Strafnormen der §§ 315, 315b StGB pönalisieren im Grundsatz Beeinträchtigungen der Sicherheit des Verkehrs durch Eingriffe „von außen", dh durch Handlungen, deren Gefährlichkeit nicht in der Teilnahme am Verkehr angelegt ist, sondern verkehrs-extern erfolgen.[198] Der Tatbestand des § 316c StGB erfasst demgegenüber zum einen das, was man gemeinhin als Flugzeug- bzw. Schiffsentführung bezeichnet (§ 316c Abs. 1 Nr. 1 StGB) und zum anderen bestimmte Formen der Flugzeug- bzw. Schiffssabotage (§ 316c Abs. 1 Nr. 2 StGB).

1. Gefährliche Eingriffe in den Verkehr, §§ 315, 315b

Nach § 315 Abs. 1 StGB macht sich wegen gefährlichen Eingriffs in den Bahn-, Schiffs- 106 und Luftverkehr strafbar, wer die Sicherheit des Schienenbahn-, Schwebebahn-, Schiffs- oder Luftverkehrs dadurch beeinträchtigt, dass er
1. Anlagen oder Beförderungsmittel zerstört, beschädigt oder beseitigt,
2. Hindernisse bereitet,
3. falsche Zeichen oder Signale gibt oder
4. einen ähnlichen, ebenso gefährlichen Eingriff vornimmt

und dadurch Leib oder Leben eines anderen Menschen oder fremde Sachen von bedeutendem Wert gefährdet.

Leicht abgewandelt stellt § 315b Abs. 1 StGB gefährliche Eingriffe in den Straßenverkehr 107 unter Strafe, die der Täter dadurch begeht, dass er die Sicherheit des Straßenverkehrs dadurch beeinträchtigt, dass er
1. Anlagen oder Fahrzeuge zerstört, beschädigt oder beseitigt,

---

[197] *Graf* in MüKoStGB StGB § 202c Rn. 25 f.; *Kargl* in NK-StGB StGB § 202c Rn. 13; *Ernst* NJW 2007, 2661 (2664); *Schumann* NStZ 2007, 675 (678); enger *Hilgendorf* in LK-StGB StGB § 202c Rn. 26.
[198] BGH NJW 1996, 203; *Hruschka* NJW 1996, 160 (163).

2. Hindernisse bereitet oder
3. einen ähnlichen, ebenso gefährlichen Eingriff vornimmt,
und dadurch Leib oder Leben eines anderen Menschen oder fremde Sachen von bedeutendem Wert gefährdet.

108 Beide Strafnormen ordnen jeweils in Abs. 2 die Strafbarkeit des Versuchs an. § 315 Abs. 3 StGB, auf den § 315b Abs. 3 StGB verweist, enthält einen Qualifikationstatbestand. § 315 Abs. 5 und 6 StGB und § 315b Abs. 4 und 5 StGB beinhalten Kombinationen von vorsätzlicher und fahrlässiger Tatbegehung.

109 Beide Straftatbestände bezwecken nach zutreffender Auffassung den Schutz sowohl von Individualrechtsgütern (Leben, körperliche Unversehrtheit und Eigentum an Sachen von bedeutendem Wert) als auch des Allgemeininteresses an der Sicherheit und Funktionsfähigkeit der jeweils betroffenen Verkehrsart.[199]

110 **a) Geschützte Verkehrsarten.** Unter dem in § 315 Abs. 1 StGB genannten **Schienenverkehr** sind zur Beförderung von Menschen oder Sachgütern dienende Transportmittel zu verstehen, dessen Fortbewegung auf einem festen Schienenstrang erfolgt, also insbesondere Eisen- und Untergrundbahnen.[200] Dem **Schwebebahnverkehr** zuzuordnen sind Bahnen, die die Erde nicht berühren, wie etwa der Transrapid, die Wuppertaler Schwebebahn oder auch Sessellifte.[201] Unter den ebenfalls von § 315 StGB geschützten **Schiffsverkehr** fallen sämtliche Wasserfahrzeuge, die Personen oder Güter befördern können, unabhängig von ihrer Größe und Antriebsart, und damit neben Schiffen und Motorbooten auch Segel-, Ruder- und Tretboote.[202] Zum **Luftverkehr** zählt jede Benutzung des Luftraumes durch Luftfahrzeuge, namentlich durch Motor- und Segelflugzeuge, Ballone und Gleitschirme sowie Raketen, solange sie sich im Luftraum befinden[203] (vgl. § 1 Abs. 2 LuftVG).

111 Der von § 315b StGB geschützte **Straßenverkehr** umfasst jegliche Verkehrsform im öffentlichen Straßenraum und damit neben dem Kraftfahrzeugverkehr etwa auch Fahrradfahrer, Fußgänger und Rollstuhlfahrer.[204] Zum Straßenraum zählen dabei neben den Fahrbahnen auch Rad- und Gehwege.[205] Öffentlich ist dieser, wenn er „entweder ausdrücklich oder mit stillschweigender Duldung des Verfügungsberechtigten für jedermann oder aber zumindest für eine allgemein bestimmte größere Personengruppe zur Benutzung zugelassen ist und auch so benutzt wird".[206] § 315e StGB stellt klar, dass auf Schienenbahnen, soweit sie am Straßenverkehr teilnehmen, nur die Vorschriften zum Schutz des Straßenverkehrs (§§ 315b und 315c StGB) anzuwenden sind. Damit sind insbesondere öffentlich verkehrende Straßenbahnen dem Anwendungsbereich des § 315 StGB entzogen und demjenigen des § 315b StGB unterstellt.[207]

112 **b) Tathandlungen.** Sowohl § 315 StGB als auch § 315b StGB bezeichnen als Tathandlungen das **Zerstören, Beschädigen oder Beseitigen von Anlagen oder Beförderungsmitteln bzw. Fahrzeugen** (Abs. 1 Nr. 1) sowie das **Bereiten von Hindernissen** (Abs. 1 Nr. 2).

---

[199] *Ernemann* in Satzger/Schluckebier/Widmaier StGB § 315 Rn. 1; *Fischer* StGB § 315 Rn. 2; *Heger* in Lackner/Kühl StGB § 315 Rn. 1; *Zieschang* in NK-StGB StGB § 315 Rn. 6; *Hecker* in Schönke/Schröder StGB § 315 Rn. 1; aA BGH NJW 1889, 2227 (2228); 1989, 2550 (Individualinteressen werden nur „daneben" geschützt); *König* in LK-StGB StGB § 315 Rn. 4 f.
[200] OLG Köln VRS 15 (1958), 49 (50); *Pegel* in MüKoStGB StGB § 315 Rn. 26.
[201] *Fischer* StGB § 315 Rn. 5, *Zieschang* in NK-StGB StGB § 315 Rn. 26; *Hecker* in Schönke/Schröder StGB § 315 Rn. 4.
[202] *Zieschang* in NK-StGB StGB § 315 Rn. 27; *Pegel* in MüKoStGB StGB § 315 Rn. 5.
[203] Vgl. die Aufzählung in § 1 Abs. 2 LuftVG; *Hecker* in Schönke/Schröder StGB § 315 Rn. 6.
[204] *Zieschang* in NK-StGB StGB § 315 Rn. 29; *Fischer* StGB § 315b Rn. 2, 6; *Pegel* in MüKoStGB StGB § 315b Rn. 5; *Geppert* JURA 1996, 639 (640).
[205] *Pegel* in MüKoStGB StGB § 315b Rn. 7.
[206] BGHSt 49, 128 = NJW 2004, 1965; BGHSt 16, 7 (9 f.) = NJW 1961, 1124; BGH VRS 12 (1957), 414 (415 f.).
[207] *Pegel* in MüKoStGB StGB § 315e Rn. 3.

Unter den Begriff der Anlagen fallen Bauwerke und sonstige verkehrstechnisch gestaltete **113**
– bewegliche und unbewegliche – Einrichtungen, soweit sie gerade der Sicherheit des
Verkehrs dienen und keine Beförderungsmittel sind. In Betracht kommen beispielsweise in
der Luftfahrt: Rollfeld und Piste, Signalanlagen auf Flugplätzen und Einrichtungen der
Flugsicherung; im Schiffsverkehr: feste und schwimmende Schifffahrtszeichen, insbesondere Bojen, Signalanlagen und Schleusen; im Schwebebahnverkehr: Trassen, Trag- und
Zugseile einschließlich der Antriebs-, Brems- und Steuerungssysteme; im Schienenverkehr:
Gleisanlagen, Weichen, Oberleitungen, Bahnübergänge und Signalanlagen; im Straßenverkehr: der Straßenkörper selbst, Brücken, Unterführungen, Verkehrsschilder, Leitplanken
und Fahrbahnmarkierungen sowie Baustelleneinrichtungen.[208] Beförderungsmittel iSd
§ 315 Abs. 1 Nr. 1 StGB sind, ebenso wie die in § 315b Abs. 1 Nr. 1 StGB genannten
Fahrzeuge, die der Beförderung von Personen oder Sachen dienenden beweglichen Einrichtungen samt ihrem Zubehör.[209] Die Tathandlungen des Zerstörens und Beschädigens
sind gleichbeutend mit den entsprechenden Merkmalen der Sachbeschädigung nach § 303
StGB und erfordern eine körperliche Einwirkung auf die Sache, die zumindest entweder
eine Substanzverletzung oder eine nicht unerhebliche Minderung der bestimmungsgemäßen Brauchbarkeit bewirkt.[210] Beseitigen ist das räumliche Entfernen einer Sache von ihrem
bestimmungsgemäßen Einsatzort.[211]

Der Täter bereitet Hindernisse, wenn er einen Eingriff vornimmt, der geeignet ist, den **114**
ordnungsmäßigen Betrieb zu hemmen oder zu verzögern.[212] Unter dieses, von Rspr. und
hL weit ausgelegte, Merkmal fallen neben dem Anbringen physischer Barrieren[213] auch
etwa das Abkoppeln eines Bahnwagons während der Fahrt,[214] die Unterbrechung der für
die Fortbewegung des Verkehrsmittels notwendigen Energieversorgung,[215] oder das Aufbringen von flüssigen Schmierstoffen (zB Öl oder Diesel) auf die Fahrbahn.[216]

Der Tatbestand des § 315 Abs. 1 StGB sieht (im Gegensatz zu § 315b StGB) als weitere **115**
taugliche Tathandlung das **Geben falscher Zeichen oder Signale** vor (Nr. 3). Zeichen
und Signale sind die den jeweiligen Verkehrsordnungen entsprechenden, standardisierten
optischen oder akustischen Gebote, Verbote, Warnungen oder Hinweise.[217] Daher erfüllt
beispielsweise das Blenden mit „Laserpointern" mangels entsprechender Standardisierung
des Signals die Tatmodalität nicht.[218] Zeichen und Signale sind falsch, wenn sie der
konkreten Verkehrssituation widersprechen.[219]

Mit dem Auffangtatbestand des **ähnlichen, ebenso gefährlichen Eingriffs** nach den **116**
§ 315 Abs. 1 Nr. 4 StGB, § 315b Abs. 1 Nr. 3 StGB werden Verhaltensweisen erfasst, die
sich in mit den benannten Handlungsvarianten vergleichbarer Weise auf den jeweiligen
Verkehrsvorgang auswirken.[220] Beispiele in Bezug auf den Tatbestand des § 315 Abs. 1
Nr. 4 StGB sind Angriffe gegen Flugzeugführer,[221] wozu auch etwa das Blenden mittels

---

[208] Vgl. BGH NStZ-RR 1997, 200; *Hecker* in Schönke/Schröder StGB § 315 Rn. 10; *Zieschang* in NK-StGB StGB § 315 Rn. 11; *Pegel* in MüKoStGB StGB § 315 Rn. 36; *Zieschang* in NK-StGB StGB § 315b Rn. 18; *Wolters* in SK-StGB StGB § 315b Rn. 4.
[209] *Pegel* in MüKoStGB StGB § 315 Rn. 36; *Zieschang* in NK-StGB StGB § 315b Rn. 18; *Fischer* StGB § 315b Rn. 6.
[210] BGH NJW 1954, 609; BGHSt 44, 34 (38) = NJW 1998, 2149.
[211] BGH NStZ 2002, 648; *Zieschang* in NK-StGB StGB § 315 Rn. 10; *König* in LK-StGB StGB § 315 Rn. 34; *Wolters* in SK-StGB StGB § 315b Rn. 6.
[212] BGHSt 41, 234 = NJW 1996, 203; BGHSt 48, 119 = NJW 2003, 836, *Fischer* StGB § 315 Rn. 9, *König* in LK-StGB StGB § 315 Rn. 35; *Pegel* in MüKoStGB StGB § 315 Rn. 40.
[213] *Hecker* in Schönke/Schröder StGB § 315 Rn. 11 mit Beispielen und wN.
[214] OGHSt 1, 391 (392 f.).
[215] BGH StV 1988, 151 (152).
[216] BGHSt 41, 231 (234 f.) = NJW 1996, 203.
[217] Vgl. OLG Düsseldorf NJW 2000, 3223; *Hecker* in Schönke/Schröder StGB § 315 Rn. 12.
[218] *Ellbogen/Schneider* NZV 2011, 63 (64).
[219] OLG Oldenburg VRS 27 (1964), 199 (201); *Fischer* StGB § 315 Rn. 10.
[220] BGHSt 10, 405 = NJW 1957, 1845; BGHSt 24, 231 = NJW 1972, 264; *Hecker* in Schönke/Schröder StGB § 315 Rn. 13; *Wolters* in SK-StGB StGB § 315 Rn. 8.
[221] *König* in LK-StGB StGB § 315 Rn. 43.

„Laserpointer" zählt,[222] oder die Störung des die Flug- und Wasserwege sichernden Funkverkehrs und Radarempfangs.[223] Gefährliche Eingriffe in den Straßenverkehr iSd § 315b Abs. 1 Nr. 3 StGB können die Manipulation von Verkehrsschildern,[224] die Abgabe von Schüssen auf Verkehrsteilnehmer,[225] oder auch sog. „verkehrsfeindliche Inneneingriffe"[226] sein, dh mit Schädigungsvorsatz[226] vorgenommene verkehrsinterne Verhaltensweisen, wie beispielsweise das zielgerichtete Zufahren auf Personen mit einem Kfz.[227]

117 **c) Tatererfolg.** Der tatbestandliche Erfolg liegt jeweils in der Gefährdung von Leib oder Leben eines anderen Menschen oder von fremden Sachen von bedeutendem Wert. Erforderlich ist eine konkrete Gefährdung in dem Sinne, dass der Eintritt eines Schadens nicht mehr gezielt abgewendet werden kann und sein Ausbleiben folglich nur noch von bloßen Zufälligkeiten abhängt.[228] Eine geläufige Umschreibung dieser Gefahrensituation ist der Begriff des „Beinaheunfalls"[229], bei dem es in der Rückschau „gerade noch einmal gut gegangen" ist.[230] Gefährdet werden muss entweder das Leben bzw. die körperliche Unversehrtheit eines anderen Menschen, wobei nach hM Teilnehmer an der Tat (also Anstifter und Gehilfen) als Gefährdungsobjekte ausscheiden,[231] oder eine fremde Sache von bedeutendem Wert. Insofern muss sowohl der Verkehrswert[232] der Sache, als auch der ihr drohende Schaden bedeutend sein,[233] was sich nach der anhand des Marktwerts zu ermittelnden Wertminderung bemisst.[234] Was die Bezifferung des bedeutenden Werts angeht, hält der für das Straßenverkehrsstrafrecht zuständige 4. Strafsenat des BGH entgegen verbreiteter Stimmen in der Literatur[235] an der Untergrenze von 750 EUR fest.[236]

118 **d) Subjektiver Tatbestand.** Die Tatbestände der § 315 Abs. 1 StGB, § 315b Abs. 1 StGB setzen (bedingten) Vorsatz voraus, der sich insbesondere auch auf den Eintritt des Gefährdungserfolgs beziehen muss. Der Täter muss im Fall der Gefährdung einer fremden Sache die Umstände in sein Vorstellungsbild aufgenommen haben, die den bedeutenden Wert der Sache konstituieren.[237]

119 Die §§ 315 Abs. 5 StGB, § 315b Abs. 4 StGB enthalten jeweils eine Kombination von Vorsatz und Fahrlässigkeit, nach der der Täter in Bezug auf die Tathandlung vorsätzlich, jedoch hinsichtlich des Gefährdungserfolg lediglich fahrlässig handeln muss. § 11 Abs. 2 StGB bestimmt diesbezüglich, dass die Tat als Vorsatztat gilt, weshalb eine Teilnahme daran gemäß den §§ 26, 27 StGB möglich ist.

120 Die § 315 Abs. 6 StGB, § 315b Abs. 6 StGB stellen reine Fahrlässigkeitstaten unter Strafe, in denen also die Tathandlung auf (bloßer) Sorgfaltswidrigkeit beruht und der Gefährdungserfolg lediglich fahrlässig verursacht wurde.

121 **e) Qualifikationstatbestände, § 315 Abs. 3 StGB, § 315b Abs. 3 StGB.** § 315 Abs. 3 StGB enthält Qualifikationen, die die Tat zum Verbrechen (§ 12 Abs. 1 StGB) heraufstufen und die über § 315b Abs. 3 StGB auch auf § 315b StGB anwendbar sind. § 315b Abs. 3

---

[222] *Ellbogen/Schneider* NZV 2011, 63 (64 f.).
[223] *Fischer* StGB § 315 Rn. 11; *Schmid* NZV 1988, 125 (127).
[224] *Fischer* StGB § 315b Rn. 8a; *König* in LK-StGB § 315b Rn. 40.
[225] BGHSt 25, 306 (307 f.) = NJW 1974, 1340.
[226] BGHSt 48, 233 ff. = NJW 2003, 1613.
[227] BGH BeckRS 1972, 31126313; *Zieschang* in NK-StGB StGB § 315b Rn. 22.
[228] Vgl. BGHSt 22, 341 (344) = NJW 1969, 939; BGH NStZ 2012, 701; NStZ-RR 2017, 224.
[229] Vgl. etwa BGH NJW 1995, 3131.
[230] *Fischer* StGB § 315b Rn. 15.
[231] BGH NStZ 1992, 233; NZV 2012, 448; NStZ 2013, 167; *Fischer* StGB § 315b Rn. 17; aA *Hecker* in Schönke/Schröder StGB § 315b Rn. 31.
[232] *Kudlich* in BeckOK StGB, 52. Ed. 1.2.2022, StGB § 315c Rn. 65.
[233] BGH NStZ-RR 2008, 289; StraFo 2010, 259.
[234] BGH NStZ-RR 2017, 123 (124); ebenso *Fischer* StGB § 315c Rn. 15.
[235] *Hecker* in Schönke/Schröder StGB § 315b Rn. 31: 1.300 EUR; *Pegel* in MüKoStGB StGB § 315c Rn. 96: 1.000 EUR.
[236] BGH NStZ-RR 2019, 125; NStZ 2011, 215 (216).
[237] Vgl. *König* in LK-StGB StGB § 315 Rn. 99; *Zieschang* in NK-StGB StGB § 315 Rn. 47.

B. Die Straftatbestände im Einzelnen
§ 34

Nr. 1 StGB beschreibt besondere Absichten des Täters, die sich auf die Herbeiführung eines Unglücksfalls oder die Ermöglichung oder Verdeckung einer anderen Straftat richten muss. Ein Unglücksfall in diesem Sinne erfordert den Eintritt eines erheblichen Schadens für Menschen oder Sachwerte.[238] Angesichts der wesentlichen Strafschärfung, die die Qualifikation gegenüber dem Grundtatbestand, der bereits eine konkrete Gefährdung erfordert, vorsieht, genügt es im Gegensatz zu § 323c StGB (Unterlassene Hilfeleistung) für die Annahme eines Unglücksfalls nicht, dass Personen- oder Sachschäden lediglich drohen.[239] Soll eine Tat ermöglicht oder verdeckt werden, muss diese nicht in Realkonkurrenz zur Tat nach den §§ 315, 315b StGB stehen, sondern kann auch tateinheitlich verwirklicht werden.[240] Es muss sich jedoch um eine Straftat und nicht nur um eine Ordnungswidrigkeit handeln, wobei es insoweit, da es sich um ein subjektives Qualifikationsmerkmal handelt, auf die Vorstellung des Täters ankommt.[241] Bei § 315 Abs. 3 Nr. 2 StGB handelt es sich demgegenüber um eine Erfolgsqualifikation. Eine schwere Gesundheitsschädigung eines anderen Menschen liegt dann vor, wenn eine der in § 226 Abs. 1 StGB (Schwere Körperverletzung) genannten oder mit diesen vergleichbare Verletzungsfolgen eingetreten sind. Hierzu zählen etwa lebensbedrohliche, besonders qualvolle oder langwierige Krankheiten oder erhebliche Beeinträchtigungen der Arbeitskraft des Geschädigten.[242] Eine große Anzahl von Menschen sind an der Gesundheit geschädigt, wenn mindestens zehn Menschen verletzt wurden.[243]

f) Konkurrenzen. Die §§ 315, 315b StGB stehen in Tateinheit zu den weiteren Verkehrsdelikten der § 315a Abs. 1 Nr. 1 StGB, §§ 316, 316b und § 316c StGB[244] mit der Ausnahme, dass § 315a Abs. 1 Nr. 2 StGB hinter § 315 StGB zurücktritt.[245] Da die §§ 315, 315b StGB neben den Individualrechtsgütern, deren Gefährdung vorausgesetzt wird, auch die Sicherheit der jeweiligen Verkehrsarten schützt, stehen sie in Tateinheit zu mit verwirklichten Tötungs-, Körperverletzungs- und Sachbeschädigungsdelikten.[246]

2. Angriffe auf den Luft- und Seeverkehr, § 316c StGB

Wegen Angriffs auf den Luft- und Sehverkehr macht sich nach § 316c Abs. 1 StGB strafbar, wer

1. Gewalt anwendet oder die Entschlussfreiheit einer Person angreift oder sonstige Machenschaften vornimmt, um dadurch die Herrschaft über
    a) ein im zivilen Luftverkehr eingesetztes und im Flug befindliches Luftfahrzeug oder
    b) ein im zivilen Seeverkehr eingesetztes Schiff
    zu erlangen oder auf dessen Führung einzuwirken, oder
2. um ein solches Luftfahrzeug oder Schiff oder dessen an Bord befindliche Ladung zu zerstören oder zu beschädigen, Schusswaffen gebraucht oder es unternimmt, eine Explosion oder einen Brand herbeizuführen.

---

[238] *Fischer* StGB § 315 Rn. 22; *König* in LK-StGB StGB § 315 Rn. 113.
[239] NK-StGB/*Zieschang* § 315 Rn. 65; aA *Kudlich* in BeckOK StGB, 52. Ed. 1.2.2022, StGB § 315 Rn. 23; *Heger* in Lackner/Kühl StGB § 315 Rn. 8.
[240] *König* in LK-StGB StGB § 315 Rn. 116; *Zieschang* in NK-StGB StGB § 315 Rn. 66.
[241] BGHSt 28, 93 (94 f.) = NJW 1978, 2518.
[242] Vgl. BT-Drs. 13/8587, 28; *Zieschang* in NK-StGB StGB § 315 Rn. 67; *König* in LK-StGB StGB § 315 Rn. 120.
[243] So die überwiegende Auffassung in der Literatur, vgl. *Geppert* JURA 1998, 597 (603); Schönke/Schröder/*Heine/Bosch* Vor §§ 306 ff. Rn. 13a: *König* in LK-StGB StGB § 315 Rn. 121; *Zieschang* in NK-StGB StGB § 315 Rn. 67; *Kretschmer* FS Herzberg, 2008, 827 (833); nach dem BGH ist das gleichlautende Merkmal in § 306b Abs. 1 StGB jedenfalls erfüllt, wenn 14 Personen betroffen sind, s. BGHSt 44, 175 (178) = NStZ 1999, 84.
[244] *König* in LK-StGB StGB § 315 Rn. 133; *Zieschang* in NK-StGB StGB § 315 Rn. 69; *Fischer* StGB § 315 Rn. 27.
[245] BGHSt 21, 173 (174) = NJW 1967, 579; BGHSt 24, 231 = NJW 1972, 264.
[246] *Zieschang* in NK-StGB StGB § 315 Rn. 69.

124 § 316c Abs. 3 StGB enthält eine Erfolgsqualifikation für den Fall, dass der Täter durch die Tat wenigstens leichtfertig den Tod eines anderen Menschen verursacht. § 316c Abs. 4 StGB stellt bestimmte Vorbereitungshandlungen unter Strafe.

125 a) Tatobjekte. Die Tat muss sich auf **Luftfahrzeuge, die im zivilen Luftverkehr eingesetzt** sind und sich im Flug befinden, oder auf **im zivilen Seeverkehr eingesetzte Schiffe** beziehen. § 316c Abs. 1 S. 2 StGB erweitert den Anwendungsbereich der Strafvorschrift auf solche Luftfahrzeuge, die über die eigentliche Flugphase hinaus vor dem Abheben von Mitgliedern der Besatzung oder von Fluggästen bereits betreten bzw. nach der Landung noch nicht planmäßig verlassen worden sind, deren Beladung bereits begonnen hat oder deren planmäßige Entladung noch nicht abgeschlossen ist.

126 Der Begriff des Luftfahrzeugs entspricht der Legaldefinition in § 1 Abs. 2 Luftverkehrsgesetz (LuftVG) und umfasst beispielsweise Flugzeuge, Segelflugzeuge und Motorsegler. Unter Schiffen sind nach der Gesetzesbegründung „alle nicht dauerhaft am Meeresboden befestigten Wasserfahrzeuge jeder Art und Größe"[247] zu verstehen. Wasserfahrzeuge setzen Beweglichkeit voraus, weshalb Meeresplattformen, wie etwa Bohrinseln, nicht vom Tatbestand erfasst werden.[248] Das Schiff muss im Seeverkehr eingesetzt sein; ausgenommen ist damit die Binnenschifffahrt.[249]

127 Die Beschränkung des Tatbestands auf den zivilen Luft- und Seeverkehr bedeutet, dass hoheitliche Flug- und Schiffseinsätze, namentlich zu polizeilichen und militärischen Zwecken, nicht von der Strafnorm geschützt werden. Dies gilt auch für Hilfstransporte der Bundeswehr in Katastrophenfällen[250] und für Dienstflüge von Mitgliedern der Bundes- oder der Landesregierungen mit einer Militärmaschine.[251] Für die Zuordnung zum zivilen Luft- bzw. Seeverkehr ist es unerheblich, ob das betroffene Fahrzeug in öffentlich-rechtlichem oder privatrechtlichem Eigentum steht.[252]

128 b) Tathandlungen. Tathandlungen des **§ 316c Abs. 1 Nr. 1 StGB** sind die Anwendung von Gewalt oder der Angriff auf die Entschlussfreiheit einer Person oder die Vornahme sonstiger Machenschaften. Gewalt ist nach überkommenen Begriffsverständnis die Entfaltung physischer Kraft zur Überwindung eines geleisteten oder erwarteten Widerstandes.[253] Sie kann sich sowohl gegen Menschen, als auch gegen Sachen richten, beispielsweise gegen Besatzungsmitglieder, Passagiere, Boden- bzw. Hafenpersonal, das Fahrzeug selbst oder die Landebahn.[254] Einen Angriff auf die Entschlussfreiheit einer Person stellen sämtliche Formen der feindseligen Willensbeeinflussung durch den Täter dar, insbesondere Drohungen mit einem empfindlichen Übel, aber auch Täuschungen, sofern diese geeignet sind, eine mit einer Bedrohung vergleichbare innere Zwangslage beim Adressaten hervorzurufen (zB die Vorspiegelung eines vermeintlichen Schadens am Fahrzeug, um den Fahrzeugführer zu einer Landung zu veranlassen).[255] Mit dem Auffangmerkmal der sonstigen Machenschaften soll nach dem Willen des Gesetzgebers „methodisch berechnetes Gesamtverhalten" erfasst werden, namentlich die Beeinflussung von Kommunikations- und Navigationsgeräten mit technischen, elektronischen und anderen Mitteln.[256] Beispiele sind das Senden falscher

---

[247] BT-Drs. 11/4946, 6.
[248] BT-Drs. 11/4946, 6; *Zieschang* in NK-StGB StGB § 316c Rn. 23.
[249] BT-Drs. 11/4946, 6.
[250] *König* in LK-StGB StGB § 316c Rn. 7; *Wieck-Noodt* in MüKoStGB StGB § 316c Rn. 13.
[251] *Hecker* in Schönke/Schröder StGB § 316c Rn. 6.
[252] *Fischer* StGB § 316c Rn. 4; *König* in LK-StGB StGB § 316c Rn. 8.
[253] *Hecker* in Schönke/Schröder StGB § 316c Rn. 17; *Wieck-Noodt* in MüKoStGB StGB § 316c Rn. 13.
[254] Vgl. *Wieck-Noodt* in MüKoStGB StGB § 316c Rn. 22 f.; *Hecker* in Schönke/Schröder StGB § 316c Rn. 17.
[255] HM, vgl. *König* in LK-StGB StGB § 316c Rn. 28; *Hecker* in Schönke/Schröder StGB § 316c Rn. 17; *Wieck-Noodt* in MüKoStGB StGB § 316c Rn. 25; *Wolters* in SK-StGB StGB § 316c Rn. 11; aA *Ernemann* in Satzger/Schluckebier/Widmaier StGB § 316c Rn. 8; *Zieschang* in NK-StGB StGB § 316c Rn. 9, denen zufolge Täuschungshandlungen allein unter die Tatmodalität der Vornahme sonstiger Machenschaften subsumierbar sind.
[256] BT-Drs. 6/2721, 3.

Funksignale und Störungen des Funkbetriebs oder der Flugplatz- bzw. Hafeneinrichtungen.[257]

Als Tathandlungen setzt **§ 316c Abs. 1 Nr. 2 StGB** voraus, dass der Täter Schusswaffen **129** gebraucht oder es unternimmt, eine Explosion oder einen Brand herbeizuführen. Der Gebrauch einer Schusswaffe erfordert nach zutreffender, jedoch bestrittener, Ansicht, dass diese als solche eingesetzt wird.[258] Die Tatbestandsvariante erfasst mithin nicht die Verwendung als Schlagwerkzeug oder bloßes Drohungsmittel.[259] Unter Explosion ist ein chemischer oder physikalischer Vorgang zu verstehen, der eine Druckwelle mit zerstörender Wirkung auslöst.[260] Der Täter führt einen Brand herbei, wenn er eine Sache derart anzündet, dass diese auch nach Entfernung oder Erlöschen des Zündstoffs selbstständig weiterbrennen kann.[261] Bei der Herbeiführung eines Brandes oder einer Explosion handelt es sich um ein echtes Unternehmensdelikt iSd § 11 Abs. 1 Nr. 6 StGB, bei dem also Versuch und Vollendung gleichgestellt sind. Die Tatvariante ist mithin bereits dann erfüllt, wenn der zur Herbeiführung eines Brandes bzw. einer Explosion unmittelbar ansetzt.[262]

c) Subjektiver Tatbestand. Subjektiv setzen beide Tatalternativen des § 316c Abs. 1 **130** StGB zumindest bedingten Vorsatz in Bezug auf das Tatobjekt und die Tathandlung voraus. Darüber hinaus erfordern sie eine bestimmte **Absicht** des Täters, die im Fall des Entführungstatbestands nach § 316c Abs. 1 Nr. 1 StGB darauf gerichtet sein muss, die Herrschaft über das Luftfahrzeug bzw. Schiff zu erlangen oder auf dessen Führung einzuwirken, und beim Sabotagetatbestand des § 316c Abs. 1 Nr. 2 StGB darin bestehen muss, das Luftfahrzeug oder Schiff oder dessen an Bord befindliche Ladung zu zerstören oder zu beschädigen.

Der Täter beabsichtigt, die Herrschaft über ein Luftfahrzeug oder ein Schiff zu erlangen, **131** wenn es ihm darauf ankommt (dolus directus 1. Grades), das Fahrzeug selbst zu führen oder die tatsächliche Befehlsgewalt über die Besatzung auszuüben.[263] Auf die Führung wirkt der Täter ein, wenn er den Flug oder die Fahrt des Schiffes hinsichtlich Kurs, Flughöhe, Zeit oder Zielort beeinflusst, indem er beispielsweise mittels Drohungen Einfluss auf die Entscheidungen des Fahrzeugführers nimmt.[264] Die Übergänge zwischen der Herrschaftserlangung und der Einwirkung auf die Führung sind fließend, die Unterscheidung aber praktisch nicht bedeutsam.

Die Tatvariante des § 316c Abs. 1 Nr. 2 StGB erfordert, dass der Täter in der Absicht, **132** dh mit dem zielgerichteten Willen, handelt, das Fahrzeug als solches oder dessen an Bord befindliche Ladung zu zerstören oder zu beschädigen. Wegen der Merkmale der des Zerstörens und Beschädigens wird auf die Ausführungen unter → Rn. 10 verwiesen.

Zwischen der Tathandlung und dem beabsichtigten Erfolg muss – nach der Vorstellung **133** des Täters – ein unmittelbarer zeitlicher und funktionaler Zusammenhang in der Weise bestehen, dass es keiner weiteren Zwischenschritte bedarf.[265]

---

[257] Vgl. *Hecker* in Schönke/Schröder StGB § 316c Rn. 19.
[258] *Ernemann* in Satzger/Schluckebier/Widmaier StGB § 316c Rn. 10, *König* in LK-StGB StGB § 316c Rn. 41; *Hecker* in Schönke/Schröder StGB § 316c Rn. 26; *Wolters* in SK-StGB StGB § 316c Rn. 26; anders *Fischer* StGB § 316c Rn. 12; *Heger* in Lackner/Kühl StGB § 316c Rn. 10; *Zieschang* in NK-StGB StGB § 316c Rn. 26; *Wieck-Noodt* in MüKoStGB StGB § 316c Rn. 30.
[259] Es kommen in diesen Fällen allerdings die Tatvarianten des § 316c Abs. 1 Nr. 1 StGB (Gewaltanwendung bzw. Angriff auf die Entschlussfreiheit) in Betracht.
[260] BGH NJW 2016, 1030.
[261] Vgl. *Hecker* in Schönke/Schröder StGB § 316c Rn. 27 unter Verweis auf den Begriff des Brandes in § 306 Abs. 1 StGB, s. hierzu BGHSt 18, 363 = NJW 1963, 1557; *Radtke* in MüKoStGB StGB § 306 Rn. 51, 53.
[262] *König* in LK-StGB StGB § 316c Rn. 42; *Wieck-Noodt* in MüKoStGB StGB § 316c Rn. 31; *Wolters* in SK-StGB StGB § 316c Rn. 28.
[263] Vgl. *Wieck-Noodt* in MüKoStGB StGB § 316c Rn. 35; *Wolters* in SK-StGB StGB § 316c Rn. 14.
[264] *Wille*, Die Verfolgung strafbarer Handlungen an Bord von Schiffen und Luftfahrzeugen, 1974, 228; *Hecker* in Schönke/Schröder StGB § 316c Rn. 23.
[265] *König* in LK-StGB StGB § 316c Rn. 39; *Wieck-Noodt* in MüKoStGB StGB § 316c Rn. 37; *Ernemann* in Satzger/Schluckebier/Widmaier StGB § 316c Rn. 13; *Wolters* in SK-StGB StGB § 316c Rn. 20a, 22; zweifelnd *Fischer* StGB § 316c Rn. 10 aE.

134 d) Erfolgsqualifikation, § 316c Abs. 3 StGB. Eine erhebliche Strafschärfung (lebenslange Freiheitsstrafe oder Freiheitsstrafe nicht unter zehn Jahren) sieht § 316c Abs. 3 StGB für den Fall vor, dass der Täter durch die Tat wenigstens leichtfertig den Tod eines anderen Menschen verursacht. Die Todesfolge muss nicht zwingend bei Besatzungsmitgliedern oder Passagieren eintreten; auch der Todeseintritt bei außenstehenden Dritten wie etwa Flughafenpersonal bei einer erzwungenen Notlandung wird vom Tatbestand erfasst.[266] Jedoch findet die Qualifikation nach zutreffender Auffassung keine Anwendung beim Tod eines Tatbeteiligten (Mittäter oder Teilnehmer).[267] Die leichtfertige Todesverursachung erfordert einen groben Sorgfaltspflichtverstoß des Täters,[268] welcher aufgrund des hohen Gefährdungspotentials des Grundtatbestands in aller Regel anzunehmen sein wird, sofern die allgemeinen Voraussetzungen der Erfolgszurechnung (insbesondere die Vorhersehbarkeit der Todesfolge) erfüllt sind.[269] Durch die Formulierung, dass der Täter die Todesfolge *wenigstens* leichtfertig herbeiführen muss, erfasst der Tatbestand auch vorsätzliche Tötungen.

135 e) Strafbare Vorbereitungshandlungen, § 316c Abs. 4 StGB. Als strafbare Vorbereitungshandlungen nennt das Gesetz in § 316c Abs. 4 StGB das Herstellen, Verschaffen, Verwahren oder Überlassen von Schusswaffen, Sprengstoff oder sonst zur Herbeiführung einer Explosion oder eines Brandes bestimmten Stoffen oder Vorrichtungen. Unter Herstellen versteht man das tatsächliche Fertigstellen der Tatmittel. Der Täter verschafft sich oder einem anderen die genannten Gegenstände, wenn er selbst oder ein anderer die tatsächliche Verfügungsgewalt über sie erlangt. Verwahren bedeutet die tatsächliche Ausübung der Verfügungsgewalt an diesen Gegenständen und Überlassen die Übertragung der Verfügungsgewalt.[270] Zu den Stoffen oder anderen Vorrichtungen im Sinne der Vorschrift, von denen Schusswaffen und Sprengstoffe Unterfälle sind, zählen beispielsweise Brandsätze, brennbare Flüssigkeiten oder Gase, aber auch etwa ein Wecker mit eingebautem Zeitzünder oder Streichhölzer.[271]

136 f) Konkurrenzen. § 316c StGB steht in Tateinheit zu vorsätzlich begangenen Tötungs- und Körperverletzungsdelikten nach den §§ 211 ff., 223 ff. StGB.[272] Gleiches gilt in Bezug auf die Delikte des erpresserischen Menschenraubs (§ 239a StGB) und der Geiselnahme (239b StGB), welche im Fall der Entführung eines Luftfahrzeuges oder Schiffes idR mit verwirklicht werden.[273] Die einfache Freiheitsberaubung (§ 239 StGB) und die Nötigung (§ 240 StGB) sind demgegenüber subsidiär.[274] Tateinheit des § 316c Abs. 1 StGB kommt in Betracht mit den Tatbeständen der fahrlässigen Tötung (§ 222 StGB) und der fahrlässigen Körperverletzung (§ 229 StGB).[275] Straftaten nach dem Waffen-, Sprengstoff- und Luftverkehrsgesetz stehen in Idealkonkurrenz zur Tatvariante des § 316c Abs. 1 Nr. 1 StGB, treten jedoch hinter § 316 Abs. 1 Nr. 2 StGB zurück.[276] Zwischen § 316c Abs. 1 Nr. 2 StGB und den Brandstiftungs- und Sprengstoffdelikten der § 306 Abs. 1 Nr. 4 StGB,

---

[266] *Zieschang* in NK-StGB StGB § 316c Rn. 32; *Ernemann* in Satzger/Schluckebier/Widmaier StGB § 316c Rn. 11.
[267] *Ernemann* in Satzger/Schluckebier/Widmaier StGB § 316c Rn. 11; *Wieck-Noodt* in MüKoStGB § 316c Rn. 37; *Fischer* StGB § 316c Rn. 17; *Heger* in Lackner/Kühl StGB § 316c Rn. 12; aA *König* in LK-StGB StGB § 316c Rn. 47; *Hecker* in Schönke/Schröder StGB § 316c Rn. 32; *Wolters* in SK-StGB StGB § 316c Rn. 26.
[268] Vgl. *Sternberg-Lieben/Schuster* in Schönke/Schröder StGB § 18 Rn. 5 mwN.
[269] Nach den Gesetzesmaterialien soll bspw. eine Zurechnung ausscheiden, wenn ein herzkranker Passagier „vor Aufregung über eine vom Täter erzwungene und über Lautsprecher durchgegebene Kursänderung an Herzschlag stirbt", vgl. BT-Drs. VI/2721, 4.
[270] *Wieck-Noodt* in MüKoStGB § 316c Rn. 52.
[271] *König* in LK-StGB StGB § 316c Rn. 48; *Fischer* StGB § 316c Rn. 18; *Wieck-Noodt* in MüKoStGB § 316c Rn. 52.
[272] *Ernemann* in Satzger/Schluckebier/Widmaier StGB § 316c Rn. 11.
[273] *Hecker* in Schönke/Schröder StGB § 316c Rn. 35.
[274] *König* in LK-StGB StGB § 316c Rn. 53; *Fischer* StGB § 316c Rn. 20.
[275] *Wieck-Noodt* in MüKoStGB § 316c Rn. 52.
[276] *Wieck-Noodt* in MüKoStGB § 316c Rn. 56.

§ 306a Abs. 2 StGB, § 308 StGB besteht hingegen Idealkonkurrenz. Vorbereitungstaten nach § 316c Abs. 4 StGB treten hinter vollendete oder versuchte Taten gem. § 316c Abs. 1 und 3 StGB zurück.²⁷⁷

§ 35 Waffen, Sprengstoffe und andere gefährliche terroristische Tatmittel

Jens Puschke

Übersicht

	Rn.
A. Einführung	1
B. Tatmittel	8
I. Gegenstandsbezogen gefährliche Tatmittel	10
1. Waffen	11
2. Sprengstoffe	16
3. Spreng- und Brand- sowie besondere Vorrichtungen	19
4. Kernbrenn- oder sonstige radioaktive Stoffe (§ 2 Abs. 1 S. 1 AtG)	21
II. Verwendungsbezogen gefährliche Tatmittel	22
1. Gemeingefährliche Mittel	23
2. Gifte und andere gesundheitsschädliche Stoffe sowie gefährliche Werkzeuge	24
3. Sonstige Gegenstände, Stoffe und Vorrichtungen	28
C. Strafrechtliche Erfassung – Überblick und deliktsstrukturspezifische Besonderheiten	31
I. Erfassung terroristischer Tatmittel bei Begehung der Tat	33
II. Erfassung terroristischer Tatmittel bei der Vorbereitung einer Tat	37
1. Relevante Straftatbestände	37
2. Planungszusammenhang	40
3. Objektiver Gefährdungszusammenhang	43
D. Umgang mit terroristischen Tatmitteln – tatbestandliche Erfassung im Einzelnen	45
I. Terroristische Tatmittel bei der Tatbegehung	46
1. Strafbarkeitsbegründende Verwendung gefährlicher Tatmittel	47
a) Brandstiftungsdelikte (§§ 306 ff. StGB)	48
b) Herbeiführen einer Explosion und Missbrauch ionisierender Strahlen (§§ 307, 308, 309 StGB)	49
c) Gemeingefährliche Vergiftung (§ 314 StGB)	50
2. Strafbarkeitsschärfende Verwendung gefährlicher Tatmittel	51
a) Mord mit gemeingefährlichen Mitteln (§ 211 Abs. 2 Var. 7 StGB)	51
b) Gefährliche Körperverletzung (§ 224 Abs. 1 StGB)	52
c) Raub (§ 250 Abs. 2 Nr. 1 StGB)	53
3. Strafbarkeitsschärfendes Beisichführen gefährlicher Tatmittel	54
a) Raub und schwerer Landfriedensbruch (§ 250 Abs. 1 Nr. 1 lit. a, Abs. 2 Nr. 2, § 125a S. 2 Nr. 1, 2 StGB)	54
b) Schwerer Diebstahl (§ 243 Abs. 1 S. 2 Nr. 7 StGB)	55
II. (Gefährliche) terroristische Tatmittel bei der Tatvorbereitung	56
1. Planungszusammenhang	57
a) Terrorismusstraftatbestände	57
b) Sonstige Vorbereitungstatbestände	61
2. Umgangsformen	64
a) Gewahrsamsbezogener Umgang mit Tatmitteln	64
aa) Tathandlungen	65

---

²⁷⁷ *Ernemann* in Satzger/Schluckebier/Widmaier StGB § 316c Rn. 15; *Wolters* in SK-StGB StGB § 316c Rn. 34.

	Rn.
bb) Vorbereitung einer schweren staatsgefährdenden Gewalttat (§ 89a Abs. 1 iVm Abs. 2 Nr. 2 StGB)	68
cc) Vorbereitung eines Explosions- oder Strahlungsverbrechens (§ 310 Abs. 1 StGB)	76
dd) Vorbereitung einer schweren staatsgefährdenden Gewalttat (§ 89a Abs. 1 iVm Abs. 2 Nr. 3 StGB)	78
ee) Vorbereitung von Angriffen auf den Luft- und Seeverkehr (§ 316c Abs. 4 StGB)	80
ff) Terrorismusfinanzierung (§ 89c Abs. 1, 2 StGB)	83
b) Kenntnis- und fähigkeitsbezogener Umgang mit Tatmitteln	88
aa) Vorbereitung einer schweren staatsgefährdenden Gewalttat (§ 89a Abs. 1 iVm Abs. 2 Nr. 1 und Abs. 2a Var. 2 StGB)	90
bb) Anleitung zur Begehung einer schweren staatsgefährdenden Gewalttat (§ 91 StGB)	95
c) Organisationsbezogener Umgang mit Tatmitteln	100
aa) Bildung bewaffneter Gruppen (§ 128 StGB)	101
bb) Bildung terroristischer Vereinigungen (§§ 129a, b StGB)	104
E. Rechtsfolgen und strafprozessuale Ermittlungsmaßnahmen	106
I. Rechtsfolgen	106
1. Strafmaß	106
2. Einziehung	108
3. Weitere Rechtsfolgen	111
II. Strafprozessuale Ermittlungsmaßnahmen	112
F. Perspektiven	117

Wichtige Literatur:

Aliabasi, N., Die staatsgefährdende Gewalttat – Eine Analyse der §§ 89a, 89b und 91 StGB, 2017; *Ambos, K.*, Anm. zu BGH, Beschl. v. 6.4.2017 – 3 StR 326/17, JR 2017, 655 f.; *Arzt, G./Weber, U./Heinrich, B./Hilgendorf, E.*, Strafrecht Besonderer Teil, 4. Aufl. 2021; *Backes, O.*, Der Kampf des Strafrechts gegen nichtorganisierte Terroristen, StV 2008, 654 ff.; *Biehl, S.*, Erweiterung des strafrechtlichen Instrumentariums zur Terrorismusbekämpfung, JR 2015, 561 ff.; *Biehl, S.*, Strafbarkeitslücken im Terrorismusstrafrecht?, JR 2018, 317 ff.; *BMI/BMJ*, Zweiter Periodischer Sicherheitsbericht, 2006; *BMI/BMJV*, Dritter Periodischer Sicherheitsbericht, 2021; *Bodenbenner, D.*, Präventive und repressive Datenverarbeitung unter besonderer Berücksichtigung des Zweckbindungsgedankens, 2017; *Brodowski, D./Jahn, M./Schmitt-Leonardy, C.*, Gefahrenträchtiges Gefährderrecht – Teil 1, GSZ 2017, 7 ff.; *Brodowski, D./Jahn, M./Schmitt-Leonardy, C.*, Gefahrenträchtiges Gefährderrecht – Teil 2, GSZ 2018, 7 ff.; *Bützler, V.*, Staatsschutz mittels Vorfeldkriminalisierung, 2017; *Cancio Meliá, M.*, Zum strafrechtlichen Begriff des Terrorismus, GA 2012, 1 ff.; *Cramer, P.*, Die Neuregelung der Sprengstoffdelikte durch das 7. StRÄndG, NJW 1964, 1835 ff.; *Daase, C.* in Graulich/Simon, Terrorismus und Rechtsstaatlichkeit, 2007, 91 ff.; *Frisch, W.* in Engelhart/Kudlich/Vogel (Hrsg.), Festschrift für Ulrich Sieber zum 70. Geburtstag, 2021, 905 ff.; *Gazeas, N./Grosse-Wilde, T./Kießling, A.*, Die neuen Tatbestände im Staatsschutzstrafrecht, NStZ 2009, 593 ff.; *Gierhake, K.*, Der Zusammenhang von Freiheit, Sicherheit und Strafe im Recht, 2013; *Gräfe, S.* in Jost/Hansen/Krause (Hrsg.), Jahrbuch Terrorismus, Vol. 8 2017/2018, 231 ff.; *Haverkamp, R.* in Dölling/Götting/Meier/Verrel (Hrsg.), Festschrift für Heinz Schöch zum 70. Geburtstag, 2010, 381 ff.; *Hefendehl, R.*, Kollektive Rechtsgüter im Strafrecht, 2002; *Hellfeld, B.*, Vorbereitung einer schweren staatsgefährdenden Gewalttat, 2011; *Herzog, F./Achtelik, O.* (Hrsg.), Geldwäschegesetz, Kommentar, 4. Aufl. 2020; *Hochmayr, G.* in Hochmayr (Hrsg.), Waffen und gefährliche Werkzeuge als Strafschärfungsgrund, 2019, 51 ff.; *Hoyer, A.*, Die Eignungsdelikte, 1987; *Hungerhoff, H.*, Vorfeldstrafbarkeit und Verfassung, 2013; *Kauffmann, P. K.*, Das Gesetz zur Verfolgung der Vorbereitung schwerer staatsgefährdender Gewalttaten, 2011; *Klesczewksi, D.*, Die Gemeingefährlichkeit als systemprägendes Element der Brandstiftungsdelikte, HRRS 2013, 465 ff.; *Küper, W./Zopfs, J.*, Strafrecht Besonderer Teil, 11. Aufl. 2022; *Lohse, K./Engelstätter, T.* in Lüttig/Lehmann (Hrsg.), Rechtsextremismus und Rechtsterrorismus, 2020, 157 ff.; *Mitsch, W.*, Vorbeugende Strafbarkeit zur Abwehr terroristischer Gewalttaten, NJW 2015, 209 ff.; *Pawlik, M.*, Der Terrorist und sein Recht, 2008; *Puschke, J.*, Der Ausbau des Terrorismusstrafrechts und die Rechtsprechung des Bundesgerichtshofs, StV 2015, 457 ff.; *Puschke, J.*, Anm. zu BGH, Beschl. v. 6.4.2017 – 3 StR 326/16, NJW 2017, 2932; *Puschke, J.*, Das neue Terrorismusstrafrecht im Lichte der Verfassung, KriPoZ 2018, 101 ff.; *Puschke, J.* in Lange/Wendekamm (Hrsg.), Die Verfassung der Sicherheit, 2018, 215 ff.; *Puschke, J.*, Sicherheitsarchitektur in der Sicherheitsgesellschaft – Entwicklungen, Bewertung und rechtspolitische Herausforderungen, JBÖS 2018/19, 75 ff.; *Puschke, J.*, Anm. zu BGH, Urt. v. 12.11.2020 – 3 StR 31/20, NJW 2021, 2750 f.; *Puschke, J.*, Alles muss erfasst sein? Der BGH zu Tatbestandsmerkmalen des Terrorismusstrafrechts, StV 2022, 187 ff.; *Puschke, J./Rienhoff, J.* in Puschke/Singelnstein (Hrsg.), Der Staat und die Sicherheitsgesellschaft, 2018, 243 ff.; *Radtke, H.*, Die Dogmatik der

Brandstiftungsdelikte, 1998; *Radtke, H.*, Das Brandstrafrecht des 6. Strafrechtsreformgesetzes – eine Annäherung, ZStW 110 (1998), 848 ff.; *Roggan, F.*, Legislative Entgrenzungen im Bereich der „Terrorismusbekämpfung", ZRP 2017, 208 ff.; *Roggan, F.*, Zur Doppelfunktionalität von heimlichen Ermittlungsmaßnahmen am Beispiel der Online-Durchsuchungen. Zugleich eine Besprechung von BGH, 2 StR 247/16, GZS 2018, 52 ff.; *Seher, G.*, Herstellung oder Vertrieb gesundheitsgefährdender Produkte: Ein Fall des § 314 StGB? Versuch der Aufhellung einer neu gefassten „Dunkelnorm", NJW 2004, 113 ff.; *Sieber, U.*, Legitimation und Grenzen von Gefährdungsdelikten im Vorfeld von terroristischer Gewalt, NStZ 2009, 353 ff.; *Sieber, U./Vogel, B.*, Terrorismusfinanzierung, 2015; *Sinn, A.* in Sinn/Gropp/Nagy (Hrsg.), Grenzen der Vorverlagerung in einem Tatstrafrecht, 2011, 13 ff.; *Steinsiek, M.*, Terrorabwehr durch Strafrecht?, 2012; *Stratenwerth, G./Kuhlen, L.*, Strafrecht Allgemeiner Teil, 6. Auf. 2011; *v. Hirsch, A./Wohlers, W.* in Hefendehl/v. Hirsch/Wohlers (Hrsg.), Die Rechtsgutstheorie, 2003, 196 ff.; *Weißer, B.* in Engelhart/Kudlich/Vogel (Hrsg.), Festschrift für Ulrich Sieber zum 70. Geburtstag, 2021, 1001 ff.; *Wessels, J./Hillenkamp, T./Schuhr, J. C.*, Strafrecht Besonderer Teil 2, 44. Aufl. 2021; *Zöller, M. A.*, Willkommen in Absurdistan – Neue Straftatbestände zur Bekämpfung des Terrorismus, GA 2010, 607 ff.; *Zöller, M. A.*, Zehn Jahre 11. September – Zehn Jahre Gesetzgebung zum materiellen Terrorismusstrafrecht in Deutschland, StV 2012, 364 ff.; *Zöller, M. A.*, Die Vorbereitung schwerer staatsgefährdender Gewalttaten nach § 89a StGB – wirklich nicht verfassungswidrig?, NStZ 2015, 373 ff.; *Zöller, M. A.*, Der Straftatbestand der Terrorismusfinanzierung (§ 89c StGB), GA 2020, 249 ff.

A. Einführung[1]

Die gesellschaftliche Diskussion um Gefahren, die von Terrorismus ausgehen, und um **1** rechtliche Bewältigungsstrategien hat in den vergangenen zwei Jahrzehnten auch in Deutschland wieder erheblich an Fahrt gewonnen. Nach den Debatten um den Terrorismus von RAF und PLO seit Ende der 1960er Jahre[2] geschah dies vornehmlich vor dem Hintergrund von Anschlägen etwa in New York, London, Paris und Madrid sowie des sog. NSU, die unter Verwendung von gefährlich eingesetzten Tatmitteln begangen wurden. Solche Formen terroristischer Taten mit massiver Gewaltanwendung und vielen zivilen Opfern werden in besonderer Weise als bedrohlich wahrgenommen. Dieses **spezielle Bedrohungspotenzial** ergibt sich daraus, dass es um Taten geht, die über die Schädigung einzelner Individualrechtsgüter hinausgehen.[3] Ihnen wird die Eignung zugeschrieben, ein Land bzw. Institutionen eines Landes oder auch internationale Organisationen ernsthaft zu schädigen oder erheblich zu beeinträchtigen, und sie werden mit dem Ziel begangen, die Bevölkerung einzuschüchtern, politische Institutionen zu nötigen oder Grundstrukturen eines Landes zu destabilisieren.[4] Gerade die Einschüchterung der Bevölkerung durch die Ausübung von Gewalt spielt für die aktuelle gesamtgesellschaftliche Diskussion eine bedeutende Rolle.[5] Auch wegen der potenziellen Betroffenheit jedes Bürgers und jeder Bürgerin werden (rechtliche) Umgangsstrategien mit Terrorismus zum Allgemeininteresse.[6]

Die Verfolgung terroristisch motivierter Straftaten steht daher in engem Zusammenhang **2** mit der **inneren Sicherheit** und dem **Staatsschutz** (→ § 6 Rn. 49 ff.; → § 33 Rn. 4 ff., 51 ff.). Die Taten werden als Angriff auf die freiheitliche demokratische Grundordnung mit den Kernelementen des staatlichen Gewaltmonopols und der Sicherheitsgewährleistung für die Bevölkerung aufgefasst.[7] Die große Bedeutung, die terroristischen Straftaten aus diesem Grund zugeschrieben wird, führt zu umfassenden Bemühungen ihrer Eindämmung auf

---

[1] Ganz herzlicher Dank geht an meine wissenschaftlichen Mitarbeiterinnen Mareike Faber und Pascale Fett für die Unterstützung bei diesem Beitrag.
[2] *Zöller* TerrorismusstrafR 29 ff.
[3] Hierzu etwa *Cancio Meliá* GA 2012, 1 (12 f.); *Frisch* FS Sieber, 2021, 905 ff.; *Zöller* GA 2010, 607 (611 ff.).
[4] S. zu einem Überblick über Definitionsversuche von Terrorismus *Bützler*, Staatsschutz mittels Vorfeldkriminalisierung, 2017, 48 ff.; *Gräfe* in Jost/Hansen/Krause, Jahrbuch Terrorismus, 2017/2018, 233; s. zudem → § 36 Rn. 6 ff.; eingehend zum Begriff *Daase* in Graulich/Simon, Terrorismus und Rechtsstaatlichkeit, 2007, 91 ff.; *Zöller* TerrorismusstrafR 99 ff.
[5] Hierzu etwa *Cancio Meliá* GA 2012, 1 (10 f.); *Lohse/Engelstätter* in Lüttig/Lehmann, Rechtsextremismus und Rechtsterrorismus, 2020, 162 f.
[6] *Zöller* GA 2010, 607 (613); s. auch *Puschke/Rienhoff* in Puschke/Singelnstein, Sicherheitsgesellschaft, 2018, 243 (248).
[7] S. auch § 92 StGB.

allen staatlichen Ebenen.[8] Die Strafverfolgung findet wegen der bundesländerübergreifenden Bedeutung zT gem. Art. 96 Abs. 5 GG iVm §§ 74a, 120, 142a GVG auf Bundesebene statt (→ § 36 Rn. 21 ff., 117 ff.).

3 Das Bedrohungspotenzial terroristischer Taten wird zudem durch den Einsatz von **gefährlichen Tatmitteln** gesteigert, welche die **Einschüchterungseffekte** erheblich verstärken können. Werden für einen Anschlag Waffen oder Sprengstoffe verwendet, löst dies Angst in der Bevölkerung mit erheblicher Breitenwirkung aus. Dieser besondere Effekt kann sich dabei aus der Steigerung der Angriffsintensität gegenüber den Opfern ergeben. So sind Waffen und sonstige gefährliche Gegenstände und Stoffe in besonderer Weise geeignet, erhebliche Verletzungen oder den Tod von Menschen herbeizuführen. Zudem geht die Auswirkung bestimmter Tatmittel über einzelne Personen hinaus. Insbes. Anschläge mit Sprengstoffen oder gemeingefährlich eingesetzten Gegenständen haben so das Potenzial, eine Vielzahl von Menschen zu schädigen. Die von den Tatmitteln ausgehende Gefährlichkeit, die sich bei Anschlägen zu einer Gefahr aktualisiert, ruft im Zusammenhang mit den terroristischen Hintergründen der Taten einmal mehr das Strafrecht auf den Plan. In den Blick genommen werden dabei zum einen unmittelbare Gefahren bei der **Verwendung der Tatmittel**. Zum anderen wird auch versucht, bereits die Gefährlichkeit strafrechtlich zu erfassen, wenn es um den **Umgang mit den Mitteln im Vorfeld** der Verwendung geht.

4 Vor dem Hintergrund besonderer Gefahren, die vom Einsatz von gefährlichen Gegenständen und Stoffen ausgehen können, weist eine Vielzahl von Straftatbeständen die Nutzung bestimmter Tatmittel als **strafbarkeitsbegründende** oder **strafschärfende** Tatbestandsmerkmale aus. Dies gilt zunächst für Tatbestände des „klassischen Strafrechts" wie Mord gem. § 211 StGB oder gefährliche Körperverletzung gem. § 224 StGB. Wenngleich terroristische Bestrebungen für die Einschlägigkeit dieser und anderer Tatbestände keine unmittelbare Rolle spielen, können sie dennoch im Kontext terroristisch motivierter Taten erfüllt sein und insofern besondere Bedeutung erlangen. Zudem enthält das StGB im 28. Abschnitt des Besonderen Teils Strafnormen, welche die Verwendung gemeingefährlicher Mittel unter Strafe stellen. Auch diese Normen erfassen nicht nur, aber eben auch terroristische Taten.

5 Von besonderer Bedeutung ist das originäre **Terrorismusstrafrecht**. Ohne den Begriff Terrorismus tatbestandlich vorauszusetzen, werden hiervon unterschiedliche Handlungen erfasst,[9] die terroristische Taten mit Blick auf die genannten Zielrichtungen fördern oder ermöglichen. Neben Formen der Terrorismusfinanzierung (→ § 38) sowie Kommunikations- und Propagandadelikten (→ § 37) ist dabei der Umgang mit gefährlichen Tatmitteln Kernelement der strafrechtlichen Normierung. Dabei ist das Terrorismusstrafrecht dadurch gekennzeichnet, dass die Tatbestände nicht auf die Bestrafung eines durchgeführten Anschlages abzielen, sondern beim **Umgang mit den Tatmitteln** ansetzen. Der Gesetzgeber will damit schädigenden Ereignissen durch den vorverlagerten Einsatz des Strafrechts zuvorkommen. Der **Vorverlagerung** scheinen dabei kaum mehr Grenzen gesetzt zu sein. So werden Verhaltensweisen kriminalisiert, die weit im Vorfeld eines möglichen Anschlages liegen und denen bei äußerlicher Betrachtung eine Gefahrenneigung nicht angesehen werden kann. Entscheidend für die Bewertung als gefährlich scheint vornehmlich der subjektiv zu bestimmende **Planungszusammenhang** und damit die erst für die Zukunft anvisierte terroristische Tat zu sein.

6 Mit dieser gesetzgeberischen Vorgehensweise ist die Kehrseite von den Gefahren angesprochen, die vom Terrorismus und dem Umgang mit gefährlichen Tatmitteln für den Staat ausgehen. Denn auch ein **ausuferndes Strafrecht** birgt **Gefahren für den Rechtsstaat**. Das Terrorismusstrafrecht ist ein herausgehobenes kriminalpolitisches Projekt in der Schnittmenge zwischen Prävention und Repression, im Zuge dessen Freiheitsansprüche an

---

[8] Zu den Erwartungen in der Bevölkerung *Frisch* FS Sieber, 2021, 905 (907 f.).
[9] S. zu den relevanten Tatbeständen → § 36 Rn. 31 ff.

den Rand gedrängt werden.¹⁰ Die Vermengung von Gefahrenabwehr und Straftatenverfolgung durch die Vorverlagerung der Anlässe für den Einsatz des Strafrechts, das Abstellen auf äußerlich neutrale Verhaltensweisen und die Verlagerung des Unrechtsgehalts in das Subjektive werfen Fragen nach der Verhältnismäßigkeit, der Bestimmtheit der Strafnormen, ihrer Vereinbarkeit mit dem Tat- und Schuldprinzip sowie danach auf, ob die Normen in der Lage sind, strafwürdiges von rechtlich neutralem Verhalten auch für die Praxis rechtssicher unterscheidbar zu machen.¹¹ Solange und soweit die rechtsstaatlich zT höchstproblematischen Normen nicht vom BVerfG für verfassungswidrig erklärt werden, gilt es Schäden für eine **rechtsstaatliche Strafverfolgung** durch eine konsequente **begrenzende Auslegung** der Tatbestandsmerkmale zu reduzieren.¹²

Die folgende Darstellung beleuchtet Strafnormen des StGB, bei denen gefährliche Tatmittel eine Rolle spielen und die vor dem Hintergrund terroristischer Taten besondere Bedeutung haben. Der Schwerpunkt liegt dabei auf den tatmittelbezogenen Straftatbeständen des Terrorismusstrafrechts sowie einzelnen Normen des „klassischen Strafrechts" mit Terrorismusbezug. Die Straftatbestände werden vornehmlich mit Blick auf die Bedeutung der Tatmittel als Element des Unrechtstatbestandes und damit nur ausschnittsweise analysiert. Nicht näher betrachtet werden zudem die Strafnormen des Waffen-, Sprengstoff- und Kriegswaffenkontrollgesetzes, deren Erörterung anderen Abschnitten dieses Handbuches vorbehalten bleibt (→ § 49).¹³ Sie erlangen jedoch auch im hiesigen Kontext Bedeutung, soweit aus ihnen Definitionen und Konkretisierungen hinsichtlich der relevanten gefährlichen Tatmittel entnommen werden können. Ebenfalls außer Betracht bleiben Tatmittel, die nicht unmittelbar Leib oder Leben von Menschen gefährden, sondern auf anderem Wege – etwa durch Cyberangriffe – terroristische Bedrohungen umsetzen (→ § 15 Rn. 21 ff.). 7

B. Tatmittel

Die Mittel, die für terroristische Taten genutzt werden können und Eingang in strafgesetzliche Regelungen gefunden haben, sind vielartig. Die ihnen zugeschriebene Gefährlichkeit knüpft an ihr Potenzial an, Menschen, möglicherweise in einer Vielzahl, zu töten oder ihre Gesundheit erheblich zu beeinträchtigen. Unterschieden werden kann zwischen Mitteln, denen als solche eine Gefährlichkeit mit Blick auf die Begehung von (terroristischen) Straftaten beigemessen werden kann **(gegenstandsbezogene Gefährlichkeit)**, sowie Mitteln, deren spezifische Gefährlichkeit sich erst bei Betrachtung ihrer Verwendung zeigt **(verwendungsbezogene Gefährlichkeit)**. Letztere werden häufig auch unter dem Begriff „**dual use**" diskutiert. Diese Unterscheidung ist für eine strafrechtliche Bewertung insoweit bedeutsam, dass sich bei letzteren Mitteln eine hinreichende Gefährdung als Anknüpfungspunkt für eine strafrechtliche Ahndung regelmäßig erst aus einem bestimmten gefährlichen Umgang mit ihnen ergibt, während bei ersteren unter bestimmten Umständen schon der Gewahrsam an ihnen hinreichendes Gefährdungspotenzial aufweisen kann. 8

Zentrale definitorische Vorgaben für gefährliche Mittel, die (auch) für terroristische Zwecke gebraucht werden können, finden sich im Waffengesetz (WaffG), im Kriegswaffenkontrollgesetz (KrWaffKontrG) sowie im Gesetz über explosionsgefährliche Stoffe (SprengG). Darüber hinaus benennen Normen des StGB als gefährlich beurteilte Gegenstände und Stoffe als Tatmittel. Die folgend dargelegte Konkretisierung dient lediglich einer ersten Annäherung. Für die Auslegung der im Strafrecht verwendeten Begriffe und damit 9

---

[10] *Puschke/Rienhoff* in Puschke/Singelnstein, Sicherheitsgesellschaft, 2018, 243 ff.
[11] S. eingehend zu den (verfassungsrechtlichen) Bedenken etwa *Gazeas* in Leipold/Tsambikakis/Zöller StGB § 89a Rn. 11 ff.; *Puschke* KriPoZ 2018, 101 ff.; *Zöller* NStZ 2015, 373 ff.; zu einem Überblick mit dem Ergebnis weitgehender verfassungsrechtlicher Unbedenklichkeit *Engelstätter* in LK-StGB StGB § 89a Rn. 35 ff.; § 89c Rn. 46 ff.; § 91 Rn. 8 ff.
[12] *Gazeas* in Leipold/Tsambikakis/Zöller StGB § 89a Rn. 22.
[13] S. zudem zur Verschränkung von Staatsschutz- und Völkerstrafrecht → § 39.

für den Umfang des konkreten Anwendungsbereichs ist eine **tatbestandsspezifische Betrachtung** entscheidend, die sich an den jeweiligen Umgangsformen orientiert (→ Rn. 45).

I. Gegenstandsbezogen gefährliche Tatmittel

10 Unter dem Begriff „gegenstandsbezogen gefährliche Tatmittel" werden hier solche Gegenstände oder Stoffe verstanden, denen bei wertender Betrachtung ein besonderes Potenzial zur Tötung und Verletzung von Menschen gerade auch durch die Begehung von (terroristischen) Straftaten zukommt. Eine rein objektive Bestimmung der Gefährlichkeit bzw. des illegalen Zwecks eines Mittels stößt allerdings schnell an ihre Grenzen und birgt erhebliche Unschärfe. Dingen wohnen unabhängig vom Kontext ihrer (beabsichtigten) Verwendung oder dem Kontext ihrer Existenz keine Gefahren oder illegale Zwecksetzungen inne.[14] Dennoch wird bestimmten Gegenständen und Stoffen etwa aufgrund ihrer **schweren Beherrschbarkeit**,[15] dem **Zweck ihrer Herstellung**[16] oder **üblichen Zusammenhängen der Verwendung**[17] Gefährlichkeit im genannten Sinne zugeschrieben. Regelmäßig gehen hiermit besondere sicherheitsbezogene verwaltungsrechtliche Beschränkungen des Umgangs mit ihnen einher,[18] die auch strafrechtlich abgesichert sein können. Interpretationsspielraum bleibt freilich auch bei diesen Tatmitteln bestehen, weshalb sie gerade bei Tatbeständen, die keine Verwendung voraussetzen, **ausfüllungsbedürftige Rechtsbegriffe** darstellen können, die tatbestandsspezifisch auszulegen sind.

1. Waffen

11 Als Waffen iSd **WaffG** werden grundsätzlich solche Gegenstände verstanden, die bereits ihrer Natur nach „objektiv" dazu bestimmt oder jedenfalls dazu geeignet sind, einen Menschen zu verletzen oder zu töten.[19] Ihre gegenstandsbezogene Gefährlichkeit ergibt sich somit aus dem Zweck ihrer Herstellung und der üblichen Art der Verwendung. Konkretisierungen dazu, welche Gegenstände als Waffe deklariert werden, lassen sich vor allem unter Beachtung des § 1 WaffG sowie der hierzu verfassten Anl. 1 treffen. Wenngleich Waffen im strafrechtlichen Sinne zT eigenständig als Gegenstände definiert werden, die dazu bestimmt sind, erhebliche Verletzungen bei Menschen herbeizuführen,[20] hat das WaffG dennoch Orientierungsfunktion.[21]

12 Unter den Waffenbegriff fallen zunächst gem. § 1 Abs. 2 Nr. 1 WaffG Schusswaffen sowie diesen gleichgestellte Gegenstände. Die **Schusswaffen** nach Alt. 1 stellen dabei den zentralen Begriff des gesamten Waffenrechts dar.[22] Sie sind definiert als Gegenstände, die zum Angriff oder zur Verteidigung, zur Signalgebung, zur Jagd, zur Distanzinjektion, zur Markierung, zum Sport oder zum Spiel bestimmt sind und bei denen Geschosse durch einen Lauf getrieben werden.[23] Nach § 1 Abs. 2 Nr. 1 Var. 2 WaffG einbezogen sind

---

[14] *Puschke* Legitimation 269.
[15] Für Brandstiftungsdelikte vgl. etwa *Radtke* Die Dogmatik der Brandstiftungsdelikte, 1998, 57 ff.; *Klesczewski* HRRS 2013, 465 (467); *v. Heintschel-Heinegg* in BeckOK StGB, 53. Ed. 1.5.2022, StGB § 306 Rn. 2; *Safferling* in Matt/Renzikowski StGB § 211 Rn. 60; ua für Feuer und Sprengstoffe schon angedeutet in BT-Drs. IV/650, 497.
[16] Bzgl. Waffen s. etwa BGHSt 4, 125 = NJW 1953, 952; *Hardtung* in MüKoStGB StGB § 224 Rn. 19.
[17] Zu sog. „gekorenen" Waffen, die gerade aufgrund ihrer regelmäßigen gefährlichen Nutzung bspw. in Anl. 1 Abschn. 1 UAbschn. 2 Nr. 2.1.1 zum WaffG aufgenommen wurden, vgl. *Heinrich* in MüKoStGB WaffG § 1 Rn. 135; BT-Drs. 14/7758, 89 ff.
[18] Hierzu umfassend → § 49.
[19] *Heinrich* in MüKoStGB WaffG § 1 Rn. 7.
[20] Vgl. BGHSt 1, 1 = NJW 1951, 82; BGHSt 4, 125 (127) = NJW 1953, 952; *Engländer* in Matt/Renzikowski StGB § 224 Rn. 9; *Sternberg-Lieben* in Schönke/Schröder StGB § 224 Rn. 4; *Hardtung* in MüKoStGB StGB § 224 Rn. 19.
[21] *Heinrich* in MüKoStGB WaffG § 1 Rn. 7.
[22] *Heinrich* in MüKoStGB WaffG § 1 Rn. 9.
[23] S. Anl. 1 Abschn. 1 UAbschn. 1 Nr. 1.1 zum WaffG; hierzu → § 49 Rn. 17.

B. Tatmittel § 35

außerdem **Schusswaffen gleichgestellte Gegenstände,** worunter Munitionsabschussgeräte sowie durch Muskelkraft angetriebene Waffen fallen.[24] Dies meint insbes. Schreckschuss- und Reizstoffwaffen mit Gaslauf sowie Signalwaffen.[25] Als zweite Waffenkategorie nennt § 1 Abs. 2 Nr. 2 WaffG **tragbare Gegenstände.** Nr. 2 lit. a bezieht als erste Unterkategorie zunächst tragbare Gegenstände ein, die ihrem Wesen nach dazu bestimmt sind, die Angriffs- oder Abwehrfähigkeit von Menschen zu beseitigen oder herabzusetzen, insbes. Hieb- und Stoßwaffen.[26] Diese werden klassifiziert als sog. Waffen im technischen Sinne bzw. „geborene" Waffen.[27] Eine zweite Unterkategorie der tragbaren Gegenstände bilden nach Nr. 2 lit. b jene, die, ohne als Waffe bestimmt zu sein, insbes. wegen ihrer Beschaffenheit, Handhabung oder Wirkungsweise geeignet sind, die Angriffs- oder Abwehrfähigkeit von Menschen zu beseitigen oder herabzusetzen, und die in diesem Gesetz genannt sind. Sie müssen folglich eine gegenstandsbezogene Gefährlichkeit und damit objektive Tauglichkeit und Eignung als Waffe aufweisen[28] und stellen sog. „gekorene" Waffen dar (→ § 49 Rn. 19). Hierzu werden explizit Spring-, Fall-, Faust- und Butterflymesser sowie elektromechanische Viehtreiber genannt.[29]

Des Weiteren enthält das **KrWaffKontrG** eine Auflistung für die Sonderkategorie der 13 „zur Kriegsführung bestimmten Waffen" (§ 1 Abs. 1 KrWaffKontrG). In der Anlage zu jener Norm werden neben biologischen und chemischen Waffen in Teil A sodann in Teil B ua Flugkörper, Kampffahrzeuge, Rohrwaffen wie Maschinengewehre und -pistolen sowie zugehörige Munition, Flammenwerfer, Minen und Bomben, ebenso wie Zünder und Zielsuchköpfe als wesentliche Bestandteile aufgeführt.

Waffen können als explizit erfasstes Tatmittel vor allem bei der gefährlichen Körperver- 14 letzung gem. § 224 Abs. 1 Nr. 2 Var. 1 StGB, dem schweren Raub gem. § 250 Abs. 1 Nr. 1 lit. a Var. 1, Abs. 2 Nr. 1 Var. 1, Nr. 2 StGB sowie dem besonders schweren Fall des Landfriedensbruchs gem. § 125 a S. 2 Nr. 1, Nr. 2 Var. 1 StGB eine Rolle spielen. Ein eindeutig terroristischer Bezug wird ihnen als Tatmittel bei der Vorbereitung einer schweren staatsgefährdenden Gewalttat gem. § 89a Abs. 1 iVm Abs. 2 StGB (nur Schusswaffen → Rn. 74) sowie bei der Bildung einer terroristischen Vereinigung gem. § 129a Abs. 2 Nr. 4, 5 StGB zugewiesen.[30]

Bei terroristischen Taten spielen Waffen eine beachtliche Rolle. So kamen Schusswaffen 15 bei der rechtsextremistisch motivierten Mordserie des sog. NSU von 2000 bis 2007 zum Einsatz, wobei insgesamt zehn Personen getötet wurden. Ebenso wurden dem terroristischen Netzwerk ua 15 Raubüberfälle mit Waffen und Schreckschusswaffen zugeordnet, etwa auf einen Supermarkt und mehrere Bankfilialen. Dabei sollte die erwartete Beute aus den Raubüberfällen die Planung und Durchführung der von ihnen beabsichtigten ideologisch motivierten Anschläge finanziell ermöglichen.[31] Ebenso wurde eine Schusswaffe beim rechtsextremistisch motivierten Anschlag auf Personen mit Migrationshintergrund in Hanau am 19.2.2020 verwendet, wobei neun Personen getötet wurden. Ebenfalls aus rechtsextremistischer Motivation wurde mittels Schusswaffe der Kasseler Regierungspräsident Walter Lübcke am 1.6.2019 getötet. Bei einem rechtsextremistischen Anschlag auf der norwegischen Insel Utøya wurden am 22.7.2011 unter Schusswaffeneinsatz 69 Jugendliche getötet, welche sich dort im Rahmen eines Feriencamps der Jugendorganisation der sozialdemokratischen „Arbeiderpartiet" aufhielten. Aus rechtsextremen und islamfeindlichen Motiven wurden am 15.3.2019 in Christchurch in Neuseeland zwei Attentate auf Moscheen unter dem Einsatz von halbautomatischen Schusswaffen verübt, bei denen 51

---

[24] Diese sind aufgelistet in Anl. 1 Abschn. 1 UAbschn. 1 Nr. 1.2 zum WaffG.
[25] Vgl. Anl. 1 Abschn. 1 UAbschn. 1 Nr. 1.2.1 WaffVwV.
[26] In Anl. 1 Abschn. 1 UAbschn. 2 zum WaffG befindet sich eine Auflistung.
[27] Ausf. hierzu *Heinrich* in MüKoStGB WaffG § 1 Rn. 115 ff.
[28] *Heinrich* in MüKoStGB WaffG § 1 Rn. 114, 134 ff.
[29] S. Anl. 1 Abschn. 1 UAbschn. 2 Nr. 2 zum WaffG.
[30] S. darüber hinaus auch § 316c Abs. 1 Nr. 2 StGB, hierzu → § 34 Rn. 129.
[31] OLG München BeckRS 2018, 51467.

Personen getötet und 50 weitere verletzt wurden. Beim Anschlag in Halle (Saale) am 9.10.2019 wurden im Tatverlauf zwei Personen erschossen.[32] Ferner wurden beim Attentat am Münchener Olympia-Einkaufszentrum am 22.7.2016 neun Personen getötet und vier weitere durch Schüsse verletzt, wobei eine wieder gebrauchsfähig gemachte Theaterpistole zum Einsatz kam, welche sich der Täter zuvor über das Internet besorgt hatte.

2. Sprengstoffe

16 Neben Waffen stellen insbes. Sprengstoffe solche Tatmittel dar, denen bereits in gegenstandsbezogener Hinsicht Gefährlichkeit attestiert wird. Maßgeblich für die Einordnung eines Stoffes oder Stoffgemisches als Sprengstoff ist vorrangig das **SprengG**.

17 Grundsätzlich gelten laut § 1 Abs. 1, 2 iVm § 3 Abs. 1 Nr. 1 SprengG als Sprengstoffe (genauer: explosionsgefährliche Stoffe) feste oder flüssige Stoffe sowie Zubereitungen, die durch eine nicht außergewöhnliche thermische, mechanische oder andere Beanspruchung zur Explosion gebracht werden können.[33] Für die Auslegung jener Tatmittel nach den Normen des StGB kommen auch gasförmige Stoffe in Betracht.[34] Allg. sind insbes. Dynamit, Nitroglycerin und Schwarzpulver zu nennen.[35] Als charakteristisch für Sprengstoffe wird ihre besonders heftige Wirkung und die besonders hohe Geschwindigkeit der durch sie hervorgerufenen Druckwelle angesehen.[36]

18 Neben der Bedeutung von Sprengstoffen für den Tatbestand des Herbeiführens einer Sprengstoffexplosion gem. § 308 StGB sind Sprengstoffe etwa auch als Tatmittel bei Vorbereitungshandlungen zu einem Explosions- oder Strahlungsverbrechen gem. § 310 StGB und zu einer schweren staatsgefährdenden Gewalttat gem. § 89a Abs. 2 StGB sowie zu Angriffen auf den Luft- und Seeverkehr gem. § 316c Abs. 4 StGB strafrechtlich erfasst. Darüber hinaus wird der Diebstahl von Sprengstoff als Tatobjekt aufgrund der davon ausgehenden erhöhten Gefahr als besonders schwerer Fall iSd § 243 Abs. 1 S. 2 Nr. 7 StGB klassifiziert.[37]

3. Spreng- und Brand- sowie besondere Vorrichtungen

19 Unter dem Begriff der **Spreng- und Brandvorrichtungen** werden Gegenstände verstanden, die nach ihrer Art, Zubereitung oder Zusammenführung zu einer Gesamtapparatur eine spezifische Vorrichtung für die Explosions- bzw. Brandtat darstellen.[38] Neben Brandsätzen fallen also fertig montierte Sprengvorrichtungen, beispielhaft Autobomben, Nagelbomben oder Sprengstoffgürtel, in diese Kategorie.[39] Inwieweit **Zubehör** hierunter zu fassen ist, ist tatbestandsspezifisch zu ermitteln (→ Rn. 71). Weitere Tatmittel können „**besondere Vorrichtungen**" sein, die nicht zwingend in die bereits beschriebenen Kategorien von Spreng- oder Brandvorrichtungen fallen, jedoch teilw. mit diesen in Zusammenhang stehen. Der Zusatz „besondere" hebt dabei hervor, dass nicht jede Vorrichtung, die für ein Kampfmittel genutzt werden kann, erfasst ist (zu **sonstigen Vorrichtungen** → Rn. 29). Entspr. sind auch die tatbestandlichen Vorgaben der Erforderlichkeit für die Ausführung der Tat zu interpretieren (vgl. § 89a Abs. 2 Nr. 1 Var. 7 StGB,

---

[32] S. hierzu OLG Naumburg Urt. v. 21.12.2020 – 1 St 1/20.
[33] BGH NJW 2016, 1030; LG Braunschweig NStZ 1987, 231 (232).
[34] *Kargl* in NK-StGB StGB § 308 Rn. 4; *Bange* in BeckOK StGB, 53. Ed. 1.5.2022, StGB § 308 Rn. 7; *Dietmeier* in Matt/Renzikowski StGB § 308 Rn. 3; *Heine/Bosch* in Schönke/Schröder StGB § 308 Rn. 5–6; *Schäfer/Anstötz* in MüKoStGB StGB § 89a Rn. 40; *Paeffgen* in NK-StGB StGB § 89a Rn. 36.
[35] *Heine/Bosch* in Schönke/Schröder StGB § 308 Rn. 4; *Heger* in Lackner/Kühl StGB § 308 Rn. 2; *Krack* in MüKoStGB StGB § 308 Rn. 4.
[36] LG Braunschweig NStZ 1987, 231 (232); KG Berlin NStZ 1989, 369; *Paeffgen* in NK-StGB StGB § 89a Rn. 36; *Krack* in MüKoStGB StGB § 308 Rn. 3; *Kargl* in NK-StGB StGB § 308 Rn. 4.
[37] Vgl. zudem § 326 Abs. 1 Nr. 3 StGB.
[38] *Gazeas* in Leipold/Tsambikakis/Zöller StGB § 89a Rn. 41; vgl. *Engelstätter* in LK-StGB StGB § 89a Rn. 107.
[39] *Engelstätter* in LK-StGB StGB § 89a Rn. 107; *Zöller* in SK-StGB StGB § 89a Rn. 24.

§ 310 Abs. 1 StGB). Letztlich geht es um das eigentliche Zubehör,[40] weshalb nur jene Vorrichtungen erfasst sein können, die einen hinreichenden deliktischen Bezug aufweisen.[41] Den adressierten Vorrichtungen kann dementsprechend gegenstandsbezogene Gefährlichkeit im hier verstandenen Sinne attestiert werden, soweit sie spezifischer Art sind und typischerweise für das Herbeiführen einer Explosion, eines Brandes oder vergleichbar schadenträchtiger Ereignisse eingesetzt werden.

Die Unbeherrschbarkeit, hohe Opferzahlen und die Willkürlichkeit hinsichtlich der betroffenen Opfer tragen zur Steigerung der für Terrorismus typischen Einschüchterung der Bevölkerung bei. So wurde im Rahmen eines rechtsextremistisch motivierten Anschlags in Norwegen am 22.7.2011 eine Autobombe vor einem Regierungsgebäude gezündet, wobei acht Menschen getötet und zehn weitere verletzt wurden. Sprengstoffwesten kamen ua im Rahmen von Selbstmordattentaten etwa während der islamistisch motivierten Terroranschläge in Paris am 13.11.2015 zum Einsatz, wobei unter der weiteren Verwendung von Handgranaten und Schusswaffen insgesamt 130 Menschen getötet und 683 weitere verletzt wurden. Ebenso wurden mittels Detonation von zehn Sprengsätzen in Personenzügen in Madrid am 11.3.2004 insgesamt 191 Menschen getötet sowie weitere 2051 verletzt. Am 9.6.2004 zündeten die Mitglieder des sog. NSU eine Nagelbombe in einem Kölner Stadtteil, wobei 22 Personen teilw. schwer verletzt wurden. Weitere Sprengstoffanschläge des sog. NSU fanden mittels Rohrbombe sowie einer mit Schwarzpulver gefüllten, präparierten Metalldose in 1999 und 2001 statt. Ein geplanter Sprengstoffanschlag der sog. Sauerland-Gruppe wurde im Jahr 2007 verhindert, indem die von den Mitgliedern der Gruppe für den Bombenbau beschaffte 585 kg schwere Wasserstoffperoxid-Lösung durch Ermittlungsbeamte gegen eine harmlose Ersatzflüssigkeit ausgetauscht wurde.[42] Auch die Mitglieder der sog. Deutschen Aktionsgruppe wurden wegen sieben Brand- und Sprengstoffanschlägen ua auf Unterkünfte von Geflüchteten, eine Ausstellung über das KZ Auschwitz sowie eine jüdische Schule verurteilt.[43] Geplante islamistisch motivierte Anschläge mittels Kofferbomben in Zügen nahe Köln in 2006 sowie am Bonner Hauptbahnhof am 10.12.2012 blieben mangels Detonation der Sprengsätze erfolglos.[44]

4. Kernbrenn- oder sonstige radioaktive Stoffe (§ 2 Abs. 1 S. 1 AtG)

Als weitere Tatmittel kommen radioaktive Stoffe in Betracht, welche in die Unterkategorien von Kernbrenn- und sonstigen radioaktiven Stoffen aufgeteilt werden. Gemäß § 2 Abs. 1 S. 1 AtG sind dies alle Stoffe, die ein oder mehrere Radionuklide enthalten und deren Aktivität nicht außer Acht gelassen werden kann. Als Kernbrennstoffe werden besondere spaltbare Stoffe in Form von spezifischen Plutonium-Isotopen und angereichertem Uran aufgelistet.[45] Der Umgang mit entsprechenden Stoffen wird durch § 89a Abs. 2 StGB, §§ 307, 310 StGB strafrechtlich erfasst.[46]

---

[40] Cramer NJW 1964, 1835 (1837 f.).
[41] Paeffgen in NK-StGB StGB § 89a Rn. 41; Gazeas in Leipold/Tsambikakis/Zöller StGB § 89a Rn. 45. Es wird zu Recht die Unbestimmtheit der Begrifflichkeit kritisiert, vgl. etwa Kargl in NK-StGB StGB § 310 Rn. 7; Heine/Bosch in Schönke/Schröder StGB § 310 Rn. 5; Valerius in LK-StGB StGB § 310 Rn. 6; Krack in MüKoStGB StGB § 310 Rn. 6; vgl. Puschke StV 2015, 457 (463), wonach die rein subjektive Zweckbestimmung nicht genügt bei Alltagsgegenständen.
[42] OLG Düsseldorf Urt. v. 4.3.2010 – III-6 StS 11/08, III-6 StS 15/08, zit. nach becklink 299559.
[43] OLG Stuttgart Urt. v. 28.6.1982 – 5-1 StE 3/81; s. ausf. Gräfe in Jost/Hansen/Krause, Jahrbuch Terrorismus, 2017/2018, 236 ff.
[44] S. etwa OLG Düsseldorf, Urt. v. 3.4.2017 – 2 StE 2/14- 3 III- 5 StS 1/14.
[45] Ausf. hierzu s. Engelstätter in LK-StGB StGB § 89a Rn. 108; Zöller in SK-StGB StGB § 89a Rn. 24; Schäfer/Anstötz in MüKoStGB StGB § 89a Rn. 40.
[46] S. zudem zum verwaltungsrechtswidrigen Umgang mit radioaktiven und anderen gefährlichen Stoffen § 328 StGB.

II. Verwendungsbezogen gefährliche Tatmittel

22 Bei einer Vielzahl von Tatmitteln, die im terroristischen Kontext eine Rolle spielen können, handelt es sich um solche, denen aus sich heraus nicht zwingend eine typische Gefährlichkeit für die Verletzung oder Tötung von Menschen durch die Begehung von Straftaten zukommt. Vielmehr ergibt sich die Gefährlichkeit erst aus dem jeweiligen **Verwendungszusammenhang**. Strafnormen, die an solche Tatmittel anknüpfen, können unter rechtsstaatlichen Gesichtspunkten insbes. dann problematisch sein, wenn sich der Gefährlichkeitszusammenhang ausschließlich aus dem Planungszusammenhang ergeben soll.

1. Gemeingefährliche Mittel

23 Gemeingefährliche Mittel können sowohl gegenstands- als auch verwendungsbezogen gefährlichen Charakter haben.[47] Insofern kann einzelnen Gegenständen und Stoffen Gemeingefährlichkeit bereits ohne Ansehen der Verwendung attestiert werden. Neben bestimmten Waffen und Sprengstoffen können etwa Feuer bzw. Brandmittel, Giftgase oder ionisierende Strahlen zu den gemeingefährlichen Mitteln idS gezählt werden. Sie weisen die erforderliche Eigenschaft der „Vielgefährlichkeit" auf. In einem Großteil der Fälle ergibt sich die Gemeingefährlichkeit aber erst aus dem Verwendungszusammenhang. Gemeingefährlich ist danach ein Mittel, wenn es vom Täter – unter Berücksichtigung seiner individuellen Fähigkeiten –[48] in der konkreten Situation nicht beherrschbar und damit geeignet ist, eine größere Anzahl von Menschen an Leib und Leben zu gefährden.[49] Dabei muss das Mittel also **nicht zwingend typischerweise** gemeingefährlich sein:[50] So kommt etwa auch der Einsatz eines Kraftfahrzeugs, das in eine Menschenmenge gesteuert wird,[51] als gemeingefährliches Mittel in Betracht. Ein entsprechender Einsatz gemeingefährlicher Mittel mit terroristischem Bezug erfolgte etwa bei dem Anschlag auf den Weihnachtsmarkt am Berliner Breitscheidplatz am 19.12.2016, wo durch das Steuern eines Sattelzugs in eine Menschengruppe zwölf Personen getötet sowie 67 weitere teils schwer verletzt wurden. Ebenso wurde ein fahrender Lkw als Tatmittel verwendet bei dem Anschlag auf der Promenade des Anglais in Nizza am 14.7.2016, bei dem 86 Personen getötet und mehr als 400 zT schwer verletzt wurden. Gleiches gilt für die Steuerung eines Passagierflugzeugs in ein menschengefülltes Gebäude, wie etwa geschehen am 11.9.2001 in New York City. Hierbei wurden laut offiziellen Angaben etwa 2750 Personen getötet und 6000 weitere verletzt. Werden die Mittel demgegenüber nur gegen individuelle Opfer eingesetzt, wie bspw. die Gabe von Gift in den Teller des Opfers anstatt in den Suppenkessel der Gemeinschaftsküche, kommt ihnen keine Gemeingefährlichkeit zu.[52]

2. Gifte und andere gesundheitsschädliche Stoffe sowie gefährliche Werkzeuge

24 Als weitere gefährliche Tatmittel kommen Gifte bzw. Stoffe, die Gift enthalten oder hervorbringen können, andere gesundheitsschädliche Stoffe sowie gefährliche Werkzeuge in Betracht. Ihnen muss je nach tatbestandlichem Zusammenhang nicht zwingend Gemeingefährlichkeit zukommen (s. aber → Rn. 50, 73); individuenbezogenes erhebliches Verletzungs- bzw. Tötungspotenzial kann ausreichend sein.

---

[47] Zu einer weitergehenden Differenzierung *Klesczewski* HRRS 2013, 465 (467 ff.).
[48] BGH NJW 1985, 1477 (1478); *Rissing-van Saan/Zimmermann* in LK-StGB StGB § 211 Rn. 141.
[49] BGH NJW 1985, 1477 (1478); *Eser/Sternberg-Lieben* in Schönke/Schröder StGB § 211 Rn. 29; *Rissing-van Saan/Zimmermann* in LK-StGB StGB § 211 Rn. 141.
[50] BGH NStZ 2006, 167 (168); *Neumann/Saliger* in NK-StGB StGB § 211 Rn. 87; *Fischer* StGB § 211 Rn. 59; *Rissing-van Saan/Zimmermann* in LK-StGB StGB § 211 Rn. 141; *Sinn* in SK-StGB StGB § 211 Rn. 62.
[51] BGH NStZ 2006, 167; BGH BeckRS 2005, 10589; vgl. auch LG Kassel Urt. v. 16.12.2021 = becklink 2021799 hinsichtlich der sog. Amokfahrt v. Volkmarsen, wobei der Täter mit einem Pkw in einen Rosenmontagszug fuhr, wozu jedoch bis heute die Motivation des Täters ungeklärt ist.
[52] Bsp. so aufgeführt in BGH NJW 1985, 1477 (1478); ebenso *Sinn* in SK-StGB StGB § 211 Rn. 61.

B. Tatmittel

§ 35

Für die Definitionen dieser gefährlichen Tatmittel wird regelmäßig auf die Vorgaben von 25
Rspr. und Lit. für § 224 Abs. 1 Nr. 1, Nr. 2 Var. 2 StGB zurückgegriffen.[53] Im Sinne des
§ 224 Abs. 1 Nr. 1 Var. 1 StGB wird Gift als jeder organische oder anorganische Stoff
definiert, der durch chemische oder chemisch-physikalische Wirkung die Gesundheit
erheblich zu beeinträchtigen vermag.[54] Andere gesundheitsschädliche Stoffe gem. § 224
Abs. 1 Nr. 1 Var. 2 StGB sind solche Substanzen, die mechanisch, thermisch oder biologisch-physiologisch wirken.[55] Ein gefährliches Werkzeug iSd § 224 Abs. 1 Nr. 2 Var. 2
StGB liegt vor, wenn ein Gegenstand nach seiner objektiven Beschaffenheit und der Art
der konkreten Verwendung dazu geeignet ist, erhebliche Verletzungen herbeizuführen.[56]

Beispiele für Gifte idS bilden etwa Stoffe wie Arsen, Zyankali, Säuren, Benzol, Queck- 26
silber, Rauschgifte, K.O.-Tropfen, aber auch pflanzliche Pilze, Rizinussamen und andere
pflanzliche sowie tierische Gifte.[57] Auch sog. Krankheitsgifte wie Pocken oder Syphilis
sollen hierunter zu fassen sein.[58] Nicht erforderlich ist, dass der Stoff per se giftig ist. Auch
an sich unschädliche Substanzen des täglichen Bedarfs wie Kochsalz (etwa hohe Konzentration bei einem Kleinkind)[59] oder Zucker (bei Diabeteserkrankung),[60] Medikamente (bei
falscher Dosierung)[61] und Rauschmittel wie Alkohol[62] können als Gift eingestuft werden;
maßgeblich sind insofern die Art der Anwendung sowie die Menge und Konzentration des
Stoffs. Andere gesundheitsschädliche Stoffe, die nicht schon unter die Giftdefinition fallen,
können etwa zerstoßenes Glas, kochendes Wasser, zerhacktes Blei, zähflüssiger Teer, Bakterien, Viren (insbes. das HI-Virus[63]) oder sonstige Krankheitserreger[64] sein.[65] Strahlen,
Schallwellen oder Elektrizität können mangels Stoffqualität nicht hierunter gefasst werden.[66] Als gefährliche Gegenstände gelten zB Messer, zum Zustechen verwendete Scheren
oder Schraubenzieher,[67] Baseballschläger[68] ebenso wie Flaschen, Elektroschock- oder Reizstoffsprühgeräte.[69]

Entspr. der hiesigen Einordnung als verwendungsbezogen gefährliche Tatmittel können 27
die Vorgaben für § 224 StGB allerdings nicht ohne Weiteres für andere Tatbestände übernommen werden. So werden die Begriffe „vergiften", „Gift" bzw. „gesundheitsschädliche
Stoffe" etwa im Rahmen der Strafbarkeit wegen gemeingefährlicher Vergiftung gem. § 314

---

[53] So vom Gesetzgeber ursprünglich vorgesehen, vgl. BT-Drs. 13/9064, 18. In § 250 Abs. 1 Nr. 1 lit. a Var. 2 StGB hingegen macht die Umgangsform eine abw. Definition und Auslegung des gefährlichen Werkzeugs erforderlich; s. näher → Rn. 54.
[54] *Engländer* in Matt/Renzikowski StGB § 224 Rn. 2; *Sternberg-Lieben* in Schönke/Schröder StGB § 224 Rn. 2b; *Fischer* StGB § 224 Rn. 4; *Grünewald* in LK-StGB § 224 Rn. 8; *Hardtung* in MüKoStGB StGB § 224 Rn. 9.
[55] *Engländer* in Matt/Renzikowski StGB § 224 Rn. 2; *Sternberg-Lieben* in Schönke/Schröder StGB § 224 Rn. 2c; *Fischer* StGB § 224 Rn. 5.
[56] BGHSt 3, 105 (109); 14, 152 (155) = NJW 1960, 1022 (1023); BGH NStZ 1999, 616 (617); 2002, 86; 2007, 95; *Kühl* in Lackner/Kühl StGB § 224 Rn. 5; *Engländer* in Matt/Renzikowski StGB § 224 Rn. 6; *Sternberg-Lieben* in Schönke/Schröder StGB § 224 Rn. 4.
[57] *Engelstätter* in LK-StGB StGB § 89a Rn. 109; *Sternberg-Lieben* in Schönke/Schröder StGB § 224 Rn. 2b; *Engländer* in Matt/Renzikowski StGB § 224 Rn. 2; *Paeffgen/Böse* in NK-StGB StGB § 224 Rn. 8; vgl. BGH BeckRS 2019, 3832 Rn. 17 ff.; BGH NStZ 2009, 505.
[58] *Engländer* in Matt/Renzikowski StGB § 224 Rn. 2.
[59] BGHSt 51, 18 = BeckRS 2006, 4510.
[60] *Engländer* in Matt/Renzikowski StGB § 224 Rn. 2.
[61] *Sternberg-Lieben* in Schönke/Schröder StGB § 224 Rn. 2b; *Paeffgen/Böse* in NK-StGB StGB § 224 Rn. 8.
[62] *Wolters* in SK-StGB StGB § 224 Rn. 9; *Paeffgen/Böse* in NK-StGB StGB § 224 Rn. 8.
[63] *Paeffgen/Böse* in NK-StGB StGB § 224 Rn. 9 mwN; *Sternberg-Lieben* in Schönke/Schröder StGB § 224 Rn. 2c.
[64] Hierbei ist die Wirkweise entscheidend, ob als Gift (bei giftiger Wirkung aufgrund ihrer Zersetzungsprodukte) oder anderer gesundheitsschädlicher Stoff (aufgrund ihrer zellverändernden Wirkung) einzustufen sind; vgl. hierzu etwa *Paeffgen/Böse* in NK-StGB StGB § 224 Rn. 9.
[65] *Engländer* in Matt/Renzikowski StGB § 224 Rn. 2.
[66] *Hardtung* in MüKoStGB StGB § 224 Rn. 5; *Sternberg-Lieben* in Schönke/Schröder StGB § 224 Rn. 2c; hier greifen sodann §§ 309–311 StGB.
[67] Vgl. BGH NJW 1966, 1763.
[68] BGHSt 63, 138 = NStZ 2018, 593.
[69] *Hardtung* in MüKoStGB StGB § 224 Rn. 26; *Sternberg-Lieben* in Schönke/Schröder StGB § 224 Rn. 5.

StGB verwendet.[70] In § 89a Abs. 2 StGB geht es um unterschiedliche Formen der Vorbereitung einer schweren staatsgefährdenden Gewalttat, bei denen Stoffe, die Gift enthalten oder hervorbringen können, und andere gesundheitsschädliche Stoffe Relevanz erlangen. Aufgrund der unterschiedlichen tatbestandlichen Ausgestaltung der Körperverletzungs- und Terrorismusdelikte sowie ihrer abweichenden Zielsetzungen erscheint es angebracht, den Begriff der gesundheitsschädlichen Stoffe in § 89a Abs. 2 Nr. 1 Var. 6 StGB enger zu fassen (→ Rn. 73). Einer von § 224 Abs. 1 Nr. 2 Var. 2 StGB abweichenden Auslegung bedarf der Begriff des gefährlichen Werkzeuges dann, wenn es nicht verwendet, sondern lediglich beisichgeführt werden muss (→ Rn. 54).

3. Sonstige Gegenstände, Stoffe und Vorrichtungen

28 Neben Gegenständen und Stoffen, denen durch die nähere gesetzliche Umschreibung (als gesundheitsschädlich, Gift, gefährlich) Gefährlichkeit zugewiesen wird, werden in § 89a Abs. 1 iVm Abs. 2 Nr. 3 StGB auch solche Gegenstände und Stoffe einbezogen, die lediglich zur Herstellung von gefährlichen Waffen, Stoffen oder Vorrichtungen genutzt werden können. Für diese Tatmittel ergibt sich eine Gefährlichkeit somit idR erst aus ihrer Zusammenfügung mit weiteren Mitteln. Erfasst sind etwa sog. **Grundstoffe** zur Herstellung von Kampfmitteln oder Vorrichtungen, wie etwa Wasserstoffperoxid in größeren Mengen, Schwarzpulver, Chemikalien und Chemikaliengemische (s. aber → Rn. 79).[71] Wecker und Handys sollen demgegenüber als Alltagsgegenstände nicht der Norm unterfallen.[72]

29 **Sonstige Vorrichtungen** werden teilw. von besonderen Vorrichtungen (→ Rn. 19) unterschieden. Insoweit wird in § 316c Abs. 4 StGB (Vorbereitung eines Angriffs auf den Luft- und Seeverkehr) auf das einschränkende Merkmal „besondere" verzichtet. Neben dem spezifischen Zubehör für den Einsatz von Spreng- und Brandstoffen sollen daher auch Gegenstände, die lediglich durch weitere Manipulation für den Einsatz nutzbar gemacht werden können oder alltäglich sind, wie Wecker oder Streichhölzer, hierunter fallen,[73] womit die Notwendigkeit einer tatbestandsspezifischen Restriktion, insbes. hinsichtlich der Erfassung von Alltagsgegenständen, angesprochen ist (→ Rn. 82).

30 Darüber hinaus können nach neuerer Rspr. auch weitere Gegenstände und Stoffe als terroristische Tatmittel strafrechtliche Bedeutung gewinnen. Insoweit soll der Tatbestand der **Terrorismusfinanzierung** gem. § 89c StGB als eine Art Auffangtatbestand fungieren, wenn Mittel jeglicher Art, die bei einer terroristischen Tat Verwendung finden sollen, als Vermögenswerte angesehen werden. Bedeutung als terroristische Tatmittel können daher auch Metallkugeln, Streichhölzer, Portionierungsspritzen, Leuchtdioden und Schwefelsäure erlangen (→ Rn. 84 ff.).[74]

C. Strafrechtliche Erfassung – Überblick und deliktsstrukturspezifische Besonderheiten

31 Straftatbestände, die den Umgang mit gefährlichen Mitteln und deren Verwendung erfassen, sind weit über das StGB verstreut. Ein terroristischer Hintergrund der Nutzung der Mittel hat dabei nur in wenige Strafnormen unmittelbar als Tatbestandsmerkmal Eingang gefunden, spielt jedoch auch darüber hinaus bei der Bewertung entsprechender Taten eine bedeutsame Rolle. Die gemeinsame Klammer für die Analyse als **gefährliche terroristische Tatmittel** sind das Ziel und die Auswirkungen ihrer Verwendung.

32 Deliktsstrukturell kann unterschieden werden zwischen der Erfassung terroristischer Tatmittel **bei Begehung der Tat** sowie bei der **Vorbereitung** einer terroristischen

---

[70] S. zudem zum Freisetzen von Giften § 330a StGB, der vornehmlich einen angemessenen Lebensschutz gewährleisten soll, *Heine/Schittenhelm* in Schönke/Schröder StGB § 330a Rn. 1.
[71] *Gazeas* in Leipold/Tsambikakis/Zöller StGB § 89a Rn. 61.
[72] BT-Drs. 16/12428, 15; s. auch BGHSt 59, 218 = StV 2015, 28 (30).
[73] *Hecker* in Schönke/Schröder StGB § 316c Rn. 33.
[74] BGHSt 65, 176 = NJW 2021, 2744 (2747).

Straftat. Diese Unterscheidung knüpft zum einen an die dogmatisch bedeutsame Nähe der inkriminierten Verhaltensweisen zu einer Rechtsgutverletzung an, die Auswirkungen auf die legitimatorischen Anforderungen an die Strafnormen hat.[75] Zum anderen besteht ein enger Bezug zur Gefährlichkeit der Tatmittel. Während sich die Gefährlichkeit bei der Verwendung der Tatmittel bei der Tatbegehung grundsätzlich erweist und aktualisiert, erlangen die gegenstandsbezogene Gefährlichkeit der Mittel sowie der subjektive Planungszusammenhang ihrer Verwendung für Vorbereitungstatbestände besondere Bedeutung.

I. Erfassung terroristischer Tatmittel bei Begehung der Tat

Ein terroristischer Hintergrund unter Nutzung von gefährlichen Tatmitteln kann bei sog. **gemeingefährlichen Straftaten,** die im 28. Abschnitt des StGB erfasst sind, eine Rolle spielen. Entsprechende Tatmittel erlangen insbes. bei den Tatbeständen der Brandstiftung gem. §§ 306 ff. StGB, des Herbeiführens einer Explosion durch Kernenergie und einer Sprengstoffexplosion gem. § 307 StGB und § 308 StGB, des Missbrauchs ionisierender Strahlen gem. § 309 StGB sowie der gemeingefährlichen Vergiftung gem. § 314 StGB Relevanz. Teilw. wurden die Tatbestände aus dem Nebenstrafrecht (Sprengstoffverbrechen sowie Kernenergie- und Strahlungsverbrechen) in das Kernstrafrecht überführt mit dem Zweck der Klarstellung ihrer Bedeutung.[76] Der Gesetzgeber stellt dabei auf die erhebliche Gefährlichkeit der Tatmittel Feuer, Sprengstoff, Kernenergie und Gift ab, insbes. wenn diese mit der „Absicht (…), in der Bevölkerung Angst oder Schrecken zu erregen", eingesetzt bzw. „als Mitglied oder im Auftrag einer Gruppe (…), der solche Taten als Mittel für ihre Zwecke dienen", begangen werden.[77] Ebenso werden Brandanschläge auf Personen- und Lastkraftwagen und auf Anlagen im Energieversorgungsbereich, die durch die Brandstiftungsdelikte in §§ 306 ff. StGB und § 308 StGB erfasst werden, als typische terroristische Erscheinungsformen ausgemacht,[78] womit sie auch bei der Einordnung als politisch motivierte Kriminalität relevant werden.[79]

Deliktsstrukturell handelt es sich um **konkrete** und **objektiv-abstrakte Gefährdungs- tatbestände,** wobei auch eingetretene Verletzungsfolgen als Qualifikationsformen von Bedeutung sein können. Der Strafgrund für objektiv-abstrakte Gefährdungstatbestände liegt in der Unbeherrschbarkeit der Folgen der Tathandlungen, die bei genereller Betrachtung zu einer Rechtsgutsbeeinträchtigung führen können, ohne dass es weiterer hierauf aufbauender, deliktischer Zwischenschritte bedarf.[80] Konkrete Gefährdungstatbestände erfassen Verhaltensweisen, welche die Gefahr der Verletzung eines Rechtsgutsobjektes in sich tragen. Ob eine solche Verletzung im Einzelfall tatsächlich eintritt, ist nur noch vom Zufall abhängig.[81] Die verwendeten Tatmittel spielen aufgrund der objektiven Gefährdung zT nur eine vermittelnde Rolle, da sich die Tatbestände primär auf die Folgen ihrer Verwendung beziehen. Auf eine gegenstandsbezogene Gefährlichkeit kommt es daher regelmäßig nicht an. So geht es in den §§ 306 ff. StGB um das Inbrandsetzen bzw. die Brandlegung und in den §§ 307, 308 StGB um das Herbeiführen einer Explosion. In jedem Fall müssen die Tatmittel in (gemeingefährlicher) Art und Weise verwendet werden. Hierin findet sich die Legitimation für die durchweg hohen Strafandrohungen.

Darüber hinaus finden sich auch im **„klassischen Strafrecht"** Straftatbestände, bei denen die Gefährlichkeit von Tatmitteln bei der Begehung der Tat bedeutsam ist, wobei jene Taten mit terroristischem Hintergrund begangen werden können und entspr. für den

---
[75] Für Vorbereitungstatbestände eingehend *Puschke* Legitimation 351 ff.
[76] BT-Drs. IV/650, 495, 501.
[77] BT-Drs. IV/650, 66.
[78] Vgl. etwa BT-Drs. 10/6286, 5.
[79] S. etwa BT-Drs. 19/3862, 3 ff.
[80] *Puschke* Legitimation 321 f.
[81] BGH NStZ 1996, 83; NStZ-RR 1997, 261 (262).

bundeseinheitlich definierten Gewalttatenkatalog für politisch motivierte Kriminalität relevant sind.[82] Strafschärfend berücksichtigt werden gefährliche Tatmittel etwa als gemeingefährliche Mittel gem. § 211 Abs. 2 Var. 7 StGB oder als gesundheitsschädliche Stoffe, Waffen und gefährliche Werkzeuge im Rahmen der gefährlichen Körperverletzung gem. § 224 Abs. 1 Nr. 1, 2 StGB sowie als Qualifikation zu Raubdelikten gem. § 250 Abs. 1 Nr. 1 lit. a, Abs. 2 Nr. 1, 2 StGB. Auch die Regelbeispiele des besonders schweren Falls des Landfriedensbruchs gem. § 125a S. 2 Nr. 1, 2 StGB knüpfen hier an.

36 Sofern die Verwendung der Tatmittel tatbestandlich vorausgesetzt ist, kann sich die erhöhte Gefährlichkeit einerseits aus der **Nichtkontrollierbarkeit** der konkreten Anwendung, wie bei § 211 Abs. 2 Var. 7 StGB, ergeben. Andererseits ist der bewusste Einsatz eines in besonderem Maß die **Wirkungsmacht des Angriffs** erhöhenden Faktors, wie bei § 224 Abs. 1 Nr. 1, 2 StGB und § 250 Abs. 2 Nr. 1 StGB, entscheidend.[83] Wird bereits das Beisichführen des Tatmittels strafschärfend berücksichtigt (§ 250 Abs. 1 Nr. 1 lit. a, Abs. 2 Nr. 2 StGB, § 125a S. 2 Nr. 1, 2 StGB), steht die **gegenstandsbezogene Gefährlichkeit** im Zentrum der Bewertung,[84] wenngleich der Strafgrund in der latenten Gefahr des Einsatzes liegt[85] und damit letztlich täterbezogen hergeleitet wird.[86] Mangels unmittelbarer Aktualisierung der Gefährlichkeit in der Tatsituation müssen höhere Anforderungen an das Gefahrenpotenzial der Mittel gestellt werden.

II. Erfassung terroristischer Tatmittel bei der Vorbereitung einer Tat

1. Relevante Straftatbestände

37 Straftatbestände, die spezifisch terroristische Gefahren adressieren und daher als **Terrorismusstrafrecht** bezeichnet werden können, sind regelmäßig als **Vorbereitungstatbestände** ausgestaltet. Mit Blick auf die Möglichkeit der Beschaffung von Anschlagsmitteln und Materialien zur Planung eines Anschlags, wie etwa Anleitungen zur Herstellung von Sprengsätzen und anderen Vorrichtungen,[87] fanden durch das **GVVG**[88] 2009 die §§ 89a, 89b und 91 Eingang in das StGB.[89] Der **Umgang mit gefährlichen Tatmitteln** stellt dabei den Kern der Vorbereitung einer schweren staatsgefährdenden Gewalttat gem. § 89a Abs. 1 iVm Abs. 2 Nr. 2, 3 StGB dar. Ebenso ist das mit gleicher Zielsetzung vorgenommene **Unterweisen oder Sichunterweisenlassen** in der Herstellung von oder im Umgang mit entsprechenden Mitteln oder Stoffen strafbewehrt (§ 89a Abs. 1 iVm Abs. 2 Nr. 1 StGB). Schließlich wird durch den Straftatbestand der Anleitung zur Begehung einer schweren staatsgefährdenden Gewalttat gem. § 91 StGB die Weitergabe von Kenntnissen im Umgang mit gefährlichen Mitteln sanktioniert, was vornehmlich hinsichtlich sog. „**Bombenbauanleitungen**" thematisiert wird. Mit dem GVVG-ÄndG[90] wurde 2015 in § 89a Abs. 2a StGB die Ausreise zwecks „**terroristischer Ausbildung**", auch an Tatmitteln, als strafbewährtes Verhalten aufgenommen und die Regelung der **Terrorismusfinanzierung** aus § 89a Abs. 2 Nr. 4 StGB aF in den eigenen Tatbestand des § 89c StGB überführt.[91] In der

---
[82] Vgl. etwa *BMI/BMJ* 135 f.; *BMI/BMJV* 137, 141 Fn. 997.
[83] S. auch *Hochmayr* in Hochmayr, Waffen und gefährliche Werkzeuge als Strafschärfungsgrund, 2019, 77 mwN.
[84] *Bosch* in Schönke/Schröder StGB § 244 Rn. 2; *Sander* in MüKoStGB StGB § 250 Rn. 1, 8.
[85] BGHSt 52, 257 = NJW 2008, 2861 (2864).
[86] Hierzu *Hochmayr* in Hochmayr, Waffen und gefährliche Werkzeuge als Strafschärfungsgrund, 2019, 58.
[87] BT-Drs. 16/12428, 17; *Aliabasi*, Die staatsgefährdende Gewalttat, 2017, 135 f.; *Engelstätter* in LK-StGB StGB § 89a Vor Rn. 1.
[88] G zur Verfolgung der Vorbereitung v. schweren staatsgefährdenden Gewalttaten v. 30.7.2009, BGBl. 2009 I 2437, iK getreten am 4.8.2009.
[89] Darüber hinaus wurde § 91 StGB aF zu § 91a StGB geändert und es wurden Folgeänderungen in den §§ 92b, 138 Abs. 2 und § 261 Abs. 1 S. 2 Nr. 5 StGB vorgenommen.
[90] GVVG-ÄndG v. 12.6.2015, BGBl. 2015 I 926.
[91] Umsetzung der Vorgaben der UN-Resolution 2178 (2014) v. 24.9.2014; vgl. auch Art. 9 RL (EU) 2017/541.

Ausgestaltung durch den BGH[92] erfasst auch die strafbewehrte Terrorismusfinanzierung gem. § 89c StGB Tatmittel, die einem terroristischen Anschlag dienen können.

Ziel des Gesetzgebers war die Ermöglichung einer effektiven strafrechtlichen Verfolgung **38** auch von organisatorisch nicht gebundenen Tätern, die schwere staatsgefährdende Gewalttaten vorbereiten.[93] Explizit werden sog. **Selbstmordattentate** genannt, die es durch ein möglichst frühzeitiges Eingreifen auch des Strafrechts zu verhindern gelte.[94] Vor Einführung dieser Tatbestände wurden (terroristische) Vorbereitungshandlungen primär vor dem Hintergrund von Gefahren, die von mehreren Beteiligten ausgehen, über § 30 StGB und vornehmlich über §§ 129a, b StGB erfasst. Die §§ 129a, b StGB haben insoweit mittelbare Bedeutung hinsichtlich gefährlicher Tatmittel, dass sie die Gründung und die Mitgliedschaft in einer Vereinigung, deren Zweck sich auch auf die Begehung von Taten mit entsprechenden Tatmitteln beziehen kann, unter Strafe stellen.

Darüber hinaus erfassen auch sonstige, hinsichtlich der Tatbestandsmerkmale nicht un- **39** mittelbar auf terroristische Taten ausgerichtete Strafnormen Vorbereitungshandlungen mit Tatmitteln, die zu terroristischen Zwecken eingesetzt werden können. Dies betrifft vornehmlich den Umgang mit besonders gefährlichen Gegenständen und Stoffen mit dem Ziel, ein Explosions- oder Strahlungsverbrechen (§ 310 StGB) oder Angriffe auf den Luft- und Seeverkehr (§ 316c Abs. 4 StGB) zu begehen. Auch die Bildung bewaffneter Gruppen gem. § 128 StGB kann Verhaltensweisen erfassen, die terroristischen Bezug haben. Schließlich wurden auch in den neu geschaffenen § 127 StGB, der das Betreiben krimineller Handelsplattformen im Internet erfasst, solche Plattformen aufgenommen, deren Zweck darauf ausgerichtet ist, die Begehung von Verbrechen (Abs. 1 Nr. 1) und von Straftaten nach dem Waffen- und Sprengstoffgesetz (Abs. 1 Nr. 2 lit. g, h) sowie der Anleitung zur Begehung einer schweren staatsgefährdenden Gewalttat gem. § 91 StGB (Abs. 1 Nr. 2 lit. a) zu ermöglichen oder zu fördern.

2. Planungszusammenhang

Vorbereitungstatbestände sind durch den vorausgesetzten Planungszusammenhang gekenn- **40** zeichnet. Es werden Verhaltensweisen pönalisiert, welche die Begehung einer gewollten zukünftigen Straftat ermöglichen oder fördern. Im hiesigen Kontext geht es daher um geplante terroristische Taten, die mittels gefährlicher Tatmittel begangen werden sollen. Diese und die aus ihnen entstehenden Rechtsgutsverletzungen sollen verhindert werden. Sofern die Eignung und Bestimmung der anvisierten Taten zur Beeinträchtigung von Staatsschutzgütern (→ Rn. 57 ff.) vorausgesetzt ist, schränkt dies den Tatbestand ein. Unmittelbarer Rechtsgutscharakter kommt diesen Schutzgütern nicht zu.[95] Dementsprechend ist der Planungszusammenhang für das Unrecht der Tat bestimmend und stellt die **subjektive Unrechtsbeziehung** zur Beeinträchtigung des geschützten Rechtsgutes her.[96] Die Schwere der anvisierten Tat hat bereits im Vorfeld der Rechtsgutsschädigung Bedeutung für die Angemessenheit der Pönalisierung der Handlungen.

Die Begehung der terroristischen Tat muss jedenfalls vom Vorsatz des Vorbereitungs- **41** täters umfasst sein. Darüber hinaus sind tatbestandsspezifische Anforderungen an den subjektiven Bezug zur zukünftigen Tat zu stellen. Je weiter die objektive Tathandlung von einer Rechtsgutsverletzung entfernt ist und je stärker das nachfolgende Geschehen in der Hand des Vorbereitungstäters liegt, desto höher müssen die an den Planungszusammenhang

---

[92] BGHSt 65, 176 = NJW 2021, 2744 (2747).
[93] *Steinsiek* in LK-StGB StGB Vor § 80 Rn. 18.
[94] BT-Drs. 16/5820, 2; BT-Drs. 16/12428, 1.
[95] *Puschke* Legitimation 353 f.; *Zöller* in SK-StGB StGB § 89a Rn. 11; *Zöller* TerrorismusstrafR 564; *Haverkamp* FS Schöch, 2010, 381 (385); aA etwa *Engelstätter* in LK-StGB StGB § 89c Rn. 46; *Gazeas* in Leipold/Tsambikakis/Zöller StGB § 89a Rn. 3; → § 33 Rn. 34.
[96] Vgl. auch BGHSt 59, 218 (232 f.) = NJW 2014, 3459 (3463); KG Berlin StV 2012, 345 (347); *Puschke* Legitimation 260 ff., 361 ff. mit Kritik an der Subjektivierung 24; krit. etwa auch *Brodowski/Jahn/Schmitt-Leonardy* GSZ 2017, 7 (10 f.).

gestellten Anforderungen sein.[97] Insofern sind bei einem geringen objektiven Unrechtskern regelmäßig erhöhte Anforderungen an das subjektive Unrechtselement zu stellen.[98] Unterschieden werden können einerseits **Vorbereitungstatbestände im engeren Sinne,** bei denen erst durch eine weitere freiverantwortliche Handlung des Vorbereitenden selbst eine unmittelbare Rechtsgutsbeeinträchtigung eintreten soll, wie etwa bei der Vorbereitung eines eigenen terroristischen Anschlags. Andererseits handelt es sich um **Vorbereitungstatbestände im weiteren Sinne,** wenn eine eigene freiverantwortliche Folgehandlung und damit das In-den-Händen-Halten des weiteren Tatgeschehens für die Möglichkeit des Eintritts einer Gefahr für ein Rechtsgutsobjekt nicht erforderlich ist, etwa bei der Übergabe einer Sprengvorrichtung an denjenigen, der die Tat ausführen soll.[99] Aufgrund der für die Unrechtskonstituierung noch einmal herausgehobenen Bedeutung des Planungszusammenhangs ist bei Vorbereitungstatbeständen ieS Absicht bzw. dolus directus 2. Grades hinsichtlich der Durchführung der Haupttat zu fordern.[100] Für Vorbereitungstatbestände iwS kann demgegenüber dolus eventualis genügen.[101]

42 Der Bedeutung des Planungszusammenhangs für die Verhältnismäßigkeit eines Vorbereitungstatbestandes entspr. hat zudem der BGH für die Vorschrift des § 89a Abs. 2 Nr. 3 StGB in verfassungskonformer Auslegung angenommen, dass der Vorbereitungstäter bzgl. des „Ob" der Tat fest entschlossen sein und diese nicht nur hinsichtlich des allgemeinen Deliktstypus in sein Vorstellungsbild aufgenommen haben müsse, mithin eine gewisse Konkretisierung erforderlich sei.[102] Diese Vorgaben sind jedenfalls für Vorbereitungstatbestände ieS verallgemeinerungsfähig. Darüber hinaus muss die anvisierte Tat unmittelbar eine Rechtsgutsbeeinträchtigung zur Folge haben können und sollen. Nur eine solche Interpretation des Planungszusammenhangs wird dem Verhältnismäßigkeitsgrundsatz gerecht.[103] Die Planung einer weiteren Vorbereitungstat, ohne eine Haupttat in den Blick zu nehmen, kann danach nicht ausreichen.

3. Objektiver Gefährdungszusammenhang

43 Über den Planungszusammenhang hinaus bedarf es eines objektiven Gefährdungszusammenhanges, der sich im objektiven Tatbestand der Vorbereitungstatbestände wiederfinden muss. Entgegen der Rspr.[104] darf sich dieser nicht in lediglich neutralen Verhaltensweisen erschöpfen. Dies ergibt sich aus dem Schuldgrundsatz und dem Tatprinzip, wonach das Strafrecht an eine Tat und nicht lediglich an die Täterpersönlichkeit anknüpfen muss,[105] aus dem Verhältnismäßigkeitsgrundsatz und dem Bestimmtheitsgebot[106] sowie aus dem Eigenverantwortlichkeitsprinzip und der generalpräventiven Wirkweise des Strafrechts.[107] Die tatbestandlich erfassten Vorbereitungshandlungen müssen daher zum einen geeignet sein, die Haupttat zu ermöglichen oder zu fördern, und sie müssen sich zum anderen als **typische Vorbereitungshandlungen** darstellen, bei denen sich somit ein äußerlich erkennbarer Erfolg iSe objektiven Manifestation mit Blick auf die anschließende Rechtsgutsschädigung ergibt.[108]

---

[97] *Puschke* StV 2015, 457 (462).
[98] BGH NJW 2017, 2928 (2932).
[99] S. zu dieser Einteilung *Puschke* Legitimation 331 ff.
[100] So teilw. auch *Sieber* NStZ 2009, 353 (361).
[101] Eingehend zu diesen Anforderungen und der Begründung *Puschke* Legitimation 361 ff.
[102] BGHSt 59, 218 (239 f.) = NJW 2014, 3459; krit. *Zöller* NStZ 2015, 373 (378).
[103] *Puschke* StV 2015, 457 (462).
[104] BGHSt 59, 218 (238 ff.) = NJW 2014, 3459; BGH NJW 2017, 2928 (2932).
[105] *Gierhake*, Der Zusammenhang von Freiheit, Sicherheit und Strafe im Recht, 2013, 203 f.; *Sinn* in Sinn/Gropp/Nagy, Grenzen der Vorverlagerung in einem Tatstrafrecht, 2011, 19.
[106] *Puschke* StV 2015, 457 (461, 464); zum Bestimmtheitsgebot eingehend *Mitsch* NJW 2015, 209 ff.
[107] S. hierzu *Puschke* Legitimation 262 ff.
[108] Hierzu *Puschke* KriPoZ 2018, 101 (106); vgl. auch *Sieber/Vogel* Terrorismusfinanzierung 140 f.; ähnlich auch *v. Hirsch/Wohlers* in Hefendehl/v. Hirsch/Wohlers, Die Rechtsgutstheorie, 2003, 203; *Stratenwerth/Kuhlen* Strafrecht AT § 11 Rn. 9; vgl. auch *Hungerhoff*, Vorfeldstrafbarkeit und Verfassung, 2013, 53; *Hefendehl*, Kollektive Rechtsgüter im Strafrecht, 2002, 344 ff.

Aufgrund des Erfordernisses einer typischen Vorbereitungshandlung ist für den vorbereitenden Umgang mit Tatmitteln deren Gefährlichkeit von besonderer Bedeutung. Die Tathandlungen, wie etwa das Herstellen oder das Unterweisen im Umgang, gewinnen ihre Typizität erst daraus, dass sie sich auf gefährliche Tatmittel beziehen. Anknüpfungspunkt müssen nach hier vertretener Ansicht daher solche Tatmittel sein, denen gegenstandsbezogene Gefährlichkeit zukommt. Ein Umgang mit sog. Dual-Use-Produkten, deren Gefahrenträchtigkeit sich erst bei der Verwendung zeigt, genügt diesen Anforderungen regelmäßig nicht.

D. Umgang mit terroristischen Tatmitteln – tatbestandliche Erfassung im Einzelnen

Die konkrete Auslegung der Tatbestandsmerkmale der Tatmittel und der hierauf bezogenen Tathandlungen muss in Abhängigkeit von dem deliktischen Gepräge ihrer Erfassung erfolgen. Während sich das Verwenden und das Beisichführen der Tatmittel unmittelbar bei Begehung einer Tat auf eine Verletzung, eine konkrete Gefährdung oder eine abstrakt-objektive Gefährdung von Menschen beziehen, stehen beim Umgang mit Tatmitteln bei der Vorbereitung einer terroristischen Tat die typischerweise vorbereitende Verwendung und der Planungszusammenhang im Zentrum.

I. Terroristische Tatmittel bei der Tatbegehung

Hinsichtlich der strafrechtlichen Erfassung terroristischer Tatmittel bei der Tatbegehung ist zu unterscheiden zwischen einer strafbegründenden und einer strafschärfenden Verwendung sowie dem strafschärfenden Beisichführen der Tatmittel.

1. Strafbarkeitsbegründende Verwendung gefährlicher Tatmittel

In §§ 306 ff., 307, 308, 314 StGB kommt der Verwendung gefährlicher Tatmittel strafbegründende Wirkung zu. Der gesamte Abschnitt des StGB bezieht sich auf gemeingefährliche Straftaten, obwohl das Tatbestandsmerkmal der „gemeinen Gefahr" im Rahmen der Delikte des 28. Abschnitts nicht (mehr) vorzufinden ist.[109] Vielmehr wird das Vorliegen einer generell gemeingefährlichen Tathandlung vermutet, da nach Ansicht des Gesetzgebers mit den in den §§ 306 ff. StGB pönalisierten Verhaltensweisen eine Gefahr einhergeht, welche die Möglichkeit eines erheblichen Schadens an Leib und Leben oder an bedeutenden Sachwerten für unbestimmt viele Personen erwarten lässt.[110] Die besondere Gefährlichkeit der Verwendung der Tatmittel schlägt sich in der hohen Strafandrohung und der Qualifizierung als Verbrechen nieder.

a) Brandstiftungsdelikte (§§ 306 ff. StGB). Die Tathandlungen der §§ 306 ff. StGB sind das Inbrandsetzen sowie das (ganz oder teilw.) Zerstören durch Brandlegung. Unter Inbrandsetzen wird das selbständige, vom verwendeten Zündstoff unabhängige Brennen eines funktionswesentlichen Teils des jeweiligen Tatobjekts verstanden.[111] Brandlegung ist jede das Verursachen eines Brandes intendierende Handlung.[112] Zwar stellen die Tatbestände nicht unmittelbar auf die Verwendung eines spezifischen Tatmittels ab. Jedoch ist phänomenologisch davon auszugehen, dass **Brandbeschleuniger** wie Benzin sowie **Brandvorrichtungen** wie sog. Molotowcocktails eine erhebliche Rolle spielen. Die **Gemeingefährlichkeit** der (mit Hilfe der Tatmittel) durchgeführten Tathandlungen mit

---
[109] ZT wird sogar davon gesprochen, dass es sich daher nicht mehr um „echte" gemeingefährliche Delikte handle, vgl. *Hilgendorf* in AWHH StrafR BT § 37 Rn. 1.
[110] So schon BT-Drs. IV/650, 497; vgl. auch BT-Drs. 13/8587, 87; *Radtke* in MüKoStGB StGB Vor § 306 Rn. 2; *Valerius* in LK-StGB StGB § 306 Rn. 2.
[111] *Heine/Bosch* in Schönke/Schröder StGB § 306 Rn. 13.
[112] *Radtke* ZStW 110 (1998), 848 (870 f.).

Blick auf Gefahren für Menschen ist in § 306a Abs. 1 StGB iSe objektiv-abstrakten Gefahr normiert. Werden daher Tatobjekte, in denen sich regelmäßig Menschen aufhalten, in Brand gesetzt oder durch Brandlegung ganz oder teilw. zerstört, ist § 306a Abs. 1 StGB wegen der **Unbeherrschbarkeit** der Gefahren auch dann erfüllt, wenn sich zum Zeitpunkt der Tat keine Menschen hierin befinden.[113] Die Gefährlichkeit (der Tatmittel) aktualisiert sich daher durch die Vornahme der tatbestandlichen Handlung. Ob die Handlungen unter Rückgriff auf Sprengstoffe, Brandvorrichtungen oder sonstige Mittel durchgeführt werden, ist tatbestandlich irrelevant.

49 **b) Herbeiführen einer Explosion und Missbrauch ionisierender Strahlen (§§ 307, 308, 309 StGB).** Tathandlung der §§ 307, 308 StGB ist das Herbeiführen einer **Explosion**.[114] Unter dem Begriff der Explosion iSd §§ 307, 308 StGB wird eine plötzliche Auslösung von Druckwellen außergewöhnlicher Beschleunigung unter Knall und mit großer mechanischer Wirkung aufgrund von Volumenausdehnung verstanden.[115] Es handelt sich um konkrete Gefährdungsdelikte, sodass die Folge der Explosion die Gefährdung für Leib oder Leben eines anderen Menschen oder fremde Sachen von bedeutendem Wert sein muss. Die Gefährlichkeit der Tatmittel wird somit durch ihre Verwendung aktualisiert. Demgemäß ist die Art der verwendeten Tatmittel für die Gefährlichkeit und den Unrechtsgehalt der Taten grundsätzlich nur insoweit bedeutsam, als sie zu einer entspr. gefährdenden Explosion beitragen können. Allerdings beschränkt § 307 StGB die Tatmittel auf **Kernenergie**. Hierin kommt die gesetzgeberische Wertung zum Ausdruck, dass Kernenergie im Vergleich zu den sonstigen Tatmitteln, die eine Explosion herbeiführen können, als besonders gefährlich eingestuft wird,[116] woraus sich auch die hohe Strafandrohung von Freiheitsstrafe nicht unter fünf Jahren und die Ausgestaltung als Unternehmensdelikt speist. Ähnlich ist es bei dem ebenfalls als Unternehmensdelikt ausgestalteten § 309 Abs. 1, 2 StGB, der einen Spezialfall der versuchten Körperverletzung unter Einsatz **ionisierender Strahlen** pönalisiert, wobei ionisierende Strahlen alle Formen der von natürlichen oder künstlich hergestellten radioaktiven Stoffen (→ Rn. 21) ausgehenden Strahlung sowie die bei der Spaltung von Kernbrennstoffen entstehende Neutronenstrahlung und die Röntgenstrahlung meinen.[117] Demgegenüber ergeben sich geringere Beschränkungen hinsichtlich der eingesetzten Tatmittel bei der Verwirklichung des § 308 StGB. Neben den namentlich benannten **Sprengstoffen** können für das Herbeiführen einer Sprengstoffexplosion alle **explosionsgefährlichen Stoffe** auch unabhängig von ihrer Einordnung im SprengG als Tatmittel verwendet werden, wobei allerdings auch der Begriff des Sprengstoffs bereits weiter verstanden wird als jener der explosionsgefährlichen Stoffe und auch gasförmige Stoffe einschließen soll.[118] Damit der Tatbestand des § 308 StGB nicht uferlos wird und nicht auch sozialadäquate Mittel erfasst sind, die potenziell explosionsgefährliche Gemische bilden können, sind die Tatmittel verwendungsbezogen auf solche zu beschränken, die einen plötzlichen Druckanstieg verursachen. Dies schließt rein physikalische Reaktionen wie Explosionen eines Wasserdruckkessels oder anderer Gasüberdruckbehälter aus.[119] Demgegenüber soll unter § 308 Abs. 1 StGB auch ein in einer Blechdose befindliches Gemisch

---

[113] S. zur Frage einer teleologischen Reduktion, wenn eine Gefährdung von Menschenleben absolut ausgeschlossen ist, *Heine/Bosch* in Schönke/Schröder StGB § 306a Rn. 2 mwN.
[114] S. darüber hinaus auch § 316c Abs. 1 Nr. 2 StGB; hierzu → § 34 Rn. 129.
[115] BGH BeckRS 2015, 05855 Rn. 24; OLG Saarbrücken BeckRS 2015, 04650 Rn. 33; KG Berlin NStZ 1989, 369; *Kargl* in NK-StGB StGB § 308 Rn. 3; *Bange* in BeckOK StGB, 53. Ed. 1.5.2022, StGB § 308 Rn. 6.
[116] S. BT-Drs. 7/550, 264; so auch schon früher vgl. BT-Drs. IV/650, 501, 515.
[117] BT-Drs. IV/650, 502; *Bange* in BeckOK StGB, 53. Ed. 1.5.2022, StGB § 309 Rn. 7; *Valerius* in LK-StGB StGB § 309 Rn. 5.
[118] BGHSt 61, 84 (86 ff.) = NJW 2016, 1030 (1031); s. auch *Kargl* in NK-StGB StGB § 308 Rn. 4; *Bange* in BeckOK StGB, 53. Ed. 1.5.2022, StGB § 308 Rn. 7; *Heine/Bosch* in Schönke/Schröder StGB § 308 Rn. 5–6; zu den Auswirkungen der Sprengstoffdefinition für den tatvorbereitenden Umgang mit Sprengstoffen → Rn. 70.
[119] *Kargl* in NK-StGB StGB § 308 Rn. 4. Allerdings soll es genügen, einen illegalen Böller in Richtung einer Menschengruppe, etwa vor einem Fußballstadion, zu werfen, LG Osnabrück BeckRS 2012, 212873.

aus Rostschutzfarbe (Mennige), Kaliumdichromat und Magnesium subsumiert werden können, obwohl zur Zeit der Entscheidung keiner dieser Stoffe als explosionsgefährlicher Stoff iSd SprengG eingestuft war. Jedoch entstanden durch das Entzünden des Gemisches eine Stichflamme von zwei Metern Höhe und Temperaturen zwischen 1800–3000 Grad Celsius, was eine Explosion iSd § 308 StGB darstellt.[120] Anders entschieden wurde hingegen für Natriumchlorat und Zucker, aufbewahrt in einem Plastikbeutel, von denen in dieser Form keine unmittelbare Explosionsgefahr ausgeht, obwohl dieses Gemisch als Selbstlaborat, welches zu einer Initialzündung genutzt werden kann, und damit als explosionsgefährlicher Stoff iSd SprengG einzustufen ist.[121]

c) Gemeingefährliche Vergiftung (§ 314 StGB). § 314 StGB stellt in Abs. 1 Var. 1 50 die gemeingefährliche Vergiftung von Wasser in gefassten Quellen, Brunnen, Leitungen oder Trinkwasserspeichern oder Gegenständen, die zum öffentlichen Verkauf oder Verbrauch bestimmt sind, unter Strafe. Entscheidend ist die Schaffung eines Zustands mit nicht mehr hinreichend kontrollierbarer Gefahrwirkung durch Herstellen eines (gemein-) gefährlichen Tatobjekts.[122] Dabei kommt es allein auf die abstrakte Eignung zur Gesundheitszerstörung oder -schädigung, dh auf die Schaffung einer objektiv-abstrakten Gefahrenquelle und nicht auf die einer konkreten Gefahr an.[123] Gerade diese Eigenschaft der tatbestandlich erfassten Stoffe in Kombination mit den Schutzobjekten zeichnet die **Gemeingefährlichkeit** aus.[124] Die (Gemein-)Gefährlichkeit von Giften und gesundheitsschädlichen Stoffen gem. § 314 StGB zeigt sich daher erst im Verwendungszusammenhang gegenüber den Schutzobjekten, denen es innewohnt, dass der **Nutzerkreis stets unbestimmt** ist,[125] während sich das im Vergiftungstatbestand des § 224 Abs. 1 Nr. 1 StGB unter Strafe gestellte Verhalten regelmäßig gegen ein bestimmtes und individualisiertes Opfer richtet. Als Ausfluss dieses Schutzzwecks sind etwa private Wasserbehälter, wie Boiler oder Kanister, sowie Brauchwasser, das beispielsweise zu Brandschutzzwecken Verwendung findet, nicht als Schutzobjekte erfasst.[126] Neben der Vergiftung der Tatobjekte reichen gem. § 314 Abs. 1 Var. 2 StGB bereits der Verkauf, das Feilhalten oder das sonstige Inverkehrbringen von vergifteten oder mit gesundheitsschädlichen Stoffen vermischten Gegenständen aus, um den Straftatbestand zu erfüllen. Dem Feilhalten, dh dem Präsentieren eines Gegenstandes gegenüber einer Mehrzahl von Personen in äußerlich erkennbarer Verkaufsabsicht,[127] liegt mangels Unbeherrschbarkeit des weiteren Geschehens keine objektiv-abstrakte Gefährdung zugrunde. Gleiches gilt bei der Vergiftung von Gegenständen, die lediglich zum öffentlichen Verkauf oder Verbrauch bestimmt sind, sofern dieser in den Händen des Täters selbst liegt. Der Strafrahmen von einem bis zu zehn Jahren Freiheitsstrafe erscheint jedenfalls für diese Tatbestandsvarianten unangemessen.[128]

---

[120] LG Braunschweig NStZ 1987, 231 f.
[121] KG Berlin NStZ 1989, 369.
[122] *Hoyer*, Die Eignungsdelikte, 1987, 160, der den Unterschied zwischen § 224 StGB und § 314 StGB in diesem Kontext verdeutlicht; s. außerdem *Heine/Bosch* in Schönke/Schröder StGB § 314 Rn. 11; *Münzner* in LK-StGB StGB § 314 Rn. 7.
[123] *Heine/Bosch* in Schönke/Schröder StGB § 314 Rn. 13; *Kargl* in NK-StGB § 314 Rn. 2. Die Idee der Ausgestaltung als konkretes Gefährdungsdelikt wurde verworfen, vgl. hierzu BT-Drs. 13/8587, 50, 72.
[124] *Seher* NJW 2004, 113.
[125] *Dietmeier* in Matt/Renzikowski StGB § 314 Rn. 3; *Heine/Bosch* in Schönke/Schröder StGB § 314 Rn. 2, 5; *Hilgendorf* in AWHH, StrafR BT § 37 Rn. 97; *Krack* in MüKoStGB § 314 Rn. 1; s. auch *Münzner* in LK-StGB StGB § 314 Rn. 1; vgl. für den öffentlichen Verbrauch auch *Wolters* in SK-StGB StGB § 314 Rn. 11.
[126] *Dietmeier* in Matt/Renzikowski StGB § 314 Rn. 3; *Münzner* in LK-StGB StGB § 314 Rn. 3.
[127] BGHSt 23, 286 (293) = NJW 1970, 1647; *Dietmeier* in Matt/Renzikowski StGB § 314 Rn. 11; *Heger* in Lackner/Kühl StGB § 314 Rn. 5; *Kargl* in NK-StGB § 314 Rn. 10.
[128] Zu Einschränkungsversuchen s. *Heine/Bosch* in Schönke/Schröder StGB § 314 Rn. 12.

2. Strafbarkeitsschärfende Verwendung gefährlicher Tatmittel

51 **a) Mord mit gemeingefährlichen Mitteln (§ 211 Abs. 2 Var. 7 StGB).** Gegenüber einem Totschlag gem. § 212 Abs. 1 StGB wird die vorsätzliche Tötung eines anderen Menschen strafschärfend als Mord gem. § 211 Abs. 2 Var. 7 StGB qualifiziert,[129] wenn sie mit gemeingefährlichen Mitteln erfolgt. Entspr. der Definition von gemeingefährlichen Mitteln (→ Rn. 23) als verwendungsbezogen gefährliche Tatmittel kommt es weder auf die konkrete Art des Mittels noch auf eine gegenstandsbezogene Gefährlichkeit an. Entscheidend ist die **Nichtkontrollierbarkeit** in der konkreten Situation.[130] Dual-Use-Produkte kommen daher ebenso als Tatmittel in Betracht wie Sprengstoffe, solange sie in der konkreten Situation das Leben Unbeteiligter gefährden können.[131] Umstritten ist, ob bei einer vorsätzlichen Tötung mehrerer Opfer, etwa durch einen Sprengstoffanschlag, ein gemeingefährliches Mittel vorliegt, obwohl keine zufälligen Dritten über die anvisierten Tötungsopfer hinaus in Lebensgefahr geraten. Dies ist zur Vermeidung von Wertungswidersprüchen[132] und vom Wortlaut gedeckt zu bejahen.

52 **b) Gefährliche Körperverletzung (§ 224 Abs. 1 StGB).** Die Verwendung gefährlicher Tatmittel ist zudem bedeutsam für die gefährliche Körperverletzung gem. § 224 Abs. 1 StGB, der einerseits in Nr. 1 die Beibringung von **Gift** oder anderen **gesundheitsschädlichen Stoffen** strafschärfend berücksichtigt, andererseits in Nr. 2 den gefährlichen Einsatz eines gegenständlichen Mittels, namentlich einer **Waffe** oder eines anderen **gefährlichen Werkzeugs**. Stoffe iSd § 224 Abs. 1 Nr. 1 StGB müssen beigebracht werden, sodass sich die Gefährlichkeit der genannten Stoffe erst durch die Verwendung gegen einen anderen Menschen ergibt.[133] Auch der Einsatz einer Waffe oder eines anderen gefährlichen Werkzeugs muss gegen einen anderen Menschen erfolgen. Allein die Sachherrschaft während einer Körperverletzung begründet noch nicht diese Gefährlichkeit. Hinsichtlich Waffen und gefährlicher Werkzeuge muss das unmittelbare Einwirken von außen auf den Körper des Opfers erfolgen.[134] Aufgrund des verwendungsbezogenen Einsatzes kommt es auf die Art des Stoffes oder Gegenstands lediglich für die tatbestandliche Einordnung an. Eine gegenstandsbezogene Gefährlichkeit ist nicht unmittelbar erforderlich.

53 **c) Raub (§ 250 Abs. 2 Nr. 1 StGB).** Daneben kann die Verwendung einer Waffe oder eines anderen gefährlichen Werkzeugs bei der Tat strafschärfende Wirkung im Rahmen des schweren Raubes gem. § 250 Abs. 2 Nr. 1 StGB entfalten. Als **Waffen** adressiert werden in diesem Zusammenhang nicht allein Schusswaffen, sondern grundsätzlich alle Waffenarten iSd § 1 Abs. 2 WaffG. Teilw. wird eine strafrechtliche Lesart vorgeschlagen,[135] wonach Waffen jene Gegenstände sind, die zur Herbeiführung erheblicher Verletzungen allg. bestimmt sind, wozu das WaffG jedoch regelmäßig Anhaltspunkte liefert.[136] Wie der Begriff

---

[129] Zur Diskussion, ob der Mordtatbestand Eigenständigkeit aufweist oder sich als Qualifikation darstellt, s. zur stRspr des BGH nur BGHSt 1, 368 (370 ff.) = NJW 1952, 110; den Streitstand darstellend und entgegen der Rspr. argumentierend neben vielen *Neumann* in NK-StGB StGB Vor § 211 Rn. 154 ff.; *Rissing-van Saan/Rosenau* in LK-StGB StGB Vor §§ 211 ff. Rn. 130 ff.; *Schneider* in MüKoStGB StGB Vor § 211 Rn. 184 ff.
[130] *Eser/Sternberg-Lieben* in Schönke/Schröder StGB § 211 Rn. 29.
[131] S. zur Diskussion um die Qualität der drohenden Rechtsgutsbeeinträchtigung *Neumann/Saliger* in NK-StGB StGB § 211 Rn. 86.
[132] *Küper/Zopfs* Strafrecht BT Rn. 400.
[133] S. *Fischer* StGB § 224 Rn. 8; *Hardtung* in MüKoStGB StGB § 224 Rn. 10; *Kühl* in Lackner/Kühl StGB § 224 Rn. 1b; *Grünewald* in LK-StGB StGB § 224 Rn. 11 uvm.
[134] Vgl. BGH NStZ 2006, 572 (573); NJW 2010, 2968; *Fischer* StGB § 224 Rn. 11; *Grünewald* in LK-StGB StGB § 224 Rn. 23.
[135] *Schmitz* in MüKoStGB StGB § 244 Rn. 8 spricht insofern von einer „strafrechtsautonomen" Bestimmung des Waffenbegriffs.
[136] *Schmitz* in MüKoStGB StGB § 244 Rn. 8; *Hoyer* in SK-StGB StGB § 244 Rn. 10; *Bosch* in Schönke/Schröder StGB § 244 Rn. 3.

des **gefährlichen Werkzeugs** hier auszulegen ist, ist umstritten.[137] Überzeugend erscheint es hinsichtlich einer gewaltsamen Nutzung an den Begriff aus § 224 Abs. 1 Nr. 2 Var. 2 StGB anzuknüpfen, da dort wie hier die Verwendung des gefährlichen Werkzeuges den Grund für die unrechtssteigernde Gefährlichkeit darstellt.

3. Strafbarkeitsschärfendes Beisichführen gefährlicher Tatmittel

a) Raub und schwerer Landfriedensbruch (§ 250 Abs. 1 Nr. 1 lit. a, Abs. 2 Nr. 2, 54
§ 125a S. 2 Nr. 1, 2 StGB). Neben der Verwendung gefährlicher Tatmittel bei der Tatbegehung kann sich auch das bloße Beisichführen strafschärfend auswirken.[138] Dies ist etwa im Rahmen der Straftatbestände des schweren Raubs gem. § 250 Abs. 1 Nr. 1 lit. a, Abs. 2 Nr. 2 StGB sowie des besonders schweren Falls des Landfriedensbruchs gem. § 125a S. 2 Nr. 1, 2 StGB der Fall, die bereits das Beisichführen einer (Schuss-)Waffe oder eines anderen gefährlichen Werkzeugs pönalisieren. Der Strafgrund dieser Tatbestandsvarianten soll in der Eskalationsgefahr liegen, die darin besteht, dass ein Täter in einer bedrängten Situation sich des mitgeführten Gegenstandes erinnern und diesen gegen einen anderen Menschen einsetzen könnte.[139] Erforderlich ist das Beisichführen des gefährlichen Werkzeugs durch den Täter (oder einen anderen Beteiligten) sowie die Verfügbarkeit eines derartigen Tatmittels bei der Tatbegehung.[140] Anders als im Rahmen des § 224 Abs. 1 Nr. 2 StGB wird dabei eine Verwendung des Gegenstandes, an die eine Gefährlichkeitsbewertung anknüpfen könnte, nicht vorausgesetzt. Eine Bezugnahme auf die Konkretisierungen für § 224 Abs. 1 Nr. 2 StGB ist daher entgegen dem Willen des Gesetzgebers[141] nicht möglich. Soweit auf Waffen[142] oder Schusswaffen abgestellt wird, reicht deren gegenstandsbezogene Gefährlichkeit als Strafschärfungsgrund aus.[143] Demgegenüber kann es nicht überzeugen, wenn die Gefährlichkeit bei sich geführter Werkzeuge lediglich auf Basis ihrer Beschaffenheit iSe Eignung, erhebliche Verletzungen herbeizuführen, bestimmt wird.[144] Insofern bedarf es hier der Beschränkung auf typischerweise die Eskalationsgefahr steigernde Gegenstände. Das Werkzeug muss daher aus sich selbst heraus eine spezifische Gefährlichkeit aufweisen, ohne dass es auf die Verwendung im Einzelfall ankommt. Da das Abstellen auf eine Verwendungsabsicht vom Wortlaut her und aus dogmatischen Gründen verstellt ist,[145] wird regelmäßig angenommen, dass der Gegenstand nach seiner Art und Beschaffenheit waffenähnlich[146] sein oder in der konkreten Tatsituation aus Sicht eines objektiven Beobachters waffenvertretende bzw. waffenersetzende Funktion für den Täter haben müsse.[147]

---

[137] S. hierzu weiterführend *Fischer* StGB § 250 Rn. 19 ff.; *Kindhäuser* in NK-StGB StGB § 250 Rn. 18 ff.; *Bosch* in Schönke/Schröder StGB § 250 Rn. 28.
[138] Grdl. hierzu *Hochmayr* in Hochmayr, Waffen und gefährliche Werkzeuge als Strafschärfungsgrund, 2019, 51 ff.
[139] *Sander* in MüKoStGB StGB § 250 Rn. 31; *Wessels/Hillenkamp/Schuhr* Strafrecht BT 2 Rn. 279.
[140] Vgl. BGHSt 20, 194 = NJW 1965, 1235.
[141] BT-Drs. 13/9064, 18.
[142] Krit. zur Einstufung v. Schreckschusswaffen als Waffe iRd § 250 Abs. 1 Nr. 1 lit. a Var. 1, Abs. 2 Nr. 1 Var. 1 StGB s. *Sander* in MüKoStGB StGB § 250 Rn. 11; allg. zum Erfordernis, dass beim Abfeuern einer Schreckschusswaffe ein Explosionsdruck nach vorne aus dem Lauf austritt, s. BGH NStZ-RR 2010, 170; NStZ 2012, 445.
[143] Dies gilt, sofern sie einsatzbereit sind, vgl. *Sander* in MüKoStGB StGB § 250 Rn. 13 ff.; *Kindhäuser* in NK-StGB StGB § 250 Rn. 2; *Wittig* in BeckOK StGB, 53. Ed. 1.5.2022, StGB § 244 Rn. 3 f.
[144] So aber etwa *Bosch* in Schönke/Schröder StGB § 250 Rn. 28; *Fischer* StGB § 250 Rn. 8.
[145] BGH NJW 2008, 2861 (2863); *Schmitz* in MüKoStGB StGB § 244 Rn. 16; *Kindhäuser* in NK-StGB StGB § 244 Rn. 22; *Bosch* in Schönke/Schröder StGB § 244 Rn. 5a.
[146] BGH NStZ 2002, 594; *Vogel* in LK-StGB StGB § 250 Rn. 6; *Sander* in MüKoStGB StGB § 250 Rn. 21; *Kindhäuser* in NK-StGB StGB § 244 Rn. 14.
[147] BGH StV 2008, 411; s. hierzu weiterführend *Schmitz* in MüKoStGB StGB § 244 Rn. 14 ff.; *Kindhäuser* in NK-StGB StGB § 244 Rn. 8 ff.

55 b) Schwerer Diebstahl (§ 243 Abs. 1 S. 2 Nr. 7 StGB). Eine Besonderheit im Umgang mit Tatmitteln bildet das Regelbeispiel des besonders schweren Falls des Diebstahls gem. § 243 Abs. 1 S. 2 Nr. 7 StGB. Die vermutete erhöhte Gefährlichkeit von Schusswaffen und Sprengstoffen führt danach zur Strafschärfung, wenn jene als Tatobjekt weggenommen werden und somit Gewahrsam daran begründet wird. Hiervon betroffen sind erlaubnispflichtige Handfeuerwaffen, Maschinengewehre und -pistolen, voll- oder halbautomatische Gewehre, Sprengstoff sowie Sprengstoff enthaltende Kriegswaffen. Grund für die Strafschärfung bildet die **abstrakte, gegenstandsbezogene Gefährlichkeit** der Diebesbeute für Leib und Leben Dritter.[148] Hinsichtlich Sprengstoffen ist eine Beschränkung auf solche Stoffe geboten, die unmittelbar zur Explosion gebracht werden können (→ Rn. 70).[149] Laut Gesetzesbegründung soll mit dem Regelbeispiel in Nr. 7 nicht zuletzt dafür gesorgt werden, die genannten Gegenstände besser vor kriminellem Zugriff zu schützen. Damit soll auch terroristischen Straftaten entgegengewirkt werden, da erfasste Gegenstände wie Panzerfäuste, Handgranaten und andere explosivstoffenthaltende Sachen ebenso, wenn nicht gefährlicher als Handfeuerwaffen seien und „erfahrungsgemäß auch von terroristischen Straftätern benutzt" werden würden.[150] Aufgrund dieser erhöhten Gefährlichkeit greift der Ausschluss der Wirkung des Regelbeispiels im Rahmen der Geringwertigkeitsklausel nicht.[151]

II. (Gefährliche) terroristische Tatmittel bei der Tatvorbereitung

56 Entspr. der Ausgestaltung der Strafnormen, die unmittelbar terroristische Aktivitäten adressieren, als Vorbereitungstatbestände bezieht sich die Strafbewehrung des Umgangs mit Tatmitteln nicht auf eine akut von diesen ausgehende Gefahr oder Schädigungsintensität. Vielmehr wird eine potenzielle zukünftige Schädigung adressiert, die sich vorrangig aus dem Planungszusammenhang ergibt. Die konkreten Formen des Umgangs mit den Tatmitteln sind breit gefächert und können unterteilt werden in einen **gewahrsamsbezogenen**, einen **kenntnis- und fähigkeitsbezogenen** sowie einen **organisationsbezogenen** Umgang. Zwar steht für die Bestimmung des Unrechts und der Gefährlichkeit der Tathandlung der **Planungszusammenhang** im Zentrum. Dennoch bedarf es eines **objektiven Gefährlichkeitszusammenhangs**, der im Zusammenspiel von Tathandlung, also den **Umgangsformen**, und der Gefährlichkeit der Tatmittel zu bestimmen ist.

1. Planungszusammenhang

57 a) Terrorismusstraftatbestände. Hinsichtlich Vorbereitungshandlungen, die tatbestandlich als terroristisch qualifiziert sind, muss sich der Planungszusammenhang auf Taten richten, die den Staat bzw. seine Institutionen oder internationale Organisationen beeinträchtigen oder schädigen können. Dementsprechend sehen die §§ 89a, c, 91, 129a, b StGB bei unterschiedlichen Formulierungen und Differenzierungen im Einzelnen entsprechende **Staatsschutzklauseln** vor. Die vorbereiteten Taten müssen dazu bestimmt und geeignet sein, die Schutzgüter zu beeinträchtigen. Entgegen Teilen der Rspr.[152] sind spezifische Anforderungen an die Qualität der in den Schutzbereich einbezogenen Staaten zu stellen. Der tatbestandliche Bezugspunkt der Staatsgefährdung muss grundlegenden verfassungs-

---
[148] *Schmitz* in MüKoStGB StGB § 243 Rn. 56; krit. *Bosch* in Schönke/Schröder StGB § 243 Rn. 41; *Wessels/Hillenkamp/Schuhr* Strafrecht BT 2 Rn. 252: Eine Einordnung als Regelbeispiel des besonders schweren Falls des Diebstahls stellt sich mangels Bezugs zum Eigentumsschutz als systemfremd dar.
[149] S. hierzu auch *Schmitz* in MüKoStGB StGB § 243 Rn. 60; *Vogel* in LK-StGB StGB § 243 Rn. 53.
[150] BT-Drs. 11/2834, 10.
[151] S. BT-Drs. 11/2834, 10; *Bosch* in Schönke/Schröder StGB § 243 Rn. 57a; *Kinderhäuser* in NK-StGB StGB § 243 Rn. 40.
[152] LG München I BeckRS 2016, 125005 Rn. 44; BGH NJW 2017, 2928 (2930); s. auch OLG Stuttgart BeckRS 2014, 18036 Rn. 16; vgl. auch *Schäfer/Anstötz* in MüKoStGB StGB § 89a Rn. 19; krit. *Paeffgen* in NK-StGB StGB § 89a Rn. 17 ff.; anders demgegenüber BGHSt 61, 36 (42) = NJW 2016, 260.

rechtlichen Grundsätzen entsprechen und ist daher auf schutzwürdige Rechtsstaaten zu beschränken.[153]

Das tatmittelbezogene Verhalten muss sich gem. **§§ 89a und 91 StGB** auf die 58 Vorbereitung einer **schweren staatsgefährdenden Gewalttat** beziehen, die gem. § 89a Abs. 1 S. 2 StGB in einer Straftat gegen das Leben in den Fällen des § 211 oder des § 212 StGB oder gegen die persönliche Freiheit in den Fällen des § 239a oder des § 239b StGB zu sehen ist und nach den Umständen bestimmt und geeignet ist, den Bestand oder die Sicherheit eines Staates oder einer internationalen Organisation zu beeinträchtigen oder Verfassungsgrundsätze der Bundesrepublik Deutschland zu beseitigen, außer Geltung zu setzen oder zu untergraben. Die Weite der Formulierung und die Tatsache, dass der Charakter der Tat weitgehend nur aus dem Planungszusammenhang ableitbar ist, macht eine restriktive Auslegung notwendig. Nicht ausreichend ist demnach die Beeinträchtigung des allgemeinen Sicherheitsgefühls durch die anvisierte Tat.[154] Vielmehr muss es sich um schwere Anschläge aus politischen Motiven handeln.[155] Dies hat auch Rückwirkungen auf die im Rahmen der Vorbereitung verwendeten Tatmittel, die für diese Art von Taten geeignet sein müssen. Die Tat muss zudem – teilw. über den Wortlaut des § 89a StGB hinausgehend – dann beabsichtigt sein oder es muss sicheres Wissen über ihre Durchführung bestehen, wenn es sich um Vorbereitungshandlungen ieS handelt (→ Rn. 41). Da die Vorbereitung einer Vorbereitung ohne die Absicht, eine staatsgefährdende Gewalttat zu begehen, aus Gründen der Verhältnismäßigkeit nicht erfasst ist (→ Rn. 42), bedarf es auch hinsichtlich der Ausreiseunternehmung gem. § 89a Abs. 2a StGB stets einer entsprechenden Anschlagsplanung.[156] Ein Ausreiseunternehmen allein zu terroristischen Ausbildungszwecken kann demgegenüber nicht genügen.[157]

Der Straftatbestand der Terrorismusfinanzierung gem. **§ 89c StGB** verlangt das Wissen 59 oder die Absicht, dass die Vermögenswerte, zu denen auch Tatmittel gehören können (→ Rn. 84), von einer anderen Person (Abs. 1) zur Begehung einer der in Abs. 1 S. 1 aufgezählten Katalogtaten verwendet werden, welche dazu bestimmt sein muss, die Bevölkerung auf erhebliche Weise einzuschüchtern, eine Behörde oder eine internationale Organisation rechtswidrig mit Gewalt oder durch Drohung mit Gewalt zu nötigen oder die politischen, verfassungsrechtlichen, wirtschaftlichen oder sozialen Grundstrukturen eines Staates oder einer internationalen Organisation zu beseitigen oder erheblich zu beeinträchtigen, und durch die Art ihrer Begehung oder ihre Auswirkungen einen Staat oder eine internationale Organisation erheblich schädigen kann. Richtet sich die Handlung auf eine eigene Tat, ist Absicht erforderlich (Abs. 2). Die Katalogtaten des § 89c StGB sind hinsichtlich ihres Schweregrades zT als weniger gewichtig einzustufen, was insbes. für Vergehen wie § 224 StGB oder §§ 303b, 305 und 305a StGB gilt. Hinsichtlich einer Kriminalisierung vorbereitender Handlungen hierzu bestehen daher grundsätzliche Bedenken bezüglich der Verhältnismäßigkeit der Norm. Ebenfalls problematisch ist die Einbeziehung von Straftaten, die selbst keine unmittelbare Rechtsgutsbeeinträchtigung zur Folge haben, wie dies bei § 89c Abs. 1 S. 1 Nr. 7 und 8 StGB der Fall ist.

Der notwendige Planungszusammenhang hinsichtlich der Bildung einer terroristischen 60 Vereinigung gem. **§§ 129a, b StGB** ergibt sich aus der Zweck- oder Tätigkeitsausrichtung der Vereinigung, die vom Vorsatz umfasst sein muss. Diese muss entweder auf die Begehung besonders schwerwiegender Straftaten gem. § 129a Abs. 1 StGB ausgerichtet sein oder sich auf Taten gem. § 129a Abs. 2 StGB beziehen, die in gleicher Weise wie diejenigen des § 89c StGB näher bestimmt sind. Der tatbestandliche Bezug zu in der

---
[153] *Ambos* JR 2017, 655 (657); *Puschke* KriPoZ 2018, 101 (106).
[154] So aber *Zöller* in SK-StGB StGB § 89a Rn 19.
[155] So überzeugend *Gazeas* in Leipold/Tsambikakis/Zöller StGB § 89a Rn. 29.
[156] Zust. auch *Ambos* JR 2017, 655 (656).
[157] So iErg auch *Aliabasi*, Die staatsgefährdende Gewalttat, 2017, 324 f.

Zukunft verwendeten Tatmitteln wird daher ebenfalls über den Zweck bzw. die Tätigkeit der Vereinigung hergestellt, wobei das Bewusstsein und der Wille der Mitglieder der Vereinigung, dass es bei der Verfolgung ihrer Pläne zur Begehung von entsprechenden Straftaten kommen kann, ausreichen sollen.[158] Wiederum wirft die Einbeziehung von Straftaten, die nicht auf eine unmittelbare Rechtsgutsschädigung abstellen, vor dem Hintergrund des Verhältnismäßigkeitsgrundsatzes Schwierigkeiten auf. Das Gründen einer Organisation, die lediglich mit Tatmitteln handelt, ohne dass zumindest bedingter Vorsatz darauf besteht, dass diese Tatmittel auch für konkretisierbare terroristische Straftaten verwendet werden, kann daher entgegen den Vorgaben der Vorschrift ebenso wenig für eine Strafbarkeit gem. § 129a StGB ausreichen wie die Beteiligung an Organisationen, die nur Straftaten androhen wollen (§ 129a Abs. 3 StGB).[159]

61 **b) Sonstige Vorbereitungstatbestände.** Bei sonstigen Vorbereitungstatbeständen bezieht sich der Planungszusammenhang auf bestimmte Straftaten, ohne dass ein terroristischer Hintergrund für diese Taten vorausgesetzt wird, wenngleich ein solcher phänomenologisch gegeben sein kann.

62 So setzt **§ 310 StGB** die Planung eines Explosions- oder Strahlungsverbrechens gem. §§ 307, 308, 309 StGB voraus und **§ 316c Abs. 4 StGB** stellt auf die Vorbereitung eines Angriffs auf den Luft- und Seeverkehr ab. Hinsichtlich beider Tatbestände ist bereits aufgrund des Wortlautes der Normen „zur Vorbereitung" Absicht hinsichtlich der Begehung einer entsprechenden Tat zu fordern.[160] Auf eine Unterscheidung hinsichtlich Vorbereitungshandlungen ieS und iwS kommt es daher nicht an.

63 Kein Planungszusammenhang hinsichtlich zukünftiger Taten kann demgegenüber dem Wortlaut des **§ 128 StGB** entnommen werden. Dennoch handelt es sich nach hier vertretener Auffassung um einen Vorbereitungstatbestand, da in einschränkender Auslegung eine Verwendungsbestimmung hinsichtlich des Einsatzes der Waffen und gefährlichen Werkzeuge erforderlich ist (→ Rn. 102). Die Anforderungen an die Konkretisierung der geplanten Straftaten mit diesen Tatmitteln sind jedoch gering, was dem im unteren Bereich angesiedelten Strafrahmen entspricht.

2. Umgangsformen

64 **a) Gewahrsamsbezogener Umgang mit Tatmitteln.** Unter gewahrsamsbezogenem Umgang mit Tatmitteln werden hier solche Handlungen verstanden, die dazu führen, dass eine Herrschaftsgewalt über ein Tatmittel besteht. Die Gefährlichkeit dieser Handlungen soll sich im Zusammenhang mit der Tatplanung daraus ergeben, dass die Tatmittel für die Tat verfügbar sind und somit die Tatbegehung vereinfacht und ihre Vornahme wahrscheinlicher wird.[161] Relevanz entfalten die Tatbestände etwa für die Gewahrsamserlangung von Schusswaffen oder Sprengstoffen, aber auch bereits dann, wenn es lediglich um den Gewahrsam an Gegenständen geht, die für den Bau zB einer Sprengvorrichtung genutzt werden könnten.

65 **aa) Tathandlungen.** Die Tathandlungen stellen sich als Konkretisierung der Vorbereitung dar, weshalb sie ggf. im Zusammenspiel mit den genutzten Tatmitteln auf die Haupttat gerichtet sein müssen. Als gewahrsamsbezogene Tathandlungen werden tatbestandsüber-

---

[158] *Schäfer/Anstötz* in MüKoStGB StGB § 129a Rn. 42.
[159] *Puschke* Legitimation 371 f.
[160] Für § 310 StGB: *Heine/Bosch* in Schönke/Schröder StGB § 310 Rn. 7; *Fischer* StGB § 310 Rn. 5; *Kargl* in NK-StGB StGB § 310 Rn. 13; *Krack* in MüKoStGB StGB § 310 Rn. 10; *Heger* in Lackner/Kühl StGB § 310 Rn. 3; *Wolters* in SK-StGB StGB § 310 Rn. 7; *Valerius* in LK-StGB StGB § 310 Rn. 15; aA BayObLG NJW 1973, 2038; *Cramer* NJW 1964, 1835 (1838); für § 316c Abs. 4 StGB: *Hecker* in Schönke/Schröder StGB § 316c Rn. 33; *Heger* in Lackner/Kühl StGB § 316c Rn. 13; *Wieck-Noodt* in MüKoStGB StGB § 316c Rn. 54; *Zieschang* in NK-StGB StGB § 316c Rn. 36; dolus eventualis als ausreichend erachtend und damit aA noch *König* in LK-StGB, 12. Aufl. 2008, StGB § 316c Rn. 48; BayObLG NJW 1973, 2038 (2039).
[161] S. hierzu *Puschke* Legitimation 381.

D. Umgang mit terroristischen Tatmitteln – tatbestandliche Erfassung im Einzelnen　§ 35

greifend (§ 89a Abs. 2 Nr. 2, 3 StGB, § 310 Abs. 1 StGB, § 316c Abs. 4 StGB) das Herstellen, sich oder einem anderen Verschaffen, Verwahren und einem anderen Überlassen benannt. Hiervon sind Handlungen erfasst, die eigene oder fremde Haupttaten vorbereiten. **Herstellen** bedeutet die tatsächliche, zur Gebrauchsfertigkeit führende Fertigstellung.[162] **Sich Verschaffen** meint die Herstellung einer tatsächlichen Herrschaftsgewalt über die Sache, wobei es auf die Art und Weise des Verschaffens (Kauf, Diebstahl usw) nicht ankommt.[163] Unter **Verwahren** wird das In-Gewahrsam-Haben, also die Ausübung der tatsächlichen Sachherrschaft verstanden.[164] **Einem anderen Verschaffen** betrifft die Herstellung der tatsächlichen Verfügungsgewalt eines Dritten vermittelt durch Dritte, während **einem anderen Überlassen** Selbiges durch den Täter meint.[165]

66　Für alle Tatvarianten ist eine **tatsächliche Herrschaftsgewalt** vorauszusetzen, so dass etwa der Vorgang des Bestellens einer Sache, die (noch) nicht geliefert wurde, nicht ausreicht.[166] Obwohl für das Herstellen nicht die eigenhändige Fertigstellung des Tatmittels zu fordern ist, sondern auch ein Herstellen-Lassen durch Dritte ausreicht,[167] muss sich das hergestellte Tatmittel im Herrschaftsbereich einer Person befinden, welche die terroristische Tat vorbereitet bzw. hieran oder an ihrer Ausführung beteiligt sein soll. Entsprechendes gilt für das einem anderen Verschaffen des Tatmittels. Nur durch die Etablierung der Verfügungsgewalt einer beteiligten Person erreicht die Tathandlung im Zusammenhang mit dem Tatmittel einen hinreichenden Grad an objektiver Gefährlichkeit. Wird demgegenüber einem unwissenden Unbeteiligten die Verfügungsgewalt eingeräumt oder stellt ein solcher das Tatmittel her, bedarf es für die gefahrenbegründende Verfügungsgewalt weiterer Zwischenschritte.

67　**§ 89c Abs. 1, 2 StGB** nennt als Tathandlungen das Sammeln, Entgegennehmen und Zurverfügungstellen von Vermögenswerten, die auch Tatmittel sein können (→ Rn. 83 f.). **Sammeln** erfasst ein auf planmäßiges, konstantes Entgegennehmen oder Einfordern von Vermögenswerten gerichtetes Verhalten.[168] Ob auch ein **Ansammeln** iSe Ansparens erfasst ist, ist umstritten, hat aber gerade auch für das Sammeln von Tatmitteln Bedeutung (→ Rn. 87). **Entgegennehmen** erfordert die Begründung fremd- oder eigennützigen Besitzes, ohne zur Übergabe zuvor aufgefordert zu haben.[169] **Zurverfügungstellen** meint das zweckgerichtete Überlassen an einen Dritten.[170] Anders als bei den Tathandlungen der § 89a Abs. 2 Nr. 2, 3 StGB, § 310 Abs. 1 StGB, § 316c Abs. 4 StGB ist der Gewahrsam an den Vermögenswerten für die Unrechtsbegründung weniger bedeutsam, da es nicht um ihre Gefährlichkeit, sondern um die finanzielle Potenz geht.[171] Bezüglich des Umgangs mit Tatmitteln führt jedoch regelmäßig erst die Gewahrsamsbegründung zur abstrakten Gefahr hinsichtlich der (finanziellen) Förderung der terroristischen Tat.

68　**bb) Vorbereitung einer schweren staatsgefährdenden Gewalttat (§ 89a Abs. 1 iVm Abs. 2 Nr. 2 StGB).** Gemäß § 89a Abs. 1 iVm Abs. 2 Nr. 2 StGB ist es verboten, eine staatsgefährdende Gewalttat vorzubereiten, indem Waffen, Stoffe oder Vorrichtungen der in § 89a Abs. 2 Nr. 1 StGB bezeichneten Art hergestellt, sich oder einem anderen verschafft, verwahrt oder einem anderen überlassen werden.

---

[162] *Gazeas* in Leipold/Tsambikakis/Zöller StGB § 89a Rn. 57.
[163] *Heine/Bosch* in Schönke/Schröder StGB § 310 Rn. 6.
[164] *Heine/Bosch* in Schönke/Schröder StGB § 310 Rn. 6.
[165] *Krack* in MüKoStGB StGB § 310 Rn. 8.
[166] KG Berlin StV 2012, 345 (346).
[167] HM, s. nur *Fischer* StGB § 89a Rn 33.
[168] *v. Heintschel-Heinegg* in BeckOK StGB, 53. Ed. 1.5.2022, StGB § 89c Rn. 5; *Schäfer/Anstötz* in MüKoStGB StGB § 89c Rn. 8.
[169] *Schäfer/Anstötz* in MüKoStGB StGB § 89c Rn. 9.
[170] *Schäfer/Anstötz* in MüKoStGB StGB § 89c Rn. 10.
[171] Insofern sind etwa auch Rechte und Forderungen erfasst, *Sternberg-Lieben* in Schönke/Schröder StGB § 89c Rn. 3.

69 Bei den in Bezug genommenen Gegenständen nach § 89a Abs. 2 Nr. 1 StGB handelt es sich idR um solche, denen bereits bei **gegenstandsbezogener Betrachtung** erhebliches Gefährdungspotenzial zugeschrieben, deren Nutzung somit grundsätzlich als typischerweise vorbereitend iSd Norm qualifiziert werden kann.[172] Für die Definitionen von Schusswaffen, Sprengstoffen, Spreng- oder Brandvorrichtungen, Kernbrenn- oder sonstigen radioaktiven Stoffen kann somit in einem ersten Zugriff auf die dargestellten Grundsätze verwiesen werden.

70 Zu beachten ist allerdings, dass **Sprengstoffe** weit verstanden werden. Anders als im Rahmen von § 308 Abs. 1 StGB, in dem Sprengstoffe lediglich namentlich aufgezählt sind und somit bereits vom Wortlaut her alle explosionsgefährlichen Stoffe erfasst sind, kommt es hier, wie auch in § 310 Abs. 1 StGB, auf die Weite des Sprengstoffbegriffs an. Sprengstoffe sollen alle Stoffe sein, die bei Entzündung eine gewaltsame und plötzliche Ausdehnung elastischer (dehnbarer) Flüssigkeiten und Gase hervorrufen und geeignet sind, dadurch den Erfolg einer Zerstörung herbeizuführen. Darauf, ob der Stoff fest, flüssig oder gasförmig ist und die Explosion auf Zündung von außen oder auf Selbstzündung beruht, komme es nicht an.[173] Damit geht der Begriff über denjenigen der explosionsgefährlichen Stoffe des SprengG hinaus, der lediglich feste und flüssige Stoffe erfasst und zudem den Begriff auf Stoffe beschränkt, die bei nicht außergewöhnlicher thermischer, mechanischer oder anderer Beanspruchung zur Explosion gebracht werden können. Vor dem Hintergrund der weiterhin bestehenden **typischen Gefährlichkeit** kann den Strafnormen außerhalb des SprengG ein solches Verständnis zugrunde gelegt werden. Allerdings ist der Begriff jedenfalls im Bereich von Tatbeständen, die keine unmittelbare Herbeiführung einer Explosion verlangen, insoweit zu beschränken, dass sich die Explosionsgefährlichkeit unmittelbar aus dem Stoff ergibt. Stoffe, die erst iVm Katalysatoren oder spezifischen Vorrichtungen zur Explosion gebracht werden können, wie Wasserstoffperoxid oder Benzin, stellen keine Sprengstoffe dar,[174] werden aber ggf. von § 89a Abs. 2 Nr. 3 StGB erfasst (→ Rn. 79).

71 Hinsichtlich **Spreng- und Brandvorrichtungen** stellt sich die Frage, ob neben unmittelbar für die Tat einsetzbaren Gegenständen, wie Sprengstoffgürtel, Kofferbomben oder Brandsätzen, auch **Zubehör** erfasst ist. Dies wird teilw. mit Verweis auf § 316c Abs. 4 StGB bejaht,[175] was nur in Teilen überzeugen kann. Zum einen geht es hier anders als in § 316c Abs. 4 StGB um spezifische Vorrichtungen, weshalb eine Beschränkung auf typische „Anschlagsvorrichtungen" vorzunehmen ist. Zubehör, welches daher iSe **Dual-Use-Produktes** auch anderweitig (legal) verwendet werden kann (Wecker als Zeitzünder), scheidet daher von Anfang an als Spreng- und Brandvorrichtung aus. Darüber hinaus ist fraglich, inwieweit auch an sich typisches Zubehör, das als solches aber nicht zur unmittelbaren Tatbegehung geeignet ist, weil weiteres Zubehör oder Stoffe erforderlich sind bzw. erst ein Einbau stattfinden muss, erfasst ist. In diese Kategorie fallen etwa **Zündvorrichtungen** und anderes **technisches Zubehör.** Aufgrund der beträchtlichen Vorverlagerung der Strafbarkeit ist auch bzgl. dieser Gegenstände einschränkend davon auszugehen, dass sie nur dann erfasst sein können, wenn sie ohne weitere bedeutsame Zwischenschritte für die Tatausführung genutzt werden können.[176] Dies dürfte regelmäßig die Verfügbarkeit oder weitgehend hürdenlose Erlangbarkeit (legaler Erwerb) weiterer Materialien oder Stoffe, wie Spreng- oder Brandstoffe, voraussetzen.

72 Hinsichtlich der zur Ausführung der Tat erforderlichen **besonderen Vorrichtungen** gilt letztlich Vergleichbares. Auch hier ergibt sich ein Wortlautunterschied zu § 316c Abs. 4

---

[172] *Puschke* Legitimation 422.
[173] BGHSt 61, 84 = BGH NJW 2016, 1030 (1031).
[174] So für § 243 Abs. 1 Nr. 7 StGB auch *Schmitz* in MüKoStGB StGB § 243 Rn. 60.
[175] So wohl *Gazeas/Grosse-Wilde/Kießling* NStZ 2009, 593 (596); *Zöller* TerrorismusstrafR 566.
[176] *Puschke* Legitimation 394; ähnlich für Spreng- und Brandvorrichtungen auch einschränkend *Engelstätter* in LK-StGB StGB § 89a Rn. 107; *Gazeas* in Leipold/Tsambikakis/Zöller StGB § 89a Rn. 41; *Zöller* in SK-StGB StGB § 89a Rn. 24.

D. Umgang mit terroristischen Tatmitteln – tatbestandliche Erfassung im Einzelnen   § 35

StGB dahingehend, dass es sich um „besondere" Vorrichtungen handeln muss, die zudem für die Tat erforderlich sein müssen. Es muss sich daher um wesentliche, essentielle Bestandteile handeln.[177] **Untergeordnetes Zubehör** ist nicht erfasst.[178] Ausgenommen vom Anwendungsbereich sind daher auch hier für sich betrachtet Alltagsgegenstände, wie ein Handy, ein Wecker, Batterien, Streichhölzer oder Kabel oder dem Transport dienende Behältnisse.[179] Ebenso nicht erfasst sind die bloße Anhäufung von Portionierungsspritzen, handelsübliche Silvesterböller oder Metallkugeln, sofern diese nicht weiter technisch präpariert wurden.[180] Darüber hinaus gilt auch hier, dass Sprengzubehör iSd § 3 Abs. 1 Nr. 13 SprengG, technische Apparaturen, Zünder und Instrumente sowie sonstiges technisches Zubehör[181] nur dann erfasst sein können, wenn sie ohne weitere bedeutsame Zwischenschritte für die Tatausführung genutzt werden können. Der Anwendungsbereich für besondere Vorrichtungen geht daher nur insoweit über den der Spreng- und Brandvorrichtungen hinaus, als auch solche Vorrichtungen erfasst sind, die nicht einem Sprengstoff- oder Brandanschlag dienen, sondern etwa einem Anschlag mit Kernbrenn- oder sonstigen radioaktiven Stoffen, wie Gegenstände, die für die künstliche Erzeugung ionisierender Strahlen bestimmt sind. Von dem Begriff der Vorrichtung nicht erfasst sind Stoffe, also etwa Wasserstoffperoxid oder Benzin.[182]

Mit Blick auf den Wortlaut weisen Stoffe, die **Gift** enthalten oder hervorbringen können, und andere **gesundheitsschädliche Stoffe** keine unmittelbare gegenstandsbezogene Gefährlichkeit auf. Wenngleich in diesem Zusammenhang vornehmlich auf biologische Kampfstoffe, etwa Krankheitserreger, rekurriert wird,[183] wurde eine mögliche Orientierung am Terminus der „biologischen Kampfmittel" iSd Anl. zu § 1 Abs. 1 KrWaffKontrG nicht vorgenommen.[184] Bei der Auslegung dieser Tatbestandsmerkmale ist daher zu beachten, dass sich die konkrete Gefährlichkeit der Stoffe erst aus der körperbezogenen Verwendung selbst ergibt. Allein das Erlangen von Gewahrsam, worauf § 89a Abs. 2 Nr. 2 StGB anders als etwa § 224 Abs. 1 Nr. 1 StGB (→ Rn. 52) abzielt, kann einen hinreichenden objektiven Gefahrenzusammenhang nur dann begründen, wenn die Stoffe auf solche begrenzt werden, die gegenstandsbezogenes Gefährdungspotenzial haben. Vielseitig verwendbare Stoffe wie Glas, Metall, Kochsalz oder Wasser müssen daher aus dem Anwendungsbereich des § 89a StGB ausscheiden,[185] da sich der gewahrsamsbezogene Umgang mit ihnen als neutral darstellt. Zudem sind Gifte und Stoffe, die nicht das Leben, sondern ausschließlich die Gesundheit anderer gefährden können, grundsätzlich ungeeignet, eine schwere staatsgefährdende Gewalttat gegen das Leben gem. §§ 212, 211 StGB zu fördern. Auf eine Auslegung iSd § 224 Abs. 1 Nr. 1 StGB kann daher auch diesbezüglich nicht zurückgegriffen werden. Bei Giften und gesundheitsschädlichen Stoffen iSd § 89a Abs. 2 Nr. 2 StGB handelt es sich daher um organische oder anorganische Stoffe, die nach ihrer

73

---

[177] *Gazeas* in Leipold/Tsambikakis/Zöller StGB § 89a Rn. 45.
[178] *Kargl* in NK-StGB StGB § 310 Rn. 7; *Schäfer/Anstötz* in MüKoStGB StGB § 89a Rn. 41; *Paeffgen* in NK-StGB StGB § 89a Rn. 41.
[179] *Schäfer/Anstötz* in MüKoStGB StGB § 89a Rn. 41; *Paeffgen* in NK-StGB StGB § 89a Rn. 41; *Gazeas* in Leipold/Tsambikakis/Zöller StGB § 89a Rn. 45; BGHSt 59, 218 = NJW 2014, 3459 etwa hatte ua das Verhalten zum Gegenstand, dass v. ca. 7000–8000 Zündhölzern die Köpfe mittels Messer abgerieben und der Abrieb zum Bau einer Bombe aufbewahrt wurde.
[180] *Engelstätter* in LK-StGB StGB § 89a Rn. 112.
[181] S. grds. zur Einbezogenheit BT-Drs. 16/12428, 15; *Paeffgen* in NK-StGB StGB § 89a Rn. 41; *Schäfer/Anstötz* in MüKoStGB StGB § 89a Rn. 41; *Sternberg-Lieben* in Schönke/Schröder StGB § 89a Rn. 12; *Heine/Bosch* in Schönke/Schröder StGB § 310 Rn. 5; *Krack* in MüKoStGB StGB § 310 Rn. 6; *Wolters* in SK-StGB StGB § 310 Rn. 3.
[182] So auch *Gazeas* in Leipold/Tsambikakis/Zöller StGB § 89a Rn. 41.
[183] BT-Drs. 16/12428, 15; *Paeffgen* in NK-StGB StGB § 89a Rn. 40; *Schäfer/Anstötz* in MüKoStGB StGB § 89a Rn. 40.
[184] Anmahnend *Gazeas/Grosse-Wilde/Kießling* NStZ 2009, 593 (596); zust. *Haverkamp* FS Schöch, 2010, 381 (389 Fn. 52).
[185] *Zöller* in SK-StGB StGB § 89a Rn. 25; *Gazeas* in Leipold/Tsambikakis/Zöller StGB § 89a Rn. 44; aA *Schäfer/Anstötz* in MüKoStGB StGB § 89a Rn. 40; *Fischer* StGB § 89a Rn. 26; *Engelstätter* in LK-StGB StGB § 89a Rn. 110.

Beschaffenheit und Menge geeignet sind, mittels chemischer oder chemisch-physikalischer (Gift) bzw. mechanischer oder thermischer (anderer gesundheitsschädlicher Stoff) Wirkung die Gesundheit von Menschen zu zerstören.[186] Diese Wirkungseignung muss ihnen typischerweise und ohne Berücksichtigung ihres Einsatzes im Einzelfall zukommen.[187] Sie müssen daher gegenstands- bzw. stoffbezogen gemeingefährlich sein.[188] Das Hervorbringen der giftigen Wirkung erst durch den Kontakt mit der Umwelt ist ausreichend.[189] Insofern ist eine parallele Auslegung zu den entsprechenden Tatbestandsmerkmalen des § 330a StGB (Schwere Gefährdung durch Freisetzen von Giften) angezeigt.[190]

74 Schwierigkeiten bereitet zudem die Auslegung des Begriffs **„Waffen"**. Während in § 89a Abs. 2 Nr. 1 StGB ausdrücklich nur **Schusswaffen** als mögliche Tatmittel genannt und damit solche im verwaltungsrechtlichen Sinne gemeint sind,[191] wird in § 89a Abs. 2 Nr. 2 StGB abweichend nur der Begriff der „Waffen" verwendet, was den Kreis möglicher Tatmittel erweitern könnte. Durch die Verweisung auf Nr. 1 wird jedoch deutlich, dass auch hier nur der Umgang mit Schusswaffen pönalisiert werden soll.[192] Nicht berücksichtigt sind daher gleichgestellte Gegenstände iSd Anl. 1 Abschn. 1 UAbschn. 1 Nr. 1.2 zum WaffG,[193] wie zB eine Armbrust.

75 Ein Unmittelbarkeitszusammenhang dahingehend, dass die Tatmittel auch für schwere staatsgefährdende Gewalttaten Verwendung finden sollen, wird grundsätzlich nicht gefordert. So soll auch eine sog. **„Testbombe"** erfasst sein, die sich zB aus fünfzehn sog. Polenböllern, fünf Rauchbomben sowie Elektroteilen, die einer Lampe entnommen wurden, zusammensetzen kann.[194] Bereits die (geplante) Zündung zu Probezwecken soll zur Vorbereitung der beabsichtigten (Haupt-)Tat dienen. Durch das Probezünden werde sichergestellt, ob die Explosion gelingt, was eine spätere, tatsächlich für einen Anschlag intendierte Zündung ermöglichen solle und ggf. „Optimierungen" (etwa Hinzufügung von Nägeln etc) zulasse.[195] Anderes könne nur für das Tatmittel der besonderen Vorrichtungen gelten, die gem. § 89a Abs. 2 Nr. 2 StGB „zur Ausführung der Tat erforderlich" sein müssen.[196] Ein Verzicht auf einen Unmittelbarkeitszusammenhang, in dessen Folge die abstrakte Gefährlichkeit der Tatmittel die Strafbarkeitsbegründung weitgehend tragen soll, vermag aufgrund der hohen Strafandrohung von bis zu zehn Jahren Freiheitsstrafe jedoch nicht zu überzeugen.[197] Jedenfalls müssen die Anforderungen an den Entschluss zu einer konkretisierten Haupttat beachtet werden.

---

[186] S. für Gift auch BT-Drs. 12/192, 28; *Heger* in Lackner/Kühl StGB § 330a Rn. 2; *Paeffgen* in NK-StGB StGB § 89a Rn. 39; *Gazeas/Grosse-Wilde/Kießling* NStZ 2009, 593 (596); für andere gesundheitsschädliche Stoffe *Gazeas/Grosse-Wilde/Kießling* NStZ 2009, 593 (596); *Gazeas* in Leipold/Tsambikakis/Zöller StGB § 89a Rn. 44; *Paeffgen* in NK-StGB StGB § 89a Rn. 40; *Zöller* in SK-StGB StGB § 89a Rn. 25; *Haverkamp* FS Schöch, 2010, 381 (389); aA *Engelstätter* in LK-StGB StGB § 89a Rn. 109 f.; *Schäfer/Anstötz* in MüKoStGB StGB § 89a Rn. 40.
[187] *Zöller* in SK-StGB StGB § 89a Rn. 25.
[188] S. auch *Haverkamp* FS Schöch, 2010, 381 (389).
[189] Vgl. BT-Drs. 12/192, 28; *Paeffgen* in NK-StGB StGB § 89a Rn. 39; *Engelstätter* in LK-StGB StGB § 89a Rn. 109.
[190] Hierzu *Heine/Schittenhelm* in Schönke/Schröder StGB § 330a Rn. 5.
[191] S. Anl. 1 Abschn. 1 UAbschn. 1 Nr. 1 zum WaffG; *Schäfer/Anstötz* in MüKoStGB StGB § 89a Rn. 40; *Gazeas* in Leipold/Tsambikakis/Zöller StGB § 89a Rn. 39; *Engelstätter* in LK-StGB StGB § 89a Rn. 105.
[192] *Zöller* in SK-StGB StGB § 89a Rn. 29; *Schäfer/Anstötz* in MüKoStGB StGB § 89a Rn. 46; *Gazeas* in Leipold/Tsambikakis/Zöller StGB § 89a Rn. 58; aA *Biehl* JR 2018, 317 (321).
[193] *Schäfer/Anstötz* in MüKoStGB StGB § 89a Rn. 40; *Paeffgen* in NK-StGB StGB § 89a Rn. 35; *Gazeas/Grosse-Wilde/Kießling* NStZ 2009, 593 (596 Fn. 45).
[194] Vgl. BGH BeckRS 2017, 122780 Rn. 14; zust. *Schäfer/Anstötz* in MüKoStGB StGB § 89a Rn. 46; *Henrichs* in Matt/Renzikowski StGB § 89a Rn. 14.
[195] BGH BeckRS 2017, 122780 Rn. 25.
[196] BGH BeckRS 2017, 122780 Rn. 26.
[197] *Paeffgen* in NK-StGB StGB § 89a Rn. 47; *Zöller* in SK-StGB StGB § 89a Rn. 29.

cc) Vorbereitung eines Explosions- oder Strahlungsverbrechens (§ 310 Abs. 1 76
StGB). In grundsätzlich mit § 89a Abs. 1 iVm Abs. 2 Nr. 2 StGB vergleichbarer Weise pönalisiert § 310 Abs. 1 StGB die Vorbereitung eines Explosions- oder Strahlungsverbrechens, sofern Kernbrennstoffe, sonstige radioaktive Stoffe, Sprengstoffe oder die zur Ausführung der Tat erforderlichen besonderen Vorrichtungen hergestellt, sich oder einem anderen verschafft, verwahrt oder einem anderen überlassen werden.

Die in Bezug genommenen Tatmittel sind grundsätzlich als gegenstandsbezogen gefähr- 77
lich zu klassifizieren, weshalb ein vorbereitender Umgang mit ihnen strafrechtlich erfasst werden kann. Zu beachten ist, dass auch hier **Sprengstoffe** weit verstanden werden, gleichzeitig jedoch nur solche Stoffe erfasst sein können, die explosionsgefährlich sind (wie in § 89a StGB → Rn. 70). Hinsichtlich der **besonderen Vorrichtungen** gelten grundsätzlich dieselben Einschränkungen wie für § 89a Abs. 2 Nr. 2 StGB (→ Rn. 72). Darüber hinaus werden die Vorrichtungen durch die in Bezug genommenen Haupttaten beschränkt. Apparaturen oder Instrumente, die hierfür keine typische Bedeutung haben, unterfallen nicht dem Tatbestand. Bloß **untergeordnetes Zubehör** wie Batterien, Wecker oder eine Papphülse sind nicht erfasst.[198] Vielmehr muss das Zubehör zur Begehung solcher Verbrechen typischerweise geeignet und bestimmt sein.[199] Eine lediglich subjektive Zweckbestimmung genügt bei **Alltagsgegenständen** hingegen nicht.[200] Sofern der Anwendungsbereich damit etwa auf Sprengsätze, technische Apparaturen und Instrumente, Zünder und sonstiges technisches Zubehör für die Durchführung eines Explosions- oder Strahlungsverbrechens[201] sowie Gegenstände, die zur Steuerung der Kernprozesse oder der Strahlung benötigt werden, oder solche, die der künstlichen Erzeugung ionisierender Strahlen dienen,[202] beschränkt ist, gilt auch hier, dass die Gegenstände ohne weitere bedeutsame Zwischenschritte für die Tatbegehung einsatzfähig sein bzw. gemacht werden können müssen.

dd) Vorbereitung einer schweren staatsgefährdenden Gewalttat (§ 89a Abs. 1 iVm 78
Abs. 2 Nr. 3 StGB). Erfasst ist das Sich-Verschaffen oder Verwahren von Gegenständen oder Stoffen, die für die Herstellung von Waffen, Stoffen oder Vorrichtungen der in § 89a Abs. 2 Nr. 1 StGB bezeichneten Art wesentlich sind. Es handelt sich somit um einen Tatbestand, der die **Vorbereitung einer Vorbereitung** pönalisiert,[203] dem rechtspraktisch erhebliche Bedeutung zugeschrieben wird.[204]

Wesentlich iSd Norm können nur solche Gegenstände und Stoffe sein, die im Falle ihrer 79
Zusammenfügung oder technischen Manipulation ein taugliches Kampfmittel oder eine taugliche Vorrichtung iSd Nr. 1 ergeben.[205] Welche Gegenstände und Stoffe konkret als „wesentlich" einzustufen seien, solle im Rahmen einer wertenden Gesamtschau im Einzelfall beurteilt werden.[206] Ebenso wie das Merkmal „besonders" hinsichtlich der Vorrichtungen iSd Nr. 1 Var. 7 ist das Attribut „wesentlich" ein unbestimmter, ausfüllungsbedürftiger Rechtsbegriff. Der Gesetzeswortlaut lässt hier allerdings kaum eine Grenzziehung zu.[207] So können für den Bau einer Kofferbombe neben der Zündvorrichtung sowohl der Koffer als

---

[198] Vgl. schon BT-Drs. IV/2186, 3 (zu § 311a StGB aF); *Heine/Bosch* in Schönke/Schröder StGB § 310 Rn. 5; *Heger* in Lackner/Kühl StGB § 310 Rn. 2; *Krack* in MüKoStGB StGB § 310 Rn. 6.
[199] *Heine/Bosch* in Schönke/Schröder StGB § 310 Rn. 5; vgl. *Wolters* in SK-StGB StGB § 310 Rn. 3; *Valerius* in LK-StGB StGB § 310 Rn. 6; *Heger* in Lackner/Kühl StGB § 310 Rn. 2.
[200] *Puschke* StV 2015, 457 (461 ff.); zust. *Heine/Bosch* in Schönke/Schröder StGB § 310 Rn. 5.
[201] Vgl. BT-Drs. IV/2186, 3 (zu § 311a StGB aF); *Wolters* in SK-StGB StGB § 310 Rn. 3; *Valerius* in LK-StGB StGB § 310 Rn. 6; *Heine/Bosch* in Schönke/Schröder StGB § 310 Rn. 5.
[202] *Valerius* in LK-StGB StGB § 310 Rn. 7.
[203] *Zöller* in SK-StGB StGB § 89a Rn. 30; *Schäfer/Anstötz* in MüKoStGB StGB § 89a Rn. 47; *Gazeas* in Leipold/Tsambikakis/Zöller StGB § 89a Rn. 60; *Haverkamp* FS Schöch, 2010, 381 (392); *Kauffmann*, Das Gesetz zur Verfolgung der Vorbereitung schwerer staatsgefährdender Gewalttaten, 2002, 87.
[204] *Engelstätter* in LK-StGB StGB § 89a Rn. 119.
[205] BGH NJW 2021, 2744 (2745 Rn. 9) mAnm *Puschke;* vgl. BT-Drs. 16/12428, 15.
[206] BT-Drs. 16/12428, 15; *Paeffgen* bezeichnet dies als „Pseudo-Auslegehilfe", *Paeffgen* in NK-StGB StGB § 89a Rn. 50.
[207] *Schäfer/Anstötz* in MüKoStGB StGB § 89a Rn. 50.

auch der Inhalt, bspw. Nägel, als wesentlich anzusehen sein.[208] Zu Recht wird daher die **Unverhältnismäßigkeit** und **Unbestimmtheit** dieser Tatmodalität gerügt.[209] Sie bedarf jedenfalls einer engen Auslegung dahingehend, dass lediglich Gegenstände und Stoffe erfasst sind, die typischerweise zur Herstellung von Tatmitteln für eine schwere staatsgefährdende Gewalttat dienen[210] und das Hauptelement des herzustellenden Kampfmittels oder der Vorrichtung darstellen und somit von entscheidender Bedeutung dafür sind.[211] **Alltagsgegenstände** sind verfassungsrechtlich nicht als taugliche Tatmittel im Staatsschutzrecht zu legitimieren.[212] Darüber hinaus ist der Tatbestand abermals eng auszulegen, um der Notwendigkeit eines **objektiven Gefährdungspotenzials** hinreichend Rechnung zu tragen. Das sich verschaffte oder verwahrte Tatmittel muss wie schon die besondere Vorrichtung (→ Rn. 72) ohne weitere bedeutsame Zwischenschritte für die Tatausführung genutzt werden können.[213] Dem alleinigen Anwendungsbereich des § 89a Abs. 2 Nr. 3 StGB unterfallen so lediglich **explosions- und brandgefährliche Stoffe**, die sich nicht unter den Begriff der Sprengstoffe oder der Vorrichtungen gem. § 89a Abs. 2 Nr. 1, 2 StGB subsumieren lassen.[214] Erfasst sind daher größere Mengen von Benzin oder Wasserstoffperoxid, sofern je nach Planungszusammenhang auch etwaig notwendige Katalysatoren (etwa Aceton zur Erzeugung von TATP) vorhanden oder erlangbar sind, die für das Herstellen einer gegenstandsbezogenen Gefährlichkeit erforderlich sind.

80 **ee) Vorbereitung von Angriffen auf den Luft- und Seeverkehr (§ 316c Abs. 4 StGB).** § 316c Abs. 4 StGB pönalisiert Vorbereitungshandlungen für einen Angriff auf den Luft- und Seeverkehr gem. § 316c Abs. 1 StGB. In der Struktur mit § 89a Abs. 2 Nr. 2 StGB und § 310 StGB vergleichbar werden das Herstellen, sich oder einem anderen Verschaffen, das Verwahren sowie einem anderen Überlassen von Schusswaffen, Sprengstoffen oder sonst zur Herbeiführung einer Explosion oder eines Brandes bestimmten Stoffen oder Vorrichtungen erfasst.

81 Die in Bezug genommenen Tatmittel entsprechen hinsichtlich **Sprengstoffen** und Schusswaffen denjenigen des § 89a StGB (→ Rn. 70, 74). Über Sprengstoffe hinaus sind aber auch sonstige Stoffe zur Herbeiführung einer Explosion oder eines Brandes enthalten. Dies erweitert den Anwendungsbereich des § 316c Abs. 4 StGB gegenüber § 89a Abs. 2 Nr. 2 iVm Nr. 1 StGB, da etwa auch Wasserstoffperoxid oder Benzin in einer bestimmten Menge erfasst sind. Insoweit entspricht § 316c Abs. 4 StGB eher § 89a Abs. 2 Nr. 3 StGB (→ Rn. 78 f.).

82 In mit Gegenständen nach § 89a Abs. 2 Nr. 3 StGB vergleichbarer Weise wird der Begriff der **Vorrichtung** regelmäßig verstanden. Da hier, anders als in § 89a Abs. 2 Nr. 2 StGB und § 310 StGB, auf das einschränkende Merkmal „besondere" verzichtet wird, sollen auch Gegenstände erfasst sein, die nicht essentiell oder wesentlich für die Tatausführung sind, sondern lediglich untergeordnete Bedeutung haben. Daher sollen auch **alltägliche Gegenstände** wie Streichhölzer, Batterien, Kabel, Metallrohre oder ein Wecker, in den ein Zeitzünder eingebaut werden soll, in den Tatbestand einbezogen sein.[215] Dies kann aus denselben rechtsstaatlichen Gründen, die gegen die Einbeziehung solcher neutralen

---

[208] Vgl. *Gazeas/Grosse-Wilde/Kießling* NStZ 2009, 593 (598); *Paeffgen* in NK-StGB StGB § 89a Rn. 50; *Zöller* in SK-StGB StGB § 89a Rn. 31.
[209] *Zöller* in SK-StGB StGB § 89a Rn. 30 f.; *Paeffgen* in NK-StGB StGB § 89a Rn. 51, wonach sie „das Etikett der Verfassungswidrigkeit auf der Stirn" trage.
[210] *Puschke* Legitimation 423.
[211] *Gazeas* in Leipold/Tsambikakis/Zöller StGB § 89a Rn. 63.
[212] S. iErg auch BT-Drs. 16/12428, 15; BGHSt 65, 176 = NJW 2021, 2744 (2475 Rn. 11); vgl. BGHSt 59, 218 = NJW 2014, 3459 (3461 Rn. 13).
[213] *Puschke* Legitimation 394.
[214] *Gazeas* in Leipold/Tsambikakis/Zöller StGB § 89a Rn. 64; *Paeffgen* in NK-StGB StGB § 89a Rn. 52; *Haverkamp* FS Schöch, 2010, 381 (393); auch bei enger Auslegung v. Unverhältnismäßigkeit ausgehend *Zöller* in SK-StGB StGB § 89a Rn. 31.
[215] *König* in LK-StGB StGB § 316c Rn. 48; *Wieck-Noodt* in MüKoStGB StGB § 316c Rn. 53; *Hecker* in Schönke/Schröder StGB § 316c Rn. 33; *Fischer* StGB § 316c Rn. 18.

Gegenstände in § 89a Abs. 2 Nr. 1–3 StGB sprechen, nicht überzeugen. Der Begriff der Vorrichtungen ist somit eng auszulegen und auf Gegenstände zu beschränken, die typischerweise zur Herbeiführung einer Explosion oder eines Brandes genutzt werden. Zudem müssen die Tatmittel ohne weitere bedeutsame Zwischenschritte für die Tatausführung verwendet werden können (→ Rn. 79). Einzelteile, die erst durch einen komplexen Zusammenbau einsatzfähig werden, sind damit nicht erfasst. Eine solch enge Auslegung entspricht der einer besonderen Vorrichtung.

ff) Terrorismusfinanzierung (§ 89c Abs. 1, 2 StGB). § 89c StGB stellt Formen der 83 Terrorismusfinanzierung unter Strafe. Erfasst sind das Sammeln, Entgegennehmen und Zurverfügungstellen von Vermögenswerten mit dem Wissen oder in der Absicht, dass diese von einer anderen Person (Abs. 1) verwendet werden, oder, um selbst eine der in Abs. 1 S. 1 aufgezählten Katalogtaten zu begehen (Abs. 2).

Der Umgang mit Vermögenswerten weist als solcher grundsätzlich einen mittelbaren 84 Bezug zu terroristischen Tatmitteln auf. Primär adressiert ist die **Finanzierung** von terroristischer Logistik, vor allem auch zur Beschaffung der Tatmittel.[216] Allerdings ist der Begriff der Vermögenswerte weit gefasst und soll deswegen auch die unmittelbare Einbeziehung der Tatmittel in den Tatbestand ermöglichen,[217] was zwar mit Blick auf die Ausrichtung der Norm problematisch erscheint,[218] jedoch dem gesetzgeberischen Willen entspricht.[219] Entspr. geht der BGH davon aus, dass der Umgang mit Mitteln, die nach der Täterplanung für die terroristische Tat verwendet werden sollen, wie etwa eine Metallschachtel mit 26 Metallkugeln, Streichhölzer, zwei Portionierungsspritzen, eine Leuchtdiode mit angelöteten Kabeln sowie Schwefelsäure, als Terrorismusfinanzierung strafbar sein kann.[220]

An die funktionale Qualität der in den Tatbestand einbezogenen Mittel werden keine 85 einschränkenden Anforderungen gestellt. Anders als in § 89a Abs. 2 Nr. 3 StGB komme es nicht auf die Gefährlichkeit der Tatmittel an, sondern darauf, ob sie als **wirtschaftlicher Nährboden** für terroristische Taten dienen können, weshalb eine Begrenzung auf irgendeine Form von Wesentlichkeit nicht angezeigt sei.[221] Letztlich spielen aber auch quantitativ-finanzielle Erwägungen nur insoweit eine Rolle, dass den Tatmitteln überhaupt ein Vermögenswert zukommen müsse. Wegen der Streichung des Erheblichkeitserfordernisses in der Neufassung der Strafbarkeit der Terrorismusfinanzierung in § 89c StGB[222] gegenüber der vormaligen Regelung in § 89a Abs. 2 Nr. 4 StGB aF soll die Höhe des Vermögenswertes und damit der Wert des Tatmittels nunmehr nur noch für die Strafzumessung gem. § 89c Abs. 5 StGB relevant sein.[223]

Die Einbeziehung jeglicher Mittel, die eine terroristische Tat fördern können, in den 86 Tatbestand der Terrorismusfinanzierung kann vor dem Hintergrund der Anforderungen des Verhältnismäßigkeitsgrundsatzes nicht überzeugen. Das **Telos** der Norm richtet sich darauf, terroristischen Aktivitäten den wirtschaftlichen Nährboden zu entziehen.[224] Entspr. müssen die in Bezug genommenen Vermögenswerte auch geeignet sein, einen solchen Nährboden zu bereiten. Insofern bedarf es nach der Streichung der Erheblichkeitsschwelle zwar keines erheblichen Finanzierungsbeitrages und damit auch keines erheblichen finanziellen Wertes des Tatmittels für die Begehung der terroristischen Tat. Allerdings muss eine quantitative und qualitative Untergrenze überschritten sein, weshalb **Allerweltstat- und**

---
[216] BT-Drs. 16/12428, 15.
[217] *Fischer* StGB § 89c Rn. 3; *El-Ghazi* in Herzog/Achtelik GwG § 89c StGB Rn. 18 f.; *Schäfer/Anstötz* in MüKoStGB StGB § 89c Rn. 12; → § 38 Rn. 45.
[218] *Henrichs* in Matt/Renzikowski StGB § 89c Rn. 6a.
[219] *Puschke* StV 2022, 187 (190).
[220] BGHSt 65, 176 = NJW 2021, 2744 (2747); s. auch bereits BGH BeckRS 2019, 5425 Rn. 41.
[221] BGHSt 65, 176 = NJW 2021, 2744 (2747 f.).
[222] Durch Art. 1 GVVG-ÄndG v. 12.6.2015 (Fn. 2), BGBl. I 926.
[223] BGHSt 65, 176 = NJW 2021, 2744 (2747).
[224] BT-Drs. 18/4087, 8.

-hilfsmittel, wie Streichhölzer, Kühlpads oder einfache Behältnisse, deren Beschaffung ohne Weiteres und ohne relevanten finanziellen Aufwand erfolgen kann, nicht dem Begriff der Vermögenswerte iSd § 89c StGB unterfallen.[225]

87 Zudem ist beachtlich, auf welche Weise der Vorbereitungstäter an die Tatmittel gelangt ist. Werden im Rahmen eines Austauschverhältnisses die erworbenen Vermögenswerte durch eine **Gegenleistung** kompensiert und findet deshalb kein Vermögenszuwachs statt, soll kein Entgegennehmen vorliegen. Ebenso soll die bloße **Umwidmung** des zu anderen Zwecken gesammelten Vermögens keine Strafbarkeit wegen Terrorismusfinanzierung begründen.[226] Jedoch wird die Kompensationsmöglichkeit auf das Tatbestandsmerkmal des Sammelns von Vermögenswerten vom BGH nicht in gleicher Weise angewendet. Richtet sich das Tun hinsichtlich der verwahrten Tatmittel auf eine Vielzahl verschiedener Gegenstände oder geht es um ein wiederholtes Tätigwerden bzw. das Anlegen eines größeren Vorrats, wird dem Vorgehen (auch bei Kompensation im Einzelnen) ein besonderes ökonomisches Potenzial zugeschrieben und ein Sammeln angenommen.[227] Dieser Wertungswiderspruch ist aufzulösen. Hierfür bietet es sich an, entgegen der Rspr.[228] das Sammeln von Vermögenwerten auf das **Einsammeln** zu beschränken[229] und ein **Ansammeln** aus dem Tatbestand auszuschließen. So könnte die gegenleistungsfreie Annahme von Vermögenswerten als Entgegennehmen und bei Aufforderung und Wiederholung als Sammeln erfasst werden, während bei Entrichtung einer wirtschaftlich adäquaten Gegenleistung in allen Konstellationen eine Strafbarkeit wegen Terrorismusfinanzierung nicht in Betracht käme.[230]

88 **b) Kenntnis- und fähigkeitsbezogener Umgang mit Tatmitteln.** Neben der Pönalisierung unterschiedlicher Formen des gewahrsamsbezogenen Umgangs mit terroristischen Tatmitteln adressiert der Gesetzgeber auch die Weitergabe und Erlangung von bestimmten Kenntnissen über Tatmittel und Fähigkeiten im Umgang mit ihnen in § 89a Abs. 2a StGB, § 91 StGB.[231] Hintergrund der Erfassung kenntnis- und fähigkeitsbezogener Tathandlungen ist, dass neben der Herrschaft über die Tatmittel auch das Wissen um die Art und Weise ihres Einsatzes sowie eine diesbezügliche Motivation als gefährlich beurteilt werden. Vollständig entkernt ist der objektive Gefährdungsbezug allerdings dann, wenn für die Tathandlung des § 89a Abs. 2a StGB das besondere Gefährdungspotenzial darin gesehen wird, dass hierdurch terroristische Strukturen vor Ort unterstützt und gestärkt werden würden und eine Radikalisierung potenziell zurückreisender Täter eintreten kann.[232]

89 Aus rechtsstaatlicher Perspektive ist die Strafbarkeit der Vermittlung und Aufnahme von Wissen und Fähigkeiten über Tatmittel und ihre Funktionsweise vor allem in zweierlei Hinsicht problematisch. Zum einen gilt hier Ähnliches wie für die gewahrsamsbezogene Tatvorbereitung. Die Tathandlungen als solche können neutraler Art und zudem weit von einer rechtsgutsverletzenden Tat entfernt sein.[233] Ein kriminelles Gepräge kann sich andererseits aus den Umständen der Tatausführung ergeben, die allerdings nicht tatbestandsrelevant sind. Andererseits sollen auch hier die Art der Kenntnisse und Fähigkeiten bzw. die Tat-

---

[225] *Puschke* StV 2022, 187 (191).
[226] BGH NJW 2021, 2751; krit. → § 38 Rn. 46.
[227] BGH NJW 2021, 2751 (2752).
[228] BGH NJW 2021, 2751; bestätigend hinsichtlich des Ausschlusses des Tatbestandsmerkmals des Entgegennehmens bei Kompensation in Austauschverhältnissen BGH NStZ-RR 2021, 338 (339).
[229] Grds. so auch *Gazeas* in Leipold/Tsambikakis/Zöller StGB § 89c Rn. 5; *Paeffgen* in NK-StGB StGB § 89c Rn. 7; *Sternberg-Lieben* in Schönke/Schröder StGB § 89c Rn. 3; *Zöller* in SK-StGB StGB § 89c Rn. 14: im Wege verfassungskonformer Reduktion der Norm; *Sieber* NStZ 2009, 353 (360); anders etwa → § 38 Rn. 45.
[230] *Puschke* StV 2022, 187 (192).
[231] S. zudem § 52 Abs. 1 Nr. 4 WaffG.
[232] BT-Drs. 18/4087, 8.
[233] S. zur entsprechenden Schlussfolgerung der Illegitimität insbes. des § 89a Abs. 2a StGB nur *Frisch* FS Sieber, 2021, 905 (925 f.); *Gazeas* in Leipold/Tsambikakis/Zöller StGB § 89a Rn. 18 f.; *Puschke* KriPoZ 2018, 101 (102 ff.); für § 91 StGB etwa *Bützler*, Staatsschutz mittels Vorfeldkriminalisierung, 2017, 255 f.; aA *Biehl* JR 2015, 561 (566).

mittel, auf die sie sich beziehen, den Unrechtsgehalt der Gesamthandlungen prägen. Angesichts der schier uferlosen Weite von mehr und weniger relevanten Kenntnissen und Fähigkeiten für die Begehung einer terroristischen Tat bedarf es insofern einer engen Auslegung. Zum anderen handelt es sich nach hier vertretener Auffassung bei der reinen Aufnahme von grundsätzlich frei zugänglichem, wenn auch tatbezogenem Wissen um ein Verhalten mit Bezug zum Kernbereich privater Lebensgestaltung.[234] Beschränkt sich die tatbestandlich vorausgesetzte Handlung hierauf, so wird hier von einer illegitimen strafrechtlichen Erfassung ausgegangen.

aa) Vorbereitung einer schweren staatsgefährdenden Gewalttat (§ 89a Abs. 1 iVm 90 **Abs. 2 Nr. 1 und Abs. 2a Var. 2 StGB).** Gemäß § 89a Abs. 1 iVm Abs. 2 Nr. 1 StGB macht sich strafbar, wer eine schwere staatsgefährdende Gewalttat vorbereitet, indem er eine andere Person unterweist oder sich unterweisen lässt in der Herstellung von oder im Umgang mit den dort aufgezählten Tatmitteln. Zudem ist ein Unterweisen oder Unterweisenlassen in sonstigen Fertigkeiten, die der Begehung einer entsprechenden Tat dienen, erfasst. Vorverlagert umfasst § 89a Abs. 2a Var. 2 StGB bereits das Unternehmen aus der Bundesrepublik Deutschland auszureisen, um sich in einen Staat zu begeben, in dem entsprechende Unterweisungen erfolgen.

Die Tathandlung des **Unterweisens** meint ein Unterrichten hinsichtlich der aufgezähl- 91 ten spezifischen Kenntnisse und Fähigkeiten.[235] Das **Unterweisenlassen** betrifft den spiegelbildlichen Vorgang des Erlernens durch kollusives Zusammenwirken mit dem Ausbilder.[236] Die Kenntnisvermittlung muss iSe Ausbildung eine gewisse Zeit in Anspruch nehmen und über das bloße Zugänglichmachen der Informationen iSd § 91 Abs. 1 Nr. 1 StGB hinausgehen.[237] Es bedarf einer eingehenden **kommunikativen Vermittlung** mit der Möglichkeit zum Gedankenaustausch, die auch mittels technischer Kommunikationsformen erfolgen kann. Es besteht eine Parallele zum Schulen gem. § 87 Abs. 1 Nr. 5 StGB.[238]

Die Tathandlung des § 89a Abs. 2a StGB beschränkt sich auf das **Ausreiseunterneh-** 92 **men** aus der Bundesrepublik Deutschland. Der Bezug zum Tatmittel ist rein subjektiver Art und zudem lediglich mittelbar. Er wird über die Absicht hergestellt, sich in der Herstellung oder in dem Umgang mit den Tatmitteln unterweisen zu lassen oder diesbezüglich selbst zu unterweisen bzw. noch einmal mittelbarer dadurch, dass die Absicht besteht, sich in einen Staat zu begeben, in dem Unterweisungen erfolgen. Die Tathandlung knüpft daher an die **Vorbereitung einer Vorbereitung zur Vorbereitung** an. Das Ausreiseunternehmen beginnt, wenn die Ausreise ohne weitere wesentliche Zwischenschritte bevorsteht. Für den Landweg wird dies angenommen, wenn der Grenzübertritt unmittelbar bevorsteht, bzw. bei fremdgesteuerten Transportmitteln, wenn das Fahrzeug vor Grenzübertritt nicht mehr regulär verlassen werden kann.[239] Für den Seeweg gilt Entsprechendes, wenn das Schiff vor der deutschen Hoheitsgrenze nicht mehr verlassen werden kann.[240] Auf dem Luftweg soll das Unternehmen beginnen, wenn der Antritt des Fluges zum Verlassen der Bundesrepublik unmittelbar bevorsteht,[241] somit nach der letzten Kontrolle am Gate, bevor der Passagier das Flugzeug betritt.[242]

---

[234] *Puschke* Legitimation 269; in diese Richtung auch *Hefendehl*, Kollektive Rechtsgüter im Strafrecht, 2002, 244, wonach Know-How grds. zur strafrechtsfreien Privatsphäre zählt.
[235] BGH NStZ 2018, 89.
[236] S. zur Notwendigkeit der Beschränkung auf kollusives Zusammenwirken *Gazeas/Grosse-Wilde/Kießling* NStZ 2009, 593 (597); aA *Fischer* StGB § 89a Rn 30; *Schäfer/Anstötz* in MüKoStGB StGB § 89a Rn 39.
[237] *Gazeas* in Leipold/Tsambikakis/Zöller StGB § 89a Rn. 51; aA *Henrichs* in Matt/Renzikowski StGB § 89a Rn 10.
[238] Hierzu BGH NStZ 2018, 89.
[239] *Gazeas* in Leipold/Tsambikakis/Zöller StGB § 89a Rn. 66.
[240] *Biehl* JR 2015, 561 (569).
[241] BT-Drs. 18/4087, 11; BGHSt 62, 102 (104).
[242] *Sternberg-Lieben* in Schönke/Schröder StGB § 89a Rn. 17.

93 Hinsichtlich der tatbestandlichen Besonderheiten bzgl. der Tatmittel kann grundsätzlich auf die Ausführungen zu § 89a Abs. 2 Nr. 2 StGB verwiesen werden (→ Rn. 69 ff.). Allerdings spielen die konkreten Vorgaben zu den Tatmitteln angesichts der Tatbestandsfassung von § 89a Abs. 2 Nr. 1 und Abs. 2a Var. 2 StGB eine geringere Rolle. So scheint es rechtspraktisch kaum unterscheidbar, ob die Unterweisung hinsichtlich des Umgangs mit einer besonderen Vorrichtung iSe essentiellen Gegenstandes erfolgt oder ob sie sich lediglich auf einzelne Teile hiervon bezieht. Welche konkreten Informationen bzgl. welcher Tatmittel in sog. **Terrorcamps** vermittelt werden, dürfte in der (strafrechtlichen) Rechtspraxis ebenfalls von untergeordneter Bedeutung sein, zumal § 89a Abs. 2a Var. 2 StGB keine Konkretisierung des Ausbildungslagers bzw. der unterweisenden Person selbst oder ihrer Methoden verlangt. Die Relevanz einer konkreten objektiven Gefahrenträchtigkeit des Verhaltens ist somit nahezu vollständig reduziert.

94 Die von der Unterweisung umfassten Kenntnisse müssen sich dennoch auf das Herstellen von oder den Umgang mit den Tatmitteln bzw. auf die sonstigen Fertigkeiten beziehen. Ziel der Unterweisung muss es sein, dass der Unterwiesene die Handlung nach der Unterweisung selbständig vornehmen kann. Ein Unterweisungserfolg ist tatbestandlich nicht vorausgesetzt.[243] Konkret wird es regelmäßig um die Kenntnisvermittlung zum Umgang mit Schusswaffen oder der Platzierung und Zündung von Spreng- und Brandvorrichtungen gehen. Hinsichtlich des Herstellens steht der Bau von Spreng- und Brandvorrichtungen im Zentrum. Als **sonstige Fertigkeiten** werden ausweislich der Gesetzesbegründung etwa logistische Fähigkeiten, wie das Auskundschaften des Tatortes, die Beschaffung gefälschter Dokumente oder eines Fluchtfahrzeugs, adressiert.[244] Die fehlende Einschränkung im Gesetzeswortlaut hat zur Folge, dass auch vollständig neutrale Fertigkeiten einbezogen werden können, wie der viel beschriebene Besuch einer Flugschule mit dem Ziel, die erworbenen Fähigkeiten in gemeingefährlicher Art einzusetzen. Die Einbeziehung derartiger, weitgehend nicht-deliktischer Fertigkeiten als Inhalt der Wissensvermittlung ist **unverhältnismäßig** und zeugt von der **Unbestimmtheit** dieser Tatvariante. Zudem ist sie nicht mit dem Unrechtsgehalt der sonstigen Varianten vergleichbar. Es ist jedenfalls eine einschränkende Auslegung angezeigt.[245] Tatmittelbezogen kann es daher nur um solche Fertigkeiten gehen, die den zuvor genannten mit Blick auf ihre Bedeutung für die Tatbegehung und die Tat selbst entsprechen. Sofern die Unterweisung in der Herstellung oder im Umgang mit anderen als den aufgezählten Tatmitteln als Fertigkeitsvermittlung aufgefasst wird,[246] kann dies allenfalls für solche Tatmittel gelten, die in ihrer Wirkung hinsichtlich einer schweren staatsgefährdenden Gewalttat den aufgezählten gleichstehen. Insofern kommen als in Bezug genommene Tatmittel etwa explosions- oder brandgefährliche Stoffe wie Wasserstoffperoxid und Benzin in Betracht.

95 **bb) Anleitung zur Begehung einer schweren staatsgefährdenden Gewalttat (§ 91 StGB).** § 91 Abs. 1 StGB erfasst das Anpreisen oder einer anderen Person Zugänglichmachen eines Inhalts, der geeignet ist, als Anleitung zu einer schweren staatsgefährdenden Gewalttat zu dienen (Nr. 1), bzw. das Sich-Verschaffen eines entsprechenden Inhalts (Nr. 2). Ein Tatmittelbezug besteht insoweit, dass insbes. kursierende sog. „**Bombenbauanleitungen**" Hintergrund der Normierung sind.[247] Adressiertes Verhalten ist somit die Kenntnisverschaffung und -erlangung bzgl. der Herstellung von und des Um-

---

[243] BGH NStZ 2018, 89; *Gazeas* in Leipold/Tsambikakis/Zöller StGB § 89a Rn. 51 f.; aA *Sternberg-Lieben* in Schönke/Schröder StGB § 89a Rn. 10.
[244] BT-Drs. 16/12428, 15.
[245] S. hierzu auch *Zöller* TerrorismusstrafR 569; *Gazeas* in Leipold/Tsambikakis/Zöller StGB § 89a Rn. 47 ff. letztlich mit dem Verdikt „verfassungswidrig" aufgrund der Unbestimmtheit; so auch *Hellfeld*, Vorbereitung einer schweren staatsgefährdenden Gewalttat, 2011, 224 f.; *Hungerhoff*, Vorfeldstrafbarkeit und Verfassung, 2013, 125 ff.; *Paeffgen* in NK-StGB StGB § 89a Rn. 42; *Steinsiek*, Terrorabwehr durch Strafrecht?, 2012, 314 ff.
[246] *Engelstätter* in LK-StGB StGB § 89a Rn. 105, 114.
[247] BT-Drs. 16/12428, 12, 17.

gangs mit gefährlichen Tatmitteln. Die besondere Gefährlichkeit eines solchen Verhaltens wird darin gesehen, dass terroristische Taten durch leicht verständliche Anleitungen zur Konstruktion von Tatmitteln vereinfacht werden und die Bereitschaft zu ihrer Begehung erhöht wird.[248]

Unter **Anpreisen** gem. § 91 Abs. 1 Nr. 1 Var. 1 StGB wird eine werbende, den Inhalt besonders hervorhebende Äußerung verstanden, wobei ein direkter Zugriff auf den Inhalt nicht ermöglicht werden muss.[249] Allerdings müssen die Umstände der Verbreitung des Inhalts geeignet sein, die Bereitschaft anderer zu fördern oder zu wecken, eine schwere staatsgefährdende Gewalttat zu begehen, weshalb ein inhaltsloses Anpreisen den Tatbestand regelmäßig nicht erfüllen dürfte. Ein **Zugänglichmachen** gem. § 91 Abs. 1 Nr. 1 Var. 2 StGB liegt vor, wenn ein Inhalt in den Wahrnehmungs- oder Herrschaftsbereich des Empfängers gebracht wird und ihm dadurch die Möglichkeit eröffnet wird, sich Kenntnis hiervon zu verschaffen, wobei es auf eine tatsächliche Kenntnisnahme nicht ankommt.[250] 96

Sichverschaffen gem. § 91 Abs. 1 Nr. 2 StGB beschreibt jede Handlung, die zum Erlangen der Herrschaft über den Inhalt führt.[251] Allein der flüchtige, vorübergehende Zugriff auf den Inhalt, zB bei der Anzeige der Anleitung in einem Webbrowserprogramm und den technisch bedingten Zwischenspeicherungen auf dem Rechner, soll auch nach der Ersetzung des Begriffs „Schrift" durch „Inhalt"[252] nicht erfasst sein.[253] Allerdings soll nach dem BGH der intellektuelle Bezug iSe „Sich-Kenntnis-Verschaffens" ausreichen. Weder sei eine physische Herrschaft über den elektronischen Inhalt erforderlich noch ein irgendwie geartetes Herunterladen oder Speichern.[254] Zwar ist dem Wissen über den Inhalt zB einer **„Bombenbauanleitung"** höhere Relevanz beizumessen als der reinen Verfügungsgewalt.[255] Allerdings kommt der **Verfügungsgewalt über den Inhalt** auch deswegen Bedeutung zu, weil sie einen äußeren Anhaltspunkt dafür liefert, dass die Inhalte dem Täter dauerhaft zugänglich bleiben. Ohne das Speichern kann der Täter nicht sicherstellen, dass ein Zugriff wiederholt möglich ist. Erst das Zusammenspiel von intellektuellem Bezug und Verfügungsgewalt ergibt eine manifestere Gefährlichkeit und verleiht der Norm objektiv gewisse Konturen. Wird lediglich auf die intellektuelle Beschäftigung mit der Anleitung abgestellt, stellt sich die Frage nach einer Abgrenzung zu einem illegitimen, den Kernbereich privater Lebensgestaltung verletzenden Gesinnungsstrafrecht noch einmal in verschärfter Form.[256] Ein hinreichendes Gefahrenpotenzial kann damit für Anleitungen erst dann angenommen werden, wenn der Inhalt für den Täter jederzeit verfügbar ist und eine Beschäftigung mit der Anleitung stattgefunden hat.[257] 97

Zwar verlangt der Tatbestand bzgl. des Inhalts der Anleitungen keinen Tatmittelbezug. Insofern können erfasste Anleitungen Informationen insbes. technischer und logistischer Prägung jeder Art enthalten.[258] Im Regelfall wird es jedoch um Informationen zu Tatmitteln gehen. Entspr. der offenen Tatbestandsformulierung sind die einbezogenen Tatmittel der Art nach – anders als in § 89a Abs. 2 Nr. 1 StGB – nicht beschränkt. Allerdings bedarf es der Eignung des Inhalts der Anleitung zur Förderung einer schweren staatsgefährdenden Gewalttat. Hieraus lässt sich ableiten, dass sich die Informationen, sofern sie Tatmittel betreffen, auf solche beziehen, denen eine entsprechende **gegenstandsbezogene Gefährlichkeit** bzgl. dieser Art von Taten innewohnt. Dies gilt umso mehr, wenn eine 98

---

[248] BT-Drs. 16/12428, 13, 17.
[249] *Schäfer/Anstötz* in MüKoStGB StGB § 91 Rn. 13.
[250] *Schäfer/Anstötz* in MüKoStGB StGB § 91 Rn. 15.
[251] *V. Heintschel-Heinegg* in BeckOK StGB, 53. Ed. 1.5.2022, StGB § 91 Rn. 8.
[252] 60. StGBÄndG v. 30.11.2020, BGBl. I 2600.
[253] BT-Drs. 19/19859, 56.
[254] BGHSt 65, 176 = NJW 2021, 2744.
[255] S. hierzu und zu Folgendem *Puschke* StV 2022, 187 (189).
[256] S. auch *Paeffgen* in NK-StGB § 89a Rn. 2 mwN; *Fischer* StGB § 91 Rn. 3, 19.
[257] *Puschke* StV 2022, 187 (190).
[258] *Sternberg-Lieben* in Schönke/Schröder StGB § 91 Rn. 3.

objektive Manifestation des Zwecks der Anleitung (Förderung einer schweren staatsgefährdenden Gewalttat) verlangt wird.[259] Insofern sind Inhalte erfasst, die sich auf die in § 89a Abs. 1 Nr. 1 StGB aufgezählten Tatmittel beziehen. Anleitungen zur Herstellung oder zum Umgang mit lediglich verwendungsbezogen gefährlichen Werkzeugen und Stoffen wie Messer und einfache gesundheitsschädliche Stoffe sind demgegenüber nicht tatbestandsgemäß.

99 Parallelen zu § 86 Abs. 4 StGB (hierzu → § 37 Rn. 56) bzw. zu § 89b Abs. 2 StGB weist § 91 Abs. 2 StGB auf. Danach ist § 91 Abs. 1 Nr. 1 nicht anzuwenden, wenn die Tathandlung als sozialadäquat iSd Nr. 1 anzusehen ist bzw. ausschließlich der Erfüllung rechtmäßiger beruflicher oder dienstlicher Pflichten dient (Nr. 2). **Tatbestandslos** sind insoweit wissenschaftliche Forschung oder Schulung Dritter etwa im Umgang mit Sprengvorrichtungen.[260] Wird der Tatbestand auf Anleitungen beschränkt, in denen sich der terroristische Bezug objektiv manifestiert hat, kommt der Tatbestandsbegrenzung nur noch deklaratorische Wirkung zu.[261]

100 **c) Organisationsbezogener Umgang mit Tatmitteln.** Der Zusammenschluss zu Vereinigungen, die auf die Begehung terroristischer Taten ausgerichtet sind, sowie die Bildung von bewaffneten Gruppen wurden schon früh als besondere Gefahr im Vorfeld einer möglichen Tatbegehung wahrgenommen und vom Gesetzgeber in §§ 128, 129a, b StGB als Straftatbestände ausgestaltet. Die Gefahr wird in der bloßen Existenz bewaffneter und illegale Zwecke verfolgender Gruppen[262] sowie hinsichtlich terroristischer Vereinigungen in der Steigerung der Effektivität und Effizienz durch ein organisiertes Zusammenwirken sowie in dem Risiko von Eigendynamiken und Verantwortungsdiffusion gesehen (*v. Heintschel-Heinegg* → § 36 Rn. 62, 109).[263] Der notwendige enge Bezug zu Straftaten kann sich dabei nur aus einer gefestigten Organisationsstruktur ergeben, die von der Begehung von Straftaten geprägt ist.[264]

101 **aa) Bildung bewaffneter Gruppen (§ 128 StGB).** Gem. § 128 StGB wird die Bildung, das Befehligen, das Versorgen mit Waffen oder Geld sowie die sonstige Unterstützung bewaffneter Gruppen bestraft. Das **Bilden** einer bewaffneten Gruppe meint, dafür Sorge zu tragen, dass sich bewaffnete Personen zu einer Gruppe zusammenschließen oder eine waffenlose Gruppe bewaffnet wird.[265] **Befehligen** bedeutet die Kommandogewalt innehaben und ausüben; andere Gruppenmitglieder müssen sich somit den Anweisungen unterordnen.[266] Es **schließt sich einer Gruppe an,** wer sich mitgliedschaftlich eingliedert, ohne dass der Betreffende selbst bewaffnet sein muss.[267] **Unterstützen** bedeutet das Fördern des Fortbestands der Gruppe oder der Verwirklichung ihrer Ziele durch einen außenstehenden Dritten.[268] Als Unterfall des Unterstützens ist das **Versorgen mit Waffen und Geld** normiert. Versorgen ist das entgeltliche oder unentgeltliche Zurverfügungstellen von Waffen an eine bereits bewaffnete Gruppe. Ein Unterstützen durch Versorgen mit Geld ist auch das Gewähren eines entsprechenden Kredits. Die Gefahrenträchtigkeit der Tathandlungen wird tatbestandlich unterschiedslos daraus abgeleitet, dass eine irgendwie geartete fördernde

---

[259] *Sternberg-Lieben* in Schönke/Schröder StGB § 91 Rn. 3; *Henrichs* in Matt/Renzikowski StGB § 91 Rn. 5; *Puschke* StV 2022, 187 (190).
[260] BT-Drs. 16/12428, 18.
[261] *Sternberg-Lieben* in Schönke/Schröder StGB § 91 Rn. 7.
[262] OLG Stuttgart NStZ 2015, 398 (399); *Krauß* in LK-StGB StGB § 127 aF Rn. 1; vgl. *Fischer* StGB, 68. Aufl. 2021, StGB § 127 aF Rn. 2.
[263] BGHSt 41, 47 (51, 53) = NJW 1995, 2117; hierzu auch *Backes* StV 2008, 654 (655).
[264] Grds. so auch BGH NStZ-RR 2018, 206 (207); *Ostendorf* in NK-StGB StGB § 129 Rn. 12 ff.; *Schäfer/Anstötz* in MüKoStGB StGB § 129 Rn. 16.
[265] *Schäfer/Anstötz* in MüKoStGB StGB § 127 aF Rn. 20.
[266] *Schäfer/Anstötz* in MüKoStGB StGB § 127 aF Rn. 22.
[267] S. schon RGSt 30, 392.
[268] Hierzu und zu Folgendem *Sternberg-Lieben/Schittenhelm* in Schönke/Schröder StGB § 127 aF Rn. 6.

Einflussnahme auf die bewaffnete Gruppe stattfindet und sich dadurch die abstrakte Gefahr der Wahrscheinlichkeit bzw. der Intensität des Einsatzes der Tatmittel erhöht.

Als Gruppe wird eine Mehrheit von mindestens drei Personen verstanden, die sich zu einem gemeinsamen – identitätsstiftenden – Zweck zusammengeschlossen haben. Eine Organisationsstruktur oder ein Angelegtsein auf längeren Zeitraum soll nicht erforderlich sein.[269] Eine gewisse Struktur muss demgegenüber als Grundvoraussetzung für eine objektive Organisationsgefährlichkeit allerdings vorliegen.[270] Die Gruppe muss über Waffen oder andere gefährliche Werkzeuge verfügen. **Verfügen** meint einen ungehinderten Zugriff auf die Gegenstände durch die Mitglieder der Gruppe, wobei die Organisation der Verwahrung nicht entscheidend ist. Die „Bewaffnung" muss für den Zweck der Gruppe wesentlich sein und zugleich nach Art und Gefährlichkeit der Gegenstände ein wesentliches Merkmal des Personenzusammenschlusses darstellen.[271] Für das Merkmal **„gefährliche Werkzeuge"** verlangt der BGH, dass die Gegenstände nach der Art und Weise der nach dem Gruppenzweck bestimmten Verwendung als gefährlich zu beurteilen sind. Die Gegenstände, die nach ihrer objektiven Beschaffenheit zur Herbeiführung erheblicher Verletzungen geeignet sind, müssen daher ggf. auch entspr. eingesetzt werden sollen, was von der Bestimmung durch die Gruppe und nicht durch das einzelne Mitglied abhängt.[272] Im Unterschied zum Beisichführen eines gefährlichen Werkzeugs bei einem Diebstahl gem. § 244 Abs. 1 Nr. 1 lit. a Var. 2 StGB oder einem Raub gem. § 250 Abs. 1 Nr. 1 lit. a Var. 2 StGB wird somit eine subjektivierte Auslegung des Merkmals vorgenommen. Dies wird damit begründet, dass allein das Beisichführen von Waffen oder anderen gefährlichen Werkzeugen die abstrakte Gefährlichkeit bei der unmittelbaren Tatbegehung bereits erhöhe. Beim Tatbestand des § 128 StGB bilde demgegenüber die bloße **Verfügungsgewalt** über derartige Gegenstände den die Strafsanktion legitimierenden Unrechtskern, weshalb eine bloß abstrakte Gefährlichkeit zur Eingrenzung strafwürdigen Verhaltens nicht geeignet sei.[273] Der Wortlaut der Norm erfasst auf legale und illegale Zwecke ausgerichtete Gruppen in gleicher Weise.[274] Vor diesem Hintergrund ist eine einschränkende Auslegung angezeigt. Dies gilt zum einen in Bezug auf die Gefährlichkeit der verwendeten Gegenstände selbst. Für Werkzeuge kann sich eine aktualisierte Gefährlichkeit erst aus der (geplanten) Verwendung ergeben, weshalb im Kontext einer lediglich bestehenden Verfügungsgewalt nur **waffengleiche Werkzeuge** mit einer entsprechenden Gebrauchsbereitschaft als tatbestandlich angesehen werden können. Zum anderen reicht die Gefährlichkeit der Gegenstände, die sich im Gewahrsam der Gruppe befinden, aber nicht aus. Dies gilt für die gefährlichen Werkzeuge genauso wie für die ebenfalls einbezogenen **Waffen.** Zwar gelten hinsichtlich der Konkretisierung letzterer grundsätzlich die obigen Ausführungen. Trotz der gegenstandsbezogenen Gefährlichkeit dieser Mittel besteht aufgrund des gruppenbezogenen Gewahrsams hieran allein kein hinreichendes Gefährdungspotenzial für die Begehung von (gegebenenfalls auch terroristischen) Straftaten. Dies gilt vor allem vor dem Hintergrund, dass auch der befugte Waffenbesitz tatbestandlich sein kann. Es kommt daher entscheidend darauf an, dass der Gruppe Gefährlichkeit bzgl. des Einsatzes der Waffen zugeschrieben werden kann. Insofern bedarf es hierfür ebenfalls einer tatbestandlichen Einschränkung, die vergleichbar mit der Verfügungsgewalt über die gefährlichen Werkzeuge ausgestaltet sein kann. Daher ist auch hinsichtlich der in der Verfügungsgewalt der Gruppe befindlichen Waffen eine **Verwendungsbestimmung** nach dem Gruppenzweck zu verlangen. Die Verwendungsbestimmung ist daher ein gruppenbezogenes Merkmal.

---

[269] BGHSt 63, 138 = NStZ 2018, 593 (594); s. zu weitergehenden Einschränkungen hinsichtlich der Organisationsstruktur OLG Stuttgart NStZ 2015, 398 (399).
[270] *Sternberg-Lieben/Schittenhelm* in Schönke/Schröder StGB § 127 aF Rn. 2.
[271] BGHSt 63, 138 = NJW 2018, 2970 (2973); *Schäfer/Anstötz* in MüKoStGB StGB § 127 aF Rn. 17, 19.
[272] BGHSt 63, 138 = NStZ 2018, 593 (595 f.).
[273] BGHSt 63, 138 = NStZ 2018, 593 (595).
[274] *Kuhli* in Matt/Renzikowski StGB § 127 aF Rn. 3, 7; für eine Restriktion über das Merkmal „unbefugt" etwa *Kulhanek* in BeckOK StGB, 53. Ed. 1.5.2022 StGB § 128 Rn. 38 f.

103 Bei einer entsprechenden Beschränkung des Gruppencharakters ist die **Unbefugtheit** des Bildens oder Befehligens lediglich ein allgemeines Merkmal der Rechtswidrigkeit.

104 **bb) Bildung terroristischer Vereinigungen (§§ 129a, b StGB).** §§ 129a, b StGB pönalisieren die Bildung in- und ausländischer terroristischer Vereinigungen. Als Tathandlungen sind die Gründung und Beteiligung an der Vereinigung als Mitglied (Abs. 1, 2) sowie die Unterstützung der Vereinigung und ein Werben um Mitglieder und Unterstützer (Abs. 5) erfasst. Die Tathandlung des **Gründens** umfasst die führende oder richtungsweisende Mitwirkung bei der Bildung der Vereinigung.[275] Eine **Beteiligung als Mitglied** ist dann anzunehmen, wenn eine Tätigkeit zur Förderung der terroristischen Ziele der Vereinigung unter Eingliederung in die Organisation und Unterordnung unter deren Willen vorgenommen wird.[276] Eine Vereinigung **unterstützt**, wer als Nichtmitglied ihren Fortbestand oder die Verwirklichung ihrer Ziele fördert.[277] Um Mitglieder oder Unterstützer **wirbt**, wer als Nichtmitglied in objektiv erkennbarer Weise Dritte zum Beitritt oder zu Unterstützungshandlungen bewegen will, um so die Vereinigung aufrechtzuerhalten oder zu stärken.[278] Reine Sympathiewerbung ist nicht erfasst.[279] Wie bei § 128 StGB werden unterschiedliche Formen der Förderung der terroristischen Vereinigung tatbestandlich erfasst, die der Steigerung der Effektivität und Effizienz dienen können und damit als gefährdungserhöhend betrachtet werden.

105 Eine Vereinigung ist in § 129 Abs. 2 StGB legaldefiniert als ein auf längere Dauer angelegter, von einer Festlegung von Rollen der Mitglieder, der Kontinuität der Mitgliedschaft und der Ausprägung der Struktur unabhängiger organisierter Zusammenschluss von mehr als zwei Personen zur Verfolgung eines übergeordneten gemeinsamen Interesses.[280] Einen Bezug zu terroristischen Tatmitteln weisen §§ 129a, b StGB zum einen dadurch auf, dass die Taten, auf welche die Vereinigung ausgerichtet ist, mittels Waffen, Sprengstoffen oder sonstiger (gefährlicher) Tatmittel begangen werden können.[281] Dies gilt neben den in § 129a Abs. 1 Nr. 1 in Bezug genommenen Delikten wie Mord (§ 211 StGB), Totschlag (§ 212 StGB) oder Völkermord (§ 6 VStGB) insbesondere auch für gemeingefährliche Straftaten wie §§ 307 Abs. 1–3, 308 Abs. 1–4, 309 Abs. 1–5, 314 StGB, die in § 129a Abs. 2 Nr. 2 genannt sind. Darüber hinaus werden in Abs. 2 Nr. 4 Straftaten nach dem KrWaffKontrG etwa bzgl. des Umgangs mit Atomwaffen, biologischen und chemischen Waffen sowie weiteren Kriegswaffen und in Abs. 2 Nr. 5 Straftaten nach dem WaffG zum Umgang mit Schusswaffen adressiert. Die Aufnahme der unmittelbar waffenbezogenen Straftatbestände geht auf den Rahmenbeschluss des Rates vom 13.6.2002 zur Terrorismusbekämpfung (2002/475/JI) zurück. Ein weiterer Verweis auf Strafvorschriften des SprengG wurde im Hinblick auf die Regelungen in § 308 StGB, auf die in § 129a Abs. 2 Nr. 2 StGB Bezug genommen wird, als entbehrlich erachtet.[282] Die Einbeziehung von nicht-rechtsgutsverletzenden Straftaten, wie den Besitz von oder den Handel mit Waffen, in den Katalog der Vorbereitungstaten ist vor dem Hintergrund der Verhältnismäßigkeit der Norm problematisch (→ Rn. 43).

---

[275] BGH NJW 2006, 1603 (1604).
[276] BGH NStZ 1993, 37 (38).
[277] BGHSt 54, 69 = NJW 2009, 3448 (3462); eingehend zur organisationsbezogenen und tatbezogenen Unterstützung *Weißer* FS Sieber, 2021, 1001 ff.
[278] *Kindhäuser/Hilgendorf* in LPK-StGB StGB § 129 Rn. 32; *Fischer* StGB § 129 Rn. 43 „verselbstständigte Anstiftung", s. nur *Ostendorf* in NK-StGB StGB § 129 Rn. 19.
[279] BT-Drs. 14/8893, 8.
[280] Zur Diskussion um den Vereinigungsbegriff s. nur *v. Heintschel-Heinegg* in BeckOK StGB, 53. Ed. 1.5.2022, StGB § 129 Rn. 4 ff.
[281] S. zu Unterstützungshandlungen durch Zurverfügungstellung etwa von Waffen *Engelstätter/Barrot* → § 38 Rn. 40.
[282] *Schäfer/Anstötz* in MüKoStGB StGB § 129a Rn. 39.

E. Rechtsfolgen und strafprozessuale Ermittlungsmaßnahmen

I. Rechtsfolgen

1. Strafmaß

106 Straftatbestände, welche Gefahren adressieren, die von Waffen, Sprengstoffen und anderen Gegenständen und Stoffen als terroristische Tatmittel ausgehen, weisen regelmäßig einen hohen Strafrahmen auf. Dies ist einerseits dem gesteigerten Unrecht und der erhöhten Gefahr durch den Umgang mit diesen Mitteln geschuldet. Andererseits spielt hinsichtlich der Tatbestände, die sich unmittelbar auf terroristische Aktivitäten beziehen, auch der sich hieraus ergebende überindividuelle Charakter der Handlungen eine unrechtssteigernde und damit strafschärfende Rolle. Auch ohne eine explizite tatbestandliche Erfassung kann die Nutzung von gefährlichen Tatmitteln und eine terroristische Motivation im Rahmen der Strafzumessung strafschärfend berücksichtigt werden.[283]

107 Für die Vorbereitungstatbestände ist jedoch zu beachten, dass das Unrecht der Tat gegenüber der Durchführung der Haupttat, etwa eines terroristischen Anschlages, erheblich reduziert ist und die Tatbestandsmerkmale zT nur geringe Bestimmtheit aufweisen.[284] Vor diesem Hintergrund passen sich insbes. die Strafrahmen des § 89a Abs. 1 iVm Abs. 2, 2a StGB[285] und des § 89c Abs. 1, 2 StGB[286] (sechs Monate bis zehn Jahre Freiheitsstrafe) nicht in das Sanktionssystem des StGB ein und bewegen sich an der Grenze zur Unverhältnismäßigkeit. Dies gilt auch im Vergleich zu ähnlichen Delikten wie § 310 Abs. 1 Nr. 2 und 3 StGB, der eine Freiheitsstrafe von sechs Monaten bis zu fünf Jahren vorsieht. Insbes. die Einbeziehung der Haupttaten der §§ 224, 303b, 305 und 305a StGB in den Katalog des § 89c Abs. 1 S. 1 Nr. 1, 3 StGB erscheint im Strafrahmenvergleich unvertretbar. Dies können auch die zusätzlichen tatbestandlichen Einschränkungen in § 89c Abs. 1 S. 2 StGB nicht kompensieren.[287] Der geringe Unrechtsgehalt der Vorbereitungshandlungen muss daher jedenfalls bei der Strafzumessung im Einzelfall angemessen berücksichtigt werden.[288] Insofern sind auch die Regelungen zu den minder schweren Fällen zu beachten.[289]

2. Einziehung

108 Für die hier besprochenen gefährlichen terroristischen Tatmittel sind vornehmlich die §§ 74 Abs. 1 Var. 2, 92b S. 1 Nr. 1 Var. 2 StGB zur Einziehung von Tatmitteln bei Tätern und Teilnehmern relevant, wobei über § 74a StGB auch die Einziehung bei Dritten möglich ist. Einziehungsfähige Tatmittel sind Gegenstände, die zur Begehung oder Vor-

---

[283] BGH NJW 2004, 3051; *Kinzig* in Schönke/Schröder StGB § 46 Rn. 21.
[284] Zur Zunahme der Anforderungen an das Bestimmtheitsgebot mit Zunahme der Schwere der Strafandrohung BVerfGE 75, 329 (342) = NJW 1987, 3175; BVerfGE 105, 135 (155) = NJW 2002, 1779; BVerfGE 126, 170 (196) = NJW 2010, 3209; BGHSt 59, 218 = NJW 2014, 3459 (3460 Rn. 7 ff.).
[285] Deutliche Kritik an der Höhe des Strafmaßes äußern etwa *Fischer* StGB § 89a Rn. 45; *Gazeas* in Leipold/Tsambikakis/Zöller StGB § 89a Rn. 89; *Paeffgen* in NK-StGB StGB § 89a Rn. 73; *Zöller* in SK-StGB StGB § 89a Rn. 48; *Frisch* FS Sieber, 2021, 905 (927); *Hellfeld*, Vorbereitung einer schweren staatsgefährdenden Gewalttat, 2011, 216 f.; s. sogar *Biehl* JR 2015, 561 (566 f.); ebenso *Schäfer/Anstötz* in MüKoStGB StGB § 89a Rn. 77, allerdings mit Verweis darauf, dass diesen Bedenken iRd Strafzumessung innerhalb des weit gefassten Strafrahmens begegnet werden könne. Hingegen sind *Engelstätter* in LK-StGB StGB § 89a Rn. 68; *Sternberg-Lieben* in Schönke/Schröder StGB § 89a Rn. 1c; *Aliabasi*, Die staatsgefährdende Gewalttat, 2017, 353 der Auffassung, es bestehe kein Missverhältnis zwischen Art und Höhe der angedrohten Sanktion und dem unter Strafe gestellten Verhalten; vgl. auch BGHSt 59, 218 = NJW 2014, 3459 (3460 Rn. 7 ff.).
[286] *Zöller* GA 2020, 249 (256).
[287] *Puschke* KriPoZ 2018, 101 (107).
[288] BGHSt 59, 218 (228 f.) = NJW 2014, 3459 (3465 Rn. 44 f.); BGH NJW 2017, 2928 (2931).
[289] Allerdings weisen etwa § 89a Abs. 5 StGB und § 89c Abs. 5 StGB immer noch einen Strafrahmen von drei Monaten bis fünf Jahren Freiheitsstrafe auf, wodurch eine Geldstrafe lediglich unter den Voraussetzungen des § 47 Abs. 2 StGB in Betracht kommt. Vgl. aber auch die weiteren Möglichkeiten zur Strafmilderung und zum Absehen von Strafe in § 89a Abs. 7 StGB und § 89c Abs. 6, 7 StGB; s. auch § 46b StGB.

bereitung einer vorsätzlichen Tat gebraucht worden oder bestimmt gewesen sind. Voraussetzung für die Einziehung ist der Bezug zu einer begangenen vorwerfbaren (Anknüpfungs-) Tat, die einem Täter zugeordnet werden kann. Darüber hinaus bietet § 76a StGB unter bestimmten Voraussetzungen die Möglichkeit der selbständigen, dh von der Verfolgung oder Verurteilung eines Täters unabhängigen Einziehung. Gemäß Abs. 4 ist dies auch bei dem bloßen Verdacht der Begehung bestimmter, in S. 3 genannter Delikte möglich, zu denen ua die §§ 89a, 89c, 129, 129a StGB sowie bestimmte Straftaten nach dem WaffG und dem KrWaffKontrG gehören. Für die Möglichkeit der Einziehung genügt die Verwendung von Tatmitteln in der Vorbereitungsphase der Straftat, wenn die Vorbereitung als solche strafbar war oder zumindest das strafbare Versuchsstadium erreicht wurde.[290] § 74 Abs. 1 Var. 2 StGB erfasst nicht Gegenstände, die lediglich im Zusammenhang mit der Tat oder gelegentlich bei ihrer Begehung benutzt werden.[291] Dass mitgeführte Tatmittel tatsächlich zur Tatbegehung eingesetzt werden, ist hingegen nicht gefordert.[292] Voraussetzung für die Einziehung eines Tatmittels, das lediglich zur Begehung der Tat bestimmt war, aber nicht eingesetzt wurde, ist in restriktiver Auslegung, dass die deliktische Verwendung der betreffenden Gegenstände aufgrund ihrer objektiven Beschaffenheit auf der Hand liegt.[293] Sie müssen daher im hier verstandenen Sinne **gegenstandsbezogene Gefährlichkeit** aufweisen. Beziehungsgegenstände, also solche, die dem Täter als Objekt seines Handelns gedient haben ohne Tatprodukte oder Tatmittel zu sein,[294] können bei Straftaten nach §§ 80a, 86, 86a, 89a–91 StGB ebenfalls eingezogen werden (§ 92b S. 1 Nr. 2 StGB). Dies kann etwa „Bombenbauanleitungen" betreffen, die im Rahmen der Tatbestandserfüllung des § 89a StGB genutzt wurden, regelmäßig jedoch nicht bei der Ausreise iSd § 89a Abs. 2a StGB **mitgeführtes Geld.**[295]

109 Darüber hinaus besteht die Möglichkeit der Sicherungseinziehung gem. § 74b StGB, die an die aus der Art des Gegenstandes abgeleitete abstrakte Gefährlichkeit bestimmter Tatmittel (insbes. bei Gegenständen wie Sprengstoffe, Kernbrennstoffe, Gifte jeder Art sowie Waffen) oder die konkrete Gefährlichkeit aufgrund der Verwendung im Einzelfall anknüpft.[296] Bloß am Rande relevant ist daneben auch die für die Gerichte in den §§ 73 ff. StGB verpflichtend geregelte Einziehung von Taterträgen.[297] Im vorliegenden Kontext ist hier beispielhaft an die Begehung eines Raubes zur Erlangung gefährlicher terroristischer Tatmittel zu denken.

110 Besondere Einziehungsvorschriften finden sich zudem in § 54 WaffG, § 43 SprengG und § 24 KrWaffKontrG.

3. Weitere Rechtsfolgen

111 Als weitere Rechtsfolge kommt für als Verbrechen qualifizierte Delikte sowie solche gem. §§ 89a Abs. 1–3, 89c Abs. 1–3, 129a Abs. 5 S. 1 Var. 1 StGB eine Sicherungsverwahrung gem. § 66 Abs. 1 S. 1 Nr. 1 lit. b, Abs. 3 S. 1 StGB in Betracht. Eine Anordnung von Führungsaufsicht gem. § 68 Abs. 1 StGB ist etwa vorgesehen nach § 256 StGB für Raubdelikte, nach § 321 StGB für bestimmte gemeingefährliche Taten, nach § 89a Abs. 6 StGB

---

[290] BGHSt 13, 311 = NJW 1960, 107; OLG Köln NJW 1951, 612 (613); *Eser/Schuster* in Schönke/Schröder StGB § 74 Rn. 3; *Saliger* in NK-StGB StGB § 74 Rn. 4.
[291] BGH BeckRS 2018, 16395 Rn. 4; *Fischer* StGB § 74 Rn. 13.
[292] Vgl. BGHSt 13, 311 = NJW 1960, 107; *Joecks/Meißner* in MüKoStGB StGB § 74 Rn. 11.
[293] *Heuchemer* in BeckOK StGB, 53. Ed. 1.5.2022, StGB § 74 Rn. 13.1; *Joecks/Meißner* in MüKoStGB StGB § 74 Rn. 11.
[294] *Ellbogen* in BeckOK StGB, 53. Ed. 1.5.2022, StGB § 92b Rn. 6.
[295] BGH BeckRS 2017, 134804 Rn. 8, 9.
[296] *Heuchemer* in BeckOK StGB, 53. Ed. 1.5.2022, StGB § 74b Rn. 1 ff.; *Joecks/Meißner* in MüKoStGB StGB § 74b Rn. 2 ff.; *Lohse* in LK-StGB StGB § 74b Rn. 4.
[297] § 73a StGB bzgl. der erweiterten Einziehung von Taterträgen gilt ua für § 89a StGB, seit Neufassung der strafrechtlichen Vermögensabschöpfung auch ohne Verweis des § 89a Abs. 6 Hs. 2 StGB aF. Dieser Absatz ist weggefallen, vgl. BT-Drs. 18/9525, 74; G zur Reform der strafrechtlichen Vermögensabschöpfung v. 13.4.2017, BGBl. 2017 I 872.

E. Rechtsfolgen und strafprozessuale Ermittlungsmaßnahmen § 35

für die Vorbereitung einer schweren staatsgefährdenden Gewalttat und nach § 129a Abs. 9 StGB für die Bildung einer terroristischen Vereinigung. Bei Bekanntwerden von tatsächlichen Anhaltspunkten für Straftaten nach § 89a StGB oder nach § 129a StGB drohen zudem aufenthaltsrechtliche Konsequenzen.[298]

II. Strafprozessuale Ermittlungsmaßnahmen

Beim Ausbau des Terrorismusstrafrechts spielen strafprozessuale Ermittlungsmaßnahmen **112** eine besondere Rolle. Das Gros gemutmaßter tatmittelbezogener Verhaltensweisen mit terroristischem Hintergrund unterliegt **eingriffsintensiven Ermittlungsmaßnahmen**. Neben klassischen Maßnahmen wie der Sicherstellung und Beschlagnahme (§ 94 Abs. 1, 2 StPO)[299] sowie der Durchsuchung (§§ 102 f. StPO)[300] weisen auch die Kataloge der besonders eingriffsintensiven verdeckten Ermittlungsmaßnahmen wie der Online-Durchsuchung (§ 100b Abs. 2 Nr. 1 lit. a, c, g, j StPO) oder der Telekommunikationsüberwachung (§ 100a Abs. 2 Nr. 1 lit. a, d, h, k, u StPO) eine Vielzahl der hier besprochenen Tatbestände als Anlasstaten aus.[301] Beschränkt sich der Tatverdacht auf Verhaltensweisen nach §§ 91, 128, 224 StGB, so kommen die höchst eingriffsintensiven Maßnahmen demgegenüber idR nicht in Betracht.[302]

Die strafprozessuale Flankierung stößt vor allem hinsichtlich des vorverlagerten Terroris- **113** musstrafrechts auf erhebliche Bedenken. In diesem Bereich steht das Unrecht der Tathandlung mit seiner begrenzenden Funktion nicht im Zentrum der strafrechtlichen Erfassung. Vielmehr geht es um einen Anlass zu einer möglichst **frühzeitigen Intervention** in den mutmaßlich geplanten Geschehensablauf, vor allem auch mit Hilfe strafprozessualer Überwachungsmaßnahmen.[303] Entspr. wird das vorverlagerte Terrorismusstrafrecht auch als **„Türöffner"**[304] bezeichnet, dessen wesentlicher Gehalt in seiner Funktion als Anknüpfungspunkt für grundrechtssensible Ermittlungsmaßnahmen liegt.[305] Auch der Gesetzgeber hält den Einsatz „offener" Ermittlungsmethoden für die Verfolgung staatsschutzrelevanter Gewalttaten für aussichtslos[306] und verfolgte daher mit Ermöglichung des Einsatzes nahezu aller – vorrangig verdeckter – Ermittlungsmaßnahmen das Ziel, ein „erforderliches und angemessenes Ermittlungsinstrumentarium" zur Verfügung zu stellen.[307]

Das so geschaffene „Interventions-"[308] bzw. „Sicherheitsstrafrecht"[309], lässt die Grenzen **114** zwischen präventivem Gefahrenabwehrrecht[310] und repressivem Straf(verfahrens)recht ver-

---

[298] Vgl. §§ 27 Abs. 3a Nr. 1, 54 Abs. 1 Nr. 2, 56a Abs. 4 Nr. 5 AufenthG; hierzu auch *Gazeas* in Leipold/Tsambikakis/Zöller StGB § 89a Rn. 103 sowie → § 44 Rn. 49, 63 ff.
[299] Zu beachten ist, dass auch die Beschlagnahme gem. § 95a Abs. 1 Nr. 1 StPO iVm § 100a Abs. 2 Nr. 1 lit. a, d StPO unter Zurückstellung der Benachrichtigung des Beschuldigten (also „heimlich") erfolgen kann.
[300] S. zu geringeren Anforderungen an die Ergreifung des Beschuldigten bei Tatverdacht auf bestimmte terroristische Vorbereitungstaten § 103 Abs. 1 S. 2 StPO.
[301] Zu weiteren terrorismusbezogenen Ermittlungsmaßnahmen → § 36 Rn. 29; zu grundrechtlichen Aspekten → § 24 Rn. 17 ff.; konkret zur Überwachung von Wohnraum → § 25.
[302] *Gazeas* in Leipold/Tsambikakis/Zöller StGB § 91 Rn. 41; *Engelstätter* in LK-StGB StGB § 91 Rn. 48.
[303] Hierzu *Puschke* in Lange/Wendekamm, Die Verwaltung der Sicherheit, 2018, 215 ff.
[304] So etwa *Brodowski/Jahn/Schmitt-Leonardy* GSZ 2017, 7 (11); *Hellfeld*, Vorbereitung einer schweren staatsgefährdenden Gewalttat, 2011, 175, 182; *Paeffgen* in NK-StGB StGB § 89a Rn. 1 ff.; vgl. auch *Zöller* in SK-StGB StGB § 89a Rn. 8; *Pawlik*, Der Terrorist und sein Recht, 2008, 33 f.; *Sieber* NStZ 2009, 353 (364) formuliert seine Kritik als „vorbeugende bzw. vorweggenommene Sicherungsverwahrung".
[305] Vgl. *Puschke* JBÖS 2018/19, 75 (76).
[306] Näher dazu BT-Drs. 16/12428, 20.
[307] BT-Drs. 16/12428, 3, 13.
[308] *Puschke* in Lange/Wendekamm, Die Verwaltung der Sicherheit, 2018, 215 ff.
[309] Es findet sich etwa auch die Bezeichnung als „Präventionsstrafrecht" bei *Sieber* NStZ 2009, 353 (355) oder als „Gefährderrecht" bei *Brodowski/Jahn/Schmitt-Leonardy* GSZ 2017, 7; diesbzgl. inhaltlich übereinstimmend *Paeffgen* in NK-StGB StGB § 89a Rn. 1 ff. der scharfe Kritik an der „Verpolizeilichung des materiellen Strafrechts" übt.
[310] Die polizeiliche Zuständigkeit für die Terrorismus-„Bekämpfung" ist aufgeteilt zwischen den Landespolizeien (zB BayPAG) und dem Bundeskriminalamt (§§ 5, 38 ff. BKAG). Daneben werden die Über-

schwimmen³¹¹ – zunehmend auch mit dem Ziel, über die Sachverhaltsaufklärung hinaus die Aufdeckung von (kriminellen) Strukturen zu erreichen, um so frühzeitig Gefahren bekämpfen zu können.³¹² Die Überschneidungen der Maßnahmen des Straf(verfahrens)rechts und des Gefahrenabwehrrechts führen zu einer Verschmelzung der unterschiedlichen Ebenen der Sicherheitsarchitektur,³¹³ wodurch derselbe Sachverhalt Grundlage für Maßnahmen aus beiden Bereichen sein kann³¹⁴ und die Hürden für eine Übermittlung personenbezogener Daten abgesenkt sind.³¹⁵

115 Vor dem Hintergrund der Ausgestaltung der Strafnormen sind auch die Hürden für einen strafprozessualen Anfangsverdacht herabgesetzt. Die Möglichkeit des Vorliegens einer verfolgbaren Straftat³¹⁶ wird bei Vorbereitungstatbeständen bereits bei einer Kombination verschiedener, für sich genommen unauffälliger Tatsachen gegeben sein können.³¹⁷ Insofern besteht die Gefahr, dass diese Straftatbestände zur Durchführung auch von Ermittlungen wegen anderer Straftaten genutzt werden, für die nach jeweiligem Ermittlungsstand (noch) kein Anfangsverdacht besteht.³¹⁸ Die Kontrollfunktion des Ermittlungsrichters³¹⁹ bleibt mit Blick auf die vagen Tatbestandsvoraussetzungen und die Bedeutung der Planungszusammenhänge gering.³²⁰

116 Insbes. hinsichtlich des Umgangs mit bestimmten Tatmitteln sind daher die Beschränkungen zu beachten, die sich aus einer engen Auslegung der Normen hinsichtlich der Gefährlichkeit der Gegenstände und Stoffe ergeben. So darf allein der Verdacht auf den Gewahrsam an Gegenständen und Stoffen, die als solche nicht den Anforderungen an die Gefährlichkeit genügen, auch bei gemutmaßten terroristischen Absichten noch keine strafprozessualen Ermittlungen auslösen.

F. Perspektiven

117 Gefährliche Tatmittel in terroristischen Händen bergen Unheil. Es besteht besonderes Potenzial Individuen zu schädigen, die Bevölkerung einzuschüchtern und staatliche Schutzobjekte zu beeinträchtigen. Der Gesetzgeber reagiert mit erheblichen Ausweitungen der Strafbarkeit. Der Umgang mit potenziellen terroristischen Tatmitteln wird, wo immer eine Gefahr ausgemacht wird, strafrechtlich erfasst. Einen Halt vor alltäglichen Mitteln und neutralen Handlungen als Anknüpfungspunkte strafrechtlicher Verantwortlichkeit gibt es nicht. Damit werden Gefahren für den Staat und seine Bürgerinnen und Bürger durch Terrorismus mit Gefahren für den Rechtsstaat durch ein ausuferndes und mit Verfassungsgrundsätzen schwer zu vereinbarendes Strafrecht angegangen. Für die Zukunft ist keine Besserung zu erwarten. Es wird weiterhin terroristische Bedrohungen geben und der

---

wachungsbefugnisse der Verfassungsschutzämter ausgedehnt (zB Art. 10, 13, 15 Abs. 3 BayVSG und § 6 BWLVSG); vgl. aber zur teilweisen Verfassungswidrigkeit des BayVSG BVerfG NJW 2022, 1583.
[311] *Brodowski/Jahn/Schmitt-Leonardy* GSZ 2017, 7; *Roggan* ZRP 2017, 208 (209) mwN.
[312] *Puschke* StV 2015, 457 (458); *Puschke* JBÖS 2018/19, 75 (78).
[313] Dazu gehören auch Verfassungsschutz und Nachrichtendienste.
[314] *Puschke* JBÖS 2018/19, 75 (79, 82 f.); *Puschke* KriPoZ 2018, 101 (104); *Brodowski/Jahn/Schmitt-Leonardy* GSZ 2017, 7 ff.; *Brodowski/Jahn/Schmitt-Leonardy* GSZ 2018, 7; *Roggan* GSZ 2018, 52 (53).
[315] *Brodowski/Jahn/Schmitt-Leonardy* GSZ 2018, 7; näher zur zweckändernden Datenverwendung *Bodenbenner*, Präventive und repressive Datenverarbeitung unter besonderer Berücksichtigung des Zweckbindungsgedankens, 2017, 80 ff.; entspr. Regelungen finden sich etwa in § 100e Abs. 6 StPO oder § 12 Abs. 2 S. 1 BKAG.
[316] BGH NJW 1989, 96 (97); *Schmitt* in Meyer-Goßner StPO § 152 Rn. 4.
[317] *Hellfeld*, Vorbereitung einer schweren staatsgefährdenden Gewalttat, 2011, 175.
[318] *Zöller* StV 2012, 364 (372); deutliche Kritik übt neben vieler bes. *Paeffgen* in NK-StGB StGB § 89a Rn. 3 mwN, der § 89a StGB als Anlasstat für strafprozessuale Ermittlungsmaßnahmen bewertet, die die Hürden „normaler Mord-etc.-Ermittlungen" überwinden soll; hiergegen *Engelstätter* in LK-StGB StGB § 89a Rn. 35 ff.
[319] *Zöller* StV 2012, 364 (372). Die Bedeutung der Richtervorbehalte ist deshalb gesteigert, weil die Ermittlungsbehörden der Exekutive maßgeblich die Kontrolle über die Sachverhaltsdarstellung in etwaigen Akten innehaben.
[320] Näher hierzu *Puschke* JBÖS 2018/19, 75 (82) mwN.

Gesetzgeber wird mit der Erweiterung und Verschärfung des Strafrechts agieren und reagieren. Es bleibt die Aufgabe von Praxis und Wissenschaft, negativen Auswirkungen dieser gefährlichen Spirale für den Rechtsstaat durch einen kritischen Blick auf die Strafnormen des Terrorismusstrafrechts zu begegnen.

§ 36 Terrorismusstrafrecht

Bernd von Heintschel-Heinegg

Übersicht

	Rn.
A. Begriff des Terrorismus	1
B. Terrorismusbekämpfung als Teil des Staatsschutzstrafrechts einschließlich verfassungsrechtlicher und gerichtsverfassungsrechtlicher Grundlagen	14
C. Bekämpfung des Terrorismus im deutschen Strafrecht	25
I. Grundlagen	25
II. Terrorismus – Vorbereitung und Unterstützung	31
1. Vorbereitung einer schweren staatsgefährdenden Straftat, § 89a StGB	32
2. Aufnahme von Beziehungen zur Begehung einer schweren staatsgefährdenden Straftat, § 89b StGB	42
3. Terrorismusfinanzierung, § 261 StGB und § 89c StGB	46
a) Erscheinungsformen	47
b) Geldwäsche, § 261 StGB	49
c) Terrorismusfinanzierung, § 89c StGB	52
d) Ist auch das Vermögen einer terroristischen Vereinigung geschützt?	57
4. Anleitung zu einer schweren staatsgefährdenden Gewalttat, § 91 StGB	58
III. Terroristische Vereinigungen, §§ 129a, 129b StGB	62
1. Strafgrund und Rechtsgut	62
2. Bildung terroristischer Vereinigungen, § 129a StGB	64
3. Terroristische Vereinigungen im Ausland, § 129b StGB	76
D. Entschädigung von Opfern nach terroristischen Anschlägen	79
E. Zur Anwendbarkeit deutschen Strafrechts im Rahmen der Terrorismusbekämpfung	81
I. Zur Systematik deutschen Strafanwendungsrechts	82
II. Zur Anwendung deutschen Strafrechts bei im Ausland begangenen Terrorismusstraftaten	89
1. Tatort Internet	89
2. Erweiterung des Strafanwendungsbereichs bei der Vorbereitung einer schweren staatsgefährdenden Gewalttat, § 89a StGB, der Aufnahme von Beziehungen zur Begehung einer schweren staatsgefährdenden Gewalttat, § 89b StGB, und für terroristische Vereinigungen im Ausland, § 129b StGB	94
III. Nebenfolgen und Einziehung	100
F. Ermächtigungserfordernis	102
G. Terrorismusbekämpfung mittels Vorfeldkriminalisierung – verfassungsrechtliche Grenzen	107
H. Besonderheiten des Terrorismusstrafrechts im Strafverfahrensrecht	117
I. Zuständigkeiten	117
II. Absehen von der Verfolgung von Auslandstaten, § 153c StPO, bei Staatsschutzdelikten wegen überwiegender öffentlicher Interessen, § 153d StPO, und bei Staatsschutzdelikten bei tätiger Reue, § 153e StPO	121
1. Absehen von der Verfolgung von Auslandstaten, § 153c StPO	121

	Rn.
2. Absehen von der Verfolgung bei Staatsschutzdelikten wegen überwiegender öffentlicher Interessen, § 153d StPO	126
3. Absehen von der Verfolgung bei Staatsschutzdelikten bei tätiger Reue, § 153e StPO	129
III. Notwendige Verteidigung – Pflichtverteidigung	131
IV. Strafverteidigung in Terrorismusverfahren	136
J. Europäische Union	138
I. Richtlinie zur Terrorismusbekämpfung (EU) 2017/541	138
II. Geplante EU-Verordnung gegen Online-Propaganda	139
K. Europarat	145
L. Ausblick	148

Wichtige Literatur:

Ambos, K., Der Terrorist als Feind? Zugleich eine Besprechung von Andreas Kulick/Michael Goldhammer (Hrsg.), Der Terrorist als Feind?, 2020, ZIS 2020, 254 ff.; *Biehl*, Erweiterung des strafrechtlichen Instrumentariums zur Terrorismusbekämpfung, JR 2015, 561 ff.; *Biehl, S.*, HRRS-Praxishinweis: Zur Auslegung der Staatsschutzklausel in § 89a StGB im Lichte der Rechtsprechung des BGH, HRRS 2016, 85 ff.; *Biehl, S.*, Strafbarkeitslücken im Terrorismusstrafrecht? Eine Analyse der bestehenden Sanktionsmöglichkeiten terroristisch motivierten Handelns, JR 2018, 317 ff.; *Binder, C./Jackson, V.*, Wer ist Terrorist im internationalen Recht?, in Kulick/Goldhammer (Hrsg.), Der Terrorist als Feind?, 2020, 123 ff.; *Brodowski, D./Jahn, M./Schmitt-Leonardy, C.*, Gefahrenträchtiges Gefährderrecht, GSZ 2018, 7 ff.; *Bützler, V.*, Staatsschutz mittels Vorfeldkriminalisierung, 2017; *Cancio Meliá, M.*, Terrorismusstraftaten im spanischen Strafrecht, 2011; *Fahrner, M.*, Staatsschutzstrafrecht. Einführung und Grundlagen, 2020; *Frank, P./Schneider-Glockzin, H.*, Terrorismus und Völkerstraftaten im bewaffneten Konflikt, NStZ 2017, 1 ff.; *Gärditz, K. F.*, Braucht das Recht eine Theorie des Terrorismus? in Kulick/Goldhammer (Hrsg.), Der Terrorist als Feind?, 2020, 23 ff.; *Gazeas, N./Grosse-Wilde, T./Kießling, A.*, Die neuen Tatbestände im Staatsschutzstrafrecht – Versuch einer ersten Auslegung der §§ 89a, 89b und 91 StGB, NStZ 2009, 593; *Gierhake, K.*, Zur geplanten Einführung neuer Straftatbestände wegen der Vorbereitung terroristischer Straftaten, ZIS 2008, 397; *Greco, L.*, Das Bestimmtheitsgebot als Verbot gesetzgeberisch in Kauf genommener teleologischer Reduktionen. Zugleich: Zur Verfassungsmäßigkeit von §§ 217 und 89a Abs. 2 Nr. 1 StGB, ZIS 2018, 475 ff.; *Hassemer, W.*, Sicherheit durch Strafrecht, StV 2006, 321; *v. Heintschel-Heinegg, B.*, Gemeinschaftsrechtskonforme Auslegung des Vereinigungsbegriffs in den §§ 129 ff. StGB, FS F.-C. Schroeder, 2006, 799 ff.; *Hellfeld, B.*, Vorbereitung einer schweren staatsgefährdenden Gewalttat, 2011; *Hungerhoff, H.*, Vorfeldstrafbarkeit und Verfassung, 2013; *Hoffmann, B.*, Terrorismus. Der unerklärte Krieg, 2006; *Knauer, F.*, Jugendstrafrecht und Terrorismus, FS Eisenberg, 2019, 259 ff.; *Kreß, C./Gazeas, N.*, Europäisierung des Vereinigungsbegriffs in den §§ 129 ff. StGB?, FS Puppe, 2011, 1487 ff.; *Montenegro, L.*, Die kriminelle Vereinigung als Unrechtsperson. Zugleich ein Beitrag zur Auslegung von § 129 II StGB, GA 2019, 489 ff.; *Puschke, J.*, Legitimation, Grenzen und Dogmatik von Vorbereitungstatbeständen, 2017; *Puschke, J.*, Das neue Terrorismusstrafrecht im Lichte der Verfassung, KriPoZ 2018, 101 ff.; *Radtke, H./Steinsiek, M.*, Bekämpfung des internationalen Terrorismus durch Kriminalisierung von Vorbereitungshandlungen? – Zum Entwurf eines Gesetzes zur Verfolgung der Vorbereitung von schweren Gewalttaten (Referentenentwurf des BMJ vom 21.4.2008), ZIS 2008, 383 ff.; *Sieber, U.*, Legitimation und Grenzen von Gefährdungsdelikten im Vorfeld von terroristischer Gewalt – Eine Analyse der Vorfeldtatbestände im „Entwurf eines Gesetzes zur Verfolgung der Vorbereitung von schweren staatsgefährdenden Gewalttaten", NStZ 2009, 353 ff.; *Sieber, U./Vogel, B.*, Terrorismusfinanzierung. Prävention im Spannungsfeld von internationalen Vorgaben und nationalem Tatstrafrecht, 2015; *Weißer, B.*, Die Entwicklung des deutschen Terrorismusstrafrechts – Expansionen und notwendige Eingrenzungen, RW 2019, 453 ff.; *Zöller, M. A.*, Terrorismusstrafrecht, 2009; *Zöller, M. A.*, Zehn Jahre 11. September – Zehn Jahre Gesetzgebung zum materiellen Terrorismusstrafrecht in Deutschland, StV 2012, 364 ff.; *Zöller, M. A.*, Die Vorbereitung schwerer staatsgefährdender Gewalttaten nach § 89a StGB – wirklich nicht verfassungswidrig?, NStZ 2015, 373 ff.; *Zöller, M. A.*, Europäische Vereinigungsdelikte? – Der Regierungsentwurf zur Umsetzung des EU-Rahmenbeschlusses zur Bekämpfung der organisierten Kriminalität, KriPoZ 2017, 26 ff.; *Zöller, M. A.*, Der Straftatbestand der Terrorismusfinanzierung (§ 89c StGB), GA 2020, 249 ff.; *Zweigle, T. A.*, Gesetzgeber im Konflikt zwischen Rechtsstaatlichkeit und Terrorismusbekämpfung, 2020.

Hinweis:
Alle Internetfundstellen wurden zuletzt am 22.4.2022 abgerufen.

A. Begriff des Terrorismus

1 In den Medien bleibt der Begriff „Terrorismus" aufgrund nicht nachlassender Anschläge in erschütternder Weise präsent, wie u. a. die kaltblütige Ermordung des Kasseler Regierungs-

A. Begriff des Terrorismus § 36

präsidenten *Walter Lübcke,* dem ersten tödlichen Attentat von Rechtsradikalen auf einen Politiker in der Geschichte der Bundesrepublik. Nach den Anschlägen vom 11. September 2001[1] blieb nicht nur das amerikanische Rechtssystem, sondern auch die Glaubwürdigkeit der USA auf der Strecke. Erst als im November 2011 die rechtsterroristische Vereinigung „Nationalsozialistischer Untergrund" aufflog, wurde bekannt, welche Blutspur diese Terrorgruppe seit dem 9. September 2000 in Deutschland hinterlassen hatte, als an diesem Tag *Uwe Mundlos* und *Uwe Böhnhardt* gegen 14:30 Uhr den Blumenhändler *Enver Simsek* in Nürnberg mit acht Kugeln aus zwei unterschiedlichen Waffen erschießen. Die im Zuge der Ermittlungen bekannt gewordene Mordserie des NSU[2] bildete für den Staatsschutz und die Terrorismusbekämpfung eine Zäsur. Die historischen Wurzeln des modernen Terrorismus reichen bis in die Antike zurück.[3] Gezielte Terrorangriffe auf unbewaffnete Zivilisten wurden von jeher in der Absicht verübt, die Regierung zu schwächen und das Volk zu demoralisieren.

Der Terrorismus als seit langem bekannte Erscheinungsform ist strafrechtlich deshalb 2 normtheoretisch zumindest mittels operationalisierbarer Vorgaben zu definieren, weil die Terrorismusvorschriften zumindest „einen der Rechtsanwendung fähigen Begriff des Terrorismus" voraussetzen.[4] Seine Opfer werden regelmäßig allein wegen des verfolgten Ziels instrumentalisiert. Es geht dabei nicht um „normale" Straftaten, sondern jede dieser Taten weist terrorismusspezifisch eine völlig andere Dimension auf als etwa die übrige Körperverletzungs- und Tötungskriminalität.

Das Wort Terror kam im Gefolge der Französischen Revolution[5] ins Deutsche. Die 3 Schreckensherrschaft der Jahre 1793–1794 wurde als das *régime de la terreur* bezeichnet. Aufgrund des kontinuierlichen Wandels dieses Begriffs[6] im Laufe der Geschichte und damit zusammenhängend seiner Politisierung[7] findet sich keine präzise Definition dieses Begriffs. Die wissenschaftlichen Untersuchungen in der Terrorismusforschung beginnen daher vielfach damit, sich zunächst einmal um eine Definition zu bemühen.[8]

Terrorismus ist jedenfalls ein politischer Begriff, der auf einem moralischen Urteil beruht. 4 „Die Entscheidung, eine Person als ‚Terroristen' oder eine Organisation als ‚terroristisch' zu bezeichnen, ist daher nahezu unausweichlich subjektiv geprägt und hängt weitgehend

---

[1] Allgemein zur Vorgeschichte *Lawrence Wright,* Der Tod wird euch finden. Al-Qaida und der Weg zum 11. September, 2007; speziell zur amerikanischen Politik vor und danach *Richard A. Clarke,* Against all enemies. Der Insiderbericht über Amerikas Krieg gegen den Terror, 2004; *Seymour M. Hersh,* Die Befehlskette. Vom 11. September bis Abu Graib, 2004.

[2] Näher *Aust/Laabs,* Heimatschutz. Der Staat und die Mordserie des NSU, 2014; *Funke,* Staatsaffäre NSU, 2015; *Schultz,* NSU. Der Terror von rechts und das Versagen des Staates, 2018.

[3] Näher zu den historischen Wurzeln *Caleb Carr,* Terrorismus – Die sinnlose Gewalt, 2002.

[4] BVerwGE 164, 317 (327 Rn. 31) = DÖV 2019, 321 = BeckRS 2019, 5392 (zur Abschiebeanordnung gegen einen radikalisierten Gefährder).
Ansätze für eine Begriffsbestimmung finden sich weiterhin im Beschluss des BGH vom 22.8.2019 – StB 21/19, BeckRS 2019, 2848 Rn. 37 (früher schon bei BGH NStZ 2010, 468): „Der spezifisch staatsgefährdende Charakter eines Katalogdelikts im Sinne von § 120 Abs. 2 S. 1 Nr. 3 lit. a GVG ist insbesondere dann gegeben, wenn die Tat der Feindschaft des Täters gegen das freiheitlich demokratische Staats- und Gesellschaftssystem der Bundesrepublik Deutschland entspringt und er sein Opfer nur deshalb auswählt, weil sie dieses System als Amtsträger oder in sonstiger Weise repräsentieren, oder ohne jeden persönlichen Bezug lediglich deshalb angreift, weil sie Bürger oder Einwohner der Bundesrepublik Deutschland sind oder sich im Bundesgebiet aufhalten."
Eine Theorie des Terrorismus benötigt das Recht nicht; näher dazu *Gärditz* in Kulick/Goldhammer (Hrsg.), Der Terrorist als Feind?, 2020, 23, 46 f.; vgl. dazu auch *Ambos* ZIS 2020, 254 (255 f.).

[5] Ironie der Geschichte: Nachdem radikale Revoltionäre wie *Danton* („Eine Nation im Revolutionszustand gleicht dem Erz, das im Schmelztiegel wallt und sich reinigt") und *Robespierre* („Terror ist nichts anders als Gerechtigkeit prompt, sicher und unbeugsam") die Macht übernommen hatten, gingen die Ideale von Tugend und Demokratie rasch in einem Rausch von Tugend und Terror mit Tausenden von Toten unter; umfassend dazu *Johannes Willms,* Tugend und Terror, 2014.

[6] Dazu *Hoffmann* Terrorismus 22 ff.

[7] *Zöller* TerrorismusstrafR 101.

[8] Vgl. zB *Hoffmann* Terrorismus 1 ff.; *Louise Richardson,* Was Terroristen wollen. Die Ursachen der Gewalt und wie wir sie bekämpfen können, 2007, 27 ff.; *Zöller* TerrorismusstrafR 99 ff.

davon ab, ob man mit der betreffenden Person, Organisation oder Sache sympatisiert oder ob man sie ablehnt. Identifiziert man sich zum Beispiel mit den Opfern der Gewalt, handelt es sich um einen terroristischen Akt. Identifiziert man sich dagegen mit dem Täter, betrachtet man die Gewalttat mit größerem Verständnis oder sieht sie sogar in einem positiven (oder allenfalls ambivalenten) Licht, und es handelt sich nicht um Terrorismus."[9] Schlagwortartig formuliert: Des einen Freiheitskämpfer ist des anderen Terrorist. Wie „Befreiungsbewegungen" zu behandeln sind, bereitet nach wie vor Schwierigkeiten, solange die Bekämpfung eines Unrechtsregimes nicht völkervertrags- oder völkergewohnheitsrechtlich gerechtfertigt ist.

5 Auch wenn sich nicht alle Aspekte des Terrorismus zufriedenstellend in einer Definition zusammenfassen lassen, so kann er doch zumindest von anderen Formen nichtterroristischer Gewalt unterschieden und zugleich die Merkmale bestimmt werden, die ihn zu einer spezifischen Erscheinungsform politischer Gewalt machen.

6 Der Terrorist
- unterscheidet sich vom politischen (einschließlich religiösen und wirtschaftlichen) Extremisten dadurch, dass er sich aus politischen Zielen und Motiven verpflichtet sieht, Gewalt einzusetzen oder Gewalt anzudrohen, um seine Ziele zu erreichen;[10]
- will häufig (anders bei kriegs- oder bürgerkriegsähnlichen Auseinandersetzungen wie gerade im Zusammenhang mit den Gebietsannexionen des IS in Syrien) eine Botschaft verkünden (und jedenfalls nicht primär den Feind besiegen), weshalb er weitreichende psychologische Auswirkungen anstrebt, die über das unmittelbare Opfer oder Ziel hinausgehen;[11]
- ist subnational oder nichtstaatlich,[12] wird entweder von einer Organisation mit erkennbarer Kommandostruktur oder von konspirativen Zellen ausgeübt;
- begeht die Tat inspiriert von den ideologischen Zielsetzungen oder dem Beispiel einer bestehenden terroristischen Bewegung und/oder deren Führer alleine oder mit einer kleinen Gruppe oder im Rahmen entweder einer Organisation mit erkennbarer Kommandostruktur oder einer konspirativen Zelle.[13]

7 Auf diesen Grundlagen kann Terrorismus kurz definiert werden als bewusstes Erregen und Ausbeuten von Angst durch den Einsatz oder das Androhen von Gewalt mit dem Ziel politische (einschließlich religiöse oder wirtschaftliche) Veränderungen herbeizuführen.[14] Terrorismus ist, wie *Richardson* formuliert,[15] die Waffe derjenigen, die schnell einen Wandel herbeiführen wollen, aber zu wenige sind, um sich entweder in einem demokratischen System durchzusetzen oder mit einiger Aussicht auf Erfolg Krieg führen zu können. Daraus folgt wiederum zentral für die Terrorismusbekämpfung: Nur wer die Anziehungskraft der verfolgten Ziele begreift, kann daraus effiziente Antiterrorstrategien entwickeln.[16] Weltweit dem Terrorismus den Krieg zu erklären, war – wie die ausgebliebenen Erfolge immer wieder aus Neue belegen – der falsche Weg dem Terrorismus entgegenzutreten.

---

[9] *Hoffmann* Terrorismus 51 f.
[10] Vgl. *Hoffmann* Terrorismus 75, 80. Fehlt es der politischen Motivation handelt es sich „einfach" um ein Verbrechen. Gegen den Begriff Cyberterrorismus spricht, dass es in diesen Fällen jedenfalls am Einsatz von Gewalt oder dem Androhen von Gewalt fehlt.
[11] Vgl. *Hoffmann* Terrorismus 80. Der Terrorakt und das/die Opfer haben regelmäßig symbolische Bedeutung; es kommt darauf an, dass die psychologische Wirkung größer ist als der tatsächliche physische Schaden; *Richardson,* Was Terroristen wollen. Die Ursachen der Gewalt und wie wir sie bekämpfen können, 2007, 29.
[12] *Hoffmann* Terrorismus S. 80.
[13] *Hoffmann* Terrorismus S. 80.
[14] *Hoffmann* Terrorismus S. 81.
[15] *Richardson,* Was Terroristen wollen. Die Ursachen der Gewalt und wie wir sie bekämpfen können, 2007, 36.
[16] *Richardson,* Was Terroristen wollen. Die Ursachen der Gewalt und wie wir sie bekämpfen können, 2007, 20.

A. Begriff des Terrorismus § 36

Auch im Rahmen der internationalen Bekämpfung des Terrorismus stand die internationale Gemeinschaft von Beginn an vor dem Problem, dass keine allgemein akzeptierte Definition des Terrorismus mit einem Abgrenzungskriterium zur legitimen politischen Gewalt (Freiheitskampf, Revolution) existierte und erst langsam entwickelt werden musste.[17] Kernelemente einer Definition entwickelte das völkerrechtliche Übereinkommen zur Bekämpfung terroristischer Bombenanschläge zur Bekämpfung der Finanzierung des Terrorismus v. 9.12.1999[18] in Art. 2 Abs. 1 lit. b, Art. 6, nämlich eine kriminelle Handlung (1) von erheblicher Schwere, (2) die auf die Einschüchterung der Bevölkerung gerichtet ist und (3) politische und/oder religiöse Ziele verfolgt, jedoch durch diese Ziele nicht gerechtfertigt werden kann. Ähnlich kennzeichnet nach der unionsrechtlichen Richtlinie (EU) 2017/541 v. 15.3.2017 zur Terrorismusbekämpfung[19] eine terroristische Straftat (1) die Begehung einer bestimmten schweren Straftat (Art. 3 Abs. 1 lit. a–j) und (2) ein bestimmtes Ziel (schwerwiegende Einschüchterung der Bevölkerung durch Nötigung staatlicher oder überstaatlicher Stellen; politische, wirtschaftliche oder soziale Stabilisierung oder Zerstörung eines Staates/einer internationalen Organisation). 8

Das Sicherheitsrecht arbeitet mit dem Begriff des Terrorismus. So kann etwa nach § 5 Abs. 1 BKAG das Bundeskriminalamt „die Aufgabe der Abwehr von Gefahren des internationalen Terrorismus in Fällen wahrnehmen, in denen eine länderübergreifende Gefahr vorliegt, die Zuständigkeit einer Landespolizei nicht erkennbar ist oder die oberste Landesbehörde um eine Übernahme ersucht." Gefahren des internationalen Terrorismus sind nach Abs. 2 (weitgehend identisch mit Art. 73 Abs. 1 Nr. 9a GG, der eine ausschließliche Bundesgesetzgebungszuständigkeit für die „Abwehr von Gefahren des internationalen Terrorismus" vorsieht) „Gefahren der Verwirklichung von Straftaten, die in § 129a Abs. 1 und 2 StGB bezeichnet und dazu bestimmt sind, die Bevölkerung auf erhebliche Weise einzuschüchtern, eine Behörde oder eine internationale Organisation rechtswidrig mit Gewalt oder durch Drohung mit Gewalt zu nötigen oder die politischen, verfassungsrechtlichen, wirtschaftlichen oder sozialen Grundstrukturen eines Staates oder einer internationalen Organisation zu beseitigen oder erheblich zu beeinträchtigen, und durch die Art ihrer Begehung oder ihre Auswirkungen einen Staat oder eine internationale Organisation erheblich schädigen können." Nach § 1 Abs. 2 Nr. 1 Antiterrordateigesetz[20] kann der Bundesinnenminister weitere Polizeivollzugsbehörden zur Teilnahme an dier Antiterrordatei berechtigen, soweit diesen „Aufgaben zur Bekämpfung des internationalen Terrorismus mit Bezug zur Bundesrepublik Deutschland nicht nur im Einzelfall besonders zugewiesen sind." Erst in seinen Urteilen zum Antiterrordatei- und zum BKA-Gesetz sah sich das BVerfG gezwungen den Begriff des Terrorismus näher zu umschreiben.[21] 9

Das deutsche StGB kennt zwar eigens zur Terrorismusbekämpfung eingefügte Straftatbestände, jedoch keinen eigenen Terrorismusstraftatbestand; auch auf entsprechende Qualifikationstatbestände wird verzichtet. Beim tatbestandlichen Ausformulieren strafbaren Verhaltens finden die Worte „Terrorismus", „Terrorist", „Terrororganisation" oder auch „terroristisch" als Tatbestandsmerkmale keine Verwendung. Das mag mit den geschilderten Schwierigkeiten zusammenhängen, diese Begriffe randscharf zu definieren. Immerhin findet sich bei zwei Strafbestimmungen in den amtlichen Überschriften das Adjektiv „terroristisch" 10

---

[17] Böse ZJS 2019, 1 (6); Kreß/Gazeas in Sieber/Satzger/v. Heintschel-Heinegg, Europäisches Strafrecht, 2. Aufl. 2014, § 19 Rn. 2.
[18] BGBl. 2003 II 1923. Näher zu Definitionen aus dem Völkerrecht Bützler, Staatsschutz mittels Vorfeldkriminalisierung, 2017, 48 ff. sowie Altwicker in Kulick/Goldhammer (Hrsg.), Der Terrorist als Feind?, 2020, 83 ff.; aus dem internationalen Recht Christina Binder/Verena Jackson in Kulick/Goldhammer (Hrsg.), Der Terrorist als Feind?, 2020, 123 ff.; vgl. dazu auch Ambos ZIS 2020, 254 (260).
[19] ABl. L 88, 6. Näher zu Definitionen aus dem Europarecht Bützler, Staatsschutz mittels Vorfeldkriminalisierung, 2017, 50 ff.
[20] Vom 22.12.2006 (BGBl. 2006 I 3409).
[21] BVerfGE 133, 277 (321 Rn. 106) = NJW 2013, 1499; NJW 2016, 1781; BVerfGE 141, 220 (266 Rn. 96) = NJW 2016, 1781; vgl. auch EuGH Urt. v. 9.10.2010 – C-57/09 und C-101/09, Slg. 2010, I-10979, Rn. 81.

in Bezug auf Vereinigungen: Mit „Bildung terroristischer Vereinigungen" ist der § 129a StGB und mit „Kriminelle und terroristische Vereinigungen im Ausland, Einziehung" der § 129b StGB überschrieben. Beide Tatbestände stellen verschiedene Formen der organisatorischen Mitwirkung an terroristischen Vereinigungen im In- und Ausland unter Strafe. In den §§ 89a, 89b, 89c und § 91 StGB finden sich weder in den amtlichen Überschriften noch in den objektiven wie subjektiven tatbestandlichen Voraussetzungen terroristische Begrifflichkeiten.

11 Für den objektiven Tatbestand des § 129a Abs. 1 StGB reicht es aus, dass der Täter eine Vereinigung gründet oder sich an einer solchen als Mitglied beteiligt, deren Zweck oder Tätigkeit auf die Begehung besonders schwerer Straftaten wie Mord, Totschlag, Völkermord, erpresserischer Menschenraub oder Geiselnahme gerichtet ist, ohne dass die Taten einen politischen Einschlag haben müssen oder gar spezifisch terroristische Merkmale hinzukommen müssen. Nach § 129a Abs. 2 Nr. 1–5 StGB genügt, wenn die Taten der Vereinigung auf weniger schwere Taten, wie zB auf schwere körperliche und seelische Schäden gerichtete Körperverletzungsdelikte sind, jedoch muss – als weitere Voraussetzung – eine dieser Taten dazu bestimmt sein, „die Bevölkerung auf erhebliche Weise einzuschüchtern, eine Behörde oder eine internationale Organisation rechtswidrig mit Gewalt oder durch Drohung mit Gewalt zu nötigen oder die politischen, verfassungsrechtlichen, wirtschaftlichen Grundstrukturen eines Staates[22] oder einer internationalen Organisation zu beseitigen oder erheblich zu beeinträchtigen, und durch die Art ihrer Begehung und ihre Auswirkungen einen Staat oder eine internationale Organisation erheblich schädigen" können. Eine Einschüchterung der Bevölkerung ist auch dann gegeben, wenn die Tat nur gegen nennenswerte Teile der Gesamtbevölkerung gerichtet ist.[23] Es genügt, wenn eine der in Abs. 2 genannten Taten die erforderliche Bestimmung und Eignung erst im Zusammenhang mit den weiteren von der Vereinigung geplanten aufweist.[24] Der Gesetzgeber bezeichnet also nach Abs. 1 Vereinigungen als „terroristisch" ausschließlich über den Schweregrad der Straftaten, auf deren Begehung die Vereinigung ausgerichtet ist, wobei im Fällen des Abs. 2 wegen des verminderten Unrechtsgehalts der dort genannten Katalogtaten die besondere Bestimmung und Eignung hinzutreten muss. Somit verlangt Abs. 1 überhaupt keine bestimmte subjektive Zielsetzung und Abs. 2 keinen über die erforderliche Bestimmungs- und Eignungskomponente hinausgehenden Vorsatz.

12 Für eine terroristische Vereinigung lässt es § 129a Abs. 3 StGB sogar ausreichen, wenn die Zwecke oder die Tätigkeit der Vereinigung sich lediglich auf das Androhen von Katalogtaten nach Abs. 1 und 2 richten.

13 Was das StGB also unter Terrorismus versteht, lässt sich nur mittelbar aus dem Zusammenspiel von § 129a StGB mit § 89a Abs. 1 S. 2 StGB ableiten, der (als den zentralen Begriff) eine schwere staatsgefährdende Straftat definiert als „eine Straftat gegen das Leben in den Fällen des § 211 StGB oder des § 212 StGB oder gegen die persönliche Freiheit in den Fällen des § 239a StGB oder des § 239b StGB, die nach den Umständen bestimmt und geeignet sind, den Bestand oder die Sicherheit eines Staates oder einer internationalen Organisation zu beeinträchtigen oder Verfassungsgrundsätze der Bundesrepublik Deutschland zu beseitigen, außer Geltung zu setzen oder zu untergraben." Das StGB arbeitet nicht mit einem Terrorismusbegriff, sondern stellt mit einem Straftatenkatalog gekoppelt an die Finalität auf die Wertigkeit und Verletzlichkeit der zu schützenden Rechtsgüter ab.

B. Terrorismusbekämpfung als Teil des Staatsschutzstrafrechts einschließlich verfassungsrechtlicher und gerichtsverfassungsrechtlicher Grundlagen

14 Der Bekämpfung des nationalen wie internationalen Terrorismus hat in Deutschland, wie dies seit langem die Politik immer wieder betont, oberste Priorität. Bei der Bekämpfung

---

[22] Ein deutsches Bundesland erfüllt nicht dieses ein Staatsgebilde voraussetzendes Tatbestandsmerkmal; BGH NStZ-RR 2006, 267.
[23] BGH NStZ-RR 2006, 267.
[24] BGH NStZ-RR 2006, 267.

B. Terrorismusbekämpfung als Teil des Staatsschutzstrafrechts § 36

des Terrorismus bewegt sich die Politik allerdings im ebenso grundrechtssensiblen wie schwierigen Spannungsverhältnis zwischen der vom Staat zu gewährleistenden Sicherheit einerseits und bei größtmöglicher Freiheit für seine Bürger andererseits.[25]

Das GG formuliert den Verfassungsauftrag, die verfassungsmäßige Ordnung zu schützen, nur insoweit, als Art. 20 Abs. 4 GG ausdrücklich jedem Deutschen das Recht zum Widerstand gegen jeden gibt, der es unternimmt, die verfassungsmäßige Ordnung zu untergraben, wenn andere Hilfe nicht möglich ist. Die Gesetzgebung bindet Art. 20 Abs. 3 GG lediglich an die verfassungsmäßige Ordnung und die vollziehende Gewalt wie die Rechtsprechung an Gesetz und Recht. Mehr findet sich im GG zum „Staatschutzrecht" nicht, insbesondere findet sich kein ausdrücklicher Verfassungsauftrag an Exekutive und Rechtsprechung, die Verfassung „zu schützen" oder „zu verteidigen". 15

Das überrascht, weil Art. 21 Abs. 2 GG die „freiheitliche demokratische Grundordnung" anspricht. Die Verfassung definiert allerdings auch diesen zentralen Begriff nicht, sondern setzt die freiheitliche demokratische Grundordnung gleichsam voraus. Zur freiheitlichen demokratischen Grundordnung zählt das BVerfG die wenigen, zentralen Grundprinzipien, die für den freiheitlichen Verfassungsstaat unentbehrlich sind und auch das „Gewaltmonopol des Staates" als Teil der freiheitlichen demokratischen Grundordnung. Die „Sicherheit des Staates als verfasster Friedens- und Ordnungsmacht und die von ihm zu gewährleistende Sicherheit seiner Bevölkerung" sind Verfassungswerte, „die mit anderen im gleichen Rang stehen und unverzichtbar sind, weil die Institution Staat von ihnen die eigentliche und letzte Rechtfertigung herleitet."[26] 16

Diese Staatsschutzkonzeption des GG verlangt von den drei Schutzkräften des Staates in Form der Legislative, Exekutive und Judikative als Gesamtaufgabe den Gefahren für die verfassungsmäßige Ordnung entgegenzutreten: 17

- im Vorfeld durch den nachrichtendienstlichen Verfassungsschutz,
- zwischen konkreter Gefahr und Anfangsverdacht neben dem Verfassungsschutz auch durch die Polizeibehörden und
- durch den mit dem Anfangsverdacht beginnenden strafrechtlichen Staatsschutz.[27]

Das Staatsschutzrecht will im Rechtsrahmen des GG den demokratischen Rechtsstaat als verfasste freiheitliche Ordnung schützen. Bei der Terrorismusbekämpfung als Teil des Staatsschutzrechts gilt es die schwierige Balance zwischen Freiheit und Sicherheit zu finden, indem der Staat einerseits dem Terrorismus effektiv begegnet, ohne andererseits zu übermäßig repressiven Mitteln zu greifen, welche die Freiheit des einzelnen Bürgers unverhältnismäßig einschränken, weil ein Sicherheitszuwachs nicht mehr mit einem Freiheitsgewinn verbunden ist.[28] Bei der Terrorismusbekämpfung arbeitet der Gesetzgeber seit vielen Jahren nicht mehr mit den klassischen Verletzungsdelikten, sondern stellt bereits die schuldhafte Verursachung einer abstrakten Gefahr weit im Vorfeld einer terroristischen Aktion unter Strafe. 18

Zur Freiheit und Sicherheit tritt noch als weiteres Kernelement des demokratischen Rechtsstaats die Gerechtigkeit hinzu, die zumal auch über das Völkerstrafrecht einwirkt. Die Präambel des Römischen Statuts des Internationalen Strafgerichtshofs bekräftigt in Abs. 4, dass die schwersten Verbrechen, welche die internationale Gemeinschaft als Ganzes berühren, nicht unbestraft bleiben dürfen und dass ihre wirksame Verfolgung durch Maßnahmen auf einzelstaatlicher Ebene und durch verstärkte internationale Zusammenarbeit gewährleistet werden muss.[29] 19

---

[25] Zur Balance zwischen Freiheit, Gleichheit und Sicherheit *Hoffmann-Riem* ZRP 2002, 497; *Krings* ZRP 2015, 167.
[26] BVerfGE 49, 24 (56 f.) = NJW 1978, 2235.
[27] Dazu *Griesbaum* FS Nehm, 2006, 126; vgl. auch *Griesbaum/Wallenta* NStZ 2013, 369.
[28] *Krings* ZRP 2015, 167 (168); vgl. auch *Di Fabio* NJW 2008, 421.
[29] Für *Werle/Jeßberger*, Völkerstrafrecht, 4. Aufl. 2016, 50 ist die Bestrafung von Völkerrechtsverbrechen ein „Gebot elementarer Gerechtigkeit"; vgl. auch *Frank/Schneider-Glockzin* NStZ 2017, 1.

20 Die EU hat nach Art. 3 EUV in der Fassung von Lissabon zum Ziel, ihren Bürgern ein Leben in Frieden, Freiheit und Sicherheit zu ermöglichen. Gleichwohl hat sich immer wieder gezeigt, wie fragil die europäische Freiheits- und Sicherheitsordnung ist.

21 Die Strafverfolgung und Strafgerichtsbarkeit ist nach Art. 30 GG Ländersache (Justizhoheit der Länder), soweit das GG keine andere Regelung trifft oder zulässt. Eine vom Prinzip der Länderzuständigkeit abweichende Regelung trifft Art. 96 Abs. 5 GG, wonach ein (zustimmungsbedürftiges) Bundesgesetz vorsehen kann, dass Gerichte der Länder auf bestimmten Gebieten die Gerichtsbarkeit des Bundes ausüben (Organleihe). Die Verfassung setzt damit voraus, dass im föderalen System der Bundesrepublik Deutschland die Strafgerichtsbarkeit des Bundes von der Strafgerichtsbarkeit der Länder zu unterscheiden ist.[30] Ohne den Begriff näher zu definieren, verwendet ihn Art. 96 Abs. 5 Nr. 5 GG lediglich in diesem Zusammenhang.[31]

22 Aus Art. 96 Abs. 5 GG iVm §§ 74a, 120, 142a GVG folgt, dass nur diejenigen Staatsschutzstrafsachen in die Rechtsprechungshoheit des Bundes fallen, für die der Generalbundesanwalt nach § 142a Abs. 1 GVG gem. § 120 Abs. 1 und 2 GVG zuständig ist und herkömmlich als Staatsschutzdelikte bezeichnet werden. Es geht dabei um Straftaten, die – wie Hoch- oder Landesverrat – gegen bestimmte, dem Staat selbst zugeordnete Rechtsgüter gerichtet sind, § 120 Abs. 1 Nr. 1–5 GVG, §§ 80–102, 105–106 StGB. Aus dem Bereich des Terrorismusstrafrechts sind nach § 120 Abs. 1 Nr. 6 die §§ 129a, 129b StGB sowie nach Nr. 8 die Straftaten nach dem VStGB erfasst, nicht aber die §§ 89a, 89b, 89c und § 91 StGB.

23 Für die Delikte des § 120 GVG sind im Wege der Organleihe, vgl. § 120 Abs. 6 GVG, als untere Bundesgerichte die Oberlandesgerichte (mit dem BGH als Revisionsinstanz) zuständig, „in deren Bezirk die Staatsregierungen ihren Sitz haben", § 120 Abs. 1 GVG. Als Eingangs- und Tatgerichte nehmen die Staatsschutzsenate an den Oberlandesgerichten „normale" Rechtsprechung ihres Landes war.[32] Da internationale Verpflichtungen zunehmend bei verfahrensbeendenden Entscheidungen zumindest ein Rechtsmittel mit Devolutiveffekt gegen eine erstinstanzliche Entscheidung verlangen, sollte de lege lata die bestehende Gerichtsbarkeit des Bundes erstinstanzlich auf die Oberlandesgerichte übertragen werden.[33]

24 Der Staatsschutzsenat des OLG prüft im Eröffnungsverfahren nach §§ 199 ff. StPO seine örtliche und sachliche Zuständigkeit nach §§ 7 ff. StPO bzw. nach § 120 Abs. 1 und 2 GVG. Soweit nach § 120 Abs. 2 GVG erforderlich ist, dass der Generalbundesanwalt die besondere Bedeutung bejahen musste, ist diese Entscheidung nachprüfbar.

C. Bekämpfung des Terrorismus im deutschen Strafrecht

I. Grundlagen

25 Aufgrund leidvoll gemachter Erfahrungen seit den siebziger Jahren des vergangenen Jahrhunderts reagierte das deutsche Strafrecht[34] auf terroristische Bedrohungslagen mit einem breiten gesetzlichen Instrumentarium zur strafrechtlichen Ahndung terroristischer Straftaten

---

[30] Die Strafgerichtsbarkeit des Bundes wird durch den BGH ausgeübt, die der Länder durch die Amtsgerichte, Landgerichte und Oberlandesgerichte.
[31] Aus dem Kontext mit Art. 96 Abs. 5 Nr. 1–4 GG ergibt sich, dass das Völkerstrafrecht nach der Begrifflichkeit des GG nicht zum „Staatsschutz" zählt.
[32] Der Gesetzgeber hätte auch ein eigenes Tatgericht des Bundes installieren und damit zum System der durch den Volksgerichtshof diskreditierten Sondergerichte zurückkehren können.
[33] *Fahmer* StaatsschutzR § 31 Rn. 2.
[34] Zur Terrorismusbekämpfung in Europa: *Petzsche/Heger/Metzler* (Hrsg.), Terrorismusbekämpfung in Europa im Spannungsfeld zwischen Freiheit und Sicherheit: Historische Erfahrungen und aktuelle Herausforderungen, 2019; zu Großbritannien und Spanien *Petzsche*, Strafrecht und Terrorismusbekämpfung, 2013; zu Russland und auch was im russischen Recht als Terrorismus verstanden wird: *Annette Parys*, Terrorismusstrafrecht in Russland, 2014; s. auch *Andrés Falcone*, „Staatsschutzrecht" in Argentinien. Zugleich ein Beitrag zur Ablehnung des politischen Verbrechens, 2015.

C. Bekämpfung des Terrorismus im deutschen Strafrecht § 36

im In- und Ausland zumal durch eine Vorverlagerung der Strafbarkeit weit in das Vorbereitungsstadium.[35]

Den bedeutsamsten Baustein zur Terrorismusbekämpfung bildet als Reaktion auf die RAF[36] und internationale Entwicklungen im Terrorismusbereich (namentlich der PLO nach dem Sechstagekrieg)[37] der durch das Anti-Terror-Gesetz vom 18.8.1976[38] in das StGB (überschrieben mit „Bildung terroristischer Vereinigungen") als qualifiziertem Tatbestand gegenüber § 129 StGB („Bildung krimineller Vereinigungen") eingefügte § 129a StGB.[39] Die Anschläge vom 11. September 2001 veränderten weitreichend das deutsche Sicherheitsrecht, nachdem sich gezeigt hatte, wie sehr die westliche Welt den internationalen Terrorismus unterschätzt hatte. Im Jahr 2002 erweiterte § 129b StGB den Anwendungsbereich der Vereinigungsstraftaten des § 129a StGB auf ausländische terroristische Vereinigungen im Ausland, sodass es nicht mehr darauf ankommt, ob die Vereinigung einen organisatorischen Inlandsbezug aufweist.[40] Der Ort der Operationsbasis der Organisation bestimmt, ob eine in- oder ausländische terroristische Vereinigung vorliegt.[41]

Ergänzt wurden diese beiden Organisationsdelikte[42] infolge der internationalen Entwicklung und unter dem Eindruck der Anschläge in London und Madrid sowie der in Deutschland im September 2009 in zwei Regionalzügen entdeckten Kofferbomben durch die im Jahr 2009 eingeführte Strafbarkeit der Vorbereitung einer schweren staatsgefährdenden Gewalttat, § 89a StGB,[43] und der Aufnahme von Beziehungen zur Begehung einer schweren staatsgefährdenden Straftat, § 89b StGB,[44] sowie seit 20.6.2015 die mit § 89c StGB neben der Geldwäsche nach § 261 StGB unter Strafe gestellte Terrorismusfinanzierung.[45] Gegen alle drei Bestimmungen formuliert die Literatur vielfach verfassungsmäßige Bedenken hinsichtlich der Bestimmtheit, aber auch mit Blick auf das Schuldprinzip und die Verhältnismäßigkeit.

Die besondere Form der Terrorvorbereitung mittels Anleitungen stellt § 91 StGB[46] unter Strafe.[47] Da § 91 Abs. 1 Nr. 2 StGB das Sich-Verschaffen eines Inhalts „der in Nr. 1 bezeichneten Art" nennt, also gerade auch neutrale Inhalte umfasst, fehlt es an der gebotenen tatbestandlichen Beschränkung. Deshalb hält entgegen der Rechtsprechung die

---

[35] Näher dazu → Rn. 109 ff.
[36] Auch 50 Jahre nach ihrer Gründung am 14.5.1970 sind durch die zweite und dritte Generation der RAF begangene Morde (dazu *Klaus Pfleger,* Die Rote Armee Fraktion – RAF – 14.5.1970 – 20.4.1998, 2004) nicht aufgeklärt, darunter auf den MTU-Vorsitzenden *Ernst Zimmermann* (1985), den Siemensvorstand *Karl Heinz Beckurts* und seinen Fahrer *Eckhard Groppler* (1986), den Diplomaten *Gerold von Braunmühl* (1986), den Bankier *Alfred Herrhausen* (1989) und den Präsidenten der Treuhandanstalt *Detlef Karsten Rohwedder* (1991). Trotz der umfassenden Untersuchung von *Stefan Aust,* Der Baader Meinhoff Komplex, 1. Neuauflage, 2008, fehlt es noch immer an einer Studie zur Rolle der Anwälte der RAF im Zusammenhang mit dem Bader-Meinhoff-Prozess und Biographien über Führungspersonen wie *Brigitte Mohnhaupt* und *Birgit Hogefeld*.
[37] Überblick bei *Zöller* TerrorismusstrafR 29 ff.
[38] BGBl. 1976 I 2181. Zur Geschichte organisationsstrafrechtlicher Terrorismusgesetzgebung *Nehring,* Kriminelle und terroristische Vereinigungen im Ausland, 2007, 32 ff.
[39] Die aktuelle Gesetzesfassung prägt wesentlich die EU-Terrorbekämpfungsrichtlinie Nr. 541/2017. – Nach § 138 Abs. 2 Nr. 2 StGB besteht die strafbewehrte Anzeigepflicht.
[40] Dazu *Schäfer/Anstötz* in MüKoStGB, 4. Aufl. 2021, StGB § 129b Rn. 8 ff.
[41] *Stein* GA 2005, 433 (443); *Zöller* TerrorismusstrafR 523; *Zöller* StV 2012, 364 (365); vgl. auch BGH NJW 2010, 3042 (3044 Rn. 20).
[42] Als Organisationsdelikte bedarf jede Tatbestandsverwirklichung eines Organisationszusammenhangs.
[43] Eingeführt durch Gesetz zur Verfolgung der Vorbereitung von schweren staatsgefährdenden Gewalttaten vom 30.7.2009 mWv 4.8.2009 (BGBl. 2009 I 2437).
[44] Eingeführt durch Gesetz zur Verfolgung der Vorbereitung von schweren staatsgefährdenden Gewalttaten vom 30.7.2009 mWv 4.8.2009 (BGBl. 2009 I 2437).
[45] Eingeführt durch Gesetz v. 12.6.2015 mWv 20.6.2015 (BGBl. 2015 I 926).
[46] Eingeführt durch Gesetz zur Verfolgung der Vorbereitung von schweren staatsgefährdenden Gewalttaten vom 30.7.2009 mWv 4.8.2009 (BGBl. 2009 I 2437). Die Vorschrift ist mit der Neufassung des Schriftbegriffs durch das 60. StRÄndG mit Wirkung zum 1.1.2021 geändert und der Begriff der Schrift den des Inhalts ersetzt worden (BGBl. I 2600; s. dazu BR-Drs. 167/20, 2, 61; BT-Drs. 19/19859, 55 f.
[47] Eingeführt durch Gesetz zur Verfolgung der Vorbereitung von schweren staatsgefährdenden Gewalttaten vom 30.7.2009 mWv 4.8.2009 (BGBl. 2009 I 2437).

Literatur überwiegend die getroffene Regelung für verfassungswidrig.[48] Terroristische Straftaten Jugendlicher[49] und Heranwachsender haben die Rechtsprechung bereits seit den siebziger Jahren des vergangenen Jahrhunderts[50] – in den letzten Jahren insbesondere im Zusammenhang mit dem IS[51] – wiederholt beschäftigt.[52] Bei solchen Straftaten können Heranwachsende nach einer Gesamtwürdigung ihrer Persönlichkeit aufgrund ihrer sittlichen und geistigen Entwicklung noch einem Jugendlichen gleichzustellen, § 105 Abs. 1 Nr. 1 JGG,[53] oder im Einzelfall, wie auch bei sonstigen Straftaten bis zum Mord, durchaus noch als Jugendverfehlung nach § 105 Abs. 1 Nr. 2 JGG einzustufen sein.[54] Ob eine Tat Ausdruck von sozialer Unreife ist, lässt sich nicht ohne Würdigung des tatsächlichen (sozialen) Rahmens beurteilen, in dem sich die Tat ereignet hat.[55] Umstritten ist, nach welcher Rechtsvorschrift die Aussetzung der Vollstreckung einer Restjugendstrafe zu beurteilen ist, wenn die Jugendstrafe nach § 89b JGG nach den Vorschriften des Strafvollzugs für Erwachsene vollzogen wird und ihre Vollstreckung nach § 85 Abs. 6 S. 1 JGG an die nach den allgemeinen Vorschriften zuständige Vollstreckungsbehörde abgegeben worden ist. Diese Rechtsfrage, die der BGH zunächst offen gelassen hatte,[56] ist nunmehr in der Weise entschieden, dass § 88 JGG (und nicht § 57 StGB) anzuwenden ist.[57]

29 Die Bedeutung der §§ 129a, 129b StGB liegt vor allem auch darin, dass bereits dann, wenn der Verdacht einer terroristischen Vereinigung aufkommt, gravierende strafprozessuale Eingriffsmaßnahmen zur Verfügung stehen. Je weiter zudem mit §§ 89–89c StGB schon im Vorfeld[58] strafrechtlich eingegriffen werden kann, umso wichtiger wird, dass hieran schon strafprozessuale Ermittlungsmaßnahmen angeknüpft werden können:
- Rasterfahndung, § 98a Abs. 1 Nr. 2 StPO,
- Überwachung der Telekommunikation, § 100a Abs. 2 Nr. 1a, 1d StPO,
- Online-Durchsuchung, § 100b Abs. 2 Nr. 1a, 1b StPO,
- akustische Wohnraumüberwachung, § 100c Abs. 1 Nr. 1 StPO,
- akustische Überwachung außerhalb des Wohnraums, § 100f Abs. 1 StPO,

---

[48] *Fischer* StGB, 68. Aufl. 2021, § 91a Rn. 19; *v. Heintschel-Heinegg* in BeckOK StGB, 52. Ed., 1.2.2022, § 91a Rn. 10; *Gazeas/Grosse-Wilde/Kießling* NStZ 2009, 593 (602 ff.); *Fahrner* StaatsschutzR § 27 Rn. 22; Bedenken auch bei *Schäfer/Anstötz* in MüKoStGB, 4. Aufl. 2021, StGB § 91 StGB Rn. 3; aA BGH NJW 2021, 2744 mAnm. *Puschke; Bader* NJW 2009, 2853 (2855).

[49] Es war das erste Attentat des IS in Deutschland, als die zur Tatzeit 15 Jahre alte Sofia S. einem Bundespolizisten mit einem Messer in Hannover in den Hals stach. Wegen Unterstützung einer ausländischen terroristischen Vereinigung und anderem verurteilte sie das OLG Celle mit Urt. v. 26.1.2017 – 4 StE 1/16 – zu einer Jugendstrafe von sechs Jahren. Der BGH verwarf die dagegen eingelegte Revision mit Urt. v. 10.4.2018 – 3 StR 286/717; vgl. dazu auch becklink 2005576 und 2009669. DER SPIEGEL Nr. 24 v. 6.6.2020, 50 f.: Sofia könnte zum Jahreswechsel 2020/2021 wegen guter Entwicklung auf Bewährung entlassen werden. Während der Haftzeit kümmerten sich die Sozialarbeiter von Violence Prevention Network aus Berlin um sie; den Realschulabschluss konnte sie erfolgreich ablegen und begann danach mit einem Fernlehrgang zur Vorbereitung auf das Abitur. Die vorzeitige Haftentlassung wäre eine Bewährungsprobe auch für das Deradikalisierungsprogramm der niedersächsischen Justiz.

[50] Dazu *Florian Knauer* FS Eisenberg, 2019, 259 (262 f.).

[51] Dazu *Florian Knauer* FS Eisenberg, 2019, 259 (263).

[52] Das JGG gilt nach § 1 Abs. 1 JGG, wenn ein Jugendlicher oder ein Heranwachsender eine Verfehlung begangen hat. Maßgeblich für die Einordnung als Jugendlicher oder Heranwachsender ist nach § 1 Abs. 2 JGG die Zeit der Tat. Auch bei der für Heranwachsende mit Blick auf das anwendbare Recht maßgeblichen Norm des § 105 Abs. 1 JGG ist der Zeitpunkt der Tatbegehung maßgeblich. Wurde bei einem Heranwachsenden Jugendstrafrecht angewandt und gegen ihn eine Jugendstrafe verhängt, sind gem. § 110 Abs. 1 JGG die §§ 83–93a JGG entsprechend anzuwenden. – Zur Zuständigkeit der Staatsschutzsenate bei den OLGs in solchen Verfahren *Eisenberg* NStZ 1996, 263; *Schoriet* NStZ 1997, 69; *Lederer* StV 2016, 745.

[53] Dazu *Florian Knauer* FS Eisenberg, 2019, 259 (264 ff.).

[54] Dazu *Florian Knauer* FS Eisenberg, 2019, 259 (268 ff.).

[55] BGH NStZ 2001, 102.

[56] BGH NStZ-RR 2018, 126.

[57] BGHSt 64, 273 = NJW 2020, 1152 = NStZ 2021, 374 mAnm. *Laue*.

[58] Näher dazu unten → Rn. 109 ff.

- Erhebung von Verkehrsdaten, § 100g Abs. 1 StPO,
- weitere Maßnahmen außerhalb von Wohnraum, § 100h StPO,
- technische Ermittlungsmaßnahmen bei Mobilfunkgeräten, § 100i StPO,
- Bestandsdatenauskunft, § 100j StPO,
- Durchsuchung bei Beschuldigten, § 102 StPO,
- Durchsuchung bei anderen Personen, § 103 StPO,
- Durchsicht von Papieren und elektronischen Speichermedien, § 110 StPO,
- Einsatz verdeckter Ermittler, § 110a Abs. 1 Nr. 2 StPO,
- Errichtung von Kontrollstellen an öffentlich zugänglichen Orten, § 111 Abs. 1 StPO,
- Schleppnetzfahndung, § 163d Abs. 1 Nr. 1 StPO.[59]

Die große Palette strafprozessualer Eingriffsmöglichkeiten belegt andererseits, welch 30 wichtige Kontrollfunktion der Stellung des Ermittlungsrichters zukommt, der über die von der Staatsanwaltschaft beantragte Maßnahme zu entscheiden hat. Deshalb verwundert es nicht, dass die erste BGH-Entscheidung zu § 89a StGB sich mit der einen Antrag des Generalbundesanwalts ablehnenden Entscheidung auf Telekommunikationsüberwachung des Ermittlungsrichters des BGH zu befassen hatte und diesen bestätigte.[60] Keinesfalls dürfen die Terrorismustatbestände als „Hebel" dafür missbraucht werden, um unter diesem Deckmantel wegen anderer Straftaten zu ermitteln.[61]

II. Terrorismus – Vorbereitung und Unterstützung

Bestimmte Vorbereitungshandlungen von Einzeltätern erfassen die §§ 89a–c, 91 StGB, 31 während Beteiligungshandlungen in terroristischen Vereinigungen sowie die Unterstützung von außen den §§ 129a, 129b StGB unterfallen.

1. Vorbereitung einer schweren staatsgefährdenden Straftat, § 89a StGB

Während sog. untypisierte Vorbereitungsdelikte, wie zB die Vorbereitung eines hochver- 32 räterischen Unternehmens nach § 83 StGB, die Vorbereitung in jeder Art und Weise unter Strafe stellen, benennt § 89a Abs. 1, 2 und 2a StGB als sog. typisiertes Vorbereitungsdelikt konkret die unter Strafe gestellten Vorbereitungshandlungen. Ähnlich wie bei § 129a Abs. 2 StGB wird der staatsgefährdende Charakter bei einer schweren staatsgefährdenden Gewalttat nach § 89a StGB dadurch begründet, dass die Bezugstat objektiv geeignet und subjektiv bestimmt sein muss, eines der genannten Staatsschutzgüter zu beeinträchtigen. Erfasst sind nach der Legaldefinition des § 89a Abs. 1 S. 2 StGB für die Vorbereitung einer schweren staatsgefährdenden Gewalttat zunächst einmal nur vier Delikte, wobei die beiden letztgenannten genau betrachtet keine Gewalt voraussetzen:[62] die Straftaten gegen das Leben nach §§ 211, 212 StGB, des erpresserischen Menschenraubs, § 239a StGB, und der Geiselnahme, § 239b StGB. Ihr besonderer staatsgefährdender Charakter wird durch die angehängte Eignungsklausel begründet, dass diese Taten „nach den Umständen bestimmt und geeignet" sein müssen, „den Bestand oder die Sicherheit eines Staates oder internationalen Organisation zu beeinträchtigen oder Verfassungsgrundsätze der Bundesrepublik Deutschland zu beseitigen, außer Geltung zu setzen oder zu untergraben." Durch das Anknüpfen des Staatsschutzbezugs an das Erschüttern des Sicherheitsgefühls verliert das

---

[59] Dazu *Kühl* NJW 1987, 737 (738 ff.).
[60] BGHSt 54, 264 = NJW 2010, 2448. Da für die Überwachung der Telekommunikation es nach § 100a Abs. 1 Nr. 1 StPO genügt, „wenn bestimmte Tatsachen den Verdacht begründen," bildet der Tatverdacht bei Vorfeldtatbeständen keine große Hürde. Vielmehr reicht bei § 89a StGB bereits die Kombination verschiedener, für sich genommen unauffälliger Tatsachen aus; *Hellfeld*, Vorbereitung einer schweren staatsgefährdenden Gewalttat – § 89a StGB, 2011, 175.
[61] *Zöller* StV 2012, 364 (372).
[62] *Fischer* StGB, 68. Aufl. 2021, § 89a Rn. 12.

objektive Erfordernis insgesamt seine Restriktionswirkung,[63] weshalb mit Stimmen in der Literatur die Staatsschutzklausel auf schwerwiegende Terrorakte teleologisch reduziert werden sollte.[64]

33 Die drei möglichen Vorbereitungshandlungen formuliert Abs. 2:

(1) Eine andere Person unterweisen oder sich unterweisen lassen „in der Herstellung von oder im Umgang mit Schusswaffen,[65] Sprengstoffen, Spreng- oder Brandvorrichtungen, Kernbrenn- oder sonstigen radioaktiven Stoffen, Stoffen, die Gift enthalten oder hervorbringen können, anderen gesundheitsschädlichen Stoffen, zur Ausführung der Tat erforderlichen besonderen Vorrichtungen oder in sonstigen Fertigkeiten, die der Begehung einer der in Absatz 1 genannten Straftaten dienen."

(2) „Waffen, Stoffe oder Vorrichtungen der in Nummer 1 bezeichneten Art herstellt, sich oder einem anderen überlässt".

(3) „Gegenstände oder Stoffe sich verschafft oder verwahrt, die für die Herstellung von Waffen, Stoffen oder Vorrichtungen der in Nummer 1 bezeichneten Art wesentlich sind."

34 Damit bilden § 89a Abs. 1 und 2 eine Art „Gesamttatbestand", weil sich das strafbare Verhalten nur aus der Zusammenschau beider Absätze ergibt.[66]

Beispiel: Wer einen Sprachkurs besucht, um eine schwere staatsgefährdende Straftat zu begehen, lässt sich nach § 89a Abs. 2 Nr. 1 StGB unterweisen „in sonstigen Fertigkeiten", die der Begehung einer schweren staatsgefährdenden Straftat dient. Diese zudem als Gesinnungsstrafrecht kritisierte[67] „Pönalisierung des Neutralen – zur Sicherheit"[68] verlangt jedenfalls den Ausschluss des Neutralen durch eine teleologische Reduktion.[69]

35 Die spiegelbildlichen Tatbestandsalternativen des Unterweisens oder Sich-Unterweisen-Lassens in Abs. 2 Nr. 1 erfordern einen kommunikativen Akt, der die Unterrichtung spezifischer Kenntnisse oder Fähigkeiten im Sinne dieser Regelung zum Gegenstand hat und der auch über das Internet vorgenommen werden kann.[70] Die bloße Unterweisungstätigkeit reicht aus; es muss also kein „Unterweisungserfolg" eingetreten sein. Auch muss der Unterwiesene die Fähigkeiten nicht selbstständig beherrschen.[71] Wer sich aber die Fähigkeiten durch Selbststudium der Literatur oder im Internet aneignet, bei dem fehlt es an dem erforderlichen kommunikativen Akt.[72]

36 Nach Nr. 6 lit. a der Resolution 2178 (2014) des UN-Sicherheitsrats v. 24.9.2014[73] müssen alle Mitgliedstaaten sicherstellen, dass „Foreign Terrorist Fighters" – verstanden als Personen, die „in einen Staat reisen oder zu reisen versuchen, der nicht der Staat ihrer Ansässigkeit oder Staatsangehörigkeit ist, um terroristische Handlungen zu begehen, zu planen, vorzubereiten oder sich daran zu beteiligen oder Terroristen auszubilden oder sich zu Terroristen ausbilden zu lassen" – in „einer der Schwere der Straftat angemessenen Weise strafrechtlich verfolgt und bestraft werden können."

---

[63] *Weißer* RW 2019, 453 (464).
[64] *Gazeas/Grosse-Wilde/Kießling* NStZ 2009, 593 (594 f.); *Paeffgen* in NK-StGB, 5. Aufl. 2017, StGB § 89a Rn. 22.
[65] Gemäß Anlage 1 zum WaffG. Näher zur Staatsschutzklausel BGHSt 61, 36 = NJW 2016, 260 = NStZ 2016, 666 mit Besprechungen von *Biehl* HRRS 2016, 85 und *Zöller* StV 2016, 492.
[66] *Zöller* NStZ 2015, 373 (375); *Zweigle*, Gesetzgeber im Konflikt zwischen Rechtsstaatlichkeit und Terrorismusbekämpfung. Eine Untersuchung zu § 89a Abs. 2a StGB, 2020, 195; Abs. 2 enthält weder eine Privilegierung noch eine Qualifikation; von „Grundtatbestand" sprechen allerdings *Fischer* StGB, 68. Aufl. 2021, § 89a Rn. 10 und *Kühl* in Lackner/Kühl, StGB, 29. Aufl., 2018, § 89a Rn. 3.
[67] *Radtke/Steinsiek* ZIS 2008, 383 (392).
[68] So der von *Hefendehl* für seinen Beitrag gewählte Titel für seinen Beitrag in Hefendehl (Hrsg.), Grenzenlose Vorverlagerung des Strafrechts?, 2010, 89.
[69] *Greco* ZIS 2018, 475 (482).
[70] BGH NStZ 2018, 89.
[71] BGH NStZ 2018, 89.
[72] *Biehl* JR 2018, 317 (319).
[73] Häufig kurz als FTF-Resolution bezeichnet.

Unter Verweis auf diese durch den IS ausgelöste[74] völkerrechtliche Verpflichtung ist in § 89a StGB der Abs. 2a mit folgendem Wortlaut eingefügt worden: „Absatz 1 ist auch anzuwenden, wenn der Täter eine schwere staatsgefährdende Gewalttat vorbereitet, indem er es unternimmt, zum Zweck der Begehung einer schweren staatsgefährdenden Gewalttat oder der in Absatz 2 Nummer 1 genannten Handlungen aus der Bundesrepublik Deutschland auszureisen, um sich in einen Staat zu begeben, in dem Unterweisungen von Personen im Sinne des Absatzes 2 Nummer 1 erfolgen." In objektiver Hinsicht knüpft die Strafe dieses nochmals weiter vorgelagerten Vorbereitungsdelikts allein an das Unternehmen (legal definiert in § 11 Abs. 1 Nr. 6 StGB als Versuch der Tat oder deren Vollendung) der Ausreise an. Die besondere Gefährlichkeit des Ausreisens folgt erst aus dem Zweck der Reise oder des Reiseziels, auf das sich der Vorsatz zu beziehen hat. 37

Mit Abs. 2a bedient sich der Gesetzgeber einer ungewöhnlichen Gesetzestechnik. Das tatbestandliche Unrecht besteht objektiv aus dem Unternehmen der Ausreise, deren besondere Gefährlichkeit sich allerdings erst aus dem Zweck der Reise sowie dem Reiseziel ergibt. Mit dieser tatbestandlichen Konstruktion gerät die Regelung in Konflikt sowohl mit grundlegenden verfassungsrechtlichen[75] wie auch mit strafrechtsdogmatischen Garantien und Prinzipien. 38

Hinsichtlich der Bestimmtheit, dem Zweck und der Verhältnismäßigkeit der Norm sieht der BGH bei verfassungskonformer Auslegung keine Bedenken.[76] Auch vermag der Senat in der Vorverlagerung der Strafbarkeit in das Vorfeld der Gefährdung der Rechtsgüter durch die Vorbereitung von Straftaten weder einen Verstoß gegen das Übermaßverbot noch eine Missachtung des Schuldgrundsatzes durch Normierung eines Gesinnungs- oder Gedankenstrafrechts zu erkennen.[77] 39

Schon vor Gesetzeserlass formulierte die Wissenschaft ihre Bedenken und spricht sich zwischenzeitlich überwiegend für eine Verfassungswidrigkeit jedenfalls des § 89a Abs. 2 Nr. 1 wie des Abs. 2a StGB aus.[78] Diese Regelung bewegt sich jedenfalls im Grenzbereich des verfassungsrechtlich gerade noch Zulässigen und sollte dazu führen, die Regelung dementsprechend einschränkend auszulegen. Auch knüpft das StGB die Strafbarkeit an den Vorwurf, der dem Täter wegen der Begehung einer in ihren Merkmalen festgelegten Tat gemacht wird (Tatschuld; kein Täterstrafrecht) und nicht unmittelbar an die Gefährlichkeit des Täters und seiner verwerflichen Gesinnung.[79] Was die Beurteilung der Verhältnismäßigkeit strafrechtlicher Normen betrifft, die – wie § 89a StGB – präventiv weit im Vorfeld „eigentlicher" Rechtsverletzungen angesiedelte Handlungen pönalisieren, lassen sich zwar aus der bisherigen Rechtsprechung noch keine eindeutigen Maßstäbe entnehmen.[80] 40

Wird die Vorbereitung im Ausland begangen, gilt die Strafnorm aufgrund § 89a Abs. 3 S. 1 StGB. Wird die Vorbereitung außerhalb der Mitgliedstaaten der EU begangen, gilt dies nach Abs. 3 S. 2 nur, wenn sie durch einen Deutschen oder einen Ausländer mit Lebensgrundlage im Inland begangen wird oder die vorbereitete schwere staatsgefährdende Gewalttat im Inland oder durch oder gegen einen Deutschen begangen werden soll. Da das Gesetz somit nur für Vorbereitungshandlungen außerhalb der EU einschränkende Voraus- 41

---

[74] Näher dazu *Zweigle*, Gesetzgeber im Konflikt zwischen Rechtsstaatlichkeit und Terrorismusbekämpfung. Eine Untersuchung zu § 89a Abs. 2a StGB, 2020, 39 ff.
[75] Überblick bei *Puschke* KriPoZ 2018, 101.
[76] BGHSt 59, 218 (223) (zu § 89a Abs. 2 Nr. 3 StGB) = BGHSt 59, 218; BGHSt 62, 102 (110 Rn. 25) = NJW 2017, 2928 (2931 Rn. 25 ff.) = NStZ 208, 585 = GSZ 2018, 39 mAnm *Paul*.
[77] BGHSt 62, 102 (110, 112 f. Rn. 33 ff.) = NJW 2017, 2928 (2931 Rn. 33 ff.) = NStZ 2018, 585 = GSZ 2018, 39 mAnm *Paul*; ebenso *Biehl* JR 2015, 561 (566).
[78] ZB *Paeffgen* in NK-StGB, 5. Aufl. 2017, StGB § 89a Rn. 42; *Brodowski/Jahn/Schmitt-Leonardy* GSZ 2018, 7 (9 f.); *Gazeas/Grosse-Wilde/Kießling* NStZ 2009, 593 (597); *Greco* ZIS 2018, 475 (482 f.); *Puschke* KriPoZ 2018, 101 (108); *Zöller* NStZ 2015, 378; *Zweigle*, Gesetzgeber im Konflikt zwischen Rechtsstaatlichkeit und Terrorismusbekämpfung. Eine Untersuchung zu § 89a Abs. 2a StGB, 2020, 410 ff., 477 ff.
[79] Näher *Radtke/Steinsiek* ZIS 2008, 383 (393 mwN).
[80] So die zutreffende Feststellung von BGHSt 62, 102 (111 Rn. 28) = NJW 2017, 2928 (2931 Rn. 28).

setzungen aufstellt, folgt daraus im Umkehrschluss, dass auf Vorbereitungen innerhalb der EU deutsches Strafrecht uneingeschränkt Anwendung finden soll.[81]

2. Aufnahme von Beziehungen zur Begehung einer schweren staatsgefährdenden Straftat, § 89b StGB

42 Noch einen Schritt weiter als § 89a StGB ins Vorfeld greift § 89b StGB als abstraktes Gefährdungsdelikt, der schon denjenigen unter Strafe stellt, der „in der Absicht, sich in der Begehung einer schweren staatsgefährdenden Gewalttat gemäß § 89a Abs. 2 Nr. 1 unterweisen zu lassen", zu einer in- oder ausländischen terroristischen Vereinigung „Beziehungen aufnimmt oder unterhält"[82]. Dies soll allerdings nach Abs. 2 nicht gelten, „wenn die Handlung ausschließlich der Erfüllung rechtmäßiger beruflicher oder dienstlicher Pflichten dient."

43 Die Gefährlichkeit der Handlung kann nur unter Rückgriff auf die subjektive Seite gewonnen werden.[83]

44 Was den Strafanwendungsbereich der Norm betrifft, enthält § 89b Abs. 3 StGB eine dem § 89a Abs. 3 StGB entsprechende Regelung.[84]

45 Da auch § 89b StGB weit ins Vorfeld greift, bestehen hier dieselben Schwierigkeiten wie bei § 89a StGB, die sich noch dadurch verstärken, dass gewisse Formen der Vorbereitung der Vorbereitungstat nach § 89a StGB unter Strafe gestellt werden, also den Strafbarkeitsbereich noch weiter ausdehnen.[85]

3. Terrorismusfinanzierung, § 261 StGB und § 89c StGB

46 Bei der Bekämpfung des Terrorismus „als oberste Priorität" bildet das Verhindern, Unterbinden und Sanktionieren von Finanzierungsaktivitäten einen wichtigen Baustein.[86]

47 **a) Erscheinungsformen.** „Follow the money" – Terror beruht auf den drei Säulen Ideologie (Religion, politische Ideologien), Politik (Verflechtung) und Geld (Finanzierung). Die Finanzierung erfolgt durch das Einsammeln von Vermögenswerten aber auch durch Beschaffungskriminalität (zB Schutzgelderpressung) oder Unterstützungszahlungen terrorismusfördernder Staaten. Gerade Al-Qaida wie jetzt auch wieder der IS nutzen neben dem Hawala-System islamische Banken im Nahen Osten und in Afrika für ihre finanziellen Transaktionen. Nach wie vor ist es Tätern in Europa[87] grundsätzlich möglich, Terrorismus zu finanzieren, ohne von Ermittlern oder Compliance-Beauftragten enttarnt zu werden.

48 „Keep the fire burning" – Wenngleich im vorliegenden Kontext der Terrorismusfinanzierung nicht direkt relevant, sei doch zumindest kurz erwähnt, dass durch das Bemühen der – meist westlichen – Regierungen, Terror durch Geldzahlungen zu bekämpfen, Abhängigkeiten entstanden und auch künftig entstehen. Die heimliche Strategie etwa, durch hohe Zuwendungen palästinensische Terrororganisationen in den 1970er-Jahren von weiteren Flugzeugentführungen und Anschlägen abzuhalten, bewirkte genau das Gegenteil; denn diese Gruppen erkannten, dass sie nur solange Geld bekamen, wie es den Terror gab, der gerade mit diesem Geld bekämpft werden sollte.[88]

---

[81] *Gazeas* in AnwK-StGB, 3. Aufl. 2020, StGB § 89a Rn. 77; *Fischer*, 68. Aufl. 2021, § 89a Rn. 43; *Zöller* TerrorismusstrafR 576; *ders.* StV 2012, 364 (370).

[82] Diese beiden Tathandlungen entsprechen dem § 100 StGB (friedensgefährdende Beziehungen).

[83] *Steinsiek*, Terrorabwehr durch Strafrecht? Verfassungsrechtliche und strafrechtssystematische Grenzen der Vorfeldkriminalisierung, 2012, 248; *Bützler*, Staatsschutz mittels Vorfeldkriminalisierung, 2017, 253.

[84] Näher dazu oben Rn. 41.

[85] *Schäfer/Anstötz* in MüKoStGB, 4. Aufl. 2021, StGB § 89b Rn. 6.

[86] Bundesministerium der Finanzen, Strategie gegen Geldwäsche und Terrorismusfinanzierung, Stand Dezember 2019, 19. Näher zu Finanztransaktionen unten § 41 und zur Terrorismusfinanzierung unten § 42.

[87] Die von *Park* NK 2018, 419 gewonnenen empirischen Ergebnisse zur Terrorismusfinanzierung in Deutschland, Liechtenstein, Österreich und der Schweiz lassen sich auf die europäische Ebene übertragen.

[88] Instruktiv hierzu mit Blick auf Pakistan *Harrich/Harrich-Zandberg*, Saat des Terrors. Wie die westlichen Geheimdienste den Terror vor unsere Haustür bringen, 2019.

b) Geldwäsche, § 261 StGB. Ursprünglich diente der Geldwäschetatbestand des § 261 49 StGB nur der Bekämpfung der organisierten Wirtschaftskriminalität.[89] Vor allem das „tarnende" Einschleusen von aus Straftaten stammenden Vermögenswerten in den legalen Finanz- und Wirtschaftskreislauf sollte verhindert werden. Diesem „Geldwaschen" im engeren Sinn trat dann das Ziel hinzu, den finanziellen Unterbau des internationalen Terrorismus zu zerschlagen.[90]

Taugliches Tatobjekt ist nicht nur (Bar- oder Buch-)Geld, sondern, wie sich aus § 261 50 Abs. 1 S. 1 StGB ergibt, sondern jeder (Vermögens-)Gegenstand, der aus einer der in Abs. 1 S. 2 StGB genannten Taten herrührt. Zu diesem Vortatenkatalog zählen nach § 261 Abs. 1 S. 2 Nr. 5 StGB auch die §§ 89a, 89c StGB und §§ 129, 129a, 129b StGB.

Als Anschlussdelikt[91] knüpft § 261 StGB an eine rechtswidrige Vortat an. Wenn diese, 51 wie die Terrorismustatbestände, weit ins Vorfeld greifen, wirkt dies im Zusammenspiel mit den Datenerhebungs- und -übermittlungspflichten nach dem Geldwäschegesetz (GwG).[92]

c) Terrorismusfinanzierung, § 89c StGB. Den Terrorismus gerade von seinen Finan- 52 zierungsquellen abzuschneiden, ist das zentrale Anliegen nicht nur nationaler sondern auch internationaler und europäischer Bemühungen. Erst spät wurde mit Wirkung vom 20.6.2015[93] der § 89c in das StGB eingefügt, um sowohl die Resolution 2178 (2014) des UN-Sicherheitsrats vom 24.9.2014 als auch die Empfehlungen der OECD Financial Action Task Force umzusetzen, nach der die Finanzierung von Reisen zu terroristischen Zwecken unter Strafe zu stellen war.[94]

Tathandlung des als abstraktes Gefährdungsdelikt ausgestalteten § 89c Abs. 1 StGB[95] ist 53 das Sammeln, Entgegennehmen oder Zur-Verfügung-Stellen von Vermögenswerten[96] für fremde Taten[97] „für" die Begehung einer der in Abs. 1 S. 1 Nr. 1–8 sehr weit gefassten Katalogtaten, die in einem denkbaren Zusammenhang mit Terrorismus stehen können. Einschränkend ist in den Fällen der Nr. 1–7 (nicht Nr. 8) die dem § 129a Abs. 2 entnommene Voraussetzung, dass die Tat „dazu bestimmt ist, die Bevölkerung auf erhebliche Weise einzuschüchtern, eine Behörde oder eine internationale Organisation rechtswidrig mit Gewalt oder durch Drohung mit Gewalt zu nötigen oder die politischen, verfassungsrechtlichen, wirtschaftlichen oder sozialen Grundstrukturen eines Staates oder einer internationalen Organisation zu beseitigen oder erheblich zu beeinträchtigen, und durch die Art ihrer Begehung oder ihrer Auswirkungen einen Staat oder eine internationale Organisation erheblich schädigen kann."

Dadurch, dass Abs. 2 Handlungen nach Abs. 1 erfasst, wenn diese auf die Begehung 54 einer Katalogtat des Täters selbst gerichtet sind, wertet das Gesetz typische Vorbereitungshandlungen zu selbstständigen Haupttaten auf.[98]

---

[89] BT-Drs. 11/7663, 24; BT-Drs. 12/989, 26.
[90] BT-Drs. 14/8739, 10.
[91] Überblick zu den Anschlussdelikten, §§ 257–262 StGB, bei *Jahn/Reichart* JuS 2009, 309; *Jahn/Palm* JuS 2009, 408; 2009, 501; *Jahn/Ebner* JuS 2009, 597 (zur Geldwäsche).
[92] Gesetz über das Aufspüren von Gewinnen aus schweren Straftaten v. 13.8.2008 (BGBl. 2008 I 1690).
[93] Gesetz zur Änderung der Verfolgung der Vorbereitung von schweren staatsgefährdenden Gewalttaten v. 12.6.2015 (BGBl. 2015 I 926).
[94] BT-Drs. 18/4087, 6 ff.; *Sieber/Vogel*, Terrorismusfinanzierung. Prävention im Spannungsfeld von internationalen Vorgaben und nationalem Tatstrafrecht, 2015, 39 ff.
[95] Kritisch zu einem erkennbaren Rechtsgut wie zum unverhältnismäßig ausgestalteten Tatbestand *Zöller* GA 2020, 249 (255 ff.) mit dem eingangs des Aufsatzes festgestellten Ergebnis „einmal mehr symbolisches Terrorismusstrafrecht."
[96] Neben Bar- und Buchgeld einschließlich abgetretener Forderungen sind alle geldwerten Gegenstände wie Waffen, Kraftfahrzeuge, Ausrüstungsgegenstände, medizinische Geräte, Arzneimittel, Schmuck erfasst; zB *Zöller* GA 2020, 249 (251) mwN; aA *Biehl* JR 2018, 317 (318) für die Lieferung von Arzneimitteln oder medizinischem Gerät, weil nur ein nicht ausreichender mittelbarer Bezug zu terroristischen Straftaten bestehe.
[97] Der Terrorismusfinanzierer und derjenige, der mit dessen Unterstützung die Katalogtat ausführen soll, müssen also personenverschieden sein; der Terrorismusfinanzierer kann also weder Täter noch Teilnehmer der Tat nach § 89c Abs. 1 Nr. 1–8 StGB sein; *Zöller* GA 2020, 249 (250).
[98] *Zöller* GA 2020, 249 (253).

55 Sind die eingesammelten Vermögenswerte „geringwertig", ist die Freiheitsstrafe nach § 89c Abs. 5 StGB auf von drei Monaten bis zu fünf Jahren gemildert, ebenso kann nach § 89c Abs. 6 StGB das Gericht bei geringer Schuld die Strafe mildern.

56 Die Anwendung der Abs. 1 und 2 auf Auslandstaten regelt Abs. 3. Innerhalb der Europäischen Union gilt § 89c StGB auch für Ausländer und auch hinsichtlich geplanter Katalogtaten im Ausland. Wird die Tat außerhalb der Mitgliedstaaten der Europäischen Union begangen, ist Strafbarkeitsvoraussetzung, dass sie „durch einen Deutschen oder einen Ausländer mit Lebensgrundlage im Inland begangen wird oder die finanzierte Straftat im Inland oder gegen einen Deutschen begangen werden soll", Abs. 3 S. 2.

57 **d) Ist auch das Vermögen einer terroristischen Vereinigung geschützt?** Mit Blick auf die Strafbarkeit der Terrorismusfinanzierung stellt sich die Frage, ob ein Betrug zum Nachteil einer terroristischen Vereinigung möglich ist, somit auch die Schädigung solcher Vermögen als Vermögensschaden im Sinne des Betrugs anzusehen oder ob der Vermögensbegriff bei § 263 StGB normativ einzuschränken ist.[99] In seinem Urteil vom 11.4.2018 schließt sich der 5. Strafsenat[100] einer jetzt wieder gefestigten Rechtsprechung zum wirtschaftlichen Vermögensbegriff an, die das Vermögensstrafrecht im kriminellen Milieu prinzipiell uneingeschränkt durchsetzt. Die Rechtsordnung kenne, so der BGH, im Bereich der Vermögensdelikte allgemein kein wegen seiner Herkunft, Entstehung oder Verwendung schlechthin schutzunwürdiges Vermögen; allein der Gesetzeszweck des § 89c StGB gebe keinen Anlass, den Vermögensbegriff bei § 263 StGB einzuschränken. Damit werden jedenfalls die Erwartungen und Interessen der terroristischen Vereinigung zum Schutzgut des Betrugs aufgewertet und unter den „schützenden Schirm des deutschen Strafrechts" gestellt.[101]

4. Anleitung zu einer schweren staatsgefährdenden Gewalttat, § 91 StGB

58 Bei § 91 StGB[102] ging es dem Gesetzgeber vor allem um die Strafbarkeit desjenigen, der zB in einem dschihadistischen Internetforum, in dem zu Anschlägen aufgefordert wird, eine Bombenanleitung einstellt. Spiegelbildlich dazu wird die Strafbarkeit desjenigen normiert, der sich eine solche Anleitung[103] in Vorbereitung auf eine staatsgefährdende Straftat herunterlädt.[104] Ein nur flüchtiger Zugriff auf die Datei genügt nicht.[105]

59 Als abstraktes Gefährdungsdelikt[106] ausgestaltet stellt die Norm sowohl das Verbreiten von Anleitungen zu einer schweren staatsgefährdenden Straftat wie das Sichverschaffen unter Strafe, § 91 Abs. 1 Nr. 1, 2 StGB.[107] Die getroffene Regelung will einen weit vorgelagerten Schutz der durch die angesonnene staatsgefährdende Gewalttat schaffen.[108] Die „Anleitung zu Straftaten" durch Inhalte gem. § 11 Abs. 3 StGB stellt bereits § 130a StGB unter Strafe.

60 Nach dem Willen des Gesetzgebers und damit übereinstimmender überwiegender Auffassung muss (im Gegensatz zu § 130a StGB) den Inhalten kein unmittelbarer deliktischer Bezug zu der schweren staatsgefährdenden Straftat zukommen; gerade neutrale Inhalte

---

[99] Näher zu „bemakelten" Vermögenswerten *Eisele/Bechtel* JuS 2018, 97 (99 f.).
[100] BGH NStZ-RR 2018, 221 (223) = StV 2019, 85 mkritAnm *Wachter*; ebenso krit. *Ebner* ZWH 2018, 297 (298 f.); *Jahn* JuS 2018, 719; wiederum auf der Grundlage des wirtschaftlichen Vermögensbegriffs dem BGH zust. *Li* NZWiSt 2019, 405.
[101] Zu den kritischen Stimmen Nachweise in Fn. 100.
[102] Ähnlichkeiten bestehen mit der öffentlichen Aufforderung zu Straftaten, § 111 StGB, und der Anleitung zu Straftaten, § 130a StGB.
[103] Anleitung ist weniger als Anstiftung und liegt daher noch im Bereich der Vorbereitung.
[104] *Schäfer/Anstötz* in MüKoStGB, 4. Aufl. 2021, StGB § 91 Rn. 19. Zum Strafanwendungsrecht zumal im bzw. aus dem Internet unten → Rn. 89 ff.
[105] BT-Drs. 16/12428, 18.
[106] *Gazeas/Grosse-Wilde/Kießling* NStZ 2009, 593 (602); *Schäfer/Anstötz* in MüKoStGB, 4. Aufl.2021, StGB § 91 Rn. 5; *Radtke/Steinsiek* ZIS 2008, 383 (385). Daneben ist § 91 Abs. 1 Nr. 1 ein Vorbereitungsdelikt.
[107] Einen Tatbestandsausschluss durch eine Sozialadäquanzklausel enthält § 91 Abs. 2 StGB.
[108] *Gazeas/Grosse-Wilde/Kießling* NStZ 2009, 593 (601).

(wissenschaftliche Anleitungen, Kriminalromane) sollen miteinbezogen sein.[109] Der Täter muss nicht die Absicht haben, die Bereitschaft anderer zu fördern.

Bei der getroffenen tatbestandlichen Ausgestaltung, die auch die Frage der tatbestandlichen Bestimmtheit aufwirft,[110] bereitet es Schwierigkeiten, das Rechtsgut dieser Regelung auszumachen.[111] Letztlich kann es wie bei §§ 89a, 89b StGB nur um die auch dort tangierten Staatsschutzgüter gehen.[112] **61**

III. Terroristische Vereinigungen, §§ 129a, 129b StGB

1. Strafgrund und Rechtsgut

Wesentlicher Strafgrund der §§ 129a, 129b StGB ist im Sinne einer Vorverlagerung des Rechtsgüterschutzes die von einer Mehrheit von Beteiligten ausgehende Organisationsgefahr durch die Steigerung der kriminellen Effektivität und Effizienz durch arbeitsteiliges und professionalisiertes Zusammenwirken für die innere Sicherheit ausgehende Gefahr.[113] Als Organisationsstraftaten beziehen sich beide Tatbestände bereits auf das Vorfeld künftig bezweckter Taten. **62**

Nach der höchstrichterlichen Rechtsprechung und der ihr folgenden Literatur schützen §§ 129a, 129b StGB (wie § 129 StGB) die innere öffentliche Sicherheit.[114] Wenn dabei die staatliche öffentliche Ordnung einschließlich des öffentlichen Friedens in der Weise verstanden wird, dass damit auch die Sicherheit des Einzelnen vor Schäden an Leib und Leben geschützt werden soll, wären gegen eine wenngleich etwas „nebulöse" Rechtsgutsbestimmung[115] noch keine Einwände zu erheben. Jedenfalls begründet die Umschreibung gesetzlicher Zielvorstellungen noch kein legitimierendes Rechtsgut.[116] Es verkennt jedoch weder Sinn noch Zweck beider Vorschriften,[117] wenn diesen die Rechtsgüter zugrunde liegen, die durch den Versuch und die Vollendung derjenigen Straftaten, die vom Vereinigungszweck umfasst sind, beeinträchtigt würden. „Diese Rechtsgüter müssen zwar noch nicht notwendigerweise verletzt sein, jedoch lässt der Täter bereits erkennen, dass er zumindest in Kauf nimmt und unterstützt, dass sie verletzt werden, wenn die Vereinigung entsprechend ihrer Zielsetzung tätig wird."[118] **63**

2. Bildung terroristischer Vereinigungen, § 129a StGB

§ 129a StGB kriminalisiert vier vereinigungsbezogene Verhaltensweisen: Mitglieder sind wegen Gründung der Vereinigung oder betätigter Mitgliedschaft strafbar, Nichtmitglieder dann, wenn sie für die Vereinigung um Mitglieder oder Unterstützer werben oder wenn sie die Vereinigung in sonstiger Weise unterstützen.[119] Als Mitglied beteiligt sich, „wer sich **64**

---

[109] BT-Drs. 16/12428, 18; *Gazeas* in AnwK-StGB, 3. Aufl. 2020, § 91 Rn. 10; *Gazeas/Grosse-Wilde/Kießling* NStZ 2009, 593 (602); *Schäfer/Anstötz* in MüKoStGB, 4. Aufl. 2021, StGB § 91 Rn. 11; aA mangels Anleitungstendenz *Sternberg-Lieben* in Schönke/Schröder, 30. Aufl. 2019, StGB § 91 Rn. 3.
[110] *Schäfe/Anstötz* in MüKoStGB, 4. Aufl. 2021, StGB § 91 Rn. 3.
[111] *Schäfer/Anstötz* in MüKoStGB, 4. Aufl. 2021, StGB § 91 Rn. 4; vgl. auch *Gazeas/Grosse-Wilde/Kießling* NStZ 2009, 593 (601 f.).
[112] *Schäfer/Anstötz* in MüKoStGB, 4. Aufl. 2021, StGB § 91 Rn. 4.
[113] BGHSt 41, 47 (51, 53) = NJW 1995, 2117; *Fahrner* StaatsschutzR § 14 Rn. 20; aA *Ostendorf* in NK-StGB, 5. Aufl. 2017, StGB § 129a Rn. 3: Vorverlagerung des Strafrechtsschutzes für die durch die strafrechtlichen Deliktstatbestände im Einzelnen geschützten Rechtsgüter.
[114] BGHSt 41, 47 (53) = NJW 1995, 2117 = NStZ 1995, 340 mAnm *Schittenhelm*; *Fischer*, 67. Aufl. 2020, § 129 Rn. 2; *Schäfer/Anstötz* in MüKoStGB, 4. Aufl. 2021, § 129a Rn. 1, § 129b Rn. 2; *Hofmann* NStZ 1998, 249 (250).
[115] *Zöller* StV 2012, 364 (365).
[116] *Roxin* StrafR AT § 2 Rn. 14 ff.
[117] So aber die Kritik von *Schäfer/Anstötz* in MüKoStGB, 4. Aufl. 2021, StGB § 129a Rn. 1.
[118] OLG München NJW 2007, 2786 (2787 f.); *Stein/Greco* in SK-StGB, 9.Aufl. 2019, StGB § 129a Rn. 6; *Zöller* StV 2012, 364 (365).
[119] Die tatbestandliche Konstruktion knüpft weitgehend an die Strafbarkeit krimineller Vereinigungen nach § 129 StGB an; speziell zur Präventionslogik des § 129a StGB *Weißer* RW 2019, 453 (457 ff.). Durch § 30

unter Eingliederung in die Organisation deren Willen unterordnet und eine Tätigkeit zur Förderung der kriminellen Ziele der Vereinigung entfaltet. Notwendig ist dafür eine auf Dauer oder zumindest auf längere Zeit angelegte Teilnahme am Verbandsleben."[120]

65 Der Tatbestand knüpft nicht an die Verfolgung eines bestimmten politischen Ziels an,[121] sondern verlangt entweder die Verfolgung eines bestimmten Vereinigungszwecks oder darauf gerichtete Tätigkeiten. Dass weitere nicht tatbestandlich genannte Straftaten daneben treten, ist irrelevant,[122] allenfalls ein Konkurrenzproblem. Eine andere Frage ist allerdings, ob wegen der Organisationsgefahr erforderlich ist, dass mehr als eine Tat in der genannten Weise begangen werden soll. Nach dem eindeutigen Gesetzeswortlaut ist dies nicht erforderlich, fraglich ist dann vielmehr, ob eine Vereinigung vorliegt.[123]

66 Richtet sich die Begehung auf die in § 129a Abs. 1 aufgezählten besonders schweren Straftaten, nämlich Mord, Totschlag, Völkermord, Verbrechen gegen die Menschlichkeit, Kriegsverbrechen oder Straftaten gegen die persönliche Freiheit in den Fällen des § 239a und § 239b, reicht es aufgrund des hohen Unrechtsgehalts solcher Taten aus, wenn sich die Zielsetzung nur auf eine der Katalogtaten bezieht, um die Vereinigung als terroristisch zu qualifizieren.[124] Der Vorsatz, solche Straftaten zu begehen, muss nicht bis zur Vorbereitung einzelner Taten konkretisiert oder die Begehung einer bestimmten Tat geplant sein.[125] Ausreichend ist, wenn sich die Mitglieder der Vereinigung bewusst sind, dass es bei der Verfolgung ihrer Pläne zur Begehung dieser Katalogtaten kommen kann und dies auch wollen. Voraussetzung ist aber, dass die Vereinigung bezweckt, selbst derartige Taten zu begehen.[126]

67 Wegen des geringeren Unrechtsgehalts der in § 129a Abs. 2 genannten Katalogtaten müssen diese mit der besonderen Bestimmung und Eignung verknüpft sein, „die Bevölkerung auf erhebliche Weise einzuschüchtern, eine Behörde oder eine internationale Organisation rechtswidrig mit Gewalt oder durch Drohung mit Gewalt zu nötigen oder die politischen, verfassungsrechtlichen, wirtschaftlichen oder sozialen Grundstrukturen eines Staates oder einer internationalen Organisation zu beseitigen oder erheblich zu beeinträchtigen, und durch die Art ihrer Begehung oder ihre Auswirkungen einen Staat oder eine internationale Organisation erheblich schädigen kann." Diese im weitgehend „international" geprägten Tatbestand genannten Terrorwirkungen müssen zumal aufgrund Art. 3 Abs. 2 der EU Richtlinie 2017/541[127] zur Terrorismusbekämpfung international bedingt verstanden gleichwohl national restriktiv im Einklang mit §§ 81 ff., 105, 106 StGB ausgelegt werden.[128]

68 Wiederum wegen seines noch geringeren Unrechtsgehalts gegenüber den ersten beiden als Verbrechen ausgestalteten Absätzen (Freiheitsstrafe von mindestens einem Jahr bis zu zehn Jahren) bestraft § 129a Abs. 3 StGB als Vergehenstatbestand bereits die Androhung einer der in Abs. 1 und Abs. 2 genannten Katalogtaten mit Freiheitsstrafe von sechs Monaten bis zu fünf Jahren. Gegenstand der Androhung kann entsprechend dem Wortlaut („eine ... der Straftaten") auch nur eine einzige Katalogtat sein,[129] wie zB ein Bombenattentat.

Abs. 2 StGB wird bereits die verabredete *künftige* Gründung einer terroristischen Vereinigung erfasst, also auch das Vorfeld der Verbrechensabredung durch Gründung; *Weißer* RW 2019, 453 (458).
[120] BGH NStZ-RR 2018, 206 (207).
[121] Kritisch insoweit *Weigend* FS Nehm, 2006, 151 (163).
[122] *Schäfer/Anstötz* in MüKoStGB, 4. Aufl. 2021, StGB § 129a Rn. 32.
[123] Zutreffend *Fahmer* StaatsschutzR § 28 Rn. 8 mit dem Hinweis, dass die Problematik bei *Schäfer/Anstötz* in MüKoStGB, 4. Aufl. 2021, StGB § 129a Rn. 33 verkehrt verortet zu sein scheint; vgl. auch *Fischer* StGB, 68. Aufl. 2021, § 129a Rn. 5.
[124] *Schäfer/Anstötz* in MüKoStGB, 4. Aufl. 2021, StGB § 129a Rn. 42.
[125] BGH NStZ 1999, 503.
[126] BGH NStZ 1999, 503.
[127] ABl. 2017 L 88, 6.
[128] *Fahmer* StaatsschutzR § 28 Rn. 11; zur Auslegung *Schäfer/Anstötz* in MüKoStGB, 4. Aufl. 2021, StGB § 129a Rn. 48; *Helm* StV 2006, 719 (721).
[129] Näher zur missverständlichen gesetzlichen Formulierung *Stein/Greco* in SK-StGB, 9. Aufl. 2019, StGB § 129a Rn. 15.

C. Bekämpfung des Terrorismus im deutschen Strafrecht § 36

Das Unterstützen und das Werben für Mitglieder um Mitglieder oder Unterstützer der Vereinigung stellt § 129a Abs. 5 StGB unter Strafe. **69**

Mit Wirkung vom 22.7.2017[130] wurde § 129 StGB (Bildung krimineller Vereinigungen) mit dem neu eingefügten Abs. 2 um folgende Definition des Vereinigungsbegriffs ergänzt: „Eine Vereinigung ist ein auf längere Dauer angelegter, von einer Festlegung von Rollen der Mitglieder, der Kontinuität der Mitgliedschaft und der Ausprägung der Struktur unabhängiger organisierter Zusammenschluss von mehr als zwei Personen zur Verfolgung eines übergeordneten gemeinsamen Interesses." Auf diese Legaldefinition nehmen § 129a Abs. 1 und § 129b StGB Abs. 1 S. 1 StGB für ihren jeweiligen tatbestandlichen Anwendungsbereich Bezug. **70**

Seit dem Erlass der EU-Rahmenbeschlüsse aus den Jahren 2002 und 2008 zur Bekämpfung des Terrorismus und der organisierten Kriminalität kam der damals herkömmliche, von der Rechtsprechung entwickelte Begriff der kriminellen Vereinigung zunehmend unter Kritik.[131] Die Rechtsprechung verstand in Übereinstimmung mit der ganz überwiegenden Literatur – angelehnt an § 2 Abs. 1 VereinsG – unter Vereinigung[132] einen auf Dauer angelegten, freiwilligen organisatorischen Zusammenschluss von mindestens drei Personen, die unter Unterordnung des Willens des einzelnen unter den Willen der Gesamtheit gemeinsame Zwecke verfolgen und unter sich derart in Beziehung stehen, dass sie sich untereinander als einheitlicher Verband fühlen.[133] Einigkeit bestand darüber, dass sich der Vereinigungsbegriff durch vier Teilelemente bestimmt: Personell (mindestens drei Personen), organisatorisch (Mindestmaß an fester Organisation mit einer gegenseitigen Verpflichtung seiner Mitglieder), zeitlich (auf gewisse Dauer angelegt) und voluntativ (für alle Beteiligten übergeordneter Gruppenwillen). Im ersten Leitsatz des Urteils vom 3.12.2009 zur „Kameradschaft Sturm" stellte der 3. Strafsenat noch ausdrücklich fest: „Der Rahmenbeschluss des Rates der Europäischen Union vom 24.10.2008 zur Bekämpfung der organisierten Kriminalität führt nicht zu einer Änderung der bisherigen Auslegung des Tatbestandsmerkmals der Vereinigung i. S. des § 129 Abs. 1 StGB."[134] Obwohl der BGH in vorangegangenen Entscheidungen durchaus noch erwogen hatte, den Vereinigungsbegriff weiter zu verstehen,[135] lehnte er dies aus grundsätzlichen Erwägungen jedenfalls im Rahmen von § 129 StGB ab, den Vereinigungsbegriff „europarechtsfreundlich" weiter als bisher zu interpretieren, weil dies „zu einem unauflösbaren Widerspruch zu wesentlichen Grundgedanken des Systems der Strafbarkeit mehrerer zusammenwirkender Personen führen (würde), auf dem das deutsche Strafrecht beruht."[136] **71**

Auf der Grundlage der beiden Rahmenbeschlüsse geht die Literatur zwischenzeitlich überwiegend davon aus, dass der Vereinigungsbegriff der §§ 129 ff. StGB vor dem Hintergrund einer loyalen Zusammenarbeit nach Art. 4 Abs. 3 EUV unionskonform auszulegen ist.[137] Seit mit Wirkung vom 22.7.2017 der Vereinigungsbegriff in § 129 Abs. 2 StGB legal definiert ist, hat sich der BGH bislang mit diesem Vereinigungsbegriff befasst. Womöglich gehört der jahrelange Streit um den Vereinigungsbegriff bald der Vergangenheit an, wenn nicht mehr terroristische Vereinigungen sondern „einsame Wölfe" das **72**

---

[130] Gesetz vom 17.7.2017 (BGBl. 2017 I 2440).
[131] v. Heintschel-Heinegg FS Schroeder, 2006, 799; Kreß JA 2005, 220; Kreß/Gazeas FS Puppe, 2011, 1487; Krauß in LK-StGB, 13. Aufl., 2020, StGB § 129a Rn. 26.
[132] Den Begriff „Vereinigung" verwenden auch § 85 Abs. 1 und 2 StGB (Verstoß gegen ein Vereinigungsverbot), § 86 Abs. 1 StGB (Verbreitung von Propagandamitteln verfassungswidriger Organisationen) und § 86a Abs. 1 Nr. 1 StGB (Verwenden von Kennzeichen verfassungswidriger Organisationen).
[133] ZB BGHSt 54, 69 (107 f. mwN) = NJW 2009, 3448; Zöller TerrorismusstrafR 518 mwN (Fall „Kameradschaft Sturm").
[134] BGHSt 54, 216 (221 Rn. 25 ff.) = NJW 2010, 1979.
[135] BGH NJW 2006, 1603; BGH NJW 2009, 3448 (3460); BGH NStZ 2008, 146 (148).
[136] BGHSt 54, 216 (223) = NJW 2010, 1979; zust. Montenegro GA 2019, 489 (500 f.); krit. Zöller KriPoZ 2017, 26 (28 ff.).
[137] Zöller KriPoZ 2017, 26 (29 Fn. 28 mwN); vertiefend dazu Kreß/Gazeas FS Puppe, 2011, 1487 ff.

Erscheinungsbild terroristischer Anschläge bestimmen. Entsprechend der in Spanien getroffenen Regelung[138] könnte sich der Gesetzgeber dafür entscheiden, für die terroristische Tat die Beziehung zu einer Vereinigung insoweit aufzugeben, dass auch der Individualterrorismus (bei §§ 129a, 129b StGB) ausreicht.

73 Mit den Tatbestandsvarianten des Unterstützens einer terroristischen Vereinigung wie des Werbens um Mitglieder oder Unterstützer für eine solche stellt Abs. 5 Handlungen unter Strafe, die durch außerhalb der Organisation Stehende begangen werden:

74 (1) Das Unterstützen als eine zur Täterschaft erhobene Form der Beihilfe[139] pönalisiert Abs. 5 S. 1. Unterstützen ist grundsätzlich jedes Tätigwerden durch das ein Nichtmitglied der Vereinigung deren innere Organisation und ihren Zusammenhalt unmittelbar fördert, die Realisierung der von ihr geplanten Straftaten – wenn auch nicht maßgebend – erleichtert oder sich sonst auf deren Aktionsmöglichkeiten und Zwecksetzung in irgendeiner Weise positiv auswirkt und damit die ihr eigene Gefährlichkeit festigt.[140] Zu denken ist zB an Spendenaufrufe, die zu einem messbaren Vorteil für die Vereinigung geführt haben. Zwar muss das Wirken des Nichtmitglieds nicht zu einem von diesem erstrebten Erfolg führen; es genügt, wenn sein Tun für die Organisation objektiv nützlich ist, ohne dass ein messbarer Nutzen für diese eintritt.[141] Hieran fehlt es, wenn die zu liefernden Ausrüstungsgegenstände bei der Vereinigung nicht ankommen, etwa weil sie auf dem Weg dorthin angehalten wurden. Eine vollendete Unterstützung scheidet dann aus und der Versuch der Unterstützung ist nicht unter Strafe gestellt. Diese Strafbarkeitslücke ist nach Auffassung der Justizminister der Länder zu schließen.[142]

75 (2) Das Werben um Mitglieder, damit diese sich künftig mitgliedschaftlich in die Vereinigung einfügen, oder Unterstützer, welche die Tätigkeit oder die Bestrebungen der Vereinigung direkt oder über eines ihrer Mitglieder fördern sollen, stellt Abs. 5 S. 2 StGB unter Strafe. Diese ausdrückliche Beschränkung hat zur Folge, dass nur diese Verhaltensweisen von Nichtmitgliedern erfasst werden. Die sog. Sympathiewerbung in Form des allgemeinen Befürwortens von Ideologie und Zielen der Vereinigung zB durch das Herstellen und Verbreiten von Propagandamaterial durch Nichtmitglieder, das Mitwirken an Webseiten oder Chatrooms fällt nicht mehr in den Anwendungsbereich der Norm, solange die Adressaten nicht zu einem bestimmten Verhalten motiviert werden sollen.[143] Dieser im Gesetzeswortlaut und in der Gesetzessystematik objektivierte Wille des Gesetzgebers darf nicht dadurch unterlaufen werden, wenn man diese Aktivitäten als Unterstützen behandelt, weil ihnen die abstrakte Eignung zukommt, das Gefährdungspotential der beworbenen Vereinigung zu stärken.[144]

3. Terroristische Vereinigungen im Ausland, § 129b StGB

76 Nach § 129b Abs. 1 S. 1 StGB gelten die §§ 129 und 129a auch für Vereinigungen im Ausland. Ob es sich um eine inländische, § 129a StGB, oder ausländische Vereinigung, § 129b StGB, handelt, bestimmt der Ort der Operationsbasis der Vereinigung[145] als der Ort, an dem sich überwiegend der tatsächliche Organisations- und Logistikmittelpunkt

---

[138] Dazu *Cancio Meliá* ZIS 2015, 538 (543); *Cancio Meliá* in Petzsche/Heger/Metzler, Terrorismusbekämpfung in Europa im Spannungsfeld zwischen Freiheit und Sicherheit: Historische Erfahrungen und aktuelle Herausforderungen, 2019, 159, 165.
[139] BGHSt 58, 218 (322 Rn. 19) = BeckRS 2013, 13465; BGH NStZ 2016, 528 (529); BGH NStZ-RR 2018, 72 (73).
[140] BGHSt 58, 318 (322 Rn. 19) = BeckRS 2013, 13465; BGH NStZ-RR 2018, 72 (73).
[141] BGH NStZ 2016, 528 (529).
[142] 89. Konferenz der Justizministerinnen und Justizminister Frühjahrskonferenz 2018 Beschluss TPO II.15; näher dazu *Biehl* JR 2018, 317 (318).
[143] *Zöller* StV 2012, 364 (366 f.).
[144] BGHSt 51, 345 (349 Rn. 13) = NJW 2007, 2782 = NStZ 2007, 635.
[145] Vgl. Art. 4 der Gemeinsamen Maßnahme betreffend die Strafbarkeit der Beteiligung an einer kriminellen Vereinigung in den Mitgliedstaaten der Europäischen Union, ABl. 1998 L 351, 2.

befindet und der durch die entscheidungserheblichen Organe der Vereinigung gebildete Verbandswille zustande kommt und nach außen in Erscheinung tritt.[146]

Während Mitglieder innereuropäischer ausländischer Vereinigungen in Deutschland stets verfolgt werden können, gilt für Mitglieder außereuropäischer Vereinigungen die in Abs. 1 S. 1 getroffene Regelung nach § 129b Abs. 1 S. 2 StGB nur dann, wenn die Tat durch eine im räumlichen Geltungsbereich des StGB ausgeübte Tätigkeit begangen wird oder wenn der Täter oder das Opfer Deutscher ist oder sich im Inland befindet. Im Umkehrschluss folgt daraus, dass für Vereinigungen, die zumindest in einem Mitgliedstaat der EU ihre Operationsbasis oder zumindest eine Teilorganisation unterhalten, die allgemeinen Strafanwendungsvorschriften des StGB nach §§ 3, 4 StGB gelten.[147] Damit wird aber der strafrechtliche Anwendungsbereich des zunächst weit gefassten § 129b StGB wieder stark eingeschränkt. Anders als in § 129b Abs. 1 S. 2 Var. 2 und 3 StGB formuliert, verlangt § 7 Abs. 1, Abs. 2 Nr. 1 StGB bei Auslandstaten gegen deutsche Opfer oder von deutschen Tätern, dass die Tat am Tatort mit Strafe bedroht ist oder keiner Strafgewalt unterliegt.[148] Außerdem wird in Fällen des § 129b Abs. 1 S. 2 StGB die Tat nur mit Ermächtigung des Bundesministeriums der Justiz und für Verbraucherschutz verfolgt.[149] **77**

Wer mit dem IS sympathisiert und sich deshalb im Einvernehmen der Organisation in deren Herrschaftsgebiet begibt, um dort den Vorstellungen des IS entsprechend zu leben, wird damit nicht ohne weiteres in die Organisation integriert und damit zu deren Mitglied. Dementsprechend stellt das alltägliche Leben derartiger Personen im „Kalifat", zB als Frau eines Mitglieds des IS, als solches keine mitgliedschaftliche Tätigkeit für den IS dar. Dies gilt insbesondere für Anhängerinnen des IS, die sich dazu entschließen, im „Kalifat" mit einem Mitglied der Vereinigung zusammenzuleben, ihren „häuslichen Pflichten" nachzugehen und ein aus der Beziehung herrührendes Kind auszutragen. Hierin liegt auch keine Unterstützung einer terroristischen Vereinigung im Ausland.[150] Wer sich allerdings bereit erklärt, gegnerische Kämpfer mit Sprengstoffgürteln anzugreifen, mit Blogeinträgen Gleichgesinnte in Europa auffordert, ebenfalls in das Hoheitsgebiet des IS einzureisen und sich dieser Vereinigung anzuschließen sowie den Umgang mit Schusswaffen öffentlich befürwortet, dessen Handlungen gehen über alltägliche Verrichtungen im Zusammenleben mit ihrem Ehemann hinaus.[151] In der dritten Entscheidung zu den „IS-Bräuten" sieht der BGH eine mitgliedschaftliche Beteiligung (und nicht nur ein bloßes Unterstützen) in den erheblichen vereinigungstypischen Tätigkeiten für die Zwecke der Organisation: Inbesitznahme des vom IS zugeteilten Wohnungswesens, die Ausfluss der Mitgliedschaft des Partners war; auch die Haushaltsführung sei als vereinigungstypisches Verhalten zu bewerten, weil es ersichtlich dem Aufrechterhalten der Kampfbereitschaft diene.[152] – Die Grenzziehung zwischen strafloser allgemeiner sozialadäquater Lebensgestaltung und strafbarem Verhalten sollte entsprechend den in der Beihilfedogmatik entwickelten Grundsätzen zu den „neutralen Handlungen" bzw. dem „berufstypischen Verhalten" erfolgen.[153] **78**

D. Entschädigung von Opfern nach terroristischen Anschlägen

Der Abschlussbericht des Beauftragten der Bundesregierung für die Opfer und Hinterbliebenen des Anschlags vom 19.12.2017 auf dem Berliner Breitscheidplatz legte Schwächen **79**

---

[146] Vgl. *Zöller* TerrorismusstrafR 523.
[147] *Zöller* StV 2012, 364 (365 Fn. 14).
[148] Vgl. auch unten → Rn. 90.
[149] Näher hierzu unten → Rn. 104 ff.
[150] BGH NStZ-RR 2018, 206 mAnm *Paul* GSZ 2018, 201 und *Weißer* ZJS 2019, 148; vgl. auch *Weißer* RW 2019, 453 (458 f.).
[151] BGH NStZ 2018, 369 mAnm *Paul* GSZ 2019, 39 und *Weißer* ZJS 2019, 148.
[152] BGH NStZ 2020, 26 (28) mAnm *Fahl*.
[153] Speziell zu den „IS-Bräuten" darauf abstellend, ob in der Alltagstätigkeit eine „Solidarisierung" mit dem Verbrechen und den Verbrechern liegt, *Fahl* JR 2018, 276 (287 f.); 2018, 648 (654) sowie allgemein *Fahl* HRRS 2015, 210 (219); 2017, 167 (168).

im Opferschutz und der Opferentschädigung offen,[154] auf die die Bundesregierung im September 2018 mit einem Bericht reagierte.[155] Im September 2019 wurde das Reformvorhaben mit Zustimmung des Bundesrats zum Gesetz zur Regelung des Sozialen Entschädigungsrechts als Vierzehntes Buch Sozialgesetzbuch – SGB XIV – abgeschlossen, das (von mehreren rückwirkend bzw. zu früheren Zeitpunkten in Kraft tretenden Teilen abgesehen) allerdings erst am 1.4.2024 in Kraft tritt.[156]

80 Bis dahin sind die Entschädigungsmöglichkeiten wegen ihrer Vielvielfältigkeit und Einschränkungen, zB wenn der Attentäter die Tat mit einem Kfz begangen hat, für die Opfer schwer überschaubar:[157]

- Die Ansprüche aus unerlaubter Handlung der Opfer und Hinterbliebenen nach §§ 823 ff. BGB werden regelmäßig nicht realisierbar sein. Soweit die Opfer Entschädigungsleistungen von Sozialleistungsträgern erhalten, findet ein gesetzlicher Forderungsübergang statt, s. § 5 Opferentschädigungsgesetz (OEG) und § 116 SGB X.
- Opfer von Gewalttaten erhalten nach § 1 Abs. 1 S. 1 OEG Entschädigungsansprüche nach dem Bundesversorgungsgesetz, allerdings aufgrund § 1 Abs. 8 OEG nicht bei „Schäden auf einem tätlichen Angriff, die von dem Angreifer durch den Gebrauch eines Kraftfahrzeuges oder eines Anhängers verursacht sind."
- Opfer von terroristischen Anschlägen, die mittels eines Kfz begangen werden, sind mangels Eingreifens des OEG jedoch nicht schutzlos, sondern haben nach § 12 Abs. 1 Nr. 3 Pflichtversicherungsgesetz (PflVG) einen Anspruch gegen den „Entschädigungsfonds für Schäden aus Kraftfahrzeugunfällen".
- Weiterhin haben Opfer von Gewalttaten, (zB Beschäftigte auf einem Weihnachtsmarkt oder Personen, die auf direktem Weg vom Arbeitsplatz nach Hause sind, Ansprüche nach dem SGB VII aufgrund der gesetzlichen Unfallversicherung, wenn es sich um einen Arbeitsunfall handelt, vgl. § 8 SGB VII.
- Es gelten die allgemeinen Vorschriften für Krankenbehandlung und Lohnfortzahlung im Krankheitsfall.
- Schließlich kommen auch Zahlungen aus dem Härtefonds des Bundes für Opfer von Terroranschlägen in Betracht.

E. Zur Anwendbarkeit deutschen Strafrechts im Rahmen der Terrorismusbekämpfung

81 Strafanwendungsrecht ist innerstaatliches Recht. Da jeder Staat selbst die Grenzen seiner Strafgewalt festlegt, kommt es gerade im Bereich der internationalen Terrorismusbekämpfung häufig dazu, dass dieselbe Tat nicht nur nach dem Recht mehrerer Staaten verfolgt wird, sondern dass deutsches Strafrecht – zumal im Rahmen der EU – auf andere Staaten und internationale Organisationen ausgedehnt wird.

I. Zur Systematik deutschen Strafanwendungsrechts

82 In welchen Fällen deutsches Strafrecht anzuwenden ist, regeln die §§ 3–9 StGB. Diesen Bestimmungen liegt folgende Systematik zugrunde: Der jeweilige Tatort bestimmt, ob eine Tat im Inland oder im Ausland begangen wurde. Nach § 9 Abs. 1 StGB[158] ist eine Tat an jedem Ort begangen, an dem der Täter gehandelt hat oder im Fall des Unterlassens hätte handeln müssen oder an dem der zum Tatbestand gehörende Erfolg eingetreten ist oder nach

---

[154] https://www.bmj.de/SharedDocs/Downloads/DE/News/Artikel/121317_Abschlussbericht_Opferbeauftragter.html.
[155] https://www.bmj.de/SharedDocs/Artikel/DE/2018/091918_Bericht_BReg_Verbesserung_Situation_Terroropfer.pdf.
[156] BGBl 2019 I 2652.
[157] Überblick zum geltenden wie zum künftigen Recht bei *Kranig* NZV 2010, 21 (23 ff., 29 ff.).
[158] Was für die Teilnahme gilt, regelt § 9 Abs. 2 StGB.

E. Zur Anwendbarkeit deutschen Strafrechts im Rahmen der Terrorismusbekämpfung § 36

der Vorstellung des Täters eintreten sollte. Für die dritte Variante stellt sich bei im Internet begangenen Verbreitungs- und Äußerungsdelikten, wie im Bereich der Terrorismusbekämpfung zumal die Anleitung zur Begehung einer schweren staatsgefährdenden Straftat, die Frage, ob ein zum Tatbestand gehörender Erfolg in Deutschland eingetreten ist.[159]

Für im Inland begangene Taten gilt nach § 3 StGB deutsches Strafrecht unabhängig von der Staatsangehörigkeit des Täters (Gebietsgrundsatz). Zusätzlich unterliegen unabhängig vom Recht des Tatorts dem deutschen Strafrecht auch Straftaten, die an Bord eines in Deutschland registrierten Schiffs oder Flugzeugs begangen werden, § 4 StGB (Flaggenprinzip). **83**

Die in § 3 StGB zum Ausdruck kommende Beschränkung deutschen Strafrechts wird allerdings für Auslandstaten relativiert. Unabhängig vom Recht des Tatorts gilt deutsches Strafrecht dennoch wenn die Auslandstat **84**
- einen besonderen Inlandsbezug aufweist, § 5 StGB;
- sich gegen ein international geschütztes Rechtsgut richtet, § 6 StGB oder
- gegen einen Deutschen begangen wurde und die Tat am Tatort mit Strafe bedroht ist oder der Tatort keiner Strafgewalt unterliegt, § 7 Abs. 1 StGB;
- von einem Deutschen begangen wurde, der zur Tatzeit Deutscher war oder es nach der Tat geworden ist, und weiterhin die Tat am Tatort mit Strafe bedroht ist oder keiner Strafgewalt unterliegt, § 7 Abs. 2 Nr. 1 StGB, oder
- im Zeitpunkt der Tat von einem Ausländer begangen wurde, dieser im Inland betroffen und, obwohl das Auslieferungsgesetz seine Auslieferung nach der Art der Tat zuließe, nicht ausgeliefert wird, weil ein Auslieferungsersuchen innerhalb angemessener Frist nicht gestellt oder abgelehnt wird oder die Ausgliederung nicht ausführbar ist, § 7 Abs. 2 Nr. 2 StGB.

Ohne dass die Tat einen territorialen Bezug zu Deutschland aufweist und auch ohne Rücksicht auf das Tatortstrafrecht erfasst zB § 5 Nr. 3 StGB die Gefährdung des demokratischen Rechtsstaats in den Fällen der §§ 89, 90a Abs. 1 StGB und des § 90b StGB, wenn der Täter Deutscher ist und seine Lebensgrundlage im Inland hat, und in den Fällen der §§ 90 und 90a Abs. 2 StGB. **85**

Unabhängig von der Tatortstrafbarkeit wie der Nationalität des Täters oder die des Opfers unterstellt (der dem Weltrechtsprinzip folgende) § 6 StGB Nr. 2–9 StGB die Tat eines Ausländers gegen einen Ausländer im Ausland gleichwohl dem deutschen Strafrecht. Im vorliegenden Kontext ist insbesondere bedeutsam, dass von Nr. 2 die Kernenergie-, Sprengstoff- und Strahlungsverbrechen in den Fällen der §§ 307 und 308 Abs. 1–4 StGB, des § 309 Abs. 2 StGB und des § 310 StGB erfasst werden.[160] **86**

Liegen bei einer terroristischen Auslandstat die §§ 5, 6 StGB nicht vor, kann deutsches Strafrecht nur noch über § 7 StGB zur Anwendung kommen. **87**

Wer als Opfer, § 7 Abs. 1 StGB, oder als Täter, § 7 Abs. 2 StGB, Deutscher ist, richtet sich nach dem staatsrechtlichen Inländerbegriff des Art. 116 Abs. 1 GG. Deutscher ist danach, wer die deutsche Staatsangehörigkeit besitzt[161] oder als Flüchtling oder Vertriebener deutscher Volkszugehörigkeit oder als dessen Ehegatte oder Abkömmling in dem Gebiete des Deutschen Reichs nach dem Stande des 31.12.1937 Aufnahme gefunden hat. Ausländer ist, wer zum Zeitpunkt der Tat nicht Deutscher war und auch später nicht Neubürger wurde, § 7 Abs. 2 Nr. 1 Var. 2 StGB. Zusätzlich verlangt § 7 Abs. 2 Nr. 2 StGB, dass der ausländische Täter im Inland betroffen ist. **88**

---
[159] Näher unten → Rn. 91 ff.
[160] Das deutsche Strafrecht erfasst nur die genannten Delikte, nicht die tateinheitlich mitverwirklichten Taten.
[161] Vgl. auch § 1 StAG. Auch sog. Mehrstaatler sind deutsche Staatsangehörige.

II. Zur Anwendung deutschen Strafrechts bei im Ausland begangenen Terrorismusstraftaten

1. Tatort Internet

89 Wenn Inhalte, die deutsche Straftatbestände erfüllen, wie insbesondere die Anleitung zur Begehung einer schweren staatsgefährdenden Straftat nach § 91 StGB, auf einem ausländischen Server zugänglich gemacht und in Deutschland im Internet aufgerufen werden können, stellt sich die Frage, ob deutsches Strafrecht Anwendung finden kann. Als abstraktes Gefährdungsdelikt ausgestaltet setzt § 91 StGB jedenfalls keinen Erfolg im Sinne einer Verletzung oder auch nur einer konkreten Gefährdung des geschützten Rechtsguts voraus. Der Handlungsort nach § 9 Abs. 1 Var. 1 StGB bestimmt sich allein nach dem Ort der körperlichen Präsenz des Täters bei der Tathandlung[162] und der liegt im Ausland. Die Diskussion konzentriert deshalb lediglich darauf, ob nach § 9 Abs. 1 Var. 3 StGB nicht doch der „zum Tatbestand gehörende Erfolg" in Deutschland eingetreten ist.

90 Als tatbestandlichen Erfolg sieht die extensivste Ansicht jeden Ort an, an dem sich die abstrakte Gefahr realisieren könnte. Danach würde bereits das bloße Angebot eines solchen Inhalts auf einem ausländischen Server vom deutschen Strafrecht erfasst. Weil damit deutschen Ermittlungsbehörden aber weltweit ein Verfolgungsrecht eingeräumt würde, verlangt aus völkerrechtlichen Erwägungen eine Gegenauffassung einschränkend, dass der Täter den Abruf durch „zielgerichtetes Handeln" mit einem „finalen Interesse" herbeigeführt habe. Gegenüber einer solch subjektiven Einschränkung setzen andere auf ein objektives Kriterium, nämlich auf einen territorialen Bezug zum Inland, zB aufgrund der Sprache oder des Inhalts.[163] Anderen wiederum erscheint es vorzugswürdig, auf den „Tathandlungserfolg" abzustellen, der als zum Tatbestand gehörender Erfolg in Deutschland eintritt, wenn der Täter zwar im Ausland gehandelt hat, die vom Tatbestand beschriebene Handlung, wie zB das Zugänglichmachen bei § 91 StGB, sich jedoch im Inland realisiert.[164]

91 Dagegen hat der 3. Strafsenat des BGH[165] im Fall des Verwendens von Kennzeichen verfassungswidriger Organisationen nach § 86a Abs. 1 Nr. 1 StGB entschieden, dass dieses abstrakte Gefährdungsdelikt keinen zum Tatbestand gehörenden Erfolg umschreibt, sodass eine Inlandstat über § 9 Abs. 1 Var. 3 StGB nicht begründet werden kann und deshalb den Angeklagten freigesprochen, der von einem Computer in der Tschechischen Republik aus auf dem Internet-Videoportal YouTube eine Plattform gegründet und auf der er unter anderem Abbildungen von Hakenkreuzen hochgeladen hatte, die in Deutschland abgerufen wurden. Knüpft man, wie der BGH, an die Deliktsform an, führt dies dazu, dass Angriffe über das Internet vom Ausland aus, die im Inland die normspezifische abstrakte Gefahrenlage herbeigeführt haben, in Deutschland nicht verfolgt werden können.[166]

92 Die Streitfrage allein anhand des Deliktstyps zu entscheiden, bedeutet, dem durch das abstrakte Gefährdungsdelikt geschützten Rechtsgut keinerlei Relevanz zuzumessen. Der 1. Strafsenat des BGH hat in der Toeben-Entscheidung für die Auslegung des Begriffs „Erfolg" in § 9 Abs. 1 Var. 3 StGB entgegen einer damals häufig vertretenen Meinung festgehalten, dass der Anwendungsbereich dieser Regelung nicht auf Tatbestände beschränkt ist, die in der deutschen Verbrechenslehre als Erfolgsdelikte bezeichnet werden,

---

[162] *Ambos* in MüKoStGB, 4. Aufl. 2020, StGB § 9 Rn. 29; *Böse* in NK-StGB, 5. Aufl. 2017, StGB § 9 Rn. 4.
[163] Zusammenfassend zu den verschiedenen Standpunkten *Satzger,* Internationales und Europäisches Strafrecht, 7 Aufl. 2016, § 5 Rn. 43 ff. mwN.
[164] *Sieber* NJW 1999, 2065 (2068); ähnlich *Satzger,* Internationales und Europäisches Strafrecht, 9. Aufl. 2020, § 5 Rn. 52.
[165] NStZ 2015, 81 = JuS 2015, 274 *(Hecker);* anders noch BGHSt 46, 221 = NJW 2001, 624 („Auschwitzlüge" im Internet).
[166] *Hecker* JuS 2015, 274 (276).

E. Zur Anwendbarkeit deutschen Strafrechts im Rahmen der Terrorismusbekämpfung § 36

ohne allerdings ausdrücklich zu der Frage Stellung zu nehmen, ob auch rein abstrakte Gefährdungsdelikte darunter fallen können. Maßgeblich sei vielmehr der Gesetzeszweck, der Beeinträchtigungen und Gefährdungen von Rechtsgütern unterbinden wolle, die der jeweilige Straftatbestand schütze.[167]

Weil § 9 Abs. 1 StGB für den Ort der Tat unter anderem sowohl auf den Handlungs- als auch auf den Erfolgsort abstellt, kann bei sog. Distanzdelikten, bei denen der Erfolg in einem anderen Staat eintritt als demjenigen Ort, an dem der Täter die erfolgsursächliche Handlung vorgenommen hat, deutsches Strafrecht zur Anwendung kommen. Dies sollte auch in Fällen abstrakter Gefährdungsdelikte[168] gelten, wenn das geschützte Rechtsgut tatsächlich beeinträchtigt bzw. zumindest konkret gefährdet wurde und Deutschland völkerrechtlich die Strafgewalt beanspruchen kann. **93**

2. Erweiterung des Strafanwendungsbereichs bei der Vorbereitung einer schweren staatsgefährdenden Gewalttat, § 89a StGB, der Aufnahme von Beziehungen zur Begehung einer schweren staatsgefährdenden Gewalttat, § 89b StGB, und für terroristische Vereinigungen im Ausland, § 129b StGB

Sowohl für die Vorbereitung einer schweren staatsgefährdenden Gewalttat, § 89a StGB, als auch für terroristische Vereinigungen im Ausland, § 129b StGB, bestehen im Verhältnis zum Strafanwendungsrecht rechtliche Unsicherheiten. **94**

Zunächst zu den jeweiligen Regelungsbereichen: Während bei der nach § 91 StGB strafbaren Anleitung zur Begehung einer schweren staatsgefährdenden Straftat keine über die §§ 3, 4, 7 StGB erfolgende Ausdehnung erfolgt, erweitert ohne einen Anknüpfungspunkt im Inland § 89 Abs. 1 S. 2 StGB den tatbestandlichen Anwendungsbereich der Vorbereitung einer schweren staatsgefährdenden Gewalttat auf „den Bestand oder die Sicherheit eines Staates oder einer Internationalen Organisation", auch wenn die Vorbereitung im Ausland begangen wurde, § 89a Abs. 3 S. 1 StGB.[169] Allerdings gilt dies „außerhalb der Mitgliedstaaten der Europäischen Union[170] nur, „wenn sie durch einen Deutschen oder einen Ausländer mit Lebensgrundlage im Inland gegangen wird oder die vorbereitete schwere staatsgefährdende Gewalttat im Inland oder durch oder gegen einen Deutschen begangen werden soll", § 89a Abs. 3 S. 2 StGB.[171] Für bestimmte Sachverhalte mit Auslandsbezug außerhalb der Mitgliedstaaten der EU, vgl. § 89a Abs. 3 S. 2 StGB, enthält § 89a Abs. 4 S. 1 StGB einen Ermächtigungsvorbehalt zugunsten des Bundesministeriums für Justiz und Verbraucherschutz. Sofern die Vorbereitung in einem anderen Mitgliedstaat der EU erfolgte, dann bedarf es dieser Ermächtigung nur, wenn die Vorbereitung weder durch einen Deutschen erfolgte noch die vorbereitende schwere staatsgefährdende Gewalttat im Inland noch durch oder gegen einen Deutschen begangen werden sollte, § 89a Abs. 4 S. 2 StGB. **95**

Auch für terroristische Vereinigungen lässt § 129a Abs. 2 StGB genügen, „wenn eine der in den Nummern 1 bis 5 bezeichneten Taten bestimmt ist, die Bevölkerung auf erhebliche Weise einzuschüchtern, eine Behörde oder eine internationale Organisation rechtswidrig mit Gewalt oder durch Drohung mit Gewalt zu nötigen oder die politischen, verfassungsrechtlichen, wirtschaftlichen oder sozialen Grundstrukturen eines Staates oder einer internationalen Organisation zu beseitigen oder erheblich zu beeinträchtigen, und durch die Art ihrer Begehung und ihre Auswirkungen einen Staat oder eine internationale Organisation erheblich schädigen kann." **96**

---

[167] BGHSt 46, 212 (220) = NJW 2001, 624 = NStZ 2001, 305 mAnm *Hörnle*.
[168] *Valerius*, Handbuch des Strafrechts, Bd. 2, 2019, § 31 Rn. 75, 91.
[169] Entsprechend auch §§ 89b Abs. 3 S. 1, 89c Abs. 3 S. 1, 129b Abs. 1 S. 1 StGB. *Zöller* StV 2012, 364 (371) hält § 89a Abs. 3 S. 1 StGB wie § 89b Abs. 3 StGB nur in Teilen für völkerrechtskonform.
[170] In *Fahrner* StaatsschutzR § 30 Rn. 12 müsste es richtigerweise heißen „des von den Europäischen Verträgen umfassten Staatsgebiets".
[171] Entsprechend auch §§ 89b Abs. 3 S. 2, 89c Abs. 3 S. 2 StGB; vgl. auch § 129b Abs. 1 S. 2 StGB.

§ 36

97 Nach § 129b Abs. 1 S. 1 StGB gilt (neben den kriminellen Vereinigungen des § 129 StGB) § 129a StGB auch für Vereinigungen im Ausland. Bezieht sich die Tat auf eine Vereinigung außerhalb der Mitgliedstaaten der Europäischen Union – das Gesetz differenziert zwischen Vereinigungen innerhalb und außerhalb des Unionsgebiet – so gilt die Strafbestimmung allerdings nur, wenn sie entweder (1) durch eine im räumlichen Geltungsbereich des StGB ausgeübte Tätigkeit begangen wird oder (2) der Täter oder (3) das Opfer Deutscher ist oder sich (4) der Täter oder (5) das Opfer im Inland befindet. Die Strafbarkeit für terroristische Vereinigungen im Ausland schränkt § 129b Abs. 1 S. 3 StGB zudem dadurch ein, dass die Tat nur mit Ermächtigung des Bundesministeriums der Justiz und für Verbraucherschutz verfolgt.[172]

98 Für die Lösung des Normenkonflikts zum Strafanwendungsrecht bieten sich drei Möglichkeiten an:[173]
- Sowohl § 89a Abs. 3 StGB als auch § 129b Abs. 1 S. 2 StGB verdrängen als lex specialis die §§ 3 ff. StGB.
- Beide Normen verdrängen die §§ 3 ff. StGB nur für Sachverhalte außerhalb der EU.
- Neben beiden Normen finden die §§ 3 ff. StGB Anwendung.

99 Zwar hat die zu § 129b StGB ergangene Entscheidung BGHSt 54, 264 (= NJW 2010, 2448) sich nicht auf eine der Möglichkeiten festgelegt, aber doch zutreffend betont, dass in beiden Fällen die Frage zum Anwendungsverhältnis einheitlich beantwortet werden müsse. Allerdings tendiert der für Staatsschutzsachen zuständige 3. Strafsenat des BGH wohl dazu, dass § 129b Abs. 1 S. 2 StGB als spezielle Strafanwendungsvorschrift für ausländische terroristische Vereinigungen außerhalb der Europäischen Union die Strafanwendungsvoraussetzungen nach §§ 3 ff. StGB verdrängt.[174] Sowohl aus systematischen gesetzesimmanenten Gründen wie auch wegen des Postulats der völkerrechtsfreundlichen Auslegung und des Interventionsverbots nach Art. 2 Nr. 4 UN-Charta sollte für die Anwendung deutschen Strafrechts ein nach §§ 3 ff. StGB legitimierender Anknüpfungspunkt vorliegen.[175]

III. Nebenfolgen und Einziehung

100 Keine praktische Bedeutung kommt der Möglichkeit nach § 92a StGB zu, dass neben einer Verurteilung zu einer Freiheitsstrafe von mindestens sechs Monaten nach §§ 89a, 89b, 89c und § 91 StGB das Gericht die Fähigkeit, öffentliche Ämter zu bekleiden, die Fähigkeit, Rechte aus öffentlichen Wahlen zu erlangen, und das Recht, in öffentlichen Angelegenheiten zu wählen oder zu stimmen, aberkennen kann.[176]

101 Bedeutung kommt dagegen § 92b StGB zu, der die Einziehungsbestimmungen der §§ 74–76 StGB dahingehend ergänzt und erweitert, dass Gegenstände, die durch die Tat hervorgebracht oder zu ihrer Begehung oder Vorbereitung gebraucht worden oder bestimmt gewesen sind (S. 1 Nr. 1),[177] und Gegenstände, auf die sich eine Straftat nach den §§ 80a, 86, 86a, 89a–91 StGB bezieht (S. 1 Nr. 2), eingezogen werden können.

---

[172] Näher zum Ermächtigungsermessen unten → Rn. 106.
[173] Dazu *Stein* GA 2005, 433 (450); ebenso *Zöller* TerrorismusstrafR 336 ff., 576 ff.
[174] BGH (3. Strafsenat) BeckRS 2016, 19193 mit umfangreichen Nachweisen zum Streitstand; offen gelassen bei BGH NStZ-RR 2011, 199.
[175] *Fahrmer* StaatsschutzR 404; *Zöller* TerrorismusstrafR 336, 344 ff., 580; für § 89a Abs. 3 StGB: zB *Stein* in SK-StGB StGB § 89a Rn. 39 ff.; für § 129b StGB: zB *Fischer* StGB, 68. Aufl. 2021, § 129b Rn. 4; *SchäferAnstötz* in MüKoStGB, 4. Aufl. 2021, StGB § 129b Rn. 15; *Stein/Greco* in SK-StGB StGB § 129b Rn. 4; *Zöller* StV 2012, 364 (365).
[176] Zum Verlust politischer Rechte näher → § 40 Rn. 4 ff.
[177] Das Einziehen von Bargeld nach § 92b S. 1 Nr. 1 StGB ist nur dann möglich, wenn das Geld zur Begehung der Tat oder zu deren Vorbereitung gebraucht worden ist; BGH BeckRS 2017, 134804 = NJW-Spezial 2018, 57.

F. Ermächtigungserfordernis

Bei bestimmten Tatbeständen im Terrorismusbereich macht der Gesetzgeber die Strafverfolgung von dem Erfordernis der Ermächtigung (ein Institut ähnlich dem Strafantrag) durch das Bundesministerium der Justiz und für Verbraucherschutz abhängig. Dies gilt bei der 102

- Vorbereitung einer schweren staatsgefährdenden Gewalttat im Nicht-EU-Ausland, § 89a Abs. 4 S. 1 StGB, oder wenn die Vorbereitung in einem anderen Mitgliedstaat der EU geschieht, wenn die Vorbereitung weder durch einen Deutschen erfolgt noch die vorbereitete schwere staatsgefährdende Gewalttat im Inland noch durch oder gegen einen Deutschen begangen werden soll, § 89a Abs. 4 S. 2 StGB.
- Aufnahme von Beziehungen zur Begehung einer schweren staatsgefährdenden Gewalttat im Nicht-EU-Ausland oder wenn das Aufnehmen Unterhalten von Beziehungen in einem anderen Mitgliedstaat der EU nicht durch einen Deutschen begangen wird, 89b Abs. 4, und
- terroristischen Vereinigungen im Nicht-EU-Ausland, § 129b Abs. 1 S. 3 StGB.

In den Fällen, in denen eine Tat nur auf Ermächtigung (oder auf Strafverlangen)[178] verfolgbar ist, sind nach § 77e StGB die Strafantragsvorschriften nach §§ 77–77d StGB entsprechend anzuwenden. Die Ermächtigung ist – wie Strafantrag und Strafverlangen – von Amts wegen zu prüfende[179] Prozessvoraussetzung und wird auch hinsichtlich Antragsberechtigung und Zurücknahme wie ein Strafantrag behandelt. Vom Strafantrag unterscheidet sich die Ermächtigung (wie auch das Strafverlangen) vor allem durch die fehlende Form- und Fristgebundenheit.[180] Für die Ermächtigung genügt – im Gegensatz zum Strafantrag, der den Verfolgungswillen dokumentieren muss – die Erklärung, dass der Wille des Ministeriums nicht entgegensteht.[181] 103

Mithilfe des ermessensgebundenen[182] Ermächtigungserfordernisses soll eine (außen)politisch sinnvolle Handhabung und Begrenzung der Strafrechtspflege gewährleistet werden.[183] Zudem erlaubt eine solche Regelung die Strafrechtspflege resourcenschonend auf schwerwiegende Fälle zu konzentrieren.[184] Allerdings kann nach § 129b Abs. 1 S. 4 StGB die Ermächtigung sogar „allgemein auch für die Verfolgung künftiger Taten erteilt werden, die sich auf eine bestimmte Vereinigung beziehen." Für eine auf den Einzelfall abgestimmte Ermessensentscheidung findet dann nicht mehr statt. Auch ist bislang nicht erkennbar, ob überhaupt jemals die Ermächtigung versagt wurde. Zudem erscheint zweifelhaft, ob das Ministerium dieses Instrument bislang jeweils sowohl resourcenschonend als auch auf schwerwiegende Fälle beschränkt hat. Aufgrund dieser Unsicherheiten, die zB auch durch die vagen Ermessenskriterien des § 129b Abs. 1 S. 5 StGB verstärkt werden (das Ministerium soll danach in Betracht ziehen, „ob die Bestrebungen der Vereinigung gegen die Grundwerte einer die Würde des Menschen achtenden staatlichen Ordnung oder gegen das friedliche Zusammenleben der Völker gerichtet sind und bei Abwägung aller Umstände als verwerflich erscheinen") spricht vieles dafür, das Ermächtigungserfordernis nach § 129b Abs. 1 S. 3–5 StGB zu streichen. Ein sinnvolles Anwenden des § 153c StPO müsste ausreichen.[185] 104

---
[178] Vgl. § 104a StGB.
[179] BGH NJW 2010, 3042 (3044 Rn. 22); *Schäfer/Anstötz* in MüKoStGB, 4. Aufl. 2021, StGB § 129b Rn. 23.
[180] RGSt 70, 356 (357).
[181] *Zöller* in MüKoStGB, 4. Aufl. 2021, StGB § 89a Rn. 46; *Bosch* in Schönke/Schröder StGB, 30. Aufl. 2019, § 77e Rn. 2.
[182] Zum Ausdruck bringt dies der Wortlaut des § 129b Abs. 1 S. 5 StGB, wonach das Ministerium „in Betracht (zieht), ob die Bestrebungen der Vereinigung gegen die Grundwerte einer die Würde des Menschen achtenden staatlichen Ordnung oder gegen das friedliche Zusammenleben der Völker gerichtet sind und bei Abwägung aller Umstände als verwerflich erscheinen."
[183] BT-Drs 16/12428, 16.
[184] BT-Drs 16/12428, 17.
[185] *Zöller* TerrorismusstrafR 547 f.; *Zöller* StV 2012, 364 (366); ebenso *Gazeas* in AnwK-StGB, 3. Aufl. 2020, StGB § 129b Rn. 24.

105 Die weisungsgebundene Staatsanwaltschaft ist an die Ermächtigung gebunden. Eine andere Frage ist, ob dies auch für ein unabhängiges Gericht gilt. Dass das mit der Sache befasste Gericht die Ermächtigung auf Willkür überprüfen kann, so sogar der amtliche Leitsatz des OLG München zum Beschluss vom 2.9.2016 – 7 St 1/16 –,[186] überzeugt insoweit, weil jedenfalls evident willkürliche Entscheidungen der Justizverwaltung nicht Grundlage eines justizförmigen Verfahrens sein können.[187] Das bedeutet aber noch nicht zwingend, dass diese Prüfung dem Gericht obliegt.[188] Der BGH hat die Frage nach einer gerichtlichen Kontrolle der Ermächtigung allerdings bislang offen gelassen und die Literatur sich nicht positioniert.[189]

106 Der Ermächtigungsvorbehalt bei §§ 89a, 89b StGB ist schon deshalb nicht überzeugend, weil damit die viel zu weite Ausdehnung der deutschen Strafgewalt prozessual nicht kompensiert werden kann. Auch birgt diese Prozessvoraussetzung die Gefahr der Vermischung von Strafverfolgungsinteressen mit (außen)politischen Erwägungen.[190]

G. Terrorismusbekämpfung mittels Vorfeldkriminalisierung – verfassungsrechtliche Grenzen

107 Der Not in Zeiten des RAF-Terrorismus versuchte der Gesetzgeber durch eine vorverlegte Strafbarkeit in § 129a StGB zu begegnen. Bereits das Bilden und Unterstützen einer terroristischen Vereinigung, die sich das Begehen von Straftaten zum Ziel gesetzt hat, wurde unter Strafe gestellt, auch wenn von dieser Vereinigung noch gar keine Straftat begangen oder auch nur zu begehen versucht wurde. Die Strafbarkeit setzte damit weit vor dem Versuchsbeginn der geplanten Straftat(en) ein. Diese Ausdehnung sollte nicht nur potentielle Gefährder unter Strafe stellen, um sie „aus dem Verkehr" zu ziehen,[191] sondern auch das zur Verfügung gestellte strafprozessuale Instrumentarium präventiv zum Einsatz bringen. Die Anschläge vom 11. September und die Anschläge in London und Madrid legten weitere strafrechtliche Lücken im Bereich der Terrorismusbekämpfung offen und veranlassten den Gesetzgeber, die Unterstützung einer ausländischen terroristischen Vereinigung in § 129b StGB und schwere staatsgefährdende Straftaten, §§ 89a ff. StGB unter Strafe zu stellen. So hat sich das Strafrecht in den vergangenen Jahrzehnten der jeweiligen Bedrohungslage angepasst und sich damit (nicht nur aber zumal) im Terrorismusstrafrecht weg vom zentralen kriminellen Verletzungsdelikt zu einem Gefahrenabwehrrecht entwickelt.

108 Abstrakte Gefährdungsdelikte als strafrechtliche Verbote im Vorfeld einer Schadensverursachung sind im Rahmen des Staatsschutzes, bei Informations- und Versorgungssystemen oder auch im Straßenverkehr kriminalpolitisch sinnvoll.

109 Wenn zur Legitimation der Strafbarkeit terroristischer Vereinigungen auf die für größere Personenzusammenschlüsse typische Eigendynamik verwiesen wird, die ihre besondere Gefährlichkeit darin hat, geeignet zu sein, dem einzelnen Beteiligten die Begehung von Straftaten zu erleichtern und bei ihm das Gefühl persönlicher Verantwortung zurück-

---

[186] Einschränkend heißt es in den Beschlussgründen, „dass eine Verfolgungsermächtigung einer zumindest beschränkten Überprüfung" auf „evidente Willkür" unterliegt; BeckRS 2016, 16828 Rn. 25.
[187] *Gazeas* in AnwK-StGB, 3. Aufl. 2020, StGB § 129b Rn. 24; *Fischer* StGB, 68. Aufl. 2021, § 129b Rn. 14a; sehr kritisch wiederum *Fahmer* StaatsschutzR § 26 Rn. 13, § 30 Rn. 13 f.; eine Justiziabilität ablehnend *Zöller* in SK-StGB, 9. Aufl. 2019, StGB § 89a Rn. 46, § 129b Rn. 8.
[188] *Fischer* StGB, 68. Aufl. 2021, § 129b Rn. 14a, der ähnlich dem Verfahren bei Sperrerklärungen den Verwaltungsrechtsweg vorschlägt.
[189] BGH NStZ-RR 2014, 274; ebenso OLG München NJW 2007, 2786, 2789 „nicht an sich verfassungswidrig"; *Schäfer/Anstötz* in MüKoStGB, 4. Aufl. 2021, StGB § 129b Rn. 26; *Bosch* in Schönke/Schröder StGB, 30. Aufl. 2019, StGB § 77e Rn. 2; so wohl auch *Ambos* ZIS 2016, 505 (512 f.).
[190] *Zöller* TerrorismusstrafR 546 ff.; *Zöller* in SK-StGB, 9.Aufl. 2019, StGB § 89a Rn. 47, § 89b Rn. 10; zust. *Gazeas* in AnwK-StGB, 3. Aufl. 2020, StGB § 129b Rn. 24; *Schäfer* in MüKoStGB, 4. Aufl. 2021, StGB § 89a Rn. 71, § 89b Rn. 22.
[191] Vgl. *Sieber* NStZ 2009, 353 (355).

zudrängen,¹⁹² überzeugt dies. Wenn aber § 89a Abs. 2 Nr. 1 StGB mit dem Merkmal der „sonstigen Fähigkeiten" ganz alltägliche Verhaltensweisen erfasst wie die Fahrschulausbildung oder die Mitgliedschaft einer Kampfsportschule, die zwar denkbar auch für spätere terroristische Anschläge genutzt werden können, aber eben nicht müssen, dann stellt sich die Frage, ob eine solche gesetzgeberische Entscheidung sachlich sich noch hinreichend legitimieren lässt, wenn von der abstrakten Gefährdungswirkung vorbereitender Handlungen „so gut wie gar nichts übrigbleibt und die Kriminalisierung letztlich nur noch an den – überdies nur schwer nachweisbaren – bösen Willen des Delinquenten anknüpft."¹⁹³ Strafe greift intensiv in die Grundrechte ein und ist gerade deshalb in besonderem Maße begründungsbedürftig.¹⁹⁴ Den „simplen Schluss" von der Gefährlichkeit eines Verhaltens auf seine Strafwürdigkeit verbietet das Rechtsstaatsprinzip.¹⁹⁵

110 Wenn der BGH festhält, es sei „in der Strafrechtslehre weitgehend anerkannt, dass das Strafrecht neben repressiven auch präventive Zwecke verfolgen, mithin auch die Verhinderung zukünftiger Straftaten einen legitimen Strafzweck darstellen kann",¹⁹⁶ trifft er mit dem Hinweis auf die (strafzwecktheoretische) Präventionswirkung das Problem um die Legitimation präventiven Strafrechts nicht.¹⁹⁷ Strafe setzt Schuld voraus.¹⁹⁸ Grundlage des Schuldprinzips ist die Fähigkeit des Menschen, sich frei und richtig zwischen Recht und Unrecht entscheiden zu können. Die Schuld muss alle Elemente des verwirklichten Unrechts erfassen.

111 In seinen modernen Formen ist das Strafrecht auf dem Weg zu einem präventiven Recht der Gefahrenabwehr.¹⁹⁹ Deshalb steht die Strafrechtsdogmatik vor der schwierigen Aufgabe, „die Grenzen für eine Instrumentalisierung des Strafrechts zu Präventionszwecken zu definieren."²⁰⁰ Es geht nicht mehr um den „normativen Ausgleich von Verbrechen und Schuld"²⁰¹ bzw. der symbolischen Wiederherstellung des durch die Tat hervorgerufenen Normgeltungsschadens, sondern um die präventive „Beeinflussung bzw. Steuerung gesellschaftlicher Entwicklung"²⁰² durch ein Präventionsstrafrecht,²⁰³ das sich der Grenze zum Recht der Gefahrenabwehr nähert.²⁰⁴ Pointiert: „Das kriminalpräventive Staatsschutzrecht dient der Verhinderung einer geplanten staatsgefährdenden Straftat."²⁰⁵

112 Legitimationsansätze für ein präventivorientiertes Strafrecht finden sich vor allem bei dem von *Jakobs* entwickelten Konzept des Feindstrafrechts als einer zweiten legitimen Spur des Strafrechts gegenüber besonders gefährlichen Tätern, zumal Terroristen, und bei den von *Sieber* für eine Vorfeldkriminalisierung entwickelten Kriterien. Das von *Jakobs*²⁰⁶ in den Strafrechtsdiskurs eingebrachte Konzept legte die Legitimationsprobleme des modernen

---
¹⁹² BGH NJW 2010, 3042 (3044 Rn. 21); so zB auch *Schäfer/Anstötz* in MüKoStGB, 4. Aufl. 2021, StGB § 129 Rn. 2; *Stein/Greco* in SK-StGB, 9.Aufl. 2019, StGB § 129 Rn. 4 mwN.
¹⁹³ *Weißer* RW 2019, 453.
¹⁹⁴ Zu den Folgen eines Vorfeldstrafrechts *Puschke*, Legitimation, Grenzen und Dogmatik von Vorbereitungstatbeständen, 2017, 36 ff.; vertiefend *Pawlik*, Person, Subjekt, Bürger. Zur Legitimation der Strafe, 2004.
¹⁹⁵ *Gierhake* ZIS 2008,397 (399); *Zöller* StV 2012, 364 (372).
¹⁹⁶ BGH NJW 2014, 3459 (3463 Rn. 27).
¹⁹⁷ Näher dazu *Mitsch* NJW 2015, 209 (211); *Bützler*, Staatsschutz mittels Vorfeldkriminalisierung, 2017, 19; *Zweigle*, Gesetzgeber im Konflikt zwischen Rechtsstaatlichkeit und Terrorismusbekämpfung. Eine Untersuchung zu § 89a Abs. 2a StGB, 2020, 360 f.
¹⁹⁸ BVerfGE 123, 267 (413) = NJW 2009, 2267; BGHSt 2, 194 (200) = NJW 1952, 593.
¹⁹⁹ *Hassemer* StV 2006, 321 (328, 332); s. auch *Roxin* StrafR AT § 2 Rn. 69 ff.
²⁰⁰ *Weißer* ZStW 121 (2009), 131 (160).
²⁰¹ *Hassemer* StV 2006, 321 (322).
²⁰² *Wohlers*, Deliktstypen des Präventionsstrafrechts – Zur Dogmatik „moderner" Gefährdungsdelikte, 2002, 21.
²⁰³ *Sieber* NStZ 2009, 353 (355); *Zweigle*, Gesetzgeber im Konflikt zwischen Rechtsstaatlichkeit und Terrorismusbekämpfung. Eine Untersuchung zu § 89a Abs. 2a StGB, 2020, 356 ff.
²⁰⁴ *Hassemer* StV 2006, 321 (329, 331); die Entwicklung zum „Präventionsstaat" beschreibt anschaulich Heribert Prantl, Der Terrorist als Gesetzgeber, 2008, 89 ff.
²⁰⁵ *Kubiciel* ZRP 2017, 57 (58).
²⁰⁶ ZStW 97 (1985), 751; *Jakobs* HRRS 2004, 88, 90 (92); *ders.* ZStW 117 (2005), 839 (843 f.); vgl. auch *Pawlik*, Der Terrorist und sein Recht. Zur rechtstheoretischen Einordnung des modernen Terrorismus, 2008.

Präventionsstrafrechts zwar offen, wurde aber ebenso intensiv wie heftig kritisiert und abgelehnt. Ausgehend von den bestehenden strafrechtlichen und verfassungsrechtlichen Grundsätzen sieht *Sieber*[207] für die Vorverlagerung des Rechtsgüterschutzes in das Vorfeld zwei Möglichkeiten, nämlich durch überindividuelle Rechtsgüter (auch Gemeinschaftsrechtsgüter, Universalrechtsgüter, Zwischenrechtsgüter genannt) mittels derer das Rechtsgut „in Richtung der Verletzungshandlung" verschoben wird oder durch Gefährdungsdelikte.[208]

113 Präventives Strafrecht kann keinen anderen Legitimationsanforderungen unterliegen als das klassische Strafrecht. Als Grenzen einer Dogmatik rechtsstaatlich präventiven Strafrechts muss eine Straftat dem Tatstrafrecht einschließlich dem Verbot von Gesinnungsstrafrecht und dem Schuldprinzip entsprechen. Ansonsten ergeben sich trotz geäußerter Skepsis[209] Grenzen nur aus der Verfassung,[210] insbesondere dem Bestimmtheitsgebot und dem Verhältnismäßigkeitsgrundsatz. Andernfalls scheidet eine Kriminalisierung aus und der Gesetzgeber muss anderen Sicherheitsorganen Eingriffsbefugnisse einräumen, die an die Befugnisse der Strafverfolgungsbehörden heranreichen.

114 Der Grundsatz des Tatstrafrechts ist das entscheidende Minimalprinzip für die Unrechtsbegründung. Danach darf die Strafbarkeit nur an eine tatbestandlich genau beschriebene Handlung anknüpfen und die Strafe sich nur „als Antwort auf eine Einzeltat und nicht auf die gesamte Lebensführung des Täters oder die von ihm künftig zu erwartenden Gefahren" darstellen.[211] Der Unrechtsgehalt der Tat muss Grund für die Bestrafung sein und nicht die zugrunde liegende Tätergesinnung der Tat.[212] Gerade § 89a Abs. 2 und Abs. 2a StGB sieht sich dem Vorwurf des Gesinnungsstrafrechts ausgesetzt.[213]

115 Die staatliche Strafgewalt wird durch das Schuldprinzip begrenzt.[214] Dem Grundsatz, dass jede Strafe Schuld voraussetzt, kommt ein im Rechtsstaatsprinzip begründeter Rang zu: „Die Strafe … ist im Gegensatz zur reinen Präventionsmaßnahme dadurch gekennzeichnet, dass sie – wenn auch nicht ausschließlich, so doch auch – auf Repression und Vergeltung für ein rechtlich verbotenes Verhalten abzielt. Mit der Strafe … wird dem Täter ein Rechtsverstoß vorgehalten und zum Vorwurf gemacht."[215] Die Tatschuld enthält eine Grenze für das Ob der Strafe.[216]

116 Als übergreifende Leitregel allen staatlichen Handelns kommt für die Begrenzung des Strafrechts dem Verhältnismäßigkeitsgrundsatz eine maßgebliche Rolle zu.[217] Als Eingriff in grundrechtlich garantierte Grundwerte kann Kriminalstrafe als Reaktion auf ein bestimmtes Verhalten nicht außer Verhältnis zum Zweck der Regelung stehen.[218] Deshalb

---

[207] NStZ 2009, 353.
[208] *Sieber* NStZ 2009, 353 (357).
[209] *Greco* in Brunnhöber/Höffler/Kaspar/Reinbacher/Vormbaum (Hrsg.), Strafrecht und Verfassung, 2012, 13 ff.
[210] *Puschke* KriPoZ 2018, 101 (102); eingehend *Kaspar*, Verhältnismäßigkeit und Grundrechtsschutz im Präventionsstrafrecht, 2014.
[211] *Roxin* StrafR AT § 6 Rn. 1; so auch *Gierhake* ZIS 2008, 397 (400); *Zweigle*, Gesetzgeber im Konflikt zwischen Rechtsstaatlichkeit und Terrorismusbekämpfung. Eine Untersuchung zu § 89a Abs. 2a StGB, 2020, 377.
[212] Näher *Gierhake* ZIS 2008, 397 (400 ff.).
[213] *Gazeas* in AnwK-StGB, 3. Aufl. 2020, StGB § 89a Rn. 14; *Landau* ZStW 121 (2009), 965 (967).
[214] *Roxin* StrafR AT § 3 Rn. 51.
[215] BVerfGE 20, 323 (331) = NJW 1967, 195 (196).
[216] *Roxin* StrafR AT § 19 Rn. 54.
[217] *Bader* NJW 2009, 2853 (2854); *Kaspar*, Verhältnismäßigkeit und Grundrechtsschutz im Präventionsstrafrecht, 2014, 382; *Puschke* KriPoZ 2018, 101 (102 ff.); *Zweigle*, Gesetzgeber im Konflikt zwischen Rechtsstaatlichkeit und Terrorismusbekämpfung. Eine Untersuchung zu § 89a Abs. 2a StGB, 2020, 389. Auch BGHSt 59, 218 (226 Rn. 18 ff.) = NStZ 2014, 703 überprüft § 89a StGB daraufhin, ob die Norm dem Verhältnismäßigkeitsgrundsatz entspricht; ebenso BGHSt 62, 102 (112 f. Rn. 31 ff.) = NJW 2017, 2928 für § 89a Abs. 2a StGB iVm § 89a Abs. 1 und 2 Nr. 1 StGB. Für das Verbot der Ausreiseunternehmungen nach § 89a Abs. 2a StGB erscheint es *Puschke* StV 2015, 457 (460) und KriPoZ 2018, 101 (103) fraglich, ob nicht außerstrafrechtliche Formen der Ausreisebegrenzungen ein ebenso effektives, jedoch milderes Mittel darstellen.
[218] *Puschke* KriPoZ 2018, 101 (103).

muss die jeweilige Norm zur Zweckerreichung nicht nur geeignet und erforderlich,[219] sondern auch angemessen sein,[220] eben um die von ihm verfolgten legitimen Zwecke zu erreichen, und die Einschränkungen des jeweiligen grundrechtlichen Freiheitsraums müssen hierzu in einem angemessenen Verhältnis stehen. Der Zweck, bestimmte in der Zukunft liegende Straftaten zum Schutz wichtiger Rechtsgüter zu verhindern, ist legitim. Auch Vorbereitungshandlungen zu diesen Straftaten können sanktioniert werden, weil dem Gesetzgeber ein weiter Beurteilungsspielraum zusteht.[221] Was die Angemessenheitsprüfung betrifft, muss „die Schwere einer Straftat und das Verschulden des Täters zu der Strafe in einem gerechten Verhältnis stehen."[222]

H. Besonderheiten des Terrorismusstrafrechts im Strafverfahrensrecht
I. Zuständigkeiten

Für Zuwiderhandlungen gegen das Vereinigungsverbot des § 129a StGB, auch iVm § 129b StGB, sind im ersten Rechtszug die Oberlandesgerichte, in deren Bezirk die Landesregierungen ihren Sitz haben (Staatsschutzsenate), nach § 120 Abs. 1 Nr. 6 GVG für die Verhandlung und Entscheidung im ersten Rechtszug zuständig. In diesen Fällen übt der Generalbundesanwalt als zentrale Ermittlungsbehörde das Amt des Staatsanwalts aus. Bei Verfahren „von minderer Bedeutung" gibt der Generalbundesanwalt das Verfahren an die Landesstaatsanwaltschaft nach § 142a Abs. 2 Nr. 2 GVG ab; jedoch nicht, wenn die Tat die Interessen des Bundes in besonderem Maße berührt oder es im Interesse der Rechtssicherheit liegt, dass der Generalbundesanwalt die Tat verfolgt. 117

Für die Verfolgung von Staatsschutzdelikten besteht nach Art. 30, 96a Abs. 5 Nr. 5 GG bzw. vom Grundgesetz vorausgesetzte eine zwingende Bundeszuständigkeit.[223] Dementsprechend weist § 142a Abs. 1 GVG die Verfolgungskompetenz im Bereich der in § 120 Abs. 1 GVG aufgeführten Strafsachen allein dem Generalbundesanwalt zu, ohne den Ländern insofern ein Ermessen oder einen Handlungsspielraum[224] einzuräumen.[225] Aus dem Zusammenspiel zwischen Art. 96 Abs. 1 Nr. 5 GG mit §§ 74a, 120, 142a Abs. 1 S. 1 GVG folgt, dass die „Bundesstaatsschutzsachen" durch die Zuständigkeit des Generalbundesanwalts gekennzeichnet sind. Soweit (aber auch nur insoweit) der Generalbundesanwalt das gerichtliche Verfahren betreibt, üben die Oberlandesgerichte (der Länder) im Wege der Organleihe als untere Bundesgerichte nach § 120 Abs. 6 GVG die Gerichtsbarkeit aus. Soweit nach § 142a Abs. 2, 3 GVG der Generalbundesanwalt das Verfahren vor Einreichen einer Anklageschrift oder Antragsschrift nach § 440 StPO[226] an die Landesstaatsanwaltschaft (Generalstaatsanwaltschaft bei diesem OLG) als staatsanwaltliche Eingangsinstanz abgegeben hat, wird der OLG-Staatsschutzsenat als Gericht des jeweiligen Bundeslands tätig. An der sachlichen Zuständigkeit des OLG ändert all dies nichts. 118

---

[219] BVerfG NJW 2020, 905 (909 Rn. 223 ff.) zum Verbot der geschäftsmäßigen Förderung der Selbsttötung nach § 217 Abs. 1 StGB; vgl. dazu auch BGHSt 59, 218 (226 Rn. 20 ff.) = NStZ 2014, 703.
[220] *Puschke* KriPoZ 2018, 101 (103 ff.).
[221] BVerfGE 120, 224 (240 ff.) = NJW 2008, 1137; grundlegend zusammenfassend *Puschke* Vorbereitungstatbestände 437, der drei Legitimationssäulen für Vorbereitungstatbestände entwickelt: (1) Die erfassten Handlungen müssen sich auf Rechtsgüter beziehen, (2) müssen vorwerfbares Unrecht darstellen und (3) muss der Tatbestand so ausgestaltet sein, dass sich aus der Strafnorm eine generalpräventive Wirkung ergeben kann.
[222] BVerfGE 120, 224 (241) = NJW 2008, 1137.
[223] BGHSt 46, 238 (241 ff., vor allem S. 243 f.) = NJW 2001, 1359; OLG München NStZ 2005, 706 (707); *Welp* NStZ 2002, 1 (5 f.).
[224] Allein bei der Frage, ob die Staatsanwaltschaften der Länder den Verdacht einer Straftat nach § 120 Abs. 1 S. 2 GVG bejahen und sie deshalb den Vorgang dem Generalbundesanwalt zum Prüfen der Übernahme vorlegen, steht ihnen ein Beurteilungsspielraum zu, der allerdings durch die Entscheidungsbefugnis des Generalbundesanwalts maßgeblich eingeschränkt ist.
[225] Zur Zweckmäßigkeit dieser Zuständigkeitskonzentration bereits *Rebmann* NStZ 1986, 289 (291).
[226] Die Norm betrifft das selbstständige Einziehungsverfahren.

119 Die Verfolgung und Aburteilung schwerer staatsgefährdender Straftaten nach §§ 89a, 89b StGB und der Terrorismusfinanzierung, § 89c StGB, obliegt grundsätzlich den Staatsanwaltschaften und Gerichten der Länder. Nach § 74a Abs. 1 Nr. 2 GVG sind für diese Verfahren die Staatsschutzkammern bei den Landgerichten, in deren Bezirk ein Oberlandesgericht seinen Sitz hat, für den Bezirk dieses Oberlandesgerichts als erkennendes Gericht des ersten Rechtszugs zuständig. Übernimmt jedoch der Generalbundesanwalt wegen der besonderen Bedeutung des Falls[227] in Ausübung seines Evokationsrechts nach § 74a Abs. 2 GVG die Verfolgung, tritt an die Stelle der Staatsschutzkammern das Oberlandesgericht, § 120 Abs. 2 Nr. 1 GVG. Das Oberlandesgericht eröffnet allerdings das Verfahren wiederum vor der landgerichtlichen Staatsschutzkammer, wenn es die besondere Bedeutung des Falles verneint, § 120 Abs. 2 S. 3 GVG.

120 Die Anleitung zur Begehung einer schweren staatsgefährdenden Straftat nach § 91 StGB fällt – anders als bei §§ 89a, 89b und 89c StGB – nicht in den Katalog des § 74a Abs. 1 GVG. Zuständig sind daher ohne Einschränkungen die Staatsanwaltschaften und Gerichte der Länder.

II. Absehen von der Verfolgung von Auslandstaten, § 153c StPO, bei Staatsschutzdelikten wegen überwiegender öffentlicher Interessen, § 153d StPO, und bei Staatsschutzdelikten bei tätiger Reue, § 153e StPO

1. Absehen von der Verfolgung von Auslandstaten, § 153c StPO

121 Gilt für eine Auslandstat deutsches Strafrecht,[228] kann die Staatsanwaltschaft unter bestimmten Voraussetzungen nach § 153c StPO von der Verfolgung absehen. Primäres Ziel dieser das Legalitätsprinzip durchbrechenden und dem Opportunitätsprinzip folgenden Regelung ist die prozessuale Korrektur der weiten Ausdehnung deutschen Strafrechts.[229] Gerade weil Ermittlungen im Ausland regelmäßig schwierig und aufgrund der Gegebenheiten ebenso ressourcen- wie zeitaufwendig sind, ermöglicht § 153c StPO der Staatsanwaltschaft,[230] auch außerprozessuale Gesichtspunkte in ihre Entscheidung einfließen zu lassen, schon bei der Frage, ob überhaupt Ermittlungen aufgenommen werden.[231] Die praktische Bedeutung dieser Einstellungsmöglichkeit erscheint gleichwohl gering.[232]

122 Auslandstaten, die außerhalb der Bundesrepublik Deutschland begangen wurden – wenn also weder der Tätigkeits- noch der Erfolgsort hier liegen – erfasst § 153c Abs. 1 Nr. 1 StPO ohne gesetzlich vorgegebene einschränkende Kriterien. Nach Nr. 94 Abs. 1 S. 2 RiStBV[233] ist in die – auch das öffentliche Interesse zu beachtende[234] – Ermessenserwägung miteinzubeziehen, ob eine Strafverfolgung zu unbilligen Härten für den Beschuldigten führen würde oder ob das öffentliche Fahndungsinteresse nicht (mehr) besteht. Weiterhin

---

[227] Die Tat muss in die Schutzgüter des Gesamtstaats eingreifen; BGH NStZ 1988, 188; 2008, 146; 2009, 335. – Die besondere Bedeutung ist auch gegeben, wenn eine Ermittlungszuständigkeit des Generalbundesanwalts wegen des länderübergreifenden Charakters der Tat geboten erscheint, § 120 Abs. 2 S. 2 GVG, weil regelmäßig eine zentrale Ermittlungstätigkeit durch das Bundeskriminalamt erforderlich ist.
[228] Andernfalls muss das Ermittlungsverfahren nach § 170 Abs. 2 StPO eingestellt werden; *Kulhanek* in KMR-StPO, 90. EL März 2019, StPO § 153c Rn. 1.
[229] Näher oben → Rn. 82 ff.
[230] Hat das Verfahren Straftaten der in § 74a Abs. 1 Nr. 2–6 und § 120 Abs. 1 Nr. 2–7 GVG bezeichneten Art zum Gegenstand, stehen die Befugnisse dem Generalbundesanwalt zu; vgl. auch § 153d StPO sowie unten → Rn. 123 ff.
[231] *Beukelmann* in BeckOK StPO, 42. Ed., 1.2.2022, StPO § 153c Rn. 1.
[232] So auch *Peters* in MüKoStPO StPO § 153c Rn. 1 „gemessen an der Zahl der Ermittlungsverfahren in Deutschland".
[233] Die „Richtlinien für das Strafverfahren und Bußgeldverfahren" (RiStBV) richten sich vornehmlich an den Staatsanwalt und betreffen nur den Regelfall. Der Staatsanwalt hat in jeder Strafsache selbstständig und verantwortungsbewusst zu prüfen, welche Maßnahmen er trifft. Wegen der Einzelfallbesonderheiten kann er von den Richtlinien abweichen.
[234] *Diemer* in KK-StPO, 8. Aufl., 2019, StPO § 153c Rn. 2, 14; *Beulke* in Löwe/Rosenberg StPO § 153c Rn. 8; *Peters* in MüKoStPO, 1. Aufl. 2016 StPO § 153c Rn. 14.

muss beachtet werden, ob gewichtige Rechtsgüter mit hinreichend deutschem Bezug betroffen waren.[235] Entsprechendes gilt bei Straftaten, die ein Ausländer im Inland auf einem ausländischen Schiff oder Luftfahrzeug begangen hat, § 153c Abs. 1 Nr. 1 StPO.

Nach § 153c Abs. 1 Nr. 3 StPO kann die Staatsanwaltschaft von der Verfolgung von **123** Straftaten absehen, wenn die kriminelle oder terroristische Vereinigung im Ausland nicht oder nicht überwiegend im Inland besteht und die im Inland begangenen Beteiligungshandlungen von untergeordneter Bedeutung sind, wie zB das Zahlen von Mitgliedsbeiträgen oder lediglich einfacher Handlangerdienste, oder sich auf die bloße Mitgliedschaft beschränken.

Weiterhin kann die Staatsanwaltschaft von der Verfolgung der Tat nach § 153c Abs. 2 **124** StPO absehen, wenn wegen einer Tat, die auch nach deutschem Recht strafbar ist, gegen den Beschuldigten im Ausland schon eine Strafe vollstreckt wurde und die im Inland zu erwartende Strafe nach Anrechnung der ausländischen nicht ins Gewicht fiele oder der Beschuldigte wegen der Tat im Ausland rechtskräftig freigesprochen wurde. Allerdings können rechtskräftige Aburteilungen – also auch Freisprüche – in einem Mitgliedstaat der EU nach Art. 54 SDÜ und Art. 50 EuGrCh einen Strafklageverbrauch bewirken.[236] In einem solchen Fall ist § 153c StPO nicht anwendbar.[237]

Die Staatsanwaltschaft kann auch von der Verfolgung von sog. Distanztaten absehen, die **125** nach § 9 StGB zwar Inlandstaten sind, weil der Erfolg im Inland eingetreten ist, bei denen aber der Tätigkeitsort im Ausland liegt, § 153c Abs. 3 StPO (dazu Nr. 95 RiStBV).

2. Absehen von der Verfolgung bei Staatsschutzdelikten wegen überwiegender öffentlicher Interessen, § 153d StPO

Von der Verfolgung von Straftaten der in § 74a Abs. 1 Nr. 2–6 und § 120 Abs. 1 Nr. 2–7 **126** GVG bezeichneten Art kann der Generalbundesanwalt ohne gerichtliche Mitwirkung nach § 153d Abs. 1 StPO absehen, „wenn die Durchführung des Verfahrens die Gefahr eines schweren Nachteils für die Bundesrepublik Deutschland herbeiführen würde oder wenn der Verfolgung sonstige überwiegende Interessen entgegenstehen."

Die vom Generalbundesanwalt vorzunehmende überstrafrechtliche Interessenabwä- **127** gung[238] durchbricht mit dem Primat der Politik gegenüber dem Recht das Legalitätsprinzip.[239] Die Entscheidung (vgl. dazu Nr. 98, 99 RiStBV) unterliegt keiner gerichtlichen Kontrolle.

Anders als bei § 153c StPO muss bei § 153d StPO kein Auslandsbezug vorliegen. **128**

3. Absehen von der Verfolgung bei Staatsschutzdelikten bei tätiger Reue, § 153e StPO

Schließlich kann der Generalbundesanwalt von der Verfolgung von Straftaten der (abschlie- **129** ßend) in § 74a Abs. 1 Nr. 2–6 und § 120 Abs. 1 Nr. 2–7 GVG bezeichneten Art nach § 153e Abs. 1 StPO absehen, „wenn der Täter nach der Tat, bevor ihm deren Entdeckung bekannt geworden ist, dazu beigetragen hat, eine Gefahr für den Bestand oder die Sicherheit der Bundesrepublik Deutschland oder die verfassungsmäßige Ordnung abzuwenden" (S. 1) oder „wenn der Täter einen solchen Beitrag dadurch geleistet hat, dass er nach der Tat sein mit ihr zusammenhängendes Wissen über Bestrebungen des Hochverrats, der Gefährdung des demokratischen Rechtsstaats oder des Landesverrats der Gefährdung der äußeren Sicherheit einer Dienststelle offenbart hat" (S. 2).

---

[235] *Esser/Fischer* JZ 2010, 217 (220); vgl. auch die Antwort der Bundesregierung auf eine kleine Anfrage.
[236] Zu weiteren transnationalen Strafklageverbrauch-Regelungen *Schnabl/Vordermeyer* in SSW-StPO StPO § 153c Rn. 8.
[237] *Weßlau/Deiters* in SK-StPO, 5. Aufl. 2016, StPO § 153c Rn. 24.
[238] *Bloy* GA 1980, 161 (178).
[239] *Kulhanek* in KMR-StPO, 90. EL März 2019, StPO § 153d Rn. 1; *Teßmer* in MüKoStPO, 1. Aufl., 2016, StPO § 153d Rn. 1; *Weßlau/Deiters* in SK-StPO, 5. Aufl. 2016, StPO § 153d Rn. 1.

130　Im Bereich der genannten Staatsschutzdelikte kann das Absehen von Strafe als eine Art Belohnung für einen Akt der „tätigen Reue" gesehen werden. Während im materiellen Strafrecht die tätige Reue als Strafaufhebungsgrund ausgestaltet ist, zB § 129 Abs. 6, § 129a Abs. 7 StGB,[240] privilegiert die Vorschrift diese bereits in prozessualer Hinsicht.[241] Soweit nach § 153e Abs. 1 S. 2 StPO eine Privilegierung auch noch nach Entdeckung der Tat einsetzt, geht es nicht so sehr darum, den Tatbeteiligten zum „Ausstieg" zu motivieren, sondern um Aufklärungshilfe durch seine umfassenden Angaben, wie sie § 46b StGB kennt (verkappte „Kronzeugenregelung").

III. Notwendige Verteidigung – Pflichtverteidigung

131　Nach § 140 StPO ist die Mitwirkung eines Verteidigers unter anderem zwingend „notwendig", wenn, wie in Terrorismusverfahren (eine Ausnahme könnte sich lediglich in einem Verfahren nach § 91 StGB ergeben),[242] die Hauptverhandlung im ersten Rechtszug vor dem Oberlandesgericht oder dem Landgericht stattfindet, § 140 Abs. 1 Nr. 1 StPO. Das Institut der notwendigen Verteidigung gewährleistet den rechtsstaatlich verbürgten Anspruch auf effektive Verteidigung durch einen Verteidiger des Vertrauens und eröffnet damit auch dem mittellosen Beschuldigten den Zugang zur formellen Verteidigung.[243] Hat der Beschuldigte selbst einen Verteidiger gewählt, dann ist dieser Wahlverteidiger zugleich der notwendige Verteidiger. Ist dem Beschuldigten nach § 141 StPO von Amts wegen ein Verteidiger beigeordnet worden, dann ist dieser Pflichtverteidiger der notwendige Verteidiger.

132　Die Bestellung eines Pflichtverteidigers ist in den in § 140 Abs. 1, Abs. 2 StPO bezeichneten Fällen zwingend vorgeschrieben und erfolgt auch dann, wenn der Beschuldigte überhaupt eine Verteidigung ablehnt. Dem entspricht, dass die Bestellung eines Pflichtverteidigers gem. § 141 Abs. 1 StPO grundsätzlich unterbleibt bzw. eine bereits erfolgte Bestellung gem. § 143 StPO zurückzunehmen ist, wenn der Beschuldigte selbst einen Wahlverteidiger beauftragt hat. Wahlmandat und Pflichtverteidigung schließen sich daher schon vom Sinn und Zweck der Pflichtverteidigung her aus und sind selbst nebeneinander nur dann zulässig, wenn dafür ein unabwendbares Bedürfnis besteht.[244] Ausnahmsweise kann gegen den Willen des Beschuldigten ihm ein weiterer Verteidiger beigeordnet werden (sog. Sicherungsverteidiger), um ein rechtsstaatliches Verfahren und das Durchführen der Hauptverhandlung zu gewährleisten.[245]

133　Gerade in Prozessen mit terroristischem Vorwurf entsteht nicht selten ein Spannungsverhältnis zwischen Angeklagtem und Verteidigung. Im NSU-Prozess prägte der Streit zwischen *Beate Zschäpe* und ihren drei Verteidigern *Wolfgang Heer, Wolfgang Stahl* und *Anja Sturm* das gesamte weitere Prozessgeschehen. Vergeblich bemühte sich immer wieder sowohl die Angeklagte, ihre drei Pflichtverteidiger der ersten Stunde loszuwerden,[246] als auch diese drei Pflichtverteidiger beim Vorsitzenden[247] darum, ihre Bestellung als Pflichtverteidiger zurückzunehmen.[248] In anderer Sache entschied der 3. Strafsenat,[249] dass ein

---

[240] Die Regelungen enthalten der Sache nach eine auf Vereinigungsstraftaten beschränkte „kleine Kronzeugenregelung", die Begleittaten allerdings nicht erfasst; *Schäfer/Anstötz* in MüKoStGB, 4. Aufl. 2021, StGB § 129 Rn. 157.
[241] *Kulhanek* in KMR-StPO, 90. EL März 2019, StPO § 153e Rn. 1; *Weßlau/Deiters* in SK-StPO, 5. Aufl. 2016, StPO § 153e Rn. 1.
[242] Näher zu § 91 StGB→ Rn. 58 ff.
[243] *Wohlers* in SK-StPO, 5. Aufl. 2016, StPO § 140 Rn. 2.
[244] BGHSt 59, 284 (288 Rn. 14) = NStZ-RR 2016, 22 (23).
[245] *Wohlers* in SK-StPO, 5. Aufl. 2016, StPO Vor § 137 Rn. 37 f., 45 f., § 140 Rn. 2, 62 jeweils mwN.
[246] Als vierter Pflichtverteidiger wurde während des Laufs des Prozesses Rechtsanwalt *Matias Grasel* bestellt und wenig später noch als Wahlverteidiger sein Kanzleikollege Rechtsanwalt Dr. *Hermann Borchert*.
[247] Zuständig ist für das Aufheben der Pflichtverteidigerbestellung der Vorsitzende nach § 143a Abs. 3 Nr. 3 StPO.
[248] Näher *Tanjev Schultz*, NSU. Der Terror von rechts und das Versagen des Staates, 2018, 397 ff.
[249] BGH (3. Strafsenat) NJW 2020, 1534 mAnm. *Mehle* = NStZ 2020, 434 mAnm. *Gubitz*.

Pflichtverteidiger gegen die Ablehnung seiner Entpflichtung wegen eines völlig zerrütteten Vertrauensverhältnisses zum Angeklagten ein eigenes Beschwerderecht[250] nach § 304 Abs. 2 StPO zusteht. Die Betroffenheit des Pflichtverteidigers folge aus § 49 Abs. 2 iVm § 48 Abs. 2 BRAO, wonach der Rechtsanwalt beantragen kann, die Beiordnung aufzuheben, wenn hierfür wichtige Gründe, wie die nachhaltige Störung des Vertrauensverhältnisses, vorliegen.

Die Bestellung des Pflichtverteidigers ist nach § 143a Abs. 2 S. 1 Nr. 3 StPO aufzuheben **134** und ein neuer Pflichtverteidiger zu bestellen, wenn das Vertrauensverhältnis zwischen Verteidiger und Beschuldigtem endgültig zerstört oder aus einem sonstigen Grund keine angemessene Verteidigung des Beschuldigten gewährleistet ist. Differenzen zwischen dem Pflichtverteidiger und dem Angeklagten über die Verteidigungsstrategie rechtfertigen für sich genommen Entpflichtung nicht. Etwas anderes kann mit der Folge einer endgültigen nachhaltigen Erschütterung des Vertrauensverhältnisses allenfalls gelten, wenn Meinungsverschiedenheiten über das grundlegende Verteidigungskonzept nicht behoben werden können und der Verteidiger sich, weil zB sein Rat abgelehnt wird, außer Stande sieht, die Verteidigung sachgemäß zu führen.[251]

Nach der Rechtsprechung des EGMR[252] muss ein Angeklagter in Ausübung seines **135** Rechts auf ein faires Verfahren gem. Art. 6 Abs. 1, Abs. 3 lit. c EMRK maßgeblich auf seine Verteidigungsstrategie einwirken können und ihm insoweit die – grundsätzlich beraten durch seinen Verteidiger – letzte Entscheidungskompetenz zustehen; sich also gegen den Rat seines Verteidigers zB in Abkehr von seiner bisherigen Verteidigungsstrategie dafür entscheiden kann, nunmehr ein Geständnis abzulegen. Etwas anderes könnte nur gelten, wenn der Verteidiger durch einen solchen Strategiewechsel dazu gebracht würde, etwa an einem falschen Geständnis mitzuwirken.[253]

IV. Strafverteidigung in Terrorismusverfahren

Das Recht auf einen Anwalt gehört zu den in Art. 6 Abs. 3 lit. c EMRK verbürgten **136** europäischen Grundprinzipien. Selbst die rechtlichen Interessen des schlimmsten Terroristen müssen im Verfahren vertreten werden; denn sein Verteidiger vertritt ein zentrales Prinzip: den Rechtsstaat. Die Verteidigung muss sicherstellen, dass Polizei und Staatsanwaltschaft sich an die bestehenden Gesetze gehalten haben. Der Anwalt sollte deshalb mehr sein als „nur" sein Verteidiger, sondern im Interesse der Gesellschaft ein Garant dafür, dass auch in einem solchen Fall der Rechtsstaat sich bewährt.[254]

Am 22.7.2011 tötet der eiskalt berechnende rechtsextremistische *Anders Breivik* bei **137** seinem Terrorangriff in der Innenstadt von Oslo und anschließend auf der Insel Utoya 77 Menschen.[255] Zur Höchststrafe von 21 Jahren mit anschließender Sicherungsverwahrung verurteilt, legt der geständige aber schulduneinsichtige *Breivik* keine Berufung ein, weil er, wie er seinem Verteidiger erklärt, mit dem ersten Teil seines Plans fertig sei, Aufmerksamkeit für seine politischen Vorstellungen zu schaffen: „Ich wollte ein Feuerwerk für mein Manifest gegen die multikulturelle Entwicklung der Gesellschaft entzünden."[256] Des Wei-

---

[250] Sofortige Beschwerde, vgl. § 143a Abs. 4 StPO; aA *Schmitt* in Meyer-Goßner/Schmitt StPO, 62. Aufl. 2019, StPO § 143 Rn. 7 übereinstimmend mit älterer obergerichtlicher Rspr., die jetzt durch den Beschluss des BGH überholt sein dürfte.
[251] BGH (3. Strafsenat) NJW 2020, 1534 (1535 Rn. 11) mAnm. *Mehle* = NStZ 2020, 434 mAnm. *Gubitz*.
[252] EGMR Urt. v. 26.2.2010 – 36822/06, Ebanks v. UK, Rn. 82; zust. *Lam/Meyer-Mews* NJW 2012, 177 (179).
[253] BGH (3. Strafsenat) NJW 2020, 1534 (1536 Rn. 15) mAnm. *Mehle* = NStZ 2020, 434 mAnm. *Gubitz*.
[254] Zu den Besonderheiten bei Ermittlungen durch den Generalbundesanwalt unten § 45 sowie im gerichtlichen Verfahren näher unten § 46.
[255] Auf der Grundlage einer sehr genauen journalistischen Recherche führt literarisch *Asne Seierstad*, Einer von uns, 2016, sehr nah an die Attentate heran; ausgezeichnet mit dem Leipziger Buchpreis zur Europäischen Verständigung 2018.
[256] *Geir Lippestad*, Ich verteidigte Anders Breivik. Warum?, 2015, 117 (216).

teren erzählt er, er sei noch nie so motiviert wie jetzt gewesen; er fühle, dass Europa am selben Punkt wie Deutschland in den Dreißigerjahren stehe und glaube fest daran, dass die Dinge sich in den nächsten Jahren verändern.[257] Und er hat erreicht, was er wollte: In den verschiedensten Ländern ist *Breivik* zu einer Kultfigur geworden. Hunderte junger Russen nennen ihn ihren „Helden" und huldigen ihn auf T-Shirts mit der Aufschrift „Party Utoya". – In seinem emotionalen Plädoyer für Rechtsstaatlichkeit, Freiheit, Menschlichkeit und Toleranz beschreibt sein Verteidiger *Geir Lippestad*,[258] was ihn bewogen hat, das Mandat anzunehmen und wie er mit *Breivik* zusammmenarbeiten konnte. Schon Jahre zuvor hatte der amerikanische Verteidiger *Steven T. Wax*[259] die Folgen des nach dem 11. September erlassenen Patriot Acts am Beispiel zwei seiner Mandanten geschildert, die unschuldig in das Netz der Antiterrormaßnahmen der US-Regierung gerieten,[260] und dabei anschaulich über seine Anwaltsethik reflektiert.

J. Europäische Union
I. Richtlinie zur Terrorismusbekämpfung (EU) 2017/541

138 Am 15.3.2017 hat die EU[261] mit der Richtlinie 2017/541 zur Terrorismusbekämpfung[262] die Mindestvorschriften für Straftatbestände sowie Maßnahmen zum Schutz und zur Hilfe der Opfer terroristischer Straftaten festgelegt.[263] Inhaltlich setzt die Richtlinie in Art. 6–11 bereits im Rahmenbeschluss 2008 eingeschlagene Linie fort, bereits im Vorfeld das Planen, Anwerben, Ausbilden und Finanzieren terroristischer Aktivitäten zu kriminalisieren.

II. Geplante EU-Verordnung gegen Online-Propaganda

139 Vor dem Terroranschlag auf zwei Moscheen in Christchurch/Neuseeland am 15.3.2019 kündigt ein Rechtsextremer seine Tat in einer der toxischen Ecken des Internets an, ermordet dann 51 Menschen und verletzt weitere 50 – und streamt den Anschlag mit einem Action-Camcorder live im Internet. Seinen Anschlag auf die Synagoge in Halle/Saale am 9.10.2019 als Versuch eines Massenmords an Juden am Jom Kippur hatte der Täter ebenfalls zuvor im Internet angekündigt und seine Tat per Helmkamera als Live-Streaming übertragen.

140 Dem Internet kommt bei solchen terroristischen Anschlägen eine tragende Rolle zu. Regelmäßig kündigen anonyme Nutzer auf einschlägigen Foren ihre Aktion an. Zur Gewalt ist es dann nicht weit. Erst die Worte, dann die Taten!

141 Zwischen 200 bis 400 Plattformen im Internet hosten nach Einschätzung der EU-Kommission derzeit Inhalte, die zu terroristischer Radikalisierung führen könnten. Im Blick hat man vor allem islamistische Propaganda. Die Radikalisierung beschränkt sich

---

[257] *Geir Lippestad,* Ich verteidigte Anders Breivik. Warum?, 2015, 117 (216).
[258] Geir Lippestad, Ich verteidigte Anders Breivik. Warum?, 2015.
[259] *Steven T. Wax,* „Kafka in Amerika", 2009.
[260] Eindringlich wird geschildert, wie schnell grundlegende rechtsstaatliche Prinzipien außer Kraft gesetzt werden, wenn der bloße Verdacht zur Inhaftierung genügt, ohne die Vorwürfe und deren Grundlagen im Einzelnen zu kennen, aber auch, was ebenso kenntnisreiche wie leidenschaftliche Verteidigung bewirken kann.
[261] Zur Entwicklung der Terrorismusbekämpfung in Europa *Böse* ZJS 2019, 1 (6 ff.); *Kreß/Gazeas* in Sieber/Satzger/v. Heintschel-Heinegg, Europäisches Strafrecht, 2. Aufl. 2014, § 19.
[262] ABl. 2017 L 88, 6. Die Richtlinie gilt nicht für das Vereinigte Königreich, Irland und Dänemark sowie für Aktivitäten von Streitkräften in der Wahrnehmung ihres Auftrags und von bewaffneten Kräften im Sinne des humanitären Völkerrechts in bewaffneten Konflikten; näher zur Richtlinie *Engelstätter* GSZ 2019, 95.
[263] Diese Richtlinie ersetzt den Rahmenbeschluss 2002/475/JI v. 13.6.2002 in der Fassung des Änderungsbeschlusses 2008/919/JI v. 28.11.2008 (ABl. 2008 L 330, 21) und ändert den Beschluss des Rates 200/671/JI über den Informationsaustausch und die Zusammenarbeit betreffend terroristische Straftaten.

allerdings nicht auf junge Männer, die in den Gotteskrieg nach Syrien ziehen, sondern betrifft auch rechtsterroristische Gewalt im Inland.

Seit längerem bemüht sich die EU-Kommission zusammen mit den EU-Länder auf einen **142** raschen Abschluss einer EU-Verordnung, die terroristische Propaganda mit Uploadfiltern, kurzen Löschfristen und Strafen aus dem Netz verdrängen soll. Das EU-Parlament stellt sich allerdings quer; denn was für die einen legitimer Protest ist, sehen andere als Terrorismus. Legitimer und legaler Protest werden schnell als „extremistisch" oder gar als „terroristisch" abqualifiziert.

Bereits im Herbst 2018 hatte die EU-Kommission einen Entwurf vorgelegt, der neben **143** den großen Plattformen, wie zB Facebook, künftighin so gut wie alle Diensteanbieter unabhängig von ihrem Standort erfassen will, die in Europa tätig sind. Künftig sollen die Betreiber proaktiv und mithilfe automatisierter Werkzeuge in einer gemeinsam von Facebook, Microsoft, Twitter und YouTube errichteten Datenbank digitale Fingerabdrücke einmal als „terroristisch" erkannter Inhalte speichern. Dort abgelegt sollen Upload-Filter ein erneutes Hochladen verhindern. Auf Druck der Eu-Kommission haben sich immer mehr Plattformen dieser Datenbank angeschlossen. Finden trotz Uploadfilter „terroristische Inhalte" ihren Weg ins Netz, dann sollen die Betreiber verpflichtet sein, innerhalb einer Stunde auf eine Meldung zu reagieren und inkriminierte Artikel entfernen. Dafür muss jeder in Europa tätige Diensteanbieter eine Kontaktstelle benennen. Eine Einspruchsmöglichkeit der Plattformen soll die Rechtsstaatlichkeit sichern. Diejenigen, deren Inhalte gelöscht wurden, müssen darüber benachrichtigt werden. Eine Begründung für das Löschen gibt es auf Nachfrage. Jährliche Transparenzberichte sollen Aufschluss darüber geben, wieviel gelöscht wurde. – Zweifelsohne richtig ist es, die Plattformen zu zwingen, Livestreams von Anschlägen oder Enthauptungen, wenn bereits ins Netz eingestellt, rasch wieder zu löschen.

Um Schlupflöcher im Kampf gegen Geldwäsche und Terrorfinanzierung zu stopfen und **144** Schwachstellen im System zu beseitigen, legte die EU-Kommission im Mai 2020 einen Plan mit sechs Vorhaben vor, die innerhalb eines Jahres angegangen werden sollen. Insbesondere geht es dabei um die Überarbeitung der Geldwäscheliste.

K. Europarat

In der Terrorismusbekämpfung sieht seit langem auch der Europarat entsprechend seiner **145** Verpflichtung zu Rechtsstaatlichkeit und Menschenrechten durch Stärkung des Rechtsrahmens, Bekämpfung der Ursachen und Schutz der Grundrechte eine wichtige Aufgabe.[264]

Vor dem Hintergrund der Implementierung der Resolution 2178 (2014) des UN- **146** Sicherheitsrats in Europa hat der Europarat sein rechtliches Instrumentarium verstärkt und durch das Protokoll zum Übereinkommen zur Terrorismusbekämpfung ergänzt.[265] Mit diesem Instrument wurde die Vorbereitung eines Terrorakts – im Frühstadium (Anwerbung, Ausbildung und die Vorbereitung und Finanzierung von Reisen zum Zwecke des Terrorismus) – zum ersten Mal im internationalen Recht unter Strafe gestellt.

Ein dreijähriger Maßnahmenplan gegen Extremismus und Radikalisierung, insbesondere **147** in Schulen und Gefängnissen und im Internet, wurde im Mai 2015 ins Leben gerufen.[266] In diesem Zusammenhang hat das Ministerkomitee am 10.2.2016 Leitlinien für Haftanstalten und Bewährungshilfen erlassen.

---

[264] Überblick bei *Tobias Afsali*, Der Beitrag des Europarats zur Terrorbekämpfungund sein Einfluss auf die Europäische Union, 2014.
[265] Zusatzprotokoll zum Übereinkommen des Europarats zur Verhütung des Terrorismus https://www.coe.int/de/web/conventions/full-list/-/conventions/treaty/217.
[266] https://search.coc.int/cm/Pages/result_details.aspx?ObjectID=09000016805c3576.

L. Ausblick

148 Im Jahr 2019 halbierte sich die Zahl der vom Generalbundesanwalt eingeleiteten Ermittlungsverfahren im Bereich islamistischer Terrorismus von etwa 855 Verfahren im Jahr 2018 auf 401. Im Bereich Rechtsextremismus gab es einen deutlichen Anstieg nach sechs Verfahren 2018 auf 24 im Jahr darauf. Außerdem wurden sechs neue Verfahren zu deutschem und internationalen Linksterrorismus eingeleitet.[267]

149 Der IS[268] ist als „Kalifat" zerschlagen und aus seinen Territorien im Norden Syriens und des Irak weitgehend vertrieben. Aber er hat sich neue Basen zumal in Afghanistan geschaffen. Die Anschläge im Mai 2020 in Waldkraiburg/Oberbayern auf türkischstämmige Menschen ohne kurdischen Hintergrund durch einen mutmaßlichen IS-Anhänger türkischer Eltern waren in Europa ein Novum.[269]

150 Historisch bedingt hatten die Strafverfolgungsbehörden sich lange Jahre auf terroristische Vereinigungen konzentriert, auch wenn immer wieder spektakuläre Taten von Einzeltätern Schlagzeilen machten. Zwischenzeitlich radikalisieren sich viele außerhalb irgendeiner Gruppierung.[270] Für diese weitgehend autonom agierenden „einsamen Wölfe" spielt das Internet nicht nur eine entscheidende Rolle für die Radikalisierung, sondern auch bei der Tatausführung sind dem Täter Live-Elemente von zentraler Bedeutung. Diese Einzeltäter sind also sehr vernetzt im Kampf gegen die Gesellschaft. Es sei schwierig, rechtsextreme Einzeltäter in den Blick zu nehmen, konstatiert eine Analyse des Bundesamts für Verfassungsschutz Anfang 2019. Auch die Rechtsextremismusforschung in Deutschland beschäftigt sich erst seit einigen Jahren aufgrund medienwirksamer Anschläge mit dem Phänomen des Einzeltäters.

151 Bereits die bestehende Rechtslage aufgrund des Waffengesetzes hat maßgeblich dazu beigetragen, Terroraktionen zu verhindern. Denn wer an jeder Ecke, wie in vielen Bundesstaaten der USA, eine Schusswaffe legal erwerben kann, wird sie dann auch einsetzen.[271]

152 Auch wenn Politik wie Sicherheitsbehörden entschlossen sind, Terrorismus mit Straf- und Gefahrenabwehrrecht entschieden entgegen zu treten und dabei große Fortschritte gemacht wurden, wird hierdurch der Terrorismus nachhaltig nicht eingedämmt werden. Dies wird erst geschehen, wenn die Gesellschaft erkennt, wie wichtig es ist, sich deutlich gegen Rassismus, Antisemitismus und Islamhass auszusprechen.

153 Orientierungslose junge Menschen sehen sich vor allem im Internet um. In den Communities, wo sich Islamismus und Rechtsextremismus gegenseitig verstärken,[272] stacheln sie sich gegenseitig an und suchen ihre Kontakte. Häufig fehlt ihnen die elementare Grundbildung, die einen skeptisch gegen Gewalt und totalitäre Ideologien machen. Bislang konnte die Sicherheitspolitik noch keine wirkungsvollen Konzepte entwickeln, um Radikalisierung zu verhindern. Noch gibt es keinen besseren Schutz vor Radikalisierung als gute Allgemeinbildung.[273]

---

[267] Bericht faz.net am 24.3.2020 „Weniger Terror-Ermittlungen gegen Islamisten, mehr gegen rechts".
[268] Ebenso lehrreich wie praktisch *Stefan Goertz*, Islamischer Terrorismus. Analyse – Definitionen – Taktik, 2. Aufl. 2019. Die Darstellung konzentriert sich auf die Analyse der (1) Radikalisierung, (2) Akteure, (3) Taktik und Mittel und dabei ob sich (wiederkehrende) Muster erkennen lassen, aus denen dann Gegenmaßnahmen entwickelt werden können und (4) staatliche und zivilgesellschaftliche Gegenmaßnahmen.
[269] Hinter den Anschlägen könnte die schärfere Gangart der türkischen Regierung gegen den IS vor allem in der grenznahen syrischen Provinz Idlib sein.
[270] Einblick in die Charakteristika, Motivationen und Radikalisierungsprozesse rechtsradikaler Einzeltäter bei *Florian Hartlieb*, Einsame Wölfe. Der neue Terrorismus rechter Einzeltäter, 2018.
[271] Nach dem Massaker in Christchurch kündigte die neuseeländische Regierung an, die Waffengesetze so schnell wie möglich zu verschärfen.
[272] Anschaulich dazu *Julia Ebner*, Wut. Was Islamisten und Rechtsextreme mit uns machen, 2018, *Julia Ebner*, Radikalisierungsmaschinen. Wie Extremisten die neuen Technologien nutzen und uns manipulieren, 2019; zur „Islamistischen Propaganda: Strafbarkeit de lege lata – Handlungsimpulse de lege ferenda" *Engelstätter/Maslow* GSZ 2018, 138.
[273] Geir Lippestad, Ich verteidigte Anders Breivik. Warum?, 2015, 117, 211.

§ 37 Kommunikations- und Propagandadelikte

Anna Helena Albrecht

Übersicht

	Rn.
A. Einführung	1
B. Erläuterungen	4
I. Allgemeine Fragen und übergreifende Merkmale	4
1. Anwendbarkeit des deutschen Strafrechts	4
2. Begriffserklärungen	6
a) Inhalt iSv § 11 Abs. 3 StGB	7
b) Verbreiten	8
c) Zugänglichmachen	10
d) Öffentlichkeit	11
e) Versammlung	12
3. Bedeutung der durch Art. 5 Abs. 1 GG gewährleisteten Meinungsfreiheit	13
4. Abgrenzung von Täterschaft und Teilnahme bei Äußerungsdelikten	16
5. Verjährung nach den Landespressegesetzen	17
6. Einziehung gem. § 74d StGB	18
7. Prozessuales	19
II. Die Tatbestände im Einzelnen	23
1. Schaffen eines geistigen Nährbodens für die Begehung (staatsgefährdender) Straftaten	23
a) Die Verunglimpfungsdelikte der §§ 90, 90a, 90b StGB	24
aa) Die Verunglimpfung des Bundespräsidenten gem. § 90 StGB	25
bb) Die Verunglimpfungsdelikte der §§ 90a, 90b StGB	28
b) Die Propagandadelikte der §§ 86, 86a StGB	43
aa) Vorab	43
bb) Verbreiten von Propagandamitteln verfassungswidriger und terroristischer Organisationen gem. § 86 StGB	45
cc) Verwenden von Kennzeichen verfassungswidriger und terroristischer Organisationen gem. § 86a StGB	59
c) Volksverhetzung gem. § 130 StGB	67
aa) Objektiver Tatbestand der friedensgefährdenden Hetze gem. § 130 Abs. 1 StGB	69
bb) Objektiver Tatbestand des Leugnens des nationalsozialistischen Völkermords gem. Abs. 3	73
cc) Objektiver Tatbestand der Rechtfertigung der NS-Herrschaft gem. Abs. 4	75
dd) Objektiver Tatbestand der Verbreitung von Inhalten iSv Abs. 1, 3 und 4 gem. Abs. 2 und 5	78
ee) Subjektiver Tatbestand	79
ff) Sonstiges	80
gg) Konkurrenzen	81
2. Schaffen eines Anreizes zur Begehung staatsgefährdender Straftaten	82
a) Belohnung und Billigung von Straftaten gem. § 140 StGB	83
b) Anleitung zu Straftaten gem. §§ 91 Abs. 1 Nr. 1, 130a StGB	91
aa) Vorab	91
bb) Gemeinsame Merkmale der §§ 130a, 91 Abs. 1 Nr. 1 StGB	94
cc) Anleitung zu Straftaten gem. § 130a StGB	97
dd) Anleitung zur Begehung einer schweren staatsgefährdenden Gewalttat gem. § 91 Abs. 1 Nr. 1 StGB	104

	Rn.
3. Beteiligungsähnliche Förderung von staatsgefährdenden Straftaten	110
a) Vorbereitung einer schweren staatsgefährdenden Gewalttat durch Unterweisen gem. § 89a Abs. 1, Abs. 2 Nr. 1 Var. 1 StGB	111
aa) Schwere staatsgefährdende Straftat, § 89a Abs. 1 S. 2 StGB	113
bb) Unterweisen gem. § 89a Abs. 2 Nr. 1 Alt. 1	121
cc) Subjektiver Tatbestand	124
dd) Strafanwendungsrecht, Abs. 3	126
ee) Tätige Reue, Abs. 7	127
ff) Konkurrenzen	128
b) Öffentliche Aufforderung zu Straftaten gem. § 111 StGB	129
aa) Vorab	129
bb) Voraussetzungen der Strafbarkeit	131
C. Perspektiven	140

Wichtige Literatur:
Aliabasi N., Die staatsgefährdende Gewalttat, 2017; *Altenhain, K.*, Die strafrechtliche Verantwortung für die Verbreitung mißbilligter Inhalte in Computernetzen, CR 1997, 48 5 ff.; *Altermann, C.*, Sozialadäquanz und Strafrecht – eine Bestandsaufnahme, FS Ulrich Eisenberg, 2009, 233 ff.; *Ambos, K.*, Strafbarkeit der Vorbereitung einer schweren staatsgefährdenden Gewalttat durch (versuchte) Ausreise aus der Bundesrepublik Deutschland, JR 2017, 650 ff.; *Backes, O.*, Rechtsstaatsgefährdungsdelikte und Grundgesetz, 1970; *Backes, O.*, Der Kampf des Strafrechts gegen nicht-organisierte Terroristen – Anmerkungen zum Referentenentwurf eines »Gesetzes zur Verfolgung der Vorbereitung von schweren Gewalttaten«, StV 2008, 654; *Bader, M.*, Das Gesetz zur Verfolgung der Vorbereitung von schweren staatsgefährdenden Gewalttaten, NJW 2009, 2853 ff.; *Bartels, B./Kollorz, W.*, Rudolf Heß – Kennzeichen einer verfassungswidrigen Organisation? – Zur Reformbedürftigkeit des § 86a StGB, NStZ 2002, 297 ff.; *Bartels, B./Kollorz, W.*, Anmerkung zu BayObLG, Beschluß vom 7.12.1998 – 5 St RR 151/98, NStZ 2000, 648 ff.; *Beck, S.*, Rechtsstaatlichkeit – Bauernopfer im Krieg gegen den Terror? Diskussion des Gesetzesentwurfs zur Verfolgung der Vorbereitung schwerer Gewalttaten, Festgabe des Instituts für Strafrecht und Kriminologie der Juristischen Fakultät der Julius-Maximilians-Universität Würzburg für Rainer Paulus, 2009, 15 ff.; *Beck, W.*, Unrechtsbegründung und Vorfeldkriminalisierung. Zum Problem der Unrechtsbegründung im Bereich vorverlegter Strafbarkeit, erörtert unter besonderer Berücksichtigung der Deliktstatbestände des politischen Strafrechts, 1992; *Becker, C.*, Freiheitliche Ordnung, wehrhafte Demokratie und Staatsschutzstrafrecht, Bucerius Law Journal 2012, 113 ff.; *Becker, C.*, Anmerkungen zu BGH, Beschl. v. 30.10.2018 – 3 StR 27/18, NStZ 2019, 659 ff.; *Beisel, D.*, Die Strafbarkeit der Auschwitzlüge – Zugleich ein Beitrag zur Auslegung des neuen § 130 StGB, NJW 1995, 997 ff.; *Beisel, D.*, Die Kunstfreiheitsgarantie des Grundgesetzes und ihre strafrechtlichen Grenzen, 1997; *Boisch, J.*, Abwehr verfassungswidriger Bestrebungen durch Vertrauenspersonen der Verfassungsschutzbehörde, ZRP 2005, 242 ff.; *Bock, S./Harrendorf, S.*, Strafbarkeit und Strafwürdigkeit tatvorbereitender computervermittelter Kommunikation, ZStW 126 (2014), 337 ff.; *Bornemann, R.*, Der „Verbreitensbegriff" bei Pornografie in audiovisuellen Mediendiensten – Strafbewährend im Internet und strafverkürzend im Rundfunk?, MMR 2012, 157 ff; *Bosch, N.*, Hassbotschaften und Hetze im Internet als Aufforderung zu Straftaten?, JURA 2016, 381 ff.; *Brodowski, D./Jahn, M./Schmitt-Leonardy, C.*, Gefahrenträchtiges Gefährderrecht, GSZ 2017, 7 ff. und GSZ 2018, 7 ff.; *Deckers, R./Heusel, J.*, Strafbarkeit terroristischer Vorbereitungshandlungen – rechtsstaatlich nicht tragbar, ZRP 2008, 169 ff.; *Deiters, M.*, Der Schutz der freiheitlichen demokratischen Grundordnung durch das Strafrecht, Wehrhafte Demokratie, 2003, 291 ff.; *Dencker, F.*, Das „Gesetz zur Bekämpfung des Terrorismus", StV 1987, 117 ff.; *Derksen, R.*, Die Hinterlegung einer Anleitung zur Herstellung von Sprengstoffen in einer Mailbox – ein strafbarer Verstoß gegen das Waffengesetz?, NJW 1998, 3760 ff.; *Dreher, E.*, Der Paragraph mit dem Januskopf, FS Wilhelm Gallas, 1973, 307 ff.; *Duesberg, E.*, Der Tatbegriff in §§ 3 und 9 Abs. 1 StGB, 2016; *Ebling, T.*, Die Vorschrift des § 90a StGB: Gesetzliche Konzeption und Legitimität der Staatsverunglimpfung in Hinblick auf den Rechtsgüterschutz, 2018; *Eckel, P./Rottmeier, C.*, „Liken als Haten": Strafverfolgung von Hatespeech in Sozialen Netzwerken, NStZ 2021, 1; *Eckstein, K.*, Grundlagen und Aktuelle Probleme der Besitzdelikte – EDV, EU, Strafrechtsänderungsgesetze, Konkurrenzen, ZStW 117 (2005), 107; *Engländer, A.*, Die Änderungen des StGB durch das Gesetz zur Bekämpfung des Rechtsextremismus und der Hasskriminalität, NStZ 2021, 385; *Fahrner, M.*, Staatsschutzstrafrecht: Einführung und Grundlagen, 2019; *Fischer, T.*, Die Eignung, den öffentlichen Frieden zu stören – zur Beseitigung eines „restriktiven" Phantoms, NStZ 1988, 159 ff.; *Fischer, T.*, Störung des Öffentlichen Friedens (§ 130 Abs. 4 StGB): Strafwürdigkeit als Tatbestandsmerkmal, Strafrechtswissenschaft als Analyse und Konstruktion, FS Ingeborg Puppe zum 70. Geburtstag, 2010, 1119 ff.; *Foerstner, G.*, Volksverhetzung und „lex Tucholsky": eine Untersuchung zu Äußerungsdelikten und Meinungsfreiheit, 2002; *Fohrbeck, T.*, Wunsiedel: Billigung, Verherrlichung, Rechtfertigung – Das Verbot nazistischer Meinungen in Deutschland und in den USA, 2015; *Franke, E.*, Strukturmerkmale der Schriftenverbreitungstatbestände des StGB, GA 1984, 452 ff.; *Gazeas, N./Grosse-Wilde, T.*, Anmerkung zu BGH, Beschl. v. 6.4.2017 – 3 StR 326/16, StV 2018, 84 ff.; *Gazeas, N./Grosse-Wilde, T./Kießling, A.*, Die neuen Tatbestände im Staatsschutzstrafrecht – Versuch einer ersten Auslegung der §§ 98a, 89b, 91 StGB, NStZ 2009, 593 ff.; *Geneuss, J.*, Das Billigen einer

(noch) nicht begangenen Straftat im Internet, JZ 2021, 286; *Gercke, M./Brunst, P. W.*, Praxishandbuch Internetstrafrecht, 2009; *Greco, L.*, Das Bestimmtheitsgebot als Verbot gesetzgeberisch in Kauf genommener teleologischer Reduktionen, ZIS 2008, 475 ff.; *Grosse-Wilde, T.*, Anmerkungen zu OLG München, Urt. v. 15.7.2015 – 7 St 7/14, StV 2016, 505 ff.; *Grünwald, G.*, Billigung von Straftaten (§ 140 StGB), in Lüderssen/Sack, Vom Nutzen und Nachteil der Sozialwissenschaften für das Strafrecht, II, 1980, 489 ff.; *Grünwald, G.*, Meinungsfreiheit und Strafrecht, KJ 1979, 291 ff.; *Handel, T.*, »Mein Kampf« – Gilt ein Verbreitungsverbot auch nach 2015?, JR 2016, 433 ff.; *Harms, S.*, Ist das „bloße" Anschauen von kinderpornographischen Bildern im Internet nach geltendem Recht strafbar?, NStZ 2003, 646 ff.; *Harrendorf, S./Mischler, A./Müller, P.*, Same Same, but Different: Extremistische Ideologien online. Salafistischer Jihadismus und Rechtsextremismus in Social Media, in Petzsche/Heger/Metzler, Terrorismusbekämpfung in Europa im Spannungsfeld zwischen Freiheit und Sicherheit, 2019, 273 ff.; *Haverkamp, R.*, Staatsschutzstrafrecht im Vorfeld. Probleme strafrechtlicher Prävention bei mutmaßlichen terroristischen Einzeltätern, FS Heinz Schöch, Berlin 2010, 381 ff.; *Hefendehl, R.*, Kollektive Rechtsgüter im Strafrecht, 2002; *Hefendehl, R.*, Das Rechtsgut als materialer Angelpunkt einer Strafnorm, in Hefendehl/von Hirsch/Wohlers, Die Rechtsgutstheorie. Legitimationsbasis des Strafrechts oder dogmatisches Glasperlenspiel?, 2003, 119 ff.; *Heinrich, M.*, Die Delikte gegen den öffentlichen Frieden und die öffentliche Ordnung im Lichte des Medienstrafrechts – Teil 1: §§ 111 und 126 StGB, ZJS 2017, 518 ff.; *Heinrich, M.*, Die Staatsschutzdelikte im Lichte des Medienstrafrechts – Teil 2: Die Gefährdung des demokratischen Rechtsstaats, ZJS 2017, 301 ff.; *Heinrich, M.*, Die Delikte gegen den öffentlichen Frieden und die öffentliche Ordnung im Lichte des Medienstrafrechts – Teil 3: §§ 130 und 130a StGB, ZJS 2017, 625 ff.; *Heinrich, M.*, Das „Verbreiten" als Tathandlung im Medienstrafrecht, ZJS 2016, 569 ff.; *Heinrich, M.*, Zur Strafbarkeit des Verbreitens von Schriften im Internet, FS Bernd Schünemann zum 70. Geburtstag, 2014, 597 ff.; *Hilgendorf, E.*, Überlegungen zur strafrechtlichen Interpretation des Ubiquitätsprinzips im Zeitalter des Internet, NJW 1997, 1873 ff.; *Hilgendorf, E./Valerius, B.*, Computer- und Internetstrafrecht, 2. Aufl. 2012; *Hörnle, T.*, Pornographische Schriften im Internet: Die Verbotsnormen im deutschen Strafrecht und ihre Reichweite, NJW 2002, 1008 ff.; *Hörnle, T.*, Anmerkung zu BGH, Urt. v. 2.12.2000 – 1 StR 184/00, NStZ 2001, 305 ff.; *Hörnle, T.*, Der Schutz von Gefühlen im StGB, in Hefendehl/von Hirsch/Wohlers, Die Rechtsgutstheorie. Legitimationsbasis des Strafrechts oder dogmatisches Glasperlenspiel?, 2003, 268 ff.; *Hörnle, T.*, Grob anstößiges Verhalten – strafrechtlicher Schutz von Moral, Gefühlen und Tabus, 2005; *Hörnle, T.*, Aktuelle Probleme aus dem materiellen Strafrecht bei rechtsextremistischen Delikten, NStZ 2002, 113 ff.; *Hungerhoff, H.*, Vorfeldstrafbarkeit und Verfassung. Eine Untersuchung zu § 89a StGB unter verfassungsrechtlichen Gesichtspunkten, 2013; *Jacobi, K.*, Das Ziel des Rechtsgüterschutzes bei der Volksverhetzung, 2010; *Jahn, J.*, Strafrechtliche Mittel gegen den Rechtsextremismus – die Änderungen der §§ 130 und 86a StGB als Reaktion auf fremdenfeindliche Gewalt im Lichte der Geschichte des politischen Strafrechts in Deutschland, 1998; *Jakobs, G.*, Kriminalisierung im Vorfeld einer Rechtsgutsverletzung, ZStW 97 (1985), 751 ff.; *Junge, I.*, Das Schutzgut des § 130 StGB, 2000; *Kauffmann, P. K.*, Das Gesetz zur Verfolgung der Vorbereitung schwerer staatsgefährdender Gewalttaten, 2011; *Kett-Straub, G.*, Das Verwenden nationalsozialistischer Kennzeichen – § 86a StGB im Spannungsfeld zwischen symbolischem Strafrecht, Gefühls- und echtem Rechtsgüterschutz, NStZ 2001, 601 ff.; *König, P./Seitz, H.*, Die straf- und strafverfahrensrechtlichen Regelungen des Verbrechensbekämpfungsgesetzes, NStZ 1995, 1 ff.; *Krischker, S.*, Das Internetstrafrecht vor neuen Herausforderungen, 2015; *Kubiciel, M.*, Rechtsextremistische Musik von und mit V-Leuten – Sozialadäquanz und Rechtfertigung im Normbereich der §§ 86, 86a, 130 StGB, NStZ 2003, 57 ff.; *Kudlich, H.*, Anmerkung zu BGH, 27.6.2001 – 1 StR 66/01, JZ 2002, 310 ff.; *Kudlich, H./Berberich, B.*, Abstrakte Gefährdungsdelikte im Internet und die Anwendbarkeit deutschen Strafrechts, NStZ 2019, 633 ff.; *Kühl, K.*, Neue Gesetze gegen terroristische Straftaten, NJW 1987, 737 ff.; *Krieger, H.*, Die Umsetzung des völkerrechtlichen Aggressionsverbrechens in das deutsche Recht im Lichte von Art. 26 Abs. 1 GG, DÖV 2012, 449 ff.; *Lange, H.-J.*, Wörterbuch zur Inneren Sicherheit, 2006; *Lamshöft, A.*, Die Verbreitung von „Mein Kampf" – Straftat oder freie Meinungsäußerung? in Ostendorf Rechtsextremismus. Eine Herausforderung für Strafrecht und Strafjustiz, 2009, 129 ff.; *Last, U. M.*, Die Staatsverunglimpfungsdelikte: §§ 90–90b StGB, 2000; *Lindemann, M./Wachsmuth, I.*, Anmerkung zu Urt. des BGH v. 27.6.2001 – 1 StR 66/01, JR 2002, 206 ff.; *Malek, K./Popp, A.*, Strafsachen im Internet, 2. Aufl. 2015; *Matzky, R.*, Kinderpornographie im Internet – Strafgesetzgeberischer Handlungsbedarf?, ZRP 2003, 167 ff.; *Mitsch, W.*, Vorbeugende Strafbarkeit zur Abwehr terroristischer Gewalttaten, NJW 2015, 209 ff.; *Mitsch, W.*, Der unmögliche Zustand des § 130 StGB, KriPoZ 2018, 201 ff.; *Mitsch, W.*, Volksverhetzung gegen Deutsche, JR 2011, 380 ff.; *Ostendorf, H./Frahm, L. N./Doege, F.*, Internetaufrufe zur Lynchjustiz und organisiertes Mobbing, NStZ 2012, 529 ff.; *Otto, H.*, Soziale Adäquanz als Auslegungsprinzip, Grundlagen des Straf- und Strafverfahrensrechts, FS Knut Amelung, 2009, 225 ff.; *Paeffgen, H.-U.*, Überlegungen zu § 111 – wirklich ein januskörpiger Tatbestand? FS Hanack, 1999, 591 ff.; *Petzsche, A.*, Strafrecht und Terrorismusbekämpfung. Eine vergleichende Untersuchung der Bekämpfung terroristischer Vorbereitungshandlungen in Deutschland, Großbritannien und Spanien, 2013; *Piazena, M.*, Das Verabreden, Auffordern und Anleiten zur Begehung von Straftaten unter Nutzung der Kommunikationsmöglichkeiten des Internets, 2014; *Poscher, R.*, Neue Rechtsgrundlagen gegen rechtsextremistische Versammlungen – zu den verfassungsrechtlichen Grenzen der Entpolitisierung der Versammlungsfreiheit, NJW 2005, 1316 ff.; *Rackow, P.*, Volksverhetzung durch Verbreiten von Schriften, NStZ 2017, 406 ff.; *Radtke, H./Steinsiek, M.*, Bekämpfung des internationalen Terrorismus durch Kriminalisierung von Vorbereitungshandlungen? – Zum Entwurf eines Gesetzes zur Verfolgung der Vorbereitung von schweren Gewalttaten (Referentenentwurf des BMJ vom 21.4.2008), ZIS 2008, 383 ff.; *Radtke, H./Steinsiek, M.*, Terrorismusbekämpfung durch Vorfeldkriminalisierung? – Das Gesetz zur Verfolgung der Vorbereitung schwerer staatsgefährdender Gewalttaten, JR 2010, 107 ff.; *Rahe, D.*, Die Sozialadäquanzklausel des § 86 Abs. 3 StGB und ihre Bedeutung für das politische Kommunikationsstrafrecht: eine strafrechtsdogmatische Untersuchung unter Berücksichtigung verfassungsrechtlicher Aspekte, 2002; *Rautenberg, E. C.,* Zur Abwehr verfassungswidriger Bestrebungen in § 86 III StGB, GA 2003, 623 ff.; *Reinbacher, T.,* Die »Weiterverbreitung« von Hate Speech in sozialen Medien – Fragen der Beteiligung an einer gemäß § 185 StGB strafbaren Beleidigung, JZ 2020, 558; *Reuter, D.,* Verbotene Symbole: eine strafrechtsdogmatische Untersuchung zum Verbot von Kennzeichen verfassungswidriger Organisationen in § 86a StGB, 2005; *Rogall, K.,* Die verschiedenen Formen des Veranlassens fremder Straftaten, GA 1979, 11 ff.; *Rudolphi, H.-J.,* Notwendigkeit und Grenzen einer Vorverlagerung des Strafrechtsschutzes im Kampf gegen den Terrorismus, ZRP 1979, 214 ff.; *Puschke, J.,* Der Ausbau des Terrorismusstrafrechts und die Rechtsprechung des Bundesgerichtshofs, StV 2015, 457 ff.; *Puschke, J.,* Legitimation, Grenzen und Dogmatik von Vorbereitungstatbeständen, 2017; *Sebastian, S./Briske, R.,* Die Verwertung von Hitlers „Mein Kampf" – Eine urheber- und strafrechtliche Analyse, AfP 2013, 102 ff.; *Schroeder, F.-C.,* Probleme der Staatsverunglimpfung, JR 1979, 89; *Schroeder, F.-C.,* Die Straftaten gegen das Strafrecht, 1985; *Schroeder, F.-C.,* Der Schutz von Staat und Verfassung im Strafrecht, 1970; *Schulte, P./Kanz, K. M.,* Daumen hoch!? – Die Like-Funktion im sozialen Netzwerk Facebook aus strafrechtlicher Perspektive, ZIS 2013, 24; *Schumann, H.,* Zum Tatbestand der Billigung von Straftaten, Im Zweifel für die Freiheit, Gedächtnisschrift Manfred Seebode, 2015, 179 ff.; *Sieber, U.,* Legitimation und Grenzen von Gefährdungsdelikten im Vorfeld von terroristischer Gewalt – Eine Analyse der Vorfeldtatbestände im „Entwurf eines Gesetzes zur Verfolgung der Vorbereitung von schweren staatsgefährdenden Gewalttaten", NStZ 2009, 353 ff.; *Sieber, U.,* Strafrechtliche Verantwortlichkeit für den Datenverkehr in internationalen Computernetzen – Neue Herausforderungen des Internet, JZ 1996, 494 ff.; *Steinsiek, M.,* Terrorabwehr durch Strafrecht?, 2012; *Stegbauer, A.,* Der Straftatbestand gegen die Auschwitzleugnung – eine Zwischenbilanz, NStZ 2000, 281 ff.; *Stegbauer, A.;* Rechtsextremistische Propaganda und das Kennzeichenverbot des § 86a StGB, JR 2002, 182 ff.; *Stegbauer, A.,* Rechtsextremistische Propaganda im Lichte des Strafrechts, 2002; *Stegbauer, A.,* Rechtsprechungsübersicht zu den Propaganda- und Äußerungsdelikten, NStZ 2005, 677 ff.; *Stegbauer, A.,* Rechtsprechungsübersicht zu den Propaganda- und Äußerungsdelikten, NStZ 2008, 73 ff.; *Stegbauer, A.;* Rechtsprechungsübersicht zu den Propaganda- und Äußerungsdelikten, NStZ 2012, 79 ff.; *Sturm, R.,* Zum Vierzehnten Strafrechtsänderungsgesetz (Gewaltbekämpfung) vom 22.4.1976, JZ 1976, 347 ff.; *Ulbricht, M.,* Volksverhetzung und das Prinzip der Meinungsfreiheit: strafrechtliche und verfassungsrechtliche Untersuchung des § 130 Abs. 4 StGB, 2017; *Valerius, B.,* Internationaler Terrorismus und nationales Strafanwendungsrecht – zugleich Besprechung von BGH, Beschluss vom 15.12.2009, GA 2011, 696 ff.; *von Dewitz, C.,* NS-Gedankengut und Strafrecht. Die §§ 86, 86a StGB und § 130 StGB zwischen der Abwehr neonazistischer Gefahren und symbolischem Strafrecht, 2006; *Vormbaum, M.,* Strafbare Nationalismus-Kritik? Zur Verunglimpfung staatlicher Symbole (§ 90a I Nr. 2 StGB), GA 2016, 609 ff.; *Voß, M.,* Symbolische Gesetzgebung. Fragen zur Rationalität von Strafgesetzgebungsakten, 1989; *Walter, T.,* Der Rechtsstaat verliert die Nerven – Zum Referentenentwurf eines »Gesetzes zur Verfolgung der Vorbereitung von schweren Gewalttaten« (RefE), KJ 2008, 443 ff.; *Wandres, T.,* Die Strafbarkeit des Auschwitz-Leugnens, 2000; *Wandtke, A.-A.,* Medienrecht – Praxishandbuch, 2011; *Wasser, D./Piaszek, A.,* Staatsschutzstrafrecht in Bewegung, DRiZ 2008, 315 ff.; *Weiler, B.,* Der Tatbestand der »Volksverhetzung« im europäischen Vergleich, 2012; *Weißer, B.,* Über den Umgang des Strafrechts mit terroristischen Bedrohungslagen, ZStW 121 (2009), 131 ff.; *Willems, S.,* Abwehr verfassungswidriger Bestrebungen durch Vertrauenspersonen der Verfassungsschutzbehörden?, ZRP 2005, 79 ff.; *Würtenberger, T.,* Satire und Karikatur in der Rechtsprechung, NJW 1983, 1144 ff.; *Würtenberger, T.,* Kunst, Kunstfreiheit und Staatsverunglimpfung (§ 90a StGB), JR 1979, 309 ff.; *Zieschang, F.,* Die Gefährdungsdelikte, 1998; *Zimmermann, C.,* NS-Propaganda im Internet, § 86a StGB und deutsches Strafanwendungsrecht, HRRS 2015, 441 ff.; *Zöller, M. A.,* Terrorismusstrafrecht, 2009; *Zöller, M. A.,* Zehn Jahre 11. September – Zehn Jahre Gesetzgebung zum materiellen Terrorismusstrafrecht in Deutschland – Versuch einer Bilanz, StV 2012, 364 ff.

A. Einführung

1 Kommunikationstatbestände im Allgemeinen sind Straftatbestände, die die Strafbarkeit bestimmter Äußerungen poenalisieren. Sie lassen sich unterteilen in **Verbreitens-/Zugänglichmachenstatbestände,** die das Verbreiten bzw. Zugänglichmachen eines inkriminierten Inhalts – in ihrer spezifischen Ausprägung als Propagandatatbestände von Propagandamitteln bzw. Kennzeichen – erfassen, und **Äußerungstatbestände,** die zusätzlich ein Zueigenmachen der jeweiligen Inhalte durch den potentiellen Täter verlangen.[1]

2 Kommunikationsdelikte mit spezifischem Bezug zum Staatsschutz, die sich also gegen den Bestand des Staates iSv § 92 StGB, seine Verfassung oder seine innere oder äußere Sicherheit richten, sind über das StGB verstreut. Zu den in den ersten fünf Abschnitten des besonderen Teils des StGB geregelten **Staatsschutzdelikten im engeren Sinne** zählen neben den Propagandadelikten der §§ 86, 86a, 109d StGB das Aufstacheln zum Angriffskrieg gem. § 80a StGB, die verfassungsfeindliche Einwirkung auf Bundeswehr und öffentliche Sicher-

---

[1] Statt vieler *Piazena* Verabreden, Auffordern und Anleiten 79, 83 f. mwN.

heitsorgane gem. § 89 StGB, das Unterweisen als Unterfall der Vorbereitung einer schweren staatsgefährdenden Gewalttat gem. § 89a Abs. 2 Nr. 1 StGB, die Verunglimpfungstatbestände der §§ 90, 90a, 90b StGB und die Anleitung zur Begehung einer schweren staatsgefährdenden Gewalttat gem. § 91 StGB. Über die §§ 74a, 120 GVG zur Zuständigkeit der Staatsschutzkammer beim Landgericht und des Oberlandesgerichts werden ihnen weiterhin die Politische Verdächtigung gem. § 241a StGB und das Werben um Mitglieder oder Unterstützer für eine terroristische Vereinigung gem. § 129a Abs. 5 S. 2 StGB zugeordnet. In der Praxis oftmals bedeutsamer sind jedoch Tatbestände, die faktisch von besonderer Staatsschutzrelevanz sind, weil sie häufig mit einer entsprechenden staatsgefährdenden Zielrichtung begangen oder üblicherweise mitverwirklicht werden, und die daher den **Staatsschutzdelikten im weiteren Sinne** zugeordnet werden.[2] Zu diesen zählen die Volksverhetzung gem. § 130 StGB und die Öffentliche Aufforderung zu Straftaten gem. § 111 StGB.

Angesichts der Vielzahl der einschlägigen Kommunikations- und Propagandatatbestände beleuchtet die folgende Darstellung nur einen **Ausschnitt,** der einerseits anhand der spezifischen Staatsschutzrelevanz,[3] andererseits der praktischen Bedeutung der Straftatbestände gewählt ist.[4] Die **Struktur ihrer Darstellung** orientiert sich an der Nähe des tatbestandlichen Verhaltens zu einem tätlichen Angriff auf den Staat und seine Rechtsgüter. Die Kommunikations- und Propagandatatbestände mögen andere Rechtsgüter wie etwa den öffentlichen Frieden, deren Schutz sie zumindest auch dienen, bereits gefährden oder gar beeinträchtigen; einer Verletzung der staatsschutzrelevanten Rechtsgüter sind sie in unterschiedlichem Maße nur vorgelagert. So poenalisiert ein Teil der Kommunikationstatbestände Verhaltensweisen, die einer Teilnahme im Vorfeld der Tatbegehung ähneln, indem etwa § 111 StGB der Anstiftung ähnlich die Aufforderung zu den dort aufgezählten Straftaten und § 89a Abs. 1, Abs. 2 Nr. 1 Alt. 1 StGB einer versuchten Beihilfe entsprechend das Unterweisen als Vorbereitung einer schweren staatsgefährdenden Gewalttat erfasst (dazu → Rn. 110). Die Strafbarkeit der Belohnung und Billigung von Straftaten gem. § 140 StGB und die Anleitungstatbestände der §§ 91, 130a StGB sollen demgegenüber schon dem bloßen Anreiz zur Straftatbegehung entgegenwirken (dazu → Rn. 82). Noch vorgelagert sind dem die Propagandadelikte der §§ 86, 86a StGB, die Volksverhetzung gem. § 130 StGB sowie die Verunglimpfungsdelikte der §§ 90 ff. StGB, indem sie den geistigen Nährboden für derartige Straftaten schaffen (dazu → Rn. 23). Damit einhergeht eine Differenzierung nach dem Inhalt der Äußerung: Den beiden erstgenannten Kategorien unterfallen Äußerungen mit konkretem Straftatbezug, der dritten Kategorie solche von aus anderen Gründen inkriminierten Inhalten.

B. Erläuterungen

I. Allgemeine Fragen und übergreifende Merkmale

1. Anwendbarkeit des deutschen Strafrechts

Kommunikations- und Propagandadelikte sind oftmals Distanzdelikte, die in zunehmendem Maße mittels des Internets begangen werden[5] und damit ihre Folgen oftmals in

---

[2] *Kastner* in *Lange,* Wörterbuch zur Inneren Sicherheit, 2006, 309 ff.
[3] Nicht erläutert werden daher solche Tatbestände, bei denen sich auch nur rein praktisch ein spezifischer Staatsschutzbezug nicht ausmachen lässt, also die Falsche Verdächtigung gem. § 164 StGB, die Beschimpfung von Bekenntnissen, Religionsgesellschaften und Weltanschauungsvereinigungen gem. § 166 StGB; zudem auch § 241a StGB, der dem Schutz von Individualrechtsgütern des politisch Verdächtigten vor Gefährdungen außerhalb des räumlichen Geltungsbereichs des Grundgesetzes dient.
[4] Außen vor bleiben aus diesem Grunde etwa die Tatbestände des Aufstachelns zum Angriffskrieg gem. § 80a StGB, der Verfassungsfeindlichen Einwirkung auf die Bundeswehr und öffentliche Sicherheitsorgane nach § 89 StGB und der Störpropaganda gegen die Bundeswehr gem. § 109d StGB.
[5] Fallzahlenquellen: BKA PKS 2012–2021, jeweils Grundtabelle 05: „Tatmittel Internet". Zur zunehmenden Bedeutung des Internets als „Ort" der Radikalisierung *Harrendorf/Mischler/Müller,* Same Same, but Different: Extremistische Ideologien online. Salafistischer Jihadismus und Rechtsextremismus in Social

anderen Ländern zeitigen als dem Aufenthaltsland des Täters. Eine Vorfrage, die nahezu alle der im Folgenden erläuterten Tatbestände betreffen kann, ist daher diejenige nach der Anwendbarkeit des deutschen Strafrechts.

5   Sie kann ohne Weiteres bejaht werden, wenn der Täter auf deutschem Boden, deutschen Schiffen oder deutschen Luftfahrzeugen tätig wird und damit iSv § 3 bzw. 4 StGB iVm § 9 Abs. 1 Var. 1 StGB die Tat im Inland begeht, wenn die Tat gem. § 5 StGB einen besonderen Inlandsbezug aufweist oder wenn der Täter Deutscher ist und die weiteren Voraussetzungen des § 7 Abs. 2 StGB erfüllt sind, wobei es häufig an einer Strafbarkeit des Verhaltens am Handlungsort fehlen wird.[6] In den übrigen Fällen zwingt § 9 Abs. 1 Var. 3 StGB zu einer strukturellen Differenzierung, ob der jeweilige Tatbestand den Eintritt eines Erfolgs im Sinne der Vorschrift voraussetzt. Dieser wird in der Praxis weiter verstanden als der Erfolgsbegriff der allgemeinen Deliktslehre, in der Rechtsprechung des Bundesgerichtshofs als eine „von der tatbestandsmäßigen Handlung räumlich und/oder zeitlich abtrennbar[e] Außenweltveränderung".[7] Erfasst sind damit alle Tatfolgen, die die Verwirklichung des Tatbestandes voraussetzt[8] einschließlich des Eintritts einer konkreten Gefahr bei den konkreten Gefährdungsdelikten.[9] Den **abstrakten Gefährdungsdelikten,** zu denen ein erheblicher Teil der im Folgenden erläuterten Tatbestände gehört,[10] fehlt ein solcher Erfolg.[11] Insbesondere in den Fällen einer im Ausland ins Netz gestellten, aber in Deutschland abrufbaren Leugnung des Holocausts gem. § 130 Abs. 3 StGB sahen sowohl Literatur als auch Rechtsprechung eine Lücke, die sie durch Ausweitung des Handlungsbegriffs[12] oder des Erfolgsbegriffs zu schließen suchten.[13] Letzteres war – über den Umweg der Deliktsstruktur – der Ansatz des BGH, indem er etwa den Tatbestand der Volksverhetzung gem. § 130 Abs. 1, 3 StGB wegen des Erfordernisses der Eignung, den öffentlichen Frieden zu stören, als abstrakt-konkretes oder auch potentielles Gefährdungsdelikt einordnete, das seinen Erfolgsort dort habe, „wo die konkrete Tat ihre Gefährlichkeit im Hinblick auf das im Tatbestand umschriebene Rechtsgut entfalten kann".[14] Diese Rechtsprechung hat der BGH nunmehr aufgegeben; allein das Umschlagen oder bloße Umschlagenkönnen einer abstrakten Gefahr in eine konkrete stelle keinen Erfolg iSv § 9 StGB dar und könne die Anwendbarkeit des deutschen Strafrechts nicht begründen.[15] Für die Praxis dürfte nunmehr feststehen, dass die Geltung des deutschen Strafrechts bei abstrakten Gefährdungsdelikten einschließlich etwaiger potentieller Gefährdungsdelikte mangels Taterfolgs nicht an einen solchen geknüpft werden kann. Der Gesetzgeber des 60. StGBÄndG[16] hat die Rechtsprechungsänderung daher zum Anlass genommen, die § 86 Abs. 1 und 2 StGB, § 86a Abs. 1 Nr. 1 StGB und §§ 111, 130 Abs. 2 Nr. 1, Abs. 5 StGB in den Katalog des **§ 5 StGB in Nr. 3a, b, Nr. 5a** aufzunehmen und dadurch deutsches Strafrecht auf Tathand-

---

Media, in Petzsche/Heger/Metzler, Terrorismusbekämpfung in Europa im Spannungsfeld zwischen Freiheit und Sicherheit, 2019, 273 ff.
[6] Kudlich/Berberich NStZ 2019, 633 (634). Über § 7 Abs. 1 StGB lässt sich die Anwendbarkeit des deutschen Strafrechts nicht begründen, soweit die Vorschriften ausschließlich dem Schutz der Allgemeinheit dienen und die Taten sich demnach nicht gegen einen Deutschen richten können.
[7] BGH NStZ 2015, 81 (82) unter Verweis auf Hilgendorf NJW 1997, 1873 (1876).
[8] Fischer StGB § 9 Rn. 4a; Eser/Weißer in Schönke/Schröder StGB § 9 Rn. 6.
[9] BGHSt 46, 212 (220 f.) = NJW 2001, 624.
[10] S. die Erläuterungen bei den jeweiligen Vorschriften.
[11] BGH NStZ-RR 2013, 253; NStZ 2015, 81 (82 Rn. 8); Eser/Weißer in Schönke/Schröder StGB § 9 Rn. 6a mwN; aA etwa Hörnle NStZ 2001, 309 (305); Werle/Jessberger in LK-StGB StGB § 9 Rn. 89.
[12] Besonders prominent das KG NJW 1999, 3500; zutr. abgelehnt durch BGH NStZ 2015, 81 (82).
[13] S. dazu den knappen Überblick und die Kritik etwa bei Eser/Weißer in Schönke/Schröder StGB § 9 Rn. 7 ff.; Kudlich/Berberich NStZ 2019, 633 (634 ff.); ausf. Duesberg, Der Tatbegriff in §§ 3 und 9 Abs. 1 StGB, 2016, 105 ff., jeweils mwN.
[14] BGHSt 46, 212 (221) = NJW 2001, 624 – sog. Toeben-Entscheidung.
[15] BGH NStZ 2015, 81 (82); s. auch OLG Hamm NStZ-RR 2018, 292.
[16] Sechzigstes Gesetz zur Änderung des Strafgesetzbuches – Modernisierung des Schriftbegriffs und anderer Begriffe sowie Erweiterung der Strafbarkeit nach den §§ 86, 86a, 111 und 130 des Strafgesetzbuches bei Handlungen im Ausland vom 30.11.2020 (BGBl. 2020 I 2600).

lungen im Ausland unabhängig vom Tatort und dem dort geltenden Recht bei hinreichendem personalen (deutsche Nationalität oder Lebensgrundlage im Inland, dh aktives Personalitätsprinzip und Domizilprinzip) und sachlichen Inlandsbezug (Wahrnehmbarkeit der Inhalte im Inland oder Zugänglichkeit für die inländische Öffentlichkeit, hinsichtlich § 130 Abs. 1 Nr. 1, 5 StGB zudem Eignung, den – gemeint ist: inländischen[17] – öffentlichen Frieden zu gefährden)[18] für anwendbar zu erklären. Freilich ist der sachliche Inlandsbezug nur sehr schwach ausgeprägt, soweit nach gesetzgeberischer Vorstellung die Inhalte mittels Hyperlinks zu ihrer Abspeicherung auf ausländischen Servern im Inland wahrnehmbar und der inländischen Öffentlichkeit zugänglich gemacht werden können.[19] Zudem geht die Regelung des § 5 Nr. 3a, b StGB bezüglich der §§ 86 Abs. 1 und 2, 86a Abs. 1 Nr. 1 StGB ins Leere: Auch wenn sie grundsätzlich geeignet sein mag, tatbestandliche Konkretisierungen des räumlichen Anwendungsbereichs, wie die genannten Straftatbestände sie enthalten, zu modifizieren, verweist sie jedoch auf „Fälle[] des § 86 Absatz 1 und 2" respektive „des § 86a Absatz 1 Nummer 1" StGB, zu denen weiterhin nur Taten mit inländischem Handlungsort gehören (dazu → Rn. 55). Insoweit besteht Bedarf, die Formulierung des Inlandsbezugs in den §§ 86, 86a StGB etwa an diejenige des § 5 Nr. 3a, b StGB anzupassen, will der Gesetzgeber des 60. StGBÄndG die bezweckte Erweiterung des räumlichen Anwendungsbereichs der Vorschriften erreichen. Zu der Sonderregelung in § 89a Abs. 3 → Rn. 126.

2. Begriffserklärungen

Bei der überwiegenden Anzahl der im Folgenden dargestellten Tatbestände resultiert die **6** Gefährlichkeit der Tathandlung aus ihrer Breitenwirkung, indem der jeweilige Inhalt „öffentlich, in einer Versammlung oder durch Verbreiten" (so etwa §§ 90–90a, 111, 140 StGB; ähnlich § 86a StGB) kommuniziert oder „verbreitet oder der Öffentlichkeit zugänglich [ge]macht" werden muss (§ 130 Abs. 2 StGB, § 130a StGB).

a) Inhalt iSv § 11 Abs. 3 StGB. Die Vorschrift setzt den Begriff des Inhalts voraus und **7** schränkt ihn durch die weitere Konkretisierung kaum und umständlich ein, weshalb sich ihr Gehalt wohl nur mit ihrer Genese erklären lässt.[20] Bis zur Änderung durch das 60. StGBÄndG zum 1.1.2021 stellte sie lediglich klar, dass dem vormaligen Kernmerkmal der Schrift bei Verweis auf diese Vorschrift Ton- und Bildträger, Datenspeicher, Abbildungen und andere Darstellungen gleichstehen. Oberbegriff der Legaldefinition war also nicht derjenige der Schrift, sondern derjenige der **Darstellung,** die definiert wurde als die gegenständliche, eine gewisse Dauerhaftigkeit aufweisende Verkörperung von Zeichen, die – ob unmittelbar oder nur mittels Hilfsmitteln – sinnlich wahrgenommen werden können und einen Hergang oder gedenklichen Inhalt zum Ausdruck bringen.[21] Diesen Begriff hat der Gesetzgeber des 60. StGBÄndG durch denjenigen der **Verkörperung** von Inhalten ersetzt, während er zugleich an dem bisherigen Bedeutungsgehalt festhalten wollte.[22] Die Zuordnung zu den Unterarten der Verkörperung erfolgt danach, auf welche Weise die Verkörperung erfolgt und demgemäß wahrnehmbar ist. So ist sie eine **Schrift,** wenn eine Gedankenerklärung in Buchstaben, Zahlen, sonstigen Zeichen oder Bildern verkörpert ist und mittels des Seh- oder Tastsinns wahrgenommen werden kann.[23] Ohne Bedeutung ist

---
[17] RegE BT-Drs. 19/19859, 46.
[18] S. dazu RegE BT-Drs. 19/19859, 32 ff.
[19] RegE BT-Drs. 19/19859, 44 (45).
[20] Zur historischen Entwicklung vom Schriften- zum Inhaltsbegriff etwa BT-Drs. 19/19859, 16 ff.
[21] Statt vieler BT-Drs. 13/7385, 36; *Hecker* in Schönke/Schröder StGB § 11 Rn. 72; *Hilgendorf/Valerius* Computer- und Internetstrafrecht Rn. 168 ff.; *Radtke* in MüKoStGB § 11 Rn. 168; *Sieber* JZ 1996, 494 (495); krit. gegenüber dem Erfordernis von Dauerhaftigkeit *B. Heinrich* in Wandtke MedienR-HdB 6. Kap. Rn. 62.
[22] RegE BT-Drs. 19/19859, 25 f.
[23] Statt vieler RGSt 47, 223 (224); BGHSt 13, 375 (376) = BeckRS 9998, 117261; *Saliger* in NK-StGB StGB § 11 Rn. 75; *Stein/Deiters* in SK-StGB StGB § 11 Rn. 102.

die Art der Herstellung wie die Geläufigkeit der verwendeten Zeichen oder Sprache, sodass auch Geheimschriften erfasst sind.[24] Auf **Ton- und Bildträgern** sind – analog oder digital – akustische bzw. visuelle Signale gespeichert, die mittels Wahrnehmungsgeräten dem Auge bzw. Ohr sinnlich wahrnehmbar gemacht werden können. Zu den Tonträgern gehören demgemäß Schallplatten, Tonbänder, aber auch elektronisch lesbare Datenträger wie CDs, zu den Bildträgern Videos ebenso wie DVDs.[25] Ein **Datenspeicher** ist ein Speichermedium, auf dem Inhalte elektronisch, elektromagnetisch, optisch, chemisch oder auf sonstige Weise aufgezeichnet sind und mithilfe technischer Geräte – gleich welcher Art – wahrnehmbar gemacht werden können, also etwa USB-Speicher, CD-ROMs und Festplatten einschließlich solcher, die in einem Handy oder einer EDV-Anlage verbaut sind.[26] Nach der dem Willen des Gesetzgebers entsprechenden, aber umstrittenen Auffassung[27] sollten damit trotz der Kurzfristigkeit der Speicherung[28] auch inkriminierte Inhalte im Arbeitsspeicher eines PC erfasst sein, nicht jedoch bloße Zwischenspeicher. Derartige Abgrenzungsschwierigkeiten sollte die Erstreckung auf Inhalte, **die unabhängig von einer Speicherung mittels Informations- oder Kommunikationstechnik übertragen** werden, durch das 60. StGBÄndG beseitigen und zudem das Gesetz an die verstärkte Übertragung von Inhalten ohne jegliche Verkörperung anpassen.[29] Gemeint sind damit sämtliche, auch zukünftige technische Methoden der Informationsübertragung, ob mittels Rundfunk oder Telekommunikation; da zudem das Erfordernis einer Verkörperung von gewisser Dauerhaftigkeit aufgegeben wird, sind anders als nach vorherigem Gesetzesstand[30] nun auch Liveübertragungen und (IP-)Telefonie erfasst,[31] mangels Übertragung jedoch nicht die bloße Verstärkung des gesprochenen Wortes, etwa durch Mikrofone.[32] Allerdings kann die Tathandlung immer noch eine Verkörperung erfordern, wenn sie nur eine solche zum Gegenstand haben kann;[33] nach gesetzgeberischer Vorstellung soll sie zudem eine zu weitreichende „'Kriminalisierung' des fernmündlich gesprochenen Wortes" verhindern können, etwa indem sie – wie das Verbreiten oder das Zugänglichmachen gegenüber der Öffentlichkeit – eine Breitenwirkung der Äußerung verlangt.[34] **Abbildungen** geben die Außenwelt auf eine Weise wieder, dass sie mittels des Seh- oder Tastsinns wahrgenommen werden können, also insbesondere Fotografien, Dias, Gemälde, Zeichnungen und auch Filme.[35]

8 b) **Verbreiten.** Die Bedeutung der Wandlung vom Schriften- zum Inhaltsbegriff entfaltet sich vollständig erst im Zusammenspiel mit der Tathandlung des Verbreitens. Bis zu den Änderungen durch das 60. StGBÄndG war sie überwiegend auf Schriften iSv § 11 Abs. 3 StGB aF bezogen und damit im Kern definiert als deren körperliche Weitergabe mit dem Ziel, sie – ob mehrere Exemplare zeitgleich oder auch nur ein Exemplar sukzessiv – einem größeren, nicht notwendigerweise unbestimmten, aber vom Täter nicht kontrollierbaren

---

[24] Statt vieler *Stein/Deiters* in SK-StGB StGB § 11 Rn. 102.
[25] *Hecker* in Schönke/Schröder StGB § 11 Rn. 75 f.; *Saliger* in NK-StGB StGB § 11 Rn. 76 f.
[26] Statt vieler BT-Drs. 13/7385, 36; *Saliger* in NK-StGB StGB § 11 Rn. 78 mwN.
[27] BT-Drs. 13/7385, 36; BGHSt 47, 55 (58) = NJW 2001, 3558; OLG Hamburg NJW 2010, 1893 (1894); *Altenhain* CR 1997, 485 (495); *Eckstein* ZStW 117 (2005), 107 (117 ff.); *Hecker* in Schönke/Schröder StGB § 11 Rn. 77; *B. Heinrich* in Wandtke MedienR-HdB 6. Kap. Rn. 60 f.; *Matzky* ZRP 2003, 167 (169); *Radtke* in MüKoStGB StGB § 11 Rn. 172 mwN; *Satzger* in Satzger/Schluckebier/Widmaier StGB § 11 Rn. 65.
[28] AA daher *Harms* NStZ 2003, 646 (648 f.); *Lindemann/Wachsmuth* JR 2002, 206 (208); *Stein/Deiters* in SK-StGB StGB § 11 Rn. 106.
[29] RegE BT-Drs. 19/19859, 26 f.
[30] Statt vieler *Hecker* in Schönke/Schröder StGB § 11 Rn. 72; *Radtke* in MüKoStGB StGB § 11 Rn. 168.
[31] Dazu insbesondere RegE BT-Drs. 19/19859, 29 ff.
[32] RegE BT-Drs. 19/19859, 26 f.
[33] RegE BT-Drs. 19/19859, 28.
[34] RegE BT-Drs. 19/19859, 29 f.
[35] *Fischer* StGB § 11 Rn. 37; *Hecker* in Schönke/Schröder StGB § 11 Rn. 74; *Hilgendorf* in LK-StGB StGB § 11 Rn. 124; *Radtke* in MüKoStGB StGB § 11 Rn. 174; *Satzger* in Satzger/Schluckebier/Widmaier StGB § 11 Rn. 65.

B. Erläuterungen   § 37

Personenkreis zugänglich zu machen.[36] Aber auch schon auf der Grundlage des vormaligen Gesetzesstandes hatte insbesondere die Praxis diesen Grundsatz körperlicher Weitergabe aufgeweicht und entgegen Wortlaut und Systematik[37] die Inhalte bzw. gespeicherten Daten den Schriften gleichgestellt.[38] Zunächst erstreckte sie die Tathandlungen auf das Ausstellen, Anschlagen, Vorführen und anderweitiges öffentliches Zugänglichmachen mindestens einer Ausfertigung als Verhaltensweisen, die in § 74d Abs. 3 StGB dem Verbreiten gleichgestellt werden, auch wenn es an einem entsprechenden Verweis fehlte.[39] Unter dem „internetspezifischen Verbreitens[-]"[40] und letztendlich auch Schriftenbegriff[41] nahm der BGH schließlich ein Verbreiten im Internet an, „wenn die Datei auf dem Rechner des Internetnutzers – sei es im (flüchtigen) Arbeitsspeicher oder auf einem (permanenten) Speichermedium – angekommen ist."[42] Die Wandlung der bisherigen **Schriftverbreitensdelikte in Inhaltsverbreitensdelikte** hat diese Streitfragen im Sinne der Rechtsprechung erledigt. Erfasst ist damit nun auch unstreitig der massenhafte Versand der relevanten Inhalte ohne jegliche Verkörperung, also mittels SMS, E-Mail oder Messengerdiensten.[43]

Indes dürften die bisherigen Konkretisierungen zu **Vollendung** und Breitenwirkung 9 entsprechend fortgelten. Die Weitergabe an einen bestimmbaren, geschlossenen Personenkreis genügt danach, solange er die erforderliche Größe und Unkontrollierbarkeit aufweist.[44] Das Merkmal hat kein Erfolgselement. Ein vollendetes Verbreiten liegt damit bereits in der Verbreitenstätigkeit an sich, dem „Auf-den Weg-bringen [...] als erste[m] Verbreitungsakt",[45] erst recht ist eine tatsächliche Kenntnisnahme vom Inhalt nicht erforderlich.[46] Ob es hingegen bereits ausreicht, dass dem Empfänger ein Hyperlink übermittelt wird, mittels dessen er eine auf einer Cloud gespeicherte Datei abrufen kann, hat der Gesetzgeber des 60. StGBÄndG bewusst der Entscheidung durch die Rechtsprechung überlassen.[47] Freilich würde damit der Anwendungsbereich des Verbreitens erheblich in

---

[36] Statt vieler BGHSt 13, 257 (258) = BeckRS 9998, 118002; BGHSt 19, 63 (70 f.) = NJW 1963, 2034; BGH NStZ 2017, 405 (406); *B. Heinrich* in Wandtke MedienR-HdB 6. Kap. Rn. 170; *M. Heinrich* FS Schünemann, 2014, 597 (598 f.); *Paeffgen* in NK-StGB StGB § 86 Rn. 25; *Wolters* in SK-StGB StGB § 74d Rn. 6, jeweils mwN.
[37] Zur Einbeziehung der Verhaltensweisen gem. § 73d Abs. 3 StGB s. die Kritik bei *Becker* in Matt/Renzikowski StGB § 86 Rn 11; *Fischer* StGB § 86 Rn. 13; *Güntge* in Satzger/Schluckebier/Widmaier StGB § 86 Rn. 10; *Paeffgen* in NK-StGB StGB § 86 Rn. 25; *Sternberg-Lieben* in Schönke/Schröder StGB § 86 Rn 14; *Stegbauer* Propaganda 71; vgl. auch *M. Heinrich* ZJS 2016, 569 (571 f.); zum internetspezifischen Verbreitensbegriff s. die Kritik bei *Bornemann* MMR 2012, 157 (158 f.); *Fischer* StGB § 184 Rn. 36a; § 184 Rn. 35; *Gercke* in Gercke/Brunst, Handbuch Internetstrafrecht, 1. Aufl. 2010, Rn. 312; *Hecker* in Schönke/Schröder StGB § 11 Rn. 77; *M. Heinrich* FS Schünemann, 2014, 597 (599 ff.); *M. Heinrich* ZJS 2016, 569 (579, 580); *Kudlich* JZ 2002, 310 (311); *Lindemann/Wachsmuth* JR 2002, 206 (207); *Stein/Deiters* in SK-StGB StGB § 11 Rn. 107; aA *Hilgendorf/Valerius* Computer- und Internetstrafrecht Rn. 303.
[38] Vgl. BGHSt 47, 55 (58) = NJW 2001, 3558.
[39] BGH *(Holtz)* MDR 1977, 809; BGHSt 47, 55 = NJW 2001, 3558; *Fischer* StGB § 86 Rn. 12; *Kühl* in Lackner/Kühl StGB § 86 Rn. 6; *Steinsick* in LK-StGB StGB § 86 Rn. 19; *Steinmetz* in MüKoStGB StGB § 86 Rn. 26.
[40] *B. Heinrich* in Wandtke MedienR-HdB 6. Kap. Rn. 170; *Hilgendorf/Valerius* Computer- und Internetstrafrecht Rn. 302; vgl. auch BGHSt 47, 55 (59) = NJW 2001, 3558 zu § 184 Abs. 3 Nr. 1 StGB aF.
[41] *M. Heinrich* FS Schünemann, 2014, 597 (599 f.); *Lindemann/Wachsmuth* JR 2002, 206 (207).
[42] BGHSt 47, 55 (59) = NJW 2001, 3558 zu § 184 Abs. 3 Nr. 1 StGB aF; BGH NStZ-RR 2014, 47 zu § 184b Abs. 1 Nr. 1 StGB aF; zust. *Fahl* in Satzger/Schluckebier/Widmaier StGB § 111 Rn. 7; *Steinsick* in LK-StGB StGB § 86 Rn. 28; *Steinmetz* in MüKoStGB StGB § 86 Rn. 30; *Radtke* in MüKoStGB StGB § 11 Rn. 173; aA *Bornemann* MMR 2012, 157 (158 f.); *Eisele* in Schönke/Schröder StGB § 184b Rn. 20; *Hecker* in Schönke/Schröder StGB § 11 Rn. 77; *M. Heinrich* FS Schünemann, 2014, 597 (605 ff.); *Kudlich* JZ 2002, 310 (311 f.); *Lindemann/Wachsmuth* JR 2002, 206 (207 ff.); *Stein/Deiters* in SK-StGB StGB § 11 Rn. 107 ff.; *Valerius* HRRS 2016, 186 (187 f.).
[43] RegE BT-Drs. 19/19859, 55.
[44] Zur Verbreitung von Schriften *Güntge* in Satzger/Schluckebier/Widmaier StGB § 86 Rn. 10.
[45] Zur Verbreitung von Schriften BGH NStZ 2017, 405 (406) unter Verweis auf RGSt 16, 245 f.; 64, 292 (293); zudem *Eisele* in Schönke/Schröder StGB § 184b Rn. 20; *Fischer* StGB § 184b Rn. 15; tendenziell krit. demgegenüber *M. Heinrich* ZJS 2016, 569 (577).
[46] Zur Verbreitung von Schriften *Fischer* StGB § 184b Rn. 15.
[47] RegE BT-Drs. 19/19859, 27.

denjenigen des Zugänglichmachens gegenüber der Öffentlichkeit ausgeweitet.[48] Will der Täter im Wege der sog. Mengenverbreitung eine Vielzahl von Verkörperungen weitergeben, soll das Verbreiten bereits mit Abgabe der ersten Verkörperung vollendet sein.[49] Die Übergabe an eine einzige Person reicht nach Rechtsprechung des BGH zudem aus, wenn die Weitergabe an einen nicht kontrollierbaren Personenkreis gewollt oder mit ihr gerechnet wird (sog. Kettenverbreitung).[50] Entsprechend genügt für eine nichtkörperliche Weitergabe von Inhalten die Übermittlung an eine Person in entsprechender Verbreitensvorstellung.

10 c) Zugänglichmachen. Ein Zugänglichmachen liegt in jeder Tätigkeit, mit der einer anderen Person die Möglichkeit eröffnet wird, den Inhalt im Wege sinnlicher Wahrnehmung zur Kenntnis zu nehmen.[51] Eine tatsächliche Kenntnisnahme ist ebenso wenig erforderlich wie eine körperliche Weitergabe des Mediums.[52] Bereits das Einstellen der Inhalte auf einem Server genügt, wenn anderen dadurch ein Abruf ohne weitere Hindernisse möglich ist,[53] oder der Versand der Inhalte via E-Mail.[54] Uneinigkeit herrscht demgegenüber, ob das bloße Setzen von Hyperlinks jedenfalls für ein täterschaftliches Zugänglichmachen ausreicht, wenn sich die Datei nicht im Herrschaftsbereich des Verweisenden befindet.[55]

11 d) Öffentlichkeit. Die Öffentlichkeit, ob als Adressatin einer Äußerung oder eines Zugänglichmachens,[56] bestimmt sich nicht anhand des Ortes der Tathandlung, sondern ihres Adressatenkreises,[57] wie der Gesetzgeber des 60. StGBÄndG durch die Umformulierung vom „öffentlichen" zum „der Öffentlichkeit" Zugänglichmachen klargestellt hat.[58] Sie wird definiert als ein unbestimmter, unbeschränkter Personenkreis, der also anonym und nicht überschaubar[59] und nicht durch persönliche Beziehungen verbunden ist.[60] Angaben zu einer erforderlichen Mindestpersonenzahl sind selten und hängen von der Ratio des Tatbestandes

---

[48] RegE BT-Drs. 19/19859, 27 (44).
[49] Vgl. RegE zum 60. StGBÄndG, BT-Drs. 19/19859, 52; zur Verbreitung von Schriften BGH NJW 1999, 1979 (1980); 2005, 689 (690); NStZ 2017, 605 (606); aA *Franke* GA 1984, 452 (477).
[50] Zur Verbreitung von Schriften BGHSt 19, 63 (71) = NJW 1963, 2034; zu § 130 Abs. 3, 4 StGB BGH NStZ 2017, 405 (406); restriktiver demgegenüber noch BVerfG NJW 2012, 1498 (1500); BGH NJW 2005, 689 (690); NStZ 2012, 564: Die Weitergabe an einzelne Personen reiche nicht aus, wenn die weitere Verbreitung durch ebendiese nicht feststehe. Dies soll nach BGH NStZ 2017, 405 (406) nichts anderes bedeuten, als „dass damit der im Zeitpunkt der (ersten) Übergabe der Schrift erforderliche Vorsatz des Täters im Hinblick auf den weiteren Kausalverlauf präzisiert wird." Krit. gegenüber der neuen Rspr. daher *Rackow* NStZ 2017, 406 ff.
[51] Zum Zugänglichmachen von Schriften statt vieler BGH NJW 2005, 689 (690); StV 2012, 539; *B. Heinrich* in Wandtke MedienR-HdB 6. Kap. Rn. 172; *Steinmetz* in MüKoStGB StGB § 86 Rn. 35; *Zöller* in SK-StGB StGB § 86 Rn. 13.
[52] *B. Heinrich* in Wandtke MedienR-HdB 6. Kap. Rn. 172; *Hilgendorf/Valerius* Computer- und Internetstrafrecht Rn. 291 f.
[53] *B. Heinrich* in Wandtke MedienR-HdB 6. Kap. Rn. 173; *M. Heinrich* ZJS 2016, 698 (700); *Hilgendorf/Valerius* Computer- und Internetstrafrecht Rn. 292.
[54] Zu § 91 StGB *Henrichs* in Matt/Renzikowski StGB § 91 Rn. 10; *Paeffgen* in NK-StGB StGB § 91 Rn. 16; *Schäfer* in MüKoStGB StGB § 91 Rn. 15.
[55] Täterschaft annehmen BGH NJW 2008, 1882 (1883 f.); OLG Stuttgart MMR 2006, 387 (391 f.); *M. Heinrich* ZJS 2016, 698 (700); *Zöller* in SK-StGB StGB § 86 Rn. 13; für Teilnahme demgegenüber LG Karlsruhe MMR 2009, 418 (419); *Hilgendorf/Valerius* Computer- und Internetstrafrecht Rn. 246; *Hörnle* NJW 2002, 1008 (1010).
[56] *B. Heinrich* in Wandtke MedienR-HdB 6. Kap. Rn. 174; *Paeffgen* in NK-StGB StGB § 90 Rn. 6; *Steinsick* in LK-StGB StGB § 90 Rn. 6.
[57] *Steinsick* in LK-StGB StGB § 90 Rn. 6, 8.
[58] RegE BT-Drs. 19/19859, 32.
[59] BT-Drs. VI/3521, 57 zu § 183a StGB aF; BGH NJW 2005, 689 (690); StV 2012, 539; *Steinmetz* in MüKoStGB StGB § 86 Rn. 35; *Zöller* in SK-StGB StGB § 86 Rn. 13; *Krischker*, Das Internetstrafrecht vor neuen Herausforderungen, 2015, 133; *Reuter* Symbole 214; *Stegbauer* Propaganda 73 f. Vgl. auch BGHSt 47, 55 (59) = NJW 2001, 3558.
[60] RGSt 21, 254 (256); 65, 112 (113); BGH NStZ 2011, 577 (578); *Steinsick* in LK-StGB StGB § 90 Rn. 6; *Paeffgen* in NK-StGB StGB § 86 Rn. 36; *Steinmetz* in MüKoStGB StGB § 86 Rn. 23; s. aber BGH NJW 2005, 689 (690): „unbestimmte Vielzahl von innerlich nicht notwendigerweise verbundenen Personen".

ab. Anerkannt ist jedenfalls, dass zwei Personen nicht ausreichen.[61] Eine öffentliche Begehung ist ohne weiteres zu bejahen, wenn Äußerungen im Rundfunk getätigt[62] oder wenn Inhalte auf frei zugänglichen Internetseiten und in offenen Foren eingestellt werden.[63] Schwierig und einzelfallabhängig ist die Abgrenzung bei geschlossenen Foren, privaten Gruppen in sozialen Medien und Ähnliches. So ist Öffentlichkeit zu verneinen, wenn nur wenigen bestimmten Personen mittels Passworteingabe ein Zugriff auf die Inhalte eröffnet wird; anzunehmen ist sie, wenn allenfalls Scheinhindernisse, die von jedem ohne größere Schwierigkeiten überwunden werden können, wie die Eingabe eines automatisch an eine angegebene E-Mail-Adresse versendeten Passwortes einem Zutritt entgegenstehen.[64]

e) Versammlung. Eine Versammlung ist eine nicht nur zufällige Zusammenkunft von mehreren Personen zu einem gemeinsamen Zweck.[65] Den gegenüber der Öffentlichkeit eigenständigen Anwendungsbereich des Merkmals bildet die geschlossene Versammlung.[66] Wie viele Personen zusammenkommen müssen, hängt von Ratio der Vorschrift und Kontext des Merkmals ab.[67] Insbesondere dann, wenn – wie in den §§ 86a, 90–90b, 111, 130, 130a, 140 StGB – die Äußerung in einer Versammlung der öffentlichen Äußerung und der Verbreitung von Inhalten gleichgestellt ist, das Gesetz also ersichtlich auf die Breitenwirkung der Äußerung abzielt, ist auch insoweit eine nicht mit einem Blick überschaubare Personenanzahl zu verlangen.[68] Der gemeinsame Zweck muss keinen Bezug zu öffentlichen Angelegenheiten aufweisen;[69] nach überwiegender Auffassung sind aber private Zusammenkünfte wie Familientreffen nicht erfasst.[70] Die tatbestandlich erfasste Äußerung muss so getätigt werden, dass sie auch von der Versammlung verstanden wird, bei einer größeren Teilnehmeranzahl zumindest von einem erheblichen Teil.[71] Zum restriktiveren Versammlungsbegriff bei § 111 → Rn. 132. 12

3. Bedeutung der durch Art. 5 Abs. 1 GG gewährleisteten Meinungsfreiheit

Straftatbestände, die bestimmte Äußerungen poenalisieren, können insbesondere mit den durch Art. 5 Abs. 1, 3 GG gewährleisteten Freiheiten kollidieren, zuvörderst der Meinungsfreiheit. Art. 5 Abs. 1 GG schützt nicht nur die Äußerung von Meinungen, sondern auch von Tatsachen, „weil und soweit sie Voraussetzung der Bildung von Meinungen" sind.[72] Nicht erfasst sind nach der ständigen Rechtsprechung des Bundesverfassungsgerichts 13

---

[61] *Steinsick* in LK-StGB StGB § 90 Rn. 7.
[62] *Eisele/Schittenhelm* in Schönke/Schröder StGB § 186 Rn. 19.
[63] *Fischer* StGB § 184b Rn. 17; *Gercke* in Gercke/Brunst, Handbuch Internetstrafrecht, 1. Aufl. 2010, Rn. 324; *Hilgendorf/Valerius* Computer- und Internetstrafrecht Rn. 299.
[64] BGH StV 2012, 539 = BeckRS 2012, 06061; *Eisele* in Schönke/Schröder StGB § 184b Rn. 25; *B. Heinrich* in Wandtke MedienR-HdB 6. Kap. Rn. 174 ff.; *M. Heinrich* ZJS 2016, 698 (701); *Hilgendorf/Valerius* Computer- und Internetstrafrecht Rn. 392; *Hörnle* in MüKoStGB § 184d Rn. 17 ff.; *Lindemann/Wachsmuth* JR 2002, 206 (209); *Steinmetz* in MüKoStGB § 86 Rn. 35; ausführlich *Krischker*, Das Internetstrafrecht vor neuen Herausforderungen, 2015, 133 ff.; *Gercke* Rechtswidrige Inhalte im Internet 69.
[65] Statt vieler RGSt 21, 71 (73); 29, 161 (165); BayObLG NJW 1979, 1895; LG Freiburg NJW 1976, 2175; *Steinmetz* in MüKoStGB StGB § 90 Rn. 24. Für eine Anwendung auf rein virtuelle Zusammenkünfte in geschlossenen Foren uÄ erwägen *Bock/Harrendorf* ZStW 126 (2014), 337 (349 ff.).
[66] Statt vieler *Steinsick* in LK-StGB StGB § 90 Rn. 10.
[67] *Steinsick* in LK-StGB StGB § 90 Rn. 11.
[68] *Kühl* in Lackner/Kühl StGB § 80a Rn. 3; *Steinsick* in LK-StGB StGB § 90 Rn. 11; *Paeffgen* in NK-StGB StGB § 86a Rn. 15.
[69] *Sternberg-Lieben* in Schönke/Schröder StGB § 91 Rn. 5; *Steinmetz* in MüKoStGB StGB § 90 Rn. 24.
[70] *Fahl* in Satzger/Schluckebier/Widmaier StGB § 111 Rn. 5; *Steinsick* in LK-StGB StGB § 90 Rn. 10; *Sternberg-Lieben* in Schönke/Schröder StGB § 91 Rn. 5; *Steinmetz* in MüKoStGB StGB § 90 Rn. 24; aA *Paeffgen* in NK-StGB StGB § 86 Rn. 8: Ausnahme nur des engsten Familienkreises; *Zöller* in SK-StGB StGB § 90 Rn. 5.
[71] RGSt 57, 343 (344); *Steinsick* in LK-StGB StGB § 90 Rn. 12; *Steinmetz* in MüKoStGB StGB § 90 Rn. 24; *Sternberg-Lieben* in Schönke/Schröder StGB § 91 Rn. 5; *Zöller* in SK-StGB StGB § 90 Rn. 5.
[72] BVerfGE 61, 1 (8) = NJW 1983, 1415; BVerfGE 65, 1 (41) = NJW 1984, 419; BVerfGE 71, 162 (179) = NJW 1986, 1533.

jedoch bewusst und erweislich unwahre Tatsachenbehauptungen,[73] sodass nach dieser die Poenalisierung von Verleumdungen durch §§ 90–90b StGB, § 130 Abs. 1 StGB oder der Auschwitzlüge durch § 130 Abs. 3 StGB die Meinungsfreiheit nicht beschränkt.[74]

14 Soweit Straftatbestände, die durch Art. 5 Abs. 1 GG geschützte Äußerungen erfassen, sich nicht gegen die Meinungsfreiheit an sich oder die Äußerung einer bestimmten Meinung richten, sondern dem Schutz eines schlechthin, also ohne Rücksicht auf eine bestimmte Meinung zu schützenden Rechtsguts – wie den in Art. 5 Abs. 2 GG explizit genannten der Ehre und des Jugendschutzes – dienen, sind sie **allgemeine Gesetze** im Sinne der Vorschrift[75] und somit grundsätzlich taugliche Schranken der genannten Freiheiten. Ein nach dieser Abgrenzung nicht-allgemeines Gesetz kann nach der Wunsiedel-Entscheidung des Bundesverfassungsgerichts von einer Art. 5 Abs. 1, 2 GG immanenten Ausnahme vom Verbot des **Sonderrechts** für meinungsbezogene Gesetze gedeckt sein, wenn es eine „propagandistische[] Affirmation der nationalsozialistischen Gewalt- und Willkürherrschaft zwischen den Jahren 1933 und 1945" verhindern soll, wie dies bei § 130 Abs. 4 StGB[76] und § 130 Abs. 3 StGB in den Varianten des Billigens und Verharmlosens[77] der Fall ist.

15 Bei der **Auslegung** und **Anwendung** der **Straftatbestände** ist der besonderen Bedeutung und den Wechselwirkungen zwischen der Meinungsfreiheit und dem ihr gegenüberstehenden Rechtsgut Rechnung zu tragen.[78] Das gilt insbesondere, soweit jene die Erörterung öffentlicher Angelegenheiten erfassen, bei denen das Bundesverfassungsgericht von einer Vermutung zugunsten der freien Rede ausgeht,[79] und umso mehr, wenn sie dem Staatsschutz dienen, da das Gericht aus der Genese des Art. 5 GG ein besonderes „Schutzbedürfnis der Machtkritik" ableitet[80] und eine „Immunisierung des Staates gegen Kritik und selbst gegen Ablehnung" durch den Schutz seiner Symbole verhindern will.[81] Dies erfordert insbesondere bei mehrdeutigen Äußerungen den objektiven Sinngehalt einer potenziell strafbaren Äußerung zu ermitteln und – auch bei Schriften[82] – nicht nur deren Inhalt, sondern auch Umstände der Äußerung einzubeziehen.[83] Gerichte dürfen einer Verurteilung eine Deutung der Äußerung, die eine Verurteilung begründen würde, erst dann zugrunde zu legen, wenn andere Auslegungsergebnisse mit schlüssigen Gründen ausgeschlossen sind.[84]

---

[73] StRspr des BVerfG, etwa BVerfGE 54, 208 (219) = NJW 1980, 2072; BVerfGE 99, 185 (197) = NJW 1999, 1322; BVerfG NJW 2012, 1498; dazu auch (krit.) *Grabenwarter* in Maunz/Dürig GG Art. 5 Abs. 1, 2 Rn. 48 ff.; *Schulze-Fielitz* in Dreier GG Art. 5 Abs. 1–2 Rn. 62, jeweils mwN.

[74] BVerfGE 90, 241 (249) = NJW 1994, 1779.

[75] StRspr des BVerfG, BVerfGE 7, 198 (209 f.) = GRUR 1958, 254; BVerfGE 117, 244 (260) = NJW 2007, 1117; BVerfGE 124, 300 (322) = NJW 2010, 47.

[76] BVerfGE 124, 300 (327 ff.) = NJW 2010, 47; eingehend dazu *Fohrbeck*, Wunsiedel: Billigung, Verherrlichung, Rechtfertigung – Das Verbot nazistischer Meinungen in Deutschland und in den USA, 2015, 90 ff.; *Ulbricht*, Volksverhetzung und das Prinzip der Meinungsfreiheit: strafrechtliche und verfassungsrechtliche Untersuchung des § 130 Abs. 4 StGB, 2017, 334 ff.

[77] Dazu *Stein* in SK-StGB StGB § 130 Rn. 9; *Weiler*, Der Tatbestand der »Volksverhetzung« im europäischen Vergleich, 2012, 64 ff.

[78] StRspr des BVerfG, BVerfGE 47, 198 (232 f.) = BeckRS 1978, 663; BVerfGE 93, 266 (293 ff.) = NJW 1995, 3303; BVerfG NJW 2009, 908 (909); *Geneuss* in Satzger/Schluckebier/Widmaier StGB § 140 Rn. 11; *Steinsick* in LK-StGB StGB § 90b Rn. 4; *Paeffgen* in NK-StGB StGB § 90 Rn. 4 ff.; *Sternberg-Lieben* in Schönke/Schröder StGB § 90a Rn. 5; *Sternberg-Lieben/Schittenhelm* in Schönke/Schröder StGB § 130 Rn. 5.

[79] StRspr des BVerfG, BVerfGE 8, 198 (208); NJW 2009, 908 (909).

[80] BVerfGE 93, 266 (293) = NJW 1995, 3303; BVerfG NJW 2009, 908 (909).

[81] BVerfGE 81, 278 (294) = NJW 1990, 1982; BVerfG NJW 2001, 596 (597); NStZ 2019, 659 (660).

[82] BGH NStZ 1981, 258; *Sternberg-Lieben/Schittenhelm* in Schönke/Schröder StGB § 130 Rn. 5.

[83] StRspr des BVerfG, BVerfGE 93, 266 (295) = NJW 1995, 3303; BVerfGE 114, 339 (348) = NJW 2006, 207; s. auch BGHSt 40, 97 (101) = NJW 1994, 1421; BGH NStZ-RR 2006, 305; BVerfG NJW 1994, 2943 f.; *Sternberg-Lieben/Schittenhelm* in Schönke/Schröder StGB § 130 Rn. 5; vgl. auch OLG Hamburg NStZ-RR 1996, 262 f.; OLG Stuttgart NStZ 2010, 453 (454).

[84] BVerfGE 93, 266 (295) = NJW 1995, 3303; BVerfG NJW 2001, 61 (62); 2003, 660 (661); 2009, 908 (909); anders aber bei der Entscheidung über die Einleitung eines Ermittlungsverfahrens, BeckRS 2020, 2488.

4. Abgrenzung von Täterschaft und Teilnahme bei Äußerungsdelikten

Die Abgrenzung von Täterschaft und Teilnahme folgt grundsätzlich den allgemeinen **16** Grundsätzen. Besonderheiten ergeben sich bei den Äußerungsdelikten (→ Rn. 1) wie §§ 130, 140 StGB daraus, dass Täter nur sein kann, wer sich den strafbaren Inhalt zu eigen macht; das Verbreiten einer fremden Äußerung ohne ein inhaltliches Bekenntnis zu deren Inhalten kann allenfalls Beihilfe sein,[85] und zwar in der Regel sukzessive, soweit man deren Strafbarkeit anzuerkennen bereit ist.[86] Bei Tätigkeiten von Verlegern, Herausgebern bzw. verantwortlichen Redakteuren bei der Herstellung und dem Vertrieb von Presse hat der BGH insoweit abgegrenzt, dass Täter derjenige ist, der „auf das tatbestandserfüllende Verhalten der Redakteure, Herausgeber oder Verleger Einfluß genommen oder maßgeblich bei der Herstellung oder dem Vertrieb […] mitgewirkt hat", Teilnehmer hingegen sein kann, wer „duldet, daß die Herstellungs- und Vertriebskosten einer periodischen Druckschrift über seine Konten abgewickelt werden und […] im Impressum der Zeitschrift zum Schein als Herausgeber genannt wird".[87]

5. Verjährung nach den Landespressegesetzen

Soweit die Taten als Presseinhaltsdelikt begangen werden, enthalten die Landespressegesetze Privilegierungen in Bezug auf die Dauer der Verjährungsfrist und deren Beginn, die den **17** allgemeinen Verjährungsvorschriften in den §§ 78 ff. StGB vorgehen.[88] Presseinhaltsdelikte sind Straftaten, die durch die Veröffentlichung oder die Verbreitung von Druckwerken strafbaren Inhalts begangen werden;[89] ausgenommen von der Privilegierung sind in der Regel Taten unter anderem nach den §§ 86, 86a, 130, 131 StGB.[90] Entsprechende Verbrechen verjähren nach den meisten Landesgesetzen in einem Jahr, Vergehen binnen sechs Monaten.[91] Die Verjährungsfrist beginnt bereits mit der erstmaligen Veröffentlichung oder Verbreitung des Druckwerks zu laufen, jedoch erneut mit der Veröffentlichung oder Verbreitung weiterer Teile eines bisher nur in Teilen veröffentlichten Druckwerks oder der Veröffentlichung oder Verbreitung einer Neuauflage.[92]

---

[85] Zu § 130 StGB *Sternberg-Lieben/Schittenhelm* in Schönke Schröder StGB § 130 Rn. 5; zu § 140 StGB *Hohmann* in MüKoStGB StGB § 140 Rn. 26; *Sternberg-Lieben* in Schönke Schröder StGB § 140 Rn. 8; vgl. auch *Rosenau* in LK-StGB StGB § 111 Rn. 71.
[86] Spezifisch zum Liken und Teilen von Beiträgen in sozialen Netzwerken zu § 140 StGB *Geneuss* JZ 2021, 286 (291); zu den Ehrverletzungsdelikten *Eckel/Rottmeier* NStZ 2021, 1 (3 f.); *Reinbacher* JZ 2020, 558 (560 ff.).
[87] BGHSt 36, 363 = NJW 1990, 2828.
[88] *Mitsch* in MüKoStGB StGB Vor § 78 Rn. 4.
[89] S. etwa § 24 Abs. 1 Nr. 1 BWLPresseG; § 16 Abs. 1 Nr. 1 BbgPG; § 25 Abs. 1 Nr. 1 LPresseG NRW.
[90] § 24 Abs. 1 S. 2 BWLPresseG, GBl. 1964, 11; § 24 Abs. 1 S. 2 BayPrG, GVBl. 2000, 340; § 22 Abs. 4 BlnPrG, GVBl. 1965, 744; § 16 Abs. 1 S. 2 BbgPG, GVBl. I 1993, 162; § 24 Abs. 1 S. 2 BremPrG, Brem.GBl. 1965, 63; § 23 Abs. 1 S. 2 HmbPrG, HmbGVBl. 1965, 15; § 12 Abs. 1 S. 2 HPresseG, GVBl. I 2004, 2; § 22 Abs. 1 S. 2 LPrG M-V, GVOBl. M-V 1993, 541; § 24 Abs. 1 S. 2 NPresseG, Nds. GVBl. 1965, 9; § 25 Abs. 1 S. 2 LPresseG NRW, GV. NRW. 1966, 340; § 37 Abs. 1 S. 2 RhPflMG, GVBl. 2018, 431; § 66 Abs. 1 S. 2 SMG, Abl. 2002, 498; § 14 Abs. 1 S. 2 SächsPresseG, SächsGVBl. 1992, 125; § 15 Abs. 1 S. 2 PresseG LSA, GVBl. LSA 2013, 198; § 17 Abs. 1 S. 2 LPrG SH, GVOBl. 2005, 105; § 14 Abs. 2 S. 2 ThürPG, GVBl. 1991, 271.
[91] § 24 Abs. 1 S. 1 BWLPresseG, § 24 Abs. 1 S. 1 BayPrG; § 22 Abs. 1 PresseG Bln; § 16 Abs. 1 S. 1 BbgPG; § 24 Abs. 1 S. 1 BremPrG; § 23 Abs. 1 S. 1 HmbPrG; § 22 Abs. 1 S. 1 LPrG M-V; § 24 Abs. 1 S. 1 NPresseG; § 25 Abs. 1 S. 1 LPresseG NRW; §§ 37 Abs. 1 S. 1, Abs. 3 S. 3 RhPflMG; § 66 Abs. 1 S. 1 SMG; § 15 Abs. 1 S. 1 PresseG LSA; § 17 Abs. 1 S. 1 LPresseG SchlH; § 14 Abs. 2 S. 1 TPG; abweichend § 12 Abs. 1 S. 1 HessPresseG; § 14 Abs. 1 S. 1 SächsPresseG.
[92] § 24 Abs. 3 BWLPresseG; § 24 Abs. 3 BayPrG; § 22 Abs. 3 BlnPrG; § 16 Abs. 3 BbgPG; § 24 Abs. 3 BremPrG; § 23 Abs. 3 HmbPrG; § 22 Abs. 3 LPrG M-V; § 24 Abs. 3 NPresseG; § 25 Abs. 3 LPresseG NRW; § 37 Abs. 3 S. 1, 2 RhPflMG; § 66 Abs. 3 SMG; § 14 Abs. 3 SächsPresseG; § 15 Abs. 3 PresseG LSA; § 17 Abs. 3 LPrG SH; § 14 Abs. 3 ThürPG.

6. Einziehung gem. § 74d StGB

18 § 74d StGB enthält eine gegenüber den §§ 74, 74a StGB weiterreichende Sonderregelung für eine **Sicherungseinziehung** von Verkörperungen inkriminierter Inhalte iSv § 11 Abs. 3 StGB (vormals Schriften), mit der ein Verbreiten und Zugänglichmachen verhindert werden soll,[93] und für die Unbrauchbarmachung ihrer Herstellungsmittel. Die Einziehung ist obligatorisch („wird eingezogen"). Sie setzt zudem nicht voraus, dass eine Straftat begangen worden ist, und erfasst auch tatunbeteiligte Verkörperungen, die also nicht Tatmittel, -erzeugnis oder Beziehungsgegenstand waren.[94] Absatz 1 regelt die Einziehung solcher Verkörperungen, bei denen jedes vorsätzliches Verbreiten oder Zugänglichmachen einen Straftatbestand erfüllt; Absatz 3 beschränkt den Kreis der Adressaten der Einziehung und verlangt eine Prüfung der Erforderlichkeit der Einziehung im Einzelfall, wenn das Verbreiten und Ähnliches erst bei Hinzutreten weiterer Umstände einen Straftatbestand verwirklicht. Die Eigentumsverhältnisse sind für die Zulässigkeit der Einziehung ohne Bedeutung, vgl. Abs. 5. Als zwecktaugliche, weniger einschneidende Maßnahme, die gem. § 74f Abs. 1 S. 2 StGB in Umsetzung des Verhältnismäßigkeitsgrundsatzes vorrangig ist, ist bei einer Speicherung der Inhalte die Anweisung zur endgültigen Löschung der entsprechenden Daten anzusehen.[95] Für Taten gemäß den §§ 86, 86a, 90–90b, 91 StGB enthält § 92b StGB eine Sondervorschrift für Einziehungen, die wegen des Vorrangs der Einziehung gem. § 74d StGB[96] nur zur Anwendung kommt, soweit Verkörperungen etc. nicht schon als Tatprodukte oder -mittel eingeordnet werden.[97]

7. Prozessuales

19 Taten nach den §§ 86, 89a, 90, 90a Abs. 3 StGB, § 90b StGB fallen gem. § 74a GVG in die erstinstanzliche **Zuständigkeit** der **Staatsschutzkammer** beim Landgericht, wenn nicht der Generalbundesanwalt von seinem Evokationsrecht gem. § 120 Abs. 2 GVG Gebrauch macht und damit die Zuständigkeit des **Oberlandesgerichts** begründet.

20 Kraft Verweises gestattet das Gesetz ihm zudem, bei Auslandstaten gem. § 153c StPO, wegen überwiegender öffentlicher Interessen gem. § 153d Abs. 1 StPO sowie mit Zustimmung des Oberlandesgerichts wegen tätiger Reue gem. § 153e StPO von der **Verfolgung** ebensolcher Taten **abzusehen**. Ist bereits Anklage erhoben, so kann der Generalbundesanwalt in Ausnahme zu § 156 StPO gem. § 153d Abs. 2 StPO die **Anklage zurücknehmen** und das Verfahren einstellen. Im Anwendungsbereich des § 153e StPO obliegt die Einstellung dem zuständigen Oberlandesgericht mit Zustimmung des Generalbundesanwalts. Soweit die Zuständigkeit von Oberlandesgericht und dem Generalbundesanwalt nicht schon bereits gem. §§ 120, 142a GVG begründet ist, müssen sie durch die zuständige Staatsanwaltschaft bzw. das zuständige Landgericht informiert werden; das entsprechende Verfahren ist in den Nr. 97 f. bzw. Nr. 100 Abs. 2 **RiStBV** geregelt. Bei der Verfolgung der Staatsschutzdelikte aus den dargestellten Straftatbeständen sind zudem die Vorgaben insbesondere der Nr. 202–211 RiStBV zu berücksichtigen, die unter anderem die Unterrichtung oder Benachrichtigung und Einbeziehung von Verfassungsschutz oder BKA oder im Falle der §§ 90, 90b StGB des Bundes- oder Landesjustizministeriums und des betroffenen obersten Staatsorgans vorsehen.

21 Zur Aufklärung eines Teils der genannten Straftaten können die Ermittlungsbehörden auf zahlreiche Spezialermächtigungen insbesondere zu heimlichen **Ermittlungsmaßnahmen** zurückgreifen. § 110a Abs. 1 S. 1 Nr. 2 StPO ermächtigt zum Einsatz verdeckter

---

[93] BGHSt 16, 49 (65) = BeckRS 1961, 132; *Altenhain/Fleckenstein* in Matt/Renzikowski StGB § 74d Rn. 1 mwN.
[94] *Fischer* StGB § 74d Rn. 2.
[95] RegE BT-Drs. 19/19859, 50; BGHSt 53, 69 (71) = NJW 2009, 692; BGH NStZ 2012, 319; NStZ-RR 2014, 274.
[96] *Steinmetz* in MüKoStGB StGB § 92b Rn. 6.
[97] *Becker* in Matt/Renzikowski StGB § 74d Rn. 1.

Ermittler, § 98a StPO zur Rasterfahndung bei der Aufklärung von Taten aus den Katalogen der §§ 74a, 120 GVG. Taten gem. §§ 89a, 86 StGB sind zudem Katalogtaten der Telekommunikationsüberwachung gem. § 100a Abs. 2 Nr. 1a, d StPO, der akustischen Überwachung außerhalb von Wohnungen gem. § 100f Abs. 1 StPO und für technische Ermittlungsmaßnahmen bei Mobilfunkendgeräten wie den Einsatz von IMSI-Catchern und stillen SMS gem. § 100i Abs. 1 StPO. Ein Verdacht gem. §§ 89a, 129a StGB ermächtigt weitergehend zur Onlinedurchsuchung gem. § 100b Abs. 2 Nr. 1a und b StPO, zur Wohnraumüberwachung gem. § 100c Abs. 1 Nr. 1 StPO, der Erhebung von Verkehrs- und Nutzungsdaten gem. § 100g Abs. 1 Nr. 1 StPO, der Einrichtung von Kontrollstellen gem. § 111 Abs. 1 Nr. 1 StPO und der Schleppnetzfahndung gem. § 163d Abs. 1 Nr. 1 StPO. Zudem senkt § 103 Abs. 1 S. 2 StPO bei einer Ergreifungsdurchsuchung unter anderem wegen Straftaten gem. § 89a StGB die Anforderungen an die Bestimmtheit des zu durchsuchenden Raumes. Schließlich ist eine Tat nach § 89a StGB taugliche Anlasstat für eine Untersuchungshaft wegen Wiederholungsgefahr gem. § 112a Abs. 1 Nr. 2 StPO und Katalogtat der **Vermögensbeschlagnahme** gem. § 443 Abs. 1 Nr. 1 StPO.

Die Verfolgung der Straftaten bei einer **Begehung mittels Telemedien** wurde durch die 22 Änderungen durch das Gesetz zur Bekämpfung des Rechtsextremismus und der Hasskriminalität vom 30.3.2021[98] erleichtert. § 100g Abs. 1 S. 2 StPO und § 100j Abs. 1 S. 2 StPO ermächtigen die Strafverfolgungsbehörden nun ausdrücklich zur Erhebung von Verkehrsdaten und Auskunft über Bestandsdaten bei Telemediendiensten wie soziale Netzwerke und Plattformen; die § 10 Abs. 1 S. 1, S. 2 Nr. 1 und 2 BKAG, § 10a Abs. 1 BKAG enthalten Rechtsgrundlagen zur Bestandsdatenauskunft und Erhebung von Nutzerdaten zwecks Identifizierung durch das BKA, um bei dem Anfangsverdacht einer Straftat die zuständigen Strafverfolgungsorgane zu ermitteln oder einem Auskunftsersuchen einer ausländischen Strafverfolgungsbehörde im Rahmen der internationalen Rechtshilfe nachzukommen. §§ 15a, 15b TMG regeln das Auskunftsverfahren aufseiten des Diensteanbieters. Zudem sind die Anbieter sozialer Netzwerke gem. § 3a NetzDG zur Meldung, insbesondere nach Abs. 2 zur Übermittlung von Inhalten, bei denen konkrete Anhaltspunkte dafür bestehen, dass sie aus den hier dargestellten Tatbeständen die §§ 86, 86a, 91, 130, 140 StGB erfüllen, an das Bundeskriminalamt verpflichtet, das die Informationen an die zuständigen Strafverfolgungsbehörden weiterleitet.[99] Zum gegenwärtigen Zeitpunkt hat allerdings das VG Köln im Eilverfahren diese Regelung wegen Verstoßes gegen das Herkunftslandprinzip für unionsrechtswidrig und für gegenüber den Antragsstellern unanwendbar erklärt.[100]

II. Die Tatbestände im Einzelnen

1. Schaffen eines geistigen Nährbodens für die Begehung (staatsgefährdender) Straftaten

Die freiheitlich-demokratische Grundordnung ist auf Rückhalt in der Bevölkerung ange- 23 wiesen. Diesen Rückhalt zu zersetzen, kann auf unterschiedliche Weise versucht werden, durch ein Abwerten des Bestehenden oder Propagieren abweichender Vorstellungen. Beides poenalisiert das deutsche Strafrecht – ersteres über die Verunglimpfungstatbestände der §§ 90, 90a, 90b StGB,[101] letzteres über die Propagandatatbestände der §§ 86, 86a StGB. Damit einher gehen oftmals die Propagierung der nationalsozialistischen Gewalt- und Willkürherrschaft gem. § 130 Abs. 4 StGB und ein Billigen, Leugnen oder Verharmlosen des NS-Völkermords gem. § 130 Abs. 3 StGB, dessen Schaffung nach gesetzgeberischem Willen einer »Vergiftung des politischen Klimas« entgegenwirken soll.[102] Daher wird in

---

[98] BGBl. 2021 I 441.
[99] BR-Drs. 87/20, 46.
[100] VG Köln Beschl. v. 1.3.2022, Az. 6 L 1277/21; 6 L 1354/21.
[101] Vgl. *Fahrner* StaatsschutzStrafR § 16 Rn. 1.
[102] BT-Drs. 12/8588, 8.

diesem Rahmen auch die Volksverhetzung dargestellt, auch wenn die Tathandlungen gem. § 130 Abs. 1 Nr. 1, Abs. 2 Nr. 1a, b StGB, gegebenenfalls iVm Abs. 2 Nr. 2 StGB entsprechende Aufforderungen und § 130 Abs. 1 Nr. 2, Abs. 2 Nr. 1c StGB gegebenenfalls iVm Abs. 2 Nr. 2 StGB unmittelbare Angriffe auf die Menschenwürde als ein Element der freiheitlich-demokratischen Grundordnung erfassen.

24 **a) Die Verunglimpfungsdelikte der §§ 90, 90a, 90b StGB.** Die besondere Gefährlichkeit der Äußerungen folgt aus ihrer Außen- und Breitenwirkung: Gemein ist den Tatbeständen der § 90a Abs. 1 StGB, § 90b StGB die Äußerung gegenüber der erweiterten Öffentlichkeit (zur Auslegung der Merkmale Inhalte, Verbreiten, öffentlich und Versammlung → Rn. 6 ff.). Die praktische Bedeutung der Tatbestände ist gering: Nach § 90a StGB verurteilt wurden in den Jahren zwischen 2012 und 2020 zwischen einer und acht Personen,[103] die Verurteiltenzahlen gem. §§ 90, 90b StGB werden nicht statistisch ausgewiesen. Zur Anwendbarkeit des deutschen Strafrechts auf Auslandstaten s. § 5 Nr. 3 StGB.

25 **aa) Die Verunglimpfung des Bundespräsidenten gem. § 90 StGB.** § 90 StGB dient dem **Schutz** des Amtes und der Person des Bundespräsidenten vor Angriffen auf seine Amts- wie auch persönliche Ehre.[104] Der individuelle und damit etwa gegenüber den Mitgliedern der in § 90b StGB genannten Organe herausgehobene Schutz wird mit der besonderen Symbol- und Repräsentativfunktion des Bundespräsidenten gerechtfertigt.[105] Nicht daran Teil hat gemäß dem Wortlaut der Vorschrift sein Vertreter.[106]

26 **Verunglimpfen** ist eine nach Form, Inhalt, Begleitumständen oder Beweggrund erhebliche Ehrkränkung iSd §§ 185 ff. StGB.[107] Zudem erfordert der grundrechtliche Schutz der Meinungsfreiheit eine besonders restriktive Anwendung bei – auch scharfer – politischer Kritik, die erst dann strafbar ist, wenn ihr als böswilliger, reiner Schmähung ein jeglicher sachlicher Bezug fehlt.[108] Aus Abs. 3 kann geschlossen werden, dass die Tat durch eine unwahre Tatsachenbehauptung begangen werden kann, aber nicht muss.[109] Liegt der Angriff in einer Tatsachenbehauptung, so ist der Wahrheitsbeweis gem. § 186 StGB möglich.[110] Die Tat ist nach Abs. 3 **qualifiziert,** wenn die Tat eine Verleumdung iSv § 187 StGB darstellt oder sich der Täter mit ihr absichtlich (dolus directus 1. Grades) für Bestrebungen gegen den Bestand der Bundesrepublik oder gegen Verfassungsgrundsätze iSv § 92 Abs. 3 StGB einsetzt. Im Übrigen genügt in **subjektiver Hinsicht** bedingter Vorsatz (§ 15 StGB), der sich auch auf den Öffentlichkeitsbezug der Äußerung beziehen muss.[111]

27 Absatz 3 regelt einen **minder schweren Fall.** Nach Abs. 4 setzt die **Verfolgung** der Tat eine Ermächtigung durch den Bundespräsidenten gem. § 77e StGB voraus. In **konkurrenzrechtlicher Hinsicht** verdrängt § 90 StGB die allgemeinen Ehrschutzdelikte der §§ 185 ff. StGB. Die §§ 190–193 und 200 StGB bleiben demgegenüber anwendbar.[112] Zu

---

[103] Fallzahlenquellen: Destatis „Strafverfolgung", Fachserie 10, Reihe 3, 2012–2020, jeweils S. 27.
[104] Statt vieler BGHSt 16, 338 = NJW 1962, 402 zu § 95 StGB aF; *Steinsick* in LK-StGB StGB § 90 Rn. 1; s. aber *Steinmetz* in MüKoStGB StGB § 90 Rn. 1: dahinter stehe der Schutz des Staates und seiner verfassungsmäßigen Ordnung.
[105] *Steinsick* in LK-StGB StGB § 90 Rn. 1; *Sternberg-Lieben* in Schönke/Schröder StGB § 90 Rn. 1.
[106] *Last,* Die Staatsverunglimpfungsdelikte: §§ 90–90b StGB, 2000, 103 ff.; *Steinsick* in LK-StGB StGB § 90 Rn. 1; *Steinmetz* in MüKoStGB StGB § 90a Rn. 4; aA *Fischer* StGB § 90 Rn. 2: während der Wahrnehmung der präsidialen Befugnisse nach Art. 57 GG.
[107] Statt vieler BGHSt 12, 364 = NJW 1959, 635; BGHSt 16, 338 (339) = NJW 1962, 402 zu § 95 StGB aF; *Sternberg-Lieben* in Schönke/Schröder StGB § 90 Rn. 2.
[108] BGHSt 16, 338 (340) = NJW 1962, 402; *Steinmetz* in MüKoStGB StGB § 90 Rn. 14 f.; *Sternberg-Lieben* in Schönke/Schröder StGB § 90 Rn. 2; weitergehend *Paeffgen* in NK-StGB StGB § 90 Rn. 4.
[109] *Steinmetz* in MüKoStGB StGB § 90 Rn. 5.
[110] Ganz hM, etwa *Steinsick* in LK-StGB StGB § 90 Rn. 4; *Zöller* in SK-StGB StGB § 90 Rn. 4 mwN.
[111] Statt vieler *Zöller* in SK-StGB StGB § 90 Rn. 7.
[112] *Fischer* StGB § 90 Rn. 6; *Steinsick* in LK-StGB StGB § 90 Rn. 20.

anderen Äußerungsdelikten, etwa den §§ 86, 90a, 90b StGB kann § 90 StGB in Tateinheit stehen.[113]

bb) Die Verunglimpfungsdelikte der §§ 90a, 90b StGB. Die Äußerungstatbestände[114] **28** (→ Rn. 1) der §§ 90a, 90b StGB sollen nach ganz hM den Bestand der Bundesrepublik Deutschland (im Falle des § 90a einschließlich ihrer Bundesländer) und ihrer verfassungsmäßigen Ordnung und damit vorgelagert die Existenz des freiheitlichen demokratischen Rechtsstaats wahren,[115] indem sie das Ansehen der Bundesrepublik[116] bzw. der in § 90b StGB genannten Verfassungsorgane und ihrer Mitglieder[117] gegen Herabwürdigung **schützen**. Allerdings setzt nur § 90b StGB im Allgemeinen eine staatsfeindliche Absicht des Handelnden voraus, während dies bei § 90a StGB nur der Qualifikationstatbestand nach Abs. 3 tut. Unterschiedlich ist schließlich die Einordnung der Deliktsstruktur: Während § 90a StGB allgemein als abstraktes Gefährdungsdelikt betrachtet wird,[118] sieht die hM in § 90b StGB ein abstrakt-konkretes Gefährdungsdelikt.[119]

(1) Verunglimpfung des Staates und seiner Symbole gem. § 90a StGB. Die nach **29** der hM verfassungsgemäße[120] Vorschrift des § 90a schützt die genannten Schutzgüter durch einen Äußerungstatbestand (→ Rn. 1) in Abs. 1 vor Diffamierungen und durch einen qualifizierten Sachbeschädigungstatbestand in Abs. 2 vor körperlichen Einwirkungen; Abs. 1 Nr. 1 erfasst unmittelbare, Abs. 1 Nr. 1 und Abs. 2 über die dort genannten Symbole vermittelte Angriffe auf die Schutzgüter.[121]

(a) Objektiver Tatbestand des § 90a Abs. 1 Nr. 1 StGB. Schutzgegenstand sind **30** zunächst der Bund und die Länder, nach der Rechtsprechung allerdings nur in ihrer Gestalt als freiheitliche repräsentative Demokratien.[122] Der Wortlaut des § 90a Abs. 1 StGB, aber auch das Schutzgut des Staates gebieten eine restriktive Auslegung der **Tathandlungen.** Denn der Staat ist in seiner Ehre nicht grundrechtlich geschützt, Kritik an ihm dagegen

---

[113] *Paeffgen* in NK-StGB StGB § 90 Rn. 17; *Steinmetz* in MüKoStGB StGB § 90 Rn. 26.
[114] *Last*, Die Staatsverunglimpfungsdelikte: §§ 90–90b StGB, 2000, 109 ff.; 227 ff.; *Steinmetz* in MüKoStGB StGB § 90a Rn. 1 f.; krit. *Hefendehl,* Kollektive Rechtsgüter im Strafrecht, 2002, 355 ff., 391; anders allerdings § 90a Abs. 2 StGB, s. u. → Rn. 32 f.
[115] BVerfG NJW 2012, 1273 (1274); BGH NStZ 2019, 659 (660); *Beisel,* Die Kunstfreiheitsgarantie des Grundgesetzes und ihre strafrechtlichen Grenzen, 1997, 365 ff., 389; *Ebling,* Die Vorschrift des § 90a StGB: Gesetzliche Konzeption und Legitimität der Staatsverunglimpfung in Hinblick auf den Rechtsgüterschutz, 2018, 57 ff.; *Fischer* StGB § 90a Rn. 2; *Steinsick* in LK-StGB StGB § 90a Rn. 1; *Steinmetz* in MüKoStGB StGB § 90a Rn. 1, 90b Rn. 1; *Sternberg-Lieben* in Schönke/Schröder StGB § 90a Rn. 1, 90b Rn. 1; *Vormbaum* GA 2016, 609.
[116] BVerfGE 47, 198 (231) = BeckRS 1978, 663; BGH NStZ 2000, 643; OLG Frankfurt aM NJW 1984, 1128 (1130); *Fischer* StGB § 90a Rn. 2; *Masing* JZ 2012, 585 (587, 590 f.); *Schroeder* JR 1979, 89 (90); *Würtenberger* JR 1979, 309 (311); *Würtenberger* NJW 1983, 1144 (1146 f.); abl. *Deiters,* Der Schutz der freiheitlichen demokratischen Grundordnung durch das Strafrecht, Wehrhafte Demokratie, 2003, 291 (317 f., 327): Verfassungswidrigkeit der Vorschriften; *Hörnle* Grob anstößiges Verhalten 257 ff.; *Paeffgen* in NK-StGB StGB § 91a Rn. 2.
[117] *Paeffgen* in NK-StGB StGB § 91b Rn. 1; *Steinmetz* in MüKoStGB StGB § 90a Rn. 1, § 90b Rn. 1; *Zöller* in SK-StGB StGB § 90b Rn. 1.
[118] *Fischer* StGB § 90a Rn. 2; *Güntge* in Satzger/Schluckebier/Widmaier StGB § 90a Rn. 1; *Steinmetz* in MüKoStGB StGB § 90a Rn. 1; *Sternberg-Lieben* in Schönke/Schröder StGB § 90a Rn. 1; *Zöller* in SK-StGB StGB § 90aRn. 1.
[119] *Steinmetz* in MüKoStGB StGB § 90b Rn. 3; *Last*, Die Staatsverunglimpfungsdelikte: §§ 90–90b StGB, 2000, 115 ff., 227, 229.
[120] BVerfG NJW 1999, 204 (205); 2009, 908; 2012, 1273 (1274); krit. demgegenüber *Becker* in Matt/Renzikowski StGB § 90a Rn. 1; s. dazu auch *Paeffgen* in NK-StGB StGB § 90a Rn. 4 f.; *Vormbaum* GA 2016, 609.
[121] *Fischer* StGB § 90a Rn. 3, 8.
[122] So etwa BGHSt 6, 324 = NJW 1954, 1818; BGHSt 7, 110 = BeckRS 1955, 31193522; *Fahrner* StaatsschutzStrafR § 16 Rn. 10; *Fischer* StGB § 90a Rn. 2; *Kühl* in Lackner/Kühl StGB § 90a Rn. 2; aA im Hinblick auf Wortlaut und Systematik *Steinsick* in LK-StGB StGB § 90a Rn. 3; *Paeffgen* in NK-StGB StGB § 90a Rn. 17; *Zöller* in SK-StGB StGB § 90a Rn. 3; *Last*, Die Staatsverunglimpfungsdelikte: §§ 90–90b StGB, 2000, 156 ff.: Schutz im Bestand schlechthin.

schon.[123] **Beschimpfen** ist die Kundgabe der Missachtung, die wegen der Rohheit des Ausdrucks nach ihrer Form oder wegen des Vorwurfs eines schimpflichen Verhaltens nach ihrem Inhalt besonders verletzend ist.[124] Maßgeblich ist der objektive Sinngehalt der Äußerung, dh wie ein unbefangener Dritter sie unter Berücksichtigung ihrer Umstände verstehen musste, und nicht die Intention des Täters oder das tatsächliche Verständnis durch die Adressaten.[125] Nach dem Bundesverfassungsgericht ist „[d]ie Schwelle zur Rechtsgutverletzung im Falle des § 90a I Nr. 1 StGB [...] erst dann überschritten, wenn auf Grund der konkreten Art und Weise der Meinungsäußerung der Staat dermaßen verunglimpft wird, dass dies zumindest mittelbar geeignet erscheint, den Bestand der Bundesrepublik Deutschland, die Funktionsfähigkeit seiner staatlichen Einrichtungen oder die Friedlichkeit in der Bundesrepublik Deutschland zu gefährden [...]."[126] Harte bis polemische, auch „offenkundig unberechtigt[e], unsachlich[e] oder uneinsichtig[e]" politische Kritik reicht ebenso wenig aus[127] wie Äußerungen, die nur an Bestand oder an Eigenschaften der Bundesrepublik anknüpfen, diese aber nicht infrage stellen,[128] etwa indem sie der Bundesrepublik Deutschland jegliche Legitimation absprechen.[129] Ein **Verächtlichmachen** liegt in jeder Äußerung, die die Schutzgüter durch eine Tatsachenbehauptung oder ein Werturteil als der Achtung der Bürger unwert oder unwürdig hinstellt.[130] Geschieht das Beschimpfen oder Verächtlichmachen im Wege einer Tatsachenbehauptung, so wird ein Wahrheitsbeweis für möglich erachtet.[131]

31 **(b) Objektiver Tatbestand des § 90a Abs. 1 Nr. 2 StGB.** Der Tatbestand erweitert den Schutz auf die dort genannten Symbole. Angepasst an die tendenziell unterschiedlichen Schutzgüter ist der Begriff des **Verunglimpfens** demjenigen gem. § 90 Abs. 1 StGB (→ Rn. 26) entsprechend als eine besonders erhebliche Verächtlichmachung oder Kundgabe der Missachtung auszulegen, die ebenfalls in einer Tatsachenbehauptung wie einem Werturteil liegen kann.[132]

32 **(c) Objektiver Tatbestand des § 90a Abs. 2 StGB. Schutzgegenstand** des Sachbeschädigungstatbestands nach Abs. 2 sind die aufgezählten Symbole – anders als bei Abs. 1 Nr. 2 – als körperliche Gegenstände. Die Öffentlichkeit des Zeigens der Flaggen bezieht sich auf die Wahrnehmbarkeit und nicht den Urheber; erfasst sind damit auch von Privatpersonen gezeigte Flaggen, soweit sie von der Öffentlichkeit gemäß den unter → Rn. 10

---

[123] BVerfGE 93, 266 (293) = NJW 1995, 3303; BVerfG NJW 2009, 908 (909); 2012, 1273 (1274); BGH NStZ 2019, 659 f.
[124] Statt vieler BGHSt 7, 110 = BeckRS 1955, 31193522; BGH NStZ 2000, 643 (644); *Steinmetz* in MüKoStGB StGB § 90a Rn. 11 mwN.
[125] RGSt 61, 151 (154); BGHSt 3, 346 (347) = NJW 1953, 271; BGHSt 7, 110 (111) = BeckRS 1955, 31193522, BGHSt 11, 11 = NJW 1957, 1727; BGH NJW 1961, 1932 (1933); OLG Frankfurt aM NJW 1984, 1128 (1129); *Steinsick* in LK-StGB StGB § 90a Rn. 12; *Sternberg-Lieben* in Schönke/Schröder StGB § 90a Rn. 5; s. auch BVerfGE 114, 339 (348) = NJW 2006, 207 mwN; krit. demgegenüber *Becker* NStZ 2019, 659 (661 f.).
[126] BVerfG NJW 2012, 1273 (1274).
[127] BGH NStZ 2000, 643 (644); *Fischer* StGB § 90a Rn. 4, jeweils mwN.
[128] *Fischer* StGB § 90a Rn. 4; *Zöller* in SK-StGB StGB § 90a Rn. 6.
[129] BVerfG NJW 2012, 1273 (1274).
[130] Statt vieler BGHSt 3, 346 = NJW 1953, 271 (Vergleich der Bundesrepublik mit einer Coca-Cola-Bude); 7, 110 = BeckRS 1955, 31193522 (Bezeichnung als Unrechtsstaat); BGH NStZ 2003, 145 (Bezeichnung der Bundesrepublik und der freiheitlich demokratischen Grundordnung als minderwertig und Forderung nach einer Ersetzung durch das „Dritte Reich"); *Fischer* StGB § 90a Rn. 5; *Sternberg-Lieben* in Schönke/Schröder StGB § 90a Rn. 7.
[131] BGH NStZ 2000, 643 (644); *Becker* in Matt/Renzikowski StGB § 90a Rn. 3; *Ebling*, Die Vorschrift des § 90a StGB: Gesetzliche Konzeption und Legitimität der Staatsverunglimpfung in Hinblick auf den Rechtsgüterschutz, 2018, 89 f.; *Steinmetz* in MüKoStGB StGB § 90a Rn. 16; *Steinsick* in LK-StGB StGB § 90a Rn. 19 zum Beschimpfen; *Zöller* in SK-StGB StGB § 90a Rn. 7 zum Verächtlichmachen.
[132] *Steinmetz* in MüKoStGB StGB § 90a Rn. 14; iErg auch *Sternberg-Lieben* in Schönke/Schröder StGB § 90a Rn. 11. Für eine vollkommen identische Auslegung – freilich ohne bedeutsamen Unterschied in der Sache – die ganz überwiegende Lit., etwa *Fischer* StGB § 90a Rn. 6.

dargestellten Maßstäben wahrgenommen werden können.¹³³ Hoheitszeichen sind Symbole, welche die Staatsgewalt öffentlich und autoritativ zum Ausdruck bringen sollen, also etwa Fahnen, aber auch Grenzpfähle und Schlagbäume.¹³⁴ Diese müssen jedoch auf Veranlassung einer Behörde (iSv § 11 Abs. 1 Nr. 7 StGB) des Bundes, eines Landes oder einer Gemeinde öffentlich wahrnehmbar angebracht worden sein.¹³⁵

Tathandlungen sind das Entfernen im Sinne des räumlichen Fortschaffens,¹³⁶ das Beschädigen und Zerstören im Sinne der Sachbeschädigungstatbestände,¹³⁷ also das Beeinträchtigen oder Aufheben der Sachsubstanz oder der bestimmungsgemäßen Brauchbarkeit, (insoweit erneut erfasst) das Unbrauchbarmachen im Sinne des Aufhebens der Funktionsfähigkeit zumindest in wesentlichen Teilen,¹³⁸ das Unkenntlichmachen, also das Aufheben der Sichtbarkeit des Symbols,¹³⁹ und schließlich das Verüben von beschimpfendem Unfug, dh die Kundgabe der Missachtung in roher Form, ohne dass notwendigerweise die Substanz oder Funktionsfähigkeit beeinträchtigt werden.¹⁴⁰ 33

(d) Subjektiver Tatbestand. Der Täter muss jeweils vorsätzlich iSv § 15 StGB, dh zumindest mit dolus eventualis handeln. Das Verächtlichmachen gemäß Abs. 1 Nr. 1 muss zudem böswillig, dh aus bewusst feindlicher Gesinnung erfolgen.¹⁴¹ 34

(e) Qualifikationstatbestand nach § 90a Abs. 3 StGB. Kommt es dem Täter zudem darauf an, entsprechende Bestrebungen zu fördern, so erfüllt er den Qualifikationstatbestand des absichtlichen Einsatzes gegen den Bestand der Bundesrepublik Deutschland oder gegen Verfassungsgrundsätze gem. Absatz 3. 35

(f) Versuchsstrafbarkeit nach § 90a Abs. 4 StGB. Der Versuch ist nur hinsichtlich der Tatbegehung nach Abs. 2 strafbar. 36

(g) Konkurrenzen. Verwirklicht eine Handlung mehrere Begehungsformen des § 90a StGB, so liegt nur eine Tatbestandsverwirklichung vor.¹⁴² Zu den §§ 86, 89, 90b, 304 StGB kann Tateinheit bestehen. § 303 tritt hinter dem spezielleren § 90a Abs. 2 StGB zurück.¹⁴³ 37

(2) Verfassungsfeindliche Verunglimpfung von Verfassungsorganen gem. § 90b StGB. Die **Angriffsobjekte** der Gesetzgebungsorgane des Bundes und der Länder umfassen Bundestag, Bundesrat und die Länderparlamente bzw. die Bürgerschaften Bremens und Hamburgs und das Berliner Abgeordnetenhaus.¹⁴⁴ Die Mitglieder der genannten Organe sind gemäß dem Wortlaut allein in dieser Eigenschaft und damit – anders als der Bundespräsident gem. § 90 StGB – nicht in ihrer persönlichen Ehre geschützt.¹⁴⁵ 38

Die Tathandlung des **Verunglimpfens** entspricht derjenigen in den §§ 90, 90a StGB (dazu → Rn. 26, 31). In einer das Ansehen des Staates gefährdenden Weise geschieht dies 39

---

133 *Steinmetz* in MüKoStGB StGB § 90a Rn. 20.
134 *Fischer* StGB § 90a Rn. 9; *Steinsick* in LK-StGB StGB § 90a Rn. 35 mwN.
135 *Steinmetz* in MüKoStGB StGB § 90a Rn. 21; *Sternberg-Lieben* in Schönke/Schröder StGB § 90a Rn. 16.
136 *Steinsick* in LK-StGB StGB § 90a Rn. 37; *Steinmetz* in MüKoStGB StGB § 90a Rn. 21; *Zöller* in SK-StGB StGB § 90a Rn. 15.
137 *Paeffgen* in NK-StGB StGB § 90a Rn. 34; *Zöller* in SK-StGB StGB § 90a Rn. 15.
138 *Güntge* in Satzger/Schluckebier/Widmaier StGB § 90a Rn. 5; *Paeffgen* in NK-StGB StGB § 90a Rn. 35.
139 *Paeffgen* in NK-StGB StGB § 90a Rn. 36; *Sternberg-Lieben* in Schönke/Schröder StGB § 90a Rn. 17.
140 RGSt 43, 201 (202) (Bespucken, Urinieren); OLG Frankfurt aM NJW 1984, 1144; 1986, 1272; *Fischer* StGB § 90a Rn. 10; *Steinmetz* in MüKoStGB StGB § 90a Rn. 22.
141 Statt vieler RGSt 66, 139 (140); BGH NJW 1964, 1481 (1483); NStZ 2003, 145; *Steinmetz* in MüKoStGB StGB § 90a Rn. 13.
142 *Steinsick* in LK-StGB StGB § 90a Rn. 49; *Steinmetz* in MüKoStGB StGB § 90a Rn. 28.
143 Statt vieler *Fischer* StGB § 90a Rn. 21; *Steinmetz* in MüKoStGB StGB § 90a Rn. 22.
144 *Steinmetz* in MüKoStGB StGB § 90b Rn. 4
145 BGHSt 8, 191 (193) = NJW 1956, 32; *Steinsick* in LK-StGB StGB § 90b Rn. 3; *Steinmetz* in MüKoStGB StGB § 90b Rn. 5.

nur, wenn die Verunglimpfung eine konkrete Gefährdung des Ansehens der Bundesrepublik insgesamt begründet.[146] Wie eine solche zu definieren und festzustellen ist, wird in der Literatur zu Recht hinterfragt.[147] Zum Öffentlichkeitsbezug → Rn. 11.

40 Der Täter muss subjektiv mit zumindest bedingtem **Vorsatz** und der **Absicht** (dolus directus 1. Grades), sich für Bestrebungen gegen den Bestand der Bundesrepublik Deutschland oder gegen Verfassungsgrundsätze einzusetzen, handeln. Letztere muss sich nicht aus dem Inhalt, sondern kann sich auch aus den Umständen der Äußerung ergeben.[148]

41 Nach Abs. 2 wird die Tat nur mit – nicht fristgebundener[149] – **Ermächtigung** des verunglimpften Verfassungsorgans bzw. Mitglieds verfolgt. Diejenige durch den Amtsnachfolger genügt nicht.[150] Im Falle der Verunglimpfung eines Kollegialorgans bedarf es eines entsprechenden Organbeschlusses.

42 Zu den §§ 86, 90, 90a StGB und – wegen der unterschiedlichen Schutzrichtung – auch den §§ 185 ff. StGB ist **Tateinheit** möglich.[151]

43 **b) Die Propagandadelikte der §§ 86, 86a StGB. aa) Vorab.** Die §§ 86, 86a StGB poenalisieren Angriffe auf die freiheitlich demokratische Grundordnung und den Gedanken der Völkerverständigung (§ 86 StGB, vgl. dessen Abs. 3, bis zum 22.9.2021 Abs. 2)[152] bzw. den demokratischen Rechtsstaat und den öffentlichen politischen Frieden (§ 86a StGB);[153] seit der Erweiterung der Vorschriften im Sinne der sog. Staatsschutzklausel (siehe dazu noch Rn. 113) durch das Gesetz zur Verbesserung des strafrechtlichen Schutzes gegen sogenannte Feindeslisten etc.[154] wird man zudem auch den Bestand oder die Sicherheit eines Staates oder einer internationalen Organisation und die Verfassungsgrundsätze der Bundesrepublik Deutschland in den **Schutzzweck** einzubeziehen haben. Ihrer Struktur nach sind die Tatbestände **abstrakte Gefährdungsdelikte** und wegen des Bezugs zu einer der in § 86 Abs. 1 und 2 StGB aufgezählten Organisationen **mittelbare Organisationsdelikte**.[155] Der Schutz vor Angriffen ist insoweit auf einen Ausschnitt begrenzt, als taugliches Tatobjekt Propagandamittel respektive Kennzeichen nur der in § 86 Abs. 1 S. 1 Nr. 1–4, Abs. 2 StGB genannten Organisationen sind. Ist die Organisation verboten, jedoch nicht von § 86 Abs. 1 S. 1 Nr. 1–4, Abs. 2 StGB erfasst und das infrage stehende Verhalten auch nicht nach den §§ 129, 129a, 129b StGB strafbar, kann eine Strafbarkeit nach § 20 Abs. 1 VereinsG begründet sein.

44 Die **praktische Bedeutung** insbesondere des § 86a StGB ist hoch und tendenziell steigend: Für die Jahre 2014–2020 registrierte die PMK jährlich zwischen 12.543 (2014) und 16.182 (2019) Fälle der §§ 86, 86a StGB, deren Großteil auf die Kennzeichenver-

---

[146] *Steinsick* in LK-StGB StGB § 90b Rn. 5; *Steinmetz* in MüKoStGB StGB § 90b Rn. 6; *Sternberg-Lieben* in Schönke/Schröder StGB § 90a Rn. 6; *Zöller* in SK-StGB StGB § 90b Rn. 4; krit. (gegenüber dem Merkmal) *Paeffgen* in NK-StGB StGB § 90b Rn. 6.
[147] *Paeffgen* in NK-StGB StGB § 90b Rn. 6; *Schroeder*, Der Schutz von Staat und Verfassung im Strafrecht, 1970, 404 f.; zust. *Becker* in Matt/Renzikowski StGB § 90b Rn. 2.
[148] BGHSt 29, 159 (160) = NJW 1980, 602; *Steinsick* in LK-StGB StGB § 90b Rn. 7.
[149] Hierzu und zum Folgenden statt vieler *Steinsick* in LK-StGB StGB § 90b Rn. 11 ff.; *Steinmetz* in MüKoStGB StGB § 90b Rn. 8.
[150] BGHSt 29, 282 = NJW 1980, 2264.
[151] *Zöller* in SK-StGB StGB § 90b Rn. 9.
[152] *Fischer* StGB § 86 Rn. 2; *Paeffgen* in NK-StGB StGB § 86 Rn. 2; *Steinmetz* in MüKoStGB StGB § 96 Rn. 1.
[153] *Fischer* StGB § 86a Rn. 2; *Sternberg-Lieben* in Schönke/Schröder StGB § 86a Rn. 1; *Zöller* in SK-StGB StGB § 86a Rn. 1: zudem noch der Gedanke der Völkerverständigung; vgl. auch *Paeffgen* in NK-StGB StGB § 86 Rn. 2.
[154] Durch das Gesetz zur Änderung des Strafgesetzbuches – Verbesserung des strafrechtlichen Schutzes gegen sogenannte Feindeslisten, Strafbarkeit der Verbreitung und des Besitzes von Anleitungen zu sexuellem Missbrauch von Kindern und Verbesserung der Bekämpfung verhetzender Inhalte sowie Bekämpfung von Propagandamitteln und Kennzeichen verfassungswidriger und terroristischer Organisationen vom 14.9.2021, BGBl. 2021 I 4250.
[155] *Becker* in Matt/Renzikowski StGB § 86 Rn. 1, § 86a Rn. 2; *Fischer* StGB § 86 Rn. 2, § 86a Rn. 2; *Steinmetz* in MüKoStGB StGB § 86 Rn. 2, § 86a Rn. 2; *Sternberg-Lieben* in Schönke/Schröder StGB § 86 Rn. 1, § 86a Rn. 1; zT aA *Zimmermann* HRRS 2015, 441 (446 f.).

wendung gem. § 86a StGB entfällt (zwischen 12.492 Fällen für 2014 und 16.124 Fällen für 2019). Zu fast 90 % werden sie dem rechten Spektrum zugerechnet (89,42 % für 2020). Damit nehmen die Propagandadelikte den Großteil der in der PMK registrierten (39,9 % in 2019, 34,18 % in 2020), insbesondere der dem rechten Spektrum zugeordneten Fälle ein (63,8 % in 2019, 57,87 % in 2020).[156]

bb) Verbreiten von Propagandamitteln verfassungswidriger und terroristischer Organisationen gem. § 86 StGB. Die Vorschrift ist eine mit dem Grundgesetz vereinbare Einschränkung der Meinungs-, Informations- und Pressefreiheit,[157] bedarf aber einer restriktiven Anwendung auf Fälle einer ernsthaften Gefährdung der Schutzgüter.[158] 45

(1) Tatmittel: Propagandamittel iSv § 86 Abs. 3 StGB. Abs. 3 Satz 1 (bis zum 21.9.2021 Abs. 2) definiert den Begriff des **Propagandamittels einer verfassungswidrigen Organisation i. S. v. Abs. 1** als ein Inhalt iSv § 11 Abs. 3 (vormals Schriften, s. dazu → Rn. 7), der gegen die freiheitliche demokratische Grundordnung oder den Gedanken der Völkerverständigung gerichtet ist. Die **freiheitliche demokratische Grundordnung** wird definiert als die „Ordnung, die unter Ausschluß jeglicher Gewalt- und Willkürherrschaft eine rechtsstaatliche Herrschaftsordnung auf der Grundlage der Selbstbestimmung des Volkes nach dem Willen der jeweiligen Mehrheit und der Freiheit und Gleichheit darstellt".[159] Der Inhalt muss sich zumindest gegen einen dieser Grundwerte richten.[160] Zu diesen zählen „die Achtung vor den im Grundgesetz konkretisierten Menschenrechten, vor allem vor dem Recht der Persönlichkeit auf Leben und freie Entfaltung, die Volkssouveränität, die Gewaltenteilung, die Verantwortlichkeit der Regierung, die Gesetzmäßigkeit der Verwaltung, die Unabhängigkeit der Gerichte, das Mehrparteienprinzip und die Chancengleichheit für alle politischen Parteien mit dem Recht auf verfassungsmäßige Bildung und Ausübung einer Opposition."[161] Gegen den **Gedanken der Völkerverständigung,** dh das verfassungsrechtliche Friedensgebot aus Art. 26 GG,[162] richten sich Inhalte mit kriegsverherrlichendem oder völkerrechtswidrigem Inhalt, insbesondere Rassen- und Völkerhass.[163] Da die Vorschrift nicht dem Minderheitenschutz dient, ist auch ein Agitieren gegen deutsche Bevölkerungsteile erfasst.[164] 46

Der mWv 22.9.2021 eingefügte[165] **Satz 2** erstreckt den Begriff des Propagandamittels auf solche Inhalte, die sich gegen den **Bestand oder die Sicherheit des Staates oder einer internationalen Organisation** oder gegen die **Verfassungsgrundsätze der Bundesrepublik Deutschland** richten, und trägt damit der Erweiterung der Organisationen

---

[156] Fallzahlenquellen: BMI PMK 2014–2020, jeweils „PMK-Straftaten nach Deliktsbereichen".
[157] BGHSt 23, 64 (70 f.) = NJW 1969, 1970; *B. Heinrich* in Wandtke MedienR-HdB 6. Kap. Rn. 231; *Stegbauer* Propaganda 6 ff., 41 ff., 240; *Zöller* in SK-StGB StGB § 86 Rn. 2; aA zu § 86 Abs. 1 Nr. 4 StGB: *Backes,* Rechtsstaatsgefährdungsdelikte und Grundgesetz, 1970, 198; rechtspolitische Einwände bei *Deiters,* Der Schutz der freiheitlichen demokratischen Grundordnung durch das Strafrecht, Wehrhafte Demokratie, 2003, 291 (323 f.).
[158] BGHSt 23, 64 (70 f.) = NJW 1969, 1970.
[159] Zum vorherigen Tatobjekt der Schrift BVerfGE 2, 1 Rn. 38 = NJW 1952, 1407.
[160] BGHSt 23, 64 (72 f.) = NJW 1969, 1970; enger *Paeffgen* in NK-StGB StGB § 86 Rn. 11; *Steinmetz* in MüKoStGB StGB § 86 Rn. 10.
[161] BVerfGE 2, 1 (12) = NJW 1952, 1407; BVerwG NVwZ 2013, 870 (871 ff.); OVG Berlin-Brandenburg NVwZ-RR 2013, 410 (410 f.); OVG Bremen NVwZ-RR 2012, 64 (64 f.); *Steinmetz* in MüKoStGB StGB § 86 Rn. 10; *Stegbauer* Propaganda 60.
[162] *Becker* in Matt/Renzikowski StGB § 86 Rn. 2; *Paeffgen* in NK-StGB StGB § 86 Rn. 12.
[163] Zum vorherigen Tatobjekt der Schrift BVerwG NVwZ 2013, 157 (158 f.); *Krieger* DÖV 2012, 449 (451 ff.); *Stegbauer* Propaganda 61 f.; *Steinmetz* in MüKoStGB StGB § 86 Rn. 11; *Paeffgen* in NK-StGB StGB § 86 Rn. 12, Vor §§ 80 f. Rn. 4 ff. und § 80 Rn. 4 ff.
[164] *Steinmetz* in MüKoStGB StGB § 86 Rn. 11.
[165] Durch das Gesetz zur Änderung des Strafgesetzbuches – Verbesserung des strafrechtlichen Schutzes gegen sogenannte Feindeslisten, Strafbarkeit der Verbreitung und des Besitzes von Anleitungen zu sexuellem Missbrauch von Kindern und Verbesserung der Bekämpfung verhetzender Inhalte sowie Bekämpfung von Propagandamitteln und Kennzeichen verfassungswidriger und terroristischer Organisationen vom 14.9.2021, BGBl. 2021 I 4250

auf terroristische in Absatz 2 n. F. Rechnung. Der Gesetzgeber nahm insoweit auf die entsprechende Staatsschutzklausel u. a. in § 89a StGB Bezug,[166] so dass auf die dortige Auslegung einschließlich ihrer Streitpunkte verwiesen werden kann (siehe dazu unten Rn. 113 ff.).

47 Weil Schutzgüter des § 86 StGB die freiheitliche demokratische Grundordnung und der Gedanke der Völkerverständigung in ihrer konkreten Verwirklichung durch das Grundgesetz sind, scheiden **vorkonstitutionelle** Inhalte wie etwa „Mein Kampf"[167] und sonstige nationalsozialistische Propagandamittel einschließlich ihrer Nachdrucke als Tatgegenstände aus, wenn nicht durch Zusätze oder auch nur Textauswahl ein aktueller Bezug oder durch Ergänzungen gar ein neuer Inhalt hergestellt wird;[168] die Abgrenzung ist freilich schwierig.[169] Selbst die bloße Übersetzung ins Deutsche soll genügen.[170]

48 **Gegen** die vorgenannten Grundsätze **richtet sich** ein Inhalt, wenn sich die verfassungs- bzw. völkerverständigungsfeindliche Tendenz für einen verständigen Durchschnittswahrnehmenden unter Berücksichtigung allgemeinkundiger Tatsachen aus dem Inhalt selbst ergibt.[171] Zudem muss ebendieser eine aktiv-kämpferische, aggressive Tendenz aufweisen.[172] Nicht ausreichend sind damit „Kritik, Ablehnung und politisches Wunschdenken" sowie „wissenschaftliche Abhandlungen, Dokumentationen oder belletristische Darstellungen, wenn und soweit ihnen der werbende, aufwieglerische Charakter fehlt, welcher der Propaganda eignet".[173] Maßgeblich ist erneut allein der Inhalt an sich, nicht die Bezeichnung ihrer Verkörperung, deren Form[174] oder die Motive ihres Verfassers.[175] Nicht erforderlich ist, dass der Inhalt unmittelbar auf eine Beseitigung der vorgenannten Grundsätze gerichtet ist; es reicht aus, wenn mit deren Untergrabung eine spätere Beseitigung vorbereitet werden soll:[176]

49 Im **Ausland** hergestellte Schriften, die für den dortigen Markt bestimmt sind, unterfallen dem Tatbestand nicht.[177] Für periodisch erscheinende Druckwerke ergibt sich dies aus dem **Tatbestandsausschluss gem. Art. 296 EGStGB.**

50 (2) **Organisationsbezug.** Die Propagandamittel müssen solche einer in den Absatz 1 Nr. 1–4, Abs. 2 genannten Organisationen sein, also einen hinreichenden Organisationsbezug aufweisen.

---

[166] BT-Drs. 19/31115, 10.
[167] BGHSt 29, 73 (78, 80) = NJW 1979, 2216. Eingehend dazu etwa *Handel* JR 2016, 433 ff.; *Sebastian/Briske* AfP 2013, 102 ff.
[168] BGHSt 29, 73 (78, 80) = NJW 1979, 2216; *Fahrner* StaatsschutzStrafR § 19 Rn. 21; *Steinsick* in LK-StGB StGB § 86 Rn. 8; *Sternberg-Lieben* in Schönke/Schröder StGB § 86 Rn. 3; *Güntge* in Satzger/Schluckebier/Widmaier StGB § 86 Rn. 4; *Handel* JR 2016, 433 (434); *Lamshöft* in Rechtsextremismus, 2009, 129 (145).
[169] *Becker* in Matt/Renzikowski StGB § 86 Rn. 5; *Paeffgen* in NK-StGB StGB § 86 Rn. 16.
[170] BGHSt 16, 49 (55) = BeckRS 1961, 132; *Becker* in Matt/Renzikowski StGB § 86 Rn. 5; *Paeffgen* in NK-StGB StGB § 86 Rn. 17.
[171] BGH NStZ 2015, 512 f.; *Fischer* StGB § 86 Rn. 5. Nach zutr. Auffassung sind allein gerichtskundige Tatsachen demgegenüber nicht einzubeziehen, *Paeffgen* in NK-StGB StGB § 86 Rn. 13; *Stegbauer* Propaganda 64 f.; wohl auch *Sternberg-Lieben* in Schönke/Schröder StGB § 86 Rn. 6; aA etwa *Steinsick* in LK-StGB StGB § 86 Rn. 6; *Steinmetz* in MüKoStGB StGB § 86 Rn. 14.
[172] Statt vieler BGHSt 23, 64 (72) = NJW 1969, 1970; BGH NJW 2010, 163 (165); NStZ 2015, 512; *Steinmetz* in MüKoStGB StGB § 86 Rn. 12; *Sternberg-Lieben* in Schönke/Schröder StGB § 86 Rn. 5.
[173] BGH NStZ 2015, 512 f.; *Paeffgen* in NK-StGB StGB § 86 Rn. 11; *Steinmetz* in MüKoStGB StGB § 86 Rn. 12.
[174] *Becker* in Matt/Renzikowski StGB § 86 Rn. 3; *Fischer* StGB § 86 Rn. 5; anders wohl *Steinsick* in LK-StGB StGB § 86 Rn. 3; *Paeffgen* in NK-StGB StGB § 86 Rn. 10.
[175] BGHSt 8, 245 = NJW 1956, 230; BGHSt 12, 174 = NJW 1959, 156; BGH NJW 1959, 1593 (1594 f.); 1969, 1970, (1972); BGH NStZ 1982, 25; *Fischer* StGB § 86 Rn. 5a; *Steinmetz* in MüKoStGB StGB § 86 Rn. 13.
[176] BGHSt 23, 64 (73) = NJW 1969, 1970; *Sternberg-Lieben* in Schönke/Schröder StGB § 86 Rn. 5; krit. demgegenüber *Paeffgen* in NK-StGB StGB § 86 Rn. 13.
[177] BGHSt 19, 245 (251 f.) = NJW 1964, 1144; *Paeffgen* in NK-StGB StGB § 86 Rn. 17; *Steinmetz* in MüKoStGB StGB § 86 Rn. 15.

In den Fällen von **Absatz Nr. 1**[178] **und 2**[179] muss das Propagandamittel der Partei bzw. **51** Vereinigung zuzurechnen sein, was angenommen wird, wenn es von ihr oder in ihrem Auftrag oder Einverständnis verfasst, hergestellt oder verbreitet wird.[180] Der Verfasser muss der Organisation nicht angehören[181] oder das Propagandamittel für ebendiese herstellen; es reicht aus, wenn die Organisation es sich nachträglich für ihre Propagandatätigkeit zu eigen macht.[182] Entgegen der wohl überwiegenden Auffassung[183] begründen der Auftrag oder das Einvernehmen irgendeines Angehörigen der genannten Vereinigungen noch keine Zurechnung zur gesamten Organisation.[184] Sie fehlt erst recht, wenn keinerlei Verbindung zur Organisation besteht; darüber hilft angesichts des eindeutigen Wortlauts und Art. 103 Abs. 2 GG auch nicht hinweg, dass der Inhalt deren Gedankengut propagiert oder für sie wirbt.[185] Ebenso ist nicht erfasst ein propagandistisches Werben für die Gründung oder den Aufbau einer Ersatzorganisation einer Nr. 1 oder 2 unterfallenden Vereinigung, deren Verbot noch nicht durch das BVerfG oder BVerwG als solche eingeordnet worden ist, wenn nicht dadurch ein Bezug zur verbotenen Vereinigung selbst besteht.[186]

Die in **Nr. 3** genannten ausländischen Organisationen müssen „[quasi] stellvertretend"[187] **52** für die verbotene Partei bzw. Vereinigung gem. Nr. 1 oder 2 tätig werden und deren wesentliche Zwecke fördern, damit ein hinreichender innerstaatlicher Organisationsbezug besteht.[188] Ein Einvernehmen zwischen der ausländischen und der inländischen Organisation ist nicht erforderlich;[189] nach überwiegender Auffassung muss die inländische Organisation nicht einmal mehr bestehen, da die Verbreitung usw des Inhalts anderenfalls bereits Nr. 1 oder 2 unterfiele und schon eine mögliche Wiederbelebung eine abstrakte Gefahr für die Schutzgüter begründet.[190] Eine bloße ideologische Übereinstimmung reicht jedoch nicht aus.[191] Der Hauptanwendungsbereich dieser Variante ist mit der deutschen Wiedervereinigung entfallen.[192]

Der Organisationsbezug gem. **Nr. 4** ist inhaltlicher Natur, da die in Bezug genommenen **53** Organisationen nicht mehr existieren.[193] Aus dem Inhalt der Schrift muss sich neben der nach Abs. 2 erforderlichen Tendenz die Bestimmung ergeben, die Bestrebungen einer

---

[178] Durch das BVerfG verbotene Parteien sind bisher die SRP (BVerfGE 2, 1 ff. = NJW 1952, 1407) und die KPD (BVerfGE 5, 85 ff. = NJW 1956, 1393).
[179] Bestandskräftig verbotene Vereinigungen sind ua Nationalistische Front, Deutsche Alternative, Wiking-Jugend e.V., Freiheitliche Deutsche Arbeiterpartei, Blood & Honour Division Deutschland, White Youth, Internationales Studienwerk Collegium Humanum e.V., Verein zur Rehabilitierung der wegen Bestreitens des Holocaust Verfolgten, Geeinte deutsche Völker und Stämme, Combat 18; Nordadler (alle rechtsextremistisch) und linksunten.indymedia (als linksextremistisch), vgl. BT-Drs. 16/12642, 12 ff.; BMI https://bit.ly/2BwqW7r (Stand: 26.7.2020).
[180] Statt vieler *Fischer* StGB § 86 Rn. 7.
[181] *Fischer* StGB § 86 Rn. 7.
[182] *Steinsick* in LK-StGB StGB § 86 Rn. 12; *Steinmetz* in MüKoStGB StGB § 86 Rn. 16; *Zöller* in SK-StGB StGB § 86 Rn. 5; wohl enger *Paeffgen* in NK-StGB StGB § 86 Rn. 19: mindestens inhaltliche Prägung erforderlich.
[183] So etwa *Güntge* in Satzger/Schluckebier/Widmaier StGB § 86 Rn. 5; *Steinsick* in LK-StGB StGB § 86 Rn. 12; *Paeffgen* in NK-StGB StGB § 86 Rn. 19.
[184] So auch *Zöller* in SK-StGB StGB § 86 Rn. 5.
[185] Zum vorherigen Tatobjekt der Schrift *Becker* in Matt/Renzikowski StGB § 86 Rn. 6; *Paeffgen* in NK-StGB StGB § 86 Rn. 19; *Steinmetz* in MüKoStGB StGB § 86 Rn. 16; *Sternberg-Lieben* in Schönke/Schröder StGB § 86 Rn. 12; *Zöller* in SK-StGB StGB § 86 Rn. 5.
[186] *Becker* in Matt/Renzikowski StGB § 86 Rn. 6; *Fischer* StGB § 86 Rn. 7; *Zöller* in SK-StGB StGB § 86 Rn. 5.
[187] *Fischer* StGB § 86 Rn. 8; *Paeffgen* in NK-StGB StGB § 86 Rn. 21.
[188] *Becker* in Matt/Renzikowski StGB § 86 Rn. 8; *Steinmetz* in MüKoStGB StGB § 86 Rn. 23.
[189] *Steinmetz* in MüKoStGB StGB § 86 Rn. 23; *Steinsick* in LK-StGB StGB § 86 Rn. 16.
[190] Hinsichtlich des vorherigen Tatobjekts der Schrift *Becker* in Matt/Renzikowski StGB § 86 Rn. 8; *Fischer* StGB § 86 Rn. 8; *Steinsick* in LK-StGB StGB § 86 Rn. 16.
[191] *Steinmetz* in MüKoStGB StGB § 86 Rn. 23; *Sternberg-Lieben* in Schönke/Schröder StGB § 86 Rn. 10.
[192] *Becker* in Matt/Renzikowski StGB § 86 Rn. 8; *Fischer* StGB § 86 Rn. 8.
[193] Vgl. auch *Becker* in Matt/Renzikowski StGB § 86 Rn. 10; *Paeffgen* in NK-StGB StGB § 86 Rn. 22, jeweils auch unter Hinweis darauf, dass der Tatbestand damit auf die Bekämpfung eines bestimmten Gedankenguts gerichtet ist.

ehemaligen nationalsozialistischen Organisation fortzusetzen.[194] Das Propagandamittel muss einen Inhalt, der von einer NS-Organisation tatsächlich vertreten wurde, und dessen Verwirklichung unter den gegenwärtigen Umständen propagieren.[195] Dass es nationalsozialistisches Gedankengut enthält, genügt allein nicht.[196] Erhebliche Teile der Literatur gehen daher davon aus, dass mit zunehmendem zeitlichen Abstand zum NS-Regime der praktische Anwendungsbereich dieser Tatvariante abgenommen hat.[197]

Wegen des **Parteienprivilegs** aus Art. 21 GG darf der Tatbestand nicht auf Propagandamittel von politischen Parteien angewendet werden, die das Bundesverfassungsgericht nicht verboten hat.[198]

54 Durch den zum 22.9.2021 eingefügten Absatz 2[199] hat der Gesetzgeber den Kreis der Organisationen auf solche erstreckt, die im Anhang der Durchführungsverordnung (EU) 2021/138 des Rates vom 5. Februar 2021 zur Durchführung des Artikels 2 Absatz 3 der Verordnung (EG) Nr. 2580/2001 über spezifische, gegen bestimmte Personen und Organisationen gerichtete restriktive Maßnahmen zur Bekämpfung des Terrorismus und zur Aufhebung der Durchführungsverordnung (EU) 2020/1128 (ABl. L 43 vom 8.2.2021, S. 1) als juristische Person, Vereinigung oder Körperschaft aufgeführt sind. Dadurch sollte ein Auseinanderfallen von nationalem Recht und europäischer Kategorisierung einer Organisation als terroristische mit den damit verbundenen Sanktionen in Bezug auf Organisationen vermieden werden, deren Erfassung durch das nationale Strafrecht oder § 14 VereinsG noch nicht erfolgt ist oder auch nicht erfolgen kann.[200] Beispielhaft standen dem Gesetzgeber die Hamas oder die Kurdische Arbeiterpartei vor Augen.[201] Die Verweisung auf die europäische Verordnung ist zwar eine dynamische, jedoch insoweit nicht größeren Bedenken hinsichtlich ihrer Vereinbarkeit mit Art. 103 Abs. 2 GG ausgesetzt als etwa § 86 Abs. 1 Nr. 1, 2 StGB, die ebenfalls an die Kategorisierung der Organisation durch eine andere Institution als den nationalen Gesetzgeber anknüpfen.

55 **(3) Tathandlung.** Zum Verbreiten und der Öffentlichkeit Zugänglichmachen → Rn. 8–10. Da Letzteres seit dem 60. StGBÄndG nicht mehr auf das **Zugänglichmachen** in Datenspeichern, also das Bereithalten oder Übermitteln der Inhalte in elektronischer Form,[202] beschränkt ist, reicht nun auch das Zugänglichmachen auf anderem Wege, etwa durch Verlesen oder Vorzeigen von Schriften.[203] Die Vorbereitungshandlungen des Herstellens und Vorrätighaltens sowie – wenn auch an der Grenze des Gesetzeswortlautes – des Ein- und Ausführens können sich nach gesetzgeberischer Vorstellung nun auch auf Inhalte und damit Dateien beziehen, nicht aber auf Echtzeitübertragungen, die mangels ausreichender Perpetuierung nicht verbreitet werden können.[204] **Herstellen** ist nach der vom RG entwickelten Definition „alles vom Menschen unmittelbar oder mittelbar bewirkte

---

[194] BGHSt 23, 64 (75) = NJW 1969, 1970; *Fischer* StGB § 86 Rn. 9; *Sternberg-Lieben* in Schönke/Schröder StGB § 86 Rn. 11; *Güntge* in Satzger/Schluckebier/Widmaier StGB § 86 Rn. 8.
[195] *Fischer* StGB § 86 Rn. 10; s. auch *Fahrner* StaatsschutzStrafR § 19 Rn. 7.
[196] *Paeffgen* in NK-StGB StGB § 86 Rn. 22; *Sternberg-Lieben* in Schönke/Schröder StGB § 86 Rn. 11.
[197] *Paeffgen* in NK-StGB StGB § 86 Rn. 23; *Sternberg-Lieben* in Schönke/Schröder StGB § 86 Rn. 11; *Zöller* in SK-StGB StGB § 86 Rn. 7; wohl auch *Fischer* StGB § 86 Rn. 10; explizit aA *Güntge* in Satzger/Schluckebier/Widmaier StGB § 86 Rn. 8; *Steinsick* in LK-StGB StGB § 86 Rn. 17.
[198] *Steinmetz* in MüKoStGB StGB § 86 Rn. 17; *Zöller* in SK-StGB StGB § 86 Rn. 8; aA *Reuter* Symbole 108 ff.; *Stegbauer* Propaganda 56 f.
[199] Durch das Gesetz zur Änderung des Strafgesetzbuches – Verbesserung des strafrechtlichen Schutzes gegen sogenannte Feindeslisten, Strafbarkeit der Verbreitung und des Besitzes von Anleitungen zu sexuellem Missbrauch von Kindern und Verbesserung der Bekämpfung verhetzender Inhalte sowie Bekämpfung von Propagandamitteln und Kennzeichen verfassungswidriger und terroristischer Organisationen vom 14.9.2021, BGBl. 2021 I 4250.
[200] BT-Drs. 19/31115, 9.
[201] BT-Drs. 19/31115, 9.
[202] Zum vorherigen Gesetzesstand statt vieler BT-Drs. 13/7385, 36; *Steinmetz* in MüKoStGB StGB § 86 Rn. 35; *Sternberg-Lieben* in Schönke/Schröder StGB § 86 Rn. 14.
[203] Anders noch nach vormaligem Gesetzesstand, dazu *M. Heinrich* ZJS 2016, 698 (702).
[204] RegE zum 60. StGBÄndG, BT-Drs. 19/19859, 28, 53 f.

Geschehen, das ohne weiteres oder in fortschreitender Entwickelung ein bestimmtes [...] Ergebnis zustande bringt."[205] Vollendet ist es erst mit Vorliegen eines Endprodukts; zuvor liegt ein strafloser Versuch vor.[206] **Vorrätighalten** bezeichnet den – auch nur mittelbaren – Besitz, nach hM auch an nur einem Exemplar.[207] **Einführen** ist das Verbringen oder Versenden des Propagandamittels in das deutsche Inland,[208] **Ausführen** das Verbringen aus dem Gebiet der Bundesrepublik Deutschland.[209] Nach umstrittener, zutreffender Auffassung ist das Bestellen nur eine Vorbereitungshandlung, die ein – auch mittäterschaftliches – Einführen nicht zu begründen vermag.[210] Da sich die vorgenannten Handlungen nicht mehr **auf die Verbreitung** von Schriften, sondern **von Inhalten richten** müssen, ist nach gesetzgeberischer Einschätzung entgegen vormals umstrittener Auffassung[211] nun nicht mehr erforderlich, dass sie sich unmittelbar auf das zu verbreitende Endprodukt beziehen; auch das Herstellen usw einer Darstellung, aus der die zu verbreitenden Exemplare erst gewonnen werden sollen, soll nun ausreichen.[212] § 86 StGB begrenzt den **räumlichen Geltungsbereich** der Tatvarianten des Verbreitens und des Zugänglichmachens gegenüber der Öffentlichkeit auf das Inland, während die Vorbereitungshandlungen auf eine Verbreitung nur im Ausland gerichtet sein können. Aufgrund der Rechtsnatur des § 86 StGB als abstraktes Gefährdungsdelikt muss damit der Handlungsort im Inland liegen[213] (vgl. → Rn. 4 f.). Dies hat der Gesetzgeber des 60. StGBÄndG verkannt, als er durch die Erweiterung von § 5 Nr. 3a StGB den räumlichen Anwendungsbereich des § 86 Abs. 1 StGB auf Auslandshandlungen ausdehnen wollte, ohne jedoch – wie vom Bundesrat vorgeschlagen[214] und in § 5 Nr. 3a, b StGB geschehen – in § 86 Abs. 1 StGB selbst den Inlandsbezug über die Wahrnehmbarkeit im Inland herzustellen. Eine Anwendung auf Auslandshandlungen überschreitet daher trotz der Regelung des § 5 Nr. 3a, b StGB die Wortlautgrenze des geltenden Rechts (dazu auch → Rn. 5 aE).

(4) Tatbestandsausschluss wegen Sozialadäquanz gem. § 86 Abs. 4 StGB. Die hA 56 sieht in Abs. 4 einen Tatbestandsausschluss wegen Sozialadäquanz.[215] Handlungen zu Zwecken der **staatsbürgerlichen Aufklärung** sind all solche, „die der Vermittlung von Wissen zur Anregung der politischen Willensbildung und Verantwortungsbereitschaft des Staatsbürgers und damit der Förderung seiner politischen Mündigkeit durch Information dienen."[216] Erbracht wird sie insbesondere durch Presse, Fernsehen, Rundfunk und Parteien, Schulen und politische Bildungseinrichtungen.[217] Ausgenommen sind freilich Hand-

---

[205] RGSt 41, 205 (207); *Becker* in Matt/Renzikowski StGB § 86 Rn. 13; *Güntge* in Satzger/Schluckebier/Widmaier StGB § 86 Rn. 11.
[206] *Steinsick* in LK-StGB StGB § 86 Rn. 30; *Paeffgen* in NK-StGB StGB § 86 Rn. 33.
[207] RGSt 42, 209 (210); 47, 223 (227); 62, 396 (398); *Güntge* in Satzger/Schluckebier/Widmaier StGB § 86 Rn. 12; *Steinsick* in LK-StGB StGB § 86 Rn. 31; *Reuter* Symbole 228; *Stegbauer* Propaganda 72; *Steinmetz* in MüKoStGB StGB § 86 Rn. 32; aA *Paeffgen* in NK-StGB StGB § 86 Rn. 34.
[208] *Steinmetz* in MüKoStGB StGB § 86 Rn. 34.
[209] *Güntge* in Satzger/Schluckebier/Widmaier StGB § 86 Rn. 14; *Rahe* Sozialadäquanzklausel 127 ff., 207 ff.; *Steinmetz* in MüKoStGB StGB § 86 Rn. 34.
[210] *Paeffgen* in NK-StGB StGB § 86 Rn. 35; zust. *Güntge* in Satzger/Schluckebier/Widmaier StGB § 86 Rn. 13; aA BGH NJW 1964, 673 (674) = BGHSt 19, 221; *Steinsick* in LK-StGB StGB § 86 Rn. 33.
[211] AG Weinheim NJW 1994, 1543 (1545); *Steinsick* in LK-StGB StGB § 86 Rn. 30, 31; *Reuter* Symbole 227; *Stegbauer* Propaganda 72; *Steinmetz* in MüKoStGB StGB § 86 Rn. 32; offen gelassen bei BGHSt 32, 1 (3) = NJW 1983, 2270; einschr. *Fischer* StGB § 86 Rn. 13 bzgl. digitaler Speichermedien.
[212] RegE BT-Drs. 19/19859, 54.
[213] *Paeffgen* in NK-StGB StGB § 86 Rn. 23b; *Sternberg-Lieben* in Schönke/Schröder StGB § 86 Rn. 15.
[214] BT-Drs. 15/1595, 5; abl. RegE BT-Drs. 19/19859, 39.
[215] Statt vieler BGHSt 46, 36 (43) = NJW 2000, 2217; OLG Stuttgart MMR 2006, 387 (388); *Steinsick* in LK-StGB StGB § 86 Rn. 36; krit. demgegenüber etwa *Becker* in Matt/Renzikowski StGB § 86 Rn. 15; *Fischer* StGB § 86 Rn. 17.
[216] BGHSt 23, 226 (227) = NJW 1970, 767; OLG Hamm NJW 1982, 1656 (1658); *v. Dewitz*, NS-Gedankengut und Strafrecht. Die §§ 86, 86a StGB und § 130 StGB zwischen der Abwehr neonazistischer Gefahren und symbolischem Strafrecht, 2006, 246 (258 f.); s. auch *Fischer* StGB § 86 Rn. 19; *Reuter* Symbole 252 f.; krit. *Rahe* Sozialadäquanzklausel 159 ff.; 253 ff.
[217] *Steinmetz* in MüKoStGB StGB § 86 Rn. 37; *Wiacek*, Strafbarkeit rechts motivierter Cyberkriminalität, 2019, 132.

lungen von Mitgliedern der verbotenen Partei, mit denen diese unter dem Vorwand der Aufklärung die propagandistischen Ziele zu erreichen suchen.[218] Der **Abwehr verfassungswidriger Bestrebungen** dient das Handeln staatlicher Organe, insbesondere der Sicherheitsbehörden, wenn sie präventiv oder zur Verfolgung etwa von Organisationsdelikten tätig werden.[219] Auf Privatpersonen findet dieser Tatbestandsausschluss daher grundsätzlich keine Anwendung.[220] Umstritten ist zudem, ob er auch dann greifen kann, wenn der Aufklärungs- und Abwehrzweck geheim bleibt, etwa die Handlung zum Aufbau oder der Aufrechterhaltung einer Legende vorgenommen wird. Diskutiert wird insbesondere die Anwendbarkeit auf Handeln von Vertrauenspersonen: Teilweise wird ein zumindest vorübergehendes Vorgehen zu Zwecken der Gefahrenabwehr als von § 86 Abs. 4 StGB gedeckt erachtet,[221] überwiegend jedoch die Sozialadäquanz abgelehnt.[222] Bei der Erstreckung des Tatbestandes auf Propagandamittel terroristischer Organisationen iSv Abs. 2 hat der Gesetzgeber von einer entsprechenden Erweiterung der Sozialadäquanzklausel abgesehen. Die Gründe hierfür sind nicht ersichtlich; angesichts der Kurzfristigkeit, mit der die Erweiterung des § 86 StGB erst nachträglich in das Änderungsgesetz Eingang gefunden hatte, liegt ein Versehen nahe. Insoweit erscheint sinnvoll, entsprechende Abwehrtätigkeiten in Bezug auf terroristische Bestrebungen in analoger Anwendung aus dem Tatbestand auszuschließen. Da wegen des offenen Kunstbegriffs die Verkörperung eines Inhalts **Kunst**, ihre Verbreitung dennoch strafbar gem. § 86 StGB sein kann, bedarf der darin begründete Tatbestandsausschluss einer Abwägung, ob im Einzelfall insbesondere unter Berücksichtigung der verfolgten Zwecke der Kunstfreiheit oder den durch § 86 StGB geschützten Gütern der Vorrang zukommt.[223] Entsprechendes gilt für Handlungen zu Zwecken der **Wissenschaft, Forschung** und **Lehre**.[224] **Berichterstattung über Vorgänge des Zeitgeschehens oder der Geschichte** meint die Nachrichtenübermittlung oder Dokumentation, die ein wahres Geschehen zum Inhalt hat und Informationszwecken dient.[225] **Ähnliche Zwecke** werden – bisher wenig konturiert[226] – als den anderen Zwecken vergleichbar gewichtige Zwecke definiert.[227] In Rechtsprechung und Literatur grundsätzlich anerkannt sind insoweit die Zwecke der Strafverteidigung.[228]

57 **(5) Subjektiver Tatbestand.** Der zumindest bedingte Vorsatz (§ 15 StGB) muss sich auch auf die nach Abs. 3 erforderliche Tendenz erstrecken; dass der Täter den Inhalt billigt, ist hingegen nicht erforderlich.[229] Das Herstellen, Vorrätighalten und Ein- bzw Ausführen als

---

[218] *Becker* in Matt/Renzikowski StGB § 86 Rn. 16; *Fischer* StGB § 86 Rn. 19; *Zöller* in SK-StGB § 86 Rn. 16; krit. demgegenüber *Steinmetz* in MüKoStGB StGB § 86 Rn. 37.
[219] *Fischer* StGB § 86 Rn. 20; *Wiacek*, Strafbarkeit rechts motivierter Cyberkriminalität, 2019, 133.
[220] *Becker* in Matt/Renzikowski StGB § 86 Rn. 17; *Zöller* in SK-StGB StGB § 86 Rn. 16.
[221] *Laufhütte/Kuschel* in LK-StGB, 12. Aufl. 2007, StGB § 86 Rn. 38; weitergehend noch *Willems* ZRP 2005, 79 (82).
[222] LG Cottbus NJ 2005, 377; *Altermann* FS Eisenberg, 2009, 233 (237 f.); *Becker* in Matt/Renzikowski StGB § 86 Rn. 17; *Boisch* ZRP 2005, 242; *Fischer* StGB § 86 Rn. 20; *Frisch* DRiZ 2003, 199 (200); *Kubiciel* NStZ 2003, 57 (58); *Rautenberg* GA 2003, 623 (624 ff.); *Stegbauer* NStZ 2008, 73 (74); *Steinmetz* in MüKoStGB StGB § 86 Rn. 38; *Steinsick* in LK-StGB StGB § 86 Rn. 38; *Sternberg-Lieben* in Schönke/Schröder StGB § 86 Rn. 17; *Rahe* Sozialadäquanzklausel 250 ff. zur Frage der Rechtfertigung gem. § 34 StGB *Becker* in Matt/Renzikowski StGB § 86 Rn. 17; *Fischer* StGB § 86 Rn. 20; *Kubiciel* NStZ 2003, 56 (60).
[223] *Becker* in Matt/Renzikowski StGB § 86 Rn. 18; *Fischer* StGB § 86 Rn. 21; *Steinmetz* in MüKoStGB StGB § 86 Rn. 39; *Wiacek*, Strafbarkeit rechts motivierter Cyberkriminalität, 2019, 133.
[224] *Becker* in Matt/Renzikowski StGB § 86 Rn. 18 *Fischer* StGB § 86 Rn. 22; *Wiacek*, Strafbarkeit rechts motivierter Cyberkriminalität, 2019, 133; *Zöller* in SK-StGB StGB § 86 Rn. 16.
[225] OLG München NStZ-RR 2005, 371; s. auch *Rahe* Sozialadäquanzklausel 162 f.; *Steinmetz* in MüKoStGB StGB § 86 Rn. 39.
[226] Vgl. auch *Becker* in Matt/Renzikowski StGB § 86 Rn. 20; *Fischer* StGB § 86 Rn. 24.
[227] BGHSt 46, 36 (45) = NJW 2000, 2217; *Steinsick* in LK-StGB StGB § 86 Rn. 39; *Steinmetz* in MüKoStGB StGB § 86 Rn. 40; *Sternberg-Lieben* in Schönke/Schröder StGB § 86 Rn. 17.
[228] *Fischer* StGB § 86 Rn. 25; *Rahe* Sozialadäquanzklausel 316 ff.; *Steinmetz* in MüKoStGB StGB § 86 Rn. 40; *Sternberg-Lieben* in Schönke/Schröder StGB § 86 Rn. 17; krit. *Paeffgen* in NK-StGB StGB § 86 Rn. 44; zu § 130 Abs. 5 StGB BGHSt 46, 6 = NJW 2000, 2118; BGH NJW 2002, 2115.
[229] BGHSt 19, 221 (223 f.) = NJW 1964, 673; *Steinsick* in LK-StGB StGB § 86 Rn. 42.

Vorbereitungshandlungen „zur Verbreitung" muss in der entsprechenden Absicht (dolus directus 1. Grades) erfolgen.[230] Die irrige Annahme der tatsächlichen Voraussetzungen der Tatbestandsausschlüsse gem. Abs. 5 und Art. 296 EGStGB stellen einen Tatbestandsirrtum gem. § 16 StGB dar, die Fehlvorstellung über deren Reichweite nach hM einen Verbotsirrtum gem. § 17 StGB.[231]

(6) Konkurrenzen. Zu den §§ 83–85, 86a, 89–90b, 130 und 185 StGB kann nach hM Tateinheit bestehen.[232]

cc) Verwenden von Kennzeichen verfassungswidriger und terroristischer Organisationen gem. § 86a StGB. Die Legitimation des strafbewehrten Verbots, bloße Kennzeichen verfassungswidriger oder terroristischer Organisationen zu verwenden, ist weniger ersichtlich als desjenigen, Inhalte mit der in § 86 Abs. 3 StGB umschriebenen Tendenz zu verbreiten.[233] Die Ausgestaltung des § 86a StGB und seine grundsätzliche Handhabung in der Praxis schreiben dem Tatbestand eine **Tabuisierungsfunktion** zu.[234] Der **Schutzzweck** wird nicht nur in der „Abwehr einer Wiederbelebung der verbotenen Organisation oder der von ihr verfolgten verfassungsfeindlichen Bestrebungen, auf die das Kennzeichen symbolhaft hinweist" gesehen;[235] es solle bereits vermieden werden, dass ein jeglicher Anschein einer solchen Wiederbelebung und der Duldung einer rechtsstaatswidrigen innenpolitischen Entwicklung im Inland oder auch Ausland entsteht, und den Anhängern solcher Gedanken der gefahrlose Gebrauch unmöglich gemacht werden.[236] Das Ziel sei damit, „solche Kennzeichen aus dem Bild des politischen Lebens in der Bundesrepublik grundsätzlich zu verbannen".[237] Allerdings enthält bereits der Verweis auf die Sozialadäquanzklausel des § 86 Abs. 4 StGB in Abs. 3 eine Ausnahme von diesem umfassenden Bann;[238] die Praxis hat dem weitere für Handlungen hinzugefügt, deren Tabuisierung dem Zweck, verfassungsfeindliche Tendenzen zu bekämpfen, entgegenliefe (→ Rn. 62). Daraus folgen Unklarheiten bei der Auslegung. Alternative oder ergänzende Legitimationsansätze stellen daher darauf ab, dass die Verwendung von Kennzeichen die in § 86 Abs. 1 Nr. 1–3, Abs. 2 StGB genannten Organisationen oder die in Nr. 4 bezeichneten Bestrebungen zu befördern geeignet ist, indem sie für diese nach außen wirbt und nach innen der Wiedererkennung dient und den Zusammenhang stärkt.[239]

(1) Kennzeichen von in § 86 Abs. 1 Nr. 1, 2 und 4 StGB bezeichneten Vereinigungen. Kennzeichen einer der in § 86 Abs. 1 Nr. 1, 2 und 4 oder Absatz 4 StGB bezeichneten Parteien oder Vereinigungen sind „sicht- oder hörbare Symbole, deren sich die [genannten Organisationen] bedienen und bedient haben, um propagandistisch auf ihre

---

[230] *Fischer* StGB § 86 Rn. 16; *Steinmetz* in MüKoStGB StGB § 86 Rn. 42; aA *Paeffgen* in NK-StGB StGB § 86 Rn. 37: sicheres Wissen ausreichend.
[231] Statt vieler *Steinsick* in LK-StGB StGB § 86 Rn. 42; differenzierend *Paeffgen* in NK-StGB StGB § 86 Rn. 47.
[232] *Güntge* in Satzger/Schluckebier/Widmaier StGB § 86 Rn. 26; aA hinsichtlich §§ 84, 85 StGB *Becker* in Matt/Renzikowski StGB § 86 Rn. 25; *Paeffgen* in NK-StGB StGB § 86 Rn. 50.
[233] Kritisch zur Vereinbarkeit mit Art. 5 GG *Hörnle* Grob anstößiges Verhalten 279 ff.
[234] BVerfG NJW 2006, 3050 (3051); 2006, 3052; BGHSt 28, 394 (396 f.) = NJW 1979, 1555. So auch die Analyse bei *Fischer* StGB § 86a Rn. 2a f., auch zu einer alternativen Legitimation eines allerdings auf die bekenntnishafte Verwendung beschränkten Kennzeichenverbots. Zutr. Kritik am Tabuisierungskonzept etwa bei *Becker* in Matt/Renzikowski StGB § 86 Rn. 2.
[235] BVerfG NJW 2006, 3050 (3051); 2006, 3052; 3052 (3053); BGHSt 25, 30 (33) = NJW 1973, 106; BGHSt 47, 354 (358 f.) = NJW 2002, 3186; *Zöller* in SK-StGB StGB § 86a Rn. 1.
[236] BGHSt 25, 30 (33) = NJW 1973, 106; BGHSt 28, 394 (396 f.) = NJW 1979, 1555; BGHSt 25, 128 (130 f.); BGHSt 25, 133 (136 f.); *Zöller* in SK-StGB StGB § 86a Rn. 1.
[237] BGHSt 25, 30 (33) = NJW 1973, 106; *Steinsick* in LK-StGB StGB § 86a Rn. 1; krit. demgegenüber etwa *Becker* in Matt/Renzikowski StGB § 86a Rn. 2; *Fischer* StGB § 86a Rn. 2b; *Kett-Straub* NStZ 2001, 601 (602 ff.).
[238] So auch *Fischer* StGB § 86a Rn. 2b; *Kett-Straub* NStZ 2001, 601 (603).
[239] BGHSt 47, 354 (359) = NJW 2002, 3186; BGHSt 52, 364 (374) = NStZ 2009, 88; *Becker* in Matt/Renzikowski StGB § 86a Rn. 2; *Fahrner* StaatsschutzStrafR § 19 Rn. 26; *Hörnle* NStZ 2002, 113 (114).

politischen Ziele und die Zusammengehörigkeit ihrer Anhängerschaft hinzuweisen".[240] Der Begriff wird in Abs. 2 S. 1 beispielhaft konkretisiert. Ähnlich wie bei § 86 StGB setzt ein Organisationsbezug voraus, dass die Organisation das Kennzeichen formal gewidmet oder es sich zumindest – etwa durch regelmäßigen Gebrauch – zu eigen gemacht hat.[241] Eine reine Zuschreibung von außen reicht nicht aus.[242] Der Einordnung eines Symbols als Kennzeichen stehen nach der ganz herrschenden Auffassung weder der geringe Bekanntheitsgrad der Organisation[243] oder des Kennzeichens selbst[244] noch seine Mehrdeutigkeit (Beispiel: stilisiertes Keltenkreuz) entgegen.[245] Im letzteren Fall ist jedoch zu prüfen, ob die Verwendung des Kennzeichens nach ihren Gesamtumständen dem Schutzzweck der Vorschrift erkennbar nicht zuwiderläuft (s. dazu → Rn. 62).[246] Beispiele[247] für die in der Praxis besonders relevanten Kennzeichen ehemaliger nationalsozialistischer Organisationen gem. § 86 Abs. 1 Nr. 4 StGB sind etwa das Hakenkreuz[248], die SS-Runen,[249] das ikonenhafte Kopfbild Hitlers[250] und Heinrich Himmlers[251] (nicht aber sonstige Darstellungen Hitlers[252] oder das Kopfbild Rudolf Heß'[253]), spezifisch für Grußformen das Ausführen des sog. Hitlergrußes,[254] die Aussprüche „Heil Hitler"[255] (nicht aber die Symbolisierung durch die Zahl 88[256]) und „mit deutschem Gruß"[257], für Parolen „Sieg Heil",[258] die Losung der SA „Alles für Deutschland"[259] und die Losung der Hitlerjugend „Blut und Ehre".[260] Auch Lieder können Kennzeichen sein, so etwa das „Horst-Wessel-Lied".[261] Der Name einer Organisation ist nach überwiegender Auffassung kein Kennzeichen,[262] anders könne dies

---

[240] BGH NJW 2009, 928 (929); *Zöller* in SK-StGB StGB § 86a Rn. 3; vgl. auch BGH NStZ 2016, 86 (87) zu § 20 Abs. 1 Nr. 5 VereinsG.
[241] BGHSt 52, 364 (372) = NStZ 2009, 88; BGHSt 54, 61 (66) = NStZ 2010, 210; *Becker* in Matt/Renzikowski StGB § 86a Rn. 3; *Stegbauer* JR 2002, 182 (185); *Steinmetz* in MüKoStGB StGB § 86a Rn. 5, 7 f.; *Zöller* in SK-StGB StGB § 86a Rn. 3.
[242] *Becker* in Matt/Renzikowski StGB § 86a Rn. 3; *Fischer* StGB § 86a Rn. 4.
[243] BGHSt 52, 364 (367) = NStZ 2009, 88; *Becker* in Matt/Renzikowski StGB § 86a Rn. 6; *Steinsick* in LK-StGB StGB § 86a Rn. 9.
[244] BGHSt 52, 364 (374 f.) = NStZ 2009, 88; BGH Beschl. v. 19.8.2014 – 3 StR 88/14, insoweit nicht abgedruckt bei NStZ 2015, 81 ff.; *Bartels/Kollorz* NStZ 2000, 648 (649); *Fischer* StGB § 86a Rn. 4; *Steinmetz* in MüKoStGB StGB § 86a Rn. 12; *Stegbauer* JR 2002, 182 (186); aA *Hörnle* NStZ 2002, 113 (115); *Paeffgen* in NK-StGB StGB § 86a Rn. 7; *Reuter* Symbole 127 ff.
[245] BGHSt 52, 364 (373) = NStZ 2009, 88; BGHSt 54, 364 (374); einschränkend OLG Karlsruhe NStZ-RR 1998, 10; *Sternberg-Lieben* in Schönke/Schröder StGB § 86a Rn. 4: zusätzlich konkreter Hinweis auf verbotene Organisation erforderlich; tendenziell auch *Becker* in Matt/Renzikowski StGB § 86a Rn. 6 f.
[246] BGHSt 52, 364 (375 f.) = NStZ 2009, 88; *Becker* in Matt/Renzikowski StGB § 86a Rn. 7.
[247] S. dazu auch den Überblick bei *Fischer* StGB § 86a Rn. 3 ff.; *Steinsick* in LK-StGB StGB § 86a Rn. 6 ff.; *Steinmetz* in MüKoStGB StGB § 86 Rn. 7 ff.; *Paeffgen* in NK-StGB StGB § 86a Rn. 10 ff., jeweils mwN.
[248] BGHSt 23, 64 (73) = NJW 1969, 1970; BGHSt 23, 267 (269) = NJW 1970, 1558; BGHSt 28, 394 (395) = NJW 1979, 1555; BGHSt 29, 73 (83) = NJW 1979, 2216; OLG Rostock NStZ 2002, 320; *Becker* in Matt/Renzikowski StGB § 86a Rn. 4.
[249] BGH BeckRS 2002, 2016; OLG Frankfurt aM NStZ 1982, 333; OLG Brandenburg OLG-NL 2006, 69 (70 f.).
[250] BGHSt 25, 133 (135); BGHSt 28, 394 (396) = NJW 1979, 1555; OLG Rostock NStZ 2002, 320; *Fischer* StGB § 86a Rn. 5.
[251] OLG München BeckRS 2015, 100004.
[252] *Fischer* StGB § 86a Rn. 5.
[253] OLG Rostock NStZ 2002, 320; *Reuter* Symbole 158 (166 f.); krit. demgegenüber *Bartels/Kollorz* NStZ 2002, 297 (298).
[254] BVerfG NJW 2006, 3052 f.; BGHSt 25, 30 (34) = NJW 1973, 106; KG Berlin NJW 1999, 3500; BayObLG NStZ 2003, 89; *Fischer* StGB § 86a Rn. 10.
[255] BVerfG NJW 2006, 3052 f.; BayObLG NStZ-RR 2003, 233 (234); *Reuter* Symbole 158 (170 f.); *Stegbauer* NStZ 2005, 677 (678).
[256] *Bartels/Kollorz* NStZ 2002, 297 (300); *Güntge* in Satzger/Schluckebier/Widmaier StGB § 86a Rn. 4.
[257] BGHSt 27, 1 = NJW 1976, 2271; *Fischer* StGB § 86a Rn. 10.
[258] OLG Düsseldorf MDR 1991, 174; *Güntge* in Satzger/Schluckebier/Widmaier StGB § 86a Rn. 3.
[259] OLG Hamm NStZ 2007, 45; *Stegbauer* NStZ 2008, 73 (76); *Steinmetz* in MüKoStGB StGB § 86a Rn. 7.
[260] BGH NStZ 2015, 512 (513); *Steinmetz* in MüKoStGB StGB § 86a Rn. 7.
[261] BGH MDR 1965, 923; BayObLG NJW 1962, 1878.
[262] BGHSt 54, 61 (67) = NStZ 2010, 210; mAnm *Stegbauer* NStZ 2010, 444 f.; *Fischer* StGB § 86a Rn. 3a; *Paeffgen* in NK-StGB StGB § 86a Rn. 11a; aA *Reuter* Symbole 140; *Steinmetz* in MüKoStGB StGB § 86a

bei Abkürzungen (etwa NSDAP, KPD) bei einer besonderen optischen Gestaltung durch Stilisierung (SS-Runen), Formgebung oder Ähnliches sein.[263] Letzteres gilt auch dann, wenn die hervorgehobene Abkürzung Teil eines Markenlogos darstellt.[264] Ohne eine entsprechende Gestaltung sind Logos, die die Kürzel teilweise oder vollständig enthalten (Beispiele: CONSDAPLE, LONSDALE) nicht erfasst.[265]

Absatz 2 S. 2 erweitert den Anwendungsbereich auf Zeichen, die den Kennzeichen **61** nach Satz 1 **zum Verwechseln ähnlich sind**.[266] Eine solche Ähnlichkeit ist nach hM anzunehmen, wenn es mit dem Original „objektiv [...] in wesentlichen Vergleichspunkten [übereinstimmt]", sodass „nach dem Gesamteindruck eines durchschnittlichen Betrachters, Hörers oder Lesers eine Verwechslung mit dem Original möglich [ist]".[267] Auch hier kommt es nach hA auf den Bekanntheitsgrad des Originalkennzeichens nicht an.[268] Die Ähnlichkeit muss zu einem Originalkennzeichen und nicht einem bloßen Fantasiekennzeichen bestehen.[269] Nicht ausreichend sind offensichtliche Abwandlungen wie der sog. „Kühnen-„, oder auch „Widerstands-Gruß",[270] den der Gesetzgeber durch die Erweiterung auf zum Verwechseln ähnliche Kennzeichen gerade erfassen wollte,[271] sowie Übersetzungen von Parolen u.ä. in eine Fremdsprache („blood and honour").[272]

(2) Tathandlungen. Zu den Merkmalen Verbreiten, öffentlich, in einer Versammlung **62** → Rn. 8, 11, 12. Gemäß dem Tabuisierungskonzept wird die Tathandlung des **Verwendens** in der Praxis weit definiert als der schlichte Gebrauch des Kennzeichens, der es wahrnehmbar macht,[273] beispielsweise durch das Tragen, Ausstellen oder Vorführen[274] einschließlich der massenmedialen Übertragung einschließlich des Einstellens ins Internet und das Setzen von Hyperlinks zu Seiten mit entsprechenden Inhalten.[275] Die dahinter

---

Rn. 7. Bejahend für die Abkürzung NSDAP: OLG Hamm NStZ-RR 2004, 12 (13) = NJW 2004, 1339 L; *Steinmetz* NStZ 2004, 444; *Stegbauer* JR 2002, 182 (186).
[263] *Fischer* StGB § 86a Rn. 3a; *Steinmetz* in MüKoStGB StGB § 86 Rn. 7; *Zöller* in SK-StGB StGB § 86a Rn. 4; weitergehend wohl OLG Hamm NStZ-RR 2004, 12 (13); abl. wohl *Güntge* in Satzger/Schluckebier/Widmaier StGB § 86a Rn. 2.
[264] *Zöller* in SK-StGB StGB § 86a Rn. 5.
[265] *Güntge* in Satzger/Schluckebier/Widmaier StGB § 86a Rn. 4; *Steinmetz* in MüKoStGB StGB § 86 Rn. 7; *Zöller* in SK-StGB StGB § 86a Rn. 5; aA OLG Hamm NStZ-RR 2004, 12 (13); *Stegbauer* JR 2002, 182 (186).
[266] Zur Kritik an dieser Regelung etwa *Güntge* in Satzger/Schluckebier/Widmaier StGB § 86a Rn. 6; *Paeffgen* in NK-StGB StGB § 86a Rn. 9; dagegen *Jahn*, Strafrechtliche Mittel gegen den Rechtsextremismus – die Änderungen der §§ 130 und 86a StGB als Reaktion auf fremdenfeindliche Gewalt im Lichte der Geschichte des politischen Strafrechts in Deutschland, 1998, 219, 233.
[267] BGHSt 54, 61 (63) = NStZ 2010, 210; s. auch BGHSt 47, 354 (356) = NJW 2002, 3186; BGH NStZ 2003, 31 (32); *Becker* in Matt/Renzikowski StGB § 86 Rn. 8; *Fahrner* StaatsschutzStrafR § 19 Rn. 35; *Steinsick* in LK-StGB StGB § 86a Rn. 10; *Steinmetz* in MüKoStGB StGB § 86 Rn. 14; verfassungsrechtlich gebilligt in BVerfG NJW 2006, 3050 (3051).
[268] BGHSt 47, 354 (357) = NJW 2002, 3186; *Becker* in Matt/Renzikowski StGB § 86a Rn. 9; krit. demgegenüber *Paeffgen* in NK-StGB StGB § 86a Rn. 9.
[269] BVerfG NJW 2006, 3050; BGH NJW 2005, 3223 (3224 f.); *Fischer* StGB § 86a Rn. 12; *Güntge* in Satzger/Schluckebier/Widmaier StGB § 86a Rn. 6; aA OLG Karlsruhe NJW 2003, 1200 (1202); *Sternberg-Lieben* in Schönke/Schröder StGB § 86a Rn. 4.
[270] BGH Urt. v. 12.5.1981 – 5 StR 132/81; *Kett-Straub* NStZ 2011, 601 (602); *Paeffgen* in NK-StGB StGB § 86a Rn. 9; *Stegbauer* JR 2002, 182 (186 f.); *Stegbauer* NStZ 2017, 266 (267); krit. *Fischer* StGB § 86a Rn. 12; aA VG Leipzig BeckRS 2016, 48966.
[271] Vgl. BT-Drs. 12/4825, 4.
[272] BGHSt 54, 61 (63 f.) = NStZ 2010, 210; *Becker* in Matt/Renzikowski StGB § 86a Rn. 8; *Sternberg-Lieben* in Schönke/Schröder StGB § 86a Rn. 4; zweifelnd allerdings für die Übersetzung zu „Hail Hitler" *Steinmetz* in MüKoStGB StGB § 86a Rn. 17.
[273] Statt vieler BGHSt 23, 267 = NJW 1970, 1558; *Paeffgen* in NK-StGB StGB § 86a Rn. 13; *Steinmetz* in MüKoStGB StGB § 86a Rn. 19; einschränkend AG Rudolfstadt NStZ-RR 2013, 143; *Fischer* StGB § 86a Rn. 14: zudem Wahrnehmbarkeit für eine nicht überschaubare Anzahl von Personen; dies ergibt sich aber bereits aus dem Erfordernis einer öffentlichen Verwendung.
[274] *Fischer* StGB § 86a Rn. 14.
[275] RegE zum 60. StGBÄndG, BT-Drs. 19/19859, 55; *Sternberg-Lieben* in Schönke/Schröder StGB § 86a Rn. 6; *Steinmetz* in MüKoStGB StGB § 86a Rn. 22.

stehende Intention ist danach für die Annahme eines Verwendens ohne Bedeutung.[276] Erfasst wäre daher auch der offensichtlich ablehnende oder satirische Gebrauch. Jedoch schließt die ganz herrschende Ansicht entgegen dem Ziel einer Tabuisierung[277] im Wege einer **teleologischen Reduktion** Handlungen aus dem Tatbestand[278] aus, „die dem Schutzweck der Norm eindeutig nicht zuwiderlaufen oder sogar in seinem Sinne wirken".[279] Anerkannte Beispiele sind neben dem parodistischen, satirischen Gebrauch[280] die Verwendung unter ersichtlicher Kritik an der Vereinigung oder ihrer Ideologie[281] bis hin zu offener Gegnerschaft (Beispiel: durchgestrichenes Hakenkreuz).[282] Zu den **Tathandlungen nach Abs. 1 Nr. 2** → Rn. 55.

63   Der Wortlaut des Abs. 1 Nr. 1 beschränkt den **räumlichen Geltungsbereich** der Vorschrift auf Handlungen, die im Inland vorgenommen werden, woran auch die Regelung des § 5 Nr. 3b StGB nichts geändert hat (→ Rn. 5, 55). Wegen des Zusammenhangs gilt dies auch für Vorbereitungshandlungen gem. Nr. 2,[283] die allerdings ausweislich des Wortlautes auf eine Verbreitung (nur) im Ausland gerichtet sein können. Die Auffassung des KG,[284] derzufolge auch eine im Ausland vorgenommene, aber im Inland wahrnehmbare Handlung erfasst ist, dürfte jedenfalls für die Praxis überholt sein, seitdem der BGH den ihr zugrundeliegenden, erweiterten Handlungsbegriff abgelehnt hat.[285]

64   **(3) Tatbestandsausschluss wegen Sozialadäquanz gem. § 86 Abs. 4 StGB iVm § 86 Abs. 3 StGB.** § 86a Abs. 3 StGB verweist auf die Regelung des § 86 Abs. 4 StGB, sodass auf die dortigen Erörterungen (→ Rn. 56) Bezug genommen werden kann.[286] Die Verfolgung ähnlicher Zwecke im Sinne der Vorschrift wurde angenommen bei der Ausstellung eines in der NS-Zeit gedruckten Buchs,[287] eines zu Beginn des 20. Jahrhunderts gefertigten Schmuckstücks[288] oder NS-Militaria, die jeweils Hakenkreuze abbildeten, zu Zwecken des Antiquitätenhandels oder einer auf seriöse Sammler ausgerichteten Versteigerung, abgelehnt hingegen für die „kommerzielle Massenverbreitung" von mit Kennzeichen versehenen, nachgebauten Flugzeugmodellen[289] oder deren Zurschaustellung[290] sowie den Abdruck von Kennzeichen zu bloßen Werbezwecken.[291]

---

[276] BGHSt 23, 267 = NJW 1970, 1558; *Fischer* StGB § 86a Rn. 14.
[277] Vgl. auch *Becker* in Matt/Renzikowski StGB § 86a Rn. 12; *Fischer* StGB § 86a Rn. 19; *Hörnle* NStZ 2007, 698 (699); *Paeffgen* in NK-StGB StGB § 86a Rn. 14; für ein restriktiveres Verständnis, demzufolge sich das Verwenden als ein Bekenntnis zu den Zielen der verbotenen Organisation darstellen muss, sodass auch neutrale Handlungen ausgeschlossen sind, etwa OLG Rostock NStZ 2012, 572 (573); *Paeffgen* in NK-StGB StGB § 86a Rn. 6; *Sternberg-Lieben* in Schönke/Schröder StGB § 86a Rn. 4; *Zöller* in SK-StGB StGB § 86a Rn. 9; wohl auch LG Koblenz NStZ-RR 2009, 105; tendenziell auch *Becker* in Matt/Renzikowski StGB § 86a Rn. 12.
[278] Für eine Verortung in der Sozialadäquanzklausel des Abs. 3 hingegen *Steinmetz* in MüKoStGB StGB § 86a Rn. 10; *Otto* FS Amelung, 2009, 225 (244 f.).
[279] BGHSt 25, 30 (32 ff.) = NJW 1973, 106; BGHSt 28, 394 (6 f.) = NJW 1979, 1555; BGHSt 51, 244 (246 f.) = NStZ 2007, 466; BGHSt 52, 364 (375 f.) = NStZ 2009, 88; s. auch BayObLG NStZ 2003, 89; OLG Karlsruhe NStZ-RR 1998, 10; OLG Köln NStZ 1984, 508; zu § 20 Abs. 1 Nr. 5 VereinsG BGHSt 61, 1 = NJW 1983, 1415; krit. *Otto* FS Amelung, 2009, 225 (244 f.).
[280] BGHSt 52, 364 (375) = NStZ 2009, 88; AG Kassel NJW 2014, 801 (802 f.).
[281] BGHSt 52, 364 (375) = NStZ 2009, 88; *Rahe* Sozialadäquanzklausel 235.
[282] BGHSt 51, 244 = NStZ 2007, 466; vgl. auch *Stegbauer* NStZ 2012, 79 (80); zu weiteren Beispielen s. den Überblick bei *Steinsick* in LK-StGB StGB § 86a Rn. 16 f.
[283] *Steinsick* in LK-StGB StGB § 86a Rn. 25; *Paeffgen* in NK-StGB StGB § 86a Rn. 22; *Steinmetz* in MüKoStGB StGB § 86a Rn. 4.
[284] KG Berlin NJW 1999, 3500.
[285] BGH NStZ 2015, 81 (82); *Steinsick* in LK-StGB StGB § 86a Rn. 24; anders noch *Laufhütte/Kuschel* in LK-StGB, 12. Aufl. 2007, StGB § 86a Rn. 24; *Fischer* StGB § 86a Rn. 16; *Zöller* in SK-StGB § 86a Rn. 12.
[286] Ausf. dazu *Steinsick* in LK-StGB StGB § 86a Rn. 26 ff.
[287] BGHSt 29, 73 (84) = NJW 1979, 2216.
[288] OLG Celle NJW 1981, 221.
[289] BGHSt 28, 394 (397 ff.) = NJW 1979, 1555. Zu weiteren Beispielen s. den Überblick bei *Sternberg-Lieben* in Schönke/Schröder StGB § 86a Rn. 10.
[290] OLG München NStZ-RR 2005, 371.
[291] BGHSt 23, 64 (78 f.) = NJW 1969, 1970; LG München NStZ 1985, 311 (312).

B. Erläuterungen   § 37

(4) Subjektiver Tatbestand. Zu mindestens bedingtem Vorsatz (§ 15 StGB) muss in den 65
Fällen des Abs. 1 Nr. 2 die Absicht der Verbreitung hinzukommen (s. dazu schon
→ Rn. 57). Der Vorsatz muss den Organisationsbezug des Kennzeichens erfassen, wenn
auch nicht die genaue Zuordnung zu einer spezifischen Organisation.[292] Das bloße Bewusstsein, dass das Kennzeichen irgendeinem Verbot unterliegt, genügt nicht.[293] Bei zum
Verwechseln ähnlichen Kennzeichen (Abs. 2 S. 2) muss sich der Vorsatz auch darauf
beziehen, dass ein unbefangener Betrachter sie für das Kennzeichen einer der verfassungswidrigen oder und terroristischer Organisationen i. S. v. § 86 Abs. 1, 2 StGB halten
kann.[294]

(5) Konkurrenzen. Tateinheit kann nach hM zu den §§ 84–86, 89, 90 a f., 129 und 130 f. 66
StGB bestehen.[295]

c) Volksverhetzung gem. § 130 StGB. Das **Schutzgut** des § 130 StGB ist umstritten 67
und wird teilweise für die in der Vorschrift vereinten Tatbestände unterschiedlich verstanden. Die hM sieht es im inländischen[296] öffentlichen Frieden im Sinne des Zustands der
allgemeinen Rechtssicherheit sowie des Gefühls der Bevölkerung, im Schutz der Rechtsordnung zu leben.[297] Teilweise werden daneben oder stattdessen die Menschenwürde[298] –
für den Tatbestand der Holocaustleugnung gem. Abs. 3 auch in Form des postmortalen
Achtungsanspruchs der Opfer in Bezug auf das von ihnen erlittene Leid[299] – oder das
Leben, die körperliche Unversehrtheit und Freiheit der genannten potentiellen Diskriminierungsopfer genannt.[300] Damit verknüpft besteht Uneinigkeit über die **Deliktsnatur.**
Die Delikte nach den Abs. 1–3 werden teilweise als abstrakte Gefährdungsdelikte,[301] nach
den Abs. 1 und 3 aber auch als abstrakt-konkrete Gefährdungsdelikte[302] oder potentielle
Gefährdungsdelikte qualifiziert.[303] Absatz 4 ist nach gesetzgeberischer Vorstellung ein Er-

---

[292] *Sternberg-Lieben* in Schönke/Schröder StGB § 86a Rn. 11; ähnlich *Becker* in Matt/Renzikowski StGB
§ 86a Rn. 16: „laienhaftes Bewusstsein ausreichend".
[293] *Fischer* StGB § 86a Rn. 23.
[294] *Steinsick* in LK-StGB StGB § 86a Rn. 37; *Steinmetz* in MüKoStGB StGB § 86a Rn. 31; *Sternberg-Lieben*
in Schönke/Schröder StGB § 86a Rn. 11; *Zöller* in SK-StGB StGB § 86a Rn. 15.
[295] Statt vieler *Fischer* StGB § 86a Rn. 25; *Steinmetz* in MüKoStGB StGB § 86a Rn. 35; aA bzgl. §§ 84, 85
StGB *Becker* in Matt/Renzikowski StGB § 86a Rn. 18.
[296] *Schäfer* in MüKoStGB StGB § 130 Rn. 22; aA *Stein* in SK-StGB StGB § 130 Rn. 7.
[297] Statt vieler BGH NJW 1995, 340 (341); *Krauß* in LK-StGB StGB § 130 Rn. 2 ff.; *Stein* in SK-StGB StGB
§ 130 Rn. 3 ff., insbesondere Rn. 7; *Fohrbeck*, Wunsiedel: Billigung, Verherrlichung, Rechtfertigung –
Das Verbot nazistischer Meinungen in Deutschland und den USA, 2015, 111, 119; *Sternberg-Lieben*/
Schittenhelm in Schönke/Schröder StGB § 130 Rn. 1a; abl. etwa *Altenhain* in Matt/Renzikowski StGB
§ 130 Rn. 3; *Bock/Harrendorf* ZStW 126 (2014), 337 (369 f.); *Fischer* StGB § 130 Rn. 2a; *Fischer* NStZ
1988, 159 (164); *Fischer* FS Puppe, 2011, 1119 (1125); *Ostendorf* in NK-StGB StGB § 130 Rn. 5; *Stegbauer*
NStZ 2000, 281 (282); Einschränkend auch BVerfGE 124, 300 (325, 334) = NJW 2010, 47.
[298] BVerwGE 131, 216 (221) = NJW 2009, 98; BVerwGE 134, 275 (282) = NVwZ 2010, 446; BGH NJW
1995, 340 (341); KG Berlin BeckRS 2015, 20809 Rn. 6; OLG Karlsruhe NJW 1986, 1276 (1277);
Foerstner, Kollektivbeleidigung, Volksverhetzung und „lex Tucholsky", 2002, 169 ff.; *M. Heinrich* ZJS
2017, 625 (626); *Krauß* in LK-StGB StGB § 130 Rn. 2, 10, 14; *Kühl* in Lackner/Kühl StGB § 130 Rn. 1;
Lohse in Satzger/Schluckebier/Widmaier StGB § 130 Rn. 2; *Ostendorf* in NK-StGB StGB § 130 Rn. 4;
Rackow in BeckOK StGB, 52. Ed. 1.2.2022, StGB § 130 Rn. 10; *Schäfer* in MüKoStGB StGB § 130
Rn. 2 ff.; abl. *Sternberg-Lieben/Schittenhelm* in Schönke/Schröder StGB § 130 Rn. 1a; differenzierend *Stein*
in SK-StGB StGB § 130 Rn. 6.
[299] Für einen ausführlichen Überblick über die Diskussion zum Rechtsgut des Abs. 3 s. *Stegbauer* NStZ 2000,
281 (282 f.) mwN.
[300] *Altenhain* in Matt/Renzikowski StGB § 130 Rn. 3; *Fischer* StGB § 130 Rn. 2; *Jacobi*, Das Ziel des Rechtsgüterschutzes bei der Volksverhetzung, 2010, 231 ff.; *Junge*, Das Schutzgut des § 130 StGB, 2002, 72 ff.;
Lohse in Satzger/Schluckebier/Widmaier StGB § 130 Rn. 2; *Mitsch* KriPoZ 2018, 201 (203); *Stein* in SK-
StGB StGB § 130 Rn. 3 ff.; vgl. *Hörnle* in Hefendehl/v. Hirsch/Wohlers, Die Rechtsgutstheorie. Legitimationsbasis des Strafrechts oder dogmatisches Glasperlenspiel?, 2003, 268 (297 ff., 337, zu Abs. 1 Nr. 1
Alt. 2).
[301] *Fischer* StGB § 130 Rn. 2a; *Ostendorf* in NK-StGB StGB § 130 Rn. 5.
[302] BGHSt 46, 212 (218) = NJW 2001, 624 (626); *Schäfer* in MüKoStGB StGB § 130 Rn. 9 f.; *Sternberg-
Lieben/Schittenhelm* in Schönke/Schröder StGB § 130 Rn. 1a.
[303] *Lohse* in Satzger/Schluckebier/Widmaier StGB § 130 Rn. 3; *Krauß* in LK-StGB StGB § 130 Rn. 16.

folgsdelikt,[304] nach der Gegenauffassung abstraktes Gefährdungsdelikt.[305] Absätze 1, 3 und 4 sind zudem Äußerungsdelikte (→ Rn. 1; zur Begehung durch Verleumden aber → Rn. 71),[306] Abs. 2 und 5 Inhaltsverbreitungsdelikte.[307] Zur Vereinbarkeit mit Art. 5 GG → Rn. 13 f.[308]

68 Die **praktische Bedeutung** des § 130 StGB ist hoch. In den Jahren von 2015–2020 wurden zwischen 4.179 (2019) und 6.514 Fälle (2016) erfasst,[309] von denen ein Drittel bis die Hälfte mittels des Internets begangen wurde.[310] In der PMK wurden in den Jahren 2014–2020 zwischen 2.214 (2014) und 4.415 Fälle (2015) registriert, die in der Regel zu über 90 Prozent dem rechten Spektrum zugeordnet werden.[311] Verurteilt wurden in den Jahren 2016 bis 2020 zwischen 731 (2020) und 1.153 Personen (2016).[312]

69 **aa) Objektiver Tatbestand der friedensgefährdenden Hetze gem. § 130 Abs. 1 StGB. (1) Angriffsobjekte.** Eine **Gruppe** ist eine durch gemeinsame Merkmale und deren subjektive Entsprechung verbundene Mehrzahl von Menschen, die sich hierdurch von anderen unterscheiden.[313] Die sie kennzeichnenden Merkmale – national, rassisch, religiös und durch ihre ethnische Herkunft bestimmt – sind abschließend aufgezählt.[314] Die Mitglieder müssen nicht räumlich oder organisatorisch verbunden sein.[315] Inländische Gruppen sind ebenso erfasst wie ausländische; bei Angriffen auf letztere ist jedoch in höherem Maße fraglich, ob sie geeignet sind, den öffentlichen Frieden im Inland zu stören.[316] Beispiele für Gruppen im Sinne der Vorschrift sind Juden, Katholiken, Protestanten, Sinti und Roma.[317] **Teile der Bevölkerung** sind zahlenmäßig erhebliche und daher nicht mehr überschaubare inländische Personenmehrheiten, die sich von der übrigen Bevölkerung unterscheiden lassen.[318] Der Begriff geht insoweit über den der Gruppe hinaus, als eine Kennzeichnung etwa durch geteilte politische Überzeugungen oder soziale und wirtschaftliche Verhältnisse möglich ist.[319] Im Hinblick auf Begriff und Schutzgut müssen sie zumindest teilweise im Inland leben.[320] Teile der Bevölkerung sind etwa politische Gruppierungen, Homosexelle, Menschen mit Behinderung oder SoldatInnen der Bundeswehr.[321] Nicht erfasst sind nach überwiegender Auffassung demgegenüber Deutsche als solche, weil Angriffen auf die eindeutige Mehrheit die Eignung zur Friedensstörung

---

[304] BT-Drs. 15/5051, 5; *Lohse* in Satzger/Schluckebier/Widmaier StGB § 130 Rn. 3; *Schäfer* in MüKoStGB StGB § 130 Rn. 12; *Sternberg-Lieben/Schittenhelm* in Schönke/Schröder StGB § 130 Rn. 1a.
[305] *Altenhain* in Matt/Renzikowski StGB § 130 Rn. 4; *Ostendorf* in NK-StGB StGB § 130 Rn. 5.
[306] *Altenhain* in Matt/Renzikowski StGB § 130 Rn. 4; *Krauß* in LK-StGB StGB § 130 Rn. 17; *Stein* in SK-StGB StGB § 130 Rn. 10. zu Abs. 1: BGHSt 46, 212 (217) = NJW 2001, 624 (626); NStZ 2015, 512 (513); *Schäfer* in MüKoStGB StGB § 130 Rn. 9 ff. (einschr. zu Abs. 1).
[307] Vormals Schriftverbreitungsdelikte, s. BGHSt 46, 212 (217) = NJW 2001, 624 (626); NStZ 2015, 512 (513); *Altenhain* in Matt/Renzikowski StGB § 130 Rn. 4; *Schäfer* in MüKoStGB StGB § 130 Rn. 12; *Stein* in SK-StGB StGB § 130 Rn. 3, 10; *Sternberg-Lieben/Schittenhelm* in Schönke/Schröder StGB § 130 Rn. 1a.
[308] Dazu auch *Krauß* in LK-StGB StGB § 130 Rn. 20 ff.
[309] Fallzahlenquellen: BKA PKS 2015–2020, jeweils Grundtabelle 01: „Fälle".
[310] Fallzahlenquellen: BKA PKS 2015–2020, jeweils Grundtabelle 05: „Tatmittel Internet".
[311] Fallzahlenquellen: BMI PMK 2015–2020, jeweils „PMK-Straftaten nach Deliktsbereichen".
[312] Fallzahlenquellen: Destatis „Strafverfolgung", Fachserie 10, Reihe 3, 2016–2020, jeweils S. 29.
[313] Statt vieler *Altenhain* in Matt/Renzikowski StGB § 130 Rn. 9; *Sternberg-Lieben/Schittenhelm* in Schönke/Schröder StGB § 130 Rn. 3.
[314] *Sternberg-Lieben/Schittenhelm* in Schönke/Schröder StGB § 130 Rn. 3; vgl. auch *Stein* in SK-StGB StGB § 130 Rn. 11.
[315] Statt vieler *Schäfer* in MüKoStGB StGB § 130 Rn. 28.
[316] *Altenhain* in Matt/Renzikowski StGB § 130 Rn. 9.
[317] *Altenhain* in Matt/Renzikowski StGB § 130 Rn. 9; *Fischer* StGB § 130 Rn. 5, jeweils mwN und Beispielen.
[318] Statt vieler *Lohse* in Satzger/Schluckebier/Widmaier StGB § 130 Rn. 10; *Sternberg-Lieben/Schittenhelm* in Schönke/Schröder StGB § 130 Rn. 3.
[319] *Sternberg-Lieben/Schittenhelm* in Schönke/Schröder StGB § 130 Rn. 3.
[320] *Altenhain* in Matt/Renzikowski StGB § 130 Rn. 10; *Schäfer* in MüKoStGB StGB § 130 Rn. 31.
[321] S. zu weiteren Beispielen und Einzelnachweisen *Schäfer* in MüKoStGB StGB § 130 Rn. 34 f.; *Sternberg-Lieben/Schittenhelm* in Schönke/Schröder StGB § 130 Rn. 3.

fehle.³²² Tatbestandlich sind Angriffe auf die Gruppe bzw. den Teil der Bevölkerung, aber auch **Einzelne,** soweit dies wegen der Zugehörigkeit zur Gruppe oder zum Bevölkerungsteil geschieht.

(2) Angriffshandlungen. Aufstacheln zum Hass iSv Nr. 1 Alt. 1 ist eine Einwirkung 70 auf eine andere Person, die „objektiv geeignet und subjektiv bestimmt [ist], eine gesteigerte, über die bloße Ablehnung und Verachtung hinausgehende feindselige Haltung gegen die betreffenden Bevölkerungsteile zu erzeugen oder zu steigern".³²³ Sie muss nicht auf konkretes Aktivwerden bezogen sein.³²⁴ Nicht erfasst ist eine wahrheitsgemäße Berichterstattung, die sachlich abgefasst ist; anderes gilt, wenn sie etwa aufgrund einseitiger Verzerrung die vorgenannte Eignung und Bestimmung aufweist.³²⁵ Der Sinngehalt der Äußerung ist unter Berücksichtigung der Gewährleistungen des Art. 5 GG und der Einzelfallumstände zu bestimmen. Beispiele³²⁶ für ein tatbestandsmäßiges Verhalten können die Parole „Ausländer raus"³²⁷, die Bezeichnung von Ausländern als „Sozialparasiten"³²⁸ und die sog. qualifizierte Auschwitzlüge, also verbunden mit dem Vorwurf einer beabsichtigten „Knebelung" oder „Ausbeutung" Deutschlands, sein.³²⁹ Eine **Aufforderung zu Gewalt- oder Willkürmaßnahmen gem. Nr. 1 Alt. 2** liegt wie bei § 111 StGB (→ Rn. 131) in einem ausdrücklichen oder konkludenten Einwirken auf andere Personen mit dem Ziel, in ihnen einen bestimmten Handlungsentschluss hervorzurufen.³³⁰ **Gewaltmaßnahmen** sind unzulässige und erhebliche Gewalteinwirkungen auf Personen oder Sachen,³³¹ **Willkürmaßnahmen** diskriminierende, den elementaren Geboten der Menschlichkeit widersprechende Handlungen³³² wie der Aufruf zum wirtschaftlichen Boykott³³³ oder der Ausruf der Parole „Raus mit dem Dreck!" vor einer Flüchtlingsunterkunft.³³⁴

Zum **Beschimpfen** und **Verächtlichmachen** iSv Nr. 2 → Rn. 30. **Verleumden** ist 71 das Aufstellen oder Verbreiten bewusst wahrheitswidriger, das Ansehen herabsetzender Tatsachenbehauptungen.³³⁵ Streitig ist, ob dafür wie bei § 187 StGB das Verbreiten einer fremdem Tatsachenbehauptung ohne Zueigenmachen ebendieser genügt.³³⁶ In den Tathandlungen nach Nr. 2 muss ein **Angriff auf die Menschenwürde** der benannten Personen liegen. Dies beschränkt den Tatbestand auf besonders massive Herabwürdigungen, die den die menschliche Würde ausmachenden Kern der Persönlichkeit der angegriffenen

---

[322] *Ostendorf* in NK-StGB StGB § 130 Rn. 16; *Sternberg-Lieben/Schittenhelm* in Schönke/Schröder StGB § 130 Rn. 3; zw. auch *Fischer* StGB § 130 Rn. 4; aA *Mitsch* JR 2001, 380 ff.; *Mitsch* KriPoZ 2018, 198 (201 f.).
[323] BGHSt 40, 97 (102) = NJW 1994, 1421; s. auch BGHSt 21, 371 (372) = NJW 1968, 309; BGH NStZ 1994, 390 (391); OLG Köln NJW 1981, 1280; OLG Frankfurt aM NJW 1995, 143; OLG Brandenburg NJW 2002, 1440 (1441); *Bock/Harrendorf* ZStW 126 (2014), 337 (351); *Krauß* in LK-StGB StGB § 130 Rn. 46; *Sternberg-Lieben/Schittenhelm* in Schönke/Schröder StGB § 130 Rn. 5a mwN.
[324] OLG Brandenburg NJW 2002, 1440 (1441); *Altenhain* in Matt/Renzikowski StGB § 130 Rn. 6; *Ostendorf* in NK-StGB StGB § 130 Rn. 11; *Sternberg-Lieben/Schittenhelm* in Schönke/Schröder StGB § 130 Rn. 5a.
[325] *Fahrner* StaatsschutzStrafR § 18 Rn. 35; *Fischer* StGB § 130 Rn. 8; *Krauß* in LK-StGB StGB § 130 Rn. 49; *Stein* in SK-StGB StGB § 130 Rn. 17; vgl. OLG Köln NJW 1981, 1280.
[326] Weitere Beispiele bei *Fischer* StGB § 130 Rn. 9; *Schäfer* in MüKoStGB StGB § 130 Rn. 42, jeweils mwN.
[327] OLG Brandenburg NJW 2002, 1440 (1441).
[328] OLG Frankfurt aM NStZ-RR 2000, 368 (369).
[329] BGHSt 40, 97 (100) = NJW 1994, 1421; BGHSt 46, 212 (216) = NJW 2001, 624; BGH NStZ 1994, 140; *Altenhain* in Matt/Renzikowski StGB § 130 Rn. 6; *Ostendorf* in NK-StGB StGB § 130 Rn. 11.
[330] BGHR StGB § 130 Nr. 1 Auffordern 1 (Gründe); *Krauß* in LK-StGB StGB § 130 Rn. 51; *Sternberg-Lieben/Schittenhelm* in Schönke/Schröder StGB § 130 Rn. 5b.
[331] *Fischer* StGB § 130 Rn. 10; *Stein* in SK-StGB StGB § 130 Rn. 18.
[332] Statt vieler KG OLGSt StGB § 130 Nr. 11; § 130 Nr. 12; *Altenhain* in Matt/Renzikowski StGB § 130 Rn. 7; *Schäfer* in MüKoStGB StGB § 130 Rn. 47.
[333] *Stein* in SK-StGB StGB § 130 Rn. 19; *Sternberg-Lieben/Schittenhelm* in Schönke/Schröder StGB § 130 Rn. 5b.
[334] *Fischer* StGB § 130 Rn. 10a mwN und Beispielen.
[335] Statt vieler *Altenhain* in Matt/Renzikowski StGB § 130 Rn. 8; *Sternberg-Lieben/Schittenhelm* in Schönke/Schröder StGB § 130 Rn. 5d.
[336] So *Krauß* in LK-StGB StGB § 130 Rn. 17; *Schäfer* in MüKoStGB StGB § 130 Rn. 9, 54; abl. *Sternberg-Lieben/Schittenhelm* in Schönke/Schröder StGB § 130 Rn. 5d.

Person treffen, etwa indem ihr das Lebensrecht als gleichwertige Persönlichkeit in der staatlichen Gemeinschaft abgesprochen und sie als minderwertiges Wesen behandelt wird.[337] Die Rechtsprechung bejaht dies insbesondere dann, wenn der Täter sich mit der nationalsozialistischen Rassenideologie identifiziert[338] oder die Personen mit Tieren, insbesondere Ungeziefer, oder Dreck gleichsetzt.[339]

72 **(3) Eignung zur Störung des öffentlichen Friedens.** Die Angriffe nach Abs. 1 müssen geeignet sein, den öffentlichen Frieden zu stören. Gestört ist er, wenn eine offene oder latente Gewaltbereitschaft besteht, die das Vertrauen in ein Zusammenleben ohne Furcht um Leben, körperliche Unversehrtheit oder Freiheit erschüttert.[340] Eine weitergehende Auffassung lässt in Einklang mit den gesetzgeberischen Vorstellungen, aber entgegen der restriktiveren Rechtsprechung des Bundesverfassungsgerichts[341] auch eine „Vergiftung des öffentlichen Klimas" genügen, beispielsweise durch Ausgrenzung bestimmter Bevölkerungsteile oder Verhaltensweisen, durch die „ihren Angehörigen pauschal der sittliche, personale oder soziale Geltungswert abgesprochen wird und sie uU durch den Angriff auf ihre Menschenwürde als ‚Unperson' diffamiert werden".[342] Eine konkrete Eignung ist anzunehmen, wenn aufgrund der Umstände der Äußerung, wie ihrem Inhalt, Art, Ort und Adressatenkreis, *ex ante* der Eintritt einer Störung zu befürchten ist.[343] Diese können auch Äußerungen im Ausland aufweisen, wenn unter den Zuhörern zahlreiche Deutsche sind, die im Anschluss nach Deutschland zurückkehren.[344]

73 **bb) Objektiver Tatbestand des Leugnens des nationalsozialistischen Völkermords gem. Abs. 3.** Die übliche Bezeichnung des sowohl in Bezug auf seine Vereinbarkeit mit Art. 103 Abs. 2 GG[345] und Art. 5 GG[346] (dazu → Rn. 14) wie auch hinsichtlich seiner Legitimität infrage stehenden[347] Tatbestands als „Auschwitzlüge" ist verkürzt, da er nicht nur das Leugnen, sondern auch Billigen und Verharmlosen aller **unter der NS-Herrschaft begangenen Handlungen gem. § 6 Abs. 1 des VStGB**[348] erfasst. Gegenstand der sich überschneidenden Tathandlungen[349] kann auch eine Einzeltat sein, wenn sie von der in § 6 Abs. 1 VStGB vorausgesetzten Absicht getragen ist; allerdings bedarf es dann besonders

---

[337] BT-Drs. 3/1746, 3; BGHSt 36, 83 (90) = NJW 1989, 1365; BGHSt 40, 97 (100) = NJW 1994, 1421; *Krauß* in LK-StGB StGB § 130 Rn. 59 ff.; *Ostendorf* in NK-StGB StGB § 130 Rn. 15; *Schäfer* in MüKoStGB StGB § 130 Rn. 55 mit Beispielen und wN in Rn. 57 ff.; *Sternberg-Lieben/Schittenhelm* in Schönke/Schröder StGB § 130 Rn. 6 mit Beispielen und wN in Rn. 7.
[338] BGHSt 40, 97 (100) = NJW 1994, 1421.
[339] *Krauß* in LK-StGB StGB § 130 Rn. 64 ff.; *Fischer* § 130 Rn. 12a, jeweils mwN und Beispielen.
[340] *Altenhain* in Matt/Renzikowski StGB § 130 Rn. 12; *Krauß* in LK-StGB StGB § 130 Rn. 72; *Stein* in SK-StGB StGB § 130 Rn. 25.
[341] BVerfGE 124, 300 (334) = NJW 2010, 47; BVerfG NJW 2018, 2861; *Altenhain* in Matt/Renzikowski StGB § 130 Rn. 12.
[342] *Sternberg-Lieben/Schittenhelm* in Schönke/Schröder StGB § 130 Rn. 10; siehe auch *Schäfer* in MüKoStGB StGB § 130 Rn. 22; vgl. auch BT-Drs. 12/8588, 8.
[343] Vgl. BGHSt 16, 49 (56) = BeckRS 1961, 132; BGHSt 29, 26 = NJW 1979, 1992; BGHSt 46, 212 (218 f.) = NJW 2001, 624; BGH NStZ 2007, 216 (217); *Lohse* in Satzger/Schluckebier/Widmaier StGB § 130 Rn. 9 mwN; *Sternberg-Lieben/Schittenhelm* in Schönke/Schröder StGB § 130 Rn. 11, jeweils mwN und Beispielen. Krit. gegenüber der Feststellbarkeit einer solchen Eignung *Fischer* StGB § 130 Rn. 14 ff.; *Fischer* NStZ 1988, 159; *Fischer* GA 1989, 445; *Fischer* FS Puppe, 2011, 1119 (1132 ff.); *Stegbauer* NJ 2005, 225 (226); *Zabel* ZStW 122 (2010), 834 (842 ff.).
[344] Vgl. BGH NStZ 2017, 146 zur Eignung, den öffentlichen Frieden zu stören. Zust. *Schäfer* in MüKoStGB StGB § 130 Rn. 22.
[345] *Weiler*, Der Tatbestand der »Volksverhetzung« im europäischen Vergleich, 2012, 106 ff.
[346] Zur Vereinbarkeit mit Art. 10 EMRK EGMR NJW 2004, 3691 (3693).
[347] *Beisel* NJW 95, 997 (1000); *Fischer* StGB § 130 Rn. 24 ff. mwN; *Kühl* in Lackner/Kühl StGB § 130 Rn. 8a mwN; *Malek* in *Malek/Popp*, Strafsachen im Internet, 2. Aufl. 2015, Rn. 351.
[348] Die Billigung usw der Verfolgung und Vernichtung nicht durch ihre Ethnie bestimmten Gruppen wie der Homosexuellen, Menschen mit körperlichen oder geistigen Behinderungen oder politisch Andersdenkenden kann demgegenüber nur Abs. 4 unterfallen, *Fahrner* StaatsschutzStrafR § 18 Rn. 46.
[349] BGHSt 47, 278 (281) = JuS 2002, 1127; OLG Rostock StraFo 2007, 426; *Krauß* in LK-StGB StGB § 130 Rn. 129.

B. Erläuterungen
§ 37

sorgfältiger Prüfung, ob die Äußerung zur Friedensstörung geeignet ist.[350] Eine Handlung ist dann unter der NS-Herrschaft begangen, wenn sie von dieser verübt oder angeordnet wurde oder dieser anderweitig zurechenbar ist.[351] Sie muss tatsächlich begangen worden sein; fiktive Handlungen reichen nicht.[352] Zum **Billigen** → Rn. 87. Die Äußerung muss keine uneingeschränkte Zustimmung zum Ausdruck bringen; ihre Bezeichnung als „zwar bedauerlich, aber unvermeidbar" reicht aus.[353] Die Zustimmung kann auch konkludent erfolgen, etwa durch das öffentliche Zeigen einer Tätowierung, die ein bekanntes Gebäude eines NS-Vernichtungslagers und in Frakturschrift die Wendung „Jedem das Seine" abbildet.[354] **Leugnen** bezeichnet das Bestreiten des Völkermords bzw. einzelner Taten.[355] Es ist auch dann erfasst, wenn der Völkermord als verwerflich dargestellt wird.[356] Das Äußern von Zweifeln genügt nicht,[357] kann aber dem Begriff des **Verharmlosens** unterfallen.[358] Ein solches wird angenommen, „wenn der Äußernde den Holocaust herunterspielt, beschönigt oder in seinem wahren Gewicht verschleiert",[359] ob in quantitativer Hinsicht, etwa durch Herunterrechnen der Opferzahlen,[360] das zugleich ein partielles Leugnen darstellt,[361] oder in qualitativer Hinsicht etwa durch Bagatellisieren des Unwertgehalts.[362]

Zu den Merkmalen **öffentlich** und in einer **Versammlung** → Rn. 11 f., **Eignung zur Friedensstörung** → Rn. 72. Letzteres wird nach umstrittener Einschätzung des BVerfG durch die Tathandlungen bereits indiziert.[363] 74

cc) Objektiver Tatbestand der Rechtfertigung der NS-Herrschaft gem. Abs. 4. 75
Der mit Art. 5 GG vereinbare (→ Rn. 14) Tatbestand erstreckt die Strafbarkeit auf ein Gutheißen anderer Handlungen unter der **nationalsozialistischen Gewalt- und Willkürherrschaft,** namentlich „die für das NS-Regime kennzeichnenden Menschenrechtsverletzungen und damit geschichtlich reale Willkürakte von verbrecherischer Qualität [als] Rechtsverletzungen, deren zustimmende Evozierung in der Öffentlichkeit oder einer Versammlung eine potenzielle Wiederholbarkeit real werden lässt und die Friedlichkeit der politischen Auseinandersetzung gefährden kann".[364] Ein Gutheißen nationalsozialistischen

---

[350] *Rackow* in BeckOK-StGB, 52. Ed. 1.2.2022, StGB § 130 Rn. 37; *Sternberg-Lieben/Schittenhelm* in Schönke/Schröder StGB § 130 Rn. 16; *Stein* in SK-StGB StGB § 130 Rn. 43, 49.
[351] *Fischer* StGB § 130 Rn. 27; *Krauß* in LK-StGB StGB § 130 Rn. 134.
[352] *Fischer* StGB § 130 Rn. 27, 29; *Stein* in SK-StGB StGB § 130 Rn. 44.
[353] *Altenhain* in Matt/Renzikowski StGB § 130 Rn. 20; *Fischer* StGB § 130 Rn. 29; aA *Ulbricht,* Volksverhetzung und das Prinzip der Meinungsfreiheit: strafrechtliche und verfassungsrechtliche Untersuchung des § 130 Abs. 4 StGB, 2017, 275. Zum entsprechenden Merkmal in Abs. 4 statt vieler BT-Drs. 15/5051, 5; *Altenhain* in Matt/Renzikowski StGB § 130 Rn. 27; *Lohse* in Satzger/Schluckebier/Widmaier StGB § 130 Rn. 41; *Krauß* in LK-StGB StGB § 130 Rn. 131; *Ostendorf* in NK-StGB StGB § 130 Rn. 30; vgl. auch *Stegbauer* NStZ 2000, 281 (285).
[354] OLG Brandenburg NStZ-RR 2017, 206; zust. etwa *Altenhain* in Matt/Renzikowski StGB § 130 Rn. 20; *Fischer* StGB § 130 Rn. 29.
[355] Vgl. BGHSt 47, 278 (282) = JuS 2002, 1127.
[356] *Sternberg-Lieben/Schittenhelm* in Schönke/Schröder StGB § 130 Rn. 19.
[357] *Beisel* NJW 1995, 997 (1000); *Fischer* StGB § 130 Rn. 30; *Lohse* in Satzger/Schluckebier/Widmaier StGB § 130 Rn. 35; *Stein* in SK-StGB StGB § 130 Rn. 46; *Sternberg-Lieben/Schittenhelm* in Schönke/Schröder StGB § 130 Rn. 19; aA *Stegbauer* NStZ 2000, 281 (284).
[358] BGH NJW 2005, 689 (691); *Altenhain* in Matt/Renzikowski StGB § 130 Rn. 21; *Ostendorf* in NK-StGB StGB § 130 Rn. 28.
[359] BGHSt 46, 36 (40) = NJW 2000, 2217.
[360] BGH NJW 2000, 2217 (2219); *Krauß* in LK-StGB StGB § 130 Rn. 133.
[361] *Stein* in SK-StGB StGB § 130 Rn. 46.
[362] BGHSt 47, 278 (281) = JuS 2002, 1127; *Fischer* StGB § 130 Rn. 30; *Schäfer* in MüKoStGB § 130 Rn. 82; *Stegbauer* NStZ 2000, 281 (285); zu weiteren Beispielen s. *Rackow* in BeckOK-StGB, 52. Ed. 1.2.2022, StGB § 130 Rn. 34 ff.
[363] BVerfGE 124, 300 (339 f.) = NJW 2010, 47; BVerfG NJW 2018, 2858 (2859); *Fischer* StGB § 130 Rn. 32; ähnlich BGHSt 47, 278 (280) = JuS 2002, 1127; NStZ 2019, 108 (109); *Ostendorf* in NK-StGB StGB § 130 Rn. 29: regelmäßig gegeben; tendenziell einschränkend in Bezug auf das Verharmlosen BVerfG NJW 2018, 2861 (2862); *Krauß* in LK-StGB StGB § 130 Rn. 138; *Lohse* in Satzger/Schluckebier/Widmaier StGB § 130 Rn. 38; aA *Altenhain* in Matt/Renzikowski StGB § 130 Rn. 25 iVm Rn. 31.
[364] BVerfGE 124, 300 (343) = NJW 2010, 47.

Gedankenguts oder ein Bekenntnis zu diesem reicht ebensowenig aus[365] wie dasjenige anderer staatlicher Maßnahmen des NS-Regimes.[366]

76 Zum **Billigen** → Rn. 87. Dieses kann auch durch die Bewertung einer Symbolfigur erfolgen, mit der eine Billigung der NS-Herrschaft verbunden ist.[367] **Verherrlichen** ist das „Berühmen der NS-Gewalt- und Willkürherrschaft als etwas Großartiges, Imponierendes oder Heldenhaftes", für das bereits die Darstellung in einem positiven Bewertungszusammenhang oder positive Akzentuierung genügt.[368] Die Gewalt- und Willkürherrschaft **rechtfertigt,** wer die Menschenrechtsverletzungen als auch nach anerkannten Maßstäben notwendig oder unvermeidlich, rechtlich oder moralisch erlaubt verteidigt.[369]

77 Die vorgenannten Äußerungen müssen in einer **die Würde des Opfers verletzenden Weise** getätigt werden. Tatbestandsmäßig ist damit nur eine Handlung, die zugleich den Achtungsanspruch der Opfer der NS-Gewalt- und Willkürherrschaft angreift.[370] Dies dürfte bei derartigen Äußerungen jedoch im Regelfall anzunehmen sein.[371] Dennoch dürfte die Vorschrift allenfalls selten zur Anwendung kommen, weil die Tathandlungen zudem **den öffentlichen Frieden** tatsächlich **stören** müssen, was freilich kaum festzustellen ist.[372]

78 dd) Objektiver Tatbestand der Verbreitung von Inhalten iSv Abs. 1, 3 und 4 gem. Abs. 2 und 5. Der als „allgemeiner Antidiskriminierungstatbestand" bezeichnete[373] **Abs. 2** erfasst die Verbreitung der durch Abs. 1 erfassten Inhalte, ohne eine Eignung zur Friedensstörung zu verlangen. Aus letzterem leitet die hM ab, dass Tathandlungen auch gegenüber ausländischen Gruppen und Bevölkerungsteilen erfasst sind.[374] Die besondere Gefährlichkeit liegt in der Breitenwirkung des Verbreitens (→ Rn. 8 f.) bzw. des Zugänglichmachens für die Öffentlichkeit (→ Rn. 10 f.) oder dem Anbieten, Überlassen oder Zugänglichmachen an eine Person unter achtzehn Jahren. Der **Inhaltsverbreitungtatbestand** nach Nr. 1 erfasst – anders als § 86 StGB – das Verbreiten auch vorkonstitutioneller Darstellungen[375] (→ Rn. 7), während Nr. 2 (bis zum 31.12.2020 Nr. 3) mit dem Herstellen, Beziehen, Liefern, Vorrätighalten, Anbieten, Bewerben und Unternehmen der Ein- und Ausfuhr (s. dazu → Rn. 55) **Vorbereitungshandlungen** zu den Handlungen nach Nr. 1 poenalisiert. Über **Abs. 5 S. 1** erhält die Vorschrift auch Geltung für Inhalte nach den Abs. 3 und 4, die allerdings im Falle des Abs. 3 die Eignung zur Friedensstörung aufweisen und im Falle des Absatzes 4 zu einer Störung des öffentlichen Friedens führen müssen.[376] **Abs. 2 Nr. 2** und **Abs. 5 S. 2** erfassten bis zum 31.12.2020 die Übertragung von Live-

---

[365] BVerfGE 124, 300 Rn. 100 = NJW 2010, 47; *Krauß* in LK-StGB StGB § 130 Rn. 142; *Sternberg-Lieben/Schittenhelm* in Schönke/Schröder StGB § 130 Rn. 22b.
[366] *Schäfer* in MüKoStGB StGB § 130 Rn. 95.
[367] BT-Drs. 15/5051, 5; *Altenhain* in Matt/Renzikowski StGB § 130 Rn. 27; *Krauß* in LK-StGB StGB § 130 Rn. 143; *Ostendorf* in NK-StGB StGB § 130 Rn. 30.
[368] BT-Drs. 15/5051, 5; *Lohse* in Satzger/Schluckebier/Widmaier StGB § 130 Rn. 42; *Schäfer* in MüKoStGB StGB § 130 Rn. 93.
[369] BT-Drs. 15/5051, 5; *Altenhain* in Matt/Renzikowski StGB § 130 Rn. 29; *Fischer* StGB § 130 Rn. 35; *Schäfer* in MüKoStGB StGB § 130 Rn. 94.
[370] BT-Drs. 15/5051, 5; zust. etwa *Krauß* in LK-StGB StGB § 130 Rn. 146.
[371] BT-Drs. 15/5051, 5; VG Bayreuth MMR 2005, 791 (793); *Schäfer* in MüKoStGB StGB § 130 Rn. 97; grds. auch *Sternberg-Lieben/Schittenhelm* in Schönke/Schröder StGB § 130 Rn. 22d; restriktiver *Stein* in SK-StGB StGB § 130 Rn. 55; vgl. auch *Poscher* NJW 2005, 1316 (1318).
[372] *Schäfer* in MüKoStGB StGB § 130 Rn. 98; *Sternberg-Lieben/Schittenhelm* in Schönke/Schröder StGB § 130 Rn. 22c; *Fischer* StGB § 130 Rn. 14 ff., 40: weitgehende Unanwendbarkeit.
[373] *König/Seitz* NStZ 1995, 1 (3); *Lohse* in Satzger/Schluckebier/Widmaier StGB § 130 Rn. 1, 22; *Schäfer* in MüKoStGB StGB § 130 Rn. 62.
[374] *Krauß* in LK-StGB StGB § 130 Rn. 85; *Sternberg-Lieben/Schittenhelm* in Schönke/Schröder StGB § 130 Rn. 12; krit. demgegenüber *Fischer* StGB § 130 Rn. 16; *König/Seitz* NStZ 1995, 1.
[375] *Altenhain* in Matt/Renzikowski StGB § 130 Rn. 16; *Ostendorf* in NK-StGB StGB § 130 Rn. 36.
[376] *Altenhain* in Matt/Renzikowski StGB § 130 Rn. 32; *Krauß* in LK-StGB StGB § 130 Rn. 148; *Schäfer* in MüKoStGB StGB § 130 Rn. 99; die Eignung dazu ausreichen lassen RegE BT-Drs. 19/19859, 58; *Fischer* StGB § 130 Rn. 41; *Sternberg-Lieben/Schittenhelm* in Schönke/Schröder StGB § 130 Rn. 23.

darbietungen mittels Rundfunk und Telemedien und sind durch die Änderungen durch das 60. StGBÄndG hinfällig und damit gestrichen worden.[377]

ee) Subjektiver Tatbestand. Grundsätzlich genügt bedingter Vorsatz (§ 15 StGB), der sich bei Handlungen nach Abs. 1 und 3 auf die Eignung zur Störung des öffentlichen Friedens und bei Handlungen nach Abs. 4 auf den tatsächlichen Eintritt einer solchen erstrecken muss. Ein Aufstacheln und Auffordern gem. Abs. 1 Nr. 1 setzt darüber hinausgehend zielgerichtetes Handeln voraus,[378] das Verächtlichmachen gem. Nr. 2 eine bewusst feindliche Gesinnung.[379] Die Vorbereitungshandlungen zur Inhaltsverbreitung nach Abs. 2 Nr. 2 müssen von der Absicht der späteren Verwendung oder Ermöglichung der Verwendung des Inhalts (dolus directus 1. Grades) getragen sein. Vorsatz in Bezug auf das Leugnen gem. Abs. 3 setzt nach der umstrittenen Auslegung durch die Praxis kein Bewusstsein der Unwahrheit voraus.[380] 79

ff) Sonstiges. Nach Abs. 7 gilt die Sozialadäquanzklausel des § 86 Abs. 4 StGB (dazu → Rn. 56) entsprechend. Abs. 6 ordnet die Versuchsstrafbarkeit in Bezug auf die Tathandlungen nach Abs. 2 Nr. 1 und Abs. 5 an. 80

gg) Konkurrenzen. Äußerungen können auch dann, wenn sie Alternativen der Abs. 1–4 erfüllen, nur eine Tat darstellen; richten sie sich gegen mehrere Gruppen usw, ist Tateinheit anzunehmen.[381] Abs. 2 tritt grundsätzlich hinter Abs. 1 zurück.[382] Tateinheit ist zudem mit den §§ 86, 86a, 111, 126, 130a, 131, 140, 185–187 StGB möglich.[383] Abs. 3 Alt. 1 geht § 140 Nr. 2 StGB im Wege der Spezialität vor.[384] 81

2. Schaffen eines Anreizes zur Begehung staatsgefährdender Straftaten

Ein Anreiz zur Begehung von auch staatsgefährdenden Straftaten kann auf unterschiedliche Weise und in unterschiedlicher Intensität gesetzt werden. Die Billigung oder Belohnung einer begangenen, erst recht die Billigung einer zukünftigen Tat begründen einen Zuspruch, der ähnlich einer psychischen Beihilfe den Täter in seinem Vorhaben bestärken kann. Das Wissen aus einer Anleitung – auch ohne Appell und Spezifizierung der Tat – mag zudem Hemmnisse abbauen, die Schwierigkeiten bei der Umsetzung komplexer Taten begründen können. 82

a) Belohnung und Billigung von Straftaten gem. § 140 StGB. Auch wenn sich die tatbestandlich erfasste Belohnung oder Billigung lediglich auf bereits begangene Straftaten beziehen kann und vor der Erweiterung der Vorschrift durch Art. 1 Nr. 4 des Gesetzes zur Bekämpfung des Rechtsextremismus und der Hasskriminalität vom 30.3.2021[385] sogar beziehen musste, zählt § 140 StGB zu den Tatbeständen des „Klimaschutzes". **Schutzgut** 83

---

[377] RegE BT–Drs. 19/19859, 57 f.
[378] BGHSt 40, 97 (102) = NJW 1994, 1421; *Krauß* in LK-StGB StGB § 130 Rn. 155; *Ostendorf* in NK-StGB StGB § 130 Rn. 37; *Schäfer* in MüKoStGB StGB § 130 Rn. 101.
[379] BayObLG NJW 1995, 145; *Altenhain* in Matt/Renzikowski StGB § 130 Rn. 33; *Schäfer* in MüKoStGB StGB § 130 Rn. 101; *Stein* in SK-StGB StGB § 130 Rn. 29.
[380] BGHSt 47, 278 (281 f.) = JuS 2002, 1127; *Altenhain* in Matt/Renzikowski StGB § 130 Rn. 34; *Lohse* in Satzger/Schluckebier/Widmaier StGB § 130 Rn. 39; *Stegbauer* Propaganda 217 f.; *Wandres*, Die Strafbarkeit des Auschwitz-Leugnens, 2000, 231; vgl. auch BT-Drs. 12/7960, 4; 12/8411, 4; aA *Fischer* StGB § 130 Rn. 44 f.; *Krauß* in LK-StGB StGB § 130 Rn. 157; *Kühl* in Lackner/Kühl StGB § 130a Rn. 8; *Stein* in SK-StGB StGB § 130 Rn. 51; *Sternberg-Lieben/Schittenhelm* in Schönke/Schröder StGB § 130 Rn. 20.
[381] *Fischer* StGB § 130 Rn. 56; *Sternberg-Lieben/Schittenhelm* in Schönke/Schröder StGB § 130 Rn. 27 mwN.
[382] *Sternberg-Lieben/Schittenhelm* in Schönke/Schröder StGB § 130 Rn. 27 mwN und Einzelheiten.
[383] *Krauß* in LK-StGB StGB § 130 Rn. 178, 179; *Ostendorf* in NK-StGB StGB § 130 Rn. 43; *Schäfer* in MüKoStGB StGB § 130 Rn. 117 mwN.
[384] BGH NJW 1999, 1561; *Kühl* in Lackner/Kühl StGB § 130 Rn. 13; *Altenhain* in Matt/Renzikowski, § 130 Rn. 40.
[385] BGBl. 2021 I 441.

des abstrakten Gefährdungsdelikts³⁸⁶ ist nach überwiegender Auffassung, insbesondere aus der Praxis der öffentliche Friede.³⁸⁷ Die Zuordnung zu den Tatbeständen, die dem Anreiz zur Begehung von Straftaten entgegenwirken sollen, rechtfertigt sich dadurch, dass die Vorschrift „die Allgemeinheit vor der Schaffung eines psychischen Klimas [...] schützen [soll], in dem neue Delikte dieser Art gedeihen können"³⁸⁸. Als alternatives³⁸⁹ oder weiteres³⁹⁰ Schutzgut werden die Rechtsgüter genannt, die durch die Katalogtaten geschützt werden.

84 Die **praktische Bedeutung** der Vorschrift hat schlagartig zugenommen: Während in den Jahren 2014–2019 in der PKS zwischen 18 (2014) und 76 Fälle (2017) pro Jahr erfasst wurden,³⁹¹ von denen mindestens die Hälfte mittels des Internets begangen worden sein soll,³⁹² waren es 2020 148 Fälle, davon 40 mittels des Internets und 2021 146 Fälle, davon 78 mittels des Internets. Verurteilt wurden zwischen 2013 und 2020 zwischen zwei (2014) und 15 Personen (2020).³⁹³

85 Die Vorschrift knüpft an eine rechtswidrige, nicht notwendig schuldhaft begangene **Bezugstat** aus dem Katalog der §§ 138 Abs. 1 Nr. 2–5 StGB oder des § 126 Abs. 1 StGB oder nach den in der Vorschrift selbst genannten Delikten gegen die sexuelle Selbstbestimmung an. Bei einer Tatbegehung mittels Belohnung gem. Nr. 1 muss die Tat bereits begangen oder – bei gesetzlich angeordneter Strafbarkeit des Versuchs³⁹⁴ – versucht worden sein. Die Billigung kann sich seit der Erweiterung der Vorschrift durch das Gesetz zur Bekämpfung des Rechtsextremismus und der Hasskriminalität demgegenüber nun auch auf zukünftige Taten beziehen.³⁹⁵ Auslandstaten, die nicht dem deutschen Strafrecht unterfallen, sind gemäß einer am Schutzzweck orientierten einschränkenden Auslegung erfasst, wenn ihre Billigung geeignet ist, den inländischen öffentlichen Frieden zu stören,³⁹⁶ fremde

---

³⁸⁶ *Fischer* StGB § 140 Rn. 2; *Geneuss* in Satzger/Schluckebier/Widmaier StGB § 140 Rn. 1 zu Nr. 1, wohingegen Nr. 2 potentielles Gefährdungsdelikt sei; aA *Grünwald* in Lüderssen/Sack, 1980, 489 (493): konkretes Gefährdungsdelikt.
³⁸⁷ Statt vieler BGHSt 22, 282 (285) = NJW 1969, 517; OLG Karlsruhe NStZ-RR 1996, 58 (59); *Jeßberger* in Satzger/Schluckebier/Widmaier StGB § 140 Rn. 2; *Stein* in SK-StGB StGB § 140 Rn. 5.
³⁸⁸ BR-Drs. 87/20, 34; BGHSt 22, 282 (284) = NJW 1969, 517; BGHSt 28, 314 = NJW 1979, 1556; *Grünwald* in Lüderssen/Sack, 1980, 489 (492); *M. Heinrich* ZJS 2018, 8 (16); *Sternberg-Lieben* in Schönke/Schröder StGB § 140 Rn. 1; krit. demgegenüber etwa *Fischer* StGB § 140 Rn. 2; *Geneuss* in Satzger/Schluckebier/Widmaier StGB § 140 Rn. 2; *Hanack* in LK-StGB StGB § 140 Rn. 1; *Hörnle* Grob anstößiges Verhalten 242 ff.; *M. Heinrich* ZJS 2018, 8 (16 f.); *Schroeder*, Die Straftaten gegen das Strafrecht, 1985, 12; *Jakobs* ZStW 97 (1985), 751 (779 f.); *Kühl* NJW 1987, 737 (745); *Dencker* StV 87, 117 (121); *Beck*, Unrechtsbegründung und Vorfeldkriminalisierung. Zum Problem der Unrechtsbegründung im Bereich vorverlegter Strafbarkeit, erörtert unter besonderer Berücksichtigung der Deliktstatbestände des politischen Strafrechts, 1992, 195; *Hefendehl*, Kollektive Rechtsgüter im Strafrecht, 2002, 305; *Hörnle* in Hefendehl/v. Hirsch/Wohlers, Die Rechtsgutstheorie. Legitimationsbasis des Strafrechts oder dogmatisches Glasperlenspiel?, 2003, 268 (277): „einfache[r] Gefühlsschutztatbest[and]"; *Schumann* GS Seebode, 2015, 179 (181).
³⁸⁹ *Dietmeier* in Matt/Renzikowski StGB § 140 Rn. 1; *Fischer* StGB § 140 Rn. 2; *Hohmann* in MüKoStGB StGB § 140 Rn. 2; *Dencker* StV 1987, 117; *Voß*, Symbolische Gesetzgebung. Fragen zur Rationalität von Strafgesetzgebungsakten, 1989, 145 ff.
³⁹⁰ *Jeßberger* in Satzger/Schluckebier/Widmaier StGB § 140 Rn. 2; *Sternberg-Lieben* in Schönke/Schröder StGB § 140 Rn. 1; iErg auch *Stein* in SK-StGB StGB § 140 Rn. 5: im Schutzgut des öffentlichen Friedens enthalten.
³⁹¹ Fallzahlenquellen: BKA PKS 2014–2021, jeweils Grundtabelle 01: „Fälle".
³⁹² Fallzahlenquellen: BKA PKS 2014–2021, jeweils Grundtabelle 05: „Tatmittel Internet".
³⁹³ Fallzahlenquellen: Destatis „Strafverfolgung", Fachserie 10, Reihe 3, 2013–2020, jeweils S. 29.
³⁹⁴ *Fischer* StGB § 140 Rn. 3; *Sternberg-Lieben* in Schönke/Schröder StGB § 140 Rn. 2.
³⁹⁵ Eingehend und mit zutreffender Kritik dazu *Geneuss* JZ 2021, 286 (289, 292); befürwortend *Kubiciel* jurisPR-StrafR 5/2020 Anm. 1.
³⁹⁶ *Hanack* in LK-StGB StGB § 140 Rn. 9; *Jeßberger* in Satzger/Schluckebier/Widmaier StGB § 140 Rn. 7; *Ostendorf* in NK-StGB StGB § 140 Rn. 11; iErg auch OLG Karlsruhe NJW 2003, 1200 (1201); offen gelassen in BGHSt 22, 282 (285 f.) = NJW 1969, 517; einschränkend *Hohmann* in MüKoStGB StGB § 140 Rn. 9; differenzierend *Stein* in SK-StGB StGB § 140 Rn. 11; aA *Schumann* GS Seebode, 2015, 179 (182 f.) Nach BGH NStZ 2017, 699 (700); *Sternberg-Lieben* in Schönke/Schröder StGB: § 140 Rn. 2 muss demgegenüber die Katalogtat die Eignung aufweisen, den inländischen öffentlichen Frieden zu stören.

B. Erläuterungen   § 37

Taten ebenso wie eigene.[397] Die Bezugstat muss so konkretisiert sein, dass sie den vorgenannten Katalogtaten – ob aufgrund ihrer Beschreibung oder aber Bekanntheit beim durchschnittlich informierten Adressaten – zugeordnet werden kann.[398]

Belohnen iSv Nr. 1 ist das unmittelbare oder mittelbare nachträgliche Gewähren eines zuvor nicht versprochenen Vorteils materieller oder immaterieller Art für die Beteiligung an der begangenen rechtswidrigen Tat.[399] Teilweise wird eine Vorteilsgewährung an Dritte als ausreichend erachtet, wenn diese mit dem Vortatbeteiligten in einem Näheverhältnis stehen.[400] 86

Eine Tat **billigt gem. Nr. 2,** wer in eindeutiger Weise[401] die zumindest individualisierbare[402] Tat mindestens schlüssig gutheißt,[403] sich moralisch hinter den Täter stellt.[404] Dies geschieht nach überwiegender Auffassung nicht schon durch eine bloße Schilderung der Bezugstat[405] oder der Veröffentlichung der billigenden Äußerung einer anderen Person.[406] Darin kann jedoch eine Beihilfe liegen[407] (dazu auch → Rn. 16). Ein (täterschaftliches) Billigen scheidet nach der Rechtsprechung zudem schon dann aus, wenn die Äußerung „ansatzweise eine Auseinandersetzung mit den möglichen Ursachen der Bezugstat erkennen lässt".[408] Auch das bloße unkommentierte Teilen fremder Äußerungen und Inhalte stellt per se ebensowenig ein Billigen dar wie nach zutreffender Auffassung ein sog. Liken.[409] Zu den Modalitäten der Billigung **öffentlich,** in einer **Versammlung** oder durch **Verbreiten** von Inhalten → Rn. 7 ff. Das Erfordernis einer **Eignung** des Billigens, **den öffentlichen Frieden zu stören,** dient als Ansatzpunkt für eine restriktive Auslegung des Tatbestands. So legt die überwiegende Auffassung den Begriff der Versammlung gemäß dem Schutzgut des öffentlichen Friedens restriktiv dahingehend aus, dass eine Zusammenkunft von nur wenigen Personen nicht ausreicht.[410] Zudem scheidet sie anhand dieses Merkmals die Billigung solcher Taten, an denen nur noch ein rein historisches Interesse besteht, aus den tauglichen Bezugstaten 87

---

[397] BGH NJW 1978, 58; *Stein* in SK-StGB StGB § 140 Rn. 7; *Sternberg-Lieben* in Schönke/Schröder StGB § 140 Rn. 1; aA *Schroeder,* Die Straftaten gegen das Strafrecht, 1985, 31.
[398] KG Berlin Beschl. vom 18. Dezember 2017 – (2) 161 Ss 104/17 (6/17).
[399] Statt vieler *Fischer* StGB § 140 Rn. 6; *Hanack* in LK-StGB StGB § 140 Rn. 10; *Hohmann* in MüKoStGB StGB § 140 Rn. 11 f.
[400] *Zöller* TerrorismusstrafR 398; *Kühl* in Lackner/Kühl StGB § 140 Rn. 3; aA wohl *Fischer* StGB § 140 Rn. 6; *M. Heinrich* ZJS 2018, 8 (18); im Hinblick auf den ein Gegenseitigkeitsverhältnis implizierenden Begriff des Belohnens zu Recht einschränkend *Hohmann* in MüKoStGB StGB § 140 Rn. 12; *Stein* in SK-StGB StGB § 140 Rn. 13.
[401] *Hanack* in LK-StGB StGB § 140 Rn. 11 f.; *Jeßberger* in Satzger/Schluckebier/Widmaier StGB § 140 Rn. 10.
[402] BGH NJW 1990, 2828 (2829); *Jeßberger* in Satzger/Schluckebier/Widmaier StGB § 140 Rn. 5; *Stein* in SK-StGB StGB § 140 Rn. 14.
[403] Statt vieler BGHSt 22, 282 (286 f.) = NJW 1969, 517; *Fischer* StGB § 140 Rn. 7.
[404] *Sternberg-Lieben* in Schönke/Schröder StGB § 140 Rn. 5: zust. OLG Karlsruhe NJW 2003, 1201; *B. Heinrich* in Wandtke MedienR-HdB 6. Kap. Rn. 281; *Hohmann* in MüKoStGB StGB § 140 Rn. 14.
[405] BGHSt 22, 282 (288) = NJW 1969, 517; *Grünwald* in Lüderssen/Sack, 1980, 489 (492); *Hanack* in LK-StGB StGB § 140 Rn. 11; *Ostendorf* in NK-StGB StGB § 140 Rn. 8; *Sternberg-Lieben* in Schönke/Schröder StGB § 140 Rn. 5.
[406] BGHSt 36, 363 (367) = NJW 1990, 2828; *Grünwald* in Lüderssen/Sack, 1980, 489 (501 f.); *Hanack* in LK-StGB StGB § 140 Rn. 22 ff.; *Hohmann* in MüKoStGB StGB § 140 Rn. 15; *Ostendorf* in NK-StGB StGB § 140 Rn. 8; *Rudolphi* ZRP 1979, 214 (219 f.); *Sternberg-Lieben* in Schönke/Schröder StGB § 140 Rn. 5; aA noch BGH NJW 1978, 58; OLG Braunschweig NJW 1978, 2044 (2046): Billigen durch das Veröffentlichen einer fremden billigenden Erklärung, wenn keine inhaltliche Distanzierung erfolgte.
[407] *Grünwald* in Lüderssen/Sack, 1980, 489 (492, 504); *Hanack* in LK-StGB StGB § 140 Rn. 16; *Hohmann* in MüKoStGB StGB § 140 Rn. 25; *Jeßberger* in Satzger/Schluckebier/Widmaier StGB § 140 Rn. 10.
[408] OLG Karlsruhe NJW 2003, 1200; *Hohmann* in MüKoStGB StGB § 140 Rn. 15; vgl. auch *Hanack* in LK-StGB StGB § 140 Rn. 14.
[409] *Geneuss* JZ 2021, 286 (290 f.); vgl. auch *Eckel/Rottmeier* NStZ 2021, 1 (2 f.), jeweils mwN.
[410] *Hanack* in LK-StGB StGB § 140 Rn. 18; *M. Heinrich* ZJS 2018, 8 (19); *Hohmann* in MüKoStGB StGB § 140 Rn. 21; *Jeßberger* in Satzger/Schluckebier/Widmaier StGB § 140 Rn. 12; *Ostendorf* in NK-StGB StGB § 140 Rn. 9; *Stein* in SK-StGB StGB § 140 Rn. 17.

aus.⁴¹¹ Mit dem Zweck der Vorschrift, zukünftige gleichartige Straftaten zu verhindern, ist ein solch genereller Ausschluss nicht zu vereinbaren. Die eine Straftatbereitschaft fördernde Wirkung der Tathandlung hängt nicht per se davon ab, wie lange die in Bezug genommene Straftat zurückliegt.⁴¹² Geboten ist daher eine Prüfung im Einzelfall.

88 Die analoge Anwendung der **Sozialadäquanzklausel** des § 86 Abs. 4 StGB (→ Rn. 56) wird ganz überwiegend abgelehnt,⁴¹³ teilweise aber die von § 193 StGB befürwortet.⁴¹⁴

89 Der subjektive Tatbestand verlangt mindestens bedingten **Vorsatz** (§ 15 StGB), der sich auch auf die Rechtswidrigkeit der Äußerung und – im Fall des Billigens – auf die Eignung zur Friedensstörung erstrecken muss.⁴¹⁵ Billigt der Täter eine noch zu begehende Tat, soll es ausreichen, wenn er diese in ihren wesentlichen Merkmalen umreißt; deren einzelne Umstände oder auch ihr Täter müssen ihm nicht bekannt sein.⁴¹⁶

90 Zu den §§ 83, 86, 89, 130, 130a, 131, 189 StGB kann **Tateinheit** bestehen.⁴¹⁷ Hinter der Beteiligung an der Katalogtat tritt § 140 Nr. 1 StGB nach hA trotz der unterschiedlichen Schutzrichtungen zurück;⁴¹⁸ § 130 Abs. 3 Alt. 1 StGB verdrängt § 140 Nr. 2 StGB.⁴¹⁹

91 **b) Anleitung zu Straftaten gem. §§ 91 Abs. 1 Nr. 1, 130a StGB. aa) Vorab.** Die Anleitungstatbestände der §§ 91, 130a StGB erfassen Verhaltensweisen, die noch im Vorfeld der öffentlichen Aufforderung zu Straftaten und Anleitung zu Straftaten liegen.⁴²⁰ Sie lassen sich deswegen zu den „Anreiztatbeständen" zählen, weil der jeweilige Gesetzgeber die einer Beihilfe nähere Wissensvermittlung nicht um ihrer selbst willen, sondern um einer dadurch begründeten Initiativwirkung erfassen⁴²¹ und dadurch die Entstehung eines „psychischen Klimas, in dem schwere, sozialschädliche Gewalttaten gedeihen können", verhindern wollte.⁴²² Durch die Schaffung des § 91 StGB wollte der Gesetzgeber des GVVG⁴²³ schließlich neutrale Schriften, bei denen die Eignung, die Tatbereitschaft anderer zu wecken oder zu fördern, sich erst aus den Umständen ihrer Verbreitung ergibt, erfassen und Beweisschwierigkeiten in Bezug auf die Absicht in § 130a Abs. 2 StGB ausräumen.⁴²⁴ Zugleich senkte die Vorschrift die Anforderungen an den Adressatenkreis von einer nicht mehr überschaubaren Personenmehrheit auf eine einzelne Person. Zudem eröffnet der Verdacht des § 91 StGB gegenüber dem des § 130a StGB den Ermittlungsbehörden Zugriff auf weitreichendere Ermittlungsmaßnahmen, der jedoch dadurch begrenzt ist, dass § 91

---

⁴¹¹ *Dietmeier* in Matt/Renzikowski StGB § 140 Rn. 4; *Jeßberger* in Satzger/Schluckebier/Widmaier StGB § 140 Rn. 13; *Ostendorf* in NK-StGB StGB § 140 Rn. 10; *Sternberg-Lieben* in Schönke/Schröder StGB § 140 Rn. 5a.
⁴¹² So auch *Fischer* StGB § 140 Rn. 8a; *Hanack* in LK-StGB StGB § 140 Rn. 23; *Hohmann* in MüKoStGB StGB § 140 Rn. 23.
⁴¹³ So auch *Fischer* StGB § 140 Rn. 8a; aA *Stein* in SK-StGB StGB § 140 Rn. 20 ff.
⁴¹⁴ *Ostendorf* in NK-StGB StGB § 140 Rn. 14; aA wohl *Fischer* StGB § 140 Rn. 8a.
⁴¹⁵ Statt vieler *Hohmann* in MüKoStGB StGB § 140 Rn. 24; *Sternberg-Lieben* in Schönke/Schröder StGB § 140 Rn. 7.
⁴¹⁶ BR-Drs. 87/20, 35; kritisch demgegenüber zu Recht *Geneuss* JZ 2021, 286 (289).
⁴¹⁷ *Fischer* StGB § 140 Rn. 12.
⁴¹⁸ *Fischer* StGB § 140 Rn. 12; *Jeßberger* in Satzger/Schluckebier/Widmaier StGB § 140 Rn. 16; *Kühl* in Lackner/Kühl StGB § 140 Rn. 5; *Schroeder*, Die Straftaten gegen das Strafrecht, 1985, 31; aA *Ostendorf* in NK-StGB StGB § 140 Rn. 16; *Stein* in SK-StGB StGB § 140 Rn. 26.
⁴¹⁹ BGH NStZ 1999, 348; *Fischer* StGB § 140 Rn. 12; *Ostendorf* in NK-StGB StGB § 140 Rn. 16.
⁴²⁰ Vgl. zu § 130a StGB BT-Drs. 10/6635, 13; *Krauß* in LK-StGB StGB § 130a Rn. 2; *Kühl* NJW 1987, 737 (745); *Rogall* GA 1979, 11 (21); *Schäfer* in MüKoStGB StGB § 91 Rn. 8, § 130a Rn. 2, 15; *Stein* in SK-StGB StGB § 130a Rn. 3; *Sternberg-Lieben/Schittenhelm* in Schönke/Schröder StGB § 130a Rn. 1.
⁴²¹ Zu § 130a StGB im Folgenden; zu § 91 StGB BT-Drs. 16/12428, 17.
⁴²² BT-Drs. 10/6286, 8; *Schäfer* in MüKoStGB StGB § 130a Rn. 2.
⁴²³ Gesetz zur Verfolgung der Vorbereitung von schweren staatsgefährdenden Gewalttaten v. 30.7.2009 (BGBl. 2009 I 2437; eingehend zur Genese des Gesetzes und der europarechtlichen und völkerrechtlichen Hintergründe etwa *Aliabasi*, Die Staatsgefährdende Gewalttat, 2007, 135 ff.; *Petzsche*, Strafrecht und Terrorismusbekämpfung. Eine vergleichende Untersuchung der Bekämpfung terroristischer Vorbereitungshandlungen in Deutschland, Großbritannien und Spanien, 2013, 97 ff.
⁴²⁴ BT-Drs. 16/12428, 17; *Schäfer* in MüKoStGB StGB § 91 Rn. 1.

StGB – anders als etwa § 89a StGB – nicht in den Katalogen der §§ 100a ff. StPO als Anlasstat für heimliche Ermittlungsmaßnahmen aufgeführt ist (→ Rn. 21).[425]

Diese Unterschiede wirken sich auf die Bestimmung des **Schutzgutes** und damit auch der **Deliktsstruktur** aus: Während § 130a StGB nach ganz überwiegender Auffassung mindestens auch, wenn nicht gar ausschließlich den öffentlichen Frieden schützt,[426] bleibt für § 91 StGB, auch wenn der Gesetzgeber in der Begründung die Gefährdung des öffentlichen Friedens durch entsprechende Anleitungen anspricht,[427] mangels Breitenwirkung nach überwiegender Auffassung nur der Schutz von Individual- und Staatsschutzrechtsgütern.[428] Und während § 130a StGB damit von Teilen der Literatur als Eignungsdelikt oder konkret-abstraktes Gefährdungsdelikt eingeordnet wird,[429] kann § 91 StGB nur als abstraktes Gefährdungsdelikt verstanden werden, das eine sehr mittelbare Gefährdung der durch die schwere staatsgefährdende Gewalttat bedrohten Rechtsgüter poenalisiert.[430]

Auch wenn der jeweilige Gesetzgeber sein Vorgehen auf eine Zunahme des Zurverfügungstellens und Beschaffens solcher Anleitungen stütze,[431] ist die **praktische Bedeutung** jedenfalls der registrierten Kriminalität nach diesen Vorschriften gering: In den Jahren zwischen 2009 und 2021 wurden zwischen 10 (2019) und 43 Fälle (2021, davon 13 mittels Internet) des § 130a StGB in der PKS registriert,[432] mit einem stark schwankenden Anteil einer Tatbegehung mittels des Internets (14% in 2011, aber 66,7% in 2019[433]); verurteilt wurde in den Jahren 2013–2020 insgesamt nur eine Person (2018).[434] Fälle des § 91 StGB sind in der PMK nicht gesondert ausgewiesen; im Zeitraum von 2013–2020 wurde ebenfalls nur eine Person (2013) verurteilt.[435]

bb) Gemeinsame Merkmale der §§ 130a, 91 Abs. 1 Nr. 1 StGB. Eine **Anleitung** zu einer Straftat ist eine unterweisende Darstellung von Möglichkeiten, wie eine bestimmte Straftat vorbereitet oder ausgeführt werden kann.[436] Der Gesetzgeber hatte insbesondere die Vermittlung technischer Kenntnisse vor Augen.[437] Unmittelbar setzt eine solche Anleitung nur § 130a Abs. 2 Nr. 2 StGB voraus; Handlungsobjekt der §§ 91, 130a Abs. 1, Abs. 2 Nr. 1 StGB sind demgegenüber Inhalte (vormals: Schriften), die sich als eine

---

[425] *M. Heinrich* ZJS 2017, 301 (313); *Zöller* in SK-StGB StGB § 91 Rn. 3, der den Straftatbestand daher als „Hebel" für Ermittlungen weit im Vorfeld anderer Straftaten, hinsichtlich derer noch kein Anfangsverdacht besteht, bezeichnet.
[426] Statt vieler BT-Drs. 10/6286, 5; 10/6635, 13; *Krauß* in LK-StGB StGB § 130a Rn. 1; *Schäfer* in MüKoStGB StGB § 130a Rn. 1. Für den kumulativen Schutz der Individualrechtsgüter, die durch die Taten, zu denen angeleitet wird, gefährdet oder verletzt werden können BT-Drs. 10/6286, 5; 10/6635, 13; *Lohse* in Satzger/Schluckebier/Widmaier StGB § 130a Rn. 3; *Stein* in SK-StGB StGB § 130a Rn. 2; aA *Altenhain* in Matt/Renzikowski StGB § 130a Rn. 1; *Fischer* StGB § 130a Rn. 2; *Hörnle* Grob anstößiges Verhalten 218; *Puschke*, Legitimation, Grenzen und Dogmatik von Vorbereitungstatbeständen, 2017, 429: Schutz der Rechtsgüter, der auch § 126 StGB schützt.
[427] BT-Drs. 16/12428, 13.
[428] So auch *Schäfer* in MüKoStGB StGB § 130a Rn. 4; *Zöller* TerrorismusstrafR 394. Für eine Einbeziehung des öffentlichen Friedens im Wege verfassungskonformer Auslegung *Gazeas* in Leipold/Tsambikakis/Zöller StGB § 91 Rn. 3; *Gazeas/Grosse-Wilde/Kießling* NStZ 2009, 593 (601 f.); *Paeffgen* in NK-StGB StGB § 91 Rn. 4 ff. Krit. demgegenüber *Schäfer* in MüKoStGB StGB § 91 Rn. 3; *Zöller* TerrorismusstrafR 394.
[429] *Lohse* in Satzger/Schluckebier/Widmaier StGB § 130a Rn. 4; *Krauß* in LK-StGB StGB § 130a Rn. 3; *Schäfer* in MüKoStGB StGB § 130a Rn. 5; aA *Altenhain* in Matt/Renzikowski StGB § 130a Rn. 1; *Kühl* in Lackner/Kühl StGB § 130a Rn. 1; *Stein* in SK-StGB StGB § 130a Rn. 2; *Sternberg-Lieben/Schittenhelm* in Schönke/Schröder StGB § 130a Rn. 2; *Zieschang*, Die Gefährdungsdelikte, 1998, 310 f.; *Fischer* StGB § 130a Rn. 2; *Ostendorf* in NK-StGB StGB § 130a Rn. 4: abstraktes Gefährdungsdelikt.
[430] *Fischer* StGB § 91 Rn. 3; *Schäfer* in MüKoStGB StGB § 91 Rn. 4 f.; *Zöller* in SK-StGB StGB § 91 Rn. 4.
[431] BT-Drs. 16/12428, 12.
[432] Fallzahlenquellen: BKA PKS 2009–2021, jeweils Grundtabelle 01: „Fälle".
[433] Fallzahlenquellen: BKA PKS 2011–2021, jeweils Grundtabelle 05: „Tatmittel Internet".
[434] Fallzahlenquellen: Destatis „Strafverfolgung", Fachserie 10, Reihe 3, 2013–2020, jeweils S. 29.
[435] Fallzahlenquellen: Destatis „Strafverfolgung", Fachserie 10, Reihe 3, 2013–2020, jeweils S. 27.
[436] Statt vieler BT-Drs. 7/3030, 8; *Fischer* StGB § 130a Rn. 7; *Schäfer* in MüKoStGB StGB § 91 Rn. 10, § 130a Rn. 14, jeweils mwN.
[437] BT-Drs. 10/6286, 8.

Anleitung *eignen*. Die zusammengestellten Informationen müssen so detailliert und verständlich sein, dass die Darstellung einem Empfänger mit durchschnittlichen Kenntnissen und Fähigkeiten zumindest einen wesentlichen Teil der Informationen verschafft und ihm dadurch die Begehung der Tat zumindest entscheidend erleichtert.[438] Auch wenn das Schutzgut des öffentlichen Friedens des § 130a StGB eine weitere Auslegung zuließe, fehlt es an einer Anleitung, wenn die Darstellung falsches,[439] gar bewusst irreführendes,[440] zu Allgemeines oder ohnehin allgemein Bekanntes[441] enthält. Andererseits muss sie nicht so umfassend sein, dass sie als alleinige Anleitung dienen kann.[442] Nach herrschender Auffassung genügen daher Erklärungen zu rechtmäßigen Handlungen, wenn sie auch die Begehung der Bezugstat erleichtern können,[443] und Informationen zu einem Tatteil wie zur Waffentechnik oder Logistik.[444] Eine isolierte und allgemeine Beschreibung der Herstellung von Waffen und Sprengstoff bzw. – allgemeiner formuliert – eine Erklärung von Herstellung oder Gebrauch eines Gegenstands, der als Tatmittel eingesetzt werden kann, soll nach dem Willen des Gesetzgebers jedoch nicht genügen.[445] Das folgt schon daraus, dass der Darstellung ein Bezug zu einer Tat gem. § 89a StGB oder aus dem Katalog des § 126 StGB zu entnehmen sein muss. Dafür ist erforderlich, aber auch ausreichend, wenn diese Tat so weit in ihrem Typus konkretisiert ist, dass ihre entsprechende rechtliche Einordnung möglich ist.[446] Gelegenheit zu konkretisieren, wann eine Darlegung den erforderlichen Umfang aufweist, hatte die Praxis bisher nicht.

95 Da die bloße **Eignung** des Inhalts als Anleitung zu dienen ausreicht, ist für seine Einordnung ohne Bedeutung, mit welcher Zwecksetzung er verfasst worden ist.[447] Bestätigt wird dies durch die weitere Einschränkung in § 130a Abs. 1 StGB dahingehend, dass der Inhalt zusätzlich die Zweckbestimmung aufweisen muss, die Bereitschaft anderer zur Tatbegehung zu fördern oder zu wecken. Erfasst wären damit auch neutrale Inhalte insbesondere mit technischem Gehalt wie wissenschaftliche Untersuchungen, Lehrbücher und Patentanmeldungen. Die überwiegende, nun wohl auch auf Inhalte zu beziehende Auffassung schied jedoch solche Schriften im Einklang mit dem Verständnis des Gesetzgebers[448] bereits aus den anleitungstauglichen Schriften iSv § 130a StGB aus, indem sie den Begriff der Eignung enger fasste. Aus dem Inhalt müsse sich ein besonderer Bezug zur Förderung einer Katalogtat gem. § 126 StGB, eine auf die Begehung der genannten Straftaten gerichtete Tendenz ergeben.[449] Für die Reichweite des § 130a Abs. 1 StGB ist dies wegen des zusätzlichen Erfordernisses einer inhaltlichen Bestimmung, die Tatbereitschaft anderer

---

[438] *Gazeas/Grosse-Wilde/Kießling* NStZ 2009, 593 (602); *Krauß* in LK-StGB StGB § 130a Rn. 12; *Lohse* in Satzger/Schluckebier/Widmaier StGB § 130a Rn. 11; *Paeffgen* in NK-StGB StGB § 130a Rn. 11; *Schäfer* in MüKoStGB StGB § 91 Rn. 10, § 130a Rn. 15.
[439] *Gazeas/Grosse-Wilde/Kießling* NStZ 2009, 593 (602); *Schäfer* in MüKoStGB StGB § 91 Rn. 10; *Zöller* in SK-StGB StGB § 91 Rn. 6.
[440] *Fischer* StGB § 130a Rn. 9; *Krauß* in LK-StGB StGB § 130a Rn. 12.
[441] *Gazeas/Grosse-Wilde/Kießling* NStZ 2009, 593 (602); *Hörnle* Grob anstößiges Verhalten 221; *Paeffgen* in NK-StGB StGB § 130a Rn. 11; *Zöller* in SK-StGB StGB § 91 Rn. 6.
[442] *Gazeas/Grosse-Wilde/Kießling* NStZ 2009, 593 (602); *Lohse* in Satzger/Schluckebier/Widmaier StGB § 130a Rn. 11; *Schäfer* in MüKoStGB StGB § 91 Rn. 10, § 130a Rn. 15; aA *Paeffgen* in NK-StGB StGB § 130a Rn. 11.
[443] BT-Drs. 10/6282 8; *Fischer* StGB § 130a Rn. 9.
[444] *Lohse* in Satzger/Schluckebier/Widmaier StGB § 130a Rn. 10; *Stein* in SK-StGB StGB § 130a Rn. 5.
[445] BT-Drs. 10/6635, 13; *Schäfer* in MüKoStGB StGB § 130a Rn. 21; vgl. auch *Stein* in SK-StGB StGB § 130a Rn. 5.
[446] *Krauß* in LK-StGB StGB § 130a Rn. 14; *Lohse* in Satzger/Schluckebier/Widmaier StGB § 130a Rn. 10; *Schäfer* in MüKoStGB StGB § 130a Rn. 21; *Sternberg-Lieben/Schittenhelm* in Schönke/Schröder StGB § 130a Rn. 4; differenzierend *Stein* in SK-StGB StGB § 130a Rn. 15.
[447] *Fischer* StGB § 130a Rn. 8; *Sternberg-Lieben/Schittenhelm* in Schönke/Schröder StGB § 130a Rn. 4; aA *Krauß* in LK-StGB StGB § 130a Rn. 13; *Schäfer* in MüKoStGB StGB § 130a Rn. 17.
[448] BT-Drs. 10/6635, 13; 10/6286, 8.
[449] *Derksen* NJW 1998, 3760; *Kühl* in Lackner/Kühl StGB § 130a Rn. 4; *Krauß* in LK-StGB StGB § 130a Rn. 13; *Laufhütte* MDR 1976, 441 (445); *Lohse* in Satzger/Schluckebier/Widmaier StGB § 130a Rn. 12; *Schäfer* in MüKoStGB StGB § 130a Rn. 17; *Sternberg-Lieben/Schittenhelm* in Schönke/Schröder StGB § 130a Rn. 4; *Sturm* JZ 1976, 347 (349); aA *Altenhain* in Matt/Renzikowski StGB § 130a Rn. 2; *Fischer*

B. Erläuterungen   § 37

zu fördern oder zu wecken, ohne Bedeutung. Anders ist dies bei § 130a Abs. 2 Nr. 1 StGB und insbesondere § 91 StGB, der nach dem Willen des Gesetzgebers ohnehin neutrale Schriften erfassen soll.[450]

Auf unterschiedliche Weise müssen die Taten nach den §§ 91, 130a StGB zudem die **96** Tendenz aufweisen, die **Tatbereitschaft** anderer zur Begehung einer schweren staatsgefährdenden Straftat gem. § 89a StGB bzw. einer Katalogtat gem. § 126 StGB **zu fördern oder zu wecken,** ob als inhaltliche Eigenschaft (§ 130a Abs. 1 StGB), als Gegenstand der Absicht (§ 130a Abs. 2 StGB) oder als Eignung aus den Umständen der Verbreitung (§ 91 StGB). Die Anforderungen bleiben ersichtlich hinter denjenigen etwa des Bestimmens iSv § 26 StGB oder Aufforderns iSv § 111 StGB zurück. Verlangt ist also nicht, dass ein Tatentschluss hervorgerufen wird. Eine Bereitschaft zur Tat ist vielmehr bereits die bloße subjektive Geneigtheit,[451] die hervorgerufen oder auch nur gesteigert oder verfestigt werden soll.[452]

cc) Anleitung zu Straftaten gem. § 130a StGB. Der **objektive Tatbestand** des Ver- **97** breitungstatbestands[453] (→ Rn. 1) in **Abs. 1** verlangt, dass ein Inhalt verbreitet oder öffentlich zugänglich gemacht wird (zu den Merkmalen → Rn. 7 ff.), der sowohl die Eignung (→ Rn. 95) zur Anleitung zu einer Katalogtat als auch die Bestimmung, die Tatbereitschaft anderer zu fördern oder zu wecken, aufweist (→ Rn. 96). Die Bestimmung muss sich im Wege objektiver Auslegung[454] aus dem Inhalt selbst ergeben,[455] und sei es nur „zwischen den Zeilen"[456] oder mittels Verweises auf andere Medien.[457] Sie muss nicht Hauptzweck sein.[458] Überwiegend wird im Wege einschränkender Auslegung verlangt, dass der Inhalt zudem eine entsprechende Eignung aufweist.[459]

Der objektive Tatbestand des Inhaltsverbreitensdelikts[460] (→ Rn. 1) nach **Abs. 2 Nr. 1** **98** verlagert die Zweckbestimmung, die Tatbereitschaft einer anderen Person zu wecken oder zu fördern, ins Subjektive, indem sie auf einen objektiven Niederschlag ebendieser im Inhalt verzichtet und stattdessen eine entsprechende Absicht voraussetzt. Poenalisiert wird damit das Verbreiten eines bloß anleitungstauglichen Inhalts und damit ein sozialadäquates Verhalten.[461] Um dem Vorwurf des Gesinnungsstrafrechts zu entgehen, wird einschränkend

---

StGB § 130a Rn. 10; *Ostendorf* in NK-StGB StGB § 130a Rn. 9; *Stein* in SK-StGB StGB § 130a Rn. 10. Eingehend dazu *Piazena* Verabreden, Auffordern und Anleiten 236 ff.

[450] BT-Drs. 16/12428, 18; vgl. *Gazeas/Grosse-Wilde/Kießling* NStZ 2009, 593 (602).

[451] *Fischer* StGB § 130a Rn. 13; *Henrichs* in Matt/Renzikowski StGB § 91 Rn. 8; *Krauß* in LK-StGB § 130a Rn. 21; *Paeffgen* in NK-StGB § 91 Rn. 18; *Schäfer* in MüKoStGB § 91 Rn. 18, § 130a Rn. 23.

[452] BT-Drs. 10/6286, 8; *Kühl* in Lackner/Kühl StGB § 130a Rn. 5; *Lohse* in Satzger/Schluckebier/Widmaier StGB § 130a Rn. 15; *Schäfer* in MüKoStGB § 91 Rn. 18, § 130a Rn. 23; *Stein* in SK-StGB StGB § 130a Rn. 9.

[453] Statt vieler BGHSt 36, 363 (370) = NJW 1990, 2828; *Altenhain* in Matt/Renzikowski StGB § 130a Rn. 1; *Krauß* in LK-StGB StGB § 130a Rn. 4; *Laufhütte* MDR 1976, 441 (445); *Lohse* in Satzger/Schluckebier/Widmaier StGB § 130a Rn. 4; *Schäfer* in MüKoStGB StGB § 130a Rn. 11; *Sturm* JZ 1976, 347 (348).

[454] *Fischer* StGB § 130a Rn. 13; *Kühl* in Lackner/Kühl StGB § 130a Rn. 5; *Lohse* in Satzger/Schluckebier/Widmaier StGB § 130a Rn. 14.

[455] Zum vorherigen Tatobjekt der Schrift *Schäfer* in MüKoStGB StGB § 130a Rn. 22; *Sternberg-Lieben/Schittenhelm* in Schönke/Schröder StGB § 130a Rn. 5.

[456] BGHSt 23, 64 (73) = NJW 1969, 1970; *Krauß* in LK-StGB StGB § 130a Rn. 18; *Schäfer* in MüKoStGB StGB § 130a Rn. 22.

[457] *Schäfer* in MüKoStGB StGB § 130a Rn. 22; *Sternberg-Lieben/Schittenhelm* in Schönke/Schröder StGB § 130a Rn. 5.

[458] *Fischer* StGB § 130a Rn. 13; *Schäfer* in MüKoStGB StGB § 130a Rn. 22.

[459] *Krauß* in LK-StGB StGB § 130a Rn. 22; *Kühl* in Lackner/Kühl StGB § 130a Rn. 5; *Lohse* in Satzger/Schluckebier/Widmaier StGB § 130a Rn. 15; *Schäfer* in MüKoStGB StGB § 130a Rn. 23; *Stein* in SK-StGB StGB § 130a Rn. 10; *Sternberg-Lieben/Schittenhelm* in Schönke/Schröder StGB § 130a Rn. 5; aA *Altenhain* in Matt/Renzikowski StGB § 130a Rn. 4.

[460] Vormals Schriftverbreitungsdelikt, *Krauß* in LK-StGB StGB § 130a Rn. 24; demgegenüber *Lohse* in Satzger/Schluckebier/Widmaier StGB § 130a Rn. 4: Äußerungsdelikt.

[461] Krit. daher etwa *Dencker* StV 1987, 117 (121); *Fischer* StGB § 130a Rn. 17.

99 Das mündliche Äußerungsdelikt⁴⁶⁴ (→ Rn. 1) des **Abs. 2 Nr. 2** erfasst eine tatsächliche, mündliche Anleitung in der Öffentlichkeit oder in einer Versammlung (→ Rn. 11 f.). Die bloße Eignung der Äußerung, als Anleitung zu dienen, reicht demgemäß nicht aus.⁴⁶⁵ Die überwiegende Auffassung verlangt zudem eine inhaltliche Verwirklichungstendenz der Anleitung.⁴⁶⁶

verlangt, dass dem Inhalt eine Verwirklichungstendenz zu entnehmen ist⁴⁶² oder sich die Tatförderungsabsicht – etwa durch Äußerungen während des Verbreitens oder dessen Umstände – eindeutig manifestiert.⁴⁶³

100 Der 2015 eingeführte⁴⁶⁷ Tatbestand des **Abs. 3,** der die Strafbarkeit des ursprünglichen Schriftverbreitungsdelikts auf das öffentliche Zugänglichmachen von Inhalten mittels Rundfunks oder Telemedien und damit unabhängig von einem Trägermedium erstreckte, wurde mit der Wandlung zum Inhaltsverbreitungsdelikt durch das 60. StGBÄndG überflüssig und daher gestrichen.⁴⁶⁸ Aber auch zuvor wurde seine eigenständige Bedeutung neben der Poenalisierung des öffentlichen Zugänglichmachens in Abs. 1 und 2 bezweifelt.⁴⁶⁹

101 In **subjektiver Hinsicht** haben alle Tatbestände gemein, dass sie (mindestens bedingten) Vorsatz (§ 15 StGB) insbesondere auch hinsichtlich der Eignung des Inhalts voraussetzen. Bei einer Tatbegehung gem. Abs. 1 muss sich der Vorsatz zudem auf die dem Inhalt zu entnehmende Zweckbestimmung beziehen, ohne dass der Täter sie selbst teilt oder den Inhalt gutheißt.⁴⁷⁰ Abs. 2 verlangt demgegenüber die Absicht im Sinne von dolus directus 1. Grades,⁴⁷¹ die Tatbereitschaft einer anderen Person zu fördern oder zu wecken. Vorsatz bzw. Absicht müssen im Rahmen einer laienhaften Wertung den materiellen Unrechtsgehalt⁴⁷² und die Rechtswidrigkeit der Katalogtat erfassen.⁴⁷³

102 Ein Tatbestandsausschluss⁴⁷⁴ gemäß der **Sozialadäquanzklausel** des § 86 Abs. 4 StGB iVm § 86 Abs. 3 StGB kommt – ausnahmsweise⁴⁷⁵ – nur bei Verhaltensweisen nach Abs. 1 in Betracht, da Handlungen in der Absicht, die Tatbereitschaft einer anderen Person mindestens zu fördern, nach Abs. 2 stets sozialinadäquat sind.⁴⁷⁶

---

⁴⁶² *Lohse* in Satzger/Schluckebier/Widmaier StGB § 130a Rn. 20; *Schäfer* in MüKoStGB StGB § 130a Rn. 28.
⁴⁶³ *Dencker* StV 1987, 117 (121); *Lohse* in Satzger/Schluckebier/Widmaier StGB § 130a Rn. 21; *Krauß* in LK-StGB StGB § 130a Rn. 36; *Schäfer* in MüKoStGB StGB § 130a Rn. 38; abl. *Altenhain* in Matt/Renzikowski StGB § 130a Rn. 6; *M. Heinrich* ZJS 2017, 625 (638); restriktiver *Stein* in SK-StGB StGB § 130a Rn. 16: Eignung der Schrift oder der Umstände ihrer Verbreitung, die Tatbereitschaft anderer Personen zu wecken.
⁴⁶⁴ *Fischer* StGB § 130a Rn. 18; *Schäfer* in MüKoStGB StGB § 130a Rn. 3; *Lohse* in Satzger/Schluckebier/Widmaier StGB § 130a Rn. 4.
⁴⁶⁵ So auch *Fischer* StGB § 130a Rn. 18.
⁴⁶⁶ *Krauß* in LK-StGB StGB § 130a Rn. 37; *Schäfer* in MüKoStGB StGB § 130a Rn. 40; *Stein* in SK-StGB StGB § 130a Rn. 16; *Sternberg-Lieben/Schittenhelm* in Schönke/Schröder StGB § 130a Rn. 8.
⁴⁶⁷ 49. StÄG vom 21.1.2015 (BGBl. 2015 I 10).
⁴⁶⁸ Sechzigstes Gesetz zur Änderung des Strafgesetzbuchs – Modernisierung des Schriftenbegriffs und anderer Begriffe sowie Erweiterung der Strafbarkeit nach den §§ 86, 86a, 111 und 130 des Strafgesetzbuchs bei Handlungen im Ausland vom 30.11.2020 (BGBl. 2020 I 2600); zur Begründung s. RegE BT-Drs. 19/19859, 59.
⁴⁶⁹ *Fischer* StGB, 67. Aufl. 2020, § 130a Rn. 18a.
⁴⁷⁰ *Krauß* in LK-StGB StGB § 130a Rn. 34; *Schäfer* in MüKoStGB StGB § 130a Rn. 25, 36; *Sternberg-Lieben/Schittenhelm* in Schönke/Schröder StGB § 130a Rn. 7.
⁴⁷¹ *Kühl* in Lackner/Kühl StGB § 130a Rn. 10; *Stein* in SK-StGB StGB § 130a Rn. 18, 22.
⁴⁷² Statt vieler *Altenhain* in Matt/Renzikowski StGB § 130a Rn. 5; *Lohse* in Satzger/Schluckebier/Widmaier StGB § 130a Rn. 23; *Sternberg-Lieben/Schittenhelm* in Schönke/Schröder StGB § 130a Rn. 9; ähnlich *Schäfer* in MüKoStGB StGB § 130a Rn. 36.
⁴⁷³ *Fischer* StGB § 130a Rn. 21; *Schäfer* in MüKoStGB StGB § 130a Rn. 35.
⁴⁷⁴ Statt vieler *Krauß* in LK-StGB StGB § 130a Rn. 38; *Sternberg-Lieben/Schittenhelm* in Schönke/Schröder StGB § 130a Rn. 10.
⁴⁷⁵ *Lohse* in Satzger/Schluckebier/Widmaier StGB § 130a Rn. 25; *Schäfer* in MüKoStGB StGB § 130a Rn. 42.
⁴⁷⁶ Statt vieler *Fischer* StGB § 130a Rn. 22; *Kühl* in Lackner/Kühl StGB § 130a Rn. 11; *Sternberg-Lieben/Schittenhelm* in Schönke/Schröder StGB § 130a Rn. 10; aA *Ostendorf* in NK-StGB StGB § 130a Rn. 11; zur Tatmodalität nach Abs. 2 Nr. 1 *Stein* in SK-StGB StGB § 130a Rn. 19.

Die überwiegende Auffassung nimmt **Tateinheit** zwischen Abs. 1 und 2 an, beispiels- 103
weise wenn ergänzend zu einer mündlichen Anleitung entsprechende Verkörperungen
verteilt werden.[477] Tateinheit besteht auch zu den §§ 83, 84, 130, 131, 140 StGB sowie
den §§ 26 bzw. 30 StGB in Verbindung mit der Katalogtat.[478] Gegenüber § 111 StGB tritt
§ 130a StGB zurück, wenn nicht die Anleitung über die Aufforderung hinausgeht, sodass
die Gefährdung des öffentlichen Friedens durch Annahme von Idealkonkurrenz zum Ausdruck zu bringen ist.[479]

dd) Anleitung zur Begehung einer schweren staatsgefährdenden Gewalttat gem. 104
§ 91 Abs. 1 Nr. 1 StGB. Handlungsobjekte des Verbreitensdelikts[480] (→ Rn. 1) gem.
§ 91 Abs. 1 Nr. 1 StGB sind Inhalte (→ Rn. 7), die sich als Anleitung zu einer schweren
staatsgefährdenden Gewalttat iSv § 89a Abs. 1 StGB eignen (dazu → Rn. 94 f.; sog. erste
Eignungsklausel[481]). Durch die Wandlung vom Schriften- zum Inhaltsdelikt erstreckt sich
dies nun auch auf Anleitungen via Livestream.[482] Entsprechend der gesetzgeberischen
Intention sind auch neutrale Inhalte erfasst, die keine Tendenz zur Tatförderung oder auch
nur irgendeinen Straftatbezug aufweisen; es soll ausreichen, wenn sich Entsprechendes
allein aus den Umständen der Verbreitung ergibt.[483] Teile der Literatur verlangen demgegenüber wie auch bei § 130a StGB, dass der Inhalt einen Bezug zu der schweren Gewalttat und eine auf deren Begehung gerichtete Tendenz aufweist.[484] Unterschiede zeigen sich
bei der Einbeziehung etwa von wissenschaftlichen Abhandlungen, Warnhinweisen oder
fiktionalen Schriften wie Kriminalromanen.[485] Ausreichend ist, wenn sich der Inhalt der
Anleitung erst aus einer Zusammenschau verschiedener auf einer Internetseite eingestellter
Informationen ergibt („Mosaik-Anleitung").[486]

Tathandlungen sind bereits das Anpreisen als eine Vorbereitungshandlung zum Ver- 105
breiten (→ Rn. 8)[487] und das Zugänglichmachen des Inhalts. Ein **Anpreisen** ist eine
werbende, den Inhalt besonders hervorhebende Äußerung.[488] Ein **Zugänglichmachen**
(→ Rn. 10) erfordert nicht, dass sich der Täter zu den Inhalten bekennt, sodass auch eine
wertneutrale Präsentation erfasst ist.[489] Nach dem ausdrücklichen Wortlaut reicht das
Zugänglichmachen gegenüber einer einzelnen Person; für die Tatvariante des Anpreisens
ist nichts anderes zu entnehmen.[490]

---

[477] *Fischer* StGB § 130a Rn. 24; *Schäfer* in MüKoStGB StGB § 130a Rn. 47.
[478] *Schäfer* in MüKoStGB StGB § 130a Rn. 48.
[479] *Ostendorf* in NK-StGB StGB § 130a Rn. 15; *Schäfer* in MüKoStGB StGB § 130a Rn. 48; *Sternberg-Lieben/Schittenhelm* in Schönke/Schröder StGB § 130a Rn. 12; aA: *Fischer* StGB § 130a Rn. 24; *Rogall* GA 1979, 11 (21): stets Subsidiarität.
[480] *Gazeas* in Leipold/Tsambikakis/Zöller StGB § 91 Rn. 4.
[481] *Gazeas* in Leipold/Tsambikakis/Zöller StGB § 91 Rn. 11.
[482] RegE zum 60. StGBÄndG, BT-Drs. 19/19859, 56.
[483] BT-Drs. 16/12428 17 f. In der Lit. *Fischer* StGB § 91 Rn. 7; *Henrichs* in Matt/Renzikowski StGB § 91 Rn. 4; *Schäfer* in MüKoStGB StGB § 91 Rn. 11; *Paeffgen* in NK-StGB StGB § 130a Rn. 12; *Zöller* in SK-StGB StGB § 91 Rn. 7; *M. Heinrich* ZJS 2017, 301 (313). Krit. im Hinblick auf die Bestimmtheit *Sieber* NStZ 2009, 353 (363).
[484] *Kauffmann*, Das Gesetz zur Verfolgung der Vorbereitung schwerer staatsgefährdender Gewalttaten, 2011, 111; *Sternberg-Lieben* in Schönke/Schröder StGB § 91 Rn. 3.
[485] Vgl. etwa *Fischer* StGB § 91 Rn. 7; *Schäfer* in MüKoStGB StGB § 91 Rn. 11 gegenüber *Sternberg-Lieben* in Schönke/Schröder StGB § 91 Rn. 3.
[486] *Gazeas* in Leipold/Tsambikakis/Zöller StGB § 91 Rn. 11; *Zöller* in SK-StGB StGB § 91 Rn. 7.
[487] *Fischer* StGB § 91 Rn. 10; *Schäfer* in MüKoStGB StGB § 91 Rn. 14.
[488] *Fischer* StGB § 91 Rn. 10; *Gazeas* in Leipold/Tsambikakis/Zöller StGB § 91 Rn. 14; *v. Heintschel-Heinegg* in BeckOK StGB, 52. Ed. 1.2.2022, StGB § 91 Rn. 5; *Paeffgen* in NK-StGB StGB § 91 Rn. 15.
[489] *Henrichs* in Matt/Renzikowski StGB § 91 Rn. 10; *Gazeas* in Leipold/Tsambikakis/Zöller StGB § 91 Rn. 15; *Schäfer* in MüKoStGB StGB § 91 Rn. 15; tendenziell einschränkend *Paeffgen* in NK-StGB StGB § 91 Rn. 17.
[490] RegE zum 60. StGBÄndG, BT-Drs. 19/19859, 56; *B. Heinrich* in Wandtke MedienR-HdB 6. Kap. Rn. 210; *M. Heinrich* ZJS 2017, 301 (313); *Henrichs* in Matt/Renzikowski StGB § 91 Rn. 10; *Schäfer* in MüKoStGB StGB § 91 Rn. 15; *Zöller* in SK-StGB StGB § 91 Rn. 8; einschr. *Aliabasi*, Die Staatsgefährdende Straftat, 2007, 342; *Gazeas/Grosse-Wilde/Kießling* NStZ 2009, 593(602); *Paeffgen* in NK-StGB § 91

106 Anders als bei § 130a Abs. 1 StGB muss nicht der Inhalt selbst die **Eignung** aufweisen, **die Tatbereitschaft einer anderen Person zu wecken** oder zu fördern; es reicht, wenn dies die Umstände ihrer Verbreitung tun (sog. zweite Eignungsklausel). Der Gesetzgeber hatte den Kontext der Inhalte auf einer Internetseite oder in Foren vor Augen, etwa, dass ein neutraler Inhalt auf einer Internetseite abrufbar ist, die zu einer Straftat iSv § 89a StGB aufruft.[491] Nach überwiegender Auffassung kann sich die Eignung auch aus dem Kontext der Verbreitungshandlung etwa bei Verschlüsselung, Verschleierung oder sonstigen konspirativen Umständen ergeben.[492]

107 Der **subjektive Tatbestand** des Abs. 1 Nr. 1 verlangt (mindestens bedingten) Vorsatz (§ 15 StGB), der sich auf den Inhalt und seine Anleitungseignung, die Tathandlung und deren Eignung zur Förderung der Tatbereitschaft beziehen muss.[493] Allein die Kenntnis der Umstände, aus denen sich die Eignung ergibt, reicht nicht aus.[494] Die innere Einstellung zum Inhalt ist ohne Bedeutung.[495]

108 Die **Sozialadäquanzklausel** des Abs. 2 Nr. 1 entspricht derjenigen in § 86 Abs. 4 StGB (dazu → Rn. 56).[496] Beispiele für einen Tatbestandsausschluss wegen der Erfüllung rechtmäßiger beruflicher oder dienstlicher Pflichten gemäß Abs. 2 Nr. 2 sind das Zugänglichmachen im Rahmen wissenschaftlicher Forschung oder einer anerkannten Schulung über Herstellung und Umgang mit Sprengvorrichtungen.[497] Dass die Personen selbst im Rahmen ihrer Tätigkeit mit der Entwicklung usw von Sprengvorrichtungen und Ähnlichem befasst sind, ist – entgegen den entsprechenden Ausführungen in den Gesetzgebungsmaterialien[498] – nicht erforderlich.[499] In Fällen mit Terrorismusbezug kommt Abs. 2 freilich keine Bedeutung zu.[500]

109 Nur eine Tat im **konkurrenzrechtlichen** Sinne liegt vor, wenn durch einen Verbreitensakt ein Inhalt mehreren Personen zugänglich gemacht wird.[501] Hinter § 89a StGB tritt § 91 StGB zurück.[502] Entsprechendes gilt im Verhältnis zu § 111 StGB, wenn nicht die Anleitung über die Aufforderung hinausgeht und daher aus Klarstellungsgründen Idealkonkurrenz anzunehmen ist.[503] § 130a StGB geht § 91 StGB nach überwiegender Auf-

---

Rn. 6; *Piazena* Verabreden, Auffordern und Anleiten 248 f.; vgl. für § 184 Abs. 1 Nr. 5 StGB *Hörnle* in MüKo-StGB StGB § 184 Rn. 58.

[491] BT-Drs. 16/12428, 18; so auch *Fischer* StGB § 91 Rn. 13; *Schäfer* in MüKoStGB StGB § 91 Rn. 17; *Sternberg-Lieben* in Schönke/Schröder StGB § 91 Rn. 4; *Zöller* in SK-StGB StGB § 91 Rn. 10; restriktiver *Puschke*, Legitimation, Grenzen und Dogmatik von Vorbereitungstatbeständen, 2017, 402, 426: aus der Schrift und den Umständen muss sich zudem eine entsprechende Bestimmung ergeben.

[492] *Fischer* StGB § 91 Rn. 13; *Henrichs* in Matt/Renzikowski StGB § 91 Rn. 7; *Schäfer* in MüKoStGB § 91 Rn. 17; *Sternberg-Lieben* in Schönke/Schröder StGB § 91 Rn. 4; aA *Zöller* in SK-StGB StGB § 91 Rn. 10.

[493] *Fischer* StGB § 91 Rn. 15; *Schäfer* in MüKoStGB § 91 Rn. 22; *Zöller* in SK-StGB StGB § 91 Rn. 14; einschränkend *Paeffgen* in NK-StGB StGB § 91 Rn. 19: dolus directus 2. Grades hinsichtlich der Eignung, die Tatbereitschaft einer anderen Person zu wecken oder zu fördern.

[494] *Fischer* StGB § 91 Rn. 15; *Zöller* in SK-StGB StGB § 91 Rn. 14.

[495] *Henrichs* in Matt/Renzikowski StGB § 91 Rn. 13; *Gazeas* in Leipold/Tsambikakis/Zöller StGB § 91 Rn. 18; *Zöller* in SK-StGB StGB § 91 Rn. 14; aA *Paeffgen* in NK-StGB StGB § 91 Rn. 17.

[496] BT-Drs. 16/12428, 18; in der Lit. statt vieler *Sternberg-Lieben* in Schönke/Schröder StGB § 91 Rn. 7.

[497] BT-Drs. 16/12428, 18; *Schäfer* in MüKoStGB StGB § 91 Rn. 25.

[498] BT-Drs. 16/12428, 18.

[499] *Schäfer* in MüKoStGB StGB § 91 Rn. 25; *Sternberg-Lieben* in Schönke/Schröder StGB § 91 Rn. 7.

[500] *Zöller* TerrorismusstrafR 397; *Zöller* in SK-StGB StGB § 91 Rn. 11; zust. *Gazeas* in Leipold/Tsambikakis/Zöller StGB § 91 Rn. 25; *Schäfer* in MüKoStGB StGB § 91 Rn. 25; iErg auch *Sternberg-Lieben* in Schönke/Schröder StGB § 91 Rn. 7.

[501] Zum vorherigen Tatobjekt der Schrift *Fischer* StGB § 91 Rn. 22; *Henrichs* in Matt/Renzikowski StGB § 91 Rn. 15; *Zöller* in SK-StGB StGB § 91 Rn. 18.

[502] BT-Drs. 16/12428, 18; *Sternberg-Lieben* in Schönke/Schröder StGB § 91 Rn. 9; *Zöller* in SK-StGB StGB § 91 Rn. 18.

[503] *Henrichs* in Matt/Renzikowski StGB § 91 Rn. 15; anders *Paeffgen* in NK-StGB StGB § 91 Rn. 26a: Vorrang des § 111 StGB, wenn auf dieselbe Katalogtat bezogen; wohl auch *Sternberg-Lieben* in Schönke/Schröder StGB § 91 Rn. 9.

fassung im Wege der Spezialität vor.⁵⁰⁴ Mit den §§ 83, 89b, 109h, 129a, b, 130, 131 und 140 StGB ist Tateinheit möglich.⁵⁰⁵

3. Beteiligungsähnliche Förderung von staatsgefährdenden Straftaten

Abgesehen von geringeren Anforderungen an Tat und Täter poenalisiert § 89a StGB ein Verhalten, das dem Versuch einer Beihilfe,⁵⁰⁶ § 111 StGB ein Verhalten, das dem öffentlichen Versuch einer Anstiftung gem. § 26 StGB entspricht. **110**

a) Vorbereitung einer schweren staatsgefährdenden Gewalttat durch Unterweisen gem. § 89a Abs. 1, Abs. 2 Nr. 1 Var. 1 StGB. Auch das abstrakte Gefährdungsdelikt⁵⁰⁷ des § 89a StGB wurde durch das GVVG (→ Rn. 91) eingefügt und soll Vorbereitungshandlungen zu schweren staatsgefährdenden Gewalttaten gem. Abs. 1 S. 2 erfassen, wenn der für Strafbarkeit nach §§ 129a, 129b StGB erforderliche Organisationskontext zumindest nicht nachweisbar und eine Strafbarkeit gem. § 30 StGB mangels hinreichender Konkretisierung der geplanten Tat nicht begründet ist.⁵⁰⁸ Überwiegend werden gemäß der Formulierung in Abs. 1 S. 2 und der systematischen Stellung der Norm der Bestand und die äußere und innere Sicherheit (irgend)⁵⁰⁹ eines Staates oder einer internationalen Organisation sowie die verfassungsmäßige Ordnung der Bundesrepublik iSv § 92 StGB als alleinige⁵¹⁰ oder den durch Taten nach §§ 211, 212, 239a, 239b betroffenen Individualrechtsgütern vorrangige⁵¹¹ **Schutzgüter** angesehen. Nach der Gegenauffassung bezweckt die Vorschrift primär oder ausschließlich den Schutz der genannten Individualrechtsgüter.⁵¹² **111**

Entgegen den berechtigten zahlreichen und grundlegenden Einwänden der nahezu einhellig ablehnenden Literatur⁵¹³ erachtet der BGH die Vorschrift *noch* als hinreichend **112**

---

⁵⁰⁴ *Fischer* StGB § 91 Rn. 22; *Paeffgen* in NK-StGB StGB § 91 Rn. 25; *Schäfer* in MüKoStGB StGB § 91 Rn. 29; aA *Gazeas* in Leipold/Tsambikakis/Zöller StGB § 91 Rn. 35; *Zöller* in SK-StGB StGB § 91 Rn. 18: Subsidiarität.
⁵⁰⁵ *Gazeas* in Leipold/Tsambikakis/Zöller StGB § 91 Rn. 35; *Henrichs* in Matt/Renzikowski StGB § 91 Rn. 15; *Schäfer* in MüKoStGB StGB § 91 Rn. 29.
⁵⁰⁶ *Mitsch* NJW 2015, 209 (211).
⁵⁰⁷ Statt vieler *Henrichs* in Matt/Renzikowski StGB § 89a Rn. 3; *Gazeas* in Leipold/Tsambikakis/Zöller StGB § 89a Rn. 4; *Haverkamp* FS Schöch, 2010, 381 (384); *Paeffgen* in NK-StGB StGB § 89a Rn. 8; *Schäfer* in MüKoStGB § 89a Rn. 9; *Sternberg-Lieben* in Schönke/Schröder StGB § 89a Rn. 1d; *Zöller* in SK-StGB StGB § 89a Rn. 10.
⁵⁰⁸ BT-Drs. 16/12428, 12, 14 f.; BGH NJW 2016, 260 (261); *Fischer* StGB § 89a Rn. 3; *Henrichs* in Matt/Renzikowski StGB § 89a Rn. 1; *Radtke/Steinsiek* ZIS 2008, 383 (384 f.); *Schäfer* in MüKoStGB § 89a Rn. 2. Zur Genese der Vorschrift, den mit ihr verfolgten gesetzgeberischen Zielsetzungen und den einschlägigen europa- und völkerrechtlichen Vorgaben *Gazeas* in Leipold/Tsambikakis/Zöller StGB § 89a Rn. 5 ff.; *Zöller* in SK-StGB StGB § 89a Rn. 1 ff.
⁵⁰⁹ Krit. daher *Gazeas/Grosse-Wilde/Kießling* NStZ 2009, 593 (595); *Gazeas/Grosse-Wilde* StV 2018, 84.
⁵¹⁰ *Fischer* StGB § 89a Rn. 5; *Schäfer* in MüKoStGB § 89a Rn. 3; krit. *Puschke*, Legitimation, Grenzen und Dogmatik von Vorbereitungstatbeständen, 2017, 354.
⁵¹¹ *Henrichs* in Matt/Renzikowski StGB § 89a Rn. 2; *Kauffmann*, Das Gesetz zur Verfolgung der Vorbereitung schwerer staatsgefährdender Gewalttaten, 2011, 51 f.; *Sieber* NStZ 2009, 353 (361); ähnlich *Gazeas* in Leipold/Tsambikakis/Zöller StGB § 89a Rn. 3: mitteilbar; *Güntge* in Satzger/Schluckebier/Widmaier StGB § 89a Rn. 1: Reflex; ohne Abstufung: *Gazeas/Grosse-Wilde/Kießling* NStZ 2009, 593 (594).
⁵¹² *Haverkamp* FS Schöch, 2010, 381 (385); *Puschke*, Legitimation, Grenzen und Dogmatik von Vorbereitungstatbeständen, 2017, 353 f., 421; *Zöller* in SK-StGB StGB § 89a Rn. 11; *Zöller* TerrorismustrafR 564.
⁵¹³ Unzulässige Vorverlagerung der Strafbarkeit und damit unzulässige Verschiebung der Grenze zwischen Prävention und Repression; Erfassen sozialadäquater Verhaltensweisen; Verstoß gegen das Schuldprinzip und den Verhältnismäßigkeitsgrundsatz; Unbestimmtheit; Gesinnungs- oder auch täterorientiertes Strafrecht, deutlich etwa *Puschke* StV 2015, 457 (464): „rechtsstaatlicher Tiefpunkt"; ähnlich *Zöller* StV 2012, 364 (369); s. zudem *Beck* FS Paulus, 2009, 15 (21 ff.); *Deckers/Heusel* ZRP 2008, 169 (170 ff.); *Gazeas* in Leipold/Tsambikakis/Zöller StGB § 89a Rn. 11 ff.; *Gazeas/Große-Wilde/Kießling* NStZ 2009, 593 ff.; *Mitsch* NJW 2015, 209; *Radtke/Steinsiek* JR 2010, 107 f.; *Sieber* NStZ 2009, 353 (354 f.); *Steinsiek*, Terrorabwehr durch Strafrecht?, 2012, 311 ff.; *Zöller* in SK-StGB StGB § 89a Rn. 5 ff.; *Zöller* NStZ 2015, 375; *Zöller* GA 2010, 607, 614 ff.; *Zöller* StV 2012, 364 (370 ff.); aA OLG Karlsruhe StV 2012, 348 (349 f.); *Aliabasi*, Die Staatsgefährdende Straftat, 2007, 191 ff.; *Bader* NJW 2009, 2853 (2854 ff.); *Hungerhoff*, Vorfeldstrafbarkeit und Verfassung. Eine Untersuchung von § 89a StGB unter verfassungsrechtlichen

bestimmt und bei verfassungskonformer Auslegung verhältnismäßig.[514] Wie aber auch der zitierten Entscheidung abgelesen werden kann, schafft die weite und unbestimmte Formulierung der Tatbestandsmerkmale zahlreiche Auslegungsprobleme, zu denen die Rechtsprechung mangels zu entscheidender Fälle überwiegend noch keine Stellung genommen hat. Denn die **praktische Bedeutung** der Vorschrift ergibt sich nicht aus der Häufigkeit ihrer Verfolgung: Die PMK verzeichnet für das Jahr 2017 116 und das Jahr 2020 57 Fälle,[515] verurteilt wurden in den Jahren 2016–2018 jeweils zwischen sieben und neun, 2019 14 und 2020 sechs Personen.[516] Sie wird daher in der durch de Strafvorschrift begründeten Erweiterung von Ermittlungsbefugnissen vermutet[517] (dazu → Rn. 21).

113 **aa) Schwere staatsgefährdende Straftat, § 89a Abs. 1 S. 2 StGB.** Der „,Gesamttatbestand"'[518] des § 89a Abs. 1, Abs. 2 Nr. 1 Alt. 1 StGB erfasst die Vorbereitung einer schweren, staatsgefährdenden Gewalttat durch das Unterweisen in Fertigkeiten, die der Begehung einer solchen Straftat dienen. Den Begriff ebendieser Tat hat der Gesetzgeber durch die Staatsschutzklausel in Abs. 1 S. 2 legaldefiniert als eine schwere Gewalttat[519] gem. §§ 211, 212, 239a oder 239b StGB,[520] die nach den Umständen bestimmt und geeignet ist, den Bestand oder die Sicherheit eines Staates oder einer internationalen Organisation zu beeinträchtigen oder Verfassungsgrundsätze der Bundesrepublik Deutschland zu beseitigen, außer Geltung zu setzen oder zu untergraben.[521] Der Gesetzgeber suchte dabei die Anlehnung an die Regelung des Evokationsrechts des Generalbundesanwalts in § 120 Abs. 2 S. 1 Nr. 3a und b GVG und damit deren Konkretisierung durch die höchstrichterliche Rechtsprechung, insbesondere die sog. Eggesin-Entscheidung[522] des BGH.[523] Allerdings hat die Auslegung eines strafbarkeitsbegründenden Merkmals insbesondere restriktiveren Maßstäben zu folgen als derjenigen einer verfahrensrechtlichen Vorschrift.[524]

114 Ihrem weiten Wortlaut gemäß erstreckt die Vorschrift den Schutz auf alle völkerrechtlich anerkannten **Staaten**[525] und damit auch solche von einem Unrechtsregime beherrschten; ausgeschlossen sind nach dem BGH nur solche, deren Bekämpfung nach völkervertrags-

---

Gesichtspunkten, 2013, 37 ff., 136; *Kauffmann*, Das Gesetz zur Verfolgung der Vorbereitung schwerer staatsgefährdender Gewalttaten, 2011, 147 ff., 249 ff.; *Wasser/Piaszek* DRiZ 2008, 315 (319).

[514] BGHSt 59, 218 (221 ff.) = NJW 2014, 3459; abl. unter anderem *Fischer* StGB § 89a Rn. 9a, 38 ff.; *Gazeas/Grosse-Wilde* StV 2018, 84 ff.; Mitsch NJW 2015, 209; *Puschke* StV 2015, 457 ff.; *Zöller* NStZ 2015, 373.
[515] Fallzahlenquelle: BMI PMK 2020, Bundesweite Fallzahlen, 10.
[516] Fallzahlenquellen: Destatis „Strafverfolgung", Fachserie 10, Reihe 3, 2016–2020, jeweils S. 27; s. dazu auch *Gazeas* in Leipold/Tsambikakis/Zöller StGB § 89a Rn. 1.
[517] *Backes* StV 2008, 654 (660 f.); *Fischer* StGB § 89a Rn. 6; *Gazeas* in Leipold/Tsambikakis/Zöller StGB § 89a Rn. 1, 15; *Paeffgen* in NK-StGB StGB § 89a Rn. 1; *Schäfer* in MüKoStGB § 89a Rn. 10; *Zöller* in SK-StGB StGB § 89a Rn. 8; dazu auch *Radtke/Steinsiek* ZIS 2008, 383 (394); *Walter* KJ 2008, 443 (446).
[518] *Zöller* in SK-StGB StGB § 89a Rn. 12.
[519] Zutreffende Kritik unter anderem bei *Fischer* StGB § 89a Rn. 12 f.; *Zöller* in SK-StGB StGB § 89a Rn. 14, weil die Begehung der §§ 239a, 239b StGB nicht notwendigerweise Gewalt beinhaltet.
[520] Krit. gegenüber der Auswahl der genannten Delikte unter anderem *Gazeas* in Leipold/Tsambikakis/Zöller StGB § 98a Rn. 24 mwN; *Zöller* in SK-StGB StGB § 89a Rn. 14.
[521] Krit. ob der Weite statt vieler *Gazeas/Grosse-Wilde/Kießling* NStZ 2009, 593 (594 f.); *Paeffgen* in NK-StGB StGB § 89a Rn. 17 ff. mwN; zur Problematik dieser Legaldefinition *Zöller* in SK-StGB StGB § 89a Rn. 12 ff.; *Zöller* StV 2016, 494 (495 ff.); *Gazeas/Grosse-Wilde/Kießling* NStZ 2009, 593 (595); *Gazeas/Grosse-Wilde* StV 2018, 84 ff.; *Grosse-Wilde* StV 2016, 505 (507 f.).
[522] BGHSt 46, 238 = NJW 2001, 1359.
[523] BT-Drs. 16/12428, 14.
[524] S. daher die entsprechende Kritik bei *Gazeas* in Leipold/Tsambikakis/Zöller StGB § 89a Rn. 27 ff.; *Gazeas/Grosse-Wilde/Kießling* NStZ 2009, 593 (594 f.); *Haverkamp* FS Schöch, 2010, 381 (386 f.); *Zöller* in SK-StGB StGB § 89a Rn. 8 ff.
[525] Statt vieler *Schäfer* in MüKoStGB StGB § 89a Rn. 19; kritisch daher *Zöller* StV 2016, 492 (497): „schizophrenes Verhältnis zwischen bundesdeutscher Außen- und Rechtspolitik"; außerdem *Ambos* JR 2017, 656 f.; *Fischer* StGB § 89a Rn. 16; *Gazeas* in Leipold/Tsambikakis/Zöller StGB § 89a Rn. 33; *Gazeas/Grosse-Wilde* StV 2018, 84 (85); *Grosse-Wilde* StV 2016, 505 (507 f.); *Zöller* in SK-StGB StGB § 89a Rn. 17. Einschränkend daher etwa *Sternberg-Lieben* in Schönke/Schröder StGB § 89a Rn. 5; *Zöller*

oder völkergewohnheitsrechtlichen Prinzipien gerechtfertigt wäre, sodass er auch das vom Assad-Regime beherrschte Syrien als geschützt ansah.[526] Die ebenfalls genannten **internationalen Organisationen** sind nach dem Willen des Gesetzgebers nur öffentliche Organisationen wie die UN,[527] OSZE, NATO oder der IGHSt.[528]

Die Auslegung, wann der **Bestand** eines Staates oder einer internationalen Organisation **beeinträchtigt** ist, kann an der Begriffsbestimmung einer Beeinträchtigung des Bestandes der Bundesrepublik Deutschland in § 92 Abs. 1 StGB orientiert werden. Eine Beeinträchtigung ist erst bei einer konkreten Gefährdung anzunehmen, etwa, wenn zur Sicherung des Bestandes erhebliche Gegenmaßnahmen ergriffen werden müssen.[529] Das ist noch nicht der Fall, wenn dem Angriff mit polizeilichen Mitteln begegnet werden kann.[530] **115**

Unter der inneren wie äußeren Sicherheit wird die „relative Ungefährdetheit von Bestand und Verfassung" gegenüber Angriffen von innen und außen verstanden.[531] Maßgeblich für die **innere Sicherheit** ist die Fähigkeit des Staates, sich nach innen gegen Störungen zur Wehr zu setzen.[532] Das Merkmal wird überwiegend weit ausgelegt. Nicht erforderlich soll sein, dass die Funktionsfähigkeit des Staates und seiner Einrichtungen beschädigt wird, sondern ausreichen, wenn das „innere Gefüge" des Staates etwa dadurch beeinträchtigt wird, dass das Vertrauen der Bevölkerung erschüttert wird, vor gewaltsamen Einwirkungen in ihrem Staat geschützt zu sein.[533] Restriktivere Auslegungen stellen besondere Anforderungen an die Motive des Täters[534] und/oder die Umstände und (potentiellen) Folgen der Tat.[535] **116**

Verfassungsgrundsätze sind die unter § 92 Abs. 2 StGB genannten. Sie werden **beseitigt,** wenn sie förmlich abgeschafft werden, **außer Geltung gesetzt,** wenn ihre faktische Nichtanwendung herbeigeführt wird, und **untergraben,** wenn ihre Wirksamkeit herangesetzt wird, indem sie unglaubwürdig gemacht werden.[536] **117**

Die vorbereitete Tat muss im Falle ihrer Durchführung die vorgenannten Güter nicht tatsächlich beeinträchtigen; es reicht, wenn sie dazu bestimmt und geeignet ist. Ersteres **118**

---

in SK-StGB StGB § 89a Rn. 16: völkerrechtskonforme Auslegung durch Bezug der Taten auf den Bestand und die Sicherheit der Bundesrepublik Deutschlands.
[526] BGHSt 62, 102 (106 ff.) = NJW 2017, 2928.
[527] BT-Drs. 16/12428, 14.
[528] *Gazeas* in Leipold/Tsambikakis/Zöller StGB § 89a Rn. 34; *Sternberg-Lieben* in Schönke/Schröder StGB § 89a Rn. 6.
[529] *Fischer* StGB § 89a Rn. 17.
[530] *Fischer* StGB § 89a Rn. 17.
[531] BT-Drs. 16/12428, 14; BGHSt 61, 36 (38 f.) = NStZ 2016, 666; *Schäfer* in MüKoStGB StGB § 89a Rn. 22 f.
[532] BT-Drs. 16/12428, 14; BGH NStZ 2016, 666 (667); *Zöller* in SK-StGB StGB § 89a Rn. 19.
[533] BT-Drs. 16/12428, 14; s. auch BGHSt 46, 238 (251) = NJW 2001, 1359; BGHSt 61, 102 (109) = NZV 2016, 342; *Schäfer* in MüKoStGB StGB § 89a Rn. 22; *Sternberg-Lieben* in Schönke/Schröder StGB § 89a Rn. 5; *Zöller* in SK-StGB StGB § 89a Rn. 19, der jedoch an der Nachweisbarkeit einer Beeinträchtigung des allgemeinen Sicherheitsgefühls zweifelt und daher dem Merkmal der Beeinträchtigung der Sicherheit des Staates einen begrenzten Anwendungsbereich zuweist.
[534] BGHSt 59, 218 (236) = NJW 2014, 3459: Handeln aus „Feindschaft des Täters gegen das freiheitlich-demokratische Staats- und Gesellschaftssystem der Bundesrepublik Deutschland" und eine Auswahl der potentiellen Opfer als Auswahl der Opfer nur als Repräsentanten, Bürger oder Einwohner der Bundesrepublik oder wegen ihres Aufenthalts im Bundesgebiet; s. auch *Henrichs* in Matt/Renzikowski StGB § 89a Rn. 8; *Schäfer* in MüKoStGB StGB § 89a Rn. 22; zu § 120 Abs. 2 GVG BGH NStZ 2010, 468.
[535] *Gazeas/Grosse-Wilde/Kießling* NStZ 2009, 593 (595) (Hervorhebung im Original): „zumindest geplante Tötungen einer *Vielzahl* von Menschen *mit gemeingefährlichen Mitteln* aus *politischen Beweggründen* im weitesten Sinne"; s. auch *Gazeas* in Leipold/Tsambikakis/Zöller StGB § 89a Rn. 29; abl. *Schäfer* in MüKoStGB StGB § 89a Rn. 22; *Fischer* StGB § 89a Rn. 18: „Eintritt von Gefährdungen oder Störungen, welche die (staatliche) Sicherheit insgesamt angreifen oder schwerwiegend zu stören geeignet sind, etwa indem Rechtsregeln faktisch außer Kraft gesetzt werden, die Kraft weitreichender Willkürakte besteht oder wesentliche Rechtsgüter der Bevölkerung oder des der Organisation angehörigen Personenkreises konkret gefährdet sind".
[536] *Fischer* StGB § 92 Rn. 7; *Schäfer* in MüKoStGB StGB § 89a Rn. 25; *Zöller* in SK-StGB StGB § 89a Rn. 22.

bezeichnet die Einstellung zur Tat gem. § 92 Abs. 1 S. 2 StGB, zweiteres das objektive Gefahrenpotential.[537] Die **Bestimmung** kann nach hA durch den Täter des § 89a StGB, demjenigen der vorbereiteten schweren, staatsgefährdenden Gewalttat wie auch Dritten wie Hintermännern erfolgen.[538] Nach gesetzgeberischem Willen und Auffassung des BGH ist kein zielgerichtetes Handeln erforderlich. Es genüge, wenn der Täter „die tatsächlichen Umstände, welche die Eignung zur Beeinträchtigung des Schutzguts ergeben, erkannt und in seinen Willen einbezogen hat."[539]

119 Die erforderliche **Eignung** ist zu bejahen, wenn aus Sicht eines objektiven Betrachters eine Beeinträchtigung der Schutzgüter zu befürchten ist.[540] Dies kann sich wiederum aus den Umständen, etwa dem Ausmaß der Tat nach Abs. 1 S. 2, der Anzahl oder Prominenz ihrer Opfer und dem Nachtatverhalten des Täters ergeben.[541]

120 Die geplante staatsgefährdende Straftat muss keine eigene Tat des Täters sein,[542] wie bei der hier beleuchteten Tatvariante besonders deutlich wird. Auch muss sie mit der tatbestandlich erfassten Vorbereitungshandlung nicht in einem unmittelbaren räumlichen und zeitlichen Zusammenhang stehen.[543]

121 **bb) Unterweisen gem. § 89a Abs. 2 Nr. 1 Alt. 1. (1) Der Begriff des Unterweisens.**
Die Tathandlung des Unterweisens ist eine dem Bestimmtheitsgebot des Art. 103 Abs. 2 GG geschuldete[544] Konkretisierung des Vorbereitens in Abs. 1 S. 1. Sie wurde mit dem GVVG (→ Rn. 91) erstmalig ins Gesetz eingefügt. Ähnlich dem Anleiten in §§ 91, 130a StGB bezeichnet ein Unterweisen die Unterrichtung in dem spezifischen Wissen,[545] das darauf gerichtet ist, dass der Unterwiesene die Handlung selbstständig ausführen kann.[546] Dass ein solcher „Unterweisungserfolg" tatsächlich eintritt, verlangt die überwiegende Auffassung nicht.[547] In Abgrenzung zu den Anleitungstatbeständen beinhaltet ein Unterweisen einen kommunikativen Akt zwischen dem Unterweisenden und dem Unterwiesenen,[548] wenn auch nicht notwendigerweise im persönlichen Kontakt.[549] Eine einseitige Wissensvermittlung wie das Zurverfügungstellen der Informationen zum Abruf genügt nur dann, wenn der Unterweisende um die Person des Unterwiesenen und ihre Bemühungen um die Wissensaneignung weiß, und in den Fällen des Selbststudiums zumindest eine

---

[537] *Zöller* in SK-StGB StGB § 89a Rn. 16.
[538] *Güntge* in Satzger/Schluckebier/Widmaier StGB § 89a Rn. 4; *Schäfer* in MüKoStGB StGB § 89a Rn. 27; *Sternberg-Lieben* in Schönke/Schröder StGB § 89a Rn. 8; aA *Zöller* in SK-StGB StGB § 89a Rn. 16.
[539] BT-Drs. 16/12428, 14; BGHSt 59, 218 (235) = NJW 2014, 3459; BGH NStZ 2016, 666 (667); *Schäfer* in MüKoStGB StGB § 89a Rn. 27; *Zöller* in SK-StGB StGB § 89a Rn. 16; *Zöller* TerrorismusstrafR 596; einschr. *Gazeas/Grosse-Wilde/Kießling* NStZ 2009, 593 (596); *v. Heintschel-Heinegg* in BeckOK StGB, 46. Ed. 1.5.2020, StGB § 89a Rn. 31; *Haverkamp* FS Schöch, 2010, 381 (395); *Kühl* in Lackner/Kühl StGB § 89a Rn. 3; *Petzsche*, Strafrecht und Terrorismusbekämpfung. Eine vergleichende Untersuchung der Bekämpfung terroristischer Vorbereitungshandlungen in Deutschland, Großbritannien und Spanien, 2013, 129; *Paeffgen* in NK-StGB StGB § 89a Rn. 31: Wissentlichkeit.
[540] *Zöller* in SK-StGB StGB § 89a Rn. 16.
[541] BGHSt 61, 36 (39) = NStZ 2016, 666; KG StV 2012, 348; *v. Heintschel-Heinegg* in BeckOK StGB, 52. Ed. 1.2.2022, StGB § 89a Rn. 8; *Henrichs* in Matt/Renzikowski StGB § 89a Rn. 8; *Sternberg-Lieben* in Schönke/Schröder StGB § 89a Rn. 8.
[542] *Fischer* StGB § 89a Rn. 14.
[543] *v. Heintschel-Heinegg* in BeckOK StGB, 52. Ed. 1.2.2022, StGB § 89a Rn. 15; *Henrichs* in Matt/Renzikowski StGB § 89a Rn. 7.
[544] BT-Drs. 16/12428, 15.
[545] *Gazeas* in Leipold/Tsambikakis/Zöller StGB § 89a Rn. 51; *Gazeas/Grosse-Wilde/Kießling* NStZ 2009, 593 (597); *Zöller* in SK-StGB StGB § 89a Rn. 28.
[546] BGH NStZ 2018, 89; *Schäfer* in MüKoStGB StGB § 89a Rn. 36; *Sternberg-Lieben* in Schönke/Schröder StGB § 89a Rn. 10.
[547] BGH NStZ 2018, 89; *Gazeas* in Leipold/Tsambikakis/Zöller StGB § 89a Rn. 51; *Schäfer* in MüKoStGB StGB § 89a Rn. 36; *Zöller* in SK-StGB StGB § 89a Rn. 28; aA *Sternberg-Lieben* in Schönke/Schröder StGB § 89a Rn. 10.
[548] Restriktiver *Paeffgen* in NK-StGB StGB § 89a Rn. 43: Belehrung in Person; *Gazeas/Grosse-Wilde/Kießling* NStZ 2009, 593 (597); *Gazeas* in Leipold/Tsambikakis/Zöller StGB § 89a Rn. 51: längere Kommunikation in Form eines Dialogs.
[549] BGH NStZ 2018, 89; *Fischer* StGB § 89a Rn. 32; *Schäfer* in MüKoStGB StGB § 89a Rn. 37.

Rückmeldung gibt.⁵⁵⁰ Ein spezifischer Unterweisungsort ist nicht zu verlangen,⁵⁵¹ auch wenn der Gesetzgeber die Ausbildung in Terror-Camps vor Augen hatte.⁵⁵²

(2) Inhalt der Unterweisung. Inhalt der Unterweisung ist das **Herstellen** oder – sehr weit gefasst – der **Umgang** mit den genannten Gegenständen, also etwa ihre Beschaffung, Lagerung, Verwendung oder ihr Transport.⁵⁵³ Besonderer Erwähnung bedürfen unter diesen die **besonderen zur Ausführung der Tat erforderlichen Vorrichtungen.** Die Vorschrift knüpft damit an das entsprechende Tatbestandsmerkmal in § 310 Abs. 1 StGB an,⁵⁵⁴ das schon in diesem Kontext als zu unbestimmt kritisiert wird.⁵⁵⁵ Wie auch dort soll das Merkmal insbesondere technische Apparaturen und Instrumente, Zünder und sonstiges technisches Zubehör für die Durchführung der Tat erfassen.⁵⁵⁶ Jenseits dessen erscheint eine klare Grenzziehung schon deswegen allenfalls schwer möglich, weil die Erforderlichkeit für eine Tat, die kaum konkretisiert sein muss (→ Rn. 125), kaum abzuschätzen ist. Jedenfalls wird man über die Einschränkung, dass es sich um „besondere" Vorrichtungen handeln muss, alltägliche Werkzeuge ausschließen können.⁵⁵⁷ Stattdessen muss sich die Unterweisung auf Gegenstände beziehen, die gezielt für die Begehung der Tat nach Abs. 1 S. 2 präpariert werden.⁵⁵⁸ Erforderlich für die Ausführung der Tat sind sie dann, wenn sie objektiv geeignet und unmittelbar dazu bestimmt sind.⁵⁵⁹

122

Der Auffangtatbestand der **sonstigen Fertigkeiten** soll, wie die Beispiele in den Gesetzgebungsmaterialien zeigen („,logistische' Begehung […], zB das Auskundschaften des Tatortes, die Beschaffung gefälschter Dokumente oder eines Fluchtfahrzeugs"⁵⁶⁰), weit gefasst sein.⁵⁶¹ Dementsprechend wird darunter jede beliebige geistige, manuelle, technische oder sonstige menschliche Fähigkeit verstanden, die erlernt oder trainiert werden kann.⁵⁶² Streitig ist, ob entgegen dem gesetzgeberischen Willen neutrale, sozialadäquate Fähigkeiten auszuschließen sind, die den spezifisch genannten Unterweisungsinhalten wie der Herstellung von Kernbrennstoffen im Unrechtsgehalt nicht annähernd vergleichbar sind.⁵⁶³

123

cc) Subjektiver Tatbestand. Der Vorsatz des Täters (§ 15 StGB) muss sich auf die Merkmale der vorzubereitenden Tat in Abs. 1 S. 2, die Tathandlung nach Abs. 2 und deren Verknüpfung beziehen. Nach dem Gesetzeswortlaut genügt bedingter Vorsatz.⁵⁶⁴

124

---
⁵⁵⁰ *Güntge* in Satzger/Schluckebier/Widmaier StGB § 89a Rn. 5; *Schäfer* in MüKoStGB StGB § 89a Rn. 37; *Sternberg-Lieben* in Schönke/Schröder StGB § 89a Rn. 10; *Zöller* in SK-StGB StGB § 89a Rn. 28; ohne die letztere Einschränkung demgegenüber wohl (krit.) *Backes* StV 2008, 654 (657); *Fischer* StGB § 89a Rn. 32.
⁵⁵¹ *Sternberg-Lieben* in Schönke/Schröder StGB § 89a Rn. 10.
⁵⁵² BT-Drs. 16/12428, 1 (12).
⁵⁵³ *Fischer* StGB § 89a Rn. 28.
⁵⁵⁴ BT-Drs. 16/12428, 15.
⁵⁵⁵ Statt vieler *Kargl* in NK-StGB StGB § 310 Rn. 7; *Heine/Bosch* in Schönke/Schröder StGB § 310 Rn. 5.
⁵⁵⁶ BT-Drs. 16/12428, 15.
⁵⁵⁷ *Gazeas* in Leipold/Tsambikakis/Zöller StGB § 89a Rn. 45; *Gazeas/Grosse-Wilde/Kießling* NStZ 2009, 593 (596 f.); *Henrichs* in Matt/Renzikowski StGB § 89 Rn. 11; *Paeffgen* in NK-StGB StGB § 89a Rn. 41; *Zöller* in SK-StGB StGB § 89a Rn. 26; *Zöller* TerrorismusstrafR 564 (568).
⁵⁵⁸ *Zöller* TerrorismusstrafR 568; *Zöller* in SK-StGB StGB § 89a Rn. 26; *Gazeas* in Leipold/Tsambikakis/Zöller StGB § 89a Rn. 45.
⁵⁵⁹ *Gazeas* in Leipold/Tsambikakis/Zöller StGB § 89a Rn. 45; *Zöller* in SK-StGB StGB § 89a Rn. 26.
⁵⁶⁰ BT-Drs. 16/12428, 15.
⁵⁶¹ Berechtigte scharfe Kritik daher bei *Paeffgen* in NK-StGB StGB § 89a Rn. 42, der ebenso wie *Gazeas* in Leipold/Tsambikakis/Zöller StGB § 89a Rn. 46; *Gazeas/Grosse-Wilde/Kießling* NStZ 2009, 593 (597); *Güntge* in Satzger/Schluckebier/Widmaier StGB§ 89a Rn. 9; *Haverkamp* FS Schöch, 2010, 381 (389 f.) zudem die mangelnde Bestimmtheit rügt.
⁵⁶² *Fischer* StGB § 89a Rn. 29; *Schäfer* in MüKoStGB StGB § 89a Rn. 42.
⁵⁶³ So *Güntge* in Satzger/Schluckebier/Widmaier StGB § 89a Rn. 9; *Zöller* TerrorismusstrafR 569; s. auch *Gazeas* in Leipold/Tsambikakis/Zöller StGB § 89a Rn. 46 f.: den sonstigen Varianten gleichwertige Fähigkeiten mit spezifischem Bezug zur Begehung gem. S. 2; *Greco* ZIS 2018, 475 (82): Fähigkeiten zur logistischen Begehung; aA *Schäfer* in MüKoStGB StGB § 89a Rn. 43.
⁵⁶⁴ So auch *Güntge* in Satzger/Schluckebier/Widmaier StGB § 89a Rn. 10; *Schäfer* in MüKoStGB StGB § 89a Rn. 55; *Zöller* in SK-StGB StGB § 89a Rn. 36. Restriktiver *Gazeas/Große-Wilde/Kießling* NStZ 2009, 593 (596); *Gazeas* in Leipold/Tsambikakis/Zöller StGB § 89a Rn. 72; *Paeffgen* in NK-StGB StGB

„Zur Wahrung der Grundsätze des Tatstrafrechts sowie des Schuldprinzips" erachtet der 3. Strafsenat des BGH es allerdings als erforderlich, dass Täter zur Begehung der schweren staatsgefährdenden Gewalttat fest entschlossen ist.[565] Ob dies auch bei Personenverschiedenheit zwischen dem Täter des § 89a StGB und der Tat gem. Abs. 1 S. 2 gilt, hat der BGH ebenso offengelassen[566] wie das Verhältnis zu den üblichen Vorsatzformen.[567]

125 Die Anforderungen an die Konkretisierung der vorbereiteten Tat sind gemäß der gesetzgeberischen Intention geringer als bei § 30 StGB. Es soll ausreichen, wenn der Deliktstyp bestimmt ist, ohne dass es einer Festlegung von Art der Ausführung, Zeit, Ort oder Opfer bedürfe.[568] Die Tat muss jedoch so weit konkretisiert sein, dass eine Zuordnung zu den genannten Straftatbeständen möglich ist.[569] Unklar ist jedoch, ob zumindest eine Festlegung innerhalb der aufgezählten Taten[570] und der Schutzgüter der Staaten oder Organisationen erforderlich ist, und wie bei derartig geringen Anforderungen die Einordnung der Tat als potentiell staatsgefährdend möglich sein soll.[571]

126 **dd) Strafanwendungsrecht, Abs. 3.** Absatz 3 enthält eine gesonderte, an § 129b StGB angelehnte Regelung des Strafanwendungsrechts,[572] die dem Gesetzgeber erforderlich erscheint, weil terroristische Anschläge oftmals staatenübergreifend vorbereitet werden und die Voraussetzungen nach § 7 StGB (Tatortstrafbarkeit oder Fehlen von Strafgewalt) oftmals nicht erfüllt wären.[573] Innerhalb der EU gilt die Vorschrift damit uneingeschränkt, außerhalb der EU ist ein spezifischer Inlandsbezug in dem Sinne erforderlich, dass die Tat durch einen Deutschen oder einen Ausländer mit Lebensgrundlage im Inland begangen wird oder die vorbereitete schwere staatsgefährdende Gewalttat im Inland oder durch oder gegen einen Deutschen begangen werden soll.

127 **ee) Tätige Reue, Abs. 7.** Die Regelung zur tätigen Reue ist angelehnt an § 83a Abs. 2, 3 StGB.[574] Satz 1 Alt. 1 verlangt dem Täter ab, die weitere Vorbereitung der Tat – und nicht die vorbereitete Tat – aufzugeben[575] und zudem die vom ihm selbst verursachte und erkannte Gefahr der Tatvorbereitung oder Begehung durch andere zumindest zu mindern. Alternative 1 entspricht mit dem Erfordernis, die schwere staatsgefährdende Tat zu verhindern der Regelung des § 24 Abs. 1 S. 1 Alt. 2 StGB für den beendeten Versuch.[576]

---

§ 89a Rn. 31: direkter Vorsatz in Bezug auf die staatsgefährdende Eignung und Bestimmung der vorzubereitenden Tat.
[565] BGHSt 59, 218 (239 f.) = NJW 2014, 3459.
[566] BGHSt 59, 218 (240) = NJW 2014, 3459; für Ausreichenlassen bedingten Vorsatzes *Sternberg-Lieben* in Schönke/Schröder StGB § 89a Rn. 19; *Puschke*, Legitimation, Grenzen und Dogmatik von Vorbereitungstatbeständen, 2017, 366 f., 423.
[567] *Fischer* StGB § 89a Rn. 38; kritisch etwa auch *Zöller* in SK-StGB § 89a Rn. 37.
[568] BT-Drs. 16/12428, 14; BGHSt 59, 218 Rn. 43 = NJW 2014, 3459; BGHSt 61, 36 Rn. 10 = NStZ 2016, 666; BGHSt 62, 102 (105 f. Rn. 13) = NJW 2017, 2928; *Schäfer* in MüKoStGB StGB § 89a Rn. 30; *Sternberg-Lieben* in Schönke/Schröder StGB § 89a Rn. 18; *Weißer* ZStW 121 (2009), 131 (147); *Zöller* in SK-StGB StGB § 89a Rn. 36.
[569] BGHSt 59, 218 (237) = NJW 2014, 3459; BGHSt 61, 36 Rn. 10 = NStZ 2016, 666; BGHSt 62, 102 (105) = NJW 2017, 2928; *Schäfer* in MüKoStGB StGB § 89a Rn. 30; restriktiver *Gazeas/Grosse-Wilde/Kießling* NStZ 2009, 593 (596); *Gazeas* in Leipold/Tsambikakis/Zöller StGB § 89a Rn. 71: mindestens grobe Vorstellung.
[570] Kritisch daher *Fischer* StGB § 89a Rn. 20.
[571] *Fischer* StGB § 89a Rn. 20.
[572] Zur Konkurrenz zu den §§ 3 ff. StGB BGHSt 54, 264 (266) = NJW 2010, 2448; *Gazeas* in Leipold/Tsambikakis/Zöller StGB § 89a Rn. 81.
[573] BT-Drs. 16/12428, 15 f. Die Vereinbarkeit mit völkerrechtlichen Grundsätzen ablehnend daher *Paeffgen* in NK-StGB StGB § 89a Rn. 68; *Hungerhoff*, Vorfeldstrafbarkeit und Verfassung. Eine Untersuchung von § 89a StGB unter verfassungsrechtlichen Gesichtspunkten, 2013, 151 ff., 182 f.; *Valerius* GA 2011, 696 (704 f.); *Zöller* TerrorismusstrafR 576 ff.; *Zöller* in SK-StGB StGB § 89a Rn. 39 ff.; *Zöller* StV 2012, 364 (370 f.).
[574] BT-Drs. 16/12428, 16.
[575] *Schäfer* in MüKoStGB StGB § 89a Rn. 81; aA *Paeffgen* in NK-StGB StGB § 89a Rn. 71; *Sternberg-Lieben* in Schönke/Schröder StGB § 89a Rn. 25.
[576] *Schäfer* in MüKoStGB StGB § 89a Rn. 83; *Sternberg-Lieben* in Schönke/Schröder StGB § 89a Rn. 25.

B. Erläuterungen   § 37

Satz 2 greift ähnlich § 24 Abs. 2 S. 2 StGB[577] bei einem freiwilligen und ernsthaften Bemühen des Täters ohne Verhinderungskausalität. Das Mildern der oder Absehen von Strafe steht im Ermessen des Gerichts.

ff) Konkurrenzen. Sowohl die Vorbereitung mehrerer Taten durch eine Handlung ist **128** nur eine Tat,[578] wie auch mehrere Vorbereitungshandlungen für eine Tat.[579] Durch die Beteiligung an der schweren staatsgefährdenden Straftat wird die Tat nach § 89a StGB verdrängt.[580] Zu § 328 StGB und Taten nach dem WaffG, dem KWKG, dem ChemG, dem AMG und dem SprengG ist Tateinheit möglich,[581] ebenso zu § 129b StGB.[582]

b) Öffentliche Aufforderung zu Straftaten gem. § 111 StGB. aa) Vorab. Bereits die **129** Rechtsfolgenanordnung verdeutlicht die Nähe der öffentlichen Aufforderung zu Straftaten gem. § 111 StGB zur Anstiftung gem. § 26 StGB. Der Tatbestand unterscheidet sich von dieser, indem er geringere Anforderungen an die Bestimmtheit der adressierten Person und der Tat, zu der aufgefordert wird, stellt. Dies werde durch das Erfordernis der Ansprache eines unbestimmten Personenkreises ausgeglichen, die eine erhöhte Gefährlichkeit der Aufforderung begründe und damit die der Anstiftung entsprechende Strafandrohung rechtfertige.[583] Anders als die versuchte Anstiftung gem. § 30 Abs. 1 StGB ist die versuchte öffentliche Aufforderung zu Straftaten nicht strafbar. Allerdings erfasst § 111 StGB anders als § 30 Abs. 1 StGB auch die – gem. Abs. 2 erfolglose – Aufforderung zu Vergehen.

Die praktische Bedeutung der Vorschrift war bisher überwiegend gering,[584] was auch auf **130** eine restriktive Handhabung mit dem Ziel, die als unangemessen hoch empfundene Strafandrohung zu vermeiden, zurückgeführt wird.[585] Inwieweit die Zunahme potentiell subsumierbarer Verhaltensweisen wie Aufrufe zu Gewalt an geflüchteten Personen, Journalisten und Politikern in sozialen Medien auch zu einer häufigeren Befassung der Strafverfolgungsorgane mit der Vorschrift führen wird,[586] bleibt daher abzuwarten.

bb) Voraussetzungen der Strafbarkeit. (1) Auffordern. Ein **Auffordern** ist eine **131** „bestimmte Erklärung an die Motivation anderer […], bestimmte Straftaten zu begehen",[587] die – anders als das Bestimmen einer konkreten Person in § 26 StGB – an einen unbestimmten **Adressatenkreis** gerichtet ist.[588] Nicht erforderlich ist, dass sich die Erklärung auch an eine Mehrzahl von Personen richtet: Ein Auffordern im Sinne der Vorschrift ist daher anzunehmen, wenn der Täter eine unbestimmte Person aus der Menge an-

---

[577] *Paeffgen* in NK-StGB StGB § 89a Rn. 71; *Schäfer* in MüKoStGB StGB § 89a Rn. 84; *Sternberg-Lieben* in Schönke/Schröder StGB § 89a Rn. 25.
[578] *Fischer* StGB § 89a Rn. 48; *Gazeas* in Leipold/Tsambikakis/Zöller StGB § 89a Rn. 94; *Henrichs* in Matt/Renzikowski StGB § 89a Rn. 23; *Paeffgen* in NK-StGB StGB § 89a Rn. 66.
[579] *Henrichs* in Matt/Renzikowski StGB § 89a Rn. 23; *Paeffgen* in NK-StGB StGB § 89a Rn. 66; *Sternberg-Lieben* in Schönke/Schröder StGB § 89a Rn. 26.
[580] *Fischer* StGB § 89a Rn. 48; *Schäfer* in MüKoStGB StGB § 89a Rn. 76; *Zöller* in SK-StGB StGB § 89a Rn. 52; aA *Sternberg-Lieben* in Schönke/Schröder StGB § 89a Rn. 26: Idealkonkurrenz.
[581] *Henrichs* in Matt/Renzikowski StGB § 89a Rn. 23; *Schäfer* in MüKoStGB StGB § 89a Rn. 76; *Zöller* in SK-StGB StGB § 89a Rn. 52.
[582] BGHR StGB § 89a Konkurrenzen 1; *Paeffgen* in NK-StGB StGB § 89a Rn. 67; aA OLG München StV 2016, 505 (506).
[583] *Eser* in Schönke/Schröder StGB § 111 Rn. 1 f.; *Fahl* in Satzger/Schluckebier/Widmaier StGB § 111 Rn. 1; *Heger* in Lackner/Kühl StGB § 111 Rn. 1; *M. Heinrich* ZJS 2017, 518 (520); *Hörnle* Grob anstößiges Verhalten 211 f.; *Wolters* in SK-StGB StGB § 111 Rn. 2; vgl. auch BGHSt 29, 258 (267) = NJW 1981, 61; krit. demgegenüber *Paeffgen* in NK-StGB StGB § 111 Rn. 7.
[584] *Bosch* in MüKoStGB StGB § 111 Rn. 4; *Rosenau* in LK-StGB StGB § 111 Rn. 3, 15; *Wolters* in SK-StGB StGB § 111 Rn. 3.
[585] *Bosch* in MüKoStGB StGB § 111 Rn. 4; *Ostendorf/Frahm/Doege* NStZ 2012, 529 (531); *Paeffgen* in NK-StGB StGB § 111 Rn. 10.
[586] So auch *Bosch* in MüKoStGB StGB § 111 Rn. 4; vgl. auch *Ostendorf/Frahm/Doege* NStZ 2012, 529 (531 f.); *Paeffgen* in NK-StGB StGB § 111 Rn. 10 mit Beispiel in Rn. 1.
[587] BGHSt 32, 310 = NJW 1984, 1631; OLG Frankfurt aM NStZ-RR 2003, 327 (328); *Fahl* in Satzger/Schluckebier/Widmaier StGB § 111 Rn. 2; *Fischer* StGB § 111 Rn. 4.
[588] Statt vieler *Bosch* in MüKoStGB StGB § 111 Rn. 11; *Fahl* in Satzger/Schluckebier/Widmaier StGB § 111 Rn. 2.

spricht,⁵⁸⁹ nach überwiegender Auffassung aber abzulehnen, wenn er einen größeren, aber bestimmbaren Personenkreis adressiert.⁵⁹⁰ Die Ansprache einer konkreten Einzelperson reicht auch dann nicht, wenn dies in tatbestandlicher Form – öffentlich, in einer Versammlung oder durch Schriften – geschieht,⁵⁹¹ kann dann aber als Anstiftung strafbar sein. Der **Appellcharakter**⁵⁹² kann sich nach der zutreffenden überwiegenden Auffassung auch aus den Umständen der Erklärung ergeben.⁵⁹³ Als Äußerungstatbestand (→ Rn. 1) verlangt § 111 StGB, dass sich der Erklärende den Inhalt, auch wenn er eine fremde Erklärung weitergibt, erkennbar zu eigen macht.⁵⁹⁴ Die bloße Veröffentlichung einer fremden Erklärung,⁵⁹⁵ beispielsweise das unkommentierte Abspielen eines Liedes im Radio, reicht dafür nicht aus.⁵⁹⁶ Die Erklärung muss nicht ernstgemeint sein, aber den aus dem Inhalt oder den Umständen erkennbaren Eindruck der **Ernstlichkeit** erwecken, mit dem der Auffordernde auch rechnet.⁵⁹⁷

132 Zu den Modalitäten der Äußerung als **öffentlich**, in einer **Versammlung** und durch das Verbreiten von **Schriften** → Rn. 7 ff. Allerdings ist – insoweit abweichend vom herrschenden Verständnis – der Begriff der Versammlung restriktiver auszulegen als etwa in § 90 StGB: Die Versammlung muss öffentlich sein oder aber so viele Personen umfassen, dass sich die Angesprochenen nicht mehr individualisieren lassen und damit die Voraussetzungen der Anstiftung nicht mehr gegeben sind.⁵⁹⁸ Erst dann liegt die besondere Gefährlichkeit der Aufforderung vor, die ihre Gleichstellung mit der Anstiftung rechtfertigt.⁵⁹⁹

133 **(2) Gegenstand der Aufforderung.** Gegenstand der Aufforderung ist die **Begehung** einer **rechtswidrigen** (und damit nicht notwendigerweise schuldhaften) **Tat** iSv § 11 Abs. 1 Nr. 5 StGB, also einer Straftat einschließlich ihres Versuchs oder ihrer Vorbereitung, wenn diese strafbar sind, und eine jegliche Beteiligung; die Aufforderung zur Begehung einer Ordnungswidrigkeit ist allein von § 116 OWiG erfasst.⁶⁰⁰ Aus der Nähe zur Anstiftung folgt, dass es sich um eine Vorsatztat handeln muss.⁶⁰¹ Zudem leitet die hA aus dem Schutzgut des inneren Gemeinschaftsfriedens ab, dass die Tat, zu der aufgefordert

---

⁵⁸⁹ *Bosch* in MüKoStGB StGB § 111 Rn. 11; *Eser* in Schönke/Schröder StGB § 111 Rn. 4; *Fahl* in Satzger/Schluckebier/Widmaier StGB § 111 Rn. 2; *B. Heinrich* in Wandtke MedienR-HdB 6. Kap. Rn. 278.
⁵⁹⁰ *Fahl* in Satzger/Schluckebier/Widmaier StGB § 111 Rn. 2; *Rosenau* in LK-StGB StGB § 111 Rn. 29; krit. demgegenüber *Bosch* in MüKoStGB StGB § 111 Rn. 11; eingehend dazu auch *Piazena* Verabreden, Auffordern und Anleiten 304 ff., 316 ff.
⁵⁹¹ *Bosch* in MüKoStGB StGB § 111 Rn. 11; *Fahl* in Satzger/Schluckebier/Widmaier StGB § 111 Rn. 2, 5; *M. Heinrich* ZJS 2017, 518 (521); iErg auch *Fischer* StGB § 111 Rn. 4.
⁵⁹² OLG Celle NStZ 2013, 720 (721); *Bosch* JURA 2016, 381 (383); *Eser* in Schönke/Schröder StGB § 111 Rn. 3; *Paeffgen* in NK-StGB StGB § 111 Rn. 12; *Piazena* Verabreden, Auffordern und Anleiten 197.
⁵⁹³ Vgl. *Bosch* in MüKoStGB StGB § 111 Rn. 22; *Paeffgen* in NK-StGB StGB § 111 Rn. 26b, jeweils mwN auch zur Gegenauffassung.
⁵⁹⁴ BGHSt 36, 365 (368) = NJW 1990, 2828; BGH NStZ 2015, 512 (514); OLG Frankfurt aM NStZ-RR 2003, 327 (328); OLG Celle NStZ 2013, 720 (721); *Bosch* in MüKoStGB StGB § 111 Rn. 9; *Fahl* in Satzger/Schluckebier/Widmaier StGB § 111 Rn. 2; *Fischer* StGB § 111 Rn. 4.
⁵⁹⁵ OLG Frankfurt aM NJW 1983, 1207; *M. Heinrich* ZJS 2017, 518 (521); *Rosenau* in LK-StGB StGB § 111 Rn. 27.
⁵⁹⁶ BGH NStZ 2015, 512 (514).
⁵⁹⁷ KG NStZ-RR 2002, 10; *Eser* in Schönke/Schröder StGB § 111 Rn. 6; BGHSt 32, 310 = NJW 1984, 1631; OLG Frankfurt aM NStZ-RR 2003, 327; OLG Thüringen NStZ 1995, 445; LG Berlin StV 1982, 472; enger: *Bosch* in MüKoStGB StGB § 111 Rn. 9: Der Eindruck der Ernstlichkeit müsse beabsichtigt sein.
⁵⁹⁸ *Bosch* JURA 2016, 381 (387); *Eser* in Schönke/Schröder StGB § 111 Rn. 7 ff.; *Paeffgen* in NK-StGB StGB § 111 Rn. 24; ähnlich *Rosenau* in LK-StGB StGB § 111 Rn. 40; *Wolters* in SK-StPO StGB § 111 Rn. 7; wohl auch *Fahl* in Satzger/Schluckebier/Widmaier StGB § 111 Rn. 5; aA *Fischer* StGB § 111 Rn. 12; *Heger* in Lackner/Kühl StGB § 111 Rn. 2.
⁵⁹⁹ *Eser* in Schönke/Schröder StGB § 111 Rn. 7 ff.; *Rosenau* in LK-StGB StGB § 111 Rn. 40.
⁶⁰⁰ *Bosch* in MüKoStGB StGB § 111 Rn. 12; *Fahl* in Satzger/Schluckebier/Widmaier StGB § 111 Rn. 3; *Fischer* StGB § 111 Rn. 6.
⁶⁰¹ *Eser* in Schönke/Schröder StGB § 111 Rn. 12; *Paeffgen* in NK-StGB StGB § 111 Rn. 18; *Paeffgen* FS Hanack, 1999, 591 (613); *Rosenau* in LK-StGB StGB § 111 Rn. 48; *Wolters* in SK-StGB StGB § 111 Rn. 5.

wird, im **Inland** begangen werden soll,[602] wohingegen nicht erforderlich ist, dass die Aufforderung selbst im Inland getätigt werden muss.[603]

Auch an die **Bestimmtheit** der Tat, zu der aufgefordert wird, stellt § 111 StGB nach hA[604] geringere Anforderungen als § 26 StGB: Es genüge, wenn sie – nicht notwendigerweise ausschließlich aus der Erklärung, sondern auch aus deren Umständen heraus[605] – ihrem rechtlichen Wesen nach gekennzeichnet ist.[606] Eine Bestimmung von Ort und Zeit sei nicht erforderlich.[607] Umstritten ist, in welchem Maße das Tatopfer oder das Tatobjekt konkretisiert sein muss. Während insbesondere die Rechtsprechung eine Bezeichnung zumindest „in allgemeinen Wendungen" verlangt,[608] lässt eine erhebliche Gegenmeinung die ganz allgemeine Kennzeichnung der Opfergruppe oder des Handlungsobjekts genügen, solange diese eine Spezifizierung des Deliktstypus, die schon die Festlegung des Strafrahmens verlangt, zulässt.[609] Je allgemeiner die Äußerung gehalten ist, desto eher ist sie jedoch als allgemeine Unmutsäußerung zu verstehen.[610] Das wäre etwa bei der Formulierung „Tod den Imperialisten! Tod dem Faschismus! Es lebe der revolutionäre Befreiungskampf!" der Fall.[611]

134

(3) Aufforderungserfolg als Unterschied zwischen Absatz 1 und Abs. 2. Aus Abs. 2, wenn man ihn denn – wie herrschend – als eigenen Straftatbestand und nicht nur als Privilegierung zu Abs. 2 versteht, lässt sich schließen, dass Abs. 1 nur die erfolgreiche Aufforderung erfasst. Die Tat, zu der aufgefordert wurde, muss zumindest in das strafbare Vorbereitungs- oder Versuchsstadium gelangt sein.[612] Dafür spricht auch die Anordnung einer derjenigen der Anstiftung entsprechenden Rechtsfolge.[613] Zudem muss die Aufforderung für ihre Begehung mindestens **mitursächlich** geworden sein.[614] Dabei genügt es, dass die Aufforderung dem Täter der rechtswidrigen Tat nur vermittelt über einen Dritten bekannt geworden ist.[615]

135

Bleibt die Aufforderung ohne Erfolg, etwa weil die rechtswidrige Tat nicht begangen oder die Aufforderung dafür nicht ursächlich geworden ist,[616] kann sie gem. Abs. 2 strafbar

136

---

[602] *Fischer* StGB § 111 Rn. 6; *Rosenau* in LK-StGB StGB § 111 Rn. 51; iErg auch *Paeffgen* in NK-StGB StGB § 111 Rn. 30; aA: *Bosch* in MüKoStGB StGB § 111 Rn. 12; *Wolters* in SK-StGB StGB § 111 Rn. 5.

[603] *Fahl* in Satzger/Schluckebier/Widmaier StGB § 111 Rn. 3; *Fischer* StGB § 111 Rn. 6.

[604] Enger demgegenüber *Dietmeier* in Matt/Renzikowski StGB § 111 Rn. 6; *Rogall* GA 1979, 11 (17 f.); *Wolters* in SK-StGB StGB § 111 Rn. 5; s. dazu den Überblick bei *Piazena* Verabreden, Auffordern und Anleiten 198, 281 ff. mwN.

[605] *Bosch* in MüKoStGB StGB § 111 Rn. 14; *Fischer* StGB § 111 Rn. 9; *Wolters* in SK-StGB StGB § 111 Rn. 20.

[606] BGH NStZ 1998, 403 (404); BGHSt 31, 16 (22) = NJW 1982, 2508; BGHSt 32, 310 (312) = NJW 1984, 1631; BayObLGSt 42, 15 (19); *Bosch* in MüKoStGB StGB § 111 Rn. 13; *Eser* in Schönke/Schröder StGB § 111 Rn. 13; *Fahrner* StaatsschutzStrafR § 17 Rn. 8; *Heger* in Lackner/Kühl StGB § 111 Rn. 1; *Paeffgen* in NK-StGB StGB § 111 Rn. 15; *Rosenau* in LK-StGB StGB § 111 Rn. 21, 56; restriktiver *Rogall* GA 1979, 11 (17).

[607] BGHSt 32, 310 (312) = NJW 1984, 1631; *Bosch* in MüKoStGB StGB § 111 Rn. 13; *Eser* in Schönke/Schröder StGB § 111 Rn. 13; *Piazena* Verabreden, Auffordern und Anleiten 285 ff.; *Rosenau* in LK-StGB StGB § 111 Rn. 56.

[608] BGHSt 31, 16 (22) = NJW 1982, 2508; BGHSt 32, 310 (312) = NJW 1984, 1631; *Eser* in Schönke/Schröder StGB § 111 Rn. 13; *Fahl* in Satzger/Schluckebier/Widmaier StGB § 111 Rn. 3; *M. Heinrich* ZJS 2017, 518 (519).

[609] BayObLG NJW 1954, 1257 (1258); *Bosch* in MüKoStGB StGB § 111 Rn. 13; *Fahrner* StaatsschutzStrafR § 17 Rn. 8; *Paeffgen* in NK-StGB StGB § 111 Rn. 16; *Rosenau* in LK-StGB StGB § 111 Rn. 56; ähnl. *Heger* in Lackner/Kühl StGB § 111 Rn. 5.

[610] BGHSt 32, 310 (312) = NJW 1984, 1631.

[611] IErg auch OLG Karlsruhe NStZ-RR 2004, 254 (255); *Fahl* in Satzger/Schluckebier/Widmaier StGB § 111 Rn. 2.

[612] *Bosch* in MüKoStGB StGB § 111 Rn. 26; *Fahl* in Satzger/Schluckebier/Widmaier StGB § 111 Rn. 8.

[613] *Wolters* in SK-StGB StGB § 111 Rn. 4.

[614] *Rosenau* in LK-StGB StGB § 111 Rn. 60; *Wolters* in SK-StGB StGB § 111 Rn. 6; iErg auch *Paeffgen* in NK-StGB StGB § 111 Rn. 2 mit Zweifeln an der über den menschlichen Willen vermittelten Kausalität.

[615] *Rosenau* in LK-StGB StGB § 111 Rn. 60 f.; *Wolters* in SK-StGB StGB § 111 Rn. 6.

[616] *Fahl* in Satzger/Schluckebier/Widmaier StGB § 111 Rn. 8; *Rosenau* in LK-StGB StGB § 111 Rn. 64.

sein. Die Aufforderung muss jedoch vollendet sein; der bloß unbeendete Versuch der Aufforderung ist nicht strafbar.[617] Die Erklärung muss den Adressaten **erreichen,** sodass weder ausreicht, wenn sie lediglich entäußert wird, noch erforderlich ist, dass sie tatsächlich zur Kenntnis genommen oder gar verstanden wird.[618]

137 **(4) Subjektiver Tatbestand.** Die Aufforderung muss mindestens von bedingtem Vorsatz getragen sein,[619] der – wie bei der Anstiftung – nicht nur auf das Auffordern einschließlich des Eindrucks deren Ernstlichkeit,[620] sondern auch die Begehung der rechtswidrigen Tat gerichtet sein muss. Auf die Vollendung der Tat muss sich der Vorsatz nach hA demgegenüber nicht richten, sodass sich anders als bei der Anstiftung nach hM auch der agent provocateur, der nur einen Versuch hervorrufen will, nach § 111 StGB strafbar macht.[621]

138 **(5) Versuch und Rücktritt.** Der Deliktsversuch, für den angesichts des eigenständigen Straftatbestands der erfolglosen Aufforderung in Abs. 2 ohnehin nur ein schmaler Anwendungsbereich verbleibt, ist auch dann nicht strafbar, wenn die rechtswidrige Tat ein Verbrechen ist.[622] Nach hM ist zudem ein strafbefreiender „Rücktritt" analog §§ 31, 24 Abs. 2 StGB nicht möglich, weil das Rechtsgut des inneren Gemeinschaftsfriedens bereits durch die Aufforderung selbst gestört sei.[623]

139 **(6) Konkurrenzen.** Eine Aufforderungshandlung bleibt auch dann **eine Tat,** wenn sie zur Begehung mehrerer rechtswidriger Taten führt.[624] Gegenüber der Verwirklichung der Tat, zu der der Auffordernde aufgerufen hat, durch ihn selbst, tritt § 111 StGB trotz der Störung des Gemeinschaftsfriedens auch nach den überwiegenden Stimmen der hM zurück.[625] Tateinheit ist möglich mit den §§ 80a, 89, 130 Abs. 2, Nr. 1 StGB[626] und auch zu § 26 StGB, soweit man den Zweck des § 111 StGB auch im Schutz eines überindividuellen Rechtsguts sieht und nicht wegen der unterschiedlichen Adressatenkreise von einem Ausschlussverhältnis der Tatbestände ausgeht.[627]

C. Perspektiven

140 Gemein ist den vorgenannten Kommunikations- und Propagandatatbeständen, dass sie Verhaltensweisen uU weit im **Vorfeld** einer Beeinträchtigung des Staates und seiner

---

[617] *Bosch* in MüKoStGB StGB § 111 Rn. 26; *Heger* in Lackner/Kühl StGB § 111 Rn. 6; *Wolters* in SK-StGB StGB § 111 Rn. 16.
[618] Eingehend *Piazena* Verabreden, Auffordern und Anleiten 205 ff.; s. auch BayObLG NJW 1994, 396 (397); *Dreher* FS Gallas, 1973, 307 (313); *Eser* in Schönke/Schröder StGB § 111 Rn. 6; *Fahl* in Satzger/Schluckebier/Widmaier StGB § 111 Rn. 2; *M. Heinrich* ZJS 2017, 518 (522); *Rosenau* in LK-StGB StGB § 111 Rn. 18; aA *Bosch* JURA 2016, 381 (389): Entäußerung ausreichend; enger: *Franke* GA 1984, 452 (465 f.): tatsächliche Kenntnisnahme erforderlich.
[619] OLG Frankfurt aM NStZ-RR 2003, 327; *Fischer* StGB § 111 Rn. 15; *Rosenau* in LK-StGB StGB § 111 Rn. 66; *Wolters* in SK-StGB StGB § 111 Rn. 9; aA *Eser* in Schönke/Schröder StGB § 111 Rn. 17; *Paeffgen* in NK-StGB StGB § 111 Rn. 32: Absicht hinsichtlich der Verursachung des Tatentschlusses OLG Frankfurt aM NStZ-RR 2003, 327; *Paeffgen* FS Hanack, 1999, 591 (620).
[620] BGH NStZ-RR 2018, 308.
[621] *Dietmeier* in Matt/Renzikowski StGB § 111 Rn. 7; *Fahl* in Satzger/Schluckebier/Widmaier StGB § 111 Rn. 9; *Rosenau* in LK-StGB StGB § 111 Rn. 63; wohl auch *Fischer* StGB § 111 Rn. 6; aA *Eser* in Schönke/Schröder StGB § 111 Rn. 17; *Paeffgen* in NK-StGB StGB § 111 Rn. 32; *Wolters* in SK-StGB StGB § 111 Rn. 5.
[622] *Fahl* in Satzger/Schluckebier/Widmaier StGB § 111 Rn. 11.
[623] *Rosenau* in LK-StGB StGB § 111 Rn. 73; aA *Bosch* in MüKoStGB StGB § 111 Rn. 35; *Wolters* in SK-StGB StGB § 111 Rn. 5, 23.
[624] *Fahl* in Satzger/Schluckebier/Widmaier StGB § 111 Rn. 14; *Rosenau* in LK-StGB StGB § 111 Rn. 74.
[625] *Bosch* in MüKoStGB StGB § 111 Rn. 36; *Dietmeier* in Matt/Renzikowski StGB § 111 Rn. 11; *Paeffgen* in NK-StGB StGB § 111 Rn. 47; *Rosenau* in LK-StGB StGB § 111 Rn. 75.
[626] *Bosch* in MüKoStGB StGB § 111 Rn. 37; *Paeffgen* in NK-StGB StGB § 111 Rn. 48; *Rosenau* in LK-StGB StGB § 111 Rn. 76.
[627] *Eser* in Schönke/Schröder StGB § 111 Rn. 23; *Fahl* in Satzger/Schluckebier/Widmaier StGB § 111 Rn. 14; *Rosenau* in LK-StGB StGB § 111 Rn. 75; aA *Dietmeier* in Matt/Renzikowski StGB § 111 Rn. 9: § 111 StGB ist subsidiär.

Institutionen erfassen. Das ist unbedenklich, soweit sie ohnehin durch den Schutz anderer Rechtsgüter legitimiert sind, etwa weil sie Äußerungen erfassen, mit denen die freiheitlich-demokratische Grundordnung aktiv bekämpft (§ 86 StGB) oder andere Personen in ihrer Menschenwürde angegriffen (§ 130 Abs. 1 Nr. 2 StGB) oder in Leib und Leben gefährdet werden (§ 130 Abs. 1 Nr. 2 StGB). Im Einzelnen kann die Ratio des Tatbestandes zu hinterfragen sein, beispielsweise, wenn sie in einer diffusen und nicht feststellbaren Verhinderung eines tatbegünstigenden „Klimas" gesehen wird, wie dies die überwiegende Auffassung bei den Tatbeständen der §§ 130a, 140 StGB tut. Daraus erklärt sich das Bedürfnis, die Legitimität der Strafandrohungen teilweise zusätzlich oder alternativ auf den mittelbaren Schutz von Individualrechtsgütern zu stützen (→ Rn. 83, 92).

Das führt zurück zu dem „Grundproblem des strafrechtlichen Verfassungsschutzes",[628] **141** dass die Staatsschutztatbestände notwendigerweise nicht erst bei einem erfolgreichen Angriff auf die Schutzgüter, sondern bereits bei deren teilweise auch nur sehr mittelbarer oder abstrakter Gefährdung greifen. Aufgeworfen ist damit die Frage, wie weit in das Vorfeld einer tatsächlichen Rechtsgutschädigung der strafbewehrte Schutz reichen darf, ob und wie sich also Tatbestände legitimieren lassen, die eine echte Vorverlagerung der Strafbarkeit begründen und oftmals sozialadäquate Verhaltensweisen erfassen.[629] Die Diskussion, die insbesondere hinsichtlich der §§ 89a,[630] 91 StGB intensiv geführt wurde, kann in diesem Rahmen nicht nachgezeichnet werden. Erkennbar ist hier jedoch wiederum der Versuch, etwaige Legitimationsdefizite durch die Definition anderer überindividueller Rechtsgüter, deren Gefährdung durch die Tathandlung weniger abstrakt ist, auszugleichen, indem etwa als zusätzliches Schutzgut des § 91 StGB der öffentliche Friede benannt wird (→ Rn. 92 Fn. 425).[631] Das Ausmaß der Vorverlagerung der Strafbarkeit soll also durch eine Vorverlagerung des Schutzguts verringert werden.

Kernproblem insbesondere der Propagandatatbestände, aber auch der § 130 Abs. 3 und 4 **142** sowie § 140 StGB ist ihr **Spannungsverhältnis zu den Freiheiten gem. Art. 5 Abs. 1, 3 GG** (dazu → Rn. 13 ff.). Gesetzgeber und -anwender stehen vor der Herausforderung, die Grenze zu ziehen, jenseits derer eine Äußerung nicht mehr von der freiheitlich-demokratischen Grundordnung geschützt, sondern unter anderem wegen deren Gefährdung poenalisiert ist. Unbestimmtheit und Auslegungsschwierigkeiten erweisen sich in diesen Fällen als besonders bedenklich, weil sie die Gefahr einer Selbstzensur und damit eines chilling effects begründen,[632] nicht zuletzt, weil bereits die Einleitung eines Ermittlungsverfahrens einschüchternd wirken kann.[633] Rechtspolitisch ist abzuwägen, ob und in welchem Umfang es sinnvoll ist, Inhalte zu tabuisieren anstatt eine offene Diskussion über sie zu ermöglichen.[634] Dass Letzteres nicht schon durch die gesetzlich gesetzten Grenzen der Strafbarkeit gewährleistet ist, weisen zusätzliche Tatbestandsreduktionen nach, die aber bei § 86a StGB mit dem Ziel der Vorschrift, diese Inhalte zu tabuisieren, nicht zu ver-

---

[628] *Steinsick* in LK-StGB StGB Vor § 80 Rn. 23.
[629] Eingehend dazu *Puschke*, Legitimation, Grenzen und Dogmatik von Vorbereitungstatbeständen, 2017. S. etwa auch *Beck*, Unrechtsbegründung und Vorfeldkriminalisierung. Zum Problem der Unrechtsbegründung im Bereich vorverlegter Strafbarkeit, erörtert unter besonderer Berücksichtigung der Deliktstatbestände des politischen Strafrechts, 1992, 29 ff.; *Brodowski/Jahn/Schmitt-Leonardy* GSZ 2017, 7 ff., 2018, 7 ff.; *Steinsick*, Terrorabwehr durch Strafrecht?, 2012, 113 ff.
[630] S. dazu → Rn. 112 Fn. 512.
[631] Vgl. die Kritik am Schutzgut des öffentlichen Friedens ua bei *Bock/Harrendorf* ZStW 126 (2014), 337 (369 ff.) mwN; *Hefendehl* in Hefendehl/v. Hirsch/Wohlers, Die Rechtsgutstheorie. Legitimationsbasis des Strafrechts oder dogmatisches Glasperlenspiel?, 2003, 119 (124); *Hörnle* Grob anstößiges Verhalten 90 ff.
[632] *Grünwald* in Lüderssen/Sack, 1980, 489 (502); vgl. auch *Grünwald* KJ 1979, 291 (293); zustimmend *Deiters*, Der Schutz der freiheitlichen demokratischen Grundordnung durch das Strafrecht, Wehrhafte Demokratie, 2003, 291 (315).
[633] *Steinsick* in LK-StGB StGB Vor § 80 Rn. 23.
[634] Vgl. BVerfGE 124, 300 (320) = NJW 2010, 47: „Das Grundgesetz vertraut auf die Kraft der freien Auseinandersetzung als wirksamste Waffe auch gegen die Verbreitung totalitärer und menschenverachtender Ideologien." S. dazu auch *Deiters*, Der Schutz der freiheitlichen demokratischen Grundordnung durch das Strafrecht, Wehrhafte Demokratie, 2003, 291 (324).

einbaren sind. Die Verhältnismäßigkeit solcher Beschränkungen grundrechtlich geschützten Verhaltens ist vor allem deswegen zu hinterfragen, weil die praktische Bedeutung der vorgenannten Tatbestände mit Ausnahme der §§ 86, 86a, 130 StGB gering ist und die Gesetzgebung häufig symbolisch bleibt.[635] Das kann in einer niedrigen Inzidenz der Taten und der Schwierigkeiten ihrer Verfolgung begründet sein. Es mag aber auch, wie bei § 111 StGB vermutet wird (→ Rn. 130), an einer Zurückhaltung des Rechtsanwenders liegen, dem die Anwendung solch weiter und teilweise unbestimmter Straftatbestände mit teilweise sehr hohen Strafrahmen Unbehagen bereitet. Der Gesetzgeber sollte daher erwägen, ob er die mit den Straftatbeständen verfolgten Ziele nicht eher erreicht, wenn er bei der Festlegung des Strafbaren und der Strafrahmen Maß walten lässt. Ohnehin muss er sich fragen lassen, inwieweit Tatbestände, die bloße Rede allein zum Schutz des Staates poenalisieren, tatsächlich Ausdruck einer wehrhaften Demokratie und damit eines starken Staates oder nicht vielmehr seiner Schwäche sind.[636]

§ 38 Terrorismusfinanzierung

Tobias Engelstätter/Wolfgang Barrot

Übersicht

	Rn.
A. Terrorismus und Ökonomie	1
B. Völkerrechtliche Vorgaben	4
I. Internationales Übereinkommen zur Bekämpfung der Finanzierung des Terrorismus (FTC)	5
II. Aktivitäten des UN-Sicherheitsrats	7
III. Financial Action Task Force (FATF)	10
IV. Maßnahmen des Europarats	12
C. Unionsrechtliche Einflüsse	13
I. Embargoverordnungen anhand sog. „Terrorlisten"	15
II. EU-Geldwäschegesetzgebung	20
III. EU-Terrorismusrichtlinie (EU) 2017/541	24
D. Nationales Recht	25
I. Präventive Instrumente	26
1. Risikomanagement und Risikoanalyse nach §§ 4, 5 GwG	27
2. Interne Sicherungsmaßnahmen	29
3. Kundenbezogene Sorgfaltspflichten gem. §§ 10 ff. GWG	30
4. Transparenzregister gem. §§ 18 ff. GwG	32
5. Ordnungsrechtliche Instrumente	34
6. Nachrichtendienstliche Mittel	36
II. Kriminalstrafrecht	38
1. Organisationsdelikte (§§ 129 ff. StGB)	39
2. Terrorismusfinanzierung (§ 89c StGB)	43
3. Außenwirtschaftsrecht (§ 18 AWG)	47
4. Geldwäsche und Verschleierung unrechtmäßig erlangter Vermögenswerte (§ 261 StGB)	48
5. Nebenstrafrecht, insbesondere Strafbarkeit von Hawala-Banking	50
6. Exkurs: Strafbarkeitsrisiken für Hilfsorganisationen	51
E. Zuständigkeiten und Verfahren	54
I. Strategische Bedeutung der Financial Intelligence Unit (FIU)	56
II. Unterbrechung verdächtiger Transaktionen	60
F. Ausblick	63

---

[635] *Stein* in SK-StGB StGB § 130a Rn. 4: § 130a StGB als „politisches Zeichen"; zustimmend *Fischer* StGB § 130a Rn. 4.
[636] Vgl. zu § 140 StGB *Fischer* StGB § 140 Rn. 2a. S. dazu auch *Becker*, Bucerius Law Journal 2012, 113 ff.

Wichtige Literatur

Albers, M./Groth, L., Globales Recht und Terrorismusfinanzierungsbekämpfung, 2015; *Al-Jumaili, D.*, Stationen im Kampf gegen die Terrorismusfinanzierung New York – Brüssel – Berlin, NJOZ 2008, 188; *Andrzejewski, N.*, Die Strafbewehrung der Terrorismusembargos der EU im deutschen Außenwirtschaftsrecht, 2017; *Aston, J. D.*, Die Bekämpfung abstrakter Gefahren für den Weltfrieden durch legislative Maßnahmen des Sicherheitsrats – Resolution 1373 (2001) im Kontext, ZaöRV 62 (2002), 257; *Böse, M.*, Die Harmonisierung des materiellen Strafrechts durch das Völker- und Europarecht, ZJS 2019, 1; *Bundesministerium der Finanzen*, Erste Nationale Risikoanalyse – Bekämpfung von Geldwäsche und Terrorismusfinanzierung 2018/2019; *Bundesministerium der Finanzen*, Strategie gegen Geldwäsche und Terrorismusfinanzierung Dezember 2019; *Frey, T.*, Fünfte Geldwäsche-Richtlinie – Auswirkungen in Deutschland, CCZ 2018, 170; *Engels, A.*, Die 5. Geldwäscherichtlinie im Überblick: Änderungen der Richtlinie (EU) 2015/849 durch Richtlinie (EU) 2018/843, WM 2018, 2071; *Engelstätter, T.*, Die Richtlinie zur Terrorismusbekämpfung (EU) 2017/541 – Deutsches Staatsschutzstrafrecht unter Anpassungsdruck?, GSZ 2019, 95; *FATF-Report*, The role of HAWALA and other similar service providers in money laundering and terrorist financing (2013); *FATF-Report*, Risk of Terrorist Abuse in Non-profit-organisations, 2014; *FATF-Report*, Emerging Terrorist-Financing Risks, 2015; *FATF-Report*, Financing of the terrorist organisation Islamic State in Iraq and the Levant (ISIL), 2015; *FATF-Report*, Financing of recruitment for terrorist purposes, 2018; *FATF-Report*, Terrorist Financing risk assessment Guidance, 2019; *Gehra, B./Gittfried, N./Lienke, G.*, Prävention von Geldwäsche und Terrorismusfinanzierung, 2019; *Hennecke, R.*, „Darf ich in Bitcoin zahlen?" – Geldwäscherisiken für Industrie- und Handels-Unternehmen bei Bitcoin-Transaktionen, CCZ 2018, 120; *Hoffmann, J. M.*, Vorläufige Maßnahmen im Außenwirtschaftsrecht, NVwZ 2021, 211; *Hütwohl, M.*, Die Zentralstelle für Finanztransaktionsuntersuchungen (FIU) – Bekämpfung der Geldwäsche und Terrorismusfinanzierung nach dem neu gefassten Geldwäschegesetz, ZIS 2017, 680; *Jakobi, A. P./Kandt, J.*, Terrorismus, illegale Märkte und Geldwäsche: Globale Kriminalitätsbekämpfung durch transnationale Governance, in: Bossong, Terrorismus als Herausforderung der Europäischen Union, 2019, 109; *John, D.*, Der wirtschaftlich Berechtigte, NZG 2021, 323; *Lavalle, R.*, The international Convention for the Suppression of the Financing of Terrorism, ZaöRV 60 (2000), 491; *Lenk, M.*, Die geldwäscherechtliche Meldepflicht gem. § 43 Abs. 1 Nr. 1 GWG – Ein Konkretisierungsversuch für nachträgliche Verdachtsfeststellungen, WM 2020, 115; *Macke, J.*, UN-Sicherheitsrat und Strafrecht, 2010; *Macke, J.*, Rechtsstaat und Terrorlisten – Kaltstellung ohne Rechtsschutz?, HRRS 2010, 74; *Meyer, F./Macke, J.*, Rechtliche Auswirkungen der Terroristenlisten im deutschen Recht, HRRS 2007, 445; *Neuheuser, S.*, Die Strafbarkeit des Geldwäschebeauftragten wegen Geldwäsche durch Unterlassen bei Nichtmelden eines Verdachtsfalles gemäß § 11 Abs. 1 GwG, NZWiSt 2015, 241; *Odendahl, K.*, Die Bekämpfung des Terrorismus mit den Mitteln des Völker- und Europarechts, 2017; *Sieber, U./Vogel, B.*, Terrorismusfinanzierung, 2015; *Sundermann, S./von Busekist, K./Judis, C.*, „Know-Your-Customer" oder doch „Know-Your-Contracting-Party"?, CCZ 2020, 291; *Stricker, M.*, Die Terrorlisten im Strafrecht, 2016; *Taheri, A.*, Das Hawala-System, BKR 2020, 133; *Teichmann, F.*, Terrorismusfinanzierung Teil 1: Die Bedeutung von Money Transfer Dienstleistern, Kriminalistik 2017, 678; *Teichmann, F.*, Terrorismusfinanzierung Teil 2: Die Bedeutung der Parallelbankensysteme, Kriminalistik 2017, 730; *Teichmann, F.*, Terrorismusfinanzierung Teil 3: Die Bedeutung von Kryptowährungen, Kriminalistik 2018, 30; *Teichmann, F.*, Terrorismusfinanzierung Teil 4: Schwachstellen der Bekämpfung, Kriminalistik 2018, 85; *Teichmann, F./Park, E.*, Bekämpfung der Terrorismusfinanzierung in Deutschland, Liechtenstein, Österreich und der Schweiz, NK 2018, 419; *Warius, S.*, Das Hawala-Finanzsystem in Deutschland – ein Fall für die Bekämpfung von Geldwäsche und Terrorismusfinanzierung?, 2009; *Weißer, B.*, Expertokratie? Über Macht und Ohnmacht von Experten im Hinblick auf die Strafrechtsentwicklung, ZStW 129 (2017), 961; *Zöller, M. A.*, Der Straftatbestand der Terrorismusfinanzierung (§ 89c StGB), GA 2020, 249.

Rechtsprechungsauswahl

EUGH EuGRZ 2008, 480 (Kadi I); EUGH BeckRS 2012, 81472; EuGH Urt. v. 18.7.2013 – Rs. C-584/10 (Kadi II); EuGH BeckRS 2015, 80584 (unmittelbarer Rechtsschutz gegen „smart sanctions"); BVerfGE 118, 168 = NJW 2007, 2464 (verfassungsrechtliche Zulässigkeit des Kontenabrufverfahrens); BGHSt 32, 244 = NJW 1984, 1049; BGHSt 33, 16 = NJW 1984, 2956; BGHSt 54, 69 = NJW 2009, 3448; BGHSt 58, 318 = NJW 2013, 3257 (Unterstützung terroristischer Vereinigungen); BGH BeckRS 2020, 44394 (Verfassungsmäßigkeit von § 89c StGB); OLG München BeckRS 2008, 19201; OLG Düsseldorf BeckRS 2014, 8969 (jeweils zu Verstößen gegen das AWG); VG Frankfurt aM BeckRS 2007, 27880; VG Köln BeckRS 2019, 10996 (Untersagung einer Transaktion auf verwaltungsrechtlicher Grundlage).

Nützliche Internetadressen:

http://www.bmf.de;
http://www.bundesbank.de/de/service/finanzsanktionen/sanktionsregimes;
https://www.coe.int/en/web/moneyval;
http://www.eeas.europa.eu/topics/common-foreign-security-policy-cfsp/8442/consolidated-list-of-sanctions_en;
http://www.fatf-gafi.org;
http://www.fiu.bund.de/;
http://www.sanctionsmap.eu/#/main;
http://www.transparenzregister.de.

Hinweis:
Alle Internetfundstellen wurden zuletzt am 6.4.2022 abgerufen.

A. Terrorismus und Ökonomie

1 Terrorismusfinanzierung wird spätestens seit den Anschlägen des 11. September 2001 als wirtschaftlichem Nährboden für terroristische Straftaten eine hohe Bedeutung beigemessen.[1] Dem steht nicht entgegen, dass sich die Kosten für die Durchführung eines Anschlages ohne weiteres im Kauf eines Küchenmessers oder der Anmietung eines Fahrzeugs erschöpfen können.[2] Vor allem die größeren international aktiven terroristischen Vereinigungen benötigen erhebliche Finanzmittel. Hierfür nutzen sie ein breites Spektrum von Beschaffungs-, Transfer- und Verteilungsmethoden.[3] Dieses reicht von klassisch kriminellen Handlungen wie Diebstahl, Raub, Drogenhandel, Betrügereien, zB Sozialleistungs-, Versicherungs-, Kreditbetrug oder Betrug mit Kreditkarten und von Entführungen und Lösegelderpressungen,[4] bis hin zu offenen Spendensammlungen.[5] In Betracht kommen aber auch unmittelbare Zuwendungen von Staaten, die mit den politischen Zielen der jeweiligen Gruppierung sympathisieren. Eine weitere wichtige Finanzierungsquelle bilden neben der eigenständigen wirtschaftlichen Geschäftstätigkeit[6] zudem Finanzmittel, die durch die Verwaltung eines kontrollierten Gebiets generiert werden, zB durch wirtschaftliche Ausbeutung der lokalen Bevölkerung oder den Handel mit natürlichen Ressourcen wie Holzkohle, Weizen oder Erdöl.[7] Ebenso vielfältig wie die Finanzierungsquellen sind die Übertragungswege für ihren Transfer. Da die Akquise in vielen Fällen weit entfernt vom eigentlichen Operationsgebiet einer terroristischen Vereinigung erfolgt, kommen regelmäßig verschiedene Vertriebswege in Betracht, die je nach Einzelfall auch miteinander kombiniert werden können.[8] Diese reichen von der Nutzung regulärer Banken und Geldtransferdienstleister[9] zB durch Familienmitglieder und vermeintliche Wohlfahrtsorganisationen, über die Nutzung des außerhalb des herkömmlichen Finanzsektors bestehenden Hawala-Bankings,[10] bis hin zu Bargeldschmuggel durch Kuriere.[11] Neue Herausforderungen stellen sich durch digitale Zahlungsmethoden wie „Bitcoins" sowie das sog. „Crowdfunding" im Internet.[12]

---

[1] Vgl. *Bundesministerium der Finanzen* Nationale Risikoanalyse 22, 44 ff. sowie die Resolution 1373/2001 des UN-Sicherheitsrats Ziffer 1; Erwägungsgründe 13–15 der RL (EU) 2017/541 zur Terrorismusbekämpfung und zur Ersetzung des Rahmenbeschlusses 2002/475/JI und Änderung des Beschlusses 2005/671/JI, ABl. EU 2017 L 88.

[2] *Bundesministerium der Finanzen* Nationale Risikoanalyse 45 f.; *Ivanov* in Albers/Groth, Globales Recht und Terrorismusfinanzierungsbekämpfung, 2015, 255 (257); *Jacobi/Kandt* in Bossong, Terrorismus als Herausforderung der Europäischen Union, 2019, 109 (115); *Sieber/Vogel* Terrorismusfinanzierung 9.

[3] Vgl. hierzu *Bundesministerium der Finanzen* Nationale Risikoanalyse 46.

[4] *Jacobi/Kandt* in Bossong, Terrorismus als Herausforderung der Europäischen Union, 2019, 109 (116); *FATF-Report* Emerging Terrorist-Financing Risks 15, 18; *Sieber/Vogel* Terrorismusfinanzierung 11.

[5] *Ivanov* in Albers/Groth, Globales Recht und Terrorismusfinanzierungsbekämpfung, 2015, 255 (258); *FATF-Report* Emerging Terrorist-Financing Risks 13; *FATF-Report* Financing of the terrorist organisation Islamic State in Iraq and the Levant (ISIL) 24 ff.

[6] *Ivanov* in Albers/Groth, Globales Recht und Terrorismusfinanzierungsbekämpfung, 2015, 255 (261); *FATF-Report* Emerging Terrorist-Financing Risks19; *Sieber/Vogel* Terrorismusfinanzierung 12.

[7] *Herzog/Achtelik* in Herzog/Achtelik GwG Einl. Rn. 132; *Figura* in Herzog/Achtelik GwG § 1 Rn. 12; *Zöller* GA 2020, 249 (254); *FATF-Report* Financing of the terrorist organisation Islamic State in Iraq and the Levant (ISIL) 13; *FATF-Report* Emerging Terrorist-Financing Risks17; *Hartmann/Holland/Kunkel*, Geldwäsche in Europa: Terrorismus und Organisierte Kriminalität, 2018, 142; *Sieber/Vogel* Terrorismusfinanzierung 12.

[8] *Bundesministerium der Finanzen* Nationale Risikoanalyse 47.

[9] *Teichmann* Kriminalistik 2017, 678 ff.

[10] *FATF-Report* The role of HAWALA and other similar service providers in money laundering and terrorist financing 1 ff.; *Sieber/Vogel* Terrorismusfinanzierung 15; *Teichmann* Kriminalistik 2017, 730 (733).

[11] *Ivanov* in Albers/Groth, Globales Recht und Terrorismusfinanzierungsbekämpfung, 2015, 255 (259); *FATF-Report* Emerging Terrorist-Financing Risks 23; *Sieber/Vogel* Terrorismusfinanzierung 14.

[12] *FATF-Report* Emerging Terrorist-Financing Risks 30; *Teichmann* Kriminalistik 2018, 30 (32); In Deutschland sind bis jetzt nur Einzelfälle bekannt; vgl. die Antwort der Bundesregierung auf eine kleine Anfrage v. 18.2.2021, BT-Drs. 19/26796, 7.

Angesichts dieser Vielfältigkeit der Erscheinungsformen und Methoden zur Gewinnung 2
finanzieller Mittel erweisen sich konkrete Maßnahmen zur Austrocknung der finanziellen
Ressourcen terroristischer Vereinigungen in der Praxis jedoch als außerordentlich schwierig.[13] Das Recht bekämpft die Finanzierung terroristischer Aktivitäten daher mit verschiedenen Regelungsstrategien im **Drei-Ebenen-Modell** auf völker- wie unionsrechtlicher, aber auch auf nationaler Ebene.[14] Das dadurch bedingte Zusammenspiel internationaler wie nationaler und staatlicher wie nichtstaatlicher Akteure führt zu komplexen Regelungssystemen, die mit einem hohen Harmonisierungsbedarf an den jeweiligen Schnittstellen verbunden sind. Ihr gemeinsames Ziel ist es jedoch, einen Einblick in die legalen und illegalen Geldquellen des Terrorismus zu erhalten, den inkriminierten Geldfluss zu erkennen, zu kontrollieren und wenn möglich zu unterbrechen, um terroristische Aktivitäten zu schwächen und letztendlich Terrorakte zu verhindern. Die Bekämpfung der Finanzierung terroristischer Aktivitäten folgt vor diesem Hintergrund verschiedenen Ansätzen, nicht nur präventiver, repressiver und investigativer, sondern vor allem auch analytischer Art.[15]

Neben der Regelung spezieller **Bereitstellungsverbote,** die sich gezielt gegen die 3
Organisationen, aber auch gegen einzelne Personen richten können, orientiert sich die Regelungsstrategie zur Bekämpfung der Terrorismusfinanzierung vor allem an dem internationalen Regelwerk zur Bekämpfung der Geldwäsche.[16] Hier begründen das **„know your customer"-Prinzip** sowie die darauf aufbauenden Ansätze eines Risikomanagements **(„risk-based approach")** Sorgfaltspflichten für einzelne Akteure, Informationen über mögliche terroristische Finanzierungsaktivitäten frühzeitig zu erkennen und an die zuständigen Behörden weiterzugeben.[17] Beides wird flankiert durch eine umfassende **Kriminalisierung** bestrafungswürdiger Handlungen durch verschiedene Normen des materiellen Strafrechts. Die einzelnen Regelungsansätze bestehen dabei nicht parallel nebeneinander, sondern sie bedingen sich, sind miteinander verwoben und verweisen aufeinander.[18] Dies zeigt sich zB an der **nationalen Definition der Terrorismusfinanzierung** in § 1 Abs. 2 GwG. Danach umfasst die Finanzierung terroristischer Aktivitäten die Bereitstellung oder Sammlung von Vermögensgegenständen mit dem Wissen oder in der Absicht, dass die Mittel ganz oder teilweise dazu verwendet werden (sollen), terroristisch motivierte Straftaten im Sinne nationaler[19] aber auch unionsrechtlicher Vorschriften[20] zu begehen.

B. Völkerrechtliche Vorgaben

Mittlerweile werden die wesentlichen Regulierungsansätze zur Bekämpfung der Terrorismusfinanzierung vor allem durch völkerrechtliche Vorgaben bestimmt. Von zentraler 4
Bedeutung sind hier das **Internationale Übereinkommen zur Bekämpfung der Finanzierung des Terrorismus** vom 9.12.1999[21] (→ Rn. 5) sowie das Sanktionsregime des **UN-Sicherheitsrats** (→ Rn. 9), das die Grundlage für die auf Unions- wie nationaler Ebene bestehenden „Terrorlisten" (→ Rn. 15 ff.) bildet. Auch der **Europarat** hat Regelungen beschlossen, die die Mitgliedstaaten zum Einschreiten gegen die Finanzierung terroristischer Aktivitäten verpflichten. Erheblicher faktischer Einfluss auf die nationalen Rechtsordnungen außerhalb völkerrechtlich fundierter rechtlicher Rahmensetzung geht

---

13 *Krauß* in LK-StGB StGB § 129a Rn. 91; *Zöller* GA 2020, 249 (254).
14 *Engelstätter* in LK-StGB StGB § 89c Rn. 5.
15 *Jacobi/Kandt* in Bossong, Terrorismus als Herausforderung der Europäischen Union, 2019, 109 (118).
16 *Jacobi/Kandt* in Bossong, Terrorismus als Herausforderung der Europäischen Union, 2019, 109 (117).
17 *Vahldiek* in Gehra/Gittfried/Lienke 3.
18 *Engelstätter* in LK-StGB StGB § 89c Rn. 5.
19 Vgl. §§ 129a, b StGB sowie § 89c StGB.
20 Vgl. Art. 3 der Richtlinie 2017/541/EU zur Terrorismusbekämpfung und zur Ersetzung des Rahmenbeschlusses 2002/475/JI und Änderung des Beschlusses 2005/671/JI, ABl. EU 2017 L 88, 6.
21 A/RES/54/109 v. 9.12.1999, Annex, UNTS, Vol. 2178, 197 (BGBl. 2003 II 1923; BGBl. 2006 II 851); *Schmal* in Odendahl, Die Bekämpfung des Terrorismus mit den Mitteln des Völker- und Europarechts, 2017, 118 f.; *Al-Jumaili* NJOZ 2008, 188; *Kreß/Gazeas* Europäisches Strafrecht, 2. Ed. 2014 § 19 Rn. 3.

schließlich von der auf OECD-Ebene bestehenden **Financial Action Task Force (FATF)** aus.[22] Die von ihr beschlossenen Standards und Empfehlungen entfalten zwar keine völkerrechtliche Bindung, sind jedoch gleichwohl von mehr als 170 Ländern als verbindlich anerkannt worden.[23] Sie fließen zudem in EU-Vorgaben ein und sind auch zum Inhalt von UN-Resolutionen erhoben worden.[24]

I. Internationales Übereinkommen zur Bekämpfung der Finanzierung des Terrorismus (FTC)

5   Grundlegende Bedeutung für die Bekämpfung der Terrorismusfinanzierung hat das bereits im Jahr 2004 von Deutschland ratifizierte Internationale Übereinkommen zur Bekämpfung der Finanzierung des Terrorismus (FTC), auch wenn der nationale Gesetzgeber zu diesem Zeitpunkt noch davon ausging, dass das Abkommen keinen nennenswerten Einfluss auf das deutsche Strafrecht haben würde.[25] Art. 2 der FTC verpflichtet die Mitgliedstaaten zur Kriminalisierung von insgesamt **zwei Varianten der Terrorismusfinanzierung,** die sich allerdings jeweils auf die Vorbereitung einer konkreten Gewalttat beziehen müssen. Nicht erfasst von dem Abkommen werden Zuwendungen an eine Vereinigung ohne Bezug zu einer terroristischen Haupttat.[26] Nach Abs. Art. 2 Abs. 1 lit. a der FTC macht sich strafbar, wer unmittelbar oder mittelbar, widerrechtlich und vorsätzlich finanzielle Mittel bereitstellt oder sammelt in der Absicht oder in Kenntnis dessen, dass diese ganz oder teilweise verwendet werden, um eine Handlung zu begehen, die nach einem dem Vertragswerk als Anhang beigefügten völkerrechtlichen Abkommen,[27] als terroristische Straftat einzuordnen ist. Art. 2 Abs. 2 lit. b der FTC kriminalisiert zudem Handlungen, die in der Absicht oder in Kenntnis dessen erfolgen, dass die Mittel ganz oder teilweise verwendet werden, um eine Tat zu begehen, die den Tod oder eine schwere Körperverletzung einer Zivilperson oder einer anderen Person, die bei einem bewaffneten Konflikt nicht aktiv an den Feindseligkeiten teilnimmt, herbeiführen soll, wenn die Handlung darauf abzielt, die Bevölkerung eines Staates einzuschüchtern oder eine Regierung oder eine internationale Organisation zu einem Tun oder Unterlassen zu nötigen.

6   Mit „Sammeln" und „Bereitstellen" definiert die FTC zudem die wesentlichen Merkmale terroristischer Finanzierungshandlungen. Während ein **Bereitstellen** im Sinne des Abkommens verlangt, dass die finanziellen Mittel ihren Endadressaten erreicht haben müssen, ist dies für die Tathandlung des Sammelns nicht erforderlich.[28] **Sammeln** im Sinne des Abkommens ist vielmehr als aktives Tun zum Zweck der Generierung finanzieller Mittel – im Sinne eines Fundraisings – zu verstehen. Die bloße Entgegennahme finanzieller Mittel oder die Umwidmung bereits ersparter Vermögenswerte reicht hierfür nicht aus.[29] Der

---

[22] *Weißer* ZStW 129 (2017), 961 (965 ff., 975 f.); *Krämer* in Albers/Groth, Globales Recht und Terrorismusfinanzierungsbekämpfung, 2015, 203 ff.; *Sieber/Vogel* Terrorismusfinanzierung 39; *Vahldiek* in Gehra/Gittfried/Lienke 2 f.; *Engelstätter* in LK-StGB StGB § 89c Rn. 6.
[23] Zu den Sanktionen vgl. *Weißer* ZStW 129 (2017), 961 (971); *Engelstätter* in LK-StGB StGB § 89c Rn. 7.
[24] Vgl. im Einzelnen *Weißer* ZStW 129 (2017), 961 (978 ff.).
[25] BGBl. 2003 II 1923; Deutschland war der 22. Zeichnerstaat des Abkommens; zum Entwurf des Ratifizierungsgesetzes vgl. BT-Drs. 15/1507, 25; *Zöller* in SK-StGB StGB § 89c Rn. 2; *Engelstätter* in LK-StGB StGB § 89c Rn. 20; *Krauß* in LK-StGB StGB § 129a Rn. 12.
[26] *Engelstätter* in LK-StGB StGB § 89c Rn. 21.
[27] ZB Haager Übereinkommen zur Bekämpfung der widerrechtlichen Inbesitznahme von Luftfahrzeugen v. 16.12.1970 (BGBl. 1972 II 1506); Montrealer Übereinkommen zur Bekämpfung widerrechtlicher Handlungen gegen die Sicherheit der Zivilluftfahrt v. 23.9.1971 (BGBl. 1977 II 1230); Übereinkommen zur Bekämpfung widerrechtlicher Handlungen gegen die Sicherheit der Seeschifffahrt v. 10.3.1988 (BGBl. 1990 II 494); Übereinkommen gegen Geiselnahme v. 17.12.1979 (BGBl. 1980 II 1361); Internationales Übereinkommen zur Bekämpfung terroristischer Bombenanschläge v. 15.12.1997 (BGBl. 2002 II 2507); vgl. die vollständige Liste in BT-Drs. 15/1507, 23 sowie *Böse* ZJS 2019, 1 (8).
[28] *Engelstätter* in LK-StGB StGB § 89c Rn. 23; *Krauß* in LK-StGB StGB § 129a Rn. 12; *Sieber/Vogel* Terrorismusfinanzierung 22.
[29] *Engelstätter* in LK-StGB StGB § 89c Rn. 23; *Sieber/Vogel* Terrorismusfinanzierung 22.

Tatgegenstand der „finanziellen Mittel" wird durch Art. 1 Nr. 1 des Abkommens konkretisiert und ist weit zu verstehen.[30] Ihre tatsächliche Verwendung zur Begehung einer der im Übereinkommen genannten Straftaten ist nach Art. 2 Nr. 3 nicht Voraussetzung für die Strafbarkeit.

II. Aktivitäten des UN-Sicherheitsrats

Die durch die FTC begründeten Verpflichtungen der Bundesrepublik Deutschland werden ergänzt durch verschiedene Resolutionen des UN-Sicherheitsrats. Der Sicherheitsrat beruft sich hierfür auf ein weites Verständnis von Art. 39, 41 UN-Charta, um gem. Art. 25, 103 UN-Charta verbindliche Entscheidungen zu erlassen.[31] Zwar wird dies zum Teil als unverhältnismäßige, eigenmächtige **„ultra vires"-Handlung** des Sicherheitsrats infrage gestellt.[32] Gleichwohl ist diese Praxis von den Mitgliedstaaten im Wesentlichen akzeptiert worden[33] und hat nicht nur zur Einführung von Embargoregelungen für Einzelpersonen und terroristischen Gruppierungen geführt (→ Rn. 9 und 15), sondern auch die Ausgestaltung einzelner Normen des nationalen Rechts maßgeblich beeinflusst.[34]

Zwei Wochen nach den Anschlägen des 11. September 2001 wurde mit **Resolution 1373 (2001)** ein erstes Regelwerk verabschiedet, das die Staaten verpflichtete, terroristische Aktivitäten einschließlich ihrer Finanzierung zu unterbinden und Gelder und Vermögenswerte, die für Zwecke der Terrorismusfinanzierung bestimmt waren, einzufrieren.[35] Hinsichtlich der Begrifflichkeiten orientierte sich die Resolution nahezu wortgleich an Art. 2 Abs. 1 der FTC.[36] Dies gilt im Grundsatz auch für die **Resolution 2178 (2014)** vom 24.9.2014, die als Reaktion auf den erheblichen Zulauf ausländischer Kämpfer zur Terrororganisation „Islamischer Staat" erlassen wurde und die Staaten zusätzlich zu den in der Resolution 1373 (2001) enthaltenen Regelungen zur Kriminalisierung der Finanzierung terroristisch motivierter Ausreisen sog. „foreign terrorist fighter" verpflichtete. Auch der Wortlaut der insoweit in Ziff. 6 lit. b der Resolution verwendeten Begriffe ist in Anlehnung an Art. 2 Abs. 1 der FTC zu interpretieren.[37]

Zentrale Bedeutung kommt zudem dem auf Grundlage von Kapitel VII der UN-Charta erlassenen Sanktionsregime **(„smart sanctions")** zu, das auf Resolution 1267 (1999) vom

---

[30] Erfasst sind Vermögenswerte aller Art, dh materielle oder immaterielle, bewegliche oder unbewegliche Vermögenswerte ungeachtet der Art. und Weise ihres Erwerbs, zB Bankkredite, Reiseschecks, Bankschecks, Zahlungsanweisungen, Aktien, Wertpapiere, Schuldverschreibungen, Tratten und Akkreditive; *Sieber/Vogel* Terrorismusfinanzierung 22.
[31] *Aliabasi*, Die staatsgefährdende Gewalttat, 2017, 215; *Emmerich-Fritsche* in Albers/Groth, Globales Recht und Terrorismusfinanzierungsbekämpfung, 2015, 133 (157); *Ambos* in MüKoStGB StGB § 6 Rn. 24; *Macke* UN-Sicherheitsrat und Strafrecht 65; *Ohler* EUR 2006, 848 (854); *Payandeh* ZRP 2014, 241 (242); *Schmahl* in Odendahl, Die Bekämpfung des Terrorismus mit den Mitteln des Völker- und Europarechts, 2017, 109 (126).
[32] *Al-Jumaili* NJOZ 2008, 188 (194); *Föh*, Die Bekämpfung des internationalen Terrorismus nach dem 11. September, 2011, 281; *Macke* UN-Sicherheitsrat und Strafrecht 235; für die Zulässigkeit der Vorgehensweise des Sicherheitsrats *Aston* ZaöRV 62 (2002), 257 (284); *Gotzel*, Terrorismus und Völkerstrafrecht, 2010, 169; *Neusüß*, Legislative Maßnahmen des UN-Sicherheitsrates im Kampf gegen den internationalen Terrorismus, 2008, 366.
[33] *Schmahl* in Odendahl, Die Bekämpfung des Terrorismus mit den Mitteln des Völker- und Europarechts, 2017, 109 (127).
[34] *Engelstätter* in LK-StGB StGB § 89c Rn. 25; vgl. BT-Drs. 18/4087, 1 im Hinblick auf die Einf. von § 89c StGB.
[35] S/RES/1373 (2001) v. 28.9.2001; *Neusüß*, Legislative Maßnahmen des UN-Sicherheitsrates im Kampf gegen den internationalen Terrorismus, 2008, 56 ff.; *Al-Jumaili* NJOZ 2008, 188 (194 f.); *Rautenberg*, Rechtsstaatswidriges Feindstrafrecht oder notwendige Maßnahmen zur Terrorismusbekämpfung, 2014, 53 ff.
[36] *Engelstätter* in LK-StGB StGB § 89c Rn. 26; *Sieber/Vogel* Terrorismusfinanzierung 21.
[37] *Engelstätter* in LK-StGB StGB § 89c Rn. 26; *Sieber/Vogel* Terrorismusfinanzierung 30 ff.

15.10.1999[38] zurückgeht und seither stetig weiterentwickelt wird.[39] Die in diesem Bereich verabschiedeten Maßnahmen sind im Hinblick auf die eingeschränkten Rechtsschutzmöglichkeiten seitens der Betroffenen immer wieder kritisiert worden,[40] in ihrem Kern letztlich jedoch unbeanstandet geblieben.[41] In der Sache verpflichten die Resolutionen die Staatengemeinschaft, Sanktionen gegen die auf einer Liste geführten Personen und Organisationen in Form von Finanz-, Waffen- und Reiseembargos zu verhängen und ihr Vermögen einzufrieren. Der Anwendungsbereich der zunächst nur für die **Taliban** in Afghanistan geltenden Maßnahmen ist durch Resolution 1390 (2002) auf weitere Regionen und **Al-Qaida und ihre Untergruppierungen** erweitert worden. Für Somalia hat der Sicherheitsrat im Hinblick auf die dort agierende terroristische Vereinigung **Al-Shabab** mit den Resolutionen 733 (1992) und 1844 (2008) ebenfalls ein Listensystem etabliert.[42] Die Resolution 2178 (2014) erstreckt das Sanktionsregime schließlich auf den **Islamischen Staat**.[43] Entscheidungen über die Aufnahme von Personen oder Organisationen in die Liste obliegen grundsätzlich dem bereits mit der Resolution 1267 (1999) eingeführten Sanktionsausschuss sowie dem mit der Resolution 1373 (2001) gegründeten „Counter-Terrorism-Comitee" (CTC).[44] Die Fortschreibung der Taliban und der Somalia-Liste obliegen indes einem eigenständigen Gremium.[45]

III. Financial Action Task Force (FATF)

10 Maßgeblicher Einfluss bei der Entwicklung neuer Regelungen zur Bekämpfung der Terrorismusfinanzierung kommt schließlich den Gremien der **FATF** zu.[46] Die auf dem 5. Weltwirtschaftsgipfel 1989 als Arbeitsgruppe der OECD gegründete Organisation umfasst aktuell 35 Mitgliedstaaten einschließlich der EU-Kommission und des Golf-Kooperationsrats.[47] Die FATF wurde 1989 mit dem Auftrag eingesetzt, Methoden der Geldwäsche zu analysieren und die Aufdeckung von Vermögenswerten illegaler Herkunft zu ermöglichen. Nach den Anschlägen vom 11. September 2001 hat sie ihre Aktivitäten ab dem Jahr 2003 auf den Bereich der Terrorismusfinanzierung ausgeweitet und im Jahr 2012 weiter präzisiert.[48] Mittlerweile hat die FATF ein Regelwerk aus über 40 Empfehlungen erarbeitet, das

---

[38] S/RES/1267 v. 15.10.1999; vgl. hierzu *Beuren* in Odendahl, Die Bekämpfung des Terrorismus mit den Mitteln des Völker- und Europarechts, 2017, 176 ff.; *Neusüß*, Legislative Maßnahmen des UN-Sicherheitsrates im Kampf gegen internationalen Terrorismus, 2008, 31; *Schmahl* in Odendahl, Die Bekämpfung des Terrorismus mit den Mitteln des Völker- und Europarechts, 2017, 127.

[39] S/RES/1333 (2000) v. 19.12.2000 betreffend Osama bin Laden und der mit ihm verbundenen Personen und Einrichtungen, namentlich al Qaida, S/RES/1989 (2011) v. 17.6.2011; S/RES 2053 (2015) v. 17.12.2012; S/RES/2368 (2017) v. 20.7.2017; vgl. *Al-Jumaili* NJOZ 2008, 188 (191 ff.); *Albers* in Albers/Groth, Globales Recht und Terrorismusfinanzierungsbekämpfung, 2015, 85 (109); *Engelstätter* in LK-StGB StGB § 89c Rn. 9 f.

[40] Kritisch *Al-Jumaili* NJOZ 2008, 188; *Meyer/Macke* HHRS 2007, 445 (453); *Macke* HRRS 2010, 74 (84); *Schlarmann/Spiegel* NJW 2007, 870 (875); Überblick bei *Lohse* in Satzger/Schluckebier/Widmaier StGB § 129a Rn. 7.

[41] Vgl. EuGH EuGRZ 2008, 673; 2013, 389 ff.

[42] *Engelstätter* in LK-StGB StGB § 89c Rn. 10.

[43] *Albers* in Albers/Groth, Globales Recht und Terrorismusfinanzierungsbekämpfung, 2015, 85 (109); *Andrzejewski* Die Strafbewehrung 43, *Stricker* Die Terrorlisten im Strafrecht 18.

[44] *Andrzejewski* Die Strafbewehrung 43, *Bartelt/Zeitler* EuZW 2003, 712 (713); *Meyer/Macke* HHRS 2007, 445 (446); *Macke* HRRS 2010, 74 (75); *Stricker* Die Terrorlisten im Strafrecht 31; kritisch *Macke* UN-Sicherheitsrat und Strafrecht 254 f.

[45] *Stricker* Die Terrorlisten im Strafrecht 27.

[46] *Weißer* ZStW 129 (2017), 961 (965 ff., 975 f.); *Krämer*, Die Bekämpfung von Geldwäsche und Terrorismusfinanzierung, 2008; *Krämer* in Albers/Groth, Globales Recht und Terrorismusfinanzierungsbekämpfung, 2015, 203 ff.; *Groth*, Globales Finanzmarktrecht gegen Terrorismusfinanzierung, 2016; *Sieber/Vogel* Terrorismusfinanzierung 39; *Vahldiek* in Gehra/Gittfried/Lienke 2 f.; *Engelstätter* in LK-StGB StGB § 89c Rn. 6.

[47] *Krauß* in LK-StGB StGB § 129a Rn. 27.

[48] *Krämer* in Albers/Groth, Globales Recht und Terrorismusfinanzierungsbekämpfung, 2015, 203 (210); *Vahldiek* in Gehra/Gittfried/Lienke 2 f.; *Weisser* ZStW 129 (2017), 961 (968).

Staaten implementieren soll, um Geldwäsche und Terrorismusfinanzierung angemessen zu bekämpfen.[49] Obwohl ihre Standards mangels völkerrechtlicher Verbindlichkeit keine unmittelbare rechtliche Wirkung entfalten,[50] kommt der FATF eine erhebliche politische Bedeutung zu, die regelmäßig zu gesetzgeberischen Aktivitäten auf nationaler wie internationaler Ebene führt.[51] Grund hierfür sind neben der hohen Fachkompetenz des Gremiums und der – bislang – einhelligen Unterstützungshaltung ihrer Empfehlungen seitens der Mitgliedstaaten auch die Einbindung nichtstaatlicher Akteure aus dem Finanzsektor.[52] Mehr als 170 Länder haben die FATF-Empfehlungen mittlerweile als für sich verbindlich anerkannt.[53] Der Internationale Währungsfond (IWF) und die Weltbank verlangen von ihren Kreditnehmern, dass sie sich den FATF-Standards unterwerfen.[54]

Die FATF verfügt über ein **Evaluierungssystem,** dem sich die Mitgliedstaaten freiwillig unterziehen und innerhalb dessen der aktuelle Stand der nationalen Regelungssysteme bei der Bekämpfung von Geldwäsche und Terrorismusfinanzierung überprüft wird. Nicht kooperierende oder defizitäre Staaten werden durch ein Listungssytem international geächtet („naming and shaming"), mit Auflagen versehen oder einem Monitoring unterworfen, was erhebliche Nachteile für die Anbindung des jeweiligen Staates an das Weltfinanzsystem bis hin zur Herabstufung seiner Kreditwürdigkeit haben kann.[55] Maßgebend für die Bekämpfung der Terrorismusfinanzierung ist die **FATF-Empfehlung Nr. 5.** Danach sollen Staaten Terrorismusfinanzierung auf der Basis der FTC kriminalisieren und zwar nicht nur die Finanzierung konkreter terroristischer Handlungen, sondern auch die Finanzierung terroristischer Organisationen und terroristischer Einzeltäter, dies auch dann, wenn die Überlassung oder Verschaffung der Mittel nicht im Zusammenhang mit einer konkreten terroristischen Tat steht.[56] Auch der Versuch einer Finanzierungshandlung soll strafbar sein. Dass die durch Finanzierung bezweckte Straftat tatsächlich begangen wird, ist nicht erforderlich.[57] 11

IV. Maßnahmen des Europarats

Auch die 47 Mitgliedstaaten des Europarats haben Maßnahmen zur Bekämpfung der Finanzierung terroristischer Aktivitäten ergriffen, die sich allerdings im Wesentlichen an den auf UN-Ebene getroffenen Regelungen orientieren. Zunächst besteht auf dieser Ebene mit dem „Comittee of Experts on the evaluation of Anti Money Laundering Measures and the financing of terrorism" (**Moneyval**) als ständiger Beirat des Europarates ein zentraler Monitoring-Akteur. Das Gremium wurde 1997 gegründet und ist seit 2006 assoziiertes Mitglied der FATF. Eine seiner zentralen Aufgaben ist die Einhaltung der Anti-Terrorismusmaßnahmen der FATF, des IWF und der Weltbank auf europäischer Ebene zu überwachen und zu dokumentieren. Der Sachverstand des Gremiums wird zudem herangezogen, um neue Methoden der Geldwäsche und der Terrorismusfinanzierung zu analysie- 12

---

[49] *Engelstätter* in LK-StGB StGB § 89c Rn. 6 f.; *Böse* ZJS 2019, 1, 8.
[50] *Krauß* in LK-StGB StGB § 129a Rn. 27; *Krämer* in Albers/Groth, Globales Recht und Terrorismusfinanzierungsbekämpfung, 2015, 203 (215); *Vahldiek* in Gehra/Gittfried/Lienke 2; *Sieber/Vogel* Terrorismusfinanzierung 39.
[51] *Engelstätter* in LK-StGB StGB § 89c Rn. 7; *Vahldiek* in Gehra/Gittfried/Lienke 2 f.; *Weisser* ZStW 129 (2017), 961 (971, 973).
[52] *Jacobi/Kandt* in Bossong, Terrorismus als Herausforderung der Europäischen Union, 2019, 109 (121).
[53] Vgl. *Weißer* ZStW 129 (2017), 961 (971); *Engelstätter* in LK-StGB StGB § 89c Rn. 7.
[54] *Weisser* ZStW 129 (2017), 961 (973).
[55] *Engelstätter* in LK-StGB StGB § 89c Rn. 7; *Albers* in Albers/Groth, Globales Recht und Terrorismusfinanzierungsbekämpfung, 2015, 85 (88); *Krämer* in Albers/Groth, Globales Recht und Terrorismusfinanzierungsbekämpfung, 2015, 203 (219); *Vahldiek* in Gehra/Gittfried/Lienke 2 f.; *Sieber/Vogel* Terrorismusfinanzierung 39; *Weisser* ZStW 129 (2017), 961 (971).
[56] Vgl. hierzu *Böse* ZJS 2019, 1 (8); *Engelstätter* in LK-StGB StGB § 89c Rn. 27; *Krauß* in LK-StGB StGB § 129a Rn. 28; *Sieber/Vogel* Terrorismusfinanzierung 39 ff.; *Weißer* ZStW 129 (2017), 961 (974).
[57] *Engelstätter* in LK-StGB StGB § 89c Rn. 29; *Krauß* in LK-StGB StGB § 129a Rn. 28; *Sieber/Vogel* Terrorismusfinanzierung 42; *Weißer* ZStW 129 (2017), 961 (990).

ren.[58] Weitere Vorgaben folgen aus dem am 1.5.2008 in Kraft getretene Übereinkommen des Europarats über Geldwäsche, Terrorismusfinanzierung sowie Ermittlung, Beschlagnahme und Einziehung von Erträgen aus Straftaten vom 16.5.2005, das für Deutschland allerdings erst mit Wirkung zum 1.10.2017 ratifiziert worden ist.[59] Neben der Übernahme der Begriffsdefinitionen aus Art. 2 der FTC durch Art. 1 lit. h des Vertragswerks, enthält das Übereinkommen vor allem verfahrensrechtliche Regelungen über das Auffinden und die Beschlagnahme von Geldern, die für die Finanzierung terroristischer Aktivitäten bestimmt sein könnten, über das Einfrieren und Blockieren von Vermögenswerten sowie die effektive Bestrafung der Geldwäsche.[60] Eine weitere Regelung mit Bezug zu Terrorismusfinanzierung findet sich im Zusatzprotokoll vom 22.10.2015 zum bereits am 1.6.2007 in Kraft getretenen Übereinkommen des Europarats zur Verhütung des Terrorismus vom 16.5.2005.[61] Die Erweiterung, die sich vor allem mit dem Phänomen der „foreign terrorist fighters" befasst, dient der Umsetzung der Resolution 2178 (2014) des UN-Sicherheitsrats. Konsequenterweise verpflichtet Art. 5 Abs. 1 des Protokolls die Vertragsstaaten daher nicht nur zur Kriminalisierung terroristisch motivierter Reisen, sondern auch zur Bestrafung ihrer Finanzierung.[62]

C. Unionsrechtliche Einflüsse

13 Die Aktivitäten der EU auf dem Gebiet der Terrorismusbekämpfung haben seit den Anschlägen des 11. September 2001 stark zugenommen und vielfach auch die deutsche Gesetzgebung beeinflusst.[63] Art. 67 Abs. 3 AEUV verpflichtet allgemein die EU, im Rahmen des Raums, der Freiheit, der Sicherheit und des Rechts, ihren Bürgern ein „hohes Maß an Sicherheit zu gewährleisten", was unter anderem durch Maßnahmen zur Verhütung und Bekämpfung von Terrorakten zu erreichen ist.[64] In der Praxis handelt es sich bei der Union jedoch eher um einen „rule-taker" als um einen „rule maker."[65] Als **eigenständiges Mitglied der FATF** orientiert sich die Politik der Union streng an deren Vorschlägen und Empfehlungen, die auf diese Weise in EU-Sekundärrecht übertragen und entweder unmittelbar im Wege der Verordnung oder mittelbar im Wege von Richtlinien an die Mitgliedstaaten weitergegeben werden. Dies gilt im Grundsatz auch für Resolutionen des UN-Sicherheitsrats im Wege der **„smart sanctions,"** die unmittelbar im Verordnungswege in verbindliches Recht überführt werden.

14 Neben bereichsspezifischen Verordnungen und Regelungen bestehen auch auf EU-Ebene verschiedene **Analyse- und Monitoring-Instrumente.**[66] Bereits 2010 wurde das Europäische Finanzaufsichtssystem (ESFS) geschaffen. Es besteht aus dem European Systemic Risk Board (ESRB) und der Aufsichtsbehörde ESA, die für die Harmonisierung von EU-weiten Instrumente zur Bekämpfung der Terrorismusfinanzierung zuständig ist. Darüber hinaus wurde 2016 das **European Counter Terrorism Center** (ECTC) bei Europol gegründet, das den Mitgliedstaaten als Plattform für einen Informationsaustausch untereinander zur Verfügung steht. Zudem wurde mit dem EU-USA-Abkommen zum Aufspüren von Terrorfinanzierungen („**Terrorist-Finance-Tracking-Program**" – TFTP)[67]

---

[58] *Jacobi/Kandt* in Bossong, Terrorismus als Herausforderung der Europäischen Union, 2019, 109 (125).
[59] CETS 198 (BGBl. 2016 II 1370); BT-Drs. 18/9235.
[60] *Afsali*, Der Beitrag des Europarats zur Terrorbekämpfung und sein Einfluss auf die Europäische Union, 2014, 47 ff. *Krauß* in LK-StGB StGB § 129a Rn. 14.
[61] SEV Nr. 196; in Kraft getreten am 1.6.2007 (BGBl. 2011 II 300).
[62] *Engelstätter* in LK-StGB StGB § 89c Rn. 32; vgl. auch BT-Drs. 19/9507, 14.
[63] Vgl. *Afsali*, Der Beitrag des Europarats zur Terrorbekämpfung und sein Einfluss auf die Europäische Union, 2014, 154 ff.; *Ahlbrecht* JR 2005, 400; *v. Bubnoff* NJW 2002, 2672 ff.
[64] *Gärditz*, Terrorbekämpfung im EU-Recht, 2016, 14; *Hummer* ZEuS 2017, 145 (154).
[65] *Jacobi/Kandt* in Bossong, Terrorismus als Herausforderung der Europäischen Union, 2019, 109 (110).
[66] *Jacobi/Kandt* in Bossong, Terrorismus als Herausforderung der Europäischen Union, 2019, 109 (125).
[67] Abkommen zwischen der Europäischen Union und den Vereinigten Staaten von Amerika über die Verarbeitung von Zahlungsverkehrsdaten und deren Übermittlung aus der Europäischen Union an die

ein wichtiges Instrument zur Auswertung internationaler Zahlungsdaten etabliert.[68] Das Abkommen ermöglicht es nicht nur, innerhalb der EU Informationen bereitzustellen, die die US-Seite aus dem TFTP erlangt hat. Art. 10 des Abkommen gestattet auch den nationalen, für Strafverfolgung, öffentliche Sicherheit und Terrorismusbekämpfung zuständigen Behörden eigene TFTP-Anfragen zu Personen und Organisationen an die US-Seite zu richten.

I. Embargoverordnungen anhand sog. „Terrorlisten"

Während unter dem Regime des Vertrags von Nizza zum Erlass der entsprechenden Rechtsakte noch verschiedene Rechtsgrundlagen einschließlich der allgemeinen „Kompetenzergänzungsklausel" gem. Art. 308 EGV (jetzt Art. 352 AEUV) zur Anwendung kamen,[69] stehen seit Inkrafttreten des Vertrages von Lissabon mit Art. 75 und Art. 215 Abs. 2 AEUV zwei eigenständige Regelungen für den Erlass von Bereitstellungsverboten im Rahmen der „smart sanctions" zur Verfügung. Art. 75 AEUV ermächtigt die Union durch Verordnungen im Wege des ordentlichen Gesetzgebungsverfahrens einen Rahmen für Verwaltungsmaßnahmen in Bezug auf Kapitalbewegungen und Zahlungen zu schaffen, um die Ziele des Art. 67 AEUV in Bezug auf die Verhütung und Bekämpfung von Terrorismus zu verwirklichen. Hierzu zählt zB das Einfrieren von Geldern, finanziellen Vermögenswerten oder wirtschaftlichen Erträgen, deren Eigentümer oder Besitzer natürliche oder juristische Gruppierungen sowie nichtstaatliche Einheiten sind. 15

Demgegenüber handelt es sich bei Art. 215 AEUV um eine Maßnahme der **Gemeinsamen Außen- und Sicherheitspolitik** (GASP). Die Vorschrift zielt auf den Erlass von Wirtschaftssanktionen, die sich nach Abs. 1 nicht nur gegen einen Drittstaat, sondern nach Abs. 2 der Regelung auch gegen natürliche und juristische Personen sowie Gruppierungen richten können. Sie stellt damit eine wichtige Scharnier- oder Brückennorm im Gefüge der Union und im Zusammenspiel des Unionsrechts mit dem Völkerrecht dar.[70] Art. 215 AEUV erfasst alle Bereiche und Arten von Wirtschafts- und Finanzsanktionen.[71] Die Vorschrift erlaubt damit im Ergebnis dieselben Maßnahmen wie eine auf Art. 75 AEUV gestützte Regelung. Da beide Vorschriften jedoch zu unterschiedlichen Politiken der EU gehören und damit hinsichtlich ihres Zustandekommens unterschiedliche Verfahrensregelungen aufweisen, stehen sie nicht in einem Spezialitätsverhältnis, sondern gleichberechtigt nebeneinander.[72] Während Maßnahmen nach Art. 75 im Wege des ordentlichen Gesetzgebungsverfahrens nach dem AEUV ergehen, sieht Art. 215 AEUV ein zweistufiges Verfahren vor. Zunächst muss gemäß den Vorschriften des EUV über die Gemeinsame Außen- und Sicherheitspolitik ein Beschluss zur Festlegung der von der Union einzunehmenden Standpunkte oder durchzuführenden Aktionen – in der Regel ein Beschluss über einen einzunehmenden Standpunkt (ehemals gemeinsamer Standpunkt) – angenommen werden. Auf seiner Grundlage erfolgt sodann – meist am gleichen Tag – die Umsetzung der beschlossenen Maßnahme durch den Erlass einer EU-Verordnung nach Art. 215 AEUV.[73] 16

In der Rechtspraxis der Union werden Bereitstellungsverbote zur Verhütung und Bekämpfung der Finanzierung terroristischer Aktivitäten mittlerweile regelmäßig im Rah- 17

Vereinigten Staaten von Amerika für die Zwecke des Programms zum Aufspüren der Finanzierung des Terrorismus v. 27. Juli 2010, ABl. 2010 L 195, 5.
[68] *Rüß* in Dietrich/Eiffler NachrichtendiensteR-HdB IV § 4 Rn. 40 f.
[69] *Winkler* in Grabitz/Hilf/Nettesheim AEUV Art. 352 Rn. 122; *Kokott* in Streinz AEUV Art. 215 Rn. 3.
[70] *Schneider/Terchechte* in Grabitz/Hilf/Nettesheim AEUV Art. 215 Rn. 69.
[71] *Schneider/Terchechte* in Grabitz/Hilf/Nettesheim AEUV Art. 215 Rn. 7; *Kokott* in Streinz AEUV Art. 215 Rn. 13; *Bungenberg* in von der Groeben/Schwarze AEUV Art. 215 Rn. 15.
[72] EUGH BeckRS 2012, 81472 Rn. 65 f.; *Cremer* in Calliess/Ruffert AEUV Art. 215 Rn. 30; *Bungenberg* in von der Groeben/Schwarze AEUV Art. 215 Rn. 67; *Herrnfeld* EuR 2013, 94 ff.
[73] *Schneider/Terchechte* in Grabitz/Hilf/Nettesheim AEUV Art. 215 Rn. 15 ff.; *Kokott* in Streinz AEUV Art. 215 Rn. 15 ff.; *Bungenberg* in von der Groeben/Schwarze AEUV Art. 215 Rn. 20 ff.

men der GASP und damit auf Grundlage von Art. 215 AEUV erlassen.[74] Inwieweit Art. 75 darüber hinaus noch eine eigene Bedeutung zukommt, wird unterschiedlich beurteilt.[75] Bereits auf die Anschläge vom 11. September 2001 folgte aufgrund des Gemeinsamen Standpunktes 2002/402[76] in Umsetzung der Resolution 1390 (2002) der Erlass der **Verordnung (EG) 881/2002,**[77] die auch heute noch in ihrer jeweils aktuellen Fassung das zentrale Regelwerk der EU zur Umsetzung der Terrorlisten der UN bildet.[78] Die Verordnung setzt durch den UN-Sanktionsausschuss beschlossene Listungen, insbesondere zu den terroristischen Vereinigungen Al-Qaida, Taliban und Islamischer Staat akzessorisch um.[79] Nach ihrem Art. 2 Abs. 1 werden alle Gelder und wirtschaftlichen Ressourcen, die einer im Anhang gelisteten Person oder Organisation gehören, „eingefroren" – was in der Sache gleichbedeutend mit der Verhängung eines umfassenden Verfügungsverbotes ist. Zusätzlich verfügt die EU aber auch über ein eigenes, von den Vorgaben der UN unabhängiges, Listungssytem.[80] Noch unter dem Eindruck von UN-Resolution 1373 (2001)[81] ergingen am 27.12.2001 der Gemeinsame Standpunkt 2001/931/GASP[82] sowie die **Verordnung (EG) 2580/2001,**[83] die ebenfalls das Einfrieren der Gelder von Personen und Organisationen anordneten, die in einer durch Beschlüsse des Rates aufgestellten und regelmäßig aktualisierten Liste genannt waren. Wie die Verordnung (EG) 881/2002 führen auch die Regelungen der Verordnung (EG) 2580/2001 zum Einfrieren der Vermögen der in ihrem Anhang gelisteten Betroffenen. Neue Vermögenswerte oder Gelder dürfen ihnen nicht mehr zur Verfügung gestellt werden. Die Listungsentscheidung ist nicht von der Rechtskraft einer Verurteilung wegen einer terroristischen Straftat abhängig; ausreichend ist bereits eine das Vorliegen eines qualifizierten Verdachts bestätigende gerichtliche Entscheidung in Form eines Haftbefehls.[84]

18 Neben den völker- und unionsrechtlichen Bereitstellungsverboten mit unmittelbarem Bezug zu Terrorismusfinanzierung existieren weitere Wirtschaftssanktionen, die ebenfalls bei der Terrorismusbekämpfung relevant werden können. Nachdem durch den UN-Sicherheitsrat bis 1990 aufgrund der gegenläufigen Interessen im Kalten Krieg in überhaupt nur zwei Fällen Wirtschaftssanktionen verhängt worden waren,[85] kam es in der Folgezeit zu

---

[74] *Schneider/Terchechte* in Grabitz/Hilf/Nettesheim AEUV Art. 215 Rn. 4.
[75] Vgl. *Röben* in Grabitz/Hilf/Nettesheim AEUV Art. 75 Rn. 48; *Harings* in von der Groeben/Schwarze AEUV Art. 75 Rn. 1 f.
[76] GASP 2002/402, ABl. 2002 L 139, 4.
[77] Verordnung (EG) 881/2002 über die Anwendung bestimmter spezifischer restriktiver Maßnahmen gegen bestimmte Personen und Organisationen, die mit den ISIL (Da'esh)- und Al-Qaida-Organisationen in Verbindung stehen, ABl. 2002 L 139, 9; zuletzt geändert durch Art. 1 VO (EU) 2021/589 vom 9.4.2021, ABl. 2021 L 125, 13 – Es handelt sich um die insgesamt 320. Änderung der Verordnung (EG) 881/2002.
[78] *Al-Jumaili* NJOZ 2008, 188 (197); *Albers* in Albers/Groth, Globales Recht und Terrorismusfinanzierungsbekämpfung, 2015, 85 (115); *Andrzejewski* Die Strafbewehrung 55; *Stricker* Die Terrorlisten im Strafrecht 78.
[79] *Krauß* in LK-StGB StGB § 129a Rn. 23; Vgl. *Rackow* StV 2009, 721; *Al-Jumaili* NJOZ 2008 188, 197; *Engelstätter* in LK-StGB StGB § 89c Rn. 11.
[80] *Al-Jumaili* NJOZ 2008, 188 (198); *Albers* in Albers/Groth, Globales Recht und Terrorismusfinanzierungsbekämpfung, 2015, 85 (115); *Andrzejewski* Die Strafbewehrung 55; *Stricker* Die Terrorlisten im Strafrecht 79.
[81] S/RES/1368 u. 1377 (2001) v. 12.11.2001; vgl. auch Resolutionen Nr. 1267 (1999), Nr. 1333 (2000), Nr. 1390 (2000) und Resolution Nr. 1566 v. 8.10.2004; zu den rechtlichen Auswirkungen der Terrorlisten im deutschen Recht, insbesondere im Strafrecht vgl. *Krauß* in LK-StGB StGB § 129a Rn. 23 f.; *Meyer/Macke* HRRS 2007, 445.
[82] Gemeinsamer Standpunkt 2001/931/GASP des Rates v. 27.12.2001 über die Anwendung besonderer Maßnahmen zur Bekämpfung des Terrorismus, ABl. 2001 L 344, 93.
[83] Verordnung (EG) Nr. 2580/2001 des Rates v. 27.12.2001 über spezifische, gegen bestimmte Personen und Organisationen gerichtete restriktive Maßnahmen zur Bekämpfung des Terrorismus (ABl. 2001 L 344, 70); zuletzt geändert durch Art. 1 ÄndVO (EU) 2017/2061, ABl. 2017 L 295, 3 v. 14.11.2017; zu den Verfahrensanforderungen vgl. BT-Drs. 16/6236 und 16/6879.
[84] *Engelstätter* in LK-StGB StGB § 89c Rn. 11; *Lohse* in Satzger/Schluckebier/Widmaier StGB StGB § 129a Rn. 7.
[85] Südafrika (UN-Dok. S/RES/418 (1977) v. 4.11.1977) und Rhodesien (UN-Dok. S/RES/232 (1966) v. 16.12.1966).

C. Unionsrechtliche Einflüsse   § 38

einer sog. „**sanctions decade**" mit einer Vielzahl von Sanktionen gegen Staaten, Einzelpersonen oder Organisationen, die durch die damalige Europäische Gemeinschaft (EG) in bindendes Recht umgesetzt werden mussten. Besondere Bedeutung im Zusammenhang mit Terrorismusfinanzierung hatten dabei die Sanktionen gegen Syrien.[86] Im Zuge des Kosovokonflikts verhängte die EG ab 1998 erstmals ohne entsprechende UN-Sicherheitsratsresolution Sanktionen gegen das damalige Milosevic-Regime. Weitere EU-/EG-autonome Sanktionen sind gegen Weißrussland, Birma/Myanmar, Jugoslawien, Simbabwe, Sudan, Usbekistan und zuletzt auch gegen Russland[87] verhängt worden. Eine aktuelle Übersicht über die im Hinblick auf ein bestimmtes Land oder bestimmte Gruppierungen in Kraft befindlichen Sanktionsmaßnahmen, unabhängig davon, ob sie auf einer UN-Sanktion beruhen oder nicht, veröffentlicht die EU als konsolidierte Fassung regelmäßig im Übersichtsportal „**Sanctions Map**".[88] Dort finden sich auch Informationen zu den Personen, Organisationen und Einrichtungen, die im Rahmen eines bestimmten Sanktionsregimes gelistet sind. Eine konsolidierte Liste von Personen, Organisationen und Einrichtungen, für die aufgrund einer Maßnahme der Union ein umfassendes Verfügungs- und Bereitstellungsverbot besteht, wird ebenfalls im Internet veröffentlicht.[89]

Die Embargoverordnungen der Union können mit der **Nichtigkeitsklage** nach Art. 263 **19** AEUV angegriffen werden. Insbesondere die unmittelbare und individuelle Betroffenheit von Privatpersonen wird im Falle ihrer namentlichen Auflistung regelmäßig zu bejahen sein.[90] Nach der Rechtsprechung des EuGH kann jedoch nur der Akt des Unionsrechts selbst – also die Sanktions-VO – nicht aber die Rechtmäßigkeit der ihr zugrundeliegenden UN-Resolution gerichtlich überprüft werden.[91] Rechtsschutz besteht jedoch bezogen auf **die unmittelbar unionsrechtlichen Komponenten.** Ihr Erlass muss auf einer hinreichenden tatsächlichen Grundlage beruhen, für die die jeweils zuständige Unionsbehörde die Beweislast trägt.[92] Ausreichend kann hier auch ein bloßes „Bündel von Indizien" sein, die allerdings hinreichend konkret, genau und übereinstimmend sein müssen.[93] Geheimhaltungsbedürftigkeit oder Vertraulichkeit von einzelnen Informationen aus Gründen der nationalen Sicherheit oder der Gestaltung internationaler Beziehungen der Union oder ihrer Mitgliedstaaten können den Gerichten der Union nicht entgegengehalten werden. Ob sie auch gegenüber dem Betroffenen offenbart werden können, entscheidet das Gericht – gegebenenfalls in camera[94] – anhand einer Abwägung zwischen den Sicherheitsinteressen und dem Recht des Betroffenen auf effektiven Rechtsschutz unter Berücksichtigung der Art. und der Quellen dieser Informationen.[95]

---

[86] VO (EU) Nr. 36/2012 des Rates v. 18.1.2012 über restriktive Maßnahmen angesichts der Lage in Syrien, ABl. 2012 L 16, 1; ergänzt durch VO (EU) Nr. 697/2013, ABl. 2013 L 198, 28; VO (EU) Nr. 517/2013, ABl. 2013 L 158, 1.
[87] VO (EU) Nr. 269/2014 des Rates v. 17.3.2014 über restriktive Maßnahmen angesichts von Handlungen, die die territoriale Unversehrtheit, Souveränität und Unabhängigkeit der Ukraine untergraben oder bedrohen, ABl. 2014 L 78, 6, zuletzt geändert durch Durchführungsverordnung (EU) Nr. 810/2014 des Rates v. 25.7.2014 zur Durchführung der Verordnung (EU) Nr. 269/2014 des Rates über restriktive Maßnahmen angesichts von Handlungen, die die territoriale Unversehrtheit, Souveränität und Unabhängigkeit der Ukraine untergraben oder bedrohen, ABl. 2014 L 221, 1.
[88] https://bit.ly/3rSRd45.
[89] https://bit.ly/3rN5X4a.
[90] *Schneider/Terchechte* in Grabitz/Hilf/Nettesheim AEUV Art. 215 Rn. 26; *Kokott* in Streinz AEUV Art. 215 Rn. 33; *Schmahl* EuR 2006, 571.
[91] EuGH EuGRZ 2008, 480 (Kadi I); *Schmahl* EuR 2006, 566; *Al-Jumaili* NJOZ 2008, 199 f.; *Schneider/Terchechte* in Grabitz/Hilf/Nettesheim AEUV Art. 215 Rn. 27; *Kokott* in Streinz AEUV Art. 215 Rn. 36.
[92] EuGH Urt. v. 18.7.2013 – Rs. C-584/10 Rn. 121 (Kadi II); *Schneider/Terchechte* in Grabitz/Hilf/Nettesheim AEUV Art. 215 Rn. 29; *Kokott* in Streinz AEUV Art. 215 Rn. 39.
[93] Vgl. EuGH BeckRS 2015, 80584 Rn. 46, 51 und 52; EuGH BeckRS 2015, 80549 Rn. 47, 52 und 53; EuGH BeckRS 2016, 80569 Rn. 57, 61 und 63; allesamt bezogen auf den syrischen Bürgerkrieg.
[94] Vgl. Art. 105 EuGVfO: „Behandlung von Auskünften oder Unterlagen, die die Sicherheit der Union oder eines oder mehrerer ihrer Mitgliedstaaten oder die Gestaltung ihrer internationalen Beziehungen berühren."
[95] EuGH Urt. v. 18.7.2013 – Rs. C-584/10 Rn. 125 – Kadi II; *Schneider/Terchechte* in Grabitz/Hilf/Nettesheim AEUV Art. 215 Rn. 29; *Vogel* ZIS 2017, 30 f.

II. EU-Geldwäschegesetzgebung

20 Das Embargorecht wird ergänzt durch die EU-Geldwäschegesetzgebung, die mittlerweile nicht mehr nur auf die Bekämpfung von klassischer Geldwäsche im Rahmen organisiert krimineller Strukturen einschließlich des Drogenhandels ausgerichtet sind, sondern auch einen Beitrag zur Bekämpfung der Terrorismusfinanzierung leisten soll. Am 10.6.1991 verabschiedete die Europäische Wirtschaftsgemeinschaft (EWG) die Richtlinie 91/308/EWG zur Verhinderung der Nutzung des Finanzsystems zum Zwecke der Geldwäsche[96] (sog. **Erste Geldwäscherichtlinie**), die die Mitgliedstaaten zur Schaffung von Geldwäschegesetzen verpflichtete und damit die Voraussetzungen für eine Harmonisierung der nationalen Vorschriften zur Bekämpfung der Geldwäsche auf europäischer Ebene schuf.[97] Ihr zentraler Regelungsinhalt war das „**know-your-customer**"-**Prinzip**, das Kredit- und Finanzinstitute nicht nur verpflichtete, ab bestimmten Schwellenwerten für einzelne Transaktionen die Identität der Kunden zu erheben,[98] sondern jede Transaktion besonders sorgfältig zu prüfen und geldwäscherelevante Sachverhalte den zuständigen Behörden zu übermitteln, ohne dabei den Kunden zu informieren.[99] Unmittelbar nach den Anschlägen vom 11. September 2001 wurde die Geldwäscherichtlinie durch die Richtlinie 2001/97/EG[100] (sog. **Zweite Geldwäscherichtlinie**) erweitert und aktualisiert. Wesentliche Neuerungen betrafen Berufe und Unternehmen aus dem Nicht-Finanzsektor, auf die die Vorgaben der Richtlinie 91/308/EWG ausgedehnt wurden.[101] Dies galt vor allem für die rechtsberatenden Berufe.[102] Darüber hinaus ist durch die Richtlinie der Vortatenkatalog der strafbewehrten Geldwäsche deutlich erweitert worden.[103]

21 Eine umfassende Neuregelung erfuhr die Geldwäschegesetzgebung der Union aufgrund der Empfehlungen der FATF sodann durch die Richtlinie 2005/60/EG[104] (sog. **Dritte Geldwäscherichtlinie**), mit der die vorangegangen europarechtlichen Regelungen aufgehoben, vollständig neu gefasst und maßgeblich erweitert wurden.[105] Neben einer weiteren Ausdehnung des Kataloges für eine Geldwäsche tauglicher Vortaten[106] wurden nunmehr alle natürlichen und juristischen Personen, die gewerblich mit Gütern handelten, dem Anwendungsbereich der Richtlinie unterworfen. Von zentraler Bedeutung war die Abkehr von einem regelbasierten Überwachungsinstrument hin zu einem risikoorientierten Ansatz (**„risk-based approach"**). Als Folge hiervon können nunmehr je nach Risikoprofil weitere Sorgfaltspflichten für den Betroffenen entstehen, denen er durch interne Sicherungsmaßnahmen (→ Rn. 29) begegnen muss.[107] Ein weiterer Ausbau des Rechts-

---

[96] *Häberle* in Erbs/Kohlhaas GwG vor § 1 Rn. 10.
[97] ABl. 1991 L 166, 77. In Deutschland wurde die Richtlinie am 29.11.1993 mit Schaffung des Geldwäschegesetzes (GWG) (BGBl. 1993 I 1770) umgesetzt.
[98] Erwägungsgründe und Art. 3 der Ersten EU-Geldwäscherichtlinie (91/308/EWG); *Herzog/Achtelik* in Herzog/Achtelik GwG Einl. Rn. 81.
[99] Art. 5 und 6 der Ersten EU-Geldwäscherichtlinie (91/308/EWG); *Frey/Pelz* in BeckOK GwG Einf. Rn. 10.
[100] ABl. 2001 L 344, 76.
[101] Erwägungsgrund 14 der Zweiten EU-Geldwäscherichtlinie (2001/97/EG).
[102] *Herzog/Achtelik* in Herzog/Achtelik GwG Einl. Rn. 82; *Wegner* NJW 2002, 794 ff.
[103] Erwägungsgrund 8 der Zweiten EU-Geldwäscherichtlinie (2001/97/EG).
[104] Richtlinie 2005/60/EG zur Verhinderung der Nutzung des Finanzsystems zum Zwecke der Geldwäsche und der Terrorismusfinanzierung ABl. 2005 L 309, 15. In Deutschland wurde die Richtlinie am 21.8.2008 durch das Geldwäschebekämpfungsergänzungsgesetz v. 13.8.2008 (BGBl. 2008 I 1690) umgesetzt. Vgl. dazu *Helmrich* NJW 2009, 3686 ff. Ergänzt wurde die Dritte EU-Geldwäscherichtlinie durch die Richtlinie 2006/70/EG der Kommission v. 1.8.2006 (ABl. 2006 L 214, 29), die verbindliche Durchführungsbestimmungen für die Mitgliedstaaten enthielt.
[105] Erwägungsgrund 5 der Dritten EU-Geldwäscherichtlinie (2005/60/EG); *Häberle* in Erbs/Kohlhaas GwG vor § 1 Rn. 12; *Wende* in Zentes/Glaab GwG Einf. Rn. 19.
[106] Die Regelung des § 261 StGB wurde infolgedessen durch das Geldwäschebekämpfungsergänzungsgesetz v. 13.8.2008 (BGBl. 2008 I 1690) neu gefasst.
[107] *Frey/Pelz* in BeckOK GwG Einf. Rn. 12; *Herzog/Achtelik* in Herzog/Achtelik GwG Einl. Rn. 84 ff.; *Wende* in Zentes/Glaab GwG Einf. Rn. 21.

rahmens erfolgte mit der Richtlinie (EU) 2015/849[108] (sog. **Vierte Geldwäscherichtlinie**). Ihr zentraler Regelungsansatz ist neben der Regulierung von Sanktionen bei Zuwiderhandlungen gegen die Vorgaben der Geldwäschegesetzgebung[109] die nunmehr unionsweite Verpflichtung zur Schaffung eines Registers über wirtschaftlich Berechtigte (sog. **Transparenzregister**).[110] Gemäß Art. 67 der Richtlinie sollten die Transparenzregister aller EU-Mitgliedstaaten eigentlich zum 10.3.2021 zu einem europaweiten Transparenzregister vernetzt werden. Aufgrund der Covid19-Pandemie ist jedoch damit zu rechnen, dass sich dieser Schritt etwas verzögern wird.[111] Darüber hinaus enthält die Vierte Geldwäscherichtlinie in Art. 1 Abs. 5 mit der „Bereitstellung oder Sammlung finanzieller Mittel, gleichviel auf welche Weise, unmittelbar oder mittelbar, mit dem Vorsatz oder in Kenntnis dessen, dass sie ganz oder teilweise dazu verwendet werden, eine der Straftaten im Sinne der Artikel 1 bis 4 des Rahmenbeschlusses 2002/475/JI des Rates zu begehen" eine unionsrechtliche Definition der Terrorismusfinanzierung auf der Basis der FTC (→ Rn. 5).

Noch innerhalb der Umsetzungsfrist der Vierten EU-Geldwäscherichtlinie veröffentlichte die EU-Kommission vor dem Hintergrund der Terroranschläge in Paris und Brüssel sowie der Affäre um die sog. Panama-Papers am 5.7.2016 einen Vorschlag zur Änderung der Vierten EU-Geldwäscherichtlinie,[112] der am 9.7.2018 als Richtlinie (EU) 2018/843[113] (sog. **Fünfte Geldwäscherichtlinie**) in Kraft gesetzt wurde. Die Richtlinie erweitert den Anwendungsbereich der Geldwäschegesetzgebung der Union auf Plattformen zum Umtausch **virtueller Währungen,** Anbieter elektronischer Geldbörsen (sog. wallets), aber auch auf Mietmakler, Zollfreilager (sog. freeports) sowie Kunsthandelsakteure.[114] Zudem werden die Schwellenwerte bei Ausgabe nicht wieder aufladbarer Guthabenkarten herabgesetzt, ein erleichterter Zugang zum Transparenzregister vorgesehen und Zahlungsempfänger zur Einholung umfangreicher Informationen von Geschäftspartnern mit Beziehungen zu Hochrisikoländern verpflichtet.[115] Ferner wurden die Zentralen Meldestellen (Financial Intelligence Unit – FIU) (→ Rn. 56 ff.) ermächtigt, von jedem Verpflichteten Informationen über Geldwäsche und Terrorismusfinanzierung einzuholen.[116] 22

Die Fünfte Geldwäscherichtlinie wird ergänzt durch die strafrechtlich ausgerichtete Richtlinie (EU) 2018/1673 (sog. **EU-Geldwäschestrafrechtsrichtlinie**),[117] die in Art. 3 und 5 neben der erneuten Erweiterung des Kataloges der tauglichen Vortaten für die Tathandlungen krimineller Geldwäsche ein unionsweites Höchstmaß der Freiheitsstrafe von mindestens vier Jahren vorsieht. Ebenfalls ergänzende Funktion kommt der **EU-Geld-** 23

---

[108] ABl. 2015 L 141, 73. In Deutschland wurde die Richtlinie am 23.6.2017 durch das Gesetz zur Umsetzung der Vierten EU-Geldwäscherichtlinie, zur Ausführung der EU-Geldtransferverordnung und zur Neuorganisation der Zentralstelle für Finanztransaktionsuntersuchungen (BGBl. 2017 I 1822) umgesetzt. Zeitgleich mit der 4. EU-Geldwäscherichtlinie wurde die Verordnung (EU) 2015/847 des Europäischen Parlaments und des Rates über die Übermittlung von Angaben bei Geldtransfers v. 20.5.2015 (ABl. 2015 L 141, 1) beschlossen. Ergänzend wurde die Delegierte Verordnung (EU) 2016/1675 der Kommission v. 14.7.2016 (ABl. 2016 L 254, 1) erlassen, die die Drittländer mit hohem Risiko auflistet; vgl. *Esser* in Odendahl, Die Bekämpfung des Terrorismus mit den Mitteln des Völker- und Europarechts, 2017, 203 (207 ff.).
[109] *Frey/Pelz* in BeckOK GwG Einf. Rn. 13; *Herzog/Achtelik* in Herzog/Achtelik GwG Einl. Rn. 94 f.; *Müller* NZWiSt 2017, 87 ff., 121 ff.; *Wende* in Zentes/Glaab GwG Einf. Rn. 23.
[110] Vgl. dazu *Kotzenberg/Lorenz* NJW 2017, 2433 ff.
[111] Vgl. hierzu BT-Drs. 19/28164, 28.
[112] *Herzog/Achtelik* in Herzog/Achtelik GwG Einl. Rn. 96; *Frey* CCZ 2018, 170; *Wende* in Zentes/Glaab GwG Einf. Rn. 25.
[113] Richtlinie (EU) 2018/843 zur Änderung der Richtlinie (EU) 2015/849 zur Verhinderung der Nutzung des Finanzsystems zum Zwecke der Geldwäsche und der Terrorismusfinanzierung und zur Änderung der Richtlinien 2009/138/EG und 2013/36/EU, ABl. 2018 L 156, 43.
[114] Erwägungsgründe 8, 9, 10 der Fünften EU-Geldwäscherichtlinie (EU) 2015/849; *Frey* CCZ 2018, 170 ff.; *Herzog/Achtelik* in Herzog/Achtelik GwG Einl. Rn. 96.
[115] *Frey* CCZ 2018, 170 ff.; *Frey/Pelz* in BeckOK GwG Einf. Rn. 14; *Wende* in Zentes/Glaab GwG Einf. Rn. 26.
[116] *Frey* CCZ 2018, 170 ff.; *Frey/Pelz* in BeckOK GwG Einf. Rn. 14; *Wende* in Zentes/Glaab GwG Einf. Rn. 26.
[117] Richtlinie (EU) 2018/1673 über die strafrechtliche Bekämpfung der Geldwäsche ABl. 2018 L 284, 22.

transfer-Verordnung¹¹⁸ zu, die vorschreibt, dass Geldtransfers lückenlos bis hin zum ursprünglichen Auftraggeber rückverfolgbar sein müssen.¹¹⁹ Am 20.6.2019 wurde schließlich die sog. **EU-Finanzinformationsrichtlinie** (EU) 2019/1153 erlassen, die gem. Art. 23 bis zum 1.8.2021 in nationales Recht umgesetzt werden musste.¹²⁰ Das auf Art. 87 Abs. 2 AEUV beruhende Regelwerk ermöglicht für bestimmte, durch die Mitgliedstaaten zu benennende Behörden und Europol die EU-weite Nutzung von Bankkontendaten einschließlich der bei den nationalen FIUen vorhandenen Informationen zur Verhinderung und Verfolgung schwerer Straftaten. Die Bundesregierung hat am 31.3.2021 einen Gesetzentwurf vorgelegt, der unmittelbar vor der Bundestagswahl verabschiedet worden ist.¹²¹

III. EU-Terrorismusrichtlinie (EU) 2017/541

24 Am 15.3.2017 hat die Union auf Basis von Art. 83 Abs. 1 AEUV die Richtlinie zur Terrorismusbekämpfung (EU) 2017/541 verabschiedet, die den bis dahin geltenden Rahmenbeschluss zur Terrorismusbekämpfung 2002/475/JI ablöste.¹²² Das Regelwerk enthält in Art. 3 Abs. 1 AEUV zehn vorsätzliche Handlungen, die durch die Mitgliedstaaten als terroristische Straftaten einzustufen sind. In Art. 4 werden Straftaten im Zusammenhang mit einer terroristischen Vereinigung, in Art. 5–12 Straftaten im Zusammenhang mit terroristischen Aktivitäten definiert.¹²³ Relevant für die Finanzierung terroristischer Handlungen sind vor allem zwei Vorschriften: Während Art. 4 lit. b der Richtlinie klarstellt, dass eine Beteiligung an einer terroristischen Vereinigung im Sinne der Richtlinie auch durch jegliche Art der Finanzierung ihrer Tätigkeit begangen werden kann, verpflichtet Art. 11 der Richtlinie die Mitgliedstaaten auch Finanzierungshandlungen, die sich auf konkrete terroristisch motivierte Taten beziehen, mit Kriminalstrafe zu bedrohen. Gerade diese Norm zeigt plastisch die zugrundeliegenden völkerrechtlichen Impulse, insbesondere durch Empfehlung Nr. 5 der FATF (→ Rn. 11),¹²⁴ aber auch durch die UN-Resolution 2178 (2014)¹²⁵ (→ Rn. 8) und Art. 2 Abs. 1 lit. b der FTC (→ Rn. 5). Sie erfasst absichtliche wie wissentliche **Sammlungen** oder **Bereitstellungen** von Geldern, die für terroristisch motivierte Straftaten verwendet werden sollen. Geht es um die Finanzierung einer Katalogtat nach Art. 3 der Richtlinie,¹²⁶ die Beteiligung an einer terroristischen Vereinigung oder um terroristisch motivierte Reiseaktivitäten, ist es weder erforderlich, dass die Gelder tatsächlich für eine dieser Straftaten verwendet werden, noch dass der Täter weiß, wofür die Gelder ursprünglich bestimmt waren.

---

[118] Verordnung (EU) 2018/1672 v. 23.10.2018 über die Überwachung von Barmitteln, die in die Union oder aus der Union verbracht werden und zur Aufhebung der Verordnung (EG) 1889/2005, ABl. 2005 L 284, 6.
[119] *Lienke/Gittfried* in Gehra/Gittfried/Lienke 401 ff.
[120] Richtlinie (EU) 2019/1153 zur Festlegung von Vorschriften zur Erleichterung der Nutzung von Finanz- und sonstigen Informationen für die Verhütung, Aufdeckung, Untersuchung oder Verfolgung bestimmter Straftaten und zur Aufhebung des Beschlusses 2000/642/JI des Rates, ABl. L 186, 122.
[121] Gesetzentwurf der Bundesregierung für ein Gesetz zur europäischen Vernetzung der Transparenzregister und zur Umsetzung der Richtlinie 2019/1153 des Europäischen Parlaments und des Rates v. 20.6.2019 zur Nutzung von Finanzinformationen für die Bekämpfung von Geldwäsche, Terrorismusfinanzierung und sonstigen schweren Straftaten v. 31.3.2021, BT-Drs. 19/28164; Transparenzregister- und Finanzinformationsgesetz, BGBl. 2021 I 2083.
[122] Richtlinie (EU) 2017/541 zur Terrorismusbekämpfung und zur Ersetzung des Rahmenbeschlusses 2002/475/JI und Änderung des Beschlusses 2005/671/JI, ABl. 2017 L 88, 6; krit. *Eralp* Bürgerrechte und Polizei 65 ff.
[123] Ein Überblick über die Terrorismusrichtlinie findet sich bei *Engelstätter* GSZ 2019, 95 (96) sowie bei *Krauß* in LK-StGB StGB § 129a Rn. 21.
[124] COM (2015) 625 final, 22; *Weißer* ZStW 129 (2017), 961 (979).
[125] Vgl. Erwägungsgründe 5 und 14 der Richtlinie (EU) 2017/541.
[126] ZB Angriffe auf das Leben einer Person, die zum Tode führen können (Art. 3 Abs. 1 lit. a); Angriffe auf die körperliche Unversehrtheit einer Person (Art. 3 Abs. 1 lit. b); Entführung und Geiselnahme (Art. 3 Abs. 1 lit. c); Kapern von Luft- oder Wasserfahrzeugen (Art. 3 Abs. 1 lit. e) oder Freisetzung gefährlicher Stoffe, die Herbeiführung von Bränden oder Überschwemmungen oder Explosionen, wenn dadurch das Leben von Menschen gefährdet wird (Art. 3 Abs. 1 lit. g).

D. Nationales Recht

Die intensiven – teilweise nahezu turbulenten – Aktivitäten auf völkerrechtlicher und unionsrechtlicher Ebene haben im nationalen Recht tiefe Spuren hinterlassen. Aufgrund der internationalen Einflüsse ist hier mittlerweile ein eng verwobenes und miteinander verzahntes Gesetzesdickicht entstanden, das sich in hohem Tempo aufgrund neuer internationaler Impulse immer wieder selbst reformiert und eine Vielzahl von Akteuren auf staatlicher wie nichtstaatlicher Ebene betrifft. Es enthält nicht nur verschiedene Ansätze Terrorismusfinanzierung durch verwaltungsrechtliche Instrumentarien **präventiv** zu verhindern, sondern sie auch durch die Anwendung von Kriminalstrafrecht **repressiv** zu bekämpfen. Im Zentrum der präventiven Regelungsstrategien stehen dabei das noch relativ junge Geldwäschegesetz (GwG),[127] das Außenwirtschaftsgesetz (AWG)[128] sowie verschiedene Gesetze zur Regelung des Finanzsektors, zB das Kreditwesengesetz (KWG)[129] und das Zahlungsdiensteaufsichtsgesetz (ZAG).[130] Stets stehen diese Gesetze unter **Reformdruck** aufgrund der internationalen und unionsrechtlichen Einflüsse. Zuletzt hat die Bundesregierung am 31.3.2021 mit dem sog. Transparenzregister- und Finanzinformationsgesetz eine weitere Novellierung, insbesondere des GwG und des KWG, angestoßen, die unmittelbar vor der Bundestagswahl im Juni 2021 im Bundestag verabschiedet worden ist.[131] Aber auch das materielle Strafrecht hat tiefgreifende Veränderungen erfahren. Zur Umsetzung von Forderungen der FATF[132] sowie von Ziff. 6 lit. b der Resolution 2178/2014 des Sicherheitsrats der UN trat am 19.6.2015 mit § 89c StGB erstmals ein gesonderter Straftatbestand der Terrorismusfinanzierung in Kraft (→ Rn. 43 ff.).[133] Mit Wirkung zum 18.3.2021 ist schließlich der Tatbestand der Geldwäsche gem. § 261 StGB aufgrund der unionsrechtlichen Vorgaben durch den nationalen Gesetzgeber umfassend reformiert und in seinem Anwendungsbereich massiv erweitert worden (→ Rn. 48 ff.).[134]

I. Präventive Instrumente

Den größten Anteil der im nationalen Bereich zur Bekämpfung der Terrorismusfinanzierung bestehenden Instrumentarien machen in erster Line Regelungen der **Gefahrenabwehr und Gefahrenvorsorge** aus. Auf ordnungsrechtlicher Ebene besteht eine Vielzahl von Instrumenten, die vom Einsatz nachrichtendienstlicher Mittel über Genehmigungsvorbehalte bis hin zu unmittelbaren Eingriffsgrundlagen zum Erlass von Rechtsverordnungen oder Ge- oder Verbotsverfügungen reichen. Im Zentrum stehen jedoch die an der EU-Geldwäschegesetzgebung orientierten Regelungen des GwG und der auf ihm aufbauenden Gesetze, die den Grundsatz des **„risk based approach"** und das **„know-your-customer-Prinzip"** in nationales Recht umsetzen. Entsprechend den internationalen Vorgaben erfassen sie einen extrem weiten Kreis von Verpflichteten, der katalogartig in § 2

---

[127] Gesetz über das Aufspüren von Gewinnen aus schweren Straftaten (Geldwäschegesetz – GwG) v. 23.6.2017 (BGBl. 2017 I 1822), zuletzt geändert Art. 5 Abs. 5 Gesetz zur Verbesserung der strafrechtlichen Bekämpfung der Geldwäsche v. 9.3.2021 (BGBl. 2021 I 327).
[128] Außenwirtschaftsgesetz (AWG) v. 6.6.2013 (BGBl. 2013 I 1482), zuletzt geändert durch Art. 1 des ersten Gesetzes zur Änderung des AußenwirtschaftsG und anderer Gesetze v. 10.7.2020 (BGBl. 2020 I 1637).
[129] Gesetz über das Kreditwesen (Kreditwesengesetz – KWG) v. 9.9.1998 (BGBl. 1998 I 2776), zuletzt geändert durch Art. 1, 2, 3, 4 Risikoreduzierungsgesetz v. 9.12.2020 (BGBl. 2020 I 2773).
[130] Gesetz über die Beaufsichtigung von Zahlungsdiensten (Zahlungsdiensteaufsichtsgesetz – ZAG) v. 17.7.2017 (BGBl. 2017 I 2446), zuletzt geändert Art. 9 Abs. 8 Risikoreduzierungsgesetz v. 9.12.2020 (BGBl. 2020 I 2773).
[131] Transparenzregister- und Finanzinformationsgesetz, BGBl. 2021 I 2083.
[132] Hierzu BT-Drs.18/4279, 1.
[133] Gesetz zur Änderung der Verfolgung der Vorbereitung von schweren staatsgefährdenden Gewalttaten v. 12.6.2015 – GVVG-ÄndG (BGBl. 2015 I 926).
[134] Vgl. Gesetz zur Verbesserung der strafrechtlichen Bekämpfung der Geldwäsche v. 9.3.2021 (BGBl. 2021 I 327); BR-Drs. 620/20; BT-Drs.19/24180 (Gesetzesentwurf); BT-Drs.19/26602 (Beschlussempfehlung und Bericht).

Abs. 1 GwG aufgeführt ist und nicht nur für klassische Banken und Kreditinstitute gilt, sondern zB auch für Rechtsanwälte, Patentanwälte, Notare, Wirtschaftsprüfer, Steuerberater, Dienstleister für Gesellschaften und Treuhandvermögen, Immobilienmakler, Veranstalter und Vermittler von Glücksspielen sowie Güterhändler aller Art.[135]

1. Risikomanagement und Risikoanalyse nach §§ 4, 5 GwG

27 In Umsetzung der Empfehlungen der FATF sowie von Art. 8 Abs. 2 der Dritten Geldwäscherichtlinie iVm Art. 8 Abs. 1, 2, 4 der Vierten Geldwäscherichtlinie[136] betrachtet das deutsche GwG in §§ 4–8 den Ansatz des **„risk based approach"** als zentrales Grundprinzip der Bekämpfung von Geldwäsche und Terrorismusfinanzierung im nationalen Recht. Nach § 4 Abs. 1 GwG müssen die Verpflichteten zur Verhinderung von Geldwäsche und Terrorismusfinanzierung über ein wirksames Risikomanagement verfügen, das zwar im Hinblick auf Art und Umfang ihrer Geschäftstätigkeit angemessen,[137] gleichwohl jedoch eine tatsächliche „Durchschlagskraft" entfalten muss.[138] Auch dem Anwendungsbereich des KWG unterworfene Institute und Finanzholding-Gesellschaften haben über die Regelungen der §§ 4–6 GwG hinaus gem. § 25h Abs. 1 KWG ein wirksames Risikomanagement auch im Hinblick auf sonstige strafbare Handlungen zu etablieren.[139]

28 Kernelemente des Risikomanagements nach § 4 Abs. 2 GwG sind einerseits die von den Verpflichteten eigenständig vorzunehmende Risikoanalyse nach § 5 GwG[140] und andererseits die durch sie zu treffenden internen Sicherungsmaßnahmen gem. § 6 GwG.[141] Ziel der Risikoanalyse ist es gem. § 5 GwG, die spezifischen Risiken in Bezug auf Geldwäsche und Terrorismusfinanzierung im Geschäftsbetrieb des Verpflichteten umfassend und vollständig zu erfassen, zu identifizieren, zu kategorisieren, zu gewichten sowie darauf aufbauend interne Sicherungsmaßnahmen zu etablieren.[142] Dabei verlangt § 5 Abs. 1 S. 3 GwG, dass sich die Analyse nach Art und Umfang des Geschäftsbetriebes zu richten hat **(Proportionalitätsgrundsatz)**. Je höher das Risiko für Geldwäsche und Terrorismusfinanzierung der Art der Geschäftstätigkeit nach ist, desto umfänglicher muss die Risikoanalyse sein. Nach § 5 Abs. 1 S. 2 GwG sind bei der Analyse auch die Informationen zu berücksichtigen, die im Zusammenhang mit der „nationalen Risikoanalyse"[143] zur Verfügung gestellt werden. Zu beachtende Risikofaktoren bei Erstellung der Analyse sind gem. § 5 Abs. 1 S. 2 GwG den Anlagen I und II des GwG zu entnehmen. Dabei ist zwischen dem Kunden-, Produkt-, Dienstleistungs-, Transaktions- und Vertriebskanalrisiko sowie dem geografischen Risiko zu differenzieren.[144] So ist zB bei bargeldintensiven Geschäften wie der Gastronomie sowie bei **politisch exponierten Personen** (sog. PEPs) wie zB Abgeordneten und Mitgliedern der Regierung des Bundes oder eines Landes und ihren Familienmitgliedern regelmäßig von einem hohen Bewertungsrisiko auszugehen.[145]

---

[135] *Figura* in Herzog/Achtelik GwG § 2 Rn. 1.
[136] Vgl. hierzu insbesondere die Erwägungsgründe 5, 10 und 22 der Dritten Geldwäscherichtlinie, die Erwägungsgründe 3, 4, 28 und 44 der Vierten Geldwäscherichtlinie sowie Erwägungsgrund 14 der Richtlinie 2017/541/EU zur Terrorismusbekämpfung.
[137] *Kaetzler* in Zentes/Glaab GwG § 4 Rn. 5.
[138] BT-Drs. 16/4028, 95.
[139] Im ZAG (§§ 22 ZAG aF) und im VAG (§ 53 VAG aF) wurden die Vorgaben zum Risikomanagement mit Schaffung der §§ 4 ff. GwG bezüglich Geldwäsche und Terrorismusfinanzierung konsequenterweise vollständig gestrichen.
[140] *BaFin*, Auslegungs- und Anwendungshinweise zum Geldwäschegesetz (AuA) v. 17.12.2018, 10 ff.
[141] *Kaetzler* in Zentes/Glaab GwG § 4 Rn. 15 ff.; *Müller* in BeckOK GwG § 5 Rn. 1.
[142] BT-Drs. 18/11555, 110; *BaFin* RdSchr. 8/2005 Nr. 2; *Herzog* in Herzog/Achtelik GwG § 5 Rn. 5.
[143] Unter Federführung des *Bundesministeriums für Finanzen* wurde gemeinsam mit weiteren 35 Behörden aus Bund und Ländern die „Erste Nationale Risikoanalyse: Bekämpfung von Geldwäsche und Terrorismusfinanzierung – 2018/2019" erstellt und im Oktober 2019 veröffentlicht, https://bit.ly/3sMDQ6r.
[144] *Kruse* in Zentes/Glaab GwG § 5 Rn. 15; *Leiendecker/Reiser/Skalnik/Garcia Jurado* in Gehra/Gittfried/Lienke 23.
[145] *Leiendecker/Reiser/Skalnik/Garcia Jurado* in Gehra/Gittfried/Lienke 43.

2. Interne Sicherungsmaßnahmen

Durch interne Sicherungsmaßnahmen, die auf Grundlage von § 6 GwG durch die nach **29** dem Geldwäschegesetz Verpflichteten zu treffen sind, soll Risiken der Geldwäsche und Terrorismusfinanzierung, die im Zuge der Risikoanalyse ermittelt wurden, präventiv entgegengewirkt werden.[146] Die Grundregeln hierfür finden sich zunächst im GwG, das für bestimmte Wirtschaftsbereiche durch Sondervorschriften ergänzt wird. So enthält etwa das KWG in §§ 25a, 25h KWG für Kredit- und Finanzdienstleistungsinstitute an § 6 GwG anknüpfende Regelungen.[147] Gleiches gilt gem. §§ 52 ff. VAG für Versicherungsunternehmen. Die Regelung des § 6 GwG ist jedoch – im Hinblick auf Geldwäsche und Terrorismusfinanzierung – lex specialis. Die Sicherungsmaßnahmen bauen als wesentlicher Bestandteil des Risikomanagements auf der selbstständig durchzuführenden Risikoanalyse auf. Ein Teil der internen Sicherungsmaßnahmen entspricht dabei allgemeinen Bausteinen von **Compliance-Management-Systemen** wie Richtlinien, Schulungen, Kontrollen, Meldesystemen oder Berichtswesen.[148] Ein weiterer Teil besteht aus spezifischen Maßnahmen für die Risiken im Zusammenhang mit Geldwäsche und Terrorismusfinanzierung, wie die Bestellung eines **Geldwäschebeauftragten** nach § 7 GwG, Maßnahmen zur Verhinderung des Missbrauchs von neuen Produkten oder Technologien oder die Überprüfung der Zuverlässigkeit der Mitarbeiter.[149] Der Katalog der in § 6 GwG aufgezählten Maßnahmen ist nicht abschließend. Das Gesetz greift lediglich Regelbeispiele auf, die durch weitere Maßnahmen erweitert werden können.[150] Art und Umfang einer Sicherungsmaßnahme orientieren sich an den Umständen des Einzelfalls und hängen stark von der Größe, der Geschäftstätigkeit, des betroffenen Wirtschaftszweiges und natürlich der individuellen Risikoexposition des jeweiligen Verpflichteten ab.[151]

3. Kundenbezogene Sorgfaltspflichten gem. §§ 10 ff. GWG

Damit inkriminierte Gelder nicht in den legalen Geldkreislauf eingeschleust werden können, **30** sieht das GwG für am Wirtschaftsleben Beteiligte eine ganze Reihe Sorgfaltspflichten vor.[152] Dogmatische Grundlagen sind auch hier der risikobasierte Ansatz und das „know-your-customer"-Prinzip (→ Rn. 3, 10).[153] Sorgfaltspflichten können daher umso strenger ausfallen, je höher das Risiko der Transaktionspartner oder des Transaktionsgegenstandes im Hinblick auf eine mögliche Terrorismusfinanzierung einzuschätzen ist. Nach § 10 Abs. 1 GwG haben die Verpflichteten insbesondere ihren Vertragspartner, die gegebenenfalls für ihn auftretende Person und **den wahren wirtschaftlichen Berechtigten**[154] zu identifizieren und deren jeweilige Identität zu überprüfen. Ferner sollen politisch exponierte Personen (sog. PEPs) erkannt werden sowie der Geschäftszweck und die Art der angestrebten Geschäftsbeziehung ermittelt und im Ergebnis auch überwacht werden.[155] Die im GwG angelegten Sorgfaltspflichten können durch Sondervorschriften, zB für Kreditinstitute (§ 25h Abs. 2, 25i ff. KWG) oder Versicherungsunternehmen (§§ 54 ff. VAG), ergänzt werden.

---

[146] *BaFin*, Auslegungs- und Anwendungshinweise zum Geldwäschegesetz (AuA) v. 17.12.2018, 15 ff.
[147] Vgl. zB zur Verpflichtung der Einrichtung von IT-gestützten Systemen zum Transaktions-Monitoring nach § 24h Abs. 2 KWG *Pauly/Hefter* in Gehra/Gittfried/Lienke 171 ff.
[148] *Herzog* in Herzog/Achtelik GwG § 6 Rn. 1; *Müller* in BeckOK GwG § 6 Rn. 1 f.
[149] *Müller* in BeckOK GwG § 6 Rn. 1 f.
[150] BT-Drs. 18/11555, 111; *Herzog* in Herzog/Achtelik GwG § 6 Rn. 28 ff.
[151] *Herzog* in Herzog/Achtelik GwG § 6 Rn. 3; *Kaetzler* in Zentes/Glaab GwG § 6 Rn. 2.
[152] Vgl. *BaFin*, Auslegungs- und Anwendungshinweise zum Geldwäschegesetz (AuA) v. 17.12.2018, 31 ff. sowie zu einzelnen Pflichten bestimmter Berufsgruppen *Gehling/Lüneborg* NZG 2020, 1164 ff. (Güterhändler); *Ghassabeh* CCZ 2021, 33 ff. (Güterhändler); *Krais* CCZ 2020, 311 ff. (Immobilien); *Rieg* NZWiSt 2020, 297 ff. (Güterhändler-Gruppen).
[153] *Figura* in Herzog/Achtelik GwG § 10 Rn. 1; *Gittfried/Lienke* in Gehra/Gittfried/Lienke 59; *Sundermann/von Busekist/Judis* CCZ 2020, 291 ff.
[154] Vgl. zum Begriff des wirtschaftlichen Berechtigten *John* NZG 2021, 323 ff.
[155] *Gittfried/Lienke* in Gehra/Gittfried/Lienke 59 ff.; *Sonnenberg* in Zentes/Glaab GwG § 10 Rn. 1 ff.

31 Fallen den nach § 2 GwG Verpflichteten im Rahmen ihrer Geschäftsbeziehungen und insbesondere bei der Wahrnehmung der kundenbezogenen Sorgfaltspflichten Tatsachen auf, die darauf hindeuten, dass einzelne Vermögensgegenstände aus rechtswidrigen Taten stammen oder im Zusammenhang mit Terrorismusfinanzierung stehen könnten, sind sie nach § 43 GwG zur **unverzüglichen Meldung** an die nationale Zentralstelle für Finanztransaktionsuntersuchungen (FIU) (→ Rn. 56) verpflichtet.[156] Die Regelung des § 43 GWG, die der Umsetzung von Art. 33 der Vierten Geldwäscherichtlinie (→ Rn. 21)[157] dient, ist damit **wesentlicher Grundpfeiler** einer effektiven Bekämpfung von Geldwäsche und Terrorismusfinanzierung.[158] Der die Meldeverpflichtung auslösende Verdachtsgrad rangiert unterhalb des strafprozessualen Anfangsverdachtes nach § 152 Abs. 2 iVm § 160 StPO.[159] Nur eine frühzeitige und möglichst vollständige Meldung ermöglicht der FIU und den weiteren zuständigen Behörden (→ Rn. 54 ff.) entsprechende Zahlungsströme anzuhalten und im Idealfall dauerhaft einzubehalten. Vorsätzliche oder fahrlässige Verstöße gegen die Meldepflicht sind gem. § 56 Abs. 1 Nr. 69 GwG bußgeldbewehrt und können im Einzelfall auch als Beteiligung an einer Straftat gem. § 89c StGB oder § 261 StGB geahndet werden.[160]

4. Transparenzregister gem. §§ 18 ff. GwG

32 Mit Wirkung zum 1.10.2017 wurde in Umsetzung der Vierten Geldwäscherichtlinie das zentrale elektronische Transparenzregister eingerichtet, das von der Bundesanzeiger Verlags GmbH als beliehene Stelle geführt wird.[161] Sämtliche in §§ 20, 21 GwG aufgezählten Vereinigungen und Personenmehrheiten[162] sind danach verpflichtet, den **wirtschaftlichen Berechtigten,** seinen Vor- und Nachnamen, sein Geburtsdatum, seinen Wohnort, die Art und den Umfang seines wirtschaftlichen Interesses und seine Staatsangehörigkeit zu benennen. Derzeit ist das Transparenzregister allerdings noch als „**Auffangregister**" konzipiert, dh eine Mitteilung kann unterbleiben, soweit die entsprechenden Informationen bereits in einem anderen Register, zB dem Handelsregister, gespeichert sind. Mit Verabschiedung des Transparenzregister- und Finanzinformationsgesetzes am 10. Juni 2021 ist Transparenzregister nunmehr zu einem „Vollregister" aufgewertet worden.[163]

33 Auch der **Kreis der Einsichtsberechtigten** ist in den vergangenen Jahren immer mehr ausgeweitet worden. Bis Ende des Jahres 2019 konnten lediglich Aufsichts- und Strafverfolgungsbehörden einschränkungslos in das Transparenzregister Einsicht nehmen, soweit dies zur Erfüllung ihrer gesetzlichen Aufgaben erforderlich war. Daneben waren die durch § 2 GwG Verpflichteten einsichtsberechtigt, mussten allerdings der registerführenden Stelle darlegen, dass die Einsichtnahme der Erfüllung ihrer Sorgfaltspflichten nach § 10 GwG

---

[156] BT-Drs. 17/6804, 21; *BaFin,* Auslegungs- und Anwendungshinweise zum Geldwäschegesetz (AuA) v. 17.12.2018, 71 ff.; *Greite* in Zentes/Glaab GwG § 43 Rn. 1; *Lenk* WM 2020, 115 ff.
[157] Richtlinie (EU) 2015/849, ABl. 2015 L 141, 73. In Deutschland wurde die Richtlinie am 23.6.2017 durch das Gesetz zur Umsetzung der Vierten EU-Geldwäscherichtlinie, zur Ausführung der EU-Geldtransferverordnung und zur Neuorganisation der Zentralstelle für Finanztransaktionsuntersuchungen (BGBl. 2017 I 1822) umgesetzt. Zeitgleich mit der 4. EU-Geldwäscherichtlinie wurde die Verordnung (EU) 2015/847 des Europäischen Parlaments und des Rates über die Übermittlung von Angaben bei Geldtransfers v. 20.5.2015 (ABl. 2015 L 141, 1) beschlossen. Ergänzend wurde die Delegierte Verordnung (EU) 2016/1675 der Kommission v. 14.7.2016 (ABl. 2016 L 254, 1) erlassen, die die Drittländer mit hohem Risiko auflistet; Vgl. *Esser* in Odendahl, Die Bekämpfung des Terrorismus mit den Mitteln des Völker- und Europarechts, 2017, 203 (207 ff.).
[158] *Greite* in Zentes/Glaab GwG § 43 Rn. 3; *Pelz* in BeckOK GwG § 43 Rn. 1 ff.
[159] Ausführlich mwN zu der umstrittenen Frage der Verdachtsmeldeschwelle *Greite* in Zentes/Glaab GwG § 43 Rn. 17 ff.
[160] *BaFin,* Auslegungs- und Anwendungshinweise zum Geldwäschegesetz (AuA) v. 17. Dezember 2018, 71.
[161] *Longrée/Pesch* NZG 2017, 1081; *Reuter* NZG 2020, 178; *Reuter* BB 2021, 707. Siehe auch https://bit.ly/3fBe55y.
[162] Die Vorschriften erfassen weitgehend alle am Wirtschaftsleben teilnehmenden juristischen Personen und sonstigen Rechtsgestaltungen vom örtlichen Schachverein bis hin zum DAX-Konzern.
[163] BGBl. 2021 I 2083; zu den einzelnen Neuerungen siehe den Beitrag von *Goette* DStR 2021, 1551 ff.

dient. Sonstige Personen benötigten zur Einsichtnahme ein berechtigtes Interesse. In Umsetzung der Fünften Geldwäscherichtlinie (→ Rn. 23)[164] sieht das GwG in seiner derzeitigen Fassung nunmehr vor, dass jedermann – unabhängig von einem persönlichen berechtigten Interesse – in das Transparenzregister Einsicht nehmen kann.[165]

5. Ordnungsrechtliche Instrumente

Mit § 51 Abs. 2 stellt das GwG eine **Generalklausel** zur Verfügung, die die Bundesanstalt für Finanzdienstleistungsaufsicht (BaFin) als zentrale Aufsichtsbehörde ermächtigt, die Vorgaben des GwG auch zwangsweise durchzusetzen. Im Anwendungsbereich des KWG ermöglicht § 6a Abs. 1 Nr. 1–3 KWG der BaFin die Untersagung einer Transaktion sowie das Einfrieren von Geldern, bei denen der Verdacht besteht, dass sie für Zwecke der Terrorismusfinanzierung verwendet werden sollen. Weitreichende Kompetenzen bestehen insbesondere auf Seiten der Zollverwaltung, der gem. § 1 Abs. 4 ZollVG die Überwachung des Barmittelverkehrs zugewiesen ist. Anwendbar sind zudem die Vorschriften des „klassischen" Polizei- und Ordnungsrechts bis hin zur ordnungsbehördlichen Generalklausel. Soweit der Verdacht besteht, dass ein Verein im Sinne des nationalen **Vereinsrechts** in die Finanzierung terroristischer Aktivitäten verstrickt sein könnte, kommt zudem die Möglichkeit eines Vereinsverbots gem. § 3 gegebenenfalls iVm §§ 14, 15 VereinsG in Betracht, zB im Falle islamistisch motivierter „Sammlungsvereine", die Gelder für nicht näher aufzuklärende Strukturen im Ausland generieren.[166] 34

Auch die sog. **„Terrorlisten"** der UN und der EU wirken sich an verschiedenen Stellen auf das nationale Recht aus. Maßnahmen nach § 6a KWG kommen nach Abs. 2 der Vorschrift insbesondere in Betracht, soweit es um ein Konto oder ein Depot einer auf der Terrorismusliste der EU verzeichneten Person oder Organisation geht.[167] Dies gilt gem. § 27 Abs. 2 ZAG sowie gem. § 6 des Kapitalanlagegesetzbuches (KAGB)[168] auch für die diesen Gesetzen unterfallenden Finanztransaktionen. Grenzüberschreitende Finanztransfers unterliegen den Vorschriften des AWG, das zB in § 4 Abs. 2 den Erlass von Handelsbeschränkungen ermöglicht. Im Bereich der Terrorismusfinanzierung kommen hier insbesondere Verstöße gegen die Bereitstellungsverbote der Verordnungen (EG) 2580/2001 sowie (EG) 881/2002 in Betracht. Art. 7 Abs. 1 lit. b der EU-Geldtransferverordnung (→ Rn. 23) erlaubt im Zusammenspiel mit den Vorschriften des nationalen Zollrechts, insbesondere § 12a Abs. 7 ZollVG, zudem die vorübergehende Verwahrung von Barmitteln, die in die EU eingeführt oder aus ihr verbracht werden sollen und bei denen es Hinweise gibt, dass sie im Zusammenhang mit kriminellen Aktivitäten stehen. Mit Wirkung vom 1.1.2020 wurde schließlich die Vorschrift des § 6 AWG geändert. Die Regelung dient der Überbrückung des in der Praxis oft verhältnismäßig langen Zeitraums zwischen der Veröffentlichung einer UN-Resolution und des entsprechenden EU-Rechtsakts. Sie ermöglicht nunmehr die zeitnahe Umsetzung einer Neulistung einer Person oder Gruppierung auf Basis des Sanktionsregimes des UN-Sicherheitsrats im Wege einer im Bundesanzeiger zu veröffentlichenden Allgemeinverfügung.[169] 35

6. Nachrichtendienstliche Mittel

Die Aufklärung der Finanzierung terroristischer Aktivitäten ist schließlich als Bestandteil der allgemeinen Terrorismusabwehr auch eine Aufgabe der deutschen Nachrichtendienste, 36

---

[164] Richtlinie (EU) 2018/843 zur Änderung der Richtlinie (EU) 2015/849 zur Verhinderung der Nutzung des Finanzsystems zum Zwecke der Geldwäsche und der Terrorismusfinanzierung und zur Änderung der Richtlinien (EG) 2009/138 und (EU) 2013/36, ABl. 2018 L 156, 43.
[165] *Reuter* NZG 2020, 178 ff.; *v. Schweinitz/Pinkernell* in Zentes/Glaab GwG § 23 Rn. 36.
[166] Hierzu *Roth* GSZ 2019, 91 mit zahlreichen Einzelbeispielen.
[167] *Albers* in Albers/Groth, Globales Recht und Terrorismusfinanzierungsbekämpfung, 2015, 85 (119).
[168] Kapitalanlagegesetzbuch (KAGB) v. 4.7.2013 (BGBl. 2013 I 1981), zuletzt geändert durch Art. 4 des Gesetzes v. 18.12.2018 (BGBl. 2018 I 2626).
[169] *Hoffmann* NVwZ 2021, 213.

die zB die erforderlichen Informationen für die Aufnahme einer Person oder einer Gruppierung in eine Liste der UN oder der EU beschaffen[170] oder – für den Fall, dass bereits eine Verletzung eines Straftatbestandes gegeben sein sollte – die entsprechenden Informationen an eine Strafverfolgungsbehörde weiterleiten können. Neben den **klassischen nachrichtendienstlichen Mitteln** gem. §§ 9 ff. BVerfSchG sowie nach dem G 10[171] steht den deutschen Nachrichtendiensten mit § 8a BVerfSchG zudem eine **besondere Eingriffsgrundlage** zur Verfügung. Soweit dies zur Sammlung und Auswertung von Informationen erforderlich ist und Tatsachen die Annahme rechtfertigen, dass schwerwiegende Gefahren für die freiheitlich demokratische Grundordnung vorliegen, darf das Bundesamt für Verfassungsschutz im Einzelfall gem. § 8a Abs. 2a BVerfSchG das Bundeszentralamt für Steuern ersuchen, bei einem Kreditinstitut die sog. **Kontostammdaten** iSv § 93b Abs. 1 AO[172] eines Einzelnen abzurufen.[173] Die Benachrichtigung des Betroffenen richtet sich ausschließlich nach § 8b Abs. 7 S. 1 BVerfSchG iVm § 12 Abs. 1 G 10 und kann aus operativen Gründen für einen gewissen Zeitraum zurückgestellt werden. Über verschiedene Verweisungen steht dieses Verfahren auch dem BND und dem MAD, nicht aber den Landesämtern für Verfassungsschutz zur Verfügung.[174]

37 Daran anschließend eröffnet § 8a Abs. 2 Nr. 2 BVerfSchG die Möglichkeit eines unmittelbar an die jeweilige Bank gerichteten **Auskunftsersuchens** über Geldbewegungen und Geldanlagen. Eine weitere spezifische Ermächtigungsgrundlage zur Bekämpfung der Finanzierung des Terrorismus findet sich in § 18 Abs. 3a BVerfSchG. Die Vorschrift eröffnet den Nachrichtendiensten die Befugnis, die Finanzbehörden um Auskunft zu ersuchen, ob eine Körperschaft, Personenvereinigung oder Vermögensmasse die Voraussetzungen des **§ 5 Abs. 1 Nr. 9 KStG**[175] erfüllt. Die Anfrage dient der Überprüfung, ob die betreffende Organisation tatsächlich gemeinnützigen Zwecken dient oder ob nicht vielmehr ein Fall der Verschleierung der Finanzierung extremistischer oder terroristischer Aktivitäten in Betracht kommt. Um eine abschließende Bewertung vornehmen zu können, müssen die bei den Finanzbehörden hinterlegten Informationen regelmäßig mit den auf anderer Grundlage erhaltenen Daten abgeglichen werden.[176] Das Steuergeheimnis steht der Beantwortung derartiger Ersuchen gem. § 31b AO nicht entgegen (→ Rn. 54).

II. Kriminalstrafrecht

38 In strafrechtlicher Hinsicht wird die Terrorismusfinanzierung in erster Linie durch die Organisationsdelikte gem. **§§ 129 ff. StGB** sowie **§ 89c StGB** sanktioniert, wobei dem Tatbestand der Terrorismusfinanzierung gem. § 89c StGB angesichts der Fallzahlen in der aktuellen Rechtspraxis allerdings noch eine untergeordnete Rolle zukommt.[177] Die Strafbarkeit von Zuwiderhandlungen gegen ein EU-Bereitstellungsverbot richtet sich nach **§ 18 Abs. 1 AWG**. Abhängig von den Umständen des Einzelfalls kann sich eine Strafbarkeit

---

[170] *Brunst* in Dietrich/Eiffler NachrichtendiensteR-HdB V § 2 Rn. 94.
[171] Gesetz zur Beschränkung des Brief-, Post- und Fernmeldegeheimnisses (Artikel 10-Gesetz – G 10) v. 26.6.2001 (BGBl. 2001 I 1254), ber. S. 2298, 2017 S. 154, zuletzt geändert durch Art. 38 der 11. ZuständigkeitsanpassungsVO v. 19.6.2020 (BGBl. 2020 I 1328).
[172] Nummer eines Kontos bzw. Depots, Tag der Errichtung und Auflösung sowie Name, Geburtsdatum und Anschrift des Inhabers bzw. Verfügungsberechtigten; vgl. *Mallmann* in Schenke/Graulich/Ruthig BVerfSchG § 8a Rn. 20; *Gärditz* in Dietrich/Eiffler NachrichtendiensteR-HdB VI § 1 Rn. 38.
[173] *Mallmann* in Schenke/Graulich/Ruthig BVerfSchG § 8a Rn. 20; vgl. auch BT-Drs. 17/6925, 13; *Gnüchtel* NVwZ 2016, 16; zur verfassungsrechtlichen Zulässigkeit dieses Verfahrens vgl. BVerfGE 118, 168 = NJW 2007, 2464.
[174] Vgl. § 3 BNDG, § 4a MADG; *Siems* in Dietrich/Eiffler NachrichtendiensteR-HdB VI § 7 Rn. 110: Umkehrschluss aus § 8b Abs. 10 BVerfSchG.
[175] Körperschaftssteuergesetz (KSTG) v. 15.10.2002 (BGBl. 2002 I 4144), zuletzt geändert durch Art. 8 Jahressteuergesetz 2020 (JStG 2020) v. 21.12.2020 (BGBl. 2020 I 3096).
[176] *Bock* in Schenke/Graulich/Ruthig BVerfSchG § 18 Rn. 42.
[177] *Engelstätter* in LK-StGB StGB § 89c Rn. 1; *Zöller* GA 2020, 249.

zudem aus dem Tatbestand der Geldwäsche gem. § 261 StGB oder wie im Fall des sog. Hawala-Bankings aus **nebenstrafrechtlichen Vorschriften** ergeben.

1. Organisationsdelikte (§§ 129 ff. StGB)

Eine zentrale Stellung bei der Bekämpfung der Terrorismusfinanzierung nehmen die Organisationsdelikte der §§ 129 ff. StGB ein. Erfolgt die Finanzierungshandlung durch ein Mitglied einer terroristischen Vereinigung, stellt sich dies aus strafrechtlicher Sicht regelmäßig als **mitgliedschaftliche Betätigung** gem. § 129a Abs. 1, 2 StGB dar. Ob die Finanzierungshandlung letztlich Erfolg hat, also die Zuwendung die Vereinigung erreicht oder tatsächlich für eine Gewalttat verwendet wird, ist unerheblich. Maßgebend ist allein eine Handlung innerhalb des Vereinsgefüges, die noch nicht einmal gesondert strafbar sein muss.[178] Liegt in einer erfolglosen Finanzierungshandlung eines Nichtmitgliedes zugleich der Versuch des Beitritts zu der terroristischen Vereinigung selbst, zB im Falle einer durch die Strafverfolgungsbehörden vereitelten Waffenlieferung, die zugleich als „Eintrittsgeld" in die Vereinigung dienen sollte, ist eine versuchte mitgliedschaftliche Beteiligung gem. § 129a Abs. 1, §§ 22, 23 StGB gegeben. 39

Deutlich komplexer in der rechtlichen Bewertung sind dagegen Zuwendungen an eine terroristische Vereinigung durch Personen, die keine Aufnahme- oder Eintrittsabsichten in die Gruppierung mit ihrer Leistung verbinden. Insoweit sind regelmäßig die Voraussetzungen des **Unterstützungstatbestandes** gem. § 129a Abs. 5 S. 1 StGB zu prüfen. Dieser erfasst alle für eine terroristische Vereinigung förderlichen Tätigkeiten durch ein Nichtmitglied.[179] Um konkrete Straftaten muss es sich hierbei nicht handeln. Der Tatbestand ist nicht nur bei Gewährung finanzieller Mittel erfüllt, sondern auch bei der Zurverfügungstellung anderer materieller Vorteile, etwa von Waffen oder Fahrzeugen.[180] Auch Beihilfehandlungen zugunsten eines Mitglieds bei dessen mitgliedschaftlicher Betätigung können den Tatbestand erfüllen.[181] Ausreichend ist, dass sich die Tathandlung auf die innere Organisation oder den Zusammenhalt der Vereinigung bezieht.[182] Dass durch die Handlung ein für die Gruppierung messbarer Nutzen entsteht, ist zwar nicht erforderlich.[183] Allerdings muss sich die Tat auf die Aktionsmöglichkeiten der Vereinigung positiv auswirken.[184] Das bloße **Sammeln von Vermögenswerten** mit dem Ziel, es zu einem späteren Zeitpunkt einer terroristischen Vereinigung zur Verfügung zu stellen, kann daher nur als Unterstützung gewertet werden, wenn es im Zusammenwirken mit einem Vereinigungsmitglied oder einem Unterstützer, der Finanzmittel für die Vereinigung generiert, erfolgt und hierdurch dessen mitgliedschaftliche Betätigung oder dessen Unterstützungshandlungen gefördert werden.[185] Diese Anforderungen sind in der Regel erfüllt beim Aufbau inländischer Sammlungsnetzwerke für Vereinigungen im Ausland, die durch die bloße Existenz des Netzwerks ihre Gefährlichkeit steigern.[186] 40

Ob bereits die **Zusage** eines Außenstehenden zugunsten einer terroristischen Vereinigung oder eines ihrer Mitglieder Geld- oder Sachleistungen zu erbringen, als Unterstützungshandlung gem. § 129a Abs. 5 S. 1 StGB zu bewerten ist, ist dagegen im Hinblick auf die Straflosigkeit einer lediglich versuchten Unterstützungshandlung nur anhand der Um- 41

---
[178] *Krauß* in LK-StGB StGB § 129 Rn. 100.
[179] *Sieber/Vogel* Terrorismusfinanzierung 69.
[180] Vgl. BGH NStZ-RR 2002, 300; 2015, 242; 2018, 72; BGH BeckRS 2018, 13715; 2019, 5425.
[181] BGHSt 58, 318 (326 f.) = NJW 2013, 3257; BGH NStZ-RR 2018, 72 (74).
[182] BGH NJW 2007, 2782 (2783); BGHSt 54, 69 (117) = NJW 2009, 3448; *Engelstätter* in LK-StGB StGB § 89c Rn. 16.
[183] BGHSt 32, 244 = NJW 1984, 1049; BGHSt 33, 16 = NJW 1984, 2956; BGHSt 54, 69 (117) = NJW 2009, 3448; BGH NJW 2013, 3257 (3258).
[184] BGH NStZ 1987, 551; *Krauß* in LK-StGB StGB § 129 Rn. 128; *Engelstätter* in LK-StGB StGB § 89c Rn. 16; *Sieber/Vogel* Terrorismusfinanzierung 69.
[185] BGH BeckRS 2019, 10696; *Krauß* in LK-StGB StGB § 129 Rn. 128; *Sieber/Vogel* Terrorismusfinanzierung 69 f.
[186] *Krauß* in LK-StGB StGB § 129 Rn. 128.

stände des Einzelfalls zu ermitteln.¹⁸⁷ Maßgebend ist jeweils die Frage, ob die Zusage bereits einen objektiven Nutzen für die Vereinigung entfaltet hat. Vor diesem Hintergrund hat der BGH die Zusage der Beschaffung von Waffen¹⁸⁸ ebenso als taugliche Unterstützungshandlung bewertet, wie die Zusage, sich mit einem namhaften Betrag an ihrer Finanzierung zu beteiligen.¹⁸⁹ Auch das Versprechen, ein von der Vereinigung nach Deutschland entsandtes Mitglied aufzunehmen und zu heiraten, um diesem Anschlagsplanungen im Inland zu ermöglichen, kann einen objektiven Nutzen für eine terroristische Organisation entfalten, wenn die Vereinigung allein durch die Zusage ihre Planungen für die Ausreise des Attentäters fortsetzen und konkretisieren kann.¹⁹⁰ Die Zusicherung der Begehung von Betrugshandlungen zur Geldbeschaffung für die Vereinigung hat der BGH dagegen kritisch bewertet.¹⁹¹

42 Ergänzende Funktionen kommen § 85 Abs. 1 Nr. 2, Abs. 2 StGB sowie § 86 Abs. 1 Nr. 2 StGB zu. Die Regelungen sanktionieren die Verstöße gegen Vereinsverbote nach §§ 3 oder 8 Abs. 2 des Vereinsgesetzes. Während § 86 Abs. 1 Nr. 2 StGB sich auf die Kriminalisierung der Verbreitung von Propagandamitteln von **unanfechtbar verbotenen Vereinen** beschränkt, weisen die Tatbestände des § 85 Abs. 1 Nr. 2, Abs. 2 StGB mit der Aufrechterhaltung, der mitgliedschaftlichen Betätigung sowie der Unterstützung eines gegen die verfassungsmäßige Ordnung oder gegen den Gedanken der Völkerverständigung gerichteten Vereins dieselbe Zielrichtung auf wie die Tathandlungen des § 129a StGB,¹⁹² dies allerdings mit dem Unterschied, dass das Bezugsobjekt der Vereinigung in den §§ 129 ff. StGB in § 85 StGB durch einen verwaltungsgerichtlich unanfechtbar verbotenen Verein ersetzt wird. Die insoweit mit den Tathandlungen der §§ 129 ff. StGB korrespondierenden Tatbestände knüpfen unmittelbar an die gegen die betreffende Organisation ergangene vereinsrechtliche Entscheidung (→ Rn. 34) an. Im Rahmen der Bekämpfung der Terrorismusfinanzierung kommt insbesondere die Anwendung des § 85 StGB in Betracht bei Aktivitäten von verbotenen Organisationsstrukturen, bei denen zwar der Nachweis einer strafrechtlich relevanten Vereinigung gem. §§ 129 f. StGB nicht geführt werden kann, gleichwohl aufgrund der Zwecksetzung der Gruppierung die Verhängung eines Vereinsverbots gerechtfertigt ist.

2. Terrorismusfinanzierung (§ 89c StGB)

43 In der strafjustiziellen Praxis derzeit noch von eher untergeordneter Bedeutung ist die verhältnismäßig junge Regelung des § 89c StGB.¹⁹³ Im Verhältnis zum Unterstützungstatbestand des § 129a Abs. 5 StGB erfüllt sie in erster Linie eine Auffangfunktion.¹⁹⁴ Von § 129a Abs. 5 S. 1 unterscheidet sich die Regelung dadurch, dass sie nicht auf Zuwendungen an eine terroristische Vereinigung, sondern an eine Einzelperson abstellt. Überdies ist nicht erforderlich, dass die tatgegenständliche Zuwendung ihr Ziel auch erreicht. Ausreichend ist bereits die **Sammlung** oder die **Entgegennahme von Vermögenswerten** für einen der in der Norm definierten terroristischen Zwecke. § 89c StGB dient der Umset-

---

¹⁸⁷ BGH NStZ 2016, 528; BeckRS 2019, 14711; NStZ-RR 2020, 184; BeckRS 2020, 9438 (Beschaffung von Waffen für Anschläge); NJW 2015, 1032 (Zusage zur terroristisch motivierten Ausbildung); BeckRS 2015, 11994 (Vermittlung von Kämpfern); BeckRS 2015, 15778 (Beschaffung von militärischen Ausrüstungsgegenständen); *Krauß* in LK-StGB StGB § 129 Rn. 130; *Schäfer/Anstötz* in MüKoStGB StGB § 129 Rn. 108, 112; *Lohse* in Satzger/Schluckebier/Widmaier StGB § 129 Rn. 49.
¹⁸⁸ BGHR StGB § 129a Abs. 3 Unterstützen 4.
¹⁸⁹ BGH BeckRS 2020, 9438.
¹⁹⁰ BGH BeckRS 2019, 14711.
¹⁹¹ BGH NStZ-RR 2006, 240.
¹⁹² Vgl. *Steinsiek* in LK-StGB StGB § 85 Rn. 13, § 84 Rn. 17 ff.; *Steinmetz* in MüKoStGB StGB § 85 Rn. 12, StGB § 84 Rn. 13 ff.
¹⁹³ In der Rechtsprechung des BGH sind bislang lediglich fünf Entscheidungen – drei Haftentscheidungen im Rahmen einer Sechsmonatsprüfung nach § 122 StPO und zwei Entscheidungen während laufender Hauptverhandlung bekannt geworden.
¹⁹⁴ *Engelstätter* in LK-StGB StGB § 89c Rn. 18; *Zöller* in SK-StGB StGB § 89c Rn. 1.

zung internationaler Vorgaben seitens der FATF (→ Rn. 11) sowie Ziff. 6 lit. b der Resolution 2178/2014 des UN-Sicherheitsrats vom 24.9.2014 (→ Rn. 8).[195] Mit Kriminalstrafe bedroht wird die Finanzierung von insgesamt acht verschiedenen Katalogtatbeständen, die in den Fällen der Nr. 1–7 nach Abs. 1 S. 2 der Norm eine terroristische Zwecksetzung aufweisen müssen. Ob die Tathandlung der Finanzierung der Tat eines Dritten (sog. Fremdvorbereitung) oder einer eigenen Tat (sog. Eigenvorbereitung) dient, ist gem. § 89c Abs. 2 StGB unerheblich. Die mit Kriminalstrafe bedrohten Handlungen sind in allen Fallkonstellationen identisch und erfassen das Sammeln, die Entgegennahme und das **Zurverfügungstellen** von Vermögenswerten. Der Katalog der finanzierbaren Straftaten orientiert sich an § 129a Abs. 1 und 2 StGB. Zusätzlich wird in Erfüllung der Vorgaben von Art. 2 Abs. 1 lit. b der FTC die Finanzierung einer gefährlichen Körperverletzung gem. § 224 StGB sanktioniert. § 89c Abs. 1 S. 1 Nr. 8 StGB bestraft schließlich in Umsetzung der UN-Resolution 2178 (2014) die Finanzierung terroristisch motivierter Ausreisen.[196]

Wie § 89a StGB ist auch § 89c StGB Teil eines neben dem Rechtsgüterschutz auch dem **44** Gedanken der Prävention verpflichteten Strafrechts. Die von der Norm erfassten Tatmodalitäten liegen im Vorfeld der durch den Täter ins Auge gefassten Rechtsgutverletzung und begründen allein noch keine Gefahr für die von der Norm geschützten Rechtsgüter; diese entsteht erst in Kombination mit den seitens des Täters verfolgten Absichten. Der als Vorbereitungsdelikt zu qualifizierende Tatbestand steht damit zwar im **Spannungsfeld zu Tat- und Schuldprinzip**. Der BGH und die überwiegende Ansicht der Literatur gehen jedoch von der Verfassungsmäßigkeit der Vorschrift aus.[197] Ist das durch den Täter in objektiver Hinsicht verwirklichte Unrecht als niederschwellig anzusehen, ist danach regelmäßig ein Ausgleich durch **qualifizierte Vorsatzanforderungen** erforderlich, um die Balance zwischen dem Verbot eines Gesinnungsstrafrechts, den Vorstellungen des Gesetzgebers und dem Gebot der effektiven Bekämpfung terroristischer Straftaten zu wahren.[198] § 89c StGB verlangt daher aus diesem Grund für die Finanzierung einer fremden Tat Absicht oder zumindest sicheres Wissen, dass die tatgegenständlichen Finanzmittel auch für die in der Norm enthaltenen Katalogtaten verwendet werden sollen.[199] Will der Täter die ins Auge gefasste Rechtsgutverletzung selbst begehen, ist eine Tathandlung nach § 89c StGB nur bei direktem Vorsatz strafbar. Erforderlich ist zudem das Bestehen eines **tatbestandsspezifischen Verwendungszusammenhangs,** dh die Tathandlung muss nach Vorstellung des Täters auf die Begehung der finanzierten Tat gerichtet sein und ihm ihre Vorbereitung und Ausführung ermöglichen oder erleichtern.[200]

Auch die weiteren Tatbestandsmerkmale der Norm orientieren sich im Wesentlichen an **45** den internationalen Vorgaben, insbesondere an Art. 2 der FTC. § 89c StGB liegt zunächst ein weiter **Begriff des Vermögenswerts** zugrunde, der neben Geld auch bewegliche Gegenstände mit Vermögenswert sowie darüber hinaus auch Rechte und Forderungen erfasst.[201] Ob der Vermögensgegenstand rechtlich geschützt ist, ist unerheblich.[202] Den

---

[195] BT-Drs. 18/4279, 1.
[196] BT-Drs. 18/4087, 11.
[197] BGH BeckRS 2020, 44394 Rn. 14 ff.; *Engelstätter* in LK-StGB StGB § 89c Rn. 50 ff.; *El-Ghazi* in Herzog/Achtelik GwG StGB § 89c Rn. 12; *Henrichs* in Matt/Renzikowski StGB § 89c Rn. 1; *Sternberg-Lieben* in Schönke/Schröder StGB § 89c Rn. 1; *Schäfer/Anstötz* in MüKoStGB StGB § 89c Rn. 1; *Sieber/Vogel* Terrorismusfinanzierung 185 ff.
[198] BGHSt 59, 218 (239) = NJW 2014, 3459; BGHSt 62, 102 (113) = NJW 2017, 2928; *Aliabasi,* Die staatsgefährdende Gewalttat, 2017, 294; *Kauffmann* JURA 2011, 257; *Sieber* NStZ 2009, 353; *Sieber/Vogel* Terrorismusfinanzierung 151.
[199] BT-Drs. 18/4087, 12.
[200] *Engelstätter* in LK-StGB StGB § 89c Rn. 93.
[201] BGH BeckRS 2020, 44394 Rn. 29; *Gazeas* in AnwK-StGB StGB § 89c Rn. 3; *Henrichs* in Matt/Renzikowski StGB § 89c Rn. 6; *Schäfer/Anstötz* in MüKoStGB StGB § 89c Rn. 12; *Sternberg-Lieben* in Schönke/Schröder StGB § 89c Rn. 3; *Sieber/Vogel* Terrorismusfinanzierung 79; *Zöller* in SK-StGB StGB § 89c Rn. 11.
[202] *Engelstätter* in LK-StGB StGB § 89c Rn. 73; *El-Ghazi* in Herzog/Achtelik GwG StGB § 89c Rn. 19; *Sieber/Vogel* Terrorismusfinanzierung 22 f.

Tatbestand erfüllen neben Bar- und Buchgeld insbesondere die für die ins Auge gefasste Gewalttat erforderlichen Tatmittel wie Waffen aller Art (einschließlich Hieb- und Stichwaffen), Spreng- und andere Kampfstoffe nebst ihrer Grundsubstanzen, aber auch Kraftfahrzeuge, SIM-Karten, Windjacken oder Tarnkleidung, die bei der Begehung der finanzierten Tat verwendet werden sollen.[203] Vermögenswerte **nimmt entgegen,** wer sie in Empfang nimmt, ohne vorher zur Vermögensspende aufgefordert zu haben.[204] Die Tathandlung des **Zurverfügungstellens** wird definiert als zweckgerichtetes Überlassen von Vermögenswerten an einen anderen, was nicht nur unmittelbar, sondern auch mittelbar durch Versendungsvorgänge oder durch einen Dritten erfolgen kann.[205] Das in der forensischen Praxis bedeutsame **Sammeln** erfasst schließlich jede Tätigkeit, die auf ein planmäßiges, konstantes Entgegennehmen oder Einfordern von Vermögenswerten gerichtet ist.[206] Erfasst wird insbesondere auf eine größere Menge gerichtete Zusammentragen verschiedener Gegenstände; dies betrifft neben dem Einsammeln bei anderen Personen auch das Zusammentragen im Sinne eines Ansammelns.[207] Dass die Handlung mindestens in einem Fall zu einem Vermögenszufluss aufseiten des Täters geführt haben muss, ist im Einklang mit den internationalen Vorgaben nicht erforderlich.[208] Erfasst wird auch die bloße Ansprache von Dritten, soweit sie mit der ausdrücklichen Aufforderung zu spenden verbunden ist.[209]

46 Regelmäßig problematisch ist die Bewertung sog. **„Alltagsgeschäfte".** Nicht anwendbar ist § 89c StGB für Gehalts- oder Rentenzahlungen,[210] die Leistung und Entgegennahme von Sozialleistungen, alltägliche Schenkungen aber auch die Abwicklung von Kaufverträgen, deren Erträge erst zu einem späteren Zeitpunkt für terroristische Zwecke **umgewidmet** werden.[211] Der BGH hat sich mit Beschluss vom 20. Mai 2021 zudem auf den Standpunkt gestellt, dass die Tatvariante des **Entgegennehmens** nicht gegeben ist, wenn im Rahmen eines Austauschverhältnisses erworbene Vermögenswerte **durch eine Gegenleistung kompensiert** werden und deshalb im Ergebnis keinen Vermögenszuwachs zur Folge haben, da die wirtschaftliche Situation des Täters unberührt bleibe. Dies soll auch dann gelten, wenn sich durch die Entgegenahme eines Gegenstandes das Risiko der Tatbegehung insgesamt erhöht, etwa durch den Erwerb von Tatmitteln oder eines Flugtickets für eine terroristisch motivierte Ausreise, da dies nicht auf einer veränderten wirtschaftlichen Situation des Täters beruhe, sondern vielmehr darauf, dass der Täter ungeachtet seiner Vermögenslage bestimmte Gegenstände erhalte.[212] Diese Erwägungen begegnen jedoch Bedenken mit Blick auf die die völkerrechtlichen Vorgaben, insbesondere der FTC. Da-

---

[203] BGH BeckRS 2019, 5425 Rn. 41; *Biehl* JR 2018, 317; *Fischer* StGB § 89c Rn. 3; *Schäfer/Anstötz* in MüKoStGB StGB § 89c Rn. 12; *Sternberg-Lieben* in Schönke/Schröder StGB § 89c Rn. 3; *Zöller* in SK-StGB StGB § 89c Rn. 11.
[204] *Engelstätter* in LK-StGB StGB § 89c Rn. 76; *Gazeas* in AnwK-StGB StGB § 89c Rn. 6; *El-Ghazi* in Herzog/Achtelik GwG Rn. 23; *Schäfer/Anstötz* in MüKoStGB StGB § 89c Rn. 9; *Sternberg-Lieben* in Schönke/Schröder StGB § 89c Rn. 3.
[205] *Engelstätter* in LK-StGB StGB § 89c Rn. 78; *Fischer* StGB § 89c Rn. 4; *Henrichs* in Matt/Renzikowski StGB § 89c Rn. 10; *SchäferAnstötz* in MüKoStGB StGB § 89c Rn. 10; *Zöller* in SK-StGB StGB § 89c Rn. 16.
[206] *Fischer* StGB § 89c Rn. 4; *Kühl* in Lackner/Kühl StGB § 89c Rn. 2; *Schäfer/Anstötz* in MüKoStGB § 89c Rn. 8.
[207] BGH BeckRS 2021, 17140 Rn. 5; *Schäfer/Anstötz,* in MüKoStGB StGB § 89c Rn. 8; *Engelstätter* in LK-StGB StGB § 89c Rn. 74; *Henrichs* in Matt/Renzikowski StGB § 89c Rn. 8a.
[208] *Engelstätter* in LK-StGB StGB § 89c Rn. 40, 75; AA *Gazeas* in AnwK-StGB StGB § 89c Rn. 5; *Henrichs* in Matt/Renzikowski § 89c Rn. 8; *Zöller* in SK-StGB StGB § 89c Rn. 14.
[209] *Engelstätter* in LK-StGB StGB § 89c Rn. 75: Straflose Vorbereitungshandlungen bleiben zB die Anfahrt zu einer Spendensammlung in einer Moschee oder anlässlich eines Konzerts, die bloße Kontaktaufnahme um erst im Nachgang zu einer Spende aufzufordern oder die Programmierung eines Internetangebots, über das Spendenaufrufe verbreitet werden sollen.
[210] *Henrichs* in Matt/Renzikowski StGB § 89c Rn. 8; *Schäfer/Ansötz* in MüKoStGB StGB § 89c Rn. 11; *Sieber/Vogel* Terrorismusfinanzierung 163; *Zöller* in SK-StGB StGB § 89c Rn. 15.
[211] BGH BeckRS 2021, 17140 Rn. 6 = NJW 2021, 2751; *Engelstätter* in LK-StGB StGB § 89c Rn. 74; *Henrichs* in Matt/Renzikowski StGB § 89c Rn. 8a; *El-Ghazi* in Herzog/Achtelik GwG StGB § 89c Rn. 27; *Sieber/Vogel* Terrorismusfinanzierung 163.
[212] BGH BeckRS 2021, 17140 Rn. 13 = NJW 2021, 2751; BGH NStZ-RR 2021, 338.

nach darf die (zivil-)rechtliche Bewertung der für die Finanzierung des Terrorismus verwendeten Mittel gerade kein konstituierendes Merkmal für die Strafbarkeit der Terrorismusfinanzierung sein.[213] Zwar wird in vielen Fällen – etwa beim Erwerb verschiedener Einzelkomponenten, die durch den Täter erst noch zusammengesetzt werden müssen – die Variante des „Sammelns" in Betracht kommen.[214] Auch Schenkungen oder andere Übergaben von Tatmitteln ohne Gegenleistung erfüllen aufgrund des in diesen Fällen gegebenen Vermögenszuwachses auf Seiten des Täters weiterhin den Tatbestand. Der käufliche Erwerb einer Hieb- oder Stichwaffe, die zu einer terroristisch oder extremistisch motivierten Attacke eingesetzt werden soll, dürfte unter Zugrundelegung der in der Entscheidung des BGH vom 20. Mai 2021 skizzierten Maßstäbe jedoch nicht unter § 89c StGB fallen. Auch § 89a StGB wäre in diesem Fall nicht einschlägig, da dessen Verschaffungstatbestand in Absatz 2 Nr. 2 diesen Waffentypus nicht erfasst. Ob die dadurch bewirkte Ungleichbehandlung von entgeltlichen und unentgeltlichen Übergaben von Vermögenswerten letztlich dem Willen des Gesetzgebers entspricht, erscheint zumindest fraglich, könnte jedoch durch eine Präzisierung zumindest einer der beiden Normen – § 89a oder § 89c StGB – korrigiert werden.

3. Außenwirtschaftsrecht (§ 18 AWG)

§ 18 Abs. 1 AWG kriminalisiert die Bereitstellung von Geldern insbesondere für in den EU-Rechtsverordnungen (EG) 2580/2001 sowie (EG) 881/2002 gelistete terroristische Vereinigungen oder Einzelpersonen. Nach Abs. 6 der Norm ist auch der Versuch unter Strafe gestellt. Strafbarkeitsbegründend ist entsprechend den internationalen sowie unionsrechtlichen Vorgaben (→ Rn. 9, 15 ff.) ausschließlich die Listung der betreffenden Organisation oder Person in den Anhängen der einschlägigen Verordnungen, wobei allerdings Verstöße gegen Verhaltenspflichten aus verfahrensfehlerhaften Listungen keine Strafbarkeit begründen.[215] Im Übrigen ist § 18 AWG ähnlich weit gefasst wie § 89c StGB. Auch die Fassung dieser Norm orientiert sich an den Vorgaben auf internationaler Ebene und ist in deren Lichte auszulegen. Der Begriff des **Bereitstellens** erfasst alle mittelbaren und unmittelbaren Realakte, die zu einer Verfügungsbefugnis der Zielperson oder -organisation führen können, einschließlich Schenkung, Tausch oder Rückgabe.[216] Hierunter kann auch das Sammeln von Geldern fallen, ohne dass es zu einer faktischen Zugriffsmöglichkeit der Vereinigung oder der Zielperson kommt.[217] Erforderlich ist jedoch nicht nur die Feststellung, dass der Empfänger zur Weiterleitung der Gelder an eine terroristische Organisation bereit ist, sondern auch, dass er im Namen oder auf Weisung der gelisteten Gruppierung handelt oder zumindest unter ihrer Kontrolle steht.[218]

4. Geldwäsche und Verschleierung unrechtmäßig erlangter Vermögenswerte (§ 261 StGB)

Einen Beitrag zur Bekämpfung der Terrorismusfinanzierung soll schließlich auch der Straftatbestand der Geldwäsche gem. § 261 StGB leisten, der verschiedene Umgangsformen mit Vermögenswerten mit Kriminalstrafe bedroht, soweit diese aus einer rechtswidrigen Tat stammen. Obgleich in erster Linie auf die Bekämpfung der organisierten Kriminalität zugeschnitten, ist der Tatbestand des § 261 StGB auch für die Bekämpfung der Finanzierung des Terrorismus relevant, dies insbesondere für Finanzierungshandlungen, die, wie zB

---

[213] *Sieber/Vogel* Terrorismusfinanzierung 22 f.
[214] Vgl. hierzu BGH BeckRS 2020, 44394 Rn. 28 ff.
[215] EuGH NJW 2010, 2419 (2415) mAnm *Meyer* NJW 2010, 2397; *Lohse* in Satzger/Schluckebier/Widmaier StGB § 129 Rn. 7. *Krauß* in LK-StGB StGB § 129 Rn. 25.
[216] BGH NStZ-RR 2021, 388; OLG Düsseldorf BeckRS 2014, 8969; *Andrzejewski* Die Strafbewehrung 156; *Engelstätter* in LK-StGB StGB § 89c Rn. 17; *Wagner* in MüKoStGB AWG § 18 Rn. 20.
[217] *Bundesministerium der Finanzen* Nationale Risikoanalyse 23; *Sieber/Vogel* Terrorismusfinanzierung 179.
[218] *Morweiser* in Wolffgang/Simonsen/Rogmann/Pietsch AWR AWG § 18 Rn. 38; vgl. auch OLG München BeckRS 2008, 19201 (noch zur Vorgängerregelung des § 34 AWG).

der Verkauf von Drogen, ihrerseits eine Straftat darstellen. Da die Norm anders als die Delikte der §§ 89c, 129a, b StGB keine terroristische Verwendungsplanung hinsichtlich der inkriminierten Vermögenswerte verlangt, kommt ihr eine wichtige Auffangfunktion vor allem für die Fälle zu, in denen eine terroristische Zweckbestimmung der fraglichen Vermögenswerte lediglich im Raume steht, sich aber im Ergebnis nicht beweisen lässt.

49 § 261 StGB wurde in Umsetzung der Richtlinie (EU) 2018/1673 (sog. **EU-Geldwäschestrafrechtsrichtlinie**)[219] (Rn. 23) mit Wirkung zum 18.3.2021 umfassend reformiert, weitgehend neugefasst und in seinem Anwendungsbereich massiv erweitert.[220] Es handelt sich nunmehr insgesamt um ein **abstraktes Gefährdungsdelikt**.[221] Die bloße Ortsveränderung – das Verbringen – eines Vermögenswerts, die bisher dem Tatbestandsmerkmal des Verbergens zuzuordnen war,[222] ist nunmehr in § 261 Abs. 1 Satz 1 Nr. 2 Alt. 3 StGB n. F. als eigenständige Tathandlung geregelt.[223] Ebenfalls strafbar sind das Umtauschen und das Übertragen des inkriminierten Gegenstandes. Ergänzt wird dies – erstmals – wie bei der Regelung des § 89c StGB (Rn. 44) durch **qualifizierte Vorsatzanforderungen** in Form eines ausdrücklichen Absichtselements: Der Täter muss in der Absicht handeln, das Auffinden, die Einziehung oder die Ermittlung der Herkunft des Tatobjekts zu vereiteln. Von zentraler Bedeutung ist zudem die **Streichung** des bislang in § 261 Abs. 1 Satz 2 StGB a. F. normierten Katalogs bestimmter Bezugstaten, aus denen der inkriminierte Vermögenswert stammen musste. In Umsetzung der unionsrechtlichen Vorgaben kann nunmehr jede rechtswidrige Straftat Vortat einer strafbaren Geldwäsche sein (sog. **all-crimes-Ansatz**), was zu einer deutlichen Erweiterung der Anwendbarkeit der Vorschrift führen wird. Der Begriff des Gegenstands entspricht inhaltlich dem Begriff des Vermögenswertes in § 89c StGB (→ Rn. 45). Auch § 261 StGB erfasst nunmehr sämtliche bewegliche und unbewegliche Sachen einschließlich Rechte, Forderungen, Immaterialgüterrechte (zB Patente) und Anteile an Gesellschafts- oder Gemeinschaftsvermögen.[224] Ebenfalls taugliche Tatgegenstände sind elektronische Zahlungsmittel wie „Paysafe-Codes"[225] und virtuelle Währungen (zB Bitcoins).[226] Auch illegale Gegenstände wie Falschgeld können den Tatbestand erfüllen.[227]

5. Nebenstrafrecht, insbesondere Strafbarkeit von Hawala-Banking

50 Mit Blick auf internationale Zahlungssysteme außerhalb des klassischen Banken- und Geldtransfersystems können schließlich auch nebenstrafrechtliche Regelungen einen Beitrag zur Bekämpfung der Finanzierung des Terrorismus leisten. Das bekannteste Beispiel dieser Art ist das auf frühmittelalterlich orientalische Handelsstrukturen zurückgehende sog. **Hawala-Banking**,[228] das auf dem „Prinzip der 2 Töpfe" basiert und von gegenseitigem Vertrauen in Form von ethnischer Loyalität lebt.[229] Da es weitestgehend ohne Unterlagen über Grund und Anlass eines Geldtransfers auskommt, eignet es sich in besonderem Maße, um außerhalb staatlichen Kontrolle Gelder über Staatsgrenzen zu transferieren, erhebliche Mengen inkriminierten Geldes in den legalen Finanzkreislauf einzuschleusen und dadurch terroristi-

---
[219] Richtlinie (EU) 2018/1673 über die strafrechtliche Bekämpfung der Geldwäsche ABl. 2018 L 284, 22.
[220] Vgl. Gesetz zur Verbesserung der strafrechtlichen Bekämpfung der Geldwäsche v. 9.3.2021, BGBl. 2021 I 327; BR-Drs. 620/20; BT-Drs.19/24180 (Gesetzesentwurf); BT-Drs.19/26602 (Beschlussempfehlung und Bericht).
[221] *Schindler* NZWiSt 2020, 457.
[222] Zum Begriff des Verbergens vgl. *El-Ghazi* in Herzog/Achtelik GwG StGB § 261 Rn. 91; *Altenhain* in NK-StGB StGB § 261 Rn. 102; *Neuheuser* in MüKoStGB StGB § 261 Rn. 66.
[223] *Schindler* NZWiSt 2020, 457.
[224] BGH NJW 2015, 3254 zum bislang geltenden Recht.
[225] BGH NStZ-RR 2019, 112.
[226] *Altenhain* in NK-StGB StGB § 261 Rn. 28; *Hennecke* CCZ 2018, 120; *Neuheuser* in MüKoStGB StGB § 261 Rn. 31.
[227] *Ballo* in Zentes/Glaab GwG StGB § 261 Rn. 39; *Hecker* in Schönke/Schröder StGB § 261 Rn. 4.
[228] *Findeisen* WM 2000, 2125; *Schneider* EuZW 2005, 513; *Taheri* BKR 2020, 133.
[229] Vgl. dazu *Warius*, Das Hawala-Finanzsystem in Deutschland – ein Fall für die Bekämpfung von Geldwäsche und Terrorismusfinanzierung?, 2009, 76 ff.

sche Strukturen und organisierte Kriminalität zu finanzieren.[230] Nachdem die strafrechtliche Sanktionierung des Betriebs eines solchen Systems nur für Personengesellschaften möglich war, kriminalisiert seit dem 13.1.2018 nunmehr § 63 Abs. 1 Nr. 4 ZAG iVm § 10 Abs. 1 Satz 1 und § 1 Abs. 1 ZAG unter anderem ungenehmigte Erbringung von Zahlungsdiensten durch Einzelpersonen über das Hawala-System.[231] Die Tat kann auch Bezugstat für die Bildung einer kriminellen Vereinigung nach § 129 StGB – in grenzüberschreitenden Konstellationen auch in Verbindung mit § 129b StGB – sein, deren Mitglieder sich zur fortgesetzten Begehung ungenehmigter Zahlungsdienstleistungen verbunden haben, wenn die organisatorischen Voraussetzungen und das Handeln in einem übergeordneten Interesse vorliegen.[232]

6. Exkurs: Strafbarkeitsrisiken für Hilfsorganisationen

51 Die zum Teil sehr weit gefassten Tatbestände des Kriminalstrafrechts können im Einzelfall dazu führen, dass sich – insbesondere in Fallgestaltungen mit Bezügen zum islamistischen Terrorismus – auch Strafbarkeitsrisiken für Angehörige sog. Hilfs- oder Wohlfahrtsorganisationen ergeben können.[233] Zwar steht dabei die Anwendung von Kriminalstrafrecht in den Fällen der Unterwanderung oder des Missbrauchs von Hilfsorganisationen außer Frage, zB, wenn diese nur als Tarnorganisationen einer terroristischen Gruppierung fungieren.[234] Hilfsorganisationen eignen sich aber auch für **Maßnahmen der Wohlfahrtspflege oder Daseinsvorsorge,** die keinen unmittelbaren Bezug zu terroristischen Gewalttaten haben, jedoch die Verankerung der terroristischen Organisation in der lokalen Bevölkerung stärken.[235] Schwierig erscheint in diesem Zusammenhang insbesondere die rechtliche Einordnung der Entrichtung von „**Zöllen**", „**Gebühren**" oder „**Steuern**" an eine terroristische Gruppierung, die gezahlt werden müssen, um ein Hilfsprojekt in einem von einer terroristischen Vereinigung kontrollierten Gebiet überhaupt durchführen zu können.[236]

52 Das Recht reagiert auf diese Problematik vor allem durch die Kodifizierung von **Ausnahmetatbeständen.** So bestimmt zB Erwägungsgrund 38 der Terrorismusrichtlinie (EU) 2017/541, dass humanitäre Tätigkeiten durch unparteiische, völkerrechtlich anerkannte humanitäre Organisationen nicht in den Anwendungsbereich der Richtlinie fallen. Dies entspricht Art. 21 der FTC, wonach die Verpflichtungen aus dem humanitären Völkerrecht von der Verpflichtung zur Schaffung einer Strafbarkeit der Terrorismusfinanzierung unberührt bleiben. Auch die EU-Embargo-Verordnungen sehen für völkerrechtlich anerkannte humanitäre Hilfsorganisationen, wie die Sonderprogramme der Vereinten Nationen, zum Teil ausdrückliche Ausnahmetatbestände vor. Organisationen, die die gleichen Zwecke verfolgen, können eine Ausnahmegenehmigung beantragen.[237] Sind die Voraussetzungen einer solchen Ausnahmevorschrift erfüllt oder liegt ein entsprechender Bewilligungsbescheid vor, ist eine Strafbarkeit nach dem AWG bereits tatbestandlich ausgeschlossen.[238] Soweit die Handlung zugleich den Tatbestand der Unterstützung einer terroristischen Gruppierung erfüllen sollte, dürfte diese Tat zumindest gerechtfertigt sein.

---

[230] *Krauß* in LK-StGB StGB § 129 Rn. 25; *Taheri* BKR 2020, 133.
[231] *Krauß* in LK-StGB StGB § 129 Rn. 89.
[232] BGH GSZ 2021, 265; *Krauß* in LK-StGB StGB § 129 Rn. 25; *Taheri* BKR 2020, 133.
[233] *Engelstätter* in LK-StGB StGB § 89c Rn. 3; *Krauß* in LK-StGB StGB § 129a Rn. 99.
[234] FATF-Report Risk of Terrorist Abuse in Non-profit-organisations S. 37 f.; *Sieber/Vogel* Terrorismusfinanzierung S. 11; *Teichmann* Kriminalistik 2017, 730.
[235] *Sieber/Vogel* Terrorismusfinanzierung 13, 17.
[236] FATF-Report Risk of Terrorist Abuse in Non-profit-organisations S. 41; FATF-Report Emerging Terrorist-Financing Risks S. 14; *Sieber/Vogel* Terrorismusfinanzierung 11.
[237] Vgl. Art. 4 Verordnung (EU) Nr. 356/2010 des Rates v. 26.4.2010 über die Anwendung bestimmter spezifischer restriktiver Maßnahmen gegen bestimmte natürliche oder juristische Personen, Organisationen oder Einrichtungen aufgrund der Lage in Somalia, ABl. 2010 L 205, 1.
[238] *Krauß* in LK-StGB StGB § 129a Rn. 99.

53 Weitere Ansätze zur Begründung einer strafrechtlichen Unbedenklichkeit können sich aus dem **humanitären Völkerrecht** ergeben.[239] Insbesondere das Genfer Abkommen zum Schutz der Zivilpersonen in Kriegszeiten vom 12.8.1949[240] (GA IV) in Verbindung mit dem ersten Zusatzprotokoll über den Schutz der Opfer internationaler bewaffneter Konflikte[241] (ZP I) ermöglicht eine ausreichende Versorgung der Bevölkerung, vor allem mit Lebensmitteln, Arzneimitteln und Unterkünften, dies allerdings gem. Art. 23 Abs. 2 GA IV nur, soweit durch die Hilfsleistung kein offensichtlicher Vorteil für militärische Anstrengungen erwächst. Auch muss die Hilfeleistung für die Versorgung der Bevölkerung erforderlich sein und die allgemeinen Prinzipien der Menschlichkeit, Neutralität und Unparteilichkeit achten. Ob diese Voraussetzungen erfüllt sind, ist jeweils eine Frage des Einzelfalls.

E. Zuständigkeiten und Verfahren

54 An der Bekämpfung der Terrorismusfinanzierung sind innerhalb des staatlichen Gefüges der Bundesrepublik Deutschland eine **Vielzahl von staatlichen Stellen** beteiligt, die teils über präventive teils über repressive Zuständigkeiten verfügen. Die Sicherheitsarchitektur des Grundgesetzes schließt die gleichzeitige Anwendung präventiver und repressiver Instrumentarien nicht aus, sondern lässt sie – wenn auch mit unterschiedlicher Zielrichtung – gleichberechtigt nebeneinander bestehen.[242] Der Schlüssel zur Gewährleistung effektiver Aufgabenerfüllung liegt in der vertrauensvollen Zusammenarbeit der beteiligten Stellen, mithin in der sachgerechten Kooperation von Bund und Ländern unter Beachtung des Grundsatzes der Verhältnismäßigkeit.[243] Für die **Bekämpfung der Terrorismusfinanzierung** bestehen auf dieser Grundlage Zuständigkeiten zB für das Finanz-, Justiz, Innen- und Außenministerium, die Financial Intelligence Unit (**FIU**) (dazu eingehend Rn. 56 ff.), die Finanzämter, den Zoll, das BKA, die Staatsanwaltschaften, Gerichte, die Nachrichtendienste sowie für die Deutsche Bundesbank und die Landes- und Zentralbanken. Rechtspflichten bestehen darüber hinaus auch für private Institutionen, nämlich für alle nach § 2 GwG zur Meldung von Verdachtsfällen verpflichteten Personen und Organisationen, wie Privatbanken, Finanzdienstleister, Versicherungsunternehmen, Rechtsanwälte, Steuerberater, Wirtschaftsprüfer, Spielbanken oder Vermögensverwalter.

55 Während die nichtstaatlichen Akteure bereits aufgrund der Vorschriften des einschlägigen Fachrechts – insbesondere die §§ 10 ff. GwG (Rn. 30) zur Information der Behörden über verdächtige Transaktionen verpflichtet sind, vollzieht sich der Informationsaustausch staatlicher Stellen anhand des sog. **Doppeltür-Modells** des BVerfG.[244] Der Gesetzgeber muss nicht nur die Möglichkeit zur Übermittlung von Daten regeln („1. Tür"), sondern auch die Zulässigkeit ihrer weiteren Verwendung („2. Tür"). Erst beide Rechtsgrundlagen gemeinsam berechtigen zum Austausch und zur Weiterverwendung personenbezogener Daten.[245] Auf dieser Grundlage bestehen mittlerweile vielfältige Übermittlungsvorschriften, die nicht nur die Weitergabe, sondern auch die Weiterverarbeitung personenbezogener Daten für Zwecke der Bekämpfung der Finanzierung des Terrorismus gestatten. Dies gilt nicht nur für die **Durchbrechung des Steuergeheimnisses** gem. § 31b AO. Nach § 23d ZFdG kann zudem das Zollkriminalamt (ZKA) persönliche Daten des Betroffenen an die Polizei übermitteln, soweit tatsächliche Anhaltspunkte vorliegen, dass jemand eine Straftat nach

---

[239] *Krauß* in LK-StGB StGB § 129a Rn. 99; vgl. hierzu auch BVerfG NVwZ 2018, 1788, 1795.
[240] BGBl. 1954 II 917.
[241] BGBl. 1990 II 1550.
[242] BGHSt 62, 123, 133; BVerfGE 32, 373, 380; BVerfGE 80, 367, 380; BVerwG NVwZ 2001, 1285, 1286.
[243] *Griesbaum/Wallenta* NStZ 2013, 369, 370; *Griesbaum* FS Nehm, 2006, 125; *Frank* in Lüttich/Lehmann, Der Kampf gegen den Terror in Gegenwart und Zukunft, 2019, 77, 91; *Lohse/Engelstätter* GSZ 2020, 156, 157.
[244] BVerfGE 130, 151, 184 = NJW 2012, 1419; *Greßmann* in Dietrich/Eiffler NachrichtendiensteR-HdB IV § 3 Rn. 10.
[245] *Krauß* in BeckOK StPO RiStBV § 205 Rn. 9a.

E. Zuständigkeiten und Verfahren   § 38

§§ 129a, b § 89c StGB oder nach § 18 AWG begeht oder in Zukunft begehen will. Für Übermittlungen der Nachrichtendienste gelten die Vorschriften der §§ 19 ff. BVerfSchG sowie §§ 4, 7 G10. In Umsetzung der **EU-Finanzinformationsrichtlinie** (EU) 2019/1153 (Rn. 23) sind schließlich die im GwG geregelten Übermittlungstatbestände zur Verbesserung eines grenzüberschreitenden Datenaustauschs innerhalb der EU sowie zur Einbindung von Europol novelliert worden (§ 32a GwG).

I. Strategische Bedeutung der Financial Intelligence Unit (FIU)

Von zentraler Bedeutung für die Kooperation der beteiligten Behörden ist die beim Zoll bestehende Financial Intelligence Unit. Sie bildet das **Herzstück** der nationalen Bekämpfungsstrategie der Terrorismusfinanzierung. Gegründet wurde die Institution aufgrund einer Empfehlungen der FATF (vgl. Rn. 10) bereits im Jahr 2002 als „Zentralstelle für Verdachtsmeldungen".[246] Die zunächst beim Bundeskriminalamt eingerichtete Zentralstelle war für die Entgegennahme, Sammlung und Auswertung von Meldungen über verdächtige Finanztransaktionen im Bundesgebiet zuständig und sollte gemäß § 10 Abs. 1 S. 1 GwG a. F. der Verhütung und der Verfolgung von Geldwäsche und Terrorismusfinanzierung dienen. Mit Inkrafttreten des Gesetzes zur Umsetzung der Vierten EU-Geldwäscherichtlinie, zur Ausführung der EU-Geldtransferverordnung und zur Neuorganisation der Zentralstelle für Finanztransaktionsuntersuchungen am 26.6.2017[247] wurden der Aufgabenbereich und die Kompetenzen der FIU deutlich erweitert. Darüber hinaus wechselte die FIU in den Geschäftsbereich des Bundesministeriums für Finanzen und wurde bei der **Generalzolldirektion** – hier wiederum beim ZKA – eingerichtet.[248] Gleichwohl bezeichnet § 27 Abs. 2 GwG die FIU in Anlehnung an Art. 32 Abs. 3 S. 1 der Vierten Geldwäscherichtlinie als organisatorisch eigenständig und im Rahmen ihrer Aufgaben und Befugnisse fachlich unabhängig.[249] Dadurch soll – den Empfehlungen der FATF folgend – eine unzulässige Einflussnahme durch Vertreter der Politik oder Wirtschaft ausgeschlossen werden. 56

Die aktuelle Gesetzeslage stattet die FIU mit einer Vielzahl von Befugnissen aus, die sich aus verschiedenen Normen des GwG ergeben. Nach § 27 Abs. 1 GwG, der im Wortlaut weitgehend Art. 32 Abs. 1 der Vierten Geldwäscherichtlinie (→ Rn. 21) entspricht, dient die FIU der Verhinderung, Aufdeckung und Unterstützung bei der Bekämpfung der Geldwäsche und Terrorismusfinanzierung. Die FIU hat damit **administrativ, präventiven** Charakter und nicht die Befugnisse einer Ermittlungs- oder Strafverfolgungsbehörde.[250] Ihre Aufgaben ergeben sich im Wesentlichen aus § 28 Abs. 1 S. 2 Nr. 1 bis 13 GwG. Hierzu zählt neben dem Sammeln und Bewerten von Verdachtsmeldungen und der Durchführung strategischer Analysen (Nr. 1, 2, 6, 8) vor allem der **Informationsaustausch und die Koordinierung** mit inländischen Aufsichtsbehörden und den zentralen Meldestellen anderer Staaten und den nach dem GwG meldepflichtigen Personen und Institutionen (Nr. 3, 4, 7). Weitere zentrale Aufgaben sind der Austausch mit den für die Verhinderung und Verfolgung der Geldwäsche und der Terrorismusfinanzierung zuständigen inländischen öffentlichen Stellen, insbesondere über entsprechende Typologien und Methoden (Nr. 9) sowie die Verhängung von Sofortmaßnahmen (Nr. 5). 57

In der Rechtspraxis ist die FIU von zentraler Bedeutung für die Entgegennahme, Sammlung und Auswertung sämtlicher Meldungen über verdächtige Finanztransaktionen, die im Zusammenhang mit Geldwäsche oder Terrorismus stehen könnten. Diese Sachverhalte werden nach Mitteilung durch Verpflichtete gemäß § 43 GwG (→ Rn. 31), durch Auf- 58

---
[246] Vgl. hierzu *Bundesministerium der Finanzen* Nationale Risikoanalyse S. 39 ff., 51 f.
[247] BT-Drs. 18/11555.
[248] *Hütwohl* ZfZ 2017, 230; *Hütwohl* ZIS 2017, 680; *Zentes* in Zentes/Glaab GwG § 27 Rn. 1.
[249] *Hütwohl* ZfZ 2017, 232. Vgl. auch BT-Drs. 18/11555, 90: „Behörde in der Behörde".
[250] *Bundesministerium der Finanzen* Nationale Risikoanalyse S. 39 ff.; *Zentes* in Zentes/Glaab GwG § 27 Rn. 2.

sichtsbehörden gemäß § 44 GwG oder durch Finanzbehörden gemäß § 31b AO gefiltert, indem sie analysiert, angereichert und bewertet werden.[251] Ziel dieser **Filterfunktion** ist es u. a., die Strafverfolgungsbehörden durch eine strafrechtlichen Ermittlungen vorgelagerte, administrative Untersuchung zu entlasten.[252] Die Analysen sind wichtiger Bestandteil und regelmäßig auch Ausgangspunkt für Ermittlungen wegen Geldwäsche oder Terrorismusfinanzierung.[253] Ziel ist die Zusammenführung von Informationen aus eigenen und fremden Datenquellen und die Bewertung des sich hieraus ergebenden Gesamtbildes für die untersuchte Transaktion. Hierfür stehen der FIU umfangreiche Auskunftsrechte nach § 31 GwG gegenüber Strafverfolgungs-, Finanz- und Verwaltungsbehörden zur Verfügung[254]. Soweit sich Anhaltspunkte für Verdachtsmomente der Geldwäsche, der Terrorismusfinanzierung oder aber auch für andere Straftaten ergeben, leitet die FIU diese Informationen gem. § 32 Abs. 2 S. 1 GwG an die zuständigen Strafverfolgungsbehörden weiter.

59 Um zu verhindern, dass Gelder dem staatlichen Einflussbereich zB durch Barabhebungen oder Überweisungen ins Ausland entzogen werden können, obwohl die Zentralstelle von der möglichen inkriminierten Herkunft bereits Kenntnis erhalten hat, stehen der FIU gem. § 28 Abs. 1 S. 2 Nr. 5 GwG **effektive Sofortmaßnahmen** zur Verfügung. Unter den Voraussetzungen des § 40 Abs. 1 GwG ist die FIU insbesondere befugt, eine Transaktion auszusetzen oder ihre Durchführung zu untersagen.[255] Dadurch soll gewährleistet werden, dass die FIU eine bereits operative Analyse zu Ende führen und ihre Ergebnisse einschließlich der betroffenen Vermögensgegenstände den Strafverfolgungsbehörden übergeben kann.[256] Allerdings endet die Zulässigkeit eines solchen Transaktionsstopps gem. § 40 Abs. 4 GwG spätestens mit dem Ablauf eines Monats oder mit dem Ablauf des fünften Werktags nach Abgabe des Sachverhalts an die zuständige Strafverfolgungsbehörde. Dies führt dazu, dass die Kooperation zwischen FIU und Strafverfolgungsbehörden für eine effektive Rückverfolgbarkeit der Transaktionen in der Praxis reibungslos und möglichst rasch verlaufen muss.[257]

II. Unterbrechung verdächtiger Transaktionen

60 Sobald staatlichen Stellen verdächtige Finanztransaktionen bekannt werden, stellt sich die Frage, wie ein Abfließen der zum Teil ganz erheblichen Geldsummen für terroristische oder sonst illegale Zwecke verhindert werden kann. Um dieses Ziel zu erreichen, stehen zunächst verschiedene **Maßnahmen auf verwaltungsrechtlicher Grundlage,** wie die Sofortmaßnahmen nach § 40 GwG der FIU oder die Anordnungsmöglichkeiten nach § 6a KWG der BaFin zur Verfügung. Darüber hinaus kann der Zoll gem. § 12a Abs. 7 ZollVG im grenzüberschreitenden Verkehr beförderte Barmittel oder gleichgestellte Zahlungsmittel in **zollamtliche Verwahrung** im Rahmen eines Clearing-Verfahrens nehmen, sofern im Einzelfall der Verdacht einer Straftat nach den §§ 89a, 89c, 129a, 261 StGB oder nach § 18 AWG besteht. Auch den **Strafverfolgungsbehörden** stehen vergleichbare Befugnisse zu. Sie können nach §§ 111b ff. StPO vorläufige Maßnahmen treffen und inkriminierte Gelder im Wege der Vermögensabschöpfung gem. §§ 73 ff. StGB gegebenenfalls auch sogar endgültig einziehen. Die wesentlichen Unterschiede zwischen den einzelnen Handlungs-

---

[251] BT-Drs. 18/11555, 136 ff.; *Hütwohl* ZfZ 2017, 232 f.
[252] *Zentes* in Zentes/Glaab GwG § 27 Rn. 8 f.
[253] Im Jahr 2019 wurden der FIU insgesamt 114.914 Verdachtsmeldungen berichtet, was gegenüber dem Vorjahr 2018 einen Anstieg um 49 % bedeutet. Von der Gesamtanzahl der Verdachtsmeldungen enthielten insgesamt 6.253 Meldungen erste Hinweise auf einen möglichen Terrorismusfinanzierungs- oder Staatsschutzbezug (vgl. Jahresbericht 2019 der FIU Deutschland).
[254] ZB Auskünfte aus dem ZStV gemäß § 31 Abs. 4a GwG, Auskünfte von Finanzbehörden gemäß § 31 Abs. 5 GwG, Nutzung des automatisierten Kontenabrufverfahrens nach § 24c KWG, Abruf von Meldedaten nach § 31 Abs. 7 GwG.
[255] BT-Drs. 18/11555, 138; VG Köln BeckRS 2019, 10996; *Zentes* in Zentes/Glaab GwG § 40 Rn. 3 ff.
[256] BT-Drs. 18/11555, 138.
[257] *Bussmann/Veljovic* NZWiSt 2020, 421.

möglichkeiten sind dabei darin zu sehen, dass es sich bei den Sofortmaßnahmen der FIU nach § 40 GwG aber auch den Anordnungen der BaFin nach § 6a KWG und des Zolls um Verwaltungsakte im Sinne des Verwaltungsverfahrensrechts handelt, die – anders als strafrechtliche Anordnungen – ohne gerichtliche Entscheidung im Vorfeld getroffen werden können und ausschließlich den Rechtsschutzsystemen der VwGO oder der AO unterliegen.[258]

Da die jeweiligen Instrumentarien klar abgegrenzten Anwendungsbereichen unterliegen, bleiben **Zuständigkeitskollisionen** die Ausnahme. Dies gilt insbesondere für das Verhältnis zwischen der FIU (§ 40 GwG) und der BaFin (§ 6a KWG).[259] Sofortmaßnahmen nach § 40 GwG kommen nur in Betracht, wenn die FIU in eigener Zuständigkeit aufgrund einer Verdachtsmeldung eine verdächtige Finanztransaktion untersucht und zu diesem Zweck Verfügungen von einem Konto für einen kurzen Zeitraum von maximal einem Monat untersagt. Das „Einfrieren" nach § 40 GwG dient vor allem dazu, der FIU genügend Zeit zu verschaffen, den Hintergrund der betroffenen Verfügung zu bewerten, um entscheiden zu können, ob Tatsachen vorliegen, die eine Abgabe des Vorgangs an eine Strafverfolgungsbehörde rechtfertigen.[260] Die Weitergabe der Informationen an Staatsanwaltschaft oder Polizei ist bereits bei Vorliegen von bloßen Anhaltspunkten oder Indizien möglich, dass eine Transaktion der Terrorismusfinanzierung dient. Demgegenüber erfasst die Regelung des § 6a KWG dagegen Sachverhalte, in denen einer Polizeibehörde – in der Regel dem Bundeskriminalamt – schon konkrete Tatsachen bekannt sind, die darauf schließen lassen, dass eine Transaktion der Terrorismusfinanzierung nach § 89c StGB oder der Finanzierung einer terroristischen Vereinigung nach § 129a oder § 129b StGB dienen könnte.[261] In diesem Fall kann die BaFin die entsprechende Transaktion sogar ohne zeitliche Beschränkung untersagen.[262] Weist eine Transaktion einen spezifischen Auslandsbezug außerhalb der EU auf, können neben § 6a KWG auch Maßnahmen nach dem AWG in Betracht kommen.[263] § 4 Abs. 1 AWG ermächtigt die Bundesregierung zum Erlass von Rechtsverordnungen, um im Außenwirtschaftsverkehr Rechtsgeschäfte und Handlungen zu beschränken oder Handlungspflichten anordnen zu können, um den Sicherheitsinteressen der Bundesrepublik Deutschland zu genügen oder der Störung des friedlichen Zusammenlebens der Völker sowie der Störung der auswärtigen Beziehungen Deutschlands entgegenzuwirken.[264]

Unabhängig von den einzelnen Handlungsmöglichkeiten des Finanz-, des Zoll- und des Außenwirtschaftsrechts kann auch im Wege der **strafrechtlichen Vermögensabschöpfung** gem. §§ 73 ff. StGB auf inkriminierte Gelder zugegriffen werden. Dadurch soll die rechtmäßige Vermögensordnung – anders als bei den Verwaltungsentscheidungen – dauerhaft wiederhergestellt werden.[265] Voraussetzung ist allerdings ein gerichtliches Verfahren, mit der Folge, dass bis zu einer endgültigen rechtskräftigen Entscheidung viele Monate vergehen können. Um in dieser Zeit einen Vermögensabfluss zu verhindern, verfügen die Strafverfolgungsbehörden über einstweilige Sicherungsmaßnahmen nach §§ 111b ff. StPO.[266] Diese stehen jedoch nicht in Konkurrenz zu den dargestellten verwaltungsrechtlichen Regelungen, sondern bestehen unabhängig von ihnen. Übergibt zB die FIU nach Anordnung einer Sofortmaßnahme den Sachverhalt an die zuständige Staatsanwaltschaft, so

---
[258] *Zentes* in Zentes/Glaab GwG § 40 Rn. 28.
[259] BT-Drs. 19/3818, 4 f.; *Barreto da Rosa* in Herzog/Achtelik GwG § 40 Rn. 1; *Zentes* in Zentes/Glaab GwG § 40 Rn. 24.
[260] *Barreto da Rosa* in Herzog/Achtelik GwG § 40 Rn. 3d.
[261] VG Frankfurt a.M. BeckRS 2007, 27880; *Al-Jumaili* NJOZ 2008, 203.
[262] *Achtelik* in Herzog/Achtelik GwG KWG § 6a Rn. 8.
[263] Bei Finanzsanktionen gegen die in Form von Rechtsakten gelisteten „EU-internen Zielsubjekte" ist § 6a KWG jedoch lex specialis gegenüber den Regelungen des AWG; BT-Drs. 15/1060, 7; *Häberle* in Erbs/Kohlhaas KWG § 6a Rn. 6.
[264] *Achtelik* in Herzog/Achtelik GwG KWG § 6a Rn. 8; *Häberle* in Erbs/Kohlhaas KWG § 6a Rn. 6.
[265] *Lohse* in LK-StGB StGB vor §§ 73–76b Rn. 2.
[266] Vgl. zu den Sicherungsmaßnahmen *Köllner/Mück* NZI 2017, 595; *Trüg* NJW 2017, 1916 f.

hat diese nach § 40 Abs. 4 Nr. 2 GwG insgesamt fünf Werktage Zeit, den Sachverhalt hinsichtlich des Vorliegens eines Anfangsverdachts zu prüfen und gegebenenfalls vorläufige Sicherungsmaßnahmen bezüglich der eingefrorenen Transaktion beim zuständigen Ermittlungsrichter zu erwirken. Sollte die Staatsanwaltschaft zwar einen Verdacht für ein Terrorismusfinanzierungsdelikt bejahen, aber keine Sicherungsmaßnahme nach § 111b StPO beim Ermittlungsrichter erwirken (können), so könnte die BaFin – idealerweise ebenfalls innerhalb der Fünf-Tages-Frist des § 40 Abs. 4 Nr. 2 GwG – gem. § 6a KWG bei Vorliegen der Voraussetzungen dieser Norm gleichwohl jegliche Verfügung über die durch die FIU bereits vorläufig gesicherten Vermögenswerte auch unabhängig von dem strafrechtlichen Ermittlungsverfahren allein auf verwaltungsrechtlicher Grundlage untersagen.[267]

F. Ausblick

63 Die Bekämpfung der Terrorismusfinanzierung basiert auf einem komplexen Zusammenspiel globaler und nationaler, formeller und informeller Regelungen, sowie staatlicher und nicht staatlicher Akteure. Es handelt sich um einen Prototyp einer **transnationalen Governance**,[268] die auf der übereinstimmenden Einschätzung der Staatengemeinschaft basiert, terroristische Aktivitäten bereits im Vorfeld der ins Auge gefassten Gewalttaten zu bekämpfen. Doch so sehr der länder- und rechtsgebietsübergreifende Ansatz aus strategischer Sicht zu begrüßen ist, so kann nicht aus dem Blick genommen werden, dass er in seiner praktischen Umsetzung mit teils erheblichen Schwierigkeiten verbunden ist. Wesentliche Impulse für Regelungen zur Bekämpfung der Terrorismusfinanzierung kommen mit der FATF von einem informellen Gremium ohne völkerrechtlichen Status, das stets von dem Engagement einiger weniger Staaten abhängig ist. Zwar werden dadurch bedingte legitimatorische Schwächen durch die auf den FATF-Empfehlungen aufbauenden Tätigkeiten der Nationalstaaten sowie der EU regelmäßig ausgeglichen. Dies ändert jedoch nichts daran, dass von einer FATF-Empfehlung bis zu einer gesetzlichen Regelung auf Ebene der Nationalstaaten unter Umständen eine verhältnismäßig lange Zeit verstreichen kann, innerhalb derer die ursprüngliche Empfehlung schon wieder geändert oder zumindest überarbeitet wird. Auf diese Weise entsteht ein sich immer wieder selbst reformierendes und in ständiger **legislativer Unruhe** befindliches System, das kaum Gelegenheit hat, seine Effektivität zu beweisen oder gar eine eigenständige Verwaltungs- oder Vollzugspraxis zu entwickeln. Verstärkt wird dieser Effekt durch allgemeine bei der Umsetzung völker- sowie unionsrechtlicher Vorgaben in nationales Recht regelmäßig auftretende Umsetzungs- und Abstimmungsschwierigkeiten. Für Deutschland als nationaler Akteur innerhalb eines **globalen, transnationalen Sicherheitsraums** hat dies im Wesentlichen zwei Konsequenzen: Um sich ein Maximum an eigenem legislativem Einfluss bei der Bekämpfung von Geldwäsche und Terrorismusfinanzierung und der damit verbundenen wirtschaftlich höchst bedeutsamen Regulierung des gesamten Finanzsektors erhalten zu können, bedarf es eines **verstärkten Engagements auf internationaler Ebene.** Nur auf diese Weise kann gewährleistet werden, dass die Bundesrepublik Deutschland noch an der Entstehung neuer Regelungsansätze beteiligt und nicht mehr gezwungen ist, auf neue internationalen Vorgaben zu reagieren. Daneben müssen **Vollzugstauglichkeit und Effektivität** des Systems im Inland durch eine verbesserte, rechtsgebietsübergreifende **Zusammenarbeit** der zuständigen Behörden gesteigert werden.

64 Die Bundesregierung hat diese Ansätze aufgegriffen und im Dezember 2019 eine nationale **Strategie zur Bekämpfung der Geldwäsche und Terrorismusfinanzierung** vorgelegt. Danach will sich Deutschland bereits kurzfristig stärker in allen **internationalen Gremien** auf der Ebene der G20, G7, der UN einschließlich der FATF engagieren.[269] Auf

---

[267] VG Frankfurt a.M. BeckRS 2007, 27880; *Al-Jumaili* NJOZ 2008, 206; *Zentes* in Zentes/Glaab GwG § 40 Rn. 26.
[268] *Jacobi/Kandt* in Bossong, Terrorismus als Herausforderung der Europäischen Union, 2019, 109, 131.
[269] *Bundesministerium der Finanzen,* Strategie gegen Geldwäsche und Terrorismusfinanzierung, 2019, Empfehlung Nr. 11, S. 23 ff.

nationaler Ebene soll, vor allem der Informationsaustausch zwischen allen zuständigen Stellen, auch zwischen Bund und Ländern, verbessert und über die eigene Aufgabenwahrnehmung hinaus ein Verständnis für die Arbeitsweise anderer ebenfalls mit der Bekämpfung der Terrorismusfinanzierung befassten Stellen entwickelt werden.[270] Innerhalb der bestehenden staatsschutzspezifischen Austauschplattformen, dem Gemeinsamen Terrorismusabwehrzentrums **(GTAZ)** sowie dem Gemeinsamen Extremismus- und Terrorismusabwehrzentrums **(GETZ)** sollen Fälle der Terrorismusfinanzierung eine größere Rolle einnehmen.[271] Zudem sollen besonders geschulte Finanzexperten ausgewählte Ermittlungsverfahren begleiten, um verdächtige Geldflüsse besser verfolgen und aufdecken zu können.[272] Eine zentrale Rolle bei der Bekämpfung der Terrorismusfinanzierung soll weiterhin der **FIU** zukommen.[273] Ihre zuweilen massiv kritisierte Effektivität soll weiter gesteigert werden.[274] Schließlich soll auch der Dialog mit den nach dem GwG verpflichteten Personen und Unternehmen intensiviert werden. Zentraler Baustein hier ist das public private partnership der **"Anti Financial Crime Alliance"**, die sich am 24.9.2019 unter dem Dach der FIU konstituiert hat und der neben staatlichen Stellen auch Vertreter des Bankensektors angehören.[275]

Unterdessen ist auf EU-Ebene bereits die nächste Reformrunde eingeleitet worden: Am 27.7.2020 hat die Kommission die neue **"EU-Strategie für eine Sicherheitsunion"** vorgelegt,[276] die am 9.12.2020 durch eine **"EU-Agenda für Terrorismusbekämpfung"** ergänzt worden ist.[277] Speziell für die Bekämpfung von Geldwäsche- und Terrorismusfinanzierung legte die Kommission im Mai 2020 einen Aktionsplan vor,[278] der mittlerweile durch insgesamt vier neue Gesetzesinitiativen konkretisiert worden ist. Geplant sind zunächst zwei unmittelbar gegenüber den Mitgliedstaaten geltende Verordnungen: eine Verordnung zur Einrichtung einer EU-Behörde als dezentrale EU-Regulierungsagentur[279] sowie eine weitere Verordnung, die eine überarbeitete EU-Liste für alle „Verpflichteten" enthalten soll, also für alle Unternehmen und Einrichtungen, die der Überwachung der Geldwäsche- und Terrorismusfinanzierung unterliegen.[280] Daneben plant die Kommission mit der Überarbeitung der Geldtransfer-Verordnung (→ Rn. 23)[281] im Hinblick auf Kryp-

65

---

[270] Vgl. *Bundesministerium der Finanzen,* Strategie gegen Geldwäsche und Terrorismusfinanzierung, 2019, Empfehlungen Nr. 1, 3, 5, 7, 8.
[271] *Bundesministerium der Finanzen,* Strategie gegen Geldwäsche und Terrorismusfinanzierung, 2019, Empfehlung Nr. 8 S. 19.
[272] *Bundesministerium der Finanzen,* Strategie gegen Geldwäsche und Terrorismusfinanzierung, 2019, Empfehlung Nr. 7 S. 17.
[273] *Bundesministerium der Finanzen,* Strategie gegen Geldwäsche und Terrorismusfinanzierung, 2019, S. 10.
[274] Vgl. hierzu BT-Drs. 19/26796, 4 f. sowie BT-Drs. 19/27346 – Strafrechtliche Ermittlungen gegen die Anti-Geldwäschebehörde der Bundesregierung" aufgrund möglicherweise verspätet weitergeleiteter Verdachtsmeldungen.
[275] *Bundesministerium der Finanzen,* Strategie gegen Geldwäsche und Terrorismusfinanzierung, 2019, S. 9.; BT-Drs. 19/26796, 5.
[276] Mitteilung der Kommission an das Europäische Parlament, den Europäischen Rat, den Rat, den Europäischen Wirtschafts- und Sozialausschuss und den Ausschuss der Regionen vom 24.7.2020 – EU-Strategie für eine Sicherheitsunion, COM (2020) 605 final.
[277] Mitteilung der Kommission an das Europäische Parlament, den Europäischen Rat, den Rat, den Europäischen Wirtschafts- und Sozialausschuss und den Ausschuss der Regionen v. 9.12.2020 – Eine EU-Agenda für Terrorismusbekämpfung: antizipieren, verhindern, schützen und reagieren, COM (2020) 795 final.
[278] Mitteilung der Kommission zu einem Aktionsplan für eine umfassende Politik der Union zur Verhinderung von Geldwäsche und Terrorismusfinanzierung, COM (2020) 2800 final.
[279] Vorschlag für eine Verordnung des Europäischen Parlaments und des Rates zur Errichtung der Behörde zur Bekämpfung der Geldwäsche und Terrorismusfinanzierung und zur Änderung der Verordnungen (EU) Nr. 1093/2010, (EU) Nr. 1094/2010 und (EU) Nr. 1095/2010, COM (2021) 420 final.
[280] Vorschlag für eine Verordnung des Europäischen Parlaments und des Rates zur Verhinderung der Nutzung des Finanzsystems für Zwecke der Geldwäsche oder der Terrorismusfinanzierung, COM (2021) 420 final.
[281] Vorschlag für eine Verordnung des Europäischen Parlaments und des Rats über die Übermittlung von Angaben bei Geldtransfers und Transfers bestimmter Kryptowerte, COM (2021) 422 final.

towerte und der Vierten Geldwäscherichtlinie (EU) 2015/849 (→ Rn. 21)[282] auch die – erneute – Überarbeitung bereits bestehender Regulierungen. Konkret sollen mit dem Maßnahmepaket nicht nur eine auf EU-Ebene angesiedelte Aufsicht (AMLA) mit ca. 250 Mitarbeiterinnen und Mitarbeitern zur Bekämpfung von Geldwäsche und Terrorismusfinanzierung eingeführt werden, sondern auch ein zentral gesteuerter Unterstützungs- und Kooperationsmechanismus für die einzelnen „Financial Intelligence Units" in den Mitgliedstaaten.

66 Es ist daher schon jetzt absehbar, dass die Bekämpfung der Terrorismusfinanzierung auch in den kommenden Jahren weiteren – vor allem auf supranationaler Ebene entwickelten – Neuregelungen unterworfen sein wird, die auch das deutsche Recht nicht unberührt lassen werden. Ob dies im Ergebnis zur einer Steigerung der Vollzugstauglichkeit des Systems insgesamt sowie zu einer Verbesserung der Bekämpfung der Finanzierung terroristischer Aktivitäten führen wird, erscheint zumindest zweifelhaft, solange die teils erheblichen rechtlichen Umstrukturierungen nicht zugleich mit umfangreichen Investitionen in die **personellen Ressourcen** verbunden werden. Dies gilt nicht für die Personalgewinnung, sondern auch im Hinblick auf gemeinsame rechtsgebietsübergreifende „ganzheitliche" Fortbildungsmaßnahmen auf nationaler und internationaler Ebene.

§ 39 Verschränkung von Staatsschutz- und Völkerstrafrecht

Michael Greßmann

Übersicht

	Rn.
A. Einführung	1
B. Zuständigkeiten	5
C. Strafbarkeit nach dem Völkerstrafgesetzbuch	10
D. Die relevanten Straftatbestände im Einzelnen	12
I. Völkermord	14
II. Verbrechen gegen die Menschlichkeit	16
III. Kriegsverbrechen	18
1. Vorliegen eines bewaffneten Konflikts	19
2. Kriegsverbrechen gegen Personen	20
a) Tötung	21
b) Grausame und unmenschliche Behandlung	23
c) Sexuelle Nötigung	26
d) Zwangsverpflichtung von Minderjährigen	28
e) Entwürdigende oder erniedrigende Behandlung	30
3. Kriegsverbrechen gegen Eigentum	33
4. Kriegsverbrechen gegen humanitäre Operationen	38
E. Konkurrenzen	41
F. Perspektiven	44

Wichtige Literatur:
Ambos, K., Die Verfolgungsermächtigung i. R. v. § 129b StGB, ZIS 2016, 505; *Ambos, K.,* Leichenschändung als Kriegsverbrechen, Anmerkung zum Urteil des BGH vom 27.7.2017, NJW 2017, 3667; *Arnoldi, O.,* Anmerkung zum Beschluss des BGH vom 18.12.2018, NStZ 2019, 357; *Barthe, C.,* Der Straftatbestand der Verbrechen gegen die Menschlichkeit in § 7 VStGB in der staatsanwaltschaftlichen Praxis – Zur Abgrenzung von Völkerstraftaten und allgemeinen Delikten –, NStZ 2012, 247; *Bentele, D.,* Völkerstrafprozesse in Deutschland voranbringen – Eine rechtspolitische Betrachtung, ZIS 2016, 803; *Berster, L.,* Leichenschändung

---

[282] Vorschlag für eine Richtlinie des Europäischen Parlaments und des Rates über die von den Mitgliedstaaten einzurichtenden Mechanismen zur Verhinderung der Nutzung des Finanzsystems zum Zwecke der Geldwäsche und der Terrorismusfinanzierung und zur Aufhebung der Richtlinie (EU) 2015/849, COM (2021) 423 final.

als Kriegsverbrechen, ZIS 2017, 264; *Bock, S./Bülte, N.*, Die Strafbarkeit von Leichenschändungen nach dem VStGB und die Herausforderungen einer völkerrechtskonformen Auslegung, Anmerkung zu BGH, Urteil v. 27.7.2017, HRRS 2018, 100; *Büngener, L.*, Aus der Praxis des Generalbundesanwalts im Völkerstrafrecht – Aktuelle Entwicklungen, ZIS 2017, 755; *Epik, A.*, Die Verbrechen des „Islamischen Staates" gegen die Jesid*innen, KJ 2018, 33; *European Center for Constitutional and Human Rights e. V.* (ECCHR), Weltrecht in Deutschland? Der Kongo-Kriegsverbrecherprozess: Erstes Verfahren nach dem Völkerstrafgesetzbuch, 2016; *European Network for investigation and prosecution of genocide, crimes against humanity and war crimes (Genocide Network)*, Cumulative prosecution of foreign terrorist fighters for core international crimes and terrorismrelated offences, 2020; *Frank, P./Schneider-Glockzin, H.*, Terrorismus und Völkerstraftaten im bewaffneten Konflikt, NStZ 2017, 1; *Gericke, J./Moldenhauer, G*, Aus der Rechtsprechung des BGH zum Staatsschutzstrafrecht – VStGB, Nebenstrafrecht und Verfahrensrecht – 1.Teil, NStZ-RR 2021, 38; *Gericke, J./Moldenhauer, G*, Aus der Rechtsprechung des BGH zum Staatsschutzstrafrecht – VStGB, Nebenstrafrecht und Verfahrensrecht – 2.Teil, NStZ-RR 2021, 67; *Gierhake, K.*, Delikte nach dem Völkerstrafgesetzbuch – Tatbestandsprobleme und Beteiligungsfragen, Besprechung von BGH, Urt. v. 20.12.2018, NJW 2019, 1818; *Human Rights Watch*, Vor diesen Verbrechen sind wir geflohen, 2017; *Kissel, O. R./Mayer, H.*, Gerichtsverfassungsgesetz, 9. Aufl. 2018; *Klinge, J.*, Der Bürgerkrieg in Syrien und das Völkerstrafgesetzbuch, DRiZ 2017, 308; *Mavany, M.*, Terrorismus als Verbrechen gegen die Menschlichkeit – Analyse und Konsequenzen der Zuordnung zum Völkerstrafrecht, ZIS 2007, 324; *Meyer-Goßner, L./Schmitt, B.*, Strafprozessordnung, 64. Aufl. 2021; *Neumann, L. K. S.*, Kindersoldatentum 2.0 – klassische Kindersoldaten und minderjährige foreign fighters, ZaöRV 79, 881; *Neumann, L. K. S.*, Das Kind als Opfer und Täter im bewaffneten Konflikt, ZIS 2019, 153; *Paul, C.*, Anmerkung zu BGH, Beschluss vom 22.3.2018, GSZ 2018, 201; *Ritscher*, Aktuelle Entwicklung in der Strafverfolgung des Generalbundesanwalts auf dem Gebiet des Völkerstrafrechts, ZIS 2019, 599; *Ritscher, C.*, Aktuelle Entwicklungen in der Strafverfolgung des Generalbundesanwalts auf dem Gebiet des Völkerstrafrechts, ZIS 2018, 543; *Ritscher, C.*, „Foreign Fighters" und Kriegsvölkerstrafrecht, ZIS 2016, 807; *Safferling, C.*, „War on Terror" – Der internationale Terrorismus als Herausforderung für Völkerrecht und Völkerstrafrecht, in Lüttig/Lehmann (Hrsg.), Der Kampf gegen den Terror in Gegenwart und Zukunft, 2019, 149; *Safferling, C./Petrossian, G.*, Kriegsverbrecher unter den Flüchtlingen – Der Umgang der deutschen Justiz mit verdeckt nach Deutschland einreisenden Völkerstrafverbrechern, JA 2019, 401; *Schwarz, A.*, Das völkerrechtliche Sexualstrafrecht, 2019; *Steinl, L.*, Kindersoldat*innen und Verantwortlichkeit für Völkerrechtsverbrechen: Narrative, Ambivalenzen und Grenzen des Völkerstrafrechts, KJ 2018, 45; *Tiemann, F.*, Die Rechtsprechung des Bundesgerichtshofs zum Völkerstrafgesetzbuch, ZIS 2019, 553; *Vormbaum, M.*, Bezug einer vom „Islamischen Staat" zur Verfügung gestellten Wohnung als Kriegsverbrechen, JZ 2020, 1007; *Weißer, B.*, Zur strafrechtlichen Verantwortlichkeit sog. „IS-Heimkehrerinnen", ZJS 2019, 148; *Werle, G./Epik, A.*, Anmerkung zu BGH, Urteil v. 27.7.2017, JZ 2018, 261; *Werle, G./Jeßberger, F.*, Völkerstrafrecht, 5. Aufl. 2020; *Wolny, K.*, Die völkerrechtliche Kriminalisierung von modernen Akten des internationalen Terrorismus, 2008; *Zorn, K.*, Die Zentralstelle für die Bekämpfung von Kriegsverbrechen und weiteren Straftaten nach dem Völkerstrafgesetzbuch (ZBKV), ZIS 2017, 1170.

Internetfundstellen:
BGH Beschl. v. 4.4.2019, https://bit.ly/3a8fdHS
OLG Frankfurt a. M. Urt. v. 12.7.2016, https://bit.ly/2HTJ8Y6
Pressemitteilung des BGH v. 19.8.2019, https://bit.ly/3ai97Vx
Pressemitteilung des GBA v. 17.12.2010, https://bit.ly/3a7vn42
Pressemitteilung des GBA v. 11.10.2019, https://bit.ly/2Pqxmsq
Pressemitteilung des GBA v. 21.2.2020, https://bit.ly/3Ebm4z2
Pressemitteilung des GBA v. 15.7.2016, https://bit.ly/3a4uQQs
Pressemitteilung des OLG Düsseldorf v. 24.9.2018, https://bit.ly/2HZONvY
Pressemitteilung des OLG Düsseldorf v. 4.12.2019, https://bit.ly/3b9mdqv
Pressemitteilung des OLG Düsseldorf v. 30.4.2020, https://bit.ly/3vJ5ZO6
Pressemitteilung des OLG Düsseldorf v. 16.6.2021, https://bit.ly/3b9o8ez
Pressemitteilung des OLG Düsseldorf v. 1.7.2021, https://bit.ly/3lmxskm
Pressemitteilung des OLG Frankfurt a. M. v. 24.4.2020, https://bit.ly/2XKkxR4
Pressemitteilung des OLG Koblenz v. 13.2.2020, https://bit.ly/3c9lY9o
Pressemitteilung des OLG München v. 25.10.2021, https://bit.ly/3CfFl1L
Pressemitteilung des OLG Stuttgart v. 18.7.2019, https://bit.ly/3ce8gaa
Pressemitteilung des OLG Stuttgart v. 13.1.2020, https://bit.ly/32rJyyx
Pressemitteilung des OLG Stuttgart v. 5.7.2019, https://bit.ly/2vjB9AP
Pressemitteilung des OLG Stuttgart v. 23.1.2019, https://bit.ly/3acVVRL

Hinweis:
Alle Internetfundstellen wurden zuletzt am 15.5.2022 abgerufen.

A. Einführung

1 Eine Strafbarkeit nach Staatsschutzstrafrecht und nach Völkerstrafrecht schließen sich nicht gegenseitig aus. Vielmehr sind diese beiden Materien rechtlich und in der Praxis vielfach auch tatsächlich verschränkt. Die völkerstrafrechtlichen Möglichkeiten müssen auch bei der Bekämpfung des Terrorismus genutzt werden, auch wenn das Völkerstrafrecht keine explizite Strafbarkeit des Terrorismus kennt.[1] Terroristisches Unrecht kann nur dann umfassend strafrechtlich behandelt und effektiv verfolgt werden, wenn sowohl die Vorschriften des StGB als auch die des VStGB nebeneinander zur Anwendung kommen.[2] Der BGH hat ausdrücklich betont, dass das VStGB keine abschließende Sonderregelung für Straftaten trifft, die in bewaffneten Konflikten oder im Zusammenhang mit Angriffen gegen die Zivilbevölkerung begangen werden.[3] Die Rolle als Konfliktpartei in einem bewaffneten Konflikt und die Annahme einer terroristischen Vereinigung schließen sich nicht aus.[4] Die Verschränkung von Staatsschutz- und Völkerstrafrecht findet unter dem Stichwort „*Cumulative Prosecution*" auch auf europäischer Ebene immer mehr Beachtung. So hat das Genozid Netzwerk[5] im Mai 2020 einen Bericht zur Strafverfolgung von ausländischen terroristischen Kämpfern (*"foreign terrorist fighters"*) nicht nur wegen Terrorismusstraftaten, sondern auch wegen Kriegsverbrechen, Verbrechen gegen die Menschlichkeit und Völkermord vorgelegt.[6]

2 Der deutlichste Hinweis auf die rechtliche Verschränkung findet sich in § 129a Abs. 1 Nr. 1 StGB. Danach sind Vereinigungen, deren Zwecke oder Tätigkeiten darauf gerichtet sind, Völkermord (§ 6 VStGB), Verbrechen gegen die Menschlichkeit (§ 7 VStGB) oder Kriegsverbrechen (§§ 8–12 VStGB) zu begehen, terroristische Vereinigungen im Sinne des deutschen Strafrechts. Nach § 129b Abs. 1 S. 1 StGB gilt die Strafbarkeit nach § 129a StGB auch für die Bildung von terroristischen Vereinigungen im Ausland. Durch diesen Zusammenhang wird gewährleistet, dass Mitglieder von terroristischen Vereinigungen, deren Ziel es ist, Völkerstraftaten zu begehen, auch dann zu bestrafen sind, wenn sich sie sich nicht selbst an den von ihrer Vereinigung begangenen Völkerstraftaten beteiligt haben oder dies nicht nachweisbar ist.[7] Die Bestrafung erfolgt dann (nur) wegen Mitgliedschaft in einer terroristischen Vereinigung. Auf der anderen Seite vermag der Nachweis einer völkerstrafrechtlichen Tat auch eine Strafbarkeit wegen mitgliedschaftlicher Betätigung in einer terroristischen Vereinigung zu aktivieren.[8] In der Lit. wird sogar die Frage diskutiert, ob Terrorismus ein nach Völkerstrafrecht zu ahndendes Verbrechen gegen die Menschlichkeit darstelle.[9]

3 Insbesondere die aktuellen Konfliktlagen in Syrien und im Irak stellen an die Verfolgungspraxis des GBA immer neue Herausforderungen. Die zunehmende Bedeutung der Verfolgung von völkerstrafrechtlichen Taten im Zusammenhang mit Terrorismus-Ermitt-

---

[1] Vgl. *Safferling* in Lüttig/Lehmann, Der Kampf gegen den Terror in Gegenwart und Zukunft, 149; s. auch *Wolny*, Die völkerrechtliche Kriminalisierung von modernen Akten des internationalen Terrorismus, 2008.
[2] Vgl. dazu *Frank/Schneider-Glockzin* NStZ 2017, 1 (2).
[3] BGHSt 55, 157 Rn. 50 = BeckRS 2010, 16874 unter Hinweis auf den Gesetzentwurf der Bundesregierung zur Einführung des Völkerstrafgesetzbuches, BT-Drs. 14/8524, 13.
[4] Vgl. Antwort der Bundesregierung v. 1.10.2020 auf Frage 10 der Kleinen Anfrage „Verfolgungsermächtigung nach § 129b des Strafgesetzbuchs gegen PKK-Kader", BT-Drs. 19/23001.
[5] Das European Network for investigation and prosecution of genocide, crimes against humanity and war crimes ('Genocide Network') wurde im Jahr 2002 gegründet. Sein Sekretariat wurde 2011 etabliert und bei Eurojust angesiedelt.
[6] *Genocide Network*, Cumulative prosecution of foreign terrorist fighters for core international crimes and terrorismrelated offences, 2020.
[7] Vgl. auch *Ritscher* ZIS 2018, 543 (544).
[8] S. unten → Rn. 34; die Erfüllung des Straftatbestands eines Kriegsverbrechens nach § 9 Abs. 1 VStGB wurde als ein Indiz für die mitgliedschaftliche Beteiligung an einer terroristischen Vereinigung gewertet.
[9] Ablehnend *Werle/Jeßberger*, Völkerstrafrecht, 5. Aufl. 2020, Rn. 167 ff. mwN; vgl. auch *Mavany* ZIS 2007, 324 ff.

lungen zeigt sich in den Anklagen des GBA im Jahr 2019. Von den 25 im Jahr 2019 vom GBA erhobenen Anklagen betrafen 19 terroristische Sachverhalte[10], davon wiederum sechs den Verdacht der Vorbereitung einer schweren staatsgefährdenden Gewalttat nach § 89a StGB. Von den verbleibenden 13 Anklagen wegen des Verdachts der Mitgliedschaft in einer oder der Unterstützung einer terroristischen Vereinigung[11] wurde in neun Verfahren den Beschuldigten gleichzeitig Verstöße gegen das VStGB, insbesondere Kriegsverbrechen, zur Last gelegt.[12] Im Jahr 2020 hat der GBA vier solcher Anklagen erhoben[13] und im Jahr 2021 bislang fünf Beschuldigte wegen Verstößen gegen die §§ 129a, 129b StGB und das VStGB angeklagt.

Bereits das erste Strafverfahren in Deutschland, in dem Straftaten nach dem VStGB angeklagt waren, stand im Zusammenhang mit dem Vorwurf der Bildung einer terroristischen Vereinigung. Der GBA erhob am 8.12.2010 Anklage gegen zwei mutmaßliche Führungsfunktionäre der „Forces Démocratiques de Libération du Rwanda" (FDLR) wegen Verbrechen gegen die Menschlichkeit und Kriegsverbrechen sowie wegen Mitgliedschaft in der ausländischen terroristischen Vereinigung „Forces Démocratiques de Libération du Rwanda" (FDLR); ein Angeklagter war zudem hinreichend verdächtig, Rädelsführer der FDLR gewesen zu sein.[14] Am 4.5.2011 begann vor dem 5. Senat des OLG Stuttgart die Hauptverhandlung. Nach mehr als vier Jahre dauernder Hauptverhandlung verurteilte das OLG Stuttgart am 28.9.2015 den Angeklagten Dr. M. wegen Rädelsführerschaft in einer ausländischen terroristischen Vereinigung in Tateinheit mit Beihilfe zu vier Kriegsverbrechen zu einer Freiheitsstrafe von 13 Jahren, der Angeklagte M. wurde wegen Rädelsführerschaft in einer ausländischen terroristischen Vereinigung zu einer Freiheitsstrafe von acht Jahren verurteilt.[15] Im Leitsatz der Entscheidung des OLG Stuttgart heißt es, die FDLR ist eine terroristische Vereinigung im Ausland, deren Zwecke und Tätigkeit zumindest im Tatzeitraum der Jahre 2008/2009 unter anderem darauf gerichtet waren, Kriegsverbrechen zum Nachteil der kongolesischen Zivilbevölkerung zu begehen.[16] Der für Staatsschutzstrafsachen zuständige 3. Strafsenat des BGH hat die Entscheidung des OLG Stuttgart, soweit es den Angeklagten Dr. M. betraf, auf dessen Revision und auf diejenige der Bundesanwaltschaft mit Urteil vom 20.12.2018 aufgehoben; ein Großteil der Feststellungen wurden jedoch aufrechterhalten.[17] Noch bevor das OLG Stuttgart erneut verhandeln konnte, verstarb Dr. M am 16.4.2019.[18] Daraufhin hat das OLG Stuttgart das Verfahren gegen den vormaligen Angeklagten am 17.5.2019 nach § 206a StPO endgültig gestellt.[19] Die Revision des Angeklagten M. wurde verworfen, das Urteil des OLG Stuttgart gegen ihn wurde rechtskräftig.[20]

B. Zuständigkeiten

Nach der Kompetenzverteilung des Grundgesetzes sind für Ermittlungs- und Strafverfahren grundsätzlich die Staatsanwaltschaften und Gerichte der Länder zuständig. In Ausnahme

---

[10] Die übrigen Anklagen betreffen in je zwei Fällen Landesverrat und Verstöße gegen das VStGB sowie in jeweils einem Fall Verstöße gegen das Außenwirtschaftsgesetz und geheimdienstliche Agententätigkeit.
[11] Davon wiederum betrafen zwölf Anklagen ausländische terroristische Vereinigungen und eine Anklage eine rechtsterroristische Vereinigung im Inland.
[12] Bei den Anklagen mit Terrorismus- und VStGB-Bezug handelt es sich in acht Fällen um die ausländische terroristische Vereinigung „Islamischer Staat (IS)" und in einem Fall um die ausländische terroristische Vereinigung „Liberation Tigers of Tamil Eelam" (LTTE).
[13] Siehe auch Antwort der Bundesregierung v. 1.3.2021 auf die Kleine Anfrage „Terrorismusverfahren der Bundesanwaltschaft im Jahr 2020", BT-Drs. 19/27104.
[14] Vgl. Pressemitteilung des GBA v. 17.12.2010, https://bit.ly/3a7vn42.
[15] OLG Stuttgart BeckRS 2015, 118449.
[16] OLG Stuttgart BeckRS 2015, 118449, juris, Ls., Rn. 1847.
[17] BGHSt 64, 10 ff.; s. hierzu *Gierhake* NJW 2019, 1818.
[18] Pressemitteilung des OLG Stuttgart v. 17.4.2019, https://bit.ly/3ce8gaa.
[19] Az. 6-3 StE 6/10.
[20] BGHSt 64, 10 = NJW 2019, 1818.

davon sieht der IX. Abschnitt des Grundgesetzes die Möglichkeit vor, dass Gerichte der Länder Gerichtsbarkeit des Bundes ausüben für Straftaten sowohl nach dem Staatsschutz- als auch nach dem Völkerstrafrecht. Nicht nur für das klassische Staatsschutzstrafrecht, wie es in Art. 96 Abs. Nr. 5 GG seine Erwähnung findet, sondern auch für Völkermord (Art. 96 Abs. 5 Nr. 1 GG), völkerstrafrechtliche Verbrechen gegen die Menschlichkeit (Art. 96 Abs. 5 Nr. 2 GG) und Kriegsverbrechen (Art. 96 Abs. 5 Nr. 3 GG) kann Bundesrecht vorsehen, dass Gerichte der Länder Gerichtsbarkeit des Bundes ausüben. Von dieser Möglichkeit hat der Bundesgesetzgeber im GVG Gebrauch gemacht.

6   Der GBA ist originär zuständig für die Verfolgung dieser Straftaten. Er übt nach § 142a Abs. 1 S. 1 GVG in den zur Zuständigkeit von Oberlandesgerichten im ersten Rechtszug gehörenden Strafsachen gem. § 120 Abs. 1 und 2 GVG das Amt der Staatsanwaltschaft bei diesen Gerichten aus. Dies betrifft sowohl die Verfolgung von Straftaten nach den §§ 129a und 129b StGB (§ 120 Abs. 1 Nr. 6 GVG) als auch Straftaten nach dem VStGB (§ 120 Abs. 1 Nr. 8 GVG).

7   Bei der Verfolgung von Straftaten nach dem VStGB kann der GBA nach § 142a Abs. 2 Nr. 2 GVG das Verfahren in Sachen minderer Bedeutung an die Landesstaatsanwaltschaft abgeben.[21] Soweit offene Rechtsfragen in VStGB-Sachen obergerichtlich geklärt wurden, hat der GBA mit der Abgabe solcher Verfahren minderer Bedeutung begonnen.[22] Spiegelbildlich zu der Rechtsprechung des BGH zur Bejahung einer besonderen Bedeutung nach § 120 Abs. 2 GVG[23] lässt sich das Vorliegen einer minderen Bedeutung in § 142a Abs. 2 Nr. 2 GVG nach folgenden Maßstäben beurteilen[24]: Erforderlich ist eine Gesamtwürdigung der Umstände und Auswirkungen der Tat unter besonderer Berücksichtigung des Gewichts ihres Angriffs auf den Gesamtstaat. Die konkrete Tat- und Schuldschwere kann dabei den Grad der Gefährdung bundesstaatlicher Belange durchaus mitbestimmen.[25] Für eine Abgabe kann ferner sprechen, wenn eine bislang offene Rechtsfrage obergerichtlich geklärt wurde.[26] Wenn die Tat die Interessen des Bundes in besonderem Maße berührt oder wenn es im Interesse der Rechtseinheit geboten ist, dass der GBA die Tat verfolgt, hat eine Abgabe an die Landesstaatsanwaltschaft zu unterbleiben § 142a Abs. 3 GVG.

8   Soweit nach § 142a GVG für die Verfolgung der Strafsachen die Zuständigkeit des Bundes begründet ist, üben die Oberlandesgerichte im Wege der Organleihe Gerichtsbarkeit des Bundes nach Art. 96 Abs. 5 GG aus, vgl. § 120 Abs. 6 GVG. Dies gilt nur, soweit und solange der GBA das Amt der Staatsanwaltschaft ausübt. Gibt der GBA ein Verfahren in Sachen minderer Bedeutung an eine Landesstaatsanwaltschaft, bleibt die gerichtlichen Zuständigkeit nach § 120 GVG trotz Wechsel der Staatsanwaltschaft unberührt. Allerdings üben die Oberlandesgerichte dann nicht mehr Bundesgerichtsbarkeit, sondern Landesgerichtsbarkeit aus.[27]

---

[21] Bei den Straftaten nach den §§ 129a, 129b StGB ist die Abgabe in Sachen minderer Bedeutung gängige Praxis. Im Jahr 2020 hat der GBA 167 Verfahren im Phänomenbereich PMK-religiöse Ideologie (etwa Al-Shabab, Islamischer Staat, Jabhat-al-Nusra und Taliban) an Staatsanwaltschaften der Länder abgegeben, vgl. Antwort der Bundesregierung v. 29.4.2021 auf die Kleine Anfrage „Straf- und Ermittlungsverfahren nach den §§ 129, 129a und 129b des Strafgesetzbuchs sowie sonstige Terrorismusverfahren im Jahr 2020", BT-Drs. 19/29128, 17.

[22] Im Zeitraum von Januar 2017 bis Juli 2019 wurden vier Verfahren, davon ein Verfahren nur zum Teil, an die zuständige Generalstaatsanwaltschaft abgegeben, vgl. Antwort der Bundesregierung v. 12.8.2019 auf Frage 1 der Kleinen Anfrage „Praxis und opferschutzrechtliche Aspekte in völkerstrafrechtlichen Verfahren", BT-Drs. 19/12354. Im Jahr 2020 hat der GBA ein VStGB-Ermittlungsverfahren abgegeben, vgl. Antwort der Bundesregierung v. 4.10.2021 auf Frage 6 der Kleinen Anfrage „Ermittlungsverfahren des Generalbundesanwalts", BT-Drs. 19/32649, 6.

[23] Vgl. *Schmitt* in Meyer-Goßner/Schmitt GVG § 120 Rn. 3a.

[24] Vgl. BGHSt 53, 128 Rn. 34 ff. = NJW 2009, 1681 zur besonderen Bedeutung nach § 120 Abs. 2 GVG.

[25] *Kissel/Mayer* GVG § 120 Rn. 6.

[26] Zur Abgabe des Verfahrens gegen Rami K. nach erstinstanzlicher Klärung der Rechtsfrage, dass Verstorbene als Personen iSv § 8 Abs. 1 Nr. 9 VStGB anzusehen sind, vgl. *Büngener* ZIS 2017, 755 (758).

[27] Vgl. *Schmitt* in Meyer-Goßner/Schmitt GVG § 120 Rn. 9; *Kissel/Mayer* GVG § 142a Rn. 8.

Die polizeilichen Aufgaben auf dem Gebiet der Strafverfolgung in VStGB-Verfahren 9
nimmt primär das Bundeskriminalamt (BKA) mit seiner Zentralstelle für die Bekämpfung
von Kriegsverbrechen (ZBKV) wahr.[28] Das BKA ist nach § 4 Abs. 1 Nr. 3a des Bundes-
kriminalgesetzes (BKAG) schon originär zuständig in den Fällen international organisierter
Straftaten nach § 129a StGB, auch in Verbindung mit § 129b Abs. 1 StGB. Ermittlungs-
aufträge können aber auch den Landeskriminalämtern erteilt werden.

C. Strafbarkeit nach dem Völkerstrafgesetzbuch

Das Römische Statut des Internationalen Strafgerichtshofs bildet die vertragliche Grundlage 10
des Internationalen Strafgerichtshofs (IStGH) mit Sitz in Den Haag. Dieses Statut wurde
von der Diplomatischen Bevollmächtigtenkonferenz der Vereinten Nationen zur Errichtung eines Internationalen Strafgerichtshofs am 17.7.1998 in Rom verabschiedet und trat
am 1.7.2002 in Kraft.[29] Parallel dazu wurde mit dem Völkerstrafgesetzbuch das deutsche
materielle Strafrecht an die Verbrechensdefinitionen des IStGH-Statuts angepasst. Damit
wurde sichergestellt, dass Deutschland stets in der Lage ist, ein in die Zuständigkeit des
IStGH fallendes Verbrechen selbst zu verfolgen.[30] Das Völkerstrafgesetzbuch ist am
30.6.2002 in Kraft getreten[31] und ermöglicht es, nach dem Inkrafttreten des VStGB
begangene schwerste Völkerstraftaten, insbesondere Völkermord, Verbrechen gegen die
Menschlichkeit und Kriegsverbrechen zu verfolgen.[32] Für diese Taten gilt nach § 1 S. 1 das
VStGB das Weltrechtsprinzip,[33] dh eine Tat kann in Deutschland auch dann verfolgt und
abgeurteilt werden, wenn die Tat im Ausland begangen wurde und keinen Bezug zum
Inland aufweist.

Dagegen muss für die Strafbarkeit nach den §§ 129b, 129a StGB bei Vereinigungen im 11
Ausland, soweit sich die Tat auf eine Vereinigung außerhalb der Mitgliedstaaten der
Europäischen Union bezieht, ein spezifischer Inlandsbezug nach § 129b Abs. 1 S. 2 StGB
gegeben sein:[34] Die Tat ist nur dann strafbar, wenn sie durch eine im räumlichen Geltungsbereich dieses Gesetzes ausgeübte Tätigkeit begangen wird oder wenn der Täter oder das
Opfer Deutscher ist oder sich im Inland befindet. Außerdem wird in diesen Fällen die Tat
nur mit Ermächtigung des Bundesministeriums der Justiz und für Verbraucherschutz verfolgt, § 129b Abs. 1 S. 2 StGB.[35]

D. Die relevanten Straftatbestände im Einzelnen

Im Folgenden werden die relevanten Tatbestände nach dem VStGB dargestellt, die bisher 12
in der staatsanwaltlichen und gerichtlichen Praxis im Zusammenhang mit der Strafbarkeit
nach den §§ 129a, 129b StGB – Bildung einer terroristischen Vereinigung – eine Rolle

---

[28] Vgl. *Zorn* ZIS 2017, 1170 ff.; Antwort der Bundesregierung v. 3.4.2018 auf die Kleine Anfrage „Geplante Abteilung im Bundeskriminalamt zur Ermittlung von Kriegsverbrechen und Völkermord", BT-Drs. 19/1506.
[29] Das Statut mit einer amtlichen deutschen Übersetzung ist veröffentlicht im BGBl. 2000 II 1394 ff.
[30] Zur sog. Komplementarität im Völkerstrafrecht nach Art. 17 IStGH-Statut s. *Ambos* in MüKoStGB VStGB § 1 Rn. 6; *Werle/Jeßberger*, Völkerstrafrecht, 5. Aufl. 2020, Rn. 312 ff.
[31] Art. 8 des Gesetzes zur Einführung des Völkerstrafgesetzbuches v. 26.6.2002, BGBl. 2002 I 2254 (2259).
[32] Mit Wirkung zum 1.1.2017 wurde durch Art. 1 des Gesetzes zur Änderung des Völkerstrafgesetzbuches v. 22.12.2016 (BGBl. 2016 I 3150) mit § 13 VStGB auch das Verbrechen der Aggression, das Verbot des Angriffskrieges, in das VStGB eingefügt.
[33] Zum Weltrechtsprinzip s. *Ambos* in MüKoStGB VStGB § 1 Rn. 5 ff.; *Werle/Jeßberger*, Völkerstrafrecht, 5. Aufl. 2020, Rn. 257 ff.
[34] Vgl. *Schäfer* in MüKoStGB StGB § 129b Rn. 15 ff.
[35] Vgl. *Schäfer* in MüKoStGB StGB § 129b Rn. 23 ff.; *Ambos* ZIS 2016, 505 ff.; zur Erteilungspraxis bei der Strafverfolgungsermächtigung siehe Antwort der Bundesregierung v. 27.9.2016 auf die Kleine Anfrage „Verfolgungsermächtigungen nach § 129b des Strafgesetzbuches", BT-Drs. 18/9779, sowie Antwort der Bundesregierung v. 29.4.2019 zu Frage 25 der Kleinen Anfrage „Straf- und Ermittlungsverfahren nach § 129, § 129a und § 129b des Strafgesetzbuchs sowie sonstige Terrorismusverfahren im Jahr 2018", BT-Drs. 19/9773.

gespielt haben. Dies betrifft in erster Linie Fallgestaltungen, die aus den Konflikten in Syrien und dem Irak herrühren.[36]

13 Hinweise auf Völkerstraftaten werden bereits vom Bundesamt für Migration und Flüchtlinge (BAMF) in den persönlichen Anhörungen insbesondere syrischer und irakischer Antragsteller erhoben.[37] Von Januar 2014 bis Februar 2019 hat das BKA rund 5.000 völkerstrafrechtlich zu würdigende Sachverhalte verzeichnet, die durch das BAMF an die ZBKV bzw. seit September 2017 an die zuständigen Landeskriminalämter mit nachrichtlicher Beteiligung der ZBKV gesandt wurden.[38] Der GBA hat von Januar 2017 bis August 2019 insgesamt 105 Ermittlungsverfahren mit Tatvorwürfen nach dem VStGB eingeleitet.[39]

I. Völkermord

14 § 6 VStGB stellt Völkermord unter Strafe. Wer in der Absicht, eine nationale, rassische, religiöse oder ethnische Gruppe als solche ganz oder teilweise zu zerstören, ein Mitglied der Gruppe tötet, oder einem Mitglied der Gruppe schwere körperliche oder seelische Schäden zufügt, wird mit lebenslanger Freiheitsstrafe bestraft. Weitere Begehungsvarianten sind die Herbeiführung von zerstörungsgeeigneten Lebensbedingungen für eine Gruppe,[40] die Verhängung von Maßregeln, die Geburten innerhalb der Gruppe verhindern sollen,[41] sowie die gewaltsame Überführung eines Kindes der Gruppe in eine andere Gruppe.[42]

15 Der GBA hat im Zusammenhang mit den systematischen Angriffen des sog. Islamischen Staats (IS) gegen die Jesiden in Syrien und Nordirak ab dem 2.8.2014 zwei Haftbefehle gegen namentlich bekannte Angehörige des „IS" erwirkt, die neben dem Vorwurf der Mitgliedschaft in einer terroristischen Vereinigung auch auf den dringenden Tatverdacht der Begehung eines Völkermordes (§ 6 VStGB) gestützt sind. Damit hat erstmals eine Einrichtung der Justiz das Vorgehen des IS gegen die Jesiden im Nordirak und in Syrien als Völkermord iSv § 6 VStGB qualifiziert.[43] Am 9.10.2019 wurde aufgrund eines Auslieferungsersuchens des GBA der irakische Staatsangehörige Taha A.-J. von Griechenland zum Zwecke der Strafverfolgung an die Bundesrepublik Deutschland überstellt und bei seiner Ankunft am Flughafen Frankfurt a. M. festgenommen.[44] Rechtsgrundlage hierfür war ein Haftbefehl des Ermittlungsrichters des BGH vom 18.4.2019. Der Beschuldigte, ein mutmaßliches Mitglied der ausländischen terroristischen Vereinigung „IS", ist dringend verdächtig des Völkermords und weiterer Straftaten.[45] Am 14.2.2020 hat der GBA Anklage gegen ihn erhoben wegen Mordes, Völkermordes, Verbrechen gegen die Menschlichkeit, Kriegsverbrechen und Mitgliedschaft in der ausländischen terroristischen Vereinigung „IS".[46] Nach dem Ergebnis der Ermittlungen kaufte der Beschuldigte im Sommer 2015 aus einer Gruppe von jesidischen Gefangenen des „IS" heraus eine Frau und ihre fünf Jahre alte Tochter und verbrachte diese in seinen Haushalt. Mutter und Tochter, die dort als Sklaven

---

[36] Vgl. *Safferling/Petrossian* JA 2019, 401 ff.; *Klinge* DRiZ 2017, 308 f.; s. auch *Human Rights Watch*, Vor diesen Verbrechen sind wir geflohen, 2017, 31.
[37] Vgl. die Antwort der Bundesregierung v. 30.5.2017 auf die Kleine Anfrage „Ermittlung von in Syrien begangenen Völkerstraftaten in Deutschland", BT-Drs. 18/12533, 2.
[38] Vgl. Antwort des BMI auf eine Schriftliche Frage von Frau MdB Teuteburg, BT-Drs. 19/8180, 23. Eine Aufstellung nach Herkunftsland und Jahr für den Zeitraum 2011 bis April 2017 findet sich in der Antwort der Bundesregierung v. 30.5.2017 auf die Kleine Anfrage „Ermittlung von in Syrien begangenen Völkerstraftaten in Deutschland", BT-Drs. 18/12533, 3 f.
[39] Antwort der Bundesregierung v. 12.8.2019 auf die Kleine Anfrage „Praxis und opferschutzrechtliche Aspekte in völkerstrafrechtlichen Verfahren", BT-Drs. 19/12354, 2.
[40] Vgl. *Ambos* in MüKoStGB VStGB § 6 Rn. 53 ff.
[41] Vgl. *Ambos* in MüKoStGB VStGB § 6 Rn. 58 ff.
[42] Vgl. *Ambos* in MüKoStGB VStGB § 6 Rn. 65 ff.
[43] Vgl. *Ritscher* ZIS 2018, 543 (544); zu diesem Ergebnis kommt auch *Epik* KJ 2018, 33 ff.
[44] Hier zeigt sich das in § 1 S. 1 VStGB verankerte Weltrechtsprinzip (s. oben → Rn. 10); die Tat wurde im Ausland begangen und weist keinen Bezug zum Inland auf.
[45] Vgl. Pressemitteilung des GBA v. 11.10.2019, https://bit.ly/2Pqxmsq.
[46] Vgl. Pressemitteilung des GBA v. 21.2.2020, https://bit.ly/3Ebm4z2.

D. Die relevanten Straftatbestände im Einzelnen   § 39

gehalten wurden, wurden vom Beschuldigten mehrfach geschlagen, um sie zu bestrafen und zu erniedrigen. Dies begründe den dringenden Tatverdacht für die Begehung von Verbrechen zum Nachteil der Angehörigen der Religionsgemeinschaft der Jesiden gem. § 6 Abs. 1 VStGB in der Absicht, diese Religion in den vom IS besetzten Gebieten auszulöschen. Gegen den Angeklagten findet seit dem 24. April 2020 die Hauptverhandlung vor dem Oberlandesgericht Frankfurt am Main statt.[47]

II. Verbrechen gegen die Menschlichkeit

Verbrechen gegen die Menschlichkeit nach § 7 VStGB begeht, wer im Rahmen eines **16** ausgedehnten oder systematischen Angriffs gegen eine Zivilbevölkerung bestimmte Taten begeht, insbesondere Tötung, Zerstörung einer Bevölkerung, Menschenhandel und Versklavung, Vertreibung, Folter, sexuelle Gewalt, zwangsweises Verschwindenlassen, Zufügung schwerer körperlicher oder seelischer Schäden, Freiheitsberaubung sowie Verfolgung durch Entziehung oder wesentlicher Einschränkung grundlegender Menschenrechte. Auch wenn die genannten Tatbestände schon für sich strafbar sind, lassen sich folgende Kriterien für eine Abgrenzung von Verbrechen gegen die Menschlichkeit und allgemeinen Straftaten finden:[48] Für einen ausgedehnten Charakter des Angriffs gegen eine Zivilbevölkerung und damit für ein Menschlichkeitsverbrechen sprechen vor allem die wiederholte Begehung von erheblichen Straftaten und schweren Menschenrechtsverletzungen (über einen längeren Zeitraum), die Beteiligung einer Vielzahl von Tätern und Teilnehmern an den Taten, die Massivität der in Rede stehenden Rechtsverletzungen, eine hohe Anzahl an Tatopfern sowie die Erstreckung des oder der Angriffe über ein großes geographisches Gebiet. Täter können Handelnde auf staatlicher Seite sein, aber auch Mitglieder einer nichtstaatlichen Gruppierung.[49] Bei einer Zivilbevölkerung iSv § 7 Abs. 1 VStGB handelt es sich um eine größere Gruppe von Menschen, die über gemeinsame Unterscheidungsmerkmale verfügen, aufgrund derer sie angegriffen werden. Es ist nicht notwendig, dass das Vorgehen auf die gesamte in einem bestimmten geographischen Gebiet ansässige Bevölkerung zielt. Ausreichend ist bereits, dass eine erhebliche Anzahl von Einzelpersonen angegriffen wird.[50] Entgegen der rechtlichen Bewertung des OLG Stuttgart, das im FDLR-Verfahren (→ Rn. 4) Verbrechen gegen die Menschlichkeit verneint hat, belegten nach Auffassung des BGH die Feststellungen entsprechend der oben genannten Kriterien auch Verbrechen gegen die Menschlichkeit nach § 7 Abs. 1 Nr. 1 VStGB.[51] Diese stünden in Tateinheit zur Rädelsführerschaft in einer ausländischen terroristischen Vereinigung, soweit sich der Angeklagte zugleich für die Vereinigung betätigt hätte.[52]

Weitere Verurteilungen folgten. Das OLG Düsseldorf verurteilte am 21.4.2021 die **17** Angeklagte Nurten J. zu einer Gesamtfreiheitsstrafe von 4 Jahren und 3 Monaten u. a. wegen der Beteiligung an einer terroristischen Vereinigung im Ausland als Mitglied in acht Fällen, davon in einem Fall in Tateinheit mit Beihilfe zu einem Verbrechen gegen die Menschlichkeit (Versklavung) in Tateinheit mit Freiheitsberaubung von über einer Woche Dauer.[53] Die Angeklagte war im Februar 2015 mit ihrer damals dreijährigen Tochter nach Syrien übergesiedelt und schloss sich dort der ausländischen terroristischen Vereinigung „Islamischer Staat" an. Sie ließ eine Jesidin, die von einer anderen Frau als Sklavin gehalten wurde, für sich im Haushalt arbeiten, wenn diese andere Frau sie besuchte.

---

[47] Pressemitteilung des OLG Frankfurt a. M. v. 24.4.2020, https://bit.ly/2XKkxR4.
[48] Vgl. *Barthe* NStZ 2012, 247 ff.
[49] *Frank/Schneider-Glockzin* NStZ 2017, 1 (3).
[50] BGHSt 64, 10 Rn. 164 = NJW 2019, 1818.
[51] BGHSt 64, 10 Rn. 161 = NJW 2019, 1818.
[52] BGHSt 64, 10 (insoweit nicht abgedruckt) = https://bit.ly/32rzO7a Rn. 176.
[53] OLG Düsseldorf Urt. v. 21.4.2021 – 7 StS 2/20, juris.

Am 16.6.2021 verurteilte das OLG Düsseldorf die Angeklagte Sarah O. u. a. wegen mitgliedschaftlicher Beteiligung an einer terroristischen Vereinigung im Ausland und Verbrechen gegen die Menschlichkeit durch Versklavung (§ 7 Abs. 1 Nr. 3 VStGB) zu einer Einheitsjugendstrafe von sechs Jahren und sechs Monaten.[54] Der „IS" verfolgte Jesiden als rechtlose „Teufelsanbeter" und sah die Versklavung jesidischer Frauen und Kinder als religiös gerechtfertigt an. Dieser Ideologie folgend hielt die Angeklagte Sarah O. gemeinsam mit ihrem Ehemann insgesamt fünf jesidische Frauen und zwei minderjährige jesidische Mädchen als Sklavinnen.

Am 25.11.2021 verurteilte das OLG München Jennifer W. u. a. wegen mitgliedschaftlicher Beteiligung in einer terroristischen Vereinigung im Ausland, wegen Beihilfe zum versuchten Mord durch Unterlassen und wegen eines Verbrechens gegen die Menschlichkeit mit Todesfolge zu einer Gesamtfreiheitsstrafe von 10 Jahren.[55] Die Angeklagte und ihr gesondert verfolgter Ehemann Taha A.-J. (→ Rn. 15) kauften im Sommer 2015 aus einer Gruppe von Kriegsgefangenen heraus ein fünf Jahre altes jesidisches Mädchen und ihre Mutter und hielten beide in der Folgezeit in ihrem Haushalt als Sklaven. Nachdem das Mädchen erkrankt war und sich deshalb auf einer Matratze eingenässt hatte, kettete der Ehemann der Angeklagten das Mädchen zur Strafe im Freien an, infolge dessen das Kind verstarb. Die Angeklagte bemühte sich nicht um die Rettung des Kindes, obwohl sie erkannte, dass es sich in einer unmittelbar lebensbedrohlichen Verfassung befand.

III. Kriegsverbrechen

18 In der staatsanwaltlichen und gerichtlichen Praxis treffen häufig Kriegsverbrechen mit Straftaten nach den §§ 129a, 129b StGB zusammen. Die zu Straftaten gegen das Völkerrecht ergangene Rechtsprechung des BGH betrifft vorwiegend Kriegsverbrechen.[56]

1. Vorliegen eines bewaffneten Konflikts

19 Voraussetzung für die Verfolgungszuständigkeit des GBA bei Kriegsverbrechen (§§ 8–12 VStGB) ist das Vorliegen eines internationalen oder nichtinternationalen bewaffneten Konflikts.[57] Insgesamt beziehen bzw. bezogen sich die Taten, die Gegenstand der seit 2017 eingeleiteten VStGB-Ermittlungsverfahren des GBA sind oder waren, auf folgende Staaten, in denen das Vorliegen eines solchen bewaffneten Konflikts bejaht wurde: Syrien, Elfenbeinküste, Gambia, Südsudan, Demokratische Republik Kongo, Irak, Nigeria, Afghanistan, Mali, Sri Lanka, Kamerun, Somalia, Armenien, Russische Föderation (Tschetschenien), Pakistan, Ukraine, Zentralafrikanische Republik und Sudan.[58]

2. Kriegsverbrechen gegen Personen

20 § 8 VStGB stellt Kriegsverbrechen gegen Personen unter Strafe. Acht der neun Einzeltatbestände in § 8 Abs. 1 VStGB stehen im Zusammenhang mit nach dem humanitären Völkerrecht zu schützenden Personen.[59] § 8 Abs. 6 VStGB enthält eine Legaldefinition dieses Personenkreises: Nach dem humanitären Völkerrecht zu schützende Personen sind

---

[54] Pressemitteilung des OLG Düsseldorf v. 16.6.2021, https://bit.ly/3b9o8ez.
[55] Pressemitteilung des OLG München v. 25.10.2021, https://bit.ly/3CfFl1L.
[56] Vgl. Tiemann ZIS 2019, 553.
[57] Siehe dazu *Ambos* in MüKoStGB VStGB § 8 Rn. 96 ff.; *Werle/Jeßberger*, Völkerstrafrecht, 5. Aufl. 2020, Rn. 1184 ff.
[58] Vgl. Antwort der Bundesregierung v. 12.8.2019 auf Frage 1a) der Kleinen Anfrage „Praxis und opferschutzrechtliche Aspekte in völkerstrafrechtlichen Verfahren", BT-Drs. 19/12354.
[59] § 8 Abs. 1 Nr. 5 VStGB stellt die Rekrutierung und den Einsatz von Kindersoldaten unter Strafe, vgl. dazu unten → Rn. 28.

D. Die relevanten Straftatbestände im Einzelnen   § 39

- im internationalen bewaffneten Konflikt: geschützte Personen im Sinne der Genfer Abkommen und des Zusatzprotokolls I[60], namentlich Verwundete, Kranke, Schiffbrüchige, Kriegsgefangene und Zivilpersonen;
- im nichtinternationalen bewaffneten Konflikt: Verwundete, Kranke, Schiffbrüchige sowie Personen, die nicht unmittelbar an den Feindseligkeiten teilnehmen und sich in der Gewalt der gegnerischen Partei befinden;
- im internationalen und im nichtinternationalen bewaffneten Konflikt: Angehörige der Streitkräfte und Kämpfer der gegnerischen Partei, welche die Waffen gestreckt haben oder in sonstiger Weise wehrlos sind.

Kriegsverbrechen können also in aller Regel nur gegenüber Personen begangen werden, die nicht oder nicht mehr an den Kampfhandlungen teilnehmen.[61]

a) Tötung. Als exemplarisch für die Verwirklichung von § 8 Abs. 1 Nr. 1 VStGB, der 21 Tötung einer nach dem humanitären Völkerrecht zu schützenden Person, ist die Verurteilung von vier Angeklagten durch das OLG Stuttgart am 13.1.2020 unter anderem wegen Mitgliedschaft in einer ausländischen terroristischen Vereinigung, Kriegsverbrechen und Mord in Syrien zu nennen.[62] Ein Angeklagter hatte als Anführer seiner Gruppierung entschieden, dass jedenfalls neun der seiner Vereinigung zugeteilten Gefangenen einem Schariarichter vorgeführt werden, damit dieser über das weitere Schicksal der Gefangenen entscheidet. Er war persönlich anwesend, als der Schariarichter gegen die Gefangenen das Todesurteil verkündete und es sogleich vollstrecken ließ. Der Angeklagte selbst tötete jedenfalls zwei Gefangene eigenhändig. Er wurde deshalb wegen Mord in zwei Fällen jeweils in Tateinheit mit Kriegsverbrechen gegen Personen und mit Rädelsführerschaft in einer ausländischen terroristischen Vereinigung verurteilt.

Am 26.8.2021 verurteilte das OLG Düsseldorf den Angeklagten Khedr A. K. wegen 22 Kriegsverbrechens gegen eine Person durch Tötung in Tateinheit mit Mord in Tateinheit mit mitgliedschaftlicher Beteiligung an einer terroristischen Vereinigung im Ausland zu lebenslanger Freiheitsstrafe. Der Mitangeklagte wurde wegen Beihilfe zum Kriegsverbrechen gegen eine Person durch Tötung in Tateinheit mit Beihilfe zum Mord in Tateinheit mit Unterstützung einer terroristischen Vereinigung im Ausland zu einer Freiheitsstrafe von neun Jahren verurteilt.[63] Der Angeklagte Khedr A. K. schloss sich im Frühjahr 2012 in Syrien der Gruppierung „Ghurabaa Muhassan" an, die sich in die ausländische terroristische Vereinigung „Jabhat al-Nusra" eingliederte. Am 10.7.2012 wirkten beide Angeklagte an der Hinrichtung eines Oberstleutnants der syrischen Streitkräfte mit, der zuvor bei gewaltsamen Auseinandersetzungen zwischen oppositionellen Gruppierungen und der syrischen Armee im gefangen genommen worden war.

b) Grausame und unmenschliche Behandlung. Das OLG Stuttgart hat am 4.4.2019 23 den Angeklagten Mohamad K. wegen zweier Kriegsverbrechen gegen Personen zu einer

---

[60] Vgl. Anlage zu § 8 Abs. 6 Nr. 1 VStGB: Die Genfer Abkommen im Sinne des Gesetzes sind:
- I. Genfer Abkommen v. 12.8.1949 zur Verbesserung des Loses der Verwundeten und Kranken der Streitkräfte im Felde (BGBl. 1954 II 781 (783)),
- II. Genfer Abkommen v. 12.8.1949 zur Verbesserung des Loses der Verwundeten, Kranken und Schiffbrüchigen der Streitkräfte zur See (BGBl. 1954 II 781 (813)),
- III. Genfer Abkommen v. 12.8.1949 über die Behandlung der Kriegsgefangenen (BGBl. 1954 II 781 (838)) und
- IV. Genfer Abkommen v. 12.8.1949 zum Schutze von Zivilpersonen in Kriegszeiten (BGBl. 1954 II 781 (917)).

Das Zusatzprotokoll I im Sinne des Gesetzes ist:
Zusatzprotokoll zu den Genfer Abkommen v. 12.8.1949 über den Schutz der Opfer internationaler bewaffneter Konflikte (Protokoll I) v. 8.6.1977 (BGBl. 1990 II 1550 (1551)).

[61] So in prägnanter Kürze *Werle/Jeßberger*, Völkerstrafrecht, 5. Aufl. 2020, Rn. 1230.

[62] Vgl. Pressemitteilung des OLG Stuttgart v. 13.1.2020, https://bit.ly/32rJyyx. Das Urteil ist rechtskräftig.

[63] OLG Düsseldorf Urt. v. 26.8.2021 – III 6 StS 2/20.

Gesamtfreiheitsstrafe von vier Jahren und sechs Monaten verurteilt[64], die Entscheidung ist rechtskräftig.[65] Der Angeklagte, der sich einer der Freien Syrischen Armee (FSA) zuzuordnenden Gruppe angeschlossen hatte, misshandelte in Nordsyrien im Zeitraum vom 20.12.2011 bis 20.1.2013 durch Schläge mit einem flexiblen seilartigen Gegenstand jeweils ein in der Gewalt seiner Gruppe befindliches Mitglied einer regierungstreuen Miliz. Die Filme beider Taten wurden am 20.1.2013 mit seiner Billigung auf der Internetplattform YouTube hochgeladen.

24 Das OLG Düsseldorf hat am 24.9.2018 den Angeklagten Ibrahim A. wegen Mordes, wegen mehrerer Fälle des erpresserischen Menschenraubs und wegen einer Vielzahl von Kriegsverbrechen gegen Personen, namentlich grausame und unmenschliche Behandlung von nach humanitärem Völkerrecht zu schützenden Personen (§ 8 Abs. 1 Nr. 3 VStGB), zu lebenslanger Freiheitsstrafe verurteilt und die besondere Schwere der Schuld festgestellt.[66] Der 3. Strafsenat des BGH hat die hiergegen gerichtete Revision des Angeklagten verworfen.[67] Nach den Feststellungen des Oberlandesgerichts beteiligte sich der Angeklagte im Jahr 2012 in Aleppo mit einer von ihm angeführten Miliz an den Kämpfen gegen die Streitkräfte der syrischen Regierung. Zugleich nutzte er die Bürgerkriegswirren dazu, sich mit Hilfe seiner Miliz durch Plünderungen, Diebstähle und Entführungen zu bereichern. Er nahm nach humanitärem Völkerrecht zu schützende Personen gefangen und hielt sie dort bis zur Zahlung des von ihm geforderten Lösegeldes fest. Um seinen Forderungen Nachdruck zu verleihen, misshandelten und folterten der Angeklagte oder seine Milizionäre die Opfer, wobei es in mindestens einem Fall durch die Folterung zum Tod eines Gefangenen gekommen ist.[68] Nach den vorliegenden Erkenntnissen war die vom Angeklagten befehligte Miliz Teil der FSA.[69]

25 Der mit beiden Verurteilungen im Raum stehende Vorwurf der Mitgliedschaft in einer terroristischen Vereinigung konnte nicht verfolgt werden, weil die dafür notwendige Verfolgungsermächtigung nach § 129b Abs. 1 S. 3 StGB nicht erteilt wurde.[70]

26 **c) Sexuelle Nötigung.** § 8 Abs. 1 Nr. 4 VStGB stellt unter anderem die sexuelle Nötigung und Vergewaltigung von nach dem humanitären Völkerrecht zu schützenden Personen unter Strafe.[71] Gegenstand des Stuttgarter Verfahrens (→ Rn. 4) waren ursprünglich auch fünf Anklagepunkte, die Vergewaltigungen und/oder sexuelle Versklavung enthielten. Angesichts der Vielzahl der angeklagten Tatkomplexe sowie aufgetretener Beweisproblemen und Ermittlungsschwierigkeiten wurden alle diese Tatvorwürfe im Laufe des Strafverfahrens eingestellt.[72] In einem Haftfortdauerbeschluss des BGH wurde noch ausdrücklich darauf hingewiesen, dass Angehörige der FDLR eine Vielzahl von sexuellen Gewaltverbrechen verübten (§ 7 Abs. 1 Nr. 6 VStGB) und zahlreiche – nach dem humanitären Völkerrecht zu schützende – Zivilpersonen sexuell genötigt und vergewaltigt wurden (§ 8 Abs. 1 Nr. 4 VStGB).[73]

---

[64] OLG Stuttgart Urt. v. 4.4.2019 – 3-3StE 5/18.
[65] Vgl. *Ritscher* ZIS 2019, 599.
[66] OLG Düsseldorf Urt. v. 24.9.2018 – III-5 StS 3/16, vgl. Pressemitteilung des OLG Düsseldorf v. 24.9.2018, https://bit.ly/2HZONvY. S. hierzu auch den Haftfortdauerbeschluss des BGH v. 17.11.2016 – AK 54/16 = BeckRS 2016, 20892.
[67] BGH Beschl. v. 6.8.2019 – 3 StR 228/19, vgl. Pressemitteilung des BGH v. 19.8.2019, https://bit.ly/3ai97Vx.
[68] S. auch *Büngener* ZIS 2017, 755 (760).
[69] *Frank/Schneider-Glockzin* NStZ 2017, 1 (9).
[70] S. Antwort der Bundesregierung v. 27.9.2016 auf die Kleine Anfrage „Verfolgungsermächtigungen nach § 129b des Strafgesetzbuches", BT-Drs. 18/9779, 10.
[71] S. auch *Schwarz*, Völkerrechtliches Sexualstrafrecht, 2019.
[72] Von den 16 Tatkomplexen, die ursprünglich angeklagt waren, stellte das OLG Stuttgart im Laufe des Verfahrens elf auf Antrag des GBA ein, ua Vorwürfe der Einzel- bzw. Massenvergewaltigungen, sexuelle Versklavung und Rekrutierung von Kindersoldaten, vgl. *ECCHR*, Weltrecht in Deutschland? Der Kongo-Kriegsverbrecherprozess: Erstes Verfahren nach dem Völkerstrafgesetzbuch, 2016, 57 f., 78 f.
[73] BGHSt 55, 157 Rn. 29, 33 = BeckRS 2010, 16874.

Zur effektiveren Bekämpfung sexueller Gewalt in Konflikten und zur Stärkung der Opferrechte hat der Sicherheitsrat der Vereinten Nationen am 23.4.2019 eine von Deutschland eingebrachte Resolution verabschiedet.[74]

d) Zwangsverpflichtung von Minderjährigen. Die Rekrutierung von sog. Kindersoldaten[75] ist nach § 8 Abs. 1 Nr. 5 VStGB strafbar, genauer gesagt die Zwangsverpflichtung von Kindern unter 15 Jahren für Streitkräfte oder ihre Eingliederung in Streitkräfte oder bewaffnete Gruppen oder ihre Verwendung zur aktiven Teilnahme an Feindseligkeiten.[76] Im Stuttgarter Verfahren (→ Rn. 4) lautete ein Anklagepunkt, Kinder in die FDLR-Miliz eingegliedert zu haben.[77] Auch diese Vorwürfe[78] wurden wegen Beweisproblemen und Ermittlungsschwierigkeiten im Laufe des Strafverfahrens eingestellt.[79]

Das OLG Düsseldorf verurteilte die Angeklagte Carla-Josephine S. am 29.4.2020 zu einer Gesamtfreiheitsstrafe von fünf Jahren und drei Monaten.[80] Die Angeklagte war im Herbst 2015 mit ihren drei Kindern gegen den Willen des Kindesvaters nach Syrien übergesiedelt und hatte sich dort der ausländischen terroristischen Vereinigung „IS" als Mitglied angeschlossen. In diesem Zusammenhang hat sie sich einer Reihe von Straftaten schuldig gemacht. Von besonderem Gewicht war dabei ihr Verhalten zum Nachteil ihres Sohnes. Sie gliederte ihn im Alter von sechs Jahren in die Terrororganisation ein und ließ ihn bei den „Kleinen Löwen des Kalifats", den Kindersoldaten des IS, ausbilden. Damit machte sie sich eines Kriegsverbrechens gegen Personen nach § 8 Abs. 1 Nr. 5 VStGB schuldig.

e) Entwürdigende oder erniedrigende Behandlung. Die in schwerwiegender Weise entwürdigende oder erniedrigende Behandlung von nach humanitärem Völkerrecht zu schützenden Personen bedroht § 8 Abs. 1 Nr. 9 VStGB mit Freiheitsstrafe nicht unter einem Jahr. Das OLG Frankfurt a. M. hatte einen Fall zu entscheiden, in dem ein aus Deutschland stammender Jihadist, der sich am Bürgerkrieg in Syrien beteiligt hat, im Internet ein Foto hat veröffentlichen lassen, das ihn mit aufgespießten Köpfen von Kriegsopfern posierend zeigt. Das OLG qualifizierte das Posieren mit den enthaupteten Köpfen als schwerwiegende erniedrigende und herabwürdigende Behandlung iSd § 8 Abs. 1 Nr. 9 VStGB und verurteilte den Angeklagten Aria L. zu einer Freiheitsstrafe von zwei Jahren.[81] Er habe gewusst, dass die Personen, mit deren Köpfen er sich ablichten ließ, gegnerische Kämpfer waren und wollte die Getöteten dabei verhöhnen und in ihrer Totenehre herabsetzen. Eine Mitgliedschaft in einer terroristischen Vereinigung konnte ihm nicht zur Last gelegt werden, da nicht bekannt war, in welche konkrete Vereinigung er sich eingegliedert hatte, nachdem er in Syrien angekommen war.[82] Die Revision des Angeklagten gegen die Entscheidung des OLG wurde verworfen. Der BGH stellte fest, dass die strafbewehrte schwerwiegende entwürdigende oder erniedrigende Behandlung einer nach dem humanitären Völkerrecht zu schützenden Person auch Verstorbene erfasse; die Vorschrift diene insoweit dem Schutz der Totenehre bzw. der über den Tod hinaus fortwirkenden Würde des Menschen.[83] Die Verstümmelung und Schändung von Leichen getöteter Feinde stellt kein neues Phänomen dar, ist jedoch aufgrund der Kriegspropaganda terroristischer Organisationen in sozialen Medien öffentlich zugänglich.[84] Auf der

---

[74] Resolution 2467 (2019), verabschiedet auf der 8514. Sitzung des Sicherheitsrates.
[75] Zu Kindersoldaten vgl. *Neumann* ZaöRV 79, 881 ff.; *Neumann* ZIS 2019, 153 ff.
[76] Vgl. *Steinl* KJ 2018, 45 ff.
[77] Vgl. Pressemitteilung des GBA v. 17.12.2010, https://bit.ly/3a7vn42.
[78] S. oben → Rn. 26 zur Einstellung von Tatvorwürfen nach § 8 Abs. 1 Nr. 4 VStGB.
[79] Vgl. *ECCHR,* Weltrecht in Deutschland? Der Kongo-Kriegsverbrecherprozess: Erstes Verfahren nach dem Völkerstrafgesetzbuch, 2016, 57.
[80] Pressemitteilung des OLG Düsseldorf v. 30.4,2020, https://bit.ly/3vJ5ZO6.
[81] Urt. v. 12.7.2016, 3 StE 2/16-4 5-4-1/16, https://bit.ly/2HTJ8Y6.
[82] S. *Ritscher* ZIS 2016, 807.
[83] BGHSt 62, 272 = NJW 2017, 3667; s. auch *Tiemann* ZIS 2019, 553 (557 ff.).
[84] Vgl. *Büngener* ZIS 2017, 755 (757).

anderen Seite erleichtern Veröffentlichungen dieser Art den strafrechtlichen Tatnachweis.[85]

31 Die Entscheidung des BGH, die sich auch zum Schutzbereich des § 8 Abs. 6 Nr. 2 VStGB und zu den einzelnen Merkmalen des gesetzlichen Tatbestands des § 8 Abs. 1 Nr. 9 VStGB äußert, hat weltweit für Aufmerksamkeit gesorgt. Vergleichbare Verurteilungen wurden auch in Schweden und Finnland erzielt.[86] Auch in der Literatur wurde die Rechtsprechung überwiegend positiv angenommen,[87] ja sogar neben der Verurteilung der Zerstörung von Kulturgütern als Kriegsverbrechen durch den IStGH[88] als wichtigste Weiterentwicklung des humanitären Völkerrechts der letzten zehn Jahre angesehen.[89] In Deutschland sind weitere Verfahren und Verurteilungen gefolgt.[90]

32 Das OLG Koblenz hat am 13.2.2020 den Angeklagten Kassim A. wegen eines Kriegsverbrechens gegen Personen nach § 8 Abs. 1 Nr. 9 VStGB zu einer Freiheitsstrafe von einem Jahr und sechs Monaten verurteilt.[91] Der Angeklagte hatte sich spätestens 2013 dem bewaffneten Widerstand gegen die syrische Regierung angeschlossen und nachfolgend zu einem nicht genau feststehenden Zeitpunkt, jedoch spätestens November 2013, mit dem vom Rumpf abgetrennten Kopf eines vermutlich gegnerischen Kämpfers in einer den Getöteten verhöhnenden und herabwürdigenden Weise für Fotoaufnahmen posiert hatte. Anhaltspunkte dafür, dass der Angeklagte den Kopf des Getöteten selbst abgetrennt haben oder hieran unmittelbar beteiligt gewesen sein könnte, habe die Beweisaufnahme nicht erbracht.

3. Kriegsverbrechen gegen Eigentum

33 Das Zusammenspiel zwischen Staatsschutzstrafrecht und Völkerstrafrecht lässt sich exemplarisch anhand der Strafverfolgung von sog. IS-Rückkehrerinnen zeigen. Der GBA hatte bei einer Rückkehrerin aus dem IS-Gebiet den Erlass eines Haftbefehls wegen des Tatvorwurfs der mitgliedschaftlichen Beteiligung an einer ausländischen terroristischen Vereinigung beantragt, was jedoch vom Ermittlungsrichter des BGH abgelehnt wurde. Der 3. Strafsenat des BGH hat in seiner Beschwerdeentscheidungen die Entscheidung des Ermittlungsrichters des BGH bestätigt.[92] Die bisherigen Ermittlungsergebnisse belegten nicht, dass die Beschuldigte Sibel H. die terroristischen Bestrebungen des IS von innen her gefördert habe. Das Alltagsleben im Herrschaftsgebiet des IS sei nicht gleichzusetzen mit der Vereinigung als solcher. Wer mit dem IS sympathisiere und sich deshalb im Einvernehmen der Organisation in deren Herrschaftsgebiet begebe, um dort den Vorstellungen des IS entsprechend zu leben, werde dadurch nicht ohne Weiteres in die Organisation integriert und damit zu deren Mitglied. In Fortführung dieser Rechtsprechung präzisierte der BGH dies in einem späteren Beschluss, in dem er die Fortdauer der Untersuchungshaft bei der Beschuldigten Mine K. anordnete.[93] Die Mitgliedschaft in einer terroristischen Vereinigung setze voraus, dass der Täter eine Stellung innerhalb der Vereinigung einnehme, die ihn als zum Kreis der Mitglieder gehörend kennzeichne und von den Nichtmitgliedern unter-

---

[85] S. *Safferling/Petrossian* JA 2019, 401 (405).
[86] S. *Ritscher* ZIS 2018, 543 (544).
[87] *Ambos* NJW 2017, 3672; *Bock/Bülte* HRRS 2018, 100 ff.; *Berster* ZIS 2017, 264 ff.; *Werle/Epik* JZ 2018, 261 ff.
[88] IStGH Urt. v. 27.9.2016 – ICC-01/12-01/15–171 – Prosecutor v. Al Mahdi.
[89] *Safferling/Petrossian* JA 2019, 401 (405).
[90] Vgl. etwa OLG Stuttgart BeckRS 2018, 44, zur Verhöhnung gegnerischer gefallener Soldaten durch trophäengleiches Posieren neben deren abgetrennten Köpfen durch einen Soldaten der irakischen Armee; KG Berlin Urt. v. 1.3.2017 – (2A) 172 OJs 26/16 (3/16), BeckRS 2017, 108262, zum Ablichten und Posieren mit abgetrennten Köpfen von zwei im Kampf gefallenen IS-Kämpfern durch einen Soldaten der irakischen Armee.
[91] OLG Koblenz Pressemitteilung v. 13.2.2020, https://bit.ly/3c9LY9o; es handelt sich um eine Anklage der GenStA Koblenz v. 2.8.2019.
[92] BGH NStZ-RR 2018, 206 (207); vgl. auch GSZ 2018, 198 mAnm *Paul* 201.
[93] BGH NJW 2019, 2552.

scheidbar macht. Eine Beteiligung als Mitglied scheide deshalb aus, wenn Unterstützungshandlungen nicht von einem einvernehmlichen Willen zu einer fortdauernden Teilnahme am Verbandsleben getragen seien. Eine Förderungshandlung des Mitglieds könne darin bestehen, unmittelbar zur Durchsetzung der Ziele der Vereinigung beizutragen; sie könne darauf gerichtet sein, lediglich die Grundlagen für die Aktivitäten der Vereinigung zu schaffen oder zu erhalten. Ausreichend sei deshalb die Förderung von Aufbau, Zusammenhalt oder Tätigkeit der Organisation.[94]

In dieser schwierigen Beweissituation erweiterte der GBA bei einer Beschuldigten den Vorwurf, als Mitglied am IS und damit an einer terroristischen Vereinigung beteiligt gewesen zu sein, um den Vorwurf, ein Kriegsverbrechen gegen Eigentum (§ 9 Abs. 1 VStGB) begangen zu haben, indem sie gemeinsam mit ihrem Ehemann im Juni 2014 die ihnen vom IS zur Verfügung gestellte Wohnung nebst Inventar in Besitz nahm. Diese Rechtsauffassung wurde vom 3. Strafsenat des BGH in einer Haftfortdauerentscheidung bestätigt. Die Inbesitznahme von Häusern zuvor vertriebener Konfliktgegner im sogenannten Kalifat durch Zuweisung des IS erfülle den Straftatbestand eines Kriegsverbrechens nach § 9 Abs. 1 VStGB.[95] Als ein Indiz für die mitgliedschaftliche Beteiligung der Beschuldigten Sarah O. wertete der BGH den Umstand, dass sie mit ihrem Mann in Städten wohnte, die vom IS kontrolliert wurden, wobei sie Wohnungen und Einrichtungsgegenstände nutzte, die der IS erbeutet und ihr sowie ihrem Ehemann überlassen hatte. In Anbetracht dessen sei davon auszugehen, dass die Beschuldigte einvernehmlich in die Vereinigung aufgenommen wurde.[96] Danach habe sich die Beschuldigte mit hoher Wahrscheinlichkeit zumindest in drei Fällen als Mitglied an einer terroristischen Vereinigung im Ausland beteiligt (§ 129a Abs. 1 Nr. 1 StGB, § 129b Abs. 1 S. 1 und 2 StGB, § 53 StGB), davon in einem Fall in Tateinheit mit Kriegsverbrechen gegen Eigentum (§ 9 Abs. 1 VStGB, § 52 StGB).[97] Das OLG Düsseldorf verurteilte die Angeklagte Sarah O. am 16.6.2021 u. a. wegen mitgliedschaftlicher Beteiligung an einer terroristischen Vereinigung im Ausland und Verbrechen gegen die Menschlichkeit zu einer Einheitsjugendstrafe von sechs Jahren und sechs Monaten.[98]

Das OLG Stuttgart verurteilte am 5.7.2019 die Angeklagte Sabine S. wegen mitgliedschaftlicher Beteiligung an einer terroristischen Vereinigung im Ausland, Kriegsverbrechen gegen Eigentum, der Ausübung der tatsächlichen Gewalt über zwei Kriegswaffen und des Besitzes zweier halbautomatischer Kurzwaffen zu einer Gesamtfreiheitsstrafe von fünf Jahren.[99] Die Angeklagte hielt von 2014 bis zu ihrer Flucht im August 2017 an wechselnden Orten im Herrschaftsgebiet des „IS" in Syrien und im Irak auf. Sie wohnte dabei in Unterkünften, die ihr und ihrem Mann vom „IS" zur Verfügung gestellt worden waren, nachdem deren Eigentümer diese auf der Flucht vor dem „IS" zurückgelassen hatten.

Das OLG Düsseldorf verurteilte die Angeklagte Mine K. am 4.12.2019 wegen Mitgliedschaft in einer ausländischen terroristischen Vereinigung in Tateinheit mit einem Kriegsverbrechen gegen Eigentum zu einer Freiheitsstrafe in Höhe von drei Jahren und neun Monaten.[100] Die Strafbarkeit wegen Mitgliedschaft in der ausländischen terroristischen Vereinigung knüpfe an die Vorstellungen und Ziele an, welche die Angeklagte damit verband, sich in dem vom IS besetzten Gebiet anzusiedeln und einen IS-Kämpfer bei seiner Tätigkeit zu unterstützen. Zur Strafbarkeit wegen eines Kriegsverbrechens gegen das Eigentum machte das Gericht deutlich, das VStGB untersage „Plündern durch Wohnen".

Weitere Verurteilungen folgten. Am 17.12.2019 verurteilte das das OLG Düsseldorf die Angeklagte Derya Ö. werden Mitgliedschaft in der ausländischen terroristischen Vereini-

---

[94] Zur strafrechtlichen Verantwortlichkeit sog. „IS-Heimkehrerinnen" vgl. auch *Weißer* ZJS 2019, 148 ff.
[95] BGH NStZ-RR 2019, 229; NJW 2019, 2552 (2555); s. auch *Tiemann* ZIS 2019, 553 (561 ff.).
[96] BGH NStZ-RR 2019, 229 (insoweit nicht abgedruckt) = https://bit.ly/3a8fdHS Rn. 29.
[97] BGH NStZ-RR 2019, 229 (insoweit nicht abgedruckt) = https://bit.ly/3a8fdHS Rn. 26.
[98] Pressemitteilung des OLG Düsseldorf v. 16.6.2021, https://bit.ly/3b9o8ez.
[99] Pressemitteilung des OLG Stuttgart v. 5.7.2019, https://bit.ly/2vjB9AP.
[100] Pressemitteilung des OLG Düsseldorf v. 4.12.2019, https://bit.ly/3b9mdqv.

gung „IS", Kriegsverbrechen gegen das Eigentum und Verstöße gegen das Kriegswaffenkontrollgesetz zu einer Freiheitsstrafe von zwei Jahren und neun Monaten.[101] Am 21.4.2021 sprach das OLG Düsseldorf die Angeklagte Nurten J. schuldig u. a. der Beteiligung an einer terroristischen Vereinigung im Ausland als Mitglied in acht Fällen, davon in vier Fällen in Tateinheit mit Kriegsverbrechen gegen das Eigentum.[102] Das OLG München verurteilte am 27.4.2020 die Angeklagte Sibel H. u. a. wegen mitgliedschaftlicher Beteiligung an einer ausländischen terroristischen Vereinigung in vier Fällen, davon in zwei Fällen in Tateinheit mit einem Kriegsverbrechen gegen Eigentum zu einer Gesamtfreiheitsstrafe von drei Jahren.[103] Am 1.7.2021 sprach das OLG Düsseldorf die Angeklagte Fadia S. aus Essen der mitgliedschaftlichen Beteiligung an einer terroristischen Vereinigung im Ausland in drei Fällen schuldig, davon in einem Fall in Tateinheit mit einem Kriegsverbrechen gegen das Eigentum und in einem weiteren Fall in Tateinheit mit Verletzung der Fürsorge- oder Erziehungspflicht.[104]

4. Kriegsverbrechen gegen humanitäre Operationen

38 Das OLG Stuttgart verurteilte am 20.9.2017 den an der Entführung eines Mitarbeiters der Vereinten Nationen in Syrien beteiligten Angeklagten Suliman Al-S. wegen Beihilfe zu einem mit erpresserischem Menschenraub, versuchter schwerer räuberischer Erpressung in drei tateinheitlichen Fällen und schwerer Freiheitsberaubung tateinheitlich zusammentreffenden Beihilfe zu einem Kriegsverbrechen gegen humanitäre Operationen gemäß § 10 Abs. 1 Nr. 1 VStGB.[105] Nach den Feststellungen des Senats wurde ein Mitarbeiter der Mission der Vereinten Nationen auf den Golanhöhen (*United Nations Disengagement Observer Force* – UNDOF) am 17.2.2013 in der Nähe von Damaskus entführt und dann in einem Gebäude südwestlich von Damaskus gefangen gehalten. In der Folgezeit erhob die Gruppierung – im Ergebnis allerdings erfolglos – Lösegeldforderungen gegenüber den Vereinten Nationen, der kanadischen Regierung sowie der Familie des Entführten. Der Entführte konnte am 16.10.2013 eine Gelegenheit zur Flucht nutzen. Auf die Revision des GBA hat der BGH das Urteil des OLG Stuttgart im Schuldspruch dahingehend berichtigt, dass die festgestellte Tat des Angeklagten nicht nur als Beihilfe, sondern als täterschaftlich begangenes Kriegsverbrechen zu werten ist, und die Sache zur neuen Entscheidung über den Strafausspruch an das OLG Stuttgart zurückverwiesen.[106] Dieses verurteilte den Angeklagten am 23.1.2019 wegen täterschaftlich begangenen Kriegsverbrechens gegen humanitäre Operationen gemäß § 10 Abs. 1 Nr. 1 VStGB in Tateinheit mit schwerer Freiheitsberaubung, Beihilfe zum erpresserischen Menschenraub und Beihilfe zur versuchten schweren räuberischen Erpressung in tateinheitlichen Fällen zu einer Freiheitsstrafe von vier Jahren und neun Monaten.[107] Diese Entscheidung ist rechtskräftig.[108]

39 Der BGH hatte zuvor in einer Entscheidung zur Haftfortdauer festgestellt[109], dass auch ziviles Hilfspersonal, das zum Tatzeitpunkt weder an Feindseligkeiten beteiligt ist noch außerhalb des Mandats der friedenserhaltenden Mission handelt, vom geschützten Personenkreis des § 10 Abs. 1 Satz 1 Nr. 1 VStGB umfasst sei. Vom Begriff des Angriffs iSd § 10 Abs. 1 S. 1 Nr. 1 VStGB werde jede Art der Gewaltanwendung unabhängig von der Art der dabei verwendeten Waffen erfasst. Es sei von dem erforderlichen funktionalen Zusammenhang zwischen Tat und bewaffnetem Konflikt iSd § 10 Abs. 1 S. 1 Nr. 1 VStGB auszugehen, wenn das Vorliegen eines bewaffneten Konflikts für die Fähigkeit des

---

[101] OLG Düsseldorf BeckRS 2019, 38976. Das Urteil ist rechtskräftig; s. auch *Vormbaum* JZ 2020, 1007.
[102] OLG Düsseldorf Urt. v. 21.4.2021 – 7 StS 2/20 –, juris.
[103] OLG München Urt. v. 27.4.2021, 2 StE 12/19-3.
[104] Pressemitteilung des OLG Düsseldorf v. 1.7.2021, https://bit.ly/3lmxskm.
[105] Urt. v. 20.9.2017, 5 – 3 StE 5/16.
[106] BGH BeckRS 2018, 26591; s. hierzu *Ritscher* ZIS 2018, 543 (544); *Tiemann* ZIS 2019, 563 f.
[107] Pressemitteilung des OLG Stuttgart v. 23.1.2019, https://bit.ly/3acVVRL.
[108] S. *Ritscher* ZIS 2019, 599.
[109] BGH NStZ-RR 2016, 354.

Täters zur Begehung des Verbrechens, für seine Entscheidung zur Tatbegehung sowie für die Art und Weise der Begehung oder für den Zweck der Tat von wesentlicher Bedeutung ist.

Der GBA hatte in seiner Anklage vom 27.6.2016 dem Täter zusätzlich noch Mitglied- **40** schaft in der ausländischen terroristischen Vereinigung „Jabhat al-Nusra" zur Last gelegt.[110] Nach der Entscheidung des OLG Stuttgart habe die Beweisaufnahme in Abweichung zur Anklage keine sicheren Nachweise erbracht, dass die Tat der ausländischen terroristischen Vereinigung „Jabhat al Nusra" zuzurechnen sei oder dass der Angeklagten sich als Mitglied an „Jabhat al-Nusra" beteiligt hatte bzw. diese unterstützt habe.[111]

E. Konkurrenzen

Zunächst galt der Grundsatz, dass das Vergehen der Mitgliedschaft in einer (kriminellen) **41** Vereinigung in Tateinheit zu Straftaten steht, die der Täter als Mitglied der Vereinigung in Verfolgung ihrer Ziele begeht; alle mitgliedschaftlichen Beteiligungsakte an einer kriminellen (oder terroristischen) Vereinigung werden zu einer tatbestandlichen Handlungseinheit zusammengefasst (Klammerwirkung).[112] Mit Beschluss vom 9.7.2015 stellte der BGH folgende, auch aus Gründen der materiellen Gerechtigkeit gebotene Ausnahme fest:[113] Erfüllen Handlungen, die mitgliedschaftliche Beteiligungsakte an einer kriminellen oder terroristischen Vereinigung darstellen, zugleich den Tatbestand einer anderen Strafvorschrift, können diese getrennt verwirklichten Straftaten durch das Delikt des § 129 StGB oder § 129a StGB zu einer Tat verbunden werden, wenn zwischen diesem oder wenigstens einem der verbundenen Delikte zumindest eine annähernde Wertgleichheit besteht oder das verbindende Delikt das schwerste ist. Jedoch werden nicht alle mitgliedschaftlichen Beteiligungsakte an einer kriminellen (oder terroristischen) Vereinigung zu einer tatbestandlichen Handlungseinheit zusammengefasst. Vielmehr unterbleibt diese Verknüpfung jedenfalls mit solchen Handlungen, die auch den Tatbestand einer anderen Strafvorschrift erfüllen und der Zwecksetzung der Vereinigung oder sonst deren Interessen dienen. Diese stehen zwar gem. § 52 Abs. 1 StGB in Tateinheit mit der jeweils gleichzeitig verwirklichten mitgliedschaftlichen Beteiligung iSd § 129 Abs. 2 StGB, jedoch – soweit sich nach allgemeinen Grundsätzen nicht ein anderes ergibt – sowohl untereinander als auch zu der Gesamtheit der sonstigen mitgliedschaftlichen Beteiligungsakte in Tatmehrheit.[114]

Bezogen auf das Zusammentreffen des Organisationsdelikts nach den §§ 129a, 129b **42** StGB und Taten nach dem VStGB bedeutet dies, dass die Mitgliedschaft in einer terroristischen Vereinigung in jeweiliger Tatmehrheit zu den begangenen VStGB-Einzeltaten steht. Soweit es sich bei den Einzeltaten um Taten der Vereinigung handelte, stehen diese ihrerseits in Tateinheit mit Mitgliedschaft in einer kriminellen Vereinigung.

Diese neue Rechtsprechung hat auch Einfluss auf einen möglichen Strafklageverbrauch. **43** Der Strafklageverbrauch aufgrund einer früheren Verurteilung wegen mitgliedschaftlicher Beteiligung an einer terroristischen Vereinigung erstreckt sich nur dann auf mitgliedschaftliche Beteiligungsakte, durch die weitere Straftatbestände verwirklicht wurden, wenn diese in dem früheren Verfahren tatsächlich Gegenstand der Anklage und Urteilsfindung waren.[115] Da nach neuerer Rechtsprechung in diesen Fällen materiellrechtlich von Tatmehrheit auszugehen sei, spiele die Schwere des Delikts nun keine Rolle mehr. Als sachlichrechtlich selbständige Taten erstrecke sich ein etwaiger Strafklageverbrauch nur noch auf sie, wenn sie in dem früheren Verfahren tatsächlich Gegenstand der Anklage und Urteils-

---

[110] Pressemittelung des GBA v. 15.7.2016, https://bit.ly/3a4uQQs.
[111] OLG Stuttgart Urt. v. 20.9.2017, 5 – 3 StE 5/16.
[112] BGHSt 29, 288 = NJW 1980, 2718.
[113] BGHSt 60, 308 = NJW 2016, 657.
[114] BGHSt 60, 308 Rn. 29 = NJW 2016, 657.
[115] BGHSt 64, 1 Rn. 22 = NJW 2019, 1470. Im zugrundeliegenden Fall ging es um das Aufeinandertreffen einer Strafbarkeit nach den §§ 129a, 129b StGB mit VStGB-Taten als mitgliedschaftliche Beteiligungsakte.

findung waren, ohne dass es entscheidend darauf ankomme, ob sie auch rechtlich als mitgliedschaftlicher Beteiligungsakt gewertet wurden.[116]

F. Perspektiven

44 Die Fälle, in denen sowohl Staatsschutzstrafrecht und Völkerstrafrecht eine Rolle spielen, nehmen nach Zahl und Bedeutung zu. Die kumulative Verfolgung terroristischer Straftaten in Verbindung mit völkerrechtlichen Verbrechen gewährleistet, dass die Täter in vollem Umfang für ihre Taten zur Rechenschaft gezogen werden. Zudem führt sie zu höheren Strafen. Schließlich sorgt die klare Benennung dieser Verbrechen für mehr Gerechtigkeit für die Opfer.[117]

Die Verschränkung der Verfolgung, wie sie das deutsche Rechtssystem vorsieht,[118] hat sich bewährt. Die Verfolgungspraxis des GBA sowie die Spruchpraxis des BGH und der Oberlandesgerichte zeigen gerade bei den Sachverhalten, die sich in Syrien und im Irak zugetragen haben, dass sich beide Materien gegenseitig ergänzen und so gewährleistet wird, etwaige Strafbarkeitslücken zu schließen. Angesichts der internationalen Erscheinungsformen dieser Straftaten sind nicht nur die nationalen Anstrengungen beizubehalten und zu verstärken.[119] Vielmehr ist die internationale Zusammenarbeit zu intensivieren, um terroristisches Unrecht, auch im Gewand von Völkerstraftaten, umfassend und effektiv zu verfolgen. Die Straflosigkeit solcher Verbrechen *(„impunity")* muss verhindert werden.[120] Es darf keine sicheren Häfen *(„no safe haven")* für die Täterinnen und Täter geben.[121]

§ 40 Strafrechtliches Präventionsrecht im Allgemeinen: Berufsverbote, Verlust politischer Rechte

Michaela Welnhofer-Zeitler

Übersicht

	Rn.
A. Einführung	1
B. Verlust und Wiedererlangung politischer Rechte, §§ 45 ff. StGB	4
I. Allgemein	4
II. Normzweck	7
III. Rechtsnatur	8
IV. Arten der Statusfolgen	10
1. Kraft Gesetzes eintretender Verlust der Fähigkeit ein öffentliches Amt zu bekleiden und Rechte aus öffentlichen Wahlen zu erlangen (§ 45 Abs. 1 StGB)	14
2. Aberkennung der Fähigkeit, öffentliche Ämter zu bekleiden und Rechte aus öffentlichen Wahlen zu erlangen (§ 45 Abs. 2 StGB)	23

---

[116] BGHSt 64, 1 Rn. 22 = NJW 2019, 1470; s. hierzu auch *Arnoldi* NStZ 2019, 357 ff.
[117] *Genocide Network*, Cumulative prosecution of foreign terrorist fighters for core international crimes and terrorismrelated offences, 2020, 26.
[118] In Belgien etwa sind nach Art. 141bis des belgischen Strafgesetzbuchs bewaffnete Einheiten im bewaffneten Konflikt von einer Strafbarkeit nach Vorschriften, die Terrorismus unter Strafe stellen, ausgenommen, s. *Frank/Schneider-Glockzin* NStZ 2017, 1 (2 Fn. 8).
[119] Zu den Reformüberlegungen auf dem Gebiet des VStGB vgl. den Antrag der Fraktion BÜNDNIS 90/DIE GRÜNEN v. 25.4.2018, „Syrien – Beweise sichern, Völkerstraftaten ahnden", BT-Drs. 19/1876, 4; *Bentele* ZIS 2016, 803 ff.
[120] Vgl. *Mavany* in Löwe/Rosenberg StPO § 153f Rn. 5 mwN. Seit dem Jahr 2016 wird am 23. Mai der Tag der EU gegen die Straflosigkeit bei Völkermord, Verbrechen gegen die Menschlichkeit und Kriegsverbrechen begangen, um das Bewusstsein für den Umgang mit diesen grauenhaften Verbrechen zu schärfen.
[121] Vgl. *Frank/Schneider-Glockzin* NStZ 2017, 1 (2); *Ritscher* ZIS 2019, 599 (601).

A. Einführung § 40

	Rn.
3. Verlust der mit der Amtsfähigkeit und der Wahlfähigkeit verbundenen Rechtsstellungen und Rechte	26
4. Aberkennung des Rechtes in öffentlichen Angelegenheiten zu wählen oder zu stimmen	29
5. Anwendbarkeit auf Jugendliche und Heranwachsende	32
6. Sonderregelungen	35
7. Prozessuale Fragen	37
V. Berechnung des Verlustzeitraums, § 45a StGB	48
1. Wirksamwerden des Verlustes	49
2. Bestimmung des Verlustzeitraumes	51
VI. Wiederverleihung von Rechten und Fähigkeiten, § 45b StGB	62
1. Voraussetzungen einer Rehabilitation	62
2. Das Rehabilitationsverfahren	66
VII. Mitteilung des Verlustes und der Wiedererteilung der politischen Rechte	73
VIII. Eintragung im Bundeszentralregister	75
IX. Gnadenrecht	76
C. Berufsverbot	77
I. Allgemeines	77
II. Normzweck	78
III. Rechtsnatur	79
IV. Voraussetzungen der Anordnung	80
1. Begehung einer rechtswidrigen Tat unter Missbrauch des Berufes oder Gewerbes oder grober Verletzung der mit ihnen verbundenen Pflichten	81
2. Verurteilung oder Nichtverurteilung wegen nicht ausschließbarer Schuldunfähigkeit	84
3. Gefahr weiterer erheblicher Straftaten	85
V. Dauer des Berufsverbotes	86
VI. Anwendbarkeit auf Jugendliche und Heranwachsende	88
VII. Prozessuale Fragen	89
VIII. Aussetzung zur Bewährung, § 70a StGB	98
1. Aussetzungsvoraussetzungen	98
2. Aussetzungsverfahren	102
IX. Widerruf der Aussetzung, § 70b StGB	107
X. Vorläufiges Berufsverbot, § 132a StPO	111
1. Normzweck	111
2. Voraussetzungen	112
3. Prozessuale Fragen	113
XI. Strafbarer Verstoß gegen ein Berufsverbot, § 145c StGB	122
XII. Mitteilung der Verhängung eines vorläufigen oder endgültigen Berufsverbotes	123
XIII. Eintragung im Bundeszentralregister	125
XIV. Gnadenrecht	127
XV. Entschädigungsanspruch	128
D. Resümee und Ausblick	129

A. Einführung

Eine der wichtigsten Aufgaben des modernen Strafrechts neben der Resozialisierung eines Delinquenten ist die Prävention. Zur Erreichung dieses Zweckes sieht das Strafgesetzbuch mit dem Ziel einer möglichst individualisierten Einwirkung auf den Delinquenten neben den Hauptstrafen, also Geld- und Freiheitsstrafe, auch sogenannte Nebenstrafen (§ 44 StGB Fahrverbot), Nebenfolgen (§ 45 StGB Verlust der Amtsfähigkeit, der Wählbarkeit und des Stimmrechts), sowie Maßregeln der Besserung und Sicherung vor. Letztere zählt § 61 StGB abschließend auf. Es handelt sich um die freiheitsentziehenden Maßregeln der Unterbringung in einer psychiatrischen Einrichtung (§ 63 StGB), in einer Entziehungsanstalt (§ 64 StGB) und der Sicherungsverwahrung (§ 66 StGB), sowie um die Führungsaufsicht (§ 68

StGB), die Entziehung der Fahrerlaubnis (§ 69 StGB) und die Anordnung eines Berufsverbots (§ 70 StGB).

2 Während insbesondere das Fahrverbot und die Entziehung der Fahrerlaubnis allgemein bekannt sind und auch die Sicherungsverwahrung gerade im Zusammenhang mit Sexualstraftätern immer wieder mediale Aufmerksamkeit erfährt, ist nicht nur der breiten Öffentlichkeit weitgehend unbekannt, dass eine strafrechtliche Verfehlung auch zum Verlust der staatsbürgerlichen Rechte und einer Untersagung der Berufsausübung führen kann. Wer „Berufsverbot" hört, fühlt sich eher an die Radikalenerlasse der 1970er erinnert, denn an eine zeitgemäße strafrechtliche Maßnahme.

3 Tatsächlich ist die praktische Relevanz dieser Sanktionsformen gemessen an der Häufigkeit ihrer Anwendung eher gering. So wurden 2018 bundesweit in nur einem Fall überhaupt die Bürgerrechte aberkannt und nur 83-mal ein Berufsverbot verhängt, wobei nur in einem Fall eine Tat der Kategorie „Straftaten gegen den Staat, die öffentliche Ordnung und im Amt" zugrunde lag[1]. Diesem juristischen Schattendasein steht die zunehmende Bedrohung unserer Demokratie, unserer Gesellschaftsordnung und unseres Wertesystems durch radikalisierte Elemente des linken, rechten und islamistischen Spektrums gegenüber. Das BKA registrierte für das Jahr 2019 insgesamt 41.177 (2018: 36.062) politisch motivierte Straftaten.[2] Ein Anstieg ist sowohl bei rechts- als auch linksextrem motivierten Taten festzustellen. Radikalislamistisch motivierte Anschläge sind zwar zahlenmäßig etwas rückläufig, die Bedrohungslage aber unverändert existent. Auch die Justiz muss sich fragen, ob und wie sie mit dem ihr zur Verfügung stehenden Instrumentarium dieser Entwicklung entgegenwirken kann. Aufgrund der einschneidenden Wirkung, die Statusfolgen und Berufsverbot auf die soziale Stellung eines Verurteilten haben können[3] und aufgrund des idR bestehenden inneren Zusammenhangs zwischen staatsgefährdenden Straftaten und politischen Überzeugungen des Täters könnte der drohende Verlust politischer Rechte eine besonders abschreckende, die Verhängung eines Berufsverbotes, zB gegen einen Verleger aufgrund einer Verurteilung wegen Volksverhetzung, eine die Allgemeinheit besonders schützende Wirkung haben.

B. Verlust und Wiedererlangung politischer Rechte, §§ 45 ff. StGB

I. Allgemein

4 § 45 StGB in seiner heutigen Form wurde durch das 2. Gesetz zur Reform des Strafrechts (2. StrRG) mit Wirkung zum 1.10.1973 eingeführt.[4] Er regelt in Abs. 1 für den Fall einer Verurteilung wegen eines Verbrechens zu einer Freiheitsstrafe von mindestens einem Jahr den automatischen Verlust der Amtsfähigkeit und Wählbarkeit, in Abs. 2 den sog. fakultativen Verlust der Amtsfähigkeit und Wählbarkeit und in Abs. 5 den fakultativen Verlust des Wahl- und Stimmrechts. § 45 Abs. 3 und 4 StGB regeln den sowohl mit dem automatischen als auch mit dem fakultativen Verlust der Amtsfähigkeit und der Wählbarkeit einhergehenden Verlust von entsprechenden Rechtsstellungen und Rechten, die der Verurteilte innehat.

5 Diese Rechtsfolgen werden auch als **Statusfolgen** bezeichnet.[5]

6 § 45 StGB steht als Relikt früherer Ehrenstrafen[6] in der Kritik und wird teilweise aus kriminalpolitischer Sicht als entbehrlich angesehen, weil die stigmatisierenden Statusfolgen mit einem auf Schuldausgleich und Prävention ausgerichteten Sanktionensystem nicht ver-

---

[1] Statistisches Bundesamt (Hrsg.), Fachserie 10 Reihe 3 Strafverfolgung 2018, 18.12.2019, S. 356 f.
[2] Verfassungsschutzbericht 2019, 23.
[3] BT-Drs. IV/650, S. 175.
[4] Die Vorgängervorschrift war nahezu inhaltsgleich. Vergleichbare Regelungen finden sich bereits in den §§ 31 ff. des Strafgesetzbuchs für den Norddeutschen Bund (vgl. Bundesgesetzblatt des Norddeutschen Bundes Bd. 1870, Nr. 16, S. 197–273).
[5] Vgl. *Nelles* JZ 1991, 18.
[6] *Kinzig* in Schönke/Schröder StGB § 45 Rn. 1.

einbar sein.⁷ Andere halten den zeitlich begrenzten Ausschluss eines verurteilten Straftäters von der Mitgestaltung des Gemeinwesens für zeitgemäß und berechtigt,⁸ was insbesondere für den Bereich des Staatsschutzstrafrechts und mit Blick auf politisch motivierte Straftäter überzeugt.

II. Normzweck

§ 45 StGB dient nicht vorrangig dem Schutz der Allgemeinheit und des Täters vor einem Rückfall. Vielmehr will § 45 StGB schuldangemessen als strafrechtliche Sanktion den durch die Ausübung eines (öffentlichen) Amtes bzw. die passive oder aktive Teilnahme an (öffentlichen) Wahlen und Abstimmungen betroffenen **öffentlichen Rechtsbereich schützen**,⁹ dh materiell dem Schutz des Gemeinschaftsinteresses dienen, straffällig gewordenen Personen von politischen, staatlichen oder sonstigen öffentlichen Aufgaben oder von der Ausübung solcher Berufe fernzuhalten, die besondere Zuverlässigkeit voraussetzten.¹⁰

7

III. Rechtsnatur

Obwohl § 45 StGB in der amtlichen Gesetzesausgabe ausdrücklich unter dem Obergriff „Nebenfolgen" und nicht wie das Fahrverbot unter dem Oberbegriff „Nebenstrafen" genannt wird, ist die Rechtsnatur der Statusfolgen umstritten.¹¹

8

Herrschend ist die sog. **dualistische Lösung,** nach der die unmittelbar kraft Gesetzes eintretende Statusfolge des § 45 Abs. 1 StGB eine Nebenfolge, die im Ermessen des Gerichts stehenden Statusfolgen des § 45 Abs. 2 und Abs. 5 StGB Nebenstrafen darstellen sollen.¹² Für diese Einordnung spricht, dass die Anordnung der Statusfolgen gem. § 45 Abs. 2 und 5 StGB ebenso wie die Anordnung des Fahrverbots gem. § 44 StGB im Ermessen des erkennenden Gerichts steht. Die dogmatische Einordnung ist nicht nur von akademischem Interesse, sondern zB für die Frage bedeutsam, ob bei der Prüfung der Anordnung der fakultativen Statusfolgen des § 45 Abs. 2 und Abs. 5 StGB die allgemeinen Strafzumessungsregeln Anwendung finden und ob und wie der Eintritt der Statusfolge bei der Bemessung der Hauptstrafe zu berücksichtigen ist. Beide Aspekte sind für den Verurteilten von Bedeutung, weil die Höhe der gegen ihn zu verhängenden Sanktionen betroffen ist. Aber auch aus revisionsrechtlicher Sicht kommt ihnen Relevanz zu, da Fehler zur Aufhebung des Urteils, jedenfalls des Strafausspruchs führen können.

9

IV. Arten der Statusfolgen

§ 45 StGB kennt drei Statusfolgen:
- den Verlust der Fähigkeit ein öffentliches Amt zu bekleiden, auch Verlust der Amtsfähigkeit;
- den Verlust der Fähigkeit, Rechte aus öffentlichen Wahlen zu erlangen, auch Verlust der Wählbarkeit oder Verlust des passiven Wahlrechts;
- den Verlust des Rechts, in öffentlichen Angelegenheiten zu wählen oder zu stimmen, auch Verlust des aktiven Wahl- (und Stimm-)rechts.

10

Der Verlust der Amtsfähigkeit und der Wählbarkeit kann automatisch kraft Gesetzes (§ 45 Abs. 1 StGB) oder auf Anordnung des Gerichtes (§ 45 Abs. 2 StGB) erfolgen, der Verlust des Wahlrechts nur aufgrund gerichtlicher Entscheidung (§ 45 Abs. 5 StGB).

11

---
7 H.-J. *Albrecht* in NK-StGB StGB § 45 Rn. 1.
8 *Claus* in Satzger/Schluckebier/Widmaier StGB § 45 Rn. 2.
9 *Radtke* in MüKoStGB StGB § 45 Rn. 10.
10 Vgl. *Nelles* JZ 1991, 18 (21).
11 *Claus* in Satzger/Schluckebier/Widmaier StGB § 45 Rn. 3.
12 Die höchstrichterliche Rechtsprechung verwendet die Begriffe synonym, vgl. BGH NStZ 2020, 47 Rn. 19, 21.

12 Vor einer Auseinandersetzung mit der Norm soll zunächst ein Blick auf die ungeschriebenen, faktischen Voraussetzungen der Statusfolgen und ihre Bedeutung für die staatschutzrechtliche Relevanz derselben geworfen werden. Ohne dass es im Gesetzeswortlaut zum Ausdruck kommt, knüpfen sowohl Amtsfähigkeit als auch aktives und passives Wahlrecht an die deutsche oder EU-Staatsbürgerschaft an. Dies hat zur Folge, dass Täter mit ausländischer Staatsbürgerschaft von §§ 45 ff. StGB größtenteils schon deshalb nicht erfasst werden, weil sie mangels deutscher oder EU-Staatsbürgerschaft weder ein öffentliches Amt innehaben, noch aktiv oder passiv an Wahlen teilnehmen können. Tatsächlich betraf und betrifft ein nicht unerheblicher Teil der an deutschen Gerichten verhandelten Strafverfahren mit Staatsschutzbezug jedoch genau diese Täter, denen häufig Mitgliedschaft in ausländischen terroristischen Vereinigungen wie zB Taliban, Islamischer Staat (IS), Nusra-Front, Boko Haram, Al Shabaab, Ahrar al Sham, Junud al Sham, PKK, LTTE (Tamil Tigers) unter anderem zur Last gelegt wird. Gleiches gilt für jene Täter mit ausländischer Staatsbürgerschaft, die für die in den letzten Jahren in der Bundesrepublik Deutschland verübten islamistisch motivierten Terroranschläge verantwortlich zeichnen.[13] Auch hier vermag § 45 StGB keine Schutzwirkung zu entfalten.

13 Gegen Täter mit deutscher Staatsbürgerschaft können zwar gegebenenfalls Statusfolgen verhängt werden. Diese entfalten faktisch jedoch nur dann Wirkung, wenn der Betroffene im Übrigen befähigt und gewillt gewesen wäre, ein öffentliches Amt auszuüben, bei einer öffentlichen Wahl zu kandidieren oder bei einer solchen abzustimmen. Tatsächlich wird ein terroristischer oder staatsfeindlicher Täter in der Regel aber schon kein Interesse daran haben, ein öffentliches Amt in der von ihm abgelehnten Gesellschaftsordnung zu übernehmen oder für eine mit der freiheitlich-demokratischen Grundordnung vereinbare Partei zu kandidieren oder zu stimmen, sodass auch ohne Verlust oder Aberkennung der Statusrecht kein diesbezügliches Risiko für die allgemeine Rechtssicherheit von ihm ausgehe. Häufig werden dem Täter schlicht die für ein öffentliches Amt oder eine Wählbarkeit erforderlichen fachlichen Qualifikationen fehlen, sodass auch hier durch die Verhängung von Statusfolgen kein Sicherheitsgewinn erzielt werden kann.

1. Kraft Gesetzes eintretender Verlust der Fähigkeit ein öffentliches Amt zu bekleiden und Rechte aus öffentlichen Wahlen zu erlangen (§ 45 Abs. 1 StGB)

14 § 45 Abs. 1 StGB regelt die **kraft Gesetzes** eintretenden, nicht dem Wilen des Richters unterliegenden Statusfolgen. Sie werden auch als **automatische Statusfolgen** bezeichnet.

15 Wer wegen eines Verbrechens zu einer Freiheitsstrafe von mindestens einem Jahr verurteilt wird, verliert automatisch gem. § 45 Abs. 1 StGB für die Dauer von fünf Jahren die Fähigkeit, öffentliche Ämter zu bekleiden (sog. Amtsfähigkeit) und Rechte aus öffentlichen Wahlen (sog. Wählbarkeit, Wahlfähigkeit oder passives Wahlrecht) zu erlangen.

16 **a)** Verbrechen sind gem. § 12 Abs. 1 StGB rechtswidrige Taten, die im Mindestmaß mit Freiheitsstrafe von einem Jahr oder darüber bedroht sind. Für die Einordnung als Verbrechen kommt es nicht auf die tatsächlich im Einzelfall verhängte, sondern auf die abstrakt von der jeweiligen Strafnorm angedrohten Strafe an. Schärfungen oder Milderungen, die das Strafgesetzbuch im Allgemeinen Teil zB für Begehen durch Unterlassen (§ 13 Abs. 2 StGB), Verbotsirrtum (§ 17 StGB), Fälle des Versuches (§ 23 Abs. 2 StGB), der verminderten Schuldfähigkeit (§ 21 StGB), der Beihilfe (§ 27 Abs. 2 StGB) unter anderem vorsieht, bleiben bei der Einordnung einer Straftat als Verbrechen gem. § 12 Abs. 3 StGB

---

[13] Am 4.10.2020 in Dresden verübte ein als Gefährder bekannter und einschlägig vorbestrafter syrischer Asylbewerber einen Messerangriff auf Passanten. Bei der Messerattacke in Hamburg am 28.7.2017 stach der 26-jährige palästinensische Asylbewerber Ahmad Alhaw in einem Supermarkt im Stadtteil Barmbek-Nord auf Kunden ein. Das Attentat am 19.12.2016 auf den Weihnachtsmarkt am Berliner Breitscheid Platz wurde von Anis Amri, einem tunesischen Staatsangehörigen, begangen. Ein in Deutschland als minderjährig und unbegleitet registrierter Flüchtling vermutlich afghanischer Herkunft verletzte bei einem Anschlag in einer Regionalbahn bei Würzburg am 18.7.2016 fünf Menschen mit einem Beil und einem Messer, vier davon schwer.

ebenso außer Betracht, wie die im Besonderen Teil geregelten minderschweren und besonders schweren Fälle. Das bedeutet, dass die Statusfolge zB auch dann eintritt, wenn wegen des Versuchs eines Verbrechens oder der Beihilfe zu einem Verbrechen eine Freiheitsstrafe von mindestens einem Jahr verhängt wird.

Da gem. § 2 VStGB auf Taten nach diesem Gesetz das allgemeine Strafrecht Anwendung findet, tritt die Statusfolge des § 45 Abs. 1 StGB auch dann ein, wenn wegen einer als Verbrechen zu qualifizierenden Tat nach dem VStGB, zB Völkermord (§ 6 VStGB), Verbrechen gegen die Menschlichkeit (§ 7 VStGB), Kriegsverbrechen (§§ 8–12 VStGB) und Verbrechen der Aggression (§ 13 VStGB) eine Freiheitsstrafe von mindestens einem Jahr verhängt wird. 17

b) Die Verurteilung muss auf Freiheitsstrafe von mindestens einem Jahr lauten. Wird eine Gesamtstrafe verhängt, so tritt die Statusfolge des § 45 Abs. 1 StGB nur dann ein, wenn eine der abgeurteilten Taten ein Verbrechen darstellt **und** wegen dieser Tat eine Einzelstrafe vom mindestens einem Jahr verhängt wurde.[14] 18

c) Der Rechtsverlust erfolgt auch dann, wenn die Freiheitsstrafe gem. § 56 Abs. 1 und 2 StGB zur Bewährung ausgesetzt wird oder bereits durch Anrechnung von Untersuchungshaft (§ 51 StGB) oder aufgrund einer im Wege der sog. Vollstreckungslösung aufgrund überlanger Verfahrensdauer vorzunehmenden Kompensation als vollstreckt gilt.[15] 19

d) Liegen die genannten Voraussetzungen vor, tritt automatisch der Verlust der Amts- und Wahlfähigkeit ein. Unter dem Begriff „**Öffentliche Ämter**" sollen solche Dienststellungen zu verstehen sein, die aus der Staatsgewalt abgeleitet sind und staatlichen Zwecken dienen,[16] dh insbesondere die Ämter der staatlichen Verwaltung von Bund, Ländern, Gemeinden und Gemeindeverbänden (Exekutive), sowie der Rechtspflege (Judikative). Beamte und Richter (auch ehrenamtliche Richter, dh Schöffen bei Strafgerichten und Handelsrichter bei den Handelskammern)[17] sind typischerweise Träger eines öffentlichen Amtes. Aber auch bei Körperschaften und Anstalten des öffentlichen Rechts können öffentliche Ämter bestehen, soweit sie staatliche Aufgaben wahrnehmen, wie zB Universitäten und Sozialversicherung,[18] öffentliche Rundfunkanstalten. Notare üben ebenfalls ein öffentliches Amt aus,[19] teilweise auch Steuerberater und Wirtschaftsprüfer,[20] nicht aber Rechtsanwälte, da sie keine hoheitlichen Aufgaben wahrnehmen. Da der Begriff des Amtsträgers iSv § 11 Abs. 1 Nr. 2 StGB und der Begriff des öffentlichen Amtes jedenfalls weitgehend übereinstimmen, kann zur Abgrenzung auf die dort entwickelte, deutlich umfangreichere Kasuistik zurückgegriffen werden. 20

§ 45 StGB gilt nicht für ausländische Ämter, da sie sich nicht von der Staatsgewalt der Bundesrepublik Deutschland ableiten. Sie gehen weder verloren, noch können sie aberkannt werden. Auch kirchliche Ämter sind von § 45 StGB nicht erfasst.[21] Das Mandat eines Abgeordneten als Teil der Legislative soll entgegen dem üblichen Sprachgebrauch kein öffentliches Amt darstellen.[22] 21

Der in § 45 Abs. 1 und 2 StGB verwendete Begriff der **öffentlichen Wahlen** entspricht der Formulierung „in öffentlichen Angelegenheiten" in § 45 Abs. 5 StGB. Öffentliche Wahlen sind inländische Wahlen in öffentlichen Angelegenheiten, die nicht ausschließlich einzelne natürliche oder juristische Personen und deren Privatinteressen, sondern die 22

---

[14] *Schneider* in LK-StGB StGB § 45 Rn. 14; *Kinzig* in Schönke/Schröder StGB Rn. 3; *Fischer*, 67. Aufl. 2020, StGB § 45 Rn. 6a; *Radtke* in MüKoStGB StGB § 45 Rn. 20; *v. Danwitz* in Döling/Duttke/König/Rössner, 4. Aufl. 2017, StGB § 45 Rn. 2; *Claus* in Satzger/Schluckebier/Widmaier StGB § 45 Rn. 6.
[15] *Schneider* in LK-StGB StGB § 45 Rn. 14.
[16] RGSt 62, 24–28.
[17] BT-Drs. IV/650, 167.
[18] *Schneider* in LK-StGB StGB § 45 Rn. 5.
[19] BT-Drs. IV/650, 167.
[20] *Radtke* in MüKoStGB StGB § 45 Rn. 14; anders jedoch BT-Drs. IV/650, 167, wonach die Berufe des Rechtsanwaltes, Wirtschaftsprüfers, Steuerberaters ua dem öffentlichen Amt nur gleichgestellt werden.
[21] *Kinzig* in Schönke/Schröder StGB § 45 Rn. 4.
[22] *Radtke* in MüKoStGB StGB § 45 Rn. 14.

Gesamtheit des Gemeinwesens oder das öffentliche Wohl betreffen. Hierzu zählen insbesondere die Wahlen zu den Gesetzgebungsorganen, zu Kreistagen, Stadt- und Gemeinderäten, aber auch zu den Organen der Sozialversicherung und zu Organen berufsständischer Organisationen, die Körperschaften des öffentlichen Rechts sind.[23]

2. Aberkennung der Fähigkeit, öffentliche Ämter zu bekleiden und Rechte aus öffentlichen Wahlen zu erlangen (§ 45 Abs. 2 StGB)

23 Gemäß § 45 Abs. 2 StGB kann das Gericht die Fähigkeit, öffentliche Ämter zu bekleiden und Rechte aus öffentlichen Wahlen zu erlangen auch für die Dauer von zwei bis fünf Jahren **aberkennen,** sofern das Gesetz es besonders vorsieht. Es handelt sich hier um eine sog. **fakultative Statusfolge,** deren Anordnung im Ermessen des erkennenden Gerichts steht.

24 a) Voraussetzung für die Aberkennung der Statusrechte der Amtsfähigkeit und der Wählbarkeit ist eine gesetzliche Regelung, die diese Rechtsfolge ausdrücklich zulässt. Eine solche kann im Besonderen Teil des StGB oder in einem anderen Bundesgesetz verankert sein.[24] Entsprechende Regelungen finden sich zB in §§ 92a, 101, 102 Abs. 2 StGB, §§ 108c, 108e, Abs. 5, 109i, 129a Abs. 8 StGB, § 264 Abs. 7 StGB, § 358 StGB, § 375 AO. Diese Ermächtigungsnormen sind unterschiedlich ausgestaltet hinsichtlich der erforderlichen Höhe der verhängten Freiheitsstrafe (Sechs Monate oder ein Jahr), der Beschränkung auf Vorsatztaten (zB § 101 StGB) und der durch sie zugelassenen Statusfolgen. Unerheblich ist, ob die Verurteilung wegen Täterschaft oder Teilnahme und ob sie wegen einer vollendeten Tat oder wegen Versuchs erfolgt.[25]

25 b) Bei Verhängung einer Gesamtfreiheitsstrafe soll nach inzwischen wohl herrschender Meinung jedenfalls dann auf deren Höhe abgestellt werden, wenn die Einzelstrafen nur für in der Ermächtigungsnorm aufgeführte Delikte[26] verhängt wurden. Nichts anderes kann gelten, wenn es sich bei den Einzeltaten um solche handelt, die nach unterschiedlichen Vorschriften, zB § 92a StGB und § 129 Abs. 8 StGB, zur Aberkennung ermächtigen. Sehen die zur Anwendung kommenden Ermächtigungsnormen unterschiedliche Mindeststrafen vor, so muss die höhere Schwelle erreicht werden. Umfasst die Gesamtstrafe auch Strafen für andere, nicht zur Aberkennung ermächtigende Delikte, so ist zur Prüfung der Anwendungsvoraussetzungen des § 45 Abs. 2 StGB aus den Einzelstrafen für die ermächtigenden Delikte eine fiktive Gesamtstrafe zu bilden.

3. Verlust der mit der Amtsfähigkeit und der Wahlfähigkeit verbundenen Rechtsstellungen und Rechte

26 Geht die Amtsfähigkeit verloren bzw. wird sie aberkannt, verliert der Verurteilte gem. § 45 Abs. 3 StGB die damit verbundenen Rechte und Rechtsstellungen, zB sein Amt als Richter oder Bürgermeister.

27 Gleiches gilt, wenn die Wählbarkeit verloren geht oder aberkannt wird (§ 45 Abs. 4 StGB), jedoch mit der Einschränkung, dass nicht das Gesetz etwas anderes bestimmt. Eine solche Ausnahme sieht zB § 47 BWG vor, wonach über den Verlust eines Bundestagsmandats der Ältestenrat entscheidet.

28 Der Verlust ist endgültig.[27] Die Rechte oder Rechtsstellungen leben auch nicht nach Ablauf des gesetzlichen oder gerichtlich bestimmten Verlustzeitraumes wieder auf. Eine Rehabilitation ist ebenfalls nicht möglich. Sie können lediglich nach Rückgewinnung der zugrundeliegenden Fähigkeiten, zB durch eine Neuwahl oder Verleihung eines Amtes,

---

[23] *Claus* in Satzger/Schluckebier/Widmaier StGB § 45 Rn. 10.
[24] Eine landesgesetzliche Regelung scheitert an Art. 3 EGStGB, der die zulässigen Rechtsfolgen bei Straftaten nach Landesrecht regelt und keine Statusfolgen vorsieht.
[25] *Sternberg-Lieben* in Schönke/Schröder StGB § 92a Rn. 2.
[26] So BGH NStZ 2008, 238; *Steinmetz* in MüKoStGB, 3. Aufl. 2017, StGB § 92a Rn. 1–5.
[27] So bereits BT-Drs. IV/650, 175.

B. Verlust und Wiedererlangung politischer Rechte, §§ 45 ff. StGB § 40

erneut erworben werden. Wird ein zum Verlust der Beamtenrechte führendes Strafurteil in einem Wiederaufnahmeverfahren aufgehoben, gilt das Beamtenverhältnis als nicht unterbrochen (§ 24 Abs. 2 BeamtStG).

4. Aberkennung des Rechtes in öffentlichen Angelegenheiten zu wählen oder zu stimmen

Gemäß § 45 Abs. 5 StGB kann das Gericht das Recht, in öffentlichen Angelegenheiten zu wählen oder zu stimmen, für die Dauer von zwei bis fünf Jahren aberkennen, soweit das Gesetz es besonders vorsieht. Entsprechende Ermächtigungen für einen solchen fakultativen Verlust finden sich in §§ 92a, 101, 102 Abs. 2 StGB, §§ 108c, 108e Abs. 5 StGB, § 109i StGB. Voraussetzung für die Aberkennung ist auch hier die Verurteilung zu einer Freiheitsstrafe von sechs Monaten oder einem Jahr. Bezüglich der Verurteilung zu einer Gesamtstrafe gilt das oben Gesagte (→ Rn. 25). 29

Das Gesetz unterscheidet nicht zwischen Wählen und Stimmen. Nach dem allgemeinen Sprachgebrauch ist der Unterschied darin zu sehen, dass per Wahl eine aus einem Kreis von mehreren Personen auserkoren wird, man also eine Person wählt. Abstimmung hingegen ist die Regelung einer Angelegenheit durch mehrere Personen, dh man stimmt für oder gegen eine Sache (zB Volksbegehren, Volksentscheid, Volksbefragung).[28] 30

Auch der Begriff „öffentliche Angelegenheiten" wird nicht definiert. Gemeint sind demokratische Urabstimmungen, dh Wahlen zu den Gesetzgebungsorganen (Bundestag, Landtage, Europäisches Parlament), den Bezirkstagen, Kreistagen, Stadt- und Gemeinderäten, außerdem Wahlen zu und in Körperschaften, Anstalten und Stiftungen des öffentlichen Rechts sowie den Ausschüssen, die im Bereich dieser Körperschaften staatliche Aufgaben wahrnehmen.[29] Nicht zu den öffentlichen Wahlen gehören zB Wahlen zu kirchlichen Organen und Betriebsratswahlen. 31

5. Anwendbarkeit auf Jugendliche und Heranwachsende

a) Gemäß § 6 Abs. 1 JGG darf gegen einen Jugendlichen auf die Unfähigkeit, öffentliche Ämter zu bekleiden, Rechte aus öffentlichen Wahlen zu erlangen oder in öffentlichen Angelegenheiten zu wählen oder zu stimmen **nicht** erkannt werden und gem. § 6 Abs. 2 JGG treten die automatischen Statusfolgen des § 45 Abs. 1 StGB nicht ein. 32

b) Für einen Heranwachsenden, also eine Person, die im Zeitpunkt der Tat achtzehn, aber noch nicht einundzwanzig Jahre alt ist (§ 1 Abs. 2 S. 2 JGG), gilt § 6 JGG, sofern gem. § 105 JGG Jugendrecht zur Anwendung kommt, zB weil Reifedefizite bestehen oder die begangene Tat eine jugendtypische Verfehlung darstellt. Findet Erwachsenenstrafrecht Anwendung, gilt § 45 StGB grundsätzlich uneingeschränkt. Das Gericht kann jedoch gem. § 106 Abs. 2 JGG anordnen, dass § 45 Abs. 1 StGB, also der (automatische) Verlust der Fähigkeit, öffentliche Ämter zu bekleiden und Rechte aus öffentlichen Wahlen zu erlangen, nicht eintritt. Hintergrund ist, dass einem Heranwachsenden, auch wenn er schwerste Verbrechen begangen hat, gleichwohl die Wiedereingliederung in die Gesellschaft ermöglicht bleiben soll.[30] Die Anwendung des § 106 Abs. 2 JGG wird unter diesem Gesichtspunkt in der Regel geboten sein.[31] Im Bereich des Staatsschutzstrafrechts sollte bei ideologisch motivierten und radikalisierten Tätern gleichwohl eine differenzierte Betrachtung stattfinden. 33

Die Gerichtshilfe ist vor einer Entscheidung stets zu hören. Die Entscheidung steht im Ermessen des erkennenden Gerichts. Sie ist gem. § 106 Abs. 2 JGG mit einer Zweidrittelmehrheit (§ 263 Abs. 1 StPO) zu treffen. Die Urteilsgründe müssen erkennen lassen, dass 34

---

[28] *Fischer*, 67. Aufl. 2020, StGB § 108d Rn. 2.
[29] *Schneider* in LK-StGB StGB § 45 Rn. 24 ff.
[30] *Kölbel* in Eisenberg, Jugendgerichtsgesetz: JGG, 21. Aufl. 2020, JGG § 106 Rn. 2.
[31] *Dölling* in Brunner/Dölling, Jugendgerichtsgesetz, 13. Aufl. 2018, JGG § 106 Rn. 3.

das Gericht sich der Milderungsmöglichkeit bewusst war und worauf es seine Entscheidung im Wesentlichen gestützt hat.

6. Sonderregelungen

35 In zahlreichen Einzelgesetzen finden sich Regelungen mit ähnlichen Rechtsfolgen wie § 45 StGB und solche, die im Falle eines Verlustes der Statusrechte weitere Rechtsfolgen vorsehen. So endet zB ein Beamten- oder Richterdienstverhältnis mit Rechtskraft des Verlustes der Amtsfähigkeit, ohne dass es eines Disziplinarverfahrens bedarf (§ 41 Abs. 1 BBG, § 24 Abs. 1 BeamtStG, § 24 DRiG). Der Verlust der Amtsfähigkeit führt außerdem zum Widerruf der Zulassung als Rechtsanwalt (§ 14 Abs. 2 Nr. 2 BRAO). Ähnliche Regelungen finden sich in § 46 Abs. 2 Nr. 2 StBerG, § 20 Abs. 2 Nr. 2 WiPrO.

36 Wer infolge Richterspruchs die Wählbarkeit oder das Wahlrecht verloren hat, kann auch nicht Mitglied einer Partei sein (§ 10 Abs. 1 PartG).

7. Prozessuale Fragen

37 Im Ermittlungsverfahren haben mögliche Statusfolgen noch keine besondere Bedeutung, zumal das Gesetz – anders als zB beim Fahrverbot und beim Berufsverbot – keine vorläufige Aberkennung der Statusrechte kennt.

38 Drohende Statusfolgen gebieten für sich – anders als ein drohendes Berufsverbot (§ 140 Abs. 1 Nr. 3 StPO) – auch nicht die Beiordnung eines Pflichtverteidigers.

39 Die Anklage braucht keinen Hinweis auf mögliche Statusfolgen zu enthalten[32], wenngleich sich ein solcher durchaus empfiehlt.

40 Eine Aberkennung der politischen Rechte im Strafbefehlsweg ist aufgrund der abschließenden Regelung des § 407 Abs. 2 StPO nicht möglich.

41 Ein Hinweis im Eröffnungsbeschluss ist ebenfalls nicht zwingend, kann jedoch sinnvoll sein, um eventuelle Mängel in später gem. § 265 StPO erteilten Hinweisen zu heilen.

42 Spätestens in der Hauptverhandlung muss das Gericht den Angeklagten gem. § 265 Abs. 2 Nr. 1 StPO auf mögliche automatische und fakultative Statusfolgen hinweisen. Ob diese Hinweispflicht auch gilt, wenn die dem Verlust der Statusrechte zugrundeliegenden Tatsachen sich nicht erst, wie vom Gesetzeswortlaut verlangt, in der Verhandlung ergeben haben, sondern bereits vorher bekannt waren, ist umstritten,[33] wobei die Argumente des eine Hinweispflicht befürwortenden 1. Senats des BGH[34] überzeugen. Mit Blick auf die Revision ist ein Hinweis jedenfalls empfehlenswert.

43 Die Urteilsgründe müssen sich mit dem Ob und Wie der fakultativen Statusfolgen auseinandersetzen. In einem Fall, der die Verhängung von Statusfolgen nahelegt, ist zu begründen, warum davon abgesehen wurde. Das Gericht muss die Statusfolgen nicht nur rechtlich würdigen, sondern auch im Rahmen der Strafzumessung berücksichtigen.

44 Die automatische Statusfolge des § 45 Abs. 1 StGB bedarf keiner Begründung. Da das Prinzip des gerechten Schuldausgleichs es gebietet, unter dem Gesichtspunkt der Belastungsgleichheit bei der Bemessung der Strafe die Gesamtwirkung des Rechtsfolgenausspruchs unter Einbeziehung weiterer täterbelastender Folgen (poena naturalis) zu berücksichtigen,[35] und der Verlust der Amtsfähigkeit und Wählbarkeit einen drastischen Eingriff in das Leben des Täters darstellt, scheint eine Berücksichtigung bei der Strafzumessung geboten.

45 Bei den fakultativen Statusfolgen ist nach den allgemeinen Grundsätzen der Strafzumessung gem. § 46 StGB vorzugehen. Die Urteilsgründe müssen mitteilen, warum welche Statusfolge angeordnet wurde und nach welchen Kriterien die Dauer des Verlustzeitraums bestimmt wurde. Sie müssen erkennen lassen, dass das Gericht sich seines Ermessens

---

[32] *Schmitt* in Meyer-Goßner/Schmitt, 63. Aufl. 2020, StPO § 200 Rn. 14.
[33] Zum Streitstand *Schmitt* in Meyer-Goßner/Schmitt, 63. Aufl. 2020, StPO § 207 Rn. 20a.
[34] BGH NStZ 2019, 747 Rn. 18.
[35] *Schneider* in LK-StGB StGB § 46 Rn. 15.

bezüglich der Anordnung bewusst war und die wesentlichen – nicht aber alle – Gründe der Ermessensentscheidung mitteilen. Bei Bemessung der Statusfolgen ist die Hauptstrafe, bei Bemessung der Hauptstrafe die Statusfolgen in die Gesamtbetrachtung miteinzubeziehen, was auch zum Ausdruck gebracht werden sollte.

Berufung und Revision können auf den Rechtsfolgenausspruch, zu dem die Statusfolgen 46 gehören, beschränkt werden. Deren isolierte Anfechtung ist nicht grundsätzlich ausgeschlossen, wird aufgrund der teilweise identischen Anknüpfungstatsachen und Wechselwirkungen mit der Hauptstrafe im Regelfall aber ausscheiden.[36]

Das Revisionsgericht überprüft die Rechtmäßigkeit der angeordneten Statusfolgen schon 47 auf die allgemeine Sachrüge (*„Ich rüge die Verletzung materiellen Rechts."*) hin, ohne dass es einer weiteren Begründung bedarf. Eine Verletzung der Hinweispflicht kann im Wege einer Verfahrensrüge geltend gemacht werden. Das Urteil wird unter anderem angesichts der seltenen Anordnung der Nebenstrafe und weil es sich dabei um eine Ermessensentscheidung handelt, auf die die Verteidigung gegebenenfalls hätte Einfluss nehmen können, auf dem Verstoß beruhen.[37]

V. Berechnung des Verlustzeitraums, § 45a StGB

Während § 45 Abs. 1 StGB die Dauer des kraft Gesetzes eintretenden, das Strafurteil die 48 des fakultativen Verlustes der politischen Rechte bestimmt, regelt § 45a StGB, wann der Verlust wirksam wird und wie sich der Verlustzeitraum berechnet.

1. Wirksamwerden des Verlustes

§ 45a Abs. 1 StGB bestimmt, dass der kraft Gesetzes oder Anordnung eingetretene Verlust 49 der Statusrechte und der mit ihnen verbunden Rechts und Rechtsstellungen mit der **Rechtskraft** des Urteils wirksam wird, dh solange über eine Berufung oder Revision noch nicht entschieden wurde, bestehen die Statusrechte fort, mit Eintritt der Rechtskraft erlöschen bzw. ruhen sie. Der Verurteilte verliert die Amtsfähigkeit und mit ihr das öffentliche Amt, das er gegebenenfalls innehat. Er kann nicht mehr gewählt werden und verliert seine öffentlichen Mandate. Er darf nicht mehr wählen oder stimmen.

Wird die Rechtskraft rückwirkend beseitigt, zB aufgrund eines erfolgreichen Wieder- 50 aufnahmeantrags oder der Gewährung von Wiedereinsetzung in eine versäumte Rechtsmittelfrist, so ist die Wirksamkeit des Verlustes der politischen Rechte zunächst beendet und beginnt gegebenenfalls neu, wenn das bisherige Urteil aufrechterhalten oder der Angeklagte erneut entsprechend verurteilt wird (§ 373 StPO) und dieses Urteil in Rechtskraft erwächst.

2. Bestimmung des Verlustzeitraumes

Das Wirksamwerden des Verlustes ist jedoch **nicht** gleichzusetzen mit dem Anfang des 51 gesetzlich oder durch Urteil bestimmten Verlustzeitraumes. Gemäß § 45a Abs. 2 S. 1 StGB beginnt dieser erst mit dem Tag, an dem die dem Verlust der Statusrechte zugrundeliegende Strafe vollständig vollstreckt, verjährt oder erlassen ist. Faktisch verlängert sich somit der Verlustzeitraum um die Dauer der Freiheitsentziehung und um die Zeit zwischen Rechtskrafteintritt und Beginn der Vollstreckung, sodass es aus Sicht der Verteidigung sinnvoll sein kann, auf einen raschen Vollzugsbeginn hinzuwirken.

Wird gem. § 45 Abs. 5 StGB das aktive Wahlrecht aberkannt, so soll nach hM der 52 Verlustzeitraum ausnahmsweise schon mit Rechtskraft beginnen.[38] Dies gebiete eine verfassungskonforme Auslegung der Vorschrift. Da auch Strafgefangenen das aktive Wahl- und

---

[36] Zur isolierten Anfechtung von Nebenstrafen *Quentin* in MüKoStPO StPO § 318 Rn. 66–69.
[37] BGH NStZ 2020, 47 Rn. 30.
[38] *v. Heintschel-Heinegg* in BeckOK StGB, 47. Ed. 1.8.2020, StGB § 45a Rn. 1.

Stimmrecht grundsätzlich zusteht, sie hingegen von ihrer Amtsfähigkeit und Wählbarkeit während der Inhaftierung unabhängig von § 45a Abs. 2 StGB ohnehin keinen Gebrauch machen können, sei es mit dem Schuldprinzip nicht vereinbar, den Verlustzeitraum bezüglich des aktiven Wahlrechts erst nach vollständiger Verbüßung etc. zu beginnen zu lassen. Dem ist entgegen zu halten, dass es nicht nur dem Gesetzeswortlaut, sondern ausdrücklich dem Willen des Gesetzgebers entspricht, dass sich der Verlustzeitraum praktisch um die bis zum Eintritt des in § 45a Abs. 2 StGB genannten Zeitpunktes verstreichende Zeit verlängert[39] und eine Differenzierung zwischen den einzelnen Statusfolgen gerade nicht vorgenommen wurde. Im Übrigen kann der Tatrichter diesem Aspekt bei der Bemessung der zu verbüßenden Freiheitsstrafe und des Verlustzeitraumes Rechnung tragen, da der Verlust des aktiven Wahlrechts nie kraft Gesetzes, sondern nur auf Anordnung eintritt.[40]

53 Im Einzelfall kann jedoch der Eintritt der Rechtskraft den Beginn des Verlustzeitraumes darstellen, wenn der Verurteilte sich in diesem Zeitpunkt bereits solange in einem vorläufigen Freiheitsentzug befunden hat, dass die gegen ihn verhängte Strafe durch Anrechnung (§ 51 StGB) als verbüßt gilt. Gerade im Bereich des Staatsschutzstrafrechtes kann das vorkommen, weil die Verurteilten häufig längere Zeit in ausländischer Auslieferungshaft oder Untersuchungshaft verbracht haben und diese Zeit des Freiheitsentzuges aufgrund der dortigen Haftbedingungen in der Regel im Verhältnis 2 : 1, teilweise sogar 3 : 1 angerechnet wird.

54 Der Eintritt der Rechtskraft ist der früheste Zeitpunkt, zu dem der Verlustzeitraum beginnen kann, da die Wirksamkeit Voraussetzung für den Fristlauf ist.[41]

55 Der Verlustzeitraum läuft nach hM[42] auch dann an, wenn der Verurteilte nach vollständiger Verbüßung der dem Verlust der Statusrechte zugrundeliegenden Strafe sich aufgrund einer Verurteilung wegen einer anderen Straftat weiter in Strafhaft befindet. Dem wird entgegengehalten, dass den Inhaftierten die Wirkungen der Statusfolgen nicht mit gleicher Härte wie den in Freiheit Lebenden träfen.[43] Da gem. § 43 Abs. 2 Nr. 1 StVollStrO grundsätzlich die längste Freiheitsstrafe zuletzt verbüßt wird und diese in der Regel dem Verlust der Statusrechte zugrunde liegt, dürfte eine derartige Konstellation in der Praxis eher selten anzutreffen sein.

56 Beruht der Verlust der politischen Rechte auf einer **Gesamtstrafe,** so ist darauf abzustellen, wann diese vollständig vollstreckt ist, nicht auf die (rechnerische) vollständige Vollstreckung der Einzelstrafe, die zum Verlust der Statusrechte geführt hat.[44]

57 Wird mit der dem Verlust der Statusrechte zugrunde liegenden Freiheitsstrafe und einer aus einer anderen Verurteilung stammenden Freiheitsstrafe eine **nachträgliche Gesamtfreiheitsstrafe** gebildet, sind gem. § 55 Abs. 2 StPO die Nebenstrafen und Nebenfolgen grundsätzlich aufrechtzuerhalten. Insoweit ist das jetzt erkennende Gericht an die Rechtskraft der früheren Entscheidung gebunden, mag auch aus jetziger Sicht die Verhängung der Maßregel nicht mehr erforderlich sein.[45] Die Aufrechterhaltung ist in dem einbeziehenden Urteil oder dem Beschluss über die nachträgliche Gesamtstrafenbildung ausdrücklich auszusprechen.[46]

58 Das über die nachträgliche Gesamtstrafe entscheidende Gericht bestimmt einen neuen, einheitlichen Verlustzeitraum, wenn die nachträglich abzuurteilende Tat ihrerseits den gesetzlichen oder angeordneten Verlust der politischen Rechte rechtfertigt.[47] Bietet die

---

[39] BT-Drs. IV/650, 175.
[40] So auch *Claus* in Satzger/Schluckebier/Widmaier StGB § 45a Rn. 7.
[41] *Radtke* in MüKoStGB StGB § 45a Rn. 6.
[42] *Radtke* in MüKoStGB StGB § 45a Rn. 8 ff.
[43] *Wolters* in SK-StGB StGB § 45a Rn. 6.
[44] *Fischer*, 67. Aufl. 2020, StGB § 45a Rn. 4.
[45] *Schäfer/Sander/van Gemmeren*, Praxis der Strafzumessung, 6. Aufl. 2017, Rn. 1262.
[46] BGH BeckRS 2019, 8405 Rn. 6.
[47] *v. Heintschel-Heinegg* in MüKoStGB StGB § 55 Rn. 47.

B. Verlust und Wiedererlangung politischer Rechte, §§ 45 ff. StGB § 40

nachträglich abzuurteilende Tat keine Grundlage für § 45 StGB, so hat das nachträglich entscheidende Gericht auch die Dauer des Verlustzeitraums aufrecht zu erhalten.[48]

Ist eine Vollstreckung der verhängten Strafe wegen Verjährung (§§ 79 ff. StGB) nicht mehr möglich, so beginnt der Verlustzeitraum mit Eintritt der Verjährung zu laufen. **59**

Wird eine Strafe oder ein Strafrest nach vorheriger Aussetzung zur **Bewährung** oder im Gnadenweg erlassen, so soll ausnahmsweise die Zeit der retrospektiv erfolgreichen Bewährung in die Dauer des Verlustes eingerechnet werden (§ 45a Abs. 3 StGB), dh die Dauer des Verlustzeitraums verkürzt sich um die bereits absolvierte Bewährungszeit. Da die Statusfolgen bereits während der Bewährungszeit ihre Wirkung entfalten, würde es dem Wesen der Bewährung widersprechen, nicht auch bei der Berechnung des Verlustzeitraumes zu berücksichtigen, dass der Verurteilte das in ihn gesetzte Vertrauen gerechtfertigt hat. **60**

Wurde gegen den Verurteilten neben der Freiheitsstrafe eine freiheitsentziehende Maßregel der Besserung oder Sicherung, also Unterbringung in einer Entziehungsanstalt (§ 64 StGB), in einem psychiatrischen Krankenhaus (§ 63 StGB) oder in der Sicherungsverwahrung (§ 66 StGB) angeordnet, so beginnt der Verlustzeitraum gem. § 45a Abs. 2 S. 1 StGB erst, wenn auch diese Maßregel durch Verbüßung, Verjährung, Erlass oder Anordnung der Erledigung erledigt ist. Erfolgt eine Aussetzung zur Bewährung oder im Gnadenweg gilt ebenfalls § 45a Abs. 3 StGB. **61**

VI. Wiederverleihung von Rechten und Fähigkeiten, § 45b StGB

1. Voraussetzungen einer Rehabilitation

Hat der Verurteilte seit der Rechtskraft des Urteils und damit seit Wirksamwerden der Statusfolgen ein gesetzmäßiges und geordnetes Leben[49] geführt, so besteht gem. § 45b Abs. 1 StGB die Möglichkeit der **Rehabilitation**, dh das Gericht kann die nach § 45 Abs. 1, 2 StGB verlorenen politischen Rechte wiedererteilen. Der Verlust der mit den Statusrechten einhergehenden Rechte und Rechtsstellungen (§ 45 Abs. 3 und 4 StGB) ist hingegen endgültig. Die praktische Relevanz ist eher gering.[50] **62**

Formelle Voraussetzung ist gem. § 45b Abs. 1 Nr. 1 StGB, dass seit dem Wirksamwerden der Statusfolgen mit Rechtskrafteintritt die Hälfte der festgesetzten Verlustdauer verstrichen ist. Dabei ist die Zeit nicht zu berücksichtigen, in der sich der Verurteilte in Freiheitsentziehung befand (→ Rn. 51). **63**

Im Fall des automatischen Rechts- und Fähigkeitsverlust gem. § 45 Abs. 1 StGB ist eine Rehabilitation frühestens nach zwei Jahren sechs Monaten möglich, in den Fällen des § 45 Abs. 2 und 5 StGB nach der Hälfte der angeordneten Verlustdauer. Der Zeitraum verlängert sich jeweils um die Zeit, während der sich der Verurteilte in Haft oder Unterbringung befand. **64**

Materiell bedarf es nach § 45b Abs. 1 Nr. 2 StGB einer positiven Prognose, dass der Verurteilte künftig keine vorsätzlichen Straftaten mehr begehen wird. Streit besteht darüber, ob sich die günstige Täterprognose auf Vorsatztaten jeglicher Art oder nur auf solche, die zum automatischen oder fakultativen Verlust der politischen Rechte führen können, beziehen muss.[51] Schon angesichts des eindeutigen Gesetzeswortlautes verdient erstere Ansicht den Vorzug. Aber auch die Intention des Gesetzgebers, diejenigen Straftäter mit der vorzeitigen Wiedererteilung zu belohnen, die zu einem rechtstreuen Leben zurück gefunden haben,[52] spricht dafür, keine Einschränkung auf statusfolgengeeignete Taten vor- **65**

---
[48] BGH NStZ 1992, 231; aA *Schneider* in LK-StGB StGB § 45a Rn. 4, der eine Neubestimmung der Verlustdauer auch dann zulassen will, wenn die zur späteren Aburteilung stehende Tat die Nebenstrafe nicht zulässt.
[49] BT-Drs. IV/650, 179.
[50] Veröffentlicht lediglich OLG Jena BeckRS 2009, 86293.
[51] *Radtke* in MüKoStGB StGB § 45b Rn. 7.
[52] BT-Drs. IV/650, 179.

zunehmen.⁵³ Für die Prognose des künftigen Sozialverhaltens gelten die auch bei der Prüfung der Strafaussetzung zur Bewährung gem. § 56 StGB anzulegenden Beurteilungsmaßstäbe.⁵⁴

2. Das Rehabilitationsverfahren

66 **a)** Die auf Antrag – in der Regel des Verurteilten – oder von Amts wegen zu treffende Entscheidung über die Wiedererteilung der Statusrechte ist Teil des Strafvollstreckungsverfahrens. Für sie ist die Strafvollstreckungskammer zuständig, wenn gegen den Verurteilten eine Freiheitsstrafe vollstreckt wird oder wurde (§ 462a Abs. 1 StPO). Wurde die Strafe zur Bewährung ausgesetzt, entscheidet das Gericht des ersten Rechtszuges (§ 462a Abs. 2 S. 1 StPO). Da in Staatsschutzverfahren häufig das OLG in erster Instanz zuständig ist, entfällt gem. § 462a Abs. 5 S. 1 StPO trotz der Vollstreckung einer Freiheitsstrafe die Zuständigkeit der Strafvollstreckungskammer und das OLG trifft auch die Nachtragsentscheidungen. Das OLG kann diese ganz oder teilweise auf die Strafvollstreckungskammer übertragen (§ 462a Abs. 5 S. 2 StPO). Die Abgabe erfolgt durch einen für die Strafvollstreckungskammer bindenden Beschluss, kann jedoch vom OLG jederzeit widerrufen werden (§ 462a Abs. 5 S. 3 StPO).

67 **b)** Der Verurteilte kann sich auch im Rehabilitationsverfahren von einem Wahlverteidiger vertreten lassen oder die Beiordnung eines Pflichtverteidigers beantragen. Eine im Ermittlungs- oder Hauptverfahren erfolgte Beiordnung endet mit dem rechtskräftigen Abschluss des Strafverfahrens und wirkt im Strafvollstreckungsverfahren nicht fort (§ 143 Abs. 1 StPO). Im Rahmen des Strafvollstreckungsverfahrens wird eine Pflichtverteidigung in der Regel nur in besonders gelagerten Fällen und nur für einzelne Verfahrensabschnitte angeordnet.

68 **c)** Das zuständige Gericht trifft seine Entscheidung über den Antrag auf Rehabilitation ohne mündliche Verhandlung durch Beschluss (§ 462 Abs. 1 S. 2 iVm S. 1 StPO). Es handelt sich um eine Ermessensentscheidung („kann"), die zu begründen ist (§ 34 StPO). Dabei steht die Wiedererteilung der politischen Rechte zur Ablehnung des Antrags nicht in einem Regel-Ausnahme-Verhältnis.⁵⁵ Die Wiederverleihung der verlorenen Fähigkeiten und Rechte wirkt nur für die Zukunft; die nach § 45 Abs. 3 und 4 StGB verlorenen Positionen werden nicht wiedererlangt.⁵⁶ Der Antrag kann nach einer ablehnenden Entscheidung erneut gestellt werden.

69 **d)** Das Gericht muss den Verurteilten und die Staatsanwaltschaft zumindest schriftlich anhören, eine mündliche Anhörung ist möglich (§ 462 Abs. 2 S. 1 StPO). Die Anhörung kann im Wege einer Videokonferenz erfolgen, wenn der Verurteilte sich nicht am Gerichtsort aufhält (§ 462 Abs. 2 S. 2 StPO).

70 **e)** Gegen die Entscheidung ist grundsätzlich das Rechtsmittel der sofortigen Beschwerde gegeben (§ 462 Abs. 3 S. 1 StPO). Diese ist schriftlich (§ 306 Abs. 1 StPO) und binnen einer Woche nach Bekanntgabe des Beschlusses (§ 311 Abs. 2 StPO) bei dem Gericht anzubringen, dessen Entscheidung angefochten wird. Das Beschwerdegericht trifft eine eigene Sachentscheidung und ist nicht auf die Nachprüfung auf Ermessensfehler beschränkt.

71 Hat das OLG als erstinstanzliches Gericht über den Wiedererteilungsantrag entschieden, so ist eine sofortige Beschwerde zum BGH nicht statthaft (§ 304 Abs. 4 S. 2 Hs. 1. StPO), da die Wiedererteilung der politischen Rechte kein in § 304 Abs. 4 S. 2 Hs. 2 StPO aufgeführter Ausnahmefall ist. Gegen die Entscheidung des Beschwerdegerichts findet keine weitere Beschwerde statt (§ 310 Abs. 1, 2 StPO).

---

⁵³ So auch *Claus* in Satzger/Schluckebier/Widmaier StGB § 45b Rn. 3.
⁵⁴ *v. Heintschel-Heinegg* in BeckOK StGB, 47. Ed. 1.8.2020, StGB § 45b Rn. 3.
⁵⁵ OLG Jena BeckRS 2009, 86293.
⁵⁶ *Kinzig* in Schönke/Schröder StGB § 45b Rn. 5.

f) Die im Rehabilitationsverfahren anfallenden Gerichts**kosten,** gegebenenfalls Gutachterkosten etc., zählen gem. § 464a StPO ebenso wie die zB im Zusammenhang mit einer Reststrafenaussetzung zur Bewährung anfallenden Kosten[57] zu den Kosten des Verfahrens. Die Kostentragung richtet sich nach der Kostenentscheidung im Strafurteil, dh auch bei erfolgreicher Antragstellung oder bei einer Rehabilitation von Amts wegen trägt der Verurteilte die Kosten des Rehabilitationsverfahrens und seine notwendigen Auslagen wie zB notwendige Aufwendungen für eine anwaltliche Vertretung. Lediglich im Falle einer erfolgreichen Beschwerde des Verurteilten gegen die von ihm beantragte Wiedererteilung der Statusrechte können die Kosten des Beschwerdeverfahrens und die notwendigen Auslagen des Verurteilten im Beschwerdeverfahren der Staatskasse auferlegt werden. Mit Blick auf die Anwaltsvergütung stellt das Rehabilitationsverfahren ein sonstiges Verfahren in der Strafvollstreckung dar. Der Gebührenanspruch des Rechtsanwaltes richtet sich nach RVG VV 4204 ff.

VII. Mitteilung des Verlustes und der Wiedererteilung der politischen Rechte

Gemäß § 12 Abs. 1 EGGVG iVm § 13 Abs. 1 Nr. 5 EGGVG sind Gerichte und Staatsanwaltschaften **berechtigt,** nicht verpflichtet[58], zur Erfüllung der in der Zuständigkeit des Empfängers liegenden Aufgaben personenbezogene Daten mitzuteilen, wenn aufgrund einer Entscheidung der Verlust der Rechtsstellung aus einem öffentlich-rechtlichen Amts- oder Dienstverhältnis, der Verlust des Wahlrechts oder der Wählbarkeit eintritt und die Kenntnis der Daten aus Sicht der übermittelnden Stelle für die Verwirklichung der Rechtsfolgen erforderlich ist.

Auf dieser Rechtsgrundlage sieht Nr. 12 MiStra vor, dass in Strafverfahren gegen deutsche Staatsangehörige und EU-Bürger, die ihren Wohnsitz oder gewöhnlichen Aufenthalt in der Bundesrepublik Deutschland haben, der für die Erstellung des **Wählerverzeichnisses** zuständigen Verwaltungsbehörde die Tatsache der rechtskräftigen Verurteilung ohne Angabe der rechtlichen Bezeichnung der Tat und ohne Angabe der angewendeten Strafvorschriften mitgeteilt wird, wenn wegen eines Verbrechens auf eine Freiheitsstrafe von mindestens einem Jahr erkannt wurde und folglich der automatische Verlust der politischen Rechte eintritt, oder die politischen Rechte (Amtsfähigkeit, Wählbarkeit, Wahlrecht) gem. § 45 Abs. 2 und 5 StGB aberkannt wurden. Die Mitteilung erfolgt an die für den Wohnsitz des Verurteilten zuständige Behörde. Im Falle der fakultativen Statusfolgen ist auch der Verlustzeitraum und der Tag des Ablaufs des Verlustes mitzuteilen. Im Falle einer Rehabilitation gem. § 45b StGB ist die Wiedererteilung an den Empfänger der Erstmitteilung und gegebenenfalls an die nunmehr für den Wohnsitz zuständige Behörde zu richten.

VIII. Eintragung im Bundeszentralregister

Das Bundeszentralregistergesetz (BZRG) vom 18. März 1971 (BGBl. 1971 I 243) ist schwerpunktmäßig zwei Zielen verpflichtet: Zum einen besteht das Interesse der Allgemeinheit am Schutz der Gesellschaft vor Menschen, die die Rechtsordnung missachten, und damit die Notwendigkeit einer möglichst lückenlosen Dokumentation der von diesen begangenen Straftaten. Zum anderen haben verurteilte Straftäter einen verfassungsrechtlich verbürgten Anspruch auf Resozialisierung und Befreiung von dem mit der Verurteilung verbundenen Strafmakel nach Verbüßung ihrer Strafe und erfolgreicher Legalbewährung.[59] Gemäß dieser Grundsätze sind auch Entscheidungen, die den Verlust und die Wiedererteilung der politischen Rechte betreffen, registerpflichtig (§ 3 Nr. 1 BZRG, § 4 Nr. 1 BZRG, § 5 Abs. 1 Nr. 7 BZRG). Die Wiedererlangung von Rechten, insbesondere der

---
[57] *Gieg* in KK-StPO StPO § 464a Rn. 5.
[58] Anders als bei § 309 Abs. 1 S. 1 FamFG besteht keine Mitteilungspflicht.
[59] BT-Drs. 18/11933, 17.

Tag des Ablaufs des Verlustes ist ebenso zu erfassen (§ 12 Abs. 1 Nr. 7 BZRG) wie die gnadenweise Wiedererteilung der politischen Rechte (§ 14 Nr. 3 BZRG). Sowohl der Verlust und die Entziehung der politischen Rechte als auch die Wiedererteilung sind in das Führungszeugnis aufzunehmen (§ 32 Abs. 1 BZRG). Die Mitteilung der erforderlichen Daten erfolgt durch Gericht oder Staatsanwaltschaft (§ 20 BZRG). Haben Verurteilte infolge der Verurteilung ein oder mehrere politische Rechte verloren, so läuft gem. § 37 Abs. 1 BZRG die Frist, nach deren Ablauf Verurteilungen nicht mehr in das Führungszeugnis eingetragen werden, und gem. § 47 Abs. 2 BZRG die Tilgungsfrist nicht ab, solange sie diese Fähigkeit oder dieses Recht nicht wiedererlangt haben. Solange ein Verurteilter seine Statusrechte nicht wiedererlangt hat, scheidet ferner die auf Antrag oder von Amts wegen mögliche Anordnung der Nichtaufnahme der Verurteilung in das Führungszeugnis durch den Generalbundesanwalt aus (§ 39 Abs. 2 BZRG), eine Einschränkung, die zur Vermeidung von Fehleinschätzungen hinsichtlich der Statusrechte eines Verurteilten dient.[60]

IX. Gnadenrecht

76 Die Wiederverleihung der politischen Rechte im Gnadenweg ist möglich, hatte jedoch vor allem vor 1970 Bedeutung, weil damals eine gerichtliche Wiedererteilung noch nicht zulässig war. Gegenstand eines Gnadenerweises können jedoch nur die Amtsfähigkeit, Wählbarkeit und das Wahlrecht sein, nicht aber die kraft Ernennung oder Wahl erlangten Rechte und Rechtsstellungen, die nach § 45 Abs. 3 und 4 StGB verloren gegangen sind.[61] Die gerichtlichen Möglichkeiten sind auszuschöpfen bevor der Gnadenweg in Betracht kommt.[62]

C. Berufsverbot

I. Allgemeines

77 Neben der Freiheitsentziehung durch Strafvollzug oder Unterbringung stellt das Verbot, einen Beruf oder ein Gewerbe auszuüben, den drastischsten Eingriff in das Leben eines Straftäters dar, den das Strafgesetz kennt und entzieht ihm oder vernichtet gar seine bisherige Existenzgrundlage. Erstmals als § 42 Abs. 1 StGB mit dem sog. Gewohnheitsverbrechergesetz vom 24.11.1933 in das Strafgesetzbuch aufgenommen,[63] erhielt § 70 StGB mit dem 2. Strafrechtsreformgesetz im Wesentlichen seine heutige Form. Den durchschnittlich 100 verhängten Berufsverboten pro Jahr liegen überwiegend Straftaten aus dem Kreis der Vermögens- und Sexualdelikte oder dem Nebenstrafrecht zugrunde.[64] Die eher seltene Anordnung im Bereich des Staatsschutzstrafrechts mag einerseits darauf zurückzuführen sein, terroristische Straftäter meist ihre bürgerliche Existenz und geregelte Erwerbstätigkeit aufgegeben haben und es andererseits für die Verhängung eines Berufsverbotes nicht ausreicht, wenn zur Tatbegehung lediglich Möglichkeiten ausgenutzt werden, die sich anlässlich der Berufsausübung ergeben.[65]

II. Normzweck

78 Das Berufsverbot ist keine zusätzliche Sanktion neben der Strafe. Es ist eine reine **Sicherungsmaßnahme** und dient vornehmlich dem Schutz der Allgemeinheit vor Gefahren, die mit der Ausübung eines bestimmten Berufes oder Gewerbes durch den Angeklagten

---

[60] *Rebmann/Uhlig*, Bundeszentralregistergesetz, 1985, BZRG § 39 Rn. 45.
[61] *Schätzler*, Handbuch des Gnadenrechts, 2. Aufl. 1992, 5.2.2.4.
[62] *Schätzler*, Handbuch des Gnadenrechts, 2. Aufl. 1992, 3.1.6.
[63] Zur Historie s. *Bockemühl* in MüKoStGB StGB § 70 Rn. 1.
[64] *Pollähne* in NK-StGB StGB § 70 Rn. 4.
[65] *Fischer*, 67. Aufl. 2020, StGB § 70 Rn. 5.

einhergehen.⁶⁶ Bei der Anordnung dürfen deshalb ausschließlich generalpräventive Gesichtspunkte berücksichtigt werden.

III. Rechtsnatur

Das Berufsverbot ist als Maßregel der Besserung und Sicherung ausgestaltet, die nicht von Art und Maß der verhängten Strafe abhängt, weil ihre Notwendigkeit nicht nach der Schwere des Schuldvorwurfs, sondern vorrangig nach der Gefährlichkeit des Täters zu beurteilen ist.⁶⁷ 79

IV. Voraussetzungen der Anordnung

Ein Berufsverbot setzt gem. § 70 Abs. 1 StGB voraus, dass ein Angeklagter 80
1. eine rechtswidrige Tat unter Missbrauch seines Berufes oder Gewerbes oder unter grober Verletzung der mit ihnen verbundenen Pflichten begangen hat,
2. wegen dieser Tat verurteilt wird oder nur deshalb nicht verurteilt wird, weil seine Schuldunfähigkeit erwiesen oder nicht auszuschließen ist und
3. die Gesamtwürdigung des Täters und der Tat die Gefahr erkennen lässt, dass er bei weiterer Ausübung des Berufes, Berufszweiges, Gewerbes oder Gewerbezweiges erhebliche Taten der bezeichneten Art begehen wird.

1. Begehung einer rechtswidrigen Tat unter Missbrauch des Berufes oder Gewerbes oder grober Verletzung der mit ihnen verbundenen Pflichten

Anders als die Statusfolgen ist die Verhängung eines Berufsverbots zwar unabhängig von der Staatsbürgerschaft des Täters. Jedoch grenzt das Erfordernis eines ausgeübten Berufs oder Gewerbes die Anwendbarkeit im Staatsschutzstrafrecht bereits stark ein, weil viele politisch motivierte Täter keiner geregelten Erwerbstätigkeit nachgehen.⁶⁸ 81

Nach der Rechtsprechung des BVerfG ist **Beruf** jede Tätigkeit, die auf gewisse Dauer angelegt ist und der Schaffung und Erhaltung einer Lebensgrundlage dient⁶⁹ und es liegt nahe, auf diesen Berufsbegriff abzustellen.⁷⁰ Unter **Gewerbe** versteht man das in der Absicht der fortdauernden Gewinnerzielung erfolgende Unterhalten eines Betriebs, der auf die Herstellung, Verarbeitung oder den Umsatz von Waren, Gütern oder sonstigen Leistungen gerichtet ist.⁷¹ Diese weit gefassten Definitionen beziehen auch neu entstanden Berufsbilder, wie zB Blogger oder Influencer, ein. Soll ein strafrechtliches Berufsverbot gegen Medienangehörige verhängt werden, steht Art. 18 GG dem nicht entgegen,⁷² jedoch ist in besonderem Maß darauf zu achten, dass die Meinungs- und Pressefreiheit nicht 82

---

⁶⁶ BT-Drs. IV/650, 231.
⁶⁷ BT-Drs. IV/650, 231.
⁶⁸ Wie bereits ausgeführt (→ Rn. 12) betraf eine Vielzahl der in Deutschland eingeleiteten Verfahren wegen Mitgliedschaft in einer ausländischen terroristischen Vereinigung Asylbewerber, die aufgrund ihres Aufenthaltsstatus keiner Erwerbstätigkeit nachgehen durften. Autonome, Anarchisten und sonstige Sozialrevolutionäre, die neben dogmatischen Marxisten-Leninisten und sonstige revolutionäre Marxisten die Hauptgruppe der linksextrem motivierten Straftäter bilden, streben ein herrschaftsfreies, selbstbestimmtes Leben frei von jeglicher staatlicher Autorität an und üben häufig keinen Beruf aus. Auch ein Abtauchen in den Untergrund, wie es zB bei den Mitgliedern des NSU stattfand, verhindert die Ausübung eines Berufes.
⁶⁹ BVerfG NJW 2016, 930 Rn. 34.
⁷⁰ *Valerius* in LK-StGB StGB § 70 Rn. 24.
⁷¹ *Waßmer* in Graf/Jäger/Wittig, Wirtschafts- und Steuerstrafrecht, 2. Aufl. 2017, StGB § 70 Rn. 10–11.
⁷² Zu der streitigen Frage, ob ein Berufsverbot gegen Medienorgane wegen politischer Straftaten wegen Art 18 GG nur vom BVerfG oder auch von einem Strafgericht verhängt werden darf und ob dies ggf. nur für Verstöße gegen ein Parteiverbot gilt, vgl. *Valerius* in LK-StGB StGB § 70 Rn. 10 ff.

unzulässig beschränkt wird. Bei Beamten und Notaren wird § 70 StGB bezüglich der dienstlichen Tätigkeit von § 45 StGB verdrängt.[73]

83 Ein Missbrauch von Beruf oder Gewerbe im Sinne dieser Vorschrift liegt vor, wenn der Täter unter bewusster Missachtung der ihm gerade durch seinen Beruf oder sein Gewerbe gestellten Aufgaben seine Tätigkeit ausnutzt, um einen diesen Aufgaben zuwiderlaufenden Zweck zu verfolgen. Dazu genügt ein bloß äußerer Zusammenhang in dem Sinne, dass der Beruf dem Täter lediglich die Möglichkeit gibt, Straftaten zu begehen, nicht. Die strafbare Handlung muss vielmehr Ausfluss der jeweiligen Berufs- oder Gewerbetätigkeit selbst sein und einen berufstypischen Zusammenhang erkennen lassen.[74] Sie muss symptomatisch für die Unzuverlässigkeit des Täters im Beruf erscheinen.[75] Klassische Staatsschutzdelikte kommen als Anlasstaten eher selten in Betracht, während bei Propagandadelikten (Verbreiten von Propagandamitteln bzw. das Verwenden von Kennzeichen verfassungswidriger Organisationen) und Volksverhetzung eine Konnexität zu Beruf oder Gewerbe des Täters zB im publizistischen Bereich ebenso bestehen kann wie in der Musik- und Veranstaltungsbranche oder bei Tätigkeiten im Zusammenhang mit Social Media (Influencer, Blogger, Trolle).

2. Verurteilung oder Nichtverurteilung wegen nicht ausschließbarer Schuldunfähigkeit

84 Ein Berufsverbot kann gem. § 71 StGB auch dann verhängt werden, wenn es wegen festgestellter oder nicht ausschließbarer Schuldunfähigkeit des Täters nicht zu einer Verurteilung kommt. Die selbständige Anordnung erfolgt im sog. Sicherungsverfahren gem. §§ 413 ff. StPO.

3. Gefahr weiterer erheblicher Straftaten

85 Die Anordnung eines Berufsverbotes setzt weiter voraus, dass das Gericht nach einer Gesamtwürdigung des Täters und der Anlasstat davon überzeugt ist, dass von ihm die Gefahr, nicht nur die Möglichkeit, weiterer erheblicher berufs- bzw. gewerbebezogener Straftaten ausgeht. Die Anforderungen dürfen mit Blick auf Art. 12 Abs. 1 GG nicht zu niedrig angesetzt werden. Wird ein Täter erstmalig wegen einer Anlasstat straffällig, sind an die Annahme seiner weiteren Gefährlichkeit ganz besonders strenge Anforderungen zu stellen. Insbesondere ist zu prüfen, ob bereits die Verurteilung zu Strafe den Täter von weiteren Taten abhalten wird.[76]

V. Dauer des Berufsverbotes

86 Ein Berufsverbot kann **befristet** für die Dauer von ein bis fünf Jahren (§ 70 Abs. 1 S. 1 StGB) angeordnet werden. Wenn zu erwarten ist, dass ein fünfjähriges Verbot nicht ausreicht, kann die Ausübung des Berufes oder Gewerbes auch **für immer** (§ 70 Abs. 1 S. 2 StGB) verboten werden, was aber nur bei schwerster Berufskriminalität in Betracht kommt, nur in solchen Fällen mit dem Grundsatz der Verhältnismäßigkeit (§ 62 StGB) vereinbar ist, und einer besonderen Begründung bedarf.[77] Die Mindestfrist von einem Jahr verkürzt sich um die Zeit, für die dem Verurteilten die Ausübung seines Berufes oder Gewerbes bereits vorläufig gem. § 132a StPO verboten war (§ 70 Abs. 2 S. 1 StPO), höchstens jedoch auf drei Monate (§ 70 Abs. 2 S. 2 StPO).

87 Das Verbot wird mit Rechtskraft des Urteils wirksam (§ 70 Abs. 4 S. 1 StGB). § 456c räumt jedoch dem Gericht bzw. der Vollstreckungsbehörde die Möglichkeit ein, den

---
[73] *Valerius* in LK-StGB StGB § 70 Rn. 18 f.
[74] BGH NStZ-RR 2020, 75; OLG Frankfurt a. M. NStZ-RR 2003, 113.
[75] BGH BeckRS 2017, 111440 Rn. 40.
[76] BGH NStZ 1995, 124.
[77] BGH NStZ 1995, 124.

Beginn der Wirksamkeit eines Berufsverbots für die Dauer von höchstens sechs Monaten ab Rechtskraft des Urteils hinauszuschieben oder zu einem späteren Zeitpunkt nach Eintritt der Wirksamkeit des Berufsverbots dieses auszusetzen, wenn das sofortige Wirksamwerden des Verbots für den Verurteilten oder seine Angehörigen eine erhebliche, außerhalb seines Zweckes liegende, durch späteres Wirksamwerden vermeidbare Härte bedeuten würde.

VI. Anwendbarkeit auf Jugendliche und Heranwachsende

88 Gegen Jugendliche oder Heranwachsenden darf weder ein vorläufiges noch ein endgültiges Berufsverbot verhängt werden (§ 7 Abs. 1 JGG). Kommt gegen einen Heranwachsenden Erwachsenenstrafrecht zur Anwendung, ist die Verhängung eines Berufsverbots grundsätzlich zulässig, jedoch erfordert die einschneidende Wirkung und Bedeutung für die berufliche Entwicklung eines jungen Menschen eine besonders sorgfältige Abwägung.

VII. Prozessuale Fragen

89 Bereits im Ermittlungsverfahren ist daran zu denken, dass ein Fall der notwendigen Verteidigung vorliegt, wenn das Verfahren zu einem Berufsverbot führen kann (§ 140 Abs. 1 Nr. 3 StPO). Einem unverteidigten Beschuldigten ist daher unverzüglich, dh ohne schuldhaftes Zögern, ein **Pflichtverteidiger** beizuordnen, wenn er dies nach entsprechender Belehrung beantragt. Entsprechendes gilt, wenn ein Berufsverbot nach der Anklage, dem Eröffnungsbeschluss oder aufgrund im Laufe der Hauptverhandlung hervortretender Umstände wahrscheinlich wird.

90 Die Anordnung eines Berufsverbots im Strafbefehlsweg ist ausgeschlossen (§ 407 Abs. 2 StPO).

91 Das Gericht kann im Eröffnungsbeschluss auf die mögliche Verhängung eines Berufsverbotes hinweisen, falls sich die Anklage hierzu nicht verhält, ist dazu aber nicht verpflichtet. Ein Hinweis im Eröffnungsbeschluss kann jedoch sinnvoll sein, um eventuelle Mängel in später gem. § 265 StPO erteilten Hinweisen zu heilen.

92 Spätestens in der Hauptverhandlung muss das Gericht den Angeklagten gem. § 265 Abs. 2 Nr. 1 StPO auf ein mögliches Berufsverbot hinweisen, unabhängig davon ob die zugrundeliegenden Tatsachen sich erst, wie vom Gesetzeswortlaut verlangt, in der Verhandlung ergeben haben oder bereits vorher bekannt waren.[78]

93 Das Berufsverbot wird im Urteil ausgesprochen.

94 Gemäß § 267 Abs. 6 StPO müssen die Urteilsgründe angeben, auf welche Tatsachen das Gericht seine Entscheidung in Bezug auf Tat und Prognose stützt. Das Ergebnis der Gesamtwürdigung ist in einer Weise niederzulegen, die es dem Revisionsgericht ermöglicht, zu prüfen, ob die Entscheidung in den festgestellten tat- und täterbezogenen Umständen eine tragfähige Grundlage findet und weshalb die festgestellten Umstände den konkreten Anhalt begründen, der Täter stelle bei weiterer Ausübung seines Berufs oder Gewerbes eine Gefahr für die Sicherheit der Allgemeinheit dar.[79] In gleicher Weise ist die angeordnete Dauer des Verbotes zu begründen. Das Verteidigungsverhalten des Angeklagten, insbesondere, dass er nicht geständig war, darf nicht zu seinen Lasten berücksichtigt werden.[80]

95 Aus der „**Zweispurigkeit**" von Strafe und Maßregel ergibt sich, dass zwischen diesen Rechtsfolgen **grundsätzlich keine „Wechselwirkung"** besteht. Strafe und Maßregel sollen unabhängig voneinander bemessen bzw. verhängt werden. Eine strafmildernde oder -schärfende Berücksichtigung der Unterbringung würde zu einer Missachtung der Entscheidung des Gesetzgebers führen.[81] Bei der Bemessung der Hauptstrafe findet ein da-

---

[78] Schmitt in Meyer-Goßner/Schmitt, 63. Aufl. 2020, StPO § 207 Rn. 20.
[79] Zu den Begründungsanforderungen bei der Fahrerlaubnisentziehung vgl. BGH NJW 2005, 1957.
[80] BGH NStZ-RR 2019, 11.
[81] Ausführlich dazu Schäfer/Sander/van Gemmeren, Praxis der Strafzumessung, 6. Aufl. 2017, Rn. 389, 724.

neben angeordnetes Berufsverbot daher grundsätzlich keine Berücksichtigung. Da Strafe jedoch immer ein **gerechter Schuldausgleich** sein soll, bedarf es gleichwohl einer **Gesamtwürdigung** des Gewichts aller gegen den Angeklagten verhängten Rechtsfolgen, also auch eines Berufsverbots, um deren Wirkung insgesamt und damit die Schuldangemessenheit der Gesamtsanktion zu prüfen.[82]

96 Die Verhängung eines Berufsverbots steht jedenfalls dann nicht im Widerspruch zu einer Strafaussetzung zur Bewährung, wenn das Tatgericht eine positive Sozialprognose gerade darauf gestützt hat, dass der Angeklagte seine Berufstätigkeit, die ihm die Begehung der abgeurteilten Tat ermögliche, beenden wird.[83]

97 Berufung und Revision können grundsätzlich auf das Berufsverbot beschränkt werden.[84] Das Revisionsgericht prüft die Rechtmäßigkeit der Anordnung bereits auf die allgemeine Sachrüge hin (→ Rn. 47).

VIII. Aussetzung zur Bewährung, § 70a StGB

1. Aussetzungsvoraussetzungen

98 Wenn sich nach Verhängung eines befristeten oder lebenslangen Berufsverbotes Anhaltspunkte dafür ergeben, dass die Gefahr, der Verurteilte werde neue, die Verhängung eines Berufsverbotes rechtfertigende Straftaten begehen, nicht mehr besteht, so **kann** das Gericht das Berufsverbot aussetzen (§ 70a Abs. 1 StGB). Die geänderte Beurteilung muss auf nachträglich, dh nach Anordnung des Berufsverbotes, entstandenen oder bekannt gewordenen Umständen beruhen. Im Bereich des Staatsschutzstrafrechtes könnte zB eine erfolgreiche Deradikalisierung eine die Aussetzung begründende neue Tatsache darstellen.

99 Eine Aussetzung bedeutet rechtlich die Aufhebung des Berufsverbots und hat zur Folge, dass der Verurteilte seinen Beruf bzw. sein Gewerbe wieder ausüben darf und § 154c StGB während der Zeit der Aussetzung nicht anwendbar ist.[85]

100 Die Aussetzung kann frühestens erfolgen, wenn das Verbot **ein Jahr** gedauert hat. Auf diese Weise soll gewährleistet werden, dass die Allgemeinheit jedenfalls für diese Zeit wirksam geschützt ist.[86] Diese Jahresfrist verkürzt sich um die Zeit, in der ein vorläufiges Berufsverbot nach dem letzten tatrichterlichen Urteil, dh dem Berufungsurteil oder dem erstinstanzlichen landgerichtlichen oder oberlandesgerichtlichen Urteil, in Kraft war (§ 70a Abs. 2 S. 2 StGB). Jedoch muss sich der Verurteilte während dieser Zeit auf freiem Fuß befunden haben, Haftzeiten werden nicht eingerechnet (§ 70a Abs. 2 S. 3 StGB).

101 Gemäß § 70a Abs. 3 S. 1 StGB gelten die die Strafaussetzung zur Bewährung betreffenden §§ 56a, c, d und e StGB entsprechend. Gemäß § 56a Abs. 1 StGB muss eine Bewährungszeit bestimmt werden, die zwischen zwei und fünf Jahren betragen kann. Sie beginnt mit der Rechtskraft der Aussetzungsentscheidung und kann nachträglich verkürzt oder verlängert werden (vgl. § 56a Abs. 2 StGB). Die Bewährungszeit läuft nicht, solange der Verurteilte wegen der Anlasstat Strafhaft verbüßt. Haft in anderer Sache berührt den Lauf der Bewährungszeit jedoch nicht. Die Möglichkeit der Erteilung von Auflagen, die der Genugtuung für das begangene Unrecht dienen, scheidet im Bereich der Maßregeln aus, deren Zweck es allein ist, den Verurteilten wieder auf den rechten Weg zu bringen.[87] Jedoch können gem. § 56c StGB Weisungen erteilt werden, zB bestimmte Personen, die Anreiz zu weiteren Straftaten bieten könnten, nicht zu kontaktieren (vgl. § 56c Abs. 2 Nr. 3 StGB) oder bestimmte Gegenstände, die Anreiz zu weiteren Straftaten bieten könnten, nicht zu besitzen (vgl. § 56c Abs. 2 Nr. 4 StGB). Selbstverständlich müssen die

---

[82] *Stoll* in BeckOK StGB, 51. Ed. 1.11.2021, StGB § 70 Rn. 9 *auch zum berufsrechtlichen Berufsverbot*
[83] BayObLG BeckRS 2019, 45917.
[84] *Schmitt* in Meyer-Goßner/Schmitt, 63. Aufl. 2020, StPO § 319 Rn. 30.
[85] *Pollähne* in NK-StGB StGB § 70a Rn. 7.
[86] BT-Drs. IV/650, 238 § 106.
[87] BT-Drs. IV/650, 238 § 107.

C. Berufsverbot § 40

Auflagen zumindest mittelbar dem Zweck des Berufsverbotes dienen.[88] Der Verurteilte kann für die Zeit der Aussetzung des Berufsverbotes zudem einem Bewährungshelfer unterstellt werden (vgl. § 56d StGB).

2. Aussetzungsverfahren

a) Die Entscheidung über die Aussetzung ist Teil der Strafvollstreckung. Sie ergeht auf Antrag oder von Amts wegen im Beschlussweg ohne mündliche Verhandlung (§ 463 Abs. 6 S. 1 StPO iVm § 462 Abs. 1 S. 1 StPO), aber nach Anhörung der Staatsanwaltschaft und des Verurteilten (§ 463 Abs. 6 S. 1 StPO iVm § 462 Abs. 2 S. 1 StPO). Der Antrag kann bereits vor Ablauf der Mindestfrist gestellt werden. Obwohl es sich bei der Aussetzung um eine Ermessensentscheidung handelt, ist sie idR bei Vorliegen der Voraussetzungen iÜ schon aufgrund des Verhältnismäßigkeitsgrundsatzes geboten. Das Gericht kann nicht anordnen, dass nach einer ablehnenden Entscheidung ein erneuter Antrag erst nach Ablauf einer bestimmten Frist gestellt werden darf. Außerdem ist das zuständige Gericht aus Gründen der Verhältnismäßigkeit verpflichtet, regelmäßig von Amts wegen zu überprüfen, ob eine Aussetzung veranlasst ist. Das Gesetz sieht hierfür keine festen Fristen vor, teilweise wird aus Verhältnismäßigkeitserwägungen § 67e Abs. 2 StGB analog angewendet.[89] Die Beiordnung eines Pflichtverteidigers ist idR nicht geboten. 102

b) Zuständig ist das Gericht des ersten Rechtszuges oder die Strafvollstreckungskammer (§ 463 Abs. 6 S. 1 StPO iVm § 462a StPO). Wenn erstinstanzlich das OLG entschieden hat, bleibt die Zuständigkeit bestehen (§ 462a Abs. 5 S. 1 StPO). 103

c) Der Aussetzungsbeschluss kann mit der sofortigen Beschwerde angefochten werden (§ 462 Abs. 3 S. 1 StPO; → Rn. 70; B VI. 2.e). 104

d) Nach Ablauf der Bewährungszeit ist das Berufsverbot ausdrücklich durch Beschluss für erledigt zu erklären (§ 70b Abs. 5 StGB). 105

e) Kosten (→ Rn. 72) 106

IX. Widerruf der Aussetzung, § 70b StGB

Die Aussetzung zur Bewährung kann widerrufen werden, wenn zur Überzeugung des Gerichts feststeht, dass der Verurteilte 107
1. während der Bewährungszeit gem. § 70a Abs. 3 StGB iVm § 56a Abs. 1 StGB neue verbotsspezifische, rechtswidrige Taten begeht, oder
2. gröblich, dh erheblich, oder beharrlich, dh wiederholt oder andauernd, gegen ihm im Rahmen der Aussetzung erteilte Weisungen verstößt oder
3. sich der Aufsicht und Leitung der Bewährungshilfe entzieht
4. **und** sich daraus jeweils ergibt, dass der Zweck des Berufsverbots dessen weitere Anwendung erfordert (§ 70b Abs. 1 StGB).

Anders als die Aussetzung zur Bewährung ist der Widerruf der Aussetzung keine Ermessensentscheidung. Wenn die Voraussetzungen vorliegen **hat** das Gericht zu widerrufen. Ob ein Widerruf im Einzelfall durch eine Verlängerung der Bewährungszeit vermieden werden kann, ist umstritten,[90] liegt jedoch schon aus Verhältnismäßigkeitsgründen nahe. 108

Ein Widerruf hat zur Folge, dass mit Rechtskraft des Widerrufsbeschlusses das Berufsverbot wieder in Kraft tritt. Die ursprünglich festgesetzte Verbotsfrist lebt wieder auf und läuft weiter.[91] Die Zeit der Aussetzung zur Bewährung wird in die Verbotsfrist nicht eingerechnet (§ 70b Abs. 3 StGB). Wurden aufgrund von im Rahmen der Aussetzung zur Bewährung erteilten Weisungen Leistungen, zB Zahlungen an das Tatopfer, erbracht, werden diese nicht erstattet (§ 70b Abs. 4 StGB). 109

---
[88] *Kinzig* in Schönke/Schröder StGB § 70 Rn. 7.
[89] *Bockemühl* in MüKoStGB StGB § 70a Rn. 7.
[90] *Valerius* in LK-StGB StGB § 70b Rn. 15.
[91] *Valerius* in LK-StGB StGB § 70b Rn. 21.

110 Die Widerrufsentscheidung ergeht ebenfalls durch Beschluss. Das Verfahren entspricht dem der Aussetzung. Auch der Widerruf kann mit sofortiger Beschwerde angefochten werden (→ Rn. 70; → Rn. 104).

X. Vorläufiges Berufsverbot, § 132a StPO

1. Normzweck

111 Wie die vorläufige Entziehung der Fahrerlaubnis (§ 111a StPO) oder die vorläufige Unterbringung in einem psychiatrischen Krankenhaus oder einer Entziehungsanstalt (§ 126a StPO) kann auch ein Berufsverbot vorläufig, dh als präventive Maßnahme im Vorgriff auf ein Urteil, angeordnet werden. Da ein vorläufiges Berufsverbot einen massiven Eingriff in Art. 12 Abs. 1 S. 1 GG darstellt, ist es nur unter strengen Voraussetzungen zum Schutz wichtiger Gemeinschaftsgüter und unter strikter Beachtung des Grundsatzes der Verhältnismäßigkeit zulässig.

2. Voraussetzungen

112 Nach dem Wortlaut des § 132a Abs. 1 StPO sind **dringende Gründe** für die Annahme, dass ein Berufsverbot gem. § 70 StGB angeordnet werden wird, erforderlich. Im Rahmen einer prognostischen Entscheidung muss aufgrund hinreichend bestimmter Tatsachen eine hohe Wahrscheinlichkeit für die Anordnung bestehen, wobei die gleichen Maßstäbe anzulegen sind wie bei der Prüfung des für eine vorläufige Inhaftierung notwendigen dringenden Tatverdachts gem. § 112 Abs. 1 StPO. Wegen der herausragenden Bedeutung von Art. 12 GG und ihrer erheblichen Intensität und oft irreparablen Wirkung ist die **Verhältnismäßigkeit** der Maßnahme besonders genau zu überprüfen. Es ist vor allem danach zu fragen, ob sie **erforderlich** ist, um bereits **vor** rechtskräftigem Abschluss des Hauptverfahrens Gefahren für wichtige Gemeinschaftsgüter abzuwehren, die aus der zu verbietenden Berufsausübung resultieren können[92] und ob dieser Zweck nicht auch durch mildere Mittel, zB ein auf bestimmte Einzeltätigkeiten beschränktes Verbot, erreicht werden kann. Der Anordnung steht jedoch nicht entgegen, dass wirkungsgleiche berufsrechtliche Maßnahmen verhängt werden können oder bereits verhängt wurden,[93] was damit begründet wird, dass die berufsrechtliche Maßnahme den Berufsstand, das strafrechtliche Verbot hingegen die Allgemeinheit schützen will. Auch ein Berufswechsel, die Aufgabe der Berufstätigkeit oder der Umstand, dass ein Beschuldigter aufgrund einer Inhaftierung an der Ausübung seines Berufes gehindert ist,[94] soll einem vorläufigen Berufsverbot nicht entgegenstehen.[95] Auch Untersuchungshaft oder sonstige stationäre Maßnahmen schließen ein vorläufiges Berufsverbot nicht aus, weil nicht absehbar ist, ob der Beschuldigte aus Gründen, die das vorläufige Berufsverbot nicht tangieren, entlassen wird.[96]

3. Prozessuale Fragen

113 a) Aufgrund des schweren Grundrechtseingriffs und eines möglichen Entschädigungsanspruches gilt für bei Verhängung eines vorläufigen Berufsverbotes das **Beschleunigungsgebot** im selben Maße wie in Haftsachen.[97]

114 b) Für die Anordnung des vorläufigen Berufsverbotes ist der Ermittlungsrichter zuständig, nach Anklageerhebung das erkennende Gericht.

---

[92] *Dahns*, Das strafrechtliche Berufsverbot, NJW-Spezial 2020, 382.
[93] BGH NJW 1975, 2249.
[94] BGHSt 28, 84–86.
[95] *Schmitt* in Meyer-Goßner/Schmitt, 63. Aufl. 2020, StPO § 132a Rn. 4.
[96] *Harrendorf* in Satzger/Schluckebier/Widmaier, 3. Aufl. 2018, StPO § 132a Rn. 6.
[97] *Gerhold* in MüKoStPO StPO § 132a Rn. 26.

c) Die Entscheidung ergeht ohne mündliche Verhandlung, jedoch ist der Betroffene **115** zum Antrag anzuhören (§ 33 Abs. 3 StPO). Sobald ein vorläufiges Berufsverbot im Raume steht, ist dem Betroffenen ein Pflichtverteidiger beizuordnen (§ 140 Abs. 1 Nr. 3 StPO).

d) Der Anordnungsbeschluss muss inhaltlich dem **Bestimmtheitsgrundsatz** genügen, **116** dh er muss die Tätigkeit, auf die sich das Verbot beziehen soll, den Beruf- oder Berufszweig, das Gewerbe oder den Gewerbezweig, dessen Ausübung verboten werden soll, so präzise wie möglich beschreiben, damit der Betroffene weiß, welches Verhalten zu einer Strafbarkeit gem. § 145c StGB führt. Eine ungenaue Bezeichnung führt gegebenenfalls sogar zur Unwirksamkeit der Anordnung und lässt die Strafbarkeit nach § 154c StGB entfallen.[98] Formulierungen wie zB „oder ähnliche Tätigkeiten" sind daher ebenso wenig zulässig,[99] wie die Untersagung jeder selbständigen Gewerbetätigkeit, die zudem auch unverhältnismäßig wäre.[100]

e) Der Beschluss muss, da er anfechtbar ist (§ 34 StPO), begründet werden. Angesichts **117** der Bedeutung für den Betroffenen und der Strafbewehrung durch § 145c StGB gebietet die gerichtliche Fürsorgepflicht auch bei nicht anfechtbaren Entscheidungen des OLG oder BGH eine Begründung.

f) Die Anordnung des vorläufigen Berufsverbotes steht im **Ermessen** des Gerichts. **118** Wegen der Schwere des mit einem vorläufigen Berufsverbot verbundenen Grundrechtseingriffs soll eine Anordnung nur dann erfolgen, wenn dies bereits vor rechtskräftigem Abschluss des Verfahrens zur Abwehr konkreter Gefahren für wichtige Gemeinschaftsgüter, die aus einer weiteren Berufsausübung resultieren könnten, erforderlich ist.[101] Die Entscheidung muss erkennen lassen, dass das Gericht sich seines Ermessens bewusst war und welche Umstände in die Abwägung eingestellt wurden.

g) Der Anordnungsbeschluss sollte förmlich zugestellt werden, da er mit Bekanntgabe **119** wirksam wird und ab diesem Zeitpunkt ein Zuwiderhandeln gem. § 154c StGB strafbar ist.

h) Die Anordnung eines vorläufigen Berufsverbotes und deren Ablehnung können mit **120** einfacher **Beschwerde** angefochten werden (§ 304 Abs. 1, § 305 S. 2 StPO). Diese hat keine aufschiebende Wirkung (§ 307 S. 1 StPO), jedoch kommt bis zur Entscheidung über die Beschwerde eine Aussetzung der Vollziehung in Betracht (§ 307 S. 2 StPO). Die Feststellungen des Erstgerichts unterliegen ebenso wie der dringende Tatverdacht im Rahmen der Haftprüfung nur in eingeschränktem Umfang der Nachprüfung durch das Beschwerdegericht. Dieses kann in die Bewertung des Erstgerichts nur dann eingreifen, wenn der Inhalt der angefochtenen Haftentscheidung grob fehlerhaft ist und der dringende Tatverdacht aus Gründen bejaht wird, die in tatsächlicher oder rechtlicher Hinsicht nicht vertretbar sind.[102] Dieser eingeschränkte Maßstab ist auch bei der Überprüfung einer Anordnung nach § 132a StPO heranzuziehen, die das erkennende Gericht während laufender Hauptverhandlung nach durchgeführter Beweisaufnahme getroffen hat, da auch in diesem Fall das Beschwerdegericht keine eigenen unmittelbaren Kenntnisse über den Verlauf und das Ergebnis der Beweisaufnahme hat.[103] Erfolgte die Anordnung durch das OLG als Beschwerdegericht, so ist gem. § 304 Abs. 4 S. 2 StPO eine Anfechtung ausgeschlossen.[104] Eine Anordnung durch den Ermittlungsrichter beim OLG oder beim Bundesgerichtshof ist ebenfalls nicht anfechtbar (§ 304 Abs. 5 StPO). Eine weitere Beschwerde ist nicht zulässig (§ 311 Abs. 1 und 2 StPO). Das Beschwerdegericht entscheidet ohne mündliche Verhandlung durch Beschluss.

i) Die vom Deutschen Bundestag und den gesetzgebenden Körperschaften der Länder **121** üblicherweise zu Beginn einer neuen Wahlperiode erteilte allgemeine Genehmigung zur

---

[98] *Niesler* in BeckOK StPO, 38. Ed. 1.10.2020, StPO § 132a Rn. 4.
[99] BGH BeckRS 1981, 05202.
[100] BGH BeckRS 1980, 02999.
[101] Nach früher hM sollte eine Anordnung immer dann erfolgen, wenn die Voraussetzungen vorliegen, *Gerhold* in MüKoStPO StPO § 132a Rn. 10.
[102] BGH NStZ 2004, 276.
[103] OLG Nürnberg StraFo 2011, 366.
[104] AA *Harrendorf* in Satzger/Schluckebier/Widmaier, 3. Aufl. 2018, StPO § 132a Rn. 14.

Durchführung von Ermittlungsverfahren gegen Abgeordnete umfasst nicht den Antrag auf Verhängung eines vorläufigen Berufsverbotes (§ 192a Abs. 2e RiStBV).

XI. Strafbarer Verstoß gegen ein Berufsverbot, § 145c StGB

122 Wer trotz eines gegen ihn oder den anderen vorläufig oder endgültig ausgesprochenen Berufsverbotes den ihm verbotenen Beruf für sich selbst oder für einen anderen ausübt oder durch einen anderen für sich ausüben lässt, wird gem. § 154c StGB mit Freiheitsstrafe bis zu einem Jahr oder mit Geldstrafe bestraft. Während der Aussetzung des Berufsverbots gem. § 70a StGB ist § 154c StGB nicht anwendbar.

XII. Mitteilung der Verhängung eines vorläufigen oder endgültigen Berufsverbotes

123 Gegen Angehörige bestimmter Berufsgruppen sind von Amts wegen Pflichten zur Mitteilung der Anordnung und Aufhebung eines vorläufigen oder endgültigen Berufsverbots zu beachten, zB MiStra 23 Abs. 1 Nr. 2, MiStra 24 Abs. 1 Nr. 2, MiStra 26 Abs. 1 Nr. 2.

124 Gemäß § 9 Abs. 1 EGStPO ist die Verhängung eines vorläufigen Berufsverbots gem. § 132a StPO oder eines Berufsverbots gem. § 70 Abs. 1 StGB den zuständigen Behörden der EU-Mitgliedsstaaten, des Europäischen Wirtschaftsraums und der Schweiz mitzuteilen, wenn der Betroffene einen Heil- oder Erziehungsberuf ausübt.

XIII. Eintragung im Bundeszentralregister

125 Auch bezüglich eines Berufsverbotes besteht ein öffentliches Interesse daran, dass sich Justiz und Verwaltungsbehörden über eine Verhängung informieren können bzw. ein Interesse eines Betroffenen, dass zu gegebener Zeit ein Eintrag im Bundeszentralregister wieder gelöscht wird (→ Rn. 75).

126 Die Verhängung eines Berufsverbotes gem. § 70 Abs. 1 StGB ist als Maßregel der Besserung und Sicherung gem. § 4 Nr. 2 BZRG in das Bundeszentralregister und gem. § 32 Abs. 1 BZRG auch in das allgemeine Führungszeugnis einzutragen. Registerpflichtig sind auch die nachträgliche Aussetzung des Berufsverbotes zur Bewährung (§ 12 Abs. 1 Nr. 1 BZRG iVm § 70a StGB) und der Widerruf der Aussetzung zur Bewährung (§ 12 Abs. 1 Nr. 5 BZRG iVm § 70b StGB). Eine Aussetzung oder Aufhebung des Berufsverbotes im Gnadenweg ist ebenfalls einzutragen (§ 14 Nr. 1 BZRG).

XIV. Gnadenrecht

127 Die Aussetzung oder Aufhebung eines Berufsverbotes im Gnadenweg ist grundsätzlich möglich, jedoch gehen die rechtlichen Möglichkeiten dem Gnadenweg vor.[105]

XV. Entschädigungsanspruch

128 Endet das Verfahren mit einem Freispruch, wird es eingestellt oder schon die Eröffnung abgelehnt, so entsteht bei Vorliegen der übrigen Voraussetzungen gem. § 2 Abs. 2 Nr. 6 StrEG ein Anspruch auf Entschädigung. Außerdem kann aus Billigkeitsgründen eine Entschädigung zugebilligt werden, wenn im Urteil kein Berufsverbot verhängt wird oder die im Urteil angeordnete Verbotsfrist die Dauer der vorläufigen Untersagung um einen nicht nur geringfügigen Zeitraum[106] unterschreitet.

---

[105] *Schätzler,* Handbuch des Gnadenrechts, 2. Aufl. 1992, 3.1.9.
[106] *Schmitt* in Meyer-Goßner/Schmitt, 63. Aufl. 2020, StrEG § 4 Rn. 4.

D. Resümee und Ausblick

Im Ergebnis ist festzustellen, dass sich weder Statusfolgen noch Berufsverbot aufgrund der aktuellen rechtlichen Voraussetzungen als Allzweckwaffe gegen politisch motivierte Straftäter eignen. Trotzdem sollte die Justiz sich beider Instrumentarien stärker bewusst sein und sie gezielter einsetzen. So könnte man zB den automatisch eintretenden Verlust der politischen Rechte bei der mündlichen Urteilsbegründung erläutern und auf diese Weise nicht nur dem Angeklagten vor Augen führen, dass die von ihm begangene Tat sein Leben über die reine Strafe hinaus beeinflussen wird. Bei Straftaten von Amtsträgern, zB im Zusammenhang mit rechtsextrem motivierten Chatgruppen von Polizisten oder Soldaten, sollte die Möglichkeit der Verhängung von Statusfolgen diskutiert und auch bedacht werden, dass zB die in einem öffentlich verkündeten Urteil ausgesprochene Aberkennung der Amtsfähigkeit eine viel stärkere Öffentlichkeitswirksamkeit entfaltet als die in Folge einer Verurteilung quasi stillschweigend eintretenden dienstrechtlichen Konsequenzen. Das Thema „Berufsverbot" könnte perspektivisch insbesondere im Zusammenhang mit der gezielten Verbreitung von Propaganda in den sozialen Medien Bedeutung erlangen, da die Akteure häufig entgeltlich tätig sind. Ob die in der aktuellen Corona-Krise zu beobachtende Infiltration bürgerlicher Proteste durch rechtsextreme Elemente und die Verquickung von politischen und medizinischen Argumenten in Zukunft eine über Allgemeindelikte (zB Körperverletzungen zum Nachteil von Polizeibeamten bei Demonstrationen, Beleidigungen u.ä.) hinausgehende staatsschutzstrafrechtliche Relevanz erlangen und möglicherweise Statusfolgen oder gar ein Berufsverbot rechtfertigen, bleibt abzuwarten, erscheint angesichts der zunehmenden Radikalisierung der die staatliche Pandemiepolitik ablehnenden Gruppierungen und deren aufgrund der diskutierten Einführung einer partiellen oder allgemeinen Impfpflicht zu erwartenden weiteren Entfernung von der Mehrheitsgesellschaft jedoch durchaus vorstellbar.

129

§ 41 Besondere Aufsichtsmittel insbesondere elektronische Aufenthaltsüberwachung

Bernd von Heintschel-Heinegg

Übersicht

	Rn.
A. Übersicht	1
B. Elektronische Aufenthaltsüberwachung („Fußfessel")	4
I. Rechtliche Grundlagen	4
1. Strafrecht	4
2. Polizeirecht	7
II. Funktionsweise	10
III. BVerfG: Die elektronische Aufenthaltsüberwachung bei Straftätern verstößt nicht gegen die Grundrechte	16
IV. Materiellrechtliche Einzelheiten	30
1. Die „drohende Gefahr" als neue Vorfeldschwelle	30
2. Die EAÜ als bundesrechtliche Maßnahme der Gefahrenabwehr, § 56 BKAG	32
3. Die EAÜ als landesrechtliche Maßnahme der Gefahrenabwehr, zB Art. 34 BayPAG	35
a) Bayern	36
b) Hamburg	43
4. Die EAÜ als Weisung im Rahmen der Führungsaufsicht, § 68b Abs. 1 S. 1 Nr. 12 StGB	44

	Rn.
5. Die EAÜ als Weisung in den Vollzugsgesetzen der Länder zur Sicherungsverwahrung	52
C. Längerfristige Observationen und Dauerüberwachung gefährlicher Personen	54
D. Polizeilicher Unterbindungsgewahrsam (Sicherheitsgewahrsam)	59
I. Gesetzgebungskompetenz und materielle Verfassungsmäßigkeit	59
II. Voraussetzungen des Unterbindungsgewahrsams (Sicherheitsgewahrsam)	64
E. Automatisiertes Erfassen von Kfz-Kennzeichen zum Datenabgleich KESY	66
F. Aufenthaltsvorgabe, Kontaktverbot	68
G. Videoüberwachung öffentlicher Plätze mit Aufzeichnung	71
H. Abschiebeanordnung und Abschiebehaft (Sicherungshaft)	72
J. Weitere Aufsichtsmaßnahmen im Überblick	79
I. Meldeanordnung	80
II. Untersagen der Ausreise („Ausreiseverbot")	82
III. Anordnung erkennungsdienstlicher Maßnahmen	85
IV. Fluggastkontrollen	89

Wichtige Literatur:

Brauneisen, A., Die elektronische Überwachung des Aufenthaltsortes als neues Instrument der Führungsaufsicht, StV 2011, 311; *Fünfsinn, H./Kolz, A.,* Gegenwärtige Nutzung und Anwendungsperspektiven der Elektronischen Überwachung in Deutschland, StV 2016, 193; *Guckelberger, A.,* Die präventiv-polizeiliche elektronische Aufenthaltsüberwachung, DVBl 2017, 1121; *Gross, K.-H.,* Kriminalgesetzgebung und Zeitgeist – am Beispiel des Entwurfs eines Gesetzes zur Reform der Führungsaufsicht, FS Böttcher, 2007, 579; *Hochmayr, G.,* Elektronisch überwachter Hausarrest. Gegenwart und Zukunft in Deutschland und Österreich, NStZ 2013, 13; *Kinzig, J.,* Die elektronische Aufenthaltsüberwachung: verfassungsmäßig, aber unter Beobachtung, NStZ 2021, 467; *Kubiciel, M.,* Grund und Grenzen des Präventivgewahrsams für Terrorverdächtige, ZRP 2017, 57; *Kulle, A./Möhle, J.-P.,* „28 days later", JA 2020, 517; *Lindner, J. F./Bast, A.,* Die „elektronische Fußfessel" als Instrument des Polizeirechts?, DVBl 2017, 290; *Löffelmann, M.,* Das Gesetz zur effektiven Überwachung gefährlicher Personen – Sicherheitsrecht am Rande der Verfassungsmäßigkeit und darüber hinaus, BayVBl 2018, 145; *Löffelmann, M.,* Die Zukunft der deutschen Sicherheitsarchitektur – Vorbild Bayern?, GSZ 2018, 85; *Löffelmann, M.,* Muster für ein Polizeigesetz aus Bayern, GSZ 2021, 164; *Michaelis, L. O.,* Der polizeiliche Präventivgewahrsam, JA 2014, 198; *Möstl, M./Schwabenbauer, T.,* BeckOK Polizei- und Sicherheitsrecht Bayern/Holzner, 18. Ed., Stand 1.3.2022; *Möstl, M./Schwabenbauer, T.,* Eingriffsschwellen in den novellierten Landespolizeigesetzen – Von drohenden, konkreten und dringenden Gefahren nach BVerfGE 141, 220, GSZ 2021, 89; *Schmidbauer, W./Steiner, U.,* Polizeiaufgabengesetz, Polizeiorganisationsgesetz, 5. Aufl. 2020; *Schenke, W.-R./Graulich, K./Ruthig, J.,* Sicherheitsrecht des Bundes, 2. Aufl. 2019; *Schneider, U.,* Die Reform der Führungsaufsicht, NStZ 2007, 441; *Waechter, K.,* Bayern: Polizeirecht in neuen Bahnen, NVwZ 2018, 458; *Walter, H./Ullrich, N./Zimmermann, S.,* Die elektronische Aufenthaltsüberwachung von Gefährdern auf dem verfassungsrechtlichen Prüfstand, NWVBl 2019, 98; *Thiel, M.,* Stärkung der Sicherheit in Nordrhein-Westfalen – Demokratie „at its best", GSZ 2019, 1; *Zaremba, U.,* Die neuen Befugnisse im nordrhein-westfälischen Polizeigesetz zum Erlass von Aufenthaltsgeboten, Kontaktverboten sowie zur Elektronischen Aufenthaltsüberwachung, DÖV 2019, 221.

A. Übersicht

1 Bereits im Vorfeld sollen Aufsichtsmittel das Entstehen von Gefahren verhindern. Seit dem Anschlag auf den Weihnachtsmarkt auf dem Berliner Breitscheidplatz am 19.12.2016 haben viele Bundesländer ihre Polizeigesetze verschärft, nachdem Deutschland in neuerer Zeit Ziel mehrerer Anschläge des islamistischen Terrorismus aber auch außerhalb des terroristischen Spektrums war, wie insbesondere rechtsextreme Gewalttaten oder Amokläufe.

2 Die Entwicklung belegt, welch entscheidende Bedeutung einer langanhaltenden Überwachung gefährlich eingeschätzter Personen zukommt. Rechtlich handelt es sich Sinne des Polizeirechts um Störer,[1] im Sprachgebrauch der Medien um Gefährder.

3 Die Reform des seit 1994 immer wieder nachgebesserten Bundespolizeigesetzes (BPolG) scheiterte auch in der abgelaufenen Legislaturperiode. Mit der Novelle sollten in erster Linie die Befugnisse erweitert werden, um auf neue Gefahren mit modernen technischen Fahndungsmethoden zu reagieren.

---

[1] *Schmidbauer* in Schmidbauer/Steiner, 5. Aufl. 2020, PAG Art. 34 Rn. 2.

B. Elektronische Aufenthaltsüberwachung („Fußfessel")

I. Rechtliche Grundlagen

1. Strafrecht

Die elektronische Aufenthaltsüberwachung (EAÜ), umgangssprachlich elektronische Fußfessel,[2] wurde zum 1.1.2011 als Instrument im Rahmen der Führungsaufsicht zur Überwachung von Personen, die wegen qualifizierter Straftaten verurteilt wurden und eine negative Rückfallprognose aufweisen, mit § 68b Abs. 1 S. 1 Nr. 12 StGB iVm § 463a Abs. 4 StPO eingefügt.[3] Anlass war das Urteil des Europäischen Gerichtshofs für Menschenrechte vom 17.12.2009 Nr. 19359/04,[4] das die Fortdauer der Sicherungsverwahrung nach Ablauf der im Zeitpunkt der Verurteilung geltenden Höchstfrist von zehn Jahren für konventionswidrig erklärte. 4

Die Anordnung setzt nach § 68b Abs. 1 S. 3 und 4 StGB im Wesentlichen voraus, dass die Führungsaufsicht aufgrund der vollständigen Vollstreckung einer Freiheitsstrafe von mindestens drei Jahren oder der Erledigung einer Maßregel, die aufgrund einer Straftat der in § 66 Abs. 3 S. 1 StGB genannten Art verhängt oder angeordnet wurde, eingetreten ist und die Gefahr besteht, dass die verurteilte Person weitere qualifizierte Straftaten begehen wird. Die Weisung muss zudem erforderlich erscheinen, um die verurteilte Person von der Begehung weiterer qualifizierter Straftaten abzuhalten. Bei den qualifizierten Straftaten handelt es sich insbesondere um Straftaten gegen das Leben, die körperliche Unversehrtheit, persönliche Freiheit oder die sexuelle Selbstbestimmung und Straftaten gegen die öffentliche Ordnung. Abweichend von Abs. 1 S. 3 genügt nach Abs. 1 S. 5 auch eine Freiheits- oder Gesamtfreiheitsstrafe von nur zwei Jahren zumal bei Unterstützung einer terroristischen Vereinigung nach § 129a Abs. 5 StGB bzw. § 129b StGB. Damit soll dem Umstand Rechnung getragen werden, dass zu diesen tauglichen Anlasstaten nicht nur Verbrechen, sondern auch gewisse Vergehen gehören und diese Vergehen tendenziell zu geringeren Strafen führen als dies bei ansonsten für eine Weisung zur EAÜ erforderlichen Verbrechen der Fall ist.[5] 5

Die von der Aufsichtsstelle im Rahmen der elektronischen Aufenthaltsüberwachung gespeicherten Daten dürfen ohne Einwilligung der betroffenen Person nur verwendet werden, wenn dies zu bestimmten Zwecken erforderlich ist, § 463a StPO. Zu diesen Zwecken gehören insbesondere die Feststellung und Ahndung eines Verstoßes gegen eine Weisung, die Abwehr einer erheblichen gegenwärtigen Gefahr für gewichtige Rechtsgüter und die Verfolgung einer qualifizierten Straftat. 6

2. Polizeirecht

Erst viel später als im Strafrecht ist das Instrument der EAÜ auch zur Gefahrenabwehr im Polizeirecht verwendet und – zurückhaltend – gesetzlich eingeführt worden. In mehreren Bundesländern wird in der Polizeipraxis die Maßnahme noch auf die jeweilige Generalermächtigung gestützt. 7

---

[2] Zu diesem Sprachgebrauch krit. *Brauneisen* StV 2011, 311 (312).
[3] Als Maßnahme der Führungsaufsicht unterfällt die EAÜ der konkurrierenden Gesetzgebung des Bundes für das Strafrecht nach Art. 74 Abs. 1 Nr. 1 GG, weil sie sich als staatliche Reaktion darstellt, die – wie das Institut der Führungsaufsicht insgesamt (vgl. BVerfGE 55, 28 (29) = BeckRS 9998, 84345) – an die vorangegangene Begehung einer Straftat anknüpft, ausschließlich für Straftäter gilt und ihre sachliche Rechtfertigung aus der Anlasstat bezieht (vgl. BVerfGE 109, 190 (212) = NJW 2004, 750; BVerfGE 134, 33 (55 f. Rn. 55) = NJW 2013, 3151). Die Gesetzgebungskompetenz des Bundes umfasst auch die in § 463a StPO erfolgte Regelung der datenschutzrechtlichen Fragen, die mit der elektronischen Aufenthaltsüberwachung unmittelbar in Zusammenhang stehen (vgl. BVerfGE 130, 151 (186, 192 f., 200 f.) = NJW 2012, 1419).
[4] EMRK NJW 2010, 2495 mAnm *Eschelbach* = JuS 2010, 1121 *(Dörr)*.
[5] BR-Drs. 125/17, 5.

8 Für sog. Gefährder führte § 56 BKAG die „elektronische Fußfessel" seit 25.5.2018 in das Polizeirecht des Bundes ein. Das BKA kann danach eine Person dazu verpflichten, ein technisches Mittel, mit dem der Aufenthaltsort dieser Person elektronisch überwacht werden kann, ständig in betriebsbereiten Zustand am Körper bei sich zu führen und dessen Funktionsfähigkeit nicht zu beeinträchtigen, wenn bestimmte Tatsachen die Annahme rechtfertigen, dass diese Person innerhalb eines übersehbaren Zeitraums auf eine zumindest ihrer Art nach konkretisierte Weise eine Straftat nach § 5 Abs. 1 S. 2 BKAG begehen wird (§ 56 Abs. 1 Nr. 1 BKAG) oder deren individuelles Verhalten eine konkrete Wahrscheinlichkeit dafür begründet, dass sie eine Straftat nach § 5 Abs. 1 S. 2 BKAG begehen wird, um diese Person durch die Überwachung und die Daten Verwendung von der Begehung dieser Straftaten abzuhalten (§ 56 Abs. 1 Nr. 2 BKAG).

9 Im Polizeirecht kommt der EAÜ regelmäßig nur eine ergänzende Funktion zu, zB neben einer längerfristigen Observation; denn neben einer Observation ist die EAÜ kein gleich geeignetes Mittel, weil trotz EAÜ eine Straftat begangen werden kann, ohne dass dies der Überwachungsstelle auffällt.[6] Gegenüber einem Gewahrsam kann sie aber mildere Mittel sein.[7]

II. Funktionsweise

10 Die EAÜ ermöglicht, rund um die Uhr den Aufenthaltsort der betreffenden Person mit einer Abweichung von wenigen Metern in Echtzeit festzustellen,[8] zB um ein Aufenthaltsverbot für bestimmte Orte zu überwachen.[9] Auch wenn es sich um eine Maßnahme zur Verhütung von Straftaten handelt, ist die Person durch die EAÜ nicht daran gehindert, ihren Aufenthaltsort zu wechseln und zumal auch nicht daran, eine Straftat zu begehen. Eine ständige Aufenthaltsüberwachung ermöglicht zwar ein schnelles Eingreifen bei Verdacht in bestimmten Situationen und erhöht zudem das Risiko der überwachten Person, rasch ermittelt zu werden, wenn eine Straftat begangen wurde; ein Allheilmittel im Rahmen der Sicherheitsarchitektur ist sie aber gleichwohl nicht.

11 Die mit einem Sender ausgestattete EAÜ wird an einem der beiden Fußgelenke der zu überwachenden Person angebracht. Der Sender steht mit einer Basisstation in ständigem Funkkontakt. Empfängt die Basisstation keinen Kontakt, weil der Sender defekt ist oder zerstört wurde, löst sie über das Telekommunikationsnetz Alarm bei der überwachenden Behörde aus.

12 Bewegungen innerhalb der Wohnung werden nicht erfasst. Dementsprechend bestimmt zB Art. 34 Abs. 2 S. 2 BayPAG, dass im Rahmen des technisch Möglichen sicherzustellen ist, dass innerhalb der Wohnung des Betroffenen keine über den Umstand seiner Anwesenheit hinausgehende Aufenthaltsdaten erhoben werden. Die Genauigkeit der Standorterfassung wird durch Deaktivieren der Ortung mittels GPS und Mobilfunk reduziert, solange sich das Ortungsgerät in der durch eine RFID-Verbindung verifizierten Nähe einer sog. Home-Unit befindet. Die Überwachungsmaßnahme vermittelt deshalb keine Kenntnisse darüber, in welchem Raum der Wohnung sich der Betroffene aufhält.[10]

13 Die Maßnahme ist ein weniger schwerwiegender Eingriff als eine verdeckte Observation, weil das bloße Übertragen von Standortdaten wesentlich geringer in das allgemeine Persönlichkeitsrecht eingreift.[11] Technisch durchführbar und auch weniger stigmatisierend wäre aber auch die Überwachung „ohne Fußfessel", wenn der Überwachte in festen oder

---

[6] VG Aachen BeckRS 2011, 45928 = JuS 2011, 394 *(Muckel)*.
[7] Zum Verhältnis EAÜ zum Gewahrsam *Lindner/Bast* DVBl 2017, 290.
[8] Dazu *Brauneisen* StV 2011, 311; *Guckelberger* DVBl 2017, 1121.
[9] Der Tagesablauf des Betroffenen wird vorher in einem Wochenplan geregelt. Falls es zu Fehlermeldungen kommt, wird er kontaktiert, damit er sich rechtfertigen kann.
[10] OLG München NJW 2019, 2404 (2409 Rn. 71) = GSZ 2019, 169 (173 Rn. 71); *Guckelberger* DVBl 2017, 1121 (1122). Dementsprechend ist mit der Maßnahme kein Eingriff in die Garantie der Unverletzlichkeit der Wohnung verbunden; zu weiteren verfassungsrechtlichen Fragen unten → Rn. 16 ff.
[11] *Ruthig* in Schenke/Graulich/Ruthig BKAG § 56 Rn. 1.

unregelmäßigen Abständen computergesteuert aufgefordert werden würde, sich mittels eines am Körper angebrachten Codierstreifens, seiner Stimme oder biometrischen Merkmalen zu identifizieren.

Mit der EAÜ steht eine Technik zur Verfügung, die die Überwachung einer Person nicht nur deutlich erleichtert, sondern eine personalintensive Observation durch die Polizei rund-um-die Uhr vermeidet. Auch bildet sie eine Mindermaßnahme gegenüber einem Unterbindungsgewahrsam (näher dazu → Rn. 59 ff.). 14

Die elektronische Aufenthaltsüberwachung unterscheidet sich vom elektronischen Hausarrest, wie ihn Österreich kennt,[12] dadurch, dass der Überwachte nicht an eine Unterkunft gebunden ist.[13] 15

III. BVerfG: Die elektronische Aufenthaltsüberwachung bei Straftätern verstößt nicht gegen die Grundrechte

Nach dem Beschluss des BVerfG vom 1.12.2020[14] verletzen die strafrechtlichen Bestimmungen zur EAÜ nicht die verfassungsrechtlich garantierte Menschenwürde. Zwar greifen sie in das Recht auf informationelle Selbstbestimmung und das allgemeine Persönlichkeitsrecht des Betroffenen ein. Dies ist jedoch nach Auffassung des BVerfG mit Blick auf das Gewicht der geschützten Belange verhältnismäßig und zumutbar. 16

Im Einzelnen hält der Beschluss fest: 17

„Mit der Menschenwürde (Art. 1 Abs. 1 GG) als oberstem Wert des Grundgesetzes und tragendem Konstitutionsprinzip ist der soziale Wert- und Achtungsanspruch des Menschen verbunden, der es verbietet, ihn zum bloßen Objekt des Staates zu machen oder ihn einer Behandlung auszusetzen, die seine Subjektqualität prinzipiell infrage stellt …. Die Menschenwürde wird nicht bereits dadurch verletzt, dass jemand zum Adressaten von Maßnahmen der Strafverfolgung oder Strafvollstreckung wird, wohl aber, wenn durch die Art der ergriffenen Maßnahme die Subjektqualität des Betroffenen grundsätzlich infrage gestellt wird. Das ist der Fall, wenn die Behandlung durch die öffentliche Gewalt im Strafverfahren die Achtung des Wertes vermissen lässt, der jedem Menschen um seiner selbst willen zukommt.[15] … Aus der Garantie der Menschenwürde folgt unter anderem der Nemo-tenetur-Grundsatz. Ein Zwang, durch selbstbelastendes Verhalten zur eigenen strafrechtlichen Verurteilung beitragen zu müssen, wäre mit Art. 1 Abs. 1 GG unvereinbar. … Darüber hinaus umfasst die Menschenwürde einen absolut geschützten Kernbereich privater Lebensgestaltung, der staatlicher Beobachtung schlechthin entzogen ist … und dessen Gehalt durch die Rechtsprechung zum informationellen Selbstbestimmungsrecht … näher konturiert worden ist."[16]

Das BVerfG sieht die gesetzliche Grundlage der EAÜ in § 68b StGB iVm § 463a Abs. 4 StPO in keinem Widerspruch zu Art. 1 Abs. 1 GG. Die Verpflichtung des Betroffenen sei auf das Mitführen der zur Feststellung des Aufenthaltsorts erforderlichen technischen Mittel und das Unterlassen von Manipulationen beschränkt, die zur Beeinträchtigung der Funktionsfähigkeit dieser Mittel führen. Auch ergebe sich aus § 68b StGB keine Verpflichtung, sich nur an Orten aufzuhalten, an denen eine elektronische Aufenthaltsbestimmung möglich ist. Der Betroffene sei zB nicht gehindert, U-Bahn zu fahren, obwohl dort eine Ortung ausgeschlossen sein kann. Innerhalb der eigenen Wohnung sei der Betroffene keiner Datenerhebung ausgesetzt, die über den Umstand seiner Anwesenheit hinausgehe. Würden gleichwohl darüberhinausgehende Daten erhoben, dürften diese nach § 463a Abs. 4 S. 7 StPO nicht verwertet werden und sind unmittelbar nach Kenntnisnahme zu löschen. Die Überwachung führe daher nicht zu einem Eingriff in den geschützten Kernbereich privater Lebensgestaltung und führe weder zu einer unzulässigen „Rundumüberwachung" noch sei 18

---

[12] Näher dazu *Hochmayr* NStZ 2013, 13.
[13] Zu weiteren technischen Möglichkeiten *Fünfsinn/Kolz* StV 2016, 191 (193).
[14] BVerfGE 156, 69 = BeckRS 2020, 40592 = DÖV 2021, 405 = GSZ 2021, 177 (Ls.) mAnm *Löffelmann* = NStZ 2021, 348 mAnm *Schiemann* = JA 2021, 347 *(Muckel)* = JuS 2021, 472 *(Sachs)*.
[15] BVerfG BeckRS 2020, 40592 Rn. 189 mwN.
[16] BVerfG BeckRS 2020, 40592 Rn. 190 mwN.

es möglich, ein Persönlichkeitsprofil zu erstellen. Eine die Menschenwürde tangierende Totalerfassung der Freiheitswahrnehmung, durch welche die von der Anordnung elektronischer Aufenthaltsüberwachung Betroffenen zum bloßen Objekt staatlichen Handelns gemacht werden, finde nicht statt.

19 Aus dem allgemeinen Persönlichkeitsrecht nach Art. 2 Abs. 1 GG iVm Art. 1 Abs. 1 GG folgt ein verfassungsrechtliches Resozialisierungsgebot. Der Beschluss des BVerfG betont, dass eine Wiedereingliederung des Betroffenen in die Gesellschaft oder der Möglichkeit einer Lebensführung durch eine EAÜ nicht wesentlich erschwert werde. Der Betroffene werde nicht „sichtbar gebrandmarkt"; zudem sei es nicht unmöglich, die EAÜ auch im engeren sozialen Bereich zu verbergen. Eine unvermeidliche Kenntnisnahme beschränke sich auf einzelne Freizeitaktivitäten und den Bereich intimer Kontakte. Die mit der EAÜ verbundenen Einschränkungen seien aber zum Schutz der hochrangigen Rechtsgüter des Lebens, der Freiheit, der körperlichen Unversehrtheit der sexuellen Selbstbestimmung Dritter gerechtfertigt.[17]

20 Das allgemeine Persönlichkeitsrecht sieht das BVerfG auch nicht in seiner Ausprägung als Recht auf informationelle Selbstbestimmung verletzt. Es müsse zwischen Erhebung, Speicherung und Verwendung der Daten unterschieden werden. Soweit auch ein Datenabgleich vorgesehen sei, bildeten Erfassung und Abgleich der Daten je eigene Grundrechtseingriffe. Die hier infrage stehenden Vorschriften genügen den verfassungsrechtlichen Anforderungen, dabei auch dem Gebot der Normenklarheit und der Verhältnismäßigkeit. Denn die Sicherheit der Bevölkerung und auch die Sicherheit des Staates seien von derart überragender Bedeutung, dass sie die hier in Rede stehende Überwachung rechtfertigen. Insbesondere sei nicht erkennbar, ob und gegebenenfalls in welchem Umfang es durch das Tragen des Senders an einem der beiden Fußgelenke zu Hautabschürfungen, Schmerzen oder Schwellungen komme. Die allenfalls geringfügigen Eingriffe seien jedenfalls verfassungsrechtlich gerechtfertigt.[18]

21 Das Recht auf körperliche Unversehrtheit nach Art. 2 Abs. 2 S. 1 GG schützt die Gesundheit im biologisch-physiologischen Sinne und betrifft damit insbesondere den Schutz gegen die Herbeiführung von Krankheiten und Gebrechen. Erfasst sind nach der verfassungsgerichtlichen Rechtsprechung auch nicht körperliche Einwirkungen, die das Befinden einer Person in einer Weise verändern, die dem Zufügen von Schmerzen entspricht.[19] Durch die EAÜ komme es aber zu keinem solchen Eingriff weder unter dem Gesichtspunkt der Strahlenbelastung (die unbedenklich sei) noch beim Duschen oder Schlafen.

22 Auch die in Art. 2 Abs. 2 S. 2 GG gewährleistete Freiheit der Person wird nach dem Beschluss des BVerfG durch Regelung zur EAÜ nicht verletzt. Die Freiheit der Person schütze die im Rahmen der geltenden allgemeinen Rechtsordnung gegebene tatsächliche körperliche Bewegungsfreiheit vor staatlichen Eingriffen. Sein Gewährleistungsinhalt umfasse von vornherein nicht eine Befugnis, sich unbegrenzt überall aufhalten und überall hin bewegen zu können. Daher liege eine Freiheitsbeschränkung nur vor, wenn jemand durch die öffentliche Gewalt gegen seinen Willen daran gehindert werde, einen Ort oder Raum aufzusuchen und sich dort aufzuhalten, der ihm an sich (tatsächlich und rechtlich) zugänglich sei oder diesen zu verlassen. Der Tatbestand einer Freiheitsentziehung nach Art. 104 Abs. 2 GG komme nur in Betracht, wenn die – tatsächlich und rechtlich an sich gegebene – körperliche Bewegungsfreiheit durch staatliche Maßnahmen nach jeder Richtung hin nicht nur kurzfristig aufgehoben werde.

23 Die Freizügigkeit nach Art. 11 Abs. 1 GG sieht das BVerfG schon in ihrem Schutzbereich nicht berührt. Dieses Grundrecht gewährleiste das Recht aller Deutschen, ungehindert durch die Staatsgewalt an jedem Ort innerhalb des Bundesgebiets Aufenthalt und

---

[17] BVerfG BeckRS 2020, 40592 Rn. 293 f. mwN.
[18] BVerfG BeckRS 2020, 40592 Rn. 220 ff., 316 ff. mwN.
[19] Hierzu BVerfGE 56, 54 (73 ff.) = NJW 1981, 1655.

Wohnung zu nehmen. Dazu gehöre die zum Zweck der Wohnsitzbegründung erfolgende Einreise und der freie Zug von Land zu Land, von Gemeinde zu Gemeinde und innerhalb einer Gemeinde. Nicht geschützt seien die Modalitäten der Ortsveränderung, insbesondere die Wahl des Beförderungsmittels. Durch die EAÜ sei der Betroffene nicht gehindert, den räumlichen Schwerpunkt seines Lebens im Bundesgebiet frei zu bestimmen oder zu ändern.

Auch in die Berufsfreiheit nach Art. 12 Abs. 1 GG greife die EAÜ nicht ein. Einerseits **24** sei der Schutz dieses Grundrechts umfassend angelegt, andererseits schütze dieses Grundrecht jedoch nur vor solchen Beeinträchtigungen, die sich gerade auf die berufliche Betätigung beziehen. Es genüge nicht, dass eine Rechtsnorm oder ihre Anwendung Rückwirkungen auf die Berufstätigkeit habe. Die Berufsfreiheit entfalte ihre Schutzwirkung nur gegenüber solchen Normen oder Akten, die sich entweder unmittelbar auf die Berufstätigkeit beziehen oder die zumindest eine objektiv berufsregelnde Tendenz haben. Die Anordnung einer EAÜ beinhalte kein Verbot hinsichtlich der Berufstätigkeit oder der Wahl der Ausbildungsstätte.

Weiterhin sei das Grundrecht auf Unverletzlichkeit der Wohnung nach Art. 13 Abs. 1 **25** GG nicht verletzt, das den räumlich-gegenständlichen Bereich der Privatsphäre schützt. Dem Einzelnen solle das Recht, „in Ruhe gelassen zu werden", gerade in seinen Wohnräumen gesichert sein. Der Grundrechtsschutz gewähre einen absoluten Schutz des Verhaltens in den Wohnräumen, soweit es sich als individuelle Entfaltung im Kernbereich privater Lebensgestaltung darstelle. Gesetzliche Regelungen des Einsatzes technischer Mittel zur Wohnraumüberwachung müssten hinreichende Vorkehrungen dafür treffen, dass Eingriffe in den absolut geschützten Kernbereich privater Lebensgestaltung unterbleiben und damit die Menschenwürde gewahrt werde. Nach § 463a Abs. 4 S. 1 StPO ist, soweit möglich, sicherzustellen, dass innerhalb der Wohnung keine über den Umstand der Anwesenheit hinausgehende Aufenthaltsdaten übermittelt werden. Die dem technisch Rechnung tragende „Home-Unit" soll dafür sorgen, dass eine GPS-Ortung der Fußfesseln innerhalb der Wohnung unterbleibe. Da es bei einer solchen bloßen Präsenzkontrolle bleibe, werde in den Kernbereich privater Lebensgestaltung nicht eingegriffen.

Die sich überwiegend in den gewohnten Bahnen der verfassungsgerichtlichen Recht- **26** sprechung bewegende Entscheidung des BVerfG mit sorgfältiger Argumentation ist jedenfalls in den zentralen Aussagen überzeugend.[20]

Fazit: Die durch die (offene) Datenerhebung verbundene Grundrechtsbelastung einer **27** EAÜ verletzt weder die Menschenwürdegarantie noch den Kernbereich privater Lebensgestaltung; der Betroffene wird nicht zum Objekt staatlichen Handelns gemacht. Zwar können die Aufenthaltsdaten durch Ort und Dauer Rückschlüsse ermöglichen, aber diese Daten ergeben keine umfassende Überwachung, weil nicht bekannt wird, was die überwachte Person konkret tut.[21] Weiterhin leistet die Maßnahme einen Beitrag zur Gefahrenabwehr. Vergleichbar effektive Mittel zur Gefahrenabwehr für Leib und Leben von Menschen stehen nicht zur Verfügung und schließlich ist sie (nicht gegen das Übermaßverbot verstoßend) verhältnismäßig und steht damit auch in Einklang mit den in Art. 7 und Art. 8 EuGrCH[22] verankerten Grundrechten.

Die EAÜ ist zur Gefahrenabwehr geeignet, weil das fortwährende Erfassen der Aufent- **28** haltsdaten verbunden mit dem ständig präsenten Überwachungsdruck verhaltenssteuernd wirken kann.[23] Im Einzelfall dürfen grundrechtsschonendere, aber vergleichbar effektive Mittel nicht zur Verfügung stehen; die Dauerobservation (näher dazu → Rn. 54 ff.) zählt

---

[20] Vorsichtige Kritik bei *Muckel* JA 2021, 347 (351).
[21] OLG München NJW 2019, 2404 (2410 Rn. 79) = GSZ 2019, 169 (173 Rn. 79); näher oben → Rn. 10 ff.
[22] Auch die die Beschränkung der in Art. 7 und Art. 8 EuCRCH verankerten Grundrechte müssen sich auf das absolut Notwendige beschränken (EuGH MMR 2009, 175 (177 Rn. 56)) und muss verhältnismäßig sein; vgl. EuGH MMR 2011, 122 (124 Rn. 74–89).
[23] OLG München NJW 2019, 2404 (2409 Rn. 74) = GSZ 2019, 169 (173 Rn. 74).

dazu jedenfalls nicht.[24] Denn während die EAÜ nur Aussagen über den Aufenthaltsort der betroffenen Person gibt, ermöglicht die Dauerobservation auch Aussagen zu ihren jeweiligen Aktivitäten.[25]

29 Da die EAÜ im bundesrechtlichen § 56 BKAG gegenüber den landesrechtlichen Polizeigesetzen im Detail unterschiedlich ausgestaltet ist, wie zB Art. 34 BayPolG, fielen die Stellungnahmen zur Verfassungsmäßigkeit vor dem Beschluss des BVerfG vom 1.12.2020 unterschiedlich aus.[26]

IV. Materiellrechtliche Einzelheiten

1. Die „drohende Gefahr" als neue Vorfeldschwelle

30 Ursprünglich bezeichnete die „drohende" Gefahr im Polizeirecht eine konkrete Gefahr. Nachdem allerdings das BVerfG den Begriff der drohenden Gefahr in seiner Entscheidung zur Online-Durchsuchung im Jahr 2008[27] erstmals verwendet hatte, nahmen die Polizeirechtsreformen in einigen Ländern diese Begrifflichkeit als neue Vorfeldschwelle bereits vor einer konkreten Gefahr mit unterschiedlicher Regelungstechnik und Reichweite auf.[28] Die konkrete Gefahr bestimmt sich jedenfalls durch drei Kriterien: den Einzelfall, die zeitliche Nähe des Umschlagens einer Gefahr in einen Schaden und den Bezug auf individuelle Personen als Verursacher.[29]

31 Bayern grenzt erst seit 1.8.2021 den Begriff der „drohenden Gefahr"[30] gegenüber der konkreten Gefahr in Art. 11a Abs. 1 PAG nunmehr dadurch schärfer ab, dass die Polizei dann die notwendigen Maßnahmen treffen kann, „um den Sachverhalt aufzuklären und die Entstehung einer Gefahr für ein bedeutendes Rechtsgut zu verhindern, wenn im Einzelfall das individuelle Verhalten einer Person die konkrete Wahrscheinlichkeit begründet oder Vorbereitungshandlungen für sich oder zusammen mit weiteren bestimmten Tatsachen den Schluss auf ein seiner Art nach konkretisiertes Geschehen zulassen, wonach in absehbarer Zeit Angriffe von erheblicher Intensität oder Auswirkung zu erwarten sind".[31] Die besondere Situation muss also konkret-individuell betrachtet und eingeschätzt werden. Der erhebliche Angriff muss zwar in „absehbarer Zeit" zu erwarten sein, aber nicht unmittelbar bevorstehen, also noch keine konkrete Gefährdung der Schutzgüter gegeben sein.[32] Die Regelung erlaubt somit nicht nur den Sachverhalt aufzuklären, sondern auch den Kausalverlauf zur Verhinderung einer Gefahr zu unterbrechen.[33] Dabei geht es nicht nur um terroristische Sachverhalte, sondern zB auch um Amokläufer oder Hooligans. Zumal im Rahmen der Terrorismusbekämpfung wird die Zukunft zeigen, wie valide die Prognosen zur Feststellung einer „drohenden Gefahr" sein müssen.

---

[24] OLG München NJW 2019, 2404 (2410 Rn. 75) = GSZ 2019, 169 (173 Rn. 75); vgl. auch *Guckelberger* DVBl 2017, 1121 (1125).
[25] VG Saarlouis BeckRS 2013, 48456.
[26] Keine verfassungsrechtlichen Bedenken bei *Ruthig* in Schenke/Graulich/Ruthig BKAG § 56 Rn. 3 und OLG München NJW 2019, 2404 = GSZ 2019, 169 (172 Rn. 68 ff.) zu Art. 34 BayPAG; *Möstl* BayVBl 2018, 156 (160 f.); aA zu Art. 34 BayPAG *Kremer* GSZ 2019, 175 (176); *Löffelmann* BayVBl 2018, 145 (150 ff.).
[27] BVerfGE 120, 274 (329) = NJW 2008, 822; vgl. auch BVerfGE 141, 220 (272 Rn. 112) = NJW 2016, 1781 zum BKAG.
[28] Überblick bei *Möstl* GSZ, 2021, 89.
[29] BVerfGE 141, 220 (304) = NJW 2008, 822 = BeckRS 2008, 139534. Näher zur drohenden, konkreten und dringenden Gefahren in den Landespolizeigesetzen *Möstl* GSZ 2021, 89.
[30] Verwendung findet der Begriff auch in anderen Vorschriften zB in Art. 16 Abs. 1 S. 1 Nr. 2, Abs. 2 S. 1 BayPAG und Art. 21 Abs. 1 Nr. 3 BayPAG.
[31] Krit. dazu *Löffelmann* GSZ 2021, 164 (165); vgl. auch *Möstl* GSZ 2021, 89 (91).
[32] Näher zur Abgrenzung zwischen drohender und konkreter Gefahr *Schmidbauer* in Schmidbauer/Steiner BayPAG Art. 11 Rn. 169 ff.
[33] *Waechter* NVwZ 2018, 458 (461).

2. Die EAÜ als bundesrechtliche Maßnahme der Gefahrenabwehr, § 56 BKAG

Als Maßnahme der Gefahrenabwehr kann das Bundeskriminalamt nach § 56 Abs. 1 **32** BKAG[34] eine Person zu einer EAÜ verpflichten, wenn „bestimmte Tatsachen die Annahme rechtfertigen, dass diese Person innerhalb eines übersehbaren Zeitraums auf eine zumindest ihrer Art nach konkretisierte Weise eine Straftat nach § 5 Abs. 1 S. 2 begehen wird oder deren individuelles Verhalten eine konkrete Wahrscheinlichkeit dafür begründet, dass sie innerhalb eines übersehbaren Zeitraums eine Straftat nach § 5 Abs. 1 S. 2 begehen wird, um diese Person durch die Überwachung und die Datenverwendung von der Begehung dieser Straftat abzuhalten."

Gerichtliche Anordnung, § 56 Abs. 5 BKAG, § 90 Abs. 2 BKAG: Die Maßnahme **33** darf nur auf Antrag der zuständigen Abteilungsleitung oder deren Vertretung durch das Amtsgericht angeordnet werden, in dessen Bezirk das Bundeskriminalamt seinen Sitz hat, also das AG Wiesbaden. Für das Verfahren gelten die §§ 23 ff. FamFG entsprechend, Art. 90 Abs. 2 S. 2 BKAG. Das Gericht hat gem. § 26 FamFG von Amts wegen die entscheidungserheblichen Tatsachen zu ermitteln. – Bei Gefahr im Verzug kann die Anordnung durch die zuständige Abteilungsleitung oder deren Vertretung getroffen werden. In diesem Fall ist die gerichtliche Entscheidung unverzüglich nachzuholen. Soweit die Anordnung nicht binnen drei Tagen bestätigt wird, tritt sie außer Kraft.

Rechtsschutz: Gegen die richterliche Anordnung ist die Beschwerde beim Amtsgericht **34** einzulegen, § 58 Abs. 1 FamFG, § 64 Abs. 1 FamFG, der das Amtsgericht abhelfen kann, § 68 Abs. 1 S. 1 FamFG. Beschwerdegericht ist das Landgericht, § 58 Abs. 1 FamFG, § 72 Abs. 1 GVG, § 119 Abs. 1 GVG. Für den nachträglichen Rechtsschutz ist die Fortsetzungsfeststellungsklage gegeben.[35]

3. Die EAÜ als landesrechtliche Maßnahme der Gefahrenabwehr, zB Art. 34 BayPAG

Im Fokus steht insbesondere die Reform des Bayerischen Polizeiaufgabengesetzes, das seit **35** 2017 als Eingriffsschwelle die „drohende Gefahr" kennt (näher dazu → Rn. 31). Deshalb soll beispielhaft die Rechtslage in Bayern und kurz auch noch in Hamburg[36] behandelt werden.

a) Bayern. Anordnungsvoraussetzungen des Art. 34 Abs. 1 S. 1 BayPAG: „Zur **36** Abwehr einer Gefahr oder einer drohenden Gefahr für ein bedeutendes Rechtsgut kann durch den Richter gegenüber der dafür verantwortlichen Person angeordnet werden, die für eine elektronische Überwachung ihres Aufenthaltsorts erforderlichen technischen Mittel ständig in betriebsbereitem Zustand bei sich zu führen und deren Funktionsfunktionsfähigkeit nicht zu beeinträchtigen." Als geschützte, bedeutende Rechtsgüter bezeichnet Art. 11a Abs. 2 BayPAG den Bestand oder die Sicherheit des Bundes oder eines Landes (Nr. 1), Leben, Gesundheit oder Freiheit (Nr. 2), die sexuelle Selbstbestimmung, soweit sie durch Straftatbestände geschützt ist, die im Mindestmaß mit wenigstens drei Monaten Freiheitsstrafe bedroht sind (Nr. 3) und Anlagen der kritischen Infrastruktur sowie Kulturgüter von mindestens überregionalem Rang (Nr. 4). Den neuen Grundbegriff der drohenden Gefahr definiert der bayerische Gesetzgeber als Reaktion auf die Ungewissheit im Vorfeld konkreter Gefahren in Art. 11 Abs. 3 S. 1 BayPAG als einen Sachverhalt, (Nr. 1) bei dem im Einzelfall das individuelle Verhalten einer Person die konkrete Wahrscheinlichkeit begründet oder (Nr. 2) Vorbereitungshandlungen für sich oder zusammen mit wei-

---

[34] Die gestiegenen Gefahren durch den internationalen Terrorismus führten dazu, dass 2006 der Art. 73 Abs. 1 GG um die Nr. 9 ergänzt wurde und dem Bund die ausschließliche Gesetzgebung über die Abwehr dieser Gefahren dem BKA zugewiesen wurde. Auf dieser Grundlage wurde 2008 das BKAG um diese Aufgabe erweitert sowie diverse Ermittlungsbefugnisse übertragen und die Möglichkeit zum Nutzen erhobener Daten und ihr Weiterleiten an ausländische Stellen erlaubt.
[35] Näher dazu *Ruthig* in Schenke/Graulich/Ruthig BKAG § 90 Rn. 6 ff. mwN.
[36] Für Nordrhein-Westfalen steht die Rechtsgrundlage in § 34c PolG; dazu *Zaremba* DÖV 2019, 221.

teren bestimmten Tatsachen den Schluss auf den seine Art nach konkretisiertes Geschehen zulassen, wonach in absehbarer Zeit Angriffe von erheblicher Intensität oder Auswirkung auf in einem Katalog abschließend aufgezählte bedeutende Rechtsgüter zu erwarten sind.[37]

37 Nach Art. 34 Abs. 3 BayPAG dürfen die erhobenen Daten auf Anordnung durch den Richter zu einem **Bewegungsbild** verbunden werden, soweit dies zur Erfüllung des Überwachungszwecks erforderlich ist.[38] Schließlich kann die Anordnung zur EAÜ nach Art. 34 Abs. 1 S. 2 BayPAG iVm Art. 16 Abs. 2 BayPAG mit einem **Kontaktverbot, Aufenthaltsverbot oder Aufenthaltsgebot** sowie einer Meldeanordnung verbunden werden.

38 **Befristung und Löschung:** Die zeitlich auf höchstens drei Monate zu befristende Maßnahme kann um jeweils längstens drei Monate verlängert werden, Art. 34 Abs. 4 S. 2 BayPAG. Die erhobenen Daten sind spätestens zwei Monate nach Beendigung der Maßnahme zu löschen, soweit sie nicht unzulässigerweise für andere Zwecke verarbeitet werden, Art. 34 Abs. 5 S. 1 BayPAG.

39 Ergibt die auf der Basis von Tatsachen anzustellenden Prognose, dass vom Betroffenen eine drohende Gefahr für die genannten Rechtsgüter ausgeht, weil in absehbarer Zeit Angriffe von erheblicher Intensität oder Auswirkung zu erwarten sind, kann der drohenden Gefahr zu Abwehrzwecken durch eine EAÜ gegebenenfalls nebst Genehmigung für das Erstellen eines Bewegungsbilds begegnet werden, sofern die Schwere des damit verbundenen Eingriffs in die grundrechtlich geschützte Lebenssphäre in angemessenem Verhältnis zum Anlass besteht.[39]

40 **Zuständigkeit:** Die Maßnahme darf nach Art. 34 Abs. 3 S. 1 BayPAG nur durch einen Richter angeordnet werden, bei Gefahr in Verzug auch durch den Leiter des Landeskriminalamts oder eines Präsidiums der Landespolizei angeordnet werden. Nach Art. 92 Abs. 1 S. 1 BayPAG gilt (vorbehaltlich von Spezialvorschriften) das FamFG. Für die gerichtliche Entscheidung ist (vorbehaltlich von Spezialvorschriften) nach Art. 92 Abs. 2 S. 1 BayPAG das Amtsgericht (Zivilgericht) am Sitz des Landgerichts zuständig, in dessen Bezirk die beantragende Polizeidienststelle ihren Sitz hat.

41 **Rechtsmittel:** Beschwerde an das OLG.

42 **Rechtsschutz:** Wegen ihres tiefgreifenden Grundrechtseingriffs kann die Maßnahme nach Art. 34 Abs. 3 BayPAG vorher gerichtlich überprüft werden. Das weitere Verfahren richtet sich nach Art. 92 BayPAG. – Als nachfolgender Rechtsschutz kann gegen noch nicht erledigte Anordnungen Anfechtungsklage nach § 42 Abs. 2 VwGO erhoben werden, bei erledigten Anordnungen eine Fortsetzungsfeststellungsklage.[40] Um dem Maßnahmenadressaten die Möglichkeit ausreichenden Rechtsschutzes zu gewähren, sieht Art. 50 Abs. 1 S. 1 Nr. 2 BayPAG eine Benachrichtigungspflicht vor, wenn Bewegungsbilder nach Abs. 2 S. 3 erhoben wurden.

43 **b) Hamburg.** Der Gefahrenbegriff des § 30 Abs. 1 Nr. 3 HmbgPolDVG für die Anordnung einer EAÜ setzt eine auf den konkreten Einzelfall bezogene hinreichende Wahrscheinlichkeit eines in absehbarer Zeit eintretenden Schadens für Leib, Leben oder Freiheit einer Person voraus. Eine solch hinreichende Wahrscheinlichkeit liegt vor, wenn sie sich auf konkrete und einzelfallbezogene Tatsachen stützt, die nicht auf bloßen Vermutungen, allgemeinen Erwägungen oder Erfahrungssätzen beruhen und aufgrund dessen mehr für als gegen einen Schadenseintritt spricht.[41] Demgegenüber setzt der Gefahrenbegriff für die

---

[37] Zum Begriff der drohenden Gefahr im konkreten Fall OLG München NJW 2019, 2404 = GSZ 2019, 169 (171 ff.) mAnm *Kremer*.
[38] Ist ein Bewegungsbild erstellt worden, muss die Polizei nach Art. 50 Abs. 1 Nr. 1 BayPAG den Adressaten unverzüglich benachrichtigen, sobald dies ohne Gefährdung des Zwecks der Maßnahme, der eingesetzten Polizeibeamten oder Vertrauenspersonen oder der in der jeweiligen Befugnisnorm genannten Rechtsgüter geschehen kann.
[39] OLG München NJW 2019, 2404 = GSZ 2019, 169 (171 Rn. 36).
[40] Näher *Schmidbauer* in Schmidbauer/Steiner POG Art. 12 Rn. 54 ff.
[41] Zum Ganzen OLG Hamburg BeckRS 2020, 44139 Rn. 53; die Entscheidung lehnt in concreto die Voraussetzungen einer EAÜ bei Nachstellungsfällen ab.

Anordnung einer längerfristigen Observation nach § 20 Abs. 1 S. 2 Nr. 2 HmbgPolDVG nur Tatsachen voraus, die ein wenigstens ihrer Art nach konkretes und zeitlich absehbares Geschehen erkennen lassen.[42]

4. Die EAÜ als Weisung im Rahmen der Führungsaufsicht, § 68b Abs. 1 S. 1 Nr. 12 StGB

In Deutschland sieht das Erwachsenenstrafrecht nach den §§ 38, 40 StGB als Hauptstrafen lediglich Freiheits- oder Geldstrafe vor. Auch als Nebenstrafe, wie das Fahrverbot, ist die EAÜ nicht vorgesehen. Angeordnet werden kann die mit Wirkung vom 1.1.2011 als Reaktion auf die Rechtsprechung des EGMR zur Sicherungsverwahrung eingeführte Weisungsmöglichkeit nach § 68b Abs. 1 Nr. 12 StGB nur als Maßregel der Besserung und Sicherung[43] im Rahmen der Führungsaufsicht – einem Äquivalent zur früheren Polizeiaufsicht. In der Sache geht es bei der Führungsaufsicht um eine ambulante Alternative zur Sicherungsverwahrung.[44] 44

Nach der Gesetzesbegründung[45] soll die elektronische Fußfessel neben der hiermit geschaffenen Kontrollmöglichkeit aufenthaltsbezogener Weisungen der Führungsaufsicht vor allem auch eine Unterstützung der für erforderlich gehaltenen Eigenkontrolle des Straftäters darstellen bzw. den Anreiz für den Betroffenen erhöhen, psychologisch vermittelte, nachhaltig wirkende Verhaltenskontrolle zu erlernen und zu verfestigen. Im Übrigen kann das Gericht nach dem Zweck des Gesetzes und dem ausdrücklichen Willen des Gesetzgebers auch unabhängig von aufenthaltsbezogenen Vorgaben die Weisung der elektronischen Aufenthaltsüberwachung erteilen, wenn es davon überzeugt ist, dass auch und allein die Möglichkeit der Datenverwendung nach § 463a Abs. 4 S. 2 Nr. 4 und 5 StPO den Betroffenen von der erneuten Begehung schwerer Straftaten iSd § 66 Abs. 3 S. 1 StGB abhalten kann. Die elektronische Aufenthaltsüberwachung verfolgt damit nicht nur das Ziel der Überwachung aufenthaltsbezogener Weisungen, sondern auch allgemein spezialpräventive Zwecke. Bereits das Bewusstsein, im Falle der erneuten Begehung einer schweren Straftat einen deutlich höheren Entdeckungsrisiko zu unterliegen, stärkt die Eigenkontrolle des Betroffenen. Zudem kann eine derartige Überwachung es den zuständigen Behörden erleichtern, im Fall einer akuten und erheblichen Gefährdungslage für Dritte rechtzeitig einzuschreiten.[46] 45

Bei Verurteilten mit schlechter Sozialprognose soll die Führungsaufsicht nach Ende der Strafvollstreckung oder nach Aussetzung oder Erledigung der Vollstreckung einer freiheitsentziehenden Maßregel durch Betreuung und Überwachung über kritische Zeiträume hinweg eine bessere Möglichkeit der Wiedereingliederung geben.[47] Die Führungsaufsicht ist von erheblicher praktischer Bedeutung und verstößt weder gegen das Doppelbestrafungsverbot gem. Art. 103 Abs. 2 GG noch Art. 7 Abs. 1 EMRK (keine Strafe ohne Gesetz).[48] 46

Führungsaufsicht *kann* das Tatgericht nach § 68 Abs. 1 StGB anordnen, wenn jemand wegen einer Straftat, bei der das Gesetz Führungsaufsicht besonders vorsieht, eine zeitige Strafe von mindestens sechs Monaten oder – wegen der Verweisung in § 7 JGG – Jugendstrafe von entsprechender Dauer[49] verwirkt hat. Bei einer Gesamtstrafe muss wenigstens eine Einzelstrafe sechs Monate betragen, die ein Delikt betrifft, für welches der einschlägige 47

---

[42] OLG Hamburg BeckRS 2020, 44139 Rn. 53.
[43] Die sechs in § 61 StGB genannten Maßregeln der Besserung und Sicherung, zu denen auch die Führungsaufsicht zählt, knüpfen nicht an die Schuld an, sind also auch bei schuldlosem Handeln zulässig und deshalb also keine Strafen, sondern an die Sozialgefährlichkeit. Maßregeln der Besserung und Sicherung setzen nur das Vorliegen einer „rechtswidrigen Tat" iSd § 11 Abs. 1 Nr. 5 StGB voraus.
[44] *U. Schneider* NStZ 2007, 441 (442); *Eschelbach* in Matt/Renzikowski StGB § 68 Rn. 1.
[45] BT-Drs. 17/3403, 17 f., 35 ff.
[46] OLG Rostock NStZ 2011, 521 (522).
[47] BVerfGE 55, 28 (29) = NStZ 1981, 21 (22); *U. Schneider* NStZ 2007, 441 (442).
[48] BVerfGE 55, 28 (30) = NStZ 1981, 21 (22).
[49] *Groß* FS Böttcher, 2007, 579 (595); *Eschelbach* in Matt/Renzikowski StGB § 68 Rn. 1.

Tatbestand die Führungsaufsicht vorsieht.[50] Weiterhin verlangt das Gesetz für die Anordnung, dass die Gefahr weiterer Straftaten besteht. Das ist der Fall, wenn aufgrund einer Gesamtschau nicht nur die bloße Möglichkeit, sondern die auf konkrete Tatsachen gestützte Wahrscheinlichkeit künftiger Begehung von relevanten Straftaten besteht.[51] Im Vollstreckungsverfahren tritt nach § 68 Abs. 2 StGB kraft Gesetzes Führungsaufsicht ein bei den im Gesetz genannten ausgesetzten oder erledigten freiheitsentziehenden Maßregeln.

48 Eine Sonderregelung zum gesetzlichen Eintritt der Führungsaufsicht bei Vollverbüßern, zumal bei Sexualstraftätern, trifft § 68f StGB: Ist gegen den Verurteilten eine Freiheitsstrafe oder Gesamtfreiheitsstrafe von mindestens zwei Jahren wegen vorsätzlicher Straftaten oder eine Freiheitsstrafe oder Gesamtfreiheitsstrafe von mindestens einem Jahr wegen einer der in § 181b StGB genannten Sexualstraftaten vollständig vollstreckt worden, tritt mit seiner Entlassung aus dem Strafvollzug aufgrund § 68f Abs. 1 StGB dann Führungsaufsicht ein, sofern nicht im Anschluss an die Strafverbüßung eine freiheitsentziehende Maßregel der Besserung und Sicherung vollzogen wird. Ist allerdings zu erwarten, dass der Verurteilte auch ohne die Führungsaufsicht keine Straftaten mehr begehen wird, hat das Gericht anzuordnen, dass die Maßregel entfällt.

49 Die Führungsaufsicht bei Strafaussetzung oder Aussetzung des Strafrests zur Bewährung regelt § 68g StGB. Bei nachträglichen Entscheidungen über Strafaussetzung kann nach § 453 Abs. 2 S. 2 StPO die Beschwerde nur darauf gestützt werden, dass die getroffene Anordnung für eine elektronische Überwachung gesetzeswidrig sei. Die somit im Rahmen des Beschwerdeverfahrens allein überprüfbare Gesetzeswidrigkeit einer solchen Weisung im Rahmen der Führungsaufsicht liegt nur vor, wenn eine solche im Gesetz nicht vorgesehen, unverhältnismäßig oder unzumutbar ist. Eine Überprüfung der Zweckmäßigkeit findet im Beschwerdeverfahren dagegen nicht statt.

50 Nach § 68b Abs. 1 Nr. 12 StGB kann das Gericht neben der Strafe die verurteilte Person für die Dauer der Führungsaufsicht oder eine kürzere Zeit nach § 68b Abs. 1 Nr. 12 StGB anweisen, „die für eine elektronische Überwachung ihres Aufenthaltsortes erforderlichen technischen Mittel ständig in betriebsbereiten Zustand bei sich zu führen und deren Funktionsfähigkeit nicht zu beeinträchtigen." Die Maßnahme soll insbesondere die Überwachung der Maßnahmen nach Nr. 1 und 2 flankieren.

51 **Rechtsmittel:** Sofortige Beschwerde, die die konkrete Ausgestaltung allein auf Bestimmtheit, Verhältnismäßigkeit und rechtsfehlerfreie Ermessensausübung überprüft.[52]

5. Die EAÜ als Weisung in den Vollzugsgesetzen der Länder zur Sicherungsverwahrung

52 Die Gesetze zum Vollzug der Sicherungsverwahrung der Länder sehen als Weisung vor, dass bei Lockerungen der Sicherungsverwahrte elektronisch überwacht werden kann, damit er sich etwa nicht dem Vollzug der Sicherungsverwahrung entzieht, zB § 14 Abs. 2 Hessisches Sicherungsverwahrungsvollzugsgesetz.[53]

53 **Rechtsmittel:** §§ 119, 113 Abs. 1StVollzG, § 121 Abs. 2 S. 1 StVollzG

---

[50] *Groß* FS Böttcher, 2007, 579 (595); *Eschelbach* in Matt/Renzikowski StGB § 68 Rn. 3.
[51] *Eschelbach* in Matt/Renzikowski StGB § 68 Rn. 6.
[52] OLG Hamburg NStZ 2012, 325.
[53] Vgl. LG Marburg BeckRS 2018, 34808.

C. Längerfristige Observationen und Daueruberwachung gefährlicher Personen

Neben kurzfristigen Observationen (weniger als 24 Stunden oder an nicht mehr als zwei Tagen)[54] sehen die Polizeigesetze der Länder auch längerfristige Observationen vor.[55] Ob die offen oder verdeckt geführte Dauerobservation gefährlicher Personen eine längerfristige Observation darstellt, ist umstritten, wird aber von der Rechtsprechung gegenüber kritischen Stimmen aus der Literatur bejaht.[56] Die Dauerobservation zielt auf Datenerhebung als Grundlage zur Entscheidung über weitere Maßnahmen. **54**

Als schwerwiegender Eingriff sowohl in das allgemeine Persönlichkeitsrecht wie des Grundrechts auf informationelle Selbstbestimmung[57] verlangt die Dauerobservation jedenfalls eine Eingriffsermächtigung.[58] Diese kann in der Ermächtigung zur „längerfristigen Observation" gesehen werden, wenn auch die Daueruberwachung als „längerfristige Observation" zu qualifizieren ist und dafür den Länder auch die Gesetzgebungskompetenz zusteht.[59] Denn ein Teil der Literatur geht nämlich davon aus, dass mit § 68b Abs. 1 Nr. 12 StGB[60] eine abschließende bundesgesetzliche Regelung vorliegt. Die Verhütung einer Straftat fällt jedoch unter Gefahrenabwehr und damit obliegt auch den Ländern die Gesetzgebungskompetenz.[61] Vor kurzem hat der BGH erstmals die Eingriffsschwelle im hessischen Gefahrenabwehrrecht näher definiert: Die Polizei muss die Persönlichkeit des Betroffenen umfassend würdigen; ergeben sich danach Anhaltspunkte dafür, dass er eine terroristische Straftat begehen wird, darf er observiert werden; der Verdacht muss die Stärke des strafrechtlichen Anfangsverdacht nicht erreichen.[62] Bei seiner Entscheidung orientierte sich der BGH an der Rechtsprechung des BVerwG zu § 58a AufenthG,[63] die die sofort vollziehbare Abschiebung ohne Ausweisung und ohne Androhung als Maßnahme der Gefahrenabwehr erlaubt; die Abschiebung sei eine viel schwerwiegendere Maßnahme als die polizeiliche Beobachtung. **55**

Die längerfristige Observation greift als Maßnahme der Überwachung außerhalb von Wohnungen unter dem Einsatz besonderer Mittel der Datenerhebung im Vergleich zu anderen Vorgehensweisen zwar weniger gravierend in das Recht auf informationelle Selbstbestimmung ein,[64] unterliegt aber nach der verfassungsgerichtlichen Rechtsprechung in besonderem Maß dem Grundsatz der Verhältnismäßigkeit, der auch ihre zulässige Dauer bestimmt. Eine gesetzlich festgesetzte absolute Höchstdauer verlangt die Verfassung nicht, zumal der Eingriff in das allgemeine Persönlichkeitsrecht immer intensiver werde und schließlich eine weitere Verlängerung verbietet.[65] **56**

---

[54] ZB Art. 32 Abs. 1 BayPAG zum Ob und Art. 31 Abs. 2 BayPAG und § 31 Abs. 2 und 3 BayPAG zum Wie. Die kurzfristige Observation verlangt weder das Vorliegen einer konkreten Gefahr noch das Vorliegen einer drohenden Gefahr; näher *Schmidbauer* in Schmidbauer/Steiner BayPAG Art. 36 Rn. 7.
[55] ZB Art. 36 Abs. 1 Nr. 1, Abs. 2 BayPAG; § 15 Abs. 5 S. 1 Hessisches Gesetz über die öffentliche Sicherheit und Ordnung (HSOG); § 16a PolG NRW.
[56] Überblick zum Streitstand *Schmidbauer* in Schmidbauer/Steiner BayPAG Art. 36 Rn. 8 ff.
[57] OVG Münster DVBl 2013, 1267 = BeckRS 2013, 53569; OVG Saarlouis BeckRS 2013, 56891; VG Saarlouis BeckRS 2014, 4845; vgl. auch OLG München NJW 2019, 2404 = GSZ 2019, 169 (173 Rn. 76): „massiver Grundrechtseingriff".
[58] BVerfG DVBl 2013, 169 = BayVBl 2013, 398 = KommJur 2013, 73 = BeckRS 2012, 60164 beanstandet zwar nicht, dass die Dauerobservation, für die im baden-württembergischen Polizeigesetz keine spezielle Ermächtigungsgrundlage vorgesehen war, sich auf die polizeirechtliche Generalklausel des Landes stützte. Eine so tief in die Grundrechte eingreifende Maßnahme dürfe nicht im Wesentlichen nicht mehr aktuelle Erkenntnisse gestützt werden.
[59] So zB *Schmidbauer* in Schmidbauer/Steiner BayPAG Art. 36 Rn. 16.
[60] Näher zu dieser Weisung im Rahmen der Führungsaufsicht oben → Rn. 44 ff.
[61] So zB *Schmidbauer* in Schmidbauer/Steiner BayPAG Art. 36 Rn. 16.
[62] BGH BeckRS 2020, 52183 (zu § 15 Abs. 1 S. 1 Nr. 1, 3 HSOG. Zur Terrorprävention im nordrhein-westfälischen Landespolizeirecht *Griebel/Schäfer* NVwZ 2020, 511.
[63] Zur Abschiebungsanordnung gegen einen radikalisierten Gefährder BVerwG NVwZ-RR 2019, 738.
[64] BVerfGE 141, 220 Rn. 151 = NJW 2016, 1781 (1789 Rn. 151 = JuS 2016, 662 *(Sachs)*).
[65] BGH BeckRS 2018, 42860.

57 Materiell verlangt zB Art. 36 Abs. 2 BayPAG:
- Konkrete oder drohende Gefahr,
- Gefahr für ein bedeutendes Rechtsgut,
- Anordnung nur gegen Verantwortliche für die Gefahr (Abs. 2 Nr. 1), Kontakt- oder Begleitpersonen (Abs. 2 Nr. 2) oder sonstige unvermeidlich betroffene Dritte (Abs. 2 Nr. 3).

58 Wegen der Schwere des Grundrechtseingriffs sehen die Polizeigesetze zumindest einen Behördenleitervorbehalt vor. In Bayern sieht Art. 36 Abs. 4 S. 1 BayPAG einen Richtervorbehalt vor. Nur bei Gefahr in Verzug kann die Dauerobservation durch den Leiter des Landeskriminalamts oder eines Präsidiums der Landespolizei angeordnet werden, Art. 36 Abs. 4 S. 2 BayPAG.

D. Polizeilicher Unterbindungsgewahrsam (Sicherheitsgewahrsam)

I. Gesetzgebungskompetenz und materielle Verfassungsmäßigkeit

59 Die Polizeigesetze der Länder geben der Polizei die Möglichkeit, eine Person in Gewahrsam (Sicherheitsgewahrsam; auch als Unterbindungsgewahrsam bezeichnet) zu nehmen, „um eine unmittelbar bevorstehende Begehung oder Fortsetzung" einer Ordnungswidrigkeit von erheblicher Bedeutung für die Allgemeinheit oder einer Straftat zu verhindern (Präventivgewahrsam) oder wenn dies zur Abwehr einer Gefahr für bestimmte bedeutende Rechtsgüter unerlässlich ist (Repressivgewahrsam).[66] Trotz dieser Terminologie ist das Einschreiten stets präventiv. Damit werden die strafprozessualen Befugnisse im Hinblick auf notwendige Eingriffe in die persönliche Freiheit flankiert, um künftige Straftaten zu unterbinden.

60 Die Person wird ohne oder gegen ihren Willen an einem fest umgrenzten Ort festgehalten, sofern dies unmittelbar der Gefahrenabwehr dient und nicht Folge einer anderen gefahrabwehrenden Maßnahme ist. Einige Bundesländer haben die Höchstdauer des Gewahrsams auf 14 Tage begrenzt, teilweise ist eine einmalige Verlängerung um bis zu weiteren 14 Tagen vorgesehen.[67] Das BVerfG[68] spricht in einem obiter dictum[69] von einem 14-tägigen polizeilichen Höchstgewahrsam. Zwar ist in der Literatur umstritten, ob es nicht doch um einen bloßen Richtwert anstatt um eine Maximalfrist handele, aber der Wortlaut der verfassungsgerichtlichen Entscheidung ist eindeutig

61 Da das Zeitfenster zum Einschreiten klein ist, weil die Gefahr „unmittelbar bevorstehen" muss, spielt der polizeiliche Unterbindungsgewahrsam bei terroristischen Bedrohungslagen praktisch keine Rolle.

62 Die Gesetzgebungskompetenz (formelle Verfassungsmäßigkeit) für den polizeilichen Präventiv- und Repressivgewahrsam liegt nach Art. 70 Abs. 1 GG bei den Ländern, weil für diese Bereiche dem Bund keine ausschließliche Gesetzgebung zukommt. Weder erfolgt ein Eingriff in die persönliche Bewegungsfreiheit voraussetzende Freizügigkeit, Art. 73 Abs. 1 Nr. 3 GG, noch geht es um „die Abwehr von Gefahren des internationalen Terrorismus durch das Bundeskriminalamt in Fällen in denen eine länderübergreifende

---

[66] ZB Art. 17 Abs. 1 Nr. 2 und 3 BayPAG; § 35 Abs. 1 Nr. 2 und 5 NRWPolG.
[67] ZB in § 38 Abs. 2 Nr. 1 NRWPolG. In Bayern hat nach Art. 18 PAG die Polizei, wenn eine Person nach Art. 17 PAG der Freiheit entzogen ist, „unverzüglich" eine richterliche Entscheidung nach Art. 97 PAG herbeizuführen. Der Richter hat die höchstzulässige Dauer der Freiheitsentziehung zu bestimmen, die jeweils nicht mehr als einen Monat betragen darf und insgesamt nur bis zu einer Gesamtdauer von zwei Monaten verlängert werden kann, Art. 20 Abs. 2 BayPAG. Krit. hierzu *Löffelmann* GSZ 2021, 164 (166 f.).
[68] BVerfGE 109, 190 Rn. 111 = NJW 2004, 750.
[69] Wie die wörtliche Übersetzung „nebenbei Gesagtes" andeutet, handelt es sich um einen nicht tragenden Teil der getroffenen Entscheidung. Auch wenn rechtlich für die Entscheidung bedeutungslos, kann die Bedeutung solcher „nebenbei" getroffener Aussagen des BVerfG kaum überschätzt und sollte beachtet werden. Zur Formulierung des BVerfG sowie Nachweise zum Streitstand bei *Kulle/Möhle* JA 2020, 517 (523); vgl. auch *Thiel* GSZ 2019, 1. Allgemein zum Begriff des „obiter dictum" und seiner Verwendung *P. Meier* JuS 2020, 636.

Gefahr vorliegt, die Zuständigkeit einer Landespolizeibehörde nicht erkennbar ist oder die oberste Landesbehörde um eine Übernahme ersucht, Art. 73 Abs. 1 Nr. 9a GG. Es geht also nicht um einen Bereich der der ausschließlichen Gesetzgebungszuständigkeit des Bundes obliegt. Auch um eine strafprozessuale Regelung, die der konkurrierenden Gesetzgebung nach Art. 74 Abs. 1 Nr. 1 GG unterliegen würde und von der der Bund abschließend Gebrauch gemacht hat, § 6 Abs. 1 EGStPO, handelt es sich nicht. Das Strafprozessrecht regelt die Verfolgung bereits begangener Straftaten und nicht die repressive (nicht präventive) Gefahrbekämpfung. Dagegen regelt der polizeiliche Präventiv- und Repressivgewahrsam den Gewahrsam der individuellen Kriminalprävention im konkreten Gefahrenvorfeld.[70]

Materielle Verfassungsmäßigkeit: Wer in Gewahrsam genommen wird, kann den Gewahrsamsort nicht verlassen und ist damit in seiner Freiheit in Form der tatsächlichen Fortbewegungsfreiheit nach Art. 2 Abs. 2 S. 2 GG iVm Art. 104 GG,[71] Art. 5 Abs. 1 S. 1 EMRK („Jede Person hat das Recht auf Freiheit und Sicherheit") betroffen. Der Grundrechtseingriff ist jedoch gerechtfertigt, wenn das Gesetz sowohl die zusätzlichen Anforderungen des Art. 104 GG, wie insbesondere den Richtervorbehalt beachtet, und besonders wichtige Gründe für den Eingriff in die Freiheit der Person vorliegen.[72] Schließlich muss die Norm die strengen aus dem Rechtsstaatsprinzip aus Art. 20 Abs. 3 GG erwachsenden Voraussetzungen des Verhältnismäßigkeitsprinzips erfüllen, dh einen legitimen Zweck in geeigneter, erforderlicher und angemessener Weise verfolgen.[73] **63**

II. Voraussetzungen des Unterbindungsgewahrsams (Sicherheitsgewahrsam)

Die Ingewahrsamnahme einer Person[74] ist – wenngleich mit unterschiedlichen Formulierungen gesetzlich geregelt[75] – erlaubt, wenn sie unerlässlich[76] ist, um die bevorstehende Begehung oder Fortsetzung einer Straftat oder einer Ordnungswidrigkeit von erheblicher Gefahr für die Allgemeinheit zu verhindern. Ob diese Voraussetzungen im Einzelfall vorliegen, unterliegt der vollen gerichtlichen Überprüfung; es besteht kein Beurteilungsspielraum.[77] **64**

Nach § 13 Abs. 1 Nr. 2 HmbSOG darf eine Person in Gewahrsam genommen werden, wenn diese Maßnahme „unerlässlich ist, um die unmittelbar bevorstehende Begehung oder Fortsetzung einer Ordnungswidrigkeit von erheblicher Bedeutung für die Allgemeinheit oder einer Straftat zu verhindern; die Begehung oder Fortsetzung steht insbesondere unmittelbar bevor, wenn die Person früher mehrfach in vergleichbarer Lage bei der Begehung einer derartigen Ordnungswidrigkeit von erheblicher Bedeutung für die Allgemeinheit oder einer Straftat als Störer in Erscheinung getreten ist und nach den Umständen eine Wiederholung der Straftat oder Ordnungswidrigkeit bevorsteht." Auf dieser Rechtsgrundlage bestätigte der BGH[78] einen Unterbindungsgewahrsam während des G20-Gipfels in Hamburg 2017 und formulierte dabei auch die Anforderungen an die Gefahrprognose. Während der Ausschreitungen in Hamburg wurde der Betroffene in Gewahrsam **65**

---
[70] Zur Abgrenzung BVerfGE 113, 348 = NJW 2005, 2603 = BeckRS 2005, 28075 Rn. 92 = JA 2006, 179 *(M. Winkler)* = JuS 2005, 1120 *(Sachs)*: die Vorsorge für die Aufklärung von Straftaten im Bereich der Telekommunikationsüberwachung ist Bundesaufgabe.
[71] Den in Art. 2 Abs. 2 S. 3 GG enthaltenen einfachen Gesetzesvorbehalt ergänzt Art. 104 Abs. 1 S. 1 GG und nennt in Art. 104 Abs. 2–4 GG zusätzliche Voraussetzungen, wie insbesondere den Richtervorbehalt.
[72] BVerfGE 90, 145 = NJW 1994, 1577.
[73] Näher dazu *Kulle/Möhle* JA 2020, 517 (520 ff.); vgl. auch *Michaelis* 2014, 198 ff.
[74] Nur die Person darf in Gewahrsam genommen werden, die die rechtswidrige Tat zu begehen droht.
[75] ZB Art. 17 BayPAG; § 13 HmbSOG; § 18 NPOG.
[76] Das Erfordernis der Unerlässlichkeit betont nachdrücklich den Grundsatz der Erforderlichkeit. Insbesondere ist zu prüfen, ob nicht mildere Mittel ausreichend sind. Jedoch müssen die milderen polizeilichen Maßnahmen denselben Erfolg versprechen wie die Freiheitsentziehung.
[77] ZB OLG Braunschweig BeckRS 2018, 21569.
[78] BGH NStZ-RR 2020, 230.

genommen, weil er mit einem Tuch vor dem Mund, einer Kapuze auf dem Kopf und einer Sonnenbrille vermummt aus der versammelten Menschenmenge heraus Glasflaschen geworfen und einem Polizeibeamten an der Schulter getroffen hatte. Der BGH bestätigt die Gefahrenprognose[79] und hält fest, dass die Begehung oder Fortsetzung einer Straftat durch den Betroffenen dann unmittelbar bevorsteht, wenn im konkreten Fall nachvollziehbare Tatsachen indizieren, dass sofort oder in allernächster Zeit ein straftatbedingter Schaden eintreten wird. Ausreichend ist die tatsachengestützte Überzeugung von der hohen Wahrscheinlichkeit einer künftigen Tatbegehung; eine „Gewissheit" ist nicht erforderlich. Die Unverletzlichkeit der Fortdauer der Freiheitsentziehung verlangt, dass die Gefahrenabwehr nur auf diese Weise möglich und nicht durch eine andere Maßnahme ersetzbar ist.

E. Automatisiertes Erfassen von Kfz-Kennzeichen zum Datenabgleich KESY

66   Die automatisierte Kennzeichenerfassung zum Datenabgleich als typisches Instrument moderner datenbasierter Polizeiarbeit[80] hat das BVerfG mehrfach beschäftigt. Nachdem das Gericht im Jahr 2008 noch der Auffassung war, dass allein das automatisierte Erfassen noch keinen Grundrechtseingriff darstelle, sondern erst im Trefferfall in das Recht auf informationelle Selbstbestimmung eingegriffen werde,[81] rückte das BVerfG im Beschluss vom 18.12.2018[82] hiervon ab und formulierte nähere Kriterien:

- Eine automatisierte Kfz-Kennzeichenerfassung greift in das Grundrecht auf informationelle Selbstbestimmung aller Personen ein, deren Kennzeichen in die Kontrolle einbezogen werden, auch wenn das Ergebnis zu einem „Nichttreffer" führt und die Daten sogleich gelöscht werden.
- Polizeiliche Kontrollen zur gezielten Suche nach Personen oder Sachen setzen als Grundrechtseingriffe nach dem Grundsatz der Verhältnismäßigkeit grundsätzlich einen objektiv bestimmten und begrenzten Anlass voraus. Damit unterscheiden sie sich von Kontrollen, die an ein risikobehaftetes Tun oder das Beherrschen besonderer Gefahrenquellen anknüpfen und daher auch anlasslos gerechtfertigt sein können.
- Angesichts ihres Eingriffsgewichts müssen automatisierte Kfz-Kennzeichenkontrollen dem Schutz von Rechtsgütern von zumindest erheblichem Gewicht oder einem vergleichbar gewichtigen öffentlichem Interesse dienen.[83] Die Reichweite der für den Datenabgleich herangezogenen Fahndungsbestände ist anlassbezogen zu begrenzen.

67   Im Zuge eines strafrechtlichen Ermittlungsverfahrens kann die Staatsanwaltschaft im Rahmen einer längerfristigen Observation mangels Rechtsgrundlage das Kennzeichenerfassungssystem KESY nicht einsetzen. Der Betrieb einer automatisierten Kfz-Kennzeichenüberwachungsanlage im Aufzeichnungsmodus kann zwar an Straßen durchaus als eine Observationsmaßnahme iSd § 100h StPO eingesetzt werden, da mit dem Betrieb einer solchen Anlage entweder eine „Fertigung von Bildaufnahmen für Zwecke der Erforschung des Sachverhalts oder der Ermittlung des Aufenthaltsortes des Beschuldigten" erfolgt oder zumindest sonstige technische Mittel eingesetzt werden, die für Observationszwecke geeignet sind und die auch dafür benutzt werden.[84] Soweit allerdings die Staatsanwaltschaft über die Voraussetzungen des § 100h StPO hinaus beantragt, den Einsatz von KESY im Aufzeichnungsmodus richterlich zu gestatten, ist diese Anordnung gesetzlich nicht gedeckt.

---

[79] Der BGH musste deshalb nicht entscheiden, ob und unter welchen Voraussetzungen es für die Gefahrprognose ausreichend sein kann, wenn der Betroffene zwar als Teil einer gewalttätigen und weiterhin gewaltbereiten, nach außen homogen erscheinenden Gruppe auftritt, ihm persönlich aber keine konkreten eigenen Gewalthandlungen nachgewiesen werden können; dazu OLG Rostock BeckRS 2008, 781.
[80] Überblick bei *Braun* BayVBl 2011, 549; *Cornils* JURA 2010, 443 und *Roßnagel* DAR 2008, 61.
[81] BVerfGE 120, 378 Rn. 62 ff. = NJW 2008, 1505 (1506 f. Rn. 62 ff.) = JA 2009, 77 (*Muckel*).
[82] BVerfGE 150, 244 = NJW 2019, 827 = GSZ 2019, 73 mAnm *Löffelmann* = JA 2019, 311 (*Muckel*) = JuS 2019, 504 (*Sachs*) = NZV 2019, 381 (*Weichert*).
[83] Im Einzelnen zu Fragen der Verhältnismäßigkeit *Löffelmann* GSZ 2019, 77 (78 f.).
[84] LG Frankfurt/Oder BeckRS 2019, 40498 = NJW-Spezial 2020, 282; vgl. auch *Günther* in MüKoStPO, 1. Aufl. 2014, StPO § 100h Rn. 3.

F. Aufenthaltsvorgabe, Kontaktverbot

Bundesrechtlich gebietet § 55 BKAG die auf höchstens drei Monate befristete (mit Verlängerungsmöglichkeit um jeweils nicht mehr als drei Monate)[86] Aufenthaltsvorgabe, die sich ausdrücklich auf das Untersagen beziehen kann, sich von seinem Wohn- und Aufenthaltsort oder aus einem bestimmten Bereich zu entfernen. Damit wird eine Lücke geschlossen, da entsprechende Maßnahmen nicht auf die Generalermächtigung des § 38 BKAG gestützt werden können.[87] Neben Aufenthaltsvorgaben ermächtigt § 55 Abs. 2 BKAG auch zu Kontaktverboten durch räumliche Annäherung aber auch jede andere Form der Kontaktaufnahme, zB durch Telefonate oder durch das Internet hergestellte Verbindungen. Als Zwangsmittel kommen bei Aufenthaltsvorgabe und Kontaktverbot nur Zwangsgeld oder die Anwendung unmittelbaren Zwangs in Betracht. – Auch in den meisten Polizeigesetzen der Länder finden sich Aufenthaltsverbote,[88] nicht aber im BPolG. 68

Zuständigkeit: Bei Gefahr im Verzug ist die zuständige Abteilungsleitung des BKA oder deren Vertretung zuständig, § 55 Abs. 3 S. 2 BKAG; in einem solchen Fall ist allerdings die gerichtliche Entscheidung unverzüglich nachzuholen, § 55 Abs. 3 S. 3 BKAG, ansonsten das Amtsgericht Wiesbaden, § 55 Abs. § S. 1 BKAG iVm § 90 Abs. 2 FamFG. 69

Rechtsmittel: Hat das BKA entschieden, kommt aufgrund der gesetzlichen Gegebenheiten (der getroffene Verwaltungsakt hat nur so lange Gültigkeit, bis er durch die entsprechende richterliche Anordnung ersetzt wird) regelmäßig nur die Fortsetzungsfeststellungsklage analog § 113 Abs. 1 S. 4 VwGO in Betracht.[89] Gegen den richterlichen Beschluss ist die Rechtsbeschwerde nach §§ 70 ff. FamFG gegeben, die nach § 70 FamFG der Zulassung bedarf. 70

G. Videoüberwachung öffentlicher Plätze mit Aufzeichnung

Das aus dem allgemeinen Persönlichkeitsrecht abgeleitete Recht auf informationelle Selbstbestimmung gibt dem Einzelnen die Befugnis, selbst über die Preisgabe und Verwendung seiner Daten zu entscheiden. Bei einer Videoüberwachung öffentlicher Orte mit Aufzeichnung verliert die große Anzahl Betroffener die Entscheidungsbefugnis. Deshalb sind die Anforderungen an eine hinreichend bestimmte und normenklare Ermächtigungsgrundlage hierfür hoch.[90] 71

H. Abschiebeanordnung und Abschiebehaft (Sicherungshaft)

Nach § 58a Abs. 1 AufenthG kann die oberste Landesbehörde „gegen einen Ausländer auf Grund einer auf Tatsachen gestützten Prognose zur Abwehr einer besonderen Gefahr für die Sicherheit der Bundesrepublik Deutschland oder einer terroristischen Gefahr ohne vorherige Ausweisung eine sofort vollziehbare Abschiebeanordnung erlassen."[91] Sind Bundesinteressen berührt, wie zumal bei einer terroristischen Gefahr, kann Nach Abs. 2 das 72

---

[85] LG Frankfurt/Oder BeckRS 2019, 40498 = NJW-Spezial 2020, 282.
[86] Zur Dauer § 56 Abs. 6 BKAG.
[87] *Schenke* in Schenke/Graulich/Ruthig BKAG § 55 Rn. 1.
[88] ZB in Art. 16 Abs. 2 BayPAG; Art. 34b PolG NRW.
[89] Vgl. BGH NJW 2017, 2631 (2634).
[90] BVerfG NVwZ 2007, 688 = JA 2007, 907 *(Muckel)*.
[91] Zur Abschiebungsanordnung gegen einen radikalisierten Gefährder BVerwG NVwZ-RR 2019, 738.

73 Abschiebungshindernisse nach § 60 Abs. 1 Nr. 1–8 AufenthG hindern zwar nicht den Erlass einer Abschiebeanordnung, aber deren Vollzug, § 58a Abs. 3 S. 1 AufenthG.

74 Vor Erlass der Anordnung muss dem Ausländer kein rechtliches Gehör gewährt werden.[92] Bei der Bekanntgabe, die auch mündlich erfolgen kann,[93] ist dem Ausländer „unverzüglich Gelegenheit zu geben, mit einem Rechtsbeistand seiner Wahl Verbindung aufzunehmen, es sei denn, er hat sich zuvor anwaltlichen Beistands versichert", § 58a Abs. 4 S. 1 AufenthG.

75 **Rechtsschutz:** Vorläufiger Rechtsschutz nach § 80 Abs. 5 VwGO muss binnen sieben Tagen beantragt werden, § 58a Abs. 4 S. 2 AufenthG. In der Hauptsache ist die Anfechtungsklage zulässig. Nach § 426 Abs. 2 FamFG besteht zudem die Möglichkeit jederzeit beim Amtsgericht die Aufhebung der Abschiebehaft zu beantragen.

76 Zur Sicherung der Abschiebung ist der Ausländer vom Amtsgericht auf Antrag der nach § 417 FamFG zuständigen Verwaltungsbehörde nach § 62 Abs. 3 AufenthG in Sicherungshaft (Abschiebungshaft) zu nehmen, wenn Fluchtgefahr besteht (Nr. 1), der Ausländer aufgrund einer unerlaubten Einreise vollziehbar ausreisepflichtig ist (Nr. 2)[94] oder eine Abschiebeanordnung nach § 58a AufenthG ergangen ist, diese aber nicht unmittelbar vollzogen werden kann (Nr. 3).

77 Nach einer EU-Rückführungsrichtlinie müssen Abschiebehäftlinge getrennt von Strafgefangenen untergebracht werden. Islamistische Gefährder müssen nach dem Urteil des EuGH vom 2.7.2020 (C-18/19) vor ihrer Abschiebung nicht zwingend in einer speziellen Hafteinrichtung untergebracht werden, sondern dürfen unter bestimmten Umständen zwar in einer Justizvollzugsanstalt inhaftiert, müssen jedoch von den Strafgefangenen getrennt werden.[95]

78 Gegen den Beschluss über die Verhängung von Abschiebehaft kann der Betroffene innerhalb eines Monats Beschwerde beim Amtsgericht einreichen. Das Amtsgericht kann den Beschluss abändern. Die verfahrensrechtlichen Regelungen enthalten die §§ 415 ff. FamFG. – Gegen jede Haftanordnung wie auch gegen jede Haftverlängerung ist die Haftbeschwerde gegeben.

J. Weitere Aufsichtsmaßnahmen im Überblick

79 Die Vorratsdaten (→ § 22), Telekommunikations- und Fluggastdatendaten (→ § 24), Online-Durchsuchung (→ § 23), TKÜ (→ § 24), Wohnraumüberwachung (→ § 25) sowie der IMSI-Catcher und die stille SMS (→ § 26) behandelt dieses Handbuch an anderer Stelle. Als weitere Aufsichtsmittel sollen nur noch die Meldeanordnung, das Untersagen der Ausreise, die Anordnung erkennungsdienstlicher Maßnahmen sowie die Fluggastkontrollen kurz angesprochen werden.

---

[92] *Senge* in Erbs/Kohlhaas, 230. EL Mai 2020, AufenthG § 58a Rn. 3.
[93] *Senge* in Erbs/Kohlhaas, 230. EL Mai 2020, AufenthG § 58a Rn. 3.
[94] BGH BeckRS 2020, 4095: Sonstige konkrete Vorbereitungshandlungen von vergleichbarem Gewicht, aus denen sich ein konkreter Anhaltspunkt für eine Fluchtgefahr ergeben kann, erfordern Handlungen des Ausländers, die auf seine Absicht hindeuten, sich der Abschiebung zu entziehen, und auch objektiv einen gewichtigen Beitrag zur Vorbereitung einer möglichen Flucht darstellen.
[95] Hessen hatte die Abschiebung eines Tunesiers wegen seiner radikal-islamistischen Gesinnung sowie seiner Einstufung durch den Verfassungsschutz als Schleuser und Rekrutierer für den IS angeordnet. Das AG Frankfurt/M. ordnete an, den Betroffenen zur Sicherung seiner Abschiebung in einer gewöhnlichen Justizvollzugsanstalt unterzubringen. Dagegen wandte sich der Betroffene an den BGH, der mit Beschluss vom 22.11.2018 – V ZB 180/17 – den EuGH um Auslegung von EU-Recht bat.

I. Meldeanordnung

Die in den verschiedenen Polizeigesetzen der Länder[96] normierten Meldeanordnungen, sich in bestimmten zeitlichen Abständen bei einer Polizeibehörde persönlich zu erscheinen, zielt darauf, die drohende Begehung von Straftaten zu verhindern, die an anderen Orten bevorstehen könnten. **80**

Die Meldeauflage kann mit Anordnungen nach § 2 Abs. 2 BundespersonalausweisG und § 7 Abs. 1 Nr. 1 PassG[97] ergänzt werden, damit verhindert wird, dass der Betroffene das Bundesgebiet verlassen kann. **81**

II. Untersagen der Ausreise („Ausreiseverbot")

Das Untersagen der Ausreise (den Begriff des „Ausreiseverbots" kennt das Gesetz nicht) kann nach § 6 Abs. 7 PAuswG, § 10 Abs. 1 PassG und § 46 Abs. 2 AufenthG angeordnet werden. Seit Inkrafttreten des PAuswG- und PassG-ÄndG bestehen umfassende Möglichkeiten die Ausreise von potentiellen Foreign Terrorist Fighters in Richtung von Krisengebieten bei Verdacht entsprechender Handlungen nach § 89a Abs. 2 StGB zu verhindern. **82**

Innerhalb des Schengenraums und für Reisen in bestimmte Drittstaaten reicht der Personalausweis aus.[98] Personen, bei denen bestimmte Tatsachen die Annahme begründen, dass diese die innere oder äußere Sicherheit oder sonstige erhebliche Belange der Bundesrepublik Deutschland gefährden oder eine in § 89a StGB beschriebene Handlung vornehmen wollen, kann der Pass nach § 7 Abs. 1 Nr. 1, 10 PassG, § 8 PassG entzogen werden. Nach § 6a Abs. 1 PAuswG kann ein (vorläufiger) Personalausweis unter den Voraussetzungen des § 7 Abs. 1 Nr. 1 oder Nr. 10 PassG versagt werden. Nach § 6a PAuswG kann dem Ausweisinhaber ein Personalausweis oder nur ein vorläufiger Personalausweis entzogen werden, wenn gegen ihn eine vollziehbare Anordnung nach § 6 Abs. 7 PAuswG iVm § 7 Abs. 1 Nr. 1 oder Nr. 10 PassG besteht. **83**

Gegenüber einem Deutschen ist die Ausreise zu versagen, wenn er nach § 7 PassG ein Pass versagt oder nach § 8 PassG entzogen worden oder eine Anordnung nach § 6 Abs. 7 PAuswG ergangen ist. Gegenüber einem Ausländer kann trotz des nach § 46 Abs. 2 AufenthG eingeräumten Entschließungsermessens wegen des ähnlichen Prüfungsrahmens regelmäßig ein Untersagen der Ausreise ausgesprochen werden. **84**

III. Anordnung erkennungsdienstlicher Maßnahmen

Zur Gefahrenabwehr und Gefahrenvorsorge kann die Bundespolizei nach § 24 BPolG erkennungsdienstliche Maßnahmen (das sind solche, die dem Erfassen äußerlicher körperlicher Merkmale dienen, um das Wiedererkennen der Person zu ermöglichen)[99] vornehmen, wenn „eine nach § 23 Abs. 1 oder 2 zulässige Identitätsfeststellung auf andere Weise nicht oder nur unter erheblichen Schwierigkeiten möglich ist" (Nr. 1) oder „dies zur Verhütung von Straftaten im Sinne des § 12 Abs. 1 erforderlich ist, weil der Betroffene **85**

---

[96] ZB in Art. 16 Abs. 2 S. 2 BayPAG.
[97] „Der Pass ist zu versagen, wenn bestimmte Tatsachen die Annahme begründen, dass der Passbewerber die innere oder äußere Sicherheit der Bundesrepublik gefährdet; …."
[98] § 2 Abs. 1 Nr. 2 PassG iVm § 2 Abs. 5 FreizügG/EU (BGBl. 2004 I 1950 idF v. 22.12.2015, BGBl. 2015 I 2557). – Nach Art. 1 SGK (Schengener Grenzkodex) werden keine Personen kontrolliert, die die Binnengrenzen zwischen den Mitgliedstaaten der Union überschreiten. Erst an den Außengrenzen werden nach Art. 8 Abs. 2 S. 1 SGK alle Personen einer „Mindestkontrolle" unterzogen, die die Feststellung ihrer Identität anhand ihrer Reisedokumente ermöglicht.
[99] Die wichtigsten erkennungsdienstlichen Maßnahmen nennt § 24 Abs. 3 BPolG: Abnahme von Finger- und Handflächenabdrücken (Nr. 1), Aufnahme von Lichtbildern einschließlich Bildaufzeichnungen (Nr. 2), Feststellen äußerlicher Merkmale (Nr. 3), Messungen (Nr. 4) und mit Wissen des Betroffenen erfolgte Stimmaufzeichnungen (Nr. 5).

verdächtig ist, eine solche Straftat begangen zu haben und wegen der Art oder Ausführung der Tat die Gefahr der Wiederholung besteht" (Nr. 2).[100]

86 Auch außerhalb des § 24 BPolG gestatten im Rahmen ihres Aufgabenbereichs der Bundespolizei weitere Vorschriften erkennungsdienstliche Maßnahmen vorzunehmen, wie zB §§ 26 Abs. 1, 49 AufenthG, § 16 AsylG und § 6 Abs. 3 PassG.

87 Im Rahmen der Strafverfolgung und Strafverfolgungsvorsorge[101] sind erkennungsdienstliche Maßnahmen nach §§ 81b,[102] 163b Abs. 1 StPO[103] möglich. Das Verhältnis dieser Regelungen zu den entsprechenden Normen der Gefahrenabwehr ist umstritten. Weitgehend unstreitig ist allerdings, dass erkennungsdienstliche Maßnahmen zur Abwehr konkreter Gefahren nicht auf § 81b StPO gestützt werden können.[104]

88 Der **Rechtsschutz** richtet sich nach §§ 42, 113 VwGO. Mit der Anfechtung erkennungsdienstlicher Maßnahmen kann nach § 113 Abs. 1 S. 2 VwGO der Antrag verbunden werden, die Bundespolizei zu verpflichten, rechtswidrig erhobene erkennungsdienstliche Unterlagen zu vernichten.[105]

IV. Fluggastkontrollen

89 Die Fluggastkontrollen (Personen und ihr Handgepäck) liegen nach § 5 Abs. 1 LuftSiG in der Verantwortung der Bundespolizei, § 16 Abs. 3a S. 2 und 3 LuftSiG, § 4 BPolG. Zur Durchführung der Kontrollen bedient sich die Bundespolizei des Personals privater Sicherheitsdienstleister.[106]

§ 42 Ermittlungen durch den Generalbundesanwalt beim Bundesgerichtshof – Rechtsrahmen und Rechtspraxis

Thomas Beck/Tobias Engelstätter/Gerwin Moldenhauer

Übersicht

	Rn.
A. Einführung	1
I. Entwicklung gerichtlicher Zuständigkeiten in Staatsschutzsachen	2
II. Staatsanwaltschaftliche Ermittlungseinheiten auf Bundesebene	4
III. Die Bundesanwaltschaft heute	7
B. Rechtsrahmen	8
I. Gerichtsverfassungsrechtliche Aufgabenverteilung	9
1. Originäre Zuständigkeit gem. § 120 Abs. 1 GVG	10
2. Evokative Zuständigkeit gem. § 120 Abs. 2 GVG	12
a) Delikte aus dem Zuständigkeitsbereich der Staatsschutzkammer	13
b) Schwere Straftaten im Zusammenhang mit der Tätigkeit einer nicht oder nicht nur im Inland bestehenden Vereinigung	14
c) Beeinträchtigung der äußeren oder inneren Sicherheit	15

---

[100] Hierzu aktuell zu einer Straftat auf Bahnanlagen der Eisenbahn VGH Baden-Württemberg GSZ 2020, 83 mAnm *Wagner* = BeckRS 2019, 34097.
[101] Zu doppelfunktionalen Maßnahmen und dem Rechtsschutz hiergegen näher *Schenke* NJW 2011, 2838 (2841 f.).
[102] § 81b StPO: „Soweit es für Zwecke der Durchführung eines Strafverfahrens oder für die Zwecke des Erkennungsdienstes notwendig ist, dürfen Lichtbilder und Fingerabdrücke des Beschuldigten auch gegen seinen Willen aufgenommen und Messungen und ähnliche Maßnahmen an ihm vorgenommen werden." Zur Entschlüsselung biometrisch gesicherter Daten im Strafverfahren *Momsen* DRiZ 2018, 140; *Rottmeier/Eckel* NStZ 2020, 193.
[103] Geregelt sind die Maßnahmen zur Identitätsfeststellung.
[104] Näher *Schenke* in Schenke/Graulich/Ruthig BPolG § 24 Rn. 4 ff.
[105] *Schenke* in Schenke/Graulich/Ruthig BPolG § 24 Rn. 32.
[106] Zur Privatisierung von Fluggastkontrollen *Giemulla/Hope* GSZ 2020, 63.

	Rn.
d) Proliferation	19
e) Besondere Bedeutung	20
3. Zusammenhangstaten	23
4. Verfahren gegen Jugendliche und Heranwachsende	24
5. Gerichtliche Überprüfbarkeit	25
II. Verhältnis zwischen GBA und Staatsanwaltschaften der Länder	27
1. Verfahrensvorlagen	28
2. Verfahrensabgaben	29
3. Rückübernahmen bereits abgegebener Verfahren durch den Generalbundesanwalt	31
III. Prozessuale Besonderheiten für Verfahren in der Zuständigkeit der Bundesjustiz	32
1. Ermittlungsrichterliche Zuständigkeiten	33
2. Besondere Einstellungsmöglichkeiten	34
a) Auslandsberührung (§ 153c StPO)	35
b) Schwere Nachteile und überwiegende öffentliche Interessen (§ 153d StPO)	39
c) Tätige Reue (§ 153e StPO)	41
d) Völkerstraftaten (§ 153f StPO)	43
IV. Weitere Aufgaben des GBA innerhalb der deutschen Sicherheitsarchitektur	45
1. Ganzheitlicher Bekämpfungsansatz	46
2. Mitwirkung in Terrorismusabwehrzentren (GTAZ, GETZ)	49
a) Rechtsnatur	50
b) Funktions- und Arbeitsweise	51
c) Rolle des Generalbundesanwalts	54
3. Strafprozessuale Bearbeitung von Gefährdern	56
a) Anfangsverdachtsprüfung gem. § 152 Abs. 2 StPO	60
b) Koordinierung von Sammelverfahren	61
V. Die Opferstaatsanwälte beim Generalbundesanwalt	63
C. Rechtspraxis	65
I. Ermittlungsverfahren im Bereich der Inneren Sicherheit	66
1. Islamistischer Terrorismus	67
a) Historische Entwicklung	68
b) Deutschlandbezüge	69
c) Aktuelle Bedrohungslage	72
d) Verfolgungsstrategie	74
e) Aktuelle Rechtspraxis	76
2. Rechtsextremismus	80
a) Historische Entwicklung	81
aa) Wiederbelebung des Nationalsozialismus	82
bb) Ausländerfeindliche und antisemitische Bestrebungen	83
cc) Das Oktoberfest-Attentat	85
dd) Der „Nationalsozialistische Untergrund" (NSU)	86
b) Aktuelle Bedrohungslage	88
c) Verfolgungsstrategie	91
d) Aktuelle Rechtspraxis	94
3. Nationaler Linksterrorismus	96
a) Historische Entwicklung	97
aa) RAF	98
bb) „Bewegung 2. Juni"	103
cc) Revolutionäre Zellen (RZ)	104
dd) „militante gruppe"	105
b) Aktuelle Lage	106
c) Verfolgungsstrategie	107
4. Internationaler Linksextremismus und Separatismus	109
a) Entwicklung und Struktur der PKK	110
b) Handlungsstrategie in Deutschland	111

	Rn.
c) Derzeitige Rechtspraxis	114
5. Terrorismusfinanzierung	117
II. Ermittlungsverfahren im Bereich der äußeren Sicherheit	120
1. Geheimdienstliche Aktivitäten	123
2. Verratsdelikte	126
3. „Staatsterrorismus"	128
4. Proliferation	129
III. Bekämpfung von Völkerstraftaten nach dem VStGB	130
1. Rechtsgrundlagen	131
2. Verfolgungsstrategie	133
3. Ermittlungsschwerpunkte	135
a) Völkermord in Ruanda	136
b) Auslandseinsätze der Bundeswehr	138
c) Maßnahmen ausländischer Streitkräfte	140
d) Der Syrien-Irak-Konflikt	142
D. Perspektiven	143

Wichtige Literatur:

Bäcker, M., Weitere Zentralisierung der Terrorismusbekämpfung?, GSZ 2018, 213; *Baeck, J.-P./Speit, A.,* Von der virtuellen Hetze zum Live-Stream Attentat in *Baeck/Speit,* Rechte Ego Shooter, 2019, 7; *Bock, D.,* Der Generalbundesanwalt, JURA 2017, 895; *Brauneisen, A.,* Terrorismusbekämpfung im föderalen Staat – das neue Strukturkonzept der deutschen Staatsanwaltschaften in Lüttig/Lehmann, Der Kampf gegen den Terror in Gegenwart und Zukunft, 2019, 107; *Dietrich, J.-H.,* Rekonstruktion eines Staatsgeheimnisses, RW 2016, 566; *Dombert, M./Räuker, K.,* Zum Grundrechtsschutz durch Organisation, DÖV 2014, 414; *Ebner, J.,* Radikalisierungsmaschinen, 2019; *Engelstätter, T.,* Die Richtlinie zur Terrorismusbekämpfung (EU) 2017/541 – Deutsches Strafrecht unter Anpassungsdruck?, GSZ 2019, 95; *Engelstätter, T.,* Prävention durch Intervention – Terrorismusbekämpfung im Vorfeld der Rechtsgutverletzung in Fischer/Hilgendorf, Gefahr, 2020, 181; *Eisenberg, U.,* Grundsätzliche erstinstanzliche Nichtzuständigkeit von Bundesanwaltschaft und Oberlandesgerichten in Jugendstrafverfahren (§ 120 GVG, § 102 JGG), NStZ 1996, 263; *Fiebig, V.,* Rechtsextremismus in der Szene der Reichsbürger und Selbstverwalter, in Lüttig/Lehmann, Rechtsextremismus und Rechtsterrorismus, 2020, 85; *Foth, E.,* Der Generalbundesanwalt beim Bundesgerichtshof – unzeitgemäße Bezeichnung oder unzeitgemäße Behörde, DRIZ 1989, 458; *Frank, P.,* Strafverfolgung in Zeiten des islamistischen Terrors in Lüttig/Lehmann, Der Kampf gegen den Terror in Gegenwart und Zukunft, 2019, 77; *Frank, P./Freuding, S.,* Die Rolle des Generalbundesanwalts bei der strafrechtlichen Bekämpfung des islamistisch motivierten Terrorismus, FS 2018, 249; *Frank, P./Schneider-Glockzin, H.,* Terrorismus und Völkerstraftaten im bewaffneten Konflikt, NStZ 2017, 1; *Freudenberg, D./Goertz, S./Maninger, S.,* Terrorismus als hybride Bedrohung des 21. Jahrhunderts, 2018; *Gräfe, S.,* Rechtsterrorismus in der Bundesrepublik Deutschland, 2017; *Graulich, K.,* Strafverfolgungsvorsorge – Gegenstand und rechtliche Verortung, NVwZ 2014, 685; *Gierharke, K.,* Das Prinzip der Weltrechtspflege nach § 1 Völkerstrafgesetzbuch und seine prozessuale Umsetzung in § 153f der Strafprozessordnung, ZStW 120 (2008), 375; *Griesbaum, R.,* Zum Verhältnis von Strafverfolgung und Gefahrenabwehr vor dem Hintergrund der Bedrohung durch den internationalen islamistischen Terrorismus, FS Nehm, 2006, 125; *Griesbaum, R.,* Die Verwendung nachrichtendienstlicher Erkenntnisse für die Verfolgung terroristischer Straftaten, FS Breidling, 2017, 121; *Griesbaum, R./Wallenta, F.,* Strafverfolgung zur Verhinderung terroristischer Anschläge – Eine Bestandsaufnahme, NStZ 2013, 369; *Goertz, S.,* Der Islamische Staat, Kriminalistik 2018, 78; *Goertz, S.,* Mögliche islamistisch-terroristische Angriffs- und Anschlagsziele, Kriminalistik 2017, 723; *Goertz, S.,* Terrorismusabwehr, 2018; *Goertz, S.,* Linksextremismus in Deutschland, Kriminalistik 2019, 149; *Hannich, R.,* Justice in the Name of All, ZIS 2007, 507; *Harden, T.,* Der Generalbundesanwalt – ein politischer Beamter?, ZRP 2020, 148; *Hegemann, H./Kahl, M.,* Terrorismus und Terrorismusbekämpfung, 2018; *Herrmann, C.,* „Unseren Hass könnt ihr haben" Linksextremismus/-terrorismus, Kriminalistik 2020, 15; *Heubrock, D.,* Weibliche Attentäter, Kriminalistik 2017, 226; *Hofmann, H.,* Rechtsstaat und Sicherheit im deutschen wie europäischen Kontext, ZG 2019, 195; *Kärgel, J.,* „Sie haben keinen Plan B", Radikalisierung, Ausreise, Rückkehr – zwischen Prävention und Intervention, 2017; *Kießling, F./Safferling, C.,* Die Bundesanwaltschaft zwischen NS-Vergangenheit und demokratischem Staatsschutz, NJW 2021, 3575; *Kießling, F./Safferling, C.,* Staatsschutz im Kalten Krieg, 2021; *Klinge, J.,* Der Bürgerkrieg in Syrien und das Völkerstrafgesetzbuch, DRiZ 2017, 308; *Köhler,* Die Entwicklung rechtsextremistischer Strukturen, in Lüttig/Lehmann, Rechtsextremismus und Rechtsterrorismus, 2020, 21; *Koller, S./Schiele, A.,* Holding Women Accountable: Prosecuting Female Returnees in Germany, CTC Sensibel 2021, 38; *Kurenbach, S./Maßmann, V.,* Islamismus in Deutschland – Die Sauerlandgruppe, Kriminalistik 2010, 558; *Lange, N.,* Vorermittlungen – Die Behandlung des staatsanwaltschaftlichen Vorermittlungsverfahrens unter besonderer Berücksichtigung von Abgeordneten, Politikern und Prominenten, 1999; *Logvinov, M.,* Zum Ausmaß der Gefährdung durch Rückkehrer, Kriminalistik 2019, 31; *Lohse, K./Engelstätter, T.,* Die Bekämpfung staatsgefährdender rechtsextremistischer Gewalt durch den Generalbundesanwalt beim Bundesgerichtshof, GSZ

A. Einführung

2020, 156; *Maiwald, M.*, Zur Ermittlungspflicht des Staatsanwalts in Todesfällen, NJW 1978, 561; *Martin, L.*, Die Bundesanwaltschaft beim Bundesgerichtshof, DRiZ 1975, 314; *Martin, L.*, Generalbundesanwalt und Bundesgerichtshof, DRiZ 1990, 219; *Müller, R./Wache, V.*, Opportunitätserwägungen bei Straftaten gegen die äußere Sicherheit, FS Rebmann, 1989, 321; *Münch, H.*, Die Weiterentwicklung der kriminalpolizeilichen Strategie zur Bekämpfung der Politisch motivierten Kriminalität – rechts, in Lüttig/Lehmann, Rechtsextremismus und Rechtsterrorismus, 2020, 127; *Nehm, K.*, Föderalismus als Hemmnis für eine effektive Strafverfolgung der Organisierten Kriminalität, NStZ 1986, 513; *Nehm, K.*, Sündenfall oder Stein der Weisen? – Bundes-Staatsschutzstrafverfahren der Oberlandesgerichte, NJW 2020, 1343; *Nestler, N.*, Der Schutz der äußeren Sicherheit Deutschlands durch das Strafrecht, ZStW 125 (2013), 259; *Neumann, P. R.*, Der Terror ist unter uns, 2016; *Odendahl, K.*, Die Bekämpfung des Terrorismus mit Mitteln des Völker- und Europarechts, 2017; *Passek, I.*, Die erstinstanzliche Zuständigkeit der Oberlandesgerichte in Staatsschutzstrafsachen: Historische Entwicklung und aktuelle Probleme, 2002; *Pfahl-Traughber, A.*, Linksextremismus, in Ben Slama/Kemmesies, Handbuch Extremismusprävention, 2020; *Pfahl-Traughber, A.*, Die Entwicklung des deutschen Rechtsterrorismus vor und nach dem NSU, ZfP 2021, 87; *Peters, B.*, 1977 RAF gegen Bundesrepublik Deutschland, 2017; *Rafael, S.*, Vom Bildschirm zur Tat in Baeck/Speit, Rechte Ego Shooter, 2019, 131; *Rautenberg, E. C.*, Der Generalstaatsanwalt: „ein politischer Beamter?", DRiZ 2000, 141; *Rautenberg, F.*, Rechtsstaatswidriges Feindstrafrecht oder notwendige Maßnahmen zur Terrorismusbekämpfung, 2014; *Rebmann, K.*, Die Zuständigkeit des Generalbundesanwalts zur Verfolgung terroristischer Straftaten – Vorschläge zu notwendiger Ergänzung, NStZ 1986, 289; *Ritscher, C.*, Die Ermittlungstätigkeit des GBA vom Völkerstrafrecht: Herausforderungen und Chancen in Safferling/Kirsch Völkerstrafrechtspolitik, 2014, 223; *Ritscher, C.*, Aktuelle Entwicklungen in der Strafverfolgung des GBA auf dem Gebiet des Völkerstrafrechts, ZIS 2019, 599; *Ruschemeier, H.*, Der additive Grundrechtseingriff, 2019; *Safferling, C.*, Die Gefährdung der „auswärtigen Beziehungen" der Bundesrepublik Deutschland als strafwürdiges Verhalten im Außenwirtschaftsverkehr, NStZ 2009, 604; *Schnarr, K. H.*, Innere Sicherheit – die Zuständigkeit des Generalbundesanwalts § 120 Abs. 2 S. 1 Nr. 3 GVG, MDR 1993, 589; *Schneider, N.*, Das Gebot der Trennung von Polizei und Nachrichtendiensten im Spannungsfeld von Freiheitsschutz und effektiver Gefahrenabwehr, 2019; *Schoreit, A.*, Erstinstanzliche Zuständigkeit der Bundesanwaltschaft und der Oberlandesgerichte in Strafverfahren gegen Jugendliche und Heranwachsende gem. §§ 120, 142a GVG, § 102 JGG, NStZ 1997, 69; *Schröder, K.*, Kurze Geschichte des Linksextremismus, in FS zum 60. Jubiläum der LfV BaWü, 2012, 179; *Sieber, U./Vogel, B.*, Terrorismusfinanzierung, 2015; *Sommerfeld, A.*, Verwaltungsnetzwerke am Beispiel des Gemeinsamen Terrorismusabwehrzentrums des Bundes und der Länder (GTAZ), 2015; *Steinberg, G.*, „Jihadismus und Internet. Eine Einführung", SWP-Studie, 2012; *Steinberg, G.*, Al-Qaidas deutsche Kämpfer, 2014; *Steinberg, G.*, Kalifat des Schreckens, 2015; *Steinberg, G.*, Das Ende des IS? SWP-Studie, 2018; *Steinberg, G./Albrecht, A.*, Terror gegen die Taliban, SWP-Aktuell Nr. 9; *Tiemann, F.*, Die Rechtsprechung des Bundesgerichtshofs zum Völkerstrafgesetzbuch, ZIS 2019, 553; *van Hüllen, R.*, Unterschiede der Prävention im Rechts- und Linksextremismus – Eine kritische Zwischenbilanz zu einer schwierigen Materie, in Hirscher/Jesse, Extremismus in Deutschland. Schwerpunkte, Vergleiche, Perspektiven, 2013, 490; *Wagner, W.*, Die gerichtliche Zuständigkeit in Staatsschutzsachen, FS Dreher, 1977, 625; *Weißer, B.*, Expertokratie? Über Macht und Ohnmacht von Experten im Hinblick auf die Strafrechtsentwicklung, ZStW 129 (2017), 96; *Welp, J.*, Die Strafgerichtsbarkeit des Bundes, NStZ 2002, 1; *Winkler, W.*, Die Geschichte der RAF, 2008; *Wollweber, T.*, Die Zuständigkeit des Generalbundesanwalts in Staatsschutzsachen nach § 120 Abs. 1 und Abs. 2 GVG, 2015.

Rechtsprechungsauswahl

BGHSt 11, 52 = NJW 1957, 1846; BGHSt 46, 238 = NJW 2001, 1359 (Grundsatzurteil zur Abgrenzung zwischen Zuständigkeiten von Bundes- und Landesjustiz; Beeinträchtigungen der Inneren Sicherheit); BGHSt 53, 128 = NStZ 2009, 335; BGHSt 53, 238 = NJW 2010, 385; BGHSt 54, 264 = NJW 2010, 2448; BGHSt 56, 28 = NJW 2011, 542 (543); BGHSt 57, 14 = NJW 2012, 325; BGHSt 59, 218 = NJW 2014, 3459; BGH NJW 2002, 1889; BGH NJW 2009, 1681; BGH NJW 2010, 3042; BGH NStZ 2005, 377; BGH NStZ 2007, 117; BGH NStZ 2008, 146; BGH NStZ 2009, 335; BGH NStZ 2010, 468; BGH NStZ-RR 2012, 16; BGHR GVG § 120 Abs. 2 besondere Bedeutung 1, 3, 4; BVerwG NVwZ 2019, 978.

Internetadresse:

https://www.generalbundesanwalt.de

Hinweis:

Alle Internetfundstellen wurden zuletzt am 30.9.2021 abgerufen.

A. Einführung

Neben dem Polizei- und Ordnungsrecht ist auch das Strafrecht aufgrund seiner spezifischen Rechtsfolgen unverzichtbarer Bestandteil des staatlichen Konzepts zur Abwehr von Bedrohungen der inneren und äußeren Sicherheit des Staates.[1] Die dem Staatsschutzstrafrecht

---

[1] *Engelstätter* in Fischer/Hilgendorf, Band 5 – Gefahr, 2020, 183, 190 f.; *Griesbaum* FS Nehm, 2006, 125 (128); *Griesbaum/Wallenta* NStZ 2013, 369 (370).

zuzuordnenden Tatbestände sind exemplarisch aufgeführt in § 20 Abs. 1 S. 2 BVerfSchG.[2] Danach zählen zu ihnen nicht nur die in den Katalogen der §§ 74a und 120 GVG normierten Straftatbestände, sondern auch – allgemein – alle weiteren Straftaten, bei denen aufgrund ihrer Zielsetzung, des Motivs des Täters oder dessen Verbindung zu einer Organisation tatsächliche Anhaltspunkte dafür vorliegen, dass sie gegen die in Art. 73 Abs. 1 Nr. 10 lit. b, c GG genannten Schutzgüter – also die freiheitliche demokratische Grundordnung, den Bestand und die Sicherheit des Bundes oder eines Landes oder die auswärtigen Belange der Bundesrepublik Deutschland – gerichtet sind. Vor diesem Hintergrund bestehen in strafrechtlichen Staatsschutzsachen abhängig von der im jeweiligen Einzelfall einschlägigen Strafnorm derzeit Zuständigkeiten aller deutschen Staatsanwaltschaften: Für den GBA, die 24 Generalstaatsanwaltschaften sowie die 117 Staats- und Amtsanwaltschaften der Bundesländer.[3]

I. Entwicklung gerichtlicher Zuständigkeiten in Staatsschutzsachen

2 Dass damit nicht nur bei Nachrichtendiensten und Polizei, sondern auch bei Staatsanwaltschaften und Strafgerichten zentrale Kompetenzen zur Bekämpfung von Terrorismus und Spionage bestehen, liegt auf der Hand und ist – historisch betrachtet – auch keine neue Erkenntnis. Staatsschutzstrafverfahren vor Strafgerichten sind kein besonderes Phänomen der heutigen Zeit, sondern existieren in ihrer Grundkonzeption schon seit über 150 Jahren. Nachdem von 1871–1877 zunächst das Oberappellationsgericht der Freien und Hansestadt Lübeck bestimmt worden war, hoch- und landesverräterische Unternehmungen abzuurteilen, wurde die erst- und auch letztinstanzliche Verfahrensführung in Staatsschutzsachen mit Inkrafttreten des Reichsjustizgesetzes durch das im Jahre 1879 errichtete Reichsgericht übernommen.[4] In der Weimarer Republik wurde nicht zuletzt vor dem Hintergrund der politischen Auseinandersetzungen um die Ermordung Rathenaus am 24.6.1922 mit dem Staatsgerichtshof sogar ein Sondergericht für Staatsschutzsachen gebildet, das bis zum 1.4.1926 Bestand hatte.[5] Diese Abkopplung des strafrechtlichen Staatsschutzes aus dem tradierten System der Strafjustiz sollte sich jedoch als tragische Fehlkonstruktion erweisen, ebnete sie doch letztlich den Weg zu den Sondergerichten der Nationalsozialisten ab 1934, einschließlich des Volksgerichtshofs.[6]

3 Nachdem nach dem 2. Weltkrieg zwischen 1945 und 1949 ein gerichtsverfassungsrechtliches Vakuum bestanden hatte,[7] betraute Art. 143 GG zunächst die OLGe der Bundesländer mit der Verfahrensführung in Staatsschutzsachen, überließ die endgültige Abgrenzung der Kompetenzen zwischen Bund und Ländern jedoch dem einfachen Gesetzgeber. Dieser übertrug zum 12.9.1950 in § 134 GVG aF[8] die Verfahrensführung in Hoch- und Landesverratssachen, insoweit der Tradition des Reichsjustizgesetzes von 1879 folgend, in

---

[2] *Bock* in Schenke/Graulich/Ruthig BVerfSchG § 20 Rn. 4 f.
[3] *Brauneisen* in Lüttig/Lehmann, Der Kampf gegen den Terror in Gegenwart und Zukunft, 2019, 107, 108.
[4] RGBl. 1877, 67–69; eingehend zur Bildung reichsseitiger Justizorgane zur Verfolgung und Aburteilung von Verratsdelikten *Passek*, Die erstinstanzliche Zuständigkeit der Oberlandesgerichte in Staatsschutzstrafsachen: Historische Entwicklung und aktuelle Probleme, 2002, 29 ff.; *Wagner* FS Dreher, 1977, 625 (626 f.).
[5] Hierzu *Passek*, Die erstinstanzliche Zuständigkeit der Oberlandesgerichte in Staatsschutzstrafsachen: Historische Entwicklung und aktuelle Probleme, 2002, 51 f.
[6] *Passek*, Die erstinstanzliche Zuständigkeit der Oberlandesgerichte in Staatsschutzstrafsachen: Historische Entwicklung und aktuelle Probleme, 2002, 61 ff.; *Wagner* FS Dreher, 1977, 625 (636 f.); *Wollweber*, Die Zuständigkeit des Generalbundesanwalts in Staatsschutzsachen nach § 120 Abs. 1 und Abs. 2 GVG, 2015, 24.
[7] *Passek*, Die erstinstanzliche Zuständigkeit der Oberlandesgerichte in Staatsschutzstrafsachen: Historische Entwicklung und aktuelle Probleme, 2002, 83 ff.; *Wagner* FS Dreher, 1977, 625 (639); *Wollweber*, Die Zuständigkeit des Generalbundesanwalts in Staatsschutzsachen nach § 120 Abs. 1 und Abs. 2 GVG, 2015, 25.
[8] Sog. „*Vereinheitlichungsgesetz*"; Gerichtsverfassungsgesetz vom 27.1.1877 in der Fassung der Bekanntmachung v. 12.9.1950 (BGBl. 1950, 527 f.).

A. Einführung § 42

die erst- und letztinstanzliche Zuständigkeit des BGH; die Aburteilung anderer gegen den Bund gerichteter Staatsschutzdelikte wies er dagegen dem OLG zu, in dessen Bezirk die Bundesregierung ihren Sitz hatte.[9] Für Verfahren wegen Staatsgefährdung wurden überdies die Staatsschutzkammern des jeweiligen Landgerichts am Sitz des OLG zuständig. Eine grundlegende Überarbeitung erfuhr dieses wegen des Fehlens einer zweiten Instanz für Verfahren vor dem BGH immer wieder kritisierte System[10] erst knapp 20 Jahre später mit dem „Gesetz zur Einführung eines zweites Rechtszuges in Staatsschutzstrafsachen vom 8. September 1969"[11], mit dem die tatrichterliche Zuständigkeit des BGH zugunsten von bei den OLGen der Länder einzurichtenden Staatsschutzstrafsenaten aufgegeben wurde.[12] Die Ausübung von Bundesgerichtsbarkeit blieb hiervon jedoch unberührt, da die Staatsschutzstrafsenate über eine Organleihe gem. Art. 95 Abs. 4 GG iVm § 120 Abs. 6 GVG an den Bund gebunden wurden.[13] Derzeit bestehen Staatsschutzstrafsenate an insgesamt zehn Standorten im Bundesgebiet,[14] wobei einzelne Bundesländer gem. § 120 Abs. 5 S. 2 GVG über Staatsverträge gemeinsame Staatsschutzstrafsenate errichtet haben.[15]

II. Staatsanwaltschaftliche Ermittlungseinheiten auf Bundesebene

Die Aburteilung von Staatsschutzstraftaten durch Bundesgerichtsbarkeit ausübende Gerichte korrespondierte stets mit der Erforderlichkeit staatsanwaltschaftlicher Ermittlungseinheiten auf Bundesebene. Schon der noch dem Reichsgericht zugeordnete Oberreichsanwalt war mit eigenen Ermittlungs- und Anklagekompetenzen in Hoch- und Landesverratssachen sowie Spionageverfahren ausgestattet,[16] auch wenn die grundsätzliche Zuständigkeit des Reichsgerichts für derartige Verfahren vor dem Hintergrund seiner Konzeption als reine Revisionsinstanz seinem damaligen Präsidenten *Simson* noch als „*Fremdkörper im Betrieb des RG*"[17] erschien. In der Rechtspraxis des deutschen Reichs und auch in der Weimarer Republik spielte die erstinstanzliche Tätigkeit des Reichsgerichts und damit auch des Oberreichsanwalts – abgesehen von einzelnen spektakulären Verfahren wie dem Reichstags-Brandstifter-Prozess im Herbst 1933 – jedoch sowohl von ihrer Fallzahl als auch von ihrer gesellschaftlichen Bedeutung her eine untergeordnete Rolle.[18] Die Reichsanwaltschaft definierte sich vielmehr in erster Linie durch ihre Tätigkeit in Revisionsverfahren.

Auch für die anfangs kurzzeitig unter der Bezeichnung „*Der Oberbundesanwalt*" agierende Bundesanwaltschaft stand nach dem 2. Weltkrieg zunächst die Tätigkeit als Revisionsstaatsanwaltschaft im Vordergrund. Dies änderte sich jedoch mit der Wiedereinführung des

4

5

---

9 *Nehm* NJW 2020, 1343 (1344); *Wagner* FS Dreher, 1977, 625 (639); *Wollweber*, Die Zuständigkeit des Generalbundesanwalts in Staatsschutzsachen nach § 120 Abs. 1 und Abs. 2 GVG, 2015, 26.
10 Hierzu *Passek*, Die erstinstanzliche Zuständigkeit der Oberlandesgerichte in Staatsschutzstrafsachen: Historische Entwicklung und aktuelle Probleme, 2002, 118 ff.; *Wagner* FS Dreher, 1977, 625 (642 f.) sowie *Müller* FS OLG Düsseldorf, 1981, 225 f.
11 BGBl. 1969 I 1582; zu den Materialien s. BT-Drs. V/2860, 31, sowie das Protokoll der 177. Sitzung des Bundestages v. 29.5.1968, 9550.
12 *Martin* DRiZ 1990, 219 (220); *Nehm* NJW 2020, 1343 (1344).
13 *Feilcke* in KK-StPO GVG § 120 Rn. 3; *Franke* in Löwe/Rosenberg GVG § 120 Rn. 23; *Nehm* NJW 2020, 1343 (1346).
14 KG (zust. für Berlin und Brandenburg), OLG Celle (zust. für Niedersachsen), OLG Düsseldorf (zust. für Nordrhein-Westfalen), OLG Frankfurt a. M. (zust. für Hessen), Hanseatisches Oberlandesgericht (zust. für Hamburg, Bremen, Schleswig-Holstein und Mecklenburg-Vorpommern), Thüringer Oberlandesgericht (zust. für Thüringen), OLG Koblenz (zust. für Rheinland-Pfalz und das Saarland), OLG München (zust. für Bayern), OLG Naumburg (zust. für Sachsen-Anhalt) und OLG Stuttgart (zust. für Baden-Württemberg).
15 Zu ihrer Tätigkeit vgl. *Müller* FS OLG Düsseldorf, 1981, 225 ff. sowie *Passek*, Die erstinstanzliche Zuständigkeit der Oberlandesgerichte in Staatsschutzstrafsachen: Historische Entwicklung und aktuelle Probleme, 2002, 147 ff.
16 *Wagner* FS Dreher, 1977, 625 (627); *Wollweber*, Die Zuständigkeit des Generalbundesanwalts in Staatsschutzsachen nach § 120 Abs. 1 und Abs. 2 GVG, 2015, 23.
17 Zitiert nach *Martin* DRiZ 1990, 219.
18 *Martin* DRiZ 1990, 219 (220).

strafrechtlichen Staatsschutzes im Jahr 1951 und der zunächst noch erstinstanzlichen Zuständigkeit des BGH in Hoch- und Landesverratssachen. Ab diesem Zeitpunkt übernahmen die Angehörigen der Bundesanwaltschaft neben der eher dogmatisch-wissenschaftlichen Revisionstätigkeit auch wieder klassische Ermittlungsaufgaben in Staatsschutzsachen. Aus zunächst einem Staatsschutzreferat wurde Ende 1952/Anfang 1953 aufgrund steigender Fallzahlen eine erste Staatsschutzabteilung mit zwei verschiedenen Aufgabenbereichen: Der Bearbeitung von Hoch- und Landesverratssachen einerseits sowie der Verfolgung von Vergehen gegen die verfassungsmäßige Ordnung (sog. Staatsgefährdungsdelikte) andererseits, die der Oberbundesanwalt schon damals im Fall der besonderen Bedeutung der Sache an sich ziehen konnte. Hierbei handelte es sich um einen Vorläufer der heutigen Evokationsregelungen (→ Rn. 12 ff.), die schon damals in einem Spannungsfeld zum Prinzip des gesetzlichen Richters standen.[19]

6 Umfang und Bedeutung der Staatsschutztätigkeit der Bundesanwaltschaft wuchsen seitdem stetig an und prägen bis heute die öffentliche Wahrnehmung der seit dem 27. September 1957[20] unter der Bezeichnung *„Der Generalbundesanwalt"* (GBA) agierenden Behörde.[21] Die Ermittlungszuständigkeiten blieben auch unberührt von der Verlagerung der erstinstanzlichen Zuständigkeit des BGH in Staatsschutzsachen auf mehrere Oberlandesgerichte.[22] Für den GBA führte diese Reform allerdings zu einer erheblichen Mehrbelastung, da der staatsanwaltschaftliche Sitzungsdienst seitdem im ganzen Bundesgebiet und nicht mehr zentral in Karlsruhe ausgeübt werden muss.[23] Nicht nur vor diesem Hintergrund, sondern vor allem mit dem Aufkommen der sog. terroristischen Straftaten (→ Rn. 66 ff.) hat sich die Anzahl der Angehörigen der Bundesanwaltschaft in den vergangenen 70 Jahren stetig weiter erhöht. Verfügte die Behörde zum 1.1.1953 nur über sechs Bundesanwalts- und neun Oberstaatsanwaltsstellen, wuchs diese Zahl bereits zum 1.1.1972 auf 15 Bundesanwälte und zehn Oberstaatsanwälte sowie bis 1988 noch einmal auf 23 Bundesanwälte und 24 Oberstaatsanwälte an.[24] In der jüngsten Vergangenheit ist das Personal der Bundesanwaltschaft im Zusammenhang mit der Bedrohung durch islamistischen Terrorismus (→ Rn. 67 ff.) weiter aufgestockt worden. Nach den Anschlägen auf das World Trade Center am 11. September 2001 wurde zusätzlich das Amt des Staatsanwalts beim BGH eingeführt. Seitdem können aus der Landesjustiz abgeordnete wissenschaftliche Mitarbeiter unmittelbar in den Bundesdienst übernommen werden, was sich für den GBA nicht zuletzt vor dem Hintergrund der familiären Situation der aus dem ganzen Bundesgebiet stammenden Kolleginnen und Kollegen als wichtiges Instrument der Personalgewinnung erwiesen hat. Die Juristenausbildung sowie die Einstellung von Assessoren obliegt ausschließlich der Landesjustiz. Der GBA kann – wie die übrige Bundesjustiz – erfahrenes Personal nur über die Landesjustiz gewinnen.

III. Die Bundesanwaltschaft heute

7 Bis heute ist der GBA die einzige Staatsanwaltschaft des Bundes. Wie die Staatsanwaltschaften der Länder ist die Bundesanwaltschaft über das Gerichtsverfassungsrecht zwar funktionell untrennbar mit der Judikative verbunden und damit *„Teil der Justiz",*[25] unter

---

[19] *Passek,* Die erstinstanzliche Zuständigkeit der Oberlandesgerichte in Staatsschutzstrafsachen: Historische Entwicklung und aktuelle Probleme, 2002, 97 ff.; zum damaligen Behördenaufbau der Bundesanwaltschaft vgl. *Martin* DRiZ 1975, 314 (316).
[20] Die Änderung der Behördenbezeichnung erfolgte nicht etwa durch eine Änderung gerichtsverfassungsrechtlicher Normen, sondern durch das Bundesbesoldungsgesetz v. 27.9.1957, BGBl. 1957 I 1040; vgl. *Franke* in Löwe/Rosenberg GVG § 142 Rn. 14.
[21] Zur Geschichte der Bundesanwaltschaft bis zum 7.4.1977 vgl. *Kießling/Safferling* NJW 2021, 3575.
[22] Krit. hierzu allerdings *Foth* DRiZ 1989, 458 mit der Forderung nach einer vom BGH entkoppelten eigenständigen Staatsanwaltschaft auf Bundesebene.
[23] *Martin* DRiZ 1990, 219 (221); *Nehm* NJW 2020, 1343 (1347).
[24] *Martin* DRiZ 1975, 314 (316); *Martin* DRiZ 1990, 219 (221).
[25] Vgl. hierzu BGHZ 200, 253 = NJW 2014, 1665; *Kissel/Mayer* GVG § 141 Rn. 8 f.

dem Vorzeichen der Gewaltenteilung im Sinne einer Funktionstrennung jedoch der Exekutive zuzuordnen.[26] Gemäß § 147 Nr. 1 GVG untersteht der GBA der Dienst- und Fachaufsicht des Bundesministeriums der Justiz. Bei der Bundesanwaltschaft sind aktuell rund 300 Mitarbeiterinnen und Mitarbeiter beschäftigt. Die staatsanwaltschaftlichen Aufgaben werden durch den Generalbundesanwalt selbst sowie insgesamt 110 Bundesanwälte, Oberstaatsanwälte und Staatsanwälte beim BGH ausgeübt. Bei ihnen handelt es sich gem. § 148 GVG um Beamte auf Lebenszeit. Der Generalbundesanwalt selbst ist nach wie vor politischer Beamter iSv § 54 Abs. 1 Nr. 5 BBG und kann jederzeit in den einstweiligen Ruhestand versetzt werden, was in der Geschichte der Bundesanwaltschaft bisher zweimal vorgekommen ist.[27] Einen wesentlichen Beitrag zur Erfüllung der Aufgaben der Behörde leisten zudem die ca. 50 wissenschaftlichen Mitarbeiterinnen und Mitarbeiter. Bei ihnen handelt es sich um Staatsanwälte und Richter aus den Ländern, die für eine begrenzte Zeit – in der Regel für drei Jahre – an die Bundesanwaltschaft abgeordnet sind und in allen Bereichen staatsanwaltschaftlicher Tätigkeit eingesetzt werden. Derzeit sind beim Generalbundesanwalt ca. 160 Mitarbeiterinnen und Mitarbeiter im staatsanwaltschaftlichen Dienst tätig, von denen der größte Teil mit Ermittlungsaufgaben befasst ist. Das übrige staatsanwaltschaftliche Personal ist mit staatsanwaltschaftlichen Aufgaben in Revisionssachen vor den Strafsenaten des BGH betraut. Soweit bei der Behörde in der Vergangenheit verschiedene Register[28] geführt wurden, sind diese Aufgaben bereits zum 1.1.2007 auf das Bundesamt für Justiz übertragen worden, um die Kapazitäten der Behörde auf dem Gebiet der Strafverfolgung zu stärken. Der GBA vertritt jedoch weiterhin als *„Anwalt des Bundes"* das Bundesministerium der Justiz in Verwaltungs- und Gerichtsverfahren, die die obersten Bundesgerichte, wie beispielsweise den BGH oder das BVerwG, aber auch den GBA selbst betreffen.

B. Rechtsrahmen

Staatsanwaltliche Ermittlungen durch den GBA erfolgen in einem System sich gegenseitig begrenzender Kompetenzen. Dies gilt nicht nur im Verhältnis zu anderen Bundesbehörden wie dem BKA oder den deutschen Nachrichtendiensten, sondern vor allem in Bezug auf die Kompetenzen der Bundesländer. Die Strafverfolgung ist durch das GG grundsätzlich den Staatsanwaltschaften in den Ländern zugewiesen. Der Bund ist gem. Art. 92 GG von Verfassungs wegen nur berechtigt, die in Art. 95 und Art. 96 GG geregelten obligatorischen und fakultativen Bundesgerichte zu errichten.[29] Die staatsanwaltschaftliche Zuständigkeit folgt dagegen gem. § 142 GVG der Zuständigkeit des Gerichts, bei dem das Verfahren anhängig zu machen wäre (sog. **Sequenzzuständigkeit**).[30] Dies ist im Regelfall das örtlich zuständige Amts- oder Landgericht sowie in einigen Staatsschutzsachen gem. § 74a GVG zusätzlich die Staatsschutzkammer bei dem Landgericht, in dessen Bezirk das OLG seinen Sitz hat. Bei all diesen Gerichten handelt es sich um Spruchkörper der Landesjustiz, mit der Folge, dass die bei ihnen anfallenden staatsanwaltschaftlichen Aufgaben auch durch eine Landesstaatsanwaltschaft wahrgenommen werden müssen. Eine Ausnahme folgt insoweit aus § 142a Abs. 1 S. 1 GVG, der dem GBA das Amt der Staatsanwaltschaft in den

8

---

[26] VGH Mannheim NVwZ 2018, 750 (752); nachgehend BVerwG NVwZ 2019, 978; vgl. auch BVerwG NJW 1989, 412 (413).
[27] In einstweiligen Ruhestand versetzt wurden Generalbundesanwalt *Wolfgang Fränkel* (24.7.1962), Generalbundesanwalt *von Stahl* (6.7.1993) sowie Generalbundesanwalt *Range* (26.8.2015). Zu den Hintergründen der Versetzung von Generalbundesanwalt *Wolfgang Fränkel* in den Ruhestand vgl. *Kiessling/Safferling*, „Staatsschutz im Kalten Krieg", 2021, 225 ff.
[28] Bundeszentralregister, Erziehungsregister, Gewerbezentralregister sowie das Zentrale staatsanwaltschaftliche Verfahrensregister.
[29] BVerfGE 8, 174 (176) = NJW 1958, 2011; BVerfGE 10, 200 (213) = NJW 1960, 187; *Pieroth* in Jarass/Pieroth GG Art. 92 Rn. 13; *Detterbeck* in Sachs GG Art. 92 Rn. 32.
[30] *Mayer* in KK-StPO GVG § 142 Rn. 1; *Kissel/Mayer* GVG § 142 Rn. 2; *Brauneisen* in Lüttich/Lehmann, Der Kampf gegen den Terror in Gegenwart und Zukunft, 2019, 107 (109).

zur erstinstanzlichen Zuständigkeit der Oberlandesgerichte gehörenden Strafsachen zuweist und damit zugleich seine Alleinstellung in der deutschen Justizordnung im Vergleich zu den Staatsanwaltschaften der Länder begründet. Verfassungsrechtlich ermöglicht wird dies letztlich durch Art. 96 Abs. 5 GG.[31] Danach kann sich der Bund, anstatt einen eigenen Rechtszug zu schaffen, auf dem Gebiet des Völkerstrafrechts (Ziff. 1.–4.) und des strafrechtlichen Staatsschutzes (Ziff. 5.) im Wege der Organleihe auch der Gerichte der Länder bedienen.

I. Gerichtsverfassungsrechtliche Aufgabenverteilung

9 Auf der Basis des verfassungsrechtlich vorgegebenen Rahmens richtet sich die Zuständigkeit der Gerichte und Staatsanwaltschaften in Staatsschutzstrafsachen zunächst nach den allgemeinen Grundsätzen des Gerichtsverfassungsrechts. Danach sind gem. § 24 GVG grundsätzlich die Amtsgerichte zur Bearbeitung von Strafsachen zuständig, so nicht eine speziellere Norm eine Sonderzuweisung trifft. Diese besteht in Staatsschutzstrafsachen gem. § 24 Nr. 1 GVG iVm § 74a GVG zunächst für die Staatsschutzkammer beim Landgericht im Bezirk des OLG, die für die in Abs. 1 der Norm benannten Katalogtaten[32] zuständig ist. Eine weitere Zuweisung folgt gem. § 24 Nr. 1 GVG iVm § 120 GVG für die Staatsschutzstrafsenate der OLGe. An die Voraussetzungen dieser Norm ist gem. § 142a Abs. 1 S. 1 GVG auch die Zuständigkeit des GBA gekoppelt. Die Vorschrift differenziert zwischen der originären Zuständigkeit in § 120 Abs. 1 GVG (→ Rn. 10 f.) und der an weitere Voraussetzungen gebundenen evokativen Zuständigkeit gem. § 120 Abs. 2 GVG (→ Rn. 12 f.).

1. Originäre Zuständigkeit gem. § 120 Abs. 1 GVG

10 § 120 Abs. 1 GVG, § 142a Abs. 1 S. 1 GVG regeln die originäre Zuständigkeit des GBA für die im Katalog des § 120 GVG bezeichneten Straftaten (sog. **geborene Staatsschutzdelikte**). Erforderlich sind zureichende tatsächliche Anhaltspunkte (§ 152 Abs. 2 StPO) für einen dort benannten Katalogtatbestand.[33] Dies stellt § 142a Abs. 1 S. 2 GVG auch auf gerichtsverfassungsrechtlicher Ebene ausdrücklich klar.[34] Die Zuständigkeit des GBA umfasst nicht nur die klassische Täterschaft gem. § 25 StGB, sondern auch Anstiftung (§ 26 StGB), Beihilfe (§ 27 StGB), die Versuchsstrafbarkeit (§§ 22, 23 StGB) sowie Vorbereitungshandlungen nach § 30 StGB.[35] Maßgeblich ist jeweils die objektive Rechtslage.[36] Dem Katalog des § 120 Abs. 1 GVG liegt vor dem Hintergrund der verfassungsrechtlichen Kompetenzverteilung die gesetzgeberische Wertung zugrunde, dass schon die Verwirklichung eines dieser Tatbestände das staatliche Gefüge der Bundesrepublik Deutschland in länderübergreifender Weise trifft und die Rechtsgüter des Gesamtstaats in einem derart starken Maße beeinträchtigt, dass ihre Ahndung durch die Landesjustiz der Bedeutung des in der jeweiligen Tat liegenden Angriffs auf die bundesstaatliche Gesamtordnung nicht gerecht werden würde.[37] Besteht ein Anfangsverdacht hinsichtlich einer der von der Vorschrift erfassten Straftaten, ist eine Bearbeitung des Ermittlungsverfahrens durch die Staatsanwaltschaften der Länder nur noch unter den besonderen Voraussetzungen des § 142a

---

[31] Vgl. zur Historie auch BGHSt 46, 238 (241 ff.) = NJW 2001, 1359 ff.
[32] ZB für Friedensverrat gem. § 80 StGB; für Delikte wegen der Gefährdung des demokratischen Rechtsstaates gem. §§ 84–86, 87–90, 90a Abs. 3, 90b StGB sowie für Zuwiderhandlungen gegen ein Vereinigungsverbot gem. § 129 StGB auch iVm § 129b Abs. 1 StGB.
[33] *Brocke* in MüKoStPO GVG § 142a Rn. 5; *Krauß* in BeckOK StPO, 43. Ed. 1.4.2022, RiStBV Ziff. 202 Rn. 5; *Fahrner* StaatsschutzStrafR § 32 Rn. 7.
[34] Eingefügt durch das Gesetz zur Umsetzung von Empfehlungen des NSU-Untersuchungsausschusses des deutschen Bundestages vom 12.6.2015 (BGBl. 2015 I 925); vgl. auch BT-Drs. 18/3007, 12.
[35] *Kissel/Mayer* GVG § 120 Rn. 1; *Kotz/Oglakcioglu* in MüKoStPO GVG § 120 Rn. 14; *Schnarr* NStZ 1990, 257; speziell zu § 30 StGB: BGH BeckRS 2016, 112031 Rn. 37.
[36] BGH NStZ-RR 2012, 76 (77); *Krauß* in BeckOK StPO, 43. Ed. 1.4.2022, RiStBV Ziff. 202 Rn. 5.
[37] BGHSt 46, 238 (253) = NJW 2001, 1359 (1363); *Griesbaum/Wallenta* NStZ 2013, 369 (370); vgl. auch *Feilcke* in KK-StPO GVG § 120 Rn. 1; *Welp* NStZ 2002, 1.

Abs. 2, 3 GVG möglich (→ Rn. 29). Im Übrigen ist der GBA gem. § 142a Abs. 1 S. 1 GVG zur Ausübung staatsanwaltschaftlicher Aufgaben berufen. Seine Zuständigkeit erstreckt sich auf alle Stadien des Verfahrens: Ermittlungsverfahren, Hauptverhandlung und Vollstreckung.[38]

Die Tatbestände des § 120 Abs. 1 Nr. 2–5 GVG erfassen **spezifische Verbrechen und** **Vergehen** wie beispielsweise Hochverrat (§ 81 StGB), Landesverrat (§ 94 StGB) oder geheimdienstliche Agententätigkeit (§ 99 StGB) sowie Straftaten gegen Verfassungsorgane (§§ 105, 106 StGB). Von besonderer Bedeutung in der Rechtspraxis sind § 120 Abs. 1 Nr. 6 und Nr. 8 GVG, namentlich die in Nr. 6 erfassten Organisationsdelikte der Gründung, Mitgliedschaft oder Unterstützung einer terroristischen Vereinigung im In- oder Ausland gem. § 129a StGB, § 129b StGB; Nr. 8 erfasst sämtliche Straftaten nach dem VStGB. Lediglich ergänzende Funktion kommt § 120 Abs. 1 Nr. 7 GVG zu, der die Zuständigkeit der Bundesjustiz auch für die Nichtanzeige der von § 120 Abs. 1 GVG erfassten Straftatbestände begründet (§ 138 StGB).

2. Evokative Zuständigkeit gem. § 120 Abs. 2 GVG

Außerhalb von § 120 Abs. 1 GVG kann der GBA seine Zuständigkeit gem. § 142a Abs. 1 S. 1 GVG iVm § 120 Abs. 2 GVG unter dem Gesichtspunkt der besonderen Bedeutung des Einzelfalls begründen (sog. **gekorenes Staatsschutzdelikt**). Die Vorschrift knüpft ebenfalls an Katalogtatbestände an, für die ein Anfangsverdacht gegeben sein muss. Um der Kompetenzverteilung des GG gerecht zu werden, ist weiter erforderlich, dass der konkrete Einzelfall einen Staatsschutzbezug iSv Art. 96 Abs. 5 GG aufweist.[39] Unabhängig von Ausmaß und Beeinträchtigung staatlicher Sicherheitsinteressen rechtfertigen sonstige Straftaten der allgemeinen oder organisierten Kriminalität nicht die Zuständigkeit des GBA.[40] Darüber hinaus muss dem Fall im Vergleich zu anderen Verfahren besondere Bedeutung zukommen (→ Rn. 20). Sind diese Voraussetzungen kumulativ gegeben, muss der GBA das Verfahren aus dem Bereich der Landesjustiz in die Zuständigkeit des Bundes überführen (sog. **Evokation**).[41] Auch die Nichtanzeige einer derartigen Tat gem. § 138 StGB fällt gem. § 120 Abs. 1 Nr. 7 GVG in seine Zuständigkeit.[42]

a) Delikte aus dem Zuständigkeitsbereich der Staatsschutzkammer. Die Regelung des § 120 Abs. 2 GVG gilt nach Nr. 1 der Vorschrift zunächst für die in § 74a GVG genannten Straftaten, die im Grundsatz zur Zuständigkeit der **Staatsschutzkammer** eines Landgerichts gehören. Hierzu zählen unter anderem § 89a–c StGB, die Organisationsdelikte der Gründung, Mitgliedschaft oder Unterstützung einer kriminellen Vereinigung gem. § 129 StGB sowie Straftaten des Friedensverrats (§ 80a StGB), der Verschleppung (§ 234a StGB) sowie der Gefährdung der Landesverteidigung gem. §§ 109d–g StGB.

b) Schwere Straftaten im Zusammenhang mit der Tätigkeit einer nicht oder nicht **nur im Inland bestehenden Vereinigung.** § 120 Abs. 2 S. 1 Nr. 2 GVG kann die Zuständigkeit des GBA bei Mord, Totschlag sowie den in § 129a Abs. 1 Nr. 2 und Abs. 2 StGB bezeichneten Straftaten eröffnen, sofern ein **Zusammenhang** mit der Tätigkeit einer nicht oder nicht nur im Inland bestehenden Vereinigung existiert, deren Zweck oder Tätigkeit die Begehung von Straftaten dieser Art zum Gegenstand hat. Ein Zusammenhang im Sinne der Norm ist bereits dann gegeben, wenn der Täter seine Handlung erkennbar

---

[38] *Kissel/Mayer* GVG § 142a Rn. 2; *Brocke* in MüKoStPO GVG § 142a Rn. 4.
[39] BGHSt 46, 238 (250) = NJW 2001, 1359 (1362); BGH NJW 2002, 1889; 2009, 181 (184); *Kissel/Mayer* GVG § 120 Rn. 2; *Feilcke* in KK-StPO GVG § 120 Rn. 3; *Krauß* in BeckOK StPO, 43. Ed. 1.4.2022, RiStBV Ziff. 202 Rn. 11.
[40] BGH NStZ 2010, 468; *Brauneisen* in Lüttig/Lehmann, Der Kampf gegen den Terror in Gegenwart und Zukunft, 2019, 107, 111; *Rebmann* NStZ 1986, 289 (293).
[41] BGHSt 46, 238 (254) = NJW 2001, 1359 (1363); *Kissel/Mayer* GVG § 120 Rn. 2.
[42] BGH BeckRS 2016, 20898 Rn. 24; *Feilcke* in KK-StPO GVG § 120 Rn. 3.

final auf die Ziele der Vereinigung ausgerichtet hat.[43] Die verfassungsrechtliche Zulässigkeit der durch das Gesetz zur Bekämpfung des Terrorismus vom 19.12.1986[44] und das 6. Gesetz zur Reform des Strafrechts vom 26.1.1998[45] eingeführten Vorschrift ist zwar nicht unbestritten.[46] Ihre praktische Bedeutung ist mittlerweile jedoch überschaubar, da entsprechende Tathandlungen nach der neueren Rechtsprechung des BGH zu den Konkurrenzen bei §§ 129, 129a StGB[47] in den allermeisten Fällen tateinheitlich (§ 52 StGB) zugleich zumindest den Tatbestand der Unterstützung, wenn nicht gar der Mitgliedschaft in einer (terroristischen) Vereinigung gem. § 129 Abs. 5 StGB, § 129a Abs. 5 StGB erfüllen werden und daher bereits unter diesem Gesichtspunkt die Zuständigkeit der Bundesjustiz begründen (§§ 142a Abs. 1 S. 1 GVG, § 120 Abs. 1 Nr. 6 GVG, § 120 Abs. 2 Nr. 1 GVG). Da gleichwohl aber nicht zwingend erscheint, dass entsprechende Tathandlungen in allen denkbaren Fallgestaltungen auch zugleich den Tatbestand eines Organisationsdelikts erfüllen, hat die Norm auch weiterhin ihre Berechtigung.

15 **c) Beeinträchtigung der äußeren oder inneren Sicherheit.** § 142a Abs. 1 S. 1 GVG iVm § 120 Abs. 2 S. 1 Nr. 3 GVG begründet die Zuständigkeit des GBA bei der Begehung schwerster Straftaten[48] durch einen Einzeltäter oder eine revolutionäre oder autonome Kleingruppe,[49] wenn die Tat den Umständen nach geeignet ist, den **Bestand oder die Sicherheit eines Staates** zu beeinträchtigen (lit. a), **Verfassungsgrundsätze** der Bundesrepublik Deutschland zu beseitigen, außer Geltung zu setzen oder zu untergraben (lit. b), die Sicherheit der in der Bundesrepublik Deutschland stationierten **Truppen der NATO** oder seiner nicht deutschen Vertragsstaaten zu beeinträchtigen (lit. c) oder den Bestand oder die Sicherheit einer **internationalen Organisation** zu beeinträchtigen (lit. d). Auch dieser Teil des § 120 GVG ist durch das Gesetz zur Umsetzung von Empfehlungen des NSU-Untersuchungsausschusses des deutschen Bundestages vom 12.6.2015 – mit der Stoßrichtung der Beweiserleichterung für die Praxis – modifiziert worden, indem die Tat nicht mehr „bestimmt" und „geeignet" sein muss, die in lit. a–d umschriebenen Schutzgüter zu beeinträchtigen, sondern lediglich noch dazu geeignet sein muss; auf die innere Tatseite („bestimmt") kommt es mithin nicht mehr an.[50]

16 Durch das Gesetz zur Verfolgung der Vorbereitung von schweren staatsgefährdenden Gewalttaten (GVVG)[51] hat der Gesetzgeber den Anwendungsbereich von § 120 Abs. 2 S. 1 Nr. 3 GVG erweitert. Erfasst werden **alle völkerrechtlich anerkannten Staaten,** unabhängig davon, ob sie nach hiesigem Verständnis als Rechts- oder Unrechtsstaaten anzusehen sind.[52] Der Begriff der internationalen Organisation (lit. d der Vorschrift) erfasst **nur öffentliche Organisationen,** also Zusammenschlüsse von mindestens zwei Staaten oder anderen Völkerrechtssubjekten auf der Grundlage eines völkerrechtlichen Vertrages, die auf Dauer angelegt sind und supranationale Aufgaben erfüllen, zB die Vereinten

---

[43] BGHSt 28, 122 (127) = BeckRS 9998, 162272; s. auch *Bock* JURA 2017, 895 (902); *Wollweber*, Die Zuständigkeit des Generalbundesanwalts in Staatsschutzsachen nach § 120 Abs. 1 und Abs. 2 GVG, 2015, 191.
[44] BGBl. 1986 I 2254.
[45] BGBl. 1998 I 164.
[46] Krit. *Dencker* StV 1987, 117 (118); *Kühl* NJW 1987, 737 (747); *Franke* in Löwe/Rosenberg GVG § 120 Rn. 11; für verfassungsrechtliche Unbedenklichkeit dagegen *Feilcke* in KK-StPO GVG § 120 Rn. 3.
[47] Vgl. hierzu BGHSt 60, 308 = NJW 2016, 657 sowie *Krauß* in Löwe/Rosenberg StGB § 129 Rn. 173 ff.
[48] §§ 211, 212, 239a, 239b, 306a, 306b, 306c, 307 Abs. 1 und 3 Nr. 1 StGB, § 308 Abs. 1–3 StGB, § 309 Abs. 1–4 StGB, § 310 Abs. 1 Nr. 1 StGB, § 313 Abs. 2 iVm § 308 Abs. 2 und 3 StGB, § 314 Abs. 2 iVm § 308 Abs. 2 und 3 StGB sowie § 316c Abs. 1 und 3 StGB.
[49] *Rebmann* NStZ 1986, 289 (291); *Schnarr* MDR 1993, 589.
[50] BT-Drs. 18/3007, 10 f.; *Kissel/Mayer* GVG § 120 Rn. 4; *Feilcke* in KK-StPO GVG § 120 Rn. 4c.
[51] Gesetz zur Verfolgung der Vorbereitung von schweren staatsgefährdenden Gewalttaten (GVVG) v. 30.7.2009 (BGBl. 2009 I 2437).
[52] BGHSt 61, 36 (39) = NStZ 2016, 666; BGHSt 62, 103 (106) = NStZ 2018, 585; BGH NStZ-RR 2019, 177; *Engelstätter* in LK-StGB StGB § 89a Rn. 85 ff. mwN; krit. *Ambos* JR 2017, 655 (657); *Gazeas/Grosse-Wilde* StV 2018, 84 (87); *Paeffgen* in NK-StGB StGB § 89a Rn. 11; *Valerius* GA 2011, 696 (704); *Zöller* in SK-StGB StGB § 89a Rn. 17.

Nationen, der Europarat, die EU, die NATO, die OSZE, die WTO, aber auch Interpol und der IStGH.⁵³ Nicht erfasst werden Nichtregierungsorganisationen wie Amnesty International oder Greenpeace. Die Auslegung der weiteren Tatbestandsmerkmale orientiert sich an den Begrifflichkeiten des § 92 StGB, der in Abs. 2 die strafrechtlich geschützten **Verfassungsgrundsätze** enumerativ aufzählt.⁵⁴ Sicherheit umfasst die äußere wie die die innere Sicherheit. Die **äußere Sicherheit** eines Staates erfasst den Zustand relativer Ungefährdetheit gegenüber gewaltsamen Einwirkungen von außen in militärischer, sozialer und wirtschaftlicher Hinsicht.⁵⁵ Sie ist betroffen, wenn die Verteidigungsfähigkeit des Staates durch einen Angriff einer fremden staatlichen Gewalt beeinträchtigt wird.⁵⁶ Dagegen umschreibt die **innere Sicherheit** einen Zustand der relativen Ungefährdetheit von Bestand und Verfassung eines Staates gegenüber gewaltsamen Aktionen innerstaatlicher Kräfte, wobei im Zentrum die Fähigkeit des Staates steht, sich nach innen gegen diese Störungen zur Wehr zu setzen.⁵⁷ Dies schließt den Schutz der Bevölkerung vor Einwirkungen durch Gewalt und Drohungen mit Gewalt auf die Wahrnehmung staatlicher Funktionen ein.⁵⁸

Eine Straftat tangiert die innere Sicherheit, wenn sie gegen das innere Gefüge des Staates 17 gerichtet ist und durch einen ihr innewohnenden Verstoß gegen Verfassungsgrundsätze einen besonderen Charakter aufweist.⁵⁹ Dieser ist anzunehmen, wenn die Tat das Vertrauen der Bevölkerung erschüttern kann, vor gewaltsamen Einwirkungen in ihrem Staat geschützt zu sein,⁶⁰ was auch bei Gewaltanschlägen gegen Unbeteiligte zum Zwecke der Verbreitung allgemeiner Unsicherheit denkbar ist.⁶¹ Allein eine durch die Medien stimulierte Beeinträchtigung eines allgemeinen Sicherheitsgefühls reicht noch nicht aus.⁶² Beeinträchtigungen der inneren Sicherheit sind nach der neueren Rechtsprechung zur Lage in Syrien selbst dann noch möglich, wenn ein Staat bereits in **Bürgerkrieg** verfallen ist, da in diesem Fall entsprechende Tathandlungen, selbst wenn sie von einem Einzeltäter begangen werden, zu einer weiteren Destabilisierung der Lage beitragen können, die zu einem vollständigen Zusammenbruch staatlicher Strukturen führen kann.⁶³ Eine Beeinträchtigung der inneren Sicherheit ist ferner gegeben, wenn die Bestrebungen des Täters seiner Feindschaft gegen das freiheitlich-demokratische Staats- und Gesellschaftssystem entspringen und er seine potenziellen Opfer nur deshalb auswählt, weil sie dieses System als **Amtsträger** oder in sonstiger Weise repräsentieren, oder ohne jeden persönlichen Bezug lediglich deshalb angreift, weil sie Bürger oder Einwohner der Bundesrepublik Deutschland sind oder sich

---

⁵³ BT-Drs. 16/12428, 14; *Engelstätter* in LK-StGB StGB § 89a Rn. 93; *Zöller* in SK-StGB StGB § 89a Rn. 20; ebenso *Bock* JURA 2017, 895 (904).
⁵⁴ ZB dies Prinzipien der Volkssouveränität (Art. 20 GG) und der Gewaltenteilung (Art. 79 Abs. 3 GG), die allgemeinen Grundsätze für Wahlen (Art. 28 Abs. 1 GG, Art. 38 Abs. 1 GG), das Rechtsstaatsprinzip (Art. 20 Abs. 3 GG), die Unabhängigkeit der Gerichte (Art. 97 Abs. 1 GG), das Recht auf parlamentarische Opposition (Art. 21 Abs. 1 GG), die Ablösbarkeit der Regierung und ihre Verantwortlichkeit gegenüber dem Parlament (Art. 67 GG) sowie allgemein den „Ausschluss jeglicher Gewalt und Willkürherrschaft."
⁵⁵ BGH NStZ 1988, 215; *Nestler* ZStW 125 (2013), 259 (298).
⁵⁶ *Sternberg-Lieben* in Schönke/Schröder StGB § 89a Rn. 5; *Schnarr* MDR 1993, 589 (592); *Steinmetz* in MüKoStGB StGB § 92 Rn. 12; *Engelstätter* in LK-StGB StGB § 92 Rn. 13.
⁵⁷ BGHSt 28, 312 (316) = NJW 1979, 1556; BGHSt 46, 238 (250) = NJW 2001, 1359 (1362 f.); BGH NStZ 1988, 215; BVerwGE 62, 36 (38) = BeckRS 1981, 106119; *Schnarr* MDR 1993, 589 (592); *Engelstätter* in LK-StGB StGB § 92 Rn. 14.
⁵⁸ BVerwGE 123, 114 (120) = NVwZ 2005, 1091; BVerwG NVwZ 2017, 1799; BVerwG DVBl 2017, 1435.
⁵⁹ BGHSt 59, 218 (234) = NJW 2014, 3459; BGHSt 62, 102 (109) = BeckRS 1981, 30433107.
⁶⁰ BGHSt 46, 238 (251) = NJW 2001, 1359 (1363); *Sternberg-Lieben* in Schönke/Schröder StGB § 89a Rn. 5; *Engelstätter* in LK-StGB StGB § 92 Rn. 14.
⁶¹ Vgl. BVerwG NVwZ 2017, 1799; BVerwG DVBl 2017, 1435; BVerwG InfAuslR 2018, 124 (125).
⁶² *Kissel/Mayer* GVG § 120 Rn. 4; *Steinmetz* in MüKoStGB StGB § 92 Rn. 12; *Engelstätter* in LK-StGB StGB § 92 Rn. 14.
⁶³ BGHSt 62, 102 (110) = BeckRS 1981, 30433107; *Paul* GSZ 2018, 43 (44).

im Bundesgebiet aufhalten.⁶⁴ Dies gilt insbesondere, wenn mit der Tat das **friedliche Zusammenleben von Ausländern und Deutschen** gestört werden soll.⁶⁵ Eine Beeinträchtigung der inneren Sicherheit kann sich zudem aus der besonderen Abscheulichkeit der Tat, ihrer länderübergreifenden Begehungsweise oder ihres bundesweiten Aufsehens ergeben.⁶⁶

18 Bei der Evokation handelt es sich um eine „bewegliche" Zuständigkeit, deren Voraussetzungen sich im Laufe eines Ermittlungsverfahrens – je nach Sachlage im Einzelfall – auch wieder ändern können, so wie bei dem Anschlag auf den Mannschaftsbus von Borussia Dortmund 2017, der entgegen der ursprünglichen Verdachtslage keinen islamistischen, sondern einen allgemeinkriminellen Hintergrund hatte.

19 **d) Proliferation.** Gemäß § 120 Abs. 2 Nr. 4 StGB ist die Begründung der Zuständigkeit der Bundesjustiz möglich bei Straftaten nach dem **Außenwirtschaftsgesetz (AWG)** sowie bestimmten Tatbeständen nach dem **Gesetz über die Kontrolle von Kriegswaffen** (KrWaffKontrG), wenn die Tat nach den Umständen des Einzelfalls geeignet ist, die äußere Sicherheit oder die auswärtigen Beziehungen der Bundesrepublik Deutschland erheblich zu gefährden oder bestimmt und geeignet ist, das friedliche Zusammenleben der Völker zu stören. Die Vorschrift dient der effektiven Verfolgung der Proliferation besonders gefährlicher Waffen und Gegenstände.⁶⁷ Während die äußere Sicherheit zu definieren ist wie in § 120 Abs. 2 Nr. 3 GVG, hat der Begriff der **auswärtigen Beziehungen** seinen Ursprung in Art. 32 GG. Er erfasst alle Handlungen, die der Staat zur Ordnung und Gestaltung seiner Beziehungen nach außen unternimmt, also alle Maßnahmen, die die Stellung der Bundesrepublik in der internationalen Gemeinschaft betreffen und Deutschland in diesem Sinne repräsentieren.⁶⁸ Sie können erheblich gefährdet sein, wenn die verfahrensgegenständliche Tat die Bundesrepublik Deutschland in eine Lage bringen kann, die es ihr unmöglich macht oder erschwert, ihre Interessen an gedeihlichen Beziehungen zu anderen Staaten zu wahren, zB wenn sie diplomatische Missbilligung, feindselige Medienkampagnen oder eine Verurteilung in inter- oder supranationalen Gremien auslösen kann.⁶⁹

20 **e) Besondere Bedeutung.** Zusätzlich zur Staatsschutzqualität der Tat und ihrer Zuordnung zu einem der Katalogtatbestände des § 120 Abs. 2 GVG ist die Begründung der Zuständigkeit des GBA nur möglich, wenn dem konkreten Sachverhalt „besondere Bedeutung" zukommt. Dieser **unbestimmte Rechtsbegriff** dient in allen Varianten des § 120 Abs. 2 GVG der verfassungsrechtlich gebotenen Begrenzung der Bundeskompetenz bei der Verfolgung von Staatsschutzstraftaten und fungiert als Korrektiv zu den weit auszulegenden Tatbestandsmerkmalen der Katalogtatbestände.⁷⁰ Jede Verfahrensübernahme durch den GBA stellt nicht nur einen **Eingriff in die Justizhoheit** der Länder dar. Sie führt im Falle einer Anklage auch zu einer **Verlagerung des gesetzlichen Richters** gem. Art. 101 GG von dem an sich zuständigen Landgericht auf einen Staatsschutzsenat eines OLG.⁷¹

21 Erforderlich für die Annahme einer besonderen Bedeutung ist zunächst, dass der Fall aus Sicht des Gesamtstaates insgesamt aus der Menge der Durchschnittsfälle herausragt.⁷² Straftaten der allgemeinen Kriminalität rechtfertigen die Übernahme eines Verfahrens selbst

---

⁶⁴ BGH NStZ 2010, 468; BGH BeckRS 2019, 20848 Rn. 37; *Kissel/Mayer* GVG § 120 Rn. 4; *Feilcke* in KK-StPO GVG § 120 Rn. 4c.
⁶⁵ *Schnarr* MDR 1993, 589 (592).
⁶⁶ BGHSt 46, 238 (249) = NJW 2001, 1359 (1363); *Engelstätter* in LK-StGB StGB § 92 Rn. 14.
⁶⁷ Vgl. BT-Drs. 16/3038, 25.
⁶⁸ *Nestler* ZStW 125 (2013), 259 (294); *Safferling* NStZ 2009, 608 (608).
⁶⁹ BGHSt 53, 238 (250) = BGHSt 53, 238; BGHSt 53, 128 (132) = NStZ 2009, 335; *Kissel/Mayer* GVG § 120 Rn. 5; *Feilcke* in KK-StPO GVG § 120 Rn. 4d; *Franke* in Löwe/Rosenberg GVG § 120 Rn. 15.
⁷⁰ BGH NStZ 2009, 335 (338); *Feilcke* in KK-StPO GVG § 120 Rn. 3; *Franke* in Löwe/Rosenberg GVG § 120 Rn. 8.
⁷¹ BGHSt 46, 238 (253 f.) = NJW 2001, 1359 (1363); BGHR GVG § 120 Abs. 2 besondere Bedeutung 1, 4; BGH NStZ 2008, 146 (147); BGH NStZ 2009, 335 (338).
⁷² *Fahmer* StaatsschutzStrafR § 31 Rn. 22; *Welp* NStZ 2002, 1; vgl. auch BGH NStZ 2002, 447 (448); 2008, 146.

dann nicht, wenn sie aufgrund ihrer Abscheulichkeit oder ihres Ausmaßes – beispielsweise im Falle eines Amoklaufes – das Sicherheitsgefühl der Bevölkerung beeinträchtigen.[73] Ob einer Straftat besondere Bedeutung iSv § 120 Abs. 2 GVG zukommt, ergibt sich ausschließlich im Wege einer **Gesamtwürdigung** der Umstände und Auswirkungen der Tat unter besonderer Berücksichtigung ihres Angriffs auf die jeweils betroffenen Rechtsgüter des Gesamtstaates.[74] In ihrem Rahmen sind neben dem individuellen Schuld- und Unrechtsgehalt die konkreten Auswirkungen für die innere Sicherheit, aber auch das Erscheinungsbild Deutschlands gegenüber Staaten mit gleichen Wertvorstellungen in den Blick zu nehmen.[75] Auch ist zu beachten, welche Signalwirkung von der Tat für potentielle Nachahmer ausgeht.[76] Eine besondere Bedeutung iRv § 120 Abs. 2 S. 1 Nr. 3 GVG ist auch gegeben, wenn die Souveränität Deutschlands durch einen Mord im Auftrag eines fremden Geheimdienstes verletzt wird.[77] Bei der Verfolgung eines Außenwirtschaftsdelikts iRv § 120 Abs. 2 S. 1 Nr. 4 GVG kann auch von Bedeutung sein, ob aufgrund der Erheblichkeit des Delikts eine Verfolgung mit besonderer Sachkunde geboten und angesichts von Auslandsbezügen ein spezieller Ermittlungsaufwand erforderlich erscheint.[78]

Nach § 120 Abs. 2 S. 2 GVG kann sich die Zuständigkeit der Bundesjustiz schließlich **22** auch ergeben, wenn sie wegen des **länderübergreifenden Charakters** der Tat geboten erscheint. Die Vorschrift, die durch Gesetz zur Umsetzung von Empfehlungen des NSU-Untersuchungsausschusses des deutschen Bundestages im Juni 2015 in die Norm eingefügt wurde, ist noch nicht Gegenstand höchstrichterlicher Rechtsprechung gewesen und in ihrer Reichweite noch ungeklärt. Zwar geht die Gesetzesbegründung davon aus, dass durch diese Vorschrift die strengen Anforderungen der Rechtsprechung an die besondere Bedeutung „moderat aufgelockert" werden.[79] Außer Frage steht jedoch, dass auch Sachverhalte aus dem Gebiet der Allgemeinkriminalität länderübergreifenden Charakter aufweisen können, zB Serien von Geldautomatensprengungen in mehreren Bundesländern. Zwar fallen derartige Taten als Herbeiführung von Sprengstoffexplosionen iSd § 308 StGB regelmäßig in den Katalog von § 120 Abs. 2 S. 1 Nr. 3 GVG. Dass sie nach der Einfügung von § 120 Abs. 2 S. 2 GVG künftig durch den GBA verfolgt werden müssen, erscheint jedoch fernliegend, da ihnen im Regelfall jeglicher Staatsschutzbezug iSv Art. 96 Abs. 5 GG fehlt. Erforderlich für eine Übernahme eines Verfahrens durch den GBA ist auch weiterhin die Betroffenheit bundesstaatlicher Belange, die in einem Maße tangiert sein müssen, dass eine zentrale Ermittlungstätigkeit durch die Bundesanwaltschaft geboten erscheint.[80] Dies ist nicht nur denkbar bei politischen Morden oder Brandanschlägen gegen Repräsentanten des Staates auf allen Ebenen, sondern auch bei staatsschutzrelevanten kriminellen Vereinigungen, die innerhalb eines überregionalen oder gar bundesweiten Aktionsraumes agieren.[81]

3. Zusammenhangstaten

Aus dem verfassungsrechtlichen Kompetenzgefüge folgt, dass eine Zuständigkeit des GBA **23** auch für Delikte, die nicht in § 120 GVG gelistet sind, gegeben ist, soweit diese in **Tateinheit** mit einem Staatsschutzdelikt stehen.[82] Dies gilt im Falle von § 120 Abs. 1 Nr. 8 GVG bei der Bekämpfung von Völkerstraftaten selbst dann, wenn grundsätzlich dem

---

[73] BGH NStZ 2009, 335 (338); 2010, 468; *Feilcke* in KK-StPO GVG § 120 Rn. 3; *Rebmann* NStZ 2986, 289 (293).
[74] BGH BeckRS 2016, 20898 Rn. 25; 2019, 20848 Rn. 40; *Kissel/Mayer* GVG § 120 Rn. 5.
[75] BGHSt 46, 238 (254) = NJW 2001, 1359 (1363); BGH NStZ-RR 2014, 53.
[76] BGH NStZ 2008, 146; BGH BeckRS 2016, 20898 Rn. 25; 2019, 20848 Rn. 40; *Kissel/Mayer* GVG § 120 Rn. 5.
[77] BGH NStZ-RR 2006, 147; *Feilcke* in KK-StPO GVG § 120 Rn. 3.
[78] BGH BeckRS 2010, 10962 Rn. 153 (in BGHSt 54, 275 nicht abgedruckt); BGH NJW 2009, 1681 (1686); *Kotz/Oglakcioglu* in MüKoStPO GVG § 120 Rn. 24.
[79] BT-Drs. 18/3007, 11.
[80] BT-Drs. 18/3007, 12; *Kissel/Mayer* GVG § 120 Rn. 6a.
[81] *Fahrner* StaatsschutzStrafR § 31 Rn. 25.
[82] *Franke* in Löwe/Rosenberg GVG § 120 Rn. 4.

Anwendungsbereich des VStGB unterfallende Handlungen mangels Erfüllung einzelner Tatbestandsmerkmale nicht nach dem VStGB strafbar sind, jedoch eine Strafbarkeit nach Vorschriften des StGB in Betracht kommt.[83] Darüber hinaus ist die Bundesjustiz unter dem Gesichtspunkt des **sachlichen Zusammenhangs** für alle Tatbestände zuständig, die mit einem Staatsschutzdelikt eine Tat im verfahrensrechtlichen Sinne (§ 264 StPO) bilden.[84] Dies gilt auch für die Fälle, in denen eine an sich verfahrensrechtlich selbstständige Tat mit einem die Bundeszuständigkeit begründenden Staatsschutzdelikt in einem so engen persönlichen und deliktspezifischen Zusammenhang steht, dass eine getrennte Verfolgung und Aburteilung auch unter Beachtung der verfassungsrechtlichen Vorgaben für die Kompetenzverteilung zwischen Bund und Ländern als **in hohem Maße sachwidrig** erschiene.[85] Außerhalb dieser Fallgruppen kann eine Zuständigkeit des Bundes aber nicht, auch nicht über §§ 2, 3 StPO begründet werden.[86] Insbesondere rein materiell-rechtliche Bezüge einer Straftat, zB in Form einer Hehlerei, Begünstigung oder Strafvereitelung, können die Zuständigkeit des GBA nicht eröffnen. Dies ist gem. § 120 Abs. 1 Nr. 7 GVG nur im Falle der Nichtanzeige einer Staatsschutzstraftat möglich.

4. Verfahren gegen Jugendliche und Heranwachsende

24 Die Zuständigkeit des GBA erstreckt sich – soweit die Voraussetzungen der §§ 142a Abs. 1 S. 1 GVG iVm § 120 Abs. 1, 2 GVG erfüllt sind – auch auf Straftaten von Jugendlichen und Heranwachsenden. Die Zuständigkeit der Bundesjustiz geht insoweit den Zuständigkeitsregeln des JGG vor. Dies gilt gem. § 102 S. 1 JGG auch, wenn sich das Verfahren ausschließlich gegen Jugendliche richtet.[87]

5. Gerichtliche Überprüfbarkeit

25 Schon die Entscheidung des Generalbundesanwalts, ein Ermittlungsverfahren auf Grundlage eines der Katalogtatbestände von § 120 Abs. 1, 2 GVG zu führen und erst recht die weiteren Entscheidungen des Staatsschutzsenats des angerufenen OLG sind gerichtlich überprüfbar.[88] Der BGH stellt insbesondere an das Merkmal der besonderen Bedeutung strenge Anforderungen.[89] Im Ermittlungsverfahren, zB bei Entscheidungen des Ermittlungsrichters, unterliegt die Annahme der Voraussetzungen des § 120 GVG einer Vertretbarkeitskontrolle, die sich an den für die jeweilige Entscheidung maßgeblichen Verdachtsgraden orientiert.[90] Im Falle einer Anklageerhebung müssen die Voraussetzungen des § 120 GVG zumindest im Stadium des hinreichenden Tatverdachts stehen.[91] Ob das OLG eine Anklage des GBA rechtsfehlerfrei zugelassen hat, prüft das Revisionsgericht vom Amts wegen. Hat sich das OLG entgegen § 120 Abs. 1 oder 2 GVG für zuständig gehalten, liegt darin nicht nur ein Verstoß gegen eine einfachgesetzliche Regelung zur sachlichen Zuständigkeit, sondern auch ein Eingriff in die durch Art. 96 Abs. 5 GG konkretisierte verfassungsrechtliche Kompetenzverteilung zwischen Bund und Ländern. Dies begründet ein **Verfahrenshindernis,** auf das weder § 269 StPO noch – im Hinblick auf die Un-

---

[83] BVerfG NJW 2015, 3500 (3502); GBA NStZ 2010, 581.
[84] BGH NStZ 2007, 117; *Kissel/Mayer* GVG § 120 Rn. 1; *Feilcke* in KK-StPO GVG § 120 Rn. 3.
[85] BGHSt 53, 128 (144) = NStZ 2009, 335; BGH BeckRS 2013, 1320; *Feilcke* in KK-StPO GVG § 120 Rn. 3.
[86] *Kissel/Mayer* GVG § 120 Rn. 1; *Kotz/Oglakcioglu* MüKoStPO GVG § 120 Rn. 14.
[87] BGHSt 46, 238 (256) = NJW 2001, 1359 (1364); BGH NStZ 2000, 161; BGH BeckRS 2016, 17711 Rn. 25; *Schoreit* NStZ 1997, 69; dagegen *Eisenberg* NStZ 1996, 263: Anklage zum OLG nur in Ausnahmefällen; zusammenfassend *Franke* in Löwe/Rosenberg GVG § 120 Rn. 4.
[88] BGHSt 46, 238 (255) = NJW 2001, 1359 (1361 f.); *Feilcke* in KK-StPO GVG § 120 Rn. 3.
[89] BGH BeckRS 2010, 10962 Rn. 153 (in BGHSt 54, 275 nicht abgedruckt); BGH NStZ 2009, 335 (338); BGH NStZ-RR 2014, 53; BGH BeckRS 2016, 20898 Rn. 25; 2019, 20848 Rn. 40.
[90] BGHR GVG § 120 Abs. 2 Besondere Bedeutung 3; *Diemer* NStZ 2005, 666 (667); *Feilcke* in KK-StPO GVG § 120 Rn. 3; vgl. auch *Brocke* in MüKoStPO GVG § 142a Rn. 8.
[91] Vgl. BGH BeckRS 2019, 28508 Rn. 36.

anfechtbarkeit des Eröffnungsbeschlusses – § 336 S. 2 StPO anwendbar sind.[92] Lehnt ein Staatsschutzsenat die Eröffnung einer Anklage des GBA mangels Vorliegens der Voraussetzungen des § 120 GVG ab, so ist diese Entscheidung für den GBA mit der sofortigen Beschwerde zum BGH anfechtbar (§ 304 Abs. 4 S. 2 Nr. 2 StPO, § 210 Abs. 2 StPO). Im Beschwerdeverfahren kann der GBA die Darlegung von für seine Zuständigkeit bedeutsamen Umständen ergänzen oder nachholen.[93]

Hält ein Gericht eines Landes die Zuständigkeit des OLG unter dem Gesichtspunkt des § 120 Abs. 2 GVG für gegeben, ist nicht abschließend geklärt, ob die Vorlage des Verfahrens unmittelbar an den Staatsschutzsenat oder unter Beteiligung des GBA erfolgen muss.[94] Sachgerecht erscheint, nach den Tatbeständen des § 120 GVG zu differenzieren. Eine Vorlage an das OLG kann danach nur in den Fällen des § 120 Abs. 1 GVG verfügt werden. Auch dann ist der GBA zu beteiligen, der in dieser Konstellation jedoch nur entscheiden muss, ob er das Amt des Staatsanwalts in dem Verfahren übernehmen oder das Verfahren wegen minderer Bedeutung (→ Rn. 29) an die zuständige Generalstaatsanwaltschaft abgeben will. In den Fällen des § 120 Abs. 2 GVG ist das Verfahren dagegen dem GBA zur Übernahme in die Zuständigkeit des Bundes vorzulegen. Verneint er das Vorliegen einer besonderen Bedeutung, ist das vorlegende LG hieran gebunden.[95] 26

II. Verhältnis zwischen GBA und Staatsanwaltschaften der Länder

Ausgehend von der verfassungsrechtlichen Kompetenzverteilung (Art. 30, Art. 96 Abs. 5 Nr. 3 GG) besteht im Staatsschutz grundsätzlich ein Nebeneinander zwischen Bundes- und Landesjustiz. Die Vorlagepflicht der Länder an den GBA ist in § 142a Abs. 1 S. 3 GVG statuiert und wird durch die Nr. 202 und 203 der Richtlinien zu Straf- und Bußgeldverfahren (RiStBV) näher konkretisiert. Ein allgemeines **Weisungsrecht** des GBA gegenüber den Staatsanwaltschaften der Länder besteht nicht.[96] Der GBA hat insbesondere nicht die Kompetenz, eine einzelne Landesstaatsanwaltschaft zur Führung eines Sammelverfahrens anzuweisen.[97] Diese Aufgabe fällt gem. § 143 GVG iVm Nr. 25, 26, 27 Abs. 3 der RiStBV[98] ebenso in die Zuständigkeit der Länder wie die Konzentration der Bearbeitung von Strafsachen innerhalb eines Landes im Sinne einer Schwerpunktstaatsanwaltschaft.[99] § 143 Abs. 3 S. 1 GVG eröffnet dem GBA nur – und dies sogar unabhängig vom Staatsschutzcharakter der Tat – ein **Kompetenzbestimmungsrecht** für den Fall, dass sich verschiedene Länder, in denen Gerichtsstände nach der StPO bestehen, nicht über die Bearbeitung eines Verfahrenskomplexes einigen können.[100] Gemäß § 143 Abs. 3 S. 2 GVG kann der GBA in diesen Fällen dann auch über die Herbeiführung von **Sammelverfahren** entscheiden.[101] Große praktische Bedeutung hat die Vorschrift allerdings nicht erfahren, da für einen Großteil der streitigen Fälle in der gemeinsamen Zuständigkeitsvereinbarung der Generalstaatsanwälte praxistaugliche Regelungen getroffen worden sind. 27

---

[92] BGHSt 46, 238 (244) = NJW 2001, 1359 (1361); *Kissel/Mayer* GVG § 120 Rn. 9; *Welp* NStZ 2002, 1.
[93] BGH BeckRS 2019, 28508 Rn. 11.
[94] Vgl. hierzu *Kissel/Mayer* GVG § 120 Rn. 10; *Feilcke* in KK-StPO GVG § 120 Rn. 4f.; *Dencker* StV 1987, 117; *Kühl* NJW 1987, 737 (747).
[95] *Stuckenberg* in Löwe/Rosenberg StPO § 209 Rn. 50; *Schneider* in KK-StPO StPO § 209 Rn. 16; *Rieß* GA 1976, 1 (9); vgl. auch *Franke* in Löwe/Rosenberg GVG § 142a Rn. 19.
[96] *Mayer* in KK-StPO GVG § 142a Rn. 3; *Franke* in Löwe/Rosenberg GVG § 143 Rn. 5; *Brocke* in MüKoStPO GVG § 142a Rn. 8.
[97] *Brauneisen* in Lüttich/Lehmann, Der Kampf gegen den Terror in Gegenwart und Zukunft, 2019, 107 (113); *Bäcker* GSZ 2018, 213 (215).
[98] Vgl. *Sackreuther* in BeckOK StPO, 43. Ed. 1.4.2022, RiStBV Ziff. 26 Rn. 2ff.
[99] Vgl. *Kissel/Mayer* GVG § 143 Rn. 8; *Mayer* in KK-StPO GVG § 143 Rn. 6f.
[100] *Kissel/Mayer* GVG § 143 Rn. 7; *Mayer* in KK-StPO GVG § 143 Rn. 5.
[101] *Brocke* in MüKoStPO GVG § 143 Rn. 7; vgl. auch BT-Drs. 18/3007, 13.

1. Verfahrensvorlagen

28 § 142a Abs. 1 S. 2 GVG iVm Nr. 202 RiStBV verpflichtet die Staatsanwaltschaften der Länder zur **unverzüglichen** Vorlage aller Vorgänge, die dem GBA Anlass zur Prüfung der Übernahme der Strafverfolgung geben könnten. Die zunächst ausschließlich in den RiStBV geregelte Verpflichtung zur Aktenvorlage wurde aufgrund einer Empfehlung des NSU-Untersuchungsausschusses[102] durch das Gesetz zur Umsetzung von Empfehlungen des NSU-Untersuchungsausschusses vom 12.6.2015 als formelles Gesetz in das GVG überführt. Auf diese Weise wollte der Gesetzgeber nicht nur der Aktenübersendungspflicht der Staatsanwaltschaften höheres Gewicht beimessen, sondern auch dafür Sorge tragen, dass diese Verpflichtung künftig besonders sorgfältig beachtet wird.[103] Einer **frühzeitigen Vorlage** kommt besondere Bedeutung zu, weil möglichst rasch klargestellt werden muss, wer die Verantwortung für die Ermittlungen übernimmt.[104] Können sich in den Fällen der Delikte des § 120 Abs. 1 GVG der GBA und die Länderstaatsanwaltschaft nicht einigen, entscheidet der GBA.[105] Die Vorlage erfolgt gem. Nr. 202 Abs. 2 RiStBV im Regelfall über den Generalstaatsanwalt; in dringenden Fällen kann der Vorgang allerdings auch – begleitet durch telefonische Kontaktaufnahme – unmittelbar an den GBA übersandt werden. Nach Nr. 202 Abs. 3 der RiStBV ist die Landesstaatsanwaltschaft verpflichtet, alle Amtshandlungen vorzunehmen, bei denen Gefahr im Verzuge ist. Im Rahmen dieser **Notzuständigkeit** hat sie alle keinen Aufschub duldenden Maßnahmen zu veranlassen. Sind hierzu richterliche Anordnungen erforderlich, soll die Landesstaatsanwaltschaft diese nach Möglichkeit beim Ermittlungsrichter des BGH beantragen. Vor der Durchführung von Amtshandlungen aufgrund der Notzuständigkeit für eilige Maßnahmen hat sie jedoch – gegebenenfalls über den Bereitschaftsdienst – Fühlung mit dem GBA aufzunehmen.

2. Verfahrensabgaben

29 Bei Straftaten, die in die **originäre Zuständigkeit** des GBA (§ 120 Abs. 1 iVm § 142a Abs. 1 GVG) fallen, muss der GBA das Verfahren an zuständige Staatsanwaltschaft des Landes gem. § 142a Abs. 2 GVG abgeben, wenn es ausschließlich eine der Nr. 1 der Vorschrift bezeichneten Straftaten[106] zum Gegenstand hat oder wenn es sich gem. § 142a Abs. 2 Nr. 2 GVG nach dem Stand der Ermittlungen um eine Sache **minderer Bedeutung** handelt. Dem GBA steht hinsichtlich der Beurteilung ihrer Voraussetzungen ein **Beurteilungsspielraum** zu.[107] Seine Zuständigkeit entfällt auch nicht dadurch, dass ein Staatsschutzdelikt minderer Bedeutung mit einem Verbrechen aus dem Bereich der allgemeinen Kriminalität zusammenfällt.[108] Mit der Abgabe wird die Ausübung der staatsanwaltschaftlichen Befugnisse auf die Landesstaatsanwaltschaft übertragen. Die Zuständigkeit des OLG für das Verfahren bleibt hiervon unberührt. Es wechselt nur die Zuständigkeit des Ermittlungsrichters vom BGH auf das OLG (§ 169 Abs. 1 S. 2 StPO). Die Abgabe unterbleibt in den Fällen von § 142a Abs. 3 GVG. Danach besteht ein **Abgabeverbot,** soweit die Tat die Interessen des Bundes in besonderem Maße berührt (Nr. 1) oder ihre Verfolgung durch den GBA im Interesse der Rechtseinheit geboten ist (Nr. 2). Die Voraussetzungen von Ziff. 1 sind gegeben, wenn eine Straftat nach ihrem faktischen Gewicht oder nach ihrer rechtlichen oder politischen Bedeutung Grundprinzipien der im

---

[102] Vgl. BT-Drs. 17/14600, 863 Nr. 25.
[103] BT-Drs. 17/14600, 837 f.; 18/3007, 13.
[104] *Krauß* in BeckOK StPO, 43. Ed. 1.4.2022, RiStBV Ziff. 202 Rn. 3.
[105] *Kissel/Mayer* GVG § 142a Rn. 12; *Franke* in Löwe/Rosenberg GVG § 143a Rn. 5; s. *Welp* NStZ 2002, 1 (7).
[106] §§ 82, 83, Abs. 2, 98, 99, 102, 105, 106, 138 StGB sowie § 52 Abs. 2 PatenG ggf. iVm § 9 Abs. 2 GebrauchsmusterG.
[107] *Franke* in Löwe/Rosenberg GVG § 142a Rn. 9; *Brocke* in MüKoStPO GVG § 142a Rn. 10.
[108] *Mayer* in KK-StPO GVG § 142a Rn. 7; *Schoreit*, Innere Sicherheit in der Bundesrepublik Deutschland, 1979, 29 f.

GG festgelegten Verfassung und ihrer Durchsetzbarkeit in den Ländern tangiert.[109] Klassisches Beispiel hierfür sind Verfahren wegen geheimdienstlicher Agententätigkeit gem. § 99 StGB. Durch § 142a Abs. 3 Nr. 2 GVG soll dagegen sichergestellt werden, dass der GBA mangels Weisungsrechts gegenüber den Staatsanwaltschaften der Länder in der Lage bleibt, in geeigneten Fällen auf die Rechtseinheit in Deutschland hinzuwirken.[110]

In zeitlicher Hinsicht ist eine Abgabe nach § 142a Abs. 2 GVG zulässig bis zur Einreichung einer Anklage- (§ 170 Abs. 1 StPO) oder Antragsschrift (§ 435 StPO), sobald der GBA zu der Einschätzung gelangt, dass die Voraussetzungen für eine Verfahrensabgabe nach § 142 Abs. 2 GVG gegeben sind und kein Abgabeverbot nach Abs. 3 der Vorschrift in Betracht kommt.[111] Eine abschließende Klärung der Frage kann nicht verlangt werden; die Ermittlungen müssen im Zeitpunkt der Abgabe jedoch soweit fortgeschritten sein, dass die Voraussetzungen der Abgabe bereits hinreichend sicher beurteilt werden können.[112] Eine gerichtliche Nachprüfung der Abgabevoraussetzungen des § 142a Abs. 2, 3 GVG findet nicht statt, da es sich insoweit um ein **staatsanwaltschaftliches Internum** handelt.[113] Im Fall der evokativen Zuständigkeit gem. § 120 Abs. 2 GVG richtet sich die Abgabepflicht des GBA nach § 142a Abs. 4 GVG. Maßgebend ist insoweit der Wegfall der besonderen Bedeutung. Dies kann sich aus Anlass der Ermittlungen gewonnenen Erkenntnissen ergeben, aber auch aus anderen Gründen und Geschehnissen herzuleiten sein.[114] Alle Abgaben begründen für die Landesstaatsanwaltschaften schließlich umfangreiche Berichtspflichten nach Ziff. 203 Abs. 1 RiStBV. 30

3. Rückübernahmen bereits abgegebener Verfahren durch den Generalbundesanwalt

Aufgrund der Dynamik von Ermittlungen können sich die Voraussetzungen für eine Abgabe an die Landesstaatsanwaltschaft jederzeit verändern und sind im Laufe der Ermittlungen ständig zu hinterfragen. Die RiStBV regelt die erneute Übernahme sowohl in den Fällen einer Abgabe nach § 142a Abs. 2, 3 GVG als auch in den Fällen nach § 142a Abs. 4 GVG. Ergeben sich während der weiteren Bearbeitung eines schon abgegebenen Verfahrens Anhaltspunkte, dass die Voraussetzungen für die Abgabe wieder entfallen sein könnten, ist der GBA gem. Nr. 203 Abs. 2 RiStBV unverzüglich zu unterrichten. Nr. 203 Abs. 2 S. 2 RiStBV verpflichtet die Landesstaatsanwaltschaft zudem, bei der Vorlage des Verfahrens auf die Umstände hinzuweisen, die eine erneute Übernahme der Sache durch den GBA nahelegen könnten. In Verfahren, die zur originären Zuständigkeit des GBA gehören, ist eine Rückübernahme zulässig, soweit nach Abgabe die Anforderungen der minderen Bedeutung wieder entfallen oder zwischenzeitlich die Voraussetzungen eines Abgabeverbots gem. § 142a Abs. 3 GVG eingetreten sind.[115] Soweit in den Fällen des § 142a Abs. 4 GVG eine Rückübernahme in der Literatur zum Teil für ausgeschlossen erachtet wird,[116] ist dem nicht zu folgen. Vielmehr spricht bereits der mit der Übernahme und Abgabe von Verfahren durch den GBA stets einhergehende Wechsel des gesetzlichen Richters dafür, zumindest bis zur Einreichung einer Anklageschrift, Rückübernahmen durch den GBA zuzulassen.[117] Der Wortlaut der Regelung des § 74a Abs. 2 GVG steht 31

---
[109] Kissel/Mayer GVG § 142a Rn. 7; Brocke MüKoStPO GVG § 142a Rn. 14.
[110] BT-Drs. V/4086, 8; Fischer NJW 1969, 451.
[111] Kissel/Mayer GVG § 142a Rn. 6; Brocke in MüKoStPO GVG § 142a Rn. 13.
[112] Mayer in KK-StPO GVG § 142a Rn. 6; **AA** Schmitt in Meyer-Goßner/Schmitt GVG § 142a Rn. 3.
[113] Franke in Löwe/Rosenberg GVG § 142a Rn. 15; Schmitt in Meyer-Goßner/Schmitt GVG § 142a Rn. 6; **AA** Mayer in KK-StPO GVG § 142a Rn. 8.
[114] Mayer in KK-StPO GVG § 142a Rn. 9.
[115] Krauß in BeckOK StPO, 43. Ed. 1.4.2022, RiStBV Ziff. 203 Rn. 4; Kissel/Mayer GVG § 142a Rn. 6; Franke in Löwe/Rosenberg GVG § 142a Rn. 13; Schmitt in Meyer-Goßner/Schmitt GVG § 142a Rn. 3.
[116] Kissel/Mayer GVG § 142a Rn. 11; Mayer in KK-StPO GVG § 142a Rn. 10; Schmitt in Meyer-Goßner/Schmitt GVG § 142a Rn. 3.
[117] Krauß in BeckOK StPO, 43. Ed. 1.4.2022, RiStBV Ziff. 203 Rn. 4; Franke in Löwe/Rosenberg GVG § 142a Rn. 19.

dem nicht entgegen, da auch er keinen endgültigen Verbleib der Zuständigkeit bestimmt, sondern eine bewegliche, an dem jeweiligen Stand der Feststellungen zum Sachverhalt orientierte Vorgehensweise voraussetzt.

III. Prozessuale Besonderheiten für Verfahren in der Zuständigkeit der Bundesjustiz

32 Maßgeblich für Ermittlungsverfahren in der Zuständigkeit des Bundes sind die Vorgaben der StPO. Ein besonderes Prozessrecht für den GBA ist der StPO wesensfremd; funktional ist der GBA Staatsanwaltschaft im Sinne des Gesetzes. Der GBA nimmt im Rahmen seiner Ermittlungen keine materielle Verwaltungstätigkeit wahr und ist somit keine *„Behörde des Bundes"* im Sinne des IFG.[118] Anträge auf Akteneinsicht oder auf Erteilung sonstiger Auskünfte richten sich ausschließlich nach dem Strafprozessrecht.

1. Ermittlungsrichterliche Zuständigkeiten

33 Die StPO sieht gleichwohl auch einige Besonderheiten für den GBA vor. Dies gilt zunächst für die gerichtlichen Zuständigkeiten im Ermittlungsverfahren. § 169 Abs. 1 S. 2 StPO begründet für alle richterlichen Entscheidungen die Zuständigkeit des Ermittlungsrichters des Bundesgerichtshofs, die neben die Zuständigkeit des örtlichen Ermittlungsrichters am Amtsgericht (§§ 125, 162 StPO) tritt.[119] Für Beschwerden gegen Entscheidungen des Ermittlungsrichters des Bundesgerichtshofs ist unmittelbar ein Strafsenat des BGH zuständig (§ 135 Abs. 2 Alt. 2 StPO). Nach dessen aktuellem Geschäftsverteilungsplan[120] ist dies derzeit der 3. Strafsenat.[121]

2. Besondere Einstellungsmöglichkeiten

34 Die einmalige Stellung des GBA ist verbunden mit besonderen Einstellungsmöglichkeiten nach der StPO. Diese sind erforderlich, da Staatsschutzverfahren in vielen Fällen an der Schnittstelle zwischen klassischem Kriminalstrafrecht und innen- und außenpolitischen Interessen des Gesamtstaats und damit in einem Spannungsfeld zwischen strafprozessualen Garantien und politischen Erwägungen geführt werden. Das Strafprozessrecht enthält hierfür in §§ 153c–f StPO verschiedene Vorschriften, die zwar auch an objektive Voraussetzungen anknüpfen, im Ergebnis jedoch **Ermessens- und Opportunitätserwägungen** ermöglichen. Gerade Opportunitätserwägungen kommt in Staatsschutzstrafsachen eine besondere Bedeutung zu. Ein demokratisch verfasster Staat, der sich mit den Mitteln des Strafrechts gegen Angriffe von innen und außen zur Wehr setzt, braucht einen formalrechtlich definierten und verfassungskonformen Spielraum, innerhalb dessen er frei entscheiden kann, ob und in welcher Weise er von seinem Abwehrrecht Gebrauch machen will.[122] Entscheidungen des GBA in diesem Bereich sind nicht justiziabel; insbesondere ein Klageerzwingungsverfahren ist gem. § 172 Abs. 2 S. 3 StPO regelmäßig ausgeschlossen.[123] Die in der StPO normierten Befugnisse stehen zur Wahrung einer einheitlichen Rechtsanwendung dem GBA ausschließlich zu,[124] dh sie bestehen selbst dann, wenn das Verfahren

---

[118] BVerwG NVwZ 2019, 978 mAnm *Rossi;* VGH Mannheim ZD 2017, 443.
[119] *Griesbaum* in KK-StPO StPO § 169 Rn. 8; *Schultheis* in KK-StPO StPO § 125 Rn. 4; vgl. BGH NJW 1973, 475.
[120] Abrufbar unter https://www.bundesgerichtshof.de/DE/DasGericht/Geschaeftsverteilung/Geschaeftsverteilungsplan2020/Strafsenate2020/strafsenate2020.html?nn=10933572#3.
[121] Die Entscheidungen über die Beschwerden führten ein StB-Aktenzeichen.
[122] *Müller/Wache* FS Rebmann, 1989, 321 (323).
[123] *Moldenhauer* in KK-StPO StPO § 170 Rn. 41, vgl. auch OLG Stuttgart NStZ 2006, 117 (119); krit. *Ambos* NStZ 2006, 434 (437 f.); *Singelnstein/Stolle* ZIS 2006, 116 (120).
[124] Vgl. schon BGHSt 11, 52 = NJW 1957, 1846; *Kleinknecht* JZ 1957, 407 (410); **aA** *Poppe* NJW 1957, 1577 (1578).

originär oder nach einer Abgabe (§ 142a Abs. 2 GVG) durch eine Landesstaatsanwaltschaft geführt wird.

a) Auslandsberührung (§ 153c StPO). § 153c StPO gilt für alle Straftaten mit Auslands- 35 bezug, die der Anwendung des deutschen Strafrechts unterfallen.[125] In Staatsschutzverfahren folgt dies zB aus Vorschriften wie § 129b oder § 89a Abs. 3 StGB, die den Anwendungsbereich des deutschen Strafrechts über das allgemeine Strafanwendungsrecht der §§ 3 ff. StGB ausdehnen.[126] Für Straftaten nach dem VStGB ist die Vorschrift dagegen nicht anwendbar. Für sie gilt die besondere Regelung des § 153f StPO (→ Rn. 43 ff.). § 153c StPO durchbricht das Legalitätsprinzip und eröffnet der Staatsanwaltschaft die Möglichkeit, außerstrafprozessuale Gesichtspunkte in ihre Entscheidung über die Durchführung eines Ermittlungsverfahrens einfließen zu lassen.[127] Die Norm wirkt zudem einer im Hinblick auf den völkerrechtlichen Nichteinmischungsgrundsatz bedenklichen Ausweitung des deutschen Strafrechts entgegen.[128]

Die verfahrensführende Staatsanwaltschaft kann nach § 153c Abs. 1 StPO von der Ver- 36 folgung einer Tat absehen, die **außerhalb des räumlichen Geltungsbereichs** des StGB begangen wurde oder die ein Teilnehmer einer Auslandsstraftat in Deutschland begangen hat (Nr. 1) oder die ein Ausländer im Inland auf einem ausländischen Schiff oder Luftfahrzeug begangen hat (Nr. 2). Nach Abs. 2 kann das Verfahren darüber hinaus eingestellt werden, wenn wegen der Tat im Ausland schon eine Strafe gegen den Beschuldigten vollstreckt worden ist und die im Inland zu erwartende Strafe nach Anrechnung der ausländischen nicht ins Gewicht fiele oder der Beschuldigte wegen der Tat im Ausland freigesprochen worden ist. Nach § 153c Abs. 3 StPO kann zudem von der Strafverfolgung für Taten abgesehen werden, die im räumlichen Geltungsbereich des StGB durch eine außerhalb dieses Bereichs ausgeübte Tätigkeit begangen worden sind, wenn die Durchführung des Verfahrens die Gefahr eines schweren Nachteils für die Bundesrepublik Deutschland herbeiführen würde oder wenn der Verfolgung sonstige überwiegende öffentliche Interessen entgegenstehen. In bereits bei Gericht anhängigen Verfahren ermöglicht § 153c Abs. 4 StPO der Staatsanwaltschaft in diesen Fällen zudem, die Klage zurückzunehmen und das Verfahren einzustellen. Die in § 153c StPO geregelten Befugnisse gelten für alle Straftaten und stehen damit sowohl dem GBA als auch den Staatsanwaltschaften der Länder zur Verfügung.

Eine **ausschließliche Zuständigkeit** des GBA zur Wahrung der Rechtseinheit ergibt 37 sich jedoch aus Abs. 5 der Norm.[129] Hat das Verfahren eine Staatsschutzstraftat nach § 74a Abs. 1 Nr. 2–6 GVG, § 120 Abs. 1 Nr. 2–7 GVG zum Gegenstand, so kann nur er das Verfahren einstellen. Dazu bedarf es nicht der Ausübung des Evokationsrechts nach § 74a Abs. 2 GVG oder der Rückübernahme einer nach § 142a Abs. 2 GVG abgegebenen Sache.[130] Die insoweit bestehenden Berichts- und Vorlagepflichten ergeben sich aus Nr. 97 und 98 der RiStBV. Darüber hinaus sieht § 153c Abs. 1 S. 1 Nr. 3 StPO zudem auch einen besonderen Einstellungsgrund für den GBA bei der Verfolgung von Organisationsdelikten gem. §§ 129 ff. StGB vor. Danach kann von der Verfolgung eines Vereinigungsdelikts abgesehen werden, wenn die Vereinigung nicht oder zumindest nicht überwiegend im Inland besteht und die im Inland begangenen Beteiligungshandlungen von untergeordneter Bedeutung sind oder sich auf die bloße Mitgliedschaft beschränken. Als Beispiele für untergeordnete Beteiligungshandlungen kommen nach den Gesetzesmaterialien etwa

---

[125] *Diemer* in KK-StPO StPO § 153c Rn. 1; *Mavany* in Löwe/Rosenberg StPO § 153c Rn. 4; → § 36 Rn. 122.
[126] Vgl. BGHSt 54, 264 (268) = NJW 2010, 2448; BGH NStZ-RR 2011, 199 (200); BGH BeckRS 2016, 19193 Rn. 33; 2017, 108117 Rn. 16; 2017, 119137 Rn. 12; 2019, 6797 Rn. 27.
[127] *Peters* in MüKoStPO StPO § 153c Rn. 1.
[128] *Schiemann* JR 2017, 339 (346).
[129] *Diemer* in KK-StPO StPO § 153c Rn. 18; *Mavany* in Löwe/Rosenberg StPO § 153c Rn. 44.
[130] *Mavany* in Löwe/Rosenberg StPO § 153c Rn. 45; *Krauth/Kurfess/Wulf* JZ 1958, 732 (734); vgl. *Kleinknecht* JZ 1957, 407 (409).

die Zahlung von Mitgliedsbeiträgen oder vergleichbare Handlangerdienste in Betracht.[131] Hinsichtlich der Lokalisierung der Vereinigung ist auf den jeweiligen Schwerpunkt der Organisationsstruktur abzustellen. Bereits in Deutschland tätige Teilorganisationen einer ausländischen Gruppierung sind als eigenständige Vereinigungen im Inland einzuordnen, wenn sie für sich genommen die Voraussetzungen des § 129 Abs. 2, § 129a StGB erfüllen.[132] In diesem Fall steht § 153c Abs. 1 S. 1 Nr. 3 StPO nicht zur Verfügung.

38 Entscheidungen nach § 153c StPO stehen im pflichtgemäßen Ermessen der Staatsanwaltschaft.[133] Hierbei kommen nicht nur materiell-rechtliche Erwägungen wie die Schwere der Tat und die Persönlichkeit des Täters zum Tragen. Zulässig sind auch die Berücksichtigung außerprozessualer, politischer Belange der Bundesrepublik Deutschland, die durch eine Durchführung des Strafverfahrens berührt werden könnten.[134] Nachdem § 153c StPO lange Jahre nur geringe praktische Bedeutung aufwies und zB auf Spione der ehemaligen DDR angewandt wurde,[135] ist die Anwendungsbreite der Norm auch in Ermittlungsverfahren des GBA mittlerweile breit gefächert. Konkrete Anwendungsbeispiele finden sich etwa im Bereich des islamistischen Terrorismus (→ Rn. 79) aber auch des nicht-islamistischen Ausländerextremismus (→ Rn. 115). Zudem können auch Cyberattacken und -sabotageaktionen einen Auslandsbezug iSd § 153c StPO aufweisen.[136]

39 **b) Schwere Nachteile und überwiegende öffentliche Interessen (§ 153d StPO).** Die Einstellungsmöglichkeiten des GBA nach § 153c StPO werden wesentlich erweitert durch § 153d StPO. Die Vorschrift wurde durch das 8. StrÄndG (noch als § 153c) eingeführt und soll die Berücksichtigung außenpolitischer Gesichtspunkte bei der Strafverfolgung sicherstellen.[137] Im Gegensatz zu § 153c StPO gilt § 153d StPO auch für Fälle, die im Inland spielen.[138] Nach Abs. 1 der Vorschrift kann der GBA von der Verfolgung der in § 74a Abs. 1 Nr. 2–6 sowie in § 120 Abs. 1 Nr. 2–7 GVG genannten Taten einschließlich der Mitgliedschaft in einer terroristischen Vereinigung gem. §§ 129a, b StGB absehen, wenn die Durchführung des Verfahrens die Gefahr eines schweren Nachteils für die Bundesrepublik Deutschland herbeiführen würde oder wenn der Verfolgung sonstige überwiegende öffentliche Interessen entgegenstehen. Dies kann die innere wie die äußere Sicherheit betreffen.[139]

40 Erforderlich ist eine **Interessenabwägung** zwischen dem Strafverfolgungsinteresse, und dem Gewicht der bei einer Strafverfolgung für den Gesamtstaat entstehenden Nachteile.[140] Allgemeine Regeln lassen sich hier nicht aufstellen; maßgeblich sind stets die Umstände des Einzelfalls, zumal auch die Durchsetzung des staatlichen Strafanspruchs selbst ein gewichtiges öffentliches Interesse darstellt. Die drohenden Nachteile müssen nicht nur „schwerwiegend" sein; ihr Eintritt muss auch wahrscheinlich sein. Der Verzicht auf die Strafverfolgung muss letztlich das einzige zumutbare Mittel zur Wahrung der staatlichen Interessen darstellen. Allein der Umstand, dass bei der Durchführung des Verfahrens Staatsgeheimnisse erörtert werden würden, rechtfertigt die Anwendung von § 153d StPO noch nicht, da dieser Gefahr mit zulässigen prozessualen Mitteln, etwa durch Ausschluss der Öffentlich-

---

[131] BT-Drs. 14/8893, 10; *Mavany* in Löwe/Rosenberg StPO § 153c Rn. 19; *Peters* in MüKoStPO StPO § 153c Rn. 17.
[132] BGHSt 57, 14 (18) = NJW 2012, 325; BGH NJW 2010, 3042; *Fischer* § 129b Rn. 5a.
[133] BVerfG BeckRS 2007, 32414 Rn. 47; *Diemer* in KK-StPO StPO § 153c Rn. 1; *Mavany* in Löwe/Rosenberg StPO § 153c Rn. 9.
[134] *Mavany* in Löwe/Rosenberg StPO § 153c Rn. 9; *Peters* in MüKoStPO StPO § 153c Rn. 31 mwN.
[135] ZB OLG Düsseldorf NStZ 1996, 245.
[136] *Mavany* in Löwe/Rosenberg StPO § 153d Rn. 9; *Werkmeister/Steinbeck* wistra 2015, 209 ff.; *Bock* GA 2010, 588 (591).
[137] BGBl. 1968 I 741 (746); s. BT-Drs. V/898, 43 Sp. 2; *Krauth/Kurfess/Wulf* JZ 1968, 732 (734); → § 17 Rn. 41; → § 36 Rn. 126 ff.
[138] *Diemer* in KK-StPO StPO § 153d Rn. 1; *Mavany* in Löwe/Rosenberg StPO § 153d Rn. 2.
[139] *Mavany* in Löwe/Rosenberg StPO § 153d Rn. 9; *Fahrner* StaatsschutzStrafR § 34 Rn. 9.
[140] BT-Drs. V/898, 43; *Krauth/Kurfess/Wulf* JZ 1968, 732 (734); → § 36 Rn. 127.

B. Rechtsrahmen
§ 42

keit, begegnet werden kann.[141] Auch die Anwendung auf „Kronzeugen" ist nicht möglich. Hier gilt vorrangig das materielle Strafrecht, insbesondere § 46b StGB, gegebenenfalls iVm § 153e StPO.[142] Trifft die Katalogtat mit einem Delikt zusammen, das vom Unrechts- und Schuldgehalt schwerer wiegt (etwa weil sich die Gefahr des § 129a StGB durch ein Tötungsdelikt realisiert hat), ist § 153d StPO nicht mehr anwendbar.[143] Die aus der Vorschrift erwachsenden Befugnisse stehen **ausschließlich** dem GBA zu. Eine Übernahme des Verfahrens nach § 74a Abs. 2 GVG ist damit nicht verbunden.[144] Ist das Verfahren bereits angeklagt, kann der GBA nach § 153d Abs. 2 StPO die Klage in jeder Lage des Verfahrens zurücknehmen und das Verfahren einstellen. Die Vorgaben für den Dienstweg sowie die jeweiligen Unterrichtungspflichten ergeben sich wie bei § 153c StPO aus Nr. 97 und 98 RiStBV. Obwohl die Vorschrift für nahezu alle Staatsschutzdelikte anwendbar ist, wird in der Rechtspraxis von ihr derzeit kaum noch Gebrauch gemacht. Ihr Anwendungsbereich waren in erster Linie die sog. *Austauschfälle* zur Zeit des Kalten Krieges.[145]

c) Tätige Reue (§ 153e StPO). § 153e StPO durchbricht das Legalitätsprinzip zugunsten 41 des Täters unter dem Gesichtspunkt der tätigen Reue.[146] Die Vorschrift ermöglicht dem GBA, von der Verfolgung einer Staatsschutzstraftat **mit Zustimmung des OLG** abzusehen, wenn der Täter nach der Tat, bevor ihm deren Entdeckung durch den Staat bekanntgeworden ist, dazu beigetragen hat, eine Gefahr für den Bestand oder die Sicherheit der Bundesrepublik Deutschland oder die verfassungsmäßige Ordnung abzuwenden. Seine Motivlage hierfür ist unerheblich; bloße Zweckmäßigkeitserwägungen reichen aus.[147] Ist die Tat entdeckt und weiß der Beschuldigte davon, ist eine Einstellung nach § 153e StPO möglich, wenn er „sein Wissen" von der (Katalog-)Tat und die mit ihr zusammenhängende Kenntnis über Bestrebungen der Gefährdung des demokratischen Rechtsstaats oder über Straftaten des Landesverrats und Gefährdung der äußeren Sicherheit offenbart. Verfahrensweisen nach § 153e StPO unterliegen im Gegensatz § 153d StPO der justiziellen Kontrolle. Bis zur Anklageerhebung liegt das Ermessen beim GBA, danach beim OLG. Die Norm gilt auch in der Revisionsinstanz.[148] In der Rechtspraxis findet diese Norm heute nahezu keine Berücksichtigung mehr. Ihr Anwendungsbereich beschränkte sich in der Vergangenheit vornehmlich auf die sog. *Überläuferfälle* abgeworbener Agenten zurzeit des Kalten Krieges.[149]

Wie die Befugnisse des § 153d StPO stehen auch die aus § 153e StPO folgenden Befug- 42 nisse **ausschließlich** dem GBA zu.[150] Wird das Verfahren in der Zuständigkeit der Länder geführt, legt die verfahrensführende Staatsanwaltschaft gem. Nr. 100 Abs. 2 der RiStBV die Akten dem GBA vor, wenn Anhaltspunkte bestehen, dass § 153e StPO zur Anwendung kommen könnte. Der GBA kann die Vorlage auch selbst veranlassen.[151] Will er von der Norm Gebrauch machen, muss er anders als bei § 153d das Verfahren in seine Zuständigkeit übernehmen.[152] Der GBA prüft nach pflichtgemäßem Ermessen unter Berücksichtigung des gesamten Verhaltens des Täters, seiner Motive, der Gründe, des Umfangs und Schweregrades seiner Ausgleichshandlung und der von § 153e StPO erfassten Interessen Deutschlands, ob das Unrecht der Tat nach der Ausgleichshandlung des Beschuldigten

---

[141] *Mavany* in Löwe/Rosenberg StPO § 153d Rn. 8; *Müller/Wache* FS Rebmann, 1989, 321 (340).
[142] *Mavany* in Löwe/Rosenberg StPO § 153d Rn. 10; *Peters* in MüKoStPO StPO § 153d Rn. 5.
[143] *Mavany* in Löwe/Rosenberg StPO § 153d Rn. 6; *Teßmer* in MüKoStPO StPO § 153d Rn. 9.
[144] *Diemer* in KK-StPO StPO § 153d Rn. 2.
[145] *Müller/Wache* FS Rebmann, 1989, 321 (340).
[146] *Teßmer* in MüKoStPO StPO § 153e Rn. 1; vgl. BayOblG BeckRS 1991, 06027 Rn. 308.
[147] *Mavany* in Löwe/Rosenberg StPO § 153e Rn. 7; *Teßmer* in MüKoStPO StPO § 153e Rn. 5.
[148] *Mavany* in Löwe/Rosenberg StPO § 153e Rn. 21; *Teßmer* in MüKoStPO StPO § 153e Rn. 24.
[149] *Müller/Wache* FS Rebmann, 1989, 321 (336).
[150] Vgl. hierzu BGHSt 11, 52 = NJW 1957, 1846; *Müller/Wache* FS Rebmann, 1989, 321 (336).
[151] *Diemer* in KK-StPO StPO § 153d Rn. 7; *Mavany* in Löwe/Rosenberg StPO § 153e Rn. 13; *Teßmer* in MüKoStPO StPO § 153e Rn. 13.
[152] *Teßmer* in MüKoStPO StPO § 153e Rn. 13.

weiterhin einer Sühne in einem Strafverfahren bedarf.[153] Versagt das OLG seine Zustimmung, führt der GBA das Verfahren weiter oder gibt die Akten nach § 142a Abs. 2 GVG zur Verfahrensfortführung an die zuständige Landesstaatsanwaltschaft zurück. Nach Anklageerhebung geht die Einstellungskompetenz auf das OLG und der Zustimmungsvorbehalt auf den GBA über. Ist das Verfahren bei einer Staatsschutzkammer (§ 74a GVG) anhängig und will diese nach § 153e StPO vorgehen, muss sie die Akten dem GBA zur Vorlage der Sache beim OLG vorlegen. Der GBA ist zur Weiterleitung des Verfahrens jedoch nur verpflichtet, wenn er der Einstellung auch zustimmen will, andernfalls reicht er es an die Strafkammer zurück.[154]

43 **d) Völkerstraftaten (§ 153f StPO).** Eine weitere besondere Einstellungsbefugnis des GBA ergibt sich für Straftaten nach dem VStGB aus § 153f StPO. Die Vorschrift schafft ein prozessuales Korrektiv zu dem in § 1 VStGB statuierten Weltrechtsprinzip und begegnet damit der Gefahr einer Überbelastung der deutschen Ermittlungsressourcen.[155] Sie enthält eine **gestufte Zuständigkeitspriorität.** In erster Linie sind zur Verfolgung der im VStGB unter Strafe gestellten Taten der Tatortstaat oder der Heimatstaat von Opfer oder Täter sowie ein zuständiger internationaler Gerichtshof berufen. Erst auf zweiter Stufe ist die Zuständigkeit von Drittstaaten wie Deutschland gegeben (→ Rn. 132).[156] So hat der GBA schon im Jahr 2005 anlässlich einer konkret gegen amerikanische Staatsbürger gerichteten Anzeige wegen angeblich im Irak begangener Völkerstraftaten (VStGB) unter Anwendung von § 153f StPO letztlich aufgrund der Subsidiarität der deutschen Strafvorschriften keinen Raum für ein Einschreiten seitens der deutschen Ermittlungsbehörden gesehen. Zwar ist es Ziel des VStGB, Strafbarkeits- und Strafverfolgungslücken zu schließen. Das muss jedoch stets auch unter dem Blickwinkel einer möglichen Einmischung in die Angelegenheiten fremder Staaten gesehen werden. Wegen der seinerzeit angezeigten Tatkomplexe waren jedoch bereits die Justizorgane der USA aktiv, sodass die Einleitung eines Verfahrens durch die Bundesjustiz nicht mehr opportun war.[157] Auch heute noch kommt der Vorschrift zentrale praktische Bedeutung im Rahmen der Strategie des GBA bei der Verfolgung von Völkerstraftaten zu (→ Rn. 133).

44 Entscheidungen nach § 153f StPO stehen im pflichtgemäßen **Ermessen** des GBA, das jedoch im Verhältnis zu §§ 153c–e StPO durch in der Vorschrift normierte Ermessensleitlinien stärker gesetzlich programmiert wird.[158] § 153f Abs. 1 S. 1 StPO konkretisiert den staatsanwaltschaftlichen Beurteilungsspielraum in den Fällen des § 153c Abs. 1 S. 1 Nr. 1 (Auslandstat) und Nr. 2 StPO (Tat auf ausländischem Schiff oder Luftfahrzeug) dahingehend, dass eine Einstellung in diesen Fällen nur in Betracht kommt, wenn der Beschuldigte sich nicht im Inland aufhält und ein solcher Aufenthalt nicht zu erwarten ist. Ist der Beschuldigte deutscher Staatsangehöriger, ist eine Einstellung nach Abs. 1 S. 2 der Vorschrift nur möglich, wenn die Tat bereits von einem internationalen Gerichtshof oder durch einen Staat, auf dessen Gebiet die Tat begangen oder dessen Angehöriger durch die Tat verletzt wurde, verfolgt wird. Weitere Regelbeispiele sind in § 153f Abs. 2 StPO aufgeführt. Erforderlich ist auch hier das Vorliegen einer Auslandstat iSv § 153c Abs. 1 Nr. 1 StPO. Tatvorwurf muss zudem ein Verbrechen gem. §§ 6–14 VStGB sein. Sind diese Voraussetzungen gegeben, kommt eine Verfahrensweise nach § 153f StPO namentlich in Betracht, wenn kein Tatverdacht gegen einen Deutschen besteht (Nr. 1), die Tat nicht

---

[153] *Diemer* in KK-StPO StPO § 153e Rn. 7; *Mavany* in Löwe/Rosenberg StPO § 153e Rn. 12.
[154] BGHSt 11, 52 (54) = NJW 1957, 1846; *Wagner* GA 1958, 204 (209); *Mavany* in Löwe/Rosenberg StPO § 153e Rn. 18; **AA** *Teßmer* in MüKoStPO StPO § 153e Rn. 13 – Zuleitung der Akten an das OLG direkt durch die Staatsschutzkammer.
[155] BT-Drs. 14/8524, 37; BGH NStZ-RR 2012, 16 (18); GBA JZ 2005, 311.
[156] *Mavany* in Löwe/Rosenberg StPO § 153f Rn. 7; *Ambos* NStZ 2006, 434 (435); *Gierharke* ZStW 120 (2008), 375 (383).
[157] GBA JZ 2005, 311; OLG Stuttgart NStZ 2006, 117; zust. *Diemer* in KK-StPO StPO § 153f Rn. 7 krit. *Ambos* NStZ 2006, 434 (437 f.); *Singelnstein/Stolle* ZIS 2006, 116 (120).
[158] *Mavany* in Löwe/Rosenberg StPO § 153f Rn. 42; *Diemer* in KK-StPO StPO § 153f Rn. 7.

gegen einen Deutschen begangen wurde (Nr. 2), kein Tatverdächtiger sich im Inland aufhält und ein solcher Aufenthalt auch nicht zu erwarten ist (Nr. 3) und wenn die Tat vor einem internationalen Gerichtshof oder durch einen Staat, auf dessen Gebiet die Tat begangen wurde, dessen Angehöriger der Tat verdächtig ist oder dessen Angehöriger durch die Tat verletzt wurde, verfolgt wird (Nr. 4). Dies gilt nach § 153f Abs. 1 S. 2 StPO auch dann, wenn sich ein wegen einer im Ausland begangenen Tat beschuldigter Ausländer im Inland aufhält, die Voraussetzungen nach S. 1 Nr. 2 und 4 erfüllt sind und die Überstellung an einen internationalen Gerichtshof oder die Auslieferung an den verfolgenden Staat zulässig und beabsichtigt ist.

IV. Weitere Aufgaben des GBA innerhalb der deutschen Sicherheitsarchitektur

Die praktische Umsetzung der dem GBA durch das GVG und die StPO zugewiesenen Aufgaben wurden in den vergangenen Jahren, insbesondere nach den Anschlägen vom 11. September 2001, den modernen Herausforderungen angepasst. Ein wesentlicher Baustein ist, dem GBA frühestmöglich die Prüfung eines strafprozessualen Anfangsverdachts gem. § 152 Abs. 2 StPO für eine in seine Zuständigkeit fallende Straftat zu ermöglichen, damit er seine Stellung innerhalb der deutschen Sicherheitsarchitektur effektiv wahrnehmen kann. Zentrale Elemente hierfür sind die Einbindung des GBA in die **Gemeinsamen Extremismus- und Terrorismusabwehrzentren** in Berlin und Köln (→ Rn. 49 ff.) sowie die strafprozessuale Bearbeitung von nach Polizeirecht als **Gefährder** eingestuften Personen (→ Rn. 56 ff.). 45

1. Ganzheitlicher Bekämpfungsansatz

Die Sicherheitsarchitektur des GG (→ Rn. 1 ff.) schließt die gleichzeitige Anwendung präventiver und repressiver Instrumentarien nicht aus, sondern lässt sie – wenn auch mit unterschiedlicher Zielrichtung – gleichberechtigt nebeneinander bestehen.[159] Die Verfassung begreift den Schutz der freiheitlichen demokratischen Ordnung als eine ganzheitliche Aufgabe, für die verschiedene Kompetenztitel einschlägig und damit auch verschiedene Hoheitsträger zuständig sein können,[160] überlässt die Aufgabe, die verschiedenen Regelungsansätze zu einem schlüssigen Gesamtkonzept zu verzahnen, jedoch dem einfachen Gesetzgeber. Dabei handelt es sich nicht um eine systemimmanente Schwäche des föderalen Staates, sondern um einen festen Bestandteil seiner Kompetenzverteilung zum Schutze der Bevölkerung vor dem Missbrauch staatlicher Macht. Die Antwort des GG auf extremistische oder terroristische Bedrohungslagen ist nicht die Schaffung von Inseln der Exklusivität oder gar eines Sonderrechts für Terroristen.[161] Der Schlüssel zur Gewährleistung effektiver Aufgabenerfüllung innerhalb komplexer Systeme liegt vielmehr in der vertrauensvollen Zusammenarbeit der beteiligten Stellen, mithin in der sachgerechten Kooperation von Bund und Ländern unter Beachtung der jeweiligen Aufgabenwahrnehmung und des Grundsatzes der Verhältnismäßigkeit.[162] 46

Die deutsche Rechtsordnung verteilt die Verantwortung für den Schutz der freiheitlich demokratischen Grundordnung auf viele staatliche Stellen. In erster Linie gilt dies natürlich für die Polizeibehörden des Bundes und der Länder sowie die Nachrichtendienste. Aber auch für lokale Ordnungsbehörden können sich zB auf dem Gebiet des Waffen- oder Ausländerrechts Zuständigkeiten ergeben.[163] Dies gilt auch für die Staatsanwaltschaften der 47

---
[159] BGHSt 62, 123 (133) = NStZ 2017, 651; vgl. BVerfGE 32, 373 (380) = NJW 1972, 1123; BVerfGE 80, 367 (380) = NJW 1990, 563; BVerwG NVwZ 2001, 1285 (1286).
[160] Vgl. Dombert/Räuker DÖV 2014, 414 (416); → § 17 Rn. 88.
[161] Lohse/Engelstätter GSZ 2020, 156 (157).
[162] Vgl. Griesbaum/Wallenta NStZ 2013, 369 (370); Griesbaum FS Nehm, 2006, 125 (126); Frank in Lüttich/Lehmann, Der Kampf gegen den Terror in Gegenwart und Zukunft, 2019, 77 (91); Dombert/Räuker DÖV 2014, 414 (416).
[163] Weitere Beispiele bei Lohse/Engelstätter GSZ 2020, 156 (157) sowie Ruge GSZ 2019, 151 ff.

Länder und den GBA durch eine effektive Strafverfolgung und der Durchsetzung des staatlichen Strafanspruchs. Die staatsschutzstrafrechtlichen Tatbestände eröffnen dabei neben ihrer klassisch repressiven Funktion auch Handlungsoptionen im Bereich des präventiven Rechtsgüterschutzes und der Gefahrenbeseitigung.[164] Konstruktiv bewirkt wird dies neben der tradierten Möglichkeit der **Prävention durch Repression,** vor allem über **Gefährdungsdelikte,** die nicht nur repressiv vergeltend, sondern auch täterbezogen präventiv wirken.[165] Soweit die Tatbestände der effektiven Bekämpfung von Straftaten mit dem Gepräge des Terrorismus dienen, ist ihnen aus dem Blickwinkel des GG ein hohes Gewicht beizumessen.[166] Dies rechtfertigt nicht nur die Kriminalisierung der Betätigung Einzelner in terroristischen Gruppierungen gem. §§ 129, 129a StGB,[167] sondern auch die Verhängung von Kriminalstrafe für konkrete Vorbereitungshandlungen terroristischer Anschläge gem. §§ 89a, c StGB.[168]

48 Für die Verbrechensbekämpfung im Staatsschutz ist die Zusammenarbeit zwischen den unterschiedlichen Akteuren von gesteigerter Bedeutung. In wahrscheinlich kaum einem anderen Gebiet wie bei der Bekämpfung des (internationalen) Terrorismus muss die Kooperation flexibel an die jeweilige Lage angepasst werden. Jeder Terrorismusverdacht – zum Beispiel ein nachrichtendienstlicher Hinweis über die Herstellung eines biologischen Kampfstoffes durch Terroristen in einer Wohnung in Köln – ist mit höchster Sorgfalt unverzüglich mit allen zur Verfügung stehenden Mitteln aufzuklären. Von den beteiligten Behörden wird dabei im Rahmen ihrer gesetzlichen Möglichkeiten eine flexible, effektive und vertrauensvolle Zusammenarbeit gefordert. Nur so lässt sich der gesetzlich geforderte, aber auch von der Bevölkerung erwartete „*Rundumblick*" herstellen, nur so bleiben alle terroristischen Gefährdungen „*auf dem Schirm*", nur so werden „*blinde Flecken*" vermieden. Bund und Länder haben hierzu in den vergangenen Jahren – nicht zuletzt um den Anforderungen des BVerfG zu entsprechen[169] – eine Vielzahl von Übermittlungs- und Verwertungsvorschriften geschaffen, die den Austausch relevanter Informationen gestatten. Neben den Polizeibehörden des Bundes[170] und der Länder[171] gilt dies auch für die deutschen Nachrichtendienste[172] und die Staatsanwaltschaften einschließlich des GBA.[173]

2. Mitwirkung in Terrorismusabwehrzentren (GTAZ, GETZ)

49 Wesentlich für die Umsetzung des ganzheitlichen Bekämpfungsansatzes ist die Einbindung des GBA in die auf Bundesebene bestehenden **Kommunikationsplattformen** in Form des Gemeinsamen Terrorismusabwehrzentrums **(GTAZ)** in Berlin sowie des Gemeinsamen Extremismus- und Terrorismusabwehrzentrums **(GETZ)** in Köln. Ihren Ursprung haben diese Zentren letztlich in den Anschlägen auf das New Yorker World Trade Center

---

[164] *Engelstätter* in Fischer/Hilgendorf, Baden-Badener Strafrechtsgespräche, Band 5 – Gefahr, 2020, 183 (190 f.) sowie *Sieber* GS Vogel, 2016, 351 (366); *Hassemer* StV 2006, 321 (332); *Landau* ZStW 121 (2009), 965 (966 ff.).

[165] *Frank* in Lüttich/Lehmann, Der Kampf gegen den Terror in Gegenwart und Zukunft, 2019, 77 (93). *Griesbaum* FS Nehm, 2006, 125 (128); *Radtke/Steinsiek* ZIS 2008, 383 (387).

[166] BVerfGE 49, 24 (56) = NJW 1978, 2235; BVerfGE 115, 320 (357) = BVerfGE 115; BVerfGE 133, 277 (333) = NJW 2013, 1499; BVerfGE 141, 220 (267) = NJW 2016, 1781; BGHSt 62, 102 (113) = BeckRS 1981, 30433107.

[167] *Griesbaum* FS Nehm, 2006, 125 (126); *Griesbaum/Wallenta* NStZ 2013, 369 (370).

[168] *Engelstätter* in Fischer/Hilgendorf, Baden-Badener Strafrechtsgespräche, Band 5 – Gefahr, 2020, 183 (190 f.).

[169] BVerfGE 130, 151 (184) = NJW 2012, 1419; *Krauß* in BeckOK StPO, 43. Ed. 1.4.2022, RiStBV Ziff. 205 Rn. 9; *Greßmann* in Dietrich/Eiffler NachrichtendiensteR-HdB IV § 3 Rn. 10.

[170] § 25 Abs. 2 Nr. 2 lit. b BKAG und § 32 Abs. 2 Nr. 4 BPolG.

[171] Unmittelbar geregelt zB §§ 34 Abs. 3 Nr. 2 POG-RP, 34 Abs. 1 Nr. 1 SPolG, 84 Abs. 2 Nr. 2b Sächs-PolG; im Übrigen gilt das jeweilige Landesdatenschutzrecht sowie subsidiär die §§ 25 Abs. 1, 23 Abs. 1 Nr. 4 BDSG iVm § 1 Abs. 1 Nr. 2 BDSG.

[172] § 20 BVerfSchG; § 24 Abs. 3 BNDG; § 11 Abs. 2 MADG sowie §§ 4 Abs. 4, 7 Abs. 4 G10.

[173] Vgl. §§ 474, 477, 481 StPO für die Datenübermittlung. Die Verwertbarkeit richtet sich nach § 161 Abs. 1, 3 StPO; näher dazu *Engelstätter* in DGGGW Nachrichtendienste in vernetzter Sicherheitsarchitektur 97 ff.

am 11. September 2001. Vor dem Hintergrund dieser verheerenden Verbrechen und des daraufhin seitens des damaligen Präsidenten der Vereinigten Staaten von Amerika, George W. Bush, ausgerufenen „Global War on Terror"[174] – sah sich auch die Bundesrepublik Deutschland besonderen Anforderungen wegen der terroristischen Bedrohung ausgesetzt.[175] Die Innenministerkonferenz reagierte hierauf unter anderem mit der Gründung eines zentralen Lage- und Analysezentrums,[176] das zum 14.12.2004 in Berlin-Treptow seine Arbeit aufnahm. In seiner inzwischen über 15-jährigen Geschichte kann das GTAZ eine beträchtliche Erfolgsbilanz innerbehördlicher Zusammenarbeit zur Bekämpfung des internationalen Terrorismus vorweisen. Sein strategischer Ansatz wurde mittlerweile auf weitere Phänomenbereiche übertragen. Anlässlich der Mordserie des Nationalsozialistischen Untergrunds" (NSU) wurde im November 2011 zunächst das Gemeinsame Abwehrzentrum gegen Rechtsextremismus/-terrorismus (GAR) gegründet. Aus ihm ist mittlerweile das GETZ entstanden, das am 15.11.2012 seine Arbeit aufnahm. Während sich das GTAZ ausschließlich mit dem islamistischen Terrorismus beschäftigt, widmen sich die Mitarbeiter im GETZ der Bekämpfung des Rechts- und Linksextremismus/-terrorismus, des Ausländerextremismus bis hin zur Spionage und Proliferation. Der GBA ist in beiden Zentren als einziger Vertreter der Justiz ständig mit eigenen Staatsanwältinnen und Staatsanwälten vertreten, die im Rahmen ihrer Zuständigkeit an den Beratungen der einzelnen Arbeitsgemeinschaften teilnehmen.[177] Sofern einzelne Sachverhalte auch die Zuständigkeit einer Landes-Staatsanwaltschaft tangieren, können jedoch auch Vertreter von Landesstaatsanwaltschaften zu einzelnen Beratungen hinzugezogen werden. Ihre Teilnahme wird in der Regel über das betreffende Landeskriminalamt oder den GBA vermittelt.

a) Rechtsnatur. GTAZ und GETZ sind als Plattformen für den Informationsaustausch 50 zwischen den Sicherheitsbehörden des Bundes und der Länder konzipiert.[178] Weder GETZ noch GTAZ fallen unter den verwaltungsrechtlichen Behördenbegriff (vgl. § 1 Abs. 4 VwVfG).[179] Die an ihnen beteiligten Behörden handeln im eigenen Namen.[180] Auf dem Gelände des BKA in Berlin-Treptow bzw. auf dem Gelände des BfV in Köln wird lediglich die Infrastruktur, insbesondere Räumlichkeiten, zum Informationsaustausch zur Verfügung gestellt. Die einzelnen beteiligten Behörden entsenden Verbindungsbeamte, die nach außen als Mitglied ihrer Stammbehörde – und nicht etwa des GTAZ oder GETZ – in Erscheinung treten. Beide Zentren sind damit im Rechtssinne nicht mehr als eine ständige Arbeitsbesprechung der beteiligten Behörden untereinander, die ihre Rechtsgrundlage in den jeweiligen **Übermittlungsvorschriften** des für die teilnehmenden Behörden maßgeblichen Fachrechts findet.[181] Die Erforderlichkeit – und auch Zulässigkeit – dieser ständigen Besprechung, die in Einzelfällen auch ad hoc Entscheidungen vorbereiten können muss, wird deutlich, wenn man sich vergegenwärtigt, dass letztlich alle Beteiligten dieselbe Staatsaufgabe wahrnehmen, nämlich die Bekämpfung von Extremismus und Terrorismus.[182] Vor diesem Hintergrund bedarf es – trotz einzelner Forderungen aus dem politischen Raum –

---

[174] Vgl. „9/11 Five Years Later, Success and Challenges", 2006, online unter http://georgewbusch-whitehouse.archives.gov/nsc/waronterror/2006.
[175] BT-Drs. 14/7368, 35 „weltweit neue Dimension"; vgl. auch *Sommerfeld*, Verwaltungsnetzwerke am Beispiel des Gemeinsamen Terrorismusabwehrzentrums des Bundes und der Länder (GTAZ), 2015, 16.
[176] *Weisser* NVwZ 2011, 142; *Sauer* NVwZ 2005, 275 (280).
[177] Vgl. *Brauneisen* in Lüttig/Lehmann, Der Kampf gegen den Terror in Gegenwart und Zukunft, 2019, 107 (122).
[178] Vgl. BT-Drs. 16/10007, 1.
[179] *Weisser* NVwZ 2011, 142 (145); *Dombert/Räuker* DÖV 2014, 414 (415); *Rathgeber* DVBl 2013, 1009 (1011); *Brauneisen* in Lüttig/Lehmann, Der Kampf gegen den Terror in Gegenwart und Zukunft, 2019, 107 (121).
[180] *Dombert/Räuker* DÖV 2014, 414 (415).
[181] *Siems* in Dietrich/Eiffler NachrichtendiensteR-HdB VI § 7 Rn. 121; *Schneider*, Das Gebot der Trennung von Polizei und Nachrichtendiensten im Spannungsfeld von Freiheitsschutz und effektiver Gefahrenabwehr, 2019, 268.
[182] Vgl. *Dombert/Räuker* DÖV 2014, 414 (416).

keiner speziellen gesetzlichen Ermächtigung für GTAZ oder GETZ.[183] Die existierenden Leitlinien zur Zusammenarbeit betreffen allein organisatorische Fragen der Arbeitsgruppen, wie beispielsweise deren Ablauf oder deren Geschäftsführung;[184] auch sie haben keine Rechtsqualität. Diese Ausgestaltung entspricht auch den Anforderungen des **Trennungsgebots** zwischen Nachrichtendiensten auf der einen und polizeilichen und justiziellen Stellen auf der anderen Seite.[185] Sie werden durch die Zusammenarbeit im GTAZ oder GETZ weder infrage gestellt noch unterlaufen.[186] Die Teilnahme an einer Sitzung in einer der in den beiden Zentren bestehenden Arbeitsgruppen verleiht den teilnehmenden Personen keine über das jeweilige Fachrecht hinausgehenden Befugnisse.[187] Würde man den Datenaustausch bildlich auf den Mobilfunkbereich übertragen, so könnte man sagen, dass das GTAZ und GETZ eine bessere „Netzabdeckung" gewährleisten, dort aber nicht mehr – sprich keine anderen – Daten ausgetauscht werden, als wenn die handelnden Behörden unmittelbar miteinander konferieren würden.

51 **b) Funktions- und Arbeitsweise.** Die Arbeitsweise in GTAZ und GETZ ist im Wesentlichen durch drei Schritte gekennzeichnet: den **Austausch** der fallrelevanten Informationen, ihre gegenseitige **Bewertung** sowie die **Abstimmung** des weiteren Vorgehens. Bei den Zentren bestehen dafür verschiedene Instrumente in Form von Arbeitsgruppen (AGen).[188] Die Anzahl der Sitzungen der Arbeitsgruppen im GTAZ hat wegen des hohen Fall- und Hinweisaufkommens über die Jahre deutlich zugenommen. Während im Jahr 2005 noch 74 Sitzungen allein der Arbeitsgruppe „Operativer Informationsaustausch" stattgefunden haben, waren es 2016 mehr als das Dreifache, nämlich 232 Sitzungen.[189] Auch die Anzahl der Arbeitsgruppensitzungen im GETZ steigt kontinuierlich an. Die entsprechende Fachdienststelle im Bundeskriminalamt soll weiter ausgebaut werden.[190] Im Jahr 2019 kam es insgesamt zu 261 Sitzungen der Arbeitsgemeinschaften, davon entfielen 22 auf die Arbeitsgruppe „Operativer Informationsaustausch".[191]

52 Die Arbeitsgruppe **„Tägliche Lage"** bildet das zentrale Gremium der Terrorismusabwehrzentren[192] und dient dem Austausch aktueller Lageerkenntnisse, der Erstellung anlassbezogener Erstbewertungen sowie der Abstimmung einzuleitender Maßnahmen.[193] In der Regel werden – soweit erforderlich auch mit internationalen Bezügen – die Erkenntnisse der letzten 24 Stunden ebenso wie zeitnah bevorstehende Ereignisse, beispielsweise angekündigte Demonstrationen oder ein bevorstehendes Rechtsrock-Konzert, erörtert. Das für die Belange der Strafverfolgung bedeutendste Gremium ist jedoch die Arbeitsgruppe **„Operativer Informationsaustausch"**. Sie dient der Identifizierung von Ermittlungsansätzen und Abstimmung operativer Maßnahmen im Einzelfall.[194] Eine Sitzung kann zB die Rückkehr eines sog. „foreign terrorist fighter" (→ Rn. 73) zum Thema haben, gegen den ein Haftbefehl wegen Mitgliedschaft in der außereuropäischen terroristischen

---

[183] *Weisser* NVwZ 2011, 142 (145); *Dombert/Räuker* DÖV 2014, 414 (416); *Rathgeber* DVBl 2013, 1009 (1016); → § 31 Rn. 24 ff., vgl. aber auch den Bericht der Regierungskommission zur Überprüfung der Sicherheitsgesetzgebung in Deutschland vom 28.8.2013, 172 ff. (abrufbar unter www.bmi.bund.de/SharedDocs/download/DE/publikationen/sicherheit/regierungskommission-sicherheitsgesetzgebung.pdf), in dem teilweise eine andere Auffassung vertreten wird.
[184] Vgl. BT-Drs. 19/10856, 7 f.
[185] Vgl. BT-Drs. 19/3530, 2; s. auch BVerfG NJW 2013, 1499 (1505); *Schneider,* Das Gebot der Trennung von Polizei und Nachrichtendiensten im Spannungsfeld von Freiheitsschutz und effektiver Gefahrenabwehr, 2019, 203 ff., 278; → § 31 Rn. 29.
[186] Vgl. auch BT-Drs. 19/3530, 2.
[187] *Lohse/Engelstätter* GSZ 2020, 156 (159); *Rathgeber* DVBl 2013, 1009 (1014 f.).
[188] Vgl. BT-Drs. 19/10856, 6.
[189] Vgl. BT-Drs. 19/3530, 4.
[190] *Münch* in Lüttig/Lehmann Rechtsextremismus und Rechtsterrorismus 127 (141).
[191] Vgl. BT-Drs. 19/19183, 19.
[192] *Sommerfeld,* Verwaltungsnetzwerke am Beispiel des Gemeinsamen Terrorismusabwehrzentrums des Bundes und der Länder (GTAZ), 2015, 209; → § 16 Rn. 57; → § 31 Rn. 7 ff.
[193] Vgl. BT-Drs. 16/10007, 5.
[194] Vgl. BT-Drs. 16/10007, 5; → § 16 Rn. 57; → § 31 Rn. 7 ff.

Vereinigung IS besteht. Es kann aber auch um aktuelle nachrichtendienstliche Informationen über einen möglicherweise bevorstehenden terroristischen Anschlag in Deutschland gehen. Der Teilnehmerkreis der beteiligten Behörden richtet sich jeweils danach, welche Behörde konkret im Einzelfall betroffen ist. Hierbei handelt es sich, soweit es um Belange des Strafverfahrens geht, regelmäßig um den GBA.[195] Demgegenüber verfolgt die Arbeitsgemeinschaft **„Risikomanagement"** einen ausschließlich personenbezogenen Ansatz. Im Vordergrund der Arbeitsgruppe steht der maßnahmenorientierte Austausch zu **polizeilichen Gefährdern** (→ Rn. 56 ff.), Hierfür steht im GTAZ für den Bereich des Islamismus mit „RADAR-iTE"[196] ein besonderes wissenschaftlich basiertes Risikobewertungsinstrument zur Verfügung,[197] das auch für den Bereich des Rechtsextremismus entwickelt werden soll. Bei den Sitzungen der Arbeitsgemeinschaft geht es im Wesentlichen um die Durchführung personenbezogener Fallkonferenzen.[198] Die Arbeitsgruppe tagt anlassbedingt unter Beteiligung der jeweils betroffenen Behörden.[199]

Ein besonderes Gremium, das derzeit nur im GTAZ in Berlin besteht, ist schließlich die **53** Arbeitsgruppe **„Statusrechtliche Begleitmaßnahmen"**. Ihr Ziel ist die frühzeitige Identifizierung von Personen mit islamistisch-terroristischem oder -extremistischem Hintergrund, gegen die aufenthalts-, asyl- oder staatsangehörigkeitsrechtliche Maßnahmen zur Anwendung kommen können (vgl. § 75 Nr. 11 AufenthG).[200] Wichtigste statusbezogene Maßnahmen sind die **Ausweisung** und **Abschiebung** (§§ 53 ff. AufenthG). Beide sind im Falle anhängiger Ermittlungs- oder Strafverfahren nach § 72 Abs. 4 AufenthG nur mit vorheriger Zustimmung der zuständigen Staatsanwaltschaft zulässig. Diese muss prüfen, ob das Strafverfolgungsinteresse einer Abschiebung entgegensteht. Gegenstand der Beratungen sind auch mögliche Abschiebungen aus der **Strafhaft,** die gem. § 456a StPO nur bei Vorliegen einer Verzichtserklärung der Strafvollstreckungsbehörde auf die weitere Vollstreckung durchgeführt werden können. Auch hier geht es um die Bewertung des staatlichen Strafverfolgungsinteresses im Einzelfall. Insbesondere bei einer geringen Restfreiheitsstrafe kann eine Abschiebung in Betracht kommen.[201] Diese Maßnahme ist regelmäßig mit dem Erlass eines Vollstreckungshaftbefehls für die noch nicht verbüßte Restfreiheitsstrafe verbunden; der Verurteilte wird zugleich für den Fall der Wiedereinreise zur Fahndung und Festnahme ausgeschrieben. Die Arbeitsgruppe koordiniert den reibungslosen Ablauf dieser Entscheidungsprozesse. Entscheidungen in der Sache werden jedoch nicht durch die Arbeitsgruppe getroffen, sondern ausschließlich durch die zuständige Staatsanwaltschaft. Dies kann im Einzelfall auch der GBA selbst sein, der im Rahmen seiner Zuständigkeit nicht nur Ermittlungs-, sondern gem. § 451 StPO zugleich auch Vollstreckungsbehörde ist.

---

[195] Verfehlt insoweit *Sommerfeld*, Verwaltungsnetzwerke am Beispiel des Gemeinsamen Terrorismusabwehrzentrums des Bundes und der Länder (GTAZ), 2015, 210, die von einer sachlichen (faktischen) Entscheidung des GTAZ ausgeht. Eine Strafverfolgungsbehörde wie der GBA entscheidet nicht aufgrund von faktischen Zwängen aus Besprechungen im GTAZ. Dem steht schon entgegen, dass die überwiegenden strafprozessualen Zwangsmaßnahmen unter Richtervorbehalt – bei Verfahren des GBA durch den Ermittlungsrichter am BGH – stehen.
[196] Regelbasierte Analyse potenziell destruktiver Täter zur Einschätzung des akuten Risikos – islamistischer Terrorismus.
[197] Mit Stand vom 22.5.2019 wurden bundesweit 465 Personen mit RADAR-iTE bewertet. Zu 91 dieser Personen wurden insgesamt 100 AG-Sitzungen durchgeführt, vgl. BT-Drs. 19/10856, 5.
[198] Vgl. BT-Drs. 19/10856, 4.
[199] Regelmäßig vertreten sind das LKÄ, das BKA, die Nachrichtendienste und der GBA. Soweit gegen den Gefährder Strafverfahren bei Landesstaatsanwaltschaften anhängig sind, können in Einzelfällen auch Vertreter der Landesjustiz beteiligt werden.
[200] Die Geschäftsführung der Arbeitsgruppe obliegt dem BAMF. Feste Mitglieder sind das BfV, das BKA, die BPol und das BMI. Ferner nehmen Vertreter des GBA, der LKÄ, der LfV sowie der für den Vollzug des AufenthG zuständigen Landesministerien an den Sitzungen teil.
[201] So wurde zB der wegen Beteiligung an den Anschlägen vom 11. September 2001 zu einer Gesamtfreiheitsstrafe von 15 Jahren verurteilte al-Motassadeq in sein Heimatland abgeschoben, nachdem er den weit überwiegenden Teil seiner Freiheitsstrafe verbüßt hatte, vgl. www.spiegel.de/panorama/justiz/mounir-al-motassadwq-hamburg-schiebt-9-11-terrorhelfer-ab-a-1233296.html.

54 **c) Rolle des Generalbundesanwalts.** Die Vertreter des GBA nehmen in den einzelnen Arbeitsgruppen **unterschiedliche strafprozessuale Aufgaben** wahr. Während in der „AG Tägliche Lage" zB über die Einleitung von Ermittlungsverfahren, die Erhebung von Anklagen oder für den jeweiligen Phänomenbereich bedeutsame Urteile berichtet wird, nehmen die Vertreter des GBA in der „AG Operativer Informationsaustausch" eine rechtliche Bewertung des Sachverhalts vor. Dies gilt insbesondere für die Frage, ob in der Sache bereits zureichende tatsächliche Anhaltspunkte gem. § 152 Abs. 2 StPO für eine in die Zuständigkeit des Bundes fallende Straftat vorliegen oder ob dem Sachverhalt besondere Bedeutung iSd § 120 Abs. 2 GVG (→ Rn. 20) zukommen könnte. Eine ähnliche Funktion üben die Vertreter des GBA in der „AG Risikomanagement" aus. Wesentliche Aufgabe der Vertreter des GBA ist hier die Prüfung, ob die im Rahmen der Gefährdersachbearbeitung durch die Polizei bekannt gewordenen Tatsachen bereits die Einleitung eines Ermittlungsverfahrens durch den Generalbundesanwalt wegen eines Staatsschutzdelikts rechtfertigen (→ Rn. 60 ff.) oder die Vorbereitung und etwaige Begleitung einer Haftentlassung.

55 In der „AG Statusrechtliche Begleitmaßnahmen" geben die Vertreter des GBA dagegen Erklärungen nach § 72 Abs. 4 AufenthG und § 456a StPO ab, soweit die entsprechenden Verfahren beim GBA anhängig sind. Da es bei den Verfahren im Zuständigkeitsbereich des GBA ganz überwiegend um schwere und schwerste Verbrechen geht, geht die derzeitige Praxis in diesen Fällen dahin, von einem grundsätzlichen Vorrang des Strafverfolgungsinteresses auszugehen und aufenthaltsbeendenden Maßnahmen nur im Ausnahmefall zuzustimmen. Das staatsanwaltschaftliche Einvernehmen kann wegen des überragenden staatlichen Strafanspruchs bei schwersten Verbrechen, insbesondere nach dem VStGB, oder während laufender Hauptverhandlung, nicht erteilt werden. Für die Einvernehmenserteilung in Betracht kommen dagegen Taten im Ausland („kein importierter Terrorismus") mit einer verhältnismäßig niedrigen Straferwartung, zB im Falle einer Mitgliedschaft bei einer ausländischen terroristischen Vereinigung von kurzer Dauer oder bei Tathandlungen, die lediglich als Werben oder Unterstützen gem. § 129a Abs. 5 StGB, § 129b StGB zu werten wären sowie für Sachverhalte, für die zwar ein strafprozessualer Anfangsverdacht vorliegt, eine Inhaftierung des Betroffenen jedoch nicht möglich ist.

3. Strafprozessuale Bearbeitung von Gefährdern

56 Zweiter Kernbestandteil des ganzheitlichen Bekämpfungsansatzes ist die strafprozessuale Bearbeitung von präventivpolizeilich eingestuften Gefährdern. Hierbei handelt es sich nach polizeilicher Definition[202] um Personen, bei denen bestimmte Tatsachen die Annahme rechtfertigen, dass sie politisch motivierte Straftaten von erheblicher Bedeutung, insbesondere solche iSd § 100a StPO, begehen werden.[203] Im gefahrenabwehrrechtlichen Sinne ist der Gefährder von dem weiter gefassten Begriff der relevanten Person abzugrenzen. Diese zeichnet sich dadurch aus, dass sie innerhalb des extremistisch-terroristischen Spektrums die Rolle einer Führungsperson, eines Unterstützers, Logistikers oder eines Akteurs einnimmt und objektive Hinweise vorliegen, die die Prognose zulassen, dass die Person politisch motivierte Straftaten von erheblicher Bedeutung, insbesondere solche iSd § 100a StPO, fördert, unterstützt, begeht oder sich daran beteiligt oder es sich um eine Kontakt- oder Begleitperson handelt.[204]

57 Die Einstufung als Gefährder oder relevante Person erfolgt durch die Polizeibehörden der Länder am Wohnort der Betroffenen. Es handelt sich um eine **polizeirechtliche Entscheidung**,[205] der Tatsachen aus Gefahrenabwehrvorgängen, allgemein bei Verwaltungsbehörden vorliegende Informationen, aber auch von Strafverfolgungsbehörden oder auch

---

[202] Einheitliche Definition der Innenministerkonferenz, vgl. BT-Drs. 18/12196, 2; siehe auch → § 51 Rn. 11 ff.
[203] Vgl. BT-Drs. 18/11369; 18/7151.
[204] Vgl. BT-Drs. 18/11369.
[205] *Brauneisen* FS Schlothauer, 2018, 17 (19); *Brodowski/Jahn/Schmitt-Leonardy* GSZ 2019, 7 (8).

von Nachrichtendiensten zur Verfügung gestellte Daten zugrunde liegen können. Die der Entscheidung zugrundeliegenden Informationen werden durch die zuständige Polizeidienststelle in Personagrammen zusammengefasst. Dieser personenbezogene Ansatz rechtfertigt sich aus der Erkenntnis, dass die Gefahr terroristischer Anschläge insbesondere durch organisationsungebundene Einzeltäter lange Zeit niedrig und diffus bleibt, sich jedoch – wie die Anschläge auf den Berliner Weihnachtsmarkt im Dezember 2016, die Synagoge in Halle im Oktober 2019 und die Taten von Hanau im Februar 2020 zeigen – jederzeit und teilweise auch ohne großen Aufwand für den Täter binnen kürzester Zeit realisieren kann.[206] Für eine effektive Gefahrenabwehr ist es daher wenig zielführend, sich ausschließlich am Konkretisierungsgrad von Ort, Zeitpunkt sowie Art und Weise eines terroristischen Anschlags für das erforderliche Wahrscheinlichkeitsurteil eines möglichen Schadenseintritts zu orientieren. Vielmehr bietet sich die Person des „potenziellen Terroristen" und seines Verhaltens als zentraler Anknüpfungspunkt für eine Gefahrenprognose an.[207]

Die polizeiliche Gefährdersachbearbeitung korrespondiert aufseiten der Justiz mit einer **58 staatsanwaltschaftlichen** Gefährderbewertung. Vergegenwärtigt man sich, dass dem ersten *polizeilichen* Schritt der Einstufung einer Person als Gefährder bestimmte Tatsachen zugrunde liegen, die die Annahme rechtfertigen, dass diese Person politisch motivierte Straftaten von erheblicher Bedeutung begehen könnte, so muss *justiziell* als zweiter Schritt die Prüfung folgen, ob dies nicht vielleicht schon geschehen ist. Dabei ist zu berücksichtigen, dass es nicht allgemein „den Gefährder" gibt, sondern hinsichtlich jeder Person eine Prüfung erforderlich ist, die nicht standardisiert erfolgen kann. Die forensische Praxis zeigt hier ein breites Spektrum an Kriminalität auf. So kann zB ein Gefährder zunächst diverse Betrugstaten begehen, um die Umsetzung seiner religiös-politisch motivierten Ziele zu finanzieren. Schon dieser zunächst überschaubar wirkende Sachverhalt kann komplexe tatsächliche und rechtliche Fragen aufwerfen, nämlich beispielsweise ob die Betrugstaten möglicherweise schon als Unterstützen einer terroristischen Vereinigung iSd § 129a Abs. 5 StGB oder als Terrorismusfinanzierung gem. § 89c StGB zu werten sind. Dies gilt auch für Fälle, in denen ein Gefährder bereits in Strafhaft sitzt, sich dort (weiter) radikalisiert hat und gegebenenfalls seine Entlassung aus der Haft bevorsteht. Der islamistische Mordanschlag eines Gefährders nach Haftentlassung in Dresden am 4.10.2020 zeigt, welche Gefahr gerade auch unmittelbar nach Haftentlassung bestehen kann.[208] Im Bereich des Rechtsterrorismus belegt der Mord an Dr. Walter Lübcke, dass Personen und vermeintlich bereits zerschlagene Gruppierungen auch noch nach langen Phasen der Inaktivität zu akuten Gefahrenquellen werden können. Verstärkte Aufmerksamkeit ist auch in diesem Bereich auf eine enge Begleitung dieser Personen nach Verbüßung von Haftstrafen zu legen.

Der GBA und die Generalstaatsanwälte der Länder haben die Rolle der Staatsanwaltschaft **59** für den justiziellen Umgang mit Gefährdern in zwei Beschlüssen genauer definiert. Er besteht im Wesentlichen aus einer Anfangsverdachtsprüfung, insbesondere im Hinblick auf §§ 89a ff., 129 ff. StGB, der Zusammenführung von Ermittlungsverfahren sowie der intensiveren Begleitung von Haftentlassung und Resozialisierung durch mögliche Bewährungsauflagen oder Weisungen im Rahmen der Führungsaufsicht. Während der „Weimarer Beschluss" vom 23.5.2017 vor dem Hintergrund des Anschlages auf den Berliner Weihnachtsmarkt noch ausschließlich auf den Bereich des islamistischen Terrorismus abzielte, sind diese Grundsätze durch den „Karlsruher Beschluss" vom 12.11.2019 mittlerweile auch auf den Bereich der PMK „Rechts" übertragen worden.

a) Anfangsverdachtsprüfung gem. § 152 Abs. 2 StPO. Die der Gefährdereinstufung **60** zugrundeliegenden Tatsachen sowie ihre jeweiligen Fortschreibungen begründen für den GBA regelmäßig die Verpflichtung zu prüfen, ob zugleich auch zureichende tatsächliche

---
[206] Vgl. BVerwG NVwZ 2017, 1057 (1060); BVerfG NVwZ 2017, 1526 (1529).
[207] *Kuhlick* AöR 143 (2018), 175 (177); *Darnstädt* DVBl 2017, 88 (89).
[208] GBA Pressemitteilung vom 11.11.2020.

Anhaltspunkte für eine mögliche Straftat in der Zuständigkeit des Bundes bestehen.[209] Hierbei handelt es sich regelmäßig um **Vorermittlungen,** die auch unterhalb der Schwelle des Anfangsverdachts iSv § 152 Abs. 2 StPO zulässig sind, wenn in der Sache bereits die Möglichkeit für einen strafrechtlich relevanten Sachverhalt besteht und sie ausschließlich der Klärung der Frage dienen, ob die Staatsanwaltschaft zur Einleitung eines Ermittlungsverfahrens verpflichtet ist.[210] Die Grenze zu einer unzulässigen Vorfeldermittlung ist nach diesen Maßstäben erst überschritten, wenn Erhebungen ohne jeglichen tatsachenbezogenen verdachtsbegründenden Anlass auf willkürlicher Basis vorgenommen würden.[211] Für eine Vorermittlung steht zwar nicht das klassische Ermittlungsinstrumentarium der StPO zur Verfügung. Zulässig sind jedoch interne Abklärungen, Registeranfragen, Einholung und Auswertung von Behördenauskünften sowie das Studium öffentlich zugänglicher Quellen.[212] Vorermittlungen sind der StPO nicht wesensfremd, was beispielsweise das Auffinden von Leichenteilen und die Abklärung der Anzeigepflicht nach § 159 StPO zeigt.[213] Auch die RiStBV setzt in Nr. 6.1 der Anlage E Vorermittlungen voraus. Danach müssen bei der Bekämpfung der Organisierten Kriminalität Staatsanwaltschaft und Polizei auch von sich aus in der Lage sein, Informationen zu gewinnen und bereits bei verschiedenen Stellen vorhandene Informationen zusammenzuführen, um Ansätze für Ermittlungen zu erhalten. Dass die Gefährdereinstufung im Regelfall zugleich auch verwaltungsrechtliche Maßnahmen nach sich zieht, steht dem nicht entgegen. Das Legalitätsprinzip begründet keinen Vorrang des Strafverfahrensrechts vor verwaltungsrechtlichen Maßnahmen. Strafprozessualer Anfangsverdacht und verwaltungsrechtliche Gefahr stehen gleichrangig nebeneinander.[214] Vielmehr können Maßnahmen auf den einzelnen Rechtsgebieten auch parallel durchgeführt werden.[215] Sich hierbei ergebende Fragen des Verhältnisses der Rechtsmaterien zueinander, der Reihenfolge der gebotenen Maßnahmen sowie der Zweckbindung und Zweckänderung der erhobenen Daten sind nach Maßgabe des jeweils einschlägigen Fachrechts im Rahmen des Informationsaustauschs unter Wahrung der Verhältnismäßigkeit im Einzelfall zu beantworten. Die Grenze zu einem unzulässigen additiven Grundrechtseingriff wird dadurch nicht überschritten.[216]

61 **b) Koordinierung von Sammelverfahren.** Des Weiteren ist das den Beschlüssen des Generalbundesanwalts und der Generalstaatsanwälte zugrundeliegende sicherheitspolitische Ziel der Bündelung von Ermittlungsverfahren gegen polizeiliche Gefährder ein wesentlicher Schwerpunkt der staatsanwaltschaftlichen Aufgaben. Ihren forensischen Ursprung hat diese Praxis zB bei der strafrechtlichen Bearbeitung jugendlicher Intensivtäter.[217] Eine Zuständigkeit auf Bundesebene zur Durchsetzung der Bündelung von Verfahren besteht jedoch nur im Ausnahmefall.[218] Die Zusammenführung von Verfahren erfolgt in den allermeisten Fällen durch die Staatsanwaltschaften der Länder, da der GBA nur Straftaten

---

[209] *Lohse/Engelstätter* GSZ 2020, 156 (160), vgl. auch *Griesbaum/Wallenta* NStZ 2013, 369 (374 f.).
[210] *Diemer* NStZ 2005, 666 (667); *Griesbaum* FS Nehm, 2006, 125 (130); *Hilger* FG Hilger, 2003, 11 (13); *Peters* in MüKoStPO StPO § 152 Rn. 62; *Senge* FS Hamm, 2008, 701 (715).
[211] *Lohse/Engelstätter* GSZ 2020, 156 (159); *Hilger* FG Hilger, 2003, 11 (15); → § 17 Rn. 20.
[212] *Diemer* NStZ 2005, 666 (668); *Engelstätter* in BeckOK StPO, 43. Ed. 1.4.2022, RiStBV Anlage E Rn. 8; *Senge* FS Hamm, 2008, 701 (715); *Keller/Griesbaum* NStZ 1990, 416 (417).
[213] Der Staatsanwaltschaft nimmt Vorprüfungen vor, ob Anhaltspunkte für einen „nicht natürlichen Tod" vorliegen und leitet erst bei Vorliegen etwaiger Anhaltspunkte ein, vgl. *Lange* Vorermittlungen 88; *Maiwald* NJW 1978, 561 (562).
[214] BGHSt 62, 123 (133) = NStZ 2017, 651; vgl. auch BVerfGE 32, 373 (380) = NJW 1972, 1123; BVerfGE 80, 367 (380) = NJW 1990, 563; BVerwG NVwZ 2001, 1285 (1286).
[215] *Bäcker*, Kriminalpräventionsrecht, 2015, 349 ff.; *Sieber* GS Vogel, 2016, 351 (363).
[216] Vgl. dazu BVerfGE 130, 372 = NJW 2012, 1784; *Ruschemeier,* Der additive Grundrechtseingriff, 2019, 130 ff., 174.
[217] ZB hat Hamburg 2007 das sog. PROTÄKT-Programm, bei dem Jugendliche und Heranwachsende, die durch Gewalttaten auffallen und in eine kriminelle Karriere abzurutschen drohen, „in Manndeckung" genommen werden, indem die Kriminalitätsbekämpfung täterorientiert mit einem hohen Ressourceneinsatz erfolgt, vgl. Bürgerschaft der Freien und Hansestadt Hamburg, Drs. 21/1018, 1 v. 25.8.2017.
[218] *Bäcker* GSZ 2018, 213 (215).

B. Rechtsrahmen § 42

verfolgen kann, für die auch die Voraussetzungen der §§ 142a, 120 Abs. 1, 2 GVG gegeben sind. Ihm steht auch kein Weisungsrecht gegenüber den Landesstaatsanwaltschaften zu, ein Sammelverfahren einzurichten. Eine Ausnahme bildet lediglich das Kompetenzbestimmungsrecht des § 143 Abs. 3 S. 1 GVG,[219] das seinerseits aber wiederum eine Meinungsverschiedenheit zwischen den mit den jeweiligen Verfahren befassten Landesbehörden verschiedener Bundesländer voraussetzt (→ Rn. 27). Daher obliegt die Entscheidung grundsätzlich dem jeweiligen Generalstaatsanwalt (§ 145 S. 1 GVG, § 147 Nr. 3 GVG) sowie im Fall der Betroffenheit der Staatsanwaltschaften verschiedener OLG-Bezirke eines Bundeslandes der Landesjustizverwaltung (§ 147 GVG). In Betracht kommen aber auch Sonderzuständigkeiten, zB durch sog. Schwerpunktstaatsanwaltschaften gem. § 143 Abs. 4 GVG.

Im Lichte dieser Kompetenzbestimmungen sind die Beschlüsse des GBA und der Generalstaatsanwälte zu interpretieren. Soweit danach der GBA auf die Führung von Sammelverfahren „*hinwirken*" soll, geht es nicht um die Ausübung gesetzlich nicht bestehender Weisungsrechte, sondern um Sensibilisierung und Beratung der jeweils zuständigen Behörden im Hinblick auf rechtlich bestehende Möglichkeiten. Die Landesstaatsanwaltschaften haben sich mittlerweile auf Grundlage der Beschlüsse ohnehin fachlich spezialisiert, indem jedes Bundesland ein Staatsschutzzentrum bei einer Generalstaatsanwaltschaft oder zumindest eine vergleichbare spezialisierte Abteilung eingerichtet hat. Sofern aufgrund von Staatsverträgen länderübergreifende Zuständigkeitsvereinbarungen[220] bestehen, wurden zumindest Kontaktstellen bei den Generalstaatsanwaltschaften in den jeweiligen Bundesländern eingerichtet. Ist gegen einen Gefährder bereits ein Strafverfahren aus dem Bereich der Allgemeinkriminalität anhängig, laufen die Informationen in der forensischen Praxis in zwei getrennten Verfahren auf das zuständige Staatsschutzzentrum zu: Zum einen informiert das LKA das Staatsschutzzentrum auf Basis einer institutionalisierten Zusammenarbeit auf polizeilicher, zum anderen der GBA auf justizieller Ebene. Das Staatsschutzzentrum steuert die Erkenntnisse zur jeweils örtlichen Landesstaatsanwaltschaft, sodass diese oder das Staatsschutzzentrum selbst – soweit rechtlich möglich – unterschiedliche Strafvorwürfe gegen den Gefährder in einem Sammelverfahren führen kann.

V. Die Opferstaatsanwälte beim Generalbundesanwalt

Nach dem Anschlag auf den Berliner Weihnachtsmarkt am 19.12.2016 mit zwölf Toten und über 50 Verletzten ernannte die Bundesregierung den ehemaligen Ministerpräsidenten Kurt Beck zum **Opferbeauftragten der Bundesregierung.** Dieser analysierte die Opferbetreuung nach der Tat und legte in seinem Abschlussbericht vom November 2017 einzelne Schwachstellen sowie Vorschläge zur Verbesserung dar. Danach war in der Akutphase des Anschlages unter anderem zu wenig Personal präsent, wodurch es zu nicht hinnehmbaren Verzögerungen kam, zB bei der Identifizierung und Erfassung der Opfer, sodass teilweise unverhältnismäßig viel Zeit verging, bis einzelne Angehörige informiert wurden.[221] Auch fehlte es an Ansprechpartnern für Belange der Opfer und sowie an einer sachgerechten Koordinierung, sodass Opfer oder Angehörige teilweise mehrfach befragt wurden, ohne dass sich ihnen der Sinn der diversen Befragungen unmittelbar erschloss. Unter anderem zur Behebung dieser Defizite hat der Gesetzgeber in der jüngeren Vergangenheit die Rolle von Opfern – genauer: Geschädigten/Verletzten – im Strafverfahren

---

[219] *Brocke* in MüKoStPO GVG § 143 Rn. 7; vgl. auch BT-Drs. 18/3007, 13.
[220] ZB sind die Verfahren nach § 120 GVG für die Länder Freie Hansestadt Bremen, Schleswig-Holstein, Mecklenburg-Vorpommern und Freie und Hansestadt Hamburg gem. § 120 Abs. 5, 2 GVG am Hanseatischen Oberlandesgericht Hamburg konzentriert.
[221] Vgl. den Abschlussbericht des Bundesbeauftragten für die Opfer und Hinterbliebenen des Terroranschlags auf dem Breitscheidplatz, 12 ff. (abrufbar unter https://www.bmjv.de/SharedDocs/Downloads/DE/News/Artikel/121317_Abschlussbericht_Opferbeauftragter.pdf.

gestärkt.²²² Wesentliches Instrument hierbei ist die Stärkung der Nebenklage gem. §§ 395 ff. StPO. Sie soll primär den Opfern gravierender Straftaten zugutekommen. Diese Gruppe von Verletzten will der Gesetzgeber – und in der praktischen Umsetzung insbesondere auch die Staatsanwaltschaft – vor vermeidbaren Belastungen durch das Strafverfahren bewahren und dadurch sekundäre Viktimisierungen verhindern.²²³ Im Geiste dieses Anliegens hat der GBA mit spezialisierten Opferstaatsanwälten zentrale Ansprechpartner für Opfer und Hinterbliebene terroristisch motivierter Anschläge geschaffen.

64 In der Rechtspraxis lässt sich die Tätigkeit eines Opferstaatsanwalts in **zwei Phasen** unterteilen: Die erste Phase, die sog. **Akutphase,** beginnt mit der Kenntnis des Großschadensereignisses. Der Opferstaatsanwalt begibt sich zu der Polizeibehörde vor Ort, die regelmäßig eine sog. besondere Aufbauorganisation (BAO) eingerichtet hat. Dabei ist er nicht Bestandteil des ermittlungsführenden Referates, arbeitet aber als **„single point of contact"** eng mit diesem, den zuständigen Polizeibehörden, der (zunächst) ermittlungsführenden Stelle und den Kontaktstellen für die Zentralen Opferstellen in Bund und Ländern sowie Ministerien und – soweit erforderlich – mit konsularischen Vertretungen zusammen. Dadurch gewährleistet er insbesondere die zuverlässige, einheitliche und valide Erfassung der Opferdaten, wodurch er gleichzeig das ermittelnde Referat entlastet. Auch staatsanwaltschaftliche Tätigkeiten wie die Anordnung der Leichenöffnung (§ 87 Abs. 2 StPO), die Leichenfreigabe sowie die Erteilung von Bestattungsgenehmigungen werden vom Opferstaatsanwalt wahrgenommen. Die zweite Phase bildet der spätere Verlauf der Ermittlungen. Der Opferstaatsanwalt bleibt – soweit möglich – Ansprechpartner für die Opfer und ihre Angehörigen sowie etwaige Rechtsbeistände. Hierbei geht es insbesondere um strafprozessuale Fragen wie Akteneinsicht oder die Ausübung von Nebenklägerrechten (§§ 395 ff. StPO). Beim GBA besteht derzeit ein Pool mit mehreren Opferstaatsanwälten. Obwohl das Gesetz keine qualifizierten Anforderungen an die Person des Opferstaatsanwalts stellt,²²⁴ ist der GBA-Pool mit Staatsanwältinnen und Staatsanwälten des GBA besetzt, die über eine mehrjährige forensische, durch Empathie begleitete Erfahrung im Zusammenhang mit der strafprozessualen Durchsetzung der Rechte von Verletzten im Strafverfahren verfügen.

C. Rechtspraxis

65 Die Ermittlungstätigkeit der Bundesanwaltschaft innerhalb des zuvor geschilderten Rechtsrahmens lässt sich in drei Bereiche unterteilen. Die zahlenmäßig größte Gruppe bilden hier die „klassischen" Terrorismusverfahren, mithin die Ermittlungsverfahren im Bereich der inneren Sicherheit (→ Rn. 66). Sodann folgen Verfahren im Bereich der äußeren Sicherheit → Rn. 120) sowie die Bekämpfung von Völkerstraftaten nach dem VStGB (→ Rn. 130).

I. Ermittlungsverfahren im Bereich der Inneren Sicherheit

66 In diesem Bereich werden die sog. **klassischen Terrorismusverfahren** geführt. Eine allgemeine Terrorismusdefinition enthält allerdings weder die StPO noch das StGB. Auch einen eigenen Straftatbestand des Terrorismus gibt es im deutschen Strafrecht – anders beispielsweise als in Art. 421-1 des französischen code pénal – nicht.²²⁵ Für die Einführung

---

²²² Vgl. zB das 2. OpferrechtsreformG (BGBl. 2009 I 2280), vgl. dazu *Barton* JA 2009, 753 ff.
²²³ Vgl. *Barton* JA 2009, 753. Zum Begriff der sekundären Viktimisierung vgl. *Volbert* in Steller/Volbert, Handbuch der Rechtspsychologie, 2008, 198 ff.; *Heger* JA 2007, 244 (245); *Kölbel* ZStW 119 (2007), 334 (359 f.). Zur Forschungsrichtung der Viktimologie im Allgemeinen: *Görgen* in Kröber/Dölling/Leygraf/Sass, Handbuch der forensischen Psychiatrie, Bd. 4, 2009, 236 ff.
²²⁴ Vgl. zB § 37 JGG, der für den Jugendstaatsanwalt eine besondere erzieherische Befähigung sowie eine forensische Erfahrung in der Jugendarbeit verlangt.
²²⁵ *Frank* in Lüttich/Lehmann, Der Kampf gegen den Terror in Gegenwart und Zukunft, 2019, 77, 79; *Zöller* GA 2010, 607 (611); *Melia* GA 2012, 1 (2).

eines Sonder- oder gar Feindstrafrechts für Gewalttäter einer bestimmten ideologischen Prägung würde das GG auch keine Grundlage bieten.[226] In seinem Geiste ist es vielmehr ein Gebot der verfassungsrechtlichen Ordnung, terroristische Handlungen weder als Krieg noch als Ausnahmezustand aufzufassen, die von der Beachtung rechtsstaatlicher Anforderungen dispensieren, sondern sie als Straftaten mit den Mitteln des Rechtsstaats zu bekämpfen.[227] Die Rechtsprechung versteht auf Grundlage des durch Rechtsgüterschutz geprägten deutschen Strafrechts unter Terrorismus daher allgemein die Verfolgung politischer Ziele unter Einsatz gemeingefährlicher Waffen oder durch Angriffe insbesondere auf das Leben Unbeteiligter.[228] Straftaten mit dem Gepräge des Terrorismus zielen auf die Destabilisierung des Gemeinwesens und umfassen in rücksichtsloser Instrumentalisierung anderer Menschen Angriffe auf Leib und Leben beliebiger Dritter. Sie richten sich gegen die Grundpfeiler der verfassungsrechtlichen Ordnung und das Gemeinwesen als Ganzes.[229] In der strafjustiziellen Praxis haben sich mit dem islamistischen Terrorismus (→ Rn. 67 ff.), dem Rechts- und Linksextremismus (→ Rn. 80 ff. und → Rn. 96 ff.) und dem nicht-islamistischen Ausländerextremismus (→ Rn. 109 ff.) mittlerweile vier Schwerpunkte gebildet, in denen der GBA zum Schutze der inneren Sicherheit regelmäßig tätig wird. Phänomenübergreifend erfolgt zudem die Bekämpfung terroristisch motivierter Finanzierungsaktivitäten (→ Rn. 117 ff.). Den größten Anteil an den Fallzahlen haben regelmäßig die vereinigungsbezogenen Straftatbestände des § 129a StGB, für ausländische terroristische Vereinigungen auch iVm § 129b StGB. Allein wegen dieser Delikte sind im Jahr 2017 insgesamt 1.212 Ermittlungsverfahren, im Jahr 2018 insgesamt 1.186 und im Jahr 2019 insgesamt 699 eingeleitet worden.[230]

1. Islamistischer Terrorismus

Islamistischer Terrorismus ist als Ausprägung des religiös motivierten Terrorismus – unabhängig ob unter der Regie von Al-Qaida oder des Islamischen Staates (IS) – eine der zentralen Herausforderungen für die innere Sicherheit in Deutschland.[231] Beide Organisationen vertreten mit der Ideologie eines salafistischen Jihadismus eine besonders strenge sunnitische Auslegung des Korans.[232] Innerhalb des Salafismus existiert eine militante und intolerante Variante, die maßgeblich durch den Ägypter Sayit Qutb geprägt worden ist. Sie ist letztlich die Grundlage für die Ideologie Osama bin Ladens, salafistische Ziele im Wege des gewaltsamen Jihads – also durch kriegerische Mittel – zu verfolgen. Kennzeichnend sind global agierende, hierarchisch strukturierte Gruppierungen, die untereinander vernetzt und miteinander verwoben sind.[233] Sie verfolgen in der Regel außerweltliche, nicht verhandelbare Ziele.[234] Mitglieder der westlichen Gemeinschaft werden als „Ungläubige" angesehen, die es zu bekämpfen gilt.[235] Die Akteure wenden Strategien und Taktiken terroristischer

67

---

[226] *Kauffmann/Lalissidou* JR 2016, 163 (166); *Paeffgen* FS Amelung, 2009, 81 (85); zur Lehre vom „Feindstrafrecht" vgl. *Jakobs* ZStW 117 (2005), 839 (845).
[227] BVerfGE 133, 277 (333) = NJW 2013, 1499.
[228] BVerfGE 80, 315 (338 f.) = BeckRS 1989, 110351; BVerfGE 141, 220 (266) = NJW 2016, 1781; BVerwG NVwZ 2012, 701 (702 f.).
[229] BVerfGE 133, 277 (333) = NJW 2013, 1499; BVerfGE 141, 220 (266) = NJW 2016, 1781; BVerfGE 143, 101 (138) = NVwZ 2017, 137.
[230] Die Verfahrenszahlen werden regelmäßig in den Antworten der Bundesregierung auf Kleine Anfragen aus dem Bundestag veröffentlicht vgl. hierzu BT-Drs. 19/1799 (Verfahren 2017); BT-Drs. 19/9773 (Verfahren 2018) sowie BT-Drs. 19/19232 (Verfahren 2019); Weiterer Fall (zurückgehend bis 2008) bei *Krauß* in LK-StGB StGB § 129a Rn. 30.
[231] BfV, Verfassungsschutzbericht 2020, 188; *Krause* in Odendahl, Die Bekämpfung des Terrorismus mit Mitteln des Völker- und Europarechts, 2017, 21 (38).
[232] BfV, Verfassungsschutzbericht 2020, 209; *Goertz*, Terrorismusabwehr, 2018, 7; BT-Drs. 18/9479, 2.
[233] *Rautenberg*, Rechtsstaatswidriges Feindstrafrecht oder notwendige Maßnahmen zur Terrorismusbekämpfung, 2014, 193, 195.
[234] *Hegemann/Kahl*, Terrorismus und Terrorismusbekämpfung, 2018, 50.
[235] *Rautenberg*, Rechtsstaatswidriges Feindstrafrecht oder notwendige Maßnahmen zur Terrorismusbekämpfung, 2014, 208.

Gewalt gegen zivile Ziele, aber auch gegen staatliche Strukturen an, um Gesellschaften in Angst und Schrecken zu versetzen, Regierungen zu politischen oder militärischen Handlungen zu zwingen und Staaten zu destabilisieren. In letzter Konsequenz soll die bestehende politische Ordnung gestürzt und durch eine religiös-politische Ordnung eines Kalifats ersetzt werden.[236] Beim GBA ist etwa die Hälfte der in der Abteilung Terrorismus tätigen Staatsanwältinnen und Staatsanwälte in diesem Bereich eingesetzt. Nachdem im Jahr 2015 noch 108 Ermittlungsverfahren mit Bezug zum islamistischen Terrorismus eingeleitet worden waren, haben sich die Zahlen über die Jahre 2016 (201 Verfahren), 2017 (1052 Verfahren) und 2018 (855 Verfahren) nahezu exponentiell entwickelt.[237] Erst seit kurzem kann mit 401 Verfahren im Jahr 2019 und 372 Verfahren im Jahr 2020 eine Stabilisierung der Eingangszahlen festgestellt werden.[238]

68 a) **Historische Entwicklung.** Die Wurzeln des islamistischen Terrorismus liegen in der Verbreitung des Salafismus in den 1970er Jahren in Saudi-Arabien.[239] Ein erstes Netzwerk von Al-Qaida um **Osama bin Laden** etablierte sich in Afghanistan während des Kampfes gegen die sowjetischen Truppen. Im Zuge des ersten Golfkriegs und der Besetzung des Irak durch die USA vergrößerte es sich weiter und nach der Machtübernahme der Taliban in Afghanistan wurde es zu einem weltumspannenden Netzwerk für die Koordination von Terroranschlägen ausgebaut. Al-Qaidas schlimmstes Verbrechen ist die Zerstörung des World Trade Centers in New York am 11. September 2001. Mittlerweile operieren mit Al-Qaida verbundene oder assoziierte Organisationen in Somalia, im Jemen, in den Maghrebstaaten und auf der arabischen Halbinsel. In Somalia stehen sie immer noch offen oder im Stellungskrieg den Truppen der regulären Regierungen gegenüber und kontrollieren eigene Gebiete. Als bedeutender Katalysator für die jihadistische Bewegung erwies sich zudem der **syrische Bürgerkrieg** ab dem Jahr 2011, in dem es den Jihadisten gelang, Teile der sich gegen den regulären Machthaber Basheer al-Assad auflehnenden Bevölkerung auf ihre Seite zu ziehen. Hier entstand mit dem IS eine deutlich radikalere und auch brutalere Organisation, die zumindest für die Jahre 2015–2016 als weltweit schlagkräftigste terroristische Vereinigung angesehen werden muss und bis zu ihrer militärischen Niederlage im Frühjahr 2019 in Syrien und Irak ein Gebiet kontrollierte, in dem zeitweise zwischen sechs und acht Millionen Menschen lebten.[240] Nach Schätzungen kämpften allein im Jahr 2017 weltweit etwa 170.000 bis 200.000 Gotteskrieger in verschiedenen islamistischen Gruppierungen.[241] Für den islamistischen Terrorismus prägend ist die **hohe Gewaltbereitschaft** seiner Akteure, von der Ausübung von Selbstmordattentaten bis hin zum Einsatz von atomaren, chemischen und auch biologischen Waffen.[242] Die einzelnen Organisationen engagieren sich zwar vornehmlich in lokalen Konflikten, wie in Syrien, im Irak, in Libyen, im Jemen, in Mali, Nigeria oder Somalia. Jihadistische Vereinigungen verüben aber auch immer wieder Anschläge außerhalb ihres eigentlichen Operationsgebiets. Diese richten sich vor allem gegen westliche Staaten.[243] Allein bei dem Anschlag auf zwei Pendlerzüge in Madrid im März 2004 starben 191 Menschen. Bei den Anschlägen auf die Londoner U-

---

[236] *Goertz* in Freudenberg/Goertz/Maninger, Terrorismus als hybride Bedrohung des 21. Jahrhunderts, 2018, 1 (3).
[237] *Frank/Freuding* FS 2018, 249 (251); BT-Drs. 19/6904, 2; BT-Drs. 19/6684, 4 ff.
[238] BT-Drs. 19/18298, 2; BT-Drs. 19/27104, 3.
[239] *Krause* in Odendahl, Die Bekämpfung des Terrorismus mit Mitteln des Völker- und Europarechts, 2017, 21 (41).
[240] *Steinberg*, Kalifat des Schreckens, 2015, 115.
[241] *Krause* in Odendahl, Die Bekämpfung des Terrorismus mit Mitteln des Völker- und Europarechts, 2017, 21 (41); eine Aufzählung der für die Praxis des GBA derzeit etwa 25 relevanten Gruppierungen findet sich bei *Krauß* in LK-StGB StGB § 129a Rn. 80.
[242] Europol TE-SAT 2019, 19; *Hegemann/Kahl*, Terrorismus und Terrorismusbekämpfung, 2018, 43; *Rautenberg*, Rechtsstaatswidriges Feindstrafrecht oder notwendige Maßnahmen zur Terrorismusbekämpfung, 2014, 205 f.; zum aktuellen Bedrohungspotential für islamistische Anschläge mit radioaktivem Material BT-Drs. 19/5778.
[243] *Steinberg*, Kalifat des Schreckens, 2015, 174 ff.; Eine Aufstellung aller Anschläge in Europa seit 2004 findet sich bei *Goertz*, Terrorismusabwehr, 2018, 15.

Bahn im Juli 2005 kamen 56 Menschen ums Leben. Bei den Anschlägen in Paris im November 2015 starben 130 Menschen.

b) Deutschlandbezüge. Nachdem Deutschland bereits für die Anschläge vom 11. September 2001 als Logistikbasis benutzt worden war, scheiterten in den Folgejahren zunächst verschiedene Bemühungen, auch einen Anschlag auf deutschem Boden zu verüben. Am 31.7.2006 wurden zunächst in zwei Regionalbahnen zwei Kofferbomben gefunden, die aufgrund eines technischen Fehlers nicht gezündet werden konnten.[244] Anfang September 2007 kam es zur Festnahme der „Sauerland"-Gruppe, die versucht hatte, in einem Ferienhaus im Sauerland Sprengstoff auf der Basis von hochkonzentriertem Wasserstoffperoxid herzustellen.[245] Im April 2011 wurden die vier Angehörigen der „Düsseldorfer Zelle" festgenommen, die nach einer Ausbildung durch Al-Qaida im afghanisch-pakistanischen Grenzgebiet nach Deutschland zurückgekehrt waren, um in Deutschland einen Anschlag zu begehen.[246] Am 10.12.2012 wurde zudem auf dem Bonner Hauptbahnhof ein Sprengsatz sichergestellt, der von einer Gruppe Islamisten für einen Anschlag auf einen Angehörigen der Organisation „Pro NRW" bestimmt war.[247] Zwischen 2016 und 2018 haben die Ermittlungsbehörden sieben weitere Anschlagstaten verhindert.[248] Die zugrundeliegenden Fallkonstellationen zeichneten sich vielfach dadurch aus, dass die Beschuldigten sich aus dem Internet auf einer einschlägigen Propagandaseite einer terroristischen Vereinigung ein Anleitungsvideo verschafften und sodann diverse Alltagsgegenstände aufkauften, aus denen sich ein Sprengstoff – meist TATP – herstellen ließ. Teilweise wurden sie hierbei per Chat von im Ausland aufhältigen Angehörigen terroristischer Gruppierungen unterstützt.[249] In einem Fall versuchte ein Beschuldigter auf diese Weise, einen biologischen Kampfstoff herzustellen.[250]

Gleichwohl ist es in Deutschland auch zu vollendeten Anschlägen gekommen. Am 2.3.2011 tötete ein junger kosovarischer Muslim auf dem Frankfurter Flughafen zwei amerikanische Soldaten und verletzte zwei weitere schwer.[251] Am 26.2.2016 stach eine Jugendliche einem Polizeibeamten auf dem Hauptbahnhof von Hannover mit einem Gemüsemesser in den Hals, um ihn zu ermorden.[252] Am 18.7. desselben Jahres griff ein minderjähriger unbegleiteter Flüchtling in einer Regionalbahn bei Würzburg die Fahrgäste mit Beil und Messer an. Sechs Tage später verletzte ein 27-jähriger Syrer vor einem Weinlokal in Ansbach 15 Personen mit einer „Rucksackbombe", deren Zündung ihn selbst das Leben kostete und am 19.12.2016 tötete schließlich **Anis Amri** mit einem Lkw auf dem Berliner Breitscheidplatz elf Menschen, nachdem er vorher den polnischen Fahrer ermordet hatte.[253] Den Schlusspunkt islamistisch motivierter Anschläge in Deutschland bildet derzeit der Angriff eines gerade aus der Strafhaft entlassenen Gefährders auf zwei offenbar willkürlich ausgewählte Passanten in Dresden am 4.10.2020.[254]

Daneben beobachtet der GBA seit Beginn der 2000er Jahre eine stetig wachsende Anzahl von Personen, die aus Deutschland ausreisen, um sich im Ausland einer islamistischen Gruppierung anzuschließen. Zu einem zahlenmäßig wahrnehmbaren Phänomen wurden diese **„foreign terrorist fighters"** zwar bereits mit dem Irak-Krieg im Jahr 2003 und den

---

[244] OLG Düsseldorf Urt. v. 9.12.2008 – III VI 5/07; nachgehend BGH NStZ 2010, 468.
[245] OLG Düsseldorf Urt. v. 4.10.2010 – Becklink 299559; zu der polizeilichen Vorgehensweise *Kurenbach/Maßmann* Kriminalistik 2010, 558 ff.; zu den Hintergründen *Steinberg*, Al-Qaidas deutsche Kämpfer, 2014, 88 ff.
[246] OLG Düsseldorf Urt. v. 13.11.2014 – III 6 StS 1/12; nachgehend BGHR StGB § 89a Konkurrenzen 1.
[247] OLG Düsseldorf Urt. v. 3.4.2017 – III 5 Sts 1/14, Becklink 2006265.
[248] BT-Drs. 19/6684, 2.
[249] Vgl. BGHSt 59, 218 = NJW 2014, 3459; BGH BeckRS 2018, 10518;
[250] BGH BeckRS 2019, 3832 Rn. 17 f.
[251] OLG Frankfurt a. M. Urt. v. 10.2.2012 – 5'2 StE 7/11'2'4/11, Becklink 1018727; BGH BeckRS 2012, 21255.
[252] OLG Celle BeckRS 2017, 100562; BGH NJW 2018, 2425.
[253] Eine Rekonstruktion des Anschlags findet sich unter anderem bei *Goertz* Kriminalistik 2017, 382 (385).
[254] Zu der Übernahme der Ermittlungen in diesem Fall s. GBA, Pressemitteilung vom 11.11.2020.

darauffolgenden Auseinandersetzungen im afghanisch-/pakistanischen Grenzgebiet.[255] Die größte Anziehungskraft übte jedoch der syrische Bürgerkrieg in den Jahren 2012–2015 aus, in dem sich über 35.000 ausländische Kämpfer aus über 100 Nationen, darunter ca. 1.050 deutsche Staatsbürger, vor allem dem IS anschlossen.[256] Die Jihad-Reisenden wurden von den Gruppierungen in „**Terror-Camps**" militärisch, manche von ihnen auch technisch und ideologisch, geschult und in der Regel vor Ort als Kämpfer eingesetzt.[257] Das medial bekannteste Beispiel aus Deutschland ist der inzwischen verstorbene Rap-Musiker Dennis Cuspert („Deso Dogg"), der sich Ende 2013 dem IS anschloss und vor allem als Propagandafigur bekannt wurde.[258] Mittlerweile sind die Reisebewegungen in die Region aufgrund der militärischen Niederlage der Organisation nahezu zum Erliegen gekommen. Ab dem Jahr 2017 sind nur noch vereinzelte Ausreisen feststellbar.[259]

72 c) **Aktuelle Bedrohungslage.** Trotz der militärischen Niederlage des IS in Syrien ist weiterhin von einer **hohen Bedrohung** der inneren Sicherheit der Bundesrepublik Deutschland durch islamistisch terroristische Aktivitäten auszugehen.[260] Der IS besteht weiter und verfügt, wie jüngere Anschläge zeigen, immer noch über immenses terroristisches Potential.[261] Auch das von Al-Qaida und den mit der Organisation assoziierten Gruppierungen ausgehende Bedrohungspotential besteht unvermindert fort. Dies gilt insbesondere für die zurzeit in Mali stationierten Soldaten der Bundeswehr. Im Zentrum der Gefährdungslage stehen auch weiterhin Anschlagsvorhaben auf deutschem Boden. Große Gefahr geht hier von den organisationsungebundenen, aber durch die jihadistische Ideologie inspirierten Täter (sog. „**einsame Wölfe**") aus, die sich häufig über das Internet radikalisiert haben.[262] Zum Teil handeln sie völlig autonom, zum Teil werden sie gezielt über das Internet angeworben und durch Mentoren zur Begehung eines Anschlags angeleitet. Daneben besteht die Gefahr komplexer Anschläge etwa nach den Vorbildern der „Sauerland"-Gruppe oder nach den Anschlägen von Paris vom November 2015, die durch ein eigens entsandtes „Hit-Team" des IS begangen worden waren.[263] Eine Herausforderung besteht zudem im Hinblick auf Jihadisten, die unter dem Deckmantel eines **Flüchtlings** nach Deutschland kommen, um hier einen Anschlag zu begehen.[264] Insbesondere der IS nutzte bereits bestehende Migrationsrouten, um eigene Mitglieder nach Europa einzuschleusen und ist gleichzeitig bemüht, Flüchtlinge für Anschläge in Deutschland zu gewinnen.[265] Darüber hinaus gibt es Anhaltspunkte, dass sich Angehörige der Vereinigung nach der Niederlage der Organisation gezielt nach Europa begeben, um sich hier zu erholen und neu zu gruppieren.

73 In den nächsten Jahren ist perspektivisch damit zu rechnen, dass ein Großteil der ehemals nach Syrien und Irak ausgereisten „**foreign terrorist fighters**" wieder nach Deutschland kommen wird. Von etwa 1.070 ausgereisten Kämpfern ist mittlerweile ein Drittel wieder nach Deutschland zurückgekehrt. Sie verfügen in aller Regel über Fähigkeiten im Umgang

---

[255] *Said* in Kärgel, „Sie haben keinen Plan B", Radikalisierung, Ausreise, Rückkehr – zwischen Prävention und Intervention, 2017, 68; *Steinberg*, Al-Qaidas deutsche Kämpfer, 2014, 92 ff.
[256] Europol TE-SAT 2019, 40 ff.; *Goertz*, Terrorismusabwehr, 2018, 47; *Steinberg*, Kalifat des Schreckens, 2015, 159 ff.
[257] *Logvinov* Kriminalistik 2019, 31 (33); *Said* in Kärgel, „Sie haben keinen Plan B", Radikalisierung, Ausreise, Rückkehr – zwischen Prävention und Intervention, 2017, 68, 72 ff.; vgl. auch BT-Drs. 16/12428, 12; 18/4087, 8.
[258] *Steinberg*, Kalifat des Schreckens, 2015, 169 ff.
[259] BfV, Verfassungsschutzbericht 2020, 193´f.
[260] Vgl. *Tophoven/Holz*, „Der ‚Islamische Staat': Geschlagen – nicht besiegt", 2000, 4 ff.
[261] *Steinberg*, Das Ende des IS?, 2018, 36; zu den aktuellen Aktivitäten der Organisation in Afghanistan vgl. *Steinberg/Albrecht* SWP-Aktuell Nr. 8/02 2022.
[262] BfV, Verfassungsschutzbericht 2019, 189.; *Goertz* Kriminalistik 2017, 382; *Steinberg*, „Jihadismus und Internet. Eine Einführung", SWP-Studie, 2012, 5; vgl. auch *Neumann*, Der Terror ist unter uns, 177 ff.
[263] BfV, Verfassungsschutzbericht 2019, 191.
[264] *Münch* in Kärgel, „Sie haben keinen Plan B", Radikalisierung, Ausreise, Rückkehr – zwischen Prävention und Intervention, 2017, 84, 87; *Logvinov* Kriminalistik 2019, 31 (32).
[265] Vgl. BfV, Verfassungsschutzbericht 2018, 190 sowie Verfassungsschutzbericht 2019, 192.

mit Kriegswaffen und Sprengstoff sowie immer noch über Kontakte zu (ehemaligen) Angehörigen jihadistischer Organisationen. Zumindest einige von ihnen könnten auch zum jetzigen Zeitpunkt immer noch hoch radikalisiert sein oder sich erneut radikalisieren;[266] dies gilt auch für Ehefrauen und indoktrinierte Kinder. Die aktuelle jihadistische Propaganda hat die Pflicht zur Teilnahme am Jihad auch auf die Ehefrauen und Kinder jihadistischer Kämpfer ausgeweitet.[267] Jungen über zehn Jahren durchliefen beim IS eine ideologische Indoktrination und eine Infanterieausbildung mit Elementen der Selbstverteidigung, deren Intensität allerdings variierte. Einigen wurden zudem bestimmte Gruppenrollen antrainiert, wie „Spion" zur Ausspähung des sozialen Umfelds, aber auch „Prediger", „Henker" oder „Selbstmordattentäter".[268]

d) Verfolgungsstrategie. Die Verfolgungsstrategie liegt in einer frühzeitigen, effektiven **74** und nachhaltigen Durchsetzung des staatlichen Strafanspruchs. Neben dem Kernbereich der staatsanwaltschaftlichen Tätigkeit im terroristischen Staatsschutzstrafrecht, nämlich insbesondere dem Führen von Ermittlungsverfahren nach §§ 129a, b StGB, liegt ein Schwerpunkt – als wesentliche Konsequenz des Anschlages auf den Berliner Weihnachtsmarkt 2016 – in der strafprozessualen, beim GBA in einem Referat konzentrierten strafprozessualen Begleitung von Gefährdern (→ Rn. 56) durch den GBA und die Staatsanwaltschaften der Länder.[269] Stand November 2020 waren im gesamten Bundesgebiet 619 Personen als Gefährder und 513 weitere als relevante Personen eingestuft. Etwa 804 dieser Personen hielten sich in Deutschland auf, 128 befanden sich in Straf- oder Untersuchungshaft.[270] Kernaufgaben des GBA bei der Bekämpfung des islamistisch motivierten Terrorismus ist jedoch weiterhin die konsequente Verfolgung im Regelfall bereits vor der Einreise nach Deutschland begangener Vereinigungsdelikte. Tatvorwurf ist in den allermeisten Fällen die Mitgliedschaft in einer terroristischen Vereinigung im Ausland gem. § 129a StGB, deren Strafverfolgung über § 129b Abs. 1 S. 2 StGB durch die deutsche Strafjustiz nicht nur für deutsche Staatsbürger, sondern auch für im Inland aufhältige ausländische Staatsangehörige zulässig ist.[271] Voraussetzung ist gem. § 129b Abs. 1 S. 3 StGB regelmäßig die Erteilung einer Strafverfolgungsermächtigung durch das Bundesministerium der Justiz. Sie kann abstrakt generell – bezogen auf die Handlungen aller Mitglieder einer terroristischen Vereinigung – aber auch konkret individuell – bezogen auf einen Einzelsachverhalt oder einen einzelnen Täter – erteilt werden.[272] Derzeit stehen über 40 Vereinigungen mit islamistischer Zielrichtung im Fokus des Generalbundesanwalts, wobei die syrischen Vereinigungen IS, Jabhat al-Nusra, die HTS und die somalische Al-Shabab rein zahlenmäßig im Vordergrund stehen.[273] In der Rechtspraxis konkurrieren diese Tathandlungen regelmäßig mit Waffendelikten nach dem KrWaffKontrG, die von den Betroffenen nicht nur durch die Beteiligung an Kampfhandlungen, sondern bereits durch die Ableistung von Wachdiensten verwirklicht werden können.[274] Bei Verfahren mit Bezug zum syrischen Bürgerkrieg kommt es zudem zu Überschneidungen mit Tatbeständen nach dem VStGB (→ Rn. 142)[275] oder zu Delikten der Allgemeinkriminalität, deren Spannbreite mannigfal-

---

[266] BfV, Verfassungsschutzbericht 2020, 193 f.; *Moldenhauer* in Kärgel, „Sie haben keinen Plan B", Radikalisierung, Ausreise, Rückkehr – zwischen Prävention und Intervention, 2017, 96 ff.; zum von sog. Rückkehrern ausgehenden Bedrohungspotential *Goertz,* Terrorismusabwehr, 2018, 47 ff.
[267] BfV, Verfassungsschutzbericht 2019, 186; *Heubrock* Kriminalistik 2017, 226 ff.
[268] *Logvinov* Kriminalistik 2019, 31 (33).
[269] *Brauneisen* in Lüttich/Lehmann, Der Kampf gegen den Terror in Gegenwart und Zukunft, 2019, 107 (127 f.); *Frank* in Lüttich/Lehmann, Der Kampf gegen den Terror in Gegenwart und Zukunft, 2019, 77 (92 f.).
[270] Zahlen v. 5.11.2020, veröffentlicht in BT-Drs. 19/24082, 2.
[271] BGH BeckRS 2017, 108117 Rn. 16; 2017, 119137 Rn. 12.
[272] *Frank/Freuding* FS 2018, 249 (251).
[273] *Frank/Freuding* FS 2018, 249 (251); vgl. BT-Drs. 19/1799, 12 ff.
[274] Typische Fallkonstellationen zB in BGH BeckRS 2018, 17562; 2018, 6347.
[275] *Frank/Schneider-Glockzin* NStZ 2017, 1 (2).

tig ist: von Straftaten zum Nachteil von Kindern wie beispielsweise §§ 171, 235 StGB bis hin zu Tötungsdelikten nach §§ 212, 211 StGB.

75 Da zu einem späteren Zeitpunkt bekanntwerdende weitere Betätigungshandlungen eines Beschuldigten Gefahr laufen, aufgrund eines bereits durch ein vorangegangenes Strafverfahren eingetretenen Strafklageverbrauchs nicht mehr verfolgt werden zu können,[276] ist es für den GBA von entscheidender Bedeutung, möglichst frühzeitig alle im konkreten Sachverhalt verfügbaren Informationen zu erhalten, um eine fundierte Prüfung seiner Zuständigkeit vornehmen zu können. Hierzu gehört auch die Verwertung sog. **„battlefield evidence"**, also die Gewinnung von Informationen und Beweismitteln aus Bürgerkriegsgebieten.[277] Auch die Kooperation auf europäischer Ebene spielt bei den Ermittlungen eine immer größere Rolle. So trat der GBA im Mai 2018 im Fall eines in Deutschland aufhältigen Beschuldigten, der mutmaßlich gemeinsam mit einem Beschuldigten eines französischen Ermittlungsverfahrens einen Sprengstoffanschlag vorbereitete, im Rahmen von Eurojust einer gemeinsamen Ermittlungsgruppe (**„Joint Investigation Team – JIT"**) bei, die es ermöglichte, maßgebliche Erkenntnisse auch ohne förmliche Rechtshilfeersuchen austauschen und den weiteren Gang der Ermittlungen zu koordinieren und zu beschleunigen.[278]

76 e) Aktuelle Rechtspraxis. Derzeit konzentriert sich die Verfolgungspraxis des GBA auf aus den Kampfgebieten in Syrien und im Irak **zurückkehrende Kämpfer** sowie unter dem Deckmantel der Flüchtlingsbewegung eingereiste Angehörige terroristischer Gruppierungen. Der GBA überprüft in diesem Zusammenhang auch Angaben von Flüchtlingen gegenüber Behörden der Ausländerverwaltung, namentlich dem BAMF, in denen sich diese selbst belasten, Mitglied einer bekannten terroristischen Vereinigung im Ausland oder aber Mitglied einer bislang unbekannten, möglicherweise terroristischen Gruppierung gewesen zu sein.[279] Daneben übernimmt der GBA unter dem Gesichtspunkt der §§ 89a ff. StGB im Wege der Evokation gem. § 120 Abs. 2 Nr. 1 GVG immer wieder Ermittlungsverfahren der Bundesländer.[280] Die letzte Fallgruppe bilden Verfahren gegen Unterstützer islamistischer Vereinigungen im Inland, die sich durch Geldsammlungen aber auch Zurverfügungstellung von Ausrüstung oder Waffen an der Finanzierung terroristischer Organisationen beteiligen oder die Gruppierung durch Propagandaaktionen unterstützen.[281]

77 Daneben kommt es im Bereich des islamistischen Terrorismus regelmäßig zu Verfahrensabgaben wegen **minderer Bedeutung** gem. § 142a Abs. 2 Nr. 2 GVG (→ Rn. 29). In der Rechtspraxis bestimmen sich die Voraussetzungen hierfür im Wege einer Gesamtabwägung der Umstände und Auswirkungen der Tat unter besonderer Berücksichtigung des Gewichts ihres Angriffs auf die Schutzgüter des Gesamtstaates. Die hier zu berücksichtigenden Kriterien entziehen sich zwar einer abschließenden Aufstellung und schematischen Bearbeitung. Für Abgaben im Bereich des islamistischen Terrorismus lässt sich gleichwohl festhalten, dass Unterstützungs- oder Betätigungshandlungen von geringem Unrechtsgehalt in bereits rechtskräftig festgestellten terroristischen Vereinigungen regelmäßig für eine Abgabe in Betracht kommen. Ergänzend berücksichtigt werden können: die Dauer der Mitgliedschaft, länger zurückliegender Tatzeiträume sowie ein nur geringer Grad organisatorischer Einbindung in die Strukturen der Gruppierung. Demgegenüber erscheint eine Abgabe fernliegend für alle Personen, die besondere Aufgaben in der Vereinigung übernommen haben, wie die Leitung einer Medienstelle, die Führung einer Kampfeinheit, die Ausrüs-

---

[276] Vgl. hierzu BGH NStZ 2016, 745; 2019, 354.
[277] *Frank* in Lüttich/Lehmann, Der Kampf gegen den Terror in Gegenwart und Zukunft, 2019, 77 (106).
[278] Hierzu http://www.eurojust.europa.eu/Practioners/JITs/Pages/JITs-sitem.aspx.
[279] Zur Liwa Owais Al Qorani, einer Vorfeldorganisation der Jabhat al-Nusra, vgl. BGH BeckRS 2019, 12653 Rn. 7 ff.
[280] Typische Fallkonstellationen in BGHSt 59, 218 = NJW 2014, 3459; BGH BeckRS 2018, 10518; 2019, 3832.
[281] Typische Fallkonstellationen in BGH NStZ-RR 2015, 242; 2018, 72; BGH BeckRS 2018, 13715; 2019, 5425; zu den Fallgruppen der Propaganda s. *Engelstätter/Maslow* GSZ 2018, 138 ff.

tung der Vereinigung mit Schusswaffen oder Sprengstoffen sowie Tätigkeiten als Schleuser oder Vermittler, mit dem Ziel, der Vereinigung neue Rekruten zuzuleiten.

Eine besondere Herausforderung bestand und besteht zum Teil immer noch bei Ermittlungen im Hinblick auf eine mögliche Strafbarkeit nach §§ 129a, b StGB von **Ehefrauen oder Lebenspartnerinnen** von IS-Mitgliedern.[282] Auch unter ihnen befinden sich Personen, die regelmäßig hoch radikalisiert sind und nach Einschätzung der Sicherheitsbehörden eine Gefahr für die innere Sicherheit in Deutschland darstellen. Nach der Rechtsprechung des BGH erfüllt zwar die bloße Anwesenheit im Einflussgebiet einer terroristischen Vereinigung einschließlich der Begründung einer Lebensgemeinschaft mit einem Vereinigungsmitglied noch nicht den Tatbestand der §§ 129a, b StGB.[283] Dies gilt jedoch nicht im Falle des Nachweises konkreter Beteiligungshandlungen.[284] Dies können auch für sich genommen nicht strafbare Handlungen sein, sofern sie über Haushaltsführung oder Betreuung der Familie hinausgehen.[285] In Betracht kommen zB Teilnahme an der „Sittenpolizei", Propagandatätigkeit in Form von Blogeinträgen aber auch die Verwirklichung des Plünderungstatbestands gem. § 9 VStGB durch die Übernahme durch die Vereinigung besetzter Wohnhäuser der lokalen Bevölkerung.[286] 78

Verfahrenseinstellungen gem. **§ 153c StPO** (→ Rn. 35) sind im Bereich des islamistischen Terrorismus aufgrund der sich regelmäßig gegen den Bestand der freiheitlich demokratischen Grundordnung richtenden Zielsetzung der jeweiligen Organisationen eher selten, wenngleich rechtlich nicht ausgeschlossen. Sie kommen namentlich in Betracht, für Auslandstaten ausländischer Staatsbürger in lokalen Konflikten die ausschließlich durch innenpolitische Spannungen bedingt sind. In derartigen Fällen gebietet der völkerrechtlich anerkannte **Nichteinmischungsgrundsatz**[287] hinsichtlich politisch motivierter Straftaten von dem nationalen Strafverfolgungsanspruch zurückhaltend Gebrauch zu machen.[288] 79

2. Rechtsextremismus

Einen weiteren Schwerpunkt der Ermittlungstätigkeit des GBA zum Schutze der Inneren Sicherheit der Bundesrepublik Deutschland bilden Verfahren im Bereich des Rechtsterrorismus. Rechtsextremistische Bestrebungen verstehen sich als Gegenentwurf zur freiheitlich demokratischen Grundordnung und streben ihre Ersetzung durch einen Führerstaat an.[289] Sie basieren auf einer **„Ideologie der Ungleichwertigkeit"**, die auf den Ausschluss politischer Gegner sowie anderer als minderwertig angesehener Bevölkerungsgruppen angelegt ist und gleichzeitig die Pluralität der Interessen, das Parteiensystem einschließlich des Rechts auf parlamentarische Opposition negiert.[290] Diese Ideologie steht offensichtlich in fundamentalem Wiederspruch zum GG und der auf ihm basierenden gesellschaftlichen Ordnung, die nach ihren historischen Wurzeln und der Rechtsprechung des BVerfG gerade als bewusster Gegenentwurf zum nationalsozialistischen Unrecht konzipiert ist.[291] Seit 1990 sind nach Medienberichten insgesamt 182 Menschen durch rechtsextreme Ge- 80

---

[282] Einen anschaulichen Überblick geben *Koller/Schiele,* Holding Woman Accountable: Prosecuting Female Returnees in Germany, CTC 2021, 38 ff.
[283] BGH NStZ-RR 2018, 206 = GSZ 2018, 198 mAnm *Paul.*
[284] Darstellung der aktuellen Rspr. bei *Gericke/Moldenhauer* NStZ-RR 2020, 329 (330) sowie *Krauß* in LK-StGB StGB § 129a Rn. 85 ff.
[285] BGH NStZ-RR 2018, 369 (371) = GSZ 2019, 37 mAnm *Paul.*
[286] Hierzu BGH NStZ 2020, 26; BGH NStZ-RR 2019, 229; vgl. auch *Tiemann* ZIS 2019, 553 (560).
[287] Dazu IStGHE 5, 71 (90 f.); *Schiemann* JR 2017, 339.
[288] Vgl. *Beulke* in Löwe/Rosenberg StPO § 153c Rn. 2; *Peters* in MüKoStPO StPO § 153c Rn. 3.
[289] *Jesse* NK 2017, 15 (17); *Logvinov* Kriminalistik 2013, 669 (671).
[290] *Lohse/Engelstätter* GSZ 2020, 156 (157); *Bickenbach* DVBl 2017, 149 (150); *Jesse* NK 2017, 15 (17); *Ullrich* JZ 2016, 169 (175 f.).
[291] *Lohse/Engelstätter* GSZ 2020, 156 (157) unter Hinweis auf BVerfGE 124, 300 (328) = NJW 2010, 47 (51); BVerfG BeckRS 2020, 15367 Rn. 13.

walt getötet worden.²⁹² Der Jahresbericht Politisch motivierte Kriminalität des Bundesministeriums des Innern weist für das Jahr 2019 eine Steigerung um 5,8 Prozent auf 8.585 Taten aus.²⁹³ Markierte schon das Ende des „Nationalsozialistischen Untergrunds" (NSU) für die deutschen Sicherheitsbehörden eine Zäsur, so hat sich die Lage in den vergangenen Jahren weiter zugespitzt: Dies zeigen eindringlich der Mord an Dr. Walter Lübcke – der erste rechtsextremistisch motivierte Mord an einem aktiven Politiker in der Bundesrepublik – sowie die Attentate von Halle und Hanau mit einer Vielzahl von Toten.

81 **a) Historische Entwicklung.** Die Ermittlungen gegen rechtsextremistische Militanz ziehen sich wie ein Band durch die Geschichte der Bundesanwaltschaft und reichen von der versuchten Wiederbelebung des Nationalsozialismus in den 1970er und 1980er Jahren (→ Rn. 82) bis hin zu den ausländerfeindlichen Taten von Mölln (1992), Solingen (1993) und Eggesin (1999) sowie dem antisemitisch motivierten Brandanschlag auf die Lübecker Synagoge (1994) (→ Rn. 83). Zentrale Fixpunkte bleiben jedoch das Attentat auf das Münchener Oktoberfest vom 26.9.1980 (→ Rn. 85) sowie die Mordserie des „Nationalsozialistischen Untergrunds" (NSU) (→ Rn. 86 ff.).

82 **aa) Wiederbelebung des Nationalsozialismus.** Ab 1972 und besonders in den Jahren 1977 und 1978 verfolgten eine Reihe rechtsextremer Gruppierungen das Ziel, die parlamentarische Demokratie durch eine Restitution der Alleinherrschaft der NSDAP zu ersetzen.²⁹⁴ So versuchte im Jahr 1978 **Peter Neumann** die Ausstrahlung einer Fernsehsendung über den Holocaust durch Sprengung eines Stützpunktsenders und einer Richtfunkrelaisstelle zu verhindern. Gegenstand von Strafverfahren waren zudem die Aktivitäten von **Michael Kühnen** ab 1976 für die NSDAP–AO²⁹⁵ sowie des US-Amerikaners Gary Lauck durch Bildung des konspirativen „SA–Sturm 8. Mai" unter dem Deckmantel des „Freizeitvereins Hansa" sowie die Gründung einer terroristischen Wehrsportgruppe.²⁹⁶ Im engen Zusammenhang hierzu stand die Bekämpfung einer terroristischen Vereinigung in Braunschweig und Hannover unter Führung von **Paul Otte,** der wegen zweier Sprengstoffanschläge auf Justizbehörden in Flensburg und Hannover verurteilt wurde.²⁹⁷ Ab 1980 verübten sodann die „Deutschen Aktionsgruppen" unter ihrem selbsternannten „Führer" **Manfred Roeder** vier Sprengstoff- und zwei Brandanschläge auf einen Landrat, eine Schule, Ausländerunterkünfte und die Aufnahmeeinrichtung in Zirndorf, bei denen zwei Menschen ums Leben kamen.²⁹⁸ Sodann folgte das Verfahren gegen **Friedhelm Busse,** ein führendes Mitglied verschiedener rechtsextremistischer Parteien, wie der „Nationalen Volkspartei", der „Partei der Arbeit – Volkssozialisten", der „Aktion Neue Rechte" und der „Volkssozialistischen Bewegung Deutschlands."²⁹⁹ Hervorzuheben sind auch die Aktivitäten der **Hepp-Kexel-Gruppe,** die allein 1982 vier Banküberfälle beging und weitere drei Sprengstoffanschläge mittels in Fahrzeugen von US-amerikanischen Soldaten eingebauter Sprengsätze verübte.³⁰⁰ Ziel der Gruppierung war der „undogmatische Befreiungskampf gegen die Siegermächte." Hepp war vorher Mitglied der Wehrsportgruppe Hoff-

---

²⁹² Vgl. https://www.zeit.de/gesellschaft/zeitgeschehen/2018-09/todesopfer-rechte-gewalt-karte-portraet; die Statistik des Bundeskriminalamts weist bislang 109 Todesopfer aus, vgl. https://www.tagesspiegel.de/politik/angriffe-von-rechtsextremen-bka-zae.
²⁹³ Abrufbar unter www.bmi.bund.de.
²⁹⁴ Vgl. hierzu *Gräfe* Rechtsterrorismus 114 unter Hinweis auf OLG Celle Urt. v.13.9.1979 – 1 StE 7/78 (sog. *„Bückeburgprozess"*).
²⁹⁵ Dazu *Gräfe* Rechtsterrorismus 112 ff.
²⁹⁶ OLG Celle Urt. v. 13.9.1979 – 1 StE 7/78.
²⁹⁷ OLG Celle Urt. v. 19.2.1981 – 1 StE 2/80; siehe auch *Pfahl-Traughber* ZfP 2021, 87 (93).
²⁹⁸ *Gräfe* Rechtsterrorismus 126 ff.; OLG Stuttgart Urt. v. 28.6.1982 – 5-1 StE 3/81; zur Person Roeder s. auch die Beiträge von *Köhler* und *Fiebig* in Lüttig/Lehmann Rechtsextremismus und Rechtsterrorismus 21 (29) sowie 85 (91).
²⁹⁹ Busse wurde 1983 wegen Waffen– und Sprengstoffdelikten und eines Banküberfalls verurteilt; BayObLG Urt. v. 25.11.1983 – 1 StE 6/82.
³⁰⁰ Zu den Aktivitäten der Gruppe und ihrer Ideologie im Einzelnen *Gräfe* Rechtsterrorismus 142 ff., *Köhler* in Lüttig/Lehmann Rechtsextremismus und Rechtsterrorismus 21 (29); *Pfahl-Traughber* ZfP 2021, 87 (93).

mann im Libanon gewesen. Kexel und vier andere Gruppenmitglieder wurden 1985 und 1987 vom OLG Frankfurt a. M. zu langjährigen Haftstrafen verurteilt.[301] Auch Peter Neumann suchte Anschluss an die Gruppierung. Nachdem dies gescheitert war, gründete er 1985 den „Völkischen Bund" und legte gemeinsam mit einem Gleichgesinnten bis 1987 umfangreiche Sprengstoff und Munitionsdepots an, um Sprengstoffanschläge auf Gedenkstätten des Naziterrors zu verüben.[302]

bb) Ausländerfeindliche und antisemitische Bestrebungen. Nachdem sämtliche Versuche einer Wiederbelebung der nationalsozialistischen Gewaltherrschaft gescheitert waren, traten die Aktivitäten überregionaler rechtsterroristischer Gruppierungen in den Hintergrund. Stattdessen kam es zu verschiedenen teils spektakulären Einzeltaten.[303] Angestachelt von den ausländerfeindlichen Auseinandersetzungen in Rostock warfen zunächst zwei 25- und 19-jährige Skinheads am 23.11.1992 in **Mölln** Molotowcocktails in zwei von Türken bewohnte Häuser. Dabei kamen eine Frau und zwei Kinder ums Leben.[304] Sodann verurteilte das OLG Düsseldorf vier junge Männer wegen eines Brandanschlags auf ein von Türken bewohntes Haus in **Solingen** am 29.5.1993, bei dem zwei Frauen und drei Kinder getötet wurden.[305] Auch der antisemitisch motivierte Brandanschlag auf die **Synagoge in Lübeck** am 25.3.1994 durch vier aus der Neonazi– und Skinheadszene stammende Täter wurde mit mehrjährigen Haftstrafen geahndet.[306] In **Eggesin** in Mecklenburg-Vorpommern jagten schließlich fünf Jugendliche und ein heranwachsender Skinhead am 22.8.1999 zwei Vietnamesen und misshandelten sie mit Schlägen und Tritten gegen die Köpfe, wobei sie deren Tod in Kauf nahmen. Ihre Verurteilung durch das OLG Rostock[307] gab dem BGH Anlass zur Festlegung der bis heute im Wesentlichen unveränderten Maßstäbe für die Reichweite der Verfolgungskompetenz des GBA (→ Rn. 16 ff.).[308]

83

Zu Verurteilungen wegen Vereinigungsdelikten gem. §§ 129 ff. StGB kam es dagegen nur noch vereinzelt. Die durch das KG und den BGH als kriminelle Vereinigung eingeordnete **Rechtsrockband „Landser"** hatte sich ab 1993 vorgenommen, als Instrument des neonazistischen Kampfes nach dem Vorbild der englischen Gruppe „Skrewdriver" mittels strafbarer Texte rechtsradikal-propagandistisch auf die Jugend Deutschlands einzuwirken, „um Hass und Emotionen zu schüren." Ihre volksverhetzenden Texte propagierten Rassenhass und Gewalt gegen die Regierung, die Asylpolitik, gegen Kommunisten und Ausländer.[309] Ab 2002 organisierte sich darüber hinaus in München das „Aktionsbüro Süd", auch **„Kameradschaft Süd"** genannt.[310] Ende des Jahres 2002 erwuchs aus ihr die „Schutzgruppe SG", die ab Frühjahr 2003 eine „blutige Revolution" durch den Einsatz von Gewalt mittels Schusswaffen und durch Sprengstoffanschläge als Zielsetzung hatte. Damit sollte insbesondere die Grundsteinlegung des jüdischen Kulturzentrums in München am 9.11.2003 verhindert werden. Vier Mitglieder dieser terroristischen Vereinigung wurden im September 2003 vom BayObLG verurteilt.[311] Im März 2005 verurteilte das Brandenburgische OLG zudem die Angehörigen des **„Freikorps Havelland"** wegen Mitgliedschaft in einer terroristischen Vereinigung zu Jugendstrafen bis zu viereinhalb Jahren und acht Monaten. Verfahrensgegenständlich waren verschiedene aus Ausländerhass begangene Brandanschläge auf türkische und asiatische Imbissstände im Raum Nauen. Die

84

---

[301] OLG Frankfurt a. M. Urt. v. 15.3.1985 – 1 StE 4/84 und vom 13.10.1987 – 1 StE 3/87.
[302] OLG Frankfurt a. M. Urt. v. 14.10.1988 – 1 StE 1/88.
[303] Vgl. die Aufzählung bei *Köhler* in Lüttig/Lehmann Rechtsextremismus und Rechtsterrorismus 21 (30 f.).
[304] OLG Schleswig Urt. v. 8.12.1993 – 20 Js 5/93.
[305] OLG Düsseldorf Urt. v. 13.10.1995 – 2 StE 5/93.
[306] OLG Schleswig Urt. v. 13.4.1995 – 2 OJs 32/94.
[307] OLG Rostock Urt. v. 11.4.2000 – II 1/00 nv; dazu *Nehm* NJW 2020, 1343 (1347).
[308] BGHSt 46, 238 = NJW 2001, 1359.
[309] KG Urt. v. 22.12.2003 – 3 StE 2/02; nachfolgend BGH NStZ 2005, 377.
[310] Zu den Aktivitäten der Gruppe und ihrer Ideologie im Einzelnen *Gräfe* Rechtsterrorismus 178 ff.; *Pfahl-Traughber* ZfP 2021, 87 (94).
[311] BayObLG Urt. v. 4.5.2005 – 3 StE 5/04–5.

Angehörigen der Gruppierung hatten die Absicht, bei den Ladenbesitzern ein Klima der Angst zu erzeugen und die Opfer zum Wegzug aus der Region zu bewegen.[312]

85 cc) **Das Oktoberfest-Attentat.** Das gravierendste rechtsextremistisch motivierte Attentat in der Bundesrepublik Deutschland war jedoch der Anschlag auf das Oktoberfest in München am 26.9.1980 mit zwölf Toten und 221 zum Teil schwer Verletzten. Der Täter, **Gundolf Köhler,** starb bei der Tatausführung. Das Verfahren gegen sieben Mitglieder der Wehrsportgruppe Hoffmann und gegen mögliche unbekannte Mittäter und Gehilfen wurde 1982 eingestellt. Diese – immer wieder auch in Form von zahlreichen **Buchveröffentlichungen** und Fernsehberichten[313] – kritisierte Entscheidung ist in der Folgezeit regelmäßig auf ihre strafprozessuale Belastbarkeit überprüft worden, ohne dass dies zu einer Wiederaufnahme der Ermittlungen führte. Anlass hierzu gaben erst konkrete Zeugenangaben im Jahr 2014. In über fünfjähriger Ermittlungsarbeit wurden daraufhin mehr als 1.000 Zeugenvernehmungen durchgeführt und weit mehr als 200.000 Seiten Aktenbestände ausgewertet. Etwa 220.000 Einzeldokumente allein der Behörde des Bundesbeauftragten für die Stasi-Unterlagen wurden geprüft. Mithilfe von 2.600 Lichtbildern, die Rettungskräfte oder Pressevertreter gefertigt hatten, wurde der Tatort durch eine virtuelle 3D-Umgebung rekonstruiert. Im Ergebnis führten aber auch der Einsatz von Gesichtserkennungstechnik, Öffentlichkeitsfahndung und die Erstellung einer operativen Fallanalyse weder zur Feststellung weiterer Tatbeteiligter des Anschlags noch zur Aufdeckung von Bezügen zu terroristischen oder kriminellen Gruppierungen. Allerdings konnten bereits 1980 vorliegende Erkenntnisse bestätigt werden, wonach Köhler sich vor dem Attentat in Begleitung mehrerer nicht identifizierter Personen auf der Theresienwiese aufgehalten haben könnte.[314]

86 dd) **Der „Nationalsozialistische Untergrund" (NSU).** Am 4.11.2011 endete die terroristische Verbrechensserie des **NSU** mit einem Raubüberfall auf eine Sparkasse in Eisenach. Die Polizei hatte Böhnhardt und Mundlos in dem von ihnen genutzten Wohnmobil gestellt. Nachdem die von ihnen zur Gegenwehr benutzte Maschinenpistole eine Ladehemmung hatte, setzten sie das Fahrzeug in Brand. Danach tötete Mundlos mit einer Pumpgun zunächst Böhnhardt durch einen Kopfschuss und anschließend sich selbst. In dem Wohnmobil wurden acht Waffen gefunden, darunter die zwei bei dem Anschlag auf die Polizeibeamtin Kiesewetter und ihren Kollegen Arnold in Heilbronn am 25.4.2007 entwendeten Dienstpistolen. Am selben Tag gegen 15.00 Uhr setzte Beate Zschäpe die als Versteck und Logistikzentrale genutzte Wohnung in Zwickau in Brand, um Beweismittel und Spuren zu vernichten. Sie stellte sich nach vier Tagen, am 8.11.2011, der Polizei in Jena, nachdem sie vorher mindestens 16 Exemplare der Bekenner-DVD des NSU mit dem Paulchen-Panther-Motiv versandt hatte.[315] Am Tag darauf leitete der GBA ein Ermittlungsverfahren wegen des Verdachts der Bildung einer terroristischen Vereinigung ein und übernahm die in den Ländern geführten Verfahren wegen der sog. Ceska–Morde – die Tatwaffe wurde im Brandschutt der Wohnung gefunden –, wegen des Mordanschlags auf die Polizeibeamten in Heilbronn und wegen der Brandstiftung in Zwickau.[316] Es folgten die Übernahme weiterer Verfahren aus den Ländern, insbesondere wegen der Sprengstoffanschläge in Köln, sowie 15 weiterer Raubüberfälle. Das Bundeskriminalamt bildete eine aus bis zu 432 Personen bestehende besondere Aufbauorganisation (BAO Trio). Das Gesamthinweis– und Spurenaufkommen belief sich auf über 23.000.

---

[312] OLG Brandenburg Urt. v. 7.3.2005 – I-5600 OJs 1/04; nachgehend BGH NStZ 2006, 1603; zur Struktur der Gruppierung und ihren Zielen vgl. *Gräfe* Rechtsterrorismus 186 ff.; *Pfahl-Traughber* ZfP 2021, 87 (94).

[313] ZB *Chaussy*, Oktoberfest. Das Attentat: Wie die Verdrängung des Rechtsterrors begann, 2015; *Lecorte*, Oktoberfest-Attentat 1980, 2014; *v. Heymann*, Die Oktoberfestbombe München, 2008.

[314] Die wesentlichen Ermittlungsergebnisse sind zusammengestellt in der Pressemitteilung des GBA vom 8.7.2020.

[315] Zur Entstehung der Vereinigung, ihrer Ideologie und Zielen sowie ihre Aktivitäten im Einzelnen *Gräfe* Rechtsterrorismus 203 ff.

[316] GBA Pressemitteilung v. 11.11.2011.

Schwerpunkt der Ermittlungen war die **Feststellung** der am NSU beteiligten Mitglieder, seiner Unterstützer und Gehilfen. Ansatzpunkt waren sämtliche Kontaktpersonen von Böhnhardt, Mundlos und Zschäpe vor und nach ihrem Untertauchen im Jahr 1998. Weitere Ermittlungskomplexe bezogen sich auf die Herkunft der sichergestellten Waffen, auf die von Tätern benutzten Wohnungen, Unterkünfte, Campingplätze, Bahncards und Mietfahrzeuge sowie auf ihre umfangreichen Ausspähungsaktivitäten, die anhand des sichergestellten Karten– und Datenmaterials ausgewertet wurden. Hinzu kamen Finanzermittlungen, die Auswertung von Videomaterial zu allen Tatorten und deren Umgebung, Massendatenabgleiche von Kfz-Kennzeichen, Kommunikationsdaten, Hotelübernachtungen und Verkehrsüberwachungen. Allein aus Funkzellenabfragen sind 20,5 Millionen Datensätze mit mehr als 40 Millionen Rufnummern angefallen. Das Ergebnis all dieser Ermittlungen ist dokumentiert in über 1.000 Bänden Sachakten, die dem OLG München mit Anklageerhebung am 5. November 2012 gegen Zschäpe und vier Unterstützer und Gehilfen vorgelegt wurden.[317] Am 11. Juli 2018 – fünfeinhalb Jahre[318] nach Anklageerhebung – erging nach 437 Hauptverhandlungstagen das Urteil des OLG München[319] Die am 21. April 2020 zu den Akten genommene Urteilsbegründung umfasst 3.025 Seiten.[320] Mit Beschluss vom 12. August 2021 sowie Urteil vom 15. Dezember 2021 verwarf der BGH die hiergegen eingelegten Revisionen.[321] Einen Schlussstrich unter dem NSU bedeuten auch diese Entscheidungen jedoch nicht. Nach wie vor sind Personenverfahren beim GBA anhängig. Im Rahmen eines gegen Unbekannt geführten Verfahrens wird weiterhin jedem faktenbasierten Hinweis auf mögliche weitere Verantwortliche nachgegangen.

b) Aktuelle Bedrohungslage. Der Verfassungsschutzbericht für 2020 geht von etwa 13.300 gewaltbereiten Rechtsextremisten in Deutschland aus.[322] Auch die Fallzahlen beim GBA steigen wieder an: Nach sechs Verfahrenseinleitungen im Jahr 2018 leitete die Bundesanwaltschaft im Jahr 2019 insgesamt 24 Ermittlungsverfahren mit Bezug zu rechtsterroristischen Aktivitäten in Deutschland ein.[323] Die aktuelle Bedrohungslage ist zum einen gekennzeichnet durch brutale und spektakuläre Einzeltaten, wie dem Mord an Dr. Walter Lübcke und den Anschlägen von Halle und Hanau, zum anderen durch vermehrte Aktivitäten von Gruppierungen in virtuellen Räumen.[324] Besonderes Augenmerk ist zudem auf Gefahren von innen zu richten, insbesondere auf das Einsickern von Rechtsextremisten in staatliche Institutionen wie die Bundeswehr, Polizei oder Justiz. Derzeit zu beobachten ist eine **Auffächerung** rechtsextremistischer Phänomene. Aktuelle Erscheinungsformen reichen von Meinungsäußerungs- und Propagandadelikten („Hate-Speech") über die Ausbildung von **Mischszenen** unter Einschluss gewaltbereiter Rocker, der Kampfsportszene[325] und rechtsradikaler Musik.[326] Entsprechende Veranstaltungen haben überregionalen Eventcharakter und schaffen eine Art „Erlebniswelt Rechts".[327] Dies dient nicht nur der Finanzierung weiterer Aktivitäten,[328] sondern erzeugt zudem eine **Mobilisie-**

---

[317] GBA Pressemitteilung v. 8.11.2012.
[318] Die durchschnittliche Verhandlungsdauer bei Staatsschutzstrafverfahren am OLG betrug 2018 11,1 Monate, vgl. die Rechtspflegestatistik für 2018, 119, abrufbar unter www.destatis.de/DE/Themen/Staat/Justiz-Rechtspflege/Publikationen/Downloads-Gericht/Strafgerichte-2100230187004.pdf.
[319] Pressemitteilungen Nr. 78 und 79 des OLG München v. 11.7.2018; online im Internet unter https://www.justiz.bayern.de/gerichte-und-behoerden/oberlandesgerichte/muenchen/presse/2018/78.php.
[320] Beck FD-StrafR 2020, 428784.
[321] BGH BeckRS 2021, 22559; 2021, 44186.
[322] BfV, Verfassungsschutzbericht 2020, 53.
[323] BT-Drs. 19/6904, 3 (Fallzahlen 2018); BT-Drs. 19/18298, 3 (Fallzahlen 2019).
[324] *Lohse/Engelstätter* GSZ 2020, 156 (161); vgl. auch BfV, Verfassungsschutzbericht 2020, 51.
[325] Dazu BfV, Verfassungsschutzbericht 2020, 66 ff.
[326] *Lohse/Engelstätter* GSZ 2020, 156; zur Bedeutung rechtsradikaler Musik BfV, Verfassungsschutzbericht 2020, 64, 68 ff.
[327] Hierzu *Ebner*, Radikalisierungsmaschinen, 2019, 219 ff. am Beispiel des sog. „Schild und Schwert"-Festivals.
[328] Vgl. „Spiel mir das Lied vom Terror" in FAZ v. 10.8.2020.

rungs- und Radikalisierungsdynamik, die geeignet ist, ein wachsendes Personen- und Gewaltpotential zu binden.

89 Das Internet dient mittlerweile nicht mehr nur der Verbreitung von Propaganda sondern vor allem der Verlagerung von Kommunikation[329] innerhalb der Szene in **klandestine Bereiche.**[330] Bereits die Gruppierung „Old School Society" fand sich aufgrund rascher Radikalisierung zunächst ausschließlich nur in Chat-Gruppen zusammen, ehe sie in realweltlichen Treffen weitere Planungen konkretisierte und terroristische Taten vorbereitete.[331] Demgegenüber vollzog sich der Prozess der **„Gruppe Freital"** wesentlich über gemeinsam erlebte ausländerfeindliche Aktionen als Startsignal für die Bildung einer auf die Begehung weiterer Taten gerichteten Vereinigung.[332] Auch den Mitgliedern der **„Revolution Chemnitz"** erfolgte der Übergang zur Gründung einer terroristischen Vereinigung vor dem Hintergrund einer durch teilweise gewalttätige Demonstrationen im August 2018 ausgelösten Euphorie in atemberaubender Geschwindigkeit, wobei die maßgebliche Kommunikation wiederum in einer eigens dafür eingerichteten Chatgruppe stattfand.[333] Mit den Anschlägen von Halle und Hanau ist es nunmehr auch im Bereich des Rechtsextremismus zu Anschlägen von bis zur Tatzeit unauffälligen, gleichwohl radikalisierten und oftmals psychisch instabilen **„einsamen Wölfen"** (→ Rn. 72) gekommen, die den Taten anderer Massenmörder nacheifern.[334] Auch bei der Entstehung dieser Taten spielt das Internet eine zentrale Rolle. In der Anonymität des Netzes kann extremistisches Gedankengut verbreitet werden, ohne unmittelbare Reaktionen oder sogar Sanktionen befürchten zu müssen. Der virtuelle Raum hat sich mittlerweile zu einem zentralen Versammlungsort entwickelt, in dem Feindbilder geschärft und Verschwörungstheorien wie etwa die sog. Incel-Bewegung verbreitet werden können.[335]

90 Dem Bereich des Rechtsextremismus zugeordnet werden auch die in den letzten Jahren entstandenen Zusammenschlüsse von **Reichsbürgern und „Preppern".**[336] Die verharmlosend als „Selbstverwalter" umschriebene Reichsbürgerszene stellt als „Staatsverweigerer" Regeln, Gesetze und die Akzeptanz des Rechtsstaates als solches infrage, häufig gepaart mit Waffenaffinität oder Gewaltbereitschaft. „Prepper" bereiten sich konkret auf den Fall eines Krieges vor und verfolgen aus einer Art apokalyptischer Weltsicht heraus Pläne, am „Tag X" den Staat zu übernehmen. Auch sie streben in erheblichem Maße nach dem Besitz von Waffen und Munition. Schließlich werden durch rechtsextremistische Protagonisten, die aus „Kameradschaften", „Freien Netzen" und ähnlichen Gruppierungen bekannt sind, zunehmend Strukturen in Form von Parteien gebildet, um sich der staatlichen Beobachtung und der strafrechtlichen Verfolgung zu entziehen und vereinsrechtliche Verbotsverfahren zu umgehen. Infolgedessen unterwandern einzelne Akteure vermehrt aktuelle Protestbewegungen und -strömungen wie zB „Pegida", aber auch die sog. **„Querdenker"-Bewegung.**[337] Das Bundesamt für Verfassungsschutz beobachtet seit April 2021 Personen aus diesem Bereich unter dem Stichwort „Verfassungsschutzrelevante Deligitimierung des

---

[329] ZB durch digitale Verschlüsselungstechniken, Instant-Messenger-Dienste, anonyme Foren, Imageboards.
[330] BfV, Verfassungsschutzbericht 2020, 71 ff.; vgl. auch *Ebner,* Radikalisierungsmaschinen, 2019, 106 ff.; 156 ff. sowie *Münch* in Lüttig/Lehmann Rechtsextremismus und Rechtsterrorismus 127 (137 f.).
[331] Vgl. BGH NStZ 2016, 370 (371); BeckRS 2016, 1621 Rn. 8; *Pfahl-Traughber* ZfP 2021, 87 (98).
[332] Vgl. BGH BeckRS 2016, 10838 Rn. 12 ff.; 2016, 10693 Rn. 12 ff.; *Pfahl-Traughber* ZfP 2021, 87 (98 f.).
[333] *Lohse/Engelstätter* GSZ 2020, 156 (161); in Ansätzen dokumentiert in BGH BeckRS 2019, 23746 Rn. 5 ff.
[334] *Allen* APuZ 49–50/2019, 20; *Ebner,* Radikalisierungsmaschinen, 2019, 173 ff.; *Baeck/Speit* in *Baeck/Speit,* Rechte Ego Shooter, 2019, 7 ff.; *Gräfe* Rechtsterrorismus 73 f.
[335] Vgl. *Ebner,* Radikalisierungsmaschinen, 2019, 130, 156, 173; *Köhler* in Lüttig/Lehmann Rechtsextremismus und Rechtsterrorismus 21 (41); *Rafael* in *Baeck/Speit,* Rechte Ego Shooter, 2019, 131.
[336] Hierzu BfV, Verfassungsschutzbericht 2019, 102 ff.; zu den sich mit der Ideologie des Rechtsextremismus überschneidenden Inhalten *Fiebig* in Lüttig/Lehmann Rechtsextremismus und Rechtsterrorismus 85 (92 ff.).
[337] Zur Einflussnahme von Rechtsextremisten auf das Corona-Demonstrationsgeschehen vgl. Verfassungsschutzbericht 2020, 64 ff.

Staates".³³⁸ Es ist davon auszugehen, dass die nachrichtendienstlichen Beobachtungen in absehbarer Zeit auch zu Informationsübermittlungen an den GBA führen werden.

c) Verfolgungsstrategie. Diesen Herausforderungen müssen sich auch Polizei und Justiz 91 stellen. Ein Festhalten an einstmals Bewährtem kann vor dem Hintergrund der dynamischen Entwicklung des Phänomenbereichs und seiner Auffächerung in verschiedene Elemente nicht mehr ausreichen. Die **Verbrechensserie des NSU** ist nicht nur wegen der hohen Anzahl der Anschlagsopfer und der hinter ihrer Tötung stehenden menschenverachtenden rechtsextremistischen Ideologie, sondern vor allem deshalb beispiellos, weil sie trotz ihrer Dauer, ihres Ausmaßes und der Opferauswahl von staatlichen Stellen nicht als rechtsterroristisch erkannt wurde. Polizei, Nachrichtendiensten und Justizbehörden fehlte das Verständnis, der föderalen und aufgabenspezifischen Aufspaltung von Zuständigkeiten tragfähige, übergreifende und ganzheitliche Kooperationsmodelle entgegenzusetzen, um Informationslücken zu vermeiden und im Sinne der Verschränkung aller staatlichen Erkenntnisquellen den zielgerichteten Einsatz präventiver und repressiver Maßnahmen sicherzustellen. Überdies war das Gefahrenpotenzial im Phänomenbereich „Rechts" offenkundig auf breiter Front unterschätzt worden, zumal durch die Terroranschläge vom 11. September 2001 die Bedrohung durch den islamistischen Terrorismus schlagartig in den Fokus geraten war³³⁹ und die Aufmerksamkeit für andere Phänomenbereiche in den Hintergrund gelangte.

Vor dem Hintergrund dieser Erkenntnis liegt der Fokus des GBA bei der Bekämpfung 92 rechtsextremistischer Gewalt derzeit auf der **Optimierung der Kommunikation und Kooperation** im Bund und in den Ländern, um frühzeitig und umfassend alle für die Beurteilung seiner Zuständigkeit erforderlichen Erkenntnisse zu erlangen.³⁴⁰ Dazu gehört die Wahrnehmung einer zentralen Funktion bei der Zusammenarbeit der Sicherheitsbehörden im Rahmen des Gemeinsamen Extremismus- und Terrorismusabwehrzentrums Rechts (GETZ) (→ Rn. 49) ebenso wie der ständige Austausch mit den Ansprechpartnern auf Länderebene. Zusammen mit den Generalstaatsanwaltschaften und den Staatsanwaltschaften der Länder hat der GBA ein justizielles Ansprechpartnernetz „Terrorismus" eingerichtet. Beim Generalbundesanwalt bestehen **Regionalbeauftragte** als feste Ansprechpartner für die lokalen Behörden. Zudem werden auf regionaler Ebene im etwa halbjährlichen Rhythmus Regionalkonferenzen durchgeführt.

Im Rahmen von anlassbezogenen Prüfverfahren betreibt der GBA im Bereich des 93 Rechtsextremismus zudem ein **Staatsschutz-Frühwarnsystem.** In Prüfvorgängen ersucht er in potentiell relevanten Sachverhalten eigeninitiativ die Justiz- und Sicherheitsbehörden um für seine Zuständigkeit relevante Informationen. Zugleich dient dieses Vorgehen dazu, ein möglichst umfassendes Bild rechtsextremistischer Aktivitäten im Sinne eines bundesweiten **Monitorings** zu erhalten. Flankiert wird dies durch eine Auswertung der Erkenntnisse aus dem GETZ-R und der Sichtung sonstiger Quellen. Der längerfristigen Begleitung und Aufhellung relevanter Sachverhalte sowie dem Aufspüren entsprechender Strukturen dienen **Strukturermittlungen,** in deren Rahmen nicht nur Erkenntnisse zusammentragen werden, um einen personalisierten Anfangsverdacht im Einzelfall verdichten zu können, sondern zugleich auch Expertise über die Szene gewaltbereiter Rechtsextremisten aufzubauen.³⁴¹ Am 12.11.2019 haben der Generalbundesanwalt und die Generalstaatsanwälte der Länder schließlich beschlossen, strafrechtliche Ermittlungen gegen als „Gefährder Rechts" eingestufte Personen stärker zu konzentrieren und damit die im Bereich des islamistischen Terrorismus entwickelten Instrumente der **Gefährdersachbearbeitung** (→ Rn. 56) auch bei der Bekämpfung des Rechtsextremismus zur

---

³³⁸ BT-Drs. 19/32330.
³³⁹ Zu den sich damals stellenden Herausforderungen *Münch* in Lüttig/Lehmann Rechtsextremismus und Rechtsterrorismus 127 (128).
³⁴⁰ *Lohse/Engelstätter* GSZ 2020, 156 (159 ff.).
³⁴¹ Vgl. zu den insoweit beim Bundeskriminalamt angedachten Maßnahmen *Münch* in Lüttig/Lehmann Rechtsextremismus und Rechtsterrorismus 127 (142).

Anwendung zu bringen.[342] Dies ist verbunden mit der Konzentration von Ermittlungsverfahren aus dem Bereich der Allgemeinkriminalität durch die Staatsanwaltschaften der Länder (sog. *„Al-Capone Prinzip"*). Die Zahl der als Gefährder im Bereich des Rechtsextremismus eingestuften Personen steigt zurzeit kontinuierlich an, liegt aber weit unter der Zahl im islamistischen Bereich.[343]

94 **d) Aktuelle Rechtspraxis.** Die Bekämpfung des Rechtsextremismus in der strafjustiziellen Praxis ist durch gemeinsame Anstrengungen der Justiz in **Bund und Ländern** geprägt. Nach dem Prinzip: *„Wehret den Anfängen!"* bedeutet dies die konsequente Verfolgung und Verurteilung aller Taten im Phänomenbereich – von Propagandadelikten über Volksverhetzungen, Körperverletzungen, Waffendelikten, der Bildung krimineller Vereinigungen durch die Staatsanwaltschaften der Länder bis hin zu terroristisch motivierten Straftaten durch den GBA. Auf diese Weise soll auf allen Ebenen der **Verfolgungsdruck** erhöht werden, um weiteren „Euphorisierungseffekten" entgegenzuwirken. Finanzströme zB bei Kampfsport- und Musikevents müssen mit dem Ziel fokussiert werden, die ihnen zugrundeliegenden Strukturen zu erkennen und ihnen den wirtschaftlichen Nährboden zu entziehen. Dem Eindruck bestehender rechtsfreier Räume in der Realität und im virtuellen Raum sowie jeglichen Entwicklungen, die das staatliche Gewaltmonopol infrage stellen, muss entschieden entgegengetreten werden, Radikalisierungsverläufe frühzeitig erkannt und unterbrochen werden. Dabei kommt es zunächst auf eine schnelle und konsequente Strafverfolgung durch die Staatsanwaltschaften der Länder an. Die Verfolgung auch niederschwelliger Straftaten bereits auf dieser Ebene verhindert, dass Hemmschwellen für schwerste Straftaten sinken und sich im Ergebnis terroristische Strukturen wie im Fall der „Gruppe Freital" herausbilden. Dies erfordert, stärker als bisher geschehen, auch Straftaten im Internet zu verfolgen, um einer Etablierung rechtsextremistischer Ideologie als Grundlage rechtsextremistischer und -terroristischer Straftaten entgegenzutreten.[344]

95 Der Schwerpunkt der Ermittlungstätigkeit auf Bundesebene liegt neben der Verfolgung einzelner Anschlagstaten wie dem Mord an Dr. Walter Lübcke derzeit bei der Bekämpfung terroristischer Vereinigungen iSd § 129a StGB. Von gesteigerter Bedeutung für die Bekämpfung des Rechtsextremismus in der Zukunft wird zunehmend die Vorschrift des § 89a StGB sein, der bislang seinen anwendungspraktischen Schwerpunkt vor allem im Bereich der Bekämpfung des Islamismus hatte. Insbesondere die bei Preppern oder Reichsbürgern häufig anzutreffende Hortung von Schusswaffen, Munition und selbsthergestellten Sprengvorrichtungen wird in vielen Fällen jedoch zumindest objektiv eine Variante des § 89a Abs. 2 Nr. 2 oder 3 StGB erfüllen – dies selbst dann, wenn die Gegenstände formal legal erworben wurden. Zwar muss derjenige, der eine Gewalttat vorbereitet, schon bei ihrer Vorbereitung auch bereits fest entschlossen zur ihrer späteren Begehung sein.[345] Aber selbst bei einem Täter, der lediglich den richtigen Zeitpunkt, namentlich die günstige Gelegenheit, zur Begehung der Gewalttat abwarten will, kann ein fester Tatentschluss in Betracht kommen, da diese Frage nicht das „Ob" einer schweren staatsgefährdenden Gewalttat, sondern das „Wann" ihrer Begehung betrifft.[346] Dies kann zB für Personen relevant werden, die Waffen oder Sprengstoffe nicht im Hinblick auf eine bereits bestimmte unmittelbar bevorstehende Gewalttat, sondern für einen „Tag X" in der Zukunft vorhalten.

---

[342] *Lohse/Engelstätter* GSZ 2020, 156 (160); auch das Bundeskriminalamt sieht einen Schwerpunkt seiner Tätigkeit in den kommenden Jahren vgl. *Münch* in Lüttig/Lehmann Rechtsextremismus und Rechtsterrorismus 127 (141).
[343] Von 39 Personen im Mai 2019 auf 63 Personen Ende April 2020; vgl. die Angaben der Bundesregierung vom 2.6.2020 in BT-Drs. 19/19773, 31.
[344] Zu den im Einzelnen in Betracht kommenden Delikten s. *Krause* Kriminalistik 2019, 751 ff.; *Apostel* KriPoZ 2019, 287 (288).
[345] BGH BeckRS 2019, 6133 Rn. 11; NStZ-RR 2018, 42; BGHSt 59, 218 (223) = NJW 2014, 3459.
[346] BGH BeckRS 2019, 28508 Rn. 34.

3. Nationaler Linksterrorismus

96 Die 3. Gruppe der im Rahmen der Terrorismusbekämpfung beim GBA bearbeiteten Verfahren bilden Ermittlungen im Bereich des nationalen Linksterrorismus. Dessen inhaltliche Definition ist zwar im Einzelnen umstritten.[347] Einigkeit besteht jedoch insoweit, dass linksradikaler Extremismus oder Terrorismus das Ziel verfolgt, die bürgerliche Gesellschaft und den bürgerlichen Staat zu zerschlagen und an seiner Stelle eine neue anarchistische, kommunistische oder radikal-sozialistische Gesellschaftsordnung zu errichten.[348] Zentrales Feindbild der Akteure in diesem Bereich ist der Kapitalismus, ihr wesentliches Ziel ist Nivellierung der Gesellschaft, geprägt von der Idee der sozialen Gerechtigkeit. Näher betrachtet ist die Ideologie des Linksextremismus und -terrorismus in sehr viele unterschiedliche Lager unterteilt.[349] Die ideologische Spannbreite ist sehr weit gefasst; es bestehen Überschneidungen mit anderen Bereichen, sei es dem politisch motivierten Ausländerextremismus („PKK") (→ Rn. 110), militanten Umweltschützern oder mit Gruppierungen, die von einer dichotomen Realitätswahrnehmung geprägt sind und eine Nähe zu Verschwörungstheorien haben.[350] Die polizeiliche Statistik zur politisch motivierten Kriminalität (PMK) erfasst unter dem Bereich „links" Straftaten, soweit in Würdigung der Umstände der Tat und/oder der Einstellung des Täters Anhaltspunkte dafür vorliegen, dass sie nach verständiger Betrachtung einer „linken" Orientierung zuzurechnen sind, ohne dass die Tat bereits die Außerkraftsetzung oder Abschaffung eines Elementes der freiheitlich demokratischen Grundordnung zum Ziel haben muss.[351] Allein 2019 wurden in der PMK – links – 9.849 Straftaten erfasst, davon 405 Körperverletzungsdelikte.[352]

97 **a) Historische Entwicklung.** Die Strafverfolgung im Bereich des Linksextremismus und -terrorismus hat das Staatsschutzstrafrecht und insbesondere den GBA historisch in mehrfacher Hinsicht geprägt. Vor dem Hintergrund der Bekämpfung des linksradikalen Terrorismus wurden der gesetzliche Rahmen neu abgesteckt, Hochsicherheitsgerichtssäle gebaut und neue Fahndungsmethoden entwickelt. Von Beginn an wohnte der Strafverfolgung ein gewisser Wettlauf zwischen dem GBA und den linksterroristischen Straftätern inne, wobei dieser freilich ungleich war, da der GBA, rechtsstaatlichen Grundsätzen verpflichtet, auch verdeckte Ermittlungsmethoden und -strategien regelmäßig in öffentlicher Hauptverhandlung (§ 169 Abs. 1 S. 1 GVG) offenlegen musste, sodass die terroristischen Straftäter aus den Erfahrungen über die Entdeckung lernten und über die Jahre konspirativer und klandestiner wurden.

98 **aa) RAF.** Der Inbegriff des Linksterrorismus war die „Rote Armee Fraktion (RAF)". Sie war die gefährlichste terroristische Vereinigung in Deutschland in der Nachkriegszeit.[353] In über drei Generationen hat sie bis zur ihrer Auflösung 1998[354] 34 Menschen ermordet, zahllose Menschen – zum Teil lebensgefährlich – verletzt und Sachschäden in Millionenhöhe verursacht.[355] Es war auch die RAF, die im April 1977 den Generalbundesanwalt Siegfried Buback sowie seine Begleiter Wolfgang Göbel und Georg Wurster ermordete. Wie wohl keine andere terroristische Vereinigung hat die RAF mit ihren Gewalttaten dem Staat den Krieg erklärt und im sog. „Deutschen Herbst" 1977 versucht, ihn vor existenzielle Herausforderungen zu stellen. Die RAF ist durch die Rechtsprechung der deutschen

---

[347] Vgl. *Kober*, Evaluation von Ansätzen zur Prävention von linker Militanz und Linksextremismus, 2019, 8.
[348] Vgl. *Goertz* Kriminalistik 2019, 149; *Herrmann* Kriminalistik 2020, 15.
[349] Vgl. *Schroeder* FS zum 60. Jubiläum des LfV BW, 2012, 179; *Pfahl-Traughber* in Ben Slama/Kemmesies, Handbuch Extremismusprävention, 2020, 116; *Herrmann* Kriminalistik 2020, 16 f.
[350] Vgl. *van Hüllen*, Unterschiede der Prävention im Rechts- und Linksextremismus – Eine kritische Zwischenbilanz zu einer schwierigen Materie, 2013, 490.
[351] Vgl. BT-Drs. 17/1928, 4.
[352] Abrufbar unter www.bmi.bund.de
[353] *Rebmann* in Pflieger, Die Rote Armee Fraktion – RAF, 2007, 11.
[354] Die Auflösungserklärung ging am 20.4.1998 bei einer Nachrichtenagentur ein, vgl. *Pflieger*, Die Rote Armee Fraktion – RAF, 2007, 251.
[355] *Pflieger*, Die Rote Armee Fraktion – RAF, 2007, 255.

Strafgerichte einhellig als terroristische Vereinigung gem. § 129a StGB bewertet worden[356] und – auch wenn die Auflösung der RAF inzwischen 22 Jahre zurückliegt – beschäftigt sie den GBA in Teilen nach wie vor. Bis heute hat die RAF Sympathisanten in der linksradikalen Szene.[357]

99 Die RAF wird allgemein hin in drei Generationen unterteilt. Als erste Generation der RAF wird die Gründungsgeneration verstanden. Im Nachgang zu den Brandanschlägen auf Kaufhäuser in Frankfurt am Main im Jahr 1968 und der späteren Befreiung von Andreas Baader gründete sich die in den Medien zunächst als „Baader-Meinhof-Bande" bekannte Organisation als – so ihr Selbstverständnis – politisch-militärische Organisation. Die RAF trat ab 1971 mit ihrem „Konzept der Stadtguerilla" und einem Logo in Form eines fünfzackigen Sterns nebst Schriftzug RAF und Abbildung einer Maschinenpistole nach außen in Erscheinung und verübte eine Reihe von schweren Verbrechen.[358] Sie bekannte sich zu ihren Taten durch Selbstbezichtigungsschreiben. In dem seinerzeit wahrscheinlich aufsehenerregendsten Prozess wurde in einem eigens dafür errichteten Gerichtsgebäude des Oberlandesgerichts Stuttgart – auf dem Gelände der JVA Stammheim – durch den GBA das Strafverfahren gegen Andreas Baader, Ulrike Meinhof, Gudrun Ensslin, Jan-Carl Raspe und zunächst Holger Meins unter anderem wegen mehrfachen Mordes geführt. Holger Meins starb infolge eines Hungerstreiks in der JVA Wittlich, Ulrike Meinhof erhängte sich während des Prozessverlaufs und Gudrun Ensslin, Jan-Carl-Raspe und Andreas Baader begingen – nach dem gescheiterten Versuch[359] sie freizupressen – ebenfalls Suizid. Der Prozess hat wie kein anderes Strafverfahren gesetzgeberischen Handlungsbedarf ausgelöst.[360] Der Gesetzgeber nahm die Bedrohung des inneren Friedens und der inneren Sicherheit durch die Verbrechen der terroristischen Gewalttäter der RAF auch zum Anlass, durch das sog. Anti-TerroristenG am 18.8.1976[361] mit § 129a StGB die bis heute zentrale Norm zur strafrechtlichen Ahndung von strafbewehrten Handlungen im Zusammenhang mit terroristischen Gruppierungen einzuführen.

100 Nach der Verhaftung der ersten Generation folgte die zweite Generation der RAF, die im Kern aus Siegfried Haag, Brigitte Mohnhaupt, Christian Klar und Knut Folkerts bestand. In schrecklicher Erinnerung sind deren Verbrechen im Zusammenhang mit der „Offensive 77"[362] und dem sog. „Deutschen Herbst". Am 7.4.1977 ermordeten RAF-Mitglieder den amtierenden Generalbundesanwalt Siegfried Buback und seine Begleiter, indem sie in Karlsruhe mit einem Maschinengewehr in das Dienstfahrzeug des Generalbundesanwalts schossen, wodurch alle drei Insassen verstarben;[363] ein halbes Jahr später, am 25.8.1977, scheiterte ein Raketenwerfer-Anschlag auf das Gebäude der Bundesanwaltschaft. Am 30. Juli 1977 ermordete Angehörige der RAF sodann den damaligen Vorstands-

---

[356] Vgl. zB BGHSt 31, 16 = NJW 1982, 2508; BGHSt 32, 243 = NJW 1984, 1049; BGHSt 33, 16 = NJW 1984, 2956; BGHSt 36, 205 = NJW 1989, 2337; BGH NJW 1995, 3395; BGH NStZ 1993, 37; BayObLG NJW 1998, 2542; OLG Hamburg NStZ 1997, 443; OLG Düsseldorf NStZ 1990, 145.
[357] Vgl. die Presseberichterstattung (ua DER SPIEGEL v. 25.9.2020 „Gewalttätige Hausbesetzer in Berlin: Die Linken und der Kiezterror", abrufbar auf www.spiegel.de) über die Rigaer Straße 94 in Berlin. Danach ist auf dem Dach der Rigaer Straße 94 als Hommage an das ehemalige RAF-Mitglied Andreas Baader der Schriftzug „Ahab" zu sehen. Baader gab sich selbst das Synonym „Ahab", abgeleitet vom Kapitän im Buch „Moby Dick". zur Rigaer Straße 94 vgl. die Antwort des Abgeordnetenhaus Berlin auf parl. Anfrage v. 16.10.2019, Drs. 18/21, 315.
[358] Vgl. *Pflieger*, Die Rote Armee Fraktion – RAF, 2007, 24; *Winkler*, Die Geschichte der RAF, 2008, 166.
[359] Vgl. dazu das Urt. des BVerfG v. 16.10.1977 – 1 BvQ 5/77, BVerfGE 46, 160 = NJW 1977, 2255.
[360] In diesem Zusammenhang sind ua die Begrenzung auf drei Wahlverteidiger nach § 137 Abs. 1 S. 1 StPO, der Verteidigerausschluss nach § 138a StPO sowie das Verbot der Mehrfachverteidigung nach § 146 StPO zu nennen. Vgl. dazu *Stuckenberg* in Hilgendorf/Kudlich/Valerius, Handbuch des Strafrechts Band 7, 2020, § 6 Rn. 19 ff.
[361] Gesetz zur Änderung des StGB, der StPO, des GVG, der BRAO und des StVollzG v. 18.8.1976 (BGBl. 1976 I 2181).
[362] Vgl. dazu die Feststellungen des OLG Stuttgarts im Urt. v. 2.4.1985 – 5 – 1 StE 1/83, 41 ff.; Danach war die Offensive 77 nicht als eine lose Serie einzelner Anschläge geplant, sondern eine Aktionseinheit, von der sich die RAF versprach, ihre inhaftierten Mitglieder freizupressen.
[363] Vgl. trotz vieler die Darstellung bei *Peters,* 1977 RAF gegen Bundesrepublik Deutschland, 2017, 22 ff.

sprecher der Deutschen Bank Jürgen Ponto. Am 5.9.1977 entführten RAF-Mitglieder schließlich Dr. Hanns-Martin Schleyer, nachdem sie dessen Begleiter auf der Straße ermordet hatten, um die in Stammheim inhaftierten RAF-Mitglieder frei zu pressen. Als dies nicht gelang, ermordeten sie Schleyer am 19.10.1977.

Die dritte Generation der RAF begann in etwa 1984. Sie ging äußerst professionell vor, da sie – aus der Erfahrung der Strafverfahren des GBA – insbesondere bemüht war, keine Spuren zu hinterlassen. Es gab anders als zuvor nur wenige Depots und auch kaum konspirative Wohnungen. Der dritten Generation werden die RAF-Mitglieder Eva Haule, Horst-Ludwig Meyer, Wolfgang Grams, Birgit Hogefeld, Ernst-Volker Staub, Daniela Klette und Burkhard Garweg zugerechnet. Zunächst hatte man gedacht, mit den Festnahmen im Juli 1984 in Frankfurt am Main und den späteren Verurteilungen die RAF ausgedünnt zu haben. Dann kam es aber bereits 1984 zu einem Raubüberfall der RAF auf einen Waffenhändler und eine Serie von schwersten Straftaten, namentlich den Morden an dem Vorstandsvorsitzenden der Motoren- und Turbinen-Union Dr. Ernst Zimmermann (1.2.1985), dem US-amerikanischen Soldaten Edward Pimental (8.8.1985), dem Forschungsleiter der Siemens AG Prof. Dr. Karl Heinz Beckurts (9.6.1986), dem Diplomaten im Auswärtigen Amt Dr. Gerold von Braunmühl (10.10.1986), dem versuchten Mord an dem Staatssekretär im Bundesfinanzministerium Dr. Hans Tietmeyer (20.9.1988), dem Mord an dem Vorstandssprecher der Deutschen Bank AG Dr. Alfred Herrhausen (30.11.1989) und dem Präsidenten der Treuhandanstalt Dr. Detlev Karsten Rohwedder (1.4.1991) sowie den Sprengstoffanschlägen auf die Rhein-Main Air Base (8.8.1985) und die damals neu errichtete Justizvollzugsanstalt Weiterstadt (27.3.1993). Nach der Auflösungserklärung der RAF im April 1998 kam es zu einer weiteren Beschaffungstat der RAF, bei der einige Mitglieder einen Geldtransporter überfielen. **101**

Die Taten der RAF beschäftigen den GBA auch weiterhin. So waren die Mordtaten vom Gründonnerstag 1977 in Karlsruhe Gegenstand eines Verfahrens gegen Verena Becker vor dem OLG Stuttgart in den Jahren 2010–2012.[364] Nach wie vor laufen Fahndungsmaßnahmen nach den ehemaligen RAF-Mitgliedern Ernst-Volker Staub, Daniela Klette und Burkhard Garweg.[365] Insbesondere in Folge der verbesserten DNA-Technik konnten weitere Ermittlungsansätze gewonnen und Haftbefehle erwirkt werden. Wegen der DNA-Spurenlage werden gegen die drei letztgenannten früheren RAF-Mitglieder Staub, Klette und Garweg auch Ermittlungsverfahren in Norddeutschland wegen mehrerer Raubüberfälle geführt. Der GBA konnte die Verfahren nicht an sich ziehen, da – nach bisherigen Kenntnissen – kein Staatsschutzbezug besteht, sondern die Geldbeschaffung die ausschließliche Motivation für die Taten war. **102**

bb) „Bewegung 2. Juni". Nach dem Zerfall der „antiautoritären Studentenbewegung" 1969 versuchte im ehemaligen West-Berlin die „Bewegung 2. Juni"[366] in den 1970er Jahren durch „Guerilla"-Aktionen nach südamerikanischem Muster die staatliche Ordnung der Bundesrepublik Deutschland zu erschüttern und die Bevölkerung für eine „Revolution" zu mobilisieren. Der „Bewegung 2. Juni" werden eine Reihe von schweren Verbrechen zugerechnet, unter anderem Raubüberfälle, der Mord an dem Präsidenten des KG von Drenkmann im Jahre 1974[367] sowie die Geiselnahme des CDU-Politikers Dr. Peter Lorenz. In diesem Zusammenhang verurteilte das Kammergericht 1980 mehrere Mitglieder der Bewegung „2. Juni" unter anderem wegen erpresserischen Menschenraubs und Nötigung von Mitgliedern von Verfassungsorganen zu Gesamtfreiheitsstrafen zwischen fünf und 15 Jahren.[368] **103**

---

[364] Vgl. OLG Stuttgart Urt. v. 6.7.2012 – 2 StE 21/10-5.
[365] Vgl. den Fahndungsaufruf auf dem Internetauftritt des Bundeskriminalamtes, abrufbar unter www.bka.de/DE/IhreSicherheit/Fahndungen/Personen/BekanntePersonen/RAF_Aktuell/Plakat_EX-RAF_Täter_gesucht.pdf.
[366] Benannt nach dem Tod des Studenten Ohnesorg anlässlich des Schah-Besuches in Berlin am 2.6.1967.
[367] Als Reaktion auf den Tod des RAF-Mitglieds Holger Meins in der JVA Wittlich.
[368] KG Urt. v. 13.10.1980 – 1 StB 2/77 (130/77); teilw. abgedruckt in StV 1981, 525.

104 cc) Revolutionäre Zellen (RZ). Die terroristische Vereinigung „Revolutionären Zellen" (RZ) war zwischen den 1970er und 1990er Jahren aktiv und verübte unter anderem mehrere Sprengstoffanschläge an symbolträchtigen Orten (zB der Siegessäule in Berlin oder dem Heidelberger Schloss). Die Mitglieder gingen nicht in die Illegalität, sondern agierten parallel zu ihren beruflichen Tätigkeiten, sodass sie auch als „Feierabendterroristen" bezeichnet wurden.[369] Die Vereinigung war in regionale Zellen auf dem Gebiet der ehemaligen Bundesrepublik verteilt.[370] Sie ist durch die Rechtsprechung als terroristische Vereinigung iSd § 129a StGB eingestuft worden.[371] 2004 verurteilte das KG in einem Verfahren des GBA fünf Mitglieder der RZ wegen Mitgliedschaft (oder Rädelsführerschaft) in einer terroristischen Vereinigung unter anderem zu Freiheitsstrafen zwischen zwei Jahren und neun Monaten und vier Jahren und drei Monaten.[372] Den RZ wird auch der Mord an dem hessischen Wirtschaftsminister Heinz-Herbert Karry im Mai 1981 zugerechnet.[373]

105 dd) „militante gruppe". Das letzte im linksextremistischen Phänomenbereich unter Beteiligung des GBA ergangene Urteil richtete sich gegen die Mitglieder der sog. „militanten gruppe (mg)". Im Juni 2001 schlossen sich mehrere Personen aus dem linksextremistischen Spektrum mit dem letztendlichen Ziel zusammen, im Wege einer „Dialektik aus einem sozialrevolutionären und antiimperialistischen Kampf" die gegenwärtigen politischen, verfassungsrechtlichen und wirtschaftlichen Verhältnisse zu beseitigen und eine kommunistische Weltgesellschaft als klassenlose, ausbeutungs- und unterdrückungsfreie Gesellschaftsform zu schaffen. Die mg erklärte sich als Teil eines militanten und bewaffneten revolutionären Konzepts und führte in den einschlägigen linksradikalen Medien unter Verwendung der Standartparole „Für eine militante Plattform – für einen revolutionären Aufbauprozess – für den Kommunismus" eine Militanzdebatte, wobei auch Angriffe auf das Leben von Menschen in Betracht gezogen wurden. In den Jahren 2001–2007 verübte die mg überwiegend im Großraum Berlin 25 Brandanschläge vorwiegend auf staatliche Einrichtungen; es entstand ein Sachschaden von rund 820.000 EUR. Das KG verurteilte nach über einem Jahr Hauptverhandlung drei Mitglieder wegen der Mitgliedschaft in einer kriminellen Vereinigung in Tateinheit mit versuchter Brandstiftung und versuchter Zerstörung wichtiger Arbeitsmittel am 16.10.2009 zu Freiheitsstrafen von drei Jahren und sechs Monaten und zu einer Freiheitsstrafe von drei Jahren.[374]

106 b) Aktuelle Lage. Die jüngere Entwicklung im Phänomenbereich ist geprägt durch Autonome Gruppen, die zumeist in größeren Deutschen Städten, insbesondere in Berlin, Hamburg und Leipzig, gegen Faschismus, Rassismus, Globalisierung, Gentrifizierung, Repression und Militarismus „kämpfen".[375] Die zahlenmäßig eher kleinen Gruppierungen verfügen über kein einheitliches politisch-ideologisches Konzept, ihre übergeordnete Gemeinsamkeit resultiert aus einer generellen „Anti-Haltung" gegenüber der Gesellschaftsordnung und einer hohen Gewaltbereitschaft.[376] Dabei ist die Polizei ein besonderes Feindbild von Linksextremisten. Nach der Interpretation der linksextremistischen Szene handelt es sich bei Polizeibeamten um angebliche Handlanger des zu bekämpfenden kapitalistischen Systems, die das staatliche Gewaltmonopol missbrauchen, wodurch letztlich die Revolution

---

[369] Vgl. *Pfahl-Traughber* in Ben Slama/Kemmesies, Handbuch Extremismusprävention, 2020, 117.
[370] In der Terminologie der RZ: Die „Insel" in Berlin, der „Pott" in Nordrhein-Westfalen, der „Norden" (Raum Hamburg) und der „Süden" (Raum Frankfurt am Main).
[371] Vgl. BGHSt 36, 363 = NJW 1990, 2828; BGHSt 46, 369 = NJW 2001, 1952; BGH MDR 1990, 103; BGH NStZ 1990, 501.
[372] KG Urt. v. 18.3.2004 – (1) 2 StE 11/00 (4/00); nachgehend BGH NStZ-RR 2006, 232.
[373] Vgl. den Artikel im Tagesspiegel v. 5.12.2000, abrufbar unter www.tagesspiegel.de/berlin/revolutionaere-zellen-spaete-aufklaerung-im-mordfall-karry/184244.html.
[374] KG Urt. v. 16.10.2009 – (1) 2 StE 2/08-2 (21/08).
[375] *Goertz* Kriminalistik 2019, 149 (150); *Schröder* FS zum 60. Jubiläum des LfV BW, 2012, 179 (194); *Kober*, Evaluation von Ansätzen zur Prävention linker Militanz und Linksextremismus, 2019, 11.
[376] *Schröder* FS zum 60. Jubiläum des LfV BW, 2012, 179 (194).

verhindert wird.[377] Für einen Teil der gewaltorientierten autonomen linken Szene stellen Polizisten daher das personifizierte Hauptfeindbild sowie zum Teil sogar „entmenschlichte" Hassobjekte dar.[378]

c) Verfolgungsstrategie. Anders aber als zu Zeiten der RAF gibt es aktuell (Ende des Jahres 2020) keine Anhaltspunkte auf eine bundesweit agierende terroristische Vereinigung, sodass die Mehrzahl der Strafverfahren im Phänomenbereich links aktuell bei den Staatsanwaltschaften der Länder geführt wird. Aktuelle forensische Erfahrungen zeigen jedoch, dass die Autonomen Gruppen darauf angelegt sind, keine feststellbare Struktur im Sinne einer strafrechtlichen (terroristischen) Vereinigung zu haben, um sich insoweit nicht der Gefahr einer Strafverfolgung auszusetzen. Der GBA prüft regelmäßig hinsichtlich einzelner Gruppierungen, ob diese bereits eine Vereinigungsstruktur aufweisen. Im Jahr 2019 wurden vor diesem Hintergrund insgesamt vier Ermittlungsverfahren mit Bezug zu linksterroristischen Aktivitäten in Deutschland eingeleitet.[379] Dabei ist eine Konzentration im urbanen Bereich, insbesondere in Berlin, Leipzig und Hamburg, aber auch in Nordrhein-Westfalen oder Hessen zu beobachten, dort jüngst im Zusammenhang mit militanten Umweltaktivisten (Hambacher Forst oder Dannenröder Forst). Der GBA steht mit den entsprechenden Staatsschutzzentren der Länder im engen Austausch und bereits seit 2012 findet auch unter Beteiligung des GBA ein Austausch der Erkenntnisse über das Gemeinsame Extremismus- und Terrorismusabwehrzentrum (GETZ-links) statt, auch wenn dieser noch nicht die Ausmaße wie in den Bereichen des islamistischen Terrorismus oder Rechtsterrorismus erreicht hat. Die gilt auch für die strafprozessuale Bearbeitung von Gefährdern.[380]

Auch die Voraussetzungen für eine Verfahrensübernahme durch den GBA im Wege der Evokation gem. § 120 Abs. 2 GVG sind bei Tätern oder Tätergruppen aus dem autonomen Bereich häufig nicht gegeben, auch wenn einzelne Taten äußerst schwer wiegen. Die aktuelle Herausforderung besteht insbesondere darin, auf Grundlage der rechtlichen Möglichkeiten frühzeitig etwaigen „Weimarer Verhältnissen" bei militanten Auseinandersetzungen – insbesondere im Bereich der **Links-Rechts-Konfrontation** – entgegenzuwirken. Der GBA ist daher bemüht, verstärkt in diesem Bereich bei einzelnen herausragenden Taten Verfahren an sich zu ziehen. Zuletzt hat der GBA am 14. Mai 2021 Anklage vor dem Oberlandesgericht Dresden gegen vier Mitglieder einer linksextremistischen kriminellen Vereinigung erhoben, die im Verdacht steht, auf die Begehung von Gewalttaten gegen Personen, die aus ihrer Sicht der „rechten Szene" angehörten, ausgerichtet zu sein.[381] Ein wesentliches Kriterium für eine Übernahme liegt vor, wenn zur Umsetzung der ideologischen Ziele der Tod von Menschen billigend in Kauf genommen wird. Dies war in jüngerer Zeit bei gezielten Brandanschlägen auf Polizeiwachen in Hamburg und Berlin der Fall. Darüber hinaus hat der GBA Verfahren übernommen, in denen die staatliche Infrastruktur massiv angegriffen wurde. So haben unbekannte Autonome in Anlehnung an den Ausbruch eines isländischen Vulkans 2010 unter der Bezeichnung „Das Grollen des Eyjafjallajökull" einen Brandanschlag auf die Berliner S-Bahn verübt, um die staatliche Infrastruktur lahmzulegen. Die Tat hatte weitreichende Auswirkungen. Der Zugverkehr in Berlin war in großen Bereichen ebenso gestört wie Teile des Mobilfunknetzes.[382] Diesem Vorbild folgten weitere „Vulkan-Anschläge". Ein weiterer – wenngleich polizeilicher – Ansatz war das Verbot der Internetplattform „linksunten.indymedia.org". Die 2009 eingerichtete Internetplattform diente unter anderem auch zur Veröffentlichung von Bekenner-

---

[377] Vgl. *Goertz* Kriminalistik 2019, 149 (151).
[378] Vgl. *Goertz* Kriminalistik 2019, 149 (151); BfV, Verfassungsschutzbericht 2017, 115; zur aktuellen Zielrichtung s. BfV, Verfassungsschutzbericht 2020, 122 ff.
[379] BT-Drs. 19/18298, 4.
[380] Mit Stand v. 21.2.2020 waren im Bereich der PMK-Links lediglich fünf Personen als polizeiliche Gefährder eingestuft, BT-Drs. 19/19183, 6.
[381] GBA, Pressemitteilungen vom 28.5.2021 und 9.8.2021.
[382] Vgl. „Brandanschlag gegen Bahn politisch motiviert" v. 24.5.2011, abrufbar unter www.zeit.de/gesellschaft/zeitgeschichte/2011-05/Brandanschlag-Bahn-Berlin.html.

schreiben zu linksextremistischen Straftaten. 2017 wurde die Seite durch das Bundesinnenministerium auf Grundlage des Vereinsgesetzes (§ 3 Abs. 1 S. 1 Alt. 1 und 2 VereinsG) verboten.[383] Dabei handelt es sich um das erste Verbot einer linksextremistischen Vereinigung.

4. Internationaler Linksextremismus und Separatismus

109 Ermittlungen des GBA in diesem Bereich richten sich gegen Strukturen ausländischer terroristischer Vereinigungen, die Deutschland als **Rückzugs-, Ruhe-, Finanzierungs-, Rekrutierungs-, Agitations- und politischen Mobilisierungsraum** nutzen. Der Schwerpunkt liegt bei Vereinigungen in der Türkei, angeführt von der PKK („Partiya Karkeren Kurdistan"),[384] der DHKP-C („Devrimci Halk Kurtulus Partisi-Cephesi"),[385] die gelegentlich als „türkische RAF" bezeichnet wird, und der TKP/ML (Türkische Kommunistische Partei/Marxisten-Leninisten).[386] Von Bedeutung sind aber auch die LTTE („Liberation Tigers of Tamil Eelam")[387] aus Sri Lanka, Organisationen militanter Sikhs[388] sowie kurdische Gruppierungen aus dem Iran oder ehemalige Mitglieder der baskischen ETA, die sich unter falschen Identitäten in Deutschland versteckt halten. Die diesem Phänomenbereich zugeordneten Organisationen haben gemeinsam, dass sie nicht, nicht mehr, nicht vorrangig oder zumindest nach eigener Darstellung nicht die Begehung von Katalogtaten des § 129a Abs. 1 StGB in Deutschland bezwecken, um auf diese Weise eine gesteigerte Akzeptanz für den bewaffneten Kampf in den Heimatländern zu erreichen. Vor allem die PKK sucht die Nähe zu Teilen des politischen Spektrums, um für Zustimmung und Legitimität für ihren Einsatz von Gewalt gegen den türkischen Staat zu werben. 2018 waren die Bundesanwaltschaft insgesamt 270 Verfahren gegen Angehörige der PKK anhängig, im Jahr 2019 waren es 192.[389] Insgesamt leitete der GBA 305 Ermittlungsverfahren im Jahr 2018[390] sowie 244 Ermittlungsverfahren im Jahr 2019 ein, die einen Bezug zum internationalen nicht islamistischen Terrorismus aufwiesen.[391]

110 **a) Entwicklung und Struktur der PKK.** Die 1978 in der Türkei gegründete **PKK** definiert sich als marxistisch-leninistische revolutionäre Kaderorganisation mit dem Ziel, in den von Kurden besiedelten Gebieten im Osten der Türkei und den angrenzenden Regionen in Syrien, im Iran und Irak einen sozialistischen Kurdennationalstaat unter ihrer Führung zu errichten. Ihre Strukturen und Organisationsmerkmale sind mittlerweile in zahlreichen höchstrichterlichen Entscheidungen festgestellt worden.[392] Die PKK wird von **Abdullah Öcalan** ungeachtet seiner Inhaftierung in Jahr 1999 sowie aller organisatorischen Verschachtelungen, Neugründungen streng hierarchisch mithilfe eines ausgeklügelten Kadersystems beherrscht und geleitet. Derzeit nennt sich die Organisation „Vereinigte Gemeinschaften Kurdistans (KCK)." Schon seit 1984 sind bewaffnete Einheiten, die als Guerillaverbände – aktuelle Bezeichnung Volksverteidigungskräfte (HPG) – in der Türkei Anschläge und Attentate auf vorwiegend türkische Sicherheitskräfte begehen, fester Bestandteil der PKK. Die Verbände sind militärisch in Kommandaturen gegliedert. Sie verfügen über Sondereinheiten zur Durchführung von Selbstmordanschlägen und Ausbil-

---

[383] Vgl. die Pressemitteilung des BMI v. 25.8.2017, abrufbar unter www.bmi.bund.de/SharedDocs/pressemitteilungen/DE/2017/08/vereinsverbot.html.
[384] Allg. zur PKK *Goertz* Kriminalistik 2019, 346 ff.; BfV, Verfassungsschutzbericht 2020, 256 ff.
[385] Vgl. zu dieser Vereinigung die gerichtlichen Feststellungen in BGH IBRRS 2014, 1024; BGH IBRRS 2014, 3266; OLG Stuttgart BeckRS 2010, 10755; 2012, 16856.
[386] Vgl. OLG München BeckRS 2016, 16828 Rn. 29 f.
[387] Vgl. hierzu BGH NJW 2010, 3042 (3043); BGH BeckRS 2019, 18948 Rn. 9 ff.
[388] Hierzu BfV, Verfassungsschutzbericht 2020, 304.
[389] Die Verfahrenszahlen zu den gegen Angehörige der PKK seit 1988 geführten Ermittlungs- und Strafverfahren sind veröffentlicht in BT-Drs. 19/23001, 12.
[390] BT-Drs. 19/6904, 1.
[391] BT-Drs. 19/18298, 1.
[392] BGHSt 49, 268 = NJW 2005, 80; BGHSt 56, 28 = NJW 2011, 542; BGH NStZ-RR 2018, 106; zuletzt BGH BeckRS 2020, 413 Rn. 6 ff.

dungskommandos zur Waffen-, Rekruten- und Attentatsschulung. Seit 1985 hat die PKK in Europa eine nahezu alle Lebensbereiche der hier lebenden Kurden erfassende, flächendeckende Organisationsstruktur aufgebaut, die von einem Funktionärskörper aus professionellen Kadern getragen wird. Die aktuelle Bezeichnung dieser PKK-Europaführung lautet „Kurdisch-Demokratischer Gesellschaftskongress Europa" (KCDK-E). Sie hat Europa organisatorisch in Sektoren, Gebiete, Räume und Stadtteile eingeteilt und erfasst die kurdische Bevölkerung in besonderen Struktureinheiten.[393] Für jede Organisationseinheit ist ein von der PKK alimentierter Kader eingesetzt, der seine Tätigkeit unter Tarnbezeichnungen in konspirativer Weise wahrzunehmen hat.[394] Deutschland mit einem kurdisch stämmigen Bevölkerungsanteil von circa 800.000 Personen ist derzeit in **neun Regionen mit insgesamt 31 Gebieten** eingeteilt.[395]

b) Handlungsstrategie in Deutschland. Die strafrechtlich relevanten Aktivitäten der 111 Organisation begannen vor über 30 Jahren, als die PKK in Europa zur Durchsetzung und Sicherung ihres Führungs- und Alleinvertretungsanspruchs aller Kurden Mitte der 1980er Jahre den Sonderbereich „Parteisicherheit, Kontrolle und Nachrichtendienst" einrichtete. Ihm oblag es, die Konkurrenz anderer kurdischer Organisationen zu unterbinden sowie Abweichler und Verräter in den eigenen Reihen zur Rechenschaft zu ziehen. Tatsächlich kam es zwischen 1984 und 1988 zu einer Reihe von vollendeten und versuchten Morden, die im ersten Staatsschutzprozess gegen die PKK in Deutschland vor dem Oberlandesgericht Düsseldorf zur Verurteilung der Verantwortlichen wegen Mordes und Mitgliedschaft in einer terroristischen Vereinigung nach § 129a StGB führte.[396] Auf Weisung der PKK-Führung erfolgte ab Juni 1993 eine Gewaltwelle, im Zuge derer Brandanschläge auf türkische Geschäfte, Banken, Vereinslokale, Gebetsräume und andere Einrichtungen verübt wurden.[397] Die strafrechtliche Aufarbeitung führte zu zahlreichen Verurteilungen unter anderem wegen Mitgliedschaft und Unterstützung einer inländischen terroristischen Vereinigung.[398] Die Bunderegierung reagierte auf diese Aktivitäten mit dem durch Verfügung des Bundesministeriums des Inneren vom 22.11.1993 ausgesprochenen **Betätigungsverbot** für die PKK und zahlreiche ihrer Unterorganisationen. Dagegen organisierte die PKK bis 1996 bundesweit zentral gesteuerte Protestaktionen mit gewalttätigen Ausschreitungen, Autobahnblockaden, Brandanschlägen und Verwüstungen.[399]

Obwohl die PKK rasch erkannte, dass Gewalt und Eskalation ihren vorrangigen Zielen in 112 hohem Maße abträglich sind und sie zumindest derzeit auf militante Aktivitäten in Deutschland verzichtet, ist sie angesichts ihres hohen Organisationsgrades jederzeit imstande, auch großflächig gewaltsame Aktionen zu initiieren. Das Absehen von der Begehung von schwersten Straftaten in Deutschland hat daher nicht dazu geführt, dass die PKK aus dem Fokus des GBA geraten ist. Die PKK-Strukturen in Europa und Deutschland stellen vielmehr auch weiterhin eine ständige Bedrohung der inneren Sicherheit der Bundesrepublik dar. Die PKK geriert sich als Staat im Staate und negiert die Verfassungsgrundsätze der freiheitlich demokratischen Grundordnung. Die kritiklose Umsetzung aller Anordnungen der PKK-Führungsspitze mithilfe der nahezu flächendeckenden organisatorischen

---

[393] Hierzu gehören u. a. die PKK Jugend (Komalen Ciwan), die kurdische Frauenbewegung in Europa (AKKH), der Verband der Studierenden aus Kurdistan (YXK) sowie die Konföderation der kurdischen Vereine in Europa (NAV-DEM); *Goertz* Kriminalistik 2019, 346 (348); BfV, Arbeiterpartei Kurdistan (PKK), 2019, 14.
[394] BfV, Arbeiterpartei Kurdistan (PKK), 2019, 13; vgl. BGH NStZ-RR 2018, 106; zuletzt BGH BeckRS 2020, 413 Rn. 6 ff.
[395] BfV, Verfassungsschutzbericht 2020, 266.
[396] OLG Düsseldorf Urt. v. 7.3.1994 – V-21/88.
[397] Hierzu KG Urt. v. 23.1.2008 – (1) 2 StE 6/07-6 (6/07), juris Rn. 30 ff.
[398] ZB OLG Düsseldorf Urt. v. 2.9.1997 – VI 4/96; OLG Düsseldorf Urt. v. 5.11.1997 – VI 6/96; OLG Hamburg Urt. v. 5.3.1997 – 2 StE 7/95; OLG Celle Urt. v. 28.5.1997 – 2 StE 9/96; OLG Stuttgart Urt. v. 12.8.1997 – 5-2 StE 3/95 (5/95).
[399] BfV, Arbeiterpartei Kurdistan (PKK), 2019, 15.

Durchdringung der westlichen Gesellschaften und das damit verbundene Mobilisierungspotenzial versetzt die PKK weiterhin in die Lage, jederzeit und bei Bedarf Gewalteskalationen in Deutschland zu initiieren.[400]

113 Auf dieser Grundlage erfüllt der europäische Funktionärskörper der PKK die ihm von der Führung übertragenen Aufgaben unter **systematischer Verletzung der deutschen Strafgesetze**. Die deutsche Rechtsordnung wird missachtet, soweit sie den revolutionären ideologischen Zielen und Zwecken der Vereinigung entgegensteht. Das gilt insbesondere für „heimatgerichtete Aktivitäten" zB durch Schleusen von PKK Kadern aus dem Ausland und ins Ausland mit Falschpapieren, durch Eintreiben von „Spendengeldern" mit Mitteln der Nötigung, Erpressung und Körperverletzung, sowie durch die „Ausübung einer Straf- und Disziplinargewalt" – Straftaten gegen die körperliche Unversehrtheit und die persönliche Freiheit.[401] Zur Verschleierung der konkreten personellen Bestückung dieser Strukturen und zur Erschwerung der Nachvollziehbarkeit dieser Verantwortlichkeiten im Rahmen strafrechtlicher Ermittlungen erfolgt eine jährliche Kaderrotation innerhalb Europas. Die Erfahrungen von über 30 Jahren Strafverfolgung der PKK in Deutschland und Europa zeigen zudem, dass nahezu durchgängig jegliche Unrechtseinsicht bei den Verurteilten fehlt. Die Hauptverhandlungen werden regelmäßig als politische Bühne genutzt, um die deutsche Justiz und den deutschen Staat als faschistischen Unterdrückungsapparat und als willfährigen Handlanger der Türkei zu verunglimpfen. Nach Haftentlassung wird die mitgliedschaftliche Betätigung durch die Betroffenen häufig sofort wiederaufgenommen.

114 **c) Derzeitige Rechtspraxis.** Im Laufe der Jahre hat sich die rechtliche Bewertung der PKK aufgrund verschiedener Änderungen der Rechtsgrundlagen, aber auch der Rechtsprechung zum Terrorismusstrafrecht gewandelt. Nachdem die Organisation bis 1996 zunächst als inländische terroristische Vereinigung angesehen wurde,[402] wurde der inländische Funktionsköper nach Beendigung der Gewaltaktionen in Westeuropa als kriminelle Vereinigung gem. § 129 StGB eingestuft.[403] Mit Einführung von § 129b StGB werden die PKK und ihre Nachfolgeorganisationen durch den BGH nunmehr als **ausländische terroristische Vereinigung** bewertet.[404] Die gem. § 129b Abs. 1 S. 3 StGB erforderliche Verfolgungsermächtigung datiert vom 6.9.2011. Gescheitert ist die PKK mit dem Versuch, die internationale Anerkennung der Kurden als verfolgte Volksgemeinschaft und damit eine völkerrechtliche Rechtfertigung ihres gewaltsamen Kampfes zu erreichen. Der BGH lehnt in mittlerweile ständiger Rechtsprechung die Anwendung eines **Kombattantenprivilegs** auf die Organisation ab.[405]

115 Auch in Verfahren mit Bezug zur PKK kommt es seit 2015 vermehrt zu **Selbstbezichtigungen** von Flüchtlingen. Ihre inhaltliche Bandbreite reicht von Lebensmittellieferungen für PKK-Kämpfer über deren Beherbergung bis zu Waffentransporten und Teilnahme an Kämpfen. Regelmäßig wird in Fällen ohne konkrete und verifizierbare Hinweise auf Tötungshandlungen gem. § 153c StPO von der Verfolgung abgesehen (→ Rn. 35), weil diese Auslandstaten, den Wahrheitsgehalt der Angaben gegenüber der Ausländerverwaltung unterstellt, deutsche Interessen nur in erheblich abgeschwächtem Maße berühren. Es kommt hinzu, dass rechtsstaatlich valide Informationen aus der Türkei im Zusammenhang mit der PKK und damit eine objektive Bestätigung der behaupteten Taten seit geraumer Zeit nicht mehr zu erwarten sind.

---

[400] *Goertz* Kriminalistik 2019, 346 (350); BfV, Verfassungsschutzbericht 2020, 271 f.
[401] BGHSt 56, 28 (36) = NJW 2011, 542 (543); s. auch *Krauß* in LK-StGB StGB § 129 Rn. 85; *Schäfer* in MüKoStGB StGB § 129 Rn. 67.
[402] Vgl. BGHSt 49, 268 = NJW 2005, 80; BGH MDR 1990, 103; BayObLG NStZ-RR 1997, 251.
[403] Vgl. BGHSt 49, 268 = NJW 2005, 80; BGHSt 56, 28 (31) = NJW 2011, 542 (544).
[404] Vgl. BGHSt 56, 28 (34); BGH NStZ-RR 2014, 274; 2018, 106.
[405] BGHR StGB § 129b Vereinigung 2; BGH NStZ-RR 2014, 274; BGH BeckRS 2016, 16541; BGH NStZ-RR 2018, 106.

Eine Sonderrolle der strafrechtlichen Beurteilung nehmen als Flüchtlinge nach Deutschland gelangte Kämpfer der „**Syrischen Volksverteidigungseinheiten**" **(YPG)** ein. Sie sind der bewaffnete Arm der syrisch-kurdischen Partei der demokratischen Union (PYD), die in ihrer Satzung Öcalan als Anführer aller Kurden und den „Volkskongress Kurdistan" als höchste legislative Gewalt innerhalb des kurdischen Volkes anerkennt.[406] Es besteht daher zumindest der Anfangsverdacht einer Eingliederung in Strukturen der PKK und damit einer mitgliedschaftlichen Betätigung iSv §§ 129a, b StGB. Allerdings stellen die Kämpfer der YPG zugleich auch das Gros der von der USA und der westlichen Welt massiv unterstützten „Syrischen Demokratischen Kräfte (SDF)", deren Bodentruppen den IS in Syrien militärisch geschlagen haben. Der daraus resultierende Interessenskonflikt zwischen der Notwendigkeit der Bekämpfung des IS und der Bildung einer lokalen Streitkraft, die dominiert wird von den kurdischen Verbänden, die in PKK-Strukturen eingebettet sind, wird derzeit über die **Opportunitätsvorschriften des § 153c StPO** gelöst.[407] Die Ermessensausübung des GBA orientiert sich auch an Nr. 91 Abs. 1 RiStBV, wonach der Anwendungsbereich des § 153c StPO eröffnet sein kann, wenn die Strafverfolgung zu unbilligen Härten führen würde und kein öffentliches Verfolgungsinteresse besteht. Letzteres ist anzunehmen, wenn durch die Strafverfolgung die Gefahr der Herbeiführung eines schweren Nachteils für die Bundesrepublik Deutschland besteht, oder wenn sonstige der Verfolgung entgegenstehende überwiegende Interessen vorliegen.

5. Terrorismusfinanzierung[408]

In allen Verfahren gegen terrorismus- oder extremismusbezogene Aktivitäten spielt die Frage ihrer Finanzierung eine immer bedeutendere Rolle. Zwar können die Kosten eines Anschlages für sich genommen verhältnismäßig gering sein und sich zB im Kauf eines Messers oder in dem Raub eines Lkw erschöpfen.[409] Jedoch benötigt auch ein Einzeltäter finanzielle Mittel zur Begehung seiner Gewalttat. Insbesondere die international aktiven terroristischen Vereinigungen wie der Islamische Staat oder Al-Qaida sind auf erhebliche Finanzmittel angewiesen. Dies gilt nicht nur für die Rekrutierung, Ausbildung und Bezahlung ihrer Mitglieder, sondern auch für die Beschaffung von Waffen und anderen Ausrüstungsgegenständen.[410] Die Finanzierung terroristischer Aktivitäten erfolgt zunächst durch klassisch kriminelle Handlungen, durch wirtschaftliche Geschäftstätigkeit Spendensammlungen durch Sympathisanten- und Unterstützerkreise sowie Gelder, die im Rahmen der Verwaltung kontrollierter Gebiete generiert werden.[411] Insbesondere in Fällen mit Bezügen zum Islamistischen Terrorismus erfolgt die Akquise der Geldmittel im Regelfall weit entfernt vom eigentlichen Operationsgebiet, sodass die gewonnenen Gelder oftmals über weite Entfernungen an die zentralen Akteure der jeweiligen terroristischen Vereinigung übermittelt werden müssen.[412] Dies kann neben dem Einsatz von Bargeldkurieren oder Schmugglern[413] auch durch die Nutzung etablierter Banksysteme oder Finanzdienstleister erfolgen.[414] In der Rechtspraxis von erhöhter Relevanz ist schließlich die Nutzung

---

[406] BT-Drs.18/3702, 6.
[407] BT-Drs.19/17607, 3.
[408] Zu den rechtlichen Grundlagen der Bekämpfung der Terrorismusfinanzierung s. den Beitrag von *Engelstätter/Barrot* „Terrorismusfinanzierung" in → § 38 dieses Handbuchs.
[409] Bundesministerium der Finanzen, Nationale Risikoanalyse, 45 f., online unter www.bundesfinanzministerium.de.
[410] FATF-Report Financing of recruitment for terrorist purposes, 2018, online unter www.fatf-gafi.org; *Sieber/Vogel* Terrorismusfinanzierung 9.
[411] *Engelstätter* in LK-StGB StGB § 89c Rn. 3; FATF-Report Emerging Terrorist-Financing Risks, 2015, 14 ff.
[412] Bundesministerium der Finanzen, Nationale Risikoanalyse, 47. online unter www.bundesfinanzministerium.de.
[413] FATF-Report Emerging Terrorist-Financing Risks, 2015, 23, online unter www.fatf-gafi.org; *Sieber/Vogel* Terrorismusfinanzierung 14.
[414] *Teichmann* Kriminalistik 2017, 678 (679).

des Hawala-Bankings, das weitestgehend ohne tatsächlichen Bargeldtransfer, Aufzeichnungen und Dokumentation auskommt.[415]

118 Einschlägige Straftatbestände zur Bekämpfung der Terrorismusfinanzierung können sich aus dem Staatsschutz- wie auch dem Vermögensstrafrecht ergeben, aber auch im Nebenstrafrecht zu finden sein. Für den GBA relevant sind drei Normen, die unmittelbar auf die Finanzierung terroristischer Aktivitäten abzielen. Hierbei handelt es sich zunächst um die unmittelbar in seine Zuständigkeit fallenden Tathandlungen gem. § 129a StGB, entweder in Form einer unmittelbaren mitgliedschaftlichen Betätigung oder – deutlich praxisrelevanter – in Form der Unterstützung einer terroristischen Vereinigung gem. § 129a Abs. 5 S. 1 StGB. Evokative Zuständigkeiten bestehen gem. § 120 Abs. 2 Nr. 1 GVG (→ Rn. 13) für den Tatbestand der Terrorismusfinanzierung gem. § 89c StGB sowie gem. § 120 Abs. 2 Nr. 4 GVG (→ Rn. 19) für Zuwiderhandlungen gegen die aus den Terror-Listen der UN und der EU folgenden Bereitstellungsverbote, die über § 18 AWG mit Kriminalstrafe bedroht sind. In der Rechtspraxis weisen Ermittlungsverfahren im Bereich der Terrorismusfinanzierung eine große Bandbreite auf, die von der Zuwendung von Kleinstbeträgen oder Ausrüstungsgegenständen bis zur organisierten Finanzierung gesamter Vereinigungen reichen. Dies führt bei Verfahren gem. §§ 129a, b StGB in erheblichem Umfang zu Verfahrensabgaben an die Generalstaatsanwaltschaften der Länder wegen minderer Bedeutung gem. § 142a Abs. 2 Nr. 2 GVG (→ Rn. 29). Auch bei Verfahren gem. § 89c StGB oder § 18 AWG wird eine Evokation durch den GBA bei der Zuwendung von Kleinstsummen grundsätzlich nicht in Betracht kommen. Sie erscheint jedoch möglich bei der Lieferung von Waffen oder militärischer Ausrüstung sowie bei Zuwendungen an besonders gefährliche Vereinigungen oder Leistungen, die unmittelbar in die Begehung einer Gewalttat münden sollen.

119 Die beim GBA geführten Verfahren zeichnen sich regelmäßig durch ein **hohes Maß an Aufwand und Komplexität** aus und sind bei ausländischen Vereinigungen regelmäßig mit aufwendigen Auslandsermittlungen verbunden, dies insbesondere in Regionen, in denen, wie zB in Somalia, im Irak oder in Syrien, klassische Rechtshilfemaßnahmen regelmäßig an ihre Grenzen stoßen (→ § 17 Rn. 51). Schon bei der Prüfung eines Anfangsverdachts ist der GBA im Rahmen des ganzheitlichen Bekämpfungsansatzes (→ Rn. 46) in erheblichem Umfang auf Informationen anderer Behörden angewiesen. Dies gilt im Bereich der Terrorismusfinanzierung nicht nur für die deutschen Nachrichtendienste, sondern vor allem für die Behörden des Steuer- und Finanzsektors. Von entscheidender Bedeutung in der Rechtspraxis ist hier eine effektive Zusammenarbeit mit der beim Zoll bestehenden „**Finance Intelligence Unit**" **(FIU),** bei der die Verdachtsanzeigen der Unternehmen des Finanzsektors im Rahmen des unternehmensinternen Risikomanagements eingehen und deren Befugnisse in den §§ 27 ff. GwG geregelt sind.[416] § 32 Abs. 2 S. 1 GwG erlaubt der FIU die Übermittlung von Informationen an die Strafverfolgungsbehörden. § 40 GwG gestattet zudem die Unterbrechung von Finanztransaktionen für 30 Tage, soweit der Verdacht besteht, dass sie Bezug zu einer Terrorismusfinanzierung oder einer anderen staatsschutzrelevanten Tat aufweisen.

II. Ermittlungsverfahren im Bereich der äußeren Sicherheit

120 Außerhalb der „klassischen" Terrorismusverfahren führt der GBA die Ermittlungen bei Straftaten, die geeignet sind, die **äußere Sicherheit** oder die **auswärtigen Beziehungen** der Bundesrepublik Deutschland erheblich zu gefährden. Die mit dem **Ende des Kalten Krieges** verbundene Änderung der geopolitischen wie geostrategischen Situation Deutsch-

---

[415] FATF-Report The role of HAWALA, 2013, online unter www.fatf-gafi.org; *Teichmann* Kriminalistik 2017, 730 (733).
[416] *Engelstätter* in LK-StGB StGB § 89c Rn. 13 ff.; Bundesministerium der Finanzen, Nationale Risikoanalyse, 51, www.bundesfinanzministerium.de.

lands hat hier zu einem **Paradigmenwechsel** geführt. Grundlage der aktuellen Verfolgungspraxis des GBA ist eine **360-Grad-Betrachtung,** die auch an sich verbündete Staaten in den Blick nehmen kann. Verfolgt werden zudem nicht nur Delikte zum Nachteil des deutschen Staates, sondern auch zum Nachteil von kollektiven Bündnissystemen, in denen sich Deutschland aktuell engagiert. Geheimnisse der **NATO** werden im Regelfall als deutsche Geheimnisse angesehen.[417] Auch Informationen und Dokumente mit **EU-Bezug** können dem strafrechtlichen Spionageschutz unterfallen.[418] Ermittlungsverfahren gegen Bedrohungen der äußeren Sicherheit liegen häufig an der **Schnittstelle** zwischen Strafverfolgung und (außen-)politischen Interessen der Bundesrepublik Deutschland. Zur Vermeidung von Wertungswidersprüchen kann der GBA daher gem. **§ 153c Abs. 2 und 4, §§ 153d, e StPO** von der Verfolgung der verfahrensgegenständlichen Straftat absehen (→ Rn. 34 ff.).

Die Bedrohung durch Spionage und andere nachrichtendienstliche Aktivitäten hat sich **121** in jüngster Zeit verschärft.[419] Zunehmend prägt der Wettkampf um eine geostrategische Vorherrschaft die internationalen Beziehungen. Immer mehr Staaten setzen ihre Nachrichtendienste ein, um sich in politischen, militärischen, wirtschaftlichen und technologischen Zusammenhängen einen Wissensvorsprung gegenüber anderen Nationen zu verschaffen. Deutschland steht mit seinen Mitgliedschaften in der NATO und der EU sowie wegen seiner Wirtschaftskraft und innovativen Forschung im steten Fokus fremder Nachrichtendienste. Hauptakteure sind die Nachrichtendienste der Russischen Föderation, der Volksrepublik China, der Islamischen Republik Iran sowie der Republik Türkei. Deutschland steht als eines der Hauptaufnahmeländer für syrische Flüchtlinge zudem im Fokus des syrischen Nachrichtendienstes. Die handelnden Akteure bedienen sich der klassischen nachrichtendienstlichen Methoden durch Nutzung ihrer **Legalresidenturen**[420] und Abschöpfung menschlicher Quellen. Einige Dienste schrecken auch nicht davor zurück, **Gewalttaten** auf dem Territorium der Bundesrepublik Deutschland zu begehen.[421] Schließlich haben sich **Cyberangriffe** mit und gegen IT-Infrastrukturen als wichtige Methode ausländischer Nachrichtendienste etabliert. Sie umfassen zB das Ausspähen, Kopieren oder Verändern von Daten, die Übernahme einer fremden elektronischen Identität sowie den Missbrauch oder die Sabotage fremder, insbesondere systemkritischer IT-Strukturen wie Wasser- oder Stromversorgung oder Krankenhäuser. Der GBA trägt diesem Phänomen mit entsprechend spezialisierten Staatsanwältinnen und Staatsanwälten Rechnung.[422]

Die Zuständigkeit der Bundesanwaltschaft folgt in den allermeisten Fällen unmittelbar **122** aus §§ 142a Abs. 1 S. 1, 120 Abs. 1 Nr. 3 GVG. Danach fallen wesentliche Delikte wie Landesverrat (§ 94 StGB) oder geheimdienstliche Agententätigkeit (§ 99 StGB) in die **originäre Zuständigkeit** des Bundes. Soweit § 142a Abs. 2 Nr. 1 GVG eine Abgabepflicht von Verfahren unter anderem wegen des Vorwurfs der geheimdienstlichen Agententätigkeit statuiert, besteht regelmäßig ein **Abgabeverbot** gem. § 142a Abs. 3 Nr. 1 GVG, da eine solche Straftat die Interessen des Bundes in besonderer Weise berührt (→ Rn. 29). Nicht in die originäre Zuständigkeit des Bundes fallen Verfahren der **Proliferation,** in denen Vorwürfe nach §§ 17, 18 AWG zu prüfen sind. Derartige Verfahren können jedoch im Wege der **Evokation** in die Zuständigkeit des Bundes übernommen werden (→ Rn. 19).

---

[417] BGH bei Holtz MDR 1980, 105; OLG Stuttgart BeckRS 2013, 11257.
[418] OLG Stuttgart BeckRS 2013, 11257.
[419] Vgl. hierzu BfV, Verfassungsschutzbericht 2020, 306 ff.
[420] Dazu BGH NStZ 2013, 600 mAnm *Kreicker* ZIS 2014, 129.
[421] ZB die Entführung eines vietnamesischen Staatsangehörigen durch den vietnamesischen Nachrichtendienst, vgl. hierzu BGH NJW 2020, 856 mAnm *Mitsch;* zur Ermordung eines russisch-georgischen Staatsangehörigen im Berliner Tiergarten, vgl. GBA, Pressemitteilung v. 4.12.2019.
[422] GBA, Pressemitteilung v. 4.6.2014.

1. Geheimdienstliche Aktivitäten

123 Schwerpunkt der Strafverfolgung des GBA im Bereich der Spionageabwehr ist die Unterbindung geheimdienstlicher Aktivitäten. Zentrale Strafvorschrift ist der Tatbestand der geheimdienstlichen Agententätigkeit gem. § 99 StGB, der regelmäßig mit anderen Vorschriften des Strafrechts, insbesondere im Bereich der Cyberspionage, in Tateinheit steht.[423] Auch auf diese Zusammenhangstaten erstreckt sich die Verfolgungszuständigkeit des GBA (→ Rn. 23).[424] Die Vorschrift wurde geschaffen in der Zeit des Kalten Krieges, gilt aber auch für die heutige Bedrohungslage. Bei seiner Einführung durch das 8. StRÄndG im Jahr 1968[425] sollte der Tatbestand dem machtpolitischen Ansatz der damaligen Staaten des Warschauer Paktes entgegenwirken, das gesamte Potential der Bundesrepublik Deutschland systematisch zu erfassen und damit vitale Interessen des freiheitlich verfassten Staates zu gefährden. Der Gesetzgeber sah sich daher gezwungen, einen zentralen Spionagetatbestand zu schaffen, der darauf abzielte, die **gesamte Spionagetätigkeit** fremder Geheimdienste einzufangen, ohne auf den Inhalt der Informationen abzustellen, auf die die Spionagetätigkeit gerichtet war.[426]

124 Die Rechtspraxis des GBA in diesem Bereich war bis weit über die deutsche Wiedervereinigung hinaus geprägt von der strafrechtlichen Verfolgung von Agenten **russischer Nachrichtendienste**[427] sowie von Personen, die Informationen für das **Ministerium für Staatssicherheit der DDR** sammelten.[428] Das BVerfG hatte die Strafverfolgung wegen Spionagedelikten für Staatsangehörige der ehemaligen DDR allerdings insoweit als unverhältnismäßig bewertet, soweit diese Personen ausschließlich auf dem Staatsgebiet der DDR oder solcher Staaten aus gehandelt hatten, in denen sie wegen dieser Taten sowohl vor Auslieferung als auch vor Bestrafung sicher waren.[429] Mittlerweile richten sich die jeweiligen Ermittlungen auch gegen Agenten an sich **verbündeter Nationen**.[430] Von besonderer öffentlicher Wahrnehmung war zB die Einleitung eines Ermittlungsverfahrens gegen Unbekannt wegen der möglichen Ausspähung eines Mobiltelefons der Bundeskanzlerin im Zusammenhang mit dem „**NSA-Datenskandal**".[431]

125 Die Mehrzahl der aktuell geführten Verfahren richten sich gegen Angehörige oder Mittelsmänner ausländischer Nachrichtendienste, die hier lebende Staatsangehörige suchen und ausspionieren.[432] Das Ausforschen von **Ausländerorganisationen** durch geheimdienstlich eingebundene Personen richtet sich gegen deutsche Interessen, sobald Personen betroffen sind, die sich im Bundesgebiet unter dem Schutz des Art. 5 GG in legaler Weise politisch betätigten.[433] Erforderlich ist ein **inhaltlicher Antagonismus** zu den Interessen der Bundesrepublik Deutschland. Werden deutsche Staatsangehörige ausgespäht, ergibt sich dieser schon daraus, dass die Bundesrepublik ihren Staatsangehörigen gegenüber dem Zugriff ausländischer staatlicher Stellen selbst dann zum Schutz verpflichtet ist (Art. 16 GG), wenn es sich bei ihnen um Mitglieder oder Unterstützer einer terroristischen Vereinigung handeln sollte[434] Bei ausländischen Staatsangehörigen reicht der bloß örtliche

---

[423] ZB §§ 201, 202a, 202b, 202c StGB; § 148 TKG iVm § 89 TKG, §§ 43, 44 BDSG.
[424] Vgl. BGH NStZ-RR 2006, 303; BGH NStZ 2007, 117.
[425] BGBl. 1968 I 741 (746); zu den Materialien s. BT-Drs. V/898; BT-Drs. V/2860, 22.
[426] BVerfGE 57, 250 (263 ff.); BVerfGE 92, 277 (318) = NJW 1995, 1811; BGHSt 29, 325 (328) = NJW 1980, 2653; *Lampe/Hegmann* in MüKoStGB StGB § 99 Rn. 2.
[427] ZB BGHSt 24, 72 = NJW 1971, 715 (Fall Sütterlin); OLG Stuttgart BeckRS 2013, 11257 (jahrzehntelange Tätigkeit eines Ehepaars nicht geklärter Identität für den russischen KGB und dessen Nachfolgeorganisation).
[428] ZB BGHSt 43, 321 = NJW 1998, 1723 (Fall Wienand); BGHSt 43, 125 = NJW 1997, 2609; BGHSt 42, 324 = NStZ 1997, 142; BGHSt 42, 292 = NJW 1996, 1160 (Fall Markus Wolf).
[429] BVerfGE 92, 277 (331 ff.) = NJW 1995, 1811 (1815); krit. *Classen* NStZ 1995, 371 (374).
[430] GBA, Pressemitteilung v. 20.8.2015 – Anklageerhebung gegen ehemaligen Mitarbeiter des BND wegen Spionagetätigkeit für die USA.
[431] GBA, Pressemitteilung v. 4.6.2014; vgl.; *Ewer/Thienel* NJW 2014, 30; *Deiseroth* DVBl 2015, 197.
[432] GBA, Pressemitteilungen v. 9.4.2019, 8.8.2018, 6.12.2017, 16.8.2017.
[433] BGHSt 60, 158 (160) = NJW 2015, 2053; BGH NStZ 2017, 153 (154); 2017, 275.
[434] BGH NStZ-RR 2019, 177.

Bezug dagegen ebenso wenig aus wie der Umstand, dass der ausländische Nachrichtendienst ohne Abdeckung deutscher Stellen agiert. Der Tatbestand ist jedoch erfüllt, sobald das Vorgehen des Agenten sich nicht in der nachrichtendienstlichen Betätigung erschöpft, sondern unabhängig davon auch einen Straftatbestand erfüllt, zB Verrat von Dienstgeheimnissen gem. § 353b StGB.[435]

2. Verratsdelikte

Während der Tatbestand der geheimdienstlichen Agententätigkeit die Tätigkeit desjenigen mit Kriminalstrafe bedroht, der sich um schützenswerte Informationen des deutschen Staates bemüht, sanktionieren die Verratsdelikte der §§ 94–96 StGB spiegelbildlich dazu Handlungen desjenigen, der sie unbefugtermaßen herausgibt. Die Vorschriften knüpfen an den Begriff des **Staatsgeheimnisses** an. Der Verrat von bloßen Dienstgeheimnissen fällt nicht in die Zuständigkeit des GBA. Während die einzelnen Tatbestände regelmäßig die Herbeiführung einer konkreten Gefahr durch den Täter erfordern,[436] genügt für das bloße Vorliegen eines Staatsgeheimnisses bereits die abstrakte Möglichkeit der Herbeiführung eines Schadens für die Bundesrepublik Deutschland durch Bekanntwerden der Information.[437] Wie bei der geheimdienstlichen Agententätigkeit war auch die Rechtspraxis im Bereich der Verratsdelikte lange Jahre geprägt durch den **Ost-West-Konflikt.**[438] Immer wieder eine Rolle spielen **militärische Informationen,**[439] nicht nur operativer Art, sondern zuletzt auch in Form der für die Beschaffung von Ausrüstung erforderlichen **Haushaltspläne,** zumindest soweit sie Rückschlüsse auf die materielle Schlagkraft der Bundeswehr oder der NATO zulassen und dadurch fremden Mächten eine Einschätzung der sicherheits- und verteidigungspolitischen Absichten Deutschlands ermöglichen.[440]

Seit Jahrzehnten in der Diskussion steht der „**publizistische Landesverrat.**" Bereits im Jahr 1962 veröffentlichten Journalisten in der „Spiegelaffäre" einen Artikel über die atomare Strategie der NATO, in dem offensichtlich auch Angaben von Quellen innerhalb der Bundeswehr verarbeitet wurden. Jüngstes Beispiel aus dem Jahr 2015 ist die Veröffentlichung von Informationen des Bundesamts für Verfassungsschutz über den Internetblog „netzpolitik.org." Verfahren in diesem Bereich werden häufig von einer medialen und auch politischen Auseinandersetzung begleitet.[441] Der GBA steht regelmäßig vor schwierigen Abwägungsprozessen zwischen der Schutzbedürftigkeit der Informationen auf der einen und der Pressefreiheit auf der anderen Seite. Eine grundsätzliche Straffreiheit der Weitergabe und Veröffentlichung staatlich geschützter Informationen durch Angehörige der Presse wird zwar immer wieder gefordert,[442] ist von Gesetzes wegen in § 93 Abs. 2 StGB aber nur für staatlich geschützte Informationen vorgesehen, die selbst gegen die freiheitliche demokratische Grundordnung verstoßen.[443] „Whistleblower" und Journalisten sehen sich daher de lege lata einem erheblichen Strafbarkeitsrisiko ausgesetzt, wenn sie Informationen weitergeben und veröffentlichen, die die Qualität eines Staatsgeheimnisses erreichen. Meinungs- und Pressefreiheit gem. Art. 5 GG vermögen die Veröffentlichung

---
[435] BGH NStZ 2018, 590.
[436] Vgl. BGHSt 63, 288 (294) = NJW 2019, 2108 (2110); BGHSt 18, 271 = NJW 1963, 1069; BGHSt 20, 342 (348) = NJW 1966, 1227; BayObLG NJW 1957, 1327; *Sternberg-Lieben* in Schönke/Schröder StGB § 94 Rn. 13.
[437] BGHSt 63, 288 (294) = NJW 2019, 2108 (2110).
[438] Vgl. nur die BGHSt 24, 72 = NJW 1971, 715 (Fall Sütterlin); BGH NStZ-RR 2006, 266; BGH NStZ 1996, 492 zugrundeliegende Sachverhalte.
[439] GBA, Pressemitteilung v. 16.8.2019 – Weitergabe von Informationen durch einen landeskundlichen Berater und Übersetzer der Bundeswehr an einen iranischen Nachrichtendienst.
[440] BGHSt 63, 288 = NJW 2019, 2108.
[441] Vgl. etwa zuletzt die Berichterstattung über die Veröffentlichung geheimhaltungsbedürftiger Informationen auf „netzpolitik.org"; zur „Spiegelaffäre" *Kießling/Safferling* NJW 2021, 3575 (3580).
[442] ZB *Schaar* MMR 2015, 557; DAV, Pressemitteilung v. 3.8.2015, becklink 2000745.
[443] *Sternberg-Lieben* in Schönke/Schröder StGB § 93 Rn. 27.

nur nach einer Güterabwägung im Einzelfall zu rechtfertigen.[444] Auch rechtfertigender oder übergesetzlicher Notstand sind nur im Ausnahmefall möglich.[445] Gleichwohl sind Verurteilungen in diesem Bereich die Ausnahme. In der „Spiegelaffäre" konnte den jeweils beschuldigten Journalisten der erforderliche Vorsatz nicht nachgewiesen werden.[446] Hinsichtlich der durch „netzpolitik.org" veröffentlichten Dokumente, ging die Bundesregierung letztlich selbst davon aus, dass die veröffentlichten Informationen noch nicht als Staatsgeheimnis anzusehen waren.[447] Derartige politische Einschätzungen, Prognosen und Lagebeurteilungen der geheimnistragenden Institution können bei der strafrechtlichen Bewertung nicht unberücksichtigt bleiben.[448] Sie lassen zudem regelmäßig den Vorsatz der handelnden Personen hinsichtlich des Staatsgeheimnischarakters der veröffentlichten Informationen entfallen.

3. „Staatsterrorismus"

128 In die Zuständigkeit des GBA zum Schutz der äußeren Sicherheit fallen auch Fälle des „Staatsterrorismus." Diesem Phänomenbereich werden Fallgestaltungen zugeordnet, in denen Angehörige **ausländischer Geheimdienste** nach Deutschland kommen und **schwere Gewalttaten** gegen eigene Staatsangehörige oder politische Gegner auf deutschem Boden begehen oder durch Mittelsmänner begehen lassen. Klassische Beispiele hierfür sind die Ermordung von iranisch-kurdischen Exilpolitikern im Restaurant Mykonos im September 1992 in Berlin durch Angehörige eines iranischen Nachrichtendienstes sowie die Ermordung eines kroatischen Exillanten im Sommer 1983 in Bayern im Auftrag eines damaligen jugoslawischen Nachrichtendienstes, die nicht nur zur Verurteilung eines unmittelbar Tatbeteiligten,[449] sondern nach Beitritt der Republik Kroatien zur EU auch zur Auslieferung und Aburteilung seiner damaligen Führungsoffiziere führte.[450] Verfahren in diesem Bereich sind zwar glücklicherweise selten, in jüngster Zeit hat ihre Anzahl jedoch wieder zugenommen. Am 23.7.2017 entführten Angehörige des vietnamesischen Nachrichtendienstes im Rahmen einer geheimdienstlichen Operation unter Einsatz von körperlicher Gewalt in Berlin zwei vietnamesische Staatsangehörige und verbrachten sie nach Vietnam.[451] Im Dezember 2019 übernahm der GBA zudem die Ermittlungen anlässlich der Ermordung eines russisch-georgischen Staatsangehörigen im Berliner Tiergarten am 23.8.2019, da auch hier der Verdacht bestand, dass die Tat auf Veranlassung eines ausländischen Nachrichtendienstes begangen wurde.[452] Der Angeklagte wurde am 15. Dezember 2021 durch das Kammergericht zu einer lebenslangen Freiheitsstrafe verurteilt.[453]

4. Proliferation

129 Nach wie vor besteht die Gefahr, dass proliferationsrelevante Staaten versuchen, atomare, biologische oder chemische Massenvernichtungswaffen herzustellen. Trotz teilweise erheblichen eigenen technologischen Fortschritts sind sie dabei sowohl bei der Beschaffung der erforderlichen Komponenten als auch des technischen Know-hows weiterhin auf den

---

[444] BVerfGE 20, 162 (177) = NJW 1966, 1603; BVerfGE 21, 239 (242 f.) = BeckRS 9998, 111711; OLG Hamm GA 1966, 67.
[445] BGHSt 20, 342 (362) = NJW 1966, 1227 (Fall Pätsch); *Hegmann/Stuppi* in MüKoStGB StGB § 93 Rn. 16; *Sternberg-Lieben* in Schönke/Schröder StGB § 95 Rn. 19 – Beschränkung der Preisgabe auf das absolut Notwendige nach vorheriger Bemühung um Abhilfe bei der zuständigen Stell- oder Volksvertretung.
[446] BGH NJW 1965, 1187; ähnlich auch BGH NJW 1965, 1190.
[447] Dazu GBA, Pressemitteilung v. 10.8.2015; krit. *Dietrich* RW 2016, 566 ff.; *Sternberg-Lieben* in Schönke/Schröder StGB § 93 Rn. 20.
[448] Vgl. *Hegmann/Stuppi* in MüKoStGB StGB § 93 Rn. 11.
[449] OLG München BeckRS 2009, 9057; vgl. BGH BeckRS 2009, 07363.
[450] Vgl. hierzu OLG München BeckRS 2016, 131747; BGH NStZ 2019, 342.
[451] S. hierzu BGH NJW 2020, 856.
[452] GBA, Pressemitteilung v. 4.12.2019; s. auch BT-Drs. 19/16753.
[453] KG BeckRS 2021, 47025.

Weltmarkt angewiesen. Da eine unmittelbare Beschaffung in Deutschland und der EU an den strengen Exportkontrollen scheitert, zeichnen sich die in der Rechtspraxis auftretenden Fälle vor allem durch Verschleierungsmechanismen wie Umgehungsausfuhren über **Drittländer** sowie die Gründung von **Tarnfirmen** aus.[454] Verfahrensgegenständlich sind in der Regel „**dual-use**"**-Güter**.[455] Hierbei handelt es sich um in Deutschland hergestellte Hochtechnologie, die sowohl für zivile, aber eben auch für militärische Zwecke verwendet werden kann. Zielstaaten sind unter anderem die Islamische Republik Iran[456] sowie zuletzt auch die Russische Föderation.[457] Seit 2010 hat der GBA insgesamt **30 Ermittlungsverfahren** auf dem Gebiet der Proliferation eingeleitet. Bis zum 30.10.2019 wurden acht Anklagen erhoben, von denen sechs zu einer Verurteilung geführt haben. Zehn Verfahren wurden eingestellt. In vier Fällen erfolgte die Verurteilung wegen Verstößen gegen das EU-Embargo nach § 18 Abs. 1 AWG, in einem Fall wegen Verstoßes gegen einen Genehmigungsvorbehalt nach der Außenwirtschaftsverordnung.[458] Zuletzt hat der GBA am 9. Februar 2022 Anklage wegen der Lieferung von „dual-use-Gütern" an ein von einem ausländischen Nachrichtendienst gesteuertes Tarnunternehmen erhoben.[459]

III. Bekämpfung von Völkerstraftaten nach dem VStGB

Schließlich ist der GBA gem. § 142a Abs. 1 S. 1 GVG, § 120 Abs. 1 Nr. 7 GVG originär **130** für die Bekämpfung von Völkerstraftaten (Völkermord, Kriegsverbrechen, Verbrechen gegen die Menschlichkeit und Aggressionsverbrechen) zuständig. Die maßgeblichen Rechtsgrundlagen ergeben sich hierfür aus dem 2002 in Kraft getretenen VStGB. Die Entwicklung in diesem Rechtsgebiet ist dynamisch: Ende 2017 bestanden bereits 80 offene Ermittlungsverfahren, davon 35–40 aus der Region Syrien/Irak. Dazu kamen allein im Jahr 2018 ca. 400 weitere Neueingänge oder -anzeigen.[460]

1. Rechtsgrundlagen

Die Verfolgung von Völkerstrafrechtsdelikten durch die Bundesrepublik Deutschland glie- **131** dert sich in zwei Phasen. Von 1954–2002 standen für die völkerrechtlichen Kernverbrechen („**core-crimes der Menschheit**")[461] – Völkermord, Verbrechen gegen die Menschlichkeit, Kriegsverbrechen und Führen eines Angriffskrieges –, lediglich die Tatbestände des § 220a StGB (Völkermord) sowie des § 80 StGB (Vorbereitung eines Angriffskrieges) in der Zuständigkeit des Bundes, obwohl die Jahrhundertverbrechen des Nationalsozialismus und deren Ahndung durch den internationalen Militärgerichtshof von Nürnberg ihren Ausgangspunkt und Schauplatz in Deutschland hatten.[462] Zur rechtspraktischen Anwendung gelangten diese Vorschriften im Zusammenhang mit dem **Jugoslawienkonflikt** in den 1990er Jahren als zahlreiche Personen serbischer und kroatischer Nationalität aus Deutschland am Kriegsgeschehen in ihrer Heimat teilnahmen. Soweit sich Hinweise auf ihre Mitwirkung an Massakern und ethnischen Säuberungen ergaben, leitete der GBA nach ihrer Rückkehr Verfahren wegen Völkermordes ein, die auch zu mehreren Verurteilungen führten.[463]

---

[454] Hierzu BfV, Verfassungsschutzbericht 2020, 337.
[455] Vgl. hierzu *Wagner* in MüKoStGB AWG § 18 Rn. 128; *Morweiser* in Wolfgang/Simonsen/Rogmann/Pietsch AWG § 18 Rn. 84.
[456] ZB BGH NStZ 2019, 736; 2016, 733 mAnm *Nestler* NStZ 2016, 738; BGH BeckRS 2015, 2497; BGH NStZ-RR 2014, 53.
[457] GBA, Pressemitteilungen v. 19.12.2018, 21.8.2019; s. auch BGH NStZ 2019, 626.
[458] Zu den Fallzahlen s. BT-Drs. 19/14608, 7.
[459] GBA, Pressemittleitung v. 22.2.2022.
[460] Verfahrenszahlen bei *Ritscher* ZIS 2018, 543 (545).
[461] Vgl. Art. 5 Abs. 1 des IStGH-Statuts.
[462] *Werle* in MüKoVStGB VStGB Einleitung Rn. 19 ff.; *Hannich* ZIS 2007, 507 (508).
[463] Vgl. BGH NStZ 1999, 396 (397); BGH NStZ 2001, 658 (659); BayObLG NStZ 1998, 138.

132 Mit Beginn der zweiten Phase, dem Inkrafttreten des **VStGB** am 30.6.2002,[464] kam es zu einem Paradigmenwechsel. §§ 6–13 VStGB bedrohen nunmehr alle Menschheitsverbrechen mit Kriminalstrafe. Ihren Ausgangspunkt nahm diese Entwicklung mit der Unterzeichnung des Statuts des Internationalen Strafgerichtshofs (IStGH-Statut) auf der Staatenkonferenz in Rom am 17.7.1998.[465] Mit dem VStGB und dem am 1.7.2002 nach 60 Ratifizierungen in Kraft getretenen IStGH-Statut wurde ein neues System der Verfolgung von Völkerstraftaten etabliert, das sich am **Komplementaritätsgrundsatz** orientiert und die lückenlose und flächendeckende Verfolgung von Völkerstraftaten zum Ziel hat. Dem IStGH kommt hierbei die Rolle eines ständigen Reservegerichts oder einer „Notfall-Institution" zu.[466] Er ergänzt die nationale Strafverfolgung in Fällen, in denen der Staat, in dem die Verbrechen begangen wurden (Tatort-Staat), nicht willens oder faktisch nicht in der Lage ist, ernsthafte Strafverfolgung zu betreiben. Nicht-Tatort–Staaten, die die Regelungen des IStGH-Statuts unter Geltung des Weltrechtsprinzips anwenden (vgl. § 1 VStGB), haben als Drittstaaten eine **Auffangzuständigkeit,** wenn weder der Tatortstaat, noch der IStGH eine Strafverfolgung gewährleisten.[467] Für Deutschland stellt hier das VStGB sicher, dass die deutsche Justiz – genauer: die Bundesjustiz gem. Art. 96 Abs. 5 GG iVm §§ 120 Abs. 1 Nr. 8, 142a GVG – alle Delikte verfolgen kann, die in die Zuständigkeit des IStGH fallen, von diesem aber nicht verfolgt werden.

2. Verfolgungsstrategie

133 Die aktuelle Rechtspraxis des GBA verfolgt das Ziel, durch eine effektive Strafverfolgung auf Grundlage des VStGB zu verhindern, dass Deutschland Rückzugs- und Ruheraum für Völkerstraftäter wird (**„no save haven").**[468] Dies ist abzugrenzen von der Rolle eines „Weltpolizisten", der vermeintliche oder tatsächliche Defizite in der Verfolgung von Völkerstraftaten rund um die Welt auszugleichen sucht. Bloße „Ermittlungen nur für die Galerie" werden im Bereich des VStGB nicht geführt. Die Bundesanwaltschaft widmet sich auch unter Anwendung des Weltrechtsprinzips gem. § 1 VStGB nur völkerstrafrechtlich relevanten Sachverhalten, bei denen mit den hier strafprozessual zur Verfügung stehenden Mitteln auch ein Aufklärungserfolg erzielbar erscheint. Die Rechtsgrundlage hierfür findet sich in der das VStGB flankierenden Regelung des § 153f StPO, die mit § 1 VStGB ein **„wohltemperiertes System"** bildet, das die Anwendung des Weltrechtsprinzips auch unter Berücksichtigung der Ressourcen der deutschen Justiz sinnvoll begrenzt, aber gleichzeitig konsequent die materiell-rechtliche Bereitschaft Deutschlands zur weltweiten Verfolgung schwerster Menschenrechtsverletzungen signalisiert.[469] In der Rechtspraxis gelangt die Norm auch dann zur Anwendung, wenn sich Vertreter ausländischer Staaten, denen der Vorwurf eines Kriegsverbrechens gemacht wird, ohne dass ein dringender oder gar hinreichender Tatverdacht vorliegt, nur vorübergehend in Deutschland aufhalten. Möglichkeiten diese Personen in Deutschland festzuhalten, bestehen in diesen Fällen regelmäßig nicht; ein Haftbefehl könnte gem. § 112 StPO nur im Fall eines dringenden Tatverdachts ergehen. Die Tatvorwürfe im Wege der Rechtshilfe zu klären, ist in den allermeisten Sachverhalten aussichtslos.

---

[464] BGBl. 2002 I 2254; zuletzt geändert durch das Gesetz zur Änderung des Völkerstrafgesetzbuchs v. 22.12.2016 (BGBl. 2016 I 3150).
[465] BGBl. 2002 II 1393; Zusammenfassend zum Römischen Statut *Werle* in MüKoVStGB VStGB Einleitung Rn. 14; *Ambos* ZStW 111 (1999), 175; *Jescheck* FS Mangakis, 1999, 483 ff.
[466] Vgl. BT-Drs 14/8524, 12; *Werle* in MüKoVStGB VStGB Einleitung Rn. 2 unter Hinweis auf Erwägungsgrund 10 der Präambel sowie Art. 1 iVm Art. 17–20 des IStGH-Statuts.
[467] BT-Drs 14/8524, 37; *Werle/Jeßberger* JZ 2002, 725 (733); GBA JZ 2005, 311 (312); *Gierharke* ZStW 120 (2008), 375 (396); *Kreß* NStZ 2000, 617 (625).
[468] *Frank/Schneider-Glockzin* NStZ 2017, 1 (2); *Ritscher* in Safferling/Kirsch, Völkerstrafrechtspolitik, 2014, 223 (225).
[469] *Ambos* in MüKoStGB StGB § 1 Rn. 2; vgl. GBA JZ 2005, 311 (312); OLG Stuttgart NStZ 2006 117 (119); *Frank/Schneider-Glockzin* NStZ 2017, 1 (3); *Hannich* ZIS 2007, 507 (512); *Ritscher* in Safferling/Kirsch, Völkerstrafrechtspolitik, 2014, 223 (225).

C. Rechtspraxis § 42

Ausgangspunkt des GBA für Ermittlungen im Völkerstrafrecht ist ein **Monitoring** aller 134 völkerstrafrechtlich relevanten Ereignisse weltweit, um die Informationen zeitnah zur Hand zu haben, falls sich zu einem späteren Zeitpunkt ein Inlandsbezug ergeben sollte. Diese Erkenntnisse werden in Beobachtungsvorgängen erfasst.[470] Ergibt sich hierbei ein Anfangsverdacht auf die Begehung einer Völkerstraftat mit Deutschlandbezug, führt dies zunächst zu Einleitung von Strukturermittlungsverfahren, die mit den „Situations" der Anklagebehörde des Internationalen Strafgerichtshofes vergleichbar sind. Sobald sich die Verdachtslage gegen einzelne Beschuldigte konkretisiert hat, werden personenbezogene Ermittlungsverfahren eingeleitet,[471] die – in Ermangelung eines besonderen Verfahrensrechts für Völkerstraftaten – nach den allgemeinen Regelungen der StPO zu führen sind. Soweit sich Opfer oder Zeugen von potenziellen Völkerstraftaten in Deutschland aufhalten, führt das schließlich zu Ermittlungen des Generalbundesanwalts, die der **„antizipierten Rechtshilfe"** dienen. Die Beweissicherungen erfolgen insoweit im Hinblick auf eine mögliche spätere Verfolgung durch ein ausländisches oder internationales Gericht.[472]

3. Ermittlungsschwerpunkte

In der noch jungen Rechtsmaterie haben sich mittlerweile verschiedene Ermittlungs- 135 schwerpunkte des GBA gebildet, die von der Strafverfolgung von Kriegsverbrechern in **lokalen Konflikten**[473] bin hin zur strafrechtlichen Bewertung von Maßnahmen von Angehörigen auch deutscher **Streitkräfte** reichen.

a) Völkermord in Ruanda. Eines der ersten Betätigungsfelder des im Frühjahr 2009 beim 136 GBA eingerichteten reinen Völkerstrafrechtsreferats war der Genozid der Hutu an der Volksgruppe der Tutsi von April bis Juli 1994 mit hunderttausenden Toten, auf den die erschütterte Weltöffentlichkeit mit der Einrichtung des Internationalen Strafgerichtshofes für Ruanda durch die Vereinten Nationen auf Grundlage von Kap. VII VN-Charta reagierte.[474] Zentral für die Strafverfolgung in Deutschland war das Verfahren gegen **Onesphore R.** Dieser hatte als Bürgermeister einer Kommune im Norden Ruandas zu Pogromen aufgerufen, die zu drei **Kirchenmassakern** mit insgesamt über 3.000 Toten geführt hatten. Das Verfahren fiel noch in die Anwendbarkeit von § 220a StGB aF als zur Tatzeit maßgebliches Gesetz.[475] Die für die Anklageerhebung im August 2010 erforderlichen Beweise konnten nur durch von Ruanda genehmigte Ermittlungen vor Ort, insbesondere Augenscheineinnahmen und Zeugenvernehmungen, gesammelt werden.[476] Onesphore R. wurde durch das OLG Frankfurt a. M. im Ergebnis wegen mittäterschaftlich begangenen Völkermordes zu lebenslanger Freiheitsstrafe bei Feststellung der besonderen Schwere der Schuld verurteilt, nachdem der BGH den ersten Schuldspruch wegen Beihilfe zum Völkermord aufgehoben hatte.[477]

Thematisch eng verbunden mit diesem Verfahren sind Ermittlungen gegen die auch heute 137 noch aktive Hutumiliz, **„Forces Democratiques de Liberation du Ruanda (FDLR)"**, die im Osten der Demokratischen Republik Kongo an der Grenze zu Ruanda operiert. In dem ersten VStGB-Prozess in Deutschland wurde dem Präsidenten sowie dem ersten

---

[470] Vgl. hierzu *Ambos* in MüKoStGB StGB § 1 Rn. 29; Beispiele bei *Hannich* ZIS 2007, 507 (511).
[471] *Klinge* DRiZ 2017, 308 (309); *Ritscher* in Safferling/Kirsch, Völkerstrafrechtspolitik, 2014, 223 (227); *Ritscher* ZIS 2019, 599 (600) *Frank/Schneider-Glockzin* NStZ 2017, 1 (5) am Beispiel des Syrien-Konflikts.
[472] *Werle* JZ 2012, 373 (378).
[473] Die Auswirkungen des seit dem 24. Februar 2022 andauernden Krieges waren bei der Abfassung des Manuskripts noch nicht absehbar, zu den in Betracht kommenden Fallkonstellationen wird auf den Beitrag von *Gmel/Peterson,* Der Krieg in der Ukraine aus völkerstrafrechtlicher Sicht, GSZ-Sonderausgabe 2022, 20 verwiesen.
[474] UN-Sicherheitsresolution 955 v. 8.11.1994.
[475] Vgl. *Kreß* in MüKoVStGB VStGB § 6 Rn. 27; *Ritscher* in Safferling/Kirsch, Völkerstrafrechtspolitik, 2014, 223 (228).
[476] GBA, Pressemitteilung v. 18.8.2010.
[477] OLG Frankfurt aM BeckRS 2015, 4846; OLG Frankfurt aM BeckRS 2015, 515; BGH JZ 2016, 213.

Vizepräsidenten der Organisation neben der Mitgliedschaft in einer ausländischen terroristischen Vereinigung vorgeworfen, als Vorgesetzte wegen Massakern an der Zivilbevölkerung und damit an Verbrechen gegen die Menschlichkeit und Kriegsverbrechen (§ 7, 8, 9, 11 VStGB) beteiligt gewesen zu sein. Der BGH hat in seinem Revisionsurteil vom 20.12.2018 nicht nur zum ersten Mal die grundsätzlichen Anforderungen an derartige Taten aufgestellt, sondern sich auch zu den Voraussetzungen der **Vorgesetztenverantwortlichkeit** nach § 4 VStGB geäußert, insbesondere zu dem Erfordernis der effektiven Kontrolle im Sinne der Möglichkeit, Straftaten der Untergebenen wirksam zu unterdrücken.[478]

138 **b) Auslandseinsätze der Bundeswehr.** Jede Militärische Operation der Bundeswehr im Ausland bei der Zivilpersonen zu Schaden kommen, hat eine Untersuchung durch den GBA zur Folge. In der Rechtspraxis geht es dabei im Wesentlichen um vermeintliche Angriffe von Selbstmordattentätern auf **Check-Points** oder Kolonnen. Sämtlich bisher geführte Verfahren waren einzustellen, da die verantwortlich handelnden Offiziere der Bundeswehr im jeweiligen Einzelfall alle konfliktsvölkerrechtlichen soldatischen Pflichten eingehalten haben. Von zentraler Bedeutung waren jedoch die anlässlich eines durch den deutschen Oberst Klein angeordneten Luftangriffs am 4.9.2009 in der Nähe des Bundeswehrlagers bei **Kunduz/Afghanistan** geführten Ermittlungen, bei denen zum ersten Mal überhaupt ein von einem deutschen Offizier angeordneter Distanzangriff aus strafrechtlichem Blickwinkel zu bewerten war. Die deutsche Politik hatte den Bundeswehreinsatz in Afghanistan im Rahmen der ISAF bis dahin allenfalls als Stabilisierungsmission bezeichnet und in offiziellen Äußerungen jeden Hinweis auf militärisches Kampfgeschehen, kriegerische Auseinandersetzungen und bewaffneten Konflikt vermieden. Die durch die Anordnung ausgelösten politischen Erschütterungen waren daher tiefgreifend.[479] Teile der Medien bezeichneten die Kampfhandlung als Massaker und stellten sie in eine Reihe mit den Kriegsverbrechen der deutschen Wehrmacht im zweiten Weltkrieg.[480]

139 Nach dem Ergebnis der Ermittlungen des GBA war der Luftangriff in Kunduz **kein Verstoß gegen das Konfliktvölkerrecht** und damit kein Kriegsverbrechen. Hierzu war zunächst das Vorliegen eines bewaffneten Konflikts zu prüfen, das überhaupt erst die Anwendung des VStGB und damit die justizielle Zuständigkeit des Bundes begründete. Im Rahmen dieser Prüfung musste die Situation in Afghanistan nach dem Sturz des Talibanregimes im Jahr 2001 und die gesamte Entwicklung bis zum 4.9.2009 ermittelt und bewertet werden. Gleichzeitig waren Zusammensetzung und Struktur der Aufständischen in Afghanistan, ihre Ziele, Strategien und Vorgehensweisen sowie die Lage im Einsatzbereich der Bundeswehr in den Blick zu nehmen, was im Ergebnis zur Annahme eines nicht internationalen bewaffneten Konflikts führte. Die daran anschließende völker- und allgemein-strafrechtliche Prüfung ergab, dass ein als Kriegsverbrechen zu qualifizierender unterschiedsloser Distanzangriff auf Zivilisten (§ 11 Abs. 1 Nr. 3 VStGB) schon deshalb nicht in Betracht kam, weil der handelnde Oberst davon ausgegangen war und auch davon hatte ausgehen dürfen, dass nur Aufständische vor Ort waren. Auch eine Strafbarkeit wegen Mordes (§ 211 StGB) schied aus. Zwar hatte sich im Nachhinein herausgestellt, dass die Lagebewertung des handelnden Offiziers nicht zutraf, da entgegen seiner Einschätzung tatsächlich auch Zivilpersonen vor Ort waren. Der Angriffsbefehl war jedoch völkerrechtlich zulässig, da Oberst Klein bei seiner Entscheidungsfindung sowohl die Verpflichtungen der gebotenen und praktikablen Aufklärung zur Vermeidung von Kollateralschäden (feasible precautions) als auch die Maßstäbe des Exzessverbots eingehalten hatte.[481]

---

[478] BGHSt 64, 10 = NJW 2019, 1818; dazu *Gierharke* NJW 2019, 1779 sowie *Tiemann* ZIS 2019, 553 (564).

[479] Der Verteidigungsminister verlor sein Amt, ein Staatssekretär sowie der Generalinspekteur der Bundeswehr wurden entlassen.

[480] Vgl. den Bericht des Untersuchungsausschusses in BT-Drs. 17/7400 sowie die schriftliche Zusammenfassung der medialen Berichterstattung auf deutschlandfunk.de/geschichte-aktuell-luftangriff-vor-10-jahren-verhinderte.724.de.html?dram:article_id=457813.

[481] Vgl. die Einstellungsverfügung in dem Verfahren GBA NStZ 2010, 581 mAnm *Ambos* NJW 2010, 1725; zur Reichweite der Zuständigkeit des GBA vgl. BVerfG NJW 2015, 3500.

c) **Maßnahmen ausländischer Streitkräfte.** Neben der völkerstrafrechtlichen Bewertung von Handlungen der Bundeswehr muss der GBA regelmäßig auch Handlungen **ausländischer Streitkräfte** hinsichtlich möglicher Verstöße gegen das VStGB untersuchen. Bekanntestes Beispiel ist hier das Vorgehen israelischer Soldaten gegen die **„Gaza-Hilfsflottille".** Am 31.5.2010 hielten israelische Streitkräfte sechs Schiffe auf hoher See vor der Küste Israels an. Zwei aktive und ein ehemaliges Mitglied des Bundestages sowie zwei Journalisten, die sich auf diesen Schiffen befunden hatten, erstatteten Strafanzeige gegen unbekannte Verantwortliche der israelischen Streitkräfte, insbesondere wegen Kriegsverbrechen und Freiheitsberaubung. Mit Verfügung vom 29.9.2014 lehnte der GBA – gestützt auf eine Vielzahl nationaler und internationaler Erkenntnisquellen[482] – die Aufnahme von Ermittlungen ab.[483] Das Aufbringen der Schiffe und die Gewaltanwendungen seitens der israelischen Streitkräfte erfolgten im Zusammenhang mit dem zwischen Israel und der Hamas bestehenden bewaffneten Konflikt. Die von Israel verhängte Seeblockade war formal wirksam bekannt gemacht, die durch das israelische Militär gestoppten Schiffe hatten sie bewusst gebrochen. Sie durften daher mit militärischen Mitteln aufgebracht werden. Auch bei den einzelnen Gewaltanwendungen und Gefangennahmen zum Nachteil deutscher Staatsangehöriger durch israelisches Militär handelte es sich nicht um Kriegsverbrechen iSd § 8 VStGB oder um sonstige Delikte.

140

Auch Kampfhandlungen **US-amerikanischer Drohnen** waren Gegenstand strafrechtlicher Prüfungen des GBA. Bei einem Raketenbeschuss am 4.10.2010 auf den Innenhof eines Gebäudes in der Stadt Mir-Ali in Nordwaziristan kamen fünf Personen ums Leben, die Angehörige der pakistanischen Taliban (Tehrik e Taliban Pakistan – TTP) und von Al-Qaida waren. Darunter befand sich ein deutscher Staatsangehöriger, der Ende Juli über die Türkei und den Iran in das pakistanisch-afghanische Grenzgebiet gereist war, um am bewaffneten Jihad teilzunehmen. Das Verfahren warf zunächst die Frage auf, ob Drohneneinsätze aus völkerstrafrechtlicher Sicht ein zulässiges militärisches Mittel darstellen. Darüber hinaus wurde festgestellt, dass zum Tatzeitpunkt im maßgeblichen Teil Pakistans ein komplexer bewaffneter Konflikt herrschte, der durch einen *„Spill-over-effect"* des Konflikts in Afghanistan und dem Kampf des pakistanischen Staates gegen die TTP gebildet wurde. Die Getöteten waren damit konfliktrechtlich legitime militärische Angriffsziele, zivile Opfer im Rechtssinne gab es nicht.[484]

141

d) **Der Syrien-Irak-Konflikt.** Den aktuellen Schwerpunkt der Tätigkeit des GBA im Bereich des Völkerstrafrechts bilden Verfahren im Zusammenhang mit dem Bürgerkrieg im Irak und Syrien (→ Rn. 74). Dieser ist nicht nur geprägt durch den Aufstieg des IS und den Kämpfen bewaffneter Milizen, wie der Jabhat al-Nusra, gegen die syrische und irakische Regierung, sondern auch von einer menschenverachtenden Repression des syrischen Regimes einschließlich eines unerbittlichen militärischen Vorgehens gegen die eigene Bevölkerung. Im Zuge der ab dem Jahr 2015 einsetzenden Flüchtlingsbewegungen sind diverse Opfer und Täter von Völkerstrafrechtsverbrechen nach Deutschland gelangt. Dies mündete nicht nur in zahlreiche Verfahren des GBA wegen Mitgliedschaft in terroristischen Vereinigungen, sondern oftmals gleichzeitig auch wegen verschiedener Kriegsverbrechen, die in vielen Fällen auch schon zu Verurteilungen geführt haben.[485] Verfahrensgegenständlich sind insbesondere Kriegsverbrechen gegen Personen wegen Tötungen und Folter

142

---

[482] Berücksichtigt wurden unter anderem die Berichte der Kommission des Menschenrechtsrats der Vereinten Nationen (UNHCR), der Kommission der israelischen Regierung (Türkei-Kommission) der Türkischen Untersuchungskommission der Kommission des Generalsekretärs der Vereinten Nationen (Palmer-/Uribe-Kommission) sowie wie die Voruntersuchung der Anklagebehörde des Internationalen Strafgerichtshofs.
[483] Vgl. Abschlussvermerk des Vorprüfungsverfahrens 3 ARP 77/10-4; wiedergegeben bei *Hartwig* ZaöRV 2018, 189 (268 ff.).
[484] GBA NStZ 2013, 644 mAnm *Ambos* NStZ 2013, 634 sowie *Löffelmann* JR 2013, 496.
[485] Vgl. zu den einzelnen Fallkonstellationen *Klinge* DRiZ 2017, 308 (309); *Ritscher* ZIS 2019, 599 ff. und *Tiemann* ZIS 2019, 553 ff.

(§ 8 VStGB),[486] das Posieren mit abgeschlagenen Köpfen eines Gegners,[487] die Aneignung von Wohnungen samt Mobiliar (§ 9 VStGB)[488] oder Kriegsverbrechen gegen humanitäre Operationen gem. § 10 VStGB in Form der Gefangennahme eines Mitglieds der friedenserhaltenden Mission der Vereinten Nationen auf den Golanhöhen (UNDOF).[489] Aber auch die Versklavung jesidischer Frauen und Kinder einschließlich ihrer sexuellen Ausbeutung durch den IS sind Gegenstand von völkerstrafrechtlichen Ermittlungen des GBA unter den Gesichtspunkten Kriegsverbrechen (§ 8 VStGB) und Völkermord (§ 6 VStGB).[490] Dies gilt auch für systematische Folterhandlungen und Tötungen in Gefängnissen des syrischen Geheimdienstes und deren Würdigung als Verbrechen gegen die Menschlichkeit iSv § 7 VStGB.[491]

D. Perspektiven

143 Immer wieder haben sich in der Vergangenheit, zB mit dem Ende des Kalten Krieges (→ Rn. 120), der Auflösung der RAF (→ Rn. 102) oder den Anschlägen vom 11. September 2001 (→ Rn. 67) die Gewichtungen der durch den GBA zu bearbeitenden Phänomenbereiche aufgrund gesellschaftlicher oder politischer Veränderung verschoben. Seine durch das Legalitätsprinzip festgeschriebene staatsanwaltschaftliche Verpflichtung, in allen Bereichen einen **Rundumblick** zu behalten, hat sich jedoch nie geändert und muss auch in Zukunft gewährleistet werden: Keine Bearbeitung des Einen auf Kosten des Anderen. Schwerpunktbildung wo erforderlich, aber keine Vernachlässigung der anderen Bereiche. Gerade der nicht im Fokus stehende „Rest" birgt das Risiko, „unter dem Radar" klandestine Strukturen zu entwickeln und dann mörderisch in Erscheinung zu treten – eine der bitteren Lehren aus dem „NSU-Komplex" (→ Rn. 91). Der – strafrechtliche – Blick vom „Wachturm des Staatsschutzes" auf die Bedrohungen der äußeren und der inneren Sicherheit des Gemeinwesens darf sich nicht statisch verfestigen; er muss vielmehr offen sein für **neue Dynamiken**, zB im Hinblick auf die Manipulation demokratischer Prozesse durch ausländische Staaten, Cyberterrorismus oder auch mögliche neue Phänomene, denen Staatsschutzqualität zuwachsen kann, wie Clankriminalität sowie der Bildung von Parallelgesellschaften unter Negierung des staatlichen Gewaltmonopols (→ Rn. 90). Das erforderliche Sensorium hierfür hält der ganzheitliche Ansatz (→ Rn. 46) bereit. Der frühestmögliche Austausch über neuartige rechtsstaatsfeindliche Tendenzen, deren Erstwahrnehmung im Verantwortungsbereich der Nachrichtendienste liegt, die Bewertung des darin liegenden Gefährdungspotenzials durch polizeiliche Expertise und daran anknüpfend die strafrechtliche Verdachtsprüfung der einschlägigen Straftatbestände durch den GBA bilden auch in Zukunft den **Messfühler** der Staatsschutzjustiz.

144 Die dem GBA hierbei zukommende Solitärstellung im Verhältnis zu den Sicherheitsbehörden des Bundes und der Länder bedingt für die Bundesanwaltschaft ein kontinuierlich zu verstärkendes Engagement in zeitlicher, fachlicher und personeller Hinsicht. Ein auch nur partieller Ausfall des GBA aus Kapazitätsgründen würde zu potenziell verhängnisvollen Verlusten der permanenten strafrechtlichen Würdigung führen. Nicht nur die Gefahr von Anschlägen würde dadurch steigen. Ohne den GBA als justiziellen Part der Trias des ganzheitlichen Staatsschutz-Frühwarnsystems fehlte gleichzeitig ein wesentlicher Aspekt rechtsstaatlicher Kontrolle. Der GBA ist zudem unverzichtbares Scharnier im Verhältnis zu den Staatsschutzzentren der Länderjustiz, deren Ermittlungsergebnisse bei außerhalb der

---

[486] OLG Frankfurt aM Urt. v. 24.9.2018 – 5-3 StE 4/17-4-3/17, becklink 2011004; OLG Stuttgart Urt. v. 4.4.2019 – 3-3StE 5/18; OLG Düsseldorf Urt. v. 24.9.2018 – 5-3 StE 7/16.
[487] BGH NJW 2017, 3667; OLG Stuttgart BeckRS 2018, 44.
[488] BGH NJW 2019, 2552 (2255) = NStZ 2020, 26 mAnm *Fahl;* BGH NStZ-RR 2019, 229.
[489] BGH BeckRS 2018, 26591.
[490] *Klinge* DRiZ 2017, 308 (309); BGH NStZ-RR 2019, 229 (232).
[491] *Ritscher* ZIS 2019, 599 (600); GBA, Pressemitteilungen v. 13.2.2019 sowie vom 29.10.2019; zuletzt verurteilte des OLG Koblenz einen syrischen Arzt wegen Verbrechen gegen die Menschlichkeit u. a. in der Form von Folter, siehe BeckFD-StrafR 2022, 444788.

D. Perspektiven

§ 42

Bundeszuständigkeit liegenden Straftatbeständen häufig erst weitere Erkenntnismöglichkeiten für Staatsschutzdelikte eröffnet. Die Sicherheitsbehörden stützen sich zur Gewährleistung des Informationsflusses in ihrem Bereich seit jeher auf personell starke Stäbe oder Zentralstellen, während der Justiz nach wie vor das entsprechende Bewusstsein für die Bedeutung solcher organisatorischen Einheiten fehlt.

Gegenstand der rechtspolitischen Diskussion zurzeit ist auch die Einbettung des GBA in die europäische Sicherheitsarchitektur. Die EU hat hier am 15.3.2017 zunächst die Richtlinie (EU) 2017/541 zur Terrorismusbekämpfung erlassen.[492] Die Richtlinie stützt sich auf die Neuordnung der Rechtsetzungskompetenzen der Union durch den Vertrag von Lissabon, mit dem die bis dahin unabhängige „Dritte Säule der polizeilichen und justiziellen Zusammenarbeit" in die vertikale Kompetenzverteilung nach Art. 4 Abs. 2 lit. j AEUV integriert wurde. Art. 67 Abs. 3 AEUV verpflichtet die Union nunmehr, im Rahmen des Raums, der Freiheit, der Sicherheit und des Rechts, ein „hohes Maß an Sicherheit" zu gewährleisten, was unter anderem durch Maßnahmen zur Verhütung und Bekämpfung von Terrorakten gewährleistet werden muss.[493] Die unionsrechtlichen Vorgaben hinsichtlich des materiellen Strafrechts der Mitgliedstaaten sind von vornherein verbunden gewesen mit den Bemühungen, auch eine organisatorische Verlagerung der Terrorismusbekämpfung auf Unionsebene zu etablieren. Am 12.9.2018 schlug die Kommission anlässlich eines Treffens der EU-Führungsspitzen in Salzburg eine Ausweitung der Zuständigkeiten der Europäischen Staatsanwaltschaft auf grenzüberschreitende terroristische Straftaten vor.[494] Konkret in der Diskussion ist seitdem eine Erweiterung von Art. 22 der EuStA-Verordnung der EU,[495] die sich bislang nur auf Straftaten zum Nachteil der finanziellen Interessen der Union im Sinne der Richtlinie (EU) 2017/1371[496] erstreckt. **145**

Bundestag und Bundesrat stehen dem Vorschlag zurückhaltend gegenüber.[497] Auch aus rechtspraktischer Sicht erscheinen Zweifel durchaus angebracht. Noch fehlt es an einer Darlegung bestehender Defizite der vorhandenen europäischen Kooperationsinstrumente wie zB Eurojust, gemeinsamer Ermittlungsgruppen, der europäischen Ermittlungsanordnung, des europäischen Haftbefehls und der auf sie gegründeten vielfältige Kontaktnetze im Vergleich zu einem zentralistischen Überbau mit der Verantwortlichkeit von Personen, die die nationalen Spezifika nicht oder nur unzureichend kennen.[498] Fraglich ist auch die Integrationsfähigkeit der spezifischen Gegebenheiten der deutschen föderalen Sicherheitsarchitektur in eine europäische Behördenstruktur. Diese ist Bestandteil der Ewigkeitsgarantie des Art. 79 Abs. 3 GG und als solche integrationsfest gegenüber Maßnahmen der EU.[499] Auch die derzeitigen parlamentarischen Kontrollmöglichkeiten der nationalen Parlamente gegenüber der Tätigkeit der Sicherheitsbehörden dürften bereits bei einer nur teilweisen Verlagerung der Terrorismusbekämpfung auf die europäische Ebene nicht mehr in dem derzeit bestehenden Maße gegeben sein. Bevor nicht zu all diesen Fragen gesicherte und konsensfähige Erkenntnislagen vorhanden sind, sollten keine Entscheidungen getroffen werden. Defizite in diesem Bereich aufgrund nicht zwingender organisatorischer Umstrukturierungen dürften schwer zu verantworten und den Gesellschaften in den Staaten der EU kaum zu vermitteln sein. **146**

---

[492] Richtlinie (EU) 2017/541 zur Terrorismusbekämpfung und zur Ersetzung des Rahmenbeschlusses 2002/475 JI des Rates und zur Änderung des Beschlusses 2005/671 JI des Rates, ABl. 2005 L 88, 6; Überblick zum Regelwerk bei *Engelstätter* GSZ 2019, 95 ff.
[493] *Engelstätter* GSZ 2019, 95; *Hummer* ZEuS 2017 145 (154 f.).
[494] Mitteilung der Kommission v. 12.9.2018 – Ein Europa das schützt, KOM (2018) 641 endg., 9 ff.
[495] Verordnung zur Durchführung einer verstärkten Zusammenarbeit zur Errichtung der Europäischen Staatsanwaltschaft (EuStA), VO (EU) 2017, 1939, ABl. 2017 L 283, 1.
[496] Richtlinie (EU) 2017/1371 des Europäischen Parlaments und des Rates v. 5.7.2017 über die strafrechtliche Bekämpfung von gegen die finanziellen Interessen der Union gerichtetem Betrug, ABl. 2017 L 198, 29.
[497] BT-Drs. 19/4978; BR-Drs. 444/1/18; BR-PlPr 971, 385.
[498] In diese Richtung auch der Beschluss des Bundesrates v. 19.10.2018 vgl. BR-Drs. 444/1/18, 2.
[499] Vgl. BVerfGE 123, 267 (413) = NJW 2009, 2267; BVerfG NJW 2016, 1150 (1152).

147 Die Behörde des GBA wird geleitet von einem politischen Beamten gem. § 54 Abs. 1 Nr. 5 BBG. Diesen Status gibt es bei den Generalstaatsanwaltschaften der Länder aus guten Gründen nicht mehr.[500] Auch auf Bundesebene wird immer wieder seine Abschaffung gefordert.[501] Der 65. Deutsche Juristentag hat bereits 2004 für eine Abschaffung dieser Rechtsstellung votiert.[502] Der Deutsche Richterbund vertritt diese Ansicht seit vielen Jahren.[503] Auch im Schrifttum ist der Ruf nach einer Beseitigung des erwähnten Status mittlerweile vorherrschend.[504] Welche tektonischen Erschütterungen eine „Entlassung" eines Generalbundesanwalts auslösen kann, dürften die Ereignisse aus dem Jahr 2015 um „Netzpolitik.org" (→ Rn. 127) deutlich gemacht haben. Bislang hat der Bund allerdings nicht die Kraft gefunden, mit den Ländern gleichzuziehen. obwohl eine entsprechende Reform durchaus die Gelegenheit für einen Innovationsimpuls zur Stärkung der Unabhängigkeit der Justiz bieten könnte, nämlich in Form einer zeitlich begrenzten und durch eine Wahl in Bundestag und Bundesrat auch unmittelbar demokratisch legitimierten Besetzung dieser staatsanwaltschaftlichen Spitzenposition.

§ 43 Besonderheiten im gerichtlichen Verfahren

Jan van Lessen/Ottmar Breidling

Übersicht

	Rn.
A. Einführung	1
B. Besonderheiten	1a
I. Verteilung der erstinstanzlichen gerichtlichen Zuständigkeit	1a
1. Amtsgerichte und allgemeine Strafkammern bei den Landgerichten	2
2. Staatsschutzkammern bei den Landgerichten im Bezirk eines Oberlandesgerichts	4
3. Staatsschutzsenate bei den Oberlandesgerichten am Sitz der Landesregierungen	10
II. Abhängigkeit der Strafverfolgung von exekutiver Verfolgungsermächtigung	23
III. Besonderheiten im Eröffnungsverfahren	29
1. Beiordnung von Verteidigern in Abhängigkeit von deren Verfügbarkeit	30
2. Haftbedingungen (Trennscheibe, Leserichter)	37
3. Laptops oder Datenträger mit elektronischer Zweitakte für Angeschuldigte in Haft	42
4. Beiziehung der Daten aus Überwachungsmaßnahmen und der Sicherstellung von Datenträgern; Überprüfung von Wortprotokollen zu fremdsprachiger Kommunikation	50
5. Prüfung der Verwertbarkeit von Beweismitteln	56
6. Besetzungsentscheidung im Beschluss über die Verfahrenseröffnung	62
IV. Besonderheiten bei der Verhandlungsvorbereitung	65
1. Terminierung und Ablaufabstimmung nach § 213 StPO	66
2. Planung der Beweisaufnahme	71
3. Einsatz von Ergänzungsrichtern und Ergänzungsschöffen	81
4. Einsatz von Dolmetschern und Sprachsachverständigen	87
5. Vertrauensdolmetscher für Angeklagte	95
6. Gebäude- und Personensicherheit	98

---

[500] Zu den hierfür maßgeblichen Erwägungen vgl. nur *Rautenberg* DRiZ 2000, 141 ff.
[501] Vgl. hierzu zuletzt den Antrag der Bundestagsfraktion Bündnis90/Die Grünen in BT-Drs. 19/13516, 2; ablehnende Entscheidung protokolliert in BT-Drs. 19/19581.
[502] Die Beschlüsse des 65. Deutschen Juristentages sind wiedergegeben in der NJW 2004, 3241 (3245).
[503] Vgl. *Hannich* DRiZ 2003, 249 (253) sowie die aktuelle DRB Stellungnahme 5/20 v. 6.5.2020; https://www.drb.de/positionen/stellungnahmen/stellungnahme/news/52020/.
[504] *Harden* ZRP 2020, 148 (149); *Eisele/Trentmann* NJW 2019, 2365 (2367); *Franke* in Löwe/Rosenberg GVG § 147 Rn. 10; *Kissel/Mayer* GVG § 141 Rn. 8.

	Rn.
7. Akkreditierungsverfahren für in- und ausländische Medienvertreter	101
8. Sitzungspolizeiliche Anordnungen, Einlasskontrolle, Ton- und Bildaufzeichnungen	102
V. Besonderheiten bei der Durchführung der Hauptverhandlung	105
1. Verhandlungsleitung (§ 238 Abs. 1 StPO)	118
2. Beanstandungen nach § 238 Abs. 2 StPO	126
3. Ablehnungsgesuche	135
4. Einwendungen gegen die Gerichtsbesetzung	146
C. Perspektiven	165

Wichtige Literatur:
Altvater, G., Das 34. Strafrechtsänderungsgesetz – § 129b StGB, NStZ 2003, 179 ff.; *Artkämper, H.*, Die „gestörte" Hauptverhandlung, 5. Aufl. 2017; *Belker, J.*, Das große PKK-Verfahren, Festschrift 100 Jahre Oberlandesgericht Düsseldorf, 2006, 311 ff.; *Bosbach, W.*, Abschlussbericht der Regierungskommission „Mehr Sicherheit für Nordrhein-Westfalen", 2020, 99 ff.; *Breidling, O.*, Der sog. 5-vor-9(Ablehnungs-)Antrag, FS Bernd von Heintschel-Heinegg, 2015, 79 ff.; *Breidling, O.*, EG Zeit – die Sauerland-Terroristen, BKA-Herbsttagung, 2011 (www.bka.de); *Breidling, O.*, Stellungnahme zu dem Beitrag von Rechtsanwalt Prof. Gatzweiler „Feindbild Strafverteidiger! – Wer sucht den Konflikt in der Hauptverhandlung?", StraFo 2010, 398 ff.; *Breidling, O.*, Vorbereitung der Hauptverhandlung in Terroristenprozessen, DRiZ 2012, 142 ff.; *Breucker, H.*, Verteidigungsfremdes Verhalten, Anträge und Erklärungen im „Baader-Meinhof-Prozeß", 1990; Dokumentation Zweiter bundesweiter Strafkammertag am 26. September 2017 in Würzburg; *Drees, J.*, Die Entscheidung des Vorsitzenden über den Zeitpunkt der Anbringung von Ablehnungsgesuchen, NStZ 2005, 184 ff.; *Fahl, C.*, Rechtsmißbrauch im Strafprozess, 2004; *Fischer, R.*, Die Einführung eines zweiten Rechtszuges in Staatsschutz-Strafsachen, NJW 1969, 449 ff.; *Gatzweiler, N.*, Feindbild Strafverteidiger! – Wer sucht den Konflikt in der Hauptverhandlung?, StraFo 2010, 397 f.; *Griesbaum, R.*, Die Verwendung nachrichtendienstlicher Erkenntnisse für die Verfolgung terroristischer Straftaten, FS Ottmar Breidling 2017, 2017; *Heine, S.*, Zur Verwertbarkeit von Aussagen im Ausland möglicherweise gefolterter Zeugen, NStZ 2013, 680 ff.; *Heinrich, J.*, Konfliktverteidigung im Strafprozess, 2. Aufl. 2016; *Henschel, F.*, Konfliktverteidigung und strafprozessuale Gegenmaßnahmen, 2011; *Hombrecher, L.*, Rechtsverstöße im Ermittlungsverfahren als Gegenstand der Revision – Grundlagen und aktuelle Rechtsprechung zu Beweisverwertungsverboten, JA 2016, 457 ff.; *Kirch-Heim, E.*, Die Störung der Hauptverhandlung durch in §§ 177, 178 GVG nicht genannte, an der Hauptverhandlung beteiligte Personen, NStZ 2014, 431 ff.; *Küspert, P.*, Zwischen Hausrecht und Sitzungsgewalt: Von der Organisation großer Strafprozesse, FS Ottmar Breidling 2017, 177 ff.; *Kuhn, B.*, Die Widerspruchslösung, JA 2010, 891 ff.; *Martin, L.*, Zur allgemeinen Einführung eines zweiten Rechtszugs in Staatsschutz-Strafsachen, NJW 1969, 713 ff.; *Müller, E.*, Terminsanberaumung, Terminsverlegung und Strafverteidigung, FS Gunter Widmaier, 2008, 357 ff.; *Nehm, K.*, Sündenfall oder Stein der Weisen? – Bundesstaatsschutzstrafverfahren der Oberlandesgerichte, NJW 2020, 1343 ff.; *Rottländer, I.*, Verwertbarkeit im Ausland gewonnener Beweismittel – Souveränitätsgarantie, Trennungsgebot, Verbot von Folter, FS Ottmar Breidling, 2017, 263 ff.; *Soiné, M.*, Erkenntnisverwertung von Informanten und V-Personen der Nachrichtendienste in Strafverfahren, NStZ 2007, 247 ff.; *Sommer, U.*, „Das stellen wir mal zurück" – ein Essay über Konflikt-Richter, StV 2019, 352 ff.; *Stollenwerk, T.*, Abwehr von Konfliktverteidigung, DRiZ 2012, 225 ff.; *Stollenwerk, T.*, Der Prozessauftakt in konfliktreichen Strafverfahren, DRiZ 2015, 138 ff.; *Wagner, W.*, Die gerichtliche Zuständigkeit in Staatsschutz-Strafsachen, FS Eduard Dreher, 1977, 627 ff.

Hinweis:
Alle Internetfundstellen wurden zuletzt am 14.4.2022 abgerufen.

A. Einführung

Die gesetzlichen Besonderheiten des gerichtlichen Verfahrens in Staatsschutzsachen betreffen vor allem die Verteilung der gerichtlichen Zuständigkeit nach §§ 74a, 120 GVG. Danach besteht auf der landgerichtlichen Ebene eine spezielle Zuständigkeit von Staatsschutzkammern und in den schwerwiegenden Fällen eine erstinstanzliche Zuständigkeit von Oberlandesgerichten, die Bundesgerichtsbarkeit ausüben. In der Rechtsmittelinstanz sind beim Bundesgerichtshof die Revisionen in Strafsachen gegen die Urteile der Oberlandesgerichte im ersten Rechtszug und gegen die Urteile der in § 74a GVG bezeichneten Staatsschutzkammern aus allen Oberlandesgerichtsbezirken beim 3. Strafsenat konzentriert; im Übrigen bestehen insoweit keine Besonderheiten. 1

Die Verfolgung der Staatsschutzdelikte hängt bei Taten mit Auslandsbezug häufig von exekutiven Verfolgungsermächtigungen ab. Bei dringendem Verdacht einer Tat nach

§§ 129a, 129b StGB gelten nach § 148 Abs. 2 StPO verschärfte Haftbedingungen (Trennscheibe und Kontrolle der Verteidigerpost).

In praktischer Hinsicht weisen die Verfahren bei den Staatsschutzsenaten der Oberlandesgerichte die Besonderheit auf, dass der Verfahrensstoff häufig einen außerordentlichen Umfang aufweist, der nicht selten mehrere hundert Stehaktenordner füllt. Die Hauptverhandlungen dauern auch bei straffer Verhandlungsführung unter Ausschöpfung des Instrumentariums der Strafprozessordnung zu einer effektiven Verfahrensgestaltung nicht selten deutlich länger als ein Jahr und erfordern ein aufwändiges Prozessmanagement.[1] Im Unterschied zu anderen Straftaten, bei denen der Straftatbestand durch punktuelle Handlungen (Wegnahme, Verletzung, Tötung) verwirklicht wird, ist etwa der Tatbestand der mitgliedschaftlichen Beteiligung an einer terroristischen Vereinigung (§ 129a Abs. 1 StGB) deutlich weiter angelegt. Er umfasst auch Handlungen des alltäglichen Lebens wie die Teilnahme an Gebeten, Fitnesstraining und Hausarbeiten, sofern der Täter hierdurch am Verbandsleben der Vereinigung teilnimmt und ihre Ziele fördert. Dies hat zur Folge, dass die Ermittlungen deutlich breiter auf die gesamte Lebensführung des Verdächtigen angelegt sind. Die Dokumentation und Auswertung verdeckter Ermittlungen in Gestalt der Überwachung von Telekommunikationsanschlüssen, Pkw und Wohnungen, aber auch die Auswertung sichergestellter Datenträger, haben einen enormen Umfang. Dazu beigetragen hat der rasante Zuwachs der Speicherkapazität sog. Smartphones und deren intensive Nutzung durch die Täter. Hinzu kommen die aufwändigen Ermittlungen zu den hinter den Angeklagten stehenden kriminellen und terroristischen Vereinigungen, die der Generalbundesanwalt neben den Verfahren gegen einzelne Verdächtige als sog. Strukturverfahren führt und ständig aktualisiert.

Der Umfang der Verfahren erhöht vor allem den Vorbereitungs- und Abstimmungsaufwand im Zwischenverfahren und bei der Verhandlungsvorbereitung. In der Hauptverhandlung wird die oft langwierige Erhebung der Beweise nicht selten unnötig dadurch erschwert, dass die Verteidigung mit einer Vielzahl von Beweis- und sonstigen Verfahrensanträgen konfrontativ geführt wird. Terroristen lehnen den deutschen Rechtsstaat und die Verhaltensregeln der Prozessordnung häufig ab oder sehen in der Hauptverhandlung eine politische Bühne zur Verbreitung ihrer Ansichten. Zur Routine der Verfahren gehört deshalb, bei der nach § 213 Abs. 2 StPO obligatorischen Vorbesprechung die Verteidigungsstrategie auszuloten und sich auf absehbare Anträge, Rügen, Widersprüche und ähnliches vorzubereiten.

Haben die hinter den Angeklagten stehenden Vereinigungen ihr Aktionsfeld im Ausland oder sind die Taten im Ausland begangen, drängt die Aufklärungspflicht aus § 244 Abs. 2 StPO nicht selten auf eine Inanspruchnahme der Rechtshilfe anderer Staaten, um Zeugen oder im Ausland gewonnene Erkenntnisse zu erlangen. Bei der Planung der Beweisaufnahme ist dann zu beachten, dass die Rechtshilfe außerhalb der Europäischen Union meist etliche Monate dauert und ein beharrliches Vorgehen erfordert.[2]

B. Besonderheiten

I. Verteilung der erstinstanzlichen gerichtlichen Zuständigkeit

1a Die erstinstanzliche Zuständigkeit für die Verfolgung von Staatsschutzdelikten ist verteilt auf die Amtsgerichte, die allgemeinen Strafkammern bei den Landgerichten, die Staatsschutzkammern (§ 74a Abs. 1 GVG) und die Staatsschutzsenate bei den Oberlandesgerichten (§ 120 Abs. 1 GVG).

---

[1] Vgl. *Breidling* DRiZ 2012, 142 ff.; *Küspert* FS Breidling, 2017, 177 ff.
[2] Liefert der ersuchte Staat die Erkenntnisse trotz aller Bemühungen nicht, führt das lange Warten lediglich zu der Feststellung der Unerreichbarkeit des begehrten Beweismittels.

B. Besonderheiten § 43

1. Amtsgerichte und allgemeine Strafkammern bei den Landgerichten

Für die nicht kraft Gesetzes den Land- und Oberlandesgerichten zugewiesenen Straftaten richtet sich die Zuständigkeit nach der Strafwartung. Da die Strafandrohung bei diesen Delikten im Bereich von Geldstrafe oder bis zu einem, drei oder fünf Jahren Freiheitsstrafe liegt und die Zuständigkeit der Amtsgerichte bis zu einer tatsächlichen Strafwartung von vier Jahren Freiheitsstrafe reicht (§ 24 Abs. 1 Nr. 2 GVG)[3], sind zumeist die Amtsgerichte zuständig. Dies gilt beispielsweise für das Verwenden von Kennzeichen verfassungswidriger Organisationen (§ 86a StGB), die Verunglimpfung des Staates und seiner Symbole (§ 90a Abs. 1 und 2 StGB), die Anleitung zur Begehung einer schweren staatsgefährdenden Gewalttat (§ 91 StGB), die Störung der Tätigkeit eines Gesetzgebungsorgans (§ 106b StGB), Wahlbehinderung, Wahlfälschung und Ähnliches (§§ 107–108b StGB), Bestechlichkeit und Bestechung von Mandatsträgern (§ 108e StGB), öffentliche Aufforderung zu Straftaten (§ 111 StGB), Widerstand gegen Vollstreckungsbeamte und Ähnliches (§§ 113–115 StGB), Störung des öffentlichen Friedens durch Androhung von Straftaten (§ 126 StGB), Bildung bewaffneter Gruppen (§ 127 StGB), Volksverhetzung (§ 130 StGB), Anleitung zu Straftaten (§ 130a StGB) und Gewaltdarstellung (§ 131 StGB).

Ebenso wie bei sonstigen Straftaten kann sich bei diesen Delikten die Zuständigkeit der Landgerichte, gegebenenfalls einer allgemeinen Strafkammer, daraus ergeben, dass die Staatsanwaltschaft wegen der besonderen Schutzbedürftigkeit von Zeugen, des besonderen Umfangs oder der besonderen Bedeutung des Falles Anklage beim Landgericht erhebt (§ 24 Abs. 1 Nr. 3 GVG).[4]

2. Staatsschutzkammern bei den Landgerichten im Bezirk eines Oberlandesgerichts

Auf der landgerichtlichen Ebene sieht § 74a Abs. 1 GVG für die Staatsschutzkammern eine Zuständigkeitskonzentration vor, weil diese Kammern hiernach nur an Landgerichten einzurichten sind, in deren Bezirk ein Oberlandesgericht liegt. Diese Konzentration soll sicherstellen, dass Gerichte zur Verfügung stehen, die in den schwierigen tatsächlichen und rechtlichen Fragen des Staatsschutz-Strafrechts eine genügende eigene Erfahrung und einen hinreichenden Überblick haben.[5] Konterkariert wird dieses Ziel allerdings durch die überkommene Besetzung der Strafkammern, die nach § 76 GVG neben den zwei oder drei Berufsrichtern durchgängig eine Beteiligung von zwei Schöffen vorsieht, denen jegliche Erfahrung und Überblick fehlen. Die Mitwirkung der Laienrichter verursacht darüber hinaus vielfältige Probleme bei der Terminierung und erhöht die Gefahren von Fehlbesetzungen, krankheitsbedingten Ausfällen, Ablehnungen wegen der Besorgnis der Befangenheit sowie Fehlentscheidungen. Dabei lassen die engmaschigen Regelungen des Strafgesetzbuchs und der Strafprozessordnung in ihrem Zusammenspiel mit den Vorgaben der obergerichtlichen Rechtsprechung in keiner Lage des Verfahrens Raum für „laienhafte" Entscheidungen, sodass die Schöffen keinen sinnvollen Betrag leisten können.

Die Zuständigkeit der Staatsschutzkammern erstreckt sich auf den in § 74a Abs. 1 GVG bestimmten Katalog von Straftaten. Er umfasst den Friedensverrat in den Fällen des § 80a StGB, die Gefährdung des demokratischen Rechtsstaates in den Fällen der §§ 84–86, §§ 87 –90, § 90a Abs. 3 StGB und des § 90b StGB, die Gefährdung der Landesverteidigung in den Fällen der §§ 109d–109g StGB, die Zuwiderhandlung gegen ein Vereinigungsverbot in den Fällen des § 129 StGB, auch iVm § 129b Abs. 1 StGB und § 20 Abs. 1 S. 1 Nr. 1–4 des Vereinsgesetzes, die Verschleppung (§ 234a StGB) und die politische Verdächtigung (§ 241a StGB).

---

[3] Vgl. *Siolek* in Löwe/Rosenberg GVG § 24 Rn. 12 f.
[4] Zur Auslegung und Prüfung dieser Voraussetzungen vgl. *Schmitt* in Meyer-Goßner/Schmitt GVG § 24 Rn. 7 ff.
[5] Vgl. BT-Drs. V/4269, 2 Nr. 4 (Begr. zu §§ 74a, 120 GVG).

6 Bei den Zuwiderhandlungen gegen ein Vereinigungsverbot entfällt die Zuständigkeit der Staatsschutzkammer jedoch gem. § 74a Abs. 1 Nr. 4 GVG, wenn dieselbe Handlung eine Straftat nach dem Betäubungsmittelgesetz darstellt. Diese Verdrängung der Staatsschutzkammern durch die für Betäubungsmitteldelikte zuständigen allgemeinen Strafkammern beruht auf der nicht ohne Weiteres einleuchtenden Erwägung, den speziellen Kenntnissen der Betäubungsmittelkammern Vorrang zu geben.[6]

7 Zu einer Verschiebung der Zuständigkeit von der Staatsschutzkammer beim Landgericht zum Staatsschutzsenat beim Oberlandesgericht kommt es nach § 74a Abs. 2, § 120 Abs. 2 Nr. 1 GVG, wenn der Generalbundesanwalt wegen der besonderen Bedeutung des Falles vor der Eröffnung des Hauptverfahrens die Verfolgung übernimmt. Die geforderte besondere Bedeutung liegt vor, wenn sich die Tat nach ihrem Umfang und ihrer Gefährlichkeit, nach der Persönlichkeit und Stellung des Beschuldigten oder aus anderen Gründen derart von den durchschnittlichen Fällen unterscheidet und damit gleichsam gesamtstaatliche Bedeutung hat, dass ein Einschreiten des Generalbundesanwalts und eine Aburteilung durch ein Bundesgerichtsbarkeit ausübendes Gericht geboten ist.[7] Prominente Beispiele sind das Attentat auf die Kölner Oberbürgermeisterin Henriette Reker am 17.10.2015 und die Ermordung des Kasseler Regierungspräsidenten Dr. Walter Lübcke am 1.6.2019. In beiden Fällen hat der Generalbundesanwalt die Verfolgung insbesondere wegen des rechtsextremistischen Hintergrundes der Taten übernommen.[8]

8 Hält die Staatsanwaltschaft beim Landgericht die Voraussetzungen einer Verfolgungsübernahme durch den Generalbundesanwalt für gegeben, hat sie ihn zu unterrichten.[9] Ob der Fall besondere Bedeutung hat, entscheidet sodann der Generalbundesanwalt. Bejaht er sie, muss er die Verfolgung nach den vom Bundesverfassungsgericht für die bewegliche Zuständigkeit entwickelten Grundsätzen übernehmen.[10]

9 In diesen Fällen kann die Zuständigkeit nach § 74a Abs. 2 GVG auf zwei Wegen wieder an die Staatsschutzkammer beim Landgericht zurückgelangen. Zum einen hat der Generalbundesanwalt selbst die Möglichkeit, das wegen seiner besonderen Bedeutung übernommene Verfahren nach § 142a Abs. 4 GVG wieder an die Landesstaatsanwaltschaft abzugeben, wenn die besondere Bedeutung des Falles im Laufe der Ermittlungen entfällt.[11] Zum anderen ist das Oberlandesgericht nicht an die Auffassung des Generalbundesanwalts gebunden, sondern kann und muss bei der Eröffnung des Hauptverfahrens die Sache gem. § 120 Abs. 2 S. 2 GVG zur Verhandlung und Entscheidung an das Land- oder Amtsgericht verweisen, wenn sie keine besondere Bedeutung hat.[12]

3. Staatsschutzsenate bei den Oberlandesgerichten am Sitz der Landesregierungen

10 Noch stärker als auf der landgerichtlichen Ebene ist die Zuständigkeitskonzentration bei den Oberlandesgerichten – der obersten Ebene der erstinstanzlichen Zuständigkeit – ausgeprägt. So sind die Staatsschutzsenate nach § 120 Abs. 1 GVG nur bei den Oberlandesgerichten einzurichten, in deren Bezirk die Landesregierung ihren Sitz hat. Darüber hinaus können mehrere Länder nach § 120 Abs. 5 S. 2 GVG durch Vereinbarung die Aufgaben der Staatsschutzsenate dem Staatsschutzsenat eines Landes auch für das Gebiet eines anderen Landes übertragen. Von dieser Möglichkeit wurde allerdings nur vereinzelt Gebrauch

---

[6] Vgl. *Siolek* in Löwe/Rosenberg GVG § 74a Rn. 13.
[7] Vgl. BGHSt 46, 238 = NJW 2001, 1359; *Siolek* in Löwe/Rosenberg GVG § 74a Rn. 13; *Franke* in Löwe/Rosenberg GVG § 120 Rn. 9.
[8] Pressemitteilungen des GBA vom 2.2.2016 (Reker) und 17.6.2019 (Lübcke), jeweils unter www.generalbundesanwalt.de im Pressearchiv.
[9] Zu den Einzelheiten des Verfahrens vgl. Nr. 204 Abs. 2 RiStBV.
[10] BVerfGE 9, 223 = NJW 1959, 871; *Siolek* in Löwe/Rosenberg GVG § 74a Rn. 19.
[11] *Meyer* in KK GVG § 142a Rn. 9, *Franke* in Löwe/Rosenberg GVG § 142a Rn. 16 f.
[12] *Franke* in Löwe/Rosenberg GVG § 120 Rn. 9; *Kissel/Mayer* GVG § 120 Rn. 12.

gemacht, sodass derzeit bundesweit Staatsschutzsenate an elf Oberlandesgerichten bestehen.[13]

Die Einrichtung der Staatsschutzsenate als Landesgerichte, die Bundesgerichtsbarkeit ausüben (Art. 96 Abs. 5 GG), beruht auf dem Gesetz zur allgemeinen Einführung eines zweiten Rechtszuges in Staatsschutz-Strafsachen vom 8.9.1969.[14] Mit ihm wurde die erst- und zugleich letztinstanzliche Zuständigkeit des Bundesgerichtshofs für Staatsschutzverfahren im Interesse der Einführung einer zweiten Instanz aufgespalten und die materiell fortbestehende Gerichtsbarkeit des Bundes in erster Instanz im Wege der Organleihe auf die Länder verlagert.[15] Dabei blieb die zentrale Ermittlungstätigkeit des Generalbundesanwalts erhalten, der seither auch bei den Oberlandesgerichten auftritt, soweit sie Bundesgerichtsbarkeit ausüben.[16] Die Abschaffung der erstinstanzlichen Konzentration auf ein spezialisiertes Gericht war aus damaliger fachlicher Sicht zwar unerwünscht,[17] eine Verlagerung auf ein einziges Oberlandesgericht aber schon in den Vorberatungen mit den Ländern nicht durchsetzbar.[18] Die Hoffnung, die Länder würden durch Vereinbarungen gem. § 120 Abs. 5 S. 2 GVG eine Konzentration der ersten Instanz auf etwa drei bis vier Oberlandesgerichte bewirken, hat sich nicht erfüllt, obwohl dies in den 1970er Jahren unter anderem von der Bundesregierung weiter gefordert wurde.[19] Vor diesem Hintergrund blieb auch die Errichtung eines Bundesmittelgerichts für Staatsschutzverfahren nach dem Vorbild des französischen Cour de sûreté de l'État mit der Möglichkeit der Revision an den Bundesgerichtshof in der Diskussion.[20] Im weiteren Verlauf ebbte die Kritik jedoch ab, da es den Oberlandesgerichten gelang, die Funktionstüchtigkeit der Staatsschutzrechtsprechung materiell, personell und organisatorisch zu gewährleisten.[21]

Jüngere Überlegungen zu einer stärkeren Konzentration oder gar Rückverlagerung der erstinstanzlichen Zuständigkeit an den Bundesgerichtshof oder ein nachgeordnetes Bundesgericht, wie sie etwa durch eine Länderumfrage des sächsischen Staatsministeriums der Justiz im Frühjahr 2017 angeregt wurden,[22] haben wenig Resonanz erfahren. Dabei sprechen vor dem Hintergrund der nationalen und internationalen Rechtsentwicklung der vergangenen zwanzig Jahre gewichtige Gründe dafür, unter Beibehaltung der Rechtsmittelinstanz institutionell zu einer erstinstanzlichen Bundesgerichtsbarkeit in Staatsschutzsachen zurückzukehren. So hat sich der Schwerpunkt der Staatsschutzverfahren seit den Anschlägen des Terrornetzwerks al-Qaida vom 11.9.2001 auf die Bekämpfung des internationalen Terrorismus verlagert. Der Gesetzgeber hat dieser Entwicklung mit der Einrichtung einer originären Ermittlungszuständigkeit des Bundeskriminalamts bei der Bekämpfung des internationalen Terrorismus (§ 4 BKAG) durch die BKAG-Novelle 2008 Rechnung getragen.[23] Die Ermittlungsverfahren werden daher inzwischen häufig einheitlich durch Bundesbehörden – Bundeskriminalamt und Generalbundesanwalt – geführt.

---

[13] OLG München (Bayern), OLG Stuttgart (Baden-Württemberg), OLG Koblenz (Rheinland-Pfalz und Saarland), OLG Frankfurt am Main (Hessen), OLG Düsseldorf (Nordrhein-Westfalen), Thüringer OLG (Thüringen), OLG Naumburg (Sachsen-Anhalt), OLG Dresden (Sachsen), OLG Celle (Niedersachsen), KG Berlin (Berlin und Brandenburg), Hanseatisches OLG (Hamburg, Bremen, Schleswig-Holstein und Mecklenburg-Vorpommern).
[14] BGBl. 1969 I 1582.
[15] Vgl. BT-Drs. V/4086 (Entw. der BReg.); BT-Drs. V/4269 (Sonderausschussbericht).
[16] Beibehalten wurde auch die Gnadenzuständigkeit des Bundespräsidenten (Art. 60 Abs. 2 GG).
[17] Vgl. *Fischer* NJW 1969, 449 (451); *Martin* NJW 1969, 713 (714).
[18] Vgl. Top 9 des Protokolls zur 154. Kabinettssitzung vom 29.1.1969, www.bundesarchiv.de. Der erste Entwurf des BJM sah eine Konzentration auf vier Oberlandesgerichte vor (Düsseldorf, Frankfurt, Hamburg und München), was in den Vorberatungen mit den Ländern jedoch auf Widerstand stieß, vgl. *Fischer* NJW 1669, 449 (451).
[19] Vgl. BT-Drs. V/4086, 9; Erklärung der BReg. v. 29.9.1977, DRiZ 1977, 380; *Martin* DRiZ 1974, 247 (248); *Vogel* NJW 1978, 1228.
[20] Vgl. *Martin* DRiZ 1974, 247 (248); *Wagner* FS Dreher, 1977, 627 (645).
[21] Vgl. *Nehm* NJW 2020, 1343 (1346).
[22] RdSchr. v. 17.3.2017 – 4110E/21/137 – III1-5420/2017.
[23] Vgl. BGBl. 2008 I 1650; BT-Drs. 16/10121 (Entw. BKAG 2008); *Roggan* NJW 2009, 257 ff.

13 Die anschließende Befassung von Gerichten der Bundesländer wird der häufig bundesweiten Bedeutung der Verfahren nicht vollauf gerecht. Außerdem beruht der enorme Zeitaufwand für die Erfassung und Verarbeitung der umfangreichen Ermittlungsergebnisse bei den Oberlandesgerichten nicht zuletzt darauf, dass es in den verschiedenen Bundesländern keine einheitlichen Standards für die Führung der Akten und die computergestützte Verarbeitung der Ermittlungsergebnisse bei den Staatsschutzsenaten gibt. Eine bundeseinheitliche Entwicklung solcher Standards könnte die Reibungen an der Schnittstelle zwischen Ermittlungs- und Erkenntnisverfahren abbauen und damit zu einer erheblichen Beschleunigung der Verfahren führen. Dies wird sich aber mit der bestehenden Verteilung auf elf Bundesländer schwerlich bewältigen lassen.

14 Die institutionelle Zusammenführung und eine damit verbundene technische Vernetzung der Staatsschutzsenate würde diese Reibungen vermeiden und ließe bei einer Befassung mit ähnlich gelagerten Fällen weitere Synergieeffekte erwarten. Sie dürfte auch die erforderliche Spezialisierung angesichts der technisch und rechtlich zunehmend komplexeren Verfahren erleichtern.

15 Den Bedürfnissen nach einer sichtbaren Trennung der Instanzen und einer ökonomischen Gestaltung der Transformation könnte durch die weitere Nutzung der tragenden räumlichen Infrastruktur Rechnung getragen werden, indem die institutionell als Bundesstaatsschutzsenate tätigen Spruchkörper auf einige größere Standorte wie etwa München, Stuttgart, Frankfurt, Düsseldorf, Hamburg, Berlin und Dresden verteilt werden.

16 In sachlicher Hinsicht sind die bestehenden Staatsschutzsenate für die Verhandlung und Entscheidung bei den in § 120 Abs. 1 GVG aufgeführten Straftaten unbedingt zuständig. Demgegenüber hängt ihre Zuständigkeit bei den in § 120 Abs. 2 GVG aufgeführten und über die Verweisung auf § 74a Abs. 1 GVG erfassten Straftaten – teils neben weiteren Voraussetzungen – davon ab, dass der Generalbundesanwalt die Verfolgung wegen der besonderen Bedeutung des Falles übernommen hat (→ Rn. 7).

17 Die danach begründete Zuständigkeit eines Oberlandesgerichts erstreckt sich bei Tateinheit oder Sachzusammenhang auch auf solche Straftaten, die sonst vor ein Gericht niedrigerer Ordnung gehören, zB einen Mord oder Totschlag, der in Tateinheit oder im Zusammenhang mit einer Straftat nach §§ 129a, 129b StGB begangen wird. Auch die Zuständigkeit der Jugendgerichte tritt hinter die des Oberlandesgerichts zurück (§ 102 S. 1, § 112 JGG).[24]

18 In der gerichtlichen Praxis der Staatsschutzsenate nehmen Straftaten nach den §§ 129a, 129b StGB – insbesondere die mitgliedschaftliche Beteiligung an terroristischen Vereinigungen und deren Unterstützung – den größten Raum ein. Dabei werden die Vereinigungsdelikte nicht selten begleitet von Verstößen gegen das Kriegswaffenkontrollgesetz, das Waffengesetz, vorgelagerten Straftaten nach §§ 89a–89c StGB, Straftaten nach dem Völkerstrafgesetzbuch, Individualschutzdelikten wie Mord (§ 211 StGB), Totschlag (§ 212 StGB) und Straftaten gegen die körperliche Unversehrtheit (§§ 223 ff. StGB) sowie Verstößen gegen das Außenwirtschaftsgesetz.

19 Sind die Staatsschutzsenate nach § 120 Abs. 1 und 2 GVG zuständig, so erstreckt sich ihre Zuständigkeit gem. § 120 Abs. 3 S. 1 GVG auch auf Beschwerden nach § 73 Abs. 1 GVG. Außerdem entscheiden die Staatsschutzsenate gem. § 120 Abs. 3 S. 2 GVG über Beschwerden gegen Verfügungen des Ermittlungsrichters beim Oberlandesgericht (§ 169 Abs. 1 S. 1 StPO). Dabei ist das Beschwerderecht über § 304 Abs. 5 StPO zur Entlastung der Senate in gleicher Weise beschränkt wie bei Beschwerden gegen Verfügungen des Ermittlungsrichters des Bundesgerichtshofs (§ 169 Abs. 1 S. 2 StPO), über die nach § 135 Abs. 2 Nr. 2 GVG der Bundesgerichtshof entscheidet.[25]

20 § 120 Abs. 4 S. 1 GVG erstreckt die Zuständigkeit der Staatsschutzsenate sodann auf Beschwerden gegen Verfügungen und Entscheidungen der nach § 74a GVG zuständigen

---

[24] *Franke* in Löwe/Rosenberg GVG § 120 Rn. 4.
[25] Vgl. BGHSt 27, 253 f. = NJW 1977, 2175; *Franke* in Löwe/Rosenberg GVG § 120 Rn. 16.

Staatsschutzkammern bei den Landgerichten. Dies betrifft beispielsweise Beschwerden der Staatsanwaltschaft gegen die Ablehnung der Eröffnung des Hauptverfahrens durch eine Staatsschutzkammer (§ 210 Abs. 2 StPO).[26]

Von großer praktischer Bedeutung ist schließlich, dass die Staatsschutzsenate bei den von ihnen erlassenen Urteilen gem. § 462a Abs. 5 S. 1 StPO als Strafvollstreckungssenate auch die Zuständigkeit für die Nachtragsentscheidungen im Vollstreckungsverfahren, die Bewährungsaufsicht nach Aussetzung des Strafrestes gem. §§ 57, 57a StGB und die Erteilung und Änderung von Weisungen der Führungsaufsicht behalten.[27] In den Vollstreckungsverfahren fällt auf, dass sich verurteilte Terroristen häufig vollzuglich einwandfrei und regelkonform verhalten. Jihadisten empfinden die Strafe als Prüfung ihres Glaubens. Für sie ist es selbstverständlich, keine Drogen zu konsumieren und keine Alltagskriminalität zu begehen. Ändern sie ihre radikale Einstellung jedoch nicht, ist die ansonsten zugunsten des Erstverbüßers geltende Vermutung, dass die Strafe ihren Zweck erreicht hat, nicht gerechtfertigt. Ohne Aufarbeitung ihrer menschenverachtenden Ideologie ist daher eine vorzeitige Entlassung zum Schutz der Allgemeinheit häufig nicht zu verantworten. Im Falle der Strafrestaussetzung und im Rahmen der Führungsaufsicht sind zumeist engmaschige und speziell auf eine Deradikalisierung zielende Weisungen erforderlich. Die Zuständigkeit der Staatsschutzsenate sichert, dass ihre aus den Erkenntnisverfahren herrührende Sachkunde auch für die Beurteilung der Fragen genutzt wird, wie groß die Gefahr des Rückfalls eines einschlägig Verurteilten ist, unter welchen Bedingungen eine Reststrafaussetzung zur Bewährung verantwortet werden kann und wie die Führungsaufsicht unter angemessener Berücksichtigung der Sicherheitsinteressen der Allgemeinheit auszugestalten ist.[28] Dieser Zweck der Regelung des § 462a Abs. 5 S. 1 StPO gebietet es, von der nach § 462a Abs. 5 S. 2 StPO bestehenden Möglichkeit, die Nachtragsentscheidungen ganz oder zum Teil an die Strafvollstreckungskammer abzugeben, nur in solchen Fällen Gebrauch zu machen, in denen die Nachtragsentscheidungen auch ohne die besondere Sachkunde des Staatsschutzsenats getroffen werden können.[29]

Aus praktischer Sicht unbefriedigend ist, dass § 462a Abs. 5 StPO keine Anwendung findet, wenn der Staatsschutzsenat im ersten Rechtszug gegen einen Jugendlichen oder Heranwachsenden entschieden hat. In diesen Fällen ist der Jugendrichter als Vollstreckungsleiter nicht nur für die Vollstreckung der Jugendstrafe, sondern gem. § 83 JGG auch für die Nachtragsentscheidungen zuständig.[30] Die früher seltenen Staatsschutzverfahren gegen Jugendliche und Heranwachsende sind sprunghaft angestiegen, weil sie beispielsweise von terroristischen Vereinigungen aus dem islamistischen Spektrum gezielt über das Internet indoktriniert und angeworben werden. Mit der oben bereits beschriebenen Problematik ideologisch motivierter Straftaten sind die Jugendrichter aber nicht hinreichend vertraut.

II. Abhängigkeit der Strafverfolgung von exekutiver Verfolgungsermächtigung

Zu den Besonderheiten der Staatsschutzverfahren gehört, dass die einschlägigen Straftatbestände die Strafbarkeit mitunter weiträumig auf Auslandstaten ausdehnen,[31] deren Verfolgung von einer Ermächtigung durch das Bundesministerium der Justiz und für Verbraucherschutz abhängig ist. Dies gilt etwa gem. § 89 Abs. 4 StGB für die Verfolgung im Ausland vorbereiteter schwerer staatsgefährdender Gewalttaten, nach § 89b Abs. 4 StGB für die aus dem Ausland erfolgte Aufnahme von Beziehungen zur Begehung einer schwe-

---

[26] Zur weiteren praktisch weniger relevanten Zuständigkeiten vgl. *Franke* in Löwe/Rosenberg GVG § 120 Rn. 18.
[27] Sie verdrängen insoweit die sonst zuständigen Strafvollstreckungskammern bei den Landgerichten, vgl. *Graalmann-Scheerer* in Löwe/Rosenberg StPO § 462a Rn. 84.
[28] BT-Drs. 7/550, 314 (Begr. zu § 462a Entw. EGStGB 1974).
[29] *Graalmann-Scheerer* in Löwe/Rosenberg StPO § 462a Rn. 85.
[30] OLG Düsseldorf NStZ 2001, 616; *Graalmann-Scheerer* in Löwe/Rosenberg StPO § 462a Rn. 84; *Schmitt* in Meyer-Goßner/Schmitt StPO § 462a Rn. 39.
[31] Vgl. § 89a Abs. 3, § 89b Abs. 3, § 89c Abs. 3, § 129b Abs. 1 S. 1 u. 2 StGB.

ren staatsgefährdenden Gewalttat, nach § 89c Abs. 4 StGB für die im Ausland begangene Terrorismusfinanzierung und nach § 129b Abs. 1 S. 3–5 StGB für die in §§ 129, 129a StGB unter Strafe gestellten Vereinigungsdelikte, wenn es sich um Vereinigungen im Ausland handelt.

24 Bei der Verfolgung der Vereinigungsdelikte kann die Ermächtigung nach § 129b Abs. 1 S. 3 StGB für den Einzelfall oder allgemein für die Verfolgung begangener und künftiger Taten erteilt werden, die sich auf eine bestimmte Vereinigung beziehen. Die in der Praxis häufig genutzte Möglichkeit weiträumiger Verfolgungsermächtigungen dient dazu, den organisatorischen Aufwand möglichst gering zu halten und die internationale Koordination des Vorgehens gegen kriminelle und terroristische Vereinigungen zu erleichtern.[32]

25 Bei Inlandstaten hängt die Verfolgung bisweilen ebenfalls von einer Ermächtigung ab. So werden nach § 90 Abs. 4, § 90b Abs. 4 StGB die Verunglimpfung des Bundespräsidenten nur mit dessen Ermächtigung und die Verunglimpfung von Verfassungsorganen nur mit Ermächtigung des betroffenen Verfassungsorgans verfolgt. Die Verfolgung der Preisgabe von Staatsgeheimnissen hängt nach § 97 Abs. 4 StGB von einer Ermächtigung der Bundesregierung ab, ebenso nach § 104a StGB die Verfolgung von Angriffen gegen Organe und Vertreter ausländischer Staaten (§ 102 StGB) und der Verletzung von Flaggen und Hoheitszeichen ausländischer Staaten (§ 104 StGB).

26 Der Zweck der Ermächtigungsvorbehalte liegt zum einen darin, nicht strafwürdige Fälle auszuscheiden und die Strafverfolgung auf schwerwiegende Sachverhalte zu konzentrieren. Außerdem sollen sie ein Absehen von der Strafverfolgung ermöglichen, wenn diese unverhältnismäßige Nachteile mit sich bringen könnte.[33] Bei den Verfahren mit Auslandsbezug hatte der Gesetzgeber sog. Befreiungsbewegungen im Blick, die nach dem Wortlaut der §§ 129, 129a StGB als kriminell oder terroristisch einzustufen sind, obwohl sie politische Verhältnisse bekämpfen, die dem Leitbild einer demokratisch verfassten Staatsordnung zuwiderlaufen. Die logistische Unterstützung solcher Freiheitsbewegungen – etwa durch Waffenlieferungen der Bundesregierung – wäre anderenfalls als strafbare Unterstützung einer terroristischen Vereinigung zu verfolgen. Auch sollte ermöglicht werden, den Prozess einer Verständigung zwischen den Beteiligten an einem bewaffneten Konflikt im Ausland zu unterstützen.[34]

27 Die Erteilung oder Rücknahme der Verfolgungsermächtigung steht im Ermessen der zuständigen Stelle. Eine nicht abschließende Aufzählung von Hinweisen zur Ausübung des Ermessens findet sich speziell für die Vereinigungsdelikte in § 129b Abs. 1 S. 5 StGB. Danach soll das Ministerium in Betracht ziehen, ob die Bestrebungen der Vereinigung gegen die Grundwerte einer die Würde des Menschen achtenden staatlichen Ordnung oder gegen das friedliche Zusammenleben der Völker gerichtet sind und bei Abwägung aller Umstände als verwerflich erscheinen.[35]

28 Die Ermächtigung ist eine Prozessvoraussetzung. Ihr Vorliegen ist daher im gerichtlichen Verfahren von Amts wegen zu prüfen.[36] Da sie nicht an eine Frist gebunden ist, kann sie auch noch in der Revisionsinstanz erteilt werden.[37] Die Entscheidung über die Ermächtigung bedarf keiner Begründung und ist daher nach hM im strafprozessualen Verfahren nur auf ihre formelle Wirksamkeit hin zu überprüfen.[38]

---

[32] Vgl. BT-Drs. 14/8893, 9 zu Nr. 4 (Begr. zu § 129b StGB 34. StRÄG); *Altvater* NStZ 2003, 179 (182); *v. Bubnoff* NJW 2002, 2672 (2675); *Krauß* in LK-StGB § 129b Rn. 28; *Schäfer* in MüKo-StGB § 129b Rn. 25; *Stein* in SK-StGB § 129b Rn. 6.
[33] BT-Drs. 14/8893, 9.
[34] BT-Drs. 14/8893, 8.
[35] Nach der Gesetzesbegründung (BT-Drs. 14/8893, 9) soll bei der Entscheidung im Einzelfall etwa auch das konkret verwirklichte Unrecht maßgeblich ins Gewicht fallen.
[36] Vgl. BGH NJW 2010, 3042 (3044); *Krauß* in LK-StGB § 129b Rn. 31; *Schäfer* in MüKo-StGB § 129b Rn. 23.
[37] *Krauß* in LK-StGB § 129b Rn. 31; *Altvater* NStZ 2003, 179 (182).
[38] BT-Drs. 14/8893, 9; *Krauß* in LK-StGB § 129b Rn. 31; *Lenckner/Sternberg-Lieben* in Schönke/Schröder StGB § 129b Rn. 8; *Stein* in SK-StGB § 129b Rn. 6; *Altvater* NStZ 2003, 179 (182); der BGH hat die

III. Besonderheiten im Eröffnungsverfahren

Die gesetzliche Regelung des Eröffnungsverfahrens[39] enthält für Staatsschutzverfahren keine Besonderheiten. In praktischer Hinsicht ergeben sich bei den Staatsschutzkammern der Landgerichte und mehr noch bei den Staatsschutzsenaten der Oberlandesgerichte einige spezielle Aspekte, die aus der Komplexität der Verfahren, des häufig großen Umfangs der Akten, der bisweilen großen Anzahl Verfahrensbeteiligter und der verfahrenssichernden Untersuchungshaft der Angeschuldigten herrühren. 29

1. Beiordnung von Verteidigern in Abhängigkeit von deren Verfügbarkeit

In Staatsschutzverfahren, die in die Zuständigkeit der Landgerichte und der Oberlandesgerichte fallen, ist dem Beschuldigten nach § 140 Abs. 1 Nr. 1, § 141 Abs. 1 S. 1 StPO schon im Hinblick auf die vor diesen Gerichten zu erwartende Hauptverhandlung auf seinen Antrag bereits im Ermittlungsverfahren ein Pflichtverteidiger zu bestellen; ebenso wenn ihm, wie beispielsweise im Falle der Gründung oder mitgliedschaftlichen Beteiligung an einer terroristischen Vereinigung (§ 129a Abs. 1, 2, 4 StGB), ein Verbrechen zur Last gelegt wird (§ 140 Abs. 1 Nr. 2 StPO). 30

Von Amts wegen ist ein Pflichtverteidiger nach § 141 Abs. 2 Nr. 1 StPO bereits im Ermittlungsverfahren zu bestellen, wenn der Beschuldigte dem Ermittlungsrichter zur Entscheidung über Haft oder einstweilige Unterbringung vorgeführt werden soll. 31

In Staatsschutzverfahren vor Land- oder Oberlandesgerichten haben die Angeschuldigten aufgrund der vorgenannten Bestimmungen bei Erhebung der Anklage in aller Regel bereits einen Pflichtverteidiger.[40] Anderenfalls ist ihnen nach § 141 Abs. 2 Nr. 4, § 142 Abs. 5 S. 1 StPO mit Zustellung der Anklageschrift Gelegenheit zu geben, innerhalb einer angemessenen Frist einen Verteidiger zu bezeichnen, der dann vom Vorsitzenden (§ 142 Abs. 3 Nr. 3 StPO) gem. § 142 Abs. 5 S. 3 StPO zu bestellen ist, wenn kein wichtiger Grund entgegensteht. 32

Vor diesem Hintergrund stellen sich mit dem Eingang der Anklageschrift bei Gericht im Hinblick auf die Pflichtverteidigung regelmäßig zwei Fragen: 1. Soll es für das gerichtliche Verfahren bei der Beiordnung des aus dem Ermittlungsverfahren „mitgebrachten" Pflichtverteidigers bleiben? 2. Ist es zur Sicherung der zügigen Durchführung des Verfahrens, insbesondere wegen dessen Umfangs oder Schwierigkeit, erforderlich, dem Angeschuldigten einen zweiten oder dritten Pflichtverteidiger beizuordnen (§ 144 Abs. 1 StPO)? 33

Beide Fragen sind praktisch untrennbar verbunden mit der terminlichen Planung der Hauptverhandlung. Ein Festhalten an dem Pflichtverteidiger aus dem Ermittlungsverfahren ist nur sinnvoll, wenn er nicht nur für das Eröffnungsverfahren, sondern auch für die Hauptverhandlung zeitlich zur Verfügung steht.[41] Und das Erfordernis der Bestellung eines zweiten oder dritten Pflichtverteidigers gem. § 144 Abs. 1 StPO kann sich neben rechtlichen Schwierigkeiten und dem Umfang des Verfahrensstoffs vor allem daraus ergeben, dass wegen einer Vielzahl von Fortsetzungsterminen im Hauptverfahren Terminkollisionen absehbar sind und das Ausfallrisiko mit lediglich einem Verteidiger zu groß wird.[42] 34

Der Vorsitzende sollte daher möglichst schon bei der Zustellung der Anklageschrift gem. § 201 Abs. 1 StPO die im Falle der Verfahrenseröffnung mögliche Terminierung in den Blick nehmen und durch Anfragen bei den im Ermittlungsverfahren bestellten und/oder 35

Möglichkeit einer eingeschränkten Prüfung auf Willkür bisher offengelassen, weil dafür in den entschiedenen Fällen keine Hinweise bestanden, vgl. BGH NStZ-RR 2014, 274; BeckRS 2014, 16100.
[39] Zweites Buch, vierter Abschnitt der StPO, §§ 199–211.
[40] Der seltene Fall der durchgängigen Beauftragung eines Wahlverteidigers bleibt hier außer Betracht.
[41] Nach § 143a Abs. 2 S. 1 Nr. 3 StPO wird man einen zunächst verhinderten Pflichtverteidiger auswechseln müssen, weil er keine Gewähr für die angemessene Verteidigung bietet. Nach § 142 Abs. 5 S. 3 StPO ist die zeitliche Verhinderung ein Grund, die Bestellung abzulehnen, vgl. insoweit zu § 142 Abs. 1 aF BVerfG BeckRS 2008, 29837; NStZ 2006, 460 (461).
[42] Vgl. BT-Drs. 19/13829, 48 f. (Begr. zu § 144 Abs. 1 StPO).

vom Angeschuldigten zu bezeichnenden Verteidigern verbindlich klären, ob deren zeitliche Verfügbarkeit zu möglichen Verhandlungsterminen gesichert ist.[43]

36 Bei der Prognose der Verhandlungsdauer ist ein großzügiger Maßstab anzulegen, der neben einer Schätzung der Dauer der gerichtlichen Beweiserhebung auch einen erheblichen Zeitraum für die in Staatsschutzverfahren nicht selten intensive Nutzung der weiträumigen Verteidigungsmöglichkeiten der Strafprozessordnung berücksichtigt.[44]

Beispiel: Anfrage zur Verfügbarkeit der Pflichtverteidiger und weiterer Verteidiger.

„[…] Die Hauptverhandlung soll im Falle der Verfahrenseröffnung ab Anfang September bis wenigstens zum Beginn der Schulsommerferien des folgenden Jahres regelmäßig wöchentlich dienstags und mittwochs ganztägig ab 9.30 Uhr durchgeführt werden, soweit die Termine nicht auf einen gesetzlichen Feiertag oder in die nordrhein-westfälischen Schulferien fallen.

Die Fortdauer Ihrer Bestellung als Pflichtverteidiger hängt nach §§ 142 Abs. 5 S. 2, 143a Abs. 2 S. 1 Nr. 3 StPO davon ab, dass Sie für die Hauptverhandlung zur Verfügung stehen bzw. die Verteidigung des Angeschuldigten in der Hauptverhandlung gewährleisten. Sie werden daher gebeten, binnen einer Woche schriftlich zu versichern, dass Sie an den oben genannten Terminen ganztägig zur Verfügung stehen.

Im Hinblick auf den Umfang und die Schwierigkeit des Verfahrens erscheint es erforderlich, dem Angeschuldigten einen zusätzlichen Verteidiger zu bestellen (§ 144 Abs. 1 StPO). Sie werden daher gebeten, in Abstimmung mit dem Angeschuldigten binnen zwei Wochen einen nach Möglichkeit ortsnahen zusätzlichen Verteidiger zu benennen, der ebenfalls an den genannten Terminen für die Hauptverhandlung zur Verfügung steht.

Zur Sicherung des Verfahrens genügt im Falle Ihrer Abstimmung mit dem zusätzlichen Verteidiger die beiderseitige Zusicherung, dass an sämtlichen Verhandlungsterminen wenigstens einer der beiden Verteidiger anwesend ist."

2. Haftbedingungen (Trennscheibe, Leserichter)

37 Mit Erhebung der Anklage geht gem. § 126 Abs. 2 S. 1 StPO die Zuständigkeit für gerichtliche Entscheidungen und Maßnahmen, die sich auf die Untersuchungshaft, die Aussetzung ihres Vollzugs (§ 116 StPO), ihre Vollstreckung (§ 116b StPO) sowie auf Anträge nach § 119a StPO beziehen, auf das Gericht über, das mit der Sache befasst ist. Einzelne Maßnahmen, insbesondere haftgrundbezogene Beschränkungen während der Untersuchungshaft nach § 119 StPO, ordnet nach § 126 Abs. 2 S. 3 StPO der Vorsitzende an.[45]

38 In Staatsschutzverfahren, die Taten nach §§ 129a, 129b StGB zum Gegenstand haben, ordnet der Ermittlungsrichter zur Abwehr einer Flucht- und/oder Verdunkelungsgefahr regelmäßig schon anlässlich der Inhaftierung des Beschuldigten in einem sog. Haftstatut Beschränkungen aus dem Katalog des § 119 Abs. 1 StPO an, insbesondere das Erfordernis von Besuchs- und Telefonerlaubnissen, die Überwachung von Besuchen, Telefonaten und des Schrift- und Paketverkehrs, das Erfordernis der Erlaubnis zur Übergabe von Gegenständen bei Besuchen und des Bezugs von Büchern oder Zeitschriften, sowie Anordnungen im Hinblick auf die Trennung von Gefangenen und deren Teilnahme an Gemeinschaftsveranstaltungen in der Haftanstalt.[46]

39 Bei dringendem Verdacht einer Tat nach § 129a StGB, auch iVm § 129b StGB, tritt daneben die Anordnung der Überwachung des Schriftverkehrs mit Verteidiger nach § 148 Abs. 2 S. 1 StPO durch den sog. Leserichter bei dem Amtsgericht, in dessen Bezirk

---

[43] Zu den Anforderungen an die Terminabstimmung: BVerfG NStZ-RR 2007, 311 (314); BGH NStZ 2018, 607 mAnm *Arnoldi* und Anm. *Wohlers* JR 2018, 529; BGH NStZ-RR 2010, 312; NJW 2008, 2451 (2453); NStZ-RR 2007, 81; NStZ 2007, 163; 2006, 513; *Müller* FS Widmaier, 2008, 357 (359 ff.).
[44] Zum Erfordernis einer vorausschauenden und größere Zeiträume umfassenden Verhandlungsplanung in Staatsschutzsachen: BGH BeckRS 2019, 34582; 2020, 1606.
[45] *Gärtner* in Löwe/Rosenberg StPO § 126 Rn. 29 f.; *Schmitt* in Meyer-Goßner/Schmitt StPO § 126 Rn. 10.
[46] *Gärtner* in Löwe/Rosenberg StPO § 119 Rn. 25 ff.; *Schmitt* in Meyer-Goßner/Schmitt StPO § 119 Rn. 7.

die Vollzugsanstalt liegt (§ 148a Abs. 1 S. 1 StPO). Im Falle dieser Anordnung sind nach § 148 Abs. 2 S. 3 StPO für Gespräche des Beschuldigten mit Verteidigern Vorrichtungen – in der Regel Trennscheiben – vorzusehen, die die Übergabe von Schriftstücken und anderen Gegenständen ausschließen.[47] Eine entsprechende Anordnung gehört daher ebenfalls in das Haftstatut.

Vor dem Hintergrund der vorgenannten Regelungen hat der Vorsitzende nach Eingang der Akten bei Gericht (§ 199 Abs. 2 S. 2 StPO) zu prüfen, ob im Ermittlungsverfahren bereits Anordnungen nach § 119 Abs. 1, § 148 Abs. 2 StPO getroffen sind und ob je nach den Sicherheitsbedürfnissen des Einzelfalls Anpassungen erforderlich sind. Der Ermittlungsrichter hat die Postkontrolle zumeist der Staatsanwaltschaft übertragen (§ 119 Abs. 2 S. 2 StPO), weil sie mit den laufenden Ermittlungen besser vertraut ist. Im Zwischenverfahren sollte diese Übertragung aufgehoben werden, weil die Verfahrensherrschaft nun bei dem erkennenden Gericht liegt, das gem. § 162 Abs. 3 S. 1 StPO auch über die Beschlagnahme von Briefen nach §§ 94, 98 StPO entscheidet, wenn diese als Beweismittel in Betracht kommen. 40

Dürfen den Angeschuldigten etwa aufgrund ihrer Aufnahme in die sog. UN-Sanktionsliste[48] oder die EU-Terroristenliste keine Gelder, Vermögenswerte oder wirtschaftlichen Ressourcen unmittelbar oder mittelbar zur Verfügung gestellt werden,[49] ist das Haftstatut darauf abzustimmen und bei der Postkontrolle auf etwaige Verstöße zu achten. 41

3. Laptops oder Datenträger mit elektronischer Zweitakte für Angeschuldigte in Haft

In umfangreichen Verfahren sollte man es nicht allein den Verteidigern überlassen, inhaftierte Angeschuldigte über den Akteninhalt zu informieren. Ihnen können durch das Gericht Laptops oder Datenträger zur Verfügung gestellt werden, auf denen die elektronische Zweitakte und sonstige Daten aus Überwachungsmaßnahmen und Asservaten gespeichert sind. Ein solcher über die gesetzlichen Anforderungen hinausgehender Informationsservice eignet sich nicht nur dazu, Erschwernisse bei der Vorbereitung der Verteidigung auszugleichen, die sich insbesondere aus einer Trennscheibenanordnung gem. § 148 Abs. 2 S. 3 StPO ergeben. Er erleichtert es den Angeschuldigten auch, sich ein eigenes Bild über die Ermittlungsergebnisse und die danach nicht selten erdrückende Beweislage zu machen. Im sog. Sauerlandprozess vor dem Oberlandesgericht in Düsseldorf[50] haben sich die Angeklagten nach eigenen Angaben zu ihren umfassenden Geständnissen entschlossen, nachdem sie den Akten entnommen hatten, wie genau die Behörden über die Planung und Ausführung der Tat informiert waren.[51] 42

Die elektronischen Zweitakten und Daten aus Überwachungsmaßnahmen und sichergestellten Datenträgern sollten Gefangenen allerdings nicht ungeprüft überlassen werden, sondern unter Beachtung etwaiger Besonderheiten des Einzelfalls und erforderlichenfalls nur in eingeschränktem Umfang. 43

Gänzlich von einer Überlassung absehen oder die Einsicht auf ausgewählte Dokumente beschränken sollte man, wenn Verdunkelungsgefahr besteht und daher ein Missbrauch der aus den Akten ersichtlichen Personaldaten von Zeugen zu deren Beeinflussung zu befürchten ist. 44

Von der Einsicht ausgenommen werden sollten auch Propagandaschriften, Videos und Bilder, die eine Radikalisierung der Angeschuldigten begünstigen können, der entgegenzuwirken zu den Zwecken des Strafverfahrens gehört. 45

---

[47] *Schmitt* in Meyer-Goßner/Schmitt StPO § 148 Rn. 17 f.
[48] United Nations Security Council Consolidated List.
[49] Vgl. https://www.consilium.europa.eu/de/policies/fight-against-terrorism/terrorist-list/; BAFA, Merkblatt Länderunabhängige Embargomaßnahmen zur Terrorismusbekämpfung, https://www.bafa.de.
[50] OLG Düsseldorf – III-VI 11/08 v. 4.3.2010 (GBA Karlsruhe – 2 BJs 20/07-4).
[51] *Breidling*, EG Zeit – die Sauerland-Terroristen, BKA-Herbsttagung, 2011 (www.bka.de), Langfassung, S. 4.

46 Daten aus dem Kernbereich der persönlichen Lebensgestaltung eines Angeschuldigten, die beispielsweise durch die Beschlagnahme seines Handys erlangt wurden, sollten von der Einsicht für Mitangeschuldigte ausgenommen werden.

47 Sind beispielsweise über die datentechnische Sicherung ganzer Mobiltelefone, Tablets und Computer umfangreiche Daten ohne Verfahrensbezug zur Akte gelangt, sollte man auch insoweit von einer Überlassung an die Angeschuldigten absehen.

48 Wenn die Akteneinsicht für Gefangene durch die Bereitstellung von Laptops gewährt wird, ist darauf zu achten, dass nur ein lesender Zugriff auf die Geräte ermöglicht und ein Missbrauch etwa durch die Nutzung zu einer unüberwachten Kommunikation via Internet ausgeschlossen wird. Der Aufwand der Einrichtung spezieller Laptops und das Vorhalten von Austauschgeräten für eine Aktualisierung des Datenbestandes lässt sich vermeiden, wenn man die Daten auf verschlüsselten USB-Sticks oder Festplatten zur Verfügung stellt, die die Angeschuldigten zu bestimmten Zeiten an anstaltseigenen Computern nutzen können.[52]

49 Da die Umsetzung der Akteneinsicht für Gefangene sowohl die Sicherheit und Ordnung der Justizvollzugsanstalt tangiert als auch sachliche und personelle Ressourcen des Gerichts außerhalb des Spruchkörpers bindet, sollte man die geeignete und für alle Beteiligten machbare Lösung in Abstimmung mit den Kräften des gerichtlichen IT-Supports und den betroffenen Justizvollzugsanstalten suchen.

4. Beiziehung der Daten aus Überwachungsmaßnahmen und der Sicherstellung von Datenträgern; Überprüfung von Wortprotokollen zu fremdsprachiger Kommunikation

50 Bei den Ermittlungen in Staatsschutzverfahren werden häufig umfangreiche verdeckte Maßnahmen wie Telekommunikationsüberwachungen, Pkw-Innenraumüberwachungen und Wohnraumüberwachungen geführt, die sich in den Akten in Gestalt von Auswertevermerken sowie Inhalts- und Wortprotokollen niederschlagen. Die zugrunde liegenden Audiodateien werden, da es sich um Beweismittel handelt, von den Ermittlungsbehörden nicht routinemäßig zur Gerichtsakte gebracht oder mit ihr übersandt.[53] Entsprechendes gilt für die Daten, die infolge der Sicherstellung und Auswertung von Datenträgern in Mobiltelefonen, Tablets, Computern und anderen Geräten angelegt werden.

51 Für das Hauptverfahren werden diese Datenbestände häufig benötigt, um überwachte Gespräche durch die Inaugenscheinnahme der Audiodateien zu erheben oder aber – bei Gesprächen in fremder Sprache – Wortprotokolle von Sprachsachverständigen zwecks urkundlicher Erhebung im Selbstleseverfahren (§ 249 Abs. 2 StPO) erstellen zu lassen. Soweit schon im Ermittlungsverfahren Wortprotokolle angelegt wurden, kann sich eine stichprobenartige Überprüfung auf sinnentstellende Übersetzungsfehler durch Sprachsachverständige anhand der Audiodateien empfehlen, damit man sich im Hauptverfahren durch die Vernehmung der Sprachsachverständigen von der Richtigkeit der im Selbstleseverfahren erhobenen Wortprotokolle aus dem Ermittlungsverfahren überzeugen kann.[54]

52 Bei der Sicherstellung von Mobiltelefonen, Tablets und Computern ergibt sich darüber hinaus das Problem, dass sich die gesicherten Daten häufig nicht zu Papier bringen lassen,

---

[52] In der zeitlichen Beschränkung der Nutzung liegt allerdings ein Nachteil der USB-Sticks oder Festplatten gegenüber den im Haftraum zu nutzenden Laptops.

[53] Vgl. § 147 Abs. 1 StPO, der den Anspruch des Verteidigers auf die Besichtigung von Beweismitteln auf den Ort ihrer Verwahrung beschränkt, und *Schmitt* in Meyer-Goßner/Schmitt StPO § 147 Rn. 19–19d zu dem in Rspr. und Lit. unterschiedlich beurteilten Anspruch der Verteidigung auf Überlassung von Kopien der Audiodateien aus Überwachungsmaßnahmen.

[54] Wie das Tatgericht die Überzeugung von der Übereinstimmung der Wortprotokolle mit den fremdsprachigen Gesprächsaufzeichnungen gewinnt, bleibt ihm nach Maßgabe der Aufklärungspflicht überlassen, vgl. BGH NJW 2019, 1391; NStZ-RR 2019, 57. In Betracht kommt danach zB auch die Vernehmung der Übersetzer aus dem Ermittlungsverfahren zu ihrer fachlichen Qualifikation oder die Bestätigung der Richtigkeit durch den Angeklagten, wenn er langjährig in Deutschland lebt und beide Sprachen beherrscht.

so etwa das Wechselspiel von Textnachrichten, Sprachnachrichten, Bildern und Videos in Chatverläufen. Die Aufklärungspflicht gebietet daher nicht selten, Kommunikationsinhalte in der Hauptverhandlung mithilfe entsprechender Software, beispielsweise FTK-Imager, XRY-Viewer oder UFED-Reader, direkt aus den forensischen Sicherungsdateien durch ein entsprechendes Wechselspiel von Verlesung und Inaugenscheinnahme zu erheben.

Da sowohl die Übersetzung bzw. Übersetzungskontrolle zu fremdsprachiger Kommunikation als auch die Vorbereitung von Beweiserhebungen aus forensischen Sicherungsdateien arbeitsintensiv und zeitaufwändig sind, sollte man diese Themen schon im Eröffnungsverfahren angehen. Dazu gehört, dass man sich zunächst einen Überblick über die im Ermittlungsverfahren eingesetzten Überwachungsmaßnahmen und die im Zuge operativer Maßnahmen sichergestellten Datenträger verschafft. Sodann ist zu prüfen, inwieweit die dabei erhobenen Daten bereits zur Akte gelangt sind und voraussichtlich für die Beweiserhebung im Hauptverfahren benötigt werden. Je nach Umfang und Relevanz der Überwachungsmaßnahmen und sichergestellten Datenträger, zu denen die Daten noch nicht zur Akte gelangt sind, sollte sodann zeitnah entschieden werden, welche Daten über die Staatsanwaltschaft oder direkt bei den ermittelnden Polizeibehörden anzufordern sind.[55] 53

Hat man es mit einer Flut großenteils ersichtlich irrelevanter Daten zu tun, kommt in Betracht, die Anforderung der Daten zunächst auf Überwachungsmaßnahmen und Datenträger zu beschränken, die nach dem Beweismittelverzeichnis oder dem wesentlichen Ergebnis der Ermittlungen in der Anklageschrift für die Beweisführung relevant sind. 54

Über die Beiziehung von Datenbeständen und deren Eingang bei Gericht sollte man die Verfahrensbeteiligten informieren und die Einsicht in diese Beweismittel möglichst schon im Zwischenverfahren anbieten,[56] um etwaigen Rügen wegen unzureichender Akteneinsicht, Aussetzungsanträgen im Hinblick auf erst in der Hauptverhandlung zugänglich gemachte umfangreiche Datenbestände oder der Rüge einer unzulässigen Beschränkung der Verteidigung vorzubeugen.[57] 55

5. Prüfung der Verwertbarkeit von Beweismitteln

Die Ermittlungsergebnisse beruhen in Staatsschutzverfahren häufig auf Beweismitteln, die in der gerichtlichen Praxis nicht alltäglich sind und deren Verwertbarkeit von der Verteidigung durch sog. Verwertungswidersprüche infrage gestellt wird.[58] Unabhängig davon sind Beweisverwertungsverbote aber auch schon bei der Prüfung des hinreichenden Tatverdachts im Rahmen der Eröffnungsentscheidung zu berücksichtigen, weil für die Verurteilungswahrscheinlichkeit nicht nur der materielle Verdachtsgrad, sondern auch die tatsächliche Beweisbarkeitsprognose gegeben sein muss.[59] Es gehört deshalb zur Routine der Staatsschutzverfahren, bei der Sichtung der Akten zwecks Zusammenstellung der relevanten Beweismittel das bei den Ermittlungen zu beachtende Verfahren zu rekapitulieren und seine Dokumentation zu überprüfen, um etwaige Verwertungsverbote zu erfassen bzw. nahe liegende Verwertungswidersprüche zu antizipieren und die zu ihrer Beurteilung unter Umständen erforderliche freibeweisliche Aufklärung vorzubereiten.[60] 56

---

[55] Vgl. *Breidling* DRiZ 2012, 142 (145).
[56] Ist die Einsicht bei Gericht wegen des Umfangs der Daten unpraktikabel, kann man den Verfahrensbeteiligten anbieten, die Daten auf von ihnen bereitzustellende Datenträger zu kopieren oder Datenträger des Gerichts zur Übertragung leihweise zur Verfügung zu stellen; zur streitigen Frage der Überlassung von TKÜ-Audiodateien an Verteidiger und inhaftierte Angeschuldigte vgl. *Schmitt* in Meyer-Goßner/Schmitt StPO § 147 Rn. 19–19d.
[57] Vgl. BGH StV 2010, 228; NStZ 2014, 347 (348).
[58] Der in der Hauptverhandlung spätestens im Anschluss an die Beweiserhebung anzubringende Verwertungswiderspruch ist Voraussetzung für die Rüge der Verletzung eines Verwertungsverbots in der Revision, vgl. BGH NStZ 2006, 348; *Kuhn* JA 2010, 891.
[59] BGH NStZ 2017, 593 (594); *Wenske* in MüKo-StPO § 203 Rn. 30 f.; *Stuckenberg* in Löwe/Rosenberg StPO § 203 Rn. 16; *Schneider* in KK-StPO § 203 Rn. 9.
[60] Zu den einzelnen Prüfungsschritten vgl. *Hombrecher* JA 2016, 457. Zur Geltung des Freibeweises vgl. *Becker* in Löwe/Rosenberg StPO § 244 Rn. 30, 33 mwN. Nach der vom BVerfG gebilligten „Abwä-

57 Zählen zu den Beweismitteln Aufzeichnungen bzw. Wortprotokolle überwachter Telefonate, die vom Bundesamt für Verfassungsschutz nach dem G 10-Gesetz oder etwa vom Bundeskriminalamt im Rahmen präventiv-polizeilicher Maßnahmen nach dem BKAG aufgezeichnet wurden, ist die Rechtmäßigkeit der Datenerhebung anhand der entsprechenden Unterlagen (Antrag, Anordnungsentscheidung, bei G 10-Maßnahmen deren Billigung durch die G 10-Kommission) zu überprüfen. Befinden sich die Unterlagen nicht in der Akte, ist das Tatgericht verpflichtet, sie zur Aufklärung des für die Beurteilung der Verwertbarkeit maßgeblichen Sachverhalts zu beschaffen. Wird die Bereitstellung der Unterlagen vom Bundesamt für Verfassungsschutz oder dem Bundeskriminalamt aufgrund ihrer Geheimhaltungsbedürftigkeit verweigert, muss das Tatgericht eine Entscheidung der obersten Dienstbehörde – hier des Bundesministeriums des Innern – herbeiführen, die allein nach § 96 StPO zu einer strafprozessual beachtlichen Sperrerklärung befugt ist.[61] Ist die Sperrerklärung nicht substantiiert begründet, erfordert die Aufklärungspflicht darüber hinaus eine Gegenvorstellung, um die Unterlagen doch noch zu erhalten oder eine Nachbesserung der Sperrerklärung zu bewirken.[62] Ergeben sich nach Ausschöpfung der Erkenntnismöglichkeiten keine durchgreifenden Zweifel an der Rechtmäßigkeit der Beweisgewinnung, bleibt es allerdings bei dem Grundsatz, dass das Beweismittel verwertet werden darf.[63]

58 Ähnliche Probleme ergeben sich, wenn die Erkenntnisse auf Aussagen von Vertrauenspersonen (V-Personen)[64] der Polizei oder eines Dienstes (BfV, BND, MAD) beruhen. Hier sollte man im Zuge der Anfrage nach der Identität der V-Person für den Fall deren Sperrung nach § 96 StPO auf eine Vernehmung mit verfremdetem Erscheinungsbild drängen, notfalls auch audiovisuell nach § 247a Abs. 1 S. 1, Hs. 2, § 251 Abs. 2 Nr. 1 StPO mit verfremdeter Stimme.[65] Wird die V-Person dennoch vollständig gesperrt, bleiben als Beweismittelsurrogate insbesondere das Zeugnis des Vernehmungsbeamten sowie des sog. V-Personen-Führers zur Frage der Verlässlichkeit der Informationen.[66]

59 Stützt sich die Anklage auf das Behördenzeugnis eines Amtes für Verfassungsschutz, in dem die Quelle des mitgeteilten Sachverhalts nicht offengelegt wird, verspricht eine Anfrage zumeist keinen Erfolg, weil die Quellen in aller Regel gesperrt bleiben. In dieser Situation ist nach den vom Bundesgerichtshof entwickelten Grundsätzen vorsichtiger Beweiswürdigung zu beachten, dass die zu einer Verurteilung erforderliche Überzeugung nicht allein durch die Erhebung dieses sekundären Beweismittels gewonnen werden kann, sondern einer Heranziehung weiterer Erkenntnismöglichkeiten bedarf.[67] Deshalb konzentriert sich die Vorbereitung auf die Suche nach anderen Beweismitteln und Erkenntnismöglichkeiten („Bypässe"), die den mitgeteilten Sachverhalt stützen können.

60 Hat man es mit gerichtsverwertbaren nachrichtendienstlichen Erkenntnissen zu tun, die als VS-Vertraulich oder VS-Geheim eingestuft sind, ergeben sich Besonderheiten sowohl im Hinblick auf die Gewährung von Akteneinsicht[68] als auch bei der Beweiserhebung[69].

---

gungslehre" des BGH führt eine fehlerhafte Beweisgewinnung nur ausnahmsweise zu einem Verwertungsverbot, das ggf. grundsätzlich keine Fernwirkung („Früchte des verbotenen Baums") entfaltet, vgl. *Schmitt* in Meyer-Goßner/Schmitt StPO Einl. Rn. 55 ff.

[61] Vgl. BGH ZD 2018, 488.
[62] Vgl. *Köhler* in Meyer-Goßner/Schmitt StPO § 96 Rn. 9.
[63] BGH ZD 2018, 488. Bei eingeschränkter Aufklärungsmöglichkeit gilt nicht etwa der Grundsatz in dubio pro reo. Ein Verwertungsverbot kommt vielmehr nur in Betracht, wenn die Rechtswidrigkeit der Beweisgewinnung erwiesen ist, vgl. dazu Fn. 60.
[64] Zur Definition vgl. § 9b Abs. 1 S. 1 BVerfSchG und Anl. D 2.2 zur RiSTBV.
[65] Zu weiteren Schutzmöglichkeiten vgl. *Soiné* NStZ 2007, 247 (250 ff.).
[66] Zu weiteren Möglichkeiten der Erhebung von Beweismittelsurrogaten vgl. *Soiné* NStZ 2007, 247 (252 ff.).
[67] Vgl. BGH NJW 2010, 385 (387 f.); NStZ 2016, 370; 2004, 343.
[68] Verweigert der Verteidiger eine vorherige Verpflichtungserklärung nach der VS-Anweisung, kann er auf Akteneinsicht auf der Geschäftsstelle des Gerichts verwiesen werden, vgl. Nr. 213 Abs. 4 RiStBV und *Schmitt* in Meyer-Goßner/Schmitt StPO § 147 Rn. 29.
[69] Ausschluss der Öffentlichkeit (§ 172 GVG), Verpflichtung zur Geheimhaltung (§ 174 Abs. 3 GVG). Allg. zur Verwendung nachrichtendienstlicher Erkenntnisse: *Griesbaum* FS Breidling, 2017, 121 ff.

B. Besonderheiten § 43

Auch hier erfordert die Prüfung der Rechtmäßigkeit der Beweisgewinnung nicht selten, den Quellen nachzugehen und etwaige Sperrerklärungen nach § 96 StPO zu hinterfragen. Zu beachten sind darüber hinaus Verwendungsbeschränkungen, die sich insbesondere aus § 161 Abs. 3 StPO ergeben können.[70]

Steht im Raum, dass die nachrichtendienstlichen Erkenntnisse auf Mitteilungen ausländischer Dienste beruhen und mittels Folter gewonnen wurden, sind bei der Prüfung der Verwertbarkeit auch die Vorgaben der EGMR-Rechtsprechung zu beachten.[71] **61**

6. Besetzungsentscheidung im Beschluss über die Verfahrenseröffnung

Mit dem Beschluss nach § 207 Abs. 1 StPO, durch den das Hauptverfahren eröffnet wird, ist beim Landgericht nach § 76 Abs. 2 S. 1 GVG in der Besetzung mit drei Richtern, beim Oberlandesgericht nach § 122 Abs. 2 S. 1 u. 2 GVG in der Besetzung mit fünf Richtern über die Besetzung des Spruchkörpers in der Hauptverhandlung zu entscheiden. **62**

Das Gerichtsverfassungsgesetz macht für diese Entscheidung in Verfahren vor dem Landgericht enge Vorgaben. Nach § 76 Abs. 2 S. 3 Nr. 2 u. 3 GVG beschließt die große Strafkammer eine Besetzung mit drei Richtern einschließlich des Vorsitzenden und zwei Schöffen, wenn die Anordnung der Unterbringung in der Sicherungsverwahrung, deren Vorbehalt oder die Anordnung der Unterbringung in einem psychiatrischen Krankenhaus zu erwarten ist oder nach dem Umfang oder der Schwierigkeit der Sache die Mitwirkung eines dritten Richters notwendig erscheint.[72] Ansonsten beschließt sie eine Besetzung mit zwei Richtern einschließlich des Vorsitzenden und zwei Schöffen. Nach § 76 Abs. 3 GVG ist die Mitwirkung eines dritten Richters in der Regel notwendig, wenn die Hauptverhandlung voraussichtlich länger als zehn Tage dauern wird.[73] **63**

In Verfahren vor dem Oberlandesgericht beschließt der Strafsenat gem. § 122 Abs. 2 S. 2 GVG, dass er in der Hauptverhandlung mit drei Richtern einschließlich des Vorsitzenden besetzt ist, wenn nicht nach dem Umfang oder der Schwierigkeit der Sache die Mitwirkung zweier weiterer Richter notwendig erscheint. Eine § 76 Abs. 3 GVG entsprechende Regelung, wonach auch der Strafsenat in der Regel in großer Besetzung zu entscheiden hätte, wenn die Hauptverhandlung voraussichtlich länger als zehn Tage dauern wird, enthält das Gerichtsverfassungsgesetz für das Verfahren vor dem Oberlandesgericht nicht. Der voraussichtlichen Anzahl der Sitzungstage kommt daher bei den Staatsschutzsenaten keine gleichartige Einschränkung des Beurteilungsspielraums zu.[74] **64**

IV. Besonderheiten bei der Verhandlungsvorbereitung

Im Abschnitt zur Vorbereitung der Hauptverhandlung[75] enthält die Strafprozessordnung ebenfalls keine Sonderregelungen für Staatsschutzverfahren. In diesem Verfahrensstadium, das geprägt ist von der Organisation der Hauptverhandlung durch deren Terminierung, die Ladung der Verfahrensbeteiligten und die Herbeischaffung der Beweismittel, ergeben sich in der Praxis Besonderheiten aus der Komplexität der Verfahren und dem häufig erforderlichen Einsatz von Ergänzungsrichtern, Gerichts- und Vertrauensdolmetschern sowie Sprachsachverständigen. Hinzu kommen nicht selten erhöhte Anforderungen an den Personenschutz und die Gebäudesicherheit sowie in Fällen hohen Medieninteresses die Notwendigkeit einer Regelung des Zugangs in- und ausländischer Medienvertreter. **65**

---

[70] Vgl. *Köhler* in Meyer-Goßner/Schmitt StPO § 161 Rn. 18a ff.; *Griesbaum* FS Breidling, 2017, 135 ff.
[71] Vgl. Urt. des EGMR v. 25.9.2012 – 649/08 – El Haski v. Belgien mit Bespr. *Heine* NStZ 2013, 680 ff.; zur Verwertbarkeit im Ausland gewonnener Beweismittel ferner *Griesbaum* FS Breidling, 2017, 132 ff.; *Rottländer* FS Breidling, 2017, 263 ff.
[72] Vgl. *Siolek* in Löwe/Rosenberg GVG § 76 Rn. 9; *Schmitt* in Meyer-Goßner/Schmitt GVG § 76 Rn. 3 f.
[73] Vgl. *Schmitt* in Meyer-Goßner/Schmitt GVG § 76 Rn. 5.
[74] Vgl. *Franke* in Löwe/Rosenberg GVG § 122 Rn. 4; *Feilcke* in KK GVG § 122 Rn. 3.
[75] Zweites Buch, fünfter Abschnitt der StPO, §§ 212–225a.

1. Terminierung und Ablaufabstimmung nach § 213 StPO

66 In besonders umfangreichen Verfahren vor dem Land- oder Oberlandesgericht, in denen die Hauptverhandlung voraussichtlich länger als zehn Tage dauern wird, soll der Vorsitzende nach § 213 Abs. 2 StPO den äußeren Ablauf der Hauptverhandlung vor der Terminbestimmung mit dem Verteidiger, der Staatsanwaltschaft und dem Nebenklägervertreter abstimmen.

67 Die als Sollvorschrift ausgestaltete Regelung hindert nicht, die Verfügbarkeit der Verteidiger zu möglichen Verhandlungsterminen schon weit vor der Ablaufabstimmung und der anschließenden förmlichen Terminbestimmung zu klären, die naturgemäß erst nach der Entscheidung über die Eröffnung des Verfahrens möglich sind. Die Verhandlungstermine sollte der Vorsitzende auch bereits im Zwischenverfahren mit den Verteidigern abstimmen, um dem Angeklagten den Vorgaben der §§ 141, 142 Abs. 5 StPO entsprechend umgehend einen Pflichtverteidiger zu bestellen oder zu belassen, der ihm in der Hauptverhandlung zur Seite steht. Wird wegen zeitlicher Verhinderung ein Verteidigerwechsel unumgänglich, bleibt so im Zwischenverfahren Zeit für die Suche nach einem vom Angeklagten gewünschten und zeitlich verfügbaren Verteidiger sowie dessen Einarbeitung in das Verfahren (→ Rn. 30–36).

68 Im Übrigen wollte der Gesetzgeber mit dem Gebot der Ablaufabstimmung die frühzeitige Kommunikation zwischen den Verfahrensbeteiligten fördern, damit das Gericht durch den Austausch mit den Verfahrensbeteiligten frühzeitig eine genauere Vorstellung von Art und Umfang der bevorstehenden Beweisaufnahme erhält und komplexe Hauptverhandlungen zeitlich und inhaltlich effizienter planen kann.[76]

69 Die Abstimmung über den äußeren Ablauf der Verhandlung kann neben einem Austausch über die Reihenfolge und den für erforderlich gehaltenen Umfang der Beweisaufnahme beispielsweise die Modalitäten eines Opening-Statements der Verteidigung nach § 243 Abs. 5 S. 3 StPO umfassen, die Frage des zeitlichen Rahmens einer etwaigen Einlassung der Angeklagten, die Modalitäten eines Selbstleseverfahrens nach § 249 Abs. 2 StPO,[77] Anregungen zur Ersetzung der Vernehmung von Sachverständigen und Zeugen durch die Verlesung von Vernehmungsprotokollen und schriftlichen Gutachten nach § 251 Abs. 1 Nr. 1 StPO[78] sowie organisatorische Fragen wie die Sitzordnung, sitzungspolizeiliche Maßnahmen und den geplanten Umgang des Gerichts mit der Medienöffentlichkeit.[79]

70 In welcher Form die Abstimmung erfolgt, ist dem Vorsitzenden überlassen. In der Praxis hat sich eine Besprechung bewährt, an der neben den gesetzlich vorgesehenen Teilnehmern – Vorsitzender, Verteidiger, Vertreter der Staatsanwaltschaft, Nebenklägervertreter – auch der oder die Berichterstatter teilnehmen. Die Teilnahme aller Berufsrichter empfiehlt sich, falls der Termin zu einer Erörterung des Verfahrensstandes nach § 202a StPO zwecks Anbahnung einer Verständigung nach § 257c StPO genutzt werden soll.[80]

2. Planung der Beweisaufnahme

71 Bei der Planung der Beweisaufnahme sind vor allem die Vorgaben des Bundesverfassungsgerichts zur Verfahrensbeschleunigung in Haftsachen zu beachten. Erforderlich ist danach eine Gesamtplanung in Form eines straffen Verhandlungsplans, der eine ganztägige Verhandlung an grundsätzlich zwei Sitzungstagen pro Woche, eine effiziente Ladung von

---

[76] BT-Drs. 18/11277, 33.
[77] Bspw., ob die Verteidiger und die Sitzungsvertreter der Staatsanwaltschaft Ablichtungen der im Selbstleseverfahren zu erhebenden Urkunden benötigen oder vor dem Hintergrund der Bereitstellung einer elektronischen Zweitakte die Überlassung einer Liste genügt, in der die Urkunden und ihre Fundstellen in den Akten verzeichnet sind.
[78] Verbindlich klären lässt sich dies im Hinblick auf das erforderliche Einverständnis auch der Angeklagten erst in der Hauptverhandlung, vgl. *Schmitt* in Meyer-Goßner/Schmitt StPO § 251 Rn. 7.
[79] Vgl. *Schmitt* in Meyer-Goßner/Schmitt StPO § 213 Rn. 11.
[80] Vgl. *Schmitt* in Meyer-Goßner/Schmitt StPO § 213 Rn. 12 und § 202a Rn. 4.

Zeugen und Sachverständigen sowie ein Alternativkonzept für den Fall vorsieht, dass beispielsweise durch das Nichterscheinen von Zeugen oder das frühere Ende einer Vernehmung erwartbare Lücken im Verhandlungsablauf entstehen.[81]

Die Forderung nach einem jederzeit einsetzbaren Alternativkonzept lässt sich dadurch erfüllen, dass man im Zuge der Verhandlungsplanung eine Liste mit Urkunden, Lichtbildern, Tonaufnahmen, Videos und sonstigen Augenscheinobjekten zusammenstellt, die beim Auftreten von Lücken im Verhandlungsverlauf nach und nach durch Verlesung und Inaugenscheinnahme erhoben werden.[82]

Obwohl der Gang der Beweisaufnahme im Übrigen von den Besonderheiten des jeweiligen Falles abhängt, gibt es bei der Verhandlungsplanung in Staatsschutzverfahren doch einige Punkte, deren Beachtung sich bewährt hat.

Am ersten Verhandlungstag sollte man hinreichend Zeit für die Abwicklung der Formalitäten nach § 243 Abs. 1–4 StPO, gegebenenfalls die Belehrung und Vereidigung der Dolmetscher, ein Opening Statement der Verteidigung (§ 243 Abs. 5 S. 3 StPO) und Einlassungen bzw. die Vernehmung der Angeklagten (§ 243 Abs. 5 S. 2 StPO) einplanen. Außerdem drängt die Verteidigung in konflikträchtigen Verfahren gerade zu Prozessbeginn, wenn das Zuschauer- und Medieninteresse noch groß ist, nicht selten darauf, Anträge, Rügen oder Gesuche anzubringen. Vor diesem Hintergrund hat sich bewährt, die Beweiserhebung mit Zeugen und Sachverständigen erst am zweiten oder – je nach Umfang der erwarteten oder angekündigten Einlassungen – einem späteren Verhandlungstag zu beginnen. Verläuft der Verhandlungsbeginn reibungslos, lässt sich die Zeit bis zur Vernehmung der ersten Zeugen durch Verlesung von Urkunden oder Inaugenscheinnahmen nutzen.

Bei der weiteren Planung der Beweisaufnahme sollte man darauf achten, die Sitzungstage nicht mit zeitlich eng getakteten Beweiserhebungen zu überfrachten, sondern geraume Zeiten zur Ausübung des Fragerechts der Verteidigung (§ 240 Abs. 2 S. 1 StPO), die Entgegennahme von Anträgen der Verfahrensbeteiligten und die Verkündung dazu getroffener Entscheidungen einplanen.

Bei Zeugen empfiehlt es sich, mit gerichtserfahrenen Polizeibeamten zu beginnen, weil die Vernehmung der ersten Zeugen nicht selten von Erhebungs- und Verwertungswidersprüchen begleitet und durch die Beanstandung von Fragen des Vorsitzenden (§ 242 StPO) und Auseinandersetzungen um die Zurückweisung unzulässiger Fragen der Verteidigung (§§ 68a, 241 Abs. 2 StPO) belastet ist. Solche Konflikte nehmen im Verlauf der Verhandlung zumeist ab oder lassen sich wenigstens routinierter abwickeln. Da die Aussagequalität durch derartige Auseinandersetzungen bei gerichtsunerfahrenen Zeugen erfahrungsgemäß stärker leidet, vernimmt man sie besser, wenn die Verhandlung in ein ruhigeres Fahrwasser gekommen ist.

Bei sog. Auslandszeugen ist zu bedenken, dass ihre Ladung im Wege der internationalen Rechtshilfe insbesondere außerhalb der Europäischen Union langwierig, unsicher und zeitlich schwer kalkulierbar ist (Visums- und Asylproblematik, Sicherheitsrisiken, Gewähr freien Geleits, Betreuung der Zeugen, Rückführungsproblematik, Kosten). Zur Erleichterung der Rechtshilfe empfiehlt sich daher, von den Verfahrensbeteiligten nach Verhandlungsbeginn zeitnah das nach § 247a Abs. 1 S. 1, Hs. 2 StPO iVm § 251 Abs. 2 Nr. 3 StPO erforderliche Einverständnis mit einer audiovisuellen Vernehmung dieser Zeugen zu erbitten, die beim heutigen Stand der Technik zumeist keine Nachteile hat. Soweit die Angeklagten und ihre Verteidiger das Einverständnis in solchen Fällen versagen, geschieht dies meist nur im Interesse einer Verfahrensverzögerung. Deshalb sollte § 247a StPO perspektivisch um einen Absatz ergänzt werden, der die audiovisuelle

---

[81] Vgl. BVerfG BeckRS 2012, 49681 Rn. 3 f.; NJW 2006, 672 (676).
[82] Eine solche Liste für Verlesungen und Inaugenscheinnahmen in der Hauptverhandlung, eine Liste für das Selbstleseverfahren und eine Aufstellung der zu ladenden Zeugen und Sachverständigen mit dem jeweils voraussichtlichen zeitlichen Bedarf liefern das Konzept für den Verhandlungsplan.

Vernehmung von Auslandszeugen ohne Zustimmung der Verfahrensbeteiligten ermöglicht.[83]

78 Bei der Planung des Urkundenbeweises ist zu entscheiden, ob die relevanten Urkunden nach § 249 Abs. 1 StPO verlesen oder im Wege des Selbstleseverfahrens nach § 249 Abs. 2 StPO erhoben werden. Zumeist empfiehlt sich, den Schwerpunkt auf das Selbstleseverfahren zu legen, weil dies zu einer erheblichen Beschleunigung führt und Konfliktpotenzial aus der Hauptverhandlung heraushält oder wenigstens stark konzentriert. So können Widersprüche gegen die Erhebung und Verwertung von Urkunden sowie die Erklärungsrechte aus § 257 StPO bei einem Selbstleseverfahren nur gebündelt ausgeübt werden, im Falle der Verlesung aber in einem zähen Procedere von Urkunde zu Urkunde.

79 Bei der Entscheidung über die Art der Erhebung von Urkunden sollte man allerdings im Blick behalten, dass vor allem Urkunden den Stoff für das Alternativprogramm liefern, das das Bundesverfassungsgericht bei auftretenden Lücken im Verhandlungsverlauf fordert. Ist man bei der Beschaffung von Zeugen auf die Rechtshilfe von Ländern außerhalb der Europäischen Union angewiesen, können sich leicht mehrmonatige Wartezeiten ergeben.[84] Besonders zäh kann sich die Rechtshilfe gestalten, wenn lediglich eine kommissarische Vernehmung durch ein Gericht des ersuchten Staates ermöglicht wird. Übersendet der ersuchte Staat nach Monaten schließlich ein Vernehmungsprotokoll, wirft dies erfahrungsgemäß weitere Nachfragen auf, die dann über ein Anschlussersuchen zu klären sind. Dies kann die Hauptverhandlung leicht über einen Zeitraum von mehr als einem Jahr lähmen. Daher benötigt man Verfügungsmasse, mit der sich die Beweiserhebung zeitlich so strecken lässt, dass wenigstens die gesetzlichen Unterbrechungsfristen aus § 229 StPO und die Mindestanforderungen an die inhaltliche Gestaltung der Hauptverhandlung gewahrt bleiben.[85]

80 Schließlich mag man bei der Auswahl der Urkunden zur Verlesung in der Hauptverhandlung auch dem öffentlichen Informationsinteresse an dem Verfahren Rechnung tragen, indem man etwa für die Beweisführung besonders wichtige und aussagekräftige Urkunden eher verliest. Eine rechtliche Vorgabe in diesem Sinne gibt es allerdings nicht. Den von Verteidigern bisweilen gestellten Anträgen, bestimmte Urkunden nicht über das Selbstleseverfahren zu erheben, sondern ausschließlich oder wenigstens auch in der Hauptverhandlung zu verlesen, muss und sollte man daher nicht nachkommen. Widersprüche gegen die Anordnung des Selbstleseverfahrens gem. § 249 Abs. 2 S. 2 StPO mit dieser Stoßrichtung kann das Gericht grundsätzlich zurückweisen.[86]

3. Einsatz von Ergänzungsrichtern und Ergänzungsschöffen

81 In Staatsschutzverfahren kann im Hinblick auf deren häufig längere Dauer die Zuziehung eines oder mehrerer Ergänzungsrichter gem. § 192 Abs. 2 GVG geboten sein, in landgerichtlichen Verfahren darüber hinaus die Zuziehung von Ergänzungsschöffen nach § 192 Abs. 3 GVG iVm §§ 48, 49, 77 Abs. 1 GVG.

---

[83] Formulierungsvorschlag „(3) Das Gericht kann anordnen, dass die Vernehmung eines Zeugen, dessen Ladung im Ausland zu bewirken wäre, in der Weise erfolgt, dass dieser sich im Ausland aufhält und die Vernehmung zeitgleich in Bild und Ton an den Ort, an dem sich der Zeuge aufhält, und in das Sitzungszimmer übertragen wird. Die Entscheidung nach Satz 1 ist unanfechtbar."

[84] Klare Vorgaben, wie lange man ggf. unter Nachfragen bei dem ersuchten Staat warten muss, bis man aufgrund dessen Untätigkeit iSd § 251 Abs. 1 Nr. 3 StPO davon ausgehen kann, dass der Zeuge „in absehbarer Zeit gerichtlich nicht vernommen werden kann" bzw. iSd § 244 Abs. 3 S. 3 Nr. 5 StPO „unerreichbar" ist, gibt es nicht, vgl. Schmitt in Meyer-Goßner/Schmitt StPO § 244 Rn. 62 ff., § 251 Rn. 9 f.. Je nach den Umständen des Einzelfalls wird man eine Bearbeitungszeit von drei bis sechs Monaten nach Eingang des Rechtshilfeersuchens bei dem ersuchten Staat einkalkulieren müssen.

[85] Vgl. BGH NStZ 2018, 297. Hat man das Verfahren im Übrigen hinreichend beschleunigt und wartet nur noch auf die ausländische Rechtshilfe, dürfte das Beschleunigungsgebot nicht erfordern, weiter zweimal wöchentlich Sitzungstermine abzuhalten.

[86] Vgl. BGH NJW 2021, 479 Rn. 6 ff.

Die Zuziehung von Ergänzungsrichtern liegt im Ermessen des Vorsitzenden, das er in 82
richterlicher Unabhängigkeit auszuüben hat. Dem Präsidium obliegt lediglich die namentliche Bestimmung des Ergänzungsrichters.[87]

In Staatsschutzsenaten, die ständig mit erstinstanzlichen Verfahren befasst sind, hat sich 83
statt der bei Präsidien und den betroffenen Senaten wenig geschätzten Beanspruchung
senatsfremder Richter bewährt, den Staatsschutzsenat im Rahmen der Jahresgeschäftsverteilung mit einem oder zwei Richtern „überzubesetzen". Dies erleichtert den Einsatz von
Ergänzungsrichtern nicht nur, weil das Präsidium dann mit der Beiziehung im Einzelfall
nicht mehr zu befassen ist,[88] sondern stellt auch sicher, dass die Aufgabe von Richtern
wahrgenommen wird, die fachlich mit der Materie und den Arbeitsabläufen innerhalb des
Senats vertraut sind.

Bei einer solchen „Überbesetzung" ist zu beachten, dass der kammer- bzw. senatsinterne 84
Geschäftsverteilungsplan neben den Regelungen zur Vertretung eine gesonderte Regelung
zum Einsatz des oder der Ergänzungsrichter vorsieht; denn der Eintritt eines Ergänzungsrichters ist kein Fall der Vertretung.[89]

Sind Ergänzungsrichter und/oder Ergänzungsschöffen eingesetzt, ist bei der Beurteilung 85
der Frage, wann die Verhinderung eines Richters oder Schöffen nach § 192 Abs. 2 GVG
den Eintritt des Ergänzungsrichters bzw. Ergänzungsschöffen in den Spruchkörper auslöst,
das Verhältnis dieser Regelung zu § 229 StPO zu beachten. Eine zeitweise, sich prognostisch innerhalb der Drei-Wochen-Frist des § 229 Abs. 1 StPO bewegende Verhinderung begründet danach nicht notwendig den Verhinderungsfall, schließt ihn aber auch
nicht aus. Bei der gebotenen Abwägung im Einzelfall können neben dem Recht des
Angeklagten auf den gesetzlichen Richter auch das Beschleunigungs- und Konzentrationsgebot, Gesichtspunkte einer ressourcenschonenden Durchführung der Hauptverhandlung,
die Zahl der noch geplanten Hauptverhandlungstage sowie ein etwa drohender Beweismittelverlust berücksichtigt werden.[90] Ist einem zeitweise verhinderten Richter die weitere
Mitwirkung nur unter Verstoß gegen § 229 StPO möglich, muss der Ergänzungsrichter
jedenfalls eintreten.[91] Kann ein Richter wegen Krankheit nicht zu einer Hauptverhandlung
erscheinen, die bereits an mindestens zehn Tagen stattgefunden hat, soll es nach Ansicht des
Bundesgerichtshofs regelmäßig geboten sein abzuwarten, ob er innerhalb der Frist des
§ 229 Abs. 3 S. 1 StPO genesen wird.[92]

Die Feststellung der Verhinderung iSd § 192 Abs. 2 GVG obliegt dem Vorsitzenden, 86
dem dabei ein Ermessensspielraum zusteht.[93] Im Hinblick auf die Bedeutung des Vorgangs
sollte er die Feststellung der Verhinderung und ihre Gründe aktenkundig machen.[94]

4. Einsatz von Dolmetschern und Sprachsachverständigen

In Staatsschutzverfahren mit fremdsprachigen Angeklagten hat die Auswahl der Dolmet- 87
scher besondere Bedeutung. Die Beanstandung von Übersetzungen ist ein beliebtes Feld
der Konfliktverteidigung, weil fortwährende Auseinandersetzungen um die Richtigkeit der
Übertragung ein Verfahren lähmen können. Deshalb benötigt man für die Übertragung in
der Hauptverhandlung, die Übersetzung von Urkunden sowie die Erstellung und Über-

---

[87] Vgl. BGH BeckRS 2011, 863 Rn. 42; *Wickern* in Löwe/Rosenberg GVG § 192 Rn. 4; *Breidling* in Löwe/Rosenberg GVG § 21e Rn. 14.
[88] Der Vorsitzende ordnet durch Beschluss an, dass nach § 192 Abs. 2 GVG ein Ergänzungsrichter zugezogen wird, und stellt dabei (deklaratorisch) fest, welcher Richter nach dem Geschäftsverteilungsplan des Senats zum Ergänzungsrichter berufen ist.
[89] *Breidling* in Löwe/Rosenberg GVG § 21e Rn. 14; *Schmitt* in Meyer-Goßner/Schmitt GVG § 21e Rn. 12.
[90] Vgl. BGH NStZ 2019, 359 mAnm *Schäfer* JR 2019, 169.
[91] BGH NStZ 1986, 518.
[92] BGH NJW 2016, 2197 mAnm *Ventzke* NStZ 2016, 558; aA *Kissel/Mayer* GVG § 192 Rn. 17; *Schlothauer* FS Müller, 2008, 641 (646).
[93] BGH NJW 2016, 2197 Rn. 4 ff.
[94] *Wickern* in Löwe/Rosenberg GVG § 192 Rn. 19; *Schmitt* in Meyer-Goßner/Schmitt GVG § 192 Rn. 7.

prüfung von Wortprotokollen aus Überwachungsmaßnahmen[95] besonders qualifizierte Dolmetscher, die nach Möglichkeit gerichtserfahren, in der Simultanübersetzung speziell geschult und mit der zur Verschriftung von Audiodateien aus Überwachungsmaßnahmen erforderlichen Technik[96] vertraut sind. Je nach Gegenstand des Verfahrens können bei der Auswahl auch besondere fachsprachliche Anforderungen, Dialekte oder weitere Gesichtspunkte wie etwa Sicherheitsbedenken oder die Überprüfung einer Affinität zu der hinter den Angeklagten stehenden Vereinigung hinzutreten.

88 Eine begründete Besorgnis der Befangenheit des Dolmetschers, deren Auswirkung auf die Qualität seiner Übersetzung sich nicht ausschließen lässt, kann einem Platzen des Verfahrens gleichkommen, wenn sie sich erst in einem fortgeschrittenen Stadium der Beweisaufnahme zeigt. Gegebenenfalls müssen sämtliche unter Mitwirkung des auszuschließenden Dolmetschers abgewickelten Verfahrensschritte mit einem neuen Dolmetscher wiederholt werden.

89 Im Interesse eines reibungslosen Verhandlungsablaufs sollten in der Hauptverhandlung wenigstens zwei – wirtschaftlich möglichst voneinander unabhängige – Simultandolmetscher zum Einsatz kommen, die sich im Laufe des Verhandlungstages abwechseln. Die Anwesenheit mehrerer Dolmetscher erleichtert überdies die Klärung etwaiger Übersetzungsfehler und fördert gegebenenfalls die Aufdeckung einer Besorgnis der Befangenheit eines Dolmetschers.[97] In Verhandlungssälen ohne Dolmetscherkabinen ist die Simultanübertragung problemlos mit einer mobilen Anlage zu realisieren.

90 Ansatzpunkte für die bisweilen schwierige Suche nach geeigneten Dolmetschern bieten die Datenbank der Landesjustizverwaltungen[98] sowie Anfragen bei den Richtern der Verwaltungsgerichtsbarkeit, die aufgrund der Asylverfahren viele Dolmetscher kennen, dem Bundesamt für Migration und Flüchtlinge, dem Auswärtigen Amt sowie bei Dolmetscherschulen.

91 Soweit die Dolmetscher auch zur Übersetzung von Urkunden oder zur Erstellung oder Überprüfung von Wortprotokollen aus Überwachungsmaßnahmen eingesetzt werden, sind sie als Sprachsachverständige tätig. Als solche sind sie durch Gerichtsbeschluss zu bestellen und nach § 78 StPO anzuleiten. Die Anleitung ist erfahrungsgemäß insbesondere im Hinblick auf die Abfassung von Wortprotokollen aus Überwachungsmaßnahmen geboten, indem Vorgaben zur wörtlichen Wiedergabe thematisch relevanter Passagen mit Sprecherzuordnung und Zeitstempeln gemacht werden, während bei privatem Geplänkel ohne Verfahrensbezug eine entsprechend gekennzeichnete zusammenfassende Inhaltswiedergabe genügen kann.

92 Soweit die Dolmetscher im Laufe der Hauptverhandlung Auskunft über eigene Wahrnehmungen im Umfeld der Hauptverhandlung geben sollen, zum Beispiel zu Äußerungen ausländischer Zuhörer, sind sie Zeugen und als solche zu belehren. Daher empfiehlt sich, die auch als Sprachsachverständige bestellten Dolmetscher schon eingangs der Hauptverhandlung nicht nur in ihrer Eigenschaft als Dolmetscher, sondern auch als Sachverständige und als Zeugen zu belehren, um sie jederzeit in der einen oder anderen Rolle einsetzen zu können.

93 Der nach § 185 Abs. 1 S. 1 GVG zur Übertragung in der Hauptverhandlung hinzugezogene Dolmetscher ist gem. § 189 Abs. 1 GVG zu Beginn der Verhandlung zu vereidigen. Möchte er sich nach § 189 Abs. 2 GVG auf eine allgemeine Beeidigung berufen, ist Vorsicht geboten. Erstens ist die allgemeine Beeidigung gem. § 7 Abs. 1 S. 1 GDolmG auf

---

[95] Insbesondere Telekommunikationsüberwachung, Pkw-Innenraumüberwachung und Wohnraumüberwachung.
[96] Zum Beispiel VLC-Player, Audacity oder Adobe Audition, die ua eine Geschwindigkeitsabsenkung mit Tonhöhenausgleich, Rauschunterdrückung und das wiederholte Abhören einzelner Abschnitte in einer Tonschleife ermöglichen.
[97] Ggf. kann man den weiteren Dolmetscher auch als Zeuge zu der Frage vernehmen, ob der abgelehnte Dolmetscher bislang zutreffend übersetzt hat.
[98] www.justiz-dolmetscher.de.

fünf Jahre befristet.⁹⁹ Zweitens fehlt es auch dann an der erforderlichen Eidesleistung, wenn sich der Dolmetscher – möglicherweise selbst gutgläubig – auf eine tatsächlich nicht bestehende allgemeine Vereidigung beruft.¹⁰⁰ Weniger aufwändig als die Überprüfung der allgemeinen Vereidigung etwa anhand der Datenbank der Landesjustizverwaltungen ist es daher, den Dolmetscher unabhängig von der (möglicherweise) bestehenden allgemeinen Beeidigung für das anstehende Verfahren gem. § 189 Abs. 1 GVG zu vereidigen.

Einwendungen der Verteidigung oder des nach § 187 Abs. 1 S. 1 GVG für den Angeklagten gesondert bestellten Dolmetschers gegen die Richtigkeit der Übertragung durch die gem. § 185 Abs. 1 S. 1 GVG bestellten Dolmetscher sollte das Gericht gewissenhaft nachgehen, solange es nicht aufgrund valider eigener Erfahrungen von der Qualität der Übersetzung überzeugt ist. Zeigt sich im Laufe der Verhandlung, dass die Gerichtsdolmetscher auf Einwendungen gegen die Richtigkeit der Übersetzung unsicher reagieren oder häufiger Übersetzungsfehler eingestehen müssen, sollte man nicht lange mit ihrem Austausch zögern. **94**

5. Vertrauensdolmetscher für Angeklagte

Erfordert die Ausübung der strafprozessualen Rechte des der deutschen Sprache nicht mächtigen Angeklagten nach § 187 Abs. 1 S. 1 GVG die Heranziehung eines Dolmetschers, sollte man für die vertrauliche Kommunikation zwischen dem Angeklagten und seinem Verteidiger einen anderen Sprachmittler – sog. Vertrauensdolmetscher – bestellen als den zur Übertragung der Verhandlung nach § 185 Abs. 1 S. 1 GVG bestellten Dolmetscher. Hierdurch wird verhindert, dass der in der Verhandlung mitwirkende Dolmetscher Kenntnis von den zwischen dem Angeklagten und seinen Verteidigern geführten Gesprächen erlangt und – möglicherweise unbewusst – dieses Wissen in seine Übersetzung in der Verhandlung einfließen lässt. Auch Dolmetscheraufgaben im Rahmen der Überwachung der Besuche des inhaftierten Angeklagten sollten nicht von dem Vertrauensdolmetscher wahrgenommen werden.¹⁰¹ **95**

Der Angeklagte hat keinen Anspruch darauf, dass ein von ihm vorgeschlagener Sprachmittler beigeordnet wird.¹⁰² In der Praxis hat es sich gleichwohl bewährt, nach § 187 Abs. 1 S. 1 StPO den vom Angeklagten in Abstimmung mit seinen Verteidigern benannten Dolmetscher seines Vertrauens zu bestellen, soweit dieser hinreichend qualifiziert ist und kein wichtiger Grund entgegensteht. **96**

Da sich das Erfordernis zu Besprechungen zwischen Verteidigern und Angeklagten auch während der Hauptverhandlung und in Sitzungspausen ergeben kann, sollte die Bestellung nach § 187 GVG eine Teilnahme des Vertrauensdolmetschers an der Hauptverhandlung umfassen oder wenigstens ermöglichen. Auch im Übrigen sollte der Umfang der vom Vertrauensdolmetscher zu erbringenden Leistungen in dem Bestellungsbeschluss möglichst konkret bezeichnet werden, da § 187 GVG seine Bestellung auf das zur Ausübung der strafprozessualen Rechte des Angeklagten Erforderliche beschränkt. Aufgeführt werden können etwa Gespräche mit den Verteidigern und die mündliche Übertragung von Urkunden, deren Einführung im Selbstleseverfahren nach § 249 Abs. 2 StPO vorgesehen ist.¹⁰³ Zur Vermeidung einer ausufernden Tätigkeit und daraus resultierender Probleme bei der Kostenprüfung sollte in dem Bestellungsbeschluss auch klarstellend darauf hingewiesen werden, dass die Bestellung nicht etwa eine vollständige Übersetzung der Ermittlungsakten oder sämtlicher bei Überwachungsmaßnahmen aufgezeichneter Gespräche umfasst.¹⁰⁴ **97**

---

⁹⁹ Ist der Dolmetscher am ersten Verhandlungstag noch allgemein beeidigt und beruft sich auf diesen Eid, besteht die Beeidigung für das Verfahren allerdings gem. § 7 Abs. 1 S. 4 GDolmG bis zu dessen Abschluss fort.
¹⁰⁰ BGH NStZ 2020, 103.
¹⁰¹ *Wickern* in Löwe/Rosenberg GVG § 187 Rn. 2.
¹⁰² *Wickern* in Löwe/Rosenberg GVG § 187 Rn. 16.
¹⁰³ *Wickern* in Löwe/Rosenberg GVG § 187 Rn. 15.
¹⁰⁴ *Wickern* in Löwe/Rosenberg GVG § 187 Rn. 10.

6. Gebäude- und Personensicherheit

98 Da hinter den Angeklagten häufig kriminelle oder terroristische Vereinigungen stehen, ist im Vorfeld der Hauptverhandlung eine polizeiliche Gefährdungseinschätzung hinsichtlich der Gefahr organisierter Störungen des Verfahrens und etwaiger Angriffe auf die mit dem Verfahren befassten Personen oder das Verhandlungsgebäude erforderlich.

99 Die Hauptverhandlung kann über das gerichtliche Instrumentarium der Einlasskontrollen und verstärkter Wachtmeisterpräsenz hinaus durch die Einbeziehung der Polizei abgesichert werden. Dies hat den Vorteil, dass die Polizeikräfte weiträumiger ansetzen können, beispielsweise durch vorgelagerte Anfahrtskontrollen. Auch im Sitzungssaal wirkt sich eine Präsenz der Polizei erfahrungsgemäß beruhigend aus.

100 Bestehen Anhaltspunkte für eine Gefährdung, sollte die Hauptverhandlung mit hohen Sicherungsmaßnahmen beginnen, die abgesenkt werden können, wenn die Lage ruhig bleibt oder sich nachhaltig beruhigt. Vertraut man umgekehrt darauf, es werde schon alles gut gehen, und muss sich dann am ersten Verhandlungstag vor den Augen der Medienöffentlichkeit von Randalierern aus dem Sitzungssaal vertreiben lassen oder die Verhandlung unterbrechen, weil beispielsweise wegen einer Blockade des Sitzungssaals oder des Gerichtsgebäudes die Öffentlichkeit nicht zu wahren ist, nimmt das Ansehen der Justiz unnötig Schaden.

7. Akkreditierungsverfahren für in- und ausländische Medienvertreter

101 Während die Abwicklung von Akkreditierungsverfahren für Pressevertreter Sache der Justizverwaltung ist, obliegt die zugrunde liegende Entscheidung, ob ein Akkreditierungsverfahren durchgeführt werden soll und wie es im konkreten Fall ausgestaltet ist, im Rahmen der Sitzungspolizei gem. § 176 GVG dem Vorsitzenden.[105] Dabei steht ihm hinsichtlich der Anzahl für Pressevertreter freizuhaltender Plätze wie auch hinsichtlich des Verfahrens der Akkreditierung, etwa Losverfahren, Prioritätsverfahren oder Quotenlösung für Vertreter inländischer und ausländischer Medien, ein weiter Beurteilungsspielraum zu. Die entsprechenden Anordnungen müssen jedoch unter Berücksichtigung des grundsätzlichen Anspruchs der Presse auf Zugang für eine freie Berichterstattung sachlich ausgestaltet sein und dem Recht der Medienvertreter auf gleiche Teilhabe an den Berichterstattungsmöglichkeiten Rechnung tragen.[106] Dies kann bei Taten mit starkem Auslandsbezug und entsprechendem Medieninteresse im Ausland gebieten, eine angemessene Zahl von Sitzplätzen nach dem Prioritätsprinzip oder nach dem Losverfahren speziell an Vertreter von ausländischen Medien mit besonderem Bezug zu den Opfern der angeklagten Straftaten zu vergeben.[107]

8. Sitzungspolizeiliche Anordnungen, Einlasskontrolle, Ton- und Bildaufzeichnungen

102 Besonderheiten bei der Einlasskontrolle, der Platzverteilung im Sitzungssaal und den Modalitäten von Ton- und Bildaufnahmen im Gerichtssaal regelt der Vorsitzende durch sitzungspolizeiliche Anordnungen nach § 176 GVG.

103 Über die Themen der Akkreditierung von Pressevertretern und der Ton- und Bildaufnahmen im Verhandlungssaal hinaus werden in der sitzungspolizeilichen Anordnung vor allem die Einlasszeiten, etwaige Einlasskontrollen, nötigenfalls die Fesselung des Angeklagten und ein Ersuchen um Amtshilfe der Polizei für eine etwaige Räumung des Sitzungssaals geregelt.[108]

---

[105] Vgl. *Küspert* FS Breidling, 2017, 177 (190 ff.).
[106] BVerfG NJW 2013, 1293 (1294) Rn. 18.
[107] BVerfG NJW 2013, 1293 (1294) Rn. 19 ff.
[108] *Schmitt* in Meyer-Goßner/Schmitt GVG § 176 Rn. 4 ff.

B. Besonderheiten

§ 43

Trifft der Vorsitzende zur Eindämmung einer Pandemie eine Anordnung zur Einhaltung 104
eines Mindestabstandes zwischen Personen im Zuschauerbereich und sind dort anwesende
ausländische Medienvertreter, die der deutschen Sprache nicht mächtig sind, dadurch daran
gehindert, über selbst gestellte sog. Flüsterdolmetscher für eine eigene Simultanübersetzung
zu sorgen, kann dies zu einer Verletzung ihres Rechts auf Teilhabe an den Berichterstattungsmöglichkeiten führen.[109] Abhelfend kommt in Betracht, entsprechende Ausnahmen
von der Anordnung zur Abstandhaltung vorzusehen oder den ausländischen Medienvertretern zu gestatten, den Gang des Verfahrens unter Nutzung des für die Verfahrensbeteiligten bereitgestellten Übersetzungssystems zu verfolgen.

V. Besonderheiten bei der Durchführung der Hauptverhandlung

Im Gang der Hauptverhandlung[110] weisen Staatsschutzverfahren keine rechtlichen Beson- 105
derheiten auf. Einzig zu beachten ist, dass bei dringendem Verdacht einer Tat nach
§§ 129a, 129b StGB die Vorgabe des § 148 Abs. 2 S. 3 StPO – Vorrichtungen vorzusehen,
die bei Gesprächen des Angeklagten mit seinen Verteidigern die Übergabe von Schriftstücken und anderen Gegenständen ausschließen – auch während der Verhandlung gewahrt
wird. Dazu ist der Angeklagte durch eine Trennscheibe gesondert von seinen Verteidigern
zu platzieren.[111]

In praktischer Hinsicht weisen Hauptverhandlungen in Staatsschutzverfahren vor allem 106
die Besonderheit auf, dass sie im Vergleich zu sonstigen Strafverfahren häufiger mit Konfliktverteidigung und Störungen durch Verteidiger, Angeklagte und Zuschauer belastet
sind.[112]

Wird die Sitzung von Zuschauern oder Angeklagten etwa durch lautstarke Zwischenrufe, 107
das Skandieren von Parolen oder die Beschimpfung von Verfahrensbeteiligten, Zeugen und
Sachverständigen gestört, sehen die §§ 177, 178 GVG – für den Angeklagten iVm § 231b
StPO – mit den Möglichkeiten der Entfernung der Störer aus dem Sitzungssaal und der
Verhängung von Ordnungsgeld oder Ordnungshaft ein ausreichendes Instrumentarium zur
Abwehr der Störungen vor.

Anders als in den benachbarten Ländern Frankreich, Österreich und der Schweiz sowie 108
sämtlichen Ländern des Common Law fehlen im deutschen Recht entsprechende Möglichkeiten, wenn derartige Störungen von einem Verteidiger ausgehen.[113] Die Vorschriften
über die Ausschließung des Verteidigers in §§ 138a–d StPO treffen die Problematik nicht,
weil die tatbestandlichen Hürden der §§ 138a, 138b StGB so hoch liegen, dass sie praktisch
nur strafbares Verteidigerverhalten erfassen. Außerdem ist das vor dem Oberlandesgericht
oder dem Bundesgerichtshof gesondert zu führende Ausschließungsverfahren so schwerfällig, dass es in der Praxis Seltenheitswert hat.[114]

Die Erwägung, die Bestellung eines fortgesetzt als Störer agierenden Pflichtverteidigers 109
entsprechend § 142 Abs. 5 S. 2 StPO aus „wichtigem Grund" aufzuheben[115] und ihn dann
wie einen störenden Zuschauer mit den Ordnungsmitteln der §§ 177, 178 GVG zu
belegen, bietet keine wirksame Lösung. Unabhängig von dem Vorwurf, damit die Anforderungen der §§ 138a, 138b StPO zu unterlaufen, kann dieses Vorgehen nicht verhindern, dass der entpflichtete Verteidiger in die Rolle eines Wahlverteidigers wechselt und

---

[109] BVerfG NStZ-RR 2020, 350 f.
[110] Vgl. Zweites Buch, sechster Abschnitt der StPO, §§ 226–275.
[111] Zu Ausnahmen etwa im Falle einer Aufklärungshilfe des Angeklagten oder der Aufgabe seiner Betätigung für die terroristische Vereinigung vgl. *Schmitt* in Meyer-Goßner/Schmitt StPO § 148 Rn. 19 mwN.
[112] Eine praxisorientierte Fallübersicht zu den äußeren Störungen der Hauptverhandlung liefert *Artkämper*, Die „gestörte" Hauptverhandlung, 5. Aufl. 2017.
[113] Vgl. *Kirch-Heim* NStZ 2014, 431 (433) und bspw. § 236 Abs. 2 der österr. StPO, der bei fortgesetzt ungebührlichem Benehmen des Verteidigers dessen Auswechselung ermöglicht.
[114] Vgl. etwa den im Beschluss des OLG Karlsruhe BeckRS 2006, 7310, dokumentierten Begründungs- und Verfahrensaufwand und dazu BGH NJW 2006, 2421.
[115] In Ausnahmefällen etwa vom OLG Köln für zulässig erachtet StV 2007, 288 mwN.

seine Stellung so wiedererlangt. Eine Zurückweisung des (Wahl-)Verteidigers in direkter Anwendung des § 176 Abs. 1 GVG, um ihn dann als „bei der Verhandlung nicht beteiligte Person" iSd §§ 177, 178 GVG mit Ordnungsmitteln belegen zu können, wird von der hM als unzulässige Gesetzesumgehung eingestuft.[116]

110 Die mit dem Gesetz zur Neuregelung des Rechts der notwendigen Verteidigung vom 10.12.2019[117] eingeführte Möglichkeit, den Pflichtverteidiger nach § 143a Abs. 2 S. 1 Nr. 3 StPO auszuwechseln, wenn „aus einem sonstigen Grund keine angemessene Verteidigung des Beschuldigten gewährleistet ist", hat daran nichts geändert. Die Vorschrift dient nicht der Abwehr ungebührlichen Verhaltens. Sie soll nur ermöglichen, groben Verstößen des Verteidigers gegen die Wahrnehmung seiner Aufgaben im Innenverhältnis zum Angeklagten zu begegnen, etwa wenn er den Angeklagten in einer Haftsache monatelang nicht aufsucht und auch sonst untätig bleibt.[118]

111 § 145 StPO, der eine Auswechslung des in der Hauptverhandlung ausbleibenden, sich unzeitig entfernenden oder die Verteidigung verweigernden Verteidigers erlaubt,[119] ermöglicht ebenso wie die Auswechselung des zeitlich verhinderten Pflichtverteidigers nach § 142 Abs. 5 S. 2, § 143a Abs. 2 S. 1 Nr. 3 StPO[120] nur die Abwehr von Verstößen gegen die Anwesenheitspflicht in der Hauptverhandlung und einer Untätigkeit des Verteidigers.

112 Der Gesetzgeber steht daher noch vor der Aufgabe, Regelungen einzuführen, die es den Gerichten ermöglichen, auf schwerwiegende, fortgesetzte Störungen der Hauptverhandlung durch Verteidiger zügig und effektiv zu reagieren, etwa in Gestalt einer Zurückweisung für den jeweiligen Verhandlungstermin oder bei fortgesetzter Störung für die Dauer der Hauptverhandlung.[121]

113 Neben dem Problem der äußeren Ordnung des Verhandlungsablaufs stellt sich in Staatsschutzverfahren nicht selten das Problem eines systematischen Missbrauchs der gesetzlich vorgesehenen Verfahrensrechte und Verteidigungsmöglichkeiten, der sich schlagwortartig als Konfliktverteidigung bezeichnen lässt. Sie ist dadurch gekennzeichnet, dass die Verteidigung zwar noch formal korrekt und im Rahmen des Standesrechts geführt wird, sich aber dem Ziel des Strafprozesses – der Wahrheitsfindung in einem prozessordnungsgemäßen Verfahren – nicht mehr verpflichtet fühlt und die Möglichkeiten der Strafprozessordnung in einer Weise nutzt, die mit ihrer Aufgabe, den Angeklagten vor einem materiellen Fehlurteil oder einem prozessordnungswidrigen Verfahren zu schützen, nicht mehr zu erklären ist.[122]

114 Symptomatisch für eine Konfliktverteidigung sind etwa unzulässige und unbegründete Ablehnungsgesuche, unbegründete Einwendungen gegen die Gerichtsbesetzung, unbegründete Anträge zur Sitzordnung und Öffentlichkeit, unbegründete Beanstandungen prozessleitender Anordnungen des Vorsitzenden, unbegründete Widersprüche gegen die Erhebung und/oder Verwertung von Beweismitteln, unzeitige Unterbrechungsanträge, unbegründete Aussetzungs-, Einstellungs-, Protokollierungs- sowie Beweis- und Beweisermittlungsanträge, die Störung der Vernehmung von Zeugen und Sachverständigen durch unbegründete Beanstandungen von Fragen des Vorsitzenden sowie eine uferlose Befragung

---

[116] OLG Celle StraFo 2002, 355; OLG Hamm NZV 2003, 491; *Kissel/Mayer* GVG § 176 Rn. 42; *Schmitt* in Meyer-Goßner/Schmitt GVG § 177 Rn. 3a; *Kirch-Heim* NStZ 2014, 431 (434 f.); *Leuze* StV 2004, 101.
[117] BGBl. 2019 I 2128 ff.
[118] Vgl. BT-Drs. 19/13829, 47 (Entw. der BReg., Begr. zu § 143a Abs. 2 S. 1 Nr. 3 StPO).
[119] Vgl. *Schmitt* in Meyer-Goßner/Schmitt StPO § 145 Rn. 4 ff.
[120] Der seltene Fall der durchgängigen Beauftragung eines Wahlverteidigers bleibt hier außer Betracht.
[121] Vgl. Dokumentation zum Strafkammertag 2017, 42; zur Ausgestaltung einer solchen Regelung: Kirch-Heim NStZ 2014, 431 (435 ff.). Ob generell auf die Möglichkeit der Verhängung von Ordnungsgeld und Ordnungshaft gegen Verteidiger verzichtet werden sollte, erscheint zweifelhaft. Ggf. sollte die Regelung nach dem Vorbild des § 145 Abs. 4 StPO wenigstens ermöglichen, dem Verteidiger die durch seine Zurückweisung verursachten Kosten aufzuerlegen, zB die Kosten der vergeblichen Anreise eines Zeugen oder Sachverständigen, der infolge der Zurückweisung des Verteidigers an dem Sitzungstag nicht mehr vernommen werden kann.
[122] Vgl. BGH NStZ 2005, 341; 2009, 168 (169); NStZ-RR 2009, 207; NStZ 2011, 294.

von Zeugen und Sachverständigen, die mit Provokationen und verbalen Übergriffen einhergeht.[123]

Wird der Vorsitzende beispielsweise durch Ermahnungen oder die Zurückweisung unzulässiger Fragen zum Schutz von Zeugen und Sachverständigen aktiv, wird dies nicht selten zum Anlass genommen, in deren Anwesenheit mit aufgesetzter Empörung Diskussionen über die vermeintliche Verletzung von Verfahrensrechten zu eröffnen und mit weiteren Anträgen zu reagieren.[124] **115**

Soweit der Bundesgerichtshof zu einer derart missbräuchlichen Inanspruchnahme von Verfahrensrechten Stellung genommen hat, sieht er – vor dem Hintergrund des verfassungsrechtlichen Gesetzesvorbehalts verständlich – vor allem den Gesetzgeber gefordert, dem Missbrauch engere Grenzen zu setzen.[125] **116**

Der Gesetzgeber hat im Laufe der Zeit punktuell auf praktische Problemlagen der Konfliktverteidigung reagiert und sich gerade mit den jüngsten Reformen darum bemüht, das Strafverfahren effektiver und praxistauglicher auszugestalten.[126] Im Ergebnis dieser Bemühungen finden sich diverse Instrumente zur Bewältigung einer Konfliktverteidigung in Einzelnormen verteilt über die ersten beiden Bücher der Strafprozessordnung, die im Rahmen dieses Beitrags nicht im Einzelnen besprochen werden können.[127] Die folgende Darstellung beschränkt sich auf einige Aspekte der Verhandlungsleitung und des Umgangs mit Beanstandungen sachleitungsbezogener Anordnungen des Vorsitzenden (§ 238 StPO) sowie der jüngst reformierten Verfahren bei Ablehnungsgesuchen und Einwendungen gegen die Gerichtsbesetzung. **117**

1. Verhandlungsleitung (§ 238 Abs. 1 StPO)

§ 238 Abs. 1 StPO liefert die wichtigste Vorschrift zur Bewältigung einer Konfliktverteidigung. Hiernach erfolgt die Leitung der Verhandlung, die Vernehmung des Angeklagten und die Aufnahme des Beweises durch den Vorsitzenden. Seine aus der Vorschrift resultierende Verpflichtung, die gesetzlich vorgegebene Reihenfolge der Verhandlungsvorgänge einzuhalten (§§ 243, 244 Abs. 1, §§ 257, 258 StPO), geht mit der Befugnis einher, Angriffe der Verteidigung gegen den geordneten Ablauf der Verhandlung durch geeignete Anordnungen abzuwehren. Dazu darf der Vorsitzende innerhalb des gesetzlichen Rahmens des Verhandlungsablaufs nach seinem Ermessen bestimmen, welche Reihenfolge er den Verhandlungsvorgängen geben möchte. In der Verhandlung erteilt er das Wort und ist dabei nicht verpflichtet, Anträge der Verfahrensbeteiligten zu jeder Zeit entgegenzunehmen. Wird die Erteilung des Wortes zur Anbringung eines Antrags zu einem ungünstigen Zeitpunkt gefordert, kann er den Antragsteller – auch bei fristgebundenen Anträgen – auf einen späteren Zeitpunkt verweisen.[128] Er ist auch befugt, die Verfahrensbeteiligten zu unterbrechen um unzulässige Äußerungen, Weitschweifigkeit und nutzlose Wiederholungen abzumahnen.[129] **118**

Nicht wenige Verteidiger reagieren überrascht oder gar ungehalten, wenn sie bei ihrer Wortmeldung vom Vorsitzenden zunächst gefragt werden, was sie anbringen möchten und wie lange dies voraussichtlich dauern wird. Dabei ist es beispielsweise in der Situation, dass **119**

---

[123] Vgl. *Stollenwerk* DRiZ 2012, 225.
[124] *Stollenwerk* DRiZ 2012, 225.
[125] Vgl. BGH NStZ 2009, 168 (169).
[126] Hervorzuheben sind insoweit das Gesetz zur effektiveren und praxistauglicheren Ausgestaltung des Strafverfahrens vom 17.8.2017 (BGBl. 2017 I 3202 ff.) und das Gesetz zur Modernisierung des Strafverfahrens vom 10.12.2019 (BGBl. 2019 I 2121 ff.).
[127] Vgl. aus praktischer Sicht: *Heinrich*, Konfliktverteidigung im Strafprozess, 2. Aufl. 2016; *Stollenwerk* DRiZ 2012, 225 ff.; 2015, 138 ff.; *Senge* NStZ 2002, 225 ff.; *Artkämper*, Die „gestörte" Hauptverhandlung, 5. Aufl. 2017; aus wissenschaftlicher Sicht: *Fahl*, Rechtsmißbrauch im Strafprozess, 2004; *Breucker*, Verteidigungsfremdes Verhalten, 1990; *Henschel*, Konfliktverteidigung und strafprozessuale Gegenmaßnahmen, 2011.
[128] BGH NStZ 2014, 668 (670); *Becker* in Löwe/Rosenberg StPO § 238 Rn. 3 f.; *Drees* NStZ 2005, 184.
[129] *Becker* in Löwe/Rosenberg StPO § 238 Rn. 3 f.

ein Zeuge gerade zu seiner Vernehmung in den Sitzungssaal gerufen wurde, für eine sachgerechte Ausübung des Ermessens, ob zunächst die eingeleitete Vernehmung durchgeführt oder dem Verteidiger zuvor noch das Wort erteilt werden soll, erforderlich, dass der Vorsitzende zunächst in Erfahrung bringt, worum es dem Verteidiger geht. Verweigert der Verteidiger die Auskunft,[130] spricht schon dies dafür, die Erteilung des Wortes zurückzustellen, bis der Zeuge vernommen ist.

120 Da Konfliktverteidigung ihrem Wesen nach darauf gerichtet ist, den geplanten Verhandlungsgang zu verhindern oder wenigstens nach Kräften zu verzögern, versuchen Verteidiger häufig, eine Vorrangigkeit ihres Anliegens vor dem nächstgeplanten Verhandlungsschritt darzutun. Auch die Entgegennahme der nicht selten als „unaufschiebbar" postulierten Ablehnungsgesuche darf der Vorsitzende jedoch im Laufe eines Verhandlungstages zurückstellen, um zunächst das geplante Tagesprogramm abzuwickeln.[131]

121 Entsprechendes gilt beispielsweise für Anträge auf Unterbrechung der Hauptverhandlung zur Prüfung der Besetzung (§ 222a Abs. 2 StPO), die Entgegennahme des Einwandes der unrichtigen Besetzung des Gerichts (§ 222b Abs. 1 StPO), Anträge auf Einstellung oder Aussetzung des Verfahrens, Öffentlichkeitsrügen, Anträge zur Sitzordnung oder Anträge auf Akteneinsicht sowie Anträge auf Aufhebung des Eröffnungsbeschlusses oder Nichtverlesung der Anklage.[132]

122 Möchte die Verteidigung gleich zu Beginn des Verfahrens verschiedene Anträge, Einwände oder Rügen anbringen, lässt sich ein zügiger und sachgerechter Verhandlungsbeginn gewährleisten, indem die Worterteilung thematisch weiträumig – zur Vermeidung einer Beschränkung der Verteidigung aber zeitlich eng befristet – zurückgestellt wird.

Beispiel: Zurückstellung von Anträgen, Einwänden und Rügen zu Beginn der Verhandlung:
Vorsitzendenanordnung
Derzeit wird das Wort für etwaige Anträge, Einwände oder Rügen der Verteidigung nicht erteilt. Die Verteidigung erhält hierzu im Laufe des heutigen Sitzungstages vor der Vernehmung des Angeklagten zur Sache Gelegenheit.

Gründe:
Im Interesse eines zügigen und sachgerechten Verhandlungsgangs sollen zunächst die gem. § 243 Abs. 1 bis 4 StPO zu Beginn der Hauptverhandlung vorgesehenen Verhandlungsschritte abgewickelt werden. Die ordnungsgemäße Verteidigung des Angeklagten wird hierdurch nicht beeinträchtigt, weil die Zurückstellung von Anträgen und Rügen nach § 238 Abs. 1 StPO eine etwaige Präklusion ausschließt.

123 Drängt die Verteidigung zu Verhandlungsbeginn nur auf einzelne, schlagwortartig umrissene Anträge, lässt sich die Anordnung auch enger fassen:

Beispiel: Zurückstellung eines Antrags auf Aufhebung des Eröffnungsbeschlusses.
Vorsitzendenanordnung
Derzeit wird das Wort für einen Antrag auf Aufhebung des Eröffnungsbeschlusses nicht erteilt. Die Verteidigung erhält im Laufe des heutigen Sitzungstages vor der Vernehmung des Angeklagten zur Sache Gelegenheit, den Antrag anzubringen.

Gründe:
Das Gericht ist nicht verpflichtet, einen von der Verteidigung vorbereiteten Antrag sofort entgegen zu nehmen. Dies ist bei dem angekündigten Antrag auf Aufhebung des Eröffnungsbeschlusses auch nicht sachdienlich, weil § 243 Abs. 3 S. 1 StPO in der Hauptverhandlung vor einer Sachentscheidung zwingend die Verlesung des Anklagesatzes vorsieht. Selbst wenn durch den Antrag Umstände bekannt würden, die einer Eröffnung des Hauptverfahrens entgegenstünden, könnte dies nunmehr allenfalls zu

---

[130] In der Praxis nicht selten mit der Bemerkung „Das werden Sie gleich hören!".
[131] Vgl. Fn. 128 und die Beispiele unter → Rn. 142.
[132] Vgl. *Becker* in Löwe/Rosenberg StPO § 238 Rn. 4; demgegenüber verkennen *Gatzweiler* StraFo 2010, 397 f. und *Sommer* StV 2019, 352 ff., mit ihren Forderungen nach einer sich „frei entfaltenden Strafverteidigung", sofortiger Reaktion des Gerichts auf Anliegen der Verteidigung und jederzeitigem „Dialog", dass der Vorsitzende auch die berechtigten Interessen anderer Verfahrensbeteiligter sowie der Zeugen und Sachverständigen wahren und das Verfahren notfalls auch gegen den Widerstand der Verteidigung fördern muss, vgl. *Breidling* StraFo 2010, 398 ff.

einem Freispruch oder einer Einstellung des Verfahrens durch Prozessurteil gem. § 260 Abs. 3 StPO führen. Eine solche Entscheidung könnte erst nach Verlesung des Anklagesatzes ergehen.

Beispiel: Zurückstellung eines Antrags auf Nichtverlesung des Anklagesatzes.

Vorsitzendenanordnung
Derzeit wird das Wort für einen Antrag auf Nichtverlesung des Anklagesatzes nicht erteilt. Die Verteidigung erhält im Laufe des heutigen Sitzungstages vor der Vernehmung des Angeklagten zur Sache Gelegenheit, den Antrag anzubringen.

Gründe:
Das Gericht ist nicht verpflichtet, den Antrag sofort entgegen zu nehmen. Dies ist auch nicht sachdienlich, denn § 243 Abs. 3 S. 1 StPO schreibt die Verlesung des Anklagesatzes in der Hauptverhandlung zwingend vor. Selbst wenn keine Formunwirksamkeit der Anklage vorläge und eine Einstellung des Verfahrens durch Prozessurteil gem. § 260 Abs. 3 StPO zu erfolgen hätte, könnte diese Entscheidung erst nach Verlesung des Anklagesatzes ergehen.[133] Der Antrag kann daher ohne Rechtsverlust nach Verlesung des Anklagesatzes angebracht werden.

Da eine Konfliktverteidigung häufig situativ die Verfahrensverzögerung bezweckt, führt **124** die Zurückstellung der Entgegennahme ihrer „unzeitigen" Anträge bisweilen dazu, dass das Interesse an der Antragstellung zu dem späteren Zeitpunkt erloschen ist und dann von der Anbringung abgesehen wird.

Bei der Zurückstellung von Anträgen ist allerdings im Blick zu behalten, dass der Vor- **125** sitzende neben den Geboten der zügigen Verfahrensabwicklung und bestmöglichen Sachaufklärung sowie der Wahrung der Belange von Zeugen und Sachverständigen auch der Verteidigung hinreichenden Raum zur Wahrnehmung ihrer Verfahrensbefugnisse geben muss. Deshalb sollte man schon bei der Verhandlungsplanung spätestens im Anschluss an das jeweilige Tagesprogramm Zeit für Anliegen der Verteidigung einplanen.[134]

2. Beanstandungen nach § 238 Abs. 2 StPO

Auf Anordnungen des Vorsitzenden reagieren auf Konflikt ausgerichtete Verteidiger häufig **126** mit Beanstandungen nach § 238 Abs. 2 StPO, sodass der Spruchkörper in seiner Gesamtheit zu entscheiden hat. Hinter den Beanstandungen steht selten die innere Überzeugung des Verteidigers, dem Vorsitzenden sei ein Verfahrensfehler unterlaufen, den es zum Schutz seines Mandanten durch den Spruchkörper zu berichtigen gelte. Ihr wahrer Zweck liegt meistens darin, die Hauptverhandlung durch die Blockade des nächsten Verhandlungsschritts in einen Trägheitszustand zu versetzen, in welchem sich die übrigen Verfahrensbeteiligten beispielsweise zunächst mit dem Widerspruch gegen die Vernehmung des erschienenen Zeugen befassen sollen, anstatt wie geplant den Zeugen zu vernehmen. In der Praxis hat sich gezeigt, dass auch bei Beanstandungen, deren Unbegründetheit handgreiflich ist, Beratung und Abfassung einer entsprechenden Entscheidung oft mehr als eine Stunde dauern. Bringen die Verteidiger in Verfahren mit mehreren Angeklagten die Beanstandungen sukzessive und mit unterschiedlichen Begründungen an, kann es passieren, dass sich der Spruchkörper über Stunden hinweg damit befasst und den womöglich weit angereisten Zeugen zuletzt unverrichteter Dinge nach Hause schickt, um ihn an einem anderen Verhandlungstag zu vernehmen.

In der Sache beschränkt § 238 Abs. 2 StPO die Beanstandung auf eine Rechtskontrolle. **127** Es kann nur geltend gemacht werden, dass die beanstandete Maßnahme rechtlich unzulässig, nicht aber, dass sie unzweckmäßig oder unangebracht ist. Unzulässig ist eine Maßnahme des Vorsitzenden zwar nicht nur, wenn sie unmittelbar gegen ein Gesetz – auch in der Form der Überschreitung eines gesetzlich eingeräumten Beurteilungsspielraums – oder gegen allgemeingültige Prozessgrundsätze verstößt, sondern auch dann, wenn sie auf einem

---
[133] Vgl. OLG Hamm BeckRS 2012, 19409.
[134] Vgl. BGH NStZ 2014, 668 (670) und *Becker* in Löwe/Rosenberg StPO § 238 Rn. 4, wonach die Fürsorgepflicht des Vorsitzenden in der Regel gebiete, dass er von sich aus auf das zurückgestellte Anliegen zurückkommt.

Ermessensmissbrauch beruht.¹³⁵ In der Praxis sind die angegriffenen Anordnungen jedoch fast immer von dem mit der Leitungsbefugnis verbundenen Ermessen des Vorsitzenden gedeckt und daher als unbegründet zurückzuweisen.

128 Dass Beanstandungen der Verhandlungsleitung in der Verfahrenswirklichkeit fast nie dem Zweck des § 238 Abs. 2 StPO dienen, Fehler des Vorsitzenden im Rahmen der Instanz zu korrigieren, um Revisionen zu vermeiden,¹³⁶ zeigt ein weiterer Umstand: In den Sitzungsprotokollen mit Konfliktverteidigung belasteter Verfahren finden sich regelmäßig zahlreiche durch Gerichtsbeschlüsse nach § 238 Abs. 2 StPO zurückgewiesene Beanstandungen. Dass die Verteidigung die behaupteten Verfahrensfehler nach Abschluss der Instanz mit der Revision rügt, geschieht indes fast nie.

129 Aufgrund des verbreiteten Missbrauchs ist der praktische Nutzen des § 238 Abs. 2 StPO für das Erkenntnisverfahren bescheiden. Ihren Nutzen entfaltet die Vorschrift erst in der Revision, wo sie bisweilen zu einer Entlastung beiträgt. So kann eine unzulässige sachleitende Anordnung des Vorsitzenden mit der Revision nur angegriffen werden, wenn bereits in der Tatsacheninstanz hierüber gem. § 238 Abs. 2 eine Entscheidung des Gerichts herbeigeführt worden war und dieses die Anordnung bestätigt hat.¹³⁷

130 Im Erkenntnisverfahren stehen die Gerichte daher vor der Aufgabe, das Gros offensichtlich unbegründeter Beanstandungen gesetzeskonform möglichst reibungsarm abzuhandeln. Da der Spruchkörper auch über solche Beanstandungen erst nach Anhörung der Verfahrensbeteiligten entscheiden darf (§ 33 Abs. 1 StPO)¹³⁸, erweist es sich als hilfreich, wenn die Sitzungsvertreter der Anklagebehörde in diesen Fällen eine Stellungnahme aus dem Stehgreif abgeben¹³⁹ oder auch lediglich die Zurückweisung der Beanstandung beantragen.¹⁴⁰

131 Für den Spruchkörper bestehen mehrere Möglichkeiten, die Abhandlung von Beanstandungen reibungsarm zu gestalten, ohne jedes Mal langwierige Unterbrechungen und ein Verlassen des Sitzungssaals für Beratungen („Richterballett") hinnehmen zu müssen. So kann die rechtliche Zulässigkeit häufig vorkommender Anordnungen des Vorsitzenden, die erfahrungsgemäß Beanstandungen nach sich ziehen, jedenfalls in einem ausschließlich mit Berufsrichtern besetzten Spruchkörper¹⁴¹ schon vor Verhandlungsbeginn besprochen werden. Im Anwendungsfall kann die Entscheidung dann nach kurzer Verständigung im Sitzungssaal („Tischbeschluss") getroffen werden, wenn nicht von einem Mitglied des Spruchkörpers eingehender Beratungsbedarf angemeldet wird.

132 Für den Vorsitzenden bietet sich außerdem an, zu den bei Verteidigern erfahrungsgemäß unpopulären Anordnungen kurze Begründungen vorzubereiten, die im Anwendungsfall bekanntgegeben und ins Sitzungsprotokoll übernommen werden. Halten die übrigen Mitglieder des Spruchkörpers die Begründung für tragfähig, lässt sich nach rechtlichem Gehör der übrigen Verfahrensbeteiligten eine kurze Verständigung im Sitzungssaal („Blickberatung") mit dem Ergebnis herbeiführen, dass der Vorsitzende sogleich folgenden Gerichtsbeschluss verkündet: *„Die Beanstandung wird aus den zutreffenden Gründen der Anordnung des Vorsitzenden zurückgewiesen".*

133 Bisweilen ist eine Entscheidung des Gerichts sogar entbehrlich. Hat etwa der Vorsitzende Fragen an einen Zeugen zu einem bestimmten Beweisthema als sachfremd zurückgewiesen und das Gericht dies auf Beanstandung nach § 238 Abs. 2 StPO bestätigt, so kann der

---

[135] Vgl. *Becker* in Löwe/Rosenberg StPO § 238 Rn. 30.
[136] Vgl. zu diesem Gesetzeszweck *Becker* in Löwe/Rosenberg StPO § 238 Rn. 16.
[137] Vgl. *Becker* in Löwe/Rosenberg StPO § 238 Rn. 43 mwN.
[138] Vgl. *Becker* in Löwe/Rosenberg StPO § 238 Rn. 32.
[139] Beispielsweise: *„Die Verteidigung zeigt keinen Rechtsfehler oder Ermessensfehlgebrauch des Vorsitzenden auf; sie rügt der Sache nach lediglich die über § 238 Abs. 2 StPO nicht angreifbare Zweckmäßigkeit der Verhandlungsleitung."*
[140] Beantragt der Sitzungsvertreter der StA eine Unterbrechung der Verhandlung, um eine Stellungnahme vorzubereiten, hat die Verteidigung ihr Ziel einer Stockung des Verfahrens schon erreicht.
[141] Dass bei den Landgerichten Schöffen als Laien über Fragen der prozessualen Zulässigkeit sachleitender Anordnungen oder auch die Zulässigkeit von Fragen (§ 242 StPO) mitentscheiden, ist befremdlich.

Vorsitzende weitere Fragen zu diesem Thema unter Bezugnahme auf den früheren Gerichtsbeschluss zurückweisen. Einer Entscheidung des Gerichts bedarf es selbst dann nicht, wenn es erneut nach § 238 Abs. 2 angerufen wird.[142]

Dem bei Konfliktverteidigern beliebten Versuch, die Vernehmung geladener Zeugen **134** und Sachverständiger bei ihrem Erscheinen im Sitzungssaal durch die Beanstandung der Vernehmungsanordnung oder einen Erhebungswiderspruch zu blockieren, kann mit einer Zurückstellungsanordnung nach § 238 Abs. 1 StPO begegnet werden.[143]

Beispiel: Zurückstellung einer Beanstandung bzw. eines Erhebungswiderspruchs vor oder während der Vernehmung eines Zeugen.

Vorsitzendenanordnung

Rechtsanwalt... wird das Wort zur Anbringung einer Beanstandung nach § 238 Abs. 2 StPO oder eines Erhebungswiderspruchs gegen die Vernehmung des Zeugen … derzeit nicht erteilt. Der Verteidiger erhält im Laufe des heutigen Sitzungstages nach der Vernehmung des Zeugen Gelegenheit, die Beanstandung oder den Widerspruch anzubringen.

Gründe:

Die sofortige Entgegennahme der Beanstandung oder eines Erhebungswiderspruchs, die danach erforderliche Anhörung der Verfahrensbeteiligten nach § 33 Abs. 1 StPO und die Beratung und Abfassung einer Entscheidung durch den Spruchkörper würden geraume Zeit in Anspruch nehmen, in denen der Zeuge auf seine Vernehmung warten müsste. Dies ist dem Zeugen nicht zuzumuten. Die Ladung des Zeugen ist der Verteidigung durch Mitteilung der Verfügung vom … seit mehreren Wochen bekannt, in denen sie Bedenken gegen seine Vernehmung hätte anbringen können. In dieser Situation ist nach Abwägung des Interesses der Verteidigung an einer sofortigen Entscheidung des Gerichts auch unter Berücksichtigung der Möglichkeit durchgreifender Einwände gegen die Beweiserhebung dem Interesse des Zeugen an seiner unverzüglichen Vernehmung Vorrang zu geben. Sollten sich die Bedenken der Verteidigung im Ergebnis als begründet erweisen, blieben die Angaben des Zeugen bei der Entscheidungsfindung unberücksichtigt. Die Verteidigung wird daher durch die Zurückstellung der Worterteilung nicht beeinträchtigt.

3. Ablehnungsgesuche

Die Ablehnung einzelner Richter oder der ganzen „Richterbank" wegen einer vorgeb- **135** lichen Besorgnis der Befangenheit gehört zum Standardrepertoire einer Konfliktverteidigung. Grund hierfür ist neben der Umständlichkeit des Ablehnungsverfahrens[144] vor allem die Haltepflicht aus § 29 Abs. 1 StPO, wonach der abgelehnte Richter vor Erledigung des Ablehnungsgesuchs nur noch solche Handlungen vorzunehmen hat, die keinen Aufschub dulden.

Mit der Änderung des § 29 Abs. 2 StPO durch das Strafverfahrensänderungsgesetz 1979[145] **136** hat der Gesetzgeber erstmals versucht, dem schon damals verbreiteten Missbrauch des Ablehnungsrechts zu begegnen.[146] Die Vorschrift erlaubte es, die Verhandlung bei Ablehnung eines Richters während der Hauptverhandlung auf Anordnung des Vorsitzenden parallel zu dem Ablehnungsverfahren längstens bis zum Beginn des übernächsten Verhandlungstages unter

---

[142] BGH NJW 2004, 239; *Becker* in Löwe/Rosenberg StPO § 238 Rn. 36; *Schmitt* in Meyer-Goßner/Schmitt StPO § 238 Rn. 19.
[143] Vgl. *Becker* in Löwe/Rosenberg StPO § 238 Rn. 35. Reagiert die Verteidigung mit weiteren Meldungen, etwa zwecks Anbringung eines Unterbrechungsantrags zu Beratung einer Ablehnung des Vorsitzenden oder zwecks sofortiger Anbringung eines Ablehnungsgesuchs, kann man eine generelle Zurückstellung von Anträgen, Einwänden und Rügen auf den Zeitpunkt nach Vernehmung des Zeugen anordnen, vgl. das Beispiel unter → Rn. 122.
[144] Erfordernis einer dienstlichen Äußerung des abgelehnten Richters (§ 26 Abs. 3 StPO), Gelegenheit zur weiteren Stellungnahme des Antragstellers und der weiteren Verfahrensbeteiligten, Entscheidung durch zu begründenden Gerichtsbeschluss, die bei Zulässigkeit des Ablehnungsgesuchs ohne Mitwirkung des/der abgelehnten Richter zu treffen ist (§§ 26, 27 StPO) und daher die Befassung weiterer Richter mit dem Vorgang bedingt.
[145] BGBl. 1978 I 1, 1645; *Rieß* NJW 1978, 2268 ff.
[146] BT-Drs. 8/976, 22 Nr. 3 (Begr. zu § 29 Abs. 2 StRÄG 1979); im sog. Stammheim-Prozess hatte die Verteidigung 1975 auf eine Zermürbung des Vorsitzenden gesetzt, die mit dem 85. Ablehnungsgesuch zu seiner Ablösung führte.

Mitwirkung des abgelehnten Richters fortzusetzen.[147] Der Attraktivität des Ablehnungsrechts für Konfliktverteidiger hat diese Regelung aber keinen Abbruch getan. So wurden beispielsweise in einem vor dem Oberlandesgericht Düsseldorf von Oktober 1989 bis März 1994 verhandelten PKK-Verfahren 396 Ablehnungsgesuche gestellt.[148] Ihre Handhabung blieb vor allem dadurch schwierig, dass die Fortsetzungsfrist bei dicht terminierten Haftsachen häufig schon innerhalb einer Woche erschöpft war. Dadurch blieb der zeitliche Entscheidungsdruck hoch. Hinzu kam, dass Verteidiger die Fortsetzungsmöglichkeit unterliefen, indem sie sog. 5-vor-9-Ablehnungsgesuche unmittelbar vor Beginn der Hauptverhandlung anbrachten, um den Verhandlungsbeginn über die Haltepflicht aus § 29 Abs. 1 StPO zu verzögern.[149]

137 Das Gesetz zur Modernisierung des Strafverfahrens vom 10.12.2019[150] hat das Verfahren bei Ablehnungsgesuchen weiter erleichtert. Nach § 29 Abs. 2 StPO gilt – unabhängig davon, ob das Ablehnungsgesuch vor oder nach Beginn der Hauptverhandlung angebracht wird – als weiträumige Ausnahme von der Haltepflicht des § 29 Abs. 1 StPO: *"Die Durchführung der Hauptverhandlung gestattet keinen Aufschub; sie findet bis zur Entscheidung über das Ablehnungsgesuch unter Mitwirkung des abgelehnten Richters statt."* Damit haben die „5-vor-9-Ablehnungsgesuche" ihre Sonderstellung verloren. Außerdem ist das lästige Ritual einer Fortsetzungsanordnung des Vorsitzenden, die nahezu immer beanstandet wurde und daher noch durch Gerichtsbeschluss nach § 238 Abs. 2 StPO bestätigt werden musste, entfallen, weil die Hauptverhandlung nunmehr kraft Gesetzes zu den unaufschiebbaren Handlungen gehört. Nach Anbringung des Ablehnungsgesuchs kann daher zunächst ohne Weiteres mit dem abgelehnten Richter weiterverhandelt werden.

138 Darüber hinaus ist die Frist zur Entscheidung über ein Ablehnungsgesuch in § 29 Abs. 3 StPO auf zwei Wochen oder gegebenenfalls den späteren Beginn des übernächsten Verhandlungstages gelockert worden. Damit gehört die früher bisweilen unvermeidliche Aufhebung von Verhandlungsterminen zur Ermöglichung einer Entscheidung bis zum Beginn des übernächsten Verhandlungstages hoffentlich der Vergangenheit an.

139 Eine dritte Erleichterung im Umgang mit Ablehnungsgesuchen hatte bereits das Gesetz zur effektiveren und praxistauglicheren Ausgestaltung des Strafverfahrens vom 17.8.2017 gebracht. Nach dem hierdurch eingeführten § 26 Abs. 1 S. 2 StPO kann dem Antragsteller durch Gerichtsbeschluss aufgegeben werden, ein in der Hauptverhandlung angebrachtes Ablehnungsgesuch innerhalb einer angemessenen Frist schriftlich zu begründen. Die praktischen Erfahrungen mit dieser Vorschrift sind durchweg positiv, zumal die schriftliche Begründung – anders bei einer Anordnung schriftlicher Antragstellung gem. § 257a S. 1 StPO[151] – nicht in die Hauptverhandlung einzuführen ist, sondern lediglich zur Akte genommen wird.[152]

140 Die Anordnung der schriftlichen Begründung erspart es dem Gericht, Verhandlungszeit für den bisweilen langwierigen Vortrag der Ablehnungsbegründung zur Verfügung stellen zu müssen. In Fällen, in denen der Antragsteller bereits zur Anbringung eines Ablehnungsgesuchs entschlossen ist, aber noch Zeit für die Begründung benötigt, hat sie den weiteren Vorteil, dass keine Unterbrechung der Hauptverhandlung im Tagesverlauf für die Vorbereitung der Begründung gewährt werden muss.[153]

---

[147] Vgl. *Rieß* NJW 1978, 2265 (2268).
[148] *Belker* FS 100 Jahre OLG Düsseldorf, 2006, 311 (325).
[149] Zu der nach früherer Rechtslage umstrittenen Behandlung solcher Ablehnungsgesuche vgl. *Breidling* FS von Heintschel-Heinegg, 2015, 79 ff.
[150] BGBl. 2019 I 2121.
[151] Dort muss der schriftliche Antrag gem. § 257a S. 3 StPO in die Hauptverhandlung eingeführt werden, vgl. *Stuckenberg* in Löwe/Rosenberg StPO § 257a Rn. 22; *Schmitt* in Meyer-Goßner/Schmitt StPO § 257a Rn. 10.
[152] Der Unterschied liegt darin, dass das Ablehnungsverfahren als selbstständiges gerichtsverfassungsrechtliches Verfahren nicht Teil der Hauptverhandlung ist und das Öffentlichkeitsprinzip insoweit keine Geltung beansprucht, vgl. BT-Drs. 18/12277, 19; *Siolek* in Löwe/Rosenberg StPO § 26 Rn. 2.
[153] Die Notwendigkeit hierzu ergibt sich bei mündlicher Antragsbegründung aus § 24 Abs. 2 Nr. 2 StPO, wonach die Ablehnungsgründe „unverzüglich" geltend gemacht werden müssen, dem Verteidiger aber

B. Besonderheiten § 43

Beispiel: Anordnung schriftlicher Antragsbegründung nach § 26 Abs. 1 S. 2 StPO.

Gerichtsbeschluss[154]

Rechtsanwalt … erhält Gelegenheit, das angekündigte Ablehnungsgesuch des Angeklagten anzubringen. Dem Angeklagten wird gem. § 26 Abs. 1 S. 2 StPO aufgegeben, das Ablehnungsgesuch bis zum Ablauf des … schriftlich zu begründen.[155]

Gründe:

Die Entgegennahme der Antragsbegründung in der Hauptverhandlung würde deren Ablauf verzögern. Erwägungen in der Begründung des Gesetzentwurfs zu § 26 Abs. 1 S. 2 StPO, die Anordnung schriftlicher Antragsbegründung auf Fälle des Missbrauchs zu beschränken (vgl. BT-Drs. 18/11277, S. 18–20), haben keinen Eingang in die Gesetzesfassung gefunden. Eine solche Einschränkung wäre auch unpraktikabel, weil die Frage eines etwaigen Missbrauchs der Antragsbegründung zu verfahrensfremden Zwecken vor Kenntnis und Prüfung ihres Inhalts nicht beurteilt werden kann. Die Anordnung dient daher allein dem Gebot der effektiven Verfahrensgestaltung und beinhaltet keine Bewertung des Ablehnungsgesuchs.

Nach Verkündung dieses Beschlusses ist vom Antragsteller oder seinem Verteidiger in der Hauptverhandlung nur noch zu Protokoll zu erklären, welche/n Richter der Antragsteller wegen der Besorgnis der Befangenheit ablehnen möchte. **141**

Die Verkündung des Beschlusses und die Entgegennahme des Ablehnungsantrags sind schnell geschehen. Will sich der Vorsitzende die Zeit dafür dennoch nicht sofort nehmen, weil er beispielsweise am ersten Verhandlungstag der Verlesung des Anklagesatzes oder im weiteren Verlauf der Verhandlung der Vernehmung eines Zeugen oder Sachverständigen den Vorrang geben möchte, kann er die Erteilung des Wortes zur Anbringung des Ablehnungsgesuchs in Ausübung seiner Leitungsbefugnis aus § 238 Abs. 1 StPO innerhalb des Verhandlungstages zurückstellen.[156] Auf diese Weise kann zunächst das geplante Tagesprogramm fortgesetzt und in der Zwischenzeit der Beschluss zur Anordnung der schriftlichen Antragsbegründung nach § 26 Abs. 1 S. 2 StPO vorbereitet werden. **142**

Beispiel: Zurückstellung eines nach § 25 Abs. 1 S. 1 StPO anzubringenden Ablehnungsgesuchs.[157]

Vorsitzendenanordnung

Rechtsanwalt… wird das Wort zur Anbringung eines Ablehnungsgesuchs des Angeklagten derzeit nicht erteilt. Der Verteidiger erhält im Laufe des heutigen Sitzungstages vor Vernehmung des Angeklagten zur Sache Gelegenheit, das Gesuch anzubringen.

Gründe:

Es sollen zunächst die nach § 243 Abs. 1 bis 4 StPO zu Beginn der Hauptverhandlung vorgesehenen Verhandlungsschritte abgewickelt werden.

Die Verteidigung des Angeklagten wird dadurch nicht beeinträchtigt, weil die Zurückstellung des Ablehnungsgesuchs gem. § 238 Abs. 1 StPO eine Präklusion des Ablehnungsrechts ausschließt. Die Zurückstellung innerhalb des Verhandlungstages lässt die Fristen des § 29 Abs. 3 StPO ebenso unberührt wie das allgemeine Gebot der beschleunigten Entscheidung über ein Ablehnungsgesuch. Sie greift auch nicht in die Regelung des § 29 Abs. 2 S. 2 StPO über das eingeschränkte Mitwirkungsrecht des/r Abgelehnten an Entscheidungen ein, weil solche Entscheidungen während der Dauer der Zurückstellung nicht anstehen.

---

[153] zugleich Zeit zur Abfassung der Begründung zuzubilligen ist, vgl. *Schmitt* in Meyer-Goßner/Schmitt StPO § 25 Rn. 8.

[154] Eine Vorsitzendenanordnung reicht nicht, weil das „Gericht" zu entscheiden hat. § 26 Abs. 1 S. 2 StPO ist insoweit § 257a S. 1 StPO nachgebildet.

[155] Hat der Verteidiger die Begründung bereits schriftlich vorbereitet, kann er sie gleich fristwahrend zur Akte reichen.

[156] Vgl. Fn. 128.

[157] Danach muss sich der Antragsteller spätestens vor der Vernehmung des ersten Angeklagten über seine persönlichen Verhältnisse zwecks Anbringung des Gesuchs melden, weil sonst alle vorher eingetretenen und dem Ablehnungsberechtigten bekannten Ablehnungsgründe verwirkt sind, vgl. *Schmitt* in Meyer-Goßner/Schmitt StPO § 25 Rn. 2.

Beispiel: Zurückstellung eines Ablehnungsgesuchs vor oder während der Vernehmung eines Zeugen.
Vorsitzendenanordnung
Rechtsanwalt ... wird das Wort zur Anbringung eines Ablehnungsgesuchs des Angeklagten derzeit nicht erteilt. Der Verteidiger erhält im Laufe des heutigen Sitzungstages nach der Vernehmung des Zeugen ... Gelegenheit, das Gesuch anzubringen.
Gründe:
Es soll zunächst die für den heutigen Tag geplante Vernehmung des geladenen und bereits erschienenen Zeugen fortgesetzt werden.
Die Verteidigung des Angeklagten wird dadurch nicht beeinträchtigt, [weitere Begründung wie im voranstehenden Beispiel].

143 Durch die Zurückstellung „unzeitiger" Ablehnungsgesuche und die Anordnung der schriftlichen Begründung lassen sich Störungen des Verhandlungsablaufs durch Ablehnungsgesuche weitgehend vermeiden.

144 Zu einer Entlastung der Hauptverhandlung von Ablehnungsgesuchen kann schließlich eine möglichst frühe Zustellung der Besetzungsmitteilung nach § 222a Abs. 1 S. 2 StPO aufgrund der Regelung des § 25 Abs. 1 S. 2 StPO beitragen. Danach muss das Ablehnungsgesuch unverzüglich – mithin unter Umständen schon vor Beginn der Hauptverhandlung – angebracht werden, wenn die Besetzung des Gerichts nach § 222a Abs. 1 S. 2 StPO vor Beginn der Hauptverhandlung mitgeteilt worden ist.[158] Da die Verteidigung zur Begründung eines Ablehnungsgesuchs einen „Aufhänger" benötigt, knüpft sie nicht selten an Entscheidungen des Vorsitzenden im Zwischenverfahren (Haftbedingungen, Pflichtverteidigerbeiordnung), Kontakte im Rahmen der Terminabstimmung, vorbereitende Entscheidungen (Eröffnungsbeschluss, Bestellung von Sachverständigen und Dolmetschern) oder andere verhandlungsvorbereitende Maßnahmen wie die Verfügung zur Ladung von Zeugen und Sachverständigen oder die sitzungspolizeilichen Anordnungen an. Wird die Besetzung mitgeteilt und trifft das Gericht in der Zeitspanne zwischen der Besetzungsmitteilung und dem Beginn der Hauptverhandlung keine weiteren Maßnahmen, bleibt für die Verteidigung kaum eine Angriffsfläche für ein zulässiges Ablehnungsgesuch zu Beginn der Hauptverhandlung.

145 Ob die jüngsten Reformen zu einem spürbaren Rückgang rechtsmissbräuchlicher Ablehnungsgesuche führen, bleibt abzuwarten. Stellt sich heraus, dass der Missbrauch des Ablehnungsrechts schon deshalb attraktiv bleibt, weil das Ablehnungsverfahren seine Schwerfälligkeit im weiteren Verlauf nicht verloren hat, sollte de lege ferenda erwogen werden, für das Gros der offensichtlich unbegründeten Ablehnungsgesuche Erleichterungen bei der Bescheidung einzuführen, wenn der Spruchkörper – unter Mitwirkung des abgelehnten Richters – einstimmig zu dieser Einschätzung gelangt.[159]

4. Einwendungen gegen die Gerichtsbesetzung

146 Staatsschutzverfahren weisen eine erhöhte Anfälligkeit für Einwendungen der vorschriftswidrigen Gerichtsbesetzung auf. Dies liegt daran, dass die Verfahren bei Aus- oder Überlastung des an sich zuständigen Spruchkörpers wegen ihres Umfangs nicht selten im Wege einer sog. unterjährigen Änderung der Geschäftsverteilung nach § 21e Abs. 3 GVG umverteilt werden müssen.[160] Bundesverfassungsgericht und Bundesgerichtshof stellen an eine solche Umverteilung im Interesse der Wahrung des grundrechtsgleichen Anspruchs auf Gewährleistung des gesetzlichen Richters jedoch Begründungsanforderungen, die nicht leicht zu erfüllen sind.[161]

147 Die bis Mitte Dezember 2019 geltende Rechtslage, wonach der Besetzungseinwand im Falle seiner Zurückweisung mit der Revision weiter zu verfolgen war, stellte die Haupt-

---
[158] Vgl. *Schmitt* in Meyer-Goßner/Schmitt StPO § 25 Rn. 4a f.
[159] Vgl. Dokumentation zum Strafkammertag 2017, 35 f.
[160] Vgl. *Breidling* in Löwe/Rosenberg GVG § 21e Rn. 46 f.
[161] Vgl. BVerfG NJW 2009, 1734; 2005, 2689; BGH StV 2016, 626; NStZ-RR 2016, 120; NStZ 2016, 124; 2014, 287; 2014, 226; StV 2010, 294.

verhandlung unter das „Damoklesschwert" einer Aufhebung wegen des möglicherweise fehlerhaft besetzten Spruchkörpers. In den Jahren 2015/2016 hob der Bundesgerichtshof zwei Urteile in umfangreichen Staatsschutzverfahren vor dem Oberlandesgericht Düsseldorf wegen vorschriftswidriger Gerichtsbesetzung auf.[162]

Das Gesetz zur Modernisierung des Strafverfahrens vom 10.12.2019[163] hat diese Verfahrensunsicherheit durch ein Vorabentscheidungsverfahren zum Besetzungseinwand (§ 222b Abs. 2 und 3 StPO) entschärft. Damit sollen Urteilsaufhebungen allein wegen vorschriftswidriger Besetzung vermieden werden, um das Strafverfahren von unnötigem Aufwand und Verfahrensverzögerungen zu entlasten.[164] **148**

Rechtstechnisch ist das Vorabentscheidungsverfahren an das Revisionsverfahren angelehnt. Die bereits nach früherem Recht geltenden Form- und Fristvoraussetzungen sowie die Begründungsanforderungen an den Besetzungseinwand gem. § 222b Abs. 2 S. 2 und 3 StPO sind erhalten geblieben.[165] **149**

Neu ist, dass der Besetzungseinwand gem. § 222b Abs. 1 S. 1 StPO innerhalb einer Frist von einer Woche nach Zustellung der Besetzungsmitteilung oder deren Bekanntmachung in der Hauptverhandlung erhoben werden muss. Daher gilt: Je eher die Besetzung vor Beginn der Hauptverhandlung mitgeteilt wird, desto früher kann über einen Besetzungseinwand entschieden werden, unter Umständen schon vor Beginn der Hauptverhandlung. Damit die Hauptverhandlung bis zur Entscheidung über den Besetzungseinwand durch das Rechtsmittelgericht ohne Verzögerung fortgesetzt werden kann, kommt dem Besetzungseinwand keine aufschiebende Wirkung zu.[166] **150**

Rechtsmittelgericht ist bei erstinstanzlicher Zuständigkeit des Landgerichts gem. § 121 Abs. 1 Nr. 4 GVG das Oberlandesgericht, bei erstinstanzlicher Zuständigkeit des Oberlandesgerichts gem. § 135 Abs. 2 Nr. 3 GVG der Bundesgerichtshof. **151**

Zur Wahrung des Beschleunigungsgebots soll die Möglichkeit der Vorabentscheidung nicht dazu führen, dass das Tatgericht mit der Verkündung des Urteils warten muss, bis das Rechtsmittelgericht eine Entscheidung getroffen hat. Wird das Erkenntnisverfahren früher abgeschlossen, bleibt es dem Angeklagten unbenommen, eine potentiell vorschriftswidrige Besetzung mit der Revision zu rügen. Für ein bereits eingeleitetes Vorabentscheidungsverfahren tritt mit der Urteilsverkündung Erledigung ein.[167] **152**

Da es zu der Neuregelung bislang kaum praktische Erfahrungen gibt, lassen sich vorläufig nur einige Empfehlungen zur Handhabung der neuen Vorschriften skizzieren. **153**

Mitteilungen über die Gerichtsbesetzung sollten möglichst früh förmlich an die Verfahrensbeteiligten zugestellt werden,[168] weil die Zustellung (Ausschluss-)Fristen für den Besetzungseinwand (§ 222b Abs. 1 S. 1 StPO) und Ablehnungsgesuche (§ 25 Abs. 1 S. 2 StPO) auslöst. **154**

Wird die Gerichtsbesetzung erst in der Hauptverhandlung mitgeteilt, löst dies grundsätzlich keinen Anspruch auf Unterbrechung der Verhandlung zur Prüfung der Besetzung mehr aus. Die einwöchige Prüfungsfrist läuft vielmehr neben der Hauptverhandlung, es sei denn, die Hauptverhandlung wäre vor Ablauf der Wochenfrist beendet. Ist letzteres absehbar, liegt die Gewährung einer Unterbrechung nach § 222a Abs. 2 StPO im Ermessen des Gerichts. **155**

Eine Unterbrechung der Hauptverhandlung zur Prüfung der Besetzung muss bis zum Beginn der Vernehmung des ersten Angeklagten zur Sache verlangt werden (§ 222a Abs. 2 **156**

---

[162] BGH NStZ 2016, 124; NStZ-RR 2016, 120.
[163] BGBl. 2019 I 2121 ff.
[164] BT-Drs. 19/14747, 29 (Begr. zum Gesetzentwurf).
[165] *Schmitt* in Meyer-Goßner/Schmitt StPO § 222b Rn. 6 f.
[166] BT-Drs. 19/14747, 29 f.
[167] BT-Drs. 19/14747, 30.
[168] Gegenüber dem Angeklagten genügt dazu nach § 145 Abs. 1 u. 3 S. 1 StPO die formlose Mitteilung der Besetzung nebst Unterrichtung über die förmliche Zustellung an den bestellten Verteidiger oder den Wahlverteidiger, dessen Vollmacht sich bei den Akten befindet.

StPO).[169] Möchte die Verteidigung den Antrag am ersten Verhandlungstag schon vorher anbringen, kann der Vorsitzende die Erteilung des Wortes durch Anordnung nach § 238 Abs. 1 StPO auf diesen Zeitpunkt zurückstellen, um die Öffentlichkeit – in landgerichtlichen Verfahren auch die Schöffen – zunächst durch Verlesung des Anklagesatzes über den Verfahrensgegenstand zu informieren.

Beispiel: Zurückstellung eines Unterbrechungsantrages nach § 222a Abs. 2 StPO.

Vorsitzendenanordnung

Rechtsanwalt … wird das Wort zur Anbringung eines Antrags auf Unterbrechung der Hauptverhandlung zur Prüfung der Gerichtsbesetzung derzeit nicht erteilt. Der Verteidiger erhält im Laufe des heutigen Sitzungstages vor Vernehmung des Angeklagten zur Sache Gelegenheit, den Antrag zu stellen.

Gründe:

Es sollen zunächst die nach § 243 Abs. 1 bis 4 StPO zu Beginn der Hauptverhandlung vorgesehenen Verhandlungsschritte abgewickelt werden.

Die Verteidigung erhält innerhalb der Frist des § 222a Abs. 2 StPO Gelegenheit, den Unterbrechungsantrag anzubringen. Die ordnungsgemäße Verteidigung des Angeklagten wird hierdurch nicht beeinträchtigt.

157 Möchte die Verteidigung den Besetzungseinwand nach Ablauf der einwöchigen Prüfungsfrist in der Hauptverhandlung zu einem Zeitpunkt anbringen, für den bereits die Vernehmung erschienener Zeugen oder Sachverständiger geplant ist, kann die Erteilung des Wortes zur Anbringung des Besetzungseinwandes durch Vorsitzendenanordnung nach § 238 Abs. 1 StPO zurückgestellt werden, bis der Zeuge oder Sachverständige vernommen ist.[170]

158 Ergibt die Nachfrage, dass der Verteidiger zu dem Besetzungseinwand eine vielseitige Begründung vortragen möchte, kann ihm das Gericht durch Beschluss nach § 257a S. 1 StPO aufgeben, den Einwand schriftlich anzubringen.[171]

Beispiel: Anordnung schriftlicher Antragstellung.

Gerichtsbeschluss

Rechtsanwalt … wird gem. § 257a StPO aufgegeben, den Besetzungseinwand schriftlich anzubringen.

Gründe:

Der schriftlich vorbereitete Besetzungseinwand umfasst nach Auskunft des Verteidigers … Seiten. Die Verlesung würde geraume Zeit in Anspruch nehmen und den Fortgang der Hauptverhandlung nicht unbeträchtlich verzögern.

159 Nach Anbringung des Besetzungseinwandes ist den übrigen Verfahrensbeteiligten rechtliches Gehör zu gewähren (§ 33 StPO).

160 Das Tatgericht prüft den Einwand sodann zunächst selbst. Dabei prüft es im Rahmen der Zulässigkeit, ob der Einwand rechtzeitig[172] und in der richtigen Form[173] erhoben ist und den Begründungserfordernissen genügt.[174] Bejaht das Tatgericht diese Voraussetzungen, prüft es anschließend, ob der Einwand begründet ist. Dies geschieht freibeweislich anhand der Besetzungsunterlagen und bei Bedarf durch Einholung dienstlicher Stellungnahmen

---

[169] Im Gang der Hauptverhandlung liegt dieser Zeitpunkt nach der Verlesung der Anklageschrift und der Mitteilung des Vorsitzenden, ob Erörterungen nach §§ 202a, 212 StPO stattgefunden haben, vgl. § 243 Abs. 3–5 StPO.

[170] Vgl. Fn. 128.

[171] Der schriftlich angebrachte Einwand muss gem. § 257a S. 3 StPO urkundlich erhoben werden. Dazu empfiehlt sich das Selbstleseverfahren nach § 249 Abs. 2 StPO. Mit Einverständnis der Verfahrensbeteiligten ist auch eine Erhebung durch Bericht des Vorsitzenden statthaft, vgl. *Stuckenberg* in Löwe/Rosenberg StPO § 257a Rn. 22 mwN.

[172] Innerhalb einer Woche nach Zustellung der Besetzungsmitteilung oder, soweit eine Zustellung nicht erfolgt ist, nach Bekanntmachung der Besetzung in der Hauptverhandlung, § 222b Abs. 1 S. 1 StPO.

[173] Bei Anbringung außerhalb der Hauptverhandlung zu Protokoll der Geschäftsstelle oder durch Schrift eines Verteidigers oder Rechtsanwalts, §§ 222b Abs. 1 S. 4, 345 Abs. 2, 390 Abs. 2 StPO.

[174] Die Begründungsanforderungen nach § 222b Abs. 1 S. 2 StPO entsprechen im Wesentlichen den Rügevoraussetzungen des § 344 Abs. 2 S. 2 StPO, vgl. *Schmitt* in Meyer-Goßner/Schmitt StPO § 222b Rn. 6.

oder eines ergänzenden Präsidiumsbeschlusses zur Dokumentation der Gründe einer Änderung der Geschäftsverteilung.[175]

Die Entscheidung über den Besetzungseinwand trifft das Tatgericht gem. § 222b Abs. 2 S. 1 StPO stets in der für Entscheidungen außerhalb der Hauptverhandlung vorgeschriebenen Besetzung, also beim Landgericht in Dreierbesetzung ohne Schöffen, beim Oberlandesgericht in Dreierbesetzung.[176]

Hält das Tatgericht den Einwand für zulässig und begründet, stellt es durch Beschluss fest, dass das Gericht nicht vorschriftsmäßig besetzt ist (§ 222b Abs. 2 S. 2 StPO). Damit ist die Hauptverhandlung ohne Weiteres beendet und hat in richtiger Besetzung von neuem zu beginnen.[177]

Hält das Tatgericht den Einwand für nicht begründet, legt es ihn vor Ablauf von drei Tagen dem Rechtsmittelgericht zur Entscheidung vor (§ 222b Abs. 3 S. 1 StPO).[178] Der Vorlagebeschluss dürfte dem Rechtsgedanken des § 34 StPO folgend anhand des relevanten Sachverhalts zu begründen sein.[179]

Das Rechtsmittelgericht gibt den Verfahrensbeteiligten Gelegenheit, zu der Entscheidung des Tatgerichts Stellung zu nehmen und trifft seine Entscheidung sodann ohne mündliche Verhandlung (§ 222b Abs. 3 S. 2, 3 StPO).

C. Perspektiven

Die erstinstanzlichen Staatsschutzverfahren lassen sich mit der bestehenden Verteilung der Zuständigkeit auf Amts-, Land- und Oberlandesgerichte sowie der Spezialisierung infolge der Zuständigkeitskonzentration auf den Ebenen der Land- und Oberlandesgerichte in aller Regel gut bewältigen.

Im Verhältnis der Amts- und Landgerichte sollte erwogen werden, den Zuständigkeitskatalog der Staatsschutzkammern zu erweitern, um beispielsweise gefährliche Formen der Volksverhetzung mit Breitenwirkung infolge der Nutzung des Internets ihrer Bedeutung entsprechend angemessener zu verfolgen und die Sachkunde der Staatsschutzkammern stärker zu nutzen.[180]

Zumindest in den großen Strafkammern der Landgerichte ist die Beteiligung von Schöffen als „Laienrichter" mit den fachlichen Anforderungen an das Strafverfahren schwerlich zu vereinbaren. Sie sollte daher aufgegeben und die dadurch ersparten Mittel zur Stärkung der professionellen Justiz eingesetzt werden.[181] Die Erfahrungen aus den erstinstanzlichen Verfahren vor den Oberlandesgerichten belegen eindrücklich die Entbehrlichkeit der Schöffen.

Auf der Ebene der Bundesgerichtsbarkeit sollte erwogen werden, die Konstruktion der Organleihe mit einer Verteilung auf gegenwärtig elf Oberlandesgerichte durch die Vernetzung weniger Standorte zu einem Bundesstaatsschutzgericht zu ersetzen. Dies würde eine Vereinheitlichung und Beschleunigung der Verfahren an der Schnittstelle zwischen Ermittlungs- und Erkenntnisverfahren, einen engeren Austausch der Fachsenate und einen höheren Grad der Spezialisierung ermöglichen (→ Rn. 11–15).

---

[175] Vgl. *Gmel* in KK-StPO § 222b Rn. 12.
[176] *Schmitt* in Meyer-Goßner/Schmitt StPO § 222b Rn. 9.
[177] *Gmel* in KK-StPO 222a Rn. 16.
[178] Die Vorlagepflicht entfällt, wenn die Hauptverhandlung innerhalb der Vorlagefrist durch Verkündung des Urteils beendet wird, vgl. BT-Drs. 19/14747, 31.
[179] *Schmitt* in Meyer-Goßner/Schmitt StPO § 222b Rn. 11, 13.
[180] Vgl. → Rn. 2, 5 und die entsprechende Empfehlung im Abschlussbericht der Reg.-Kommission „Mehr Sicherheit für NRW" 2020, S. 100 (im Folgenden: Abschlussbericht der Bosbach-Kommission 2020).
[181] Vgl. → Rn. 4 und den Abschlussbericht der Bosbach-Kommission 2020, S. 100 f. Der „Zugang der Bürger zum Beratungszimmer" eignet sich in den komplexen und häufig von sachverständiger Beratung begleiteten Verfahren auch nicht dazu, die Transparenz und Akzeptanz der Strafprozesse in der Bevölkerung zu fördern.

169 Die Zuständigkeit der Staatsschutzsenate für Nachtragsentscheidungen bei den von ihnen erlassenen Urteilen nach § 462 Abs. 5 StPO sollte auf ihre Urteile gegen Jugendliche erweitert werden (→ Rn. 21 f.).

170 Reformbedarf besteht im Bereich der Ordnungsmittel. Hier sollte die Abwehr eines „contempt of court" vonseiten der Verteidigung durch Ahndung mit den Ordnungsmitteln einer vorübergehenden Entfernung des Verteidigers aus dem Sitzungssaal bis zu seiner Zurückweisung für das jeweilige Verfahren unter Auferlegung dadurch verursachter Kosten gesetzlich geregelt werden (→ Rn. 107–112).

171 Zum Verfahrensablauf haben sich aus dem Gesetz zur effektiveren und praxistauglicheren Ausgestaltung des Strafverfahrens vom 17.8.2017 und dem Gesetz zur Modernisierung des Strafverfahrens vom 10.12.2019 schon einige Erleichterungen ergeben. Diese Bemühungen gilt es fortzusetzen:

172 Dem nicht nur in Staatsschutzverfahren verbreiteten Missbrauch des Fragerechts sollten engere Grenzen gezogen werden, indem der in § 241 Abs. 1 StPO für das Kreuzverhör geregelte Entzug des Fragerechts auf das Fragerecht in § 240 Abs. 2 StPO ausgedehnt wird.[182]

173 Missbräuchlichen Anträgen auf Sachverständigenbeweis müssen die Gerichte häufig nachgehen, obwohl mit Händen zu greifen ist, dass der Sachverständige die behauptete Tatsache nicht bestätigen wird. Die aktuelle gesetzliche Regelung in § 244 Abs. 4 S. 1 StPO ist unzureichend, weil das Gericht die eigene Sachkunde zu dieser Beurteilung häufig nicht darzulegen vermag und den Antrag infolgedessen nicht ablehnen kann. § 244 Abs. 4 S. 1 StPO sollte daher in dem Sinne erweitert werden, dass der Antrag auf Vernehmung eines Sachverständigen auch dann abgelehnt werden kann, wenn eine freibeweisliche Prüfung – etwa durch Einholung einer schriftlichen Auskunft eines Sachverständigen – ergibt, dass der Sachverständige die Beweisbehauptung nicht bestätigen können wird.[183]

174 Mit Blick auf die Schwierigkeiten der Ladung von Auslandszeugen sollte deren audiovisuelle Vernehmung auch ohne Zustimmung der Verfahrensbeteiligten ermöglicht werden (→ Rn. 77).

175 Machen Zeugen in der Hauptverhandlung berechtigt von ihrem Auskunftsverweigerungsrecht nach § 55 StPO Gebrauch, müssen ihre in polizeilichen Vernehmungsprotokollen dokumentierten früheren Angaben über die Vernehmungsbeamten als Zeugen erhoben werden, wenn die Verfahrensbeteiligten einer Verlesung der Vernehmungsprotokolle nach § 251 Abs. 1 Nr. 1 StPO nicht zustimmen. Entsprechendes gilt, wenn etwa bei einer sog. Aussage-gegen-Aussage-Situation über die Vernehmung eines Zeugen in der Hauptverhandlung hinaus auch die Entstehung und Entwicklung seiner früheren Angaben in polizeilichen Vernehmungen aufzuklären sind.[184] In beiden Fällen wie etwa auch bei Zeugenfragebögen und Strafanzeigen in gleichgelagerten Massenverfahren sollte die Beweiserhebung durch Verlesung der Vernehmungsprotokolle, Zeugenfragebögen und Strafanzeigen ermöglicht werden. Sie eignen sich regelmäßig besser zur Aufklärung der früheren Angaben der Zeugen als das Zeugnis der vernehmenden Polizeibeamten, die sich aufgrund des Zeitablaufs zumeist allenfalls aufgrund erneuter Lektüre der Vernehmungsprotokolle oder deren Vorhalt durch den Vorsitzenden leidlich an die Vernehmungsinhalte erinnern.[185]

176 Das Zeugnisverweigerungsrecht der Verlobten aus § 52 Abs. 1 Nr. 1 StPO wird vielfach durch missbräuchliche Berufung auf ein angeblich bestehendes oder unmittelbar vor der Vernehmung begründetes Verlöbnis in Anspruch genommen. Es führt außerdem zu einer

---

[182] Formulierungsvorschlag § 242 Abs. 2 S. 2 StPO: *Im Fall des § 240 Abs. 2 kann der Vorsitzende das Fragerecht entziehen, wenn er bei dessen Missbrauch durch eine mit Gründen versehene Ankündigung auf diese Möglichkeit hingewiesen hat und der Befragende sein Fragerecht danach weiter missbraucht.*

[183] Formulierungsvorschlag § 244 Abs. 4 S. 1 StPO: *Ein Beweisantrag auf Vernehmung eines Sachverständigen kann … auch abgelehnt werden, wenn das Gericht selbst die erforderliche Sachkunde besitzt oder eine freibeweisliche Befragung des Sachverständigen ergibt, dass er die behauptete Tatsache nicht bestätigen können wird.*

[184] Vgl. BGH StV 2017, 367 (368); NStZ 2002, 656 (657).

[185] Vgl. Abschlussbericht der Bosbach-Kommission 2020, 101 f.; Dokumentation zum Strafkammertag 2017, 41.

Ungleichbehandlung gegenüber Partnern einer langjährigen Lebensbeziehung, die keine Heirat beabsichtigen. Deshalb sollte die Vorschrift ersatzlos gestrichen werden.[186]

§ 44 Besonderheiten der internationalen Rechtshilfe in Strafsachen mit Staatsschutzbezug

Nikolaos Gazeas

Übersicht

	Rn.
A. Einführung	1
I. Überblick	1
II. Begriff und Rechtsquellen des Rechtshilferechts	3
III. Abgrenzung der Rechtshilfe von der internationalen Zusammenarbeit anderer Sicherheitsbehörden	8
1. Abgrenzung zur polizeilichen Zusammenarbeit	8
2. Abgrenzung zur internationalen Zusammenarbeit der Nachrichten- und Geheimdienste	11
B. Besonderheiten der Rechtshilfe in Strafverfahren mit Staatsschutzbezug	12
I. Politische Straftat	12
1. Allgemeines	12
2. Begriffsdefinition	15
3. Zusammenhangstat	23
4. Politische Straftat nach Art. 3 EuAlÜbk	26
5. Europäischer Haftbefehl	31
II. Politische Verfolgung	32
1. Begriffsbestimmung, verfassungs- und völkerrechtliche Verbindungen	32
2. Verfolgung, Bestrafung oder Lageerschwerung	38
3. Verfolgungsprognose: „Ernstliche Gründe für die Annahme"	41
4. Asylrelevante Merkmale: Rasse, Religion, Staatsangehörigkeit, Zugehörigkeit zu einer bestimmten sozialen Gruppe und politische Anschauungen	42
5. Besonderheiten bei Europäischem Haftbefehl?	50
6. Grundsatz der Spezialität und Zusicherungen	53
7. Verfahrensfragen, Prüfkompetenz und Prüfpflicht	54
8. Auslieferungshindernis in bi- und multilateralen Auslieferungsverträgen	60
III. Sonstige Rechtshilfe bei politischer Straftat und politischer Verfolgung	61
IV. Besonderheiten bei Terrorismusstraftaten – keine politische Tat	63
1. Europäisches Übereinkommen zur Bekämpfung des Terrorismus vom 27.1.1977 (EuTerrÜbk) und Zusatzprotokoll hierzu vom 15.5.2003 (ZP-EuTerrÜbk)	64
2. Weitere Übereinkommen gegen den Terrorismus	73
V. Militärische Straftat	74
VI. Verweigerung von Rechtshilfe wegen Staatsschutz- und Sicherheitsinteressen	87
VII. Der deutsche ordre public-Vorbehalt	91
VIII. Besonderheiten bei Interpol im Bereich politischer Taten	92
C. Rechtsschutz	93
D. Perspektiven	94

Wichtige Literatur:
Ahlbrecht, H./Böhm, K. M./Esser, R./Eckelmans, F., Internationales Strafrecht, 2. Aufl. 2018; *Ambos, K./König, S./Rackow, P.,* Rechtshilferecht in Strafsachen, 2. Aufl. 2020; *Bartsch, H.-J.,* Das Europäische Übereinkom-

---

[186] Vgl. Abschlussbericht der Bosbach-Kommission 2020, 100; Dokumentation zum Strafkammertag 2017, 41.

men zur Bekämpfung des Terrorismus, NJW 1977, 1985; *Bassiouni, M. C.*, International Extradition, 6. Aufl. 2014; *Böhm, K. M.*, Aktuelle Entwicklungen im Auslieferungsrecht, NStZ 2019, 256; *Böse, M./Bröcker, M./Schneider, A.*, Rechtsschutz in der internationalen Rechtshilfe in Strafsachen – Defizite und Reformbedarf, JZ 2021, 81; *Bubnoff, E.*, Auslieferung, Verfolgungsübernahme, Vollstreckungshilfe: Ein Handbuch für die Praxis, 1988; *Büge, J.*, Asylrechtlicher Prognosemaßstab bei kollektiver Verfolgungslage, NVwZ 1997, 664; *Fahrner, M.*, Handbuch Internationale Ermittlungen, 2020; *Gazeas, N.*, Zusicherungen im Auslieferungsverkehr innerhalb der Europäischen Union, GA 2018, 277; *Gazeas, N.*, Längst überfällig – das Rechtshilferecht muss reformiert werden!, Editoria StV 9/2019, I; *Gottlieb, Y.*, Article 3 of Interpol's Constitution FJIL 23 (2011), 135; *Grützner, H./Pötz, P.-G./Kreß, C./Gazeas, N.*, Internationaler Rechtshilfeverkehr in Strafsachen, Loseblatt, 3. Aufl. Stand: 52. Lfg. Oktober 2021; *Kimminich, O.*, Asylrecht und Auslieferungspflicht. Zugleich Anmerkung zu BVerfG JZ 1980, 24, JZ 1980, 174; *Lagodny, O.*, Auslieferung trotz Flüchtlings- oder Asylanerkennung? Gutachten im Auftrag von amnesty international, 2008; *Lagodny, O.*, Die Rechtsstellung des Auszuliefernden in der Bundesrepublik Deutschland, 1987; *Linke, R.*, Das Europäische Übereinkommen zur Bekämpfung des Terrorismus, ÖJZ 1977, 225; *Lüttger, H.*, Internationale Rechtshilfe in Staatsschutzverfahren?, GA 1960, 33; *Meyer, H.*, Die Einlieferung. Eine rechtsvergleichende Abhandlung unter Berücksichtigung des materiellen Auslieferungsrechts und der deutschen Rechtsprechung in Auslieferungssachen bis zum Jahre 1953 mit Übersetzungen der neuesten Abkommensentwürfe, 1953; *Parlamentarischer Rat*, Verhandlungen des Hauptausschusses, Stenographischer Bericht, 74. Sitzung vom 19.1.1949; *Pötz, P.-G.*, Die Auslieferung wegen militärischer Straftaten, Landesbericht und Generalbericht, IV. Internationaler Kongreß für Militärstrafrecht und Kriegsrecht, Madrid 9.–12.5.1967, in Recueils de la Societa Internationale de Droit Penal Militaire et de Guerre 1969 Band 2, S. 55 ff., 105 ff.; *Rohlff, D.*, Der Europäische Haftbefehl, 2003; *Rothkegel, R.*, Anforderungen aus Art. 16 II 2 GG an die Tatsachenfeststellung in Asylverfahren, NVwZ 1990, 717; *Schomburg, W.*, Neuere Entwicklungen im Recht der internationalen Rechtshilfe in Strafsachen, StV 1994, 393; *Schomburg, W./Lagodny, O.*, Internationale Rechtshilfe in Strafsachen, 6. Aufl. 2020; *Sieber, U./Satzger, H./v. Heintschel-Heinegg, B.*, Europäisches Strafrecht, 2. Aufl. 2014; *Stein, T.*, Die europäische Konvention zur Bekämpfung des Terrorismus, ZaöRV 37 (1977), 668; *Stein, T.*, Die Auslieferungsausnahme bei politischen Delikten, 1983; *Swart, B.*, Refusal of Extradition and the United Nations Model Treaty on Extradition, Netherlands Yearbook of International Law 1992, 175; *Triffterer, O.*, Commentary on the Rome Statute of the International Criminal Court, 2. Aufl. 2008; *Vogel, J.*, Abschaffung der Auslieferung? Kritische Anmerkungen zur Reform des Auslieferungsrechts in der Europäischen Union, JZ 2001, 937; *Weides, P./Zimmermann, P.*, Neubestimmung des politischen Charakters einer Verfolgung im Sinne des Art. 16 Abs. 2 S. 2 GG. Anmerkungen zu dem Beschluss des BVerfG vom 10.7.1989 – 2 BvR 502/86, DVBl 1990, 410; *Wolff, H. A.*, Die verfassungsrechtlichen Auslieferungsverbote, StV 2004, 154.

Hinweis:
Alle Internetfundstellen wurden zuletzt am 30.3.2022 abgerufen.

A. Einführung

I. Überblick

1 Die internationale Rechtshilfe in Strafsachen ist als ein vielschichtiger, komplexer, amorpher und sich dynamisch wandelnder Bereich zu beschreiben.[1] Das Rechtshilferecht, unter dessen Begriff auch das Auslieferungsrecht fällt, ist eine anspruchsvolle Spezialmaterie, in der Verfassungsrecht, einfaches Recht, Völkerrecht, Unionsrecht und ausländisches Recht zusammenwirken. Es spielt freilich auch im Staatsschutzstrafrecht eine Rolle. Letztlich kann es überall dort zum Tragen kommen, wo im Kontext eines Strafverfahrens ein Auslandsbezug besteht. Dies gilt nicht nur für den Bereich der Auslieferung, sondern letztlich auch dann, wenn ein Zeuge im Ausland ansässig ist und seine Vernehmung in einer Hauptverhandlung in Deutschland erforderlich ist. Diese Frage wirft beispielsweise bei Fällen mit Staatsschutzbezug keine Besonderheiten auf. Sie wird vorliegend daher auch nicht behandelt. Dieser Beitrag befasst sich allein mit Besonderheiten der Rechtshilfe *in Strafsachen mit Staatsschutzbezug,* nicht hingegen mit dem darüber hinausgehenden Bereich der internationalen Zusammenarbeit in der übergreifenden internationalen Sicherheitsarchitektur. Für einen allgemeinen Überblick über die Grundlagen, Funktion und Arbeitsweise der internationalen Rechtshilfe in Strafsachen wird auf die einschlägige Literatur verwiesen.[2]

---

[1] Vgl. *Vogel/Burchard* in GPKG Int. Rechtshilfeverkehr Vor § 1 Rn. 3.
[2] S. insbesondere *Vogel/Burchard* in GPKG Int. Rechtshilfeverkehr Vor § 1 (eingehende 259seitige Einführung in das Rechtshilferecht mwN); *Schomburg/Lagodny* Einleitung; *Böhm/Albrecht* in ABEE Int. StrafR

A. Einführung § 44

Der Beitrag geht nach einer kurzen Befassung mit dem Begriff und den Rechtsquellen 2
des Rechtshilferechts (→ Rn. 3 ff.) und einer Abgrenzung zur polizeilichen Zusammenarbeit und derjenigen der Nachrichten- und Geheimdienste (→ Rn. 8 ff. und → Rn. 11) auf die Besonderheiten des Rechtshilferechts ein, die bei Strafsachen mit Staatsschutzbezug vorkommen. Eine der Hauptfragen ist dabei, wann und inwieweit politische Taten (→ Rn. 12 ff.) und militärische Taten (→ Rn. 74 ff. vorliegen, die eine Auslieferung unzulässig machen. Ein weiterer – in der Praxis noch relevanterer – Bereich ist das Auslieferungshindernis der politischen Verfolgung (→ Rn. 32 ff.). Wie im materiellen Strafrecht spielen Terrorismusstraftaten auch im Auslieferungsrecht eine zentrale Rolle und führen zu Besonderheiten im Hinblick auf das Auslieferungshindernis der politischen Taten (→ Rn. 63 ff.). Auch jenseits des Bereichs der Auslieferung (sog. „große Rechtshilfe) kommen Fälle vor, in denen der ersuchte Staat im Wege der sonstigen Rechtshilfe (sog. „kleine Rechtshilfe") um die Herausgabe von Beweismitteln ersucht wird, dies jedoch aus Gründen des Staatswohls oder der Sicherheitsinteressen (der Bundesrepublik Deutschland) nicht erfolgen soll. Inwieweit die Gewährung von Rechtshilfe in solchen Fällen abgelehnt werden kann, wird ebenso erörtert (→ Rn. 87 ff.). Schließlich wird kurz auf die Besonderheiten bei Interpol im Staatsschutzkontext eingegangen (→ Rn. 92).

II. Begriff und Rechtsquellen des Rechtshilferechts

Unter dem **Begriff der Rechtshilfe** versteht man die internationale Rechtshilfe in Strafsa- 3
chen. Er ist der Oberbegriff für die Auslieferung und die sonstige Rechtshilfe sowie die Vollstreckungshilfe (letztere kann vorliegend außer Betracht bleiben).

Die **Quellen** des Rechts der internationalen Rechtshilfe in Strafsachen sind vielfältig.[3] 4
Grob können sie in folgende Rubriken eingeteilt werden:
- Originär deutsches Recht[4] (hier insbesondere das IRG[5] und das Grundgesetz),
- Völkerrecht (nebst deutschem „Umsetzungsrecht"),
- EU-Recht sowie
- Ausländisches Recht (sog. Fremdrecht).[6]

Untergesetzlich ist auf die Richtlinien für den Verkehr mit dem Ausland in strafrecht- 5
lichen Angelegenheiten (RiVASt) zu verweisen. Schon diese Vielschichtigkeit der Rechtsquellen deutet die Komplexität des Rechtshilferechts an. Nicht selten muss das in einem konkreten Fall anwendbare Recht zunächst aufwendig „zusammengesucht" werden. Der als Anhang II in den RiVASt enthaltene Länderteil ist hierbei eine wertvolle **Arbeitshilfe.**[7] Er enthält (leider nicht immer aktuell) die zu beachtenden Rechtsgrundlagen für den internationalen Rechtshilfeverkehr mit den jeweiligen ausländischen Staaten.

Was für eine Art der internationalen Zusammenarbeit vorliegt, wird nicht immer auf den 6
ersten Blick messerscharf deutlich. Grund hierfür ist unter anderem, dass die europäische wie auch die internationale Kriminalitätsbekämpfung – insbesondere im Bereich des Terrorismus und der organisierten Kriminalität – regelmäßig holistische Bekämpfungsansätze verfolgt.[8] Diese haben im Kern regelmäßig zum Ziel, die Zusammenarbeit der einzelnen

---

192 ff.; *Ambos/Gronke* in NK-RechtshilfeR, 1. Haupttteil Grundlagen; *Fahrner,* InTErmittlungen-HdB §§ 11–14, jeweils mwN.
[3] S. dazu im einzelnen *Vogel/Burchard* in GPKG Int. Rechtshilfeverkehr Vor § 1 Rn. 156–182.
[4] Das deutsche Rechtshilferecht ist dringend reformbedürftig (s. dazu nur → Rn. 94) und dürfte in absehbarer Zeit einer Generalrevision unterzogen werden. Gegenwärtig ist eine 2021 eingesetzte Expertenkommission im BMJ damit befasst.
[5] Gesetz über die internationale Rechtshilfe in Strafsachen (IRG).
[6] S. nur *Vogel/Burchard* in GPKG Int. Rechtshilfeverkehr Vor § 1 Rn. 156.
[7] Die Übersichten zu den einzelnen Ländern sind auf der Homepage des BMJ in der jeweils aktuellen Fassung abrufbar, https://bit.ly/3KRKiTo (Stand: 1.12.2021).
[8] S. exemplarisch nur auf EU-Ebene Rahmenbeschluss 2008/841/JI zur Bekämpfung der organisierten Kriminalität v. 24.10.2018, ABl. 2008 L 300, 42, und RL (EU) 2017/541 des Europäischen Parlaments und des Rates vom 15.3.2017 zur Terrorismusbekämpfung und zur Ersetzung des Rahmenbeschlusses

nationalen Akteure zu verbessern. Ein weiterer Grund dafür ist, dass die jeweils agierenden Behörden sich an dem von ihnen verfolgten Ziel orientieren und verständlicherweise nicht primär in den rechtlichen Kategorien denken müssen.

7 Auf der Ebene der EU sind unabhängig von einzelnen Kriminalitätsfeldern EU-Institutionen wie **Europol**[9], **Eurojust**[10] und das **Europäische Justizielle Netz** (EJN)[11] geschaffen worden. Europol ist eine Agentur der Europäischen Union, die auf Grundlage des Europol-Übereinkommens vom 26.7.1995 als internationale Organisation errichtet worden ist. Europol verfolgt das Ziel, die nationalen Behörden der Mitgliedstaaten bei Prävention von Terrorismus, organisierter Kriminalität und anderen Formen schwerer Kriminalität zu unterstützen.[12] **Interpol**[13] wiederum ist eine zwischenstaatliche Organisation, deren Kernaufgabe die Vermittlung von Fahndungsersuchen und die Sammlung kriminalpolizeilicher Daten ist.[14]

III. Abgrenzung der Rechtshilfe von der internationalen Zusammenarbeit anderer Sicherheitsbehörden

1. Abgrenzung zur polizeilichen Zusammenarbeit

8 Auch der Informationsaustausch zwischen Polizeibehörden zum Zwecke der Gefahrenabwehr unterfällt nicht der Rechtshilfe. Es fehlt an der internationalen Zusammenarbeit in einer Strafsache. Das Verhältnis der polizeilichen zur justiziellen Rechtshilfe kann indes problematisch werden.[15] Zu einem Nebeneinander von Kompetenzen kann es nur dann kommen, wenn originäre Kompetenzen der Polizei im präventiven Bereich im Rahmen der Verhinderung von Straftaten im Raum stehen. Besitzen die Maßnahmen nur deshalb auch präventiven Charakter, weil der Betroffene durch eine Festnahme „aus dem Verkehr gezogen" wird und weitere Straftaten nicht begehen kann, ist das Vorgehen der Polizei nach hergebrachten Grundsätzen bereits ausschließlich strafprozessualer Natur.[16] Die Differenzierung, ob die Polizei bei doppelfunktionalem Handeln sich nach Polizeirecht oder Straf(prozess)recht und damit nach dem Rechtshilferecht zu richten hat, erfolgt letztlich genau so wie im deutschen Recht. Relevant wird die Frage insbesondere bei der Datenübermittlung durch die Polizei an ausländische Stellen.

9 Zu beachten ist jedoch, dass die **internationale polizeiliche Zusammenarbeit in Strafsachen** keine Zusammenarbeit im Wege der *Amts*hilfe ist, sondern Teil der internationalen *Rechts*hilfe in Strafsachen. In der Folge ist die internationale Zusammenarbeit von Polizeibehörden bei der Strafverfolgung an das Recht der internationalen Rechtshilfe in Strafsachen gebunden.[17] Dies macht auch Nr. 122 RiVASt deutlich, welche die Anwendbarkeit der Richtlinien für den Verkehr mit dem Ausland in strafrechtlichen Angelegenheiten (RiVASt) ausdrücklich auch für den Rechtshilfeverkehr der Polizeibehörden festschreibt. Dies gilt grundsätzlich auch innerhalb der Europäischen Union.[18]

10 Die bestehenden Regelungen zur internationalen Rechtshilfe in Strafsachen dürfen, auch wenn sie aus polizeilicher Sicht zuweilen als sperrig, ineffizient, zu aufwendig und Ähnliches

---

2002/475/JI des Rates und zur Änderung des Beschlusses 2005/671/JI des Rates, ABl. 2017 L 88, 6 sowie „Die Europäische Sicherheitsagenda", COM(2015) 185 final.
[9] S. dazu eingehend mwN *Schamberg* in GPKG Int. Rechtshilfeverkehr Teil III B 3–3.3 (Europol); *Ahlbrecht* in ABEE Int. StrafR 548 ff.; *Gleß/Wahl* in Schomburg/Lagodny III D 4 (Europol).
[10] S. dazu *Ahlbrecht* in ABEE Int. StrafR 554 ff.; *Herrnfeld/Launhardt* in Schomburg/Lagodny III D 3-3c (Eurojust).
[11] S. dazu *Ahlbrecht* in ABEE Int. StrafR 552 f.; *Schierholt* in Schomburg/Lagodny III D 2. (EJN-Beschluss)
[12] *Schamberg* in GPKG Teil III B 3 Rn. 1.
[13] S. dazu eingehend mwN *Schamberg* in GPKG Teil III B 1 (Interpol).
[14] *Schamberg* in GPKG Teil III B 1 Rn. 1.
[15] S. dazu *Schomburg/Lagodny* Einl. Rn. 261.
[16] Vgl. BGH Beschl. v. 26.4.2017 – 2 StR 247/17; *Schomburg/Lagodny* Einl. Rn. 261.
[17] *Vogel/Burchard* in GPKG Int. Rechtshilfeverkehr Vor § 1 Rn. 62.
[18] *Vogel/Burchard* in GPKG Int. Rechtshilfeverkehr Vor § 1 Rn. 62.

empfunden werden, nicht umgangen werden, wenn es sich in der Sache materiell um eine Strafsache und prozedural um Strafverfolgung handelt. Auch darf nicht suggeriert werden, dass eine Bindung an die Regelungen zur internationalen Rechtshilfe in Strafsachen nicht besteht. So ist die zuweilen geübte Praxis von Staatsanwaltschaften und Polizei, über ein deutsches Amtsgericht Durchsuchungsbeschlüsse (in der Regel nach § 103 StPO) für Durchsuchungsobjekte im (auch außereuropäischen) Ausland zu erwirken und diese dem Unternehmen oder der Einzelperson im Ausland mit dem Hinweis zu übermitteln, man würde dort autark durchsuchen, ebenso unzulässig wie der damit verbundene Hinweis, das im Ausland ansässige Unternehmen sei auf dieser Grundlage eines deutschen Durchsuchungsbeschlusses zur Herausgabe von (oft Daten auf Cloud-Servern, die sich in dem betreffenden ausländischen Staat befinden) verpflichtet. Ziel ist meist, eine kooperative Mitwirkung des ausländischen Unternehmens zu erreichen, das die gewünschten Daten seiner Kunden (von Bestands- über Verkehrs- bis hin zu Inhaltsdaten und damit die gespeicherten Daten selbst) einfach durch Übersendung an die deutschen Polizeidienststellen oder Staatsanwaltschaften herausgeben sollen. Neben vielen Sonderfragen, die diese Fälle aufwerfen, ist jedenfalls in Fällen, in denen keine verbindliche Vereinbarung mit dem jeweiligen ausländischen Staat darüber besteht, dass deutsche Stellen eigenständig und unmittelbar im Ausland an Personen und Unternehmen herantreten dürfen, ein solches Vorgehen rechtswidrig. Er verletzt die Souveränitätsrechte des ausländischen Staates und kann nicht nur zu diplomatischen Verstimmungen führen. Die Ausübung hoheitlicher Befugnisse eines fremden Staates auf dem Territorium eines anderen Staates ist in einigen Staaten eine Straftat. Auch in diesen Fällen wird der – zwingend vorgesehene – Rechtshilfeweg umgangen bzw. suggeriert, er müsse durch die deutschen Stellen nicht beschritten werden.

2. Abgrenzung zur internationalen Zusammenarbeit der Nachrichten- und Geheimdienste

Die Abgrenzung der Rechtshilfe zur Zusammenarbeit der Nachrichten- und Geheim- 11 dienste ist recht trivial: In diesen Fällen sind die Akteure keine Justizbehörden. Zudem liegt keine Strafsache vor, in der Rechtshilfe geleistet werden könnte. Selbst wenn ein deutscher Nachrichtendient über einen ausländischen Partnerdienst Erkenntnisse einholt, die in der Bundesrepublik Eingang in ein deutsches Strafverfahren nehmen sollen, liegt kein Fall von Rechtshilfe in Strafsachen vor, weil die Akteure keine Justizbehörden sind. Jeglicher Informationsaustausch der Nachrichtendienste mit ausländischen Stellen jenseits von Strafverfahren unterfällt nicht der Rechtshilfe. Für Datenübermittlungen zwischen Nachrichtendiensten – auch mit Auslandsbezug – sind die entsprechenden Regelungen vorwiegend in den Nachrichtendienstgesetzen *sedes materiae* (→ § 29 Rn. 46 ff., 70 ff., 86 ff., 92 ff.).

B. Besonderheiten der Rechtshilfe in Strafverfahren mit Staatsschutzbezug

I. Politische Straftat

1. Allgemeines

Eine allgemeine Regel des Völkerrechts, welche die Auslieferung bei politischen Taten 12 verbieten würde, existiert nicht.[19]

Indes ergibt sich aus anderen Rechtsquellen bei politischen Straftaten grundsätzlich ein 13 Auslieferungshindernis. Entsprechende Regelungen sind sowohl einfachgesetzlich im IRG vorgesehen (§ 6 Abs. 1 IRG), als auch in **bi- und multilateralen Verträgen** enthalten.[20] Das Auslieferungshindernis der politischen Straftat ist in Auslieferungsverträgen üblich. Es

---

[19] S. nur *Vogel/Burchard* in GPKG Int. Rechtshilfeverkehr Vor § 1 Rn. 216; *Vogel* in GPKG Int. Rechtshilfeverkehr § 6 Rn. 16.
[20] *Zimmermann* in Schomburg/Lagodny § 6 Rn. 37.

hat eine inzwischen über 200-jährige Tradition. Es findet sich unter anderem in der Mutterkonvention zur Auslieferung, dem Europäischen Auslieferungsübereinkommen (Art. 3 EuAlÜbk, s. dazu → Rn. 26 ff.), aber auch in einer Vielzahl bilateraler Verträge, so etwa mit Australien (dort Art. 3 Abs. 1 lit. a), Kanada (dort Art. III Abs. 1 lit. a), den USA (dort Art. 4) und Indien (dort Art. 3 Abs. 1, Abs. 3).

14 § 6 Abs. 1 IRG findet beim **vertragslosen Auslieferungsverkehr** Anwendung. Die Kommentierungen dazu können grundsätzlich auch zur Auslegung dieses Auslieferungshindernisses im spezielleren Vertragsrecht herangezogen werden. Hierbei sind jedoch etwaige Abweichungen zu beachten.

2. Begriffsdefinition

15 Der **Begriff der politischen Tat** ist nicht definiert. Seitdem dieses Auslieferungshindernis seit nunmehr über 200 Jahren nach und nach in den meisten Auslieferungsverträgen – ebenso wie in vielen nationalen Rechtsordnungen – Eingang gefunden hat, gehört die Frage, was darunter eigentlich zu verstehen ist, zu einer der – auch international – hoch umstrittenen und nicht einheitlich geklärten Fragen des Auslieferungsrechts.[21] Im Lichte des durchaus nicht glasklaren Zwecks dieses Auslieferungshindernisses bleibt der Begriff weitgehend unscharf und konturenlos.[22] Es kann unterschieden werden zwischen absoluten und relativen politischen Taten. Unter dem Begriff der absoluten politischen Taten sind solche Taten zu verstehen, die sich dem gesetzlichen Straftatbestand zufolge gegen die bestehende politische Ordnung richten. Hierzu zählen idealtypisch etwa Spionage und Hochverrat.[23] Zu den relativen politischen Taten zählen hingegen beliebige Straftatbestände des allgemeinen Strafrechts, die subjektiv zur Verwirklichung politischer Zwecke verfolgt werden. Hierbei wird nach der sog. **Übergewichtstheorie** einschränkend verlangt, dass der kriminelle Charakter der Tat den politischen Charakter der Tat nicht überwiegen darf.[24]

16 Bei dieser weiten Definition relativer politischer Taten, die auch in der Praxis das weitaus größere Gewicht gegenüber absoluten politischen Taten einnehmen, besteht indes das nicht unerhebliche Risiko, dass eine effektive Strafverfolgung behindert wird, wenn eine Straftat unter dem Deckmantel politischer Betätigung zu einem Auslieferungshindernis führen kann. Aus diesem Grund werden verschiedene **Restriktionsansätze** vertreten, um zu sachgerechten Entscheidungen zu gelangen. Zum Teil geht die Restriktion sehr weit.

17 Nach *Vogel*[25] soll eine politische Tat nur dann angenommen werden, wenn (1) im ersuchenden Staat eine erhebliche Auseinandersetzung um die politische Verfassung des Staats oder die politische Macht in ihm im Gange ist.[26] Nur in diesen Fällen würden der Nichteinmischungsgedanke und die humanitären Erwägungen tragen.[27] Weiter (2) müsse die Tat einen engen objektiven und subjektiven Zusammenhang zu dieser Auseinandersetzung aufweisen.[28] Die Tat müsse zudem (3) in der Weise der politischen Opposition zuzurechnen sein, dass sie sich als Angriff auf die bisherige politische Verfassung bzw. politische Macht darstelle.[29] Und schließlich müsse zusätzlich (4) gerade der ersuchende Staat durch die Tat politisch angegriffen werden.[30]

---

[21] So bereits *Lüttger* GA 1960, 33 (33 f.).
[22] *Zimmermann* in Schomburg/Lagodny § 6 Rn. 21.
[23] *Vogel* in GPKG Int. Rechtshilfeverkehr § 6 Rn. 37 ff., 58; *Kubiciel* in NK-RechtshilfeR § 6 Rn. 57; *Zimmermann* in Schomburg/Lagodny § 6 Rn. 22.
[24] *Zimmermann* in Schomburg/Lagodny § 6 Rn. 22; *Vogel* in GPKG Int. Rechtshilfeverkehr § 6 Rn. 43, und zur Kritik an dieser Theorie Rn. 47, 61.
[25] *Vogel* in GPKG Int. Rechtshilfeverkehr § 6 Rn. 51–56.
[26] Vgl. in diese Richtung auch OLG Frankfurt NJW 1973 1568 (1569) zum früheren deutsch-italienischen Auslieferungsvertrag und § 3 Abs. 2 DAG.
[27] *Vogel* in GPKG Int. Rechtshilfeverkehr § 6 Rn. 51.
[28] *Vogel* in GPKG Int. Rechtshilfeverkehr § 6 Rn. 52.
[29] *Vogel* in GPKG Int. Rechtshilfeverkehr § 6 Rn. 53.
[30] *Vogel* in GPKG Int. Rechtshilfeverkehr § 6 Rn. 54; eingehend zu den einzelnen Staatsschutzdelikten Rn. 58 und zu allgemeinen Taten im StGB Rn. 59.

18 Dieser **sehr restriktive Tatbegriff** überzeugt nicht, wie vor allem *Zimmermann* überzeugend aufgezeigt hat.[31] Das Aufbegehren gegen ein politisches Regime verliert nicht dadurch seine politische Natur, dass die Machthaber fest in ihrem Sattel sitzen. Die Geschichte hat bereits mehrfach gezeigt, dass eine neue Regierung nicht selten versucht, die alte wegen ihrer Amtsführung strafrechtlich zu verfolgen, um ihre Macht zu festigen. Der Konflikt um die Unabhängigkeit Kataloniens zeigt anschaulich, wie es zu Konflikten zwischen einer Regional- und der Zentralregierung kommen kann. In diesen Fällen eine politische Tat nicht anzunehmen, ginge zu weit.

19 Erwägenswert erscheint der Ansatz, solche Straftaten nicht zu politischen Straftaten zu erklären, die sich **gegen einen demokratischen Rechtsstaat** richten.[32] Hierdurch würden – was richtig ist – Demokratiefeinde nicht vor einer Auslieferung geschützt werden. Es besteht ein Bedürfnis, dass solche Taten in dem betroffenen Rechtsstaat, der angegriffen wurde, selbst vor Gericht gestellt werden. Exemplarisch zeigt etwa das Delikt der Wahlfälschung (§ 107a StGB) schon wegen seines Geltungsbereichs (§ 108d StGB), dass eine stellvertretende Strafrechtspflege in Deutschland statt einer Auslieferung in solchen Fällen nicht immer möglich ist. Ein daraus folgender Schutz vor Strafverfolgung ist nicht gerechtfertigt. Diesem Ansatz ist indes entgegenzusetzen, dass letztlich sämtliche Straftatbestände des deutschen Strafrechts, die nach herkömmlichem Sprachgebrauch „politische" sind, sich stets gegen einen Rechtsstaat richten – hier gegen die Bundesrepublik Deutschland.[33] Zudem dürfte er zum Teil schwierige normative Fragen mit sich bringen – aktuell sogar innerhalb der EU –, wenn es um die Entscheidung geht, welche Staaten diesem „Privileg" des Rechtsstaats unterfallen und welche nicht. Bei Polen und Ungarn wäre dies bereits mit einem gewichtigen Fragezeichen zu versehen. Bei der Türkei dürfte die Rechtsstaatsfrage inzwischen wohl zu verneinen sein. Hinzu kommt, dass bei diesem Ansatz letztlich ein deutsches Gericht die Entscheidung zu treffen hätte, ab wann Widerstand gegen ein staatliches System derart legitim ist, dass Auslieferungsschutz zu gewähren ist. Selbst das Königreich Spanien, das ohne Zweifel ein funktionierender Rechtsstaat ist, wirft durch Haftbefehle gegen katalanische Mitglieder der Regionalregierung die Frage auf, wo die Trennlinie sauber gezogen werden kann.[34] Der Ansatz ist daher im Ergebnis nicht zielführend.

20 Die Schwierigkeit, den **Umfang der politischen Delikte** auszumachen, wirft vielerorts die Frage nach der Legitimation dieses Auslieferungshindernisses erneut auf.[35] Dies hat zur Folge, dass von gewichtigen Stimmen *de lege ferenda* eine **Abschaffung** des Auslieferungshindernisses der politischen Straftat (für den gesamten Bereich demokratisch-rechtsstaatlichen Staatsschutzstrafrechts) mit der Begründung befürwortet wird, dass das Auslieferungshindernis der politischen Verfolgung (§ 6 Abs. 2 IRG) und der *ordre public*-Vorbehalt (§ 73 IRG) den nötigen humanitären Schutz bereits sicherstellen würden, sodass es eines darüber hinausgehenden Auslieferungshindernisses bei politischen Taten und Zusammenhangstaten nicht mehr bedürfe.[36] Zudem sei dies innerhalb der EU bereits geltendes Recht.[37] Für die dann verbleibenden Fälle, in denen trotz eines zu erwartenden rechtsstaatlichen Verfahrens eine Auslieferung nicht opportun erschiene, bliebe eine Ablehnung der Auslieferung auf Bewilligungsebene noch möglich.[38] Dieser Vorschlag erscheint erwägenswert. Der Nutzen einer solchen Streichung bliebe in der Auslieferungspraxis indes gering. Denn die allermeisten Auslieferungssachen sind entweder solche nach dem System des Europäischen Haftbefehls oder laufen nach bestehenden Auslieferungsverträgen (insbesondere dem EuAlÜbk)

---

[31] *Zimmermann* in Schomburg/Lagodny § 6 Rn. 30.
[32] *Zimmermann* in Schomburg/Lagodny § 6 Rn. 31; ähnlich *Kubiciel* in NK-RechtshilfeR § 6 Rn. 58.
[33] *Zimmermann* in Schomburg/Lagodny § 6 Rn. 31.
[34] *Zimmermann* in Schomburg/Lagodny § 6 Rn. 31.
[35] *Stein*, Die Auslieferungsausnahme bei politischen Delikten, 1983, 356 ff.; *Zimmermann* in Schomburg/Lagodny § 6 Rn. 32.
[36] *Vogel* in GPKG Int. Rechtshilfeverkehr § 6 Rn. 29, 57; *Zimmermann* in Schomburg/Lagodny § 6 Rn. 32.
[37] *Vogel* in GPKG Int. Rechtshilfeverkehr § 6 Rn. 57.
[38] *Zimmermann* in Schomburg/Lagodny § 6 Rn. 32.

21 Die Beurteilung der Frage, ob eine Tat, wegen derer die Auslieferung erfolgen soll, eine politische Tat ist oder mit einer solchen im Zusammenhang steht (sog. Zusammenhangstat, → Rn. 23 ff.), ist grundsätzlich nach deutschem Recht zu beurteilen. Dies erfolgt im Wege einer (üblichen) sinngemäßen Umstellung des Sachverhalts, wie er vorliegen würde, wenn die Tat in der Bundesrepublik Deutschland stattgefunden hätte.[39] Ist eine politische Tat danach nicht gegeben, so ist in einem zweiten Schritt zu prüfen, ob sie vom ersuchenden Staat als solche bewertet wird.[40] Sofern dem so ist, ist die Auslieferung ebenfalls unzulässig.[41] Mit anderen Worten darf die Tat, derentwegen die Auslieferung erfolgt, weder im ersuchten noch im ersuchenden Staat als politische Tat zu qualifizieren sein. In der Rechtsprechungspraxis wird auf die Prüfung nach deutschem Recht zuweilen verzichtet, wenn sich der politische Charakter der Tat bereits offensichtlich nach dem Recht des ersuchenden Staates ergibt.[42] *Vogel* hingegen misst der Qualifizierung im ersuchenden Staat nur eine – wenn auch gewichtige – Indizfunktion bei.[43] Allein die Qualifizierung als politische Tat nach deutschem Recht soll nach *Vogel* nicht genügen.[44] Die Konturenlosigkeit des Begriffs der politischen Tat spiegelt sich zum Teil auch in der Rechtsprechung wider, die nicht immer klar einzuordnen ist. So soll nach der Rechtsprechung des OLG Karlsruhe – ähnlich wie *Vogel* – allein der Umstand, dass eine Straftat vom ersuchenden Staat nur unter dem rechtlichen Gesichtspunkt einer Staatsschutzbestimmung verfolgt wird, nicht zwingend dazu führen, eine politische Tat anzunehmen. Erforderlich sei dafür vielmehr, dass der hinreichende Verdacht einer zurechenbaren Verletzung individueller Rechtsgüter besteht, mithin der Wahrscheinlichkeit, dass eine Verurteilung nicht ausschließlich wegen der Verletzung der Staatsschutzbestimmung erfolgen könnte.[45] Dies dürfte in der Allgemeinheit zu weit gehen.[46]

22 In der Rechtsprechungspraxis wird die **Übergewichtstheorie** (→ Rn. 15), nach der geprüft wird, ob der kriminelle Charakter gegenüber dem politischen Charakter überwiegt, regelmäßig angewandt.[47] Dies erscheint praktikabel, wenn auch wie so oft bei normativen Fragen eine gesicherte und stets einheitliche Bewertung nicht a priori sichergestellt ist.

Beispiele: Volksverhetzung und Aufstachelung zum Rassenhass sind nach der Rechtsprechung des BGH[48] keine politischen Taten. Die Beihilfe für eine terroristische Organisation nach türkischem Strafrecht[49] ist hingegen von Oberlandesgerichten[50] als politische Straftat eingestuft worden. Auch eine Teilnahme bzw. Mitgliedschaft in einer terroristischen Vereinigung nach russischem Strafrecht[51] sind als politische Taten klassifiziert worden.[52]

---

[39] *Zimmermann* in Schomburg/Lagodny § 6 Rn. 24.
[40] *Zimmermann* in Schomburg/Lagodny § 6 Rn. 24.
[41] BGHSt 30, 199 = NJW 1982, 531; OLG Köln NJW 2008, 3300 (3301); OLG Zweibrücken MDR 1991, 788; aA noch v. *Bubnoff*, Auslieferung, Verfolgungsübernahme, Vollstreckungshilfe: Ein Handbuch für die Praxis, 1988, 64.
[42] S. etwa OLG München, Beschl. v. 17.7.1991 – OLG Ausl 68/91.
[43] *Vogel* in GPKG Int. Rechtshilfeverkehr § 6 Rn. 75.
[44] *Vogel* in GPKG Int. Rechtshilfeverkehr § 6 Rn. 75.
[45] OLG Karlsruhe Beschl. v. 27.10.2006 – 1 AK 40/05 Rn. 12 f., 17.
[46] *Zimmermann* in Schomburg/Lagodny § 6 Rn. 24.
[47] *Zimmermann* in Schomburg/Lagodny § 6 Rn. 23; OLG Rostock BeckRS 2018, 1640 Rn. 16; OLG Frankfurt Beschl. v. 29.6.2004 – 2 AuslA A 5/04.
[48] BGH NJW 1978, 2458 f.
[49] Art. 220 Abs. 7, 314 Abs. 2 und 3 türkisches StGB.
[50] OLG Karlsruhe BeckRS 2017, 117116 Rn. 7; KG BeckRS 2018, 20586 Rn. 4.
[51] Art. 205, 208 russisches StGB.
[52] OLG Karlsruhe BeckRS 2018, 271 Rn. 6; OLG Rostock BeckRS 2018, 1640 Rn. 12 ff.

3. Zusammenhangstat

Von einer Zusammenhangstat ist die Rede, wenn die Tat **mit einer politischen Tat** 23
zusammenhängt (§ 6 Abs. 1 S. 1 Alt. 2 IRG). Als Zusammenhangstaten kommen nur solche in Betracht, die nicht selbst als politische Tat zu qualifizieren sind. Voraussetzung ist, dass sie untrennbar mit der politischen Tat verbunden sind.[53] Anlehnend an die frühere Definition der Zusammenhangstat in § 3 Abs. 1 des Deutschen Auslieferungsgesetzes (DAG)[54] wird auch heute noch angenommen, dass eine Zusammenhangstat dann vorliegt, wenn mit der Tat eine politische Tat vorbereitet, gesichert, gedeckt oder abgewehrt werden soll. Solche Taten sind nach der Übergewichtstheorie (→ Rn. 15) in der Regel selbst keine politischen Taten.[55] Ein Beispiel ist ein Banküberfall, um sich Geld für die Begehung einer politischen Tat zu verschaffen. Derjenige, der eine politische Tat deckt, verfolgt idR das Ziel der Strafvereitelung der Täter, politische Ziele treten dagegen idR in den Hintergrund. Dogmatisch fingiert die Figur der Zusammenhangstat den politischen Charakter der Tat,[56] der das Tor zum Auslieferungshindernis öffnet. Mithin ist nicht erforderlich, dass der Täter die Tat final mit irgendeiner politischen Absicht begeht. Es genügt, wenn sich die Tat aus der politischen Tat heraus entwickelt.[57] Täter der politischen Tat und der Zusammenhangstat können auch personenverschieden sein.[58] Es muss auch keine Tateinheit im konkurrenzrechtlichen Sinne vorliegen.[59] Auch besteht keine limitierte Akzessorietät dergestalt, dass eine Zusammenhangstat nur bei einer strafbaren politischen Tat in Betracht kommt. Es kann vielmehr genügen, wenn der Täter der Zusammenhangstat von dem Vorliegen einer politischen Tat ausgeht, weil er sie zB für geplant hielt und auf der Grundlage der erforderliche Zusammenhang zur politischen Tat gegeben ist.[60] Diese Wertung folgt aus der allgemeinen Strafrechtsdogmatik, wonach für die Strafwürdigkeit des Versuchs auf die Vorstellung des Täters abgestellt wird. Insoweit besteht eine strukturelle Parallele. Das Privileg in solchen Fällen zu versagen, ließe eine nicht gerechtfertigte Schutzlücke entstehen. Erforderlich ist jedoch auch in diesem Fall, dass der Zusammenhang zu einer politischen Tat nicht nur behauptet wird, sondern tatsächlich auch vorliegt.[61]

§ 6 Abs. 1 S. 2 IRG sieht eine **Ausnahme vom Auslieferungsverbot** bei (auch ver- 24
suchtem) **Völkermord, Mord, Totschlag** oder wegen einer Beteiligung hieran vor. Hier hat der Gesetzgeber verbindlich die Wertung vorgenommen, dass der kriminelle Gehalt der Tat den politischen Charakter stets überwiegt.[62] Auf eine Einbeziehung anderer besonders schwerer Straftatbestände, insbesondere aus dem Bereich des Terrorismus, hat der Gesetzgeber bewusst verzichtet. Er vertraut darauf, dass die Rechtspraxis diese Fälle entsprechend des gesetzgeberischen Willens richtig (als nicht politische Straftaten) bewertet.[63] Es verbleibt auch in Fällen des § 6 Abs. 1 S. 2 IRG die Möglichkeit, eine von Rechts wegen zulässige Auslieferung nicht zu bewilligen. S. zur Einschränkung des Begriffs der politischen Tat durch das Europäische Übereinkommen vom 27.1.1977 zur Bekämpfung des Terrorismus (EuTerrÜbk) nebst Zusatzprotokoll (ZP-EuTerrÜbk) → Rn. 64 ff.

Zusicherungen können im Kontext (auslieferungsfähiger) politischer Taten eine wich- 25
tige Rolle einnehmen. Sie sind dort, wo sie eine schützende Funktion entfalten können, stets zu erwägen.[64]

---
[53] *Zimmermann* in Schomburg/Lagodny § 6 Rn. 25.
[54] DAG v. 23.12.1929.
[55] *Zimmermann* in Schomburg/Lagodny § 6 Rn. 25; aA *Kubiciel* in NK-RechtshilfeR § 6 Rn. 59.
[56] *Zimmermann* in Schomburg/Lagodny § 6 Rn. 25.
[57] *Zimmermann* in Schomburg/Lagodny § 6 Rn. 26; *Vogel* in GPKG Int. Rechtshilfeverkehr § 6 Rn. 84.
[58] *Vogel* in GPKG Int. Rechtshilfeverkehr § 6 Rn. 85.
[59] *Zimmermann* in Schomburg/Lagodny § 6 Rn. 26.
[60] *Zimmermann* in Schomburg/Lagodny § 6 Rn. 26; aA *Vogel* in GPKG Int. Rechtshilfeverkehr § 6 Rn. 84.
[61] *Zimmermann* in Schomburg/Lagodny § 6 Rn. 27.
[62] S. dazu OLG Hamm, Beschl. v. 21.2.2017 – III-2 Ausl 27/16 Rn. 25.
[63] Vgl. BT-Drs. 9/1338, 40; *Zimmermann* in Schomburg/Lagodny § 6 Rn. 28.
[64] S. für Zusicherungen im Auslieferungsverkehr innerhalb der Europäischen Union *Gazeas* GA 2018, 277 ff.

4. Politische Straftat nach Art. 3 EuAlÜbk

26 Nach Art. 3 Abs. 1 EuAlÜbk wird die „Auslieferung nicht bewilligt, wenn die strafbare Handlung, derentwegen sie begehrt wird, vom ersuchten Staat als eine politische oder als eine mit einer solchen zusammenhängende strafbare Handlung angesehen wird." Auch Art. 3 EuAlÜbk unterscheidet zwischen politischer Straftat (Abs. 1) und der (drohenden) politischen Verfolgung in Abs. 2 (→ Rn. 12 ff. und → Rn. 32 ff.). Diese völkervertragliche Regelung im EuAlÜbk geht nach dem geltenden Grundsatz *lex specialis derogat legi generali* in § 1 Abs. 3 IRG der Regelung in § 6 Abs. 1 IRG vor.

27 Art. 3 Abs. 3 EuAlÜbk macht – strukturell vergleichbar mit § 6 S. 2 IRG – mit seiner sog. **Attentatsklausel** eine Ausnahme für bestimmte Fälle:[65] „Der Angriff auf das Leben eines Staatsoberhaupts oder eines Mitglieds seiner Familie" ist danach „nicht als politisch strafbare Handlung anzusehen", mit der Folge, dass in einem solchen Fall das Privileg der Auslieferungshindernisse der politischen Straftat und der politischen Verfolgung per se nicht greifen kann. Zur Begründung wird das allen Staaten gemeinsame Interesse am Leben von Staatsoberhäuptern und daneben die besondere Gefährdung politisch exponierter Personen angeführt.[66] Ersteres überzeugt in aller Regel, aber gewiss nicht ohne weitere Begründung im Hinblick insbesondere auf Diktatoren, die ihrerseits schwerste Verbrechen an ihrer eigenen Bevölkerung oder an Fremden verüben. Man vermisst in der Vorschrift die Ausnahme für die Kernverbrechen im **Völkerstrafrecht**, namentlich den Völkermord und die Verbrechen gegen die Menschlichkeit, Kriegsverbrechen und das Verbrechen der Aggression.[67] Eine solche Ausnahme wäre nur zeitgemäß. Auch in den Verhandlungen zum IStGH-Statut konnte ungeachtet von Meinungsverschiedenheiten in anderen Fragen Einigkeit darüber erzielt werden, dass das Auslieferungshindernis der politischen Tat in bestimmten Fällen nicht anwendbar sein sollte.[68] Insoweit erscheint es durchaus diskutabel anzunehmen, dass gegenwärtig eine **allgemeine Regel des Völkerrechts** im Entstehen begriffen ist, wonach jedenfalls die Kernverbrechen im Völkerstrafrecht nicht dem Begriff der politischen Taten unterfallen und ein Auslieferungshindernis insoweit nicht greift.[69]

28 Art. 3 Abs. 4 EuAlÜbk eröffnet den Weg zu einem weiteren **Ausschluss** bestimmter Handlungen vom Auslieferungshindernis der politischen Straftat und der politischen Verfolgung. Danach lässt Art. 3 die „Verpflichtungen unberührt, welche die Vertragsparteien aufgrund eines anderen mehrseitigen internationalen Übereinkommens übernommen haben oder übernehmen werden." Übereinkommen in diesem Sinne sind vor allem das Europäische Übereinkommen zur Bekämpfung des Terrorismus vom 27.1.1977[70] (EuTerrÜbk) und das Zusatzprotokoll vom 15.5.2003[71] hierzu (ZP-EuTerrÜbk) (s. dazu → Rn. 64 ff.). Übereinkommen iSd Art. 3 Abs. 4 EuAlÜbk sind jedoch auch die vielen UN-Konventionen, die im Verhältnis zwischen den jeweiligen Vertragsstaaten den Begriff der strafbaren Handlung iSd Art. 3 Abs. 1 EuAlÜbk restriktiv konkretisieren.[72]

29 Von einer **Definition der politischen Straftat** hat man bewusst im EuAlÜbk abgesehen. Die Erfahrungen, besonders der Nachkriegszeit, hätten zu der Erkenntnis geführt, so heißt es in der Denkschrift zu dem Übereinkommen, dass es gefährlich sein könne, objektiv festzulegen, was als politische Straftat angesehen werden dürfe.[73] Daher wurde es in das **Ermessen** des ersuchten Staates gestellt, zu entscheiden, ob er die einem Auslieferungsersuchen zugrunde liegende Straftat als eine politische ansieht oder nicht. Bei der Erarbei-

---

[65] S. dazu *Vogel* in GPKG Int. Rechtshilfeverkehr § 6 Rn. 97.
[66] *Vogel* in GPKG Int. Rechtshilfeverkehr § 6 Rn. 97.
[67] Ebenso *Bassiouni*, International Extradition, 6. Aufl. 2014, 708; *Vogel* in GPKG Int. Rechtshilfeverkehr § 6 Rn. 98.
[68] *Kreß/Prost* in Triffterer Commentary on the Rome Statute Art. 89 Rn. 5.
[69] *Bassiouni*, International Extradition, 6. Aufl. 2014, 728; vgl. auch *Vogel* in GPKG Int. Rechtshilfeverkehr § 6 Rn. 99.
[70] BGBl. 1978 II 322.
[71] BGBl. 2010 II 1230.
[72] *Riegel/Trautmann* in Schomburg/Lagodny EuAlÜbk § 3 Rn. 4.
[73] BT-Drs. IV/382, 20.

tung des Entwurfs zum EuAlÜbk ist von der Mehrheit der Sachverständigen die Auffassung vertreten worden, dass es bei dieser Entscheidung darauf ankomme, ob der kriminelle oder der politische Charakter der Tat überwiege (sog. Übergewichtstheorie, → Rn. 15).[74]

Die Frage, welchen **Zweck** dieses Auslieferungshindernis verfolgt, ist heute nicht einfach zu beantworten. Es besteht eine Vielzahl an Erklärungsansätzen, die sich allesamt jedoch – zum Teil nicht unerheblichen – Einwänden ausgesetzt sehen.[75] 30

5. Europäischer Haftbefehl

Beim System des Europäischen Haftbefehls ist die Auslieferungsausnahme der politischen Straftat (ebenso wie die der militärischen Straftat) nicht enthalten. Der europäische Gesetzgeber hat bewusst auf sie verzichtet und sie gegenüber Art. 5 des EU-Auslieferungsübereinkommens (EuAlÜbk)[76] vom 27.9.1996 bewusst abgeschafft.[77] Dies kann auch als Zeichen dafür gedeutet werden, dass an dem hergebrachten Grundsatz dieses sehr alten Auslieferungshindernisses für die Zukunft nicht zwingend festgehalten werden soll. Nach § 82 IRG findet § 6 Abs. 1 IRG keine Anwendung bei Auslieferungen an einen anderen EU-Mitgliedstaat. 31

II. Politische Verfolgung

1. Begriffsbestimmung, verfassungs- und völkerrechtliche Verbindungen

Die politische Verfolgung begründet ein eigenständiges, originäres Auslieferungshindernis. Das Auslieferungshindernis ist eng mit dem Grundrecht in **Art. 16a Abs. 1 GG** verknüpft.[78] Nach diesem Grundrecht genießen politisch Verfolgte Asyl. Das Auslieferungshindernis gehört zum historisch gewachsenen und unantastbaren humanitären Kernbereich der Asylrechtsgewährung in der Verfassung.[79] Es hat in diesem Kontext schon deshalb besondere Bedeutung, weil der Missbrauch von Strafverfahren eine typische Handlungsform politischer Verfolgung ist. Das Auslieferungshindernis überschneidet sich zum Teil mit dem der politischen Straftat, ist jedoch unabhängig hiervon zu prüfen. Eine Verbindung besteht insoweit, als auch beide Auslieferungshindernisse nebeneinander greifen können.[80] Selbst wenn im konkreten Fall aus Art. 16a Abs. 1 GG kein konkreter Asylanspruch folgt, muss der Grundgedanke dieses Grundrechts, Schutz vor politischer Verfolgung im Zielstaat zu bieten, bei der Prüfung der Zulässigkeit der Auslieferung beachtet werden.[81] 32

Der **Begriff des politisch Verfolgten** ist im Grundgesetz weder definiert noch näher abgegrenzt. Der Verfassungsgeber knüpfte mit der Vorschrift des Art. 16 Abs. 2 S. 2 GG aF (heute Art. 16a Abs. 1 GG) inhaltlich an das völkerrechtliche Institut des Asylrechts an. Damit sollte dasjenige als individuelles subjektives Grundrecht ausgestaltet werden, was seinerzeit als Asyl und Asylgewährung begriffen wurde. Ganz deutlich spiegelte sich hierin das unmittelbare Erlebnis ungezählter Verfolgungs- und Vertreibungsschicksale vor allem auch während der NS-Zeit und nach 1945 wider.[82] 33

Als **Grundgedanke des Asylrechts** war allgemein anerkannt, dass es – wie im Parlamentarischen Rat gesagt wurde – „dem Ausländer gewährt wird, der in seinem eigenen Land nicht mehr leben kann, weil er durch das politische System seiner Freiheit, seines 34

---

[74] BT-Drs. IV/382, 20.
[75] Ausführlich dazu *Vogel* in GPKG Int. Rechtshilfeverkehr § 6 Rn. 20 ff.
[76] ABl. 1996 C 313, 12; BGBl. 1998 II 2253.
[77] S. dazu *Vogel* in GPKG Int. Rechtshilfeverkehr § 6 Rn. 106.
[78] *Vogel* in GPKG Int. Rechtshilfeverkehr § 6 Rn. 1; *Lagodny*, Die Rechtsstellung des Auszuliefernden in der Bundesrepublik Deutschland, 1987, 180 ff.; vgl. auch BT-Drs. 9/1338, 40.
[79] *Zimmermann* in Schomburg/Lagodny § 6 Rn. 40.
[80] *Zimmermann* in Schomburg/Lagodny § 6 Rn. 12.
[81] StRspr BVerfG, s. zuletzt BVerfG BeckRS 2021, 40037 Rn. 22; BVerfG BeckRS 2019, 27322 Rn. 39.
[82] BVerfGE 76, 143 (156 f.) = BeckRS 1987, 2507; BVerfGE 74, 51 (57) = BeckRS 9998,169627.

Lebens oder seiner Güter beraubt wird".[83] Diesem Grundgedanken folgend hat die Rechtspraxis und insbesondere die Rechtsprechung die nähere inhaltliche Bestimmung und Abgrenzung des Begriffs politisch Verfolgter wiederholt in Anlehnung an den **Flüchtlingsbegriff der Genfer Flüchtlingskonvention** vom 28.7.1951[84] (GFK) vorgenommen.[85] Dieser knüpft seinerseits an geschichtlich erfahrene politische Verfolgungen und Verfolgungsschicksale an. Dadurch, dass er sich auf die begründete Furcht vor Verfolgung wegen der Rasse, Religion, Nationalität, Zugehörigkeit zu einer sozialen Gruppe oder wegen politischer Überzeugung bezieht, benennt er jene menschlichen Eigenschaften und Verhaltensweisen, die nach geschichtlicher Erfahrung die häufigsten und entscheidenen Anknüpfungs- und Bezugspunkte für die Unterdrückung und Verfolgung Andersartiger und Andersdenkender bildeten und auch weiterhin noch bilden.[86] Das Adjektiv „politisch" ist hierbei so verwendet worden, dass es nicht einen abgegrenzten Gegenstandsbereich von Politik, sondern eher eine Eigenschaft bezeichnen soll. Es meint nicht einen gegenständlich abgegrenzten Bereich von Politik, sondern kennzeichnet eine Eigenschaft oder Qualität, die Maßnahmen in jedem Sachbereich unter bestimmten Umständen jederzeit annehmen können.[87] Eine notwendige Voraussetzung dafür, dass eine Verfolgung sich als eine politische darstellt, liegt darin, dass sie im Zusammenhang mit Auseinandersetzungen um die Gestaltung und Eigenart der allgemeinen Ordnung des Zusammenlebens von Menschen und Menschengruppen steht; sie hat also – im Unterschied etwa zu einer privaten Verfolgung – einen öffentlichen Bezug und geht von einem Träger überlegener, in der Regel hoheitlicher Macht aus, welcher der Verletzte unterworfen ist.[88]

35 Der **Umfang** der politischen Verfolgung ist mithin viel weiter zu verstehen als das Adjektiv „politisch" zunächst den Eindruck vermittelt. Es umfasst alle asylrelevanten Merkmale, die das BVerfG treffend wie folgt festgehalten hat: „Allgemein liegt dem Asylgrundrecht die von der Achtung der Unverletzlichkeit der Menschenwürde bestimmte Überzeugung zugrunde, daß kein Staat das Recht hat, Leib, Leben oder die persönliche Freiheit des Einzelnen aus Gründen zu gefährden oder zu verletzen, die allein in seiner politischen Überzeugung, seiner religiösen Grundentscheidung oder in für ihn unverfügbaren Merkmalen liegen, die sein Anderssein prägen (asylerhebliche Merkmale)."[89] Der Begriff des „asylerheblichen" und „asylrelevanten" Merkmals wird in der Diskussion synonym verwendet.

36 § 6 Abs. 2 IRG ist im Lichte dieses Begriffsverständnisses geschaffen worden. Der Gesetzgeber hat bewusst auf die Verfolgung wegen eines asylrelevanten Merkmals abgestellt.[90] Es besteht jedoch keine Deckungsgleichheit mit dem verfassungsrechtlichen und völkerrechtlichen Begriffsverständnis des Asyls. Anders als im Asylrecht verlangt die politische Verfolgung iSd § 6 Abs. 2 IRG gerade nicht, dass der Betroffene aus Angst vor Verfolgung nach Deutschland gekommen ist.[91] Eine Anerkennung als Flüchtling oder Asylbewerber ist nicht erforderlich.[92] Weil es allein auf die Verhältnisse im ersuchenden Staat ankommt, sind auch die weiteren Asylvoraussetzungen wie die fehlende Einreise über einen „sicheren Drittstaat" und die nicht mögliche Benennung „sicherer Herkunftsländer"

---

83 *Parlamentarischer Rat,* Verhandlungen des Hauptausschusses, Stenographischer Bericht, 74. Sitzung vom 19.1.1949, 582; vgl. auch BVerfGE 76, 143 (157) = BeckRS 1987, 2507; BVerfGE 9, 174 (180) = BeckRS 9998, 118322.
84 BGBl. 1953 II 559.
85 Ausführlich BVerfGE 76, 143 (157) = BeckRS 1987, 2507.
86 BVerfGE 76, 143 (157) = BeckRS 1987, 2507.
87 BVerfGE 76, 143 (157) = BeckRS 1987, 2507; BVerfGE 80, 315 (333) = BeckRS 1989, 110351.
88 BVerfGE 80, 315 (333 f.) = BeckRS 1989, 110351.
89 BVerfGE 80, 315 (333) = BeckRS 1989, 110351; nahezu wortgleich bereits BVerfGE 76, 143 (157 f.) = BeckRS 1987, 2507; hierauf rekurriert auch *Zimmermann* in Schomburg/Lagodny § 6 Rn. 42.
90 BT-Drs. 9/1338, 40; *Zimmermann* in Schomburg/Lagodny § 6 Rn. 43.
91 *Wolff* StV 2004, 154 (158); *Zimmermann* in Schomburg/Lagodny § 6 Rn. 43.
92 *Zimmermann* in Schomburg/Lagodny § 6 Rn. 43.

B. Besonderheiten der Rechtshilfe in Strafverfahren mit Staatsschutzbezug § 44

(Art. 16a Abs. 2 und 3 GG) für die Prüfung des Auslieferungshindernisses ohne Relevanz.[93]

Als EU-Recht strahlt richtigerweise die **EU-Qualifikationsrichtlinie**[94] auf die Auslegung des § 6 Abs. 2 IRG aus, sofern sie Konkretisierungen zur Genfer Flüchtlingskonvention vornimmt, die über den Schutz nach Art. 16a Abs. 1 GG hinausgehen.[95] 37

2. Verfolgung, Bestrafung oder Lageerschwerung

Voraussetzung für das Vorliegen des Auslieferungshindernisses ist zunächst, dass dem Betroffenen aufgrund der in § 6 Abs. 2 IRG näher genannten Merkmale (sog. asylrelevante Merkmale) die dort genannten Nachteile drohen. In einem Auslieferungsverfahren werden diese Nachteile in der Regel mit einem Strafverfahren verknüpft sein. Denn der Missbrauch des Strafrechts zu politischen Zwecken ist der „Klassiker" politischer Verfolgung. Ein strafrechtlicher Bezug ist der Norm zufolge jedoch nicht zwingend erforderlich. Es genügt jedwede Verfolgung.[96] Als solche kommt etwa eine Verfolgung durch Geheimdienste in Betracht. Die Repressalien können daher auch außerhalb des strafrechtlichen Bereichs herrühren, sogar gänzlich außerhalb des rechtlichen Bereichs.[97] Entscheidend für das Vorliegen einer Verfolgung ist allein die Gefahr einer schwerwiegenden und zielgerichteten Rechtsverletzung für den Betroffenen.[98] Hinsichtlich der Intensität der drohenden Rechtsverletzung ist das asylrechtliche Begriffsverständnis heranzuziehen. Es fallen insbesondere, aber nicht ausschließlich, Personen hierunter, die sich in einer ausweglosen Lage befinden.[99] **Beispiele** für solche Rechtsverletzungen sind **§ 3a Abs. 2 AsylG** zu entnehmen. Die dortige Begriffsbestimmung kann zur Auslegung herangezogen werden.[100] Mit dieser Vorschrift wurde Art. 9 Abs. 2 der EU-Qualifikationsrichtlinie umgesetzt. 38

Die Nachteile müssen im Falle einer Verfolgung oder Bestrafung drohen. Darüber hinaus – und diese Variante ist wegen ihrer Weite von erheblicher praktischer Bedeutung – genügt bereits ausweislich des Wortlauts § 6 Abs. 2 IRG aE, wenn eine sog. **Lageerschwerung** zu befürchten ist. Eine solche liegt insbesondere dann vor, wenn eine strafrechtliche Verfolgung bzw. Bestrafung einer auslieferungsfähigen Tat zwar gerechtfertigt wäre, der Betroffene jedoch im Rahmen der Verfolgung der Tat oder der zu erwartenden Bestrafung (Sanktion) wegen einem der genannten asylrelevanten Merkmale schlechter behandelt zu werden droht als andere.[101] Eine solche Lageerschwerung kann zum Beispiel durch ein unfaires Verfahren entstehen, durch eingeschränkte Verteidigungsmöglichkeiten, schlechtere Haftbedingungen, oder höhere oder andere Strafen als üblich. So wird eine Lageerschwerung iSd § 6 Abs. 2 IRG und damit ein Auslieferungshindernis angenommen, wenn ernstliche Gründe für die Annahme bestehen, dass das zu erwartende Strafmaß neben der Ahndung kriminellen Unrechts auch einen **Politmalus** beinhaltet.[102] Auch eine Lageerschwerung außerhalb des Strafverfahrens kann zur Annahme des Auslieferungshindernisses führen.[103] Solche wären beispielsweise zu erwarten – an sich unzulässige – Einschränkun- 39

---

[93] *Vogel* in GPKG Int. Rechtshilfeverkehr § 6 Rn. 149–151; *Zimmermann* in Schomburg/Lagodny § 6 Rn. 43; *Schomburg/Lagodny* StV 1994, 393 (394).
[94] Richtlinie 2011/95/EU des Europäischen Parlaments und des Rates vom 13.12.2011 über Normen für die Anerkennung von Drittstaatsangehörigen oder Staatenlosen als Personen mit Anspruch auf internationalen Schutz, für einen einheitlichen Status für Flüchtlinge oder für Personen mit Anrecht auf subsidiären Schutz und für den Inhalt des zu gewährenden Schutzes (EU-Qualifikationsrichtlinie), ABl. 2011 L 337, 9.
[95] S. dazu und zum Streitstand *Zimmermann* in Schomburg/Lagodny § 6 Rn. 44, 48, 52 f., 57 ff., 63.
[96] *Zimmermann* in Schomburg/Lagodny § 6 Rn. 47.
[97] *Kubiciel* in NK-RechtshilfeR § 6 Rn. 63; *Zimmermann* in Schomburg/Lagodny § 6 Rn. 47.
[98] *Zimmermann* in Schomburg/Lagodny § 6 Rn. 47.
[99] Vgl. BVerfGE 80, 315 (335) mwN = BeckRS 1989, 110351.
[100] *Vogel* in GPKG Int. Rechtshilfeverkehr § 6 Rn. 164; *Zimmermann* in Schomburg/Lagodny § 6 Rn. 48.
[101] *Zimmermann* in Schomburg/Lagodny § 6 Rn. 49.
[102] OLG Düsseldorf BeckRS 2005, 151201 (zum insoweit parallelen Art. 3 Abs. 2 EuAlÜbk bei einem Auslieferungsersuchen der Türkei).
[103] BT-Drs. 9/1338, 41.

gen bei der Berufsausübung wie eine (staatlich gelenkte) Entziehung der Anwaltszulassung, die Exmatrikulation von einer Universität und Ähnliches.

40 § 6 Abs. 2 IRG geht in der Regel von staatlicher Repression aus. Mit Blick auf Art. 6 der EU-Qualifikationsrichtlinie und § 3c AsylG ist unter bestimmten Voraussetzungen auch der Schutz vor **nichtstaatlicher Verfolgung** ebenso eingeschlossen.[104] Richtigerweise wird man ein Auslieferungshindernis nach § 6 Abs. 2 IRG auch dann annehmen müssen, wenn der ersuchende Staat im Falle einer Auslieferung den Betroffenen vor begründet zu befürchtenden Repressalien nichtstaatlicher Gruppierungen nicht schützt, wobei es unerheblich ist, ob er bewusst einen Schutz unterlässt oder diesen nur duldet oder der Umstände wegen keinen Schutz vor Repressalien durch die nichtstaatlichen Akteure bieten kann.[105] Ein Zurechnungszusammenhang zum ersuchten Staat ist nicht erforderlich.[106] Etwas anderes wäre mit dem verfolgten Ziel des humanitären Schutzes unvereinbar. Ein solches breites Verständnis ist auch der EGMR-Rechtsprechung zu entnehmen.[107] Dieser Anwendungsfall ist nicht nur auf *failed states* beschränkt.[108] Eine solche Beschränkung würde den notwendigen Schutz zu stark einschränken, zum anderen wäre dieser Anwendungsfall dann nur noch theoretischer Natur, weil mit solchen *failed states* in der Regel kein Auslieferungsverkehr (mehr) stattfindet.

3. Verfolgungsprognose: „Ernstliche Gründe für die Annahme"

41 Maßstab für die Bejahung des Auslieferungshindernisses nach § 6 Abs. 2 IRG sind **„ernstliche Gründe für die Annahme"**, dass der Betroffene politisch verfolgt „würde". Dies soll nach einer Ansicht im Schrifttum dann der Fall sein, wenn eine politische Verfolgung mit hoher Wahrscheinlichkeit zu erwarten ist.[109] Dies scheint gemessen am Wortlaut des Gesetzes zu hoch bemessen. Bei der anzustellenden Verfolgungsprognose genügen ausweislich des Wortlauts „ernstliche Gründe für die Annahme", dass der Betroffene verfolgt „würde". Es muss daher nicht sicher sein und auch nicht zur Überzeugung des Gerichts bzw. der Bewilligungsbehörde feststehen, dass der Betroffene im Falle seiner Auslieferung politisch verfolgt wird.[110] Ausreichend ist daher mit *Vogel,* wenn eine **beachtliche Wahrscheinlichkeit** politischer Verfolgung im Falle einer Auslieferung besteht.[111] Dieser Maßstab wird auch in Asylverfahren angesetzt.[112] Es gibt keinen Grund, in Auslieferungsverfahren einen höheres Maß zu verlangen – im Gegenteil. In diese Richtung ist auch die Rechtsprechung zu verstehen. Eine beachtliche Wahrscheinlichkeit für eine politische Verfolgung liegt dann vor, wenn nach einer Gesamtwürdigung aller relevanten Umstände die für eine Verfolgung sprechenden Umstände größeres Gewicht einnehmen als die dagegen sprechenden.[113] Beachtlich ist die Wahrscheinlichkeit damit schon dann, wenn der Eintritt der Verfolgung wahrscheinlicher ist als sein Ausbleiben. Das ist bei Licht betrachtet – arithmetisch ausgedrückt – ab 51 % Wahrscheinlichkeit der Fall. Mit anderen Worten hat das Pendel dann in Richtung Auslieferungshindernis auszuschlagen, wenn eine **überwiegende Wahrscheinlichkeit** besteht. Strukturell erscheint es angezeigt, hier eine Parallele

---

[104] *Zimmermann* in Schomburg/Lagodny § 6 Rn. 52.
[105] *Zimmermann* in Schomburg/Lagodny § 6 Rn. 52; aA *Kubiciel* in NK-RechtshilfeR § 6 Rn. 63; *Vogel* in GPKG Int. Rechtshilfeverkehr § 6 Rn. 159, die ein passives Dulden nicht ausreichen lassen.
[106] *Zimmermann* in Schomburg/Lagodny § 6 Rn. 53.
[107] EGMR, Urt. v. 17.12.1996 – 25964/94 (Ahmed vs. Österreich) Rn. 46.
[108] *Zimmermann* in Schomburg/Lagodny § 6 Rn. 53; aA *Vogel* in GPKG Int. Rechtshilfeverkehr § 6 Rn. 160.
[109] *Kubiciel* in NK-RechtshilfeR § 6 Rn. 69; *Zimmermann* in Schomburg/Lagodny § 6 Rn. 73.
[110] *Vogel* in GPKG Int. Rechtshilfeverkehr § 6 Rn. 227.
[111] *Vogel* in GPKG Int. Rechtshilfeverkehr § 6 Rn. 227.
[112] BVerwGE 55, 82 (83) = NJW 1978, 2463; BVerwGE 70, 169 (171) = BeckRS 1984, 30442677; BVerwGE 71, 180 (182) = NVwZ 1985, 658 (660); BVerwGE 79, 143 (144, 150) = NVwZ 1988, 838 (840); BVerwG NVwZ 1991, 377; vgl. auch *Büge* NVwZ 1997, 664 ff.; *Rothkegel* NVwZ 1990, 717 (723).
[113] BVerwGE 79, 43 (144, 150) = NVwZ 1988, 838 (840); BVerwG NVwZ 1991, 377; vgl. auch *Büge* NVwZ 1997, 664 ff.; *Vogel* in GPKG Int. Rechtshilfeverkehr § 6 Rn. 228.

zur anzustellenden Verurteilungsprognose bei § 170 Abs. 1 StPO anzustellen, die ebenfalls bereits bei – rechnerisch – 51 % positiv ausfällt. Wegen der gravierenden Folgen – Freiheitsentziehung mit allen Konsequenzen –, die im Falle politischer Verfolgung drohen, ist jedes höhere Maß mit dem Grundgedanken des Menschenrechtsschutzes, der den unantastbaren humanitären Kernbereich der Asylrechtsgewährung betrifft, unvereinbar.

4. Asylrelevante Merkmale: Rasse, Religion, Staatsangehörigkeit, Zugehörigkeit zu einer bestimmten sozialen Gruppe und politische Anschauungen

Erforderlich ist ein **diskriminierendes Handeln** im ersuchten Staat.[114] Die Verknüpfung der politischen Verfolgung iSd § 6 Abs. 2 IRG mit Art. 33 GFK kommt darin zum Ausdruck.[115] Für die Auflegung der einzelnen Fallgruppen des § 6 Abs. 2 IRG kann auf die Begriffsbestimmungen des § 3b Abs. 1 AsylG zurückgegriffen werden.[116] Es ist wegen des hohen Rangs der Schutzbedürftigkeit von einem weiten Begriffsverständnis auszugehen.[117] Der Wortlaut begrenzt nicht den Anwendungsbereich. Maßgeblich ist, ob der Betroffene wegen für ihn unabänderlicher Merkmale verfolgt wird, die sein Anderssein ausmachen.[118] Ohne Bedeutung ist, ob er tatsächlich die Merkmale aufweist, die zur Verfolgung führen, sofern ihm diese Merkmale vom ersuchten Staat nur zugeschrieben werden.[119] Hier ist derselbe Maßstab wie im Asylrecht anzulegen (s. dort § 3b Abs. 2 AsylG). **42**

Der Begriff der **Rasse** ist weit zu verstehen. Er umfasst generell alle vererbbaren Merkmale eines Menschen.[120] Dazu zählen ausweislich § 3b Abs. 1 Nr. 1 AsylG insbesondere Aspekte wie Hautfarbe, Herkunft und Zugehörigkeit zu einer bestimmten ethnischen Gruppe. **43**

Zum Verfolgungsgrund der **Religion** existiert höchstrichterliche Rechtsprechung,[121] die als Maßstab herangezogen werden kann. Er umfasst nach § 3 Abs. 1 Nr. 2 AsylG insbesondere theistische, nichttheistische und atheistische Glaubensüberzeugungen, die Teilnahme oder Nichtteilnahme an religiösen Riten im privaten oder öffentlichen Bereich, allein oder in Gemeinschaft mit anderen, sonstige religiöse Betätigungen oder Meinungsäußerungen und Verhaltensweisen Einzelner oder einer Gemeinschaft, die sich auf eine religiöse Überzeugung stützen oder nach dieser vorgeschrieben sind. Bei Sekten sind Besonderheiten zu beachten.[122] **44**

Unter das Merkmal der **Staatsangehörigkeit** fällt auch die fehlende Staatsangehörigkeit, also die Staatenlosigkeit. Im Hinblick auf eine gebotene weite Auslegung ist auf die Begriffsdefinition der Nationalität in § 3b Abs. 1 Nr. 3 AsylG zurückzugreifen. Danach beschränkt sich der Begriff der Nationalität – und damit auch der Staatsangehörigkeit – nicht auf die Staatsangehörigkeit oder das Fehlen einer solchen, sondern bezeichnet insbesondere auch die Zugehörigkeit zu einer Gruppe, die durch ihre kulturelle, ethnische oder sprachliche Identität, gemeinsame geografische oder politische Herkunft oder ihre Verwandtschaft mit der Bevölkerung eines anderen Staates bestimmt wird. **45**

Das Merkmal der **Zugehörigkeit zu einer sozialen Gruppe** erfüllt gegenüber den anderen Merkmalen eine Auffangfunktion.[123] Hier besteht der größte Spielraum,[124] für einen weiten Anwendungsbereich. Nach der Definition in § 3b Abs. 1 Nr. 3 AsylG unterfällt diesem Begriff insbesondere (nicht abschließend) Folgendes: (a) Wenn die Mit- **46**

---
[114] *Kubiciel* in NK-RechtshilfeR § 6 Rn. 66.
[115] *Zimmermann* in Schomburg/Lagodny § 6 Rn. 54.
[116] *Zimmermann* in Schomburg/Lagodny § 6 Rn. 57.
[117] Ähnlich *Zimmermann* in Schomburg/Lagodny § 6 Rn. 57: enges Verständnis fehl am Platze.
[118] *Zimmermann* in Schomburg/Lagodny § 6 Rn. 42, 57.
[119] *Kubiciel* in NK-RechtshilfeR § 6 Rn. 66.
[120] BT-Drs. 9/1338, 40.
[121] S. BVerfGE 76, 143 (158 ff.) = BeckRS 1987, 2507; BVerfGE 81, 58 (65) = BeckRS 1989, 110318; BVerfG NVwZ 1991, 377.
[122] S. dazu BVerfGE 83, 341 = NJW 1991, 2623.
[123] *Kubiciel* in NK-RechtshilfeR § 6 Rn. 67; *Zimmermann* in Schomburg/Lagodny § 6 Rn. 61.
[124] *Zimmermann* in Schomburg/Lagodny § 6 Rn. 61.

glieder dieser Gruppe angeborene Merkmale oder einen gemeinsamen Hintergrund, der nicht verändert werden kann, gemein haben oder Merkmale oder eine Glaubensüberzeugung teilen, die so bedeutsam für die Identität oder das Gewissen sind, dass der Betreffende nicht gezwungen werden sollte, auf sie zu verzichten, und zusätzlich (b) die Gruppe in dem ersuchenden Staat eine deutlich abgegrenzte Identität hat, da sie von der sie umgebenden Gesellschaft als andersartig betrachtet wird. Als eine bestimmte soziale Gruppe in diesem Sinne kann nach der Definition in § 3b Abs. 1 Nr. 3 AsylG auch eine Gruppe gelten, die sich auf das gemeinsame Merkmal der sexuellen Orientierung gründet; Handlungen, die nach deutschem Recht als strafbar gelten, fallen nicht hierunter. Eine Verfolgung wegen der Zugehörigkeit zu einer bestimmten sozialen Gruppe kann daneben nach der Definition auch vorliegen, wenn sie allein an das Geschlecht oder die geschlechtliche Identität anknüpft.

47 Für die Auslegung des Merkmals der **politischen Anschauungen** kann zunächst auf die Definition zum Begriff der politischen Überzeugung in § 3b Abs. 1 Nr. 5 rekurriert werden. Danach ist unter dem Begriff insbesondere zu verstehen, dass der Ausländer in einer Angelegenheit, die die in § 3c AsylG genannten potenziellen Verfolger sowie deren Politik oder Verfahren betrifft, eine Meinung, Grundhaltung oder Überzeugung vertritt, wobei es unerheblich ist, ob er aufgrund dieser Meinung, Grundhaltung oder Überzeugung tätig geworden ist. Erfasst sind erst recht auch Betätigungen, in denen politische Anschauungen zum Ausdruck kommen.[125] Grundvoraussetzung ist nach der Rechtsprechung zu diesem Auslieferungshindernis, dass der Betroffene in dem ersuchenden Staat als **Oppositionsangehöriger** betrachtet wird.[126] Bereits staats- und regierungskritische Äußerungen des Betroffenen in der Vergangenheit geben **Anlass,** dieses Merkmal zu prüfen.[127] In Bezug auf die Türkei gilt dies beispielsweise bei einer Nähe zur Gülen-Bewegung.[128] Bei diesem Merkmal kommt es nicht auf die Art der Straftat an.[129] Die politische Verfolgung ist nicht selten gerade dadurch gekennzeichnet, dass wegen vermeintlicher Straftaten ohne jeden Bezug zur politischen Betätigung einer Person die Strafverfolgung betrieben wird. Prominentestes Beispiel dürfte aktuell der Fall *Alexej Nawalny* sein, der in Russland bekanntlich wegen eines angeblichen Vermögensdelikts (Betrug zum Nachteil des französischen Kosmetikkonzerns Yves Rocher) unter Verstoß gegen elementare Menschenrechte der EGMR verurteilt wurde und nun menschenrechtswidrig seine Haftstrafe verbüßt, nachdem deren Aussetzung zur Bewährung widerrufen wurde. Eine politische Verfolgung im auslieferungsrechtlichen Sinne liegt nicht bereits dann vor, wenn eine Tat aus politischen Motiven heraus begangen wurde.[130] Eine diskriminierende Verfolgung im Wege einer schwerwiegenden und zielgerichteten Rechtsverletzung liegt – insbesondere bei Staatsschutzdelikten – erst dann vor, wenn eine vergleichbare Handlung, wenn sie von einem anderen politischen Akteur begangen worden wäre, straffrei bliebe. *Zimmermann* nennt hier als treffendes Beispiel, dass die Unabhängigkeitsbestrebungen eines Katalanen bestraft werden, die eines Basken hingegen nicht.[131] Das Auslieferungshindernis der politischen Verfolgung ist insbesondere dann zu prüfen, wenn dem Auslieferungsersuchen staatsfeindliche Handlungen zugrunde liegen und aufgrund bestimmter Tatsachen (dazu zählen zB eine besondere Intensität der Verfolgungsmaßnahme, das Vorschieben krimineller Handlungen, Manipulationen des Tatvorwurfs oder eine Fälschung von Beweismaterial) trotz des kriminellen Charakters der in Rede stehenden Taten zu befürchten ist, dass dem

---

[125] *Vogel* in GPKG Int. Rechtshilfeverkehr § 6 Rn. 180 mwN; *Zimmermann* in Schomburg/Lagodny § 6 Rn. 62.
[126] OLG Hamm, Beschl. v. 21.2.2017 – III-2 Ausl 27/16 Rn. 32, 35; *Zimmermann* in Schomburg/Lagodny § 6 Rn. 62.
[127] Vgl. BVerfGE 80, 315 (338) = BeckRS 1989, 110351.
[128] OLG Karlsruhe BeckRS 2018, 26877.
[129] OLG Köln StraFo 2010, 118 (119); vgl. ferner BVerfGE 9, 174 (180) = BeckRS 9998, 118322.
[130] *Zimmermann* in Schomburg/Lagodny § 6 Rn. 62; so etwa OLG Schleswig BeckRS 2018, 4762 Rn. 57 (Fall *Puigdemont*).
[131] *Zimmermann* in Schomburg/Lagodny § 6 Rn. 62.

Verfolgten eine Behandlung droht, die aus politischen Gründen härter ausfällt, als sie sonst zur Verfolgung ähnlich gefährlicher Straftaten im ersuchenden Staat üblich ist.[132] Zu bedenken ist in all diesen Fällen, dass die Variante einer Lageerschwerung bereits zur Unzulässigkeit der Auslieferung führt.[133]

Fehlt das diskriminierende Element, sind andere Auslieferungshindernisse wie etwa ein andernfalls drohender Verstoß gegen den *ordre public*-**Vorbehalt** (§ 73 IRG) nicht ausgeschlossen und bei Anhaltspunkten zu prüfen. Dem *ordre public*-Vorbehalt,[134] der in diesem Beitrag nicht gesondert erörtert wird, kommt hierbei potentiell hohe Bedeutung zu, etwa in Fällen von (drohenden) Verstößen gegen den Verhältnismäßigkeitsgrundsatz, gegen das Gesetzlichkeitsprinzip, Verstößen des Rechts auf ein unabhängiges und unparteiisches Gericht, Verstößen gegen das Verbot der Doppelverfolgung/-bestrafung, bei unfairen Verfahren, bei Folter, unmenschlicher, erniedrigender oder menschenunwürdiger Strafe oder menschenrechtswidrigen Haftbedingungen und Anderem.[135] **48**

Inwieweit ein **Terrorismusvorbehalt** zu beachten ist, bedarf genauerer Betrachtung. In der asylrechtlichen Rechtsprechung ist ein sog. Terrorismusvorbehalt entwickelt worden.[136] Danach soll derjenige nicht in den Genuss des Asylrechts kommen, der seine politischen Überzeugungen in terroristischen Straftaten zum Ausdruck gebracht hat. Damit soll ersichtlich das Ziel verfolgt werden, dass die Bundesrepublik Deutschland nicht zum „sicheren Hafen" für Terroristen avanciert.[137] Er bedeutet bei Licht betrachtet jedoch allein, dass der ersuchende Staat legitime repressive und präventive Maßnahmen zur Terrorismusabwehr ergreifen darf, ohne sich dem Vorwurf der politischen Verfolgung auszusetzen. Denn auch das EuTerrÜbk lässt ausweislich seines Art. 5 (→ Rn. 70) das Auslieferungshindernis der politischen Verfolgung gerade bei terroristischen Taten bewusst unangerührt.[138] Bringt der ersuchende Staat vor, der Betroffene sei aufgrund eines Terrorismusdelikts auszuliefern und liegen Anhaltspunkte für eine politische Verfolgung vor, so ist besonders sorgfältig zu prüfen.[139] Die Prüfung muss sich zunächst darauf erstrecken, ob der Terrorismusvorwurf nachvollziehbar und belegbar ist. Wenn dem so ist, ist zu prüfen, ob nicht ein Fall einer Lageerschwerung für den Betroffenen (→ Rn. 39) vorliegt, die die begründete Sorge eines Politmalus mit sich bringt.[140] Der Terrorismusbegriff sollte mit *Zimmermann* an der Stelle eng ausgelegt werden, um zu verhindern, dass politische Gegner nur unter dem Deckmantel der Terrorbekämpfung verfolgt werden.[141] Eine Orientierung kann hier eine Übertragung der zum Asylrecht entwickelten Grundsätze in BVerfGE 80, 315 (339 f.) = BeckRS 1989, 110351 auf das Auslieferungsrecht bieten. Danach stellt insbesondere der Einsatz gemeingefährlicher Waffen oder der Angriff auf das Leben Unbeteiligter eine rote Linie dar. Repressive oder präventive Maßnahmen, die der Staat zur Abwehr des Terrorismus ergreift, sind keine politische Verfolgung im auslieferungsrechtlichen Sinne, wenn sie dem aktiven Terroristen, dem Teilnehmer im strafrechtlichen Sinne oder demjenigen gelten, der im Vorfeld Unterstützungshandlungen zugunsten terroristischer Aktivitäten vornimmt, ohne sich an diesen Aktivitäten zu beteiligen. Wenn aber sonstige Umstände – wie etwa die besondere Intensität der Verfolgungsmaßnahmen – darauf schließen lassen, dass der Betroffene gleichwohl wegen eines asylrelevanten Merkmals verfolgt wird, oder wenn sich die staatlichen Maßnahmen über den bezeichneten Personenkreis hinaus etwa **49**

---

[132] BVerfGE 80, 315 (338) = BeckRS 1989, 110351; KG BeckRS 2009, 9023 Rn. 2; OLG Saarbrücken BeckRS 2011, 17411.
[133] *Zimmermann* in Schomburg/Lagodny § 6 Rn. 62.
[134] S. eingehend dazu nur *Burchard* in GPKG Int. Rechtshilfeverkehr § 73 Rn. 1–257 mwN.
[135] Hierzu im Einzelnen ausführlich *Burchard* in GPKG Int. Rechtshilfeverkehr § 73 Rn. 102–183 mwN.
[136] BVerfGE 80, 315 (338 ff.) = BeckRS 1989, 110351; BVerfGE 81, 142 (152) = BeckRS 9998, 169959; BVerfG StV 1997, 361; s. auch *Weides/Zimmermann* DVBl 1990, 410 (414).
[137] *Vogel* in GPKG Int. Rechtshilfeverkehr § 6 Rn. 184, 185.
[138] *Vogel* in GPKG Int. Rechtshilfeverkehr § 6 Rn. 185.
[139] *Vogel* in GPKG Int. Rechtshilfeverkehr § 6 Rn. 185; *Zimmermann* in Schomburg/Lagodny § 6 Rn. 64
[140] *Vogel* in GPKG Int. Rechtshilfeverkehr § 6 Rn. 185.
[141] *Zimmermann* in Schomburg/Lagodny § 6 Rn. 64.

auf denjenigen erstrecken, der für die separatistischen oder sonstigen politischen Ziele eintritt, aber terroristische Aktivitäten nicht oder nur gezwungenermaßen unterstützt, so kann eine auslieferungsrechtlich relevante politische Verfolgung gegeben sein. Dies gilt insbesondere für Aktionen eines bloßen Gegenterrors, die zwar der Bekämpfung des Terrorismus und seines ihn aktiv unterstützenden Umfeldes gelten mögen, aber darauf ausgerichtet sind, die an dem bestehenden Konflikt nicht unmittelbar beteiligte zivile Bevölkerung – im Gegenzug zu den Aktionen des Terrorismus – unter den Druck brutaler Gewalt zu setzen.[142] Zu beachten ist jedoch, dass die für das Asylrecht entwickelten Grundsätze nicht immer unreflektiert übernommen werden können. So kann bei der Annahme einer schwerwiegenden Gefahr für die öffentliche Sicherheit in Deutschland – etwa bei einem Gefährder – ein Asylanspruch entfallen.[143] Dies führt allerdings nicht automatisch dazu, dass auch das Auslieferungshindernis der politischen Verfolgung entfällt.[144] Liegen seine Voraussetzungen vor, ändert sich nichts an der dann zwingenden Unzulässigkeit der Auslieferung. Im Kern muss dies sogar für schwerste Straftaten wie Völkerstraftaten gelten.[145] In diesem Fall – wie auch sonst bei jeder Ablehnung einer Auslieferung – ist die Übernahme der Strafverfolgung im ersuchten Staat zu prüfen und, soweit möglich, das Strafverfahren zu betreiben (Grundsatz des *aut dedere aut iudicare*). Für Völkerstraftaten ist eine Strafverfolgung in der Bundesrepublik Deutschland möglich (vgl. § 1 VStGB).

5. Besonderheiten bei Europäischem Haftbefehl?

50 Das Auslieferungshindernis der politischen Verfolgung wird auch im System des Europäischen Haftbefehls – anders als das der politischen Straftat (→ Rn. 12 ff.) – nicht ausgeschlossen. Es bleibt vielmehr unangetastet.[146] Damit bleibt der historische und menschenrechtliche Kern des Auslieferungsverbots in diesem Kontext auch hier erhalten.[147] Ausweislich der Begründung zum RbEuHb kann jeder Mitgliedstaat eine innerstaatliche Regelung schaffen, wonach die Vollstreckung eines Europäischen Haftfehles abgelehnt wird „wenn objektive Anhaltspunkte dafür vorliegen, dass der genannte Haftbefehl zum Zwecke der Verfolgung oder Bestrafung einer Person aus Gründen ihres Geschlechts, ihrer Rasse, Religion, ethnischen Herkunft, Staatsangehörigkeit, Sprache oder politischen Überzeugung oder sexuellen Ausrichtung erlassen wurde oder dass die Stellung dieser Person aus einem dieser Gründe beeinträchtigt werden kann." (Erwägungsgrund 12 RbEuHb). Grund dafür ist, dass eine Auslieferung in einem solchen Fall gegen die in Art. 6 Abs. 2 EMRK garantierten Grundrechte des Verfolgten verstieße.[148] Auch Art. 18 der GrCh und Art. 33 Abs. 1 der Genfer Flüchtlingskonvention (GFK) wäre in einem solchen Fall gegebenenfalls tangiert.[149]

51 Ob der **Umfang des Auslieferungshindernisses** der politischen Verfolgung bei einem **Europäischen Haftbefehl** auf Grundlage des nationalen Rechts – § 6 Abs. 2 IRG und insbesondere Art. 16a GG – zu bestimmen ist[150] oder nach Maßgabe des Unionsrechts,[151] ist umstritten. Auch wenn gute Gründe für eine rahmenbeschlusskonforme und damit unionsrechtliche Auslegung streiten, ist das verfassungsrechtliche Gewicht des Art. 16a Abs. 1 GG nicht zu unterschätzen. Diese Frage dürfte in der Praxis bislang keine praktische

---

[142] Vgl. BVerfG 80, 315 (339 f.) = NVwZ 1990, 151.
[143] Vgl. BVerwGE 49, 202 (209) = NJW 1976, 490
[144] *Zimmermann* in Schomburg/Lagodny § 6 Rn. 65; vgl. auch OLG Düsseldorf, Beschl. v. 27.5.2003 – 4 AuslA (A) 308/02–147, 203–204/03 III.
[145] Ebenso *Zimmermann* in Schomburg/Lagodny § 6 Rn. 66.
[146] BVerfGE 113, 273 (305) = NJW 2005, 2289 (2293); OLG Karlsruhe BeckRS 2016, 17869 Rn. 26 f.; *Zimmermann* in Schomburg/Lagodny § 6 Rn. 3.
[147] *Böse* in GPKG Int. Rechtshilfeverkehr § 82 Rn. 4; *Vogel* JZ 2001, 937 (942).
[148] *Böse* in GPKG Int. Rechtshilfeverkehr § 82 Rn. 4.
[149] *Böse* in GPKG Int. Rechtshilfeverkehr § 82 Rn. 4; *Wolff* StV 2004, 154 (158); vgl. auch BT-Drs. 15/1718, 18.
[150] So *Rohlff*, Der Europäische Haftbefehl, 2003, 103 ff.; *Wolff* StV 2004, 156 (157 f.).
[151] So *Böse* in GPKG Int. Rechtshilfeverkehr § 82 Rn. 5.

Bedeutung erfahren haben.¹⁵² Ausgeschlossen ist dies für die Zukunft jedoch nicht, da Anzeichen für politische Verfolgung auch innerhalb der Europäischen Union aktuell nicht ausgeschlossen werden können, sondern im Gegenteil in der Zukunft bei EU-Staaten, die sich mehr und mehr von rechtsstaatlichen Grundsätzen entfernen, womöglich zu befürchten sind.¹⁵³ Die Tatsache, dass der Fall *Puigdemont* selbst im Kontext zu Spanien Fragen der politischen Verfolgung (oder zumindest einer Lageerschwerung) vor Kurzem aufgeworfen hat, zeigt, dass solche Fälle im EU-Raum auch für die Zukunft keineswegs ausgeschlossen werden können.¹⁵⁴

Zu bedenken ist, dass es in Fällen, in denen die Gefahr politischer Verfolgung als Auslieferungshindernis innerhalb der EU im Raum stehen sollte, vielfach auch an der Voraussetzung der beiderseitigen Strafbarkeit fehlen könnte oder ein Auslieferungshindernis aufgrund des *ordre public*-Vorbehalts nach § 73 S. 2 IRG greift.¹⁵⁵ **52**

6. Grundsatz der Spezialität und Zusicherungen

Das Auslieferungshindernis der politischen Verfolgung soll nach hM entfallen, soweit der Verfolgte durch den Grundsatz der Spezialität oder vom ersuchenden Staat abgegebenen Zusicherungen vor politischer Verfolgung im ersuchenden Staat geschützt ist.¹⁵⁶ Diese Ansicht überrascht und ist nicht nachvollziehbar. Es erscheint bereits **widersprüchlich,** einerseits festzustellen, dass die Voraussetzungen eines asylrelevanten Merkmals vorliegen und damit dem ersuchenden Staat ein eklatant rechtsstaatswidriges Vorgehen zu bescheinigen, andererseits aber darauf zu vertrauen, dieser Staat würde sich an abgegebene Zusicherungen bzw. den Spezialitätsgrundsatz halten.¹⁵⁷ Es wird in solchen Fällen in der Regel an der notwendigen **Belastbarkeit** von Zusicherung und/oder Einhaltung des Spezialitätsgrundsatzes fehlen, sodass die Auslieferung in diesen Fällen weiterhin unzulässig bleibt. Zudem dürfte die effektive Kontrolle der Einhaltung von Zusicherungen¹⁵⁸ in vielen Fällen dieser Art nicht in der gebotenen Form möglich sein, sodass auch aus diesem Grund dieses Instrument nicht zum Tragen kommen sollte. In all diesen Fällen drängt sich zudem eine Lageerschwerung für den Betroffenen geradezu auf, sodass das Auslieferungshindernis auch hierauf gestützt werden könnte.¹⁵⁹ Bekanntlich ist die Überprüfung, dass eine Schlechterstellung im Sinne eines Politmalus nicht erfolgt, in der Praxis noch weniger möglich (und zudem steuerbar) als bei Zusicherungen in anderen Fragen. **53**

7. Verfahrensfragen, Prüfkompetenz und Prüfpflicht

Soweit Anhaltspunkte für politische Verfolgung im Zielstaat bestehen, sind die zuständigen Stellen in Auslieferungssachen – das sind die Gerichte und die Bewilligungsbehörden – verpflichtet, von Amts wegen umfassend und eigenständig zu prüfen, ob dem Betroffenen **54**

---

[152] *Böse* in GPKG Int. Rechtshilfeverkehr § 82 Rn. 5; *Zimmermann/Hackner* in Schomburg/Lagodny § 82 Rn. 3; *Vogel* JZ 2001, 937 (942).
[153] In diese Richtung auch *Zimmermann/Hackner* in Schomburg/Lagodny § 82 Rn. 3; *Vogel* in GPKG Int. Rechtshilfeverkehr § 6 Rn. 132 mit historischen Beispielen (Nordirischer Bürgerkrieg und „Birmingham Six" im Zusammenhang mit dem Vereinigten Königreich und der „schmutzige Krieg" gegen die ETA im Königreich Spanien).
[154] S. auch *Zimmermann* in Schomburg/Lagodny § 6 Rn. 17.
[155] *Zimmermann* in Schomburg/Lagodny § 6 Rn. 14; *Gleß/Wahl/Zimmermann* in Schomburg/Lagodny § 73 Rn. 157 ff., 161.
[156] BVerfGE 15, 249 (251 ff.) = BeckRS 1963, 359 (für einen Fall aus dem Jahr 1963); BVerfGE 38, 398 (402) = NJW 1975, 1067; aus jüngerer Zeit OLG Karlsruhe BeckRS 2018, 26877 Rn. 23; NStZ-RR 2010, 41 (42); *Vogel* in GPKG Int. Rechtshilfeverkehr § 6 Rn. 205 ff. mwN.
[157] Ebenso *Zimmermann* in Schomburg/Lagodny § 6 Rn. 65; *Kimminich* JZ 1980, 174; *Lagodny,* Auslieferung trotz Flüchtlings- oder Asylanerkennung? Gutachten im Auftrag von amnesty international, 2008, *passim;* vgl. auch *Wolff* StV 2004, 154 (158).
[158] S. dazu *Gazeas* GA 2018, 277 (285 f.).
[159] *Zimmermann* in Schomburg/Lagodny § 6 Rn. 65; vgl. dazu auch OLG Bamberg StV 1997, 649 (650 f.); Brandenburgisches OLG, Beschl. v. 28.5.1997 – 2 Ausl (A) 7/97.

im Fall seiner Auslieferung politische Verfolgung droht.[160] Dies beinhaltet die Pflicht, alle möglichen Ermittlungen zur Aufklärung einer behaupteten Gefahr politischer Verfolgung von Amts wegen vorzunehmen.[161] Etwaige Akten aus ausländischen Asylverfahren sind grundsätzlich beizuziehen, solange nicht feststeht, dass sie unergiebig sind. Auskünfte zur konkreten und aktuellen Verfolgungssituation sind beim Auswärtigen Amt einzuholen; sie dienen jedoch nur als Erkenntnishilfe und sind vom Gericht eigenverantwortlich und unabhängig zu überprüfen.[162] Soweit sachdienlich, ist auch eine Stellungnahme von Nichtregierungsorganisationen einzuholen.[163]

55 Hinsichtlich der **Bewilligungsbehörde** (vgl. § 74 IRG) trifft diese Pflicht die Bundesregierung auch dann selbst, wenn sie die Ausübung der Bewilligungsbefugnisse auf das Bundesamt für Justiz oder die Landesregierungen übertragen hat.[164]

56 Die **Prüfpflicht** trifft die Bewilligungsbehörde als Herrin des Auslieferungsverfahrens in besonderem Maße und in jeder Lage des Verfahrens und überdies auch in Fällen des § 6 Abs. 1 IRG bei politischen Taten.[165] Ein Zulässigkeitsverfahren darf gar nicht erst eingeleitet werden, wenn nach Ansicht der Bewilligungsbehörde die Voraussetzungen eines Auslieferungshindernisses vorliegen. Ein bereits eingeleitetes Zulässigkeitsverfahren muss unverzüglich durch Nichtbewilligung beendet werden.[166] Liegt eine Zulässigkeitsentscheidung des Gerichts bereits vor, ändert dies nichts an dem Prüfumfang und den Prüfpflichten der Bewilligungsbehörde. Treten die Anhaltspunkte für einen Fall politischer Verfolgung nach Erlass der Zulässigkeitsentscheidung des Gerichts vor, ist die Bewilligungsbehörde schon bei geringsten Zweifeln, ob die Auslieferung tatsächlich im Lichte der neuen Tatsachen zulässig ist, verpflichtet, die Sache erneut dem Gericht vorzulegen.[167]

57 Die Pflicht zur Prüfung folgt **verfassungsrechtlich** aus Art. 19 Abs. 4 S. 1 GG, den in Art. 2 Abs. 2 S. 1 und 2 GG verfassungsrechtlich geschützten materiellen Rechtspositionen, die auch ausweislich der Rechtsprechung des Bundesverfassungsgerichts insoweit dem Grundgedanken des Art. 16a Abs. 1 GG entsprechen, sowie aus den bestehenden Vorgaben im Auslieferungsrecht, sei es einfachgesetzlich aus § 6 Abs. 2 IRG oder den spezielleren Regelungen in Auslieferungsverträgen.[168] Die für die Zulässigkeitsentscheidung in Auslieferungssachen zuständigen Oberlandesgerichte müssen ausweislich der gefestigten Rechtsprechung des BVerfG bei „entsprechenden Anhaltspunkten einer Gefahr politischer Verfolgung" im Zielstaat die „ihnen möglichen Ermittlungen zur Aufklärung der behaupteten Gefahr veranlassen" und „den Sachverhalt eigenständig würdigen."[169] Sprechen nach dieser Prüfung ernstliche Gründe für die Annahme einer politischen Verfolgung, hat das Gericht die beantragte Auslieferung grundsätzlich für unzulässig zu erklären.[170] Auch eine abgegebene Zusicherung ist bei entsprechenden Anhaltspunkten auf ihre Belastbarkeit hin zu überprüfen, insbesondere, wenn die tatsächlichen Gegebenheiten im Zielstaat erheblich von dem zugesicherten Verhalten abweichen.[171] Den dahingehenden Vortrag des Betroffenen muss das Gericht nachvollziehbar und willkürfrei würdigen.[172] Das Gericht muss unter

---

[160] BVerfGE 63, 215 (228) = NJW 1983, 1725; BVerfG NVwZ 2015, 120; BVerfG BeckRS 2021, 40037 Rn. 23; BVerfG, Besch. V. 29.5.1996 – 2 BvR 66/96 Rn. 17; *Vogel* in GPKG Int. Rechtshilfeverkehr § 6 Rn. 230.
[161] *Zimmermann* in Schomburg/Lagodny § 6 Rn. 72.
[162] Vgl. BVerfGE 63, 215 (228) = NJW 1983, 1725.
[163] *Zimmermann* in Schomburg/Lagodny § 6 Rn. 72.
[164] *Vogel* in GPKG Int. Rechtshilfeverkehr § 6 Rn. 3; *Zimmermann* in Schomburg/Lagodny § 6 Rn. 19.
[165] *Zimmermann* in Schomburg/Lagodny § 6 Rn. 19.
[166] *Zimmermann* in Schomburg/Lagodny § 6 Rn. 20.
[167] Ähnlich *Zimmermann* in Schomburg/Lagodny § 6 Rn. 20.
[168] BVerfG BeckRS 2021, 40037 Rn. 23; BVerfG NJW 2018, 37 Rn. 29.
[169] BVerfG BeckRS 2021, 40037 Rn. 23.
[170] BVerfG NJW 2018, 37 Rn. 29; BVerfG BeckRS 2019, 27322 Rn. 42.
[171] BVerfG BeckRS 2019, 11958; BVerfG BeckRS 2019, 31004 Rn. 37; BVerfG BeckRS 2021, 40037 Rn. 24.
[172] BVerfG BeckRS 2016, 43820 Rn. 13; NVwZ 2020, 144 Rn. 45; BVerfG BeckRS 2021, 40037 Rn. 24.

anderem darlegen, worauf es seine Überzeugung stützt, wenn es das Vorliegen einer Gefahr politischer Verfolgung ablehnt.[173]

Anhaltspunkte für einen Verdacht politischer Verfolgung können einen besonderen Umstand iSd § 10 Abs. 2 IRG darstellen, der ausnahmsweise eine Tatverdachtsprüfung erforderlich macht. Dies ist dann der Fall, wenn der Tat oder dem Verfahren ein politisches Element anhaftet.[174]

Auch bei Fällen **innerhalb der EU** gilt kein anderer Prüfmaßstab. Schon die unionsrechtliche Zulässigkeit eines solchen Auslieferungshindernisses führt im Ausgangspunkt dazu, dass bei der Prüfung, ob ein Fall politischer Verfolgung vorliegt, im Kern dieselben Prüfmaßstäbe angesetzt werden sollten, wie gegenüber Drittstaaten. Zwar liegt zwischen den Mitgliedstaaten der EU ein Vertrauen zugrunde. Dies ist durch den Abschluss eines Auslieferungsvertrages mit Drittstaaten jedoch im Kern ebenso der Fall. Der EuGH hat im Falle der EU eine Durchbrechung des Vertrauens jedenfalls bei systemischen Mängeln im ersuchenden Staat bejaht.[175] Die Schwelle muss jedoch niedriger angesetzt werden. Es wird vertreten, dass bei offensichtlichen und schwerwiegenden Defiziten im konkreten Einzelfall eine Prüfungskompetenz des ersuchten Mitgliedstaats zu bejahen ist.[176] In Fällen, in denen Zweifel an der Unabhängigkeit der Justiz bestehen, wäre die Schwelle schwerwiegender Defizite stets erreicht. Doch auch darüber hinaus muss eine Prüfmöglichkeit auch in Einzelfällen bestehen, wenn gewichtige Anhaltspunkte für eine politische Verfolgung bestehen.[177] Im Ergebnis sollte wegen des erheblichen Unrechtsgehalts eines tatsächlichen Falles politischer Verfolgung und der gravierenden Folgen für den Betroffenen sowie der daraus folgenden Schutzwürdigkeit auch innerhalb der EU im Ergebnis derselbe Prüfmaßstab gelten wie gegenüber Drittstaaten. Liegt kein Fall politischer Verfolgung vor, wird die Vollstreckung des Europäischen Haftbefehls aus diesem Grund auch nicht abgelehnt werden. Den Prüfungsumfang bereits *a priori* einzuschränken, erscheint wenig sinnvoll und im Lichte der klaren Ausnahmeregelung im Unionsrecht (vgl. Erwägungsgrund 12 zum RbEuHb, → Rn. 50) auch nicht angezeigt. Denn der Schutz politisch Verfolgter ist ein humanitäres Anliegen, das unantastbar bleiben muss. Ein hohes Maß an menschenrechtlichem Verfolgungsschutz sollte in einer Wertegemeinschaft wie der EU zudem eine selbstverständliche Maxime sein.[178]

8. Auslieferungshindernis in bi- und multilateralen Auslieferungsverträgen

Das Auslieferungshindernis der politischen Verfolgung ist – wie auch das der politischen Straftat (→ Rn. 12 ff.) – in Auslieferungsverträgen üblich.[179] Das praktisch relevanteste Auslieferungsübereinkommen ist das EuAlÜbk (dort Art. 3 Abs. 2) (→ Rn. 26 ff.).

III. Sonstige Rechtshilfe bei politischer Straftat und politischer Verfolgung

Die Leistung sonstiger Rechtshilfe (sog. „kleine Rechtshilfe") ist auch bei politischen Straftaten zumindest im vertraglosen Rechtshilfeverkehr grundsätzlich möglich.[180] Einen Ausschlussgrund enthalten die §§ 59 ff. IRG nicht. Das Europäische Übereinkommen vom

---
[173] BVerfG BeckRS 2021, 40037 Rn. 25.
[174] *Zimmermann* in Schomburg/Lagodny § 6 Rn. 19.
[175] EuGH, Urt. v. 5.4.2016 – verb. Rs. C-404/15 und C-695/15 PPU (Aranyosi und Căldăraru).
[176] So *Zimmermann* in Schomburg/Lagodny § 6 Rn. 16; s. auch *Gleß/Wahl/Zimmermann* in Schomburg/Lagodny § 73 Rn. 146.
[177] Nur minimal restriktiver *Zimmermann* in Schomburg/Lagodny § 6 Rn. 16: „klare Anhaltspunkte" für politische Verfolgung.
[178] *Zimmermann* Schomburg/Lagodny § 6 Rn. 17.
[179] S. exemplarisch in bilateralen Auslieferungsverträgen Art. 3 Abs. 1 lit. n AuslV D-Australien; Art. III Abs. 1 lit. b AuslV D-Kanada; Art. 3 Abs. 2 AuslV D-Indien.
[180] *Johnson* in GPKG Int. Rechtshilfeverkehr Vor § 59 Rn. 9; *Burchard* in GPKG Int. Rechtshilfeverkehr § 73 Rn. 37; s. auch BT-Drs. 9/1338, 80 f.

20.4.1959 über die Rechtshilfe in Strafsachen (EuRhÜbk)[181] enthält in seinem Art. 2 lit. a fakultativ das Recht, die Gewährung von Rechtshilfe zu verweigern. Ausweislich der Denkschrift zum EuRhÜbk wollte man die Gewährung von sonstiger Rechtshilfe in solchen Fällen den Vertragsstaaten bewusst freistellen, weil es „oft im Interesse des Staates und vor allem des Beschuldigten liegt, wenn in politischen […] Strafsachen Rechtshilfe gewährt wird, zumal wenn durch die Rechtshilfe der Beschuldigte entlastet wird."[182] Die Leistung von Rechtshilfe kann jedoch aufgrund des *ordre public*-Vorbehalts in solchen Fällen unzulässig sein.

62 Deutsche Stellen sind bei der Leistung sonstiger Rechtshilfe für die Verfolgung politischer Taten **traditionell zurückhaltend,**[183] was zu begrüßen ist. Ein Dilemma ergibt sich dann, wenn die Leistung von Rechtshilfe für den Betroffenen entlastende Beweismittel erbringen würde („Entlastungsrechtshilfe"). Sofern die Erledigung des Rechtshilfeersuchens nicht nur mit der Übergabe entlastender Beweismittel in einem solchen Fall verbunden wäre, sondern sowohl be- als auch entlastende Beweismittel enthielte, empfiehlt sich zu erwägen, ob die Gewährung von Rechtshilfe unter Hinweis auf den *ordre public*-Vorbehalt teilweise abgelehnt, hinsichtlich der entlastenden Beweismittel hingegen bewilligt werden kann. Ist eine solche Zweiteilung nicht möglich, sollte die Rechtshilfe gänzlich abgelehnt werden und die entlastenden Beweismittel, soweit möglich, im diplomatischen Wege geltend gemacht werden. Ein weiterer möglicher Weg wäre, in der Ablehnung des Rechtshilfeersuchens mitzuteilen, dass entlastende Beweismittel vorliegen. Dies würde die Verteidigung des Betroffenen in die Lage versetzen, sich um einen Zugang zu diesen Beweismitteln zu bemühen. Auch für Fälle **politischer Verfolgung** existiert keine § 6 Abs. 2 IRG entsprechende Norm für den Bereich der sonstigen Rechtshilfe. Es besteht jedoch allgemein Konsens darüber, dass aufgrund der Grundrechtsausstrahlung von Art. 16a GG über den *ordre public*-Vorbehalt in § 73 S. 1 IRG in Fällen politischer Verfolgung auch keine sonstige Rechtshilfe gewährt werden sollte.

IV. Besonderheiten bei Terrorismusstraftaten – keine politische Tat

63 Terrorismusstraftaten spielen auch im Bereich der internationalen Rechtshilfe in Strafsachen eine wesentliche Rolle. Im Kern wirken sich internationale Übereinkommen auf die Frage aus, inwieweit das Auslieferungshindernis der politischen Tat in solchen ausgeschlossen ist und eine Auslieferungspflicht besteht.

1. Europäisches Übereinkommen zur Bekämpfung des Terrorismus vom 27.1.1977 (EuTerrÜbk) und Zusatzprotokoll hierzu vom 15.5.2003 (ZP-EuTerrÜbk)

64 Das Übereinkommen zur Bekämpfung des Terrorismus vom 27.1.1977 (EuTerrÜbk) ist für die **Auslegung des Begriffs** der politischen Tat und der Zusammenhangstat von besonderer Relevanz.[184] Es geht als *lex specialis* § 6 Abs. 1 IRG vor. Das EuTerrÜbk schränkt das Auslieferungshindernis der politischen Tat nach Art. 3 EuAlÜbk erheblich ein und führt in vielen Fällen im Umkehrschluss zu einer Auslieferungspflicht (vgl. Art. 1 EuAlÜbk). Das EuTerrÜbk verfolgt den Zweck, die Bekämpfung des Terrorismus durch eine umfassendere Zusammenarbeit der Justizbehörden der Mitgliedstaaten des Europarates zu verbessern und zu gewährleisten, dass besonders schwere Straftaten ohne jede Ausnahme der entsprechenden Bestrafung zugeführt werden. Diesem Zweck soll insbesondere die Auslieferung terroristischer Täter an den Staat, in welchem die Tat begangen wurde, dienen. Diese soll auch dann möglich sein, wenn die Tat nach innerstaatlichem Recht als

---

[181] BGBl. 1964 II 1369 (1386); 1976 II 1799; 1982 I 2071.
[182] BT-Drs. VI/382, 43.
[183] *Lüttger* GA 1960, 33, 60; *Vogel* in GPGK Int. Rechtshilfeverkehr § 6 Rn. 121.
[184] *Zimmermann* in Schomburg/Lagodny § 6 Rn. 34.

politische, nicht auslieferungsfähige Straftat anzusehen ist.[185] Das Übereinkommen begründet eine Pflicht für die Vertragsstaaten, einander Straftäter auszuliefern, die bestimmte, dem Bereich der terroristischen Taten zuzurechnende Straftaten begangen haben, auch wenn diese nach innerstaatlichem Recht als politische, mit solchen zusammenhängende oder politisch motivierte Straftaten anzusehen sind (Art. 1 EuTerrÜbk). Darüber hinaus stellt es den Vertragsstaaten frei, auch bestimmte sonstige besonders schwere Straftaten nicht als politische Taten anzusehen (Art 2 EuTerrÜbk).

Das Übereinkommen ist für Deutschland am 4.8.1978 in Kraft getreten.[186] Das Zusatzprotokoll dazu vom 15.5.2003[187] (ZP-EuTerrÜbk), welches das Übereinkommen geändert hat, ist bislang noch nicht in Kraft getreten (→ Rn. 72). Das EuTerrÜbk hat einen sehr breiten Ratifikationsstand erfahren; es ist von allen Europaratsstaaten mit Ausnahme von Andorra ratifiziert worden. Das Übereinkommen hat auslieferungsrechtlich in praxisrelevanter Form vor allem die Funktion, dass bestimmte Handlungen **nicht als politische Taten** behandelt werden dürfen und mithin in diesen Fällen weiterhin nach dem EuAlÜbk eine **Auslieferungspflicht** besteht.

Art. 1 des Übereinkommens bestimmt, dass in den enumerativ aufgezählten sechs Fällen für die Zwecke der Auslieferung **keine der dort genannten Straftaten** „als politische Straftat, als eine mit einer politischen Straftat zusammenhängende oder als eine auf politischen Beweggründen beruhende Straftat angesehen [wird]." Dies sind folgende Straftaten:

- eine Straftat im Sinne des am 16.12.1970 in Den Haag unterzeichneten Übereinkommens zur Bekämpfung der widerrechtlichen Inbesitznahme von Luftfahrzeugen;
- eine Straftat im Sinne des am 23.9.1971 in Montreal unterzeichneten Übereinkommens zur Bekämpfung widerrechtlicher Handlungen gegen die Sicherheit der Zivilluftfahrt;
- eine schwere Straftat, die in einem Angriff auf das Leben, die körperliche Unversehrtheit oder die Freiheit völkerrechtlich geschützter Personen einschließlich Diplomaten besteht;
- eine Straftat, die eine Entführung, eine Geiselnahme oder eine schwere widerrechtliche Freiheitsentziehung darstellt;
- eine Straftat, bei deren Begehung eine Bombe, eine Handgranate, eine Rakete, eine automatische Schusswaffe oder ein Sprengstoffbrief oder -paket verwendet wird, wenn dadurch Personen gefährdet werden;
- der Versuch, eine der vorstehenden Straftaten zu begehen, oder die Beteiligung als Mittäter oder Gehilfe einer Person, die eine solche Straftat begeht oder zu begehen versucht.

In Art. 2 EuTerrÜbk schafft das Übereinkommen eine Regelung zur Erweiterung des Kreises nicht politischer Taten dahingehend, dass ein Vertragsstaat entscheiden kann, fakultativ eine *„nicht unter Art. 1 fallende schwere Gewalttat gegen das Leben, die körperliche Unversehrtheit oder die Freiheit einer Person nicht als politische Straftat, als eine mit einer politischen Straftat zusammenhängende oder als eine auf politischen Beweggründen beruhende Straftat anzusehen."* Das Gleiche gilt nach Art. 2 Abs. 2 *„für eine gegen Sachen gerichtete schwere Straftat, die nicht unter Art. 1 fällt, wenn sie eine Gemeingefahr für Personen herbeiführt."* Nach Art. 2 Abs. 3 gilt zusätzlich das Gleiche für den Versuch und die Teilnahme an einer solchen Straftat. Die Bundesrepublik Deutschland hat von dieser fakultativen Regelung Gebrauch gemacht und mit Gesetz zu dem Europäischen Übereinkommen vom 27.1.1977 zur Bekämpfung des Terrorismus[188] in Art. 2 des vorgenannten Umsetzungsgesetzes Folgendes festgelegt:

---

[185] Vgl. die Denkschrift zu dem Übereinkommen in BT-Drs. 8/1204 und BR-Drs. 456/77; ebenso BGHSt 29, 211 (213) = NJW 1980, 1237.
[186] BGBl. 1978 II 321; 1978 II 907. Abgedruckt im *Schomburg/Lagodny* II A 5; s. zu den Materialien BT-Drs. 8/1204, 8/1416, BR-Drs. 456/77; s. zum Übereinkommen *Bartsch* NJW 1977, 1985 ff.; *Linke* ÖJZ 1977, 225; *Stein* ZaöRV 37 (1977) 668 ff.
[187] BGBl. 2010 II 1230; abgedruckt in *Schomburg/Lagodny* II A 5a.
[188] BGBl. 1978 II 321.

Art. 2. „Bei der Prüfung der Zulässigkeit der Auslieferung ist eine schwere Gewalttat im Sinne des *Artikels 2 Abs. 1* des Übereinkommens oder eine schwere Straftat im Sinne des *Artikels 2 Abs. 2* des Übereinkommens nicht als eine politische Straftat, als eine mit einer solchen zusammenhängende oder als eine auf politischen Beweggründen beruhende Straftat anzusehen, wenn die Tat bei Abwägung aller Umstände, insbesondere der Beweggründe des Täters sowie der Art ihrer Ausführung und ihrer verschuldeten Auswirkungen, kein angemessenes Mittel ist, das mit ihr erstrebte Ziel zu erreichen. Dies ist in der Regel der Fall,
1. wenn durch die Tat der Tod oder eine schwere Körperverletzung (§ 224 StGB) des Opfers verursacht,
2. wenn durch die Tat das Leben oder die Gesundheit einer großen Zahl von Menschen gefährdet oder
3. wenn die Tat grausam oder mit gemeingefährlichen Mitteln begangen

worden ist."

68 Damit schließt neben Art. 1 EuTerrÜbK auch Art. 2 des Umsetzungsgesetzes eine Vielzahl von Straftaten aus dem Bereich der politischen Delikte aus. Damit werden im Terrorismusbereich **sämtliche denkbaren Delikte** aus dem Begriff der politischen Straftat herausgenommen. Das EuTerrÜbk sowie Art. 2 des Umsetzungsgesetzes beschränken mithin den Begriff der politischen Tat iSv § 6 Abs. 1 IRG im Verhältnis zu den jeweiligen Vertragsstaaten des Übereinkommens.[189] Da mit Ausnahme von Andorra alle Vertragsstaaten das Übereinkommen ratifiziert haben, findet die Einschränkung des Begriffs der politischen Tat mit Ausnahme von Andorra[190] gegenüber allen Vertragsstaaten Anwendung.

69 Zusätzlich begründet Art. 4 EuTerrÜbk eine Auslieferungsfähigkeit und -pflicht für alle (vorstehend) in Art. 1 und 2 des Übereinkommens genannten Straftaten, auch wenn diese Taten bislang nicht in Auslieferungsverträgen enthalten sein sollten. Wegen der Weite des EuAlÜbk hat diese Regelung jedoch, soweit ersichtlich, nur deklaratorischen Charakter.

70 Das Auslieferungshindernis der **politischen Verfolgung** bleibt nach Art. 5 des Übereinkommens weiterhin unangetastet. Art. 5 EuTerrÜbk spricht insoweit von „ernstliche[n] Gründe[n] für die Annahme" einer politischen Verfolgung (einschließlich der Klausel zur Lageerschwerung wie sie in § 6 Abs. 2 IRG enthalten ist).

71 Art. 6 und 7 EuTerrÜbk enthalten die (übliche) Vertragsklausel zu einem *aut dedere aut iudicare*. Danach muss jeder Vertragsstaat die notwendigen Maßnahmen ergreifen, um selbst seine Gerichtsbarkeit für die in Art. 1 des Übereinkommens genannten Fälle zu begründen für den Fall, dass eine Auslieferung (aus anderen Gründen) nicht möglich sein sollte. Art. 8 EuTerrÜbk enthält die (übliche) Zusammenarbeitsklausel für Rechtshilfe.

72 Das **ZP-EuTerrÜbk** verfolgt das Ziel, die Wirksamkeit des EuTerrÜbk zu erhöhen.[191] Das Zusatzprotokoll nimmt in drei Richtungen Änderungen vor: Die Liste der Vergehen, die nicht als politische Taten betrachtet werden dürfen, ist erheblich verlängert worden. Es wurde hierbei das Ziel verfolgt, sämtliche Delikte zu erfassen, die in den einschlägigen Übereinkommen und Protokollen der UN (Übereinkommen zur Bekämpfung des Terrorismus[192]) aufgezählt sind. Es wurden auch unter Berücksichtigung der jüngsten Entwicklungen bei der UN die Vorgaben zu Nebendelikten auf den neusten Stand gebracht. Das ZP-EuTerrÜbk blickt zudem in die Zukunft und schafft ein vereinfachtes Ergänzungsverfahren, womit in Zukunft neue Tatbestände ergänzend hinzugenommen werden können. Für Novellierungen bedarf es keines förmlichen Ergänzungsprotokolls mehr. Auf die Zukunft gerichtet ist das Zusatzprotokoll auch in einem anderen Punkt: Es ermöglicht denjenigen Staaten, die beim Europarat Beobachterstatus haben, ebenso den Beitritt;

---
[189] Vgl. auch BGHSt 29, 211 (214) = NJW 1980, 1237.
[190] Vgl. BGHSt 29, 211 = NJW 1980, 1237 zu Italien zu einem Zeitpunkt, zu dem Italien das Übereinkommen noch nicht ratifiziert hatte.
[191] *Schomburg/Trautmann* in Schomburg/Lagodny II A 5a Vor ZP-EuTerrÜbk Rn. 3.
[192] S. dazu etwa *Kreß/Gazeas* in Sieber/Satzger/von Heintschel-Heinegg, Europäisches Strafrecht, 2. Aufl. 2014, § 19 Rn. 1–8.

zudem kann das Ministerkomitee einzelfallbezogen auch andere Staaten zum Beitritt auffordern.[193] Auf das auch sonst fortschrittliche Zusatzprotokoll[194] mit seinen 19 Artikeln wird an dieser Stelle in dieser Auflage nicht weiter eingegangen, weil es **noch nicht in Kraft** getreten ist. Es ist von der Bundesrepublik Deutschland zwar am 13.7.2011 ratifiziert worden. Es tritt jedoch nach Art. 18 erst dann in Kraft, wenn es alle Vertragsstaaten des EuTerrÜbk ratifiziert haben. Bislang (Stand: 1.1.2022) fehlen noch 12 weitere Ratifikationen, unter anderem von (durchaus wichtigen) Mitgliedstaaten wie Österreich, dem Vereinigten Königreich, Irland, Schweden, Tschechien, Griechenland, Malta und Ungarn.

2. Weitere Übereinkommen gegen den Terrorismus

Die weiteren Übereinkommen gegen den Terrorismus sind im Hinblick auf das Auslieferungshindernis der politischen Tat eher weniger von Bedeutung.[195] Die Tendenz, terroristische Straftaten aus dem Anwendungsbereich des Auslieferungshindernisses der politischen Tat herauszunehmen, ist insbesondere in älteren Übereinkommen gegen den Terrorismus nicht zur Anwendung gekommen.[196] Das (Haager) Übereinkommen zur Bekämpfung der widerrechtlichen Inbesitznahme von Luftfahrzeugen v. 16.12.1970[197], das (Montrealer) Übereinkommen zur Bekämpfung widerrechtlicher Handlungen gegen die Sicherheit der Zivilluftfahrt v. 23.9.1971[198] nebst Protokoll v. 24.2.1988[199], das Übereinkommen über die Verhütung, Verfolgung und Bestrafung von Straftaten gegen völkerrechtlich geschützte Personen einschließlich Diplomaten v. 14.12.1971[200], das Internationale Übereinkommen gegen Geiselnahme v. 17.12.1979[201] und das (Römische) Übereinkommen zur Bekämpfung widerrechtlicher Handlungen gegen die Sicherheit der Seeschifffahrt v. 10.3.1988[202] bestimmen zwar in diesem Kontext, dass die jeweiligen strafbaren Handlungen der Auslieferung unterliegen sollen. Damit wird jedoch nicht das Auslieferungshindernis bei politischen Straftaten abbedungen.[203] Diesem Umstand ist letztlich auch das (noch nicht in Kraft getretene) ZP-EuTerrÜbk (→ Rn. 72) geschuldet. Neuere Übereinkommen im Bereich der Terrorismusbekämpfung sehen hingegen einen Ausschluss des Auslieferungshindernisses der politischen Tat ausdrücklich vor. Dazu zählen das Internationale Übereinkommen zur Bekämpfung terroristischer Bombenanschläge v. 15.12.1997[204] (dort Art. 11) sowie das Übereinkommen zur Bekämpfung der Finanzierung des Terrorismus v. 9.12.1999[205] (dort Art. 14).[206] Für etwaige zukünftige Übereinkommen auf diesem Gebiet – etwa auch dem seit Jahrzehnten diskutierten Umfassenden Übereinkommen über den internationalen Terrorismus[207] – dürfte zu erwarten sein, dass das Auslieferungshindernis der politischen Tat ausdrücklich abbedungen wird. Ein nützlicher Schritt in diese Richtung wäre das Inkrafttreten des ZP-EuTerrÜbk (→ Rn. 72).

73

---

[193] *Schomburg/Trautmann* in Schomburg/Lagodny II A 5a Vor ZP-EuTerrÜbk Rn. 3.
[194] S. zu weiteren Änderungen *Schomburg/Trautmann* in Schomburg/Lagodny II A 5a Vor ZP-EuTerrÜbk Rn. 4–6.
[195] S. dazu *Kreß/Gazeas* in Sieber/Satzger/von Heintschel-Heinegg, Europäisches Strafrecht, 2. Aufl. 2014, § 19 Rn. 1–8 mwN.
[196] *Vogel* in GPKG Int. Rechtshilfeverkehr § 6 Rn. 100.
[197] BGBl. 1972 II 1506.
[198] BGBl. 1977 II 123.
[199] BGBl. 1993 II 866.
[200] BGBl. 1976 II 1745.
[201] BGBl. 1980 II 1361.
[202] BGBl. 1990 II 496.
[203] *Vogel* in GPKG Int. Rechtshilfeverkehr § 6 Rn. 100.
[204] BGBl. 2002 II 2506.
[205] BGBl. 2003 II 1924.
[206] *Vogel* in GPKG Int. Rechtshilfeverkehr § 6 Rn. 101.
[207] S. dazu *Kreß/Gazeas* in Sieber/Satzger/von Heintschel-Heinegg, Europäisches Strafrecht, 2. Aufl. 2014, § 19 Rn. 4.

V. Militärische Straftat

74 Ein weiteres Auslieferungshindernis besteht bei militärischen Straftaten.[208] Der Grund für ein solches Auslieferungshindernis ist nicht einfach auszumachen. Die **Erklärungsversuche** dafür sind letztlich kaum überzeugend.[209] So wurde zum Teil das Fehlen eines allgemeinen internationalen Interesses vorgebracht[210] oder dass eine Rechtsverpflichtung nur gegenüber dem Heimatstaat bestehe.[211] Beides überzeugt deshalb nicht, weil dies letztlich auch für Fiskaldelikte und andere Delikte gegen die Staatsgewalt gelten müsste.[212] Am ehesten dürfte faktisch der Erklärungsgrund leitend sein, dass Gerichte, vor allem aber die Bewilligungsbehörden und damit letztlich die Regierung von Staaten vor außen- wie innenpolitisch schwierigen Gratwanderungen im Einzelfall verschont bleiben sollen und deshalb generell ein Auslieferungshindernis begründet wird, das eine inhaltliche Auseinandersetzung mit dem Einzelfall nicht mehr erforderlich macht.[213] Dies ist für sich genommen bei Licht betrachtet jedoch normativ wenig überzeugend. Am Ende hat der Erklärungsversuch, es sei regelmäßig nicht im Interesse des ersuchten Staates, dem ersuchenden Staat bei der Durchsetzung seines Militärstrafrechts zu unterstützen,[214] zumindest einen rationalen Ansatz, auch wenn er wegen seines überkommenen realpolitischen Ausgangspunktes durchaus berechtigter Kritik ausgesetzt ist.[215] Denn die Vermeidung diplomatischer Verstimmungen aufgrund einer Versagung der Unterstützung fremder Disziplinierung des dortigen Militärapparates ist einem souveränen Staat ebenso zumutbar wie die außenpolitische Kommunikation einer Entscheidung, den humanitären Schutz eines Gewissenstäters über die Auslieferung zu stellen.[216] Durchaus überzeugend erscheint es aus heutiger Sicht, den **Sinn und Zweck** eines solchen Auslieferungshindernisses auch in der individualschützenden Funktion zu erblicken, die insbesondere bei militärischen Pflichtverletzungen (wie Fahnenflucht) bei legitimer Gewissensentscheidung (vgl. Art. 4 Abs. 3 S. 1 GG) angeführt werden kann. Das ist freilich nicht der historische Grund für dieses althergebrachte Auslieferungshindernis, jedoch aktuell schon wegen des hohen Ranges des Grundrechts der Gewissensfreiheit durchaus ein tragfähiger Legitimationsansatz.[217] Der per definitionem allgemein gefasste *ordre public*-Vorbehalt kann hier nicht dieselbe Sicherheit vor einer Auslieferung bieten.

75 Im Lichte der fehlenden handfesten Gründe für dieses Auslieferungshindernis wird insbesondere im Lichte des Schutzes des Betroffenen durch den *ordre public*-Vorbehalt und den Grundsatz der beiderseitigen Strafbarkeit kriminal- und rechtspolitisch zu bedenken gegeben, das Auslieferungshindernis der militärischen Straftat **abzuschaffen**.[218]

76 Ein Auslieferungshindernis bei militärischen Straftaten findet sich regelmäßig in bi- und multilateralen Auslieferungsverträgen (s. etwa Art. 4 EuAlÜbk[219], Art. 5 Auslieferungsvertrag D-USA vom 20.6.1978[220]) als auch im IRG für den vertraglosen Auslieferungsverkehr.

---

[208] S. zur Entstehungsgeschichte *Vogel/Burchard* in GPKG Int. Rechtshilfeverkehr § 7 Rn. 1.
[209] *Schomburg/Hackner/Zimmermann* in Schomburg/Lagodny § 7 Rn. 3; eingehend dazu *Vogel/Burchard* in GPKG Int. Rechtshilfeverkehr § 7 Rn. 611 mwN.
[210] *Vogler* in *Grützner/Pötz/Kreß/Gazeas*, Internationaler Rechtshilfeverkehr in Strafsachen, Loseblatt, 2. Aufl. (Vorauflage.) IRG § 7 Rn. 2.
[211] Vgl. OLG Wien Beschl. v. 19.3.1987 – 24 Ns 20/873 zu Art. 4 EuAlÜbk.
[212] *Schomburg/Hackner/Zimmermann* in Schomburg/Lagodny § 7 Rn. 3.
[213] *Schomburg/Hackner/Zimmermann* in Schomburg/Lagodny § 7 Rn. 3; ähnlich auch *Kubiciel* in NK-RechtshilfeR § 7 Rn. 73.
[214] *Swart* Netherlands Yearbook of International Law, 1992, 187.
[215] *Vogel/Burchard* in GPKG Int. Rechtshilfeverkehr § 7 Rn. 10.
[216] *Vogel/Burchard* in GPKG Int. Rechtshilfeverkehr § 7 Rn. 9.
[217] Vgl. *Swart* Netherlands Yearbook of International Law, 1992, 187; aA *Vogel/Burchard* in GPKG Int. Rechtshilfeverkehr § 7 Rn. 11 unter Hinweis auf Entstehungsgeschichte und Systematik.
[218] *Vogel/Burchard* in GPKG Int. Rechtshilfeverkehr § 7 Rn. 11.
[219] Beachte hierzu insbesondere die Vorbehalte nordischer Staaten (Dänemark, Finnland, Island, Norwegen und Schweden) sowie von Bulgarien und der Ukraine. Danach kann die Auslieferung unter rechtlicher Spezialitätsbindung erfolgen.
[220] BGBl. 1980 II 646 (1300), idF des Zusatzvertrags v. 21.10.1986 (BGBl. 1988 II 1087; 1993 II 846).

Es besteht indes **keine allgemeine Regel des Völkerrechts** zur Nichtauslieferbarkeit 77 rein militärischer Taten.[221] In der Folge ist jeder Staat grundsätzlich frei, wegen militärischer Taten auszuliefern.[222] Die völkerrechtliche Auslieferungsfreiheit hat umgekehrt auch zur Folge, dass im vertraglosen Auslieferungsverkehr jeder Staat die Auslieferung unter Hinweis auf das Vorliegen einer militärischen Straftat verweigern kann.[223]

In § 7 IRG heißt es: „Die Auslieferung ist nicht zulässig wegen einer Tat, die ausschließ- 78 lich in der Verletzung militärischer Pflichten besteht." Die Formulierungen in Auslieferungsverträgen sind im Kern weitgehend inhaltsgleich. Unter dieses Auslieferungshindernis fallen rein (dh allein) militärische Straftaten, also Straftaten, die „ausschließlich in der Verletzung militärischer Pflichten" (§ 7 IRG) bestehen. Erforderlich ist danach eine autonome Auslegung iSd § 7 IRG.[224] Ob eine Verletzung „militärischer Pflichten" iSd § 7 IRG vorliegt, ist zunächst nach den Kriterien der deutschen Rechtsordnung zu beurteilen, wobei gute Gründe dafür streiten, ergänzend auch das Recht des ersuchenden Staates mit berücksichtigen zu dürfen.[225] Es kann eine Indizwirkung für das Vorliegen einer militärischen Tat entfalten, wenn der ersuchende Staat die Tat als militärische verfolgt.[226] Es können auch allgemeine Strafgesetze militärische Straftaten im auslieferungsrechtlichen Sinne enthalten.[227] Andererseits müssen nicht zwingend alle in Militär- oder Wehrstrafgesetzen enthaltenen Straftatbestände auch zwingend nur militärischer Natur sein.[228] Eine Verletzung von „militärischen Pflichten" iSd § 7 IRG liegt vor, wenn gegen militärische Rechtsgüter (wie zum Beispiel die Landesverteidigung) gerichtete besondere Standesdelikte durch militärisch verpflichtete Personen begangen werden.[229] Beide Voraussetzungen müssen kumulativ vorliegen; allein die Verletzung militärischer Rechtsgüter durch eine nicht militärisch verpflichtete Person genügt nicht. Die in §§ 109–109h StGB enthaltenen Straftaten gegen die Landesverteidigung sind beispielsweise sog. Jedermann-Delikte und keine Sonderdelikte, die nur durch militärisch verpflichtete Personen begangen werden können. Sie unterfallen daher nicht dem Begriff der militärischen Straftat im auslieferungsrechtlichen Sinne.[230]

Zu Zivildienstleistenden besteht im Hinblick auf § 3 Abs. 1 S. 1 WPflG ein Streit dahin- 79 gehend, ob sie in den Täterkreis der militärisch Verpflichteten einzubeziehen sind.[231] Durch den Wegfall der Wehrpflicht und entsprechend des Zivildienstes ist die praktische Bedeutung dieser Frage entfallen.

Voraussetzung für das Auslieferungshindernis ist, dass „ausschließlich" militärische Pflich- 80 ten durch die Tat verletzt werden. Erfasst sind demnach allein **absolute militärische Straftaten**.[232] Hierzu zählen etwa die Fahnenflucht (§ 16 WStG) und die Gehorsamsverweigerung (§ 20 WStG). Hingegen ist etwa die Nötigung eines Vorgesetzten (§ 24 WStG) eine sog. **gemischt militärisch-gemeine Straftat,** weil die Nötigung nach § 240 StGB auch ein Jedermann-Delikt ist.[233] Bei solchen gemischt militärisch-gemeinen Straftaten greift das Auslieferungshindernis der militärischen Tat nicht. Es fehlt an dem Erfordernis der absoluten militärischen Straftat. Auch beim Zusammenfallen von militärischen Straftaten und anderen allgemeinen Straftaten in einer (prozessualen) Tat – sog. **konnex-militärischen Taten** – greift das Auslieferungshindernis nicht. Ein solcher Fall liegt etwa vor,

---

[221] *Vogel/Burchard* in GPKG Int. Rechtshilfeverkehr § 7 Rn. 5; *Stein,* Die Auslieferungsausnahme bei politischen Delikten, 1983, 44; aA *Meyer,* Die Einlieferung, 1953, 87.
[222] *Vogel/Burchard* in GPKG Int. Rechtshilfeverkehr § 7 Rn. 5.
[223] *Vogel/Burchard* in GPKG Int. Rechtshilfeverkehr § 7 Rn. 5.
[224] Vgl. auch *Vogel/Burchard* in GPKG Int. Rechtshilfeverkehr § 7 Rn. 14.
[225] So auch *Schomburg/Hackner/Zimmermann* in Schomburg/Lagodny § 7 Rn. 6.
[226] *Vogel/Burchard* in GPKG Int. Rechtshilfeverkehr § 7 Rn. 14.
[227] *Vogel/Burchard* in GPKG Int. Rechtshilfeverkehr § 7 Rn. 15.
[228] *Vogel/Burchard* in GPKG Int. Rechtshilfeverkehr § 7 Rn. 15.
[229] *Vogel/Burchard* in GPKG Int. Rechtshilfeverkehr § 7 Rn. 15.
[230] *Vogel/Burchard* in GPKG Int. Rechtshilfeverkehr § 7 Rn. 17.
[231] S. dazu *Vogel/Burchard* in GPKG Int. Rechtshilfeverkehr § 7 Rn. 17.
[232] *Vogel/Burchard* in GPKG Int. Rechtshilfeverkehr § 7 Rn. 20.
[233] S. zur Abgrenzung *Vogel/Burchard* in GPKG Int. Rechtshilfeverkehr § 7 Rn. 21.

wenn ein Fahnenflüchtiger beim Verlassen der Kaserne noch einen Laptop der Bundeswehr stiehlt. In diesem Fall ist die Auslieferung wegen Diebstahls oder Unterschlagung zulässig.

81 In einem solchen Fall ist umstritten, ob der sog. **Spezialitätsgrundsatz** geltend gemacht werden muss, mit der Folge einer Beschränkung der Strafverfolgung im ersuchenden Staat. Eine Ansicht bejaht bei gemischt militärisch-gemeinen und konnex-militärischen Straftaten eine Pflicht zur Geltendmachung des Grundsatzes der Spezialität. In diesen Fällen ist die Strafverfolgung oder -vollstreckung auf die verwirklichte allgemeine Straftat zu beschränken.[234] Nach anderer Ansicht besteht eine solche Verpflichtung nicht.[235] Begründet wird dies unter anderem mit der Entstehungsgeschichte des § 7 IRG und der Vertragspraxis der Bundesrepublik Deutschland. Die Tatsache, dass die Bundesrepublik Deutschland zu Art. 4 EuAlÜbk – anders als insbesondere die nordischen Staaten – keinen entsprechenden Spezialitätsvorbehalt eingelegt hat, wird als Indiz dafür herangezogen, dass inzwischen bei gemischt militärisch-gemeinen sowie konnex-militärischen Taten eine unbeschränkte Auslieferung – und damit auch eine Aburteilung einer militärischen Tat im ersuchenden Staat – zulässig ist.[236] Die letztgenannte Ansicht überzeugt indes nicht. Denn der mit dem Auslieferungshindernis verfolgte Zweck der Nichteinmischung würde verfehlt und die individualschützende Funktion missachtet, wenn in den genannten Fällen allein aufgrund des Zusammenfallens einer allgemeinen Straftat mit einer militärischen Straftat auch letztere im ersuchenden Staat verfolgt werden würde. Bei Beachtung des Spezialitätsgrundsatzes können humanitäre Bedenken, die andernfalls bei unbeschränkter Auslieferung entstehen, ausgeschlossen werden. An die Spezialitätsbindung (vgl. § 11 IRG) müssen daher richtigerweise **hohe** Anforderungen gestellt werden.[237]

82 Unter dem Begriff der „Tat" ist die **Tat im strafprozessualen Sinn** (iSd § 264 StPO)[238] zu verstehen, mithin die Tat als einheitlicher geschichtlicher Lebensvorgang.[239] Ausgangspunkt der rechtlichen Bewertung ist der Sachverhalt, wie er in den Auslieferungsunterlagen mitgeteilt worden ist.

83 Die zum Vorgängergesetz zu § 7 IRG, § 2 Abs. 2 DAG, ergangene Rechtsprechung ist trotz Änderung des Wortlauts weiterhin gültig.[240] Sofern anwendbare Auslieferungsverträge das Auslieferungshindernis (zusätzlich) enthalten (wie Art. 4 EuAlÜbk), ist eine einheitliche Auslegung angezeigt. Mangels supranationaler Rechtsprechung dazu wird man indes auf nationale Gerichtsentscheidungen und das Schrifttum dazu zurückgreifen müssen.

84 Bei dem Auslieferungshindernis der militärischen Straftat besteht oft ein enger sachlicher Zusammenhang mit politischen Taten. Dies dürfte seinen Ursprung in der gegen die Auslieferung von Militärdeserteuren gerichteten Bewegung in Frankreich haben.[241] Militärische Taten werden jedoch nicht per se zu politischen Taten. Sofern das Auslieferungshindernis der militärischen Straftat nicht greift, ist zu bedenken, ob eine Auslieferung nicht aufgrund des *ordre public*-Vorbehalts (§ 73 IRG) unzulässig ist. Dies ist im militärischen Kontext insbesondere, aber nicht ausschließlich im Zusammenhang mit Kriegsdienst- und Totalverweigerern im Lichte des Art. 4 Abs. 1 und Abs. 3 S. 1 GG von besonderer Relevanz.[242]

---

[234] *Schomburg/Hackner/Zimmermann* in Schomburg/Lagodny § 7 Rn. 6; vgl. für einem atypischen Fall einer Verpflichtung des ersuchenden Staates (im Wege der Zusicherung), den Ausgelieferten im Anschluss an die Strafverfolgung und -vollstreckung nicht zum Militärdienst heranziehen zu dürfen BGHSt 27, 191 = NJW 1977, 1599.
[235] *Vogel/Burchard* in GPKG Int. Rechtshilfeverkehr § 7 Rn. 24.
[236] *Vogel/Burchard* in GPKG Int. Rechtshilfeverkehr § 7 Rn. 24.
[237] *Kubiciel* in NK-RechtshilfeR § 7 Rn. 78; *Schomburg/Hackner/Zimmermann* in Schomburg/Lagodny § 7 Rn. 6.
[238] BGHSt 22, 375 (385) = NJW 1969, 1181; s. dazu etwa *Schmitt* in Meyer-Goßner/Schmitt StPO § 264 Rn. 2 ff. mwN.
[239] Vgl. zum Tatbegriff im auslieferungsrechtlichen Sinne eingehender *Vogel/Burchard* in GPKG Int. Rechtshilfeverkehr § 3 Rn. 23 mwN.
[240] *Vogel/Burchard* in GPKG Int. Rechtshilfeverkehr § 7 Rn. 13.
[241] *Vogel/Burchard* in GPKG Int. Rechtshilfeverkehr § 7 Rn. 7 mit Fn. 4.
[242] *Vogel/Burchard* in GPKG Int. Rechtshilfeverkehr § 7 Rn. 26.

Auch im **Europäischen Auslieferungsübereinkommen** (EuAlÜbk) ist im dortigen **85** **Art. 4** ein Auslieferungshindernis für militärische Straftaten enthalten. Auch dieses gilt nur für rein militärische strafbare Handlungen. Grundsätzlich soll ausweislich der Denkschrift dazu das Auslieferungshindernis nicht greifen, wenn die militärische Straftat auch eine strafbare Handlung nach allgemeinem Strafrecht darstellt.[243] Es gilt auch hierzu das zuvor zu § 7 IRG Gesagte.

Das Auslieferungshindernis der militärischen Straftat findet in der **Praxis** heute **kaum 86 Anwendung.** Im Auslieferungsverkehr mit befreundeten oder militärisch verbündeten Staaten wird es zuweilen unter anderem durch Abschiebungen umgangen.[244] Zum Teil wird es in neueren Auslieferungsverträgen auch beseitigt (s. etwa EU-USA-AuslÜbk). Im Auslieferungsverkehr innerhalb der Europäischen Union ist es abgeschafft. Das System des Europäischen Haftbefehls sieht dieses Auslieferungshindernis nicht vor.[245] Im deutschen Recht ergibt sich dies aus § 82 IRG.[246] Eine Auslieferung kann auch innerhalb der EU weiterhin aufgrund mangelnder beiderseitiger Strafbarkeit ausgeschlossen sein.[247] Sie kann überdies bei Gewissenstätern auch am *ordre public*-Vorbehalt (§ 79 IRG iVm Art. 4 Abs. 1 und Abs. 3 S. 1 GG) scheitern.[248]

VI. Verweigerung von Rechtshilfe wegen Staatsschutz- und Sicherheitsinteressen

Im Bereich der sonstigen Rechtshilfe kommen Fallgestaltungen vor, in denen ein auslän- **87** discher Staat die Bundesrepublik Deutschland (Deutschland) um Rechtshilfe – meist um Herausgabe von Gegenständen oder Unterlagen als Beweismittel – ersucht, die Bundesrepublik Deutschland jedoch aus Staatsschutz- bzw. Sicherheitsinteressen die Rechtshilfe nicht gewähren will. Ein prominenter Fall aus jüngster Vergangenheit ist das Rechtshilfeersuchen Russlands an Deutschland im aus dem Jahr 2021 im Zusammenhang mit dem Fall *Nawalny*. Russland ersuchte unter anderem auch um Überlassung des Gutachtens eines Labors der Bundeswehr, das den Nachweis des Nervengiftes der Nowitschok-Gruppe in einer bei Alexej Nawalny entnommenen Probe erbracht hatte. Hier standen Geheimhaltungsinteressen der Bundesrepublik Deutschland einer Offenlegung entgegen, da die Übersendung des Gutachtens unter anderem auch offengelegt hätte, welche Möglichkeiten zum Nachweis von Nervengiften der Nowitschok-Gruppe das Bundeswehr-Labor hat. Das Wohl des Bundes steht einem solchen ersichtlich entgegen.

Im Bereich der **vertraglosen Rechtshilfe** können solche Fälle sehr einfach gelöst **88** werden: Eine Pflicht zur Gewährung von Rechtshilfe besteht in solchen Fällen nicht. Die Bewilligung kann auf politischer Ebene verweigert werden. Anders ist die Rechtslage hingegen, wenn **Verträge über sonstige Rechtshilfe** zwischen der Bundesrepublik Deutschland und dem ersuchenden Staat bestehen. In diesem Fall besteht grundsätzlich die eingegangene völkervertragliche Pflicht zur Gewährung von Rechtshilfe im Rahmen des vertraglich Vereinbarten. Eine solche begründet etwa Art. 1 des – sehr praxisrelevanten – Europäischen Übereinkommens über die Rechtshilfe in Strafsachen vom 20.4.1959 (EuRhÜbk).[249] Danach verpflichten sich die Vertragsparteien, in Übereinstimmung mit diesem Übereinkommen „so weit wie möglich" Rechtshilfe zu leisten. Art. 2 lit. b EuRhÜbk enthält jedoch eine sehr weit gefasste Regelung dazu, wann die Rechtshilfe fakultativ verweigert werden kann: „wenn der ersuchte Staat der Ansicht ist, dass die Erledigung des Ersuchens geeignet ist, die Souveränität, die Sicherheit, die öffentliche Ordnung (*ordre*

---
[243] BT-Drs. IV/382, 21.
[244] *Vogel/Burchard* in GPKG Int. Rechtshilfeverkehr § 7 Rn. 4, 28; s. zu dieser Problematik bereits *Pötz*, Die Auslieferung wegen militärischer Straftaten, 1969, 55 ff., 105 ff.
[245] *Vogel/Burchard* in GPKG Int. Rechtshilfeverkehr § 7 Rn. 4.
[246] S. dazu *Böse* in GPKG Int. Rechtshilfeverkehr § 82 Rn. 5.
[247] *Vogel/Burchard* in GPKG Int. Rechtshilfeverkehr § 7 Rn. 4, 25.
[248] *Vogel/Burchard* in GPKG Int. Rechtshilfeverkehr § 7 Rn. 4, 26.
[249] S. dazu etwa *Gut* in GPKG III A 3.1. mwN.

public) oder andere wesentliche Interessen seines Landes zu beeinträchtigen." Liegt ein solcher Fall vor, wird in der Praxis die Gewährung von Rechtshilfe früher wie heute grundsätzlich verweigert.[250] Schon nach dem Wortlaut wird damit den ersuchten Staaten in weitem Umfang bei bei Staatsschutz- und Sicherheitsinteressen die Möglichkeit eingeräumt, die Rechtshilfe zu verweigern. Nach dieser Vorschrift ist dies auch – zulässigerweise und richtigerweise – im Fall *Nawalny* gegenüber Russland geschehen. Die Verweigerung von Rechtshilfe in einem solchen Fall ist in der Regel nachvollziehbar. Die Weite der möglichen Weigerungsgründe – schon die Eignung zu einer Beeinträchtigung genügt – räumt dem ersuchten Staat hier einen sehr großen Entscheidungsspielraum ein, dies gilt einmal mehr aufgrund des sehr weit gefassten Auffangtatbestandes. Zwar müssen die als Auffangtatbestand ausgestalteten „anderen wesentlichen Interessen eines Landes" stets Staatsinteressen sein, reine Individualinteressen genügen nicht.[251] Wesentliche Interessen eines Staates können ausweislich der Denkschrift zu dem Übereinkommen jedoch auch dann beeinträchtigt werden, wenn das Betriebsgeheimnis einer Firma offenbart werden müsste.[252] Entscheidend ist hierbei, ob der Staat selbst an dem Betriebsgeheimnis (und seiner Geheimhaltung) interessiert ist.[253] Sobald Individualinteressen und deren Schutz auch im staatlichen Interesse liegt, ist jedenfalls der Auffangtatbestand erfüllt. Trotz der stets bestehenden Möglichkeit einer Verweigerung der Rechtshilfe im Bewilligungsverfahren ist die Regelung in Art. 2 lit. b EuRhÜbk aus politischen Gründen von hoher Bedeutung. Denn ein Vertragsstaat, der sich innerhalb der möglichen Weigerungsrechte bewegt, macht sich nicht vertragsbrüchig. Eine genaue Begründung der Ablehnung der Rechtshilfe gegenüber dem ersuchenden Staat ist in der Staatenpraxis nicht erforderlich. Es genügt der Verweis, dass die Ablehnung aufgrund von Art. 2 lit. b EuRhÜbk erfolgt.

89 Entsprechende Klauseln sind auch in **bilateralen Rechtshilfeverträgen** oft Usus, so etwa im Art. 3 des Rechtshilfevertrags D-USA.[254] Die Rechtshilfe „kann" danach „verweigert werden," „wenn die Erledigung des Ersuches die Souveränität, die Sicherheit oder andere wesentliche Interessen des ersuchenden Staates beeinträchtigen würde." Die Klausel weicht inhaltlich von Art. 2 lit. b EuRhÜbk ab. Erforderlich ist hier eine tatsächliche Beeinträchtigung der genannten Interessen. Eine bloße Eignung dafür genügt nicht.

90 Hingegen umfasst der **deutsche** *ordre public*-**Vorbehalt** in § 73 S. 1 IRG nach dem ausdrücklichen Willen des Gesetzgebers – anders als die vorgenannte Regelung in Art. 2 lit. b EuRhÜbk – bewusst nicht die Souveränität, die Sicherheit oder andere wesentliche Interessen der Bundesrepublik Deutschland als Gründe dafür, die Rechtshilfe als unzulässig zu verweigern.[255] Grund dafür war die Überlegung des Gesetzgebers, dass es sich hierbei um Gesichtspunkte handelt, die typischerweise nicht im Rahmen der (gerichtlichen und behördlichen) Zulässigkeitsprüfung, sondern im Rahmen der Ermessensentscheidung der Bewilligungsbehörde (nach § 73 IRG) zu berücksichtigen sind.[256] Schon wegen der Vielfalt der möglichen Fallgestaltungen hat der Gesetzgeber den Standpunkt eingenommen, dass sich ihre Einbeziehung verbiete.[257] Diese Ansicht kann, muss man aber nicht zwingend teilen. Denn es macht durchaus im Hinblick auf die diplomatischen Beziehungen zu anderen Staaten einen Unterschied, ob die Exekutive die Gewährung von Rechtshilfe in einem Fall mit der Begründung ablehnt, dass ihr dies aus rechtlichen Gründen aufgrund der bestehenden innerstaatlichen Gesetze nicht erlaubt sei, oder ob sie im Rahmen des Bewilligungsverfahrens allein aus politischen Gründen die Rechtshilfe verweigert. Die bestehende Regelung in § 73 IRG hat jedenfalls zur Folge, dass in Fällen, in denen aufgrund eines

---

[250] Vgl. die Denkschrift in BT-Drs. IV/382, 44.
[251] *Europarat* Explanatory Report, 4.
[252] BT-Drs. IV/382, 44; *Gut* in GPKG III A 3.1, Art. 2 RhÜbk Fn. 8.
[253] BT-Drs. IV/382, 44.
[254] BGBl. 2007 II, 1620 in der Fassung des Zusatzvertrages vom 18.4.2006 (BGBl. 2007 II, 1643).
[255] *Burchard* in GPKG Int. Rechtshilfeverkehr § 72 Rn. 10.
[256] BT-Drs. 9/1338, 93 f.
[257] BT-Drs. 9/1338, 94.

bi- oder multilateralen Vertrages eine Pflicht zur Leistung von Rechtshilfe besteht und eine Weigerungsmöglichkeit wie in Art. 2 lit. b RhÜbk nicht vorhanden ist, dem ersuchten Staat allein die Berücksichtigung dieser letztlich politischen Aspekte im Bewilligungsverfahren verbleibt[258] – mit dem Risiko, dass dies von dem ersuchenden Staat diplomatisch als unfreundlicher Akt empfunden wird.

VII. Der deutsche *ordre public*-Vorbehalt

Der deutsche *ordre public*-Vorbehalt, der sowohl für den Bereich der Auslieferung als auch für den der sonstigen Rechtshilfe gilt, und einfachgesetzlich in § 73 S. 1 IRG (sowie für den EU-Bereich in § 73 S. 2 IRG) seinen Niederschlag gefunden hat, spielt sowohl für den Bereich der Auslieferung als auch der Rechtshilfe eine **ganz zentrale Rolle** und ist zum Eckstein eines modernen Auslieferungs- und Rechtshilferechts avanciert.[259] An ihn ist stets zu denken, wenn spezielle Auslieferungshindernisse oder sonstige Gründe, die Rechtshilfe zu verweigern, nicht greifen. Auf ein näheres Eingehen auf die Weite und Vielfalt dieses Vorbehalts muss vorliegend verzichtet werden. Es wird hierzu insbesondere auf die ausführlichen Kommentierungen verwiesen.[260]

91

VIII. Besonderheiten bei Interpol im Bereich politischer Taten

§ 3 der Interpol Satzung (*Interpol Convention* – IPC) enthält eine im Staatsschutzkontext sehr relevante Regelung. Die Vorschrift verbietet Interpol jede Betätigung oder Mitwirkung in den Angelegenheiten politischen, militärischen, religiösen oder rassischen Charakters.[261] Liegt ein solcher Fall vor, darf Interpol keine Unterstützung leisten. In der Praxis bedeutet dies insbesondere, dass Fahndungsersuchen eines Mitgliedstaats nicht international bei Interpol zur Fahndung ausgeschrieben werden. Der entsprechende Staat kann sich also nicht der Hilfe von Interpol bedienen, um der gesuchten Person habhaft zu werden. Heute verfolgt Interpol – anders als früher[262] und in Abkehr von einer lediglich die Art des Straftatbestandes oder die Motivation der Tatbegehung in den Blick nehmenden Auslegung – einen holistischen Ansatz bei der Bewertung.[263] Die Auslegung wird dabei im Kern von drei essentiellen Interessen bestimmt: (1) den Schutz der Unabhängigkeit und Neutralität Interpols, (2) ein Handeln in Übereinstimmung mit allgemein akzeptierten Grundsätzen des Auslieferungsrechts und (3) den Schutz des Einzelnen vor politischer Verfolgung.[264] S. zu den in die bei einer Entscheidung in die Gesamtbetrachtung einzubeziehenden Faktoren sowie zu den Definitionen der einzelnen Ausschlussgründe *Schamberg*.[265]

92

C. Rechtsschutz

Der Rechtsschutz spielt im Rechtshilfebereich, insbesondere in Auslieferungsverfahren, eine ganz zentrale Rolle. Dies gilt insbesondere im Lichte des Umstandes, dass für die Entscheidung über die Zulässigkeit der Auslieferung allein das OLG entscheidet und ein Instanzenzug nicht vorgesehen ist (§ 13 Abs. 1 IRG). Seine Entscheidungen sind unanfechtbar. Daher hat die Verfassungsbeschwerde eine zentrale Rolle bei Auslieferungs-

93

---

[258] BT-Drs. 9/1338, 93 f.
[259] *Burchard* in GPKG Int. Rechtshilfeverkehr § 73 Rn. 5.
[260] S. insbesondere die aktuelle (Stand: April 2021) Kommentierung in monographischem Umfang von *Burchard* in GPKG Int. Rechtshilfeverkehr § 73; ausführlich auch *Gleß/Wahl/Zimmermann* in Schomburg/Lagodny § 73 IRG.
[261] S. dazu *Schamberg* in GPKG III B 1 (Interpol) Rn. 25–35.
[262] Ausführlich zur Entwicklung *Schamberg* in GPKG III B 1 (Interpol) Rn. 25–29.
[263] *Gottlieb* FJIL 23 (2011), 135, 164; *Schamberg* in GPKG III B 1 (Interpol) Rn. 30.
[264] *Schamberg* in GPKG III B 1 (Interpol) Rn. 30.
[265] *Schamberg* in GPKG III B 1 (Interpol) Rn. 31–41.

entscheidungen eingenommen. Die Vertretung von Betroffenen in solchen Fällen[266] ist wegen der Komplexität der Materie und der vielen Besonderheiten im Auslieferungs- und Rechtshilferecht nicht jedermanns Sache. Bei Strafsachen mit Staatsschutzbezug sind keine Besonderheiten hervorzuheben.

D. Perspektiven

94 Das Auslieferungsrecht ist weiterhin von „virulenter Dynamik" geprägt.[267] Diese wirkt sich auch auf die hier erörterten Bereiche aus. In der Rechtspraxis bestehen oft erhebliche Divergenzen.[268] Wegen der Komplexität der Materie vor allem im Auslieferungsrecht ist die Vielschichtigkeit und die Vielzahl der gerichtlichen Entscheidungen der deutschen Gerichte, des EuGH und des EGMR selbst für die damit vertrauten Juristen immer schwerer zu überblicken. Insbesondere im Unionsrecht hat eine erhebliche Kontroverse zwischen dem BVerfG und dem EuGH lange Zeit für Spannungen gesorgt; die Situation entspannt sich hier jedoch nun wieder. Die weltweite Verschlechterung der Menschenrechtslage nicht nur in Russland, Belarus und der Türkei, sondern selbst in EU-Staaten wie Polen spiegelt sich auch im Rechtshilfe- und vor allem im Auslieferungsrecht wider. Das deutsche IRG ist dringend reformbedürftig.[269] Es ist unübersichtlich geworden. Das gilt insbesondere in seinen europarechtlichen Abschnitten, wo der Gesetzgeber mittlerweile bei „z"-Unterparagraphen angekommen ist (vgl. § 90z IRG). Es ist aber mehr als nur die Übersichtlichkeit, die Defizite aufweist. Es fehlt vor allem an einem ausreichenden Schutz der Grund- und Menschenrechte in Auslieferungsverfahren. Themen von „A" wie Akteneinsicht über „R" wie „Rechtsschutz" bis „Z" wie Zusicherungen verlangen nach einer Reform.[270] Das BMJ hat inzwischen im Jahr 2021 eine Expertengruppe eingesetzt, die Reformvorschläge ausarbeiten soll. Diese könnten auch den hier erörterten Bereich der politischen und militärischen Taten betreffen.

§ 45 Sicherheitsgewerberecht – Sicherheitsrecht der Wirtschaft

Patrick Ernst Sensburg

Übersicht

	Rn.
A. Einführung	1
I. Sicherheit als originäre Staatsaufgabe	1
II. Erweiterung des Sicherheitsbegriffes	2
III. Übertragung von Staatsaufgaben an Private	6
IV. Erweiterter Sicherheitsbegriff und privates Sicherheitsgewerbe	10
V. Begriff des privaten Sicherheitsgewerbes	16
B. Rechtsgrundlagen der Sicherheitswirtschaft	22
I. Gemeinschaftsrechtliche Grundlagen	22
1. Primärrechtliche Grundlagen	23
2. Sekundärrechtliche Grundlagen	27
II. Verfassungsrechtliche Grundlagen	31
III. Gewerberechtliche Grundlagen des Sicherheitsgewerbes	38
1. Anzeigepflicht	42

---

[266] S. zur Verteidigung in Auslieferungssachen *Ahlbrecht* in ABEE Int. StrafR 424 ff.
[267] *Böhm* NStZ 2019, 256; *Gazeas* Editorial StV 9/2019, I.
[268] S. nur *Böhm* NStZ 2019, 256.
[269] S. nur *Hackner* in Schomburg/Lagodny Einführung Rn 26 f.; *Vogel/Burchard* in GPGK Vor § 1 Rn. 314 ff.; insbesondere im Hinblick auf den (defizitären) Rechtsschutz *Böse/Bröcker/Schneider* JZ 2021, 81 ff.
[270] *Gazeas* Editorial StV 9/2019, I.

	Rn.
2. Auskunft und Nachschau	44
3. Voraussetzungen für das Bewachungsgewerbe	49
a) Nachweis der Zuverlässigkeit des Gewerbetreibenden	51
b) Nachweis geordneter Vermögensverhältnisse	58
c) Nachweis einer Unterrichtung bzw. einer bestandenen Sachkundeprüfung	59
d) Nachweis einer Haftpflichtversicherung	64
4. Bewaffnete Sicherheitsdienste auf Handelsschiffen	66
5. Beschäftigte im Bewachungsgewerbe	69
6. Voraussetzungen für das Anstellen von Beschäftigten	70
a) Dienstanweisung	73
b) Waffen im Bewachungsgewerbe	74
c) Dienstausweis	79
d) Dienstkleidung	80
e) Buchführung und Aufbewahrung	82
f) Ordnungswidrigkeiten	86
IV. Spezielle Rechtsgrundlagen der Betätigung privater Sicherheitsunternehmen	88
1. Regelungen nach dem Luftsicherheitsgesetz (LuftSiG)	89
2. Regelungen nach dem Atomgesetz (AtG)	94
3. Der unmittelbare Zwang nach dem UZwGBw	100
V. Resümee	108
C. Entwicklungen im Sicherheitsdienstleistungsrecht	109
I. Auswirkungen der Corona-Pandemie auf das Sicherheitsgewerbe	112
II. Das Sicherheitsdienstleistungsgesetz (SDLG)	114
III. Kurzer Ausblick	118

Literatur:

Altunay, A., „Autarke Verteidigung versus Privatisierung der Bundeswehrverwaltung", DÖV 2020, 23; *Buchberger, E.,* Änderungen des Luftsicherheitsgesetzes – ein Überblick, GSZ 2018, 180 ff.; *Danne, M./Roth, M.,* Privatisierungsgrenzen im operativen Sicherheitsrecht, NVwZ 2020, 1633 (1635); *Deliomini, K.,* Die Sachkundeprüfung gem. § 34a GewO: Das große Übungsbuch mit 720 Testaufgaben für die perfekte Prüfungsvorbereitung, 2019; *Dolde, K. P.,* Terroristische Flugzeugangriffe auf Kernkraftwerke – Schadensvorsorge – Restrisiko – Drittschutz, NVwZ 2009, 679 ff.; *Dürr, W.,* Vorrang Handwerksrolleneintragung vor Gewerbeanzeige, § 16 Abs. 1 HwO – § 14, 15 GewO, GewArch 2006, 107 ff.; *Eisenmenger, S.,* Zur Neuregelung des Sicherheitsgewerbes aus rechtswissenschaftlicher Perspektive, NVwZ 2018, 1768 (1771); *Eisenmenger, S./Pfeffer, K.,* Stärkung der Inneren Sicherheit durch Neuregelung des Sicherheitsgewerberechts?, 2019; *Ennuschat, J.,* Behördliche Nachschau in Geschäftsräume und die Unverletzlichkeit der Wohnung gem. Art. 13 GG, AöR 127 (2002), 252 ff.; *Ennuschat, J./Wank, R./Winkler, D.,* Gewerbeordnung: GewO, Kommentar, 9. Aufl. 2020; *Frotscher, W./Kramer, U.,* Wirtschaftsverfassungs- u. Wirtschaftsverwaltungsrecht, 2013, § 12 Rn. 333; *Giemulla, E./Hoppe, T.,* Privatisierung von Fluggastkontrollen, GSZ 2020, 63 (64 ff.); *Hammer, F.,* Private Sicherheitsdienste, staatliches Gewaltmonopol, Rechtsstaatsprinzip und „schlanker Staat", DÖV 2000, 613 (614 ff.); *Heuer, H.-J./Hilgner, N.,* Über das staatliche Gewaltmonopol – Begriff, Prozessdynamik und Ansätze zur Untersuchung der Wirksamkeit, NK 2011, 28 ff.; *Jochmann, U./Zitzmann, J./Pabst, A.,* Sachkundeprüfung im Bewachungsgewerbe, 12. Aufl. 2019; *Kassmann, C.,* Zuverlässigkeitsermittlung bei Bewachungspersonal – Darf die Gewerbebehörde auf Erkenntnisse aus anhängigen und eingestellten Strafverfahren zurückgreifen?, GewArch 2010, 236 ff.; *Knoll, R.,* Sachkundeprüfung § 34a GewO erfolgreich bestehen, 2021; *Kuhlmey, M./Öxle, C.,* Praxishandbuch Security, 2015, 23; *Lange, M.,* Privates Sicherheitsrecht in Europa, Köln 2002, 222 ff.; *Leininger, C.,* Das neue Luftsicherheitsrecht der Europäischen Union, ZLW 2010, 335 (338 ff.); *Makowicz, B.,* Bewachungsgewerbe auf dem Prüfstein, ZRP 2016, 104 (105); *Meyer, A.,* Wirksamer Schutz des Luftverkehrs durch ein Luftsicherheitsgesetz?, ZRP 2004, 203 ff.; *Pitschas, R.,* Innere Sicherheit in der EU und europarechtliche Grundlagen des Sicherheitsgewerbes, NVwZ 2002; *Runkel, H.,* Bewachungsaufgaben auf hoher See, GewArch 2014, 242 ff.; *Salomon, T. R./tho Pesch, S.,* Das Zulassungsregime für bewaffnete Sicherheitsdienste auf Handelsschiffen, DÖV 2013, 760 ff.; *Schaefer, C.,* Die ordnungsrechtliche Zuverlässigkeit in Luftverkehr und Luftsicherheit, DÖV 2018, 145 ff.; *Schaefer, C.,* Der wartende Passagier – Ansprüche bei Mängeln und Verzögerungen der Luftsicherheitskontrollen, NJW 2019, 3029 ff.; *Schaefer, C.,* Luftsicherheitsverwaltung durch Private: Eine Bestandsaufnahme, NVwZ 2016, 1135; *Schneckenburger, F.,* Rechtsstellung und Aufgaben des Privaten Sicherheitsgewerbes, 1999, 60; *Sensburg, P. E.,* Europarecht. Ein Studienbuch für die Polizei, 2010, 129 ff.; *Steindorf, J.,* Waffenrecht, Kommentar, 10. Aufl. 2015; *Stober, R.,* Dürfen beliehene Luftsicherheitsassistenten streiken?, NVwZ 2013, 538 (542); *Stober, R.,* Privatisierung öffentlicher Aufgaben – Phantomdiskussion oder Gestaltungsoption in einer verantwortungsgeteilten, offenen Wirtschafts-, Sozial- und Sicherheitsverfassung?, NJW 2008, 2301 (2305); *Stober, R.,* Zum Stand der Neuregelung des Sicherheitsgewerberechts – Ein Update, GewArch 2019, 469 ff.; *Stober, R.,* Zur Neuregulierung der Sicherheitswirtschaft – Teil 2 – Ein altes Thema in neuem Gewand, GSZ 2020, 193 (198); *Stollenwerk, D.,* Praxishandbuch zur Gewerbeordnung, 2002; *v. Landmann, R./Rohmer, E.,* Gewerbeordnung und ergänzende Vorschriften: GewO, Kommentar: Bd. I: Gewerbeordnung, Bd. II: Ergänzende Vorschriften, Loseblatt, 86. Aufl. 2021; *v. Waaden, N.,* Die Bekämpfung der Piraterie als eine rein hoheitliche Aufgabe?, GSZ 2021, 65 (69); *Wormit, M.,* Einführung in das allgemeine Gewerberecht, JuS 2017, 641 (642).

A. Einführung

I. Sicherheit als originäre Staatsaufgabe

1 Staatstheoretisch handelt es sich bei der Gewährleistung der inneren und äußeren Sicherheit um eine **originäre Staatsaufgabe.** Klassische staatstheoretische Ansätze leiten den Sinn eines Staates ganz maßgeblich aus der Notwendigkeit der Sicherheitsgewährleistung und dem Schutz der staatlichen Integrität ab, dem sog. **Sicherheitszweck des Staates.**[1] In der modernen Staatstheorie hingegen, gilt die Gewährleistung der Existenz des Staates gegenüber seinen Bürgern nur noch als eine, zwar wichtige und notwendige Aufgabe, aber nicht als hinreichender Bestandteil der Rechtfertigung des Staates.[2] Trotz dieser Entwicklung in der staatstheoretischen Debatte, gilt der Sicherheitszweck des Staates noch immer als **Herzstück der Staatlichkeit** und als seine Basislegitimation.[3]

II. Erweiterung des Sicherheitsbegriffes

2 Ohne auf die Entwicklung vor dem 20. Jahrhundert eingehen zu können, ist unstritig, dass sich der Sicherheitsbegriff und das Sicherheitsverständnis von Bürgerinnen und Bürgern seit der Mitte des 20. Jahrhunderts gewandelt haben. Die Gründe hierfür sind vielfältig. Überwiegend werden das Ende des Kalten Krieges und der Wegfall der Blockkonfrontation als Wendepunkt in der westlichen **Sicherheitswahrnehmung** gesehen.[4] Zu den Zeiten des Ost-West-Konfliktes dominierte die Bedrohung des Staates durch externe Akteure das Sicherheitsempfinden der Bevölkerung. Während innerstaatliche Kriminalität und Gewalt, sowie Unzulänglichkeiten in der Aufrechterhaltung der öffentlichen Ordnung von der Bevölkerung zwar deutlich wahrgenommen wurden,[5] war die Omnipräsenz der nuklearen Vernichtung zur Zeit des Kalten Krieges von gesellschaftspolitisch prägender Bedeutung. Dies gilt selbst in Zeiten der RAF in Deutschland, der IRA in Großbritannien oder zB der Maffia in Italien.

3 Durch den Prozess des Endes des Kalten Krieges und die Osterweiterung der Europäischen Union als Raum der Freiheit, der Sicherheit und des Rechts änderte sich die Fokussierung deutlich. Während die äußere Sicherheit unter dem Begriff **„Friedensdividende"** und dem Vertrauen auf einen fortlaufenden Friedensprozess in den Hintergrund geriet, wurden die Bedrohungen durch die Freizügigkeit in Europa und die Globalisierung immer stärker für die Sicherheitswahrnehmung. Selbst Aufgaben, wie zB der Katastrophenschutz wurden seit dem Rückgang der Gefahr eines Atomkrieges nachrangig behandelt und nicht auf neue Gefahren fortentwickelt.

4 Demnach gilt es festzuhalten, dass sich die strikte konzeptionelle Unterteilung zwischen innerer und äußerer Sicherheit vor dem Hintergrund der deutschen Geschichte und den

---

[1] Vgl. *Böckenförde,* Recht, Staat, Freiheit – Studien zur Rechtsphilosophie, Staatstheorie und Verfassungsgeschichte, 1991, 106.
[2] Grundlegend *John Rawls,* A Theory of Justice, Cambridge 1971 und *John Rawls,* Political Liberalism, New York 1993. S. auch *Seiler,* Der souveräne Verfassungsstaat zwischen demokratischer Rückbindung und überstaatlicher Einbindung, 2005, 67.
[3] *Hetzer* ZfR 2000, 20 ff.
[4] S. *Daase/Deitelhoff,* Privatisierung der Sicherheit: Eine sozialwissenschaftliche Expertise, 2013; *Briken,* Produktion von „Sicherheit"? Arbeit im Bewachungsgewerbe, 2011.
[5] Insbesondere zu Zeiten der Terroraktivitäten der Roten Armee Fraktion (RAF).

Gegebenheiten des Kalten Krieges manifestieren konnte und auch sinnvoll war.[6] Die drastische Veränderung in der Sicherheitslage nach Ende des Kalten Krieges, beschleunigte die sukzessive Überwindung dieser rigiden Trennung und konstituierte einen „**Erweiterten Sicherheitsbegriff**". Der Prozess der Erweiterung des Sicherheitsbegriffes lässt sich anhand von vier Sub-Prozessen erläutern: **Individualisierung, Entdifferenzierung, Entgrenzung und Proaktivierung**.[7] Die **Individualisierung** der Sicherheitskonzeption impliziert eine Verschiebung des primären Referenzobjektes der Sicherheitsgewährleistung vom Staat zum einzelnen Bürger. Gemäß der **Entdifferenzierung** werden öffentliche Anliegen zunehmend als Sicherheitsproblem bewertet, wenn diese direkt oder indirekt die Sicherheit der Bürger bedrohen könnten, selbst wenn diese keinerlei polizeiliche oder militärische Dimension aufweisen, wie zB die Klimakrise.[8] Zudem finde eine **Entgrenzung** der Sicherheitswahrnehmung statt, da Konflikte zB im Nahen Osten oder Nordafrika spürbare Effekte auf die Sicherheitswahrnehmung in Deutschland und Europa haben. Dieser Trend der Verknüpfung und einhergehender Entgrenzung der Sicherheitswahrnehmung, wird sich aller Voraussicht nach mit dem Fortschreiten der Globalisierung fortsetzen. Der vierte Sub-Prozess ist im Kontext des privaten Sicherheitsgewerbes und der Expansion des Sicherheitsbegriffes von besonderer Bedeutung – die **Proaktivierung**. Während des Kalten Krieges wurden Sicherheitsprobleme auf der Basis von umfänglichem Wissen über feindliche Akteure, deren Absichten und ihrer technisch-militärischen Fähigkeiten zu Bedrohungen erklärt. Man bezeichnet dies als eine **Bedrohungsgesellschaft,** in der das Sicherheitsempfinden der Bevölkerung, sowie der Politik an quantifizierbare Indikatoren gekoppelt war. Seit dem **Ende des Kalten Krieges** wurden die Sicherheitsprobleme vielfältiger, diffuser, und schwerer vorherzusehen.[9] Weil es nicht mehr möglich war, die Bedrohung anhand verlässlicher Informationen abzuschätzen, verschob sich der Fokus der Sicherheitsdebatte von den Stärken des Gegners auf die eigenen vermeintlichen Schwächen und somit auf die eigene Verwundbarkeit.[10] Dies leitete den Wechsel von einer **Bedrohungsgesellschaft** zu einer **Risikogesellschaft** ein.[11] Die Risikogesellschaft definiert sich primär durch ein erhöhtes Unsicherheitsverständnis gegenüber potenziellen Risiken, welche noch keine Bedrohung darstellen, aber die Möglichkeit haben, sich zu einer solchen oder gar zu einer Gefahr zu entwickeln. Diese fundamentale Umorientierung des Sicherheitsverständnisses hat radikale Auswirkungen auf die Anforderung an die Sicherheitspolitik, da diese nicht länger primär reaktiv handeln kann, sondern von ihr erwartet wird, dass sie proaktiv Bedrohungen und Gefahren vorbeugt.

Während viele dieser Entwicklungen, durch außenpolitische und geopolitische Veränderungen getrieben wurden, gilt es ebenso festzustellen, dass sich die Erweiterung des Sicherheitsbegriffes und die damit verbundene **Expansion des gesellschaftlichen Sicherheitsbedürfnisses** zunehmend zu einer Orientierungsmarke für innenpolitisches und unternehmerisches Handeln entwickelt hat. Politik und Management müssen Risiken vorbeugen und Sicherheit gewährleisten. Dies gilt im Inneren, wie im Äußeren und mithilfe staatlicher Akteure oder unter Einbindung privater Dienstleister.

III. Übertragung von Staatsaufgaben an Private

Einerseits wird die seit den späten 1980er Jahren andauernde Boom Phase der Sicherheitswirtschaft, auf die zuvor beschriebene Erweiterung des Sicherheitsbegriffes und dem damit

---

[6] S. *Peters* in Hitzler/Peters, Inszenierung: Innere Sicherheit. Daten und Diskurse, 1998, 9.
[7] *Daase/Deitelhoff*, Privatisierung der Sicherheit: Eine sozialwissenschaftliche Expertise. Forschungsforum Öffentliche Sicherheit. Schriftenreihe Nr. 11, 2013, 16.
[8] Vgl. *Brock*, Der erweiterte Sicherheitsbegriff: Keine Zauberformel für die Begründung ziviler Konfliktbearbeitung. Die Friedens-Warte, 79 (3/4), 323 ff.
[9] Kritisch hierzu zB *Kötter* KritJ 2003, 71 ff.
[10] Vgl. *O Keohane/Ny*, Power and Interdependence. World Politics in Transition, Boston 1977 oder *Lake/Morgan*, Regional Orders. Building Security in an New World, London 1997.
[11] Grundlegend hierzu: *Beck*, Risikogesellschaft. Auf dem Weg in eine andere Moderne. Suhrkamp, 1986.

assoziierten wachsenden subjektiven Sicherheitsbedürfnis zurückgeführt, das weit über den klassischen Rechtsgüterschutz hinausgeht. Andererseits wird das Wachstum des Sicherheitsdienstleistungssektors als Teil einer breiten Neudefinierung der Kernaufgaben staatlicher Institutionen und somit als Formwandel von Staatlichkeit begriffen.[12] Für letztere Betrachtungsweise spricht, dass zB bereits seit den 1970er Jahren ein deutlicher Anstieg in der Zahl von Public-Private Partnership-Projekten zu beobachten ist. Im Ergebnis werden aber nur beide Begründungen gemeinsam den Anstieg im privaten Sicherheitsgewerbe bis heute erklären können.[13]

7 Zunächst war diese Art der **Sicherheits-Governance** auf die öffentliche Verwaltung beschränkt. Public-Private Partnership Kooperationen versprachen für die Verwaltung Effizienzsteigerungen und damit finanzielle Entlastungen. In Zeiten von stagnierenden Haushaltsbudgets ist dies die wesentliche Erklärung für die wachsende Bedeutung der funktionalen Privatisierung der Wahrnehmung staatlicher Verwaltungsaufgaben.[14] Während der Rückzug des Staates aus der Sicherheitswahrnehmung beim Bürger mit Sorgen wahrgenommen wurde, erkannte die öffentliche Hand die Chancen durch die Übernahme und Erfüllung von Staatsaufgaben durch private Kosten einzusparen. Nicht nur, weil der Sicherheitszweck des Staates in der Gewährleistung der inneren und äußeren Sicherheit als originäre Staatsaufgabe gesehen wird, birgt die Privatisierung in diesem Politikbereich eine hohe politische und tatsächliche Brisanz. Es wird befürchtet, dass das kollektive Gut Sicherheit zu einem Privileg und einer Ware werde und es durch die Verlagerung auf Private zu einer Spaltung der Gesellschaft kommen könnte.[15] In der Diskussion wird die Privatisierung innerer und äußerer Sicherheit auch unter Überschriften wie „Erosion des staatlichen Gewaltmonopols" oder „grey policing" geführt und zB der Einsatz von Sicherheitsdiensten bei Fußballspielen und an Bahnhöfen kritisch hinterfragt.[16] Positiv kann von einem weiten Begriff der Sicherheits-Governance gesprochen werden.[17]

8 Ob das Wachstum des privaten Sicherheitsdienstleistungsgewerbes auf bisher nicht gekannte ökonomische Zwänge bei der Haushaltsgestaltung oder auf ein fundamental verändertes Sicherheitsverlangen der Gesellschaft zurückzuführen ist, kann hier wie gesagt dahinstehen. Die Aussage, dass ein konsistenter Erklärungsversuch für das Wachstum im Sicherheitsgewerbe noch aussteht, ist noch immer zutreffend.[18] Fakt ist aber, dass der Bereich des Sicherheitsgewerbes einer der dynamischsten ist.

9 Für Vertreter des Sicherheitsdienstleistungssektors erscheint die Situation eindeutig: Das gesellschaftliche Schutzbedürfnis übersteigt die klassische Schutzfunktion des Staates.[19] Zusätzlich ist es aufgrund neuer ökonomischer Zwänge nicht möglich durch die Erweiterung der etablierten Sicherheitsinstrumentarien das Sicherheitsbedürfnis der Bürger und der Wirtschaft sicherzustellen. Somit ist der Staat gezwungen, neue Instrumentarien zu nutzen, um seiner Gewährleistungsverantwortung für die Sicherheit gerecht zu werden.[20] Durch die Einbeziehung privater Akteure, kann der Staat seine Ressourcen schonen und die spezifische Expertise des Privatsektors nutzen, um Effizienzsteigerungen zu erreichen. Diese Ausprägung des kooperativen Staates,[21] der die zentrale Steuerungsrolle in einer vernetzten Sicherheitsarchitektur übernimmt, anstatt sämtliche sicherheitsrelevanten Aufgaben selbst

---

[12] *Briken,* Produktion von „Sicherheit"? Arbeit im Bewachungsgewerbe, 2011, 10.
[13] Vgl. auch Gliederungspunkt A. V. im Folgenden.
[14] S. hierzu *Bauer/Büchner/Brosius-Gersdorf,* Verwaltungskooperation. Public Private Partnerships und Public Public Partnerships, 2008.
[15] Hierzu insgesamt *Hetzer* ZfR 2000, 20 ff.
[16] S. hierzu *Schulte* DVBl 1995, 130 ff. und *Nogala* in Hitzler/Peters, Inszenierung: Innere Sicherheit. Daten und Diskurse, 1998, 136.
[17] Vgl. zB *Hönke* APuZ 8/2009, 15 ff.
[18] *Olschok* in Stober/Olschok, Handbuch des Sicherheitsgewerberechts, 2004, 13 ff.
[19] *Daase/Deitelhoff,* Privatisierung der Sicherheit: Eine sozialwissenschaftliche Expertise. Forschungsforum Öffentliche Sicherheit, Schriftenreihe Nr. 11, 2013. S. 9.
[20] *Pitschas,* Polizei und Sicherheitsgewerbe, 2000, 96.
[21] Vgl. *Voigt,* Der Kooperative Staat, 1995.

A. Einführung § 45

zu erfüllen, ist kongruent mit dem Konzept der staatlichen Gewährleistungsverantwortung. Während einzig und allein der Staat die Verantwortung für die Bewahrung der Sicherheit übernimmt, genießt er, wenn es um die Erfüllung dieser Aufgabe geht, einen Gestaltungsfreiraum mit Einschätzungs- und Gestaltungsprärogative.[22]

IV. Erweiterter Sicherheitsbegriff und privates Sicherheitsgewerbe

Nach der hier vertretenen Auffassung umfasst das private Sicherheitsgewerbe alle Tätigkeiten im Rahmen des erweiterten Sicherheitsbegriffes, die von Privaten wahrgenommen werden. Diese Definition umfasst sowohl die Übertragung und Wahrnehmung von klassischen Aufgaben durch Private, wie auch die Wahrnehmung von neuen Tätigkeiten, die typischerweise bisher nicht vom Staat wahrgenommen wurden. Der Kern hierbei ist der Begriff Sicherheit. 10

Sicherheit ist ein Gradbegriff. Er kann in einem mehr oder weniger hohen Umfang gegeben sein.[23] Während das subjektive Sicherheitsempfinden, gesamtgesellschaftlich, die politische Debatte dominiert, ist es in der Wirtschaft anders. 11

Der **Sicherheitsbegriff der Wirtschaft** ist allumfänglicher. Unternehmen zielen darauf ab, durch präventive Maßnahmen, jegliche Art wirtschaftlichen Schadens zu vermeiden und ihre unternehmerische Tätigkeit abzusichern und zu schützen. Staatliche Institutionen, mit ihrem klassischen Fokus auf Abwehr von Gefahren für die objektive Rechtsordnung, subjektive Rechte und Rechtsgüter des Einzelnen sowie den Bestand des Staates und seiner Einrichtungen und die Durchsetzung der repressiven Maßnahmen, sind bei weitem nicht in der Lage, Unternehmen ausreichend vor allen potenziellen Bedrohungen zu schützen. Dies führt dazu, dass Unternehmen durch die Inanspruchnahme von privaten Sicherheitsdienstleistungen zB versuchen, Industriespionage oder Cyberkriminalität vorzubeugen. 12

Die Dienstleistungen im Bereich des Sicherheitsgewerbes haben daher in den letzten Jahren stark zugenommen und sich ausdifferenziert.[24] Deshalb muss das breite Angebotsspektrum sicherheitsgewerblicher Dienstleistungen in verschiedene Tätigkeitsbereiche untergliedert werden.[25] Während einerseits versucht wird, durch eine Differenzierung zwischen älteren und jüngeren Tätigkeitsfeldern oder nach staatlichem oder privatem Auftraggeber oder auch nach kommerziellem oder unentgeltlichem Dienst, die Angebote der Branche übersichtlich darzustellen,[26] bietet sich an dieser Stelle eine 3-Dimensionen umfassende konzeptionelle Unterteilung des Sicherheitsgewerbes an. 13

- **Handlungsart:** Aktive Sicherheitsdienstleistungen vs. **Passive** Sicherheitsdienstleistungen 14
- **Charakter:** Präventiv; Interventiv; Investigativ; Repressiv
- **Schutzobjekt:** Sachen (Objektschutz); Personen (Personenschutz); Wert (Wertschutz)

Jedoch ist diese konzeptionelle Unterteilung nicht ohne Modifikation auf alle Unterformen des Bewachungsgewerbes anwendbar, da viele Dienstleistungen in der Branche, aufgrund von Überschneidung nicht ausschließlich einer konzeptionellen Kategorie zugeordnet werden können. 15

V. Begriff des privaten Sicherheitsgewerbes

Aktuell gibt es keine allgemeingültige Definition für den Begriff des privaten Sicherheitsgewerbes. Stattdessen fungiert der Begriff als ein **Sammelbegriff** für eine stetig anwach- 16

---

[22] *Pitschas,* Polizei und Sicherheitsgewerbe, 2000, 71.
[23] *Schmidtchen* in Stober/Olschok, Handbuch des Sicherheitsgewerberechts, 2004, Rn. 3.
[24] Vgl. *Kuhlmey/Öxle,* Praxishandbuch Security, 2015, 15.
[25] *Pitschas,* Polizei und Sicherheitsgewerbe, 2000, 41.
[26] *Briken/Eick* in Häfele/Sack/Eick/Hillen, Sicherheit und Kriminalprävention in urbanen Räumen, 2017, 91 ff.

sende Anzahl von Sicherheitsdienstleistungen, die von Unternehmen oder Einzelpersonen des Privatrechts erbracht werden.[27]

17 Diese fehlende Greifbarkeit eines aktuellen und zeitgemäßen Begriffs wird besonders deutlich durch die Formulierung in § 34a Abs. 1 GewO, der nur die Bezeichnung des Bewachungsgewerbes als gewerbsmäßige Überwachung von Leben oder Eigentum fremder Personen definiert. § 34a Abs. 1a GewO liefert keine Erweiterung des Begriffs, sondern stellt nur an bestimmte Tätigkeiten die zusätzliche Anforderung eines Nachweises einer vor der Industrie- und Handelskammer erfolgreich abgelegten Sachkundeprüfung oder eines Unterrichtungsnachweises. Semantisch betrachtet, suggeriert der Begriff „Bewachungsgewerbe" eine gewisse Eindimensionalität der Tätigkeiten in diesem Beschäftigungsfeld, welche nicht mehr der Realität entspricht. Ob man den Ursprung des Begriffs und der gesamten Branche auf die mittelalterlichen Nachtwächter zurückführt,[28] oder auf die Hüttenpolizeien und Zechenwehren des 19. Jahrhunderts, mit der heutigen Sicherheitswirtschaft hat das klassische Bewachungsgewerbe nur noch in Teilen zu tun.[29]

18 Heute arbeiten rund 300.000 Beschäftigte in der Sicherheitswirtschaft und erbringen Dienstleistungen, welche nur bedingt der traditionellen Bewachungstätigkeit zugeordnet werden können. Auch die rund 265.000 Beschäftigten bei Wach- und Sicherheitsdiensten übernehmen ganz unterschiedliche Aufgaben. Eine gute Übersicht bietet die Aufschlüsselung des Bundesverbandes der Sicherheitswirtschaft (BDSW).

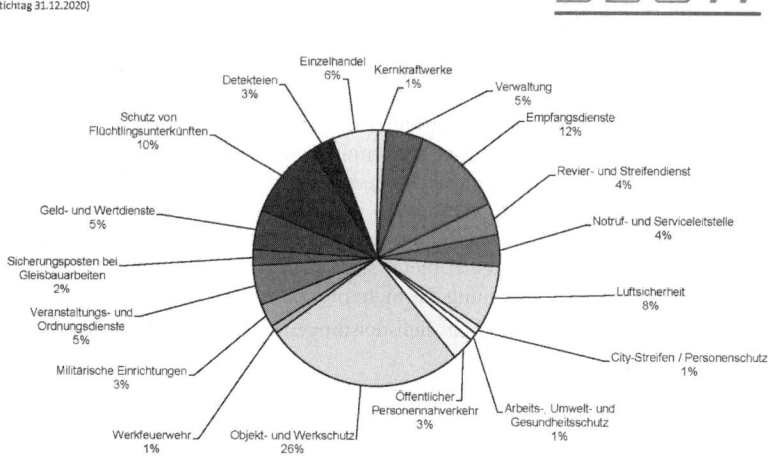

19 Deutlich wird, dass der Objekt- und Werkschutz den mit Abstand größten Anteil einnimmt und zu den zwei weiteren großen Bereichen der Empfangsdienste und der Luftsicherheit seit einiger Zeit auch der Schutz von Flüchtlingsunterkünften hinzugetreten ist.

---

[27] Vgl. die Ausarbeitung des Wissenschaftlichen Dienstes des Deutschen Bundestags, Sicherheitsdienstleistungsgewerbe: Rechtsgrundlagen, Unfallversicherung und Kontrolle. WD 3 – 3000 – 066/20; WD 6 – 3000 – 031/20.
[28] S. *Nelken* in Glavic, Handbuch des privaten Sicherheitsgewerbes, 1995, 1 ff. und *Gollan*, Private Sicherheitsdienste in der Risikogesellschaft, 1999.
[29] *Briken*, Produktion von „Sicherheit"? Arbeit im Bewachungsgewerbe, 2011, 8.

Neben den Aufgaben der Wach- und Sicherheitsdienste und Detekteien treten zahlreiche   20
Aufgaben, die Sicherheit gewährleisten aber nur unter den erweiterten Sicherheitsbegriff fallen.

Dementsprechend sollte der Begriff „Bewachungsgewerbe" in allen Rechtsfortschriften   21
und technischen Normen durch den **treffenderen Begriff des „Sicherheitsgewerbes"** oder des **„Sicherheitsdienstleistungsgewerbes"** abgelöst werden, da dieser besser die brancheninterne Vielfältigkeit der Tätigkeitsfelder widerspiegelt. Der Begriff des Sicherheitsdienstleistungsgewerbes wurde auch in der 19. Wahlperiode des Deutschen Bundestages für die Diskussion um ein Sicherheitsdienstleistungsgesetz (SDLG) genutzt, das aber leider nicht zustande kam.[30]

B. Rechtsgrundlagen der Sicherheitswirtschaft

I. Gemeinschaftsrechtliche Grundlagen

Im europäischen Integrationsprozess spielt auch die Schutz- und Vorsorgeverantwortung   22
der Europäischen Union für die innere und äußere Sicherheit eine kontinuierlich wachsende Rolle. Durch die Grundfreiheiten der EU auf der einen Seite und den Aufbau eines **Raums der Freiheit, der Sicherheit und des Rechts** (Art. 67 ff. AEUV) auf der anderen, verlor die Sicherheitsgewährung ihren ausschließlich nationalstaatlichen Charakter. Mehr noch etablierte die EU eine Verantwortungspluralität für die innere Sicherheit, die sowohl die Bürger als auch das Sicherheitsgewerbe einbezog. Ohne auf die Entwicklung des Raums der Freiheit, der Sicherheit und des Rechts an dieser Stelle eingehen zu können, kann aber festgehalten werden, dass zum Verantwortungsverbund auch die privaten Sicherheitsdienste als Akteure einer offenen Marktwirtschaft mit freiem Wettbewerb gehören, ohne dass diese europarechtlich geregelt wären.[31] Immer wieder gibt es daher Forderungen, ob nicht zumindest der Erlass einer Verordnung zur Übernahme einzelner Aufgabenfelder durch das Sicherheitsgewerbe und zur Überwachung der Gewerbebetätigung der angezeigte Weg wäre.[32] Primärrechtlich ist das Sicherheitsgewerbe flankiert vom **Recht auf Freiheit und Sicherheit,** wie es in Art. 5 EMRK und Art. 6 EU-GR-Charta normiert ist und den **Grundfreiheiten,** welche die Tätigkeit des Sicherheitsgewerbes absichern.

1. Primärrechtliche Grundlagen

Die primären europarechtlichen Grundlagen des Sicherheitsdienstleistungsgewerbes, liegen   23
in sachlicher Hinsicht, im Schutzbereich der Grundfreiheiten, insbesondere der **Dienstleistungsfreiheit** (Art. 56 ff. AEUV), der **Niederlassungsfreiheit** (Art. 49 ff. AEUV), der **Arbeitnehmerfreizügigkeit** (Art. 45 ff. AEUV) und der **Kapital- und Zahlungsverkehrsfreiheit** (Art. 63 ff. AEUV).[33] Die Grundfreiheiten wirken gleichheitsrechtlich als Diskriminierungsverbot und freiheitsrechtlich als Beschränkungsverbot. Gemäß dem allgemeinen Diskriminierungsverbot in Art. 18 AEUV ist im Anwendungsbereich der Grundfreiheiten grundsätzlich jede Ungleichbehandlung wegen der Staatsangehörigkeit unzulässig.[34]

Aufgrund der engen Auslegung durch den EuGH konzentrieren sich die **Ausnahmen**   24
für die Ausübung öffentlicher Gewalt iSd Art. 51 AEUV lediglich auf den Kernbereich hoheitlicher Tätigkeit und stellt in der Regel keine Einschränkung des Schutzes der Betätigung des Sicherheitsgewerbes dar. Der EuGH bekräftigt in ständiger Rechtspre-

---

[30] Kritisch auch zu Recht *Stober* GSZ 2020, 141 (143 f.).
[31] *Pitschas* NVwZ 2002, 519 (521).
[32] *Pitschas* NVwZ 2002, 519 (522).
[33] Die Warenverkehrsfreiheit ist in der Regel nicht einschlägig, da es nicht um Waren geht. In Fällen, bei denen es im Wesentlichen um sicherheitsrelevante Waren, wie zB Schlösser, Sicherheitsglas, Wegnahmesperren für Computer etc geht, kann aber selbst die Warenverkehrsfreiheit einschlägig sein.
[34] Vgl. *Sensburg*, Europarecht. Ein Studienbuch für die Polizei, 2010, 129 ff.

chung, dass sich diese Ausnahmeregelungen auf Tätigkeiten beschränken müssen, die als solche eine unmittelbare und spezifische Teilnahme an der Ausübung öffentlicher Gewalt und als Ausnahme von den Grundregeln der Niederlassungsfreiheit und des freien Dienstleistungsverkehrs so auszulegen sind, dass sich ihre Tragweite auf das beschränkt, was zur Wahrung der Interessen die zu schützen diese Bestimmungen den Mitgliedstaaten erlauben, unbedingt erforderlich ist.[35] Ganz deutlich hat der EuGH in diesem Zusammenhang festgestellt, dass die Tätigkeit von Bewachungs- und Sicherheitsunternehmen in der Regel keine direkte und spezifische Beteiligung an der Ausübung der öffentlichen Gewalt in dem Sinne darstelle.[36]

25 Nichts anderes gilt für Art. 52 AEUV, für den der EuGH festgestellt hat, dass keinesfalls das Recht der Mitgliedstaaten eingeschränkt werden soll, die Freizügigkeit von privaten Sicherheitsdienstleistern bzw. die ihrer Beschäftigten aus Gründen der öffentlichen Ordnung, Sicherheit und Gesundheit zu begrenzen. Doch dürften darauf abzielende Vorschriften nicht bezwecken, Wirtschaftsbereiche wie den der privaten Sicherheitsdienste ganz allgemein und flächendeckend von der Anwendung des Freizügigkeitsgrundsatzes auszuschließen.[37]

26 Ebenfalls ist bisher unstreitig, dass die Regelungen und Voraussetzungen des § 34a GewO mit den Grundfreiheiten im Einklang sind.[38] Wie sich die Rechtsprechung des EuGH auch unter einem erweiterten Sicherheitsbegriff und der Zunahme der Aufgaben durch das Sicherheitsgewerbe, zB unter Einbeziehung von Aufgaben mit Zwangsbefugnissen weiterentwickelt, kann noch nicht abgesehen werden. In Europa ist jedoch ein Trend zu bemerken, mehr Kompetenzen auch im privaten Sicherheitsgewerbe zuzulassen. Entsprechende sekundärrechtliche Regelungen werden daher umso wichtiger.

2. Sekundärrechtliche Grundlagen

27 Das sekundäre Gemeinschaftsrecht enthält bisher so gut wie keine Verordnungen oder Richtlinien, die den Zugang zum Sicherheitsgewerbe bzw. die Gewerbeausübung individuell regeln würden. Eine Ausnahme ist hier die **Verordnung über den gewerbsmäßigen grenzüberschreitenden Straßentransport von Euro-Bargeld** zwischen den Mitgliedstaaten des Euroraums.[39] In der Verordnung wurden sowohl unternehmensbezogene Anforderungen als Voraussetzung für eine Lizenzerteilung als auch Anforderungen an die Zuverlässigkeit und Inhalt und Umfang der Ausbildung des Personals geregelt.

28 Gleichwohl sind allgemeine wirtschaftsrechtliche, berufs- und sozialpolitische Regelungen des Gemeinschaftsrechts auch für das Sicherheitsgewerbe maßgeblich, wie etwa die Richtlinien der Gemeinschaft über die **Anerkennung beruflicher Befähigungsnachweise** oder auch zur **Anerkennung von Hochschuldiplomen** 2005/36/EG v. 7.9.2005.[40] Auch für die Sicherheitsdienste gilt zB die RL 2000/78/EG v. 27.11.2000 zur Festlegung eines allgemeinen Rahmens für die Verwirklichung der **Gleichbehandlung in Beschäftigung und Beruf** mit dem Allgemeinen Gleichbehandlungsgesetz.[41]

---

[35] EuGH Urt. v. 29.4.2010 – C-160/08, Slg. 2010, I-3713, Rn. 76, 78 = NVwZ 2010, 949 – Kommission/Deutschland.
[36] EuGH Urt. v. 31.5.2001 – C-283/99, Slg. 2001, I-4363, Rn. 20 = BeckRS 9998, 155802 – Kommission/Italien.
[37] EuGH Urt. v. 13.7.1993, Slg. 1993, I-4047 Rn. 8; EuGH Urt. v. 29.10.1998, Slg. 1998, I-6717 = EuZW 1999, 125 Rn. 35.
[38] Eine sehr ausgiebige Prüfung bei *Lange,* Privates Sicherheitsrecht in Europa, 2002, 222 ff.
[39] Verordnung (EU) Nr. 1214/2011 des Europäischen Parlaments und des Rates v. 16.11.2011 über den gewerbsmäßigen grenzüberschreitenden Straßentransport von Euro-Bargeld zwischen den Mitgliedstaaten des Euroraums.
[40] Richtlinie 2005/36/EG des Europäischen Parlaments und des Rates v. 7.9.2005 über die Anerkennung von Berufsqualifikationen v. 30.9.2005, ABl. 2005 L 255, 22 ff.
[41] Richtlinie des Rates 2000/78/EG v. 27.11.2000 zur Festlegung eines allgemeinen Rahmens für die Verwirklichung der Gleichbehandlung in Beschäftigung und Beruf, ABl. 2000 L 303, 16.

Aus unionsrechtlicher Sicht ist, soweit datenschutzrechtlich relevante Aspekte geregelt 29
werden sollen, wie etwa der Einsatz von Bodycams die **EU-DS-GVO** Nr. 2016/679 v.
27.4.2016 von Relevanz.[42] Der Ausnahmevorbehalt des Art. 2 Abs. 2 lit. d DSGVO gilt
nicht für das private Sicherheitsgewerbe, sondern nur für die zuständigen Behörden zum
Zwecke der Verhütung, Ermittlung, Aufdeckung oder Verfolgung von Straftaten oder der
Strafvollstreckung, einschließlich des Schutzes vor und der Abwehr von Gefahren für die
öffentliche Sicherheit. Soweit allerdings Private mit Sicherheitsaufgaben beliehen sind, wie
zB **Luftsicherheitsassistenten gem. § 16a LuftSiG** oder **ziviles Wachpersonal
gem. § 1 Abs. 3 des UZwGBw** dürfte insoweit der Vorbehalt greifen, da diese Personen
im Wege der Beleihung funktionell Behördenaufgaben wahrnehmen. Fragen von Zwangsmaßnahmen sind jedoch auch mit Hinblick auf die datenschutzrechtliche Diskussion noch
nicht hinreichend beantwortet.[43]

Eine Ausnahme gilt allerdings für die Richtlinie 2006/123/EG über Dienstleistungen im 30
Binnenmarkt **(Dienstleistungsrichtlinie)**, da das Sicherheitsgewerbe, nicht zuletzt auf
Betreiben des Dachverbandes der europäischen Sicherheitsdienstleister (CoESS), aus dem
Anwendungsbereich der Dienstleistungsrichtlinie (Art. 2 Abs. 2 lit. k DLR) ausgenommen
wurde. Gleichwohl ist ein in Art. 38 DLR angesprochener Sekundärrechtsakt für private
Sicherheitsdienste auch heute noch erstrebenswert, weil er einen wichtigen Beitrag zur
Verstetigung des Raums der Freiheit, Sicherheit und des Rechts leisten würde.

II. Verfassungsrechtliche Grundlagen

Die bereits oben erwähnte grundsätzliche Diskussion der Einbindung privater Sicherheits- 31
dienstleister in die staatliche Aufgabe der Sicherheitsgewährung kann an dieser Stelle auch
nicht verfassungsrechtlich abschließend beantwortet werden. Eine Privatisierung des gesamten Sicherheitssektors oder wesentlicher Teile scheidet dabei aber schon wegen der Existenz
des staatlichen Gewaltmonopols nach der hier vertretenen Ansicht aus.[44] Zwar ist das
Gewaltmonopol an keiner Stelle des Grundgesetzes explizit erwähnt, jedoch wird es aus
dem Rechtsstaatsprinzip gem. Art. 20 Abs. 3 GG und Art. 28 Abs. 1 S. 1 GG sowie aus
weiteren Vorschriften des Grundgesetzes, wie zB Art. 33 Abs. 4 GG, Art. 20 Abs. 1 und 2
GG oder Art. 13 Abs. 3 GG abgeleitet.[45] Eine gänzliche Aufgabe der Sicherheitsgewährleistung oder allein die Übertragung wesentlicher Bereiche vom Staat auf private Dienstleister ist daher ausgeschlossen.[46] Bundesländer, welche die gesamten Leistungen ihrer
Landespolizei an einen privaten Sicherheitsdienst vergeben wollten, würden eindeutig verfassungswidrig handeln. Allein, dass der begründete Eindruck entsteht, dass der Staat sein
Gewaltmonopol verloren habe, wäre schon ausreichend, um die Verfassungswidrigkeit zu
begründen.[47]

Bestimmte Sicherheitsaufgaben können nach der Aufgabenverteilung des Grundgesetzes 32
und der Landesverfassungen auch nur nach einer Änderung des Wortlautes auf Private
übertragen werden. So konnte die DFS Deutsche Flugsicherung GmbH nur nach einer
Grundgesetzänderung ihre Aufgaben in der heutigen Form übernehmen und eine gänzliche
Privatisierung der Sicherheitsaufgabe **Flugsicherung** könnte nur nach einer Änderung des
Art. 87d GG erfolgen, was derzeit aber nicht beabsichtigt scheint.[48] Teilprivatisierungen gibt
es auch in anderen Bereichen bei der **äußeren Sicherheit** im Rahmen von Art. 87b GG,

---

[42] Verordnung 2016/679 v. 27.4.2016 zum Schutz natürlicher Personen bei der Verarbeitung personenbezogener Daten, zum freien Datenverkehr und zur Aufhebung der Richtlinie 95/46/EG v. 4.5.2016,
ABl. 2016 L 119/1.
[43] Zu einer Öffnung des Bewacherregisters für die Allgemeinheit vgl. *Eisenmenger* NVwZ 2018, 1768 (1771).
[44] Vgl. hierzu *Hammer* DÖV 2000, 613 (614 ff.).
[45] S. zB *Heuer/Hilgner* NK 2011, 28 ff.
[46] Vgl. *Stober* NJW 2008, 2301 (2305), der insbesondere auf das Recht der Legislative abstellt.
[47] Vgl. *Lange*, Privates Sicherheitsgewerbe in Europa, 2002, 63.
[48] Siehe hierzu auch → § 14 Rn. 50.

zB bei der Beschaffung oder dem Gebäude- und Flottenmanagement beispielsweise durch die BwConsulting GmbH oder die BwFuhrparkService GmbH.

33 Der Staat und seine Einrichtungen können sich auf den Grundsatz der Wahlfreiheit der Verwaltung bei der Aufgabenerfüllung berufen und entscheiden, ob die Aufgaben durch eigene Bedienstete erledigt werden, oder private Dienstleister eingebunden werden sollen. Dem steht, wegen des einschränkenden Wortlauts „in der Regel", auch **Art. 33 Abs. 4 GG** nicht entgegen.[49] Art. 33 Abs. 4 GG ist im Zusammenhang mit dem nachfolgenden Absatz 5 zu lesen, der zugleich den Gesetzgebern aufgibt, das Recht des öffentlichen Dienstes fortzuentwickeln, sodass auch die ständige Ausübung hoheitsrechtlicher Befugnisse Privaten übertragen werden dürfen, wenn eine solche Übertragung als Ausnahme von der Regel erfolgt und sich mit dem Grundgedanken des Funktionsvorbehalts rechtfertigen lässt.[50]

34 Ansonsten wird die Einbindung privater Sicherheitsdienstleister in die staatliche Aufgabe der Sicherheitsgewährung von der Akzeptanz der Bürger, von den Direktions- und Lenkungsmöglichkeiten durch die staatlichen Behörden, den Kontrollmöglichkeiten durch Behörden und Parlamente und der Effektivität gegenüber allen Akteuren abhängig sein. Verfassungsrechtlich ergeben sich hier aufgrund des erweiterten Sicherheitsbegriffes mindestens genauso spannende Fragestellungen wie auf europäischer Ebene, die parallel diskutiert werden sollten und sich nicht hinterherlaufen dürfen.

35 Für das Verhältnis des Rechts des Sicherheitsgewerbes zum Grundgesetz spielt **Art. 12 GG** für die Gewerbetreibenden und die Mitarbeiter eine zentrale Rolle, wenn es um die Qualitäts- und Zuverlässigkeitsanforderungen oder die Zugangsvoraussetzungen generell geht. Bezogen auf **Sicherheitsunternehmen** heißt es beispielsweise im Abschlussbericht der länderoffenen Arbeitsgruppe der Innenministerkonferenz vom 9.8.2013 („Zertifizierung privater Sicherheitsunternehmen") zutreffend: „In diesem Zusammenhang ist anzuführen, dass sich das Bewachungsgewerbe bereits dadurch von anderen Gewerben unterscheidet, dass durch seine Ausübung nicht nur private Interessen Dritter geschützt, sondern auch gefährdet werden können bzw. in sie eingegriffen wird (zB durch die Ausübung des Hausrechts), wodurch es zu Konfliktsituationen kommen kann. Hinzu kommt, dass das Bewachungsgewerbe auch im öffentlichen Raum oder mit deutlichen Berührungspunkten zu diesem ausgeübt wird (vor allem Öffentlicher Personenverkehr, Schutz vor Ladendieben, in Einlassbereichen von Großveranstaltungen und Diskotheken). Dort wird das Bewachungsgewerbe von den Bürgern mitunter als sichtbarer Teil der Sicherheitsarchitektur wahrgenommen und erscheint ihnen als verlängerter Arm von Ordnungsbehörden oder der Polizei".[51] Insofern wird deutlich, dass der Verhältnismäßigkeitsmaßstab im besonderen Fall der Sicherheitsdienstleister tendenziell auch hohe Anforderungen an Gewerbetreibende ebenso wie an Beschäftigte zulässt und dies nicht nur beim Bewachungsgewerbe. Letztlich steht dahinter der Gedanke einer effektiven Gefahrenabwehr, die primär die Polizei- und Ordnungsbehörden als Träger des Gewaltmonopols adressiert, aber auch die privaten Sicherheitsdienstleister, die an verschiedenen Stellen kooperierend bzw. ergänzend unterstützen. Für die Mitarbeiter tritt, zB bei der Rechtfertigung von Mindestalteranforderungen, **Art. 3 Abs. 1 GG** hinzu.

36 Für die Reichweite der Kooperationen zwischen Staat und privaten Sicherheitsunternehmen spielen die Gesetzgebungskompetenzen der **Art. 30, 70 Abs. 1 GG und Art. 74 Abs. 1 Nr. 11 GG** eine besondere Rolle. Diese Kompetenzverteilung des Grundgesetzes nimmt zu Wirtschafts-, Sicherheits- und Privatisierungsaspekten aber nur rudimentär Stellung. Insbesondere fehlt eine ausdrückliche Eingrenzung der Privatisierungsmöglichkeiten.[52] Allenfalls kann man aus der oben dargestellten Zusammenschau historischer und

---

[49] *Stober* GSZ 2020, 193 (198).
[50] Vgl. *Danne/Roth* NVwZ 2020, 1633 (1635).
[51] Abschlussbericht der länderoffenen Arbeitsgruppe der Innenministerkonferenz „Zertifizierung privater Sicherheitsunternehmen" v. 9.8.2013.
[52] Eine Anschauliche Diskussion findet sich zB bei *Altunay* DÖV 2020, 23.

staatstheoretischer Überlegungen ableiten, dass das Verfassungsrecht die Sorge um die Sicherheit stillschweigend voraussetzt und ihr den Rang einer zentralen Staatsaufgabe oder Kernaufgabe zuweist.[53] Im konkreten Einzelfall sind dann eine Vielzahl von Interessen und rechtlichen Positionen in die Prüfung mit einzubeziehen, was sich zB schon bei einer Übertragung der Geschwindigkeitsüberwachung von Kommunen auf Private zeigt. Hier müssen die wirtschaftlichen Interessen des Privaten, die Fragen von Auswertung und Kontrollen der Messinstrumente bis hin zur Entscheidung, ob und gegen wen ein Ermittlungsverfahren eingeleitet wird berücksichtigt werden.

Aus alledem kann man erkennen, dass die Einbindung Privater in die Sicherheitsgewährung sowohl europarechtlich, als auch verfassungsrechtlich in vielfältiger Weise möglich und auch durch die Grundfreiheiten und die Grundrechte geschützt ist. Die Reichweite der Wahrnehmung von Sicherheitsaufgaben durch Private und deren konkrete Ausgestaltung bedarf aber einer detaillierten verfassungsrechtlichen Prüfung und der gesellschaftlichen Akzeptanz. 37

III. Gewerberechtliche Grundlagen des Sicherheitsgewerbes

Die klassischen Regelungen zum Bewachungsgewerbe finden sich im Gewerberecht als Teil des besonderen **Verwaltungsrechts.** Zentrale Norm ist hier § 34a GewO, sodass sich zuerst die Frage stellt, ob es sich bei der jeweiligen Tätigkeit um ein Bewachungsgewerbe handelt.[54] Nach der vom BVerwG eingeführten Formel kennzeichnet ein Gewerbe eine erlaubte, nicht sozial unwertige (generell nicht verbotene), auf Gewinnerzielung gerichtete und auf Dauer angelegte selbstständige Tätigkeit, die nicht den Bereichen der Urproduktion, den freien Berufen oder der bloßen Verwaltung eigenen Vermögens zuzurechnen ist.[55] Nach überwiegender Ansicht besteht der Gewerbebegriff damit aus vier positiven Elementen (sog. Gewerbsmäßigkeit) und drei negativen Elementen (sog. Gewerbsfähigkeit).[56] In Zweifelsfällen ist unter Berücksichtigung der traditionellen Vorstellungen über die Ausübung eines Gewerbes auf das Gesamtbild und die Eigenarten der zu beurteilenden Betätigungsform sowie, ausgehend von der Zweckbestimmung gewerberechtlicher Regelungen als Instrumente der Gefahrenabwehr, der damit typischerweise verbundenen Gefährdungslagen abzustellen.[57] 38

Bewachungsgewerbe ist nach der Legaldefinition des § 34a GewO das gewerbsmäßige Bewachen von Leben oder Eigentum fremder Personen. Bewachung ist gem. Nr. 1.1 BewachVwV die auf den Schutz des Lebens oder Eigentums fremder Personen vor Eingriffen Dritter gerichtete Tätigkeit. Über den Wortlaut hinaus sind neben Leben und Eigentum auch Leib, Freiheit und Besitz Schutzgüter des Bewachungsgewerbes. Der Begriff der Bewachung iSd § 34a Abs. 1 S. 1 GewO erfordert dabei gem. Nr. 1.3 BewachVwV eine aktive Obhutstätigkeit.[58] Darunter fällt insbesondere die Bewachung fremder Objekte durch Arbeitnehmer von Wach- und Schließgesellschaften. Ebenso zählen hierzu Tätigkeiten, wie: Doorman, Ermittlungsdienst, Interventionsdienst, Revier- und Kontrolldienst, Schließdienst, Werkschutz, Geld- und Werttransporte, Fluggastkontrolle, Bewachung von Flugzeugen und Schiffen. Die Bewachung muss auf den Schutz von Personen vor Gefahren für Leib, Leben oder Freiheit oder von Sachen gegen Abhandenkommen, Zerstörung oder Beschädigung gerichtet sein.[59] Nr. 1.1 BewachVwV stellt klar, 39

---

[53] *Stober* NJW 2008, 2301 (2304).
[54] Die gewerbsmäßige Bewachung von Leben oder Eigentum fremder Personen auf Seeschiffen seewärts der Begrenzung der deutschen ausschließlichen Wirtschaftszone zur Abwehr äußerer Gefahren unterfällt nicht § 34a GewO, sondern § 31 GewO. Hierfür bedarf es einer besonderen Zulassung durch das Bundesamt für Wirtschaft und Ausfuhrkontrolle im Einvernehmen mit der Bundespolizei.
[55] S. aktuell zB BVerwG NJW 2013, 2214 Rn. 12 mwN.
[56] So *Frotscher/Kramer*, Wirtschaftsverfassungs- u. Wirtschaftsverwaltungsrecht, 2013, § 12 Rn. 333.
[57] Vgl. *Wormit* JuS 2017, 641 (642).
[58] *Marcks* in Landmann/Rohmer GewO GewO § 34a Rn. 6.
[59] *Marcks* in Landmann/Rohmer GewO GewO § 34a Rn. 7.

dass keine Bewachung iSd § 34a GewO vorliegt, wenn ein Gewerbetreibender seinen Betrieb durch eigenes Personal bewachen lässt, also sie diese Tätigkeit neben ihren Hauptaufgaben mitmachen. Dies ist bis zu einer bestimmten Tiefe in der Regel schon eine arbeitsrechtliche Nebenpflicht. Nach Nr. 1.4 Abs. 2 BewachVwV liegt daher keine Bewachung iSv § 34a GewO vor, wenn ein Gewerbetreibender im Rahmen seines Geschäftsbetriebes zB die Bewachung von Kraftfahrzeugen im Rahmen eines Hotelbetriebes übernimmt.

40 Nicht erfasst ist weiterhin die Tätigkeit von **Detekteien** und **Auskunfteien,** deren Leistungen sich auf die bloße Überwachung im Sinne einer Beobachtungs- und Ermittlungstätigkeit beschränkt.[60] Bewachung von Betriebsanlagen meint nur den unmittelbaren Wächterdienst über und in den Betriebsanlagen zB durch Pförtner, Werksstreifen oder auch die Werksfeuerwehren, nicht jedoch darüber hinausgehende Tätigkeiten wie zB die Kontrolle vollautomatisch laufender Produktionsanlagen. Letzteres zählt zur Produktion und deren Kontrolle.

41 Gleiches gilt im Ergebnis wohl für die Bereiche Facility-Management, Corporate Security, Compliance und IT-Sicherheit. Zwar sind die Übergänge hier fließend, da es auch um die Bewachung von Firmeneigentum gehen kann. Im Kern wird es jedoch nicht um das physische Überwachen, sondern um strategische Sicherheitsentscheidungen gehen oder die Bewachungstätigkeiten sind nur eine geringe Nebenleistung der Hauptleistung, wie dies für das Facility-Management angenommen werden kann.[61] Die Voraussetzungen des § 34a GewO gelten dann hier nicht und es ist Aufgabe der Unternehmen, diese Stellen mit geeignetem Personal zu besetzen.[62] Weitere Funktionen mit Sicherheitsbezug sind zB Parkplatzeinweiser, Haushüter, Hausmeister, Kassierer, Ordner etc, bei denen grundsätzlich kein Bewachungsgewerbe iSv § 34a GewO iVm Nr. 1.3 BewachVwV vorliegt. Teilweise als Graubereich werden die Tätigkeiten der Parkplatzeinweiser und Haushüter bezeichnet, da hier auch Bewachungsaufgaben erfolgen, der Schwerpunkt aber schwer zu bestimmen ist. Entsprechende Arbeitsverträge können hier nicht alleine Aufschluss geben, weil durch eine zurückhaltende Beschreibung der Tätigkeiten im Arbeitsvertrag eine Umgehung der Anforderungen des § 34a GewO erfolgen könnte.[63]

1. Anzeigepflicht

42 Sowohl für das Bewachungsgewerbe, als auch für alle nicht darunter fallenden Sicherheitsgewerbe gilt gem. § 14 GewO, dass, wer den selbstständigen den Betrieb eines stehenden Gewerbes, einer Zweigniederlassung oder einer unselbstständigen Zweigstelle anfängt, dies der zuständigen Behörde gleichzeitig anzeigen muss.[64] Eine Anzeigepflicht besteht jedoch nur dann, wenn es sich bei einer ausführenden Tätigkeit tatsächlich um ein Gewerbe handelt. Nach der oben eingeführten Definition trifft dies auf viele, auch nicht dem Bewachungsgewerbe zuzuordnenden Sicherheitsdienstleistungen, zu. Schwierige Abgrenzungen ergeben sich dann, wenn der Schwerpunkt in der konzeptionellen Beratung und strategischen Planung liegt, wie dies zB bei Corporate Security, Compliance und IT-Sicherheit der Fall ist. Hier sind die Sicherheitsdienstleistungen nicht durch vergleichbar einfache Handlungen gekennzeichnet, sondern gehen mehr in die Dienstleistungen höherer Art bis zur wissenschaftlichen Expertise. Auch hier wird im Einzelfall zu entscheiden sein.

43 Die **Anzeigepflicht** soll primär die Gewerbeausübung kontrollieren, was der staatlichen Gewerbeaufsicht obliegt. Dies ist deswegen wichtig, da der Grundsatz der Gewerbefreiheit nach § 1 GewO und Art. 12 GG grundsätzlich jedermann die Ausübung einer Gewerbe-

---

[60] Hierzu näher *Ennuschat* in Ennuschat/Wank/Winkler GewO § 38 Rn. 19 f.
[61] Anderer Ansicht nach *Schneckenburger*, Rechtsstellung und Aufgaben des Privaten Sicherheitsgewerbes, 1999, 60 oder *Lange*, Privates Sicherheitsrecht in Europa, 2002, 33.
[62] *Kuhlmey/Öxle*, Praxishandbuch Security, 2015, 23.
[63] Sie hierzu *Kuhlmey/Öxle*, Praxishandbuch Security, 2015, 23.
[64] Hierzu *Winkler* in Ennuschat/Wank/Winkler GewO § 14 Rn. 16 ff. und 30 ff.

tätigkeit gestattet, ohne dafür eine Genehmigung einzuholen zu müssen. Die Anzeigepflicht dient somit einer Überwachung, ob die Voraussetzungen für eine Gewerbetätigkeit überhaupt vorliegen, sofern an der Zuverlässigkeit gezweifelt wird. Ist das der Fall, kann die Ausübung mittels Verfahren gem. § 35 GewO auch für solche Sicherheitsdienstleistungen einem Anbieter untersagt werden.[65]

2. Auskunft und Nachschau

Auskunfts- und Nachschaurechte sind gem. § 29 Abs. 1 GewO für solche Tätigkeiten im Gewerbe notwendig, die eine besonders sensible Stellung einnehmen. Sie unterliegen einer besonderen staatlichen Kontrolle. Dazu zählen auch die Tätigkeiten im Sicherheitsgewerbe gem. § 29 Abs. 1 Nr. 1 GewO iVm § 34a GewO. Wenn gegen Gewerbetreibende bereits ein Verfahren wegen Gründen aus § 35 GewO eröffnet wurde, fallen sie ebenfalls unter den Anwendungsbereich des Auskunfts- und Nachschaurechts gem. § 29 Abs. 1 Nr. 4. GewO. **44**

Alle Betroffenen müssen nach § 29 Abs. 1 GewO den Beauftragten der zuständigen öffentlichen Stelle auf Verlangen die für die Überwachung des Geschäftsbetriebs erforderlichen mündlichen und schriftlichen Auskünfte unentgeltlich erteilen.[66] Ein solches Verfahren geschieht stichprobenartig und darf nicht in regelmäßigen Abständen wiederholt werden.[67] Das Verlangen stellt einen belastenden Verwaltungsakt dar. Zu der Pflicht zählt auch, dass ein Teil der Akten (zB Bilanzen) am Sitz der zuständigen Behörde eingereicht werden muss. Das Auskunftsverlangen muss dem Grundsatz der Verhältnismäßigkeit entsprechen.[68] Eine Überprüfung bedarf keiner Anmeldung. **45**

Das Auskunftsrecht in der Gewerbeordnung bietet mehr Möglichkeiten als § 26 Abs. 2 VwVfG, wobei die Gewerbeordnung nicht das Recht zur Vorladung vorsieht.[69] Gemäß § 29 Abs. 2 GewO haben die Beauftragten der zuständigen Behörde das Recht zum Zwecke der Überwachung Grundstücke und Geschäftsräume des Betroffenen während der üblichen Geschäftszeit zu betreten, dort Prüfungen und Besichtigungen vorzunehmen, sich die geschäftlichen Unterlagen vorlegen zu lassen und in diese Einsicht zu nehmen. **46**

Zur Verhütung dringender Gefahren für die öffentliche Sicherheit oder Ordnung können die Grundstücke und Geschäftsräume tagsüber auch außerhalb der in § 29 Abs. 2 S. 1 GewO genannten Zeiten sowie tagsüber auch dann betreten werden, wenn sie zugleich Wohnzwecken des Betroffenen dienen. § 29 Abs. 2 GewO soll jedoch nur für eine Überprüfung von gewerberechtlichen Vorschriften dienen, nicht aber zur Verfolgung von Straftaten.[70] **47**

Anders verhält es sich, wenn Räumlichkeiten oder das Gelände des Auftraggebers des Gewerbetreibenden betreten werden sollen oder Akten, die seinem Geschäftsbereich zuzuordnen sind, eingesehen werden sollen. Hier gelten die allgemeinen Regeln und auch § 29 Abs. 4 GewO findet auf den Auftraggeber keine Anwendung.[71] **48**

3. Voraussetzungen für das Bewachungsgewerbe

Für die Tätigkeiten, die unter den oben beschriebenen Begriff des Bewachungsgewerbes fallen, bedarf es weiterer Voraussetzungen des Gewerbetreibenden. Dies sind: **49**
- Nachweis seiner Zuverlässigkeit.
- Nachweis geordneter Vermögensverhältnisse.
- Nachweis einer Unterrichtung bzw. einer bestandenen Sachkundeprüfung.
- Nachweis einer Haftpflichtversicherung.

Zuerst muss die Zuverlässigkeit des Gewerbetreibenden gegeben sein. **50**

---
[65] Anschaulich hierzu *Dürr* GewArch 2006, 107 ff.
[66] *Meßerschmidt* in BeckOK GewO, 50. Ed. 1.6.2019, GewO § 29 Rn. 1–3.
[67] *Lutz* in Erbs/Kohlhaas/Ambs GewO § 29 Rn. 7.
[68] *Lutz* in Erbs/Kohlhaas/Ambs GewO § 29 Rn. 9 ff.
[69] *Stollenwerk*, Praxishandbuch zur Gewerbeordnung, 2002, Rn. 297 f.
[70] *Stollenwerk*, Praxishandbuch zur Gewerbeordnung, 2002, Rn. 298.
[71] Vgl. *Ennuschat* AöR 127 (2002), 252 ff.

51 **a) Nachweis der Zuverlässigkeit des Gewerbetreibenden.** Die Zuverlässigkeit des Gewerbetreibenden muss durch zwei Nachweise bescheinigt werden. Zum einen durch eine unbeschränkte Auskunft nach § 41 Abs. 1 Nr. 9 BZRG – dem **polizeilichen Führungszeugnis** – und zum anderen durch eine **Auskunft aus dem Gewerbezentralregister** gem. § 150 Abs. 1 GewO zur Vorlage bei einer Behörde, die nicht älter als drei Monate sein darf.

52 Darüber hinaus kann eine Stellungnahme der für den Wohnort zuständigen Behörde der Landespolizei, einer zentralen Polizeidienststelle oder des jeweils zuständigen Landeskriminalamts eingeholt werden, ob und welche tatsächlichen Anhaltspunkte bekannt sind, die Bedenken gegen die Zuverlässigkeit begründen können, soweit Zwecke der Strafverfolgung oder Gefahrenabwehr einer Übermittlung der tatsächlichen Anhaltspunkte nicht entgegenstehen. Ebenso kann die zuständige Behörde bei ihrem Landesverfassungsschutzamt die Abfrage des nachrichtendienstlichen Informationssystems NADIS-WN veranlassen und die daraus gewonnenen Erkenntnisse berücksichtigen.[72]

53 Bei **juristischen Personen** erfolgt die Zuverlässigkeitsprüfung bezüglich aller gesetzlichen Vertreter, also aller mit der Führung der Gesellschaft betrauten natürlichen Personen. Dies sind in der Regel die Geschäftsführer. Zusätzlich muss dem Gewerbeamt ein Auszug aus dem Gewerbezentralregister für die juristische Person vorgelegt werden.[73] Findet im laufenden Geschäftsbetrieb ein Geschäftsführerwechsel statt, so muss dies dem Gewerbeamt angezeigt werden, damit die Erlaubnis entsprechend geändert werden kann.

54 Bei einer **Personengesellschaft** erfolgt die Zuverlässigkeitsprüfung für alle Gesellschafter durch die dargestellte Prüfung. Bei einer Personengesellschaft erhält jeder geschäftsführende Gesellschafter dann einen eigenen Erlaubnisbescheid. Die Personengesellschaft selbst erhält mangels Rechtsfähigkeit keine eigene Erlaubnis.

55 An dieser Stelle kann nicht auf die umfangreiche Rechtsprechung zum Merkmal der Zuverlässigkeit eingegangen werden.[74] Die erforderliche Zuverlässigkeit besitzt aber in der Regel nicht, wer
- Mitglied in einem Verein ist oder in den letzten zehn Jahren war, der nach dem Vereinsgesetz unanfechtbar verboten wurde oder der einem unanfechtbaren Betätigungsverbot nach dem Vereinsgesetz unterliegt;
- Mitglied in einer Partei ist oder in den letzten zehn Jahren war, deren Verfassungswidrigkeit das Bundesverfassungsgericht nach § 46 des BVerfGG festgestellt hat;
- einzeln oder als Mitglied einer Vereinigung Bestrebungen und Tätigkeiten iSd § 3 Abs. 1 BVerfSchG verfolgt oder unterstützt oder in den letzten fünf Jahren verfolgt oder unterstützt hat;
- in den letzten fünf Jahren vor Stellung des Antrags wegen Versuchs oder Vollendung einer der nachstehend aufgeführten Straftaten zu einer Freiheitsstrafe, Jugendstrafe, Geldstrafe von mindestens 90 Tagessätzen oder mindestens zweimal zu einer geringeren Geldstrafe rechtskräftig verurteilt worden ist oder bei dem die Verhängung von Jugendstrafe ausgesetzt worden ist, wenn seit dem Eintritt der Rechtskraft der letzten Verurteilung fünf Jahre noch nicht verstrichen sind:
  - Verbrechen iSv § 12 Abs. 1 des StGB;
  - Straftat gegen die sexuelle Selbstbestimmung, des Menschenhandels oder der Förderung des Menschenhandels;
  - der vorsätzlichen Körperverletzung;
  - Freiheitsberaubung;
  - des Diebstahls, der Unterschlagung, Erpressung, des Betrugs, der Untreue, Hehlerei, Urkundenfälschung, des Landfriedensbruchs oder Hausfriedensbruchs oder des Widerstands gegen Vollstreckungsbeamte;

---

[72] Vgl. *Makowicz* ZRP 2016, 104 (105).
[73] Vgl. hierzu *Winkler* in Ennuschat/Wank/Winkler GewO § 35 Rn. 94 ff.
[74] S. zB *Thiel* in Ennuschat/Wank/Winkler GewO § 34a Rn. 18 ff.; *Kassmann* GewArch 2010, 236 ff. oder *Marcks* in Landmann/Rohmer GewO § 34a Rn. 23 ff. mwN.

- Vergehen gegen das Betäubungsmittelgesetz, Arzneimittelgesetz, Waffengesetz, Sprengstoffgesetz, Aufenthaltsgesetz, Arbeitnehmerüberlassungsgesetz oder das Schwarzarbeitsbekämpfungsgesetz oder staatsschutzgefährdende oder gemeingefährliche Straftat.
- Ebenfalls ist die Zuverlässigkeit gem. Nr. 4.1.4 BewachVwV infrage zu stellen, wenn der Gewerbetreibende mehrmalig seine Pflicht verletzt den Gebrauch von Waffen gem. § 20 BewachV zu melden.[75] Die einmal erteilte Erlaubnis ist dann zu widerrufen.

Hat sich der Antragsteller während der letzten drei Jahre vor der Zuverlässigkeitsprüfung nicht im Inland oder einem anderen Staat des Europäischen Wirtschaftsraums (EWR) aufgehalten und kann die erforderliche Zuverlässigkeit deshalb nicht oder nicht ausreichend festgestellt werden, ist die Erlaubnis zu versagen. Dies betrifft nicht wenige Interessenten für Sicherheitsdienstleistungen, die einen Migrationshintergrund haben. 56

Die zuständige Behörde hat den Gewerbetreibenden in regelmäßigen Abständen, spätestens aber nach Ablauf von fünf Jahren, erneut auf seine Zuverlässigkeit zu prüfen. 57

b) Nachweis geordneter Vermögensverhältnisse. Des Weiteren muss die Person in geordneten wirtschaftlichen Verhältnissen leben.[76] Den Nachweis geordneter Vermögensverhältnisse muss der Gewerbetreibende durch die Vorlage eines Auszugs aus dem Schuldnerverzeichnis und einer Auskunft des Insolvenzgerichts erbringen. 58

c) Nachweis einer Unterrichtung bzw. einer bestandenen Sachkundeprüfung. Eine weitere Voraussetzung ist die Unterrichtung bzw. der Nachweis einer Sachkundeprüfung. Die Sachkundeprüfung stellt dabei einen deutlich größeren Aufwand mit höheren Anforderungen, nämlich einer Prüfung dar. Sie wird benötigt bei: 59
- Kontrollgängen im öffentlichen Verkehrsraum in Hausrechtsbereichen mit tatsächlich öffentlichem Verkehr,[77]
- Schutz vor Ladendieben,[78]
- Bewachung im Einlassbereich von gastgewerblichen Diskotheken,[79]
- Ausübung leitender Funktion bei der Bewachung von Aufnahmeeinrichtungen nach § 44 AsylG, von Gemeinschaftsunterkünften nach § 53 AsylG oder anderen Immobilien und Einrichtungen, die der auch nur vorübergehenden amtlichen Unterbringung von Asylsuchenden oder Flüchtlingen dienen,
- Leitende Funktion bei der Bewachung von zugangsgeschützten Großveranstaltungen.

Für die übrigen Tätigkeiten reicht die Teilnahme an einer Unterrichtung aus.[80] Diese **Unterrichtung** muss, je nachdem ob eine selbstständige oder abhängige Beschäftigung angestrebt wird, 80 Stunden oder 40 Stunden umfassen. Wer die Sachkundeprüfung erfolgreich abgelegt hat, muss nicht noch zusätzlich an einer Unterrichtung teilnehmen. 60

---

[75] *Marcks* in Landmann/Rohmer GewO BewachV § 20 Rn. 2.
[76] *Marcks* in Landmann/Rohmer GewO § 34a Rn. 24a.
[77] ZB Sicherheitspersonal mit Kontrollgängen auf U-Bahnhöfen und in S-Bahnen, sog. City-Streifen in Fußgängerzonen, Sicherheitspersonal für die Kontrollen an Empfangshallen von Flughäfen, Security mit Kontrollgängen in Kaufhäusern oder Ladenpassagen.
[78] Ladendetektive, Kaufhausdetektive oder Einzelhandelsdetektive, soweit sie nicht vom Geschäftsinhaber eingestellt sind.
[79] Hier geht es um die klassischen Türsteher, soweit sie nicht vom Geschäftsinhaber eingestellt sind. Erfasst werden aber nur Diskotheken und keine sonstigen Gaststätten. Gewerbeämter können bei der Erlaubniserteilung für Diskotheken anordnen, dass die Zugangskontrolle zur Diskothek nur von Personal auszuüben ist, dass die Sachkundeprüfung abgelegt hat, auch wenn das Personal vom Diskothekenbetreiber angestellt ist. Von dieser Möglichkeit wird jedoch nicht überall Gebrauch gemacht, was zB in Berlin zu heftigen politischen Auseinandersetzungen im Senat geführt hat. Wer die Tür kontrolliert, weiß auch, was in Diskotheken/Clubs passiert. Darum wäre hier eine flächendeckende Sachkundeprüfung wichtig.
[80] Hier gibt es zahlreiche Beispiele, von denen nur einige aufgeführt werden können, zB Zugangskontrollen bei Gaststätten, die keine Diskotheken sind, Zugangskontrollen bei Fußballstadien, Bewachungspersonal an Bühnen zum Schutz von Musikern, der Revierwachmann nach Dienstschluss in verschlossenen öffentlichen Gebäuden oder Firmenliegenschaften, Personenschützer, Haushüter mit dem Schwerpunkt Bewachungstätigkeit.

61 Die Sachkundeprüfung ist in den §§ 9–12 BewachV geregelt. Sie kann gem. § 10 Abs. 1 BewachV bei jeder Industrie- und Handelskammer (IHK) innerhalb Deutschlands absolviert werden. Zahlreiche Anbieter bieten Schulungen zur Vorbereitung an und vielfältige Literatur ist zu diesem Themengebiet auf dem Markt.[81] Die Prüfungsinhalte der Sachkundeprüfung ergeben sich aus § 7 BewachV iVm Anlage 2.[82] Alle dort aufgeführten Themen müssen Gegenstand der Prüfung sein. Die Prüfung erstreckt sich insbesondere auf die fachspezifischen Pflichten und Befugnisse folgender Sachgebiete:
- Recht der öffentlichen Sicherheit und Ordnung einschließlich Gewerberecht,
- Datenschutzrecht,
- Bürgerliches Gesetzbuch,
- Straf- und Strafverfahrensrecht, Umgang mit Waffen,
- Unfallverhütungsvorschrift Wach- und Sicherungsdienste,
- Umgang mit Menschen, insbesondere Verhalten in Gefahrensituationen und Deeskalationstechniken in Konfliktsituationen sowie interkulturelle Kompetenz unter besonderer Beachtung von Diversität und gesellschaftlicher Vielfalt,
- Grundzüge der Sicherheitstechnik.

62 In der mündlichen Prüfung erfolgt eine Schwerpunktsetzung. Näheres regelt § 11 BewachV.[83]

63 Bei Einzelgewerbetreibenden oder eingetragenen Kaufleuten ist der Nachweis der bestandenen Sachkundeprüfung vom Gewerbetreibenden beziehungsweise vom Kaufmann selbst zu erbringen. Bei Personengesellschaften inklusive der GbR ist er von jedem geschäftsführungsbefugten Gesellschafter zu erbringen. Bei juristischen Personen von den gesetzlichen Vertretern, soweit sie mit der Durchführung von Bewachungsaufgaben direkt befasst sind. Inhaber bestimmter Prüfungszeugnisse benötigen gem. § 8 BewachV weder eine Sachkundeprüfung noch einen Unterrichtungsnachweis. Dies sind:
- geprüfte Werkschutzfachkraft,
- geprüfte Schutz- und Sicherheitskraft,
- Servicekraft für Schutz und Sicherheit,
- Fachkraft für Schutz und Sicherheit,
- geprüfter Meister für Schutz und Sicherheit oder als geprüfte Meisterin für Schutz und Sicherheit,
- geprüfter Werkschutzmeister oder als geprüfte Werkschutzmeisterin,
- Prüfungszeugnis über den erfolgreichen Abschluss im Rahmen einer Laufbahnprüfung mindestens für den mittleren Dienst im Bereich der Ausbildung für den Polizeivollzugsdienst eines Landes oder des Bundes, für den Justizvollzugsdienst, für den waffentragenden Bereich des Zolldienstes und für den Feldjägerdienst der Bundeswehr,
- oder Personen mit einem rechtswissenschaftlichen Studium,[84] soweit sie allerdings noch an einer Unterrichtung teilnehmen.

64 **d) Nachweis einer Haftpflichtversicherung.** Die Anforderungen an die Haftpflichtversicherung regeln sich gem. §§ 14 und 15 BewachV. Nach § 14 Abs. 1 BewachV muss die Haftpflichtversicherung im Inland abgeschlossen werden. § 14 Abs. 2 S. 1 BewachV bestimmt ferner, welche Versicherungssummen für welches Gebiet derzeit mindestens abgeschlossen werden müssen:

---

[81] So zB *Jochmann/Zitzmann/Pabst*, Sachkundeprüfung im Bewachungsgewerbe, 12. Aufl. 2019. *Deliomini*, Die Sachkundeprüfung gem. § 34a GewO: Das große Übungsbuch mit 720 Testaufgaben für die perfekte Prüfungsvorbereitung, 2019. *Knoll*, Sachkundeprüfung § 34a GewO erfolgreich bestehen, 2021.
[82] Auch wenn die Anlage 2 sich grundsätzlich auf die Unterrichtung bezieht, ergeben sich für die Sachkundeprüfung die gleichen Inhalte. Dies ergibt sich nicht zuletzt aus der in Anlage 3 aufgeführten Bescheinigung über die erfolgreiche Ablegung einer Sachkundeprüfung, die genau die gleichen Inhalte aufweist.
[83] *Marcks* in Landmann/Rohmer GewO BewachV § 9 Rn. 3.
[84] Ausreichend ist hier der Bachelor of Laws oder vergleichbare Abschlüsse mit dem Schwerpunkt auf rechtliche Fächer. Eines ersten oder gar zweiten Staatsexamens bedarf es nicht.

- Personenschäden 1.000.000 EUR
- Sachschäden 250.000 EUR
- das Abhandenkommen bewachter Sachen 15.000 EUR
- reine Vermögensschäden 12.500 EUR

§ 14 Abs. 1 BewachV regelt insoweit auch alle weiteren Details der Haftung. Abgeschlossen muss die Haftpflichtversicherung bei Einzelgewerbetreibenden oder eingetragenen Kaufleuten auf den Gewerbetreibenden selbst werden. Bei Personengesellschaften (zB der GbR) muss sie auf jeden geschäftsführungsbefugten Gesellschafter bei juristischen Personen auf die juristische Person selbst abgeschlossen werden. § 15 BewachV regelt dann etwaige Haftungsbeschränkungen und Pflichten zB beim Ausscheiden eines Versicherungsnehmers bei einem Gruppenversicherungsvertrag, auf die hier nicht näher eingegangen werden kann.[85]

4. Bewaffnete Sicherheitsdienste auf Handelsschiffen

Bewaffnete Sicherheitsdienste auf Handelsschiffen haben, wie im Folgenden noch dargestellt wird, besondere Regelungen erfahren. Hierunter fallen zum einen aber nur Seeschiffe, nicht aber zB Zubringerschiffe zu deutschen Windparks oder Binnenschiffe.

Zum anderen muss die Bewachung nach § 31 Abs. 1 GewO zur Abwehr äußerer Gefahren erfolgen. Die Gefahr kommt von außen, wenn sie außerhalb des Schiffs beginnt. Es kommt nicht darauf an, ob sie sich später an Bord verwirklicht.[86] Hiernach dürfte das vom Bewachungsunternehmen eingesetzte Team auf einem Kreuzfahrtschiff nicht für die allgemeine Sicherheit an Bord sorgen, es dürfte aber sehr wohl das Schiff nach blinden Passagieren untersuchen, an der Gangway Einlasskontrollen durchführen oder nach von Piraten oder Terroristen eingeschleusten „Maulwürfen" suchen.[87]

Wesentliche Besonderheit bei der Bewachung von Seeschiffen sind die Voraussetzungen für die Erteilung der Zulassung. Wurde oben gezeigt, dass die Voraussetzungen iRd § 34a GewO personenbezogen zu prüfen sind, stellt § 31 GewO auf einen unternehmensbezogenen Ansatz ab.[88] Zulassungsinhaber kann jedes Unternehmen gleich welcher Rechtsform werden, wenn es die Zulassungsvoraussetzungen erfüllt. Hiermit weicht das Zulassungsverfahren deutlich von der gewerberechtlich üblichen Erlaubniserteilung bei reguliertem Gewerbe ab, bei der grundsätzlich der Erlaubnisinhaber und oftmals auch seine Mitarbeiter eigene Zuverlässigkeit und Sachkunde nachweisen müssen. Für die Zulassung nach § 31 Abs. 1 GewO muss dagegen das Unternehmen selbst die Einhaltung der geforderten organisatorischen Abläufe nachweisen. Lediglich der leitende Angestellte muss auch die Zuverlässigkeit und die besonderen Kenntnisse persönlich nachweisen.[89] Die Zulassung ist ein förmliches Verfahren unter der Federführung des Bundesamts für Wirtschaft und Ausfuhrkontrolle (BAFA) unter Beteiligung verschiedener weiterer Behörden. Insbesondere wird die Zulassung „im Benehmen" mit der Bundespolizei erteilt. Die Erlaubniserteilung ist eine gebundene Ermessensentscheidung. Die Zulassungsvoraussetzungen werden in § 31 Abs. 2 S. 3 Nr. 1–3 GewO und insbesondere in der SeeBewachV und der SeeBewachDV genannt. Das Zulassungsverfahren wird durch den elektronischen Antrag auf dem Internetportal des BAFA eingeleitet. Bis auf das Führungszeugnis des leitenden Angestellten können alle Unterlagen auch in englischer Sprache eingereicht werden. Die Erfüllung der Voraussetzungen wird nur anhand der elektronisch eingereichten Dokumente überprüft. Die Zulassung erfolgt befristet auf zwei Jahre und in der Regel unter einer Vielzahl von Auflagen.[90]

---

[85] Vgl. hierzu zB *Marcks* in Landmann/Rohmer GewO BewachV § 15 Rn. 1–3.
[86] *Schönleiter* in Landmann/Rohmer GewO Rn. 6.
[87] *Schönleiter* in Landmann/Rohmer GewO Rn. 6.
[88] v. Waaden GSZ 2021, 65 (69).
[89] Hierzu vertiefend: *Salomon/tho Pesch* DÖV 2013, 760 ff.
[90] *Winkler* in Ennuschat/Wank/Winkler GewO § 31 Rn. 24.

5. Beschäftigte im Bewachungsgewerbe

69 Da bisher meistens nur der Bewacher in den Blick genommen wurde, stellt sich die Frage, wie es mit den Beschäftigten und der Beschäftigung im Bewachungsgewerbe ausschaut. Hierzu sind zuerst die Voraussetzungen für das Anstellen von Beschäftigten zu betrachten.

6. Voraussetzungen für das Anstellen von Beschäftigten

70 Die Voraussetzungen für die Beschäftigung von Mitarbeitern ergeben sich zum einen aus den bereits dargestellten Anforderungen und zusätzlich aus § 16 BewachV. Hieraus ergibt sich, dass Mitarbeiter folgende Voraussetzungen erfüllen müssen:
- Mindestalter 18 Jahre und einen der in § 8 BewachV genannten Abschlüsse besitzen,
- Nachweis der Zuverlässigkeit,
- entweder Sachkundeprüfung bei allen Mitarbeitern, die in den oben genannten Bereichen tätig sind, für die eine Sachkundeprüfung erforderlich ist,
- oder Teilnahme an der Unterrichtung zum Bewachungsgewerbe bei allen übrigen Mitarbeitern.

71 Der Gewerbetreibende muss das bei ihm tätige Wachpersonal, gesetzliche Vertreter und Betriebsleiter vor deren Einstellung dem zuständigen Gewerbeamt als Erlaubnisbehörde melden. Zugleich muss er die Mitarbeiter in das gem. § 11b GewO geschaffene zentrale Bewacherregister eintragen. Im Ablauf der Meldungen erfordert zuerst die digitale Eintragung in das Melderegister der Registerbehörde, die dann die zuständige Erlaubnisbehörde iSv § 1 BewachV – in der Regel das lokale Gewerbeamt – über den Eingang von Datenübermittlungen durch den Gewerbetreibenden informiert. Diese kann dann im automatisierten Abrufverfahren nach den §§ 9 ff. BewachRV Kenntnis von den Daten erlangen und überprüfen, ob die Zugangsvoraussetzungen für die beabsichtigte Tätigkeit erfüllt sind. Das Ergebnis teilt sie gem. § 16 Abs. 2 S. 3 BewachV dem Gewerbetreibenden unter Angabe der letzten Zuverlässigkeitsprüfung und der Registeridentifikationsnummer der gemeldeten Person aus dem Bewacherregister sowie der zulässigen Einsatzmöglichkeiten mit. Nach § 16 Abs. 2 S. 4 BewachV hat der Gewerbetreibende seine angemeldeten Mitarbeiter über die Mitteilung zu unterrichten.

72 Entsprechend § 16 Abs. 4 BewachV iVm § 34a Abs. 1 S. 10 GewO prüft die zuständige Behörde in regelmäßigen Abständen, ob nach wie vor die Zuverlässigkeit aller Mitarbeiter inklusive des leitenden Personals gegeben ist. Nach Ablauf von fünf Jahren muss diese Überprüfung auch für Mitarbeiter spätestens erfolgen.

73 **a) Dienstanweisung.** § 17 Abs. 1 S. 1 BewachV legt fest, dass der Gewerbetreibende den Wachdienst durch eine Dienstanweisung nach Maßgabe von § 17 Abs. 1 S. 2 und 3 BewachV zu regeln hat. Nach § 17 Abs. 1 S. 2 BewachV muss die Dienstanweisung den Hinweis enthalten, dass die Wachperson nicht die Eigenschaft und die Befugnisse eines Polizeivollzugsbeamten, oder eines sonstigen Bediensteten einer Behörde besitzt und somit keine hoheitlichen Aufgaben wahrnimmt, sondern nur solche, die in § 34a Abs. 5 GewO festgelegt sind. Die Dienstanweisung muss gem. § 17 Abs. 1 S. 3 BewachV ferner bestimmen, dass die Wachperson während des Dienstes nur mit Zustimmung des Gewerbetreibenden eine Schusswaffe, Hieb- und Stoßwaffen sowie Reizstoffsprühgeräte führen darf und jeden Gebrauch dieser Waffen gem. § 20 Abs. 2 BewachV unverzüglich der zuständigen Polizeidienststelle und dem Gewerbetreibenden anzuzeigen hat. Die Anzeigepflicht des § 20 Abs. 2 BewachV betrifft aber nicht nur Schusswaffen, sondern bezieht sich auch auf alle Arten von Waffen.[91] Hierunter sind neben Schusswaffen auch Hieb- und Stoßwaffen sowie Reizstoffsprühgeräte zu verstehen.

---

[91] *Marcks* in Landmann/Rohmer GewO BewachV § 20 Rn. 2.

b) Waffen im Bewachungsgewerbe. Weder das Ablegen der Sachkundeprüfung nach 74
§ 34a GewO, noch die Prüfung zur Geprüften Schutz- und Sicherheitskraft oder eine
andere Berufsausbildung im Sicherheitssektor befähigt unmittelbar zum **Erwerb und
Führen von Waffen** – insbesondere von Schusswaffen. Wer eine Waffe führen darf, regelt
das Waffengesetz und kann hier nur ansatzweise behandelt werden.[92] § 2 Abs. 2 WaffG
fordert hierfür eine Erlaubnis, die sich nach den Voraussetzungen des § 4 Abs. 1 Nr. 1–5
WaffG bestimmt. Sind alle Voraussetzungen erfüllt, insbesondere auch die **Sachkundeprüfung** iSd § 7 WaffG, wird eine Waffenbesitzkarte nach § 10 Abs. 1 S. 1 WaffG ausgestellt. Damit eine Waffe dann auch geführt werden kann, wird ein Waffenschein gem.
§ 10 Abs. 4 S. 1 WaffG erteilt. Ob das **Bedürfnis** besteht eine Waffe während des Dienstes
zu führen, ergibt sich aus § 28 Abs. 1 S. 1 WaffG. Es muss glaubhaft gemacht werden, dass
solche Bewachungsaufträge wahrgenommen werden, die mit der Sicherung von besonders
gefährdeten Personen oder Objekten zu tun haben bei denen Schusswaffen erforderlich
sind, weil diese zB auch mit entsprechender Gewalt oder Schusswaffengebrauch gefährdet
werden. Ein Bedürfnis nach § 28 Abs. 1 WaffG kommt demnach nur für gewerbsmäßige
Bewachungsunternehmer mit entsprechender gewerberechtlicher Erlaubnis nach
§ 34a GewO in Betracht. Deutlich wird dies am Beispiel der Begleitung von **Geldtrans-
porten,** die in der Vergangenheit schon oftmals unter Einsatz von Waffen und erheblicher
Gewalt überfallen worden sind. Die Erforderlichkeit bemisst sich nach den Maßstäben der
Vorschrift des § 19 WaffG. Charakteristisch für besonders gefährdete Personen iSd
§ 19 WaffG ist zB, dass sie wesentlich mehr als die Allgemeinheit durch Angriffe auf Leib
oder Leben gefährdet sind. Eine solche besondere Gefährdung bemisst sich nach objektiven
Kriterien und wird nur unter engen Voraussetzungen und auch nur nach einer sorgfältigen
Prüfung des Einzelfalls anerkannt.[93] Einem Bewachungsunternehmer oder seinen Mitarbeitern kann eine waffenrechtliche Erlaubnis nach § 28 Abs. 1 S. 1 WaffG für das Führen
einer Schusswaffe auch nur für einen konkreten Bewachungsauftrag erteilt werden, der sich
auf eine bestimmte gefährdete Person oder ein bestimmtes gefährdetes Objekt bezieht.[94]

Selbstverständlich ist, dass Waffen gem. § 28 Abs. 2 S. 1 WaffG nur während des tatsäch- 75
lichen Auftrags geführt werden dürfen.[95] Dies schließt den direkten Weg zur Arbeit und
den Weg nach Hause ein. Ein Separieren von Waffe und Munition und eine verschlossene
Aufbewahrung sind hier nicht notwendig und sinnvoll. Außerhalb des konkreten Auftrags
sind die Waffen aber sicher zu verwahren, was sich aus § 36 WaffG iVm § 5 AWaffV ergibt. Darüber hinaus sind Gewerbetreibende im Bewachungsgewerbe gem. § 13 Abs. 1
S. 1 BewachV besonders in die Pflicht genommen und haben zB nach § 13 Abs. 1 S. 2
BewachV auch dafür Sorge zu tragen, dass die Übergabe von Schusswaffen oder Munition
nach Beendigung des Wachdienstes ordnungsgemäß erfolgt. Nicht zuletzt ergibt sich dies
auch aus § 20 BewachV, der deutlich macht, dass der Gewerbetreibende auch für die
sichere Aufbewahrung zuständig ist.

Besondere Regeln hat der Gesetzgeber inzwischen für bewaffnete **Sicherheitsdienste** 76
an Bord von deutschen Handelsschiffen vorgesehen. Entsprechende Regelungen wurden lange von Redereien eingefordert, um zahlreiche Unsicherheiten zu beseitigen.[96]
Hierzu wurde nicht nur der schon oben erwähnte § 31 GewO geschaffen, sondern auch
§ 28a WaffG. Musste ein Dienstleister nach § 28 WaffG noch nachweisen, dass ein **Bedürfnis** für das Tragen von Waffen besteht, den jeweiligen Waffenträger benennen und seitens
der Behörde geprüft werden, ob dieser die allgemeinen Voraussetzungen, Zuverlässigkeit,
persönliche Eignung und Sachkunde erfüllt, so gelten für maritime Dienste nunmehr die
Modifikationen des § 28a WaffG.[97]

---

[92] Zu Einzelheiten vgl. zB *Gade* WaffG § 28 Rn. 1 ff. mwN.
[93] *Gade* WaffG § 28 Rn. 6.
[94] vgl. BVerwG NJW 2016, 888.
[95] S. hierzu *Gerlemann* in Steindorf WaffR § 28 Rn. 6.
[96] S. *Runkel* GewArch 2014, 242 ff.
[97] Vgl. *Salomon/tho Pesch* DÖV 2013, 760 (764).

77 § 28a Abs. 1 S. 2 WaffG erkennt bei maritimen Sicherheitsdiensten, die gem. § 31 Abs. 1 GewO zugelassen sind, das nachzuweisende Bedürfnis abstrakt an. Die waffenrechtliche Erlaubnis wird nach § 28a Abs. 1 S. 3 WaffG aber lediglich unter der Auflage erteilt, dass die tatsächlichen Waffenträger die Voraussetzungen an eine waffenrechtliche Erlaubnis erfüllen, was auf Verlangen der Behörde nachzuweisen ist.[98] Überprüft wird in der Praxis bisher lediglich die Geschäftsleitung des Sicherheitsdienstleisters, wofür insbesondere die Erkenntnisse und Bewertungen der BAFA herangezogen werden.[99] Die waffenrechtliche Erlaubnis nach § 28a Abs. 2 S. 1 WaffG ist damit aber auch auf die Gültigkeitsdauer der Zulassung befristet. Der Maßstab für die nachzuweisende Sachkunde ergibt sich aber nicht aus § 7 WaffG, sondern aus den Rechtsverordnungen, welche die Anforderungen an die maritimen Sicherheitsdienste regeln. Ihrem Einsatzzweck gemäß schließt die Erlaubnis nach § 28a WaffG auch die Erlaubnis des Verbringens von Waffen und Munition nach § 29 WaffG mit ein.[100]

78 An dieser Stelle könnte noch relativ viel über bewaffnete Sicherheitsdienste an Bord von deutschen Handelsschiffen gesagt werden, da die Diskussion im Vorfeld der Gesetzesänderungen intensiv war. Die Praxis wird es aber zeigen, ob viele deutsche Sicherheitsunternehmen diesen Markt ausfüllen wollen oder können und wie Behörden und Gerichte die neuen Normen auslegen werden. Bisher spielt dieser Bereich wirtschaftlich betrachtet noch eine untergeordnete Rolle und ausländische Unternehmen sind stärker am Markt vertreten.

79 **c) Dienstausweis.** Nach § 18 BewachV ist jedem Mitarbeiter vor dem ersten Dienstantritt ein Dienstausweis auszuhändigen, sodass er sich als Wachpersonal legitimieren kann. Der Dienstausweis muss nicht mehr sichtbar getragen werden, wie dies früher der Fall war. Gemäß § 18 Abs. 2 BewachV muss er aber zusammen mit einem Identifikationsdokument iSv § 11b Abs. 2 Nr. 3 GewO jederzeit im Dienst mitgeführt werden. Auf Verlangen ist dieser den Vollzugsbehörden vorzulegen. Der Ausweis beinhaltet nur unbedingt notwendige Angaben, welche sich aus § 18 Abs. 1 S. 2 und 3 BewachV ergeben und zu denen unter anderem die Bewacherregisteridentifikationsnummer gehört. Wenn Aufgaben wie Kontrollgänge im öffentlichen Verkehrsraum, im tatsächlichen öffentlichen Verkehr sowie als Türsteher von Clubs, Flüchtlingseinrichtungen oder Großveranstaltungen wahrgenommen werden, muss das Personal ein Namensschild inklusive Namen des Bewachungsunternehmens tragen.[101] Hier reicht dann auch das sichtbare tragen des Dienstausweises, was in der Praxis aber meistens nicht der Fall ist. Meistens finden sich der Name des Personals und der des Unternehmens als Patches an der Dienstkleidung des Bewachungspersonals. Diese Regelung dient zwei Aspekten: Zum einen der leichten Identifikation des Wachpersonals durch Bürger und Vollzugskräfte und zum anderen wird damit die Wirkung bei den Mitarbeitern der Sicherheitsdienstleister erzeugt, sensible Aufgaben wahrzunehmen und sich dabei selbstverständlich an Recht und Gesetz halten zu müssen.[102] Die Dienstausweispflicht schließt auch den Gewerbetreibenden selber ein, der sich somit selbst einen Ausweis ausstellen muss.[103]

80 **d) Dienstkleidung.** Nach § 19 Abs. 1 BewachV können Gewerbetreibende die Pflicht zum Tragen von Dienstkleidung vorschreiben. Es muss jedoch sichergestellt sein, dass die Dienstkleidung nicht der von staatlichen Sicherheitskräften, wie zB der Polizei oder der

---

[98] Zuständig für die Erteilung der Erlaubnis ist gem. § 48 Abs. 1 S. 2 WaffG nun zentral die Waffenbehörde von Hamburg, die sich aber mit der lokalen Waffenbehörde und dem Gewerbeamt am Sitz des Unternehmens austauscht.
[99] Grundsätzlich sollte die verantwortliche Geschäftsleitung sowie die mit der Leitung des Betriebs oder einer Zweigniederlassung beauftragten Personen und die im Zusammenhang mit der Bewachungsaufgabe tätigen Personen überprüft werden.
[100] *Gade* WaffG § 28a Rn. 4.
[101] *Marcks* in Landmann/Rohmer GewO BewachV § 18 Rn. 4.
[102] *Marcks* in Landmann/Rohmer GewO BewachV § 18 Rn. 1 und 4.
[103] Vgl. *Marcks* in Landmann/Rohmer GewO BewachV § 18 Rn. 5.

Bundeswehr ähnelt. Das ist vor allem dann der Fall, wenn Farben oder Kleidungsstil den Landes- und der Bundespolizei gleichen. Selbiges gilt für Abzeichen.

Eine Dienstkleidung ist jedoch nach § 19 Abs. 2 BewachV zwingend notwendig, wenn die Bewachungsperson für die Gebäudeüberwachung zuständig ist, nicht aber für die Personenüberwachung. Eine Dienstkleidung ist auch dann nicht notwendig, wenn zum Beispiel ein Kaufhausdetektiv in einem Supermarktgebäude arbeitet, weil seine Aufgabe in der Warenüberwachung liegt und nicht in der Überwachung des Gebäudes.[104] In Dienstkleidung wäre die Erfüllung seiner Aufgaben auch um ein Vielfaches schwieriger, wobei ein „verdecktes Ermitteln und Dingfest machen" nicht Aufgabe von Warenhausdetektiven ist.[105] Ziel ist es Diebstähle zu verhindern. Alle anderen Aufgaben erfüllen staatliche Behörden. Nach § 19 Abs. 2 S. 2 BewachV gilt diese Vorschrift auch für den Gewerbetreibenden selbst.[106] 81

e) Buchführung und Aufbewahrung. Das Sicherheitsgewerbe hat Vorschriften zu Buchführung und Aufbewahrung zu beachten. Neben den allgemeinen Vorschriften ist hier insbesondere § 21 BewachV zu beachten. Nach § 21 Abs. 1 S. 1 BewachV ist der Gewerbetreibende verpflichtet **Aufzeichnungen** zu machen. Welche Aufzeichnungen er machen und welche Belege er sammeln muss, konkretisieren § 21 Abs. 2 und 3 BewachV. Darüber hinaus legt § 21 Abs. 1 S. 2 BewachV fest, dass die Aufzeichnungen in deutscher Sprache und unverzüglich verfasst werden müssen. Sie müssen in der Hauptniederlassung aufbewahrt werden. Aufzuzeichnen sind: 82

- die in § 16 Abs. 2 S. 2 und Abs. 3 BewachV genannten Angaben über die Wachpersonen sowie den Tag der Einstellung und den Tag der Beendigung des Beschäftigungsverhältnisses von Wachpersonen,
- die Belehrung von Wachpersonen über die Pflicht zur Mitführung und zum Vorzeigen des Ausweises gem. § 18 Abs. 2 BewachV,
- die Belehrung der Wachpersonen über die Pflicht, ein Namensschild oder eine Kennnummer zu tragen gem. § 18 Abs. 3 BewachV,
- die Überlassung von Schusswaffen und Munition nach § 28 Abs. 3 S. 2 WaffG und über die Rückgabe nach § 20 Abs. 1 S. 2 BewachV.

Hierzu gehören dann auch Details, wie die Waffennummer der konkreten Waffe, Zahl und Art der Munition und welcher Bewachungsperson sie überlassen wurden. Sofern der Auftrag abgeschlossen ist, muss auch die Rückgabe der Waffe und Zubehör dokumentiert werden. Die Aufzählung der Aufzeichnungen in § 21 Abs. 2 BewachV ist abschließend. 83

Nach § 21 Abs. 3 BewachV müssen auch **Belege** vom Gewerbetreibenden gesammelt werden, die in den Nr. 1–7 abschließend konkretisiert werden. Hierzu gehören: 84

- den Versicherungsvertrag nach § 14 Abs. 1 BewachV,
- Nachweise über die Zuverlässigkeit und Befähigung von Personen nach § 16 Abs. 1 S. 1 BewachV,
- die Dienstanweisung nach § 17 Abs. 1 S. 1 und die Empfangsbescheinigung nach § 17 Abs. 2 BewachV,
- die Verpflichtungserklärung nach § 17 Abs. 3 BewachV,
- den Vordruck eines Ausweises nach § 18 Abs. 1 S. 1 und 2 BewachV,
- die Benennung nach § 28 Abs. 3 S. 1 WaffG und die behördliche Zustimmung nach § 28 Abs. 3 S. 2 WaffG,
- eine Anzeige über einen Waffengebrauch nach § 20 Abs. 2 BewachV.

§ 21 Abs. 4 BewachV setzt darüber hinaus auch die Aufbewahrungsfrist fest, die generell zum Schluss des dritten auf den Zeitpunkt ihrer Entstehung folgenden Kalenderjahres 85

---
[104] Gleiches gilt auch für die Pflicht der namentlichen Kennzeichnung. Diese besteht aus gleichen Gründen bei Kaufhausdetektiven nicht.
[105] Vgl. hierzu auch BayObLG GewArch 1982, 128.
[106] *Marcks* in Landmann/Rohmer GewO BewachV § 19 Rn. 1–3.

endet. Etwas anderes gilt für Bewachungs- und Versicherungsbeiträge sowie für Beschäftigungsverhältnisse. Sie müssen für drei Jahre ab deren Beendigung aufbewahrt werden. Gemäß § 21 Abs. 6 BewachV bleibt die Pflicht zur Buchführung und zur Aufbewahrung von Büchern, Aufzeichnungen, Unterlagen und Belegen nach anderen Vorschriften unberührt.[107] Dies betrifft insbesondere steuerrechtliche Vorschriften.

86 **f) Ordnungswidrigkeiten.** Neben den allgemeinen Vorschriften gelten für Bewacher gem. § 22 BewachV spezielle Ordnungswidrigkeiten. § 22 BewachV unterscheidet hier zwischen den Tatbeständen von Ordnungswidrigkeiten hinsichtlich des stehenden Gewerbes nach § 22 Abs. 1 BewachV und denen des Reisegewerbes gem. § 22 Abs. 2 BewachV und des Marktgewerbes gem. § 22 Abs. 3 BewachV. Im Kern handelt es sich um Verstöße gegen die §§ 16–21 BewachV. Im Einzelnen braucht hierauf nicht näher eingegangen werden, da die Pflichten bereits oben im Einzelnen dargestellt wurden.[108]

87 Wird vorsätzlich oder fahrlässig ein Verstoß gegen § 22 Abs. 1 BewachV begangen, so kann iVm § 144 Abs. 2 Nr. 1b und Abs. 4 GewO im stehenden Gewerbe eine Geldbuße von bis zu 3.000 EUR verhängt werden. Im Reisegewerbe kann dies gem. § 22 Abs. 2 BewachV iVm § 145 Abs. 2 Nr. 8 und Abs. 4 GewO eine Geldbuße von bis zu 2.500 EUR sein. Im Marktverkehr ist gem. § 22 Abs. 3 iVm § 146 Abs. 2 Nr. 11 und Abs. 3 GewO eine Geldbuße von bis zu 1.000 EUR möglich.

IV. Spezielle Rechtsgrundlagen der Betätigung privater Sicherheitsunternehmen

88 Das klassische Bewachungsgewerbe nimmt zu Recht immer noch einen großen Teil der Aufmerksamkeit ein und ist damit auch detailliert wie oben beschrieben geregelt. Aufgaben, wie der bewaffnete Sicherheitsdienst an Bord von deutschen Handelsschiffen treten hinzu und werden in die klassischen Regelungen des Gewerberechts und der BewachV integriert. Daneben treten jedoch neue Aufgabenfelder, die in eigenen Regelwerken geregelt werden oder auf das bestehende Regelwerk aus anderen Bereichen angewendet werden. Derzeit führt dies zu einer gewissen Zersplitterung des Rechts des Sicherheitsgewerbes, was jedoch hingenommen werden muss.[109] Einige wesentliche Bereiche sollen im Folgenden dargestellt werden.

1. Regelungen nach dem Luftsicherheitsgesetz (LuftSiG)[110]

89 Das Luftsicherheitsgesetz hat von Beginn an zu zahlreichen Diskussionen geführt, auf die an dieser Stelle nicht eingegangen werden kann und muss.[111] Auch der Zusammenhang von nationalem Recht zum EU-Recht kann hier nicht weiter vertieft werden.[112] Neuerungen beinhaltet das Luftsicherheitsgesetz für Sicherheitsdienste, da die Flugplatzbetreiber und auch die Luftfahrtunternehmen unmittelbar zur Durchführung der obligatorischen **privaten Gefahrenabwehr** verpflichtet werden. Private können im gesamten Bereich der Luftsicherheitskontrolle eingesetzt werden, so zB auch zur „Bekämpfung" von Drohnen, die in das Gebiet des Flughafens eindringen oder im Bereich der Corporate Security und Beratung. Die Begriffe **Safety** und **Security** sind dabei deutlich zu unterscheiden. Verkürzt gesagt betrifft Safety die Sicherheit der Luftfahrzeuge und deren Handhabung und Security die Sicherheit in und um den Flughafen und die Luftfahrzeuge.[113] Für behördlich vorzunehmende Kontrollen kann die Luftsicherheitsbehörde **Luftsicherheitsassistenten**

---

[107] *Marcks* in Landmann/Rohmer GewO BewachV § 21 Rn. 1–6.
[108] Zur Entwicklung der einzelnen Tatbestände vgl. *Marcks* in Landmann/Rohmer GewO BewachV § 22 Rn. 1.
[109] Auf die Bestrebungen um ein SDG wird weiter unten eingegangen.
[110] Siehe hierzu detailliert → § 50 (Luftsicherheitsrecht).
[111] Vgl. nur zB *Buchberger* in Schenke/Graulich/Ruthig LuftSiG § 1 Rn. 1 ff.; *Meyer* ZRP 2004, 203 ff.; *Buchberger* GSZ 2018, 180 ff. mwN.
[112] S. hierzu zB *Leininger* ZLW 2010, 335 (338 ff.).
[113] So *Schaefer* NVwZ 2016, 1135.

mit Hoheitsgewalt beleihen. Ebenso besteht die umfassende Möglichkeit der Beleihung für Zulassungs-, Zertifizierungs- und Überwachungsaufgaben.[114]

Der Kern der Tätigkeiten privater Sicherheitsdienstleister sind derzeit noch die Fluggastkontrollen. Fluggastkontrollen für Personen und ihr Handgepäck liegen in der Verantwortung der Bundespolizei. Dies gilt jedenfalls für die größeren deutschen Verkehrsflughäfen. Zur Durchführung der Kontrollen bedient sich die Bundespolizei der Unterstützung von Sicherheitsdienstleistern. Diese sind auf Grundlage von § 16a Abs. 1 Nr. 1 LuftSiG als Beliehene tätig, denn nur so lassen sich die Grundrechteingriffe in die Privatsphäre beim Durchleuchten des Gepäcks und beim Kontrollieren der Körper, sowie die Beschränkung der allgemeinen Handlungsfreiheit rechtfertigen.[115] Die Beleihung erfolgt in der Praxis durch eine Beleihungsurkunde. Ihr Adressat ist der Luftsicherheitsassistent als natürliche Person, nicht sein Arbeitgeber der Gewerbetreibende, der bei diesen Aufgaben in der Regel eine juristische Person ist. 90

Voraussetzung für die Tätigkeit als Luftsicherheitsassistent war bisher ein Sachkundenachweis gem. § 34a GewO und eine Eignungsprüfung.[116] Inzwischen werden die Voraussetzungen der DVO (EU) 2015/1998 Anh. 11 (Einstellung und Schulung von Personal) abgeprüft und eine bestandene Zuverlässigkeitsüberprüfung iSd § 7 Abs. 1 Nr. 3 LuftSiG hat vorzuliegen. Hiernach muss der Luftsicherheitsassistent jederzeit die Gewähr für die Einhaltung der sicherheitsrelevanten Bestimmungen erfüllen.[117] 91

Zahlreiche Ausbilder bieten die Ausbildung zum Luftsicherheitsassistenten an,[118] wobei die Prüfung bei der Bundespolizei abzulegen ist. Zu den Inhalten zählen unter anderem: 92

- Theorie der Fluggastkontrolle,
- Praktische Umsetzung der Theorie an der Röntgenanlage mit Alltagsgegenständen und verbotenen Gegenständen,
- Durchführung der Röntgenbilderkennung am Monitor,
- Technische Einsatzmittel kennenlernen,
- Anforderungen an regelmäßige Fortbildungen,
- Rechtliche Vorgaben.

Die Tätigkeit beschränkt sich dann auf die im Beleihungsakt übertragene Fluggastkontrolle.[119] Weitere Tätigkeiten dürfen aufgrund dieses Beleihungsaktes nicht übernommen werden. Ob Luftsicherheitsassistenten streiken können, obwohl sie hoheitliche Aufgaben von Bundespolizeibeamten übernehmen, ist umstritten.[120] 93

2. Regelungen nach dem Atomgesetz (AtG)

Auf den ersten Blick erscheint es verwunderlich, dass sich auch aus dem Atomgesetz Tätigkeitsfelder für die private Sicherheitswirtschaft ergeben. Das Atomgesetz dient gem. § 1 AtG dem Schutz der Bevölkerung und der Sicherheit der Bundesrepublik Deutschland vor den Gefahren der Kernenergie. Die Gewährleistung des Schutzes gegen Störmaßnahmen oder sonstige Einwirkung Dritter ist dabei eine der Grundvoraussetzungen für eine Anlagengenehmigung gem. § 7 AtG.[121] Anlagenbetreiber müssen also sowohl die Anlage, aber auch zB den Transport von Brennstoffen umfassend absichern. Beim Transport kommt natürlich den staatlichen Behörden, insbesondere der Polizei eine zentrale Rolle zu; auch hier spielen private Sicherheitsdienste, wie bei der täglichen Sicherung der Anlagen, aber 94

---

[114] *Buchberger* in Schenke/Graulich/Ruthig LuftSiG § 16a Rn. 1.
[115] Zu Grenzen einer weiteren Privatisierung s. *Giemulla/Hoppe* GSZ 2020, 63 (64 ff.).
[116] Vgl. *Kuhlmey/Oxle,* Praxishandbuch Security, 2015, 22.
[117] Zu den Details der Prüfung vgl. *Schaefer* DÖV 2018, 145 ff.
[118] Teilweise auch mit anderen Kompetenzen, um ein größeres Einsatzspektrum zu erreichen. Eine Sachkundeprüfung gem. § 34a GewO gehört dann wieder zu den Anforderungen dazu.
[119] Nur in diesem Rahmen liegt dann auch gegebenenfalls eine Haftung vor. Vgl. hierzu *Schaefer* NJW 2019, 3029 ff.
[120] Zum Streikrecht von Luftsicherheitsassistent ablehnend *Stober* NVwZ 2013, 538 (542).
[121] Vgl. sehr eingehend *Dolde* NVwZ 2009, 679 ff.

inzwischen eine wichtige Rolle. Neben den Aufgaben, die vielfach dem klassischen Objektschutz zuzuordnen sind, sind gerade an die Zuverlässigkeit des Sicherheitsunternehmens und des Personals hohe Anforderungen zu stellen, wenn man alleine die Gefährlichkeit von Kernbrennstoffen bedenkt. § 7 AtG hat daher durch die „Anforderungen an den Objektsicherungsdienst in kerntechnischen Einrichtungen" eine Konkretisierung erfahren.[122] Der Objektsicherungsdienst hat nach Nr. 1. 2. die Anlage zu bewachen, Störmaßnahmen Dritter zu erkennen, zu behindern und den zuständigen Stellen zu melden. Seine in den folgenden Nummern detailliert aufgeführten Aufgaben und die entsprechende Durchführung, sind in einer Dienstanweisung festzulegen.

95 Zusätzlich zu der Auflistung von notwendigen Aufgaben des Objektsicherungsdienstes wird aufgeführt unter welchen Bedingungen Gewalt (und als ultima ratio auch der Schusswaffengebrauch) gerechtfertigt ist. Gemäß Nr. 2.5 ist dies der Fall, wenn:
- das Leben oder die Gesundheit von Personen durch Störer gefährdet sind,
- das Eindringen von Störern in besonders sicherheitsempfindliche Teile der Anlage zu besorgen ist,
- die Gefahr der Entwendung von Kernbrennstoff besteht oder
- die Gefahr der Zerstörung von Teilen der Anlage mit der möglichen Folge einer Freisetzung radioaktiver Stoffe besteht, soweit diese Gefahren nicht auf andere Weise ausgeschlossen werden können.

96 Aufgrund der §§ 12 und 12b AtG jeweils iVm § 54 AtG hat die Bundesregierung darüber hinaus die atomrechtliche Zuverlässigkeitsüberprüfungs-Verordnung (AtZüV) erlassen. Die Verordnung regelt die Überprüfung der Zuverlässigkeit von in kerntechnischen Anlagen oder beim Umgang mit oder bei der Beförderung von radioaktiven Stoffen tätigen Personen und den jeweiligen Umfang der Zuverlässigkeitsüberprüfung. Zuständige Behörden für die Zuverlässigkeitsüberprüfung sind je nach Einsatzbereich gem. § 12b AtG das Bundesamt für Strahlenschutz oder die zuständigen Länderbehörden. Die AtZüV sieht in § 2 mit der umfassenden, der erweiterten und der einfachen Zuverlässigkeitsüberprüfung ein dreistufiges Verfahren vor, das den Umfang und die Tiefe der Überprüfung von den Einsatzbereichen und Aufgaben der betroffenen Personen abhängig macht.

97 Für Angehörige des Objektsicherungsdienstes ist gem. § 3 Abs. 1 Ziff. 4 AtZüV die umfassende Zuverlässigkeitsüberprüfung vorgesehen. Diese intensivste Art der Überprüfung umfasst gem. § 5 Abs. 1 AtZüV unter anderem eine Abfrage des Kriminalaktennachweises über die letzten zehn Jahre beim Bundeskriminalamt und dem zuständigen Landeskriminalamt, eine Auskunft aus dem nachrichtendienstlichen Informationssystems NADIS-WN bei der zuständigen Verfassungsschutzbehörde des Landes sowie die uneingeschränkte Auskunft aus dem Bundeszentralregister.

98 Als Anforderungen ergeben sich also die allgemeinen Voraussetzungen des Nachweises der Zuverlässigkeit im Rahmen der hier notwendigen umfassenden Zuverlässigkeitsüberprüfung, von geordneten Vermögensverhältnissen, einer Unterrichtung bzw. einer bestandenen Sachkundeprüfung und der Nachweis einer Haftpflichtversicherung. Hierneben treten die oben dargestellten waffenrechtlichen Erfordernisse. Zusätzliche Anforderungen an Angehörige des Objektsicherungsdienstes stellt Nr. 1.4. der Anforderungen an den Objektsicherungsdienst in kerntechnischen Einrichtungen. Nach Nr. 4.2. müssen Angehörige des Objektsicherungsdienstes innerhalb von drei Jahren nach Einstellung den erfolgreichen Abschluss entweder als geprüfte Werkschutzfachkraft, als Fachkraft für Schutz und Sicherheit, als geprüfte Schutz- und Sicherheitskraft oder eine diesen Prüfungen mindestens gleichwertige anerkannte Qualifikation mit öffentlich-rechtlichem Abschluss auf dem Gebiet „Schutz und Sicherheit" nachweisen. Weitere Anforderungen von der körperlichen Fitness bis hin zu regelmäßigen Übungen mit der Polizei finden sich in den folgenden Nummern. Insgesamt wird deutlich, dass neben einer fachlichen Grundqualifikation und

---
[122] Bek. d. BMU v. 4.7.2008 – RS I 6 – 13 151-6/17 und RS I 6 – 13 151-6/17.1 – Anforderungen an den Objektsicherungsdienst in kerntechnischen Anlagen und Einrichtungen (Stand: 7.5.2008).

hohen Anforderungen an die Zuverlässigkeit auch ein erheblicher Aufwand in die Fortbildung und Übung gelegt werden muss. In diesem Bereich der kritischen Infrastruktur sind private Sicherheitsdienste absolute Fachdienstleister, die in ihrem Bereich einzigartige Kompetenzen erlangen.

Interessant wird es sein, ob die Anforderungen in diesem Tätigkeitsfeld in Zukunft auf andere Bereiche der kritischen Infrastruktur übertragbar sind. Dies kann nur im Rahmen einer gesellschaftspolitischen Diskussion über den erweiterten Sicherheitsbegriff und einer Fortentwicklung des Sicherheitsbedürfnisses geklärt werden können. **99**

3. Der unmittelbare Zwang nach dem UZwGBw

In den letzten Jahren ging die Bundeswehr immer mehr dazu über, militärische Bereiche jeder Art durch zivile Sicherheitsdienste iSd § 34a GewO sichern zu lassen. Der Dienst bei diesen Objekten erfolgt in der Regel bewaffnet, auch der Einsatz von Hunden ist ein regelmäßiger Bestandteil. Die Bundeswehr verfügt über 712 bewachungsrelevante Liegenschaften.[123] Rund 314 gelten als baulich abgesichert und werden unter anderem elektronisch überwacht. In den übrigen 398 Liegenschaften hingegen, werden ca. 8.000 private Wachleute zur Sicherheitsgewährleistung eingesetzt.[124] Von den 398 bewachten Liegenschaften werden 259 Liegenschaften konventionell bewacht. Im Rahmen von 72 sog. „Betreibermodellen Absicherung" (BetrM), einer Kombination aus technischer und personeller Absicherung, werden 139 Liegenschaften bewacht bzw. abgesichert.[125] **100**

Die wesentliche Rechtsgrundlage für das Handeln bei der Bewachung einer Liegenschaft der Bundeswehr ist das Gesetz über die Anwendung unmittelbaren Zwanges und die Ausübung besonderer Befugnisse durch Soldaten der Bundeswehr und verbündeter Streitkräfte sowie zivile Wachpersonen (UZwGBw). Gemäß § 1 Abs. 3 UZwGBw ist es möglich, zivile Wachpersonen mit der Anwendung unmittelbaren Zwanges zu beleihen, vorausgesetzt sie wurden auf ihre persönliche Zuverlässigkeit, körperliche Eignung, und ausreichende Kenntnisse ihrer Befugnisse nach diesem Gesetz geprüft. Zudem müssen sie das 20. Lebensjahr vollendet und das 65. Lebensjahr nicht überschritten haben. Für dieses zivile Wachpersonal bestehen gem. § 3 Abs. 2 und 3 UZwGBw umfangreiche Eignungs- und Ausbildungsvorgaben, die sich detailliert aus der ZDv A 1130/21 sowie der ZDv A 2122/2 ergeben, um eine handlungssichere Wahrnehmung der Befugnisse nach dem UZwGBw zu gewährleisten. **101**

Setzt die Bundeswehr bei der Bewachung ihrer Liegenschaften private Wachpersonen als Hundeführer ein, darf sie sich bei der Entscheidung, ob diese Personen die zur Erfüllung der Aufgaben notwendigen Kenntnisse und Fähigkeiten besitzen, nicht auf Informationen des jeweiligen Bewachungsunternehmens verlassen, sondern muss aufgrund eigenständiger Prüfungen durch die dafür bestimmten Sachverständigen die Fähigkeiten der Wachperson selbst feststellen.[126] **102**

Zu den Inhalten der Ausbildung gehören die Kenntnis der umfangreichen Eingriffsrechte nach dem UZwGBw, die vom Anhalten einer Person, Personenüberprüfungen, der vorläufigen Festnahme der Durchsuchung bis zum unmittelbaren Zwang mit Schusswaffen gehen kann. Um die Wahrung der Sicherheit im militärischen Sicherheitsbereich zu gewährleisten, halten Wachdienste alltäglich Personen, welche sich in einem solchen Bereich aufhalten oder beabsichtigen einen solchen zu betreten oder zu verlassen, an und überprüfen diese gem. § 2 Abs. 2 UZwGBw. Sollte bei der Personalienfeststellung keine Aufenthalts- oder Zutrittsgenehmigung festgestellt werden können, kann diese Person gem. § 4 UZwGBw zum Wachvorgesetzten oder zur nächsten Dienststelle der Bundeswehr **103**

---
[123] BT-Drs. 19/17622, 2.
[124] BT-Drs. 19/17622, 6.
[125] BT-Drs. 19/17622, 2.
[126] So noch VG Gießen NZWehrR 2001, 129.

gebracht werden. Neben den Eingriffsgrundlagen des UZwGBw ist damit auch die Kenntnis über die Eigenschaft als Wachvorgesetzter wesentlicher Ausbildungsgegenstand.

104 Der Wachleiter, der Wachschichtführer und der stellvertretende Wachschichtführer können hiernach Wachvorgesetzte nach UZwGBw sein. Gegenüber zivilen Wachen der Bundeswehr besteht seitens der militärischen Wachvorgesetzten eine Weisungsbefugnis. Bei zivilen Wachen gewerblicher Bewachungsunternehmen ist das Direktionsrecht des Unternehmens zu beachten, Einzelheiten über die gewerbliche Bewachung der jeweiligen Bundeswehrliegenschaft werden vertraglich geregelt. Grundlage für solche Verträge stellt das oben schon angesprochene Betreibermodell Absicherung zur personal- und kostensparenden Bewachung von Bundeswehrliegenschaften dar.

105 Um die Bewachung von Liegenschaften der Bundeswehr vornehmen zu können, müssen folgende Voraussetzungen gegeben sein:
• Der Sicherheitsdienstleister muss sich in der Geheimschutzbetreuung des Bundesministeriums für Wirtschaft und Energie (BMWi) befinden.
• Es werden ausschließlich Unternehmen an den jeweiligen Ausschreibungen beteiligt, welche die in der Zentralvorschrift zur Bedarfsdeckung (A1-1130/21–6000) definierten Eignungskriterien erfüllen, die für die Ausführung der Bewachungsleistung unentbehrlich sind.

106 Für die Mitarbeiter gilt, dass sie mehrfach im Sinne der oben beschriebenen Anforderungen überprüft sein müssen. Sie benötigen die Überprüfung nach § 34a GewO, die Überprüfung der Zuverlässigkeit und persönlichen Eignung nach den §§ 5 ff. WaffG und die nach den Verhältnissen in den zu bewachenden Liegenschaften jeweils erforderlichen Sicherheitsüberprüfungen zum Geheim- und/oder Sabotageschutz nach dem Sicherheitsüberprüfungsgesetz. Das Vorliegen der erforderlichen Bescheinigungen wird vor erstmaligem Dienstantritt durch die Bundeswehr überprüft.[127]

107 Insgesamt kann man sagen, dass die Bewachung von Liegenschaften der Bundeswehr nach Wegfall der Wehrpflicht stark zugenommen hat und fast alle Liegenschaften erfasst. Bewachungsunternehmen müssen für die Teilnahme an den Ausschreibungen bereits erhebliche Anforderungen erfüllen, um überhaupt teilnehmen zu können. Die Mitarbeiter haben dann alle klassischen Voraussetzungen eines Bewachers zu erfüllen, ergänzt durch die intensiven Kenntnisse des UZwGBw.

V. Resümee

108 Betrachtet man die Rechtsgrundlagen des Sicherheitsgewerbes wird deutlich, dass die Gewerbeordnung immer noch der Dreh- und Angelpunkt ist. Durch die Ergänzung von gestuften Anforderungen zur Unterrichtung oder zur Sachkundeprüfung oder der Regelungen für Sicherheitsdienste auf Handelsschiffen wird deutlich, dass der Gesetzgeber versucht hat, auf die Ausweitung der Aufgaben im Sicherheitsgewerbe zu reagieren. Die Regelungen der Gewerbeordnung werden hierdurch aber immer unübersichtlicher, Wesentliches wird in Verwaltungsvorschriften geregelt und weite Bereiche neuer Aufgaben finden gar keine besondere Berücksichtigung. Selbst Detekteien und Auskunfteien oder die Tätigkeit von Türstehern sind immer noch nicht befriedigend geregelt. Hierneben treten Regelungen in Spezialgesetzen, wie dem LuftSiG oder dem AtG, die dann auch wieder in zahlreichen Verwaltungsvorschriften konkretisiert werden. Insgesamt ein Zustand, der den Gesetzgeber zum Handeln drängt.

C. Entwicklungen im Sicherheitsdienstleistungsrecht

109 Das private Sicherheitsgewerbe erschließt sich immer mehr Tätigkeitsbereiche. Zwar stellt die klassische Bewachungstätigkeit immer noch den größten Bereich der wahrgenom-

---

[127] Derzeit erfolgt dies durch das jeweils zuständige Bundeswehrdienstleistungszentrum (BwDLZ).

menen Aufgaben dar, jedoch sind manche Bewachungsaufgaben sehr speziell, wie zB die von Atomkraftwerken und neue Aufgaben treten hinzu, die nicht mehr viel mit der klassischen Bewachung zu tun haben. Nehmen private Sicherheitsdienstleister immer mehr Aufgaben im Rahmen der gesamtstaatlichen Sicherheitsarchitektur wahr, erscheint die Fokussierung auf die Gewerbeordnung nicht mehr zeitgemäß und Ergänzungen in Spezialgesetzen führen zur Zersplitterung des Sicherheitsrechts.

Wie dargestellt verzeichnet das Sicherheitsgewerbe in Deutschland einen stetigen Zuwachs. Dies spiegelt sich insbesondere in der **Verdreifachung des Branchenumsatzes** seit 2002 und der Zunahme **der Beschäftigtenzahl von 145.000 auf rund 270.000 im selben Zeitraum, wider.**[128] Besonders auffällig ist der „Branchen-Boom" seit 2015. Dies ist nicht nur auf vermehrte Aufträge von Bundes- und Landesbehörden im Kontext der Flüchtlingskrise zurückzuführen, sondern vielmehr auf die **wachsenden Sicherheitsbedürfnisse** privater Unternehmen. Zusätzlich zu den etablierten Dienstleistungen im Objektschutz, gibt es ein immer größeres Interesse an elektronischer Sicherungstechnik und sog. „Integrativen Sicherheitslösungen" inklusive ganzheitlicher Beratung. Integrative Sicherheitslösungen verbinden Videoüberwachungssysteme, Gefahren- und Einbruchsysteme, Zutrittskontrollanlagen und Sicherheitsmanagementsystemen. 110

Die Implikationen des technischen Fortschritts für das Sicherheitsgewerbe sind jedoch nicht auf die **vermehrte Nutzung hoch-technischer Bewachungssysteme** beschränkt. Vielmehr entwickelt sich die IT-Sicherheitswirtschaft zu einem der potentiellen Wachstumsbereiche für die gesamte Branche. Die fortschreitende Digitalisierung, und die damit einhergehenden erhöhten Gelegenheiten zum Angriff auf sensible Daten, steigert die Bedeutung der IT-Sicherheit nachhaltig. Laut Nachforschungen von Bitkom, beliefen sich die gesamtdeutschen Wirtschaftsschäden durch Cyberkriminalität auf über 102,9 Milliarden im Jahre 2019.[129] Somit ist es wenig überraschend, dass das private Sicherheitsgewerbe verstärkt Dienstleistungen anbietet, welche auf die Erhöhung der Cybersicherheit von Unternehmen abzielen. Generell eröffnet die rapide fortschreitende Digitalisierung neue Angriffsvektoren, welche immer **ausgereiftere Sicherheitskonzepte** erfordern, um den Schutzanspruch von Unternehmen gerecht zu werden. Somit ist langfristig mit einer Fortsetzung des überdurchschnittlichen Branchenwachstums zurechnen. 111

I. Auswirkungen der Corona-Pandemie auf das Sicherheitsgewerbe

Wie viele Wirtschaftszweige wurde der Sicherheitssektor schwer von der Corona-Pandemie getroffen. Besonders stark betroffen waren die Sicherheitsdienstleister in der Veranstaltungs- und Event-Security, sowie der Flughafensicherheit. Aber auch über diese Beschäftigungsfelder hinaus mussten Sicherheitsdienstleistungsunternehmen für viele der 267.000 Beschäftigten Kurzarbeit beantragen oder sogar das Beschäftigungsverhältnis beenden. Der Mehrbedarf für Sicherheitskräfte, der durch die Pandemie notwendigen Durchsetzung von Zugangs- und Kontaktbegrenzungen wie zB im Einzelhandel, um die Regelung der Einlasssituation und Kontrolle der Besucherzahl durchzuführen, bilden keinen Ausgleich für den erheblichen Umfang der eingebüßten Umsätze. In erheblichem Umfang wurden die Ausbildungen und Prüfungen, insbesondere durch die Industrie- und Handelskammern Corona-bedingt ausgesetzt, sodass während des Unterrichtsausfalls keine neuen Sicherheitskräfte ausgebildet werden konnten.[130] 112

Gleichzeitig hat die Diskussion über den Schutz der Infrastruktur, die jahrzehntelang vernachlässigt wurde, aber erst begonnen. Eine Pandemie, ein Großschadensereignis von nationalem Umfang oder eine terroristische Bedrohung unserer Nation, muss im Rahmen unserer Sicherheitsarchitektur mitgedacht werden. In solchen Situationen zB die Sicherung 113

---
[128] *Stober* GSZ 2020, 141 (145 mwN).
[129] Pressemitteilung des Bitkom v. 6.11.2019.
[130] Vgl. *Stober* GSZ 2020, 193 (195).

von Lebensmittelmärkten durch die Bundeswehr zu fordern, kann im Sinne einer langfristigen Strategie nicht ausreichend sein. Auch private Sicherheitsdienstleister werden in diese Aufgaben mit einbezogen werden müssen, weil Polizei und Bundeswehr und auch die damit speziell beauftragten Ämter, wie das Bundesamt für Bevölkerungsschutz und Katastrophenhilfe (BBK) schnell an ihre Grenzen stoßen. Die Corona-Pandemie, wie auch schon die Flüchtlings-Krise, bringen die Diskussion, welche Rolle private Sicherheitsdienstleister in Zukunft spielen sollen.

II. Das Sicherheitsdienstleistungsgesetz (SDLG)

114 Schon lange sprechen sich die Verbände des privaten Sicherheitsgewerbes für einen **industriespezifischen Rechtsrahmen** aus, der den Stellenwert des privaten Sicherheitsgewerbes für die Sicherheitsarchitektur der Bundesrepublik unterstreichen würde und den momentanen **„Flickenteppich" gesetzlicher Regelungen** beseitigt.[131] Hierneben geht es um einheitliche Standards und die **Erhöhung der Sicherheitsstandards** insgesamt. Auch die Verortung dieses Bereichs beim Bundeswirtschaftsministerium wurde als nicht mehr zeitgemäß angesehen. Der **politische Handlungsbedarf** wurde schon länger erkannt, gelangte aber nie zu einer weitreichenden Umsetzung.[132] Im Jahr 2018 wurde von der Politik dann ein neuer Anlauf im **Koalitionsvertrag** zwischen CDU, CSU und SPD für die 19. Wahlperiode genommen:

„Private Sicherheitsbetriebe leisten einen wichtigen Beitrag zur Sicherheit. Durch die Neuordnung der Regelungen für das private Sicherheitsgewerbe in einem eigenständigen Gesetz werden wir die Sicherheitsstandards in diesem Gewerbezweig verbessern und so für noch mehr Sicherheit und Verlässlichkeit sorgen".[133]

115 Nach der Ankündigung eines eigenständigen Sicherheitsdienstleistungsgesetzes (SDLG) im Koalitionsvertrag veröffentlichte der BDSW ein **„Eckpunktpapier"**, in dem der Verband seine Forderungen an das SDLG konkretisierte.[134] Konkret gehe es dem Verband um Maßnahmen, welche die Sicherheitsstandards der Branche verbessern, um für noch mehr Leistungsfähigkeit und Verlässlichkeit im privaten Sicherheitsgewerbe zu sorgen. Diese Forderungen lassen sich grob wie folgt zusammenfassen:

- Ressortzuständigkeitswechsel zum BMI
- Verschärfung der Gewerbezugangsregelungen
- Angleichung der Anforderungen an unternehmenseigenes Personal und externe Sicherheitsdienstleistungskräfte
- Institutionelle Verantwortlichkeit für Basis-Schulungen erweitern, sodass das Monopol der Industrie- und Handelskammern nicht fortbesteht
- Anpassung des Streikrechtes, um der Entstehung von Sicherheitslücken vorzubeugen
- Verbindliche Sektorspezifische Qualitätsstandards zur Verhinderung durch Billigstvergabe der öffentlichen Hand – Gewichtung des Qualitätsaspektes verstärken
- Zuverlässigkeitsprüfungsverfahren überarbeiten und ein „Kaskadensystem" einführen
- Befugnis Erweiterung von Sicherheitsmitarbeitern durch Beleihung auf kommunaler Ebene ermöglichen

116 Der Entwurf beabsichtigt weiterhin die Qualifikationsanforderungen zu erhöhen sowie den Anwendungsbereich auf Nachunternehmen zu erstrecken. Ein weiterer Schwerpunkt gilt den sog. besonderen Einsatzbereichen wie KRITIS-Objekten, ÖPNV, Aufnahmeeinrichtungen für Flüchtlinge und Asylbewerber, Schutz von Veranstaltungen, Sicherheits-

---

[131] Vgl. insgesamt *Stober* GewArch 2019, 469 ff.
[132] Zur Historie vgl. insgesamt *Stober* GSZ 2020, 141 (142 mwN).
[133] Koalitionsvertrag von CDU/CSU und SPD v. 18.3.2018 Ziffern 5967–5970.
[134] *Bundesverband der Sicherheitswirtschaft,* Sicherheitsdienstleistungsgesetz: Deutschland (noch) sicherer machen: Eckpunkte des BDSW Bundesverbands der Sicherheitswirtschaft zur Schaffung eines eigenständigen Gesetzes für privater Sicherheitsunternehmen, 2019.

dienstleistungen für Kommunen sowie Geld- und Wertdienste. Insgesamt geht es dem BDSW um einen ganzheitlichen Entwurf eines Sicherheitsdienstleistungsgesetzes.

Ein wichtiger Schritt für die angestrebte Neuordnung der Rechtsgrundlage für das Sicherheitsgewerbe war der Übergang der Kontrolle in den Geschäftsbereich des damaligen Bundesministeriums des Innern, für Bau und Heimat. Seit der Aufnahme des Bewachungsgewerbes in die Gewerbeordnung im Jahre 1927, lag die Zuständigkeit beim Bundeswirtschaftsministerium. Dies änderte sich am 1.7.2020, als der Ressortzuständigkeitswechsel für das Sicherheitsgewerbe vollzogen wurde. Verglichen mit anderen EU-Mitgliedstaaten, erfolgte dieser Ressortzuständigkeitswechsel äußerst spät. Lediglich in Österreich ist das Sicherheitsgewerbe immer noch dem Wirtschaftsministerium unterstellt.[135] Der Grund für den späten Ressortwechsel, auf den man sich bereits im Oktober 2018 innerhalb der Bundesregierung geeinigt hatte, lag darin, dass zuerst das bundesweite Bewacherregister in Kraft treten sollte. Das späte in Kraft treten des Bewacherregisters am 1.6.2019, welches noch vom Bundesamt für Wirtschaft und Ausfuhrkontrolle (BAFA) betreut wird, führte dazu, dass das BMI erst am 1.7.2020 die Ressortzuständigkeit für das Sicherheitsdienstleistungsgesetz übernahm. Somit verzögerte sich der Startzeitpunkt für die Erarbeitung eines Referentenentwurfes für das neue Sicherheitsdienstleistungsgesetz.[136] Erst im November 2020 wurden die ersten Workshops und Fachkonsultationen vom BMI organisiert, in welchen die Verbände des Sicherheitsgewerbes ihre Forderungen an das zukünftige SDLG näher erläuterten. Einen Referentenentwurf des BMI hat es daher auch bis zum Ende der 19. Wahlperiode nicht gegeben. **117**

III. Kurzer Ausblick

Das Sicherheitsgewerberecht braucht ein Sicherheitsdienstleistungsgesetz! Ausreichend Ideen dazu wurden vorgetragen und diskutiert.[137] Der Ressortwechsel hat stattgefunden und das Bewacherregister hat die Arbeit aufgenommen. Nun liegt es an der Koalition der 20. Wahlperiode aus SPD, Bündnis90/Die Grünen und FDP das Gesetz weiter zu verfolgen. Gerade Bündnis90/Die Grünen und die FDP hatten sich bisher immer positiv zu einem Sicherheitsdienstleistungsgesetz geäußert. Es wird sich zeigen, ob sie die Möglichkeit zur Umsetzung nutzen. **118**

§ 46 Staatsschutz und Dienstrecht (Beamten-, Soldaten- und Richterrecht)

Ralf Brinktrine

Übersicht

	Rn.
A. Einführung	1
I. Verfassungsfeindliches Handeln von Staatsbediensteten als rechtstatsächliches Problem	2
1. Berichterstattung in den Medien	3
2. Darstellungen in Sachberichten von Judikaten	5
3. Quantitative und qualitative Grenzen der Aussagekraft medialer Berichterstattung hinsichtlich der Verbreitung extremistischen Denkens und Handelns im öffentlichen Dienst	6
II. Vielfalt und Komplexität der Rechtsfragen	7

---
[135] Zum Sicherheitsgewerbe in Österreich vgl. *Lange,* Privates Sicherheitsrecht in Europa, 2002, 95 ff. mwN.
[136] Mit deutlicher Kritik hieran *Stober* GSZ 2020, 141 (143 f.).
[137] Vgl. zB *Eisenmenger/Pfeffer,* Stärkung der Inneren Sicherheit durch Neuregelung des Sicherheitsgewerberechts?, 2019 mwN.

	Rn.
III. Beschränkung der Betrachtung auf staatsschutzrelevante Pflichten von Beamten, Richtern und Soldaten	8
IV. Gang der Darstellung	9
B. Staatsschutzbezogene Pflichten im Beamten-, Richter- und Soldatenrecht	12
I. Spezifisch staatsschutzbezogene Pflichten im Beamtenverhältnis	12
1. Politische Treuepflicht (Verfassungstreue und Einstehen für die freiheitlich demokratische Grundordnung)	12
a) Normative Verankerung	13
b) Inhalt und Reichweite der Verfassungstreuepflicht	17
c) Pflichtverletzungen	22
aa) Tatsächliche Handlungen	23
bb) Sprachliche und andere Formen von Meinungsbekundungen	24
cc) Mitgliedschaften in Parteien, Vereinen und anderen Organisationen	25
2. Zurückhaltungs- und Mäßigungspflicht	29
a) Einfach-gesetzliche Regelung	30
b) Inhalt und Zweck	31
c) Pflichtverletzungen	35
aa) Innerdienstliches Verhalten	35
bb) Außerdienstliches Verhalten	36
3. Pflicht zur Unparteilichkeit und Neutralität	37
a) Normative Verankerung	38
b) Inhalt der Pflicht	40
c) Pflichtverletzungen	41
aa) Tragen von Tattoos, Körperschmuck ohne verfassungsfeindlichen Inhalt	41
bb) Verwendung und Tragen religiöser Bekleidung und Symbole	42
4. Verschwiegenheitspflicht	46
a) Normative Verankerung	47
b) Inhalt und Funktion der Pflicht	48
c) Pflichtverletzungen	50
5. Pflicht zu achtungs- und vertrauenswürdigem Verhalten	52
a) Gesetzliche Verankerung	53
b) Inhalt der Pflicht	54
c) Verletzungen der Pflicht	55
aa) Innerdienstliches Verhalten	55
bb) Verhalten außer Dienst	61
II. Staatsschutzbezogene Pflichten im Soldaten- bzw. Wehrdienstverhältnis	62
1. Pflicht zur Anerkennung der und zum Eintreten für die freiheitliche demokratische Grundordnung (politische Treuepflicht)	63
a) Normative Verankerung	63
b) Inhalt der Pflicht	64
c) Verletzungen	65
aa) Mitgliedschaft und Funktionärstätigkeit in verfassungsfeindlichen Parteien oder Organisationen	66
bb) Propagierung der NS-Ideologie oder Verwendung von NS-Symbolen	68
cc) Leugnung des Holocausts	69
dd) Diskriminierendes Verhalten gegenüber anderen Mitbürgern oder Frauen	70
ee) Sonstige Verhaltensweisen oder Bekundungen	72
2. Pflicht zum treuen Dienen	73
a) Normative Verankerung und inhaltliche Bedeutung	73
b) Verletzungen	75
3. Pflicht von Offizieren und Unteroffizieren zur Zurückhaltung bei Äußerungen	77
a) Gesetzliche Regelung der Pflicht und ihr inhaltlicher Gehalt	77

	Rn.
b) Pflichtenverstöße	78
aa) Äußerungen zum Nationalsozialismus	79
bb) Kritik an Vorgesetzten	80
cc) Beleidigende Äußerungen gegenüber Untergebenen oder Dritten	81
4. Verpflichtung zu achtungs- und vertrauenswürdigem Verhalten	82
a) Normative Verankerung	82
b) Inhalt	83
c) Verletzungen	84
III. Pflichten im Richterverhältnis	85
1. Allgemeines	85
2. Politische Treuepflicht	86
3. Wahrung der richterlichen Unabhängigkeit	88
C. Dienstrechtliches Instrumentarium zur Durchsetzung staatsschutzbezogener Pflichten	90
I. Durchsetzung bei Beamten	90
1. Ablehnung der Einstellung, der Aufnahme in den Vorbereitungsdienst und der Übernahme in das Beamtenverhältnis auf Lebenszeit	90
a) Ablehnung der Einstellung	90
b) Insbesondere: Ablehnung der Aufnahme in den Vorbereitungsdienst	91
aa) Voraussetzungen	91
bb) Verfassungsgemäßheit	94
c) Ablehnung der Übernahme in das Beamtenverhältnis auf Lebenszeit	95
2. Durchsetzung bei statusverändernden Akten (Beförderung, Versetzung etc.)	96
3. Maßnahmen im laufenden Dienstbetrieb (zB Weisungen)	97
4. Versagung der Genehmigung und Untersagung von Nebentätigkeiten	100
a) Versagung einer Nebentätigkeit außerhalb des öffentlichen Dienstes	101
b) Untersagung von Nebentätigkeiten	106
5. Rücknahme der Ernennung	109
6. Beendigung des Beamtenverhältnisses (außerhalb von Disziplinarverfahren)	110
a) Entlassung	111
aa) Entlassung von Probebeamten	111
bb) Entlassung von Widerrufsbeamten	112
cc) Lebenszeitbeamte	113
b) Verlust der Beamtenrechte kraft Gesetzes	116
7. Verfahrensrechtliche Aspekte	117
a) Informationsmöglichkeiten bei Einstellungen	118
aa) Fragerechte von Einstellungsbehörden und korrespondierende Auskunftspflichten des Bewerbers	118
bb) Abfragen bei anderen Behörden	119
b) Kenntniserlangung von Verstößen im laufenden Dienstbetrieb aufgrund interner Umstände	121
aa) Hinweise durch andere Bedienstete	121
bb) Eigene Angaben (zB bei Nebentätigkeitsanzeigen)	122
c) Weitere Quellen	124
II. Pflichtendurchsetzung bei Soldaten	125
1. Bei Berufung in das Soldatenverhältnis/Umwandlung des Soldatenverhältnisses	126
2. Statusveränderungen	127
3. Maßnahmen im laufenden Dienstbetrieb	128
4. Beendigung des Soldatenverhältnisses	129
a) Entlassung	129
aa) Entlassung von Berufs- und Zeitsoldaten aufgrund falscher Angaben	130
bb) Entlassung wegen Unwürdigkeit	131

	Rn.
cc) Entlassung von Zeitsoldaten nach § 55 Abs. 5 SG	132
dd) Keine Entlassung bei Dienstvergehen von Berufssoldaten	133
b) Beendigung des Soldatenverhältnisses kraft Gesetzes	134
5. Verfahrensaspekte	135
III. Durchsetzung bei Richtern	136
1. Ablehnung der Berufung in das Richterdienstverhältnis	137
2. Rücknahme der Ernennung	138
3. Innerdienstliche Maßnahmen	139
4. Nebentätigkeiten	144
5. Entlassung von Richtern	145
6. Beendigung des Richterverhältnisses	146
7. Verfahrensfragen der Informationsermittlung	147
D. Disziplinarrechtliche Folgen von Verstößen gegen staatsschutzbezogene Pflichten	148
I. Überblick	148
II. Disziplinarrechtliche Konsequenzen bei Beamten	150
1. Allgemeines	151
2. Disziplinarmaßnahmen	152
a) Arten von Disziplinarmaßnahmen	152
aa) Verweis	154
bb) Geldbuße	155
cc) Kürzung der Dienstbezüge	156
dd) Zurückstufung	157
ee) Entfernung aus dem Dienst	158
ff) Kürzung der Ruhegehaltsbezüge	159
gg) Aberkennung des Ruhegehalts	160
b) Zuständigkeit für die Verhängung von Disziplinarmaßnahmen	161
c) Kriterien der Auswahl von Disziplinarmaßnahmen	162
3. Disziplinarverfahren	164
a) Behördliches Disziplinarverfahren	165
b) Gerichtliches Disziplinarverfahren	169
4. Beispiele von Disziplinarmaßnahmen	170
III. Disziplinarrechtliche Konsequenzen bei Soldaten	171
1. Allgemeines	172
2. Disziplinarmaßnahmen	173
3. Disziplinarverfahren	175
4. Beispiele von Dienstvergehen und ihre disziplinarrechtliche Behandlung	179

Wichtige Literatur:

Allgemein:
Battis, U., Bundesbeamtengesetz. Kommentar, 6. Aufl. 2022; *Brinktrine, R./Schollendorf, K.;* Beamtenrecht Bund, 2021; *Brinktrine, R./Voitl, A.,* Beamtenrecht Bayern, 2020; *Dau, K./Scheuren, C. M.,* Wehrbeschwerdeordnung, Kommentar, 7. Aufl. 2020; *Dau, K./Schütz, C.,* Wehrdisziplinarordnung, Kommentar, 8. Aufl. 2020; *Eichen, K./Metzger, Ph.-S./Sohm, St.,* Soldatengesetz mit Vorgesetztenverordnung und Reservistengesetz. Kommentar, 4. Aufl. 2021; *Fischer, T.,* Strafgesetzbuch. Kommentar, 69. Aufl. 2022; *Herrmann, K./Sandkuhl, H.,* Beamtendisziplinarrecht – Beamtenstrafrecht, 2. Aufl. 2021; *Jarass, H. D./Pieroth, B.,* Grundgesetz. Kommentar, 16. Aufl. 2021; *Metzler-Müller, K./Rieger, R./Seeck, E./Zentgraf, R.,* Beamtenstatusgesetz. Kommentar, Loseblatt, 28. Nachlieferung Dezember 2021, *v. Münch, I./Kunig, P,* Grundgesetz. Kommentar, 7. Aufl. 2021; *Oldiges, M./Brinktrine, R.,* Wehr- und Zivilverteidigungsrecht in Ehlers, D./Fehling, M./Pünder, H., Besonderes Verwaltungsrecht, Band 3, Kommunalrecht, Haushalts- und Abgabenrecht, Ordnungsrecht, Sozialrecht, Bildungsrecht, Recht des öffentlichen Dienstes, 4. Aufl. 2021; *Reich, A.,* Beamtenstatusgesetz. Kommentar, 3. Aufl. 2018; *v. Roetteken, T./Rothländer, C.,* Beamtenstatusgesetz. Kommentar, Loseblatt, 32. Aktualisierung Oktober 2021; *Schmidt, T. I.,* Beamtenrecht, 2017; *Schmidt-Räntsch, J.,* Deutsches Richtergesetz. Kommentar, 6. Aufl. 2009; *Schnellenbach, H./Bodanowitz, J.,* Beamtenrecht in der Praxis, 10. Aufl. 2020; *Urban, R./Wittkowski, B.,* Bundesdisziplinargesetz. Kommentar, 2. Aufl. 2017; *Wichmann, M./Langer, K.-U.,* Öffentliches Dienstrecht, 8. Aufl. 2017.

A. Einführung

Speziell zur politischen Treuepflicht und ihrer Verbindung zur charakterlichen Eignung:
Baßlsperger, M., Rechtsextreme bei der Polizei, Der Personalrat 2020, 35 ff.; *Eisenmenger, S.,* Verfassungs- und europarechtliche Rahmenbedingungen für die Nachwuchsgewinnung im Sicherheitssektor, NVwZ 2019, 1643 ff.; *Fahrner, M.,* Quies custodiet ipsos custodes? – Extremismus in der Justiz und das Verhältnis der dritten Gewalt zum Verfassungsschutz, GSZ 2021, 6 ff.; *Lorse, J.,* Die politische Treuepflicht des Beamten im Spiegel aktueller rechtlicher und rechtspolitischer Entwicklungen, ZBR 2021, 1 ff.; *Lorse, J.,* Renaissance des charakterlichen Eignungskriteriums als Grundlage beamtenrechtlicher Personalmaßnahmen im öffentlichen Dienst, VerwArch 112 (2021), 509 ff.; *Masuch, T.,* Die Verfassungstreue als beamtenrechtliche Kernpflicht, ZBR 2020, 289 ff.; *Nitschke, A.,* Die beamtenrechtliche Behandlung der sogenannten „Nazi-Chats" im öffentlichen Dienst – Analyse, Bewertung und Ausblick, ZBR 2022, 112 ff.; *Nitschke, A./Beckmann, C.,* Zum Bestehen einer Dienstpflicht zur „Denunziation" für Beamte in Bezug auf von Kollegen begangene Dienstvergehen, NVwZ 2021, 942 ff.; *Schönrock, S.,* Die charakterliche Eignung im Sinne des Art. 33 Abs. 2 GG – eine besondere Herausforderung in Sicherheitsberufen, ZBR 2021, 73 ff.; *Wagner, T.,* Die Verfassungstreuepflicht im öffentlichen Dienst, öAT 2021, 183 ff.

Speziell zur allgemeinen und politischen Neutralitätspflicht sowie zur Mäßigungspflicht:
Lindner, J. F., Die politische Neutralitätspflicht des Beamten, ZBR 2020, 1 ff.; *Masuch, T.,* Vom Maß der Freiheit – Der Beamte zwischen Meinungsfreiheit und Mäßigungsgebot, NVwZ 2021, 520 ff.; *Ullrich, N.,* Beamtentum und Neutralität, ZBR 2021, 235 ff.;

Speziell zum äußeren Erscheinungsbild von Beamten:
Brosius-Gersdorf, F./Gersdorf, H., Kopftuchverbot für Rechtsreferendarin: Unanwendbarkeit des Neutralitätsgebots – Zur Differenzierung zwischen dem Neutralitätsgebot für den Staat und dem Mäßigungsgebot für Amtsträger, NVwZ 2020, 428 ff.; *Gärditz, K. F./Kamil Abdulsalam, M.,* Verfassungsfragen des Gesetzes zur Regelung des Erscheinungsbilds von Beamtinnen und Beamten, ZBR 2021, 289 ff.; *Hecker, W.,* Das BVerfG, das Kopftuchverbot im Justizbereich und die Folgen für die öffentliche Verwaltung, NVwZ 2020, 423 ff.; *Leitmeier, L.,* Das Kopftuchverbot für Rechtsreferendarinnen, NJW 2020, 1036 ff.; *Michaelis, L. O.,* Tattoos als Einstellungshindernis für (Polizei-)Vollzugsbeamte, JA 2015, 370 ff.; *Michaelis, L.,* Körperschmuck als Indiz für Eignungsmängel tätowierter Bewerber, NVwZ 2021, 1115 ff.; *Pfeffer, K.,* Das Beamtenrecht auf dem Prüfstand – Regelungsbedarf/-optionen bei Zugangsbeschränkungen zum Polizeivollzugsdienst, NVwZ 2020, 15 ff.; *v. Roetteken, T.,* Erweiterung der Befugnisse des Dienstherrn, Anordnungen zur Gestaltung des individuellen Erscheinungsbildes von Beamtinnen und Beamten zu erlassen, ZBR 2021, 296 ff.; *Steinbach, M.,* Tätowierungsverbot für Beamte – Neuregelung verfassungskonform?, ZRP 2021, 56 ff.

Speziell zum Disziplinarrecht
Häußler, R., Soldaten auf Abwegen – Aktuelle Disziplinarentscheidungen 2020, DVBl. 2021, 914 ff.

Hinweis:
Alle Internetfundstellen wurden zuletzt am 3.1.2022 bzw. 13.5.2022 abgerufen.

A. Einführung

Bedrohungen des Staates und seiner Institutionen können sich nicht nur von außen, sondern auch **von innen** heraus ergeben. Diese inneren Bedrohungen können institutioneller oder personeller Natur sein. Besonders gravierend ist es, wenn Personen, die sich in einem öffentlich-rechtlichen Dienst- und Treueverhältnis gem. Art. 33 Abs. 4 GG befinden, also verbeamtet sind,[1] ihrem Dienstherrn distanziert, passiv-negativ oder sogar aktivfeindlich gegenüberstehen. Der demokratische Verfassungsstaat muss sich aber darauf verlassen können, dass sein verbeamtetes Personal zu ihm steht und ihn nicht von innen heraus bekämpft.

1

---

[1] Die in Art. 33 Abs. 4 GG verwendete Formulierung wird als institutionelle Garantie des Berufsbeamtentums verstanden, vgl. *Bickenbach* in v. Münch/Kunig GG Art. 33 Rn. 95, und definiert auf diese Weise zugleich auch den Begriff und den Inhalt des Beamtenverhältnisses, vgl. *Wichmann* in Wichmann/Langer ÖffDienstR Rn. 19, 45. Die verfassungsrechtliche Formulierung wird in § 4 BBG und § 3 Abs. 1 BeamtStG einfach-gesetzlich aufgegriffen, hierzu statt vieler *Werres* in BeckOK BeamtenR Bund, 24. Ed. 2021, BBG § 4 Rn. 3 ff. und § 3 BeamtStG Rn. 2 ff. Art. 33 Abs. 4 GG erfasst über die Beamten hinaus auch Soldaten, vgl. *Bickenbach* in v. Münch/Kunig GG Art. 33 Rn. 96; *Jarass* in Jarass/Pieroth GG Art. 33 Rn. 44. Für Richter greift die Spezialregelung in Art. 92 GG, *Jarass* in Jarass/Pieroth GG Art. 33 Rn. 44; aA *Bickenbach* in v. Münch/Kunig GG Art. 33 Rn. 97, der von Art. 33 Abs. 4 GG auch die Richter erfasst sieht. Nicht unter Art. 33 Abs. 4 GG fallen Angestellte des öffentlichen Dienstes, so BVerfGE 130, 76 Rn. 143 = NJW 2012, 1563; *Jarass* in Jarass/Pieroth GG Art. 33 Rn. 44 mwN.

I. Verfassungsfeindliches Handeln von Staatsbediensteten als rechtstatsächliches Problem

2 Dass **verfassungs- oder staatsfeindliches Denken und Handeln von Staatsbediensteten keine rein akademische Frage** ist, sondern vielmehr (wieder) ein ernstes rechtstatsächliches Problem darstellt,[2] ist durch mehrere, gut dokumentierte Vorfälle der jüngeren Vergangenheit deutlich geworden.[3]

1. Berichterstattung in den Medien

3 In den letzten Jahren häuften sich beispielsweise **Presseberichte,** in denen Verhaltensweisen beschrieben wurden, die eindeutig mit der Kernpflicht[4] des Beamten, Soldaten oder Richters zur Verfassungstreue (politische Treuepflicht)[5] im Widerspruch stehen oder die zumindest erhebliche Zweifel an der Verfassungstreue von manchen Beamten, Richtern und Soldaten aufwerfen. So wird zB von **Soldaten** berichtet, die T-Shirts mit einer abgebildeten Schwarzen Sonne und Aufschrift auf der Vorderseite „Sonnenstudio 88" und auf der Rückseite „Wir sind braun" tragen[6] oder Kontakte zur sog. „Identitären Bewegung" pflegen.[7] **Polizeibeamte** sollen laut Pressemeldungen unter dem Gruppennamen „Kunta Kinte" in Chat-Gruppen Nachrichten geschrieben haben, in denen es unter Bezugnahme auf den Terroranschlag im neuseeländischen Christchurch heißt: „Zu viele Fehlschüsse"[8]. Auch sollen Polizeibeamte menschenverachtende oder fremdenfeindliche Fotos sowie Bilder von hochrangigen Vertretern des Dritten Reiches oder von Symbolen des Nationalsozialismus wie Hakenkreuzen gepostet haben.[9] Darüber hinaus sind gegen Polizisten und andere Mitarbeiter in Polizeibehörden Vorwürfe des Geheimnisverrats[10] oder des Verstoßes gegen die beamtenrechtliche Mäßigungspflicht[11] erhoben worden. Weitere Beispiele aus der Presse ließen sich anführen.[12]

4 Doch nicht nur Beamte oder Soldaten, sondern auch **Richter** stehen zunehmend im Mittelpunkt der Berichterstattung der Medien. Dies insbesondere dann, wenn sie eine

---

[2] Zu dieser Problematik in der Vergangenheit s. etwa *Böckenförde/Tomuschat/Umbach* (Hrsg.), Extremisten im öffentlichen Dienst, 1981.
[3] Bei der nachfolgenden Darstellung von Vorfällen handelt es sich um eine Auswahl aus Pressemitteilungen und Sachberichten in veröffentlichten Judikaten, die – ohne Anspruch auf Vollständigkeit – ein erstes Bild fragwürdiger Verhaltensweisen von Angehörigen des öffentlichen Dienstes zeichnen.
[4] So die Charakterisierung bei *Baßlsperger* Der Personalrat 2020, 35 (35); ebenso *Masuch* ZBR 2020, 289 (289 und passim).
[5] Zu Inhalt und Begrifflichkeit dieser Pflicht näher unten unter B.I.1. (→ Rn. 12 ff.).
[6] S. Die Welt, Verteidigungsministerium prüft Rechtsextremismusverdacht im Wachbataillon (8.10.2021), abrufbar unter https://www.welt.de/234286048.
[7] Dazu Die Welt, Verteidigungsministerium prüft Rechtsextremismusverdacht im Wachbataillon (8.10.2021), abrufbar unter https://www.welt.de/234286048.
[8] Zitiert nach FAZ, Die Leute bekennen sich offen zu braunem Gedankengut (24.11.2020), abrufbar unter https://www.faz.net/-gpg.a5tu5.
[9] S. die Berichterstattung zu Polizisten in NRW in FAZ, Die Leute bekennen sich offen zu braunem Gedankengut (24.11.2020), abrufbar unter https://www.faz.net/-gpg.a5tu5. Vergleichbare Verhaltensweisen wurden auch von hessischen Polizeibeamten berichtet, s. zB FAZ, Rechtsextreme Chats – Mehr Polizisten als bisher bekannt (25.2.2021), abrufbar unter https://www.faz.net/-gzg-a8zx4.
[10] S. zB FAZ, Rechtsextreme Chats – Mehr Polizisten als bisher bekannt (25.0.2021), abrufbar unter https://www.faz.net/-gzg-a8zx4; Die Welt, „SOKO Linx" – LKA-Beamter könnte Ermittlungsinterna an rechte Zeitschrift verraten haben (2.10.2021), abrufbar unter https://www.welt.de/234317412. Weitere Fälle von rechtswidrigen Datenabfragen und Datenübermittlungen betreffen Angestellte im öffentlichen Dienst wie ua eine Klinik-Mitarbeiterin oder einer IT-Expertin der Berliner Staatsanwaltschaft, s. hierzu einerseits Die Welt, 339 Datenabfragen – Klinik-Mitarbeiterin soll linksextremer Szene zugearbeitet haben (9.10.2021), abrufbar unter https://www.welt.de /234309150; andererseits NZZ, Eine Mitarbeiterin der Berliner Staatsanwaltschaft soll als Spitzel für Attila Hildmann gewirkt haben (1.11.2021), abrufbar unter https://www.nzz.ch/international/mitarbeiterin-der-staatsanwaltschaft-spionierte-wohl-fuer-hildmann-ld.1653014.
[11] Insbesondere im Zusammenhang mit Protesten gegen Corona-Maßnahmen, s. hierzu SZ, Wenn Polizisten und Ärzte krude Dinge sagen (16.1.2021), abrufbar unter https://www.sz.de/1.5175706.
[12] S. dazu auch die Beispiele bei *Baßlsperger* Personalrat 2020, 35 (35) sowie *Masuch* ZBR 2020, 289 (289).

A. Einführung

Nähe zu Parteien erkennen lassen, die sich an den Rändern des Parteienspektrums bewegen.[13] Vor allem die Affinität von Richtern und Staatsanwälten zu der Partei „Alternative für Deutschland" (AfD) ist Gegenstand journalistischer Arbeit. So sollen in Sachsen nach Pressedarstellungen zehn der AfD nahestehende Richter und Staatsanwälte durch eine rechtslastige Amtsführung sowie Äußerungen in sozialen Medien negativ aufgefallen sein und Anlass für dienstrechtliche Maßnahmen gegeben haben.[14]

2. Darstellungen in Sachberichten von Judikaten

Neben den angeführten Beispielen aus der Presse lassen sich auch aus **Sachverhaltsdarstellungen und Tatbeständen in Judikaten** bedenkliche bzw. eigentümliche Vorgänge ableiten. Beispielsweise ist einer Entscheidung des BGH zu entnehmen, dass ein Richter seine persönlichen politischen Auffassungen zu zeitgeschichtlichen Ereignissen wie der Migrationskrise 2015 als richterliche Äußerung in einer Urteilsbegründung verwendet hat.[15] Nach verwaltungsgerichtlichen Feststellungen ist etwa in Gruppen-Chats von Polizeianwärtern ein den Holocaust verharmlosenden Bild eingestellt worden.[16] In Entscheidungen der Wehrdisziplinargerichte wird zB ausgeführt, dass Soldaten auf geselligen Veranstaltungen den „Hitlergruß" gezeigt haben.[17] Auch mit Blick auf diese Form von Quellen können problemlos weitere Beispiele angegeben werden.

3. Quantitative und qualitative Grenzen der Aussagekraft medialer Berichterstattung hinsichtlich der Verbreitung extremistischen Denkens und Handelns im öffentlichen Dienst

5

Allerdings ist darauf hinzuweisen, dass die mediale Darstellung in Zeitungen, Funk und Fernsehen noch **keinen Rückschluss** darüber zulässt, wie **verbreitet extremistisches Denken** oder verfassungsfeindliches Handeln bei dem Personal des öffentlichen Dienstes tatsächlich ist. Auch der Lagebericht des Verfassungsschutzes aus dem Jahr 2020, der ca. 350 Verdachtsfälle auf Rechtsextremismus in Sicherheitsbehörden anführt,[18] sowie die zunehmende Zahl an Entscheidungen der Gerichte auf diesem Feld[19] vermögen kein quantitativ verlässliches Bild über die Verbreitung extremistischer Auffassungen im öffentlichen Dienst[20]

6

---

[13] S. hierzu beispielsweise die Berichterstattung mit Blick auf die Bestellung von Frau Barbara Borchardt, nach Presseberichten Gründungsmitglied der Antikapitalistischen Linken, zur Verfassungsrichterin in Mecklenburg-Vorpommern ua in NZZ, Kann eine Verfassungsrichterin Mitglied einer Vereinigung sein, die vom Verfassungsschutz beobachtet wird? (19.5.2020), abrufbar unter https://www.nzz.ch/international/barbara-borchardt-ist-mitglied-der-antikapitalistischen-linken-ld.1557418; auch FAZ, Es gibt keinen guten Extremismus (21.5.2020), abrufbar unter https://www.faz.net/aktuell/politik/inland/verfassungsschutz-auch-linksextremismus-ist-extremismus-16780013.html; Die Welt, Das seltsame Schweigen der CDU zur antikapitalistischen Richterin (20.5.2020), abrufbar unter https://www.welt.de/208110553.
[14] S. Die Welt, Die Richterin, die AfD und die Frage nach dem „Prüffall" (19.11.2020), abrufbar unter https://www.welt.de/220085232.
[15] BGH JZ 2021, 681 ff. = NVwZ-RR 2020, 459 ff.
[16] S. hierzu ausführlich VG Berlin, DVBl 2021, 1580 (1580 f.).
[17] S. etwa BVerwG, NVwZ-RR 2021, 770 (771).
[18] S. hierzu die Berichterstattung in Die Welt, Gut 350 Verdachtsfälle auf Rechtsextremismus in Sicherheitsbehörden (27.9.2020), abrufbar unter https://www.welt.de/216656210. Zu neuen Zahlen aus 2022 siehe Die Welt, Rechtsextremisten in Sicherheitsbehörden – Mehr als 100 Fälle pro Jahr ermittelt (13.5.2022), abrufbar unter https://www.welt.de/238726331.
[19] Konstellationen, in denen die Einstellung des Beamtenbewerbers, des im Dienst befindlichen Beamten oder von Soldaten zum Staat in neuerer Zeit im Mittelpunkt standen, waren – neben den schon erwähnten Beispielen – Gegenstand beispielsweise in BVerwGE 160, 370 ff. = NJW 2018, 1185; BVerwG NZWehrR 2021, 20 ff.; OVG Weimar NVwZ-RR 2021, 493 ff.; OVG Berlin DVBl 2021, 603 ff.; VG Berlin DVBl 2021, 1118 ff.; s. auch den aktuellen Überblick hinsichtlich des Rechtsextremismus bei Soldaten bei *Häußer* DVBl 2021, 914 (923 f.).
[20] Nach Ansicht des Bundesinnenministers Horst Seehofer sind „99 Prozent der Beamten verfassungstreu", zitiert nach Süddeutsche Zeitung, Seehofer: „Kein strukturelles Problem mit Rechtsextremismus in den Sicherheitsbehörden" (6.10.2020), abrufbar unter https://www.sueddeutsche.de/politik/seehofer-rechtsextremismus-polizei-lagebericht-1.5055933.

zu vermitteln. Mangels breit angelegter empirischer Studien[21] ist die Aussagekraft der ans Licht gekommenen Vorfälle schon aus methodischen Gründen begrenzt: Die aufgeführten Fälle mögen daher nur die Spitze des Eisbergs sein, sie können aber auch Ausnahmekonstellationen darstellen. Dessen unbeschadet geben sie aber hinreichend Anlass, die für Beamte, Richter und Soldaten geltenden Rechtsregeln darzustellen und zu betonen, dass bestimmte Pflichten uneingeschränkt gelten und zu Maßnahmen im Dienst sowie zu disziplinarrechtlichen Sanktionen führen können.[22]

II. Vielfalt und Komplexität der Rechtsfragen

7 Die in der Berichterstattung der Medien angesprochenen **Rechtsfragen sind vielfältig** und zT außerordentlich **komplex.** So ist beispielsweise die Frage, wie eine Mitgliedschaft eines Beamten in einer nicht verbotenen, aber vom Verfassungsschutz beobachteten Partei dienstrechtlich zu beurteilen ist, außerordentlich umstritten.[23] Ebenso wird kontrovers diskutiert, wie weit die Meinungs- und/oder Versammlungsfreiheit eines Beamten reicht, wenn er zB staatliche Maßnahmen zur Bekämpfung der Corona-Pandemie öffentlich kritisiert oder sich gar aktiv gegen diese wendet.[24] Und schließlich ist beispielsweise überaus streitig, wie stark der Beamte seine individuellen Vorlieben mit Blick auf Kleidung, Haartracht, Schmuck oder körperliche Veränderungen in Form von Tattoos oder Piercing im Dienst zur Geltung bringen darf, zumal wenn diese Präferenzen Botschaften vermitteln, die ihrerseits zu Zweifeln an der Verfassungstreue Anlass geben.[25] Auf alle diese – und viele weitere – Fragen gibt es keine einfachen Antworten, zumal die jeweiligen konkreten Umstände des Einzelfalls schon aufgrund der Vorgaben des Disziplinarrechts nicht außen vor gelassen werden können und dürfen.

III. Beschränkung der Betrachtung auf staatsschutzrelevante Pflichten von Beamten, Richtern und Soldaten

8 Die **Behandlung des** – wie soeben aufgezeigt – komplexen **Themas erfordert** – nicht zuletzt aus Raumgründen – in verschiedener Hinsicht **Begrenzungen.** Erstens können hier nicht alle Personalverhältnisse des öffentlichen Dienstes in den Blick genommen werden. So weisen bereits die dienstrechtlichen Stellungen von Beamten und Tarifangestellten des öffentlichen Dienstes so deutliche strukturelle Unterschiede auf,[26] dass eine Darstellung zu weit ausgreifen müsste, um beiden Gruppen gerecht zu werden. Die nachfolgende Betrachtung beschränkt sich daher auf Personen, die als Beamte in einem öffentlich-rechtlichen Dienst- und Treueverhältnis oder – wie bei Richtern und Soldaten – in einem mit diesem eng verwandten Dienstverhältnis stehen. Überdies greift der Beitrag aus der Fülle der beamtenrechtlichen Pflichten nur diejenigen auf, die einen näheren Zusammenhang mit dem Thema des Handbuchs aufweisen, also bei denen von einem hinreichend

---

[21] Allerdings ist die Problematik nicht gänzlich unerforscht, s. etwa zu Studien der Universität Bielefeld in Zusammenarbeit mit der Hochschule für Polizei und Verwaltung NRW hinsichtlich fremdenfeindlicher Einstellungen bei Polizeianwärtern die Berichterstattung in Die Welt, Kurz nach Berufseinstieg nimmt die Fremdenfeindlichkeit wieder zu (23.9.2020), abrufbar unter https://www.welt.de/216365208.
[22] Die zuständigen Ministerien leiten idR Untersuchungen der Vorfälle ein, s. beispielsweise zu den Vorfällen im Wachbataillon der Bundeswehr Die Welt, Verteidigungsministerium prüft Rechtsextremismusverdacht im Wachbataillon (8.10.2021), abrufbar unter https://www.welt.de/234286048.
[23] S. hierzu beispielsweise die Kommentierungen und Beiträge von *Kohde* in v. Roetteken/Rothländer BeamtStG § 33 Rn. 22 ff.; *Reich* BeamtStG § 33 Rn. 8; *Lindner* ZBR 2020, 1 (6 f.); *Lorse* ZBR 2021, 1 (6 f.).
[24] S. beispielsweise Die Welt, Sie wollte keine Maske tragen – Lehrerin verliert Beamtenstatus (12.12.2021), abrufbar unter https://www.welt.de/235609552.
[25] Hierzu zB *Michaelis* NVwZ 2021, 1115 ff.; *Steinbach* ZRP 2021, 56 ff.; VGH Kassel DÖV 2021, 315.
[26] Hierzu erst jüngst *Schwarz* DÖV 2021, 1045 (1045 ff.).

konkreten Staatsschutzbezug gesprochen werden kann. Dies betrifft vor allem die politische Treuepflicht, aber auch die allgemeine Treuepflicht, die Pflicht zur Unparteilichkeit, das Mäßigungsgebot und die Pflicht zu achtungsvollem Verhalten.

IV. Gang der Darstellung

In einem ersten Schritt werden zunächst diese **staatsschutzbezogenen dienstlichen** 9
Pflichten, die für Beamte, Richter und Soldaten gelten, näher betrachtet. Diese Pflichten sind über weite Strecken identisch, aber nicht in jeder Hinsicht deckungsgleich, sodass eine Betrachtung getrennt nach den Dienstverhältnissen erfolgt.

Anschließend wird untersucht, welche **Reaktionsmöglichkeiten** dem **Dienstherrn** 10 zur Verfügung stehen, wenn die an Beamte, Richter oder Soldaten zu stellenden Anforderungen nicht erfüllt werden. Die Möglichkeiten des dienstrechtlichen Instrumentariums unterscheiden sich grundsätzlich danach, ob jemand bereits in einem öffentlich-rechtlichen Dienst- und Treueverhältnis steht oder erst in dieses aufgenommen werden will.

Daran anknüpfend ist abschließend auf die Frage einzugehen, welche **disziplinarrecht-** 11 **lichen Sanktionen** bei Verstößen gegen Dienstpflichten eröffnet sind. Diese Problematik ist gesondert zu betrachten, weil nicht jedes problematische Verhalten zwingend eine Dienstpflichtverletzung darstellt, die Disziplinarmaßnahmen verlangt.

B. Staatsschutzbezogene Pflichten im Beamten-, Richter- und Soldatenrecht

I. Spezifisch staatsschutzbezogene Pflichten im Beamtenverhältnis

1. Politische Treuepflicht (Verfassungstreue und Einstehen für die freiheitlich demokratische Grundordnung)

Die erste und zugleich wichtigste Pflicht[27] ist die **Pflicht des Beamten,** sich durch das 12 **gesamte Verhalten** zu der **freiheitlich demokratischen Grundordnung** im Sinne des Grundgesetzes **zu bekennen** und für deren **Erhaltung einzutreten**. Diese Pflicht wird auch als „Pflicht zur Verfassungstreue"[28], „Verfassungstreuepflicht"[29] oder „politische Treuepflicht"[30] bezeichnet.

a) Normative Verankerung. Einfach-gesetzlich explizit verankert ist die **politische** 13 **Treuepflicht** des Beamten als Pflicht, sich durch das gesamte Verhalten zu der freiheitlich demokratischen Grundordnung im Sinne des Grundgesetzes zu bekennen und für deren Erhaltung einzutreten, für Bundesbeamte iSd § 1 BBG in § 60 Abs. 1 S. 3 BBG, für Beamte iSd § 1 BeamtStG in § 33 Abs. 1 S. 3 BeamtStG. Diese Vorgabe gilt für die **gesamte Dauer des Beamtenverhältnisses.**

Die Verfassungstreue im Sinne einer Gewähr, jederzeit für die freiheitlich demokratische 14 Grundordnung im Sinne des Grundgesetzes einzutreten, ist darüber hinaus bereits als **zwingende Voraussetzung** für die **Berufung** in das Beamtenverhältnis in § 7 Abs. 1 Nr. 2 BBG und § 7 Abs. 1 Nr. 2 BeamtStG normiert,[31] denn von dieser Anforderung sehen weder die Ausnahmeregelung in § 7 Abs. 3 BBG noch die Dispensnorm des § 7 Abs. 3 BeamtStG ab.

Hintergrund dieser einfach-gesetzlichen Regelungen zur Verfassungstreue ist einmal die 15 Verfassungsnorm des **Art. 33 Abs. 2 GG,** nach der neben Befähigung und fachlicher

---
[27] *Baßlsperger* spricht von einer „Kernpflicht" des Beamten, *Baßlsperger* Der Personalrat 2020, 35 (35); ebenso *Masuch* ZBR 2020, 289 (289).
[28] *Kohde* in v. Roetteken/Rothländer BeamtStG § 33 Rn. 17.
[29] *Jarass* in Jarass/Pieroth GG Art. 33 Rn. 26, 86.
[30] Zur Bezeichnung „politische Treuepflicht" s. etwa *Kohde* in v. Roetteken/Rothländer BeamtStG § 33 Rn. 17; *Lorse* ZBR 2021, 1 (1 und passim); *Bickenbach* in v. Münch/Kunig GG Art. 33 Rn. 72.
[31] Vgl. *Zentgraf* in MRSZ BeamtStG § 7 Anm. 2.4. Ebenso *Bickenbach* in v. Münch/Kunig GG Art. 33 Rn. 71: Ohne Verfassungstreue als Merkmal persönlicher Eignung dürfe keine Einstellung erfolgen.

Leistung die „Eignung" eine Voraussetzung für den Zugang zu einem öffentlichen Amt ist. Unter Eignung iSd Art. 33 Abs. 2 GG wird dabei auch die charakterliche Eignung[32] verstanden. Teil der charakterlichen Eignung ist dabei auch die Haltung des Bewerbers zur freiheitlich-demokratischen Grundordnung[33], insbesondere die Frage seiner Loyalität zur Verfassungsordnung[34]. Der Dienstherr bzw. die Einstellungsbehörde hat bei Einstellungen über das Vorliegen dieser **Loyalität** des Bewerbers gegenüber Staat und Verfassung eine Prognoseentscheidung zu treffen[35],[36] die verwaltungsgerichtlich nur eingeschränkt überprüfbar ist.[37]

16　Die einfach-gesetzlichen Regelungen sind überdies Konkretisierungen bzw. Ausdruck des Art. 33 Abs. 5 GG, nach welchem das Recht des öffentlichen Dienstes unter Berücksichtigung der hergebrachten Grundsätze des Berufsbeamtentums zu regeln und fortzuentwickeln ist. Einer dieser **hergebrachten Grundsätze** ist die Verfassungstreuepflicht,[38] entweder als besondere Ausprägung der allgemeinen beamtenrechtlichen Treuepflicht[39] oder – aufgrund der neuen Rechtsprechung des BVerfG zum Begriff der hergebrachten Grundsätze des Berufsbeamtentums[40] – als selbstständiger Grundsatz[41].

17　**b) Inhalt und Reichweite der Verfassungstreuepflicht.** Die **Verfassungstreuepflicht** hat nach der nach wie vor maßgeblichen Rechtsprechung des BVerfG[42] zum **Inhalt,** dass der Beamte für die freiheitlich demokratische Grundordnung[43] jederzeit eintritt. Seine äußere und innere Haltung muss dadurch geprägt sein, „dass er aktiv für diese staatliche Grundordnung eintritt und sich mit der freiheitlichen, demokratischen und sozialstaatlichen Ordnung des Staates identifiziert. Dazu gehört die Fähigkeit und innere Bereitschaft, die dienstlichen Aufgaben nach den Grundsätzen der Verfassung wahrzunehmen und rechtsstaatliche Regeln einzuhalten"[44].

18　Im Umkehrschluss verlangt die Verfassungstreuepflicht vom Beamten mithin, „daß er sich eindeutig von Gruppen und Bestrebungen distanziert, die diesen Staat, seine verfassungsmäßigen Organe und die geltende Verfassungsordnung angreifen, bekämpfen und diffamieren"[45]. Die Verfassungstreuepflicht erlaubt damit – so auch die Literatur – „keine Distanz, Indifferenz oder Neutralität gegenüber der freiheitlich demokratischen Grundordnung"[46].

19　Zu betonen ist, dass die **Loyalitätspflicht** des Beamten gegenüber der Verfassung gilt.[47] Die Verfassungstreuepflicht **verlangt** indes **keine Identifizierung** des Beamten mit der **jeweiligen Regierung** oder deren Politik.[48] Zulässig bleibt daher Kritik an Maßnahmen der nach den Regeln der Verfassungsordnung gewählten, aktuell im Amt befindlichen

---

[32] Hierzu erst jüngst *Lorse* VerwArch 112 (2021), 509 ff.; *Schönrock* ZBR 2021, 73 ff.
[33] Vgl. *Zentgraf* in MRSZ BeamtStG § 7 Anm. 3. Im Ergebnis ebenso *Bickenbach* in v. Münch/Kunig GG Art. 33 Rn. 71.
[34] Vgl. *Zentgraf* in MRSZ BeamtStG § 7 Anm. 3.
[35] Vgl. *Zentgraf* in MRSZ BeamtStG § 7 Anm. 3. S. hierzu auch näher unter C. I. (→ Rn. 90 ff.).
[36] Näher hierzu die Ausführungen unter C.I.1 (→ Rn. 90).
[37] *Wichmann* in Wichmann/Langer ÖffDienstR Rn. 104.
[38] *Jarass* in Jarass/Pieroth GG Art. 33 Rn. 86; *Kohde* in v. Roetteken/Rothländer BeamtStG § 33 Rn. 17.
[39] So etwa die Einordnung bei *Jarass* in Jarass/Pieroth GG Art. 33 Rn. 86; *Grigoleit* in Battis BBG § 60 Rn. 13.
[40] Zu dieser Rechtsprechung s. *Brinktrine* in Brinktrine/Voitl, Beamtenrecht Bayern, Grundlagen des Beamtenrechts, Rn. 93 mN aus der neueren Judikatur des BVerfG.
[41] So wohl *Bickenbach* in v. Münch/Kunig GG Art. 33 Rn. 135.
[42] Grundlegend BVerfGE 39, 334 (346 ff., 355 f.) = NJW 1975, 1641.
[43] Zum Begriff und den Prinzipien der freiheitlichen demokratischen Grundordnung BVerfGE 39, 334 (348) = NJW 1975, 1641.
[44] *Zentgraf* in Metzler-Müller/Rieger/Seeck/Zentgraf, Hessisches Beamtenrecht, BeamtStG § 7 Anm. 3; ähnlich *Wichmann* in Wichmann/Langer ÖffDienstR Rn. 104, s. auch BVerfGE 92, 140 (151) = BeckRS 9998, 151895.
[45] BVerfGE 39, 334 (348) = NJW 1975, 1641.
[46] *Grigoleit* in Battis BBG § 60 Rn. 13.
[47] *Jarass* in Jarass/Pieroth GG Art. 33 Rn. 86.
[48] *Jarass* in Jarass/Pieroth GG Art. 33 Rn. 86; *Kohde* in v. Roetteken/Rothländer BeamtStG § 33 Rn. 19.

Regierung, sofern die Kritik im Übrigen die beamtenrechtlichen Vorgaben der Mäßigung und Sachlichkeit beachtet.

Die Verfassungstreuepflicht gilt in **persönlicher Hinsicht** prinzipiell für jedes Beamten- 20
verhältnis.[49] Dementsprechend muss die politische Loyalität bei allen Formen des Beamtenverhältnisses, also beim Beamtenverhältnis auf Widerruf, auf Probe, auf Zeit oder auf
Lebenszeit, gegeben sein.[50]

In **zeitlicher Hinsicht** gilt die Verfassungstreue einmal vorgelagert als Voraussetzung 21
für den Zugang zum öffentlichen Dienst, sodann nach Einstellung als „Dienstpflicht, die
im Dienst und außerhalb des Dienstes zu beachten ist"[51]. Sie endet auch nicht mit der
Versetzung in den Ruhestand, sondern gilt auch nach dem Ende des aktiven Beamtenverhältnisses fort. Allerdings mögen gewisse Differenzierungen zwischen der Situation bei
der Einstellung und dem Ergreifen dienstrechtlicher Maßnahmen in einem bereits bestehenden Beamtenverhältnis mit Blick auf die Rolle der Grundrechte angebracht sein.[52] So
sollen bei bestehendem Dienstverhältnis Disziplinarmaßnahmen aufgrund mangelnder
Verfassungstreue erst möglich sein, wenn hierin ein konkretes Dienstvergehen zu sehen
ist.[53]

c) Pflichtverletzungen. Die politische Treuepflicht kann **in unterschiedlicher Art und** 22
Weise verletzt werden, wobei sich die problematischen Verhaltensweisen zT nicht trennscharf abgrenzen lassen. In der Judikatur sind aber vor allem tatsächliche Handlungen,
verbale Äußerungen und Mitgliedschaften in radikalen Parteien oder Organisationen Ent-
scheidungsgegenstände gewesen.

aa) Tatsächliche Handlungen. In der Rechtsprechungspraxis sowie im Schrifttum sind 23
erstens bereits rein **tatsächliche Handlungen** wie das Verwenden von Kennzeichen
verfassungswidriger Organisationen, insbesondere des Nationalsozialismus[54], die Teilnahme
an Versammlungen extremistischer Gruppierungen[55], das Mitwirken in einer als rechtsextremistisch einzuordnenden Rockband[56] oder das Tragen von **Tattoos mit verfas-**
sungsfeindlichem Inhalt[57] als Pflichtverletzungen eingestuft worden. Hingegen lassen
Tattoos ohne direkten verfassungsfeindlichen Inhalt nicht zwingend den Schluss zu, dass es
dem Bewerber oder aktiven Beamten an der Verfassungstreue mangelt.[58] Allerdings können
auch Tattoos mit diskriminierendem und gewaltverherrlichendem Aussagegehalt die Verfassungstreue infrage stellen, wenn sie Ausdruck einer inneren Einstellung sind, die mit der
Werteordnung des Grundgesetzes nicht konform geht.[59] Gleiches gilt für den legalen oder
illegalen Waffenbesitz, wenn er – im Verbund mit anderen Verhaltensweisen – auf eine
verfassungsfeindliche Haltung schließen lässt.[60]

bb) **Sprachliche und andere Formen von Meinungsbekundungen.** In der Praxis 24
häufig anzutreffen sind des Weiteren Pflichtverletzungen durch **verbale Äußerungen und**
andere Formen der Meinungskundgabe. Allerdings kommt es hier auf Kontext und
Zielrichtung der Meinungsäußerung an. Die Teilnahme an und/oder das Auftreten als

---

[49] BVerfGE 39, 334 (355) = NJW 1975, 1641; *Kohde* in v. Roetteken/Rothländer BeamtStG § 33 Rn. 17.
[50] *Zentgraf* in MRSZ BeamtStG § 7 Anm. 3.
[51] *Bickenbach* in v. Münch/Kunig GG Art. 33 Rn. 135.
[52] Hierfür dezidiert *Jarass* in Jarass/Pieroth GG Art. 33 Rn. 86.
[53] Vgl. BVerfG-K NJW 2008, 2568 Rn. 31; BVerwGE 160, 370 Rn. 20 = NJW 2018, 1185; *Jarass* in Jarass/Pieroth GG Art. 33 Rn. 86.
[54] Vgl. *Schönrock* ZBR 2021, 73 (76).
[55] Vgl. OVG Sachsen BeckRS 2018, 32080; *Schönrock* ZBR 2021, 73 (76).
[56] Vgl. OVG Münster BeckRS 2016, 54011; *Schönrock* ZBR 2021, 73 (76).
[57] Vgl. BVerwGE 160, 370 Rn. 65 ff. = NJW 2018, 1185.
[58] S. VGH Kassel NVwZ-RR 2021, 267 ff. („Kalaschnikow", „smoke wheat every day" [sic!]), aA im konkreten Fall *Michaelis* NVwZ 2021, 1115 (1117 ff.).
[59] S. *Schönrock* ZBR 2021, 73 (76 f.).
[60] Vgl. *Schönrock* ZBR 2021, 73 (75) mit Blick auf Waffendelikte.

Redner auf Versammlungen kann eine Pflichtverletzung darstellen, wenn der Veranstalter und das Versammlungsmotto Rückschlüsse auf verfassungsfeindliche Haltungen zulassen.[61] Eindeutige Fälle von Pflichtverletzungen sind die Veröffentlichung von verfassungsfeindlichen Publikationen, offene Sympathiebekundungen für einen Gottesstaat[62], judenfeindliche Bekundungen[63] oder sonstige rechtsextremistische und menschenverachtende Äußerungen sowie von Gewalt- und Tötungsfantasien[64].

25 **cc) Mitgliedschaften in Parteien, Vereinen und anderen Organisationen.** Als ein in der Praxis besonders wichtiges, aber zugleich nicht einfaches Problemfeld für die Feststellung von Verletzungen der Verfassungstreuepflicht erweisen sich hingegen **Mitgliedschaften von Beamten in Parteien oder Organisationen.** Das Meinungsbild in Rechtsprechung und Literatur hierzu ist ausgesprochen vielfältig. Relativ klar als Pflichtverletzungen sind indes nach herrschender Ansicht Konstellationen einzustufen, in denen der Beamte Mitglied einer verbotenen, weil **verfassungswidrigen Organisation** wie etwa „Combat 18"[65] ist, die keine politische Partei ist.[66] Ähnliches muss am Ende wohl auch für „bloß" **verfassungsfeindliche Organisationen** ohne Parteienstatus gelten[67], wobei nach Auffassung von Judikatur und Literatur die Mitgliedschaft nur ein Indiz für fehlende Verfassungstreue bilde[68] und maßgeblich das individuelle Verhalten sei.[69] **Beispiele** für solche verfassungsfeindlichen Organisationen sind die Reichsbürgerbewegung[70], Scientology[71], Spartakus[72], der Kommunistische Hochschulbund[73] sowie sonstige, das Grundgesetz ablehnende religiöse oder weltanschauliche Vereinigungen[74].

26 Schwieriger zu beurteilen ist die Mitgliedschaft von Beamten in **politischen Parteien.** Festzuhalten ist zunächst, dass die Mitgliedschaft von Beamten in politischen Parteien nicht per se unzulässig ist; der Beamte darf sich vielmehr parteipolitisch betätigen. Allerdings sind in dieser Hinsicht verschiedene Konstellationen genauer zu unterscheiden.[75]

27 Keine Pflichtverletzung liegt vor, wenn der Beamte Mitglied einer Partei ist, an deren Verfassungsmäßigkeit keine Zweifel bestehen. Umgekehrt ist ohne weiteres von einer Verletzung der politischen Treuepflicht (und zugleich der Neutralitätspflicht) auszugehen, wenn der Beamte Mitglied in einer **verbotenen Partei** ist.[76]

28 Schwieriger zu beurteilen ist der Fall einer Mitgliedschaft in einer **verfassungsfeindlichen, aber nicht verbotenen Partei.**[77] Als Beispiel kann die NPD angeführt werden,[78] die vom BVerfG als verfassungsfeindliche Partei eingestuft worden ist, die gleichwohl nicht verboten ist. In Rechtsprechung und Schrifttum wird hier die Auffassung vertreten, dass eine solche Mitgliedschaft – ebenso wie bei verfassungsfeindlichen sonstigen Organisatio-

---

[61] S. hierzu auch *Masuch* NVwZ 2021, 520 ff.
[62] *Bickenbach* in v. Münch/Kunig GG Art. 33 Rn. 135.
[63] OVG Berlin DVBl 2021, 603 (604 f.).
[64] Vgl. BVerwG ZBR 2020, 28 ff.
[65] Hierzu *Zentgraf* in MRSZ BeamtStG § 7 Anm. 3.
[66] S. *Zentgraf* in MRSZ BeamtStG, § 7 Anm. 3.
[67] Wie hier *Bickenbach* in v. Münch/Kunig GG Art. 33 Rn. 73.
[68] Vgl. *Jarass* in Jarass/Pieroth GG Art. 33 Rn. 87 mwN.
[69] Vgl. *Jarass* in Jarass/Pieroth GG Art. 33 Rn. 87 mwN.
[70] S. OVG Magdeburg NVwZ-RR 2018, 774 ff.; *Zentgraf* in MRSZ BeamtStG § 7 Anm. 3.
[71] *Wichmann* in Wichmann/Langer ÖffDienstR Rn. 107; *Zentgraf* in MRSZ BeamtStG § 7 Anm. 3.
[72] *Zentgraf* in MRSZ BeamtStG § 7 Anm. 3.
[73] *Battis* in Battis BBG § 7 Rn. 21.
[74] *Bickenbach* in v. Münch/Kunig GG Art. 33 Rn. 73.
[75] Zu den möglichen Fallgruppen etwa *Lindner* ZBR 2020, 1 (6 f.).
[76] Wie hier schon *Lindner* ZBR 2020, 1 (6).
[77] Hierzu *Lindner* ZBR 2020, 1 (6).
[78] BVerwGE 83, 345 (349 ff.) = NJW 1988, 2907; *Jarass* in Jarass/Pieroth GG Art. 33 Rn. 87 mwN. Als weitere Fälle gelten die DKP, vgl. BVerwGE 73, 263 (271 ff.) = BeckRS 1981, 31325242, sowie die Partei „Die Republikaner", vgl. BVerfG-K NVwZ-RR 2004, 862 (862); *Jarass* in Jarass/Pieroth GG Art. 33 Rn. 87. Überdies führt *Zentgraf* in MRSZ BeamtStG BeamtStG § 7 Anm. 3 folgende Parteien als verfassungsfeindlich an: AfD, DVU sowie die Partei „Pro NRW".

nen oder Vereinigungen – lediglich indizielle Bedeutung habe[79] und es auf das individuelle Verhalten des Beamten ankomme.[80] Auch sei die Stellung des Beamten in der Parteiorganisation von Bedeutung. Je höher in der Parteihierarchie der Beamte tätig sei, insbesondere herausgehobene Ämter wahrnehme oder für die verfassungsfeindliche Partei kandidiere, desto eher sei von einer Verletzung der politischen Treuepflicht auszugehen.[81] Im Ergebnis gilt aber auch hier, dass die Mitgliedschaft in einer verfassungsfeindlichen, gleichwohl nicht verbotenen Partei mit den Pflichten eines Beamten nicht zu vereinbaren ist.[82] Dies deshalb, weil die Zugehörigkeit zu einer Partei, die darauf abzielt, die verfassungsmäßige Ordnung zu überwinden, den Eindruck hervorruft, dass der Beamte sich mit diesen Zielen identifiziert und daher selbst auch nicht verfassungstreu ist.[83]

2. Zurückhaltungs- und Mäßigungspflicht

Ergänzt bzw. konkretisiert wird die (Verfassungs)Treuepflicht um die weitere Grundpflicht 29 des Beamten, die beamtenrechtlichen politischen Mäßigungsgebote zu beachten.[84] Sie stellt ebenfalls einen hergebrachten Grundsatz des Berufsbeamtentums dar.[85] Die **Mäßigungs- und Zurückhaltungspflicht** überschneidet sich zT auch mit der Pflicht zur Neutralität, sodass die Praxis Fälle mal mehr der einen, mal mehr der anderen Verpflichtung zuordnet.[86]

a) Einfach-gesetzliche Regelung. Nach § 60 Abs. 2 BBG bzw. § 33 Abs. 2 BeamtStG 30 haben Beamte bei politischer Betätigung diejenige Mäßigung und Zurückhaltung zu wahren, die sich aus ihrer Stellung gegenüber der Allgemeinheit und aus der Rücksicht auf die Pflichten des Amtes ergeben.

b) Inhalt und Zweck. Die in den oben angeführten Vorschriften zur Mäßigungs- und 31 Zurückhaltungspflicht zielt einmal auf die Wahrung der **Funktionsfähigkeit der Verwaltung** sowie zweitens auf die Wahrung des Vertrauens der Bürger in die Unparteilichkeit der Verwaltung,[87] dient also vor allem dem Schutz der Integrität des öffentlichen Dienstes.

Inhaltlich verlangt die Pflicht, dass der Beamte sich bei der **Vornahme von Amtshand-** 32 **lungen** einer **politischen Meinungsäußerung gänzlich enthält**.[88] Auch dürfen Entscheidungen nicht von den persönlichen politischen Auffassungen des Beamten beeinflusst sein.[89] Innerhalb des Dienstes sind politische Meinungsäußerungen und Diskussionen nur insoweit zulässig, wie sie den Dienstbetrieb nicht beeinträchtigen, vor allem die Arbeitsleistung anderer Bediensteter und das Betriebsklima nicht stören.[90] Gänzlich unzulässig ist die gezielte politische Agitation im Dienst gegenüber Dritten.[91]

Außerhalb der dienstlichen Sphäre ist die Bedeutung der Mäßigungspflicht geringer. 33 Nach verbreiteter Auffassung sind politische Meinungsäußerungen außerhalb des Dienstes in größerem Umfang und mit deutlicherer Parteinahme zulässig, sie werden danach nur

---

[79] Vgl. BVerwGE 61, 176 (182) = NJW 1981, 1386; BVerwGE 114, 258 (264 f.) = NJW 2002, 980; *Jarass* in Jarass/Pieroth GG Art. 33 Rn. 87.
[80] Vgl. BVerfG-K NVwZ 2002, 847 (848); *Jarass* in Jarass/Pieroth GG Art. 33 Rn. 87.
[81] Vgl. BVerwGE 76, 157 (161) = NJW 1985, 503; BVerwGE 83, 158 (174) = NJW 1986, 3096; *Jarass* in Jarass/Pieroth GG Art. 33 Rn. 87.
[82] Ebenso *Bickenbach* in v. Münch/Kunig GG Art. 33 Rn. 73.
[83] Ebenso bereits *Lindner* ZBR 2020, 1 (6).
[84] Als Konkretisierung der Verfassungstreuepflicht betrachtet das Mäßigungsgebot *Jarass* in Jarass/Pieroth GG Art. 33 Rn. 86 unter Berufung auf BVerfG-K NJW 1989, 93 (93 f.); BVerwGE 84, 292 (294 f.) = NJW 1990, 2265.
[85] *Jarass* in Jarass/Pieroth GG Art. 33 Rn. 86.
[86] So kann beispielsweise das Tragen religiöser Symbole im Dienst mal als möglicher Verstoß gegen § 60 Abs. 2 BBG, § 33 Abs. 2 BeamtStG, mal als Missachtung der allgemeinen Neutralitätspflicht verstanden werden, vgl. die bei *Grigoleit* in Battis BBG § 60 Rn. 18 ff. angeführten Beispiele.
[87] Vgl. *Grigoleit* in Battis BBG § 60 Rn. 17.
[88] *Grigoleit* in Battis BBG § 60 Rn. 18.
[89] Vgl. *Ullrich* ZBR 2021, 227 (229).
[90] *Grigoleit* in Battis BBG § 60 Rn. 20.
[91] *Grigoleit* in Battis BBG § 60 Rn. 20.

durch die Verfassungstreuepflicht beschränkt.[92] Von Bedeutung soll überdies sein, ob die Äußerungen im privaten Kreis oder gegenüber einer größeren Öffentlichkeit erfolgen.[93] Erlaubt ist daher die außerdienstliche Werbung für politische Parteien.

34   Von der Mäßigungspflicht unberührt bleibt auch das grundsätzliche **Recht des Beamten**, sich **parteipolitisch zu betätigen**.[94]

35 **c) Pflichtverletzungen. aa) Innerdienstliches Verhalten. Pflichtverletzungen** sind nach den obigen Maßstäben bei Lehrern das Tragen von partei- oder allgemeinpolitischen Plaketten oder Aufklebern während des Unterrichts. Beim Tragen von Parteiabzeichen **im Dienst** soll es im Übrigen auf den Einzelfall ankommen,[95] was fraglich erscheint. Auch das Tragen religiöser Symbole kann einen Pflichtenverstoß begründen.[96] Ebenso sind rechtsextreme politische Meinungsäußerungen als Pflichtverletzung zu sehen.[97] Unzulässig ist danach aber auch die „Ämterpatronage".[98]

36 **bb) Außerdienstliches Verhalten. Außerhalb des Dienstes** sind nach den obigen Ausführungen etwa unzulässig die Glorifizierung des Nationalsozialismus oder abwertende Aussagen über die Verfassungsordnung als solche.[99] Zulässig sind hingegen klare parteipolitische Positionierungen im privaten Gespräch sowie die Teilnahme an Versammlungen, auch mit regierungskritischer Tendenz, soweit nicht die Verfassungsordnung als solche infrage gestellt wird.

3. Pflicht zur Unparteilichkeit und Neutralität

37 Die Zurückhaltungs- und Mäßigungspflicht in politischen Fragen wird komplettiert durch die **allgemeine Neutralitätspflicht** des Beamten,[100] wobei sich vor allem im Falle der politischen Neutralität Überlappungen mit der Zurückhaltungs- und Mäßigungspflicht ergeben können.[101]

38 **a) Normative Verankerung.** Die Pflicht des Beamten zur Neutralität ergibt sich bereits aus dem Grundgesetz[102]; **einfach-gesetzlich** wird sie spezifisch in § 60 Abs. 1 S. 1 und 2 BBG bzw. § 33 Abs. 1 S. 1 und 2 BeamtStG als verankert angesehen[103], zT wird ergänzend § 61 Abs. 1 S. 2 BBG bzw. § 34 Abs. 1 S. 2 BeamtStG („Uneigennützigkeit") herangezogen[104]. Nach § 60 Abs. 1 S. 1 BBG, § 33 Abs. 1 S. 1 BBG dienen Beamtinnen und Beamte dem ganzen Volk, nicht einer Partei. § 60 Abs. 1 S. 2 BBG sowie § 33 Abs. 1 S. 3 BeamtStG bestimmen, dass sie ihre Aufgaben unparteiisch und gerecht zu erfüllen haben.

39 In neuerer Zeit sind – aufgrund zahlreicher Problemkonstellationen im Hinblick auf die Zulässigkeit bestimmter Formen von Bekleidung und Körperschmuck sowie der Haar- und Barttracht von Beamten und Beamtinnen im Dienst[105] – **weitere Vorschriften** hinzugekommen, die Präzisierungen mit Blick auf die Bekleidung und sonstige Aspekte des äußeren Erscheinungsbildes von Beamten und Beamtinnen zur Wahrung der Neutralitätspflicht vornehmen. Die streitigen Fragen sollen nunmehr durch die sehr detaillierten

---

[92] *Grigoleit* in Battis BBG § 60 Rn. 21; strenger aber BVerfG NJW 1989, 93 (93).
[93] *Grigoleit* in Battis BBG § 60 Rn. 21.
[94] *Grigoleit* in Battis BBG § 60 Rn. 15 f.
[95] *Grigoleit* in Battis BBG § 60 Rn. 20: Verletzung nur dann, wenn das Vertrauen in die parteipolitische Neutralität der Verwaltung infrage gestellt ist.
[96] *Grigoleit* in Battis BBG § 60 Rn. 19. *Ullrich* ZBR 2021, 227 (234 f.) sieht hierin eher einen Verstoß gegen die allgemeine Neutralitätspflicht.
[97] Vgl. *Grigoleit* in Battis BBG § 60 Rn. 18 mN aus der Rechtsprechung.
[98] Hierzu *Grigoleit* in Battis BBG § 60 Rn. 9.
[99] S. oben unter B.I.1.c) (→ Rn. 23 f.).
[100] Hierzu ausführlich *Ullrich* ZBR 2021, 227 ff.
[101] S. zu diesen möglichen Überschneidungen etwa *Ullrich* ZBR 2021, 227 (231 ff.).
[102] S. *Ullrich* ZBR 2021, 227 (228).
[103] Vgl. *Ullrich* ZBR 2021, 227 (229, 231, 234).
[104] Vgl. *Grigoleit* in Battis BBG § 60 Rn. 10, § 61 Rn. 7.
[105] Hierzu etwa *Michaelis* JA 2015, 370 ff.; *Pfeffer* NVwZ 2020, 15 ff.

Regelungen des § 61 Abs. 2 S. 1–6 BBG und § 34 Abs. 2 S. 1–6 BeamtStG, die zahlreiche Aspekte mit Blick auf die Zulässigkeit des äußeren Erscheinungsbildes von Beamtinnen und Beamten ansprechen, einer Klärung zugeführt werden. Allerdings hat sich an diesen Regelungen bereits deutliche Kritik entzündet, die neben materiell-rechtlichen Einwänden[106] hinsichtlich § 34 Abs. 2 BeamtStG auch kompetentielle Bedenken[107] geltend macht. Diesen Fragen kann hier – schon aus Raumgründen – nicht weiter nachgegangen werden.[108]

b) Inhalt der Pflicht. Die allgemeine Neutralitätspflicht hat zum Inhalt, dass Amtsträger **allen Bürgern gegenüber unvoreingenommen** sind; der Beamte muss „bei seinem dienstlichen Handeln Unparteilichkeit gegenüber den in der Gesellschaft vorhandenen Parteiungen im weitesten Sinn wahren und auf Distanz achten"[109]. Umgekehrt muss der Beamte alles unterlassen, was einen gegenteiligen Eindruck erwecken könnte.[110] **40**

c) Pflichtverletzungen. aa) Tragen von Tattoos, Körperschmuck ohne verfassungsfeindlichen Inhalt. Das **Tragen von Tattoos, Körperschmuck oder Haar- und Barttracht** ohne verfassungsfeindlichen Inhalt kann eine Verletzung der Neutralitätspflicht darstellen, wenn mit diesem eine bestimmte Gruppenzugehörigkeit zum Ausdruck gebracht werden soll[111] (zB „Irokesen-Haarschnitt"[112]), sodass bei einem neutralen Beobachter der Eindruck erweckt wird, der Träger werde Angehörige dieser Gruppe bevorzugen. Eine Pflichtverletzung unter dem Gesichtspunkt der Neutralität können ferner Tattoos und sonstiger Körperschmuck darstellen, wenn sie bei Uniformträgern die **Neutralität der Uniform** infrage stellen.[113] Nicht als Pflichtverletzung zu deuten sind somit Tattoos, die zwar als anstößig empfunden werden können, aber keine, Dritte benachteiligende Aussage enthalten oder auch nicht die Neutralität der Uniform beeinträchtigen. Solche Formen des äußeren Erscheinungsbildes können aber gegen § 61 Abs. 1 S. 3 BBG, § 34 Abs. 1 S. 3 BeamtStG verstoßen. **41**

bb) Verwendung und Tragen religiöser Bekleidung und Symbole. Eine besonders umstrittene Fallgruppe mit Blick auf das beamtenrechtliche Neutralitätsgebot ist das Tragen bzw. die Verwendung **religiös konnotierter Bekleidung oder religiöser Symbole** durch Beamte und Beamtinnen im Dienst. Im Schrifttum lässt sich in dieser Hinsicht in neuerer Zeit eine Tendenz erkennen, dass Grundrecht aus Art. 4 GG deutlich höher zu gewichten als die sich aus Art. 33 Abs. 5 ergebende beamtenrechtliche Pflicht zur Neutralität und Mäßigung im Dienst.[114] Dies ist aus verschiedenen Gründen bedenklich[115], denn Beamte sind in erster Linie Staatsdiener[116]; sie haben sich aus freiem Willen den Bindungen des Beamtentums unterworfen[117]. Zwar ist zutreffend, dass die Grundrechte auch im Beamtenverhältnis gelten. Allerdings darf nicht übersehen werden, dass die Neutralität des öffentlichen Dienstes ebenfalls ein wichtiges verfassungsrechtliches Gut ist[118] (in **42**

---

[106] Hierzu *Gärditz/Abdulsalam* ZBR 2021, 289 (293 ff.).
[107] Es fehle an der Kompetenz des Bundesgesetzgebers nach Art. 74 Abs. 1 Nr. 27 GG, so *Gärditz/Abdulsalam* ZBR 2021, 289 (292 f.); kritisch auch *v. Roetteken* ZBR 2021, 296 (301).
[108] S. hierzu die umfassende Analyse bei *v. Roetteken* ZBR 2021, 296 (292 ff.); ferner auch *Steinbach* ZRP 2021, 56 ff.
[109] *Ullrich* ZBR 2021, 227 (235).
[110] *Ullrich* ZBR 2021, 227 (235).
[111] Vgl. BVerwGE 160, 370 (378) = NJW 2018, 1185.
[112] Vgl. *Bickenbach* in v. Münch/Kunig GG Art. 33 Rn. 75.
[113] So BVerwGE 160, 370 Rn. 26 ff. = NJW 2018, 1185.
[114] S. beispielsweise *Gärditz/Abdulsalam* ZBR 2021, 289 (293 ff.); *Brosius-Gersdorf/Gersdorf* NVwZ 2020, 428 ff.
[115] Ebenso *Ullrich* ZBR 2021, 227 (234 f.); *Bickenbach* in v. Münch/Kunig GG Art. 33 Rn. 138 ff.
[116] *Bickenbach* in v. Münch/Kunig GG Art. 33 Rn. 141.
[117] „[N]iemand wird gezwungen, Beamter zu werden", so *Bickenbach* in v. Münch/Kunig GG Art. 33 Rn. 141.
[118] Die Neutralitätspflicht ist ein hergebrachter Grundsatz des Berufsbeamtentums, vgl. *Bickenbach* in v. Münch/Kunig GG Art. 33 Rn. 138.

den Worten des BVerfG ist der Staat „Heimstatt aller Staatsbürger" und daher zu weltanschaulich-religiöser Neutralität verpflichtet[119]), da erst sie das Vertrauen der Bürger in die Unparteilichkeit staatlicher Entscheidungen sichert. Es ist daher – mindestens – eine **Einzelfallabwägung** vorzunehmen, bei der auch die Interessen Dritter eine wichtige Rolle spielen müssen[120] und die auch zu Lasten des Trägers religiöser Bekleidung und Symbole ausgehen kann.

43 Besonders breite Aufmerksamkeit hat in diesem Kontext das **Kopftuch** erfahren; die Rechtsprechung und literarische Diskussion zu dieser Frage kann hier nicht weiter ausgeführt werden.[121] Mittlerweile haben sich aber auf diesem Feld differenzierende Lösungsansätze entwickelt, die nach Sachbereichen der Staatstätigkeit unterscheiden und mal strengere (zB für den Bereich der Justiz)[122], mal weniger strenge Vorgaben (zB im Bereich der Schulen)[123] für die Zulässigkeit des Tragens machen.

44 Die Neutralitätspflicht ist jedenfalls dann verletzt, wenn in dem – offen sichtbaren[124] – Tragen religiös konnotierter Bekleidung sowie religiöser Symbole[125] eine **plakative Demonstration der eigenen Überzeugung** liegt, also eine sichtbare „Zurschaustellung" zu sehen ist, und die gerade deshalb Zweifel an der Unvoreingenommenheit des jeweiligen Trägers aufkommen lässt[126]; der Amtsträger kann und darf seine Religiosität nicht im Dienst „ausleben"[127]. Auch eine im Alltag übliche Bekleidung kann daher unter Neutralitätsgesichtspunkten problematisch sein und eine Verletzung der Neutralitätspflicht begründen, wenn sie durch eine besondere Symbolik „aufgeladen" wird. Dies gilt etwa für die Verwendung bestimmter Farben, mit denen die Zugehörigkeit zu einer bestimmten religiösen Gruppierung zum Ausdruck gebracht werden soll.[128] Ebenso ist eine aktive Werbung für Religionen – ebenso wie schon für politische Gruppierungen – im Dienst unzulässig.

45 Das zuvor Gesagte gilt für weltanschaulich konnotierte Kleidung oder Symbole sowie die Werbung für **Weltanschauungsgemeinschaften** entsprechend.[129]

4. Verschwiegenheitspflicht

46 Eine weitere wichtige beamtenrechtliche Pflicht ist die **Pflicht zur Amtsverschwiegenheit.** Sie stellt einen hergebrachten Grundsatz des Berufsbeamtentums dar.[130] In neuerer Zeit häufen sich allerdings – wie eingangs aufgezeigt – Fälle, in denen Beamte und Angestellte des öffentlichen Dienstes **dienstliche Informationen unbefugt** an Dritte weitergeben. Diese unbefugte Weitergabe kann zu Gefährdungen des Staatswohls im Allgemeinen oder für Leib, Leben und Eigentum von Staatsbediensteten oder Dritten (Privatpersonen) führen.

---

[119] BVerfGE 153, 1 Rn. 87 = NJW 2020, 1049.
[120] Wie hier auch *Mager* in v. Münch/Kunig GG Art. 4 Rn. 49.
[121] S. hierzu beispielsweise *Mager* in v. Münch/Kunig GG Art. 4 Rn. 47 ff.; *Jarass* in Jarass/Pieroth GG Art. 4 Rn. 40, alle mwN zu Rspr. und Lit.
[122] Zur Verfassungsmäßigkeit des Verbots von religiös oder weltanschaulich geprägten Kleidungsstücken im Justizbereich s. BVerfGE 153, 1 Rn. 81 ff. = NJW 2020, 1049; *Bickenbach* in v. Münch/Kunig GG Art. 33 Rn. 82.
[123] Zur Zulässigkeit eines Verbots nur bei „konkreter Gefahr" BVerfGE 138, 296 (327) = NJW 2015, 1359; aA BVerfGE 108, 282 (309 f.) = NJW 2003, 3111; kritisch auch *Bickenbach* in v. Münch/Kunig GG Art. 33 Rn. 81.
[124] Dies ist auch nach Auffassung des Gesetzgebers entscheidend, vgl. § 61 Abs. 2 S. 2 BBG, § 34 Abs. 2 S. 2 BeamtStG.
[125] ZB Kreuz, Davidstern, heidnische oder buddhistische Zeichen, vgl. *Ullrich* ZBR 2021, 227 (235).
[126] *Ullrich* ZBR 2021, 227 (235).
[127] So plastisch *Bickenbach* in v. Münch/Kunig GG Art. 33 Rn. 141.
[128] Vgl. BVerwG ZBR 1988, 218 („Bhagwan"); *Ullrich* ZBR 2021, 227 (234).
[129] Vgl. *Ullrich* ZBR 2021, 227 (234 f.).
[130] *Reich* BeamtStG § 37 Rn. 2 mN aus der Rechtsprechung.

B. Staatsschutzbezogene Pflichten im Beamten-, Richter- und Soldatenrecht § 46

a) Normative Verankerung. Gesetzlich geregelt ist die Pflicht zur Amtsverschwiegenheit für Bundesbeamte in § 67 Abs. 1 S. 1 BBG, für Beamte iSd § 1 BeamtStG in § 37 Abs. 1 S. 1 BeamtStG. Nach diesen Vorschriften haben Beamte über die ihnen bei oder bei Gelegenheit ihrer amtlichen Tätigkeit bekannt gewordenen dienstlichen Angelegenheiten Verschwiegenheit zu bewahren, soweit nicht die Ausnahmetatbestände des § 67 Abs. 2 BBG bzw. § 37 Abs. 2 BeamtStG greifen. Die Verpflichtung gilt nach § 67 Abs. 1 S. 2 BBG bzw. § 37 Abs. 1 S. 2 BeamtStG auch über das Ende des aktiven Beamtenverhältnisses hinaus. 47

b) Inhalt und Funktion der Pflicht. Die Pflicht zur Amtsverschwiegenheit beinhaltet, über dienstliche Angelegenheiten gegenüber Dritten **Stillschweigen** zu bewahren.[131] Es gilt in dieser Hinsicht der Grundsatz der Amtskausalität, dh, der Beamte muss Kenntnis aufgrund seiner Amtstätigkeit erhalten haben.[132] 48

Die Pflicht dient nicht zuletzt der Integrität der Verwaltung und ihres, allein am Gesetz zu orientierenden, Entscheidungsverhaltens.[133] Zugleich wird damit auch der **Schutz der Privatsphäre** der von einem Verwaltungsverfahren betroffenen Bürger bezweckt.[134] Nur soweit gesetzliche Regelungen eine Information Dritter oder der Öffentlichkeit im Allgemeinen erlauben, darf der Beamte diesen gegenüber Mitteilungen machen.[135] 49

c) Pflichtverletzungen. Die **Verschwiegenheitspflicht** ist zB bei der Preisgabe von Informationen aus polizeiinternen Informationssystemen an einen vorbestraften Dritten durch einen Polizeibeamten als **verletzt** angesehen worden.[136] Pflichtverletzungen sind überdies Mitteilungen gegenüber der Presse über den Stand von Berufungsverfahren oder sonstiger Entscheidungsprozesse von Kollegialorganen.[137] Aber auch die „Flucht in die Öffentlichkeit" ist dem Beamten bei der Verfolgung seiner dienstlichen und außerdienstlichen Angelegenheiten prinzipiell verwehrt;[138] er hat vielmehr alle ihm eröffneten Möglichkeiten, wie die Beschreitung des Dienstwegs, die Einreichung einer Petition oder das Ergreifen verwaltungsgerichtlicher Rechtsbehelfe auszuschöpfen.[139] Ferner stellt die Absicht, verwaltungsinterne Missstände durch Information der Öffentlichkeit anzuprangern bzw. aufzudecken, keine Rechtfertigung für den Bruch der Verschwiegenheitspflicht dar. Ausnahmsweise kann aber beispielsweise eine Mitteilung über Korruptionsfälle oder die Anzeige gerechtfertigt sein.[140] 50

Pflichtverletzungen können zu **disziplinarrechtlichen Maßnahmen** bis hin zur Entfernung aus dem Dienst führen[141] sowie eine Straftat nach § 353b StGB darstellen.[142] 51

5. Pflicht zu achtungs- und vertrauenswürdigem Verhalten

Das Beamtenrecht verlangt traditionell überdies, dass das Verhalten der Beamten der Achtung und dem Vertrauen gerecht werden muss, die ihr Beruf erfordert.[143] Diese Anforderung wird als **Pflicht zu achtungs- und vertrauenswürdigem Verhalten** 52

---

[131] Ausführlich zu der Frage, was unter dem Begriff „dienstliche Angelegenheiten" zu verstehen ist, *Reich* BeamtStG § 37 Rn. 3.
[132] *Grigoleit* in Battis BBG § 67 Rn. 6; *Reich* BeamtStG § 37 Rn. 4.
[133] Vgl. *Leppek* in BeckOK BeamtenR Bund, 24. Ed. 2021, BBG § 67 Rn. 1 f.
[134] *Reich* BeamtStG § 37 Rn. 3; *Grigoleit* in Battis BBG, § 67 Rn. 2.
[135] Zu den normativ eröffneten Ausnahmen näher *Grigoleit* in Battis BBG § 67 Rn. 8 ff.; *Reich* BeamtStG § 37 Rn. 5 ff.
[136] VGH Kassel NVwZ-RR 2021, 905 (907).
[137] Vgl. *Grigoleit* in Battis BBG § 67 Rn. 7.
[138] *Reich* BeamtStG § 37 Rn. 3.
[139] Vgl. VGH Mannheim NJW 1985, 1661; *Reich* BeamtStG § 37 Rn. 3.
[140] *Reich* BeamtStG § 37 Rn. 7 und 9.
[141] Dazu näher unter D.II.4. (→ Rn. 170).
[142] Vgl. VGH Kassel NVwZ-RR 2021, 905 (907) sowie die Kommentierungen zu § 353b StGB, zB bei *Fischer* StGB § 353b Rn. 12.
[143] Zu dieser Tradition *Grigoleit* in Battis BBG § 61 Rn. 9.

bezeichnet.¹⁴⁴ Diese Pflicht steht im hier interessierenden Kontext eher am Rande der Betrachtung, kann jedoch nicht gänzlich vernachlässigt werden, weil sie gewisse Gemeinsamkeiten und Überschneidungen mit der Pflicht zur Verfassungstreue sowie der Mäßigungspflicht aufweist.

53 **a) Gesetzliche Verankerung. Einfach-gesetzlich normiert** ist die Pflicht zu achtungs- und vertrauenswürdigem Verhalten für Bundesbeamte in § 61 Abs. 1 S. 3 BBG, für Beamte iSd § 1 BeamtStG in § 34 Abs. 1 S. 3 BeamtStG. Der Wortlaut der Regelungen divergiert allerdings, da das BBG anders als das BeamtStG noch zwischen dem dienstlichen und außerdienstlichen Verhalten des Beamten differenziert.¹⁴⁵

54 **b) Inhalt der Pflicht.** Der **Gehalt der Pflicht** zu achtungs- und vertrauenswürdigem Verhalten ist im Laufe der Zeit unterschiedlich bestimmt worden.¹⁴⁶ Nach heutigem Verständnis zielt die Pflicht nicht mehr auf die Wahrung einer von den Anschauungen der Zeit abhängigen „Beamtenehre", sondern vor allem auf die Ermöglichung einer sachgerechten Aufgabenerfüllung ab.¹⁴⁷ Der Beamte soll kein „Mustermensch" oder erzieherisches Vorbild sein;¹⁴⁸ sondern sich vielmehr so verhalten, dass bei der Allgemeinheit **keine Beeinträchtigung des Vertrauens** in die **ordnungsgemäße Amtsführung** oder Integrität des Beamten entsteht.¹⁴⁹ Dabei kommt dem innerdienstlichen Verhalten eine ungleich größere Bedeutung zu als dem außerdienstlichen Verhalten.¹⁵⁰ Letzteres steht nur dann nicht im Einklang mit der Pflicht, „wenn es nach den Umständen des Einzelfalls in besonderem Maße geeignet ist, das Vertrauen in einer für sein Amt oder das Ansehen des Beamtentums bedeutsamen Weise zu beeinträchtigen"¹⁵¹; maßgeblich für die Beurteilung ist dabei das konkret-funktionale Amt¹⁵². Im Dienst dagegen können auch schon Nachlässigkeiten oder minderschwere Unkorrektheiten als Pflichtenverstoß einzuordnen sein, wenn sie geeignet sind, beim Bürger Zweifel an der Integrität des Beamten bzw. dem Gemeinwohlbezug der Amtsführung zu wecken.

55 **c) Verletzungen der Pflicht. aa) Innerdienstliches Verhalten.** Die Pflicht zu achtungs- und vertrauenswürdigem Verhalten gebietet zunächst die Achtung und Höflichkeit gegenüber Vorgesetzten und Kollegen.¹⁵³ Unzulässig ist daher eine **herabsetzende Kritik an Vorgesetzten**¹⁵⁴ sowie die **Flucht in die Öffentlichkeit**.¹⁵⁵

56 Auch ist der Beamte in allen dienstlichen Angelegenheiten grundsätzlich zur **Wahrhaftigkeit** gegenüber Vorgesetzten verpflichtet.¹⁵⁶ Offenheit und Vertrauen sollen das dienstliche Verhalten prägen.¹⁵⁷ Eine Grenze dieser Verpflichtung stellt die Gefahr straf- oder disziplinarrechtlicher Verfolgung dar.¹⁵⁸ Auch das Recht zum Verschweigen religiöser Überzeugungen oder politischer Einstellungen schränkt die Verpflichtung ein.¹⁵⁹

---

¹⁴⁴ *Reich* BeamtStG § 34 Rn. 12.
¹⁴⁵ Zu dieser Divergenz *Reich* BeamtStG § 34 Rn. 12; *Grigoleit* in Battis BBG § 61 Rn. 10 iVm Rn. 2.
¹⁴⁶ Hierzu näher *Grigoleit* in Battis BBG § 61 Rn. 9.
¹⁴⁷ Vgl. *Grigoleit* in Battis BBG § 61 Rn. 9.
¹⁴⁸ Vgl. *Grigoleit* in Battis BBG § 61 Rn. 9 unter Hinweis auf BVerwG NJW 2001, 1080, dort insbesondere 1081.
¹⁴⁹ Vgl. *Reich* BeamtStG § 34 Rn. 12 f.; *Grigoleit* in Battis BBG § 61 Rn. 9.
¹⁵⁰ S. *Grigoleit* in Battis BBG § 61 Rn. 10 und 12 f.; *Reich* BeamtStG § 34 Rn. 16.
¹⁵¹ *Grigoleit* in Battis BBG § 61 Rn. 10.
¹⁵² BVerwG NJW 2002, 1080 (1081); NVwZ 2011, 303 (304). Ein höheres Amt bringt zugleich höhere Anforderungen und Verpflichtungen mit sich, vgl. *Grigoleit* in Battis BBG § 61 Rn. 10.
¹⁵³ *Grigoleit* in Battis BBG § 61 Rn. 11.
¹⁵⁴ Hierzu BVerwG NVwZ 2008, 416 (416 f.).
¹⁵⁵ S. *Grigoleit* in Battis BBG § 61 Rn. 11; *Reich* BeamtStG § 34 Rn. 14.
¹⁵⁶ BVerwGE 93, 86 (87 f.) = BeckRS 1991, 30434666; *Grigoleit* in Battis BBG § 61 Rn. 12; *Reich* BeamtStG § 34 Rn. 14.
¹⁵⁷ *Grigoleit* in Battis BBG § 61 Rn. 12.
¹⁵⁸ *Grigoleit* in Battis BBG § 61 Rn. 12.
¹⁵⁹ *Grigoleit* in Battis BBG § 61 Rn. 12.

Gegenüber anderen Beamten hat der Beamte die Pflicht zur kollegialen Zusammen- 57
arbeit.[160] Insbesondere **Mobbing** stellt eine gravierende Pflichtverletzung dar.[161] Gleiches
gilt für **sexuelle Belästigungen** am Arbeitsplatz.[162]

Nicht mit § 34 Abs. 1 S. 3 BeamtStG vereinbar ist überdies die Einstellung eines den 58
Holocaust verharmlosenden Bildes in einen Gruppen-Chat von Polizeibeamten.[163] Das
Tragen einer Totenschädel-Tätowierung[164] sowie eines Irokesen-Haarschnitts[165] beeinträchtigen ebenfalls das Ansehen und die Integrität des öffentlichen Dienstes.

Weitere Pflichtverletzungen sind Trunkenheit im Dienst[166] sowie die Begehung von 59
Vermögensdelikten oder Korruptionsstraftaten[167]. Auch die jahrelange Ausübung von Nebentätigkeiten ohne die erforderliche Genehmigung oder ihre Wahrnehmung trotz Erkrankung stellt einen Verstoß gegen § 61 Abs. 1 S. 3 BBG bzw. § 34 Abs. 1 S. 3 BeamtStG dar.[168]

Aus staatsschutzbezogenem Blickwinkel kann nach diesen Maßstäben daher nicht nur 60
eine den **Nationalsozialismus verharmlosende oder verherrlichende Äußerung**,[169]
sondern auch eine vehemente, in die Öffentlichkeit getragene Kritik des Beamten an
Maßnahmen oder Entscheidungen von Vorgesetzten eine Pflichtverletzung darstellen,
wenn dadurch Zweifel an der Recht- oder Ordnungsgemäßheit der Verwaltungstätigkeit
hervorgerufen werden. Dies lässt sich beispielsweise an der **Kritik an Maßnahmen zur
Abwehr der Corona-Pandemie** illustrieren: Sowohl eine Kritik, die behördeninterne
Maßnahmen als übertrieben oder nutzlos darstellt, als auch Forderungen, dass intern weiterreichende Maßnahmen ergriffen werden sollen, können als Pflichtverletzungen gedeutet
werden, wenn sie – etwa in Zeitungsbeiträgen – gegenüber der Öffentlichkeit ausgesprochen werden, um „Druck" auf die Vorgesetzten auszuüben. Entscheidend sind aber die
Umstände des Einzelfalls; so ist von einer Pflichtverletzung in der Regel nicht auszugehen,
wenn der Beamte zuvor auf dem Dienstweg alles unternommen hat, um auf Missstände
hinzuweisen.[170]

bb) Verhalten außer Dienst. Als **Pflichtenverstöße** sind hier von der Rechtsprechung 61
und der Literatur vor allem der Besitz kinderpornographischen Materials, Körperverletzungen, chronische Trunksucht und Straßenverkehrsstraftaten mit Alkoholbezug eingeordnet
worden[171].[172] Vorstellbar wäre aber auch die Qualifizierung von gewaltsamen Handlungen
im Rahmen einer außerdienstlichen Teilnahme an einer verbotenen Versammlung als
Pflichtverletzung, insbesondere dann, wenn dieses Verhalten sich gegen Ordnungskräfte
richtet, und zwar unabhängig vom Anlass oder Gegenstand der Versammlung. Denn
insoweit greift außerdienstlich jedenfalls die Pflicht zu gesetzmäßigem Verhalten[173] als
Konkretisierung der Verhaltenspflicht.

---

[160] *Grigoleit* in Battis BBG § 61 Rn. 12.
[161] *Grigoleit* in Battis BBG § 61 Rn. 12.
[162] *Grigoleit* in Battis BBG § 61 Rn. 12.
[163] VG Berlin DVBl 2021, 1580 (1582).
[164] VGH Mannheim NVwZ-RR 2018, 772 (773).
[165] *Bickenbach* in v. Münch/Kunig GG Art. 33 Rn. 75.
[166] *Grigoleit* in Battis BBG § 61 Rn. 12.
[167] *Grigoleit* in Battis BBG § 61 Rn. 12; *Reich* BeamtStG § 34 Rn. 13 und 15.
[168] Vgl. die Beispiele bei *Reich* BeamtStG § 34 Rn. 12 und 13.
[169] Vgl. hierzu den Fall des VG Berlin DVBl 2021, 1580 (1582).
[170] S. hierzu auch *Reich* BeamtStG § 34 Rn. 14.
[171] S. *Reich* BeamtStG § 34 Rn. 16 mit weiteren Beispielen.
[172] Weitere Beispiele bei *Grigoleit* in Battis BBG § 61 Rn. 13, wobei es im Einzelfall zu sehr schwierigen Abgrenzungsfragen kommen kann, so etwa im Fall der leichtfertigen Verschuldung.
[173] Hierzu näher *Grigoleit* in Battis BBG § 61 Rn. 13.

II. Staatsschutzbezogene Pflichten im Soldaten- bzw. Wehrdienstverhältnis

62 **Soldaten** stehen nach § 1 Abs. 1 S. 1 SG in einem **Wehrdienstverhältnis,** das ein besonderes öffentlich-rechtliches Dienstverhältnis ist,[174] in welchem Staat und Soldaten gem. § 1 Abs. 1 S. 2 SG durch gegenseitige Treue miteinander verbunden sind. In diesem Wehrdienst- oder auch Soldatenverhältnis gelten verschiedene, normativ geregelte Pflichten des Soldaten, die zT den beamtenrechtlichen Pflichten entsprechen, aber durchaus auch Modifikationen aufweisen. Für den Kontext dieses Handbuchs sind vor allem folgende Pflichten bedeutsam, die von der Rechtsprechung aufgrund von Art. 17a Abs. 1 GG als verfassungsgemäße Einschränkungen der auch im Soldatenverhältnis geltenden Grundrechte, insbesondere der durch Art. 5 Abs. 1 S. 1 GG gewährleisteten Meinungsfreiheit angesehen werden.[175]

1. Pflicht zur Anerkennung der und zum Eintreten für die freiheitliche demokratische Grundordnung (politische Treuepflicht)

63 a) **Normative Verankerung.** Ihre normative Verankerung findet die **Pflicht zum Eintreten für die freiheitliche demokratische Grundordnung** in § 8 SG.[176] Nach dieser Vorschrift muss der Soldat die freiheitliche demokratische Grundordnung im Sinne des Grundgesetzes anerkennen und durch sein gesamtes Verhalten für ihre Erhaltung eintreten.[177] Sie gehört zu den „Kernpflichten des Soldaten"[178].

64 b) **Inhalt der Pflicht. Gegenstand der Pflicht** zum Eintreten für die freiheitlich-demokratische Grundordnung ist nach der Rechtsprechung der Wehrdienstsenate des BVerwG, dass der Soldat „sich mit der Idee der freiheitlichen demokratischen, rechts- und sozialstaatlichen Ordnung, der er dienen soll, zu identifizieren [hat]"[179]. Identifizieren bedeute dabei nicht nur, so das BVerwG weiter, „die Grundordnung des Staates anzuerkennen, sondern verlangt ein Mehr an staatsbürgerlicher Verpflichtung, das dem Soldaten, wie auch dem Richter und Beamten auferlegt ist. Die Bundesrepublik Deutschland ist eine Demokratie, die von ihren Bürgern die Verteidigung der freiheitlichen Ordnung erwartet. Das Prinzip der streitbaren Demokratie gilt auch für die innere Ordnung der Bundeswehr […]. Die politische Treuepflicht nach § 8 SG, die von jedem Soldaten die Bereitschaft verlangt, sich zu der Idee des Staates, dem er dient, zu bekennen und aktiv für ihn einzutreten, gehört daher zu den elementarsten soldatischen Pflichten, ihre Verletzung zu den schwersten denkbaren Pflichtwidrigkeiten […]"[180]. Diese Umschreibung der aus § 8 SG resultierenden Pflicht ist zwar auf Kritik gestoßen, weil die gerichtliche Definition nach Auffassung von Stimmen des Schrifttums über den Wortlaut der Norm hinausgehe;[181] die in ständiger Rechtsprechung angewandte Begriffsbestimmung ist aber im Ergebnis von der instanzgerichtlichen Judikatur und dem Schrifttum – jedenfalls für Soldaten auf Zeit und Berufssoldaten – akzeptiert worden.[182]

---

[174] AllgM, vgl. nur *Hucul* in Eichen/Metzger/Sohm SG § 1 Rn. 20.
[175] Vgl. BVerwGE 86, 321 (325 f.) = NJW 1991, 997. Zur Geltung der Grundrechte im Soldatenverhältnis und ihren Einschränkungen durch gesetzliche Regelungen s. auch *Oldiges/Brinktrine* in Ehlers/Fehling/Pünder BesVerwR Bd. 3 § 74 Wehr- und Zivilverteidigungsrecht Rn. 161 ff.
[176] Aus Art. 33 Abs. 5 GG kann sie hingegen nicht direkt abgeleitet werden, vgl. *Sohm* in Eichen/Metzger/Sohm SG § 8 Rn. 11 mwN. Es bedurfte daher einer klarstellenden einfach-gesetzlichen Normierung; diese wird als verfassungsgemäß betrachtet, hierzu näher *Sohm* in Eichen/Metzger/Sohm SG § 8 Rn. 12. Überdies hat das BVerwG die Grundsätze, die das BVerfG in BVerfGE 39, 334 (348) = NJW 1975, 1641 zu Art. 33 Abs. 5 GG entwickelt hat, auf das Soldatenverhältnis übertragen, vgl. BVerwGE 83, 345 (348 f.) = NJW 1988, 2907.
[177] Einzelheiten bei *Sohm* in Eichen/Metzger/Sohm SG § 8 Rn. 1 ff.
[178] BVerwGE 86, 321 (327) = NJW 1991, 997.
[179] BVerwGE 86, 321 (327) = NJW 1991, 997.
[180] BVerwGE 86, 321 (327) = NJW 1991, 997.
[181] Zu dieser Kritik referierend *Sohm* in Eichen/Metzger/Sohm SG § 8 Rn. 18.
[182] So *Sohm* in Eichen/Metzger/Sohm SG § 8 Rn. 18.

c) Verletzungen. Das BVerwG hat mehrfach betont, dass „ein Verstoß gegen die Verfassungstreuepflicht dann [vorliegt], wenn sich ein Soldat für Ziele einsetzt, die geeignet sind, die freiheitliche demokratische Grundordnung auszuhöhlen oder wenn er sich nicht eindeutig von Bestrebungen distanziert, die diesen Staat und die geltende Verfassungsordnung angreifen, bekämpfen und diffamieren"[183]. Andererseits hat das Gericht aber auch unterstrichen, dass „das bloße Haben einer Überzeugung und die bloße Mitteilung, daß man diese habe, allerdings noch keine Verletzung der Treuepflicht [ist], die dem Soldaten auferlegt ist. Dieser Sachverhalt ist jedoch überschritten, wenn der Soldat aus seiner Auffassung Folgerungen für seine Einstellung gegenüber der verfassungsmäßigen Ordnung der Bundesrepublik Deutschland, für die Art und Weise der Erfüllung seiner Dienstpflichten, für den Umgang mit anderen Soldaten oder für Aktivitäten im Sinne seiner Überzeugung zieht"[184]. Vor diesem Hintergrund ist die Pflicht zum Eintreten für die freiheitlich-demokratische Grundordnung bisher in folgenden Fällen von der Rechtsprechung als **verletzt** betrachtet worden,[185] die sich wiederum in Gruppen zusammenfassen lassen: 65

aa) Mitgliedschaft und Funktionärstätigkeit in verfassungsfeindlichen Parteien oder Organisationen. Eine Reihe von Fällen betraf die **Mitgliedschaft** bzw. Funktionärstätigkeit in als **verfassungsfeindlich eingestuften Parteien**. Die Judikatur ist auf diesem Feld allerdings uneinheitlich. Während die Mitgliedschaft bzw. die Funktionärstätigkeit in der NPD als eindeutiger Verstoß gegen § 8 SG angesehen wurde,[186] kamen die Gerichte mit Blick auf die Mitgliedschaft in der Partei „Die Republikaner" zu unterschiedlichen Ergebnissen. In einem Fall wurde die Mitgliedschaft eines Offiziers in dieser Partei als dienstliches Bedürfnis für eine Versetzung betrachtet, wobei schon der Umstand, dass die Partei vom Verfassungsschutz beobachtet wurde, als ausreichender Grund angesehen wurde.[187] In einem anderen Fall wurde der Einberufungsbescheid eines Oberleutnants der Reserve zur Alarmreserve unter anderem wegen der Parteizugehörigkeit aufgehoben.[188] Dem steht eine Entscheidung gegenüber, welche die Mitgliedschaft und Funktionärstätigkeit eines Hauptmanns bzw. Oberfeldwebels bei den Republikanern nicht als Verstoß gegen § 8 SG ansieht.[189] Zu der gegenwärtig interessierenden Frage, ob die Mitgliedschaft oder Funktionärstätigkeit in der AfD als Verletzung von § 8 SG anzusehen ist, liegen – soweit ersichtlich – bislang noch keine Judikate vor. Im Fall der Beobachtung dieser Partei durch den Verfassungsschutz spricht aber nach der bisherigen Rechtsprechung vieles dafür, von einer Verletzung der aus § 8 SG resultierenden Pflicht auszugehen. 66

Auch die Mitgliedschaft in sonstigen **verfassungsfeindlichen Organisationen** wie zB der „Artgemeinschaft Germanische Glaubensgemeinschaft wesensgemäßer Lebensgestaltung" missachtet die Pflicht zum Eintreten für die freiheitlich-demokratische Grundordnung.[190] Als ausreichend für eine Verletzung von § 8 SG ist ferner die Teilnahme an rechtsradikalen Veranstaltungen unter anderem der NPD angesehen worden.[191] 67

bb) Propagierung der NS-Ideologie oder Verwendung von NS-Symbolen. Nicht wenige entschiedene Fallkonstellationen beziehen sich auf Vorgänge, bei denen der Nationalsozialismus eine Rolle spielt. In dieser Hinsicht ist die Rechtsprechung sehr klar. Nicht nur die **Propagierung ausländerfeindlicher Thesen und Gewalttaten im Sinne** 68

---

[183] BVerwGE 86, 321 (327) = NJW 1991, 997.
[184] BVerwGE 86, 321 (327 f.) = NJW 1991, 997.
[185] Nachfolgende Auflistung zT unter Rückgriff auf die Rechtsprechungssammlung bei *Sohm* in Eichen/Metzger/Sohm SG § 8 Rn. 31, die dort angeführten Judikate wurden hier aber neu geordnet und um weitere Beispiele ergänzt. S. überdies die Zusammenstellung weiterer aktueller Fälle bei *Häußler* DVBl 2021, 914 (923 f.).
[186] S. BVerwGE 83, 345 (349 f.) = NJW 1988, 2907.
[187] BVerwGE 111, 22 (23 ff.) = BeckRS 9998, 51145.
[188] BVerwG NVwZ-RR 2004, 269 (270 f.).
[189] BVerwGE 114, 258 (262 ff.) = NJW 2002, 980.
[190] BVerwGE 123, 346 (349 f.) = BeckRS 2005, 28718.
[191] VG München NVwZ-RR 2007, 786 (787 ff.).

der nationalsozialistischen Ideologie durch einen wehrübenden Offizier (in concreto: Kapitänleutnant der Reserve)[192], sondern auch das Einführen von NS-Propagandamaterial durch einen Stabsunteroffizier in dienstliche Einrichtungen und Unterkünfte[193], das Posieren eines Oberfeldwebels vor der Hakenkreuzfahne[194] oder das Zeigen des „Hitlergrußes" allein[195] oder in Kombination mit dem Ausruf „Sieg Heil"[196] stellen schwere Verletzungen der Pflicht zum Eintreten für die freiheitlich-demokratische Grundordnung dar.[197]

69 cc) Leugnung des Holocausts. Keinen Zweifel lässt die Rechtsprechung auch daran, dass die **Leugnung des Holocausts** durch einen Berufssoldaten im Rang eines Korvettenkapitäns, selbst wenn dies „bloß" im privaten Kreis geschieht, oder die Verbreitung von Judenwitzen durch einen Oberfeldwebel im Dienstverhältnis als Soldat auf Zeit eine Missachtung der Menschenwürde und damit einen Verstoß gegen die Pflicht, aktiv für die Verfassungsordnung einzutreten, begründet[198].[199]

70 dd) Diskriminierendes Verhalten gegenüber anderen Mitbürgern oder Frauen. Verhaltensweisen und Äußerungen, die **Diskriminierungen** von bestimmten Teilen der Gesellschaft zum Ausdruck bringen, sind ebenfalls als Verstöße gegen § 8 SG betrachtet worden. Beispielsweise ist die Verunglimpfung von in der Bundesrepublik Deutschland lebenden Ausländern (in concreto: türkische Mitbürger) durch einen Unteroffizier im Dienstverhältnis als Unteroffizier auf Zeit vom Bundesverwaltungsgericht als Verstoß gegen die Pflicht, die freiheitlich-demokratische Grundordnung anzuerkennen, gedeutet worden.[200]

71 Unzweifelhaft ist die Judikatur auch bei Diskriminierungen von Frauen, die klar als Verletzung von § 8 SG eingeordnet werden, so etwa im Fall der Weigerung eines Soldaten auf Zeit, aus religiösen Gründen Frauen die Hand zu geben.[201] Hinter der Verweigerung des Handschlags gegenüber Frauen stehe eine Haltung, die der grundgesetzlich angeordneten Gleichstellung von Mann und Frau nach Art. 3 Abs. 2 Satz 1 GG und damit der Werteordnung sowie dem Menschenbild der Verfassung widerspreche und zugleich eine Missachtung der freiheitlich-demokratischen Grundordnung darstelle.[202]

72 ee) Sonstige Verhaltensweisen oder Bekundungen. Als mit § 8 SG unvereinbar angesehen worden ist ferner das Bekenntnis zum Salafismus und der Scharia.[203] Auch das Abspielen von als verfassungsfeindlich einzustufender Musik auf dem Dienstgelände[204] sowie das Vergeben von „Likes" („Gefällt mir") mit Blick auf Internetauftritte rechtsradikaler Organisationen[205] steht nicht im Einklang mit der Pflicht zur Anerkennung der freiheitlich-demokratischen Grundordnung.

---

[192] BVerwGE 113, 48 (51 f.) = BeckRS 9998, 167277. Derartige Äußerungen sind auch nicht durch die Meinungsfreiheit nach Art. 5 Abs. 1 GG gedeckt, vgl. BVerwGE 113, 48 (49) = BeckRS 9998, 167277.
[193] BVerwGE 119, 206 (214 ff.) = BeckRS 9998, 171345. Ein solches Einbringen in die dienstliche Sphäre wird weder durch die Meinungsfreiheit noch durch das Grundrecht der Informationsfreiheit gerechtfertigt, vgl. BVerwGE 119, 206 (212 f.) = BeckRS 9998, 171345.
[194] BVerwG NVwZ 2004, 354 (356 f.).
[195] BVerwG BeckRS 2017, 112000 Rn. 11, 41, 66 ff.
[196] BVerwGE 111, 45 (46 f.) = BeckRS 9998, 171039.
[197] Aus der Literatur hierzu *Sohm* in Eichen/Metzger/Sohm SG § 8 Rn. 31 mit weiteren Beispielen aus der Rechtsprechung.
[198] S. zum Fall der Holocaust-Leugnung BVerwGE 86, 321 (323 f., 327 ff.) = NJW 1991, 997; zur Konstellation der Judenwitze BVerwGE 63, 69 (70 ff.) = BeckRS 1978, 30437070.
[199] Vgl. auch *Sohm* in Eichen/Metzger/Sohm SG § 8 Rn. 31.
[200] S. BVerwG BeckRS 1984, 31246105.
[201] OVG Koblenz GSZ 2019, 251 mzustAnm von *Buchberger* GSZ 2019, 252 ff.
[202] OVG Koblenz GSZ 2019, 251 (251), zust. *Buchberger* GSZ 2019, 252 (253), die allerdings moniert, dass das Gericht eine nähere Auseinandersetzung mit der vom Soldaten geltend gemachten Glaubens- und Glaubensausübungsfreiheit nach Art. 4 GG unterlassen habe (vgl. *Buchberger* GSZ 2019, 252 (253 f.)).
[203] OVG Münster BeckRS 2015, 46129.
[204] OVG Münster BeckRS 2008, 39437.
[205] OVG Magdeburg BeckRS 2019, 33655 Rn. 8 ff.

2. Pflicht zum treuen Dienen

a) Normative Verankerung und inhaltliche Bedeutung. Die Pflicht zum treuen 73
Dienen ist in § 7 SG geregelt. Nach dieser Vorschrift hat der Soldat die Pflicht, der
Bundesrepublik Deutschland treu zu dienen und das Recht und die Freiheit des deutschen
Volkes tapfer zu verteidigen. Neben der Tapferkeitspflicht[206] enthält die Vorschrift eine
allgemeine Verpflichtung zur gewissenhaften Erfüllung der militärischen Aufgaben,[207] also die Pflicht „zur Erhaltung der Funktionsfähigkeit der Bundeswehr als eines
militärischen Verbandes beizutragen und alles zu unterlassen, was die Wahrnehmung ihrer
durch die Verfassung festgelegten Aufgabenstellung beeinträchtigen oder zumindest infrage
stellen könnte"[208]. Konkreter Ausdruck dieser Treuepflicht ist die „Pflicht zur Loyalität
gegenüber dem Staat, seinen Organen und seiner Rechtsordnung"[209].

Im Verhältnis der Treuepflicht zu den speziellen Dienstpflichten des Soldaten nach 74
§§ 8 ff. SG hat sich folgende Auffassung durchgesetzt. Während früher ein Verstoß gegen
§§ 8 ff. SG zugleich als Verstoß gegen die Pflicht zum treuen Dienen gedeutet wurde, da
diese lediglich beispielhafte Ausprägungen der Treuepflicht seien,[210] kommt der Treuepflicht nach heutigem Verständnis nur noch „eine Auffangfunktion [im Sinne einer]
Generalklausel"[211] zu;[212] soweit die §§ 8 ff. SG anwendbar sind, soll § 7 SG verdrängt
werden.[213] Dieser Ansatz wird von der Rechtsprechung jedoch nicht einheitlich gehandhabt, sondern es wird gelegentlich neben den speziellen Pflichten auch auf § 7 SG rekurriert.[214] Dies gilt insbesondere für das Verhältnis von § 7 SG und § 17 Abs. 2 S. 1 SG;[215]
hier nimmt die Judikatur keinen vollständigen Ausschluss der Treuepflicht an.[216]

b) Verletzungen. Die Pflicht zum treuen Dienen ist – soweit sie eine staatsschutzbezoge- 75
ne Komponente aufweist – nach der Judikatur **verletzt** worden durch
- Leugnung des Holocausts,[217]
- Verbreitung und Verwendung von NS-Material und -Gedankengut,[218]
- Zeigen des Hitlergrußes mit dem Ruf „Sieg Heil",[219]
- Zur-Schau-Stellung von nationalsozialistischen Symbolen und Emblemen des NS-Regimes,[220]
- Fahnenflucht und eigenmächtige Abwesenheit[221] sowie
- Aufruf zum Widerstand durch Verwendung von Flugblättern.[222]

Zu weiteren Beispielen von Verstößen gegen § 7 SG in Gestalt von Vermögens- oder 76
Urkundsdelikten, Vorteilsnahme, falschen dienstlichen Erklärungen, sexuellen Belästigun-

---

[206] Hierzu näher *Metzger* in Eichen/Metzger/Sohm SG § 7 Rn. 12 ff., 18.
[207] Vgl. *Metzger* in Eichen/Metzger/Sohm SG § 7 Rn. 26 f.
[208] BVerwGE 103, 275 (276) = BeckRS 9998, 170798; ähnlich BVerwGE 120, 105 (107) = BeckRS 2009, 36933; BVerwGE 129, 181 (192) = BeckRS 2008, 30184.
[209] BVerwGE 120, 305 (307) = BeckRS 2004, 23228; ebenso *Metzger* in Eichen/Metzger/Sohm SG § 7 Rn. 26 unter Hinweis auf BVerwG BeckRS 2013, 54759 Rn. 49.
[210] S. *Metzger* in Eichen/Metzger/Sohm SG § 7 Rn. 19.
[211] *Metzger* in Eichen/Metzger/Sohm SG § 7 Rn. 20.
[212] BVerwGE 73, 187 (191) = BeckRS 1981, 30436008.
[213] *Metzger* in Eichen/Metzger/Sohm SG § 7 Rn. 20.
[214] S. hierzu die Darstellung bei *Metzger* in Eichen/Metzger/Sohm SG § 7 Rn. 21 mit Beispielen.
[215] Vgl. *Metzger* in Eichen/Metzger/Sohm SG § 7 Rn. 21.
[216] Vgl. *Metzger* in Eichen/Metzger/Sohm SG § 7 Rn. 21.
[217] BVerwGE 86, 321 (326 f.) = NJW 1991, 997.
[218] BVerwGE 86, 321 (326 f.) = NJW 1991, 997; weitere Beispiele bei *Metzger* in Eichen/Metzger/Sohm SG § 7 Rn. 32 mit Fn. 111.
[219] BVerwGE 111, 45 (46) = BeckRS 9998, 171039.
[220] BVerwG NVwZ 2004, 354 (354, 356).
[221] Vgl. BVerwGE 76, 317 (318 f.) = BeckRS 1985, 30428940, dort allerdings ohne spezifischen Hinweis auf § 7 SG; s. auch *Metzger* in Eichen/Metzger/Sohm SG § 7 Rn. 32.
[222] *Metzger* in Eichen/Metzger/Sohm SG § 7 Rn. 32 unter Rekurs auf BVerwGE 43, 9 = BeckRS 1969, 104782; Gegenstand dieser Entscheidung ist allerdings ein Verstoß gegen § 23 Abs. 2 Nr. 2 SG iVm § 17 Abs. 3 SG.

gen oder des Genusses von Rauschmitteln, die sich auf die Dienstausübung generell beziehen, ist auf die einschlägige Kommentarliteratur zu verweisen.[223]

3. Pflicht von Offizieren und Unteroffizieren zur Zurückhaltung bei Äußerungen

77 **a) Gesetzliche Regelung der Pflicht und ihr inhaltlicher Gehalt.** § 10 Abs. 6 SG verlangt, dass Offiziere und Unteroffiziere innerhalb und außerhalb des Dienstes bei ihren Äußerungen die Zurückhaltung zu wahren haben, die erforderlich ist, um das Vertrauen als Vorgesetzte zu erhalten. Konkret bedeutet dies, dass der Vorgesetzte bei seinen Meinungsäußerungen gehalten ist, „seine Meinung ‚besonnen, tolerant und sachlich' zu vertreten"[224]. Die Forderung nach **Besonnenheit, Toleranz und Sachlichkeit im Meinungsdiskurs** kann im Einzelfall bei Themen, die besonders emotionsgeladen sind, zur Konsequenz haben, dass der Vorgesetze auf eine Äußerung zu verzichten hat.[225]

78 **b) Pflichtenverstöße. Verstöße** gegen diese Pflicht überschneiden sich in vielen Fallgestaltungen mit der politischen Treuepflicht und der Pflicht zum treuen Dienen, so etwa im Fall der Leugnung des Holocausts.[226] Allerdings besteht keine völlige Deckungsgleichheit, zumal die Rechtsprechung nicht völlig einheitlich verfährt, welche Äußerung sie „nur" als Pflichtenverstoß nach § 10 Abs. 6 SG oder auch bereits als Missachtung von § 8 SG betrachtet. Die Pflicht zur Zurückhaltung bei (Meinungs)Äußerungen wurde in concreto in den folgenden Konstellationen als verletzt angesehen.

79 **aa) Äußerungen zum Nationalsozialismus.** Viele Judikate beschäftigen sich mit **Äußerungen** von Vorgesetzten zum **Nationalsozialismus.** Als **Missachtungen der Zurückhaltungspflicht** auf diesem Gebiet gelten beispielsweise[227] – neben den schon zuvor erwähnten Fallkonstellationen – die allgemeine „Glorifizierung von Symbolen der NS-Zeit"[228], die Bezeichnung von Widerstandskämpfern des 20. Juli 1944 als „Verräter"[229], die Verhöhnung von NS-Opfern[230] sowie die sinngemäße Aufforderung an Untergebene, am 20. April des „Führers Geburtstag" zu feiern[231].

80 **bb) Kritik an Vorgesetzten.** Von der Rechtsprechung als Pflichtenverstoß eingeordnet wurde des Weiteren die **Kritik an Vorgesetzten,** insbesondere die herabsetzende und unsachliche Kritik an der Generalität.[232] Einen besonders brisanten Fall der Missachtung des § 10 Abs. 6 SG stellt die Kritik eines Stabsoffiziers an der aktuell im Amt befindlichen Ministerin verbunden mit der Aufforderung zum Putsch dar, selbst wenn diese Aufforderung nicht ernst gemeint war.[233]

81 **cc) Beleidigende Äußerungen gegenüber Untergebenen oder Dritten.** Weitere Fälle betreffen **beleidigende Äußerungen** gegenüber Untergebenen, vielfach auch in Form von sexuellen Belästigungen.[234] Ferner stellen verbale Angriffe gegen Ausländer, die in Deutschland leben, einen Pflichtenverstoß dar.[235]

---

[223] S. etwa die Auflistung bei *Metzger* in Eichen/Metzger/Sohm SG § 7 Rn. 32 mit zahlreichen Beispielen aus der kasuistischen Rechtsprechung.
[224] *Hucul* in Eichen/Metzger/Sohm SG § 10 Rn. 121 unter Rekurs auf BVerfGE 28, 36 = NJW 1970, 1268 sowie BVerwGE 83, 60 (68).
[225] So *Hucul* in Eichen/Metzger/Sohm SG § 10 Rn. 121.
[226] BVerwGE 86, 321 (326 f.) = NJW 1991, 997.
[227] S. auch die Auflistung bei *Hucul* in Eichen/Metzger/Sohm SG § 10 Rn. 122.
[228] *Hucul* in Eichen/Metzger/Sohm SG § 10 Rn. 122.
[229] BVerwGE 113, 13 (13 ff.) = NJW 1997, 1383.
[230] OVG Koblenz NVwZ-RR 1996, 401 (402).
[231] BVerwGE 132, 179 (196 f.) = BeckRS 2009, 31811.
[232] BVerfG-K NVwZ-RR 2008, 330 (331).
[233] Hierzu BVerwG BeckRS 2020, 10048 Rn. 8.
[234] S. *Hucul* in Eichen/Metzger/Sohm SG § 10 Rn. 122.
[235] S. BVerwG BeckRS 1984, 31246105.

4. Verpflichtung zu achtungs- und vertrauenswürdigem Verhalten

a) Normative Verankerung. Die Pflicht zu achtungs- und vertrauenswürdigem Verhalten ist in **§ 17 Abs. 2 SG** normiert. Nach § 17 Abs. 2 S. 1 SG muss das Verhalten des Soldaten dem Ansehen der Bundeswehr sowie der Achtung und dem Vertrauen gerecht werden, die sein Dienst als Soldat erfordert. § 17 Abs. 2 S. 3 SG bestimmt, dass außer Dienst sich der Soldat außerhalb der dienstlichen Unterkünfte und Anlagen so zu verhalten hat, dass er das Ansehen der Bundeswehr oder die Achtung und das Vertrauen, die seine dienstliche Stellung erfordert, nicht ernsthaft beeinträchtigt. 82

b) Inhalt. § 17 Abs. 2 S. 1 SG bezweckt, den **guten Ruf der Bundeswehr** als solcher zu schützen.[236] Diesen guten Ruf darf der Soldat durch sein Verhalten nicht beeinträchtigen.[237] Relevant im Hinblick auf das Vorliegen einer solchen Beeinträchtigung ist allerdings nur dasjenige Verhalten, in denen der betreffende „Soldat als ‚Repräsentant' der Bundeswehr anzusehen ist und sein Verhalten negative Rückschlüsse auf die Ausbildung, Integrität und Dienstauffassung sowie Disziplin der Truppe zulässt"[238]. Andererseits ist nach Rechtsprechung und Schrifttum bereits dann von einer Beeinträchtigung auszugehen, wenn das pflichtwidrige Verhalten dazu geeignet war, Zweifel an der Zuverlässigkeit oder der Achtungs- und Vertrauenswürdigkeit zu wecken;[239] es ist nicht erforderlich, dass durch das Verhalten das Ansehen der Bundeswehr tatsächlich beeinträchtigt worden ist.[240] 83

c) Verletzungen. Fallkonstellationen, in denen die für alle Soldaten geltende **Pflicht**[241] nach § 17 Abs. 2 S. 1 oder S. 3 SG von der Rechtsprechung als **verletzt** angesehen worden ist, stellen vielfach zugleich auch Verletzungen der politischen Treuepflicht oder der Pflicht zum treuen Dienen dar. Gleichwohl hat die Pflicht durchaus eigenständige Bedeutung, sodass die Judikatur zu etwaigen Pflichtverletzungen nicht selten ausführlich Stellung nimmt, insbesondere dann, wenn sie – wie nicht selten – einen Bezug zum Nationalsozialismus haben. Die Pflicht zu achtungs- und vertrauenswürdigem Verhalten ist beispielsweise mit Blick auf § 17 Abs. 2 S. 1 SG in folgenden Konstellationen als verletzt angesehen worden:[242] 84

- Bei der Zur-Schau-Stellung von nationalsozialistischen Symbolen und Emblemen des NS-Regimes,[243]
- bei der Verhöhnung von Opfern des NS-Regimes,[244]
- bei der Weigerung eines Soldaten auf Zeit, aus religiösen Gründen Frauen die Hand zu geben.[245]

III. Pflichten im Richterverhältnis

1. Allgemeines

Verfassungsrechtlicher Ausgangspunkt der **Begründung richterlicher Pflichten** sind auch bei Richtern zunächst Art. 33 Abs. 2 und Abs. 5 GG, denn diese Normen sind auf 85

---

[236] *Metzger* in Eichen/Metzger/Sohm SG § 17 Rn. 33.
[237] Vgl. *Metzger* in Eichen/Metzger/Sohm SG § 17 Rn. 34.
[238] *Metzger* in Eichen/Metzger/Sohm SG § 17 Rn. 34 unter Rückgriff auf BVerwGE 103, 257 ff. = NJW 1996, 536.
[239] *Metzger* in Eichen/Metzger/Sohm SG § 17 Rn. 35 unter Hinweis auf BVerwGE 43, 149 ff. = NJW 1971, 908; BVerwGE 93, 287 ff.; BVerwGE 103, 257 ff. = NJW 1996, 536; BVerwGE 119, 164 ff. = BeckRS 2004, 21337.
[240] *Metzger* in Eichen/Metzger/Sohm SG § 17 Rn. 35.
[241] Vgl. *Sohm* in Eichen/Metzger/Sohm SG § 8 Rn. 16.
[242] Weitere Beispiele bei *Metzger* in Eichen/Metzger/Sohm SG § 17 Rn. 38.
[243] BVerwG NVwZ 2004, 354 (354, 356 f.).
[244] OVG Koblenz NVwZ-RR 1996, 401 (402).
[245] OVG Koblenz GSZ 2019, 251 mzustAnm von *Buchberger* GSZ 2019, 252 ff.

das Richterdienstverhältnis zumindest entsprechend anwendbar.[246] Allerdings ist für die richterliche Tätigkeit vornehmlich Art. 97 GG maßgebend, der vor allem die **richterliche Unabhängigkeit** in persönlicher und sachlicher Hinsicht zum Gegenstand hat[247] und somit namentlich Art. 33 Abs. 5 GG in bestimmen Punkten modifiziert.[248] Die Pflichten im Richterdienstverhältnis werden durch das DRiG sowie die Landesrichtergesetze näher ausgestaltet. Soweit diese keine näheren Regelungen treffen, kann aufgrund der Verweisung in § 46 DRiG auf das BBG sowie in § 71 DRiG auf das BeamtStG ergänzend auf die für Beamte geltenden Pflichtenbestimmungen rekurriert werden, soweit diese mit dem Status des Richters kompatibel sind. Vereinbar mit dem Richteramt sind danach jedenfalls die Verfassungstreuepflicht, das Mäßigungsgebot, der Neutralitätsgrundsatz sowie die Pflicht zu achtungswürdigem Verhalten.[249]

2. Politische Treuepflicht

86 Neben anderen Voraussetzungen für die Berufung von Richtern ordnet § 9 Nr. 2 DRiG explizit an, dass in das Richterverhältnis nur berufen werden darf, wer die Gewähr dafür bietet, dass er jederzeit für die freiheitliche demokratische Grundordnung im Sinne des Grundgesetzes eintritt. Damit ist die **Verfassungstreue** eine positive Ernennungsvoraussetzung.[250] Kann sie nicht festgestellt werden, so darf eine Berufung in das Richterverhältnis nicht erfolgen.[251] Geht sie später verloren bzw. bestehen Zweifel am Fortbestand der Verfassungstreue, so stellt dies eine Pflichtverletzung darf, gegen die Maßnahmen ergriffen werden können.[252]

87 Inhaltlich gelten auch für Richter die für Beamte entwickelten Grundsätze zu Inhalt und Ermittlung der Verfassungstreue entsprechend,[253] sodass zur Vermeidung von Wiederholungen auf die obigen Ausführungen zu Beamten verwiesen werden kann.

3. Wahrung der richterlichen Unabhängigkeit

88 § 39 DRiG bestimmt, dass der Richter sich innerhalb und außerhalb seines Amtes, auch bei politischer Betätigung, so zu verhalten hat, dass das Vertrauen in seine Unabhängigkeit nicht gefährdet wird. Damit gelten für Richter die Aussagen zur **Mäßigung** bei inner- und außerdienstlicher politischer Betätigung entsprechend.[254] Darüber hinaus ist der Vorschrift aber gleichfalls zu entnehmen, dass die richterliche Amtsführung so gestaltet sein muss, dass sie **keine politische Voreingenommenheit** erkennen lässt. Auch darf das richterliche Amt nicht dazu benutzt werden, eigene politische Auffassungen zu kontroversen Fragen in Urteilen zu verbreiten. Mit anderen Worten hat der Richter die „äußere Ordnung" bei seiner Tätigkeit zu wahren[255] sowie den **Kernbereich der richterlichen Tätigkeit nicht Zweck zu entfremden.**[256]

89 Diese Pflicht wird nicht allein erst dann missachtet, wenn ein Richter Entscheidungen zugunsten von Verfahrensbeteiligten wegen ihrer Zugehörigkeit oder Nicht-Zugehörigkeit zu Parteien oder Organisationen trifft, sondern bereits dann, wenn ein Richter in den

---

[246] Vgl. BVerfGE 55, 372 (391 f.) = BeckRS 1981, 5516; *Jarass* in Jarass/Pieroth GG Art. 33 Rn. 50; *Bickenbach* in v. Münch/Kunig GG Art. 33 Rn. 125.
[247] Zu Inhalt und Reichweite der sachlichen und persönlichen Unabhängigkeit der Richter *Kment* in Jarass/Pieroth GG Art. 97 Rn. 2 ff., 12 ff.; *Meyer* in v. Münch/Kunig GG Art. 97 Rn. 71 ff.
[248] So sind die Weisungsgebundenheit und die mit ihr verbundene Folgepflicht des Beamten gegenüber Vorgesetzten nicht auf Richter übertragbar. Vgl. auch *Kment* in Jarass/Pieroth GG Art. 97 Rn. 1.
[249] So explizit BVerfG NJW 1989, 93 (93).
[250] *Schmidt-Räntsch* DRiG § 9 Rn. 15.
[251] *Schmidt-Räntsch* DRiG § 9 Rn. 15.
[252] Vgl. BVerfG NJW 2008, 2658 ff. zur Amtsenthebung eines ehrenamtlichen Richters wegen Verstoßes gegen die Verfassungstreuepflicht aufgrund Mitwirken in einer rechtsextremistischen Musikgruppe.
[253] Vgl. *Schmidt-Räntsch* DRiG § 9 Rn. 12 ff.
[254] BVerfG NJW 1989, 93 (93 f.).
[255] Vgl. BGH JZ 2021, 681 (682).
[256] *Schmidt-Räntsch* DRiG § 26 Rn. 30.

politischen Diskurs durch Aussagen in Urteilen oder anderen Entscheidungen in der Weise eingreift, dass er bestimmte politische Richtungsentscheidungen, die rechtlich vertretbar sind, kritisiert oder sogar für falsch erachtet, weil er mit diesen aufgrund seiner persönlichen Überzeugungen nicht einverstanden ist.[257] Hingegen ist es mit der Pflicht zur Wahrung der Unabhängigkeit und der mit ihr verbundenen Mäßigungspflicht vereinbar, wenn ein Richter in juristischen Zeitschriften oder Zeitungen in sachlicher Form auf Probleme der Gesetzgebung hinweist und Vorschläge zur Behebung de lege ferenda unterbreitet.

C. Dienstrechtliches Instrumentarium zur Durchsetzung staatsschutzbezogener Pflichten

I. Durchsetzung bei Beamten

1. Ablehnung der Einstellung, der Aufnahme in den Vorbereitungsdienst und der Übernahme in das Beamtenverhältnis auf Lebenszeit

a) Ablehnung der Einstellung. Bei der **Einstellung,** also der erstmaligen Aufnahme in das Beamtenverhältnis,[258] ist zu prüfen, ob die beamtenrechtlichen Voraussetzungen vorliegen. Dies gilt insbesondere für die Frage, ob der Beamte die Anforderungen an die Verfassungstreue erfüllt. Wie oben bereits ausgeführt, hat der Dienstherr bzw. die Einstellungsbehörde eine **Prognoseentscheidung** darüber zu treffen, ob bei dem Bewerber die erforderliche politische Loyalität gegenüber der Verfassung bzw. dem Staat gegeben ist. Der Entscheidungsspielraum der Einstellungsbehörde ist dabei rechtlich begrenzt. Sie muss die **Einstellung** nicht nur in dem Fall **ablehnen,** wenn sicher feststeht, dass die Verfassungstreue nicht gewährleistet ist, sondern bereits dann, wenn **begründete Zweifel an der Loyalität** des Bewerbers gegenüber der Verfassungsordnung bestehen,[259] denn es fehlt schon in der letzteren Konstellation an der nach Art. 33 Abs. 2 GG erforderlichen Eignung,[260] für die der Bewerber im Ergebnis die materielle Beweislast trägt.[261] 90

b) Insbesondere: Ablehnung der Aufnahme in den Vorbereitungsdienst. aa) Voraussetzungen. Bei Beamten auf Widerruf, die in einen Vorbereitungsdienst, zumeist als Rechts- oder Studienreferendar, aufgenommen werden sollen, kann die Verletzung von beamtenrechtlichen Pflichten, namentlich der Verfassungstreuepflicht, dazu führen, dass die **Aufnahme in den Vorbereitungsdienst** abgelehnt wird. Die Ablehnung stützt sich dann darauf, dass dem Bewerber die charakterliche Eignung iSd § 7 Abs. 1 S. 1 Nr. 2 BeamtStG bzw. § 7 Abs. 1 S. 1 Nr. 2 BBG iVm Art. 33 Abs. 2 GG fehlt[262] oder es ihm nach den jeweiligen landesrechtlichen Bestimmungen für die Aufnahme in den Vorbereitungsdienst an der notwendigen „Würdigkeit" mangelt[263].[264] 91

Relevant können dabei sämtliche der oben besprochenen Verhaltensweisen oder Aktivitäten sein, die Rückschlüsse auf die **charakterliche Eignung** zulassen. Abgelehnt werden kann die Aufnahme in den Vorbereitungsdienst daher vornehmlich wegen mangelnder 92

---

[257] Vgl. hierzu den Fall in BGH JZ 2021, 681 (682) sowie die Beispiele bei *Schmidt-Räntsch* DRiG § 26 Rn. 30 zur „Zweckentfremdung des Kernbereichs".
[258] Vgl. *Schmidt* BeamtenR Rn. 171.
[259] Vgl. BVerwG DVBl 1981, 455 (456 f.); *Zentgraf* in MRSZ BeamtStG BeamtStG § 7 Anm. 3; *Wichmann* in Wichmann/Langer ÖffDienstR Rn. 104.
[260] Vgl. *Zentgraf* in MRSZ BeamtStG § 7 Anm. 3; *Wichmann* in Wichmann/Langer ÖffDienstR Rn. 104.
[261] Vgl. *Battis* in Battis BBG § 7 Rn. 24; BVerwGE 73, 263 (783) = BeckRS 1981, 31325242; *Schnellenbach/Bodanowitz*, Beamtenrecht in der Praxis, 10. Aufl. 2020, § 3 Rn. 22.
[262] Vgl. hierzu auch *Schönrock* ZBR 2021, 73 (73).
[263] So beispielsweise § 26 Abs. 1 S. 2 HessJAG.
[264] Zu diesem Ablehnungsgrund aus der Judikatur etwa VGH Kassel NVwZ-RR 2021, 905 (905 und 906). S. zur Ablehnung aufgrund mangelnder charakterlicher Eignung auch OVG Weimar NVwZ-RR 2021, 493 ff.: Versagung der Aufnahme in Vorbereitungsdienst wegen verfassungsfeindlichen Handelns (Mitgliedschaft in der Partei „III. Weg").

Verfassungstreue, aber auch aufgrund anderer Eignungsmängel.²⁶⁵ Allerdings lassen Tattoos ohne verfassungsfeindlichen Inhalt (zB „smoke wheat everyday" [sic!]) nicht zwingend den Schluss zu, dass dem Bewerber die charakterliche Eignung fehlt.²⁶⁶

93 Die Ablehnung der Aufnahme in den (juristischen) Vorbereitungsdienst mangels charakterlicher Eignung kann von der zuständigen Einstellungsbehörde auch darauf gestützt werden, dass der **Bewerber bereits früher,** nämlich in seiner Eigenschaft als ehemaliger Beamter, **beamtenrechtliche Pflichten verletzt** hat. Dies gilt beispielsweise für eine in der Vergangenheit begangene Verletzung der Verschwiegenheitspflicht. Für diese Konstellation hat der VGH Kassel erst vor kurzem entschieden, dass die Preisgabe von Informationen aus polizeiinternen Informationssystemen an einen vorbestraften Dritten durch einen ehemaligen Polizeibeamten die Prognose der Einstellungsbehörde rechtfertigt, dass der Bewerber den charakterlichen Anforderungen des juristischen Vorbereitungsdienstes nicht entsprechen wird und iSd § 26 Abs. 1 S. 2 HessJAG der Erlangung der Befähigung zum Richteramt nicht würdig ist.²⁶⁷

94 bb) Verfassungsgemäßheit. Die Ablehnung der Aufnahme in den juristischen Vorbereitungsdienst wegen gravierender Eignungsmängel ist von der Rechtsprechung für **verfassungsgemäß** erachtet worden.²⁶⁸ Ein unverhältnismäßiger Eingriff in die durch Art. 12 Abs. 1 GG grundrechtlich geschützte freie Wahl der Ausbildungsstätte oder der Berufswahlfreiheit sei darin nicht zu sehen.²⁶⁹

95 c) Ablehnung der Übernahme in das Beamtenverhältnis auf Lebenszeit. Möglich ist auch die **Ablehnung der Übernahme des Probe- oder Widerrufsbeamten in ein Beamtenverhältnis auf Lebenszeit** (sog. Umwandlung²⁷⁰), wenn sich während des Probe- oder Widerrufsbeamtenverhältnisses zeigt, dass bei dem Beamten Zweifel an der charakterlichen Eignung²⁷¹, insbesondere an der Verfassungstreue bestehen.

2. Durchsetzung bei statusverändernden Akten (Beförderung, Versetzung etc.)

96 Die Berücksichtigung von Pflichtenverstößen bei **Beförderungen**²⁷² ist zulässig.²⁷³ Überdies können Pflichtenverstöße als Auslöser von **Versetzungen**²⁷⁴ infrage kommen.²⁷⁵

3. Maßnahmen im laufenden Dienstbetrieb (zB Weisungen)

97 Untersagungen eines pflichtwidrigen Verhaltens von Beamten und Beamtinnen im **laufenden Dienstbetrieb** sind grundsätzlich zulässig. Ihre Grundlage finden sie allgemein in § 62 BBG bzw. § 35 BeamtStG oder speziellen Vorschriften, so etwa in Rechtsgrundlagen, die vorläufige Maßnahmen im Hinblick auf ein Disziplinarverfahren vorsehen.²⁷⁶ Soweit allerdings Anordnungen oder andere **Maßnahmen** den Beamten in seinen Grundrechten, insbesondere aus Art. 2 Abs. 1 u. Abs. 2 GG, Art. 4 GG, betreffen, verlangt die neuere Rechtsprechung des Bundesverwaltungsgerichts bei belastenden Maßnahmen das **Vorliegen einer parlamentsgesetzlichen Ermächtigung;**²⁷⁷ eine Abstützung auf die

---

²⁶⁵ Hierzu ausführlich *Schönrock* ZBR 2021, 73 (74 ff.).
²⁶⁶ Vgl. VGH Mannheim NVwZ-RR 2021, 267 (268 f.).
²⁶⁷ VGH Kassel NVwZ-RR 2021, 905 (905 (Ls.) und 906).
²⁶⁸ OVG Weimar NVwZ-RR 2021, 493 (495); VGH Kassel NVwZ-RR 2021, 905 (907).
²⁶⁹ VGH Kassel NVwZ-RR 2021, 905 (907).
²⁷⁰ Zur Terminologie vgl. *Schmidt* BeamtenR Rn. 172.
²⁷¹ *Schönrock* ZBR 2021, 73 (73).
²⁷² Zum Begriff der Beförderung *Schmidt* BeamtenR Rn. 173.
²⁷³ Vgl. BVerfG-K NVwZ 2002, 847 (848).
²⁷⁴ Zum Begriff der Versetzung vgl. *Schmidt* BeamtenR Rn. 202.
²⁷⁵ Vgl. *Schnellenbach/Bodanowitz*, Beamtenrecht in der Praxis, 10. Aufl. 2020, § 4 Rn. 22.
²⁷⁶ ZB die Untersagung der Führung der Dienstgeschäfte nach § 39 S. 1 BeamtStG.
²⁷⁷ BVerwGE 168, 129 Rn. 11 = BeckRS 2020, 20756.

allgemeine Folgepflicht nach § 62 BBG bzw. § 35 BeamtStG, auf Erlasse (Verwaltungsvorschriften) oder die Natur des Beamtenverhältnisses wird nicht mehr als ausreichend erachtet.[278]

Dies gilt insbesondere für Untersagungen eines bestimmten **äußeren Erscheinungsbildes** im Dienst. So hat etwa das BVerwG mit Blick auf das nach der Rechtsprechung des BVerfG zulässige Kopftuchverbot bei Rechtsreferendarinnen im Falle der Ausübung hoheitlicher Tätigkeiten mit Außenkontakt[279] eine gesetzliche Grundlage als erforderlich angesehen,[280] und diese Anforderung – zumindest in Bayern – nunmehr als durch Art. 11 BayRiStAG iVm Art. 57 BayAGGVG als erfüllt betrachtet.[281] Aber auch für die Untersagung beispielsweise des Tragens eines Tattoos sowie Schmuck oder einer Haar- und Barttracht hält die Judikatur eine explizite gesetzliche Ermächtigung für erforderlich. Ob § 61 Abs. 2 S. 2 BBG bzw. § 34 Abs. 2 S. 2 BeamtStG diese Anforderung erfüllen, ist im Schrifttum umstritten.[282] 98

Im Übrigen ist – gerade vor dem Hintergrund der Neuregelungen der § 61 Abs. 2 BBG bzw. § 34 Abs. 2 BeamtStG – in Fällen des **äußeren Erscheinungsbildes** sorgfältig zu prüfen, ob und in welchem Umfang **Untersagungen** erforderlich sind. Als rechtlich besonders schwierig erweisen sich in dieser Hinsicht Maßnahmen, die das Tragen religiöser oder weltanschaulich konnotierter Kleidungsstücke zum Gegenstand haben. Zulässig dürften aber solche Maßnahmen sein, die das Zurschaustellen religiöser Symbole oder das Tragen von Bekleidung unterbinden sollen, wenn in dem Tragen solcher Bekleidung oder Symbole eine plakative Demonstration religiöser Überzeugungen zu sehen ist.[283] 99

4. Versagung der Genehmigung und Untersagung von Nebentätigkeiten

Auch die **Ausübung von Nebentätigkeiten**[284] außerhalb des öffentlichen Dienstes[285] kann zu Verstößen gegen die zuvor erwähnten Pflichten des Beamten zu Verfassungstreue, zur Mäßigung und zu achtungsvollem Verhalten im Dienst führen. Hier sind zwei Konstellationen zu unterscheiden, nämlich die Versagung einer genehmigungspflichtigen Nebentätigkeit aufgrund des Vorliegens von Versagungsgründen und die Untersagung nicht genehmigungspflichtiger Nebentätigkeiten wegen der Verletzung dienstlicher Pflichten. 100

a) Versagung einer Nebentätigkeit außerhalb des öffentlichen Dienstes. Eine genehmigungspflichtige Nebentätigkeit ist zu versagen, wenn ein im Gesetz verankerter Versagungsgrund gegeben ist. Genehmigungspflichtig sind nach dem BBG und den meisten Landesgesetzen grundsätzlich alle Nebentätigkeiten von Beamten,[286] die nicht auf Verlangen des Dienstherrn ausgeübt werden, es sei denn, bundes- oder landesgesetzliche 101

---

[278] Vgl. BVerwGE 164, 304 Rn. 20 ff. mit Blick auf Soldaten; die neuere Rechtsprechung zusammenfassend von *Roetteken* ZBR 2021, 296 (296 ff.).
[279] BVerfGE 153, 1 Rn. 82 = NJW 2020, 1049.
[280] BVerwG ZBR 2021, 204 (205 f.) unter Hinweis auf BVerfGE 153, 1 Rn. 101 = NJW 2020, 1049.
[281] BVerwG ZBR 2021, 204 (206).
[282] Hierzu *Gärditz/Abdulsalam* ZBR 2021, 289 (293 ff.).
[283] So *Ullrich* ZBR 2021, 227 (235).
[284] Zum Begriff der Nebentätigkeit statt vieler *Schnellenbach/Bodanowitz*, Beamtenrecht in der Praxis, 10. Aufl. 2020, § 8 Rn. 1, 3 ff.
[285] Nebentätigkeiten im öffentlichen Dienst (zu Begriff und Voraussetzungen *Schnellenbach/Bodanowitz*, Beamtenrecht in der Praxis, 10. Aufl. 2020, § 8 Rn. 8, s. auch *Brinktrine* in Brinktrine/Voitl BayBG Art. 81 Rn. 28 ff.) bleiben bei den nachfolgenden Ausführungen außer Betracht, weil bei ihnen die Gefahr einer Verletzung von hier interessierenden Beamtenpflichten weitgehend ausgeschlossen ist.
[286] Vgl. hierzu für den Bund *Brinktrine* in BeckOK BeamtenR Bund, 24. Ed. 2021, BBG § 99 Rn. 3, 6 f.; als Beispiel landesrechtlicher Regelungen das BayBG, hierzu etwa *Brinktrine* in Brinktrine/Voitl BayBG Art. 81 Rn. 44, 49 f.

Regelungen sehen Ausnahmen von der Genehmigungspflicht vor. Solche Ausnahmen sind zB in § 100 Abs. 1 Nr. 1–5 BBG oder Art. 82 Abs. 1 Nr. 1–6 BayBG geregelt[287].[288]

102 Eine Nebentätigkeitsgenehmigung ist nach den beamtenrechtlichen Bestimmungen zu versagen, wenn die Gefahr bzw. Besorgnis besteht, dass durch die Nebentätigkeit **dienstliche Interessen beeinträchtigt** werden.[289] Diese „Versagungsgeneralklausel" wird durch Regelbeispiele, wie sie etwa in § 99 Abs. 2 S. 2 Nr. 1–6 BBG oder Art. 81 Abs. 3 S. 2 Nr. 1–6 BayBG normiert sind, näher konkretisiert.[290] Besonders relevant im Kontext dieses Handbuchs sind die Regelversagungsgründe der Beeinflussung der Unparteilichkeit oder Unbefangenheit des Beamten („Loyalitätskonflikt")[291] und der Beeinträchtigung des Ansehens der öffentlichen Verwaltung.[292]

103 Von einer Beeinträchtigung des Ansehens der öffentlichen Verwaltung ist im Fall eines pflicht- und rechtswidrigen, namentlich **kriminellen Verhaltens** des Beamten immer auszugehen.[293] So ist beispielsweise der Betrieb einer Videothek mit vornehmlich gewaltverherrlichenden und pornografischen Filmen von der Judikatur als Fall der Ansehensbeeinträchtigung eingeordnet worden.[294] Dagegen soll der Handel mit Waffen durch einen Polizeibeamten keine Ansehensbeeinträchtigung darstellen, wenn der Beamte als Händler behördlich zugelassen ist.[295] Nach diesen Grundsätzen wären jedenfalls der Handel oder Vertrieb eines Beamten von Gegenständen, die eine verfassungsfeindliche Einstellung zum Ausdruck bringen, sowie der Betrieb eines Tattoo-Studios durch einen Beamten, in welchem verfassungsfeindliche Tattoos gestochen werden, als Fälle der Beeinträchtigung des Ansehens der öffentlichen Verwaltung anzusehen.

104 Wesentlich schwieriger ist festzustellen, ob und in welchem Umfang der Fall eines **Loyalitätskonflikts** vorliegt, der einen staatsschutzrelevanten Aspekt aufweist. Die in der Rechtsprechung entschiedenen Fälle betreffen zumeist Konstellationen, in denen der Beamte als Nebentätigkeit Beschäftigungen nachgeht, die in einer sachlichen Nähe zu seiner dienstlichen Tätigkeit stehen, wie zB der Tätigkeit eines Steuerbeamten bei einem Lohnsteuerverein,[296] und deshalb zu einer Beeinflussung der Unparteilichkeit oder Unbefangenheit führen können. Gleichwohl lassen solche Fälle eines Loyalitätskonflikts noch keinen Zweifel an der Verfassungstreue des Beamten erkennen. Solche Fallgestaltungen können aber auch mit Blick auf die politische Treuepflicht problematisch werden, wenn die genehmigungspflichtige Tätigkeit zu einer substantiellen organisatorischen oder materiellen Unterstützung einer verfassungsfeindlichen Organisation führt (zB entgeltliche Tätigkeit als Chauffeur oder Buchhalter bei verfassungsfeindlichen Vereinen, Parteien oder Gesellschaften). In diesen Fällen ist eine Versagung der beantragten Nebentätigkeit auszusprechen.

105 Der zuständigen Behörde ist mit Blick auf die Erteilung bzw. Versagung der Genehmigung **kein Ermessen** eröffnet. Liegt ein Versagungsgrund vor, so ist die Nebentätigkeitsgenehmigung zu versagen; eine Erteilung trotz Bestehen eines Versagungsgrundes ist

---

[287] S. hierzu für den Bund *Schnellenbach/Bodanowitz*, Beamtenrecht in der Praxis, 10. Aufl. 2020, § 8 Rn. 31 ff.; zum BayBG *Brinktrine* in Brinktrine/Voitl BayBG Art. 82 Rn. 18 ff.
[288] Grundsätzlich von der Genehmigungspflicht ausgenommen sind ferner Ehrenämter, vgl. zB Art. 81 Abs. 2 S. 2 BayBG, da sie schon nicht unter den Begriff der Nebentätigkeit fallen, hierzu *Brinktrine* in Brinktrine/Voitl BayBG Art. 81 Rn. 32 f., 59.
[289] Vgl. hierzu für den Bund *Brinktrine* in BeckOK BeamtenR Bund, 24. Ed. 2021, BBG § 99 Rn. 3, 6 f.; als Beispiel landesrechtlicher Regelungen das BayBG, hierzu etwa *Brinktrine* in Brinktrine/Voitl BayBG Art. 81 Rn. 68 ff.
[290] Zu den je nach rechtlicher Regelung verschiedenen Katalogen von Regelversagungsgründen s. etwa für den Bund *Schnellenbach/Bodanowitz*, Beamtenrecht in der Praxis, 10. Aufl. 2020, § 8 Rn. 18 ff.; für Bayern *Brinktrine* in Brinktrine/Voitl BayBG Art. 81 Rn. 76 ff.
[291] Vgl. BVerwGE 60, 254 (261) = BeckRS 1980, 30707085.
[292] Hierzu etwa *Brinktrine* in Brinktrine/Voitl BayBG Art. 81 Rn. 88 ff.
[293] *Brinktrine* in Brinktrine/Voitl BayBG Art. 81 Rn. 88.
[294] Vgl. VG Hannover NJW 1988, 1162.
[295] Vgl. VG Göttingen BeckRS 2013, 55232.
[296] BVerwGE 60, 254 (260) = BeckRS 1980, 30707085.

rechtswidrig.[297] Liegt kein Versagungsgrund vor, so ist die Genehmigung zu erteilen; der Betroffene hat einen Rechtsanspruch auf Erteilung der Genehmigung.[298]

b) Untersagung von Nebentätigkeiten. Im Fall von **nicht genehmigungspflichtigen Nebentätigkeiten,** die wiederum in aller Regel anzeigepflichtig sind,[299] sehen das BBG sowie die Landesbeamtengesetze durchgehend die normativ eröffnete Möglichkeit der **Untersagung** der (angezeigten) Nebentätigkeit durch die nach dem jeweiligen Recht zuständige Dienstbehörde vor, wenn der Beamte bei ihrer Ausübung dienstliche Pflichten verletzt[300] bzw. durch die Nebentätigkeit dienstliche Pflichten verletzt werden.[301] Von einer solchen Verletzung dienstlicher Pflichten ist nicht bereits dann auszugehen, wenn die Ausübung der Nebentätigkeit möglicherweise im Widerspruch zu den zuvor aufgezeigten Pflichten des Beamten steht, sondern erst dann, wenn dienstliche Pflichten durch die Ausübung tatsächlich verletzt sind.[302] Für die Pflichtverletzung genügt nach Rechtsprechung und Literatur „ein objektives Fehlverhalten, eine subjektive Vorwerfbarkeit ist nicht erforderlich"[303]. Die Verwaltungsgerichte können dabei tatsächlich und rechtlich vollständig nachprüfen, ob durch die Nebentätigkeit dienstliche Pflichten kausal verletzt werden, denn ein Beurteilungsspielraum des Dienstherrn bzw. der zuständigen Dienstbehörde existiert nicht.[304]

106

Eine Pflichtverletzung im vorgenannten Sinne liegt etwa in der Tätigkeit eines Hochschullehrers als Rechtsvertreter oder Gutachter für verfassungsfeindliche Organisationen, da eine solche Nebentätigkeit dem Ansehen der öffentlichen Verwaltung abträglich sein kann[305] und folglich zumindest eine Verletzung der Pflicht zu achtungsvollem Verhalten im Dienst darstellt. Auch eine schriftstellerische Tätigkeit in Form des Verfassens bzw. der Veröffentlichung von Werken, in denen verfassungsfeindliche Inhalte propagiert oder verherrlicht werden, verletzt dienstliche Pflichten.[306] Ebenso wäre das Mitwirken in Musikgruppen, deren Liedmaterial rechts- oder linksextremistisches Gedankengut transportiert, als Pflichtverletzung zu sehen.[307] Die Freiheit der Kunstausübung derogiert bei Beamten nämlich nicht von der Beachtung beamtenrechtlicher Pflichten, insbesondere nicht von der Pflicht zur Verfassungstreue.[308]

107

Liegt eine **Pflichtverletzung** vor, so ist nach den gesetzlichen Regelungen die **Ausübung der Nebentätigkeit zu untersagen** (gebundene Entscheidung); ein Ermessen besteht nach den Vorschriften nur insoweit, ob die Nebentätigkeit ganz oder teilweise untersagt wird.[309]

108

5. Rücknahme der Ernennung

Nicht gänzlich ausgeschlossen erscheint bei gravierenden Pflichtverstößen auch die **Rücknahme der Ernennung** nach § 14 Abs. 1 Nr. 1 oder Nr. 2 BBG, sofern zB Verstöße gegen die politische Treuepflicht bereits vor der Einstellung vorlagen.

109

---

[297] *Brinktrine* in Brinktrine/Voitl BayBG Art. 81 Rn. 111.
[298] Vgl. BVerwGE 84, 299 (301) = BeckRS 9998, 47658; *Brinktrine* in Brinktrine/Voitl BayBG Art. 81 Rn. 110 mwN.
[299] Die Anzeigepflicht ergibt sich aus § 100 Abs. 2 S. 1 BBG, § 40 S. 1 BeamtStG. Das Landesrecht sieht in einzelnen Fällen Ausnahmen von der Anzeigepflicht vor, vgl. beispielsweise § 63 Abs. 3 BWLBG.
[300] Vgl. § 100 Abs. 4 BBG.
[301] Vgl. zB Art. 82 Abs. 2 S. 2 BayBG.
[302] Vgl. *Brinktrine* in BeckOK BeamtenR Bund, 24. Ed. 2021, BBG § 100 Rn. 68.
[303] *Brinktrine* in BeckOK BeamtenR Bund, 24. Ed. 2021, BBG § 100 Rn. 68 unter Rückgriff auf *Battis* in Battis BBG Art. 100 Rn. 17.
[304] Vgl. *Brinktrine* in Brinktrine/Voitl BayBG Art. 82 Rn. 104.
[305] Vgl. hierzu *Brinktrine* in BeckOK BeamtenR Bund, 24. Ed. 2021, BBG § 100 Rn. 68.1.
[306] S. *Brinktrine* in Brinktrine/Voitl BayBG Art. 82 Rn. 104.1.
[307] Vgl. zum Fall des Mitwirkens in einer rechtsextremistischen Gruppe BVerfG NJW 2008, 2568 ff.
[308] Vgl. *Brinktrine* in Brinktrine/Voitl BayBG Art. 82 Rn. 50 mwN.
[309] *Brinktrine* in Brinktrine/Voitl BayBG Art. 82 Rn. 105.

6. Beendigung des Beamtenverhältnisses (außerhalb von Disziplinarverfahren)

110 Das Beamtenverhältnis endet nach § 30 Nr. 1–4 BBG, § 21 Nr. 1–4 BeamtStG durch Entlassung, Verlust der Beamtenrechte, Entfernung aus dem Dienst nach den Disziplinargesetzen oder durch Eintritt oder Versetzung in den Ruhestand.

111 **a) Entlassung. aa) Entlassung von Probebeamten. Probebeamte** können nach § 34 Abs. 1 S. 1 Nr. 1–4 BBG, § 23 Abs. 3 S. 1 Nr. 1–3 BeamtStG **entlassen** werden. Im hier interessierenden Kontext ist insbesondere ein Fehlverhalten, dass eine Kürzung der Dienstbezüge zur Folge hätte (Konstellation des § 34 Abs. 1 S. 1 Nr. 1 BBG, § 23 Abs. 3 S. 1 Nr. 1 BeamtStG) von Bedeutung, da dies eine erhebliche Verletzung der zuvor erörterten Dienstpflichten voraussetzt.[310]

112 **bb) Entlassung von Widerrufsbeamten. Widerrufsbeamte** können nach § 23 Abs. 4 S. 1 BeamtStG **jederzeit entlassen** werden.[311] Allerdings soll ihnen nach § 23 Abs. 4 S. 2 BeamtStG Gelegenheit zur Beendigung des Vorbereitungsdienstes und zur Ablegung der Prüfung gegeben werden. Von der jederzeitigen Entlassungsmöglichkeit ist in der Praxis in neuerer Zeit verstärkt Gebrauch gemacht worden. So kann beispielsweise ein Polizeianwärter, der ein den Holocaust verharmlosendes Bild in den Gruppen-Chat einstellt, auf der Grundlage des § 23 Abs. 4 BeamtStG sofort entlassen werden; ihm braucht keine Gelegenheit gegeben zu werden, den Vorbereitungsdienst zu beenden, da mit der erfolgreichen Ableistung des Vorbereitungsdienstes nicht mehr gerechnet werden kann, weil dem Beamten auf Widerruf die Eignung fehlt.[312] Ebenso kann ein Polizeimeisteranwärter als Beamter auf Widerruf wegen eines Postings von gewaltverherrlichenden Musikstücken auf einem Instagram-Account gem. § 23 Abs. 4 BeamtStG aufgrund fehlender charakterlicher Eignung entlassen werden.[313]

113 **cc) Lebenszeitbeamte.** Eine Entlassung von Bundesbeamten nach § 30 Nr. 1 BBG, § 31 oder § 32 BBG kommt bei Verstößen gegen die oben erwähnten Pflichten nicht in Betracht, da die Tatbestandsvoraussetzungen der Vorschriften nicht vorliegen. Eine Entlassung auf Verlangen des Beamten gem. § 33 BBG ist möglich, wird aber in der Praxis kaum vorkommen.

114 Das Gleiche gilt für Beamte iSd § 1 BeamtStG, die Lebenszeitbeamte sind. Bei ihnen greift zum einen § 22 BeamtStG, dessen Voraussetzungen indes Pflichtverstöße als Entlassungsgrund nicht aufführen. Des Weiteren kommt § 23 Abs. 1 S. 1 Nr. 1–5 BeamtStG zur Anwendung. Pflichtverstöße erfasst die Norm ebenfalls nicht.

115 Daher bleibt bei **Lebenszeitbeamten** bei gravierenden Pflichtverstößen – abgesehen von den Fällen der § 41 BBG, § 24 BeamtStG – **nur der Weg über das Disziplinarverfahren,** um ihre Entfernung aus dem Dienst zu erreichen.

116 **b) Verlust der Beamtenrechte kraft Gesetzes.** Der **Verlust der Beamtenrechte** kraft Gesetzes tritt nach § 41 Abs. 1 BBG, § 24 Abs. 1 BeamtStG vor allem bei strafgerichtlichen Urteilen ein, die entweder eine mindestens einjährige Freiheitsstrafe auswerfen oder eine Verurteilung wegen staatsgefährdender Straftaten zum Gegenstand haben.[314] Damit endet auch das Beamtenverhältnis, vgl. § 30 Nr. 2 BBG, § 21 Nr. 2 BeamtStG.

7. Verfahrensrechtliche Aspekte

117 Ein zentrales Problem mit Blick auf die Ermittlung verfassungsfeindlicher Einstellungen und Handlungen besteht darin, wie die Behörden von verfassungsfeindlichen Einstellungen

---

[310] Hierzu *Hebeler* in Battis BBG § 34 Rn. 3.
[311] Für Bundesbeamte gilt § 37 BBG.
[312] S. VG Berlin DVBl 2021, 1580 (1581 f.).
[313] VGH Mannheim NVwZ-RR 2021, 265 (266 f.).
[314] Einzelheiten hierzu bei *Hebeler* in Battis BBG § 41 Rn. 4 ff.; *Reich* BeamtStG § 24 Rn. 2 ff.

und Handlungen überhaupt erfahren. In der **Informationsgewinnung** verfügen die Behörden über verschiedene Möglichkeiten.

a) Informationsmöglichkeiten bei Einstellungen. aa) Frageechte von Einstellungsbehörden und korrespondierende Auskunftspflichten des Bewerbers. Die für die Einstellungsentscheidung jeweils zuständige Behörde erfährt nicht zuletzt durch **eigene Angaben des Betroffenen** von Vorgängen, die für die Beurteilung des Vorliegens der Verfassungstreue oder das Gegebensein anderer Einstellungshindernisse maßgeblich sind. Die Pflicht zur Abgabe von derartigen Eigenerklärungen ist in der Regel parlamentsgesetzlich oder materiell-rechtlich normiert. So sieht das Verfahren bei Einstellungen regelmäßig die **Auskunftserteilung** durch den Bewerber vor. Dabei hat der Bewerber im Rahmen des Vorstellungsgesprächs wahrheitsgemäß Fragen nach Mitgliedschaft und Aktivitäten in konkreten Organisationen, insbesondere politischen Parteien, zu beantworten;[315] eine Weigerung, derartige Fragen zu beantworten, berechtigt nach Rechtsprechung und Literatur die Einstellungsbehörde, von einer Einstellung des Bewerbers abzusehen, da diese davon ausgehen dürfe, dass „die erforderliche Grundlage für eine Überzeugung von der künftigen Verfassungstreue nicht habe gewonnen werden können"[316].

bb) Abfragen bei anderen Behörden. Bei Einstellungen ist nach Auffassung von Teilen des Schrifttums eine Regelanfrage beim Verfassungsschutz nicht zulässig.[317] Vielmehr komme sie nur in Ausnahmefällen in Betracht, nämlich dann, wenn bereits aufgrund anderer Quellen Zweifel an der Verfassungstreue bestünden.[318] Des Weiteren ist eine **Regelanfrage** erlaubt, wenn es um die Einstellung solcher Personen geht, „die mit geheimhaltungsbedürftigen oder sonstigem sicherheitsempfindlichen Angelegenheiten betraut worden sind"[319].[320]

Ferner sind **Abfragen** möglich, wenn **spezialgesetzliche Regelungen** dies eröffnen oder sogar vorschreiben, etwa nach dem SÜG.[321] Unstreitig ist auch, dass ein polizeiliches Führungszeugnis angefordert werden darf, aus dem sich sodann weitere Anhaltspunkte für das Nichtvorliegen der Verfassungstreue ergeben können (zB aufgrund von Verurteilungen wegen §§ 86, 86a, 130 StGB).

b) Kenntniserlangung von Verstößen im laufenden Dienstbetrieb aufgrund interner Umstände. aa) Hinweise durch andere Bedienstete. Der Dienstherr erhält Kenntnis von Pflichtverletzungen auch durch **Informationen anderer Bediensteter.** Ob eine Pflicht des Beamten zur Information des Dienstherrn bei Verstößen anderer Beamter besteht, wird unterschiedlich beurteilt.[322] Jedenfalls aber bei verfassungsfeindlichen Äußerungen in Chatgruppen von Beamten[323] wird man verlangen können, dass andere beamtete Teilnehmer „eine aktive Stellungnahme gegen beanstandungswürdige Äußerungen oder sonstige derartige Daten [abgeben], unabhängig von einem dienstlichen oder privaten Hintergrund der Chatgruppe"[324]. Durch europäische Richtlinien wird der Dienstherr aber in Zukunft überdies gehalten sein, Meldesysteme für **„Whistleblowing"** zu etablieren.[325]

---
315 *Wichmann* in Wichmann/Langer ÖffDienstR Rn. 104; *Zentgraf* in MRSZ BeamtStG § 7 Anm. 3.
316 *Wichmann* in Wichmann/Langer ÖffDienstR Rn. 104 unter Hinweis auf BVerwG ZBR 1983, 181.
317 Vgl. *Zentgraf* in MRSZ BeamtStG § 7 Anm. 3; *Wichmann* in Wichmann/Langer ÖffDienstR Rn. 105; uneindeutig *Battis* in Battis BBG § 7 Rn. 25. Zu aktuellen Überlegungen des BMI, umfassende Überprüfungen der Verfassungstreue wieder einzuführen, vgl. Die Welt, Check auf rechtsextreme Gesinnung? Faesers Plan stößt auf harten Widerstand (13.5.2022), abrufbar unter https://www.welt.de/238745121.
318 Vgl. *Zentgraf* in MRSZ BeamtStG § 7 Anm. 3. Dafür sprechen auch die bei *Battis* in Battis BBG, 5. Aufl. 2017, § 7 Rn. 25 zitierten Richtlinien, insbesondere dort Punkt 1.2 der „Grundsätze zur Regelanfrage"; in der 6. Aufl. wird auf diese lediglich hingewiesen, vgl. *Battis* in Battis BBG § 7 Rn. 35.
319 Vgl. *Zentgraf* in MRSZ BeamtStG § 7 Anm. 3.
320 Zum Ganzen auch *Fahrner* GSZ 2021, 6 (10).
321 Hierzu *Battis* in Battis BBG § 7 Rn. 26.
322 Hierzu ausführlich *Nitschke/Beckmann* NVwZ 2021, 942 ff. S. auch OVG Münster DVBl 2021, 1258 (1260 ff.), das eine solche Pflicht nicht einfordert.
323 Vgl. hierzu beispielhaft das Geschehen in der Entscheidung OVG Münster DVBl 2021, 1258 ff.
324 So mit Recht *Nitschke* DVBl 2021, 1264 (1265); aA OVG Münster DVBl 2021, 1258 (1264).
325 Hierzu *Brockhaus/Gerdemann/Thönnes* NVwZ 2021, 204 ff.

122 bb) Eigene Angaben (zB bei Nebentätigkeitsanzeigen). Die für die Entscheidung dienstrechtlicher Maßnahmen zuständige Behörde erfährt des Weiteren durch eigene, zT dienstlich geforderte **Angaben des Betroffenen** von Vorgängen, die entweder als dienstrechtlich relevanter Pflichtenverstoß eingeordnet werden können oder das Vorliegen von Beförderungsvoraussetzungen infrage stellen sowie auf dem Feld des Nebentätigkeitsrechts einen Versagungsgrund begründen können.

123 Die Pflicht zur Abgabe von derartigen **Eigenerklärungen** ist in der Regel parlamentsgesetzlich oder materiell-rechtlich normiert. Das Nebentätigkeitsrecht etwa verlangt bei Anträgen auf Genehmigung oder bei Anzeigen Auskünfte über Art, Umfang und Auftraggeber der Nebentätigkeit (vgl. zB § 99 Abs. 5 S. 4 BBG). Sogar nachträglich kann die zuständige Behörde Auskünfte verlangen, vgl. zB § 100 Abs. 3 BBG.

124 **c) Weitere Quellen.** Eine weitere wichtige Informationsquelle sind **Mitteilungen von Strafverfolgungsbehörden** gem. § 49 BeamtStG. Darüber hinaus bilden Medienberichte eine wichtige Quelle der Informationsbeschaffung. Ferner spielen Informationen durch private Dritte eine Rolle.

II. Pflichtendurchsetzung bei Soldaten

125 Mit Blick auf die Durchsetzung der für Soldaten geltenden Pflichten ergeben sich nach dem SG vielfältige Parallelen zu den **Durchsetzungsoptionen** bei Beamten aufgrund des BBG oder des BeamtStG, sodass zur Vermeidung von Wiederholungen hier vornehmlich auf wehrrechtliche Besonderheiten eingegangen wird. Aufgrund der Aussetzung der Wehrpflicht beziehen sich die nachfolgenden Ausführungen nur auf Zeit- und Berufssoldaten, da die Pflichten bei diesen in vollem Umfang Bedeutung erlangen.[326]

1. Bei Berufung in das Soldatenverhältnis/Umwandlung des Soldatenverhältnisses

126 Wie bei Beamten kann die **Aufnahme** eines Bewerbers **in das Soldatenverhältnis** auf Zeit nach § 4 Abs. 1 Nr. 1 SG (Berufung) oder die Umwandlung eines Dienstverhältnisses eines Soldaten auf Zeit in das Dienstverhältnis eines Berufssoldaten nach § 4 Abs. 1 Nr. 2 SG (Umwandlung) **abgelehnt** werden, wenn Zweifel an der nach § 37 Abs. 1 Nr. 2 SG erforderlichen Verfassungstreue des Soldaten bestehen.[327] Die Anforderungen an die politische Treuepflicht entsprechen denen bei Beamten.[328]

2. Statusveränderungen

127 Verstöße gegen die den Soldaten treffenden Dienstpflichten können bei Beförderung iSd § 4 Abs. 1 Nr. 3 SG iVm § 27 SG berücksichtigt werden.[329]

3. Maßnahmen im laufenden Dienstbetrieb

128 Ebenso wie bei Beamten kann durch Verfügungen ein mit den Dienstpflichten nicht vereinbares Verhalten oder Erscheinungsbild des Soldaten **untersagt** werden. Zulässig ist auch die Entziehung eines Sicherheitsbescheides einer bestimmten Stufe und die Versagung eines neuen Sicherheitsbescheides mit einer anderen Stufe in sicherheitsrelevanten Bereichen wegen langjähriger Mitgliedschaft in der NPD.[330] Des Weiteren können bei Entscheidungen über Nebentätigkeiten nach § 20 SG die oben geschilderten beamtenrecht-

---

[326] Dies gilt insbesondere für das Erfordernis der Verfassungstreue, vgl. *Sohm* in Eichen/Metzger/Sohm SG § 37 Rn. 22.
[327] Vgl. *Sohm* in Eichen/Metzger/Sohm SG § 37 Rn. 18 ff., 22 ff.
[328] Vgl. *Sohm* in Eichen/Metzger/Sohm SG § 37 Rn. 22 ff.
[329] Vgl. *Metzger* in Eichen/Metzger/Sohm SG § 27 Rn. 25.
[330] BVerwGE 83, 345 (346 ff.) = NJW 1988, 2907.

lichen Grundsätze zur Anwendung gelangen.[331] Ferner kann auch bei Soldaten bei gravierenden Dienstvergehen die vorläufige Dienstenthebung[332] angeordnet werden. Soldatenspezifisch ist das Verbot, Uniform zu tragen.[333] In finanzieller Hinsicht ist die Einbehaltung von Dienstbezügen zulässig.[334]

4. Beendigung des Soldatenverhältnisses

a) Entlassung. Soldaten können in gesetzlich bestimmten Fällen **entlassen** werden, ohne 129 dass es der Einleitung eines Disziplinarverfahrens bedarf. Im hier interessierenden Zusammenhang sind folgende Konstellationen bedeutsam.[335]

aa) Entlassung von Berufs- und Zeitsoldaten aufgrund falscher Angaben. Im Falle 130 der arglistigen Täuschung durch den Soldaten, insbesondere bei falschen Angaben über die Mitgliedschaft in verfassungsfeindlichen Parteien oder Organisationen, ist die Berufung bzw. Umwandlung zwar wirksam; es ist aber eine Entlassung nach § 46 Abs. 2 S. 1 Nr. 2 SG oder § 55 Abs. 1 SG möglich.[336]

bb) Entlassung wegen Unwürdigkeit. Nach § 46 Abs. 2 S. 1 Nr. 3 SG ist ein Berufs- 131 soldat zu entlassen, wenn sich herausstellt, dass er vor seiner Ernennung eine Straftat begangen hat, die ihn der Berufung in das Dienstverhältnis eines Berufssoldaten unwürdig erscheinen lässt, und er deswegen zu einer Strafe verurteilt war oder wird. Dazu zählen Verurteilungen unter anderem nach § 48 SG, Sittlichkeits- und Eigentumsdelikte sowie Betäubungsmittelstraftaten.[337] Entscheidend ist aber eine Einzelfallbetrachtung.[338] Gleiches gilt aufgrund von § 55 Abs. 1 S. 1 SG auch für Zeitsoldaten.

cc) Entlassung von Zeitsoldaten nach § 55 Abs. 5 SG. Für Personen, die in einem 132 Soldatenverhältnis auf Zeit stehen, eröffnet **§ 55 Abs. 5 SG** überdies die in der Praxis sehr relevante Möglichkeit der **fristlosen Entlassung**. Nach dieser Vorschrift kann ein Soldat auf Zeit während der ersten vier Dienstjahre fristlos entlassen werden, wenn er seine Dienstpflichten schuldhaft verletzt hat und sein Verbleiben in seinem Dienstverhältnis die militärische Ordnung oder das Ansehen der Bundeswehr ernstlich gefährden würde. Von dieser Möglichkeit der Entlassung bei Zeitsoldaten ist in folgenden Fällen zB rechtsfehlerfrei Gebrauch gemacht worden, nämlich bei

- wiederholter Teilnahme an rechtsradikalen Veranstaltungen,[339]
- Einbringen und Abspielen von rechtsradikalen Musikstücken in die dienstlichen Unterkünfte,[340]
- dem Bekenntnis zu Salafismus und zur Scharia,[341]
- Vergabe von „Likes" („Gefällt mir") auf rechtsradikalen Seiten in sozialen Medien[342] sowie
- der Weigerung eines Soldaten auf Zeit, aus religiösen Gründen Frauen die Hand zu geben (Verstoß gegen § 8 SG und 17 Abs. 2 SG)[343].

---

[331] Vgl. *Metzger* in Eichen/Metzger/Sohm SG § 20 Rn. 1, 113 sowie die dortige ausführliche Kommentierung zu § 20 SG.
[332] S. zB BVerwGE 119, 206 (207) = BeckRS 9998, 171345.
[333] BVerwGE 119, 206 (207) = BeckRS 9998, 171345.
[334] BVerwGE 119, 206 (207) = BeckRS 9998, 171345.
[335] Zu weiteren Fällen der Entlassung vgl. § 46 Abs. 2 S. 1 Nr. 1, 4–8 SG.
[336] *Sohm* in Eichen/Metzger/Sohm SG § 37 Rn. 32.
[337] *Sohm* in Eichen/Metzger/Sohm SG § 46 Rn. 53.
[338] *Sohm* in Eichen/Metzger/Sohm SG § 46 Rn. 53.
[339] VG München NVwZ-RR 2007, 786 (786 ff.).
[340] OVG Münster BeckRS 2008, 39437.
[341] OVG Münster BeckRS 2015, 46129.
[342] OVG Magdeburg BeckRS 2019, 33655 Rn. 10 ff.
[343] Hierzu OVG Koblenz GSZ 2019, 251 ff.

133 **dd) Keine Entlassung bei Dienstvergehen von Berufssoldaten.** Bei **Berufssoldaten** ist im Fall von schweren Dienstvergehen, die nach der Umwandlung begangen werden und die eine **Entfernung** aus dem Soldatenverhältnis rechtfertigen, für den Dienstherrn nur die Eröffnung eines **Disziplinarverfahrens** möglich, um dieses Ziel zu erreichen, da die Entlassungstatbestände des § 46 Abs. 2 S. 1 Nr. 1–8 SG insofern nicht einschlägig sind.

134 **b) Beendigung des Soldatenverhältnisses kraft Gesetzes.** Das Dienstverhältnis eines Berufssoldaten ist nach § 43 SG iVm § 48 SG kraft Gesetzes beendet, wenn ein Tatbestand des § 48 SG gegeben ist. Relevant sind hier insbesondere strafgerichtliche Verurteilungen auf Freiheitsstrafe von mindestens einem Jahr wegen vorsätzlich begangener Tat, § 48 S. 1 Nr. 2 SG.

5. Verfahrensaspekte

135 Das Verfahren der **Verfassungstreueprüfung** bei Soldaten entspricht denen bei Beamten.[344] Bei vielen Soldaten werden zudem regelmäßig Sicherheitsüberprüfungen durchgeführt. Im Übrigen werden inner- und außerdienstliche Verstöße zumeist durch Angaben anderer Soldaten oder Zivilpersonen bekannt.

III. Durchsetzung bei Richtern

136 Aufgrund der durch Art. 97 Abs. 1 GG garantierten richterlichen Unabhängigkeit in Form der sachlichen und persönlichen Unabhängigkeit[345] gestaltet sich die Durchsetzung von Pflichten im Richterdienstverhältnis deutlich anders und in gewisser Hinsicht schwieriger als bei Beamten und Soldaten.

1. Ablehnung der Berufung in das Richterdienstverhältnis

137 Erfüllt der Bewerber nicht die Voraussetzungen des § 9 Nr. 2 DRiG, ist also kein positives Urteil über das Vorliegen der Verfassungstreue möglich, so ist die **Berufung in das Richterverhältnis abzulehnen.**[346] Es gelten hier die für die Einstellung von Beamten entwickelten Grundsätze entsprechend.

2. Rücknahme der Ernennung

138 Liegt die Voraussetzung des § 9 Nr. 2 DRiG im Zeitpunkt der Ernennung nicht vor, so ist die Ernennung gleichwohl wirksam. Sie kann aber nach § 19 Abs. 1 Nr. 3 DRiG zurückgenommen werden, wenn ein **Fall arglistiger Täuschung** gegeben ist.[347] Dies ist – wie bei Beamten und Soldaten – auch bei Richtern der Fall, wenn der Bewerber unrichtige Angaben zu Mitgliedschaften in verfassungsfeindlichen Parteien oder Organisationen macht.

3. Innerdienstliche Maßnahmen

139 Im laufenden Dienstbetrieb ist die Durchsetzung von Pflichten im Richterverhältnis durch die Dienstaufsicht nach § 26 DRiG möglich. Nach § 26 Abs. 1 DRiG untersteht der Richter einer Dienstaufsicht nur, soweit nicht seine Unabhängigkeit beeinträchtigt wird. Gemäß **§ 26 Abs. 2 DRiG** umfasst die **Dienstaufsicht** vorbehaltlich des Absatzes 1 auch die Befugnis, die ordnungswidrige Art der Ausführung eines Amtsgeschäfts vorzuhalten und zu ordnungsgemäßer, unverzögerter Erledigung der Amtsgeschäfte zu ermahnen.

---

[344] Hierzu näher *Sohm* in Eichen/Metzger/Sohm SG § 37 Rn. 27 ff.
[345] Hierzu statt vieler *Kment* in Jarass/Pieroth GG Art. 97 Rn. 2 ff., 12 ff.
[346] Vgl. *Schmidt-Räntsch* DRiG § 9 Rn. 15.
[347] *Schmidt-Räntsch* DRiG § 9 Rn. 18.

§ 26 Abs. 2 DRiG stellt eine verfassungsgemäße Ermächtigung dar, sie ist insbesondere 140
mit Art. 97 GG vereinbar, da der **Kernbereich der richterlichen Tätigkeit** hiervon
nicht beeinträchtig wird. Auch der Richter ist – wie dargelegt – zur ordnungsgemäßen
Amtsführung und zur Beachtung der für ihn geltenden Pflichten verpflichtet. Dies betrifft
sowohl sein dienstliches wie außerdienstliches Verhalten.[348]

Soweit es die „äußere Ordnung" der richterlichen Tätigkeit angeht, sind Maßnahmen 141
wie Anhaltung zur Pünktlichkeit oder Erfüllung von Erledigungszahlen ohne weiteres
zulässig.[349] Schwieriger sind Fälle zu beurteilen, in denen der Kernbereich der richterlichen
Tätigkeit, also die Entscheidungsfindung und -begründung in der Sache tangiert sein kann.
Insoweit sind Maßnahmen nur zulässig, soweit eine **Zweckentfremdung des Kernbereichs** gegeben ist. Dies ist der Fall, wenn – wie oben bereits gesagt – das Urteil als
Mittel der Verbreitung politischer Ansichten oder zur Kritik an seinem Dienstherrn benutzt
wird.[350] Dementsprechend hat der BGH erst jüngst die dienstaufsichtliche Beanstandung
einer Passage in einem Urteil, welche die Migrationspolitik der Bundesregierung kritisierte,
für zulässig erachtet.[351]

Auf § 26 Abs. 2 DRiG können auch Maßnahmen gestützt werden, die das **außerdienst-** 142
liche Verhalten des Richters zum Gegenstand haben.[352] Verletzt der Richter außerdienstlich seine Verfassungstreuepflicht oder seine Mäßigungspflicht, so kann er angehalten
werden, dieses Verhalten zu unterlassen. Bei anhaltenden Verstößen gegen die Verfassungstreuepflicht reichen Maßnahmen der Dienstaufsicht indes nicht mehr aus. Möglich ist dann
die Einleitung eines Disziplinarverfahrens oder eines Richteranklageverfahrens nach Art. 98
Abs. 2 und 5 GG.[353]

Der Vorhalt nach § 26 Abs. 2 DRiG ergeht in der Regel durch einen **Bescheid** des 143
jeweils zuständigen Gerichtspräsidenten. Hiergegen kann der Richter nach § 26 Abs. 3
DRiG Rechtsschutz bei den Dienstgerichten erlangen.

4. Nebentätigkeiten

Mit Blick auf **Nebentätigkeiten von Richtern** gilt das zu Beamten bereits Ausgeführte 144
entsprechend. Die Genehmigung zur Ausübung von genehmigungspflichtigen Nebentätigkeiten kann daher versagt sowie die Ausübung genehmigungsfreier Nebentätigkeiten untersagt werden, wenn dienstliche Pflichten verletzt werden.

5. Entlassung von Richtern

Richter auf Probe (§ 12 DRiG) können nach Maßgabe des § 22 Abs. 1, Abs. 2 Nr. 1, 145
Abs. 3 DRiG entlassen werden. Im Fall der Missachtung der Verfassungstreuepflicht ist
jedenfalls davon auszugehen, dass der Richter auf Probe iSd § 22 Abs. 2 Nr. 1 DRiG nicht
geeignet ist.[354] Für **Richter auf Lebenszeit** gilt § 21 DRiG, dessen Tatbestände aber mit
Blick auf etwaige Pflichtverletzungen nicht einschlägig sind.

6. Beendigung des Richterverhältnisses

In den Fällen des § 24 Nr. 1–4 DRiG **endet das Richterverhältnis kraft Gesetzes** mit 146
der Rechtskraft des Urteils. Praktisch relevant sind hier die Fallkonstellationen der Nr. 1
(Freiheitsstrafe von mindestens einem Jahr wegen einer vorsätzlichen Tat) und der Nr. 2
(Freiheitsstrafe wegen einer vorsätzlichen Tat, die nach den Vorschriften über Friedens-

---

[348] Zu dieser Unterscheidung *Schmidt-Räntsch* DRiG § 26 Rn. 18 ff.
[349] Hierzu ausführlich *Schmidt-Räntsch* DRiG § 26 Rn. 24 ff.
[350] Vgl. *Schmidt-Räntsch* DRiG § 26 Rn. 30.
[351] Hierzu BGH JZ 2021, 681 (682).
[352] *Schmidt-Räntsch* DRiG § 26 Rn. 19.
[353] *Schmidt-Räntsch* DRiG § 9 Rn. 18.
[354] Vgl. *Schmidt-Räntsch* DRiG § 9 Rn. 19, § 22 Rn. 10.

verrat, Hochverrat, Gefährdung des demokratischen Rechtsstaates oder Landesverrat und Gefährdung der äußeren Sicherheit strafbar ist).

7. Verfahrensfragen der Informationsermittlung

147 Hinsichtlich der **Verfahrensfragen** kann auf das zu Beamten Gesagte verwiesen werden. Insbesondere ist auch bei Richtern eine Regelanfrage beim Verfassungsschutz nicht zulässig, möglich ist aber eine Anfrage wegen der Umstände des Einzelfalls.[355]

D. Disziplinarrechtliche Folgen von Verstößen gegen staatsschutzbezogene Pflichten

I. Überblick

148 Sowohl für **Beamte** als auch für **Soldaten** und Richter gilt die Pflicht zur Verfassungstreue als Kernpflicht. Gleichwohl existiert **kein einheitlicher Rechtsrahmen,** mit der Verstöße gegen diese Pflicht oder andere staatsschutzbezogene Pflichten **disziplinarrechtlich verfolgt und geahndet** werden. Für jede Gruppe kommen vielmehr eigenständige Regelungen zur Anwendung, die auf die Besonderheiten des jeweiligen Dienstverhältnisses abgestellt sind. Allerdings hat der Gesetzgeber mit Blick auf die **Richter** davon abgesehen, ein komplett separates **Disziplinarrecht** zu regeln, sondern vielmehr mittels § 63 Abs. 1 DRiG von der Technik der Verweisung auf das für Beamte geltende Recht Gebrauch gemacht, jedoch mit nicht unerheblichen Modifizierungen in §§ 63, 64 DRiG.[356]

149 Überdies ist mit Blick auf **Beamte** zu beachten, dass für Bundes- und Landesbeamte **verschiedene Disziplinargesetze** gelten. Die Länder haben nämlich aufgrund von § 187 Abs. 1 VwGO das Recht, eigene Regelungen für das disziplinargerichtliche Verfahren zu erlassen;[357] hiervon haben die meisten Länder durch den Erlass von Landesdisziplinargesetzen Gebrauch gemacht.

II. Disziplinarrechtliche Konsequenzen bei Beamten

150 Die disziplinarrechtlichen Konsequenzen von Dienstvergehen bei Beamten werden – schon aus Raumgründen – am **Beispiel des Bundesdisziplinargesetzes** (BDG) erläutert.

1. Allgemeines

151 Das Disziplinarrecht gehört zu den hergebrachten Grundsätzen des Berufsbeamtentums.[358] Seine wesentliche Aufgabe ist es, „die Funktionsfähigkeit des öffentlichen Dienstes sowie das Ansehen des Amtes im Besonderen und des Beamtentums im Allgemeinen" zu wahren.[359] Es dient der **Sanktionierung beamtenrechtlicher Pflichtverletzungen** aus Ordnungs- und Selbstreinigungszwecken.[360] Dementsprechend setzen disziplinare Maßnahmen immer voraus, dass ein **Dienstvergehen** vorliegt. Ein Dienstvergehen liegt nach § 77 Abs. 1 S. 1 BBG, § 47 Abs. 1 S. 1 BeamtStG vor, wenn Beamte schuldhaft die ihnen obliegenden Pflichten verletzen. Ein Verhalten außerhalb des Dienstes ist nach § 77 Abs. 1 S. 2 BBG, § 47 Abs. 1 S. 2 BeamtStG nur dann ein Dienstvergehen, wenn es nach den

---

[355] Vgl. *Schmidt-Räntsch* DRiG § 9 Rn. 16.
[356] S. hierzu die Kommentierungen bei *Schmidt-Räntsch* DRiG § 63 und 64. Auf eine nähere Behandlung dieser Modifikationen wird hier verzichtet.
[357] Hierzu BVerwG NVwZ 2012, 514 (514 f.).
[358] BVerfGE 37, 167 (178 f.) = BeckRS 1974, 104382; BVerwGE 103, 70 (79) = BeckRS 9998, 170723.
[359] So *Schmidt* BeamtenR Rn. 438.
[360] Vgl. *Schmidt* BeamtenR Rn. 438; *Wichmann* in Wichmann/Langer ÖffDienstR Rn. 399.

D. Disziplinarrechtliche Folgen von Verstößen gegen staatsschutzbezogene Pflichten § 46

Umständen des Einzelfalls geeignet ist, das Vertrauen in einer für ihr Amt bedeutsamen Weise zu beeinträchtigen.[361]

2. Disziplinarmaßnahmen

a) Arten von Disziplinarmaßnahmen. Das BDG sowie die Disziplinargesetze der Länder benennen abschließend die **möglichen Disziplinarmaßnahmen**.[362] Dabei treffen die Gesetze eine Unterscheidung zwischen Disziplinarmaßnahmen gegen Beamte und Disziplinarmaßnahmen gegen Ruhestandsbeamte. 152

Das BDG sieht in § 5 Abs. 1 Nr. 1–5 BDG für **aktive Beamte** die folgenden Disziplinarmaßnahmen vor: den Verweis, die Geldbuße, die Kürzung der Dienstbezüge, die Zurückstufung und die Entfernung aus dem Dienst. Bei **Ruhestandsbeamten** ist nach § 5 Abs. 2 Nr. 1 und 2 BDG nur die Kürzung des Ruhegehalts oder die Aberkennung des Ruhegehalts möglich. 153

aa) Verweis. Der **Verweis** ist in § 6 BDG näher geregelt. Er ist nach § 6 S. 1 BDG der schriftliche Tadel eines bestimmten Verhaltens des Beamten. Der Verweis ist zu unterscheiden von anderen Formen der Kritik. Dementsprechend bestimmt § 6 S. 2 BDG, dass missbilligende Äußerungen, die nicht ausdrücklich als Verweis bezeichnet werden, keine Disziplinarmaßnahmen sind. 154

bb) Geldbuße. Bei der **Geldbuße** handelt es sich um einen einmaligen Geldbetrag, der vom Beamten zu entrichten ist.[363] Die Höhe der Geldbuße kann nach § 7 S. 1 BDG maximal bis zur Höhe der monatlichen Dienst- oder Anwärterbezüge auferlegt werden. 155

cc) Kürzung der Dienstbezüge. Bei der **Kürzung der Dienstbezüge** werden Teile der Besoldung des Beamten über einen bestimmten Zeitraum einbehalten und nicht an ihn ausgezahlt. Nach Ablauf des Zeitraumes wird die Besoldung automatisch wieder ungeschmälert ausgezahlt. Einzelheiten zur Kürzung der Dienstbezüge regelt § 8 BDG.[364] 156

dd) Zurückstufung. Die **Zurückstufung** ist in § 9 Abs. 1 S. 1 BDG legal definiert als die Versetzung des Beamten in ein Amt derselben Laufbahn mit geringerem Endgrundgehalt. Zu weiteren Konsequenzen enthält § 9 BDG nähere Bestimmungen. 157

ee) Entfernung aus dem Dienst. Die **Entfernung aus dem Dienst** ist in § 10 BDG näher beschrieben. Sie stellt die schwerste Disziplinarmaßnahme dar,[365] da mit der Entfernung aus dem Dienst das Dienstverhältnis als Beamter endet und der Beamte weitere Rechte auf Besoldung und Versorgung verliert. 158

ff) Kürzung der Ruhegehaltsbezüge. Die **Kürzung der Ruhegehaltsbezüge** ist Gegenstand der Regelung des § 11 BDG. In der Sache entspricht sie der Kürzung der Bezüge bei aktiven Beamten. 159

gg) Aberkennung des Ruhegehalts. Beamte im Ruhestand können nicht mehr aus dem Dienst entfernt werden. Die **Aberkennung des Ruhegehalts** nach § 12 BDG hat aber eine vergleichbare Wirkung wie die Entfernung aus dem Dienst nach § 10 BDG,[366] weil der Ruhestandsbeamte alle Rechte auf Versorgung nach den Beamtenversorgungsgesetzen verliert. 160

b) Zuständigkeit für die Verhängung von Disziplinarmaßnahmen. Die **Verhängung der Maßnahmen** nach § 5 Abs. 1 Nr. 1–3 BDG erfolgt durch den Disziplinar- 161

---
[361] Einzelheiten hierzu bei *Herrmann/Sandkuhl*, Beamtendisziplinarrecht – Beamtenstrafrecht, 2. Aufl. 2021, Rn. 112 ff.; *Wichmann* in Wichmann/Langer ÖffDienstR Rn. 400.
[362] *Urban* in Urban/Wittkowski BDG § 5 Rn. 2.
[363] *Urban* in Urban/Wittkowski BDG § 7 Rn. 2.
[364] Einzelheiten bei *Urban* in Urban/Wittkowski BDG § 8 Rn. 2 ff.
[365] *Urban* in Urban/Wittkowski BDG § 10 Rn. 1.
[366] Vgl. *Urban* in Urban/Wittkowski BDG § 12 Rn. 1.

vorgesetzten. Maßnahmen nach § 5 Abs. 1 Nr. 4 und 5 BDG können nur durch das **Disziplinargericht** verfügt werden. In manchen Ländern, etwa in Baden-Württemberg, können auch die Zurückstufung sowie die Entfernung aus dem Dienst durch den Disziplinarvorgesetzten ausgesprochen werden. Dies hält die Rechtsprechung für verfassungsgemäß.[367]

162 **c) Kriterien der Auswahl von Disziplinarmaßnahmen.** Die **Bestimmung der konkreten Disziplinarmaßnahmen** ist **kein Automatismus,** sondern hängt von verschiedenen Faktoren ab. § 13 BDG enthält hierzu normative Vorgaben mit Blick auf die **Bemessung der Disziplinarmaßnahmen,** die durch die Rechtsprechung näher konkretisiert worden sind.[368] Aufgrund der Komplexität dieser Fragen ist auf die Spezialliteratur zu verweisen.[369]

163 Für die Zwecke dieses Handbuchs sind aber folgende Überlegungen für die Bemessung von Relevanz. Im Kontext des Staatsschutzes ist erstens von Bedeutung, welche **Position der Beamte in der Beamtenhierarchie** einnimmt. Je höher die Stellung des Beamten ist, desto gravierender wirken sich Pflichtverletzungen in disziplinarrechtlicher Hinsicht aus.[370] Ebenso von großem Gewicht ist zweitens, ob der **Beamte im Kernbereich hoheitlicher Verwaltung** tätig ist, insbesondere, ob er berechtigt ist, unmittelbaren Zwang auszuüben.[371] Solche Beamte müssen höheren Anforderungen genügen als Beamte in anderen Bereichen der Administrative.[372] Dementsprechend gelten für **Polizei- und Justizbeamte besonders hohe Anforderungen** an ihr dienstliches und außerdienstliches Verhalten.[373] Bei ihnen können daher Pflichtverstöße eher disziplinarische Höchstmaßnahmen verlangen.

3. Disziplinarverfahren

164 Bei dem Disziplinarverfahren ist zwischen dem **behördlichen** und dem **gerichtlichen Verfahren** zu differenzieren.[374]

165 **a) Behördliches Disziplinarverfahren.** In aller Regel wird das behördliche Disziplinarverfahren nach **§ 17 BDG von Amts wegen** eingeleitet, wenn – so das Gesetz – zureichende Anhaltspunkte vorliegen, die den Verdacht eines Dienstvergehens rechtfertigen. Der Dienstvorgesetzte hat in dieser Hinsicht **kein Ermessen,** von der Einleitung abzusehen, wenn die gesetzlichen Tatbestandsvoraussetzungen vorliegen.[375] Möglich ist aber auch gem. § 18 BDG eine **Selbstanzeige** des Beamten.

166 Gemäß § 4 BDG ist das **Disziplinarverfahren beschleunigt durchzuführen.** Im Verfahren gelten die **Verfahrensgrundsätze** nach § 20 BDG (Unterrichtung, Belehrung und Anhörung des Beamten) sowie der **Amtsermittlungsgrundsatz** nach § 21 BDG. Wird gleichzeitig ein Strafverfahren gegen den Beamten durchgeführt, so ist das Disziplinarverfahren nach § 22 BDG **auszusetzen.** Ergeht ein Urteil, so besteht nach Maßgabe des § 23 BDG eine Bindung an die tatsächlichen Feststellungen aus dem strafgerichtlichen Verfahren.[376]

167 Das behördliche Disziplinarverfahren wird mit einer **Entscheidung** nach § 32 BDG oder § 33 BDG abgeschlossen. Nach § 32 Abs. 1 Nr. 1–4 BDG ist das **Verfahren ein-**

---

[367] Vgl. BVerfGE 152, 345 Rn. 33 ff. = BeckRS 2020, 3194.
[368] Näher hierzu *Urban* in Urban/Wittkowski BDG § 13 Rn. 13 ff.
[369] S. hierzu die ausführliche Darstellung bei *Herrmann/Sandkuhl,* Beamtendisziplinarrecht – Beamtenstrafrecht, 2. Aufl. 2021, Rn. 142 ff.
[370] *Urban* in Urban/Wittkowski BDG § 13 Rn. 18.
[371] Vgl. BVerwG NJW 2020, 2907 Rn. 35.
[372] Vgl. BVerwG NJW 2020, 2907 Rn. 35; *Herrmann/Sandkuhl,* Beamtendisziplinarrecht – Beamtenstrafrecht, 2. Aufl. 2021, Rn. 172.
[373] Näher BVerwG NJW 2020, 2907 Rn. 25 ff.
[374] Die nachfolgenden Ausführungen orientieren sich an der Darstellung bei *Schmidt* BeamtenR Rn. 466 ff.
[375] *Wittkowski* in Urban/Wittkowski BDG § 17 Rn. 2, dort auch zu Ausnahmen bei Bagatellvergehen.
[376] Zum Vorstehenden s. auch *Schmidt* BeamtenR Rn. 469.

zustellen, wenn entweder erstens ein Dienstvergehen nicht erwiesen ist oder aber dieses zweitens zwar erwiesen ist, eine Disziplinarmaßnahme jedoch nicht angezeigt erscheint oder drittens nach § 14 oder § 15 BDG eine Disziplinarmaßnahme nicht ausgesprochen werden darf oder schließlich viertens das Disziplinarverfahren aus sonstigen Gründen unzulässig ist.[377]

Wird das Verfahren nicht eingestellt, so ist nach **§ 33 BDG** eine **Disziplinarverfügung** 168 zu erlassen. In ihr kann ein Verweis, eine Geldbuße oder eine Kürzung der Dienstbezüge sowie bei Ruhestandsbeamten eine Kürzung des Ruhegehalts angeordnet werden. Die Maßnahmen nach §§ 9, 10 und 12 BDG bleiben dem gerichtlichen Verfahren vorbehalten.[378] **Veränderungen der Disziplinarmaßnahme** sind auf der Grundlage des § 35 Abs. 2 und 3 BDG möglich.[379] Gegen die Disziplinarverfügung kann der Beamte Widerspruch einlegen und im Falle der Erfolglosigkeit Klage bei den Verwaltungsgerichten erheben.[380]

b) Gerichtliches Disziplinarverfahren. Das **gerichtliche Disziplinarverfahren** vor 169 den Verwaltungsgerichten[381] beginnt mit Erhebung der **Disziplinarklage nach § 34 BDG** durch die oberste Dienstbehörde, wenn der Dienstherr eine Zurückstufung oder Entfernung aus dem Dienst erreichen will.[382] Die **Klageschrift** muss den Anforderungen des § 52 BDG genügen. Das Verfahren selbst ist nach Maßgabe der § 54 ff. BDG durchzuführen.[383] Das Verfahren endet durch **Beschluss** nach § 59 BDG oder durch **Urteil** nach § 60 BDG.[384] Gegen Urteile ist nach § 64 BDG die Berufung an das OVG[385] statthaft, sodann die Revision nach § 69 BDG[386].

4. Beispiele von Disziplinarmaßnahmen

Die Judikatur zu Disziplinarmaßnahmen bei Pflichtverletzungen ist ausgesprochen vielfäl- 170 tig.[387] Wichtige Beispiele unter Staatsschutzgesichtspunkten sind folgende Fälle. Eine **Entfernung aus dem Dienst** wurde für rechtmäßig erachtet bei einer Tätowierung mit verfassungsfeindlichem Inhalt,[388] durch Verbreitung von Musik-CDs, Musik-Platten und Bekleidungsstücke, die der rechten Szene zuzuordnen sind,[389] bei der Identifikation mit der Reichsbürgerbewegung[390] sowie bei fortgesetzter Unterstützung verfassungsfeindlicher Aktivitäten.[391] Auch bei der Weitergabe von Informationen aus polizeiinternen Informationssystemen kann die Höchstmaßnahme gerechtfertigt sein.[392] Eine **Kürzung der Dienstbezüge** wurde bei judenfeindlichen Äußerungen für rechtmäßig erachtet.[393]

---

[377] Einzelheiten bei *Wittkowski* in Urban/Wittkowski BDG § 32 Rn. 4 ff.
[378] Vgl. *Schmidt* BeamtenR Rn. 472 f.
[379] Hierzu näher *Schmidt* BeamtenR Rn. 474 f.
[380] Näher *Schmidt* BeamtenR Rn. 476, 482.
[381] Zur Zusammensetzung *Schmidt* BeamtenR Rn. 480.
[382] Zu Klagen des Beamten gegen die Disziplinarverfügung s. *Herrmann/Sandkuhl*, Beamtendisziplinarrecht – Beamtenstrafrecht, 2. Aufl. 2021, Rn. 713 ff.
[383] Einzelheiten bei *Herrmann/Sandkuhl,* Beamtendisziplinarrecht – Beamtenstrafrecht, 2. Aufl. 2021, Rn. 718 ff.
[384] S. hierzu die Kommentierungen zu § 59 BDG und § 60 BDG von *Urban* in Urban/Wittkowski.
[385] Hierzu *Schmidt* BeamtenR Rn. 485 f.
[386] Vgl. *Schmidt* BeamtenR Rn. 487 f.
[387] S. hierzu die umfassende Aufbereitung bei *Urban* in Urban/Wittkowski BDG Anh. § 13 Rn. 1 ff.
[388] BVerwGE 160, 370 ff. = NJW 2018, 1185.
[389] VG Wiesbaden BeckRS 2019, 44397.
[390] VG München BeckRS 2019, 49160.
[391] *Urban* in Urban/Wittkowski BDG § 13 Rn. 36 mwN.
[392] Vgl. *Urban* in Urban/Wittkowski BDG Anh. § 13 Rn. 57.
[393] *Urban* in Urban/Wittkowski BDG Anh. § 13 Rn. 52.

III. Disziplinarrechtliche Konsequenzen bei Soldaten

171 Zu den **wehrdisziplinarrechtlichen Konsequenzen** von Dienstvergehen von Soldaten aufgrund von Verletzungen der zuvor beschriebenen Dienstpflichten nach dem SG[394] lässt sich in gedrängter Kürze folgendes sagen.[395]

1. Allgemeines

172 Für Personen, die sich in einem Soldatenverhältnis befinden, kommt die **Wehrdisziplinarordnung** (WDO) zur Anwendung. Disziplinare Maßnahmen nach § 15 WDO stellen eine Reaktion auf **Dienstvergehen** (§ 23 SG) dar. Allerdings rechtfertigt nicht jede Unregelmäßigkeit eine förmliche Disziplinarmaßnahme; vielmehr hat der militärische Vorgesetzte nach seinem Ermessen zu erwägen, ob es genügt, durch besondere Befehle, Mahnungen und Belehrungen auf die Soldaten einzuwirken. Selbst wenn aber ein Dienstvergehen vorliegt, so ist nach § 33 Abs. 1 und 2 WDO zunächst zu prüfen, ob es bei einer **erzieherischen Maßnahme** sein Bewenden haben kann.[396]

2. Disziplinarmaßnahmen

173 § 15 WDO unterscheidet zwischen **einfachen** und **gerichtlichen Disziplinarmaßnahmen.** Diese Begrifflichkeit unterstreicht, dass mit den Disziplinarmaßnahmen nach der WDO **keine Strafzwecke** verbunden sind. § 22 ff. WDO regeln die einfachen Disziplinarmaßnahmen, diese umfassen den Verweis, die Disziplinarbuße sowie Ausgangsbeschränkungen und den Disziplinararrest. Verhängt werden sie vom Disziplinarvorgesetzten (§ 27 WDO); die Ausübung der Disziplinargewalt ist nach Dienststellung abgestuft (§ 28 WDO).[397]

174 § 58 ff. WDO benennen die **gerichtlichen Disziplinarmaßnahmen,** die wegen ihres schwerwiegenden Charakters nur von den Wehrdienstgerichten verhängt werden dürfen, vgl. § 15 Abs. 1 S. 2 WDO. Dazu zählen bei aktiven Soldaten die Gehaltskürzung, das Beförderungsverbot, die Dienstgradherabsetzung und die Entfernung aus dem Dienstverhältnis. Bei Soldaten im Ruhestand sind nur die Kürzung oder Aberkennung des Ruhegehalts als Disziplinarmaßnahmen vorgesehen.[398] Sie finden mit Ausnahme der Dienstgradherabsetzung, die auch bei Wehrpflichtigen möglich ist, nur gegenüber Zeit- und Berufssoldaten statt. Erstinstanzlich zuständig für die Entscheidung über gerichtliche Disziplinarmaßnahmen sind die **Truppendienstgerichte** (§§ 69 ff. WDO).[399]

3. Disziplinarverfahren

175 Das **Disziplinarverfahren beginnt mit dem Bekanntwerden von Tatsachen,** die den **Verdacht eines Dienstvergehens** rechtfertigen. In diesem Fall hat der Disziplinarvorgesetzte den Sachverhalt aufzuklären. Entscheidend ist der Begriff des Dienstvergehens: Ein solches „liegt nur vor, wenn der Soldat seine Dienstpflichten ungerechtfertigt und schuld-

---

[394] Zum Charakter des Wehrdisziplinarrechts s. *Oldiges/Brinktrine* in Ehlers/Fehling/Pünder BesVerwR, Bd. 3, § 74 Wehr- und Zivilverteidigungsrecht Rn. 176.
[395] Die nachfolgenden Ausführungen folgen der Darstellung von *Oldiges/Brinktrine* in Ehlers/Fehling/Pünder BesVerwR, Bd. 3, § 74 Wehr- und Zivilverteidigungsrecht Rn. 176 ff., zu Einzelheiten siehe die Kommentierungen zu den Vorschriften der WDO bei *Dau/Schütz,* Wehrdisziplinarordnung. S. ferner auch *Häußler* DVBl 2021, 914 (914–917) zu aktuellen Problemstellungen im Wehrdisziplinarrecht.
[396] Vgl. zu Vorstehendem *Oldiges/Brinktrine* in Ehlers/Fehling/Pünder BesVerwR, Bd. 3, § 74 Wehr- und Zivilverteidigungsrecht Rn. 177.
[397] Vgl. zu Vorstehendem *Oldiges/Brinktrine* in Ehlers/Fehling/Pünder BesVerwR, Bd. 3, § 74 Wehr- und Zivilverteidigungsrecht Rn. 178.
[398] Vgl. zu Vorstehendem *Oldiges/Brinktrine* in Ehlers/Fehling/Pünder BesVerwR, Bd. 3, § 74 Wehr- und Zivilverteidigungsrecht Rn. 178.
[399] Vgl. *Oldiges/Brinktrine* in Ehlers/Fehling/Pünder BesVerwR, Bd. 3, § 74 Wehr- und Zivilverteidigungsrecht Rn. 178, dort auch zu Besonderheiten nach § 58 Abs. 2, 3 und 5 WDO sowie § 67 WDO für Soldaten in der Reserve und im Ruhestand.

D. Disziplinarrechtliche Folgen von Verstößen gegen staatsschutzbezogene Pflichten § 46

haft verletzt hat"[400]. Steht fest, dass der Soldat ein Dienstvergehen begangen hat, so muss der Disziplinarvorgesetzte prüfen, ob er lediglich eine erzieherische Maßnahme ergreifen will oder ob eine Disziplinarmaßnahme erforderlich ist. Nach § 35 Abs. 1 WDO ist der Disziplinarvorgesetzte bei seiner Entscheidung nicht an Befehle gebunden. § 37 Abs. 1 S. 1 WDO ordnet an, dass zwischen der Erlangung der Kenntnis von einem Dienstvergehen und der Verhängung einer Disziplinarmaßnahme in der Regel eine Nacht liegen muss.[401] Für das gesamte Verfahren kommen im Übrigen die **allgemeinen rechtsstaatlichen Verfahrensgrundsätze** zur Anwendung, namentlich gelten die Grundsätze des rechtlichen Gehörs sowie der Verhältnismäßigkeit.[402]

Entscheidet sich der Disziplinarvorgesetzte für eine ihm eröffnete Disziplinarmaßnahme, so ist die entsprechende **Disziplinarverfügung** nach § 37 Abs. 3 WDO schriftlich abzufassen und dem Soldaten dienstlich bekanntzugeben, § 37 Abs. 2 S. 1 WDO. Für den Disziplinarrest gelten die Besonderheiten des § 40 WDO (Mitwirkung eines Richters des zuständigen Truppendienstgerichts). Dem Soldaten steht gegen die verhängte Disziplinarmaßnahme ein Beschwerderecht nach Maßgabe der Wehrbeschwerdeordnung (WBO) zu. Eine Vollstreckung der Disziplinarmaßnahme setzt nach § 47 WDO voraus, dass der Soldat Zeit und Gelegenheit zur Beschwerde hatte und von dieser Möglichkeit keinen Gebrauch gemacht hat.[403] **176**

Kommt der Dienstvorgesetzte hingegen zu dem Ergebnis, dass eine **gerichtliche Disziplinarmaßnahme** angezeigt ist, so hat er nach § 41 WDO die Angelegenheit zur Herbeiführung einer Entscheidung an die **Einleitungsbehörde** zu überweisen. § 94 WDO bestimmt – in Abhängigkeit vom Dienstgrad des Betroffenen – als Einleitungsbehörde den Bundesminister der Verteidigung, den Divisionskommandeur oder eine sonstige vom Minister bestimmte Dienststelle. Eingeleitet wird das disziplinargerichtliche Verfahren durch eine **schriftliche Verfügung**, die dem Soldaten zuzustellen ist, § 93 Abs. 1 WDO. Der Wehrdisziplinaranwalt führt anschließend die Ermittlungen (§ 81 WDO). Sofern das Verfahren nicht eingestellt wird, legt er nach § 99 WDO dem Truppendienstgericht eine **Anschuldigungsschrift** vor. Diese bildet die Grundlage für die Eröffnung der Hauptverhandlung durch das Truppendienstgericht. Das Verfahren vor den Truppendienstgerichten regeln die §§ 103 ff. WDO. Ergeht ein **Urteil**, so ist nach §§ 115 ff. WDO hiergegen die Berufung an das Bundesverwaltungsgericht zulässig. Der Wehrdisziplinaranwalt wiederum ist für die Vollstreckung der gerichtlichen Wehrdisziplinarmaßnahmen zuständig.[404] **177**

Abschließend ist darauf hinzuweisen, dass ein **parallel laufendes strafgerichtliches Verfahren** nicht die Durchführung eines Disziplinarverfahrens und der Verhängung von Disziplinarmaßnahmen verhindert, da beide Sanktionssysteme sich nach Rechtsgrund und Zweckbestimmung unterscheiden.[405] Allerdings verbietet der Verhältnismäßigkeitsgrundsatz eine übermäßige und durch den Sanktionszweck nicht mehr gedeckte Verhängung von Disziplinarmaßnahmen, vgl. §§ 16, 38 und 39 WDO.[406] **178**

---

[400] *Oldiges/Brinktrine* in Ehlers/Fehling/Pünder BesVerwR, Bd. 3, § 74 Wehr- und Zivilverteidigungsrecht Rn. 179.
[401] Vgl. zu Vorstehendem *Oldiges/Brinktrine* in Ehlers/Fehling/Pünder BesVerwR, Bd. 3, § 74 Wehr- und Zivilverteidigungsrecht Rn. 179.
[402] *Oldiges/Brinktrine* in Ehlers/Fehling/Pünder BesVerwR, Bd. 3, § 74 Wehr- und Zivilverteidigungsrecht Rn. 180.
[403] Vgl. zu Vorstehendem *Oldiges/Brinktrine* in Ehlers/Fehling/Pünder BesVerwR, Bd. 3, § 74 Wehr- und Zivilverteidigungsrecht Rn. 180.
[404] Vgl. zu Vorstehendem *Oldiges/Brinktrine* in Ehlers/Fehling/Pünder BesVerwR, Bd. 3, § 74 Wehr- und Zivilverteidigungsrecht Rn. 181.
[405] *Oldiges/Brinktrine* in Ehlers/Fehling/Pünder BesVerwR, Bd. 3, § 74 Wehr- und Zivilverteidigungsrecht Rn. 182.
[406] Vgl. zu Vorstehendem *Oldiges/Brinktrine* in Ehlers/Fehling/Pünder BesVerwR, Bd. 3, § 74 Wehr- und Zivilverteidigungsrecht Rn. 182.

4. Beispiele von Dienstvergehen und ihre disziplinarrechtliche Behandlung

179 Für die – nicht ernst gemeinte – Aufforderung zum „Putsch" gegen die amtierende Ministerin wurde eine **Disziplinarbuße** in Höhe von 500 EUR für angemessen erachtet.[407] Zu einer **Gehaltskürzung** kam es beim Zeigen des „Hitlergrußes".[408] Ein **Beförderungsverbot** haben das Truppendienstgericht bzw. das Bundesverwaltungsgericht zB bei der Mitwirkung an Sketchen mit rechtsextremistischen Szenen und Verlautbarungen sowie Gewaltdarstellungen in Liegenschaften der Bundeswehr[409] oder bei der Schmähung von Opfern des Nationalsozialismus sowie der Aufforderung, den Geburtstag des „Führers" zu feiern,[410] für ausreichend erachtet.

180 Eine **Dienstgradherabsetzung** als Disziplinarmaßnahme wurde verhängt im Fall der Leugnung der Judenverfolgung und Judenvernichtung,[411] der Schmähung ausländischer Mitbürger[412] sowie der Propagierung von ausländerfeindlichen Thesen und Gewalttaten im Sinne der nationalsozialistischen Ideologie.[413] Auf **Entfernung aus dem Dienstverhältnis** als Berufssoldat wurde durch das Truppendienstgericht bzw. dem Wehrdisziplinarsenat in den Fällen der Verbreitung von Judenwitzen[414] sowie der Leugnung des Holocausts[415] erkannt.

181 Selbst bei schweren Pflichtverstößen wie der Zur-Schau-Stellung von NS-Symbolen und Emblemen des NS-Regimes ist aber eine Entfernung aus dem Dienstverhältnis ausgeschlossen, wenn der Soldat **schuldunfähig** iSd § 20 StGB gehandelt, insbesondere bei exzessivem Alkoholgenuss.[416] Freigesprochen wurden auch Soldaten, die der Partei „Die Republikaner" angehörten, da der Senat kein Dienstvergehen feststellen konnte.[417]

§ 47 Vereinsrecht[1]

Sebastian Unger

Übersicht

	Rn.
A. Einführung: Zweck des Vereinsrechts	1
B. Rechtsgrundlagen des Vereinsrechts	2
C. Anwendungsbereich des Vereinsrechts	3
I. Beschränkung des Anwendungsbereichs auf „Vereine"	3
II. Grenzen des vereinsgesetzlichen Vereinsbegriffs	4
III. Insbesondere: Religions- und Weltanschauungsgemeinschaften	6
D. Verwirklichung der Vereinsfreiheit	8
I. Grundsatz der Genehmigungs- und Anzeigefreiheit	8
II. Anmeldung von Ausländer- und ausländischen Vereinen	9
E. Gefahrenabwehr durch Vereinsverbot	10
I. Allgemeines	10
II. Materielle Voraussetzungen	11
1. Tatsächliche Verbotsgrundlage	12
2. Vorliegen eines Verbotsgrunds	14

---

[407] BVerwG BeckRS 2020, 10048 Rn. 1 ff.
[408] BVerwG BeckRS 2017, 112000.
[409] BVerwGE 111, 45 (46) = BeckRS 9998, 171039.
[410] BVerwGE 132, 179 (181) = BeckRS 2009, 31811.
[411] BVerwGE 111, 25 (26) = NJW 2000, 1433.
[412] BVerwG BeckRS 1984, 31246105.
[413] BVerwGE 113, 48 (49) = NJW 1997, 2338.
[414] BVerwGE 63, 69 (70) = BeckRS 1978, 30437070.
[415] BVerwGE 86, 321 (322) = NJW 1991, 997.
[416] Vgl. BVerwG NVwZ 2004, 354 (357).
[417] BVerwGE 114, 258 (262) = NJW 2002, 980.
[1] Der Abschnitt basiert auf *Unger* in Baumann/Sikora VereinsR-HdB § 20 Rn. 2 ff.

§ 47 Vereinsrecht § 47

	Rn.
a) Strafgesetzwidrigkeit	15
b) Verfassungswidrigkeit	17
c) Völkerverständigungswidrigkeit	20
3. Modifikationen bei besonderen Vereinen	22
a) Ausländervereine und ausländische Vereine	22
b) Wirtschaftsvereinigungen und Koalitionen	25
4. Zurechnung von Mitgliederhandeln	28
5. Ermessen und Verhältnismäßigkeit	29
III. Formelle Voraussetzungen	30
1. Zuständigkeit	31
2. Verfahren	33
3. Form	34
IV. Verbotsinhalt	37
1. Feststellung eines Verbotsgrunds	37
2. Auflösung des Vereins	38
3. Vermögensbeschlagnahme und -einziehung	39
4. Sofortvollzugsanordnung	41
V. Verbotsreichweite	42
1. Erstreckung auf Teilorganisationen	42
2. Reichweite bei ausländischen Vereinen	43
VI. Verbotsvollzug	45
1. Vollzugsmaßnahmen	46
2. Vollzugsvoraussetzungen	47
3. Vollzugszuständigkeit	48
4. Vollzug des Verbots eines Teilvereins	49
5. Rechtsschutz	50
VII. Verbotssicherung	51
1. Verbot von Ersatzorganisationen	52
2. Verbot der Kennzeichenverwendung	56
3. Straf- und Bußgeldvorschriften	59
VIII. Rechtsschutz	60
1. Vereinsverbote nach § 3 Abs. 1 S. 1 VereinsG	60
a) Insbesondere: Klagebefugnis	61
b) Insbesondere: Eilrechtsschutz	63
2. Verfügungen nach § 8 Abs. 2 S. 1 VereinsG	64
F. Weitere vereinsrechtliche Befugnisse	65
G. Perspektiven für das Vereinsrecht	67

Hinweis:
Alle Internetfundstellen wurden zuletzt am 18.4.2022 abgerufen.

Wichtige Literatur:
Albrecht, F./Roggenkamp, J. D. (Hrsg.), Vereinsgesetz, 2014; *Baudewin, C.,* Das Vereinsverbot, NVwZ 2013, 1049; *Baudewin, C.,* Das Vereinsverbot, NVwZ 2021, 1021; *Deres, M.,* Die Praxis des Vereinsverbotes, VR 1992, 421; *Feldmann, P.,* Vereinigungsfreiheit und Vereinigungsverbot, 1972; *Groh, K.,* Selbstschutz der Verfassung gegen Religionsgemeinschaften, 2004; *Groh, K.,* Vereinsgesetz, 2012 (nur über beck-online); *Grundmann, C.,* Das fast vergessene öffentliche Vereinsrecht, 1999; *Heinrich, J.,* Vereinigungsfreiheit und Vereinigungsverbot – Dogmatik und Praxis des Art. 9 Abs. 2 GG, 2005; *Michael, L.,* Verbote von Religionsgemeinschaften, JZ 2002, 482; *Piepenstock, W.,* Politische Vereinigungen unter dem Grundgesetz, 1971; *Planker, M.,* Das Vereinsverbot gem. Art. 9 Abs. 2 GG/§§ 3 ff. VereinsG, 1994; *Planker, M.,* Das Vereinsverbot in der verwaltungsgerichtlichen Rechtsprechung, NVwZ 1998, 113; *Poscher, R.,* Vereinsverbote gegen Religionsgemeinschaften?, KritV 2002, 298; *Richter, D.,* Möglichkeiten und Grenzen des Vereinsverbots im rechtsextremistischen Bereich, RdJB 2002, 172; *Roth, W.,* Gesetz zur Regelung des öffentlichen Vereinsrechts (Vereinsgesetz) in Schenke/Graulich/Ruthig (Hrsg.), Sicherheitsrecht des Bundes, 2. Aufl. 2019, Kap. J; *Rudroff, N.,* Das Vereinigungsverbot nach Art. 9 Abs. 2 GG und dessen verwaltungsrechtliche Auswirkungen, 1995; *Marx,* Öffentliches Vereinsrecht, in: Lisken/Denninger (Begr.), Handbuch des Polizeirechts, 7. Aufl. 2021, Abschn. I Teil VII; *Scheidler, A.,* Gerichtszuständigkeiten für Klagen gegen Vereinsverbote, NVwZ 2011, 1497; *Schiffbauer, B.,* Das öffentliche Vereinsrecht in Reichert/Schimke/Dauernheim (Hrsg.),

Handbuch Vereins- und Verbandsrecht, 14. Aufl. 2018, Kap. 3; *Schiffbauer, B.*, Über Freiheit und Verbote von Vereinigungen, JZ 2019, 130; *Schmidt, T.*, Die Freiheit verfassungswidriger Parteien und Vereinigungen, 1983; *Schnorr, G.*, Öffentliches Vereinsrecht, 1965; *Wache, V.*, Gesetz zur Regelung des öffentlichen Vereinsrechts (Vereinsgesetz), in: Erbs/Kohlhaas (Hrsg.), Strafrechtliche Nebengesetze, Loseblatt, V 52 und V52a.

A. Einführung: Zweck des Vereinsrechts

1 Gegenstand dieses Abschnitts ist das **öffentliche Vereinsrecht.** Während das in den §§ 21 ff. BGB geregelte private Vereinsrecht den organisationsrechtlichen Rahmen für die körperschaftliche Verbindung einer größeren Anzahl von Personen zur Erreichung eines gemeinsamen Zwecks liefert,[2] geht es im öffentlichen Vereinsrecht gem. § 1 Abs. 2 VereinsG um **Maßnahmen gegen „Vereine, die die Vereinsfreiheit mißbrauchen, [...] zur Wahrung der öffentlichen Sicherheit oder Ordnung".** Das öffentliche Vereinsrecht ist damit besonderes Gefahrenabwehrrecht. Es liefert die einfachgesetzliche Grundlage für das sicherheitsbehördliche Verbot von Vereinen zur Verteidigung der in Art. 9 Abs. 2 GG genannten Schutzgüter. Missbrauchen Vereine die Vereinsfreiheit, indem sie sich strafgesetzwidrig verhalten oder sich gegen die verfassungsmäßige Ordnung oder gegen den Gedanken der Völkerverständigung richten, können sie gem. § 1 Abs. 2 VereinsG „nur" nach Maßgabe des Vereinsgesetzes verboten werden.[3] Ein Rückgriff auf das allgemeine Gefahrenabwehrrecht ist insoweit ausgeschlossen. Nicht von dieser „Polizeifestigkeit" des öffentlichen Vereinsrechts umfasst sind Maßnahmen, die sich nicht gegen den Bestand, sondern gegen einzelne Betätigungen eines Vereins richten. Für sie gilt das allgemeine Gefahrenabwehrrecht.[4] Das öffentliche Vereinsrecht zielt demgegenüber ebenso wie die Vorschriften über Parteiverbote in Art. 21 Abs. 2 und 4 GG und §§ 43 ff. BVerfGG auf die Abwehr von Gefahren, die gerade aus „dem organisatorischen Gefüge der Vereinigung als zweckgerichtetem Zusammenschluss mehrerer Personen"[5] und ihren „typischen verbandsmäßigen Wirkungsmöglichkeiten"[6] resultieren und die daher ein Organisationsverbot unumgänglich machen. Es geht folglich um die **Bekämpfung spezifischer Organisationsgefahren**[7] als Kehrseite kollektiver Grundrechtsausübung. Das öffentliche Vereinsrecht ist damit Teil der Antwort des wehrhaften demokratischen Rechtsstaats auf „seine organisierten Feinde".[8]

B. Rechtsgrundlagen des Vereinsrechts

2 Art. 9 Abs. 2 GG bestimmt zwar unmittelbar die Voraussetzungen eines Vereinsverbots, ist aber nach allgemeiner Auffassung als qualifizierter Gesetzesvorbehalt der allgemeinen Vereinigungsfreiheit zu lesen[9] und bedarf daher einer einfachgesetzlichen Konkretisierung

---

[2] Zu diesem nach wie vor maßgeblichen Vereinsbegriff des bürgerlichen Rechts RGZ 143, 212 (213).
[3] Unberührt und daher parallel anwendbar bleiben gem. § 30 Abs. 2 VereinsG aber die in dieser Vorschrift genannten besonderen Verfahren zur Auflösung von Vereinigungen; s. dazu im Einzelnen *Unger* in Baumann/Sikora VereinsR-HdB § 20 Rn. 3.
[4] Deutlicher als § 1 Abs. 2 VereinsG noch § 2 Abs. 2 des ersten Entwurfs eines Vereinsgesetzes, abgedruckt in BT-Drs. IV/430, 2: „Die Betätigung der Vereine [...] unterliegt den allgemeinen, für jedermann verbindlichen Gesetzen"; s. dazu auch *Schmieder* VBlBW 2002, 146 (149).
[5] Formulierung mit Blick auf Art. 9 Abs. 2 GG in BVerfGE 149, 160 (196) = BeckRS 2018, 18810.
[6] Formulierung mit Blick auf Art. 21 Abs. 2 GG zuletzt in BVerfGE 144, 20 (Ls. 1 und 195) = NJW 2017, 611.
[7] Zum Begriff aus strafrechtlicher Perspektive BGH NStZ-RR 2019, 310 (311), der die Organisationsgefahr „in erster Linie in der engen Bindung [sieht], welche die Mitglieder für die Zukunft und für eine gewisse Dauer eingehen und die einen ständigen Anreiz zur Fortsetzung [von Straftaten] bildet".
[8] So für Art. 21 Abs. 2 GG BVerfGE 144, 20 (Ls. 1, 159, 225) = NJW 2017, 611; zum Vereinsverbot nach Art. 9 Abs. 2 GG als „Instrument" der wehrhaften Demokratie des Grundgesetzes *Schliesky* in Isensee/Kirchhof StaatsR-HdB XII § 277 Rn. 40; instruktiv zum Ganzen BVerfGE 107, 339 (386 f.) = NJW 2003, 1577.
[9] S. nur BVerfGE 149, 160 (193) = BeckRS 2018, 18810. Verkürzungen der Vereinigungsfreiheit, die nicht auf die Verteidigung eines in Art. 9 Abs. 2 GG genannten Schutzguts zielen, sind nur zum Schutz kollidierenden Verfassungsrechts zulässig und bedürfen einer formell-gesetzlichen Grundlage. Auf das auf

durch den Gesetzgeber, der insbesondere die Zuständigkeit und das Verfahren regeln muss.[10] Diese Konkretisierung findet sich im **Gesetz zur Regelung des öffentlichen Vereinsrechts** (Vereinsgesetz) vom 5.8.1964,[11] das auf der konkurrierenden Gesetzgebungszuständigkeit des Bundes aus Art. 74 Abs. 1 Nr. 3 GG beruht. Anwendung findet das Vereinsgesetz entgegen seinem Namen nicht nur auf Vereine im bürgerlich-rechtlichen Sinne, sondern auf jede Vereinigung, zu der sich eine Mehrheit natürlicher oder juristischer Personen für längere Zeit zu einem gemeinsamen Zweck freiwillig zusammengeschlossen und einer organisierten Willensbildung unterworfen hat (im Einzelnen → Rn. 3 ff.). Ergänzt werden die Regelungen des Vereinsgesetzes zunächst durch die auf Grundlage von § 19 VereinsG erlassene **Verordnung zur Durchführung des Gesetzes zur Regelung des öffentlichen Vereinsrechts** (VereinsG-DVO) vom 28.7.1966.[12] Darüber hinaus finden die allgemeinen verwaltungsverfahrensrechtlichen Vorschriften Anwendung, soweit das Vereinsgesetz keine eigenen (und dann vorrangigen) Regelungen enthält. Wird als Verbotsbehörde gem. § 3 Abs. 2 S. 1 Nr. 2 VereinsG der Bundesminister des Innern tätig, gelten das **Verwaltungsverfahrens-**, das **Verwaltungszustellungs-** und das **Verwaltungsvollstreckungsgesetz** des Bundes. Ist nach § 3 Abs. 2 S. 1 Nr. 1 VereinsG eine Landesbehörde zuständig, regeln gem. Art. 84 Abs. 1 GG die Länder das Verwaltungsverfahren und die Einrichtung der Behörden samt Aufgaben- und Befugniszuweisung.[13] Einschlägig sind dann die entsprechenden Landesgesetze. Darüber hinaus enthält das Landesrecht durchweg Ausführungsvorschriften zum Vereinsgesetz mit Zuständigkeitsregelungen.[14]

C. Anwendungsbereich des Vereinsrechts

I. Beschränkung des Anwendungsbereichs auf „Vereine"

Wie sich vor allem aus § 1 Abs. 2 VereinsG ergibt, gilt das Vereinsgesetz nur für „Vereine". **3** Maßgeblich ist insoweit der **vereinsgesetzliche Vereinsbegriff** nach § 2 Abs. 1 VereinsG, der dem verfassungsrechtlichen Vereinigungsbegriff entspricht und über den bürgerlich-rechtlichen Vereinsbegriff weit hinausweist.[15] Die Weite des vereinsgesetzlichen Ver-

---

Art. 9 Abs. 2 GG bezogene Vereinsgesetz können sie nicht gestützt werden. Zum Ganzen BVerfGE 124, 25 (36 f.) = BeckRS 2009, 23506; *Cornils* in BeckOK GG GG Art. 9 Rn. 22 und 31 f.; *Unger* in Baumann/Sikora VereinsR-HdB § 19 Rn. 22.

[10] Dazu *Winkler* in v. Münch/Kunig GG Art. 9 Rn. 74.
[11] BGBl. 1964 I 593, zuletzt geändert durch Art. 5 des Sechzigsten Gesetzes zur Änderung des Strafgesetzbuches v. 30.11.2020 (BGBl. 2020 I 2600). Zur Erstfassung des Vereinsgesetzes *Dannbeck* BayVBl. 1965, 253; *Fröhlich* DVBl 1964, 799; *Schmidt* NJW 1965, 424. Zur Rechtslage vor Einführung des Vereinsgesetzes Nomos-BR/*Groh* VereinsG Einl. Rn. 1: „undurchsichtige Rechtslage unter der bis dato fragmentarischen Weitergeltung des Reichsvereinsgesetzes vom 19.4.1908 (RGBl. 1908, 151)", die auch eine Rechtsgrundlage für Auflösungsverfügungen enthielt; s. dazu ferner *Seifert* DÖV 1954, 353; zur Fortgeltung des Reichsvereinsgesetzes BVerwGE 4, 188 (189 f.) = NJW 1957, 685; BVerwGE 37, 344 (350) = BeckRS 1971, 30432787. Anders als das Vereinsgesetz galt das Reichsvereinsgesetz auch für politische Parteien. Durch § 30 Abs. 1 Nr. 1 VereinsG ist es aufgehoben worden.
[12] BGBl. 1966 I 457, zuletzt geändert durch Art. 6 Abs. 1 des Vierunddreißigsten Strafrechtsänderungsgesetzes v. 22.8.2002 (BGBl. 2002 I 3390).
[13] *Trute* in v. Mangoldt/Klein/Starck GG Art. 84 Rn. 9.
[14] Exemplarisch für Bayern Gesetz zur Ausführung des Vereinsgesetzes v. 15.12.1965 (GVBl. 1965, 346), zuletzt geändert durch § 1 Abs. 175 der Verordnung zur Anpassung des Landesrechts an die geltende Geschäftsverteilung v. 26.3.2019 (GVBl. 2019, 98), sowie § 2 der Zuständigkeitsverordnung v. 16.6.2015 (GVBl. 2015, 184), zuletzt geändert durch § 2 der Verordnung zur Änderung der Delegationsverordnung und der Zuständigkeitsverordnung v. 14.12.2021 (BayMBl. Nr. 902).
[15] Zusammenfassend jüngst BVerwG NVwZ-RR 2019, 512 (514): „Auch bei einer extensiven Interpretation des Vereinsbegriffs kann ein Zusammenschluss von Personen nur angenommen werden, wenn sich diese durch einen konstitutiven Akt verbunden haben. Dabei dürfen an die Qualität dieses Aktes keine hohen Anforderungen gestellt werden; eine stillschweigende Übereinkunft reicht aus. So hinsichtlich des gemeinsamen Zwecks genügt eine faktische Übereinstimmung über die wesentlichen Ziele des Zusammenschlusses. Die von dem Willen der einzelnen Mitglieder losgelöste und organisierte Gesamtwillensbildung, der sich die Mitglieder kraft der Verbandsdisziplin prinzipiell unterordnen müssen bzw.

einsbegriffs dient dabei nicht nur einer effektiven Gefahrenabwehr, sondern auch dem Schutz von Vereinigungen, die als Vereine nur unter den engen Voraussetzungen des Art. 9 Abs. 2 GG und § 3 Abs. 1 S. 1 Hs. 1 VereinsG verboten werden dürfen.[16] Wie sich aus den §§ 14–17 VereinsG ergibt, die insoweit eine in mehrfacher Hinsicht modifizierte Anwendung des Vereinsgesetzes vorsehen (im Einzelnen → Rn. 22 ff.), umfasst der einfachgesetzliche Vereinsbegriff auch Vereine, deren Mitglieder oder Leiter sämtlich oder überwiegend Ausländer sind, Vereine mit Sitz im Ausland, Arbeitnehmer- und Arbeitgebervereinigungen sowie bestimmte Wirtschaftsvereinigungen.

II. Grenzen des vereinsgesetzlichen Vereinsbegriffs

4 Keine Vereine im Sinne des Vereinsgesetzes sind gem. § 2 Abs. 2 Nr. 1 VereinsG **politische Parteien iSv Art. 21 GG.** Ihre Verfassungswidrigkeit wird vielmehr auf Grundlage von Art. 21 Abs. 2 und 4 GG iVm §§ 43 ff. BVerfGG durch das BVerfG festgestellt.[17] Zur Begriffsbestimmung kann auf § 2 Abs. 1 S. 1 PartG zurückgegriffen werden. Keine Parteien (und daher Vereine iSd Vereinsgesetzes) sind danach Vereinigungen, die nach ihrem Organisationsgrad und ihren Aktivitäten offensichtlich nicht imstande sind, auf die politische Willensbildung des Volkes Einfluss zu nehmen und bei denen die Verfolgung dieses Ziels daher erkennbar unrealistisch und aussichtslos ist.[18] Ebenfalls keine Parteien sind Vereinigungen, denen das erforderliche Mindestmaß an eigenständiger Willensbildung und organisatorischer Selbständigkeit fehlt. Bedeutung hatte dies in der Vergangenheit bei Teilorganisationen eines verbotenen Vereins iSd § 3 Abs. 3 S. 1 VereinsG, die geltend machten, sie seien Parteien, so dass das Vereinsgesetz auf sie keine Anwendung finde.[19] Keine Vereine sind gem. § 2 Abs. 2 Nr. 2 VereinsG auch **Fraktionen des Bundestages und der Landesparlamente.**

5 Umstritten ist, ob über § 2 Abs. 2 VereinsG hinaus bestimmte Vereine vom Anwendungsbereich des Vereinsgesetzes ausgenommen sind. Für Religions- und Weltanschauungsgemeinschaften ist das nach Aufhebung des vereinsrechtlichen Religionsprivilegs zu verneinen (ausführlich → Rn. 6), für Vereine, deren Zweck in der **Verbreitung von Nachrichten und Meinungsbeiträgen** besteht, wird es gegenwärtig kontrovers diskutiert. Das BVerwG hält das Vereinsgesetz zu Recht auch insoweit für anwendbar. Dafür spricht vor allem, dass das Vereinsverbot kein Betätigungs-, sondern ein Organisationsverbot ist. Der Meinungs- und der Pressefreiheit nach Art. 5 Abs. 1 S. 1 und 2 GG ist richtigerweise dadurch Rechnung zu tragen, dass erstens das Vereinsverbot nicht ausschließlich auf bestimmte Inhalte gestützt wird und zweitens die Meinungs- und die Pressefreiheit im Rahmen der Verhältnismäßigkeitsprüfung (→ Rn. 29) hinreichend berücksichtigt werden.[20]

---

die sie kraft eigenen Entschlusses als prinzipiell beachtlich werten, erfordert weder eine Satzung noch spezifische Vereinsorgane. Ausreichend ist eine Organisationsstruktur, die faktisch auf eine organisierte Willensbildung schließen lässt".

[16] BVerfGK NVwZ 2020, 224 (224); BVerwGE 154, 22 (29) = BeckRS 2016, 42102; BVerwGE 167, 293 (304 f.) = BeckRS 2020, 8410.

[17] Eine Aufhebung des vereinsrechtlichen Parteienprivilegs scheidet angesichts dieser Regelung aus verfassungsrechtlichen Gründen aus, *Poscher* KritV 2002, 298 (298).

[18] BVerfGE 91, 262 (271 f.) = BeckRS 1994, 10948.

[19] Instruktiv BVerwGE 74, 176 (180 f.) = NJW 1986, 2654.

[20] Zum Ganzen BVerwGE 167, 293 (304 f.) = BeckRS 2020, 8410, das insoweit auch keine Überschreitung der Gesetzgebungskompetenz des Bundes nach Art. 74 Abs. 1 Nr. 3 GG für das Vereinsrecht erkennt; dazu differenzierend und insgesamt kritisch *Werdermann* NVwZ 2019, 1005; speziell zur Berücksichtigung anderer Grundrechte als der Vereinigungsfreiheit BVerfGE 149, 160 (200 f.) = BeckRS 2018, 18810.

III. Insbesondere: Religions- und Weltanschauungsgemeinschaften

Bis 2001 fanden das Vereinsgesetz und die Verordnung zur Durchführung des Vereinsgesetzes nach § 2 Abs. 2 Nr. 3 VereinsG auch keine Anwendung auf „Religionsgemeinschaften und Vereinigungen, die sich die gemeinschaftliche Pflege einer Weltanschauung zur Aufgabe machen".[21] Durch das Erste Gesetz zur Änderung des Vereinsgesetzes vom 4.12.2001[22] ist dieses **vereinsrechtliche Religionsprivileg aufgehoben** worden. Die überwiegende Auffassung hält das für verfassungsrechtlich unbedenklich und in der Folge ein Verbot von Religions- und Weltanschauungsgemeinschaften auf Grundlage von § 3 Abs. 1 S. 1 VereinsG iVm Art. 9 Abs. 2 GG sowie §§ 14 und 15 VereinsG für zulässig, sofern bei Anwendung des Vereinsgesetzes im Einzelfall nur **Religions- und Weltanschauungsfreiheit hinreichend berücksichtigt** werden. So hat das BVerwG das Verbot einer Religionsgemeinschaft jedenfalls dann für zulässig gehalten, wenn diese sich gegen den Grundsatz der Menschenwürde und den davon umfassten Kernbereich der Einzelgrundrechte oder die Prinzipien von Rechtsstaat und Demokratie richtet.[23] Inwieweit damit eine Verengung der Verbotstatbestände in § 3 Abs. 1 S. 1 VereinsG iVm Art. 9 Abs. 2 GG sowie §§ 14 und 15 VereinsG auf die verfassungsimmanenten Schranken der religiösen Vereinigungsfreiheit verbunden ist,[24] ist unklar. In der angesprochenen Entscheidung hat das BVerwG offen gelassen, „[u]nter welchen Voraussetzungen darüber hinaus Religionsgemeinschaften verboten werden können".[25] In einer jüngeren Entscheidung hat es indes den „Gedanken der Völkerverständigung" als Grundlage für das Verbot einer Religionsgemeinschaft anerkannt.[26] Die verfassungsimmanenten Schranken der religiösen Vereinigungsfreiheit dürften damit zugunsten einer Anwendung jedenfalls des Art. 9 Abs. 2 GG in seiner gesamten Breite überschritten sein.[27] Die vorzugswürdige **Gegenauffassung** hegt zwar ebenfalls keine verfassungsrechtlichen Bedenken gegen die Aufhebung des vereinsrechtlichen Religionsprivilegs, sieht in ihr aber „unbewußte **symbolische Gesetzgebung**",[28] weil ein Verbot von Religions- und Weltanschauungsgemeinschaften auf Grundlage von § 3 Abs. 1 S. 1 VereinsG iVm Art. 9 Abs. 2 GG sowie §§ 14 und 15 VereinsG auch nach Aufhebung des Religionsprivilegs angesichts der vorbehaltlos gewährleisteten religiösen Vereinigungsfreiheit nach Art. 140 GG iVm Art. 137 Abs. 2 WRV aus verfassungsrechtlichen Gründen ausscheide.[29]

Besonderheiten sind darüber hinaus bei Religionsgemeinschaften zu beachten, die **Körperschaften des öffentlichen Rechts** sind. „Geborenen" Religionskörperschaften wird der Körperschaftsstatus durch die Verfassung selbst zugesprochen, so dass ein Verbot nach überwiegender Auffassung ausscheidet.[30] Bei „gekorenen" Religionskörperschaften kommt zunächst nur eine Entziehung des Körperschaftsstatus in Betracht. Erst danach kann jedenfalls dann, wenn man mit der überwiegenden Auffassung ein Verbot von Religionsgemein-

---

[21] Nicht ausgenommen vom Anwendungsbereich waren religiöse (oder weltanschauliche) Vereine, Nomos-BR/*Groh* VereinsG § 2 Rn. 15; zur Unterscheidung *Unger* in Baumann/Sikora VereinsR-HdB § 19 Rn. 31.
[22] BGBl. 2001 I 3319. Zur Begründung BT-Drs. 14/7026, 6.
[23] BVerwG NVwZ 2003, 986 (987).
[24] So *Michael* JZ 2007, 146 (147); allgemein in diese Richtung BVerfGE 149, 160 (200 f.) = BeckRS 2018, 18810: „Soweit ein Vereinigungsverbot nach Art. 9 Abs. 2 GG auf grundrechtlich geschützte Handlungen gestützt wird oder auf andere Weise sonstige Grundrechte beeinträchtigt, müssen diese Grundrechte im Rahmen der Rechtfertigung des Eingriffs in Art. 9 Abs. 1 GG beachtet werden. Ein Vereinigungsverbot darf nicht bewirken, dass auf diesem Wege untersagt wird, was die Freiheitsrechte sonst erlauben."
[25] BVerwG NVwZ 2003, 986 (987); billigend BVerfGK NJW 2004, 47 (47 f.). Zum Ganzen auch *Schmieder* VBlBW 2002, 146 (150 f.); *Stuhlfauth* DVBl 2009, 416 (417); *Walter* DVBl 2008, 1073 (1076).
[26] BVerwG NVwZ 2006, 694 (695).
[27] In diese Richtung auch BVerwG NVwZ 2014, 1573 (1576).
[28] So *Poscher* KritV 2002, 298 (309); dem folgend *Roggenkamp* in Albrecht/Roggenkamp VereinsG § 2 Rn. 39.
[29] Dazu näher *Unger* in Baumann/Sikora VereinsR-HdB § 19 Rn. 32.
[30] Etwa *Jean d'Heur/Korioth*, Grundzüge des Staatskirchenrechts, 2000, Rn. 239; anders *Walter* DVBl 2008, 1073 (1077); s. dazu BT-Drs. 14/7026, 6.

schaften nach Aufhebung des vereinsrechtlichen Religionsprivilegs für zulässig hält (→ Rn. 6), die nun nicht mehr korporierte Religionsgemeinschaft verboten werden. Dabei unterliegt der Entzug des Körperschaftsstatus freilich ähnlichen Voraussetzungen wie das Verbot der Religionsgemeinschaft nach § 3 Abs. 1 S. 1 VereinsG iVm Art. 9 Abs. 2 GG,[31] so dass beide Maßnahmen regelmäßig miteinander einhergehen dürften.

D. Verwirklichung der Vereinsfreiheit

I. Grundsatz der Genehmigungs- und Anzeigefreiheit

8 Ausgangspunkt des Vereinsgesetzes ist gem. § 1 Abs. 1 VereinsG die dort als „Vereinsfreiheit" bezeichnete **Freiheit der Vereinsbildung**. Aus ihr folgt in Übereinstimmung mit der insoweit vorbehaltlos gewährleisteten grundgesetzlichen Vereinigungsfreiheit,[32] dass eine Vereinsgründung grundsätzlich (zu Ausnahmen → Rn. 9) weder einer Genehmigung noch einer Anzeige bedarf.

II. Anmeldung von Ausländer- und ausländischen Vereinen

9 Lediglich **Ausländervereine** (zum Begriff → Rn. 22), die nur durch die allgemeine Handlungsfreiheit nach Art. 2 Abs. 1 GG geschützt werden,[33] sind gem. § 19 Nr. 4 VereinsG iVm **§ 19 Abs. 1 S. 1 und 2 VereinsG-DVO** innerhalb von zwei Wochen nach ihrer Gründung durch den Vorstand oder die zur Vertretung berechtigten Mitglieder bei der für ihren Sitz zuständigen Behörde (→ Rn. 31) anzumelden, wenn sie ihren Sitz im Geltungsbereich des Vereinsgesetzes haben. Entsprechendes gilt gem. **§ 21 Abs. 1 S. 1 VereinsG-DVO** für **ausländische Vereine** (zum Begriff → Rn. 22), die im Geltungsbereich des Vereinsgesetzes organisatorische Einrichtungen gründen oder unterhalten.[34] Die Anmeldepflicht trifft hier auch die Personen, die die Einrichtungen leiten, § 21 Abs. 1 S. 2 VereinsG-DVO. Ausgenommen von der Anmeldepflicht sind gem. § 19 Abs. 3 VereinsG-DVO lediglich Ausländervereine und ausländische Vereine, deren Zweck auf einen wirtschaftlichen Geschäftsbetrieb iSv § 14 AO gerichtet ist. Sie sind zu einer Anmeldung nur verpflichtet, wenn sie von der nach § 19 Abs. 1 S. 1 VereinsG-DVO zuständigen Behörde dazu aufgefordert werden. Die Privilegierung wirtschaftlicher Vereinigungen (zu § 17 VereinsG → Rn. 25) setzt sich hier fort. Die inhaltlichen Anforderungen an die Anmeldung ergeben sich aus § 19 Abs. 2 S. 1 VereinsG-DVO. Die Anmeldepflicht ist nach § 23 VereinsG-DVO bußgeldbewehrt.

E. Gefahrenabwehr durch Vereinsverbot

I. Allgemeines

10 Obwohl Art. 9 Abs. 2 GG dem Wortlaut nach verfassungswidrige Vereine unmittelbar verbietet, bedarf es nach allgemeiner Auffassung einer dieses Verbot aktualisierenden **Verbotsverfügung**.[35] Zur Begründung verweist das BVerwG auf den „mit der Gewährleistung eines Grundrechts verbunden[en] [...] Gedanke[n] der Rechtssicherheit" und das Gebot wirksamen Rechtsschutzes, „der nach Art. 19 Abs. 4 GG jedem, auch der betroffenen Vereinigung, gegenüber obrigkeitlichen Eingriffen zusteht".[36] § 3 Abs. 1 S. 1 VereinsG liefert vor diesem Hintergrund zusammen mit Art. 9 Abs. 2 GG[37] die für eine

---

[31] *Walter* DVBl 2008, 1073 (1076 f.).
[32] *Schiffbauer* in Reichert/Schimke/Dauernheim Vereins- und VerbandsR-HdB Kap. 3 Rn. 72 f.
[33] *Schiffbauer* in Reichert/Schimke/Dauernheim Vereins- und VerbandsR-HdB Kap. 3 Rn. 45, 405.
[34] Die Zuständigkeit regelt § 21 Abs. 1 S. 3 und 4 VereinsG.
[35] BVerwGE 4, 188 (188 f.) = NJW 1957, 685; BVerwGE 55, 175 (177 f.) = NJW 1978, 2164.
[36] BVerwGE 4, 188 (189) = NJW 1957, 685; erläuternd und zurückblickend BVerfGE 149, 160 (164) = BeckRS 2018, 18810.
[37] Zum Zusammenhang beider Vorschriften im Einzelnen *Michael* JZ 2002, 482 (484).

einzelfallbezogene Verbotsverfügung aus allgemeinen grundrechtsdogmatischen Erwägungen[38] erforderliche **einfachgesetzliche Rechtsgrundlage.** Ergänzt wird sie für ausländische Vereine und Ausländervereine durch §§ 14 und 15 VereinsG. Nach § 3 Abs. 1 S. 1 VereinsG iVm Art. 9 Abs. 2 GG stellt die Verbotsbehörde durch Verfügung fest, dass die Zwecke oder die Tätigkeit des Vereins den Strafgesetzen zuwiderlaufen oder dass er sich gegen die verfassungsmäßige Ordnung oder den Gedanken der Völkerverständigung richtet. Zugleich ordnet sie die Auflösung des Vereins an. § 3 Abs. 1 S. 1 Hs. 1 VereinsG stellt zugunsten des Vereins klar, dass er erst dann als verboten behandelt werden darf, wenn ihm gegenüber eine bestandskräftige oder sofort vollziehbare Verbotsverfügung nach § 3 Abs. 1 S. 1 VereinsG ergangen ist.[39] Infolge dieses **„Vereinigungsprivilegs"**[40] kann beispielsweise eine Universität die Überlassung eines Raums an einen nicht verbotenen Studentenverband nicht mit der Begründung verweigern, dessen Tätigkeit richte sich gegen die verfassungsmäßige Ordnung.[41]

II. Materielle Voraussetzungen

Materiell setzt das Verbot eines Vereins gem. § 3 Abs. 1 S. 1 VereinsG iVm Art. 9 Abs. 2 **11** GG voraus, „daß seine Zwecke oder seine Tätigkeit den Strafgesetzen zuwiderlaufen oder daß er sich gegen die verfassungsmäßige Ordnung oder den Gedanken der Völkerverständigung richtet". Die **Aufzählung der Verbotsgründe ist grundsätzlich abschließend.**[42] Nur bei Ausländervereinen und ausländischen Vereinen wird der Katalog in §§ 14 und 15 VereinsG um weitere Verbotsgründe erweitert (→ Rn. 22). Mit Blick auf die in Art. 9 Abs. 2 GG und § 3 Abs. 1 S. 1 VereinsG aufgeführten Rechtsgüter ist es einerseits nicht ausreichend, andererseits aber auch nicht erforderlich, dass diese bereits durch unmittelbar bevorstehende Handlungen des Vereins iSd allgemeinen Gefahrenabwehrrechts konkret gefährdet sind.[43] Das Vereinsverbot ist ein **Organisationsverbot** und kein Betätigungsverbot. Zweck ist die Ausschaltung einer „situationsunabhängigen, generell und permanent gefährlichen Zielsetzung und Organisation".[44] Das Erfordernis einer im Einzelfall bestehenden Sachlage oder eines im Einzelfall zu beobachtenden Verhaltens, das „bei ungehindertem Ablauf des objektiv zu erwartenden Geschehens mit Wahrscheinlichkeit ein polizeilich geschütztes Rechtsgut schädigen wird",[45] würde dem nicht gerecht: Erstens wäre ihm durch ein milderes konkretes Ge- oder Verbot beizukommen und zweitens besteht die Besonderheit der von einer Organisation, ihren Strukturen und Zielsetzungen ausgehenden Gefahr gerade darin, dass sie anlassunabhängig und dauerhaft besteht und sich noch nicht zu einer konkreten Gefahr verdichtet hat.[46] Allgemein zu beachten ist, dass eine Verbotsverfügung nur in Betracht kommt, wenn der **Verein im Zeitpunkt des Erlasses der Verbotsverfügung noch existiert.**[47] Es besteht daher stets die Möglichkeit, dass sich ein Verein durch seine rechtzeitige Selbstauflösung einem Ver-

---

[38] Allgemein *Müller-Franken* in Schmidt-Bleibtreu/Hofmann/Henneke GG vor Art. 1 Rn. 50 f.; mit Blick auf das Verbot von Vereinen *Michael* JZ 2007, 146 (147); *Pieroth/Kingreen* NVwZ 2001, 841 (845 f.).
[39] Dazu BVerwGE 61, 218 (219) = NJW 1981, 1796; aus jüngerer Zeit BVerwG NVwZ-RR 2011, 14 (14); 2012, 648 (648); *Michael* JZ 2002, 482 (488); *Wiese* ZRP 1976, 54 (57). Vor diesem Hintergrund zur Verfassungsmäßigkeit des § 20 Abs. 1 Nr. 1 VereinsG, der auch Zuwiderhandlungen gegen vollziehbare, aber noch nicht bestandskräftige Vereinsverbote pönalisiert, BVerfGE 80, 244 (252 ff.) = NJW 1990, 37.
[40] Zum Begriff *Bauer* in Dreier GG Art. 9 Rn. 54.
[41] BVerwG NJW 1980, 1863 (1864).
[42] Für Art. 9 Abs. 2 GG BVerfGE 80, 244 (253) = NJW 1990, 37; BVerfGE 149, 160 (195 f.) = BeckRS 2018, 18810. Für § 3 Abs. 1 S. 1 VereinsG gilt (zumal im Lichte der verfassungsrechtlichen Vorgabe in Art. 9 Abs. 2 GG) nichts anderes.
[43] BVerwGE 55, 175 (182 f.) = NJW 1978, 2164.
[44] BVerwGE 55, 175 (182) = NJW 1978, 2164.
[45] So die allgemeine Definition von „Gefahr" in BVerwGE 45, 51 (57) = NJW 1974, 807.
[46] Ähnlich BVerwGE 55, 175 (182 f.) = NJW 1978, 2164; s. auch BVerwG NVwZ 2006, 694 (695).
[47] BVerwG NVwZ-RR 2019, 512 (514).

bot entzieht.⁴⁸ Die Anforderungen an eine entsprechende Selbstauflösung sind indes hoch. Erforderlich ist nicht nur die endgültige und dauerhafte Einstellung aller Aktivitäten des Vereins, die ein Verbot rechtfertigen. Die Selbstauflösung muss sich auch auf alle Vermögenswerte des Vereins erstrecken und insoweit im Zeitpunkt der Verbotsverfügung vollständig abgeschlossen sein.⁴⁹ Ist die Liquidation des Vereins in vermögensrechtlicher Hinsicht hingegen noch nicht vollständig abgeschlossen, kann er nach Auffassung des BVerwG selbst bei einem nur noch geringwertigen verbleibenden Vereinsvermögen weiterhin verboten werden, auch wenn er als Verein in Liquidation gegenwärtig keine materiellen Verbotsgründe mehr verwirklicht.⁵⁰

1. Tatsächliche Verbotsgrundlage

12 Tatsächliche Grundlage für das Verbot ist der **Gesamtauftritt des Vereins in der Öffentlichkeit.** Häufig sind die wahren Ziele eines Vereins noch nicht der Satzung und dem Programm, sondern erst dem tatsächlichen Auftreten in der Öffentlichkeit, etwa in Form von Publikationen oder Äußerungen seiner Funktionsträger, zu entnehmen.⁵¹ Maßgeblich ist stets das Gesamtbild.⁵² Bei Äußerungen kommt es darauf an, wie sie aus Sicht eines objektiven inländischen Empfängers zu verstehen sind.⁵³ Die Berufung auf einen abweichenden soziokulturellen Hintergrund wird nicht berücksichtigt.⁵⁴

13 Um prüfen zu können, ob eine ausreichende tatsächliche Grundlage für ein Vereinsverbot vorliegt, ist die Verbotsbehörde auf adäquate Aufklärungsinstrumente angewiesen. § 4 VereinsG erweitert daher das allgemeine Aufklärungsinstrumentarium des Verwaltungsverfahrensgesetzes⁵⁵ um **besondere Ermittlungsbefugnisse,** die denen der Staatsanwaltschaft ähnlich sind.⁵⁶ Im Mittelpunkt stehen die Möglichkeit, eine richterliche Vernehmung von Zeugen zu erwirken, und die Befugnis zur Beschlagnahme von Beweismitteln, erforderlichenfalls unter Durchsuchung der Räume des Vereins und der Räume, der Sachen und der Person eines Mitglieds oder Hintermanns. Grundsätzlich bedürfen Ermittlungsmaßnahmen nach § 4 VereinsG einer **richterlichen Anordnung** durch das gem. § 4 Abs. 2 S. 1 VereinsG zuständige Verwaltungsgericht.⁵⁷ Nur bei Gefahr im Verzug kommt gem. § 4 Abs. 5 VereinsG eine Anordnung durch die Verbotsbehörde selbst in Betracht.⁵⁸ Stets setzt die Anordnung von Ermittlungsmaßnahmen voraus, dass immerhin

---

⁴⁸ Dazu instruktiv BVerwG NVwZ-RR 2019, 512 (514): „kein Selbsterhaltungsgebot eines materiell verbotsfähigen Vereins, um als Gegenstand eines behördlichen Vereinsverbots bestehen zu bleiben".
⁴⁹ BVerwG NVwZ-RR 2019, 512 (514).
⁵⁰ So BVerwG NVwZ-RR 2019, 512 (514 f.), das darauf hinweist, dass das verbleibende Vereinsvermögen „ohne Weiteres für eine Wiederaufnahme entsprechender Tätigkeiten – und sei es in einer ohne Vereinsverbot statthaften Ersatzorganisation – genutzt werden [kann]".
⁵¹ Zum Ganzen BVerwGE 134, 275 (290 f. und 293) = BeckRS 2009, 39209; BVerwG Buchholz 402.45 VereinsG Nr. 24; BVerwG NJW 1995, 2505 (2505); BVerwG NVwZ-RR 2000, 70 (71); BVerwG Gerichtsbescheid v. 8.8.2005 – 6 A 1/04, juris Rn. 26; BVerwG NVwZ-RR 2009, 803 (804); 2011, 14 (15); BVerwG NVwZ 2013, 870 (871 f.).
⁵² BVerwGE 134, 275 (293) = BeckRS 2009, 39209; BVerwG Gerichtsbescheid v. 8.8.2005 – 6 A 1/04, juris Rn. 26; BVerwG NVwZ-RR 2009, 803 (804); 2011, 14 (15).
⁵³ BVerwG Gerichtsbescheid v. 8.8.2005 – 6 A 1/04, juris Rn. 26.
⁵⁴ S. etwa BVerwGE 55, 175 (185) = NJW 1978, 2164: „Der Kläger kann [...] nicht geltend machen, bei hinreichender Berücksichtigung der ‚direkten' Sprache der Balkanvölker dürften seine Verlautbarungen [...] nicht ernstgenommen werden."
⁵⁵ S. insbesondere § 26 VwVfG und dazu *Schiffbauer* in Reichert/Schimke/Dauernheim Vereins- und VerbandsR-HdB Kap. 3 Rn. 174 f.
⁵⁶ BVerwG NJW 2001, 1663 (1663).
⁵⁷ Zum Rechtsschutz gegen die gerichtliche Anordnung (insbesondere auch noch nach Vollzug einer angeordneten Durchsuchung und nach Rückgabe der beschlagnahmten Gegenstände) VGH Mannheim NVwZ 2003, 368 (368 f.); VGH Mannheim NVwZ-RR 2012, 198 (198 ff.); OVG Lüneburg NVwZ-RR 2009, 475 (475 f.).
⁵⁸ Zum Rechtsschutz gegen die behördliche Anordnung sowie zur (vom Gericht für den Regelfall verneinten) Frage, ob eine behördliche Beschlagnahmeanordnung wegen Gefahr im Verzug zu einem bei der nachfolgenden gerichtlichen Beschlagnahmeentscheidung zu berücksichtigenden Beweisverwertungsverbot führt, wenn Gefahr im Verzug nicht vorlag, OVG Lüneburg NVwZ-RR 2009, 517 (517 f.).

ein Anfangsverdacht für die Verwirklichung eines Verbotstatbestands besteht.[59] Eine vorherige Anhörung des Betroffenen ist jedenfalls dann entbehrlich, wenn damit zu rechnen ist, dass bei einer Anhörung Beweismittel beiseitegeschafft oder vernichtet werden und dadurch der Zweck der Ermittlungsmaßnahmen gefährdet würde.[60] Die einzelnen Ermittlungsmaßnahmen regelt § 4 Abs. 4 und Abs. 5 VereinsG, der auf die Verwaltungsgerichtsordnung und die Strafprozessordnung verweist.[61] Umstritten ist, ob Ermittlungen nach § 4 VereinsG, die darauf zielen, Beweismittel für einen etwaigen Anfechtungsrechtsstreit zu gewinnen, auch noch nach Erlass eines Vereinsverbots zulässig sind. Das BVerwG bejaht das, weil Verbotsbehörden anderenfalls Hinweisen auf zusätzliches und eventuell gewichtiges Beweismaterial nur nachgehen könnten, um unter Aufhebung der bereits ergangenen eine neue Verbotsverfügung zu erlassen.[62] Gegen diese Auffassung bestehen keine Bedenken, sofern der Erlass der Verbotsverfügung maßgeblicher Zeitpunkt für die Beurteilung der Sach- und Rechtslage bleibt (→ Rn. 60).

2. Vorliegen eines Verbotsgrunds

Im Rahmen des § 3 Abs. 1 S. 1 VereinsG iVm Art. 9 Abs. 2 GG ist zwischen **drei** **Verbotsgründen** zu unterscheiden: Erstens können die Zwecke oder die Tätigkeit der Vereinigung Strafgesetzen zuwiderlaufen. Zweitens kann sich die Vereinigung gegen die verfassungsmäßige Ordnung richten. Drittens schließlich kann sie sich gegen den Gedanken der Völkerverständigung richten. Es genügt, wenn ein Verbotsgrund vorliegt. Alle drei Gründe sind unter Verhältnismäßigkeitsgesichtspunkten eng auszulegen und dürfen daher nicht schon dann zu einem Vereinsverbot führen, wenn „nur in der Vergangenheit und nur vereinzelt gegen die Schutzgüter […] gerichtete Handlungen vorgekommen sind".[63] Die Vereinigung muss vielmehr als solche und also gerade auch „mit dem organisatorischen Gefüge der Vereinigung als zweckgerichtetem Zusammenschluss mehrerer Personen" dauerhaft die Schutzgüter bedrohen, so dass ein Organisationsverbot zur Gefahrenabwehr unumgänglich ist.[64] Das BVerfG verlangt ganz allgemein eine **Prägung der Vereinigung durch verbotstatbestandsmäßige Handlungen:** Die Vereinigung muss sie kennen, sie billigen und sich mit ihnen identifizieren.[65] Das entspricht in der Sache der verwaltungsgerichtlichen Handhabung der Verbotstatbestände. 14

a) Strafgesetzwidrigkeit. Gemäß Art. 9 Abs. 2 GG ist ein Verein zunächst verboten, wenn seine Zwecke oder seine Tätigkeit den Strafgesetzen zuwiderlaufen. Angesprochen sind grundsätzlich **sämtliche Vorschriften des Kern- und Nebenstrafrechts.** Ausgenommen ist nach ganz überwiegender Auffassung nur vereinsspezifisches Sonderstrafrecht.[66] Auch Ordnungswidrigkeiten sind nicht umfasst.[67] Da Vereinigungen als solche 15

---

[59] VGH Kassel NJW 1993, 2826 (2827); OVG Lüneburg NVwZ-RR 2009, 473 (473 f.); OVG Bremen NVwZ-RR 2012, 64 (64 ff.); 2016, 227 (227); VGH Mannheim NVwZ-RR 2012, 198 (199 f.); OVG Berlin-Brandenburg NVwZ-RR 2013, 410 (410 ff.).
[60] VGH Kassel NJW 1993, 2826 (2826).
[61] Im Einzelnen *Albrecht* in Albrecht/Roggenkamp VereinsG § 4 Rn. 35 ff., 44 ff. und 68 ff.; Hinweise zum Rechtsschutz bei Nomos-BR/*Groh* VereinsG § 4 Rn. 15.
[62] BVerwG NJW 2001, 1663 (1663); dem folgend OVG Bautzen NVwZ-RR 2017, 729 (730); zustimmend *Roth* in Schenke/Graulich/Ruthig VereinsG § 4 Rn. 19; *Schiffbauer* in Reichert/Schimke/Dauernheim Vereins- und VerbandsR-HdB Kap. 3 Rn. 194; skeptisch Nomos-BR/*Groh* VereinsG § 4 Rn. 4.
[63] So – vor die Klammer aller drei Verbotsgründe gezogen – BVerfGE 149, 160 (196) = BeckRS 2018, 18810.
[64] Formulierung in BVerfGE 149, 160 (196) = BeckRS 2018, 18810.
[65] So BVerfGE 149, 160 (195) = BeckRS 2018, 18810.
[66] *Bauer* in Dreier GG Art. 9 Rn. 56; zusammenfassend *Jarass* in Jarass/Pieroth GG Art. 9 Rn. 18: „Damit sind nur *allgemeine* Strafgesetze gemeint, die ein Verhalten pönalisieren, unabhängig davon, ob es vereinsmäßig begangen wird oder nicht"; entsprechend BVerfGE 149, 160 (196) = BeckRS 2018, 18810; differenzierend *Schiffbauer* in Reichert/Schimke/Dauernheim Vereins- und VerbandsR-HdB Kap. 3 Rn. 118.
[67] BVerfGE 149, 160 (196) = BeckRS 2018, 18810; *Schiffbauer* in Reichert/Schimke/Dauernheim Vereins- und VerbandsR-HdB Kap. 3 Rn. 116.

nicht straffähig sind, ergibt sich die Strafgesetzwidrigkeit eines Vereins erst aus den Absichten und Verhaltensweisen seiner Mitglieder und Organe. Durch Organe kann der Verein einen vom einzelnen Mitglied losgelösten Gruppenwillen bilden, eine eigene Zweckrichtung festlegen und selbständig handeln. Ergibt sich hieraus eine Strafgesetzwidrigkeit, ist der Verbotstatbestand erfüllt. Dabei muss die Strafgesetzwidrigkeit nicht den Hauptzweck oder die Haupttätigkeit des Vereins ausmachen. Auch muss sie nicht dauerhaft sein. Voraussetzung ist aber die **Zurechenbarkeit der Absichten und Verhaltensweisen** der Mitglieder und Organe eines Vereins.[68] Diese Zurechenbarkeit ist bei Organhandeln stets zu bejahen.[69] Für die Zurechnung von Mitgliederhandeln gilt § 3 Abs. 5 VereinsG (→ Rn. 28). Maßgeblich ist letztlich, ob die Vereinigung Straftaten bewusst hervorruft, bestärkt, ermöglicht oder erleichtert oder auch nur nachträglich billigt und fördert.[70] Ob die Straftaten dabei von Organen, Mitgliedern oder Anhängern der Vereinigung begangen werden, ist unerheblich.[71] Die Strafgesetzwidrigkeit beurteilt die Verbotsbehörde in eigener Zuständigkeit.[72] Der vorherigen Einleitung eines Strafverfahrens gegen Mitglieder oder Funktionäre des Vereins oder gar einer vorherigen strafgerichtlichen Verurteilung wegen Bildung einer kriminellen Vereinigung nach § 129 Abs. 1 StGB oder Verwirklichung eines anderen Straftatbestands bedarf es nicht. Selbst ein Freispruch bindet die Behörden nicht. Umgekehrt sind auch bei einer vorherigen strafgerichtlichen Verurteilung von Mitgliedern oder Funktionären des Vereins weder die Verbotsbehörde noch ein Verwaltungsgericht formell oder materiell durch das Urteil gebunden.[73]

16 Unter Verhältnismäßigkeitsgesichtspunkten ist zu beachten, dass ein Verbot nur in Betracht kommt, „wenn das Vorgehen gegen einzelne Straftaten nicht ausreicht, weil strafwürdige Handlungen gerade aus der Organisation heraus geplant oder begangen werden […], also die Verletzung der Strafgesetze gerade mit der Organisation prägend verknüpft ist".[74] Dementsprechend verlangt das BVerwG in ständiger Rechtsprechung, dass die dem Verein zurechenbaren strafgesetzwidrigen Zwecke oder Tätigkeiten den **Charakter des Vereins prägen**.[75]

17 b) **Verfassungswidrigkeit.** Die verfassungsmäßige Ordnung iSv Art. 9 Abs. 2 GG und § 3 Abs. 1 S. 1 VereinsG entspricht inhaltlich weitgehend der **freiheitlichen demokratischen Grundordnung**.[76] Bestandteile sind mithin insbesondere die Achtung vor den im Grundgesetz konkretisierten Menschenrechten, das demokratische Prinzip mit der Verant-

---

[68] Zum Ganzen BVerwGE 80, 299 (306 ff.) = NJW 1989, 993; BVerwGE 134, 275 (279) = BeckRS 2009, 39209; BVerwGE 154, 22 (38 ff.) = BeckRS 2016, 42102.
[69] BVerwGE 134, 275 (291) = BeckRS 2009, 39209.
[70] BVerfGE 149, 160 (196 f.) = BeckRS 2018, 18810; dazu näher *Schiffbauer* JZ 2019, 130 (133 f.); ferner BVerfGK NVwZ 2020, 224 (225), das eine Zurechnung bejaht, wenn Vereinsmitglieder wegen einer Tatbeteiligung belohnt oder wegen fehlender Mitwirkung sanktioniert werden.
[71] BVerwG NVwZ 2013, 870 (874).
[72] Exemplarisch für § 130 Abs. 3 StGB BVerwGE 134, 275 (281 ff.) = BeckRS 2009, 39209.
[73] Zum Ganzen BVerwGE 80, 299 (305 f.) = NJW 1989, 993; BVerwGE 134, 275 (280 f.) = BeckRS 2009, 39209; VGH Kassel DVBl 2013, 933 (934 f.); s. auch BVerfGE 149, 160 (197) = BeckRS 2018, 18810; BVerfGK NVwZ 2020, 224 (225).
[74] So BVerfGE 149, 160 (197) = BeckRS 2018, 18810.
[75] BVerwGE 134, 275 (291 f.) = BeckRS 2009, 39209; BVerwG EuGH-Vorlage v. 24.2.2010 – 6 A 7/08, juris Rn. 38 ff.; *Albrecht* in Albrecht/Roggenkamp VereinsG § 3 Rn. 36 f.; *Roth* in Schenke/Graulich/Ruthig VereinsG § 3 Rn. 38 ff. Präzisierend weist BVerwGE 154, 22 (39 f.) = BeckRS 2016, 42102, darauf hin, dass dabei „auch schon eine einzelne Straftat für sich genommen einen hinreichend schweren Anlass für ein Vereinsverbot begründen [kann], etwa wenn sich die durch ein Vereinsverbot zu begrenzende Gefahr einer weiteren, Rechtsgüter verletzenden Selbstbehauptung gegenüber konkurrierenden Vereinigungen ergibt"; dem folgend BVerfGK NVwZ 2020, 224 (225 f.).
[76] *Bauer* in Dreier GG Art. 9 Rn. 57; ähnlich BVerwG Urt. v. 2.12.1980 – 1 A 3/80, juris Rn. 61 (insoweit in BVerwGE 61, 218 = NJW 1981, 1796 nicht abgedruckt): „Jedenfalls gehören aber (mindestens) die elementaren Verfassungsgrundsätze, die nach dem SRP-Urteil des Bundesverfassungsgerichts […] den Begriff der freiheitlich-demokratischen Grundordnung im Sinne von Art. 21 Abs. 2 GG bilden, auch zur verfassungsmäßigen Ordnung im Sinne von Art. 9 Abs. 2 GG"; in diese Richtung auch BVerfGE 149, 160 (197) = BeckRS 2018, 18810; anders BVerfGE 144, 20 (202 ff.) = NJW 2017, 611: freiheitliche demokratische Grundordnung und verfassungsmäßige Ordnung insofern zu unterscheiden, als der Begriff

wortlichkeit der Regierung, das Mehrparteienprinzip und das Recht auf verfassungsmäßige Bildung und Ausübung einer Opposition.[77] Ergänzend kann auf die Rechtsprechung des BVerfG zum Begriff der freiheitlichen demokratischen Grundordnung in Art. 21 Abs. 2 GG zurückgegriffen werden.[78]

Der Verein muss sich gem. Art. 9 Abs. 2 GG und § 3 Abs. 1 S. 1 VereinsG **gegen die** **18** **verfassungsmäßige Ordnung „richten".** Das ist nach der Rechtsprechung des BVerwG – erneut: unter Verhältnismäßigkeitsgesichtspunkten – nur der Fall, wenn der Verein den Willen hat, seine mündlich oder schriftlich verbreiteten verfassungsfeindlichen Ziele in die Tat umzusetzen und dabei eine kämpferisch-aggressive Haltung gegenüber der verfassungsmäßigen Ordnung der Bundesrepublik einnimmt, die seinen Charakter prägt. Es müssen daher im Zeitpunkt der Verbots- und Auflösungsverfügung Tatsachen vorliegen, die auf eine Tätigkeit der Vereinigung mit dem Ziel der Verwirklichung ihrer verfassungsfeindlichen Absichten schließen lassen. Dabei ist es unschädlich, wenn im Zeitpunkt der Verbots- und Auflösungsverfügung nicht ernsthaft damit zu rechnen ist, dass der Verein seine Ziele in absehbarer Zukunft verwirklichen wird. Es genügt, wenn gegenwärtig eine Absicht des Vereins zu erkennen ist, die verfassungsmäßige Ordnung der Bundesrepublik Deutschland zu untergraben. Der Zeitpunkt, in dem dieses Ziel objektiv oder nach den Vorstellungen des Vereins verwirklicht werden kann oder soll, ist dann ohne rechtliche Bedeutung.[79] Dementsprechend sieht auch das BVerfG zwar einerseits in der bloßen „Verbreitung verfassungsfeindlicher Ideen oder bestimmter politischer Auffassungen" noch keinen Verbotsgrund, verlangt aber andererseits auch keine „konkrete Gefahr für die freiheitliche demokratische Grundordnung".[80] Anders als bei politischen Parteien, die nach Art. 21 Abs. 2 GG „darauf ausgehen" müssen, die freiheitliche demokratische Grundordnung zu beeinträchtigen oder zu beseitigen, genügt es bei Art. 9 Abs. 2 GG und § 3 Abs. 1 S. 1 Hs. 1 VereinsG, dass ein Verein sich gegen die verfassungsmäßige Ordnung „richtet". „Potentialität im Sinne konkreter Anhaltspunkte von Gewicht [...], die es möglich erscheinen lassen, dass [sein] Handeln erfolgreich sein kann", ist daher nicht erforderlich.[81]

Beispiele aus der Rechtsprechung sind: „aggressive antisemitische Meinungsäußerungen" einer **19** Vereinigung;[82] eine „paramilitärische Vereinigung" mit dem Ziel, „die Regierung nicht mehr aus allgemeinen, gleichen und freien Wahlen hervorgehen zu lassen, sondern durch ein ‚nach den Grundsätzen des Leistungsprinzips und des Leistungsnachweises' durchgeführtes ‚Selektionsverfahren' zu bilden und als ‚oberste Führung' mit ‚anonymen' Mitgliedern bei periodischer Auswechselung je eines Teils zu besetzen";[83] eine Vereinigung, die sich zu Hitler und zur NSDAP bekennt und dabei die demokratische Staatsform verächtlich macht, eine mit dem Diskriminierungsverbot des Art. 3 Abs. 3 GG unvereinbare Rassenlehre propagiert und eine entsprechende „Revolution" anstrebt;[84] eine Ver-

---

der freiheitlichen demokratischen Grundordnung „eine Konzentration auf wenige, zentrale Grundprinzipien [...] erfordert"; dazu näher *Schiffbauer* JZ 2019, 130 (134).
[77] BVerwGE 134, 275 (292) = BeckRS 2009, 39209; BVerwG Urt. v. 2.12.1980 – 1 A 3/80, juris Rn. 61 (insoweit in BVerwGE 61, 218 = NJW 1981, 1796 nicht abgedruckt); BVerwG Buchholz 402.45 VereinsG Nr. 8; BVerwG NJW 1993, 2313 (2315); 1995, 2505 (2505); BVerwG NVwZ 1997, 66 (67); BVerwG NVwZ-RR 2000, 70 (71); 2009, 803 (804); 2011, 14 (14f.); BVerwG NVwZ 2013, 870 (871); 2014, 1573 (1576); s. auch BVerfGE 149, 160 (197) = BeckRS 2018, 18810.
[78] Eingehend BVerfGE 144, 20 (202 ff.) = NJW 2017, 611.
[79] Zum Ganzen BVerwGE 37, 344 (358 ff.) = BeckRS 1971, 30432787; BVerwGE 61, 218 (220 f. und 222) = NJW 1981, 1796; BVerwGE 134, 275 (292) = BeckRS 2009, 39209; BVerwG Buchholz 402.45 VereinsG Nr. 8; BVerwG NJW 1995, 2505 (2505); BVerwG NVwZ-RR 2000, 70 (71); 2009, 803 (804); 2011, 14 (15); BVerwG NVwZ 2013, 870 (871); 2014, 1573 (1576 f.).
[80] BVerfGE 149, 160 (198) = BeckRS 2018, 18810.
[81] BVerfGE 149, 160 (199) = BeckRS 2018, 18810.
[82] BVerwGE 37, 344 (359) = BeckRS 1971, 30432787.
[83] BVerwG Urt. v. 2.12.1980 – 1 A 3/80, juris Rn. 82 (insoweit in BVerwGE 61, 218 = NJW 1981, 1796 nicht abgedruckt).
[84] BVerwGE 134, 275 (292 f.) = BeckRS 2009, 39209; BVerwG Buchholz 402.45 VereinsG Nr. 8; BVerwG NJW 1993, 2313 (2315); BVerwG Buchholz 402.45 VereinsG Nr. 24; BVerwG NJW 1995, 2505 (2505); BVerwG NVwZ 1997, 66 (67); BVerwG NVwZ-RR 2000, 70 (71); 2009, 803 (804); 2011, 14 (15); BVerwG NVwZ 2013, 870 (871); s. auch VGH Mannheim NVwZ-RR 1995, 198 (198);

einigung, die die Legitimität der verfassungsmäßigen Ordnung bestreitet und an ihre Stelle einen „Kalifatstaat" setzen will, der sich für legitimiert hält, gegenüber Mitgliedern und Abweichlern und im Konfliktfall auch gegenüber deutschen Staatsorganen Gewalt auszuüben;[85] eine Vereinigung, die auf der Scharia beruhende, im Widerspruch zur Verfassungsordnung des Grundgesetzes stehende Lehren als Glaubensinhalt vertritt, für sie wirbt und auf ihre Umsetzung in Deutschland hinwirkt.[86]

20 **c) Völkerverständigungswidrigkeit.** Ein Verbotsgrund liegt schließlich vor, wenn sich der Verein gegen den Gedanken der Völkerverständigung richtet. Angesprochen sind **Konflikte zwischen Staaten, interne Konflikte zwischen Bevölkerungsteilen und Bedrohungen durch Terrororganisationen.** Propagiert oder fördert eine Vereinigung insoweit Gewalt oder vergleichbar schwerwiegende völkerrechtswidrige Handlungen, verhält sie sich völkerverständigungswidrig.[87] Unvereinbar mit dem Gedanken der Völkerverständigung ist darüber hinaus jede Verletzung der elementaren und für das friedliche Zusammenleben der Völker unverzichtbaren **Regeln des Völkerrechts.** Zu ihnen zählt das Recht der Staaten auf Selbsterhaltung, Unabhängigkeit und Gleichheit. Verletzt wird es, wenn die Minderwertigkeit einzelner Völker behauptet wird oder das Existenzrecht eines Staates bestritten wird. Gegen den Gedanken der Völkerverständigung verstoßen auch Vereine, die sich gegen die friedliche Überwindung von Interessengegensätzen zwischen Völkern oder allgemein gegen die Unterhaltung zwischenstaatlicher Beziehungen richten und damit Gewalt in das Verhältnis zwischen den Völkern hineintragen. Geschützt sind sowohl die friedlichen Beziehungen der Bundesrepublik Deutschland zu fremden Völkern als auch die friedlichen Beziehungen zwischen fremden Völkern. **Punktuelle Kritik** an einzelnen Staaten oder der Unterhaltung zwischenstaatlicher Beziehungen ist aber unschädlich. Dass die Vereine selbst Gewalt ausüben, ist nicht erforderlich. Es genügt, dass sie eine Gruppierung (häufig: finanziell) unterstützen, die ihrerseits durch Ausübung von Gewalt das friedliche Miteinander der Völker beeinträchtigt. Die Unterstützung des sozialen Flügels einer Gruppierung ist ausreichend, wenn dieser vom militärischen und politischen Bereich nicht getrennt werden kann.[88]

21 Der Verein muss sich nach dem Wortlaut von Art. 9 Abs. 2 GG und § 3 Abs. 1 S. 1 Hs. 1 VereinsG **gegen den Gedanken der Völkerverständigung „richten".** Das Schrifttum verlangt insoweit in Übereinstimmung mit dem herrschenden Verständnis des insoweit identisch formulierten Verbotsgrundes der Verfassungswidrigkeit ganz überwiegend eine aggressiv-kämpferische Haltung.[89] Das BVerwG fordert zwar unter Verhältnismäßigkeitsgesichtspunkten, dass der Zweck oder die Tätigkeit des Vereins dazu geeignet ist, „den Gedanken der Völkerverständigung schwerwiegend, ernst und nachhaltig zu beeinträchtigen". Dazu bedürfe es aber keiner aggressiv-kämpferischen Vorgehensweise. Erforderlich sei freilich wie bei der Strafgesetzwidrigkeit, dass die Völkerverständigungswidrigkeit **den Charakter des Vereins prägt**.[90] Ob beide Auffassungen im Einzelfall zu

---

vertiefend zu Möglichkeiten und Grenzen der Anknüpfung eines Vereinsverbots an eine „Wesensverwandtschaft mit dem Nationalsozialismus" *Richter* RdJB 2002, 172 (180 ff.).
[85] BVerwG NVwZ 2003, 986 (988 f.).
[86] BVerwG NVwZ 2014, 1573 (1576 ff.).
[87] BVerfGE 149, 160 (199 f.) = BeckRS 2018, 18810.
[88] Zum Ganzen BVerwGE 153, 211 (216) = BeckRS 2016, 41357; dem folgend BVerfGK NVwZ 2020, 226 (227); s. ferner BVerfGE 149, 160 (200) = BeckRS 2018, 18810; BVerwG NVwZ 2005, 1435 (1436); BVerwG Gerichtsbescheid v. 8.8.2005 – 6 A 1/04, juris Rn. 26; BVerwG NVwZ 2006, 694 (695); 2010, 459 (462); BVerwG EuGH-Vorlage v. 24.2.2010 – 6 A 7/08, juris Rn. 44; BVerwG NVwZ-RR 2012, 648 (649); BVerwG NVwZ 2014, 1573 (1579 f.); VGH München NVwZ-RR 2000, 496 (499); für § 51 Abs. 3 S. 1 AO *Jachmann/Unger* in Gosch, Abgabenordnung, Finanzgerichtsordnung, 166. Aktualisierung, AO § 51 Rn. 14.
[89] S. etwa *Höfling* in Sachs GG Art. 9 Rn. 48; *Cornils* in BeckOK GG, 51. Ed. 15.5.2022, GG Art. 9 Rn. 28; *Wache* in Erbs/Kohlhaas VereinsG § 3 Rn. 17.
[90] BVerwGE 153, 211 (216) = BeckRS 2016, 41357; dem folgend BVerfGK NVwZ 2020, 226 (227); ähnlich bereits BVerwG NVwZ 2005, 1435 (1436); BVerwG Gerichtsbescheid v. 8.8.2005 – 6 A 1/04,

unterschiedlichen Ergebnissen führen, erscheint immerhin zweifelhaft.[91] In jedem Fall muss ein objektiv gegen den Gedanken der Völkerverständigung gerichtetes Verhalten auch **subjektiv** von einem entsprechenden Willen des Vereins getragen sein.[92] Ein Vereinsverbot setzt daher voraus, dass der Verein das völkerverständigungswidrige Verhalten seiner Organe, seiner Mitglieder oder ausnahmsweise auch Dritter kennt und zumindest billigt.[93]

3. Modifikationen bei besonderen Vereinen

a) Ausländervereine und ausländische Vereine. Für Ausländervereine und ausländische 22 Vereine gilt gem. §§ 14 und 15 VereinsG ein erweiterter Katalog von Verbotsgründen. Hintergrund ist ihr geringerer grundrechtlicher Schutz (→ Rn. 9). **Ausländervereine** sind gem. § 14 Abs. 1 S. 1 VereinsG „Vereine, deren Mitglieder oder Leiter sämtlich oder überwiegend Ausländer sind". Auch ein Dachverband, dem überwiegend Vereine angehören, die ihrerseits Ausländervereine sind, ist ein Ausländerverein.[94] Bei Vereinen, denen Ausländer und Deutsche angehören, ist nicht allein auf die formale Stellung oder eine rein zahlenmäßige Gegenüberstellung der ausländischen und deutschen Vereinsmitglieder, sondern auf die tatsächliche Verteilung der Funktionen und Entscheidungsbefugnisse zwischen ihnen innerhalb des Vereins abzustellen.[95] Handelt es sich bei den Mitgliedern oder Leitern eines Vereins „sämtlich oder überwiegend" um Angehörige eines anderen Mitgliedstaats der EU, gilt der Verein – dem unionsrechtlichen Diskriminierungsverbot Rechnung tragend – gem. § 14 Abs. 1 S. 2 VereinsG nicht als Ausländerverein.[96] **Ausländische Vereine** sind gem. § 15 Abs. 1 S. 1 VereinsG „Vereine mit Sitz im Ausland, deren Organisation oder Tätigkeit sich auf den räumlichen Geltungsbereich des Vereinsgesetzes erstreckt". Erneut gebietet das unionsrechtliche Diskriminierungsverbot eine Gleichstellung mit inländischen Vereinen, wenn der Sitz in einem anderen Mitgliedstaat der EU liegt. Ausdrücklich geregelt ist überdies der Fall, dass die Mitglieder und Leiter eines ausländischen Vereins „sämtlich oder überwiegend Deutsche oder ausländische Unionsbürger sind". In diesem Fall kann der Verein gem. § 15 Abs. 2 VereinsG nur aus den in Art. 9 Abs. 2 GG genannten Gründen verboten oder in ein Verbot einbezogen werden. Im Übrigen sieht § 14 Abs. 2 VereinsG für Ausländervereine und – § 15 Abs. 1 S. 1 VereinsG verweist auf § 14 VereinsG – ausländische Vereine über Art. 9 Abs. 2 GG und § 3 Abs. 1 S. 1 VereinsG hinaus **fünf weitere einfachgesetzliche Verbotsgründe** vor.[97] Der wichtigste dieser Verbotsgründe ist § 14 Abs. 2 Nr. 1 VereinsG. Er umfasst die Verlagerung gewalttätiger Auseinandersetzungen zwischen verfeindeten Volksgruppen in die Bundesrepublik Deutschland. Die Anwendung von Gewalt in Deutschland und ihre Propagierung unterfallen (unabhängig von den mit der Gewaltanwendung oder -propagierung verfolgten Zielen) nunmehr (auch) § 14 Abs. 2 Nr. 4 VereinsG.[98]

---

juris Rn. 26; BVerwG NVwZ 2010, 459 (462); 2014, 1573 (1579); s. auch BVerfGE 149, 160 (200) = BeckRS 2018, 18810.
[91] Ähnlich *Schiffbauer* JZ 2019, 130 (135).
[92] BVerwG NVwZ 2005, 1435 (1439); BVerwG Gerichtsbescheid v. 8.8.2005 – 6 A 1/04, juris Rn. 55 f.; BVerwG NVwZ 2006, 694 (695 f.); BVerwG NVwZ-RR 2012, 648 (649); BVerwG NVwZ 2014, 1573 (1579 f.).
[93] BVerfGK NVwZ 2020, 226 (227), das mit Blick auf Drittverhalten wie insbesondere das Verhalten einer finanziell unterstützten Gruppierung darüber hinaus fordert, dass sich der Verein mit diesem Verhalten identifiziert; s. dazu auch schon BVerfGE 149, 160 (200) = BeckRS 2018, 18810.
[94] BVerwG NVwZ 1995, 587 (587).
[95] BVerwG NVwZ 1997, 68 (69).
[96] Zum Verständnis der Vorschrift BVerwG NVwZ 2005, 1435 (1440).
[97] Ist unklar, ob ein Verein ein Ausländerverein oder ein ausländischer Verein ist, kann die Verbotsverfügung (vorsorglich) sowohl auf § 14 als auch auf § 15 VereinsG gestützt werden, BVerwGE 55, 175 (176) = NJW 1978, 2164.
[98] BVerwG NVwZ 1995, 587 (587), behandelte beide Konstellationen noch als Gefährdungen der inneren Sicherheit der Bundesrepublik Deutschland iSv § 14 Abs. 1 S. 1 VereinsG aF. Heute ist dieser Verbotsgrund in § 14 Abs. 2 VereinsG in fünf Gründe aufgefächert.

23 **Rechtsgrundlage für das Verbot** bleibt auch dann, wenn ausschließlich einer der in § 14 Abs. 2 VereinsG genannten Verbotsgründe vorliegt, § 3 Abs. 1 S. 1 VereinsG,[99] soweit §§ 14 und 15 VereinsG keine Abweichungen vorsehen.[100] Auch die §§ 4–9 und 10–13 VereinsG finden Anwendung (zur nicht einheitlich beantworteten Frage, ob sich § 8 Abs. 1 VereinsG dabei auch auf die Verbotsgründe in § 14 Abs. 2 VereinsG bezieht, ausführlich → Rn. 53). In der Folge unterscheidet sich das Verbotsverfahren bei einem Verbotsgrund iSd § 14 Abs. 2 VereinsG nicht vom üblichen Verfahren. Lediglich die ausdrückliche **Feststellung des Verbotsgrunds** in der Verbotsverfügung ist **entbehrlich**.[101] Empfehlens- und wünschenswert ist sie dennoch, zumal der Verbotsgrund in der Begründung der Verfügung ohnehin genannt werden muss.[102] Inhaltlich ist zu beachten, dass ein Verein, dessen Organisation und Tätigkeit sich über den Geltungsbereich des Vereinsgesetzes hinaus erstrecken, wegen der auf das Hoheitsgebiet der Bundesrepublik beschränkten Aufsichts- und Regelungsbefugnis der Verbotsbehörde nicht vollständig, sondern nur mit seinen inländischen Teilorganisationen verboten werden kann.[103]

24 Schließlich ist bei Ausländervereinen und ausländischen Vereinen zu beachten, dass § 14 Abs. 3 S. 1 VereinsG als „Minusmaßnahme" zum Vereinsverbot ein **bloßes Betätigungsverbot** zulässt, das sich auch auf bestimmte Handlungen oder bestimmte Personen beschränken kann.[104] Unter Verhältnismäßigkeitsgesichtspunkten ist es stets das mildere Mittel gegenüber einem Vereinsverbot. Ein Vereinsverbot kommt daher nur in Betracht, wenn ein Betätigungsverbot zum Schutz der in § 14 Abs. 2 VereinsG genannten Rechtsgüter nicht ausreicht, weil diese nicht durch das Verhalten einzelner Funktionäre oder Mitglieder, sondern durch die überindividuelle Zielsetzung und Organisation des betroffenen Vereins gefährdet werden.[105] Freilich darf § 14 Abs. 3 S. 1 VereinsG nicht zu einer Privilegierung von Ausländervereinen und ausländischen Vereinen gegenüber Inländervereinen führen: Ist ein Ausländerverein oder ein ausländischer Verein gem. Art. 9 Abs. 2 GG verboten, scheidet ein Betätigungsverbot aus Gründen der Gleichbehandlung gegenüber grundrechtlich stärker geschützten Inländervereinen aus; § 14 Abs. 3 S. 1 VereinsG ist teleologisch entsprechend zu reduzieren. Eine Gegenauffassung will den **Wertungskonflikt** auflösen, indem sie auch gegenüber Inländervereinen ein bloßes Betätigungsverbot als „Minusmaßnahme" zulässt.[106] Der eindeutige Wortlaut von § 3 Abs. 1 S. 1 VereinsG und Art. 9 Abs. 2 GG lässt dafür ebenso wenig Raum wie die Gesetzesbegründung.[107]

25 **b) Wirtschaftsvereinigungen und Koalitionen.** Umgekehrt eine **Privilegierung** gegenüber normalen Vereinen erfahren Arbeitnehmer- und Arbeitgebervereinigungen iSd § 16 Abs. 1 S. 1 VereinsG und die in § 17 VereinsG im Einzelnen aufgezählten **Wirt-**

---

[99] Etwa BVerwG Gerichtsbescheid v. 8.8.2005 – 6 A 1/04, juris Rn. 18; BVerwG NVwZ 2003, 986 (987). Auch § 3 Abs. 3 VereinsG findet daher Anwendung, BVerwG NVwZ 2003, 990 (990). § 14 Abs. 3 S. 3 VereinsG bestimmt darüber hinaus noch einmal ausdrücklich, dass der erweiterte Katalog der Verbotsgründe in § 14 Abs. 2 VereinsG auch für § 3 Abs. 1 S. 2 und § 12 Abs. 1 und Abs. 2 VereinsG gilt. Das ist erforderlich, weil § 3 Abs. 1 S. 2 Nr. 3 und § 12 Abs. 1 S. 1 Nr. 1 und Abs. 2 VereinsG den auf die Verbotsgründe in Art. 9 Abs. 2 GG bezogenen Begriff „verfassungswidrige Bestrebungen" verwenden; s. dazu BT-Drs. 12/6853, 46.
[100] § 14 Abs. 3 VereinsG sieht ergänzend die Möglichkeit eines Betätigungsverbots vor, § 15 Abs. 1 S. 2 VereinsG enthält eine von § 3 Abs. 2 VereinsG abweichende eigene Zuständigkeitsregelung.
[101] BVerwGE 55, 175 (180) = NJW 1978, 2164; *Ullrich* in Albrecht/Roggenkamp VereinsG § 14 Rn. 54; *Wache* in Erbs/Kohlhaas VereinsG § 14 Rn. 16. Wird das Verbot (auch) auf einen Verbotsgrund iSd § 3 Abs. 1 VereinsG gestützt, muss dieser natürlich auch hier in der Verfügung festgestellt werden.
[102] Nomos-BR/*Groh* VereinsG § 3 Rn. 39.
[103] BVerwGE 55, 175 (176) = NJW 1978, 2164.
[104] Das allgemeine Polizei- und Sicherheitsrecht bleibt gem. § 14 Abs. 3 S. 2 VereinsG parallel anwendbar; die „Polizeifestigkeit" des Vereinsrechts stößt hier an ihre Grenzen (→ Rn. 1). Darüber hinaus führt § 14 Abs. 3 S. 2 VereinsG dazu, dass sich Ausländervereine und ausländische Vereine nicht auf das Vereinigungsprivileg des § 3 Abs. 1 Hs. 1 VereinsG (→ Rn. 10) berufen können, *Michael* JZ 2002, 482 (489); andernfalls wäre ein bloßes Betätigungsverbot rechtlich ausgeschlossen.
[105] BVerwGE 55, 175 (181) = NJW 1978, 2164; BVerwG NVwZ 1995, 587 (590); 2005, 1435 (1440).
[106] So *Marx* in Lisken/Denninger PolR-HdB I VII Rn. 489; wie hier *Michael* JZ 2002, 482 (489).
[107] S. BT-Drs. 12/6853, 46; dazu näher *Unger* in Baumann/Sikora VereinsR-HdB § 20 Rn. 24.

E. Gefahrenabwehr durch Vereinsverbot § 47

schaftsvereinigungen. Letztere dürfen, wie sich aus § 17 Nr. 1 und Nr. 2 VereinsG ergibt, nur verboten werden, wenn sie sich gegen die verfassungsmäßige Ordnung oder gegen den Gedanken der Völkerverständigung richten oder wenn ihre Zwecke oder ihre Tätigkeit den in § 74a Abs. 1 oder § 120 Abs. 1 und Abs. 2 GVG genannten Strafgesetzen oder § 130 StGB zuwiderlaufen. Unzulässig ist mithin ein Verbot wegen eines Verstoßes gegen andere Strafgesetze.[108] Die Privilegierung setzt sich fort, wenn eine in § 17 VereinsG genannte Wirtschaftsvereinigung Teil- oder Ersatzorganisation eines verbotenen Vereins ist. In diesem Fall finden § 3 Abs. 3 und § 8 VereinsG gem. § 17 Nr. 3 und Nr. 4 VereinsG nur Anwendung, wenn der Verein aus einem Grund verboten wurde, aus dem eine Wirtschaftsvereinigung hätte verboten werden können.[109] Ob diese Grundsätze auch für **ausländische Wirtschaftsvereinigungen** gelten, ist ungeklärt.[110] Mit Blick auf Niederlassungs- und Dienstleistungsfreiheit sind jedenfalls Wirtschaftsvereinigungen aus einem anderen Mitgliedstaat der EU den in § 17 VereinsG genannten Wirtschaftsvereinigungen gleichzustellen.

Arbeitnehmer- und Arbeitgebervereinigungen[111] werden nicht wie Wirtschaftsvereinigungen materiell, sondern formell privilegiert.[112] Gemäß § 16 Abs. 1 S. 1 VereinsG werden ihnen gegenüber Verbote nach § 3 Abs. 1 S. 1 VereinsG und funktional an ihre Stelle tretende Verfügungen nach § 8 Abs. 2 S. 1 VereinsG (→ Rn. 55) „erst wirksam, wenn das Gericht ihre Rechtmäßigkeit bestätigt hat".[113] Die Verbotsbehörde legt dazu gem. § 16 Abs. 2 S. 1 VereinsG dem nach § 48 Abs. 2 und § 50 Abs. 1 Nr. 2 VwGO zuständigen Gericht ihre Entscheidung vor.[114] Inhaltlich ist zu beachten, dass ein Verbot von Arbeitnehmer- und Arbeitgebervereinigungen stets nur auf die Verbotsgründe in Art. 9 Abs. 2 GG und § 3 Abs. 1 S. 1 VereinsG gestützt werden kann. **§ 14 Abs. 2 VereinsG findet keine Anwendung,** weil Art. 9 Abs. 3 GG kein Deutschengrundrecht ist und daher auch Vereinigungen ausländischer Arbeitnehmer oder Arbeitgeber nur aus den in Art. 9 Abs. 2 GG genannten Gründen verboten werden können.[115] Formell entspricht das zur behördlichen Entscheidung führende Verwaltungsverfahren dem allgemein anzuwendenden Verfahren; lediglich § 3 Abs. 4 VereinsG findet gem. § 16 Abs. 1 S. 2 VereinsG keine Anwendung.[116]

26

Legt die Behörde eine Entscheidung vor, stellt das Gericht sie der Vereinigung und ihren in der Entscheidung benannten nichtgebietlichen Teilorganisationen mit eigener Rechtspersönlichkeit zu. Es eröffnet damit ein **verwaltungsgerichtliches Verfahren,** an dem gem. § 16 Abs. 2 S. 2 VereinsG die Verbotsbehörde, die Vereinigung und ihre in der Entscheidung benannten Teilorganisationen sowie die in § 63 Nr. 3 und Nr. 4 VwGO Genannten beteiligt sind. Stellt das Gericht in diesem Verfahren die **Rechtmäßigkeit der**

27

---

[108] Insoweit sieht aber das Gesellschaftsrecht spezielle Auflösungsverfahren vor, die gem. § 30 Abs. 2 Nr. 3 VereinsG unberührt bleiben (→ Rn. 1); im Einzelnen Nomos-BR/*Groh* VereinsG § 17 Rn. 4.
[109] Speziell zu § 17 Nr. 3 VereinsG BVerwG NVwZ 1998, 174 (174 f.).
[110] Offen gelassen von BVerwG NVwZ 1998, 174 (174); BVerwG NVwZ-RR 2010, 562 (563); BVerwG EuGH-Vorlage v. 24.2.2010 – 6 A 7/08, juris Rn. 20. Inländische Wirtschaftsvereinigungen von Ausländern sind durch § 17 VereinsG unzweifelhaft privilegiert.
[111] Das Gesetz spricht von „Vereinigungen, die den Schutz des Übereinkommens Nr. 87 der Internationalen Arbeitsorganisation vom 9. Juli 1948 über die Vereinigungsfreiheit und den Schutz des Vereinigungsrechts … genießen". Gemäß Art. 10 ILO-Übereinkommen Nr. 87 zählt dazu „jede Organisation von Arbeitnehmern oder Arbeitgebern, welche die Förderung und den Schutz der Interessen der Arbeitnehmer oder der Arbeitgeber zum Ziele hat". Privilegiert sind jedenfalls alle „Vereinigungen […] zur Wahrung und Förderung der Arbeits- und Wirtschaftsbedingungen" iSv Art. 9 Abs. 3 GG, dazu *Schiffbauer* in Reichert/Schimke/Dauernheim Vereins- und VerbandsR-HdB Kap. 3 Rn. 464 ff.
[112] Der Gesetzgeber trägt damit Art. 4 ILO-Übereinkommen Nr. 87 Rechnung; s. dazu BT-Drs. IV/430, 24; Nomos-BR/*Groh* VereinsG § 16 Rn. 2.
[113] Zur verfassungsrechtlichen Zulässigkeit eines Verbots von Koalitionen *Scholz* in Dürig/Herzog/Scholz GG Art. 9 Rn. 336 ff.
[114] Die Entscheidung ist zu diesem Zeitpunkt nach BT-Drs. IV/2145 (neu), 4, noch „ein reines Verwaltungsinternum ohne Außenwirkung", gegen das kein Rechtsschutz gegeben ist.
[115] BT-Drs. IV/430, 23; Nomos-BR/*Groh* VereinsG § 16 Rn. 2.
[116] Nomos-BR/*Groh* VereinsG § 16 Rn. 3.

behördlichen Entscheidung fest,[117] bestätigt es sie in seinem Urteil. Die behördliche Entscheidung wird dann mit der Verkündung oder Zustellung des Urteils gem. § 16 Abs. 1 S. 1 VereinsG wirksam. Zusammen mit der gerichtlichen Bestätigung ist sie entsprechend § 3 Abs. 4 S. 2 VereinsG bekanntzumachen.[118] Vollzogen wird sie nach den allgemeinen Vorschriften durch die Verbotsbehörde, nicht durch das Gericht.[119] Zulässig ist ein Vollzug allerdings erst, wenn das gerichtliche Urteil nicht mehr anfechtbar ist.[120] Zwischenzeitlich kann das Gericht gem. § 16 Abs. 4 VereinsG auf Antrag der Verbotsbehörde erforderliche einstweilige Anordnungen treffen, insbesondere die Beschlagnahme des Vereinsvermögens verfügen. Stellt das Gericht die **Rechtswidrigkeit der behördlichen Entscheidung** fest, versagt es die Bestätigung und hebt zugleich gem. § 16 Abs. 3 VereinsG das Verbot nach § 3 Abs. 1 S. 1 VereinsG oder die Verfügung nach § 8 Abs. 2 S. 1 VereinsG „im Interesse der Klarheit und Rechtssicherheit" auf, obwohl sie mangels Bestätigung gar nicht wirksam geworden sind.[121] Ist für die Entscheidung nach § 16 Abs. 1 S. 1 VereinsG gem. § 50 Abs. 1 Nr. 2 VwGO das BVerwG zuständig, ist das Urteil stets unanfechtbar. Ist für die Entscheidung nach § 16 Abs. 1 S. 1 VereinsG gem. § 48 Abs. 2 VwGO ein OVG oder ein VGH zuständig, ist gegen das Urteil die Revision statthaft, wenn sie zugelassen worden ist.

4. Zurechnung von Mitgliederhandeln

28 Besondere Schwierigkeiten bereiten die in der Praxis überwiegenden Fälle, in denen nicht der Verein selbst (durch seine Satzung[122] oder das tatsächliche Verhalten seiner Organe[123]) einen Verbotstatbestand verwirklicht, sondern das Verbot auf **Handlungen von Vereinsmitgliedern** gestützt wird. Das ist gem. § 3 Abs. 5 VereinsG nur zulässig, wenn erstens ein Zusammenhang der Handlungen mit der Tätigkeit im Verein oder seiner Zielsetzung besteht, die Handlungen zweitens auf einer organisierten Willensbildung (und also nicht auf einem individuellen Entschluss einzelner Mitglieder) beruhen und drittens nach den Umständen anzunehmen ist, dass die Handlungen vom Verein geduldet werden.[124] Der Sache nach handelt es sich um **Zurechnungskriterien**.[125]

5. Ermessen und Verhältnismäßigkeit

29 Liegen die Voraussetzungen für ein Vereinsverbot vor, ist der Verein zu verbieten. Es besteht **kein Entschließungsermessen**.[126] Dies folgt schon aus Art. 9 Abs. 2 GG, der unter den dortigen Voraussetzungen Vereine definitiv für verboten erklärt. Die Verbotsbehörde stellt dies gem. § 3 Abs. 1 S. 1 VereinsG lediglich fest.[127] Nur die das eigentliche

---

[117] Die Zweckmäßigkeit wird nicht geprüft, *Schiffbauer* in Reichert/Schimke/Dauernheim Vereins- und VerbandsR-HdB Kap. 3 Rn. 468.
[118] Ähnlich Nomos-BR/*Groh* VereinsG § 16 Rn. 4.
[119] *Schiffbauer* in Reichert/Schimke/Dauernheim Vereins- und VerbandsR-HdB Kap. 3 Rn. 470.
[120] *Wache* in Erbs/Kohlhaas VereinsG § 16 Rn. 6.
[121] So BT-Drs. IV/2145 (neu), 4.
[122] S. dazu aber auch BVerwGE 80, 299 (308) = NJW 1989, 993.
[123] Zur Zurechnung von Organhandeln vor allem VGH Mannheim NVwZ-RR 1996, 331 (332).
[124] Ähnlich vor Einführung des § 3 Abs. 5 VereinsG bereits BVerwGE 80, 299 (306 ff.) = NJW 1989, 993; dem folgend VGH München NJW 1990, 62 (63); im Einzelnen *Albrecht* in Albrecht/Roggenkamp VereinsG § 3 Rn. 104 ff. Ganz ähnlich zu den Voraussetzungen, unter denen politischen Parteien das „Verhalten ihrer Anhänger" iSv Art. 21 Abs. 2 GG zugerechnet werden kann, BVerfGE 144, 20 (214 ff.) = NJW 2017, 611.
[125] Zur Vertiefung *Schiffbauer* in Reichert/Schimke/Dauernheim Vereins- und VerbandsR-HdB Kap. 3 Rn. 103 ff.; zum Problem bei § 51 Abs. 3 S. 1 AO *Jachmann/Unger* in Gosch, Abgabenordnung, Finanzgerichtsordnung, 166. Aktualisierung, AO § 51 Rn. 95.
[126] Anders ist dies, wie sich aus § 14 Abs. 1 S. 1 VereinsG ergibt, bei Ausländervereinen und ausländischen Vereinen, wenn ausschließlich ein Verbotsgrund iSd § 14 Abs. 2 VereinsG erfüllt ist. Liegt darüber hinaus auch ein Verbotsgrund iSd § 3 Abs. 1 S. 1 VereinsG vor, besteht auch hier kein Ermessen.
[127] Deutlich BVerwG NVwZ 2013, 521 (525); 2013, 870 (875): „Die Verbotsverfügung hat nicht die Funktion zu erfüllen, der Verbotsbehörde auf Rechtsfolgenseite der Norm die Ausübung von Ermessen [...] zu ermöglichen"; wie hier aus verfassungsrechtlicher Perspektive BVerfGE 149, 160 (194) = BeckRS

Verbot flankierende Beschlagnahme und Einziehung des Vermögens steht, wie sich aus § 3 Abs. 1 S. 2 VereinsG ergibt, im (intendierten) Ermessen der Verbotsbehörde.[128] Auch ein **Auswahlermessen besteht nicht**.[129] Selbst für allgemeine, der Rechtsfolge eines Vereinsverbots etwa entgegenstehende Verhältnismäßigkeitserwägungen ist kein Raum. Zwar gilt auch für Vereinsverbote der **Grundsatz der Verhältnismäßigkeit**. Verhältnismäßigkeitserwägungen sind aber nach zutreffender Auffassung nicht auf der Rechtsfolgenseite, sondern durch eine entsprechende – und zwar: enge – Auslegung der Verbotstatbestände einzuspielen.[130] Auch das BVerfG geht im Sinne einer entsprechenden Auslegung der Verbotstatbestände ganz allgemein davon aus, dass eine „Vereinigung […] nicht allein aufgrund vereinzelter Handlungen einzelner Mitglieder verboten werden [kann]; diese müssen einer Vereinigung vielmehr prägend zuzurechnen sein".[131] Das entspricht der verwaltungsrechtlichen Auslegung der einzelnen Verbotsgründe (→ Rn. 16, 18 und 21). Im Rahmen entsprechender Verhältnismäßigkeitserwägungen sind auch Grundrechte wie insbesondere die Freiheit des religiösen und weltanschaulichen Bekenntnisses aus Art. 4 Abs. 1 und Abs. 2 GG hinreichend zu würdigen.[132] Abzulehnen ist vor diesem Hintergrund die Auffassung, die **Anordnung eines bloßen Betätigungsverbots** sei „als ‚Minus' in der Regelung des Vereinsverbots mitenthalten".[133] Aus der Gesetzesbegründung zu § 14 Abs. 3 S. 1 VereinsG geht eindeutig hervor, dass der Gesetzgeber die Möglichkeit eines Betätigungsverbots auf Ausländervereine und ausländische Vereine beschränkt wissen will

---

2018, 18810; s. ferner Nomos-BR/*Groh* VereinsG § 3 Rn. 4; anders *Scholz* in Dürig/Herzog/Scholz GG Art. 9 Rn. 134; *Wiese* ZRP 1976, 54 (57): Opportunitätsprinzip; ebenso *Baudewin* NVwZ 2013, 1049 (1049); *Deres* VR 1992, 421 (429); *Roth* in Schenke/Graulich/Ruthig VereinsG § 3 Rn. 169 ff.; unklar BVerwG NVwZ 2005, 1435 (1440): „Verbot und […] Auflösung […] ermessensfehlerfrei". BVerwGE 134, 275 (307 f.) = BeckRS 2009, 39209 lässt offen, ob die Verbotsbehörde im Einzelfall „immerhin über ein Ermessen dahin verfügt, dass sie aus besonderen Gründen […] [oder] […] aus Gründen der politischen Opportunität […] vom Erlass einer Verbotsverfügung abzusehen berechtigt ist"; dem folgend, aber im Ergebnis doch eher skeptisch gegenüber einem Ermessensspielraum BVerwG NVwZ-RR 2012, 648 (656).

[128] S. dazu BT-Drs. IV/430, 20 f. Vor dem Hintergrund des § 11 Abs. 4 VereinsG kann von Beschlagnahme und Einziehung nur abgesehen werden, wenn keine Gefahr besteht, dass Vermögenswerte neuerlich zur Förderung von Bestrebungen iSd Art. 9 Abs. 2 GG verwendet werden oder die Vermögensauseinandersetzung missbraucht wird, um den organisatorischen Zusammenhalt des Vereins aufrechtzuerhalten, ferner bei Gegenständen von unerheblichem Wert. Sieht die Behörde von der Anordnung der Einziehung des Vereinsvermögens ab, findet keine Abwicklung nach § 13 VereinsG, sondern eine zivilrechtliche Liquidation statt, Nomos-BR/*Groh* VereinsG § 11 Rn. 6. § 11 Abs. 4 S. 2 und S. 3 VereinsG enthält für diese ergänzende Vorschriften. Weil nur entweder eine Abwicklung nach § 13 VereinsG oder eine zivilrechtliche Liquidation möglich ist, kann von der Einziehung nicht teilweise abgesehen werden, *Schiffbauer* in Reichert/Schimke/Dauernheim Vereins- und VerbandsR-HdB Kap. 3 Rn. 319.

[129] Tendenziell ebenso Nomos-BR/*Groh* VereinsG § 3 Rn. 5.

[130] Zutreffend BVerfGE 61, 218 (222) = NJW 1981, 1796: „Richtet sich eine Vereinigung gegen die verfassungsmäßige Ordnung und ist sie deswegen gem. Art. 9 Abs. 2 GG verboten, so ergibt sich unmittelbar aus der Verfassung, daß die dahin gehende Feststellung der Verbotsbehörde und die mit dieser nach § 3 VereinsG verknüpften weiteren Entscheidungen nicht unverhältnismäßig sind"; dem folgend BVerwGE 134, 275 (306 f.) = BeckRS 2009, 39209, das aber offen lässt, ob immerhin „im Einzelfall ausnahmsweise auf der Rechtsfolgenseite Erwägungen zur Verhältnismäßigkeit anzustellen sei"; BVerwG NVwZ 1998, 174 (177 f.); BVerwG NVwZ-RR 2000, 70 (74 f.); BVerwG Gerichtsbescheid v. 8.8.2005 – 6 A 1/04, juris Rn. 58; BVerwG NVwZ 2006, 694 (696); BVerwG NVwZ-RR 2012, 648 (656); BVerwG NVwZ 2013, 521 (525); 2013, 870 (875); 2014, 1573 (1581); offen gelassen von BVerwG NVwZ 2005, 1435 (1440); wie hier stellvertretend für die überwiegende Auffassung im Schrifttum auch *Schiffbauer* in Reichert/Schimke/Dauernheim Vereins- und VerbandsR-HdB Kap. 3 Rn. 110 ff. und 216 f.

[131] BVerfGE 149, 160 (194 f.) = BeckRS 2018, 18810; s. ferner BVerfGK NVwZ 2020, 224 (226); 2020, 226 (227).

[132] Entsprechend noch vor Erlass des Vereinsgesetzes BVerwGE 37, 344 (361 f.) = BeckRS 1971, 30432787; ähnlich aus jüngerer Zeit BVerwG NVwZ 2003, 986 (990); BVerwG Gerichtsbescheid v. 8.8.2005 – 6 A 1/04, juris Rn. 58; BVerwG NVwZ 2014, 1573 (1576). Mit Blick auf die Grundfreiheiten ist hinzuzufügen, dass diese Vereinsverbote, wie ein Blick auf Art. 52 Abs. 1 und Art. 62 AEUV zeigt, selbst dann nicht absolut ausschließen, wenn die Verbote die Ausübung der Grundfreiheiten behindern (zur Dienstleistungsfreiheit ergänzend → Rn. 44).

[133] So *Marx* in Lisken/Denninger PolR-HdB I VII Rn. 489; wie hier *Michael* JZ 2002, 482 (489).

(→ Rn. 24). § 14 Abs. 3 S. 1 VereinsG ist daher auch nicht analogiefähig. Selbst die ausdrückliche Einführung einer entsprechenden Vorschrift für Inländervereine durch den Gesetzgeber begegnete mit Blick auf Art. 9 Abs. 2 GG, der Vereine bei Vorliegen eines dort genannten Verbotsgrunds eindeutig für „verboten" erklärt, Bedenken. Dieses Ergebnis darf auch nicht dadurch umgangen werden, dass ein bloßes Betätigungsverbot auf das allgemeine Gefahrenabwehrrecht gestützt wird: Liegt einer der Verbotsgründe des Art. 9 Abs. 2 GG vor, enthält § 3 Abs. 1 S. 1 VereinsG eine abschließende Regelung; das Vereinsgesetz ist auch insoweit „polizeifest".

III. Formelle Voraussetzungen

30   In formeller Hinsicht gilt das **allgemeine Verwaltungsverfahrensrecht** (→ Rn. 2). Modifizierende und ergänzende Vorschriften enthält das Vereinsgesetz mit Blick auf die Zuständigkeit, aber auch für das Verbotsverfahren sowie Form und Inhalt der Verbotsverfügung.

1. Zuständigkeit

31   Beschränken sich die erkennbare Organisation und Tätigkeit[134] eines Vereins oder eines Teilvereins auf das Gebiet eines Landes, ist Verbotsbehörde nach § 3 Abs. 2 S. 1 Nr. 1 VereinsG die **oberste Landesbehörde** oder die **nach Landesrecht**[135] **zuständige Behörde.** Erstrecken sich Organisation und Tätigkeit hingegen über das Gebiet eines Landes hinaus,[136] ist Verbotsbehörde gem. § 3 Abs. 2 S. 1 Nr. 2 VereinsG der **Bundesminister des Innern.**[137] Das Kriterium der „Erkennbarkeit" in § 3 Abs. 2 S. 1 Nr. 1 VereinsG soll Landesbehörden ein zügiges Einschreiten ohne eine langwierige Prüfung der Zuständigkeit ermöglichen und die Aufhebung eines Verbots wegen einer nicht erkennbaren Organisation oder Tätigkeit in einem anderen Land ausschließen.[138] Aus ähnlichen Erwägungen soll es bei der Zuständigkeit der Landesbehörde bleiben, wenn ein Verein oder ein Teilverein über das Gebiet eines Landes hinaus lediglich durch „ganz unbedeutende Tätigkeiten" in Erscheinung tritt.[139] Diese Tätigkeiten verlagerten den regionalen Schwerpunkt nicht.[140]

32   Durch die **Aufspaltung der Zuständigkeiten** kann es dazu kommen, dass die zuständige Landesbehörde einen Teilverein verbietet, ohne dass der bundesweit tätige Gesamtverein verboten wird. Umgekehrt kann der Bundesminister des Innern einen Verein verbieten,

---

[134] Infolge der gesetzlichen Anknüpfung an Organisation und Tätigkeit scheidet der Sitz eines Vereins als Anknüpfungspunkt für die Beurteilung der Zuständigkeit aus, VGH Mannheim NVwZ-RR 1996, 331 (332).
[135] Maßgeblich sind insoweit die Ausführungsgesetze der Länder (→ Rn. 2).
[136] Dass gerade die über das Gebiet eines Landes hinausgehende und die Zuständigkeit des Bundesministers des Innern begründende Tätigkeit den einschlägigen Verbotstatbestand erfüllt, ist nicht erforderlich, BVerwGE 80, 299 (301 f.) = NJW 1989, 993; 134, 275 (277); bestätigt durch BVerfGK Beschl. v. 31.7.1989 – 1 BvR 1558/88, juris Rn. 3; zur Ermittlung einer Tätigkeit über das Gebiet eines Landes hinaus BVerwG NVwZ 2014, 1573 (1574 f.).
[137] Zur Verfassungsmäßigkeit vor dem Hintergrund der Art. 30 und 83 ff. GG BVerfGK Beschl. v. 31.7.1989 – 1 BvR 1558/88, juris Rn. 2; allgemein *Winkler* in Sachs GG Art. 83 Rn. 16 f.; s. auch BVerwGE 80, 299 (302 f.) = NJW 1989, 993.
[138] OVG Berlin-Brandenburg NVwZ-RR 2010, 886 (886 f.), unter Hinweis auf BT-Drs. IV/2145, 2. Kritisch zur Leistungsfähigkeit des Merkmals der „erkennbare[n] Organisation und Tätigkeit" BR-Drs. 416/16 (B), 2, unter Hinweis auf OVG Koblenz NVwZ-RR 2017, 33 (34 ff.), sowie unter Hinweis darauf, „dass die einschlägigen Gruppierungen ihre Organisation und Tätigkeit so steuern, dass für die potentiellen Verbotsbehörden Zuständigkeitsprobleme entstehen"; anders BT-Drs. 18/9947, 1: „Im Hinblick auf die Zuständigkeitsverteilung […] liegt keine uneinheitliche Rechtslage vor, die ein Handeln dringend erforderlich machen würde. Die Zuständigkeit der Landesbehörden und des Bundesministeriums des Innern ist in mehreren Entscheidungen des Bundesverwaltungsgerichts […] hinreichend konkretisiert worden."
[139] VGH Mannheim NVwZ-RR 1996, 331 (332); OVG Berlin-Brandenburg NVwZ-RR 2010, 886 (887); ähnlich VGH München NVwZ-RR 2000, 496 (496); OVG Lüneburg NVwZ-RR 2016, 822 (823).
[140] So OVG Lüneburg NVwZ-RR 2016, 822 (823).

dessen Teilvereine gem. § 3 Abs. 2 S. 1 Nr. 1 VereinsG nur durch die zuständigen Landesbehörden hätten verboten werden können.¹⁴¹ Im erstgenannten Fall hat die Entscheidung der Landesbehörde gem. § 3 Abs. 2 S. 2 VereinsG „im Benehmen" mit dem Bundesminister des Innern, im zweitgenannten Fall die Entscheidung des Bundesministers des Innern gem. § 3 Abs. 2 S. 3 VereinsG „im Benehmen" mit den zuständigen Landesbehörden zu ergehen.¹⁴² Erforderlich ist danach jedenfalls, dass die aktive Behörde die passive informiert und **Gelegenheit zur Stellungnahme** gibt. Einer „Willensübereinstimmung" im Sinne eines Einverständnisses bedarf es nicht.¹⁴³ Wird entgegen § 3 Abs. 2 S. 2 und S. 3 VereinsG nicht „im Benehmen" entschieden, soll das Vereinsverbot rechtswidrig sein. Der Fehler kann gem. § 45 Abs. 1 Nr. 5 und Abs. 2 VwVfG durch Nachholung geheilt werden.¹⁴⁴

2. Verfahren

Hinsichtlich des Verbotsverfahrens gilt das allgemeine Verwaltungsverfahrensrecht **33** (→ Rn. 2). Eine **Anhörung** ist nach § 28 Abs. 1 VwVfG zwar grundsätzlich geboten,¹⁴⁵ gem. § 28 Abs. 2 Nr. 1 VwVfG aber vielfach entbehrlich.¹⁴⁶ Das BVerwG sieht es als ausreichend an, dass die Verbotsbehörde bei Erlass der Verfügung damit rechnen musste, dass der Verein durch eine Anhörung veranlasst wird, sich dem Vereinsverbot und den damit verbundenen Anordnungen zu entziehen, und deshalb eine sofortige Entscheidung für notwendig halten durfte, um der Verbotsverfügung größtmögliche Wirksamkeit zu verleihen.¹⁴⁷ Soweit § 3 Abs. 2 S. 2 und S. 3 VereinsG die **Mitwirkung einer anderen Behörde** vorsieht, gilt § 45 Abs. 1 Nr. 5 und Abs. 2 VwVfG (→ Rn. 32).

3. Form

Gemäß § 3 Abs. 4 S. 1 VereinsG ist das Verbot schriftlich oder elektronisch mit dauerhaft **34** überprüfbarer Signatur nach § 37 Abs. 4 VwVfG abzufassen, zu begründen und dem Verein sowie – nämlich im Falle der ausdrücklichen Nennung nichtgebietlicher Teilorganisationen mit eigener Rechtspersönlichkeit in der Verbotsverfügung gem. § 3 Abs. 3 S. 2 VereinsG¹⁴⁸ – seinen Teilorganisationen zuzustellen.¹⁴⁹ Die **Begründungspflicht** bezieht sich jedenfalls insoweit auch auf das Vorliegen einer Teilorganisation iSd § 3 Abs. 3 Ver-

---

¹⁴¹ Wird der bundesweit tätige Gesamtverein verboten, ist für ein Verbot seiner Teilvereine durch die zuständigen Landesbehörden, wie sich aus § 3 Abs. 3 S. 1 VereinsG ergibt, kein Raum mehr.
¹⁴² Exemplarisch BVerwG NJW 1989, 996 (996 f.).
¹⁴³ Instruktiv OVG Lüneburg NVwZ-RR 2016, 822 (823); ebenso Nomos-BR/*Groh* VereinsG § 3 Rn. 28.
¹⁴⁴ Nomos-BR/*Groh* VereinsG § 3 Rn. 28.
¹⁴⁵ Diese ist zu unterscheiden von der dem Vereinsverbot häufig vorausgehenden „öffentliche[n] Erörterung", BVerwG NVwZ 2003, 986 (986).
¹⁴⁶ Ein über § 28 VwVfG hinausreichendes verfassungsrechtliches Anhörungsgebot besteht nicht, BVerwG Beschl. v. 3.4.1985 – 1 ER 323/84, juris Rn. 13. Ist zu erwarten, dass bei einer Anhörung keine tatsächlichen oder rechtlichen Gesichtspunkte geltend gemacht werden, die der Behörde nicht ohnehin schon bekannt sind, darf eine Anhörung ebenfalls unterbleiben, BVerwG Buchholz 402.45 VereinsG Nr. 24.
¹⁴⁷ Zum Ganzen BVerwGE 80, 299 (303 ff.) = NJW 1989, 993; BVerwGE 134, 275 (278) = BeckRS 2009, 39209; BVerwG Beschl. v. 3.4.1985 – 1 ER 323/84, juris Rn. 13; BVerwG NVwZ 1995, 587 (587); BVerwG NVwZ-RR 2000, 70 (71); BVerwG NVwZ 2003, 986 (986); 2005, 1435 (1435); BVerwG Gerichtsbescheid v. 8.8.2005 – 6 A 1/04, juris Rn. 15; BVerwG NVwZ 2010, 455 (456); BVerwG NVwZ-RR 2009, 803 (803 f.); 2010, 562 (564); 2011, 14 (14); 2012, 648 (648 f.); BVerwG NVwZ 2013, 521 (524 f.); 2014, 1573 (1575); diese Rechtsprechung billigend BVerfGE 149, 160 (219) = BeckRS 2018, 18810; s. zum Ganzen auch *Planker* NVwZ 1998, 113 (114).
¹⁴⁸ Zur Frage, ob eine Zustellung auch an in der Verfügung ausdrücklich benannte mitverbotene gebietliche Teilorganisationen jedenfalls empfehlenswert ist, Nomos-BR/*Groh* VereinsG § 3 Rn. 42. § 1 Abs. 1 VereinsG-DVO sieht jedenfalls vor, dass die für den Verbotsvollzug zuständigen Landesbehörden das Verbot sämtlicher im Bereich des Landes bestehenden Teilorganisationen des verbotenen Vereins formlos bekanntgeben; zum Inhalt der Bekanntgabe § 1 Abs. 2 VereinsG-DVO.
¹⁴⁹ Die Zustellung erfolgt gem. § 6 Abs. 2 S. 1 VwZG und entsprechenden landesrechtlichen Vorschriften grundsätzlich an den Vorstand als gesetzlichen Vertreter.

§ 47

einsG, als die Behörde in der Verfügung bestimmte Organisationen als vom Vereinsverbot umfasst behandelt (zu den materiellen Anforderungen → Rn. 42).[150] Zur Konkretisierung der Begründungspflicht ist auf § 39 Abs. 1 VwVfG zurückzugreifen.[151]

35 Die **Zustellung** richtet sich nach den Verwaltungszustellungsgesetzen des Bundes oder der Länder. Der verfügende Teil des Verbots (mithin: der Tenor der Feststellung des Verbotsgrunds, der Auflösung des Vereins und, soweit gem. § 3 Abs. 1 S. 2 VereinsG mit diesen Verfügungen verbunden, der Beschlagnahme- und Einziehungsanordnung)[152] ist gem. § 3 Abs. 4 S. 2 Hs. 1 VereinsG im Bundesanzeiger und danach im amtlichen Mitteilungsblatt des Landes **bekanntzumachen,** in dem der Verein oder, sofern sich das Verbot hierauf beschränkt, der Teilverein seinen Sitz hat. Verbote ausländischer Vereine iSd § 15 Abs. 1 S. 1 VereinsG sind gem. § 3 Abs. 4 S. 2 Hs. 2 VereinsG nur im Bundesanzeiger bekanntzumachen. Ist das Verbot unanfechtbar geworden, ist der verfügende Teil gem. § 7 Abs. 1 VereinsG erneut – und dieses Mal unter Hinweis auf die Unanfechtbarkeit – im Bundesanzeiger und im einschlägigen Landesmitteilungsblatt zu veröffentlichen.

36 Das Vereinsverbot wird gem. § 3 Abs. 4 S. 3 VereinsG grundsätzlich mit Zustellung an den Verein und – im Falle des § 3 Abs. 3 S. 2 VereinsG – die Teilorganisation **wirksam iSd § 43 Abs. 1 VwVfG.** Scheitert eine Zustellung oder erfolgt sie mit Verzögerung, wird das Verbot spätestens mit Bekanntmachung im Bundesanzeiger wirksam.[153] Es handelt sich bei dieser Bekanntmachung um einen besonderen Fall der **öffentlichen Bekanntgabe** iSd § 41 Abs. 3 S. 1 VwVfG, die gegenüber Dritten, die nicht Adressaten der Verbotsverfügung sind, die Rechtsbehelfsfrist in Lauf setzt.[154] Abweichend von § 41 Abs. 4 S. 3 und entsprechend § 41 Abs. 4 S. 4 VwVfG wird das Verbot bereits am auf die Bekanntmachung folgenden Tag wirksam.

IV. Verbotsinhalt

1. Feststellung eines Verbotsgrunds

37 Inhaltlich ist in der Verbotsverfügung gem. **§ 3 Abs. 1 S. 1 Hs. 1 VereinsG** zunächst festzustellen, dass die Zwecke des Vereins oder seine Tätigkeit Strafgesetzen zuwiderlaufen oder dass er sich gegen die verfassungsmäßige Ordnung oder den Gedanken der Völkerverständigung richtet (zu den inhaltlichen Anforderungen → Rn. 14 ff.). Der oder die einschlägigen Verbotsgründe sind (mit Blick auf ihre unterschiedlichen strafrechtlichen Folgen)[155] in der Verfügung zu bezeichnen (zu Ausnahmen bei Ausländervereinen und ausländischen Vereinen → Rn. 23).[156] Ist ein Verbotsgrund nicht bezeichnet, kann die Verbotsverfügung auf diesen Grund nicht gestützt werden und ist, sofern kein anderer und in der Verfügung bezeichneter Verbotsgrund vorliegt, rechtswidrig.[157] Einen Verbotsausspruch im eigentlichen Sinne enthält das Vereinsverbot mit Blick auf Art. 9 Abs. 2 GG, der Vereine unmittelbar für „verboten" erklärt, wenn ein Verbotsgrund vorliegt, nicht.[158]

---

[150] BVerwG NVwZ 1995, 590 (591).
[151] BVerwG NVwZ 1995, 590 (591).
[152] Nomos-BR/*Groh* VereinsG § 3 Rn. 43.
[153] Zur ergänzenden Anordnung der „Vollziehbarkeit" ausführlich → Rn. 47.
[154] BVerwG NVwZ 2018, 1485 (1488 f.), das zutreffend darauf hinweist, dass mangels bekannt gemachter Rechtsbehelfsbelehrung gem. § 58 Abs. 2 S. 1 VwGO die Jahresfrist gilt; s. auch Nomos-BR/*Groh* VereinsG § 3 Rn. 41.
[155] S. nur § 85 Abs. 1 S. 1 Nr. 2 und § 86 Abs. 1 Nr. 2 StGB.
[156] BVerwGE 55, 175 (177 ff.) = NJW 1978, 2164.
[157] BVerwGE 55, 175 (177) = NJW 1978, 2164.
[158] So auch BVerwG NVwZ 2003, 986 (987).

2. Auflösung des Vereins

Darüber hinaus ist in der Verfügung gem. **§ 3 Abs. 1 S. 1 Hs. 2 VereinsG** die Auflösung 38 des Vereins anzuordnen. Wie sich aus dem Klammerzusatz ergibt, besteht das „Verbot" aus der Feststellung des Verbotsgrunds und der Auflösungsanordnung.[159] In der Feststellung des Verbotsgrunds und vor allem in der Auflösungsanordnung ist die betroffene Vereinigung so bestimmt zu bezeichnen, dass ihre personelle Zusammensetzung in einer die Vollziehung ermöglichenden Weise gekennzeichnet und folglich die Vollziehung von Verbotsfolgen gegen nicht betroffene Personen ausgeschlossen ist.[160]

3. Vermögensbeschlagnahme und -einziehung

Mit Feststellungs- und Auflösungsverfügung sind gem. **§ 3 Abs. 1 S. 2 VereinsG** „in 39 der Regel" die Beschlagnahme und Einziehung des Vereinsvermögens sowie – unter bestimmten Voraussetzungen[161] – der Forderungen und Sachen Dritter zu verbinden. Die Verbindung ist aber nicht obligatorisch;[162] die Anordnung kann auch unterbleiben oder in einem getrennten Bescheid erfolgen.[163] Das Vereinsgesetz trägt mit diesen Vorschriften dem Umstand Rechnung, dass die in einem Verein organisierten Kräfte unabhängig von seiner rechtlichen Auflösung häufig versuchen werden, den Verein faktisch fortzusetzen oder sich neu zu gruppieren.[164] Die Vorschriften des bürgerlichen Rechts über die Abwicklung aufgelöster Vereine können dies nicht verhindern: Einerseits besteht der Verein für Zwecke der Abwicklung zunächst fort, andererseits fließen Vermögenswerte bei seiner Abwicklung weitgehend in die Hände von Personen, die ihm angehören oder ihn unterstützt haben.[165] § 3 Abs. 1 S. 2 und §§ 10–12 VereinsG ermächtigen daher dazu, das Vermögen des Vereins und Dritter zu beschlagnahmen und einzuziehen.

Beschlagnahme- und Einziehungsanordnung sind Verwaltungsakte.[166] Als Sicherungs- 40 maßnahmen zielen sie darauf, den verfassungsfeindlichen Kräften die materiellen Mittel möglichst rasch und wirksam zu entziehen.[167] Die **Beschlagnahmeanordnung**[168] hat gem. § 10 Abs. 1 S. 1 VereinsG die Wirkung eines absoluten gesetzlichen Veräußerungsverbots. Sie führt gem. § 10 Abs. 1 S. 2 VereinsG regelmäßig dazu, dass Rechtsgeschäfte, die gegen das Veräußerungsverbot verstoßen, nichtig sind, und ermächtigt die Verbotsbehörde gem. § 10 Abs. 2 S. 1 VereinsG dazu, das Vereinsvermögen in Besitz zu nehmen.[169] Kehrseite ist eine Verpflichtung zur Vermögenssorge.[170] Die Beschlagnahme soll sicherstellen, dass das Vermögen dem Zugriff des Staates bis zum Wirksamwerden der Einziehung nach § 11 Abs. 2 S. 1 und § 12 Abs. 4 VereinsG nicht entzogen wird.[171] Die

---

[159] S. auch BT-Drs. IV/2145 (neu), 2.
[160] BVerwGE 37, 344 (Ls. 1 und 347) = BeckRS 1971, 30432787.
[161] Im Einzelnen § 3 Abs. 1 S. 2 Nr. 2 und Nr. 3 sowie § 12 Abs. 1–3 VereinsG; vertiefend *Schiffbauer* in Reichert/Schimke/Dauernheim Vereins- und VerbandsR-HdB Kap. 3 Rn. 324 ff.
[162] BT-Drs. IV/2145 (neu), 2.
[163] In jedem Fall ist die Anordnung der Einziehung von Gegenständen Dritter in einer besonderen Einziehungsverfügung dem Dritten gegenüber gesondert bekanntzugeben, BT-Drs. IV/430, 21. § 14 VereinsG-DVO verlangt insoweit, dass diese Einziehungsverfügung schriftlich abzufassen und dem Inhaber des eingezogenen Gegenstands zuzustellen ist. Sie muss den Gegenstand der Einziehung und dessen Inhaber bezeichnen. In der schriftlichen Begründung ist auf das Vereinsverbot und den Einziehungsgrund hinzuweisen.
[164] BT-Drs. IV/430, 18.
[165] BT-Drs. IV/430, 18 f.
[166] Für die Einziehung ausdrücklich BT-Drs. IV/430, 20 f.; Nomos-BR/*Groh* VereinsG § 11 Rn. 2. Zuständig ist, wie sich auch aus § 3 Abs. 1 S. 2 VereinsG ergibt, die Verbotsbehörde.
[167] BT-Drs. IV/430, 19.
[168] Vertiefend zur Vermögensbeschlagnahme *Schiffbauer* in Reichert/Schimke/Dauernheim Vereins- und VerbandsR-HdB Kap. 3 Rn. 285 ff.
[169] Zum Rechtsschutz Nomos-BR/*Groh* VereinsG § 10 Rn. 11.
[170] Zum Ganzen BT-Drs. IV/430, 19; zu den Einzelheiten § 10 Abs. 1–4 VereinsG.
[171] Nomos-BR/*Groh* VereinsG § 10 Rn. 1.

Einziehungsanordnung[172] bewirkt dann den endgültigen und entschädigungslosen Vermögensverlust.[173] Gemäß § 11 Abs. 2 S. 1 VereinsG erwirbt der Einziehungsbegünstigte – im Falle des § 3 Abs. 2 Nr. 1 VereinsG das jeweilige Land, im Falle des § 3 Abs. 2 Nr. 2 VereinsG der Bund – mit Eintritt der Unanfechtbarkeit des Verbots und der Einziehungsanordnung das Vereinsvermögen und die nach § 11 Abs. 1 S. 2 VereinsG eingezogenen Gegenstände als besondere Vermögensmasse. Entsprechendes gilt gem. § 12 Abs. 4 VereinsG für die nach § 12 Abs. 1–3 VereinsG eingezogenen Gegenstände.

4. Sofortvollzugsanordnung

41 Bei der **Feststellung des Verbotsgrunds** und der **Auflösung des Vereins** fehlt eine gesetzliche Anordnung der sofortigen Vollziehbarkeit. Die Verbotsbehörde ordnet daher in aller Regel gem. **§ 80 Abs. 2 S. 1 Nr. 4 VwGO** die sofortige Vollziehung an. Der Verein ist in der Folge auch dann, wenn er verwaltungsgerichtlich gegen die Verbotsverfügung vorgeht, vorläufig gehindert, seinen Satzungszweck zu verfolgen.[174] Auch die **Beschlagnahmeanordnung** sollte für sofort vollziehbar erklärt werden.[175] Nur dann wird sie ihrer Funktion, das Vereinsvermögen vor Wirksamwerden der Einziehung nach § 11 Abs. 2 S. 1 und § 12 Abs. 4 VereinsG zu sichern, gerecht. Einer Anordnung der sofortigen Vollziehung der **Einziehungsanordnung** bedarf es hingegen nicht, da die Einziehung gem. § 11 Abs. 2 S. 1 und § 12 Abs. 4 VereinsG ohnehin erst wirkt, wenn ihre Anordnung und das Vereinsverbot unanfechtbar geworden sind (→ Rn. 40).

V. Verbotsreichweite

1. Erstreckung auf Teilorganisationen

42 Die Auflösung des Vereins erstreckt sich gem. § 3 Abs. 3 S. 1 VereinsG grundsätzlich „auf alle Organisationen, die dem Verein derart eingegliedert sind, daß sie nach dem Gesamtbild der tatsächlichen Verhältnisse als Gliederung dieses Vereins erscheinen". Das Gesetz spricht von „Teilorganisationen"[176] und meint damit, wie § 3 Abs. 3 S. 2 VereinsG zeigt, grundsätzlich sowohl **gebietliche** als auch **nichtgebietliche Teilorganisationen**.[177] Lediglich nichtgebietliche Teilorganisationen mit eigener Rechtspersönlichkeit sind mit Blick auf die Sicherheit des Rechtsverkehrs[178] gem. § 3 Abs. 3 S. 2 VereinsG vom Vereinsverbot nur umfasst, wenn sie in der Verbotsverfügung ausdrücklich benannt sind. Sinnvollerweise geschieht dies, indem sie unter Anordnung ihrer Auflösung ausdrücklich als verboten benannt werden.[179] Indizien für das **Vorliegen einer Teilorganisation** können sich insbesondere aus der personellen Zusammensetzung, der Geschichte, dem Selbstverständnis, den Zielen, der Tätigkeit und der Finanzierung von Untergliederung und Gesamtverein ergeben, ferner aus Verflechtungen bei der Willensbildung, satzungsmäßigen Verflechtungen sowie der Weisungsgebundenheit einer Untergliederung gegenüber dem Gesamtverein oder jedenfalls ihrer Überwachung und Lenkung durch ihn. Die Untergliederung

---

[172] Vertiefend zur Vermögenseinziehung *Schiffbauer* in Reichert/Schimke/Dauernheim Vereins- und VerbandsR-HdB Kap. 3 Rn. 306 ff.
[173] Nomos-BR/*Groh* VereinsG § 11 Rn. 1. Zur Vereinbarkeit mit Art. 14 GG BVerwG NVwZ 2005, 1435 (1440 f.).
[174] BVerwG Beschl. v. 3.4.1985 – 1 ER 323/84, juris Rn. 15.
[175] Da es sich bei der Beschlagnahme noch nicht um eine „Maßnahme zum Vollzug des Verbots" handelt, gilt § 6 Abs. 2 VereinsG hier nicht, Nomos-BR/*Groh* VereinsG § 3 Rn. 2.
[176] Gegenbegriff ist die „Nebenorganisation". Ihr gegenüber muss die Verbotsbehörde, sofern sie einen Verbotstatbestand erfüllt, ein selbständiges Verbot erlassen, BVerwG NVwZ 1995, 590 (591); 1995, 595 (596); 1998, 174 (175 f.).
[177] Zur Unterscheidung Nomos-BR/*Groh* VereinsG § 3 Rn. 35.
[178] Nomos-BR/*Groh* VereinsG § 3 Rn. 35.
[179] Exemplarisch BVerwG NVwZ 1998, 174 (175). Die „Benennung" iSv § 3 Abs. 3 S. 2 VereinsG unterliegt dabei den allgemeinen formellen Verbotsanforderungen, BVerwG NVwZ-RR 2010, 562 (564).

muss dabei tatsächlich in die Gesamtorganisation eingebunden sein und im Wesentlichen von ihr beherrscht werden. Eine bloße politische Abhängigkeit genügt ebenso wenig wie eine bloße politische Zusammenarbeit oder eine bloße Solidarisierung. Selbst die Mitgliedschaft in einem Dachverband begründet für sich allein noch keine organisatorische Eingliederung. Umgekehrt bedarf es aber auch keiner totalen organisatorischen Eingliederung, so dass selbst Meinungsverschiedenheiten zwischen Untergliederung und Gesamtverein unschädlich sind. Auch setzt die Erstreckung des Vereinsverbots nach § 3 Abs. 3 S. 1 VereinsG weder voraus, dass ausschließlich Mitglieder oder Sympathisanten des Gesamtvereins der Untergliederung angehören, noch, dass die Untergliederung ihrerseits einen Verbotstatbestand erfüllt. Sie ist schließlich unabhängig davon, ob die Untergliederung in ihrer Organisation oder Tätigkeit über das Gebiet eines Landes hinausgeht oder nicht.[180] Eine **Beschränkung des Vereinsverbots,** die bestimmte Teilorganisationen vom Vereinsverbot ausnimmt, ist gem. § 3 Abs. 3 S. 1 VereinsG zulässig.[181]

2. Reichweite bei ausländischen Vereinen

Bei ausländischen Vereinen (→ Rn. 22) erstreckt sich das Vereinsverbot gem. § 18 S. 1 **43** VereinsG nur auf ihre **inländischen Teilorganisationen** iSd § 3 Abs. 3 S. 1 VereinsG (→ Rn. 42).[182] Ihnen gegenüber können alle Verfügungen nach § 3 Abs. 1 VereinsG getroffen werden, auch wenn sie keine Vereine iSd § 2 Abs. 1 VereinsG sind.[183] Existieren keine inländischen Teilorganisationen des ausländischen Vereins, richtet sich das Vereinsverbot gem. § 18 S. 2 VereinsG als bloßes Betätigungsverbot gegen die **inländische Tätigkeit** des Vereins.[184] Rechnung getragen wird damit dem grundsätzlich auf das Staatsgebiet der Bundesrepublik Deutschland beschränkten räumlichen Geltungsbereich von Verwaltungsakten deutscher Behörden.[185]

Probleme bereitet § 18 S. 2 VereinsG mit Blick auf die **Grundfreiheiten** (insbesondere: **44** die Dienstleistungsfreiheit) und ihre sekundärrechtlichen Konkretisierungen, wenn eine in einem anderen Mitgliedstaat der EU niedergelassene und nach dortigem Recht organisierte Vereinigung in Deutschland tätig wird. So scheidet nach Auffassung des EuGH ein auf § 3 Abs. 1 S. 1 und § 18 S. 2 VereinsG gestütztes Verbot der Ausstrahlung eines Fernsehprogramms in Deutschland durch einen dänischen Fernsehveranstalter von Dänemark aus selbst dann aus, wenn es sich gegen den Gedanken der Völkerverständigung richtet, weil gem. **Art. 22a RL 89/552/EWG** (heute ähnlich: **Art. 6 Abs. 1 Buchst. a RL 2010/13/EU**) allein der Mitgliedstaat, dessen Rechtshoheit der Fernsehveranstalter unterliegt, „dafür Sorge [trägt], dass die Sendungen nicht zu Hass aufgrund von Rasse, Geschlecht, Religion oder Nationalität aufstacheln".[186] Ziel dieser Regelung ist es, „keine zweite Kontrolle der Fernsehsendungen zusätzlich zu der vom Sendestaat durchzuführenden Kontrolle [einzuführen]".[187] Zulässig bleibt danach nur das Verbot von Tätigkeiten, die nicht die Weiter-

---

[180] Zum Ganzen BVerwGE 74, 176 (188 f.); 154, 22 (37); BVerwG NJW 1989, 996 (997); BVerwG NVwZ 1995, 590 (591); 1995, 595 (596); 1998, 174 (175); 2010, 455 (456 f.); BVerwG NVwZ-RR 2010, 562 (563 f.); BVerwG NVwZ 2014, 1573 (1581 f.). Die Grundsätze gelten grundsätzlich auch für Teilorganisationen von Religionsgemeinschaften, BVerwG NVwZ 2003, 990 (990 f.); BVerwG Buchholz 402.45 VereinsG Nr. 39.
[181] Zum Verständnis näher BVerwGE 37, 344 (355) = BeckRS 1971, 30432787.
[182] Nomos-BR/*Groh* VereinsG § 18 Rn. 2, die zusammenfassend von inländischen „Organisationsstrukturen" spricht. Beispiele nennt BVerwGE 55, 175 (176 f.) = NJW 1978, 2164.
[183] Nomos-BR/*Groh* VereinsG § 18 Rn. 2.
[184] Zulässig ist ein entsprechendes Betätigungsverbot über den Wortlaut hinaus ferner dann, wenn ein ausländischer Verein zwar über eine inländische Teilorganisation verfügt, sich aber auch darüber hinaus selbst (und also nicht nur durch die Teilorganisation) im Inland betätigt, BVerwG EuGH-Vorlage v. 24.2.2010 – 6 A 7/08, juris Rn. 19. Sowohl bei § 18 S. 1 VereinsG als auch bei § 18 S. 2 VereinsG handelt es sich um ein Verbot iSd § 3 Abs. 1 S. 1 VereinsG, das sich gem. § 3 Abs. 3 VereinsG insbesondere auch auf Ersatzorganisationen erstreckt, BVerwG NVwZ 1998, 174 (175).
[185] S. dazu auch BVerwGE 55, 175 (176) = NJW 1978, 2164.
[186] EuGH ECLI:EU:C:2011:607 Rn. 54 = BeckRS 2011, 81390.
[187] EuGH ECLI:EU:C:2011:607 Rn. 48 = BeckRS 2011, 81390.

verbreitung von Fernsehsendungen im engeren Sinne betreffen. So können die Produktion von Sendungen und die Organisation von Veranstaltungen in Deutschland durch den dänischen Fernsehveranstalter auf Grundlage des Vereinsgesetzes verboten werden.[188] Dies harmoniert mit dem allgemeinen Dienstleistungsrecht der EU, das dem Bestimmungsstaat in **Art. 16 Abs. 3 RL 2006/123/EG** die Möglichkeit belässt, „Anforderungen in Bezug auf die Erbringung von Dienstleistungen zu stellen, die aus Gründen der öffentlichen Ordnung, der öffentlichen Sicherheit, der öffentlichen Gesundheit oder des Schutzes der Umwelt gerechtfertigt sind", sofern diese nur nichtdiskriminierend, erforderlich und verhältnismäßig sind. Das deckt sowohl die Verbotsgründe in § 3 Abs. 1 S. 1 VereinsG als auch die Verbotsgründe in § 14 Abs. 2 VereinsG.

VI. Verbotsvollzug

45 Vom Vereinsverbot zu unterscheiden ist der **„Vollzug des Verbots"**, wie es in der Überschrift zu § 5 VereinsG und in § 6 Abs. 1 VereinsG heißt. Vollzugsbedürftig sind allein die **Auflösung des Vereins** und die **Anordnung der Beschlagnahme und Einziehung** des Vermögens und bestimmter Gegenstände Dritter.[189] Der Vollzug des Verbots in diesem Sinne ist von der Durchsetzung von Verwaltungsakten nach allgemeinem Verwaltungsvollstreckungsrecht zu unterscheiden.[190]

1. Vollzugsmaßnahmen

46 Vereinsrechtliche Vollzugsmaßnahmen sind zunächst die Registereintragungen nach § 7 Abs. 2 VereinsG, in einem weiteren Sinne auch die nochmalige Veröffentlichung des verfügenden Teils des Verbots unter Hinweis auf die Unanfechtbarkeit nach § 7 Abs. 1 VereinsG, ferner Maßnahmen zum Vollzug der Beschlagnahme- und der Einziehungsanordnung. Die **Registereintragungen** nach § 7 Abs. 2 VereinsG betreffen die Beschlagnahme des Vereinsvermögens und ihre Aufhebung, die Bestellung und Abberufung von Verwaltern nach § 10 Abs. 3 VereinsG, die Auflösung des Vereins, nachdem das Verbot unanfechtbar geworden ist, und das Erlöschen des Vereins. Ergänzend sieht § 2 VereinsG-DVO – teilweise abweichend von der Grundbuchordnung – die Eintragung der Beschlagnahme im Grundbuch, im Schiffsregister und im Schiffsbauregister vor.[191] Mit Blick auf den Vollzug der **Beschlagnahmeanordnung** geht es vor allem um die Geltendmachung der Auskunftspflicht der Vorstandsmitglieder, die Sicherstellung von Sachen im Gewahrsam des Vereins und Dritter, die Beschlagnahme von Rechten und die Verwaltung des beschlagnahmten Vermögens. Einzelheiten regeln § 10 Abs. 2–5 VereinsG und die §§ 3–12 VereinsG-DVO. Der Vollzug der **Einziehungsanordnung** beginnt mit der Mitteilung des Rechtsübergangs nach § 11 Abs. 2 S. 1 VereinsG und – soweit erforderlich – dem Ersuchen um Berichtigung des Grundbuchs, des Schiffsregisters und des Schiffsbauregisters. Einzelheiten regeln §§ 13 und 18 VereinsG-DVO. Seinen Abschluss findet das Einziehungsverfahren in der endgültigen Abwicklung der Vermögensverhältnisse des aufgelösten Vereins nach § 13 VereinsG.[192] Die Abwicklung nach den Vorschriften des Vereinsrechts tritt dabei als besonderes vereinsgesetzliches Abwicklungsverfahren an die Stelle der Liquidation nach den Vorschriften des Bürgerlichen Gesetzbuchs.[193] Kern der Abwicklung ist

---
[188] EuGH ECLI:EU:C:2011:607 Rn. 52 f. = BeckRS 2011, 81390.
[189] *Marx* in Lisken/Denninger PolR-HdB I VII Rn. 551; *Schiffbauer* in Reichert/Schimke/Dauernheim Vereins- und VerbandsR-HdB Kap. 3 Rn. 267.
[190] Allgemeines Verwaltungsvollstreckungsrecht ist zwar parallel anwendbar, seine Zwangsmittel sind aber in aller Regel für die Durchsetzung der Verfügungen eines Vereinsverbots nicht geeignet. Es ist daher konsequent, dass das Vereinsgesetz ein eigenes „Vollstreckungsrecht" zur Verfügung stellt.
[191] Näher *Schiffbauer* in Reichert/Schimke/Dauernheim Vereins- und VerbandsR-HdB Kap. 3 Rn. 282 ff.
[192] Näher *Schiffbauer* in Reichert/Schimke/Dauernheim Vereins- und VerbandsR-HdB Kap. 3 Rn. 343 ff.
[193] Anders ist dies nur dann, wenn die Verbotsbehörde gem. § 11 Abs. 4 S. 1 VereinsG von der Einziehung abgesehen hat, wie sich aus § 11 Abs. 4 S. 2 und S. 3 VereinsG ergibt.

die Befriedigung der Gläubiger des Vereins, die ihre Forderungen gegen den Verein nicht durch Einziehung nach § 12 Abs. 1 und Abs. 4 VereinsG verloren haben. Einzelheiten regeln die §§ 15–17 VereinsG-DVO. Reicht das Vermögen nicht zur Befriedigung aller Ansprüche aus, so findet gem. § 13 Abs. 3 S. 1 VereinsG auf Antrag der Verbotsbehörde oder der Einziehungsbehörde ein Insolvenzverfahren über die besondere Vermögensmasse statt. Verbleibt umgekehrt nach Befriedigung aller Ansprüche ein Vermögen, ist dieses wie die nach § 12 VereinsG eingezogenen Gegenstände gem. § 13 Abs. 4 VereinsG vom Einziehungsbegünstigten für gemeinnützige Zwecke zu verwenden.

2. Vollzugsvoraussetzungen

Die **Vollzugsvoraussetzungen** regelt das Vereinsrecht selbst. Vereinsverbote sind danach, soweit vollzugsbedürftig (→ Rn. 45), gem. § 3 Abs. 4 S. 3 Hs. 1 VereinsG grundsätzlich bereits „**mit der Zustellung, spätestens mit der Bekanntmachung im Bundesanzeiger** […] vollziehbar".[194] Dementsprechend gehen § 5 Abs. 2 und § 6 Abs. 1 VereinsG von der Vollziehbarkeit eines noch anfechtbaren Vereinsverbots aus. Freilich stellt § 3 Abs. 4 S. 3 Hs. 2 VereinsG klar, dass § 80 VwGO unberührt bleibt. Der Vollzug scheidet daher aus, soweit das Vereinsverbot gem. § 80 Abs. 1 S. 1 VwGO suspendiert ist und daher vorerst keine auf seine Umsetzung gerichteten Maßnahmen getroffen werden dürfen. Gleiches gilt, wenn die aufschiebende Wirkung zwar wegen Anordnung der sofortigen Vollziehung durch die Verbotsbehörde gem. § 80 Abs. 2 S. 1 Nr. 4 VwGO entfällt, das Gericht sie aber gem. § 80 Abs. 5 S. 1 Alt. 2 VwGO wiederhergestellt hat (dazu → Rn. 63).[195] **Modifizierte Vollzugsvoraussetzungen** sehen § 7 Abs. 1 und Abs. 2 sowie § 11 Abs. 2 S. 1 und § 12 Abs. 4 S. 1 VereinsG vor. Vollzugsvoraussetzung ist hier die Unanfechtbarkeit des Vereinsverbots.

47

3. Vollzugszuständigkeit

Die Zuständigkeit regelt § 5 Abs. 1 VereinsG. Die **Verbotsbehörde** (→ Rn. 31) ist danach für den Vollzug nur zuständig, soweit das Vereinsgesetz dies ausdrücklich vorsieht. Das ist insbesondere der Fall bei der nochmaligen Veröffentlichung des verfügenden Teils des Verbots gem. § 7 Abs. 1 VereinsG, bei der Anzeige der nach § 7 Abs. 2 VereinsG erforderlichen Registereintragungen sowie bei den Maßnahmen zum Vollzug einer Beschlagnahmeanordnung nach § 10 Abs. 3 S. 1 und Abs. 4 S. 2 und S. 3 VereinsG.[196] Die Verbotsbehörde kann gem. § 10 Abs. 3 S. 1 VereinsG einen **Verwalter** für das beschlagnahmte Vermögen bestellen,[197] der Bundesminister des Innern als Verbotsbehörde zudem gem. § 11 Abs. 3 S. 1 VereinsG mit der Durchführung der Einziehung und mit der Abwicklung nach § 13 VereinsG das Bundesverwaltungsamt oder eine andere Bundesbehörde als „**Einziehungsbehörde**" beauftragen.[198] Im Übrigen wird das Vereinsverbot gem. § 5 Abs. 1 VereinsG von den von der Landesregierung bestimmten[199] „**Vollzugsbehörden**" (zum Begriff: § 1 Abs. 1 VereinsG-DVO) vollzogen. Diese sind insoweit weisungsunabhängig, auch bei einem Verbot des Bundesministers des Innern.[200]

48

---

[194] Anders *Wache* in Erbs/Kohlhaas VereinsG § 3 Rn. 33; wie hier Nomos-BR/*Groh* VereinsG § 3 Rn. 44.
[195] Dazu OVG Bremen NVwZ-RR 2006, 692 (Ls.).
[196] Vollständiger Überblick bei *Schiffbauer* in Reichert/Schimke/Dauernheim Vereins- und VerbandsR-HdB Kap. 3 Rn. 270.
[197] Zu Bestellung, Abberufung und Rechtsstellung des Verwalters §§ 8–11 VereinsG-DVO.
[198] Letzteres ist durch BMI Bek. v. 25.7.1979, mit allgemeiner Wirkung geschehen. Die Einziehungsbehörde kann nach § 11 Abs. 3 S. 2 VereinsG ihrerseits einen Verwalter bestellen. Einzelheiten regeln § 10 Abs. 3 VereinsG und § 11 VereinsG-DVO.
[199] Exemplarisch für Bayern § 2 Zuständigkeitsverordnung.
[200] Nomos-BR/*Groh* VereinsG § 5 Rn. 1.

4. Vollzug des Verbots eines Teilvereins

49 Besonderheiten sind beim **Vollzug des Verbots eines Teilvereins** zu beachten. Wird dieses durch ein den Teilverein einschließendes Verbot des Gesamtvereins „überholt", bevor es bestandskräftig geworden ist, ist gem. § 5 Abs. 2 VereinsG nur noch das Verbot des Gesamtvereins zu vollziehen. Die Konsequenzen für ein bereits laufendes Verfahren über eine Klage des Teilvereins regelt § 51 VwGO.[201]

5. Rechtsschutz

50 Für den **Rechtsschutz gegen Maßnahmen zum Vollzug eines Vereinsverbots** (zu diesen → Rn. 46) gelten die Vorschriften der Verwaltungsgerichtsordnung.[202] Lediglich Veröffentlichungen nach § 7 Abs. 1 VereinsG sowie Registereintragungen nach § 7 Abs. 2 VereinsG und § 2 VereinsG-DVO sind nicht angreifbar.[203] § 6 Abs. 2 VereinsG sieht als Regelung iSd § 80 Abs. 2 S. 1 Nr. 3 VwGO vor, dass Rechtsbehelfe gegen Maßnahmen zum Vollzug des Verbots keine aufschiebende Wirkung haben. Schwierigkeiten kann die **gerichtliche Zuständigkeit** bereiten. § 48 Abs. 2 und § 50 Abs. 1 Nr. 2 VwGO finden im Hinblick auf den Vollzug keine Anwendung, so dass das Verfahren über das Vereinsverbot und das über seinen Vollzug vor unterschiedlichen Gerichten stattfinden.[204] Hängt die Entscheidung über eine Vollzugsmaßnahme davon ab, ob das Verbot rechtmäßig ist, muss das für die Entscheidung über die Vollzugsmaßnahme zuständige Verwaltungsgericht gem. § 6 Abs. 1 VereinsG jedenfalls dann, wenn es die Rechtmäßigkeit des Verbots bezweifelt (oder von seiner Rechtswidrigkeit überzeugt ist), das **Verfahren aussetzen,** bis das für die Entscheidung über das Verbot zuständige Gericht unanfechtbar entschieden hat, und dessen Entscheidung sodann zwingend seiner Entscheidung zugrunde legen.

VII. Verbotssicherung

51 Unabhängig von ihrem Vollzug im engeren Sinne sind Vereinsverbote gegen Verstöße und Umgehungen gesichert, zum einen durch unmittelbar an sie anknüpfende **Folgeverbote,** zum anderen durch **Straf- und Bußgeldvorschriften.**

1. Verbot von Ersatzorganisationen

52 Wird ein Verein verboten, droht eine Umgehung des Verbots durch Bildung einer neuen Vereinigung, die an Stelle des verbotenen Vereins dessen verfassungswidrige Bestrebungen weiterverfolgt. § 8 Abs. 1 VereinsG untersagt daher sowohl die **Bildung** als auch die **Fortführung einer bestehenden Organisation als Ersatzorganisation.** Beide Verbote gelten unmittelbar kraft Gesetzes, sobald ein Vereinsverbot gem. § 3 Abs. 4 S. 3 VereinsG wirksam wird. Einer eigenständigen Verfügung bedarf es daher (ungeachtet einer gegenläufigen Verwaltungspraxis)[205] nicht.[206]

53 Mit dem Begriff „**verfassungswidrige Bestrebungen**" bezieht sich § 8 Abs. 1 VereinsG auf alle drei in Art. 9 Abs. 2 GG und § 3 Abs. 1 S. 1 VereinsG genannten Verbots-

---

[201] Dazu *Scheidler* NVwZ 2011, 1497 (1499 f.).
[202] Zum vorläufigen Rechtsschutz gegen einen Sicherstellungsbescheid nach § 10 Abs. 2 S. 1 VereinsG iVm § 4 S. 1 VereinsG-DVO OVG Berlin-Brandenburg NVwZ-RR 2013, 630.
[203] Nomos-BR/*Groh* VereinsG § 7 Rn. 1 f. Für Eintragungen nach § 7 Abs. 2 VereinsG folgt dies aus § 383 Abs. 3 FamFG und § 71 Abs. 2 S. 1 GBO; dazu *Otto* in BeckOK FamFG FamFG § 383 Rn. 28. Für Eintragungen nach § 7 Abs. 1 VereinsG fehlt es an einem über das (seinerseits ohne Weiteres mit der Anfechtungsklage angreifbare) Vereinsverbot hinausgehenden Beschwer.
[204] S. dazu BVerwG Buchholz 402.45 VereinsG Nr. 20.
[205] S. dazu *Unger* in Baumann/Sikora VereinsR-HdB § 20 Rn. 54.
[206] S. dazu BT-Drs. IV/430, 17; *Richter* RdJB 2002, 172 (176).

gründe.²⁰⁷ Lediglich bei **Wirtschaftsvereinigungen iSd § 17 VereinsG** ist zu beachten, dass ihre Privilegierung (→ Rn. 25) auf § 8 Abs. 1 VereinsG durchschlägt, der gem. § 17 Nr. 4 VereinsG nur auf Ersatzorganisationen einer Wirtschaftsvereinigung Anwendung findet, die aus einem der in § 17 Nr. 1 oder Nr. 2 VereinsG genannten Gründen verboten wurden. Umstritten ist, ob das Verbot in § 8 Abs. 1 VereinsG auch für Verbote von Ausländervereinen und ausländischen Vereinen nach §§ 14 und 15 VereinsG gilt, die ausschließlich auf einen **Verbotsgrund nach § 14 Abs. 2 VereinsG** gestützt sind. Das BVerwG hatte dies für § 14 VereinsG aF angenommen. Zur Begründung verwies es auf den in § 14 Abs. 1 S. 1 VereinsG aF enthaltenen Hinweis, Ausländervereine könnten „nach den Vorschriften dieses Gesetzes" verboten werden, und die heute in § 14 Abs. 1 S. 3 VereinsG vorgesehene modifizierte Anwendung von § 3 Abs. 1 S. 2 und § 12 Abs. 1 und Abs. 2 VereinsG.²⁰⁸ Die herrschende Meinung hält an dieser Auffassung bis heute fest.²⁰⁹ Die Begründung des BVerwG hat indes nicht nur durch die Neufassung des § 14 Abs. 1 S. 1 VereinsG, die keinen Hinweis mehr auf die „Vorschriften dieses Gesetzes" enthält, an Überzeugungskraft verloren. Auch folgt aus § 14 Abs. 1 S. 3 VereinsG, der mit Blick auf § 3 Abs. 1 S. 2 und § 12 Abs. 1 und Abs. 2 VereinsG anordnet, dass die dort genannten Vollzugsmaßnahmen nicht nur bei der Förderung verfassungswidriger Bestrebungen des verbotenen Vereins, sondern auch bei der Förderung der in § 14 Abs. 2 VereinsG genannten Zwecke und Tätigkeiten ergriffen werden können, im Umkehrschluss, dass ein derart weites Verständnis des Begriffs „verfassungswidrige Bestrebungen" bei § 8 Abs. 1 VereinsG ausscheidet. Damit ist keineswegs eine Besserstellung von Ausländervereinen und ausländischen Vereinen verbunden:²¹⁰ Wird ein Ausländerverein oder ein ausländischer Verein wegen verfassungswidriger Bestrebungen iSv Art. 9 Abs. 2 GG und § 3 Abs. 1 S. 1 VereinsG verboten, findet § 8 Abs. 1 VereinsG ebenso wie bei Normalvereinen Anwendung. Lediglich mit Blick auf die für Normalvereine irrelevanten weiteren Verbotsgründe des § 14 Abs. 2 VereinsG scheidet eine Anwendung des § 8 Abs. 1 VereinsG aus. Das mag rechtspolitisch misslich sein. Auch mag es ein Versehen des Gesetzgebers sein, § 8 Abs. 1 VereinsG in § 14 Abs. 1 S. 3 VereinsG unerwähnt zu lassen. Durch eine teleologische Erweiterung des § 8 Abs. 1 VereinsG lässt sich diese Lücke aber angesichts der strengen Vorgaben des grundrechtlichen Vorbehalts des Gesetzes nicht schließen.

Eine **Ersatzorganisation** iSd § 8 Abs. 1 VereinsG ist nach der Rechtsprechung des BVerwG dadurch gekennzeichnet, dass sie „funktionell" dasselbe will wie die verbotene Organisation. Kriterien hierfür sind die in der Organisation wirksamen Kräfte, die Art ihrer Betätigung, die von ihr verfolgten Ziele, der Kreis der von ihr Angesprochenen und die zeitliche Abfolge des Geschehens zwischen dem Verbot einer Vereinigung und der Bildung einer neuen Organisation.²¹¹ Abzugrenzen ist der Fall, dass eine nur scheinbar neue Organisation in Wirklichkeit mit dem verbotenen Verein identisch ist.²¹² Davon ist auszugehen, wenn, wie es § 20 Abs. 1 Nr. 1–3 VereinsG formuliert, der „organisatorische Zusammenhalt eines Vereins […] aufrechterh[alten] [wird]". Das ist nicht schon dann zu

---

²⁰⁷ BVerwG NVwZ 1997, 68 (69), unter Hinweis auf BT-Drs. IV/430, 18; *Albrecht* in Albrecht/Roggenkamp VereinsG § 8 Rn. 10; Nomos-BR/*Groh* VereinsG § 8 Rn. 2; *Wache* in Erbs/Kohlhaas VereinsG § 8 Rn. 3.
²⁰⁸ BVerwG NVwZ 1997, 68 (69), mit Einschränkung zugunsten von Ersatzorganisationen, bei denen es sich um einen Inländer- und keinen Ausländerverein handelt.
²⁰⁹ *Roth* in Schenke/Graulich/Ruthig VereinsG § 8 Rn. 6; *Schiffbauer* in Reichert/Schimke/Dauernheim Vereins- und VerbandsR-HdB Kap. 3 Rn. 459; *Wache* in Erbs/Kohlhaas VereinsG § 8 Rn. 3.
²¹⁰ So aber Nomos-BR/*Groh* VereinsG § 8 Rn. 2. Auch der dortige Hinweis, eine Anwendung des § 8 Abs. 1 VereinsG auf die Verbotsgründe des § 14 Abs. 2 VereinsG stelle „zu ihrem Schutz" sicher, „dass gegen die entsprechenden Ersatzorganisationen ein besonderes Feststellungsverfahren vorgegangen werden darf", überzeugt nicht: Findet das Umgehungsverbot des § 8 Abs. 1 VereinsG keine Anwendung, muss die Ersatzorganisation nach § 3 Abs. 1 S. 1 VereinsG oder §§ 14 und 15 VereinsG in einem eigenen Verbotsverfahren verboten werden. Damit ist sie hinreichend geschützt.
²¹¹ BVerwG NVwZ 1997, 68 (70).
²¹² Ausführlich *Wache* in Erbs/Kohlhaas VereinsG § 8 Rn. 4 ff.

verneinen, wenn der verbotene Verein einen neuen Namen annimmt.²¹³ Liegt eine entsprechende Organisationsidentität vor, ist die **"Nachfolgeorganisation"**²¹⁴ ohne Weiteres vom Vereinsverbot umfasst;²¹⁵ einer erneuten Verbotsverfügung nach § 3 Abs. 1 S. 1 VereinsG oder einer Feststellung nach § 8 Abs. 2 S. 1 VereinsG bedarf es nicht.

55 Ist hingegen eine **Ersatzorganisation** gebildet worden oder wird eine bestehende Organisation als Ersatzorganisation fortgeführt, die Verein iSd Vereinsgesetzes ist, kann gegen sie gem. § 8 Abs. 2 S. 1 VereinsG „zur verwaltungsmäßigen Durchführung" des in § 8 Abs. 1 VereinsG enthaltenen Verbots (gemeint ist der Vollzug des dortigen Organisationsverbots insbesondere nach § 8 Abs. 2 S. 2 iVm § 7 und §§ 10–13 VereinsG) nur auf Grundlage einer **Verfügung** vorgegangen werden, in der festgestellt wird, dass es sich um eine Ersatzorganisation des verbotenen Vereins handelt.²¹⁶ Ein Ermessensspielraum besteht nicht.²¹⁷ Für die funktional an die Stelle des Vereinsverbots tretende Verfügung nach § 8 Abs. 2 S. 1 VereinsG gelten gem. § 8 Abs. 2 S. 2 VereinsG die §§ 3–7 und 10–13 VereinsG entsprechend. Bei Gefahr im Verzug schließlich können gem. § 8 Abs. 2 S. 4 VereinsG die allgemeinen Polizei- und Sicherheitsbehörden schon vor der feststellenden Verfügung nach § 8 Abs. 2 S. 1 VereinsG **vorläufige Maßnahmen** treffen.²¹⁸ Rechtsgrundlage für solche Maßnahmen ist § 8 Abs. 2 S. 4 VereinsG, nicht das allgemeine Polizei- und Sicherheitsrecht.²¹⁹ Ergänzend können aber dessen Vorschriften herangezogen werden. Inhaltlich müssen Maßnahmen nach § 8 Abs. 2 S. 4 VereinsG vorläufigen Charakter haben. Sie dürfen sich daher grundsätzlich nur gegen die Tätigkeit, nicht gegen die Organisation als solche richten.²²⁰ Andernfalls würde die feststellende Verfügung nach § 8 Abs. 2 S. 1 VereinsG vorweggenommen. Unterstrichen wird der vorläufige Charakter durch die gesetzliche Befristung in § 8 Abs. 2 S. 4 VereinsG. Danach treten die Maßnahmen außer Kraft, wenn die Verbotsbehörde nicht innerhalb von zwei Wochen nach ihrer Vornahme in einer Verfügung nach § 8 Abs. 2 S. 1 VereinsG feststellt, dass die betroffene Vereinigung eine Ersatzorganisation ist. Der Rechtsschutz gegen Maßnahmen der allgemeinen Polizei- und Sicherheitsbehörden nach § 8 Abs. 2 S. 4 VereinsG richtet sich nach den allgemeinen Vorschriften. § 48 Abs. 2 und § 50 Abs. 1 Nr. 2 VwGO finden keine Anwendung.

2. Verbot der Kennzeichenverwendung

56 Um einem verbotenen Verein über die rechtlichen Folgen seines Verbots hinaus auch faktisch die Grundlage zu entziehen, verbietet § 9 Abs. 1 VereinsG die **Verwendung von Kennzeichen des Vereins** für die Dauer der Vollziehbarkeit des Verbots, wenn diese nicht „im Rahmen der staatsbürgerlichen Aufklärung, der Abwehr verfassungswidriger Bestrebungen und ähnlicher Zwecke erfolgt".²²¹ Entsprechendes gilt gem. § 9 Abs. 4 Ver-

---

²¹³ Zum Ganzen BGH NStZ-RR 1998, 217 (217).
²¹⁴ So *Roth* in Schenke/Graulich/Ruthig VereinsG § 8 Rn. 14 ff.
²¹⁵ *Albrecht* in Albrecht/Roggenkamp VereinsG § 8 Rn. 7.
²¹⁶ Zur Begründung kann entsprechend BVerwGE 4, 188 (189) = NJW 1957, 685, auf den „mit der Gewährleistung eines Grundrechts verbunden[en] … Gedanke[n] der Rechtssicherheit" und das Gebot wirksamen Rechtsschutzes, „der nach Art. 19 Abs. 4 GG jedem, auch der betroffenen Vereinigung, gegenüber obrigkeitlichen Eingriffen zusteht", verwiesen werden (→ Rn. 10); ähnlich aus strafrechtlicher Perspektive BGH NStZ-RR 1998, 217 (217).
²¹⁷ Offen gelassen von BVerwG Buchholz 402.45 VereinsG Nr. 31; anders *Roth* in Schenke/Graulich/Ruthig VereinsG § 8 Rn. 26; wie hier *Schiffbauer* in Reichert/Schimke/Dauernheim Vereins- und VerbandsR-HdB Kap. 3 Rn. 256.
²¹⁸ Keine Anwendung findet die Regelung allerdings gem. § 16 Abs. 1 S. 2 VereinsG auf Arbeitnehmer- und Arbeitgebervereinigungen, weil diese gem. Art. 4 ILO-Übereinkommen Nr. 87 „im Verwaltungswege weder aufgelöst noch zeitweilig eingestellt werden [dürfen]".
²¹⁹ Anders wohl Nomos-BR/*Groh* VereinsG § 8 Rn. 10.
²²⁰ In diese Richtung auch *Schiffbauer* in Reichert/Schimke/Dauernheim Vereins- und VerbandsR-HdB Kap. 3 Rn. 259 f.
²²¹ Zu dieser der entsprechenden Regelung in § 86 Abs. 3 StGB nachgebildeten „Sozialadäquanzklausel" im Einzelnen *Albrecht* in Albrecht/Roggenkamp VereinsG § 9 Rn. 11 ff.

E. Gefahrenabwehr durch Vereinsverbot § 47

einsG für die **Verwendung von Kennzeichen einer Ersatzorganisation** für die Dauer der Vollziehbarkeit einer Verfügung nach § 8 Abs. 2 S. 1 VereinsG.[222] Zwar ist die Verwendung von Kennzeichen eines verbotenen Vereins oder der Ersatzorganisation eines verbotenen Vereins bereits gem. **§ 20 Abs. 1 Nr. 5 VereinsG** und **§ 86a Abs. 1 Nr. 1 StGB** mit Strafe bedroht. § 9 Abs. 1 VereinsG geht über diese Vorschriften aber hinaus. Von § 20 Abs. 1 Nr. 5 VereinsG unterscheidet sich § 9 Abs. 1 VereinsG jedenfalls insofern, als er auch die Verwendung von Kennzeichen in einem Inhalt iSv § 11 Abs. 3 StGB untersagt, der verbreitet wird oder zur Verbreitung bestimmt ist. Über § 86a Abs. 1 Nr. 1 StGB geht § 9 Abs. 1 VereinsG schon deshalb hinaus, weil er anders als diese Vorschrift[223] nicht die Unanfechtbarkeit des Vereinsverbots oder der Verfügung nach § 8 Abs. 2 S. 1 VereinsG verlangt, sondern ihre Vollziehbarkeit genügen lässt.[224] Ziel des § 9 Abs. 1 VereinsG ist es vor diesem Hintergrund, den allgemeinen Sicherheitsbehörden schon zu einem sehr frühen Zeitpunkt umfassend und **„ohne weiteres das Recht zum Eingreifen"** gegen die Verwendung von Kennzeichen verbotener Vereine oder der Ersatzorganisationen verbotener Vereine einzuräumen.[225] Grundlage für Maßnahmen, die auf die Unterbindung eines Verstoßes gegen § 9 Abs. 1 VereinsG zielen, sind die Befugnisnormen des allgemeinen Polizei- und Sicherheitsrechts.[226] Auch im Übrigen finden dessen Grundsätze Anwendung. Für den Rechtsschutz gelten die allgemeinen Vorschriften.

Das **Verbot in § 9 Abs. 1 VereinsG gilt unmittelbar kraft Gesetzes,** sobald und 57 solange das Vereinsverbot gem. § 3 Abs. 4 S. 3 VereinsG wirksam und vollziehbar ist (dazu im Einzelnen → Rn. 36 und 47). Einer eigenständigen Verfügung bedarf es (ungeachtet der gegenläufigen Verwaltungspraxis)[227] nicht.[228] **Sachlich** ist es gem. § 9 Abs. 1 S. 1 VereinsG verboten, Kennzeichen des verbotenen Vereins öffentlich, in einer Versammlung oder in einem „Inhalt" iSv § 11 Abs. 3 StGB, der verbreitet wird oder zur Verbreitung bestimmt ist, zu verwenden.[229] Ursprünglich bezog sich § 9 Abs. 1 S. 1 Nr. 2 VereinsG auf eine Verwendung in „Schriften, Ton- oder Bildträgern, Abbildungen oder Darstellungen, die verbreitet werden oder zur Verbreitung bestimmt sind". Die heutige Anknüpfung an § 11 Abs. 3 StGB, der unter „Inhalten" solche versteht, „die in Schriften, auf Ton- oder Bildträgern, in Datenspeichern, Abbildungen oder anderen Verkörperungen enthalten sind oder auch unabhängig von einer Speicherung mittels Informations- oder Kommunikationstechnik übertragen werden", soll den Gleichlauf zu § 86a Abs. 1 Nr. 1 StGB herstellen und den technisch überholten und überdies unvollständigen Schriftbegriff durch den modernen und umfassenden Inhaltsbegriff ersetzen.[230] **Kennzeichen** sind gem. § 9 Abs. 2 S. 1 VereinsG insbesondere Fahnen, Abzeichen, Uniformstücke, Parolen und Grußformen.[231] Ihnen stehen gem. § 9 Abs. 2 S. 2 VereinsG solche Kennzeichen gleich, die ihnen zum Verwechseln ähnlich sind.

§ 9 Abs. 3 S. 1 VereinsG erstreckt das Verwendungsverbot auf „Kennzeichen eines 58 verbotenen Vereins, die in im Wesentlichen gleicher Form von anderen nicht verbotenen Teilorganisationen oder von selbständigen Vereinen verwendet werden" (zur daraus resultierenden Rechtsschutzproblematik → Rn. 61). Eine **im Wesentlichen gleichförmige Verwendung** ist gem. § 9 Abs. 3 S. 2 VereinsG anzunehmen, „wenn bei ähnlichem

---

[222] Vollziehbar ist eine Verfügung nach § 8 Abs. 2 S. 1 VereinsG gem. § 8 Abs. 2 S. 2 iVm § 3 Abs. 4 S. 3 VereinsG mit ihrer Zustellung, spätestens mit ihrer Bekanntmachung im Bundesanzeiger.
[223] Nämlich über die Verweisung auf § 86a Abs. 1 Nr. 1 und Nr. 2 StGB.
[224] Zu weiteren Unterschieden *Wache* in Erbs/Kohlhaas VereinsG § 9 Rn. 2.
[225] BT-Drs. IV/430, 18.
[226] *Wache* in Erbs/Kohlhaas VereinsG § 9 Rn. 24.
[227] S. dazu *Unger* in Baumann/Sikora VereinsR-HdB § 20 Rn. 59.
[228] S. dazu BT-Drs. IV/430, 18; wie hier wohl auch Nomos-BR/*Groh* VereinsG § 3 Rn. 2.
[229] Näher Nomos-BR/*Groh* VereinsG § 9 Rn. 2 ff.; *Wache* in Erbs/Kohlhaas VereinsG § 9 Rn. 4 ff. Nicht vom Verbot umfasst sind Tätowierungen mit verbotenen Kennzeichen, die privat und abgedeckt getragen werden, so dass kein Eingriff in Art. 2 Abs. 2 S. 1 GG vorliegt, BVerfGK NVwZ 2020, 1424 (1425).
[230] Zum Ganzen BT-Drs. 19/19859, 71 f.
[231] BT-Drs. IV/430, 18, nennt ergänzend Lieder und Symbole.

äußerem Gesamterscheinungsbild das Kennzeichen des verbotenen Vereins oder Teile desselben mit einer anderen Orts- oder Regionalbezeichnung versehen wird". Die bei Einführung der Regelung 2002 vorgesehene Beschränkung des Verwendungsverbots auf solche selbständigen Vereine, die die Zielrichtung des verbotenen Vereins teilen, ist durch das Zweite Gesetz zur Änderung des Vereinsrechts vom 10.3.2017[232] gestrichen worden. Sichergestellt werden soll dadurch angesichts gegenläufiger Gerichtsentscheidungen, dass der im Wesentlichen gleiche Auftritt eines nicht verbotenen Schwestervereins unter Beifügung einer anderen Orts- oder Regionalbezeichnung auch dann unter das Kennzeichenverbot fällt, wenn dieser selbst keine Ziele des verbotenen Vereins teilt, die zu dessen Verbot geführt haben, und daher selbst nicht verboten werden kann.[233] Nur so kann aus Sicht des Gesetzgebers das Ziel der Regelung, „die Kennzeichen verbotener Vereine effektiv aus der Öffentlichkeit zu verbannen", erreicht werden.[234] Das Verbot in § 9 Abs. 3 VereinsG soll allerdings für Drittvereine erst wirksam werden, wenn die Verbotsverfügung gegen den Ausgangsverein bestands- oder rechtskräftig geworden ist.[235]

3. Straf- und Bußgeldvorschriften

59 **§ 20 Abs. 1 S. 1 VereinsG** bedroht bestimmte Zuwiderhandlungen gegen Verbote und Feststellungen nach § 3 Abs. 1 S. 1, § 8 Abs. 2 S. 1, § 9 Abs. 1, Abs. 3 und Abs. 4, § 14 Abs. 3 S. 1, § 18 S. 2 VereinsG und § 33 Abs. 3 PartG iVm § 8 Abs. 2 S. 1 VereinsG mit Strafe. Die Vorschrift enthält im Verhältnis zu den vereinigungsbezogenen Straftatbeständen des Strafgesetzbuchs – insbesondere: §§ 84–86a und 129–129b StGB – den „unbedeutendere[n] Teil des Vereinigungsstrafrechts".[236] Sie ist zudem gem. § 20 Abs. 1 S. 1 VereinsG **gegenüber den Vorschriften des Strafgesetzbuchs subsidiär.** Anders als diese setzt § 20 Abs. 1 S. 1 VereinsG nicht voraus, dass der Verein „unanfechtbar verboten ist". Es genügt vielmehr, wenn das Verbot oder die Feststellung „vollziehbar" ist (zu Begriff und Anforderungen → Rn. 47).[237] Gemäß **§ 21 VereinsG iVm § 23 VereinsG-DVO** können Zuwiderhandlungen gegen die Anmelde- und Auskunftspflichten in den §§ 19–21 VereinsG-DVO (→ Rn. 9 und 66) mit einer Geldbuße zwischen 5 (§ 17 Abs. 1 OWiG) und 1.022 EUR[238] geahndet werden. Bei Fahrlässigkeit beträgt der Höchstbetrag 511 EUR (§ 17 Abs. 2 OWiG).

VIII. Rechtsschutz

1. Vereinsverbote nach § 3 Abs. 1 S. 1 VereinsG

60 Gegen Vereinsverbote[239] ist die **Anfechtungsklage** nach § 42 Abs. 1 Alt. 1 VwGO statthaft. Anfechtungsgegenstände sind die Feststellung eines Verbotsgrunds und die Auflösungsverfügung, ferner, soweit mit diesen in einem Bescheid verbunden, die Anordnung der Beschlagnahme und Einziehung. Dass mit dem Verbot eines Vereins stets seine Auflösung verbunden ist, schließt das Rechtsschutzbedürfnis nicht aus und führt auch nicht zur Erledigung des Rechtsstreits in der Hauptsache.[240] Ein Widerspruchsverfahren ist in der

---

[232] BGBl. 2017 I 419.
[233] BT-Drs. 18/9758, 7 f.
[234] BT-Drs. 18/9758, 7. Zur Vereinbarkeit der Regelung mit Vereinigungs- und Meinungsfreiheit BVerfGK NVwZ 2020, 1424 (1425 ff.); ebenso *Schiffbauer* in Reichert/Schimke/Dauernheim Vereins- und VerbandsR-HdB Kap. 3 Rn. 230; für Verfassungswidrigkeit hingegen *Albrecht* VerwArch 2019, 506 (525 ff.).
[235] BT-Drs. 14/7386, 49; offen gelassen von BVerwG NVwZ 2018, 1485 (1488).
[236] So *Wache* in Erbs/Kohlhaas VereinsG § 20 Rn. 1.
[237] Dazu BT-Drs. IV/430, 26; zur Verfassungsmäßigkeit BVerfGE 80, 244 (252 ff.) = NJW 1990, 37.
[238] Der Betrag ist noch nicht auf Euro umgestellt, *Heinrich* in MüKoStGB VereinsG § 21 Rn. 7.
[239] Entsprechendes gilt für Betätigungsverbote nach § 14 Abs. 3 S. 1 und § 18 S. 2 VereinsG, die an die Stelle eines Vereinsverbots treten bzw. schlicht „das Verbot" sind.
[240] BVerwG NVwZ-RR 2010, 562 (563).

E. Gefahrenabwehr durch Vereinsverbot § 47

Regel bereits nach § 68 Abs. 1 S. 2 Nr. 1 VwGO entbehrlich.[241] **Erstinstanzlich zuständig** für die Entscheidung über die Anfechtungsklage ist bei Verboten einer obersten Landesbehörde (§ 3 Abs. 2 S. 1 Nr. 1 VereinsG) gem. § 48 Abs. 2 VwGO das OVG oder der VGH des jeweiligen Landes, bei Verboten des Bundesministers des Innern (§ 3 Abs. 2 S. 1 Nr. 2 VereinsG) nach § 50 Abs. 1 Nr. 2 VwGO das BVerwG.[242] Maßgeblicher **Zeitpunkt für die Beurteilung der Sach- und Rechtslage** ist der Erlass der Verbots- und Auflösungsverfügung.[243]

a) Insbesondere: Klagebefugnis. Gemäß § 42 Abs. 2 VwGO klagebefugt ist zunächst 61 der verbotene **Verein** selbst. Er kann das Vereinsverbot sowohl mit der Begründung angreifen, er sei kein Verein iSd § 2 Abs. 1 VereinsG, als auch geltend machen, dass Vereinsverbot sei im Übrigen rechtswidrig.[244] Umstritten ist, ob sich neben dem Verein auch **Vereinsmitglieder** gegen ein Vereinsverbot zur Wehr setzen können. Das ist, zumal angesichts der an ein Vereinsverbot anknüpfenden und an die einzelnen Vereinsmitglieder adressierten Verbote und Strafvorschriften, mit Blick auf ihre individuelle Gründungs-, Beitritts- und Betätigungsfreiheit zu bejahen, auch bei Ausländervereinen, deren Mitglieder sich jedenfalls auf Art. 2 Abs. 1 GG berufen können (→ Rn. 9).[245] Die Rechtsprechung geht demgegenüber davon aus, dass die individuelle Rechtsstellung der einzelnen Vereinsmitglieder durch ein Vereinsverbot nicht betroffen ist. Warum sie dann allerdings, sofern die Verbotsverfügung (auch) zu ihren Händen ergangen ist, immerhin gerichtlich geltend machen können sollen, sie bildeten keinen Verein iSd § 2 Abs. 1 VereinsG, so dass das Vereinsgesetz keine Anwendung findet,[246] erschließt sich nicht. Wird eine **Teilorganisation** verboten, ist sowohl diese selbst als auch der mittelbar betroffene Gesamtverein klagebefugt.[247] Wird ein Gesamtverein verboten, können Teilorganisationen, auf die sich das Verbot gem. § 3 Abs. 3 S. 1 oder S. 2 VereinsG erstreckt, mit der Anfechtungsklage gem. § 42 Abs. 1 Alt. 1 VwGO geltend machen, sie seien keine Teilorganisationen des verbotenen Vereins. Ferner können sie vorbringen, sie seien keine Vereine, sondern politische Parteien, so dass das Vereinsgesetz auf sie gem. § 2 Abs. 2 Nr. 1 VereinsG keine Anwendung finde. Hinsichtlich des Vereinsverbots selbst sind sie nicht klagebefugt, ohne dass dies gegen Art. 19 Abs. 4 GG verstößt.[248] Entsprechendes gilt für nichtgebietliche Teilorganisationen; die Verpflichtung der Verbotsbehörde aus § 3 Abs. 3 S. 2 VereinsG zu ihrer ausdrücklichen Benennung dient lediglich Klarstellungszwecken, räumt den nichtgebietlichen Teilorganisationen aber keine klagefähige Rechtsposition gegenüber dem Verbot selbst ein.[249] Neben der Teilorganisation sind nach der hier vertretenen Ansicht im gleichen Umfang wie diese selbst stets auch die einzelnen Mitglieder der Teilorganisation klagebefugt.[250]

---

[241] Näher *Unger* in Baumann/Sikora VereinsR-HdB § 20 Rn. 62.
[242] Dazu *Scheidler* NVwZ 2011, 1497 (1498 f.).
[243] BVerwGE 37, 344 (359) = BeckRS 1971, 30432787; BVerwG NVwZ 2003, 986 (988); 2005, 1435 (1435).
[244] BVerwG NVwZ 2014, 1573 (1574).
[245] *Albrecht* in Albrecht/Roggenkamp VereinsG § 3 Rn. 124; *Schiffbauer* in Reichert/Schimke/Dauernheim Vereins- und VerbandsR-HdB Kap. 3 Rn. 374; ebenso für den Fall, dass auch der verbotene Verein selbst die Verbotsverfügung angefochten hat, VGH Mannheim NJW 1990, 61 (61).
[246] BVerwG Buchholz 402.45 VereinsG Nr. 39; BVerwG NVwZ 2006, 214 (216); 2011, 372 (374); 2014, 1573 (1574); BVerwG NVwZ-RR 2019, 512 (513); BVerwGE 167, 293 (296) = BeckRS 2020, 8410; OVG Lüneburg DVBl 2013, 1406 (1407 f.); für einen Ausländerverein BVerwG DÖV 1984, 940 (940); offen gelassen von VGH Mannheim JZ 1971, 457 (458); ebenso *Roth* in Schenke/Graulich/Ruthig VereinsG § 3 Rn. 270 ff.
[247] Nomos-BR/*Groh* VereinsG § 3 Rn. 47.
[248] Zum Ganzen BVerwGE 74, 176 (178) = BeckRS 9998, 164065; BVerwG Buchholz 402.45 VereinsG Nr. 1; BVerwG NVwZ 1995, 590 (590); 1995, 595 (595); 1998, 174 (174); 2010, 455 (457); BVerwG NVwZ-RR 2010, 562 (563); BVerwG Buchholz 402.45 VereinsG Nr. 72; Nomos-BR/*Groh* VereinsG § 3 Rn. 47.
[249] BVerwG NVwZ 1998, 174 (175).
[250] Ausdrücklich anders BVerwG Buchholz 402.45 VereinsG Nr. 39.

62 **Drittbetroffene** sind nicht klagebefugt. Das gilt auch für selbständige Vereine, die durch ein nicht an sie adressiertes Vereinsverbot mittelbar betroffen sind, weil sie gem. § 9 Abs. 3 S. 1 VereinsG bestimmte Kennzeichen nicht mehr verwenden dürfen. Ein etwaiger Eingriff in die Vereinigungsfreiheit des drittbetroffenen Vereins resultiert hier nach Auffassung des BVerwG nicht aus der Verbotsverfügung, sondern unmittelbar aus § 9 Abs. 3 S. 1 VereinsG.[251] Drittbetroffene sind daher darauf verwiesen, Maßnahmen zur Durchsetzung des Kennzeichenverbots abzuwarten und sodann gegen diese vorzugehen oder im Wege einer negativen Feststellungsklage, um vorbeugenden Rechtsschutz nachzusuchen.[252]

63 **b) Insbesondere: Eilrechtsschutz.** Grundsätzlich hat die Anfechtungsklage gegen ein Vereinsverbot gem. § 80 Abs. 1 S. 1 VwGO **aufschiebende Wirkung.** Folge der aufschiebenden Wirkung ist die auf den Erlasszeitpunkt zurückwirkende Hemmung der Wirksamkeit, jedenfalls aber der Vollziehbarkeit des Verbots bis zum rechtskräftigen Abschluss des Hauptsacheverfahrens und damit ein „umfassendes **Verwirklichungs- und Ausnutzungsverbot**",[253] so dass der Verein zunächst nicht als verboten behandelt werden darf und Maßnahmen zum Vollzug des Vereinsverbots vorerst ausscheiden (→ Rn. 10 und → Rn. 47).[254] Anders ist dies nur, wenn die Verbotsbehörde gem. § 80 Abs. 2 S. 1 Nr. 4 und Abs. 3 VwGO die **sofortige Vollziehung des Verbots** anordnet (→ Rn. 41). Die Anfechtungsklage allein vermittelt in diesem Fall keinen vorläufigen Rechtsschutz. Erforderlich ist zusätzlich ein Antrag an das Gericht der Hauptsache (→ Rn. 60) auf **Wiederherstellung der aufschiebenden Wirkung** der Anfechtungsklage nach § 80 Abs. 5 S. 1 Alt. 2 VwGO, dessen Erfolg entsprechend § 80 Abs. 4 S. 3 VwGO vor allem davon abhängt, ob sich das im Hauptsacheverfahren angefochtene Vereinsverbot bei summarischer Prüfung als rechtswidrig erweist. Ist das Vereinsverbot bereits ganz oder teilweise vollzogen (→ Rn. 45 ff.), kann das Gericht gem. § 80 Abs. 5 S. 3 VwGO ergänzend die Aufhebung der Vollzugsmaßnahmen anordnen. Setzt sich die Verbots- oder Vollzugsbehörde durch eine „**faktische Vollziehung**" des Verbots über die aufschiebende Wirkung einer gegen ein Vereinsverbot erhobenen Anfechtungsklage hinweg,[255] kann entsprechend § 80 Abs. 5 S. 1 VwGO die Feststellung der aufschiebenden Wirkung der Anfechtungsklage und erforderlichenfalls entsprechend § 80 Abs. 5 S. 3 VwGO die Anordnung der Aufhebung einer bereits erfolgten Vollziehung beantragt werden.[256]

2. Verfügungen nach § 8 Abs. 2 S. 1 VereinsG

64 Auch gegen eine Verfügung nach § 8 Abs. 2 S. 1 VereinsG ist die **Anfechtungsklage** statthaft. Klagebefugt sind wie beim Vereinsverbot nach § 3 Abs. 1 S. 1 VereinsG sowohl die Ersatzorganisation selbst als auch ihre Mitglieder (im Einzelnen → Rn. 61). Die Zuständigkeit richtet sich auch hier nach § 48 Abs. 2 und § 50 Abs. 1 Nr. 2 VwGO. Anders als beim Vereinsverbot hat die Anfechtungsklage bei der Verfügung nach § 8 Abs. 2 S. 1 VereinsG gem. § 80 Abs. 2 S. 1 Nr. 3 VwGO iVm § 8 Abs. 2 S. 3 VereinsG keine aufschiebende Wirkung. **Vorläufiger Rechtsschutz** setzt daher stets einen erfolgreichen Antrag an die Behörde nach § 80 Abs. 4 S. 1 VwGO oder an das Gericht der Hauptsache nach § 80 Abs. 5 S. 1 Alt. 1 VwGO voraus (im Einzelnen → Rn. 63).

---

[251] BVerwG NVwZ 2018, 1485 (1486 ff.); entsprechend für andere gesetzliche und faktische Folgen eines Vereinsverbots wie etwa die Abschaltung einer durch den Verein geschaffenen Internetplattform, die fortan nicht mehr genutzt werden kann, BVerwGE 167, 293 (301) = BeckRS 2020, 8410.
[252] BVerwG NVwZ 2018, 1485 (1489 f.).
[253] Nomos-BR/*Groh* VereinsG § 3 Rn. 44; allgemein *Schoch* in Schoch/Schneider VwGO § 80 Rn. 101.
[254] BVerwG NVwZ 1995, 590 (595).
[255] Dazu genügt schon, dass eine Behörde einen Verein – und sei es nur in Äußerungen – als verboten behandelt, obwohl die Verbotsverfügung weder bestandskräftig noch sofort vollziehbar ist.
[256] Andeutend BVerwG NVwZ 1995, 590 (595); allgemein *Schoch* in Schoch/Schneider VwGO § 80 Rn. 352 ff.

F. Weitere vereinsrechtliche Befugnisse

Neben der Befugnis zum Verbot von Vereinen sowie der funktional vergleichbaren 65 Befugnis zur Feststellung einer Ersatzorganisation enthält das Vereinsgesetz vereinzelt **nicht gegen den Bestand eines Vereins gerichtete Befugnisse.** Sie nehmen an der „Polizeifestigkeit" des Vereinsrechts (→ Rn. 1) nicht teil. So stellt § 14 Abs. 3 S. 2 VereinsG mit Blick auf die Ermächtigung zum Erlass von Betätigungsverboten in **§ 14 Abs. 3 S. 1 VereinsG** (→ Rn. 24) klar, dass diese „die gesetzlichen Vorschriften zur Wahrung der öffentlichen Sicherheit oder Ordnung unberührt" lässt. Gleiches gilt für die Befugnisse zum Erlass von Betätigungsverboten in **§ 18 S. 2 VereinsG** (→ Rn. 43) und vorläufigen Maßnahmen gegenüber Ersatzorganisationen in **§ 8 Abs. 2 S. 4 VereinsG** (→ Rn. 55).

Beachtung verdient schließlich die **Auskunftspflicht von Ausländervereinen und** 66 **ausländischen Vereinen** (zu diesen Vereinen → Rn. 22). Gemäß § 19 Nr. 4 VereinsG iVm § 20 Abs. 1 Nr. 1 und § 21 Abs. 1 S. 1 VereinsG-DVO können die zuständigen Behörden[257] von ihnen über ihre Tätigkeit Auskunft verlangen.[258] Betätigt sich der Verein politisch, kann gem. § 19 Nr. 4 VereinsG iVm § 20 Abs. 1 Nr. 2 und § 21 Abs. 1 S. 1 VereinsG-DVO auch Auskunft über Namen und Anschriften der Mitglieder sowie über Herkunft und Verwendung der Mittel verlangt werden. Das Auskunftsverlangen darf sich auch auf deutsche Vereinsmitglieder erstrecken.[259] Das Auskunftsverlangen setzt (ähnlich wie bei den auf Auskunft gerichteten Standardbefugnissen des allgemeinen Gefahrenabwehrrechts, die parallel anwendbar sind)[260] keine konkrete Gefahr voraus, sondern zielt gerade auf die Ermittlung bestehender Gefahren.[261] Es steht im pflichtgemäßen Ermessen der Behörde.[262] Das Auskunftsverlangen ist ein Verwaltungsakt, der in der Regel mangels Erforderlichkeit eines Vorverfahrens nur mit der **Anfechtungsklage** angegriffen werden kann. Vollzogen wird das auf eine unvertretbare Handlung gerichtete Auskunftsverlangen nach dem jeweils anwendbaren Verwaltungsvollstreckungsrecht durch Zwangsgeld und erforderlichenfalls Ersatzzwangshaft.

G. Perspektiven für das Vereinsrecht

Unter den Instrumenten des wehrhaften demokratischen Rechtsstaats[263] kommt dem in 67 Art. 9 Abs. 2 GG geregelten und im öffentlichen Vereinsrecht materiell- und verfahrensrechtlich konkretisierten Vereinsverbot praktisch die größte Bedeutung zu. So wurden seit 1964 allein durch den Bund 58 Vereinsverbote ausgesprochen, die sich auf 117 Teil- und Ersatzorganisationen erstrecken.[264] Anders als bei der Verwirkung von Grundrechten nach Art. 18 S. 1 GG und der Verfassungswidrigkeit politischer Parteien nach Art. 21 Abs. 2 GG ist die Entscheidung beim Verbot von Vereinen nicht beim BVerfG monopolisiert.

---

[257] S. dazu § 20 Abs. 1 iVm § 19 Abs. 1 S. 1 VereinsG-DVO und § 21 Abs. 1 S. 3 und S. 4 VereinsG-DVO.
[258] Umstritten ist, ob dies im Lichte von § 16 VereinsG und Art. 9 Abs. 3 GG auch für sämtlich oder überwiegend aus Ausländern bestehende Arbeitnehmer- und Arbeitgebervereinigungen gilt; dafür mit Blick auf den klaren Wortlaut von § 20 Abs. 1 und § 21 Abs. 1 S. 1 VereinsG-DVO zutreffend BVerwG Buchholz 402.45 VereinsG Nr. 10.
[259] BVerwG Buchholz 402.45 VereinsG Nr. 10.
[260] Exemplarisch Art. 12 S. 1 und S. 2 BayPAG.
[261] BVerwG Buchholz 402.45 VereinsG Nr. 10.
[262] VGH München Beschl. v. 8.4.2005 – 4 CS 04.3266, juris Rn. 5. Insoweit sind insbesondere die Grundrechte zu beachten, BVerwG Buchholz 402.45 VereinsG Nr. 10, zumal bei religiösen Vereinen, s. nur VGH München Beschl. v. 8.4.2005 – 4 CS 04.3266, juris Rn. 15 ff.
[263] Überblicksartig *Schliesky* in Isensee/Kirchhof StaatsR-HdB XII § 277 Rn. 24 ff.; speziell zu Art. 9 Abs. 2, Art. 18 und Art. 21 Abs. 2 GG als „Kernbestimmungen zum präventiven Schutz der Verfassung" BVerfGE 107, 339 (386) = NJW 2003, 1577.
[264] S. zu den Zahlen sowie zur Verteilung der Verbote auf unterschiedliche „Phänomenbereiche", unter denen dem „Phänomenbereich Ausländerextremismus" statistisch die mit Abstand größte Bedeutung zukommt, https://bit.ly/3N9jajT; Auflistung aller seit 2000 von Bund und Ländern verfügten Verbote bei *Baudewin* NVwZ 2021, 1021 (1024 f.); ergänzend für die Zeit davor *Baudewin* NVwZ 2013, 1049 (1051 ff.).

Der demokratische Rechtsstaat wird hier vielmehr durch Sicherheitsbehörden gegen „seine organisierten Feinde" verteidigt.[265] Die erforderliche einfachgesetzliche Rechtsgrundlage liefert das Vereinsgesetz. Dieses Gesetz hat sich **seit seiner Einführung 1964 rechtsstaatlich**[266] **und sicherheitspolitisch bewährt** und ist folgerichtig in seinen Grundstrukturen bis heute unverändert geblieben. Bemerkenswert ist die sicherheitspolitische Tendenz, Ausnahmebereiche abzubauen und – mit Ausnahme der politischen Parteien – alle Vereinigungen in den Anwendungsbereich des Vereinsgesetzes einzubeziehen. Sie hat 2001 – in Reaktion auf die Anschläge vom 11. September 2001 – zur Streichung des vereinsrechtlichen Religionsprivilegs (→ Rn. 6) und damit noch einmal zu einer erheblichen Zunahme der Vereinsverbote geführt.[267] Vor diesem Hintergrund folgerichtig hat das BVerwG kürzlich davon abgesehen, Medienvereine pauschal vom Anwendungsbereich des Vereinsgesetzes auszunehmen (→ Rn. 5). Der Meinungs- und der Pressefreiheit nach Art. 5 Abs. 1 S. 1 und S. 2 GG ist hier bei Auslegung und Anwendung der Verbotsgründe hinreichend Rechnung zu tragen.

§ 48 Versammlungsrecht[1]

Sebastian Unger

Übersicht

	Rn.
A. Einführung: Zweck des Versammlungsrechts	1
B. Rechtsgrundlagen des Versammlungsrechts	2
I. Nebeneinander von Bundes- und Landesrecht	2
II. Konvergenz des föderalisierten Versammlungsrechts	5
C. Anwendungsbereich des Versammlungsrechts	7
I. Beschränkung auf öffentliche Versammlungen als Grundsatz	7
II. Insbesondere: „Polizeifestigkeit" des Versammlungsrechts	9
D. Verwirklichung der Versammlungsfreiheit	12
I. Versammlungsfreiheit als Ausgangspunkt	12
II. Insbesondere: Versammlungsanmeldung	13
III. Insbesondere: Versammlungsdurchführung	15
E. Versammlungsrechtliche Befugnisse zur Gefahrenabwehr	18
I. Allgemeines	18
II. Versammlungsbeschränkung und -verbot	19
1. Überblick: § 5 und § 15 VersammlG	19
2. Insbesondere: § 15 Abs. 1 VersammlG	20
3. Insbesondere: § 15 Abs. 2 VersammlG	24
4. Ermessen, Verhältnismäßigkeit und Adressat	25
5. Insbesondere: Gegenversammlungen	26
6. Insbesondere: Störende Teilnehmer	27
7. Rechtsschutz	28
III. Versammlungsauflösung	29
IV. Anwesenheit von Polizeibeamten	31
V. Bild- und Tonaufnahmen	33
VI. Sonstige Befugnisse	36
F. Straf- und Bußgeldvorschriften	37
G. Perspektiven für das Versammlungsrecht	38

---

[265] Formulierung – wenn auch mit Blick auf Art. 21 Abs. 2 GG – in BVerfGE 144, 20 (Ls. 1, 159, 225) = NJW 2017, 611.
[266] *Baudewin* NVwZ 2021, 1021 (1024), weist darauf hin, dass Vereinsverbote durch die Verwaltungsgerichte nur ganz vereinzelt wieder aufgehoben worden sind.
[267] Zu dieser Entwicklung BVerfGE 149, 160 (164 f.) = BeckRS 2018, 18810.
[1] Der Abschnitt basiert auf *Unger* in Baumann/Sikora VereinsR-HdB § 20 Rn. 68 ff.

Wichtige Literatur:
Arbeitskreis Versammlungsrecht, Musterentwurf eines Versammlungsgesetzes, 2011; *Baudewin, C.,* Öffentliche Ordnung im Versammlungsrecht, 3. Aufl. 2020; *Brenneisen, H./Wilksen, M./Staack, D./Martins, M.,* Versammlungsfreiheitsgesetz für das Land Schleswig-Holstein, 2016; *Brenneisen, H./Wilksen, M./Staack, D./Martins, M.,* Versammlungsrecht, 5. Aufl. 2020; *Brenneisen, H./Knape, M.,* Versammlungsfreiheitsgesetz Berlin, 2021; *Dietel, A./Gintzel, K./Kniesel, M.,* Versammlungsgesetze, 18. Aufl. 2019; *Dürig-Friedl, C./Enders, C.,* Versammlungsrecht, 2016; *Elzermann, H./Schwier, H.,* Sächsisches Versammlungsgesetz, 2. Aufl. 2019; *Hettich, M.,* Versammlungsrecht in der Praxis, 2. Aufl. 2018; *Höfling, W./Augsberg, S.,* Versammlungsfreiheit, Versammlungsrechtsprechung und Versammlungsgesetzgebung, ZG 2006, 151; *Kniesel, M./Poscher, R.,* Versammlungsrecht, in: Lisken/Denninger (Begr.), Handbuch des Polizeirechts, 7. Aufl. 2021, Abschn. J; *Laubinger, H./Repkewitz, U.,* Die Versammlung in der verfassungs- und verwaltungsgerichtlichen Rechtsprechung, VerwArch 92 (2001), 585, und VerwArch 93 (2002), 149; *Müller, M. W. u. a.,* Bayerisches Versammlungsgesetz, in: Möstl/Schwabenbauer (Hrsg.), Bayerisches Versammlungsgesetz, 2022; *Ott, S./Wächtler, H./Heinhold, H.,* Gesetz über Versammlungen und Aufzüge, 7. Aufl. 2010; *Peters, W./Janz, N.,* Treckerdemos und Klimastreik: Aktuelle Fragen des Versammlungsrechts, GSZ 2020, 19; *dies.* (Hrsg.), Handbuch Versammlungsrecht, 2. Aufl. 2021; *Rauer, L.,* Rechtliche Maßnahmen gegen rechtsextremistische Versammlungen, 2010; Ridder/Breitbach/Deiseroth (Hrsg.), Versammlungsrecht des Bundes und der Länder, 2. Aufl. 2020; *Scheidler, A.,* Bayerisches Versammlungsgesetz, 2. Aufl. 2011; *Schönenbroicher, K.,* Versammlungsgesetz Nordrhein-Westfalen, 2022; *Stein, V.,* Versammlungsrecht, 2. Aufl. 2019; *Trurnit, C.,* Rechtsprechungsentwicklung zum Versammlungsrecht in den Jahren 2014/2015, NVwZ 2016, 873; *Ullrich, N.,* Das Demonstrationsrecht, 2015; *Ullrich, N.,* Niedersächsisches Versammlungsgesetz, 2. Aufl. 2018; *Ullrich, N./von Coelln/Heusch* (Hrsg.), Handbuch Versammlungsrecht, 2021; *Wächtler, H./Heinhold, H./Merk, R.,* Bayerisches Versammlungsgesetz, 2011; *Weber, K.,* Grundzüge des Versammlungsrechts unter Beachtung der Föderalismusreform, 2010; *Wefelmeier, C./Miller, D.,* Niedersächsisches Versammlungsgesetz, 2. Aufl. 2020; *Welsch, H./Bayer, W.,* Bayerisches Versammlungsgesetz, 2012; *Zeitler, S.,* Grundriss des Versammlungsrechts, 2015.

Hinweis:
Alle Internetfundstellen wurden zuletzt am 18.4.2022 abgerufen.

A. Einführung: Zweck des Versammlungsrechts

Im Mittelpunkt des Versammlungsrechts steht traditionell die behördliche Beschränkung der Versammlungsfreiheit durch Anordnungen im Einzelfall zur **Abwehr von Gefahren für die öffentliche Sicherheit und Ordnung** (im Einzelnen → Rn. 18 ff.). Das Versammlungsrecht ist insoweit – und das ist nach wie vor sein Kerngehalt – besonderes Gefahrenabwehrrecht.[2] Über diese sicherheitsrechtliche Dimension hinaus enthält es aber auch Regelungen, die ganz unabhängig von einer Gefahrenlage die Durchführung von Versammlungen gewährleisten sollen und damit eher der **Verwirklichung der Versammlungsfreiheit** als eines konfliktträchtigen Instruments zur Mitwirkung an der politischen Willensbildung dienen (im Einzelnen → Rn. 12 ff.). Jüngere Landesversammlungsgesetze rücken diese Schutzdimension des Versammlungsrechts in den Vordergrund, wenn sie sich schon ihrem Titel nach als „Versammlungsfreiheitsgesetze" begreifen. Dementsprechend verpflichtet etwa § 3 Abs. 1 BlnVersFG die Verwaltung dazu, „friedliche Versammlungen zu schützen und die Ausübung der Versammlungsfreiheit zu gewährleisten". Ausdruck findet dieser in § 3 Abs. 2 BlnVersFG bis hin zur Absicherung der freien Berichterstattung der Medien ausgestaltete Auftrag auch in § 12 Abs. 8 BlnVersFG, der die zuständige Behörde verpflichtet, Ort, Zeit und Thema einer angezeigten Versammlung unter freiem Himmel sowie – gegebenenfalls – den Streckenverlauf zu veröffentlichen. Nach der Gesetzesbegründung soll dies „einen vielfältigen und öffentlichen Meinungsaustausch" ermöglichen.[3] In beiden Dimensionen konkretisiert das einfachgesetzliche Versammlungsrecht die relativ dichten verfassungsrechtlichen Vorgaben aus Art. 8 GG und entsprechenden landesverfassungsrechtlichen Regelungen. Die versammlungsrechtlichen Spielräume des einfachen Gesetzgebers sind daher begrenzt.

---

[2] S. dazu *Kniesel/Poscher* in Lisken/Denninger PolR-HdB J Rn. 199.
[3] AH-Drs. 18/2764, 21.

B. Rechtsgrundlagen des Versammlungsrechts

I. Nebeneinander von Bundes- und Landesrecht

2 Seit der Föderalismusreform I ist das Versammlungsrecht durch das konzeptionell vorübergehende **Nebeneinander von Bundes- und Landesrecht** geprägt: Das aus den 1970er Jahren stammende **Versammlungsgesetz des Bundes**[4] gilt ungeachtet der Überführung des Versammlungswesens in die ausschließliche Gesetzgebungszuständigkeit der Länder gem. Art. 125a Abs. 1 S. 1 GG als Bundesrecht fort, bis es gem. Art. 125a Abs. 1 S. 2 GG durch Landesrecht ersetzt wird.[5] Bislang haben **Bayern**,[6] **Berlin**,[7] **Niedersachsen**,[8] **Sachsen**,[9] **Sachsen-Anhalt**[10] **und Schleswig-Holstein**[11] ein vollwertiges eigenes Versammlungsgesetz erlassen.[12] Zuletzt hat auch Nordrhein-Westfalen ein eigenes Versammlungsgesetz erhalten.[13] Zuständigkeiten, Bannmeilen und Erinnerungsorte sind zum Teil in diesen Landesversammlungsgesetzen, zum Teil aber auch in selbständigen Gesetzen geregelt.[14] **In den übrigen Ländern** enthält das Landesrecht nach wie vor nur Zuständigkeitsregelungen und Bestimmungen über die befriedeten Bannkreise für die Gesetzgebungsorgane der Länder (auf Grundlage von § 16 Abs. 2 und 3 VersammlG) sowie über „Ort[e] [...], [die] als Gedenkstätte von historisch herausragender, überregionaler Bedeutung an die Opfer der menschenunwürdigen Behandlung unter der nationalsozialistischen Gewalt- und Willkürherrschaft erinner[n]"[15] (auf Grundlage von § 15 Abs. 2 S. 4 VersammlG iVm § 15 Abs. 1 S. 1 Nr. 1 VersammlG).[16] Diese Vorschriften ergänzen dort das fortgeltende Versammlungsgesetz des Bundes.

---

[4] Gesetz über Versammlungen und Aufzüge (Versammlungsgesetz) in der Fassung der Bekanntmachung v. 15.11.1978 (BGBl. 1978 I 1789), zuletzt geändert durch Art. 6 des Sechzigsten Gesetzes zur Änderung des Strafgesetzbuches v. 30.11.2020 (BGBl. 2020 I 2600); s. ergänzend Gesetz über befriedete Bezirke für Verfassungsorgane des Bundes v. 8.12.2008 (BGBl. 2008 I 2366), zuletzt geändert durch Art. 151 der Elften Zuständigkeitsanpassungsverordnung v. 19.6.2020 (BGBl. 2020 I 1328). Ein Bannmeilengesetz existiert auf Bundesebene nicht mehr.

[5] Zur begrenzten Zulässigkeit einer Fortschreibung fortgeltenden Bundesrechts für die Art. 125a Abs. 1 S. 1 entsprechende Regelung in Art. 125a Abs. 2 S. 1 GG BVerfGE 111, 10 (28 ff.) = NJW 2004, 2363; ferner für trotz der Einfügung des Art. 84 Abs. 1 S. 7 GG fortgeltendes Bundesrecht BVerfGE 155, 310 (345 ff.) = NJW 2020, 3232.

[6] Bayerisches Versammlungsgesetz v. 22.7.2008 (GVBl. 2008 421), zuletzt geändert durch § 4 des Gesetzes zur Änderung des Polizeiaufgabengesetzes und weiterer Rechtsvorschriften v. 23.7.2021 (GVBl. 2021 418); dazu *Arzt* DÖV 2009, 381; *Hanschmann* DÖV 2009, 389; *Heidebach/Unger* DVBl 2009, 283; *Holzner* BayVBl. 2009, 485; *Kutscha* NVwZ 2008, 1210; *Scheidler* BayVBl. 2009, 33.

[7] Gesetz über die Versammlungsfreiheit im Land Berlin (Versammlungsfreiheitsgesetz Berlin) v. 23.2.2021 (GVBl. 2021 180); dazu *Ullrich* DVBl 2021, 1060.

[8] Niedersächsisches Versammlungsgesetz v. 7.10.2010 (GVBl. 2010 465, ber. 532), zuletzt geändert durch Art. 2 des Gesetzes zur Änderung des Niedersächsischen Gesetzes über die öffentliche Sicherheit und Ordnung und anderer Gesetze v. 20.5.2019 (GVBl. 2019 88); dazu *Ullrich* NdsVBl. 2011, 183.

[9] Gesetz über Versammlungen und Aufzüge im Freistaat Sachsen (Sächsisches Versammlungsgesetz) v. 25.1.2012 (GVBl. 2012 54), zuletzt geändert durch Art. 7 des Gesetzes zur Neustrukturierung des Polizeirechtes des Freistaates Sachsen v. 11.5.2019 (GVBl. 2019 358).

[10] Gesetz des Landes Sachsen-Anhalt über Versammlungen und Aufzüge (Landesversammlungsgesetz) v. 3.12.2009 (GVBl. 2009 558); dazu *Bücken-Thielmeyer* LKV 2010, 107.

[11] Versammlungsfreiheitsgesetz für das Land Schleswig-Holstein v. 18.6.2015 (GVOBl. 2015 135), zuletzt geändert durch Art. 18 der Landesverordnung zur Anpassung von Rechtsvorschriften an geänderte Zuständigkeiten der obersten Landesbehörden und geänderte Ressortbezeichnungen v. 16.1.2019 (GVOBl. 2019 30); dazu *Ullrich* NVwZ 2016, 501.

[12] Kommentierungen finden sich bei *Ridder/Breitbach/Deiseroth* VersammlG Abschnitt Landesrecht.

[13] Versammlungsgesetz des Landes Nordrhein-Westfalen v. 17.12.2021 (GV. NRW 2022 2)

[14] Dokumentiert bei *Dietel/Gintzel/Kniesel* VersammlG Teil V; *Dürig-Friedl/Enders* VersammlG Anh. 1 und Anh. 2; *Ridder/Breitbach/Deiseroth* VersammlG Abschnitt Landesrecht.

[15] Exemplarisch für Brandenburg Gesetz zu § 15 Abs. 2 S. 1 Nr. 1 des Versammlungsgesetzes v. 23.5.2005 (GVBl. 2005 I 174) sowie für Hamburg Gesetz zum Schutz der KZ-Gedenkstätte Neuengamme v. 21.9.2005 (GVBl. 2005 398).

[16] Dokumentiert bei *Dietel/Gintzel/Kniesel* VersammlG Teil V; *Dürig-Friedl/Enders* VersammlG Anh. 1 und Anh. 2; *Hong* in Ridder/Breitbach/Deiseroth VersammlG § 15 Rn. 528 ff.

Einen Sonderweg beschreitet **Brandenburg**. Das dortige Gesetz über Versammlungen 3
und Aufzüge an und auf Gräberstätten (Gräberstätten-Versammlungsgesetz) vom
26.10.2006[17] ersetzt das fortgeltende Versammlungsgesetz des Bundes nur teilweise. Das ist
nach Art. 125a Abs. 1 S. 2 GG zulässig,[18] sofern keine Mischlage aus Bundes- und Landesrecht für ein- und denselben Regelungsgegenstand im selben Anwendungsbereich entsteht,
die im grundgesetzlichen System der Gesetzgebung ein Fremdkörper wäre.[19] Der Landesgesetzgeber muss folglich eine Materie entweder insgesamt oder jedenfalls einen „abgegrenzten Teilbereich" in eigener Verantwortung regeln.[20] Das primär gegen rechtsextremistische Versammlungen an und auf Gräberstätten gerichtete brandenburgische Gräberstätten-Versammlungsgesetz begegnet vor diesem Hintergrund verfassungsrechtlichen
Bedenken. Es enthält zwar gem. § 2 GräbVersammlG formal eine auf § 16 VersammlG
beschränkte Ersetzung des Versammlungsgesetzes des Bundes. In der Sache indes ergänzt es
das Versammlungsgesetz des Bundes um ein auf Versammlungen unter freiem Himmel und
Aufzüge an und auf Gräberstätten bezogenes gesetzliches Versammlungsverbot mit Erlaubnisvorbehalt und erweitert so die bundesgesetzlichen behördlichen Beschränkungsbefug-
nisse. Dies führt zu einer **unzulässigen Mischlage aus Bundes- und Landesrecht.**[21]

Die **folgende Darstellung der Grundzüge des Versammlungsrechts** orientiert sich 4
am nach wie vor in der Mehrzahl der Länder geltenden Versammlungsgesetz des Bundes.
Die bereits vorliegenden Landesversammlungsgesetze finden punktuell Erwähnung, wo das
angesichts bemerkenswerter Abweichungen angezeigt ist, um ein vollständiges versamm-
lungsrechtliches Bild zu zeichnen.

II. Konvergenz des föderalisierten Versammlungsrechts

Inhaltlich lassen das Versammlungsgesetz des Bundes und die bereits vorliegenden Landes- 5
versammlungsgesetze (→ Rn. 2) bei allen Unterschieden im Detail Parallelen erkennen.
Auf einen Gleichlauf des föderalisierten Versammlungsrechts zielt auch der vom Arbeitskreis Versammlungsrecht (nach dem Vorbild des Musterentwurfs eines einheitlichen Polizeigesetzes aus dem Jahre 1977) vorgelegte **Musterentwurf eines Versammlungsgesetzes.**[22] Seine Systematik entspricht zwar mit der Unterscheidung eines allgemeinen Teils,
eines Teils für Versammlungen unter freiem Himmel und eines für solche in geschlossenen
Räumen sowie schließlich ergänzender Vorschriften über Straftaten, Ordnungswidrigkeiten, Einziehung, Kosten, Entschädigung und Schadensersatz im Ausgangspunkt weitgehend
der des Versammlungsgesetzes des Bundes. Anders als dieses sieht er aber in § 2 Abs. 3 ME
VersG eine Geltung „dieses Gesetz[es] sowohl für öffentliche als auch für nichtöffentliche
Versammlungen" vor. In der Folge sind die aus dem beschränkten Anwendungsbereich des
Versammlungsgesetzes des Bundes resultierenden Probleme bei der Bestimmung des Verhältnisses zwischen Versammlungs- und Polizeirecht (→ Rn. 8 ff.) entschärft, zumal § 9
ME VersG die „Anwendbarkeit des Polizeirechts" ausdrücklich regelt.[23] Auch darüber
hinaus regelt der Musterentwurf zahlreiche Fragen, deren Beantwortung auf Grundlage des

---

[17] GVBl. 2006 I 114; dazu etwa *Scheffczyk/Wolff* LKV 2007, 481.
[18] Statt aller *Schwarz* in Starck, Föderalismusreform, 2007, Rn. 119.
[19] Für die Art. 125a Abs. 1 S. 2 entsprechende Regelung in Art. 125a Abs. 2 S. 2 GG BVerfGE 111, 10 (29) = NJW 2004, 2363. Dieses Verständnis der Ersetzungskompetenz wird durch die Entstehungs-geschichte gestützt, s. nur *Uhle* in Dürig/Herzog/Scholz GG Art. 125a Rn. 27 und 30; kritisch aber VerfGH Berlin NVwZ-RR 2014, 577 (579).
[20] BVerfGE 111, 10 (30) = NJW 2004, 2363.
[21] Zum Ganzen ausführlich *Unger* in Baumann/Sikora VereinsR-HdB § 20 Rn. 70; ferner schon *Heidebach/ Unger* DVBl 2009, 283 (286 f. mit Fn. 43); aA *Scheffczyk/Wolff* LKV 2007, 481 (484), die aber im Folgenden, LKV 2007, 485 ff., unter grundrechtlichen Gesichtspunkten verfassungsrechtliche Bedenken gegen das brandenburgische Gräberstätten-Versammlungsgesetz anmelden.
[22] *Enders/Hoffmann-Riem/Poscher/Kniesel/Schulze-Fielitz*, Musterentwurf eines Versammlungsgesetzes, 2011. Der Entwurf enthält auch eine ausführliche Begründung; dazu mit insgesamt positiver Bewertung *Gusy* JZ 2011, 563; *Höfling* Die Verwaltung 45 (2012), 539.
[23] Vertiefend *Höfling* Die Verwaltung 45 (2012), 539 (542 f.).

Versammlungsgesetzes des Bundes den Gerichten überlassen bleibt. Beispiele sind der behördliche Umgang mit Gegenversammlungen (§ 13 Abs. 3 ME VersG) und die (grundsätzlich zulässige) Nutzung von öffentlichen Verkehrsflächen in Privateigentum (§ 21 ME VersG).[24]

6 Insbesondere die jüngeren **Landesversammlungsgesetze orientieren sich erkennbar am Musterentwurf**.[25] So gelten, um hier nur eine Parallele hervorzuheben, das schleswig-holsteinische Versammlungsfreiheitsgesetz von 2015 und – ihm folgend[26] – das Berliner Versammlungsfreiheitsgesetz von 2021 gem. § 2 Abs. 3 SchlHVersFG und § 2 Abs. 3 BlnVersFG (anders als die etwas älteren Landesversammlungsgesetze in Bayern, Sachsen und Sachsen-Anhalt)[27] sowohl für öffentliche als auch für nichtöffentliche Versammlungen. In diesem Zusammenhang thematisieren dann auch beide Landesgesetze entsprechend § 9 ME VersG in § 10 BlnVersFG und § 9 SchlHVersFG das Verhältnis zum allgemeinen Gefahrenabwehrrecht.

C. Anwendungsbereich des Versammlungsrechts

I. Beschränkung auf öffentliche Versammlungen als Grundsatz

7 Anders als die Landesversammlungsgesetze in Berlin, Niedersachsen, Nordrhein-Westfalen und Schleswig-Holstein (→ Rn. 6) und ebenso wie die Landesversammlungsgesetze in Bayern, Sachsen und Sachsen-Anhalt gilt das Versammlungsgesetz des Bundes **nur für öffentliche Versammlungen und Aufzüge**,[28] wie sich sowohl aus § 1 Abs. 1 VersammlG als auch aus den Abschnittsüberschriften vor den §§ 5 und 14 VersammlG ergibt. Insoweit regelt das Versammlungsgesetz des Bundes die behördliche Beschränkung der Versammlungsfreiheit zur Abwehr von Gefahren für die öffentliche Sicherheit und Ordnung durch versammlungsbezogene Anordnungen im Einzelfall abschließend (im Einzelnen → Rn. 18 ff.).

8 Der danach für die Abgrenzung des Anwendungsbereichs des Versammlungsgesetzes des Bundes maßgebliche Begriff der „öffentlichen Versammlung" ist dort nicht definiert. Zurückgegriffen wird auf den **verfassungsrechtlichen Versammlungsbegriff**.[29] In-

---

[24] Vertiefend *Höfling* Die Verwaltung 45 (2012), 539 (543 f.); *Wendt* NVwZ 2012, 606 (609 f.). Die Vorschrift trägt insoweit der mittelbaren Drittwirkung der Versammlungsfreiheit Rechnung, auf deren Grundlage nach BVerfGK NJW 2015, 2485 (2486), Private „unbeschadet ihrer eigenen Grundrechte in ähnlicher oder auch genauso weit wie der Staat durch die Grundrechte in Pflicht genommen werden [können], insbesondere, wenn sie in tatsächlicher Hinsicht in eine vergleichbare Pflichten- oder Garantenstellung hineinwachsen wie traditionell der Staat". Letzteres kommt im Schutzbereich der Versammlungsfreiheit insbesondere in Betracht, wenn Private Orte für den Publikumsverkehr öffnen und dabei „einen Raum des Flanierens, des Verweilens und der Begegnung [schaffen], der dem Leitbild des öffentlichen Forums entspricht". Zu einem entsprechenden Fall unter Bezugnahme auf die Handreichungen des BVerfG etwa OVG Lüneburg DVBl 2021, 123 (124 ff.); kritisch *Frau* RW 7 (2016), 625 (633 f. und 634 ff.).

[25] S. darüber hinaus und ungeachtet punktueller Abweichungen für Nordrhein-Westfalen LT-Drs. 17/12423, 43 f.: „Der Musterentwurf des Arbeitskreises Versammlungsrecht […] vermag in rechtsförmlicher Hinsicht zu überzeugen, weshalb er insoweit als Grundlage des vorliegenden Gesetzentwurfs ausgewählt wurde."

[26] Dazu AH-Drs. 18/2764, 20: „Der Aufbau des Gesetzes orientiert sich stark am Versammlungsfreiheitsgesetz des Landes Schleswig-Holstein […] als eine[m] der fortschrittlicheren Versammlungsgesetze in der Bundesrepublik, sowie dem Musterentwurf des Arbeitskreises Versammlungsrecht aus dem Jahr 2010."

[27] Das niedersächsische Versammlungsgesetz von 2010 enthält zwar keine § 2 Abs. 3 ME VersG entsprechende ausdrückliche Regelung, ist aber ebenfalls auf öffentliche und nichtöffentliche Versammlungen anwendbar. In Nordrhein-Westfalen bestimmt § 2 Abs. 2 VersG NRW ausdrücklich eine Geltung des Versammlungsgesetzes sowohl für öffentliche als auch für nichtöffentliche Versammlungen.

[28] Als „sich fortbewegende Versammlungen unter freiem Himmel" sind Aufzüge zwar bereits vom Versammlungsbegriff umfasst, *Heinhold* in Ott/Wächtler/Heinhold, Gesetz über Versammlungen und Aufzüge, 7. Aufl. 2010, VersammlG § 1 Rn. 49; das Versammlungsgesetz des Bundes enthält aber in § 19 besondere Vorschriften, die nur für Aufzüge gelten.

[29] Dazu *Deiseroth/Kutscha* in Ridder/Breitbach/Deiseroth GG Art. 8 Rn. 61 ff.; *Schulze-Fielitz* in Dreier GG Art. 8 Rn. 24 ff.; *Unger* in Baumann/Sikora VereinsR-HdB § 19 Rn. 42 ff.

C. Anwendungsbereich des Versammlungsrechts § 48

struktiv ist dabei ein Blick in die Landesversammlungsgesetze, die in weitgehender Übernahme der Rechtsprechung des BVerfG zur Versammlungsfreiheit[30] zum Teil eine ausdrückliche Begriffsbestimmung enthalten. So definiert Art. 2 Abs. 1 BayVersG eine **Versammlung** als „eine Zusammenkunft von mindestens zwei Personen zur gemeinschaftlichen, überwiegend auf die Teilhabe an der öffentlichen Meinungsbildung gerichteten Erörterung oder Kundgebung".[31] Sie ist gem. Art. 2 Abs. 2 BayVersG **öffentlich,** „wenn die Teilnahme nicht auf einen individuell feststehenden Personenkreis beschränkt ist".[32] Die Unterscheidung zwischen **Versammlungen in geschlossenen Räumen und solchen unter freiem Himmel,** die sich ebenfalls an den verfassungsrechtlichen Begriffen[33] orientiert, hat zwar für die Anwendbarkeit des Versammlungsgesetzes des Bundes insgesamt keine Bedeutung, wohl aber für die Ermittlung der im Einzelfall neben den allgemeinen Vorschriften in den §§ 1 bis 3 VersammlG einschlägigen Normen. So gelten die §§ 5 bis 13 VersammlG nur für öffentliche Versammlungen in geschlossenen Räumen, die §§ 14 bis 20 VersammlG für solche unter freiem Himmel.

II. Insbesondere: „Polizeifestigkeit" des Versammlungsrechts

Soweit das Versammlungsgesetz des Bundes behördliche Eingriffe in die Versammlungsfreiheit zum Zwecke der Gefahrenabwehr abschließend regelt, ist der **Rückgriff auf die Befugnisnormen des allgemeinen Polizei- und Sicherheitsrechts gesperrt.** Bis zur Föderalismusreform I ließ sich diese „Polizeifestigkeit" des Versammlungsrechts überzeugend mit der durch den Erlass des Versammlungsgesetzes ausgeschöpften konkurrierenden Gesetzgebungskompetenz des Bundes für das Versammlungswesen begründen, seit Überführung dieser Kompetenz in die Hände der Länder immerhin noch mit seiner Spezialität.[34] Ganz unabhängig davon schließen auch die polizei- und sicherheitsrechtlichen Generalklauseln selbst ihre Anwendung zum Teil[35] ausdrücklich aus, soweit zur Erfüllung einer bestimmten Aufgabe die Befugnisse der Polizei- und Sicherheitsbehörden andernorts geregelt sind. Dabei kommt es nicht darauf an, ob die im Versammlungsgesetz des Bundes spezialgesetzlich geregelten Befugnisnormen die in Rede stehende Maßnahme im Ergebnis tragen. Entscheidend ist allein, ob die Maßnahme vom **„Entscheidungsprogramm"**

9

---

[30] S. nur BVerfGE 104, 92 (104) = NJW 2002, 1031, das freilich „mehrere Personen" und also (wohl) mindestens drei voraussetzt. Gegenüber diesem engen Versammlungsbegriff verzichtet das Schrifttum überwiegend auf das Erfordernis eines bestimmten Versammlungszwecks, s. exemplarisch nur *Höfling* in Sachs GG Art. 8 Rn. 15 ff. Das im Merkmal der Gemeinschaftlichkeit zum Ausdruck kommende Erfordernis einer inneren Verbindung der Teilnehmer trifft weitgehend auf Zustimmung. Es setzt keine Uniformität voraus, so dass die Teilnahme an einer Versammlung nach BVerfGE 92, 191 (202 f.) = NJW 1995, 3110, insbesondere „nicht die Billigung der mit der Versammlung verfolgten Ziele oder der auf ihr vertretenen Meinungen voraus[setzt]. Der Grundrechtsschutz kommt vielmehr auch denjenigen zugute, die den in der Versammlung verkündeten Meinungen kritisch oder ablehnend gegenüberstehen und dies in der Versammlung mit kommunikativen Mitteln zum Ausdruck bringen wollen."
[31] Ähnlich § 2 NVersG; ferner § 2 Abs. 1 S. 1 ME VersG sowie – dem folgend – § 2 Abs. 1 S. 1 BlnVersFG und § 2 Abs. 1 S. 1 SchlHVersG.
[32] Ähnlich § 2 Abs. 2 ME VersG sowie – dem folgend – § 2 Abs. 2 BlnVersFG und § 2 Abs. 2 SchlHVersFG. Speziell zur Öffentlichkeit einer Versammlung *Enders* in Dürig-Friedl/Enders VersammlG § 1 Rn. 14; *Kniesel* in Dietel/Gintzel/Kniesel VersammlG Teil I Rn. 423 f. Wie sich aus § 6 Abs. 1 VersammlG ergibt, ist es für die Öffentlichkeit einer Versammlung unschädlich, wenn einzelne Personen oder Personenkreise in der Einladung von der Teilnahme an einer Versammlung ausgeschlossen werden. Pressevertreter können nicht ausgeschlossen werden, § 6 Abs. 2 VersammlG. Sie haben sich durch ihren Presseausweis ordnungsgemäß auszuweisen.
[33] Zu dieser verfassungsrechtlichen Unterscheidung im Einzelnen etwa *Deiseroth/Kutscha* in Ridder/Breitbach/Deiseroth GG Art. 8 Rn. 372 ff.; *Schulze-Fielitz* in Dreier GG Art. 8 Rn. 64 ff.; *Unger* in Baumann/Sikora VereinsR-HdB § 19 Rn. 46 f.
[34] *Kniesel/Poscher* in Lisken/Denninger PolR-HdB J Rn. 24.
[35] Exemplarisch für Bayern Art. 11 Abs. 3 PAG: „Zur Erfüllung der Aufgaben, die der Polizei durch andere Rechtsvorschriften zugewiesen sind […], hat sie die dort vorgesehenen Befugnisse. Soweit solche Rechtsvorschriften Befugnisse der Polizei nicht regeln, hat sie die Befugnisse, die ihr nach diesem Gesetz zustehen."

dieser Befugnisnormen umfasst ist.³⁶ Ist das der Fall, kann sie nur auf das Versammlungsgesetz des Bundes gestützt werden, auch dann, wenn dieses engere Grenzen zieht als das allgemeine Gefahrenabwehrrecht und die Maßnahme daher nicht trägt. In der Folge ist im Anwendungsbereich des Versammlungsgesetzes des Bundes und also bei öffentlichen Versammlungen der Rückgriff auf das Polizei- und Sicherheitsrecht gesperrt, soweit die Maßnahmen zu seinem Entscheidungsprogramm gehören.³⁷

10   Das ist vor allem der Fall bei **versammlungstypischen Maßnahmen** wie der Beschränkung, dem Verbot oder der Auflösung einer Versammlung,³⁸ nicht hingegen bei der „Verhütung von Gefahren [im zugrunde liegenden Fall: der Auflösung eines unter dem Schutz der Versammlungsfreiheit stehenden Skinheadkonzerts zur Bekämpfung einer nicht versammlungsspezifischen Brandgefahr] […], die allein aus der Ansammlung einer Vielzahl von Menschen an einem dafür ungeeigneten Ort entstehen, unabhängig davon, ob es sich bei dieser Ansammlung um eine Versammlung im Sinne des Versammlungsrechts handelt".³⁹ Ein Rückgriff auf das allgemeine Gefahrenabwehrrecht ist folglich stets zulässig bei **nicht versammlungsspezifischen Gefahren.** Ausgenommen von der Sperrwirkung sind über diesen Fall hinaus auch **Vorfeldmaßnahmen** gegen einzelne Versammlungsteilnehmer, für die das Versammlungsgesetz des Bundes keine abschließende Regelung enthält⁴⁰ und die daher grundsätzlich auf das allgemeine Polizei- und Sicherheitsrecht gestützt werden können,⁴¹ sowie umgekehrt alle **Maßnahmen nach Auflösung einer Versammlung.**⁴²

11   Von vornherein nicht von der „Polizeifestigkeit" des insoweit grundsätzlich nicht anwendbaren Versammlungsgesetzes des Bundes umfasst sind **nichtöffentliche Versammlungen.** Für sie enthält es jedenfalls keine abschließende Regelung.⁴³ Fraglich ist hier allein, ob die versammlungsrechtlichen Befugnisnormen (nämlich §§ 5, 13 und § 15 VersammlG) analoge Anwendung finden⁴⁴ oder auf das allgemeine Polizei- und Sicherheitsrecht zurückzugreifen ist.⁴⁵ Entscheidend für die zweite Lösung spricht das grundsätzliche Verbot einer

---

36   S. dazu in anderem Zusammenhang VGH München BayVBl. 2006, 635 (636).
37   Ausdrücklich geregelt ist die Anwendbarkeit des allgemeinen Polizei- und Sicherheitsrechts neben dem Versammlungsrecht nach dem Vorbild von § 9 ME VersG in § 9 SchlHVersFG und § 10 BlnVersFG. Die Rechtslage unterscheidet sich hier auch insofern von der in den meisten anderen Ländern, als das Versammlungsrecht sowohl für öffentliche als auch für nichtöffentliche Versammlungen gilt (→ Rn. 6).
38   Das gilt nach zutreffender Auffassung selbst dann, wenn das allgemeine Polizei- und Sicherheitsrecht eine mildere „Minusmaßnahme" ermöglichte, *Kniesel/Poscher* in Lisken/Denninger PolR-HdB J Rn. 31 ff.
39   BVerwG Beschl. v. 16.11.2010 – 6 B 58/10, BeckRS 2010, 56683 Rn. 6.
40   Vorgesehen sind Vorfeldmaßnahmen nur in § 17a Abs. 4 (→ Rn. 16) und in § 12a Abs. 1 und § 19a VersammlG (→ Rn. 34 mit Fn. 122); Überblick bei *Trurnit* NVwZ 2012, 1079 (1080).
41   Exemplarisch VGH München NJW 2011, 793 (793): Anordnung, Abbildungen des Papstes und eine Papstpuppe von einem Lkw zu entfernen, auf dem diese mit dem Attribut der Homosexualität in Verbindung gebracht werden, bevor der Wagen an einer Versammlung teilnehmen darf, kann grundsätzlich als Vorfeldmaßnahme auf die Befugnisnormen des allgemeinen Polizei- und Sicherheitsrechts gestützt werden; allgemein *Kniesel/Poscher* in Lisken/Denninger PolR-HdB J Rn. 41 f., die ebenda, Rn. 40, zutreffend darauf hinweisen, dass das Versammlungsgesetz des Bundes für Maßnahmen gegenüber der „Gesamtveranstaltung" durchaus eine abschließende Regelung enthält; differenzierend *Trurnit* NVwZ 2012, 1079 (1080 ff.), der eine Anwendung des allgemeinen Polizei- und Sicherheitsrechts unter zutreffendem Hinweis auf das Zitiergebot nach Art. 19 Abs. 1 S. 2 GG gegenwärtig für weitgehend unzulässig hält und rechtspolitisch auf die Lösung in § 9 Abs. 2 und 3 ME VersG hinweist.
42   *Kniesel/Poscher* in Lisken/Denninger PolR-HdB J Rn. 30.
43   Zutreffend *Kniesel/Poscher* in Lisken/Denninger PolR-HdB J Rn. 26.
44   So *Kingreen/Poscher* POR § 19 Rn. 16; *Peters/Janz* GSZ 2020, 19 (20).
45   So BVerwG NVwZ 1999, 991 (992). Probleme bereitet hier das Zitiergebot in Art. 19 Abs. 1 S. 2 GG, soweit das Polizei- und Sicherheitsrecht der Länder die Versammlungsfreiheit nicht ausdrücklich als eingeschränktes Grundrecht auffährt. Bei Versammlungen in geschlossenen Räumen ist das unproblematisch, weil Art. 8 GG die Versammlungsfreiheit insoweit vorbehaltlos gewährleistet und also Art. 19 Abs. 1 S. 2 GG keine Anwendung findet, *Depenheuer* in Dürig/Herzog/Scholz GG Art. 8 Rn. 156. Es bleiben Versammlungen unter freiem Himmel, auf die das Polizei- und Sicherheitsrecht der Länder nicht anwendbar ist, soweit Art. 8 GG nicht zitiert. Für die Praxis spielt das kaum eine Rolle, weil nichtöffentliche Versammlungen unter freiem Himmel – und nur insoweit lässt die „Polizeifestigkeit" des

analogen Anwendung von Eingriffsbefugnissen.[46] Rechnung zu tragen ist dabei freilich dem Gebot der Widerspruchsfreiheit der Rechtsordnung, so dass nichtöffentliche Versammlungen nicht unter geringeren Anforderungen als (aus Sicht des Gesetzgebers eigentlich gefährlichere) öffentliche Versammlungen verboten werden können dürfen. Dies legt eine inhaltliche Orientierung an den Vorgaben der §§ 5, 13 und 15 VersammlG bei der Beschränkung nichtöffentlicher Versammlungen nach allgemeinem Polizei- und Sicherheitsrecht nahe.[47] Rechtstechnisch handelt es sich um eine teleologische Reduktion der Vorschriften des allgemeinen Polizei- und Sicherheitsrechts. Stehen schließlich bloße **Ansammlungen** in Rede, ist mangels Versammlung von vornherein nicht das Versammlungsgesetz des Bundes, sondern ausschließlich das allgemeine Polizei- und Sicherheitsrecht einschlägig.[48]

D. Verwirklichung der Versammlungsfreiheit

I. Versammlungsfreiheit als Ausgangspunkt

Ausgangspunkt auch des einfachen Versammlungsrechts ist die verfassungsrechtlich durch **Art. 8 Abs. 1 GG** sowie einfachgesetzlich durch **§ 1 VersammlG** und entsprechende Vorschriften der Landesversammlungsgesetze gewährleistete Versammlungsfreiheit.[49] Das einfache Recht geht dabei sowohl auf Bundes- als auch auf Landesebene über das Verfassungsrecht hinaus, wenn es in Übereinstimmung mit **Art. 11 Abs. 1 EMRK** auch ausländische Staatsangehörige und ausländische Vereinigungen in den Schutzbereich einbezieht.[50] Die neueren Landesversammlungsgesetze begreifen sich vor diesem Hintergrund zum Teil ausdrücklich als „Versammlungsfreiheitsgesetze" (→ Rn. 1) und betonen auf diese Weise weniger ihre gefahrabwehrrechtliche Dimension als die aus der Schutzdimension der Versammlungsfreiheit abgeleitete Aufgabe der öffentlichen Verwaltung, „friedliche Versammlungen zu schützen und die Versammlungsfreiheit zu wahren", und dazu „die Durchführung einer […] Versammlung zu unterstützen" und „ihre Durchführung vor Störungen zu schützen", wie es in § 3 Abs. 1 und 2 Nr. 1 und 2 SchlHVersFG exemplarisch heißt.[51]

12

II. Insbesondere: Versammlungsanmeldung

Wie sich aus Art. 8 Abs. 1 GG ausdrücklich ergibt, bedürfen Versammlungen weder einer Erlaubnis noch einer Anmeldung.[52] Es ist daher problematisch, wenn § 14 Abs. 1 Ver-

13

Versammlungsrechts eine Anwendung des allgemeinen Polizei- und Sicherheitsrechts neben dem Versammlungsgesetz des Bundes überhaupt zu – kaum denkbar sind.
[46] *Kniesel/Poscher* in Lisken/Denninger PolR-HdB J Rn. 27; ähnlich *Enders* in Dürig-Friedl/Enders VersammlG § 1 Rn. 15; allgemein zum Problem BVerfGK NJW 1996, 3146 (3146); *Beaucamp* AöR 134 (2009), 83 (86 ff.).
[47] *Wehr*, Examens-Repetitorium Polizeirecht, 4. Aufl. 2019, Rn. 271.
[48] *Wehr*, Examens-Repetitorium Polizeirecht, 4. Aufl. 2019, Rn. 259.
[49] Eine neuerdings diskutierte Frage ist, ob und inwieweit sich die Versammlungsfreiheit auch auf die Errichtung und Unterhaltung von Infrastruktureinrichtungen wie Protestcamps erstreckt; im Eilverfahren offen gelassen von BVerfGK NVwZ 2017, 1374 (1375 f.); dazu etwa *Peters/Janz* GSZ 2020, 19 (20 f.).
[50] *Kniesel* in Dietel/Gintzel/Kniesel VersammlG Teil I Rn. 218 ff. und Teil II § 1 Rn. 2 ff.
[51] Ähnlich § 3 Abs. 1 und 2 BlnVersFG. Vorbild ist § 3 Abs. 1 ME VersG.
[52] Nur folgerichtig sind für eine öffentliche Versammlung unter freiem Himmel auch „keine Erlaubnisse erforderlich, die sich auf die Benutzung der öffentlichen Verkehrsflächen beziehen", wie § 11 ME VersG (in Konkretisierung der verfassungsrechtlichen Vorgaben) ausdrücklich festhält; dem folgend § 12 SchlHVersFG. Nach § 21 S. 1 ME VersG dürfen darüber hinaus auch Verkehrsflächen von Grundstücken in Privateigentum genutzt werden, die dem allgemeinen Publikum geöffnet werden; in diese Richtung, aber insgesamt restriktiver auch § 20 BlnVersFG und § 18 SchlHVersFG. Ob und inwieweit es zulässig ist, Versammlungen angesichts einer weltweiten Pandemie durch Rechtsverordnung vorübergehend einem präventiven Verbot mit Erlaubnisvorbehalt zu unterstellen, ist noch nicht abschließend geklärt; tendenziell skeptisch BVerfGK NVwZ 2020, 711 (712).

sammlG den Veranstalter einer öffentlichen Versammlung unter freiem Himmel dazu verpflichtet, seine Absicht spätestens 48 Stunden vor der öffentlichen Kundgabe seines Versammlungswillens bei der zuständigen Behörde unter Angabe des Gegenstands der Versammlung anzumelden.[53] Ganz überwiegend wird diese **Anmeldepflicht** dennoch für **verfassungsmäßig** gehalten, weil mit ihr ein „Verfahrenselement" geschaffen werde, das es der zuständigen Behörde erlaubt, „die Versammlung zu ermöglichen und zwangsläufige Auswirkungen auf Dritte und die Allgemeinheit durch Herstellung praktischer Konkordanz mittels einer beschränkenden Verfügung auf ein für alle Beteiligten hinnehmbares Maß zu reduzieren".[54] In Gang gesetzt wird durch die Anmeldung einer Versammlung nach diesem Verständnis eine Art Verwaltungsverfahren, das durch die verfassungsrechtlich gebotene[55] Kooperation zwischen Veranstalter und Behörden geprägt ist.[56]

14 Freilich darf die Anmeldepflicht nach der Rechtsprechung des BVerfG die Versammlungsfreiheit nicht „für bestimmte Typen von Veranstaltungen außer Geltung setzen". Die Versammlungsfreiheit kann daher in bestimmten Konstellationen „von der Anmeldepflicht befreien".[57] Das ist der Fall bei **Eil- und Spontanversammlungen.**[58] Auch hier ist ein Blick auf die Versammlungsgesetze der Länder instruktiv, die die in der Rechtsprechung entwickelten Vorgaben umsetzen, wenn sie wie etwa in Art. 13 Abs. 3 und 4 BayVersG für Eilversammlungen, bei denen „der Anlass für eine geplante Versammlung kurzfristig [entsteht]", bestimmen, dass „die Versammlung spätestens mit der Bekanntgabe [...] bei der zuständigen Behörde oder bei der Polizei anzuzeigen [ist]", und für Spontanversammlungen, bei denen „sich die Versammlung aus einem unmittelbaren Anlass ungeplant und ohne Veranstalter entwickelt", vorsehen, dass „[d]ie Anzeigepflicht entfällt".[59]

III. Insbesondere: Versammlungsdurchführung

15 Über die Anmeldepflicht hinaus enthält das Versammlungsgesetz des Bundes auch Regelungen über die Durchführung von Versammlungen. Zu beachten sind zunächst **Vorschriften über die Vorbereitung.** So muss der Veranstalter einer Versammlung – § 2 Abs. 1 VersammlG spricht von der Person, die „zu einer öffentlichen Versammlung oder einem Aufzug einlädt"[60] – in der Einladung seinen Namen angeben. Ferner dürfen gem. § 2 Abs. 3 S. 2 VersammlG auf dem Weg zu einer öffentlichen Versammlung keine Waffen oder waffenähnlichen Gegenstände mitgeführt werden.

16 Hinsichtlich der **eigentlichen Durchführung** enthalten die §§ 2f. VersammlG zunächst Verbotsvorschriften, die auf alle Versammlungen Anwendung finden. Das **allgemeine Störungsverbot** in § 2 Abs. 2 VersammlG verlangt, dass „jedermann" und also nicht nur Teilnehmer Störungen unterlässt, die die ordnungsgemäße Versammlungsdurchführung verhindern sollen. Ergänzt wird es in § 2 Abs. 3 S. 1 VersammlG und § 3 Abs. 1 VersammlG durch das **Verbot des Waffentragens** und das **Uniformierungsverbot.** Letzteres untersagt es den Teilnehmern einer Versammlung, in der Versammlung Uniformen, Uniformteile oder gleichartige Kleidungsstücke als Ausdruck einer gemeinsamen

---

[53] Inhaltlich ist in der Anmeldung gem. § 14 Abs. 2 anzugeben, welche Person für die Leitung der Versammlung oder des Aufzugs verantwortlich sein soll, § 17 VersammlG sieht Ausnahmen vom Anmeldeerfordernis vor.
[54] So *Kniesel* in Dietel/Gintzel/Kniesel VersammlG Teil II § 14 Rn. 4; ähnlich *Dürig-Friedl* in Dürig-Friedl/Enders VersammlG § 14 Rn. 5; s. auch BVerfGE 69, 315 (350 f.) = BeckRS 1985, 108894, das als Grundlage einer Anmeldepflicht Art. 8 Abs. 2 GG nennt.
[55] BVerfGE 69, 315 (355 ff.) = BeckRS 1985, 108894.
[56] Eingehend *Kniesel/Poscher* in Lisken/Denninger PolR-HdB J Rn. 249 ff. und 267 ff.; ausdrücklich zum Angebot eines Kooperationsgesprächs und dessen Inhalt § 3 Abs. 2 und 3 ME VersG sowie – dem folgend – § 4 BlnVersFG und § 3 Abs. 3 und 4 SchlHVersFG; s. auch schon § 14 Abs. 5 SächsVersG.
[57] BVerfGE 69, 315 (350 f.) = BeckRS 1985, 108894.
[58] Zu dieser verfassungskonformen Auslegung von § 14 Abs. 1 VersammlG *Höfling* in Sachs GG Art. 8 Rn. 22 f.
[59] Ähnlich etwa § 12 Abs. 6 und 7 BlnVersFG und § 11 Abs. 5 und 6 SchlHVersFG.
[60] Zum Veranstalter eingehend *Kniesel/Poscher* in Lisken/Denninger PolR-HdB J Rn. 212 ff.

D. Verwirklichung der Versammlungsfreiheit   § 48

politischen Gesinnung zu tragen.⁶¹ Neben diese Verbote treten bei stehenden Versammlungen unter freiem Himmel und Aufzügen⁶² das **Verbot der Passivbewaffnung** und das **Vermummungsverbot** in § 17a Abs. 1 und 2 VersammlG.⁶³ Beide Verbote können gem. § 17a Abs. 4 VersammlG mit polizeilichen Anordnungen im Einzelfall (insbesondere einem Ausschluss von der Versammlung) durchgesetzt werden.⁶⁴ Weil die in § 17a Abs. 1 und 2 VersammlG bezeichneten Verbote ausdrücklich auch für den „Weg" zu stehenden Versammlungen unter freiem Himmel und Aufzügen gelten, ermächtigt § 17a Abs. 4 VersammlG auch zu Vorfeldmaßnahmen.⁶⁵

Flankiert werden diese allgemein geltenden Verbote durch **Vorschriften über die** 17 **organisatorische Durchführung.** Die unmittelbar nur für öffentliche Versammlungen in geschlossenen Räumen geltenden Vorschriften in den §§ 7 bis 12 VersammlG finden gem. § 18 Abs. 1 VersammlG (durch die Vorschriften in § 18 Abs. 2 und 3 VersammlG ergänzt) auf stehende öffentliche Versammlungen unter freiem Himmel weitgehend entsprechende Anwendung. Für Aufzüge (zum Begriff → Rn. 7 mit Fn. 28) enthält § 19 VersammlG eigene Regelungen. Gemäß § 7 Abs. 1 VersammlG muss jede Versammlung einen **Leiter** haben. Leiter ist gem. § 7 Abs. 2 S. 1 VersammlG grundsätzlich ihr Veranstalter (zum Begriff → Rn. 15). Dieser kann die Leitung aber nach § 7 Abs. 3 VersammlG einer anderen Person übertragen. Gemäß § 8 VersammlG bestimmt der Versammlungsleiter den Ablauf der Versammlung, hat während ihrer Durchführung für Ordnung zu sorgen, kann die Versammlung jederzeit unterbrechen oder schließen und entscheidet, wann eine unterbrochene Versammlung fortgesetzt wird. Bei Versammlungen in geschlossenen Räumen übt er überdies gem. § 7 Abs. 4 VersammlG das Hausrecht aus. Für die Leitung von Aufzügen ergibt sich Entsprechendes aus § 19 Abs. 1 S. 1 VersammlG. Die **Versammlungsteilnehmer** sind gem. § 10 VersammlG verpflichtet, die zur Aufrechterhaltung der Ordnung getroffenen Anweisungen des Leiters oder der von ihm gem. § 9 und § 18 Abs. 2 VersammlG bestellten Ordner⁶⁶ zu befolgen. Eine entsprechende Regelung für Aufzüge findet sich in § 19 Abs. 2 VersammlG. Stören Teilnehmer die Ordnung, ist zu differenzieren: Bei Versammlungen in geschlossenen Räumen kann der Leiter störende Teilnehmer gem. § 11 Abs. 1 VersammlG selbst von der Versammlung ausschließen. Bei stehenden Versammlungen unter freiem Himmel und Aufzügen ist gem. § 18 Abs. 3 und § 19 Abs. 4 VersammlG ausschließlich⁶⁷ die Polizei berechtigt, störende Teilnehmer von der Versammlung auszuschließen (→ Rn. 27); der Leiter muss gem. § 19 Abs. 3 VersammlG den Aufzug insgesamt für beendet erklären, wenn er sich gegenüber den Teilnehmern nicht durchzusetzen vermag. Bei stehenden Versammlungen müssen ausgeschlossene Teilnehmer gem. § 11 Abs. 2 und § 18 Abs. 1 VersammlG die Versammlung sofort verlassen. Für Aufzüge fehlt eine entsprechende Regelung in § 19 VersammlG. Die Annahme einer von § 29

---
⁶¹ Gemäß § 3 Abs. 2 VersammlG besteht die Möglichkeit einer Ausnahmegenehmigung für Mitglieder von Jugendverbänden, die sich vorwiegend der Jugendpflege widmen. Zur teleologisch und verfassungsrechtlich gebotenen einschränkenden Auslegung der Vorschrift, wonach „ein Tragen gleichartiger Kleidungsstücke als Ausdruck gemeinsamer politischer Gesinnung nur vor[liegt], wenn das Auftreten in derartigen Kleidungsstücken nach den Gesamtumständen geeignet ist, eine suggestivmilitante, einschüchternde Wirkung gegenüber anderen zu erzielen", BGHSt 63, 66 (71) = NJW 2018, 1893.
⁶² Darüber hinaus gelten die Verbote in § 17a Abs. 1 und 2 VersammlG auch für „sonstige öffentliche Veranstaltungen unter freiem Himmel" und also solche, die keine Versammlungen sind.
⁶³ Ausnahmen regelt § 17a Abs. 3 VersammlG.
⁶⁴ Dazu *Kniesel* in Dietel/Gintzel/Kniesel VersammlG Teil II § 17a Rn. 41 und 49 f.
⁶⁵ *Trurnit* NVwZ 2012, 1079 (1080).
⁶⁶ Anforderungen an die Ordner enthält § 9 Abs. 1 VersammlG.
⁶⁷ Ebenso wohl *Kniesel* in Dietel/Gintzel/Kniesel VersammlG Teil II § 18 Rn. 41; im Ausgangspunkt auch *Dürig-Friedl* in Dürig-Friedl/Enders VersammlG § 18 Rn. 15, die aber wegen des verfassungskräftigen Rechts „auf eine selbstbestimmte Durchführung der Versammlung" eine verfassungskonforme Auslegung der Vorschrift für geboten hält, nach der auch der Versammlungsleiter Teilnehmer zum Verlassen auffordern kann. Rechtspolitisch überzeugt eine solche Stärkung des Selbstbestimmungsrechts des Grundrechtsträgers. Dementsprechend berechtigen auch § 6 Abs. 4 S. 1 ME VersG sowie – dem folgend – § 7 Abs. 4 S. 1 BlnVersFG und § 6 Abs. 4 S. 1 SchlHVersFG die Versammlungsleitung umfassend dazu, Personen, welche die Ordnung der Versammlung erheblich stören, von der Versammlung auszuschließen.

Abs. 1 Nr. 5 VersammlG vorausgesetzten ungeschriebenen Entfernungspflicht ist problematisch;[68] näher liegt eine behördliche Verpflichtung, mit dem Ausschluss auch die Entfernung von ihm zu verfügen.[69]

E. Versammlungsrechtliche Befugnisse zur Gefahrenabwehr

I. Allgemeines

18 Im Mittelpunkt des Versammlungsrechts stehen Befugnisse für Beschränkungen der Versammlungsfreiheit zur **Gefahrenabwehr im Einzelfall.** Das Versammlungsgesetz des Bundes unterscheidet dabei – ebenso wie der Musterentwurf (→ Rn. 5) und die bereits vorliegenden Landesversammlungsgesetze – zwischen öffentlichen Versammlungen in geschlossenen Räumen und öffentlichen Versammlungen unter freiem Himmel und folgt damit ihrer nach Art. 8 GG unterschiedlich weiten verfassungsrechtlichen Beschränkbarkeit.[70] Die Zuständigkeiten[71] und das Verwaltungsverfahren regelt das Landesrecht.

II. Versammlungsbeschränkung und -verbot

1. Überblick: § 5 und § 15 VersammlG

19 Ermächtigungen zur Beschränkung und zum Verbot öffentlicher Versammlungen vor Beginn der Versammlung[72] enthalten **§ 5 VersammlG** (für öffentliche Versammlungen in geschlossenen Räumen) und **§ 15 Abs. 1 und 2 VersammlG** (für öffentliche Versammlungen unter freiem Himmel).[73] Dabei ist zweierlei zu beachten: Zum einen lässt § 5 VersammlG über seinen Wortlaut hinaus unter Verhältnismäßigkeitsgesichtspunkten als „Minusmaßnahmen" zu einem Verbot auch bloße Beschränkungen einer Versammlung unterhalb der Verbotsschwelle zu.[74] Zum anderen ermächtigt § 15 Abs. 1 und 2 Ver-

---

[68] So aber *Wächtler* in Ott/Wächtler/Heinhold, Gesetz über Versammlungen und Aufzüge, 7. Aufl. 2010, VersammlG § 19 Rn. 10. Entsprechendes gilt für eine von *Dürig-Friedl* in Dürig-Friedl/Enders VersammlG § 19 Rn. 12 erwogene Analogie zu § 11 Abs. 2 VersammlG.

[69] So *Kniesel* in Dietel/Gintzel/Kniesel VersammlG Teil II § 19 Rn. 23 f.: Begründung der „Entfernungspflicht erst durch Verfügen eines Platzverweises".

[70] Zur Unterscheidung *Schulze-Fielitz* in Dreier GG Art. 8 Rn. 64 ff.; zur Systematik ausführlich *Kniesel/Poscher* in Lisken/Denninger PolR-HdB J Rn. 338 ff. Nichtöffentliche Versammlungen sind vom Anwendungsbereich jedenfalls des Versammlungsgesetzes des Bundes ausgenommen; ihre Beschränkung im Einzelfall richtet sich nach allgemeinem Polizei- und Sicherheitsrecht (→ Rn. 7 und → Rn. 11).

[71] Überblick bei *Kniesel/Poscher* in Lisken/Denninger PolR-HdB J Rn. 331 ff.

[72] *Kniesel* in Dietel/Gintzel/Kniesel VersammlG Teil II § 15 Rn. 1: „bis zum Beginn der Versammlung, also auch noch in der Phase des Zusammenkommens, bei Aufzügen noch in der Aufstellungsphase zulässig". Nach Beginn der Versammlung kommt nur noch eine Auflösung in Betracht (→ Rn. 29).

[73] Ergänzend hinzuweisen ist darauf, dass § 16 VersammlG ein gesetzliches Verbot von öffentlichen Versammlungen unter freiem Himmel und Aufzügen innerhalb des befriedeten Bannkreises der Gesetzgebungsorgane der Länder enthält. Dieses gilt nur, soweit die Länder das Verbot auf Grundlage von § 16 Abs. 2 und 3 durch ein Bannkreisgesetz konkretisiert haben; dazu Überblick bei *Kniesel* in Dietel/Gintzel/Kniesel VersammlG Teil II § 16 Rn. 7. Soweit die Länder, in denen noch vor das Versammlungsgesetz des Bundes gilt, Bannkreisgesetze erlassen haben, sehen diese durchweg die durch § 16 Abs. 3 VersammlG gedeckte Möglichkeit einer behördlichen Ausnahmebewilligung vor; zu den Einzelheiten *Kniesel* in Dietel/Gintzel/Kniesel VersammlG Teil II § 16 Rn. 12 ff. Für die Verfassungsorgane des Bundes ist ein entsprechendes gesetzliches Versammlungsverbot (mit Erlaubnisvorbehalt) im Gesetz über befriedete Bezirke für Verfassungsorgane des Bundes geregelt. Wichtig ist ferner, dass §§ 15 und 16 VersammlG gem. § 17 VersammlG „nicht für Gottesdienste unter freiem Himmel, kirchliche Prozessionen, Bittgänge und Wallfahrten, gewöhnliche Leichenbegängnisse, Züge von Hochzeitsgesellschaften und hergebrachte Volksfeste" gelten.

[74] *Eickenjäger/Haerkötter/Vetter* in Ridder/Breitbach/Deiseroth VersammlG § 5 Rn. 57 f.; *Enders* in Dürig-Friedl/Enders VersammlG § 5 Rn. 25 ff.; *Kniesel* in Dietel/Gintzel/Kniesel VersammlG Teil II § 5 Rn. 34 ff.; kritisch aber *Kniesel/Poscher* in Lisken/Denninger PolR-HdB J Rn. 381: bewusste Engführung der Befugnisse. Die Landesversammlungsgesetze erwähnen dementsprechend zum Teil ausdrücklich die Möglichkeit von Beschränkungen unterhalb der Verbotsschwelle, s. exemplarisch Art. 12 Abs. 1 BayVersG und § 22 Abs. 1 BlnVersFG; anders aber § 4 LSAVersammlG und § 4 SächsVersG.

sammlG, obwohl dort missverständlich davon die Rede ist, eine Versammlung könne „von bestimmten Auflagen" abhängig gemacht werden, mangels einer Genehmigung und damit eines Hauptverwaltungsakts nicht zum Erlass von Nebenbestimmungen iSv § 36 Abs. 2 Nr. 4 VwVfG, sondern zu Beschränkungen von Versammlungen unterhalb der Verbotsschwelle.[75] Gemeint sind damit „Teilverbote [...], mit denen das Vorhaben des Veranstalters modifiziert wird, um so Rechte Dritter zu wahren".[76] Inhaltlich fixiert § 5 VersammlG lediglich die verfassungsimmanenten Schranken der in Art. 8 GG vorbehaltlos gewährleisteten Versammlungen in geschlossenen Räumen[77] und liefert insoweit eine Rechtsgrundlage für ihre behördliche Konkretisierung im Einzelfall durch Versammlungsverbote und -beschränkungen. Für Versammlungen unter freiem Himmel, die gem. Art. 8 Abs. 2 GG unter einfachem Gesetzesvorbehalt stehen, sieht § 15 Abs. 1 und 2 VersammlG hingegen deutlich weiter gefasste Befugnisse vor.

2. Insbesondere: § 15 Abs. 1 VersammlG

Gemäß § 15 Abs. 1 VersammlG kann die zuständige Behörde „die Versammlung oder den Aufzug verbieten oder von bestimmten Auflagen abhängig machen [das heißt beschränken (→ Rn. 19)], wenn nach den zur Zeit des Erlasses der Verfügung erkennbaren Umständen die öffentliche Sicherheit oder Ordnung bei Durchführung der Versammlung oder des Aufzuges unmittelbar gefährdet ist". Eine **Gefährdung der öffentlichen Sicherheit** liegt nach allgemeinen gefahrenabwehrrechtlichen Grundsätzen vor, wenn durch die Versammlung subjektive Rechte oder Rechtsgüter Einzelner, der Bestand und das Funktionieren des Staates oder seiner Einrichtungen und Veranstaltungen oder sonstiger Träger von Hoheitsgewalt oder die Rechtsordnung (insbesondere durch einen Verstoß gegen Strafgesetze)[78] verletzt zu werden drohen.[79] 20

Schwieriger ist die Konturierung des **Schutzguts der öffentlichen Ordnung.** Dementsprechend verzichten die neueren Landesversammlungsgesetze in Berlin und Schleswig-Holstein nach dem Vorbild des Musterentwurfs (→ Rn. 5) auf ein nicht näher spezifiziertes allgemeines Schutzgut der öffentlichen Ordnung und überführen stattdessen „bestimmte Schutzgüter, die bisher im Rahmen der öffentlichen Ordnung erfasst wurden, durch Normierung in den Rang eines Schutzguts der öffentlichen Sicherheit".[80] Die übrigen 21

---

[75] *Dürig-Friedl* in Dürig-Friedl/Enders VersammlG § 15 Rn. 75; *Kniesel* in Dietel/Gintzel/Kniesel VersammlG Teil II § 15 Rn. 7ff. Die Landesversammlungsgesetze sprechen dementsprechend präziser von Verboten und Beschränkungen, s. exemplarisch für Versammlungen unter freiem Himmel Art. 15 Abs. 1 BayVersG und § 14 Abs. 1 BlnVersFG; unklar freilich § 15 Abs. 1 SächsVersG und § 13 Abs. 1 LSA-VersammlG: „Die zuständige Behörde kann die Versammlung oder den Aufzug verbieten oder von bestimmten Beschränkungen abhängig machen".
[76] So *Kniesel/Poscher* in Lisken/Denninger PolR-HdB J Rn. 359; instruktiv zur Bandbreite denkbarer „Auflagen" mit umfangreichen Rechtsprechungsnachweisen *Peters/Janz* GSZ 2020, 19 (23ff.): Vorgaben für die Wegstrecke, Vorgaben zum Schutz bestimmter Orte oder Personen sowie für die Ordner, Untersagung der Verwendung bestimmter Symbole oder des Skandierens bestimmter Parolen, Alkoholverbot.
[77] Anders als § 5 Nr. 1–3 VersammlG wird § 5 Nr. 4 VersammlG allerdings häufig nicht mehr als eine Konkretisierung verfassungsimmanenter Schranken angesehen und deshalb entweder als problematisch (*Kniesel* in Dietel/Gintzel/Kniesel VersammlG Teil II § 5 Rn. 21ff.) oder sogar verfassungswidrig gehalten (*Eickenjäger/Haerkötter/Vetter* in Ridder/Breitbach/Deiseroth VersammlG § 5 Rn. 46ff.); anders aber BVerfGE 90, 241 (250f.) = NJW 1994, 1779, das in der Vorschrift eine unproblematische Anknüpfung an allgemeine Strafgesetze sieht.
[78] Im Zusammenhang mit rechtsextremistischen Versammlungen von herausgehobener Bedeutung ist § 130 Abs. 4 StGB. Zwar knüpft dieser Straftatbestand an eine bestimmte Meinung an. Die Regelung kann aber wegen des auf den Ehrenschutz bezogenen Tatbestandsmerkmals „in einer die Würde der Opfer verletzenden Weise" als verhältnismäßige Beschränkung der Meinungsfreiheit über die Ehrenschutzschranke in Art. 5 Abs. 2 GG gerechtfertigt werden, in diesem Sinne etwa *Michael* ZJS 2010, 155 (157f., 161f.); *Poscher* NJW 2005, 1316 (1318).
[79] Zum Begriff der öffentlichen Sicherheit nur *Schenke* PolR Rn. 56ff.
[80] So *Enders/Hoffmann-Riem/Poscher/Kniesel/Schulze-Fielitz,* Musterentwurf eines Versammlungsgesetzes, 2011, 8, wo insbesondere auf das Vermummungs-, das Schutzausrüstungs- und das Militanzverbot hingewiesen wird; ähnlich AH-Drs. 18/2764, 21: „Das Versammlungsfreiheitsgesetz verzichtet durch-

Landesversammlungsgesetze halten demgegenüber ebenso wie das Versammlungsgesetz des Bundes am Schutzgut der öffentlichen Ordnung fest. Es umfasst entsprechend allgemeinen gefahrenabwehrrechtlichen Grundsätzen jene Regeln, deren Befolgung nach den jeweils herrschenden und verfassungskonformen sozialen und ethischen Anschauungen als unentbehrliche Voraussetzung für ein geordnetes staatsbürgerliches Zusammenleben anzusehen ist.[81]

22 Angesichts dieser ebenso vagen wie weiten Definition haben die Verwaltungsbehörden mit Unterstützung einzelner Verwaltungsgerichte in der Vergangenheit vielfach versucht, insbesondere Beschränkungen und Verbote inhaltlich anstößiger, aber unterhalb der Strafbarkeitsschwelle[82] stattfindender (insbesondere rechtsextremistischer) Versammlungen über das Schutzgut der öffentlichen Ordnung laufen zu lassen.[83] Das BVerfG schiebt dem in ständiger Rechtsprechung einen Riegel vor: Entsprechende Versammlungsbeschränkungen und -verbote berühren neben der Versammlungs- auch die Meinungsfreiheit. Da sie primär an den **Inhalt von Meinungsäußerungen** anknüpfen, ist nach den allgemeinen Abgrenzungskriterien[84] allein die Meinungsfreiheit maßgeblich. Diese findet ihre Schranken gem. Art. 5 Abs. 2 GG in den Vorschriften der allgemeinen Gesetze, den gesetzlichen Bestimmungen zum Schutz der Jugend und dem Recht der persönlichen Ehre. Soll § 15 Abs. 1 VersammlG als Rechtsgrundlage für Eingriffe in die Meinungsfreiheit herangezogen werden, muss die Regelung sich grundsätzlich innerhalb dieser Schranken bewegen. Da sich § 15 Abs. 1 VersammlG nicht auf den Jugend- und Ehrenschutz beschränkt, bleibt an sich nur die Schranke der allgemeinen Gesetze. Der Begriff des „allgemeinen Gesetzes" verlangt aber nicht nur, dass sich das beschränkende Gesetz als solches weder gegen die Meinungsfreiheit an sich noch gegen bestimmte Meinungen richtet und dem Schutz eines unabhängig davon schutzwürdigen Rechtsgutes dient, sondern darüber hinaus auch, dass sich seine Anwendung im Einzelfall nicht in diese Richtung auswirkt.[85] Unzulässig ist danach eine Auslegung des § 15 Abs. 1 VersammlG, die die Beschränkung oder das Verbot eines bestimmten Verhaltens gerade wegen des Inhalts der damit zum Ausdruck gebrachten Meinung ermöglicht. Daher können eine Versammlungsbeschränkung und ein Versammlungsverbot nicht allein mit der Gefährdung der öffentlichen Ordnung durch den Inhalt von Meinungsäußerungen begründet werden.[86] Erst wenn dieser Inhalt die Grenze zur Strafbarkeit überschreitet und also die öffentliche Sicherheit gefährdet, kann die Versammlung beschränkt oder verboten werden.[87]

23 Eine Versammlungsbeschränkung und ein Versammlungsverbot zugunsten des Schutzguts der öffentlichen Ordnung sind danach nur (ausnahmsweise)[88] zulässig, wenn sie sich nicht auf den Inhalt, sondern auf die **Art und Weise von Meinungsäußerungen** beziehen, mithin der Verhinderung provokativer, aggressiver und einschüchternder Versammlungen gelten, durch die ein Klima der Gewaltbereitschaft erzeugt werden soll.[89] In

---

gehend auf das umstrittene Schutzgut der öffentlichen Ordnung und vertypt die wichtigsten Anwendungsfälle [...] in normenklarer Form." Ansatzweise und punktuell verfolgt auch das Versammlungsgesetz des Bundes diesen Weg, wenn es in § 15 Abs. 2 VersammlG den Umgang mit rechtsextremistischen Versammlungen an problematischen Orten besonders regelt.

[81] Zum Begriff der öffentlichen Ordnung nur *Schenke* PolR Rn. 67 ff.; zur Problematik der Operationalisierung des Begriffs und seiner Voraussetzungen *Kingreen/Poscher* POR § 7 Rn. 42 ff.
[82] Andernfalls ist die öffentliche Sicherheit gefährdet (→ Rn. 20).
[83] S. insbesondere OVG Münster NJW 2001, 2111; 2001, 2113; 2001, 2114; dazu *Battis/Grigoleit* NJW 2001, 2051.
[84] Dazu *Deiseroth/Kutscha* in Ridder/Breitbach/Deiseroth GG Art. 8 Rn. 274 ff.; *Schulze-Fielitz* in Dreier GG Art. 8 Rn. 128.
[85] BVerfGE 111, 147 (155) = NJW 2004, 2814.
[86] BVerfGE 111, 147 (154 ff.) = NJW 2004, 2814.
[87] BVerfGE 111, 147 (156) = NJW 2004, 2814. An Art. 5 Abs. 1 S. 1 und Abs. 2 GG zu messen ist dann das gegen eine bestimmte Meinung gerichtete Strafgesetz.
[88] BVerfGE 69, 315 (353) = BeckRS 1985, 108894.
[89] BVerfGE 111, 147 (157) = NJW 2004, 2814; dem folgend BVerwG NVwZ 2014, 883 (884). Ob das BVerfG im Lichte seines Wunsiedel-Beschlusses an dieser (an sich gefestigten) Rechtsprechung festhalten

Betracht kommen eine Beschränkung und ein Verbot zugunsten des Schutzguts der öffentlichen Ordnung danach insbesondere, wenn Rechtsextremisten einen Aufzug an einem speziell der Erinnerung an das Unrecht des Nationalsozialismus und den Holocaust dienenden Feiertag so durchführen, dass von der Art und Weise der Durchführung des Aufzugs Provokationen ausgehen, die das sittliche Empfinden der Bürgerinnen und Bürger erheblich beeinträchtigen, oder wenn ein Aufzug sich durch sein Gesamtgepräge mit den Riten und Symbolen der nationalsozialistischen Gewaltherrschaft identifiziert und durch Wachrufen der Schrecken des vergangenen totalitären und unmenschlichen Regimes andere Bürger einschüchtert.[90]

3. Insbesondere: § 15 Abs. 2 VersammlG

Mit Blick auf den bis dahin nicht besonders geregelten und unter § 15 Abs. 1 schwierigen (→ Rn. 22) Umgang mit **rechtsextremistischen Versammlungen** wird § 15 Abs. 1 VersammlG seit 2005 durch § 15 Abs. 2 VersammlG ergänzt. Nach Satz 1 dieser Vorschrift kann „[e]ine Versammlung oder ein Aufzug […] insbesondere verboten oder von bestimmten Auflagen abhängig gemacht [das heißt beschränkt (→ Rn. 19)] werden, wenn […] die Versammlung oder der Aufzug an einem Ort stattfindet, der als Gedenkstätte von historisch herausragender, überregionaler Bedeutung an die Opfer der menschenunwürdigen Behandlung unter der nationalsozialistischen Gewalt- und Willkürherrschaft erinnert, und […] nach den zur Zeit des Erlasses der Verfügung konkret feststellbaren Umständen zu besorgen ist, dass durch die Versammlung oder den Aufzug die Würde der Opfer beeinträchtigt wird". § 15 Abs. 2 S. 2 VersammlG nennt als einen entsprechenden Ort das Denkmal für die ermordeten Juden Europas in Berlin. Weitere Orte können gem. § 15 Abs. 2 S. 4 VersammlG durch Landesgesetz bestimmt werden (→ Rn. 2). **Weitergehende Befugnisse** zur Beschränkung rechtsextremistischer Versammlungen sieht das Versammlungsgesetz des Bundes nicht vor. Der Ball liegt insoweit seit der Föderalismusreform I im Feld der Länder. Tatsächlich enthalten die bereits vorliegenden Landesversammlungsgesetze überwiegend spezielle Vorschriften für die Beschränkung rechtsextremistischer Versammlungen, die über das Versammlungsgesetz des Bundes hinausgehen und dabei insbesondere auf den Schutz auch symbolkräftiger Tage zielen.[91] Eine Beschränkung auch von Versammlungen, die an einem Ort oder Tag stattfinden, „der in besonderer Weise an […] die Opfer der schweren Menschenrechtsverletzungen während der Zeiten der sowjetischen Besatzung und der SED-Diktatur erinnert", ermöglicht § 13 Abs. 2 S. 1 Nr. 1 lit. d LSAVersammlG, sofern nur, wie § 13 Abs. 2 S. 1 Nr. 2 LSAVersammlG ergänzend verlangt, „nach den zur Zeit des Erlasses der Verfügung konkret feststellbaren Umständen zu besorgen ist, dass durch die Art und Weise der Durchführung der Versammlung oder des Aufzuges die Gefahr einer erheblichen Verletzung ethischer und sozialer Grundanschauungen besteht, insbesondere die Würde oder Ehre von Personen […] verletzt wird".[92]

---

wird, ist offen: Anerkennt man nämlich mit BVerfGE 124, 300 (327 ff.) = NJW 2010, 47, vom Erfordernis der Allgemeinheit meinungsbeschränkender Gesetze eine Ausnahme zugunsten von Bestimmungen, die der Gutheißung der nationalsozialistischen Gewalt- und Willkürherrschaft Grenzen setzen, schlägt dies auch auf die Auslegung und Anwendung des § 15 Abs. 1 VersammlG durch, der dann das Verbot eines bestimmten Verhaltens auch trägt, wenn es ausschließlich mit der inhaltlichen Affirmation der nationalsozialistischen Gewalt- und Willkürherrschaft begründet wird; anders aber OVG Saarlouis BeckRS 2015, 47532.

[90] Die Rechtsprechung zusammenfassend BVerfGK NVwZ 2008, 671 (673 f.); restriktiv BVerwG NVwZ 2014, 883 (884 ff.): Es genügt nicht, dass die Durchführung einer Versammlung am Holocaust-Gedenktag in einem beliebigen Sinne als dem Gedenken zuwiderlaufend zu beurteilen ist. Erforderlich ist vielmehr die Feststellung, dass von der konkreten Art und Weise der Versammlung Provokationen ausgehen, die das sittliche Empfinden der Bürger erheblich beeinträchtigen.

[91] S. insbesondere Art. 15 Abs. 2 BayVersG, § 14 Abs. 2 BlnVersFG, § 8 Abs. 4 NVersG. Nur auf symbolkräftige Tage – nämlich den 27.1. und 9.11. – bezieht sich § 13 Abs. 4 SchlHVersFG.

[92] Ähnlich § 15 Abs. 2 S. 1 Nr. 1 lit. a und b und Nr. 2 SächsVersG.

4. Ermessen, Verhältnismäßigkeit und Adressat

25 Besteht nach Maßgabe der §§ 5 und 15 VersammlG eine Rechtsgrundlage für die Beschränkung oder das Verbot einer Versammlung, muss diese Rechtsgrundlage **ermessensfehlerfrei** angewendet werden. Es gelten die allgemeinen verwaltungsrechtlichen Grundsätze. Entsprechendes gilt für den **Grundsatz der Verhältnismäßigkeit**. Dabei ist zweierlei zu beachten: Zum einen muss die Bedeutung der betroffenen Grundrechte – stets die Versammlungsfreiheit, häufig auch die Meinungsfreiheit – bei Auslegung und Anwendung der Befugnisnormen iSd Wechselwirkungslehre[93] hinreichend gewürdigt werden. Zum anderen muss stets die mildeste Maßnahme gewählt werden. Gegenüber einem Verbot verdient daher eine bloße Beschränkung der Versammlung (etwa ihre zeitliche oder örtliche Verlegung) Vorrang, wenn sie in gleichem Maße geeignet ist, um den von der Versammlung ausgehenden Gefahren zu begegnen.[94] **Adressat** von Versammlungsbeschränkungen und -verboten ist der Verursacher der Gefahr, mithin der „Störer" im allgemeinen gefahrenabwehrrechtlichen Sinne. In der Regel ist das der Veranstalter der Versammlung (zum Begriff → Rn. 15).

5. Insbesondere: Gegenversammlungen

26 Besondere Probleme bereiten Fälle, in denen die Gefahr nicht von der Versammlung, sondern erst von einer Gegenversammlung ausgeht. Grundsätzlich sind beschränkende Verfügungen hier gegen die störende Gegenversammlung zu richten.[95] Auch über die **Figur des „Zweckveranlassers"**, auf deren Grundlage unter bestimmten Voraussetzungen Personen als Störer behandelt werden können, die nicht unmittelbar selbst stören, sondern durch ihr Verhalten Dritte zu Störungen veranlassen, darf eine friedliche Versammlung nach der Rechtsprechung des BVerfG nur in Anspruch genommen werden, wenn besondere, über die inhaltliche Ausrichtung der Veranstaltung hinausgehende provokative Begleitumstände vorliegen.[96] Andernfalls ließe sich die Versammlungsfreiheit leicht außer Kraft setzen. Auch eine **Inanspruchnahme als Nichtstörer** kommt daher entsprechend allgemeinen gefahrenabwehrrechtlichen Grundsätzen nur ausnahmsweise in Betracht, wenn die Gefahr nicht auf andere Weise – insbesondere durch eine Verfügung gegenüber dem Veranstalter der störenden Gegenversammlung – abgewehrt werden kann.[97] Die Rechtsprechung hat hier in der Vergangenheit einen strengen Maßstab angelegt, sodass insbesondere der Hinweis, bei den Teilnehmern der friedlichen Versammlung könne eher mit der Beachtung einer Versammlungsbeschränkung gerechnet werden als bei Teilnehmern der störenden Gegenversammlung, als bloße Zweckmäßigkeitserwägung unbeachtlich ist.[98] Eine Beschränkung der nicht störenden Versammlung kommt daher erst in Betracht, wenn mit hinreichender Wahrscheinlichkeit feststeht, dass die Behörden auch bei Heranziehung aller verfügbaren – erforderlichenfalls auch externer – Polizeikräfte zur Gewährleistung der

---

[93] Die Wechselwirkungslehre ist im Zusammenhang mit der Schranke der allgemeinen Gesetze in Art. 5 Abs. 2 GG entwickelt worden, *Bethge* in Sachs GG Art. 5 Rn. 145, der Sache nach aber nichts anderes als eine Ausprägung des Verhältnismäßigkeitsgrundsatzes. Sie findet dementsprechend bei der Anwendung grundrechtsbeschränkender Gesetze universal Anwendung, *Bethge* in Sachs GG Art. 5 Rn. 146; s. auch BVerfGE 114, 339 (349 f.) = NJW 2006, 207; zur Übertragung auf Art. 8 GG etwa BVerfGK EuGRZ 2008, 769 (771).
[94] Ausdrücklich § 14 Abs. 3 und § 22 Abs. 2 BlnVersFG und § 13 Abs. 2 und § 20 Abs. 2 SchlHVersFG.
[95] Ergänzend zur Frage nach einer grundsätzlichen „Priorität" der erstangemeldeten Versammlung bei konfligierenden Versammlungen BVerfGK NVwZ 2005, 1055 (1056 f.).
[96] BVerfGK NVwZ 2000, 1406 (1407), mit grundsätzlicher Skepsis gegenüber der Anwendung der Figur des „Zweckveranlassers" in einer Situation der versammlungsrechtlichen Konfrontation von Versammlung und Gegenversammlung; zum Problem auch *Schoch* JURA 2009, 360 (362).
[97] BVerfGK NVwZ-RR 2007, 641 (642); 2010, 625 (626 f.); DVBl 2013, 367 (369).
[98] BVerfGK NVwZ-RR 2007, 641 (642).

E. Versammlungsrechtliche Befugnisse zur Gefahrenabwehr § 48

öffentlichen Sicherheit nicht in der Lage sind.[99] Die pauschale Behauptung eines entsprechenden Notstands genügt nicht.[100]

6. Insbesondere: Störende Teilnehmer

Geht eine Gefährdung der vom Versammlungsgesetz des Bundes geschützten Rechtsgüter 27 nicht vom Veranstalter oder seinem Anhang, sondern von einzelnen Teilnehmern oder einer als Minderheit auftretenden Teilnehmergruppe aus, scheidet ein gegen den Veranstalter gerichtetes Versammlungsverbot regelmäßig aus, könnten doch andernfalls Minderheiten jede Versammlung verhindern und die Versammlungsfreiheit faktisch außer Kraft setzen.[101] Statthaft sind vielmehr zunächst, wie in § 18 Abs. 3 und § 19 Abs. 4 VersammlG vorgesehen, nur **Maßnahmen gegen die einzelnen Störer** zum Schutz der Versammlung und der von ihrer Versammlungsfreiheit Gebrauch machenden übrigen Teilnehmer (ergänzend sowie zur Rechtslage bei öffentlichen Versammlungen in geschlossenen Räumen → Rn. 17). Nur in Ausnahmefällen kann unter den Voraussetzungen der Nichtstörerhaftung (→ Rn. 26) gegen die Versammlung insgesamt vorgegangen werden.[102]

7. Rechtsschutz

Angegriffen werden können Versammlungsbeschränkungen und -verbote als Verwaltungs- 28 akte iSd § 35 S. 1 VwVfG mit **Widerspruch und Anfechtungsklage**.[103] Diese haben zwar gem. § 80 Abs. 1 S. 1 VwGO grundsätzlich aufschiebende Wirkung, indes ordnen die Behörden regelmäßig gem. § 80 Abs. 2 S. 1 Nr. 4 VwGO eine sofortige Vollziehung der Beschränkung oder des Verbots an.[104] In der Folge entfällt die aufschiebende Wirkung von Widerspruch und Anfechtungsklage. Zur vorläufigen Suspendierung der versammlungsbeschränkenden Verfügung ist dann ergänzend zum Hauptsacherechtsbehelf ein **Antrag auf Wiederherstellung der aufschiebenden Wirkung** nach § 80 Abs. 5 S. 1 Alt. 2 VwGO im Verfahren des Eilrechtsschutzes zu stellen. Versammlungsrechtsprechung findet vor diesem Hintergrund vor allem im Eilverfahren statt.[105]

---

[99] Zu einem solchen Fall OVG Berlin-Brandenburg BeckRS 2008, 22325: Beseitigung der die öffentliche Sicherheit gefährdenden Blockade einer ihrerseits friedlichen Versammlung ohne extreme Gewalt „undurchführbar"; s. auch BVerfGK NVwZ-RR 2010, 625 (626 f.); DVBl 2013, 367 (369); allgemein zum Problem *van der Schoot* JURA 2009, 382 (386 f.). Eine ausdrückliche, an den skizzierten Maßstäben orientierte Regelung der Problematik enthalten § 14 Abs. 4 und § 22 Abs. 3 BlnVersFG und § 13 Abs. 3 und § 20 Abs. 3 SchlHVersFG.
[100] BVerfGK NVwZ 2006, 1049 (1050); s. auch BVerfGK NVwZ-RR 2007, 641 (642); DVBl 2013, 367 (369). Zu den Begründungsanforderungen im Einzelnen *Beckermann* DVBl 2019, 407.
[101] BVerfGE 69, 315 (361 f.).
[102] *Kniesel/Poscher* in Lisken/Denninger PolR-HdB J Rn. 350.
[103] Hierzu und zum Folgenden überblicksartig auch *Dürig-Friedl* in Dürig-Friedl/Enders VersammlG Einl. Rn. 110 ff.
[104] *Dürig-Friedl* in Dürig-Friedl/Enders VersammlG Einl. Rn. 113. In Bayern haben Klagen gem. § 80 Abs. 2 S. 1 Nr. 3 VwGO iVm Art. 25 BayVersG per se keine aufschiebende Wirkung; hier bedarf es folglich stets eines Antrags auf Anordnung der aufschiebenden Wirkung nach § 80 Abs. 5 S. 1 Alt. 1 VwGO. Entsprechendes gilt in Schleswig-Holstein gem. § 80 Abs. 2 S. 1 Nr. 3 VwGO iVm § 13 Abs. 6 S. 1 und § 20 Abs. 4 S. 3 SchlHVersFG für Rechtsbehelfe gegen nach Versammlungsbeginn erfolgende Versammlungsbeschränkungen und -auflösungen.
[105] Zu den daraus resultierenden Anforderungen an die gerichtliche Entscheidung im Eilverfahren BVerfGK NVwZ 2011, 570 (572): „Insbesondere im Bereich des Versammlungsrechts muss das verwaltungsgerichtliche Eilverfahren angesichts der Zeitgebundenheit von Versammlungen zum Teil Schutzfunktionen übernehmen, die sonst das Hauptsacheverfahren erfüllt […] Daher müssen die Verwaltungsgerichte zum Schutz von Versammlungen, die auf einen einmaligen Anlass bezogen sind, schon im Eilverfahren durch eine intensivere Prüfung dem Umstand Rechnung tragen, dass der Sofortvollzug der umstrittenen Maßnahme in der Regel zur endgültigen Verhinderung der Versammlung in der beabsichtigten Form führt. Soweit möglich, ist als Grundlage der gebotenen Interessenabwägung die Rechtmäßigkeit der Maßnahme in rechtlicher und tatsächlicher Hinsicht nicht nur summarisch zu prüfen […] Sofern dies nicht möglich ist, haben die Fachgerichte jedenfalls eine sorgfältige Folgenabwägung vorzunehmen und diese hinreichend substantiiert zu begründen".

III. Versammlungsauflösung

29 Rechtsgrundlagen für die Auflösung einer bereits laufenden öffentlichen Versammlung[106] enthalten § 13 Abs. 1 (für Versammlungen in geschlossenen Räumen) und § 15 Abs. 3 und 4 VersammlG (für Versammlungen unter freiem Himmel). Erneut trägt das Gesetz den unterschiedlichen verfassungsrechtlichen Vorgaben Rechnung: Für in Art. 8 GG vorbehaltlos gewährleistete öffentliche Versammlungen in geschlossenen Räumen fixiert es in § 13 Abs. 1 S. 1 VersammlG lediglich die verfassungsimmanenten Schranken[107] und liefert insoweit eine Rechtsgrundlage für ihre behördliche Konkretisierung im Einzelfall durch eine Versammlungsauflösung. Öffentliche Versammlungen und Aufzüge unter freiem Himmel können nach § 15 Abs. 3 VersammlG zunächst aufgelöst werden, „wenn sie nicht angemeldet sind, wenn von den Angaben der Anmeldung abgewichen oder den Auflagen zuwidergehandelt wird oder wenn die Voraussetzungen zu einem Verbot nach Absatz 1 oder 2 gegeben sind". Darüber hinaus ist gem. § 15 Abs. 4 VersammlG eine behördlich oder gesetzlich verbotene öffentliche Versammlung unter freiem Himmel aufzulösen.[108] Ein Ermessensspielraum besteht hier nicht. Keine klare Aussage trifft das Gesetz über die Möglichkeit einer **bloßen Beschränkung laufender öffentlicher Versammlungen.** Lediglich für öffentliche Versammlungen in geschlossenen Räumen findet sich in § 13 Abs. 1 S. 2 VersammlG der Hinweis, dass „[i]n den Fällen der Nummern 2 bis 4 [...] die Auflösung nur zulässig [ist], wenn andere polizeiliche Maßnahmen, insbesondere eine Unterbrechung, nicht ausreichen". Auch darüber hinaus ist aber kein Grund ersichtlich, warum vor Beginn einer Versammlung als Minusmaßnahme zum Verbot auch eine Beschränkung (→ Rn. 19), während der Versammlung aber nur eine Auflösung zulässig sein soll. Folgerichtig – und insbesondere auch unter Berücksichtigung des Übermaßverbots – hält die ganz überwiegende Auffassung auch bei öffentlichen Versammlungen unter freiem Himmel neben ihrer Auflösung eine bloße Beschränkung für zulässig.[109] Jede Auflösungsverfügung muss, soweit der Behörde ein Ermessensspielraum eingeräumt ist, **ermessensfehlerfrei** und **verhältnismäßig** sein. Für die **Maßnahmerichtung** und den **Rechtsschutz** gelten die Ausführungen zu Versammlungsbeschränkung und -verbot (→ Rn. 25 und 28) entsprechend.

30 Ist eine öffentliche Versammlung in geschlossenen Räumen aufgelöst, **müssen sich alle Teilnehmer** gem. § 13 Abs. 2 VersammlG sofort **entfernen.** Entsprechendes gilt nach § 18 Abs. 1 VersammlG für stehende öffentliche Versammlungen unter freiem Himmel. Für Aufzüge fehlt eine entsprechende Regelung in § 19 VersammlG. Mit ihrer Auflösung entfällt aber der Schutz des Art. 8 GG und mit ihm die Sperrwirkung des Versammlungsrechts. In der Folge kann die Polizei mit Blick auf § 29 Abs. 1 Nr. 2 VersammlG, der auch für Aufzüge gilt, auf Grundlage des allgemeinen Polizeirechts einen Platzverweis aussprechen.[110] Entsprechendes empfiehlt sich unabhängig von § 13 Abs. 2 VersammlG auch für öffentliche Versammlungen in geschlossenen Räumen, weil erst der polizeiliche Platzverweis mit Mitteln des Verwaltungszwangs durchgesetzt werden kann.[111]

---

[106] Bis zum Beginn der Versammlung kommen lediglich eine Beschränkung und ein Verbot nach § 5 und § 15 Abs. 1 und 2 VersammlG in Betracht (→ Rn. 19).
[107] *Kniesel* in Dietel/Gintzel/Kniesel VersammlG Teil II § 13 Rn. 11; ähnlich *Kniesel/Poscher* in Lisken/Denninger PolR-HdB J Rn. 434; *Unger* in Baumann/Sikora VereinsR-HdB § 19 Rn. 46.
[108] Für öffentliche Versammlungen in geschlossenen Räumen fehlt eine entsprechende Regelung.
[109] S. dazu *Dürig-Friedl* in Dürig-Friedl/Enders VersammlG § 15 Rn. 157 ff.; *Kniesel* in Dietel/Gintzel/Kniesel VersammlG Teil I Rn. 407 und Teil II § 15 Rn. 208 f. Die Landesversammlungsgesetze ermächtigen zum Teil ausdrücklich zu Beschränkungen unterhalb der Auflösungsschwelle, s. exemplarisch Art. 12 Abs. 2 S. 1 und Art. 15 Abs. 4 BayVersG und § 14 Abs. 1 und 2 und § 22 Abs. 1 BlnVersFG; anders aber § 11 Abs. 1 und § 13 Abs. 4 und 5 LSAVersammlG und § 13 Abs. 1 und § 15 Abs. 3 und 4 SächsVersG.
[110] *Dürig-Friedl* in Dürig-Friedl/Enders VersammlG § 19 Rn. 8; *Kniesel* in Dietel/Gintzel/Kniesel VersammlG Teil II § 19 Rn. 22.
[111] *Enders* in Dürig-Friedl/Enders VersammlG § 13 Rn. 8; *Kniesel* in Dietel/Gintzel/Kniesel VersammlG Teil II § 13 Rn. 35. Zur Zulässigkeit eines Rückgriffs auf die allgemeinen Vorschriften des Landesrechts

IV. Anwesenheit von Polizeibeamten

Die Frage, ob die Anwesenheit von Polizeibeamten in einer öffentlichen Versammlung, so 31
sie überhaupt einer gesetzlichen Grundlage bedarf, auf § 12 VersammlG gestützt werden
kann, ist umstritten. Die Vorschrift gilt unmittelbar nur für öffentliche Versammlungen in
geschlossenen Räumen, findet nach § 18 Abs. 1 VersammlG aber entsprechende Anwendung auf solche unter freiem Himmel. Nach der Rechtsprechung des BVerfG liegt ein
Eingriff in Art. 8 Abs. 1 GG bereits dann vor, wenn eine Maßnahme geeignet ist,
Personen von der Teilnahme an einer Versammlung abzuschrecken.[112] Folgerichtig sieht
der VGH München bereits in der bloßen Anwesenheit von Polizeibeamten stets und selbst
dann einen rechtfertigungsbedürftigen Grundrechtseingriff, wenn sie allein dem Schutz der
Versammlung dient.[113] Erforderlich ist folglich immer eine **hinreichend bestimmte
gesetzliche Grundlage.** § 12 VersammlG sieht ein Anwesenheitsrecht nicht ausdrücklich
vor. Er regelt nur die Rechte und Pflichten des Versammlungsleiters bei Anwesenheit von
Polizeibeamten, nicht aber die Voraussetzungen für ihre Entsendung und Anwesenheit,
wie es bei einer Befugnisnorm zu erwarten wäre. Dies entspricht der Systematik des
Versammlungsgesetzes des Bundes, das mit Blick auf öffentliche Versammlungen in geschlossenen Räumen in den §§ 7 bis 12 VersammlG Rechte und Pflichten des Versammlungsleiters regelt und Eingriffsbefugnisse nur in den §§ 5, 12a und 13 VersammlG einräumt. Zwar setzt § 12 VersammlG ebenso wie die an diese Bestimmung anknüpfende
Bußgeldvorschrift in § 29 Abs. 1 Nr. 8 VersammlG ein Anwesenheitsrecht voraus; ohne
gesetzliche Fixierung kann dieses aber die Anwesenheit von Polizeibeamten in einer Versammlung nicht tragen, schon gar nicht als voraussetzungsloses Anwesenheitsrecht.[114] Das
gilt nicht nur für vorbehaltlos gewährleistete öffentliche Versammlungen in geschlossenen
Räumen, bei denen ein Anwesenheitsrecht ohnehin allenfalls in den Grenzen der verfassungsimmanenten Schranken der Versammlungsfreiheit zulässig wäre, sondern auch für
öffentliche Versammlungen unter freiem Himmel und Aufzüge, bei denen Art. 8 Abs. 2
GG jedenfalls eine Beschränkung „durch Gesetz oder auf Grund eines Gesetzes" verlangt.[115] Folgerichtig ist davon auszugehen, dass **§ 12 VersammlG lediglich Modalitäten
für die Wahrnehmung** bestehender Anwesenheitsrechte regelt,[116] der Polizei aber selbst
kein Anwesenheitsrecht einräumt.[117]

Das Bayerische Versammlungsgesetz enthält aus diesem Grund seit 2010 in **Art. 4** 32
Abs. 3 S. 1 BayVersG eine **ausdrückliche Rechtsgrundlage** für die Anwesenheit von
Polizeibeamten in einer Versammlung. Danach haben Polizeibeamte entsprechend der
differenzierenden Schrankenregelung in Art. 8 GG[118] ein Recht auf Zugang und auf einen
angemessenen Platz bei öffentlichen Versammlungen unter freiem Himmel bereits, wenn
dies zur polizeilichen Aufgabenerfüllung erforderlich ist, bei öffentlichen Versammlungen
in geschlossenen Räumen hingegen erst, wenn tatsächliche Anhaltspunkte für die Be-

---

bei der Vollstreckung einer auf Grundlage des Versammlungsgesetzes des Bundes ergangenen versammlungsrechtlichen Verfügung BVerwG NVwZ 2019, 1281 (1281 f.).
[112] Andeutungsweise BVerfGE 65, 1 (43) = NJW 1984, 419; entsprechend für den Tiefflug eines Tornado-Kampfflugzeugs der Bundeswehr über einem Protestcamp im Vorfeld des G8-Gipfels in Heiligendamm BVerwGE 160, 169 (182 ff.) = BeckRS 2017, 138164; zur Einordnung solcher Protestcamps mit Nachweisen *Hartmann* NVwZ 2018, 200.
[113] VGH München BayVBl. 2009, 16 (17 f.).
[114] Differenzierend *Kniesel/Poscher* in Lisken/Denninger PolR-HdB J Rn. 405 ff.
[115] Insoweit anders *Heinhold* in Ott/Wächtler/Heinhold, Gesetz über Aufzüge und Versammlungen, 7. Aufl. 2010, VersammlG § 12 Rn. 12: „§ 18 Abs. 1 VersG i. V. m. § 12 VersG […] hinreichende Rechtsgrundlage".
[116] Die daraus (mangels bestehender Anwesenheitsrechte) resultierende Funktionslosigkeit der Vorschrift lässt sich mit der Entstehungsgeschichte erklären, VGH München BayVBl. 2009, 16 (17).
[117] VGH München BayVBl. 2009, 16 (17 f.); ebenso *Brenneisen/Merk* DVBl 2014, 901 (906); *Heinhold* in Ott/Wächtler/Heinhold, Gesetz über Aufzüge und Versammlungen, 7. Aufl. 2010, VersammlG § 12 Rn. 10 ff.
[118] S. dazu hier nur *Schulze-Fielitz* in Dreier GG Art. 8 Rn. 64 ff.

gehung von Straftaten vorliegen oder eine erhebliche Gefahr für die öffentliche Sicherheit zu besorgen ist. **Ähnliche landesversammlungsrechtliche Regelungen** finden sich in § 11 S. 1 und § 16 S. 1 NVersG, in § 10 S. 1 SchlHVersFG, § 11 S. 1 BlnVersFG sowie in § 11 Abs. 1 SächsVersG, der aber für die Entsendung von Polizeibeamten sowohl bei öffentlichen Versammlungen in geschlossenen Räumen als auch, nämlich über § 18 Abs. 1 SächsVersG, bei öffentlichen Versammlungen unter freiem Himmel verlangt, dass „eine Gefahr für die öffentliche Sicherheit besteht oder eine solche Gefahr zu befürchten ist".[119]

V. Bild- und Tonaufnahmen

33   Das Versammlungsgesetz des Bundes regelt Bild- und Tonaufnahmen in **§ 12a VersammlG** im Zusammenhang mit öffentlichen Versammlungen in geschlossenen Räumen. Für öffentliche Versammlungen unter freiem Himmel und Aufzüge verweist es in **§ 19a VersammlG** lediglich auf diese Vorschrift. Zulässig sind „Bild- und Tonaufnahmen von Teilnehmern bei oder im Zusammenhang mit öffentlichen Versammlungen" nach § 12a Abs. 1 S. 1 VersammlG, wenn „tatsächliche Anhaltspunkte die Annahme rechtfertigen, daß von ihnen erhebliche Gefahren für die öffentliche Sicherheit oder Ordnung ausgehen". Das ist verfassungsrechtlich problematisch, weil öffentliche Versammlungen in geschlossenen Räumen nach Art. 8 GG vorbehaltlos gewährleistet sind. Bild- und Tonaufnahmen kommen daher insoweit verfassungsrechtlich nur in Betracht, wenn sie durch verfassungsimmanente Schranken gedeckt sind. Dass von einer öffentlichen Versammlung in einem geschlossenen Raum „erhebliche Gefahren für die öffentliche Sicherheit oder Ordnung ausgehen", genügt folglich für eine Verkürzung der Versammlungsfreiheit durch Bild- und Tonaufnahmen[120] entgegen § 12a Abs. 1 S. 1 VersammlG noch nicht. Der **unmittelbare Anwendungsbereich des § 12a VersammlG** ist folglich verfassungskonform im Sinne der verfassungsimmanenten Schranken der Versammlungsfreiheit **zu reduzieren,** sodass die Norm in ihrer tatsächlichen versammlungsgesetzlichen Fassung, die weit über diese Schranken hinausgeht, nur über die Verweisung in § 19a VersammlG und also für öffentliche Versammlungen unter freiem Himmel und Aufzüge Bedeutung gewinnt.[121]

34   „[B]ei oder im Zusammenhang mit"[122] solchen Versammlungen darf die Polizei gem. § 12a Abs. 1 S. 1 VersammlG tatsächlich **offene und verdeckte**[123] **Bild- und Tonaufnahmen** von Teilnehmern anfertigen, „wenn tatsächliche Anhaltspunkte die Annahme rechtfertigen, dass von ihnen erhebliche Gefahren für die öffentliche Sicherheit oder Ordnung ausgehen".[124] Gemäß § 12a Abs. 1 S. 2 VersammlG ist es dabei unschädlich, wenn durch die Maßnahmen Dritte unvermeidbar betroffen werden. Mit Blick auf den **Umgang mit angefertigten Unterlagen** sieht § 12a Abs. 2 S. 1 Nr. 1 VersammlG vor, dass diese nach dem Ende der Versammlung zu vernichten sind, soweit sie nicht für die

---

[119] Zu den landesrechtlichen Regelungen *Brenneisen/Merk* DVBl 2014, 901 (902 ff.).
[120] Zur Eingriffsqualität, die unabhängig davon zu bejahen ist, ob Bild und Ton (nach dem sogenannten Kamera-Monitor-Prinzip) nur übertragen oder auch aufgezeichnet werden, BVerfGE 122, 342 (368 f.) = BeckRS 2009, 31751; *Siegel* NVwZ 2012, 738 (739); offen BVerwGE 141, 329 (334) = BeckRS 2012, 48335.
[121] Zum Ganzen *Kniesel/Poscher* in Lisken/Denninger PolR-HdB J Rn. 384: „Regelungsgehalt […] unmittelbar nur für […] Versammlungen unter freiem Himmel relevant".
[122] Dazu *Kniesel/Poscher* in Lisken/Denninger PolR-HdB J Rn. 392 f. § 12a Abs. 1 und § 19a VersammlG ermächtigen auch zu Vorfeldmaßnahmen, *Trurnit* NVwZ 2012, 1079 (1080).
[123] *Kniesel/Poscher* in Lisken/Denninger PolR-HdB J Rn. 386.
[124] Angezeigt ist dabei mit Blick auf die abschreckende Wirkung von Bild- und Tonaufnahmen eine strenge Verhältnismäßigkeitsprüfung, BVerfGE 69, 315 (349) = BeckRS 1985, 108894; im Einzelnen *Siegel* NVwZ 2012, 738 (740 ff.); zu den verfassungsrechtlichen Anforderungen an (nach heutigem Stand der Technik personenbezogene Bildaufnahmen gleichstehende) Übersichtsaufnahmen und ihre Aufzeichnung BVerfGE 122, 342 (368 ff.) = BeckRS 2009, 31751; insbesondere zum Erfordernis einer gesetzlichen Grundlage OVG Koblenz NVwZ-RR 2015, 570 (572 f.); OVG Lüneburg NVwZ-RR 2016, 98 (99 f.); s. zum Ganzen auch *Neskovic/Uhlig* NVwZ 2014, 335 (336 ff.). Zum Rechtsschutz gegen Bild- und Tonaufnahmen *Heinhold* in Ott/Wächtler/Heinhold, Gesetz über Aufzüge und Versammlungen, 7. Aufl. 2010, VersammlG § 12a Rn. 23.

Verfolgung von Straftaten von Versammlungsteilnehmern benötigt werden. Darüber hinaus dürfen die Unterlagen gem. § 12a Abs. 2 S. 1 Nr. 2 VersammlG zur Gefahrenabwehr aufbewahrt werden, wenn „die betroffene Person verdächtig ist, Straftaten bei oder im Zusammenhang mit der öffentlichen Versammlung vorbereitet oder begangen zu haben, und deshalb zu besorgen ist, daß von ihr erhebliche Gefahren für künftige öffentliche Versammlungen oder Aufzüge ausgehen". In diesem Fall sind die Unterlagen gem. § 12a Abs. 2 S. 2 spätestens nach Ablauf von drei Jahren zu vernichten, wenn sie nicht inzwischen zu dem in § 12a Abs. 2 S. 1 Nr. 1 VersammlG genannten Zweck verwendet worden sind.

Die Befugnisse zur Erhebung personenbezogener Informationen nach Maßgabe der **Strafprozessordnung** und des **Gesetzes über Ordnungswidrigkeiten** bleiben gem. § 12a Abs. 3 VersammlG unberührt. Verdrängt werden hingegen die Befugnisse für eine Datenerhebung bei öffentlichen Veranstaltungen und Ansammlungen sowie an besonders gefährdeten Objekten in den **Polizeigesetzen der Länder;**[125] auch insoweit ist das Versammlungsrecht in seinem Anwendungsbereich „polizeifest".[126] 35

VI. Sonstige Befugnisse

Gemäß **§ 18 Abs. 3** und **§ 19 Abs. 4 VersammlG** ist die Polizei befugt, Teilnehmer, welche die Ordnung gröblich stören, von einer öffentlichen Versammlung unter freiem Himmel oder einem Aufzug auszuschließen (→ Rn. 17 und 27; ebenda auch zur Rechtslage bei öffentlichen Versammlungen in geschlossenen Räumen). Hinzuweisen ist ferner auf **§ 18 Abs. 2 S. 1 VersammlG,** der die Verwendung von Ordnern von einer polizeilichen Genehmigung abhängig macht. Anforderungen an Ordner enthält § 9 Abs. 1 VersammlG, auf den § 18 Abs. 1 und § 19 Abs. 1 VersammlG für öffentliche Versammlungen unter freiem Himmel und Aufzüge verweisen. 36

F. Straf- und Bußgeldvorschriften

Die **Strafvorschriften** in den §§ 21 bis 28 VersammlG schützen einerseits die Durchführung nicht verbotener Versammlungen (insbesondere: §§ 21 und 22 VersammlG) und bedrohen andererseits Zuwiderhandlungen gegen Versammlungsverbote, -beschränkungen und -auflösungen (insbesondere: §§ 23, 25 und 26 VersammlG) sowie die Verletzung bestimmter bei Durchführung nicht verbotener Versammlungen bestehender gesetzlicher Verbote wie des Uniformverbots in § 3 VersammlG und des Schutzwaffen- und Vermummungsverbots in § 17a VersammlG (insbesondere: §§ 24, 27 und 28 VersammlG) mit Strafe. **§§ 29 und 29a VersammlG** enthalten ergänzende **Bußgeldvorschriften,** § 30 VersammlG eine Befugnis zur Einziehung von Gegenständen, auf die sich eine Straftat nach § 27 oder § 28 VersammlG oder eine Ordnungswidrigkeit nach § 29 Abs. 1 Nr. 1a oder Nr. 3 VersammlG bezieht. 37

G. Perspektiven für das Versammlungsrecht

Das Versammlungsrecht befindet sich in einer **Übergangs- und Reformphase.** Nach wie vor gilt in mehr als der Hälfte der Länder das aus der Zeit vor der Föderalismusreform I überkommene und in seinen wesentlichen Regelungen aus den 1970er Jahren stammende Versammlungsgesetz des Bundes fort. Der Bund kann es zwar im Detail ändern und aktualisieren, eine grundlegende Umgestaltung oder Neukonzeption ist ihm aber verwehrt.[127] Ernsthafte Impulse für die überfällige Anpassung des einfachgesetzlichen Versammlungsrechts an die im Versammlungsgesetz des Bundes nur teilweise abgebilde- 38

---
[125] Exemplarisch für Bayern Art. 32 PAG.
[126] *Kingreen/Poscher* POR § 13 Rn. 97.
[127] Stellvertretend für die überwiegende Auffassung *Seiler* in BeckOK GG GG Art. 125a Rn. 4; kritisch etwa *Wittreck* in Dreier GG Art. 125a Rn. 29.

ten verfassungsrechtlichen Vorgaben (Stichworte: Eil- und Spontanversammlungen und umfassende Zulässigkeit von bloßen Beschränkungen anstelle von Verboten) sowie eine zeitgemäße Fortentwicklung des Versammlungsrechts (Stichworte: Umgang mit extremistischen Versammlungen und Gegenversammlungen, Nutzung von öffentlichen Verkehrsflächen in Privateigentum und Einbeziehung nichtöffentlicher Versammlungen in den Anwendungsbereich des Versammlungsrechts) müssen daher von den Ländern ausgehen. Hier zeichnen sich bei aller Konvergenz (→ Rn. 5 f.) **zwei unterschiedliche Ansätze** ab: Während einerseits nach wie vor die sicherheitsrechtliche Dimension und damit die Gefahrenabwehr ganz im Vordergrund steht, begreifen sich die Landesversammlungsgesetze in Berlin und Schleswig-Holstein schon ihrem Titel nach als „Versammlungsfreiheitsgesetze". Stärker betont wird hier ungeachtet der natürlich ebenfalls vorhandenen gefahrenbezogenen Befugnisnormen die aus der Schutzdimension der Versammlungsfreiheit abgeleitete Aufgabe der Verwaltung, „Versammlungen zu schützen und die Ausübung der Versammlungsfreiheit zu gewährleisten", wie es in § 3 Abs. 1 BlnVersFG heißt. Angesichts dieser divergierenden Regulierungsstrategien weist das Versammlungsrecht nicht nur sicherheitspolitische, sondern auch gesellschafts- und demokratiepolitische Bezüge auf, wie die Diskussion über das Landesversammlungsgesetz in Nordrhein-Westfalen deutlich gezeigt hat.

§ 49 Waffen- und Sprengstoffrecht

Bernd Heinrich

Übersicht

	Rn.
A. Einführung	1
I. Vorüberlegungen und Historie	1
II. Praxisrelevanz	7
B. Überblick über das Waffenrecht	9
I. Einführung	9
II. Funktion	11
III. Inhalt und Aufbau des Gesetzes	12
1. Überblick	13
2. Der Waffenbegriff	17
3. Umgangsformen	22
4. Ergänzende Vorschriften	23
IV. Einzelne Problemfelder	24
1. Legale und illegale Waffen	26
2. Erweiterungen der waffenrechtlichen Verbote in den letzten Jahren	29
3. Messer	31
4. Umgebaute Waffen	36
5. Verbot der Erteilung von waffenrechtlichen Genehmigungen an Mitglieder einzelner Personengruppen	39
6. Internationale Bezüge	46
7. Vertrieb von Waffen über das Internet	48
8. Ermittlungen im Darknet	51
9. Nationales Waffenregister	57
10. Sonstige Problemfelder	61
V. Kritik	67
C. Überblick über das Sprengstoffrecht	69
I. Einführung	69
II. Inhalt und Aufbau des Gesetzes	76
III. Einzelne Problemfelder	80
D. Exkurs: Kriegswaffenkontrollrecht	82

	Rn.
I. Einführung, Inhalt und Aufbau des Gesetzes	82
II. Einzelne Problemfelder	87
E. Rechtsschutz und Kontrolle	90
F. Perspektiven	91
I. Rechtspolitische Erwägungen	91
II. Reformbestrebungen und Kritik	92

Wichtige Literatur:
Adolph, O./Brunner, N./Bannach, G. (vormals *Hinze*), Waffenrecht, Kommentar und Textsammlung zum WaffG, KWKG und SprengG, Loseblattsammlung, Stand 91. Lieferung Januar 2022; *Apel, E./Bushart, C.*, Waffenrecht, 3 Bände, 3. Aufl. 2004; *Bachmann, M./Arslan, N.*, „Darknet"-Handelsplätze für kriminelle Waren und Dienstleistungen: Ein Fall für den Strafgesetzgeber?, NZWiSt 2019, 241 ff.; *Braun, S.*, Das Gesetz zur Errichtung eines Nationalen Waffenregisters, GewArch 2013, 277 ff.; *Dicke, W.*, Das Waffenrecht – Rechtsinstrument oder politische Kampfmittel?, in Gade/Stoppa, Waffenrecht im Wandel, 175 ff.; *Epping, V.*, Grundgesetz und Kriegswaffenkontrolle, 1993; *Feltes, T./Mihalic, I./Bunge, F.*, Kontrolle von Erwerb und Besitz von Schusswaffen, GSZ 2018, 23 ff.; *Fünfsinn, H./Ungefuk, G./Krause, B.*, Das Darknet aus Sicht der Strafverfolgungsbehörden, Kriminalistik 2017, 440 ff.; *Gade, G. D.*, Waffengesetz, Kommentar, 2. Aufl. 2018; *Göppner, M.*, Das Darknet, Kriminalistik 2018, 623 ff.; *Greco, L.*, Strafbarkeit des Unterhaltens einer Handels- und Diskussionsplattform insbesondere im sog. Darknet, ZIS 2019, 435 ff.; *Heinrich, N.*, Das nationale Waffenregister, in Gade/Stoppa, Waffenrecht im Wandel, 2015, 45 ff.; *Heller, R./Soschinka, H.*, Waffenrecht, 4. Aufl. 2020; *Heller, R./Soschinka, H.*, Das nationale Waffenregister, NVwZ 2012, 1148 ff.; *Ihwas, S. R.*, „Die digitale Unterwelt" – Strafprozessuale Ermittlungsmöglichkeiten im Darknet, WiJ 2018, 141 ff.; *Krause, B.*, Ermittlungen im Darknet – Mythos und Realität, NJW 2018, 678; *Pathe, H./Wagner, J.*, in Bieneck (Hrsg.), Handbuch des Außenwirtschaftsrechts mit Kriegswaffenkontrollrecht, 2. Aufl. 2005, §§ 33 ff.; *Roth, M.*, Waffenrechtliche Unzuverlässigkeit bei Reichsbürgern, NVwZ 2018, 1772 ff.; *Steindorf, J.*, Waffenrecht, Kommentar 11. Aufl. 2022; *Wiefelspütz, D.*, Zwischenruf. Nein, das Waffenrecht ist nicht der Schlüssel, ZRP 2009, 122 ff.

A. Einführung

I. Vorüberlegungen und Historie

Durch das Waffen- und Sprengstoffrecht wird der Umgang mit Waffen und Sprengstoffen umfassend reglementiert und weitgehend unter einen Erlaubnisvorbehalt gestellt. Dies gilt in gleicher Weise für den Umgang mit Kriegswaffen, die im vorliegenden Kontext mitbehandelt werden sollen. Diese umfassende Erlaubnispflicht für nahezu alle Formen des Umgangs dient in erster Linie sicherheitsrechtlichen Belangen. Es soll damit verhindert werden, dass Waffen und Sprengstoffe in „falsche Hände" gelangen und dadurch eine Gefährdung der Bevölkerung und einzelner Personen eintritt. **1**

In der historischen Entwicklung des Waffen- und Sprengstoffrechts[1] zeigt sich dabei ein deutlicher Wandel: Die Regelungen waren zuerst vorwiegend gewerberechtlich orientiert, der heute prägende **sicherheitsrechtliche Aspekt** kam erst nach und nach hinzu. So bedurfte nach § 14 der Reichsgewerbeordnung (RGewO) aus dem Jahre 1900[2] weder das Herstellen von noch der Handel mit Waffen einer Erlaubnis, die Tätigkeiten mussten aber – wie jede Eröffnung eines Gewerbebetriebes – der zuständigen Behörde gegenüber angezeigt werden. § 16 RGewO sah allerdings eine Genehmigungspflicht für gefahrbringende Anlagen und Schießpulverfabriken vor. Unter dem Eindruck der Ereignisse des **Ersten Weltkrieges** erließ der Rat der Volksbeauftragten am 14.12.1918 eine „Verordnung über die Zurückführung von Waffen und Heeresgut in den Besitz des deutschen Reichs"[3] sowie am 13.1.1919 eine „Verordnung über Waffenbesitz"[4], durch die grundsätzlich jeder private Waffenbesitz verboten wurde. Hintergrund hierfür war, dass infolge der Wirren des Ersten **2**

---

[1] Vgl. hierzu den Überblick bei *B. Heinrich* in MüKoStGB WaffG Vor § 1 Rn. 1 ff.; *Gerlemann/B. Heinrich* in Steindorf WaffR Einl. Rn. 1 ff.
[2] Reichsgewerbeordnung idF v. 26.7.1900 (RGBl. 1900, 871).
[3] RGBl. 1918, 1425.
[4] RGBl. 1919 I 31, 122.

Weltkrieges eine Vielzahl von Kriegswaffen in Privatbesitz gelangt war.[5] Die Regelung war insoweit eindeutig sicherheitsrechtlich motiviert.

3   Auch das Sprengstoffrecht war im 19. Jh. zuerst in gewerberechtlichen Vorschriften geregelt. Als erstes umfassendes Regelwerk schuf der Gesetzgeber dann allerdings – als unmittelbarer Auslöser diente ein Attentat auf Kaiser Wilhelm I. – am 9.6.1884 das „Gesetz gegen den verbrecherischen und gemeingefährlichen Gebrauch von Sprengstoffen",[6] wonach die Herstellung, der Vertrieb, die Einfuhr sowie der Besitz von Sprengstoffen jeweils genehmigungspflichtig wurden. Wer eine Genehmigung zur Herstellung und zum Vertrieb besaß, hatte ein Register zu führen, aus welchem sich die Mengen und der Verbleib der hergestellten und vertriebenen Sprengstoffe ergeben mussten. Das Gesetz war seitdem als typisches Polizei- und Strafgesetz konzipiert und enthielt daher auch eine Reihe von Strafvorschriften mit teilweise recht hohen Strafandrohungen. Nicht anwendbar war es allerdings auf diejenigen Sprengstoffe, die in erster Linie als „Schießmittel" dienten.

4   Eine umfassende Regelung des Waffenrechts fand sich dann schließlich im **„Gesetz über Schusswaffen und Munition" (RWaffG)** v. 12.4.1928[7]. Hierdurch wurden erstmalig die Herstellung, der Erwerb, die Einfuhr, der Besitz, das Führen von sowie der Handel mit Schusswaffen einem grundsätzlichen Verbot unterstellt. Gleichzeitig wurden verwaltungsrechtliche Instrumentarien geschaffen, die Befreiungen von diesem Verbot sowie behördliche Genehmigungen zum Betrieb des Waffengewerbes vorsahen. Gut zwei Jahre später wurde eine vergleichbare Regelung auch für Hieb-, Stoß- und Stichwaffen geschaffen.[8] Zudem wurden die Vorschriften unter anderem für das Waffentragen bei politischen Veranstaltungen verschärft. Daneben gab es jedoch auch Sonderregelungen für den Schusswaffengebrauch von Forst- und Jagdschutzberechtigten.[9]

5   Nach dem **Zweiten Weltkrieg** stand man vor dem Problem der nunmehr veränderten Gesetzgebungskompetenz von Bund und Ländern. Lediglich die Regelungen über die (gewerbliche) Herstellung, Bearbeitung und Instandsetzung von Waffen und Munition sowie die Einfuhr von und der Handel mit diesen Gegenständen konnten vom Bund geregelt werden.[10] Nur insoweit konnte auch das RWaffG weiter gelten, während die übrigen (sicherheitsrechtlichen) Vorschriften in den Zuständigkeitsbereich der Länder fielen (insbesondere die Regelungen über den Erwerb, das Führen sowie den Besitz von Schusswaffen und Munition).[11] Gleiches galt auch für das Sprengstoffrecht. Hier wurde zwar im Jahre 1969 das „Gesetz über explosionsgefährliche Stoffe (Sprengstoffgesetz)"[12] erlassen, dieses regelte aber als „gewerberechtliches Erlaubnis- und Überwachungsgesetz"[13] lediglich den Umgang und den Verkehr mit explosionsgefährlichen Stoffen, konnte aber keine rein polizeilichen Vorschriften enthalten. So blieb der gesamte private (= nichtgewerbliche) Bereich ausgespart, für den weiterhin das Gesetz von 1884 mit seinen

---

[5] Vgl. in diesem Zusammenhang auch das Gesetz über die Entwaffnung der Bevölkerung v. 7.8.1920 (RGBl. 1920 I 1553) und § 7 Nr. 5 des Gesetzes zum Schutze der Republik v. 21.7.1922 (RGBl. 1922 I 585); hierzu auch *Adolph* in Adolph/Brunner/Bannach WaffG Entwicklungsgeschichte Rn. 5; *Scholzen* in Gade/Stoppa 131 (131 f.).

[6] RGBl. 1884, 61; vgl. zur Historie auch *B. Heinrich* in MüKoStGB SprengG Vor § 40 Rn. 1 ff.

[7] RGBl. 1928 I 43.

[8] VO des Reichspräsidenten auf Grund des Artikels 48 der Reichsverfassung gegen Waffenmißbrauch vom 25.7.1930 (RGBl. 1930 I 352). Diese Verordnung wurde wenig später ersetzt durch das Gesetz gegen Waffenmißbrauch v. 28.3.1931 (RGBl. 1931 I 77), samt Durchführungsverordnung v. 10.12.1931 (RGBl. 1931 I 750).

[9] Vgl. das Gesetz über den Waffengebrauch der Forst- und Jagdschutzberechtigten sowie der Fischereibeamten und Fischereiaufseher v. 26.2.1935 (RGBl. 1935 I 313), samt Durchführungsverordnung v. 7.3.1935 (RGBl. 1935 I 377).

[10] Art. 74 Nr. 11 GG aF = Art. 74 Abs. 1 Nr. 11 GG nF.

[11] Vgl. hierzu *Gerlemann/B. Heinrich* in Steindorf WaffR Einl. Rn. 12; grds. abweichend damals das BayObLG, welches davon ausging, dass das (Reichs-)Waffengesetz von 1938 wegen seiner überwiegend sicherheitspolizeilichen Ausrichtung in seiner Gesamtheit als Landesrecht fortgelte; vgl. BayObLGSt 1954, 86 (87); BayObLGSt 1956, 167 (167 f.); ferner BayObLG NJW 1970, 1056.

[12] Gesetz vom 25.8.1969 (BGBl. 1969 I 1358).

[13] So wörtlich BT-Drs. V/1268, 45.

A. Einführung

zahlreichen landesrechtlichen Ergänzungsvorschriften galt. Dabei ist bemerkenswert, dass diese Vorschriften teilweise sogar mit einem unterschiedlichen Sprengstoffbegriff arbeiteten.[14] Dies führte mit der Zeit zu einer weitgehenden Rechtszersplitterung, die erst dadurch behoben werden konnte, dass dem Bund im Jahre 1972 in Art. 74 Nr. 4a GG aF[15] die (konkurrierende) **Gesetzgebungszuständigkeit** für das gesamte Waffen-[16] und im Jahre 1976 die Zuständigkeit für das gesamte Sprengstoffrecht übertragen wurde.[17] Inzwischen besitzt der Bund hierfür nach Art. 73 Abs. 1 Nr. 12 sogar die ausschließliche Gesetzgebungskompetenz.[18]

Daraufhin wurde am 19.9.1972 ein umfassendes Waffengesetz[19] und am 13.9.1976 das Gesetz über explosionsgefährliche Stoffe (Sprengstoffgesetz – SprengG) erlassen.[20] Das neue Waffengesetz enthielt aber bereits zu Beginn den Geburtsfehler, dass dem bisherigen „gewerberechtlichen" Teil die (mehr sicherheitsrechtlich geprägten) Vorschriften über den privaten Erwerb und Besitz von Schusswaffen und Munition sowie das Führen und Schießen mit Waffen lediglich hinzugefügt wurden, ohne dabei eine Harmonisierung der Vorschriften vorzunehmen.[21] Dieses Problem wurde erst im Jahre 2002 durch den Erlass des **Gesetzes zur Neuregelung des Waffenrechts (WaffRNeuRegG)** behoben,[22] welches in Art. 1 ein völlig neu gestaltetes Waffengesetz enthielt. Durch die gleichzeitig vorgenommene Ausgliederung der Vorschriften über die technische Sicherheit von Waffen und Munition und deren Überführung in ein eigenes Beschussgesetz[23] wurde deutlich, dass aus dem ehemals gewerberechtlich orientierten Bundeswaffengesetz nunmehr ein „ausschließlich auf die öffentliche Sicherheit ausgerichtetes"[24] Gesetz geschaffen wurde. Dieser sicherheitsrechtliche Fokus wird nun auch in § 1 Abs. 1 WaffG deutlich zum Ausdruck gebracht, in dem es nun heißt: „Dieses Gesetz regelt den Umgang mit Waffen oder Munition unter Berücksichtigung der Belange der öffentlichen Sicherheit und Ordnung". In der Folgezeit wurde das WaffG dann – in vielen Fällen infolge internationaler Vorgaben – mehrfach verschärft, ohne aber an der grundsätzlichen Struktur des Gesetzes etwas zu ändern. Die letzte große – und in ihren Auswirkungen noch nicht überschaubare – Änderung fand schließlich durch das Dritte Gesetz zur Änderung des Waffengesetzes vom 17.2.2020 statt.[25]

6

II. Praxisrelevanz

Das Waffen- und Sprengstoffrecht weist eine große Praxisrelevanz auf. Dies betrifft sowohl die **verwaltungsrechtlichen** (Erteilung und Widerruf von waffen- und sprengstoffrechtlichen Erlaubnissen) als auch die **strafrechtlichen Aspekte.** Unter strafrechtlichen Gesichtspunkten sind die Waffendelikte meist **Begleitdelikte** (es handelt sich hier meist um schwerere Delikte, die unter Verwendung von „illegal" besessenen und geführten Waffen begangen werden). Das Beisichführen und die Verwendung von Waffen stellen darüber hinaus auch bei vielen Delikten einen **besonders schweren Fall** (zB in § 113 Abs. 2 S. 2

7

---

[14] *Steindorf/Pauckstadt-Maihold/Lutz* in Erbs/Kohlhaas SprengG Vorb. S. 69 Rn. 3.
[15] Später (bis zur Föderalismusreform im Jahre 2006): Art. 74 Abs. 1 Nr. 4a GG.
[16] 31. Gesetz zur Änderung des Grundgesetzes v. 28.7.1972 (BGBl. 1972 I 1305).
[17] 34. Gesetz zur Änderung des Grundgesetzes v. 23.8.1976 (BGBl. 1976 I 2382).
[18] Gesetz zur Änderung des Grundgesetzes v. 28.6.2006 (BGBl 2006 I 2034).
[19] BGBl. 1972 I 1797.
[20] BGBl. 1976 I 2737.
[21] Hierzu auch BT-Drs. 14/7758, 48.
[22] BGBl. 2002 I 3970, berichtigt S. 4592, erneut berichtigt in BGBl. 2003 I 1957.
[23] Art. 2 WaffRNeuRegG (BGBl. 2002 I 3970 [4003 ff.]).
[24] BT-Drs. 14/7758, 1 (51 f.).
[25] BGBl. 2020 I 166; vgl. hierzu die Materialien BT-Drs. 19/13839 (Gesetzentwurf der Bundesregierung); BT-Drs. 19/15875 (Beschlussempfehlung und Bericht); BT-Drs. 19/14092; 19/14035; das Gesetz musste infolge handwerklicher Mängel noch vor seinem Inkrafttreten geändert werden; vgl. Art. 8 des Gesetzes zur Verbesserung der Rahmenbedingungen luftsicherheitsrechtlicher Zuverlässigkeitsüberprüfungen v. 22.4.2020 (BGBl. 2020 I 840 [943]); hierzu BT-Drs. 19/17585.

Nr. 1, Nr. 2 StGB; § 125a S. 2 Nr. 1, Nr. 2 StGB; vgl. auch § 243 Abs. 1 S. 2 Nr. 7 StGB; § 292 Abs. 2 S. 2 Nr. 3 StGB) oder eine **Qualifikation** (zB in § 177 Abs. 7 Nr. 1, Abs. 8 Nr. 1 StGB; § 224 Abs. 1 Nr. 2 StGB; § 244 Abs. 1 Nr. 1 lit. a StGB; § 250 Abs. 1 Nr. 1 lit. a, Abs. 2 Nr. 1, Nr. 2 StGB; vgl. auch § 30a Abs. 2 Nr. 2 BtMG) dar.[26] In der strafverfolgungsrechtlichen Praxis zeigt sich dabei die Tendenz, dass das Waffendelikt in diesem Kontext oft nach § 154 StPO eingestellt wird.

8 Die **Polizeiliche Kriminalstatistik (PKS)** wies im Jahre 2018 bei insgesamt 5.555.520 bekannt gewordenen Straftaten 40.104 Delikte gegen das Waffengesetz aus (weitere 4.719 Fälle richteten sich gegen das Sprengstoff- und 661 Fälle gegen das Kriegswaffenkontrollgesetz).[27] Dabei wurden bei den Delikten gegen das Waffengesetz 37.545 Tatverdächtige ermittelt (darunter 28.166 deutsche und 9.379 nichtdeutsche Tatverdächtige, darunter 1.226 Zuwanderer[28]). Weitere 4.131 Tatverdächtige wurden im Hinblick auf Taten gegen das Sprengstoff- und 634 im Hinblick auf Taten gegen das Kriegswaffenkontrollgesetz ermittelt.[29] In 15.678 Fällen wurde im Jahre 2018 – mit rückläufiger Tendenz im Vergleich zu den Vorjahren[30] – bei einer Tatbegehung (insoweit in Zusammenhang mit der Begehung eines anderen Deliktes) eine Schusswaffe mitgeführt, in 3.819 Fällen mit ihr gedroht und in 4.524 Fällen mit ihr geschossen.[31] In denjenigen Fällen, in denen eine Schusswaffe mitgeführt wurde, dominieren Raubdelikte gegen Geldinstitute, Spielhallen oder Tankstellen.[32] Mehr als die Hälfte der Straftaten, bei denen mit einer Schusswaffe gedroht wurde, richteten sich gegen die persönliche Freiheit (1.948 Fälle), gefolgt von den Raubdelikten (1.475 Fälle).[33] Dagegen dominieren in denjenigen Fällen, in denen mit einer Schusswaffe geschossen wurde, die Sachbeschädigungsdelikte (24,1%, hier insbesondere das Schießen auf Verkehrszeichen), gefolgt von Körperverletzungsdelikten (14,8%).[34] Indes spielen im Zusammenhang mit dem Schießen mit einer Waffe Straftaten gegen die persönliche Freiheit, gegen das Leben oder Raubdelikte eine eher geringere Rolle. Nicht ausgewiesen wird durch die PKS allerdings, ob es sich bei den Waffen um „legale" oder „illegale" Schusswaffen handelt.

B. Überblick über das Waffenrecht

I. Einführung

9 Das Waffenrecht ist heute im Wesentlichen geregelt im **Waffengesetz** (WaffG)[35] sowie in der **Allgemeinen Waffengesetz-Verordnung** (AWaffV) v. 27.10.2003.[36] Daneben wurde am 5.3.2012 eine **Allgemeine Verwaltungsvorschrift (WaffVwV)** erlassen, die aller-

---

[26] Vgl. hierzu oben im 4. Teil, 2. Abschnitt § 38.
[27] PKS Jahrbuch 2018 Band 1, S. 13; Grundtabelle Ziff. 726100, 726200, 726300.
[28] PKS Jahrbuch 2018, Ausgewählte Zahlen im Überblick, S. 19.
[29] PKS Jahrbuch 2018 Band 1, S. 40; Grundtabelle Ziff. 726100, 726200, 726300.
[30] Vgl. die Zahlen in PKS Jahrbuch 2018 Band 1, S. 31; vgl. auch *Dicke* in Gade/Stoppa, Waffenrecht im Wandel, 2015, 175 (175 f., 191).
[31] PKS Jahrbuch 2018 Band 1, S. 11, 30 f.; vgl. auch für das Bundesland Baden-Württemberg LT-Drs. 16/6022, 3 f.
[32] PKS Jahrbuch 2018 Band 1, S. 44.
[33] PKS Jahrbuch 2018 Band 1, S. 31.
[34] PKS Jahrbuch 2018 Band 1, S. 32.
[35] Art. 1 des Gesetzes zur Neuregelung des Waffenrechts v. 11.10.2002 (BGBl. 2002 I 3970, berichtigt S. 4592), erneut berichtigt in BGBl. 2003 I 1957, zuletzt geändert durch Artikel 228 VO v. 19.6.2020 (BGBl. 2020 I 1328); vgl. zur Entstehung: BT-Drs. 14/7758 (Gesetzentwurf der Bundesregierung = BR-Drs. 596/01); BT-Drs. 14/763 (Gesetzentwurf des Bundesrates samt Stellungnahme der Bundesregierung); BT-Drs. 14/8886 (Beschlussempfehlung und Bericht des Innenausschusses); BR-Drs. 355/02 (Gesetzesbeschluss des Bundestages); BT-Drs. 14/9341 (Anrufung des Vermittlungsausschusses); BT-Drs. 14/9432 (Beschlussempfehlung des Vermittlungsausschusses); BR-Drs. 524/02 (Annahme der Beschlussempfehlung des Vermittlungsausschusses durch den Bundestag).
[36] BGBl. 2003 I 2123; zuletzt geändert durch Art. 1 VO v. 1.9.2020 (BGBl. 2020 I 1977).

dings nur die Verwaltung selbst bindet und keine Rechtswirkung nach außen besitzt.[37] Während das WaffG im Wesentlichen Vorschriften über die **öffentliche Sicherheit** (vgl. § 1 Abs. 1 WaffG) enthält und hierbei insbesondere den privaten Erwerb und Besitz sowie den privaten Waffengebrauch, darüber hinaus aber auch die Herstellung, den Handel und die sonstige gewerbliche Nutzung regelt, finden sich die Fragen der **technischen Sicherheit** von Waffen und Munition im **Beschussgesetz** (BeschG).[38]

Das WaffG verfolgt im Hinblick auf den privaten Umgang mit Waffen eine weitgehend **10** restriktive Tendenz.[39] Allerdings finden sich für bestimmte Nutzergruppen wie Sportschützen, Jäger, gefährdete Personen, Waffensammler und Waffensachverständige in §§ 13 ff. WaffG vielfache Privilegierungen. Darüber hinaus enthält das WaffG zwei Anlagen, in denen zentrale Regelungen untergebracht sind. In der **Anlage 1 zum WaffG** (vgl. hierzu § 1 Abs. 4 WaffG) finden sich einige für die Auslegung des Gesetzes wesentliche Begriffsdefinitionen, die sowohl waffen- und munitionstechnische Begriffe (Abschn. 1) als auch sonstige waffenrechtliche Begriffe (Abschn. 2) umfassen. Darüber hinaus wird hier eine Einteilung von Schusswaffen bzw. Munition in verschiedene Kategorien vorgenommen (Abschn. 3). In der **Anlage 2 zum WaffG** „Waffenliste" (vgl. hierzu § 2 Abs. 2 bis Abs. 4 WaffG) findet sich einerseits eine enumerative Aufzählung der grundsätzlich **verbotenen Gegenstände** (Abschn. 1), andererseits eine detaillierte Regelung darüber, welche Personen mit welchen Waffen ohne die ansonsten erforderliche Erlaubnis umgehen dürfen (Abschn. 2). Schließlich wurde in dieser Anlage auch eine Regelung darüber getroffen, welche Waffen grundsätzlich oder partiell vom Geltungsbereich des WaffG ausgenommen sind (Abschn. 3).

II. Funktion

Das WaffG und die AWaffV haben die Funktion eines **Überwachungs- und Kontroll-** **11** **gesetzes.** Sie begründen für den Betroffenen Rechte und Pflichten, wobei Pflichtverstöße empfindliche Sanktionen zur Folge haben können. Falls notwendig, ist die Durchsetzung von rechtmäßigen vollstreckbaren Verwaltungsakten mit Mitteln des Verwaltungszwangs zulässig. Durch die §§ 51 ff. WaffG werden darüber hinaus zahlreiche gesetzlich oder verwaltungsrechtlich konkretisierte Pflichten bei Verstoß als **Straftaten oder Ordnungswidrigkeiten** geahndet. Die ordnungs- und sicherheitspolitische Bedeutung des WaffG besteht insgesamt darin, den Umgang mit Waffen sowie den Zugang zu deren Herstellung, Produktion und zum Handel mit Waffen vom Erbringen des Nachweises persönlicher und fachlicher Qualifikation abhängig zu machen und Gewerbetreibende anzuhalten, produzierte oder eingeführte Waffen zu kennzeichnen. Das WaffG erlaubt nur bei einem nachgewiesenen Bedürfnis und nur sachkundigen sowie zuverlässigen und persönlich geeigneten Personen den Umgang (Besitz, Führen, Erwerb, Einfuhr ua) von Waffen. Darüber hinaus verbietet es generell die Ausübung der tatsächlichen Gewalt über bestimmte Waffen („verbotene Waffen" nach Anl. 2 Abschn. 1 zum WaffG) oder bei bestimmten Anlässen und reglementiert die Errichtung und den Betrieb von Schießstätten.

III. Inhalt und Aufbau des Gesetzes

Das WaffG gliedert sich in sechs Abschnitte und enthält zusätzlich zwei Anlagen, in denen **12** sich unter anderem wesentliche Begriffsbestimmungen finden und die insoweit für das Verständnis des WaffG essenziell sind.

---

[37] Beilage 47a zum BAnz. Nr. 47 v. 22.3.2012; vgl. auch BR-Drs. 331/11 und 331/11 (Beschluss); hierzu Heller/Soschinka NVwZ 2012, 209.
[38] Vgl. Art. 2 WaffRNeuRegG (BGBl. 2002 I 3970 [4003 ff.]), zuletzt geändert durch Art. 234 VO v. 19.6.2020 (BGBl. 2020 I 1328).
[39] BT-Drs. 19/548, 2.

1. Überblick

13 Im **ersten Abschnitt** (§§ 1–3 WaffG iVm Anl. 1 und 2 zum WaffG) werden Gegenstand und Zielrichtung des WaffG umschrieben. Hier wird festgestellt, dass das Gesetz den **Umgang** mit **Waffen** und **Munition** (= Gegenstand des Gesetzes) regelt und dass **Zweck** des Gesetzes die Belange der öffentlichen Sicherheit und Ordnung sind (§ 1 Abs. 1 WaffG). Anschließend wird der Waffenbegriff abstrakt umrissen (§ 1 Abs. 2 WaffG) und für die nähere Begriffsbestimmung auf die Anl. 1 zum WaffG verwiesen (§ 1 Abs. 4 WaffG; → Rn. 17 ff.). Auch wird festgelegt, was das Gesetz unter dem Begriff des „Umgangs" versteht (§ 1 Abs. 3, Abs. 4 WaffG iVm Anl. 1 Abschn. 2 zum WaffG; → Rn. 22). In § 2 WaffG werden anschließend die Grundsätze des Umgangs mit Waffen und Munition genannt. So ist der Umgang mit Waffen nur volljährigen Personen gestattet (§ 2 Abs. 1 WaffG – mit Ausnahmen in § 3 WaffG). Ferner wird festgelegt, bei welchen Waffen und bei welcher Munition ein Umgang grundsätzlich verboten ist (§ 2 Abs. 3 WaffG iVm Anl. 2 Abschn. 1 zum WaffG). In den übrigen Fällen bedarf der Umgang mit Waffen und Munition regelmäßig der Erlaubnis (§ 2 Abs. 2 WaffG iVm Anl. 2 Abschn. 2 zum WaffG). Dabei legt das Gesetz in Anl. 2 Abschn. 2 und 3 zum WaffG detailliert fest, für welche Waffen und für welche Munition in Bezug auf welche Umgangsformen eine solche Erlaubnis ausnahmsweise nicht erforderlich ist (§ 2 Abs. 4 S. 1 WaffG). Ferner sind diejenigen Waffen und diejenige Munition aufgeführt, auf die das WaffG ganz oder teilweise nicht anzuwenden ist (§ 2 Abs. 4 S. 2 WaffG iVm Anl. 2 Abschn. 3 zum WaffG).

14 Im **zweiten Abschnitt** (§§ 4–42a WaffG) finden sich umfassende Regelungen über den **Umgang** mit Waffen und Munition. So regeln die §§ 4–9 WaffG die allgemeinen Voraussetzungen für die Erteilung einer **waffenrechtlichen Erlaubnis** (Zuverlässigkeit, persönliche Eignung, Sachkunde, besonderes Bedürfnis). In den §§ 10–12 WaffG wird dann auf die verschiedenen waffenrechtlichen Erlaubnisse (Waffenbesitzkarte, Waffenschein, Schießerlaubnis) eingegangen und es werden Ausnahmen davon festgeschrieben, während die §§ 13–20 WaffG besondere Erlaubnistatbestände für bestimmte Personengruppen enthalten (Jäger, Sportschützen, Brauchtumsschützen, Waffen- und Munitionssammler, Waffen- und Munitionssachverständige, gefährdete Personen). In der Praxis können auch nur die hier genannten Personen eine waffenrechtliche Erlaubnis erhalten. Besondere Erlaubnistatbestände für die Waffenherstellung, den Waffenhandel, Schießstätten und Bewachungsunternehmer finden sich dann in den §§ 21–28a WaffG. Anschließend regelt das Gesetz den Problemkreis des grenzüberschreitenden Verbringens und der Mitnahme von Waffen oder Munition in den, durch den oder aus dem Geltungsbereich des Gesetzes, wobei hier zwischen Mitgliedstaaten der EU und Drittstaaten differenziert wird (§§ 29–33 WaffG). §§ 34–39a WaffG enthalten dann besondere Obhuts-, Anzeige-, Hinweis- und Nachweispflichten, die §§ 39b und 39c besondere Regelungen zum Umgang mit und zur Aufbewahrung von Salutwaffen sowie Regelungen über unbrauchbar gemachten Schusswaffen. Spezielle waffenrechtliche Verbote sind von den §§ 40–42a WaffG erfasst.

15 Im **dritten Abschnitt** (§§ 43–50 WaffG) sind **sonstige waffenrechtliche Vorschriften** enthalten. Hier finden sich Regelungen über die Erhebung und Übermittlung von (personenbezogenen) Daten (§§ 43, 44 WaffG), behördliche Aufbewahrungspflichten (§ 44a WaffG), Regelungen über die Rücknahme und den Widerruf waffenrechtlicher Erlaubnisse (§§ 45, 46 WaffG) sowie Ermächtigungs- und Zuständigkeitsregelungen (§§ 47–49 WaffG). Im **vierten Abschnitt** (§§ 51–54 WaffG) sind dann recht weitreichende **Straf- und Bußgeldvorschriften** enthalten. Der **fünfte Abschnitt** (§§ 55–57 WaffG) regelt Ausnahmen vom **Anwendungsbereich** des Gesetzes (insbesondere für die obersten Bundes- oder Landesbehörden, die Bundeswehr, die Polizei und Zollverwaltung, für erheblich gefährdete Hoheitsträger sowie Bedienstete anderer Staaten, Staatsgäste und andere Besucher). Schließlich enthält der **sechste Abschnitt** (§§ 58–60a WaffG) besondere **Übergangs- und Verwaltungsvorschriften**.

Bereits erwähnt wurde, dass sich in der **Anlage 1 zum WaffG** einige für die Auslegung 16
des Gesetzes wesentliche Begriffsdefinitionen befinden, nämlich sowohl waffen- und munitionstechnische Begriffe (Abschn. 1) als auch sonstige waffenrechtliche Begriffe, insbesondere die einzelnen Umgangsformen (Abschn. 2). Darüber hinaus wird hier eine Einteilung von Schusswaffen bzw. Munition in verschiedene Kategorien vorgenommen (Abschn. 3). In der **Anlage 2 zum WaffG** („Waffenliste") findet sich eine enumerative Aufzählung der grundsätzlich verbotenen Gegenstände (Abschn. 1) sowie eine detaillierte Regelung darüber, welche Personen mit welchen Waffen ohne die ansonsten erforderliche Erlaubnis umgehen dürfen (Abschn. 2). Ferner wurde hier geregelt, welche Waffen grundsätzlich oder partiell vom Geltungsbereich des WaffG ausgenommen sind (Abschn. 3).

2. Der Waffenbegriff

Als Waffen zählen nach § 1 Abs. 2 Nr. 1 WaffG zunächst **Schusswaffen** und die den 17
Schusswaffen **gleichgestellten Gegenstände.** Für die Schusswaffen findet sich eine nähere Regelung in Anl. 1 Abschn. 1 UAbschn. 1 Nr. 1.1 zum WaffG. Hiernach sind Schusswaffen alle Gegenstände, die zum Angriff oder zur Verteidigung, zur Signalgebung, zur Jagd, zur Distanzinjektion, zur Markierung, zum Sport oder zum Spiel bestimmt sind und bei denen Geschosse durch einen Lauf getrieben werden.[40] Letzteres ist für die Begriffsbestimmung entscheidend. So muss zB bei Reizstoff- oder Schreckschusspistolen im Einzelfall festgestellt werden, ob sie lediglich eine Laufimitation besitzen, die Gase aber seitlich ausströmen (dann liegt keine Schusswaffe, sondern lediglich ein gleichgestellter Gegenstand vor) oder ob die Gase durch den Lauf nach vorne verschossen werden (dann handelt es sich um eine Schusswaffe).[41] Die den Schusswaffen gleichgestellten Gegenstände werden in Anl. 1 Abschn. 1 UAbschn. 1 Nr. 1.2 zum WaffG umschrieben.[42] Es handelt sich dabei entweder um sog. „Munitionsabschussgeräte" (Nr. 1.2.1: tragbare Gegenstände, die zum Abschießen von Munition bestimmt sind, insbesondere Reizstoff- und Schreckschusswaffen, sofern sie nicht als Schusswaffen anzusehen sind), Schussgeräte zu Schlachtzwecken (Nr. 1.2.2) oder Gegenstände, bei denen feste Körper durch Muskelkraft verschossen werden (Nr. 1.2.3; hier insbesondere Armbrüste). In Anl. 1 Abschn. 1 UAbschn. 1 Nr. 1.3 zum WaffG wird ferner angeordnet, dass wesentliche Teile von Schusswaffen, die in dieser Vorschrift enumerativ aufgezählt sind (Lauf, Verschluss, Verbrennungskammer, Gehäuse etc), den Schusswaffen, für die sie bestimmt sind, gleichgestellt sind.[43] Hinzuweisen ist ferner darauf, dass die Schusswaffen funktionsfähig sein müssen, was vor allem bei unbrauchbar gemachten Schusswaffen (Dekorationswaffen) ausscheidet. Welche Voraussetzungen hierfür gegeben sein müssen, ist in Anl. 1 Abschn. 1 UAbschn. 1 Nr. 1.4 zum WaffG geregelt.[44]

Als zweite Waffenkategorie werden in § 1 Abs. 2 Nr. 2 lit. a WaffG **tragbare Gegen-** 18
stände genannt, die ihrem Wesen nach dazu bestimmt sind, die Angriffs- oder Abwehrfähigkeit von Menschen zu beseitigen oder herabzusetzen (= Waffen im technischen Sinne oder „geborene" Waffen).[45] Eine Aufzählung dieser Waffen findet sich in Anl. 1 Abschn. 1 UAbschn. 2 Nr. 1 zum WaffG. Hierunter fallen insbesondere Gegenstände, die ihrem Wesen nach dazu bestimmt sind, unter unmittelbarer Ausnutzung der Muskelkraft durch Hieb, Stoß, Stich, Schlag oder Wurf Verletzungen beizubringen (Hieb- und Stoßwaffen, etwa Degen, Säbel, Schlagstöcke, Schlagringe und Totschläger). Erfasst sind ferner Elektroimpulsgeräte, Reizstoffsprühgeräte und sonstige Reizstoffwaffen, elektromagnetische

---

[40] Vgl. zu den Schusswaffen ausführlich *B. Heinrich* in MüKoStGB WaffG § 1 Rn. 9 ff.
[41] Vgl. hierzu *B. Heinrich* in MüKoStGB WaffG § 1 Rn. 98 ff.
[42] Vgl. zu den den Schusswaffen gleichgestellten Gegenständen ausführlich *B. Heinrich* in MüKoStGB WaffG § 1 Rn. 25 ff.
[43] Vgl. zu den wesentlichen Teilen ausführlich *B. Heinrich* in MüKoStGB WaffG § 1 Rn. 35 ff.
[44] Vgl. hierzu ausführlich *B. Heinrich* in MüKoStGB WaffG § 1 Rn. 59 ff.
[45] Vgl. zu diesen „geborenen" Waffen ausführlich *B. Heinrich* in MüKoStGB WaffG § 1 Rn. 109 ff.

Waffen, Flammenwerfer, besondere Brandsätze („"Molotow-Cocktails") und Würgegeräte (zB das „Nun-Chaku").

19 In § 1 Abs. 2 Nr. 2 lit. b WaffG werden schließlich **weitere tragbare Gegenstände** aufgeführt, die, ohne dazu bestimmt zu sein, insbesondere wegen ihrer Beschaffenheit, Handhabung oder Wirkungsweise geeignet sind, die Angriffs- oder Abwehrfähigkeit von Menschen zu beseitigen oder herabzusetzen, sofern sie in Anlage 1 zum WaffG ausdrücklich genannt sind (= Waffen im nichttechnischen Sinne oder „gekorene" Waffen).[46] Abschließend aufgeführt werden hierzu in Anl. 1 Abschn. 1 UAbschn. 2 Nr. 2 zum WaffG Springmesser, Fallmesser, Faustmesser, Butterflymesser sowie Elektroimpulsgeräte.

20 Sind Gegenstände als Waffen vom WaffG erfasst, so kann man diese Waffen im Hinblick auf ihre **Erlaubnispflichtigkeit** weiter einteilen in verbotene Gegenstände nach § 2 Abs. 3 WaffG iVm Anl. 2 Abschn. 1 zum WaffG, erlaubnispflichtige Waffen nach § 2 Abs. 2 WaffG iVm Anl. 2 Abschn. 2 UAbschn. 1 zum WaffG und (uU auch nur im Hinblick auf bestimmte Umgangsformen) erlaubnisfreie Waffen nach § 2 Abs. 2 WaffG iVm Anl. 2 Abschn. 2 UAbschn. 2 zum WaffG.

21 In § 2 Abs. 3 WaffG wird festgelegt, dass der Umgang mit Waffen und Munition, die in Anl. 2 Abschn. 1 des WaffG enumerativ aufgezählt sind, grundsätzlich als **verboten** anzusehen ist („verbotene Waffen").[47] Hierunter fallen (vgl. die Aufzählung in der genannten Anlage) Kriegswaffen nach Verlust ihrer Kriegswaffeneigenschaft, vollautomatische Schusswaffen, Vorderschaftrepetierflinten mit Kurzwaffengriff und geringer Länge (sog. „Pumpguns"), getarnte oder zusammenklappbare Schusswaffen, Scheinwerfer und Nachtsichtgeräte, bestimmte Magazine und Magazingehäuse für Wechselmagazine, bestimmte mehrschüssige Kurzwaffen, getarnte Hieb- und Stoßwaffen, Stahlruten, Totschläger, Schlagringe, Wurfsterne sowie bestimmte Brandsätze (sog. „Molotow-Cocktails"). Ferner verboten sind bestimmte Spreng- und Brandvorrichtungen (sog. „USBV"), bestimmte Reizstoffsprühgeräte, Elektroimpulsgeräte, Präzisionsschleudern, Würgegeräte (sog. „Nun-Chakus"), Spring-, Fall,- Faust- und Butterflymesser, Elektroimpulsgeräte zur Verletzung von Tieren ohne Zulassung, Geschosse mit Betäubungsstoffen, Reizstoffgeschosse und -munition, kleinere Patronenmunition, Hartkerngeschosse, Wirkstoff- und Kleinschrotmunition sowie Munition für Kriegswaffen. Diese genannte Regelung wird ergänzt durch § 40 WaffG, der in Abs. 1 das Verbot – über die in § 1 Abs. 3 WaffG genannten Formen des Umgangs hinaus – auch noch auf das „Anleiten" oder „Auffordern" zur Herstellung der verbotenen Brandsätze (sog. „Molotow-Cocktails") erweitert. Allerdings finden sich in § 40 Abs. 2–4 WaffG auch einige Ausnahmen von dem in §§ 2 Abs. 3, 40 Abs. 1 WaffG an sich umfassend aufgestellten Verbot.

3. Umgangsformen

22 Das WaffG regelt, wie ausgeführt, den „Umgang" mit Waffen und Munition. Dabei stellt der Begriff des „Umgangs" den Oberbegriff dar. Welche Umgangsformen erfasst sind, wird in § 1 Abs. 3 WaffG aufgezählt. Die einzelnen Umgangsformen werden darüber hinaus in Anl. 1 Abschn. 2 genauer umschrieben.[48] Erfasst sind als erstes der **Erwerb,** dh die Erlangung der tatsächlichen Gewalt, der **Besitz,** dh die Ausübung der tatsächlichen Gewalt sowie das **Führen,** dh die Ausübung der tatsächlichen Gewalt außerhalb der eigenen Wohnung, der eigenen Geschäftsräume, des eigenen befriedeten Besitztums oder einer Schießstätte. Ferner erfasst ist das **Überlassen,** welches dann gegeben ist, wenn einem anderen die tatsächliche Gewalt über Waffen oder Munition eingeräumt wird. Eine weitere Umgangsform ist das **Verbringen.** Nach der sehr schwer verständlichen Vorschrift in Anl. 1 Abschn. 2 verbringt eine Waffe oder Munition, wer sie über die Grenze zum dortigen Verbleib oder mit dem Ziel des Besitzwechsels in den, durch den oder aus dem Geltungs-

---

[46] Vgl. zu diesen „gekorenen" Waffen ausführlich B. Heinrich in MüKoStGB WaffG § 1 Rn. 124 ff.
[47] Vgl. zu den verbotenen Gegenständen ausführlich B. Heinrich in MüKoStGB WaffG § 2 Rn. 3 ff.
[48] Vgl. zu den verschiedenen Umgangsformen ausführlich B. Heinrich in MüKoStGB WaffG § 1 Rn. 152 ff.

bereich des Gesetzes zu einer anderen Person oder zu sich selbst transportieren lässt oder selbst transportiert. Auch das **Mitnehmen** ist als besondere Umgangsform erfasst, was dann vorliegt, wenn eine Waffe oder Munition vorübergehend auf einer Reise ohne Aufgabe des Besitzes zur Verwendung über die Grenze in den, durch den oder aus dem Geltungsbereich des Gesetzes transportiert wird. Weiter erfasst ist das **Schießen,** wobei der Gesetzgeber differenziert zwischen dem Verschießen von Geschossen durch einen Lauf einer Schusswaffe, dem Abschießen von Kartuschenmunition, dem Verschießen von Reiz- oder anderen Wirkstoffen mit Patronen- oder Kartuschenmunition und dem Verschießen von pyrotechnischer Munition. Weitere Umgangsformen sind das **Herstellen, Bearbeiten und Instandsetzen.** Dabei werden Waffen oder Munition hergestellt, wenn aus Rohteilen oder Materialien ein Endprodukt oder wesentliche Teile eines Endproduktes erzeugt werden; als Herstellen von Munition gilt auch das Wiederladen von Hülsen. Dagegen wird eine Schusswaffe (lediglich) bearbeitet oder instandgesetzt, wenn sie verkürzt, in der Schussfolge verändert oder so geändert wird, dass andere Munition oder Geschosse anderer Kaliber aus ihr verschossen werden können. Ferner liegt eine Bearbeitung vor, wenn wesentliche Teile, zu deren Einpassung eine Nacharbeit erforderlich ist, ausgetauscht werden. Dabei stellt das Gesetz klar, dass eine Schusswaffe weder bearbeitet noch instandgesetzt wird, wenn lediglich geringfügige Änderungen, insbesondere am Schaft oder an der Zieleinrichtung, vorgenommen werden. Erfasst – und besonders praxisrelevant – ist schließlich das **Handeltreiben.** Dies erfüllt derjenige, der gewerbsmäßig oder selbstständig im Rahmen einer wirtschaftlichen Unternehmung Schusswaffen oder Munition ankauft, feilhält, Bestellungen entgegennimmt oder aufsucht, anderen überlässt oder den Erwerb, den Vertrieb oder das Überlassen vermittelt. Durch das Dritte Waffenrechtsänderungsgesetz[49] aus dem Jahre 2020 wurde in § 1 Abs. 3 S. 2 WaffG iVm Anl. 1 Abschn. 2 Nr. 8.3 zum WaffG zudem klargestellt, dass auch das **Unbrauchbarmachen** einer Schusswaffe als Umgangsform dem Waffengesetz grundsätzlich unterfällt.

4. Ergänzende Vorschriften

23 Das WaffG wird maßgeblich ergänzt und präzisiert durch die im Jahre 2003 in Kraft getretene **Allgemeine Waffengesetz-Verordnung** (AWaffV).[50] Schließlich wird das WaffG ergänzt durch die Durchführungsverordnungen der Bundesländer, welche auf Grundlage der Ermächtigungen in § 48 Abs. 1 WaffG und § 55 Abs. 6 WaffG ergangen sind und durch welche die für den Vollzug des WaffG sachlich zuständigen Landesbehörden bestimmt werden. Zu erwähnen ist auch die Verordnung über die Zuständigkeit der Hauptzollämter zur Verfolgung und Ahndung bestimmter Ordnungswidrigkeiten nach dem WaffG und dem SprengG. Ergänzend zum WaffG tritt die **Allgemeine Verwaltungsvorschrift zum Waffengesetz** (WaffVwV) v. 5.3.2012, die jedoch als reine Verwaltungsvorschrift keine unmittelbare Außenwirkung besitzt.[51] Vom WaffG nicht erfasst sind nach § 57 Abs. 1 S. 1 WaffG die Kriegswaffen. Der Umgang mit diesen ist abschließend im Kriegswaffenkontrollgesetz geregelt.[52] Insbesondere im Bereich der Munition („Schießpulver") kann es zu Überschneidungen des Waffenrechts mit dem Sprengstoffrecht kommen. Hier ist grundsätzlich davon auszugehen, dass für Sprengstoffe allein das Sprengstoffgesetz (SprengG)[53] anwendbar ist.

---

[49] BGBl. 2020 I 166.
[50] BGBl. 2003 I 2123; zuletzt geändert durch VO v. 1.9.2020 (BGBl. 2020 I 1977).
[51] Beilage 47a zum BAnz. Nr. 47 v. 22.3.2012; vgl. auch BR-Drs. 331/11 und 331/11 (Beschluss); hierzu *Heller/Soschinka* NVwZ 2012, 209.
[52] Ausführungsgesetz zu Art. 26 II GG (Gesetz über die Kontrolle von Kriegswaffen) idF der Bekanntmachung v. 22.11.1990 (BGBl. 1990 I 2506), zuletzt geändert durch Art. 2 des Gesetzes v. 2.6.2021 (BGBl. 2021 I 1275); zum Kriegswaffenkontrollrecht → Rn. 82 ff.
[53] Vgl. zum Sprengstoffrecht → Rn. 69 ff.

IV. Einzelne Problemfelder

24 Bei der Beantwortung der Frage nach den sicherheitsrechtlichen Bezügen des Waffenrechts fällt zuerst auf, dass es dem Gesetzgeber bisher nicht gelungen ist, trotz ständiger Verschärfungen des Waffenrechts zu verhindern, dass mit Waffen Straftaten begangen werden. Blickt man auf diese Straftaten, so kann hier unterschieden werden zwischen solchen, die mit „legalen" und solchen, die mit „illegalen" Waffen begangen wurden. Unter den **„legalen" Waffen** sollen dabei diejenigen Waffen verstanden werden, die faktisch dem Regime des WaffG unterfallen, also Waffen, die „legal" besessen werden und die in der Regel in einer Waffenbesitzkarte eingetragen sind. Im Hinblick auf diese Waffen geht es bei der rechtlichen Bewertung unter anderem um die Fragen, wann waffenrechtliche Genehmigungen zu erteilen sind oder versagt werden können, welche Privilegierungen für bestimmte Waffen getroffen wurden und welche Personen unter welchen Umständen mit diesen Waffen umgehen dürfen. Nur hier setzen auch mögliche gesetzliche Verschärfungen des Waffengesetzes an (→ Rn. 29 f.). So wurde zB der Amoklauf von Winnenden mit einer solchen „legalen" Waffe begangen, da der Vater des jugendlichen Täters die Waffe legal als Sportschütze besaß und sie nur unter Verletzung der in § 36 WaffG aF geregelten Aufbewahrungspflicht in die Hände des späteren Schützen gelangte.[54] Auch die spektakulären Fälle der Tötung eines Polizisten im Rahmen einer Wohnungsdurchsuchung bei einem Präsidenten eines Motorradclubs im Jahre 2010[55] und im Rahmen einer polizeilichen Maßnahme gegen einen sog. „Reichsbürger" in Georgensgmünd im Jahre 2016[56] wurden mit einer „legal besessenen" Waffe begangen.

25 Dagegen wird eine Vielzahl von Straftaten mit Waffen begangen, die **illegal,** oft aus dem Ausland kommend, erworben oder solchen, die gestohlen wurden und sich somit dem Regelungsregime des WaffG entziehen. Diesem Problem kann nicht mit einer Verschärfung des Waffengesetzes, sondern nur dadurch begegnet werden, dass diese Waffen durch effektive Ermittlungsmaßnahmen aufgespürt und aus dem Verkehr gezogen werden (→ Rn. 26 ff.).

1. Legale und illegale Waffen

26 Das verwaltungsrechtliche Regime des Waffengesetzes kann naturgemäß nur die „legalen" Waffen erfassen und den erlaubten bzw. nicht erlaubten Umgang mit ihnen regeln. Hiervon nicht betroffen sind aber die sich „illegal" in Deutschland befindenden und zirkulierenden Waffen, deren (verbotener) Umgang freilich ebenfalls von den Strafvorschriften des WaffG erfasst wird. Dabei übersteigt die Zahl der illegalen Waffen die Zahl der legalen Waffen bei weitem. Schätzungen gehen davon aus, dass sich in Deutschland neben den 7–10 Millionen „legalen" Schusswaffen[57] mindestens 20 Millionen „illegale"

---

[54] Zur rechtlichen Aufarbeitung des Amoklaufs von Winnenden vgl. BGH NStZ 2013, 238; hierzu *Berster* ZIS 2012, 623; *Braun* JR 2013, 37; *Jäger* JA 2012, 634; *Widmaier* NStZ 2013, 239; zur Frage, welche Waffen in Deutschland in den letzten 20 Jahren bei „Amokläufen" verwendet wurden, vgl. BT-Drs. 18/2213, 10.

[55] BGH NStZ 2012, 272; hierzu *Engländer* NStZ 2012, 274; *Erb* JR 2012, 207; *Kraatz* JURA 2014, 787; *Mandla* StV 2012, 334; *Rotsch* ZJS 2012, 109. In diesem Fall tötete ein „Sergeant at Arms" (entspricht einem „Waffenwart") des Motorradclubs der „Hells Angels" einen Polizeibeamten durch einen Schuss aus einer Pistole, über die er mit behördlicher Waffenbesitzerlaubnis verfügte. Grund war, dass er eine gewaltsame Türöffnung durch ein Spezialeinsatzkommando der Polizei für einen Überfall durch verfeindete „Bandidos" hielt, die ihm nach dem Leben trachteten und gegen die er sich mittels eines Schusses durch die geschlossene Türe verteidigen wollte.

[56] LG Nürnberg-Fürth BeckRS 2017, 141430; der Täter besaß hier zuerst legal Waffen als Sportschütze und Jäger. Nachdem die Behörde die waffen- und sprengstoffrechtlichen Erlaubnisse wegen Unzuverlässigkeit widerrufen und den Jagdschein für ungültig erklärt hatte, kam es bei der anschließenden Durchsuchung im Hinblick auf die erforderliche Sicherstellung der Waffen, die der Täter nicht freiwillig herausgab, zur Tötung eines Polizeibeamten.

[57] *Dicke* in Gade/Stoppa, Waffenrecht im Wandel, 2015, 175 (183) nennt unter Berufung auf das nationale Waffenregister 5,65 Millionen legaler Waffen im Jahr 2015; von „rund 5 Millionen" legal besessenen Waffen sprechen *Feltes/Mihalic/Bunge* GSZ 2018, 23 (24); vgl. auch BT-Drs. 18/7741, 1 (5, 7): 5,21 Mil-

Schusswaffen befinden,[58] die auch von einer weitgehenden Verschärfung des Waffengesetzes nicht erfasst werden können, sodass das Waffenrecht nicht den „Schlüssel" zur Verhinderung von Taten darstellen kann, die mittels Waffen begangen werden.[59] Zusammengefasst kann insoweit gesagt werden, dass unter sicherheitsrechtlichen Aspekten nicht nur die legalen, sondern vor allem auch die illegalen Waffen ein großes Problem darstellen.[60]

Andererseits ist es auffallend – und unter sicherheitsrechtlichen Gesichtspunkten bedenklich –, dass die ganz überwiegende Zahl der im Rahmen der Begehung von Straftaten **sichergestellten Waffen** solche sind, die erlaubnisfrei erworben werden können.[61] Nach Informationen des BKA betrug ihr Anteil im Jahre 2010 69,3 %, im Jahre 2014 75,7 % und im Jahre 2015 72,4 %.[62] Insgesamt dürfte die Zahl der erlaubnisfrei zu erwerbenden Gas- und Schreckschusswaffen in Deutschland etwa 15 Millionen betragen.[63] Interessant ist darüber hinaus, dass der Anteil der „legalen" Schusswaffen (dh der erlaubnispflichtigen Schusswaffen, für die auch eine Erlaubnis erteilt wurde), die bei begangenen Straftaten sichergestellt wurden, lediglich bei 4 % liegt.[64] Darüber hinaus galten – von den (ehemals) legal besessenen Waffen – im Jahre 2016 knapp 14.000 Waffen als „abhandengekommen" und ca. 3.600 Waffen als „gestohlen".[65] 27

Fragt man sich, woher die „illegalen" Waffen kommen, bieten sich mehrere Erklärungsansätze an. Einerseits handelt es sich um Waffen, die vormals zu den „legalen" Waffen zählten, dh Waffen, für die es einen Berechtigten gab, der diese Waffen in seiner Waffenbesitzkarte eingetragen hatte. „Illegal" werden diese Waffen dann, wenn sie dem Berechtigten durch **Verlust oder Diebstahl** abhandenkommen oder wenn er sie an andere Personen (illegal) weitergibt, die hierfür keine Erlaubnis besitzen. Daneben kommen aber in der Praxis auch häufig Fälle vor, in denen **der Berechtigte verstirbt** und die Erben mit den Waffen danach nicht ordnungsgemäß verfahren, diese also entweder ohne Erlaubnis selbst weiterhin besitzen oder aber an andere nicht erlaubnisberechtigte Personen weitergeben.[66] Eine weitere Gruppe stellen diejenigen Waffen dar, die aufgrund früherer weit weniger restriktiver Vorschriften ohne weitere Nachweise bzw. erlaubnisfrei erworben werden konnten. Hierzu ist anzumerken, dass man noch bis in die 1970er Jahre hinein selbst scharfe Schusswaffen über den allgemeinen **Versandhandel** beziehen konnte (sog. „Neckermann"- oder „Quelle"-Schusswaffen) und für diese Schusswaffen vom Erwerber oftmals keine Erlaubnis beantragt wurde. Zu nennen sind weiter hohe Altbestände von 28

---

lionen Schusswaffen in Privatbesitz bei ca. 1 Million Schusswaffenbesitzer im Jahre 2016. Genaue Zahlen für die Jahre 2013–2017 finden sich unter Berufung auf das nationale Waffenregister in BT-Drs. 19/548, 2 f.; hieraus ergibt sich eine kontinuierliche Steigerung von ca. 5,57 Millionen privat besessener Schusswaffen und Waffenteilen im Jahr 2013 auf ca. 6,10 Millionen im Jahr 2017; für Baden-Württemberg vgl. LT-Drs. 16/6022, 5.
58 *Runkel* in Adolph/Brunner/Bannach WaffG § 43a Rn. 209; *Braun* GewArch 2013, 277 (282); *Feltes/Mihalic/Bunge* GSZ 2018, 23 (24); *B. Heinrich* in Steindorf WaffR § 1 Rn. 1; *Wiefelspütz* ZRP 2009, 122.
59 *Wiefelspütz* ZRP 2009, 122.
60 So auch *Braun* GewArch 2013, 277 (282); *Dicke* in Gade/Stoppa, Waffenrecht im Wandel, 2015, 175 (177 ff., 183); vorsichtiger hingegen *Feltes/Mihalic/Bunge* GSZ 2018, 23 (24 f.).
61 Hierzu *Feltes/Mihalic/Bunge* GSZ 2018, 23 (24); wobei aber auch darauf hinzuweisen ist, dass nach BT-Drs. 19/548, 1 unter Verweis auf Erhebungen des BKA insgesamt nur 0,2 % aller Straftaten unter Schusswaffengebrauch begangen wurden.
62 Bundeskriminalamt, Bundeslagebild Waffenkriminalität 2010, 11; 2014, 6; 2015, 6; vgl. auch BT-Drs. 18/7741, 1 (2, 9); 18/8710, 5; 18/9674, 6.
63 *Feltes/Mihalic/Bunge* GSZ 2018, 23 (24).
64 *Runkel* in Adolph/Brunner/Bannach WaffG § 43a Rn. 209; vgl. auch BT-Drs. 18/2213, 8 f.: nach Mitteilung des BKA sind in den Jahren 2000–2013 insgesamt 15.700 Waffen als Tatmittel sichergestellt worden, darunter 5.124 illegale bzw. nicht registrierte erlaubnispflichtige Schusswaffen, 605 legale erlaubnispflichtige Schusswaffen und 9.773 erlaubnisfreie Waffen (verbleibende ungeklärte Fälle: 198 Waffen). Warum in BT-Drs. 19/409, 1 und BT-Drs. 19/548, 1 unter Verweis auf diese Zahlen dann davon die Rede ist, „die meisten dieser Straftaten [seien] mit illegalen Schusswaffen verübt worden", ist nicht recht ersichtlich.
65 BT-Drs. 18/7741, 1 (5).
66 Zur Problematik der Erben → Rn. 62.

Waffen, die aus den beiden Weltkriegen stammen, von den Besatzungsmächten hinterlassen wurden oder nach der Wiedervereinigung aus DDR-Beständen in private Hände wanderten. Ferner sind in der Praxis auch und gerade solche Waffen problematisch, die aus **Krisenregionen,** insbesondere nach den Kriegen im ehemaligen Jugoslawien, nach Deutschland kamen und für die nie eine Erlaubnis eingeholt wurde. Schließlich ist darauf hinzuweisen, dass es, auch bedingt durch die Möglichkeiten des Internets, heutzutage wesentlich einfacher geworden ist als früher, Waffen über den normalen Postweg oder Kurierdienste aus dem Ausland zu beziehen.[67]

2. Erweiterungen der waffenrechtlichen Verbote in den letzten Jahren

29 Das derzeit geltende Waffengesetz wurde im Jahre 2002 durch das **Gesetz zur Neuregelung des Waffenrechts** (WaffRNeuRegG) neu erlassen.[68] Das Ziel der Neuregelung war einerseits, den missbräuchlichen Umgang mit Waffen noch weiter einzuschränken,[69] andererseits war man zu der zutreffenden Erkenntnis gelangt, dass das bisherige Waffenrecht „von der Systematik und vom Regelungsgehalt her kompliziert, lückenhaft und schwer verständlich war",[70] sodass eine transparentere und verständlichere Regelung geschaffen werden sollte (→ Rn. 67). Seitdem reißt die Diskussion um weitere Verschärfungen des Waffenrechts nicht ab. Das Gesetz wurde in der Folgezeit auch mehrfach geändert, die Verschärfungen beschränkten sich jedoch auf einige wenige Details. So wurde im Jahre 2007 in § 42 Abs. 5 WaffG eine Ermächtigung zur Errichtung „waffenfreier Zonen" erlassen, wonach künftig das Führen von Waffen auf jenen öffentlichen Straßen und Plätzen verboten werden kann, auf denen wiederholt Gewalttaten begangen worden sind.[71] Im Jahre 2008[72] folgten unter anderem das (erneute) Verbot des Führens von Anscheinswaffen und die Schaffung einer Vielzahl neuer Informationspflichten. Unter dem Eindruck des Amoklaufes von Winnenden wurden im Jahre 2009 unter anderem weitere Restriktionen vor allem für Sportschützen erlassen und die Aufbewahrungsvorschriften verschärft.[73] Einen entscheidenden Markstein stellte ferner das **Gesetz zur Errichtung eines Nationalen Waffenregisters** vom 25.6.2012 dar[74], welches das Ziel verfolgte, den Behörden mittels der Schaffung eines zentralen Registers die notwendige Transparenz über den Bestand an legalen Waffen zu verschaffen. Weitere Änderungen erfuhr das Gesetz dann auch im Jahre 2017.[75] Hierdurch wurden insbesondere die Regelungen über die Aufbewahrung von Schusswaffen und Munition modifiziert und eine erneute Strafverzichtsregelung („befristete Amnestie") getroffen. Außerdem fanden weitere Angleichungen an das europäische Recht, insbesondere an die EU-Deaktivierungsdurchführungsverordnung[76], statt. Die vorerst letzte

---

[67] Zu dieser Problematik → Rn. 48 ff.
[68] BGBl. 2002 I 3970, berichtigt S. 4592, erneut berichtigt in BGBl. 2003 I 1957.
[69] So wurden insbesondere die Anforderungen an die Zuverlässigkeit bei Waffenbesitzern verschärft, der sog. „Kleine Waffenschein" für Gas- und Schreckschusswaffen eingeführt und der Umgang mit gefährlichen Messern verboten.
[70] So ausdrücklich BT-Drs. 14/7758, 1, ferner S. 48.
[71] Durch das Gesetz zur Änderung des Waffengesetzes v. 5.11.2007 (BGBl. 2007 I 2557); vgl. zu den Änderungen im Einzelnen *Gade* WaffR Einführung Rn. 22.
[72] Durch das Gesetz zur Änderung des Waffengesetzes und weiterer Vorschriften v. 26.3.2008 (BGBl. 2008 I 426); vgl. zu den Änderungen im Einzelnen *Gade* WaffR Einführung Rn. 23; *Gerlemann/B. Heinrich* in Steindorf WaffR Einl. Rn. 36 ff.
[73] Durch das 4. Gesetz zur Änderung des Sprengstoffgesetzes v. 17.7.2009 (BGBl. 2009 I 2062); vgl. zu den Änderungen im Einzelnen *Gade* WaffR Einführung Rn. 24 ff.; *Gerlemann/B. Heinrich* in Steindorf WaffR Einl. Rn. 40 ff.
[74] BGBl. 2012 I 1366; vgl. auch die entsprechende Durchführungsverordnung v. 31.7.2012 (BGBl. 2012 I 1765); → Rn. 57 ff.
[75] Durch das Zweite Gesetz zur Änderung des Waffengesetzes und weiterer Vorschriften v. 30.7.2017 (BGBl. 2017 I 2133); zu den Änderungen im Einzelnen *Gade* WaffR Einführung Rn. 26c.
[76] Durchführungsverordnung (EU) 2015/2403 der Kommission vom 15. Dezember 2015 zur Festlegung gemeinsamer Leitlinien über Deaktivierungsstandards und -techniken, die gewährleisten, dass Feuerwaffen bei der Deaktivierung endgültig unbrauchbar gemacht werden (ABl. 2015 L 333, 62).

Änderung (und Verschärfung) erfolgte durch das **Dritte Waffenrechtsänderungsgesetz**[77] im Jahre 2020.

Betrachtet man insoweit das deutsche Waffenrecht im internationalen Vergleich, so gehört es sicherlich zu den „strengeren".[78] Gerade mit Blick auf die Vielzahl von „illegalen" Waffen (→ Rn. 26 ff.), die durch das Regime des Waffenrechts nicht erfasst werden können, muss man aber zu der Erkenntnis gelangen, dass allein die Verschärfung der waffenrechtlichen Vorschriften unter sicherheitsrechtlichen Aspekten kein „Allheilmittel" darstellen kann, um den illegalen Umgang mit Waffen in Deutschland zu verhindern oder jedenfalls einzuschränken. Dazu kommt, dass auch das schärfste Waffenrecht keine Sicherheit bietet, wenn die Regelungen nicht ausreichend kontrolliert und überprüft werden können. Insoweit ist neben möglichen (weiteren) Verschärfungen der materiell-rechtlichen Regelungen des Waffengesetzes auch stets zu prüfen, wie deren Vollzug gewährleistet werden kann. Wäre hier – jedenfalls in Teilbereichen – ein Vollzugsdefizit festzustellen, wäre auch die Effektivität der waffenrechtlichen Regelungen nicht gewährleistet.[79] 30

3. Messer

Neben den Schusswaffen stellen insbesondere (manche) Messer eine Gefahr für die öffentliche Sicherheit dar. Insbesondere bei Jugendlichen glaubt man hierbei eine steigende Gewaltbereitschaft feststellen zu können,[80] die oft auch mit dem Führen und dem Einsatz von Messern bei Auseinandersetzungen verbunden ist. Zudem soll auch eine hohe Affinität gerade vieler ausländischer Tatverdächtiger zu Hieb-, Stoß- und Stichwaffen bestehen. 31

Waffenrechtlich sind jedenfalls manche Messer als tragbare Gegenstände nach § 1 Abs. 2 Nr. 2 WaffG einzuordnen und daher als Waffen dem Waffengesetz unterstellt. Es kann sich hier entweder um „geborene Waffen" nach § 1 Abs. 2 Nr. 2 lit. a WaffG oder um „gekorene Waffen" nach § 1 Abs. 2 Nr. 2 lit. b WaffG handeln. Einige dieser Messer werden darüber hinaus als „verbotene Waffen" nach § 2 Abs. 3 WaffG iVm Anl. 2 Abschn. 1 zum WaffG eingeordnet. Ein Umgang mit ihnen ist grundsätzlich untersagt (§ 2 Abs. 3 WaffG) und nach § 52 Abs. 3 Nr. 1 WaffG auch mit Strafe bedroht. Im Gegensatz zu den Schusswaffen unterliegen die (nicht verbotenen) Messer, selbst wenn sie im Einzelfall dem Waffengesetz unterfallen, aber **keiner Erlaubnispflicht.** Daher können sie auch nicht in eine Waffenbesitzkarte eingetragen und es kann für sie kein Waffenschein ausgestellt werden. Insofern werden Messer auch nicht vom Nationalen Waffenregister erfasst. Unterfällt ein Messer dem Regime des WaffG gelten aber zB die **besonderen Aufbewahrungspflichten** (§ 36 Abs. 1 WaffG), bei öffentlichen Veranstaltungen dürfen sie nicht geführt werden (§ 42 Abs. 1 WaffG) und Jugendliche dürfen mit solchen Messern keinen Umgang haben (§ 2 Abs. 1 WaffG). 32

Um „**geborene Waffen**" handelt es sich, wenn die Messer ihrem Wesen nach dazu bestimmt sind, die Angriffs- oder Abwehrfähigkeit von Menschen zu beseitigen oder herabzusetzen. Dies ist regelmäßig bei Degen, Säbeln, Dolchen und Stiletten der Fall (vgl. auch S. 4 der WaffVwV zu Anl. 1 Abschn. 1 UAbschn. 2 Nr. 1.1 zum WaffG). Nicht erfasst sind Gegenstände, die zB wegen abgestumpfter Spitzen und stumpfer Schneiden offensichtlich nur für den Sport (Sportflorette, Sportdegen, hingegen nicht geschliffene Mensurschläger), zur Brauchtumspflege (zB historisch nachgebildete Degen, Lanzen) oder als Dekorationsgegenstand (zB Zierdegen, Dekorationsschwerter) geeignet sind. 33

Dagegen versteht man unter „**gekorenen Waffen**" nach § 1 Abs. 2 Nr. 2 lit. b WaffG solche Gegenstände, die, ohne dazu bestimmt zu sein, insbesondere wegen ihrer Beschaffenheit, Handhabung oder Wirkungsweise geeignet sind, die Angriffs- oder Abwehrfähigkeit von Menschen zu beseitigen oder herabzusetzen. Sie müssen aber, da der Anwen- 34

---

[77] BGBl. 2020 I 166.
[78] *Heller/Soschinka/Rabe,* Waffenrecht, 4. Aufl. 2020, Rn. 3b; so auch BT-Drs. 19/548, 2.
[79] Hierzu auch *Wiefelspütz* ZRP 2009, 122.
[80] Vgl. die Begründung des Gesetzgebers zur Aufnahme der Butterflymesser in den Katalog der (verbotenen) Waffen in BT-Drs. 14/7758, 91; ferner bereits BR-Drs. 589/1/97, 3, 7 f.; BT-Drs. 16/8224, 14, zur Einbeziehung der Einhandmesser.

dungsbereich sonst zu groß wäre, im WaffG eigens genannt sein. Dies ist für die in Anl. 1 Abschn. 1 UAbschn. 2 Nr. 2.1.1 bis Nr. 2.1.4 zum WaffG genannten Messer geschehen: Als gekorene Waffen erfasst sind demnach Springmesser (Nr. 2.1.1), Fallmesser (Nr. 2.1.2), Faustmesser (Nr. 2.1.3) und Faltmesser in Form der Butterflymesser (Nr. 2.1.4). Diese Messer sind jeweils auch als verbotene Waffen nach Anl. 2 Abschn. 1 Nr. 1.4.1 bis Nr. 1.4.3 zum WaffG anzusehen. Ein Umgang mit ihnen ist strafbar nach § 52 Abs. 3 Nr. 1 WaffG. Bei den genannten Springmessern gilt dies aber nicht absolut. Das Verbot gilt hier bei solchen Springmessern nicht, bei denen die Klinge seitlich aus dem Griff herausspringt und der aus dem Griff herausragende Teil der Klinge höchstens 8,5 cm lang und nicht zweiseitig geschliffen ist (Anl. 2 Abschn. 1 Nr. 1.4.1 zum WaffG).

35 **Sonstige Messer** fallen hingegen nicht unter das Waffengesetz. Es handelt sich dabei um solche Messer, die ihrem Wesen nach gerade nicht dazu bestimmt sind, die Angriffs- oder Abwehrfähigkeit von Menschen zu beseitigen oder herabzusetzen und die auch nicht in Anl. 1 Abschn. 1 UAbschn. 2 Nr. 2.1 zum WaffG gesondert genannt sind. Hierunter fallen die üblichen Küchenmesser sowie die üblicherweise verwendeten Taschenmesser (zB das „Schweizer Offiziersmesser") oder auch ein gewöhnliches Fahrtenmesser. In S. 10 und 11 der WaffVwV zu Anl. 1 Abschn. 1 UAbschn. 2 Nr. 1.1 zum WaffG findet sich der Hinweis, dass bei Klappmessern und feststehenden Messern eine Waffeneigenschaft in der Regel dann zu verneinen ist, wenn die Klinge in ihren technischen Merkmalen (Länge, Breite, Form) der eines Gebrauchsmessers (zB Küchenmesser, Taschenmesser) entspricht. Hiervon kann in der Regel dann ausgegangen werden, wenn der aus dem Griff herausragende Teil der Klinge kürzer als 8,5 cm oder nicht zweischneidig ist. Zu beachten ist bei sämtlichen Messern aber § 42a WaffG. Obwohl diese Messer an sich nicht dem WaffG unterfallen, wird hier (systemwidrig) ein Verbot des Führens angeordnet, wenn es sich um Messer mit einhändig feststellbarer Klinge („Einhandmesser") oder um feststehende Messer mit einer Klingenlänge über 12 cm handelt. Ein Verstoß hiergegen kann als Ordnungswidrigkeit nach § 53 Abs. 1 Nr. 21a WaffG geahndet werden.

4. Umgebaute Waffen

36 Ein sich in der Praxis häufig stellendes und unter sicherheitsrechtlichen Gesichtspunkten bedeutsames Problem ist der **illegale Umbau** bestimmter, meist im Ausland hergestellter und an sich privilegierter Waffen in „scharfe" Schusswaffen. Dies betrifft insbesondere den illegalen Rückbau von **Dekorations- und Salutwaffen** (vgl. hierzu Anl. 1 Abschn. 1 UAbschn. 1 Nr. 1.4 und Nr. 1.5 zum WaffG), die – jedenfalls bis zum Inkrafttreten des 3. WaffRÄndG 2020[81] – erlaubnisfrei erworben werden konnten.[82] Relevant wird das Problem aber auch bei – auch heute noch erlaubnisfrei zu erwerbenden – Schreckschusswaffen (hierzu Anl. 1 Abschn. 1 UAbschn. 1 Nr. 2.6 zum WaffG), Perkussionswaffen (einläufige Einzelladerwaffen mit Zündhütchenzündung) und Flobertwaffen, die bei Vorliegen entsprechender Kenntnisse und Hilfsmittel in voll funktionsfähige Schusswaffen umgebaut werden können und anschließend oft in den illegalen Waffenkreislauf gelangen. Diese Tendenz wird durch den zunehmenden Handel mit Waffen im Internet begünstigt.[83]

37 Da die waffenrechtlichen Vorschriften sowie die technischen Anforderungen für den Umbau in diesem Bereich innerhalb **Europas** zum Teil sehr unterschiedlich sind,[84] zeigt sich gerade hier sehr deutlich, wie wichtig eine Harmonisierung der entsprechenden Regelungen ist.[85] Im Jahre 2015 wurde insoweit die Durchführungsverordnung (EU)

---

[81] Im 3. WaffRÄndG (BGBl. 2020 I 166) hat der Gesetzgeber die Privilegierungen für Salutwaffen weitgehend eingeschränkt.
[82] BT-Drs. 18/7741, 1 (2, 6); 18/8710, 2; 18/9674, 1 (4).
[83] BT-Drs. 18/9674, 1; zum Handel im Internet → Rn. 48 ff.
[84] BT-Drs. 18/7741, 1 (2).
[85] Zu den Bemühungen auf europäischer Ebene, hier einheitliche technische Standards zur Verhinderung des Umbaus ua von Schreckschusswaffen in „scharfe" Schusswaffen zu schaffen, vgl. auch BT-Drs. 18/9674, 1; *Feltes/Mihalic/Bunge* GSZ 2018, 23.

2015/2403 der Kommission vom 15.12.2015 zur Festlegung gemeinsamer Leitlinien über Deaktivierungsstandards und -techniken erlassen (Deaktivierungsverordnung), die gewährleisten soll, dass Feuerwaffen bei der Deaktivierung auch tatsächlich endgültig unbrauchbar gemacht werden.[86] Gefordert werden darüber hinaus unter anderem Regelungen, durch die Markierungs-, Kennzeichnungs- und Nachweispflichten auf erlaubnisfreie Waffen ausgedehnt werden, um deren Rückverfolgbarkeit nach einem illegalen Umbau zu verbessern.[87]

In diesem Zusammenhang ist auch die Richtlinie (EU) 2017/853 vom 17.5.2017[88] zu nennen, durch welche die Richtlinie 91/477 EWG (Feuerwaffen-RL 1991)[89] geändert wurde und die Regelungen enthält, die verhindern sollen, dass halbautomatische in vollautomatische Schusswaffen umgebaut werden können.[90] Die Richtlinie wurde inzwischen durch die Richtlinie (EU) 2021/55 vom 24.3.2021[91] gänzlich neu gefasst. **38**

5. Verbot der Erteilung von waffenrechtlichen Genehmigungen an Mitglieder einzelner Personengruppen

Im Rahmen der Entscheidung über die Erteilung einer Genehmigung für den Erwerb und Besitz erlaubnispflichtiger Waffen in Form der Erteilung einer Waffenbesitzkarte müssen nach § 4 WaffG im Allgemeinen fünf Voraussetzungen erfüllt sein. Der Antragsteller muss mindestens **18 Jahre alt** sein, waffenrechtlich **zuverlässig** (§ 5 WaffG) und **persönlich geeignet** (§ 6 WaffG iVm § 5 AWaffV) sein und die erforderliche **Sachkunde** (§ 7 WaffG iVm §§ 1–3 AWaffV) und ein waffenrechtliches **Bedürfnis** nachweisen (§ 8 WaffG). Ob diese Voraussetzungen vorliegen, ist im Hinblick auf den jeweiligen Einzelfall und auf die Person des Antragstellers zu prüfen. So enthält insbesondere § 5 WaffG einen umfangreichen Katalog möglicher (zwingender oder fakultativer) Gründe, die der Annahme einer **Zuverlässigkeit** entgegenstehen. So besitzen Personen nach § 5 Abs. 2 Nr. 2 WaffG die erforderliche Zuverlässigkeit „in der Regel" nicht, wenn sie Mitglied in einer verbotenen Vereinigung oder einer vom BVerfG verbotenen Partei sind oder in den vergangenen zehn Jahren waren. Darüber hinaus kann aber auch bei anderen Personen aufgrund ihrer Ideologie, die sich oft in der Mitgliedschaft in bestimmten Gruppierungen zeigt, eine Unzuverlässigkeit festgestellt werden, die dann aber regelmäßig auf § 5 Abs. 1 Nr. 2 WaffG zu stützen ist. Hiernach besitzen Personen die erforderliche Zuverlässigkeit nicht, bei denen Tatsachen die Annahme rechtfertigen, dass sie a) Waffen oder Munition missbräuchlich oder leichtfertig verwenden werden, b) mit Waffen oder Munition nicht vorsichtig oder sachgemäß umgehen oder diese Gegenstände nicht sorgfältig verwahren werden oder c) Waffen oder Munition Personen überlassen werden, die zur Ausübung der tatsächlichen Gewalt über diese Gegenstände nicht berechtigt sind. **39**

Aktuell diskutiert wird insbesondere, ob Personen, die der sog. **„Reichsbürgerbewegung"** bzw. der Bewegung der „Selbstverwalter" angehören oder sich deren Ideologie als verbindlich zu eigen gemacht haben, als grundsätzlich waffenrechtlich unzuverlässig anzusehen sind. Dies wurde mittlerweile von einigen Verwaltungsgerichten angenommen.[92] **40**

---

[86] ABl. 2015 L 333, 62. Die Verordnung ist am 8.4.2016 in Kraft getreten.
[87] BT-Drs. 18/7741, 1 (2 f.); 18/9674, 2.
[88] ABl. 2017 L 137, 22; hierzu *Gerster* GSZ 2018, 18 (19 f.).
[89] RL 91/477/EWG des Rates vom 18. Juni 1991 über die Kontrolle des Erwerbs und des Besitzes von Waffen (ABl. 1991 L 256, 51, berichtigt ABl. 1991 L 299, 50 und ABl. 1993 L 54, 22).
[90] Hierzu BT-Drs. 18/9674, 1; *Feltes/Mihalic/Bunge* GSZ 2018, 23.
[91] ABl. 2021 L 115, 1; die Richtlinie ist abgedruckt bei *Steindorf* WaffR II. Materialien 16.
[92] VGH Kassel BeckRS 2018, 15068; OVG Bautzen NVwZ-RR 2019, 415; OVG Lüneburg NJW 2017, 3256; OVG Münster BeckRS 2017, 139052; BeckRS 2018, 15381; VGH Mannheim VBlBW 2018, 150; VGH München BayVBl. 2018, 166 = BeckRS 2017, 128941 (hierzu *Rothkäppel* KommP BY 2018, 28); VGH München BeckRS 2017, 132578; BeckRS 2017, 137087; BeckRS 2018, 201; BeckRS 2018, 199; BeckRS 2018, 3042; BeckRS 2018, 3070; BeckRS 2018, 3069; BeckRS 2018, 7805; BeckRS 2019, 1677; BeckRS 2019, 20333; VG Augsburg BeckRS 2017, 126168; VG Cottbus BeckRS 2016, 52848; VG Gießen BeckRS 2018, 15069; BeckRS 2018, 15821; VG Greifswald BeckRS 2019, 12867; VG

Zwar sei die Beurteilung der waffenrechtlichen Unzuverlässigkeit grundsätzlich ein individuell zu prüfender Umstand, hierbei könne aber auch die Gruppenzugehörigkeit einer Person als Tatsache (personenbezogenes Merkmal) heranzuziehen sein.[93] Was die „Reichsbürger" angeht, so stellen diese allerdings eine organisatorisch und ideologisch äußerst heterogene, zersplitterte und vielschichtige Szene dar,[94] die überwiegend aus Einzelpersonen ohne strukturelle Anbindung besteht, was eine Zuordnung des Einzelnen zur Gruppe der „Reichsbürger" unmöglich macht.[95] Wer sich aber die verbindende Ideologie der sog. „Reichsbürgerbewegung" zu eigen gemacht hat, ist in der Regel bereits deshalb waffenrechtlich unzuverlässig, weil er sich in Wort und Tat gegen die Rechtsordnung der Bundesrepublik Deutschland stellt.[96] Diese Ideologie basiert darauf, dass ihre Vertreter die Existenz, Legitimität und Souveränität der Bundesrepublik Deutschland als Staat und daher die geltende Rechtsordnung offensiv ablehnen bzw. als nicht verbindlich ansehen.[97] Die Bundesrepublik sei lediglich als „Firma" bzw. als Unternehmen anzusehen („BRD-GmbH"), die dem allgemeinen Vertragsrecht unterworfen sei. Sie könne keine verbindlichen Entscheidungen treffen, sodass der Einzelne selbst und alleine darüber entscheiden könne, welchen behördlichen Anordnungen er nachzukommen hat und welchen nicht.[98] Ist das der Fall, dann deutet dies aber darauf hin, dass die betreffenden Personen auch die Regelungen des Waffengesetzes nicht strikt befolgen werden.[99] Ist eine Person insoweit als unzuverlässig anzusehen, kann ihr keine Waffenbesitzkarte erteilt werden, eine bereits erteilte Waffenbesitzkarte ist nach § 45 Abs. 2 S. 1 WaffG iVm § 4 Abs. 1 Nr. 2 Alt. 1 iVm § 5 Abs. 1 Nr. 2 WaffG zu widerrufen.

41 Spätestens seit der spektakulären Tötung eines Polizisten im Rahmen einer Wohnungsdurchsuchung durch ein Mitglied eines Motorradclubs im Jahre 2010[100] wird ferner diskutiert, ob auch dieser Personenkreis (**„Rocker"**) – und wenn ja unter welchen Umständen – als (grundsätzlich) waffenrechtlich unzuverlässig anzusehen ist. Dies wurde vom BVerwG bei bestimmten Gruppierungen – auch hier unter Berufung auf § 5 Abs. 1 Nr. 2 WaffG – inzwischen angenommen.[101]

42 Nach dem Verfassungsschutzbericht Bayern 2012[102] existieren derzeit in Deutschland mit den Hells Angels MC, den Bandidos MC, den Outlaws MC, dem Gremium MC und seit Anfang 2011 den Mongols MC fünf Gruppierungen, die der sog. „Outlaw Motorcycle

---

Minden BeckRS 2016, 55361; VG München BeckRS 2017, 117928; BeckRS 2018, 10674; vgl. auch VG Ansbach BeckRS 2013, 46817; etwas vorsichtiger VG München BeckRS 2017, 117929; BeckRS 2017, 128245; grundsätzlich zustimmend, im konkreten Fall aber ablehnend VG München BeckRS 2019, 11941; anders hingegen VG Gera BeckRS 2016, 42908 bei „bloßen Sympathiekundgebungen"; zum Ganzen *Roth* NVwZ 2018, 1772; vgl. auch zu den Zahlen widerrufener Erlaubnisse in Baden-Württemberg LT-Drs. 16/6022, 6.

[93] VG Greifswald BeckRS 2019, 12867 Rn. 26.
[94] Bundesministerium des Innern, für Bau und Heimat, Verfassungsschutzbericht 2017, 90.
[95] VGH Mannheim VBlBW 2018, 150 Rn. 25; VG Greifswald BeckRS 2019, 12867 Rn. 27.
[96] VG Greifswald BeckRS 2019, 12867.
[97] OVG Bautzen NVwZ-RR 2019, 415 (415 f.).
[98] VG Greifswald BeckRS 2019, 12867.
[99] OVG Bautzen NVwZ-RR 2019, 415 (415 f.); OVG Münster BeckRS 2017, 139052; VG Cottbus BeckRS 2016, 52848; VG Minden BeckRS 2016, 55361.
[100] BGH NStZ 2012, 272; → Rn. 24.
[101] BVerwG NJW 2015, 3594; so auch die Vorinstanz: VGH München BeckRS 2013, 59477; ferner VGH München BeckRS 2014, 57176; BeckRS 2017, 108011; VG Freiburg BeckRS 2018, 4501; BeckRS 2019, 17001; VG Karlsruhe BeckRS 2018, 31729; BeckRS 2018, 36566; VG Sigmaringen BeckRS 2017, 1393; VG Stuttgart BeckRS 2019, 19952; bestätigt durch BVerwG NJW 2018, 2812, auch für den „Kleinen Waffenschein"; so bereits VGH Kassel BeckRS 2017, 141335; anders noch die Vorinstanz VG Frankfurt a.M. BeckRS 2016, 129672; inzwischen auch VG Ansbach BeckRS 2019, 19434; OVG Koblenz BeckRS 2018, 21731; bestätigt durch BVerwG BeckRS 2019, 3611; kritisch hierzu *Sponsel/Albrecht* Kriminalistik 2017, 252.
[102] Bayerisches Staatsministerium des Innern, für Bau und Verkehr, Verfassungsschutzbericht, 2012, 265 ff.; zitiert in VGH München BeckRS 2013, 59477 Rn. 46; vgl. auch Bayerisches Staatsministerium des Innern, für Sport und Integration, Verfassungsschutzbericht, 2018, 297 ff., der nun zusätzlich auch noch die „Rock Machine MC" und in Bayern den „Trust MC" den OMCGs zuordnet.

B. Überblick über das Waffenrecht § 49

Gang" (OMCG) zugerechnet werden. Mit diesem von den amerikanischen Strafverfolgungsbehörden eingeführten Begriff werden polizeilich besonders relevante Rockergruppierungen bezeichnet, die sich von der Masse anderer Motorradclubs abgrenzen und welche kriminelle Handlungen als eine Hauptmotivation ihrer Existenz verstehen.[103] Daneben etablierten sich in den letzten Jahren auch weitere rockerähnlich organisierte Gruppierungen wie die Black Jackets und die Pars Augsburg, in deren Gruppierungen Motorräder allerdings keine wesentliche Rolle spielen, die den genannten „OMCGs" aber in ihrem Auftreten und ihrem Gruppenverhalten ähneln.

Nach der Rechtsprechung verlangt § 5 Abs. 1 Nr. 2 lit. a und c WaffG zwar den Nachweis **konkreter Umstände,** die die Prognose rechtfertigen, der Betreffende werde Waffen oder Munition missbräuchlich oder leichtfertig verwenden oder Personen überlassen, die dazu nicht berechtigt sind (individuelle Beurteilung). Es ist aber nicht erforderlich, dass sich solche konkreten Umstände aus einem bestimmten konkret festgestellten Fehlverhalten des Einzelnen ergeben. Ausreichend für eine waffenrechtliche Unzuverlässigkeit ist vielmehr bereits, dass sich der Handelnde regelmäßig in einem Milieu bewegt, in dem üblicherweise Straftaten begangen werden.[104] Begründet wird dies bei den genannten Gruppierungen – im Vergleich mit sonstigen Vereinigungen, aus denen heraus auch Straftaten begangen werden können – mit der hier aufgefundenen Struktur, insbesondere der strengen Hierarchien, des restriktiven Aufnahmeverfahrens, der angestrebten lebenslänglichen Mitgliedschaft und des bestehenden besonderen Ehrenkodex. Erfasst sind dabei neben den „Vollmitgliedern" auch die Anwärter (sog. „Prospects").[105]

43

Dem könnte allerdings die in **§ 5 Abs. 2 Nr. 2 und Nr. 3 WaffG** genannte **„Regelvermutung"** entgegenstehen. Hiernach besitzen Personen, die Mitglieder verbotener Vereine oder verfassungswidriger Parteien sind oder bei denen Tatsachen die Annahme rechtfertigen, dass sie solche Organisationen unterstützen, lediglich „in der Regel" die erforderliche Zuverlässigkeit nicht. Dies könnte zu dem Schluss verleiten, dass Mitglieder oder Unterstützer nicht verbotener Vereinigungen nicht „strengeren" Regelungen, nämlich der zwingenden Vorschrift des § 5 Abs. 1 Nr. 2 WaffG, unterworfen werden dürfen. Das BVerwG lässt diesen Einwand jedoch nicht gelten, da § 5 Abs. 2 WaffG den Unzuverlässigkeitsbegriff nicht einenge, sondern ausweite.[106] Eine Unzuverlässigkeit müsse insoweit also immer dann angenommen werden, wenn eine individuelle Prüfung ergäbe, dass ein Fall des § 5 Abs. 1 Nr. 2 WaffG vorliege. Dieser verlange eine Prognose, die sich (ausschließlich) auf diejenige Person zu beziehen hat, deren Zuverlässigkeit infrage steht. Die Unzuverlässigkeit anderer, selbst nahestehender, Personen rechtfertige als solche eine entsprechende Prognose nicht. Zu beachten sei aber, dass individuelle Verhaltenspotenziale gerade auch durch das soziale Umfeld mitbestimmt würden. Daher bestünden keine Bedenken dagegen, die **Gruppenzugehörigkeit** einer Person (als personenbezogenes Merkmal) als Tatsache heranzuziehen, welche die Annahme der Unzuverlässigkeit stütze, sofern zwischen der Annahme der Unzuverlässigkeit und der Gruppenzugehörigkeit eine kausale Verbindung bestehe.[107] Dies aber treffe auf die Zugehörigkeit in den genannten Gruppen (im konkreten Fall: den „Bandidos") zu.[108] Insbesondere, da diese Gruppen Konflikte (gerade auch mit anderen, „feindlichen" Gruppierungen) regelmäßig mit Gewalt austragen würden (Gewaltausübung als „prägendes Strukturmerkmal" der Gruppe), läge es nahe, dass

44

---

[103] VGH München BeckRS 2013, 59477 Rn. 38; vgl. allgemein zur „Rockerkriminalität" *Vahldieck*, Rocker- und Bandenkriminalität als Problem der Inneren Sicherheit in Deutschland, 2010.
[104] VGH München BeckRS 2013, 59477 Rn. 67; vgl. auch BVerwG NJW 2015, 3594.
[105] VG Ansbach BeckRS 2019, 19434.
[106] BVerwG NJW 2015, 3594 (3594 f.); so bereits BVerwG NVwZ-RR 2010, 225; im Ergebnis auch *Gade* WaffR § 5 Rn. 11a.
[107] BVerwG NJW 2015, 3594 (3595); so auch VGH Kassel BeckRS 2017, 141335; VG Karlsruhe BeckRS 2018, 31729; insoweit gilt hier dasselbe wie bei der „Reichsbürgerbewegung"; vgl. VGH Mannheim VBlBW 2018, 150.
[108] BVerwG NJW 2015, 3594 (3595); so auch BVerwG NJW 2018, 2812 (für Mitglieder des „Outlaws MC Friedberg"); OVG Koblenz BeckRS 2018, 21731 (für Mitglieder des „Gremium MC").

ein Mitglied, auch wenn es bislang strafrechtlich noch nicht in Erscheinung getreten ist, aufgrund der engen Verbundenheit und des geltenden „Ehrenkodex" entweder beabsichtigt oder unter dem Druck der Situation Waffen missbräuchlich verwenden oder Nichtberechtigten überlassen werde.[109] Da sich die genannten Gruppen gerade aufgrund dieser Besonderheiten von anderen (noch) nicht verbotenen Vereinen oder Organisationen, deren Verfassungswidrigkeit (noch) nicht festgestellt ist, unterscheiden, ist die Anwendung des § 5 Abs. 1 Nr. 2 WaffG hier in der Tat gerechtfertigt.

45 Mit den beiden genannten Gruppen ist jedoch der Bereich der potenziell gefährlichen Personengruppen noch nicht abgedeckt. So ergab zB eine Abfrage des Bundesamtes für Verfassungsschutz bei den Ländern im Jahre 2014, dass etwa 400 Personen mit **rechtsextremistischem Hintergrund** über eine waffenrechtliche Erlaubnis verfügen.[110]

6. Internationale Bezüge

46 Auch das Waffenrecht macht an den nationalen Grenzen nicht halt. Insbesondere die bereits oben (→ Rn. 26 ff.) mitgeteilte Beobachtung, dass sich in Deutschland derzeit mehr „illegale" als „legale" Waffen befinden, legt die Vermutung nahe, dass diese „illegalen" (dh nicht in eine Waffenbesitzkarte eingetragenen bzw. in Deutschland nicht offiziell registrierten) Waffen nicht aus einer inländischen Waffenproduktion stammen, sondern aus dem Ausland eingeführt werden. Als Herkunftsgebiete solcher **illegaler Waffenimporte** sind einerseits (ehemalige) Krisengebiete, wie zB Ex-Jugoslawien, andererseits aber auch Vertriebswege über den Versandhandel oder das Internet[111] auszumachen. Aber auch die innerhalb des „Schengen-Raumes" offenen Grenzen dürften dazu beitragen, dass Waffen und Munition (ebenso wie in Deutschland verbotene pyrotechnische Gegenstände; → Rn. 73, 80 f.) aus dem (EU-)Ausland nach Deutschland gelangen. Begünstigt wird dies durch eine EU-weit immer noch recht unterschiedliche rechtliche Ausgestaltung des Waffen- und Sprengstoffrechts.

47 Dies verwundert etwas, wird doch gerade seitens der **EU** eine Vereinheitlichung der Rechtslage, dh eine **„Harmonisierung"** im Bereich des Waffen- und Sprengstoffrechts angestrebt. Neben der EU lassen sich weltweit im Übrigen noch weitere Akteure ausmachen, die eine Vereinheitlichung der waffenrechtlichen Regelungen anstreben. Zu nennen sind hier unter anderem der Europarat[112] und die Vereinten Nationen[113]. Was die EU angeht, so ist hier zentral die vom Rat der Europäischen Gemeinschaft am 18.6.1991

---

[109] BVerwG NJW 2015, 3594 (3595); bestätigt durch BVerwG NJW 2018, 2812 (2813).
[110] BT-Drs. 18/8710, 2.
[111] Vgl. zur Problematik des Internets noch → Rn. 48 ff.; speziell zum Darknet → Rn. 51 ff.
[112] Vgl. hier das „Europäische Übereinkommen über die Kontrolle des Erwerbs und Besitzes von Schusswaffen durch Einzelpersonen" v. 28.6.1978 (BGBl. 1980 II 953), für die Bundesrepublik in Kraft getreten am 1.6.1986 (BGBl. 1986 II 616). Hierdurch verpflichteten sich die Vertragsstaaten aus Gründen einer wirksamen Verbrechensbekämpfung ein Kontrollsystem für grenzüberschreitende Waffengeschäfte und endgültig verbrachte Schusswaffen von einem Vertragsstaat in einen anderen einzuführen.
[113] Vgl. hier das Übereinkommen der Vereinten Nationen über das „Verbot oder die Beschränkung des Einsatzes bestimmter konventioneller Waffen, die übermäßige Verletzungen verursachen oder unterschiedslos wirken können" (VN-Waffenübereinkommen) v. 10.10.1980 (BGBl. 1992 II 958, BGBl. 1993 II 935), für die Bundesrepublik in Kraft getreten am 25.5.1993 (BGBl. 1993 II 1813), geändert durch das Gesetz zur Änderung des VN-Waffenübereinkommens v. 17.11.2004 (BGBl. 2004 II 1502), sowie die zu diesem Übereinkommen verabschiedeten Protokolle; vgl. hierzu im Einzelnen *B. Heinrich* in MüKoStGB WaffG § 1 Rn. 21. Besonders hervorzuheben ist in diesem Zusammenhang das im Jahre 2005 in Kraft getretene VN-Schusswaffenprotokoll v. 31.5.2001. Zudem wurde von der Generalversammlung der Vereinten Nationen am 2.4.2013 ein „Vertrag über den Waffenhandel" geschlossen (BGBl. 2013 II 1426 [1427 ff.]), der von der Bundesrepublik Deutschland am 3.6.2013 gezeichnet und durch Gesetz v. 19.10.2013 in nationales Recht umgesetzt wurde (BGBl. 2013 II 1426). Der Vertrag trat daraufhin für Deutschland am 24.12.2014 in Kraft (BGBl. 2014 II 1293). Ziel des Vertrages ist es, den internationalen Handel mit konventionellen Rüstungsgütern zu regulieren. Hierzu sollen rechtlich bindende und weltweit einheitlich geltende Mindeststandards, insbesondere für den Export, geschaffen werden, vgl. BT-Drs. 17/13834, 1.

erlassene **„Richtlinie [...] über die Kontrolle des Erwerbs und des Besitzes von Waffen"** (EU-Waffenrichtlinie) zu nennen.[114] Auf dieser Grundlage wurde ab dem 1.1.1993 auf Kontrollen des Waffenbesitzes an den innergemeinschaftlichen Grenzen verzichtet. Erforderlich ist seitdem jedoch die Erteilung eines **„Europäischen Feuerwaffenpasses"** (vgl. § 32 Abs. 6 WaffG). Für Munition ist Art. 10 RL 93/15/EWG v. 5.4.1993 (Sprengstoffrichtlinie) zu beachten.[115] Zu erwähnen sind ferner die am 30.9.2013 in Kraft getretene EU-Verordnung Nr. 258/2012 vom 14.3.2012 (Feuerwaffenverordnung)[116] und die EU-Deaktivierungsdurchführungsverordnung vom 15.12.2015.[117] Trotz dieser vielfältigen Bemühungen auf europäischer Ebene zeigen sich aber sowohl im Waffen- als auch im Sprengstoffrecht doch erhebliche Unterschiede in den gesetzlichen Regelungen sowie in der Anwendungspraxis.[118] Gefordert werden daher in diesem Bereich eine noch weitergehende Harmonisierung der waffenrechtlichen Regelungen sowie ein verbesserter Informationsaustausch zwischen den Mitgliedstaaten, um insbesondere auch die Rückverfolgbarkeit von aufgefundenen Waffen zu verbessern.[119]

7. Vertrieb von Waffen über das Internet

Gerade das Internet bietet die Möglichkeit, in vielfältiger Weise mit legalen aber auch mit illegalen Waren Handel zu treiben. So verwundert es nicht, dass es heutzutage eine Vielzahl von legalen, halblegalen oder illegalen „Shops" im Internet gibt, die Gegenstände anbieten, die in Deutschland erlaubnispflichtig oder sogar verboten sind. Gegen diese meist über ausländische Server betriebenen Webseiten und die im Ausland sitzenden Händler kann seitens der deutschen Ermittlungsbehörden nicht oder nur im Wege der Rechtshilfe vorgegangen werden, was meist nicht sehr vielversprechend ist. Insbesondere sind diejenigen Fälle als besonders schwierig anzusehen, in denen Waffen oder Gegenstände vertrieben werden, die nach dem Recht des Staates, in dem der Händler sie vertreibt, erlaubnisfrei verkauft werden können.[120] Eine Bestellung seitens eines sich in Deutschland befindenden Abnehmers in diesen Fällen ist meist risikofrei möglich. Werden die erworbenen Waffen und sonstigen Gegenstände wie üblich mit der **Post** versandt, erreichen sie meist ohne weitere Kontrolle den Empfänger und gelangen so in den Umlauf.[121] Rechtspolitisch wurde daher die Forderung laut, den Verkauf von Waffen über das Internet jedenfalls für Privatpersonen zu verbieten.[122] Dies mag das Problem in Teilbereichen eindämmen, löst aber nicht die Fälle, in denen Waffenlieferungen nicht als solche deklariert und bewusst verschleiert werden.

Werden Waffen über das Internet bestellt, erreichen diese Deutschland zum einen dadurch, dass sie illegal über die Grenze gebracht werden, sei es im Einzelfall oder auch – häufiger – in **größeren Lieferungen.** Der zweite Weg ist der gewöhnliche Postversand. Dieses Problem erkennend, wurde im Gesetzentwurf des Bundesrates zur Einführung einer eigenständigen Strafbarkeit für das Betreiben von internetbasierten Handelsplattformen für

48

49

---

[114] RL 91/477/EWG, ABl. 1991 L 256, 51, berichtigt ABl. 1991 L 299, 50 und ABl. 1993 L 54, 22. Die EU-Waffenrichtlinie wurde mehrfach geändert, so durch die RL 2008/51/EG v. 21.5.2008, ABl. 2008 L 179, 5 und durch die RL (EU) 2017/853 vom 17.5.2017, ABl. 2017 L 137, 22; hierzu *Gerster* GSZ 2018, 18 (19 f.). Die Richtlinie wurde schließlich ersetzt durch die Richtlinie (EU) 2021/55 v. 24.3.2021, ABl. 2021 L 115, 1. Dieser Richtlinie ist abgedruckt in *Steindorf* WaffR II. Materialien 16.
[115] RL 93/15/EWG des Rates vom 5.4.1993 zur Harmonisierung der Bestimmungen über das Inverkehrbringen und die Kontrolle von Explosivstoffen für zivile Zwecke, ABl. 1993 L 121, 20; berichtigt ABl. 1995 L 79, 34; die Richtlinie wurde neu gefasst durch die RL 2014/28/EU vom 26.2.2014, ABl. 2014 L 96, 1.
[116] ABl. 2012 L 94, 1.
[117] ABl. 2015 L 333, 62.
[118] BT-Drs. 18/7741, 1 (2).
[119] BT-Drs. 18/7741, 1 (2).
[120] Vgl. hierzu BGH NStZ 2019, 742 (Ungarn).
[121] So im Fall BGH NStZ 2019, 742 (Ungarn).
[122] Vgl. hierzu auch BT-Drs. 18/9674, 4.

illegale Waren und Dienstleistungen in Art. 2 Nr. 1 eine Erweiterung der Möglichkeit der Postbeschlagnahme vorgesehen.[123]

50 Zu erwähnen ist allerdings, dass der Vertrieb von Waffen über entsprechende Foren im Internet in den letzten Monaten zurückzugehen scheint. Denn nach den jüngsten **Verurteilungen von Betreibern der Foren,** über die Waffen vertrieben wurden, die später im Rahmen von Gewalttaten eingesetzt wurden, zeichnet sich eine Tendenz ab, dass Anbieter und Plattformbetreiber den Vertrieb von Waffen über das Internet scheuen. Darauf, ob und inwieweit eine Bestrafung nach geltendem Recht hier möglich ist bzw. de lege ferenda eine entsprechende Erweiterung der Strafbarkeit erforderlich erscheint, wird sogleich noch im Rahmen der Ausführungen zum Darknet näher eingegangen werden (→ Rn. 51 ff.).

8. Ermittlungen im Darknet

51 Wurde im vorigen Abschnitt allgemein auf die Problematik des Vertriebs von Waffen und Sprengstoff über das Internet eingegangen, ergeben sich beim sog. „Darknet" (oder auch: Dark Web)[124] weitere Probleme, insbesondere bei der Frage polizeirechtlicher und strafrechtlicher Ermittlung. Unter dem „Darknet" versteht man abgeschottete Bereiche des Internets, die nur mit einer speziellen Software zugänglich sind.[125] Stellvertretend für andere soll hier nur das TOR-Netzwerk genannt werden. Dieses zeichnet sich dadurch aus, dass die bestehenden Internetverbindungen der Anwender, um diese zu anonymisieren, mehrfach verschlüsselt und zur Verschleierung durch mindestens drei variable Knoten des Netzwerks hindurchgeleitet werden.[126] Erst danach wird die Verbindung zum Zielrechner tatsächlich aufgebaut. Durch dieses Verfahren wird es ermöglicht, anonym mit Waffen oder Sprengstoff (oder auch mit Drogen, Arzneimitteln, Falschgeld, gefälschten Ausweisen oder Kinderpornografie) Handel zu treiben.[127] Obwohl das Darknet auch zu legalen Zwecken benutzt werden kann (ursprünglich wurde es häufig zur „freien" Kommunikation ohne die Möglichkeit staatlicher Zensur in autoritären Regimen genutzt), sollen inzwischen mehr als die Hälfte der Angebote im Darknet illegalen Zwecken dienen.[128] Bezahlt wird meist mit Kryptowährungen (zB Bitcoins[129]), der Versand der Ware erfolgt an gefälschte Identitäten der Empfänger oder „verwaiste" Briefkästen („Hausdrops").[130] Besondere technische Fä-

---

[123] Vgl. den Entwurf eines Strafrechtsänderungsgesetzes – Einführung einer eigenständigen Strafbarkeit für das Betreiben von internetbasierten Handelsplattformen für illegale Waren und Dienstleistungen, BT-Drs. 19/9508, 8, 14 f.

[124] Vgl. hierzu allgemein *Barlett,* The Dark Net, 2014; *Dreimann* Die Polizei 2017, 135; *Fünfsinn/Ungefuk/Krause* Kriminalistik 2017, 440; *Göppner* Kriminalistik 2018, 623; *Hostettler,* Darknet. Die Schattenwelt des Internet, 2017; *Ihwas* WiJ 2018, 141; *Mey,* Darknet: Waffen, Drogen, Whistleblower, 2018; *Zöller* KriPoZ 2019, 274 (275 ff.).

[125] Hierzu *Greco* ZIS 2019, 435 (436 ff.); *Krause* NJW 2018, 678; *Rath* DRiZ 2016, 292; vgl. auch BR-Drs. 33/19, 1; *Bachmann/Arslan* NZWiSt 2019, 241; *Dreimann* Die Polizei 2017, 135 (136 ff.); *Fünfsinn/Ungefuk/Krause* Kriminalistik 2017, 440; *Ihwas* WiJ 2018, 141; *Zöller* KriPoZ 2019, 274 (275).

[126] Hierzu *Bär* in Wabnitz/Janowsky, Handbuch des Wirtschafts- und Steuerstrafrechts, 5. Aufl. 2020, 15. Kap. Rn. 200; *Dreimann* Die Polizei 2017, 135 (137 f.); *Fünfsinn/Krause* FS Eisenberg, 2019, 641 (643 f.); *Fünfsinn/Ungefuk/Krause* Kriminalistik 2017, 440; *Göppner* Kriminalistik 2018, 623 (624); *Ihwas* WiJ 2018, 141; *Krause* NJW 2018, 678; *Zöller* KriPoZ 2019, 274 (275 f.); ferner BT-Drs. 19/9508, 1 (9); *Bachmann/Arslan* NZWiSt 2019, 241 (242); *Mey* Aus Politik und Zeitgeschichte 46–47 (2017), 4.

[127] Vgl. im Einzelnen *Fünfsinn/Ungefuk/Krause* Kriminalistik 2017, 440 (442 f.); ferner BT-Drs. 18/9487, 2; zum Drogenhandel im Darknet auch *Tzanetakis* Aus Politik und Zeitgeschichte 46–47 (2017), 41.

[128] Hierzu *Bachmann/Arslan* NZWiSt 2019, 241 (242); *Bär* in Wabnitz/Janowsky, Handbuch des Wirtschafts- und Steuerstrafrechts, 5. Aufl. 2020, 15. Kap. Rn. 200; *Fünfsinn/Ungefuk/Krause* Kriminalistik 2017, 440 (441); *Greco* ZIS 2019, 435 (437); *Ihwas* WiJ 2018, 141; *Krause* NJW 2018, 678; *Meywirth* Kriminalistik 2016, 355 (356); *Zöller* KriPoZ 2019, 274 (275); vgl. ferner becklink 2004949.

[129] Vgl. zu den Bitcoins *Brenneis* Aus Politik und Zeitgeschichte 46–47 (2017), 22; *Fünfsinn/Ungefuk/Krause* Kriminalistik 2017, 440 (443); *Göppner* Kriminalistik 2018, 623 (624); *Goger* MMR 2016, 431; *Heine* NStZ 2016, 441; *Schrey/Thalhofer* NJW 2017, 1431.

[130] *Bachmann/Arslan* NZWiSt 2019, 241 (242); *Fünfsinn/Ungefuk/Krause* Kriminalistik 2017, 440 (443); *Ihwas* WiJ 2018, 141; vgl. auch *Rath* DRiZ 2016, 292 (293).

B. Überblick über das Waffenrecht § 49

higkeiten sind dabei nicht erforderlich, es muss auf dem eigenen Rechner hierzu nur ein kostenloser Browser installiert werden.[131] Schätzungen haben ergeben, dass im Jahre 2017 täglich ca. 2,2 Millionen Menschen allein das TOR-Netzwerk nutzten, 300.000 Personen erreichten dieses Netzwerk mit einer Internetverbindung aus Deutschland.[132] Etwa 50 „kriminelle" Plattformen sollen einen eindeutigen Deutschlandbezug aufweisen.[133]

Aufgrund der vielfältigen Verschlüsselungen und der dadurch bedingten Anonymität des 52 Darknet stellen sich die **Ermittlungen** der Polizei- und Strafverfolgungsbehörden naturgemäß schwierig dar.[134] Da es sich zumeist um illegale Geschäftsmodelle handelt, sind die Betreiber weitgehend unbekannt, sodass Abfragen nach §§ 14, 15 TMG nicht möglich sind. Auch Zwangsmittel zur Durchsetzung von Auskunftsersuchen und Beschlagnahmen nach §§ 94, 98 StPO sind insofern wenig aussichtsreich. Gleiches gilt für eine „Sicherstellung" von Kommunikationsdaten nach §§ 99, 100g, 100a StPO.[135] Auch die Einholung von Bankauskünften (§§ 161, 95 StPO) ist infolge der Verwendung von Kryptowährungen nicht zielführend.[136] Insoweit ist man sich darüber einig, dass Ermittlungen **nur verdeckt möglich** und erfolgreich sein werden (in der Regel durch „nicht offen ermittelnde Polizeibeamte" auf der Grundlage der §§ 161 Abs. 1, 163 Abs. 1 S. 2 StPO oder durch verdeckte Ermittler nach § 110a StPO).[137] Hierzu bedarf es einer umfangreichen Kenntnis der Szene und der üblichen Abläufe, insbesondere des typischen Kommunikationsverhaltens der Beteiligten, einer dauerhaften Beobachtung der Darknet-Plattformen, der Sicherung und des Abgleichs relevanter Daten der Verkaufsgeschäfte, des Führens fiktiver An- und Verkaufsgespräche und „realer" Scheinkäufe.[138] Auch an die „Übernahme" eines bestehenden Accounts ist hier zu denken.[139] Dass solche Ermittlungsmaßnahmen erfolgreich sein können, zeigen einige in jüngster Zeit ergangene Verurteilungen im Zusammenhang mit dem illegalen Verkauf von Waffen über das Darknet.[140]

Neben denjenigen, die im Darknet illegal mit Waffen und Sprengstoffen handeln, ist aber 53 auch daran zu denken, die **Betreiber eines Darknet-Handelsplatzes** für kriminelle Waren und Dienstleistungen strafrechtlich zur Verantwortung zu ziehen.[141] Diese Betreiber illegaler Marktplätze stellen den Händlern dabei üblicherweise nur die technischen Infrastrukturen zur Verfügung und helfen durch technischen Support bei der Abwicklung der geschlossenen Verträge, treten dabei aber mit den Händlern nicht in persönlichen Kontakt.

---

[131] *Bachmann/Arslan* NZWiSt 2019, 241 (242); *Krause* NJW 2018, 678.
[132] *Bachmann/Arslan* NZWiSt 2019, 241 (242); *Krause* NJW 2018, 678.
[133] BT-Drs. 18/9487, 2; 19/9508, 2 (9); *Bär* in Wabnitz/Janowsky, Handbuch des Wirtschafts- und Steuerstrafrechts, 5. Aufl. 2020, 15. Kap. Rn. 200; *Fünfsinn/Ungefuk/Krause* Kriminalistik 2017, 440 (441); *Greco* ZIS 2019, 435 (437); *Ihwas* WiJ 2018, 141; *Krause* NJW 2018, 678 (679); *Meywirth* Kriminalistik 2016, 355 (356); *Zöller* KriPoZ 2019, 274 (275).
[134] Zu den Ermittlungen im Darknet vgl. *Bachmann/Arslan* NZWiSt 2019, 241 (244 f.); *Dreimann* Die Polizei 2017, 135 (139 ff.); *Göppner* Kriminalistik 2018, 623 (625 f.); *Hostettler* Aus Politik und Zeitgeschichte 46–47 (2017), 10; *Ihwas* WiJ 2018, 141; *Krause* NZWiSt 2017, 60; *Krause* NJW 2018, 678.
[135] *Krause* NJW 2018, 678 (679); hier auch zu der Frage, warum eine Überwachung der Telekommunikation nach § 100a StPO nicht sinnvoll ist; ferner *Bachmann/Arslan* NZWiSt 2019, 241 (244).
[136] *Bachmann/Arslan* NZWiSt 2019, 241 (244).
[137] *Bachmann/Arslan* NZWiSt 2019, 241 (244); *Fünfsinn/Ungefuk/Krause* Kriminalistik 2017, 440 (444); *Krause* NJW 2018, 678; vgl. zum Ganzen auch BT-Drs. 18/9487, 1; *Fiebig* DRiZ 2019, 50 (51); *Göppner* Kriminalistik 2018, 623 (625); *Hostettler* Aus Politik und Zeitgeschichte 46–47 (2017), 10; *Ihwas* WiJ 2018, 141; *Rath* DRiZ 2016, 292 (293); *Zöller* KriPoZ 2019, 274 (276).
[138] Vgl. zur Zulässigkeit solcher Scheinkäufe *Günther* in MüKoStPO StPO § 110a Rn. 20 ff.; *Kölbel* in MüKoStPO StPO § 163 Rn. 18; dazu, dass die „nicht offen ermittelnden Polizeibeamten" dabei allerdings keine Straftaten begehen dürfen, vgl. *Bachmann/Arslan* NZWiSt 2019, 241 (244); *Krause* NJW 2018, 678 (680); vgl. ferner BT-Drs. 18/9487, 3.
[139] *Ihwas* WiJ 2018, 141; *Krause* NJW 2018, 678 (680); vgl. auch BT-Drs. 18/9487, 4.
[140] LG München I BeckRS 2018, 5795; LG Stuttgart Urt. v. 3.11.2016 – 18 KLs 242 Js 121202/15, becklink 2004824; LG Heidelberg Urt. v. 28.7.2016 – 2 KLs 430 Js 26796/14, becklink 2003992; vgl. auch zu BtM-Delikten AG Iserlohn BeckRS 2017, 106317; vgl. auch *Göppner* Kriminalistik 2018, 623 (625).
[141] Vgl. hierzu LG Karlsruhe StV 2019, 400; zu dieser Entscheidung *Eisele* JuS 2019, 112; zur Problematik allgemein *Ceffinato* JuS 2017, 403; *Fünfsinn/Krause* FS Eisenberg, 2019, 641.

Eine solche Strafbarkeit des Zurverfügungstellens einer Plattform wurde inzwischen[142] in § 127 StGB (Betreiben krimineller Handesplattformen im Internet) geschaffen, wobei Delikte des Waffengesetzes (§ 52 Abs. 1 Nr. 1 und Nr. 2 Buchst. b und Buchst. c, Abs. 2, Abs. 3 Nr. 1 und Nr. 7 sowie Abs. 5 und Abs. 6 WaffG) und des Sprengstoffgesetzes (§ 40 Abs. 1 und 3 SprengG) ausdrücklich als Katalogtaten genannt werden. Da nach § 127 Abs. 1 S. 2 Nr. 1 StGB aber auch alle Verbrechen erfasst sind, sind darüber hinaus auch § 51 WaffG sowie die Strafvorschriften des Kriegswaffenkontrollgesetzes im Anwendungsbereich der Norm enthalten. Da viele dieser Internet-Plattformen zudem vom Ausland aus betrieben werden, wurde auch § 5 StGB entsprechend ergänzt, um dadurch auch Auslandssachverhalte erfassen zu können.[143]

54 Darüber hinaus sind die Möglichkeiten, die Plattformbetreiber zur Verantwortung zu ziehen, begrenzt.[144] Beim Handel mit Betäubungsmitteln existiert aber zB in § 29 Abs. 1 S. 1 Nr. 10 BtMG eine entsprechende Spezialregelung. Auch kann hier ein „Werben" iSd § 29 Abs. 1 S. 1 Nr. 8 BtMG vorliegen.[145] Auch hinsichtlich der Verbreitung, dem Erwerb und dem Besitz kinder- und jugendpornografischer Schriften können die Plattformbetreiber nach §§ 184b Abs. 1 S. 1 Nr. 1 Alt. 2, § 184c Abs. 1 Nr. 1 Alt. 2 StGB strafrechtlich belangt werden. Im Waffenrecht kann zudem nach § 52 Abs. 1 Nr. 1 und Nr. 2 lit. c WaffG über das Merkmal „Handeltreiben" auch die Vermittlung des Erwerbs, des Vertriebs oder des Überlassens von Waffen erfasst werden (vgl. Anl. 1 Abschn. 2 Nr. 9 zum WaffG).

55 Umstritten ist hingegen, inwieweit sich die Plattformbetreiber durch die Zurverfügungstellung der technischen Möglichkeiten für den illegalen Handel allgemein wegen Beihilfe strafbar machen können.[146] Erforderlich ist hierfür – neben dem Vorliegen einer vorsätzlich begangenen rechtswidrigen Haupttat, was beim illegalen Verkauf von Waffen und Sprengstoffen regelmäßig gegeben sein dürfte – eine Förderung dieser Tat sowie ein entsprechender Vorsatz seitens der Plattformbetreiber. Da hierfür jeweils ein bedingter Vorsatz ausreicht[147] und die einzelnen Taten – im Gegensatz zur Anstiftung – weit weniger konkretisiert sein müssen,[148] dürfte ein solcher Vorsatz allerdings regelmäßig gegeben sein, wenn der Plattformbetreiber – was naheliegen dürfte – mit der Möglichkeit entsprechender Taten rechnet und diese billigend in Kauf nimmt.[149] Geht man allerdings davon aus, dass das Betreiben einer Plattform (auch im Darknet) grundsätzlich zulässig ist, da sie auch legalen Zwecken dienen kann, stellt sich die Frage, ob eine Einschränkung der Beihilfestrafbarkeit über die Rechtsfigur der sog. **„neutralen Beihilfe"** erfolgen muss.[150] Dies ist hier aber schon deswegen bedenklich, da es gerade der Plattformbetreiber ist, der die „tatanreizende Situation" schafft und er dabei regelmäßig davon ausgehen muss, dass über seine Plattform nicht nur „ausnahmsweise" illegale Geschäfte abgewickelt werden.[151]

---

[142] Eingefügt durch das Gesetz vom 12.8.2021, BGBl. I 3544; vgl. hierzu auch den Entwurf eines Strafrechtsänderungsgesetzes – Einführung einer eigenständigen Strafbarkeit für das Betreiben von internetbasierten Handelsplattformen für illegale Waren und Dienstleistungen des Bundesrates, BT-Drs. 19/9508, 7; hierzu ausführlich (und im Ganzen kritisch) *Bachmann/Arslan* NZWiSt 2019, 241 (245 ff.); *Ceffinato* ZRP 2019, 161; *Zöller* KriPoZ 2019, 274; ferner *Greco* ZIS 2019, 435; *Oehmichen/Weißenberger* KriPoZ 2019, 175.
[143] BT-Drs. 19/9508, 7 (12 f.).
[144] Vgl. hierzu ausführlich *Bachmann/Arslan* NZWiSt 2019, 241 (243 f.).
[145] LG Karlsruhe StV 2019, 400.
[146] Vgl. hierzu BT-Drs. 19/9508, 9 f.; LG Karlsruhe StV 2019, 400; *Bachmann/Arslan* NZWiSt 2019, 241 (243 f.); *Greco* ZIS 2019, 435 (441 ff.); allgemein zur Beihilfestrafbarkeit *B. Heinrich* StrafR AT Rn. 1316 ff.; auf die Schwierigkeiten, hier eine Beihilfestrafbarkeit nachzuweisen, wird auch in BR-Drs. 33/19, 4 hingewiesen.
[147] BGHSt 2, 279 (281) = BeckRS 1952, 30391957; BGHSt 42, 135 (137) = NJW 1996, 2517; *B. Heinrich* StrafR AT Rn. 1335.
[148] BGHSt 42, 135 (138) = NJW 1996, 2517; *B. Heinrich* StrafR AT Rn. 1337; vgl. auch *Greco* ZIS 2019, 435 (443).
[149] Vgl. zu dieser „Formel" nur BGHSt 57, 183 (186) = NJW 2012, 1524; BGHSt 62, 223 (239) = NJW 2017, 3249; *B. Heinrich* StrafR AT Rn. 300.
[150] *Bachmann/Arslan* NZWiSt 2019, 241 (243 f.); *Greco* ZIS 2019, 435 (440 ff.); zur „neutralen Beihilfe" allgemein BGHSt 46, 107 (112 f.) = NJW 2000, 3010; *B. Heinrich* StrafR AT Rn. 1330 ff.
[151] *Bachmann/Arslan* NZWiSt 2019, 241 (244).

Daher kam auch das LG Karlsruhe folgerichtig zu einer Verurteilung des Betreibers der 56
Plattform „Deutschland im Deep Web", über welche zB der Täter des **Attentats in einem
Münchner Einkaufszentrum** im Jahre 2016 illegal seine Tatwaffe erworben hatte.[152]
Allerdings stellte das LG fest, dass das bloße Erstellen, die Inbetriebnahme sowie die
Aufrechterhaltung einer Diskussionsplattform im Darknet für sich genommen noch keine
strafbare Beihilfehandlung iSd § 27 StGB darstelle, selbst wenn die Plattform durch Nutzer
(auch) dazu genutzt würde, illegale Geschäfte zu tätigen (hier gelangt der Gedanke der oben
bereits angesprochenen „neutralen Beihilfe" zur Anwendung[153]). Schaffe der Administrator
und Plattformbetreiber aber auf seiner Plattform eine Unterkategorie „Waffen", in welcher
gezielt Waffenverkaufsangebote und Waffengesuche in einem anonymen und dem staatlichen Zugriff verwehrten, nur über das TOR-Netzwerk erreichbaren Forum, in dem die
Zahlung mit Bitcoins und der Warenaustausch ohne persönliches Treffen erfolgen kann,
platziert werden könnten, leiste er Beihilfe zum unerlaubten Handeltreiben mit Waffen.
Eine Beihilfe zu mit diesen Waffen später begangenen Straftaten läge aber nur vor, wenn
der Plattformbetreiber eine diesbezügliche Kommunikation von Veräußerer und Erwerber
der Waffen kenne, insoweit eine Vorstellung von einem entsprechenden Tatplan habe und
die Ausführung der entsprechenden Taten auch billigend in Kauf nehme.[154] Möglich sei
darüber hinaus eine Bestrafung wegen fahrlässiger Tötung, § 222 StGB, wenn mit einer
über die Plattform vertriebenen Waffe später ein Mensch getötet wird.[155] Dabei wurde auch
auf die Frage eingegangen, ob nicht das Verhalten des späteren Schützen die objektive
Zurechnung infolge des Dazwischentretens eines vorsätzlich handelnden vollverantwortlichen Dritten ausschließe, was aber – blickt man auf den Schutzzweck der Vorschiften des
Waffenrechts – in zutreffender Weise verneint wurde.[156]

9. Nationales Waffenregister

Im Jahre 2009[157] wurde die Regelung des § 43a WaffG aF geschaffen durch die bis zum 57
31.12.2012 ein Nationales Waffenregister zu errichten war, in welchem bundesweit insbesondere **erlaubnispflichtige Schusswaffen** sowie **Daten von Erwerbern, Besitzern
und Überlassern** dieser Schusswaffen elektronisch auswertbar zu erfassen und auf aktuellem Stand zu halten sind (die Vorschrift des § 43a WaffG wurde durch das 3. WaffRÄndG
vom 17.2.2020[158] wieder gestrichen, da das Nationale Waffenregister inzwischen geschaffen
worden war).[159] Den Behörden ist ferner Zugang zu den gespeicherten Daten zu gewähren
(vgl. §§ 10, 11 NWRG aF; §§ 13 ff. WaffRG). Ziel war es, hierdurch alle wesentlichen
Informationen zu erlaubnispflichtigen Schusswaffen zeitnah und aktuell verfügbar zu machen und den gesamten Lebenszyklus jeder legalen, erlaubnispflichtigen Waffe vom Herstellen oder ihrem Verbringen nach Deutschland bis zur Vernichtung oder ihrem Ver-

---

[152] LG Karlsruhe StV 2019, 400 (401); bestätigt durch BGH Beschl. v. 6.8.2019 – 1 StR 188/19, becklink 2013912; dem Urteil weitgehend zustimmend *Greco* ZIS 2019, 435 (449).
[153] LG Karlsruhe StV 2019, 400 (401).
[154] LG Karlsruhe StV 2019, 400 (402).
[155] Zum Ganzen LG Karlsruhe StV 2019, 400 (403 ff.); neben dem Plattformbetreiber wurde auch der Verkäufer der Waffe wegen fahrlässiger Tötung, § 222 StGB, verurteilt: LG München I BeckRS 2018, 5795 (zu dieser Entscheidung *Fahl* JuS 2018, 531; *Wagner* ZJS 2019, 436), bestätigt durch BGH BeckRS 2019, 206.
[156] LG Karlsruhe StV 2019, 400 (404); so auch *Eisele* JuS 2019, 1122 (1123); vgl. hierzu auch *B. Heinrich* StrafR AT Rn. 254, 1050 ff.; *Mitsch* ZJS 2011, 128 (130 f.); *Mitsch* JuS 2013, 20 (22 f.); *Schünemann* GA 1999, 207 (223 f.).
[157] Durch das 4. Gesetz zur Änderung des Sprengstoffgesetzes v. 17.7.2009 (BGBl. 2009 I 2062 [2088]).
[158] BGBl. 2020 I 166; zur Begründung BT-Drs. 19/13839, 88 Nr. 27.
[159] Unmittelbarer Anlass für die Errichtung des Nationalen Waffenregisters war die Änderung des Art. 4 Abs. 4 der EU-Waffenrechtsrichtlinie 91/477/EG durch die RL 2008/15/EG v. 21.5.2008, ABl. 2008 L 179, 5 (8), wodurch die Mitgliedsstaaten verpflichtet wurden, ein solches computergestütztes Register bis zum 31.12.2014 einzurichten und darin mindestens für die Dauer von 20 Jahren alle Schusswaffen mit bestimmten Daten (Typ, Modell, Fabrikat, Kaliber, Seriennummer, Name und Anschrift des Verkäufers, des Waffenbesitzers und des Überlassers) zu erfassen.

bringen aus Deutschland zurückverfolgen und Daten über Waffenmodell und Kaliber elektronisch nachvollziehen zu können.[160] In dessen Folge wurden am 25.6.2012 das Nationale Waffenregister-Gesetz (NWRG)[161] sowie NWRG-Durchführungsverordnung[162] geschaffen. Durch das **3. WaffRÄndG** vom 17.2.2020 wurde dann das „Nationale Waffenregistergesetz" (NWRG) in „Gesetz über das Nationale Waffenregister" (Waffenregistergesetz – WaffRG) umbenannt und umfassend reformiert.[163] Während auf der Grundlage des Nationalen Waffenregistergesetzes nur der private Waffenbesitz registriert wurde, sind nach dem neuen Waffenregistergesetz auch die Waffenhersteller und Waffenhändler verpflichtet, ihren Umgang mit Waffen und wesentlichen Waffenteilen gegenüber den Waffenbehörden anzuzeigen.[164] Diese übermitteln die Daten dann unmittelbar an die Registerbehörde. Im Gegenzug wurde durch das 3. WaffRÄndG[165] schrittweise die Pflicht zum Führen eines Waffenbuches abgeschafft (durch Aufhebung des bisherigen § 23 WaffG aF). Um sicherheitsrelevante Informationslücken der Waffenbehörden zu schließen, sollen im Nationalen Waffenregister zudem weitere Arten waffenrechtlicher Erlaubnisse sowie Verzichte auf waffenrechtliche Erlaubnisse registriert werden.[166]

58 Hinzuweisen ist allerdings darauf, dass das Nationale Waffenregister **nur einen Teil der Daten** der örtlichen Register abbildet. Nicht erfasst werden zB Daten von Zuverlässigkeitsprüfungen, Ordnungswidrigkeitenverfahren, die Art der Waffenlagerung oder Gebührenzahlungen.[167] Erfasst werden dagegen alle erlaubnispflichtigen Waffen, wesentliche Teile von Schusswaffen nach Anl. 1 Abschn. 1 UAbschn. 1 Nr. 1.3 und 3 zum WaffG, alle verbotenen Waffen nach Anl. 2 Abschn. 1 zum WaffG, für die aufgrund einer Ausnahmegenehmigung des BKA nach § 40 Abs. 4 WaffG der Umgang zugelassen wurde, sowie alle Kriegsschusswaffen nach Anl. 1 Abschn. 3 Nr. 1.1 zum WaffG sowie nach den Nr. 34 und 35 der Kriegswaffenliste.[168] Aufgenommen werden dabei sämtliche waffenrechtlichen Erlaubnisse (einschließlich Widerrufe und Rücknahmen), behördliche Ausnahmen (zB nach § 40 Abs. 4 WaffG), Anordnungen, Sicherstellungen, Einziehungen, Verwertungen oder Waffenverbote.[169] Nach Aussagen der Praxis hat sich das Nationale Waffenregister bewährt.[170] Seither wurden 577[171] zuvor nicht vernetzte Waffenbehörden der Länder sowie einige Bundesbehörden (BKA, BVA, BAFA) aufgrund eines einheitlichen Standards mit der zentralen Komponente des Nationalen Waffenregisters im Bundesverwaltungsamt verbunden.[172] Im Juni 2014 waren im NWR bereits 5,65 Millionen Schusswaffen und erlaubnispflichtige Teile von Schusswaffen, ca. 2,28 Millionen gültige waffenrechtliche Erlaubnisse und 1.516 gültige Ausnahmeerlaubnisse gespeichert.[173]

59 Bedenken gegen die Errichtung eines Nationalen Waffenregisters wurden im Hinblick auf die Gewährleistung der **Datensicherheit** erhoben. In der Tat könnte es für bestimmte Kreise interessant sein zu erfahren, welche Personen im Besitz welcher Waffen sind.[174]

---

[160] BT-Drs. 19/13839, 1; Heller/Soschinka NVwZ 2012, 1148; hierzu auch *Sturm* Kriminalistik 2014, 233 (234 f.).
[161] BGBl. 2012 I 1366. Das NWRG trat am 1.7.2012 in Kraft.
[162] VO v. 31.7.2012 (BGBl. 2012 I 1765, in Kraft getreten am 24.8.2012).
[163] Art. 3 des 3. WaffRÄndG (BGBl. 2020 I 166 [184 ff.]).
[164] BT-Drs. 19/13839, 2.
[165] BGBl. 2020 I 166.
[166] BT-Drs. 19/13839, 56.
[167] *N. Heinrich* in Gade/Stoppa, Waffenrecht im Wandel, 2015, 45 (48).
[168] Vgl. den Überblick bei *Heller/Soschinka* NVwZ 2012, 1148 (1149).
[169] Vgl. den Überblick bei *Heller/Soschinka* NVwZ 2012, 1148 (1149).
[170] Vgl. zu den Erfahrungen mit dem Nationalen Waffenregister nach dem ersten Jahr auch BT-Drs. 18/2213.
[171] BT-Drs. 18/8987, 1 (13); hierzu auch *Braun* GewArch 2013, 277 (278); *Heller/Soschinka* NVwZ 2012, 1148.
[172] BT-Drs. 18/7741, 1 (3); vgl. zum Nationalen Waffenregister die Beiträge von *Braun* GewArch 2013, 277; *N. Heinrich* in Gade/Stoppa, Waffenrecht im Wandel, 2015, 45; *Heller/Soschinka* NVwZ 2012, 1148; *Sturm* Kriminalistik 2014, 233.
[173] BT-Drs. 18/2213, 1 (3, 4).
[174] So *Runkel* in Adolph/Brunner/Bannach WaffG § 43a Rn. 208; ferner *Braun* GewArch 2013, 277 (281 f.).

Problematisch ist andererseits, dass ein **Informationsaustausch mit anderen EU-Mitgliedstaaten** durch die zentrale Komponente im Bundesverwaltungsamt nicht vorgesehen ist.[175] Perspektivisch wird eine Erweiterung der Regelungen angestrebt, wie unter anderem die Einbindung der Beschussämter bzw. der Anschluss der Jagd- und Sprengstoffbehörden.[176]

Im Jahre 2016 bestanden laut Angaben im Nationalen Waffenregister 17.490 **Waffen-** **60** **verbote**.[177] Als problematisch stellte sich nun heraus, dass eine entsprechende Eintragung, nachdem das Waffenbesitzverbot aufgehoben oder ausgelaufen war, aus dem Nationalen Waffenregister sofort gelöscht werden musste (§ 18 Abs. 2 Nr. 9 NWRG aF). Nach der Löschung konnte aber nicht mehr festgestellt werden, ob zu einem bestimmten Zeitpunkt ein Waffenbesitzverbot bestand. Das betraf strafrechtliche Ermittlungen, bei denen sonst hätte abgeglichen werden können, ob zum Zeitpunkt der Tat ein Waffenbesitzverbot existierte. Hierauf hat der Gesetzgeber inzwischen reagiert und im 2020 neu formulierten WaffRG in § 27 Abs. 4 Nr. 4 iVm § 5 Nr. 4 WaffRG eine Löschungspflicht erst nach einem Jahr nach Erledigung angeordnet.

10. Sonstige Problemfelder

Im Folgenden sollen kursorisch noch weitere Problemfelder genannt werden, welche in der **61** Praxis eine gewisse Rolle spielen.

Verstirbt ein berechtigter Waffenbesitzer, so stellt sich häufig das Problem, dass die **Erben** **62** mit den aufgefundenen Waffen unsorgfältig umgehen. Insoweit besteht oft auch die Gefahr, dass die Waffen ohne Kontrolle in den Wirtschaftskreislauf gelangen (etwa indem der rechtlich unkundige Erbe die Waffe an einen Nichtberechtigten verkauft). Die gesetzliche Regelung sieht hier vor, dass der Erbe nach dem Erbfall zwar erlaubnisfrei den Besitz an der Waffe oder Munition erlangt, nach § 20 Abs. 1 WaffG aber innerhalb eines Monats eine Ausstellung einer Waffenbesitzkarte für die zum Nachlass gehörende erlaubnispflichtige Schusswaffe oder ihre Eintragung in eine bereits ausgestellte Waffenbesitzkarte beantragen muss. Unterlässt er dies und hat er die Waffe tatsächlich in Besitz genommen, übt er ab diesem Zeitpunkt unerlaubt die tatsächliche Gewalt über die Schusswaffe aus. Ebenso hat derjenige, der nach dem Tode eines Waffenbesitzers eine Waffe oder Munition tatsächlich in Besitz nimmt (dies trifft regelmäßig auch für den Erben zu, sofern er den unmittelbaren Besitz an der Waffe oder an der Munition erlangt), dies nach § 37c WaffG unverzüglich der zuständigen Behörde anzuzeigen. Umstritten ist, ob ein Verstoß gegen diese Pflichten eine Straftat nach § 52 Abs. 1 Nr. 2 lit. b oder § 52 Abs. 3 Nr. 2 lit. a WaffG (unerlaubter Waffenbesitz nach Ablauf der Frist) oder lediglich eine Ordnungswidrigkeit nach § 53 Abs. 1 Nr. 7 Alt. 2 (Versäumnis der Frist zur Ausstellung einer Waffenbesitzkarte) oder Nr. 8 Alt. 8 (unterlassene Anzeige) WaffG darstellt.[178] Sinnvoll wäre hier – neben der Pflicht des Erben, der eine erlaubnispflichtige Schusswaffe oder Munition in Besitz nimmt – aber regelmäßig auch eine „Gegenkontrolle" seitens der Waffenbehörden. Erlangen diese Kenntnis vom Tod des Berechtigten (was regelmäßig nach § 44 Abs. 2 WaffG der Fall ist) und erfolgt keine entsprechende Reaktion seitens des Erbens, so ist eine zeitnahe Kontrolle und Ermittlung über den Verbleib der Waffe angezeigt.[179]

In der Praxis derzeit noch kein Problem stellt die Herstellung von Waffen mittels **3D-** **63** **Drucker** dar,[180] da diese Waffen (meist noch) nicht funktionsfähig sind.[181] Sollte sich dies

---

[175] BT-Drs. 18/7741, 1 (3); 18/8710, 3; 18/9674, 2; *Feltes/Mihalic/Bunge* GSZ 2018, 23 (25).
[176] *Braun* GewArch 2013, 277 (281).
[177] BT-Drs. 18/7741, 1 (4 f.); für das Jahr 2014 waren es 14.192 Waffenverbote; hierzu BT-Drs. 18/2213, 4.
[178] Vgl. hierzu *B. Heinrich* in MüKoStGB WaffG § 52 Rn. 20, 56, WaffG § 53 Rn. 57.
[179] Zu den personellen und zeitlichen Schwierigkeiten, vor denen die Waffenbehörden im täglichen Vollzug des Waffenrechts stehen, vgl. auch anschaulich *Bünz* DÖV 2018, 613.
[180] Vgl. hierzu *Mengden* MMR 2014, 150.
[181] Allerdings stellte *Mengden* MMR 2014, 150 schon im Jahre 2014 fest, dass es bereits funktionsfähige, durch 3D-Druckverfahren hergestellte Waffen gäbe.

auf absehbare Zeit ändern, ist daran zu denken, bereits die Erarbeitung, Verbreitung oder das öffentliche Zugänglichmachen von 3D-Vorlagen, die Waffen zum Gegenstand haben, zu untersagen.[182] Gleichzeitig könnten Hersteller von 3D-Druckern verpflichtet werden, eine entsprechende Filtersoftware einzubauen, die Bauteile von Waffen in 3D-Vorlagen erkennen und deren Ausdruck verhindern kann.[183]

64 Hinzuweisen ist darauf, dass der **Versuch** lediglich bei den Straftaten nach § 51 WaffG (Verbrechen) und § 52 Abs. 1 WaffG (zwar Vergehen, aber ausdrückliche Anordnung der Versuchsstrafbarkeit in § 52 Abs. 2 WaffG), nicht aber für Straftaten nach § 52 Abs. 3 WaffG unter Strafe gestellt ist.[184] Dies führt aber insbesondere iRd § 52 Abs. 3 Nr. 7 WaffG dann zur Straflosigkeit, wenn entgegen § 34 Abs. 1 S. 1 WaffG eine erlaubnispflichtige Schusswaffe oder Munition einem Nichtberechtigten überlassen werden soll, dieser sich aber später als Vertrauensperson der Polizei entpuppt.[185]

65 Perspektivisch ist darauf zu achten, dass Beamte der Waffenbehörden oder Beamte im Vollzug ausreichende Kenntnis von der Funktionsfähigkeit von Waffen etc haben, insbesondere bei Sicherstellungen. Wenn im Rahmen von Lehrgängen für Waffensachbearbeiter keine „echten" atypischen (verbotenen) Waffen mehr präsentiert werden dürfen mit der Begründung, die Verwendung echter Waffen sei nicht notwendig, muss man sich fragen, ob und inwieweit die ausgebildeten Waffensachbearbeiter diese Waffen dann im Rahmen eines Einsatzes tatsächlich erkennen können.[186]

66 Was die Zahl der (privaten) **Waffenbesitzer** angeht, war in den Jahren 2013–2017 eine gleichbleibende Anzahl von ca. 1,6 Millionen Personen zu verzeichnen, die Inhaber einer „Standard-Waffenbesitzkarte" waren,[187] während die Zahl der „regulären" Waffenscheine kontinuierlich sinkt.[188] Dagegen steigt die Zahl der „Kleinen Waffenscheine" deutlich,[189] was auf eine Bedrohungsangst in der Bevölkerung zurückzuführen sein soll.[190] Ebenso steigt die Zahl der Erlaubnisse für das Schießen nach § 10 Abs. 5 WaffG.[191] Zu beobachten ist ferner, dass auch die Zahl der Widerrufe und Rücknahmen der Waffenbesitzkarten kontinuierlich ansteigt.[192]

V. Kritik

67 Die Regelungen des im 2002 neu erlassenen Waffengesetz sind nicht nur inhaltlich, sondern auch formal in die Kritik geraten. So war der Gesetzgeber zwar zu der zutreffenden Erkenntnis gelangt, dass das bisherige Waffenrecht „von der Systematik und vom Rege-

---

[182] Vgl. hierzu *Mengden* MMR 2014, 150 (151).
[183] *Mengden* MMR 2014, 150 (153).
[184] *B. Heinrich* in MüKoStGB WaffG § 52 Rn. 125.
[185] BGH NStZ 2010, 456 (456 f.); StraFo 2011, 61.
[186] Vgl. hierzu auch anschaulich *Bünz* DÖV 2018, 613 (617).
[187] Vgl. hierzu BT-Drs. 19/548, 3 f.; hieraus ergibt sich auch die Verteilung nach verschiedenen Personengruppen. Zum Stichtag 31.12.2017 wurden Waffenbesitzkarten für folgende Personen ausgestellt, die mindestens eine erlaubnispflichtige Schusswaffe bzw. ein erlaubnispflichtiges Waffenteil besitzen: 417.005 für Jäger (§ 13 WaffG), 345.576 für Sportschützen (§ 14 WaffG), 96.935 für Erben (§ 20 WaffG), 15.447 für Vereine (§ 10 Abs. 2 WaffG), 7.098 für Waffen- und Munitionssammler (§ 17 WaffG), 1.951 für gefährdete Personen (§ 19 WaffG), 1.645 für Brauchtumsschützen (§ 16 WaffG), 1.343 für Waffen- und Munitionssachverständige (§ 18 WaffG), 1.154 für Bewachungsunternehmer und -personal (§ 28) und 46.485 für „Sonstige" (§ 8 WaffG). Liegen für eine Person mehrere Bedürfnisgründe vor (zB als Sportschütze und Jäger) kann diese Person auch mehrfach erfasst sein.
[188] Vgl. hierzu BT-Drs. 19/548, 3: von 18.587 im Jahre 2013 auf 10.500 im Jahre 2017.
[189] Laut BT-Drs. 18/7741, 1 (8); BT-Drs. 19/548, 4: 249.923 (im Jahr 2013), 262.481 (im Jahr 2014), 285.911 (im Jahr 2015), 469.741 (im Jahr 2016) und 557.560 (im Jahr 2017).
[190] BT-Drs. 18/7741, 1 (8).
[191] Laut BT-Drs. 19/548, 5: 1.919 (im Jahr 2013), 2.666 (im Jahr 2014), 3.335 (im Jahr 2015), 3.923 (im Jahr 2016) und 4.426 (im Jahr 2017).
[192] Laut BT-Drs. 19/548, 5: 8.150 (im Jahr 2014), 11.674 (im Jahr 2015), 15.149 (im Jahr 2016) und 18.823 (im Jahr 2017).

lungsgehalt her kompliziert, lückenhaft und schwer verständlich war",[193] sodass eine transparentere und verständlichere Regelung geschaffen werden sollte. Ob dies tatsächlich gelungen ist, bleibt aber fraglich.[194] Das – vom Ansatz her berechtigte – Anliegen des Gesetzgebers, Detailregelungen in Anlagen zu „verbannen", ist nämlich nicht nur im Hinblick auf die zentralen Regelungen und Begriffsdefinitionen (vgl. unter anderem die Definitionen in Anl. 1 Abschn. 2 zum WaffG – waffenrechtliche Begriffe) fraglich, sondern führt auch zu einer fortan weitgehend **unleserlichen Zitierweise** der entsprechenden Normen. Der Straftatbestand des § 52 Abs. 3 Nr. 1 WaffG ist hierfür ein eindrückliches Beispiel.[195] Auch die neuerlichen Änderungen durch das Dritte Waffenrechtsänderungsgesetz[196] zeugen nicht gerade von hoher Gesetzgebungskunst. Getrieben von dem Wunsch, europäische Vorgaben fristgemäß umzusetzen,[197] wurde ein Gesetz „durchgepeitscht", welches erkennbar **handwerkliche Fehler** aufweist, die erst in der Folgezeit wieder mühsam korrigiert werden müssen.

Als ein wesentliches Problem hat sich ferner gezeigt, dass trotz der Vielzahl **europäischer** 68 **Harmonisierungstendenzen** EU-weit immer noch unterschiedliche Regelungen bestehen.[198] Solange aber Waffen, die zwar im (europäischen) Ausland erlaubnisfrei erworben werden können, die in Deutschland aber einer Erlaubnispflicht unterliegen, (ohne Erlaubnis) über die Grenze verbracht werden können, liegt ein sicherheitsrechtlich bedenklicher Zustand vor.

C. Überblick über das Sprengstoffrecht

I. Einführung

Da die Verwendung von Sprengstoffen vielfach im Zusammenhang mit politisch moti- 69 vierten Straftaten – aber auch mit Straftaten der allgemeinen Kriminalität – steht,[199] strebte der Gesetzgeber schon früh eine umfassende behördliche Kontrolle im Hinblick auf den Verkehr und den Umgang mit Sprengstoffen (bzw. genauer: mit „explosionsgefährlichen Stoffen") an. Nur „zuverlässigen Personen" sollte der Umgang mit diesen Stoffen gestattet sein. Wie schon im Waffenrecht (→ Rn. 2) wurde dies zuerst ausschließlich mittels gewerberechtlicher Vorschriften zu erreichen versucht.[200] Erst im Jahre 1976, nach Schaffung einer entsprechenden **Bundeskompetenz** in Art. 74 Nr. 4a GG aF[201], wurde das heute geltende **„Gesetz über explosionsgefährliche Stoffe"** (Sprengstoffgesetz – SprengG) erlassen, welches zum 1.1.1977 in Kraft trat.[202] Das Gesetz wurde in der Folgezeit – insbesondere auch bedingt durch europarechtliche Vorgaben[203] – mehrfach geändert und gilt derzeit in der Bekanntmachung vom 10.9.2002.[204]

---

[193] So ausdrücklich BT-Drs. 14/7758, 1; ferner S. 48.
[194] Kritisch insbesondere *Heghmanns* NJW 2003, 3373, der das neue WaffG als Musterbeispiel „moderner" Gesetzgebung beschreibt, die mit Gesetzgebungskunst nur noch wenig zu tun habe.
[195] So auch *Heghmanns* NJW 2003, 3373 (3374).
[196] BGBl. 2020 I 166.
[197] Konkret handelte es sich um die RL (EU) 2017/853 v. 15.5.2017, ABl. 2017 L 137, 22; hierzu *Gerster* GSZ 2018, 18 (19 f.).
[198] → Rn. 37, 47; gleiches gilt für das Sprengstoffrecht, → Rn. 80.
[199] Vgl. hierzu auch *B. Heinrich* in MüKoStGB SprengG Vor § 40 Rn. 1.
[200] Als erstes umfassendes Regelwerk ist das „Gesetz gegen den verbrecherischen und gemeingefährlichen Gebrauch von Sprengstoffen" v. 9.6.1884 (RGBl. 1884, 61) zu nennen, wonach die Herstellung, der Vertrieb, die Einfuhr sowie der Besitz von Sprengstoffen genehmigungspflichtig wurden. Das Gesetz war als typisches Polizei- und Strafgesetz konzipiert und enthielt daher auch eine Reihe von Strafvorschriften mit teilweise recht hohen Strafandrohungen.
[201] BGBl. 1976 I 2383.
[202] BGBl. 1976 I 2737.
[203] Vgl. zu den für das Sprengstoffrecht geltenden europäischen Regelungen den Überblick bei *B. Heinrich* in MüKoStGB SprengG Vor § 40 Rn. 18.
[204] BGBl. 2002 I 3518, zuletzt geändert durch Art. 232 VO v. 19.6.2020 (BGBl. 2020 I 1328).

70 Das Sprengstoffrecht dient heute, obwohl es immer noch in erster Linie als **gewerberechtliches Erlaubnis- und Überwachungsgesetz** ausgestaltet ist, vor allem auch sicherheitsrechtlichen Interessen.[205] Dabei soll dem unrechtmäßigen Erwerb von und dem unrechtmäßigen Verkehr mit explosionsgefährlichen Stoffen entgegengewirkt werden. Diesem Zweck dienen neben den verwaltungsrechtlichen Regelungen insbesondere die **strafrechtlichen Sanktionen in §§ 40, 42 SprengG.** Diese erfassen eine Vielzahl von Verstößen gegen das SprengG, sind aber allesamt als Vergehen ausgestaltet. Mangels besonderer gesetzlicher Bestimmung ist der Versuch eines der in §§ 40, 42 SprengG genannten Delikte somit nicht strafbar. Daneben enthält **§ 41 SprengG** einen umfangreichen Katalog von **Ordnungswidrigkeiten,** die in gleicher Weise Verstöße gegen Vorschriften des Gesetzes mit Bußgeld ahnden.

71 Regelungsgegenstand des Sprengstoffrechts sind „**explosionsgefährliche Stoffe**" (§ 1 Abs. 1 Nr. 1, Abs. 2 iVm § 3 Abs. 1 Nr. 2 SprengG) und „**Sprengzubehör**" (§ 1 Abs. 1 Nr. 2 iVm § 3 Abs. 1 Nr. 13 SprengG). Dabei dient der Begriff der „explosionsgefährlichen Stoffe" als Oberbegriff und umfasst – nach ihrem Verwendungszweck unterteilt – die drei Kategorien „Explosivstoffe", „pyrotechnische Gegenstände" und „sonstige explosionsgefährliche Stoffe" (§ 1 Abs. 2 SprengG).

72 Unter „**Explosivstoffen**" (§ 1 Abs. 2 Nr. 1 iVm § 3 Abs. 1 Nr. 2 SprengG) versteht man Stoffe, die von ihrer Zweckbestimmung her gerade zum Sprengen bestimmt sind.[206] Für sie ist es kennzeichnend, dass es sich um feste oder flüssige Stoffe oder Stoffgemische handelt, die bei der Zusetzung einer ausreichenden Aktivierungsenergie eine starke chemische Reaktion mit expandierender Wirkung durchlaufen. Hierbei entwickeln sich Wärmeenergie und Gase, die zerstörerische oder lebensbedrohliche Auswirkungen haben können. Der Gesetzgeber sah dabei im Hinblick auf die Explosivstoffe von einer abstrakten Begriffsbestimmung ab und verweist in § 3 Abs. 1 Nr. 2 SprengG einerseits auf Stoffe, die nach der Richtlinie 2014/28/EU[207] als Explosivstoffe für zivile Zwecke betrachtet werden oder diesen in Zusammensetzung und Wirkung ähnlich sind oder aber auf Stoffe und Gegenstände, die in der Anlage III zum SprengG enumerativ aufgezählt sind. Für diese Explosivstoffe gilt das SprengG in vollem Umfang.

73 Unter „**pyrotechnischen Gegenständen**" (§ 1 Abs. 2 Nr. 2 iVm § 3 Abs. 1 Nr. 3 SprengG) versteht man dagegen Gegenstände, die explosionsgefährliche Stoffe oder Stoffgemische enthalten (pyrotechnische Sätze), mit denen aufgrund selbsterhaltender, exotherm ablaufender chemischer Reaktionen Wärme, Licht, Schall, Gas oder Rauch oder eine Kombination dieser Wirkungen erzeugt werden soll.[208] In § 3 Abs. 1 Nr. 4–8 SprengG werden exemplarisch einige pyrotechnische Gegenstände definiert, so zB Feuerwerkskörper, pyrotechnische Gegenstände für Fahrzeuge oder für Bühne und Theater sowie Anzündmittel. Eine Kategorisierung der pyrotechnischen Gegenstände und pyrotechnischen Sätze findet sich in § 3a SprengG. Für die pyrotechnischen Gegenstände gilt das SprengG ebenfalls in vollem Umfang.

74 Unter den „**sonstigen explosionsgefährlichen Stoffen**" (§ 1 Abs. 2 Nr. 3 iVm § 3 Abs. 1 Nr. 9 SprengG) versteht man schließlich explosionsgefährliche Stoffe, die weder Explosivstoffe noch pyrotechnische Gegenstände darstellen.[209] Es handelt sich dabei vor allem um Stoffe, die für wissenschaftliche, analytische, medizinische oder pharmazeutische Zwecke oder als Hilfsstoffe bei der Herstellung chemischer Produkte verwendet werden.[210] Bei ihnen stellt die Explosionsgefährlichkeit regelmäßig eine eher unerwünschte Begleit-

---

[205] *B. Heinrich* in MüKoStGB SprengG § 40 Rn. 1.
[206] Vgl. hierzu näher *B. Heinrich* in MüKoStGB SprengG § 40 Rn. 10 ff.
[207] RL 2014/28/EU des Europäischen Parlaments und des Rates v. 26.2.2014 zur Harmonisierung der Rechtsvorschriften der Mitgliedstaaten über die Bereitstellung auf dem Markt und die Kontrolle von Explosivstoffen für zivile Zwecke (Neufassung), ABl. 2014 L 96, 1.
[208] Vgl. hierzu näher *B. Heinrich* in MüKoStGB SprengG § 40 Rn. 15 ff.
[209] Vgl. hierzu näher *B. Heinrich* in MüKoStGB SprengG § 40 Rn. 19 ff.
[210] Vgl. BT-Drs. 10/2621, 10; ferner Nr. 1.3 SprengVwV.

C. Überblick über das Sprengstoffrecht § 49

erscheinung dar, die bei der Herstellung, Bearbeitung und Verwendung in keiner Weise genutzt werden kann bzw. soll, die aber mit zusätzlichen Gefahren verbunden ist.[211] Ferner fallen hierunter aber auch Stoffe, die zwar nicht zur Durchführung von Sprengungen, aber als brennbare Übertragungsladung (Initialzündung) bei Brandstiftungen verwendet werden können und dazu bestimmt sind.[212] Nach der ausdrücklichen Regelung in § 3 Abs. 1 Nr. 9 SprengG gelten als sonstige explosionsgefährliche Stoffe auch solche Explosivstoffe, die zur Herstellung sonstiger explosionsgefährlicher Stoffe bestimmt sind. Nach § 1 Abs. 4 SprengG gilt das SprengG im Hinblick auf die sonstigen explosionsgefährlichen Stoffe allerdings nur eingeschränkt. Zu beachten ist hier ferner die Regelung in § 2 SprengG, die für „neu entwickelte explosionsgefährliche Stoffe" gilt. Wer mit einem solchen Stoff, sofern er nicht zur Verwendung als Explosivstoff bestimmt ist, umgehen möchte, hat dies der Bundesanstalt für Materialforschung und -prüfung unverzüglich anzuzeigen und eine Stoffprobe vorzulegen (§ 2 Abs. 1 S. 1 SprengG).

Darüber hinaus ist das SprengG aber nach § 1 Abs. 3 SprengG auch für **„explosions- 75 fähige Stoffe"** anwendbar, die nicht explosionsgefährlich sind, jedoch für Sprengarbeiten bestimmt sind, soweit nicht durch oder aufgrund des SprengG Abweichungen geregelt sind.[213] Nach Nr. 1.2.1 der SprengVwV (Allgemeine Verwaltungsvorschrift zum Sprengstoffgesetz) fallen hierunter „feste oder flüssige Stoffe, die durch außergewöhnliche thermische Einwirkungen (zB Flamme, glühende Gegenstände), mechanische Beanspruchung (zB Schlag, Reibung), Detonationsstoß (zB Sprengkapsel) oder durch eine andere außergewöhnliche Einwirkung zu einer chemischen Umsetzung gebracht werden können, bei der hochgespannte Gase in so kurzer Zeit entstehen, dass eine plötzliche Druckwirkung hervorgerufen wird (Explosion)". Kennzeichnend für diese Stoffe ist, dass sie bei der Durchführung entsprechender Prüfverfahren nicht reagieren.[214]

II. Inhalt und Aufbau des Gesetzes

Das SprengG gliedert sich in zehn Abschnitte. Im **ersten Abschnitt** (§§ 1–6) finden sich **76 allgemeine Vorschriften** über den Anwendungsbereich des Gesetzes, Begriffsbestimmungen sowie Ermächtigungsvorschriften. Der **zweite Abschnitt** (§§ 7–16l) enthält zentrale verwaltungsrechtliche Regelungen über den **Umgang** und den Verkehr mit Sprengstoffen im gewerblichen Bereich. Hiernach benötigen Unternehmen, die mit explosionsgefährlichen Stoffen umgehen wollen, grundsätzlich eine Erlaubnis. Der „Umgang" mit Sprengstoffen ist recht weit gefasst und umfasst nach § 3 Abs. 2 Nr. 1 SprengG das Herstellen, Bearbeiten, Verarbeiten, Wiedergewinnen, Aufbewahren, Verbringen, Verwenden und Vernichten sowie innerhalb der Betriebsstätte den Transport, das Überlassen und die Empfangnahme explosionsgefährlicher Stoffe sowie die weiteren in § 1b Abs. 1 Nr. 3 lit. a–e SprengG bezeichneten Tätigkeiten (dies betrifft zB den Erwerb und Besitz selbst geladener oder wiedergeladener Munition, das Bearbeiten und Vernichten von Munition einschließlich sprengkräftiger Kriegswaffen sowie das Wiedergewinnen explosionsgefährlicher Stoffe aus solcher Munition, das Aufbewahren von pyrotechnischer Munition und von zur Delaborierung oder Vernichtung ausgesonderter sprengkräftiger Kriegswaffen, den Umgang mit Fundmunition und von Munition, die nicht den Bestimmungen des Waffengesetzes oder des Gesetzes über die Kontrolle von Kriegswaffen unterliegt). In der Praxis betrifft dies in aller Regel Betriebe, die gewerblich Sprengstoffe und Munition herstellen. Erfasst sind darüber hinaus aber auch Betriebe, die gewerblich Großfeuerwerke abbrennen, Sprengungen in Steinbrüchen vornehmen oder als Abbruchunternehmen Gebäude sprengen. Auch Unternehmen, die im Film- und Fernsehbereich

---

[211] Vgl. BT-Drs. 10/2621, 10.
[212] KG NStZ 1989, 369: Selbst hergestelltes explosionsfähiges Gemisch aus Natriumchlorat und Zucker, das als Übertragungsladung für den eigentlichen Brandsatz dienen sollte.
[213] Vgl. hierzu näher *B. Heinrich* in MüKoStGB SprengG § 40 Rn. 25.
[214] Vgl. Nr. 1.2.1 S. 2 der SprengVwV.

Spezialeffekte mithilfe von explosionsgefährlichen Stoffen darstellen, benötigen hiernach eine Genehmigung. Ebenfalls erfasst ist das gewerbliche Wiederladen von Munition. Besonderen Regelungen über die **Aufbewahrung** im **dritten Abschnitt** (§§ 17, 18) folgen im **vierten Abschnitt** (§§ 19–26) umfangreiche Vorschriften über die **verantwortlichen Personen** und ihre Pflichten.

77 Den Umgang mit explosionsgefährlichen Stoffen im **nicht gewerblichen Bereich** regeln §§ 27–29 SprengG im **fünften Abschnitt**. Eine Genehmigung ist hiernach möglich für den Erwerb, den Transport, das Verwenden und das Aufbewahren der explosionsgefährlichen Stoffe. Dagegen kann keine Genehmigung für das Herstellen, die Einfuhr und das Bearbeiten der Stoffe erteilt werden. Klassische Fälle sind hierbei das Schießen mit Böllern oder Vorderladern oder das (nicht gewerbliche) Wiederladen von Munition.

78 Im **sechsten Abschnitt**, „**Überwachung des Umgangs** und des Verkehrs" (§§ 30–33d), und im **siebten Abschnitt**, „**Sonstige Vorschriften**" (§§ 34–39a), finden sich weitere in erster Linie verwaltungsrechtlich geprägte Regelungen. Dagegen enthält der **achte Abschnitt**, §§ 40–43, umfassende **Straf- und Bußgeldvorschriften**. Im **neunten Abschnitt** (§§ 44, 45) folgen Vorschriften über die **Bundesanstalt für Materialforschung und -prüfung**. **Übergangs- und Schlussvorschriften** im **zehnten Abschnitt** (§§ 46–51) runden das Gesetz ab.

79 Aufgrund diverser Ermächtigungsnormen im SprengG wurden mehrere Durchführungsverordnungen seitens der Exekutive erlassen. So enthält die „**Erste Verordnung zum Sprengstoffgesetz**" (1. SprengV) vom 23.11.1977[215] wesentliche Regelungen im Hinblick auf den Anwendungsbereich des SprengG (Nichtanwendbarkeit auf bestimmte Stoffe und Gegenstände und Freistellung bestimmter Personen und Stellen). Auch finden sich in dieser Verordnung umfassende Regelungen über pyrotechnische Gegenstände. In § 46 der 1. SprengV ist schließlich ein umfangreicher Katalog von Ordnungswidrigkeiten iSd § 41 Abs. 1 Nr. 16 SprengG enthalten. Die „**Zweite Verordnung zum Sprengstoffgesetz**" (2. SprengV) vom 23.11.1977[216] enthält Regelungen über die Aufbewahrung von explosionsgefährlichen Stoffen, deren Verletzung in § 7 der 2. SprengV als Ordnungswidrigkeit iSd § 41 Abs. 1 Nr. 16 SprengG geahndet wird. In der „**Dritten Verordnung zum Sprengstoffgesetz**" (3. SprengV) vom 23.6.1978[217] wird im Wesentlichen eine besondere, bei Verstoß nach § 4 der Verordnung bußgeldbewehrte, schriftliche Anzeigepflicht normiert, sofern mit explosionsgefährlichen Stoffen Sprengungen durchgeführt werden sollen. In der „**Kostenverordnung zum Sprengstoffgesetz**" (SprengKostV), ursprünglich erlassen als „Vierte Verordnung zum Sprengstoffgesetz" (4. SprengV) vom 14.4.1978[218], wurden Kostenfragen geregelt. Die Verordnung trat nach Art. 2, Art. 3 des Gesetzes vom 18.7.2016[219] am 30.9.2019 außer Kraft, es gilt aber die Übergangsvorschrift des § 47b SprengKostV, die besagt, dass die Verordnung in den Ländern bis zum 1.10.2021 fort gilt, solange die Länder insoweit keine anderweitigen Regelungen getroffen haben. Daneben wurde am 18.7.1978 eine **Allgemeine Verwaltungsvorschrift zum Sprengstoffgesetz** (SprengVwV)[220] erlassen. Diese Verwaltungsvorschrift besitzt zwar als reine Verwaltungsvorschrift keine normative Wirkung nach außen, enthält aber in großem Umfang für die Durchführung des SprengG bedeutsame und hilfreiche Erläuterungen, die ihrerseits Grundlage der Verwaltungspraxis sind und damit zugleich sowohl Handel und Gewerbe als auch die allgemeine Verkehrsauffassung maßgeblich beeinflussen und faktisch einer „amtlichen Kommentierung" nahekommen.

---

[215] BGBl. 1977 I 2141; idF v. 31.1.1991 (BGBl. 1991 I 169).
[216] BGBl. 1977 I 2189; idF v. 10.9.1002 (BGBl. 1992 I 3543).
[217] BGBl. 1978 I 783.
[218] BGBl. 1978 I 503; idF v. 31.1.1991 (BGBl. 1991 I 216).
[219] BGBl. 2016 I 1666.
[220] BAnZ Nr. 137 v. 26.7.1978, Beilage 15/78; idF v. 10.3.1987, BAnz Nr. 60a v. 27.3.1987, Beilage.

III. Einzelne Problemfelder

Mehr noch als im Waffenrecht halten sich die sprengstoffrechtlichen Problemfelder im Rahmen von ansonsten rechtmäßig handelnden gewerblichen Unternehmen in Grenzen. Die in der Praxis derzeit größten Probleme sind hingegen im Bereich der **Pyrotechnik** zu verzeichnen. Obwohl im Bereich des Sprengstoffrechts inzwischen eine **umfassende Harmonisierung** auf der Ebene der **EU** stattgefunden hat[221] und die europäischen Vorgaben insbesondere das deutsche Sprengstoffrecht wesentlich prägen und zu umfassenden, teilweise entscheidenden Änderungen führten, scheint die Rechtslage in Europa insbesondere bei der Pyrotechnik alles in allem noch sehr uneinheitlich zu sein. So sind zB vielfach pyrotechnische Gegenstände, die in Deutschland verboten sind, im europäischen Ausland (zB in Polen oder der Tschechischen Republik) frei erhältlich und werden massenweise über die Grenze nach Deutschland transportiert. Der unsachgemäße Umgang mit diesen Gegenständen hat in Deutschland auch schon häufiger zu gravierenden Unfällen geführt. 80

Derzeit in der Diskussion ist zudem die **Neuregelung der Vermarktung und Verwendung von Ausgangsstoffen für Explosivstoffe** durch den europäischen Gesetzgeber.[222] Nach dem Willen des Verordnungsgebers wird dabei in Zukunft zwischen sog. beschränkten Ausgangsstoffen, dh Stoffen, für die es regelmäßig keine rechtmäßige Verwendungsmöglichkeit für Mitglieder der Allgemeinheit gibt, und regulierten Ausgangsstoffen, dh legal erwerbbaren Ausgangsstoffen, zu differenzieren sein. Während der Umgang mit bestimmten beschränkten Ausgangsstoffen Mitgliedern der Allgemeinheit durch ein vom jeweiligen Mitgliedstaat zu errichtendes Genehmigungssystem nur unter engen Voraussetzungen im Einzelfall ermöglicht werden soll,[223] sollen Genehmigungen für andere beschränkte Ausgangsstoffe, wie beispielsweise Kalium(per)chlorat, künftig nicht mehr erteilt werden. Auch bei den legal erwerbbaren regulierten Ausgangsstoffen sind Wirtschaftsteilnehmer, die entsprechende Ausgangsstoffe bereitstellen, aber künftig verpflichtet, 81

---

[221] Vgl. hier nur die RL 93/15/EWG des Rates v. 5.4.1993 zur Harmonisierung der Bestimmungen über das Inverkehrbringen und die Kontrolle von Explosivstoffen für zivile Zwecke, ABl. 1993 L 121, 20, berichtigt ABl. 1995 L 79, 34 und ABl. 2006 L 59, 43, neu gefasst durch die RL 2014/28/EU des Europäischen Parlaments und des Rates vom 26.2.2014 zur Harmonisierung der Rechtsvorschriften der Mitgliedstaaten über die Bereitstellung auf dem Markt und die Kontrolle von Explosivstoffen für zivile Zwecke, ABl. 2014 L 96, 1; ferner die RL 2007/23/EG des Europäischen Parlaments und des Rates vom 23.5.2007 über das Inverkehrbringen pyrotechnischer Gegenstände, ABl. 2007 L 154, 1, neu gefasst durch die RL 2013/29/EU des Europäischen Parlaments und des Rates vom 12.6.2013 zur Harmonisierung der Rechtsvorschriften der Mitgliedstaaten über die Bereitstellung pyrotechnischer Gegenstände auf dem Markt, ABl. 2013 L 178, 27. Ferner sind zu erwähnen die RL 2008/43/EG der Kommission vom 4.4.2008 zur Kennzeichnung und Nachverfolgung von Explosivstoffen für zivile Zwecke gemäß der RL 93/15/EWG des Rates, ABl. 2008 L 94, 8, geändert durch die RL 2012/4/EU zur Änderung der RL 2008/43/EG zur Einführung eines Verfahrens zur Kennzeichnung und Rückverfolgung von Explosivstoffen für zivile Zwecke gemäß der RL 93/15/EWG des Rates, ABl. 2012 L 50, 18, sowie die Durchführungsrichtlinie 2014/58/EU der Kommission vom 16.4.2014 über die Errichtung eines Systems der Rückverfolgbarkeit von pyrotechnischen Gegenständen gemäß der RL 2007/23/EG des Europäischen Parlaments und des Rates, ABl. 2014 L 115, 28 (hierdurch wurde eine Registriernummer für pyrotechnische Gegenstände eingeführt).

[222] Vgl. die VO (EU) Nr. 98/2013 des Europäischen Parlaments und des Rates vom 15.1.2013 über die Vermarktung und Verwendung von Ausgangsstoffen für Explosivstoffe, ABl. 2013 L 39, 1, zuletzt geändert durch die VO (EU) Nr. 216/2017 der Kommission, ABl. 2016, L 34, 5, berichtigt am 30.11.2017, ABl. 2017 L 315, 78. Die VO (EU) Nr. 98/2013 wurde mit Ablauf des 31.1.2021 durch Art. 22 Abs. 1 der VO (EU) Nr. 1148/2019 des Europäischen Parlaments und des Rates vom 20.6.2019 über die Vermarktung und Verwendung von Ausgangsstoffen für Explosivstoffe, zur Änderung der VO (EG) Nr. 1907/2006 und zur Aufhebung der VO (EU) Nr. 98/2013, ABl. 2019 L 186, 1, berichtigt am 6.9.2019, ABl. 2019 L 231, 30, aufgehoben. An ihre Stelle trat die genannte VO (EU) Nr. 1148/2019, durch die das Kontrollsystem für Ausgangsstoffe, die für die Eigenherstellung von Explosivstoffen verwendet werden können, verschärft wird. In das Kontrollsystem implementiert bzw. verschärft werden dadurch insbes. Pflichten zur Unterrichtung der Lieferkette, zur Protokollierung und Aufbewahrung von Transaktionsdaten beim Verkauf sowie Meldepflichten bei verdächtigen Transaktionen, bei Abhandenkommen und bei Diebstahl.

[223] Vgl. Art. 5 Abs. 3, Art. 6 VO (EU) Nr. 1148/2019.

verdächtige Erwerbsvorgänge zu melden. Hierfür muss jeder Mitgliedsstaat eine **nationale Kontaktstelle** einrichten.[224] Die verschärften Regelungen gelten ab dem 1. Februar 2021.

D. Exkurs: Kriegswaffenkontrollrecht

I. Einführung, Inhalt und Aufbau des Gesetzes

82 Das Kriegswaffenkontrollrecht ist in Deutschland geregelt im **Kriegswaffenkontrollgesetz (KrWaffG)**.[225] Es steht in engem Zusammenhang mit dem Außenwirtschaftsrecht, welches im Wesentlichen im **Außenwirtschaftsgesetz (AWG)**[226] und der zu seiner Durchführung erlassenen **Außenwirtschaftsverordnung (AWV)**[227] geregelt ist, stellt aber rechtlich eine eigenständige Materie dar. Während das KrWaffG den Umgang mit Kriegswaffen umfassend regelt und unter einen Erlaubnisvorbehalt stellt, betrifft das Außenwirtschaftsrecht die Frage, welche Güter unter welchen Bedingungen ins Ausland verbracht werden dürfen. In der Ausfuhrliste, einer Anlage zur AWV, findet sich in Teil I, Abschnitt A, eine umfangreiche Liste für Waffen, Munition und Rüstungsmaterial, worunter auch Waffen fallen, die dem KrWaffG unterliegen. Aus § 6 Abs. 4 KrWaffG iVm § 1 Abs. 2 AWG ergibt sich, dass eine Genehmigung nach dem KrWaffG eine solche nach dem AWG nicht ersetzt. Denn das Kriegswaffenkontrollrecht und das Außenwirtschaftsrecht verfolgen im Wesentlichen unterschiedliche Zwecke.[228] Für den Außenwirtschaftsverkehr mit Kriegswaffen (dh für die Ein- und Ausfuhr) müssen daher, sofern die jeweiligen Voraussetzungen gegeben sind, beide Genehmigungen nebeneinander vorliegen.[229]

83 Im **KrWaffG**, einer klassischen Materie des **besonderen Verwaltungsrechts,** sind in erster Linie Fragen geregelt, die sich im Zusammenhang mit verschiedenen – verwaltungsrechtlich erforderlichen – **Genehmigungen** im Hinblick auf den Umgang mit „konventionellen" Kriegswaffen stellen (für die Herstellung, das Inverkehrbringen und die Beförderung etc). Darüber hinaus enthält das Gesetz einige – wiederum verwaltungsrechtlich geprägte – **Überwachungsvorschriften.** Ferner enthält das KrWaffG in seinem Anhang eine Kriegswaffenliste (KWL), in der die einzelnen Kriegswaffen enumerativ genannt sind. Darüber hinaus sind drei Durchführungsverordnungen,[230] zwei Verordnungen über die allgemeine Genehmigung[231] sowie die „Kriegswaffenmeldeverordnung"[232] und die „Ver-

---

[224] Vgl. Art. 9 VO (EU) Nr. 1148/2019.
[225] Ausführungsgesetz zu Art. 26 II GG (Gesetz über die Kontrolle von Kriegswaffen) idF der Bekanntmachung v. 22.11.1990 (BGBl. 1990 I 2506), zuletzt geändert durch Art. 2 des Gesetzes v. 2.6.2021 (BGBl. 2021 I 1275).
[226] Außenwirtschaftsgesetz (AWG) v. 28.4.1961 (BGBl. 1961 I 481), neu bekannt gemacht am 6.6.2013 (BGBl. 2013 I 1482), zuletzt geändert durch Art. 1 der VO v. 25.8.2021 (BAnz AT 7.9.2021 V1).
[227] Außenwirtschaftsverordnung in der Fassung der Bekanntmachung v. 2.8.2013 (BGBl. 2013 I 2865), zuletzt geändert durch Art. 2 der VO v. 25.8.2021 (BAnz AT 7.9.2021 V1).
[228] *Pietsch* in Hohmann/John, Ausfuhrrecht, 2002, Teil 5, Einführung Rn. 35 ff.; *B. Heinrich* in MüKoStGB KrWaffG Vor § 1 Rn. 26.
[229] BGHSt 41, 348 (357) = NJW 1996, 1355; *Achenbach* ZStW 117 (2007), 789 (796); *Alexander/Winkelbauer* in *Müller-Gugenberger* Rn. 62.1 ff.; *Beschorner* ZVglRWiss 90 (1991), 262 (269); *Hellmann*, Wirtschaftsstrafrecht, 5. Aufl. 2018, Rn. 1006; *Schmidt/Wolff* NStZ 2006, 161 (162).
[230] Erste VO zur Durchführung des Gesetzes über die Kontrolle von Kriegswaffen v. 1.6.1961 (BGBl. 1961 I 649), zuletzt geändert durch Art. 37 der VO v. 19.6.2020 (BGBl. 2020 I 1328) – die VO betrifft Zuständigkeitsfragen hinsichtlich der Erteilung und des Widerrufs von Genehmigungen; Zweite VO zur Durchführung des Gesetzes über die Kontrolle von Kriegswaffen v. 1.6.1961 (BGBl. 1961 I 649), zuletzt geändert durch Art. 1 der VO v. 13.3.2020 (BGBl. 2020 I 521) – die VO regelt verwaltungsrechtliche Fragen im Zusammenhang mit dem Genehmigungs- und Überwachungsverfahren; Dritte VO zur Durchführung des Gesetzes über die Kontrolle von Kriegswaffen v. 11.7.1969 (BGBl. 1969 I 841), zuletzt geändert durch Art. 32 der VO v. 31.8.2015 (BGBl. 2015 I 1474) – die VO betrifft Zuständigkeitsfragen im Hinblick auf die Verfolgung und Ahndung von Ordnungswidrigkeiten.
[231] VO über Allgemeine Genehmigungen v. 30.7.1961 (BAnz. Nr. 150/61), zuletzt geändert durch Art. 2 Abs. 3 des Gesetzes v. 6.6.2013 (BGBl. 2013 I 1482); Zweite VO über eine Allgemeine Genehmigung v. 29.1.1975 (BGBl. 1975 I 421).
[232] VO über Meldepflichten bei der Einfuhr und Ausfuhr bestimmter Kriegswaffen (Kriegswaffenmeldeverordnung – KWMV) v. 24.1.1995 (BGBl. 1995 I 92), geändert und neu bezeichnet als VO über Melde-

ordnung über die Unbrauchbarmachung von Kriegswaffen und über den Umgang mit unbrauchbar gemachten Kriegswaffen"[233] zu beachten.

Das KrWaffG gliedert sich in sechs Abschnitte. Im **ersten Abschnitt** (§§ 1–11) erfolgt **84** zunächst in § 1 KrWaffG eine Begriffsbestimmung der Kriegswaffe mit Verweis auf die im Anhang abgedruckte Kriegswaffenliste. In den Folgevorschriften wird im Anschluss an Art. 26 Abs. 2 S. 1 GG das Herstellen, Inverkehrbringen und die Beförderung von Kriegswaffen von der Genehmigung bestimmter Bundesbehörden abhängig gemacht. Zuständige Genehmigungsbehörden sind gem. § 11 KrWaffG für die jeweils ihrer Organisationsgewalt unterstellten Bereiche das BMVg, das BMF und das BMI sowie für alle übrigen Bereiche, insbesondere auch für die Ein- und Ausfuhr, das BMWi. Bei Exporten stimmen sich die Ministerien vor Erteilung einer Genehmigung mit dem Auswärtigen Amt ab. Politisch bedeutsame Exportfälle werden dem „Bundessicherheitsrat" (ein besonderer Kabinettsausschuss unter Vorsitz des Bundeskanzlers) zur Entscheidung vorgelegt. Das KrWaffG unterscheidet im Hinblick auf die beantragten Genehmigungen in § 6 KrWaffG zwischen zwingenden (Abs. 3) und fakultativen (Abs. 2) Versagungsgründen. So ist die Genehmigung stets zu versagen, wenn die Gefahr der Verwendung der Kriegswaffen bei einer friedensstörenden Handlung, insbesondere bei einem Angriffskrieg (§ 6 Abs. 3 Nr. 1 KrWaffG), besteht oder wenn Grund zu der Annahme besteht, dass die Erteilung der Genehmigung völkerrechtliche Verpflichtungen wie zB bindende Embargo-Resolutionen der Vereinten Nationen verletzen oder deren Erfüllung gefährden würde (§ 6 Abs. 3 Nr. 2 KrWaffG). Eine Genehmigung ist zudem ausgeschlossen, soweit Grund zur Annahme besteht, dass ein Beteiligter nicht die erforderliche Zuverlässigkeit für die beabsichtigte Handlung besitzt (§ 6 Abs. 3 Nr. 3 KrWaffG). Nach § 6 Abs. 2 KrWaffG kann die Genehmigung unter anderem dann versagt werden, wenn ihre Erteilung dem Interesse der Bundesrepublik an der Aufrechterhaltung guter Beziehungen zu anderen Ländern zuwiderliefe (§ 6 Abs. 2 Nr. 1 KrWaffG). Der **zweite Abschnitt** enthält in §§ 12–15 ausführliche Bestimmungen über die Pflichten im Verkehr mit Kriegswaffen sowie Überwachungs- und Ausnahmevorschriften. Auch wird hier der Umgang mit unbrauchbar gemachten Kriegswaffen geregelt (§ 13a KrWaffG). Unbrauchbar gemachte Kriegswaffen sind Kriegswaffen, die durch technische Veränderungen endgültig die Fähigkeit zum bestimmungsgemäßen Einsatz verloren haben und nicht mit allgemein gebräuchlichen Werkzeugen wieder funktionsfähig gemacht werden können, § 13a S. 2 KrWaffG.

Auffallend ist, dass der Gesetzgeber neben den Vorschriften für die „konventionellen" **85** Kriegswaffen besondere Regelungen für Atomwaffen, biologische und chemische Waffen sowie Antipersonenminen und Streumunition für erforderlich hielt, die (allerdings erst nachträglich[234]) im **dritten und vierten Abschnitt** des Gesetzes (§§ 16 ff. KrWaffG) ihren Niederschlag gefunden haben. In den §§ 19 ff. KrWaffG schließen sich dann die – verwaltungsakzessorisch ausgestalteten – **Straf- und Bußgeldvorschriften** an, wobei der Gesetzgeber wiederum zwischen den genannten Waffenarten differenziert. Während in den §§ 19, 20, 20a KrWaffG der Umgang mit den – in der Regel nicht genehmigungsfähigen – atomaren, chemischen und biologischen Waffen sowie den Antipersonenminen und Streumunition unter Strafe gestellt wird, findet sich in § 22a KrWaffG ein Katalog von Straftatbeständen für „konventionelle" Kriegswaffen, wobei – nach den einzelnen Umgangsformen getrennt – durchweg ein Handeln „ohne Genehmigung" bestraft wird.

---

pflichten für bestimmte Kriegswaffen (Kriegswaffenmeldeverordnung – KWMV) durch VO v. 9.6.1999 (BGBl. 1999 I 1266), zuletzt geändert durch Art. 33 des Gesetzes v. 21.12.2000 (BGBl. 2000 I 1956).
[233] VO über die Unbrauchbarmachung von Kriegswaffen und über den Umgang mit unbrauchbar gemachten Kriegswaffen v. 10.8.2018 (BGBl. 2018 I 1318).
[234] Aufnahme der Regelungen über Atomwaffen, biologische und chemische Waffen durch Gesetz v. 5.11.1990 (BGBl. 1990 I 2428); Aufnahme der Regelungen über Antipersonenminen durch Gesetz v. 6.7.1997 (BGBl. 1998 I 1778); Aufnahme der Regelung über die Streumunition durch Gesetz v. 6.6.2009 (BGBl. 2009 II 502).

86 Im Hinblick auf die einzelnen Kriegswaffen, die vielfach auch als Waffen im Sinne des **Waffengesetzes (WaffG)** anzusehen sind, ordnet § 57 Abs. 1 S. 1 WaffG einen Vorrang des KrWaffG für sämtliche in der Kriegswaffenliste aufgeführten Kriegswaffen an (eine vergleichbare Regelung findet sich in § 1b Abs. 1 Nr. 3 SprengG im Hinblick auf das Verhältnis zum Sprengstoffrecht).

II. Einzelne Problemfelder

87 Unter einer **Kriegswaffe** versteht man nach **§ 1 Abs. 1 KrWaffG** eine zur Kriegsführung bestimmte Waffe. Dabei verzichtet der Gesetzgeber auf eine abstrakte Definition des Begriffs und verweist auf die in der im Anhang zum KrWaffG abgedruckte **Kriegswaffenliste** enumerativ aufgezählten Gegenstände, Stoffe und Organismen (zB Atomwaffen, biologische Kampfmittel, Chemiewaffen, Raketen, Kampfflugzeuge, Kriegsschiffe, Maschinengewehre, Kanonen, Panzer, Panzerabwehrwaffen, Torpedos, Minen, Bomben, Handgranaten). Die Kriegswaffenliste ist insoweit abschließend. Gegenstände, die in der Liste nicht verzeichnet sind, etwa weil es sich um neu entwickelte Waffen handelt oder weil sie dem Gesetzgeber unbekannt waren, sind daher nicht erfasst. Die **abschließende Auflistung** hat den Vorzug, dass jedermann verlässlich feststellen kann, ob ein Gegenstand, Stoff oder Organismus im Einzelfall vom Gesetz als Kriegswaffe angesehen wird. Sie dient damit der Rechtsklarheit sowie dem Bestimmtheitsgebot.[235]

88 Während strafrechtliche Verurteilungen bei „konventionellen" Kriegswaffen (§ 22a KrWaffG) in der täglichen Praxis mitunter vorkommen und im Falle des Auslandsbezuges zumeist auch Verstöße gegen das Außenwirtschaftsgesetz (Straftaten nach §§ 17, 18 AWG) beinhalten, sind Verfahren im Hinblick auf atomare (§ 19 KrWaffG), biologische und chemische Waffen (§ 20 KrWaffG) sowie Antipersonenminen und Streumunition (§ 20a KrWaffG) – zum Glück – selten. Die Bestimmungen hinsichtlich dieser sog. **„ABC-Waffen"** wurden im Jahre 1990[236] insbesondere vor dem Hintergrund einer möglichen Beteiligung Deutscher am Bau von Chemiewaffenfabriken in Libyen und im Irak geschaffen und führten in den Folgejahren zu einigen spektakulären Verurteilungen,[237] die später aber nur noch sporadisch vorkamen.

89 Schließlich scheinen auch die meisten inhaltlichen Probleme inzwischen jedenfalls von der Rechtsprechung einheitlich entschieden zu werden. So ist man sich darüber einig, dass nur **vollständigen und funktionsfähigen Kriegswaffen** die Kriegswaffeneigenschaft zukommt,[238] wobei zu beachten ist, dass die Kriegswaffenliste teilweise auch einige wesentliche Teile von Kriegswaffen selbstständig als Kriegswaffe definiert. Allerdings sind auch noch **nicht zusammengesetzte Bausätze** von Kriegswaffen als funktionsfähige Kriegswaffen anzusehen.[239] Noch nicht restlos geklärt ist hingegen die Frage, ob und inwieweit eine durch Täuschung, Drohung oder Kollusion (zB durch Bestechung) erschlichene Genehmigung als wirksam angesehen werden kann und eine Strafbarkeit ausschließt.[240]

---

[235] Vgl. zum Begriff der Kriegswaffe B. *Heinrich* in MüKoStGB KrWaffG § 22a Rn. 2 ff.
[236] Durch das Gesetz zur Verbesserung der Überwachung des Außenwirtschaftsverkehrs und zum Verbot von Atomwaffen, biologischen und chemischen Waffen v. 5.11.1990 (BGBl. 1990 I 2428).
[237] Vgl. BGHSt 38, 205 = NJW 1992, 1053 (Tritium für die pakistanische Atombehörde); BGHSt 53, 238 = NStZ 2009, 640 (Hochgeschwindigkeitskameras zur Entwicklung von Atomsprengköpfen durch den Iran); BGH NJW 1994, 2161 (Uran 235); BGHR KWKG § 19 Entwickeln 1 (Gasultrazentrifugen für die Hochanreicherung von Uran für Libyen); BGH wistra 2008, 432 (Hochgeschwindigkeitskameras zur Entwicklung von Atomsprengköpfen durch den Iran); OLG Düsseldorf NStZ-RR 1998, 153 (Giftgasproduktionsanlage in Libyen); OLG Düsseldorf NStZ 2000, 378 (Lieferung bestimmter Schaltschrankanlagen und eines Prozessleitsystems für den Bau einer Giftgasfabrik in Libyen); OLG Stuttgart NStZ 1997, 288 (Abgaswaschanlage für Chemiewaffenproduktion in Libyen); OLG Stuttgart NStZ-RR 1998, 63; LG Stuttgart NStZ 1997, 288 (Giftgasanlage in Rabta/Libyen); LG Stuttgart wistra 2001, 436 (Giftgasanlage in Rabta/Libyen).
[238] Vgl. hierzu B. *Heinrich* in MüKoStGB KrWaffG § 22a Rn. 4 f.
[239] Vgl. hierzu ausführlich B. *Heinrich* in MüKoStGB KrWaffG § 22a Rn. 13 ff.
[240] Vgl. hierzu B. *Heinrich* in MüKoStGB KrWaffG § 22a Rn. 32 ff.

Dagegen dürfte bei der unerlaubten Beförderung zur Ausfuhr nach § 22a Abs. 1 Nr. 4 KrWaffG inzwischen geklärt sein, dass es sich um einen echten Ausfuhrtatbestand und nicht lediglich um einen Beförderungstatbestand handelt, sodass sich auch derjenige strafbar macht, der zwar eine Ausfuhrgenehmigung einholt, dabei aber über den Endverbleib der Waffe täuscht.[241] Die Bedeutung dieser **„Endverbleibsklausel"** und die Frage, ob und inwieweit dieser Endverbleib tatsächlich Inhalt der Genehmigung ist oder überhaupt sein kann, gehört dabei allerdings zu den in der Praxis am meisten umstrittenen Punkten und wurde in den letzten Jahren insbesondere relevant bei „an sich" genehmigten Kriegswaffenlieferungen in Länder wie zB Mexiko und Indien, bei denen nur einzelne Bundesstaaten als „sicher" und genehmigungsfähig gelten, andere hingegen nicht.[242] Bei den ABC-Waffen ist entscheidend, dass eine Beihilfe zur Entwicklung dieser Waffen nicht nur eine „Neuentwicklung" bisher noch nicht bekannter Waffen, sondern auch die „Nachentwicklung" in Staaten im Blick hat, die bisher das entsprechende „Know-how" zur Herstellung solcher Waffen noch nicht besaßen.[243] Probleme können in diesem Bereich allerdings bei sog. „Dual-use"-Waren auftreten, die einerseits zur Herstellung von Kriegswaffen dienen können, andererseits aber auch bei zivilen Produkten Verwendung finden.[244]

E. Rechtsschutz und Kontrolle

Da es sich bei den waffen- und sprengstoffrechtlichen Erlaubnissen um klassische **Verwaltungsakte** handelt, gelten hier bei der Versagung bzw. bei der Rücknahme oder dem Widerruf (§ 45 WaffG, § 34 SprengG) die allgemeinen Regelungen. Auch das Waffenverbot für den Einzelfall (§ 41 WaffG) stellt einen Verwaltungsakt dar, gegen den der betroffene Bürger im Rahmen eines Widerspruchs oder einer späteren gerichtlichen Klage vorgehen kann.

F. Perspektiven

I. Rechtspolitische Erwägungen

Das Waffenrecht ist eine Materie, die sich in ständigem Wandel befindet. Trotz vielfacher **Verschärfungen** in den letzten Jahren ist es aber nicht gelungen, insbesondere die Zahl der „illegalen" Waffen entscheidend einzudämmen. Diese können allerdings auch vom Regime des deutschen Waffenrechts nur unzureichend erfasst werden.[245] Als sicherheitspolitisch bedenklich zeigte sich dabei insbesondere der häufige illegale Rückbau von Dekorations- und Salutwaffen, die – bis zum Inkrafttreten des 3. WaffRÄndG – erlaubnisfrei erworben werden konnten,[246] in scharfe Waffen oder der Umbau von halbautomatischen Schusswaffen.[247] Auch die häufig vorkommende **Einfuhr** äußerst gefährlicher pyrotechnischer Gegenstände, die im angrenzenden EU-Ausland erlaubnisfrei erworben werden können (→ Rn. 80) zeigt deutlich, wie wichtig eine weitere Harmonisierung des Waffen- und Sprengstoffrechts auf europäischer Ebene ist.[248] Obwohl inzwischen deutsch-

---

[241] Vgl. hierzu ausführlich *B. Heinrich* in MüKoStGB KrWaffG § 22a Rn. 54 ff.
[242] Hierzu BGHSt 66, 83 = NJW 2021, 3669.
[243] Vgl. hierzu *B. Heinrich* in MüKoStGB KrWaffG § 19 Rn. 4, § 20 Rn. 6.
[244] Vgl. hierzu *B. Heinrich* in MüKoStGB KrWaffG § 22a Rn. 10.
[245] → Rn. 24 ff.; insoweit erscheint der Vorschlag in BT-Drs. 18/9674, 3, zu prüfen, wie der Bestand an illegalen Waffen durch geeignete polizeiliche Maßnahmen, einschließlich einer zeitlich begrenzten Amnestie, wie sie zuletzt im Jahre 2009 vorgenommen wurde, reduziert werden kann, nicht zwingend erfolgversprechend zu sein.
[246] Im 3. WaffRÄndG (BGBl. 2020 I 166) hat der Gesetzgeber die Privilegierungen für Salutwaffen weitgehend eingeschränkt.
[247] → Rn. 36 f.; insoweit wurde in BT-Drs. 18/8710, 3; 18/9674, 2, auch angeregt, Privatpersonen die Nutzung halbautomatischer Schusswaffen gänzlich zu verbieten, wenn diese nach objektiven Kriterien besonders gefährlich sind; so auch *Feltes/Mihalic/Bunge* GSZ 2018, 23 (25).
[248] Vgl. hierzu auch BT-Drs. 18/8710, 2; 18/9674, 2; *Feltes/Mihalic/Bunge* GSZ 2018, 23 (25).

landweit durch die Einführung eines nationalen Waffenregisters (→ Rn. 57 ff.) eine gewisse einheitliche Erfassung der „legalen" Schusswaffen möglich ist, fehlt eine entsprechende Regelung über ein zentrales Register in allen EU-Staaten, in welchem alle essentiellen Bestandteile von Schusswaffen einschließlich Munitionsverpackungen geführt und die nationalen Register miteinander verknüpft werden.[249] Insoweit ist jedenfalls das deutsche Waffenrecht „im Wandel"[250], weitere Änderungen dürften auch künftig zu erwarten sein.[251]

II. Reformbestrebungen und Kritik

92 Im Hinblick auf das Waffengesetz fand erst jüngst durch das **Dritte Gesetz zur Änderung des Waffengesetzes** vom 20.12.2019 eine umfangreiche Änderung statt.[252] Problematisch hieran war, dass die Änderung der Umsetzung der EU-Richtlinie 2017/853 vom 17.5.2017[253] diente, die bis zum Ende des Jahres 2019 vorgenommen werden musste und das Gesetz am Ende mit einer gewissen Hektik verabschiedet wurde, was sich in der Qualität des Gesetzes deutlich widerspiegelt (→ Rn. 67). Insofern sind in naher Zukunft zwar gesetzgeberische Korrekturen und sicherlich auch kleinere Änderungen, aber jedenfalls keine (weiteren) umfassenden Reformen mehr zu erwarten. Gleiches gilt für das Sprengstoffgesetz. Ohnehin ist in den Bereichen des Waffen- und Sprengstoffrechts zu beobachten, dass der Gesetzgeber derzeit nahezu ausschließlich auf europäische Vorgaben hin tätig wird und „reagiert", eine umfangreiche (und sinnvolle) Harmonisierung der Vorschriften jedoch immer noch nicht erreicht wurde. Trotz der Umsetzung der europarechtlichen Vorgaben kommt es in der Praxis aber dennoch zu den bereits geschilderten Problemen im grenzüberschreitenden Verkehr (→ Rn. 68). Insoweit ist eine weitere Harmonisierung der Rechtsvorschriften auf europäischer (und auch internationaler) Ebene zwar erforderlich, es ist aber darauf zu achten, dass diese auch sinnvoll in die Systematik der deutschen Gesetze eingepasst werden. Das Problem der „illegalen" Waffen (→ Rn. 26 ff.) wird man aber selbst mit weiteren gesetzlichen Änderungen nicht in den Griff bekommen.

---

[249] Vgl. hierzu auch BT-Drs. 18/7741, 1 (3); 18/8710, 3; 18/9674, 2; *Feltes/Mihalic/Bunge* GSZ 2018, 23 (25).
[250] Vgl. zu weiteren Forderungen BT-Drs. 18/8710, 3 f.; 18/9674, 2 f.; *Feltes/Mihalic/Bunge* GSZ 2018, 23 (25 f.).
[251] BGBl. 2020 I 166.
[252] BGBl. 2020 I 166.
[253] ABl. 2017 L 137, 22; hierzu *Gerster* GSZ 2018, 18 (19 f.).

§ 50 Luftsicherheitsrecht

Björn Schiffbauer

Übersicht

	Rn.
A. Einführung	1
I. Das Spektrum von Luftsicherheit und Luftsicherheitsrecht	1
II. Luftsicherheitsrecht als Rechtsbegriff	4
1. Staatliche Security als Gegenstand des Luftsicherheitsrechts	4
2. Ziviler Luftverkehr und öffentliches Recht	6
3. Die drei Regelungsbereiche der Security	8
III. Luftsicherheitsrecht als internationalisiertes Rechtsgebiet	9
B. Der allgemeine Rahmen des Luftsicherheitsrechts	11
I. Die tatsächliche und allgemein-rechtliche Ausgangslage	11
II. Bedeutungen wesentlicher Begriffe	14
1. Luftraum	14
2. Lufthoheit	18
3. Freiheit der Luft und des Luftverkehrs	19
4. Luftraumverletzung	20
5. Luftfahrzeug	21
III. Rechtsquellen	24
1. Völkerrecht	24
a) Universelles Völkerrecht	25
b) Regionales Völkerrecht	30
c) Bilaterales Völkerrecht	32
2. Europäisches Unionsrecht	34
a) Primärrecht	34
b) Sekundärrecht	35
3. Deutsches Recht	38
a) Verfassungsrecht	38
b) Gesetzesrecht	42
c) Untergesetzliches Recht	46
C. Die luftsicherheitsrechtliche Infrastruktur	47
I. Grenzüberschreitende Rahmenbedingungen	47
II. Luftsicherheitsrechtliche Verwaltungsorganisation und Infrastruktur in Deutschland	49
1. Luftsicherheitsbehörde(n) und Zuständigkeiten	49
2. Privatpersonen	56
3. Unterstützungseinrichtungen	61
III. Amtshilfe und Streitkräfte	62
D. Die luftsicherheitsrechtlichen Befugnisse	66
I. Zum Schutz des Luftraums	66
1. Luftraumverletzungen durch zivile Luftfahrzeuge	66
2. Luftraumverletzungen durch staatliche Luftfahrzeuge	71
II. Zur Abwehr von Gefahren aus dem Luftraum	74
1. Luftraumbezogene Maßnahmen	74
2. Luftfahrzeugbezogene Maßnahmen	77
3. Über den Renegade-Fall	78
III. Zur Wahrung der Bordsicherheit	85
1. Bordsicherheit als luftsicherheitsrechtliches Programm	85
2. Maßnahmen am Boden	88
a) Objektsbezogene Maßnahmen	88
b) Personalbezogene Maßnahmen	91
c) Fluggastbezogene Maßnahmen	94
3. Maßnahmen an Bord (Bordgewalt)	99

	Rn.
E. Rechtsschutz und Kontrolle	106
I. Primärrechtsschutz	106
II. Sekundärrechtsschutz	112
III. Kontrolle	114
F. Perspektiven	115

Wichtige Literatur:
Buchberger, E., Änderungen des Luftsicherheitsgesetzes – ein Überblick, GSZ 2018, 180; *Giemulla, E./Hoppe, T.*, Privatisierung von Fluggastkontrollen, GSZ 2020, 63; *dies.*, Ortung und Abwehr von Drohnen in Flugplatznähe, GSZ 2020, 123; *Giemulla, E./Rothe, R.* (Hrsg.), Recht der Luftsicherheit, 2008; *Hobe, S./ v. Ruckteschell, N.* (Hrsg.), Kölner Kompendium des Luftrechts; *Kaienburg, N.*, Gefahrenabwehr auf dem Gebiet des Luftrechts, JA 2019, 119; *Ladiges, M.*, Der Einsatz der Streitkräfte im Katastrophennotstand nach dem Plenarbeschluss des Bundesverfassungsgerichts, NVwZ 2012, 1225; *ders.*, Die Bekämpfung nicht-staatlicher Angreifer im Luftraum – Unter besonderer Berücksichtigung des § 14 Abs. 3 LuftSiG und der strafrechtlichen Beurteilung der Tötung von Unbeteiligten, 2013; *Richter, S.*, Luftsicherheit, 2013; *Schaefer, C.*, Luftsicherheitsverwaltung durch Private: Eine Bestandsaufnahme, NVwZ 2016, 1135; *Schladebach, M.*, Lufthoheit – Kontinuität und Wandel, 2014; *Schladebach, M.*, Luftrecht, 2. Aufl. 2018; *Schladebach, M./Platek, O. J.*, Schwerpunktbereich – Einführung in das Luftrecht, JuS 2010, 499; *Schönwald, L.*, Der Abschuss von Zivilflugzeugen als ultima ratio zur Abwehr von sogenannten Renegades aus völkerrechtlicher Sicht, AVR 50 (2012), 75; *Zimmermann, A./Geiß, R.*, Die Tötung unbeteiligter Zivilisten: menschenunwürdig im Frieden – menschenwürdig im Krieg?, Der Staat 46 (2007), 377.

Rechtsprechungsauswahl:
BVerfGE 115, 118 = NJW 2006, 751 (Luftsicherheitsgesetz I); BVerfGE 132, 1 = NVwZ 2012, 1239 (Luftsicherheitsgesetz II); BVerfGE 133, 241 = NVwZ 2013, 713 (Luftsicherheitsgesetz III).

Hinweis:
Alle Internetfundstellen wurden zuletzt am 16.3.2022 abgerufen.

A. Einführung

I. Das Spektrum von Luftsicherheit und Luftsicherheitsrecht

1 Das Flugzeug gilt seit vielen Dekaden als das **sicherste Verkehrsmittel der Menschheit**. Diese zutreffende Bewertung speist sich aus statistischer Evidenz im Vergleich mit anderen Verkehrsmitteln.[1] Der Luftraum, so ließe sich folgern, umfasst damit auch die weltweit sichersten Verkehrswege. Sämtliche Aspekte der damit angerissenen raumspezifischen Sicherheit lassen sich mit einem Oberbegriff erfassen: Luftsicherheit. Ihren hohen Standard verdankt die Luftsicherheit zahllosen anspruchsvollen Ingenieursleistungen, die besonders zuverlässige Technologien hervorgebracht haben, zugleich aber auch vielen verschiedenen staatlichen Vorkehrungen gegen Gefahren von innen und außen. Unter diesen beiden Hauptgesichtspunkten sind Luftsicherheit und Luftverkehr untrennbar miteinander verbunden. Zuweilen ruft Luftsicherheit jedoch auch negativ konnotierte Eindrücke verschiedenster Art hervor. Manche Menschen assoziieren damit die Gefahr terroristischer Anschläge, andere wiederum denken schlicht an lange und lästige Warteschlangen vor dem Sicherheitsbereich eines Flughafens (→ Rn. 95 ff.). Es geht demnach gleichermaßen um Gefahren und Gefahrenabwehrmaßnahmen. Dafür bildet das Luftsicherheitsrecht die normative Basis. Es umfasst sämtliche Ge- und Verbote zur Wahrung der Luftsicherheit.

2 Sicherheit hat auch im Luftverkehr ihren Preis. Sie **ermöglicht und beschränkt individuelle Freiheitsrechte** gleichermaßen. Allein die an einem Flughafen wahrnehmbaren Maßnahmen vermitteln einen kleinen Ausschnitt der zahlreichen grundrechtsrelevan-

---

[1] Vgl. etwa die statistischen Erhebungen der IATA über sicherheitsrelevante Vorfälle im internationalen Flugverkehr (https://www.iata.org/en/iata-repository/pressroom/fact-sheets/fact-sheet---safety/), nach welchen für das (letzte nicht pandemiebetroffene) Jahr 2019 unter insgesamt 46,8 Millionen Flügen lediglich 53 Unfälle mit 240 Todesopfern registriert wurden. Für denselben Zeitraum wurden allein in Deutschland laut Statistischem Bundesamt (https://www.destatis.de/DE/Themen/Gesellschaft-Umwelt/Verkehrsunfaelle/Tabellen/unfaelle-verungluekte-.html im Straßenverkehr über 2,6 Millionen Unfälle mit 3.046 Todesopfern registriert.

A. Einführung

ten Vorkehrungen, die tagtäglich in kaum quantifizierbaren Wiederholungen zum Schutze des Luftverkehrs ergriffen werden. Dies geschieht nicht aus Selbstzweck. Denn Fliegen ist nicht nur attraktiv für viele Passagiere in Wirtschaft und Freizeit, sondern auch für terroristische und anderweitig kriminelle Vereinigungen und Einzeltäter. Ein Flugzeug unter die eigene erzwungene Kontrolle zu bringen und dann womöglich noch als Waffe einzusetzen, sichert weltweite Aufmerksamkeit und verschafft gewaltiges Zerstörungspotenzial. Der hohe Aufwand, der für die Aufrechterhaltung der Luftsicherheit betrieben wird, erscheint deshalb kaum unverhältnismäßig. Wahr ist jedenfalls, dass zunächst einmal die Ermöglichung des Luftverkehrs eine Erweiterung persönlicher Freiheit bedeutet. Denn Freiheitsgrundrechte wie Freizügigkeit, Berufsfreiheit oder auch bloß allgemeine Handlungsfreiheit laufen in ihrer effektiven Wirksamkeit parallel mit den angebotenen tatsächlichen Möglichkeiten ihrer Wahrnehmung. Dazu leistet der Luftverkehr einen nicht unerheblichen Beitrag. Spätestens über den Wolken ist die Freiheit schließlich wahrlich – zumindest fast[2] – grenzenlos.

Die öffentliche Wahrnehmung über die Luftsicherheit und des ihr zugrunde liegenden Rechts dürfte sich damit **ambivalent** darstellen. Die Vorzüge des Fliegens werden geschätzt; bestenfalls erduldet werden dagegen die vorgeschalteten Sicherheitsvorkehrungen. Doch umfasst Luftsicherheit weitaus mehr. In der Wahrnehmung der juristischen Fachwelt jedenfalls haften dem Begriff „Luftsicherheit" noch andere Begriffselemente an. Zwar geht es auch dabei um die Begegnung terroristischer Gefahren, dies allerdings weitaus robuster. Denn wer im rechtswissenschaftlichen Kontext an Luftsicherheit denkt, hat zumeist das Luftsicherheitsgesetz vor Augen, genauer: dessen § 14 Abs. 3 aF und die zugehörigen Entscheidungen des BVerfG.[3] Dank mehrerer Klarstellungen aus Karlsruhe weiß die Fachwelt inzwischen, dass die Wahrung der Luftsicherheit nicht grenzenlos ist. Sie endet spätestens mit einem sog. *Renegade*-Fall (→ Rn. 63 ff., 78 ff.). Ausnahmslos verfassungswidrig sei demnach der Abschuss eines Passagierflugzeuges – auch wenn es von Terroristen gekapert und als Werkzeug für einen bevorstehenden Anschlag missbraucht worden ist. Das Spektrum des Luftsicherheitsrechts ist also weit gefächert. Es bewegt sich zwischen Fluggastkontrolle und *Renegade*, allgemein formuliert zwischen alltäglichen hoheitlichen Maßnahmen zur **abstrakten Gefahrenvorsorge** und besonderen Konstellationen zur **Abwehr konkreter Gefahren** für Leib und Leben zahlreicher Menschen. Angesichts dessen gilt es zunächst, dieses Spektrum formal zu strukturieren und anhand bestimmter Kriterien inhaltlich zu ordnen.

II. Luftsicherheitsrecht als Rechtsbegriff

1. Staatliche Security als Gegenstand des Luftsicherheitsrechts

Unter der Bezeichnung „Luftsicherheitsrecht" lassen sich wörtlich sämtliche Regelungen über die **Verhütung und Abwehr von Gefahren in und aus dem Bereich des Luftraums**[4] – vor allem in Verbindung mit dem Luftverkehr – zusammenfassen. Darunter fällt zunächst auch die Gesamtheit der sicherheitsrelevanten Bestimmungen über den Luftverkehr,[5] die einen breiten Ausschnitt des häufig als „Luftrecht" oder „Luftverkehrsrecht" bezeichneten öffentlichen Sonderordnungsrechts abbilden.[6] In diesem Sinne lässt sich das Luftverkehrsrecht – ähnlich wie das Straßenverkehrsrecht – dem öffentlichen Sicherheitsrecht und damit terminologisch auch dem Luftsicherheitsrecht zuordnen. Doch leuchtet es zugleich ein, dass nicht sämtliche iwS verstandenen sicherheitsrechtlich relevanten Aspekte des Luftverkehrsrechts in einem Werk, das den Staat und seine Einrichtungen als sicher-

---

[2] Zur Bordsicherheit → Rn. 85 ff.
[3] BVerfGE 115, 118 = NJW 2006, 751; BVerfGE 132, 1 = NVwZ 2012, 1239; BVerfGE 133, 241 = NVwZ 2013, 713; dazu → Rn. 78 ff.
[4] Zum Begriff des Luftraums → Rn. 14 ff.
[5] Zur historischen Entwicklung des Luft(verkehrs)rechts instruktiv *Schladebach* LuftR § 2 Rn. 1 ff.
[6] Zur Terminologie *Schladebach* LuftR § 1 Rn. 6 ff.

heitsrechtliches Schutzgut zum Gegenstand hat,[7] beleuchtet werden können. Stattdessen ist hier der Begriff des Luftsicherheitsrechts – wenn man so möchte: ieS – materiell auf die Schutzgüter des Staates, insbesondere bezüglich seiner Souveränität und seiner Einrichtungen zu reduzieren.

5 Dabei bietet es sich an, zwischen den sachlichen Sicherheitskategorien des Luftverkehrs zu unterscheiden, die typischerweise (auch in der deutschsprachigen Dogmatik) den Begriffen *Safety* und *Security* zugeordnet werden.[8] Zu differenzieren ist demnach zwischen der Verhütung und Abwehr betriebsbedingter *(Safety)*[9] und nicht betriebsbedingter, also von außen herrührender *(Security)* Gefahren im Zusammenhang mit dem Luftverkehr.[10] Für den Staat und seine Einrichtungen relevantes Luftsicherheitsrecht kann von vornherein nur die **Abwehr nicht betriebsbedingter Gefahren,** also die *Security* betreffen. Denn betriebsbedingte Störungen (wie zB ein Flugzeugabsturz aufgrund eines technischen Fehlers) können zwar große Schäden hervorrufen, dabei aber typischerweise nur nichtstaatliche Schutzgüter gefährden. Anders sind Gefahren einzuordnen, deren Urheber oder Ursachen nicht dem Luftverkehrsbetrieb selbst zuzuordnen sind, sondern den Luftverkehr stören, ihn für eigene Zwecke instrumentalisieren und pervertieren. Dies ist ein wesentliches Betätigungsfeld des Terrorismus. Daher sind nicht betriebsbedingte Gefahren aus dem Bereich des Luftverkehrs zumindest potenziell auch staatsgefährdend. Der Begriff des Luftsicherheitsrechts im Sinne dieses Beitrags beschränkt sich somit auf den Bereich der *Security* und soll verstanden werden als das Recht über die Verhütung und Abwehr nicht betriebsbedingter Gefahren im Zusammenhang mit dem Luftverkehr.[11]

2. Ziviler Luftverkehr und öffentliches Recht

6 Der Luftverkehr wiederum lässt sich unterteilen in einen zivilen (nicht: „zivilrechtlichen"!) und einen staatlichen (dh vor allem: militärischen) Bereich.[12] Da die militärischen Aspekte des Staatsschutzes gebündelt an anderer Stelle in diesem Handbuch dargestellt werden (→ § 52), beschränkt sich der vorliegende Beitrag auf den **zivilen Luftverkehr,** soweit nicht explizit auch Aspekte des staatlichen Luftverkehrs kraft Sachzusammenhangs einzubeziehen sind.[13] Der zivile Luftverkehr wiederum eröffnet unterschiedliche Anwendungsfelder, die sich nach bestimmten Kategorien abgrenzen lassen, zB nach Objekten (zB Luftfahrzeugen), Betriebspersonal (am Boden und in der Luft) und Nutzerkreisen (dh Fluggästen). Hinzu treten die territorialen Bezüge und Verbindungseinheiten der Luftverkehrsmittel, also vor allem Überfluggebiete und Flugplätze.

7 Der sich so darstellende zivile Luftverkehr unterliegt **öffentlich-rechtlichen Regelungen.** Nur diese werden hier in den Blick genommen, und zwar aus Sicht der Bundesrepublik Deutschland. Luftsicherheitsrecht ist auch und gerade in Bezug auf den zivilen Luftverkehr öffentliches Recht. Seine Normen adressieren primär die Bundesrepublik

---

[7] Vgl. allg. → § 2 Rn. 1 ff.
[8] In Deutschland jedenfalls seit dem Gesetzgebungsverfahren zum Luftsicherheitsgesetz, vgl. BT-Drs. 15/2361, 14; iÜ *Buchberger* in Lisken/Denninger PolR-HdB Kap. I Rn. 286 f.; *dies.* in Schenke/Graulich/Ruthig LuftSiG § 1 Rn. 3; *Faust/Leininger* in Hobe/v. Ruckteschell Kölner Kompendium LuftR II Teil II A. Rn. 4 f.; *Giemulla/Rothe* LuftsicherheitsR 19 f.; *Richter* Luftsicherheit 20 f.; *Schladebach* LuftR § 5 Rn. 66; s. auch → § 6 Rn. 3 ff.
[9] Aspekte der *Safety* richten sich vor allem nach dem LuftVG (insbesondere dessen § 29), dazu instruktiv und konzise *Kaienburg* JA 2019, 119.
[10] Vgl. dazu etwa *Epiney* in Dauses/Ludwigs EU-WirtschaftsR-HdB Kap. L Rn. 530, die zwischen „Flugsicherheit" (dh den Luftverkehrsbetrieb betreffend) und „Luftsicherheit" (dh Angriffen gegen den Luftverkehr betreffend) differenziert.
[11] Ähnlich auch die terminologische Eingrenzung der Bundesregierung, die zwischen Luft*verkehrs*sicherheit und Luftsicherheit unterscheidet: „Die Luftverkehrssicherheit umfasst die technische Sicherheit der Flugzeuge, während der Fokus der Luftsicherheit auf die Abwehr äußerer Gefahren liegt", abrufbar unter https://www.bundesregierung.de/breg/de/aktuelles/international-eng-verbunden-462230.
[12] Zur Abgrenzung → Rn. 66 ff.
[13] Dies gilt vor allem in Bezug auf die Verteidigung gegen Luftraumverletzungen staatlichen Ursprungs → Rn. 71 ff.

A. Einführung

Deutschland oder einzelne ihr zuzurechnende Einheiten bzw. Personen. Daher ist neben den staatlichen Befugnissen zur Wahrung der *Security* auch die dafür vorgehaltene staatliche und überstaatliche Infrastruktur relevant.

3. Die drei Regelungsbereiche der Security

Die genannten Anwendungsfelder des überwiegend zivilen Luftverkehrs erschließen sich hier lediglich aus der Perspektive der *Security*. Nicht besprochen werden daher zB Zulassungsstandards für Luftfahrzeuge und Flugplätze oder auch die Anforderungen an die sog. Flugsicherung.[14] Dagegen unterfallen der luftsicherheitsrechtlichen *Security* im Wesentlichen **drei übergeordnete Regelungsbereiche,** die sich aus unterschiedlichen luftraumbezogenen Perspektiven zusammensetzen und aus welchen sich jeweils Befugnisse zur Wahrung der Luftsicherheit ableiten: *erstens* der Schutz *des* Luftraums, *zweitens* die Abwehr von Gefahren *aus* dem Luftraum sowie *drittens* die Sicherheit von Luftfahrzeugen *im* Luftraum vor betriebsfremden Eingriffen (Bordsicherheit). Die in diesen Regelungsbereichen getroffenen Maßnahmen lassen sich – wie allgemein im öffentlichen Sicherheitsrecht üblich – in solche einerseits zur Gefahrenabwehr und andererseits zur Gefahrenvorsorge im Vorfeld konkreter Gefährdungslagen („Prävention II"[15]) klassifizieren.[16]

8

III. Luftsicherheitsrecht als internationalisiertes Rechtsgebiet

Der Charakter des Luftverkehrs zeichnet sich dadurch aus, dass mit Luftverkehrsmitteln verhältnismäßig weite Strecken in verhältnismäßig kurzer Zeit überwunden werden können. Diese technisch basierte Grundlage führt bei konsequenter Nutzung ihrer tatsächlichen Möglichkeiten zwangsläufig dazu, dass Luftfahrzeuge und die von ihnen beförderten Personen **mit unterschiedlichen Rechtsordnungen in Berührung** gelangen. Je weiter zwei Streckenpunkte voneinander entfernt liegen, desto besser können Luftfahrzeuge ihre Stärken gegenüber anderen Verkehrsmitteln ausspielen. Zugleich steigt damit die Wahrscheinlichkeit, dass der Betrieb eines Luftfahrzeuges einen grenzüberschreitenden Sachverhalt betrifft, der es erfordert, verschiedene Rechtsregime miteinander in Einklang zu bringen. Das gesamte Luftverkehrsrecht – und damit auch das Luftsicherheitsrecht – stellt sich schon deshalb als internationalisiertes Rechtsgebiet dar. Mehr noch: Jeder Sachverhalt über einmal in Bewegung gesetzte Luftfahrzeuge gestaltet sich zumindest potenziell grenzüberschreitend. Denn auch wenn ein Flugzeug mit der Absicht gestartet wird, einen Inlandsflug zu absolvieren, können aus unterschiedlichsten Gründen – von Unwetter bis *Renegade* – Planabweichungen eintreten. Mangels befestigter Grenzanlagen im Luftraum kann den sich daraus ergebenden – womöglich fatalen – Konsequenzen nicht unmittelbar entgegengetreten werden.

9

Des Weiteren tritt hinzu, dass sich speziell im Bereich des Luftsicherheitsrechts ein **Bedürfnis nach gemeinsamen Standards** geradezu aufdrängt. Da im Luftraum akute staatliche Rechtsdurchsetzung aus tatsächlichen Gründen nur eingeschränkt möglich ist, beruht die Wahrung der Luftsicherheit in besonderem Maße auf gegenseitigem Vertrauen zwischen den verantwortlichen Personen auf dem Boden – und damit häufig auf die Umsetzung von Vorgaben aus unterschiedlichen Rechtsordnungen. Ohne internationale Zusammenarbeit kann deshalb effektive Luftsicherheit kaum verwirklicht werden. Auch wenn sich das Luftsicherheitsrecht insgesamt aus verschiedenen Rechtsquellen speist, die aus unterschiedlichen Rechtsordnungen auf unterschiedlichen Rechtsebenen stammen,[17]

10

---

[14] Dafür sei verwiesen auf *Schladebach* LuftR insbesondere § 6.
[15] *Denninger* in Lisken/Denninger PolR-HdB Kap. B Rn. 14 f., 24 ff.
[16] Vgl. allgemein *Bäcker* in Lisken/Denninger PolR-HdB Kap. D Rn. 46 ff.
[17] Zur Unterscheidung zwischen Rechtsordnungen und Rechtsebenen *Schiffbauer* Formale Verfassungslehre 204 ff.

sind dessen einzelne Normen schon aufgrund der angedeuteten Sachzwänge häufig stark miteinander verzahnt.

B. Der allgemeine Rahmen des Luftsicherheitsrechts
I. Die tatsächliche und allgemein-rechtliche Ausgangslage

11 Luftsicherheitsrecht setzt voraus, dass bestimmtes Recht gilt und zum Schutze der Luftsicherheit anwendbar ist. Dies weist auf die häufig schlicht unterstellte, aber nur selten[18] substanziiert entfaltete Prämisse, dass es Personen geben muss, die einerseits entsprechende Rechtsnormen setzen, andererseits von diesen wirksam adressiert werden sowie sie schließlich auch rechtlich und tatsächlich durzusetzen in der Lage sind.[19] Für das Luftsicherheitsrecht kommen dafür nur Staaten in Betracht (→ Rn. 47 ff.). Staatliche luftsicherheitsrechtliche Handlungsbefugnisse erfordern zunächst, dass der **Luftraum als räumlicher Anwendungsbereich des Luftsicherheitsrechts** von der staatlichen Souveränität überhaupt erfasst wird. Andernfalls wären nämlich Staaten jedenfalls nicht allein zur Normsetzung und Normverwirklichung berechtigt, sondern könnten sich allenfalls mittels kollektiven (und womöglich auch kollusiven) Zusammenwirkens eine Normsetzungsbefugnis aneignen, wie dies etwa in Bezug auf bestimmte herrschaftsfreie Räume geschehen ist.[20] Der Luftraum gilt jedoch nicht als herrschaftsfreier Raum. Dies ist zwar nicht selbstverständlich,[21] aber dank universellen und gefestigten Völkergewohnheitsrechts normativ verankert.[22] Mit der Souveränität jedes Staates korrespondiert dessen Lufthoheit, die den Staat wiederum die Kompetenz zur Setzung luftsicherheitsrechtlicher Normen vermittelt. Innerhalb dieses Kompetenzrahmens kann dann der jeweilige Staat auch darüber verfügen, welchen Personenkreis luftsicherheitsrechtliche Normen adressieren sollen. Überdies steht es jedem Staat frei, internationale Kooperationen zur Wahrung der Luftsicherheit einzugehen. Ein solches Vorgehen erweist sich angesichts der selten auf die Lufthoheit eines einzigen Staates beschränkten praktischen Durchführung des Luftverkehrs als sinnvoll.[23]

12 Wenn **Luftsicherheitsrecht kompetenziell mit der staatlichen Lufthoheit verwoben** ist, lassen sich die staatlichen Befugnisse zur Normerzeugung wie auch die tatbestandlichen Anwendungsbereiche bereits erzeugter Normen trennscharf voneinander abgrenzen. Als Teilbereich der staatlichen Souveränität erstreckt sich die Lufthoheit jedenfalls auf das Territorium des jeweiligen Staates. Diese zweidimensionale Betrachtungsweise gelangt jedoch spätestens in Ansehung des Luftraums, der bereits begriffsnotwendig eine dritte Dimension erfordert, an ihre Grenzen. Diese dritte Dimension staatlicher Souveränität wird völkervertragsrechtlich von Art. 1 des Abkommens über die internationale Zivilluftfahrt (Chicagoer Abkommen – CA) vom 7.12.1944, das am 4.4.1947 in Kraft getreten ist,[24] angesteuert. Die inzwischen auch als universelles Völkerrecht anerkannte Lösung der dreidimensionalen Kompetenzfrage sieht heute vor, dass die staatliche Souveränität nicht nur horizontal die Fläche des Staatsgebietes, sondern von dort aus auch vertikal einen Raum als „senkrechte Säule" umfasst.[25] Nach wohl inzwischen herrschender[26] und zudem praxisgerechter Meinung erstreckt sich dieser Raum nach der sog. *Kármán*-Linie bis in eine Höhe

---

[18] Diese Lücke schließt eindrucksvoll *Schladebach* Lufthoheit, *passim*.
[19] Vgl. *Schiffbauer* Formale Verfassungslehre 137 ff.
[20] Etwa für die Hohe See über das Seerechtsübereinkommen von 1982 (SRÜ – UNTS Vol. 1833–1835, 3; BGBl. 1994 II 1798) oder für den Weltraum über den Weltraumvertrag von 1967 (UNTS Vol. 610, 205; BGBl. 1969 II 1967).
[21] Frühe völkerrechtliche Ansätze – angefangen mit *Hugo Grotius* im 17. Jh. – gingen sogar von einer „Freiheit der Luft" aus, dazu *Schladebach* Lufthoheit 9 ff.
[22] Vgl. *Schladebach* Lufthoheit 69 84 mwN.
[23] Daraus folgt aber gerade keine „Freiheit der Luft" → Rn. 19.
[24] UNTS Vol. 15, 295; näher *Schladebach* LuftR § 4 Rn. 1 ff.
[25] *Schladebach* Lufthoheit 156.
[26] *Hobe* in Hobe/v. Ruckteschell Kölner Kompendium LuftR I Teil II A. Rn. 12; zu den zahlreichen Abgrenzungstheorien umfassend mwN *Schladebach* Lufthoheit 169 ff.; *Schladebach* LuftR § 3 Rn. 36 ff.

von 83 Kilometern über dem staatlichen Hoheitsgebiet.[27] Damit darf indes nicht die Weltraumgrenze verwechselt werden, die üblicherweise erst in einer Höhe von 100 Kilometern angesetzt wird.[28] Auf diese kommt es für die staatliche Lufthoheit jedoch nicht an. Nach dieser Abgrenzung steht jedenfalls fest, dass Rechtsfragen, die sich aus Sachverhalten oberhalb der Lufthoheit ergeben – etwa aus den Umlaufbahnen von Satelliten – nicht dem Luftsicherheitsrecht zuzuordnen sind.

Nach der damit markierten Reichweite der dritten Dimension staatlicher Souveränität **13** bleibt noch die Reichweite der **Lufthoheit jenseits der staatlichen Gebietsgrenzen,** also deren horizontale Abgrenzung klarstellungsbedürftig. An terrestrischen Grenzlinien, die ein staatliches Herrschaftsgebiet von einem anderen übergangslos trennt, drängen sich Unklarheiten nicht auf.[29] Dagegen erklären sich Reichweiten staatlicher Lufthoheitszuschnitte im Übergang zu herrschaftsfreien Räumen – dh hier vor allem bis in die Hohe See hinein – nicht ohne Weiteres. Nach der klassischen zweidimensionalen, am Staatsgebiet orientierten Konzeption ist heute anerkannt, dass sich das Staatsgebiet im Küstenbereich an der sog. Basislinie (vgl. Art. 5 des Seerechtsübereinkommens – SRÜ[30]) orientiert und von dort aus das Küstenmeer dieses Staates in einer Ausdehnung von bis zu[31] zwölf Seemeilen verläuft (Art. 2 Abs. 1 SRÜ).[32] Die horizontale staatliche Gebietshoheit im Küstenbereich wird insgesamt vom internationalen Seerecht determiniert (Art. 2 Abs. 2 SRÜ[33]), dessen Normen das Luftrecht aufgreift (Art. 2 CA[34]). Horizontal erstreckt sich die Lufthoheit eines Staates daher nicht nur auf dessen Landmasse (einschließlich zugehöriger Inseln), sondern auch (soweit vorhanden) auf das staatliche Küstenmeer.[35]

II. Bedeutungen wesentlicher Begriffe

1. Luftraum

Der Begriff des Luftraums erweist sich bereits nach dem Vorgesagten als zentral für das **14** gesamte Luftrecht und damit auch für das Luftsicherheitsrecht.[36] Bei näherer Betrachtung weist dieser Begriff ausgehend von seinem dreidimensionalen Kern jedoch mehrere Konnotationen auf, die es klarzustellen gilt. In erster Linie jedenfalls dient „Luftraum" als **Anknüpfungspunkt** für sämtliche Normen und Maßnahmen (auch) im Zusammenhang mit dem luftsicherheitsrechtlichen Aspekt der *Security*. Insbesondere ist eine Norm nur dann luftsicherheitsrechtlicher Natur, wenn der mit ihr geregelte tatsächliche Sachbereich entweder aus dem Luftraum stammt oder in den Luftraum vordringt. Insoweit hat der Begriff des Luftraums also einen **normanwendbarkeitsspezifischen Bedeutungsgehalt.**

Als Rechtsbegriff erweist sich „Luftraum" jedoch zugleich als ein **relativer Begriff,** der **15** ohne Bezugsobjekt unscharf bleiben muss. Denn wenn lediglich von „dem" Luftraum als solchem die Rede ist, muss damit – beim Wort genommen – der sich über die gesamte

---

[27] *Schladebach* Lufthoheit 177 ff.; *Schladebach/Platek* JuS 2010, 499 (501).
[28] *Schladebach* Lufthoheit 179 ff.; vgl. auch *Herdegen* VölkerR § 24 Rn. 5.
[29] Vgl. nur *Herdegen* VölkerR § 24 Rn. 1 ff.
[30] → Rn. 11 (dort Fn. 20).
[31] Gemäß Art. 3 SRÜ steht es jedem Staat frei, das Küstenmeer innerhalb dieser Grenze selbstbestimmt festzulegen. Die Bundesrepublik Deutschland hat von dieser Möglichkeit in Bezug auf Nord- und Ostsee auf unterschiedliche Weise Gebrauch gemacht, vgl. BGBl. 1994 I 3428.
[32] *Herdegen* VölkerR § 31 Rn. 5. – Erst jenseits dieser (gedachten) Demarkationslinie folgen ausschließliche Wirtschaftszonen der Staaten (bis zu 200 Seemeilen ab der Basislinie gemessen, Art. 57 SRÜ), jenseits davon erstreckt sich schließlich die Hohe See (Art. 86 ff. SRÜ); dies betrifft jedoch bereits nach zweidimensionaler Konzeption hoheitsfreie Gebiete und erweist sich daher für die Bestimmung der Lufthoheit als unergiebig.
[33] „Diese Souveränität erstreckt sich [..] auf den Luftraum über dem Küstenmeer [...]."
[34] „Für die Zwecke dieses Übereinkommens gelten als Hoheitsgebiet eines Staates die Landgebiete und angrenzenden Hoheitsgewässer [...]."
[35] *Schladebach* Lufthoheit 158 ff.; *Schladebach/Platek* JuS 2010, 499 (501).
[36] Näher *Hobe* in Hobe/v. Ruckteschell Kölner Kompendium LuftR I Teil II A. Rn. 6 ff.; *Schladebach* LuftR § 3 Rn. 1 ff.

Erdoberfläche erstreckende dreidimensionale Raum bis zu einer Höhe von 83 Kilometern gemeint sein. Eine derartige Globalisierung des Luftraumbegriffs kann jedoch nach der geltenden Rechtslage einem Rechtsbegriff nicht gerecht werden, solange nicht zugleich auch ein universelles Weltrecht existiert. „Luftraum" ohne normativen Bezugspunkt beschränkt sich daher auf einen **tatsächlich-deskriptiven Bedeutungsgehalt.**

16 Als Rechtsbegriff der Gegenwart muss „Luftraum" daher mit einem bestimmten **normativ verankerten Bezugsgebiet verknüpft** sein, aus dem sich klare Abgrenzungen in und gegenüber allen drei Dimensionen ergeben. Diese determinieren dann die Anwendbarkeit bestimmten Rechts.[37] Im Ausgangspunkt betrifft dies die Territorien der Staaten, die im wahrsten Sinne des Wortes mit einem Luftraum normativ überstülpt werden. Insoweit begreift sich ein bestimmter Luftraum daher als **dreidimensionale Erweiterung des Staatsgebietes.**

17 Daraus folgt jedoch nicht im Umkehrschluss, dass es keinen nichtstaatlichen Luftraum gäbe. Das Gegenteil ist der Fall. Der **nichtstaatliche Luftraum** unterscheidet sich vom staatlichen Luftraum allerdings insoweit, als er nicht der Souveränität eines Staates unterliegt, sondern Regelungen über ihn nur das Resultat internationaler Kooperation sein können.[38]

2. Lufthoheit

18 Der Begriff der Lufthoheit knüpft an den Begriff des staatlichen Luftraums an und ist ein spezifisch rechtlicher. Gemeint ist damit die sich aus dem territorialen Aspekt der Souveränität ergebende ausschließliche Rechts- und Gestaltungsmacht eines Staates[39] über den eigenen Luftraum. Der Rechtsbegriff „Lufthoheit" kann deshalb nach *Schladebach* wie folgt definiert werden: „Lufthoheit ist die **Befugnis jedes Staates, unbeschränkte und alleinige Hoheitsgewalt im Luftraum über seinem Hoheitsgebiet auszuüben.**"[40] Daraus folgt auch, dass Lufthoheit im nichtstaatlichen Luftraum grundsätzlich nicht bestehen kann.[41]

3. Freiheit der Luft und des Luftverkehrs

19 Wenn die Lufthoheit die staatliche Souveränität in der dritten Dimension zum Ausdruck bringt, erscheint es auf den ersten Blick widersprüchlich, wenn zugleich von einer „Freiheit der Luft" gesprochen und damit ein weiteres luftrechtliches Prinzip suggeriert wird. Gleichwohl wird auf diese Wendung nicht selten zurückgegriffen, um damit die – vor allem völkervertragsrechtlich festgelegten – Nutzungsrechte der staatlichen Lufträume begrifflich zusammenzufassen.[42] Eine solche Formulierung ist jedoch zumindest unglücklich gewählt. Denn in der völkerrechtlichen Praxis bestehen am Prinzip der Lufthoheit keine ernsthaften Zweifel; daher kann ein weiteres, diesem terminologisch widersprechendes Prinzip aus logischen Gründen nicht bemüht werden. Gemeint ist etwas anderes: **die Freiheit des Luftverkehrs unter Anerkennung der staatlichen Lufthoheit.** Als Inhaber ihrer jeweils eigenen Lufthoheit haben sich die Staaten der Welt nämlich grundsätzlich darauf geeinigt, ihren Luftraum für den zivilen Luftverkehr zu öffnen, wie sich aus den Art. 5 ff. CA ergibt. Die Freiheit des Luft*verkehrs* – und richtigerweise nicht der Luft – umschreibt angesichts dessen kein Rechtsprinzip, sondern formuliert ein politisches Ziel und dessen völkerrechtliche Verwirklichung, den staatlichen Luftraum für die Zivilluftfahrt zur Verfügung zu

---

[37] Zum Begriff der Anwendbarkeit (auch in Abgrenzung zur Geltung) von Normen näher *Schiffbauer* Formale Verfassungslehre 122 ff., 180 ff.
[38] Vgl. *Schladebach* LuftR § 3 Rn. 3, 52 ff.
[39] Vgl. umfassend zu denkbaren weiteren Trägern der Lufthoheit insbesondere bezüglich *de-facto*-Regime *Schladebach* Lufthoheit 120 ff.
[40] *Schladebach* Lufthoheit 93.
[41] Zum Sonderproblem der Lufthoheit über Gebieten staatsähnlicher Subjekte *Schladebach* LuftR § 4 Rn. 55 ff.
[42] Dazu näher und zu Recht kritisch *Schladebach* Lufthoheit 85 ff. mwN.

stellen. Die staatliche Souveränität – und damit auch die Lufthoheit – wird damit gerade nicht in Abrede gestellt. Deshalb sind bei näherer Betrachtung in verschiedenen Staaten auch unterschiedlich hohe Verwirklichungsniveaus dieses Zieles zu erkennen.[43]

4. Luftraumverletzung

Der Luftraum eines Staates ist zwar über das Prinzip der Lufthoheit rechtlich geschützt, doch verhindert dies allein noch kein tatsächliches Eindringen von Personen und Objekten in den Luftraum. Wenn sich angesichts dessen jemand oder etwas ohne anwendbaren Rechtfertigungsgrund im Luftraum eines Staates bewegt oder sich darin aufhält, kann insoweit von einer Luftraumverletzung gesprochen werden.[44] Die Luftraumverletzung steht mit dem Luftsicherheitsrecht in einem engen Zusammenhang, weil sie das **typische Resultat einer vorherigen Gefahr** für die Integrität des staatlichen Luftraums beschreibt. „Luftraumverletzung" meint daher mit anderen Worten die nicht betriebsbedingte und zugleich ungerechtfertigte Beeinträchtigung des staatlichen Luftraums.

5. Luftfahrzeug

In einem Luftraum bewegen sich Luftfahrzeuge. Nach dem gegenwärtigen Stand der Technik sind andere auf den Menschen zurückzuführende Objekte, die sich im Luftraum bewegen könnten, kaum vorstellbar. Jedenfalls im weiteren Sinne meint „Luftfahrzeug" daher eine **technische Vorrichtung, die zur eigenen Bewegung in der Luft ohne eigenen Bodenkontakt genutzt werden kann.** Dies entspricht der (umständlichen und sprachlich zweifelhaften) Legaldefinition aus Art. 2 Nr. 18 der DVO (EU) Nr. 923/2012,[45] nach der „jede Maschine, die sich in der Atmosphäre zufolge von Reaktionen der Luft, ausgenommen solchen gegen die Erdoberfläche, halten kann" gemeint ist. Ebenso korrespondiert dies mit der Auflistung in § 1 Abs. 2 LuftVG.[46] Jedenfalls ist grundsätzlich jedes Luftfahrzeug in der Lage, den Tatbestand einer Luftraumverletzung zu erfüllen.

Soweit Luftfahrzeuge auch Insassen (dh Bordpersonal und gegebenenfalls Fluggäste) vorweisen – zB Flugzeuge und Helikopter –, können sie für das Luftsicherheitsrecht in einer weiteren Hinsicht relevant werden: nämlich selbst als **Orte, an welchen sich darin aufhaltende Personen Rechtsverletzungen begehen.** Solche Rechtsverletzungen qualifizieren sich grundsätzlich nicht als Luftraumverletzungen, weisen jedoch gleichwohl wegen der Lage ihres Begehungsortes einen nicht betriebsbedingten Bezug zum Luftraum auf. Die rechtliche Begegnung und Verhütung solcher Phänomene unterfällt daher ebenfalls dem Luftsicherheitsrecht im Sinne der *Security*. Dabei ist nicht grundsätzlich ausgeschlossen, dass sich gerade in Luftfahrzeugen begangene Rechtsverletzungen – von der Gefährdung der Bordsicherheit bis hin zum *Renegade*-Fall – auch gegen den Staat als Träger der Lufthoheit als solchen richten.

Luftsicherheitsrechtlich relevant werden kann schließlich auch die **Zuordnung eines Luftfahrzeuges** zu bestimmten (natürlichen oder juristischen) Personen. Insbesondere lässt sich dabei zwischen staatlichen und zivilen Luftfahrzeugen unterscheiden.[47] Als Staatsluftfahrzeuge gelten gem. Art. 3 lit. b CA „Luftfahrzeuge, die im Militär-, Zoll- und Polizeidienst verwendet werden". Diese Aufzählung erweist sich jedoch nicht als abschließend,

---

[43] Vgl. nur mwN *Schladebach* Lufthoheit 185 ff.
[44] Vgl. *Schladebach* Lufthoheit 215.
[45] Durchführungsverordnung (EU) Nr. 923/2012 der Kommission v. 26.9.2012 zur Festlegung gemeinsamer Luftverkehrsregeln und Betriebsvorschriften für Dienste und Verfahren der Flugsicherung und zur Änderung der Durchführungsverordnung (EG) Nr. 1035/2011 sowie der VOen (EG) Nr. 1265/2007, (EG) Nr. 1794/2006, (EG) Nr. 730/2006, (EG) Nr. 1033/2006 und (EU) Nr. 255/2010, ABl. L 281, 1 v. 13.10.2012.
[46] Luftverkehrsgesetz idF der Bekanntmachung v. 10.5.2007 (BGBl. 2007 I 698); zu dessen § 1 Abs. 2 im Einzelnen *Frantzen/Brunneke* in Hobe/v. Ruckteschell Kölner Kompendium LuftR I Teil III A. Rn. 10 ff.
[47] IE *Baumann* in Hobe/v. Ruckteschell Kölner Kompendium LuftR I Teil III E. Rn. 9 ff.

sondern nur als (regel-)beispielhaft.[48] Staatsluftfahrzeuge definieren sich grundsätzlich nach ihrem konkreten Verwendungszweck.[49] Vereinfacht lässt sich sagen: Werden Luftfahrzeuge **im Rahmen hoheitlichen Handelns** eingesetzt, fungieren sie als Staatsluftfahrzeuge.[50] In allen anderen Fällen liegen Zivilluftfahrzeuge vor. Diese **funktionale Unterscheidung** kann für die Anwendbarkeit bestimmter (auch luftsicherheitsrechtlicher) Normen von entscheidender Bedeutung sein.

III. Rechtsquellen

1. Völkerrecht

24 Es wurde bereits angedeutet: Der Luftverkehr bietet dank der ihn stützenden technischen Möglichkeiten das vielleicht einfachste Mittel, Staatsgrenzen ungehindert zu überschreiten. Deshalb liegt es besonders für den Bereich des Luftsicherheitsrechts nahe, das **Völkerrecht als erstes Regime** zu konsultieren, um einschlägige Rechtsquellen ausfindig zu machen. Neben einigen völkergewohnheitsrechtlichen Prinzipien, welche die staatliche Lufthoheit stützen,[51] finden sich verschiedene völkerrechtliche Verträge, die für das Luftsicherheitsrecht von Bedeutung sind. Diese erstrecken sich auf universeller, regionaler und bilateraler Ebene.

25 a) **Universelles Völkerrecht.** Bis heute sind die Grundlagen des modernen[52] internationalen Luftrechts im bereits angesprochenen **Chicagoer Abkommen** (CA) geregelt. Angesichts der zurzeit 193 Vertragsstaaten[53] kann dessen Normen eine universelle Geltung und Anwendbarkeit nicht abgesprochen werden. Die Bundesrepublik Deutschland hat das Abkommen im Jahr 1956 ratifiziert.[54] Als praxistaugliche und weithin anerkannte Kodifikation der grundlegenden Regelungen über den internationalen Luftverkehr hat sich das CA bis heute bewährt.[55] Zu Recht gilt es als **„Magna Charta des Luftrechts".**[56] Formal gliedert es sich in vier verschiedene Teile: Teil I (Art. 1–42 CA) ist mit „Air Navigation" überschrieben und kann auch als „allgemeiner Teil" des internationalen Luftrechts begriffen werden. Hierin finden sich vor allem Normen über Hoheitsgebiete, Überflugrechte sowie zahlreiche allgemeine Vorgaben an Flugzeuge, Personal und Einrichtungen. Teil II (Art. 43–66 CA) konstituiert die Internationale Zivilluftfahrtorganisation (International Civil Aviation Organization – ICAO) mit Sitz in Montréal, deren Aufgaben die „Ausarbeitung der Grundsätze und technischen Methoden für die internationale Luftfahrt sowie die Förderung der Planung und Entwicklung des internationalen Luftverkehrs" (vgl. Art. 44 CA) sind. Teil III (Art. 67–79 CA) firmiert unter „International Air Transport" und koordiniert Aspekte des internationalen Luftverkehrsrechts mit den Grundsätzen der ICAO. Schließlich enthält Teil IV („Final Provisions", Art. 80–96 CA) einige für völkerrechtliche Verträge übliche technische Bestimmungen. Angesichts dessen zeigt sich vor allem Teil I für das Luftsicherheitsrecht als besonders relevant.

26 Gemeinsam mit dem CA wurden als dessen Bestandteile eine **Transit-**[57] und eine **Transportvereinbarung**[58] abgeschlossen. Während die Transportvereinbarung aufgrund kaum vollzogener Ratifikationen praktisch bedeutungslos geblieben ist,[59] trägt die Transit-

---

[48] *Schladebach* LuftR § 4 Rn. 29.
[49] S. auch *Schladebach* Lufthoheit 184 f.; *Schladebach* LuftR § 4 Rn. 30 f.
[50] Differenzierter *Baumann* in Hobe/v. Ruckteschell Kölner Kompendium LuftR I Teil III E. Rn. 1 ff.
[51] Dazu sogleich → Rn. 28.
[52] Zu den historischen Entwicklungslinien instruktiv *Schladebach* Lufthoheit 27 ff.
[53] Vgl. https://www.icao.int/MemberStates/Member%20States.English.pdf.
[54] BGBl. 1956 II 411.
[55] Dazu umfassend *Schladebach* Lufthoheit 79 ff.; s. auch *Richter* Luftsicherheit 23 ff.
[56] *Schladebach* LuftR § 4 Rn. 7.
[57] UNTS Vol. 84, 389; BGBl. 1956 II 442.
[58] UNTS Vol. 171, 387.
[59] *Schladebach* LuftR § 4 Rn. 20.

vereinbarung ihren Teil im völkerrechtlichen Gefüge zum Luftsicherheitsrecht bei. Zwar scheint sie vordergründig nur den Luftverkehr als solchen, nicht aber die Luftsicherheit im Besonderen zu betreffen, indem sie gemeinsame Grundlagen für die Freiheit des Luftverkehrs normiert. Namentlich werden mit der Transitvereinbarung zwei wesentliche Verkehrsrechte liberalisiert: die Freiheit des Überfluges über das und die Freiheit der Landung zu nicht-gewerblichen Zwecken auf dem Gebiet eines Vertragsstaates. Unter den Begriff der Landung zu nicht-gewerblichen Zwecken fällt jedenfalls auch die Notlandung.[60] Eine solche setzt ein vorheriges Ereignis im Zusammenhang mit *Safety* oder *Security* voraus und tangiert daher zumindest auch das Luftsicherheitsrecht.

Zusätzlich zu den genannten Vereinbarungen stehen dem CA mittlerweile **19 Anhänge** („annexes") zur Seite, die als Rechtsakte der ICAO erlassen worden sind und deren Normen die vertraglichen Regeln des CA ergänzen und konkretisieren. Gemäß Art. 90 CA werden die CA-Anhänge vom Rat der ICAO mit Zweidrittelmehrheit erlassen oder verändert und treten verbindlich für alle Vertragsstaaten in Kraft, wenn nicht innerhalb von drei Monaten die Mehrheit der Vertragsstaaten ihre Ablehnung notifiziert hat. Im Bereich des Luftsicherheitsrechts sind **CA-Anhang 2** („Rules of the Air", 10. Aufl. Juli 2005) und **CA-Anhang 17** („Security", 10. Aufl. April 2017) von besonderer Bedeutung. In CA-Anhang 2 wird unter anderem das Verfahren zum Abfangen von Zivilluftfahrzeugen (in Ergänzung zu Art. 3bis CA) ausgestaltet (Abschn. 3.8). Außerdem wird dem verantwortlichen Luftfahrzeugführer die Bordgewalt übertragen (Abschn. 2.4). CA-Anhang 17 ergänzt den Bereich der *Security* umfassend mit Regelungen über die Verhütung von äußeren Einwirkungen auf den Luftverkehr.[61]

27

Weitere luftsicherheitsrechtliche Normen finden sich im sog. **Tokioter Abkommen** (TA) von 1963.[62] Es behandelt Zuständigkeiten und Befugnisse bei strafrechtlich relevanten Sachverhalten sowie sicherheitsrelevanten Verhaltensweisen an Bord eines Luftfahrzeuges (Art. 1 Abs. 1 TA), kurz: Bordsicherheit und Bordgewalt.[63] Im Lichte der *Security* (insbesondere Art. 5 ff. TA) können dessen Normen deshalb auch als **„Polizeirecht an Bord"** begriffen werden. Angesichts der heute 187 Vertragsstaaten[64] des TA können dessen Normen als universelles Völkerrecht mit zugleich völkergewohnheitsrechtlichem Charakter eingestuft werden.

28

Im Anschluss an das TA wurden mit den sog. Haager (1970),[65] Montréaler (1971)[66] und New Yorker (1979)[67] Übereinkommen **weitere multilaterale völkerrechtliche Verträge** geschlossen, die sich auch mit der Gefahrenabwehr an Bord befassen.[68] Ihr Schwerpunkt liegt jedoch darin, die Vertragsstaaten zur Implementierung bestimmter Straftatbestände und zugehöriger Verfahrensanforderungen in das nationale Recht zu verpflichten. Auf diese Weise soll eine möglichst globale Verfolgung luftsicherheitsrechtlich relevanter Verhaltensweisen gewährleistet werden.

29

b) Regionales Völkerrecht. Neben universell wirkenden völkerrechtlichen Verträgen existiert im europäischen Raum zudem regionales Völkerrecht, das Regelungen über die Luftsicherheit bereithält. Gemeint ist vor allem das bereits 1960 zwischen der Bundes-

30

---

[60] *Schladebach* LuftR § 4 Rn. 15.
[61] Näher *Richter* Luftsicherheit 25 ff.
[62] Abkommen über strafbare und bestimmte andere an Bord von Luftfahrzeugen begangene Handlungen v. 14.9.1963; UNTS Vol. 704, 219; BGBl. 1969 II 121; zu den historischen Hintergründen *Schladebach* LuftR § 10 Rn. 2 ff.
[63] Vgl. *Schladebach* LuftR § 10 Rn. 6.
[64] Vgl. http://www.icao.int/secretariat/legal/List%20of%20Parties/Tokyo_EN.pdf.
[65] Übereinkommen v. 16.12.1970 zur Bekämpfung der widerrechtlichen Inbesitznahme von Luftfahrzeugen; UNTS Vol. 860, 105; BGBl. 1972 II 1505.
[66] Übereinkommen v. 23.9.1971 zur Bekämpfung widerrechtlicher Handlungen gegen die Sicherheit der Zivilluftfahrt; UNTS Vol. 974, 177; BGBl. 1977 II 1229.
[67] Internationales Übereinkommen v. 18.12.1979 gegen Geiselnahme, UNTS Vol. 1316, 205 (BGBl. 1980 II 1361).
[68] Dazu *Schladebach* LuftR § 10 Rn. 10 ff.

republik Deutschland, Belgien, Frankreich, dem Vereinigten Königreich, Luxemburg und den Niederlanden geschlossene **Eurocontrol-Übereinkommen.**[69] Mit diesem haben die Vertragsstaaten die Europäische Organisation zur Sicherung der Luftfahrt (Eurocontrol) gegründet. Es handelt sich dabei um eine internationale Organisation mit Sitz in Brüssel, die – trotz gegenseitiger Zusammenarbeit – organisatorisch strikt zu trennen ist von den Einrichtungen der Europäischen Union. Inzwischen unterliegen dem Eurocontrol-Übereinkommen 41 europäische Mitglieds- sowie zwei weitere außereuropäische Vertragsstaaten;[70] es deckt damit einen Großteil des europäischen Kontinents und seiner Peripherie ab. Im Kern befasst sich Eurocontrol mit Fragen der *Safety* im Luftverkehr, die jedoch auch (mittelbar) für die *Security* relevant werden können. Dies ergibt sich insbesondere aus Art. 1 Abs. 1 Eurocontrol-Übereinkommen, wonach die Zusammenarbeit auf dem Gebiet der Flugsicherung (also *Safety*) auch der „Berücksichtigung der Erfordernisse der Landesverteidigung" (dies vor allem zur Ermittlung von Luftraumverletzungen – *Security*) dient. Der deutliche Schwerpunkt von Eurocontrol liegt gleichwohl auf den Aspekten der Flugsicherung.

31 Eine deutlich erkennbar einschlägige Quelle regionalen Völkervertragsrechts bildet außerdem der **Prümer Vertrag.**[71] Er wurde auf Initiative der Bundesrepublik Deutschland ursprünglich zwischen Deutschland, Belgien, Spanien, Frankreich, Luxemburg, den Niederlanden und Österreich geschlossen; inzwischen sind ihm Finnland, Slowenien, Ungarn und Norwegen beigetreten. Mit dem Prümer Vertrag wird eine grenzüberschreitende Zusammenarbeit unter anderem auf den Gebieten der Terrorismus- und weiterer Kriminalitätsbekämpfung statuiert.[72] Für den Bereich des Luftsicherheitsrechts erweisen sich dessen Art. 17–19 als zentral, mit deren Normen der Einsatz von Flugsicherheitsbegleitern angeregt und entsprechenden Maßnahmen grundsätzlich zugestimmt wird (→ Rn. 102).[73]

32 **c) Bilaterales Völkerrecht.** Aus den bereits auf multilateraler Grundlage gewährten luftverkehrsrechtlichen Freiheiten ergibt sich, dass jeder Eingriff in eine solche Freiheit rechtfertigungsbedürftig ist. Die Bundesrepublik Deutschland als Vertragsstaat kann daher Eingriffe in den zivilen Luftverkehr nicht lediglich mit der Ausübung staatlicher Souveränität begründen. Vielmehr muss auch zur Aufrechterhaltung der Luftsicherheit ein **spezifisch völkerrechtlicher Rechtfertigungsgrund** vorliegen, wenn die Lufthoheit aufgrund völkerrechtlich zugesicherter Freiheit des Luftverkehrs normativ überlagert wird. Dies gilt erst recht angesichts zahlreicher **bilateraler Abkommen,** die über die gegenseitige Gewährung von luftverkehrsrechtlichen Freiheiten in Kraft getreten sind.[74] Weltweit wirken derzeit über 4000 solcher Verträge; allein für die Bundesrepublik Deutschland sind davon rund 140 (inklusive der durch die EU geschlossenen und teilweise gemischten[75] Abkommen) anwendbar.[76] Unter Beteiligung der EU sind Abkommen dieser Art unter dem Stichwort „Open Skies" bekannt geworden.[77]

33 Bilaterale Abkommen konzentrieren sich indes nicht notwendigerweise auf die Gewährung luftverkehrsrechtlicher Freiheiten. In zunehmendem Maße ist darüber hinaus zu beobachten, dass auch spezifisch luftsicherheitsrechtliche Präventionsmaßnahmen völkervertragsrechtlich normiert werden. Dies betrifft vor allem den **gegenseitigen Informati-**

---

[69] Internationales Übereinkommen über Zusammenarbeit zur Sicherung der Luftfahrt „EUROCONTROL" (BGBl. 1962 II 2273 [2274]); dazu *Schladebach* LuftR § 5 Rn. 142 ff.
[70] Aufgelistet unter https://www.eurocontrol.int/about-us#member-states.
[71] Vertrag v. 27.5.2005 [...] über die Vertiefung der grenzüberschreitenden Zusammenarbeit, insbesondere zur Bekämpfung des Terrorismus, der grenzüberschreitenden Kriminalität und der illegalen Migration (BGBl. 2006 II 626).
[72] Näher *Schiffbauer* in Schöbener, Europarecht – Lexikon zentraler Begriffe, 2019, Rn. 2376.
[73] *Schladebach* Lufthoheit 294 f.
[74] IE *Rossbach* in Hobe/v. Ruckteschell Kölner Kompendium LuftR I Teil II A. Rn. 67 ff.
[75] Vgl. *Schladebach* LuftR § 5 Rn. 131.
[76] Übersicht einsehbar unter https://www.bmvi.de/SharedDocs/DE/Artikel/LF/luftverkehrsabkommen-bmvi.html; s. auch *Schladebach* LuftR § 4 Rn. 48.
[77] *Schladebach* LuftR § 5 Rn. 127.

onsaustausch über Fluggastdaten.[78] Mit Bezug zur Bundesrepublik Deutschland werden solche Abkommen üblicherweise innerhalb des institutionellen Rahmens der Europäischen Union geschlossen, was jedoch den völkerrechtlichen Charakter entsprechender Verträge nicht beeinträchtigt, zugleich aber den sich häufig über mehrere Rechtsebenen erstreckenden Charakter des Luftsicherheitsrechts exemplarisch offenbart. Erwähnenswert sind in diesem Zusammenhang insbesondere die in Kraft getretenen Fluggastdatenabkommen der EU mit den USA[79] und mit Australien.[80] Das geplante Fluggastdatenabkommen mit Kanada wurde indes vom EuGH wegen Verstößen gegen Art. 7 und Art. 8 der EU-Grundrechtecharta beanstandet.[81]

2. Europäisches Unionsrecht

a) Primärrecht. Mit Blick auf die von der EU geschlossenen völkerrechtlichen Fluggastdatenabkommen wurde bereits deutlich, dass auch das Europäische Unionsrecht als Quelle für luftsicherheitsrechtliche Normen grundsätzlich in Betracht kommt. Die dafür einzig relevante primärrechtliche Kompetenzgrundlage findet sich in **Art. 100 Abs. 2 AEUV**.[82] Es handelt sich hierbei um eine geteilte Zuständigkeit iSv Art. 4 AEUV.[83] Sie betrifft nur den Luftverkehr im Rahmen der in Art. 90 ff. AEUV kodifizierten gemeinsamen Verkehrspolitik, wie sich aus der systematischen Stellung des Kompetenztitels in Titel IV des Dritten Teils des AEUV ergibt. Unter Berücksichtigung des Prinzips der begrenzten Einzelermächtigung (Art. 5 Abs. 1 und 2 EUV, Art. 7 AEUV) erschließt sich dann jedoch nicht unmittelbar, inwieweit der EU eine Normsetzungsbefugnis auch zum Aspekt der *Security* im Luftsicherheitsrecht zukommen kann. Die Lösung eines drohenden Kompetenzkonflikts liegt letztlich in Art. 91 Abs. 1 lit. c AEUV, wonach die EU im Rahmen der gemeinsamen Verkehrspolitik auch „Maßnahmen zur Verbesserung der Verkehrssicherheit erlassen" darf.[84] Luftsicherheitsrechtliche Vorgaben des Europäischen Unionsrechts stehen damit unter dem Vorbehalt, in einem gewissen Zusammenhang mit dem Luftverkehr stehen zu müssen. Als geteilte Kompetenz verdrängen entsprechende Normen zudem mitgliedstaatliches Recht auf diesem Gebiet nicht prinzipiell. 34

b) Sekundärrecht. Die für den Bereich der *Security* wesentlichen unionsrechtlichen Bestimmungen sind in **VO (EG) 300/2008**[85] gebündelt. Deren Normen betreffen nicht nur „gemeinsame Vorschriften für den Schutz der Zivilluftfahrt vor unrechtmäßigen Eingriffen" (Art. 1 Abs. 1), sondern begreifen sich auch als „Grundlage für eine gemeinsame Auslegung des Anhangs 17 des Abkommens von Chicago über die internationale Zivilluftfahrt" (Art. 1 Abs. 2, → Rn. 27). Mit diesem Rechtsakt werden gemeinsame Grundstandards über die Wahrung der Luftsicherheit für alle Mitgliedstaaten verbindlich angeordnet (Art. 4 nebst Anhang). Den Mitgliedstaaten steht es dabei frei, strengere Vorkehrungen als die vorgegebenen Mindestmaßnahmen zu treffen (Art. 6). Der so gezogene unionsrechtliche Rahmen europäischer Luftsicherheitsstandards betrifft insbesondere den Bereich der Luftfahrzeuge, der Flugplätze und des Datenaustauschs.[86] 35

---

[78] *Schladebach* LuftR § 5 Rn. 79 ff.
[79] ABl. 2012 L 215, 5.
[80] ABl. 2012 L 186, 4, ber. ABl. 2012 L 302, 14.
[81] EuGH (Große Kammer), Gutachten 1/15 v. 26.7.2017, ECLI:EU:C:2017:592; dazu *Priebe* EuZW 2017, 762.
[82] *Schladebach* LuftR § 5 Rn. 1 ff.
[83] *Boeing/Rusche* in Grabitz/Hilf/Nettesheim AEUV Art. 100 Rn. 43.
[84] So wohl auch *Fehling* in von der Groeben/Schwarze/Hatje, Europäisches Unionsrecht, 7. Aufl. 2015, AEUV Art. 100 Rn. 15, 55 ff.
[85] VO des Europäischen Parlaments und des Rates v. 11.3.2008 über gemeinsame Vorschriften für die Sicherheit in der Zivilluftfahrt und zur Aufhebung der VO (EG) Nr. 2320/2002, ABl. 2008 L 97, 72 v. 9.4.2008.
[86] *Schladebach* LuftR § 5 Rn. 68 ff.

36 Dieser zentrale unions-luftsicherheitsrechtliche Rechtsakt wird ergänzt und konkretisiert durch die **DVO (EU) 2015/1998** über Luftsicherheitsstandards.[87] Deren Anhang gibt detailliert vor, welche gefahrpräventionsrechtlichen Maßnahmen in Bezug auf Flugplätze und Luftfahrzeuge sowie die jeweils am Luftverkehr teilnehmenden Personen durchzuführen sind. Weitere zahlreich erlassene unmittelbar anwendbare[88] Unionsrechtsakte auf Grundlage von Art. 100 Abs. 2 AEUV betreffen dagegen das Luftsicherheitsrecht nicht[89] im Kern.[90] Heranzuziehen sind jedoch zur Bestimmung auch luftsicherheitsrechtlich relevanter Begriffe die bereits erwähnte **DVO (EU) Nr. 923/2012**[91] sowie **VO (EU) Nr. 965/2012**[92] (diese zusätzlich für Normen über die Bordgewalt in deren Anhang IV).

37 Von gewisser Relevanz für das Luftsicherheitsrecht ist schließlich die **EASA-VO**. Ein institutioneller Rahmen des unionsweiten Flugverkehrsrechts wurde 2003 mit Einrichtung der Europäischen Agentur für Flugsicherheit (European Aviation Safety Authority – EASA) mit Sitz in Köln geschaffen,[93] die heute auf VO (EU) 2018/1139[94] basiert. Diese EASA-VO betrifft nicht nur die EASA selbst (Art. 75 ff.), sondern normiert auch zahlreiche gemeinsame Sicherheitsstandards für die gesamte Luftverkehrsinfrastruktur. Damit berührt sie den Bereich der *Security* zwar nur marginal, ignoriert ihn aber auch nicht völlig. Dies betrifft insbesondere die in Art. 88 statuierten Zusammenhänge zwischen Flugsicherheit und Luftsicherheit in der Zivilluftfahrt, innerhalb derer die EASA auch im Bereich der *Security* tätig wird. Überdies fungiert die EASA-VO als Schnittstelle zwischen den EU-Mitgliedstaaten und der IACO im Rahmen der Aufgabenerfüllung zum CA (Art. 1 Abs. 2 lit. g) und kann auch insoweit für Fragen der Luftsicherheit ieS relevant werden.

3. Deutsches Recht

38 a) **Verfassungsrecht.** In der deutschen Rechtsordnung ergibt sich zum Luftverkehr eine **ausschließliche Gesetzgebungskompetenz des Bundes aus Art. 73 Abs. 1 Nr. 6 GG**. Für den Bereich des Luftsicherheitsrechts – insbesondere den Aspekt der *Security* – erschließt sich dieser Kompetenztitel jedoch zumindest nicht unmittelbar. Nach Rechtsprechung des BVerwG besteht zu Art. 73 Abs. 1 Nr. 6 GG eine Annexkompetenz des Bundes über „Regelungen, welche der Aufrechterhaltung der öffentlichen Sicherheit und Ordnung in dem jeweiligen Sachbereich dienen".[95] Dies betrifft auch die Luftsicherheit und findet grundsätzlich allgemeine Zustimmung.[96] Allerdings kann eine Annexkompetenz des Bundes über den Aspekt der *Security* nur insoweit sicher angenommen werden, als die abzuwehrenden oder zu verhütenden Gefahren sich als solche für den Luftverkehr selbst

---

[87] Durchführungsverordnung (EU) 2015/1998 der Kommission v. 5.11.2015 zur Festlegung detaillierter Maßnahmen für die Durchführung der gemeinsamen Grundstandards für die Luftsicherheit, ABl. 2015 L 299, 1; ber. in ABl. 2016 L 165, 23 v. 23.6.2016 und ABl. 2017 L 49, 52 v. 25.2.2017.
[88] Insbesondere wird hier auf RLen nicht separat eingegangen, weil diese erst nach Umsetzung in deutsches Recht praktisch relevant werden.
[89] Insbesondere auch nicht die Regelungen zum viel diskutierten „Single European Sky", VO (EU) 1070/2009, vgl. nur *Schladebach* LuftR § 5 Rn. 108 ff.
[90] Vgl. aber die umfassenden Auflistungen bei *Richter* Luftsicherheit 37 ff.
[91] → Rn. 21 (dort Fn. 45).
[92] Konsolidierte Fassung der VO (EU) Nr. 965/2012 der Kommission v. 5.10.2012 zur Festlegung technischer Vorschriften und von Verwaltungsverfahren in Bezug auf den Flugbetrieb gemäß der VO (EG) Nr. 216/2008 des Europäischen Parlaments und des Rates, ABl. 2012 L 296, 1 v. 25.10.2012.
[93] *Schladebach* LuftR § 5 Rn. 145 ff.
[94] VO (EU) 2018/1139 des Europäischen Parlaments und des Rates v. 4.7.2018 zur Festlegung gemeinsamer Vorschriften für die Zivilluftfahrt und zur Errichtung einer Agentur der Europäischen Union für Flugsicherheit sowie zur Änderung der VOen (EG) Nr. 2111/2005, (EG) Nr. 1008/2008, (EU) Nr. 996/2010, (EU) Nr. 376/2014 und der RLen 2014/30/EU und 2014/53/EU des Europäischen Parlaments und des Rates, und zur Aufhebung der VOen (EG) Nr. 552/2004 und (EG) Nr. 216/2008 des Europäischen Parlaments und des Rates und der VO (EWG) Nr. 3922/91 des Rates, ABl. 2018 L 212, 1, ber. ABl. 2018 L 296, 41.
[95] BVerwGE 95, 188 (191) mwN = NVwZ 1994, 1102.
[96] Vgl. jeweils mwN *Uhle* in Dürig/Herzog/Scholz GG Art. 73 Rn. 137; *Degenhart* in Sachs GG Art. 73 Rn. 26; *Schladebach* LuftR § 6 Rn. 9.

erweisen.⁹⁷ Anknüpfungspunkt ist also zunächst nicht eine aus Sicht des Luftverkehrs betriebsinterne *(Safety)* oder betriebsexterne *(Security)* Quelle der Gefahr, sondern deren Zielrichtung.

Überschreitet der von der jeweiligen Gefahr zu erwartende Schaden den Bereich des Luftverkehrs, ist umstritten, inwieweit Art. 73 Abs. 1 Nr. 6 GG noch herangezogen werden kann.⁹⁸ Für die Aufrechterhaltung der luftraumbezogenen Sicherheit, deren Gefahren sich nicht gegen den Luftverkehr selbst richten, sind für den Bund daher auch **andere einschlägige Kompetenztitel** zur Gesetzgebung nicht auszuschließen. In Betracht kommt insoweit insbesondere der Aspekt der Verteidigung aus Art. 73 Abs. 1 Nr. 1 GG, soweit die Abwehr von militärischen oder ähnlich gelagerten Angriffen aus dem Luftraum auf die Bundesrepublik selbst und ihre Einrichtungen in Rede steht.⁹⁹ Nicht in Betracht als Kompetenzgrundlage kommen dagegen die Normen über die Amtshilfe gem. Art. 35 Abs. 2 und 3 GG, weil diese keine Gesetzgebungskompetenzen vermitteln, sondern lediglich „materielle und prozedurale Voraussetzungen" der Amtshilfe regeln.¹⁰⁰ Schließlich verbleibt die Gesetzgebungskompetenz zur allgemeinen Gefahrenabwehr Sache der Länder.¹⁰¹

39

Nach Rechtsprechung des BVerfG ist gleichwohl die anerkannte **Annexkompetenz zu Art. 73 Abs. 1 Nr. 6 GG** – nach zunächst aA des Ersten Senats¹⁰² – weit zu begreifen.¹⁰³ Die Verknüpfung zwischen Gefahrenabwehr und Luftverkehr beschränke sich nicht auf die Zielrichtung einer Gefahr, sondern könne auch mit deren Herkunft begründet werden. Der Bund ist demnach auch befugt zum Erlass von Normen über die Abwehr von Gefahren nicht nur *auf den*, sondern auch *aus dem* Luftverkehr.¹⁰⁴ Die Anforderungen an einen nach diesen Maßgaben begründbaren Annex bleiben gleichwohl streng.¹⁰⁵ Eine umfassende Gesetzgebungskompetenz über die Abwehr von Gefahren aus dem Luftraum steht dem Bund daher nicht zu.

40

Mit der Gesetzgebungskompetenz des Bundes aus Art. 73 Abs. 1 Nr. 6 GG (unmittelbar oder als Annex) korrespondiert dessen besondere **Verwaltungskompetenz gem. Art. 87d GG.**¹⁰⁶ Demnach wird die Luftverkehrsverwaltung grundsätzlich als bundeseigene Verwaltung geführt (Abs. 1 S. 1). Einzelne Aufgaben können den Ländern als Auftragsverwaltung durch zustimmungsbedürftiges Bundesgesetz übertragen werden (Abs. 2). Zum Umfang der Verwaltungskompetenz im Bereich der Luftsicherheit gilt das zur Gesetzgebungskompetenz aus Art. 73 Abs. 1 Nr. 6 GG Festgestellte entsprechend. Allein deshalb schon kann es keine einheitliche Luftsicherheitsbehörde des Bundes geben. Vielmehr ergibt sich aus dem aufgezeigten Kompetenzgefüge auch eine Streuung der Verwaltungsstruktur zur Luftsicherheit sowohl zwischen Bund und Ländern als auch zwischen Bund und internationalen Einrichtungen (→ Rn. 47 ff.).

41

b) Gesetzesrecht. Auch wenn das LuftVG den zentralen Normenkomplex verkörpert, der aufgrund der Gesetzgebungskompetenz des Bundes aus Art. 73 Abs. 1 Nr. 6 GG erlassen worden ist, fehlen darin heute Bestimmungen zum Luftsicherheitsrecht (fast¹⁰⁷)

42

---

⁹⁷ Vgl. *Schladebach* LuftR § 6 Rn. 10.
⁹⁸ ZB mwN *Ladiges* NVwZ 2012, 1125; vgl. zu alldem auch BVerfGE 115, 118 Rn. 91 = NJW 2006, 751; BVerfGE 132, 1 Rn. 15 ff. = NVwZ 2012, 1239; BVerfGE 133, 241 Rn. 55 = NVwZ 2013, 713.
⁹⁹ Vgl. *Ladiges* Bekämpfung 177 ff.
¹⁰⁰ BVerfGE 132, 1 Rn. 16 = NVwZ 2012, 1239.
¹⁰¹ Insbesondere sind diese Grenzen dann überschritten, wenn eine Unterstützung der Länder mit militärischen Kampfmitteln ohne Weiteres möglich sein soll: BVerfGE 132, 1 Rn. 40 ff. = NVwZ 2012, 1239 (unter Relativierung des zunächst in BVerfGE 115, 118 Rn. 95 ff. = NJW 2006, 751, formulierten absoluten Verbots eines Kampfmitteleinsatzes).
¹⁰² BVerfGE 115, 118 Rn. 91 = NJW 2006, 751.
¹⁰³ BVerfGE 132, 1 Rn. 15 ff. = NVwZ 2012, 1239; BVerfGE 133, 241 Rn. 55 = NVwZ 2013, 713.
¹⁰⁴ BVerfGE 132, 1 Rn. 18 = NVwZ 2012, 1239.
¹⁰⁵ BVerfGE 132, 1 Rn. 19 = NVwZ 2012, 1239.
¹⁰⁶ Vgl. *Schladebach* LuftR § 6 Rn. 11 ff.
¹⁰⁷ Allerdings können sich § 26 und § 26a LuftVG durchaus auch auf den Aspekt der *Security* beziehen, → Rn. 74 ff.

vollständig. Denn den Platz der ehemaligen luftsicherheitsrechtlichen Regelungen im LuftVG[108] haben die Normen des **LuftSiG**[109] eingenommen. Dieses Spezialgesetz begreift sich als Antwort einerseits auf die Terroranschläge vom 11. September 2001 und andererseits auf die Entführung eines Kleinflugzeuges eines geistig verwirrten Mannes im Raum Frankfurt am 5. Januar 2003; infolgedessen wurden mit dem LuftSiG die staatlichen Kompetenzen zur Wahrung der Luftsicherheit im Bereich der Security konzentriert und erweitert.[110] Die jüngste erwähnenswerte Anpassung des LuftSiG erfolgte im Jahr 2017.[111]

43 Als **Sonderpolizeirecht des Bundes** begreift sich die Summe der Normen des LuftSiG insgesamt als abschließend geregelter Normenkomplex.[112] Allgemein-polizeirechtliche Zuständigkeiten bleiben davon gleichwohl unberührt (§ 3 Abs. 5 LuftSiG).[113]

44 Angesichts der Konzentrationswirkung des LuftSiG sucht man weitere Vorgaben speziell zum Luftsicherheitsrecht im deutschen Gesetzesrecht weitgehend vergebens. Eine Ausnahme bilden allenfalls die Normen der **§ 4 und § 4a BPolG.**[114] Bei näherer Betrachtung bestätigen sie jedoch eher die Regel der normativen Konzentration im LuftSiG, weil sich ihr Text ausdrücklich auf das LuftSiG bezieht. Im Übrigen handelt es sich dabei auch im Wesentlichen nicht um materiell-rechtliche Ergänzungen zum LuftSiG, sondern um formelle Zuständigkeitszuweisungen.

45 Flankiert wird das Luftsicherheitsrecht schließlich von Pflichten und Befugnissen zur Erhebung von Daten, deren Auswertung (zumindest auch) zur Wahrung der Luftsicherheit erfolgt. Im Mittelpunkt steht dabei das **FlugDaG.**[115] Auf dessen Grundlage werden Luftfahrtunternehmen verpflichtet, detaillierte Datensätze zu jedem Fluggast an die Sicherheitsbehörden zu übermitteln.[116]

46 c) **Untergesetzliches Recht.** Unterhalb des Ranges förmlicher Gesetze sind zum Luftsicherheitsrecht auf Bundesebene einige **Rechtsverordnungen** in Kraft getreten, die jeweils auf § 17 oder § 17a LuftSiG beruhen. Es handelt sich dabei um die LuftSiGebV[117], die LuftSiSchulV[118] und die LuftSiZÜV[119]. Daneben existieren in den Bundesländern jeweils zuständigkeitsbegründende Verordnungen für diejenigen Bereiche des Luftsicherheitsrechts, die nicht vom Bund ausgeführt werden (vgl. auch § 16 Abs. 2 LuftSiG).[120] Zudem ist die grundsätzlich das Luftverkehrsrecht betreffende LuftVO[121] auch im Luftsicherheitsrecht nicht vollständig zu ignorieren.

---

[108] Zur Entwicklung bis dahin Buchberger in Lisken/Denninger PolR-HdB Kap. I Rn. 284 ff.
[109] Luftsicherheitsgesetz v. 11.1.2005 (BGBl. 2005 I 78).
[110] Vgl. Schladebach LuftR § 6 Rn. 69 ff.
[111] Im Einzelnen Buchberger GSZ 2018, 180.
[112] Vgl. Buchberger in Lisken/Denninger PolR-HdB Kap. I Rn. 300; dies. in Schenke/Graulich/Ruthig LuftSiG § 3a Rn. 2.
[113] Buchberger in Schenke/Graulich/Ruthig LuftSiG § 3 Rn. 13.
[114] Gesetz über die Bundespolizei (Bundespolizeigesetz) v. 19.10.1994 (BGBl. 1994 I 2978).
[115] Gesetz über die Verarbeitung von Fluggastdaten zur Umsetzung der RL (EU) 2016/681 (Fluggastdatengesetz) v. 6.6.2017 (BGBl. 2017 I 1484).
[116] Dazu Giemulla/Hoppe GSZ 2018, 185; s. auch → § 22 Rn. 48 ff.
[117] Luftsicherheitsgebührenverordnung v. 23.5.2007 (BGBl. 2007 I 944), die zuletzt durch Art. 2 Abs. 181 des Gesetzes v. 7.8.2013 (BGBl. 2013 I 3154) geändert worden ist.
[118] Luftsicherheits-Schulungsverordnung v. 2.4.2008 (BGBl. 2008 I 647), die zuletzt durch Art. 182 des Gesetzes v. 29.3.2017 (BGBl. 2017 I 626) geändert worden ist.
[119] Luftsicherheits-Zuverlässigkeitsüberprüfungsverordnung v. 23.5.2007 (BGBl. 2007 I 947), die zuletzt durch Art. 5 des Gesetzes v. 22.4.2020 (BGBl. 2020 I 840) geändert worden ist.
[120] Unter anderem BayZustVVerk, GVBl. 1998, 1025; HessVRZustVO GVBl. 2007 I 800; NRWLuftfahrtZustVO, GV. NRW. 2007, 316.
[121] Luftverkehrs-Ordnung v. 29.10.2015 (BGBl. 2015 I 1894), die zuletzt durch Art. 2 des Gesetzes v. 14.6.2021 (BGBl. 2021 I 1766) geändert worden ist.

C. Die luftsicherheitsrechtliche Infrastruktur

I. Grenzüberschreitende Rahmenbedingungen

Die **wesentlichen Eckpfeiler** der grenzüberschreitenden Infrastruktur zum Luftrecht, die 47
auch luftsicherheitsrechtliche Aspekte umfasst, wurden bereits genannt: die ICAO als
wichtigste internationale Organisation, Eurocontrol als regionale Organisation und die
EASA als Agentur der EU (→ Rn. 25, 30 und 37). Insbesondere die ICAO tritt dabei
wesentlich für globale luftsicherheitsrechtliche Standards programmatisch ein.[122] Eine spezifisch die luftsicherheitsrechtliche *Security* betreffende grenzüberschreitende Einrichtung –
etwa in Gestalt einer inter-, supra- oder transnationalen „Luftpolizeibehörde" – existiert
indes nicht.

Neben den genannten Institutionen erweist sich die Abgrenzung der **Anwendbarkeit** 48
unterschiedlicher Rechtsregime als wesentlich für sämtliche luftsicherheitsrechtlichen
Maßnahmen. Dazu wurde zum einen bereits auf den Luftraum eines Staates als dessen
Hoheitsraum verwiesen (→ Rn. 18). Infolgedessen findet dort auch das nationale Recht des
jeweiligen Staates Anwendung (vgl. auch Art. 1 CA).[123] Die staatliche Lufthoheit wird auch
nicht dadurch überlagert, dass Luftfahrzeuge gem. Art. 17 CA mittels Registrierung einem
Staat zuzuordnen sind und danach dessen Staatszugehörigkeit besitzen. Das nationale Recht
des einem Luftfahrzeug zugehörigen Staates – das **„Flaggenrecht"** (vgl. auch § 1a
LuftVG) – kommt gegenüber der Lufthoheit nur subsidiär zur Anwendung, so vor allem im
nichtstaatlichen Luftraum.[124] Allerdings wird die gegenseitige Anerkennung der gemeinsamen völkerrechtlichen Standards (auch) zum Luftsicherheitsrecht über Art. 12 CA gewährleistet. Hinzu kommt, dass das TA das Flaggenrecht in Bezug auf die Bordgewalt stärkt
und diesem insoweit Vorrang gewährt.[125] Nach Zusammenschau der völkervertragsrechtlichen Normen des CA und des TA sowie der damit korrespondierenden Praxis lässt sich
damit überschlägig konstatieren, dass für **luftraumbezogene Maßnahmen** das Recht
des die Lufthoheit innehabenden Staates, für **bordbezogene Maßnahmen** dagegen das
Flaggenrecht des Luftfahrzeuges vorrangig anwendbar ist.[126]

II. Luftsicherheitsrechtliche Verwaltungsorganisation und Infrastruktur in Deutschland

1. Luftsicherheitsbehörde(n) und Zuständigkeiten

Die luftsicherheitsrechtliche Infrastruktur in Deutschland firmiert unter dem **Sammel-** 49
begriff „Luftsicherheitsbehörde" (vgl. § 2 S. 1 LuftSiG). Anders als der grammatische
Singular vermuten ließe, existiert jedoch nicht „die" eine Luftsicherheitsbehörde. Vielmehr
greifen die einzelnen luftsicherheitsrechtlichen gesetzlichen Zuständigkeitszuweisungen auf
die bestehende behördliche Infrastruktur zurück.[127] Soweit also eine Behörde als Luftsicherheitsbehörde tätig wird, handelt es sich dabei in Wahrheit um eine bereichsspezifische
Bezeichnung einer im Übrigen anders situierten Behörde. Die im Einzelfall jeweils zuständige Behörde kann sich aus dem Behördenbestand im Bund und in den Ländern
schöpfen. Jede auf Bundes- und Landesebene für einen luftsicherheitsrechtlichen Sachverhalt potenziell zuständige Behörde nimmt daher am Netzwerk der Luftsicherheitsbehörden
teil und bildet damit insgesamt die luftsicherheitsrechtliche Infrastruktur ab.[128]

---

[122] Dazu umfassend *Giemulla/Rothe* LuftsicherheitsR 40 ff.; *Weber* in Hobe/v. Ruckteschell Kölner Kompendium LuftR I Teil I A. Rn. 1 ff.
[123] *Baumann* in Hobe/v. Ruckteschell Kölner Kompendium LuftR I Teil III C. Rn. 54 ff.
[124] *Baumann* in Hobe/v. Ruckteschell Kölner Kompendium LuftR I Teil III C. Rn. 57.
[125] *Baumann* in Hobe/v. Ruckteschell Kölner Kompendium LuftR I Teil III C. Rn. 58 f.
[126] Ähnlich *Makiol/Schröder* in Hobe/v. Ruckteschell Kölner Kompendium LuftR II Teil I A. Rn. 489.
[127] *Schaefer* NVwZ 2016, 1135 (1136).
[128] S. näher *Richter* Luftsicherheit 178 ff.

§ 50

50 Gemäß Art. 87d Abs. 1 S. 1 GG wird das Luftverkehrswesen inklusive seiner sicherheitsrechtlichen Aspekte[129] in **bundeseigener Verwaltung** geführt. Als Ausnahme von diesem Grundsatz können gem. Art. 87d Abs. 2 GG durch Bundesgesetz mit Zustimmung des Bundesrates Aufgaben der Luftverkehrsverwaltung den Ländern als Auftragsverwaltung übertragen werden. Von dieser Möglichkeit hat der Gesetzgeber schon zu Zeiten des ursprünglichen LuftVG Gebrauch gemacht und dies in Gestalt von § 16 Abs. 2 LuftSiG bestätigt.[130] Mit dieser Norm gilt die Wahrnehmung der im LuftSiG sowie der in der VO (EG) 300/2008 statuierten Aufgaben weiterhin als den Ländern übertragen; dies bedeutet eine einfachgesetzliche (und zulässige,[131] deshalb aber nicht auch sinnvolle) Umkehrung des Regel-Ausnahme-Verhältnisses zwischen Bundes- und Landesverwaltung für den Bereich der Luftsicherheit. In bundeseigener Verwaltung verbleiben nur noch die in § 16 Abs. 3, 3a, 3b und 4 LuftSiG besonders aufgeführten Aufgabenbereiche. Im Zweifel sind im Luftsicherheitswesen daher die **Luftsicherheitsbehörden der Länder**[132] zuständig.

51 Trotz der grundsätzlichen Landeszuständigkeit in luftsicherheitsrechtlichen Sachverhalten treten die Anteile des Bundes im Gefüge der luftsicherheitsrechtlichen Infrastruktur nicht zurück. Dies wird mit Blick auf die ausdrücklichen gesetzlichen Zuständigkeitszuweisungen an verschiedene Stellen des Bundes deutlich. Auch auf die Rolle der **Bundespolizei** gem. § 4 und § 4a BPolG wurde bereits hingewiesen (→ Rn. 44). Ihr kommt eine Schlüsselrolle bei der Abwehr von Gefahren für die Sicherheit des Luftverkehrs zu (→ Rn. 102 ff.), die von den Landespolizeibehörden nur subsidiär ergänzt werden kann.[133] Einzelne gefahrenabwehrrechtliche Zuständigkeiten der Bundespolizei erstrecken sich sowohl auf Sachverhalte am Boden (insbesondere an Flughäfen) als auch auf solche an Bord eines Luftfahrzeuges.

52 Die Zuständigkeit für gefahrenabwehrrechtliche Maßnahmen an Bord (die sog. **Bordgewalt**) kommt höchstens auch der Bundespolizei – dann in Person des auch „**Sky Marshal**" genannten Flugsicherheitsbegleiters – zu, dies jedoch nie ohne Berücksichtigung der primären Zuständigkeiten des (insoweit beliehenen) **verantwortlichen Luftfahrzeugführers** (§ 12 LuftSiG, Art. 6 ff. TA, Abschn. 2.4 CA-Anhang 2, CAT.GEN.MPA.105 aus Anhang IV zur VO (EU) 965/2012).[134]

53 Von gefahrenabwehrrechtlichen Zuständigkeiten abzugrenzen sind solche der **Gefahrenprävention.** Dabei steht – neben den bereits erwähnten **Landesbehörden** – das **Luftfahrt-Bundesamt**[135] im Mittelpunkt (vgl. § 16 Abs. 3 LuftSiG). Deren Zuständigkeiten erstrecken sich im Wesentlichen auf Überwachungen von Sicherheitsmaßnahmen und Sicherheitsausrüstung vor allem am Boden. Die örtliche Zuständigkeit für derartige gefahrenpräventive Maßnahmen ergibt sich jeweils aus den einzelnen gesetzlichen Bestimmungen. Dogmatisch lässt sich aus der Gesamtschau dieser teils recht verschachtelten Regelungen zumindest grob ableiten, dass es für ortsfeste Maßnahmen beim Grundsatz der Länderzuständigkeit bleibt, während Befugnisse über Maßnahmen im Zusammenhang mit der eigentlichen Fortbewegung dem Luftfahrt-Bundesamt übertragen werden (vgl. auch § 9 LuftSiG).

54 Allerdings wird dieser Grundsatz überlagert von der **allgemeinen örtlichen Zuständigkeit der Bundespolizei auf dem Flugplatzgelände** gem. § 4 BPolG iVm §§ 3 und 5 LuftSiG sowie von Sonderzuständigkeiten iRv § 4 BPolG iVm § 9 Abs. 1a und § 10a Abs. 2 LuftSiG.[136] Insoweit wird für eine Zuständigkeitsabgrenzung nicht zwischen Maß-

---

[129] Zur Gesetzgebungskompetenz → Rn. 38 ff.
[130] *Buchberger* in Schenke/Graulich/Ruthig LuftSiG § 16 Rn. 2.
[131] Vgl. zur Verfassungsmäßigkeit der Zuständigkeitsverteilung insgesamt BVerfGE 126, 77 = NVwZ 2010, 1146.
[132] Geregelt gem. den landesrechtlichen Rechtsverordnungen → Rn. 46.
[133] Vgl. *Graulich* in Schenke/Graulich/Ruthig BPolG § 4 Rn. 11 f.
[134] Dazu im Einzelnen → Rn. 99 ff.
[135] Vgl. auch *Schladebach* LuftR § 6 Rn. 118 ff.
[136] Dazu ausführlich *Graulich* in Schenke/Graulich/Ruthig BPolG § 4 Rn. 3 ff.

nahmen zur Gefahrenabwehr einerseits und Gefahrenprävention andererseits unterschieden.

Das Geflecht luftsicherheitsrechtlicher Zuständigkeiten lässt sich auf die Behördenstruktur spiegeln sowie **räumlich und funktional systematisieren:** Zum einen existieren Bundes- und Landesluftsicherheitsbehörden. Zum anderen lassen sie sich unterteilen in überwachende und ieS vollziehende Luftsicherheitsbehörden. Als ieS vollziehende Luftsicherheitsbehörde tritt dabei die Bundespolizei hervor. Im Übrigen erleichtert es die Kompetenzverteilung *de lege lata* im Einzelfall nicht gerade, „die" zuständige Luftsicherheitsbehörde zu identifizieren. 55

2. Privatpersonen

Einen festen Bestandteil der luftsicherheitsrechtlichen Infrastruktur bildet die Gruppe der beliehenen Privatpersonen. Eine besondere Rolle nehmen dabei die bereits erwähnten **verantwortlichen Luftfahrzeugführer** (*vulgo:* Piloten) ein, die bereits völkerrechtlich als Inhaber der Bordgewalt markiert (→ Rn. 27) und über das unionale sowie nationale Recht qualifiziert werden. Das Europäische Unionsrecht bietet zu diesem Personenkreis zwei Legaldefinitionen an: Gemäß Art. 2 Nr. 99 DVO (EU) Nr. 923/2012 sei verantwortlicher Pilot der „vom Betreiber oder, in der allgemeinen Luftfahrt, vom Eigentümer für verantwortlich erklärte und mit der sicheren Durchführung eines Flugs beauftragte Pilot". Gemäß Nr. 96 Anhang I zu VO (EU) Nr. 965/2012 sei dies „der Pilot, der mit dem Kommando beauftragt wurde und der für die sichere Durchführung des Flugs verantwortlich ist. Für die Zwecke der gewerbsmäßigen Beförderung wird der verantwortliche Pilot als ‚Kommandant' bezeichnet". Das deutsche Recht statuiert dagegen keine Legaldefinition. Wegen der unmittelbaren Anwendbarkeit des Unionsrechts kann jedoch auf die beiden genannten Definitionen zurückgegriffen werden. Die spezifische Zuordnung der Verantwortlichkeit zu einem Piloten ergibt sich indes aus dem deutschen Luftverkehrsrecht, nämlich für jeden einzelnen Flug aus der **Eintragung im Bordbuch.**[137] 56

Die **Beleihung entsprechender Piloten** folgt schließlich unmittelbar aus § 12 Abs. 1 S. 1 LuftSiG. Eine solche ist auch vor dem Hintergrund des in Art. 33 Abs. 4 GG normierten Funktionsvorbehalts angemessen, weil die besondere Sachkunde für die Person des Piloten spricht[138] und weil bei geschlossenen Türen eines Luftfahrzeuges im Gefahrenfall staatliche Hilfe nicht sicher gewährt werden kann.[139] Der (jeweils konstitutiv mit der Eintragung im Bordbuch erzeugte) Rechtsstatus als Beliehener ist verknüpft mit der formalen Verantwortlichkeit des Luftfahrzeugführers, wodurch die Kompetenznormen über die Bordgewalt für diesen aktiviert werden. Dagegen folgt seine Berechtigung zur Wahrnehmung der ihm daraus erwachsenen polizeilichen Befugnisse nicht unmittelbar aus dem Status als Beliehener, sondern erst aus der Anwendbarkeit der in Rede stehenden Kompetenznormen (→ Rn. 100 f.). 57

Neben der gesetzlich zwingenden Beleihung durch § 12 Abs. 1 S. 1 LuftSiG besteht die Möglichkeit einer weitergehenden luftsicherheitsrechtlichen **Beleihung privaten Sicherheitspersonals am Boden** aufgrund § 16a LuftSiG. Entsprechende Beleihungsverhältnisse basieren formal auf einem Verwaltungsakt der jeweils zuständigen Luftsicherheitsbehörde, der jederzeit zurückgenommen, widerrufen oder mit Auflagen versehen werden kann (§ 16 Abs. 3 LuftSiG).[140] Materielle Voraussetzungen der Beleihung statuiert zum einen Anhang 11 zu DVO (EU) 2015/1998, zum anderen muss das zu beleihende Personal eine Zuverlässigkeitsprüfung gem. § 7 LuftSiG in Verbindung mit der LuftSiZÜV[141] erfolgreich 58

---

[137] § 30 Abs. 3 Nr. 3 lit. b. Betriebsordnung für Luftfahrtgerät (LuftBO) v. 4.3.1970 (BGBl. 1970 I 262); s. auch *Buchberger* in Schenke/Graulich/Ruthig LuftSiG § 12 Rn. 6.
[138] *Makiol/Schröder* in Hobe/v. Ruckteschell Kölner Kompendium LuftR II Teil I A. Rn. 473.
[139] *Buchberger* in Schenke/Graulich/Ruthig LuftSiG § 12 Rn. 5; *Schladebach* LuftR § 6 Rn. 95.
[140] *Buchberger* in Schenke/Graulich/Ruthig LuftSiG § 16a Rn. 4.
[141] Dazu näher *Hermann* in Hobe/v. Ruckteschell Kölner Kompendium LuftR II Teil II A. Rn. 96 ff.

§ 50

durchlaufen haben.[142] Typischerweise kommen auf diese Weise Beliehene als **Luftsicherheitsassistenten bei Fluggastkontrollen** an Flugplätzen anstelle der eigentlich zuständigen Bundespolizeibeamten zum Einsatz (→ Rn. 88 ff.).[143]

59 Neben der Beleihung in den gesetzlich vorgesehenen Fällen bleibt der **Rückgriff auf Verwaltungshelfer** im allgemein zulässigen Rahmen stets möglich. Verwaltungshelfer unterstehen dabei den Anweisungen der jeweils als Luftsicherheitsbehörde fungierenden Stelle und sind nicht befugt, Zwangsmaßnahmen vorzunehmen.[144] Daher kommen Verwaltungshelfer jedenfalls nicht für einen Einsatz bei Personenkontrollen in Betracht.[145] Dagegen dürften Privatpersonen wie etwa Luftfahrtunternehmen und deren Erfüllungsgehilfen, die von öffentlichen Stellen zur Übermittlung von Fluggastdaten aufgefordert werden,[146] bei Erfüllung dieser Aufgabe als Verwaltungshelfer zu qualifizieren sein.

60 In Gestalt von Eigensicherungspflichten der Flugplatzbetreiber und Luftfahrtunternehmen wird mit § 8 und § 9 LuftSiG schließlich ein **besonderes Phänomen privater Mitwirkung** im infrastrukturellen Gefüge des Luftsicherheitsrechts statuiert.[147] Dies gilt gem. § 9a LuftSiG in Umsetzung der Vorgaben aus VO (EG) 300/2008 und DVO (EU) 2015/1998 nunmehr auch für die Beteiligten an der sicheren Lieferkette.[148]

3. Unterstützungseinrichtungen

61 Neben der – mit Blick auf die mannigfaltige Luftsicherheitsbehörde(n) ohnehin stets erforderlichen – behördlichen Zusammenarbeit kann die luftsicherheitsrechtliche Infrastruktur auch auf eine besondere Unterstützungseinrichtung zurückgreifen: das **Nationale Lage- und Führungszentrum für Sicherheit im Luftraum** mit Sitz in Uedern bei Kalkar.[149] Es handelt sich dabei um eine gemeinsame Organisationseinheit, die von den Bundesministerien der Verteidigung, des Innern sowie für Verkehr, Bau und Stadtentwicklung im Jahr 2003 eingerichtet worden ist. Es dient als Informationsknotenpunkt zur Gewährleistung der Sicherheit im deutschen Luftraum und soll so als Basis für einen koordinierten Einsatz der als Luftsicherheitsbehörden fungierenden Stellen und weiteren Behörden dienen.[150]

III. Amtshilfe und Streitkräfte

62 Die vielschichtige luftsicherheitsrechtliche Infrastruktur schließt selbstredend nicht die nach allgemeinem Recht mögliche Amtshilfe gem. Art. 35 GG aus (→ § 3 Rn. 8 ff.). In Anknüpfung daran wird **spezifisch luftsicherheitsrechtliche Amtshilfe durch die Streitkräfte** – und zwar ausdrücklich „zur Unterstützung der Polizeikräfte der Länder" – in § 13 LuftSiG statuiert.[151] Neben der Frage, ob damit auch eine Befugnis zum Abschuss eines Luftfahrzeuges einhergehen kann (→ Rn. 78 ff.), hat sich das BVerfG in seinen drei Entscheidungen zum LuftSiG auch zu den Voraussetzungen der luftsicherheitsrechtlichen Amtshilfe als solcher positioniert,[152] wobei die wesentlichen Grundlagen in der zweiten Entscheidung – dem Beschluss des Plenums vom 3.7.2012 – manifestiert worden sind.[153]

---

[142] *Buchberger* in Schenke/Graulich/Ruthig LuftSiG § 16a Rn. 3.
[143] *Giemulla/Hoppe* GSZ 2020, 63 (63).
[144] *Buchberger* in Schenke/Graulich/Ruthig LuftSiG § 16a Rn. 1.
[145] *Giemulla/Hoppe* GSZ 2020, 63 (65).
[146] Etwa aufgrund des FlugDaG → Rn. 45, 94.
[147] Dazu näher *Schaefer* NVwZ 2016, 1135 (1138 f.).
[148] *Buchberger* in Schenke/Graulich/Ruthig LuftSiG § 9a Rn. 1 ff.
[149] Dazu *Ladiges* Bekämpfung 44 ff.
[150] Vgl. *Buchberger* in Lisken/Denninger PolR-HdB Kap. I Rn. 324.
[151] Zu unterscheiden ist davon die einfache Amtshilfe, die insbesondere iRv § 15 LuftSiG einschlägig ist: BVerfGE 133, 241 Rn. 78 ff. = NVwZ 2013, 713.
[152] BVerfGE 115, 118 = NJW 2006, 751; BVerfGE 132, 1 = NVwZ 2012, 1239; BVerfGE 133, 241 = NVwZ 2013, 713.
[153] Dazu *Ladiges* NVwZ 2012, 1125.

Dabei ist zu unterscheiden zwischen den Modalitäten der Ausführung entsprechender Amtshilfemaßnahmen sowie dem Verfahren zu deren Anordnung.

Bevor indes entsprechende Amtshilfe angeordnet und vollzogen werden kann, müssen **63** die tatbestandlichen Voraussetzungen dafür vorliegen. Namentlich muss ein **besonders schwerer Unglücksfall** iSv Art. 35 Abs. 2 und 3 GG eintreten, was § 13 LuftSiG explizit aufgreift.[154] Das BVerfG versteht darunter „ein Schadensereignis von großem Ausmaß [..], das – wie ein schweres Flugzeug- oder Eisenbahnunglück, ein Stromausfall mit Auswirkungen auf lebenswichtige Bereiche der Daseinsvorsorge oder der Unfall in einem Kernkraftwerk – wegen seiner Bedeutung in besonderer Weise die Öffentlichkeit berührt und auf menschliches Fehlverhalten oder technische Unzulänglichkeiten zurückgeht".[155] Im Wesentlichen soll im Luftsicherheitsrecht damit der **Renegade-Fall** erfasst werden, also die Entführung eines Flugzeuges verbunden mit dessen Pervertierung als Waffe.[156] In solchen Konstellationen muss sich ein Schadensereignis noch nicht entfaltet haben; bereits dessen unmittelbares Bevorstehen genügt zur Annahme eines besonders schweren Unglücksfalls.[157] Wie weit sich dabei die tatbestandlichen Voraussetzungen vorverlagern lassen, ist *de lege lata* unklar. Es bietet sich jedoch an, sich an den Maßstäben des völkerrechtlichen Selbstverteidigungsrechts zu orientieren,[158] weil nach inzwischen zu Recht hM auch durch private Akteure vollzogene Angriffshandlungen eine Selbstverteidigungslage auslösen können.[159] Übertragen auf das Luftsicherheitsrecht folgt daraus: Je früher auf Amtshilfe durch die Bundeswehr zurückgegriffen wird, desto höher liegen die Anforderungen an die Prognose eines besonders schweren Unglücksfalls.[160]

Das **Verfahren zur Anordnung der luftsicherheitsrechtlichen Amtshilfe** folgt nach **64** den Vorgaben von § 13 Abs. 2 und 3 LuftSiG. Dabei ist zu unterscheiden zwischen besonders schweren Unglückfällen, die nur ein Bundesland betreffen („landesintern", vgl. § 13 Abs. 2 LuftSiG, Art. 35 Abs. 2 GG) und solchen mit Bezug zu mehreren Bundesländern („länderübergreifend", vgl. § 13 Abs. 3 LuftSiG, Art. 35 Abs. 3 GG). Landesinterne Amtshilfe ist nur auf Anforderung durch das betroffene Land und sodann auf Anordnung des Verteidigungsministers im Benehmen (verzichtbar bei Gefahr im Verzug) mit dem Bundesinnenminister zulässig. Die Anordnung länderübergreifender Amtshilfe – angesichts barrierefreier Lufträume der deutlich wahrscheinlichere Fall[161] – erfolgt nicht auf Anforderung der Länder. Stattdessen trifft die Bundesregierung – zwingend als Kollegialorgan[162] – die Entscheidung zum Streitkräfteeinsatz aus eigener Initiative und lediglich im (bei Gefahr im Verzug verzichtbaren) Benehmen mit den Ländern.

Zu den **Modalitäten der Amtshilfe** hat das Plenum des BVerfG klargestellt, dass dabei **65** der Einsatz auch spezifisch militärischer Waffen nicht grundsätzlich verwehrt bleibt.[163] Diese grundlegende Weichenstellung ist eng an das Tatbestandsmerkmal „besonders schwerer Unglücksfall" geknüpft. Demnach grenzt sich einerseits der damit umschriebene Katastrophennotstand vom inneren Notstand gem. Art. 87a Abs. 4 iVm Art. 91 GG ab, was indes andererseits nicht in ein prinzipielles Verbot des Streitkräfte- und auch Kampfmitteleinsatzes im Katastrophennotstand mündet.[164] Kann ein besonders schwerer Unglücksfall festgestellt werden, kommen grundsätzlich sämtliche militärischen Maßnahmen in Betracht,

---

[154] Zur Terminologie im Lichte des Ausnahmebegriffs instruktiv *Finke* AöR 140 (2015), 514 (532 ff.).
[155] BVerfGE 115, 118 Rn. 98 = NJW 2006, 751.
[156] *Buchberger* in Schenke/Graulich/Ruthig LuftSiG § 13 Rn. 21; *Weingärtner* in Lisken/Denninger PolR-HdB Kap. I Rn. 721 ff.
[157] BVerfGE 132, 1 Rn. 47 = NVwZ 2012, 1239.
[158] Dazu umfassend *Schiffbauer* Vorbeugende Selbstverteidigung, *passim*.
[159] Statt vieler jeweils mwN *Ladiges* Bekämpfung 69 ff.; *Schiffbauer* in Kulick/Goldhammer Der Terrorist als Feind? 174 ff.
[160] Vgl. *Schiffbauer* in Kulick/Goldhammer Der Terrorist als Feind? 181 ff.
[161] So auch *Buchberger* in Schenke/Graulich/Ruthig LuftSiG § 13 Rn. 24.
[162] BVerfGE 132, 1 Rn. 53 ff. = NVwZ 2012, 1239.
[163] BVerfGE 132, 1 Rn. 40 ff. = NVwZ 2012, 1239,
[164] BVerfGE 132, 1 Rn. 44 ff. = NVwZ 2012, 1239.

darunter der Waffeneinsatz jedoch nur als *ultima ratio*.[165] Das Ausmaß der Amtshilfe durch die Streitkräfte unterliegt insgesamt einem strengen Verhältnismäßigkeitsregime; infolgedessen ist jedenfalls eine umfassende Gefahrenabwehr im Luftraum durch die Streitkräfte untersagt.[166]

D. Die luftsicherheitsrechtlichen Befugnisse

I. Zum Schutz des Luftraums

1. Luftraumverletzungen durch zivile Luftfahrzeuge

66 Wenn zivile Luftfahrzeuge in den staatlichen Luftraum widerrechtlich eindringen, braucht dies der betroffene Staat wegen seiner völkerrechtlich garantierten Lufthoheit nicht zu dulden. Ebenso ist jedoch inzwischen völkervertragsrechtlich (Art. 3bis lit. a CA) wie auch völkergewohnheitsrechtlich[167] anerkannt, dass der Abschuss eines Zivilflugzeuges (jedenfalls solange es nicht als Waffe missbraucht wird[168]) grundsätzlich eine völkerrechtswidrige Reaktion darstellt.[169] Die **völkerrechtlich zulässigen Reaktionsmöglichkeiten** eines Staates, die auf das **Abfangen** des verletzenden Luftfahrzeugs abzielen, ergeben sich indes aus Appendix 2 zu CA-Anhang 2 („Interception of Civil Aircraft"). Normiert sind darin aufeinander aufbauende Eskalationsstufen, die von der physischen Kontaktaufnahme mittels einer Begleitung durch Militärflugzeuge („Abfangjägern") bis hin zur Abgabe von Warnschüssen reichen.[170] Auf diese Weise soll der invasive Pilot dazu gedrängt werden, die Luftraumverletzung durch Verlassen des Luftraums zu beenden, oder zur Landung gezwungen werden (vgl. Art. 3bis lit. b CA).

67 Wenn sämtliche Eskalationsstufen erfolglos erklommen wurden, stellt sich die Frage, ob **nach geltendem Völkerrecht ein Abschuss des luftraumverletzenden Zivilluftfahrzeuges** als *ultima ratio* zulässig sein kann. Dies wird unterschiedlich bewertet. Zum einen lässt sich mit Verweis auf den nicht eindeutigen Wortlaut von Art. 3bis lit. b CA feststellen, dass ein ausdrückliches Abschussverbot jedenfalls nicht normiert ist.[171] Andererseits lässt sich eine Befugnis zum Abschuss eines Zivilluftfahrzeuges mit guten Gründen als unverhältnismäßig ablehnen.[172] Letztlich streitet die Güterabwägung zwischen Menschenleben und bloßer Luftraumverletzung ohne Personenschaden überzeugend gegen eine Abschussbefugnis. In diesem Sinne hat sich auch der UN-Sicherheitsrat in Res. 1067 vom 26.7.1996 ausgesprochen.[173]

68 Unabhängig von der völkerrechtlichen Rechtslage stellt sich **nach deutschem Recht** der **Abschuss** eines Zivilluftfahrzeuges wegen einer Luftraumverletzung als evident unzulässig dar.[174] Wenn schon der Abschuss eines mit unbeteiligten Personen besetzten *Renegade*-Zivilluftfahrzeuges mit der Menschenwürde unvereinbar ist (→ Rn. 79), gilt dies erst recht bei bloßen Luftraumverletzungen.

69 Die in Appendix 2 zu CA-Anhang 2 statuierten Maßnahmen haben indes auch Eingang in das deutsche Recht gefunden, nämlich (wenn auch nur indirekt) in **§ 15 Abs. 1 S. 2 LuftSiG**. Dessen Normen ermächtigen die Streitkräfte im Wege einfacher Amtshilfe jenseits des Katastrophennotstandes (Art. 35 Abs. 1 GG, § 15 Abs. 3 LuftSiG)[175] zur auch

---

[165] BVerfGE 132, 1 Rn. 48 = NVwZ 2012, 1239.
[166] Im Einzelnen BVerfGE 132, 1 Rn. 49 ff. = NVwZ 2012, 1239.
[167] *Schladebach* LuftR § 4 Rn. 68 mwN.
[168] Dann läge auch keine Verletzung *des* Luftraums, sondern eine Gefahr *aus* dem Luftraum vor, → Rn. 78 ff.
[169] Näher und zu den Hintergründen dieser Entwicklung *Schladebach* LuftR § 4 Rn. 65 ff.
[170] *Schladebach* LuftR § 4 Rn. 68.
[171] *Hobe* in Hobe/v. Ruckteschell Kölner Kompendium LuftR I Teil II A. Rn. 61.
[172] *Schladebach* LuftR § 4 Rn. 69; *Schladebach/Platek* JuS 2010, 499 (502); *Schönwald* AVR 50 (2012), 75 (77, 97).
[173] *Schladebach* Lufthoheit 268 f.
[174] Etwas anderes gilt indes für unbemannte Flugkörper („Drohnen"), dazu zB näher *Giemulla/Hoppe* GSZ 2020, 123.
[175] BVerfGE 133, 241 Rn. 78 ff. = NVwZ 2013, 713.

einwirkenden Kontaktaufnahme mit Luftfahrzeugen. Diese Befugnisse dienen zwar nach der Konzeption des LuftSiG der Vorfeldaufklärung darüber, ob ein *Renegade*-Fall vorliegt.[176] Jedoch sind sie ihrem Wortlaut nach auch auf schlichte Luftraumverletzungen anwendbar und lassen sich so als Umsetzung von Appendix 2 zu CA-Anhang 2 begreifen. Dafür spricht zudem, dass nur die Flugsicherungsorganisation – also die gem. § 27c LuftVG für die Aspekte der betriebsbedingten Sicherheit des Luftraums zuständige Stelle – ein Ersuchen über die Vornahme entsprechender *Security*-Maßnahmen stellen kann und die Normen von § 15 LuftSiG als *Security*-Ergänzung zu den allgemeinen *Safety*-Befugnissen der Flugsicherung zu verstehen sind (vgl. § 27c Abs. 4 iVm Abs. 1 S. 1 Nr. 1a LuftVG).[177]

Zudem lässt sich unter Einbeziehung besonderen Völkerrechts der **Schutz des deutschen Luftraums innerhalb der NATO** über Art. 24 Abs. 2 GG darstellen.[178] Diese Form der Aufgabenwahrnehmung ersetzt jedoch nicht das Erfordernis spezieller Befugnisnormen (wie die genannten) über die Vornahme bestimmter Maßnahmen, soweit nicht Verteidigung iSv Art. 87a Abs. 2 GG in Rede steht. 70

2. Luftraumverletzungen durch staatliche Luftfahrzeuge

Eine Luftraumverletzung durch ein staatliches Luftfahrzeug stellt jedenfalls eine völkerrechtswidrige Intervention (vgl. Art. 2 Nr. 7 UN-Charta) dar. Allerdings findet auf staatliche Luftfahrzeuge das CA keine Anwendung (Art. 3 lit. a CA). Daher können sich Reaktionsmöglichkeiten auf Luftraumverletzungen durch staatliche Luftfahrzeuge nur aus dem **allgemeinen Völkerrecht** ergeben. Inzwischen ist anerkannt, dass sich die in Appendix 2 zu CA-Anhang 2 kodifizierten, aber als Vertragsrecht für Staatsluftfahrzeuge nicht einschlägigen Eskalationsstufen als Völkergewohnheitsrecht schließlich auch auf Luftraumverletzungen von Staatsluftfahrzeugen anwenden lassen.[179] 71

Ob darüber hinaus auch ein **Abschuss luftraumverletzender Staatsluftfahrzeuge** völkerrechtlich gerechtfertigt werden kann, bemisst sich nach den allgemeinen Regeln des Völkerrechts, dh insbesondere nach dem Selbstverteidigungsrecht. Kritisch ist dabei für jeden Einzelfall zu beurteilen, ob die bloße Luftraumverletzung durch ein Staatsluftfahrzeug bereits als Auslöser einer Selbstverteidigungslage, der üblicherweise als bewaffneter Angriff bezeichnet wird, begriffen werden kann. Auf einfache Verstöße gegen das völkerrechtliche Interventionsverbot trifft dies nicht zu.[180] In Bezug auf **militärische Staatsluftfahrzeuge** kann das Bevorstehen eines Angriffs indes diskutabel sein, während andere, nicht bewaffnete Varianten von Staatsluftfahrzeugen strukturell eher mit zivilen Luftfahrzeugen zu vergleichen sind. Doch auch in Bezug auf Militärluftfahrzeuge steht das Selbstverteidigungsrecht nur als *ultima ratio* zur Verfügung. Bevor eine Selbstverteidigungslage angenommen werden kann, müssen daher zunächst sämtliche Eskalationsstufen iSv Appendix 2 zu CA-Anhang 2 erfolglos durchlaufen worden sein. Ist dies jedoch geschehen, dürfte sich regelmäßig erwiesen haben, dass sich das in Rede stehende und manifestiert völkerrechtsverletzende Militärluftfahrzeug auch von Warnschüssen nicht hat beeindrucken lassen. Da es selbst als militärisches Kampfmittel zugleich auch bewaffnet ist, hat der die Lufthoheit innehabende Staat regelmäßig gute Gründe zur Annahme, dass nach den erfolglosen Versuchen gewaltfreier Reaktionen die Luftraumverletzung alsbald in einen bewaffneten Angriff ieS übergehen wird. Vorbehaltlich einer stets vorzunehmenden Einzelfallprüfung spricht dann jedenfalls der erste Anschein für eine Selbstverteidigungslage, die als Reaktion auch den Abschuss des persistent luftraumverletzenden Militärluftfahrzeuges zulässt.[181] 72

Damit korrespondiert auch die **deutsche Rechtslage**. Insoweit kann zunächst auf die Behandlung von Zivilluftfahrzeugen verwiesen werden (→ Rn. 66 ff.). Hinsichtlich des 73

---

[176] *Buchberger* in Schenke/Graulich/Ruthig LuftSiG § 15 Rn. 2.
[177] BT-Drs. 15/2361, 23.
[178] Dazu ausführlich *Giemulla/Rothe* LuftsicherheitsR 114 ff.
[179] *Schladebach* LuftR § 4 Rn. 85 mwN.
[180] Vgl. nur *Herdegen* VölkerR § 34 Rn. 22.
[181] IErg auch *Schladebach* LuftR § 4 Rn. 88 mwN.

Abschusses eines (fremdstaatlichen) Militärluftfahrzeuges ist auf Art. 87a Abs. 2 GG zu verweisen, dessen Normen auch die völkerrechtliche Selbstverteidigungslage umfassen.[182]

II. Zur Abwehr von Gefahren aus dem Luftraum

1. Luftraumbezogene Maßnahmen

74 Auf der Schnittstelle zwischen luftsicherheitsrechtlicher *Safety* und *Security* bewegen sich die in § 26 (Luftsperrgebiete) und § 26a (Einflug-, Überflug- oder Startverbot) LuftVG normierten Befugnisse. Beide Rechtsgrundlagen ermöglichen den Erlass bestimmter Maßnahmen zur **Wahrung der Sicherheit von Luftfahrzeugen** gegen nicht betriebsbedingte Gefahren aus dem und auf den Luftverkehr, indem der Eintritt in einen bestimmten Luftraum untersagt werden kann. Als zuständige Behörde wird jeweils das Bundesministerium für Verkehr und digitale Infrastruktur eingesetzt (§ 26 LuftVG iVm § 17 Abs. 1 LuftVO, § 26a Abs. 1 LuftVG). Der Sache nach, jedoch nicht terminologisch fungiert dieses dann auch als eine Luftsicherheitsbehörde.

75 Gemäß § 26 LuftVG können „bestimmte Lufträume" (gemeint sind Bereiche des deutschen Luftraums) entweder (vorübergehend oder dauernd) gesperrt (Abs. 1) oder beschränkt (Abs. 2) werden. Dies beruht auf Art. 9 lit. a CA, das ausdrücklich Gründe der öffentlichen Sicherheit für die Einrichtung solcher **Luftsperrgebiete und Luftbeschränkungsgebiete** nennt.[183] Bezweckt wird damit der präventive Schutz bestimmter Einrichtungen auf dem Boden vor Einwirkungen aus dem Luftraum. In Betracht kommen zB einerseits Standorte von temporären Großveranstaltungen (zB Sportstadien mit großem Zuschauerandrang) oder andererseits dauerhafte sensible Einrichtungen (zB kerntechnische Anlagen). Unter anderem gilt der Luftraum über dem Berliner Regierungsviertel als dauerhaftes Luftsperrgebiet.[184] Das ungerechtfertigte Eindringen in gesperrten oder beschränkten Luftraum stellt eine Luftraumverletzung dar und zieht entsprechende rechtliche Konsequenzen nach sich (→ Rn. 66 ff.). Zudem sind Zuwiderhandlungen über § 62 LuftVG strafbewährt.

76 Umgekehrt betrachtet § 26a LuftVG betroffene Luftfahrzeuge nicht als potenzielle Gefährder, sondern als Gefährdete. Denn dessen Abs. 1 ermächtigt zur Anordnung eines **Überflug-, Start- oder Landeverbots** auch außerhalb des Hoheitsgebiets der Bundesrepublik Deutschland, wenn tatsächliche Anhaltspunkte für eine erhebliche Gefährdung der Betriebssicherheit von Luftfahrzeugen vorliegen, die aus einem bestimmten Luftraum herrühren. Mit dieser Regelung reagierte der Gesetzgeber auf den (wohl versehentlichen) Abschuss des Malaysia-Airlines-Fluges MH 17 am 17.7.2014 über der Ukraine.[185] Unter dem Eindruck dieses nicht betriebsbedingten Unglücksfalls sollte eine „ausdrückliche Ermächtigungsgrundlage für den Erlass von Flugverboten in ausländischen Kriegs- oder Krisengebieten geschaffen" werden, die sich von der (dafür in der Tat nicht ausreichenden) Generalklausel des § 29 Abs. 1 LuftVG emanzipiert.[186] Dies ist mit § 26a LuftVG grundsätzlich gelungen, weil dessen Normen – anders als die von § 29 LuftVG – gerade nicht auf die Verhütung betriebsbedingter, sondern externer Gefahren abstellen.[187] Unmittelbare gesetzlich angeordnete Konsequenzen im Falle des Zuwiderhandelns sind indes nicht ersichtlich. Insbesondere sind auch nicht die Strafnormen aus § 59 LuftVG anwendbar, weil diese sich ausdrücklich nur auf die Generalklausel des § 29 LuftVG beziehen.

---

[182] Umfassend dazu *Ladiges* Bekämpfung 54 ff., insbesondere S. 157; s. auch *Kokott* in Sachs GG Art. 87a Rn. 31.
[183] Näher *Schladebach* LuftR § 3 Rn. 32 ff.
[184] *Giemulla/Rothe* LuftsicherheitsR 59.
[185] BT-Drs. 18/10493, 13.
[186] BT-Drs. 18/10493, 14.
[187] Vgl. BVerwG NVwZ 2018, 504 Rn. 15 f. (eher zweifelhaft allerdings die dogmatisch kaum fundierte Abgrenzung zu betriebsbedingten Gefahren in Rn. 9 ff.).

2. Luftfahrzeugbezogene Maßnahmen

Eine (nur) auf den ersten Blick § 26a LuftVG ähnliche Anordnung von **Einflug-, Über-** **77** **flug- oder Startverboten** beruht auf § 3a LuftSiG.[188] Entsprechende Maßnahmen dienen jedoch nicht dem Schutz bestimmter Luftfahrzeuge vor Gefahren aus einem (fremden) Luftraum, sondern zielen auf die Verhütung von Gefahren aus dem eigenen Luftraum ab, die von (idR fremden) Luftfahrzeugen ausgehen. Die (hier wieder ausdrücklich adressierte) Luftsicherheitsbehörde kann solche Maßnahmen für bestimmte Luftfahrzeuge (Abs. 1) oder die gesamte Flotte eines Luftfahrtunternehmens (Abs. 2) erlassen. Voraussetzung sind jeweils tatsächliche Anhaltspunkte für eine erhebliche Gefährdung der Luftsicherheit durch das in Rede stehende Luftfahrzeug bzw. die Luftfahrzeugflotte. Es besteht also eine zeitlich frühe (nämlich auf Prognosegrundlage beruhende), jedoch materiell hohe und auch während der Normanwendung regelmäßig zu überprüfende Eingriffsschwelle für entsprechende Anordnungen.

3. Über den Renegade-Fall

Den größten anzunehmenden Unglücksfall im Luftsicherheitsrecht spiegelt wohl der bereits **78** erwähnte *Renegade*-Fall (→ Rn. 63 ff.) wider: die **widerrechtliche Bemächtigung über ein Luftfahrzeug und dessen anschließende Pervertierung als Waffe.** Konkret befürchtet wird eine Neuauflage von „9/11", nämlich die Entführung eines Passagierflugzeugs, um es gegen eine große Anzahl von Menschenleben und Sachen von bedeutendem (vor allem auch symbolischem und kulturellem) Wert zu richten. **Völkerrechtliche Maßstäbe** schließen es nicht kategorisch aus, eine solche Lage als zumindest potenziellen **Auslöser des Selbstverteidigungsrechts,** das sich völkergewohnheitsrechtlich manifestiert hat und in Art. 51 UN-Charta widerspiegelt,[189] zu begreifen.[190] Die in solchen Konstellationen regelmäßig nichtstaatliche Urheberschaft des *Renegade*-Angriffs steht dem ebenso wenig entgegen[191] wie dessen erst bevorstehende Entfaltung.[192] Für jeden Einzelfall zu prüfen – und bei Tötung unbeteiligter Passagiere als kritisch zu bewerten – ist dagegen, ob eine darauf beruhende völkerrechtliche Selbstverteidigungshandlung[193] auch verhältnismäßig sein kann.[194]

Anders gestaltet sich die **deutsche Rechtslage.** Deren kontroverser Ausgangspunkt war **79** post-„9/11" zunächst **§ 14 Abs. 3 LuftSiG aF.** Dessen Normen sollten es den Streitkräften der Bundeswehr gestatten, ein *Renegade*-Luftfahrzeug im äußersten Notfall auch abzuschießen (und dabei unbeteiligte Insassen zu töten).[195] Genau diese umstrittene Befugnis wurde am 15.2.2006 vom BVerfG für nichtig erklärt;[196] diese Entscheidung und der Grundgedanke der kassierten Normen wurde über Jahre hinweg in der juristischen Fachwelt umfassend diskutiert.[197] Die Debatte soll hier nicht fortgesetzt werden, weil sie kein

---

[188] Im Einzelnen *Buchberger* in Schenke/Graulich/Ruthig LuftSiG § 3a Rn. 1 ff.
[189] Näher *Schiffbauer* Vorbeugende Selbstverteidigung 290 ff.
[190] *Schladebach* LuftR § 4 Rn. 75 ff.; aA *Schönwald* AVR 50 (2012), 75 (78 ff.).
[191] → Rn. 63 (dort Fn. 160).
[192] *Schiffbauer* Vorbeugende Selbstverteidigung 444 f.
[193] Zur zwingenden dogmatischen Unterscheidung zwischen Selbstverteidigungslage und -handlung *Schiffbauer* Vorbeugende Selbstverteidigung 102 ff.
[194] Grds. abl. *Schladebach* LuftR § 4 Rn. 77 f.; *Schladebach* Lufthoheit 251 ff.; differenzierend *Schiffbauer* in Kulick/Goldhammer Der Terrorist als Feind? 173 f.
[195] Im Wortlaut: „Die unmittelbare Einwirkung mit Waffengewalt ist nur zulässig, wenn nach den Umständen davon auszugehen ist, dass das Luftfahrzeug gegen das Leben von Menschen eingesetzt werden soll, und sie das einzige Mittel zur Abwehr dieser gegenwärtigen Gefahr ist."
[196] BVerfGE 115, 118 insbesondere Rn. 118 ff. = NJW 2006, 751.
[197] ZB *Baldus* NVwZ 2006, 532; *Finke* AöR 140 (2015), 514 (518 ff.); *Giemulla/Rothe* LuftsicherheitsR 82 ff.; *Gramm* DVBl 2006, 653; *Hase* DÖV 2006, 213; *Hillgruber* JZ 62 (2007), 209; *Höfling/Augsberg* JZ 60 (2005), 1080; *Khan* FS Klein, 2013, 143; *Ladiges* Bekämpfung 163 ff.; *Merkel* JZ 62 (2007), 373; *Palm* AöR 132 (2007), 95; *Pestalozza* NJW 2007, 492 (m. Erwiderung *Hirsch* NJW 2007, 1188); *Rogall* NStZ 2008, 1; *Schenke* NJW 2016, 736; *Winkler* NVwZ 2006, 536; *Zimmermann/Geiß* Der Staat 46 (2007), 377.

geltendes Recht (mehr) betrifft. Keine Norm der deutschen Rechtsordnung kann von Verfassungs – genauer: der Menschenwürde – wegen den staatlich veranlassten Abschuss eines Luftfahrzeuges gestatten, wenn zugleich „Personen betroffen werden, die als [..] Besatzung und Passagiere auf die Herbeiführung des [...] nichtkriegerischen Luftzwischenfalls keinen Einfluss genommen haben."[198]

80 Gleichwohl muss ein Rechtsstaat dem *Renegade*-Fall mit dem Recht begegnen können. Dies versuchen **§ 14 und § 15 LuftSiG,** indem sie bestimmte Befugnisse der Streitkräfte im luftsicherheitsrechtlichen Amtshilfefall (§ 13 LuftSiG; → Rn. 62 ff.) statuieren. Die einzige materielle Voraussetzung wird über den gemeinsamen Zweck der zugehörigen Normen vermittelt: die Verhinderung des Eintritts eines besonders schweren Unglücksfalles (§ 14 Abs. 1 LuftSiG). Damit wird an die allgemeinen Voraussetzungen der Amtshilfe im Katastrophennotstand (Art. 35 Abs. 2 und 3 GG) angeknüpft, sodass bei Lichte betrachtet die einzelnen Befugnisse der Streitkräfte keinem weiteren materiell-rechtlichen Vorbehalt unterliegen. Ist luftsicherheitsrechtliche Amtshilfe dem Grunde nach zulässig, geht es also nur noch darum, unter den einzelnen Befugnissen – Luftfahrzeuge abdrängen, zur Landung zwingen, den Einsatz von Waffengewalt androhen oder Warnschüsse abgeben (§ 14 Abs. 1 LuftSiG) – die im Einzelfall jeweils angemessene (§ 14 Abs. 2 S. 1 LuftSiG) auszuwählen und wahrzunehmen,[199] nachdem Versuche zur Warnung oder Umleitung des betroffenen Luftfahrzeuges erfolglos geblieben sind (§ 15 Abs. 1 LuftSiG).[200]

81 Mit Blick auf diesen abschließenden Befugniskatalog erstaunt es, dass der **Einsatz von Waffengewalt gegen ein Luftfahrzeug** gänzlich nicht (mehr) gesetzlich vorgesehen ist. Denn zumindest der Abschuss unbemannter oder passagierloser, von der Besatzung oder einem Einzelpiloten selbst als Waffe pervertierter Luftfahrzeuge begegnet ausdrücklich keinen verfassungsrechtlichen Bedenken: „§ 14 Abs. 3 LuftSiG ist dagegen mit Art. 2 Abs. 2 S. 1 iVm Art. 1 Abs. 1 GG insoweit vereinbar, als sich die unmittelbare Einwirkung mit Waffengewalt gegen ein unbemanntes Luftfahrzeug oder ausschließlich gegen Personen richtet, die das Luftfahrzeug als Tatwaffe gegen das Leben von Menschen auf der Erde einsetzen wollen."[201] Gleichwohl hat der Bundesgesetzgeber – offenbar ohne diesen Aspekt auch nur abzuwägen[202] – § 14 Abs. 3 LuftSiG aF ersatzlos gestrichen. So hat er selbst deutlich übers Ziel hinausgeschossen, zumal ihm das Plenum des BVerfG eine entsprechende Gesetzgebungskompetenz generell attestiert hat.[203]

82 Analog zur Abschussbefugnis von militärischen Luftfahrzeugen im Rahmen völkerrechtlicher Selbstverteidigung (→ Rn. 72) spricht zwar vieles dafür, dass insoweit ein **Einsatz der Streitkräfte unmittelbar aus Art. 87a Abs. 2 GG** abgeleitet werden kann.[204] Die Entscheidung des Gesetzgebers, sehenden Auges eine entsprechende Befugnisnorm gerade nicht zu erlassen bzw. verfassungskonform beizubehalten, kann einem solchen Ansatz allerdings entgegenstehen.

83 Angesichts der Verfassungswidrigkeit des Abschusses von Passagierflugzeugen als *ultima ratio* und des Fehlens grundsätzlich verfassungskonformer Befugnisnormen zum Abschuss anderer Luftfahrzeuge kann sich aus den verbliebenen Befugnissen des § 14 Abs. 1 LuftSiG ein **Dilemma** ergeben. Denn diese sind als mildere Mittel auf dem Weg zum Einsatz militärischer Waffengewalt konzipiert, ohne dass der eigentlich vorgesehene Kulminationspunkt rechtlich je erreicht werden kann. Aus Sicht des Flugzeugentführers bedeutet dies: Wer es fertiggebracht hat, den *Renegade*-Fall eintreten zu lassen und sich nun selbst als Teil

---

[198] BVerfGE 115, 118 Rn. 122 = NJW 2006, 751.
[199] Im Einzelnen *Buchberger* in Schenke/Graulich/Ruthig LuftSiG § 14 Rn. 2 ff.
[200] Näher *Buchberger* in Schenke/Graulich/Ruthig LuftSiG § 15 Rn. 2 ff.
[201] BVerfGE 115, 118 Rn. 140 = NJW 2006, 751; so sogar auch abwM Richter *Gaier* zu BVerfGE 132, 1 Rn. 88 = NVwZ 2012, 1239.
[202] Jedenfalls in der zugehörigen BT-Drs. 18/9752 wird – ohne inhaltliche Auseinandersetzung – schlicht auf die genannte Entscheidung des BVerfG verwiesen und eine „redaktionelle Bereinigung" behauptet (dort S. 67).
[203] BVerfGE 132, 1 Rn. 14 ff. = NVwZ 2012, 1239, → Rn. 40.
[204] Vgl. jeweils mwN *Ladiges* Bekämpfung 54 ff.; Sachs/*Kokott* GG Art. 87a Rn. 37.

seiner „Waffe Flugzeug" auf dem willentlichen Weg in den Tod befindet, wird sich von dem verhältnismäßig stumpfen Arsenal des § 14 Abs. 1 LuftSiG kaum beeindrucken lassen. Das Wissen darum, dass Warnschüsse in Wahrheit vor nichts warnen, dürfte die Motivation zur Tatvollendung eher beflügeln. Nach der geltenden Rechtslage lässt sich ein *Renegade*-Fall deshalb schon dann nicht mehr verhindern, wenn eine Person unwiderruflich die feindliche Kontrolle über ein Luftfahrzeug erzwungen hat. Umso wichtiger erscheinen vor diesem Hintergrund die zur Wahrung der Bordsicherheit angelegten Maßnahmen. Denn jeder *Renegade*-Fall beginnt mit einer **größtmöglichen Verletzung der Bordsicherheit.** Sie gilt es daher nach der verfassungsgerichtlich verfestigten Rechtslage vorrangig zu schützen.

Dessen ungeachtet verhält sich das Luftsicherheitsrecht indifferent zu Konstellationen, in welchen sich einzelne Personen als Angehörige der Streitkräfte über die luftsicherheitsrechtliche Rechtslage hinwegsetzen und **eigenmächtig** zum Abschuss des *Renegade* schreiten. Denn dann liegt kein staatliches Handeln vor, weil der – wenn man so will: „streitkräfteinterne *Renegade*" – nicht als Funktionsträger, sondern als Selbstjustiz ausübende Privatperson handelt. Inwieweit infolgedessen dienst- oder strafrechtliche Konsequenzen eintreten müssen,[205] ist keine Frage des Luftsicherheitsrechts, sondern einerseits der Strafrechtsdogmatik[206] und andererseits – vielleicht sogar vordringlich – der Rechtspolitik. **84**

III. Zur Wahrung der Bordsicherheit

1. Bordsicherheit als luftsicherheitsrechtliches Programm

Wird die Sicherheit an Bord eines Luftfahrzeuges gewahrt, lassen sich nicht betriebsbedingte Gefahren aus dem Luftraum, die von dem jeweiligen Luftfahrzeug ausgehen, nahezu ausschließen. Die **Qualität der Luftsicherheit in ihrer Gesamtheit** hängt daher wesentlich von den Maßnahmen ab, die zur Wahrung der Bordsicherheit gesetzlich vorgesehen und von dem normadressierten Personal vor allem am Boden umgesetzt werden. Bordsicherheit begreift sich daher als mehrphasiges Programm und beginnt nicht erst an Bord. Entfaltet sich nämlich an Bord eine konkrete Gefahr, kann es häufig schon zu spät sein. Am Boden entscheidet sich, ob Gefahrenquellen in das später hermetisch abgeriegelte Luftfahrzeug überhaupt vordringen können. Deshalb ist gerade dort höchste Sorgfalt und Aufmerksamkeit zwingend erforderlich, und zwar sowohl unmittelbar vor dem Abflug eines einzelnen Luftfahrzeuges als auch im allgemeinen Vorfeld des kollektiven Luftverkehrs. Dies ergibt sich letztlich auch aus den Grundrechten aller am Luftverkehr beteiligten Personen, die insoweit spezifisch luftsicherheitsrechtliche staatliche Schutzpflichten auslösen. **85**

Der **Übergang bestimmter Gefahrenquellen vom Boden an Bord** kann im Wesentlichen über drei Schwachstellen gelingen: objektsbezogene (nämlich am Luftfahrzeug und an der Verbindungsstelle zwischen Boden und Luftfahrzeug, dh dem Flugplatz), personalbezogene (dh hinsichtlich der am Boden und in der Luft beschäftigten Personen) und fluggastbezogene (dh hinsichtlich der Passagiere). Maßnahmen zur Wahrung der Bordsicherheit haben sich daher auf diese drei Kategorien potenzieller luftsicherheitsrechtlicher Schwachstellen zu beziehen. Dies ermöglichen nach der geltenden deutschen Rechtslage die entsprechend abgestimmten besonderen Befugnisnormen des LuftSiG, die insgesamt der Wahrung der Bordsicherheit dienen. Den allgemeinen Rahmen globaler Standards zieht zudem CA-Anhang 17. **86**

Wie im öffentlichen Sicherheitsrecht üblich, werden Spezialbefugnisnormen von einer Generalklausel flankiert. Dies gilt auch für das Luftsicherheitsrecht zur Wahrung der Bordsicherheit. Dessen **luftsicherheitsrechtliche Generalklausel** ist in § 3 Abs. 1 LuftSiG statuiert und dient dazu, auch gesetzlich unbestimmten, aber jedenfalls konkreten Gefahren im Zusammenhang mit der Luftsicherheit – objekts-, personal- und fluggast- **87**

---
[205] Vgl. auch BVerfGE 115, 118 Rn. 130 ff. = NJW 2006, 751.
[206] Dazu umfassend mwN *Ladiges* Bekämpfung 403 ff.

bezogen – effektiv begegnen zu können, zB durch Sperrung eines Flughafens nach einer Bombendrohung.[207] Maßnahmen im Vorfeld einer (vermuteten) Gefahr sind auf dieser Grundlage jedoch nicht zulässig. Unberührt bleiben schließlich die Befugnisse der allgemeinen Polizeibehörden zur Abwehr von Gefahren innerhalb ihres Aufgabenbereichs.[208]

2. Maßnahmen am Boden

88 **a) Objektbezogene Maßnahmen.** Die **Grundlagen über die Mindeststandards** sämtlicher objektbezogener Maßnahmen sind innerhalb der Europäischen Union über **VO (EG) 300/2008** harmonisiert worden (→ Rn. 35, 50), die sich zudem als gemeinsame Auslegungsgrundlage für CA-Anhang 17 begreift (Art. 1 Abs. 1 der VO). Die normative Vorgabe einzelner Maßnahmen kombiniert sich ausgehend von der VO in zwei Schritten miteinander: Zunächst ist Anhang I der VO heranzuziehen, der – als Konkretisierung von Art. 4 der VO – unter anderem nähere Vorgaben über Maßnahmen der allgemeinen **Flughafensicherheit** (Nr. 1 Anhang I), über die Einteilung der Flughäfen in **Sicherheitsbereiche** (Nr. 2 Anhang I) sowie über **Sicherheitsmaßnahmen an Luftfahrzeugen** (Nr. 3 Anhang I) statuiert.[209] Dessen weitere Vorgaben beziehen sich zudem auf personal- und fluggastbezogene Maßnahmen (ab Nr. 4 Anhang I). Sodann schließt sich **DVO (EU) 2015/1998** an (→ Rn. 36, 50, 58), deren einziger operativer Art. 1 auf den Anhang dieser DVO verweist. Dieses umfangreiche Dokument enthält ausdrücklich die „detaillierten Maßnahmen für die Durchführung der in Artikel 4 Abs. 1 der Verordnung (EG) Nr. 300/2008 genannten gemeinsamen Grundstandards". Vereinfacht formuliert regelt also Anhang I der VO, *was* für die Luftsicherheit zu tun ist, während der Anhang der DVO darauf aufbaut und vorgibt, *wie* genau dies umzusetzen ist.

89 Sämtliche unionsrechtlichen Vorgaben sind unmittelbarer Bestandteil auch des deutschen Rechts. Ergänzend dazu sind nach dem deutschen LuftSiG die Flugplatzbetreiber (§ 8 LuftSiG), die Luftfahrtunternehmen (§ 9 LuftSiG) und die Beteiligten an der sicheren Lieferkette (§ 9a LuftSiG) zu besonders geregelten **Eigensicherungsmaßnahmen** verpflichtet, unter anderem auch zur Schulung von Sicherheitspersonal nach der LuftSiSchulV (→ Rn. 46, 60).[210] Es handelt sich insoweit um Zuständigkeitsübertragungen für die Durchführung unionsrechtlich vorgegebener Maßnahmen.[211]

90 Gerade wegen dieser Teilauslagerung öffentlich-rechtlicher Sicherungspflichten auf Privatpersonen ist es unerlässlich, dass die Luftsicherheitsbehörde zumindest zur **Überwachung** entsprechender objektbezogener Umsetzungsmaßnahmen durch nichtstaatliche Stellen verpflichtet bleibt. Zur Wahrnehmung einer solchen Pflicht stehen ihr Betretungs-, Besichtigungs- und Prüfungsbefugnisse zu (§ 3 Abs. 4 LuftSiG).[212]

91 **b) Personalbezogene Maßnahmen.** Auch für personalbezogene Maßnahmen regeln die Anhänge zu VO (EG) 300/2008 (insbesondere Nr. 11 Anhang I) und DVO (EU) 2015/1998 die entscheidenden Vorgaben. Dies ist zweckmäßig, weil die örtlich zwingend vorzuhaltenden Sicherheitseinrichtungen und -gegenstände nur dann sinnvoll eingesetzt werden können, wenn **speziell geschultes und erwiesen zuverlässiges Personal** zur Verfügung steht.

92 Die **luftsicherheitsrechtliche Zuverlässigkeit** des Personals soll über die Normen des § 7 LuftSiG und der LuftSiZÜV (→ Rn. 58) sichergestellt werden, die sich als *leges speciales* gegenüber dem SÜG erweisen.[213] Sehr detailreich sind darin die Anforderungen, das

---

[207] *Kniesel* in Lisken/Denninger PolR-HdB (6. Aufl.) Kap. J Teil IV Rn. 33.
[208] Zu alledem auch *Buchberger* in Schenke/Graulich/Ruthig LuftSiG § 3 Rn. 2.
[209] S. auch *Schladebach* LuftR § 5 Rn. 68 f.
[210] IE *Faust/Lienhart* in Hobe/v. Ruckteschell Kölner Kompendium LuftR II Teil II A. Rn. 346 ff.
[211] Vgl. *Schladebach* LuftR § 6 Rn. 90 f.
[212] Näher *Buchberger* in Schenke/Graulich/Ruthig LuftSiG § 3 Rn. 8 ff.
[213] Vgl. § 1 Abs. 2 S. 1 Nr. 4 SÜG sowie dazu *Warg* in Schenke/Graulich/Ruthig SÜG § 1 Rn. 10a.

Verfahren und der zu überprüfende Personenkreis festgeschrieben.[214] Allgemein formuliert muss sich jede Person einer Zuverlässigkeitsprüfung unterziehen, die berufsbedingt Zugang zum Sicherheitsbereich eines Flugplatzes oder zu einem Luftfahrzeug haben kann (→ Rn. 88). Insoweit sind Piloten und Angehörige des Reinigungspersonals also gleichgestellt.

Die **persönliche Zugangsberechtigung** wird indes erst aufgrund § 10 LuftSiG erteilt[215] und muss auf Verlangen der Luftsicherheitsbehörde vorgezeigt werden (vgl. § 5 Abs. 2 LuftSiG). Auch sind unter bestimmten Voraussetzungen (aufgelistet in § 5 Abs. 2 LuftSiG) Verweisungen aus dem Sicherheitsbereich möglich. Vor dem Hintergrund des hohen Schutzguts der Luftsicherheit speziell zur Wahrung der Bordsicherheit sind die mit diesen verschiedenen Maßnahmen einhergehenden Eingriffe in die Berufsausübungsfreiheit des angestellten Personals (Art. 12 Abs. 1 GG) verhältnismäßig und damit gerechtfertigt. 93

c) Fluggastbezogene Maßnahmen. Während das Personal im Luftverkehr und in der Luftsicherheit einem eher abgrenzbaren Personenkreis zuzuordnen ist, befindet sich die Gruppe der Fluggäste in einem ständigen Fluss. Gezielte persönliche luftsicherheitsrechtliche Überprüfungen sind hier nicht praktikabel. Aufgefangen wird diese strukturell labilere Konstellation einerseits durch besondere individuelle Kontrollen vor Ort wie auch mittels Datenverarbeitungsmaßnahmen im Vorfeld.[216] Der bereits erwähnte (→ Rn. 33 f., 45) Austausch von Fluggastdaten fungiert als **fluggastbezogene Vorfeldmaßnahme** und trägt als solche einen Teil zur Wahrung der Bordsicherheit bei. Im deutschen Recht speist sich insbesondere das vom Bundesverwaltungsamt im Auftrag des BKA verwaltete Fluggastdaten-Informationssystem (§ 1 FlugDaG) aus den insbesondere von den Luftfahrtunternehmen übermittelten personenbezogenen Daten (§ 2 FlugDaG). Auf diese Weise erhofft man sich, Passagiere als potenzielle Gefahrenquellen frühzeitig zu identifizieren.[217] Den datenschutzrechtlichen Rahmen um die luftsicherheitsrechtliche Verarbeitung personenbezogener Daten zieht § 6 LuftSiG. Die damit verbundenen Eingriffe in das Grundrecht auf informationelle Selbstbestimmung erweisen sich im Lichte des bereits substantiierten hohen Schutzguts „Luftsicherheit" als verhältnismäßig.[218] 94

Die individuell wahrnehmbaren fluggastbezogenen Maßnahmen finden dagegen am Flugplatz selbst statt, nämlich vor allem am **Zugang zum Sicherheitsbereich**. Die zugehörigen Befugnisse der Luftsicherheitsbehörde – in diesem Fall: der Bundespolizei[219] bzw. der beliehenen Luftsicherheitsassistenten (→ Rn. 58) – regelt im Einzelnen § 5 LuftSiG. Gegenstände entsprechender Fluggastkontrollen sind dabei sowohl Personen selbst als auch deren Gepäck insbesondere mit Blick auf **verbotene Gegenstände** iSv § 11 LuftSiG.[220] Für Einzelheiten hierzu ist einmal mehr auf den Anhang von DVO (EU) 2015/1998 zu verweisen. Daraus ergeben sich unter anderem auch die mitunter als schikanös empfundenen Restriktionen zur Mitnahme von Flüssigkeiten (Nr. 4.1.3). Ungeachtet besonderer Einzelheiten sind auch Gepäckkontrollen stets als personenbezogene Maßnahmen zu begreifen, weil jeder Gegenstand – und damit auch jedes Gepäckstück – zwingend einer Person zugeordnet werden muss (**„no pax, no bag")**.[221] Herrenloses Gepäck birgt schon für sich genommen ein Sicherheitsrisiko.[222] 95

Eine wesentliche Befugnis betrifft bei alldem die **Durchsuchung von Personen** (§ 5 Abs. 1 S. 1 Var. 1 LuftSiG). Gemeint ist damit das Suchen nach Sachen in und unter der 96

---

[214] Näher *Buchberger* in Schenke/Graulich/Ruthig LuftSiG § 7 Rn. 3 ff.
[215] Näher *Buchberger* in Schenke/Graulich/Ruthig LuftSiG § 10 Rn. 2 ff.
[216] Näher *Schladebach* LuftR § 5 Rn. 79 ff.
[217] Vgl. *Ruthig* in Schenke/Graulich/Ruthig FlugDaG § 1 Rn. 3.
[218] Zum gefahrenpräventiven Datenschutz näher → § 20 Rn. 1 ff., speziell zu Fluggastdaten → § 22 Rn. 53 f.
[219] *Buchberger* in Schenke/Graulich/Ruthig LuftSiG § 5 Rn. 2.
[220] IE *Faust/Leininger* in Hobe/v. Ruckteschell Kölner Kompendium LuftR II Teil II A. Rn. 71 ff.; *Richter* Luftsicherheit 188 ff.
[221] *Heile* RdTW 2018, 81.
[222] Näher *Heile* RdTW 2018, 81 (82 ff.).

Kleidung, auch auf der Körperoberfläche,[223] üblicherweise auch unter Einsatz eines Metalldetektors (vgl. Nr. 4.1.1. im Anhang zur DVO [EU] 2015/1998) und weiterer Hilfsmittel.[224] Dabei handelt es sich auch ohne Gefahrenverdacht um eine zulässige Standardmaßnahme vor dem Zutritt zum Sicherheitsbereich. Eine weiterreichende Durchsuchung – vor allem die Einsicht in die ohne medizinische Hilfsmittel einsehbaren natürlichen Körperöffnungen – ist nur in begründeten Verdachtsmomenten, nicht aber routinemäßig zulässig.[225] Flankiert wird die Durchsuchung von der Befugnis zur Überprüfung „in sonstiger geeigneter Weise" (§ 5 Abs. 1 S. 1 Var. 2 LuftSiG), etwa mittels Befragung, Identitätsfeststellung oder erkennungsdienstlicher Maßnahmen.[226]

97 Zu unterscheiden von der Durchsuchung ist die **Durchleuchtung von Personen** insbesondere durch sog. „Nackt-" oder „Körperscanner".[227] In Bezug auf Personen existiert für den Einsatz solcher Technologien keine Befugnisnorm. Sie wird zwar im Anhang zur DVO (EU) 2015/1998 unter Nr. 4.1.1.2. lit. e (bezeichnet als „Sicherheitsscanner") aufgeführt, dies jedoch nur zur freiwilligen Benutzung (Nr. 4.1.1.10). Verweigert ein Fluggast den Einsatz des Sicherheitsscanners, muss er sich einer alternativen Methode der Durchsuchung, nicht aber einer Durchleuchtung unterziehen.[228]

98 In Bezug auf **Gepäckstücke** (inklusive Handgepäck) ist neben einer Durchsuchung eine Durchleuchtung ausdrücklich gestattet (§ 5 Abs. 3 LuftSiG) und auch erforderlich.[229] Auch eine Überprüfung „in sonstiger Weise" kann geboten sein, etwa über den Einsatz von Chemikalien oder Spürhunden.[230]

3. Maßnahmen an Bord (Bordgewalt)

99 Auch wenn ein Fluggast sämtliche Sicherheitskontrollen am Boden ohne Beanstandungen durchlaufen hat, schließt dies nicht den – gleichwohl unwahrscheinlichen – Fall aus, dass er an Bord zu einem **„unruly passenger"**[231] wird. Gemeint ist damit ein Passagier, der die an Bord herrschenden Regeln bricht. Solches Verhalten allein führt noch nicht zu einer ernsthaften Gefährdung der Bordsicherheit. Deshalb sind **zivilrechtliche Weisungsbefugnisse** des Luftfahrtunternehmens, die das aus dem Luftverkehrsrecht zunächst einschlägige Instrument gegen schlicht regelübertretende Fluggäste darstellen und aus dem Hausrecht[232] sowie dem zivilrechtlichen Beförderungsvertrag[233] abgeleitet werden, von der luftsicherheitsrechtlichen Bordgewalt zu unterscheiden. Gleichwohl kann über § 12 Abs. 4 LuftSiG beides ineinandergreifen, weil die davon getragenen Normen auch die hausrechtlichen Befugnisse umfassen,[234] deren Missachtung sanktionsbewährt ist (§ 20 Abs. 1 LuftSiG).

100 Für die Wahrung der Bordsicherheit ist der insoweit gem. § 12 Abs. 1 S. 1 LuftSiG beliehene **verantwortliche Luftfahrzeugführer** zuständig (→ Rn. 57). Aus dessen Beleihung folgt für ihn die Aktivierung[235] der Kompetenznormen über die insgesamt in § 12 LuftSiG geregelte **Bordgewalt**. Deren Anwendbarkeit unterliegt jedoch gesetzesimmanenten Beschränkungen. Aus dem Sinn und Zweck der Beleihung (Sachkunde, beschränkte

---

[223] *Buchberger* in Schenke/Graulich/Ruthig LuftSiG § 5 Rn. 7.
[224] IE *Richter* Luftsicherheit 217 ff.
[225] *Buchberger* in Schenke/Graulich/Ruthig LuftSiG § 5 Rn. 6.
[226] *Buchberger* in Schenke/Graulich/Ruthig LuftSiG § 5 Rn. 8; *Kniesel* in Lisken/Denninger PolR-HdB (6. Aufl.) Kap. J Teil IV Rn. 34.
[227] Dazu näher *Busche* DÖV 2011, 225.
[228] *Buchberger* in Schenke/Graulich/Ruthig LuftSiG § 5 Rn. 7.
[229] IE *Richter* Luftsicherheit 196 ff.
[230] Zu alledem *Buchberger* in Schenke/Graulich/Ruthig LuftSiG § 5 Rn. 10.
[231] *Schladebach* LuftR § 12 Rn. 29.
[232] *Buchberger* in Schenke/Graulich/Ruthig LuftSiG § 12 Rn. 12.
[233] LG Duisburg BeckRS 2008, 10916 Rn. 4; AG Berlin-Wedding BeckRS 2014, 18890.
[234] Vgl. *Schladebach* LuftR § 6 Rn. 95.
[235] Zum Unterschied zwischen Aktivierung und Anwendbarkeit einer Norm *Schiffbauer* Formale Verfassungslehre 176 ff.

polizeiliche Zugriffsmöglichkeiten) sowie aus Art. 5 Abs. 2 TA folgt unstreitig, dass sich die **zeitliche Anwendbarkeit** der Kompetenznormen auf den Zeitraum zwischen Schließen und Öffnen der Außentüren des Luftfahrzeuges beschränkt.[236] Dagegen ist deren **räumliche Anwendbarkeit** bei Flügen jenseits des deutschen Luftraumes umstritten, weil für die Anwendbarkeit des deutschen Rechts das Territorialitätsprinzip in Rede steht.[237] In Bezug auf die Bordgewalt kann der Streit indes für Luftfahrzeuge nach deutschem Flaggenrecht (→ Rn. 48) dahinstehen, weil mit den Normen aus § 12 LuftSiG im Wesentlichen die allgemeingültigen völkerrechtlichen Vorgaben zur Bordgewalt (insbesondere Art. 6 TA) umgesetzt werden. Dessen ungeachtet bleibt der verantwortliche Luftfahrzeugführer in einem deutschen Luftfahrzeug als Träger deutscher Hoheitsgewalt gem. Art. 1 Abs. 3 GG und iSd zutreffenden jüngsten Rechtsprechung des BVerfG gebietsunabhängig an die deutschen Grundrechte gebunden.[238]

Alle Befugnisse zur Wahrung der Bordsicherheit setzen jeweils eine konkrete Gefahr für Personen an Bord des Luftfahrzeuges oder für das Luftfahrzeug selbst voraus (§ 12 Abs. 2 S. 1 LuftSiG).[239] Die Auflistung einzelner Gefahrenabwehrmaßnahmen in § 12 Abs. 2 S. 3 LuftSiG markiert **Regelbeispiele der umfassenden Bordgewalt** – von der Identitätsfeststellung bis zur Fesselung.[240] Weitere Maßnahmen wie zB die Verweisung aus dem (sich noch oder nach einer Zwischenlandung wieder am Boden befindenden) Flugzeug sind möglich.[241] Die Anordnung sämtlicher Maßnahmen steht unter dem Vorbehalt der Verhältnismäßigkeit (§ 12 Abs. 2 S. 2 iVm § 4 LuftSiG). Einzelne Maßnahmen dürfen aber durchaus mit **unmittelbarem Zwang** durchgesetzt werden (§ 12 Abs. 3 LuftSiG); lediglich der (an Bord ohnehin selten geeignete) Schusswaffengebrauch ist Polizeivollzugsbeamten vorbehalten. **101**

Unter Polizeivollzugsbeamten an Bord sind die sog. **„Sky Marshals"**[242] zu verstehen, die im Deutschen unter den weniger schillernden Bezeichnungen „Flugsicherheitsbegleiter" (Art. 17 Abs. 1 Prümer Vertrag, → Rn. 31) oder „begleitende Sicherheitsbeamte" (Art. 3 Abs. 31 VO (EG) 300/2008, → Rn. 35, 50) firmieren.[243] Nach der derzeit geltenden Rechtslage kommen für diese Funktion ausschließlich Beamte der **Bundespolizei** iSv § 4a S. 1 BPolG in Betracht. Darüber hinaus widerspräche es dem LuftSiG nicht, auch andere Polizeivollzugspersonen einzubeziehen. Dagegen würde eine Aufgabenübertragung auf Privatpersonen gegen den Funktionsvorbehalt des öffentlichen Dienstes gem. Art. 33 Abs. 4 GG verstoßen.[244] Nach gängiger Praxis wird der Einsatz von Flugsicherheitsbegleitern geheim gehalten. Wenn sie eingesetzt werden, sind sie idR zivil gekleidet, eine grundsätzlich mögliche Bewaffnung (vorbehaltlich vorheriger Genehmigung gem. Nr. 10.4 Anlage I zu VO (EG) 300/2008 bzw. Art. 18 Abs. 1 Prümer Vertrag) ist von außen nicht zu erkennen. Verdeckt eingesetzte „Sky Marshals" mischen sich unter die Passagiere, werden allerdings typischerweise in Cockpitnähe platziert.[245] Ihr Einsatz ist völkerrechtlich erwünscht (vgl. zB Abschn. 4.7.7 CA-Anhang 17, Art. 17 Prümer Vertrag), erfolgt aber nach den Vorgaben des jeweils anwendbaren nationalen Rechts. Eine unionsrechtliche Regelung über den Einsatz von Flugsicherheitsbegleitern wurde (abgesehen von der genannten Waffengenehmigungspflicht) bewusst nicht getroffen.[246] **102**

---

[236] *Schladebach* LuftR § 6 Rn. 96 f.
[237] Näher *Buchberger* in Schenke/Graulich/Ruthig LuftSiG § 12 Rn. 6; *Makiol/Schröder* in Hobe/v. Ruckteschell Kölner Kompendium LuftR II Teil I A. Rn. 482 ff.
[238] Vgl. BVerfGE 154, 152 = NJW 2020, 2235.
[239] Näher *Buchberger* in Schenke/Graulich/Ruthig LuftSiG § 12 Rn. 12.
[240] IE *Buchberger* in Schenke/Graulich/Ruthig LuftSiG § 12 Rn. 15 ff.; *Makiol/Schröder* in Hobe/v. Ruckteschell Kölner Kompendium LuftR II Teil I A. Rn. 495 ff.
[241] OLG Frankfurt a.M. BeckRS 2011, 2632.
[242] Offiziell – gem. Kap. 1 CA-Anhang 17 – „in-flight security officers" genannt.
[243] *Giemulla/Rothe* LuftsicherheitsR 72 ff.; *Schladebach* LuftR § 5 Rn. 75 ff.; *Schladebach* NVwZ 2006, 430.
[244] Dies betrifft allgemein die Eingriffsverwaltung jedenfalls ieS, vgl. nur *Battis* in Sachs GG Art. 34 Rn. 55 f.
[245] *Schladebach* LuftR § 5 Rn. 75.
[246] Vgl. Erwägungsgrund 8 zu VO (EG) 300/2008.

103 In der deutschen Rechtsordnung kann daher nur auf **§ 4a BPolG** zurückgegriffen werden. Auf dieser Grundlage werden die einzelnen **Befugnisse nach §§ 14 ff. BPolG** auch für den Bereich des Luftfahrzeuges dem Flugsicherheitsbegleiter zugewiesen.[247] Dieses Normenpaket umfasst von vornherein nur deutsche Luftfahrzeuge (S. 1), also solche unter deutschem Flaggenrecht (→ Rn. 48).[248] Im Übrigen bleibt § 12 LuftSiG unberührt (S. 2), was insbesondere die Bordgewalt des verantwortlichen Luftfahrzeugführers (→ 100) nicht in Abrede stellt. Über Einzelfragen, wie und inwieweit eine (grundsätzlich erforderliche, S. 3) Abstimmung zwischen ihm und dem diensthabenden „Sky Marshal" zu erfolgen hat, herrscht Unklarheit.[249] Die Ausübung einzelner Befugnisse wird wohl letztlich – gerade bei akut kritischen Situationen zulasten der vom Flugzeug eingeschlossenen Gefahrengemeinschaft – am Maßstab der Effektivität zu messen sein.[250]

104 Daneben betrifft § 4a BPolG die Sonderkonstellation, dass gem. § 58 AufenthG **vollziehbar ausreisepflichtige Personen während der Abschiebung auf dem Luftweg** von Vollzugspersonen der Bundespolizei begleitet und gegebenenfalls dabei fixiert werden.[251] Auch solche Einsätze dienen der Wahrung der Bordsicherheit, dies jedoch speziell fokussiert auf die abzuschiebende Person als potenzieller Störer an Bord. Insoweit lässt sich streiten, ob die dafür eingesetzten Bundespolizeibeamten der Sache nach als „Sky Marshals" bezeichnet werden sollen. *De iure* sind ihre Befugnisse an Bord aber nicht anders gelagert.

105 Eine andere Frage betrifft dagegen das allen Abstimmungs- und Einsatzmodalitäten übergeordnete **grundsätzliche Verhältnis zwischen den Normen** einerseits von § 12 LuftSiG und andererseits von § 4a BPolG. Schon der Wortlaut von § 4a S. 2 BPolG deutet an, dass sich die Befugnisse des Flugsicherheitsbegleiters dem Grunde nach als die Bordgewalt ergänzende begreifen. Denn wird § 4a BPolG hinweggedacht, berührt dies nicht die rechtliche Geltung und Anwendbarkeit der (aus § 12 LuftSiG folgenden) Regelungen zur Bordgewalt. Wird dagegen § 12 LuftSiG hinweggedacht, hängt die Anwendbarkeit geltender Normen über die Bordgewalt iwS (dann nur gem. § 4a iVm §§ 14 ff. BPolG) im Einzelfall davon ab, ob sich ein Flugsicherheitsbegleiter bei einem bestimmten Flug an Bord befindet. Ohne die Befugnisse des § 12 LuftSiG und ohne (nicht zwingend) anwesende polizeirechtlich ermächtigte Vollzugsperson(en) iSv § 4a BPolG wäre an Bord jeder Passagier auf sich selbst und seine persönlichen Notrechte gestellt. Derartige faktische Bordanarchie wird normativ sicher von keinem Rechtsregime intendiert. Die Bordgewalt kann in ihrer Geltung nach deutschem Recht also auf § 4a BPolG verzichten, nicht aber auf § 12 LuftSiG. Gleiches bestätigt auch die völkerrechtliche Perspektive. Denn nur die Bordgewalt des verantwortlichen Luftfahrzeugführers spiegelt allgemeines Völkerrecht wider (→ Rn. 27 f.), während der Einsatz von „Sky Marshals" lediglich einer völkerrechtlich formulierten Absicht entspricht, die sich auf die Bordgewalt bezieht, diese also bereits voraussetzt (→ Rn. 31). Der so verdeutlichte Zusammenhang ist schließlich für die Anwendbarkeit der Befugnisse des Flugsicherheitsbegleiters – bis hin zum Schusswaffengebrauch in Extremsituationen[252] – entscheidend. Aus dem normativen Verhältnis zwischen § 12 LuftSiG (als Grundlage) und § 4a BPolG (als Ergänzung) folgt nämlich die Anwendbarkeit der Befugnisse des „Sky Marshals" in deutschen Luftfahrzeugen auch außerhalb des deutschen Luftraums, soweit auch dort der verantwortliche Luftfahrzeugführer die Bordgewalt (zumindest auch) auf Grundlage von § 12 LuftSiG innehat (→ Rn. 48, 100). Die Anwendbarkeit der Normen aus § 4a BPolG ist mit anderen Worten

---

[247] *Buchberger* in Lisken/Denninger PolR-HdB Kap. I Rn. 322 f.
[248] *Graulich* in Schenke/Graulich/Ruthig BPolG § 4a Rn. 9.
[249] Dazu eingehend *Ronellenfitsch/Glemser* JuS 2008, 888 (892) sowie daran anknüpfend *Graulich* in Schenke/Graulich/Ruthig BPolG § 4a Rn. 22 ff.
[250] *Schladebach* LuftR § 6 Rn. 102; vgl. auch *Kniesel* in Lisken/Denninger PolR-HdB (6. Aufl.) Kap. J Teil IV Rn. 44.
[251] Dazu im Einzelnen *Makiol/Schröder* in Hobe/v. Ruckteschell Kölner Kompendium LuftR II Teil I A. Rn. 461 ff.
[252] Zur Verhinderung des *Renegade*-Falls dürfte dies bereits von Art. 11 TA gedeckt sein.

akzessorisch zur Anwendbarkeit der allgemeinen Bordgewalt, wenn ein ziviles Luftfahrzeug unter deutscher Flagge fliegt.[253]

E. Rechtsschutz und Kontrolle

I. Primärrechtsschutz

Gegen luftsicherheitsrechtliche Maßnahmen deutscher Stellen kann der übliche und gem. Art. 19 Abs. 4 S. 1 GG garantierte Rechtsschutz vor Gericht erlangt werden.[254] Übergeordnete Voraussetzung dafür ist stets der **Zugang zur deutschen Gerichtsbarkeit**. Bei Maßnahmen innerhalb des deutschen Staatsgebietes – also auch des deutschen Luftraums – ist die deutsche Gerichtsbarkeit unproblematisch zugänglich. Anders zu beurteilen sind Maßnahmen an Bord eines Luftfahrzeuges unter deutschem Flaggenrecht, das sich jedoch während dieser Maßnahmen nicht unter deutscher Lufthoheit befand. Völkerrechtlich stellt dafür Art. 3 Abs. 1 TA die (nicht nur strafrechtliche) Gerichtsbarkeit des Flaggenstaates klar, die jedoch in Konkurrenz zur Gerichtsbarkeit anderer Staaten stehen kann (Art. 4 TA).[255] Die Eröffnung der deutschen Gerichtsbarkeit gegen Maßnahmen der Bordgewalt ergibt sich indes jedenfalls aus dem Status des verantwortlichen Luftfahrzeugführers als Beliehener nach deutschem Recht (vgl. § 1a Abs. 1 LuftVG iVm § 12 Abs. 1 S. 1 LuftSiG), aus dessen Kompetenzen sich jede Form der Bordgewalt ableitet (→ Rn. 100 ff.). **106**

Da luftsicherheitsrechtliche Maßnahmen solche des öffentlichen Rechts darstellen, ist gem. § 40 Abs. 1 S. 1 VwGO insoweit grundsätzlich[256] der **Verwaltungsrechtsweg** eröffnet. Dies gilt auch für von Beliehenen vorgenommene Handlungen.[257] **107**

Infolgedessen steht das gesamte Klagearsenal der VwGO zur Verfügung.[258] Typischerweise werden sich jedoch luftsicherheitsrechtliche Maßnahmen, soweit sie auf einem Verwaltungsakt (vgl. § 35 S. 1 VwVfG) beruhen, zwischenzeitlich erledigt haben (zB die Sicherstellung eines Gegenstandes[259]). Als statthafte Klageart kommt dann nur noch die **Fortsetzungsfeststellungsklage** (analog § 113 Abs. 1 S. 4 VwGO) in Betracht. Gegen abgeschlossene Realakte (zB nach Anwendung unmittelbaren Zwangs[260]) richtet sich bei entsprechendem Feststellungsinteresse die **Feststellungsklage** (§ 43 Abs. 1 VwGO). **108**

Hat sich eine Maßnahme jedoch noch nicht erledigt, bleibt bei Verwaltungsakten – typischerweise in Gestalt des Entzugs luftsicherheitsrechtlicher Berechtigungen (bei Verweigerung einer begehrten Erteilung wäre dagegen die **Verpflichtungsklage** gem. § 42 Abs. 1 Var. 1 VwGO das Mittel der Wahl) – die **Anfechtungsklage** (§ 42 Abs. 1 Var. 1 VwGO) statthaft, die nach erfolglosem Vorverfahren (§§ 68 ff. VwGO)[261] erhoben werden kann, jedoch – ebenso wie der Widerspruch selbst – idR keine aufschiebende Wirkung erzeugt (zB gem. § 3 Abs. 2 S. 3, § 3a Abs. 1 S. 3, Abs. 2 S. 2, § 7 Abs. 12 LuftSiG, § 26a Abs. 3 LuftVG). Gegen weiterhin wirkende Realakte richtet sich die **allgemeine Leistungsklage**. **109**

Klagegegner ist nach dem allgemeinen Rechtsträgerprinzip grundsätzlich der **Rechtsträger** der handelnden Behörde,[262] dh hier der Bund oder das Land als Rechtsträger der jeweils als Luftsicherheitsbehörde fungierenden Stelle (→ Rn. 49 ff.). Dies gilt speziell gem. § 78 Abs. 1 Nr. 1 VwGO auch für Anfechtungs- und Verpflichtungsklagen, soweit gem. **110**

---

[253] AA wohl *Buchberger* in Schenke/Graulich/Ruthig LuftSiG § 12 Rn. 33.
[254] Dazu insgesamt *Ronellenfitsch/Glemser* JuS 2008, 888.
[255] Dazu im strafrechtlichen Kontext *Schladebach* LuftR § 10 Rn. 2 ff.
[256] Vorbehaltlich abdrängender Sonderzuweisungen, so etwa in § 17 S. 1 FlugDaG an die ordentliche Gerichtsbarkeit.
[257] *Sodan* in NK-VwGO VwGO § 40 Rn. 359.
[258] Zu alledem näher *Sodan* in NK-VwGO VwGO § 42 Rn. 10 ff.
[259] *Ronellenfitsch/Glemser* JuS 2008, 888 (889).
[260] Str., *Ronellenfitsch/Glemser* JuS 2008, 888 (889).
[261] Zur Fortsetzungsfeststellungsklage ist das Vorverfahren nach hM zu Recht entbehrlich, *Ronellenfitsch/Glemser* JuS 2008, 888 (890).
[262] *Brenner* in NK-VwGO VwGO § 78 Rn. 11.

§ 50 § 50 Luftsicherheitsrecht

Nr. 2 keine landesrechtlichen Ausnahmen (im Tätigkeitsbereich der Landesluftsicherheitsverwaltung) bestehen.[263] Deshalb richtet sich Rechtsschutz bei Maßnahmen auf Grundlage der Bordgewalt des beliehenen verantwortlichen Luftfahrzeugführers stets gegen den Bund als Rechtsträger. Der Streit, ob ein Beliehener selbst Behörde (und damit nach Landesrecht Klagegegner) sein kann,[264] ist insoweit irrelevant, bei Beleihungen iSv § 16a LuftSiG durch Landesbehörden jedoch zu berücksichtigen.

111 Die **örtliche Zuständigkeit** des sachlich zuständigen Verwaltungsgerichts (§ 45 VwGO) folgt sodann aus dem Sitz des Klagegegners, § 52 Nr. 2 und 5 VwGO. Maßgeblich ist bei unter einem Rechtsträger handelnden Behörden der **Amtssitz** des jeweiligen Behördenleiters.[265] Unklar ist die örtliche Zuständigkeit in Verfahren über Maßnahmen der Bordgewalt. Teilweise wird eine vom Bund beliehene Privatperson – dh auch der verantwortliche Luftfahrzeugführer – als eigene Bundesoberbehörde betrachtet.[266] Zumindest aber ist ein durch den Bund Beliehener mit einer juristischen Person des Bundes strukturell vergleichbar.[267] In beiden Fällen kommt es iSv § 62 Nr. 2 und 5 VwGO auf den Sitz des Beliehenen an. Deshalb ist insoweit das Verwaltungsgericht am **Wohnsitz des jeweiligen verantwortlichen Luftfahrzeugführers** örtlich zuständig.

II. Sekundärrechtsschutz

112 **Schadensersatzansprüche** im Zusammenhang mit luftsicherheitsrechtlichen Maßnahmen in Ausübung eines öffentlichen Amtes (dh nicht bei Wahrnehmung zivilrechtlich basierter Befugnisse[268]) können sekundär über die allgemeinen Grundsätze des Amtshaftungsrechts (Art. 34 iVm § 839 Abs. 1 BGB) auf dem **ordentlichen Rechtsweg** (Art. 34 S. 3 GG, § 40 Abs. 2 S. 1 VwGO) geltend gemacht werden.[269] Hierzu sind wiederum besondere Regressansprüche des Staates gegenüber für ihn handelnden Privatpersonen zu berücksichtigen, insbesondere im Falle rechtswidrig ausgeübter Bordgewalt gem. § 12 Abs. 5 LuftSiG.[270]

113 Weiterhin denkbare **Folgenbeseitigungsansprüche**[271] sind dagegen auf dem **Verwaltungsrechtsweg** geltend zu machen.[272]

III. Kontrolle

114 Die **Rechts- und Fachaufsicht** über sämtliche Luftsicherheitsbehörden – auch in den Ländern (vgl. Art. 85 Abs. 3 und 4 GG) – ist beim Bund gebündelt. Gemäß § 16 Abs. 4 S. 1 LuftSiG fungiert einheitlich das Bundesministerium des Innern als Aufsichtsbehörde.[273] Die behördeninterne Aufsicht wird mit Blick auf luftsicherheitsrechtlich handelnde Privatpersonen flankiert von den genannten Überwachungsrechten und -pflichten der Luftsicherheitsbehörde gegenüber eigensicherungspflichtigen Privatpersonen (→ Rn. 90).

---

[263] Vgl. *Brenner* in NK-VwGO VwGO § 78 Rn. 27 ff.
[264] Dazu mwN *Brenner* in NK-VwGO VwGO § 78 Rn. 16.
[265] *Ziekow* in NK-VwGO VwGO § 52 Rn. 40.
[266] *Stelkens* NVwZ 2004, 304 (307).
[267] *Ibler* in Dürig/Herzog/Scholz GG Art. 86 Rn. 77 mwN.
[268] Vor allem in Bezug auf den verantwortlichen Luftfahrzeugführer (→ Rn. 99): LG Berlin BeckRS 2009, 6448.
[269] Näher *Ossenbühl/Cornils* StaatsHaftR 14 ff.
[270] *Buchberger* in Schenke/Graulich/Ruthig LuftSiG § 12 Rn. 34 f.
[271] Näher *Ossenbühl/Cornils* StaatsHaftR 360 ff.
[272] *Sodan* in NK-VwGO VwGO § 40 Rn. 530.
[273] *Buchberger* in Schenke/Graulich/Ruthig LuftSiG § 16 Rn. 16 f.

F. Perspektiven

Auch wenn das Luftsicherheitsrecht als internationalisiertes Rechtsgebiet naturgemäß eine Kompilierung verschiedenster Normen verkörpert, muss sich diese Komplexität nicht zwangsläufig auch als kompliziert erweisen. Der Befund über manche geltenden und anwendbaren Normen weist empirisch gleichwohl auf das Gegenteil: **Es ist kompliziert.** Dafür verantwortlich ist kaum das – für seine Verhältnisse sogar recht harmonische – Völkerrecht, weniger auch das mit detailreicher Regelungstiefe hervortretende Europäische Unionsrecht. Im Gegenteil wäre sogar eine weiterreichende unionsrechtliche Harmonisierung gemeinsamer Sicherheitsstandards nützlich, zumindest was die unterbelichteten Regelungen über den Einsatz von „Sky Marshals" angeht.

115

Grund zum Lamento vermittelt vielmehr das deutsche Luftsicherheitsrecht, dies jedenfalls unter zwei Gesichtspunkten. Zum einen bereitet die **Organisation der luftsicherheitsrechtlichen Behördeninfrastruktur** Unbehagen. Eine grundlegende Reform, die auf die Schaffung einer – nämlich im wahrsten Sinne des Wortes – einzigen Luftsicherheitsbehörde gerichtet ist, wäre – gegebenenfalls nach erforderlicher und rechtlich möglicher Verfassungsänderung über das bundesstaatliche Kompetenzgefüge im Luftrecht allgemein – wünschenswert. Bestenfalls wird die Rechtslage der Grammatik des § 2 S. 1 LuftSiG angepasst, die Lüge des Singulars damit in Wahrheit umgewandelt. Zumindest aber eine einheitliche Koordinationsstelle – vielleicht in Anlehnung an den Geist (nicht aber die Regelungsstruktur) der §§ 71a ff. VwVfG – wäre zur Bündelung der Kräfte im Luftsicherheitsrecht eine Überlegung wert. Dabei ließe sich die bereits in der vorliegenden Kommentierung angebotene Klassifizierung in überwachende und ieS vollziehende Stellen (→ Rn. 55) auch normativ umsetzen. Klare, nachvollziehbare und bestenfalls in einem einzigen Normenkomplex vorgenommene Zuständigkeitsabgrenzungen der Luftsicherheitsbehörde und ihrer einzelnen Teile wären auch mit einem Gewinn an Rechtssicherheit verbunden. Dies und die Luftsicherheit selbst sind zu kostbare Güter, um im Dickicht verworrener Zuständigkeitsgeflechte zu verkümmern.

116

Eine weitere unvollendete Baustelle in der Architektur des deutschen Luftsicherheitsrechts betrifft die **Befugnisse der Streitkräfte,** vor allem im (hoffentlich nie akut werdenden) *Renegade*-Fall. Ohne Not wurde § 14 Abs. 3 aF gänzlich getilgt, obwohl dies von Verfassungs wegen nicht angezeigt war (→ Rn. 81). Zwar ist nicht in Abrede zu stellen, dass mit unbeteiligten Insassen besetzte Luftfahrzeuge vor militärischer Waffengewalt zu verschonen sind. Im Übrigen wäre aber zu bedenken, andere als Waffen eingesetzte Luftfahrzeuge zur Not – und im Einklang mit dem Völkerrecht – über einfachgesetzliche Befugnisnormen zum Abschuss freizugeben. Andernfalls wird sich in einem zukünftigen Ernstfall ein Rückgriff auf Art. 87a Abs. 2 GG – durch die Exekutive – kaum vermeiden lassen. Rechtlich mag dies vertretbar sein. Politisch wäre damit aber der Rubikon zum Streitkräfteeinsatz im Innern überschritten. Dessen sollte sich ein untätig bleibender Gesetzgeber bewusst sein.

117

§ 51 Präventionsrecht gegenüber Gefährdern

Herbert O. Zinell

Übersicht

	Rn.
A. Einführung	1
I. Präventionsrecht als „Gefahrenvorsorge"	1
II. Reaktion des Gesetzgebers auf den internationalen Terrorismus	4
III. Gefährder als statistische Größe	6
B. Genealogie des Begriffs „Gefährder"	11

	Rn.
I. Exekutivische Gefährderkonzeption	11
1. Gefährder als „polizeifachlicher Arbeitsbegriff"	11
2. Prognoseentscheidung der Sicherheitsbehörden	19
3. Kritik am polizeilichen Gefährderbegriff	23
II. Der ausländische Gefährder im Aufenthaltsrecht	24
C. Die Lehre von der „drohenden Gefahr"	34
I. Vorbemerkung	34
II. Die Rechtsprechung des BVerfG	38
D. Übersicht über Präemptive Regelungen im „Gefährderrecht" in den Polizeigesetzen des Bundes und der Länder	46
I. Vorbemerkung	46
II. Das BKAG 2018	49
III. Die „drohende Gefahr" in den Polizeigesetzen der Länder	51
1. Bayerisches Polizeiaufgabengesetz (BayPAG)	51
2. Polizeigesetz Baden-Württemberg (PolG)	57
3. Polizeigesetz Nordrhein-Westfalen (PolG NRW)	59
4. Brandenburgisches Polizeigesetz (BbgPolG)	64
5. Sächsisches Polizeivollzugsdienstgesetz (SächsPVDG)	66
6. Niedersächsisches Polizei- und Ordnungsbehördengesetz (NPOG)	73
7. Landesverwaltungsgesetz Schleswig-Holstein (LVwG)	76
E. Perspektiven	78

Wichtige Literatur:

Berlit, U., Umgang mit Gefährdern im Aufenthaltsrecht – Rechtsprechung des Bundesverwaltungsgerichts zu Abschiebungsanordnungen, in ZAR 2018, 89; *Böhm, G.*, Der „Gefährder" und das „Gefährderrecht", 2011; *Brodowski, D./Jahn, M./Schmitt-Leonardy, C.*, Gefahrenträchtiges Gefährderrecht, GSZ 2017, 7 f.; *Fahrner, M.*, Staatsschutzstrafrecht, Einführung und Grundlagen, 2020; *Darnstädt, T.*, Vierzig Jahre Terrorismus, GSZ 2017, 16 (17); *Dienstbühl, D.*, Extremismus und Radikalisierung, Kriminologisches Handbuch zur aktuellen Sicherheitslage, 2019; *Dietrich, J.-H.*, Der Gefahrenbegriff im Öffentlichen Recht, in Fischer/Hilgendorf, Gefahr, 2020, 69; *Dietrich, J.-H./Eiffler, S.*, Handbuch des Rechts der Nachrichtendienste, 2017; *Hanschmann, F.*, „Gefährder" – eine neue alte Figur im Öffentlichen Recht, KJ 2017, 434; *Jarass, H. D./Kment, M./Pieroth, B.*, Grundgesetz für die Bundesrepublik Deutschland, 16. Aufl. 2020; *Kulick, A.*, Gefahr, „Gefährder" und Gefahrenabwehrmaßnahmen angesichts terroristischer Gefährdungslagen, in AöR 2018, 175; *Kulick, A./Goldhammer, M.*, Der Terrorist als Feind?, 2020; *Leisner-Egensperger, A.*, Polizeirecht im Umbruch: Die drohende Gefahr, DÖV 2018, 677; *Löffelmann, M.*, Die Zukunft der deutschen Sicherheitsarchitektur – Vorbild Bayern? GSZ 2018, 85; *Möstl, M.*, Neues aus Karlsruhe zur drohenden Gefahr, BayVBl. 2020, 649; *Wartenphul, N.*, Der „Gefährder": Wer ist das? JM 2017, 423.

Rechtsprechungsauswahl:

BVerfGE 141, 220 = BeckRS 2016, 44821 = NVwZ 2016, 839 (Ls.) = NJW 2016, 1781; BVerfG Beschl. v. 27.5.2020 – 1 BvR 1873/13, 1 BvR 2618/13 = BeckRS 2020, 16236; BVerfG Beschl. v. 10.11.2020 – 1 BvR 3214/15 = BeckRS 2020, 34607 = NJW 2021, 690 (Ls.) = NVwZ 2021, 226; BVerwG Beschl. v. 21.3.2017 – 1 VR 1.17 = BeckRS 2017, 104718 = NVwZ 2017, 1057; BayVerfGH Entscheidung v. 7.3.2019 – Vf. 15-VII-18 = BeckRS 2019, 3113.

Hinweis:

Alle Internetfundstellen wurden zuletzt am 30.4.2021 aufgerufen.

A. Einführung

I. Präventionsrecht als „Gefahrenvorsorge"

1 Das Präventionsrecht gegenüber Gefährdern[1], in der Literatur auch als „Gefährderrecht" bezeichnet,[2] beschäftigt sich mit der „vorbeugenden Kriminalitätsbekämpfung" im Bereich

---

[1] Bei der Gefährdereinstufung durch die Polizeibehörden wird zwischen „Gefährdern" und „relevanten Personen", Letztere verstanden als unterstützende Akteure im Umfeld von Gefährdern, unterschieden. Vgl. zur Abgrenzung ua BT-Drs. 17/5136, 3 und *Dienstbühl* Kriminologisches HdB 236 mwN. Die Abhandlung beschäftigt sich ausschließlich mit den Gefährdern selbst. Vgl. auch → § 42 Rn. 56 ff.

[2] *Brodowski/Jahn/Schmitt-Leonardy* GSZ 2017, 7 f. Die Autoren verwenden diesen Begriff sowohl für präventive als auch repressive Maßnahmen der Terrorismusbekämpfung und beklagen die rechtliche

A. Einführung

des Terrorismus (→ § 36 Rn. 1 ff.).³ Diese ist dadurch gekennzeichnet, dass Straftaten noch nicht begangen oder versucht worden sind.⁴ Die Prävention, als „vorbeugendes, gefahrenabwehrrechtliches Tätigwerden" der Sicherheitsbehörden,⁵ stellt sich hier im Gegensatz zur klassischen „Gefahrenabwehr"⁶ als Konzept der **„Gefahrenvorsorge"** dar.⁷ „Vorsorge bedeutet hier ein frühzeitiges Tätigwerden der zuständigen Behörden, um das Entstehen einer Gefahr zu verhindern und sich nicht etwa darauf zu beschränken, eine entstandene Gefahr abzuwehren".⁸ Ob Vorsorge in diesem Sinne mit der im Umwelt- und Technikrecht vorherrschenden Risikosteuerung vergleichbar ist, ist dogmatisch umstritten.⁹

Im Gegensatz zum kriminalpräventiven Staatsschutzstrafrecht, welches der Verhinderung einer geplanten staatsgefährdenden Straftat dient,¹⁰ sollen im Präventionsrecht gegenüber Gefährdern Gefahren für Staat und Gesellschaft mit hohem Schadenspotential und erhöhten Präventionsproblemen im frühen Vorfeld abgewendet werden.¹¹ Dies bedeutet vor allem „Attentäter identifizieren zu können, bevor sie losschlagen"¹² und ein „Handeln im Nachhinein … zu spät käme."¹³ **2**

Dann wird nach der Rechtsprechung des BVerfG und des BVerwG für das behördliche Einschreiten keine **konkrete Gefahr** im Sinne des Gefahrenabwehrrechts¹⁴ verlangt und dem Gesetzgeber zur Bekämpfung des internationalen Terrorismus die Möglichkeit eingeräumt, „auch Eingriffsbefugnisse jenseits des tradierten polizeirechtlichen Instrumentariums **3**

Vermischung beider Bereiche. Vgl. hierzu auch *Klauck* JuWissBlog Nr. 46/2018 v. 22.5.2018, https://www.juwiss.de/46–2018/. *Mangold* in Grundrechte-Report 2018, 70 spricht krit. und in Abgrenzung zum „Gefahrenabwehrrecht" von „Gefährderabwehrrecht".

3 Zur Definition des Terrorismus vgl. ua *Barczak* in Kulick/Goldhammer Der Terrorist als Feind? 99 ff. und *Kulick* AöR 2018, 175 (176) mwN.
4 *Ipsen* NdsVBl. 2018, 257 mwN.
5 Vgl. zum Begriff der Prävention ua *Möllers*, Wörterbuch der Polizei, 3. Aufl. 2018 und *Dienstbühl* Kriminologisches-HdB 221 ff. mwN.
6 *Waechter* NVwZ 2018, 458 (462) und Fn. 18 weist daraufhin, dass der Begriff „Gefahrenabwehr" auch als „Oberbegriff der Vorsorge" aufgefasst wird. Vgl. zum Prinzip der Gefahrenabwehr auch *Möstl/Bäuerle* in BeckOK PolR Hessen Rn. 35.
7 *Ipsen* NdsVBl. 2018, 257 (262); *Löffelmann* GSZ 2018, 85 (90); *Bäcker* in Kulick/Goldhammer Der Terrorist als Feind? 147 (152) mwN und *Darnstädt* GSZ 2017, 16 (17). Vgl. auch *Möllers/Warg* in Dietrich/Eiffler NachrichtendiensteR-HdB V § 1 Rn. 8; *Kubiciel* ZRP 2017, 57 verwendet den Begriff der „vorsorgenden Sicherheitspolitik". Nach *Leisner-Egensperger* DÖV 2018, 677 (679) sei die Gefahrenvorsorge im Unterfall der Gefahrenabwehr. Vgl. hierzu auch *Hanschmann* KJ 2017, 434 (445). Zur Risikovorsorge im Bereich des Klimaschutzes vgl. BVerfG Beschl. v. 24.3.2021 – 1 BvR 2656/18, 1 BvR 78/20, 1 BvR 96, 20, 1 BvR 288/20 = NJW 2021, 1723, hierzu ua *Lorenzen* VBlBW 2021, 485 (491).
8 *Ipsen* NdsVBl. 2018, 257 (261).
9 Vgl. hierzu ua *Ipsen* NdsVBl. 2018, 257 (261); *Kulick* AöR 2018, 175 (191, 195 f.); *Hanschmann* KJ 2017, 434 (439, 447) mwN und *Möstl/Bäuerle* in BeckOK PolR Hessen Rn. 37 mwN. Zur Unterscheidung der Begrifflichkeiten Gefährdung und Risiko in unterschiedlichen Rechtsbereichen vgl. *Dietrich* in Fischer/Hilgendorf Gefahr 73 und *Hanschmann* KJ 2017, 434 (443 ff.) mwN.
10 Vgl. *Kubiciel* ZRP 2017, 57 (58). Vgl. grundsätzlich zum Staatsschutzstrafrecht und den Abgrenzungsproblemen zu anderen Bereichen der Gefahrenabwehr *Fahrner*, Staatsschutzstrafrecht, Einführung und Grundlagen, 2020, ua § 3 Rn. 1 ff. Kritisch zur Unterscheidung *Brodowski/Jahn/Schmitt-Leonardy* GSZ 2017, 7 f. *Ipsen* NdsVBl. 2018, 257 weist auf die Nähe der Rechtsgebiete hin. *Löffelmann* GSZ 2018, 85 (90) weist ebenfalls auf die Schnittmengen zwischen den unterschiedlichen Bereichen der Gefahrenabwehr hin, sieht aber dadurch das Trennungsgebot zwischen polizeilicher, nachrichtendienstlicher und strafverfolgender Gefahrenabwehr nicht verletzt.
11 *Berlit* ZAR 2018, 89 (92) mwN zu den „Vorfeldaufgaben" der Polizei. Vgl. ua auch *Ipsen* NdsVBl. 2018, 257 mwN.
12 *Dienstbühl* Kriminologisches-HdB 244 f.
13 *Kniesel* NdsVBl. 2021, 38 (39).
14 Vgl. hierzu ua *Dietrich* in Fischer/Hilgendorf Gefahr 75; *Sander* in Kahlert/Sander, Polizeigesetz für Baden-Württemberg, 9. Aufl. 2022, § 3 Rn. 12; *Deger* in Stephan/Deger, Polizeigesetz für Baden-Württemberg, 7. Aufl. 2014, § 1 Rn. 37 und 26 Rn. 1; *Holzner* in BeckOK PolR Bayern PAG Art. 11 Rn. 20–23; *Pieroth* GSZ 2018, 133 (134) und *Löffelmann* in Dietrich/Eiffler NachrichtendiensteR-HdB VI § 4 Rn. 33. Grundsätzlich: BVerfGE 120, 274 (328 f.) = NJW 2008, 822. Vgl. auch beispielsweise die Legaldefinition in § 2 Nr. 1 NPOG. Zur „Vorfeldverlagerung" in der Rechtsprechung des BVerfG vgl. auch *Kulick* AöR 2018, 175 (184 ff.).

zu schaffen."[15] Die Judikatur verzichtet also angesichts „der höchsten Staatsgefahr" für ein behördliches Eingreifen „auf das Erfordernis handfester, dem Sachbeweis zugänglicher Anschlagsplanungen"[16]. Sie hat damit, ohne diesen Begriff als solchen explizit zu erwähnen, mit dem **Gefährder** (→ Rn. 15) „eine Figur der Rechtsordnung, die handfeste Eingriffe in ihre Grundrechtssphäre zu gewärtigen hat", konfiguriert.[17]

II. Reaktion des Gesetzgebers auf den internationalen Terrorismus

4 Flankiert von der eben erwähnten höchstrichterlichen Rechtsprechung wurden „unter dem Einfluss einer zweiten Welle des internationalen Terrorismus, gipfelnd in den Anschlägen in den USA vom 11. September 2001, den folgenden islamistischen Attentatsunternehmungen" bis hin zum Berliner Breitscheidplatz am 19.12.2016 (Anis Amri), nicht nur die deutschen Strafvorschriften zur Bekämpfung des Terrorismus,[18] sondern auch das Gefahrenabwehrrecht bis zum heutigen Tage fortentwickelt. Als Reaktion auf die mit dem internationalen Terrorismus verbundene veränderte Sicherheitslage (→ § 1 Rn. 30)[19] hatten die Sicherheitsgesetze Konjunktur.[20] Es entwickelte sich sowohl im engeren als auch im weiteren Polizeirecht, hier insbesondere im Aufenthaltsrecht,[21] das vorstehend skizzierte Präventionsrecht gegenüber Gefährdern bzw. die Rechtsfigur des Gefährders heraus (→ Rn. 14 ff.). Nach *Darnstädt* wurde anders als zu Zeiten der Bedrohung durch die RAF die Terrorismusbekämpfung „Sache des Polizeirechts".[22]

5 Auf der Ebene des Bundes und der Länder sind in diesem Kontext insbesondere folgende Gesetzesinitiativen zu nennen:[23]

- Einführung präventiver Befugnisse des Bundeskriminalamtes (BKAG) auf Grundlage der im Jahre 2006 neu geschaffenen Bundeskompetenz zur Abwehr von Gefahren des internationalen Terrorismus (Art. 73 Abs. 1 Nr. 9a GG) durch Gesetz v. 25.12.2008 (BGBl. 2008 I 3083).
- Neufassung des BKAG durch Gesetz v. 1.6.2017 (BGBl. 2017 I 1354) – BKAG 2018.[24]
- Gesetz zur besseren Durchsetzung der Ausreisepflicht vom 20.7.2017 (BGBl. 2017 I 2780).[25]

---

[15] WD 3 –3000 – 226/18 v. 27.7.2018, S. 4 mwN. Vgl. auch *Berlit* ZAR 2018, 89 (93).
[16] Entsprechend der „je-desto-Formel", wonach nach stRspr des BVerfG je gewichtiger das gefährdete Rechtsgut ist, desto geringer der zu fordernde Wahrscheinlichkeitsmaßstab sein kann. Vgl. hierzu ua *Warg* in Dietrich/Eiffler NachrichtendiensteR-HdB V § 1 Rn. 8 mwN; Polizei- und Ordnungsrecht Hessen, *Möstl/Bäuerle* in BeckOK PolR Hessen Rn. 36 mwN und *Möstl* in BeckOK PolR Bayern Rn. 36 mwN.
[17] *Brodowski/Jahn/Schmitt-Leonardy* GSZ 2017, 7 (9). Vgl. auch *Ipsen* NdsVBl. 2018, 257 (258). Krit. *Berlit* ZAR 2018, 89 (92), wonach der Begriff des „Gefährders" noch nicht klar konturiert sei. Grundsätzlich zum Begriff *Hanschmann* KJ 2017, 434 ff.
[18] Vgl. hierzu ua *Fahrner*, Staatsschutzstrafrecht, Einführung und Grundlagen, 2020, § 26 Rn. 1 ff.; *Kniesel* NdsVBl. 2021, 38 (39 f.) und *Kulick* AöR 2018, 175 (176 f.). Vgl. zu Anis Amri ua *Dienstbühl* Kriminologisches-HdB S. 37 Fn. 54 und S. 266 Fn. 744.
[19] Vgl. hierzu ua *Mangold* in Grundrechte Report 2018, 170 ff. und *Coelln/Pernice-Warnke/Pützer/Reisch* NWVBl. 2019, 89.
[20] *Coelln/Pernice-Warnke/Pützer/Reisch* NWVBl. 2019, 89.
[21] Zur Begrifflichkeit „Polizeirecht iwS" vgl. *Brodowski/Jahn/Schmitt-Leonardy* GSZ 2017, 7 (10 Fn. 36); Vgl. die Übersicht über „Maßnahmen gegen Gefährder" bei WD 3 –3000 -260/20 v. 19.11.2020, S. 4 ff.; *Hanschmann* KJ 2017, 434 (444) mwN und *Kulick* AöR 2018, 175 (197 ff.).
[22] *Darnstädt* GSZ 2017, 16 (17).
[23] Vgl. hierzu ua *Coelln/Pernice-Warnke/Pützer/Reisch* NWVBl. 2019, 89; *Zinell* VBlBW 2018, 89 (95) mwN und *Zinell* PUBLICUS 2017-03.
[24] Gesetz über das Bundeskriminalamt und die Zusammenarbeit des Bundes und der Länder in kriminalpolizeilichen Angelegenheiten (BGBl. 2017 I 1354; 2019 I 400) als Artikel 1 des Gesetzes über die Neustrukturierung des Bundeskriminalamtgesetzes, in Kraft seit 25.5.2018. Damit reagierte der Gesetzgeber auf die Entscheidung BVerfGE 141, 220 = NJW 2016, 1781 = NVwZ 2016, 839 (Ls.) zum BKAG. Vgl. hierzu ua auch *Darnstädt* DVBl 2017, 88 und *Solmecke* PUBLICUS 2017-06.
[25] Vgl. hierzu ua *Hörich/Tewocht* NVwZ 2017, 1153 ff. und PUBLICUS 2017-08.

A. Einführung

- Noch nicht abgeschlossen ist der Prozess der Novellierungen der Landespolizeigesetze mit denen die Landesgesetzgeber unter anderem auch auf die höchstrichterliche Judikatur zur „vorverlagerten Gefahrenabwehr" bzw. Figur der „drohenden Gefahr" (→ Rn. 40 ff.) reagierten bzw. reagieren.[26]

III. Gefährder als statistische Größe

Zunächst konzentrierte sich die Betrachtung auf die „**islamistischen Gefährder**".[27] Inzwischen weitete sich die Problematik insbesondere auch auf die politisch-motivierte Kriminalität rechts aus.[28] Allerdings ist die Zahl der als Gefährder einzustufenden Personen sehr volatil. Zum einen üben die Polizeibehörden ihr Ermessen[29] bei der Einstufung der infrage kommenden Personen unterschiedlich aus, zum anderen wird die Anzahl der Gefährder auch durch sich wandelnde gesellschaftliche und politische Rahmenbedingungen determiniert. Eine „allgemeine Gefährderdatei" im engeren Sinne steht nicht zur Verfügung.[30]

Mit Stand 31.10.2020 waren bundesweit durch die Polizeibehörden 615–620 Personen als „islamistische Gefährder" eingestuft, davon 138 in Deutschland oder im Ausland in Haft.[31]

Dem Phänomenbereich politisch-motivierte Kriminalität rechts werden mit steigender Tendenz und großer Dunkelziffer rund 70 Personen zugeordnet, davon 26 in Haft.[32]

Im Phänomenbereich Linksextremismus werden 25 ausländische Personen jenseits des Islamismus und fünf Deutsche als Gefährder eingestuft.[33]

Unabhängig vom jeweiligen Phänomenbereich wird aufgrund des ungleich verteilten Anteils von Männern und Frauen das „terroristische Kerngeschäft" als „Männersache" bezeichnet.[34]

---

[26] Vgl. hierzu ua *Coelln/Pernice-Warnke/Pützer/Reisch* NWVBl. 2019, 89; *Thiel* GSZ 2019, 1 (2), *Kießling* in Kulick/Goldhammer Der Terrorist als Feind? 261 (266 Fn. 39) mwN und *Möstl* BayVBl. 2020, 649.

[27] Zur Phänomenologie und Historie des „Islamismus" vgl. ua *Dienstbühl* Kriminologisches-HdB 145 ff. Vgl. auch → § 42 Rn. 67 ff.

[28] Vgl. zum Begriff des Extremismus und den unterschiedlichen Phänomenbereichen ua BKA, https://bit.ly/3ubSzJ1 und *Dienstbühl* Kriminologisches-HdB 72 ff. und 91 ff.; → § 42 Rn. 74.

[29] *Ullrich/Walter/Zimmermann* NWVBl. 2019, 98 (99) mwN.

[30] *Ullrich/Walter/Zimmermann* NWVBl. 2019, 98 (99) mwN und WD 36/08 v. 23.7.2008, S. 2. Vgl. zu Dateien und Auskunftssystemen der Sicherheitsbehörden beispielsweise die Antiterrordatei (ATD) nach § 1 Abs. 1 Antiterrorparteigesetz (ATDG) als „Indexdatei" ua die Ausführungen bei *Böhm*, Der „Gefährder" und das „Gefährderrecht", Dissertation, Göttingen 2011, 225 mwN und *Brunst* in Dietrich/Eiffler Nachrichtendienste R-HdB V § 2 Rn. 55 ff. Vgl. zur Datei INPOL-Land ua *Wartenphul* JM 2017, 423 mwN.

[31] BT-Drs. 19/24599; BT-Drs. 19/24961 und *Jansen*, Zahl der rechtsextremen Gefährder steigt auf 70, Tagesspiegel v. 29.12.2020, https://bit.ly/3nHzJHq. Vgl. hierzu auch tagesschau.de, BKA-Aktuelle Nachrichten, https://bit.ly/2Rf4qr6; Phönix v. 5.2.2020, https://bit.ly/3udFL4W und *Dienstbühl* Kriminologisches-HdB 160 f. mwN. Vgl. auch WD 3 – 3000- 260/20 v. 19.11.2020, S. 4 mwN.

[32] Vgl. hierzu Tagesspiegel E-Paper v. 29.12.2020; *Decker*, Sicherheitslage in Deutschland unverändert, Frankfurter Rundschau v. 31.10./1.11.2020 und Gefahr von rechts stärker im Focus, Frankfurter Rundschau v. 20.2.2020, S. 1. In der veröffentlichten Meinung wird die Zahl von rechtsextremen Gefährdern auch als „absurd niedrig" bezeichnet (*Laabs*, Das KSK ist so nicht zu retten, Frankfurter Rundschau v. 1.3.2021).

[33] Vgl. hierzu Tagesspiegel E-Paper v. 29.12.2020.

[34] Das terroristische Kerngeschäft ist Männersache, Frankfurter Rundschau v. 22.10.2020. *Dienstbühl* Kriminologisches-HdB 245 und 247 weist daraufhin, dass Attentäter größtenteils junge Männer zwischen 16 und 25 Jahren aus sozial unterschichtigem Milieu sind. Vgl. zur Bedeutung der Frauen in der rechtsextremen Szene ua die Rechtsextremismus-Expertin *Kötting*, Frankfurter Rundschau 6./7. März 2021.

B. Genealogie des Begriffs „Gefährder"

I. Exekutivische Gefährderkonzeption

1. Gefährder als „polizeifachlicher Arbeitsbegriff"

11   Eine bundesweit gültige **Legaldefinition des Begriffs des „Gefährders"** im Gefahrenabwehrrecht gibt es nicht.[35] Sie wurde in der Vergangenheit von der Bundesregierung auch nicht für erforderlich gehalten.[36] Abgesehen davon könnte eine bundeseinheitlich verbindliche Definition für das Gefahrenabwehrrecht auch nur nach vorheriger Änderung des GG dahingehend erfolgen, dass dem Bund die Gesetzgebungsbefugnis für das gesamte Polizeirecht übertragen würde.[37]

12   Auch in der Literatur gab es in der Vergangenheit „keinerlei Konsens" über den Begriff des Gefährders,[38] weshalb er sich in der „deutschen Rechtssprache" auch noch nicht etabliert hatte.[39] Zu diesem Begriff gibt es auch „kein direktes (europäisches) Äquivalent".[40]

13   Als „polizeifachliche Definition" fand sich der Begriff des Gefährders „lediglich in einzelnen Verordnungen, so etwa in § 2 Abs. 1 Nr. 23 BKA-Datenverordnung (BKADV)" oder im Begriff der polizeilichen **Gefährderansprache**.[41]

14   Infolge der Anschläge vom 11. September 2001 wurde der Begriff des Gefährders verstärkt verwendet für Personen, von denen eine Bedrohung durch den islamistischen Terrorismus ausgeht.[42] Der Begriff wird aber inzwischen „in allen Bereichen der politisch motivierten Kriminalität einheitlich verwendet".[43]

15   2004 hat dann die Arbeitsgemeinschaft der Leiter der Landeskriminalämter und des Bundeskriminalamtes eine Definition beschlossen, die seither von der Bundesregierung und den Sicherheitsbehörden verwendet wird: „Gefährder ist eine Person, zu der bestimmte Tatsachen die Annahme rechtfertigen, dass sie politisch motivierte Straftaten von erheblicher Bedeutung, insbesondere solche im Sinne des § 100a Strafprozessordnung (StPO) begehen wird."[44]

---

[35] Vgl. hierzu *Ullrich/Walter/Zimmermann* NWVBl. 2019, 98 mwN; WD 3 – 3000 -046/17 v. 27.2.2017, S. 3 Nr. 2; *Dienstbühl* Kriminologisches-HdB 236 Fn. 647 und *Zinell* VBlBW 2018, 89 (95) mwN. Abgelehnt wird der Begriff von *Kuch* DVBl. 2018, 243.

[36] BT-Drs. 16/3570, 6; BT-Drs. 17/5136, 3; *Böhm, Der „Gefährder" und das „Gefährderrecht"*, 2011, 224; und *Wartenphul* JM 2017, 423 (424) mwN. Zur Position der Bundesregierung vgl. auch *Brodowski/Jahn/Schmitt-Leonardy* GSZ 2017, 7 (8) mwN.

[37] WD 3 – 3000 -046/17 v. 27.2.2017, S. 4 Nr. 5.

[38] *Löffelmann* BayVBl. 2018 145 (154).

[39] *Mangold* in Grundrechte-Report 2018, 171. Einschränkender: *Berlit* ZAR 2018, 89 (92).

[40] BT-Drs. 19/24961, 4. Die europäische Terrorismusbekämpfungs-Richtlinie beispielsweise enthält keine die unmittelbare Gefahrenabwehr betreffende Vorschriften (vgl. hierzu BVerfG BeckRS 2020, 34607 Rn. 69). Der europäische Rechtsrahmen, in welchem sich auch das jeweilige Landesrecht bewegt, bleibt wegen der Problematik der unterschiedlichen Begrifflichkeit und auch Unübersichtlichkeit in diesem Beitrag außer Betracht. Vgl. hierzu ua *Möstl/Weiner* in BeckOK PolR Nds Rn. 52 f. Die „Europäisierung" des Sicherheitsrechtes" hängt mit dem Inkrafttreten der europäischen DS-Richtlinie (EU) 2016/680 zusammen. Vgl. hierzu *Schenke/Graulich/Ruthig*, Sicherheitsrecht des Bundes, Einführung, Rn. 22 ff. Vgl. auch WD 3 – 3000 -260/20 v. 19.11.2020, S. 6 f.

[41] *Ullrich/Walter/Zimmermann* NWVBl. 2019, 98. Vgl. auch die Begrifflichkeit „Gefährderansprache" im Kontext ordnungs- und strafrechtlich relevanter Sachverhalte. Hierzu WD 36/08 v. 23.7.2008 mwN. Zur BKADV vgl. auch *Schenke/Graulich/Ruthig*, Sicherheitsrecht des Bundes, Einführung Rn. 4. Vgl. auch *Hanschmann* KJ 2017, 434 (435 f).

[42] *Ullrich/Walter/Zimmermann* NWVBl. 2019, 98 und *Böhm, Der „Gefährder" und das „Gefährderrecht"*, 2011, 224 mwN.

[43] BT-Drs. 19/24961, 4 und *Hanschmann* KJ 2017, 434 (435).

[44] Vgl. hierzu WD 3 – 3000 -046/17 v. 27.2.2017, S. 3 Nr. 2 mwN und WD Nr. 36/08 v. 23.7.2008; BT-Drs. 18/11369, 2; *Böhm, Der „Gefährder" und das „Gefährderrecht"*, 2011, 223 f.; *Dienstbühl* Kriminologisches-HdB 236 mwN; *Ullrich/Walter/Zimmermann* NWVBl. 2019, 98; *Hanschmann* KJ 2017, 434 (435) und *Kulick* AöR 2018, 175 (186 f.). Zur Kritik an diesem „Konstrukt" vgl. die Verweise bei *Berlit* ZAR 2018, 89. *Fahrner*, Staatsschutzstrafrecht, Einführung und Grundlagen, 2020, § 2 Rn. 29 verwendet den

„Nach dieser Definition handelt es sich bei einem Gefährder um eine Person, die bislang nicht unbedingt eine Straftat begangen hat. Ausreichend ist bereits die Annahme, dass so etwas in Zukunft geschehen kann. Die Einstufung einer Person als Gefährder soll als Früherkennung dienen, um möglichen Straftaten vorzubeugen. Gerade das „legale" Verhalten wird in diesem Zusammenhang bei einem Verdacht als gefährlich erachtet, da Personen, die auf langfristige Sicht einen Anschlag planen, sich häufig rechtstreu verhalten, um nicht aufzufallen."[45]

„Die Definition der Arbeitsgemeinschaft der Leiter der Landeskriminalämter und des Bundeskriminalamtes besitzt keine rechtliche Verbindlichkeit. Es handelt sich bei der Definition um einen behördeninternen Beschluss."[46] Der Gefährder ist eben (noch) nicht Störer im Sinne des Gefahrenabwehrrechtes[47] oder gar ein einer Straftat Verdächtigter iSd § 152 Abs. 2 StPO. Somit löst die Einstufung einer Person als „Gefährder" als solche noch keine Rechtsfolgen aus. Sie stellt somit, entgegen anders lautender Auffassung,[48] „keine rechtliche Grundlage zur Ergreifung von Maßnahmen dar, sondern sie gibt vielmehr Anlass zur Prüfung der rechtlichen Grundlagen zur Ergreifung eben solcher Maßnahmen nach den Bestimmungen des Gefahrenabwehrrechtes."[49]

„Ziel der Einstufung von Personen als Gefährder ist es, die Behörde in die Lage zu versetzen, einzugreifen, bevor eine Straftat begangen werden kann; es wird versucht, ein Anschlagsrisiko zu minimieren".[50]

2. Prognoseentscheidung der Sicherheitsbehörden

Zur Einstufung einer Person als Gefährder gibt es kein „genormtes" Verfahren. Die Einstufung als Gefährder steht den Polizeibehörden in eigener Zuständigkeit zu. Bei der Ausübung des damit verbundenen Ermessens sind sie damit nicht an festgelegte Kriterien gebunden.[51]

Um bereits gewonnene Erkenntnisse in Entscheidungsprozesse einfließen zu lassen und um „eine prediktive Funktion zu haben"[52], bedarf es (gleichwohl) einer strukturierten Erhebung entsprechender Merkmale[53] bei den betroffenen Personen. Hierzu werden in Deutschland unterschiedliche Modelle verwendet.[54]

Begriff „Gefährder" im Strafrecht im Zusammenhang mit „willkürlichen" Verbots- und Strafmaßnahmen des NS-Staates.

[45] *Ullrich/Walter/Zimmermann* NWVBl. 2019, 98 mwN. Vgl. auch *Zinell* VBlBW 2018, 89 (95) mwN. Vgl. zum Phänomen der „Einsamen Wölfe" bzw. „Schläfer" ua *Kubiciel* ZRP 2017, 57 (58); *Brodowski/Jahn/Schmitt-Leonardy* GSZ 2017, 7 (9) und *Pieroth* GSZ 2018, 133 (134).
[46] *Ullrich/Walter/Zimmermann* NWVBl. 2019, 98 mwN. Vgl. auch *Mangold*, Grundrechte-Report 2018, 171.
[47] *Berlit* ZAR 2018, 89 (92) mwN.
[48] *Brodowski/Jahn/Schmitt-Leonardy* GSZ 2017, 7 f. mwN. Die Autoren ordnen den Begriff „Gefährder" als unbestimmten Rechtsbegriff ein (S. 9).
[49] *Kulick* AöR 2018, 175 (187) und BT-Drs. 18/12196, 2. Soweit in den Polizeigesetzen der Länder beispielsweise die verfassungsrechtliche Rechtsprechung zur vorverlagerten Gefahr in Generalklauseln berücksichtigt wurden, gilt dies nicht bzw. nur eingeschränkt. Vgl. hierzu ua *Wartenphul* JM 2017, 423 (424 f.) mwN und *Darnstädt* GSZ 2017, 16 (20).
[50] *Ullrich/Walter/Zimmermann* NWVBl. 2019, 98 (99) mwN.
[51] Vgl. hierzu ua *Wartenphul* JM 2017, 423 (424) und *Ullrich/Walter/Zimmermann* NWVBl. 2019, 98 (99) mwN.
[52] Vgl. *Dienstbühl* Kriminologisches-HdB 235 ff.
[53] Vgl. hierzu die Auflistung bei *Dienstbühl* Kriminologisches-HdB 238 ff. Vgl. auch *Darnstädt* GSZ 2017, 16 (18). Vgl. im Zusammenhang mit der Anwendung des § 58a AufenthG: *Berlit* ZAR 2018, 89 (94 f.).
[54] Vgl. die Übersicht bei *Dienstbühl* Kriminologisches-HdB 235 f. mwN. Grundsätzlich zur Problematik der Kriminalprognose ua *Dienstbühl* Kriminologisches-HdB 232 ff. mwN. Zu dieser Problematik im Gefährderbereich vgl. auch *Berlit* ZAR 2018, 89 (94) mwN. Das BKA ist derzeit damit beschäftigt, ein neues Analysesystem zu entwickeln, das rechtsextremistische Gefährder besser erfassen soll als bisher. Vgl. hierzu Frankfurter Rundschau v. 20.2.2020, S. 1.

21 Bei islamistischen Gefährdern haben sich „BKA und LKÄ (…) darauf verständigt, dass bei Vorliegen einer hinreichenden Informationsgrundlage Gefährder (…) mittels RADAR-iTE bewertet werden."[55] Die Anwendung dieses seit 2017 verwendeten Risikobewertungsinstrumentes erfolgt durch die Bundesländer.[56] Bis dahin bedienten sich die Polizeibehörden in der Regel eines **8-stufigen Prognosemodells** (→ § 16 Rn. 58).[57]

22 Für die Anwendung von **RADAR-iTE** (→ § 6 Rn. 14) greifen die Sachbearbeiter auf Informationen zurück, die ihnen bereits vorliegen oder die sie aufgrund der gültigen Rechtslage erheben dürfen. Die abgefragten Informationen beziehen sich nach Auskunft des BKA auf beobachtbares Verhalten und nicht etwa auf die Merkmale wie die Gesinnung oder Religiosität einer Person.[58]

3. Kritik am polizeilichen Gefährderbegriff

23 Die behördliche Definition des Gefährders wurde und wird in einem Teil der juristischen Literatur[59] und auch in der veröffentlichten Meinung[60] als „hochproblematisch" angesehen. Er suggeriere eine nicht bestehende Nähe zum etablierten polizeirechtlichen Gefahrenbegriff,[61] wonach „eine konkrete Gefahr für die öffentliche Sicherheit oder Ordnung gegeben sein (muss) …, bei der sich die hinreichende Wahrscheinlichkeit des Schadenseintritts aus einem bestimmten einzelnen (realen) Sachverhalt ergibt."[62] Während der polizeiliche Gefahrenbegriff also auf die Prognose (Wahrscheinlichkeitsurteil) eines künftigen Schadeneintritts abstelle, werde beim Gefährder „dessen künftiges Verhalten prognostiziert." An die Stelle einer tatbezogenen Gefahrenprognose trete eine täter- bzw. personenbezogene[63]. Es fehle somit an der für den polizeilichen Gefahrenbegriff notwendigen Bestimmtheit der Gefahr, die „teils tiefgreifende Eingriffe in Grund- und Menschenrechte durch polizeiliche Maßnahmen" zu rechtfertigen vermöge.[64] Insoweit wird die Verletzung des **Wesentlichkeitsprinzips aus Art. 20 Abs. 3 GG** zumindest für möglich gehalten.[65] Dies wird von der Bundesregierung unter Hinweis darauf, dass allein die Einstufung als Gefährder keine unmittelbaren Rechtsfolgen für den Betroffenen zeitige, verneint (→ Rn. 17).[66]

---

[55] BT-Drs. 19/24961, 2; BKA, RADAR (Regelbasierte Analyse potentiell destruktiver Täter zur Einschätzung des Risikos) https://bit.ly/3vCtQhd; BKA, Pressemittelung v. 2.2.2017 https://bit.ly/2QQghfp; BKA, Infografik: RADAR-iTE v. 24.7.2019 https://bit.ly/3nPE775; *Reich*, Risikobewertung mit dem System „RADAR-iTE", Staatsanzeiger v. 31.8.2018, S. 4; *Berlit* ZAR 2018, 89 (94) mwN und *Darnstädt* GSZ 2017, 16 (20).

[56] BT-Drs. 19/24961, 2.

[57] Vgl. ua *Wartenphul* JM 2017, 423 (424) und *Hanschmann* KJ 2017, 434 (435 f.).

[58] BKA, Pressemittelung v. 2.2.2017, https://bit.ly/3efMQMG. *Darnstädt* GSZ 2017, 16 (20) geht krit. auf „innere" Eigenschaften der betroffenen Person und damit auch Neigungen und „Gesinnung" ein.

[59] Vgl. ua *Löffelmann* BayVBl. 2018, 145 (154); *Mangold*, Grundrechte-Report 2018, 70 und *Berlit* ZAR 2018, 89 (92) mwN.

[60] Vgl. hierzu *Zinell* PUBLICUS 2017-03 mwN.

[61] *Mangold*, Grundrechte-Report 2018, 171.

[62] Vgl. zur konkreten Gefahr für viele: *Möstl/Bäuerle* in BeckOK PolR Hessen Rn. 35 und *Kulick* AöR 2018, 175 (179 f.). Sehr instruktiv *Bäcker* in Kulick/Goldhammer Der Terrorist als Feind? 147 (148 ff.) mwN.

[63] Zum täter- beziehungsweise personenbezogenen Gefahrenbegriff vgl. ua *Darnstädt* GSZ 2017, 16 (19); *Bäcker* in Kulick/Goldhammer Der Terrorist als Feind? 147 (152 f.) mwN und *Kulick* AöR 2018, 175 (186, 191 ff. und 212). Vgl. hierzu auch *Dietrich* in Fischer/Hilgendorf Gefahr 79 mwN.

[64] *Mangold*, Grundrechte-Report 2018, 171. *Bäcker* in Kulick/Goldhammer Der Terrorist als Feind? 147 (155) bezeichnet die Personalisierung des präventivpolizeilichen Eingriffsrechtes als „rechtsstaatlich riskant".

[65] Vgl. hierzu ua *Wartenphul* JM 2017, 423 (424) mwN.

[66] BT-Drs. 17/5136, 3.

II. Der ausländische Gefährder im Aufenthaltsrecht

Auch dem Polizeirecht im weiteren Sinne ist die Rechtsfigur des „Gefährders" nicht fremd. Sie wurde mit § 58a AufenthG[67] und weiteren Gesetzesverschärfungen[68] zur Abwehr **terroristischer Gefahren** in das Abschiebungsrecht eingeführt, ohne diesen Begriff selbst zu nennen.[69] **24**

Nach § 58a Abs. 1 S. 1 AufenthG kann die oberste Landesbehörde gegen einen Ausländer aufgrund einer auf Tatsachen gestützten Prognose zur Abwehr einer besonderen Gefahr für die Sicherheit der Bundesrepublik Deutschland[70] oder einer terroristischen Gefahr[71] ohne vorhergehende Ausweisung eine Abschiebungsanordnung erlassen. **25**

Das BVerwG hält § 58a AufenthG für materiell und formell für verfassungsgemäß.[72] Es ordnet diese Vorschrift als eine „selbständige ausländerrechtliche Maßnahme der Gefahrenabwehr" ein,[73] welche die Eingriffsschwelle im Sinne des Gefahrenabwehrrechts vorverlagert.[74] So bedürfe die auf Tatsachen gestützte Gefahrenprognose iSd § 58a Abs. 1 S. 1 AufenthG keiner konkreten Gefahr im Sinne des Polizeirechts. Es genüge auf der Grundlage einer hinreichend zuverlässigen Tatsachengrundlage eine vom Ausländer ausgehende Bedrohungssituation im Sinne eines beachtlichen Risikos, das sich jederzeit aktualisieren und in eine konkrete Gefahr umschlagen könne.[75] Somit reiche aber ein bloßer (Gefahren-)Verdacht oder Vermutungen bzw. Spekulationen nicht aus, um eine Abschiebungsanordnung nach § 58a AufenthG begründen zu können.[76] **26**

Mit dem Hinweis auf die „Tatsachenunterstützung" des Verdachts weist das BVerwG auf einen eigenen, der zu bewältigenden Gefährdungssituation angepassten Wahrscheinlichkeitsmaßstab hin.[77] Dieser weicht von dem im allgemeinen Gefahrenabwehrrecht geltenden Maßstab der hinreichenden Eintrittswahrscheinlichkeit des Schadenseintritts ab. Bei § 58a **27**

---

[67] Diese Vorschrift kam durch das „Zuwanderungsgesetz" 2004 in das AufenthG. Vgl. zum rechtspolitischen Hintergrund ua *Berlit* ZAR 2018, 89 mwN; *Brodowski/Jahn/Schmitt-Leonardy* GSZ 2017, 7 (8); *Kießling* NVwZ 2017, 1019 f. und *Schlichte/Austermann* ZAR 2018, 62 (63) mwN.

[68] ZB §§ 2 Abs. 14 Nr. 5a, 62 Abs. 3 S. 4 und 62 Abs. 3 S. 3 AufenthG aF, eingeführt durch das Gesetz zur besseren Durchsetzung der Ausreisepflicht vom 20.7.2017 (BGBl. 2017 I 2780). Vgl. hierzu *Zinell* VBlBW 2018, 89 (95) mwN). Vgl. ua auch *Nachbaur* BeckOK PolR BW BWPolG § 27b Rn. 11 und WD 3 – 3000 – 260/20 S. 5.

[69] Vgl. hierzu ua *Berlit* ZAR 2018, 89; *Brodowski/Jahn/Schmitt-Leonardy* GSZ 2017, 7 (8 f.) und *Zinell* VBlBW 2018, 89 (95). Vgl. zur Kritik an Gesetzgeber und Judikatur, die den Begriff „Gefährder" vordergründig ignorieren, aber an dessen Konstrukt mitgewirkt haben, *Böhm*, Der „Gefährder" und das „Gefährderrecht", 2011, 228.

[70] Vgl. hierzu *Schlichte/Austermann* ZAR 2018, 62 (63) mwN und *Kießling* NVwZ 2017, 1019 (1020) mwN. Vgl. hierzu auch die Legaldefinition im Strafrecht § 92 Abs. 3 Nr. 2 StGB. Hierzu *Fahrner*, Staatsschutzstrafrecht, Einführung und Grundlagen, 2020, § 6 Rn. 31 ff.

[71] Vgl. hierzu *Kießling* NVwZ 2019 (2020) mwN.

[72] Vgl. zur Frage der formellen Verfassungsmäßigkeit ua *Berlit* ZAR 2018, 89 (91) mwN und *Kulick* AöR 2018, 175 (198) mwN.

[73] BVerwG NVwZ 2017, 1057 (1059); *Kießling* in Kulick/Goldhammer Der Terrorist als Feind? 261 (268) mwN und DÖV 2017, 607. Zu den dogmatischen Problemen der Einordnung dieser Vorschrift vgl. ua *Kießling* NVwZ 2017, 1019.

[74] *Brodowski/Jahn/Schmitt-Leonardy* GSZ 2017, 7 (9) sprechen vom „Vorfeld des Vorfeldes". Zum „Gefährdervorfeld" vgl. auch *Darnstädt* GSZ 2017, 16 (18) und *Kießling* in Kulick/Goldhammer Der Terrorist als Feind? 261 mwN. Vgl. zum Tätigwerden im Vorfeld einer konkreten Gefahr im Bereich der Nachrichtendienste *Warg* in Dietrich/Eiffler NachrichtendiensteR-HdB V § 1 Rn. 7. Der 3. Strafsenat des BGH, Beschl. v. 10.6.2021 – 3 ZB 1/20 –, orientiert sich inzwischen an der Rspr. des BVerwG zu § 58a AufenthG (vgl. hierzu beck-aktuell, 15.11.2021).

[75] BVerwG NVwZ 2017, 1057 (Ls. 2), auch Rn. 19 ff. mwN. Diese Formulierung wird von *Kluth* ZAR 2017, 227 mwN als „problematisch" angesehen, da nicht klar sei, worauf sich die Gefahrenprognose beziehen soll. Krit. auch *Kießling* NVwZ 2017, 1019 (1020).

[76] BVerwG = NVwZ 2017, 1057 (1060) Rn. 20 mwN. Vgl. auch BMI, Allgemeine Verwaltungsvorschrift zum Aufenthaltsgesetz vom 26.10.2009, Ziff. 58a 1.3. Vgl. zur „gefühlten oder vermuteten Bedrohung" im Bereich der Tätigkeit der Nachrichtendienste *Löffelmann* in Dietrich/Eiffler NachrichtendiensteR-HdB VI § 4 Rn. 33. Zur politischen Diskussion um eine „reine Verdachtsabschiebungsanordnung" vgl. *Berlit* ZAR 2018, 89 (91 f.) mwN. Vgl. hierzu zum BayPAG VerfGH Bayern BeckRS 2019, 3113 Rn. 67. Vgl. auch *Leisner-Egensperger* DÖV 2018, 677 (684).

[77] *Berlit* ZAR 2018, 89 (93) unter Hinweis auf BVerwG NVwZ 2017, 1057 (seither stRspr).

AufenthG muss wegen der Vorverlagerung des Schutzes in das **Vorfeld** eine bestimmte Entwicklung nicht wahrscheinlicher sein als eine andere. Verzichtet wird nicht auf jede erhöhte Wahrscheinlichkeit, nur ist die Wahrscheinlichkeit abgesenkt".[78] In erster Linie wird auf die vom Täter ausgehende Gefahr abgestellt.[79] Anders ausgedrückt: Aus polizeilicher Sicht ist der Gefährder zwar bekannt, aber dessen Handlungen bleiben in zeitlicher und örtlicher Hinsicht ungewiss.[80]

28 Bei den Tatbestandsmerkmalen des § 58a AufenthG handelt es sich um unbestimmte Rechtsbegriffe,[81] weshalb der obersten Landesbehörde bei der für eine Abschiebungsanordnung erforderlichen Gefahrenprognose keine Einschätzungsprärogative zusteht. Bei dieser Entscheidung ist die Behörde an Recht und Gesetz, insbesondere die Grundrechte gebunden und unterliegt ihr Handeln nach Art. 19 Abs. 4 S. 1 GG der vollen gerichtlichen Kontrolle.[82] Dies gilt auch für die Einhaltung des **Verhältnismäßigkeitsprinzips** (→ § 6 Rn. 25).[83]

29 Soweit der Gesetzgeber, wie bei § 58a AufenthG, unbestimmte, der Auslegung und Konkretisierung bedürftige Begriffe verwendet, verstößt er damit nach Auffassung des BVerfG nicht gegen den rechtsstaatlichen Grundsatz der Normenklarheit und Justitiabilität **(Bestimmtheitsgrundsatz).**[84]

30 Das Tatbestandsmerkmal „Sicherheit der Bundesrepublik Deutschland" (→ § 6 Rn. 50 ff.) wird vom BVerwG enger als der Begriff der **öffentlichen Sicherheit** (→ § 22 Rn. 21) im Sinne des allgemeinen Polizeirechts[85] definiert.[86] Der Begriff umfasse die innere und äußere Sicherheit und schütze den Bestand und die Funktionstüchtigkeit des Staates und seiner Einrichtungen.[87] Das schließe den Schutz vor Einwirkungen durch Gewalt und Drohungen mit Gewalt auf die Wahrnehmung staatlicher Funktionen ein.[88] Das Erfordernis einer „besonderen" Gefahr beziehe sich dabei allein auf das Gewicht und die Bedeutung der gefährdeten Rechtsgüter sowie das Gewicht der befürchteten Tathandlungen der Betroffenen, nicht auf die zeitliche Eintrittswahrscheinlichkeit. Obwohl die Vorhersehbarkeit des Kausalverlaufs reduziert wird[89] kommt eine Abschiebungsanordnung nur in Fällen außergewöhnlich hoher Wahrscheinlichkeit eines Schadenseintritts, mit dem in naher Zukunft zu rechnen ist, in Betracht. Die besondere Gefahr für die innere Sicherheit muss eine der terroristischen Gefahr vergleichbare Gefahrendimension erreichen.[90]

---

[78] *Berlit* ZAR 2018, 89 (93) und *Möstl* BayVBl. 2018, 156 (157). Vgl. zur „gebotenen Wahrscheinlichkeit": BVerwG BeckRS 2020, 7074. *Schlichte/Austermann* ZAR 2018, 62 (65) merken kritisch an, dass dann eine Wahrscheinlichkeit von 50 Prozent genügen würde.

[79] Vgl. ua *Brodowski/Jahn/Schmitt-Leonardy* GSZ 2017, 7 (9). Vgl. hierzu für das Polizeirecht ua *Holzner* in BeckOK PolR Bayern PAG Art. 11 Rn. 159 und zur polizeilichen Gefährderansprache nach § 29 Abs. 1 S. 1 BWPolG *Pöltl* VBlBW 2021, 45 (50) mwN.

[80] *Barskanmaz* JuWissBlog Nr. 76/2019 v. 9.7.2019, https://bit.ly/2QRfk6B.

[81] BVerfGE 103, 21 = NJW 2001, 882; BVerfGE 113, 348 = NJW 2005, 2603. Vgl. zum Begriff und zum Prüfungsmaßstab durch die Gerichte *Jarass* in Jarass/Pieroth Art. 19 Rn. 68 und *Kment* in Jarass/Pieroth Art. 72 Rn. 23. Krit. *Löffelmann* GSZ 2018, 85 (87) bei einer Häufung von unbestimmten Rechtsbegriffen.

[82] BVerwG NVwZ 2017, 1057 (1061 Rn. 22) mwN. Vgl. zum behördlichen Beurteilungsspielraum auch *Kulick* AöR 2018, 175 (197) mwN.

[83] BVerfG NVwZ 2017 (1528 Rn. 40 ff.). Zum Verhältnismäßigkeitsbegriff ieS (Teil des Übermaßverbots) vgl. *Ipsen* NdsVBl. 2018, 257 (261 f.).

[84] BVerfG NVwZ 2017, 1526 (1528 Rn. 36 f.) mwN. Vgl. zum Bestimmtheitsgebot auch *Jarass* in Jarass/Pieroth Art. 20 Rn. 83 f. und *Kment* in Jarass/Pieroth Art. 80 Rn. 13 ff.

[85] Vgl. hierzu für viele *Sander* in Kahlert/Sander, Polizeigesetz für Baden-Württemberg, 9. Aufl. 2022, § 1 Rn. 7 ff. und *Holzner* in BeckOK PolR Bayern PAG Art. 11 Rn. 164.

[86] BVerwG NVwZ 2017,1057 (1059 Rn. 5).

[87] BVerwGE 109, 1 (14) = NVwZ 1999, 1346.

[88] BVerwG NVwZ 2017, 1057 (1059 Rn. 15) unter Verweis auf BVerwGE 123, 114 (120) = NVwZ 2005, 1091, 1092 und *Löffelmann* in Dietrich/Eiffler NachrichtendiensteR-HdB VI § 4 Rn. 36. Vgl. bspw. auch die Formulierungen in §§ 54 Abs. 1 Nr. 2 und 60 Abs. 8 AufenthG.

[89] Vgl. hierzu BVerfGE 141, 220 (272) = NJW 2016, 1781.

[90] BVerwG NVwZ 2017, 1057 Rn. 17 mwN. Vgl. hierzu auch BVerwGE 123, 114 (120) = NVwZ 2005, 1091, 1092. Vgl. hierzu auch im Bereich der Nachrichtendienste *Warg* in Dietrich/Eiffler NachrichtendiensteR-HdB V § 1 Rn. 8.

Von dieser ist nach ständiger Rechtsprechung des Bundesverwaltungsgerichts jedenfalls **31** dann auszugehen, wenn es um die Verhinderung schwerster Straftaten geht, durch die im politisch/ideologischen Kampf die Bevölkerung in Deutschland verunsichert und/oder staatliche Organe der Bundesrepublik Deutschland zu bestimmten Handlungen genötigt werden sollen, wenn also politische Ziele unter Einsatz gemeingefährlicher Waffen oder durch Angriffe auf das Leben Unbeteiligter verfolgt werden.[91]

Das BVerwG leistete mit seiner Rechtsprechung zur Abschiebungsanordnung nach § 58a **32** AufenthG und damit **„vorverlagerten Gefahrenabwehr"** einen entscheidenden Beitrag zur Konturierung der „Rechtsfigur des Gefährders" und zur Herausbildung eines Präventivrechtes gegenüber diesen Personen. Diese Vorschrift war zuvor verfassungsrechtlich und rechtspolitisch umstritten[92] und wurde deshalb in der Praxis der Ausländerbehörden auch wenig angewandt.[93]

Das Gericht bewegte sich mit seinen Entscheidungen zur materiellen Verfassungsmäßig- **33** keit des § 58a AufenthG auf der Linie des BVerfG und bezog sich insbesondere auf die sog. BKAG-Entscheidung (→ Rn. 38 ff.).[94] Dort ging es um Überwachungsmaßnahmen nach dem BKA-Gesetz, also um eine reine **„Gefahrerforschungsmaßnahme"**. Zum Schutz der Allgemeinheit vor Terroranschlägen hält das BVerwG mit Rückenstärkung durch das BVerfG eine Absenkung des Gefahrenmaßstabes auch bei **„aktionellen Befugnissen"**, (→ § 6 Rn. 13) also auch „endgültigen Maßnahmen",[95] wie der einer Abschiebungsanordnung, für zulässig.[96] Die 1. Kammer des Zweiten Senats des BVerfG wies deshalb Verfassungsbeschwerden gegen einschlägige Entscheidungen des BVerwG zurück[97] und versah die fachgerichtliche Einschätzung durch das BVerwG mit „verfassungsrechtlicher Dignität."[98]

C. Die Lehre von der „drohenden Gefahr"

I. Vorbemerkung

Wie ausgeführt, stützte sich das BVerwG bei seinen Entscheidungen zu § 58a AufenthG **34** insbesondere auf die bereits mehrfach angesprochene Entscheidung des BVerfG von 2016 zum BKAG (→ Rn. 38 ff. und → § 41 Rn. 30 f.). Das Gericht erklärte dort eine als

---

[91] Dies seit BVerwG NVwZ 2017, 1057. Zum Begriff „Terrorismus" vgl. auch *Berlit* ZAR 2018, 89 (91) und *Schlichte/Austermann* ZAR 2018, 62 (64). Vgl. hierzu auch zur politikwissenschaftlichen Diskussion *Schmid/Wenner* BayVBl. 2019 (109, 110 f.) mwN.
[92] Vgl. hierzu ua *Berlit* ZAR 2018, 90 mwN; *Schlichte/Austermann* ZAR 2018, 62 (63, 66 ff.) mwN und *Mangold*, Grundrechte-Report 2018,173 ff.
[93] Vgl. hierzu *Kulick* AöR 2018, 175 (198); *Zinell* VBlBW 2018, 89 (96) mwN; *Mangold*, Grundrechte-Report 2018, 73; *Kießling* NVwZ 2017, 1019 und *Schlichte/Austermann* ZAR 2018, 62 (63) mwN.
[94] BVerfGE 141, 220 = NJW 2016, 1781. Vgl. auch *Kießling* in Kulick/Goldhammer Der Terrorist als Feind? 261 (268).
[95] Vgl. zur Unterscheidung von einer „Gefahrerforschungsmaßnahme" ua *Enders* DÖV 2019, 205 ff. mwN; *Trurnit* JURA 2029, 258 (265 ff.) und *Ogorek* JZ 2019, 63 (70); aM ua *Möstl* BayVBl. 2018, 161 f. und *Mangold*, Grundrechte-Report 2018, 172. Vgl. auch WD 36/08 v. 23.7.2008 und *Trurnit* in BeckOK PolR BW PolG § 1 Rn. 16. Vgl. zu „aktionellen Befugnissen" im BayPAG auch *Dietrich* in Fischer/Hilgendorf Gefahr 80; *Löffelmann* GSZ 2018, 85 (87); zu § 34b PolG NRW *Thiel* GSZ 2019, 1 (6) und *Coelln/Pernice-Warnke/Pützer/Reisch* NWVBl. 2019, 89 (94) zu § 34c PolG NRW (Elektronische Aufenthaltsüberwachung EAÜ) und *Barczak* in BeckOK PolR NRW § 34c Rn. 79. Differenzierend *Kniesel* NdsVBl. 2021, 38 (42). Krit. *Bäcker* in Kulick/Goldhammer Der Terrorist als Feind? 147 (161 ff.) und *Kießling* in Kulick/Goldhammer Der Terrorist als Feind? 261 (276 ff., 283). „Maßnahmen zur Gefahrenbeseitigung" werden auch als „imperative Maßnahmen" bezeichnet. Vgl. hierzu *Bäcker* in Kulick/Goldhammer Der Terrorist als Feind? 147 (161); WD 3 – 3000 – 260/20 v. 19.11.2020, S. 5. und *Kulick* AöR 2018, 175 (176, 197).
[96] Vgl. ua *Berlit* ZAR 2018, 89 (93) mwN; *Möstl* in BeckOK PolSichR Bayern Rn. 36; *Brodmerkel* DPoBl 2019, 1 und *Ogorek* JZ 2019, 63 (70); aM ua *Schmitt* Verfassungsblog v. 7.12.2020 https://bit.ly/3thmwWW. Vgl. auch *Pieroth* GSZ 2018, 133 (135).
[97] BVerfG NVwZ 2017, 1526; ZAR 2017, 379 zu BVerwG BeckRS 2017, 113651 und BVerfG NVwZ 2017, 1530 zu BVerwG NVwZ 2017, 1531. Vgl. auch die Hinweise bei *Kulick* AöR 2018, 175 (200).
[98] *Brodowski/Jahn/Schmitt-Leonardy* GSZ 2017, 7 (9).

„**drohende Gefahr**" bezeichnete polizeiliche Eingriffsschwelle im Vorfeld der konkreten Gefahr für zulässig.⁹⁹

35 Das BVerfG beschäftigte sich in seiner Entscheidung „Bestandsdatenauskunft II" v. 27.5.2020¹⁰⁰ erneut mit der Rechtsfigur der „drohenden Gefahr", die er nunmehr als **„konkretisierte Gefahr"** bezeichnete, und bestätigte im Wesentlichen seine Rechtsauffassung in der BKAG-Entscheidung.

36 In der „Antiterrordatei"/„Data-mining"-Entscheidung v. 10.11.2020¹⁰¹ blieb das BVerfG argumentativ in der Kontinuität der beiden zuvor genannten Entscheidungen unter Beibehaltung der Terminologie „konkretisierte Gefahr" (→ § 7 Rn. 45).

37 Die wesentlichen Inhalte der angesprochenen Entscheidungen des BVerfG werden nachfolgend unter → Rn. 38 ff. dargestellt.

II. Die Rechtsprechung des BVerfG

38 Das BVerfG hat im vielbeachteten **Urteil zum BKAG** entschieden, dass gegen Gefährder, ohne diesen Begriff selbst zu benutzen, sondern nur zu umschreiben, sog. Vorfeldmaßnahmen der Gefahrenabwehr unter bestimmten Voraussetzungen zulässig sind, wenn es um den Schutz für ein „überragend wichtiges Rechtsgut" geht.¹⁰² Dann wird für das behördliche Einschreiten keine konkrete Gefahr im Sinne des Gefahrenabwehrrechts verlangt und dem Gesetzgeber beispielsweise. zur Bekämpfung des internationalen Terrorismus die Möglichkeit eingeräumt, auch Eingriffsbefugnisse jenseits des tradierten polizeirechtlichen Instrumentariums zu schaffen.¹⁰³ In diesen Fällen kann der Gesetzgeber die Anforderungen an den Kausalverlauf reduzieren.

39 Das BVerfG orientiert sich dabei an seiner **„Je-desto-Formel"**, wonach umso gravierendere Grundrechtseingriffe angemessen sind, je hochrangiger das geschützte Rechtsgut ist.¹⁰⁴

40 Eingriffsgrundlagen müssen nach Auffassung des Gerichts dann aber eine **hinreichend konkretisierte Gefahr** in dem Sinne verlangen, dass zumindest tatsächliche Anhaltspunkte für die Entstehung einer konkreten Gefahr für die Schutzgüter bestehen. Ihm reichen allgemeine Erfahrungssätze insoweit allein nicht aus, um den Zugriff zu rechtfertigen. Vielmehr müssen bestimmte Tatsachen festgestellt sein, die im Einzelfall die Prognose eines Geschehens, das zu einer zurechenbaren Verletzung der hier relevanten Schutzgüter führt, tragen. Eine solch hinreichend konkretisierte Gefahr in diesem Sinne kann danach schon bestehen, wenn sich der zum Schaden führende Kausalverlauf noch nicht mit hinreichender Wahrscheinlichkeit vorhersehen lässt, sofern bereits bestimmte Tatsachen auf eine im Einzelfall **drohende Gefahr** für ein überragend wichtiges Rechtsgut hinweisen.¹⁰⁵

41 Nach Auffassung des BVerfG kann „in Bezug auf terroristische Straftaten" die Vorhersehbarkeit des Kausalverlaufs in zwei Spielarten"¹⁰⁶ vorkommen: Entweder, dass ein immerhin „seiner Art nach konkretisiertes und zeitlich absehbares Geschehen erkennbar" sein

---

⁹⁹ BVerfGE 141, 220 (272 Rn. 112) = NJW 2016, 1781. Der Begriff findet sich beispielsweise auch in Art. 11 Abs. 2 GG, wird dort aber wie der Begriff der „Konkreten Gefahr" im Polizeirecht verstanden. Vgl. hierzu WD 3 –3000- 433/18, S. 7 f. mwN. Zum Begriff der „drohenden Gefahr in § 1 Abs. 1 Nr. 1 G 10-Gesetz vgl. *Löffelmann* in Dietrich/Eiffler NachrichtendiensteR-HdB VI § 4 Rn. 33 mwN. Der Begriff der „drohenden Gefahr" findet sich auch in § 6 Abs. 2 VwVG.
¹⁰⁰ BVerfG BeckRS 2020, 16236 mwN der Fundstellen.
¹⁰¹ BVerfG BeckRS 2020, 34607 mN weiterer Fundstellen. Vgl. hierzu auch *Goers* PUBLICUS v. 4.3.2021.
¹⁰² BVerfGE 141, 220 (272) = NJW 2016, 1781.
¹⁰³ BVerfGE 141, 220 (272) = NJW 2016, 1781.
¹⁰⁴ Vgl. ua *Dietrich* in Fischer/Hilgendorf Gefahr 75; *Dietrich* in Dietrich/Eiffler NachrichtendiensteR-HdB § VI 2 Rn. 110; *Ullrich* in BeckOK PolR NDS NPOG § 2 Rn. 59; *Pieroth* GSZ 2018, 133 (134) und BVerfGE 115, 320 (360 f.) = NJW 2006, 1939; BVerfGE 120, 378 (429) = NJW 2008, 1505.
¹⁰⁵ Vgl. BVerfGE 141, 220 (272) mwN = NJW 2016, 1781. Vgl. insoweit zu BVerfG NJW 2020, 2699 („Bestandsdatenauskunft II") auch die Anm. von *Holznagel* NJW 2020, 2699.
¹⁰⁶ *Möstl* BayVBl. 2020, 649 (650). Vgl. zur Unterscheidung dieser beiden „Wahrscheinlichkeitsurteile" auch *Bäcker* in Kulick/Goldhammer Der Terrorist als Feind? 147 (156 ff.) mwN.

C. Die Lehre von der „drohenden Gefahr"   § 51

muss oder alternativ[107] „das individuelle Verhalten einer Person die konkrete Wahrscheinlichkeit begründet, dass sie bestimmte Straftaten in überschaubarer Zukunft begehen wird."[108]

Der Erste Senat des BVerfG beschäftigte sich, wie bereits erwähnt (→ Rn. 35), in seiner **42** Entscheidung **„Bestandsdatenauskunft II"**[109] (→ § 21 Rn. 21) erneut intensiv mit der in der BKAG-Entscheidung „grundgelegten Lehre der ... drohenden Gefahr", bestätigte diese sogar als „anerkannte Eingriffsschwelle"[110] und bezeichnete sie „zumeist im Gegensatz zur ‚konkreten Gefahr' im tradierten Sinne als (hinreichend) ‚konkretisierte Gefahr'„.[111] Mit *Möstl* ist in Würdigung der gesamten Entscheidungsgründe davon auszugehen, dass er diese Begriffe „offenbar als Synonyme" gebraucht hat.[112]

Hierfür spricht auch die Tatsache, dass der Erste Senat des BVerfG in seiner Entscheidung **43** zum Datenaustausch zwischen Polizei- und Nachrichtendiensten (**„Antiterrordatei"/ „Data-mining")**[113] aus dem gleichen Jahr (→ § 30 Rn. 16 ff.) zur Begründung der geringeren Eingriffsschwelle zum Schutz „gewichtiger Rechtsgüter" unter Verweis auf die oben angeführten Entscheidungen nun konsequent die Kategorie der (hinreichend) „konkretisierten Gefahr" verwendet.[114]

Entgegen der Kritik an der BKAG-Entscheidung[115] bestätigte der Erste Senat in beiden **44** Beschlüssen im Wesentlichen die dortige Begründung zur Herabsetzung der Eingriffsschwellen zum Schutz „besonders gewichtiger Rechtsgüter".[116] Er hielt an den beiden Varianten zur Absenkung an die Vorhersehbarkeit des Kausalverlaufs fest[117] und bestätigte auch die materiellen Voraussetzungen der Anforderungen an den Verhältnismäßigkeitsgrundsatz im Hinblick auf das Gewicht der Eingriffsintensität in Grundrechte.[118]

Im Hinblick auf das Präventionsrecht gegenüber Gefährdern können die diskussions- **45** würdigen Ausführungen des BVerfG zu den weiteren Differenzierungen der Eingriffsschwellen zum Schutz weniger gewichtiger Rechtsgüter in der Entscheidung „Bestandsdatenauskunft II" außer Betracht bleiben.[119]

---

[107] *Möstl* BayVBl. 2020, 649 (650).
[108] BVerfGE 141, 220 (272) = NJW 2016, 1781.
[109] BVerfG NJW 2020, 2699 = BeckRS 2020, 16236 mwN der Fundstellen.
[110] BVerfG NJW 2020, 2699 Rn. 152. Das BVerfG bestätigte damit nach *Möstl* in BeckOK PolSichR Bayern Rn. 39 mwN ausdrücklich die Zulässigkeit „entsprechender Vorfeldbefugnisse". Vgl. *Ogorek* JZ 2019, 63 (68). Nach *Holzner* DÖV 2018, 946 (948 f.) handelt es sich um eine „neue Gefahrenkategorie".
[111] LT-Drs. Bay. 18/13716,1 und *Möstl* BayVBl. 2020, 649 f. *Möstl* beschäftigt sich auf S. 650 mit der dogmatischen Problematik des Verhältnisses (Überschneidungen) zwischen den genannten Gefahrenarten. Vgl. BVerfG BeckRS 2020, 16236, insbesondere die Rn. 148, 179. *Pieroth* GSZ 2018, 133 (134) bezeichnet unter Hinweis auf die BKAG-Entscheidung des BVerfG die „drohende Gefahr" als eine „konkrete" und sieht hierin keine neue Gefahrenkategorie. IdS auch *Dietrich* in Fischer/Hilgendorf Gefahr 79 mwN. Zur Komplexität der Rechtsprechung in diesem Kontext vgl. auch *Löffelmann* GSZ 2021, 25 (33 f.).
[112] *Möstl* BayVBl. 2020, 649; *Möstl* in BeckOK PolSichR Bayern Rn. 36, 50 und LT-Drs. Bay 18/13716, 1. Vgl. BVerfG BeckRS 2020, 16236 Rn. 152.
[113] BVerfG BeckRS 2020, 34607.
[114] Vgl. BeckRS 2020, 34607 Ls. 5b und die Rn. 118, 129, 130. Das Gericht benutzt in diesem Beschluss den Begriff der „(aus dem Ausland) drohen Gefahr" nur noch zur Umschreibung der grds. Gefahrenproblematik, nicht zur Definition der geringen Eingriffsschwelle (vgl. beispielsweise Rn. 40 und 80).
[115] Vgl. zur Diskussion in der Literatur um die neue Eingriffsschwelle der „drohenden Gefahr", die auch im Zusammenhang mit der Änderung des BayPAG an Fahrt gewann, die Übersicht bei *Möstl* BayVBl. 2020, 649 Fn. 2 und *Dietrich* in Fischer/Hilgendorf Gefahr 78 f. *Löffelmann* GSZ 2020, 182 (185) mwN bezeichnet die Kategorie der „drohenden Gefahr" als „merkwürdigen Begriff".
[116] BeckRS 2020, 34607 Rn. 118; 2020, 16236 Rn. 149. Das Gericht weist dabei, wie bei terroristischen Straftaten, auf die Gefährdung von Rechtsgütern wie Leib, Leben, Freiheit der Person, Bestand der Sicherheit des Bundes oder eines Landes hin.
[117] BVerfG BeckRS 2020, 16236 Rn. 148 f., 179. Vgl. hierzu *Möstl* BayVBl. 2020, 649 (650). Vgl. BeckRS 2020, 16236 (Ls. 4a und Rn. 119 und 130) („Antiterrordatei") Begründung zur Variante 1.
[118] Vgl. BVerfG BeckRS 2020, 16236 Rn. 87. Vgl. auch *Möstl* BayVBl. 2020, 649 (650).
[119] Nach *Möstl* BayVBl. 2020, 649 (650) stellt die Eingriffsschwelle der „drohenden" Gefahr danach keine „Sonderdoktrin" nur für Eingriffe von besonders schwerem Gewicht dar. Vgl. hierzu auch die krit. Anm.

D. Übersicht über Präemptive Regelungen im „Gefährderrecht" in den Polizeigesetzen des Bundes und der Länder

I. Vorbemerkung

46 Die BKAG-Entscheidung (→ Rn. 38 ff.) verstand das Gericht offenbar selbst als Konsolidierung bzw. „Summe seiner jüngeren Polizeirechtsjudikatur" mit allgemeiner Bedeutung nicht nur für den Bund, sondern auch für den Landespolizeigesetzgeber.[120] Dem Gesetzgeber fällt damit die Aufgabe zu, das jeweilige Polizeigesetz „verfassungsgerichtsfest" zu erhalten[121] und zu entscheiden, welche Aussagen dieser Entscheidung verallgemeinbar sind oder nicht.[122] Dabei kommt dem Gesetzgeber ein „relativ weiter Spielraum" zu.[123]

47 Der Transformationsprozess der höchstrichterlichen Rechtsprechung zur „drohenden Gefahr" ins Polizeirecht des Bundes und der Länder (→ § 20 Rn. 9) ist noch nicht abgeschlossen, weshalb nachfolgend dieser Prozess nur holzschnittartig nachgezeichnet werden soll.

48 Zunächst folgt unter II. ein Hinweis auf die Regelungen des BKAG 2018. Danach unter III. eine chronologische Übersicht über den Stand der polizeirechtlichen Landesgesetzgebung im Hinblick auf die Übernahme der Kategorie der „drohenden Gefahr" in die jeweiligen Landesgesetze.[124]

II. Das BKAG 2018

49 Im Zuge der Terrorismusbekämpfung[125] entwickelte sich der Bundesgesetzgeber zum „Vorreiter der polizeilichen Gesetzgebung" und trug insbesondere mit Änderungen im 5. Abschnitt des BKAG[126] „zu einer weitreichenden Expansion der Eingriffsbefugnisse bei".[127] Neben verdeckten Informationseingriffen[128] und sachbezogenen Eingriffsmaßnahmen[129] sind insbesondere auch personenbezogene Eingriffsnormen wie Platzverweise (§ 54 BKAG), Aufenthaltsvorgaben und Kontaktverbote (§ 55 BKAG),[130] die elektronische Auf-

---

von *Löffelmann* GSZ 2020, 182 (185); *Leisner-Egensperger* DÖV 2018, 677 (685 f.) und *Kniesel* NdsVBl. 2021, 38 (40) mwN.
[120] Vgl. ua *Löffelmann* GSZ 2018, 85 (86); *Möstl* in BeckOK PolSichR Bayern Rn. 43; LT-Drs. Nds. 18/850, 33; LT-Drs. Bay 18/13716, 22 und *Brodmerkel* DPoBl 2019, 1.
[121] *Thiel* GSZ 2019, 1 (2) mwN und *Bäcker* in Kulick/Goldhammer Der Terrorist als Feind? 147 (161). Vgl. hierzu auch LT-Drs. Nds 18/850, 33.
[122] *Möstl* BayVBl. 2018, 156 mit krit. Anm. und mwN und *Möstl* BayVBl. 2020, 649 (650). Vgl. zur grds. Aufgabe des Gesetzgebers in diesem Zusammenhang auch *Löffelmann* GSZ 2020, 182 (185 f.). Zu den Gesetzesinitiativen auf Bundes- und Landesebene vgl. auch *Möstl* in BeckOK PolSichR Bayern Rn. 36, 50.
[123] *Thiel* GSZ 2019, 1 (8) und *Leisner-Egensperger* DÖV 2018, 677 (681).
[124] Zum Stand der landespolizeilichen Gesetzgebung vgl. ua *Welzel/Ellner* DÖV 2019, 211 (212 Fn. 11).
[125] Das BKA ist nach § 5 BKAG unter den dort definierten Voraussetzungen für die Abwehr von Gefahren des internationalen Terrorismus zuständig. Vgl. hierzu ua *Graulich* in Schenke/Graulich/Ruthig BKAG § 5 Rn. 3–22.
[126] Die §§ 38–62 beschäftigen sich mit den „Befugnisse(n) zur Abwehr von Gefahren des internationalen Terrorismus".
[127] *Brodowski/Jahn/Schmitt-Leonardy* GSZ 2017, 7 (10).
[128] Vgl. beispielsweise § 49 Abs. 2 BKAG (verdeckter Eingriff in informationstechnische Systeme) und vergleichbare Regelungen in den Ländern wie § 45 BayPAG; § 33d NPOGE oder § 31c POG RP. Vgl. hierzu ua die Überblicke bei *Brodowski/Jahn/Schmitt-Leonardy* GSZ 2017, 7 (10) mwN; LT- Drs. BW 16/2741 und LT-Drs. Nds 18/850, 62. Diese Vorschrift wird nach hM auch unter Berücksichtigung des Grundrechts auf Gewährleistung der Vertraulichkeit und Integrität informationstechnischer Systeme als verfassungskonform angesehen. Vgl. ua *Schenke* in Schenke/Graulich/Ruthig BKAG § 49 Rn. 4. und *Schmid/Wenner* BayVBl. 2019, 109 (120). AM *Löffelmann* BayVBl. 2019, 121 (129).
[129] Vgl. §§ 59 ff. BKAG wie Durchsuchung von Sachen, Sicherstellung oder Betreten und Durchsuchen von Wohnungen.
[130] Nahezu identische Vorschriften gibt es inzwischen auf der Ebene der Länder mit § 27b BWPolG BW, Art. 16 Abs. 2 BayPAG, § 28c BbgPolG, § 34b NRWPolG, § 67b SOG M-V, § 31a HSOG, § 201 SchlHLVwG und § 17b NPOG. Zu den Anwendungsvoraussetzungen im Sinne der BKAG-Entscheidung

enthaltsüberwachung (EAÜ)[131] und die präventive Ingewahrsamnahme[132] zu nennen. Damit soll den Sicherheitsbehörden präemptives[133] Handeln ermöglicht werden.

Der Gesetzgeber beruft sich im Hinblick auf die Eingrenzung des in Betracht kommenden Personenkreises ausdrücklich auf die vom BVerfG in der BKAG-Entscheidung entwickelten und bereits mehrfach dargestellten Voraussetzungen für gefahrenabwehrrechtliche Maßnahmen (→ Rn. 38 ff.).[134] Mit der Ankopplung schwer wiegender Eingriffsermächtigungen an die Einschätzung als „Gefährder" wurde damit „der ‚Gefährder'-Ansatz auch Gegenstand gesetzlicher Formulierungen".[135] Das BKAG 2018 diente auch, wie noch darzustellen sein wird, in unterschiedlicher Weise als „Blaupause" für die Landesgesetzgeber.[136] 50

III. Die „drohende Gefahr" in den Polizeigesetzen der Länder

1. Bayerisches Polizeiaufgabengesetz (BayPAG)

Die Begriffsbestimmung der „drohenden Gefahr" wurde durch die PAG-Novelle 2017[137] im neuen Art. 11 Abs. 3 BayPAG eingeführt und durch die PAG-Novelle 2018 geringfügig geändert.[138] Diese Vorschrift definiert den Begriff „drohende Gefahr" legal und stellt zugleich eine Eingriffsermächtigung ohne standardisierte Rechtsfolge (Generalklausel) dar.[139] Die 51

---

vgl. ua *Schenke* in Schenke/Graulich/Ruthig BKAG § 55 Rn. 12 f. Vgl. zu § 16 Abs. 2 BayPAG *Grünewald* in BeckOK PolR Bayern PAG Art. 16 Rn. 41. Zur Verfassungsmäßigkeit der Vorschrift vgl. ua *Coelln/Pernice-Warnke/Pützer/Reisch* NWVBl. 2019, 89 (93) mwN und *Barczak* in BeckOK PolR NRW PolG NRW § 34b Rn. 7. Krit. *Remmert* in Maunz/Dürig GG Art. 19 Abs. 1 Rn. 53 ff.; *Jarass* in Jarass/Pieroth GG Art. 19 Rn. 12. Zu Art. 11 Rn. 17; *Nachbaur* in BeckOK PolR BW PolG § 27b Rn. 2 a f.; *Löffelmann* BayVBl. 2018, 145 (149) und *Löffelmann* BayVBl. 2019, 121 (123). Der praktische Nutzen dieser Vorschrift wird in der Literatur für „überschaubar" gehalten. Vgl. hierzu ua *Nachbaur* in BeckOK PolR BWPolG § 27b Rn. 1 mwN. Vgl. zur „geringen quantitativen Bedeutung" terrorismusbezogener Neuregelungen auch *Roggan* LKV 2019, 241 (247).

[131] § 56 Abs. 1 BKAG (vulgo „elektronische Fußfessel"). Auch bezüglich der EAÜ haben einige Länder mit identischen, zumindest nahezu identischen Formulierungen nachgezogen, so mit § 27c BWPolG, § 34 BayPAG, § 31a HSOG, § 67a SOG M-V, § 17c NPOG, § 201b SchlHLVwG und § 34c NRWPolG. Die Verfassungsmäßigkeit der EAÜ wird strittig diskutiert, überwiegend aber bejaht. Vgl. hierzu *Ruthig* in Schenke/Graulich/Ruthig BKAG § 56 Rn. 3; *Trurnit* in BeckOK PolR BW PolG § 27c Rn. 7 ff. mwN; *Schröder* in BeckOK PolR Bayern PAG Art. 34 Rn. 12 und *Barczak* in BeckOK PolR NRW PolG NRW § 34 c Rn. 12. So auch *Hörich/Tewocht* NVwZ 2017, 1153 (1157) und *Coelln/Pernice-Warnke/Pützer/Reisch* NWVBl. 2019, 89 (95) (zur vergleichbaren Vorschrift des § 56a AufenthG). AM für das bayerische Recht *Löffelmann* BayVBl. 2018, 154 (150 f.); *Thiel* GSZ 2019, 1 (7 f.); *Ullrich/Walter/Zimmermann* NWVBl. 2019, 98 (105). Vgl. auch zur grundsätzlichen Kritik: *Pollähne*, Grundrechte-Report 2018, 217 ff. Vgl. auch *Ipsen* NdsVBl. 2018, 257 (259) („Schutzbereich privater Lebensgestaltung"). Auch bezüglich dieser Vorschrift wird der praktische Nutzen infrage gestellt. So *Trurnit* in BeckOK PolR BW PolG § 27c Rn. 3 mwN. Vgl. auch *Barczak* in BeckOK PolR NRW PolG NRW § 34 Rn. 2. AM *Schröder* in BeckOK PolR Bayern PAG Art. 34 Rn. 10 und *Müller* BayVBl. 2018, 109 (114).

[132] § 57 Abs. 1 BKAG iVm Verweisungen auf das BPolG in Abs. 2. Neben verfassungsrechtlichen Fragen, die nicht zuletzt am Beispiel des BayPAG heftig diskutiert werden, stellt sich auch die Frage der Vereinbarkeit mit der EMRK, welche grds. bejaht wird. So BVerfGE 111, 307 = NJW 2004, 3407 (3408). Vgl. auch *Hauser* in BeckOK PolR BW § 28 Rn. 24 und *Schenke* in Schenke/Graulich/Ruthig BPolG § 39 Rn. 10 mwN.

[133] Vgl. zur Begrifflichkeit *Brodowski/Jahn/Schmitt-Leonardy* GSZ 2017, 7 (10 Fn. 10) mwN.

[134] Vgl. beispielsweise BT-Drs.18/11163, 122. *Brodowski/Jahn/Schmitt-Leonardy* GSZ 2017, 7 (10) weisen darauf hin, dass zum damaligen Zeitpunkt das „Konzept des terroristischen Gefährders" noch „diffus" gewesen sei. Vgl. auch *Shirvani* DVBl 2018, 1393 (1397).

[135] *Darnstädt* GSZ 2017, 16 (20). Vgl. auch *Brodowski/Jahn/Schmitt-Leonardy* GSZ 2017, 7 (11) mwN und *Ruthig* in Schenke/Graulich/Ruthig BKAG § 56 Rn. 5 mwN.

[136] Vgl. hierzu ua *Kießling* in Kulick/Goldhammer Der Terrorist als Feind? 261 (266) mwN.

[137] LT-Drs. BW 17/16299, 2 (9). Vgl. hierzu PAG: Kommission zur Begleitung des neuen bayerischen Polizeiaufgabengesetzes-Abschlussbericht, 30.8.2019 (PAG-Kommission) https://bit.ly/2QPckb3 S. 16; *Allesch* BayVBl. 2020, 289; *Möstl* BayVBl. 2018, 156 f. und *Löffelmann* BayVBl. 2018, 145 f.

[138] LT-Drs. BW 17/20425, 8; vgl. auch *Allesch* BayVBl. 2020, 289 (290).

[139] PAG-Kommission 17; *Allesch* BayVBl. 2020, 289 (290); WD 226/18, 3 und *Waechter* NVwZ 2018, 458. Vgl. auch *Weinrich* NVwZ 2018, 1680 (1682). Zur Legaldefinition vgl. auch LT-Drs. Bay 18/13716, 21.

Legaldefinition des Art. 13 Abs. 3 findet sich auch in verschiedenen Standardermächtigungen in den Art. 12 ff. wieder.[140]

52 Der Art. 11 Abs. 3 BayPAG nimmt den vom BVerfG selbst benutzten Begriff der drohenden Gefahr[141] auf und „lehnt sich – sowohl nach der gesetzgeberischen Intention – wie bis in Details der Formulierung in den Nr. 1 und 2 hinein (…) an die Passage des BKAG-Urteils zur zulässigen Vorverlagerung von Eingriffsbefugnissen an (und ist) im Lichte dieser Passage zu verstehen und auszulegen" (→ Rn. 38 ff.).[142] Mit der Vorschrift soll unter anderem die „Gefahr für ein bedeutendes Rechtsgut" verhindert werden. Nach der enumerativen Aufzählung in dieser Vorschrift gehören hierzu neben staatsschutzrechtlich relevanten Tatbeständen beispielsweise auch der Schutz von Eigentumspositionen.

53 Diese Vorschrift und das Gesetz insgesamt war nicht zuletzt aufgrund der damit verbundenen Gefahrenvorverlagerung und der über terroristische Tatbestände hinausgehenden Ausdehnung der Schutzgüter Gegenstand heftiger Proteste[143] und stieß auch wegen verfassungsrechtlicher Bedenken[144] in der juristischen Literatur auf Bedenken (→ § 4 Rn. 39).[145]

54 Die kritisierten Regelungen wurden mit Verfassungsklagen vor dem BVerfG und mit Popularklagen nach Art. 98 S. 4 BV iVm Art. 55 Abs. 1 VfGHG vor dem VerfGH Bayern angegriffen.[146] Die Entscheidungen hierüber standen zum Zeitpunkt des Abschlusses des Manuskriptes dieses Beitrages noch aus.[147] Anträge auf Erlass einstweiliger Anordnungen hatten keinen Erfolg.[148]

Der Deutsche Anwaltverein (DAV) hält in seiner Stellungnahme zum Gesetzentwurf der Bayerischen Staatsregierung zur Änderung des Polizeiaufgabengesetztes und weiterer Rechtsvorschriften vom 27.11.2020, S. 15 diese Legaldefinition für „zweifelhaft".

[140] Vgl. hierzu ua PAG-Kommission 17 und *Holzner* in BeckOK PolR Bayern PAG Art. 11 Rn. 38. *Graulich*, Bayern im Windschatten des Bundes, Gastkommentar in LTO v. 26.4.2020, spricht gar krit. von einer „inflationären Verwendung" dieser Kategorie und damit verbunden „Trotzreaktion auf die ‚Entscheidung von Karlsruhe'".

[141] BVerfGE 141, 220 (272) = NJW 2016, 1781.

[142] *Allesch* BayVBl. 2020 (293 ff.); *Möstl* BayVBl. 2018, 156 (158) und *Holzner* in BeckOK PolR Bayern § 11 Rn. 150. Vgl. auch BVerfGE 141, 220 (272) = NJW 2016, 1781 und VerfGH Bayern BeckRS 2019, 3113 Rn. 67; *Müller* BayVBl. 2018, 109 (113) und *Schmid/Wenner* BayVBl. 2019, 109 (110) und *Klauck* JuWissBlog Nr. 46/2018 v. 22.5.2018, https://www.juwiss.de/46–2018/. Nach *Möstl* BayVBl. 2018, 156 (159) handelt es sich bei dieser Begrifflichkeit um keine eigentliche Vorverlagerung der Gefahr, sondern um einen Unterfall der konkreten Gefahr. Vgl. auch *Möstl* in BeckOK PolSichR Bayern Rn. 36 und *Möstl* PUBLICUS v. 30.8.2019. So auch *Holzner* in BeckOK PolR Bayern PAG Art. 11 Rn. 38 mwN. (Synonym für konkrete Gefahr). *Möstl* BayVBl. 2020, 649 (650) sieht darin unter Berücksichtigung der „Bestandsdaten II" – Entscheidung des BVerfG die „drohende Gefahr" als verallgemeinerungsfähige Kategorie für alle Eingriffe. Vgl. auch *Kulick* AöR 2018, 175 (208 f.) (dort S. 213 zur grds. Problematik der „konkreten Gefahr").

[143] Vgl. ua LTO v. 2.12.2020; DAV Stellungnahme v. 27.11.2020; *Leisner-Egensperger* DÖV 2018, 677 (683) mwN und *Schmitt* Verfassungsblog v. 7.12.2020 https://bit.ly/3thmwWW.

[144] Geltend gemacht wurden Verstöße gegen den Bestimmtheits- und Verhältnismäßigkeitsgrundsatz sowie das Rechtsstaatsprinzip des GG.

[145] Vgl. ua *Shirvani* DVBl 2018, 1393 (1396 f.); *Dietrich* in Fischer/Hilgendorf Gefahr 80 („gesetzgeberischer Exzess"); *Weinrich* NVwZ 2018, 1680 (1685); *Löffelmann* BayVBl. 2018, 145 (147); *Brodmerkel* DPoBl 2019, 1, WD 3 – 3000 -260/20, S. 7 f. mwN; *Löffelmann* GSZ 2018, 85 (87); *Nachbaur* in BeckOK PolR BW PolG § 27b Rn. 3, 5; *Thiel* GSZ 2019, 1 (2) mwN und *Ziyal* Grundrechte-Report, 175 ff.; *Bäcker* in Kulick/Goldhammer Der Terrorist als Feind? 147 (162) mwN; Grundrechte- Report 2018, 175 ff., Die Verletzung des Bestimmtheitsgrundsatzes rügen auch die Antragsteller im Verfahren der Popularklage vor dem VerfGH Bayern. Vgl. hierzu VerfGH Bayern BeckRS 2019, 3113 und *Schilderoth* Verfassungsblog v. 22.6.2018, https://bit.ly/3h6aWLS. Vgl. zur Diskussion über diese Gesetzesänderung auch die Übersicht bei *Möstl* BayVBl. 2020, 649 (Fn. 2).

[146] Vgl. hierzu ua die Überblicke bei *Büttner* ASJ, Rechtspolitisches Magazin 2018, 46 (52 f.); *Weinrich* NVwZ 2018, 1680 f.; *Müller* BayVBl. 2018, 109 ff.; *Löffelmann* BayVBl. 2019, 121 (131) mwN; *Holzner* DÖV 2018, 946 und *Möstl* BayVBl. 2020, 649 mwN.

[147] Es spricht viel dafür, dass die Norm, zumindest soweit sie staatsschutzrelevante Rechtsgüter schützen soll, dem Verfahren vor dem VerfGH Bayern standhalten wird. Vgl. ua VerfGH Bayern BeckRS 2019, 3113 Rn. 74; *Möstl* BayVBl. 2018, 156 (159, 163); *Möstl* BayVBl. 2020, 649; PAG-Kommission 27; WD 226/18, 6 f.; *Schmid/Wenner* BayVBl. 2019, 109 (111 f.) und *Thiel* GSZ 2019, 1 (8). So wohl auch *Ziyal* Grundrechte-Report 2018, 177.

[148] BVerfG BeckRS 2018, 27374; VerfGH Bayern BeckRS 2019, 3113.

55 Die verschärften Bestimmungen des BayPAG erfuhren eine besondere öffentliche Wahrnehmung[149] und waren auch schon als Grundlage für ein Musterpolizeigesetz im Gespräch.[150]

56 Die Regierungsfraktionen im Landtag von Bayern brachten im Februar 2021 auf der Basis der Empfehlungen einer Expertenkommission aus dem September 2019[151] einen Gesetzesentwurf zur Änderung des PAG[152] ein, mit welchem unter anderem die Definitionen der Begriffe „konkrete Gefahr" und „drohende Gefahr" besser voneinander abgegrenzt und in ein Rangfolgenverhältnis gesetzt wurden. Ferner wurde der Katalog der zu schützenden „bedeutenden Rechtsgüter",[153] zu deren Schutz aufgrund drohender Gefahr gehandelt werden kann, enger gefasst wird, was das Gesetz verfassungssicherer machen dürfte.[154] Gleichwohl wurden auch gegen diesen Entwurf rechtsstaatliche Bedenken vorgetragen.[155]

2. Polizeigesetz Baden-Württemberg (PolG)

57 Der baden-württembergische Gesetzgeber reagierte auf die „hohe Gefahr terroristischer Anschläge" (→ Rn. 4) mit dem Gesetz zur Änderung des Polizeigesetzes vom 28.11.2017 (BWGBl. 2017, 624).[156] Mit Bestimmungen zur Überwachung der Telekommunikation, zur Aufenthaltsvorgabe und zu Kontaktverboten sowie der Elektronischen Aufenthaltsüberwachung fügte er dem Polizeigesetz neben anderen Ergänzungen Eingriffsermächtigungen zur vorbeugenden Bekämpfung von Straftaten hinzu und normierte die drohende Gefahr als Eingriffsschwelle.[157] Ferner übertrug er, wie andere Länder auch, „die vom BVerfG entwickelte Eingriffsschwelle für heimliche Überwachungsmaßnahmen zur Verhütung terroristischer Straftaten auf offene Maßnahmen." Damit wollte er „den vom BVerfG geforderten Anforderungen an die Prognoseentscheidung bezüglich der Gefahrenlage **im Vorfeld einer konkreten Gefahr** für die Begehung von terroristischen Straftaten Rechnung tragen."[158]

58 Mit diesen Ergänzungen des PolG hatte der baden-württembergische Landesgesetzgeber die Entscheidung des BVerfG zum BKAG (→ Rn. 38 ff.) noch nicht vollständig voll-

---

[149] Vgl. hierzu ua *Coelln/Pernice-Warnke/Pützer/Reisch* NWVBl. 2019, 89; *Thiel* GSZ 2019, 1 (2) und *Möstl* BayVBl. 2020, 649 mwN.
[150] Vgl. WD 3 –3000 – 226/18, S. 3; *Löffelmann* GSZ 2018, 85 mwN und Süddeutsche Zeitung.de, Bayern als Vorbild, v. 24.5.2018, https://bit.ly/3h0JoHE. Zur grds. Notwendigkeit eines länderübergreifend abgestimmten Vorgehens beziehungsweise „Gleichlaufs" vgl. auch LT-Drs. MV 7/1320 (neu), 2 und *Thiel* GSZ 2019, 1 (8). Ein Musterpolizeigesetz gibt es nach wie vor nicht, obwohl dies schon mehrfach Gegenstand der Diskussion und Beschlussfassung der Innenministerkonferenz (IMK) war, zuletzt auf der Frühjahrskonferenz 2017. Vgl. hierzu *Tüshaus* SächsVBl. 2019, 273 mwN und LTO v. 14.6.2017. Diskutiert wird auch, ob das BKAG aufgrund seines „Modellcharakters" nicht ein Musterpolizeigesetz überflüssig macht (vgl. hierzu *Brodowski/Jahn/Schmitt-Leonardy* GSZ 2017, 7 (Fn. 34).
[151] PAG-Kommission. Vgl. zur Kritik an der Zusammensetzung und Arbeit der Kommission DAV Stellungnahme vom 27.11.2020, S. 3 f.
[152] LT-Drs. Bay 18/13716 v. 12.2.2021. Der Entwurf befand sich bei Abschluss des Manuskripts noch im Verfahren im Landtag.
[153] Definitorisch sollen darunter unter Bezugnahme auf die Rechtsprechung des BVerfG „überragend wichtige" oder „herausgehobene" Rechtsgüter verstanden werden. Vgl. LT-Drs. Bay 18/13716, 23 und BVerfG BeckRS 2020, 16236 Rn. 149 ff. mwN.
[154] Vgl. ua VerfGH Bayern BeckRS 2019, 3113 Rn. 74; *Möstl* BayVBl. 2018, 156 (159, 163); PAG-Kommission 27 und WD 226/18, S. 6 f. und *Schmid/Wenner* BayVBl. 2019, 109 (111 f.). Nach Ansicht des DAV, Stellungnahme v. 27.11.2020, S. 11, sei das „Modell" der drohenden Gefahr auf die Terrorismusabwehr zugeschnitten.
[155] Vgl. beispielsweise die Stellungnahme des DAV v. 27.11.2020, S. 11 ff.; LT-Drs. Bay 18/12520 v. 27.1.2021 und *Schmitt* Verfassungsblog v. 7.12.2020, https://bit.ly/3thmwWW.
[156] LT-Drs. BW 16/2741, 1.
[157] *Trurnit* in BeckOK PolR BW PolG § 1 Rn. 16 und LT-Drs. BW 16/2741, 37. Vgl. zum Begriff der drohenden Gefahr auch *Trurnit* in BeckOK PolR BW PolG § 1 Rn. 30a und *Trurnit* VBlBW 2021, 441 (443).
[158] *Trurnit* BeckOK PolR BW PolG § 1 Rn. 30b und LT-Drs. BW 16/2741, 30.

zogen.¹⁵⁹ Dies ist auch nach der weiteren Reform des PolG mit dem Gesetz zur Umsetzung der Richtlinie (EU) 2016/680 für die Polizei in Baden-Württemberg und zur Änderung weiterer polizeirechtlicher Vorschriften vom 30.9.2020 (BWGBl. 2020, 735), mit welchem beispielsweise auch die Gefährderansprache als Eingriffsregelung in das Gesetz aufgenommen wurde, noch nicht der Fall.¹⁶⁰

3. Polizeigesetz Nordrhein-Westfalen (PolG NRW)

59 Der Landesgesetzgeber beabsichtigte zunächst die Begriffe „drohende Gefahr" und „drohende terroristische Gefahr"¹⁶¹ im PolG NRW nach dem Vorbild der Entscheidung des BVerfG zum BKAG (→ Rn. 38 ff.) legal zu definieren und daran Ermächtigungsgrundlagen zu knüpfen. Hiervon sah er aber insbesondere nach den Ergebnissen von Sachverständigenanhörungen im Gesetzgebungsverfahren ab.¹⁶² „Der Sache nach" ist die drohende Gefahr nach dem am 12.12.2018 verabschiedeten Gesetz¹⁶³ „nach wie vor Voraussetzung für einzelne Befugnisse".¹⁶⁴ Der Gesetzgeber bzw. die Landesregierung reagierte damit nach eigener Einschätzung auf die „abstrakte Gefährdungslage für Europa und die Bundesrepublik Deutschland" durch den internationalen Terrorismus, welche eine zeitlich vorgelagerte allgemeine Eingriffsbefugnis der Polizei rechtfertige.¹⁶⁵

60 In Aufgabe der ursprünglichen Absicht des Gesetzgebers wurde im Änderungsgesetz dem § 8 des PolG NRW ein neuer Absatz 4 als „bloße Definitionsnorm" angefügt¹⁶⁶, der den Begriff „terroristische Straftat" legaldefiniert.¹⁶⁷ Er nennt einen abschließenden¹⁶⁸ Katalog von Delikten¹⁶⁹, welche „terroristische Straftaten" darstellen, „wenn und soweit sie dazu bestimmt sind, die Bevölkerung auf erhebliche Weise einzuschüchtern, eine Behörde oder eine internationale Organisation rechtswidrig mit Gewalt oder durch Drohung mit Gewalt zu nötigen oder die politischen, verfassungsrechtlichen, wirtschaftlichen oder sozialen Grundstrukturen eines Staates oder einer internationalen Organisation zu beseitigen oder erheblich zu beeinträchtigen". Sie müssen zusätzlich „durch die Art ihrer Begehung oder ihre Auswirkungen einen Staat oder eine internationale Organisation erheblich schädigen können".

61 § 8 Abs. 4 NRWPolG nimmt damit die „Funktion einer vorgeschalteten Begriffsbestimmung ein", da zahlreiche Eingriffsermächtigungen des Gesetzes tatbestandlich auf „terroristische Straftaten" Bezug nehmen.¹⁷⁰

---

¹⁵⁹ *Trurnit* in BeckOK PolR BW PolG Rn. 38.
¹⁶⁰ Vgl. zu dieser Gesetzesänderung *Trurnit* in BeckOK PolR BW PolG Rn. 39; *Pöltl* VBlBW 2021, 45 und LT-Drs. BW 16/8484. Zu verfassungsrechtlichen Bedenken gegen Teile der Neuregelung des PolG: *Nachbaur* VBlBW 2021, 55 ff. und aus der veröffentlichen Meinung ua zur Begrifflichkeit der „drohenden Gefahr" ua *Korf* Schwäbische Zeitung v. 15.9.2020, 2.
¹⁶¹ Vgl. zu diesem Begriff: *Pieroth* GSZ 2018, 133 (135) und *Welzel/Ellner* DÖV 2019, 211 (214).
¹⁶² LT-Drs. NRW 17/3865; *Coelln/Pernice-Warnke/Pützer/Reisch* NWVBl. 2019, 89 f. mwN; *Thiel* GSZ 2019, 1 (2 ff.) mwN; *Kießling* in Kulick/Goldhammer Der Terrorist als Feind? 261 (267) mwN und *Ullrich/Walter/Zimmermann* NWVBl. 2019, 98 (100) mwN. Vgl. zum Gesetzgebungsverfahren auch *Worms/Gusy* in BeckOK PolR NRW PolG NRW § 8 Rn. 138 ff. und *Möstl/Kugelmann* in BeckOK PolR NRW Rn. 32 ff.; WD 3 – 3000 – 433/18 v. 16.1.2019, S. 5 ff. mwN. und *Böhle* ASJ, Rechtspolitisches Magazin 2018, 62 (63) mwN. Nach Auffassung des DAV, Stellungnahme vom 27.11.2020, S. 14 mwN, hat nicht nur der Gesetzgeber in NRW, sondern haben auch die Gesetzgeber im Saarland und Rheinland-Pfalz „diese problematische Begriffskategorie zu Recht nicht aufgegriffen".
¹⁶³ Das Gesetz zur Änderung des Polizeigesetzes des Landes Nordrhein-Westfalen (GV.NRW 2018, 683) trat am 20.12.2018 in Kraft.
¹⁶⁴ *Coelln/Pernice-Warnke/Pützer/Reisch* NWVBl. 2019, 89 (90).
¹⁶⁵ LT-Drs. NRW 17/2351, 1 f. Vgl. auch *Worms/Gusy* in BeckOK PolR NRW PolG NRW § 8 Rn. 137.
¹⁶⁶ *Worms/Gusy* in BeckOK PolR NRW PolG NRW § 8 Rn. 136.
¹⁶⁷ *Thiel* GSZ 2019, 1 (5).
¹⁶⁸ *Worms/Gusy* in BeckOK PolR NRW PolG NRW § 8 Rn. 136.
¹⁶⁹ Aufgeführt werden Normen des materiellen Strafrechts, was im Gesetzgebungsverfahren nicht unumstritten war. Vgl. hierzu *Worms/Gusy* in BeckOK PolR NRW PolG NRW § 8 Rn. 141.
¹⁷⁰ *Worms/Gusy* in BeckOK PolR NRW PolG NRW § 8 Rn. 136.

Paradigmatisch seien hierfür folgende Befugnisse genannt, die zudem in Anlehnung an **62** das BKAG-Urteil des BVerfG tatbestandlich eine „drohende Gefahr" (→ Rn. 40) voraussetzen:[171]

§ 34b (Aufenthaltsvorgabe und Kontaktverbote) Abs. 1 Nr. 1 und § 34c (Elektronische **63** Aufenthaltsüberwachung) Abs. 1 Nr. 1 NRWPolG setzen bestimmte Tatsachen voraus, die die Annahme rechtfertigen, dass die betreffende Person innerhalb eines übersehbaren Zeitraumes auf eine zumindest ihrer Art nach konkretisierte Weise eine terroristische Straftat begehen wird. § 34b Abs. 1 Nr. 2 und § 34c Abs. 1 Nr. 2 NRWPolG verlangen ein individuelles Verhalten einer Person, welches die konkrete Wahrscheinlichkeit begründet, dass sie innerhalb eines übersehbaren Zeitraums eine terroristische Straftat begehen wird. § 20c (Datenerhebung durch die Überwachung der laufenden Telekommunikation) Abs. 1 Nr. 2 NRWPolG dagegen enthält kombinierte Voraussetzungen: Das individuelle Verhalten einer Person muss die konkrete Wahrscheinlichkeit begründen, dass sie innerhalb eines übersehbaren Zeitraums auf eine zumindest ihrer Art nach konkretisierte Weise eine terroristische Straftat begehen wird.[172]

4. Brandenburgisches Polizeigesetz (BbgPolG)

Mit dem 12. Gesetz zur Änderung des BbgPolG v. 1.4.2019 (GVBl. 2019 I Nr. 3) reihte **64** sich auch der brandenburgische Landesgesetzgeber in die in diesem Beitrag in Beispielen dargestellte „Welle" an bundesweit zu beobachtenden polizeirechtlichen Reformgesetzen zur Umsetzung der BKAG-Entscheidung (→ Rn. 38 ff.) des BVerfG in das Landesrecht ein.[173] Die im BayPAG als Kernstück zu bezeichnende, neue Einschreitschwelle der drohenden Gefahr wurde in Brandenburg lediglich im Zusammenhang mit der Abwehr terroristischer Gefahren berücksichtigt.[174] So wurde mit den §§ 28a–28e ein neuer Abschnitt „1a – Besondere Befugnisse zur Abwehr von Gefahren des Terrorismus" – in das Gesetz eingefügt. Deren Regelungen stellen der Polizei Befugnisse zur Verfügung, die „nicht nur vereinzelt keine konkrete, insbesondere gegenwärtige Gefahr mehr verlangen, sondern auch schon Maßnahmen im Vorfeld derselben zulassen".[175] Die damit verbundene „zurückgenommene tatbestandliche Schwelle einer drohenden, terroristischen Gefahr wird (aber) … nicht legaldefiniert", sondern in den kodifizierten Spezialbefugnissen umschrieben.[176] Der brandenburgische Gesetzgeber nahm dabei ebenfalls Anleihen bei der Rechtsprechung des BVerfG.[177] So beschreibt er diese Gefahr als Sachverhalt, „bei dem bestimmte Tatsachen die Annahme rechtfertigen, dass der Maßnahmeadressat innerhalb eines übersehbaren Zeitraums auf eine zumindest ihrer Art nach konkretisierte Weise eine Straftat nach § 28a I BbgPolG[178] begehen wird, oder das individuelle Verhalten dieser Person die konkrete Wahrscheinlichkeit begründet, dass sie innerhalb eines übersehbaren Zeitraums eine Straftat nach der genannten Vorschrift begehen wird."[179]

---

[171] *Coelln/Pernice-Warnke/Pützer/Reisch* NWVBl. 2019, 89 (90).
[172] *Coelln/Pernice-Warnke/Pützer/Reisch* NWVBl. 2019, 89 (90) mit Begriffsergänzungen durch den Verf.
[173] Vgl. hierzu *Roggan* LKV 2019, 241. Vgl. auch LT-Drs. Bbg 6/9821, 1 ff. Zur Kritik an diesem Änderungsgesetz vgl. ua LTO v. 13.3.2019.
[174] *Roggan* LKV 2019, 241 f. Eine vergleichbare Konstruktion wählte auch das Land MV mit dem 6. Gesetz zur Änderung des Sicherheits- und Ordnungsgesetzes (SOG-MV) v. 22.3.2018. Vgl. hierzu LT-Drs. MV 7/1320 neu.
[175] *Roggan* LKV 2019, 241 (247).
[176] *Roggan* LKV 2019, 241 (247).
[177] BVerfGE 141, 220 (272) = NJW 2016, 1781.
[178] Diese in der LT-Drs. Bbg 6/9821 als „Kernnorm" bezeichnete Vorschrift definiert unter Verweis auf § 129a Abs. 1 und 2 StGB ua die „Gefahren des Terrorismus".
[179] *Roggan* LKV 2019, 241 (247) mwN.

65 *Roggan* hält diese Eingriffsschwelle durch die Rechtsprechung des BVerfG[180] für verfassungsrechtlich abgesichert, allerdings entgegen aA[181] sofern sie „nur ‚bestimmte Bereiche', namentlich heimliche Überwachungsmaßnahmen", betrifft.[182]

5. Sächsisches Polizeivollzugsdienstgesetz (SächsPVDG)

66 Sachsen ordnete mit dem „Gesetz zur Neustrukturierung des Polizeirechts im Freistaat Sachsen" vom 11.5.2019,[183] in Kraft getreten am 1.1.2020, sein Polizeirecht völlig neu und gliederte es ua in das Sächsische Polizeivollzugsdienstgesetz (SächsPVDG) und das Sächsische Polizeibehördengesetz (SächsPBG).[184]

67 Insbesondere mit der Verabschiedung des SächsPVDG beabsichtigte auch der sächsische Gesetzgeber einen Beitrag zur „Bekämpfung des Terrorismus" zu leisten, indem er die Rechtsprechung des BVerfG zum BKAG aufgriff und sich in verschiedenen Eingriffsnormen an Formulierungen des BKAG 2018 (→ Rn. 49 f.)[185] anlehnte.[186]

68 „Anders als der bayerische Gesetzgeber vermied der sächsische eine gesetzliche Definition der „drohenden Gefahr", führte diese aber faktisch ein, indem er deren tatbestandliche Voraussetzungen zur Definition sog. „personifizierter Gefahrenlagen" heranzog, letztlich also den Begriff „Gefährder" umschrieb.[187] Dies gilt beispielsweise für die Voraussetzung für eine Überwachung der Telekommunikation (§ 66 Abs. 1 Nr. 2 SächsPVDG oder als Voraussetzung für ein Aufenthaltsgebot oder -verbot (§ 21 Abs. 2 Nr. 1 SächsPVDG).

69 Dem liegt folgende Systematik des SächsPVDG zugrunde:

70 Nach § 2 Abs. 1 S. 4 hat die Polizei Vorbereitungen zu treffen, um künftige Gefahren abwehren zu können. Die Tatbestände der Straftatenverhütung folgen dabei folgendem Grundaufbau: „Sie richten sich gegen eine Person,

- bei der Tatsachen die Annahme rechtfertigen, dass sie in absehbarer Zeit eine zumindest ihrer Art nach konkretisierte Straftat begehen wird, oder
- deren Verhalten die konkrete Wahrscheinlichkeit begründet, dass sie in überschaubarer Zukunft eine terroristische Straftat begehen wird."[188]

71 Der Begriff „terroristische Straftat" ist in § 4 Nr. 5. legal definiert. Liegen dessen Voraussetzungen vor, knüpfen sich daran Präventionsmaßnahmen im Sinne der Rechtsprechung des BVerfG an.[189]

72 Gegen die Neuregelung des sächsischen Polizeirechtes wurden bereits im Gesetzgebungsverfahren erhebliche Bedenken vorgetragen.[190] Verschiedene Regelungen in den Polizeigesetzen des Freistaats Sachsen wurden mit einer abstrakten Normenkontrollklage vor dem VerfGH Sachsen angegriffen.[191] Zum Zeitpunkt des Abschlusses dieses Manuskriptes war darüber noch nicht entschieden.

---

[180] BVerfGE 141, 220 (272 f.) = NJW 2016, 1781.
[181] Vgl. ua *Berlit* ZAR 2018, 89 (93) mwN; *Möstl* in BeckOK PolR Bayern, 18. Ed. 1.3.2022, Rn. 36; *Brodmerkel* DPolBl 2019, 1 und *Ogorek* JZ 2019, 63 (70).
[182] *Roggan* LKV 2019, 241 (247) mwN.
[183] SächsGVBl. 2019, 358.
[184] Vgl. zur Novellierung des Polizeirechtes in Sachsen *Elzermann* SächsVBl. 2018, 213; *Tüshaus* SächsVBl. 2019, 273; *Hundert/Lippmann* SächsVBl. 2019, 305; *Zimmermann* SächsVBl. 2019, 311 und *Vettermann* SächsVBl. 2019, 316.
[185] Gesetz über das Bundeskriminalamt und die Zusammenarbeit des Bundes und der Länder in kriminalpolizeilichen Angelegenheiten, BKAG v. 1.6.2017 (BGBl. 2017 I 1354; 2019 I 400).
[186] *Tüshaus* SächsVBl. 2019, 273 ff. und *Hundert/Lippmann* SächsVBl. 2019, 305 (307).
[187] *Hundert/Lippmann* SächsVBl. 2019, 305 (307). Der Begriff „Gefährder" findet sich aber in der Gesetzesbegründung in der LT-Drs. Sachs 6/14791, 142 ua auf den Seiten 200 und 205; den Begriff" der drohenden Gefahr" auf S. 197.
[188] *Tüshaus* SächsVBl. 2019, 273 (275).
[189] *Tüshaus* SächsVBl. 2019, 273 (275) und *Hundert/Lippmann* SächsVBl. 2019, 305 (307).
[190] Vgl. hierzu ua *Hundert/Lippmann* SächsVBl. 2019, 305 mwN.
[191] Vgl. hierzu *Hundert/Lippmann* SächsVBl. 2019, 305 (310); Sächsisches Polizeigesetz kommt auf den Prüfstand, LTO v. 7.8.2019 https://bit.ly/3h8gfue und LTO Presseschau v. 29.12.2020.

6. Niedersächsisches Polizei- und Ordnungsbehördengesetz (NPOG)

Der niedersächsische Gesetzgeber reagierte nach eigenen Angaben mit dem Gesetz zur 73 Änderung des niedersächsischen Gesetzes über die öffentliche Sicherheit und Ordnung und anderer Gesetze vom 20.5.2019 (Nds. GVBl. 2019, 88) ebenfalls auf die „aktuell bestehende Gefährdungslage, ausgelöst durch den islamistischen Terrorismus" und setzte damit ebenfalls die Entscheidung des BVerfG zum BKAG (→ Rn. 38 ff.) vom 20.4.2016 um.[192]

Im nunmehr NPOG bezeichneten Gesetz blieb die sog. „Aufgabenklausel" des § 1 74 Abs. 1 unverändert, wonach die Polizei nach Satz 3 auch Straftaten zu verhüten hat. „Voraussetzung ist aber jeweils, dass die Straftat begangen, strafbar versucht oder durch eine andere Straftat vorbereitet wurde".[193] Auch verzichtete der Gesetzgeber in seinen Begriffsbestimmungen des § 2 auf die Einführung der „drohenden Gefahr".[194] Mit dem Änderungsgesetz wurden aber beispielsweise mit den §§ 12a (Gefährderansprache, Gefährderanschreiben), 16a (Meldeauflagen) und 17b (Aufenthaltsvorgaben und Kontaktverbote in besonderen Fällen) Vorschriften in das Gesetz eingefügt, welche neben der identischen Übernahme von Vorschriften des BKAG auch wörtlich der Begründung des BKAG-Urteils des BVerfG entsprechen.[195] Damit hat auch in Niedersachsen die „vorbeugende Kriminalitätsbekämpfung", die „dadurch gekennzeichnet ist, dass die Straftaten noch nicht begangen oder versucht worden sind,[196] Eingang in das Polizeigesetz gefunden. Neben den „Störer"[197] als Adressat gefahrenabwehrender Maßnahmen nach den §§ 6 und 7 NPOG ist der „Gefährder" getreten, gegen den ebenfalls grundrechtseinschränkende Maßnahmen zulässig sind.[198]

Vergleichbar der Regelungstechnik in § 8 Abs. 4 NRWPolG[199] hat der niedersächsische 75 Gesetzgeber in § 2 Nr. 15 den Begriff „terroristische Straftaten" ebenfalls legal definiert, an welche sich in einzelnen Vorschriften Eingriffsbefugnisse der Polizei anknüpfen.[200]

7. Landesverwaltungsgesetz Schleswig-Holstein (LVwG)

Auch für den Gesetzgeber in Schleswig-Holstein gab die „Entwicklung der internationalen 76 terroristischen Bedrohungen" Anlass, das im LVwG geregelte Gefahrenrecht den „verfahrensrechtlichen Vorgaben zur Umsetzung präventivpolizeilicher, eingriffsintensiver Maßnahmen" durch das BVerfG in der BKAG-Entscheidung (→ Rn. 38 ff.) anzupassen. Er übernahm dabei auch Regelungen entsprechend der Neufassung des BKAG und wollte damit auch seinen Beitrag zur Umsetzung der von der IMK 2017 erarbeiteten „Gesetzgeberische(n) Handlungsempfehlungen im Zusammenhang mit dem islamistischen Terrorismus" leisten.[201]

Durch das Gesetz zur Änderung polizei- und ordnungsrechtlicher Vorschriften im 77 Landesverwaltungsgesetz (LVwGPORÄndG) vom 2. Juni 1992 (GVOBl. 2021, 222) wurde durch den Gesetzgeber ausdrücklich auf die Begrifflichkeit der „drohenden (terroristi-

---

[192] Vgl. die Gesetzesbegründung LT-Drs. Nds 18/850, 33 und LT-Drs. Nds 18/3723. Vgl. hierzu auch *Möstl/Weiner* in BeckOK PolR Nds Rn. 41 und *Ipsen* NdsVBl. 2018, 257. Zum Zeitpunkt des Abschlusses dieses Manuskriptes waren die Beratungen über den „Entwurf eines Gesetzes zur Änderung des NPOG (LT-Drs. 18/8111) mit welchem eine weitere Umsetzung der BKAG-Entscheidung des BVerfG erfolgen soll, noch nicht abgeschlossen. Vgl. hierzu *Möstl/Weiner* in BeckOK PolR Nds Rn. 43.
[193] *Ipsen* NdsVBl. 2018, 257 mwN.
[194] *Kniesel* NdsVBl. 2021, 38 (40).
[195] *Ipsen* NdsVBl. 2018, 257 (259 ff.) mwN.
[196] *Ipsen* NdsVBl. 2018, 257 mwN.
[197] Der Begriff wird synonym für den im polizeilichen Sinne Verantwortlichen oder Polizeipflichtigen verwandt. Vgl. hierzu ua *Ullrich* in BeckOK PolR Nds NPOG Nds § 6 Rn. 2 mwN; *Deger* in Stephan/Deger, Polizeigesetz für Baden-Württemberg, 7. Aufl. 2014, § 6 Rn. 1 und *Sander* in Kahlert/Sander, Polizeigesetz für NRW, 9. Aufl. 2022, § 6 Rn. 4.
[198] *Ipsen* NdsVBl. 2018, 257 (258). Vgl. auch *Weiner* in BeckOK PolR Nds NPOG § 1 Rn. 17.
[199] *Worms/Gusy* in BeckOK PolR NRW PolG NRW § 8 Rn. 151.
[200] Vgl. hierzu LT-Drs. Nds 18/850, 34 und 38 f. und *Ullrich* in BeckOK PolR Nds NPOG § 2 Rn. 151 ff.
[201] LT-Drs. SchlH 19/2118, 2 und 5.

schen) Gefahr" verzichtet,[202] gleichwohl diese vorverlagerte Eingriffsschwelle aber an mehreren Stellen im Gesetz definiert.[203] In den die Datenerhebung betreffenden §§ 185a Abs. 1 und 185b Abs. 1 wurde diese offensichtlich mit der „dringenden Gefahr" gleichgesetzt.[204] In diesen Vorschriften wie auch in den §§ 201 Abs. 4 Ziff. 1 und 2 (Platzverweis etc) oder 201b Abs. 1 Ziff. 1 und 2 (EAÜ) wurde jeweils die vom BVerfG in der BAKG-Entscheidung benutzte Umschreibung der „drohenden Gefahr" in den dortigen beiden Alternativvarianten benutzt.[205] Somit beispielsweise auch wortgleich mit § 56 BKAG (EAÜ). Gegen diese Änderungen im LVwG SH wurden wiederum verfassungsrechtliche Bedenken geltend gemacht.[206]

E. Perspektiven

78 Entgegen politischer Widerstände und nachvollziehbarer verfassungsrechtlicher Bedenken hat sich der „Gefährder" als „eigenständige rechtliche Kategorie" etabliert und befindet sich das „Präventionsrecht gegen Gefährder" nicht mehr „in statu nascendi".[207]

79 BVerfG und BVerwG bedienen sich bei ihrer Rechtsprechung des Begriffes „Gefährder" aber nicht, sondern umschreiben ihn. Daraus hat sich rechtsdogmatisch die Lehre von der „drohenden Gefahr" entwickelt, welche das BVerfG nunmehr synonym als „konkretisierte Gefahr" bezeichnet. Sowohl der Bundes- als auch einige Landesgesetzgeber haben diese Verlagerung der polizeilichen Eingriffsschwelle ins Gefahrenvorfeld inzwischen weiter nachvollzogen.

80 Gleichwohl bleiben verfassungsrechtliche Fragen im Detail offen und zeichnen sich einschlägige Entscheidungen des BVerfG in der Tat durch einen Begriffssynkretismus aus.[208] Ferner ist nach Auffassung des Verfassers insbesondere noch ungeklärt, ob sich die Grundsätze der höchstrichterlichen Rechtsprechung zur Senkung der polizeilichen Eingriffsschwelle auch auf Bereiche außerhalb der „Terrorismusbekämpfung" und damit auch zum Schutz weniger gewichtiger Rechtsgüter anwenden lässt. Insoweit darf mit einer weiteren Konturierung und Schärfung des „Gefährderrechts" bzw. der Lehre von der „drohenden Gefahr" durch die ausstehenden Entscheidungen der Verfassungsgerichte im Hinblick auf angefochtene Regelungen in den Polizeigesetzen der Länder gerechnet werden.[209]

---

[202] LT-Drs. SchlH 19/2118, 7 f.
[203] Stellungnahme des Deutschen Anwaltvereins zum Entwurf eines Gesetzes zur Änderung polizeilicher- und ordnungsrechtlicher Vorschriften im Landesverwaltungsgesetz (LVwGPORÄndG) v. Januar 2021, S. 13.
[204] Stellungnahme des DAV S. 13.
[205] Vgl. hierzu ua *Möstl* BayVBl. 2020, 650.
[206] Vgl. ua die DAV Stellungnahme S. 14 ff. und Stellungnahme der Gesellschaft für Freiheitsrechte e.V., LT-Drs. SchlH Umdruck 19/4496 https://bit.ly/3b78Bwg; Vgl. aus der veröffentlichten Meinung ua Auf Kinder schießt man nicht, taz.de v. 24.2.2021 https://bit.ly/3h8y1gO.
[207] So noch *Brodowski/Jahn/Schmitt-Leonardy* GSZ 2017, 7 (8). Durch die Rechtsprechung des BVerfG ist nach Auffassung von *Möstl* in BeckOK PolSichR Bayern Rn. 43 mwN, „die neue dogmatische Gestalt des Polizeirechts" mehr als nur in Umrissen erkennbar. Vgl. insoweit auch zur „drohenden Gefahr": Shirvani DVBl 2018, 1393 (1398). Vgl. hierzu auch die in Fn. 74 zit. Entscheidung des BGH. Zur möglichen Übertragung der Maßstäbe auf das Strafverfahrensrecht vgl. → § 27 Rn. 22 Fn. 54.
[208] *Löffelmann* GSZ 2020, 182 (185). Vgl. zur „nicht widerspruchsfreien" Rechtsprechung des BVerfG auch *Shirvani* DVBl 2018, 1393.
[209] Vgl. *Kießling* in Kulick/Goldhammer Der Terrorist als Feind? 261 (283).

5. Teil: Äußere Sicherheitsgewährleistung

§ 52 Landes- und Bündnisverteidigung

Dieter Weingärtner

Übersicht

	Rn.
A. Die Bundeswehr als Garant der äußeren Sicherheit	1
B. Rechtsgrundlagen der Verteidigung	6
I. Überblick über die Wehrverfassung	7
1. Die Zersplitterung	7
2. Die Grundnorm	13
II. Die Entwicklung der Wehrverfassung	16
1. Staat ohne Armee	16
2. Die Schaffung der Wehrverfassung	18
3. Die Wehrnovelle von 1968	20
4. Die Entwicklung seit 1968	22
III. Die verfassungsgerichtliche Rechtsprechung	24
1. Staatsrechtliche Aspekte	24
2. Verteidigungsauftrag und Grundrechte	28
3. Verfassungsgericht und Verteidigungsbegriff	32
C. Der Verfassungsauftrag zur Verteidigung	33
I. Der Verteidigungsbegriff	34
1. Landesverteidigung	34
a) Verteidigung und Verteidigungsfall	34
b) Abwehr eines bewaffneten Angriffs	37
c) Objekt der Landesverteidigung	41
2. Bündnisverteidigung	44
3. Cyberverteidigung	50
4. Weiter gehende Auslegung des Verteidigungsbegriffs	54
5. Gesamtverteidigung	56
II. Der Auftrag zur Aufstellung der Bundeswehr	60
III. Der Einsatz der Bundeswehr zur Verteidigung	63
1. Der Einsatzbegriff	63
2. Das Recht im Einsatz zur Verteidigung	68
D. Die Einhegung militärischer Macht	71
I. Zivile Führung	72
II. Parlamentarische Kontrolle	76
1. Wehretat und Grundzüge der Organisation	76
2. Der Verteidigungsausschuss	79
3. Der Wehrbeauftragte des Bundestages	81
4. Parlamentarische Mitwirkung beim Einsatz zur Verteidigung	83
E. Instrumente zur Sicherstellung der Funktionsfähigkeit der Streitkräfte	85
I. Die Wehrpflicht	86
II. Bundeswehrverwaltung und Wehrgerichtsbarkeit	89
III. Der Soldatenstatus	94
IV. Die Abwehr von Störungen	97
V. Gesetzliche Sonderregelungen	102
F. Fazit und Perspektiven	103

Wichtige Literatur:

Altunay, A., Autarke Verteidigung versus Privatisierung der Bundeswehrverwaltung, DÖV 2020, 23 ff.; *Bajumi, A.,* Das UZwGBw als Streitkräftepolizeirecht in der Praxis, GSZ 2019, 238 ff.; *Bäumerich, M. /*

Schneider, M., Terrorismusbekämpfung durch Bundeswehrsoldaten im Innern – Eine neue alte Diskussion, NVwZ 2017, 189 ff.; *Breitwieser, T.*, Verteidigung – Wandlungen eines Begriffs in 60 Jahren, NZWehrr 2009, 150 ff.; *Brunner, M.*, Militärische Auslandsrettung, ZRP 2011, 207 ff.; *Dau, K.*, Die Streitkräfte in der Rechtsprechung des Bundesverfassungsgerichts, NZWehrr 2011, 1 ff.; *Dietz, A.*, Verfassungsrechtliche Vorgaben für die Traditionspflege der Bundeswehr, Der Staat 2018, 195 ff.; *Fischer, M. G./Ladiges, M.*, Die Evakuierungsoperation „Pegasus" in Libyen – militärisch erfolgreich, aber verfassungsrechtlich problematisch, NZWehrr 2011, 221 ff.; *Gärditz, K. F.*, Sicherheitsrecht als Perspektive, GSZ 2017, 1 ff.; *Glawe, R.*, Rechtsgrundlagen des Einsatzes deutscher Spezialkräfte in maritimen Geisellagen, NZWehrr 2009, 221 ff.; *Graf v. Kielmansegg, S.*, Die verfassungsrechtlichen Grundlagen der Bundeswehrverwaltung, BWV 2016, 246 ff.; *Graf v. Kielmansegg, S.*, Inlandseinsätze der Streitkräfte in rechtsvergleichender Perspektive, GSZ 2019, 45 ff.; *Gramm, C.*, Glaubwürdigkeitsdefizite in der Wehrverfassung, NZWehrr 2007, 221 ff.; *Gramm, C.*, Die Bundeswehr in der neuen Sicherheitsarchitektur, Die Verwaltung 2008, 375 ff.; *Gramm, C.*, Die rechtliche Integration der Streitkräfte in den Staat des Grundgesetzes, NZWehrr 2011, 89 ff.; *Heck, D.*, Grenzen der Privatisierung militärischer Aufgaben, 2010; *Klinkenberg, M.*, Die Rahmenrichtlinien für die Gesamtverteidigung, Bundeswehrverwaltung 2019, 4–7, 25–30; *Knoll, M.*, Streitkräfteeinsatz zur Verteidigung gegen Cyberangriffe, 2020; *Krieger, H.*, Die gerichtliche Kontrolle von militärischen Operationen, in Fleck, Rechtsfragen der Terrorismusbekämpfung durch Streitkräfte, 2004, 223 ff.; *Ladiges, M.*, Der Cyberraum – ein (wehr-)verfassungsrechtliches Niemandsland?, NZWehrr 2017, 221 ff.; *Ladiges, M.*, Verfassungsrechtliche Grundlagen für den Einsatz der Streitkräfte, JuS 2015, 598 ff.; *Lorse, J.*, Die Befehls- und Kommandogewalt des Art. 65a GG im Lichte terroristischer Herausforderungen, DÖV 2004, 329 ff.; *Maaß, K.*, Militarisierung der Bundeswehrverwaltung, NZWehrr 2019, 89 ff., 147 ff.; *Marxsen, C.*, Verfassungsrechtliche Regelungen für Cyberoperationen der Bundeswehr, JZ 2017, 543 ff.; *Pieroth, B.*, Die verfassungsrechtliche Trennung zwischen Streitkräften und Bundeswehrverwaltung, NVwZ 2011, 705 ff.; *Plate, T.*, Völkerrechtliche Fragen bei Gefahrenabwehrmaßnahmen gegen Cyber-Angriffe, ZRP 2011, 200 ff.; *Riemenschneider, T.*, Der Begriff der Verteidigung in Art. 87a GG, NZWehrr 2019, 191 ff.; *Sauer, H.*, Das Verfassungsrecht der kollektiven Sicherheit, in Rensen/Brink, Linien der Rechtsprechung des Bundesverfassungsgerichts, 2009, 585 ff.; *Schmidt-Radefeldt, R.*, Parlamentarische Kontrolle der internationalen Streitkräfteintegration, 2005; *Schulte-Buhnert, C.*, Grundrechtsschutz und Verteidigungsauftrag, 2013; *Sohm, S.*, Moderne Waffentechnologie und staatliche Schutzpflicht für eigene Soldaten, in Gramm/Weingärtner, Moderne Waffentechnologie – Hält das Recht Schritt?, 2015, 157 ff.; *Spies-Otto, S. C.*, Die verfassungsrechtliche Dimension staatlichen Handels im Cyber-Raum, NZWehrr 2016, 133 ff.; *Spranger, T. M.*, Wehrverfassung im Wandel, 2003; *Tanneberger, S.*, Die Sicherheitsverfassung, 2014; *Voigt, R./Seybold, M.*, Verfassungsrechtliche Rahmenbedingungen für den Einsatz von Soldaten in der Bundeswehrverwaltung, NZWehrr 2004, 141 ff.; *Voigt, K.*, Das Bundesministerium der Verteidigung und sein Geschäftsbereich in parlamentarischen Untersuchungsausschüssen, NZWehrr 2018, 137 ff., 205 ff., 237 ff.; *Wagner, E.*, Führen die neuen Aufgaben der Bundeswehr zu einer Strafbarkeitslücke?, NZWehrr 2011, 156 ff.; *Walus, A.*, Die Verteidigungs- und Zivilschutzkompetenz des Bundes bei auswärtigen Cyber-Angriffen gegen kritische Infrastrukturen, NZWehrr 2014, 1 ff.; *Walz, D.*, Die Geltung der Grundrechte für Soldaten – ein Beitrag zur aktuellen Bedeutung des § 6 des Soldatengesetzes, in Weingärtner, Streitkräfte und Menschenrechte, 2008, 25 ff.; *Weingärtner, D.*, Transformation des Wehrrechts – Transformation der Bundeswehr?, NZWehrr 2008, 149 ff.; *Welz, J.*, 60 Jahre Wehrpflicht – Geschichte der Wehrgesetzgebung in der BRD, NZWehrr 2017, 104 ff.; *Wiefelspütz, D.*, Verteidigung und Terrorismusbekämpfung durch die Streitkräfte, NZWehrr 2007, 12 ff.; *Wiefelspütz, D.*, Das Lissabon-Urteil des Bundesverfassungsgerichts und das Wehrverfassungsrecht, DÖV 2010, 73 ff.; *Wieland, J.*, Verfassungsrechtliche Grundlagen polizeiähnlicher Einsätze der Bundeswehr, in Fleck, Rechtsfragen der Terrorismusbekämpfung durch Streitkräfte, 2004, 167 ff.; *Wolff, H. A.*, Die Zuständigkeit der Bundeswehrverwaltung für das Personalwesen der Bundeswehr, 2011; *Ziolkowski, K.*, Attribution von Cyber-Angriffen, GSZ 2019, 51 ff.

Rechtsprechungsauswahl:
BVerfGE 8, 104 = NJW 1958, 1339 (Ausschließliche Bundeskompetenz); BVerfGE 28, 36 = NJW 1970, 1268 (Soldatische Dienstpflicht); BVerfGE 28, 51 = BeckRS 1970, 104598 (Disziplinarstrafe); BVerfGE 48, 127 = NJW 1978, 1245 (Kriegsdienstverweigerung I); BVerfGE 68, 1 = NJW 1985, 603 (Pershing 2 - Stationierung); BVerfGE 69, 1 = BeckRS 1985, 5785 (Kriegsdienstverweigerung II); BVerfGE 77, 170 = NJW 1988, 1651 (Stationierung chemischer Waffen); BVerfGE 105, 61 = NJW 2002, 1707 (Wehrpflicht); BVerwGE 122, 331 = NJW 2005, 1525 (Wehrgerechtigkeit).

Hinweis:
Alle Internetfundstellen wurden zuletzt am 10.3.2022 abgerufen.

A. Die Bundeswehr als Garant der äußeren Sicherheit

1 Sicherheit zu gewährleisten gehört zu den Hauptfunktionen des Staatswesens. Traditionell wird zwischen innerer und äußerer Sicherheit unterschieden. Die äußere Sicherheit betrifft Gefahren, die vom Ausland ausgehen, die innere Sicherheit Gefahren, die im Inland

A. Die Bundeswehr als Garant der äußeren Sicherheit § 52

entstehen. Die Zuordnung erfolgt dabei nach Ursache und Quelle der Gefahrenlage.¹ Schutzgut der äußeren Sicherheit ist die Absicherung der Grenzen und des Territoriums des Staates, Schutzgut der inneren Sicherheit die Aufrechterhaltung der geltenden Ordnung und von Leben und Freiheit der Staatsbürger im Staatsgebiet.² Nach der überkommenen Kompetenzverteilung obliegt die Gewährleistung der **inneren Sicherheit der Polizei,** die der **äußeren Sicherheit militärisch ausgerüsteten und organisierten Streitkräften.** Hintergrund dieser Aufteilung sind historische Erfahrungen aus konkreten Gefährdungslagen und deren Typisierung.³

Allerdings ist die Differenzierung zwischen innerer und äußerer Sicherheit nie trennscharf gewesen. Denn im Inland können sich Gefahren realisieren, die ihren Ursprung im Ausland haben. Gegen solche Gefahren muss, auch wenn sie im Inland akut werden, gegebenenfalls im Ausland vorgegangen werden. Gleiches gilt für die Aufgabenzuweisung. Unter bestimmten Voraussetzungen dürfen Streitkräfte im Inland tätig werden und Polizeikräfte im Ausland. In jüngerer Zeit **verschwimmen die Grenzen zwischen innerer und äußerer Sicherheit** immer mehr. Der Grundfall einer Störung der äußeren Sicherheit, der militärische Angriff eines fremden Staates auf das Bundesgebiet, ist unwahrscheinlich geworden. Jedoch besteht Anlass zu der Befürchtung, dass vom Ausland her agierende Terroristen in der Lage sein könnten, im Inland Angriffe von solcher Wirkung auszuführen, dass sie das staatliche Selbstverteidigungsrecht in Kraft setzen und völkervertragliche Beistandspflichten auslösen. Innere Sicherheit wird internationaler, äußere Sicherheit polizeilicher.⁴ So entziehen sich verheerende Attacken im Cyber-Raum mitunter einer Zuordnung, ob sie im Ausland oder im Inland in Gang gesetzt wurden und ob sie staatliche oder private Urheber haben. Auch die Bundesregierung betont, dass innere und äußere Sicherheit nicht mehr eindeutig voneinander abzugrenzen sind. Wahrung der Cyber-Sicherheit und Verteidigung gegen Cyber-Angriffe seien zu **gesamtstaatlichen Aufgaben** geworden.⁵

Die staatliche Sicherheitsarchitektur geht aber nach wie vor von der Trennung zwischen polizeilich und militärisch wahrzunehmenden Aufgaben aus. Das Grundgesetz weist der Bundeswehr als **zentralen Auftrag die Verteidigung** zu. Nach seiner Konzeption dürfen die Streitkräfte⁶ außer zur Verteidigung nur in eng umschriebenen Ausnahmesituationen eingesetzt werden, die in der Verfassung selbst normiert sind. Die Bundeswehr ist der **Garant der äußeren Sicherheit der Bundesrepublik Deutschland.** Zu Zeiten des „Kalten Krieges" bildete ein Angriff von Truppen des Warschauer Paktes auf Deutschland, der vom Nordatlantischen Bündnis (NATO) zurückgeschlagen werden sollte, das Einsatzszenario der Bundeswehr. Zu einem solchen Einsatz ist es glücklicherweise nie gekommen. Die Bundeswehr trug bereits durch ihre Existenz zur Abschreckung potentieller Gegner und damit zur Gewährleistung der äußeren Sicherheit der Bundesrepublik Deutschland bei.

Nach dem Zusammenbruch des Warschauer Paktes und dem Ende des Ost-West-Konfliktes trat die Verteidigung als originäre Aufgabe der Bundeswehr in den Hintergrund. Der Schutz der äußeren Sicherheit und damit auch Aufstellung, Ausrüstung und Ausbildung der Streitkräfte wurden auf die **internationale Krisenprävention** ausgerichtet.⁷ Ab dem Jahr

---

¹ Vgl. *Graf v. Kielmansegg* in BK-GG GG Vorbem. zu Art. 115a–115l Rn. 82.
² *Gärtner,* Internationale Sicherheit und Frieden, 3. Aufl., 2018, 59 f.
³ *Depenheuer* in Maunz/Dürig GG Art. 87a Rn. 12.
⁴ So zutreffend *Gärditz* GSZ 2017, 1 (6).
⁵ BT-Drs. 19/2645, 1.
⁶ Die Bundeswehr – das Grundgesetz verwendet diesen Begriff nicht – besteht aus den Streitkräften und der Bundeswehrverwaltung sowie Rechtspflege und Militärseelsorge und untersteht dem Bundesministerium der Verteidigung.
⁷ S. *Bundesministerium der Verteidigung,* Weißbuch 2006 zur Sicherheitspolitik Deutschlands und zur Zukunft der Bundeswehr, 72: „Internationale Krisenverhütung und Krisenbewältigung einschließlich des Kampfes gegen den internationalen Terrorismus sind auf absehbare Zeit ihre wahrscheinlicheren Aufgaben. Sie sind strukturbestimmend und prägen maßgeblich Fähigkeiten, Führungssysteme, Verfügbarkeit und Ausrüstung der Bundeswehr."

2014 rückte der Verteidigungsauftrag der Bundeswehr indes aufgrund der sicherheitspolitischen Entwicklungen wieder mehr in das Blickfeld der Politik. Landes- und Bündnisverteidigung einschließlich der Abschreckung erfuhren stärkere Beachtung.[8] Der Koalitionsvertrag für die 19. Wahlperiode des Bundestages sprach sich für eine stärkere Akzentuierung der Landes- und Bündnisverteidigung aus.[9] Gegenüber den Szenarien des „Kalten Krieges" haben sich dabei Veränderungen ergeben. Bei kurzen Vorwarnzeiten müssen sich die Streitkräfte einer räumlich fokussierten Gefährdung durch militärische Kräfte unter- und oberhalb der Schwelle offener Kriegsführung entgegenstellen. Handlungsbedarf ist nicht an der deutschen Staatsgrenze, sondern an den Grenzen des Bündnisgebietes zu erwarten. Verteidigung bedeutet damit zu allererst **Bündnisverteidigung.**

5 Die **verfassungsrechtlichen Grundlagen des Schutzes der äußeren Sicherheit** blieben von diesen außenpolitischen Entwicklungen unberührt. Sie sind im Grundgesetz nicht in einem einheitlichen Kapitel zusammengefasst (→ Rn. 7 ff.). Die Ursache dieser Ausgestaltung liegt in der Entstehungsgeschichte der Normen (→ Rn. 16 ff.). Die Rechtsprechung des BVerfG hat zur Auslegung der Rechtsgrundlagen der Landes- und Bündnisverteidigung nur in beschränktem Umfang beigetragen (→ Rn. 24 ff.). So muss die Reichweite des der Bundeswehr erteilten Auftrags durch Auslegung ermittelt werden. Zunächst ist die Bedeutung des Begriffs Verteidigung zu bestimmen (→ Rn. 34 ff.). Weitere Konkretisierung erfährt der Verfassungsauftrag zur Verteidigung durch die Aufträge zur Aufstellung (→ Rn. 60 ff.) und zum Einsatz der Bundeswehr (→ Rn. 63 ff.). Der Primat der Politik ist in der deutschen Wehrverfassung deutlicher ausgeprägt als in anderen Staaten. Sicherungen gegen den Missbrauch militärischer Macht bestehen in Form ziviler Führung (→ Rn. 72 ff.) und parlamentarischer Kontrolle (→ Rn. 76 ff.). Andererseits müssen zur Erfüllung des Verteidigungsauftrags Funktionsfähigkeit und Einsatzbereitschaft der Streitkräfte jederzeit gewährleistet sein. Diesem Ziel dient eine Reihe rechtlicher Instrumente, etwa solcher zur Rekrutierung von Personal (→ Rn. 86 ff.) und zur Entlastung der Streitkräfte von Verwaltungsaufgaben (→ Rn. 89 ff.). Der Rechtsstatus der Soldatinnen und Soldaten (→ Rn. 94 ff.) trägt zur Sicherung von Funktionsfähigkeit und Einsatzbereitschaft der Streitkräfte ebenso bei wie Abwehrrechte gegen Eingriffe von außen, die die Auftragserfüllung beeinträchtigen (→ Rn. 97 ff.). Zudem erleichtern Sonderklauseln in zahlreichen Gesetzen der Bundeswehr die Wahrnehmung ihrer Aufgaben (→ Rn. 102). Schließlich ist, insbesondere auch unter dem Gesichtspunkt der fortschreitenden europäischen Integration, die Frage nach dem Novellierungsbedarf der Rechtsgrundlagen der Landes- und Bündnisverteidigung zu stellen (→ Rn. 103 ff.).

B. Rechtsgrundlagen der Verteidigung

6 Die für die Landes- und Bündnisverteidigung maßgeblichen Rechtsnormen finden sich in Deutschland auf der Verfassungsebene. In mehreren Schritten in das Grundgesetz eingefügt bilden sie die **Wehrverfassung.** Deren zentrale Bestimmung ist Art. 87a Abs. 1 S. 1 GG, der die Verteidigung als Kernaufgabe der Streitkräfte festschreibt. Verfassungsgerichtliche Rechtsprechung zur Landes- und Bündnisverteidigung liegt nur punktuell vor. Einschlägige Entscheidungen betrafen vor allem staatsorganisationsrechtliche Fragen und das Verhältnis des Verteidigungsauftrags zu den Grundrechten. Eine Klärung der Reichweite des Begriffs „Verteidigung" hat das BVerfG bislang nicht vorgenommen. Den rechtlichen Rahmen für die Ausführung des Verteidigungsauftrages im Ernstfall geben nicht nationale Gesetze vor, sondern das internationale Recht des bewaffneten Konflikts.

---

[8] *Bundesministerium der Verteidigung,* Weißbuch zur Sicherheitspolitik und zur Zukunft der Bundeswehr 2016, 88.
[9] https://www.bundesregierung.de/resource/blob/975226/847984/ 5b8bc23590d4cb2892b31c987ad672b7/2018-03-14-koalitionsvertrag-data.pdf, 157.

B. Rechtsgrundlagen der Verteidigung   § 52

I. Überblick über die Wehrverfassung

1. Die Zersplitterung

Das deutsche Rechtssystem kennt – anders als beispielsweise das französische Recht mit 7
dem *Code de la défense*[10] – keine zusammenhängende gesetzliche Kodifizierung des Verteidigungsbereichs. Die für die Verteidigung maßgeblichen Regelungen trifft **die Verfassung selbst**. Doch enthält auch das Grundgesetz keinen mit „Wehrverfassung" überschriebenen Abschnitt.[11] Artikel, die die Verteidigung allgemein und die Bundeswehr im Besonderen betreffen, sind über den Text des Grundgesetzes verteilt, von Art. 1 Abs. 3 GG, der die Streitkräfte als Teil der vollziehenden Gewalt an die Grundrechte bindet, bis zu den Bestimmungen über den Verteidigungsfall in den Art. 115a ff. GG. Diese Ausgestaltung hat verbreitet Kritik erfahren. Die Wehrverfassung wird als antiquiert[12] und als systematisch verfehlt[13] bezeichnet.

Bei der Erfüllung der ihnen übertragenen Aufgaben und auch bei grundrechtsrelevanten 8
Eingriffen berufen sich die Streitkräfte vorrangig auf eine **verfassungsunmittelbare Ermächtigung**. Einfachgesetzliche Regelungen, die Befugnisse der Streitkräfte konkretisieren, existieren nur vereinzelt, so im Gesetz über die Anwendung unmittelbaren Zwanges durch Soldaten der Bundeswehr (→ Rn. 97 ff.) und im Luftsicherheitsgesetz[14]. Entwicklungen wie im Polizeirecht und im Recht der Nachrichtendienste zu immer stärkerer Verrechtlichung und „Vergesetzlichung"[15] sind im Verteidigungssektor nicht zu verzeichnen.

Artikel, die inhaltlich mit der Verteidigung verknüpft sind, enthält bereits der **Grund-** 9
rechtsteil des Grundgesetzes. Art. 4 Abs. 3 GG garantiert das Recht auf Verweigerung des Kriegsdienstes mit der Waffe. Art. 12a GG schafft die Möglichkeit, Männer zum Dienst in den Streitkräften oder bei Verweigerung des Kriegsdienstes aus Gewissensgründen zu einem Ersatzdienst zu verpflichten. Er normiert darüber hinaus Dienstpflichten für den Verteidigungsfall und den Spannungsfall. Besondere Beschränkungen bestimmter Grundrechte für Angehörige der Streitkräfte sowie zum Zweck der Verteidigung lässt Art. 17a GG zu.

Im zweiten Abschnitt des Grundgesetzes kommt die **friedensorientierte Ausrichtung** 10
der Verfassung zum Ausdruck. Diese zeigt sich nicht nur im Verbot friedensstörender Handlungen in Art. 26 Abs. 1 GG, sondern auch in der Einbindung in zwischenstaatliche Organisationen zur Wahrung des Friedens (Art. 24 GG), im Vorrang der allgemeinen Regeln des Völkerrechtes vor den Gesetzen (Art. 25 GG) und im Genehmigungsvorbehalt für den Umgang mit zur Kriegführung bestimmten Waffen (Art. 26 Abs. 2 GG). Kennzeichnend für das Grundgesetz sind die zivile Führung der Streitkräfte, in Friedenszeiten durch den Bundesminister der Verteidigung (Art. 65a GG), im Verteidigungsfall durch den Bundeskanzler (Art. 115b GG), und die ausgeprägte parlamentarische Kontrolle der Bundeswehr. Diese manifestiert sich in der gesetzlichen Festlegung von zahlenmäßiger Stärke und Grundzügen der Organisation der Streitkräfte (Art. 87a Abs. 1 S. 2 GG), in der Einrichtung eines Verteidigungsausschusses des Bundestages, der auch die Rechte eines

---

[10] https://www.legifrance.gouv.fr/affichCode.do?cidTexte=LEGITEXT000006071307.
[11] Der Begriff „Wehrverfassung" ist gleichwohl seit langem gebräuchlich. Er umfasst nach *Spranger*, Wehrverfassung im Wandel, 2003, 20 alle Normen der formalen Verfassung, die sich im weitesten Sinn mit den Streitkräften oder der Bundeswehrverwaltung befassen. *Welz* NZWehr 2017, 107 sieht alle wesentlichen, auch einfachgesetzlichen Regelungen zur Integration des Militärs in das Rechtssystem als Teil der Wehrverfassung an.
[12] So *Gramm* Die Verwaltung 2008, 375 (402).
[13] *Kokott/Hummel* in Sachs GG, Art. 87a Rn. 2. *Heun* in Dreier GG Art. 87a Rn. 7 bezeichnet die Stellung des Art. 87a als systematisch wenig glücklich. Kritisch zur Systematik *Ipsen* in BK-GG GG Art. 87a Rn. 6; *Schmahl* in Sodan GG Art. 87a Rn. 1; *Epping* in BeckOK GG, 44. Ed. 15.8.2020, GG Art. 87a Vorb.
[14] Luftsicherheitsgesetz v. 11.1.2005 (BGBl. 2005 I 78).
[15] *Gramm* Die Verwaltung 2008, 375 (377).

11 Bei der föderalen Kompetenzverteilung bestimmt das Grundgesetz den **Bund zum Verantwortlichen der Verteidigung.** Er erhält nicht nur den Auftrag zur Aufstellung von Streitkräften (Art. 87a Abs. 1 GG) und zum Aufbau einer Bundeswehrverwaltung, die den Aufgaben des Personalwesens und der Deckung des unmittelbaren Sachbedarfs der Streitkräfte dient (Art. 87b GG). Dem Bund ist in Art. 73 Abs. 1 Nr. 1 GG auch die ausschließliche Gesetzgebungskompetenz über die Verteidigung einschließlich des Schutzes der Zivilbevölkerung zugewiesen. Zudem kann er gem. Art. 96 Abs. 2 GG Wehrstrafgerichte für die Streitkräfte als Bundesgerichte einrichten. Von dieser Option hat der Bundesgesetzgeber allerdings bislang nicht Gebrauch gemacht.

12 Für **Notstandssituationen** verleiht das Grundgesetz den Streitkräften **zusätzliche Befugnisse.** Dies gilt für den Verteidigungsfall (Art. 115a ff. GG, Art. 12a Abs. 3 bis 6 GG, Art. 80a Abs. 1 und 2 GG, Art. 87a Abs. 3 GG), für den Spannungsfall (Art. 87a Abs. 3 GG, Art. 80a Abs. 1 und 2 GG), für den Bündnisfall (Art. 80a Abs. 3 GG), den inneren Notstand (Art. 87a Abs. 4 GG) und für den regionalen und überregionalen Katastrophennotstand (Art. 35 Abs. 2 und 3 GG).

2. Die Grundnorm

13 Die grundlegende Verfassungsnorm für die Verteidigung bildet Art. 87a Abs. 1 S. 1 GG.[16] Hiernach stellt der Bund Streitkräfte zur Verteidigung auf. Die Verteidigung sieht die Verfassung als hauptsächlichen Zweck der Streitkräfte an.[17] Diese dürfen nach Art. 87a Abs. 2 GG zu anderen Zwecken nur eingesetzt werden, soweit das Grundgesetz es ausdrücklich zulässt. Art. 87a Abs. 1 S. 1 GG ist damit eine Auftragsnorm. Der Bund erhält den **Verfassungsauftrag und zugleich die Verpflichtung zur Aufstellung und Organisation von Streitkräften.**[18] Die Gewährleistung der äußeren Sicherheit soll nicht privaten Sicherheitseinrichtungen übertragen werden, sondern stellt eine ausschließlich staatliche Aufgabe dar. Damit verfügen die Streitkräfte über eine verfassungsmäßige Bestandsgarantie. Sie können nicht mit einfacher parlamentarischer Mehrheit abgeschafft werden.[19]

14 Neben der Erteilung des Auftrags erfüllt Art. 87a Abs. 1 S. 1 GG die Funktion einer **Kompetenzzuweisung.**[20] Die Vorschrift ordnet die Aufgabe der Aufstellung von Streitkräften dem Bund und nicht den Ländern zu. Allein der Bund verfügt über diese Befugnis. Den Ländern sind Aufstellung, Organisation und Ausrüstung von Streitkräften verwehrt.[21] Art. 87a Abs. 1 S. 1 GG ist zudem **Ermächtigungsnorm** für Aufstellung und Organisation von Streitkräften. Ob die Vorschrift auch die Ermächtigung zu einem Einsatz der Streitkräfte zur Verteidigung enthält, ist umstritten.[22] Ein Teil des Schrifttums beruft sich hierfür auf Art. 87a Abs. 2 GG, da dessen Wortlaut den Begriff „eingesetzt werden" enthält.[23] Wieder andere vertreten die Auffassung, eine ausdrückliche Ermächtigung zum

---

[16] *Ipsen* in BK-GG GG Art. 87a Rn. 8; *Wolff* in HK-GG GG Art. 87a Rn. 1; *Grzeszick* in BerlKommGG GG Art. 87a Rn. 1.
[17] *Gramm* Die Verwaltung 2008, 375 (383).
[18] *Müller-Franken* in v. Mangoldt/Klein/Starck GG Art. 87a Rn. 20 f.; *Heun* in Dreier GG Art. 87a Rn. 10; *Wolff* in HK-GG GG Art. 87a Rn. 1.
[19] *Kment* in Jarass/Pieroth GG Art. 87a Rn. 2; *Aust* in v. Münch/Kunig GG Art. 87a Rn. 30; *Müller-Franken* in v. Mangoldt/Klein/Starck GG Art. 87a Rn. 21; *Epping* in BeckOK GG, 44. Ed. 15.8.2020, GG Art. 87a Rn. 2; *Dau* NZWehr 2011, 1 (5).
[20] *Krieger* in Schmidt-Bleibtreu/Hofmann/Henneke GG Art. 87a Rn. 9; *Müller-Franken* in v. Mangoldt/Klein/Starck GG Art. 87a Rn. 24.
[21] *Ipsen* in BK-GG GG Art. 87a Rn. 9; *Heun* in Dreier GG Art. 87a Rn. 8; *Wolff* in HK-GG GG Art. 87a Rn. 2.
[22] Dafür *Heun* in Dreier GG Art. 87a Rn. 8; *Hillgruber* in Umbach/Clemens GG Art. 87a Rn. 10; *Müller-Franken* in v. Mangoldt/Klein/Starck GG Art. 87a Rn. 3; *Dau* NZWehr 2011, 1 (8); *Wiefelspütz* Parlamentsheer 107; aA *Kment* in Jarass/Pieroth GG Art. 87a Rn. 3.
[23] *Schmahl* in Sodan GG Art. 87a Rn. 4; *Epping* in BeckOK GG, 44. Ed. 15.8.2020, GG Art. 87a Rn. 4.1; *Heun* in Dreier GG Art. 87a Rn. 16.

B. Rechtsgrundlagen der Verteidigung §52

Verteidigungseinsatz sei gar nicht erforderlich, da die Befugnis zur Verteidigung dem Staatsbegriff immanent sei.[24] Zutreffend dürfte es sein, aus der Kompetenz zur Aufstellung in Art. 87a Abs. 1 S. 1 GG auch die Kompetenz für den Einsatz der Streitkräfte zum Zweck der Verteidigung abzuleiten. Letztlich ist dieser Streit aber akademischer Natur, da das staatliche Recht auf Verteidigung unbestritten ist.

Funktion des Art. 87a Abs. 2 GG ist die Begrenzung des Einsatzspektrums der bewaffneten Macht. Die Vorschrift normiert einen **Verfassungsvorbehalt**. Einsatzaufgaben außerhalb der Verteidigung können der Bundeswehr nur durch Änderung des Grundgesetzes, nicht aber durch ein einfaches Gesetz übertragen werden. Der Verfassungsvorbehalt soll eine Ableitung ungeschriebener Zuständigkeiten der Streitkräfte aus der Natur der Sache ausschließen.[25] Ausdrückliche Einsatzbefugnisse im Inland erteilt das Grundgesetz den Streitkräften in Bestimmungen über den Verteidigungs- und Spannungsfall, den inneren Notstand und den Katastrophennotstand. Das BVerfG hat zudem in seinem Urteil v. 12.7.1994[26] Art. 24 Abs. 2 GG, der es dem Bund ermöglicht, sich zur Wahrung des Friedens einem System gegenseitiger kollektiver Sicherheit einzuordnen, als verfassungsmäßige Grundlage für einen Streitkräfteeinsatz im Rahmen und nach den Regeln dieses Systems anerkannt. 15

II. Die Entwicklung der Wehrverfassung

1. Staat ohne Armee

Zum Zeitpunkt des Inkrafttretens des Grundgesetzes im Jahr 1949 war an die Aufstellung von Streitkräften der Bundesrepublik Deutschland angesichts alliierter Vorbehalte,[27] aber auch in Anbetracht der nach den Kriegserfahrungen vorherrschenden pazifistischen Grundhaltung in der Bevölkerung nicht zu denken.[28] Gleichwohl enthält bereits die Ausgangsfassung des Grundgesetzes Bestimmungen, die darauf hindeuten, dass künftig von der **Wehrhoheit als Ausdruck staatlicher Souveränität** Gebrauch gemacht werden sollte. Denn schon das Grundgesetz von 1949 sah in Art. 4 Abs. 3 GG die Gewährleistung des Rechts auf Kriegsdienstverweigerung, in Art. 24 Abs. 2 GG die Möglichkeit der Einordnung in ein System gegenseitiger kollektiver Sicherheit und in Art. 26 Abs. 1 GG das Verbot des Angriffskrieges vor. Da diese Artikel teilweise bereits als Ausübung der Wehrhoheit durch den Verfassungsgeber verstanden wurden,[29] entfachte sich in der Folgezeit politischer und juristischer Streit darüber, ob als rechtliche Grundlage für die tatsächliche Aufstellung von Streitkräften ein mit einfacher Mehrheit beschlossenes Gesetz ausreichen würde oder ob hierfür eine Ergänzung der Verfassung erforderlich sei.[30] Die Aufstellung der Bundeswehr erfolgte letztlich dann aufgrund einer Änderung des Grundgesetzes, wobei umstritten blieb, ob diese inhaltlichen oder lediglich deklaratorischen Charakter hatte.[31] 16

Mit der Verschärfung des Ost-West-Konfliktes und dem Ausbruch des Korea-Krieges setzte die Diskussion über eine **Wiederbewaffnung** und über einen militärischen Beitrag Deutschlands zum westlichen Bündnis ein. Diese Überlegungen richteten sich zunächst nicht auf nationale deutsche Verbände, sondern auf eine Eingliederung neu aufzustellender 17

---

[24] *Depenheuer* in Maunz/Dürig GG Art. 87a Rn. 82; *Bäumerich/Schneider* NVwZ 2017, 189 (190).
[25] So Bericht des Rechtsausschusses BT-Drs. V/2873, 13; s. auch *Ipsen* in BK-GG GG Art. 87a Rn. 35; *Schmahl* in Sodan GG Art. 87a Rn. 6; *Epping* in BeckOK GG, 44. Ed. 15.8.2020, GG Art. 87a.
[26] BVerfGE 90, 286 = NJW 1994, 2207.
[27] Proklamation Nr. 2 des Kontrollrats v. 20.9.1945, Amtsblatt des Kontrollrats in Deutschland Nr. 1 v. 29.10.1945, 8.
[28] Näher *Breitwieser* NZWehr 2009, 150 (151); *Welz* NZWehr 2017, 104 f.; *Wiefelspütz* Parlamentsheer 10 f.; *Aust* in v. Münch/Kunig GG Art. 87a Rn. 1.
[29] Vgl. *Dau* NZWehr 2011, 1 (3).
[30] Hierzu *Wiefelspütz* Parlamentsheer 33 ff.; *Müller-Franken* in v. Mangoldt/Klein/Starck GG Art. 87a Rn. 2; *Welz* NZWehr 2017, 104 (107 f.).
[31] Die Eingangsformel des Gesetzes zur Änderung des Grundgesetzes v. 26.3.1954 (BGBl. 1954 I 45) lautete „Zur Klarstellung von Zweifeln über die Auslegung des Grundgesetzes …".

bundesdeutscher Streitkräfte in eine internationale Streitmacht. Sie führten am 27.5.1952 zur Unterzeichnung des **Vertrages über die Gründung der Europäischen Verteidigungsgemeinschaft** (EVG),[32] der Frankreich, Italien, die Niederlande, Belgien, Luxemburg und die Bundesrepublik Deutschland angehören sollten. Der Vertrag sah gemeinsame Organe, gemeinsame Streitkräfte, einen gemeinsamen Haushalt, eine gegenseitige Beistandspflicht der Mitgliedstaaten und eine Beteiligung an der westlichen Verteidigung im Rahmen des Nordatlantikpaktes vor.[33] Im August 1954 scheiterte die Ratifizierung des Vertrages jedoch in der Französischen Nationalversammlung. Planungen und Vorarbeiten waren damit hinfällig geworden. Bemerkenswert ist der damalige Versuch, in Westeuropa einen überstaatlichen Militärverband aufzustellen, angesichts aktueller Initiativen zur militärischen Integration in der EU und des politischen „Fernziels" einer Europäischen Armee auch heute noch.

2. Die Schaffung der Wehrverfassung

18 Während der Verhandlungen über den EVG-Vertrag war in Deutschland innerstaatlich daran gearbeitet worden, die verfassungsrechtlichen Voraussetzungen für eine Beteiligung an der Verteidigungsgemeinschaft zu schaffen. Das Resultat war die im März 1954 nach erbitterten parlamentarischen Debatten und gegen intensiven außerparlamentarischen Widerstand verabschiedete **erste Wehrnovelle des Grundgesetzes**.[34] Diese fügte in Art. 73 GG die ausschließliche Gesetzgebungskompetenz des Bundes für „die Verteidigung einschließlich der Wehrpflicht für Männer vom vollendeten achtzehnten Lebensjahr an und des Schutzes der Zivilbevölkerung" ein. Zudem enthielt sie zwei Bestimmungen, die der Umsetzung des EVG-Vertrages dienen sollten,[35] später aber durch die politischen Entwicklungen obsolet wurden. Gleichwohl war die Grundentscheidung für die Aufstellung der Bundeswehr gefallen,[36] wenn auch im Sinne einer Eingliederung in europäische Streitkräfte.

19 Nach dem **Beitritt der Bundesrepublik zur Westeuropäischen Union (WEU) und zur NATO** im Jahr 1955[37] musste eine umfassende verfassungsrechtliche Regelung des Wehrwesens in Angriff genommen werden. Diese erfolgte durch das Gesetz zur Ergänzung des Grundgesetzes vom 19.3.1956.[38] Die wehrrechtlichen Bestimmungen wurden dabei einzeln an jeweils inhaltlich passend erscheinender Stelle in das Grundgesetz eingefügt.[39] Schwerpunkte waren die Ermächtigung zur Einschränkung von Grundrechten im Wehrdienstverhältnis (Art. 17a GG), die parlamentarische Kontrolle der Streitkräfte durch einen Verteidigungsausschuss (Art. 45a GG) und einen Wehrbeauftragten des Bundestages (Art. 45b GG), die Befehls- und Kommandogewalt über die Streitkräfte (Art. 65a GG), die Einrichtung einer zivilen Bundeswehrverwaltung (Art. 87b GG) und die Festlegung der zahlenmäßigen Stärke der Streitkräfte und der Grundzüge ihrer Organisation durch den Haushaltsplan (Art. 87a GG). Das Grundgesetz erhielt damit die **Basis für den Aufbau eigener bundesdeutscher Streitkräfte** mit dem Ziel, die äußere Sicherheit im Rahmen der NATO zu gewährleisten. Einsatzmöglichkeiten der Streitkräfte im Innern sah das Grundgesetz von 1956 nicht vor. Art. 143 GG bestimmte vielmehr, dass deren Voraussetzungen nur durch ein verfassungsänderndes Gesetz geregelt werden könnten.

---

[32] Text in BGBl. 1954 II 343.
[33] Näher zum Vertragsinhalt *Wiefelspütz* Parlamentsheer 30 f.
[34] Gesetz zur Änderung des Grundgesetzes v. 26.3.1954 (BGBl. 1954 I 45).
[35] Art. 79 Abs. 1 S. 2 und Art. 142a GG; hierzu *Breitwieser* NZWehr 2009, 150 (155 f.); *Welz* NZWehr 2017, 104 (109).
[36] *Stern* StaatsR II 857; *Wiefelspütz* Parlamentsheer 44; *Dau* NZWehr 2011, 1 (2).
[37] Gesetz betreffend den Beitritt der Bundesrepublik Deutschland zum Brüsseler Vertrag und zum Nordatlantikvertrag v. 24.3.1955 (BGBl. 1955 II 256).
[38] BGBl. 1956 I 111.
[39] Vgl. *Welz* NZWehr 2017, 104 (113).

3. Die Wehrnovelle von 1968

Es dauerte dann über zehn Jahre, bis die Einsatzbefugnisse der Bundeswehr im Grundgesetz umfassend normiert waren. Mit der sog. **Notstandsnovelle des Jahres 1968**[40] fügte der Verfassungsgeber nach jahrelanger parlamentarischer und außerparlamentarischer Diskussion Bestimmungen in das Grundgesetz ein, die den Streitkräften in Notstandssituationen beschränkte polizeiliche Einsatzermächtigungen im Inland verliehen. Damit sollte Vorsorge für Extremlagen getroffen werden, in denen die Polizeikräfte der Länder und des Bundes nicht zur Gefahrenabwehr ausreichten.[41] Zudem ging es darum, aus dem Deutschland-Vertrag verbliebene alliierte Notstandsvorbehalte abzulösen.[42] Gesetzestechnisch wurde das Grundgesetz wiederum durch Einfügung von Einzelbestimmungen an vom Regelungsinhalt her adäquat erscheinender Stelle ergänzt. Lediglich die Verfahrensregelungen für den Verteidigungsfall erfuhren mit dem Grundgesetzabschnitt X. a. eine zusammenhängende Ausgestaltung.

Die Grundgesetzänderung vom 24.6.1968 beschränkte sich nicht auf Bestimmungen zur Bewältigung von Notstandslagen. Sie verankerte in der Verfassung mit dem Satz „Der Bund stellt Streitkräfte zur Verteidigung auf" erstmals den **Verteidigungsauftrag der Bundeswehr ausdrücklich und definierte ihn als Hauptaufgabe der Bundeswehr.**[43] Der Verfassungsvorbehalt für Einsätze außerhalb der Verteidigung erhielt in Art. 87a Abs. 2 GG seine noch heute geltende Fassung. Art. 87a GG wurde so zu einer – mit Ausnahme von Einsätzen in Katastrophenfällen und besonders schweren Unglücksfällen – Aufgaben und Befugnisse der Streitkräfte zusammenfassenden Norm.[44] Der bis dahin nur auf der Kompetenzvorschrift des Art. 73 Nr. 1 GG basierenden Wehrpflicht verschaffte die Notstandsnovelle mit Art. 12a Abs. 1 GG eine materielle Verfassungsgrundlage.

4. Die Entwicklung seit 1968

Artikel 87a GG ist seit dem Jahr 1968 **unverändert geblieben.** Dies lässt sich auch für die Wehrverfassung insgesamt feststellen. Das Grundgesetz steht hinsichtlich der Verteidigung nach außen auf dem Stand der fünfziger Jahre und hinsichtlich der Notstandsverfassung auf dem Stand der sechziger Jahre des 20. Jahrhunderts.[45] Die Wehrverfassung ist nach wie vor geprägt durch die historischen Erfahrungen des Kaiserreichs und der Weimarer Republik.[46] Eine Modifikation hat lediglich Art. 12a GG im Jahr 2000 dadurch erfahren, dass das in Abs. 4 S. 2 vorgesehene generelle Verbot des Waffendienstes von Frauen in das Verbot einer Verpflichtung von Frauen zum Waffendienst umgewandelt wurde.[47] Veranlassung hierzu hatte eine Entscheidung des Europäischen Gerichtshofs (EuGH) vom 11.1.2000 gegeben.[48] Mit diesem Urteil hatte der EuGH die **Geltung des Unionsrechts,** hier der Gleichbehandlungsrichtlinie, auch **im Bereich der Sicherheitspolitik und der Landes- und Bündnisverteidigung** deutlich gemacht.[49]

Der Beitritt der Bundesrepublik Deutschland zu den Vereinten Nationen im Jahr 1973[50] stieß keine neue Diskussion über die Wehrverfassung an. Selbst die weltpolitischen Umbrüche zu Ende der achtziger und Beginn der neunziger Jahre, die Auflösung des War-

---

[40] 17. Gesetz zur Änderung des Grundgesetzes v. 24.6.1968 (BGBl. 1968 I 709).
[41] Vgl. die Begründung des Gesetzentwurfs BT-Drs. V/1879, 23; näher zur Entstehungsgeschichte *Wiefelspütz* Parlamentsheer 61 ff.
[42] Schriftlicher Bericht des Rechtsausschusses BT-Drs. V/2873, 3; *Breitwieser* NZWehrr 2009, 150 (158).
[43] Nicht nur die Wehrverfassung von 1956, sondern bereits die Reichsverfassung von 1871 und die Weimarer Verfassung hatten auf eine ausdrückliche Regelung verzichtet, weil die Kompetenz zur Aufstellung von Streitkräften als selbstverständlich galt; vgl. *Welz* NZWehrr 2017, 104 (114).
[44] *Heun* in Dreier GG Art. 87a Rn. 4.
[45] *Fassbender* in Isensee/Kirchhof StaatsR-HdB XI § 244 Rn. 6.
[46] *Wieland* in Fleck, Rechtsfragen der Terrorismusbekämpfung durch Streitkräfte, 2004, 171.
[47] Durch Gesetz v. 19.12.2000 (BGBl. 2000 I 1755).
[48] EuGH DÖV 2000, 421.
[49] *Heun* in Dreier GG Art. 12a Rn. 5.
[50] Gesetz v. 6.6.1973 (BGBl. 1973 II 430).

schauer Paktes und die Wiedervereinigung Deutschlands mit der Eingliederung der Nationalen Volksarmee der DDR in die Bundeswehr, haben sich im Text der Wehrverfassung nicht niedergeschlagen. Zwar gab es in der 12. Legislaturperiode des Bundestages (1990–1994) Initiativen, die der veränderten außen- und bündnispolitischen Lage durch **Anpassung der Art. 87a und 24 Abs. 2 GG** Rechnung tragen wollten. Die Entwürfe gingen dahin, eine Beteiligung der Bundeswehr an Blauhelm-Einsätzen der Vereinten Nationen ausdrücklich zuzulassen,[51] die Zulässigkeit von Auslandseinsätzen klarzustellen[52] oder den Streitkräfteeinsatz auf den Verteidigungsfall zu beschränken.[53] Die für eine Verfassungsänderung erforderliche Mehrheit kam jedoch in keinem Fall zustande.[54] Verfassungsauftrag der Bundeswehr blieb weiterhin die Verteidigung, auch wenn sich die Schwerpunkte von Ausbildung und Ausstattung der Streitkräfte in Richtung einer Vorbereitung auf Einsätze zur Konfliktverhütung und Krisenbewältigung im Ausland verschoben. Das BVerfG hatte für solche Einsätze schließlich in Art. 24 Abs. 2 GG eine tragfähige Verfassungsgrundlage gesehen.[55] Eine **Diskussion über die Wehrverfassung** setzte erst mit dem Erstarken des internationalen Terrorismus und der hieraus resultierenden Gefahren wieder ein. Gesetzentwürfe zur Änderung des Grundgesetzes forderten eine Erweiterung der Einsatzbefugnisse der Streitkräfte im Innern zur Abwehr terroristischer Angriffe.[56] Doch blieben auch diese Initiativen zur Änderung der Verfassung ohne Erfolg.

III. Die verfassungsgerichtliche Rechtsprechung

1. Staatsrechtliche Aspekte

24 Bereits zu einem Zeitpunkt, als das Grundgesetz noch keine Bestimmungen über die Aufstellung von Streitkräften kannte, im Jahr 1952, war das BVerfG mit Fragen der Wehrhoheit befasst.[57] Im Streit über die Wiederbewaffnung hatten Mitglieder des Bundestages im Wege eines Normenkontrollverfahrens beantragt festzustellen, dass „Bundesrecht, welches die Beteiligung Deutscher an einer bewaffneten Streitmacht regelt oder Deutsche zu einem Wehrdienst verpflichtet, ohne vorangegangene Ergänzung oder Abänderung des Grundgesetzes weder förmlich noch sachlich mit dem Grundgesetz vereinbar ist". Im Grunde ging darum zu klären, ob für die Aufstellung der Bundeswehr eine **Zweidrittelmehrheit im Bundestag erforderlich** war.[58] Das Gericht wies den Feststellungsantrag als unzulässig ab und äußerte sich in der Sache nicht, da das Normenkontrollverfahren eine vorbeugende Feststellung der Unvereinbarkeit noch nicht bestehender Normen mit dem Grundgesetz nicht ermögliche.[59] Die Bundeswehr wurde auf der Basis einer Verfassungsergänzung aufgestellt.

25 Mit seinem die Gesetze der Länder Hamburg und Bremen zu Volksbefragungen über Atomwaffen betreffenden Urteil vom 30.7.1958[60] stellte das Gericht die **ausschließliche Gesetzgebungs- und Exekutivbefugnis des Bundes** für Angelegenheiten der Verteidigung heraus. Gehe es um die Bundeswehr und ihre Ausrüstung, sei uneingeschränkt und allein der Bund zuständig. Die in den beiden Bundesländern geplanten Volksbefragungen zur Ausrüstung der Bundeswehr mit atomaren Waffen, zur Lagerung von Atomwaffen im

---

[51] Gesetzentwurf der SPD-Fraktion BT-Drs. 12/2895.
[52] Gesetzentwurf der Fraktionen der CDU/CSU und der FDP BT-Drs. 12/4107, 12/4135 (Begründung).
[53] Gesetzentwurf der Fraktion der PDS BT-Drs. 12/3055.
[54] Näher zu den damaligen Diskussionen *Wiefelspütz* Parlamentsheer 92 ff.
[55] BVerfGE 90, 286 = NJW 1994, 2207.
[56] Vgl. Gesetzentwürfe der Fraktion der CDU/CSU BT-Drs. 15/2649, 15/4658 aus den Jahren 2004 und 2005 und noch aus dem Jahr 2017 den Bundesratsantrag des Freistaates Bayern BR-Drs. 97/17.
[57] BVerfGE 1, 396 = BeckRS 9998, 124428.
[58] Zur Argumentation der Verfahrensbeteiligten *Welz* NZWehrr 2017, 104 (107 f.); *Wiefelspütz* Parlamentsheer 33 ff.; zum Verfahrensgang und zu den politischen Hintergründen des Verfahrens *Breitwieser* NZWehrr 2009, 150 (153 f.).
[59] BVerfGE 1, 396 (410) = BeckRS 9998, 124428.
[60] BVerfGE 8, 104 = NJW 1958, 1339.

Bundesgebiet und zur Errichtung von Abschussvorrichtungen für Atomraketen stellten einen versuchten Eingriff in die Zuständigkeit des Bundes für das Verteidigungswesen dar und seien daher verfassungswidrig.[61]

In späteren Entscheidungen äußerte sich das BVerfG mehrfach zum Stellenwert des Verteidigungsauftrags im Verfassungsgefüge des Grundgesetzes. So billigte es in einer Entscheidung aus dem Jahr 1970 **Einrichtung und Funktionsfähigkeit der Bundeswehr verfassungsrechtlichen Rang** zu. Der Verfassungsgeber habe durch Art. 12a GG, Art. 73 Nr. 1 GG und Art. 87a Abs. 1 S. 1 GG eine **Grundentscheidung für die militärische Verteidigung** getroffen.[62] Das Grundgesetz gehe davon aus, dass eine funktionsfähige militärische Landesverteidigung aufgebaut und unterhalten werde. Die Bundesrepublik Deutschland nehme damit die Wehrhoheit und die Ausübung staatlicher Hoheitsrechte als Ausfluss ihrer Staatsgewalt in Anspruch.[63] In den betreffenden Grundgesetzbestimmungen komme der eindeutige und unmissverständliche Wille des Verfassungsgebers zum Ausdruck, dass die Streitkräfte der Verteidigung gegen bewaffnete Angriffe dienen sollen.[64]

Die Entscheidung, mit welchen Mitteln die von der Verfassung geforderte **funktionstüchtige militärische Verteidigung** gewährleistet wird, haben nach Aussage des BVerfG die zuständigen politischen Organe zu treffen. Der Verteidigungsauftrag könne auf der Grundlage der allgemeinen Wehrpflicht erfüllt werden, aber – sofern die Funktionstüchtigkeit gewährleistet bleibe – verfassungsrechtlich unbedenklich auch durch eine Freiwilligenarmee.[65]

2. Verteidigungsauftrag und Grundrechte

Zum Verhältnis zwischen dem Verfassungsauftrag zur Verteidigung und den Grundrechten nahm das BVerfG im Jahr 1970 im Zusammenhang mit der Verfassungsbeschwerde eines militärischen Vorgesetzten Stellung, der wegen Verletzung der Pflicht zur politischen Zurückhaltung disziplinar gemaßregelt worden war.[66] Es machte dabei deutlich, dass der in Art. 87a GG erteilte Auftrag das Gebot umfasse, das innere Gefüge der Streitkräfte so zu gestalten, dass diese ihren Aufgaben gewachsen seien. Dieses Ziel verfolgten die grundrechtsbeschränkenden Pflichtregelungen des Soldatengesetzes. Bei deren Anwendung müssten in eine **Güterabwägung zwischen der Ausübung von Grundrechten und dienstlichen Notwendigkeiten** verfassungspolitische Grundentscheidungen wie diejenige für die militärische Landesverteidigung einbezogen werden.[67]

Dies hat das Gericht auch für das Recht auf Verweigerung des Kriegsdienstes nach Art. 4 Abs. 3 GG anerkannt. Gegenstand mehrerer Verfassungsbeschwerdeverfahren war die Dienstpflicht von Soldaten, die einen Antrag auf Anerkennung als Kriegsdienstverweigerer gestellt hatten, bis zu einer rechtskräftigen Entscheidung aber militärischen Dienst zu leisten hatten. In dieser Konstellation sei der verfassungsrechtliche Rang von Einrichtung und Funktionsfähigkeit der Streitkräfte gegen das Interesse des Verweigerers an der Freiheit von jeglichem Zwang gegenüber seiner Gewissensentscheidung abzuwägen.[68] Im Ergebnis billigte das Gericht dabei der **Erfüllung der militärischen Aufgaben der Bundeswehr und der Sicherung ihres inneren Gefüges Vorrang** zu. Mit der Schwächung der Einsatzbereitschaft der Streitkräfte könne eine Gefährdung der Sicherheit des Staates einhergehen. Daher verletze die Ahndung der Gehorsamsverweigerung eines noch nicht als Kriegsdienstverweigerer anerkannten Soldaten dessen Grundrecht aus Art. 4 Abs. 3 GG nicht.

---

[61] BVerfGE 8, 104 (116 f.) = NJW 1958, 1339.
[62] BVerfGE 28, 243 (261) = NJW 1970, 1729; hierzu auch *Dau* NZWehrr 2011, 1 (6 f.).
[63] BVerfGE 48, 127 (159 f.) = NJW 1978, 1245.
[64] BVerfGE 69, 1 (22) = BeckRS 1985, 5785.
[65] BVerfGE 48, 127 (160) = NJW 1978, 1245; hierzu *Dau* NZWehrr 2011, 1 (9).
[66] BVerfGE 28, 36 = NJW 1970, 1268.
[67] Vgl. BVerfGE 28, 36 (48) = NJW 1970, 1268; s. auch BVerwGE 93, 323 (325 f.) = NVwZ-RR 1993, 638.
[68] BVerfGE 28, 243 (261) = NJW 1970, 1729; BVerfGE 32, 40 (46) = NJW 1972, 93.

30 Die **Funktionsfähigkeit der militärischen Landesverteidigung** war auch wesentliches Entscheidungskriterium bei der verfassungsgerichtlichen Prüfung gesetzlicher Neuregelungen des Rechts auf Kriegsdienstverweigerung aus den Jahren 1977 und 1983. Das Grundgesetz verlange vom Gesetzgeber sicherzustellen, dass Zivildienst als Ersatz für den Wehrdienst nur Wehrpflichtige leisten dürften, die den Dienst mit der Waffe erkennbar aus Gewissensgründen verweigerten.[69] Ein Sondervotum zu dem Urteil des BVerfG v. 24.4.1985[70] bestreitet, dass aus Kompetenz- und Organisationsvorschriften wie Art. 12a GG, Art. 73 Nr. 1 GG, Art. 87a GG und Art. 115b GG grundgesetzimmanente Schranken des nicht unter Gesetzesvorbehalt stehenden Grundrechts auf Kriegsdienstverweigerung abgeleitet werden könnten. Das Schrifttum folgt hingegen überwiegend dem BVerfG darin, dass der Verfassungsauftrag zur Verteidigung auch vorbehaltlos gewährleistete Grundrechte eingrenzen kann.[71] Der verfassungsrechtliche Rang von Einrichtung und Funktionsfähigkeit der Streitkräfte verleihe den Belangen der Bundeswehr zwar nicht den Stellenwert eines allgemeinen oder speziellen Gesetzesvorbehalts, jedoch den eines Abwägungskriteriums im Rahmen einer Güterabwägung.[72]

31 Im **Verteidigungsfall** rechtfertigt die Entscheidung des Grundgesetzes für eine wirkungsvolle Landesverteidigung nach einem Beschluss des BVerfG aus dem Jahr 1987 die Inkaufnahme von Grundrechtsbeeinträchtigungen in der Zivilbevölkerung, die als Rückwirkungen eines völkerrechtskonformen Waffeneinsatzes gegen den angreifenden Gegner entstehen.[73]

3. Verfassungsgericht und Verteidigungsbegriff

32 Das BVerfG versteht unter Verteidigung die „militärische Landesverteidigung".[74] Es geht zudem davon aus, dass die Verteidigung im Bündnis durch Art. 87a GG abgedeckt ist.[75] Was aber über die Landesverteidigung Deutschlands und die Bündnisverteidigung hinaus unter den **Verteidigungsbegriff des Grundgesetzes** fallen könnte, hat das Gericht nicht geklärt, obwohl es mehrfach die Gelegenheit dazu gehabt hätte. In seiner Leitentscheidung zu Auslandseinsätzen der Bundeswehr wies es lediglich darauf hin, dass – wie immer der Begriff „Verteidigung" auch auszulegen sei – Art. 87a GG den Einsatz bewaffneter Streitkräfte im Rahmen eines Systems gegenseitiger kollektiver Sicherheit nicht ausschließe.[76] Ein solcher Einsatz finde seine Verfassungsgrundlage in Art. 24 Abs. 2 GG.[77] Auch in seinem Urteil v. 30.6.2009 zu dem Zustimmungsgesetz zum Vertrag von Lissabon[78] befasste sich das Gericht zwar mit der Gemeinsamen Sicherheits- und Verteidigungspolitik der EU, konkretisierte aber – da nicht entscheidungserheblich – nicht, was unter Verteidigung im Sinn des Grundgesetzes zu verstehen ist.[79] In dem Organstreitverfahren zur Evakuierung

---

[69] BVerfGE 48, 127 (166) = NJW 1978, 1245; BVerfGE 69, 1 (21) = BeckRS 1985, 5785.
[70] S. BVerfGE 69, 1 (57 ff.) = BeckRS 1985, 5785; kritisch hierzu *Spranger*, Wehrverfassung im Wandel, 2003, 104 ff.
[71] *Grzeszick* in BerlKommGG GG Art. 87a Rn. 4; *Dau* NZWehr 2011, 1 (7); *Kment* in Jarass/Pieroth GG Art. 87a Rn. 3; aA *Schmahl* in Sodan GG Art. 87a Rn. 4; *Heun* in Dreier GG Art. 87a Rn. 35.
[72] BVerwGE 127, 302 (364) = NJW 2006, 77; vgl. auch *Kirchhof* in Isensee/Kirchhof StaatsR-HdB IV § 84 Rn. 10; *Dau* NZWehr 2011, 1 (7); *Spranger*, Wehrverfassung im Wandel, 2003, 106.
[73] BVerfGE 77, 170 (221) = NJW 1988, 1651 (Zustimmung zur Lagerung chemischer Waffen).
[74] Vgl. zB BVerfGE 48, 127 (159) = NJW 1978, 1245.
[75] Vgl. nur das Urteil zum Neuen Strategischen Konzept der NATO 1999 v. 22.11.2001 BVerfGE 104, 151 = NJW 2002, 1559.
[76] BVerfGE 90, 286 (355 f.) = NJW 1994, 2207.
[77] S. auch BVerfGE 152, 8 (22) = BeckRS 2019, 23758 zum Einsatz gegen die Terrororganisation „Islamischer Staat".
[78] BVerfGE 123, 267 = NJW 2009, 2267.
[79] Die Ausführungen des Gerichts, der Auslandseinsatz der Streitkräfte sei „außer im Verteidigungsfall nur in Systemen gegenseitiger kollektiver Sicherheit erlaubt", BVerfGE 123, 267 (360) = NJW 2009, 2267, sind nicht als Gleichsetzung des Verteidigungsbegriffs mit dem des Verteidigungsfalles zu verstehen, hierzu → Rn. 36.

deutscher Staatsangehöriger aus einer Bürgerkriegslage in Libyen[80] ging das Gericht nicht auf die materielle Verfassungsgrundlage der Operation ein, sondern beschränkte seine Prüfung auf die Frage nach der parlamentarischen Zustimmungsbedürftigkeit des Einsatzes. Damit ließ es offen, ob eine Kompetenz der Bundeswehr zur Rettung deutscher Staatsbürger aus Gefahrenlagen im Ausland auf den Verteidigungsauftrag des Grundgesetzes gestützt werden kann.

C. Der Verfassungsauftrag zur Verteidigung

Zur näheren Bestimmung des Verteidigungsauftrags der Bundeswehr bedarf es zunächst der 33 Klärung des grundgesetzlichen Verständnisses der Begriffe „Verteidigung", „Aufstellung" und „Einsatz" der Streitkräfte. Unbestritten umfasst Verteidigung im Sinne des Grundgesetzes die Landesverteidigung Deutschlands gegen den militärischen Angriff eines anderen Staates und die kollektive Selbstverteidigung im nordatlantischen Bündnis. Sowohl hinsichtlich der Art des Angriffs als auch hinsichtlich des Verteidigungsobjekts werden aber weitergehende Interpretationen diskutiert. Über den Auftrag der Bundeswehr hinaus geht der Bereich der „Gesamtverteidigung", der neben der militärischen Verteidigung die zivile Verteidigung beinhaltet, welche von Dienststellen außerhalb der Bundeswehr wahrzunehmen ist.

I. Der Verteidigungsbegriff

1. Landesverteidigung

a) Verteidigung und Verteidigungsfall. Der Text des Grundgesetzes verwendet den 34 Begriff „Verteidigung" an verschiedenen Stellen. Dort, wo er mit dem Zusatz „einschließlich des Schutzes der Zivilbevölkerung"[81] versehen ist, ist streitig, ob der Schutz der Zivilbevölkerung einen Bestandteil der Verteidigung bildet[82] oder ob er additiv zur Verteidigung hinzutritt.[83] Für den in Art. 87a GG erteilten Verteidigungsauftrag ist dies nicht von Relevanz. Definiert wird „Verteidigung" aber auch dort nicht. Es handelt sich vielmehr um einen **unbestimmten Rechtsbegriff,** der der Auslegung bedarf. Teile der Literatur bezeichnen den Verteidigungsbegriff als offen und entwicklungsfähig,[84] während andere ihn vornehmlich nach dem Willen des Verfassungsgebers interpretieren wollen.[85]

Das Gegenstück zur Verteidigung bildet der Angriff. Art. 26 GG erklärt die Vorbereitung eines Angriffskrieges für verfassungswidrig. In dieser Vorschrift konkretisiert sich das **Friedensgebot des Grundgesetzes.**[86] Konsequenz dieses Leitprinzips ist es, dass die Bundeswehr defensiv ausgerichtet und ausgerüstet werden muss.[87] 35

Verteidigung wird mitunter mit dem Verteidigungsfall gleichgesetzt, für den Abschnitt X 36 a. des Grundgesetzes eine Legaldefinition liefert.[88] Die Feststellung des Verteidigungsfalles setzt nach Art. 115a Abs. 1 S. 1 GG voraus, dass das Bundesgebiet mit Waffengewalt

---

[80] BVerfGE 140, 160 = BeckRS 2015, 52303.
[81] Bei den besonderen Dienstleistungspflichten des Art. 12a Abs. 3 S. 1 GG, bei der Zuweisung der Gesetzgebungskompetenz in Art. 73 Abs. 1 Nr. 1 GG und bei den Bestimmungen über den Spannungsfall in Art. 80a Abs. 1 S. 1 GG.
[82] *Umbach* in Umbach/Clemens GG Art. 73 Rn. 26; *Tanneberger*, Die Sicherheitsverfassung, 1. Aufl., 2014, 290; ebenso BVerfGE 115, 118 (141) = NJW 2006, 751 in Bezug auf Art. 73 Abs. 1 Nr. 1 GG.
[83] *Heintzen* in v. Mangoldt/Klein/Starck GG Art. 73 Rn. 13; *Uhle* in Maunz/Dürig GG Art. 73 Rn. 49, 51.
[84] Vgl. *Epping* in BeckOK GG, 44. Ed. 15.8.2020, GG Art. 87a Rn. 4; *Müller-Franken* in v. Mangoldt/Klein/Starck GG Art. 87a Rn. 39; *Breitwieser* NZWehrr 2009, 150 (163).
[85] Hierzu *Müller-Franken* in v. Mangoldt/Klein/Starck GG Art. 87a Rn. 3.
[86] *Wollenschläger* in Dreier GG Art. 26 Rn. 1
[87] *Grzeszick* in BerlKommGG Art. 87a Rn. 9; *Aust* in v. Münch/Kunig GG Art. 87a Rn. 32; vgl. auch *Dietz* Der Staat 2018, 195 (208).
[88] Nachweise bei *Wiefelspütz* Parlamentsheer 109 f.

angegriffen wird oder ein solcher Angriff unmittelbar droht (→ § 3 Rn. 73 ff.). Sinn der Vorschriften über den Verteidigungsfall ist die Anpassung des Staatsorganisationsrechts an die Anforderungen eines äußeren Notstandes.[89] Eine Überschneidung mit dem Verteidigungsbegriff liegt insofern vor, als die Feststellung des Verteidigungsfalles einen Einsatz der Streitkräfte zur Verteidigung rechtfertigt.[90] Die Feststellung des Verteidigungsfalles ist aber nicht Voraussetzung für jeden Verteidigungseinsatz der Bundeswehr.[91] Auch außerhalb des Verteidigungsfalles und über die Territorialverteidigung Deutschlands hinaus kann es Bundeswehreinsätze zur Verteidigung geben, so etwa im Rahmen der Bündnisverteidigung.[92] Es besteht demnach **keine Deckungsgleichheit zwischen Verteidigung iSd Art. 87a GG und dem Verteidigungsfall.** Gleichwohl bietet Art. 115a Abs. 1 S. 1 GG Anhaltspunkte für die Auslegung des Verteidigungsauftrages der Bundeswehr.

37 **b) Abwehr eines bewaffneten Angriffs.** Verteidigung iSd Art. 87a GG tritt dem **militärischen bewaffneten Angriff eines anderen Staates** auf das Bundesgebiet entgegen.[93] Die Abwehr eines Angriffs auf die Bundesrepublik Deutschland im Rahmen eines Verteidigungsbündnisses hatte der verfassungsändernde Gesetzgeber vor Augen, als er die Wehrverfassung in das Grundgesetz einfügte.[94] So sieht auch das BVerfG die militärische Landesverteidigung gegen einen bewaffneten Angriff von außen als Kernauftrag der Bundeswehr an.[95]

38 Militärisch ist ein Angriff, wenn militärische Mittel, also Personal und Ausrüstung von Streitkräften, genutzt werden.[96] Ob dies der Fall ist, mag bei neueren Erscheinungsformen von Konflikten nicht immer offenkundig sein. Der zur militärischen Verteidigung berechtigende Angriff muss **von seiner Intensität her** aber jedenfalls geeignet sein, das Recht zur individuellen oder kollektiven Selbstverteidigung gem. Art. 51 UNCh[97] auszulösen.[98]

39 Landesverteidigung iSd Art. 87a Abs. 1 S. 1 GG richtet sich gegen einen **vom Ausland her geführten** Angriff auf Deutschland.[99] Gegen Gefahren, deren Quelle im Inland liegt, hat nach der Verfassungsordnung des Grundgesetzes die Polizei vorzugehen.[100] Die Streitkräfte dürfen in solchen Lagen nur unter den im Grundgesetz explizit festgelegten Voraussetzungen und in dem dort umschriebenen Umfang tätig werden, sei es zur Unterstützung der Polizeikräfte, sei es aufgrund eigener Befugnis. In diesem Fall handelt es sich aber nicht um einen Einsatz zur Verteidigung. Dies gilt selbst dann, wenn Anlass zu der Annahme besteht, dass bewaffnete Auseinandersetzungen innerhalb Deutschlands **von fremden Staaten initiiert** werden.[101] Eine Einbeziehung solcher Sachverhalte in den Verteidigungsbegriff würde die kompetenzrechtlichen Grenzen, die das Grundgesetz zwischen der Abwehr von Gefahren für die innere und für die äußere Sicherheit und für den Einsatz der

---

[89] *Aust* in v. Münch/Kunig GG Art. 87a Rn. 32; *Riemenschneider* NZWehrr 2019, 191 (192 f.).
[90] Vgl. BVerfGE 90, 286 (386) = NJW 1994, 2207.
[91] *Dau* NZWehrr 2011, 1 (13); *Dietz* Der Staat 2018, 195 (208).
[92] *Depenheuer* in Maunz/Dürig GG Art. 87a Rn. 100; *Müller-Franken* in v. Mangoldt/Klein/Starck GG Art. 87a Rn. 44; *Schmahl* in Sodan GG Art. 87a Rn. 7.
[93] *Fassbender* in Isensee/Kirchhof StaatsR-HdB XI § 244 Rn. 51; *Graf v. Kielmansegg* in BK-GG GG Vorbem. zu Art. 115a–115l Rn. 100; *Tanneberger*, Die Sicherheitsverfassung, 1. Aufl., 2014, 287.
[94] *Breitwieser* NZWehrr 2009, 150 (155).
[95] Vgl. BVerfGE 48, 127 (160) = NJW 1978, 1245; BVerfGE 77, 170 (221) = NJW 1988, 1651.
[96] *Fassbender* in Isensee/Kirchhof StaatsR-HdB XI § 244 Rn. 14; *Riemenschneider* NZWehrr 2019, 191 (195).
[97] Charta der Vereinten Nationen v. 26.6.1945 (BGBl. II 1973 430).
[98] *Krieger* in Schmidt-Bleibtreu/Hofmann/Henneke GG Art. 87a Rn. 12 f.; *Heun* in Dreier GG Art. 87a Rn. 11; aA *Wiefelspütz* Parlamentsheer 127, der auch die Abwehr von Anschlägen unterhalb der Schwelle des bewaffneten Angriffs vom Verteidigungsauftrag gedeckt sieht, wenn polizeiliche Mittel zur Gefahrenabwehr nicht ausreichen.
[99] *Wolff* in HK-GG GG Art. 87a Rn. 3; *Epping* in BeckOK GG, 44. Ed. 15.8.2020, GG Art. 87a Rn. 11.
[100] *Riemenschneider* NZWehrr 2019, 191 (196); zur Rechtslage in anderen Staaten *Graf v. Kielmansegg* GSZ 2019, 45 ff.
[101] *Epping* in BeckOK GG, 44. Ed. 15.8.2020, GG Art. 87a Rn. 5; *Riemenschneider* NZWehrr 2019, 191 (196); aA *Ladiges* JuS 2015, 598 (600); *Wiefelspütz* Parlamentsheer 123.

C. Der Verfassungsauftrag zur Verteidigung § 52

Streitkräfte im Innern zieht, ignorieren.[102] Störungen der inneren Sicherheit kann nicht durch eine extensive Interpretation des Art. 87a Abs. 1 S. 1 GG begegnet werden.[103]

Das bedeutet aber nicht, dass Verteidigung iSd Art. 87a GG ausschließlich gegen die **40** reguläre Armee eines fremden Staates zulässig ist. Angesichts vermehrt zu verzeichnender hybrider Formen von Konflikten erscheint es angebracht, Angriffe sonstiger militärisch organisierter und bewaffneter Verbände einzubeziehen.[104] Ob ein Einsatz der Bundeswehr zur Verteidigung sich auch **gegen terroristische Gewaltakteure** richten kann, ist hingegen umstritten. Bei Terroristen handelt es sich nicht um Kombattanten einer Konfliktpartei im völkerrechtlichen Sinn, sondern um zivile Straftäter. Gleichwohl bejaht das Schrifttum überwiegend die Möglichkeit eines Einsatzes von Streitkräften zur Verteidigung gegen Terroristen. Es verweist darauf, dass der Sicherheitsrat der Vereinten Nationen im Kontext der Anschläge vom 11.9.2001 in mehreren Resolutionen das Recht der USA zur individuellen und kollektiven Selbstverteidigung betont hat.[105] Verfassungsrechtlich kann ein Bundeswehreinsatz gegen Terroristen auf der Grundlage des Art. 87a Abs. 1 S. 1, Abs. 2 GG aber nur in Betracht kommen, sofern es sich um einen **aus dem Ausland kommenden Angriff** handelt,[106] der von seiner Organisation, seiner Struktur und seinem Zerstörungspotential her einem **staatlichen bewaffneten Angriff gleichkommt.**[107] Zudem ist vorauszusetzen, dass dieser Angriff einem **ausländischen Staat zuzurechnen ist,** das heißt von diesem gesteuert, gestützt oder zumindest bewusst geduldet wird.[108] Denn die Wahrnehmung des staatlichen Rechts zur Selbstverteidigung verlangt einen Staatsbezug des Angriffs.[109] Angesichts all dieser Prämissen dürfte ein auf den Verteidigungsauftrag gestützter Inlandseinsatz der Bundeswehr gegen Terroristen eine theoretische Konstellation bleiben.[110]

c) Objekt der Landesverteidigung. Das Objekt der Landesverteidigung bildet, wie aus **41** Art. 115a Abs. 1 S. 1 GG zu schließen ist, zunächst das Bundesgebiet, das heißt das Territorium aller Bundesländer sowie der völkerrechtlich hinzugehörige Luftraum und das Küstenmeer.[111] Gegen einen bewaffneten Angriff zu verteidigen ist aber nicht allein die **territoriale Integrität des deutschen Staatsgebietes,** sondern das **Staatswesen an sich,**[112] mitsamt seiner Souveränität, der Handlungsfähigkeit der Staatsorgane und der im Grundgesetz verfassten staatlichen Ordnung.[113]

Unter Verteidigung iSd Art. 87a Abs. 1 GG fällt darüber hinaus die **Eigensicherung 42 der Bundeswehr.** Die Streitkräfte dürfen sich im Inland wie im Ausland gegen einen Angriff zur Wehr setzen, und das nicht nur unter dem Gesichtspunkt der Notwehr.[114] Der Schutz ihres Personals und von Einrichtungen wie Kasernen, Truppenübungsplätzen oder

---

[102] *Kirchhof* in Isensee/Kirchhof StaatsR-HdB IV § 84 Rn. 49; *Grzeszick* in BerlKommGG GG Art. 87a Rn. 28.
[103] So *Wieland* in Fleck, Rechtsfragen der Terrorismusbekämpfung durch Streitkräfte, 2004, 174.
[104] *Müller-Franken* in v. Mangoldt/Klein/Starck GG Art. 87a Rn. 49.
[105] S/Res/1368 (2001) und S/Res/1371 (2001); zur völkerrechtlichen Diskussion vgl. *Heintschel v. Heinegg* in Ipsen VölkerR § 56 Rn. 24.
[106] *Epping* in BeckOK GG, 44. Ed. 15.8.2020, GG Art. 87a Rn. 11.3; *Krieger* in Schmidt-Bleibtreu/Hofmann/Henneke GG Art. 87a Rn. 13; *Grzeszick* in BerlKommGG GG Art. 87a Rn. 28; aA *Depenheuer* in Maunz/Dürig GG Art. 87a Rn. 92 f.
[107] *Heun* in Dreier GG Art. 87a Rn. 11; *Kirchhof* in Isensee/Kirchhof StaatsR-HdB IV § 84 Rn. 49.
[108] *Schmahl* in Sodan GG Art. 87a Rn. 7; *Wolff* in HK-GG GG Art. 87a Rn. 3; *Ladiges* JuS 2015, 598 (600); aA *Müller-Franken* in v. Mangoldt/Klein/Starck GG Art. 87a Rn. 51; *Epping* in BeckOK GG, 44. Ed. 15.8.2020, GG Art. 87a Rn. 11; *Heintschel v. Heinegg* in Ipsen VölkerR § 56 Rn. 26.
[109] So *Krieger* in Schmidt-Bleibtreu/Hofmann/Henneke GG Art. 87a Rn. 13; *Fassbender* in Isensee/Kirchhof StaatsR-HdB XI § 244 Rn. 42; aA *Stein/v. Buttlar/Kotzur* VölkerR, § 52 Rn. 844.
[110] Dies schließt einen Einsatz gegen terroristische Angriffe auf anderer Rechtsgrundlage (Art. 35 Abs. 2, 3, Art. 87a Abs. 4, Art. 24 Abs. 2 GG) nicht aus.
[111] *Heun* in Dreier GG Art. 115a Rn. 6; *Müller-Franken* in v. Mangoldt/Klein/Starck GG Art. 87a Rn. 44.
[112] *Depenheuer* in Maunz/Dürig GG Art. 87a Rn. 85.
[113] *Müller-Franken* in v. Mangoldt/Klein/Starck GG Art. 87a Rn. 43; *Riemenschneider* NZWehrr 2019, 191 (196).
[114] *Fassbender* in Isensee/Kirchhof StaatsR-HdB XI § 244 Rn. 50; *Ladiges* JuS 2015, 598 (600).

§ 52

Militärflughäfen dient der Sicherstellung von Funktionsfähigkeit und Einsatzbereitschaft der Streitkräfte und stellt einen Annex zum Verteidigungsauftrag dar.[115] Geleistet wird dieser Schutz im Inland nach den Maßgaben eines aufgrund der Gesetzgebungskompetenz für die Verteidigung hierzu ergangenen Gesetzes[116] und im Ausland im Rahmen der der Stationierung zugrunde liegenden völkerrechtlichen Vereinbarungen.

43 Unterschiedlich beantwortet wird die Frage, ob der Auftrag zur Landesverteidigung auch die **Rettung deutscher Staatsbürger aus lebensbedrohenden Gefahrenlagen** im Ausland erfasst, wie sie sich in Bürgerkriegszuständen oder im Fall von Geiselnahmen ergeben können. Befürworter[117] subsumieren Rettungs- und Evakuierungseinsätze der Bundeswehr als „Personalverteidigung" unter Art. 87a Abs. 1 S. 1, Abs. 2 GG. Sie weisen auf die Schutzpflicht des Staates für Leben und körperliche Unversehrtheit seiner Staatsangehörigen hin.[118] Gegner dieser Auffassung sehen dadurch den Ausnahmecharakter des Art. 87a Abs. 2 unterlaufen[119] und den Verteidigungsauftrag überdehnt.[120] Einheiten der Bundeswehr haben bislang in drei Fällen militärische Rettungsoperationen durchgeführt, 1997 aus Albanien, 2011 aus Libyen und 2021 aus Afghanistan. Da diese Einsätze unilateral und nicht im Rahmen eines Systems gegenseitiger kollektiver Sicherheit nach Art. 24 Abs. 2 GG stattfanden, kommt als ausdrückliche Verfassungsgrundlage nur die Verteidigung gem. Art. 87a Abs. 1 S. 1, Abs. 2 GG in Betracht. Auf diese Norm stützte die Bundesregierung ihren Einsatz in Albanien 1997.[121] Das BVerfG äußerte sich zur materiellen Rechtsgrundlage der Evakuierung aus Libyen in seinem Urteil v. 23.9.2015[122] nicht, sondern ging nur auf die Frage der parlamentarischen Zustimmungsbedürftigkeit des Einsatzes ein. Es dürfte damit aber inzidenter die Zulässigkeit derartiger Streitkräfteeinsätze gebilligt haben. Diese unterfallen – ihre Völkerrechtsmäßigkeit vorausgesetzt[123] – **dem Verteidigungsauftrag der Bundeswehr,** da zu den Schutzobjekten der Verteidigung neben dem Territorium und der Staatsgewalt auch das Staatsvolk zählt.[124] Auch in der völkerrechtlichen Diskussion steigt die Bereitschaft, Militäreinsätze zur Rettung eigener Staatsbürger aus Gefahrenlagen im Ausland ohne Zustimmung des Aufenthaltsstaates zu akzeptieren.[125] Eine verhältnismäßige Verletzung von Souveränitätsrechten des Aufenthaltsstaates soll zumindest dann in Kauf genommen werden, wenn dieser zum Schutz des Lebens der Betroffenen nicht gewillt oder nicht in der Lage ist.[126]

---

[115] *Wolff* in HK-GG GG Art. 87a Rn. 2; *März* in Isensee/Kirchhof StaatsR-HdB XII § 281 Rn. 21; *Kirchhof* in Isensee/Kirchhof StaatsR-HdB IV § 84 Rn. 52; so auch Schriftlicher Bericht des Rechtsausschusses BT-Drs. V/2873, 13.
[116] Gesetz über die Anwendung unmittelbaren Zwanges und die Ausübung besonderer Befugnisse durch Soldaten der Bundeswehr (UZwGBw), näher unten E. IV, Rn. 96 ff.
[117] *Depenheuer* in Maunz/Dürig GG Art. 87a Rn. 40, 108; *Müller-Franken* in v. Mangoldt/Klein/Starck GG Art. 87a Rn. 47; *Hillgruber* in Umbach/Clemens GG Art. 87a Rn. 17; *Fischer/Ladiges* NZWehrr 2011, 221 (226).
[118] So *Wolff* in HK-GG GG Art. 87a Rn. 2. Nach *Kment* in Jarass/Pieroth GG Art. 87a Rn. 13 ergibt sich die Befugnis der Bundeswehr zur Rettung deutscher Staatsbürger aus Gefahrenlagen im Ausland bereits aus der staatlichen Schutzpflicht für Leben und körperliche Unversehrtheit gem. Art. 2 Abs. 2 S. 1 GG.
[119] *Epping* in BeckOK GG, 44. Ed. 15.8.2020, GG Art. 87a Rn. 10; *Wiefelspütz* Parlamentsheer 119.
[120] *Heun* in Dreier GG Art. 87a Rn. 17; *Fassbender* in Isensee/Kirchhof StaatsR-HdB XI § 244 Rn. 75; *Brunner* ZRP 2011, 207 (208).
[121] Vgl. BT-Drs. 13/7233 sowie die Plenardebatte im Bundestag am 20.3.1997 BTPlProt 13/166; zur Evakuierung aus Afghanistan BT-Drs. 19/32022.
[122] BVerfGE 140, 160 = BeckRS 2015, 52303.
[123] Diese war in den Fällen Albanien und Libyen jedenfalls durch die Zustimmung bzw. mutmaßliche Zustimmung der Regierungen der Einsatzländer gegeben. Im Fall Afghanistan berief sich die Bundesregierung auf die Fortgeltung der Zustimmung der Vorgängerregierung, vgl. BT-Drs. 19/32022, 1.
[124] *Kirchhof* in Isensee/Kirchhof StaatsR-HdB IV § 84 Rn. 52; *Müller-Franken* in v. Mangoldt/Klein/Starck GG Art. 87a Rn. 47; *Glawe* NZWehrr 2009, 221 (225).
[125] Vgl. *Stein/v. Buttlar/Kotzur* VölkerR § 48 Rn. 805; *Aust* in v. Münch/Kunig GG Art. 87a Rn. 18; aA *Bothe* in Vitzthum/Proeß VölkerR, 8. Aufl., 2019, 8. Abschn. Rn. 16.
[126] *Heintschel v. Heinegg* in Ipsen VölkerR § 56 Rn. 47; *Heintschel v. Heinegg* in BeckOK GG Art. 24 Rn. 42; *Sigloch,* Auslandseinsätze der Bundeswehr, 2006, 138.

2. Bündnisverteidigung

Unter Verteidigung iSd Art. 87a GG fällt nicht nur die Landesverteidigung, sondern auch **44** die **kollektive Selbstverteidigung im Rahmen eines Verteidigungsbündnisses.** Der Verteidigungsauftrag des Grundgesetzes war von Anfang an bündnisorientiert.[127] Während die Grundgesetzergänzung von 1954 noch auf die Europäische Verteidigungsunion ausgerichtet war (→ Rn. 18), erfolgte die Verfassungsänderung des Jahres 1956 vor dem Hintergrund der inzwischen bestehenden Mitgliedschaft der Bundesrepublik Deutschland in der NATO und der WEU. Landesverteidigung Deutschlands erschien damals wie heute nur im Bündnisrahmen vorstellbar.[128] So wurde die Wehrverfassung derart ausgestaltet, dass die Bundesrepublik ihren vertraglichen Beistandspflichten gegenüber den NATO- und WEU-Partnern nachkommen konnte.[129]

Die NATO bildet ein Verteidigungsbündnis.[130] In Art. 5 NATO-Vertrag[131] haben die **45** Vertragsparteien vereinbart, dass ein bewaffneter Angriff gegen eine von ihnen in Europa oder Nordamerika als Angriff gegen sie alle angesehen wird. Die Mitgliedstaaten sichern sich zu, im Fall eines solchen Angriffs der angegriffenen Partei Beistand zu leisten und mit den erforderlichen Maßnahmen einschließlich der Anwendung von Waffengewalt die Sicherheit des Vertragsgebietes wiederherzustellen und zu erhalten. Der Auftrag der Bundeswehr umfasst damit die **Verteidigung eines NATO-Partners,** der sich einem bewaffneten Angriff von außerhalb des Bündnisgebietes ausgesetzt sieht.[132] Dies gilt unabhängig davon, ob das Bundesgebiet selbst angegriffen oder unmittelbar bedroht wird.[133] Den Bündnisfall hat die NATO bislang einmal in ihrer Geschichte erklärt.[134]

Der Charakter der NATO als Verteidigungsbündnis ist auch nach der Übernahme **46** zusätzlicher Aufgaben durch das Neue Strategische Konzept 1999 mit seinem weit gefassten Auftrag zur Friedenssicherung erhalten geblieben.[135] Denn die Fortschreibung des Auftrags der Organisation, die auf einer grundlegend veränderten internationalen Sicherheitslage beruhte, ließ die kollektive Verteidigungsfunktion des Bündnisses unberührt.[136] Eine Beteiligung der Bundeswehr an Militäraktionen der NATO auf Aktionsfeldern wie der **Krisenprävention außerhalb des Nordatlantikraums** lässt sich allerdings **nicht auf die Kompetenz zur Bündnisverteidigung** stützen.[137]

Die Westeuropäische Union wurde zum 30.6.2011 aufgelöst. Sie ging nach dem Vertrag **47** von Lissabon in der Gemeinsamen Sicherheits- und Verteidigungspolitik (GSVP) der EU auf. Die Aufgaben der WEU wurden fortan durch die EU abgedeckt.[138] Denn die EU verfügt seit dem Vertrag von Lissabon über eine **Beistandsklausel** nach dem Vorbild von Art. V WEU-Vertrag. Nach Art. 42 Abs. 7 EUV schulden im Fall eines bewaffneten Angriffs auf das Hoheitsgebiet eines Mitgliedstaates die anderen Mitgliedstaaten diesem alle

---

[127] *Hillgruber* in Umbach/Clemens GG Art. 87a Rn. 18; *Riemenschneider* NZWehr 2019, 191 (197); *Wiefelspütz* Parlamentsheer 118.
[128] *Depenheuer* in Maunz/Dürig GG Art. 87a Rn. 77; *Breitwieser* NZWehrr2009, 150 (158).
[129] *Riemenschneider* NZWehr 2019, 191, 197 f.; *Wiefelspütz* Parlamentsheer 59 f.
[130] Vgl. BVerfGE 68, 1 (102).
[131] Nordatlantikvertrag v. 4.4.1949 (BGBl. 1955 II 289).
[132] *Müller-Franken* in v. Mangoldt/Klein/Starck GG Art. 87a Rn. 44.
[133] *Depenheuer* in Maunz/Dürig GG Art. 87a Rn. 128; *Hillgruber* in Umbach/Clemens GG Art. 87a Rn. 18.
[134] Der NATO-Rat beschloss unter dem Eindruck der terroristischen Anschläge in den USA vom 11. September 2001, dass diese als Angriff gegen alle Bündnispartner im Sinne der Beistandsverpflichtung zu betrachten seien, und rief am 4.10.2001 den Bündnisfall aus. Deutschland erfüllte seine Beistandsverpflichtung durch den Einsatz bewaffneter Streitkräfte im Rahmen der NATO-Operation ENDURING FREEDOM. Der an den Bundestag gerichtete Antrag der Bundesregierung auf Zustimmung zu diesem Einsatz – BT-Drs. 14/7296 – nennt als verfassungsrechtliche Grundlage allerdings nicht die Bündnisverteidigung gem. Art. 87a GG, sondern Art. 24 Abs. 2 GG.
[135] *Stein/v. Buttlar/Kotzur* VölkerR § 25 Rn. 466.
[136] BVerfGE 104, 151 (203) = NJW 2002, 1559.
[137] *Depenheuer* in Maunz/Dürig GG Art. 87a Rn. 79. Derartige Einsätze außerhalb der Bündnisverteidigung können auf Art. 24 Abs. 2 GG gestützt werden. Dem steht Art. 87a GG nicht entgegen, vgl. BVerfGE 90, 286 (355) = NJW 1994, 2207.
[138] Vgl. Unterrichtung durch die Bundesregierung BT-Drs. 17/10594.

in ihrer Macht stehende Hilfe und Unterstützung.[139] Hinsichtlich Art und Umfang der Erfüllung der Beistandspflicht verfügen die Mitgliedstaaten über einen politischen Ermessensspielraum. Angesichts der Rechtsverbindlichkeit der Beistandsklausel[140] ist es angebracht, auch die **EU als Verteidigungsbündnis** iSv Art. 87a GG anzuerkennen.[141] Die Bundeswehr kann demnach bei einem bewaffneten Angriff auf einen EU-Mitgliedstaat zur Verteidigung dieses Staates eingesetzt werden.

48 Ein militärisches Zusammenwirken mehrerer Staaten im Wege einer anlassbezogenen **„Koalition der Willigen"** begründet hingegen **kein Verteidigungsbündnis,** das einen Einsatz der Bundeswehr zur Bündnisverteidigung auf der Grundlage des Art. 87a GG zulassen würde. Denn Voraussetzung eines Verteidigungsbündnisses ist eine völkervertragsrechtliche Rechtsgrundlage mit einer gegenseitigen Beistandsverpflichtung.[142]

49 Der Begriff des Verteidigungsbündnisses stimmt nicht mit dem des Systems gegenseitiger kollektiver Sicherheit nach Art. 24 Abs. 2 GG überein. So handelt es sich bei den Vereinten Nationen um ein System gegenseitiger kollektiver Sicherheit, nicht aber um ein Verteidigungssystem iSd Art. 87a GG, dessen Zweck darin besteht, externe Angreifer durch ein Beistandsversprechen abzuschrecken.[143] Das BVerfG versteht Art. 87a GG und Art. 24 Abs. 2 GG als **voneinander unabhängige Rechtsgrundlagen** für Einsätze der Bundeswehr.[144] Art. 87a GG schränke die Möglichkeiten, bewaffnete deutsche Streitkräfte im Rahmen eines kollektiven Sicherheitssystems einzusetzen, nicht ein.[145] Für die Bündnisverteidigung auf der Grundlage von Art. 87a GG gilt die Vorgabe des Art. 24 Abs. 2 GG nicht, dass ein Einsatz im Rahmen und nach den Regeln des Systems erfolgen muss. Einem Partnerland der NATO oder der EU, das dem bewaffneten Angriff eines Drittstaates ausgesetzt ist, kann die Bundeswehr auch **bilateral Beistand bei der Verteidigung** leisten. Einer vorherigen Feststellung des Bündnisfalles, sei es nach Art. 5 NATO-Vertrag, sei es gem. Art. 42 Abs. 7 EUV, bedarf es nicht. Bereits der Angriff auf einen Bündnispartner kann Grundlage für einen Einsatz der Bundeswehr zur Verteidigung sein.[146]

3. Cyberverteidigung

50 Als Cyberverteidigung wird die **Verteidigung im Cyber- und Informationsraum** bezeichnet. Die Cyberverteidigung trägt in Ergänzung der von zivilen Sicherheitsbehörden zu verantwortenden Cyberabwehr[147] zur Gewährleistung von Cybersicherheit bei. In der Tat sind heutzutage Cyberangriffe auf kritische Infrastrukturen vorstellbar, die verheerende

---

[139] Nach den Terroranschlägen von Paris im November 2015 ersuchte die französische Regierung die Mitgliedstaaten der EU gem. Art. 42 Abs. 7 EUV um Unterstützung und Beistand. Auf ihrem Treffen am 17.11.2015 bestätigten die EU-Verteidigungsminister, dass die Voraussetzungen des Art. 42 Abs. 7 vorlagen.
[140] *Cremer* in Callies/Ruffert EUV Art. 42 Rn. 16; *Geiger* in Geiger/Khan/Kotzur EUV Art. 42 Rn. 11 f.
[141] Vgl. *März* in Isensee/Kirchhof StaatsR-HdB XII § 281 Rn. 39. Das BVerfG bezeichnet die NATO gerade wegen der Beistandsklausel als „klassisches Verteidigungsbündnis", BVerfGE 118, 244 (263) = BeckRS 2007, 24547.
[142] Vgl. *Müller-Franken* in v. Mangoldt/Klein/Starck GG Art. 87a Rn. 45; *Depenheuer* in Maunz/Dürig GG Art. 87a Rn. 128; aA *Kokott/Hummel* in Sachs GG Art. 87a Rn. 24; näher zu einer weiter gehenden Interpretation des Verteidigungsbegriffs unten C.I.4, Rn. 53 f.
[143] Zur Unterscheidung *Classen* in v. Mangoldt/Klein/Starck GG Art. 24 Rn. 80; *Callies* in Maunz/Dürig GG Art. 24 Abs. 2 Rn. 7 ff.
[144] BVerfGE 90, 286 (355 f.) = NJW 1994, 2207; *Müller-Franken* in v. Mangoldt/Klein/Starck GG Art. 87a Rn. 77.
[145] AA *Depenheuer* in Maunz/Dürig GG Art. 87a Rn. 81, der einen Einsatz der Bundeswehr im Rahmen des Art. 24 Abs. 2 GG nur dann für zulässig hält, wenn er auch der Abwehr einer Bedrohung Deutschlands dient.
[146] *Müller-Franken* in v. Mangoldt/Klein/Starck GG Art. 87a Rn. 44; *Kokott/Hummel* in Sachs GG Art. 87a Rn. 24.
[147] Einen Überblick über die Zuständigkeiten gibt *Knoll*, Streitkräfteeinsatz zur Verteidigung gegen Cyberangriffe, 2020, 94 ff.

C. Der Verfassungsauftrag zur Verteidigung § 52

Wirkungen entfalten und einen bewaffneten Angriff im völkerrechtlichen Sinn darstellen.[148] Cyberverteidigung ist Aufgabe der Bundeswehr.[149] Organisatorisch umfasst sie die in der Bundeswehr inzwischen aufgebauten defensiven und offensiven Fähigkeiten zum Wirken im Cyberraum.[150]

Zusätzliche verfassungsrechtliche Kompetenzen zur Bekämpfung von Cyberangriffen sind der Bundeswehr bislang nicht verliehen worden. Neue technische Entwicklungen und neue Angriffsmethoden können auch **keine Erweiterung des Verteidigungsbegriffs** bewirken. Das Vorgehen der Streitkräfte im Cyberraum unterliegt den gleichen rechtlichen Voraussetzungen wie andere militärische Aktionen.[151] Auch für den Einsatz der Bundeswehr zur Cyberverteidigung bildet Art. 87a Abs. 1 S. 1, Abs. 2 GG die maßgebliche Rechtsgrundlage. Ein Streitkräfteeinsatz im Cyberraum ist zulässig, wenn er zur Abwehr eines bewaffneten Angriffs auf die Bundesrepublik Deutschland erfolgt. 51

Bereits eine einzelne Cyberattacke kann die **Schwelle zu einem bewaffneten Angriff** überschreiten. Hierfür muss sie von ihrer Intensität und Tragweite her einem Angriff mit kinetischen Mitteln gleichkommen, der erhebliche Verluste an Menschenleben und Sachgütern verursacht.[152] Eine Zerstörung von Datenbanken, die vorübergehende Beeinträchtigungen ziviler Infrastruktur hervorruft, reicht hingegen nicht aus, um einen Verteidigungseinsatz der Bundeswehr zu legitimieren.[153] Darüber hinaus müsste der Angriff einem fremden Staat zuzurechnen sein, wobei im Cyberraum Rückverfolgung und Zurechnung von Angriffen erhebliche tatsächliche Schwierigkeiten bereiten.[154] Über eine Befugnis zur Abwehr von Cyber-Attacken verfügt die Bundeswehr allerdings, wenn ihre **eigenen Netze angegriffen** werden.[155] Denn der Schutz ihrer Einrichtungen ist Bestandteil des Verfassungsauftrags der Bundeswehr (→ Rn. 42). 52

Neben Art. 87a Abs. 1 S. 1 GG kommen als Rechtsgrundlage eines Bundeswehreinsatzes auch im Cyberraum Art. 24 Abs. 2 GG bei entsprechend mandatierten Auslandseinsätzen sowie Art. 35 Abs. 2 und 3 GG und Art. 87a Abs. 3 und 4 GG in Notstandslagen in Betracht, wenn die jeweiligen Voraussetzungen gegeben sind. Von diesen Konstellationen abgesehen liegt die Befugnis zu Maßnahmen gegen Cyberangriffe nach der geltenden Kompetenzverteilung des Grundgesetzes aber bei **Sicherheitsbehörden außerhalb des Verteidigungsbereichs**. Diesen kann die Bundeswehr Unterstützung im Wege technischer Amtshilfe gem. Art. 35 Abs. 1 GG leisten. 53

4. Weiter gehende Auslegung des Verteidigungsbegriffs

Im Schrifttum verbreitet ist die Tendenz, das Schutzobjekt der Verteidigung über Deutschland und seine Bündnispartner hinaus zu erweitern. Die Völkerrechtsfreundlichkeit des Grundgesetzes soll dazu dienen, Verteidigung nach Art. 87a GG im Sinne des **individuellen und kollektiven Selbstverteidigungsrechts gem. Art. 51 UNCh** zu verstehen und es der Bundeswehr zu ermöglichen, auch außerhalb von Bündnisverpflichtungen anderen 54

---

[148] Vgl. *Hobe* in Isensee/Kirchhof StaatsR-HdB XI § 231 Rn. 28.
[149] Vgl. hierzu Bundesministerium des Innern, Cyber-Sicherheitsstrategie für Deutschland 2016, 33; BMVg, Weißbuch 2016 zur Sicherheitspolitik und zur Zukunft der Bundeswehr, 38, 93.
[150] Vgl. Antwort der Bundesregierung BT-Drs. 19/3420, 2 f.
[151] So auch die Auffassung der Bundesregierung, BT-Drs. 18/6989, 4; 19/3420, 7; 19/10336, 8.
[152] *Krieger* in Schmidt-Bleibtreu/Hofmann/Henneke GG Art. 87a Rn. 17; *Schmahl* in Sodan GG Art. 87a Rn. 6; *Spies-Otto* NZWehrr 2016, 133 (150); s. auch *Plate* ZRP 2011, 200; *Heintschel v. Heinegg* in Ipsen VölkerR § 56 Rn. 13.
[153] *Schmidt-Radefeldt* in BeckOK GG, 44. Ed. 15.8.2020, GG Art. 115a Rn. 4; *Müller-Franken* in v. Mangoldt/Klein/Starck GG Art. 87a Rn. 58.
[154] *Kokott/Hummel* in Sachs GG Art. 87a Rn. 38; hierzu auch *Ziolkowski* GSZ 2019, 51; *Marxsen* JZ 2017, 543 (548); *Knoll*, Streitkräfteeinsatz zur Verteidigung gegen Cyberangriffe, 2020, 158 ff.
[155] *Ladiges* NZWehrr 2017, 221 (234). Auch nach Auffassung der Bundesregierung fallen Maßnahmen der Bundeswehr zum Schutz ihrer eigenen Systeme nicht unter Cyberabwehr, sondern unter Cyberverteidigung, vgl. BT-Drs. 19/2645, 3.

Staaten militärische Unterstützung bei der Abwehr eines bewaffneten Angriffs zu leisten.[156] Der **Beistand zugunsten von Drittstaaten** müsse nur völkerrechtlich zulässig und vom Bundestag gebilligt sein. Dem ist entgegen zu halten, dass der Verteidigungsbegriff des Grundgesetzes nicht identisch mit demjenigen der UN-Charta sein muss.[157] Das Grundgesetz ist zwar völkerrechtsfreundlich zu interpretieren, seine Auslegung aber nicht durch das Völkerrecht bestimmt.[158] Bei Nothilfe für nicht verbündete Staaten fehlt ein Bezug zur Staatlichkeit der Bundesrepublik Deutschland. Ein weltweiter Einsatz der Bundeswehr lag außerhalb der Vorstellungen der verfassungsgebenden und verfassungsändernden Organe der Bundesrepublik Deutschland. Das Grundgesetz ist geprägt vom Friedensgebot und der Bemühung, militärische Gewaltanwendung nach Möglichkeit zu vermeiden.[159] Dieses Ziel ist auch heute noch maßgeblich und spricht gegen die Einbeziehung der Staatennothilfe in den Verteidigungsbegriff.[160] Daher ist der militärische Beistand für einen Drittstaat **nicht als Verteidigung im Sinne des Grundgesetzes** einzustufen.[161]

55 Noch weiter gehen diejenigen, die jede völkerrechtskonforme Verwendung deutscher Streitkräfte als Verteidigung iSd Art. 87a GG ansehen[162] oder einen Streitkräfteeinsatz zur Verteidigung nicht mehr von der Art oder dem Ort des Angriffs oder der Qualität des Angreifenden abhängig machen wollen. Ausschlaggebend sein sollen die Intensität der abzuwehrenden Gefahr,[163] das Bedürfnis, Schutzlücken zu schließen,[164] oder die Opferperspektive.[165] Die Bundeswehr solle immer dann zur Verteidigung eingesetzt werden dürfen, wenn sie eine **Gefahr am effektivsten bekämpfen** kann.[166] Einer solchen Auslegung stehen Wortlaut, Entstehungsgeschichte und Gesamtzusammenhang der Wehrverfassung entgegen. Die Aufgabentrennung, die das Grundgesetz zwischen polizeilichen und militärischen Funktionen vornimmt, würde missachtet und dem grundgesetzlichen Verteidigungsbegriff käme dann keine inhaltliche Begrenzungswirkung mehr zu.[167] Zudem dürfen die weitreichenden Konsequenzen, zu denen die Anerkennung einer Attacke als Angriff mit Waffengewalt auf das Bundesgebiet führen kann, nicht unbedacht bleiben, wie innerstaatliche Kompetenzverschiebungen durch Feststellung des Verteidigungsfalles[168] oder eine Anwendbarkeit des Rechts des bewaffneten Konfliktes mit seinen Kampfführungsbefugnissen.[169] Das Ziel, das Grundgesetz an die veränderte weltpolitische Stellung Deutschlands nach der Wiedervereinigung, an neue Erscheinungsformen asymmetrischer Konflikte oder an die Bedrohungen durch den internationalen Terrorismus anzupassen, darf nicht im Wege einer **Auslegung des Grundgesetzes verfolgt werden, die dem Verteidigungsbegriff jegliche Konturen nimmt**.[170]

---

[156] *Epping* in BeckOK GG, 44. Ed. 15.8.2020, GG Art. 87a Rn. 6; *Kokott/Hummel* in Sachs GG Art. 87a Rn. 25; *Hillgruber* in Umbach/Clemens GG Art. 87a Rn. 23; teilweise wird einschränkend vorausgesetzt, dass der Angriff gegen einen Drittstaat zugleich eine Bedrohung Deutschlands oder eines seiner Bündnispartner darstellt, so *Depenheuer* in Maunz/Dürig GG Art. 87a Rn. 120 f.
[157] *Fassbender* in Isensee/Kirchhof StaatsR-HdB XI § 244 Rn. 52.
[158] Vgl. BVerfGE 111, 307 (318) = NJW 2004, 3407; *Müller-Franken* in v. Mangoldt/Klein/Starck GG Art. 87a Rn. 46; *Wiefelspütz* Parlamentsheer 119; *Riemenschneider* NZWehr 2019, 191 (195).
[159] *Fassbender* in Isensee/Kirchhof StaatsR-HdB XI § 244 Rn. 53.
[160] Einer engen Auslegung des Verteidigungsbegriffs folgt auch die Staatspraxis. Die Bundesregierung stützt die an den Bundestag gerichteten Anträge auf Zustimmung zu Auslandseinsätzen der Bundeswehr bislang verfassungsrechtlich regelmäßig auf die Einordnung in ein System gegenseitiger kollektiver Sicherheit gem. Art. 24 Abs. 2 GG und nicht auf das Recht zur kollektiven Selbstverteidigung.
[161] *Kirchhof* in Isensee/Kirchhof StaatsR-HdB IV § 84 Rn. 53.
[162] So *Aust* in v. Münch/Kunig GG Art. 87a Rn. 35; ähnlich weit *Fischer/Ladiges* NZWehr 2011, 221 (226); dagegen *Kment* in Jarass/Pieroth GG Art. 87a Rn. 12.
[163] *Depenheuer* in Maunz/Dürig GG Art. 87a Rn. 89.
[164] *Wiefelspütz* Parlamentsheer 117.
[165] *Hernekamp* in v. Münch/Kunig GG, 6. Aufl., Art. 87a Rn. 4.
[166] *Depenheuer* in Maunz/Dürig GG Art. 87a Rn. 91; *Wiefelspütz* Parlamentsheer 122.
[167] *Scherrer*, Das Parlament und sein Heer, 2010, 63; *Riemenschneider* NZWehr 2019, 191 (194).
[168] *März* in Isensee/Kirchhof StaatsR-HdB XII § 281 Rn. 49.
[169] *Gramm* Die Verwaltung 2008, 375 (396).
[170] So auch *Gramm* Die Verwaltung 2008, 375 (395).

C. Der Verfassungsauftrag zur Verteidigung § 52

5. Gesamtverteidigung

Die Bezeichnung „Gesamtverteidigung" ist kein Begriff des Grundgesetzes. Sie entstammt der Verwaltungspraxis. Das BVerfG sprach aber bereits im Jahr 1958 von einer „Gesamtaufgabe Verteidigungswesen".[171] Es versteht diese im Sinne der Gesetzgebungskompetenz des Art. 73 Abs. 1 Nr. 1 GG als **Verteidigung einschließlich des Schutzes der Zivilbevölkerung.** Die zivile Verteidigung schützt die Bevölkerung und die Staatsgewalt im Innern durch nichtmilitärische Schutzmaßnahmen vor kriegsbedingten Risiken.[172] Während die Durchführung der militärischen Verteidigung nach Art. 87a Abs. 1 GG allein dem Bund obliegt, ist die Wahrnehmung der Aufgaben der zivilen Verteidigung zwischen Bund und Ländern geteilt.[173]   56

Näher bestimmt wird die Durchführung der Staatsaufgabe Gesamtverteidigung in Richtlinien der Bundesregierung. Unverändert in Kraft befinden sich noch heute die vom Bundesministerium des Innern und vom Bundesministerium der Verteidigung im Jahr 1989 gemeinsam erstellten **Rahmenrichtlinien für die Gesamtverteidigung.**[174] Diese befassen sich mit Organisation und Koordination der zivil-militärischen Zusammenarbeit zur Gesamtverteidigung auf allen Verwaltungsebenen von Bund und Ländern.[175] Die Rahmenrichtlinien sehen militärische und zivile Verteidigung als organisatorisch eigenständig, jedoch in unauflösbarem Zusammenhang miteinander stehend an. Sie erläutern Aufgaben und Strukturen beider Teilbereiche der Gesamtverteidigung, ihr Zusammenwirken sowie ihre Kooperation mit Einrichtungen der NATO.   57

Im Gegensatz zu den Rahmenrichtlinien sind die Verwaltungsvorschriften für die Teilbereiche der Gesamtverteidigung in den letzten Jahren im Licht der sicherheitspolitischen Umbrüche überarbeitet worden. Im Jahr 2016 hat das Bundesministerium des Innern eine neue **Konzeption Zivile Verteidigung** als Basisdokument für die Aufgabenerfüllung der zivilen Verteidigung und der zivilen Notfallvorsorge des Bundes herausgegeben.[176] Ziel der Konzeption ist es, alle zivilen Maßnahmen zu planen, vorzubereiten und durchzuführen, die zur Herstellung der Verteidigungsfähigkeit einschließlich der Versorgung und des Schutzes der Bevölkerung erforderlich sind.   58

Das militärische Gegenstück zur Konzeption Zivile Verteidigung bildet die **Konzeption der Bundeswehr**[177], die als Dachdokument abgeleitet aus den Vorgaben des Weißbuchs 2016 die Grundlinien der militärischen Verteidigung Deutschlands festlegt. Nach der Neufassung der Konzeption Zivile Verteidigung und der Konzeption der Bundeswehr bedürfen auch die Rahmenrichtlinien Gesamtverteidigung dringend der Überarbeitung,[178] da sie noch immer auf das überkommene Kriegsbild eines territorialen Angriffs auf die Bundesrepublik Deutschland ausgerichtet sind.   59

II. Der Auftrag zur Aufstellung der Bundeswehr

Mit dem Auftrag an den Bund in Art. 87a Abs. 1 S. 1 GG, Streitkräfte aufzustellen, ist nicht ein einmaliger Organisationsakt gemeint. Der Auftrag umfasst Aufbau und Organisation,   60

---

[171] BVerfGE 8, 104 (116) = NJW 1958, 1339; daran anknüpfend *Wolff* in HK-GG GG Art. 87a Rn. 2.
[172] *Kirchhof* in Isensee/Kirchhof StaatsR-HdB IV § 84 Rn. 2; *Uhle* in Maunz/Dürig GG Art. 73 Rn. 51.
[173] Vgl. das Gesetz über den Zivilschutz und die Katastrophenhilfe des Bundes v. 25.3.1997 (BGBl. 1997 I 726).
[174] https://www.bbk.bund.de/SharedDocs/Downloads/BBK/DE/FIS/DownloadsDigitalisierteMedien/Broschueren/Gesamtverteidigungsrichtlinien.pdf.
[175] Zur Entstehungsgeschichte der Rahmenrichtlinien *Klinkenberg* BWV 2019, 4 f.
[176] https://www.bbk.bund.de/SharedDocs/Downloads/BBK/DE/Publikationen/Sonstiges/Konzeption_Zivile_Verteidigung_KZV.pdf.
[177] https://www.bmvg.de/resource/blob/26544/9ceddf6df2f48ca87aa0e3ce2826348d/20180731-konzeption-der-bundeswehr-data.pdf.
[178] *Klinkenberg* Bundeswehrverwaltung 2019, 25 (30).

aber auch Ausrüstung und Unterhalt der Truppe.[179] Er ist **auf Dauer angelegt,** da Funktionsfähigkeit und Einsatzbereitschaft der Truppe laufend zu gewährleisten sind. Art. 87a GG garantiert die Existenz staatlicher Streitkräfte, eine Privatisierung ihrer hoheitlichen Aufgaben untersagt das Grundgesetz.[180]

61 Auf welche Weise Funktionsfähigkeit und Einsatzbereitschaft gewährleistet werden und damit der Aufstellungsauftrag erfüllt wird, haben die zuständigen politischen Organe des Bundes, Bundestag und Bundesregierung, zu entscheiden.[181] Die **erforderlichen Finanzmittel** hat der Haushaltsgesetzgeber der Bundeswehr zur Verfügung zu stellen. Zudem muss das für eine einsatzfähige Armee **notwendige Personal** gewonnen werden, sei es auf Grundlage der Wehrpflicht, sei es durch hohe Attraktivität des Dienstes für freiwillige Bewerber.

62 Wenn das Grundgesetz als Zweck der Aufstellung der Streitkräfte die Verteidigung benennt, meint es damit nicht nur die Abwehr eines aktuellen oder unmittelbar drohenden Angriffes, sondern auch die Abschreckung potentieller Aggressoren.[182] So ist die Aufstellung der Bundeswehr auch als Instrument der **Prävention und der Kriegsverhütung** zu verstehen.[183] Der Grund- und Routinebetrieb der Streitkräfte soll die jederzeitige Einsatzbereitschaft sicherstellen und ist damit Bestandteil der Umsetzung des Verteidigungsauftrages. Dazu zählen militärische Ausbildung und Training mit der Durchführung von Manövern und Übungen ebenso wie die Vorbereitung auf einen potentiellen künftigen Einsatz durch die Erstellung von Lagebildern über Entwicklungen in ausländischen Staaten und die Abwehr von Spionage, die die Sicherheit der Streitkräfte gefährden könnte.[184] Dies gilt auch für die Verteidigung im Bündnis. Zur Bündnisverteidigung gehören internationale Übungen, Truppenverlegungen innerhalb des Bündnisgebietes[185] und gemeinsame Beobachtungs- und Überwachungsmaßnahmen. Ein Beispiel für die Kooperation bei der Verteidigung im Bündnis liefert die Beteiligung der deutschen Luftwaffe am Air-Policing der NATO im Luftraum über dem Baltikum.

III. Der Einsatz der Bundeswehr zur Verteidigung

1. Der Einsatzbegriff

63 Der Verfassungsauftrag zur Aufstellung von Streitkräften schließt den Auftrag und die Befugnis ein, diese – wenn nötig – auch zur Abwehr eines bewaffneten Angriffs einzusetzen.[186] Der Vorbehalt einer ausdrücklichen Einsatzermächtigung in Art. 87a Abs. 2 GG erstreckt sich nur auf Zwecke, die außerhalb der Verteidigung liegen.[187] Dem verfassungsändernden Gesetzgeber der Jahre 1956 und 1968 kam es darauf an, den Vorrang der Verteidigung zu verdeutlichen und ansonsten den Wirkungsbereich der Bundeswehr eng zu begrenzen.[188] Handelt es sich nicht um einen Einsatz zur Verteidigung und besteht keine andere grundgesetzliche Ermächtigung, dürfen die Streitkräfte nicht eingesetzt werden.[189]

---

[179] *Müller-Franken* in v. Mangoldt/Klein/Starck GG Art. 87a Rn. 59; *Kment* in Jarass/Pieroth GG Art. 87a Rn. 4.
[180] *Heck,* Grenzen der Privatisierung militärischer Aufgaben, 2010, 137.
[181] *Heun* in Dreier GG Art. 87a Rn. 10.
[182] *Müller-Franken* in v. Mangoldt/Klein/Starck GG Art. 87a Rn. 42.
[183] *Hillgruber* in Umbach/Clemens GG Art. 87a Rn. 31.
[184] *Hillgruber* in Umbach/Clemens GG Art. 87a Rn. 33.
[185] Wie etwa in Form der Beteiligung der Bundeswehr an der Enhanced Forward Presence Battlegroup der NATO in Litauen als Demonstration der Verteidigungsbereitschaft.
[186] *Kirchhof* in Isensee/Kirchhof StaatsR-HdB IV § 84 Rn. 13 f.
[187] *Depenheuer* in Maunz/Dürig GG Art. 87a Rn. 101.
[188] S. die Schriftlichen Berichte des Ausschusses für Rechtswesen und Verfassungsrecht bzw. des Rechtsausschusses BT-Drs. II/2150 und BT-Drs. V/2873.
[189] Dies gilt nicht für Auslandseinsätze, wenn die Vorbehaltsklausel des Art. 87a Abs. 2 GG als auf das Inland beschränkt interpretiert wird; näher → § 53 Rn. 42 ff.

C. Der Verfassungsauftrag zur Verteidigung § 52

In diesem Fall ist aber nicht jegliches Tätigwerden der Bundeswehr ausgeschlossen. Denn **64** Art. 87a Abs. 2 GG betrifft **nicht jede Verwendung der Streitkräfte,** sondern nur den Einsatz.[190] Als Kriterium, dass ein Streitkräfteeinsatz und keine bloße Verwendung vorliegt, soll die Bewaffnung der Soldaten dienen.[191] Eine so enge Auslegung des Einsatzbegriffs wird jedoch dem Schutzzweck des Art. 87a Abs. 2 GG nicht gerecht.[192] Zwang kann auch ohne Waffen ausgeübt werden. Das BVerfG sieht einen Einsatz der Bundeswehr dann als gegeben an, wenn diese als **Mittel der vollziehenden Gewalt in einem Eingriffszusammenhang** genutzt wird,[193] mit Zwangswirkung oder zumindest mit der Nutzung ihres Droh- und Einschüchterungspotentials.[194]

Maßnahmen des Hochwasserschutzes, der Landwirtschaftshilfe oder der Kriegsgräber- **65** pflege, bei denen sie keine Hoheitsgewalt ausübt, darf die Bundeswehr ohne ausdrückliche verfassungsrechtliche Ermächtigung durchführen. Sie kann repräsentative und karitative Aufgaben wahrnehmen[195] und zivilen Behörden technische Amtshilfe leisten. Ein nur unter den Voraussetzungen des Art. 87a Abs. 2 GG zulässiger Einsatz wird aber regelmäßig vorliegen, wenn **Grundrechte Dritter tangiert** sind.[196] So überschreiten Aktionen der Streitkräfte im Cyber-Raum die Einsatzschwelle und bedürfen einer Ermächtigung im Grundgesetz, wenn sie sich nicht auf passive Abwehr beschränken, sondern in fremden Computersystemen wirken.[197] Würde die Rettung deutscher Staatsbürger aus Notlagen im Ausland nicht unter „Verteidigung" subsumiert, dürfte die Bundeswehr in solchen Fällen nicht selbst mit hoheitlichen Mitteln eingreifen, da sie über keine ausdrückliche grundgesetzliche Ermächtigung verfügt. Sie könnte lediglich der Bundespolizei im Wege der Amtshilfe Transportkapazitäten oder Ausrüstung zur Verfügung stellen.

Der Begriff des Einsatzes in Art. 87a Abs. 2 GG ist **von dem des bewaffneten Ein- 66 satzes zu unterscheiden,** der den Vorbehalt parlamentarischer Zustimmung auslöst. Ein Einsatz bewaffneter Streitkräfte liegt nach der Rechtsprechung des BVerfG bei einem hoheitlichen Tätigwerden der Streitkräfte dann vor, wenn deutsche Soldaten in bewaffnete Unternehmungen einbezogen sind und eine Einbeziehung in bewaffnete Auseinandersetzungen qualifiziert zu erwarten ist.[198]

Ein Einsatz der Streitkräfte zur Verteidigung kann **im Inland wie im Ausland, auf der 67 hohen See wie im Weltraum** stattfinden. Das Grundgesetz begrenzt den Einsatzraum nicht.[199] Verteidigung setzt auch nicht voraus, dass ein gegnerischer bewaffneter Angriff bereits begonnen hat. Auch im Fall eines unmittelbar drohenden Angriffs ist der Einsatz der Streitkräfte verfassungsgemäß, da ansonsten eine effektive Abwehr unmöglich werden könnte.[200] Eine weiter ins Vorfeld reichende **präventive Verteidigung** ist von Art. 87a GG hingegen nicht abgedeckt. Sie liefe Gefahr, das Verbot des Angriffskrieges in Art. 26 Abs. 1 GG zu unterlaufen.

---

[190] *Grzeszick* in BerlKommGG GGArt. 87a Rn. 9; *Depenheuer* in Maunz/Dürig GG Art. 87a Rn. 103.
[191] *Kokott/Hummel* in Sachs GG Art. 87a Rn. 17; *Depenheuer* in Maunz/Dürig GG Art. 87a Rn. 169.
[192] *Heun* in Dreier GG Art. 87a Rn. 15; *Krieger* in Schmidt-Bleibtreu/Hofmann/Henneke GG Art. 87a Rn. 42 bezeichnet die Bewaffnung als Indiz für das Vorliegen eines Einsatzes.
[193] BVerfGE 132, 1 (20) = NVwZ 2012, 1239; so auch BVerwGE 132, 110 (119) = BeckRS 2009, 31509; *Epping* in BeckOK GG, 44. Ed. 15.8.2020, GG Art. 87a Rn. 18 setzt hingegen im Hinblick auf Mittel, Vorgehensweise und Zielsetzung spezifisch militärische Elemente voraus.
[194] So auch *Wolff* in HK-GG GG Art. 87a Rn. 7; *Müller-Franken* in v. Mangoldt/Klein/Starck GG Art. 87a Rn. 38; *Aust* in v. Münch/Kunig GG Art. 87a Rn. 44..
[195] *Epping* in BeckOK GG, 44. Ed. 15.8.2020, GG Art. 87a Rn. 18.1; *Schmahl* in Sodan GG Art. 87a Rn. 6.
[196] *Heun* in Dreier GG Art. 87a Rn. 21.
[197] *Ladiges* NZWehr 2017, 221 (229); s. auch → Rn. 51.
[198] BVerfGE 121, 135 (164) = NJW 2008, 2018; BVerfGE 140, 160 (190) = BeckRS 2015, 52303.
[199] *Wiefelspütz* Parlamentsheer 109.
[200] *Riemenschneider* NZWehr 2019, 191 (202).

2. Das Recht im Einsatz zur Verteidigung

68 Welcher Rechtsrahmen in einem Streitkräfteeinsatz zur Verteidigung anzuwenden ist, hängt vom Einsatzzusammenhang ab, insbesondere davon, ob der Einsatz **innerhalb oder außerhalb eines bewaffneten Konflikts** stattfindet. Der Angriff eines fremden Staates mit Waffengewalt auf die Bundesrepublik Deutschland oder einen ihrer Bündnispartner löst einen bewaffneten Konflikt im Sinne des Völkerrechts aus. Für dessen Vorliegen wird heute keine formale Kriegserklärung mehr vorausgesetzt, entscheidend ist die faktische Existenz von bewaffneten Feindseligkeiten unter Anwendung von Mitteln und Methoden der Kriegführung.[201]

69 Im bewaffneten Konflikt gilt das **internationale Recht des bewaffneten Konflikts**, das „*ius in bello*", das das Friedensrecht teilweise überlagert.[202] Es erlaubt die Anwendung jeder Form und jeden Ausmaßes bewaffneter Gewalt, die nicht völkerrechtlich verboten ist und die erforderlich ist, um das legitime Kriegsziel, die Abwehr eines bewaffneten Angriffs, zu erreichen.[203] Beschränkungen der Kampfführungsbefugnisse ergeben sich aus völkerrechtlichen Verträgen wie der Haager Landkriegsordnung und den Genfer Konventionen mit ihren Zusatzprotokollen sowie aus dem Völkergewohnheitsrecht. National bindend werden völkervertragsrechtliche Vorgaben durch ein Zustimmungsgesetz zu dem betreffenden völkerrechtlichen Abkommen gem. Art. 59 Abs. 2 GG und völkergewohnheitsrechtliche Grundsätze als allgemeine Regel des Völkerrechts nach Art. 25 GG.[204] Das Völkerrecht bietet **aus strafrechtlicher Sicht einen Rechtfertigungsgrund für militärisches Handeln** von Kombattanten und kann rechtfertigende Wirkung für Handlungen von Soldaten entfalten, die Straftatbestände verwirklichen. So ist die Schädigung gegnerischer militärischer Ziele, etwa die Tötung feindlicher Kämpfer oder die Zerstörung von Sachwerten, nicht strafbar, solange die völkerrechtlichen Voraussetzungen und Grenzen beachtet sind.[205]

70 Ein Einsatz der Bundeswehr zur Verteidigung wird in der Regel im Zusammenhang mit einem bewaffneten Konflikt stehen. Doch löst nicht jede Anwendung militärischer Gewalt zwangsläufig einen bewaffneten Konflikt aus.[206] Ein einzelner Anschlag auf ein Schiff der Deutschen Marine auf hoher See berechtigt die Bundeswehr zwar zu einem Verteidigungseinsatz auf der Grundlage von Art. 87a Abs. 1 S. 1, Abs. 2 GG. Die Abwehr des Angriffs unterliegt jedoch nicht dem Recht des bewaffneten Konflikts, wenn dessen Schwelle nicht überschritten ist. Entsprechendes gilt für Einsätze zur Rettung und Evakuierung deutscher Staatsbürger aus Krisenregionen, in denen **kein bewaffneter Konflikt** herrscht. Auf solche Streitkräfteeinsätze findet das in Friedenszeiten geltende internationale und nationale Recht Anwendung. Notwehr- und Nothilferechte können die Ausübung militärischer Gewalt rechtfertigen. Die Einsatzbefugnisse der Soldatinnen und Soldaten orientieren sich dann an **grund- und menschenrechtlichen Bindungen** und am Grundsatz der Verhältnismäßigkeit.[207] Als Teil der vollziehenden Gewalt ist die Bundeswehr bei Einsätzen außerhalb bewaffneter Konflikte im Inland wie im Ausland umfassend an die Grundrechte gebunden.[208] Allerdings kann sich die Reichweite der Schutzwirkung der Grundrechte im Ausland – etwa aufgrund dort bestehender besonderer Bedingungen – von derjenigen im Inland unterscheiden.[209]

---

[201] *Heintschel v. Heinegg* in Ipsen VölkerR § 61 Rn. 3 ff.; *Herdegen* VölkerR § 56 Rn. 5.
[202] *Heun* in Dreier GG Art. 87a Rn. 21; *Fassbender* in Isensee/Kirchhof StaatsR-HdB XI § 244 Rn. 134 f.
[203] *Heintschel v. Heinegg* in Ipsen VölkerR § 62 Rn. 2.
[204] *Müller-Franken* in v. Mangoldt/Klein/Starck GG Art. 87a Rn. 14.
[205] *Fischer* StGB Vor § 32 Rn. 6a; *Sternberg-Lieben* in Schönke/Schröder StGB, Vor §§ 32 ff. Rn. 91a ff.; vgl. auch die Einstellungsverfügung des Generalbundesanwalts v. 16.4.2010 https://www.generalbundesanwalt.de/docs/einstellungsvermerk20100416offen.pdf.
[206] *Heintschel v. Heinegg* in Ipsen VölkerR § 56 Rn. 7.
[207] *Müller-Franken* in v. Mangoldt/Klein/Starck GG Art. 87a Rn. 122; *Fassbender* in Isensee/Kirchhof StaatsR-HdB XI § 244 Rn. 151.
[208] Vgl. BVerfGE 154, 152 = NJW 2020, 2235.
[209] → § 53 Rn. 90.

D. Die Einhegung militärischer Macht

Bewaffnete Streitkräfte sind ein potenzieller Machtfaktor. Im demokratischen Rechtsstaat **71** sind ihre verfassungsmäßige Einbindung und ihre parlamentarische Kontrolle unverzichtbar. Der Primat der Politik muss sichergestellt sein, um zu verhindern, dass die Armee sich zu einem Staat im Staat verselbstständigt. Der Staat des Grundgesetzes verfügt aufgrund der Erfahrungen aus der deutschen Geschichte über stark ausgeprägte Vorkehrungen zur Einhegung der Macht seiner Streitkräfte.

I. Zivile Führung

Art. 65a GG ordnet die **Befehls- und Kommandogewalt über die Streitkräfte** im **72** Frieden dem Bundesminister der Verteidigung[210] zu. Mit der Verkündung des Verteidigungsfalls geht die Befehls- und Kommandogewalt gem. Art. 115b GG auf den Bundeskanzler über. In zahlreichen anderen Staaten liegt der Oberbefehl über die Streitkräfte hingegen beim Staatsoberhaupt.[211] Dem Bundespräsidenten als deutschem Staatsoberhaupt stehen hinsichtlich der Bundeswehr lediglich Repräsentationsrechte wie die Ernennung und Entlassung der Offiziere und der Unteroffiziere nach Art. 60 Abs. 1 GG zu.[212]

Diese Kompetenzverteilung und die Sonderstellung Deutschlands im internationalen **73** Vergleich entspringen nicht deutscher Verfassungstradition. Sowohl die Verfassung des Deutschen Reichs von 1871 als auch die Weimarer Reichsverfassung (WRV) unterstellten die Streitkräfte dem Oberbefehl des Kaisers bzw. des Reichspräsidenten. Gemäß Art. 50 WRV bedurften Anordnungen des Reichspräsidenten auf dem Gebiet der Wehrmacht einer Gegenzeichnung durch den Reichskanzler oder den zuständigen Reichsminister. Die Gegenzeichnungspflicht wurde in der Verfassungswirklichkeit allerdings mittels einer von der Befehlsgewalt abgegrenzten militärischen Kommandogewalt und eines unmittelbaren Kontakts der Militärführung zum Staatsoberhaupt untergraben.[213] Solche Entwicklungen wollte der verfassungsändernde Gesetzgeber des Jahres 1956 ausschließen.[214] Sein Anliegen war es, sämtliche Befehlsbefugnisse über die Streitkräfte in parlamentarisch verantwortliche Hände zu legen und **parlamentsfreie Bereiche der Führung der Streitkräfte zu verhindern.**[215] Die militärische Führung der Bundeswehr obliegt daher einem zivilen,[216] dem Bundestag rechenschaftspflichtigen politischen Amtsträger.[217] Das Amt des für die Streitkräfte verantwortlichen Ministers verfügt durch Art. 65a GG über eine institutionelle Sicherung auch gegenüber der Organisationsgewalt des Bundeskanzlers.[218] Es ist verfassungsfest.[219]

Die Befehls- und Kommandogewalt umfasst die mit der Führung und der Organisation **74** der Streitkräfte verbundenen Bereiche wie Gliederung, Aufstellung, Ausrüstung und Aus-

---

[210] Der Wortlaut des Grundgesetzes spricht vom „Bundesminister für Verteidigung", doch verwendet die Staatspraxis seit über 50 Jahren die Bezeichnung „Bundesminister der Verteidigung", um auszudrücken, dass es sich um ein „klassisches" Ressort handelt; hierzu *Epping* in Maunz/Dürig GG Art. 65a Rn. 18.
[211] *Schröder* in v. Mangoldt/Klein/Starck GG Art. 65a Rn. 4 mwN.
[212] Diese Befugnis hat der Bundespräsident entsprechend Art. 60 Abs. 3 GG teilweise auf den Bundesminister der Verteidigung übertragen.
[213] Näher *Epping* in Maunz/Dürig GG Art. 65a Rn. 21 f.; *Schröder* in v. Mangoldt/Klein/Starck GG Art. 65a Rn. 1 f.; *Heun* in Dreier GG Art. 65a Rn. 1.
[214] Vgl. BT-Drs. II/2150, 4.
[215] *Kirchhof* in Isensee/Kirchhof StaatsR-HdB IV § 84 Rn. 24; *Schmahl* in Sodan GG Art. 65a Rn. 1; *Epping* in Maunz/Dürig GG Art. 65a Rn. 19; *Lorse* DÖV 2004, 330.
[216] Aus Art. 66 GG ergibt sich, dass Bundesminister der Verteidigung und Bundeskanzler nicht gleichzeitig aktive Soldaten sein können.
[217] *Brinktrine* in Sachs GG Art. 65a Rn. 14; *Epping* in Maunz/Dürig GG Art. 65a Rn. 12; *Gramm* NZWehrr 2011, 89 (96 f.).
[218] *Müller-Franken/Uhle* in Schmidt-Bleibtreu/Hofmann/Henneke GG Art. 65a Rn. 4; *Schröder* in v. Mangoldt/Klein/Starck GG Art. 65a Rn. 10.
[219] *Kirchhof* in Isensee/Kirchhof StaatsR-HdB IV § 84 Rn. 27.

bildung, aber auch die operative Steuerung und die Disziplinargewalt.[220] Als Inhaber der Befehls- und Kommandogewalt ist der Bundesverteidigungsminister höchster Vorgesetzter aller Soldatinnen und Soldaten der Bundeswehr.[221] Weisungen und Befehle an die Truppe müssen in seinem Auftrag ergehen oder Folge von Befugnissen sein, die er verliehen hat.[222] Die parlamentarische Verantwortlichkeit der Führung der Streitkräfte wird durch eine **lückenlose Kette von Befehl und Gehorsam über alle Hierarchieebenen** hinweg sichergestellt.[223] Die ministerielle Verantwortung kann nicht auf militärische Stellen, auch nicht auf den Generalinspekteur als ranghöchsten Soldat der Bundeswehr, delegiert werden.[224]

75 Begrenzt ist die Befehls- und Kommandogewalt des Bundesministers der Verteidigung durch Kompetenzen, die der Bundesregierung insgesamt zugewiesen sind,[225] sowie durch die in Art. 65 GG verankerte **Richtlinienkompetenz des Bundeskanzlers.** Die Amtsführung des Bundesministers der Verteidigung und damit die Führung der Bundeswehr muss sich in die Gesamtpolitik der Bundesregierung einordnen.[226] Doch nur im Verteidigungsfall verfügt der Bundeskanzler über ein Durchgriffsrecht auf die Streitkräfte.[227] Schranken setzen der Befehls- und Kommandogewalt des Bundesministers der Verteidigung auch die Kontrollrechte des Parlaments und die parlamentarische Verantwortlichkeit des Ministers.[228] Hier bestehen im Verteidigungsbereich Besonderheiten gegenüber anderen Ressorts der Bundesregierung.

II. Parlamentarische Kontrolle

1. Wehretat und Grundzüge der Organisation

76 Artikel 87a Abs. 1 S. 2 GG schreibt vor, dass sich die zahlenmäßige Stärke der Streitkräfte und die Grundzüge ihrer Organisation aus dem Haushaltsplan ergeben müssen. Die Vorschrift bezweckt eine gegenüber anderen Bereichen der Exekutive **gesteigerte parlamentarische Kontrolle.**[229] Dem Bundestag soll es ermöglicht werden zu beurteilen, ob die Streitkräfte zur Erfüllung ihres Auftrags in der Lage sind,[230] und – sofern nötig – steuernd Einfluss zu nehmen. Streitkräfteplanung, Personalentwicklung und Organisationsstrukturen werden parlamentarisch vorgezeichnet und verantwortet.[231] Die Transparenz von Beschaffungsvorhaben und Personalplanung wird sichergestellt.[232]

77 So führt in Umsetzung von Art. 87a Abs. 1 S. 2 GG im Bundeshaushaltsplan der Einzelplan 14 des Bundesministeriums der Verteidigung in der Vorbemerkung zu Kapitel 1403 die zahlenmäßige Stärke der Soldatinnen und Soldaten der Bundeswehr gegliedert nach Berufssoldaten, Zeitsoldaten, Freiwilligen Wehrdienst und Reservistendienst Leistenden

---

[220] *Schröder* in v. Mangoldt/Klein/Starck GG Art. 65a Rn. 13; *Brinktrine* in Sachs GG Art. 65a Rn. 19.
[221] Zu Spitzengliederung und Unterstellungsverhältnissen s. den Dresdner Erlass des Bundesministers der Verteidigung v. 21.3.2012 https://www.bmvg.de/resource/blob/11918/a0704bf10c05a278e69de63bd00c49d3/a-04-05-download-dresdner-erlass-data.pdf.
[222] *Epping* in Maunz/Dürig GG Art. 65a Rn. 55.
[223] *Schmidt-Radefeldt*, Parlamentarische Kontrolle der internationalen Streitkräfteintegration, 2005, 44; *Epping* in Maunz/Dürig GG Art. 65a Rn. 55.
[224] *Epping* in Maunz/Dürig GG Art. 65a Rn. 53; *Lorse* DÖV 2004, 330; s. auch BVerwGE 127, 1 (24) = NVwZ-RR 2007, 257.
[225] So in Art. 35 Abs. 3, Art. 87a Abs. 4 GG.
[226] *Wolff* in HK-GG GG Art. 65a Rn. 1; *Epping* in Maunz/Dürig GG Art. 65a Rn. 13.
[227] *Epping* in Maunz/Dürig GG Art. 65a Rn. 48; *Schröder* in v. Mangoldt/Klein/Starck GG Art. 65a Rn. 11; *Müller-Franken/Uhle* in Schmidt-Bleibtreu/Hofmann/Henneke GG Art. 65a Rn. 23.
[228] S. hierzu *Schröder* in v. Mangoldt/Klein/Starck GG Art. 65 Rn. 48; *Brinktrine* in Sachs GG Art. 65 Rn. 22.
[229] *Epping* in BeckOK GG, 44. Ed. 15.8.2020, GG Art. 87a Rn. 12; *Epping* in Maunz/Dürig GG Art. 65a Rn. 30.
[230] *Krieger* in Schmidt-Bleibtreu/Hofmann/Henneke GG Art. 87a Rn. 20.
[231] BVerfGE 90, 286 (385) = NJW 1994, 2207; *Wolff* in HK-GG GG Art. 87a Rn. 5.
[232] *Krieger* in Schmidt-Bleibtreu/Hofmann/Henneke GG Art. 87a Rn. 18.

auf.²³³ Damit wird eine **Obergrenze der Präsenzstärke** vorgegeben.²³⁴ Unterschiedlich beurteilt wird, ob es sich gleichzeitig um eine Untergrenze handelt, die eingehalten werden muss.²³⁵ Gegen eine Ausschöpfungspflicht spricht, dass der Haushaltsplan zu Ausgaben ermächtigt, nicht jedoch verpflichtet.²³⁶ Aus Verfassungsgründen gewährleistet sein muss nur die Funktionsfähigkeit der Bundeswehr.²³⁷ Die Obergrenze an Planstellen, die der Haushaltsplan setzt, gilt für Friedenszeiten. Für den Spannungs- und den Verteidigungsfall wird vor einer Einberufung zusätzlicher Reservisten teilweise die Verabschiedung eines Nachtragshaushaltes verlangt.²³⁸ Ein solches Erfordernis würde aber dem Prinzip der jederzeitigen Abwehrbereitschaft widersprechen, das der Notstandsverfassung zugrunde liegt.²³⁹

Die Vorbemerkung zu Kapitel 1403 enthält zudem eine Darstellung der Grundzüge der Organisation der Streitkräfte.²⁴⁰ Sie listet für das Jahr 2021 die Gliederung in Heer, Luftwaffe, Marine, Sanitätsdienst, Streitkräftebasis, den Bereich Cyber- und Informationsraum sowie die dem Bundesministerium der Verteidigung unmittelbar unterstellten Dienststellen mit jeweiligen Untergliederungen auf. Wesentliche Änderungen von Aufbau und Gliederung der Streitkräfte wie etwa die Aufstellung von Krisenreaktionskräften²⁴¹ bedürfen der **Billigung durch den Gesetzgeber.**²⁴² Die Legislative übernimmt damit im Bereich der Streitkräfte quasi Regierungsaufgaben.²⁴³ Aus Gründen der Gewaltenteilung muss sie sich dabei auf die **Grundzüge der Streitkräfteorganisation** beschränken. Verfassungsrechtlich bedenklich und angesichts von Art. 87a Abs. 1 S. 2 GG überflüssig ist § 90 des Soldatengesetzes,²⁴⁴ der die Organisation der Verteidigung, insbesondere die Spitzengliederung der Bundeswehr, einer besonderen gesetzlichen Regelung vorbehält.²⁴⁵ Zu einer diesbezüglichen Gesetzesinitiative ist es bislang auch nicht gekommen.

2. Der Verteidigungsausschuss

Eine Stärkung der parlamentarischen Kontrolle der Streitkräfte und der Verteidigungspolitik insgesamt²⁴⁶ nimmt das Grundgesetz dadurch vor, dass es in Art. 45a Abs. 1 GG den Bundestag zur Bestellung eines Ausschusses für Verteidigung verpflichtet. Der Geschäftsbereich des Verteidigungsausschusses entspricht dem des Bundesministeriums der Verteidigung.²⁴⁷ Er umfasst alle Angelegenheiten, die mit der militärischen Verteidigung in Zusammenhang stehen, nicht aber Fragen der zivilen Verteidigung und des Katastrophenschutzes.²⁴⁸

---

[233] S. zB den Entwurf zum Bundeshaushaltsplan 2021 – Einzelplan 14 –, Anlage zu BT-Drs. 19/22600, 21.
[234] *Heun* in Dreier GG Art. 87a Rn. 13; *Kirchhof* in Isensee/Kirchhof StaatsR-HdB IV § 84 Rn. 31; *Kokott/Hummel* in Sachs GG Art. 87a Rn. 7.
[235] Dafür *Krieger* in Schmidt-Bleibtreu/Hofmann/Henneke GG Art. 87a Rn. 21; *Schmahl* in Sodan GG Art. 87a Rn. 5; dagegen *Epping* in BeckOK GG, 44. Ed. 15.8.2020, GG Art. 87a Rn. 13; *Grzeszick* in BerlKommGG GG Art 87a Rn. 15; *Kirchhof* in Isensee/Kirchhof StaatsR-HdB IV § 84 Rn. 31.
[236] *Depenheuer* in Maunz/Dürig GG Art. 87a Rn. 161.
[237] *Wolff* in HK-GG GG Art. 87a Rn. 5.
[238] So *Kment* in Jarass/Pieroth GG Art. 87a Rn. 6; *Krieger* in Schmidt-Bleibtreu/Hofmann/Henneke GG Art. 87a Rn. 21; aA *Heun* in Dreier GG Art. 87a Rn. 13; *Schmahl* in Sodan GG Art. 87a Rn. 5; *Wolff* in HK-GG GG Art. 87a Rn. 5.
[239] Vgl. etwa Art. 115a Abs. 2 und Abs. 4 GG.
[240] Für den Bundeshaushaltsplan 2021 s. den Entwurf in Anlage zu BT-Drs. 19/22600, 21 f.
[241] *Depenheuer* in Maunz/Dürig GG Art. 87a Rn. 166.
[242] *Grzeszick* in BerlKommGG GG Art. 87a Rn. 16; *Kirchhof* in Isensee/Kirchhof StaatsR-HdB IV § 84 Rn. 32; *Krieger* in Schmidt-Bleibtreu/Hofmann/Henneke GG Art. 87a Rn. 22.
[243] So BVerfGE 90, 286 (385) = NJW 1994, 2207.
[244] Soldatengesetz in der Fassung der Bekanntmachung v. 30.5.2005 (BGBl. 2005 I 1482).
[245] *Metzger* in Eichen/Metzger/Sohm SoldatenG § 90 Rn. 9; *Kirchhof* in Isensee/Kirchhof StaatsR-HdB IV § 84 Rn. 32.
[246] *Magiera* in Sachs GG Art. 45a Rn. 5; *Hernekamp/Vasel* in v. Münch/Kunig GG Art. 45a Rn. 1; *Unger* in v. Mangoldt/Klein/Starck GG Art. 45a Rn. 5.
[247] *Heun* in Dreier GG Art. 45a Rn. 6.
[248] *Brocker* in BeckOK GG, 44. Ed. 15.8.2020, GG Art. 45a Rn. 5; *Magiera* in Sachs GG Art. 45a Rn. 3.

80 Als einziger Fachausschuss des Bundestages verfügt der Verteidigungsausschuss gem. Art. 45a Abs. 2 S. 1 GG über das **Recht, sich als Untersuchungsausschuss zu konstituieren**. Er kann dann selbst Beweise zur Klärung von Vorgängen im Geschäftsbereich des Bundesministeriums der Verteidigung erheben. Besondere Effizienz erhält dieses Kontrollinstrument dadurch, dass für Bestellung und Beweiserhebung Minderheitsrechte gelten und damit die parlamentarische Opposition eine Untersuchung vorantreiben kann. Für den Verteidigungsausschuss als Untersuchungsausschuss gilt nach Art. 45a Abs. 3 GG der Grundsatz des Art. 44 Abs. 1 GG nicht, dass Beweise in öffentlicher Verhandlung erhoben werden. In der Parlamentspraxis vernimmt der Ausschuss Zeugen in jüngerer Zeit gleichwohl in öffentlicher Sitzung, soweit nicht die Beweisgegenstände den Ausschluss der Öffentlichkeit gebieten.[249] Nach Abschluss der Ermittlungen legt der Ausschuss dem Bundestag einen Bericht vor,[250] der als Bundestagsdrucksache veröffentlicht und im Plenum debattiert wird. In den zurückliegenden Legislaturperioden ist der Verteidigungsausschuss mehrfach als Untersuchungsausschuss nach Art. 45a Abs. 2 GG tätig geworden.[251] So hat er sich im Januar 2019 auf Antrag von drei Oppositionsfraktionen als Untersuchungsausschuss eingesetzt, um den Umgang mit externer Beratung und Unterstützung im Bundesministerium der Verteidigung aufzuklären.[252]

3. Der Wehrbeauftragte des Bundestages

81 Weitere Stärkung erfährt die parlamentarische Kontrolle der Bundeswehr durch die Institution eines Wehrbeauftragten, den der Bundestag gem. Art. 45b S. 1 GG beruft. Diese Bestimmung weist dem Wehrbeauftragten die Aufgaben des Schutzes der Grundrechte der Soldatinnen und Soldaten und der Unterstützung des Bundestages bei der Ausübung seiner Kontrollfunktion zu. Es handelt sich dabei nicht um eigenständige Funktionen. Vielmehr ist der Grundrechtsschutz Teil der parlamentarischen Kontrolle.[253] Der Wehrbeauftragte agiert als **Hilfsorgan des Bundestages.** Er verfügt über keine Weisungsrechte der Bundeswehr gegenüber.[254]

Aufgaben und Befugnisse des Wehrbeauftragten des Bundestages konkretisiert das Gesetz über den Wehrbeauftragten des Deutschen Bundestages (WBeauftrG).[255] Tätig wird der Wehrbeauftragte entweder auf Weisung des Bundestages oder des Verteidigungsausschusses (§ 1 Abs. 2 WBeauftrG) oder aufgrund eigener Entscheidung, wenn ihm Umstände bekannt werden, die auf eine **Verletzung der Grundrechte der Soldaten oder der Grundsätze der Inneren Führung** schließen lassen (§ 1 Abs. 3 WBeauftrG). Ihm stehen dann gegenüber dem Bundesministerium der Verteidigung und den Dienststellen der Bundeswehr Rechte auf Auskunft, Akteneinsicht, Anhörung von Zeugen, Truppenbesuch und Anforderung von Berichten sowie Anregungsbefugnisse zu (§ 3 WBeauftrG). Jeder Soldat hat das Recht, sich ohne Einhaltung des Dienstweges unmittelbar an den Wehrbeauftragten zu wenden (§ 7 S. 1 WBeauftrG), unabhängig von der Möglichkeit der Beschwerde nach der Wehrbeschwerdeordnung (WBO). Von dieser Option machen Soldatinnen und Soldaten regen Gebrauch.[256]

---

[249] Näher zu rechtlichen und praktischen Aspekten der Tätigkeit des Verteidigungsausschusses als Untersuchungsausschuss *Voigt* NZWehrr 2018, 137 ff., 205 ff. und 237 ff.

[250] Ob eine Pflicht zur Berichterstattung besteht, ist umstritten; dafür *Klein* in Maunz/Dürig GG Art. 45a Rn. 43; *Heun* in Dreier GG Art. 45a Rn. 9; dagegen *Hernekamp/Vasel* in v. Münch/Kunig GG Art. 45a Rn. 12.

[251] S. die Berichte BT-Drs. 17/7400 (Kunduz) und BT-Drs. 17/14650 (EURO HAWK).

[252] S. hierzu den Bericht des Verteidigungsausschusses als 1. Untersuchungsausschuss BT-Drs. 19/22400.

[253] *Klein* in Maunz/Dürig GG Art. 45b Rn. 13; *Magiera* in Sachs GG Art. 45b Rn. 4; *Heun* in Dreier GG Art. 45b Rn. 9; aA *Unger* in v. Mangoldt/Starck/Klein GG Art. 45b Rn. 18.

[254] *Magiera* in Sachs GG Art. 45b Rn. 5.

[255] Gesetz zu Artikel 45b des Grundgesetzes in der Fassung der Bekanntmachung v. 16.6.1982 (BGBl. 1982 I 677).

[256] Vgl. die Übersicht über Vorgänge und Eingaben im Jahresbericht 2020 der Wehrbeauftragten, BT-Drs. 19/26600, 124 ff.

Der Wehrbeauftragte kann dem Bundestag oder dem Verteidigungsausschuss jederzeit 82
Einzelberichte zu Problemen in der Bundeswehr vorlegen. Zur **Erstattung eines Gesamtberichts** ist er jährlich verpflichtet (§ 2 WBeauftrG). In der Verfassungspraxis der letzten Jahre beschränkt sich der Wehrbeauftragte nicht auf die Behandlung von Fragen des Grundrechtsschutzes der Soldaten und der Inneren Führung, sondern äußert sich darüber hinaus oft kritisch zu sonstigen Themen der Verteidigungspolitik wie der Personalgewinnung und der Rüstungsbeschaffung. Nach anfänglichen Konflikten über die Reichweite seines Auftrages wird das Recht des Wehrbeauftragten, zum gesamten Bereich der militärischen Verteidigung Stellung zu beziehen,[257] heute kaum noch bestritten.

4. Parlamentarische Mitwirkung beim Einsatz zur Verteidigung

Der bewaffnete Einsatz der Bundeswehr im Ausland unterliegt nach der Rechtsprechung 83
des BVerfG dem Vorbehalt parlamentarischer Zustimmung. Ein generelles Zustimmungsrecht des Bundestages in Bezug auf Verwendungen der Bundeswehr ist dem Grundgesetz aber nicht zu entnehmen.[258] Stellen Bundestag und Bundesrat gem. Art. 115a GG den Verteidigungsfall fest, schließt dies die Zustimmung zum Einsatz bewaffneter Streitkräfte ein.[259] Im Fall der Bündnisverteidigung hat der Gesetzgeber der Beistandsverpflichtung zwar schon in Form des nach Art. 59 Abs. 2 GG erforderlichen Gesetzes zugestimmt. Gleichwohl ist für den konkreten Einsatz im Rahmen der Bündnispflichten eine **erneute parlamentarische Entscheidung** erforderlich.[260]

Auch die Abwehr eines einzelnen bewaffneten Angriffs auf eine Bundeswehreinrichtung 84
oder Bundeswehrpersonal im Ausland sowie der Einsatz zur Rettung von Menschen aus Gefahrenlagen im Ausland, bei dem eine Einbeziehung in bewaffnete Unternehmungen zu erwarten ist, fallen vom Grundsatz her unter den Parlamentsvorbehalt. Bei Gefahr im Verzug bedarf es aber keiner vorherigen Parlamentsbefassung. Ist ein solcher Einsatz zum frühestmöglichen Zeitpunkt einer nachträglichen Parlamentsbefassung bereits beendet, verpflichtet der Parlamentsvorbehalt die Bundesregierung nicht, eine Parlamentsentscheidung über den Einsatz herbeizuführen, da eine nachträgliche Einflussnahme auf die Verwendung der Streitkräfte nicht mehr möglich wäre.[261] In diesem Fall muss die Bundesregierung lediglich den **Bundestag unverzüglich und qualifiziert über den Einsatz unterrichten**.

E. Instrumente zur Sicherstellung der Funktionsfähigkeit der Streitkräfte

Funktionsfähigkeit und Einsatzbereitschaft der Streitkräfte sind nur dann gewährleistet, 85
wenn die erforderliche Ausrüstung und qualifiziertes Personal vorhanden sind. Hierfür hat der Haushaltsgesetzgeber hinreichende Finanzmittel bereitzustellen. Doch trägt auch eine Reihe rechtlicher Instrumente dazu bei, die Funktionsfähigkeit der Bundeswehr sicherzustellen und den Verfassungsauftrag zur Verteidigung zu erfüllen. Diese Instrumente basieren teils auf dem Grundgesetz selbst, teils auf Gesetzen, die der Bundestag kraft der Gesetzgebungskompetenz des Bundes über die Verteidigung nach Art. 73 Abs. 1 Nr. 1 GG beschlossen hat. Zudem enthalten zahlreiche weiteren Gesetze Sonderbestimmungen für die Bundeswehr.

---

[257] So *Unger* in v. Mangoldt/Klein/Starck GG Art. 45b Rn. 17; *Klein* in Maunz/Dürig GG Art. 45b Rn. 31.
[258] BVerfGE 126, 55 (71) = NVwZ 2010, 1091.
[259] BVerfGE 90, 286 (387) = NJW 1994, 2207; s. auch *März* in Isensee/Kirchhof StaatsR-HdB XII § 281 Rn. 57.
[260] BVerfGE 90, 286 (387) = NJW 1994, 2207.
[261] BVerfGE 140, 160 (201) = BeckRS 2015, 52303.

I. Die Wehrpflicht

86 Als unverzichtbares Instrument zur Gewährleistung einer wirksamen Landes- und Bündnisverteidigung galt lange Zeit die Wehrpflicht. Art. 12a Abs. 1 GG sieht vor, dass Männer vom vollendeten 18. Lebensjahr an zum Dienst in den Streitkräften verpflichtet werden können. In das Grundgesetz eingefügt wurde diese Bestimmung erst mit der Notstandsnovelle des Jahres 1968. Zuvor war die Dienstpflicht einfachgesetzlich auf der Grundlage der Kompetenzzuweisung des Art. 73 Nr. 1 GG geregelt.[262] Als Ermächtigungsnorm stellt Art. 12a Abs. 1 GG Einführung, Ausgestaltung und Abschaffung der Wehrpflicht **in das Ermessen des einfachen Gesetzgebers**.[263] Dieser kann sich verfassungsrechtlich unbedenklich auch dafür entschieden, die militärische Landesverteidigung einer funktionsfähigen und einsatzbereiten Freiwilligenarmee zu übertragen.[264]

87 Entscheidet sich der Gesetzgeber für eine Wehrpflichtarmee, muss er den Gleichheitsgedanken des Art. 3 Abs. 1 GG beachten und **für Wehrgerechtigkeit Sorge tragen.** Dieser Grundsatz gebietet die umfassende und gleichmäßige Heranziehung von Wehrpflichtigen zum Dienst.[265] Ausnahmen von der Dienstpflicht und ihrer Erfüllung müssen dann gesetzlich bestimmt und verfassungsrechtlich gerechtfertigt sein.[266] Die Prämisse der Wehrgerechtigkeit sah der Bundestag im Jahr 2011 angesichts der damaligen Einberufungspraxis nicht mehr als erfüllt an. Aus diesem Grund und „vor dem Hintergrund der dauerhaft veränderten sicherheits- und verteidigungspolitischen Lage"[267] beschloss er eine Änderung des Wehrpflichtgesetzes, die die Erfüllung der Dienstpflicht für Friedenszeiten aussetzte und auf den Spannungs- und Verteidigungsfall beschränkte.[268] In den Folgejahren wurden die mit Musterung und Einberufung von Grundwehrdienstleistenden betrauten Verwaltungsstrukturen abgebaut.

88 Funktionsfähig sind Streitkräfte nur, wenn sie über genügend qualifiziertes Personal verfügen. Dieses muss eine Freiwilligenarmee in Konkurrenz mit anderen Arbeitgebern gewinnen, was angesichts der demographischen Entwicklung immer schwerer fällt. Zwar haben infolge einer Verfassungsänderung im Jahr 2000[269] Frauen Zugang zu allen Bereichen der Streitkräfte erhalten. Doch kann dies allein das Rekrutierungsproblem nicht lösen. Bundesregierung und Bundestag sind daher fortlaufend darauf bedacht, die **Attraktivität des Dienstes** in der Freiwilligenarmee Bundeswehr zu steigern, um dem Verfassungsauftrag zu einer wirksamen Landesverteidigung Rechnung tragen zu können.[270]

II. Bundeswehrverwaltung und Wehrgerichtsbarkeit

89 Art. 87b Abs. 1 GG überträgt die Aufgaben des Personalwesens und der unmittelbaren Deckung des Sachbedarfs der Streitkräfte einer in bundeseigener Verwaltung geführten Bundeswehrverwaltung mit eigenem Unterbau. Unter dem Sachbedarf der Truppe sind Material- und Dienstleistungen für eine militärische Verwendung zu verstehen.[271] Die Bundeswehrverwaltung ist in organisatorischer, funktioneller und personeller Hinsicht von

---

[262] Eingeführt durch das Wehrpflichtgesetz v. 21.7.1956 (BGBl. 1956 I 651).
[263] *Kirchhof* in Isensee/Kirchhof StaatsR-HdB IV § 84 Rn. 81; *Heun* in Dreier GG Art. 12a Rn. 11.
[264] Vgl. BVerfGE 48, 127 (160) = NJW 1978, 1245; BVerfGE 105, 61 (72 f.) = NJW 2002, 1707; so auch *Kment* in Jarass/Pieroth GG Art. 87a Rn. 2.
[265] *Gornig* in v. Mangoldt/Klein/Starck GG Art. 12a Rn. 11; *Guckelberger* in Schmidt-Bleibtreu/Hofmann/Henneke GG Art. 12a Rn. 11.
[266] *Heun* in Dreier GG Art. 12a Rn. 20; *Wolff* in HK-GG GG Art. 12a Rn. 4.
[267] So die Begründung des Gesetzentwurfs der Bundesregierung BT-Drs. 17/4821.
[268] Vgl. Art. 1 des Wehrrechtsänderungsgesetzes 2011 v. 28.4.2011 (BGBl. 2011 I 678).
[269] Gesetz zur Änderung des Grundgesetzes (Art. 12a) v. 19.12.2000 (BGBl. 2000 I 1755).
[270] So durch das Gesetz zur Steigerung der Attraktivität des Dienstes in der Bundeswehr v. 13.5.2015 (BGBl. 2015 I 706), durch das Gesetz zur nachhaltigen Stärkung der personellen Einsatzbereitschaft der Bundeswehr v. 4.8.2019 (BGBl. 2019 I 1147) und durch das Besoldungsstrukturenmodernisierungsgesetz v. 9.12.2019 (BGBl. 2019 I 2053).
[271] *Kment* in Jarass/Pieroth GG Art. 87b Rn. 5; *Wolff* in HK-GG GG Art. 87b Rn. 3.

E. Instrumente zur Sicherstellung der Funktionsfähigkeit der Streitkräfte § 52

den Streitkräften getrennt.[272] Erst in der Spitze des Bundesministeriums der Verteidigung werden beide Bereiche zusammengeführt. Ob das Grundgesetz der Bundeswehrverwaltung ein **Wahrnehmungsmonopol** für die ihr zugewiesenen Aufgaben einräumt, wird unterschiedlich bewertet.[273] Jedenfalls garantiert Art. 87b GG den Bestand der Bundeswehrverwaltung. Die Erfüllung ihrer Aufgaben darf nicht den Streitkräften zugewiesen werden.

Bezweckt werden mit der Trennung von zivilem und militärischem Bereich in Abkehr von früherer Intendanturverwaltung eine **effizientere Aufgabenerfüllung und eine Entlastung der Streitkräfte** von administrativen Belastungen.[274] Darüber hinaus will die Verfassung aber auch einer Machtkonzentration im militärischen Bereich vorbeugen.[275] Dabei versteht sich von selbst, dass eine enge Abstimmung zwischen den Streitkräften und der ihnen dienenden Verwaltung Voraussetzung für Funktionsfähigkeit und Einsatzbereitschaft der Truppe ist. Aus diesem Grund kann die Trennung beider Bereiche nicht absolut sein. So ist es zulässig, dass Soldatinnen und Soldaten in Behörden der Bundeswehrverwaltung und zivile Bedienstete in militärischen Dienststellen tätig sind.[276] 90

Grenzen setzt Art. 87b Abs. 1 GG einer Privatisierung von Unterstützungsleistungen. Beim Personalwesen und bei der Deckung des Sachbedarfs der Streitkräfte handelt es sich um staatliche Aufgaben, die nicht an private Stellen delegiert werden dürfen. Dies schließt einen Rückgriff auf private Organisationsformen nicht gänzlich aus.[277] Denn das Grundgesetz eröffnet im Bereich der bundeseigenen Verwaltung einen weiten Spielraum organisatorischer Ausgestaltung.[278] Doch muss der Bund, wenn er Aufgaben des Art. 87b Abs. 1 GG in privater Rechtsform wahrnehmen will, sicherstellen, dass er über **hinreichende Steuerungs- und Kontrollbefugnisse** verfügt.[279] Denn er trägt die Verantwortung für die Funktionsfähigkeit der Streitkräfte. Solche Einwirkungsmöglichkeiten des Bundes sind bei Unternehmen wie der BWI Informationstechnik GmbH, der BwFuhrparkService GmbH und der Bw Bekleidungsmanagement GmbH gesellschaftsrechtlich abgesichert. 91

Die Bundesrepublik Deutschland kennt anders als eine Reihe anderer Staaten **keine Militärstrafgerichtsbarkeit.** Über Straftaten von Soldatinnen und Soldaten urteilen ebenso wie über gegen die Streitkräfte gerichtete Straftaten die ordentlichen Gerichte. Auch Militärstaatsanwaltschaften existieren nicht. Nach Art. 96 Abs. 2 GG kann der Bund zwar Wehrstrafgerichte für die Streitkräfte als Bundesgerichte errichten, die die Strafgerichtsbarkeit im Verteidigungsfall sowie über Angehörige der Streitkräfte ausüben, die ins Ausland entsandt oder an Bord von Kriegsschiffen eingeschifft sind. Ein Bundesgesetz, das diese Option umsetzen würde, ist aber bislang nicht beschlossen worden. 92

Hingegen hat der Bund gem. Art. 96 Abs. 4 GG für Soldatinnen und Soldaten Bundesgerichte zur Entscheidung in Disziplinar- und Beschwerdeverfahren eingerichtet. Die **Truppendienstgerichte**[280], die zum Geschäftsbereich des Bundesministers der Verteidigung gehören, sind nach § 68 der Wehrdisziplinarordnung (WDO)[281] zuständig für gericht- 93

---

[272] *Schmidt-Radefeldt* in BeckOK GG, 44. Ed. 15.8.2020, GG Art. 87b Rn. 4; *Müller-Franken* in v. Mangoldt/Klein/Starck Art. 87b GG Rn. 14.
[273] Hierzu *Depenheuer* in Maunz/Dürig GG Art. 87b Rn. 28; *Kokott/Hummel* in Sachs GG Art. 87b Rn. 10 f.; *Pieroth* NVwZ 2011, 705 (706); *Voigt/Seybold* NZWehr 2004, 141 (147).
[274] *Depenheuer* in Maunz/Dürig GG Art. 87b Rn. 20 f.; *Müller-Franken* in v. Mangoldt/Klein/Starck GG Art. 87b Rn. 15; *Maaß* NZWehr 2019, 89 (94); *Pieroth* NVwZ 2011, 705.
[275] *Kokott/Hummel* in Sachs GG Art. 87b Rn. 3.
[276] *Depenheuer* in Maunz/Dürig GG Art. 87b Rn. 30; *Schmidt-Radefeldt* in BeckOK GG, 44. Ed. 15.8.2020, GG Art. 87b Rn. 9; *Wolff*, Die Zuständigkeit der Bundeswehrverwaltung, 2011, 66 ff.; aA *Maaß* NZWehr 2019, 89 (101), die eine Tätigkeit in der Bundeswehrverwaltung nur dann für zulässig hält, wenn sie aus Gründen der Funktionsfähigkeit der Streitkräfte zwingend erforderlich ist.
[277] *Heun* in Dreier GG Art. 87b Rn. 5; *Krieger* in Schmidt-Bleibtreu/Hofmann/Henneke GG Art. 87b Rn. 5; *Graf v. Kielmansegg* Bundeswehrverwaltung 2016, 246 (249).
[278] Vgl. BVerfGE 97, 198 (217) = NVwZ 1998, 495.
[279] *Kokott/Hummel* in Sachs GG Art. 87b Rn. 2; *Wolff* in HK-GG GG Art. 87b Rn. 3; *Pieroth* NVwZ 2011, 705 (707); *Altunay* DÖV 2020, 23 (30).
[280] Derzeit gibt es zwei Truppendienstgerichte (Nord und Süd). Die Zahl ihrer Kammern bestimmt das Bundesministerium der Verteidigung durch Rechtsverordnung.
[281] Wehrdisziplinarordnung v. 13.8.2001 (BGBl. 2001 I 2093).

liche Disziplinarverfahren und nach § 17 Abs. 1 der Wehrbeschwerdeordnung (WBO)[282] für Beschwerden, die aus dem militärischen Vorgesetztenverhältnis resultieren. Zweite Instanz in diesen Verfahren sind die Wehrdienstsenate, die beim Bundesverwaltungsgericht gem. § 80 WDO gebildet worden sind.

III. Der Soldatenstatus

94 Funktionsfähigkeit und Einsatzbereitschaft der Streitkräfte werden zudem dadurch sichergestellt, dass Soldatinnen und Soldaten zu ihrem Dienstherrn, der Bundesrepublik Deutschland, in einem besonderen öffentlich-rechtlichen Dienstverhältnis stehen. Der Status des Soldaten zeigt Parallelen zu dem des Beamten, verzeichnet aber auch Eigenarten, die dem militärischen Auftrag geschuldet sind.[283] Dies belegt schon Art. 17a Abs. 1 GG, nach dem für die Angehörigen der Streitkräfte bestimmte Grundrechte während der Zeit ihres Wehrdienstes einem zusätzlichen Gesetzesvorbehalt unterliegen. Inzidenter macht die Vorschrift deutlich, dass Soldatinnen und Soldaten ansonsten **Grundrechtsträger wie andere Staatsbürger** sind.[284] Ihre Rechte dürfen nur durch Gesetz und nur so weit eingeschränkt werden, wie es der militärische Dienst erfordert. Das Konzept der inneren Führung und das Leitbild des Staatsbürgers in Uniform sind Ausprägungen dieses Grundsatzes.[285]

95 Die aus dem Dienstverhältnis herrührenden **Rechte und Pflichten von Soldatinnen und Soldaten** regelt das Soldatengesetz (SG).[286] Zentrale Rechte sind dabei der Anspruch auf Alimentation nach § 30 SG und der Fürsorgeanspruch aus § 31 SG, der stärker ausgeprägt ist als bei Beamten.[287] Die Grundpflicht des Soldaten besteht nach § 7 SG darin, der Bundesrepublik Deutschland treu zu dienen und das Recht und die Freiheit des deutschen Volkes tapfer zu verteidigen. Sie umfasst die Inkaufnahme von Gefährdungen des eigenen Lebens, wenn der Dienst dies erfordert. Dies gilt in Friedenszeiten wie im bewaffneten Konflikt, im Inland wie im Ausland.[288] Weitere bedeutende soldatische Pflichten bilden die Wahrheitspflicht (§ 13 SG), die Verschwiegenheitspflicht (§ 14 SG) in dienstlichen Angelegenheiten, die Pflichten zur Wahrung von Disziplin und zu achtungs- und vertrauenswürdigem Verhalten (§ 17 SG) sowie die Kameradschaftspflicht (§ 12), die eine Voraussetzung für den Zusammenhalt der Truppe darstellt (→ § 46 Rn. 62 ff.).

96 Besonders kennzeichnend für den Soldatenstatus ist die Gehorsamspflicht (§ 11 SG), der auf der anderen Seite spezifische Pflichten von Vorgesetzten (§ 10 SG) gegenüberstehen. Der Soldat hat seinen Vorgesetzten zu gehorchen. Er muss ihre Befehle nach besten Kräften vollständig, gewissenhaft und unverzüglich ausführen. Während der Beamte persönlich die Verantwortung für die Rechtmäßigkeit seiner dienstlichen Handlungen trägt, wird diese Verantwortung im militärischen Bereich auf den befehlenden Vorgesetzten übertragen.[289] Vorgesetzte dürfen Befehle nur zu dienstlichen Zwecken und nur unter Beachtung des Rechts erteilen (§ 10 Abs. 4 SG). Auf dem **Prinzip von Befehl und Gehorsam** basiert die Funktionsfähigkeit von Streitkräften. In der Bundeswehr hat die Gehorsamspflicht jedoch Grenzen: Befehle, die die Menschenwürde verletzen oder die nicht zu dienstlichen Zwecken erteilt werden, sind unverbindlich und müssen nicht befolgt werden.[290] Nach § 11 Abs. 2 S. 1 SG dürfen Befehle nicht befolgt werden, wenn damit eine Straftat begangen würde.

---

[282] Wehrbeschwerdeordnung in der Fassung der Bekanntmachung v. 22.1.2009 (BGBl. 2009 I 81).
[283] Hierzu *Scherer/Alff/Poretschkin/Lucks*, Soldatengesetz, 10. Aufl., 2018, Vorb. Rn. 3.
[284] *Heun* in Dreier GG Art. 17a Rn. 1; *Schmidt-Radefeldt* in BeckOK GG, 44. Ed. 15.8.2020, GG Art. 17a Rn. 1; *Walz* in Weingärtner, Streitkräfte und Menschenrechte, 2008, 25 (26).
[285] Vgl. *Brenner* in v. Mangoldt/Klein/Starck GG Art. 17a Rn. 7.
[286] Soldatengesetz in der Fassung der Bekanntmachung v. 30.5.2005 (BGBl. 2005 I 1482).
[287] Zur staatlichen Schutzpflicht für eigene Soldaten *Sohm* in Gramm/Weingärtner, Moderne Waffentechnologie – Hält das Recht Schritt?, 2015, 157 (167 ff.).
[288] *Metzger* in Eichen/Metzger/Sohm SoldatenG § 7 Rn. 14 ff.
[289] *Kirchhof* in Isensee/Kirchhof StaatsR-HdB IV § 84 Rn. 70; *Pieroth* NVwZ 2011, 705 (708).
[290] Näher hierzu *Sohm* in Eichen/Metzger/Sohm SoldatenG § 11 Rn. 44.

E. Instrumente zur Sicherstellung der Funktionsfähigkeit der Streitkräfte   § 52

IV. Die Abwehr von Störungen

Dem Selbstschutz der Bundeswehr gegen Störungen des Dienstbetriebs von außen[291] dient 97 das Gesetz über die Anwendung unmittelbaren Zwanges durch die Bundeswehr (UZwGBw).[292] Inhaltlich handelt es sich bei den Bestimmungen dieses Gesetzes um **Sonderpolizeirecht der Streitkräfte**.[293] Dem Gesetzgeber erschienen die allgemeinen Rechtsgrundlagen für Abwehrmaßnahmen gegen Angriffe auf die Bundeswehr wie Notwehr- und Nothilferechte sowie das Recht zur vorläufigen Festnahme nach § 127 Abs. 1 StPO nicht ausreichend, um einen wirksamen Schutz von Einsatzbereitschaft, Schlagkraft und Sicherheit der Truppe zu gewährleisten.[294]

Das UZwGBw verleiht Soldatinnen und Soldaten der Bundeswehr, denen militärische 98 Wach- und Sicherungsaufgaben übertragen sind, die **Befugnis zur Anwendung körperlicher Gewalt** einschließlich des Einsatzes von Waffen. Unmittelbarer Zwang darf – soweit erforderlich – ausgeübt werden, um Straftaten gegen die Bundeswehr zu verhindern oder sonstige rechtswidrige Störungen der dienstlichen Tätigkeit zu beseitigen.[295] Unter die Straftaten gegen die Bundeswehr fallen insbesondere Straftaten gegen Angehörige der Bundeswehr, die diese bei der Ausübung ihres Dienstes stören oder tätliche Angriffe darstellen, sowie Straftaten gegen militärische Bereiche, also Anlagen, Einrichtungen und Schiffe der Bundeswehr, und gegen Gegenstände der Bundeswehr (§ 3 UZwGBw). Die Anwendung unmittelbaren Zwanges ist, außer wenn es die Lage nicht zulässt, vorab anzudrohen. Sie unterliegt dem Grundsatz der Verhältnismäßigkeit.

Erweitert ist das Spektrum zugelassener Maßnahmen in **militärischen Sicherheits-** 99 **bereichen.** Dabei handelt es sich um militärische Bereiche, deren Betreten durch Dienststellen der Bundeswehr verboten worden ist oder die vorübergehend gesperrt wurden (§ 2 Abs. 2 UZwGBw). Hier können auch Überprüfungen und Durchsuchungen von Personen und vorläufige Beschlagnahmen von Gegenständen durchgeführt werden. Praktische Fälle, in denen das UZwGBw zur Anwendung kommt, sind das Eindringen von Demonstranten in militärische Liegenschaften und die Abwehr ziviler Drohnen, die den Flugbetrieb auf Stützpunkten der Luftwaffe gefährden könnten.[296]

Strafrechtlichen Schutz gegen Beeinträchtigungen von Funktionsfähigkeit und Einsatz- 100 bereitschaft der Streitkräfte bieten zunächst einmal allgemeine Straftatbestände wie § 113 StGB beim gewaltsamen Widerstand gegen Diensthandlungen von Soldaten der Bundeswehr und § 123 StGB beim widerrechtlichen Eindringen in geschützte Liegenschaften der Bundeswehr. Die dem Staatsschutz dienende Vorschrift des § 89 StGB stellt das verfassungsfeindliche Einwirken auf Angehörige der Bundeswehr unter Strafe. Doch normiert der Besondere Teil des StGB in seinem 5. Abschnitt auch spezielle Straftaten gegen die Landesverteidigung, die **bestimmte Angriffe auf Personalbestand und Sachmittel der Bundeswehr** betreffen.[297] Zu diesen Straftatbeständen zählen Sabotagehandlungen an Verteidigungsmitteln (§ 109e StGB), das sicherheitsgefährdende Abbilden militärischer Einrichtungen oder Vorgänge (§ 109g StGB) und Störpropaganda (§ 109d StGB) (→ § 10 Rn. 72 ff.). Die Vorschriften dieses Abschnitts wurden bereits im Jahr 1957 in das StGB

---

[291] Vgl. *Ipsen* in BK-GG GG Art. 87a Rn. 125.
[292] Gesetz über die Anwendung unmittelbaren Zwanges und die Ausübung besonderer Befugnisse durch Soldaten der Bundeswehr und verbündeter Streitkräfte sowie zivile Wachpersonen v. 12.8.1965 (BGBl. 1965 I 796).
[293] BVerwG NJW 1990, 2076 (2077); vgl. auch *Heinen/Bajumi*, Rechtsgrundlagen Feldjägerdienst, 11. Aufl., 2018, 14; *Jess/Mann* UZwGBw – Erläuterungsbuch, 2. Aufl., 1981, Einl. Rn. 11.
[294] So die Begründung des Gesetzentwurfs, BT-Drs. IV/1004, 6.
[295] S. im Einzelnen *Jess/Mann* UZwGBw – Erläuterungsbuch, 2. Aufl., 1981, § 9 Rn. 9 ff.
[296] Hierzu *Bajumi* GSZ 2020, 238.
[297] Vgl. *Eser* in Schönke/Schröder StGB Vorb. zu §§ 109–109k Rn. 1a; *Fischer* StGB Vorb. zu §§ 109 ff. Rn. 2. Zudem bedroht § 114 OWiG das verbotene Betreten einer militärischen Einrichtung oder Anlage mit Geldbuße.

eingefügt.[298] In Anbetracht des veränderten Aufgabenspektrums der Bundeswehr wäre trotz ihrer beschränkten praktischen Relevanz eine Überarbeitung angebracht.[299]

101 Der Schutz von Funktionsfähigkeit und Einsatzbereitschaft der Bundeswehr gegen Beeinträchtigungen aus den eigenen Reihen ist der **Hauptauftrag des Militärischen Abschirmdienstes (MAD).** Gesetzlich fixiert wurden Aufgaben und Befugnisse des MAD erst im Jahr 1990. Das Gesetz über den Militärischen Nachrichtendienst (MADG)[300] betraut den Dienst mit der Sammlung und Auswertung von Informationen über extremistische Bestrebungen sowie über Spionage- und Sabotageaktivitäten, die gegen die Bundeswehr gerichtet sind und von Angehörigen der Bundeswehr ausgehen oder ausgehen sollen (§ 1 Abs. 1 MADG). Zur verdeckten Beschaffung von Nachrichten ist der Dienst befugt, nachrichtendienstliche Mittel zu verwenden (§ 5 MADG). Aus diesem Grunde obliegt die parlamentarische Überwachung seiner Tätigkeit nicht dem Verteidigungsausschuss des Bundestages, sondern dem Parlamentarischen Kontrollgremium (§ 1 Abs. 1 PKGrG). Nach einer Organisationsreform im Jahr 2017 ist der Dienst keine Dienststelle der Streitkräfte mehr, sondern als Bundesamt für den Militärischen Abschirmdienst (BAMAD) eine zivile Bundesoberbehörde, die unmittelbar dem Bundesministerium der Verteidigung unterstellt ist.[301]

V. Gesetzliche Sonderregelungen

102 Auch außerhalb des eigentlichen Wehrrechts enthalten zahlreiche Gesetze und Verordnungen sog. Bundeswehrklauseln, die der Bundeswehr die Erfüllung ihres Verfassungsauftrags erleichtern sollen. Es handelt sich um **gesetzliche Privilegierungen für Zwecke der Verteidigung.** Derartige Sonderbestimmungen, denen keine verfassungsrechtlichen Bedenken entgegenstehen,[302] existieren insbesondere im Arbeits- und Gesundheitsschutz, im Umwelt- und Immissionsschutz sowie im Verkehrsbereich. Einige von ihnen nehmen die Bundeswehr vollständig oder teilweise von der Geltung der jeweiligen gesetzlichen Bestimmungen aus. So sind zum Beispiel die Vorschriften des Waffengesetzes nach § 55 Abs. 1 Nr. 2 WaffG nicht auf die Bundeswehr anzuwenden, sofern nicht ausdrücklich etwas anderes bestimmt ist. Andere Gesetze, wie das Gefahrgutbeförderungsgesetz in § 3 Abs. 5 GGBefG oder das Luftverkehrsgesetz in § 30 Abs. 1 LuftVG gewähren der Bundeswehr **Ausnahmen** oder **Möglichkeiten zum Abweichen von den gesetzlichen Vorgaben.** In anderen Bereichen wird der **Gesetzesvollzug** der Bundeswehr selbst übertragen. So hat nach § 38 Abs. 2 des Medizinproduktegesetzes die Bundeswehr Vollzug und Überwachung dieses Gesetzes in ihrem Bereich in eigener Zuständigkeit wahrzunehmen. Bei allen Gesetzgebungsvorhaben der Bundesregierung prüft das Bundesverteidigungsministerium, ob Interessen der Bundeswehr berührt sind. Ist dies der Fall, werden diese Belange im Gesetzgebungsverfahren geltend gemacht und – wenn nötig – Sonderregelungen initiiert.

F. Fazit und Perspektiven

103 Die Bundesrepublik Deutschland verfügt über die verfassungsmäßigen Rechtsgrundlagen für den Schutz ihrer äußeren Sicherheit durch Streitkräfte. Diese rechtliche Basis ist seit vielen Jahren unverändert geblieben. Sie war von Anfang an ausgerichtet auf die Landesverteidigung im Rahmen eines Verteidigungsbündnisses. Das Alter der Grundgesetzbestimmungen über die Verteidigung ist kein zwingender Grund, sie zu reformieren. Zwar wäre aus gesetzessystematischer Sicht eine inhaltliche Zusammenfassung der Regelungen der Wehrverfassung in einem eigenen Abschnitt im Grundgesetz wünschenswert. Doch würde

---

[298] Viertes Strafrechtsänderungsgesetz v. 11.6.1957 (BGBl. 1957 I 597).
[299] Vgl. *Wagner* NZWehr 2011, 156 (161 f.).
[300] MAD-Gesetz v. 20.12.1990 (BGBl. 1990 I 2954 [2977]).
[301] S. hierzu *Siems* in Schenke/Graulich/Ruthig MADG § 1 Rn. 4.
[302] *Heun* in Dreier GG Art. 87b Rn. 11.

F. Fazit und Perspektiven § 52

dies eine umfassende Umgestaltung der Verfassung erfordern. Den hierfür notwendigen gesetzgeberischen Aufwand und die hiermit zwangsläufig verbundenen Rechtsunsicherheiten wären rein systematische Verbesserungen nicht wert.

Allerdings haben sich die weltpolitischen Rahmenbedingungen für die Verteidigung seit dem Inkrafttreten der Wehrverfassung grundlegend gewandelt. Der unmittelbare Angriff eines anderen Staates auf Deutschland erscheint kaum mehr als realistisches Szenario. Alte Bedrohungen sind verblasst, neue Risiken entstanden. Staatenbündnisse, denen Deutschland angehört, haben ihre Ausrichtung verändert. Die Bundeswehr ist einem ständigen Transformationsprozess unterworfen, um den an sie gerichteten Anforderungen Rechnung tragen zu können. Damit drängt sich die Frage auf, ob unter diesen Umständen der Verfassungsrahmen für die Verteidigung unverändert bleiben kann. **104**

Einen Teil der Rechtsfragen, die sich nach der Wiedervereinigung Deutschlands neu stellten, hat das BVerfG im Jahr 1994 dadurch gelöst, dass es bewaffnete Einsätze der Bundeswehr im Ausland auf die Befugnis des Bundes stützte, sich in ein System gegenseitiger kollektiver Sicherheit einzuordnen. Es umging so eine konkrete Bestimmung des verfassungsrechtlichen Begriffs der Verteidigung und damit des Kernauftrags der Bundeswehr. Deren Fehlen hat Versuche im Schrifttum veranlasst, das Einsatzspektrum der Streitkräfte durch extensive Auslegung des Verteidigungsbegriffs zu erweitern. Bekämpfung des Terrorismus im Aus- und Inland, Abwehr von Cyber-Attacken, unilaterale militärische Einsätze – die Auffassungen gehen so weit, dass die Bundeswehr unter dem Titel der Verteidigung immer dann einsetzbar sein soll, wenn es militärischer Mittel zur Bekämpfung einer Gefahr bedarf. Damit würden jedoch die Grenzen zulässiger Verfassungsinterpretation verlassen. Wortlaut, Entstehungsgeschichte und Gesamtzusammenhang der Wehrverfassung machen deutlich, dass die Ausübung militärischer Gewalt nach dem Grundgesetz eine *ultima ratio* darstellen soll. Der Verfassungsbegriff der Verteidigung darf nicht zur Legitimierung des Einsatzes der Streitkräfte gegen neue Gefahren und Risiken überdehnt werden. Wer Sicherheitslücken sieht und das Einsatzspektrum der Bundeswehr erweitern will, muss für eine dahingehende Grundgesetzänderung eintreten. **105**

Eine verfassungsmäßige Klarstellung wäre allerdings für den nationalen Streitkräfteeinsatz zur Rettung von Personen aus akuten Gefahrenlagen im Ausland angebracht. Dessen Rechtsgrundlage ist unklar. Darüber hinaus fehlt bislang ein schlüssiges Konzept, wie massiven Cyber-Attacken begegnet werden soll, zu deren Bewältigung ein Wirken in fremden IT-Systemen notwendig ist. Die Cyber-Kräfte der Bundeswehr verfügen über derartige offensive Fähigkeiten, aber – von Extremlagen wie dem Verteidigungsfall oder dem Katastrophennotstand abgesehen – nicht über rechtliche Befugnisse zu ihrem Einsatz. Hier bestehende Sicherheitslücken könnten entweder durch den Aufbau paralleler Kapazitäten im zivilen Bereich oder durch eine Erweiterung der rechtlichen Befugnisse der Bundeswehr geschlossen werden. Zusätzliche Kompetenzen der Bundeswehr erforderten jedoch eine Änderung des Grundgesetzes. Die hierfür notwendigen politischen Mehrheiten scheinen heutzutage kaum erreichbar. **106**

Auf der einfachgesetzlichen Ebene ist gesetzgeberischer Handlungsbedarf für die Ausführung des Verteidigungsauftrags der Streitkräfte nicht erkennbar. Die Einsatzbefugnisse der Bundeswehr zur Verteidigung sind zum großen Teil bereits unmittelbar aus Völkerrecht und Verfassungsrecht abzuleiten. Für die Wahrnehmung ihrer Aufgaben steht der Bundeswehr ein ausreichendes gesetzliches Instrumentarium zur Verfügung, auch wenn zahlreiche Wehrgesetze vor langer Zeit in Kraft traten und heute von Aufbau und Formulierung her eher antiquiert erscheinen. Die für den Verteidigungs- und Spannungsfall geschaffenen Bestimmungen haben ihre Bewährungsprobe glücklicherweise noch nicht bestehen müssen. Selbst die Wiedereinführung der Wehrpflicht im Fall der Feststellung des Verteidigungs- oder des Spannungsfalles ist bereits gesetzlich vorbestimmt. Tritt dieser Fall ein, werden die Probleme auf der Umsetzungsebene liegen, da die Verwaltungsstrukturen, die mit Musterung und Einberufung von Wehrpflichtigen betraut waren, inzwischen nicht mehr existieren. **107**

108 Entwicklungsperspektiven im Verteidigungsbereich sind auf der europäischen Ebene zu verzeichnen. Nach dem Vertrag von Lissabon ist die Gemeinsame Sicherheits- und Verteidigungspolitik (GSVP) integraler Bestandteil der Gemeinsamen Außen- und Sicherheitspolitik (GASP) der Union. Damit ist zwar keine Vergemeinschaftung der Verteidigung verbunden, jedoch eine Intensivierung der zwischenstaatlichen Zusammenarbeit in diesem Bereich. Der EU-Vertrag[303] stellt die notwendigen Instrumente zur Verfügung. Eines dieser Instrumente bildet die in Art. 42 Abs. 6 EUV und Art. 46 EUV geregelte Ständige Strukturierte Zusammenarbeit (PESCO). In diesem Rahmen schließen sich Mitgliedstaaten, die eine engere Kooperation auf dem Gebiet der Verteidigung anstreben, zusammen. Seit dem Jahr 2017 ist der Prozess der PESCO mit zahlreichen gemeinsamen Projekten in Gang gekommen.

109 Nach Art. 42 Abs. 2 EUV umfasst die GSVP die schrittweise Festlegung einer gemeinsamen Verteidigungspolitik der Union. Diese führt zu einer gemeinsamen Verteidigung, sobald der Europäische Rat dies einstimmig beschlossen hat. Der Weg zu einer Europäischen Armee, also Streitkräften unter Kommando der EU, in die die Bundeswehr eingebracht wird, ist allerdings noch weit. Auch verfassungsrechtliche Hindernisse müssen ausgeräumt werden. Die Frage des Parlamentsvorbehaltes für den Einsatz bewaffneter europäischer Streitkräfte, an denen die Bundeswehr beteiligt ist, muss gelöst werden. Doch sind erste Schritte hin zu dem Ziel der Europäisierung der Verteidigung gemacht.

§ 53 Internationale Konfliktverhütung und Krisenbewältigung

Dieter Weingärtner

Übersicht

	Rn.
A. Konfliktverhütung und Krisenbewältigung als Aufgabe der Bundeswehr	1
B. Die Entwicklung des Rechtsrahmens von Auslandseinsätzen der Bundeswehr	7
I. Die Debatte vor 1994	8
II. Die Leitentscheidung des Bundesverfassungsgerichts	12
III. Urteilskritik und nachfolgende Entwicklung	17
C. Das Recht zum Einsatz der Bundeswehr im Ausland	23
I. Völkerrechtliche Legitimation	24
1. Resolution des Sicherheitsrates der Vereinten Nationen	25
2. Selbstverteidigungsrecht	30
3. „Humanitäre Intervention"	33
4. Einverständnis des Einsatzstaates	35
5. Einsatz auf der Hohen See	37
II. Verfassungsmäßigkeit des Einsatzes	40
1. Erfordernis einer ausdrücklichen Rechtsgrundlage	41
2. Einsatz innerhalb eines Systems gegenseitiger kollektiver Sicherheit	44
a) Begriff des kollektiven Sicherheitssystems	44
b) Rahmen und Regeln des kollektiven Sicherheitssystems	48
c) Keine zusätzlichen Voraussetzungen	51
3. Einsatz außerhalb eines Systems kollektiven Sicherheitssystems	53
a) Einsatz zur Verteidigung	53
b) Keine sonstige Verfassungsgrundlage	56
III. Der wehrverfassungsrechtliche Parlamentsvorbehalt	58
1. Der Begriff des Einsatzes bewaffneter Streitkräfte	59
2. Die Kompetenzverteilung zwischen Legislative und Exekutive	64
3. Das Parlamentsbeteiligungsgesetz	72
IV. Verfassungsgerichtliche Überprüfung	76

---

[303] Vertrag über die Europäische Union idF des Vertrags von Lissabon v. 13.12.2007 (ABl. 2007 C 306, 1).

	Rn.
1. Das Organstreitverfahren	76
2. Sonstige Verfahrensarten	81
D. Das Recht im Auslandseinsatz	83
I. Rechtsquellen	84
1. Völkerrechtliche Ebene	85
a) Das Recht des bewaffneten Konflikts	85
b) Internationale Menschenrechtspakte	88
2. Geltung deutschen Rechts	90
a) Bindung an die Grundrechte	90
b) Das Trennungsgebot	94
c) Sonstiges deutsches Recht	95
II. Die Umsetzung des Rechtsrahmens	98
1. Der Operationsplan	99
2. Die Einsatzregeln	102
3. Die Taschenkarte	105
E. Fazit und Perspektiven	106

Wichtige Literatur:

v. Arnauld, A., Das (Menschen-)Recht im Auslandseinsatz – Rechtsgrundlagen zum Schutz von Grund- und Menschenrechten, in Weingärtner, Streitkräfte und Menschenrechte, 2008, 61 ff.; *Arndt, F.,* Gesicherte Verfügbarkeit multilateraler Verbundfähigkeiten und Integrationsverantwortung – Zur Parlamentsbeteiligung im Kontext verstärkter Multinationalität und Integration, in Graf v. Kielmansegg/Krieger/Sohm, Multinationalität und Integration im militärischen Bereich, 2018, 105 ff.; *Brissa, E.,* Bundeswehr und Bundestag, – Zur Bündniskonformität des wehrverfassungsrechtlichen Parlamentsvorbehaltes, DÖV 2012, 137 ff.; *Dau, C.,* Die völkerrechtliche Zulässigkeit von Selbstverteidigung gegen nicht-staatliche Akteure, 2018; *Dreist, P.,* Rules of Engagement in multinationalen Operationen – ausgewählte Grundsatzfragen, NZWehrr 2007, 45 ff., 99 ff., 146 ff.; *Dreist, P.,* Die völker- und verfassungsrechtlichen Grundlagen der Ausbildungsmission der Bundeswehr im Nordirak, NZWehrr 2018, 1 ff., 53 ff., 109 ff.; *Erberich, U.,* Auslandseinsätze der Bundeswehr und Europäische Menschenrechtskonvention, 2004; *Eser, A.,* Tötung im Krieg: Rückfragen an das Staats- und Völkerrecht, in Appel/Hermes/Schönberger, Öffentliches Recht im offenen Staat, FS Rainer Wahl, 2011, 665 ff.; *Fischer-Lescano, A./Tohidipur, T.,* Rechtsrahmen der Maßnahmen gegen Seepiraterie, NJW 2009, 1243 ff.; *Frister, H./Korte, M./Kreß, C.,* Die strafrechtliche Rechtfertigung militärischer Gewalt in Auslandseinsätzen auf der Grundlage eines Mandats der Vereinten Nationen, JZ 2010, 10 ff.; *Gramm, C.,* Die Aufgaben der Bundeswehr und ihre Grenzen in der Verfassung, NZWehrr 2005, 133 ff.; *Gutmann, C.,* Fortschreitende Militärkooperationen, 2020; *Gutmann, C./Sassenrath, C.-P.,* Auslandseinsätze der Bundeswehr ohne Sicherheitsratsmandat: Rahmen und Regeln kollektiver Sicherheitssysteme und die Drittstaatennothilfe unter dem Grundgesetz, NZWehrr 2017, 177 ff., 245 ff.; 2018, 17 ff.; *Haager, J.,* Vom Mandat der Vereinten Nationen zum Einsatzrecht, in Forster/Vugrin/Wessendorff, Das Zeitalter der Einsatzarmee, 2014, 141 ff.; *Hufeld, U.,* 25 Jahre verfassungsrechtlicher Parlamentsvorbehalt, AVR 2019, 383 ff.; *Katze, J.,* Nationale Vorbehalte bei multinationalen Streitkräfteeinsätzen – Funktionsbedingung oder operatives Hindernis?, in Graf v. Kielmansegg/Krieger/Sohm, Multinationalität und Integration im militärischen Bereich, 2018, 143 ff.; *Kremser, H.,* Der bewaffnete Einsatz der Bundeswehr gegen die Terrororganisation „Islamischer Staat", DVBl. 2016, 881 ff.; *Krieger, H.,* Grenzen der Anwendung militärischer Gewalt gegen Taliban-Kämpfer in Afghanistan, in Weingärtner, Die Bundeswehr als Armee im Einsatz, 2010, 39 ff.; *Ladiges, M.,* Die verfassungsgerichtliche Überprüfung von Einsatzentscheidungen – Führt ein Weg nach Karlsruhe?, NZWehrr 2016, 177 ff.; *Limpert, M.,* Auslandseinsätze der Bundeswehr, 2002; *Link, M.,* Grundrechtsbindung der Bundeswehr im Ausland – Zur Notwendigkeit einer gesetzlichen Grundlage, 2020; *Neubert, C.-W.,* Bundeswehreinsatz im Südsudan – Evakuierungsmissionen deutscher Streitkräfte im Ausland nach Völker- und Verfassungsrecht, DÖV 2017, 141 ff.; *Oeter, S.,* Die Anwendung militärischer Gewalt im Rahmen von Auslandseinsätzen der Bundeswehr außerhalb von bewaffneten Konflikten, in Weingärtner, Die Bundeswehr als Armee im Einsatz, 2010, 61 ff.; *van Ooyen, R. C.,* Das Bundesverfassungsgericht und der Einsatz der Bundeswehr, 2017; *Payandeh, M./Sauer, H.,* Die Beteiligung der Bundeswehr am Antiterroreinsatz in Syrien, ZRP 2016, 34 ff.; *Paulus, A. L.,* Die Parlamentszustimmung zu Auslandseinsätzen nach dem Parlamentsbeteiligungsgesetz, in Weingärtner, Einsatz der Bundeswehr im Ausland, 2007, 81 ff.; *Peters, A.,* Between military deployment and democracy: use of force in the German Constitution, in Journal on the use of force and international law 2018, 246 ff.; *Redder, J.-P.,* Die exterritoriale Anwendung des Internationalen Paktes über bürgerliche und politische Rechte und der Europäischen Menschenrechtskonvention, Humanitäres Völkerrecht 2018, 261 ff.; *Rensmann, T.,* Die Anwendbarkeit von Menschenrechten im Auslandseinsatz, in Weingärtner, Einsatz der Bundeswehr im Ausland, 2007, 49 ff.; *Salomon, T. R.,* Die Anwendung von Menschenrechten im bewaffneten Konflikt: Normative Grundlagen, neue Entwicklungen und Anwendungsmodalitäten, Archiv des Völkerrechts 2015, 322 ff.; *Sassenrath, C.-P.,* Einsätze zur Selbstverteidigung und nach den Regeln kollektiver Sicherheitssysteme. Die Entscheidung zum „Anti-IS-Einsatz", NVwZ 2020, 442 ff.; *Satzinger, K.,* Rechtliche

Aspekte der Ausübung militärischer Zwangsbefugnisse in Auslandseinsätzen, Österreichische Militärische Zeitschrift 2013, 510 ff.; *Sauer, H.*, Das Verfassungsrecht der kollektiven Sicherheit, in Rensen/Brink, Linien der Rechtsprechung des Bundesverfassungsgerichts – erörtert von den wissenschaftlichen Mitarbeitern, Band 1, 2009, 585 ff.; *Sauer, H.*, Parameter eines materiellen Auslandseinsatzrechts, DÖV 2019, 741 ff.; *Sax, F.*, Soldaten gegen Piraterie: der exterritoriale Einsatz der deutschen Marine zur Pirateriebekämpfung im Lichte von Völkerrecht und Grundgesetz, 2018; *Schäfer, B.*, Zum Verhältnis Menschenrechte und humanitäres Völkerrecht, 2006; *Schmidt-Radefeldt, R.*, Auslandseinsätze der Bundeswehr im Spannungsfeld zwischen Völker- und Verfassungsrecht: Plädoyer für eine völkerrechtsfreundliche Auslegung der deutschen Wehrverfassung, in Graf v. Kielmansegg/Krieger/Sohm, Multinationalität und Integration im militärischen Bereich, 2018, 83 ff.: *Schröder, F.*, Das parlamentarische Zustimmungsverfahren zum Auslandseinsatz der Bundeswehr in der Praxis, 2005; *Schütz, C.*, Die Ingewahrsamnahme nicht-staatlicher Kämpfer im nicht-internationalen bewaffneten Konflikt, in Weingärtner/Krieger, Streitkräfte und nichtstaatliche Akteure, 2013, 83 ff.; *Seyffarth, M.*, Eine verfassungsgerechte Reform des Parlamentsbeteiligungsgesetzes, GSZ 2019, 57 ff.; *Spies, S. C.*, Die Bedeutung von „Rules of Engagement" in multinationalen Operationen, in Weingärtner, Einsatz der Bundeswehr im Ausland, 2007, 115 ff.: *Thiele, J.*, Auslandseinsätze der Bundeswehr zur Bekämpfung des internationalen Terrorismus, 2011; *Thym, D.*, Zwischen „Krieg" und „Frieden": Rechtsmaßstäbe für operatives Handeln der Bundeswehr im Ausland, DÖV 2010, 621 ff.; *Vogt, R.*, Die Geltung des deutschen Umweltschutz- und Arbeitsschutzrechtes bei Auslandseinsätzen der Bundeswehr, in Weingärtner, Einsatz der Bundeswehr im Ausland, 2007, 127 ff.; *Wagner, N. B.*, Grund- und Menschenrechte in Auslandseinsätzen von Streitkräften, 2009; *Walter, C./v. Ungern-Sternberg, A.*, Pirateriebekämpfung vor Somalia – Zum Zusammenspiel europäischer und deutscher Grundrechte, DÖV 2012, 861 ff.; *Weber, S.*, Rules of Engagement: Ein Paradigmenwechsel für Einsatz und Ausbildung?, Humanitäres Völkerrecht – Informationsschriften 2001, 76 ff.; *Weingärtner, D.*, Das Recht des Auslandseinsatzes der Bundeswehr – ein Überblick, in Wiesner, Deutsche Verteidigungspolitik, 2013, 347 ff.; *Weingärtner, D.*, Marineeinsatz in der Straße von Hormuz und das Grundgesetz, GSZ 2019, 202 ff.; *Werner, A.*, Die Grundrechtsbindung der Bundeswehr bei Auslandseinsätzen, 2006; *Wiefelspütz, D.*, Auslandseinsatz der Streitkräfte und Grundrechte, NZWehr 2008, 89 ff.; *Wiefelspütz, D.*, Die Beteiligung der Bundeswehr am Kampf gegen Piraterie. Völkerrecht und Verfassungsrecht, NZWehrr 2009, 133 ff.; *Wittinger, M.*, Die Geltung der Europäischen Menschenrechtskonvention im Auslandseinsatz, NZWehrr 2013, 133 ff.; *Wolff, H. A.*, Der verfassungsrechtliche Rahmen für die Verwendung der Streitkräfte zur Abwehr von Piraterie, ZG 2010, 209 ff.; *Zimmermann, A.*, Grundrechtseingriffe durch deutsche Soldaten und das Grundgesetz, ZRP 2012, 116 ff.

Rechtsprechungsauswahl:

BVerfGE 90, 286 = NJW 1994, 2207 (Auslandseinsatz Bundeswehr); BVerfGE 100, 266 = NJW 1999, 2030 (einstw. Rechtsschutz Jugoslawien-Einsatz); BVerfGE 104, 151 = NJW 2002, 1559 (Strategisches Konzept NATO); BVerfGE 108, 34 = NJW 2003, 2373 (einstw. Rechtsschutz AWACS Türkei); BVerfGE 118, 244 = BeckRS 2007, 24547 (Erweiterung ISAF-Mandat); BVerfGE 121, 135 = NJW 2008, 2018 (AWACS Türkei); BVerfGE 124, 267 = BeckRS 2009, 39827 (KFOR-Mandat); BVerfGE 140, 160 = BeckRS 2015, 52303 (Evakuierung Libyen); BVerfGE 152, 8 = BeckRS 2019, 23758 (Anti-IS-Einsatz).

Hinweis:

Alle Internetfundstellen wurden zuletzt am 10.3.2022 abgerufen.

A. Konfliktverhütung und Krisenbewältigung als Aufgabe der Bundeswehr

1 Legendär ist mittlerweile die Aussage von Peter Struck, die Sicherheit Deutschlands werde auch am Hindukusch verteidigt. Der damalige Bundesverteidigungsminister hatte bei dieser Äußerung im Jahr 2004 nicht einen bewaffneten Angriff auf das Bundesgebiet im Blick, der zur Feststellung des Verteidigungsfalles führen könnte. Ihm ging es im Nachgang der terroristischen Anschläge in den Vereinigten Staaten vom 11.9.2001 darum, „die Einsatzfähigkeit der Bundeswehr für die wahrscheinlichsten Einsätze, nämlich Konfliktverhütung und Krisenbewältigung einschließlich des Kampfes gegen den internationalen Terrorismus, konsequent und nachhaltig zu erhöhen".[1] Neben der Landesverteidigung im herkömmlichen Sinn komme der Bundeswehr die Aufgabe zu, zum **Schutz der Bevölkerung vor terroristischen und asymmetrischen Bedrohungen** beizutragen.

2 Die Erkenntnis, dass sich der Schutz der äußeren Sicherheit Deutschlands und seiner Partner nicht mehr auf die Abwehr des militärischen Angriffs eines anderen Staates beschränkte, hatte sich in den Jahren nach 1990 durchgesetzt. Der Warschauer Pakt war auseinandergebrochen, der „Kalte Krieg" zu Ende. Der **Nordatlantischen Allianz (NATO),** die als System kollektiver Verteidigung gegründet worden war, stellte sich die

---

[1] Plenarsitzung des Deutschen Bundestages vom 11.3.2004 BTPlProt. 15/97, 8601.

Sinnfrage. Angesichts der veränderten Bedrohungslage entwickelte sich die NATO nunmehr zu einer Sicherheitsorganisation, die **Krisenprävention und Krisenmanagement auch außerhalb des Bündnisgebietes** zu ihren Aufgaben zählte und – in der Regel durch die Vereinten Nationen (VN) mandatierte – Krisenreaktions- und Stabilisierungsoperationen durchführte. Ihren Niederschlag fand diese Entwicklung in dem Strategischen Konzept, das auf dem NATO-Gipfel in Washington im April 1999 beschlossen wurde.[2] Dieses Programm sah das Bündnis einem breit angelegten sicherheitspolitischen Ansatz verpflichtet, der Risiken wie den Terrorismus, das organisierte Verbrechen, die Unterbrechung der Zufuhr lebenswichtiger Ressourcen und unkontrollierte Wanderungsbewegungen als Folge bewaffneter Konflikte einschloss.

Der Neuausrichtung des Nordatlantischen Bündnisses war auf nationaler Ebene Rechnung zu tragen. Doch hatte bereits unabhängig von der Fortentwicklung der NATO in Deutschland nach der Wiedervereinigung eine intensive politische Debatte über die Frage eingesetzt, welche Rolle das Land künftig in der Weltpolitik einnehmen sollte und welche Aufgaben dabei die deutschen Streitkräfte wahrnehmen sollten. Programmatisch spiegelten sich die weltpolitischen Veränderungen in den Verteidigungspolitischen Richtlinien des Jahres 2003 wider. Diese gingen davon aus, dass unter den prioritären Aufgaben der Bundeswehr die Landes- und Bündnisverteidigung hinter die internationale Konfliktverhütung und Krisenbewältigung zurückgetreten war.[3] Das Weißbuch 2006 machte dann deutlich, dass die Sicherheit Deutschlands untrennbar mit der politischen Entwicklung Europas und der Welt verbunden ist. Die Bewältigung der neuen Risiken und Bedrohungen erfordere den **Einsatz eines breiten außen-, sicherheits-, verteidigungs- und entwicklungspolitischen Instrumentariums** zur frühzeitigen Konflikterkennung, Prävention und Konfliktlösung. Konfliktverhütung und Krisenbewältigung seien für die Bundeswehr strukturbestimmend und prägend hinsichtlich Fähigkeiten, Führungssystemen, Verfügbarkeit und Ausrüstung.[4] 3

Seit dem Jahr 2014 ist angesichts der sicherheitspolitischen Entwicklungen eine Refokussierung auf die Aufgaben der Landes- und Bündnisverteidigung einschließlich der Abschreckung zu verzeichnen. Im Weißbuch 2016 versteht die Bundesregierung die Verteidigung auf der einen und das internationale Krisenmanagement einschließlich aktiver militärischer Beiträge auf der anderen Seite als **gleichrangige Aufgaben der Bundeswehr.** Im Rahmen der gesamtstaatlichen Sicherheitsvorsorge sei dem Schutz der Souveränität und Unversehrtheit des deutschen Staatsgebietes und seiner Bürgerinnen und Bürger wieder erhöhter Stellenwert beizumessen. Gleichwohl erklärt sich Deutschland bereit, international weiterhin seinen Beitrag zur Bewältigung sicherheitspolitischer und humanitärer Herausforderungen zu leisten und dafür auch seine Streitkräfte zur Verfügung zu stellen.[5] 4

Die Beteiligung der Bundeswehr an internationalen Missionen im Ausland und auf der hohen See soll nicht nur zur Unterstützung von Bündnispartnern, zur Sicherung des Friedens und zur Stärkung der außenpolitischen Handlungsfähigkeit Deutschlands beitragen. Sie dient auch dem unmittelbaren Schutz des Staates und der Sicherheit seiner Bürgerinnen und Bürger vor Gefahren von außen und ist zu einem **wesentlichen Element der deutschen Sicherheitsstrategie** geworden. Das Recht der Auslandseinsätze der Bundeswehr stellt einen **Teilbereich des deutschen Sicherheitsrechts** dar. Allerdings haben sich die außen-, sicherheits- und verteidigungspolitischen Diskussionen über Auftrag und Einsatzspektrum der Bundeswehr nicht in dem rechtlichen Rahmen niedergeschlagen, den die Verfassung den Streitkräften setzt. Das Grundgesetz sieht nach wie vor die Ver- 5

---

[2] https://www.nato.int/cps/en/natohq/official_texts_27433.htm?mode=pressrelease.
[3] Vgl. *Bundesministerium der Verteidigung*, Verteidigungspolitische Richtlinien 2003, Ziffer 78; http://www.vo2s.de/mi_vpr-2003.pdf.
[4] *Bundesministerium der Verteidigung*, Weißbuch 2006 zur Sicherheitspolitik Deutschlands und zur Zukunft der Bundeswehr, 20, 72.
[5] *Bundesministerium der Verteidigung*, Weißbuch 2016 zur Sicherheitspolitik und zur Zukunft der Bundeswehr, 88 ff.

teidigung als Hauptaufgabe der Bundeswehr an. Auslandseinsätze von Streitkräften erwähnt es in seinem Text nicht. Dass Einsätze der Bundeswehr im Ausland mit dem Grundgesetz in Einklang stehen, klärte das BVerfG in seinem Urteil vom 12.7.1994.[6] Eine Reihe rechtlicher Aspekte des Streitkräfteeinsatzes zur internationalen Konfliktverhütung und Krisenbewältigung ist allerdings bislang nicht abschließend geklärt.

6 Die nachfolgende Darstellung des Rechts des Auslandseinsatzes der Bundeswehr zeichnet eingangs die Entwicklung von der Debatte vor 1994 (→ Rn. 8 ff.) über die Leitentscheidung des BVerfG (→ Rn. 12 ff.) bis hin zu späteren Konkretisierungen durch verfassungsgerichtliche Entscheidungen und Staatspraxis (→ Rn. 17 ff.) nach. Ähnlich wie das Recht des bewaffneten Konflikts traditionell zwischen dem *ius ad bellum* und dem *ius in bello* unterscheidet, ist bei den Rechtsgrundlagen von Einsätzen der Streitkräfte im Ausland zwischen den Voraussetzungen eines Einsatzes und dem im Einsatz geltenden Recht zu differenzieren. Rechtliche Einsatzvoraussetzungen finden sich sowohl auf der völkerrechtlichen Ebene (→ Rn. 24 ff.) als auch im Verfassungsrecht (→ Rn. 40 ff.). Bewaffnete Auslandseinsätze der Streitkräfte erfordern neben einem Regierungsbeschluss die Zustimmung des Parlamentes (→ Rn. 58 ff.). Einsatzentscheidungen der Bundesregierung und des Bundestages unterliegen innerhalb der vorgesehenen Verfahrensarten der verfassungsgerichtlichen Überprüfung (→ Rn. 76 ff.). Bei der Durchführung des Einsatzes im Ausland sind völkerrechtliche Vorgaben zu beachten (→ Rn. 85 ff.). Deutsches Recht ist bei Einsätzen außerhalb Deutschlands hingegen nur teilweise anwendbar (→ Rn. 90 ff.). Die geltenden rechtlichen Prämissen müssen in Handlungsvorgaben für den jeweiligen Einsatz umgesetzt werden (→ Rn. 98 ff.). Schließlich stellt sich die Frage, ob der rechtliche Rahmen von Auslandseinsätzen der Bundeswehr aktuellen Erfordernissen und absehbaren künftigen Herausforderungen gerecht wird oder ob es Änderungen bedarf (→ Rn. 106 ff.).

B. Die Entwicklung des Rechtsrahmens von Auslandseinsätzen der Bundeswehr

7 Die juristische Auseinandersetzung über die Zulässigkeit bewaffneter Einsätze der Bundeswehr im Ausland setzte bereits kurz nach der Wiedervereinigung Deutschlands im Jahr 1990 ein. Zwar überwog die Einsicht, dass die wiedervereinigte Republik ihre bis dahin geübte Zurückhaltung bei der Übernahme internationaler Verantwortung auf Dauer nicht würde aufrechterhalten können. Eine Verständigung über die rechtliche Basis von Auslandseinsätzen der Bundeswehr kam jedoch nicht zu Stande. Die Lösung des Streits gelang nicht dem verfassungsändernden Gesetzgeber, sondern erst dem BVerfG, das bewaffnete Streitkräfteeinsätze außerhalb des Bundesgebietes innerhalb eines internationalen Systems kollektiver Sicherheit als durch das Grundgesetz gedeckt, aber einem Parlamentsvorbehalt unterstellt ansah. Das parlamentarische Zustimmungsverfahren spielte sich in der Folgezeit praktisch ein und wurde im Jahr 2005 durch das Parlamentsbeteiligungsgesetz (ParlBG) gesetzlich normiert.

I. Die Debatte vor 1994

8 Auch wenn in den ersten Jahren nach der Aufstellung der Bundeswehr ein bewaffneter Einsatz deutscher Soldaten zur internationalen Konfliktverhütung und Krisenbewältigung nicht zur Debatte stand, war das Betätigungsfeld der Bundeswehr nicht auf das Inland oder das NATO-Bündnisgebiet beschränkt. Denn die Streitkräfte leisteten selbst in entfernten Regionen der Welt **humanitäre Hilfe in Katastrophenfällen**. Bereits im Jahr 1960 unterstützten Lufttransportkräfte und Personal des Sanitätsdienstes die einheimischen Behörden bei der Bewältigung der Folgen eines Erdbebens in Marokko und bei der Bekämpfung einer Hungersnot in der damaligen portugiesischen Kolonie Angola. Bis 1990 hatten

---

[6] BVerfGE 90, 286 = NJW 1994, 2207.

weltweit Dutzende solcher humanitärer Hilfsoperationen in Fällen von Überschwemmungen, Dürren oder Vulkanausbrüchen stattgefunden.[7] Neben dem humanitären Engagement sollten sie der Förderung des Ansehens Deutschlands und der internationalen Einbindung dienen. Verfassungsrechtlich galten derartige Verwendungen der Streitkräfte als unkritisch, da sie **nicht als Einsätze im Sinne des Verfassungsvorbehalts des Art. 87a Abs. 2 GG** angesehen wurden.[8]

Nach dem Beitritt der Bundesrepublik Deutschland im Jahr 1973 trug die Bundeswehr auch zu Friedensoperationen der Vereinten Nationen bei. So flog die Luftwaffe 1974 ghanaische und senegalesische Soldaten einer VN-Friedenstruppe nach Kairo und 1978 ein norwegisches Truppenkontingent und Ausrüstungsmaterial nach Israel.[9] Diese **technisch-logistische Unterstützung der Vereinten Nationen** wurde nicht als Einsatz von Streitkräften verstanden. Andererseits ging die Bundesregierung davon aus, dass das Grundgesetz den Einsatz von Bundeswehrkontingenten in Regionen außerhalb des Bündnisgebietes nur im Falle eines völkerrechtswidrigen Angriffs auf Deutschland erlaube.[10] Im verfassungsrechtlichen Schrifttum waren die Ansichten hierzu kontrovers. Ein Teil der Autoren hielt die Bundesregierung für befugt, über Streitkräfteeinsätze im Ausland aufgrund ihrer Zuständigkeit für die auswärtige Gewalt allein zu entscheiden.[11] Andere vertraten – wie die Bundesregierung – die Auffassung, das Grundgesetz lasse bewaffnete Einsätze der Bundeswehr im Ausland nicht zu.[12]

Anfang der 1990er Jahre war Deutschland wiedervereinigt und hatte volle Souveränität über seine inneren und äußeren Angelegenheiten erlangt. Die Bundesregierung sah hiermit die Pflicht verbunden, sich in größerem Maß international zu engagieren und an Friedensoperationen der Vereinten Nationen, aber auch der NATO aktiv mitzuwirken.[13] Sie entsandte einen Minenräumverband der Marine in den Persischen Golf und ein Flugabwehrraketengeschwader in die Türkei. Dies hatte eine Zuspitzung der politischen und juristischen Debatte über die Zulässigkeit von Einsätzen der Bundeswehr im Ausland zur Folge. Verschiedene Gesetzentwürfe zu einer Änderung oder „Klarstellung" des Grundgesetzes wurden in den Bundestag eingebracht.[14] Jedoch fand keine dieser Initiativen die erforderliche Zwei-Drittel-Mehrheit.[15] Der Streit wurde vielmehr **an das Bundesverfassungsgericht herangetragen.**

Das Gericht verband vier der ihm vorliegenden Organstreitverfahren zur gemeinsamen Verhandlung und Entscheidung. In diesen Verfahren ging es um Anträge von Fraktionen sowie Abgeordneten des Bundestages, die eine Feststellung des BVerfG begehrten, dass die Bundesregierung mit ihren Entscheidungen über eine Beteiligung deutscher Soldaten an Operationen der NATO, der Westeuropäischen Union (WEU) und der Vereinten Nationen in der Adria, auf dem Balkan und in Somalia sowie durch die Mitwirkung an den jeweiligen Beschlüssen von NATO und WEU gegen das Grundgesetz verstoßen habe.

---

[7] Übersicht bei *Rauch,* Auslandseinsätze der Bundeswehr, 2006, 48 f.
[8] Vgl. *Beck,* Auslandseinsätze deutscher Streitkräfte – Materiell-rechtliche Bindungen aus Völkerrecht und Grundgesetz, insbesondere zum Schutz des Lebens, 2008, 391; *Grzeszick* in BerlKom GG GG Art. 87a Rn. 21.
[9] *Wiefelspütz* Parlamentsheer 288.
[10] Vgl. *Dau, K.* in Goebel, Von Kambodscha bis Kosovo – Auslandseinsätze der Bundeswehr, 2000, 22; *Fassbender* in Isensee/Kirchhof StaatsR-HdB XI § 244 Rn. 28.
[11] Nachweise bei *Wiefelspütz* Parlamentsheer 180 f.
[12] S. *Limpert,* Auslandseinsatz der Bundeswehr, 2002, 16.
[13] *Rauch,* Auslandseinsätze der Bundeswehr, 2006, 53 f.
[14] BT-Drs. 12/2895; 12/3014; 12/3055; 12/4107.
[15] Näher zu Inhalten und Verfahrensabläufen *Wiefelspütz* Parlamentsheer 92 ff.; *Limpert,* Auslandseinsatz der Bundeswehr, 2002, 16 f.

II. Die Leitentscheidung des Bundesverfassungsgerichts

12   Mit seinem Urteil v. 12.7.1994[16] klärte das BVerfG einen wesentlichen Teil der bis dahin umstrittenen Rechtsfragen zu Auslandseinsätzen der Bundeswehr. Zugleich löste es die im Parlament bestehende politische Blockade. Der Tenor der Entscheidung enthielt die Feststellung, dass die Bundesregierung mit der Entsendung von Soldaten in die Missionen der Vereinten Nationen, der NATO und der WEU das Gebot des Grundgesetzes, für einen Einsatz bewaffneter Streitkräfte die konstitutive Zustimmung des Bundestages einzuholen, verletzt hatte. In den Ausführungen zur Begründetheit der Anträge befasste sich das Gericht aber zunächst nicht mit der Frage der Organkompetenz, sondern mit der **verfassungsrechtlichen Grundlage** der Einsätze. Diese Grundlage sah es in Art. 24 Abs. 2 GG.

13   Art. 24 Abs. 2 GG ermächtigt den Bund nach Aussage des BVerfG nicht nur dazu, sich zur Wahrung des Friedens einem System gegenseitiger kollektiver Sicherheit einzuordnen, sondern auch dazu, die mit der Zugehörigkeit zu einem solchen System typischerweise verbundenen Aufgaben zu übernehmen und die **Bundeswehr zu Einsätzen, die im Rahmen und nach den Regeln dieses Systems stattfinden, zu verwenden.**[17] Die Vereinten Nationen stellten ein System iSd Art. 24 Abs. 2 GG dar, da sie darauf angelegt seien, Streitigkeiten unter ihren Mitgliedern auf friedliche Weise beizulegen und notfalls durch Einsatz von Streitkräften den Frieden wiederherzustellen.[18] Doch könnten zudem Bündnisse kollektiver Selbstverteidigung als Systeme gegenseitiger kollektiver Sicherheit qualifiziert werden, wenn sie **strikt auf die Friedenswahrung verpflichtet** seien. Diese Voraussetzungen erfülle die NATO durch ihr friedenssicherndes Regelwerk, sodass sie ebenfalls als System nach Art. 24 Abs. 2 GG eingestuft werden könne.[19] Die Teilnahme deutscher Soldaten an Operationen der Vereinten Nationen und der NATO sei durch die Zustimmungsgesetze zum Beitritt der Bundesrepublik Deutschland zu diesen Organisationen gedeckt.

14   Einer derartigen Auslegung **stehe Art. 87a GG,** nach dem die Streitkräfte zur Verteidigung aufgestellt und außer zur Verteidigung nur eingesetzt werden dürfen, soweit das Grundgesetz es ausdrücklich zulässt, **nicht entgegen.** Denn mit dem erst nachträglich in die Verfassung eingefügten Art. 87a GG sei keine Einschränkung des bereits in der Ausgangsfassung des Grundgesetzes vorhandenen Art. 24 GG und der durch ihn begründeten Einsatzmöglichkeit der Streitkräfte bezweckt worden.[20]

15   Entgegen einem abweichenden Minderheitsvotum erkannte der Senat in der Beteiligung der Bundesregierung an den betreffenden Einsatzbeschlüssen von NATO und WEU keine Verletzung der gesetzlichen **Mitwirkungsrechte des Bundestages nach Art. 59 Abs. 2 S. 1 GG.** Die Beschlüsse der beiden Organisationen hätten keine – auch nur konkludente – Vertragsänderung beinhaltet. Eines neuen Zustimmungsgesetzes habe es daher nicht bedurft.[21] Auch für die Übereinkunft mit dem Generalsekretär der Vereinten Nationen über die Entsendung eines deutschen Unterstützungsverbandes nach Somalia sei keine Zustimmung des Gesetzgebers gem. Art. 59 Abs. 2 GG erforderlich gewesen, weil hierdurch weder politische Beziehungen des Bundes geregelt worden seien noch Gegenstände der Bundesgesetzgebung berührt seien.

16   Ein Einsatz bewaffneter deutscher Streitkräfte im Ausland bedarf nach dieser Gerichtsentscheidung jedoch der – grundsätzlich **vorherigen – konstitutiven Zustimmung des Bundestages.** Das Gericht begründet dies mit einer Gesamtschau auf die Regelungen der Wehrverfassung, die sich auf den Einsatz der Bundeswehr beziehen. Diese seien darauf

---

[16] BVerfGE 90, 286 = NJW 1994, 2207.
[17] BVerfGE 90, 286 (345) = NJW 1994, 2207.
[18] BVerfGE 90, 286 (349) = NJW 1994, 2207.
[19] BVerfGE 90, 286 (351) = NJW 1994, 2207.
[20] BVerfGE 90, 286 (355 f.) = NJW 1994, 2207.
[21] BVerfGE 90, 286 (370 f.) = NJW 1994, 2207.

angelegt, die Armee nicht als Machtpotential allein der Exekutive zu überlassen, sondern in die demokratisch rechtsstaatliche Verfassungsordnung einzufügen.[22] Ein solcher Parlamentsvorbehalt entspreche deutscher Verfassungstradition seit 1918 und sei Ausdruck eines im Grundgesetz ausgeprägten Systems parlamentarischer Kontrolle.[23] Form und Ausmaß der Mitwirkung des Bundestages bei Streitkräfteeinsätzen näher auszugestalten sei Sache des Gesetzgebers. Dabei könne es angezeigt sein, die parlamentarische Beteiligung nach der Regelungsdichte abzustufen, in der die Art des möglichen Einsatzes durch ein vertraglich geregeltes Programm militärischer Integration vorgezeichnet sei.[24]

III. Urteilskritik und nachfolgende Entwicklung

Im juristischen Schrifttum hat das Urteil des BVerfG v. 12.7.1994 von seinem Ergebnis her weitgehend Zustimmung erfahren.[25] Es klärte zuvor heftig umstrittene Verfassungsfragen und fand einen angemessenen Ausgleich zwischen den Rechten der Exekutive und der Legislative. Kritik wurde allerdings an der dogmatischen Begründung der Entscheidung geübt. So leitet das Schrifttum das Mitentscheidungsrecht des Parlaments eher **aus der Wesentlichkeitstheorie und dem Demokratieprinzip** ab als aus Zusammenhang und Historie der Wehrverfassung.[26] Wesentlich sei die Entscheidung über einen Auslandseinsatz der Bundeswehr, weil sie Eskalations- und Verstrickungspotential bis hin zu einem Kriegseinsatz in sich berge[27] und erhebliche Gefahren für Rechtsgüter der beteiligten Soldatinnen und Soldaten und unbeteiligter Dritter[28] auslösen könne. 17

Spätere verfassungsgerichtliche Entscheidungen bestätigten und konkretisierten die Inhalte des Urteils vom 12.7.1994. So bekräftigte das Gericht seine – 1994 im Senat noch streitige – Beurteilung des Umfangs von **Mitwirkungsrechten des Bundestages bei der Weiterentwicklung von Systemen gegenseitiger kollektiver Sicherheit.** Es stellte den weit bemessenen Gestaltungsspielraum der Bundesregierung bei einer ohne förmliche Vertragsänderung erfolgenden Anpassung des Programms der Organisation heraus.[29] Eine Verletzung von Gesetzgebungsrechten des Bundestages komme nur dann in Betracht, wenn Fortentwicklungen das vertragliche Integrationsprogramm verließen und als wesentliche Abweichungen von der Vertragsgrundlage nicht mehr durch das Zustimmungsgesetz gedeckt seien.[30] Im Jahr 2001 hatte das BVerfG über die Frage zu entscheiden, ob die Fortentwicklung der NATO in ihrem Strategischen Konzept von 1999 von dem Zustimmungsgesetz zum Beitritt Deutschlands umfasst war. Mit diesem Konzept hatte die NATO ihre Aufgaben über die kollektive Selbstverteidigung hinaus um Krisenreaktionsfähigkeiten erweitert, die auch Einsatzmöglichkeiten außerhalb des Bündnisgebietes einschlossen. Das BVerfG sah hierin keine Änderung des NATO-Vertrages, bei der die Mitwirkung Deutschlands nach Art. 59 Abs. 2 S. 1 GG der Zustimmung des Gesetzgebers bedurft hätte.[31] Auch den NATO-geführten Einsatz einer Internationalen Sicherheitsunterstützungstruppe (ISAF) in Afghanistan und die Beteiligung deutscher Streitkräfte an diesem Einsatz bewertete das Gericht in einer Entscheidung aus dem Jahr 2007 als **innerhalb des** 18

---

[22] BVerfGE 90, 286 (382) = NJW 1994, 2207.
[23] BVerfGE 90, 286 (385) = NJW 1994, 2207.
[24] BVerfGE 90, 286 (389) = NJW 1994, 2207.
[25] *Wiefelspütz* Parlamentsheer 198, spricht von einem „verfassungspolitischen Geniestreich".
[26] *Epping* in BeckOK GG, 45. Ed. 15.11.2020, GG Art. 87a Rn. 26; *Krieger* in Schmidt-Bleibtreu/Hofmann/Henneke GG Art. 87a Rn. 33; *Paulus* in Weingärtner, Einsatz der Bundeswehr im Ausland, 2007, 86 f.; *Scherrer* Parlament 103 f.
[27] *Schmahl* in Sodan GG Art. 87a Rn. 9b; *Müller-Franken* in v. Mangoldt/Klein/Starck GG Art. 87a Rn. 101.
[28] *Heun* in Dreier GG Art. 87a Rn. 19; *Aust* in v. Münch/Kunig Art. 87a Rn. 52.
[29] Eingehend hierzu *Sauer* in Rensen/Brink Linien Rechtsprechung BVerfG I 603 ff.
[30] So auch BVerfGE 152, 8 (24) = NVwZ 2019, 1669.
[31] BVerfGE 104, 151 = NJW 2002, 1559.

vertraglichen Integrationsprogramms liegend, das der Bundestag im Wege des Beitrittsgesetzes gebilligt hatte.[32]

19 Der wehrverfassungsrechtliche Parlamentsvorbehalt für bewaffnete Bundeswehreinsätze im Ausland war seit 1994 mehrfach Gegenstand verfassungsgerichtlicher Organstreitverfahren. Dem Gericht bot sich hierdurch die Gelegenheit, den Begriff des Einsatzes bewaffneter Streitkräfte näher zu bestimmen.[33] In zwei Fällen[34] wies das BVerfG das Vorbringen der Bundesregierung zurück, es habe sich lediglich um Routineeinsätze gehandelt, die keiner parlamentarischen Zustimmung bedurften. Insgesamt tendiert das Gericht zu einer weiten, parlamentsfreundlichen Auslegung des wehrverfassungsrechtlichen Parlamentsvorbehaltes. Es bezeichnet die **Bundeswehr als „Parlamentsheer"**.[35]

20 Die **Staatspraxis von Bundesregierung und Bundestag** hat sich weitgehend an den Leitlinien der verfassungsgerichtlichen Rechtsprechung orientiert. So holte die Bundesregierung für die in der Entscheidung vom 12.7.1994 beanstandeten Streitkräfteeinsätze nachträglich die Zustimmung des Bundestages ein.[36] Als verfassungsrechtliche Einsatzgrundlage führen die Anträge der Bundesregierung auf Zustimmung des Bundestages seither regelmäßig Art. 24 Abs. 2 GG an.[37]

21 Dem Auftrag des BVerfG, die Form der parlamentarischen Beteiligung an der Entscheidung über militärische Einsätze deutscher Streitkräfte gesetzlich näher auszugestalten, kam der Gesetzgeber mit der **Verabschiedung des Parlamentsbeteiligungsgesetzes (ParlBG) im Jahr 2005** nach.[38] Das Gesetz gibt die verfahrensbezogenen Einzelheiten des Zusammenwirkens von Exekutive und Legislative bei der Entscheidung über Auslandseinsätze der Bundeswehr vor.[39]

22 Die im Urteil vom 12.7.1994 offen gelassene **Bestimmung des Begriffs Verteidigung** in Art. 87a GG und der **Reichweite der Vorbehaltsklausel des Art. 87a Abs. 2 GG**, der für die Verfassungsmäßigkeit von Einsätzen außerhalb von Systemen kollektiver Sicherheit entscheidende Bedeutung zukommt, hat das Gericht auch in späteren Entscheidungen nicht vorgenommen. Ebenso hat es seinen Hinweis darauf, dass es im Rahmen völkerrechtlicher Verpflichtungen angezeigt sein kann, die parlamentarische Beteiligung nach der Regelungsdichte abzustufen, in der die Art des möglichen Einsatzes bereits durch ein vertraglich geregeltes Programm militärischer Integration vorgezeichnet ist,[40] später nicht wiederholt.

C. Das Recht zum Einsatz der Bundeswehr im Ausland

23 Rechtliche Voraussetzungen eines bewaffneten Einsatzes deutscher Soldatinnen und Soldaten zur Konfliktverhütung und Krisenbewältigung im Ausland sind Völkerrechtskonformität, Verfassungsmäßigkeit und die konstitutive Zustimmung des Bundestages. Nur wenn alle drei Kriterien erfüllt sind, ist der Einsatz rechtskonform. Die Beteiligung an einem völkerrechtswidrigen Einsatz kann nicht verfassungsgemäß sein. Denn nach Art. 25 GG sind die allgemeinen Regeln des Völkerrechts Bestandteil des Bundesrechts. Völkerrechtliche Legitimität und Parlamentsbeschluss reichen als Rechtsgrundlage für einen Auslandseinsatz aber nicht aus. Es bedarf zudem einer Ermächtigung im Grundgesetz. Ein ver-

---

[32] BVerfGE 118, 244 = NVwZ 2007, 1039; zum Spielraum der Bundesregierung bei der Fortentwicklung des Integrationsprogramms eines Systems kollektiver Sicherheit s. auch BVerfGE 152, 8 (23 f.) = NVwZ 2019, 1669.
[33] Im Einzelnen unten → Rn. 59 ff.
[34] BVerfGE 121, 135 = NJW 2008, 2018; BVerfGE 140, 160 = BeckRS 2015, 52303.
[35] So bereits BVerfGE 90, 286 (382) = NJW 1994, 2219.
[36] Anträge der Bundesregierung BT-Drs. 12/4759 und BT-Drs. 12/8303.
[37] Vgl. *Sauer* in BK-GG GG Art. 24 Rn. 258.
[38] Gesetz über die parlamentarische Beteiligung bei der Entscheidung über den Einsatz bewaffneter Streitkräfte im Ausland vom 18.3.2005 (BGBl. 2005 I 775).
[39] Hierzu unten → Rn. 72 ff.
[40] BVerfGE 90, 286 (389) = NJW 1994, 2207.

C. Das Recht zum Einsatz der Bundeswehr im Ausland § 53

fassungswidriger Einsatz wird auch durch eine Parlamentszustimmung nicht verfassungsgemäß.

I. Völkerrechtliche Legitimation

Tragende Prinzipien der völkerrechtlichen Ordnung sind die souveräne Gleichheit aller Staaten, die sich in der Unverletzlichkeit ihrer territorialen Integrität äußert, und das Gewaltverbot. Bewaffnete Einsätze von Streitkräften in anderen Staaten tangieren sowohl die Souveränität dieser Staaten als auch das Gewaltverbot. Sie bedürfen daher, auch wenn sie zu Zwecken der Konfliktverhütung und Krisenbewältigung erfolgen, einer völkerrechtlichen Rechtfertigung. 24

1. Resolution des Sicherheitsrates der Vereinten Nationen

Den bisherigen Einsätzen der Bundeswehr zur internationalen Konfliktverhütung und Krisenbewältigung lag zumeist eine **Ermächtigung durch den Sicherheitsrat der Vereinten Nationen** zugrunde. Die Charta der Vereinten Nationen (UNCh) bietet ein breit gefächertes Instrumentarium zur Bewältigung von Krisen und Konflikten. Ihr VI. Kapitel führt Mittel zur friedlichen Beilegung von Streitigkeiten auf, die im Konsens mit den betroffenen Staaten angewandt werden. Dem Sicherheitsrat stehen hiernach Untersuchungs- und Empfehlungsrechte zu. Nach Kapitel VII UNCh kann der Sicherheitsrat im Fall der Bedrohung oder des Bruchs des Friedens sowie bei Angriffshandlungen Maßnahmen treffen, um den Weltfrieden und die internationale Sicherheit zu wahren oder wiederherzustellen. Die hierfür zur Verfügung stehenden Instrumente reichen von Aufforderungen an die beteiligten Parteien (Art. 40 UNCh)[41] über friedliche Zwangsmaßnahmen wie die Unterbrechung der Verkehrs- und Wirtschaftsverbindungen und den Abbruch der diplomatischen Beziehungen (Art. 41 UNCh) bis hin zum Einsatz bewaffneter Streitkräfte (Art. 42 UNCh) (s. *Schmahl* → § 8 Rn. 21 ff.). 25

Voraussetzung für ein Eingreifen des Sicherheitsrates nach Kapitel VII UNCh ist die Feststellung, dass eine **Bedrohung oder ein Bruch des Friedens oder eine Angriffshandlung** vorliegt. Diese Feststellung kann eine Resolution des Sicherheitsrates auch inzidenter durch den Hinweis auf ein Tätigwerden nach Kapitel VII UNCh enthalten.[42] Anhaltspunkte dafür, wann eine Angriffshandlung (*aggression*) vorliegt, bietet ein Beschluss der Generalversammlung der Vereinten Nationen aus dem Jahr 1974.[43] Unter Bruch des Friedens wird traditionell ein mit Waffengewalt ausgetragener Konflikt zwischen Staaten verstanden.[44] Für den Begriff der Bedrohung des Friedens nimmt der Sicherheitsrat einen weiten Auslegungsspielraum in Anspruch. So hat er in verschiedenen Fällen auch schwere Menschenrechtsverletzungen innerhalb eines Staates als Friedensbedrohung gewertet und Zwangsmaßnahmen beschlossen.[45] 26

Versprechen mildere Maßnahmen keinen Erfolg, kann der Sicherheitsrat nach Art. 42 UNCh zur Wahrung des Weltfriedens und der internationalen Sicherheit erforderliche **militärische Einsätze beschließen**. Art. 43 UNCh verpflichtet die Mitgliedstaaten, dem Sicherheitsrat auf sein Ersuchen hin nach Maßgabe von Sonderabkommen Streitkräfte zu diesem Zweck zur Verfügung zu stellen. Solche Sonderabkommen der Vereinten Nationen mit Mitgliedstaaten sind jedoch nicht zustande gekommen. Staaten sind regelmäßig nicht bereit, ihre nationalen Streitkräfte zur Durchführung militärischer Zwangsmaßnahmen der Befehlsgewalt des Sicherheitsrates zu unterstellen.[46] In der Praxis **ermächtigt der Sicher-** 27

---

[41] Charta der Vereinten Nationen v. 26.6.1945 (BGBl. 1973 II 430).
[42] *Herdegen* VölkerR, § 41 Rn. 8.
[43] A/Res/3314 (XXIX) v. 14.12.1974.
[44] *Stein/v. Buttlar/Kotzur* VölkerR § 54 Rn. 857; *Herdegen* VölkerR § 41 Rn. 10.
[45] Vgl. S/RES/794 (1992) – Somalia – und S/RES/929 (1994) – Ruanda –; hierzu *Stein/v. Buttlar/Kotzur* VölkerR § 54 Rn. 859.
[46] *Heintschel v. Heinegg* in Ipsen VölkerR § 57 Rn. 21.

heitsrat Mitgliedstaaten, die von ihm beschlossenen militärischen Maßnahmen unmittelbar oder unter dem Dach internationaler Einrichtungen durchzuführen. Art. 48 UNCh sieht diese Optionen ausdrücklich vor. Mit der Ermächtigung, **alle zur Erfüllung des Mandats erforderlichen Maßnahmen** *(all necessary measures)* zu treffen, genehmigt der Sicherheitsrat die Anwendung militärischer Gewalt.[47] So autorisierte er im Dezember 2001 die Aufstellung einer Internationalen Sicherheitsunterstützungstruppe für Afghanistan (ISAF), die die dortige Interimsverwaltung nach dem Sturz des Taliban-Regimes unterstützen sollte.[48] Ab dem Jahr 2002 beteiligte sich die Bundeswehr an diesem NATO-geführten Stabilisierungseinsatz auf der völkerrechtlichen Grundlage dieser Resolution der Vereinten Nationen.

28 Ein Beschluss des Sicherheitsrates, der zu militärischen Zwangsmaßnahmen ermächtigt, kann weit reichende Konsequenzen auslösen. Daher sind an **Förmlichkeit und Bestimmtheit einer Autorisierung von Mitgliedstaaten** zur Anwendung von Gewalt im Auftrag der Vereinten Nationen strenge Anforderungen zu stellen.[49] Die Verabschiedung einer Kapitel VII-Resolution scheitert nicht selten an dem den ständigen Mitgliedern des Sicherheitsrates nach Art. 27 Abs. 3 UNCh zustehenden Vetorecht. Gleichwohl können Formulierungen in Sicherheitsratsbeschlüssen, die vor ernsten Konsequenzen bei Pflichtverletzungen warnen[50] oder die Mitgliedstaaten anhalten, gegen Terrorakte vorzugehen,[51] die Ausübung militärischer Gewalt nicht legitimieren. Erst recht gilt dies für Beschlüsse der Generalversammlung oder Vorsitzerklärungen des Sicherheitsrates.[52]

29 In der Praxis der Friedenssicherung durch die Vereinten Nationen haben sich **Formen friedenserhaltender Maßnahmen** entwickelt, die im Wortlaut der Charta nicht ausdrücklich abgebildet sind und auch nicht eindeutig Kapitel VI oder Kapitel VII UNCh zugeordnet werden können.[53] So beschließt der Sicherheitsrat Friedensoperationen *(peace keeping operations)* zur Überwachung eines Waffenstillstandes, zur Entwaffnung von Bürgerkriegsparteien oder zur Einrichtung einer Pufferzone.[54] Diese Missionen können als sog. Blauhelmeinsätze unter dem zentralen Kommando der Vereinten Nationen stehen, aber auch von Mitgliedstaaten im Auftrag der Vereinten Nationen durchgeführt werden.[55] Voraussetzung für derartige Friedensoperationen, die in jüngerer Zeit auch bei innerstaatlichen bewaffneten Auseinandersetzungen praktiziert werden, ist die **Zustimmung der betroffenen Konfliktparteien.** Während den Vereinten Nationen unterstellten Einheiten anfangs nur Selbstverteidigungsrechte eingeräumt waren,[56] werden ihnen zunehmend – wie bei der Operation MONUSCO in der Demokratischen Republik Kongo[57] – auch Befugnisse zur Durchsetzung des Mandats übertragen. Dass derartige Missionen zulässig sind, ist trotz fehlender ausdrücklicher Erwähnung in der Charta **völkergewohnheitsrechtlich anerkannt,** da seitens der Mitgliedstaaten kein Widerspruch erfolgte.[58] Soldatinnen und Soldaten der Bundeswehr waren und sind an einer ganzen Reihe solcher Einsätze beteiligt, so im Südsudan, in Westsahara oder vor der Küste des Libanon.

---

[47] *Fassbender* in Isensee/Kirchhof StaatsR-HdB XII § 244 Rn. 38; *Heintschel v. Heinegg* in Ipsen VölkerR § 57 Rn. 21.
[48] S/RES/1386 (2001).
[49] Vgl. *Herdegen* VölkerR § 41 Rn. 7; *Bothe* in Vitzthum/Proelß VölkerR 8. Abschn. Rn. 24; *Stein/v. Buttlar/Kotzur* VölkerR § 54 Rn. 874; *Payandeh/Sauer* ZRP 2016, 34 (35).
[50] Vgl. S/RES/1441 (2002) Nr. 13.
[51] Vgl. S/RES/2249 (2015) Nr. 5.
[52] *Dreist* NZWehrr 2018, 1 (11 f.).
[53] Vgl. *Herdegen* VölkerR § 41 Rn. 32; *Callies* in Maunz/Dürig GG Art. 24 Abs. 2 Rn. 76; *Wiefelspütz* Parlamentsheer 154 f.
[54] Beispiele bei *Depenheuer* in Maunz/Dürig GG Art. 87a Rn. 140.
[55] *Heintschel v. Heinegg* in Ipsen VölkerR § 57 Rn. 28; *Deiseroth* in Umbach/Clemens GG Art. 24 Rn. 268 f.; *Erberich* FS Wahl, 2011, 61.
[56] Vgl. *Heintschel v. Heinegg/Frau* in BeckOK GG, 45. Ed. 15.11.2020, GG Art. 24 Rn. 40.2; *Stein/v. Buttlar/Kotzur* VölkerR § 54 Rn. 866.
[57] S/RES/2098 (2013).
[58] *Stein/v. Buttlar/Kotzur* VölkerR § 54 Rn. 868; *Heintschel v. Heinegg* in Ipsen VölkerR § 57 Rn. 6; *Bothe* in Vitzthum/Proelß VölkerR 8. Abschn. Rn. 50.

2. Selbstverteidigungsrecht

Ein Einsatz der Bundeswehr im Ausland kann völkerrechtlich auch gerechtfertigt sein durch die Ausübung des naturgegebenen **Rechts zur individuellen oder kollektiven Selbstverteidigung,** auf das Art. 51 UNCh sich bezieht. Dieses Recht darf zur Abwehr eines bewaffneten Angriffs ausgeübt werden, bis der Sicherheitsrat die zur Wahrung des Weltfriedens und der internationalen Sicherheit erforderlichen Maßnahmen getroffen hat. Nicht jede militärische Gewaltanwendung gegen einen anderen Staat löst das völkerrechtliche Selbstverteidigungsrecht aus, sondern nur ein massiver, in koordinierter Form geführter Angriff.[59] Der Angriff muss noch nicht begonnen haben, um ein Recht zur Verteidigung zu begründen. Eine unmittelbar bevorstehende Aggression reicht aus, wohingegen **vorbeugende gewaltsame Verteidigungsmaßnahmen unzulässig** sind.[60] Das Recht auf militärische Abwehr eines Angriffs umfasst nicht nur die Abwehr des Aggressors auf eigenem Territorium und an der Staatsgrenze, sondern auch Maßnahmen auf dem Gebiet des Angreifers, die für eine wirksame Verteidigung notwendig sind.[61] 30

Im Nachgang der terroristischen Anschläge in den Vereinigten Staaten vom 11. September 2001 wird in der Völkerrechtslehre und in der Staatenpraxis überwiegend anerkannt, dass ein bewaffneter Angriff, der das Selbstverteidigungsrecht auslöst, nicht nur durch Staaten, sondern auch durch **nichtstaatliche Akteure** ausgeführt werden kann.[62] Dazu muss er von seiner Intensität her die Dimension einer staatlichen Aggression erreichen. So stufte der Sicherheitsrat der Vereinten Nationen die Anschläge in den USA implizit als bewaffneten Angriff ein, indem er in diesem Kontext das völkerrechtliche Selbstverteidigungsrecht anerkannte.[63] Die Abwehr des bewaffneten Angriffs einer nichtstaatlichen Gruppe darf auf dem Territorium eines anderen Staates erfolgen, wenn dieser **nicht gewillt oder nicht in der Lage** ist, die Aggression zu unterbinden.[64] Sind die Gewaltakte dem fremden Staat zuzurechnen, können sich die Verteidigungshandlungen auch gegen diesen Staat selbst richten.[65] 31

Für die internationale Krisenbewältigung von besonderer Relevanz ist die Option, das **Recht auf Selbstverteidigung kollektiv** wahrzunehmen. Einem Staat, der einem völkerrechtswidrigen bewaffneten Angriff ausgesetzt ist, dürfen andere Staaten militärischen Beistand leisten und ihm durch Entsendung von Streitkräften bei der Verteidigung zuhilfe kommen.[66] Auf das kollektive Selbstverteidigungsrecht der Vereinigten Staaten als völkerrechtliche Grundlage stützte sich die NATO-geführte Operation ENDURING FREEDOM, an der deutsche Streitkräfte ab November 2001 mitwirkten.[67] Der Einsatz war darauf gerichtet, die terroristische Bedrohung zu bekämpfen und erneute Angriffe zu verhindern. Ebenfalls in Wahrnehmung des Rechts auf kollektive Selbstverteidigung beteiligte sich die Bundeswehr an der Verstärkung der integrierten Luftverteidigung in der Türkei ab dem Jahr 2012, als im Rahmen des syrischen Bürgerkrieges die Unversehrtheit des türkischen Staatsgebietes gefährdet erschien.[68] Das kollektive Selbstverteidigungsrecht führt auch der Antrag der Bundesregierung an den Bundestag auf Zustimmung zu dem 32

---

[59] *Herdegen* VölkerR § 34 Rn. 22; *Stein/v. Buttlar/Kotzur* VölkerR § 45 Rn. 784.
[60] *Fassbender* in Isensee/Kirchhof StaatsR-HdB XII § 244 Rn. 41; *Bothe* in Vitzthum/Proelß VölkerR 8. Abschn. Rn. 19.
[61] *Wiefelspütz* Parlamentsheer 260.
[62] *Stein/v. Buttlar/Kotzur* VölkerR § 52 Rn. 843; *Fassbender* in Isensee/Kirchhof StaatsR-HdB XII § 244 Rn. 42; *Heintschel v. Heinegg/Frau* in BeckOK GG, 45. Ed. 15.11.2020, GG Art. 24 Rn. 42.2; *Wiefelspütz* Parlamentsheer 266; ebenso BVerfGE 152, 8 (31) = NVwZ 2019, 1669.
[63] S/RES/1368 (2001) und S/RES/1373 (2001).
[64] Hierzu *Dau*, Die völkerrechtliche Zulässigkeit von Selbstverteidigung gegen nicht-staatliche Akteure, 2018, 113 ff.
[65] *Stein/v. Buttlar/Kotzur* VölkerR § 52 Rn. 846.
[66] *Heintschel v. Heinegg* in Ipsen VölkerR § 56 Rn. 27; *Bothe* in Vitzthum/Proelß VölkerR 8. Abschn. Rn. 19.
[67] Vgl. BT-Drs. 14/7296.
[68] Vgl. BT-Drs. 17/11783.

Bundeswehreinsatz gegen den Islamischen Staat (IS) zur völkerrechtlichen Legitimation an.[69] Das Selbstverteidigungsrecht stehe sowohl dem Irak als auch Frankreich nach Terrorattacken auf ihrem Staatsgebiet zu. Es umfasse militärische Maßnahmen auf syrischem Territorium, da die syrische Regierung nicht willens oder nicht in der Lage sei, die von ihrem Staatsgebiet ausgehenden Angriffe des IS zu unterbinden.[70]

3. „Humanitäre Intervention"

33　Ihren Antrag an den Bundestag auf Zustimmung zur Beteiligung an Luftoperationen der NATO im Kosovo-Konflikt im Jahr 1998[71] begründete die Bundesregierung mit der Notwendigkeit, eine humanitäre Katastrophe abzuwenden. Der Sicherheitsrat der Vereinten Nationen war aufgrund der Ausübung von Veto-Rechten lediglich dazu in der Lage gewesen, eine ernsthafte Bedrohung für Frieden und Sicherheit in der Region festzustellen, nicht aber Zwangsmaßnahmen zu beschließen.[72] Die NATO-Mitgliedstaaten vertraten gleichwohl die Auffassung, dass unter diesen außergewöhnlichen Umständen die Drohung mit und der Einsatz von Gewalt gerechtfertigt seien.[73]

34　Ob ein Recht fremder Staaten zur humanitären Intervention im **Fall besonders schwerwiegender Menschenrechtsverletzungen als Ausnahme vom Gewaltverbot** besteht, ist umstritten. Im Schrifttum mehren sich die Stimmen, die ein kollektives Selbstverteidigungsrecht nicht nur zugunsten angegriffener Staaten, sondern in extremen Notsituationen und unter strengen Voraussetzungen auch zum Schutz bedrohter Teile der Bevölkerung eines Staates anerkennen wollen.[74] Das Prinzip der Souveränität der Staaten habe keinen absoluten Vorrang vor der universalen Aufgabe des Schutzes der Menschenrechte.[75] Auf der anderen Seite wird argumentiert, die Handlungsunfähigkeit des Sicherheitsrates aufgrund der Verfahrensregeln der UNCh könne ein militärisches Eingreifen anderer Staaten oder Institutionen nicht rechtfertigen.[76] Die Zulassung einer einseitigen Interpretation von Eingriffsvoraussetzungen schaffe nicht hinnehmbare Missbrauchsgefahren. Folgt man dieser Auffassung, müssten im Fall der Blockade des Sicherheitsrates auch systematische Völkermordaktionen untätig hingenommen werden. Völkergewohnheitsrechtlich hat sich ein Recht zur humanitären Intervention in anderen Staaten dennoch bislang nicht durchgesetzt.[77] Eine zu einem Interventionsrecht führende Schutzverantwortung *(responsibility to protect)* kommt allein dem Sicherheitsrat zu.[78]

4. Einverständnis des Einsatzstaates

35　Ein Verstoß gegen das völkerrechtliche Interventionsverbot liegt nicht vor, wenn ein militärisches Vorgehen auf dem Gebiet eines anderen Staates **mit Zustimmung der Regierung dieses Staates** erfolgt.[79] Ein solches Einverständnis bestand etwa im Fall der deutschen Beteiligung an der NATO-geführten Mission ESSENTIAL HARVEST in Mazedonien im Jahr 2001. Die Regierung Mazedoniens hatte um die Entsendung von Streitkräften zur Unterstützung bei der Entwaffnung von organisierten Gruppen und der Zerstörung ihrer Waffen im Lande gebeten.[80]

---

[69] BT-Drs. 18/6866; ebenso der Antrag auf Mandatsverlängerung BT-Drs. 19/22207.
[70] BT-Drs. 18/6866, 2.
[71] BT-Drs. 13/11469.
[72] S/RES/1199 (1998).
[73] Vgl. BT-Drs. 13/11469, 2.
[74] *Herdegen* VölkerR § 34 Rn. 41; *Kokott/Hummel* in Sachs GG Art. 87a Rn. 26; *Limpert*, Auslandseinsatz der Bundeswehr, 2002, 39.
[75] *Stein/v. Buttlar/Kotzur* VölkerR § 50 Rn. 816.
[76] *Bothe* in Vitzthum/Proelß VölkerR 8. Abschn. Rn. 22.
[77] *Heintschel v. Heinegg* in Ipsen VölkerR § 56 Rn. 51; *Wiefelspütz* Parlamentsheer 282; *Fassbender* in Isensee/Kirchhof StaatsR-HdB XII § 244 Rn. 46; aA *Stein/v. Buttlar/Kotzur* VölkerR § 50 Rn. 816.
[78] *Aust* in v. Münch/Kunig GG Art. 87a Rn. 17.
[79] Vgl. *Heintschel v. Heinegg* in Ipsen VölkerR § 56 Rn. 42; *Payandeh/Sauer* ZRP 2016, 34.
[80] Vgl. BT-Drs. 14/6830.

Für die Erteilung des Einverständnisses zu einem Eingreifen ausländischer Streitkräfte **36** macht das Völkerrecht keine Formvorgaben. Zweifelhaft sein kann die Wirksamkeit der Zustimmung des Einsatzstaates in Fällen interner Machtkämpfe, in Bürgerkriegssituationen oder in zerfallenden Staaten. Gegenregierungen werden ausgerufen und von einem Teil der Staatengemeinschaft anerkannt, Regierungen flüchten ins Exil und wollen von dort aus weiter regieren.[81] Legalität und Legitimität von Akten der bisherigen Regierung stehen dann infrage und damit die Befugnis, die Intervention eines fremden Staates zu autorisieren.[82] Aus diesem Grund wird ein militärisches Eingreifen anderer Nationen in einen Bürgerkrieg allein aufgrund eines Unterstützungsgesuchs der Regierung teilweise als unzulässig angesehen.[83] Jedenfalls unwirksam ist eine Zustimmung, die aufgrund rechtswidrigen Zwanges des intervenierenden Staates erfolgt.[84]

5. Einsatz auf der Hohen See

Auch internationale Übereinkommen können Befugnisse zu einem Einsatz von Streitkräften beinhalten. Dies ist beispielsweise im Hinblick auf Marineoperationen auf der Hohen See der Fall. Die Hohe See steht allen Staaten gleichermaßen zur Nutzung offen. Staatliche Souveränität äußert sich hier nicht in territorialen Rechten, sondern allein im Prinzip der Flaggenhoheit. Eingriffsrechte auf hoher See zur Bekämpfung von Piraterie gewährt Marineeinheiten das **Seerechtsübereinkommen der Vereinten Nationen** (SRÜ)[85] aus dem Jahr 1982, das Völkergewohnheitsrecht wiedergibt.[86] Auf die dort eingeräumten Befugnisse verweist die Resolution des Sicherheitsrates der Vereinten Nationen, auf die sich die EU-geführte Anti-Piraterie-Operation ATALANTA und die Beteiligung der Bundeswehr an dieser Mission stützen.[87] **37**

Das Seerechtsübereinkommen definiert in Art. 101 SRÜ den Begriff der Piraterie und verpflichtet alle Staaten, bei der Bekämpfung der Piraterie auf der Hohen See zusammenzuarbeiten (Art. 100 SRÜ). Es erteilt in Art. 105 SRÜ Staaten die Ermächtigung, Seeräuberschiffe aufzubringen, Personen an Bord festzunehmen und Vermögenswerte zu beschlagnahmen.[88] Hierzu sind gem. Art. 107 SRÜ Kriegsschiffe und sonstige Staatsschiffe befugt. Die **Befugnisse zur Pirateriebekämpfung** dürfen, sofern notwendig, mit Waffengewalt durchgesetzt werden.[89] Ein Kriegsschiff ist zudem berechtigt, fremde Schiffe auf der Hohen See anzuhalten und zu überprüfen, wenn ein begründeter Anlass für den Verdacht der Seeräuberei, des Sklavenhandels oder der Verbreitung nicht genehmigter Rundfunksendungen besteht oder dafür, dass das Schiff keine Staatsangehörigkeit besitzt (Art. 110 SRÜ). **38**

Die EU-Operation EUNAVFOR MED, die unter Mitwirkung von Einheiten der Bundeswehr der Unterbindung des Geschäftsmodells von Menschenschmuggel- und Menschenhandelsnetzwerken im südlichen und zentralen Mittelmeer diente,[90] leitete ihr Einsatzrecht aus dem VN-Seerechtsübereinkommen von 1982 und dem VN-Übereinkommen gegen die grenzüberschreitende organisierte Kriminalität mitsamt Zusatzprotokoll aus dem **39**

---

[81] Aus jüngerer Zeit seien nur die Beispiele Jemen und Venezuela genannt. Zur Einladung eines deutschen Ausbildungskontingents durch die Regierung der Region Kurdistan-Irak – s. BT-Drs. 18/3561, 1 – *Dreist* NZWehrr 2018, 1 (13).
[82] *Bothe* in Vitzthum/Proelß VölkerR 8. Abschn. Rn. 23; *Heintschel v. Heinegg* in Ipsen VölkerR § 56 Rn. 42.
[83] *Fassbender* in Isensee/Kirchhof StaatsR-HdB XII § 244 Rn. 43; *Neubert* DÖV 2017, 141 (142).
[84] *Heintschel v. Heinegg* in Ipsen VölkerR § 56 Rn. 42.
[85] United Nations Convention on the Law of the Sea vom 10.12.1982 (BGBl. 1994 II 1799).
[86] *Herdegen* VölkerR § 31 Rn. 2.
[87] S/Res/1814 (2008); BT-Drs. 16/11337.
[88] S. *Fischer-Lescano/Tohidipur* NJW 2009, 1243 (1245).
[89] *Wiefelspütz* NZWehrr 2009, 133 (135).
[90] Beschlüsse des Rates der EU vom 18.5.2005 (GASP 2015/778) und 22.6.2015 (GASP 2015/972); BT-Drs. 18/8878.

Jahr 2000 ab.[91] Auf der Hohen See ist Kriegsschiffen nach dem Zusatzprotokoll – mit Zustimmung des Flaggenstaates – das Anhalten und Durchsuchen sowie die Beschlagnahme und das Umleiten von Schiffen erlaubt, bei denen der Verdacht besteht, dass sie zur Schleusung von Migranten genutzt werden.[92]

II. Verfassungsmäßigkeit des Einsatzes

40 Der Text des Grundgesetzes enthält keine Bestimmungen über einen Einsatz der Streitkräfte im Ausland. Als Ausgangspunkt einer Prüfung der Verfassungsmäßigkeit von Einsätzen zur internationalen Konfliktverhütung und Krisenbewältigung läge die Frage nahe, ob sie unter den Begriff der Verteidigung in Art. 87a GG zu subsumieren sind. Falls nicht wäre – bei Erstreckung des Einsatzvorbehalts des Art. 87a Abs. 2 GG auf das Ausland – eine ausdrückliche Verfassungsgrundlage zu identifizieren. Das BVerfG und ihm folgend die Staatspraxis gehen indes einen anderen Weg: Sie stützen Auslandseinsätze der Bundeswehr auf Art. 24 Abs. 2 GG.

1. Erfordernis einer ausdrücklichen Rechtsgrundlage

41 Die Beteiligung deutscher Soldatinnen und Soldaten an einer internationalen Mission zur Konfliktverhütung und Krisenbewältigung erfüllt das Kriterium eines Einsatzes iSv Art. 87a Abs. 2 GG.[93] Sie dient nicht lediglich repräsentativen oder karitativen Zwecken, sondern der **Umsetzung eines militärischen Auftrags,** der in der Regel Eingriffsbefugnisse umfasst, zumindest aber in einem unsicheren Umfeld uniformiert und bewaffnet zu erledigen ist. So stellt auch die Mitwirkung an friedenssichernden Operationen unter dem Dach der Vereinten Nationen wie Ausbildungs- oder Beobachtermissionen einen Einsatz von Streitkräften dar.[94]

42 Ein Streitkräfteeinsatz muss nach Art. 87a Abs. 2 GG entweder zum Zweck der Verteidigung erfolgen oder **durch eine Verfassungsnorm ausdrücklich zugelassen** sein. Die Frage, ob der Vorbehalt des Art. 87a Abs. 2 GG sich auf Militäreinsätze außerhalb Deutschlands erstreckt, wird im Schrifttum unterschiedlich beantwortet. Die höchstrichterliche Rechtsprechung hat die Reichweite des Art. 87a Abs. 2 GG bislang offengelassen.[95] Eine Beschränkung seines Geltungsbereichs auf das Inland hätte zur Folge, dass Auslandseinsätze der Bundeswehr **keine spezifische Rechtsgrundlage in der Verfassung** erforderten, sondern lediglich mit den allgemeinen Regeln des Völkerrechts iSv Art. 25 GG in Einklang stehen und das Verbot des Angriffskrieges in Art. 26 Abs. 1 S. 1 GG beachten müssten sowie dem Zustimmungsvorbehalt des Parlaments unterlägen. Für eine derart beschränkte Auslegung des Art. 87a Abs. 2 GG werden systematische und historische Gründe angeführt. So finde sich die Vorschrift im VIII. Abschnitt des Grundgesetzes, der sich mit der Kompetenzverteilung zwischen Bund und Ländern im Bereich der Verwaltung befasst.[96] Auch Art. 87a Abs. 3 und 4 GG erstreckten sich erkennbar nur auf das Inland.[97] Entstehungsgeschichtlich wird angeführt, Art. 87a Abs. 2 GG habe bei seiner Einfügung in die Verfassung im Jahr 1968 Art. 143 GG alter Fassung ersetzt, der sich auf den Streitkräfteeinsatz im Innern bezog.[98]

---

[91] Zusatzprotokoll gegen die Schleusung von Migranten auf dem Land-, See- und Luftweg zu dem Übereinkommen der Vereinten Nationen gegen die grenzüberschreitende organisierte Kriminalität v. 15.11.2000 (BGBl. 2005 II 956).
[92] Vgl. BT-Drs. 18/6013.
[93] Zur Unterscheidung zwischen Einsatz und sonstiger Verwendung der Streitkräfte → § 52 Rn. 63 ff.
[94] *Müller-Franken* in v. Mangoldt/Klein/Starck GG Art. 87a Rn. 85; aA *Depenheuer* in Maunz/Dürig GG Art. 87a Rn. 139.
[95] So ausdrücklich BVerfGE 90, 286 (355) = NJW 1994, 2207.
[96] *Kokott/Hummel* in Sachs GG Art. 87a Rn. 12.
[97] Zur systematischen Auslegung des Art. 87a Abs. 2 GG vgl. *Krieger* in Schmidt-Bleibtreu/Hofmann/Henneke GG Art. 87a Rn. 25.
[98] *Kirchhof* in Isensee/Kirchhof StaatsR-HdB IV § 84 Rn. 57; *Wiefelspütz* Parlamentsheer 72; *Limpert,* Auslandseinsatz der Bundeswehr, 2002, 22 ff.

Diese Argumente überzeugen nicht. Zum einen sprechen die Gesetzesmaterialien[99] eher **43** für die Absicht des verfassungsändernden Gesetzgebers des Jahres 1968, die Einsatzbefugnisse der Streitkräfte – abgesehen vom Fall der Katastrophenhilfe – in Art. 87a GG insgesamt zu regeln.[100] Zum anderen sind die Streitkräfte bei der Landes- und Bündnisverteidigung nach Art. 87a GG territorial auch nicht auf Handeln im Inland beschränkt.[101] Vor allem aber enthält der Wortlaut des Art. 87a Abs. 2 GG **keinerlei Anzeichen für eine Begrenzung auf Inlandseinsätze.**[102] Dies spricht dafür, für Auslandseinsätze der Bundeswehr zu Zwecken der internationalen Konfliktverhütung und Krisenbewältigung eine **ausdrückliche Zulassung im Grundgesetz** vorauszusetzen.[103] Das BVerfG sieht die Grundlage für Streitkräfteeinsätze im Ausland in ständiger Rechtsprechung in Art. 24 Abs. 2 GG und in der Staatspraxis beruft sich die Bundesregierung in Anträgen auf Zustimmung des Bundestages zu Auslandseinsätzen regelmäßig auf Art. 24 Abs. 2 GG als verfassungsrechtliche Basis.[104]

2. Einsatz innerhalb eines Systems gegenseitiger kollektiver Sicherheit

a) Begriff des kollektiven Sicherheitssystems. Art. 24 Abs. 2 GG bestimmt, dass der **44** Bund sich zur Wahrung des Friedens in ein System gegenseitiger kollektiver Sicherheit einordnen kann und dass er dabei in Beschränkungen seiner Hoheitsrechte einwilligt. Als System gegenseitiger kollektiver Sicherheit iSd Art. 24 Abs. 2 GG ist eine zwischenstaatliche Einrichtung mehrerer Staaten anzusehen, die auf einem **völkerrechtlichen Vertrag** mit einem **friedenssichernden Regelwerk** beruht und über **Organe zur eigenständigen Willensbildung** verfügt.[105] Leitbild eines solchen Systems sind die Vereinten Nationen, die in ihrer Charta die Wahrung von Weltfrieden und internationaler Sicherheit als ihr Ziel verankert (Art. 1 UNCh) und die Drohung mit und die Anwendung von Gewalt unter den Mitgliedstaaten ausgeschlossen haben (Art. 2 Nr. 4 UNCh).

Während völkerrechtlich zwischen **Organisationen kollektiver Sicherheit und sol- 45 chen kollektiver Selbstverteidigung** differenziert wird,[106] ist Art. 24 Abs. 2 GG eine Beschränkung auf Systeme, die die Friedenswahrung und den Gewaltverzicht untereinander zum Gegenstand haben, nicht zu entnehmen.[107] Auch ein kollektives Verteidigungssystem, das potentielle Angreifer von außen durch die Zusicherung gegenseitigen Beistandes seiner Mitglieder von einer Aggression abschrecken soll, kann der Wahrung des Friedens dienen.[108] Diese Voraussetzung erfüllt nach ihren vertraglichen Grundlagen **die Nordatlantische Allianz.** Der NATO-Vertrag betont bereits in seiner Präambel die Bemühungen um eine gemeinsame Verteidigung, aber auch um die Erhaltung von Frieden und Sicherheit. In Art. 1 NATO-Vertrag[109] verpflichten sich die Mitgliedstaaten, jeden internationalen Streitfall, an dem sie beteiligt sind, entsprechend den Zielen der Vereinten Nationen auf friedliche Weise zu regeln, und in Art. 5 NATO-Vertrag sichern sie sich für den Fall eines bewaffneten Angriffs von außen auf einen oder mehrere von ihnen gegenseitige Unterstüt-

---

[99] S. den Schriftlichen Bericht des Rechtsausschusses BT-Drs. V/2873, 12; *Dreist* NZWehrr 2018, 109 (117).
[100] *Heun* in Dreier GG Art. 87a Rn. 16; *Müller-Franken* in v. Mangoldt/Klein/Starck GG Art. 87a Rn. 73.
[101] *Müller-Franken* in v. Mangoldt/Klein/Starck GG Art. 87a Rn. 74.
[102] *Aust* in v. Münch/Kunig GG Art. 87a Rn. 43; *Schmahl* in Sodan GG Art. 87a Rn. 6; *Grzeszick* in BerlKom GG GG Art. 87a Rn. 19; *Wolff* in HK-GG GG Art. 87a Rn. 6; *Gramm* Die Verwaltung 41 (2008), 375 (397).
[103] So auch BVerwGE 127, 1 (11) = NVwZ-RR 2007, 257.
[104] Vgl. BT-Drs. 19/21213, 7.
[105] *Classen* in v. Mangoldt/Klein/Starck GG Art. 24 Rn. 83; *Sauer* in BK-GG GG Art. 24 Rn. 261.
[106] S. hierzu *Callies* in Maunz/Dürig GG Art. 24 Abs. 2 Rn. 8 ff.; *Deiseroth* in Umbach/Clemens GG Art. 24 Rn. 189 ff.
[107] *Wollenschläger* in Dreier GG Art. 24 Rn. 65; *Hillgruber* in Schmidt-Bleibtreu/Hofmann/Henneke GG Art. 24 Rn. 46; aA *Oeter* in Isensee/Kirchhof StaatsR-HdB XI § 243 Rn. 15.
[108] *Heintschel v. Heinegg/Frau* in BeckOK GG, 45. Ed. 15.11.2020, GG Art. 24 Rn. 30; *Aust* in v. Münch/Kunig GG Art. 24 Rn. 74, 78; ebenso BVerfGE 90, 286 (349) = NJW 1994, 2207.
[109] Nordatlantikvertrag v. 4.4.1949 (BGBl. 1955 II 289).

zung zu. Angesichts dieses Regelwerks hat das BVerfG die NATO als System kollektiver Sicherheit iSv Art. 24 Abs. 2 GG eingestuft.[110] Diese Einschätzung teilt der weit überwiegende Teil des Schrifttums[111] und in der Staatspraxis beteiligt sich die Bundeswehr an NATO-Einsätzen zur internationalen Konfliktverhütung und Krisenbewältigung.

46 Seit dem Inkrafttreten des Vertrags von Lissabon bildet auch die **Europäische Union ein Sicherheitssystem gem. Art. 24 Abs. 2 GG.**[112] Sowohl die Präambel als auch der Text des EU-Vertrages nennen als Ziele der Union die Friedensförderung und die Friedenserhaltung. In den Art. 42 ff. EUV finden sich Bestimmungen über die Gemeinsame Sicherheits- und Verteidigungspolitik der Union, die integraler Bestandteil der Gemeinsamen Außen- und Sicherheitspolitik ist und schrittweise zu einer gemeinsamen Verteidigung führen soll (Art. 42 Abs. 2 EUV). Dabei sind Missionen außerhalb des Unionsgebietes zur Friedenssicherung, Konfliktverhütung und Stärkung der internationalen Sicherheit bereits im Vertragstext vorgesehen (Art. 42 Abs. 1 EUV). Nach der **Beistandsklausel** des Art. 42 Abs. 7 EUV schulden die anderen Mitgliedstaaten im Fall eines bewaffneten Angriffs auf das Hoheitsgebiet eines Mitgliedstaates diesem alle in ihrer Macht stehende Hilfe und Unterstützung. Gleichwohl hatte das BVerfG in der Begründung seines Urteils vom 30.6.2009 zur Ratifikation des Vertrags von Lissabon ausgeführt, dass der Schritt der EU zu einem System kollektiver Sicherheit mit dem Inkrafttreten des EU-Vertrages noch nicht gegangen werde.[113] Dieser Aussage haben weite Teile des Schrifttums widersprochen.[114] Bundesregierung und Bundestag haben Einsätze der Bundeswehr im Rahmen der EU als System kollektiver Sicherheit beschlossen und durchgeführt.[115] Im Jahr 2019 hat nun auch das BVerfG klargestellt, dass die EU „zumindest vertretbar" als System gegenseitiger kollektiver Sicherheit angesehen werden könne.[116]

47 Die Organisation für Sicherheit und Zusammenarbeit in Europa (OSZE) bildet mangels hinreichender organisatorischer Grundlagen kein System kollektiver Sicherheit iSv Art. 24 Abs. 2 GG.[117] Erst recht fehlt diese Qualität **Ad-hoc-Bündnissen** von Staaten, die nicht über eine völkervertragliche Rechtsgrundlage und über gefestigte Organisationsstrukturen zur eigenständigen Willensbildung verfügen.[118] „*Coalitions of the willing*", wie sie sich beispielsweise als Reaktion auf den terroristischen Angriff gegen die Vereinigten Staaten vom 11.9.2001 oder im Jahr 2015 zur Bekämpfung des sog. Islamischen Staates zusammengefunden haben, fallen nicht unter Art. 24 Abs. 2 GG.[119] Diese Vorschrift kann nicht als verfassungsrechtliche Basis für die im Weißbuch 2016 von der Bundesregierung für die Bundeswehr angestrebte kurzfristige militärische Krisenreaktionsfähigkeit im Rahmen von Ad-hoc-Kooperationen[120] dienen.

48 b) Rahmen und Regeln des kollektiven Sicherheitssystems. Die Einordnung der Bundesrepublik Deutschland in ein System gegenseitiger kollektiver Sicherheit, sei es als

---

[110] BVerfGE 90, 286 (351) = NJW 1994, 2207.
[111] *Hillgruber* in Schmidt-Bleibtreu/Hofmann/Henneke GG Art. 24 Rn. 51; *Wolff* in HK-GG GG Art. 24 Rn. 6; *Schmahl* in Sodan GG Art. 24 Rn. 20; aA *Deiseroth* in Umbach/Clemens GG Art. 24 Rn. 286 f.; *Frank* in AK-GG GG Art. 24 Abs. 2 Rn. 7.
[112] *Heintschel v. Heinegg/Frau* in BeckOK GG, 45. Ed. 15.11.2020, GG Art. 24 Rn. 33.3; *Sauer* in BK-GG GG Art. 24 Rn. 277 f.; *Hobe* in BerlKom GG Art. 24 Rn. 57 f.; *Oeter* in Isensee/Kirchhof StaatsR-HdB XI § 243 Rn. 28; aA *Müller-Franken* in v. Mangoldt/Klein/Starck GG Art. 87a Rn. 95.
[113] BVerfGE 123, 267 (425) = NJW 2009, 2267.
[114] *Sauer* in BK-GG GG Art. 24 Rn. 261; *Wollenschläger* in Dreier GG Art. 24 Rn. 68; *Callies* in Maunz/Dürig GG Art. 24 Abs. 2 Rn. 47 ff.; *Krieger* in Schmidt-Bleibtreu/Hofmann/Henneke GG Art. 87a Rn. 23.
[115] Vgl. zB BT-Drs. 17/12367 – Mali – und 18/857 – Somalia –.
[116] BVerfGE 152, 8 (33) = NVwZ 2019, 1669.
[117] *Callies* in Maunz/Dürig GG Art. 24 Abs. 2 Rn. 33; *Schmahl* in Sodan GG Art. 24 Rn. 20; *Sauer* in BK-GG GG Art. 24 Rn. 280.
[118] *Wollenschläger* in Dreier GG Art. 24 Rn. 68; *Dreist* NZWehrr 2018, 1 (16).
[119] *Hobe* in BerlKom GG GG Art. 24 Rn. 59; *Gutmann/Sassenrath* NZWehrr 2017, 177 (189).
[120] Vgl. *Bundesministerium der Verteidigung*, Weißbuch 2016 zur Sicherheitspolitik und zur Zukunft der Bundeswehr, 108 f.

Gründungsmitglied, sei es durch nachträglichen Beitritt, erfolgt durch völkerrechtlichen Vertrag.[121] Da die Einordnung die politischen Beziehungen des Bundes betrifft, bedarf der Vertrag nach Art. 59 Abs. 2 S. 1 GG der **Zustimmung des Bundestages in Form eines Bundesgesetzes.**[122] Die Zustimmung des Gesetzgebers umfasst, soweit dies im Vertrag angelegt ist, auch die Eingliederung deutscher Streitkräfte in integrierte Verbände und eine Beteiligung deutscher Soldatinnen und Soldaten an bewaffneten Unternehmungen des Systems unter dessen militärischer Führung.[123] Für eine Mitwirkung der Bundeswehr auf der Grundlage von Art. 24 Abs. 2 GG setzt das BVerfG allerdings voraus, dass der Streitkräfteeinsatz **im Rahmen und nach den Regeln des kollektiven Sicherheitssystems** erfolgt.[124]

Den Rahmen und die Regeln eines Systems kollektiver Sicherheit bestimmt der Gründungsvertrag. Um den Vorgaben des Art. 24 Abs. 2 GG zu entsprechen, muss ein Streitkräfteeinsatz, an dem die Bundeswehr teilnimmt, mit dieser Vertragsgrundlage sowohl vom Bündniszweck als auch vom organisatorischen Regelwerk her in Einklang stehen.[125] Im Hinblick auf Weiterentwicklungen des vertraglichen Integrationsprogramms billigt das BVerfG der Bundesregierung einen **weiten Gestaltungsspielraum** zu.[126] So legt es auch bei der Frage, ob ein Militäreinsatz sich inhaltlich im Vertragsrahmen des Bündnisses hält, keinen strengen Maßstab an. Der **Zweck der Friedenswahrung** muss aber stets gewahrt bleiben, um den Anforderungen des Art. 24 Abs. 2 GG Rechnung zu tragen. 49

Im Rahmen des Systems kollektiver Sicherheit hält sich ein Einsatz nur dann, wenn die Organisation hierfür **die politische und völkerrechtliche Verantwortung** trägt.[127] In den Gründungsverträgen von Vereinten Nationen, NATO und EU sind vom Bündnis geführte und verantwortete Streitkräfteeinsätze vorgesehen, für die die Mitgliedstaaten Truppen stellen.[128] Im Nordatlantischen Bündnis entscheidet über Einsätze der NATO-Rat, in der EU der Rat der Europäischen Union. Voraussetzung ist in beiden Gremien Einstimmigkeit.[129] Missionen der Vereinten Nationen beschließt der Sicherheitsrat. Anders als NATO und EU verfügen die Vereinten Nationen nach Art. 48 UNCh über die Option, einzelne Mitgliedstaaten oder internationale Organisationen **zur Durchsetzung ihrer Zwangsmaßnahmen zu ermächtigen.**[130] In diesem Fall trägt der Sicherheitsrat keine operative Verantwortung, doch kann er das erteilte Mandat jederzeit widerrufen. Daher ist auch eine Beteiligung der Bundeswehr an Militärmissionen, die im Auftrag der Vereinten Nationen durchgeführt werden, verfassungsrechtlich von Art. 24 Abs. 2 GG gedeckt.[131] Allerdings bedarf es hierfür eines **eindeutigen mandatierenden Beschlusses des Sicherheitsrates.**[132] Allgemein gehaltene Aufrufe an die Mitgliedstaaten oder eine bloße 50

---

[121] *Classen* in v. Mangoldt/Klein/Starck GG Art. 24 Rn. 83; *Streinz* in Sachs GG Art. 24 Rn. 52; *Stern* StaatsR I 547; s. auch BVerfGE 90, 286 (351) = NJW 1994, 2207 und BVerfGE 104, 151 (195) = NJW 2002, 1559.
[122] Vgl. *Hobe* in BerlKom GG GG Art. 24 Rn. 67; *Callies* in Maunz/Dürig GG Art. 24 Abs. 2 Rn. 58; *Oeter* in Isensee/Kirchhof StaatsR-HdB XI § 243 Rn. 19.
[123] BVerfGE 90, 286 (351) = NJW 1994, 2207; BVerfGE 121, 135 (156 f.) = NJW 2008, 2018; s. auch *Streinz* in Sachs GG Art. 24 Rn. 74. Zusätzlich ist die Zustimmung des Bundestages zum jeweiligen bewaffneten Einsatz der Bundeswehr erforderlich, hierzu unten → Rn. 58 ff.
[124] So BVerfGE 90, 286 (345) = NJW 1994, 2207; BVerfGE 152, 8 (22) = NVwZ 2019, 1669; *Müller-Franken* in v. Mangoldt/Klein/Starck GG Art. 87a Rn. 76.
[125] *Sauer* in BK-GG GG Art. 24 Rn. 322; *Gutmann/Sassenrath* NZWehrr 2017, 177 (199); *Sigloch*, Auslandseinsätze der Bundeswehr, 2006, 222 f.
[126] Vgl. BVerfGE 104, 151 = NJW 2002, 1559 und BVerfGE 118, 244 = NVwZ 2007, 1039.
[127] *Sauer* in BK-GG GG Art. 24 Rn. 325; *Scherrer* Parlament 40; *Sigloch*, Auslandseinsätze der Bundeswehr, 2006, 223.
[128] Vgl. *Heintschel v. Heinegg/Frau* in BeckOK GG, 45. Ed. 15.11.2020, GG Art. 24 Rn. 40.
[129] *Stern* StaatsR I 548; *Schmahl* in Sodan GG Art. 24 Rn. 20.
[130] Vgl. *Payandeh/Sauer* ZRP 2016, 34 (37).
[131] BVerfGE 90, 286 (352) = NJW 1994, 2207.
[132] *Wolff* in HK-GG GG Art. 87a Rn. 8; *Deiseroth* in Umbach/Clemens GG Art. 24 Rn. 263; *Payandeh/Sauer* ZRP 2016, 34 (35); *Dreist* NZWehrr 2018, 1 (16); aA *Sassenrath* NVwZ 2016, 442 (443); *Gutmann/Sassenrath* NZWehrr 2017, 245 (253) halten eine „einfache" Resolution des Sicherheitsrates für ausreichend.

Bezugnahme auf das Selbstverteidigungsrecht nach Art. 51 UNCh reichen nicht aus, um die Einhaltung von Rahmen und Regeln der Vereinten Nationen anzunehmen und einen Einsatz der Bundeswehr zur Konfliktverhütung und Krisenbewältigung auf Art. 24 Abs. 2 GG als verfassungsrechtliche Grundlage zu stützen.[133]

51 **c) Keine zusätzlichen Voraussetzungen.** In der Kommentarliteratur wird die Ansicht vertreten, Art. 24 Abs. 2 GG löse die Streitkräfte nicht von den Bindungen des Art. 87a Abs. 2 GG. Zulässig seien daher auf dieser Grundlage nur Einsätze der Bundeswehr im Ausland, die **zumindest auch der Verteidigung Deutschlands** dienten.[134] Diese Argumentation verkennt das Verhältnis zwischen den beiden genannten Verfassungsbestimmungen. Das BVerfG hat herausgestellt, dass Art. 87a GG der Anwendung von Art. 24 Abs. 2 GG als verfassungsrechtlicher Basis für den Einsatz bewaffneter Streitkräfte im Rahmen eines Systems kollektiver Sicherheit nicht entgegenstehe.[135] Die Einfügung des Art. 87a GG in das Grundgesetz durch die Notstandsnovelle des Jahres 1968 habe die damals bereits bestehenden Mitwirkungsmöglichkeiten Deutschlands in internationalen Sicherheitssystemen nicht schmälern wollen. Art. 24 Abs. 2 GG bildet somit eine Rechtsgrundlage auch für internationale Einsätze der Bundeswehr, die nicht zu Verteidigungszwecken erfolgen.

52 Teilweise wird behauptet, Auslandseinsätze deutscher Streitkräfte im Rahmen von NATO und EU setzten zusätzlich zu einem Beschluss dieser Organisation stets ein **Mandat des Sicherheitsrates der Vereinten Nationen** voraus.[136] Diese Ansicht mag daher rühren, dass die Einsätze im NATO- und WEU-Rahmen, die Gegenstand der Leitentscheidung des BVerfG im Jahr 1994 waren,[137] von den Vereinten Nationen mandatiert waren. Allerdings übersieht diese Auffassung, dass völkerrechtlich auch **andere Legitimationen von Streitkräfteeinsätzen im Ausland** in Betracht kommen als Resolutionen des Sicherheitsrates, namentlich das Recht auf kollektive Selbstverteidigung.[138] Zwangsmaßnahmen nach Kapitel VII der UNCh sind nicht die einzige Durchbrechung des völkerrechtlichen Gewaltverbotes. Weder unter dem Aspekt der Friedenswahrung noch als Voraussetzung einer Hoheitsbeschränkung ist Art. 24 Abs. 2 GG das zwingende Erfordernis einer mandatierenden VN-Resolution zu entnehmen.[139] Demgemäß hat der Bundestag auch Anträge der Bundesregierung auf Beteiligung an NATO-Einsätzen gebilligt, die nicht auf einem Mandat des VN-Sicherheitsrates fußten.[140]

3. Einsatz außerhalb eines Systems kollektiven Sicherheitssystems

53 **a) Einsatz zur Verteidigung.** Sind die rechtlichen Voraussetzungen für einen Einsatz der Bundeswehr zur Konfliktverhütung und Krisenbewältigung im Rahmen eines Systems kollektiver Sicherheit nach Art. 24 Abs. 2 GG nicht gegeben, stellt sich die Frage, ob die Mitwirkung an einem internationalen Einsatz auf anderer Verfassungsgrundlage zulässig ist. In Betracht kommt Art. 87a Abs. 1 S. 1 GG, nach dem die **Streitkräfte zur Verteidigung aufgestellt** werden.[141] Verteidigung bedeutet unstreitig neben der Landesverteidi-

---

[133] So auch *Scherrer* Parlament 41 f.; nicht überzeugend daher die verfassungsrechtliche Begründung der Anträge BT-Drs. 18/3561 und 18/6866; aA *Schmahl* in Sodan Art. 24 Rn. 22; *Aust* in v. Münch/Kunig GG Art. 24 Rn. 83.
[134] So *Depenheuer* in Maunz/Dürig GG Art. 87a Rn. 125 f.; ähnlich *Heun* in Dreier GG Art. 87a Rn. 17.
[135] BVerfGE 90, 286 (355) = NJW 1994, 2207.
[136] *Fassbender* in Isensee/Kirchhof StaatsR-HdB XI § 244 Rn. 66 ff.; *Deiseroth* in Umbach/Clemens GG Art. 24 Rn. 215 ff.
[137] BVerfGE 90, 286 = NJW 1994, 2207.
[138] *Weingärtner* GSZ 2019, 202 (204); *Gutmann/Sassenrath* NZWehrr 2018, 17 (18); näher zum Recht auf kollektive Selbstverteidigung oben → Rn. 30 ff.
[139] *Gutmann/Sassenrath* NZWehrr 2017, 177 (193 ff.); *Heintschel v. Heinegg/Frau* in BeckOK GG, 45. Ed. 15.11.2020, GG Art. 24 Rn. 42.
[140] ZB BT-Drs. 13/11469, 14/6830.
[141] Teilweise wird die Ermächtigung zum Einsatz der Streitkräfte zur Verteidigung nicht aus Art. 87a Abs. 1 S. 1, sondern aus Art. 87a Abs. 2 GG abgeleitet, s. → § 52 Rn. 14.

gung¹⁴² auch Bündnisverteidigung. Liegt ein bewaffneter Angriff gegen einen Mitgliedstaat der NATO oder der EU vor, darf die Bundeswehr zu dessen Unterstützung im Ausland eingreifen.¹⁴³ Dies kann im Rahmen einer Militäroperation unter dem Dach des Bündnisses, aber auch bilateral oder im Wege einer gemeinsamen Operation mehrerer Staaten geschehen.¹⁴⁴ Sowohl der Antrag der Bundesregierung auf Zustimmung des Bundestages zur Beteiligung der Bundeswehr an der Operation ENDURING FREEDOM¹⁴⁵ als auch der Antrag zur Mitwirkung am Einsatz gegen die Terrororganisation IS¹⁴⁶ führen als Rechtsgrundlage das Recht der Vereinigten Staaten von Amerika beziehungsweise Frankreichs auf kollektive Selbstverteidigung an. Gleichwohl stützen sich beide Anträge **nicht auf die Bündnisverteidigung gem. Art. 87a GG als verfassungsrechtliche Basis,** sondern bemühen sich darzulegen, dass der Einsatz im Rahmen und nach den Regeln eines Systems gegenseitiger kollektiver Sicherheit gem. Art. 24 Abs. 2 GG erfolge.

Inwieweit ein Auslandseinsatz der Bundeswehr über die Bündnisverteidigung hinaus auf Art. 87a GG gestützt werden kann, hängt von der Auslegung des Verteidigungsbegriffs und der Vorbehaltsklausel des Art. 87a Abs. 2 GG ab. Wird Art. 87a Abs. 2 GG lediglich auf den Einsatz von Streitkräften im Inland bezogen, bedarf es für Auslandseinsätze keiner ausdrücklichen verfassungsrechtlichen Zulassung (→ Rn. 42). Wer den Verteidigungsbegriff des Art. 87a GG im völkerrechtlichen Sinn entsprechend Art. 51 UNCh versteht,¹⁴⁷ erklärt die Bundeswehr auch verfassungsrechtlich für befugt, **jeden Staat der Welt zu verteidigen, der von außen völkerrechtswidrig angegriffen** wird.¹⁴⁸ Beiden Auffassungen sind Bundesregierung und Bundestag bislang nicht näher getreten. Nicht zuletzt die fehlende verfassungsgerichtliche Klärung dürfte die Zurückhaltung der Verfassungsorgane erklären, sich in weiter gehendem Ausmaß auf Art. 87a GG als verfassungsrechtliche Grundlage für Auslandseinsätze der Bundeswehr zu berufen. 54

Doch selbst bei einer großzügigen Auslegung erfasst Art. 87a GG Einsätze der Bundeswehr zur internationalen Konfliktverhütung und Krisenbewältigung nur teilweise. Denn kollektive Selbstverteidigung setzt einen **unmittelbar bevorstehenden oder andauernden bewaffneten Angriff** staatlicher oder staatlich gestützter Kräfte voraus (→ § 52 Rn. 37 ff.). Konfliktverhütung und Krisenbewältigung haben aber ein erheblich breiteres Spektrum. Bundeswehreinsätze im Ausland finden in der Regel nicht zur Unterstützung der Partei eines bewaffneten Konfliktes, sondern zu Stabilisierungszwecken statt. Friedenserhaltende Streitkräftemissionen lassen sich ebenso wie die Bekämpfung schwerer Kriminalität, etwa der Piraterie oder des Menschenhandels, nicht auf den Verteidigungsauftrag des Art. 87a Abs. 1 S. 1 GG stützen. 55

b) Keine sonstige Verfassungsgrundlage. Als weitere mögliche Rechtsgrundlage von Auslandseinsätzen der Bundeswehr wird in der Literatur Art. 32 Abs. 1 GG angeführt.¹⁴⁹ Diese Norm bestimmt, dass die Pflege der Beziehungen zu auswärtigen Staaten Sache des Bundes ist. Die Pflege der auswärtigen Beziehungen soll völkerrechtlich zulässige militärische Einsätze auch außerhalb von Systemen kollektiver Sicherheit einschließen.¹⁵⁰ Dem ist entgegenzuhalten, dass es sich bei Art. 32 Abs. 1 GG um die kompetenzielle Zuweisung der auswärtigen Gewalt handelt, nicht aber um eine spezielle Regelung des Einsatzes der 56

---

¹⁴² Zur Rechtfertigung unilateraler Auslandseinsätze der Bundeswehr als „Personalverteidigung" → § 52 Rn. 43.
¹⁴³ S. → § 52 Rn. 44 ff.; vgl. auch *Aust* in v. Münch/Kunig GG Art. 87a Rn. 13; *Hufeld* AVR 2019, 383 (417).
¹⁴⁴ *Dreist* NZWehrr 2018, 109 (117).
¹⁴⁵ BT-Drs. 14/7296.
¹⁴⁶ BT-Drs. 18/6866.
¹⁴⁷ → § 52 Rn. 54; vgl. auch *Schmidt-Radefeldt* in Graf v. Kielmansegg/Krieger/Sohm Multinationalität 83 ff.
¹⁴⁸ Der Antrag der Bundesregierung BT-Drs. 18/6866 beruft sich völkerrechtlich auf das kollektive Selbstverteidigungsrecht des Irak, verfassungsrechtlich gleichwohl auf Art. 24 Abs. 2 GG als Rechtsgrundlage.
¹⁴⁹ *Depenheuer* in Maunz/Dürig GG Art. 87a Rn. 171 für polizeilich ausgerichtete Militäreinsätze.
¹⁵⁰ So *Wiefelspütz* Parlamentsheer 158.

Streitkräfte.[151] Art. 32 Abs. 1 GG enthält **keine ausdrückliche Zulassung im Sinne des Verfassungsvorbehaltes** des Art. 87a Abs. 2 GG.[152]

57 Gleiches gilt für Art. 25 S. 1 GG, dem zufolge die allgemeinen Regeln des Völkerrechts Bestandteil des Bundesrechts sind. Die Vorschrift soll beispielsweise in Verbindung mit den Bestimmungen des Seerechtsübereinkommens der Vereinten Nationen eine verfassungsrechtliche Grundlage für Marineeinsätze auf Hoher See zur Pirateriebekämpfung bieten.[153] Art. 25 S. 1 GG transferiert zwar Regeln des Völkerrechts in deutsches Recht, weist aber **keinen spezifischen Regelungsgehalt für militärisches Handeln im Ausland** auf und erfüllt somit die Bedingungen einer ausdrücklichen Zulassung iSd Art. 87a Abs. 2 GG nicht.[154] Auch aus dieser Vorschrift kann eine Befugnis zum Auslandseinsatz der Bundeswehr außerhalb eines Systems gegenseitiger kollektiver Sicherheit nicht abgeleitet werden.

III. Der wehrverfassungsrechtliche Parlamentsvorbehalt

58 In seiner Entscheidung v. 12.7.1994[155] entwickelte das BVerfG für bewaffnete Einsätze der Bundeswehr außerhalb Deutschlands den Vorbehalt eines konstitutiven Parlamentsbeschlusses. Die unmittelbar gewählte Volksvertretung muss eine Einsatzentscheidung der Bundesregierung mittragen. Manche Details der Reichweite des Vorbehalts und von Fragen des Verfahrens sind noch nicht abschließend geklärt, doch findet die höchstrichterlich vorgenommene Verteilung der Kompetenzen zwischen Legislative und Exekutive allgemein Akzeptanz.

1. Der Begriff des Einsatzes bewaffneter Streitkräfte

59 Die Reichweite der parlamentarischen Zustimmungsbedürftigkeit von Auslandseinsätzen der Bundeswehr wird durch die Auslegung des Begriffs des Einsatzes bewaffneter Streitkräfte bestimmt. Nicht jeder Einsatz im Ausland bedarf der Zustimmung des Bundestages, sondern nur ein bewaffneter. Der Begriff des bewaffneten Einsatzes ist enger als der des „Eingesetzt Werdens" in Art. 87a Abs. 2 GG, der eine ausdrückliche Ermächtigung im Grundgesetz voraussetzt.[156] In seiner Leitentscheidung vom 12. Juli 1994 definierte das BVerfG den bewaffneten Einsatz nicht, sondern machte lediglich deutlich, dass bei Einsätzen unter dem Dach der Vereinten Nationen **nicht zwischen Friedenstruppen mit und solchen ohne Zwangsbefugnisse zu unterscheiden** sei. Andererseits bedürfe die Verwendung zu Hilfsdiensten und Hilfeleistungen, bei denen die Soldaten nicht in bewaffnete Unternehmungen einbezogen seien, nicht der parlamentarischen Zustimmung.[157] Eine nähere Bestimmung des Gegenstandes der Beteiligungsrechte des Parlaments nahm das Gericht dann in späteren Entscheidungen vor.

60 Nach der verfassungsgerichtlichen Rechtsprechung liegt ein Einsatz bewaffneter Streitkräfte vor, wenn **deutsche Soldaten in bewaffnete Unternehmungen einbezogen sind.** Dies ist nicht erst der Fall, wenn Kampfhandlungen stattfinden, sondern bereits dann, wenn eine **Einbeziehung in bewaffnete Auseinandersetzungen qualifiziert zu erwarten ist.** Eine solche qualifizierte Erwartung setzt zum einen tatsächliche Anhaltspunkte für die Annahme voraus, dass der Einsatz nach Zweck, Umständen und Einsatzbefugnissen in der Anwendung von Waffengewalt münden kann, und zum anderen, dass eine besondere Nähe zur Anwendung von Waffengewalt besteht. Dahin deutende Umstände können aus

---

[151] *Hillgruber* in Umbach/Clemens GG Art. 87a Rn. 51; *Sigloch,* Auslandseinsätze der Bundeswehr, 2006, 195 f.
[152] Ebenso *Dreist* NZWehrr 2018, 109 (123 f.).
[153] So *Wiefelspütz* NZWehrr 2009, 133 (142).
[154] *Aust* in v. Münch/Kunig GG Art. 87a Rn. 49; *Sigloch,* Auslandseinsätze der Bundeswehr, 2006, 192.
[155] BVerfGE 90, 286 = NJW 1994, 2207.
[156] Vgl. *Seyffarth* ParlBG § 2 Rn. 28; zum Begriff des Einsatzes → § 52 Rn. 63 ff.
[157] BVerfGE 90, 286 (387 f.) = NJW 1994, 2207.

der Einsatzplanung abzuleiten sein, aber auch aus der Tatsache, dass die Soldaten Waffen mit sich führen und befugt sind, von ihnen Gebrauch zu machen.[158]

Der Einsatz braucht dabei keinen kriegerischen oder kriegsähnlichen Charakter zu haben.[159] Er muss nicht einmal militärisch geprägt sein. Auch Einsätze von Soldatinnen und Soldaten mit polizeilichen Aufgaben können, selbst wenn sie humanitären Zwecken dienen, dem Parlamentsvorbehalt unterfallen.[160] Denn der unmittelbar aus dem Grundgesetz abgeleitete Begriff des bewaffneten Einsatzes ist ungeachtet von Charakter, Intensität und politischer Bedeutung des Einsatzes **einheitlich zu definieren.**[161] Die qualifizierte Erwartung der Einbeziehung in bewaffnete Auseinandersetzungen ist auch nicht auf die Anwendung von Waffengewalt durch die deutschen Soldaten selbst beschränkt. Unbewaffnete und von Zwangsausübung freie Beiträge der Bundeswehr zu bewaffneten Unternehmungen von Bündnispartnern wie die Übermittlung von Aufklärungsergebnissen überschreiten die Schwelle zur Zustimmungsbedürftigkeit, wenn sie eine **wesentliche Rolle beim militärischen Handeln der Gesamtoperation** spielen.[162]

Der Vorbehalt parlamentarischer Zustimmung erfasst nicht nur Einsätze im Rahmen von Systemen kollektiver Sicherheit gem. Art. 24 Abs. 2 GG. Er gilt für **jeden Einsatz bewaffneter Streitkräfte im Ausland.**[163] Ausschlaggebend ist nämlich nicht die verfassungsmäßige Rechtsgrundlage, sondern die Gefahr der Einbeziehung in bewaffnete Unternehmungen. Auf der anderen Seite nimmt die Bundeswehr auf der Grundlage eines Regierungsbeschlusses ohne Mandat des Bundestages an Einsätzen zur internationalen Konfliktverhütung und Krisenbewältigung teil, wenn eine derartige Einbeziehung nicht zu erwarten ist.[164] Unterhalb der Mandatierungsschwelle liegen können auch Auslandsverwendungen im Rahmen von einsatzgleichen Verpflichtungen, Dauereinsatzaufgaben oder humanitären Hilfsdiensten und Hilfeleistungen.[165]

Im Zweifel legt das BVerfG den Parlamentsvorbehalt in Anbetracht seiner Funktion und seiner Bedeutung **parlamentsfreundlich und damit weit** aus.[166] Es billigt der Bundesregierung keinen Einschätzungs- oder Prognosespielraum zu, ob bei einem Streitkräfteeinsatz eine Einbeziehung in bewaffnete Auseinandersetzungen qualifiziert zu erwarten ist. Die Geltung des Parlamentsvorbehalts soll nicht unter Berufung auf Gestaltungsspielräume der Exekutive von politischen oder militärischen Bewertungen der Bundesregierung abhängig gemacht werden.[167] Somit unterfällt die Frage, ob ein bewaffneter Einsatz die Schwelle der parlamentarischen Zustimmungsbedürftigkeit überschreitet, der **vollständigen verfassungsgerichtlichen Überprüfung.**[168]

2. Die Kompetenzverteilung zwischen Legislative und Exekutive

Die auswärtige Gewalt ordnet das Grundgesetz weitgehend der Exekutive zu. So obliegt die Entscheidung über einen bewaffneten Einsatz der Bundeswehr zu Zwecken der internationalen Konfliktverhütung und Krisenbewältigung zunächst der **Bundesregierung.** Diese beschließt den Einsatz auf der Basis einer von Außen- und Verteidigungsministerium gemeinsam erstellten Kabinettvorlage und leitet anschließend dem **Bundestag einen Antrag auf Zustimmung** zu diesem Beschluss zu. Den Antrag berät das Parlament in der

---

[158] BVerfGE 121, 135 (164 ff.) = NJW 2008, 2018; BVerfGE 140, 160 (190 f.) = BeckRS 2015, 52303.
[159] BVerfGE 108, 34 (43) = NJW 2003, 2373.
[160] BVerfGE 140, 160 (203) = BeckRS 2015, 52303.
[161] BVerfGE 121, 135 (166) = NJW 2008, 2018; BVerfGE 140, 160 (193 f.) = BeckRS 2015, 52303.
[162] Vgl. BVerfGE 121, 135 (172 f.) = NJW 2008, 2018; s. auch *Aust* in v. Münch/Kunig GG Art. 87a Rn. 57.
[163] Vgl. BVerfGE 140, 160 (188) = BeckRS 2015, 52303; ebenso bereits BVerfGE 90, 286 (387) = NJW 1994, 2207.
[164] So bei der Beteiligung an den VN-Missionen UNOMIG in Georgien und MINURSO in Westsahara.
[165] Vgl. Antwort der Bundesregierung BT-Drs. 19/11027, 2.
[166] BVerfGE 121, 135 (162) = NJW 2008, 2018; BVerfGE 140, 160 (189) = BeckRS 2015, 52303.
[167] BVerfGE 121, 135 (163) = NJW 2008, 2018.
[168] BVerfGE 121, 135 (168) = NJW 2008, 2018.

§ 53 Internationale Konfliktverhütung und Krisenbewältigung

Regel in einer ersten Lesung im Plenum, anschließend in den zuständigen Fachausschüssen und dann in einer zweiten Plenarsitzung. Der Zustimmungsbeschluss wird mit der Mehrheit der abgegebenen Stimmen gem. Art. 42 Abs. 2 GG gefasst.[169]

65 Anders kann sich der Verfahrensablauf gestalten, wenn **Gefahr im Verzug** ist. Die verfassungsrechtlich gebotene Mitwirkung des Bundestages bei konkreten Einsatzentscheidungen darf die militärische Wehrfähigkeit und die Bündnisfähigkeit der Bundesrepublik Deutschland nicht beeinträchtigen.[170] Die Bundesregierung ist daher befugt, bei Gefahr im Verzug vorläufig allein den Einsatz bewaffneter Streitkräfte zu beschließen. Gefahr im Verzug liegt vor, wenn angesichts einer konkreten Gefahr unmittelbar gehandelt werden muss.[171] Bei dem Tatbestandsmerkmal „Gefahr im Verzug" handelt es sich um einen **verfassungsgerichtlich überprüfbaren unbestimmten Rechtsbegriff**, für dessen Auslegung der Exekutive kein Beurteilungsspielraum zusteht.[172] Die Bundesregierung muss in einem solchen Fall die Legislative so bald wie möglich mit dem Streitkräfteeinsatz befassen und auf Verlangen des Bundestages die Streitkräfte zurückrufen.

66 Ungeklärt war lange Zeit, ob eine **nachträgliche Beschlussfassung des Bundestages** erforderlich ist, wenn der Streitkräfteeinsatz im Zeitpunkt des Wegfalls der Gefahr **bereits abgeschlossen** ist. Nach dem Bundeswehreinsatz zur Evakuierung deutscher Staatsbürger aus dem albanischen Bürgerkrieg im Jahr 1997 hatte die Bundesregierung dem Bundestag einen Antrag auf nachträgliche Billigung des Einsatzes zugeleitet,[173] dem das Parlament zustimmte.[174] Im Fall des Rettungseinsatzes aus Libyen im Jahr 2011 verzichtete die Bundesregierung auf einen nachträglichen Antrag an den Bundestag, da sie davon ausging, es habe sich nicht um einen Einsatz bewaffneter Streitkräfte gehandelt. Dieser Einschätzung widersprach das BVerfG zwar. In seiner Entscheidung führte es aber aus, dass der Bundestag einen rechtserheblichen Einfluss auf die konkrete Verwendung der Streitkräfte nicht mehr ausüben könne, wenn der Einsatz zum frühestmöglichen Zeitpunkt einer nachträglichen Parlamentsbefassung bereits beendet sei. Damit sei für eine konstitutive Zustimmung in derartigen Fällen kein Raum, da ihr eine Rechtserheblichkeit nicht mehr zukomme.[175] Das Parlament habe jedoch **Anspruch auf unverzügliche und umfassende Information** über den Einsatz, damit es von seinen sonstigen Instrumenten zur Kontrolle der Regierung Gebrauch machen könne.[176]

67 Ein Auslandseinsatz der Bundeswehr setzt stets einen Beschluss der Bundesregierung voraus. Der Bundestag kann einen Streitkräfteeinsatz nicht eigenständig veranlassen, er verfügt über **kein dahin gehendes Initiativrecht**.[177] Der Eigenbereich exekutiver Handlungsbefugnis auf dem Gebiet der Außenpolitik hat zudem zur Folge, dass das Parlament einen von der Bundesregierung gestellten Antrag auf Zustimmung zu einem Auslandseinsatz nicht abändern kann. **Modalitäten, Umfang und Dauer der Einsätze und die notwendige Koordination** in und mit Organen internationaler Organisationen obliegen der Bundesregierung.[178]

68 Dem Bundestag stehen nur die Alternativen offen, dem ihm vorgelegten Antrag zuzustimmen oder ihn abzulehnen.[179] In der Staatspraxis hat die Bundesregierung in einzelnen Fällen aber **Prokollerklärungen** abgegeben, um im Parlament eine Mehrheit für die Zustimmung

---

[169] Vgl. *Fassbender* in Isensee/Kirchhof StaatsR-HdB XI § 244 Rn. 100.
[170] BVerfGE 90, 286 (388) = NJW 1994, 2207.
[171] So die Begründung des Entwurfs des ParlBG BT-Drs. 15/2742, 6.
[172] BVerfGE 140, 160 (197) = BeckRS 2015, 52303.
[173] BT-Drs. 13/7233.
[174] BTPlProt. 13/166, 14989.
[175] BVerfGE 140, 160 (200 f.) = BeckRS 2015, 52303; zust. *Seyffarth* GSZ 2019, 57 (59).
[176] BVerfGE 140, 160 (202) = BeckRS 2015, 52303.
[177] BVerfGE 68, 1 (86); BVerfGE 90, 286 (389) = NJW 1994, 2207.
[178] BVerfGE 90, 286 (389) = NJW 1994, 2207.
[179] Auch eine Ergänzung eines Mandats um zusätzliche Einsatzaufgaben bedarf einer erneuten Zustimmung des Bundestages, vgl. BT-Drs. 19/17790.

zu sichern.[180] Dass die Zustimmung nur so lange wirksam ist, wie die völkerrechtlichen Voraussetzungen vorliegen, versteht sich. Unabhängig davon ist eine **zeitliche Befristung des Mandats** üblich, die dem Bundestag die Gelegenheit gibt, vor Fristablauf über den Einsatz erneut zu beraten und zu befinden. Zumeist wird dabei ein Zeitraum von einem Jahr gewählt. Politische Rahmenbedingungen wie anstehende Entscheidungen auf internationaler Ebene oder bevorstehende Bundestagswahlen können zu anderen Laufzeiten führen. Um diese und sonstige Details zu klären und eine Parlamentsmehrheit für die Annahme des Antrags sicherzustellen, hat sich in der Staatspraxis eine vorherige **informelle Abstimmung des Inhalts des Regierungsantrages** zwischen der Bundesregierung und den Mehrheitsfraktionen des Bundestages etabliert. Denn eine Ablehnung des Antrags wäre ein Misstrauensbeweis der die Regierung tragenden Fraktionen und würde eine Regierungskrise auslösen.

Erst recht träte dieser Effekt ein, wenn der Bundestag während eines laufenden Mandatszeitraums seine Zustimmung widerrufen würde. Der Gesetzgeber geht, wie § 8 ParlBG ausweist, davon aus, dass der Bundestag eine einmal getroffene Entsendeentscheidung **jederzeit aus eigenem Recht rückgängig** machen kann. Das BVerfG hat diese Regelung nicht beanstandet,[181] während Teile der Literatur ein Rückrufrecht des Parlaments nur in Fällen der Veränderung tatsächlicher oder rechtlicher Rahmenbedingungen anerkennen[182] oder ganz ausschließen wollen.[183] Praktische Relevanz wird dem Meinungsstreit kaum zukommen, da die Bundesregierung bei einem Wegfall der Unterstützung im Parlament einen Auslandseinsatz der Bundeswehr von sich aus beenden wird. 69

Angesichts der geschilderten Aufteilung der Kompetenzen und Verantwortlichkeiten erscheint es sachgerecht, von einem **Entscheidungsverbund von Parlament und Regierung** über den Einsatz bewaffneter Streitkräfte im Ausland zu sprechen.[184] Der Bundestag trägt mit der Bundesregierung gemeinsam die Verantwortung für Verwendungen der Bundeswehr, die nicht nur ein erhebliches Risiko für Leben und Gesundheit der beteiligten Soldatinnen und Soldaten, sondern auch bedeutendes politisches Eskalations- und Verstrickungspotential mit sich bringen können.[185] Der Handlungs- und Verantwortungsbereich der Exekutive für die Außenpolitik wird dadurch nicht grundsätzlich infrage gestellt. Ob angesichts dieser Kompetenzaufteilung die vom BVerfG verwendete Bezeichnung der Bundeswehr als „**Parlamentsheer**" angebracht ist, kann durchaus bezweifelt werden.[186] 70

Die **Staatspraxis von Bundesregierung und Bundestag** seit 1994 hat sich nicht ausnahmslos an die vom BVerfG vorgenommene Verteilung der Zuständigkeiten zwischen Legislative und Exekutive gehalten. In zwei Fällen korrigierte das Gericht die Einschätzung der Bundesregierung, ein Einsatz bewaffneter Streitkräfte liege nicht vor.[187] Auf der anderen Seite beantragte die Bundesregierung die Zustimmung des Bundestages zu Einsätzen, bei denen die Einbeziehung in bewaffnete Unternehmungen nicht unbedingt zu erwarten war.[188] Dies macht deutlich, dass bei der Frage, ob die Zustimmung des Bundes- 71

---

[180] Hierzu *Seyffahrt* ParlBG § 3 Rn. 11; s. etwa die in BT-Drs. 14/3550, 4 wiedergegebene Protokollerklärung des Bundesaußenministers zur Mandatslaufzeit. Im Rahmen der Beratung ihres Antrags auf Zustimmung zur Fortsetzung des ISAF-Einsatzes sicherte die Bundesregierung im Oktober 2003 gegenüber dem Auswärtigen Ausschuss des Bundestages in einer Protokollerklärung zu, dass die Drogenbekämpfung nicht im Mandat des Bundeswehreinsatzes enthalten sei, s. BT-Drs. 15/1806, 4.
[181] BVerfGE 124, 267 (278) = NVwZ-RR 2010, 41; ebenso *Sauer* in BK-GG GG Art. 24 Rn. 340; *Fassbender* in Isensee/Kirchhof StaatsR-HdB XI § 244 Rn. 103.
[182] Limpert, Auslandseinsatz der Bundeswehr, 2002, 58 f.; vgl. auch *Kokott/Hummel* in Sachs GG Art. 87a Rn. 44.
[183] *Scherrer* Parlament 301 f.
[184] So BVerfGE 121, 135 (161) = NJW 2008, 2018; BVerfGE 124, 267 (276) = NVwZ-RR 2010, 41; s. auch *Brissa* DÖV 2012, 137 (138).
[185] Vgl. *Hufeld* AVR 2019, 383 (407).
[186] Vgl. *Wiefelspütz* Parlamentsheer 197; kritisch zu dem Begriff auch *Hobe* in BerlKom GG GG Art. 24 Rn. 62; *Paulus* in Weingärtner, Einsatz der Bundeswehr im Ausland, 2007, 111.
[187] BVerfGE 121, 135 = NJW 2008, 2018; BVerfGE 140, 160 = BeckRS 2015, 52303.
[188] S. zB BT-Drs. 18/984; 18/6742.

tages zu einem Bundeswehreinsatz eingeholt wird, nicht allein rechtliche, sondern auch politische Aspekte eine gewichtige Rolle spielen. Verändert hat sich zudem die Abfassung der Mandatstexte, die die Bundesregierung dem Bundestag vorlegt. Während diese anfangs knapp gefasst waren und sich im Wesentlichen auf die Wiedergabe der maßgeblichen Entscheidungen der Vereinten Nationen und der NATO sowie der dazu gefassten Kabinettbeschlüsse beschränkten,[189] enthalten jüngere Anträge weit darüber hinaus gehende Angaben und Festlegungen.[190] Dabei wird übersehen, dass Entscheidungen über Modalitäten, Umfang und Dauer des Einsatzes nach der Rechtsprechung des BVerfG dem der Regierung zustehenden **Eigenbereich exekutiver Handlungsbefugnis für außenpolitisches Agieren** unterfallen. Mit allzu detaillierten Zustimmungsbeschlüssen übernimmt das Parlament eine Mitgestaltung und Mitverantwortung für die operative Durchführung des Einsatzes, die verfassungsrechtlich nicht gewollt und von ihrer Sinnhaftigkeit her fraglich ist.

3. Das Parlamentsbeteiligungsgesetz

72 Über zehn Jahre vergingen nach der Leitentscheidung des BVerfG zu Auslandseinsätzen der Bundeswehr, bis der Gesetzgeber der **Aufforderung des Gerichts, Form und Ausmaß der parlamentarischen Mitwirkung** näher auszugestalten,[191] nachkam. Bis zu diesem Zeitpunkt waren schon zahlreiche Mandate beschlossen worden und die parlamentarische Praxis hatte sich eingespielt. Das Parlamentsbeteiligungsgesetz vom 18.3.2005 (ParlBG) regelt das Verfahren seither gesetzlich. Darüber hinaus versucht es in § 2, den Begriff „Einsatz bewaffneter Streitkräfte" näher einzugrenzen, wobei es auf Formulierungen aus Entscheidungen des BVerfG zurückgreift.[192] Das Gericht selbst stellte klar, dass es sich dabei um einen verfassungsrechtlichen Begriff handelt, der von einem unter der Verfassung stehenden Gesetz nicht verbindlich konkretisiert werden kann. Die gesetzliche Ausgestaltung vermöge allenfalls Hinweise für die verfassungsunmittelbare Reichweite des Instituts zu geben.[193]

73 Das ParlBG bestimmt darüber hinaus den notwendigen Inhalt des Antrags der Bundesregierung (§ 3 Abs. 2 ParlBG),[194] regelt die nachträgliche Zustimmung des Bundestages bei Gefahr im Verzug (§ 5 ParlBG), die Unterrichtungspflicht der Bundesregierung gegenüber dem Bundestag über den Verlauf der Einsätze und die Entwicklungen im Einsatzgebiet (§ 6 ParlBG) sowie das Verfahren zur Verlängerung eines Einsatzes (§ 7 ParlBG). In § 8 ParlBG stellt es das Rückholrecht des Bundestages klar. Auch bei der Ausgestaltung dieser Vorschriften knüpft es an die Spruchpraxis des BVerfG an.

74 Ein **vereinfachtes Zustimmungsverfahren** lässt das Gesetz für Einsätze von geringer Intensität und Tragweite zu (§ 4 ParlBG). In solchen Fällen gilt die Parlamentszustimmung als erteilt, wenn nicht innerhalb von sieben Tagen nach Verteilung des Regierungsantrags eine Fraktion oder 5 % der Mitglieder des Bundestages eine Befassung des Parlaments verlangen. Das vereinfachte Zustimmungsverfahren hat keine praktische Bedeutung erlangt, da bisher regelmäßig zumindest eine Fraktion des Bundestages widersprach, wenn die Bundesregierung dieses Vorgehen vorschlug.[195]

---

[189] Vgl. BT-Drs. 12/8303.
[190] Andererseits geht die Bundesregierung zunehmend dazu über, sich bei der Darlegung der verfassungsrechtlichen Grundlage lediglich darauf zu berufen, der Einsatz erfolge im Rahmen und nach den Regeln „eines" Systems gegenseitiger kollektiver Sicherheit iSd Art. 24 Abs. 2 GG, ohne dieses System zu benennen, s. zB BT-Drs. 18/6866, 19/18734.
[191] BVerfGE 90, 286 (389) = NJW 1994, 2207.
[192] *Seyffarth* GSZ 2019, 57 (58).
[193] BVerfGE 121, 135 (156) = NJW 2008, 2018; BVerfGE 140, 160 (190) = BeckRS 2015, 52303; hierzu *Seyffarth* ParlBG § 2 Rn. 25.
[194] Zum Aufbau der Anträge auf Zustimmung in der Staatspraxis *Hufeld* AVR 2019, 383 (425).
[195] Lediglich in zwei Fällen in den Jahren 2005 und 2006 wurden Bundeswehreinsätze im Sudan im vereinfachten Zustimmungsverfahren verlängert, s. Antwort der Bundesregierung BT-Drs. 19/17711, 3.

Versuche, das ParlBG zu überarbeiten, sind erfolglos geblieben. In der 18. Legislaturperiode setzte der Bundestag eine **Kommission zur Überprüfung und Sicherung der Parlamentsrechte bei der Mandatierung von Auslandseinsätzen** der Bundeswehr ein.[196] Die Kommission war beauftragt zu prüfen, wie auf dem Weg fortschreitender Bündnisintegration und trotz internationaler Auffächerung von Aufgaben die Parlamentsrechte gesichert werden können.[197] In ihrem Bericht[198] schlug die Kommission Änderungen des ParlBG bei der einfachgesetzlichen Bestimmung des Begriffs des Einsatzes bewaffneter Streitkräfte sowie zur Erweiterung der Berichtspflichten der Bundesregierung an den Bundestag vor. Neu in das Gesetz aufgenommen werden sollte eine jährliche Berichtspflicht zu bestehenden und geplanten multinationalen militärischen Verbundfähigkeiten. Diese Vorschläge fanden größtenteils Eingang in einen Gesetzentwurf der Koalitionsfraktionen,[199] der vom Bundestag jedoch nicht beschlossen wurde und der Diskontinuität unterfiel. Neue Initiativen zur Reform des ParlBG hat es seither nicht gegeben.

IV. Verfassungsgerichtliche Überprüfung

1. Das Organstreitverfahren

Auslandseinsätze der Bundeswehr sind immer wieder Gegenstand von Streitigkeiten vor dem BVerfG. In der Regel geht es dabei in Organstreitverfahren nach Art. 93 Abs. 1 Nr. 1 GG um die Kompetenzverteilung zwischen Exekutive und Legislative. Der Bundestag und seine in der Geschäftsordnung mit eigenen Rechten ausgestatteten Teile können nach § 63 BVerfGG Antragsteller in einem Organstreit sein. Fraktionen des Bundestages steht dann nicht nur zu, eine Verletzung ihrer eigenen Rechte zu rügen, sondern in **Prozessstandschaft für den Bundestag** auch die Verletzung parlamentarischer Rechte durch die Bundesregierung.[200] Als Antragsgegner kommt in solchen Fällen sogar der Bundestag selbst in Betracht, da in der Realität des politischen Kräftespiels der Parlamentsminderheit die Möglichkeit eröffnet werden soll, Rechte des Bundestages gegen die die Bundesregierung stützende Parlamentsmehrheit geltend zu machen.[201]

Nach § 64 Abs. 1 BVerfGG muss der Antragsteller eines Organstreits geltend machen, dass er oder das Organ, dem er angehört, durch eine Maßnahme oder Unterlassung des Antragsgegners **in seinen ihm durch das Grundgesetz übertragenen Rechten und Pflichten** verletzt oder unmittelbar gefährdet ist. So haben in zu Auslandseinsätzen der Bundeswehr geführten verfassungsgerichtlichen Streitverfahren Oppositionsfraktionen des Bundestages[202] vorgetragen, Einsatzbeschlüsse verletzten Rechte des Bundestages, und beantragt, dies verfassungsgerichtlich festzustellen. Für die Zulässigkeit eines Antrags im Organstreitverfahren setzt das BVerfG voraus, dass die vom Antragsteller behauptete Verletzung oder unmittelbare Gefährdung verfassungsmäßiger Rechte unter Beachtung der vom Gericht entwickelten Maßstäbe **nach dem vorgetragenen Sachverhalt möglich erscheint**.[203]

Als durch einen Einsatz bewaffneter Streitkräfte verletzbares verfassungsmäßiges Recht des Bundestages kommt das **wehrverfassungsrechtliche Beteiligungsrecht** in Form des konstitutiven Parlamentsvorbehaltes in Betracht. In seinem Urteil zur Beteiligung der

---
[196] BTPlProt. 18/23, 1863; zu früheren Reformbestrebungen *Brissa* DÖV 2012, 137 (139).
[197] Vgl. BT-Drs. 18/766.
[198] BT-Drs. 18/5000.
[199] BT-Drs. 18/7360.
[200] So bereits BVerfGE 1, 351 (359) = NJW 1952, 969; s. auch *Walter* in BeckOK BVerfGG, 9. Ed. 1.7.2020, BVerfGG § 63 Rn. 19.
[201] BVerfGE 123, 267 (338 f.) = NJW 2009, 2267; BVerfGE 152, 8 (19) = NVwZ 2019, 1669; *Walter* in BeckOK BVerfGG, 9. Ed. 1.7.2020, BVerfGG § 64 Rn. 15; *Lechner/Zuck* BVerfGG § 64 Rn. 5.
[202] Dem Urteil des BVerfG v. 12.7.1994 – BVerfGE 90, 286 = NJW 1994, 2207 – lag allerdings auch ein Feststellungsantrag der damaligen Regierungsfraktion FDP zugrunde.
[203] BVerfGE 138, 256 (259) = BeckRS 2015, 52586; BVerfGE 140, 1 (21 f.) = BeckRS 2015, 49368; *Lechner/Zuck* BVerfGG § 64 Rn. 13.

Bundeswehr an NATO-Maßnahmen zur Luftüberwachung über der Türkei vom 7.5.2008[204] wertete das BVerfG die **unterbliebene Einholung der parlamentarischen Zustimmung** als Verfassungsverstoß der Bundesregierung. Das Beteiligungsrecht des Bundestages kann aber nicht nur verletzt sein, wenn für einen bewaffneten Streitkräfteeinsatz die erforderliche Zustimmung des Bundestages fehlt, sondern auch dann, wenn die **Grenzen eines erteilten Mandats überschritten werden**[205] oder wenn nachträglich **tatsächliche oder rechtliche Umstände wegfallen,** die der Zustimmungsbeschluss als notwendige Bedingungen für den Einsatz aufführt, und die Bundesregierung kein neues, verändertes Mandat beantragt.[206]

79 Im Organstreitverfahren kann zudem eine **Verletzung von Gesetzgebungsrechten des Bundestages** aus Art. 59 Abs. 2 S. 1 GG iVm Art. 24 Abs. 2 GG gerügt werden. Eine solche Rechtsverletzung liegt vor, wenn ein Einsatz die Integrationsgrenzen des Zustimmungsgesetzes, also Programm, Zweck und Anwendungsbereich des Systems kollektiver Sicherheit verlässt oder gegen das Gebot der Friedenswahrung verstößt.[207] Trotz des der Bundesregierung zustehenden weiten Spielraums bei der Auslegung der Vertragsgrundlagen und bei der Weiterentwicklung des Programms kollektiver Sicherheitssysteme (s. oben → Rn. 18) hielt das Gericht im Organstreit über den ISAF-Einsatz eine Verletzung von Gesetzgebungsrechten des Bundestages für möglich und befand den Feststellungsantrag für zulässig.[208] Im Fall der Beteiligung am Einsatz zur Bekämpfung des IS verwarf das Gericht den von einer Oppositionsfraktion gestellten Antrag auf Feststellung eines Verfassungsverstoßes hingegen aufgrund fehlender Antragsbefugnis als unzulässig, da die Antragsteller die **Möglichkeit einer Verletzung von Art. 59 Abs. 2 S. 1 GG iVm Art. 24 Abs. 2 GG** nicht hinreichend substantiiert dargelegt hätten. Eine Verletzung von Gesetzgebungsrechten des Bundestages sei nur durch den Abschluss eines neuen oder die Überschreitung der Grenzen eines bestehenden Vertrags vorstellbar, nicht aber durch einen Streitkräfteeinsatz außerhalb eines kollektiven Sicherheitssystems iSv Art. 24 Abs. 2 GG.[209]

80 Rügefähig in einem Organstreit und damit Prüfungsmaßstab des Gerichts sind **nur spezifisch kompetenzrechtliche Bestimmungen des Grundgesetzes**.[210] Denn der Organstreit dient der Abgrenzung der Kompetenzen von Verfassungsorganen oder ihren Teilen, nicht aber der Kontrolle der objektiven Verfassungsmäßigkeit eines Organhandelns, etwa außen- oder verteidigungspolitischer Maßnahmen der Bundesregierung.[211] Für Organstreitverfahren zu Auslandseinsätzen der Bundeswehr bedeutet dies, dass eine Überprüfung der materiellen Verfassungsmäßigkeit des Einsatzes und der diesem zugrunde liegenden Beschlüsse in dieser Verfahrensart nicht erfolgt.[212] So prüft das Gericht nicht, ob der Einsatz Rahmen und Regeln des betreffenden Systems gegenseitiger kollektiver Sicherheit nach Art. 24 Abs. 2 GG beachtet.[213]

2. Sonstige Verfahrensarten

81 Die Prüfung der inhaltlichen Verfassungsgemäßheit eines Bundeswehreinsatzes wäre Bestandteil eines **abstrakten Normenkontrollverfahrens** nach Art. 93 Abs. 1 Nr. 2 GG, das ein Viertel der Mitglieder des Bundestages einleiten kann. Ob ein Zustimmungsbeschluss des Bundestages zu einem Bundeswehreinsatz einen geeigneten Gegenstand einer

---

[204] BVerfGE 118, 244 = NVwZ 2007, 1039.
[205] *Fassbender* in Isensee/Kirchhof StaatsR-HdB XI § 244 Rn. 119.
[206] Vgl. BVerfGE 124, 267 (276) = NVwZ-RR 2010, 41.
[207] Vgl. BVerfGE 118, 244 = NVwZ 2007, 1039; hierzu *Ladiges* NZWehrr 2016, 177 (180 f.).
[208] BVerfGE 118, 244 = NVwZ 2007, 1039.
[209] BVerfGE 152, 8 (27) = NVwZ 2019, 1669.
[210] *Bethge* in MSKB BVerfGG § 13 Nr. 5 Rn. 18.
[211] BVerfGE 104, 151 (193 f.) = NJW 2002, 1559; BVerfGE 118, 244 (257) = NVwZ 2007, 1039; BVerfGE 152, 8 (20) = NVwZ 2019, 1669; *Bethge* in MSKB BVerfGG § 64 Rn. 123.
[212] *Sassenrath* NVwZ 2020, 442 (443) sieht in der Integrationsprüfung eine (eingeschränkte) materielle Verfassungsprüfung.
[213] Vgl. BVerfGE 152, 8 (27 f.) = NVwZ 2019, 1669.

abstrakten Normenkontrolle darstellt, ist nicht geklärt.[214] Dafür sprechen könnten die konstitutive Natur des Parlamentsbeschlusses[215] und die Einsatzbefugnisse, zu denen der Beschluss ermächtigt. Bisher war das BVerfG mit einem solchen Antrag noch nicht befasst.

Vorstellbar ist die Überprüfung der materiellen Verfassungsmäßigkeit eines Auslandseinsatzes auch anlässlich der **Verfassungsbeschwerde** eines Soldaten gegen einen an ihn gerichteten Einsatzbefehl.[216] Für die Zulässigkeit der Verfassungsbeschwerde müsste allerdings gem. § 90 Abs. 2 S. 1 BVerfGG zuvor der Rechtsweg ausgeschöpft sein. Auch zu einem solchen Verfahren ist es vor dem BVerfG bislang nicht gekommen. **82**

D. Das Recht im Auslandseinsatz

Für ihr Vorgehen in einem Auslandseinsatz benötigen die beteiligten Soldatinnen und Soldaten Handlungssicherheit. Dies setzt Rechtssicherheit voraus. Das anwendbare internationale und nationale Recht muss geklärt sein. Die Resolutionen des Sicherheitsrates der Vereinten Nationen, die zu Streitkräfteeinsätzen ermächtigen, spezifizieren die Einsatzbefugnisse nicht, sondern autorisieren regelmäßig alle zur Erfüllung des Auftrags notwendigen Maßnahmen *(all necessary measures to fulfil the mandate)*. Die Mandate des Bundestages verweisen hinsichtlich des Rechts zur Ausübung militärischer Gewalt zumeist pauschal auf das Völkerrecht.[217] Die durch die Mandate erteilten Befugnisse der an dem Einsatz beteiligten Angehörigen der Streitkräfte müssen somit anhand des für die Operation maßgeblichen rechtlichen Rahmens konkretisiert werden. **83**

I. Rechtsquellen

Ob in einem Auslandseinsatz der Bundeswehr das internationale Recht des bewaffneten Konflikts oder Friedensvölkerrecht gilt, hängt davon ab, ob der Einsatz innerhalb oder außerhalb eines bewaffneten Konflikts stattfindet. Das nationale Recht des Einsatzortes wird vielfach durch völkerrechtliche Befugnisse überlagert und durch zwischenstaatliche Stationierungsvereinbarungen mit dem Aufenthaltsstaat[218] eingeschränkt. Hinsichtlich der Geltung des deutschen Rechts für Soldatinnen und Soldaten im Auslandseinsatz bedarf es einer Differenzierung. **84**

1. Völkerrechtliche Ebene

a) Das Recht des bewaffneten Konflikts. Zweck internationaler Einsätze zur Konfliktverhütung und Krisenbewältigung ist die Herstellung und Sicherung von Frieden. Dies schließt nicht aus, dass die beteiligten Einsatzkräfte ihren Auftrag unter den Bedingungen eines bewaffneten Konflikts zu erfüllen haben. Als bewaffneter Konflikt wird eine gewaltsame Auseinandersetzung von gewisser Intensität zwischen organisierten bewaffneten Einheiten verstanden.[219] Dabei kann es sich sowohl um staatliche Streitkräfte als auch um nicht-staatliche Verbände handeln. Werden multinationale Friedensoperationen auf dem Gebiet eines Staates durchgeführt, in dem gewaltsame Auseinandersetzungen vorherrschen, **85**

---

[214] Dafür *Fassbender* in Isensee/Kirchhof StaatsR-HdB XI § 244 Rn. 126; *Ladiges* NZWehrr 2016, 177 (191); *Scherrer* Parlament 110; aA *Rozek* in MSKB BVerfGG § 76 Rn. 30; *Sauer* in BK-GG GG Art. 24 Rn. 330.
[215] Zur dogmatischen Einordnung des Parlamentsbeschlusses *Paulus* in Weingärtner, Einsatz der Bundeswehr im Ausland, 2007, 94 ff.
[216] *Fassbender* in Isensee/Kirchhof StaatsR-HdB XI § 244 Rn. 124.
[217] So zB im Antrag auf Zustimmung zur Beteiligung an der Operation ATALANTA BT-Drs. 19/27662, 3: „Die Anwendung militärischer Gewalt durch deutsche Einsatzkräfte erfolgt auf der Grundlage des Völkerrechts und wird durch die geltenden Einsatzregeln spezifiziert".
[218] Status of Forces Agreement (SOFA), Status of Mission Agreement (SOMA), Technical Arrangement (TA).
[219] Vgl. *Herdegen* VölkerR § 56 Rn. 5; *Heintschel v. Heinegg* in Ipsen VölkerR § 56 Rn. 7 ff.; *Stein/v. Buttlar/Kotzur* VölkerR § 76 Rn. 1273.

die über innere Spannungen und Tumulte hinausgehen, so stehen sie unter dem Rechtsregime des **nicht-internationalen bewaffneten Konflikts**.

86 Quellen des Rechts des bewaffneten Konflikts bilden insbesondere **völkerrechtliche Verträge** und **völkergewohnheitsrechtliche Regeln**. Das Recht des nicht-internationalen bewaffneten Konflikts ist nur lückenhaft vertragsrechtlich geregelt. Einen humanitären Mindeststandard für Bürgerkriegssituationen gewährleistet der gemeinsame Art. 3 der Genfer Konventionen von 1949, der das Gebot der Menschlichkeit vorgibt.[220] Das Zweite Zusatzprotokoll zu den Genfer Abkommen, das Deutschland ebenso wie die Genfer Abkommen ratifiziert hat,[221] erweitert den Schutz der Opfer nicht-internationaler Konflikte. Soldatinnen und Soldaten der Bundeswehr sind bei einem Einsatz im Rahmen eines nicht-internationalen bewaffneten Konflikts an diese Schutzbestimmungen ebenso gebunden wie an diejenigen Prinzipien des humanitären Völkerrechts, die gewohnheitsrechtlich anerkannt sind.[222] Hierzu zählen das Gebot der Menschlichkeit, nach dem überflüssiges Leiden unter allen Umständen zu vermeiden ist, das Gebot der Unterscheidung zwischen militärischen und zivilen Zielen, der Grundsatz der militärischen Notwendigkeit, der nur zum Erreichen legitimer Kriegsziele erforderliche Gewalt erlaubt, sowie das Exzessverbot, das eine außer Verhältnis zu dem erwarteten militärischen Vorteil stehende Schädigung ziviler Ziele untersagt. Das Recht des bewaffneten Konflikts umfasst aber nicht nur derartige Schutzbestimmungen.[223] Es räumt den Angehörigen der am Konflikt beteiligten staatlichen Streitkräfte auch im nicht-internationalen bewaffneten Konflikt die **Befugnis ein, militärische Schädigungshandlungen** in den vom humanitären Völkerrecht gezogenen Grenzen vorzunehmen,[224] bis hin zur Tötung gegnerischer Kämpfer und von Zivilisten, wenn und solange sie unmittelbar an Kampfhandlungen teilnehmen.[225]

87 Ob Streitkräfte im Rahmen eines bewaffneten Konflikts und damit unter dem Recht des bewaffneten Konflikts handeln, ist nach objektiven Kriterien zu bestimmen. Die Bundesregierung hat allerdings bei der Einstufung von Situationen, in denen die Bundeswehr im Ausland eingesetzt wurde, als bewaffneter Konflikt in der Vergangenheit **regelmäßig Zurückhaltung geübt.** So sprach der Antrag auf Zustimmung des Bundestages zur Beteiligung an Luftschlägen der NATO im früheren Jugoslawien im Jahr 1998[226] von der Abwendung einer humanitären Katastrophe und erwähnte das Vorliegen eines bewaffneten Konflikts nicht. Beim ISAF-Einsatz in Afghanistan gingen andere NATO-Mitgliedstaaten schon erheblich früher als die Bundesregierung davon aus, dass die Voraussetzungen eines nicht-internationalen bewaffneten Konfliktes gegeben waren und damit dessen Rechtsregime galt.[227] Die Bundesregierung schloss sich dieser Einschätzung erst im Februar 2010 an.[228] Und auch nach dieser Neubewertung orientierten sich Bundesregierung und Bundestag bei der Herleitung der Befugnisse der eingesetzten Soldaten nicht am Recht des bewaffneten Konflikts, sondern weiterhin an der durch den Sicherheitsrat der Vereinten Nationen erteilten Ermächtigung.[229]

---

[220] Hierzu *Herdegen* VölkerR § 56 Rn. 24.
[221] BGBl. 1990 II 1637.
[222] Dies gilt ebenso für Einsätze unterhalb der Schwelle des bewaffneten Konflikts, s. *Bundesministerium der Verteidigung*, Zentrale Dienstvorschrift A-2141/1 Ziffer 212.
[223] Diese bilden das „humanitäre" Völkerrecht im engeren Sinn.
[224] *Bothe* in Vitzthum/Proelß VölkerR 8. Abschn. Rn. 66; *Stein/v. Buttlar/Kotzur* VölkerR § 75 Rn. 1249.
[225] *Rixen* in Sachs GG Art. 2 Rn. 172; *Thym* DÖV 2010, 621 (624 f.); *Haager* in Forster/Vugrin/Wessendorff Einsatzarmee 141 (145); wegen Fehlens einer ausdrücklichen Rechtsgrundlage zweifelnd *Eser* FS Wahl, 2011, 665 ff.; *Neubert* Einsatz tödlicher Gewalt 102 f.
[226] BT-Drs. 13/11469.
[227] Zu den hierdurch im multinationalen Zusammenwirken entstandenen Problemen *Katze* in Graf v. Kielmansegg/Krieger/Sohm Multinationalität 151 f.
[228] So Bundesaußenminister Westerwelle im Bundestag am 10.2.2010 BTPlProt. 17/22, 1896 f. Auslöser hierfür waren nicht zuletzt die strafrechtlichen Ermittlungen gegen Soldaten der Bundeswehr nach dem Bombenabwurf bei Kunduz im September 2009; kritisch zu den Folgen des Zögerns der Bundesregierung *Oeter* in Weingärtner, Die Bundeswehr als Armee im Einsatz, 2010, 77 f.
[229] Vgl. BT-Drs. 17/654, 3.

b) Internationale Menschenrechtspakte. Nicht vollständig geklärt ist das Verhältnis **88**
zwischen dem humanitären Völkerrecht und internationalen Menschenrechtsverträgen wie
dem Internationalen Pakt über bürgerliche und politische Rechte von 1966 (IPbpR)[230] auf
der Ebene der Vereinten Nationen und der Europäischen Konvention zum Schutze der
Menschenrechte und Grundfreiheiten (EMRK) aus dem Jahr 1950[231] auf europäischer
Ebene. Die zur Relation beider Rechtsordnungen vertretenen Ansichten reichen von der
völligen Trennung über den Vorrang des humanitären Völkerrechts bis zur heute überwiegend vertretenen **gegenseitigen Ergänzung beider Rechtsgebiete.**[232] Nach dieser
Auffassung entfaltet der Menschenrechtsschutz auch bei einem Einsatz in einem bewaffneten Konflikt Wirkung, doch überlagern ihn spezielle Befugnisse aus dem Recht des
bewaffneten Konflikts.[233]

Allerdings stellt sich zunächst die Frage, ob die genannten Menschenrechtsverträge auf **89**
extraterritoriales Handeln der Vertragsstaaten wie beim Einsatz ihrer Streitkräfte im Ausland
überhaupt anzuwenden sind. Die in den Verträgen aufgeführten Rechte wie das Recht auf
Leben nach Art. 6 IPbpR und Art. 2 EMRK garantieren die Vertragsstaaten allen **ihrer
Hoheitsgewalt unterstehenden Personen.**[234] Hoheitsgewalt in diesem Sinne üben Staaten auf ihrem eigenen Territorium aus, ausnahmsweise aber auch im Ausland, wenn sie –
wie im Fall einer militärischen Besetzung – dort eine tatsächliche Kontrolle innehaben.[235]
Bei ihren Einsätzen zur internationalen Konfliktverhütung und Krisenbewältigung verfügt
die Bundeswehr üblicherweise nicht über Gebietshoheit.[236] Nach der Rechtsprechung des
Europäischen Gerichtshofs für Menschenrechte (EGMR) ist eine Bindung an die EMRK
aber auch bei der Ausübung unmittelbarer physischer Kontrolle über einzelne Personen zu
bejahen, wie dies bei einer Festnahme der Fall ist.[237] Inwieweit die exterritoriale Geltung
der EMRK allein durch militärische Kampfhandlungen ausgelöst werden kann[238] und ob
solches Handeln im Rahmen einer multinationalen Mission der verantwortlichen internationalen Organisation oder dem truppenstellenden Staat zuzurechnen ist, bedarf noch der
Klärung.[239] Die diesbezügliche Spruchpraxis des EGMR erscheint eher auf die Umstände
des Einzelfalles ausgerichtet und lässt generelle Schlussfolgerungen nur beschränkt zu.[240]
Einsätze der Bundeswehr im Ausland dürften künftig jedenfalls vermehrt zum **Gegenstand
von Individualbeschwerdeverfahren vor dem EGMR** werden.

2. Geltung deutschen Rechts

a) Bindung an die Grundrechte. Im Rahmen von Einsätzen zur Konfliktverhütung und **90**
Krisenbewältigung üben Soldatinnen und Soldaten der Bundeswehr physische Gewalt aus,

---

[230] BGBl. 1973 II 1533; für die Bundesrepublik Deutschland in Kraft getreten am 23.3.1976.
[231] Konvention vom 4.11.1950 (BGBl. 1952 II 686) in der Fassung vom 22.10.2010 (BGBl. 2010 II 1198).
[232] *Heintze* in Ipsen VölkerR § 32 Rn. 13 f.; *Schäfer,* Zum Verhältnis Menschenrechte und humanitäres Völkerrecht, 2006, 9 ff.; *Salomon* AVR 2015, 322 ff.; *Erberich,* Auslandseinsätze der Bundeswehr und Europäische Menschenrechtskonvention, 2004, 42 ff.
[233] Hierzu *Thym* DÖV 2010, 621 (625 f.); *Erberich,* Auslandseinsätze der Bundeswehr und Europäische Menschenrechtskonvention, 2004, 54 f.
[234] Vgl. Art. 2 Abs. 1 IPbpR; Art. 1 EMRK.
[235] Hierzu *Herdegen* VölkerR § 57 Rn. 35; *Müller-Franken* in v. Mangoldt/Klein/Starck GG Art. 87a Rn. 11; *Redder* HuV 2018, 261 (266 f.).
[236] AA für die Beteiligung am ISAF-Einsatz in Afghanistan *Wittinger* NZWehrr 2013, 133 (142).
[237] EGMR NJOZ 2011, 231 – Medvedyev et al. v. France; *Grabenwarter/Pabel* EMRK § 17 Rn. 16; *Fassbender* in Isensee/Kirchhof StaatsR-HdB XI § 244 Rn. 142; *Schäfer,* Zum Verhältnis Menschenrechte und humanitäres Völkerrecht, 2006, 29 f.
[238] Ablehnend EGMR NJW 2003, 413 – Bankovic v. Belgium et al.; hierzu *Heintze* in Ipsen VölkerR § 33 Rn. 4.
[239] Für Geltung der EMRK *Johann* in Karpenstein/Mayer EMRK Art. 1 Rn. 30; *Redder* HuV 2018, 261 (269); *v. Arnauld* in Weingärtner, Streitkräfte und Menschenrechte, 2008, 67; zweifelnd *Fassbender* in Isensee/Kirchhof StaatsR-HdB XI § 244 Rn. 143. Das BVerfG bezeichnet die Frage der extraterritorialen Geltung der EMRK-Gewährleistungen als „noch nicht umfassend geklärt", vgl. BVerfGE 154, 152 (221) = NJW 2020, 2235 Rn. 97.
[240] Näher *Redder* HuV 2018, 261 (268).

sie führen Festnahmen und Beschlagnahmen durch, sie durchsuchen Häuser. Hiermit greifen sie in Rechte der betroffenen Personen ein. Diese Eingriffe sind nicht etwa allein der den Einsatz tragenden internationalen Organisation zuzurechnen, sondern erfolgen in **Ausübung deutscher Hoheitsgewalt**. Bei multinationalen Militärmissionen findet eine vollständige Übertragung von Hoheitsrechten iSv Art. 24 Abs. 1 GG nicht statt.[241] Die in den Einsatz entsandten Angehörigen der Streitkräfte verbleiben innerhalb der Befehls- und Kommandogewalt des Bundesministers der Verteidigung, da sie jederzeit zurückgerufen werden können.

91 Nach Art. 1 Abs. 3 GG binden die Grundrechte Gesetzgebung, vollziehende Gewalt und Rechtsprechung. Die Bundeswehr ist Teil der vollziehenden Gewalt. Zwar trifft der Wortlaut des Art. 1 Abs. 3 GG keine Aussage über den räumlichen Geltungsbereich der Norm. Doch betonte das BVerfG bereits frühzeitig, dass deutsche Hoheitsgewalt auch außerhalb des Bundesgebietes an die Grundrechte gebunden ist, **wenn Wirkungen ihrer Betätigung dort eintreten**.[242] Allerdings gehe das Grundgesetz von der Notwendigkeit einer Abgrenzung und Abstimmung mit anderen Staaten und ihren Rechtsordnungen und mit dem Völkerrecht aus.[243] Die Bundesregierung folgerte aus diesen Ausführungen des Gerichts, dass bei Auslandseinsätzen der Bundeswehr Modifizierungen der Bindung der Grundrechte zulässig und Einschränkungen ihrer Wirkkraft hinnehmbar seien.[244] In seinem Urteil v. 19.5.2020 stellte das Gericht jedoch heraus, dass deutsche Staatsorgane auch bei Handeln außerhalb des Bundesgebietes umfassend **an die Grundrechte als unmittelbar geltendes Recht gebunden** sind und sich auch im Ausland befindliche Ausländer auf diesen grundrechtlichen Schutz berufen können..[245] Die aus den einzelnen Grundrechten folgenden Schutzwirkungen könnten sich jedoch im Ausland von denjenigen im Inland unterscheiden, da den dortigen besonderen Umständen und Bedingungen Rechnung zu tragen sei. Dies gelte auch, soweit die Grundrechte auf Konkretisierungen durch den Gesetzgeber angewiesen seien.

92 Für Auslandseinsätze der Bundeswehr bedeutet dies, dass sich die Bindung an die Grundrechte auf ihre Handlungen gegenüber ausländischen Staatsbürgern erstreckt.[246] Die Reichweite der Schutzwirkung im Ausland ist aber durch **Auslegung der jeweiligen Grundrechtsbestimmung** nach deren Wortlaut, Sinn und Zweck und unter Berücksichtigung der Umstände des Einzelfalles zu bestimmen.[247] Unterschiede gegenüber der Gewährleistung im Inland können sich auf den **sachlichen Schutzbereich eines Grundrechts** beziehen.[248] Dies gilt beispielsweise für das Verfahrensgrundrecht des Art. 104 Abs. 3 S. 1 GG, das die richterliche Vorführung eines vorläufig Festgenommenen spätestens am Tag nach der Festnahme vorschreibt. Im Fall der Festnahme von Personen durch deutsche Soldaten im Rahmen eines Auslandseinsatzes ist, soweit diese Frist aufgrund der Umstände

---

[241] *Becker* in Isensee/Kirchhof StaatsR-HdB XI § 240 Rn. 46; *Heintschel v. Heinegg/Frau* in BeckOK GG, 45. Ed. 15.11.2020, GG Art. 24 Rn. 38; *Sauer*, DÖV 2019, 714 (715); *Thym* DÖV 2010, 621 (629); *Neubert* Einsatz tödlicher Gewalt 151 ff.

[242] BVerfGE 6, 290 (295) = NJW 1957, 745; BVerfGE 57, 9 (23) = NJW 1981, 1154.

[243] BVerfGE 100, 313 (362 f.) = NJW 2000, 55.

[244] Vgl. BT-Drs. 19/7730, 64 f.

[245] BVerfGE 154, 152 (215 ff.) = NJW 2020, 2235 Rn. 87 ff.; ebenso BVerfG NVwZ 2021, 398 = BeckRS 2020, 35088 Rn. 32 im Hinblick auf Kompensationsansprüche für Grundrechtsverletzungen bei Auslandseinsätzen der Bundeswehr.

[246] So auch *Müller-Franken* in v. Mangoldt/Klein/Starck GG Art. 87a Rn. 113; *Heun* in Dreier GG Art. 87a Rn. 21; *Werner*, Die Grundrechtsbindung der Bundeswehr bei Auslandseinsätzen, 2006, 149 ff.; *Wiefelspütz* NZWehrr 2008, 89 (98). Kampfhandlungen in einem bewaffneten Konflikt sind nach dem Recht des bewaffneten Konflikts zu beurteilen und nicht an den Grundrechten zu messen, so *Herdegen* in Maunz/Dürig GG Art. 1 Abs. 3 Rn. 95; aA *Fassbender* in Isensee/Kirchhof StaatsR-HdB XI § 244 Rn. 159.

[247] *Zimmermann* ZRP 2012, 116 (117); *v. Arnauld* in Weingärtner, Streitkräfte und Menschenrechte, 2008, 71 f.; *Thym* DÖV 2010, 621 (629 f.); *Krieger* in Schmidt-Bleibtreu/Hofmann/Henneke GG Art. 87a Rn. 36 f.

[248] *Müller-Franken* in v. Mangoldt/Klein/Starck GG Art. 87a Rn. 114; *Nettesheim* in Isensee/Kirchhof StaatsR-HdB IX § 241 Rn. 71.

D. Das Recht im Auslandseinsatz   § 53

nicht eingehalten werden kann, eine „unverzügliche" Vorführung vor einen Richter als grundrechtskonform anzusehen.²⁴⁹

Des Weiteren können die Anforderungen an die Rechtfertigung von Grundrechtsein- **93** griffen in Inland und Ausland verschieden sein.²⁵⁰ Streitig – und vom BVerfG nicht entschieden – ist, inwieweit der **Vorbehalt eines förmlichen Gesetzes** sich auch auf exterritoriales Handeln der Bundeswehr erstreckt.²⁵¹ Angesichts fehlender einfachgesetzlicher Grundlage diskutiert das Schrifttum verschiedene Möglichkeiten der Legitimation grundrechtsrelevanter Handlungen der Streitkräfte im Ausland. Als rechtliche Basis angeführt werden allgemeine Regeln des Völkerrechts iVm Art. 25 GG sowie Zustimmungsgesetze zu völkerrechtlichen Verträgen wie den Abkommen des humanitären Völkerrechts.²⁵² Andere Stimmen berufen sich auf den Einsatz mandatierende Resolutionen des Sicherheitsrates der Vereinten Nationen oder sehen in Art. 87a GG mit der Auftragserteilung an die Bundeswehr oder Art. 24 Abs. 2 GG mit dem Recht auf Einordnung in ein kollektives Sicherheitssystem verfassungsunmittelbare Ermächtigungen für Eingriffe in grundrechtsgeschützte Positionen.²⁵³ Am ehesten einer gesetzlichen Ermächtigung nahe kommt das den Einsatz stützende Mandat des Bundestages.²⁵⁴ Doch wird auch dessen Eignung als den Anforderungen eines Gesetzesvorbehaltes genügende Grundlage für Grundrechtseingriffe bestritten.²⁵⁵ Gesetzgeber und Bundesregierung haben gleichwohl verschiedentlich erhobene Forderungen nach Schaffung eines **Auslandseinsatzgesetzes für die Bundeswehr**²⁵⁶ bislang nicht aufgegriffen.

b) Das Trennungsgebot. Das Grundgesetz unterscheidet bei der Zuweisung von Kom- **94** petenzen zwischen der Gewährleistung innerer und äußerer Sicherheit, zwischen polizeilichen und militärischen Aufgaben. Polizeiliche Aufgaben darf die Bundeswehr im Inland nur in den in der Verfassung aufgeführten Notstandsfällen wahrnehmen. Dies gilt **im Ausland nicht.** Eine Beschränkung auf spezifisch militärische Aufgaben bei der Einordnung in ein kollektives Sicherheitssystem und bei der Teilnahme an Einsätzen eines solchen Systems kann Art. 24 Abs. 2 GG nicht entnommen werden.²⁵⁷ Demgemäß überträgt das für einen Auslandseinsatz erteilte Mandat des Bundestages der Bundeswehr nicht selten

---

²⁴⁹ So VG Köln JZ 2012, 366 (368) zur Festnahme eines Piraterieverdächtigen; *Walter/v. Ungern-Sternberg* DÖV 2012, 861; *Schütz* in Weingärtner/Krieger, Streitkräfte und nichtstaatliche Akteure, 2013, 95; aA *Epping* in BeckOK GG, 45. Ed. 15.11.2020, GG Art. 87a Rn. 37; *Beck,* Auslandseinsätze deutscher Streitkräfte – Materiell-rechtliche Bindungen aus Völkerrecht und Grundgesetz, insbesondere zum Schutz des Lebens, 2008, 286.
²⁵⁰ Vgl. BVerfG NVwZ 2021, 398 = BeckRS 2020, 35088 Rn. 31.
²⁵¹ Gegen strikten Gesetzesvorbehalt bei Auslandseinsätzen der Bundeswehr *Heun* in Dreier GG Art. 87a Rn. 21; zum Diskussionsstand insgesamt *Link,* Grundrechtsbindung der Bundeswehr im Ausland – Zur Notwendigkeit einer gesetzlichen Grundlage, 2020, 63 ff.
²⁵² *Heun* in Dreier GG Art. 87a Rn. 21; *Fassbender* in Isensee/Kirchhof StaatsR-HdB XI § 244 Rn. 155; Übersicht bei *Wiefelspütz* NZWehrr 2008, 89 ff.; dagegen *Epping* in BeckOK GG, 45. Ed. 15.11.2020, GG Art. 87a Rn. 36.1; *Link,* Grundrechtsbindung der Bundeswehr im Ausland – Zur Notwendigkeit einer gesetzlichen Grundlage, 2020, 84 f.
²⁵³ *Kokott/Hummel* in Sachs GG Art. 87a Rn. 52; *Hillgruber* in Umbach/Clemens GG Art. 87a Rn. 10; *Gramm* Die Verwaltung 41 (2008), 375 (378). Auch die Bundesregierung beruft sich auf verfassungsunmittelbare Befugnisse der Streitkräfte aus Art. 87a GG und Art. 24 Abs. 2 GG als Rechtsgrundlage für Grundrechtseingriffe, vgl. BT-Drs. 19/26114, 2;dagegen *Zimmermann* ZRP 2012, 116 (118); *Eser* FS Wahl, 2011, 673 f.; *Sauer* DÖV 2019, 714 (719); *Neubert* Einsatz tödlicher Gewalt 281 f.
²⁵⁴ *Fassbender* in Isensee/Kirchhof StaatsR-HdB XI § 244 Rn. 168; *Müller-Franken* in v. Mangoldt/Klein/Starck GG Art. 87a Rn. 117.
²⁵⁵ *Sauer* DÖV 2019, 714 (718); *Epping* in BeckOK GG, 45. Ed. 15.11.2020, GG Art. 87a Rn. 37.1; *Neubert* Einsatz tödlicher Gewalt 312 f.
²⁵⁶ *Krieger* in Schmidt-Bleibtreu/Hofmann/Henneke GG Art. 87a Rn. 39; *Epping* in BeckOK GG, 45. Ed. 15.11.2020, GG Art. 87a Rn. 37.4; *Zimmermann* ZRP 2012, 116 (119); *Sauer* DÖV 2019, 714 (719 f.) sieht eine gesetzliche Befugnisregelung als Voraussetzung für eine Absenkung des grundrechtlichen Schutzstandards im Auslandseinsatz an.
²⁵⁷ *Sauer* in BK-GG GG Art. 24 Rn. 324; *Wiefelspütz* Parlamentsheer 242 f.; *Link,* Grundrechtsbindung der Bundeswehr im Ausland – Zur Notwendigkeit einer gesetzlichen Grundlage, 2020, 133 f.; *Haager* in Forster/Vugrin/Wessendorff Einsatzarmee 147; aA *Fischer-Lescano/Tohidipur* NJW 2009, 1243 (1246).

polizeiliche Gefahrenabwehraufgaben und **Befugnisse zur Vorbereitung und Unterstützung der Strafverfolgung.** So umfasst das Mandat für die Beteiligung an der internationalen Sicherheitspräsenz in Kosovo ausdrücklich die Aufgabe, einen Beitrag zur Sicherstellung der öffentlichen Sicherheit und Ordnung im Einsatzgebiet zu leisten.[258] Der Auftrag der Operation ATALANTA zur Bekämpfung von Piraterie ruft ebenso wie derjenige der EUNAVFOR MED SOPHIA, die auf die Unterbindung von Menschenschmuggel im Mittelmeer abzielte, zur Ingewahrsamnahme oder zumindest zur Erhebung personenbezogener Daten mutmaßlicher Straftäter auf und dient damit auch Zwecken der Strafverfolgung.[259] Deutsche Streitkräfte sind durch das Grundgesetz nicht gehindert, derartige Aufträge im Auslandseinsatz auszuführen.

95   c) **Sonstiges deutsches Recht.** Bei der Beantwortung der Frage, ob deutsches Recht im Rahmen eines Bundeswehreinsatzes zur Konfliktverhütung und Krisenbewältigung im Ausland Anwendung findet, ist zu unterscheiden. In der Regel gelten deutsche Gesetze lediglich im Geltungsbereich des Grundgesetzes. Eine **Erstreckung ihrer Wirkung auf Auslandssachverhalte** kann auf einer ausdrücklichen Bestimmung[260] oder auf Sinn und Zweck der Regelung beruhen. Letzteres trifft auf soldatenrechtliche Vorschriften zu, die als bundeswehrspezifische Regelungen die Souveränität des Aufenthaltsstaates nicht tangieren. Durch eine Verwendung außerhalb Deutschlands ändert sich der Status des Soldaten nicht. Seine im **Soldatengesetz** verankerten Rechte und Pflichten bestehen im Auslandseinsatz fort. Beschwerderechte nach der Wehrbeschwerdeordnung (WBO) bleiben ebenso wie die disziplinare Ahndung von Pflichtverletzungen nach der Wehrdisziplinarordnung (WDO) erhalten. Auf den Auslandseinsatz der Soldatinnen und Soldaten ausgerichtete **Sonderbestimmungen** finden sich im Besoldungsrecht, etwa bei Zuschlägen zum Gehalt, im Versorgungsrecht mit der Einsatzversorgung oder im Beteiligungsrecht im Hinblick auf die Wahl von Vertrauenspersonen.

96   Hiervon abgesehen kommt deutschem Verwaltungsrecht im Auslandseinsatz keine unmittelbare Geltung zu. Gesetzliche Bestimmungen des deutschen Rechts, die Soldatinnen und Soldaten im Inland zur Ausübung hoheitlichen Zwangs ermächtigen,[261] würden im Ausland mit dem Souveränitätsrecht des Aufenthaltsstaates kollidieren. Auch der Geltungsbereich von Normen des deutschen Umweltschutzrechtes und des Arbeitsschutzrechtes erstreckt sich nicht auf das Einsatzgebiet.[262] Solche Vorschriften können jedoch **für dienstlich anwendbar erklärt** werden. So ist der Umweltschutz in Auslandseinsätzen der Streitkräfte Gegenstand ministerieller Dienstvorschriften und Einzelweisungen. Ähnlich wird im Arbeitsschutz verfahren. Auch hier sorgen interne Dienstvorschriften für die Einhaltung des dem Dienstherrn schon aufgrund seiner Fürsorgepflicht obliegenden Schutzes seines Personals.

97   Das **deutsche Strafrecht** gilt nach § 1a Abs. 2 des Wehrstrafgesetzes (WStG) für Straftaten, die ein Soldat während eines dienstlichen Aufenthaltes im Ausland begeht. Auch im Rahmen von Friedensmissionen kann es zu einer Anwendung militärischer Gewalt kommen, die den Tatbestand von Strafnormen erfüllt. Mandatsgemäßes und völkerrechtskonformes Verhalten ist aber strafrechtlich gerechtfertigt.[263] Deutschen Strafverfolgungsbehörden wird in Fällen, in denen Anhaltspunkte für ein strafbares Verhalten von Soldatinnen oder Soldaten der Bundeswehr im Auslandseinsatz vorliegen, die gebotene Aufklärung des Sachverhalts allerdings dadurch erschwert, dass sie aus völkerrechtlichen Gründen und mangels Geltung der Strafprozessordnung nicht befugt sind, Ermittlungshandlungen vor

---

[258] Vgl. BT-Drs. 19/29625, 1.
[259] BT-Drs. 19/27662, 2; BT-Drs. 19/12491, 2.
[260] Vgl. § 14 ¹ADG.
[261] Wie das Gesetz über die Anwendung unmittelbaren Zwanges und die Ausübung besonderer Befugnisse durch Soldaten der Bundeswehr und verbündeter Streitkräfte sowie zivile Wachpersonen v. 12.8.1965 (BGBl. 1965 I 796).
[262] *Vogt* in Weingärtner, Einsatz der Bundeswehr im Ausland, 2007, 128 f.
[263] *Frister/Korte/Kreß* JZ 2010, 10 (17).

D. Das Recht im Auslandseinsatz   § 53

Ort vorzunehmen.²⁶⁴ Für die Aufklärung des Verdachts einer Straftat nach dem Völkerstrafgesetzbuch (VStGB) oder dem Strafgesetzbuch (StGB) sind sie auf die Verwertung von Erkenntnissen anderer Stellen, insbesondere der Bundeswehr selbst, angewiesen, da Rechtshilfe durch Behörden des Einsatzstaates zumeist nicht erreichbar ist.

II. Die Umsetzung des Rechtsrahmens

Die Klärung der für einen multinationalen Streitkräfteeinsatz zur Konfliktverhütung und 98
Krisenbewältigung maßgeblichen rechtlichen Bestimmungen reicht allein nicht aus, um den Beteiligten Handlungssicherheit zu verschaffen. Zum einen erfordern derartige Missionen eine rechtliche Abstimmung unter den teilnehmenden Nationen. Zum anderen müssen den eingesetzten Soldatinnen und Soldaten Vorgaben für ihr Verhalten in konkreten Situationen an die Hand gegeben werden. Vor Beginn eines Einsatzes werden daher ein Operationsplan und Einsatzregeln ausgearbeitet.

1. Der Operationsplan

Ermächtigt das Recht des bewaffneten Konflikts Angehörige der Streitkräfte zur Bekämp- 99
fung militärischer Ziele unter Beachtung des humanitären Völkerrechts oder autorisiert der Sicherheitsrat der Vereinten Nationen bei Friedensoperationen „alle zur Erfüllung des Mandats erforderlichen Maßnahmen", so muss dieser abstrakt gefasste Handlungsrahmen für den jeweiligen Einsatz angepasst werden. Zu diesem Zweck entwirft und beschließt die für die Mission **verantwortliche internationale Organisation ein Konzept,** auf welchen Wegen und mit welchen Mitteln der erteilte Auftrag unter den gegebenen politischen, militärischen und rechtlichen Rahmenbedingungen erfüllt werden soll.²⁶⁵ In der NATO existiert dafür ein formalisiertes Verfahren, das das Zusammenwirken von NATO-Kommandostruktur und Mitgliedstaaten bei der Ausarbeitung des Operationsplans festlegt.²⁶⁶

Der Operationsplan bedarf des **Einverständnisses aller truppenstellenden Staaten.** 100
Ein Konsens unter den beteiligten Nationen lässt sich mitunter nicht leicht erzielen. So kann es zu unterschiedlichen Auffassungen über die Auslegung der völkerrechtlichen Ermächtigung oder zu divergierenden rechtlichen Einschätzungen kommen, zum Beispiel darüber, ob der Einsatz im Rahmen eines bewaffneten Konfliktes erfolgt. Die teilnehmenden Nationen können auch durch ihr nationales Recht oder durch einschränkende Beschlüsse ihrer Parlamente an bestimmte Vorgaben oder Restriktionen gebunden sein. Im Ergebnis schöpft die Konkretisierung des Mandats im Operationsplan daher oft den völkerrechtlich zulässigen Handlungsspielraum nicht aus.²⁶⁷

Um ein Einvernehmen der truppenstellenden Staaten über den Operationsplan zu er- 101
möglichen, kann die **Einhaltung nationaler Vorgaben durch Vorbehalte** *(caveats)* sichergestellt werden. Diese eröffnen Staaten die Möglichkeit, an einer multinationalen Operation teilzunehmen, ohne selbst alle Teilaspekte des Auftrags mit eigenen Kräften umsetzen zu müssen.²⁶⁸ So beschränkte ein deutscher Vorbehalt das Einsatzgebiet der Bundeswehr bei der Beteiligung am ISAF-Einsatz der NATO zeitweise auf die Nordregion Afghanistans und die Region Kabul²⁶⁹, während der NATO-Operationsplan das gesamte Staatsgebiet als Einsatzraum vorsah.

---

²⁶⁴ S. hierzu *Korte* in Lingens/Korte, Wehrstrafgesetz, 5. Aufl., 2012, § 1a Rn. 11.
²⁶⁵ S. *Haager* in Forster/Vugrin/Wessendorf Einsatzarmee 149 f.
²⁶⁶ Näher hierzu *Katze* in Graf v. Kielmansegg/Krieger/Sohm Multinationalität 146 f.
²⁶⁷ *Spies* in Weingärtner, Einsatz der Bundeswehr im Ausland, 2007, 118 führt als Beispiel den SFOR-Einsatz in Bosnien-Herzegowina an, dessen Operationsplan anders als die Resolution des VN-Sicherheitsrates die Fahndung nach mutmaßlichen Kriegsverbrechern nicht umfasste.
²⁶⁸ *Katze* in Graf v. Kielmansegg/Krieger/Sohm Multinationalität 148; *Fassbender* in Isensee/Kirchhof StaatsR-HdB XI § 244 Rn. 171.
²⁶⁹ BT-Drs. 18/436, 3.

2. Die Einsatzregeln

102 Operationsplänen der NATO sind als Anhang Einsatzregeln *(rules of engagement)* beigefügt, die für den jeweiligen Einsatz zusammengestellt und lageangepasst freigegeben werden.[270] Bei den Einsatzregeln handelt es sich um Weisungen, die die Umstände, die Bedingungen, den Umfang und die Art und Weise definieren, **wann und wie militärische Gewalt und sonstige Zwangsmaßnahmen angewendet werden dürfen.**[271] Für das Kontingent der Bundeswehr setzt die *rules of engagement* – gegebenenfalls mit nationalen Modifikationen – ein Umsetzungsbefehl des Bundesministers der Verteidigung in Kraft.[272] Die Vereinten Nationen und die EU verfahren bei Missionen unter ihrer Führung ähnlich wie die NATO. Regeln für einen Einsatz im Ausland können aber auch auf nationaler Ebene konzipiert und angeordnet werden.

103 Einsatzregeln sind keine eigenständigen Rechtsgrundlagen, sondern spiegeln bestehendes Recht unter Berücksichtigung politischer Zielvorstellungen und militärischer Gegebenheiten wider. Sie stellen reines Binnenrecht dar, das **keine Außenwirkung gegenüber Dritten** entfaltet.[273] Den am Einsatz teilnehmenden Soldatinnen und Soldaten verschaffen die dem militärischem Sprachgebrauch angepassten Regeln ein **erhöhtes Maß an Rechts- und Handlungssicherheit.**[274] Verstöße gegen die Einsatzregeln sind als solche lediglich disziplinar, nicht aber strafrechtlich sanktionsbewehrt.

104 Aus Sicherheitsgründen werden die Einsatzregeln geheim gehalten, um gegnerischen Kräften vorgesehene Operationsweisen und taktische Einzelheiten nicht preiszugeben.[275] Zu ihrem Inhalt lässt sich allgemein feststellen, dass sie vornehmlich **Ausprägungen des Grundsatzes der Verhältnismäßigkeit** enthalten. Politische und militärtaktische Überlegungen führen dazu, dass in Einsätzen zur Konfliktverhütung und Krisenbewältigung Gewalt nur insoweit ausgeübt werden soll, wie sie zum Erreichen des Operationsziels zwingend erforderlich ist. Auch die Einsatzregeln nutzen daher regelmäßig das Spektrum völkerrechtlich zulässiger Maßnahmen nicht aus.[276] So enthielten die Regeln für die ISAF-Mission in Afghanistan die Vorgabe, den Schutz der Bevölkerung zu priorisieren und auch im bewaffneten Konflikt völkerrechtlich hinnehmbare zivile Kollateralschäden bei der Bekämpfung militärischer Ziele auszuschließen, soweit nicht eine unmittelbare Gefahr für die eigene Truppe bestand.[277]

3. Die Taschenkarte

105 Soldatinnen und Soldaten der Bundeswehr werden im Auslandseinsatz mit einer Taschenkarte ausgestattet, die die wichtigsten Regeln für die Anwendung militärischer Gewalt enthält. Die Taschenkarten geben in leicht verständlicher Ausdrucksweise völkerrechtliche Vorgaben, multinationale Einsatzregeln und maßgebliches deutsches Recht, etwa hinsichtlich der Ausübung des Selbstverteidigungsrechtes, kurz zusammengefasst wieder.[278] Soweit die Taschenkarte Anweisungen zu einem bestimmten Verhalten erteilt, das keine Einschätzung und Bewertung der konkreten Lage voraussetzt, kommt ihrem Inhalt **Befehlscharakter für den Soldaten** zu.[279]

---

[270] *Haager* in Forster/Vugrin/Wessendorff Einsatzarmee 151; *Dreist* NZWehrr 2007, 44 (106).
[271] Zur international nicht einheitlichen Definition *Dreist* NZWehrr 2007, 99 (109 ff.).
[272] *Weber* HuV-I 2001, 76 (78).
[273] Vgl. *Frister/Korte/Kreß* JZ 2010, 10 (16).
[274] *Weber* HuV-I 2001, 76 (77).
[275] *Dreist* NZWehrr 2007, 45 (48); *Spies* in Weingärtner, Einsatz der Bundeswehr im Ausland, 2007, 115.
[276] *Heintschel v. Heinegg* in Ipsen VölkerR § 60 Rn. 32; *Weber* HuV-I 2001, 76 (78).
[277] *Haager* in Forster/Vugrin/Wessendorff Einsatzarmee 151 f.
[278] *Spies* in Weingärtner, Einsatz der Bundeswehr im Ausland, 2007, 126; *Haager* in Forster/Vugrin/Wessendorff Einsatzarmee 152.
[279] *Dreist* NZWehrr 2007, 99 (115).

E. Fazit und Perspektiven

Auch wenn der Wortlaut des Grundgesetzes bewaffnete Einsätze der Streitkräfte im Ausland nicht erwähnt, ist die Beteiligung der Bundeswehr an multinationalen Missionen zur Konfliktverhütung und Krisenbewältigung durch die verfassungsgerichtliche Rechtsprechung abgesichert und unbestrittene Staatspraxis. Dies gilt jedenfalls für Militäroperationen, die von den zuständigen Gremien der Vereinten Nationen, der NATO und der EU beschlossen werden und unter ihrer Führung stehen. Bei den genannten internationalen Organisationen handelt es sich um Systeme gegenseitiger kollektiver Sicherheit zur Wahrung des Friedens, denen sich die Bundesrepublik Deutschland iSv Art. 24 Abs. 2 GG eingeordnet hat. Die **Fixierung auf Art. 24 Abs. 2 GG als Basis für Auslandseinsätze** der Bundeswehr führt aber zu einer Abhängigkeit von Beschlüssen internationaler Organisationen und damit zu einer Einengung der sicherheitspolitischen Handlungsoptionen Deutschlands. Im Unterschied zur Rechtslage in anderen Staaten ist nicht allein die Völkerrechtskonformität maßgebliches Kriterium für militärische Aktionen der Bundeswehr im Ausland. 106

Die Beteiligung der Bundeswehr an Einsätzen von Ad-hoc-Koalitionen, der die Bundesregierung laut Weißbuch 2016 angesichts der gestiegenen sicherheitspolitischen Verantwortung Deutschlands wachsende Bedeutung beimisst,[280] kann nicht auf Art. 24 Abs. 2 GG als Verfassungsgrundlage gestützt werden. Damit rückt die **Verteidigung gem. Art. 87a GG als mögliche Verfassungsgrundlage** für Bundeswehreinsätze zur Konfliktverhütung und Krisenbewältigung ins Blickfeld. Ein erheblicher Teil der Literatur interpretiert den Verteidigungsbegriff des Grundgesetzes im Sinne des völkerrechtlichen Selbstverteidigungsrechts und bezieht damit die Nothilfe auch für einen nicht verbündeten Staat, der einem bewaffneten Angriff ausgesetzt ist, ein. Ob das BVerfG eine so extensive Auslegung des Art. 87a GG akzeptieren würde, steht offen. In verfassungsgerichtlichen Organstreitverfahren werden Streitkräfteeinsätze lediglich im Hinblick auf die Verletzung parlamentarischer Beteiligungsrechte und nicht auf ihre materielle Vereinbarkeit mit dem Grundgesetz oder auf ihre Völkerrechtskonformität hin überprüft. Gesetzentwürfe, die diese **rechtliche Kontrolllücke** durch Einfügung einer neuen Verfahrensart in das Grundgesetz oder das Bundesverfassungsgerichtsgesetz schließen wollten,[281] hat der Bundestag bislang abgelehnt. 107

Ohne Erfolg blieben bisher auch Forderungen nach einer **einfachgesetzlichen Kodifizierung des Rechts des Auslandseinsatzes** der Bundeswehr.[282] Zahlreiche Stimmen im Schrifttum halten ein Auslandseinsatzgesetz für die Bundeswehr unter dem Aspekt der Grundrechtsgeltung und der Notwendigkeit einer gesetzlichen Grundlage für Eingriffe in bestimmte Grundrechte für erforderlich.[283] Vorbilder für eine gesetzliche Regelung finden sich beispielsweise in Polen, Finnland und Österreich.[284] In Österreich beschloss der Gesetzgeber im Jahr 2001 das Bundesgesetz über die Entsendung von Soldaten zu Hilfeleistungen in das Ausland,[285] das im Jahr 2011 novelliert und mit einer ausdrücklichen Rechtsgrundlage für die Befugnisausübung durch Soldaten im Auslandseinsatz versehen wurde. § 6a dieses Gesetzes führt die Befugnisse auf, die zur Wahrnehmung von Aufgaben im Auslandseinsatz in Betracht kommen, von der Verarbeitung personenbezogener Daten über die vorläufige Festnahme von Personen bis hin zur Beendigung von Angriffen gegen zu schützende Rechtsgüter. Von welcher Ermächtigung in einem konkreten Einsatz Gebrauch gemacht werden darf, bestimmt allerdings erst eine Rechtsverordnung, die die 108

---

[280] Vgl. *Bundesministerium der Verteidigung,* Weißbuch 2016 zur Sicherheitspolitik und zur Zukunft der Bundeswehr, 108 f.
[281] BT-Drs. 18/8277; 19/14025; 19/22726.
[282] *Streinz* in Sachs GG Art. 24 Rn. 54b.
[283] So *Krieger* in Schmidt-Bleibtreu/Hofmann/Henneke GG Art. 87a Rn. 39; *Kokott/Hummel* in Sachs GG Art. 87a Rn. 52; *Sauer,* DÖV 2019, 714 (720); *Zimmermann* ZRP 2012, 116 (119).
[284] Vgl. *Neubert* Einsatz tödlicher Waffengewalt 329; *Link,* Grundrechtsbindung der Bundeswehr im Ausland – Zur Notwendigkeit einer gesetzlichen Grundlage, 2020, 162 f.
[285] BGBl. I Nr. 55/2001.

jeweils zugrunde liegenden völkerrechtlichen Regelungen und die militärischen Interessen berücksichtigt. Für jeden einzelnen Einsatz erlässt die österreichische Bundesregierung im Einvernehmen mit dem Hauptausschuss des Nationalrates eine solche Verordnung.[286] Aus grundrechtsdogmatischer Sicht wäre eine gesetzliche Regelung auch für Einsätze deutscher Streitkräfte im Ausland zu begrüßen. Doch belegt das österreichische Beispiel, welche Schwierigkeiten es bereitet, auf gesetzlicher Ebene den äußerst diversen Rahmenbedingungen militärischer Missionen im Ausland und den unterschiedlichen völker- und verfassungsrechtlichen Vorgaben Rechnung zu tragen. Mit einer **Generalklausel** wäre der Zweck des Gesetzesvorbehaltes, konkrete Anforderungen an Grundrechtseingriffe zu normieren, nicht erreicht.[287] Ein Auslandseinsatzgesetz liefe Gefahr, als Generalermächtigung sinnlos oder für den Einsatz unpraktikabel zu sein.[288]

109   Die **strafrechtliche Rechtfertigung** der Ausübung von Gewalt im Rahmen von Auslandseinsätzen der Bundeswehr bedarf keiner gesetzlichen Regelung, wie sie das französische Recht kennt.[289] Über Notwehr und Nothilfe hinaus sind Rechtfertigungsgründe für Handlungen deutscher Soldaten, die strafrechtliche Tatbestände erfüllen, dem Völkerrecht zu entnehmen. Im bewaffneten Konflikt sind Schädigungshandlungen durch Kombattanten, die die Regeln des Rechts des bewaffneten Konflikts beachten, nicht rechtswidrig. Bei Einsätzen in Krisen unterhalb der Schwelle des bewaffneten Konflikts rechtfertigt die zugrunde liegende Resolution des Sicherheitsrates der Vereinten Nationen nicht nur das staatliche Vorgehen, sondern auch ein Handeln von Soldaten, das sich innerhalb dieser Ermächtigung hält.[290] Die sich aus dem Völkerrecht ergebenden Befugnisse sind durch Art. 25 S. 1 GG und durch das Zustimmungsgesetz zum Beitritt zu den Vereinten Nationen in innerstaatliches Recht überführt und damit für das deutsche Strafrecht relevant.

110   Der **parlamentarische Zustimmungsvorbehalt** für bewaffnete Bundeswehreinsätze ist unbestritten. Doch gewinnt angesichts immer häufigerer rüstungspolitischer Kooperationen und integrierter Verbände die Frage an Bedeutung, wie fortschreitende Bündnisintegration und Parlamentsbeteiligung miteinander in Einklang gebracht werden können. Verzichten Bündnispartner auf die eigene Entwicklung bestimmter militärischer Fähigkeiten, wollen sie sich darauf verlassen können, dass ihnen die gemeinsamen Kapazitäten im Bedarfsfall verlässlich zur Verfügung stehen. Die vom Bundestag in der 18. Wahlperiode mit dieser Problematik befasste Kommission konnte hierzu auf der Ebene des Parlamentsbeteiligungsgesetzes keine überzeugenden Vorschläge entwickeln.[291] Eine Lösung des Problems, die in Richtung vorgezogener, abgestufter Entscheidungen des Bundestages gehen könnte,[292] dürfte sich nur im Wege einer Verfassungsänderung erreichen lassen.[293]

111   Eine **Verankerung im Text des Grundgesetzes** wäre nicht nur für den wehrverfassungsrechtlichen Parlamentsvorbehalt, sondern auch im Hinblick auf die verfassungsrechtliche Grundlage von Auslandseinsätzen als neben der Verteidigung zweitem Hauptauftrag der Streitkräfte angezeigt. Optionen exterritorialer Ausübung militärischer Macht sollten angesichts ihrer politischen Relevanz nicht der Verfassungsauslegung und der Staatspraxis überlassen bleiben. Zwar könnten sich die mitunter recht kreativen Interpretationen von Beschlüssen des Sicherheitsrates der Vereinten Nationen seitens der Bundesregierung durch eine erweiternde Auslegung des Verteidigungsbegriffs mit einem Rückgriff auf Art. 87a Abs. 1 S. 1, Abs. 2 GG als Rechtsgrundlage für Bundeswehreinsätze außerhalb von kollektiven Sicherheitssystemen teilweise erübrigen. Schon dadurch eröffneten sich

---

[286] Näher *Satzinger* Österreichische Militärische Zeitschrift 2013, 510 (514 f.).
[287] *Fassbender* in Isensee/Kirchhof StaatsR-HdB XI § 244 Rn. 166.
[288] So *Heun* in Dreier GG Art. 87a Rn. 21.
[289] Art. L4123-12 Code de la défense.
[290] So *Frister/Korte/Kreß* JZ 2010, 10 (12 f.).
[291] Vgl. den Bericht der Kommission BT-Drs. 18/5000.
[292] S. *Arndt* in Graf v. Kielmansegg/Krieger/Sohm Multinationalität 105 (117 f.). Andeutungen enthält bereits BVerfGE 90, 286 (389) = NJW 1994, 2207.
[293] Vgl. aber die Überlegungen von *Gutmann*, Fortschreitende Militärkooperationen, 2020, 251 ff., zur Zulässigkeit von Vorratsbeschlüssen des Bundestages.

E. Fazit und Perspektiven

neue militärische Handlungsspielräume, die allerdings von der Einbindung der Bundeswehr in kollektive Sicherheitsstrukturen als Kennzeichen deutscher Sicherheitspolitik und der Wehrverfassung des Grundgesetzes abweichen würden. Grundlegende außen- und sicherheitspolitische Neuorientierungen dürfen jedoch nicht schleichend und unter Ausnutzen zweifelhafter rechtlicher Auslegungsspielräume erfolgen. Es ist auch nicht Aufgabe des BVerfG, Lösungen für erweiterte Einsatzmöglichkeiten der Streitkräfte im Ausland zu finden.[294] Schon aus Gründen der Verfassungsehrlichkeit[295] ist eine Ergänzung des Grundgesetzes notwendig, wenn die Bundesrepublik Deutschland beabsichtigt, in verstärktem Ausmaß internationale Verantwortung zu übernehmen und weltweit zur Konfliktverhütung und Krisenbewältigung beizutragen. Dies erfordert aber nicht nur eine verfassungsrechtliche Debatte, sondern vorrangig die Klärung der Frage, wie diese gesteigerte Verantwortung gestaltet sein soll und welche Rolle dabei der Bundeswehr zukommen soll.

---

[294] Vgl. *Schmidt-Radefeldt* in Graf v. Kielmansegg/Krieger/Sohm Multinationalität 83 (102); *Aust* in v. Münch/Kunig GG Art. 87a Rn. 86.
[295] *Gramm* NZWehrr 2005, 133 (145).

Sachverzeichnis

Die fett gedruckten Zahlen bezeichnen die Paragrafen,
die mager gedruckten Zahlen die Randnummern.

3D-Drucker 49 63

A World Adrift 1 28
Abbildungen 37 7
ABC-Waffen 49 88
Aberkennung des Ruhegehalts 46 160
Abfangen von Daten 34 63 ff.
– Abstrahlung, elektromagnetische **34** 67
– Anwendung technischer Mittel **34** 69
– Datenübermittlungen **34** 66
– Konkurrenzen **34** 71
– Strafantrag **34** 72
– subjektiver Tatbestand **34** 70
– Subsidiarität **34** 71
– Tathandlung **34** 68 f.
– Tatobjekt **34** 64 ff.
Abgeordnete 4 61 f.
– Beobachtung **4** 63
– Immunität **4** 62
– Indemnität **4** 65
– Mandatsmissbrauch **4** 64
– Mitarbeiter **4** 66
– Verhältnismäßigkeit **4** 63
Ablaufabstimmung 43 66 ff.
Abschiebeanordnung/-haft 41 72 ff.
Abschirmlage 18 41
Abschottungsgebot 12 21
Abschuss von Luftfahrzeugen 3 22
– *s. a. Renegade-Fall*
Abstimmung 40 30
Abstimmungsgeheimnis 33 72
Abstimmungsvorgang 33 73
Abstrahlung, elektromagnetische 34 67
ad hoc-Legende 27 58
Advanced Persistent Threats 1 59
AfD 18 76
Agent 27 10
– Landesverrat **33** 43, 45
agent provocateur 27 13; **28** 21
– verdeckter Ermittler **27** 186 ff.
Aggression 33 48
Akkreditierungsverfahren 43 101
Akteneinsicht
– Aufklärung durch Strafverfahren **17** 80
– Begründung von Eingriffsmaßnahmen **4** 129 ff.
– Beschränkung **4** 123
– Beweiserhebungen **4** 132
– Bundesverfassungsgericht **4** 126
– Gerichtsakten **4** 128

– Informantenschutz **4** 143
– Informationsfreiheitsgesetze **11** 16
– Konfrontationsrecht **4** 147
– rechtliches Gehör **4** 123 ff.
– Sammlung des Prozessstoffs **4** 133; *s. a. dort*
– Staatssicherheit **4** 131
– Strafverfahren **4** 127
– Verfahrensakten **4** 123
– Verwaltungsgerichtsverfahren **4** 125
– Zivilrecht **4** 124
Aktunwertlehre 33 12
akustische Überwachung außerhalb von Wohnungen 26 128 ff.
– Begleitmaßnahmen **26** 139
– Beweiserhebungsverbot **26** 142
– Kernbereichsschutz **26** 142
– präventive ~ **26** 132 ff.
– Rechtsschutz **26** 143 ff.
– repressive ~ **26** 136 ff.
– Richtervorbehalt **26** 141
– Richtmikrofone **26** 131
– technische Mittel **26** 131
– Wanzen **26** 131
akustische Wohnraumüberwachung 24 83
– Smart Home-Datenerhebung **25** 46, 56
– *s. a. Großer Lauschangriff*
akustischtechnische Mittel 24 2
algorithmenbasierte Anwendungen 15 31
all-crimes-Ansatz 38 49
Allgemeine Waffengesetz-Verordnung 49 23
all-source-Ansatz 19 10
Alltagsgeschäfte 38 46
Al-Qaida 38 9
Al-Shabab 38 9
Amtshilfe
– Gefahren von besonderer Bedeutung **3** 15
– innerer Notstand **3** 66
– Luftsicherheitsrecht **50** 62 ff.
– regionale Katastrophe **3** 24
– Schutz kritischer Infrastrukturen **14** 67
– überregionale Katastrophe **3** 30
– Verteidigungsfall **3** 111
Anfangsverdachtsprüfung 42 60
Anfechtungsklage
– Sperrerklärung **27** 180
– Vereinsverbot **47** 60
Angemessenheit der Datenverarbeitung 20 70 ff.
Angemessenheitsbeschluss 29 35, 37, 123

Sachverzeichnis

fette Zahlen = §§

Angriff 3 75
Angriffe auf den Luft-/Seeverkehr 34 123 ff.
– Brand **34** 129
– Erfolgsqualifikation **34** 134
– Explosion **34** 129
– Konkurrenzen **34** 136
– Luftfahrzeuge, zivile **34** 125
– Qualifikationstatbestände **34** 134
– Schiffe, zivile **34** 125
– Schusswaffen **34** 129
– subjektiver Tatbestand **34** 130 ff.
– Tathandlungen **34** 128 f.
– Tatobjekte **34** 125 ff.
– Vorbereitungshandlungen **34** 135; **35** 80 ff.
Anhörung
– personeller Geheimschutz **12** 89
– Rehabilitation **40** 69
– vorläufiges Berufsverbot **40** 115
Anknüpfungsverbot 32 4
Anlagen
– Beschädigung wichtiger Anlagen **34** 37; s. a. dort
– gefährliche Eingriffe in den Verkehr **34** 113
– Staatsschutzstrafrecht **34** 1 f.
anlasslose Erhebung von Telekommunikationsdaten 15 67 ff.
Anleitung 37 94
Anleitung zu Straftaten 37 91 ff., 97 ff.
– Anleitung **37** 94
– Anleitung zur staatsgefährdenden Gewalttat **37** 104; s. a. dort
– Äußerungsdelikt **37** 99
– Deliktsstruktur **37** 92
– Inhaltsverbreitensdelikt **37** 98
– Konkurrenzen **37** 103
– Schutzgut **37** 92
– Sozialadäquanz **37** 102
– subjektiver Tatbestand **37** 101
– Tatbereitschaftsanreiz **37** 96
Anleitung zur staatsgefährdenden Gewalttat 35 95 ff.; **36** 28, 58 ff.; **37** 104 ff.
– Anpreisen **37** 105
– Handlungsobjekte **37** 104
– Konkurrenzen **37** 109
– Sozialadäquanz **37** 108
– subjektiver Tatbestand **37** 107
– Tatbereitschaftsanreiz **37** 106
– Tathandlungen **37** 105
– Zugänglichmachen **37** 105
Anordnungskompetenz
– Online-Durchsuchung **23** 53 ff., 79 ff.
– verdeckter Ermittler **27** 88 ff., 92 ff.
– Vertrauensperson **28** 64
Anpreisen 37 105
Anschlusskennung 21 25
Anstaltspolizei 10 20, 40
Anti Financial Crime Alliance 38 64

Antiterrordatei 7 45; **30** 44 ff.
– Datenschutz **30** 71 ff.
– Datenverarbeitung **30** 61 ff.
– Eilzugriff **30** 64
– Entstehung **30** 45 ff.
– komplexe Auswertungen **30** 70
– Praxis **30** 48 f.
– projektbezogene Datennutzung **30** 65
– Speicherpflicht **30** 52 ff.
– Teilnehmer **30** 50
– Ziele **30** 50
Anwerbungsverbot Minderjähriger 19 93
Anwerbungsverbote 28 46
Arbeitnehmervertretungen
– Vereinsverbot **47** 26
– Whistleblowing **13** 55, 60
Arbeitskämpfe 3 8
– Notstand **3** 112
Arbeitsmittel
– Staatsschutzstrafrecht **34** 2
– Zerstörung wichtiger Arbeitsmittel **34** 17; s. a. dort
Arbeitsverhältnisse
– Bundesnachrichtendienst **19** 169
– Geschäftsgeheimnisse **13** 47
asylrelevante Merkmale 44 42 ff.
– diskriminierendes Handeln **44** 42
– Oppositionsangehöriger **44** 47
– ordre public-Vorbehalt **44** 48
– politische Anschauungen **44** 47
– Rasse **44** 43
– Religion **44** 44
– soziale Gruppe **44** 46
– Staatsangehörigkeit **44** 45
– Terrorismusvorbehalt **44** 49
Atomgesetz 45 94 ff.
Attentatsklausel 44 27
Aufbewahrung 45 82 ff.
Aufenthaltsbestimmung 26 5 ff.
Aufenthaltsrecht
– Bestandsdatenauskunft **21** 60
– Gefährder **51** 24 ff.
Aufenthaltsvorgabe 41 68 ff.
Aufhebung von Maßnahmen 3 64
Aufklärung 16 1 ff.; **17** 1 ff.
– Aufklärung durch Strafverfahren **17** 1; s. a. dort
– Auslandsaufklärung **19** 1; s. a. dort
– Daten aus Informationssystemen **23** 1; s. a. dort
– Datenschutz **20** 1; s. a. dort
– Gemeinsame Zentren **31** 4; s. a. dort
– informationelle Zusammenarbeit **30** 1a; s. a. dort
– Informationsbeschaffung durch Private **21** 1; s. a. dort
– Inlandsaufklärung **18** 1; s. a. dort
– Kommunikationsüberwachung **24** 1; s. a. dort
– nachrichtendienstliche Aufklärung **17** 2 ff.
– präventiv-polizeiliche ~ **17** 5 ff.
– strafverfolgende ~ **17** 8 ff.

magere Zahlen = Rn.

- technische Überwachung **26** 1; s. a. dort
- verdeckt eingesetzte Private **28** 1; s. a. dort
- verdeckt ermittelnde Personen **27** 1; s. a. dort
- Vorratsdatenspeicherung **22** 1 ff.
- Wissen **16** 1; s. a. dort
- Wohnraumüberwachung **25** 1; s. a. dort
- **Aufklärung durch Strafverfahren 17** 1 ff., 8 ff.
- Akteneinsicht **17** 80
- Akteure **17** 10
- alternative Beweismethoden **17** 83
- Aufklärung von Straftaten **17** 25; s. a. dort
- Aufklärungsrüge **17** 85
- Auslandsbezug **17** 50 ff.
- Auslandszeugen **17** 53
- Aussagegenehmigungsbeschränkung **17** 74
- Ausschluss der Öffentlichkeit **17** 77
- Bedrohungslage **17** 18
- Behördenerklärungen **17** 61
- Behördengutachten **17** 59 ff.
- Berufsrichter **17** 44
- Beschleunigungsgebot **17** 50
- besondere Mittel **17** 54 ff.
- Beweissurrogate **17** 82
- Beweiswürdigung **17** 83
- Commission for International Justice and Accountability **17** 64
- Datenschutz **17** 21 ff.
- Datenübermittlungen **17** 86 f.
- Datenübermittlungsbefugnisse **17** 23
- Durchsetzung der Aufklärungspflicht **17** 81 ff.
- eigene Ermittlungen des Gerichts **17** 82
- Entscheidungsheuristiken **17** 48
- Ergänzungsrichter **17** 44
- exekutive Eigenverantwortung **17** 70
- Expertise zu Rechtsfragen **17** 58
- Gegenvorstellung **17** 82
- Geheimhaltung von Beweismitteln **17** 66 ff.
- Gemeinsame Zentren **17** 24
- In-Camera-Verfahren **17** 84, 87
- Konzentration von Beteiligungsrechten **17** 87
- Mitteilung von Urteilsgründen **17** 80
- Mittel der Geheimschutzwahrung **17** 71 ff.
- Nebenklagevertreter **17** 45
- Nichtregierungsorganisationen **17** 63 ff.
- Ordnungselemente **17** 14 ff.
- praktische Probleme **17** 42 ff.
- Rahmenbedingungen **17** 42 ff.
- Rechtshilfeersuchen **17** 50
- Sachverständigengutachten **17** 55 ff.
- Sanitarisierung **17** 62
- Sperrerklärung **17** 75
- sprachliche/kulturelle Barrieren **17** 51
- Staatswohl **17** 67
- strafprozessualer Anfangsverdacht **17** 20
- Strafvollstreckung **17** 12
- Tatgericht **17** 82 f.
- Trennungsprinzip, informationelles **17** 15 ff.
- Überzeugungsgrade **17** 9

Sachverzeichnis

- Verfahrensumfang/-komplexität **17** 47 ff.
- Verpflichtung der Verfahrensbeteiligten **17** 78
- Verschlusssache **17** 79
- Verteidigung **17** 45
- Vertrauensdolmetscher **17** 51
- Wahrnehmungsheuristiken **17** 48
- Zahl der Verfahrensbeteiligten **17** 43 ff.
- Zeugenschutz **17** 68, 72 f.
- Zweckbindungsgrundsatz **17** 22
- **Aufklärung von Straftaten**
- ausländische terroristische Vereinigung **17** 39
- Grenzen der Wahrheitserforschung **17** 30 ff.
- Grenzen der Wahrheitserforschung, faktische **17** 34
- Menschenwürde **17** 27
- Öffentlichkeit **17** 28
- Propaganda, politische **17** 41
- Schuldprinzip **17** 26
- Spionage **17** 38
- Staatsschutzsachverhalte **17** 37 ff.
- Vorbereitungsdelikte **17** 40
- Wahrheitserforschung **17** 26
- **Aufklärungsrüge 17** 85
- **Auflösung des Vereins 47** 38
- **Aufrechterhaltungspflicht 14** 92
- **Aufruhr 3** 32
- **Aufsicht 27** 161 ff.
- **Aufsichtsmittel 41** 1 ff.
- Abschiebeanordnung/-haft **41** 72 ff.
- Aufenthaltsvorgabe **41** 68 ff.
- Ausreiseverbot **41** 82 ff.
- Dauerüberwachung **41** 54 ff.
- elektronische Aufenthaltsüberwachung **41** 4; s. a. dort
- erkennungsdienstliche Maßnahmen **41** 84 ff.
- Fluggastkontrollen **41** 88
- Gefährder **41** 2
- KESY **41** 66 f.
- Kfz-Kennzeichenkontrolle **41** 66 f.
- Kontaktverbot **41** 68 ff.
- Meldeanordnung **41** 80 f.
- Observation, längerfristige **41** 54 ff.
- Sicherungshaft **41** 72 ff.
- Störer **41** 2
- Unterbindungsgewahrsam **41** 59; s. a. dort
- Untersagen der Ausreise **41** 82 ff.
- Videoüberwachung öffentlicher Plätze **41** 71
- **Aufstacheln zum Hass 37** 70
- **Aufständische, organisierte 3** 49
- **Auftragsprofil der Bundesregierung 19** 14
- **Augenblickshelfer 28** 17
- **Ausforschungsrisiko 12** 81
- **Ausführen 37** 55
- **Auskunftspersonen 12** 59
- **Auskunftsrecht**
- besonderes Interesse **20** 85
- Datenschutzgrundsätze **20** 40
- Ermessen **20** 87 f.

1849

Sachverzeichnis

fette Zahlen = §§

- gemeinsame Dateien **20** 89
- Grundrechtsschutz durch Verfahren **20** 84 ff.
- Nachrichtendienste **20** 85 ff.
- Verbunddateien **20** 89

Auskunftsverlangen 24 77

Ausland-Ausland-Fernmeldeaufklärung 20 55

Ausländerextremismus 1 47

Ausländervereine 47 9
- Auskunftspflicht **47** 66
- Vereinsverbot **47** 22 f.

ausländische Streitkräfte 42 140 f.

ausländische terroristische Vereinigung 17 39

ausländische Vereine 47 9
- Auskunftspflicht **47** 66
- Vereinsverbot **47** 22 f., 43

Auslandsaufklärung 19 1 ff.
- all-source-Ansatz **19** 10
- Begriff **19** 1
- Bundesnachrichtendienst **19** 4; s. a. dort
- Datenschutz **20** 102
- EMRK **19** 69
- Europarecht **19** 66 ff.
- Herausforderungen **19** 6
- HUMINT **19** 8 ff.
- Inlandsaufklärung **18** 24
- Kaltstartfähigkeit **19** 11
- Organisationsstruktur **19** 31 ff.
- Risiken **19** 7
- SIGINT **19** 8 ff.
- verdeckt ermittelnde Personen **27** 52

Auslandsbegriff 19 39 ff.

Auslandsbezug 17 50 ff.

Auslandseinsätze 53 5, 7 ff.
- abstraktes Normenkontrollverfahren **53** 81
- ausdrückliche Rechtsgrundlage **53** 41 ff.
- außerhalb kollektiver Sicherheitssysteme **53** 53 ff.
- Bundesverfassungsgericht **53** 12 ff.
- Debatte vor 1994 **53** 8 ff.
- deutsches Strafrecht **53** 97
- Einsatz auf der Hohen See **53** 37
- Einsatzregeln **53** 102 ff.
- Einverständnis des Einsatzstaates **53** 35 f.
- friedenserhaltende Maßnahmen **53** 29
- Geltung deutschen Rechts **53** 90 ff.
- Generalbundesanwalt **42** 138
- Grundrechte **53** 90 ff.
- Humanitäre Intervention **53** 33 f.
- Internationale Menschenrechtspakte **53** 88 f.
- kollektives Sicherheitssystem **53** 44 ff.
- Mitwirkungsrechte des Bundestages **53** 15 f., 17 ff.
- Operationsplan **53** 99 ff.
- Organstreitverfahren **53** 76 ff.
- Parlamentsbeteiligungsgesetz **53** 21
- Parlamentsheer **53** 19
- Parlamentsvorbehalt **53** 58; s. a. dort
- Perspektiven **53** 106 ff.
- Pirateriebekämpfung **53** 38
- Recht des bewaffneten Konflikts **53** 85 ff.
- Recht im Auslandseinsatz **53** 83 ff.
- Rechtsquellen **53** 84 ff.
- Seerechtsübereinkommen **53** 37
- Selbstverteidigungsrecht **53** 30 ff.
- Sicherheitsratsresolution **53** 25 ff.
- Taschenkarte **53** 105
- Trennungsprinzip, informationelles **53** 94
- Umsetzung des Rechtsrahmens **53** 98 ff.
- Verfassungsbeschwerde **53** 82
- Verfassungsmäßigkeit des Einsatzes **53** 40 ff.
- Verfassungsrecht **53** 12 ff.
- Völkerrecht **53** 24 ff., 85 ff.

Auslandsnachrichtendienste 4 29

Auslandstaten
- Absehen von Auslandstatenverfolgung **36** 121 ff.
- Bildung terroristischer Vereinigungen **36** 76 ff.
- Generalbundesanwalt **42** 35 ff.
- GeschGehG **13** 85
- Kommunikationsdelikte **37** 20
- Tatort **36** 84
- Terrorismusfinanzierung **36** 56
- Terrorismusstrafrecht **36** 89 ff.
- Vorbereitung einer staatsgefährdenden Gewalttat **36** 41

Auslandszeugen
- Aufklärung durch Strafverfahren **17** 53
- Staatsschutzstrafverfahren **43** 77

Auslieferungshindernis
- militärische Straftat **44** 74; s. a. dort
- politische Straftat **44** 13, 15
- politische Verfolgung **44** 32, 50 ff., 60

Auslieferungsrecht 44 1

Ausreiseunternehmen 36 38

Ausrüstung 3 21

Aussagegenehmigungsbeschränkung 17 74

Außenwirtschaftsrecht
- Schutz kritischer Infrastrukturen **14** 31
- Terrorismusfinanzierung **38** 47

außerdienstliches Verhalten
- Mäßigungspflicht **46** 33, 36
- Pflicht zu achtungs-/vertrauenswürdigem Verhalten **46** 61
- Richter **46** 142
- Zurückhaltungspflicht **46** 33, 36

Äußere Sicherheit 1 36 f.; **6** 68 ff.
- Bundeswehr **52** 1 ff.
- Generalbundesanwalt **42** 15, 120; s. a. dort
- Global Trends **1** 36
- Globalisierung **1** 39
- Hybride Bedrohungen **1** 44
- internationalisierte innerstaatliche Konflikte **1** 40
- Kompetenzen der EU **9** 22 f.

magere Zahlen = Rn.   **Sachverzeichnis**

- Landes- und Bündnisverteidigung **1** 41, 43; **52** 1; s. a. dort
- Multipolarisierung **1** 40
- Pax Americana **1** 38
- Schurkenstaaten **1** 38
- Sicherheitsgewährleistung **2** 50
- Sicherheitsgewerbe **45** 32
- Vernetzte Sicherheit **1** 39
- Washington Consensus **1** 37
- Weißbuch für die Bundeswehr **1** 41

äußerer Notstand 3 72
- innerer Notstand **3** 68
- s. a. *Verteidigungsfall*

Äußerungsdelikte 37 1 ff.
Ausspähen von Daten 34 51 ff.
- Daten **34** 53
- Konkurrenzen **34** 61
- Strafantrag **34** 62
- subjektiver Tatbestand **34** 60
- Tathandlung **34** 57 ff.
- Tatobjekt **34** 52 ff.
- Überwindung der Zugangssicherung **34** 59
- Verfügungsrecht **34** 54
- Zugang zu Daten **34** 58
- Zugangssicherung **34** 56

Austausch von Daten 29 1
Auswahlermessen
- innerer Notstand **3** 43
- regionale Katastrophe **3** 21

Auswertung 18 70 f.

Bagatellkriminalität 28 57
Bankenaufsichtsrecht 21 16
Bankkontenzentralregister 38 65
Bausätze für Kriegswaffen 49 89
Beamte 46 90 ff.
- Abfragen bei anderen Behörden **46** 119 f.
- Ablehnung der Einstellung **46** 90
- Ablehnung der Übernahme **46** 95
- Ablehnung des Vorbereitungsdienstes **46** 91 ff.
- Beendigung des Beamtenverhältnisses **46** 110 ff.
- Beförderungen **46** 96
- Bundespolizei **10** 18
- Disziplinarrecht **46** 148; s. a. dort
- Durchsetzung staatsschutzbezogener Pflichten **46** 90 ff.
- Eigenerklärungen **46** 123
- Entlassung von Lebenszeitbeamten **46** 113 ff.
- Entlassung von Probebeamten **46** 111
- Entlassung von Widerrufsbeamten **46** 112
- Fragerechte von Einstellungsbehörden **46** 118
- Hinweise durch andere Bedienstete **46** 121
- Informationsmöglichkeiten bei Einstellungen **46** 118
- Kenntniserlangung aufgrund interner Umstände **46** 121
- laufender Dienstbetrieb **46** 97 ff.

- Mäßigungspflicht **46** 29 ff.
- Nebentätigkeiten **46** 100; s. a. dort
- Neutralitätspflicht **46** 37; s. a. dort
- Pflicht zu achtungs-/vertrauenswürdigem Verhalten **46** 52; s. a. dort
- Rücknahme der Ernennung **46** 109
- Sicherheitsüberprüfung **12** 14
- staatsschutzbezogene Pflichten **46** 12 ff.
- Treuepflicht **46** 12; s. a. dort
- Umwandlung **46** 95
- verdeckter Ermittler **27** 54
- verfassungsfeindliches Handeln **46** 3
- Verfassungstreue **46** 17 ff.
- Verlust der Beamtenrechte kraft Gesetzes **46** 116
- Verschwiegenheitspflicht **46** 46; s. a. dort
- Versetzungen **46** 96
- Weisungen **46** 97 ff.
- Whistleblower **46** 121
- Zurückhaltungspflicht **46** 29 ff.

Beanstandungen 43 126 ff.
Befehls- und Kommandogewalt 3 85
befriedeter Bezirk 10 11, 14
- Bundestag **10** 58

Befristung
- Berufsverbot **40** 86
- elektronische Aufenthaltsüberwachung **41** 38
- technische Standortbestimmung **26** 91
- Telekommunikationsüberwachung **24** 52
- verdeckter Ermittler **27** 80, 83
- Vertrauensperson **28** 58 ff.

Begehung einsatzbezogener Straftaten 27 124 ff.
- Beeinträchtigung von Individualrechtsgütern **27** 134
- Begleitdelikte, milieutypische **27** 132, 139
- maßnahmeinhärente Straftaten **27** 127 f., 137 ff., 142 f.
- Nachrichtendienste **27** 125
- Nichtverhinderung von Straftaten **27** 140, 144
- Polizeirecht **27** 136 ff.
- Propagandadelikte **27** 133
- steuernde Einflussnahme **27** 130
- Urkundendelikte **27** 128, 137
- Vertrauensperson **28** 81 ff.

Begleitdelikte, milieutypische 27 132, 139
Begleitmaßnahmen
- akustische Überwachung außerhalb von Wohnungen **26** 139
- Online-Durchsuchung **23** 59 ff., 84

Behörde 31 21
Behördenerklärung
- Aufklärung durch Strafverfahren **17** 61
- Inlandsaufklärung **18** 20

Behördengutachten 17 59 ff.
Behördenlegende 27 100
Behördenleitung 19 135 f.

1851

Sachverzeichnis

fette Zahlen = §§

Bekanntmachung des Vereinsverbots 47 35
Belohnen 37 86
Belohnung/Billigung von Straftaten 37 83 ff.
– Belohnen **37** 86
– Bezugstat **37** 85
– Billigen **37** 87
– Konkurrenzen **37** 90
– Öffentlichkeit **37** 87
– praktische Bedeutung **37** 84
– Sozialadäquanz **37** 88
– subjektiver Tatbestand **37** 89
– Versammlung **37** 87
Benachrichtigungspflichten
– Datenschutzgrundsätze **20** 39
– Rechtsstaat **4** 49
– verdeckter Ermittler **27** 167
– Vorratsdatenspeicherung **22** 46
Beobachtung, nachrichtendienstliche 18 60
Bereitstellungspflichten 14 86
Bereitstellungsverbote 38 3, 17
Bergwerksbetrieb 34 40
Berichtigung unrichtiger Daten 20 41
Berliner Tiergartenmord 1 52
Beruf 40 82
Berufsfreiheit 41 24
Berufsgeheimnisträger 27 100
– Legende **27** 55
– verdeckter Ermittler **27** 55
– Vertrauensperson **28** 50
– Wohnraumüberwachung **25** 23
Berufssoldaten 46 133
Berufsverbot 40 2, 77 ff.
– Aussetzungsverfahren **40** 102 ff.
– Aussetzungsvoraussetzungen **40** 98 ff.
– Aussetzungswiderruf **40** 107 ff.
– Befristung **40** 86
– Beruf **40** 82
– Bewährung **40** 98 ff.
– Bundeszentralregister **40** 125 f.
– Dauer **40** 86
– Entschädigungsanspruch **40** 128
– Ermittlungsverfahren **40** 89
– Gefahr weiterer Straftaten **40** 85
– Gewerbe **40** 82
– Gnadenrecht **40** 127
– Hauptverhandlung **40** 92
– Heranwachsende **40** 88
– Jugendliche **40** 88
– Maßregeln der Besserung und Sicherung **40** 79
– Minderjährige **40** 88
– Mitteilung der Verhängung **40** 123 f.
– Nichtverurteilung wegen Schuldunfähigkeit **40** 84
– notwendige Verteidigung **40** 89
– Pflichtverteidiger **40** 89
– Rechtskraft **40** 87
– Rechtsnatur **40** 79

– Schuldausgleich **40** 85
– Sicherungsmaßnahme **40** 78
– strafbarer Verstoß **40** 122
– Straftat unter Missbrauch des Berufes **40** 81 ff.
– Urteilsgründe **40** 94
– Verurteilung **40** 84
– Voraussetzungen **40** 80 ff.
– vorläufiges ~ **40** 111; s. a. dort
– Zweck **40** 78
Beschädigen 34 10
Beschädigung wichtiger Anlagen 34 37 ff.
– Bergwerksbetrieb **34** 40
– Brücken **34** 39
– Erfolgsqualifikation **34** 45 f.
– Fahrlässigkeit **34** 44, 46
– Konkurrenzen **34** 48
– Schutzwehre **34** 39
– subjektiver Tatbestand **34** 43
– Taterfolg **34** 42
– Tathandlungen **34** 41
– tätige Reue **34** 47
– Tatobjekte **34** 38 ff.
– Wasserbauten **34** 38
Beschimpfen 37 30
– Volksverhetzung **37** 71
Beschlagnahme 5 94
– offene Datenerhebung **23** 23 ff., 30
– Smart Home-Datenerhebung **25** 39, 49 f., 62 f., 70
Beschleunigungsgebot
– Aufklärung durch Strafverfahren **17** 50
– vorläufiges Berufsverbot **40** 113
Beschussgesetz 49 9
Beschwerderecht 20 44
Beseitigungspflichten 14 91
besonderes Auskunftsverlangen 19 82 f.
– Telemedienanbieter **21** 85 ff.
besonders schwere Fälle
– Computersabotage **49** 94
– Störung öffentlicher Betriebe **34** 14
– Waffen **49** 7
Bestand der Bundesrepublik
– Bestandshochverrat **33** 33
– Botmäßigkeit, fremde **33** 32
– Einheit **33** 32
– Propagandamittel **37** 46
– Staat **33** 29
– Staatsgebiet **33** 32
– Verunglimpfungsdelikte **37** 28
– Vorbereitung einer staatsgefährdenden Gewalttat **37** 115
Bestandsdaten 21 18 ff.
– Anschlusskennung **21** 25
– Auskunftsersuchen **21** 19
– Bestandsdatenauskunft **21** 29; s. a. dort
– Bundesverfassungsgericht **21** 21
– Datenübermittlungen **21** 29; s. a. Bestandsdatenauskunft

magere Zahlen = Rn.

- Doppeltürmodell **21** 19
- Erhebung **21** 22
- Grundrechte **21** 28
- Grundrechtseingriffe **21** 19
- Identifikation der Person **21** 25
- Kommunikationsüberwachung **24** 95
- Prepaid-Mobilfunkdaten **21** 27
- Speicherung **21** 22
- Telekommunikationsdienste **21** 23
- Telemedienanbieter **21** 77 ff., 80 f.
- Zuordnung eines Anschlusses **21** 24

Bestandsdatenauskunft 21 29 ff.
- Abrufregelungen **21** 50 ff.
- Aufenthaltsrecht **21** 60
- automatisiertes Auskunftsverfahren **21** 29, 32 f.
- Bundesamt für Verfassungsschutz **21** 45, 56
- Bundeskriminalamt **21** 51
- Bundesnachrichtendienst **21** 58
- Bundespolizei **21** 53
- dynamische IP-Adressen **21** 48
- Eingriffsschwelle **21** 43
- Gefahrenabwehr **21** 41
- Gefahrenschwelle **21** 40
- informationelle Selbstbestimmung **21** 30
- Kommunikationsüberwachung **24** 97
- Landesämter für Verfassungsschutz **21** 45
- manuelles Auskunftsverfahren **21** 29, 34 ff.
- Militärischer Abschirmdienst **21** 57
- Nachrichtendienste **21** 45
- Prävention terroristischer Straftaten **21** 44
- präventive ~ **26** 102 ff.
- qualifizierte Schutzgüter **21** 42
- repressive ~ **26** 105 f.
- Strafverfolgungszwecke **21** 46, 59
- technische Überwachung **26** 97 ff.
- Verfolgungszweck **21** 38
- Voraussetzungen für behördlichen Zugriff **21** 37 ff.
- Zoll **21** 54 f.
- Zugangsdaten **21** 47

Bestandshochverrat 33 33
Bestimmtheitsgebot 20 64
- Gefährder **51** 29

Bestrebungen 18 40
Bestreitensvermerke 20 41
Betätigungsverbote 47 65
Betreten von Wohnungen
- Nachrichtendienste **27** 110
- Polizeirecht **27** 113 ff.
- Strafverfahrensrecht **27** 116 ff.
- Vertrauensperson **28** 73 ff.

Betriebe
- Staatsschutzstrafrecht **34** 2
- Störung öffentlicher Betriebe **34** 3; *s. a. dort*

Betriebsspionage 13 78
Betroffenenrechte
- Auskunftsrecht **20** 40
- Ausschluss **20** 38

- Benachrichtigungspflichten **20** 39
- Berichtigung unrichtiger Daten **20** 41
- Bestreitensvermerke **20** 41
- Datenschutzgrundsätze **20** 38 ff.
- Einschränkung **20** 38
- EMRK **20** 119
- Löschungsrecht **20** 42
- Überwachung **20** 119

Beurteilungsspielraum
- Gefahren von besonderer Bedeutung **3** 11
- innerer Notstand **3** 42, 46, 52
- regionale Katastrophe **3** 19
- Sicherheitsrisiko **12** 92 ff.
- überregionale Katastrophe **3** 26, 29
- Verschlusssache **12** 94

Bevölkerungsschutzrecht 14 16
Bewachungsgewerbe 45 17, 21
- Anzeigepflicht **45** 42 f.
- Aufbewahrung **45** 82 ff.
- Auskunft **45** 44 ff.
- Begriff **45** 39
- Beschäftigte **45** 69 ff.
- Buchführung **45** 82 ff.
- Dienstanweisung **45** 73
- Dienstausweis **45** 79
- Dienstkleidung **45** 80
- Haftpflichtversicherung **45** 64 f.
- Nachschau **45** 44 ff.
- Nachweis geordneter Vermögensverhältnisse **45** 58
- Ordnungswidrigkeiten **45** 86 f.
- Sachkundeprüfung **45** 59, 61 ff.
- Unterrichtungsnachweis **45** 60
- Voraussetzungen **45** 49 ff.
- Waffen **45** 74 f.
- Zuverlässigkeitsprüfung **45** 51; *s. a. dort*
- *s. a. Sicherheitsgewerbe*

bewaffnete Gruppen 35 101 ff.
bewaffneter Angriff 3 32; **8** 40 ff.
- Doktrin der Nadelstichtaktik **8** 41
- humanitäre Intervention **8** 42
- Intervention auf Einladung **8** 49
- nichtstaatliche Akteure **8** 44
- Notstand **8** 48
- staatliche Kontrolle **8** 45
- staatlicher ~ **8** 43 ff.
- Unmittelbarkeit des Angriffs **8** 50
- unwilling or unable-Doktrin **8** 43, 47

bewaffneter Konflikt 39 19
Bewährung
- Berufsverbot **40** 98; *s. a. dort*
- Verlustzeitraum **40** 60

Bewegung 2. Juni 42 103
Bewegungsprofil
- elektronische Aufenthaltsüberwachung **41** 37
- Online-Durchsuchung **23** 33
- PNR-Daten **22** 51
- Smart Home-Datenerhebung **25** 43

1853

Sachverzeichnis

fette Zahlen = §§

Beweisaufnahmeplanung 43 71 ff.
Beweislastumkehr 13 71
Bildaufnahmen
– Staatsschutzstrafverfahren **43** 102 ff.
– technische Überwachung **26** 113
– Versammlungsrecht **48** 31 ff.
Bildträger 37 7
Bildung bewaffneter Gruppen 35 101 ff.
**Bildung terroristischer Vereinigungen
35** 104; **36** 10 ff., 26, 62 ff.
– Auslandstaten **36** 76 ff.
– Ermittlungsmaßnahmen, strafprozessuale
36 29 f.
– Mitglied **36** 64
– Rechtsgut **36** 63
– schwere Straftaten **36** 66
– Strafanwendungsrecht **36** 96
– Strafgrund **36** 62
– Terrorwirkungen **36** 67
– Unterstützer **36** 73
– Vereinigung **36** 70 ff.
– Verhaltensweisen **36** 64
– Werben für Mitglieder **36** 69, 75
Bildungsinfrastruktur 14 70
Billigen 37 76, 87
BND-Behördengutachten 16 49
Bodycams 20 29; **25** 73 ff.
– Funktionsweise **25** 73
– Loop-Funktion **25** 73
– Polizeirecht **25** 77
– Pre-Recording-Funktion **25** 73
– Ringaufzeichnung **25** 73
– Verfassungsrecht **25** 74 ff.
Bombenbauanleitungen 35 37, 95, 97
Bordgewalt 50 52, 99 ff.
– Abschiebung **50** 104
– Bundespolizei **50** 102 ff.
– Luftfahrzeugführer **50** 100
– Regelbeispiele **50** 101
– Sky Marshal **50** 102
– unmittelbarer Zwang **50** 101
– unruly passenger **50** 99
Bordsicherheit 50 85 ff.
– Bordgewalt **50** 99; *s. a. dort*
– Durchleuchtung von Personen **50** 97
– Durchsuchung von Personen **50** 96
– Eigensicherung **50** 89
– fluggastbezogene Maßnahmen **50** 94 ff.
– Gepäckstücke **50** 98
– Maßnahmen am Boden **50** 88 ff.
– Maßnahmen an Bord **50** 99 ff.
– no pax, no bag **50** 95
– objektbezogene Maßnahmen **50** 88 ff.
– personalbezogene Maßnahmen **50** 91
– persönliche Zugangsberechtigung **50** 93
– Renegade-Fall **50** 83
– Übergang bestimmter Gefahrenquellen **50** 86
– verbotene Gegenstände **50** 95

– Zugang zum Sicherheitsbereich **50** 95
– Zuverlässigkeitsprüfung **50** 92
Brand 34 129
Brandstiftungsdelikte 35 48
Brandvorrichtungen 35 19 f., 71
Briefgeheimnis 24 18, 20
Brücken 34 39
Buchführung 45 82 ff.
**Bundesamt für Bevölkerungsschutz und
Katastrophenhilfe 7** 27
Bundesamt für Sicherheit in der IT 7 28
– aktive Ermittlung von Sicherheitsrisiken/Angriffsmethoden **15** 59 f.
– Cyberabwehr **15** 38 ff.
Bundesamt für Verfassungsschutz 7 20 f.;
18 38 ff.
– Auslandstätigkeit **19** 18 f.
– Auswertung **18** 39
– Beobachtungsfelder **18** 44
– Bestandsdatenauskunft **21** 45, 56
– Bestrebungen **18** 40
– Binnenstruktur **18** 45 ff.
– Bundesnachrichtendienst **19** 18
– Desk-Prinzip **18** 50
– Fachabteilungen **18** 46
– Informationsbeschaffung **18** 38
– innerer Notstand **3** 47
– Koordinierungsaufgabe **18** 32
– need-to-know-Prinzip **18** 49
– need-to-share-Prinzip **18** 50
– Präsident **18** 45
– Trennung Beschaffung-Auswertung **18** 49
– übergreifende Aufgaben **18** 48
– Wissensgenerierung **16** 52 ff.
– Zentralstellenfunktion **18** 32 f.
– Zusammenarbeit mit ausländischen Diensten
19 18 f.
Bundesbeauftragter für Datenschutz/Informationsfreiheit 20 98
**bundeseinheitliche Verwaltungsstruktur
3** 88
Bundesgebiet 3 73
Bundesintervention 3 123
Bundeskanzleramt 19 34, 143 ff.
Bundeskriminalamt 7 15
– Arbeitsgruppe Risikomanagement **16** 41
– Berichtspflichten **16** 45
– Bestandsdatenauskunft **21** 51
– Eigensicherung **10** 31 ff.
– Gemeinsames Terrorismusabwehrzentrum
31 6
– Informationsverbund der Polizei **30** 35
– Personenschutz **7** 17; **10** 35 ff.
– Polizeilicher Staatsschutz **16** 40
– RADAR-iTE **16** 41 ff.
– Raumschutz **10** 35 ff.
– Sicherheitsüberprüfung **12** 53
– Terrorismus **7** 16

1854

magere Zahlen = Rn.

– verdeckter Ermittler **27** 70
– Völkerstrafrecht **39** 9; *s. a. dort*
– Wissensgenerierung **16** 40 ff.
Bundesnachrichtendienst 7 22; **19** 2, 4
– Abgrenzung **19** 15 ff.
– Arbeitsverhältnisse **19** 169
– Aufgaben **19** 12 ff.
– Aufklärungsfeld Militär **19** 177
– Auftrag **19** 13
– Auftragsprofil der Bundesregierung **19** 14
– ausländische Nachrichtendienste **19** 123 ff.
– Auslandsbegriff **19** 39 ff.
– Befugnisnorm, allgemeine **19** 70 ff.
– Befugnisnorm, spezielle **19** 81
– Befugnisse **19** 43 ff.
– Behördenleitung **19** 135 f.
– Berichtsformen **16** 48
– besonderes Auskunftsverlangen **19** 82 f.
– Bestandsdatenauskunft **21** 58
– bilaterale Zusammenarbeit **19** 125
– BND-Behördengutachten **16** 49
– BNDG-Novellierung 2021 **19** 131
– Bundesamt für Verfassungsschutz **19** 18
– Bundesbeauftragter für Datenschutz/Informationsfreiheit **19** 146 f.
– Bundeskanzleramt **19** 34, 143 ff.
– Bundesrechnungshof **19** 148
– Bundesverwaltungsgericht **19** 168
– Controlling, externes **19** 141 ff.
– Controlling, internes **19** 139
– Cyber **19** 175 f.
– Datenschutzbeauftragte **19** 140, 146 f.
– Dienstvorschriften **19** 137
– Eigenschutz **19** 75
– Einverständnis des Betroffenen **19** 78
– EMRK **19** 69
– EU **19** 41
– Europarecht **19** 66 ff., 182
– extraterritoriale Bindung durch Grundrechte **19** 48 ff.
– G10-Kommission **19** 161
– Gefahrenbegriff **19** 180 f.
– GEOINT **19** 107
– Geospatial Intelligence **19** 107
– gerichtliche Kontrolle **19** 168 ff.
– Großer Lauschangriff **19** 109
– Grundrechte **19** 43 ff.; *s. a. dort*
– Heimlichkeit **19** 63
– HUMINT **19** 84; *s. a. dort*
– Imagery Intelligence **19** 106
– IMINT **19** 106
– IMSI-Catcher **19** 110
– Informationsdienstleister **19** 24 ff.
– Informationsverbund der Bundesrepublik **19** 27
– Inlandsaufklärung **19** 13
– Inlandstätigkeit **19** 17
– interne Prozesse **19** 135 ff.
– Klarführung **19** 78
– klassische Bedrohungen **19** 177
– Kontrollrat **19** 151 ff.
– Lagebesprechungen im Kanzleramt **16** 50
– Medien **19** 171
– Militärischer Abschirmdienst **19** 20
– Militärisches Nachrichtenwesen der Bundeswehr **19** 21 ff.
– Morgenunterrichtung **16** 49
– multilaterale Zusammenarbeit **19** 126
– nachrichtendienstliche Quellen **19** 77
– NATO **19** 40
– ND-Lage **16** 50
– No-spy-Abkommen **19** 42
– öffentliche Stellen **19** 118 f.
– open source Intelligence **19** 111
– Organigramm **19** 31
– Organisationsstruktur **19** 31 ff.
– OSINT **19** 111
– parlamentarische Kontrolle **19** 154 ff.
– parlamentarisches Kontrollgremium **16** 51; **19** 155 ff.
– Personalaustausch **19** 29
– Perspektiven **19** 172 ff.
– Polizei **19** 115 ff.
– polizeinahe Befugnisse **19** 108 ff.
– P-Runde **16** 50
– Rechtsstaatlichkeitsvergewisserung **19** 129
– Sicherheitsüberprüfung **12** 55; **19** 76
– SIGINT **19** 98 ff.
– Social Media Intelligence **19** 101 ff.
– SOCMINT **19** 101 ff.
– Staatsanwaltschaft **19** 115 ff.
– strategische Überwachungen **15** 66 ff., 75
– Subsidiarität **19** 73
– Telemedienanbieter **21** 87
– Third Party Rule **19** 133, 163 ff.
– Trennungsprinzip, informationelles **19** 36 f., 112
– Trennungsprinzip, personelles **19** 38
– Übermittlungsschwellen **19** 113
– Unabhängiger Kontrollrat **19** 151 ff.
– Unabhängiges Gremium **19** 149 f.
– Unternehmen **19** 120
– Untersuchungsausschüsse **19** 163 ff.
– verfassungsrechtliche Kompetenzableitung **19** 35
– Verpflichtungen zur Unterrichtung **16** 47
– Vertrauensgremium **19** 159 f.
– Volkszählungsurteil **19** 43 f.
– Wissensgenerierung **16** 47 ff.
– Zusammenarbeit mit ausländische Stellen **19** 123 ff.
– Zusammenarbeit mit inländischen Stellen **19** 115 ff.
– Zuständigkeit **19** 15 ff.
– *s. a. Auslandsaufklärung*

Sachverzeichnis

fette Zahlen = §§

Bundespolizei 7 12 f.
– Amtssitzsicherung **10** 24
– Angestellte **10** 18
– Bestandsdatenauskunft **21** 53
– Bordgewalt **50** 102 ff.
– Bundesministerien **10** 23 ff.
– Eigensicherung **10** 15 ff.
– Fluggastkontrollen **45** 90
– Gefahren von besonderer Bedeutung **3** 13 f.
– Hausordnungen **10** 21
– Hausrecht **10** 22
– Hilfspolizeibeamte **10** 18
– innerer Notstand **3** 47, 56
– Landespolizei **10** 23 ff.
– Luftsicherheitsrecht **50** 51, 54
– Polizeivollzugsbeamte **10** 18
– regionale Katastrophe **3** 21
– Schutz von Verfassungsorganen/Sicherheitsbehörden **10** 15 ff.
– Steuerungshoheit **10** 28
– überregionale Katastrophe **3** 28
– verdeckter Ermittler **27** 71
– Verfassungsorgane des Bundes **10** 23 ff.
– Vollzugshelferin **10** 28
Bundesrat
– Feststellung des Verteidigungsfalles **3** 80
– innerer Notstand **3** 64
Bundesrechnungshof 19 148
Bundesregierung
– Feststellung des Verteidigungsfalles **3** 79
– innerer Notstand **3** 47, 57
– überregionale Katastrophe **3** 26
– Verteidigungsfall **3** 95 ff.
Bundesreserve 14 86
Bundestag
– befriedeter Bezirk **10** 58
– Bundestagspräsident **10** 49
– Disziplinargewalt **10** 57
– Eigensicherung **10** 51
– Feststellung des Verteidigungsfalles **3** 80
– Gewaltmonopol **10** 52
– Hausrecht **10** 56
– innerer Notstand **3** 65
– Ordnungsgewalt **10** 57
– Polizei beim Deutschen Bundestag **10** 55
– Schutz von Verfassungsorganen/Sicherheitsbehörden **10** 49
– Streitkräfteeinsatz **3** 107
– Verwaltungspolizei **10** 51 f.
– Vollzugshilfe **10** 55
Bundestagspräsident 10 49
Bundesverfassungsgericht
– Akteneinsicht **4** 126
– Auslandseinsätze **53** 12 ff.
– Bestandsdaten **21** 21
– Daten aus Informationssystemen **23** 10
– drohende Gefahr **51** 38 ff.
– elektronische Aufenthaltsüberwachung **41** 16

– Grundrecht auf Sicherheit **2** 40
– IMSI-Catcher **26** 50
– Richteranklage **32** 37
– Spiegel-Urteil **5** 10
– Verteidigungsbegriff **52** 32
– Verteidigungsfall **3** 100
– Vertrauensperson **28** 26
– Wehrverfassung **52** 24 ff.
Bundesverwaltungsgericht 19 168
Bundeswehr 7 8
– Anstaltspolizei **10** 40
– Aufgaben **53** 4
– Auftrag zur Aufstellung **52** 60 ff.
– Auslandseinsätze **53** 5, 7; s. a. dort
– Bundeswehr im Innern **7** 10
– Bundeswehrklauseln **52** 102
– Datenschutz **20** 10
– Eigensicherung **10** 40; **52** 42
– Einhegung militärischer Macht **52** 71 ff.
– Einsatz unmittelbaren Zwangs **10** 46
– Einsatzbegriff **52** 63 ff.
– Generalbundesanwalt **42** 138
– Hackback **15** 88
– Konfliktverhütung **53** 1
– Krisenbewältigung **53** 1
– Landes- und Bündnisverteidigung **52** 1; s. a. dort
– militärische Sicherheitsbereiche **10** 43 f.
– Militärischer Abschirmdienst **7** 23
– Militärisches Nachrichtenwesen der Bundeswehr **19** 21 ff.
– offensive Cybermaßnahmen **15** 88
– personenbezogene Daten **20** 10
– Pflicht zu achtungs-/vertrauenswürdigem Verhalten **46** 82 ff.
– Sabotage **10** 77
– Schutz von Verfassungsorganen/Sicherheitsbehörden **10** 39 ff.
– Sicherheitsgewerbe **45** 100 ff.
– Störpropaganda gegen die Bundeswehr **10** 72 ff.
– UZwGBw **10** 40 ff.
– Verteidigung **7** 8
– Verteidigungsauftrag **52** 21
– Zivile Führung **52** 72 ff.
– s. a. Streitkräfte
Bundeswehr im Innern 3 105; **7** 10; **10** 39 ff.
– s. a. Streitkräfteeinsatz
Bundeswehrklauseln 52 102
Bundeswehrverwaltung 52 89
Bundeszentralregister
– Berufsverbot **40** 125 f.
– Verlust staatsbürgerlicher Rechte **40** 75
Bundeszwang
– innerer Notstand **3** 67
– Notstandsrechtsschutz **3** 133 ff.
– regionale Katastrophe **3** 24
– Verteidigungsfall **3** 110

magere Zahlen = Rn.

Sachverzeichnis

Bund-Länder-Streit 3 124, 129
Bündnisverteidigung 52 44 ff.
– EU-Beistandsklausel **52** 47
– NATO **52** 45 f.
Bürgerkrieg 3 32

Celler Loch 18 9
CEPOL 9 59
CER-RL 14 107
Chicagoer Abkommen 50 25 ff.
Cloud-Dienste 23 48
CNE-Operator 16 29
Commission for International Justice and Accountability 17 64
Competitive Coexistence 1 28
Compliance-Management-System 38 29
Computer Emergency Response Team 14 99; **15** 8, 52 f.
Computer-Grundrecht 24 34
Computersabotage 34 85 ff.
– Bagatellfälle **34** 88
– besonders schwere Fälle **34** 94
– Datenverarbeitung **34** 87
– Konkurrenzen **34** 95
– Strafantrag **34** 96
– subjektiver Tatbestand **34** 93
– Tatererfolg **34** 92
– Tathandlungen **34** 89 ff.
– Tatobjekt **34** 86 ff.
– wesentliche Bedeutung **34** 88
Controlling, externes 19 141 ff.
Controlling, internes 19 139
core-crimes der Menschheit 42 131
Corona-Pandemie 45 111 f.
Corona-Verordnungen 14 28 f.
COSI 7 48 f.; **9** 75
Counterman 27 11
covert action 1 52
Crowdfunding 38 1
CSIRT-Netzwerk 15 58
Cumulative Prosecution 39 1
Cyber 1 57 ff.
– Advanced Persistent Threats **1** 59
– Bundesnachrichtendienst **19** 175 f.
– Cyberabwehr **15** 1; s. a. dort
– Generalbundesanwalt **42** 122
– Hack-and-Leak-Operationen **1** 60
– Hybride Bedrohungen **1** 60
– militärischer Operationsraum **1** 61
– Nationales Cyber-Abwehrzentrum **7** 44
Cyberabwehr 15 1 ff.
– Akteure **15** 3
– aktive Ermittlung von Sicherheitsrisiken/Angriffsmethoden **15** 59 f.
– akute Bedrohungslage **15** 49 ff.
– algorithmenbasierte Anwendungen **15** 31
– Angriffe auf spezifische Infrastrukturen **15** 22 f.
– Angriffsfläche für Cyberbedrohungen **15** 12 ff.

– angriffssteuerndes Kontrollzentrum **15** 91
– anlasslose Erhebung von Telekommunikationsdaten **15** 67 ff.
– Arbeitsfähigkeit staatlicher Stellen **15** 5
– Ausdifferenzierung der Vorprodukte **15** 13 f.
– Auswertung von Protokolldaten **15** 39
– Auswertung von Schnittstellen-Daten **15** 40
– behördeninterne Protokollierungsdaten **15** 42
– Bundesamt für Sicherheit in der IT **15** 38 ff.
– Computer Emergency Response Team **15** 8, 52 f.
– CSIRT-Netzwerk **15** 58
– Cyberbedrohungen **15** 2, 16; s. a. dort
– Cybercrime **15** 18
– Cyber-Sabotage **15** 21 ff.
– Cyber-Spionage **15** 19 f.
– Cyber-Terrorismus **15** 22
– Datenverarbeitung **15** 55
– DDoS-Angriff **15** 24
– Denial of Service-Attacken **15** 24 f.
– Digitalisierung **15** 1, 11
– Eigenverantwortung des Betreibers **15** 54
– Fernmeldegeheimnis **15** 55 ff.
– Gefahrenverdacht **15** 44
– Gewährleistung der Infrastruktur **15** 4
– Gewinnung von Informationen **15** 89
– Honeypots **15** 60
– hybride Kriegsführung **15** 6
– Information der Öffentlichkeit **15** 10
– Informationsaustausch **15** 9
– Informationsbedarf **15** 8
– Informationsmanagement **15** 7
– Inland-Ausland-Kommunikation **15** 72
– innere Komplexität der Vorprodukte **15** 15
– Internet of Things **15** 1
– Löschung der Daten **15** 43 f.
– maschinelles Lernen **15** 30 ff.
– Meta-Daten **15** 40
– Mustererkennung **15** 36
– Nachrichtendienste **15** 6, 61 ff.
– offensive Cybermaßnahmen **15** 88
– Optimierung von Angriffen **15** 34 f.
– Querschnittsaufgabe **15** 92
– rechtlicher Rahmen **15** 37 ff.
– Schadensbegrenzung **15** 52
– Strategiefähigkeit der Akteure **15** 26 ff.
– strategische Überwachungen **15** 66 ff., 75
– Streitkräfte **15** 78 ff.
– Telekommunikationsüberwachung **15** 62 ff.
– Übermittlung von Daten **15** 47 f.
– Vorprodukte **15** 13 f.
– Weitergabe von Informationen **15** 56 f.
– weitergehende Datenverarbeitung **15** 45 f.
Cyberattacken 3 32
Cyberbedrohungen 15 2, 16 ff.
– Analyse des Systems **15** 26
– Angriffe auf spezifische Infrastrukturen **15** 22 f.
– Anpassungsfähigkeit **15** 28

1857

Sachverzeichnis

fette Zahlen = §§

- Begriff **15** 17
- Cybercrime **15** 18
- Cyber-Sabotage **15** 21 ff.
- Cyber-Spionage **15** 19 f.
- Cyber-Terrorismus **15** 22
- DDoS-Angriff **15** 24
- Denial of Service-Attacken **15** 24 f.
- Formen **15** 16
- Kombination der Angriffsformen **15** 27
- Spannungsfall **15** 84 ff.
- Stuxnet **15** 23
- Verteidigungsfall **15** 84 ff.

Cybercrime 15 18
- Schutz vor Industrie- und Wirtschaftsspionage **13** 17

Cybercrime-Konvention 22 57
Cyber-Sabotage 15 21 ff.
Cybersicherheit 6 78
- Unionsagenturen **9** 64

Cyber-Spionage 15 19 f.
Cybertechnologie 8 9
Cyber-Terrorismus 15 22
Cyberverteidigung 52 105 f.
- Landes- und Bündnisverteidigung **52** 50 ff.

Darknet 49 51 ff.
Darknet-Handelsplatz 49 53
Daseinsvorsorge 14 56
Datafizierung 26 2
Dateianordnungen 20 81
Daten 34 53
- Wissen **16** 19

Daten aus Informationssystemen 23 1 ff.
- besondere Grundrechtsrelevanz **23** 15 f.
- Bundesverfassungsgericht **23** 10
- Encrochat **23** 98 ff.
- Grundrechte **23** 6 ff.
- heimliche Datenerhebung **23** 31; s. a. Online-Durchsuchung
- Heimlichkeit **23** 3
- Import im Ausland erhobener Daten **23** 97 ff.
- Infiltration **23** 3, 15
- informationelle Selbstbestimmung **23** 6 ff.
- Integrität informationstechnischer Systeme **23** 11 ff.
- Key-Logger **23** 3
- offene Datenerhebung **23** 18; s. a. dort
- Online-Durchsuchung **23** 4, 31; s. a. dort
- Persönlichkeitsrecht **23** 6, 8
- Quellen-TKÜ **24** 63
- rechtlicher Rahmen **23** 5 ff.
- Richtervorbehalt **23** 111
- Verfassungsrecht **23** 5
- Vertraulichkeit der Kommunikation **23** 11 ff.
- Verwendung im Ausland erlangter Daten **23** 101 ff.
- Verwertung im Ausland erlangter Daten **23** 108

Datenbanken, interoperable 9 86 ff.
- Einreise-/Ausreisesystem EES **9** 92
- ETIAS-System **9** 93
- Eurodac **9** 90
- Europäisches Strafregisterinformationssystem **9** 89
- Europol-Informationssystem **9** 88
- Interoperabilität **9** 94 f.
- Schengener Informationssystem **9** 87
- Visainformationssystem **9** 91

Datenerhebung 23 73 ff.
- Online-Durchsuchung **23** 48

Datenneuerhebung 20 30
Datenschutz 20 1 ff.
- Aufklärung durch Strafverfahren **17** 21 ff.
- Auslandsaufklärung **20** 102
- Berichtspflichten der Sicherheitsbehörden **20** 103
- Bundesbeauftragter für Datenschutz/Informationsfreiheit **20** 98
- Bundeswehr **20** 10
- Datenschutzgrundsätze **20** 24; s. a. dort
- Datenschutz-Übereinkommen **20** 45
- Datenüberführung **29** 5
- Datenverarbeitung **20** 52; s. a. dort
- EMRK **20** 45 ff.
- Europarat **20** 45
- externe Datenschutzaufsicht **20** 101
- Gerichtsbarkeit **20** 11 ff.
- Grundrechte **20** 1 ff., 14 ff.
- Grundrechtecharta **20** 48 f.
- Grundrechtsschutz durch Verfahren **20** 78; s. a. dort
- Harmonisierung des Sicherheitsrechts **9** 84
- informationelle Zusammenarbeit **30** 96
- Informationsbeschaffung durch Private **21** 3, 12; s. a. dort
- Informationsverbund der Polizei **30** 42
- Kriminalitätspräventionsrecht **20** 6
- Landesbeauftragte für den Datenschutz **20** 100
- Massenüberwachung **20** 8
- NADIS **30** 30
- nichtöffentliche Stellen **20** 49 f.
- öffentliche Sicherheit **20** 6
- personenbezogene Daten **20** 3
- Personeninformationen **20** 4
- Persönlichkeitsrecht **20** 14; s. a. dort
- Polizei **20** 5 ff.
- Recht auf Privat- und Familienleben **20** 46
- Reichweite der Grundrechtsbindung **20** 47
- Sachinformationen **20** 4
- Sicherheit **6** 79
- Sicherheitsarchitektur **20** 1
- Staatsschutz **20** 5 ff.
- Strafjustiz **20** 12
- Subsidiarität **20** 51
- Überprüfung von Richterinnen **20** 13

magere Zahlen = Rn. **Sachverzeichnis**

– Überwachung **20** 1 ff., 14 ff.
– Vorratsspeicherung **20** 50
Datenschutzbeauftragte
– Bundesnachrichtendienst **19** 140, 146 f.
Datenschutz-Folgenabschätzung 20 82
Datenschutzgrundsätze 20 24 ff.
– Auskunftsrecht **20** 40
– Benachrichtigungspflichten **20** 39
– Berichtigung unrichtiger Daten **20** 41
– Beschwerderecht **20** 44
– Bestreitensvermerke **20** 41
– Betroffenenrechte **20** 38 ff.
– Bodycams **20** 29
– Datenübermittlungen **20** 31
– Doppeltürmodell **20** 31
– Drohnen **20** 26, 29
– Erforderlichkeit **20** 32 f.
– gesteigerter Schutz sensibler Daten **20** 36
– Grundsatz der hypothetischen Datenneuerhebung **20** 30
– Integrität **20** 37
– Löschungsrecht **20** 42
– Normbestimmtheit **20** 28
– Normenklarheit **20** 28
– Personenkategorien **20** 35
– rechtmäßige Verarbeitung **20** 27
– Richtigkeitsgrundsatz **20** 34
– Steuerungsfunktion gesetzlicher Verarbeitungsbefugnisse **20** 29
– Transparenz **20** 26
– Treu und Glauben **20** 25 f.
– Überprüfungsfristen **20** 33
– Unterscheidungen nach Personenkategorien **20** 35
– Verarbeitungseinschränkung **20** 43
– Vertraulichkeit **20** 37
– Videoüberwachung **20** 29
– Vorratsdatenspeicherung **20** 32
– Zweckbindung **20** 30 f.
Datenschutz-Übereinkommen 20 45
Datensicherheit 6 79
– Abfangen von Daten **34** 63; s. a. dort
– Ausspähen von Daten **34** 51; s. a. dort
– Computersabotage **34** 85; s. a. dort
– Datenveränderung **34** 73; s. a. dort
– Datenverarbeitung **20** 77
– Hacker-Tools **34** 100
– Nationales Waffenregister **49** 59
– Sicherungscodes **34** 99
– Vorbereitungstaten **34** 97 ff.
Datenspeicher 37 7
Datenüberführung 29 2 ff.
– Anforderungen **29** 18 ff., 25 ff.
– Angemessenheitsbeschluss **29** 35, 37, 123
– ausländische Empfänger **29** 31 ff., 117 ff.
– Datenschutz **29** 5
– Datenüberführung **29** 45
– Datenüberführungsermächtigungen **29** 38 ff.

– Datenübermittlung **29** 18
– Datenweiterverarbeitung **29** 7, 19
– Doppeltürmodell **29** 6
– Drittstaaten **29** 35, 120
– EMRK **29** 13
– EU-Mitgliedstaaten **29** 119
– Europarecht **29** 14 ff.
– Gesetzgebungskompetenz **29** 9
– Grundrechte **29** 12, 124
– IMSI-Catcher **29** 45
– innerhalb einer behördlichen Aufgabe **29** 39 ff.
– internationale Organisationen **29** 35, 117 ff.
– Landesverfassungsschutz **29** 51
– Nachrichtendienste **29** 46 ff.
– nachrichtendienstlich erlangte Daten **29** 92; s. a. dort
– Polizei **29** 40 ff.
– präventivpolizeilich erlangte Daten **29** 53 ff., 78; s. a. dort
– Spurenansatz **29** 44
– Staatsschutz **29** 52 ff.
– Staatsschutzrecht **29** 38 ff.
– strafprozessual erlangte Daten **29** 60 ff., 65; s. a. dort
– Strafverfahrensrecht **29** 43 ff.
– Transparenz **29** 26
– Überprüfbarkeit **29** 26
– Unionsgrundrechte **29** 16
– Verarbeitungszweck **29** 5
– Verfassungsrecht **29** 8
– Vollharmonisierung **29** 36
– Wohnraumüberwachung **29** 46
– Zufallsfunde **29** 39
– Zweckänderung **29** 5, 18
– zweigliedrige Struktur **29** 4 ff.
– zwischen Staatsschutzbehörden **29** 64 ff.
Datenübermittlungen 20 31, 56
– Abfangen von Daten **34** 63; s. a. dort
– ausländische Empfänger **29** 31 ff.
– Bestandsdaten **21** 29 ff.
– Datenüberführung **29** 2, 18; s. a. dort
– Vorratsdatenspeicherung **22** 17
Datenveränderung 34 73 ff.
– Konkurrenzen **34** 83
– Löschen **34** 76
– Rechtswidrigkeit **34** 81
– Strafantrag **34** 84
– subjektiver Tatbestand **34** 82
– Tathandlungen **34** 75 ff.
– Tatobjekt **34** 74
– Unbrauchbarmachen **34** 78
– Unterdrücken **34** 77
– Verändern **34** 79
Datenverarbeitung 20 52 ff.
– algorithmenbasierte Anwendungen **15** 31
– Angemessenheit **20** 70 ff.
– Ausland-Ausland-Fernmeldeaufklärung **20** 55
– Auslandsaufklärung **20** 102

1859

Sachverzeichnis

fette Zahlen = §§

- Bestimmtheitsgebot **20** 64
- Betroffenenrechte **20** 119
- Computersabotage **34** 87
- Cyberabwehr **15** 38 ff., 45 f.
- Datenschutzgrundsätze **20** 24; s. a. dort
- Datensicherheit **20** 77
- Datenüberführung **29** 2; s. a. dort
- Datenübermittlungen **20** 56
- Datenweitergabe an Dritte **20** 56
- Eingriffsgewicht **20** 71 f.
- Eingriffsrechtfertigung **20** 59 ff.
- Eingriffsschwelle **20** 74
- Einwilligung **20** 53
- EMRK **20** 104 ff.
- Erforderlichkeit **20** 69
- Geeignetheit **20** 67 f.
- geschützte Berufs-/Personengruppen **20** 76
- gesetzliche Grundlage **20** 64
- Grenze **20** 59
- Grundrechtseingriff **20** 52
- Grundrechtsschutz durch Verfahren **20** 78; s. a. dort
- Informationsverbund der Polizei **30** 38 ff.
- Kernbereich privater Lebensgestaltung **20** 60
- Kfz-Kennzeichenkontrolle **20** 58
- Landeskriminalämter **16** 37
- legitimer Regelungszweck **20** 66
- maschinelles Lernen **15** 30 ff.
- Massenüberwachung **20** 55
- Menschenwürde **20** 59
- Minderjährige **20** 76
- Normenklarheit **20** 64
- Notwendigkeit **20** 113 ff.
- Persönlichkeitsprofil **20** 62
- Persönlichkeitsrecht **20** 54
- Polizei **20** 5 ff.
- rechtmäßige Verarbeitung **20** 27
- rechtmäßiges Ziel **20** 112
- Rundumüberwachungsverbot **20** 61
- Selektoren **20** 57
- sensible Daten **20** 111
- spezifisches Fahndungsinteresse **20** 58
- strategische Telekommunikationsüberwachung **20** 65
- Suchbegriffe **20** 57
- Verhältnismäßigkeit **20** 63 ff.
- Vorratsdatenspeicherung **22** 1; s. a. dort

Datenverwendung 23 40 ff., 68 ff.
Datenweiterverarbeitung 29 7
- Anforderungen **29** 28 ff.
- Datenüberführung **29** 19
- Fehler bei der Datenüberführung **29** 29
- hypothetische Datenneuerhebung **29** 21 f.
- Qualität der Daten **29** 29
- Rechtmäßigkeit **29** 27
- Spurenansatz **29** 23 f.
- Weiterverarbeitungsermächtigung **29** 28

Dauerüberwachung 41 54 ff.

DDoS-Angriff 15 24
DDR-Staatssicherheit 4 78
Deliktsrecht 13 25
Demographie 1 19
Demokratie
- Kommunikation **5** 1
- Medien **5** 1; s. a. dort

Demokratieprinzip
- Parteiverbot **32** 13
- Rechtsstaat **4** 16

Demonstrationen 3 8
Denial of Service-Attacken 15 24 f.
Desinformationskampagnen 3 32
Desk-Prinzip 18 50
Deutsche Hochschule der Polizei 16 28
Dienstausweis 45 79
Dienstkleidung 45 80
Dienstleistungsfreiheit 5 23
Dienstrecht 46 1 ff.
- Beamte **46** 12; s. a. dort
- Disziplinarrecht **46** 148; s. a. dort
- Durchsetzung staatsschutzbezogener Pflichten **46** 90 ff., 125 ff., 136 ff.
- innere Bedrohungen **46** 1
- Mäßigungspflicht **46** 29 ff.
- Neutralitätspflicht **46** 37; s. a. dort
- Parteiverbot **32** 19 ff.
- Pflicht zu achtungs-/vertrauenswürdigem Verhalten **46** 52, 82 ff.; s. a. dort
- Pflicht zum treuen Dienen **46** 73 ff.
- Richter **46** 85 ff.
- Soldaten **46** 63; s. a. dort
- staatsschutzbezogene Pflichten **46** 12 ff.
- Treuepflicht **46** 12, 63 ff.; s. a. dort
- verfassungsfeindliches Handeln **46** 2; s. a. dort
- Verschwiegenheitspflicht **46** 46; s. a. dort
- Zurückhaltungspflicht **46** 29 ff., 77; s. a. dort

Dienststellenleitung 11 31
Dienstvergehen 46 151
- Soldaten **46** 172
- Zuverlässigkeitszweifel **12** 75 f.

Dienstvorschriften 19 137
digitale Wissensinfrastruktur 21 13
- Bankenaufsichtsrecht **21** 16
- Energiegroßhandel **21** 14
- Markttransparenzstelle für Kraftstoffe **21** 15
- Währungsrecht **21** 16

Digitalisierung
- Cyberabwehr **15** 1, 11
- Information **23** 2
- Informationsbeschaffung durch Private **21** 8; s. a. dort
- neue Medien **5** 26
- Verschlusssache **11** 32

Digitalmacht 1 27
Disequilibrium 1 33
Disziplinarmaßnahmen 46 152 ff.
- Aberkennung des Ruhegehalts **46** 160

magere Zahlen = Rn.

– Beispiele **46** 170, 179 ff.
– Entfernung aus dem Dienst **46** 158
– Geldbuße **46** 155
– Judikatur **46** 170, 179 ff.
– Kriterien der Auswahl **46** 162 f.
– Kürzung der Dienstbezüge **46** 156
– Kürzung der Ruhegehaltsbezüge **46** 159
– Soldaten **46** 173 f.
– Verweis **46** 154
– Zurückstufung **46** 157
– Zuständigkeit **46** 161
Disziplinarrecht 46 148 ff.
– Beamte **46** 150 ff.
– Dienstvergehen **46** 151
– Disziplinarmaßnahmen **46** 152; *s. a. dort*
– Disziplinarverfahren, behördliches **46** 165 ff.
– Disziplinarverfahren, gerichtliches **46** 169
– Soldaten **46** 171 ff.
Disziplinarverfügung 46 176
Dokumentationspflichten 20 80
Dolmetscher 43 87 ff.
Doppelagent 27 11
doppelfunktionale Maßnahmen 23 35
Doppeltürmodell
– Bestandsdaten **21** 19
– Datenschutzgrundsätze **20** 31
– Datenüberführung **29** 6
– Standortdatenabfrage **26** 12
– Telemedienanbieter **21** 80
– Terrorismusfinanzierungsbekämpfung **38** 55
Dritte 21 6 ff.
Drittstaaten 29 35, 120
drohende Gefahr 51 34 ff.
– Antiterrordatei/Data-mining **51** 43
– Baden-Württemberg **51** 57 f.
– Bayern **51** 51 ff.
– Bestandsdatenauskunft II **51** 42
– BKAG 2018 **51** 49 f.
– Brandenburg **51** 64 f.
– Bundesverfassungsgericht **51** 38 ff.
– elektronische Aufenthaltsüberwachung **41** 30
– konkretisierte Gefahr **51** 35
– Niedersachsen **51** 73 ff.
– Nordrhein-Westfalen **51** 59 ff.
– Polizeigesetze **51** 46 ff.
– Sachsen **51** 66 ff.
– Schleswig-Holstein **51** 76 f.
Drohnen 20 26, 29
– Generalbundesanwalt **42** 141
– technische Standortbestimmung **26** 88
dual use-Güter
– Generalbundesanwalt **42** 129
– terroristische Tatmittel **35** 8, 71
Duopol 9 1
Durchleuchtung von Personen 50 97
Durchsuchung 5 94
– offene Datenerhebung **23** 20 ff., **27** 5 ff.

Durchsuchung von Personen 50 96
dynamische IP-Adressen 21 48

EASO 9 61
Echokammern 1 25
Echtzeiterhebung 26 23
Eggesin 42 83
EGMR
– Grundrechtsschutz durch Verfahren **20** 117
– Notstandsrechtsschutz **3** 146
– Parteiverbot **32** 11
– Überwachung **20** 114
ehrenamtliche Richter 4 77
Eigenerklärung 46 123
Eigensicherung
– Anstaltspolizei **10** 20
– Bordsicherheit **50** 89
– Bundeskriminalamt **10** 31 ff.
– Bundesnachrichtendienst **19** 75
– Bundespolizei **10** 15 ff.
– Bundestag **10** 51
– Bundeswehr **10** 40; **52** 42
– Grundgesetz **10** 19
– Landespolizei **10** 59
– Schutz von Verfassungsorganen/Sicherheitsbehörden **10** 12
– verdeckter Ermittler **27** 121 ff.
– Vertrauensperson **28** 77 ff.
Eilfälle 3 126
Einflugverbot 50 77
Eingriffsintensität 28 31 ff.
Eingriffsschwelle
– Bestandsdatenauskunft **21** 43
– verdeckter Ermittler **27** 68 ff.
– Vertrauensperson **28** 56
Einheit 33 32
Einlasskontrolle 43 102 ff.
Einreise-/Ausreisesystem EES 9 92
einsame Wölfe
– Islamistischer Terrorismus **42** 72
– Rechtsextremismus **42** 89
Einsatzdokumentation 27 158 ff.
Einsatzführung 28 55
Einsatzregeln 53 102 ff.
einstweilige Anordnung 32 32
Einwilligung
– Datenverarbeitung **20** 53
– verdeckt ermittelnde Personen **27** 34 ff.
Einziehung
– Kommunikationsdelikte **37** 18
– Terrorismusstrafrecht **36** 101
– terroristische Tatmittel **35** 108 ff.
– Vereinsverbot **47** 39 f., 46
elektronische Aufenthaltsüberwachung 41 4 ff.
– Bayern **41** 36 ff.
– Befristung **41** 38
– Berufsfreiheit **41** 24

1861

Sachverzeichnis

fette Zahlen = §§

- Bewegungsbild **41** 37
- bundesrechtliche Maßnahme **41** 32 ff.
- Bundesverfassungsgericht **41** 16
- drohende Gefahr **41** 30
- Freiheit der Person **41** 22
- Freizügigkeit **41** 23
- Führungsaufsicht **41** 44 ff.
- Funktionsweise **41** 10 ff.
- Gefahrenabwehr **41** 28, 32 ff., 35 ff.
- gerichtliche Anordnung **41** 33
- Grundrechte **41** 16
- Hamburg **41** 43
- landesrechtliche Maßnahme **41** 35 ff.
- Menschenwürde **41** 16
- Persönlichkeitsrecht **41** 19
- Polizeirecht **25** 80; **41** 7 ff.
- Rechtsgrundlagen **41** 4 ff.
- Rechtsschutz **41** 34
- Resozialisierungsgebot **41** 19
- Sicherungsverwahrung **41** 52 f.
- Strafrecht **41** 4 ff.
- Unverletzlichkeit der Wohnung **41** 25
- Verfassungsrecht **25** 79
- Vorfeldschwelle **41** 30
- Weisung **41** 44 ff., 52 f.
- Wohnraumüberwachung **25** 78 ff.

Embargoverordnungen 38 15 ff.
EMCDDA 9 60
EMRK
- Auslandsaufklärung **19** 69
- Betroffenenrechte **20** 119
- Datenschutz **20** 45 ff.
- Datenüberführung **29** 13
- Datenverarbeitung **20** 104 ff.
- Freiheit **6** 48
- Grundrechtseinschränkungen **3** 113
- Grundrechtsverwirkung **32** 46
- informationelle Zusammenarbeit **30** 13
- Konfrontationsrecht **4** 147
- Medienfreiheit **5** 20 f.
- Notstandsrechtsschutz **3** 146
- Parteiverbot **32** 11
- Sicherheit **6** 48
- Überwachung **20** 105 ff.
- Unterbindungsgewahrsam **41** 63
- Verfassungsrecht **2** 24

Encrochat 23 98 ff.
Endverbleibsklausel 49 89
Energiegroßhandel 21 14
Energieversorgung
- IT-Sicherheit **14** 35
- Monitoring **14** 37
- Schutz kritischer Infrastrukturen **14** 35 ff.
- Sicherheit **14** 36
- Störung der normalen ~ **14** 39
- Systemverantwortung **14** 36
- Vorratshaltung **14** 38
- Zuverlässigkeit **14** 36

Entfernung aus dem Dienst 46 158
Entschädigungsanspruch 40 128
entwürdigende/erniedrigende Behandlung 39 30 ff.
Entziehung 34 11
Entziehung der Fahrerlaubnis 40 2
ePrivacy-RL 21 65
- Vorratsdatenspeicherung **22** 68

Erfolgsqualifikation
- Angriffe auf den Luft-/Seeverkehr **34** 134
- Beschädigung wichtiger Anlagen **34** 45 f.

Erforderlichkeit
- Datenschutzgrundsätze **20** 32 f.
- Datenverarbeitung **20** 69
- vorläufiges Berufsverbot **40** 112

Ergänzungsrichter/-schöffen 43 81 ff.
Erhebungsverbot 23 69
erkennungsdienstliche Maßnahmen 41 84 ff.
Erlangung 13 40
Ermächtigungserfordernis 36 102 ff.
- Ermessen **36** 104
- Staatsanwaltschaft **36** 105
- Staatsschutzstrafverfahren **43** 23 ff.
- Strafantrag **36** 103

Ermessen
- Auskunftsrecht **20** 87 f.
- Ermächtigungserfordernis **36** 104
- Generalbundesanwalt **42** 34
- innerer Notstand **3** 43
- Nebentätigkeiten **46** 105
- Parteiverbot **32** 10
- politische Straftat **44** 29
- Präsidentenanklage **32** 26
- regionale Katastrophe **3** 21
- Rehabilitation **40** 68
- Richteranklage **32** 45
- Vereinsverbot **47** 29
- Versammlungsbeschränkung/-verbot **48** 25
- vorläufiges Berufsverbot **40** 118

Ermittlungsmaßnahmen
- Darknet **49** 51 ff.
- Kommunikationsdelikte **37** 21
- Vereinsverbot **47** 13

Ermittlungsmaßnahmen, strafprozessuale 36 29 f.
- Terrorismusstrafrecht **35** 112 ff.

Ermittlungsrichter
- Generalbundesanwalt **42** 33
- verdeckter Ermittler **27** 95

Ermittlungsschranken 4 41
Ermittlungsverfahren
- Berufsverbot **40** 89
- Generalbundesanwalt **42** 9 ff., 25, 32 ff., 65 ff.
- Verlust staatsbürgerlicher Rechte **40** 37

Errichtungsanordnungen 20 81
Ersatzorganisationen 47 52 ff.
ETIAS-System 9 93

Sachverzeichnis

EU
- Bundesnachrichtendienst **19** 41
- kollektives Sicherheitssystem **53** 46
- regionale Abmachungen **8** 71 f.

EU Global Strategy 1 29, 31
EU Innovation Hub for Internal Security 9 66
EU-Finanzinformationsrichtlinie 38 23
EU-Geldwäschegesetzgebung 38 20 ff.
EU-Geldwäschestrafrechtsrichtlinie 38 23, 49

EuGH
- Grundrechtecharta **3** 145
- Notstandsrechtsschutz **3** 141 ff.
- Sicherheitsgewährleistung **9** 45 f.
- Vorratsdatenspeicherung **22** 12

EU-Hochverrat 33 86
eu-LISA 7 57; **9** 62
EU-Mitgliedstaaten 29 119
Eurocontrol-Übereinkommen 50 30
Eurodac 9 90
Eurojust 7 53; **9** 53
- Rechtshilfe **44** 7

Europäische Grundrechteagentur 9 63
Europäische Kommission
- Sicherheitsgewährleistung **9** 39 ff.
- Vorratsdatenspeicherung **22** 71

europäische Kooperation 7 38 f., 46 ff.; **9** 1 ff.
- administrative Infrastruktur **9** 2
- COSI **7** 48 f.
- eu-LISA **7** 57
- Eurojust **7** 53
- Europäische Staatsanwaltschaft **7** 54; **9** 68 f.
- Europäische Verteidigungsagentur **9** 70
- Europäisches Justizielles Netz in Strafsachen **7** 53
- Europol **7** 51
- Frontex **7** 55
- Gemeinsame Zentren **7** 60
- Gewaltmonopol **9** 1
- Institut der EU für Sicherheitsstudien **9** 71
- Kompetenzen der EU **9** 10; s. a. dort
- Polizeiverträge **7** 59
- Rat für Justiz und Inneres **7** 48
- Raum der Freiheit, der Sicherheit und des Rechts **7** 46
- Schengen-Besitzstand **7** 58
- Sicherheitsagenturen **7** 50 ff.
- Sicherheitsarchitektur **9** 34 ff.
- Sicherheitsprogramme **7** 47
- Sicherheitsunion **9** 3; s. a. dort
- Unionsagenturen **9** 47; s. a. dort
- Unionsorgane **9** 35 ff.
- Unionsverfassungsrecht **9** 10 ff.

europäische Sicherheitsstrategie 9 5
Europäische Staatsanwaltschaft 7 54; **9** 68 f.
Europäische Verteidigungsagentur 9 70

Europäische Verteidigungsgemeinschaft 52 17
Europäischer Amtsträger 33 82
Europäischer Auswärtiger Dienst 9 42
Europäischer Feuerwaffenpass 49 47
Europäischer Haftbefehl
- politische Straftat **44** 31
- politische Verfolgung **44** 50 ff.

Europäischer Rat 9 35 ff.
Europäischer Verteidigungsfonds 9 103
Europäisches Auslieferungsübereinkommen 44 85
Europäisches Justizielles Netz 7 53
- Rechtshilfe **44** 7

Europäisches Parlament 9 43 f.
Europäisches Strafregisterinformationssystem 9 89
Europäisches Übereinkommen zur Bekämpfung des Terrorismus **44** 64 ff.
- politische Verfolgung **44** 70

Europarat
- regionale Abmachungen **8** 74
- Terrorismusfinanzierung **38** 12
- Terrorismusstrafrecht **36** 145 ff.

Europarecht
- Auslandsaufklärung **19** 66 ff.
- Bundesnachrichtendienst **19** 182
- Datenüberführung **29** 14 ff.
- europäische Kooperation **7** 38; **9** 1; s. a. dort
- innerer Notstand **3** 119
- Luftsicherheitsrecht **50** 34 ff.
- Medienfreiheit **5** 19 ff.
- mitgliedstaatliche Sicherheitsbehörden **9** 32 f.
- Notstand **3** 117 ff.
- Persönlichkeitsrecht **20** 17
- Präsidentenanklage **32** 28
- Sicherheit **2** 23 f.; **6** 36 ff.; **9** 3
- Sicherheitsarchitektur **9** 34 ff.
- Sicherheitsgewährleistung **2** 23 f.
- Sicherheitsgewerbe **45** 22 ff.
- Terrorismusfinanzierung **38** 13 ff.
- Terrorismusstrafrecht **36** 138 ff.
- Unionsorgane **9** 35 ff.
- Verteidigungsfall **3** 120
- Vorratsdatenspeicherung **21** 65 f., 68; **22** 8 ff.

European Counter Terrorism Center 38 14
Europol 7 51; **9** 49 ff.
- EU Innovation Hub for Internal Security **9** 66
- Rechtshilfe **44** 7

Europol-Informationssystem 9 88
EU-Terrorismusrichtlinie 38 24
EU-Verordnung gegen Online-Propaganda 36 139 ff.
Evokation 42 12
Explosion 35 49
- Angriffe auf den Luft-/Seeverkehr **34** 129

explosionsfähige Stoffe 49 75
explosionsgefährliche Stoffe 49 71, 74

1863

Sachverzeichnis

fette Zahlen = §§

Explosivstoffe **49** 72
Exportkontrolle **1** 54 ff.
externe Datenschutzaufsicht **20** 101
Extremismus **1** 46 ff.

Fachgerichte 3 132
facilitating conditions 1 8
Fahrlässigkeit
– Beschädigung wichtiger Anlagen **34** 44, 46
– gefährliche Eingriffe in den Verkehr **34** 119 f.
– Störung von Telekommunikationsanlagen **34** 35
Fahrverbot 40 2
fair trial-Prinzip
– Pflichtverteidiger **36** 135
– verdeckt ermittelnde Personen **27** 33
– verdeckter Ermittler **27** 176, 183 ff.
– Vertrauensperson **28** 99
Feindstrafrecht 33 13 f.
– Vorfeldkriminalisierung **36** 112
Fernmeldegeheimnis 24 18, 23
– Anbieter von Telekommunikationsdiensten **24** 27
– Cyberabwehr **15** 55 ff.
– informationelle Zusammenarbeit **30** 12
– Legende **24** 26
– Smart Home-Datenerhebung **25** 40
– Telekommunikation **24** 24; s. a. Telekommunikationsfreiheit
– verdeckt ermittelnde Personen **27** 32
– Vertraulichkeit der Kommunikationsinhalte **24** 25
Feststellung des Verteidigungsfalles 3 78 ff.
– Bundesrat **3** 80
– Bundesregierung **3** 79
– Bundestag **3** 80
– Fiktion der ~ **3** 83
– Gemeinsamer Ausschuss **3** 81
– Initiativrecht **3** 79
– Verkündung **3** 82
Feuerwehr 7 34
Financial Action Task Force 38 10 f.
Financial Intelligence Unit 38 56 ff.; **42** 119
– Filterfunktion **38** 58
– Generalzolldirektion **38** 56
– Informationsaustausch **38** 57
– Koordinierung **38** 57
– Sofortmaßnahmen **38** 59
Finanzdaten 22 4
Finanzierung der Sicherheitsunion 9 97 ff.
– Drittstaaten-Projekte **9** 104
– Fonds für die innere Sicherheit **9** 99
– Fonds für integrierte Grenzverwaltung **9** 100
– mitgliedstaatliche Sicherheitsressourcen **9** 98 ff.
– Sicherheitsforschung **9** 101 f.
– Verteidigung **9** 103
Finanzierungsausschluss 32 16 ff.
Finanzwesen 14 40 f.

Flaggen 37 32
Flaggenrecht 50 48
Flüchtlingskrise 1 48
Fluggastdatenaustausch 50 33
Fluggastkontrollen 45 90
Flugpassagier 41 88
Flugpassagierdaten 9 96
– Vorratsdatenspeicherung **22** 4, 48 ff.
Flugsicherung 45 32
föderative Streitigkeiten 3 125
Fonds für die innere Sicherheit 9 99
Fonds für integrierte Grenzverwaltung 9 100
Foreign Terrorist Fighters
– Islamistischer Terrorismus **42** 71, 73
– Vorbereitung einer staatsgefährdenden Gewalttat **36** 36
forensische Wahrheit 17 33
Fraktionen 47 4
Freiheit
– EMRK **6** 48
– Rechtsstaat **4** 6
– Sicherheit **6** 7 ff.
– Zwickmühle der Freiheit **6** 9
Freiheit der Person 41 22
freiheitlich demokratische Grundordnung 2 18 ff.
– Änderungsschutz **4** 4
– Grundrechtsverwirkung **32** 49
– innerer Notstand **3** 41
– Kommunikationsdelikte **37** 23
– Parteiverbot **32** 12 f.
– Propagandamittel **37** 46
– Richteranklage **32** 43 f.
– Sicherheitsrisiko **12** 82 f.
– Staatsschutz **33** 7
– Terrorismusstrafrecht **36** 16
Freiheitsstrafe 40 18, 24 f.
Freikorps Havelland 42 84
Freizügigkeit 41 23
Frieden 33 4
Friedhelm Busse 42 82
friedliche Streitbeilegung 8 15 ff.
– Generalsekretär **8** 17
– Generalversammlung **8** 16
– IGH **8** 17
– Sicherheitsrat **8** 16
– Vorrang **8** 15
Friedlichkeit 4 5
Frontex 7 55
FTC 38 5 f.
Führungsaufsicht
– elektronische Aufenthaltsüberwachung **41** 4, 44 ff.; s. a. dort
– terroristische Tatmittel **35** 111
Führungszeugnis
– Zuverlässigkeitsprüfung **45** 51
Funktionsträgertheorie 19 58

magere Zahlen = Rn.

Sachverzeichnis

Funkzellen
- IMSI-Catcher **26** 48
- Standortdatenabfrage **26** 11
- stille SMS **26** 63 f.

Funkzellenabfrage 26 26 ff.
- Eilkompetenz **26** 44
- Kommunikationsüberwachung **24** 100
- Netzbetreiber **26** 29
- präventive ~ **26** 31 ff.
- Rechtsschutz **26** 38, 45 f.
- repressive ~ **26** 39 ff.
- retrograde Standortdaten **26** 43
- Richtervorbehalt **26** 36, 44
- technische Konzeption **26** 28 ff.
- Verhältnismäßigkeit **26** 27
- Voraussetzungen **26** 32 ff., 40 ff.

Fusion-Centers 18 55

Fußfessel 41 4
- s. a. elektronische Aufenthaltsüberwachung

G10-Kommission
- Bundesnachrichtendienst **19** 161
- Grundrechtsschutz durch Verfahren **20** 93 ff.

Gatekeeper 1 25

Gebäudesicherheit 43 98 ff.

Gefahr 3 38

Gefährder 42 56 ff.; **51** 1 ff.
- Anfangsverdachtsprüfung **42** 60
- Aufenthaltsrecht **51** 24 ff.
- Aufsichtsmittel **41** 2
- ausländischer ~ **51** 24 ff.
- Begriff **51** 11 ff., 15 f.
- Bestimmtheitsgebot **51** 29
- drohende Gefahr **51** 34; s. a. dort
- Einstufung **42** 57
- exekutivische Gefährderkonzeption **51** 11 ff.
- Gefährderansprache **51** 13
- Gefahrerforschungsmaßnahme **51** 33
- islamistische ~ **51** 6
- öffentliche Sicherheit **51** 30
- Perspektiven **51** 78 f.
- Polizei **42** 57
- Polizeiliche Kriminalstatistik **51** 7 ff.
- Prognoseentscheidung **51** 19 ff.
- RADAR-iTE **51** 22
- Rechtsextremismus **42** 93
- Sammelverfahren **42** 61 f.
- Sicherheitsrecht **4** 38
- Staatsanwaltschaft **42** 58
- Terrorismus **51** 4
- Verhältnismäßigkeit **51** 28
- Vorermittlungen **42** 60
- vorverlagerte Gefahrenabwehr **51** 32

Gefahren aus dem Luftraum 50 74 ff.
- Einflugverbot **50** 77
- Landeverbot **50** 76
- luftfahrzeugbezogene Maßnahmen **50** 77
- luftraumbezogene Maßnahmen **50** 74 ff.

- Luftsperr-/-beschränkungsgebiete **50** 75
- Renegade-Fall **50** 78; s. a. dort
- Startverbot **50** 76, 77
- Überflugverbot **50** 76, 77

Gefahren von besonderer Bedeutung 3 2, 8 ff.
- Amtshilfe **3** 15
- Anforderung von Hilfe **3** 12
- Anwendungsfälle **3** 8
- Arbeitskämpfe **3** 8
- besondere Bedeutung **3** 10
- Beurteilungsspielraum **3** 11
- Bundespolizei **3** 13 f.
- Demonstrationen **3** 8
- Folgen **3** 13 f.
- innerer Notstand **3** 15
- Konkurrenzen **3** 15
- Kostentragung **3** 14
- Naturkatastrophen **3** 15
- öffentliche Ordnung **3** 9
- öffentliche Sicherheit **3** 9
- Razzien **3** 8
- schwere Unglücksfälle **3** 15
- Sicherheitsbehörde **3** 12
- Verweigerung von Unterstützung **3** 14
- Voraussetzungen **3** 9 ff.

Gefahrenabwehr
- anlasslose Erhebung von Telekommunikationsdaten **15** 70
- Bestandsdatenauskunft **21** 41
- elektronische Aufenthaltsüberwachung **41** 28, 32 ff., 35 ff.
- Gefahrenabwehreinrichtungen **34** 8
- Inlandsaufklärung **18** 16
- internationale Kooperation **8** 10
- Kommunikationsüberwachung **24** 37
- Mandatskommunikation **4** 97
- Terrorismusfinanzierung **38** 26
- Vereinsrecht **47** 1; s. a. dort
- Versammlungsrecht **48** 1, 18 ff.; s. a. dort
- Vorfeldkriminalisierung **36** 111

Gefahrenabwehreinrichtungen 34 8

Gefahrenabwehrrecht 14 67

Gefahrenschwelle 21 40

Gefahrenvorfeld 17 18

Gefahrenvorsorge 51 1

gefährliche Eingriffe in den Verkehr 34 106 ff.
- ähnlich gefährlicher Eingriff **34** 116
- Anlagen **34** 113
- Fahrlässigkeit **34** 119 f.
- Geben falscher Zeichen/Signale **34** 115
- Konkurrenzen **34** 122
- Luftverkehr **34** 110
- Qualifikationstatbestände **34** 121
- Schienenverkehr **34** 110
- Schiffsverkehr **34** 110
- Schwebebahnverkehr **34** 110

Sachverzeichnis
fette Zahlen = §§

- Straßenverkehr **34** 111
- subjektiver Tatbestand **34** 118 ff.
- Tatererfolg **34** 117
- Tathandlungen **34** 112
- Verkehrsarten **34** 110 f.

gefährliche Körperverletzung 35 52
gefährliche Werkzeuge 35 24 ff.
Gefahrvorfeld 18 2
Gefühlschutztheorie 33 16
Gegenspionage 18 25
Gegenversammlungen 48 26
Gegenvorstellung 27 180
Gegenzeichnung 32 27
Geheimdienste 18 8
- Generalbundesanwalt **42** 123

Geheime Staatspolizei 18 12
Geheimhaltungsgrade 11 8, 27 ff.
Geheimhaltungsinteresse 27 177 ff.
Geheimnishehlerei 13 81
Geheimnisverrat 13 80
Geheimpatente 11 2
Geldbuße 46 155
Geldwäsche 38 48 f.
- Terrorismusfinanzierung **36** 49 ff.

Geldwäschebeauftragte 38 29
Geldwäscheprävention 22 4
Gemeinsame Analyse- und Strategiezentrum Illegale Migration 7 44
Gemeinsame Dateien 7 45; **30** 43 ff.
Gemeinsame Ermittlungsgruppen 7 64
Gemeinsame Sicherheits- und Verteidigungspolitik 52 108
Gemeinsame Zentren 7 43, 60; **31** 4 ff.
- Aufklärung durch Strafverfahren **17** 24
- Gemeinsames Analyse- und Strategiezentrum Schleusungskriminalität **31** 39
- Gemeinsames Extremismus- und Terrorismusabwehrzentrum **31** 35
- Gemeinsames Internetzentrum **31** 36
- Gemeinsames Terrorismusabwehrzentrum **31** 4; s. a. dort
- nationales Cyber-Abwehrzentrum **31** 37 f.

Gemeinsamer Ausschuss
- Feststellung des Verteidigungsfalles **3** 81
- Verteidigungsfall **3** 90 ff.

Gemeinsames Analyse- und Strategiezentrum Schleusungskriminalität 31 39
Gemeinsames Extremismus- und Terrorismusabwehrzentrum 7 44; **31** 35
- Arbeitsweise **42** 51
- Generalbundesanwalt **42** 49 ff.
- operativer Informationsaustausch **42** 52
- tägliche Lage **42** 52
- Wissensgenerierung **16** 59

Gemeinsames Internetzentrum 7 44; **31** 36
- Wissensgenerierung **16** 60 f.

Gemeinsames Melde- und Lagezentrum 7 44

Gemeinsames Terrorismusabwehrzentrum 7 43; **31** 4 ff.
- Agentur sui generis **31** 22
- Analysestellen **31** 8
- Arbeitsgruppe Risikomanagement **16** 41
- Arbeitsgruppen **31** 9 ff.
- Arbeitsweise **31** 7 ff.; **42** 51
- Behörde **31** 21
- Bundeskriminalamt **31** 6
- Gebot des effektiven Rechtsschutzes **31** 32
- Generalbundesanwalt **42** 49 ff.
- Kontrolle **31** 30
- Netzwerk **31** 23
- operativer Informationsaustausch **42** 52
- Organisation **31** 6
- Rechtmäßigkeit **31** 24 ff.
- Rechtsform **31** 20 ff.
- Rechtsgrundlage **31** 24
- Standort **31** 6
- statusrechtliche Begleitmaßnahmen **42** 53
- tägliche Lage **42** 52
- Transparenz **31** 31
- Trennungsprinzip, informationelles **31** 26 ff.
- Ursprung **31** 4 f.
- Weiterentwicklung **31** 18 f.
- Wissensgenerierung **16** 56 ff.

Gemeinwohlgut Sicherheit 2 11
Genehmigungspflichten 21 5
Generalbundesanwalt 42 4 ff.
- 360-Grad-Betrachtung **42** 120
- Abgabeverbot **42** 29
- ausländische Streitkräfte **42** 140 f.
- Auslandsberührung **42** 35 ff.
- Auslandseinsätze der Bundeswehr **42** 138
- Außenwirtschaftsgesetz **42** 19
- Äußere Sicherheit **42** 15 ff., 120 ff.
- besondere Einstellungsmöglichkeiten **42** 34 ff.
- core-crimes der Menschheit **42** 131
- Cyberangriffe **42** 122
- Drohnen **42** 141
- dual use-Güter **42** 129
- Ermessen **42** 34
- Ermittlungsrichter **42** 33
- Ermittlungsverfahren **42** 9 ff., 25, 32 f., 65 ff.
- Ermittlungszuständigkeiten **42** 6
- ganzheitlicher Bekämpfungsansatz **42** 46 ff.
- geborene Staatsschutzdelikte **42** 10 f.
- Gefährder **42** 56; s. a. dort
- geheimdienstliche Aktivitäten **42** 123
- gekorene Staatsschutzdelikte **42** 12
- Gemeinsames Extremismus- und Terrorismusabwehrzentrum **42** 49 ff.
- Gemeinsames Terrorismusabwehrzentrum **42** 49 ff.
- gerichtliche Überprüfbarkeit **42** 25 f.
- Gerichtsverfassungsrecht **42** 9 ff.
- Gewaltenteilung **42** 7
- Heranwachsende **42** 24

magere Zahlen = Rn.

Sachverzeichnis

– Innere Sicherheit **42** 15 ff., 66 ff.
– internationale Organisation **42** 16
– Islamistischer Terrorismus **42** 67; *s. a. dort*
– Jugendliche **42** 24
– klassische Terrorismusverfahren **42** 66
– Kompetenzbestimmungsrecht **42** 27
– Kriegsverbrechen **39** 19
– Kriegswaffenkontrollrecht **42** 19
– Landesverrat, publizistischer **42** 127
– Legalresidenturen **42** 121
– Linksterrorismus, internationaler **42** 109 ff.
– Linksterrorismus, nationaler **42** 96; *s. a. dort*
– Minderjährige **42** 24
– Nachrichtendienste **42** 123
– NSA-Datenskandal **42** 124
– operativer Informationsaustausch **42** 52
– Opferstaatsanwälte **42** 63
– Opportunität **42** 34
– Perspektiven **42** 143 ff.
– PKK **42** 110; *s. a. dort*
– Proliferation **42** 19, 129
– Rechtsextremismus **42** 80; *s. a. dort*
– Rechtsrahmen **42** 8 ff.
– Rückübernahme **42** 31
– Sachverhalt von besonderer Bedeutung **42** 20 ff.
– Sammelverfahren **42** 27, 61 f.
– schwere Nachteile **42** 39 f.
– Separatismus **42** 109 ff.
– Sequenzzuständigkeit **42** 8
– Spionage **42** 123
– Staatsanwaltschaften der Länder **42** 27 ff.
– Staatsschutzkammer **42** 13
– Staatsschutzstrafrecht **39** 6
– Staatsterrorismus **42** 128
– Straftaten einer teils ausländischen Vereinigung **42** 14
– Syrien-Irak-Konflikt **42** 142
– tätige Reue **42** 41 f.
– Terrorismusabwehrzentren **42** 49
– Terrorismusfinanzierung **42** 117 ff.
– überwiegende öffentliche Interessen **42** 39 f.
– Verfahrensabgaben **42** 29 f.
– Verfahrensvorlagen **42** 28
– Verratsdelikte **42** 126 f.
– Völkermord in Ruanda **42** 136 f.
– Völkerstrafgesetzbuch **42** 132
– Völkerstrafrecht **39** 6; **42** 43 f., 130 ff.; *s. a. dort*
– Zusammenhangstaten **42** 23
– Zuständigkeit, evokative **42** 12 ff.
– Zuständigkeit, originäre **42** 10 f.
Generalsekretär
– friedliche Streitbeilegung **8** 17
– Model Status of Forces Agreement **8** 59
– UN-Friedensmissionen **8** 59
Generalversammlung
– friedliche Streitbeilegung **8** 16
– Rüstungskontrolle **8** 19

GEOINT 19 107
Geospatial Intelligence 19 107
Gepäckstücke 50 98
Gerätenummer 24 102
Gerichtsbesetzungseinwendungen 43 146 ff.
Gerichtskosten 40 72
Gerichtsverfassungsrecht 42 9 ff.
Gesamtverteidigung 52 56 ff.
Geschäftsgeheimnis-Richtlinie 13 12
Geschäftsgeheimnisse 13 17, 19, 29 ff.
– Arbeitsverhältnisse **13** 47
– berechtigtes Geheimhaltungsinteresse **13** 35
– Entdeckung/Schöpfung **13** 45
– Erlangung **13** 40
– erlaubte Handlungen **13** 43 ff.
– Geheimhaltungsmaßnahmen **13** 34
– Geheimnishehlerei **13** 81
– Geheimnisverrat **13** 80
– GeschGehG **13** 12; *s. a. dort*
– Inhaber **13** 36
– Nutzung **13** 41
– Offenlegung **13** 42
– Reverse Engineering **13** 46
– unzulässige Informationserlangung **13** 50
– Vorlagenfreibeuterei **13** 82
– Whistleblowing **13** 54; *s. a. dort*
– wirtschaftlicher Wert **13** 32
GeschGehG 13 12 ff., 27 ff.
– Arbeitsverhältnisse **13** 47
– Auslandstaten **13** 85
– berechtigtes Geheimhaltungsinteresse **13** 35
– Betriebsspionage **13** 78
– Entdeckung/Schöpfung des Geheimnisses **13** 45
– Erlangung eines Geschäftsgeheimnisses **13** 40
– erlaubte Handlungen **13** 43 ff.
– Geheimnishehlerei **13** 81
– Geheimnisverrat **13** 80
– Geschäftsgeheimnisse **13** 29
– Geschäftsgeheimnisverfahrensrecht **13** 74
– Information **13** 30 ff.
– Inhaber des Geschäftsgeheimnisses **13** 36
– mittelbare Geheimniserlangung **13** 53
– Nutzung eines Geschäftsgeheimnisses **13** 41
– Nutzung, rechtswidrige **13** 52
– Offenlegung eines Geschäftsgeheimnisses **13** 42
– Offenlegung, rechtswidrige **13** 52
– Qualifikationstatbestände **13** 83
– rechtsverletzendes Produkt **13** 38
– Rechtsverletzer **13** 37
– Reverse Engineering **13** 46
– strafrechtliche Folgen **13** 75
– unzulässige Informationserlangung **13** 50
– verbotene Handlungen **13** 49 ff.
– versuchte Beteiligung **13** 84
– Verwendung eines Geheimnisses nach eigener Vortat **13** 79

1867

Sachverzeichnis

fette Zahlen = §§

- Vorbereitungshandlungen **13** 18, 84
- Vorlagenfreibeuterei **13** 82
- Whistleblowing **13** 54; *s. a. dort*
- zivilrechtliche Folgen **13** 72 ff.

Gesetzgebungskompetenz Verteidigungsfall 3 86

Gesetzgebungsverfahren Verteidigungsfall 3 89

gesetzlicher Richter 4 105 ff.
- gekorene Staatsschutzdelikte **4** 107
- örtliche Zuständigkeit **4** 106
- sachliche Zuständigkeit **4** 106

gesundheitsschädliche Stoffe 35 24 ff., 73

Gewährsperson
- Befugnisse **28** 87 f.
- Informant **28** 15

Gewaltenteilung 4 59 ff.
- Generalbundesanwalt **42** 7
- Justiz **4** 67 ff.
- Legislative **4** 61; *s. a. dort*
- Rechtsstaat **4** 23 f.
- Sicherheitsüberprüfung **4** 60

Gewaltmaßnahmen 37 70

Gewaltmonopol 8 1
- Bundestag **10** 52
- Duopol **9** 1

Gewaltverbot 8 37
- internationale Kooperation **8** 75 f.
- Staatsschutzstrafrecht **33** 46

Gewerbe 40 82

Gewerberecht
- Sicherheitsgewerbe **45** 38 ff.
- Sprengstoffrecht **49** 70

Gewerbezentralregister 45 51

Gifte 35 24 ff., 50, 73

Global Trends 1 15 f., 17 ff., 33 f.
- A World Adrift **1** 28
- Anspruchshaltung der Bevölkerung **1** 26
- aufkommende Dynamiken **1** 24 ff.
- Äußere Sicherheit **1** 36
- Competitive Coexistence **1** 28
- Demographie **1** 19
- Digitalmacht **1** 27
- Echokammern **1** 25
- Gatekeeper **1** 25
- Gesellschaft der Zukunft **1** 24
- Hypervernetzung **1** 23, 25
- Klimawandel **1** 20
- Megatrends **1** 18 ff.
- National Intelligence Council **1** 17
- Renaissance der Demokratien **1** 28
- Separate Silos **1** 28
- Technologie **1** 22
- Tragedy and Mobilization **1** 28
- Umwelt **1** 20
- Urbanisierung **1** 26
- Wirtschaft **1** 21
- Wohlstandszuwächse **1** 26

Globalisierung 1 39

Gnadenrecht
- Berufsverbot **40** 127
- Verlust staatsbürgerlicher Rechte **40** 76

GPS-Daten 26 77, 92

GPS-Sender 26 74, 76

grausame/unmenschliche Behandlung 39 23 f.

Großer Lauschangriff 24 83 ff.; **25** 3
- Bundesnachrichtendienst **19** 109
- präventiver ~ **24** 87
- Verfahrensregelungen **24** 86
- Wohnungen des Beschuldigten **24** 85

Grundfreiheiten
- öffentliche Ordnung **6** 45 f.
- öffentliche Sicherheit **6** 45 f.
- Sicherheit **6** 45 f.
- Vereinsverbot **47** 44

Grundgesetz 2 12 ff.
- Eigensicherung **10** 19
- Inlandsaufklärung **18** 11 ff.
- Medien **5** 1; *s. a. dort*
- Notstand **3** 1; *s. a. dort*
- Persönlichkeitsrecht **20** 16
- Rechtsstaat **4** 17; *s. a. dort*
- Sicherheit **2** 3, 9, 12 ff.; **6** 29 ff.
- Staatsziel Sicherheit **2** 28
- Terrorismusstrafrecht **36** 15 ff.
- Wehrverfassung **52** 6; *s. a. dort*

Grundlegende 27 58

Grundrecht auf Sicherheit 2 34 ff.
- Bundesverfassungsgericht **2** 40
- eigenständiges ~ **2** 38
- Einrichtungsgarantie **2** 39
- Grundrechtsfunktionenlehre **2** 34
- ideengeschichtliche Konzeptionen **2** 36
- Kompetenzen der EU **9** 29
- Kontroverse **2** 37
- Staatsabwehrdoktrin **2** 35

Grundrechte
- Ausländer im Ausland **19** 45 ff.
- ausländische Amtsträger **19** 55 ff.
- ausländische Staaten **19** 54
- Auslandseinsätze **53** 90 ff.
- Auslandsnachrichtendienste **4** 29
- Bestandsdaten **21** 28
- Bundesnachrichtendienst **19** 43 ff.
- Computer-Grundrecht **24** 34
- Daten aus Informationssystemen **23** 6 ff.
- Datenschutz **20** 1, 14 ff.; *s. a. dort*
- Datenschutzgrundsätze **20** 24; *s. a. dort*
- Datenüberführung **29** 12, 124
- Datenverarbeitung **20** 52; *s. a. dort*
- elektronische Aufenthaltsüberwachung **41** 16
- extraterritoriale Reichweite **19** 45 ff.
- Funktionsträgertheorie **19** 58
- Grundrecht auf Sicherheit **2** 34; *s. a. dort*

- Grundrechtsschutz durch Verfahren **20** 78; *s. a. dort*
- Grundrechtsverwirkung **32** 46 ff.
- Heimlichkeit **19** 63
- informationelle Selbstbestimmung **24** 31 ff.
- informationelle Zusammenarbeit **30** 8 ff.
- Informationsbeschaffung durch Private **21** 3; *s. a. dort*
- Inlandsaufklärung **18** 67 ff.
- Kommunikationsdelikte **37** 13 ff.
- Kommunikationsüberwachung **24** 17 ff.
- Kompetenzen der EU **9** 29 ff.
- Online-Durchsuchung **23** 112
- Personen des öffentlichen Lebens **19** 59
- rechtfertigende Wirkung der Befugnisnormen **19** 64 f.
- Rechtsstaat **4** 21, 42 ff.
- Reichweite der Grundrechtsbindung **20** 47
- Schutz kritischer Infrastrukturen **14** 80
- Sicherheit **2** 14
- Smart Home-Datenerhebung **25** 36; *s. a. dort*
- Unterbindungsgewahrsam **41** 63
- verdeckt eingesetzte Private **28** 29
- verdeckt ermittelnde Personen **27** 28 ff.
- Verteidigungsauftrag **52** 28 ff.
- Vertraulichkeitsbeziehungen **19** 61
- Vorratsdatenspeicherung **22** 15; *s. a. dort*
- Wehrverfassung **52** 9
- Wohnraumüberwachung **25** 4 ff.

Grundrechtecharta
- Datenschutz **20** 48 f.
- EuGH **3** 145
- Grundrechtseinschränkungen **3** 114
- Grundrechtsverwirkung **32** 46
- Kompetenzen der EU **9** 29 ff.
- Medienfreiheit **5** 20, 22
- Sicherheit **6** 47

Grundrechtseinschränkungen
- Notstand **3** 112 ff.
- Verteidigungsfall **3** 87

Grundrechtsfunktionenlehre 2 34

Grundrechtsschutz durch Verfahren 20 78 ff.
- Auskunftsrecht **20** 84; *s. a. dort*
- Bundesbeauftragter für Datenschutz/Informationsfreiheit **20** 98
- Dateianordnungen **20** 81
- Dokumentationspflichten **20** 80
- EGMR **20** 117
- Errichtungsanordnungen **20** 81
- externe Datenschutzaufsicht **20** 101
- G10-Kommission **20** 93 ff.
- Kontrollrat **20** 99
- Landesbeauftragte für den Datenschutz **20** 100
- Massenüberwachung **20** 82
- Neugierabfragen **20** 79
- parlamentarisches Kontrollgremium **20** 93
- predictive policing **20** 82

- Protokollierung **20** 79
- Rechtsschutz **20** 91 f.
- Rechtsschutz, nachträglicher **20** 96 ff.
- technisch-organisatorischer ~ **20** 78 ff.
- Transparenz **20** 83
- Unabhängiger Kontrollrat **20** 99
- verwaltungsinterner ~ **20** 78 ff.

Grundrechtsverwirkung 32 46 ff.
- Adressaten **32** 48
- aggressiv-kämpferische Haltung **32** 49
- EMRK **32** 46
- Entscheidungsmonopol **32** 50
- Ermittlungsverfahren **32** 50
- faktische Verwirkung **32** 47
- freiheitlich demokratische Grundordnung **32** 49
- Grundrechtecharta **32** 46
- Perspektiven **32** 59
- Prävention **32** 46
- Rechtsfolgen **32** 51
- Tatbestand **32** 48 f.
- Umgehungen **32** 47
- Verfahren **32** 50

Grundsatz der hypothetischen Datenneuerhebung 20 30
Grundstoffe 35 28
Gruppe Freital 42 89
Gundolf Köhler 42 85

Hack-and-Leak-Operationen 1 60
Hackback 15 88
Hacker 16 29
Hacker-Tools 34 100
Haftbedingungen 43 37 ff.
Haftpflichtversicherung 45 64 f.
Handelsschiffe
- Bewachungsgewerbe **45** 66 ff.
- Waffen **45** 76

Harmonisierung des Sicherheitsrechts
- Datenschutzrecht **9** 84
- Gefahrenabwehr- und Ordnungsrecht **9** 83
- Integration durch Soft Law **9** 85
- Strafrecht **9** 82

Hatespeech 5 32, 80
- Eignung zur Friedensstörung **5** 83 f.
- Friedensstörung **5** 80 ff.
- neue Medien **5** 79 ff.
- öffentlicher Frieden **5** 81 f.
- Server im Ausland **5** 88
- Soziale Medien **5** 85 ff.

Hauptverhandlung
- Berufsverbot **40** 92
- Staatsschutzstrafverfahren **43** 105 ff.
- Verlust staatsbürgerlicher Rechte **40** 42

Hausrecht
- Bundespolizei **10** 22
- Bundestag **10** 56

Hawala-Banking 38 50

Sachverzeichnis

fette Zahlen = §§

Heimlichkeit
- Daten aus Informationssystemen **23** 3
- HUMINT **19** 85
- Telekommunikationsüberwachung **24** 44
- Überwachung **20** 105 ff.
- Wohnraumüberwachung **25** 2

Hepp-Kexel-Gruppe 42 82

Heranwachsende
- Berufsverbot **40** 88
- Generalbundesanwalt **42** 24
- Staatsschutzsenate **43** 22
- Verlust staatsbürgerlicher Rechte **40** 33 f.

Herbeiführen einer Explosion 35 49
Herstellen 37 55
Hilfsorganisationen
- Terrorismusfinanzierung **38** 51 ff.

Hilfspolizeibeamte
- Bundespolizei **10** 18

Hinweisgeber 28 13
Hinweisgeberschutzgesetz 13 68
Hochindustriestandort 1 53 ff.
Hochwasserschutzrecht 14 30
Hoheitszeichen 37 32
Hoher Repräsentant 9 42
Honeypots 15 60
Humanitäre Intervention 53 33 f.
HUMINT 19 8 ff., 84 ff.
- alleinige Lebensgrundlage **19** 94
- Anwerbungsverbot Minderjähriger **19** 93
- Befugnisse **19** 173 f.
- Heimlichkeit **19** 85
- Klaransprache **19** 87
- Kontrollrat **19** 174
- Legende **19** 89
- Minderjährige **19** 93
- Observation **19** 97
- Operationsplan **19** 86
- Quelle **19** 87
- szenetypische Delikte **19** 90 f.
- verdeckt eingesetzte Private **28** 1; s. a. dort
- verdeckt ermittelnde Personen **27** 1; s. a. dort
- verurteilte Straftäter **19** 96

Hybride Bedrohungen 1 32
- Äußere Sicherheit **1** 44
- Cyber **1** 60
- Sicherheitsunion **9** 9

hybride Kriegsführung 15 6
Hypervernetzung 1 23, 25
hypothetische Datenneuerhebung
- Datenweiterverarbeitung **29** 21 f.
- Zweckänderung **29** 51

ICAO 50 25
- Luftsicherheitsrecht **50** 47

Identifikationsmaßnahmen 26 95 ff.
Identitätsprüfung 12 58
IGH 8 17
Imagery Intelligence 19 106

IMEI 26 47
- IMSI-Catcher **26** 107 ff.

IMINT 19 106
Immaterialgüterrecht 13 23
Immunität 4 62
implied powers-Doktrin 8 56
IMSI-Catcher 26 47 ff.
- Bundesnachrichtendienst **19** 110
- Bundesverfassungsgericht **26** 50
- Datenüberführung **29** 45
- Funkzellen **26** 48
- IMEI **26** 107 ff.
- Kommunikationsüberwachung **24** 103
- präventiver ~ **26** 52 ff.
- Rechtsschutz **26** 57, 61
- repressiver ~ **26** 58 ff.
- Richtervorbehalt **26** 55, 60
- technische Konzeption **26** 48 ff.
- Telekommunikationsüberwachung **26** 47
- Voraussetzungen **26** 53 ff., 59

in dubio pro securitate 12 21
In-Camera-Verfahren 4 133, 150
- Aufklärung durch Strafverfahren **17** 84, 87
- Sperrerklärung **11** 51, 56, 59

Indemnität 4 65
indirekte Beweise 11 54
Industriespionage 13 2
Infiltration
- Daten aus Informationssystemen **23** 3, 15
- Online-Durchsuchung **23** 32

Informant 28 13 ff.
- Datenerhebungsgeneralklauseln **28** 14
- Gewährsmann **28** 15
- Nachrichtendienste **28** 15
- operative Rolle **28** 16
- Polizei **28** 14
- Whistleblower **28** 20

Informantenschutz 4 143
Information 13 30
- Daten **23** 2
- Digitalisierung **23** 2
- Ermittlungsgrundlage **23** 1
- Kommunikationsüberwachung **24** 1; s. a. dort
- Wissen **16** 19

informationelle Selbstbestimmung 16 7; **24** 31 ff.
- Bestandsdatenauskunft **21** 30
- Daten aus Informationssystemen **23** 6 ff.
- informationelle Zusammenarbeit **30** 9 f.
- Kommunikationsüberwachung **24** 31 ff.
- Legende **24** 26
- Persönlichkeitsrecht **20** 21; **24** 32
- Smart Home-Datenerhebung **25** 37
- verdeckt ermittelnde Personen **27** 28
- Volkszählungsurteil **24** 32

informationelle Souveränität 33 39
informationelle Zusammenarbeit 30 1a ff.
- Antiterrordatei **30** 44; s. a. dort

1870

magere Zahlen = Rn.   **Sachverzeichnis**

- Bedeutung **30** 4
- Datenauswertung **30** 91 ff.
- Datenschutz **30** 96
- Datenspeicherung **30** 87 ff.
- einfachgesetzliche Vorgaben **30** 18 ff.
- EMRK **30** 13
- Entwicklung **30** 1a
- Fernmeldegeheimnis **30** 12
- Gemeinsame Dateien **30** 43 ff.
- Gemeinsame Zentren **31** 4; *s. a. dort*
- Grundrechte **30** 8 ff.
- informationelle Selbstbestimmung **30** 9 f.
- Informationsverbund der Polizei **30** 33; *s. a. dort*
- INPOL **30** 1a
- Kompetenzordnung **30** 14
- Kontrolle **30** 97
- kooperative Datei- und Informationssysteme **30** 21 ff.
- NADIS **30** 1a, 23; *s. a. dort*
- NADIS WN **30** 2
- NSU-Komplex **30** 5
- Perspektiven **30** 85 ff.
- Projektdateien **30** 77 ff.
- Rechtsextremismus-Datei **30** 44; *s. a. dort*
- Rechtsrahmen **30** 6 ff.
- Rechtsschutz **30** 94 ff.
- Trennungsprinzip, informationelles **30** 15 ff.
- Verfassungsrecht **30** 7 ff.
- Wohnraumüberwachung **30** 11

Informationsanalyse 18 70 f.
Informationsasymmetrien 21 7
informationsbasierte Kontextualisierung 16 23 f.
Informationsbeschaffung
- Bundesamt für Verfassungsschutz **18** 38
- Daten aus Informationssystemen **23** 1; *s. a. dort*
- Informationsbeschaffung durch Private **21** 1; *s. a. dort*
- Kommunikationsüberwachung **24** 1; *s. a. dort*
- Wohnraumüberwachung **25** 1; *s. a. dort*

Informationsbeschaffung durch Private 21 1 ff.
- Bestandsdaten **21** 18; *s. a. dort*
- Datenschutz **21** 3, 12
- digitale Wissensinfrastruktur **21** 13; *s. a. dort*
- Digitalisierung **21** 1, 8 ff.
- Dritte **21** 6 ff.
- Entwicklungslinien **21** 4 ff.
- Formen **21** 2
- Genehmigungspflichten **21** 5
- Grundrechte **21** 3
- Informationsasymmetrien **21** 7
- Konzentrationstendenz **21** 10
- konzentrierte Datenströme **21** 9
- Liberalisierung **21** 7
- Netzwerkeffekte **21** 11
- Plattformen **21** 10 f.
- Privatisierung **21** 1, 7
- Risiken einer rechtswidrigen Verwendung **21** 3
- Telekommunikation **21** 1
- Telekommunikationsdienste **21** 18 ff.
- Telemedienanbieter **21** 75; *s. a. dort*
- Terrorismusbekämpfung **21** 1
- Umfang elektronischer Kommunikation **21** 9
- Vorratsdatenspeicherung **21** 64; *s. a. dort*

Informationsfreiheitsgesetze 11 9, 15 ff.
- Akteneinsicht **11** 16
- Ausnahmegründe **11** 18
- Bereichsausnahme **11** 19
- Beweislastverteilung **11** 22
- Informationszugang in Spezialgesetzen **11** 17
- laufende Verwaltungsverfahren **11** 21
- Nachrichtendienste **11** 19
- Umgehungsverbot **11** 20

Informationsmanagement 15 7
Informationspflichten 14 89
Informationssammlung 18 65 ff.
- Datenschutz **20** 2

Informationssicherheit 6 77
Informationstechnik
- Persönlichkeitsrecht **20** 22
- Schutz kritischer Infrastrukturen **14** 43
- Sicherheit **6** 75 f.

Informationsverbund der Polizei 30 33 ff.
- Abruf von Daten **30** 40
- Bundeskriminalamt **30** 35
- Datenschutz **30** 42
- Datenverarbeitung **30** 38 ff.
- Entstehung **30** 34
- Funktionsweise **30** 35
- INPOL **30** 34
- Kategorien von Daten **30** 36
- Speicherung von Daten **30** 41

Infrastruktur 14 4 f.
- digitale ~ **34** 49 ff.
- Staatsschutzstrafrecht **34** 1; *s. a. dort*

Infrastruktursicherungsstaat 14 77
Inhalt 37 7
Initiativrecht 3 79
Inland-Ausland-Kommunikation 15 72
Inlandsaufklärung 18 1 ff.
- Allgemeine Beobachtung **18** 60
- Änderung der Aufgabenverteilung Bund-Länder **18** 83
- Arbeitsteilung **18** 17
- artverwandte Tätigkeiten **18** 15 ff.
- Aufgabenzuweisungen **18** 37 ff.
- Aufhebung des Trennungsgebotes **18** 79
- Auftragsfestlegung **18** 56
- Auslandsaufklärung **18** 24
- Auswertung **18** 70 f.
- Begriff **18** 4 ff.
- Behördenerklärung **18** 20
- Beobachtung, nachrichtendienstliche **18** 60

1871

Sachverzeichnis

fette Zahlen = §§

- Beobachtungsobjekte **18** 60
- Beobachtungsphase **18** 64
- Berichterstattung **18** 72 ff.
- Beschaffung **18** 65 ff.
- Bundesamt für Verfassungsschutz **18** 38 ff.
- Bundesnachrichtendienst **19** 13
- Celler Loch **18** 9
- Einrichtungskompetenz **18** 28
- Entwicklung **18** 12 f.
- Ermittlungen **18** 20
- föderale Struktur **18** 31
- Formen **18** 4
- Frühwarnfunktion **18** 2
- Fusion-Centers **18** 55
- Gebot nachrichtendienstlichen Verfassungsschutzes **18** 30
- Gefahrenabwehr **18** 16
- Gefahrvorfeld **18** 2
- Gegenspionage **18** 25
- Geheimdienste **18** 8
- Geheime Staatspolizei **18** 12
- Gesetzgebungskompetenz **18** 27
- Grundgesetz **18** 11 ff.
- Grundrechte **18** 67 ff.
- Information der Öffentlichkeit **18** 76
- Informationsanalyse **18** 70 f.
- Intelligence Cycle **18** 56
- interne Organisationsstrukturen **18** 44 ff.
- Junge Freiheit **18** 58
- Konvergenztheorie **18** 68
- konzeptionelle Grenzen **18** 14
- Kundgabe eines Gruppenwillens **18** 58
- Lagebild **18** 1
- Landesämter für Verfassungsschutz **18** 42; s. a. dort
- Methoden der Informationsgewinnung **18** 66
- Militärischer Abschirmdienst **18** 29, 41, 82
- Ministerium für Staatssicherheit **18** 12
- mittelbare Grundrechtsgefährdungen **18** 10
- Musterverfassungsschutzgesetz **18** 84
- Nachrichtendienste **18** 8
- nachrichtendienstliche ~ **18** 1
- nachrichtendienstliche Kooperationsformen **18** 54
- nachrichtendienstliche Lage **18** 72
- NADIS WN **18** 36
- Organisationsstruktur **18** 31 ff.
- parlamentarische Kontrolle **18** 11
- Polizei **18** 16
- Polizeibrief **18** 13
- Prepper **18** 6
- Prozess **18** 56 ff.
- Prüffall **18** 61, 76
- P-Runde **18** 72
- Recht der Nachrichtendienste **18** 87
- Reformvorschläge **18** 77 ff.
- sicherheitliches Gesamtbild **18** 7
- Sicherheitsdienst des Reichsführers SS **18** 12

- Staatsschutz **18** 14
- tatsächliche Anhaltspunkte **18** 58
- Trennungsprinzip, informationelles **18** 18 f.
- Umstrukturierung des BfV **18** 78
- Verdachtsfall **18** 63
- Verfassungsrecht **18** 26 ff.
- Verfassungsschutz **18** 14
- Verfassungsschutzverbund **18** 34 ff.
- Vorfeldaufklärung **18** 6
- wehrhafte Demokratie **18** 13
- Weitergabe an Strafverfolgungsbehörden **18** 74
- zentralisierte Aufgabenwahrnehmung **18** 86
- Ziel **18** 7
- Zweck **18** 3

Inlandstaten 36 83
Innere Sicherheit 1 46 ff.; **6** 34 f., 68 ff.
- Ausländerextremismus **1** 47
- Extremismus **1** 46 ff.
- Flüchtlingskrise **1** 48
- Generalbundesanwalt **42** 15, 66; s. a. dort
- Islamismus **1** 47
- Islamistischer Terrorismus **42** 67; s. a. dort
- Kompetenzen der EU **9** 19 ff.
- Linksterrorismus, internationaler **42** 109 ff.
- Linksterrorismus, nationaler **42** 96; s. a. dort
- PKK **42** 110; s. a. dort
- politischer Extremismus **1** 49
- Rechtsextremismus **42** 80; s. a. dort
- Separatismus **42** 109 ff.
- Sicherheitsunion **9** 5
- Spionage **1** 50; s. a. dort
- Terrorismus **1** 46 ff.
- Terrorismusfinanzierung **42** 117 ff.
- Terrorismusstrafrecht **35** 2
- Vorbereitung einer staatsgefährdenden Gewalttat **37** 116

innere Unruhen 3 22
innerer Notstand 3 2, 31 ff.
- Amtshilfe **3** 66
- Anforderung von Hilfe **3** 43
- Anforderungsadressaten **3** 43
- Anwendungsfälle **3** 31 ff.
- Aufhebung von Maßnahmen **3** 64
- Aufruhr **3** 32
- Aufständische, organisierte **3** 49
- äußerer Notstand **3** 68
- Auswahlermessen **3** 43
- Bestand des Bundes/Landes **3** 40
- Beurteilungsspielraum **3** 42, 46, 52
- bewaffneter Angriff **3** 32
- Bundesamt für Verfassungsschutz **3** 47
- Bundespolizei **3** 47, 56
- Bundesrat **3** 64
- Bundesregierung **3** 47, 57
- Bundestag **3** 65
- Bundeszwang **3** 67
- Bürgerkrieg **3** 32
- Cyberattacken **3** 32

1872

magere Zahlen = Rn.   **Sachverzeichnis**

– Desinformationskampagnen **3** 32
– Erforderlichkeit **3** 42
– Europarecht **3** 119
– Folgen **3** 51 ff.
– freiheitlich demokratische Grundordnung **3** 41
– Gefahr **3** 38
– Gefahren von besonderer Bedeutung **3** 15
– handlungsfähiges Land **3** 32, 38 ff., 51 f.
– handlungsunfähiges Land **3** 34, 45, 53 ff.
– handlungsunwilligen Land **3** 34, 44, 53 ff.
– humanitäres Völkerrecht **3** 59
– Kernbevölkerung **3** 40
– Konkurrenzen **3** 66
– Kostentragung **3** 54
– militärische Waffen **3** 49, 58
– Polizei **3** 54
– regionale Katastrophe **3** 24
– Sezession eines Landes **3** 40
– Sicherheitsbehörde **3** 43
– Staatsgewalt **3** 40
– Staatsstreich **3** 33
– Streitkräfteeinsatz **3** 36, 49, 58, 65
– Territorium **3** 40
– überregionale Katastrophe **3** 30
– überregionaler ~ **3** 37, 50, 61
– Unterfälle **3** 32 ff.
– Verteidigungsfall **3** 109
– Voraussetzungen **3** 38 ff.
– Wegfall der Gefahr **3** 63
– Weisung des Bundes **3** 55
– Widerstandsrecht **3** 67
INPOL 30 1a, 34
– Sicherheitsüberprüfung **12** 53
Institut der EU für Sicherheitsstudien 9 71
Integrative Sicherheitslösungen 45 109
Integrität 20 37
Integrität informationstechnischer Systeme
– Daten aus Informationssystemen **23** 11 ff.
– Kommunikationsüberwachung **24** 34
– Smart Home-Datenerhebung **25** 38 f.
Intelligence Cycle 18 56
internationale Kooperation 7 38, 61 ff.; **8** 1 ff.
– Cybertechnologie **8** 9
– Effektivitätssteigerung der Gefahrenabwehr **8** 10 ff.
– Gefahrenabwehr **8** 10
– Gemeinsame Ermittlungsgruppen **7** 64
– Gewaltmonopol **8** 1
– Gewaltverbot **8** 75 f.
– Hybridisierung **8** 6
– Internationalisierung von Lebenssachverhalten/Konfliktfeldern **8** 3
– Interpol **7** 62 f.
– kollektives Sicherheitssystem der UN **8** 11; *s. a. dort*
– Konflikteindämmung **8** 53 ff.
– Konfliktprävention **8** 14 ff.
– Krisenmanagement **8** 14 ff.

– Militärrobotik **8** 9
– nichtstaatliche Akteure **8** 7 f.
– regionale Abmachungen **8** 62; *s. a. dort*
– Rüstungskontrolle **8** 18 f.
– Sanktionsregime der UN **8** 21; *s. a. dort*
– UN-Friedensmissionen **8** 53; *s. a. dort*
– *s. a. dort*
Internationale Menschenrechtspakte 53 88 f.
internationale Organisationen
– Datenüberführung **29** 35, 117 ff.
– Generalbundesanwalt **42** 16
– Vorbereitung einer staatsgefährdenden Gewalttat **37** 114
internationalisierte innerstaatliche Konflikte 1 40
Internet
– Hatespeech **5** 78; *s. a. dort*
– Kommunikationsdelikte **37** 4
– Medienfreiheit **5** 34 ff.
– Schutz vor Industrie- und Wirtschaftsspionage **13** 17
– Terrorismusfinanzierung **38** 1
– Terrorismusstrafrecht **36** 89 ff., 153
– Verrat von Dienstgeheimnissen **5** 73
– Vertrauensperson **28** 12
– Waffen **49** 48 ff.
Internet of Things 15 1
Internetrecherche 12 56
Interoperabilität 9 94 f.
Interpol 7 62 f.
– politische Straftat **44** 92
– Rechtshilfe **44** 7
Interventionsbrigaden 8 60
Interventionsverbot 33 46
Islamischer Staat 38 9
Islamismus 1 47
– verdeckt ermittelnde Personen **27** 17
Islamistischer Terrorismus 42 67 ff.
– aktuelle Bedrohungslage **42** 72
– aktuelle Rechtspraxis **42** 76 ff.
– Deutschlandbezüge **42** 69 ff.
– Ehefrauen **42** 78
– einsame Wölfe **42** 72
– Entwicklung **42** 68
– Foreign Terrorist Fighters **42** 71, 73
– Lebenspartnerinnen **42** 78
– Osama bin Laden **42** 68
– Terrorcamps **42** 71
– Verfolgungsstrategie **42** 74 f.
– zurückkehrende Kämpfer **42** 76
IS-Rückkehrerinnen 39 33
IT-Sicherheit 6 77
– administrative Kontrollrechte **14** 105
– Computer Emergency Response Team **14** 99
– Energieversorgung **14** 35
– Finanzwesen **14** 41
– Gesundheitswesen **14** 52
– Informationstechnik **14** 43

1873

Sachverzeichnis

fette Zahlen = §§

- Staat und Verwaltung **14** 64
- Telekommunikation **14** 43
- Wasserversorgung **14** 55

IT-Sicherheitsgesetz 14 9, 25 ff.

JHA Agencies Network 9 65
Journalisten
- Staatsgeheimnisse **11** 41
- Whistleblowing **13** 56

Jugendliche
- Berufsverbot **40** 88
- Generalbundesanwalt **42** 24
- Staatsschutzsenate **43** 22
- Verlust staatsbürgerlicher Rechte **40** 32

Junge Freiheit 18 58
Justiz 4 67
- DDR-Staatssicherheit **4** 78
- disziplinarrechtliche Maßnahmen **4** 75
- ehrenamtliche Richter **4** 77
- Entfernung aus dem Amt **4** 74 ff.
- Laienrichter **4** 69
- Rechtspflegetätigkeit **4** 71 ff.
- Regelanfrage **4** 70
- Schöffen **4** 69
- Treuepflichtverletzung **4** 76
- Verfassungstreue **4** 68 ff.
- s. a. dort

Justizgewährung 4 26

Kaltstartfähigkeit 19 11
Kaltstart-VP 28 7
Kameradschaft Süd 42 84
Kartennummer
- IMEI **26** 47
- Kommunikationsüberwachung **24** 102

Katastrophenbekämpfung 14 18
Katastrophennachsorge 14 18
Katastrophenrecht 14 15
Katastrophenschutzrecht 14 18
- Gesundheitswesen **14** 51 ff.

Katastrophenvermeidungsrecht 14 18
Katastrophenvorsorgerecht 14 18
Kennzeichenverwendung 47 56 ff.
Kernbereichsschutz
- akustische Überwachung außerhalb von Wohnungen **26** 142
- Kommunikationsüberwachung **24** 38 ff., 109 f.
- Online-Durchsuchung **23** 40 ff., 43, 68 ff.
- Smart Home-Datenerhebung **25** 42
- verdeckt ermittelnde Personen **27** 30
- verdeckter Ermittler **27** 84 f.
- Vertrauensperson **28** 61 ff.
- Wohnraumüberwachung **25** 6

KESY 41 66 f.
- Datenverarbeitung **20** 58

Key-Logger 23 3
Kfz-Kennzeichenkontrolle 41 66 f.
- Datenverarbeitung **20** 58

Klaransprache 19 87
Klarführung 19 78
Kleiner Lauschangriff 24 91 f.
Klimawandel 1 20
know your customer-Prinzip 38 3, 20, 26
kollektives Sicherheitssystem 53 44 ff.
- Europäische Union **53** 46
- Friedenswahrung **53** 49
- NATO **53** 45
- Sicherheitsratsmandat **53** 52
- Verteidigung Deutschlands **53** 51
- Zustimmung des Bundestages **53** 48

kollektives Sicherheitssystem der UN 8 11 ff.
- dezentrale Umsetzung **8** 12 f.
- friedliche Streitbeilegung **8** 15; s. a. dort
- Gewaltverbot **8** 37
- Leistungsfähigkeit **8** 79
- regionale Abmachungen **8** 62; s. a. dort
- Regionalisierung des Sicherheitsmechanismus **8** 13
- Rüstungskontrolle **8** 18 f.
- Sanktionsregime der UN **8** 21; s. a. dort
- Selbstverteidigung **8** 37; s. a. dort
- UN-Friedensmissionen **8** 56; s. a. dort
- zentral-dezentrales Kombinationsmodell **8** 81

Kombattantenprivileg 42 114
Kommunikation 24 7 ff.
- Definitionsansätze **24** 8
- E-Mails **24** 13
- Kommunikationsformen **24** 9 ff.
- Kommunikationsgrundrechte **24** 8
- Nachrichtenübermittlung über Internetdienste **24** 13
- Nutzung verkörperter Medien **24** 11
- Telekommunikation **24** 12
- verbale ~ **24** 10

Kommunikationsdelikte 37 1 ff.
- Abbildungen **37** 7
- Anleitung zu Straftaten **37** 91; s. a. dort
- Anwendbarkeit deutschen Strafrechts **37** 4 f.
- Auslandstaten **37** 20
- Begehung mittels Telemedien **37** 22
- Belohnung/Billigung von Straftaten **37** 83; s. a. dort
- Bildträger **37** 7
- Datenspeicher **37** 7
- Einziehung **37** 18
- Ermittlungsmaßnahmen **37** 21
- freiheitlich demokratische Grundordnung **37** 23
- Grundrechte **37** 13 ff.
- Inhalt **37** 7
- Internet **37** 4
- Meinungsfreiheit **37** 13 ff., 142
- Öffentliche Aufforderung zu Straftaten **37** 129; s. a. dort
- Öffentlichkeit **37** 11
- Presseinhaltsdelikt **37** 17

magere Zahlen = Rn.

- Propagandadelikte **37** 43; *s. a. dort*
- Schriften **37** 7
- Sicherungseinziehung **37** 18
- Staatsschutzdelikte **37** 2
- Staatsschutzkammer **37** 19
- Täterschaft **37** 16
- Teilnahme **37** 16
- Tonträger **37** 7
- Verbreiten **37** 8 f.
- Verbreitenstatbestände **37** 1
- Verjährung **37** 17
- Verkörperung von Inhalten **37** 7
- Vermögensbeschlagnahme **37** 21
- Versammlung **37** 12
- Verunglimpfungsdelikte **37** 24; *s. a. dort*
- Volksverhetzung **37** 67; *s. a. dort*
- Vorbereitung einer staatsgefährdenden Gewalttat **37** 111; *s. a. dort*
- Vorfeldkriminalisierung **37** 140
- Zugänglichmachen **37** 10
- Zuständigkeit **37** 19

Kommunikationsüberwachung 24 1 ff.
- Abgrenzungen **24** 14 f.
- akustische Wohnraumüberwachung **24** 83 ff.
- akustischtechnische Mittel **24** 2
- Bestandsdaten **24** 95 ff.
- Briefgeheimnis **24** 18, 20
- Fernmeldegeheimnis **24** 18, 23
- Funkzellenabfrage **24** 100
- Gefahrenabwehr **24** 37
- Gerätenummer **24** 102
- gespeicherte Daten **24** 33
- Großer Lauschangriff **24** 83; *s. a. dort*
- Grundrechte **24** 17 ff.
- IMSI-Catcher **24** 103
- informationelle Selbstbestimmung **24** 31; *s. a. dort*
- Integrität informationstechnischer Systeme **24** 34
- Kartennummer **24** 102
- Kernbereichsschutz **24** 38 ff., 109 f.
- Kleiner Lauschangriff **24** 91 f.
- Kommunikation **24** 7 ff.
- Kommunikationspartner **24** 41
- Kontaktpersonen **24** 92
- laufende Vorgänge **24** 33, 42 ff.
- Nutzungsdaten **24** 95 ff.
- Observation **24** 2, 89
- Online-Durchsuchung **24** 14, 34 ff.
- Perspektiven **24** 108 ff.
- Postbeschlagnahme **24** 3, 68; *s. a. dort*
- Postgeheimnis **24** 18, 21
- Quellen-TKÜ **24** 5, 57; *s. a. dort*
- Randdaten **24** 96
- Rechtsschutz **24** 106 f.
- staatlicher Zugriff **24** 16
- Standortermittlung **24** 102
- technische Mittel **24** 94
- Telekommunikationsüberwachung **24** 4, 43; *s. a. dort*
- Telemedienanbieter **24** 101
- Überwachungs-Gesamtrechnung **24** 111
- unbeteiligte Dritte **24** 41
- Unterbrechung/Verhinderung von Verbindungen **24** 104 f.
- Unverletzlichkeit der Wohnung **24** 36
- Verkehrsdaten **24** 95 ff., 98
- Vertraulichkeit **24** 34
- Vorratsdatenspeicherung **24** 15

Kommunistische Partei Deutschlands 32 5
Kompetenzen der EU 9 10 ff.
- allgemeine Kompetenzgrundlagen **9** 21
- Außengrenzen **9** 11
- Äußere Sicherheit **9** 22 f.
- externe Dimension **9** 19 ff.
- geteilte ~ **9** 11
- Grundrecht auf Sicherheit **9** 29
- Grundrechte **9** 29 ff.
- Grundrechtecharta **9** 29 ff.
- Innere Sicherheit **9** 19 ff.
- Kompetenzausübungsschranke **9** 24 ff.
- Koordinierungszuständigkeiten **9** 12
- Krisensituationen **9** 14
- nationale Sicherheit **9** 25 ff.
- Prävention **9** 15
- Produktsicherheitsrecht **9** 17
- Querschnittskompetenzen **9** 16 ff.
- sicherheitsrelevante ~ **9** 13, 16 ff.
- Strafrecht **9** 11
- Unterstützungszuständigkeiten **9** 12
- völkerrechtliche Verträge **9** 20

Kompromate 12 80
Konfliktprävention 8 14 ff.
Konfliktverteidigung
- Ablehnungsgesuche **43** 135 ff.
- Beanstandungen **43** 126 ff.
- Staatsschutzstrafverfahren **43** 113 ff., 118 ff.
- Zeugnisverweigerungsrecht **43** 176

Konfrontationsrecht 4 147
- verdeckter Ermittler **27** 183
- Vertrauensperson **28** 99

Konkurrenzen
- Abfangen von Daten **34** 71
- Angriffe auf den Luft-/Seeverkehr **34** 136
- Anleitung zu Straftaten **37** 103
- Anleitung zur staatsgefährdenden Gewalttat **37** 109
- Ausspähen von Daten **34** 61
- Belohnung/Billigung von Straftaten **37** 90
- Beschädigung wichtiger Anlagen **34** 48
- Computersabotage **34** 95
- Datenveränderung **34** 83
- Gefahren von besonderer Bedeutung **3** 15
- gefährliche Eingriffe in den Verkehr **34** 122
- innerer Notstand **3** 66
- Öffentliche Aufforderung zu Straftaten **37** 139

Sachverzeichnis fette Zahlen = §§

- regionale Katastrophe **3** 24
- Störung öffentlicher Betriebe **34** 16
- Störung von Telekommunikationsanlagen **34** 36
- überregionale Katastrophe **3** 30
- Verbreiten von Propagandamitteln **37** 58
- Verteidigungsfall **3** 108
- Verunglimpfungsdelikte **37** 37
- Verwenden verfassungswidriger Kennzeichen **37** 66
- Völkerstrafrecht **39** 41 ff.
- Volksverhetzung **37** 81
- Vorbereitung einer staatsgefährdenden Gewalttat **37** 128
- Zerstörung wichtiger Arbeitsmittel **34** 25

Kontaktpersonen 24 92
Kontaktsperre 4 100
Kontaktverbot 41 68 ff.
Kontostammdaten 38 36
Kontrollrat
- Bundesnachrichtendienst **19** 151 ff.
- Grundrechtsschutz durch Verfahren **20** 99
- HUMINT **19** 174

Konvergenztheorie 18 68
Kooperation 7 36 ff.
- Antiterrordatei **7** 45
- europäische ~ **7** 38, 46 ff.; *s. a. dort*
- Gemeinsame Analyse- und Strategiezentrum Illegale Migration **7** 44
- Gemeinsame Dateien **7** 45
- Gemeinsame Zentren **7** 43; **31** 4; *s. a. dort*
- Gemeinsames Extremismus- und Terrorismusabwehrzentrum **7** 44
- Gemeinsames Internetzentrum **7** 44
- Gemeinsames Melde- und Lagezentrum **7** 44
- Gemeinsames Terrorismusabwehrzentrum **7** 43
- informationelle Zusammenarbeit **30** 1a; *s. a. dort*
- internationale ~ **7** 38 f., 61 ff.; **8** 1 ff.
- nationale ~ **7** 40 ff.
- Nationales Cyber-Abwehrzentrum **7** 44
- Sicherheitsföderalismus **7** 37
- Staatsschutz **29** 1
- Ständige Konferenz der Innenminister **7** 41 f.

Kopftuch 46 43
Körperschmuck 46 41
Korruptionsstrafrecht 33 65
KPMD-PMK 16 37
Kraftfahrzeuge 34 22
Kriegsverbrechen 39 18 ff.
- bewaffneter Konflikt **39** 19
- entwürdigende/erniedrigende Behandlung **39** 30 ff.
- gegen Eigentum **39** 33 ff.
- gegen humanitäre Operationen **39** 38 ff.
- gegen Personen **39** 20 ff.
- Generalbundesanwalt **39** 19
- grausame/unmenschliche Behandlung **39** 23 f.
- IS-Rückkehrerinnen **39** 33
- Minderjährige **39** 28 f.
- sexuelle Nötigung **39** 26 f.
- Tötungen **39** 21 f.
- Vergewaltigung **39** 26 f.
- Zwangsverpflichtung Minderjähriger **39** 28 f.

Kriegswaffen
- ABC-Waffen **49** 88
- Bausätze **49** 89
- Begriff **49** 87
- terroristische Tatmittel **35** 13

Kriegswaffenkontrollgesetz 49 82, 84
Kriegswaffenkontrollrecht 33 50; **49** 82 ff.
- ABC-Waffen **49** 88
- Außenwirtschaftsgesetz **49** 82
- Außenwirtschaftsverordnung **49** 82
- Endverbleibsklausel **49** 89
- Genehmigungen **49** 83
- Generalbundesanwalt **42** 19
- Kriegswaffenkontrollgesetz **49** 82, 84
- Überwachungsvorschriften. **49** 83
- Waffengesetz **49** 86

Kriminaldateien 22 2
Kriminalisierungspflicht 33 46
Kriminalitätspräventionsrecht 20 6
Kriminalpolizeilicher Meldedienst 16 37
Krisenmanagement 8 14 ff.
KRITIS 14 2
kritische Infrastruktur 14 6 ff.
- Betreiber **14** 26
- Legaldefinition **14** 9
- Sektoren **14** 26

KRITIS-Strategie 14 7
Kronzeuge 28 18 f.
Kultur 14 69
Kündigung 13 62, 71
Kunst 37 56
Kürzung der Dienstbezüge 46 156
Kürzung der Ruhegehaltsbezüge 46 159

Lagebeurteilungen
- Landeskriminalämter **16** 36
- Wissensgenerierung **16** 34

Lageerschwerung 44 39
Landes- und Bündnisverteidigung 1 41, 43; **52** 1 ff.
- Abwehr eines bewaffneten Angriffs **52** 37 ff.
- Aufstellung der Bundeswehr **52** 60 ff.
- Bündnisverteidigung **52** 44 ff.
- Cyberverteidigung **52** 50 ff.
- Einsatzbegriff **52** 63 ff.
- Gesamtverteidigung **52** 56 ff.
- Grundrechte Dritter **52** 65
- Landesverteidigung **52** 34
- Objekt der Landesverteidigung **52** 41 ff.
- Recht im Einsatz **52** 68
- Rechtsgrundlagen **52** 6 ff.
- Rettung deutscher Staatsbürger **52** 43

magere Zahlen = Rn.   **Sachverzeichnis**

– terroristische Gewaltakteure **52** 40
– Verfassungsauftrag **52** 33 ff.
– Verteidigungsbegriff **52** 34 ff.
– Verteidigungsfall **52** 36
– Wehrverfassung **52** 6; *s. a.* dort
– weitergehende Auslegung **52** 54 f.
Landesämter für Verfassungsschutz 18 42 f.
– Abschaffung **18** 83
– Beobachtungsfelder **18** 43
– Bestandsdatenauskunft **21** 45
– Binnenstruktur **18** 52 f.
– Landeslageberichte **18** 73
– Methoden der Informationsgewinnung **18** 66
– organisierte Kriminalität **18** 43
– personelle Ausstattung **18** 52
– zentrale Verwaltungsaufgaben **18** 53
– Zusammenlegung mehrerer ~ **18** 85
Landeskriminalämter
– Informations- und Datenverarbeitungssysteme **16** 37
– KPMD-PMK **16** 37
– Kriminalpolizeilicher Meldedienst **16** 37
– Lagebeurteilungen **16** 36
– Polizeilicher Informations- und Analyseverbund **16** 38
– Sammlungsaufgabe **16** 36
– Wissensgenerierung **16** 36 ff.
Landeslageberichte 18 73
Landespolizei
– Bundespolizei **10** 23 ff.
– Eigensicherung **10** 59
– Fernschutzkompetenz **10** 61
– Verfassungsorgane der Länder **10** 62
Landesverfassungsgerichte 3 131
Landesverrat 33 39 ff.
– Agententätigkeit **33** 43
– Agententätigkeit, geheimdienstliche **33** 45
– publizistischer ~ **33** 42
– Staatsgeheimnis **33** 41
– Whistleblower **33** 42
Landesverrat, publizistischer 5 51 ff.; **33** 42
– Abwägungsoffenheit **5** 63 ff.
– Generalbundesanwalt **42** 127
– Interessenausgleich **5** 53
– Medienfreiheit **5** 54
– nicht-feindseliger ~ **5** 60 ff.
– schwerer ~ **5** 67
– Spiegel-Urteil **5** 64
– Staatsgeheimnis **5** 57 ff., 69
– Straffreiheit **5** 55
– Wechselwirkung **5** 56
Landeverbot 50 76
Lauterkeitsrecht 13 24
Lebenszeitbeamte 46 113 ff.
Legalitätsgrundsatz 4 101 ff.
– gesetzlicher Richter **4** 105; *s. a.* dort
– Rechtfertigung **4** 103

– strafprozessuale Möglichkeiten **4** 104
– Tatbestandsmerkmale **4** 102
Legende 19 89; **27** 97 ff.
– ad hoc-Legende **27** 58
– anlassbezogene ~ **27** 58
– Behördenlegende **27** 100
– Berufsgeheimnisträger **27** 55, 100
– Fernmeldegeheimnis **24** 26
– Grundlegende **27** 58
– informationelle Selbstbestimmung **24** 26
– legendierte Kontrolle **27** 106 ff.
– Nachrichtendienste **27** 97 ff.
– Polizeirecht **27** 101 ff.
– Strafverfahrensrecht **27** 103 ff.
– Tarnpapiere **27** 98, 101
– Teilnahme am Rechtsverkehr **27** 99, 102
– verdeckt ermittelnde Personen **27** 51
– verdeckter Ermittler **27** 55, 97 ff.
– Vertrauensperson **28** 69
legendierte Kontrolle 27 106 ff.
Legislative 4 61 ff.
– Abgeordnete **4** 61 f.
– Beobachtung von Abgeordneten **4** 63
– Informationserhebungen **4** 63 ff.
– Verlust der Abgeordnetenstellung **4** 61 f.
Leistungspflichten 14 86
Leugnen des NS-Völkermords 37 73
Liberalisierung 21 7
Linksterrorismus, internationaler 42 109 ff.
Linksterrorismus, nationaler 42 96 ff.
– aktuelle Bedrohungslage **42** 106
– Bewegung 2. Juni **42** 103
– Entwicklung **42** 97 ff.
– militante gruppe **42** 105
– RAF **42** 98 ff.
– Revolutionäre Zellen **42** 104
– Verfolgungsstrategie **42** 107 f.
Lockspitzel 27 13; **28** 21
– verdeckter Ermittler **27** 186 ff.
Löschungsrecht 20 42
Luftbildaufnahmen 25 88 ff.
Luftfahrzeuge 50 21 ff.
– Angriffe auf den Luft-/Seeverkehr **34** 125
Luftfahrzeugführer
– Bordgewalt **50** 100
– Luftsicherheitsrecht **50** 56 ff.
Lufthoheit, staatliche 50 12 f., 14 ff., 18
Luftraum 50 11
Luftraumverletzung 50 20
Luftsicherheitsassistent 45 89 ff.; **50** 58
Luftsicherheitsbehörden 50 49 ff.
Luftsicherheitsgesetz 45 89 ff.
Luftsicherheitsrecht 50 1 ff.
– allgemeiner Rahmen **50** 11 ff.
– Amtshilfe **50** 62 ff.
– Anfechtungsklage **50** 109
– Annexkompetenz **50** 40
– Befugnisse **50** 66 ff.

1877

Sachverzeichnis

fette Zahlen = §§

- Begriff **50** 4
- bilaterale Abkommen **50** 32
- Bordgewalt **50** 52
- Bordsicherheit **50** 85; s. a. dort
- Bundespolizei **50** 51, 54
- Chicagoer Abkommen **50** 25 ff.
- Deutsches Recht **50** 38 ff.
- Eurocontrol-Übereinkommen **50** 30
- Europarecht **50** 34 ff.
- Fachaufsicht **50** 114
- Feststellungsklage **50** 108
- Flaggenrecht **50** 48
- Fluggastdatenaustausch **50** 33
- Fortsetzungsfeststellungsklage **50** 108
- Freiheit der Luft/des Luftverkehrs **50** 19
- Freiheitsrechte **50** 2
- Gefahren aus dem Luftraum **50** 74; s. a. dort
- Gefahrenprävention **50** 53
- Gesetzesrecht **50** 42
- Gesetzgebungskompetenz **50** 38 ff.
- ICAO **50** 25, 47
- Infrastruktur **50** 47 ff.
- internationalisiertes Rechtsgebiet **50** 9 f.
- Kontrolle **50** 114
- Leistungsklage **50** 109
- Luftfahrt-Bundesamt **50** 53
- Luftfahrzeuge **50** 21 ff.
- Luftfahrzeugführer **50** 56 ff.
- Lufthoheit, staatliche **50** 12 f., 18
- Luftraum **50** 11, 14 ff.
- Luftraumverletzung **50** 20
- Luftsicherheitsassistent **50** 58
- Luftsicherheitsbehörden **50** 49 ff.
- öffentliches ~ **50** 7
- Perspektiven **50** 115 ff.
- Piloten **50** 56 ff.
- Privatpersonen **50** 56 ff.
- Prümer Vertrag **50** 31
- Rechtsaufsicht **50** 114
- Rechtsquellen **50** 24 ff.
- Rechtsschutz **50** 106 ff.
- Rechtsträgerprinzip **50** 110
- Rechtsverordnungen **50** 46
- Renegade-Fall **50** 63; s. a. dort
- Safety **50** 5
- Schutz des Luftraums **50** 66; s. a. dort
- Security **50** 5, 8
- Sekundärrecht **50** 35 ff.
- Sekundärrechtsschutz **50** 112 f.
- Sky Marshal **50** 52
- Sonderpolizeirecht **50** 43
- Streitkräfte **50** 62 ff., 117
- tatsächliche Ausgangslage **50** 11
- Tokioter Abkommen **50** 28
- Unterstützungseinrichtungen **50** 61
- Verfassungsrecht **50** 38
- Verpflichtungsklage **50** 109
- Verwaltungskompetenz **50** 41
- Verwaltungsorganisation **50** 49 ff.
- Verwaltungsrechtsweg **50** 107
- Völkerrecht **50** 24 ff.
- ziviler Luftverkehr **50** 6

Luftsperr-/-beschränkungsgebiete 50 75

Luftverkehr
- Angriffe auf den Luft-/Seeverkehr **34** 123; s. a. dort
- gefährliche Eingriffe in den Verkehr **34** 110
- Luftsicherheitsrecht **50** 1; s. a. dort
- Schutz kritischer Infrastrukturen **14** 46

Mandatskommunikation 4 95 ff.
- Behinderung **4** 96
- Beschränkungen **4** 99
- Erschwerung **4** 96
- Gefahrenabwehr **4** 97
- Kontaktsperre **4** 100
- Verteidigerkontakt **4** 95
- Zeugnisverweigerungsrechte **4** 98

Manfred Roeder 42 82

Markttransparenzstelle für Kraftstoffe 21 15

maschinelles Lernen 15 30 ff.

Massenüberwachung
- Datenschutz **20** 8
- Datenschutz-Folgenabschätzung **20** 82
- Datenverarbeitung **20** 55

Mäßigungspflicht 46 29 ff.
- außerdienstliches Verhalten **46** 33, 36
- Inhalt **46** 32
- Pflichtverletzungen **46** 35
- Zweck **46** 31

Maßregeln der Besserung und Sicherung 40 1
- Berufsverbot **40** 79

Masterstudiengang Intelligence and Security Studies 16 28

Medien 5 1 ff.
- Akteure der Öffentlichkeit **5** 7
- Äußerungsdelikte **5** 78 ff.
- Beschlagnahme **5** 94
- Bundesnachrichtendienst **19** 171
- Durchsuchung **5** 94
- Hatespeech **5** 78; s. a. dort
- Konstitutionalisierung **5** 8
- Landesverrat, publizistischer **5** 51; s. a. dort
- Medienfreiheit **5** 10; s. a. dort
- neue ~ **5** 26; s. a. dort
- Öffentlichkeit **5** 2; s. a. dort
- Öffentlichkeit als Delikt **5** 51 ff.
- Öffentlichkeit als Schadensquelle **5** 78 ff.
- Quellenschutz **5** 94
- Redaktionsgeheimnis **5** 97 ff.
- Schutz des Staates **5** 50 ff.
- Schutz kritischer Infrastrukturen **14** 68
- Schutz vor dem Staat **5** 89 ff.
- spezifische Schutzbedürftigkeit **5** 91 ff.
- Staatsschutz **5** 51 f.

magere Zahlen = Rn.

Sachverzeichnis

– Staatsschutzstrafverfahren **43** 101
– Telekommunikationsschutz **5** 101 f.
– verfassungsfeindliches Handeln **46** 3 f.
– Verrat **5** 51 ff.
– Verrat von Dienstgeheimnissen **5** 71; s. a. dort
– Vertrauensschutz **5** 94 ff.
– Wettstreit um Informationen **5** 89 f.
Medienfreiheit 5 10 ff.
– Abwehrrecht **5** 12
– Äußerungsdelikte **5** 78 ff.
– Beschlagnahme **5** 94
– Dienstleistungsfreiheit **5** 23
– Durchsuchung **5** 94
– EMRK **5** 20 f.
– Europarecht **5** 19 ff.
– freie Meinungsbildung **5** 13
– Grundrechtecharta **5** 20, 22
– Hatespeech **5** 80; s. a. dort
– institutionelle Komponente **5** 15 ff.
– Internet **5** 34 ff.
– klassische Massen-Medien **5** 10 ff.
– Nutzer **5** 46 ff.
– Plattform-Dienste **5** 43 ff.
– Redaktionsgeheimnis **5** 97 ff.
– Regulierung **5** 23 ff.
– Rundfunkfreiheit **5** 14
– Schutz der Institution **5** 15
– Schutzpflicht des Staates **5** 18
– Soziale Netzwerke **5** 43 ff.
– Spiegel-Urteil **5** 10
– staatliche Struktur-Verantwortung **5** 16 f.
– Umgehungsschutz **5** 95 f.
– Veranstalter **5** 44 f.
– Warenverkehrsfreiheit **5** 23
Megatrends 1 18 ff., 29
– Sicherheitsgewährleistung **2** 52
Meinungsfreiheit
– Kommunikationsdelikte **37** 13 ff., 142
– Versammlungsbeschränkung/-verbot **48** 22 f.
Meldedaten 22 2
Menschenwürde 4 8
– Aufklärung von Straftaten **17** 27
– Datenverarbeitung **20** 59
– elektronische Aufenthaltsüberwachung **41** 16
– Parteiverbot **32** 13
– Rechtsstaat **4** 15
– Staatsschutz **32** 3
– Volksverhetzung **37** 71
Messer
– Aufbewahrungspflichten **49** 32
– Erlaubnispflicht **49** 32
– geborene Waffen **49** 33
– gekorene Waffen **49** 34
Meta-Daten
– Cyberabwehr **15** 40
– Vorratsdatenspeicherung **21** 64
Michael Kühnen 42 82
militante gruppe 42 105

militärische Sicherheitsbereiche **10** 43 f.
militärische Straftat
– absolute ~ **44** 80
– Auslieferungshindernis **44** 78
– Europäisches Auslieferungsübereinkommen **44** 85
– gemischt militärisch-gemeine Straftat **44** 80
– konnex-militärische Tat **44** 80
– politische Straftat **44** 84
– Rechtshilfe **44** 74 ff.
– Spezialitätsgrundsatz **44** 81
– Tat im strafprozessualen Sinn **44** 82
– Völkerrecht **44** 77
militärische Waffen
– innerer Notstand **3** 49, 58
– regionale Katastrophe **3** 22
Militärischer Abschirmdienst 7 23; **52** 101
– Abschirmlage **18** 41
– Auflösung **18** 82
– Bestandsdatenauskunft **21** 57
– Bundesnachrichtendienst **19** 20
– Einsatzbegleitung der Bundeswehr **18** 41
– Inlandsaufklärung **18** 29
– Nationales Cyber-Abwehrzentrum **15** 82 f.
– Sicherheitsüberprüfung **12** 55
– Telemedienanbieter **21** 87
Militärisches Nachrichtenwesen der Bundeswehr 19 21 ff.
Militärrobotik 8 9
Minderjährige
– Berufsverbot **40** 88
– Datenverarbeitung **20** 76
– Generalbundesanwalt **42** 24
– HUMINT **19** 93
– Kriegsverbrechen **39** 28 f.
– Staatsschutzsenate **43** 22
– Verlust staatsbürgerlicher Rechte **40** 32 ff.
– Vertrauensperson **28** 49
Ministerium für Staatssicherheit 18 12
Minusmaßnahme 32 16 ff.
Missbrauch ionisierender Strahlen 35 49
Mitglied 36 64
Mobbing 46 57
Model Status of Forces Agreement 8 59
Mölln 42 83
Moneyval 38 12
Monitoring 14 83
Mord mit gemeingefährlichen Mitteln 35 51
Morgenunterrichtung 16 49
Mosaiktheorie 11 35
Multipolarisierung 1 40
Musterverfassungsschutzgesetz 18 84

Nachrichtendienste 7 19; **11** 10
– Abschottungsgebot **12** 21
– Aufklärung **17** 2 ff.
– Auskunftsrecht **20** 85 ff.
– Begehung einsatzbezogener Straftaten **27** 125

Sachverzeichnis

fette Zahlen = §§

- Bestandsdatenauskunft **21** 45
- Betreten von Wohnungen **27** 110
- Bundesnachrichtendienst **19** 4; s. a. dort
- Cyberabwehr **15** 6, 61 ff.
- Datenüberführung **29** 46 ff.
- Gefahrenaufklärung **10** 4 ff.
- Gefahrenvorfeld **17** 18
- Gemeinsame Dateien **30** 43 ff.
- gemeinsames Informationssystem **29** 111
- Generalbundesanwalt **42** 123
- Informant **28** 15
- informationelle Zusammenarbeit **30** 1a; s. a. dort
- Informationsfreiheitsgesetze **11** 19
- Informationssammlung **20** 2
- Inlandsaufklärung **18** 8
- institutionelle Garantie **18** 30
- nachrichtendienstliche Mittel **10** 5
- personenbezogene Daten **20** 7
- Recht der ~ **18** 87
- Rechtsbehelfe **4** 55 f.
- Rechtshilfe **44** 11
- Schutz von Verfassungsorganen/Sicherheitsbehörden **10** 80
- Schutz vor Industrie- und Wirtschaftsspionage **13** 26
- Sicherheitsüberprüfungsdaten **12** 28 f.
- Smart Home-Datenerhebung **25** 67 ff.
- Sperrerklärung **11** 47
- Spionage **1** 52 f.
- strategische Überwachungen **15** 66 ff., 75
- Telekommunikationsüberwachung **15** 62 ff.
- Telemedienanbieter **21** 85
- Terrorismusfinanzierung **38** 36 f.
- verdeckt ermittelnde Personen **27** 48 ff.
- verdeckter Ermittler **27** 88 f.
- verdeckter Mitarbeiter **27** 68, 85
- Verpolizeilichung **29** 48
- Vertrauensperson **28** 25
- Wissen **16** 15
- Wissensgenerierung **16** 46 ff.
- Wohnraumüberwachung **25** 27 ff.

nachrichtendienstlich erlangte Daten 29 92 ff.
- ausländische Empfänger **29** 125 f.
- Datenübermittlungen von Amts wegen **29** 96
- nachrichtendienstliche Zwecke **29** 111 ff.
- präventivpolizeiliche Zwecke **29** 106 ff.
- schutzwürdige Interessen **29** 103
- schwere Straftaten **29** 97
- Staatsschutzdelikte **29** 96
- Strafverfolgungszwecke **29** 93 ff.
- Telekommunikationsüberwachung **29** 115
- Übermittlungsschranken **29** 99
- überwiegende Sicherheitsinteressen **29** 104
- Vorfeldtatbestände **29** 108

nachrichtendienstliche Zwecke
- nachrichtendienstlich erlangte Daten **29** 111 ff.

- präventivpolizeilich erlangte Daten **29** 86 ff.
- strafprozessual erlangte Daten **29** 70

Nachrichtenmittler 24 49
NADIS 30 1a, 23 ff.
- Abruf von Daten **30** 31
- Auswertung von Daten **30** 32
- Datenschutz **30** 30
- Entstehung **30** 24
- Errichtung von Dateien **30** 28
- Funktionsweise **30** 25
- Sicherheitsüberprüfung **30** 27
- Speicherung von Daten **30** 29
- Umfang der gespeicherten Daten **30** 27
- Zuverlässigkeitsprüfung **30** 27

NADIS WN 18 36; **30** 2
NADIS-Abfrage 12 48 f.
National Intelligence Council 1 17
Nationaldemokratische Partei Deutschlands 32 6 f.
nationale Notfallreserve 14 86
nationale Sicherheit 1 2; **6** 41 ff., 72 ff.
- Kompetenzen der EU **9** 25 ff.
- Vorratsdatenspeicherung **22** 10, 32

Nationales Cyber-Abwehrzentrum 7 44
nationales Cyber-Abwehrzentrum 31 37 f.
Nationales Cyber-Abwehrzentrum
- Militärischer Abschirmdienst **15** 82 f.
- Wissensgenerierung **16** 62 f.

Nationales Waffenregister 49 57 ff.
- Datensicherheit **49** 59
- Waffenverbote **49** 60

NATO
- Bundesnachrichtendienst **19** 40
- Bündnisverteidigung **52** 45 f.
- kollektives Sicherheitssystem **53** 45
- Neuausrichtung **53** 2
- regionale Abmachungen **8** 68 ff.

NATO Reflection Group 1 32
Naturkatastrophen 3 4, 17
- Begriff **3** 17
- Gefahren von besonderer Bedeutung **3** 15

ND-Lage 16 50
Nebenfolgen 40 1
Nebenstrafen 40 1
Nebentätigkeiten
- Beamte **46** 100 ff.
- Beeinträchtigung des Ansehens **46** 102 f.
- Ermessen **46** 105
- genehmigungspflichtige ~ **46** 101 ff.
- Loyalitätskonflikt **46** 104
- nicht genehmigungspflichtige ~ **46** 106 ff.
- Richter **46** 144
- Versagung **46** 101 ff.

need-to-know-Prinzip 18 49
need-to-share-Prinzip 18 50
Netzwerkeffekte 21 11
neue Medien 5 26 ff.
- als Gefahrenquelle **5** 30 ff.

magere Zahlen = Rn. **Sachverzeichnis**

– Beschädigung des öffentlichen Diskurses **5** 31
– Digitalisierung **5** 26
– Entprofessionalisierung **5** 27
– Hatespeech **5** 32, 79; *s. a. dort*
– kriminogene Faktoren **5** 32
– Medienfreiheit **5** 34; *s. a. dort*
– nicht-lineare Angebote **5** 28
– Plattform-Dienste **5** 29
– Pressefreiheit **5** 36
– Redaktionsgeheimnis **5** 103 ff.
– Rundfunk **5** 37 ff.
– Schutzbedürftigkeit **5** 103 ff.
– Zeugnisverweigerungsrecht **5** 103 ff.
Neugierabfragen 20 79
neutrale Beihilfe 49 55
Neutralitätspflicht 46 37 ff.
– Inhalt **46** 40
– Kopftuch **46** 43
– Körperschmuck **46** 41
– Pflichtverletzungen **46** 41 ff.
– religiöse Bekleidung/Symbole **46** 42 ff.
– Tattoos **46** 41
nicht offen ermittelnder Polizeibeamter 27 8
nicht-lineare Angebote 5 28
Nichtregierungsorganisationen 17 63 ff.
nichtstaatliche Akteure 8 7 f.
– bewaffneter Angriff **8** 44
Nichtwissensmanagement 16 2
NIS-Richtlinie 14 25
NoeP 27 8
– Befugnisse **27** 146 ff.
– Ermittlungsgeneralklauseln **27** 66
– Sperrerklärung **27** 179
– verdeckter Ermittler **27** 56 ff.
Normenklarheit 20 64
Normenkontrolle 3 128
No-spy-Abkommen 19 42
Notparlament 3 147 ff.
– Schutz kritischer Infrastrukturen **14** 63
Notstand 3 1 ff., 3 ff.; **8** 48
– Arbeitskämpfe **3** 112
– Ausnahme **3** 6 f.
– Begriff **3** 5
– Berufsfreiheit **3** 112
– EMRK **3** 113
– Enteignungen **3** 112
– Europarecht **3** 117 ff.
– Freiheitsentziehungen **3** 112
– Gefahren von besonderer Bedeutung **3** 2, 8; *s. a. dort*
– Grundrechtecharta **3** 114
– Grundrechtseinschränkungen **3** 112 ff.
– innerer ~ **3** 2, 31; *s. a. dort*
– Landesverfassungen **3** 116
– Naturkatastrophen **3** 4
– Notparlament **3** 147 ff.
– Notstandsfälle **3** 2

– Notstandsrechtsschutz **3** 122; *s. a. dort*
– Notstandsverfassung **3** 1
– regionale Katastrophe **3** 2, 16; *s. a. dort*
– Seuchen **3** 4
– Spannungsfall **3** 2, 69; *s. a. dort*
– Straftäter **3** 4
– überregionale Katastrophe **3** 2, 25; *s. a. dort*
– ungeschriebene Notstandsbefugnisse **3** 115
– Verteidigungsfall **3** 2, 72 ff.
Notstandsrechtsschutz 3 122 ff.
– Bundesintervention **3** 123
– Bundeszwang **3** 133 ff.
– Bund-Länder-Streit **3** 124, 129
– EGMR **3** 146
– Eilfälle **3** 126
– EuGH **3** 141 ff.
– Fachgerichte **3** 132
– föderative Streitigkeiten **3** 125
– innerer Notstand **3** 122 ff.
– Katastrophenfall **3** 122 ff.
– Landesverfassungsgerichte **3** 131
– Notstandsrechtsschutz **3** 128
– Organstreitverfahren **3** 123, 127
– Verfassungsbeschwerde **3** 130
– Verteidigungsfall **3** 127 ff.
– Widerstandsrecht **3** 136 ff.
Notstandsverfassung 3 1
– Schutz kritischer Infrastrukturen **14** 62
notwendige Verteidigung
– Berufsverbot **40** 89
– Terrorismusstrafrecht **36** 131
Notwendigkeit 20 113 ff.
NPD-Verbotsverfahren 28 24
NSA-Datenskandal 42 124
NSU-Komplex
– informationelle Zusammenarbeit **30** 5
– Rechtsextremismus **42** 86 f.
– Terrorismus **36** 1
– verdeckt eingesetzte Private **28** 24
– verdeckt ermittelnde Personen **27** 21
Nutzung 13 41
Nutzungsdaten
– Kommunikationsüberwachung **24** 95
– Telemedienanbieter **21** 77 ff., 83 f.

Oberbundesanwalt 42 5
Oberreichsanwalt 42 4
Observation 19 97; **24** 2
– längerfristige ~ **41** 54 ff.
– technische Überwachung **26** 114, 116 ff.
offene Datenerhebung 23 18 ff.
– Beschlagnahme **23** 23 ff., 30
– Durchsuchung **23** 20 ff., 27 ff.
– präventive ~ **23** 20 ff.
– Rechtsschutz **23** 85 ff.
– repressive ~ **23** 27 ff.
– Sicherstellung **23** 23 ff., 30
– verdeckt ermittelnde Personen **27** 27

1881

Sachverzeichnis

fette Zahlen = §§

Offenlegung 13 42
öffentliche Ämter 40 20
Öffentliche Aufforderung zu Straftaten 37 129 ff.
- Adressatenkreis **37** 131
- Appellcharakter **37** 131
- Auffordern **37** 131
- Aufforderungserfolg **37** 135
- Bestimmtheit der Tat **37** 134
- Gegenstand der Aufforderung **37** 133 f.
- Konkurrenzen **37** 139
- Öffentlichkeit **37** 132
- Rücktritt **37** 138
- Schriften **37** 132
- subjektiver Tatbestand **37** 137
- Versammlung **37** 132
- Versuch **37** 138

öffentliche Ordnung 3 9
- Grundfreiheiten **6** 45 f.
- Versammlungsbeschränkung/-verbot **48** 21

öffentliche Sicherheit 3 9; **6** 55 ff., 61 ff.
- Datenschutz **20** 6
- Gefährder **51** 30
- Grundfreiheiten **6** 45 f.
- Schutz von Verfassungsorganen/Sicherheitsbehörden **10** 8
- Versammlungsbeschränkung/-verbot **48** 20
- Versammlungsrecht **48** 1; s. a. dort
- Vorratsdatenspeicherung **22** 21

öffentliche Wahlen 40 22, 30
öffentlicher Frieden 33 77 f.
- Verharmlosen **37** 73
- Volksverhetzung **37** 72, 77

Öffentlichkeit 5 2 ff.
- als Delikt **5** 51 ff.
- als Gefahrenquelle **5** 30 ff.
- als Schadensquelle **5** 78 ff.
- Aufklärung durch Strafverfahren **17** 77
- Aufklärung von Straftaten **17** 28
- Begriff **5** 2
- Belohnung/Billigung von Straftaten **37** 87
- bürgerliche ~ **5** 7
- Cyberabwehr **15** 10
- Emanzipation **5** 4
- Funktion **5** 3
- Inlandsaufklärung **18** 76
- Kommunikationsdelikte **37** 11
- neue ~ **5** 26 ff.
- Öffentliche Aufforderung zu Straftaten **37** 129, 132; s. a. dort
- Pflicht zu achtungs-/vertrauenswürdigem Verhalten **46** 55
- Regulierung **5** 8
- Staatsgeheimnisse **11** 11 ff.
- Staatsschutzstrafrecht **33** 76 ff.
- Strukturwandel **5** 7 ff.
- Vereinsverbot **47** 12

- Verfassungsstaat **5** 5 f.
- Versammlungsrecht **48** 7 f.

Öffentlichkeitsgrundsatz 4 108 ff.
- Ausschluss der Öffentlichkeit **4** 110
- begleitende Maßnahmen **4** 114 ff.
- Gefährdung für Leib und Leben **4** 111
- Urteilstenor **4** 112
- Veröffentlichungsverbot **4** 114 ff.
- Verschlusssache **4** 117 f.
- wirtschaftliche Geheimnisse **4** 109

Oktoberfest-Attentat 42 85
Old School Society 42 89
Online-Durchsuchung 23 4, 31
- Adressat **23** 57 f., 82 f.
- Anordnungskompetenz **23** 53 ff., 79 ff.
- Begleitmaßnahmen **23** 59 ff., 84
- Begriff **23** 32
- Berufsgeheimnisträger **23** 71 f.
- Bewegungsprofil **23** 33
- Cloud-Dienste **23** 48
- Datenerhebung **23** 48, 73 ff.
- Datengewinnung **23** 48, 73 ff.
- Datenüberführung **29** 45
- Datenverwendung **23** 40 ff., 68 ff.
- doppelfunktionale Maßnahmen **23** 35
- Erhebungsverbot **23** 69
- Grundrechte **23** 112
- Infiltration **23** 32
- Kernbereichsschutz **23** 40 ff., 43, 68 ff.
- Kommunikationsüberwachung **24** 14, 34 ff.
- Persönlichkeitsprofil **23** 33
- Perspektiven **23** 109
- präventive ~ **23** 37 ff.
- Quellen-TKÜ **23** 34
- Rechtsschutz **23** 90 ff.
- repressive ~ **23** 62 ff.
- Schutzpflicht **23** 95 f.
- schwere Straftat **23** 66
- Sicherheitslücke **23** 95 f.
- Smart Home-Datenerhebung **25** 47, 57 ff., 68
- Spionagesoftware **23** 32
- Subsidiarität **23** 51 f., 76 ff.
- Tatverdacht **23** 65
- vernetzte fremde Computer **23** 48
- vernetzte Geräte **23** 74
- Verwertungsverbot **23** 93
- Voraussetzungen **23** 38 f., 64 ff.
- Zeugnisverweigerungsrecht **23** 71 f.
- Zugangsdaten **23** 49, 75
- Zweckänderung **23** 46
- Zweckbindung **23** 46
- s. a. dort

Online-Medien
- Pressefreiheit **5** 36
- Rundfunk **5** 37 ff.

open source Intelligence 19 111
Operationsplan 53 99 ff.

1882

magere Zahlen = Rn.

Sachverzeichnis

operativer Zeuge 28 17
- Befugnisse **28** 87 f.
Opferstaatsanwälte 42 63
Opportunität
- Generalbundesanwalt **42** 34
- Parteiverbot **32** 10
Oppositonsangehöriger 44 47
Ordnungsbehörden, kommunale 7 33
Ordnungswidrigkeiten
- Bewachungsgewerbe **45** 86 f.
- Sprengstoffrecht **49** 70
ordre public-Vorbehalt
- asylrelevante Merkmale **44** 48
- Rechtshilfe **44** 91
Organisationsbezug
- Verbreiten von Propagandamitteln **37** 50 ff.
- Verwenden verfassungswidriger Kennzeichen **37** 60
Organisationsdelikte 38 39 ff.
Organisationsverbot 47 11
Organisierte Kriminalität 27 17
Organstreitverfahren
- Auslandseinsätze **53** 76 ff.
- Notstandsrechtsschutz **3** 123, 127
Osama bin Laden 42 68
OSZE 8 73
Outsourcing 28 1

Parlamentarier 28 50
parlamentarische Kontrolle
- Bundesnachrichtendienst **19** 155 ff.
- Inlandsaufklärung **18** 11
- Streitkräfte **52** 76 ff.
- Vertrauensperson **28** 91
- Wohnraumüberwachung **25** 14
parlamentarisches Kontrollgremium 12 25
- Bundesnachrichtendienst **16** 51
- Grundrechtsschutz durch Verfahren **20** 93
Parlamentsbeteiligungsgesetz 53 72 ff.
Parlamentsbetrieb
- Gefahrenabwehrrecht **14** 67
- Schutz kritischer Infrastrukturen **14** 63
Parlamentsvorbehalt
- Bundesregierung **53** 64
- Einsatz bewaffneter Streitkräfte **53** 59 ff.
- Entscheidungsverbund **53** 70
- Exekutive **53** 64
- Gefahr im Verzug **53** 65
- Initiativrecht **53** 67
- Kompetenzverteilung **53** 64 ff.
- Legislative **53** 64
- nachträgliche Beschlussfassung **53** 66
- Parlamentsbeteiligungsgesetz **53** 72 ff.
- Parlamentsheer **53** 70
- Prokollerklärungen **53** 68
- Staatspraxis **53** 71
Partei
- Treuepflicht **46** 66

- Treuepflicht, beamtenrechtliche **46** 26 ff.
- Vereinsrecht **47** 4
Parteienprivileg
- Propagandamittel **37** 53
Parteiverbot 2 19; **32** 4 ff.
- Anforderungen **32** 11 ff.
- Anknüpfungsverbot **32** 4
- Demokratieprinzip **32** 13
- Dienstrecht **32** 19 ff.
- EGMR **32** 11
- Einleitung **32** 10
- EMRK **32** 11
- Ermessen **32** 10
- Finanzierungsausschluss **32** 16 ff.
- freiheitlich demokratische Grundordnung **32** 12 f.
- Funktion **32** 8 f.
- Kommunistische Partei Deutschlands **32** 5
- konkrete Gefahr **32** 15
- Menschenwürde **32** 13
- Minusmaßnahme **32** 16 ff.
- Nationaldemokratische Partei Deutschlands **32** 6 f.
- Opportunität **32** 10
- Perspektiven **32** 58
- Potentialität **32** 15
- prozedurale Missbrauchssicherung **32** 8
- Sozialistische Reichspartei **32** 5
- Verbotsmonopol **32** 4
- Verfahren **32** 10
- verfassungsfeindliche Agitation **32** 14
- Zielsetzung einer Partei **32** 14
Passwörter 21 82
Paul Otte 42 82
Pax Americana 1 38
PCCIP 14 6
Peace Enforcement 8 54
Peacebuilding 8 54
Peacekeeping 8 53
Peilsender 26 76
Personalaustausch 19 29
Personalauswahl 14 84
personeller Geheimschutz 12 1 ff.
- Abgrenzung **12** 5 f.
- Akteure **12** 85 ff.
- Anhörung vor Ablehnung **12** 89
- betroffene Personen **12** 36
- Extremismusabwehr **12** 1
- Geheim- und Sabotageschutz **12** 1
- materieller Geheimschutz **12** 1
- mitwirkende Behörde **12** 86 ff.
- präventive Spionageabwehr **12** 1
- Prüfungsgegenstände **12** 62 ff.
- Sabotageschutz **12** 5
- Sicherheitsdienstleister **12** 86
- Sicherheitsrisiko **12** 62; *s. a. dort*
- Sicherheitsüberprüfung **12** 2; *s. a. dort*
- Spionageabwehr **12** 1

1883

Sachverzeichnis

fette Zahlen = §§

- Verfahrensrechte **12** 89 ff.
- Verwaltungsrechtsweg **12** 91
- Ziel **12** 2
- zuständige Stelle **12** 85
- Zuverlässigkeitsüberprüfung **12** 7

Personen des öffentlichen Lebens 19 59
personenbezogene Daten 20 3
- Bundeswehr **20** 10
- Datenschutzgrundsätze **20** 24; s. a. dort
- Datenüberführung **29** 2; s. a. dort
- gesteigerter Schutz **20** 36
- informationelle Selbstbestimmung **24** 31 ff.
- informationelle Zusammenarbeit **30** 1a; s. a. dort
- Nachrichtendienste **20** 7
- Persönlichkeitsrecht **20** 14; s. a. dort
- Polizei **20** 7
- sensible ~ **20** 36
- Vorratsdatenspeicherung **22** 1; s. a. dort

Personengruppen 22 35
Personenschutz 7 17
Personensicherheit 43 98 ff.
Persönlichkeitsprofil
- Datenverarbeitung **20** 62
- Online-Durchsuchung **23** 33
- Quellen-TKÜ **24** 64
- Smart Home-Datenerhebung **25** 43

Persönlichkeitsrecht 20 14 ff.
- Daten aus Informationssystemen **23** 6, 8
- Datenschutz **20** 14 ff.
- Datenverarbeitung **20** 54
- elektronische Aufenthaltsüberwachung **41** 19
- Entwicklungsoffenheit des allgemeinen ~s **20** 18
- Europarecht **20** 17
- Grundgesetz **20** 16
- grundrechtliche Schutzpflichten **20** 23
- informationelle Selbstbestimmung **20** 21; **24** 32
- Informationstechnik **20** 22
- personenbezogene Daten **20** 18 ff.
- Quellen-TKÜ **20** 22
- Schutz der Privatheit **20** 20
- Schutz vor Missbrauch **20** 19
- Schutzdimensionen **20** 16 ff.
- Schutzziele **20** 18 ff.
- Trennungsprinzip, informationelles **20** 21
- Zweckbindung **20** 21

Peter Neumann 42 82
Pflege 14 71
Pflicht zu achtungs-/vertrauenswürdigem Verhalten 46 52 ff., 82 ff.
- außerdienstliches Verhalten **46** 61
- Holocaustverharmlosung **46** 58
- Inhalt **46** 54
- innerdienstliches Verhalten **46** 55 ff.
- Mobbing **46** 57
- NS-Verherrlichung **46** 60
- Öffentlichkeit **46** 55

- Pflichtverletzungen **46** 55 ff.
- sexuelle Belästigungen **46** 57
- Vorgesetzte **46** 55 f.
- Wahrhaftigkeit **46** 56

Pflicht zum treuen Dienen 46 73 ff.
Pflichten im Schadensfall 14 88 ff.
Pflichtverteidiger
- Berufsverbot **40** 89
- fair trial-Prinzip **36** 135
- Pflichtverteidigerwechsel **36** 133 f.
- Rehabilitation **40** 67
- Staatsschutzstrafverfahren **43** 30 ff., 108 ff.
- Terrorismusstrafrecht **36** 132
- vorläufiges Berufsverbot **40** 115

Piloten 50 56 ff.
Piratenbekämpfung 53 38
PKK 42 110 ff.
- aktuelle Rechtspraxis **42** 114 ff.
- ausländische terroristische Vereinigung **42** 114
- Betätigungsverbot **42** 111
- Entwicklung **42** 110
- Handlungsstrategie in Deutschland **42** 111
- Kombattantenprivileg **42** 114
- Struktur **42** 110
- Syrische Volksverteidigungseinheiten **42** 116
- systematische Rechtsverletzung **42** 113

Planung 14 83
Planungszusammenhang 35 40 ff., 57 ff.
- Terrorismusstrafrecht **35** 5

Plattform-Dienste 5 29
- Informationsbeschaffung durch Private **21** 10 f.
- Medienfreiheit **5** 43 ff.

Pluralismus 4 9
PNR-Abkommen 22 56
PNR-Daten
- Abgleiche **22** 51
- Bewegungsprofil **22** 51
- Fluggastdatengesetz **22** 50
- nationale PNR-Zentralstelle **22** 52
- PNR-Abkommen **22** 56
- Privatleben **22** 51
- Übermittlung **22** 52
- Verhältnismäßigkeit **22** 53
- Verwendung **22** 54
- Verwendung durch Sicherheitsbehörden **22** 49
- Vorratsdatenspeicherung **22** 48 ff.
- Zweckänderung **22** 52

PNR-Richtlinie 9 96
politische Anschauungen 44 47
politische Straftat 44 12 ff.
- Attentatsklausel **44** 27
- Auslieferungshindernis **44** 13, 15
- Begriff **44** 15
- Ermessen **44** 29
- EuAlÜbk **44** 26 ff.
- Europäischer Haftbefehl **44** 31
- Interpol **44** 92
- militärische Straftat **44** 84

1884

magere Zahlen = Rn. **Sachverzeichnis**

- restriktiver Tatbegriff **44** 16 ff.
- Terrorismus **44** 64 ff.
- Übergewichtstheorie **44** 15, 22
- ZP-EuTerrÜbk **44** 72
- Zusammenhangstat **44** 21, 23 ff.

politische Verfolgung 44 32 ff.
- asylrelevante Merkmale **44** 38, 42; *s. a. dort*
- Auslieferungshindernis **44** 32, 50 ff., 60
- Begriff **44** 33
- Bewilligungsbehörde **44** 55
- ernstliche Gründe für die Annahme **44** 41
- EU-Qualifikationsrichtlinie **44** 37
- Europäischer Haftbefehl **44** 50 ff.
- Europäisches Übereinkommen zur Bekämpfung des Terrorismus **44** 70
- Flüchtlingsbegriff **44** 34
- innerhalb der EU **44** 59
- Lageerschwerung **44** 39
- Missbrauch des Strafrechts **44** 38
- nichtstaatliche ~ **44** 40
- Prüfpflicht **44** 54, 56 ff.
- Spezialität **44** 53
- Umfang **44** 35
- Verfolgungsprognose **44** 41
- Zusicherungen **44** 53

Polizei
- Aufklärung **17** 5 ff.
- Begehung einsatzbezogener Straftaten **27** 136 ff.
- Betreten von Wohnungen **27** 113 ff.
- Bund **7** 11 ff.
- Bundesnachrichtendienst **19** 115 ff.
- Datenschutz **20** 5 ff.
- Datenüberführung **29** 40 ff.
- elektronische Aufenthaltsüberwachung **25** 80; **41** 7 ff.
- Gefährder **42** 57
- Gemeinsame Dateien **30** 43 ff.
- Informant **28** 14
- informationelle Zusammenarbeit **30** 1a; *s. a. dort*
- Informationsverbund der ~ **30** 33; *s. a. dort*
- Inlandsaufklärung **18** 16
- innerer Notstand **3** 54
- konkrete Gefahr **17** 19
- Länder **7** 31
- Legende **27** 101 ff.
- personenbezogene Daten **20** 7
- Polizei beim Deutschen Bundestag **7** 18
- regionale Katastrophe **3** 21
- Schutz von Verfassungsorganen/Sicherheitsbehörden **10** 7; *s. a. dort*
- Schutz vor Industrie- und Wirtschaftsspionage **13** 26
- Smart Home-Datenerhebung **25** 55 ff.
- Sperrerklärung **11** 47
- überregionale Katastrophe **3** 27
- Unterbindungsgewahrsam **41** 59; *s. a. dort*

- verdeckter Ermittler **27** 54, 79 ff., 86, 90 f.; *s. a. dort*
- verfassungsfeindliches Handeln **46** 3
- Vernachrichtendienstlichung **29** 48
- Versammlungsrecht **48** 31 f.
- Videoüberwachung **20** 29
- Vollzugspolizei **7** 31
- Wissen **16** 16
- Wissensgenerierung **16** 36 ff.
- Wohnraumüberwachung **25** 15 ff.

Polizei beim Deutschen Bundestag 7 18; **10** 55

Polizeibrief
- Inlandsaufklärung **18** 13
- Trennungsprinzip, informationelles **17** 15

Polizeiforschung 16 28
Polizeiliche Kriminalstatistik 51 7 ff.
Polizeilicher Informations- und Analyseverbund 16 38
Polizeilicher Staatsschutz 16 40
Polizeistaat 4 12
Polizeiverträge 7 59
Postbeschlagnahme 24 3, 68 ff.
- Auskunft über Postsendungen **24** 71
- Auskunftsverlangen **24** 77
- elektronische Postsendungen **24** 70
- Öffnung der Postsendungen **24** 73, 79
- Postdienstleistungen **24** 70
- Postsendungen **24** 70
- präventive ~ **24** 75 ff.
- repressive ~ **24** 68
- Richtervorbehalt **24** 72
- Richtervorbehalt, qualifizierter **24** 78
- Telegramme **24** 70
- Telekommunikationsdienste **24** 70
- Voraussetzungen **24** 69

Postdienstleistungen 24 70
- Störung öffentlicher Betriebe **34** 5 f.

Postgeheimnis 24 18, 21
Potentialität 32 15
Präsidentenanklage 32 22 ff.
- Ausscheiden aus dem Amt **32** 22
- Bundesgesetz **32** 28
- dienstliche Rechtsverletzung **32** 30
- einstweilige Anordnung **32** 32
- Ermessen **32** 26
- Gegenzeichnung **32** 27
- Hintergrund **32** 23 ff.
- institutionalisierte Verantwortlichkeit **32** 25
- Perspektiven **32** 58
- Rechtsfolge **32** 62 ff.
- Staatswohl **32** 33
- Unionsrecht **32** 28
- Verfahren **32** 26
- Verfassungsrecht **32** 28
- Verhältnismäßigkeit **32** 33
- Völkergewohnheitsrecht **32** 28
- völkerrechtliche Verträge **32** 28

1885

Sachverzeichnis

fette Zahlen = §§

– vorsätzliche Rechtsverletzung **32** 27 ff.
– Zweck **32** 24
Prävention 9 15
Präventionsrecht 40 1 ff.
– Gefährder **51** 1; *s. a. dort*
Präventionsstaat 4 11
– Wissen **16** 12
– Wissensstaat **16** 12
Präventionswirkung 36 110
Präventivgewahrsam 41 59
präventivpolizeilich erlangte Daten
– eingriffsintensive Maßnahmen **29** 90
– in strafprozessualen Verfahren **29** 53 ff.
– nachrichtendienstliche Zwecke **29** 86 ff.
– präventivpolizeiliche Zwecke **29** 84 f.
– Strafverfolgungszwecke **29** 78 ff.
– Übermittlungsbeschränkungen **29** 89
präventivpolizeiliche Zwecke
– nachrichtendienstlich erlangte Daten **29** 106 ff.
– präventivpolizeilich erlangte Daten **29** 84 f.
– strafprozessual erlangte Daten **29** 67 ff.
predictive policing 6 14
– Datenschutz-Folgenabschätzung **20** 82
– RADAR-iTE **16** 44
Prepaid-Mobilfunkdaten 21 27
Prepper
– Inlandsaufklärung **18** 6
– Rechtsextremismus **42** 90
Pressefreiheit 5 36
Presseinhaltsdelikt 37 17
private Militär- und Sicherheitsunternehmen 8 60
Privatheit 4 43
Privatisierung 21 7
Probebeamte 46 111
Produktsicherheitsrecht 9 17
Projektdateien 30 77 ff.
Proliferation
– Generalbundesanwalt **42** 129
– Sicherheitsfelder **1** 54
Propaganda, politische 17 41
Propagandadelikte 37 1, 43 ff.
– Begehung einsatzbezogener Straftaten **27** 133
– Gefährdungsdelikte **37** 43
– mittelbare Organisationsdelikte **37** 43
– praktische Bedeutung **37** 44
– Staatsschutzklausel **37** 43
– Staatsschutzstrafrecht **33** 79
– Verbreiten von Propagandamitteln **37** 45; *s. a. dort*
– Verwenden verfassungswidriger Kennzeichen **37** 59; *s. a. dort*
– *s. a. Kommunikationsdelikte*
Propagandamittel 37 46
– aktiv-kämpferische Tendenz **37** 48
– ausländische ~ **37** 49
– Bestand der Bundesrepublik **37** 46

– freiheitlich demokratische Grundordnung **37** 46
– Organisationsbezug **37** 50 ff.
– Parteienprivileg **37** 53
– Völkerverständigung **37** 46
Protokollierung
– Datenschutz **20** 79
– Telekommunikationsüberwachung **24** 51
Prüffall 18 76
Prümer Vertrag 50 31
P-Runde 18 72
Pyrotechnik 49 80
pyrotechnische Gegenstände 49 73

Qualifikationstatbestände
– Angriffe auf den Luft-/Seeverkehr **34** 134
– Beschädigung wichtiger Anlagen **34** 45 f.
– gefährliche Eingriffe in den Verkehr **34** 121
– GeschGehG **13** 83
– Verunglimpfungsdelikte **37** 26, 35
– Waffen **49** 7
Quellenschutz 5 94
Quellen-TKÜ 24 5, 57 ff.
– Daten aus Informationssystemen **24** 63
– gespeicherte Inhalte **24** 62
– Online-Durchsuchung **23** 34
– Persönlichkeitsprofil **24** 64
– Persönlichkeitsrecht **20** 22
– präventivpolizeiliche ~ **24** 65 ff.
– repressive ~ **24** 59 ff.
– Sicherheitslücke **24** 58
– Voraussetzungen **24** 60
Querdenker-Bewegung 42 90
Quick-Freeze-Verfahren 21 74
– Vorratsdatenspeicherung **22** 39

RADAR-iTE 6 14; **16** 41 ff.
– Gefährder **51** 22
– predictive policing **16** 44
RAF 42 98 ff.
Randdaten 24 96
Rasse 44 43
Rat für Justiz und Inneres 7 48
Raub 35 53, 54
Raum der Freiheit, der Sicherheit und des Rechts 6 39 f.; **7** 46
– Kompetenzen der EU **9** 10; *s. a. dort*
– Sicherheitsunion **9** 4
– Unionsagenturen **9** 47; *s. a. dort*
Raumordnung 14 30
Razzien 3 8
rechtliches Gehör 4 119 ff.
– Akteneinsicht **4** 123; *s. a. dort*
Rechtsanwälte 4 79 ff.
– Ausschluss aus konkreten Verfahren **4** 86
– Beobachtung **4** 83 ff.
– einfachgesetzlicher Schutz **4** 84
– Entzug der Zulassung **4** 82

- Mandatskommunikation **4** 95; s. a. dort
- Organ der Rechtspflege **4** 79
- Sicherheitsüberprüfung **4** 88 ff.
- Strafverteidigung **4** 80
- Überwachung **4** 83 ff.
- verfassungsunmittelbarer Schutz **4** 85
- Verschlusssache **4** 87; s. a. dort
- Zulassung zur Rechtsanwaltschaft **4** 81

Rechtsbehelfe
- Benachrichtigungspflichten **4** 49
- Nachrichtendienste **4** 55 f.
- Sicherheitsrecht **4** 51 ff.
- verdeckte Telekommunikationsüberwachung **4** 52

Rechtsextremismus 42 80 ff.
- aktuelle Bedrohungslage **42** 88 ff.
- aktuelle Rechtspraxis **42** 94 f.
- ausländerfeindliche/antisemitische Bestrebungen **42** 83
- Eggesin **42** 83
- einsame Wölfe **42** 89
- Entwicklung **42** 81 ff.
- Freikorps Havelland **42** 84
- Friedhelm Busse **42** 82
- Gefährder **42** 93
- Gruppe Freital **42** 89
- Gundolf Köhler **42** 85
- Hepp-Kexel-Gruppe **42** 82
- Kameradschaft Süd **42** 84
- Manfred Roeder **42** 82
- Michael Kühnen **42** 82
- Mischszenen **42** 88
- Mölln **42** 83
- NSU-Komplex **42** 86 f.
- Oktoberfest-Attentat **42** 85
- Old School Society **42** 89
- Paul Otte **42** 82
- Peter Neumann **42** 82
- Prepper **42** 90
- Querdenker-Bewegung **42** 90
- Rechtsrockband Landser **42** 84
- Regionalbeauftragte **42** 92
- Reichsbürger **42** 90
- Revolution Chemnitz **42** 89
- Solingen **42** 83
- Staatsschutz-Frühwarnsystem **42** 93
- Strukturermittlungen **42** 93
- Verfolgungsstrategie **42** 91 ff.
- Versammlungsbeschränkung/-verbot **48** 24
- Waffenrecht **49** 45
- Wiederbelebung des Nationalsozialismus **42** 82

Rechtsextremismus-Datei 30 44 ff.
- Datenschutz **30** 71 ff.
- Datenverarbeitung **30** 61 ff.
- Eilzugriff **30** 64
- Entstehung **30** 45 ff.
- komplexe Auswertungen **30** 70

- Praxis **30** 48 f.
- projektbezogene Datennutzung **30** 65
- Speicherpflicht **30** 55 ff.
- Teilnehmer **30** 51
- Ziele **30** 51

Rechtsgutslehre, liberal-rechtsstaatliche 33 10

Rechtsgutstheorie, kritische 33 19 ff.
- freiheitlich-rechtsstaatliche ~ **33** 20
- Kernstaatsschutzstrafrecht **33** 22

Rechtsgutstheorie, personale 33 15

Rechtshilfe 44 1 ff.
- Abgrenzung **44** 8 ff.
- Aufklärung durch Strafverfahren **17** 50
- Auslieferungsrecht **44** 1
- Begriff **44** 3
- Eurojust **44** 7
- Europäisches Justizielles Netz **44** 7
- Europäisches Übereinkommen zur Bekämpfung des Terrorismus **44** 64 ff.
- Europol **44** 7
- große ~ **44** 2
- Interpol **44** 7
- kleine ~ **44** 2, 61 f.
- militärische Straftat **44** 74; s. a. dort
- nachrichtendienstliche Zusammenarbeit **44** 11
- ordre public-Vorbehalt **44** 91
- Perspektiven **44** 94
- politische Straftat **44** 12, 64 ff.; s. a. dort
- politische Verfolgung **44** 32; s. a. dort
- polizeiliche Zusammenarbeit **44** 8 ff.
- Quellen **44** 4
- Rechtsschutz **44** 93
- RiVASt **44** 5
- Sicherheitsinteressen **44** 87 ff.
- Staatsschutzinteressen **44** 87 ff.
- Terrorismus **44** 63 ff.
- Übereinkommen gegen den Terrorismus **44** 73
- Verweigerung **44** 87 ff.

Rechtskraft
- Berufsverbot **40** 87
- Verlustzeitraum **40** 49 f.

Rechtsmittel
- Rehabilitation **40** 70
- vorläufiges Berufsverbot **40** 120

Rechtsrockband Landser 42 84

Rechtsschutz
- akustische Überwachung außerhalb von Wohnungen **26** 143 ff.
- elektronische Aufenthaltsüberwachung **41** 34
- Funkzellenabfrage **26** 38, 45 f.
- Grundrechtsschutz durch Verfahren **20** 91 f.
- heimliche Datenerhebung **23** 88 ff.
- IMSI-Catcher **26** 57, 61
- informationelle Zusammenarbeit **30** 94 ff.
- Kommunikationsüberwachung **24** 106 f.
- Luftsicherheitsrecht **50** 106 ff.

1887

Sachverzeichnis

fette Zahlen = §§

- offene Datenerhebung **23** 85 ff.
- Online-Durchsuchung **23** 90 ff.
- Rechtshilfe **44** 93
- Smart Home-Datenerhebung **25** 53 f., 66, 72
- Sprengstoffrecht **49** 90
- stille SMS **26** 70, 73
- technische Standortbestimmung **26** 83, 93
- verdeckter Ermittler **27** 171 ff.
- Vereinsverbot **47** 50, 60 ff.
- Versammlungsbeschränkung/-verbot **48** 28
- Waffenrecht **49** 90
- Wissensgenerierung **16** 64
- Wohnraumüberwachung **25** 13 f., 24, 32

Rechtssicherheit 4 6, 31
- Menschenwürde **4** 8

Rechtsstaat 4 1 ff.
- Akteneinsicht **4** 123; *s. a. dort*
- Anfangsverdacht **4** 8
- Anforderungen an Rechtsnormen **4** 28
- Begriff **4** 2
- Demokratieprinzip **4** 16
- Ermittlungsschranken **4** 41
- erworbene Rechtspositionen **4** 47
- Freiheit **4** 6
- freiheitlich demokratische Grundordnung **4** 4
- freiheitlich-grundrechtliche Schutzbereiche **4** 42 ff.
- Friedlichkeit **4** 5
- Gegenvorstellungen **4** 10 ff.
- Gesetzesvorrang **4** 20
- Gewaltenteilung **4** 23 f.
- Grundgesetz **4** 17 ff.
- Grundlagen **4** 2 ff.
- Grundrechte **4** 21
- Herrschaft **4** 3
- In-Camera-Verfahren **4** 133, 150
- internationale Kooperation **4** 58
- Justizgewährung **4** 26
- Kontrolle **4** 148, 150
- Legalitätsgrundsatz **4** 101; *s. a. dort*
- Menschenwürde **4** 15
- menschenwürdig-freiheitlicher ~ **4** 40 ff.
- Modi der Machtausübung **4** 3
- Öffentlichkeitsgrundsatz **4** 108; *s. a. dort*
- Pluralismus **4** 9
- politische Rechte **4** 44
- Polizeistaat **4** 12
- Präventionsstaat **4** 11
- Prinzipien **4** 19
- Privatheit **4** 43
- rechtliches Gehör **4** 119 ff.
- Rechtsänderung **4** 22
- Rechtsanwälte **4** 79; *s. a. dort*
- Rechtsbehelfe **4** 48, 148; *s. a. dort*
- Rechtsbindung staatlichen Handelns **4** 18
- Rechtssicherheit **4** 6, 31
- Regeln **4** 19
- Richtervorbehalte **4** 27
- Schuldprinzip **4** 8
- Securitization **4** 149
- Sicherheit **4** 13
- Sicherheitsrecht **4** 31; *s. a. dort*
- Strafe **4** 46
- Subsidiaritätsprinzip **4** 40
- Terrorismusstrafrecht **35** 6
- totalitäres Kollektiv **4** 9
- Trennungsprinzip, informationelles **4** 41
- Verfassungsrecht **4** 17 ff.
- Verfassungsvorrang **4** 20
- Verhaltensstörer **4** 8
- Verhältnismäßigkeit **4** 45

Rechtsstaatlichkeitsvergewisserung 19 129
Rechtsträgerprinzip 50 110
Rechtswidrigkeit 34 81
Redaktionsgeheimnis 5 97 ff.
- neue Medien **5** 103 ff.

Referenzpersonen 12 59
Regelanfrage 4 70
Regionalbeauftragte 42 92
regionale Abmachungen 8 62 ff.
- EU **8** 71 f.
- Europarat **8** 74
- kollektive Binnenkontrolle **8** 66
- Letztentscheidungsbefugnis des Sicherheitsrats **8** 66
- NATO **8** 68 ff.
- OSZE **8** 73
- regionale Einrichtungen **8** 64 ff.
- Sicherheitsrat **8** 66
- subcontracting **8** 65
- Verwaltungszusammenarbeit **8** 67

regionale Katastrophe 3 2, 16 ff.
- Abschuss von Luftfahrzeugen **3** 22
- Amtshilfe **3** 24
- Anforderung von Hilfe **3** 20
- Anwendungsfälle **3** 16
- Ausrüstung **3** 21
- Auswahlermessen **3** 21
- Beurteilungsspielraum **3** 19
- Bundespolizei **3** 21
- Bundeszwang **3** 24
- Eintritt des Schadensereignisses **3** 18
- Folgen **3** 21 ff.
- innere Unruhen **3** 22
- innerer Notstand **3** 24
- Konkurrenzen **3** 24
- Kostentragung **3** 23
- militärische Waffen **3** 22
- Naturkatastrophen **3** 17
- Polizei **3** 21
- Sicherheitsbehörde **3** 20
- Streitkräfte **3** 21
- Verwaltungen **3** 21
- Verweigerung von Unterstützung **3** 23
- Voraussetzungen **3** 17 ff.
- Weisungsbefugnis **3** 23

magere Zahlen = Rn.

Rehabilitation 40 62 ff.
– Anhörung **40** 69
– Antrag **40** 66
– Beschluss **40** 68
– Ermessen **40** 68
– Gerichtskosten **40** 72
– Pflichtverteidiger **40** 67
– positive Prognose **40** 65
– Rechtsmittel **40** 70
– Verfahren **40** 66 ff.
– Verlustzeitraum **40** 63 f.
– Voraussetzungen **40** 62 ff.
– Wahlverteidiger **40** 67
Reichsbürger
– Rechtsextremismus **42** 90
– Waffenrecht **49** 40
Religion 44 44
Religionsgemeinschaften 47 6 f.
religiöse Bekleidung/Symbole 46 42 ff.
Renaissance der Demokratien 1 28
Renegade-Fall 3 22; **50** 63, 78 ff.
– Bordsicherheit **50** 83
– deutsche Rechtslage **50** 79 f.
– Einsatz von Waffengewalt **50** 81
– Streitkräfte **50** 82
Repressivgewahrsam 41 59
Resozialisierungsgebot 41 19
Ressourcenverteilung 14 90
Reverse Engineering 13 46
Revolution Chemnitz 42 89
Revolutionäre Zellen 42 104
Richter
– Ablehnung der Berufung **46** 137
– außerdienstliches Verhalten **46** 142
– Beendigung des Richterverhältnisses **46** 146
– Dienstaufsicht **46** 139 ff.
– Dienstrecht **46** 85 ff.
– Disziplinarrecht **46** 148; *s. a. dort*
– Durchsetzung staatsschutzbezogener Pflichten **46** 136 ff.
– Entlassung **46** 145
– innerdienstliche Maßnahmen **46** 139 ff.
– Nebentätigkeiten **46** 144
– Rücknahme der Ernennung **46** 138
– Treuepflicht **46** 86 f.
– Unabhängigkeit **46** 85, 88
– verfassungsfeindliches Handeln **46** 4
– Verfassungstreue **46** 86
Richteranklage 32 35 ff.
– Abstufung **32** 45
– aggressiv-kämpferische Haltung **32** 44
– Anwendungsbereich **32** 42
– Bundesverfassungsgericht **32** 37
– Entscheidungsoptionen **32** 45
– Ermessen **32** 45
– Fehlverhalten **32** 43 f.
– freiheitlich demokratische Grundordnung **32** 43 f.

– Hintergrund **32** 38 ff.
– Landesdienst **32** 36
– Missbrauch der Unabhängigkeit **32** 39
– Perspektiven **32** 60
– Rechtsfolge **32** 45
– Richterdisziplinarrecht **32** 41
– Treuepflicht **32** 42
– Unabhängigkeit im Richterdienst **32** 42
– Verfahren **32** 45
– wehrhafte Demokratie **32** 38
Richterdisziplinarrecht 32 41
Richtervorbehalt
– akustische Überwachung außerhalb von Wohnungen **26** 141
– Funkzellenabfrage **26** 36, 44
– IMSI-Catcher **26** 55
– Online-Durchsuchung **23** 53 ff., 79 ff.
– Postbeschlagnahme **24** 72, 78
– Rechtsstaat **4** 27
– technische Standortbestimmung **26** 81
– Telekommunikationsüberwachung **24** 51
– Überwachung **20** 118
– verdeckter Ermittler **27** 91
– Vertrauensperson **28** 65
Richtigkeitsgrundsatz 20 34
Richtlinie über die Ermittlung europäischer kritischer Infrastrukturen 14 8
Richtlinie über die Widerstandsfähigkeit kritischer Einrichtungen 14 107
Richtlinie zur Terrorismusbekämpfung 36 138
Richtmikrofone 26 131
Risikomanagement
– Schutz kritischer Infrastrukturen **14** 87
– Terrorismusfinanzierung **38** 27 f.
Risikovorsorge 2 49
risk-based approach 38 3, 21, 26
RiVASt 44 5
Rocker 49 41 f.
Rückübernahme 42 31
Rundfunk 5 37 ff.
Rundfunkfreiheit 5 14
Rundumüberwachungsverbot 20 61
Rüstungskontrolle 8 18 f.
– Generalversammlung **8** 19
– Sicherheitsrat **8** 19

Sabotage
– Cyber-Sabotage **15** 21 ff.
– Schutz von Verfassungsorganen/Sicherheitsbehörden **10** 76
– verfassungsfeindliche ~ **10** 78
– Verteidigungsmittel **10** 77
Sabotageschutz 12 5
– Zuverlässigkeitsüberprüfung **12** 7
Sachkundeprüfung 45 59, 61 ff.
Sachverständigengutachten 17 55 ff.
Safety 50 5

1889

Sachverzeichnis

fette Zahlen = §§

Sammelverfahren
– Gefährder **42** 61 f.
– Generalbundesanwalt **42** 27
Sammlung des Prozessstoffs 4 133 ff.
– Strafverfahren **4** 140 ff.
– Verwaltungsprozess **4** 137 ff.
– Zeugenschutz **4** 141
– Zivilprozess **4** 134 ff.
Sanctions Map 38 18
Sanitarisierung 17 62
Sanktionsregime der UN 8 21 ff.
– Bedrohung des Friedens **8** 22 f.
– Durchführung durch UN-Mitglieder **8** 34 ff.
– Eingriffsbefugnisse des Sicherheitsrats **8** 24 ff.
– Empfehlungsbefugnis **8** 21
– Feststellungsbeschluss **8** 21
– gezielte Sanktionen **8** 28
– Grenzen **8** 32
– internationale Einrichtungen **8** 36
– internationale Organisationen **8** 34 ff.
– Mandatierung einzelner Staaten **8** 31
– militärische Sanktionen **8** 30
– nichtmilitärische Sanktionen **8** 26 ff.
– Nichtmitglieder **8** 35
– Rechtskontrolle **8** 33
– Selbstverteidigung **8** 37; s. a. dort
– Wirtschaftssanktionen **8** 27
Schadensminderungspflichten 14 91
Schengen-Besitzstand 7 58
Schengener Informationssystem 9 87
Schienenverkehr
– gefährliche Eingriffe in den Verkehr **34** 110
– Schutz kritischer Infrastrukturen **14** 45
Schiffe 34 125
Schifffahrt 14 47
Schiffsverkehr
– Angriffe auf den Luft-/Seeverkehr **34** 123; s. a. dort
– gefährliche Eingriffe in den Verkehr **34** 110
Schleuserbanden 27 17
schnelle Eingreiftruppe 8 60
Schriften 37 7
Schuldprinzip
– Aufklärung von Straftaten **17** 26
– Rechtsstaat **4** 8
– Vorfeldkriminalisierung **36** 115
Schurkenstaaten 1 38
Schusswaffen 35 12, 74; **49** 17
– Angriffe auf den Luft-/Seeverkehr **34** 129
– Nationales Waffenregister **49** 57 ff.
Schutz der Verfassungsordnung 33 56 f.
Schutz des Luftraums 50 66 ff.
– Abfangen **50** 66
– Abschuss **50** 67 f., 72
– einwirkende Kontaktaufnahme **50** 69
– militärische Staatsluftfahrzeuge **50** 72
– NATO **50** 70

– staatliche Luftfahrzeuge **50** 71 ff.
– zivile Luftfahrzeuge **50** 66 ff.
Schutz kritischer Infrastrukturen 14 1 ff., 59 ff.
– administrative Kontrollrechte **14** 105
– Amtshilfe **14** 67
– Aufrechterhaltungspflicht **14** 92
– Außenwirtschaftsrecht **14** 31
– Bereitstellungspflichten **14** 86
– Beseitigungspflichten **14** 91
– Bevölkerungsschutzrecht **14** 16
– Bildungsinfrastruktur **14** 70
– CER-RL **14** 107
– Computer Emergency Response Team **14** 99
– Corona-Verordnungen **14** 28 f.
– Daseinsvorsorge **14** 56
– Delegation **14** 102
– Energieversorgung **14** 35 ff.
– Ernährung **14** 57 ff.
– Finanzwesen **14** 40 f.
– gesetzliche Regelungen **14** 23 ff.
– Gesundheitswesen **14** 51 ff.
– grundgesetzlicher Kompetenzrahmen **14** 79
– Grundrechte **14** 80
– Hochwasserschutzrecht **14** 30
– horizontale Regelungen **14** 24 ff.
– Informationspflichten **14** 89
– Informationstechnik **14** 43
– Infrastruktur **14** 4 f.
– Infrastruktursicherungsstaat **14** 77
– Instrumente **14** 81 ff.
– IT-Sicherheitsgesetz **14** 9, 25 ff.
– Katastrophenbekämpfung **14** 18
– Katastrophennachsorge **14** 18
– Katastrophenrecht **14** 15
– Katastrophenschutzrecht **14** 18
– Katastrophenvermeidungsrecht **14** 18
– Katastrophenvorsorgerecht **14** 18
– Kritikalität **14** 11
– KRITIS **14** 2
– kritische Infrastruktur **14** 6 ff., 9
– KRITIS-Strategie **14** 7
– Kultur **14** 69
– Legitimationsproblem **14** 104
– Leistungspflichten **14** 86
– Luftverkehr **14** 46
– Medien **14** 68
– Mehrebenensystem **14** 95 f.
– Monitoring **14** 83
– NIS-Richtlinie **14** 25
– Notparlament **14** 63
– Notstandsverfassung **14** 62
– Organisation **14** 94 ff.
– Parlamentsbetrieb **14** 63
– PCCIP **14** 6
– Personalauswahl **14** 84
– Perspektiven **14** 106 ff.
– Pflege **14** 71

1890

magere Zahlen = Rn.

- Pflichten im Schadensfall **14** 88 ff.
- Planung **14** 83
- Private **14** 97 ff.
- Raumordnung **14** 30
- Regulierungsstruktur **14** 72 ff.
- Regulierungsziele **14** 74 f.
- Ressourcenverteilung **14** 90
- Richtlinie über die Ermittlung europäischer kritischer Infrastrukturen **14** 8
- Richtlinie über die Widerstandsfähigkeit kritischer Einrichtungen **14** 107
- Risikomanagementpflichten **14** 87
- Schadensminderungspflichten **14** 91
- Schienenverkehr **14** 45
- Schifffahrt **14** 47
- Schutz kritischer Infrastrukturen **14** 59 ff.
- sektorale Regelungen **14** 34 ff.
- Sektoren **14** 26
- Sicherheitsrecht **14** 13
- Sicherungspflichten **14** 85
- Sorgfaltspflichten **14** 85
- Staat und Verwaltung **14** 62 ff.
- staatliche Akteure **14** 95 f.
- staatliche Gewährleistungsverantwortung **14** 77
- Staatsaufgabe **14** 78
- Störfall-Verordnung **14** 33
- Straßenverkehr **14** 48
- Systemrelevanz **14** 21 f.
- Telekommunikation **14** 43
- Transport **14** 44 ff.
- UP KRITIS **14** 98
- Verfahren **14** 94 ff.
- Verfassungsrecht **14** 76 ff.
- Verkehr **14** 44 ff.
- Verkehrsleistungsgesetz **14** 49
- Versicherungswesen **14** 42
- Verwaltungskompetenzen **14** 79
- Vorbeugung **14** 82 ff.
- Vorhaltepflichten **14** 86
- Wasserversorgung **14** 55 f.
- Wissensproblem **14** 102
- Zivilschutzrecht **14** 17

Schutz von Verfassungsorganen/Sicherheitsbehörden 10 1 ff.
- befriedeter Bezirk **10** 11, 14
- Beleidigung der Sicherheitsbehörden **10** 71
- Betreten militärischer Anlagen **10** 82
- Bundeskriminalamt **10** 31 ff.
- Bundespolizei **10** 15; *s. a. dort*
- Bundestag **10** 49
- Bundeswehr **10** 39 ff.
- dienstliche Liegenschaften **10** 12
- Ebenen **10** 1
- Eigensicherungsbefugnisse **10** 12
- Landespolizei **10** 23 ff., 59 ff.
- nachrichtendienstliche Gefahrenaufklärung **10** 4 ff.

- Nachrichtendiensttätigkeit **10** 80
- Nötigung von Verfassungsorganen **10** 65
- öffentliche Sicherheit **10** 8
- Personenschutz **10** 35 ff.
- Polizei **10** 7 ff.
- räumliche Zonen **10** 11
- Raumschutz **10** 35 ff.
- Sabotage **10** 76
- Schutz vor Informationsabflüssen **10** 79
- Schutzphasen **10** 2
- sicherheitsgefährdendes Abbilden **10** 81
- Störpropaganda gegen die Bundeswehr **10** 72 ff.
- Störung der Tätigkeit eines Gesetzgebungsorgans **10** 66
- Störungen/Manipulationen von Wahlen **10** 67
- strafrechtlicher ~ **10** 63 ff.
- Verunglimpfungen **10** 68 f.
- Vorwirkung **10** 2 f.
- Zerstörung wichtiger Arbeitsmittel **10** 76
- Zone 1 **10** 12
- Zone 2 **10** 13
- Zone 3 **10** 14
- Zuständigkeiten **10** 11 ff.

Schutz vor Industrie- und Wirtschaftsspionage 13 1 ff.
- besonderer Strafrechtsschutz **13** 15 ff.
- Cybercrime **13** 17
- Deliktsrecht **13** 25
- Entwicklung **13** 4 ff.
- Europäisierung des Schutzsystems **13** 9 ff., 86
- Geschäftsgeheimnis-Richtlinie **13** 12
- Geschäftsgeheimnisse **13** 17, 19
- GeschGehG **13** 12, 27 ff.; *s. a. dort*
- Gesellschaftsrecht **13** 16
- Globalisierung **13** 86
- Handelsrecht **13** 16
- Immaterialgüterrecht **13** 23
- Industriespionage **13** 2
- Internet **13** 17
- Lauterkeitsrecht **13** 24
- Nachrichtendienste **13** 26
- Polizei **13** 26
- Staatsgeheimnisse **13** 22
- Staatsschutzstrafvorschriften **13** 21
- strafrechtliche Ursprünge **13** 5 ff.
- Struktur **13** 14 ff.
- TRIPS **13** 9
- Wirtschaftsspionage **13** 2
- zivilrechtlicher Schutzumfang **13** 8

Schutzbedürftigkeit 5 103 ff.
Schutzwehre 34 39
Schwebebahnverkehr 34 110
schwerer Diebstahl 35 55
schwerer Landfriedensbruch 35 54
Securitization 4 149
Security 50 5, 8
Selbstmordattentate 35 38

1891

Sachverzeichnis

fette Zahlen = §§

Selbstverteidigung 8 37 ff.
– bewaffneter Angriff **8** 40; s. a. dort
– Gewaltverbot **8** 37 ff.
– Grenze **8** 51
– präventive ~ **8** 50
– Unmittelbarkeit des Angriffs **8** 50
– Verhältnismäßigkeit **8** 51
– Voraussetzungen **8** 40 ff.
– Webster-Formel **8** 50
Selbstverteidigungsrecht 53 30 ff.
Selektoren 20 57
Separate Silos 1 28
Separatismus 42 109 ff.
Sequenzzuständigkeit 42 8
Seuchen 3 4
sexuelle Belästigungen 46 57
sexuelle Nötigung 39 26 f.
Sezession eines Landes 3 40
Sicherheit 1 2 ff., 11
– als Konstruktion **6** 19 f.
– Äußere ~ **1** 36; **6** 68 ff.; s. a. dort
– Bedeutungsdimensionen **2** 4
– Begriff **2** 1 ff.
– Begriff, einheitlicher **6** 80
– Begriff, erweiterter **1** 6; **6** 16 ff.; **45** 2 ff., 10
– Begriff, klassischer **1** 4 f.; **45** 1
– Begriff, politischer **6** 3, 16
– Begriff, polizeirechtlicher **6** 61 f.
– Begriff, strafrechtlicher **6** 49 ff.
– Begriffe, verwaltungsrechtliche **6** 60 ff.
– Begriffsfunktion **6** 21 ff.
– Cybersicherheit **6** 78
– Datenschutz **6** 79
– Datensicherheit **6** 79
– Deepening **1** 6
– EMRK **6** 48
– Entdifferenzierung **45** 4
– Entgrenzung **45** 4
– Entgrenzungstendenzen **6** 13
– ergänzende Adjektive **6** 5
– Europarecht **2** 23 f.; **6** 36 ff.; **9** 3
– Freiheit **6** 7 ff.
– Friedensdividende **45** 3
– Gefahrenvorsorge **6** 12
– Grundfreiheiten **6** 45 f.
– Grundgesetz **2** 3, 9, 12 ff.; **6** 29 ff.
– Grundrecht auf Sicherheit **2** 34; s. a. dort
– Grundrechtecharta **6** 47
– Individualisierung **45** 4
– Informationssicherheit **6** 77
– Informationstechnik **6** 75 f.
– Innere ~ **1** 46; **6** 34 f., 68 ff.; s. a. dort
– IT-Sicherheit **6** 77
– kollektive ~ **6** 30
– kontextabhängiger Bedeutungsgehalt **6** 4
– kritische Perspektiven **1** 7 ff.
– nationale ~ **1** 2; **6** 41 ff., 72 ff.
– objektive ~ **2** 5

– öffentliche ~ **6** 61 ff.
– öffentliche Sicherheit **6** 55 ff.
– Prävention **6** 13
– predictive policing **6** 14
– Proaktivierung **45** 4
– RADAR-iTE **6** 14
– Raum der Freiheit, der Sicherheit und des Rechts **6** 39 f.
– Rechtsbegriff **6** 3 ff., 22 ff.
– Rechtsgüterschutz **6** 22 ff.
– Rechtsstaat **4** 1, 13; s. a. dort
– Rechtswissenschaft **6** 1
– Referenzsubjekt **1** 6
– Security Studies **1** 3
– Sicherheit der Bundesrepublik Deutschland **6** 50 ff.
– Sicherheit des Bundes/eines Landes **6** 31, 65 ff.
– Sicherheitsgesetzgebung **6** 2
– Sicherheitsgewerbe **45** 10; s. a. dort
– Sicherheits-Governance **45** 7
– Sicherheitspolitik **6** 15
– Sicherheitsrecht **6** 1, 26 f.
– Sicherheitsstudien **1** 3
– Sicherheitswahrnehmung **45** 2
– sprachliche Wurzeln **6** 3
– Staatsaufgabe Sicherheit **6** 33
– Staatsschutzstrafrecht **33** 35 ff.
– Staatstheorie **6** 32 f.
– Staatsziel Sicherheit **2** 26 ff.
– subjektive ~ **2** 5
– Übertragung an Private **45** 6 ff.
– Verfassungsrecht **2** 1; **6** 29 ff.; s. a. dort
– Versicherheitlichung **1** 8 f., 12
– Vertiefung **1** 6
– wehrhafte Demokratie **2** 15 ff.
– Wirtschaft **45** 12
– Wissen **6** 10 ff.
Sicherheit der Bundesrepublik Deutschland 6 50 ff.
Sicherheit des Bundes/eines Landes 6 31, 65 ff.
Sicherheitsagenturen 7 50 ff.
Sicherheitsakteure 7 1 ff.
– Bund **7** 7 ff.
– Bundesamt für Bevölkerungsschutz und Katastrophenhilfe **7** 27
– Bundesamt für Sicherheit in der IT **7** 28
– Bundesamt für Verfassungsschutz **7** 20 f.
– Bundeskriminalamt **7** 15
– Bundesnachrichtendienst **7** 22
– Bundespolizei **7** 12 f.
– Bundeswehr **7** 8 ff.
– Feuerwehr **7** 34
– Föderalismus **7** 2
– Kooperation **7** 36; s. a. dort
– Länder **7** 30 ff.
– Militärischer Abschirmdienst **7** 23
– Nachrichtendienste **7** 19

magere Zahlen = Rn.   **Sachverzeichnis**

- Ordnungsbehörden des Bundes **7** 26
- Ordnungsbehörden, kommunale **7** 33
- Polizei **7** 11 ff.
- Polizei beim Deutschen Bundestag **7** 18
- Polizei der Länder **7** 31
- private ~ **7** 35
- Technisches Hilfswerk **7** 29
- Trennungsprinzip, informationelles **7** 6
- Überblick **7** 4
- Verfassungsschutz **7** 32
- Zoll **7** 24 f.

Sicherheitsarchitektur 2 48
Sicherheitsbedrohungen 1 1 ff., 29 ff.
- Disequilibrium **1** 33
- EU Global Strategy **1** 29, 31
- Global Trends **1** 15 f., 17, 33 f.; *s. a. dort*
- Hybride Bedrohungen **1** 32
- künftige globale Entwicklungen **1** 14 ff.
- Megatrends **1** 29
- NATO Reflection Group **1** 32
- Sicherheit **1** 2; *s. a. dort*
- Sicherheitsfelder **1** 35 ff.
- Weißbuch für die Bundeswehr **1** 30
- zwischenstaatlicher Wettbewerb **1** 34

Sicherheitsbehörde
- Gefahren von besonderer Bedeutung **3** 12
- innerer Notstand **3** 43
- regionale Katastrophe **3** 20

Sicherheitsbescheid 12 42
Sicherheitsdienst des Reichsführers SS 18 12
Sicherheitsdienstleistungsgesetz 45 113 ff.
Sicherheitsermächtigung 12 11
Sicherheitsermittlungen 12 59
Sicherheitsfelder 1 35 ff.
- Äußere Sicherheit **1** 36; *s. a. dort*
- Cyber **1** 57 ff.
- Exportkontrolle **1** 54 ff.
- Hochindustriestandort **1** 54 ff.
- Innere Sicherheit **1** 46; *s. a. dort*
- Proliferation **1** 54

Sicherheitsforschung 9 101 f.
Sicherheitsgesetzgebung 6 2
Sicherheitsgewährleistung
- arbeitsteilige ~ **7** 5
- Aufgaben des Staates **2** 1
- Aufklärung **16** 1; *s. a. dort*
- Aufklärung durch Strafverfahren **17** 1; *s. a. dort*
- Aufsichtsmittel **41** 1; *s. a. dort*
- Äußere Sicherheit **2** 50
- Cyberabwehr **15** 1; *s. a. dort*
- EMRK **2** 24
- Ermächtigungsgrundlagen **4** 30
- EuGH **9** 45 f.
- Europäische Kommission **9** 39 ff.
- europäische Kooperation **7** 46; **9** 1 f.; *s. a. dort*
- Europäischer Auswärtiger Dienst **9** 42
- Europäischer Rat **9** 35 ff.
- Europäisches Parlament **9** 43 f.

- Europarecht **2** 23 f.
- Föderalismus **7** 2
- freiheitlich demokratische Grundordnung **2** 18 ff.
- Gemeinwohlgut **2** 11
- Gewährleistung **2** 5
- Gewaltenteilung **4** 59; *s. a. dort*
- Grundrecht auf Sicherheit **2** 34; *s. a. dort*
- Grundrechte **2** 14
- Grundrechtecharta **2** 23
- grundrechtliche Schutzpflichten **2** 43 ff.
- Hoher Repräsentant **9** 42
- Informationsbeschaffung durch Private **21** 1; *s. a. dort*
- Inhalt **2** 46 ff.
- internationale Kooperation **4** 58; **7** 61; **8** 1 ff.; *s. a. dort*
- Kompetenzen der EU **9** 10; *s. a. dort*
- Kompetenzordnung **2** 13
- Kooperation **7** 36; *s. a. dort*
- Legalitätsgrundsatz **4** 101; *s. a. dort*
- Legitimationsgrund der Staatlichkeit **2** 7
- Megatrends **2** 52
- Mehrebenensystem **7** 1
- menschenwürdebezogene Verpflichtung **2** 44
- Notstand **3** 1; *s. a. dort*
- Organisation **7** 1 ff., 65
- personeller Geheimschutz **12** 1; *s. a. dort*
- Rechtsanwälte **4** 79; *s. a. dort*
- Rechtsbehelfe **4** 48; *s. a. dort*
- Rechtsbindung **4** 29
- Rechtsstaat **4** 1; *s. a. dort*
- Reichweite **2** 46 ff.
- Risikomanagement **16** 2
- Risikovorsorge **2** 49
- Sammlung des Prozessstoffs **4** 133; *s. a. dort*
- Schutz kritischer Infrastrukturen **14** 1; *s. a. dort*
- Schutz von Verfassungsorganen/Sicherheitsbehörden **10** 1; *s. a. dort*
- Schutz vor Industrie- und Wirtschaftsspionage **13** 1; *s. a. dort*
- Sicherheit **2** 1 ff.
- Sicherheit im Nichtwissen **16** 7
- Sicherheitsakteure **7** 1, 4 ff.; *s. a. dort*
- Sicherheitsarchitektur **2** 48
- Sicherheitsbedrohungen **1** 1; *s. a. dort*
- Sicherheitsrecht **2** 48
- Spannungsfall **2** 22
- Staatsaufgabe Sicherheit **2** 45
- Staatsgeheimnisse **11** 1; *s. a. dort*
- Staatsphilosophie **2** 6
- Staatsziel Sicherheit **2** 26 ff.
- Strafverfolgung **2** 48
- Streitkräfteeinsatz **2** 21
- subjektives Recht auf Sicherheit **2** 41 ff.
- subjektiv-rechtliche Wirkdimension **2** 51
- Unionsagenturen **9** 47; *s. a. dort*
- Verfassungsrecht **2** 1; *s. a. dort*

1893

Sachverzeichnis

fette Zahlen = §§

- Verhältnis zur Freiheit **2** 53
- Verteidigungsfall **2** 22
- Wert mit Verfassungsrang **2** 31, 47
- Wissensgesellschaft **16** 1, 4
Sicherheitsgewahrsam 41 59
- *s. a. Unterbindungsgewahrsam*
Sicherheitsgewerbe 45 10
- Anzeigepflicht **45** 42 f.
- Atomgesetz **45** 94 ff.
- Auskunft **45** 44 ff.
- Auskunfteien **45** 40
- Äußere Sicherheit **45** 32
- Ausübung öffentlicher Gewalt **45** 24
- Begriff **45** 16 f.
- Beschäftigte **45** 18
- Bewachungsgewerbe **45** 17, 21, 39; *s. a. dort*
- Bundeswehr **45** 100 ff.
- Corona-Pandemie **45** 111 f.
- Detekteien **45** 40
- Entwicklungen **45** 108 ff.
- Europarecht **45** 22 ff.
- Fluggastkontrollen **45** 90
- Flugsicherung **45** 32
- Gewerberecht **45** 38 ff.
- Grundfreiheiten **45** 23
- Handelsschiffe **45** 66 ff.
- Integrative Sicherheitslösungen **45** 109
- Kompetenzverteilung des Grundgesetzes **45** 36
- Luftsicherheitsassistent **45** 89 f.
- Luftsicherheitsgesetz **45** 89 ff.
- Nachschau **45** 44 ff.
- Rechtsgrundlagen **45** 22 ff.
- sekundäres Gemeinschaftsrecht **45** 27 ff.
- Sicherheitsdienstleistungsgesetz **45** 113 ff.
- spezielle Rechtsgrundlagen **45** 88 ff.
- Verfassungsrecht **45** 31 ff.
Sicherheits-Governance 45 7
Sicherheitslücke
- Online-Durchsuchung **23** 95 f.
- Quellen-TKÜ **24** 58
Sicherheitspolitik 6 15
Sicherheitsrat
- Eingriffsbefugnisse **8** 24 ff.
- friedliche Streitbeilegung **8** 16
- regionale Abmachungen **8** 66
- Rüstungskontrolle **8** 19
Sicherheitsratsmandat
- Auslandseinsätze **53** 25 ff.
- kollektives Sicherheitssystem **53** 52
Sicherheitsrecht 2 48; **4** 31 ff.; **6** 1, 26 f.
- Bestimmtheit **4** 31
- Bestimmtheit, formale **4** 32
- Bestimmtheit, materielle **4** 33 ff.
- Datenschutz **20** 1; *s. a. dort*
- Dogmatik **4** 34
- faktische Zurechenbarkeit **4** 37
- Gefährder **4** 38
- Harmonisierung **9** 81 ff.

- Luftsicherheitsrecht **50** 1; *s. a. dort*
- Normenklarheit **4** 31
- Recht der Wissensverwaltung/-gewährung **16** 66
- Rechtsbehelfe **4** 51 ff.
- Rechtsgüterschutz **4** 35
- Schutz kritischer Infrastrukturen **14** 13
- sozialadäquates Verhalten **4** 38
- Terrorismus **36** 9
- terroristische Straftaten **4** 39
- Vorverlagerung **4** 38
- Wissen **16** 18 ff.
- Zurechnungen **4** 36
Sicherheitsrisiko 12 62 ff.
- Anbahnungsversuche **12** 78 ff.
- Ausforschungsrisiko **12** 81
- Beurteilungsspielraum **12** 92 ff.
- fehlende Verfassungstreue **12** 84
- freiheitlich demokratische Grundordnung **12** 82 f.
- Kompromate **12** 80
- Kriterien **12** 63
- Spezifität in Bezug auf die konkrete Tätigkeit **12** 65 f.
- Verdichtungsgrad **12** 64
- Verwaltungsrechtsweg **12** 91
- Werbungsversuche **12** 78 ff.
- Zuverlässigkeitszweifel **12** 67; *s. a. dort*
Sicherheitsstudien 1 3
Sicherheitsüberprüfung 12 2 ff.
- Abfrage bei zentralen Sicherheitsbehörden **12** 50
- Abschottungsgebot **12** 21
- Amtsverschwiegenheit **12** 10
- Auskunftspersonen **12** 59
- beamtenrechtliche Treuepflicht **12** 14
- betroffene Personen **12** 36
- Bundeskriminalamt **12** 53
- Bundesnachrichtendienst **12** 55; **19** 76
- Datenübermittlungsvorschrift **12** 46
- Ehegatte **12** 37
- einfache ~ **12** 48
- Einwilligung **12** 12 ff.
- erweiterte ~ **12** 57 f., 59 ff.
- Folgen einer erfolgreichen ~ **12** 9 ff.
- Freiwilligkeit **12** 12
- Gewaltenteilung **4** 60
- Identitätsprüfung **12** 58
- in dubio pro securitate **12** 19 f.
- Informationsfluss **12** 11
- INPOL **12** 53
- Internetrecherche **12** 56
- Kooperationspflicht **12** 14
- Lebenspartner **12** 37
- Militärischer Abschirmdienst **12** 55
- Mitglieder der Verfassungsorgane **12** 38
- mitwirkende Behörde **12** 47
- NADIS **30** 27

1894

magere Zahlen = Rn.

- NADIS-Abfrage **12** 48 f.
- öffentliche Stellen **12** 46
- Privatunternehmen **12** 40 ff., 44
- Rechtsgrundlagen **12** 8
- Referenzpersonen **12** 59
- Richter **12** 38
- Sicherheitsbescheid **12** 42
- Sicherheitsermächtigung **12** 11
- Sicherheitsermittlungen **12** 59
- Sicherheitsrisiko **12** 62; s. a. dort
- Sicherheitsüberprüfungsstatus **12** 18
- soziale Netzwerke **12** 56
- Staatsgeheimnisse **12** 10
- Staatssekretäre **12** 39
- Überprüfungsarten **12** 45
- Verfahrensgrundsätze **12** 12 ff.
- Verschlusssache **4** 88 ff.; **11** 30; **12** 30 ff.
- Verweigerung **12** 16
- Weiterverwendung der Daten **12** 22 ff.
- Widerruf **12** 16
- zentrales staatsanwaltschaftliches Verfahrensregister **12** 52
- Zuverlässigkeitsüberprüfung **12** 7
- Zweck **12** 3
- Zweckbindungsgebot **12** 21

Sicherheitsüberprüfungsdaten
- disziplinarrechtliche Verfolgung **12** 27
- Nachrichtendienste **12** 28 f.
- parlamentarische Untersuchungsausschüsse **12** 25
- parlamentarisches Kontrollgremium **12** 25
- Straftaten von erheblicher Bedeutung **12** 24

Sicherheitsunion 9 3 ff.
- COSI **9** 75
- Datenbanken, interoperable **9** 86; s. a. dort
- Entwicklungsdynamiken **9** 105 f.
- europäische Sicherheitsstrategie **9** 5
- Finanzierung der ~ **9** 97; s. a. dort
- Handlungsmodi **9** 72 ff.
- Harmonisierung des Sicherheitsrechts **9** 81; s. a. dort
- Hybride Bedrohungen **9** 9
- Informationssysteme **9** 96
- Innere Sicherheit **9** 5
- Institutionalisierung **9** 73 f., 96
- Integration **9** 73 ff., 86 ff.
- Kompetenzen der EU **9** 10; s. a. dort
- Kooperation der Sicherheitsbehörden **9** 75 ff.
- Leistungswettbewerbe **9** 80
- PNR-Richtlinie **9** 96
- Raum der Freiheit, der Sicherheit und des Rechts **9** 4
- Schutzes der Bürgerinnen und Bürger **9** 9
- tatsächliche Entwicklungen **9** 7
- Unionsagenturen **9** 47; s. a. dort
- wechselseitige Beobachtung **9** 79

Sicherheitszweck des Staates 45 1

Sicherstellung
- offene Datenerhebung **23** 23 ff., 30
- Smart Home-Datenerhebung **25** 62 f., 70

Sicherungscodes 34 99
Sicherungseinziehung 37 18
Sicherungshaft 41 72 ff.
Sicherungsmaßnahme 40 78
Sicherungspflichten 14 85
Sicherungsverwahrung 40 2
- elektronische Aufenthaltsüberwachung **41** 52 f.
- terroristische Tatmittel **35** 111

SIGINT 19 8 ff., 98 ff.
Sitzungspolizei 43 102 ff.
Sky Marshal 50 52
- Bordgewalt **50** 102

Smart Home 25 33
Smart Home-Datenerhebung 25 33 ff.
- akustische Wohnraumüberwachung **25** 46, 56
- Beschlagnahme **25** 39, 49 f., 62 f., 70
- Beschränkungen **25** 51 f., 64 f., 71
- Bewegungsprofil **25** 43
- Ermächtigungsgrundlagen **25** 45 ff.
- Fernmeldegeheimnis **25** 40
- Grundrechte **25** 36 ff.
- informationelle Selbstbestimmung **25** 37
- Integrität informationstechnischer Systeme **25** 38 f.
- Kernbereichsschutz **25** 42
- Nachrichtendienste **25** 67 ff.
- Online-Durchsuchung **25** 47, 57 ff., 68
- Persönlichkeitsprofil **25** 43
- Polizeirecht **25** 55 ff.
- Rechtsschutz **25** 53 f., 66, 72
- Sicherstellung **25** 62 f., 70
- Strafverfahren **25** 45 ff.
- Telekommunikationsüberwachung **25** 48, 61, 69
- Verfassungsrecht **25** 36 ff.
- Vertraulichkeit **25** 38 f.
- Wohnraumüberwachung **25** 67
- Wohnungsgrundrecht **25** 41

smart sanctions 38 9
Social Media Intelligence 19 101 ff.
SOCMINT 19 101 ff.
Sofortvollzugsanordnung 47 41
Soft Law 9 85
Soldaten
- Beendigung des Soldatenverhältnisses **46** 129 ff.
- Beendigung des Soldatenverhältnisses kraft Gesetzes **46** 134
- Bekundungen **46** 72
- Berufung in das Soldatenverhältnis **46** 126
- Dienstvergehen **46** 172, 179 ff.
- diskriminierendes Verhalten **46** 70 f.
- Disziplinarmaßnahmen **46** 173 f.
- Disziplinarmaßnahmen, gerichtliches **46** 177
- Disziplinarrecht **46** 148, 171 ff.; s. a. dort

Sachverzeichnis

fette Zahlen = §§

- Disziplinarverfahren **46** 175 ff.
- Disziplinarverfügung **46** 176
- Durchsetzung staatsschutzbezogener Pflichten **46** 125 ff.
- Entlassung aufgrund falscher Angaben **46** 130
- Entlassung von Berufssoldaten **46** 133
- Entlassung von Zeitsoldaten **46** 132
- Entlassung wegen Unwürdigkeit **46** 131
- Holocaustleugnung **46** 69
- laufender Dienstbetrieb **46** 128
- Mitgliedschaft **46** 66
- NS-Symbole **46** 68
- Parteimitgliedschaft **46** 66
- Pflicht zu achtungs-/vertrauenswürdigem Verhalten **46** 82; s. a. dort
- Pflicht zum treuen Dienen **46** 73 ff.
- Pflichtendurchsetzung **46** 125 ff.
- Propagierung der NS-Ideologie **46** 68
- Soldatenstatus **52** 94 ff.
- Statusveränderungen **46** 127
- Treuepflicht **46** 63, 66; s. a. dort
- Truppendienstgerichte **46** 174
- Umwandlung des Soldatenverhältnisses **46** 126
- verfassungsfeindliches Handeln **46** 3
- Verfassungstreue **46** 135
- Verhaltensweisen **46** 72
- Wehrdienstverhältnis **46** 62
- Wehrdisziplinarordnung **46** 172
- Zurückhaltungspflicht **46** 77; s. a. dort

Solingen 42 83
Sorgfaltspflichten 14 85
Sozialadäquanz
- Anleitung zu Straftaten **37** 102
- Anleitung zur staatsgefährdenden Gewalttat **37** 108
- Belohnung/Billigung von Straftaten **37** 88
- Verbreiten von Propagandamitteln **37** 56
- Verwenden verfassungswidriger Kennzeichen **37** 64
- Volksverhetzung **37** 80

soziale Gruppe 44 46
Soziale Medien 5 85 ff.
Soziale Netzwerke
- Medienfreiheit **5** 43 ff.

soziale Netzwerke
- Sicherheitsüberprüfung **12** 56

Soziale Netzwerke
- virtueller Verdeckter Ermittler **27** 9

Sozialistische Reichspartei 32 5
Spannungsfall 2 22; **3** 2, 69 ff.
- Anwendungsfälle **3** 69
- Cyberbedrohungen **15** 84 ff.
- Konkurrenzen **3** 71
- Voraussetzungen **3** 70

Speicherung 22 16
Sperrerklärung 11 44 ff.
- Anfechtungsklage **27** 180
- Aufklärung durch Strafverfahren **17** 75
- Aussagebeschränkung **11** 49
- Gegenvorstellung **27** 180
- In-Camera-Verfahren **11** 51, 56, 59
- indirekte Beweise **11** 54
- materielles Strafrecht **11** 58
- Nachrichtendienste **11** 47
- NoeP **27** 179
- Personen **11** 45
- Polizei **11** 47
- rechtswidrige Verweigerung **11** 52
- verdeckter Ermittler **27** 178
- Vertrauensperson **28** 97
- Verwaltungsprozessrecht **11** 59
- Verwaltungsrechtsweg **17** 84
- Voraussetzung **11** 46

Spiegel-Urteil 5 10, 64
- Schutzbedürftigkeit der Medien **5** 92 f.

Spion 27 10
Spionage 1 50 ff.; **13** 1
- Aufklärung von Straftaten **17** 38
- Berliner Tiergartenmord **1** 52
- covert action **1** 52
- Cyber-Spionage **15** 19 f.
- Generalbundesanwalt **42** 123
- Großmächtekonkurrenz **1** 50
- Hochindustriestandort **1** 53 ff.
- Nachrichtendienste **1** 52 f.
- Online-Durchsuchung **23** 32
- Schutz vor Industrie- und Wirtschaftsspionage **13** 1; s. a. dort
- Spionageabwehr **12** 1
- Ziele **1** 51

Spionageabwehr 27 11
Sprachsachverständige 43 87 ff.
Sprengstoffe 35 16 ff., 49, 70
- Sprengstoffrecht **49** 1; s. a. dort
Sprengstoffgesetz 49 69, 76 ff.
Sprengstoffrecht 49 1 ff., 69 ff.
- Durchführungsverordnungen **49** 79
- Erlaubnisvorbehalt **49** 1
- explosionsfähige Stoffe **49** 75
- explosionsgefährliche Stoffe **49** 71, 74
- Explosivstoffe **49** 72
- Gesetzgebungszuständigkeit **49** 5
- Gewerberecht **49** 70
- Harmonisierung **49** 80
- nationale Kontaktstelle **49** 81
- Ordnungswidrigkeiten **49** 70
- Polizeiliche Kriminalstatistik **49** 8
- Praxisrelevanz **49** 7
- Pyrotechnik **49** 80
- pyrotechnische Gegenstände **49** 73
- Rechtsschutz **49** 90
- Sprengstoffgesetz **49** 69, 76 ff.

Sprengvorrichtungen 35 19 f., 71
Spurenansatz
- Datenüberführung **29** 44
- Datenweiterverarbeitung **29** 23 f.

1896

magere Zahlen = Rn.

Sachverzeichnis

Staat 33 29
Staatsabwehrdoktrin 2 35
Staatsangehörigkeit 44 45
Staatsanwaltschaft
– Bundesnachrichtendienst **19** 115 ff.
– Ermächtigungserfordernis **36** 105
– Gefährder **42** 58
– verdeckter Ermittler **27** 93
Staatsaufgabe Schutz kritischer Infrastrukturen 14 78
Staatsaufgabe Sicherheit 2 45; **6** 33
Staatsbürgerschaft 40 12 f.
Staatsgebiet 33 32
Staatsgefährdung, engere 33 34
Staatsgeheimnisse 5 57 ff., 69; **11** 1 ff.
– Aussagebeschränkung **11** 49
– Begriff **11** 3 ff.
– Geheimhaltungspflicht **11** 40
– Geheimpatente **11** 2
– GeschGehG **11** 5
– illegale ~ **11** 37
– Informationsfreiheitsgesetze **11** 9, 15; *s. a. dort*
– Journalisten **11** 41
– Landesverrat **33** 41
– legale ~ **11** 36
– materielles Verwaltungsrecht **11** 8
– Mosaiktheorie **11** 35
– Nachrichtendienste **11** 10
– nachrichtendienstliche Tätigkeit **11** 39
– Öffentlichkeit **11** 11 ff.
– prozessualer Schutz **11** 42 ff.
– Schutz vor Industrie- und Wirtschaftsspionage **13** 22
– Schutzmechanismen **11** 23 ff.
– Sicherheitsüberprüfung **12** 10
– Sperrerklärung **11** 44; *s. a. dort*
– StPO **11** 6
– Strafgesetzbuch **11** 3 f.
– strafrechtlicher Schutz **11** 33 ff.
– Strafverfahren **11** 43 ff.
– Verschlusssache **11** 8, 23; *s. a. dort*
– Verwaltungsprozess **11** 55 ff.
– Verwaltungsprozessrecht **11** 7
– zusammengesetzte ~ **11** 35
Staatsnotstand 3 3
– Begriff **3** 5
– Europarecht **3** 117 ff.
– Landesverfassungen **3** 116
– *s. a. Notstand*
Staatsschutz 18 14
– Angriffe auf Verkehr und Infrastruktur **34** 1 ff.
– Anklage gegen Landesorganmitgliedern **32** 52 ff.
– Datenschutz **20** 5 ff.
– Datenüberführung **29** 38 ff., 52 ff.
– demokratischer Relativismus **32** 2
– Dienstrecht **46** 1; *s. a. dort*
– faschistische Machteroberung **33** 8

– freiheitlich demokratische Grundordnung **33** 7
– Frieden **33** 4
– Gefahrenabwehr **29** 52
– Grundrechtsverwirkung **32** 46; *s. a. dort*
– Kooperation **29** 1
– Kriegswaffenkontrollrecht **49** 82; *s. a. dort*
– Luftsicherheitsrecht **50** 1; *s. a. dort*
– Medien **5** 51 f.
– Menschenwürde **32** 3
– Parteiverbot **32** 4; *s. a. dort*
– politische Freiheitsrechte **32** 3
– Präsidentenanklage **32** 22; *s. a. dort*
– Richteranklage **32** 35; *s. a. dort*
– Sprengstoffrecht **49** 1; *s. a. dort*
– Staatsschutzstrafrecht **33** 2, 23; **34** 1; *s. a. dort*
– Staatsstreich **32** 1
– strafrechtlicher ~ **33** 1 ff.
– Strafrechtsdogmatik **33** 10; *s. a. dort*
– Strafverfolgungszwecke **29** 52
– streitbare Demokratie **32** 2; **33** 9
– Telekommunikationsüberwachung **24** 46
– Unfriedlichkeit **33** 9
– Vereinsrecht **47** 1; *s. a. dort*
– verfassungsunmittelbarer ~ **32** 1, 56
– Versammlungsrecht **48** 1; *s. a. dort*
– Waffenrecht **49** 1; *s. a. dort*
– wehrhafte Demokratie **33** 9
Staatsschutzdelikte
– Absehen bei tätiger Reue **36** 129 f.
– Absehen wegen überwiegender öffentlicher Interessen **36** 126 ff.
– geborene ~ **42** 10 f.
– gekorene ~ **42** 12
Staatsschutz-Frühwarnsystem 42 93
Staatsschutzkammer
– Generalbundesanwalt **42** 13
– Kommunikationsdelikte **37** 19
– Staatsschutzstrafverfahren **43** 4 ff.
Staatsschutzklausel 37 43
Staatsschutzsenate 43 10 ff.
– Beschwerden **43** 20
– gerichtliche Praxis **43** 18
– Heranwachsende **43** 22
– institutionelle Zusammenführung **43** 14
– Jugendliche **43** 22
– Konzentration **43** 11 f.
– Minderjährige **43** 22
– Sachzusammenhang **43** 17
– Staatsschutzstrafverfahren **43** 10 ff.
– Strafvollstreckungssenate **43** 21
– Tateinheit **43** 17
Staatsschutzstrafrecht 33 1 ff., 23 ff.; **34** 1 ff.
– Abfangen von Daten **34** 63; *s. a. dort*
– Abstimmungsgeheimnis **33** 72
– Abstimmungsvorgang **33** 73
– Aggression **33** 48
– Anlagen **34** 1 f.
– Arbeitsmittel **34** 2

1897

Sachverzeichnis

fette Zahlen = §§

- Aufsichtsmittel **41** 1; *s. a. dort*
- Äußerungsdelikte **37** 1 ff.
- Ausspähen von Daten **34** 51; *s. a. dort*
- Berufsverbot **40** 2, 77; *s. a. dort*
- Beschädigung wichtiger Anlagen **34** 37; *s. a. dort*
- Bestand der Bundesrepublik **33** 30
- Bestandshochverrat **33** 33
- Betriebe **34** 2
- Binnenschutz **33** 51 ff.
- Computersabotage **34** 85; *s. a. dort*
- Datenveränderung **34** 73; *s. a. dort*
- demokratische Legitimation **33** 52
- digitale Infrastruktur **34** 49 ff.
- Einzelkandidatenaufstellung **33** 75
- Einzelstimmabgabe **33** 69
- Entziehung der Fahrerlaubnis **40** 2
- Erschleichen der Einbürgerung **33** 25
- EU-Hochverrat **33** 86
- Europäischer Amtsträger **33** 82
- Fahrverbot **40** 2
- Garantie der Verfassungsordnung **33** 55
- Generalbundesanwalt **39** 6; **42** 4; *s. a. dort*
- Gewaltverbot **33** 46
- Grundlagen der Staatlichkeit **33** 29
- informationelle Souveränität **33** 39
- Infrastruktur **34** 1
- Interventionsverbot **33** 46
- Kommunikationsdelikte **37** 1; *s. a. dort*
- Korruption des Abstimmenden **33** 70
- Korruptionsstrafrecht **33** 65
- Kriegswaffenkontrollrecht **33** 50
- Kriminalisierungspflicht **33** 46
- Landesverrat **33** 39; *s. a. dort*
- Maßregeln der Besserung und Sicherung **40** 1
- nach außen **33** 23 ff.
- Nebenfolgen **40** 1
- Nebenstrafen **40** 1
- Nötigung **33** 61
- öffentlicher Frieden **33** 77 f.
- Organautonomie **33** 63
- Perspektiven **33** 87
- Präventionsrecht **40** 1 ff.
- Propagandadelikte **33** 79; **37** 1; *s. a. Kommunikationsdelikte*
- Rechtshilfe **44** 1; *s. a. dort*
- Schutz demokratischer Urentscheidungen **33** 74 f.
- Schutz der Entscheidungsfindung **33** 60
- Schutz der Europäischen Integration **33** 81 ff.
- Schutz der Friedlichkeit nach außen **33** 46 ff.
- Schutz der obersten Verfassungsorgane **33** 61 ff.
- Schutz der Öffentlichkeit **33** 76 ff.
- Schutz der Sicherheit **33** 35 ff.
- Schutz der Verfassung **33** 54
- Schutz der Verfassungsordnung **33** 56 f.
- Schutz des Volkes **33** 23 ff.
- Schutz mittelbar legitimierter Entscheidungen **33** 61 ff.
- Schutz unmittelbarer Entscheidungs-/Bestellungsakte **33** 67 ff.
- Selbstorganisations-/bestimmungsrecht **33** 28
- Sicherungsverwahrung **40** 2
- Staatsgefährdung, engere **33** 34
- Staatsschutzstrafverfahren **43** 1; *s. a. dort*
- Störung öffentlicher Betriebe **34** 3; *s. a. dort*
- Störung von Telekommunikationsanlagen **34** 26; *s. a. dort*
- Terrorismusbekämpfung **33** 84
- Terrorismusfinanzierung **38** 1; *s. a. dort*
- Terrorismusstrafrecht **35** 2; **36** 14 ff.; *s. a. dort*
- Verfassungshochverrat **33** 58 f.
- verfassungsmäßige Ordnung **33** 51, 57
- Verkehrsdelikte **34** 104; *s. a. dort*
- Verlust staatsbürgerlicher Rechte **40** 2, 4; *s. a. dort*
- Verunglimpfungsdelikte **33** 80
- Völkerstrafrecht **33** 48; **39** 1; *s. a. dort*
- Volksverhetzung **33** 26
- Vorbereitungstaten **34** 97 ff.
- Wahllistenaufstellung **33** 75
- Zerstörung wichtiger Arbeitsmittel **34** 17; *s. a. dort*
- Zuständigkeiten **39** 5 ff.

Staatsschutzstrafverfahren 43 1 ff.
- Ablaufabstimmung **43** 66 ff.
- Ablehnungsgesuche **43** 135 ff.
- Akkreditierungsverfahren **43** 101
- Amtsgerichte **43** 2
- Auskunftsverweigerungsrecht **43** 175
- Auslandszeugen **43** 77
- Beanstandungen **43** 126 ff.
- Besetzungsentscheidung **43** 62 ff.
- Beweisaufnahmeplanung **43** 71 ff.
- Bildaufnahmen **43** 102 ff.
- Daten aus Überwachungsmaßnahmen **43** 50 ff.
- Datenträger **43** 42 ff.
- Dolmetscher **43** 87 ff.
- Einlasskontrolle **43** 102 ff.
- Ergänzungsrichter/-schöffen **43** 81 ff.
- Ermächtigungserfordernis **43** 23 ff.
- Eröffnungsverfahren **43** 29 ff.
- Gebäudesicherheit **43** 98 ff.
- Gerichtsbesetzungseinwendungen **43** 146 ff.
- Haftbedingungen **43** 37 ff.
- Hauptverhandlung **43** 105 ff.
- Konfliktverteidigung **43** 113 ff., 118 ff.
- Laptops **43** 42 ff.
- Medien **43** 101
- Missbrauch des Fragerechts **43** 172
- Ordnungsmittel **43** 170
- Personensicherheit **43** 98 ff.
- Perspektiven **43** 165 ff.
- Pflichtverteidiger **43** 30 ff., 108 ff.
- Sitzungspolizei **43** 102 ff.

magere Zahlen = Rn.

- Sprachsachverständige **43** 87 ff.
- Staatsschutzkammer **43** 4 ff.
- Staatsschutzsenate **43** 10; s. a. dort
- Strafkammer **43** 3
- Terminierung **43** 66 ff.
- Tischbeschluss **43** 131
- Tonaufnahmen **43** 102 ff.
- Urkundenbeweis **43** 78
- Verfolgungsermächtigung **43** 23 ff.
- Verhandlungsleitung **43** 118 ff.
- Verhandlungsvorbereitung **43** 65 ff.
- Vertrauensdolmetscher **43** 95 ff.
- Verwertbarkeitsprüfung von Beweismitteln **43** 56 ff.
- Wortprotokolle zu fremdsprachiger Kommunikation **43** 50 ff.
- Zurückstellungsanordnung **43** 134
- Zuständigkeit **43** 1 ff.
- Zweitakte, elektronische **43** 42 ff.

Staatssekretäre 12 39
Staatsstreich 3 33; **32** 1
Staatsterrorismus 42 128
Staatswohl 17 69
- Präsidentenanklage **32** 33

Staatsziel Sicherheit 2 26 ff.
Standardmaßnahme 27 53
Ständige Konferenz der Innenminister 7 41 f.
Standortbestimmung
- technische ~ **26** 74; s. a. dort
- technische Überwachung **26** 3

Standortdaten 22 60 ff.
Standortdatenabfrage 26 8 ff.
- Doppeltürmodell **26** 12
- Funkzellen **26** 11
- Telekommunikationsdienste **26** 10
- Verkehrsdaten **26** 9

Standortermittlung 24 102
Startverbot 50 76, 77
Statusfolgen 40 5 ff.
- Aberkennung, gerichtliche **40** 23
- Arten **40** 10
- automatische ~ **40** 14
- dualistische Lösung **40** 9
- fakultative ~ **40** 23
- Hauptverhandlung **40** 42
- kraft Gesetzes **40** 14
- Rechtsnatur **40** 8 ff.
- Urteilsgründe **40** 43 ff.
- Verlust der Amtsfähigkeit/Wählbarkeit **40** 11
- Verlust des Wahlrechts **40** 11
- Zweck **40** 8 ff.

Steuergeheimnis 38 55
stille SMS 26 62 ff.
- Funkzellen **26** 63 f.
- präventive Zielrichtung **26** 67 ff.
- Rechtsschutz **26** 70, 73
- repressive Zielrichtung **26** 71 ff.

Sachverzeichnis

- technische Konzeption **26** 63 ff.
- Voraussetzungen **26** 68 f., 71 f.

Störer 41 2
Störfall-Verordnung 14 33
Störung öffentlicher Betriebe 34 3 ff.
- Beschädigen **34** 10
- besonders schwere Fälle **34** 14
- Entziehung **34** 11
- Gefahrenabwehreinrichtungen **34** 8
- Konkurrenzen **34** 16
- Postdienstleistungen **34** 5 f.
- subjektiver Tatbestand **34** 13
- Tatererfolg **34** 12
- Tathandlungen **34** 9 ff.
- Tatobjekte **34** 5 ff.
- Versorgungsunternehmen **34** 7
- Vorsatz **34** 13
- Zerstören **34** 10

Störung von Telekommunikationsanlagen 34 26 ff.
- Fahrlässigkeit **34** 35
- Konkurrenzen **34** 36
- öffentliche Zwecke **34** 29
- privater Betreiber **34** 30
- subjektiver Tatbestand **34** 34 f.
- Tathandlungen **34** 32
- Tatobjekt **34** 28
- Vorsatz **34** 34

Strafantrag
- Abfangen von Daten **34** 72
- Ausspähen von Daten **34** 62
- Computersabotage **34** 96
- Datenveränderung **34** 84
- Ermächtigungserfordernis **36** 103

Strafanwendungsrecht 36 81 ff.
- Tatort **36** 82 ff.

Strafe 4 46
Straf-Gewalt, nationalsozialistische 33 11
Strafprozess
- verdeckter Ermittler **27** 176 ff.
- Vertrauensperson **28** 94 ff.

strafprozessual erlangte Daten
- in präventivpolizeilichen Verfahren **29** 60 ff.
- nachrichtendienstliche Zwecke **29** 70
- präventivpolizeiliche Zwecke **29** 67 ff.
- Strafverfolgungszwecke **29** 65 ff.

Strafrechtsdogmatik 33 10 ff.
- Aktunwertlehre **33** 12
- Feindstrafrecht **33** 13 f.
- Gefühlsschutztheorie **33** 16
- Rechtsgutslehre, liberal-rechtsstaatliche **33** 10
- Rechtsgutstheorie, kritische **33** 19 ff.
- Rechtsgutstheorie, personale **33** 15
- Straf-Gewalt, nationalsozialistische **33** 11
- Täterstrafrecht **33** 12

Straftäter 3 4
Strafverfahrensrecht
- Betreten von Wohnungen **27** 116 ff.

1899

Sachverzeichnis

fette Zahlen = §§

- Datenüberführung **29** 43 ff.
- Legende **27** 103 ff.
- verdeckter Ermittler **27** 64 ff., 73, 83, 87, 92 ff.
- Verschlusssache **4** 91 ff.
Strafverfolgung 2 48
Strafverfolgungsrecht 25 7 ff.
Strafverfolgungsvorsorge
- Vorratsdatenspeicherung **22** 3
Strafverfolgungszwecke
- Bestandsdatenauskunft **21** 46, 59
- nachrichtendienstlich erlangte Daten **29** 93 ff.
- präventivpolizeilich erlangte Daten **29** 78 ff.
- strafprozessual erlangte Daten **29** 65 ff.
- Vorratsdatenspeicherung **21** 72
Strafverteidigung 4 80
- Terrorismusverfahren **36** 136 f.
Strafvollstreckungssenate 43 21
Straßenverkehr
- gefährliche Eingriffe in den Verkehr **34** 111
- Schutz kritischer Infrastrukturen **14** 48
streitbare Demokratie 32 2
- Staatsschutz **33** 9
Streitkräfte
- Abwehr von Störungen **52** 97 ff.
- Befehls- und Kommandogewalt **52** 74
- Bundesminister der Verteidigung **52** 72
- Bundeswehrverwaltung **52** 89
- Cyberabwehr **15** 78 ff.
- Einhegung militärischer Macht **52** 71 ff.
- Funktionsfähigkeit **52** 85 ff.
- Luftsicherheitsrecht **50** 62 ff., 117
- parlamentarische Kontrolle **52** 76 ff.
- Perspektiven **52** 103 ff.
- Präsenzstärke **52** 77
- regionale Katastrophe **3** 21
- Renegade-Fall **50** 82
- Soldatenstatus **52** 94 ff.
- Streitkräfteorganisation **52** 78
- Truppendienstgerichte **52** 93
- überregionale Katastrophe **3** 28
- Verteidigungsausschuss **52** 79 f.
- Wehrbeauftragte **52** 81 f.
- Wehretat **52** 76
- Wehrgerichtsbarkeit **52** 92
- Wehrpflicht **52** 86 ff.
- Wehrverfassung **52** 13
- Zivile Führung **52** 72 ff.
Streitkräfteeinsatz 2 21
- Befehls- und Kommandogewalt **3** 85
- Bundestag **3** 107
- Bundeswehr im Innern **3** 105 ff.
- innerer Notstand **3** 36, 49, 58, 65
- Polizeirecht **3** 59
- Verhältnismäßigkeit **3** 106
Stuxnet 15 23
subjektives Recht auf Sicherheit 2 41 ff.
Subsidiarität
- Abfangen von Daten **34** 71

- Bundesnachrichtendienst **19** 73
- Datenschutz **20** 51
- Online-Durchsuchung **23** 51 f., 76 ff.
- Telekommunikationsüberwachung **24** 48
- Vertrauensperson **28** 56
Suchbegriffe 20 57
Syrien-Irak-Konflikt 42 142
Syrische Volksverteidigungseinheiten **42** 116
Systemrelevanz 14 21 f.
szenetypische Delikte 19 90 f.

taktische Liebesbeziehungen 28 51
Taliban 38 9
Tarnpapiere
- verdeckter Ermittler **27** 98, 101
- Vertrauensperson **28** 69
Taschenkarte 53 105
Tatbereitschaftsanreiz 37 96
Täterschaft 37 16
Täterstrafrecht 33 12
tätige Reue
- Beschädigung wichtiger Anlagen **34** 47
- Generalbundesanwalt **42** 41 f.
- Staatsschutzdelikte **36** 129 f.
- Vorbereitung einer staatsgefährdenden Gewalttat **37** 127
Tatort
- Auslandstaten **36** 84
- Inlandstaten **36** 83
- Taterfolg **36** 82
- Weltrechtsprinzip **36** 86
Tattoos 46 41
technische Standortbestimmung **26** 74 ff.
- Befristung **26** 91
- Drohnen **26** 88
- GPS-Daten **26** 77, 92
- GPS-Sender **26** 74, 76
- Peilsender **26** 76
- präventive ~ **26** 78 ff.
- Rechtsschutz **26** 83, 93
- repressive ~ **26** 84 ff.
- Richtervorbehalt **26** 81
- Telemedienanbieter **26** 75
- Voraussetzungen **26** 79 ff., 85 ff.
technische Überwachung 26 1 ff.
- akustische Überwachung außerhalb von Wohnungen **26** 128 ff.
- Aufenthaltsbestimmung **26** 5 ff.
- Bestandsdatenauskunft **26** 97 ff.
- Bildaufnahmen **26** 113
- Bildaufnahmen, präventive **26** 116 ff.
- Bildaufnahmen, repressive **26** 120 ff.
- Datafizierung **26** 2
- Funkzellenabfrage **26** 26; s. a. dort
- Identifikationsmaßnahmen **26** 95 ff.
- IMSI-Catcher **26** 47; s. a. dort

magere Zahlen = Rn.

- Kombination verschiedener Maßnahmen **26** 148
- Maßnahmen **26** 4 ff.
- Observation **26** 114
- Observation, präventive **26** 116 ff.
- Observation, repressive **26** 120 ff.
- Perspektiven **26** 147
- Standortbestimmung **26** 3
- Standortdatenabfrage **26** 8; s. a. dort
- stille SMS **26** 62; s. a. dort
- technische Standortbestimmung **26** 74; s. a. dort

Technisches Hilfswerk 7 29
Technologie 1 22
Teilnahme 37 16
Teilorganisation 47 42, 49
Telekommunikation
- Fernmeldegeheimnis **24** 24 ff.
- Informationsbeschaffung durch Private **21** 1; s. a. dort
- Schutz kritischer Infrastrukturen **14** 43

Telekommunikationsanlage 34 28
- Störung von Telekommunikationsanlagen **34** 26; s. a. dort

Telekommunikationsdienste
- Bestandsdaten **21** 18; s. a. dort
- nummerngebundene interpersonelle ~ **21** 23
- Standortdatenabfrage **26** 10

Telekommunikationsfreiheit 24 24 ff.
- Anbieter von Telekommunikationsdiensten **24** 27
- Eingriff **24** 30
- Kernbereichsschutz **24** 38 ff.
- Kommunikationspartner **24** 41
- persönlicher Schutzbereich **24** 29
- Schutzdauer **24** 28
- unbeteiligte Dritte **24** 41
- Vertraulichkeit der Kommunikationsinhalte **24** 25

Telekommunikationsschutz 5 101 f.
Telekommunikationsüberwachung 24 4, 43 ff.
- Befristung **24** 52
- heimliche ~ **24** 44 ff.
- IMSI-Catcher **26** 47
- Mitwirkungspflichten der Telekommunikationsdienstleister **24** 50
- nachrichtendienstlich erlangte Daten **29** 115
- Nachrichtenmittler **24** 49
- präventivpolizeiliche ~ **24** 54 ff.
- Protokollierung **24** 51
- Quellen-TKÜ **24** 57; s. a. dort
- Richtervorbehalt **24** 51
- schwere Straftat **24** 45
- Smart Home-Datenerhebung **25** 48, 61, 69
- Staatsschutz **24** 46
- Subsidiarität **24** 48
- Vorratsdatenspeicherung **24** 15

Telemedienanbieter 21 75 ff.
- Auskunftsverfahren **21** 77 ff.
- besonderes Auskunftsverlangen **21** 85 ff.
- Bestandsdaten **21** 77 ff., 80 f.
- Bundesnachrichtendienst **21** 87
- Doppeltürmodell **21** 80
- Kommunikationsüberwachung **24** 101
- Militärischer Abschirmdienst **21** 87
- Nachrichtendienste **21** 85
- Nutzungsdaten **21** 77 ff., 83 f.
- Passwörter **21** 82
- technische Standortbestimmung **26** 75

Terminierung 43 66 ff.
Terror 36 3
Terrorcamps
- Islamistischer Terrorismus **42** 71
- terroristische Tatmittel **35** 93

Terrorismus 1 46 ff.; **36** 1 ff.
- Abgrenzung **36** 5 ff.
- Begriff **36** 4, 7
- Bestandsdatenauskunft **21** 44
- Bildung terroristischer Vereinigungen **36** 10 ff.
- Bundeskriminalamt **7** 16
- Gefährder **51** 4
- Generalbundesanwalt **42** 66; s. a. dort
- NSU-Komplex **36** 1
- Rechtshilfe **44** 63 ff.
- Sicherheitsrecht **36** 9
- StGB **36** 10
- Terror **36** 3
- Terrorismusstrafrecht **35** 1; s. a. dort

Terrorismusbekämpfung 33 84
Terrorismusfinanzierung 35 37; **36** 46 ff.; **38** 1
- all-crimes-Ansatz **38** 49
- Alltagsgeschäfte **38** 46
- Al-Qaida **38** 9
- Al-Shabab **38** 9
- Anti Financial Crime Alliance **38** 64
- Ausblick **38** 63 ff.
- Auskunftsersuchens **38** 37
- Auslandstaten **36** 56
- Außenwirtschaftsrecht **38** 47
- Bankkontenzentralregister **38** 65
- Bereitstellungsverbote **38** 3, 17
- Compliance-Management-System **38** 29
- Crowdfunding **38** 1
- Definition, nationale **38** 3
- Drei-Ebenen-Regelungsmodell **38** 2
- Embargoverordnungen **38** 15 ff.
- Erscheinungsformen **36** 47 f.
- EU-Agenda für Terrorismusbekämpfung **38** 65
- EU-Finanzinformationsrichtlinie **38** 23
- EU-Geldwäschegesetzgebung **38** 20 ff.
- EU-Geldwäschestrafrechtsrichtlinie **38** 23, 49
- Europarat **38** 12
- Europarecht **38** 13 ff.

Sachverzeichnis

fette Zahlen = §§

- European Counter Terrorism Center **38** 14
- EU-Strategie für eine Sicherheitsunion **38** 65
- EU-Terrorismusrichtlinie **38** 24
- Financial Action Task Force **38** 10 f.
- Finanzierungsquellen **38** 1
- FTC **38** 5 f.
- Gefährdungsdelikt **36** 53
- Gefahrenabwehr **38** 26
- Geldwäsche **36** 49 ff.; **38** 48 f.
- Geldwäschebeauftragte **38** 29
- Generalbundesanwalt **42** 117 ff.
- Hawala-Banking **38** 50
- Hilfsorganisationen **38** 51 ff.
- Innere Sicherheit **42** 117 ff.
- Internationales Übereinkommen zur Bekämpfung der ~ **38** 5 f.
- interne Sicherungsmaßnahmen **38** 29
- Internet **38** 1
- Islamischer Staat **38** 9
- know your customer-Prinzip **38** 3, 20, 26
- Kontostammdaten **38** 36
- Kriminalstrafrecht **38** 38 ff.
- kundenbezogene Sorgfaltspflichten **38** 30 f.
- Moneyval **38** 12
- nachrichtendienstliche Mittel **38** 36 f.
- nationales Recht **38** 25 ff.
- Nebenstrafrecht **38** 50
- ordnungsrechtliche Instrumente **38** 34 f.
- Organisationsdelikte **38** 39 ff.
- präventive Instrumente **38** 26 ff.
- Risikomanagement **38** 27 f.
- risk-based approach **38** 3, 21, 26
- Sammeln von Vermögenswerten **35** 87; **38** 40, 43
- Sanctions Map **38** 18
- smart sanctions **38** 9
- StGB **38** 43 ff.
- Taliban **38** 9
- Tathandlung **36** 53
- Terrorismusfinanzierungsbekämpfung **38** 54; *s. a. dort*
- Terrorist-Finance-Tracking-Program **38** 14
- terroristische Tatmittel **35** 30
- Terrorlisten **38** 15 ff., 35
- Transparenzregister **38** 32 f.
- UN-Sicherheitsrat **38** 7 ff.
- verbotene Vereine **38** 42
- Vermögen einer terroristischen Vereinigung **36** 57
- Vermögenswert **35** 86; **38** 45
- virtuelle Währungen **38** 22
- Völkerrecht **38** 4 ff.
- Vorbereitungshandlungen **35** 83 ff.
- Zurverfügungstellen von Vermögenswerten **38** 43
- Zusage eines Außenstehenden **38** 41

Terrorismusfinanzierungsbekämpfung
- Doppeltürmodell **38** 55
- Financial Intelligence Unit **38** 56; *s. a. dort*
- Steuergeheimnis **38** 55
- Unterbrechung verdächtiger Transaktionen **38** 60 ff.
- Vermögensabschöpfung **38** 62
- Zuständigkeiten **38** 54 ff.
- Zuständigkeitskollisionen **38** 61

Terrorismusstrafrecht 35 1 ff.
- Absehen von Auslandstatenverfolgung **36** 121 ff.
- Anleitung zur staatsgefährdenden Gewalttat **36** 58 ff.
- Ausblick **36** 148 ff.
- Auslandstaten **36** 89 ff.
- Bildung terroristischer Vereinigungen **36** 26, 62; *s. a. dort*
- Einschüchterungseffekte **35** 3
- Einziehung **36** 101
- Ermächtigungserfordernis **36** 102; *s. a. dort*
- Ermittlungsmaßnahmen, strafprozessuale **35** 112 ff.
- Europarat **36** 145 ff.
- Europarecht **36** 138 ff.
- EU-Verordnung gegen Online-Propaganda **36** 139 ff.
- freiheitlich demokratische Grundordnung **36** 16
- gefährliche Tatmittel **35** 3
- Grundgesetz **36** 15 ff.
- Innere Sicherheit **35** 2
- Internet **36** 89 ff., 153
- Justizhoheit der Länder **36** 21
- Nebenfolgen **36** 100 f.
- notwendige Verteidigung **36** 131
- Organleihe **36** 23
- originäres ~ **35** 5
- Pflichtverteidiger **36** 132
- Planungszusammenhang **35** 5
- Rechtsstaat **35** 6
- Richtlinie zur Terrorismusbekämpfung **36** 138
- Staatsschutzrecht **36** 18
- Staatsschutzsenat **36** 24
- Staatsschutzstrafrecht **36** 14 ff.
- Strafanwendungsrecht **36** 81 ff.
- Strafverfahrensrecht **36** 117 ff.
- Strafverteidigung **36** 136 f.
- Terrorismus **36** 1; *s. a. dort*
- Terrorismusfinanzierung **36** 46; **38** 1; *s. a. dort*
- terroristische Tatmittel **35** 3, 8; *s. a. dort*
- Terrorvorbereitung **36** 28
- Vorbereitung einer staatsgefährdenden Gewalttat **36** 32; *s. a. dort*
- Vorfeldkriminalisierung **36** 107; *s. a. dort*
- Vorverlagerung **35** 5
- Zuständigkeiten **36** 117 ff.

Terrorismusvorbehalt 44 49
Terrorist-Finance-Tracking-Program 38 14
terroristische Ausbildung 35 37

magere Zahlen = Rn.

terroristische Tatmittel 35 8 ff.
– Anleitung zur staatsgefährdenden Gewalttat 35 95 ff.
– Ausreiseunternehmen 35 92
– bei Begehung der Tat 35 33 ff., 46 ff.
– besondere Vorrichtungen 35 19
– Bildung bewaffneter Gruppen 35 101 ff.
– Bildung terroristischer Vereinigungen 35 104 f.
– Bombenbauanleitungen 35 37, 95, 97
– Brandstiftungsdelikte 35 48
– Brandvorrichtungen 35 19 f., 71
– dual use-Güter 35 8, 71
– Einziehung 35 108 ff.
– Gefährdungstatbestände 35 34
– gefährliche Körperverletzung 35 52
– gefährliche Tatmittel 35 8 ff.
– gefährliche Werkzeuge 35 24 ff.
– gegenstandsbezogene Gefährlichkeit 35 8, 10 f., 36
– gemeingefährliche Mittel 35 23
– gemeingefährliche Vergiftung 35 50
– gesundheitsschädliche Stoffe 35 24 ff., 73
– Gifte 35 24 ff., 50, 73
– Grundstoffe 35 28
– Herbeiführen einer Explosion 35 49
– kenntnis-/fähigkeitsbezogener Umgang 35 88 ff.
– Kernbrennstoffe 35 21
– Missbrauch ionisierender Strahlen 35 49
– Mord mit gemeingefährlichen Mitteln 35 51
– Nichtkontrollierbarkeit 35 36
– organisationsbezogener Umgang 35 100 ff.
– Planungszusammenhang 35 40, 57 ff.
– radioaktive Stoffe 35 21
– Raub 35 53, 54
– Schusswaffen 35 12 ff., 74
– schwerer Diebstahl 35 55
– schwerer Landfriedensbruch 35 54
– Selbstmordattentate 35 38
– Sicherungsverwahrung 35 111
– sonstige Vorrichtungen 35 29
– Sprengstoffe 35 16 ff., 49, 70
– Sprengvorrichtungen 35 19 f., 71
– strafbarkeitsbegründende Verwendung 35 47 ff.
– strafbarkeitsschärfende Verwendung 35 51 ff.
– strafbarkeitsschärfendes Beisichführen 35 54 f.
– Strafmaß 35 106 f.
– Terrorcamps 35 93
– Terrorismusfinanzierung 35 30, 37, 83 ff.
– Terrorismusstrafrecht 35 5
– terroristische Ausbildung 35 37
– Testbombe 35 75
– Umgangsformen 35 64 ff.
– Unterweisenlassen 35 91
– verwendungsbezogene Gefährlichkeit 35 8, 22 ff.

Sachverzeichnis

– Vorbereitung von Angriffen auf den Luft-/ Seeverkehr 35 80 ff.
– Vorbereitung einer staatsgefährdenden Gewalttat 35 68 ff., 78 f.
– Vorbereitung eines Explosions-/Strahlungsverbrechens 35 76 f.
– Vorbereitungshandlungen 35 37, 56 ff.; s. a. dort
– Waffen 35 11 ff., 74; s. a. dort
terroristische Vereinigungen 35 104 f.
– Bildung terroristischer Vereinigungen 36 62; s. a. dort
– PKK 42 114
Terrorlisten 38 15 ff., 35
Testbombe 35 75
Third Party Rule 19 133, 163 ff.
Tischbeschluss 43 131
Tokioter Abkommen 50 28
Tonaufnahmen
– Staatsschutzstrafverfahren 43 102 ff.
– Versammlungsrecht 48 31 ff.
Tonträger 37 7
Tötungen 39 21 f.
Tragedy and Mobilization 1 28
Transparenz
– Datenschutzgrundsätze 20 26
– Datenüberführung 29 26
– Gemeinsames Terrorismusabwehrzentrum 31 31
– Grundrechtsschutz durch Verfahren 20 83
Transparenzregister 38 32 f.
Transport 14 44 ff.
Trennungsprinzip, informationelles 4 41
– Aufklärung durch Strafverfahren 17 15 ff.
– Auslandseinsätze 53 94
– Bundesnachrichtendienst 19 36 f., 112
– Gemeinsames Terrorismusabwehrzentrum 31 26 ff.
– informationelle Zusammenarbeit 30 15 ff.
– Inlandsaufklärung 18 18 f.
– Persönlichkeitsrecht 20 21
– Polizeibrief 17 15
– Sicherheitsakteure 7 6
– Verfassungsrang 18 21
– Wissen 16 16
– Wissensgenerierung 16 33
Treu und Glauben 20 25 f.
Treuepflicht
– Beamte 46 12 ff.
– Bekundungen 46 72
– Dauer 46 13
– diskriminierendes Verhalten 46 70 f.
– Eignung 46 15
– Holocaustleugnung 46 69
– Inhalt 46 64
– Justiz 4 76
– Meinungsbekundungen 46 24
– Mitgliedschaft 46 66

Sachverzeichnis
fette Zahlen = §§

– Mitgliedschaften **46** 25 ff.
– normative Verankerung **46** 13 ff.
– NS-Symbole **46** 68
– Parteimitgliedschaft **46** 26 ff., 66
– Pflichtverletzungen **46** 22 ff., 65 ff.
– Propagierung der NS-Ideologie **46** 68
– Richter **46** 86 f.
– Richteranklage **32** 42
– Sicherheitsüberprüfung **12** 14
– Soldaten **46** 63 ff.
– tatsächliche Handlungen **46** 23
– Verfassungstreue **46** 17 ff.
– Verhaltensweisen **46** 72
TRIPS 13 9
Truppendienstgerichte 46 174; **52** 93

Überflugverbot 50 76, 77
Übergewichtstheorie 44 15, 22
Übermittlungsschwellen 19 113
Überprüfungsfristen 20 33
überregionale Katastrophe 3 2, 25 ff.
– Amtshilfe **3** 30
– Anwendungsfälle **3** 25
– Beurteilungsspielraum **3** 26, 29
– Bundespolizei **3** 28
– Bundesrat **3** 29
– Bundesregierung **3** 26
– Eilfälle **3** 26
– innerer Notstand **3** 30
– Intervention des Bundesrates **3** 29
– Konkurrenzen **3** 30
– Polizei **3** 27
– Streitkräfte **3** 28
– Voraussetzungen **3** 26
– Weisung des Bundes **3** 28
Überwachung
– anlasslose Erhebung von Telekommunikationsdaten **15** 67 ff.
– Anordnungsvorbehalt **20** 118
– Betroffenenrechte **20** 119
– Cyberabwehr **15** 66 ff.
– Daten aus Informationssystemen **23** 1; s. a. dort
– Datenschutz **20** 1, 14 ff.; s. a. dort
– Datenverarbeitung **20** 52; s. a. dort
– Drohnen **20** 26
– EGMR **20** 114
– Eingriffsgewicht **20** 71 f.
– EMRK **20** 104 ff.
– Heimlichkeit **20** 105 ff.
– Kommunikationsüberwachung **24** 1; s. a. dort
– Notwendigkeit **20** 113 ff.
– rechtmäßiges Ziel **20** 112
– Rechtsanwälte **4** 83 ff.
– strategische ~ **15** 66 ff.; **20** 65
– technische ~ **26** 1; s. a. dort
– Telekommunikationsüberwachung **15** 62 ff.

– verdeckte Telekommunikationsüberwachung **4** 52
– Wohnraumüberwachung **25** 1; s. a. dort
Überwachungs-Gesamtrechnung
– Kommunikationsüberwachung **24** 111
– Vorratsdatenspeicherung **22** 63
Umfeld-VP 28 7
Umgehungsverbot 11 20
Umwelt 1 20
Unabhängiger Kontrollrat 19 151 ff.
– Grundrechtsschutz durch Verfahren **20** 99
Unabhängiges Gremium 19 149 f.
Under Cover Agent 27 12
UN-Friedensmissionen 8 53 ff.
– Entwicklung **8** 54
– Generalsekretär **8** 59
– Grundprinzipien **8** 57 f.
– Haftungsfragen **8** 61
– implied powers-Doktrin **8** 56
– Interventionsbrigaden **8** 60
– kollektives Sicherheitssystem der UN **8** 56 ff.
– Konsens **8** 57
– multidimensionaler Charakter **8** 55
– Peace Enforcement **8** 54
– Peacebuilding **8** 54
– Peacekeeping **8** 53
– private Militär- und Sicherheitsunternehmen **8** 60
– rechtliche Grundlage **8** 56
– regionale Abmachungen **8** 62; s. a. dort
– schnelle Eingreiftruppe **8** 60
Unglücksfälle, schwere
– Begriff **3** 17
– Gefahren von besonderer Bedeutung **3** 15
Uniformierungsverbot 48 16
Unionsagenturen 9 47 ff.
– CEPOL **9** 59
– Cybersicherheit **9** 64
– EASO **9** 61
– EMCDDA **9** 60
– eu-LISA **9** 62
– Eurojust **9** 53
– Europäische Grenz- und Küstenwache **9** 54 ff.
– Europäische Grundrechtsagentur **9** 63
– Europäische Verteidigungsagentur **9** 70
– Europol **9** 49 ff.
– Frontex **9** 54 ff.
– Geldwäsche **9** 64
– horizontale Vernetzung **9** 65 f.
– Institutionalisierung **9** 73 f.
– JHA Agencies Network **9** 65
Unionsgrundrechte 29 16
Unionsorgane 9 35 ff.
Unionsrecht
– s. Europarecht
unruly passenger 50 99
UN-Sicherheitsrat 38 7 ff.

magere Zahlen = Rn.

Sachverzeichnis

Unterbindungsgewahrsam 41 59 ff.
- EMRK **41** 63
- Gesetzgebungskompetenz **41** 62
- Grundrechte **41** 63
- Höchstdauer **41** 60
- Präventivgewahrsam **41** 59
- Repressivgewahrsam **41** 59
- Voraussetzungen **41** 64 f.

Untersuchungsausschüsse 12 25
- Third Party Rule **19** 163 ff.

Untersuchungsgrundsatz 16 32

Unterweisen 37 121

Unverletzlichkeit der Wohnung
- elektronische Aufenthaltsüberwachung **41** 25
- Kommunikationsüberwachung **24** 36

unwilling or unable-Doktrin 8 43, 47

Unzuverlässigkeitsklauseln 28 47

UP KRITIS 14 98

Urbanisierung 1 26

Urkundendelikte 27 128, 137

Urteilsgründe
- Berufsverbot **40** 94
- Verlust staatsbürgerlicher Rechte **40** 43 ff.

UZwGBw 10 40 ff.
- Einsatz unmittelbaren Zwangs **10** 46
- militärische Sicherheitsbereiche **10** 43 f.

Verächtlichmachen 37 30
- Volksverhetzung **37** 71

Verarbeitungseinschränkung 20 43

Verbotsmonopol 32 4

Verbrechen 40 16 f.

Verbrechen gegen die Menschlichkeit 39 16 f.

Verbreiten
- Kommunikationsdelikte **37** 8 f.
- Verbreiten von Propagandamitteln **37** 55

Verbreiten von Propagandamitteln 37 45 ff.
- Ausführen **37** 55
- Herstellen **37** 55
- Konkurrenzen **37** 58
- Kunst **37** 56
- Organisationsbezug **37** 50 ff.
- Propagandamittel **37** 46; s. a. dort
- Sozialadäquanz **37** 56
- subjektiver Tatbestand **37** 57
- Tatbestandsausschluss **37** 56
- Verbreiten **37** 55
- Vorrätighalten **37** 55
- Zugänglichmachen **37** 55

verdeckt eingesetzte Private 28 1 ff.
- agent provocateur **28** 21
- Anwerbungsverbote **28** 53 f.
- Augenblickshelfer **28** 17
- Befugnisse der Sicherheitsbehörden **28** 38 ff.
- Btm-Kriminalität **28** 23
- Entwicklung **28** 22 ff.
- Ermächtigungsgrundlage **28** 36 f.
- gesetzliche Regelung **28** 39 ff.
- Grundrechtseingriff **28** 29
- historische Dimension **28** 4
- Informant **28** 13; s. a. dort
- Kronzeuge **28** 18 f.
- Lockspitzel **28** 21
- NPD-Verbotsverfahren **28** 24
- NSU-Komplex **28** 24
- ohne staatlichen Auftrag **28** 30
- operativer Zeuge **28** 17
- Outsourcing **28** 1
- Rechtsgrundlagen **28** 28 ff.
- sozialethische Gesichtspunkte **28** 3
- Terminologie **28** 6 ff.
- Vertrauensperson **28** 7; s. a. dort
- Volkszählungsurteil **28** 25
- Whistleblower **28** 20
- Zulässigkeit **28** 28 ff.

verdeckt ermittelnde Personen 27 1 ff.
- Agent **27** 10
- agent provocateur **27** 13 ff.
- allgemeines Lebensrisiko **27** 35
- Ausforschung der Wohnung **27** 40
- Auslandsaufklärung **27** 52
- BKAG-Entscheidung **27** 194
- Counterman **27** 11
- Doppelagent **27** 11
- Eingriffsintensität **27** 44, 46
- Einwilligung **27** 34 ff.
- Entwicklung **27** 16 ff.
- Ermächtigungsgrundlagen **27** 24
- fair trial-Prinzip **27** 33
- Fernmeldegeheimnis **27** 32
- Gelegenheits-VE **27** 8
- gezielte Nachfragen **27** 38
- Grundrechte **27** 28 ff.
- heimliche Informationserhebungen **27** 2
- informationelle Selbstbestimmung **27** 28
- Islamismus **27** 17
- Kernbereichsschutz **27** 30
- Legende **27** 51
- Lockspitzel **27** 13 ff.
- Nachrichtendienste **27** 48 ff.
- nicht offen ermittelnder Polizeibeamter **27** 8; s. a. NoeP
- NoeP **27** 8
- NSU-Komplex **27** 21
- offene Datenerhebung **27** 27
- Offenheit staatlichen Handelns **27** 25
- Organisierte Kriminalität **27** 17
- Perspektiven **27** 194
- Polizeirecht **25** 86; **27** 53 ff.
- rechtliche Entwicklung **27** 19 ff.
- Rechtsgrundlagen **27** 23 ff.
- Schleuserbanden **27** 17
- Soziale Netzwerke **27** 9
- Spion **27** 10
- Standardmaßnahme **27** 53

1905

Sachverzeichnis

fette Zahlen = §§

– taktische Liebesbeziehung **27** 30
– täuschungsbedingter Irrtum **27** 36
– Terminologie **27** 5
– Under Cover Agent **27** 12
– verdeckter Ermittler **27** 6, 54; *s. a. dort*
– verdeckter Mitarbeiter **27** 6
– Verfassungsrecht **25** 82 ff.
– virtueller NoeP **27** 9
– virtueller Verdeckter Ermittler **27** 9
– Volkszählungsurteil **27** 19
– Wohnraumüberwachung **25** 81 ff.
– Zulässigkeit **27** 25 ff.
– Zwangsbefugnisse der Behörde **27** 45
verdeckte Telekommunikationsüberwachung 4 52
verdeckter Ermittler 27 6, 54 ff.
– Abgrenzung **27** 56 ff.
– agent provocateur **27** 186 ff.
– als Beschuldigte **27** 189 ff.
– Anordnungskompetenz **27** 88 ff., 92 ff.
– Aufsicht **27** 161 ff.
– ausländischer ~ **27** 65
– Beamte **27** 54
– Befristung **27** 80, 83
– Befugnisse **27** 97 ff.
– Begehung einsatzbezogener Straftaten **27** 124; *s. a. dort*
– Benachrichtigungspflichten **27** 167
– Berufsgeheimnisträger **27** 55
– Betreten von Wohnungen **27** 109; *s. a. dort*
– Beweisverwertungsverbot **27** 184
– Bundeskriminalamt **27** 70
– Bundespolizei **27** 71
– Eigensicherung **27** 121 ff.
– Eingriffsschwelle **27** 68 ff.
– Einsatzdauer **27** 78 ff.
– Einsatzdokumentation **27** 158 ff.
– Einsatzvoraussetzungen **27** 68 ff.
– Ermittlungsrichter **27** 95
– fair trial-Prinzip **27** 176, 183 ff.
– Geheimhaltungsinteresse **27** 177 ff.
– Gelegenheits-VE **27** 8
– grenzüberschreitender ~ **27** 151 ff.
– Kernbereichsschutz **27** 84 ff.
– Konfrontationsrecht **27** 183
– Legaldefinition **27** 65
– Legende **27** 55, 97; *s. a. dort*
– Lockspitzel **27** 186 ff.
– Nachrichtendienste **27** 68, 85, 88 f.
– NoeP **27** 56 ff.
– Polizeirecht **27** 70 ff., 79 ff., 86, 90 f.
– präventiv-repressive Gemengelage **27** 74 ff.
– qualifizierter Einsatz **27** 81
– Rechtsschutz **27** 171 ff.
– Richtervorbehalt **27** 91
– Rosinentheorie **27** 77
– Schwerpunkttheorie **27** 76
– Selbstbelastungsfreiheit **27** 184

– Sperrerklärung **27** 178
– Staatsanwaltschaft **27** 93
– Strafprozess **27** 176 ff.
– Strafverfahrensrecht **27** 64 ff., 73, 83, 87, 92 ff.
– Tatprovokation **27** 186 ff.
– unzulässiges Beweismittel **27** 178
– Verhältnismäßigkeit **27** 157
– Vertrauensperson **28** 7
– Verweigerung der Aussagegenehmigung **27** 178
– virtueller Verdeckter Ermittler **27** 60 ff.
– Vorabkontrolle **27** 89
– Wahlrecht **27** 77
– Zeugenschutz **27** 181 f.
– Zoll **27** 72, 82
– Zustimmungsrecht **27** 93
verdeckter Mitarbeiter 27 6, 48
– *s. a. verdeckter Ermittler*
Vereinigung 36 70 ff.
Vereinigungsprivileg 47 10
Vereinsbegriff 47 3
Vereinsfreiheit 47 8 f.
Vereinsrecht 47 1 ff.
– Anwendungsbereich **47** 3 ff.
– Anzeigefreiheit **47** 8
– Auskunftspflicht **47** 66
– Ausländervereine **47** 9
– ausländische Vereine **47** 9
– Betätigungsverbote **47** 65
– Fraktionen **47** 4
– Gefahrenabwehr **47** 10; *s. a. Vereinsverbot*
– Genehmigungsfreiheit **47** 8
– Organisationsgefahren **47** 1
– Parteien **47** 4
– Perspektiven **47** 67
– Rechtsgrundlagen **47** 2
– Religionsgemeinschaften **47** 6 f.
– Vereinsbegriff **47** 3
– Vereinsfreiheit **47** 8 f.
– Vereinsverbot **47** 10; *s. a. dort*
– Weltanschauungsgemeinschaften **47** 6 f.
– Zweck **47** 1
Vereinsverbot 47 10 ff.
– Anfechtungsklage **47** 60
– Arbeitnehmer-/Arbeitgebervereinigungen **47** 26
– Auflösung des Vereins **47** 38
– Ausländervereine **47** 22
– ausländische Vereine **47** 22, 43
– Bekanntmachung **47** 35
– Eilrechtsschutz **47** 63
– Einziehung **47** 39 f., 46
– Ermessen **47** 29
– Ermittlungsbefugnisse **47** 13
– Ersatzorganisationen **47** 52 ff.
– faktische Vollziehung **47** 63
– Feststellung eines Verbotsgrunds **47** 37
– Form **47** 34

magere Zahlen = Rn.

- Gesamtauftritt in der Öffentlichkeit **47** 12
- Grundfreiheiten **47** 44
- Kennzeichenverwendung **47** 56 ff.
- Klagebefugnis **47** 61
- Organisationsverbot **47** 11
- Rechtsgrundlage **47** 10
- Rechtsschutz **47** 50, 60 ff.
- Reichweite **47** 42 ff.
- Sofortvollzugsanordnung **47** 41
- Strafgesetzwidrigkeit **47** 15 f.
- tatsächliche Verbotsgrundlage **47** 12 f.
- Teilorganisation **47** 42, 49
- Verbotsgrund **47** 14 ff.
- Verbotsinhalt **47** 37 ff.
- Verbotssicherung **47** 51 ff.
- Verbotsverfügung **47** 10, 64
- Verbotsvollzug **47** 45 ff.
- Vereinigungsprivileg **47** 10
- Verfahren **47** 33
- Verfassungswidrigkeit **47** 17 ff.
- Verhältnismäßigkeit **47** 29
- Vermögensbeschlagnahme **47** 39 f., 46
- Völkerverständigungswidrigkeit **47** 20 f.
- Vollzug des Verbots eines Teilvereins **47** 49
- Vollzugsmaßnahmen **47** 46
- Vollzugsvoraussetzungen **47** 47
- Vollzugszuständigkeit **47** 48
- Voraussetzungen, formelle **47** 30 ff.
- Voraussetzungen, materielle **47** 11 ff.
- Wirtschaftsvereinigungen **47** 25
- Zurechnung von Mitgliederhandeln **47** 28
- Zuständigkeit **47** 31 f.
- Zustellung **47** 35

Verfahrensabgaben 42 29 f.
Verfahrensvorlagen 42 28
Verfassungsbeschwerde 3 130
verfassungsfeindliches Handeln 46 2 ff.
- Beamte **46** 3
- Grenzen medialer Berichterstattung **46** 6
- Judikate **46** 5
- Medien **46** 3 f.
- Polizei **46** 3
- Richter **46** 4
- Soldaten **46** 3

Verfassungshochverrat 33 58 f.
Verfassungsrecht 2 1 ff.
- Auftrag **2** 25 ff.
- Auslandseinsätze **53** 12 ff.
- Bodycams **25** 74 ff.
- Daten aus Informationssystemen **23** 5
- Datenüberführung **29** 8
- elektronische Aufenthaltsüberwachung **25** 79
- EMRK **2** 24
- Europarecht **2** 23 f.
- Grundgesetz **2** 12 ff.
- Grundrechte **2**
- Grundrechtecharta **2** 23
- grundrechtliche Schutzpflichten **2** 43 ff.
- informationelle Zusammenarbeit **30** 7 ff.
- Inlandsaufklärung **18** 26 ff.
- Kompetenzordnung **2** 13
- Leitlinien **2** 11 ff.
- Luftsicherheitsrecht **50** 38
- menschenwürdebezogene Verpflichtung **2** 44
- Notstand **3** 1; s. a. dort
- Parteiverbotsverfahren **2** 19
- Pflichtenstellung **2** 11
- Präsidentenanklage **32** 28
- Rechtsstaat **4** 17; s. a. dort
- Schutz kritischer Infrastrukturen **14** 76 ff.
- Sicherheit **2** 3; **6** 29 ff.
- Sicherheitsgewerbe **45** 31 ff.
- Smart Home-Datenerhebung **25** 36 ff.
- Spannungsfall **2** 22
- Staatsziel Sicherheit **2** 26 ff.
- Streitkräfteeinsatz **2** 21
- subjektives Recht auf Sicherheit **2** 41 ff.
- verdeckt ermittelnde Personen **25** 82 ff.
- Verteidigungsfall **2** 22
- Vorbereitungsdienst **46** 94
- Vorratsdatenspeicherung **21** 67
- wehrhafte Demokratie **2** 15 ff.
- Wohnraumüberwachung **25** 4 ff.

Verfassungsschutz 7 32; **18** 14
Verfassungsschutzverbund 18 34 ff.
Verfassungstreue
- Beamte **46** 17 ff.
- Justiz **4** 68 ff.
- Richter **46** 86
- Soldaten **46** 135

Verfolgungsermächtigung 43 23
- s. a. Ermächtigungserfordernis

Verfolgungsprognose 44 41
Verfolgungsstrategie
- Islamistischer Terrorismus **42** 74 f.
- Linksterrorismus, nationaler **42** 107 f.
- Rechtsextremismus **42** 91 ff.
- Völkerstrafrecht **42** 133 f.

Verfügungsrecht
- Ausspähen von Daten **34** 54

Vergewaltigung 39 26 f.
Verhaltensstörer 4 8
Verhältnismäßigkeit
- Abgeordnete **4** 63
- Datenverarbeitung **20** 63 ff.
- Funkzellenabfrage **26** 27
- Gefährder **51** 28
- PNR-Daten **22** 53
- Präsidentenanklage **32** 33
- Rechtsstaat **4** 45
- Selbstverteidigung **8** 51
- Streitkräfteeinsatz **3** 106
- verdeckter Ermittler **27** 157
- Vereinsverbot **47** 29
- Versammlungsbeschränkung/-verbot **48** 25
- Vorfeldkriminalisierung **36** 116

Sachverzeichnis

fette Zahlen = §§

- vorläufiges Berufsverbot **40** 112
- Vorratsdatenspeicherung **22** 25 ff.
- Zweckänderung **29** 20

Verhandlungsleitung
- Staatsschutzstrafverfahren **43** 118 ff.

Verharmlosen 37 73

Verherrlichen 37 77

Verkehr
- Schutz kritischer Infrastrukturen **14** 44 ff.
- Staatsschutzstrafrecht **34** 1; s. a. dort

Verkehrsdaten
- Datenüberführung **29** 45
- Echtzeiterhebung **26** 23
- Ermächtigungsgrundlage **26** 24
- Funkzellenabfrage **26** 26; s. a. dort
- Höchstspeicherfrist **22** 64
- Kommunikationsüberwachung **24** 95, 98
- präventive Erhebung **26** 13 ff.
- repressive Erhebung **26** 18 ff.
- Speicherpflicht **22** 64
- Standortdatenabfrage **26** 9
- Voraussetzungen **26** 25
- Vorratsdatenspeicherung **21** 64; **22** 60 ff., 67 ff.; s. a. dort

Verkehrsdatenabfrage 26; 26 26
- s. a. Funkzellenabfrage

Verkehrsdelikte 34 104 ff.
- Angriffe auf den Luft-/Seeverkehr **34** 123; s. a. dort
- gefährliche Eingriffe in den Verkehr **34** 106; s. a. dort

Verkehrsleistungsgesetz 14 49

Verkehrssicherstellungsgesetz 14 61

Verkörperung von Inhalten 37 7

Verleumden 37 71

Verlust der Amtsfähigkeit/Wählbarkeit 40 11
- Aberkennung, gerichtliche **40** 23 ff.
- kraft Gesetzes **40** 14 ff.

Verlust der Rechtsstellungen/Rechte 40 26 ff.

Verlust des Wahlrechts 40 11, 29 ff.
- Abstimmung **40** 30
- öffentliche Angelegenheiten **40** 31
- Sonderregelungen **40** 35 f.

Verlust staatsbürgerlicher Rechte 40 2, 4 ff.
- Aberkennung, gerichtliche **40** 23 ff.
- Bundeszentralregister **40** 75
- Ermittlungsverfahren **40** 37
- Freiheitsstrafe **40** 24 f.
- Gnadenrecht **40** 76
- Hauptverhandlung **40** 42
- Heranwachsende **40** 33 f.
- Jugendliche **40** 32
- kraft Gesetzes **40** 14 ff.
- Minderjährige **40** 32 ff.
- Mindestfreiheitsstrafe **40** 18
- Mitteilung des Verlustes/der Wiedererteilung **40** 73 f.
- öffentliche Ämter **40** 20
- öffentliche Wahlen **40** 22
- Rehabilitation **40** 62; s. a. dort
- Sonderregelungen **40** 35 f.
- Staatsbürgerschaft **40** 12 f.
- Statusfolgen **40** 5; s. a. dort
- Urteilsgründe **40** 43 ff.
- Verbrechen **40** 16 f.
- Verlust der Amtsfähigkeit/Wählbarkeit **40** 11
- Verlust der Rechtsstellungen/Rechte **40** 26 ff.
- Verlust des Wahlrechts **40** 11, 29 ff.
- Verlustzeitraum **40** 48; s. a. dort
- Völkerstrafrecht **40** 17
- Wählerverzeichnis **40** 74
- Wiederverleihung von Rechten/Fähigkeiten **40** 62; s. a. Rehabilitation

Verlustzeitraum 40 48 ff.
- Bestimmung **40** 51 ff.
- Bewährung **40** 60
- Gesamtstrafe **40** 56
- nachträgliche Gesamtfreiheitsstrafe **40** 57
- Rechtskraft **40** 49 f.
- Rehabilitation **40** 63 f.

Vermögensabschöpfung
- Terrorismusfinanzierungsbekämpfung **38** 62

Vermögensbeschlagnahme
- Kommunikationsdelikte **37** 21
- Vereinsverbot **47** 39 f., 46

Vermögenswert 38 45

Vermummungsverbot 48 16

Vernetzte Sicherheit 1 39

Veröffentlichungsverbot 4 114 ff.

Verrat von Dienstgeheimnissen 5 71 ff.
- Internet **5** 73
- Journalisten als Gehilfen **5** 74 ff.
- Journalisten als Täter **5** 72 f.
- Whistleblowing **5** 76

Versammlung
- Belohnung/Billigung von Straftaten **37** 87
- Kommunikationsdelikte **37** 12

Versammlungsanmeldung 48 13

Versammlungsauflösung 48 29 f.

Versammlungsbeschränkung/-verbot 48 19 ff.
- Adressat **48** 25
- Ermessen **48** 25
- Gefährdung der öffentlichen Sicherheit **48** 20
- Gegenversammlungen **48** 26
- Meinungsäußerungen **48** 22 f.
- Nichtstörer **48** 26
- öffentliche Ordnung **48** 21
- Rechtsextremismus **48** 24
- Rechtsschutz **48** 28
- störende Teilnehmer **48** 27
- Verhältnismäßigkeit **48** 25
- Zweckveranlasser **48** 26

magere Zahlen = Rn.

Versammlungsfreiheit 48 12
Versammlungsrecht 48 1 ff.
– Anwendungsbereich **48** 7 f.
– Anwesenheit von Polizeibeamten **48** 31 f.
– Befugnisse **48** 18 ff.
– Bildaufnahmen **48** 31 ff.
– Brandenburg **48** 3
– Bundesrecht **48** 2
– Bußgeldvorschriften **48** 35
– Eilversammlungen **48** 14
– föderalisiertes ~ **48** 5
– Gefahrenabwehr **48** 18 ff.
– Konvergenz **48** 5
– Landesrecht **48** 2
– Landesversammlungsgesetze **48** 6
– Musterentwurf eines Versammlungsgesetzes **48** 5
– Öffentlichkeit **48** 7 f.
– Perspektiven **48** 36
– Polizeifestigkeit **48** 9 ff.
– Rechtsgrundlagen **48** 2
– Spontanversammlungen **48** 14
– Strafvorschriften **48** 35
– Tonaufnahmen **48** 31 ff.
– Uniformierungsverbot **48** 16
– Vermummungsverbot **48** 16
– Versammlungen **48** 7 f.
– Versammlungsanmeldung **48** 13
– Versammlungsauflösung **48** 29 f.
– Versammlungsbeschränkung/-verbot **48** 19; s. a. dort
– Versammlungsdurchführung **48** 15 ff.
– Versammlungsfreiheit **48** 12
Verschlusssache 11 23 ff.
– Aufklärung durch Strafverfahren **17** 79
– Begriff **11** 24
– Beurteilungsspielraum **12** 94
– Darstellungsform **12** 31
– Dienststellenleitung **11** 31
– Digitalisierung **11** 32
– Einstufung **11** 25 f.
– Einstufungsbeispiele **12** 35
– Einstufungskriterien **12** 33
– Geheimhaltungsbedürftigkeit **11** 26
– Geheimhaltungsgrade **11** 8, 27 ff.
– Geheimhaltungspflicht **4** 94
– gerichtliche Dokumente **4** 117 f.
– Notwendigkeit **11** 26
– Öffentlichkeitsgrundsatz **4** 117 f.
– Rechtsanwälte **4** 87 ff.
– Sicherheitsüberprüfung **4** 88 ff.; **11** 30; **12** 30; s. a. dort
– Strafbarkeit **4** 93
– Strafverfahrensrecht **4** 91 ff.
Verschwiegenheitspflicht 46 46 ff.
– Funktion **46** 49
– Inhalt **46** 48

– normative Verankerung **46** 47
– Pflichtverletzungen **46** 50 f.
Versicherheitlichung 1 9, 12
– facilitating conditions **1** 8
Versicherungswesen 14 42
Versorgungsunternehmen 34 7
versuchte Beteiligung 13 84
Verteidigerkontakt 4 95
– Beschränkungen **4** 99
– Kontaktsperre **4** 100
Verteidigungsauftrag 52 28 ff.
Verteidigungsausschuss 52 79 f.
Verteidigungsfall 2 22; **3** 2, 72 ff.; **52** 36
– Amtshilfe **3** 111
– Amtszeiten **3** 101
– Angreifer **3** 76
– Angriff mit Waffengewalt **3** 74 f.
– Anwendungsfälle **3** 72
– Befehls- und Kommandogewalt **3** 85
– bundeseinheitliche Verwaltungsstruktur **3** 88
– Bundesgebiet **3** 73
– Bundesregierung **3** 95 ff.
– Bundesverfassungsgericht **3** 100
– Bundeswehr **7** 8
– Bundeszwang **3** 110
– Cyberbedrohungen **15** 84 ff.
– Europarecht **3** 120
– Feststellung des ~es **3** 78; s. a. dort
– Folgen **3** 84 ff.
– Gemeinsamer Ausschuss **3** 90 ff.
– Gesetzgebungskompetenz **3** 86
– Gesetzgebungsverfahren **3** 89
– Grundrechtseinschränkungen **3** 87
– innerer Notstand **3** 109
– Konkurrenzen **3** 108
– Länderrechte **3** 102 ff.
– Notstandsrechtsschutz **3** 127 ff.
– terroristische Anschläge **3** 76
– unmittelbar drohender Angriff **3** 77
– Voraussetzungen **3** 73 ff.
– Waffen **3** 74
– Wahlperioden **3** 101
– Widerstandsrecht **3** 110
Vertrauensdolmetscher
– Aufklärung durch Strafverfahren **17** 51
– Staatsschutzstrafverfahren **43** 95 ff.
Vertrauensgremium
– Bundesnachrichtendienst **19** 159 f.
Vertrauensperson 28 7 ff.
– Anordnungskompetenz **28** 64
– Anwerbungsverbote **28** 46
– Aufwandsentschädigung **28** 44
– Aussagesurrogat **28** 98
– Ausschlussgründe **28** 46
– Bagatellkriminalität **28** 57
– Befristung **28** 58 ff.
– Befugnisgrenzen **28** 85 f.
– Befugnisse **28** 67 f.

Sachverzeichnis

fette Zahlen = §§

- Begehung einsatzbezogener Straftaten **28** 81 ff.
- Behördenwechsel **28** 52
- Berufsgeheimnisträger **28** 50
- Betreten von Wohnungen **28** 73 ff.
- Bundesverfassungsgericht **28** 26
- Eigensicherung **28** 77 ff.
- Eingriffsbefugnisse **28** 67
- Eingriffsintensität **28** 31 ff.
- Eingriffsschwelle **28** 56
- Einsatzdauer **28** 58 ff.
- Einsatzführung **28** 55
- Einsatzvoraussetzungen **28** 56
- Erhebungseingriff **28** 35
- fair trial-Prinzip **28** 99
- Geheimhaltung der Identität **28** 8
- Geheimhaltung der VP-Identität **28** 95 ff.
- gesetzliche Regelung **28** 39 ff.
- grenzüberschreitende ~ **28** 89 f.
- Honorierung **28** 44
- Informant **28** 13; *s. a. dort*
- Informationsgewinnung **28** 34
- Internet **28** 12
- Kaltstart-VP **28** 7
- Kernbereichsschutz **28** 61 ff.
- Konfrontationsrecht **28** 99
- Kronzeuge **28** 19
- Legaldefinition **28** 9 f.
- Legende **28** 69
- Lifestyle-Accessoires **28** 69
- Minderjährige **28** 49
- Nachrichtendienste **28** 25
- Parlamentarier **28** 50
- parlamentarische Kontrolle **28** 91
- Pauschalversteuerung **28** 44
- Personalauswahl **28** 45 ff.
- Privilegierung von beschuldigter ~ **28** 100 f.
- Prostituierte **28** 51
- Rechtspolitik **28** 27
- Rechtsverhältnis VP–Behörde **28** 42
- Richtervorbehalt **28** 65
- Sperrerklärung **28** 97
- Strafprozess **28** 94 ff.
- Subsidiarität **28** 56
- taktische Liebesbeziehungen **28** 51
- Tarnpapiere **28** 69
- Transparenz **28** 91
- Umfeld-VP **28** 7
- Unzuverlässigkeitsklauseln **28** 47
- verdeckter Ermittler **28** 7
- Vertraulichkeit **28** 10
- virtuelle ~ **28** 12
- V-Leute-Datei **28** 56
- Vorbestrafte **28** 48
- Warm-VP **28** 7
- Wissenstransfer **28** 34

Vertraulichkeit
- Datenschutzgrundsätze **20** 37
- Kommunikationsüberwachung **24** 34
- Smart Home-Datenerhebung **25** 38 f.

Vertraulichkeit der Kommunikation 21 68
- Daten aus Informationssystemen **23** 11 ff.
- Vorratsdatenspeicherung **22** 25

Vertraulichkeitsbeziehungen 19 61

Verunglimpfen 37 26, 31

Verunglimpfungsdelikte 33 80; **37** 24 ff.
- Beschimpfen **37** 30
- Bestand der Bundesrepublik **37** 28
- Bundespräsident **37** 25 ff.
- feindliche Gesinnung **37** 34
- Flaggen **37** 32
- Hoheitszeichen **37** 32
- Konkurrenzen **37** 37
- Qualifikationstatbestände **37** 26, 35
- Staat **37** 29 ff.
- Symbole des Staates **37** 29 ff., 32
- Verächtlichmachen **37** 30
- Verfassungsorgane **37** 38 ff.
- Verunglimpfen **37** 26, 31

Verwaltungen 3 21

Verwaltungspolizei 10 51 f.

Verwaltungsrechtsweg
- personeller Geheimschutz **12** 91
- Sperrerklärung **17** 84

Verwaltungszusammenarbeit 8 67

Verweigerung der Aussagegenehmigung 27 178

Verweis 46 154

Verwenden verfassungswidriger Kennzeichen 37 59 ff.
- Kennzeichen **37** 60
- Kennzeichen, ähnliche **37** 61
- Konkurrenzen **37** 66
- Organisationsbezug **37** 60
- Schutzzweck **37** 59
- Sozialadäquanz **37** 64
- subjektiver Tatbestand **37** 65
- Tabuisierungsfunktion **37** 59
- Tatbestandsausschluss **37** 64
- Tathandlungen **37** 62

Verwertungsverbot 23 93

Videoüberwachung 20 29

Videoüberwachung öffentlicher Plätze 41 71

virtuelle Währungen 38 22

virtueller Verdeckter Ermittler 27 9, 60 ff.

Visainformationssystem 9 91

V-Leute-Datei 28 56

Völkermord 39 14 f.

Völkerrecht
- Auslandseinsätze **53** 24 ff., 85 ff.
- Luftsicherheitsrecht **50** 24 ff.
- Terrorismusfinanzierung **38** 4 ff.

magere Zahlen = Rn.

Sachverzeichnis

– Völkerstrafrecht **39** 1; s. a. dort
– Vorratsdatenspeicherung **22** 57 ff.
völkerrechtliche Verträge 9 20
Völkerstrafgesetzbuch 39 10
– Generalbundesanwalt **42** 132
– Straftatbestände **39** 12 ff.
Völkerstrafrecht 33 48; **39** 1 ff.
– Bundeskriminalamt **39** 9
– Cumulative Prosecution **39** 1
– Ermittlungsschwerpunkte **42** 135 ff.
– Generalbundesanwalt **39** 6; **42** 43 f., 130; s. a. dort
– Konkurrenzen **39** 41 ff.
– Kriegsverbrechen **39** 18; s. a. dort
– Perspektiven **39** 44
– Straftatbestände **39** 12 ff.
– Verbrechen gegen die Menschlichkeit **39** 16 f.
– Verfolgungsstrategie **42** 133 f.
– Verlust staatsbürgerlicher Rechte **40** 17
– Völkermord **39** 14 f.
– Völkerstrafgesetzbuch **39** 10
– Zuständigkeiten **39** 5 ff.
Völkerverständigung 37 46
Volksverhetzung 37 67 ff.
– Angriffsobjekte **37** 69
– Aufforderung zu Gewalt-/Willkürmaßnahmen **37** 70
– Aufstacheln zum Hass **37** 70
– Beschimpfen **37** 71
– Billigen **37** 76
– Deliktsnatur **37** 67
– Gewaltmaßnahmen **37** 70
– Gruppe **37** 69
– Konkurrenzen **37** 81
– Leugnen des NS-Völkermords **37** 73
– Menschenwürde **37** 71
– öffentlicher Frieden **37** 72, 77
– praktische Bedeutung **37** 68
– Rechtfertigung der NS-Herrschaft **37** 75 ff.
– Schutzgut **37** 67
– Sozialadäquanz **37** 80
– Störungseignung **37** 72
– subjektiver Tatbestand **37** 79
– Teile der Bevölkerung **37** 69
– Verächtlichmachen **37** 71
– Verbreitung von Inhalten **37** 78
– Verherrlichen **37** 77
– Verleumden **37** 71
– Willkürmaßnahmen **37** 70
Volkszählungsurteil
– Bundesnachrichtendienst **19** 43 f.
– informationelle Selbstbestimmung **24** 32
– verdeckt eingesetzte Private **28** 25
– verdeckt ermittelnde Personen **27** 19
Vollzugspolizei 7 31
Vorbereitung einer staatsgefährdenden Gewalttat 35 68 ff., 78 f.; **36** 32 ff.; **37** 111 ff.
– Aufnahme von Beziehungen **36** 42 ff.
– Ausreiseunternehmen **36** 38
– Bestand der Bundesrepublik **37** 115
– Foreign Terrorist Fighters **36** 36
– Innere Sicherheit **37** 116
– internationale Organisationen **37** 114
– Konkurrenzen **37** 128
– praktische Bedeutung **37** 112
– Schutzgut **37** 111
– schwere staatsgefährdende Straftat **37** 113 ff.
– sonstige Fertigkeiten **37** 123
– Staaten **37** 114
– Strafanwendungsrecht **36** 94; **37** 126
– subjektiver Tatbestand **37** 124
– tätige Reue **37** 127
– Unterweisen **37** 121
– Unterweisenlassen **36** 35
– Unterweisungsinhalt **37** 122
– Verfassungsgrundsätze **37** 117
– Vorbereitung im Ausland **36** 41
– Vorbereitungshandlungen **36** 33
Vorbereitung eines Explosions-/Strahlungsverbrechens 35 76 f.
Vorbereitungsdienst
– Ablehnung **46** 91 ff.
– Verfassungsrecht **46** 94
Vorbereitungshandlungen 34 135
– Angriffe auf den Luft-/Seeverkehr **35** 80 ff.
– Aufklärung von Straftaten **17** 40
– Europäischer Feuerwaffenpass **49** 47
– GeschGehG **13** 18, 84
– objektiver Gefährdungszusammenhang **35** 43 f.
– Planungszusammenhang **35** 40 ff.
– Staatsschutzstrafrecht **34** 97 ff.
– Terrorismusfinanzierung **35** 83 ff.
– terroristische Tatmittel **35** 37 ff., 56 ff.
– Vorbereitung einer staatsgefährdenden Gewalttat **35** 78 f.; **36** 33
– Vorbereitung eines Explosions-/Strahlungsverbrechens **35** 76 f.
Vorbestrafte 28 48
Vorfeldaufklärung 18 6
Vorfeldkriminalisierung 36 107 ff.
– Feindstrafrecht **36** 112
– Gefährdungsdelikte **36** 108
– Gefahrenabwehr **36** 111
– Kommunikationsdelikte **37** 140
– Präventionswirkung **36** 110
– Schuldprinzip **36** 115
– Strafbarkeit terroristischer Vereinigungen **36** 109
– Tatstrafrecht **36** 114
– Verhältnismäßigkeit **36** 116
Vorfeldschwelle 41 30
Vorhaltepflichten 14 86
Vorlagenfreibeuterei 13 82
vorläufiges Berufsverbot 40 111 ff.
– Anhörung **40** 115
– Beschleunigungsgebot **40** 113

1911

Sachverzeichnis

fette Zahlen = §§

– Bestimmtheitsgrundsatz **40** 116
– Erforderlichkeit **40** 112
– Ermessen **40** 118
– Mitteilung der Verhängung **40** 123 f.
– Pflichtverteidiger **40** 115
– Rechtsmittel **40** 120
– Verhältnismäßigkeit **40** 112
– Voraussetzungen **40** 112
– Zweck **40** 111
Vorrätighalten 37 55
Vorratsdatenspeicherung 21 64 ff.; **22** 1 ff.; **24** 15
– absolute Notwendigkeit **22** 28 ff.
– Anwendbarkeit des EU-Rechts **22** 9 ff.
– Begriff **22** 1
– Benachrichtigungspflichten **22** 46
– Cybercrime-Konvention **22** 57
– Datenschutz **20** 50
– Datenübermittlungen **22** 17
– Entwicklung **22** 67 ff.
– ePrivacy-RL **21** 65; **22** 68
– Erforderlichkeit **20** 32
– EuGH **22** 12
– Europäische Kommission **22** 71
– Europarecht **21** 65 f., 68; **22** 8 ff.
– Finanzdaten **22** 4
– Flugpassagierdaten **22** 4, 48 ff.
– Geldwäscheprävention **22** 4
– geografisches Kriterium **22** 35
– Grundrechtseingriffe **22** 15 ff., 23 f.
– Grundrechtskonformität **22** 74 f.
– IP-Adressen **22** 37
– klare und präzise Regeln **22** 40
– Kriminaldateien **22** 2
– legitime Ziele **22** 20
– Meldedaten **22** 2
– Meta-Daten **21** 64
– Missbrauchsschutz **22** 42, 47
– nationale Sicherheit **22** 10, 32
– öffentliche Sicherheit **22** 21
– Personengruppen **22** 35
– PNR-Daten **22** 48; *s. a. dort*
– Quick-Freeze-Verfahren **21** 74; **22** 39
– rechtspolitische Grundlagen **22** 5 ff.
– schwere Straftaten **22** 35
– Sicherheitsbelange **22** 20
– Speicherung **22** 16
– Standortdaten **22** 60 ff.
– Strafverfolgungsvorsorge **22** 3
– Strafverfolgungszwecke **21** 72
– Telekommunikationsgesetz **21** 70 ff.
– Überwachungs-Gesamtrechnung **22** 63
– Verarbeitungsschritte **22** 11
– Verfassungsrecht **21** 67
– Verhältnismäßigkeit **22** 25 ff.
– Verkehrsdaten **21** 64 ff.; **22** 60 ff.
– Vertraulichkeit der Kommunikation **21** 68; **22** 25

– Völkerrecht **22** 57 ff.
– Vorgaben für den Datenzugriff **22** 14
– vorherige unabhängige Kontrolle **22** 44
– Vorratsdaten-Richtlinie **21** 65
– weitere Entwicklung **22** 76 f.
– Wesensgehaltsgarantie **22** 19
– Zugangsvoraussetzungen **22** 33
– Zweckbindung **22** 22
Vorratshaltung 14 86
– Bundesreserve **14** 86
– Energieversorgung **14** 38
– Gesundheitswesen **14** 53
– nationale Notfallreserve **14** 86
Vorverlagerung 35 5

Waffen 3 74; **35** 11 ff., 74
– 3D-Drucker **49** 63
– Begriff **49** 17 ff.
– besonders schwere Fälle **49** 7
– Darknet **49** 51 ff.
– Erben **49** 62
– Erlaubnispflichtigkeit **49** 20
– geborene ~ **35** 12; **49** 18
– gekorene ~ **35** 12; **49** 19
– Handelsschiffe **45** 76
– illegale ~ **49** 25 ff.
– Internet **49** 48 ff.
– Kriegswaffen **35** 13
– legale ~ **49** 24
– Messer **49** 31 ff.
– Nationales Waffenregister **49** 57 ff.
– Qualifikationstatbestände **49** 7
– Sachkundeprüfung **45** 74 f.
– Schusswaffen **35** 12; **49** 17
– tragbare Gegenstände **35** 12; **49** 18 f.
– umgebaute ~ **49** 36 ff.
– verbotene ~ **49** 21
– Waffenbesitzer **49** 66
– Waffenrecht **49** 1; *s. a. dort*
Waffengesetz 49 9, 12 ff.
– Kriegswaffenkontrollrecht **49** 86
Waffenliste 49 10
Waffenrecht 49 1 ff., 9 ff.
– Allgemeine Verwaltungsvorschrift **49** 9
– Allgemeine Waffengesetz-Verordnung **49** 9, 23
– Begleitdelikte **49** 7
– Beschussgesetz **49** 9
– Darknet **49** 51 ff.
– Erlaubnisvorbehalt **49** 1
– Erweiterungen der waffenrechtlichen Verbote **49** 29
– Funktion **49** 11
– Genehmigungsverbot für einzelne Gruppen **49** 39 ff.
– Gesetzgebungszuständigkeit **49** 5
– Gruppenzugehörigkeit **49** 44
– Harmonisierung **49** 47

magere Zahlen = Rn. **Sachverzeichnis**

- illegale Waffenimporte **49** 46
- Internet **49** 48 ff.
- Messer **49** 31 ff.
- Nationales Waffenregister **49** 57 ff.
- neutrale Beihilfe **49** 55
- Perspektiven **49** 91
- Polizeiliche Kriminalstatistik **49** 8
- Praxisrelevanz **49** 7
- Privilegierungen **49** 10
- Problemfelder **49** 24 ff.
- Rechtsextremismus **49** 45
- Rechtsschutz **49** 90
- Reformbestrebungen **49** 92
- Regelvermutung **49** 44
- Reichsbürger **49** 40
- Rocker **49** 41 f.
- Umgangsformen **49** 22
- umgebaute Waffen **49** 36 ff.
- Waffen **49** 17; s. a. dort
- Waffengesetz **49** 9, 12 ff.
- Waffenliste **49** 10

Wählerverzeichnis 40 74
Wahlverteidiger 40 67
Wahrheitserforschung
- Aufklärung von Straftaten **17** 26
- forensische Wahrheit **17** 33
- Grenzen **17** 30 ff., 34

Währungsrecht 21 16
Wanzen 26 131
Warenverkehrsfreiheit 5 23
Warm-VP 28 7
Washington Consensus 1 37
Wasserbauten 34 38
Wassersicherstellungsgesetz 14 61
Wasserversorgung 14 55 f.
Webster-Formel 8 50
Wehrbeauftragte 52 81 f.
Wehrdienstverhältnis 46 62
Wehrdisziplinarordnung 46 172
Wehretat 52 76
Wehrgerichtsbarkeit 52 92
wehrhafte Demokratie 2 15 ff.
- Inlandsaufklärung **18** 13
- Richteranklage **32** 38
- Staatsschutz **33** 9

Wehrpflicht 52 86 ff.
Wehrverfassung 52 6 ff.
- Bundesverfassungsgericht **52** 24 ff.
- Entwicklung **52** 16 ff.
- Ermächtigungsnorm **52** 14
- Europäische Verteidigungsgemeinschaft **52** 17
- Grundnorm **52** 13 ff.
- Grundrechte **52** 9
- Kompetenzverteilung **52** 11
- Kompetenzzuweisung **52** 14
- NATO **52** 19
- Notstandsnovelle 1968 **52** 20

- Notstandssituationen **52** 12
- Parlamentsvorbehalt **53** 58; s. a. dort
- Schaffung der ~ **52** 18 ff.
- Staat ohne Armee **52** 16 f.
- Streitkräfte **52** 13
- Überblick **52** 7 ff.
- Verfassungsvorbehalt **52** 15
- Verteidigungsauftrag **52** 21
- Westeuropäische Union **52** 19
- Wiederbewaffnung **52** 17
- Zersplitterung **52** 7 ff.

Weißbuch für die Bundeswehr 1 30
- Äußere Sicherheit **1** 41

Weisungen
- Beamte **46** 97 ff.
- elektronische Aufenthaltsüberwachung **41** 44 ff., 52 f.

Weltanschauungsgemeinschaften 47 6 f.
Weltrechtsprinzip 36 86
Wesensgehaltsgarantie 22 19
Whistleblower-Gesetz 13 68
Whistleblower-Richtlinie 13 63 ff.
Whistleblowing 13 54 ff.; **28** 20
- Arbeitnehmervertretungen **13** 55, 60
- Beamte **46** 121
- Begriff **13** 55
- berechtigte Interessen **13** 61
- Beweislastumkehr **13** 71
- Fehlverhalten, unternehmensinternes **13** 57, 59
- gutgläubiges ~ **13** 58
- Handlungsverbot **13** 62
- Hinweisgeberschutzgesetz **13** 68
- interne Meldestellen **13** 70
- Journalisten **13** 56
- Kündigung **13** 62, 71
- Landesverrat **33** 42
- Meldewege **13** 69
- Verrat von Dienstgeheimnissen **5** 76
- Whistleblower-Gesetz **13** 68
- Whistleblower-Richtlinie **13** 63 ff.

Widerrufsbeamte 46 112
Widerstandsrecht
- innerer Notstand **3** 67
- Notstandsrechtsschutz **3** 136 ff.
- Verteidigungsfall **3** 110

Wiederbewaffnung 52 17
Willkürmaßnahmen 37 70
Wirtschaft 1 21
Wirtschaftssanktionen 8 27
Wirtschaftsspionage 13 2
Wirtschaftsvereinigungen 47 25
Wissen
- Ausschluss des Erfahrungsgewinns **16** 11
- Begriff **16** 17 ff.
- Daten **16** 19
- Information **16** 19
- Nachrichtendienste **16** 15

Sachverzeichnis

fette Zahlen = §§

- Nichtwissensmanagement **16** 2
- objektiver Wissenshorizont **16** 11
- Polizei **16** 16
- Präventionsstaat **16** 12
- Rechtsstaat **16** 13
- Risikomanagement **16** 2
- Sicherheit **6** 10 ff.
- Sicherheit im Nichtwissen **16** 7
- Sicherheit im Wissen **16** 5
- Sicherheitsrecht **16** 18 ff.
- Staatsaufgaben **16** 8
- Trennungsprinzip, informationelles **16** 16
- Ubiquität des Wissens **16** 10
- Unparteilichkeit **16** 13
- Willkürfreiheit **16** 13
- Wissensbasis **16** 10, 15
- Wissensdilemma **16** 10
- Wissensgenerierung **16** 22; *s. a. dort*
- Zeitabhängigkeit **16** 8
- Ziel des Verstehens **16** 21

Wissensdilemma 16 10

Wissensgenerierung 16 22 ff.
- administrative Konzeptpflicht **16** 34
- Begriff **16** 24
- behördeninterne Expertifizierung **16** 25 ff.
- Bundesamt für Verfassungsschutz **16** 52 ff.
- Bundeskriminalamt **16** 40 ff.
- Bundesnachrichtendienst **16** 47; *s. a. dort*
- CNE-Operator **16** 29
- Cyberkriminalisten **16** 29
- Deutsche Hochschule der Polizei **16** 28
- entscheidungsbezogene ~ **16** 1
- Gemeinsames Extremismus- und Terrorismusabwehrzentrum **16** 59
- Gemeinsames Internetzentrum **16** 60 f.
- Gemeinsames Terrorismusabwehrzentrum **16** 56 ff.
- Hacker **16** 29
- informationsbasierte Kontextualisierung **16** 23 f.
- Islamwissenschaftler **16** 29
- Kontrolle **16** 64
- koordinierte ~ **16** 16
- Lagebeurteilungen **16** 34
- Landeskriminalämter **16** 36; *s. a. dort*
- Masterstudiengang Intelligence and Security Studies **16** 28
- Metaebene **16** 22
- Nachrichtendienste **16** 46 ff.
- Nationales Cyber-Abwehrzentrum **16** 62 f.
- normative Strukturierung **16** 30 ff.
- Organkompetenz **16** 33
- Outsourcing **16** 26
- personenbezogene Prävention **16** 27
- Polizeiforschung **16** 28
- polizeiliche ~ **16** 36 ff.
- Psychologen **16** 29
- Qualitätsstandards **16** 33
- Quereinsteiger **16** 29
- Rationalitätsstandards **16** 33
- Rechtsschutz **16** 64
- Scientifizierung **16** 25 ff.
- Sicherheitsverwaltung **16** 35
- Strategien **16** 35 ff.
- Trennungsprinzip, informationelles **16** 33
- übergreifende Strukturen **16** 55 ff.
- Untersuchungsgrundsatz **16** 32
- Verbandskompetenz **16** 33
- Vorbehalt des Gesetzes **16** 31
- Vorrang des Gesetzes **16** 30
- Wissensträger **16** 24

Wissensgesellschaft 16 1, 4 ff.
- Gegenstände des Unsicheren **16** 2
- informationelle Selbstbestimmung **16** 7
- Nichtwissensmanagement **16** 2
- Präventionsstaat **16** 12
- Risikomanagement **16** 2
- Sicherheit im Wissen **16** 5

Wissensinfrastrukturen 16 1

Wissensspeicher 16 1

Wissensstaat 16 12
- Wissen **16** 17; *s. a. dort*

Wohnraumüberwachung 25 1 ff.
- akustische ~ **24** 83; **25** 1 ff.; *s. a. Großer Lauschangriff*
- Berufsgeheimnisträger **25** 23
- Beschränkungen **25** 10, 22, 31
- Bodycams **25** 73; *s. a. dort*
- Datenüberführung **29** 45, 46
- elektronische Aufenthaltsüberwachung **25** 78 ff.
- Erhebungsverbot **25** 10 ff.
- Ermächtigungsgrundlage **25** 8 f., 16 ff., 28 ff.
- Großer Lauschangriff **25** 3
- Grundrechte **25** 4 ff.
- heimliche ~ **25** 2
- informationelle Zusammenarbeit **30** 11
- Kernbereichsschutz **25** 6
- Luftbildaufnahmen **25** 88 ff.
- Nachrichtendienste **25** 27 ff.
- negative Kernbereichsprognose **25** 10
- optische ~ **25** 1 ff.
- parlamentarische Kontrolle **25** 14
- Perspektiven **25** 91
- Polizeirecht **25** 15 ff.
- Rechtsschutz **25** 13 f., 24, 32
- Smart Home-Datenerhebung **25** 33, 67; *s. a. dort*
- Strafverfolgungsrecht **25** 7 ff.
- technische Mittel **25** 2
- verdeckt ermittelnde Personen **25** 81
- Verfassungsrecht **25** 4 ff.
- Wohnung **25** 5

Wohnung 25 5

magere Zahlen = Rn.

Zeitsoldaten 46 132
Zerstören
– Störung öffentlicher Betriebe **34** 10
– Zerstörung wichtiger Arbeitsmittel **34** 18, 23
Zerstörung wichtiger Arbeitsmittel 34 17 ff.
– bedeutender Wert **34** 19
– Konkurrenzen **34** 25
– Kraftfahrzeuge **34** 22
– subjektiver Tatbestand **34** 24
– Tathandlung **34** 23
– Tatobjekte **34** 18 ff.
– technisches Arbeitsmittel **34** 19
– Vorsatz **34** 24
– wesentliche Bedeutung **34** 20
– Zerstören **34** 18, 23
Zeugenschutz 4 141; **17** 68, 72 f.
– verdeckter Ermittler **27** 181 f.
Zeugnisverweigerungsrecht
– Mandatskommunikation **4** 98
– neue Medien **5** 103 ff.
– Redaktionsgeheimnis **5** 97 ff.
Zivilschutzrecht 14 17
Zoll 7 24 f.
– Bestandsdatenauskunft **21** 54 f.
– verdeckter Ermittler **27** 72, 82
Zufallsfunde 29 39
Zugang zu Daten 34 58
Zugänglichmachen
– Anleitung zur staatsgefährdenden Gewalttat **37** 105
– Kommunikationsdelikte **37** 10
– Verbreiten von Propagandamitteln **37** 55
Zugangsdaten
– Bestandsdatenauskunft **21** 47
– Online-Durchsuchung **23** 49, 75
Zugangssicherung
– Ausspähen von Daten **34** 56
– Überwindung der ~ **34** 59
Zurückhaltungspflicht 46 29 ff., 77 ff.
– außerdienstliches Verhalten **46** 33, 36
– Äußerungen zum Nationalsozialismus **46** 79
– beleidigende Äußerungen gegenüber Untergebenen **46** 81
– Inhalt **46** 32
– Kritik an Vorgesetzten **46** 80
– Offiziere **46** 77

– Pflichtverletzungen **46** 35, 78 ff.
– Unteroffiziere **46** 77
– Zweck **46** 31
Zurückstufung 46 157
Zusammenhangstat
– Generalbundesanwalt **42** 23
– politische Straftat **44** 21, 23 ff.
Zusicherungen 44 53
Zuverlässigkeitsprüfung
– Ablehnungsgründe **45** 55
– Bewachungsgewerbe **45** 51 ff.
– Bordsicherheit **50** 92
– Führungszeugnis **45** 51
– Gewerbezentralregisterauszug **45** 51
– juristische Personen **45** 53
– NADIS **30** 27
– Personengesellschaft **45** 54
– Sicherheitsüberprüfung **12** 7
Zuverlässigkeitszweifel 12 67 ff.
– Dienstvergehen **12** 75 f.
– Ermittlungsverfahren **12** 70
– finanzielle Überschuldung **12** 71 f.
– Kontakte zu fremden Nachrichtendiensten **12** 77
– strafrechtliche Verfehlungen **12** 68 ff.
– Suchtproblematik **12** 73 f.
– Verfahrenseinstellungen **12** 69
– Verschweigen sicherheitsrelevanter Umstände **12** 77
– Verstöße gegen Rechtsnormen **12** 75 f.
Zwangsverpflichtung Minderjähriger 39 28 f.
Zweckänderung
– Datenüberführung **29** 5, 18
– hypothetische Datenneuerhebung **29** 51
– Online-Durchsuchung **23** 46
– Verhältnismäßigkeit **29** 20
Zweckbindung
– Datenschutzgrundsätze **20** 30 f.
– Online-Durchsuchung **23** 46
– Persönlichkeitsrecht **20** 21
– Vorratsdatenspeicherung **22** 22
Zweckbindungsgebot
– Sicherheitsüberprüfung **12** 21
Zweckbindungsgrundsatz 17 22
Zweitakte, elektronische 43 42 ff.